本書承蒙

行政院文化建設委員會補助編輯費用

四庫全書索引叢刊之二

四庫全書文集篇目分類索引

學術文之部（上）

中華文化復興運動推行委員會
四庫全書索引編纂小組　主編

臺灣商務印書館發行

四庫全書索引序

書是人類表達思想、交換經驗、傳播知識最主要的媒體。人類文明所以能日新又新，精進不已，書的貢獻首推第一。我國素稱文明大國，自來就重視文化的發展，在圖書方面的成就，也最為輝煌。紙、墨、筆、硯的製造，雕版、活字印刷的發明，固然開創了生產圖書便捷的途徑，而歷代聖哲賢良苦心用思的著作，更富麗了人類的生活。由於人事日繁，學術日進，書籍日多，治學便需有一套正確的方法，才足以以簡御繁，提高速率與效果，因此許多幫助人們迅速掌握書中線索的參考工具用書，於焉相繼問世。

論語說：「工欲善其事，必先利其器。」工具書就是治學的利器。索引是工具書的一種，它分析圖書的內容，標明各種資料的所在，方便學人按圖索驥，功用良多，所以近代以來，世界各國學術機構，無不全力以赴，聘請專家，編製各種圖書索引。按索引一詞，固然創自歐西，其實，早在清儒章學誠卽以為「典籍浩繁，聞見有限，在博雅者，且不能細究無遺，況其下乎？」而提出應依我國字韻的特性，編製人名、官階、書目等一切有名可稽的檢索書。在某字本韻之下，注明原書出處及先後篇第，來節省讀書人的精力。清代汪祖輝的史姓韻篇，便等於二十四史的人名索引，而阮元等的經籍纂詁，也相當於變相的羣經索引。以此看來，追求進步的研究方法，無論中外，在理念上是一致的。

民國創建，學術自由，風氣大開，各門學問，蓬勃發展。研究國學的人士，更利用各種科學簡便的方法，以求達到最豐碩的成績。因而編製古書索引，需求日亟。胡適先生認為編製索引是整理國學的首步。法國著名漢學家伯希和也說：「你們中國治理國學，第一要作各種索引。」這正符合了何炳松氏擬編中國舊籍索引例議所說的：「索引果成，則昔日秘而難得之腹笥，至是寶藏畢露，任人取求，榛蕪既開，坦途乃築，發揚國粹，飴遺後人，其事甚勞，

其功甚偉。」行政院文化建設委員會，職司國家歷史文物的維護與國粹的宣揚，對於任何有助於國家文化推展的工作，均樂於提倡或協助其完成。茲見於臺灣商務印書館影印出版文淵閣四庫全書，已陸續告竣。這部網羅我國古代著作精華的大書，將化身千百，分享學林，既無虞災厄威脅，復必隨人人得就近取閱，而擴大中華文化研究的開展。然而全書卷帙浩博，如無各種索引爲之指南，取檢不便，可以想見。從前四庫全書束諸高閣，而總目提要雖僅區區二百卷，已被視爲治學的瑰寶，日本東京帝國大學及美國國會圖書館，均曾爲其編製索引行世，則此四庫全書影印行世，索引之編纂，爲各界殷殷期盼，乃理之必然。本會有見於此，乃委由中華文化復興運動推行委員會商請專家，組成四庫全書索引編纂小組，依全書性質，編製索引若干種，以方便研究取閱之助。然因全書浩瀚，將來值得編製的專題索引正多，今本會爲之開端，用作引玉之磚，同時也深盼藉着索引編纂，通過歸納和比較，或亦將可以訂證許多原始材料的錯誤和疏漏，則此次本會所資助的索引編纂計劃，當不止於嘉惠學林，便捷參考而已！今既欣見第一種索引編竣即將刊布行世，謹綴數言爲之序。

中華民國七十五年六月　陳　奇　祿　謹序於行政院文化建設委員會

序

民國七十二年八月,臺灣商務印書館決定影印故宮所藏文淵閣四庫全書,預定分爲十期,在五年內竣工。此一出版界盛事,當時深獲國內學術文化界及國際漢學人士一致的讚佩。清乾隆年間纂修四庫,姑不論其動機如何,但全書是中國國故的一次大整理,古籍精華的集成,則學者尚無異辭。惟是全書纂修之時,主事者因鈔繕工程浩鉅,爲省篇幅,將各書前原有的序目,多刪去不錄。復因書中或有篡改更動重訂,故編次與通行本亦未盡相同,其取檢已難。況書類宏富,卷帙浩繁,是以全書在資料方面之供利用研究,甚爲不便。欲使此一中國文化鉅製能供學者研究取用之資,非有索引不足以爲功。

四庫全書網羅我國歷代重要典籍三千四百餘種,欲編製一個索引以盡其全般,除了人名、地號、職官、書名等並非供研究之需者外,殆不可能。倘析而分之,則可編的索引又甚多。余迺以有助於學術研究,但其資料查檢非易爲主,擬具了三種索引。一曰傳記資料索引——凡四庫著錄的正、別史類、傳記類、地志類人物門、目錄類、集部別總集類所收的家傳、墓誌、神道碑銘等,以及他類圖書凡錄載有歷代人物傳記資料的篇章,均予以析出合編爲一引得;二曰文集篇目分類索引——以總別集所收的文篇爲主,以及各書首尚未刊削的序文,與他類偶收的文篇,皆予以類分,以便檢索;三曰說部篇題分類索引——說部之書,源出古小說家一流,採之街談巷語,道聽途說的。魏晉以後,衍爲筆記一體,或記軍國大事,或述時事見聞,或考訂習俗之謬,或讀書發抒己見,大抵是隨意錄載,無甚剪裁,如史部傳記類雜錄之屬,地理類雜記之屬,子部藝術類、雜家類、小說家類的筆記,集部詩文評類所收的圖書多屬之。此類書最富有參考的價值,然亦最難於查考,倘編製索引,則有助於學術研究大矣。

擬議既定,爲配合商務的出版工作,造具了索引五年編輯計劃,向行政院

四庫全書文集篇目分類索引

文化建設委員會提出補助申請，叨蒙核准，洊於文復會下設置「四庫全書索引編纂小組」，陳秘書長任召集人，王壽南教授任副召集人，余承任總編輯兼副召集人，吳哲夫及莊芳榮兩先生任副總編輯。徵募各大學文史系所畢業而有志於整理國故者若干位任編輯。余發凡起例，於七十三年六月正式展開工作，由商務提供逐批影印的毛本以供編輯。光陰荏苒，迄今不覺已近四載，賴諸同仁不計待遇的菲薄，辛勤努力，所採編的資料卡片累計逾八十三萬餘張。其中文集篇目達二十四萬條，茲已分類編繕校核竣事，由商務印書館先行付印，預計分訂五大册。其餘傳記資料，說部篇題分類兩索引，或在整理編排中，或在繼續採編中，將繼此索引之後陸續出版。茲文集篇目索引第一册校印竣工出版，余爰略述此事的顛末以告世人，並對編輯同仁多年的辛勤，敬致誠摯的謝忱。

中華民國七十七年四月　孝感昌彼得瑞卿謹識於　臺北士林外雙溪國立故宮博物院

四庫全書文集篇目分類索引

學術文之部

凡 例

一、本索引係依據民國七十五年臺灣商務印書館影印之文淵閣四庫全書本編纂。

二、本索引取材以四庫全書集部文集之篇目爲主，並增以史部詔令奏議類之篇目及地理類之藝文。此外，四庫著錄之圖書凡載有之序跋，亦悉予編錄。

三、四庫全書著錄凡例，於諸家文集內之青詞、朱表等，率以非文章正軌，繫從刪削。然檢之別集書中，尚多餘存，爲備體格。茲仍從四庫之例，皆不收錄。他如連珠、偈語、口號，亦悉爲刪汰。

四、古代文集，每多詩文並列，本索引僅及文章篇目，吟詠之作，繫不兼及。

五、文章分類起自晉摯虞文章流別，然其書久佚，遂不可知，其後隨事增華者衆，愈形紛雜。惟近人王重民於民國二十四年編纂「清人文集篇目分類索引」，依文章性質，釐分爲三類：曰學術文、曰傳記文、曰雜文，頗便檢尋。茲特做其法，並略加斟酌，擇其精當從之。

六、學術文部分，略做四部分類，以經史子集提綱列目。經部釐爲十類，史部十六類，子部十七類，集部六類，各類中若篇目過多，流別繁碎者，則再釐析子目，用便檢閱。

七、本索引排列方法有三：曰標準式、姓（地）名式、作者式。茲舉例說明如下：

㈠標準式：以文章篇目爲主，將一代之作彙集同處。首列篇題名稱，次列作者朝代及姓名，次標明是篇題出自某册、某頁、某卷。如：

　　詩考略序　　宋王應麟　　1187-197-1

　　姚野庵詩解序　　宋黃仲元　　1188-638-3

至於編次先後，蓋依作者時代先後爲序，作者不詳者，則置於其時代之末，按册碼排列。歷代帝王著述，則做四庫之例，冠諸各代之首。

㈡姓（地）名式：以姓（地）名爲主，以便檢得該名有關之篇目。如史部地理類都會郡縣之屬，以省分爲綱，按民國三十六年內政部所頒之行政區域，順序排列。例：

　　福建　長樂縣圖經序　　宋袁正規　　530-488-70

　　　　　八閩通誌序　　明黃仲昭　　530-495-70

　　　　　興化府志後序　　明黃仲昭　　1254-576-上

四庫全書文集篇目分類索引

學術文之部

凡例

兩廣　重修南海志序　　宋李昴英　1181-131-3

（跋）桂林郡志　明楊士奇　1238-596-17

廣州府志書序　　明丘　濬　1248-176-9

又如別集類之序跋，篇目繁多，即以該別集撰者爲綱，按筆畫順序排列。欲查宋王安石文集有關之序跋，則可於宋代四畫處王字下檢得：

王安石　王介甫文集序　　宋黃彥平　1132-785-4

跋牛山集　　宋陸　游　1167-518-27

臨川王文公集序　　元吳　澄　1197-220-20

臨川文鈔引　明茅　坤　1384-1-附

㈢作者式：以篇目之撰者爲主，彙集其作品於下，再以撰者爲綱，按筆畫順序排列。例如欲查宋文彥博之奏疏，即可在史部詔令奏議類附錄中，宋代四畫文姓處檢得：

文彥博　上神宗論近歲刑獄枝蔓（疏）　432-209-99

上神宗論青苗（疏）　432-411-114

上神宗論市易（疏）二則　432-447-116

八、古文篇題，或未標示，或爲後人所加。前者則附加小注，俾便領會。後者，往往流於晦澀，難詳其意，故於篇題下略加數字，使其明朗。例：

尹氏論論三傳書尹氏之非　清吳偉業　1312-413-40

（史記評論）項羽本紀　明黃淳耀　1297-680-4

九、本索引有互見之例：凡四庫分類有不治者，或篇目內容涉及廣泛，可以隸入兩種以上門類者，爲方便尋檢，乃採互見之法，分別著錄於適當之部類。如高僧傳之序跋循四庫例入之釋家類中，另依其體例互見於史部傳記類總傳之屬。又如本索引第三部分雜文之部書啓類，內容無所不包，其中不乏談經論史、批評子集之作，深具價值，故於篇題旁附加詳確小注，用便參考。亦採互見之例，隸入所適門類，庶方便考求。例：

致李叔易書論賦比興之義　宋胡寅　1137-534-8

答樂文學書論毛詩　宋晁公遡　1139-257-46

十、四庫別集類圖書中，每有附載之專書，其性質往往與本書或文集不同，今斟酌散入各適當部類。

十一、本索引爲節省篇幅，各篇題之下，僅依據商務影印出版之四庫全書書冊號碼，作爲標示。至於各書名稱，則列對照表置於目次之前，以便查檢。

十二、四庫著錄之書，卷帙浩繁。本索引（學術文之部）所收篇目約十五萬條，一一編排入類，疏漏難免，校稿時或有所發現，乃置補遺一篇於書末，庶求完備。容或謬誤關失，未盡詳覈之處，尚祈方家不吝指教，是所幸甚。

引用全書册次、頁碼、書名對照表

經 部

易 類

冊次	頁碼	書 名
7	1	子夏易傳
	129	周易鄭康成註
	147	增補鄭氏周易
	185	陸氏易解
	201	周易註
	283	周易註疏
	584	附：周易略例
	603	周易集解
8	1	周易口訣義
	105	周易舉正
	125	易數鈎隱圖
	160	附：遺論九事
	169	周易口義
	449	繫辭
	547	卷末 說卦
		序卦 雜卦
	565	溫公易說
	659	横渠易說
	760	附：横渠先生行狀
9	1	東坡易傳
	155	伊川易傳
	401	易學辨惑
	413	了齋易說
	459	吳園周易解
	569	附錄
	577	周易新講義
10	1	紫巖易傳
	263	讀易詳說
	459	易小傳
11	1	漢上易傳
	308	卦圖
	361	叢說
	395	周易窺餘
	597	易璇璣
	627	易變體義
12	1	周易經傳集解
	505	易原
	599	周易古占法
	609	周易章句外編
	625	原本周易本義
	705	別本周易本義
13	1	郭氏傳家易說
	275	周易義海撮要
	625	南軒義說
	681	復齋易說
14	1	楊氏易傳
	215	周易玩辭
	449	趙氏易說
	513	誠齋易傳
15	1	大易粹言
	753	易圖說
	779	古周易
	809	易傳燈
	851	易禪傳
	863	外篇
16	1	厚齋易學
	5	易輯注
	69	易輯傳
	593	易外傳
	819	附錄：先儒著述
17	1	童溪易傳
	379	周易總義
	621	西谿易說
	775	丙子學易編
	797	易通
18	1	周易卦爻經傳訓解
	107	易象意言
	123	周易要義
	303	易翼傳
	415	文公易說
19	1	易學啓蒙小傳
	17	附：易學啓蒙古經傳
	25	周易輯聞
	286	附：易雅
	317	筮宗
	349	用易詳解
	579	淙山讀周易
20	1	周易傳義附錄
	7	綱領
	31	圖說
	653	易學啓蒙通釋
	741	三易備遺
21	1	周易集說
	395	讀易舉要
	473	易象義
	479	卷首：易統論
	789	易圖通變
	821	易筮通變
22	1	讀易私言
	9	易附錄纂註
	199	周易啓蒙翼傳
	399	易纂言
	595	易纂言外翼
	697	易源奧義
	710	周易原旨
23	1	周易程朱傳義折衷
	447	周易衍義
24	1	易學濫觴
	17	大易緝說
	300	附：續刊大易緝說始末
	305	周易本義通釋
	577	周易本義集成
25	1	大易象數鈎深圖
	97	學易記
	417	周易集傳
	509	讀易考原
	537	易精蘊大義
26	1	易學變通
	69	周易會通
	609	附錄
	617	周易圖說
27	1	周易爻變易縕
	195	周易參義
	423	周易文詮

四庫全書文集篇目分類索引

引用全書冊次、頁碼、書名對照表

冊次	頁碼	書　名
28	1	周易傳義大全
29	1	易經蒙引
30	1	讀易餘言
	95	啓蒙意見
	195	易經存疑
31	1	周易辯錄
	131	易像鈔
	421	周易象旨決錄
	651	易象鉤解
32	1	周易集註
	429	讀易紀聞
	585	葉八白易傳
33	1	讀易述
	559	像象管見
34	1	周易窮記
	2	卷首：易學啓蒙集略
	67	周易易簡說
	171	易義古象通
	369	周易像象述
	371·	卷首：像象述金針
35	1	易用
	101	易象正
	457	兒易內儀以
	524	兒易外儀
	524	卷首：義例八明
	651	卦變考略
36	1	古周易訂詁
	379	附：解經處答客問
	383	周易玩辭困學記
37	1	易經通注
	201	日講易經解義
38	1	御纂周易折中
	595	御纂周易述義
39	1	讀易大旨
	2	卷首：總論
	133	周易稗疏
	161	附：考異
	165	易酌
	597	田間易學
40	1	易學象數論
	155	周易象辭
	678	附：周易尋門餘論
	734	圖學辯惑
41	1	周易筮述
	183	仲氏易
	479	推易始末
	519	春秋占筮書
	549	易小帖
42	1	易俟
	2	卷首：易俟圖
	261	讀易日鈔
	535	周易通論
	611	周易觀象
43	1	周易淺述
	317	周易淺述圖
	349	易原就正
44	1	大易通解
	565	附錄：讀啓蒙雜說
	581	易經衷論
	639	易圖明辨
45-46	1	合訂刪補大易集義粹言
47	1	周易傳註
	196	附：周易筮考
	209	周易窮記
	249	周易傳義合訂
	427	周易玩辭集解
	675	惠氏易說
48	1	周易函書約存
	399	周易函書約註
	817	周易函書別集
	819	易學須知
	859	易解辨異
	915	篝燈約旨
49	1	易箋
	239	學易初津
	287	易翼宗
	471	易翼說
50	1	周易孔義集說
	525	易翼述信
51	1	周易淺釋
	181	周易洗心
	383	豐川易說
	386	卷首通論
52	1	周易述
	301	易漢學
	371	易例
	421	易象大意存解
	451	大易擇言
53	1	周易辨畫
	421	周易圖書質疑
	671	周易章句證異
		附　錄
	821	乾坤鑿度
	840	易緯稽覽圖
	864	易緯辨終備
	866	周易乾鑿度
	884	易緯通卦驗
	899	易緯乾元序制記
	903	易緯是類謀
	909	易緯坤靈圖

書　類

冊次	頁碼	書　名
54	1	尚書注疏
	451	洪範口義
	485	書傳
55	1	尚書全解
56	1	禹貢指南
	53	禹貢論
	108	禹貢後論
	117	禹貢山川地理圖
	169	尚書講義
	393	夏氏尚書詳解
57	1	禹貢說斷
	127	增修東萊書說
	467	尚書說
	601	五誥解
	627	絜齋家塾書鈔
58	1	書經集傳
	141	尚書精義
59	1	陳氏尚書詳解
	459	融堂書解
	647	洪範統一
60	1	尚書要義
	2	序說
	193	書集傳或問
	281	胡氏尚書詳解
	431	尚書表注
61	1	書纂言
	201	書集傳纂疏
	449	讀書叢說
	531	書傳輯錄纂註
62	1	尚書通考
	209	書蔡氏傳旁通
	443	讀書管見
	511	書義斷法
	580	附：作義要訣
	587	尚書纂傳
	885	尚書句解
63	1	書傳會選
	185	書經大全

四庫全書文集篇目分類索引

冊次	頁碼	書　　名
	200	圖說
64	1	尚書考異
	99	尚書疑義
	221	尚書日記
	679	尚書砭蔡編
	703	尚書注考
	725	尚書疏衍
	797	洪範明義
65	1	日講書經解義
	375	欽定書經傳說彙纂
	375	書序
66	1	尚書稗疏
	127	尚書古文疏證
	523	附錄：朱子古文書疑
	543	古文尚書寃詞
	631	尚書廣聽錄
	687	尚書埤傳
	691	附：書經考異
	964	卷末：古文尚書逸篇
67	1	禹貢長箋
	5	卷首：圖
	211	禹貢錐指
	212	卷首：略例
	225	圖
68	1	洪範正論
	99	尚書七篇解義
	143	書經衷論
	217	尚書地理今釋
	249	禹貢會箋
	258	圖

附　錄

	385	尚書大傳
	420	補遺
	425	書義矜式

詩　類

冊次	頁碼	書　　名
69	1	詩序
	43	毛詩注疏
	48	卷首：毛詩譜附考證
	106	附:毛詩注疏原目
	112	毛詩注解傳述人
70	1	毛詩草木鳥獸蟲魚疏
	23	陸氏詩疏廣要
	169	毛詩指說
	181	詩本義
	301	附：鄭氏詩譜
	311	蘇氏詩集傳
	535	毛詩名物解
71	1	毛詩李黃集解
72	1	詩補傳
	433	詩總聞
	745	詩經集傳
73	1	慈湖詩傳
	321	呂氏家塾讀詩記
	799	續呂氏家塾讀詩記
74	1	絜齋毛詩經筵講義
	43	毛詩講義
	271	詩童子問
	421	段氏毛詩集解
	423	卷首：學詩總說
75	1	詩緝
	499	詩傳遺說
	597	詩考
	633	詩地理考
76	1	詩集傳名物鈔
	261	詩傳通釋
	789	詩傳旁通
77	1	詩經疏義會通
	2	綱領
	14	圖說
	531	詩經疑問
	566	附：詩辨說
	577	詩纘緒
78	1	詩演義
	191	詩解頤
	307	詩傳大全
	308	綱領
	326	朱子詩序辨說
79	1	詩說解頤
	505	讀詩私記
	549	詩故
80	1	六家詩名物疏
	5	引用書目
	11	提要
	579	重訂詩經疑問
81	1	詩經世本古義
82	1	待軒詩記
	5	卷首：學詩小箋總論
	37	讀詩略記
	338	卷首：論小序
83	1	欽定詩經傳說彙纂
	774	朱子詩序辨說
84	1	御纂詩義折中
	395	田間詩學
	769	詩經稗疏
85	1	詩經通義
	327	毛詩稽古編
86	1	詩所
	171	毛詩寫官記
	213	詩札
	233	詩傳詩說駁義
	275	續詩傳鳥名卷
	307	詩識名解
	543	詩傳名物集覽
87	1	詩說
	33	詩經翊記
	49	讀詩質疑
88	1	毛詩類釋
	197	續編
	211	詩疑辨證
	499	三家詩拾遺
	593	詩瀋
89	1	詩序補義
	5	卷首：綱領
	371	虞東學詩
	374	詩說

附　錄

	775	韓詩外傳

禮　類

一、周禮之屬

冊次	頁碼	書　　名
90	1	周禮注疏
91	1	周官新義
	176	附：考工記解
	197	周禮詳解
	603	周禮復古編
92	1	禮經會元
	185	太平經國書
	261	周官總義
93-94	1	周禮訂義
95	1	鬳齋考工記解
	105	周禮句解
	251	周禮集說
	761	周官集傳

四庫全書文集篇目分類索引

引用全書冊次、頁碼、書名對照表

冊次	頁碼	書　名
96	1	周禮傳
	284	周禮圖說
	375	周禮翼傳
	483	周禮全經釋原
	1036	附錄：周禮通今續論
97	1	周禮註疏刪翼
98-99	1	欽定周官義疏
100	1	周禮述註
	541	周禮篹訓
101	1	周官集注
	387	禮說
	665	周官祿田考
	715	周禮疑義舉要

二、儀禮之屬

冊次	頁碼	書　名
102	1	儀禮注疏
103	1	儀禮識誤
	31	儀禮集釋
	521	儀禮釋宮
104	1	儀禮圖
	315	儀禮旁通圖
	341	儀禮要義
105	1	儀禮逸經
	33	儀禮集說
	635	經禮補逸
	725	附錄
106-107	1	欽定儀禮義疏
108	1	儀禮鄭註句讀
	244	附：儀禮監本正誤
	249	儀禮石本誤字
	253	儀禮商
	283	附錄
	295	儀禮述註
109	1	儀禮析疑
	289	儀禮章句
	489	補饗禮
	499	禮經本義
	801	宮室考
	827	天子肆獻裸饋食禮
	883	儀禮釋宮增注
	899	儀禮小疏
110-111	1	儀禮集編

附　錄

冊次	頁碼	書　名
111	709	內外服制通釋
112-114	1	讀禮通考
	7	引用書目

三、禮記之屬

冊次	頁碼	書　名
115-116	1	禮記註疏
116	537	月令解
117-120	1	禮記集說
121	1	禮記纂言
	679	陳氏禮記集說
122	1	禮記大全
	783	月令明義
	833	表記集傳
	921	附：春秋表記問業
	927	坊記集傳
	1003	附：坊記春秋問業
	1013	緇衣集傳
	1119	儒行集傳
123	1	日講禮記解義
124-126	1	欽定禮記義疏
127	1	深衣考
	15	陳氏禮記集說補正
	279	禮記述註
128	1	禮記析疑
	273	檀弓疑問
	287	禮記訓義擇言
	389	深衣考誤

附　錄

冊次	頁碼	書　名
	399	大戴禮記
	541	夏小正戴氏傳

四、三禮總義之屬

冊次	頁碼	書　名
129	1	三禮圖集注
	285	三禮圖
	425	學禮質疑
	475	讀禮志疑
	569	郊社禘祫問
	585	參讀禮志疑

五、通禮之屬

冊次	頁碼	書　名
130	1	禮書
131	1	儀禮經傳通解
131-132	605	儀禮經傳通解續
133-134	1	禮書綱目
134	578	附：論律呂
	612	深衣考誤
135-142	1	五禮通考

六、雜禮書之屬

冊次	頁碼	書　名
142	457	書儀
	527	家禮
	579	附錄
	591	泰泉鄉禮
	663	朱子禮纂
	743	辨定祭禮通俗譜

春秋類

冊次	頁碼	書　名
143-144	1	春秋左傳注疏
	9	諸家序
	35	附：春秋三傳注解傳述人
145	1	春秋公羊傳注疏
	535	春秋穀梁傳注疏
	863	箴膏肓
	869	起廢疾
	876	發墨守
146	1	春秋釋例
	375	春秋集傳纂例
	537	春秋集傳微旨
	595	春秋集傳辨疑
	685	春秋名號歸一圖
	719	春秋年表
147	1	春秋尊王發微
	127	春秋皇綱論
	159	春秋通義
	171	春秋權衡
	363	劉氏春秋傳
	485	劉氏春秋意林
	541	春秋傳說例
	551	孫氏春秋經解
148	1	蘇氏春秋集解
	107	春秋辨疑

四庫全書文集篇目分類索引

	173	崔氏春秋經解		428	春秋纂言		155	春秋辯義
	335	附：春秋例要		753	春秋提綱	171	1	讀春秋略記
	345	春秋本例		865	春秋諸國統紀		3	卷首：總論
	459	春秋五禮例宗	160	1	春秋本義		227	春秋四傳質
	535	春秋通訓		6	春秋傳人名氏		323	左傳杜林合注
149	1	葉氏春秋傳		12	春秋綱領		327	春秋提要
	247	春秋考		32	春秋本義通論	172	1	日講春秋解義
	495	春秋三傳讞		35	春秋本義問答		11	總說
	496	春秋左傳讞		519	程氏春秋或問	173	1	欽定春秋傳說彙纂
	645	春秋公羊傳讞	161	1	三傳辨疑	174	1	御纂春秋直解
	744	春秋穀梁傳讞	162	1	春秋讞義		287	左傳杜解補正
150	1	呂氏春秋集解		163	春秋會通		341	春秋稗疏
151	1	胡氏春秋傳		166	春秋諸傳序		385	春秋四傳糾正
	8	春秋諸國興廢說		176	讀春秋綱領		409	春秋平義
	11	春秋提要	163	1	春秋闕疑	175	1	讀左日鈔
	251	高氏春秋集註	164	1	春秋集傳		231	讀左日鈔補
	593	春秋後傳		253	春秋師說		263	左傳事緯
152	1	左氏傳說		311	附錄		620	附:左傳事緯前集
	4	卷首:看左氏規模		327	春秋左氏傳補註	176	1	春秋毛氏傳
	143	左氏傳續說		413	春秋金鎖匙		409	春秋簡書刊誤
	144	綱領		441	春秋屬辭		441	春秋屬辭比事記
	295	左氏博議	165	1	春秋胡傳附錄纂疏		479	春秋地名考略
153	1	春秋比事		753	春秋春王正月考		681	春秋管窺
	253	春秋左傳要義		788	辨疑	177	1	三傳折諸
154	1	春秋分記		807	春秋書法鉤元		1	左傳折諸
	8	卷首：春秋分記例要	166	1	春秋大全		537	公羊折諸
155	1	春秋講義		3	序論		642	穀梁折諸
	175	春秋集義		19	諸國興廢說		739	春秋闡如編
	180	諸家姓氏事略		25	列國圖說	178	1	春秋宗朱辨義
	184	綱領		26	二十國年表		2	卷首：總論
156	1	張氏春秋集注	167	1	春秋經傳辨疑		291	春秋通論
	3	綱領		37	春秋正傳		351	春秋世族譜
	179	春秋王霸列國世紀編		674	附錄		393	春秋長歷
	289	春秋通說		683	左傳附注		627	惠氏春秋說
	457	洪氏春秋說		746	後錄	179-180	1	春秋大事表
157	1	春秋經筌		753	春秋胡氏傳辨疑			
	477	呂氏春秋或問	168	1	春秋明志錄	180	602	附錄
	664	附：春秋五論		323	春秋正旨		614	讀春秋偶筆
158	1	春秋集傳詳說		335	春秋輯傳		632	輿圖
	6	綱領		336	宗旨	181	1	春秋識小錄
	509	讀春秋編		355	春秋凡例		119	惠氏春秋左傳補註
159	1	春秋集傳釋義大成	169	1	春秋億		231	春秋左傳小疏
	3	諸家傳序		83	春秋事義全考		247	春秋地理考實
	13	綱領		491	春秋左傳屬事		329	三正考
	15	春秋世次圖說		937	春秋胡傳考誤		347	春秋究遺
	335	春秋纂言		953	左氏釋		351	春秋總說
	335	總例		979	春秋質疑		357	春秋比例
			170	1	春秋孔義		661	春秋隨筆

四庫全書文集篇目分類索引

附　錄

冊次	頁碼	書　　名
	697	春秋繁露

孝經類

冊次	頁碼	書　　名
182	1	古文孝經孔氏傳
	19	附:宋本古文孝經
	23	孝經注疏
	85	孝經指解
	103	孝經刊誤
	111	孝經大義
	127	孝經定本
	141	孝經述註
	155	孝經集傳
	255	御定孝經注
	269	御纂孝經集註
	281	孝經問

五經總義類

冊次	頁碼	書　　名
182	295	駁五經異義
	314	補遺
	325	鄭志
	355	經典釋文
183	1	公是七經小傳
	45	程氏經說
	137	六經圖
	455	六經正誤
	559	九經三傳沿革例
	579	融堂四書管見
	737	四如講稿
184	1	六經奧論
	3	總文
	123	明本排字九經直音
	245	五經說
	343	十一經問對
	433	五經蠡測
	539	簡端錄
	679	五經稽疑
	779	經典稽疑
185-189	1	欽定繙譯五經四書
185	3	御製繙譯易經
	9	周易圖說
	23	筮儀
	32	周易上下篇義
	212	御製繙譯書經
	405	御製繙譯詩經
186	1	御製繙譯禮記
187-189	1	御製繙譯春秋
	12	綱領
189	282	御製繙譯四書
	282	繙譯大學
	305	繙譯中庸
	340	繙譯論語
	452	繙譯孟子
190	1	七經孟子考文補遺
191	1	九經誤字
	7	經問
	221	經問補
	251	十三經義疑
	359	九經古義
	503	經稗
192	1	十三經注疏正字
193	1	朱子五經語類
	3	易
	372	書
	458	詩
	524	春秋
	557	禮
194	1	羣經補義
	61	經咫
	93	九經辨字瀆蒙
	353	古經解鉤沉

附　錄

冊次	頁碼	書　　名
	807	古微書

四書類

冊次	頁碼	書　　名
195	1	孟子注疏
	333	論語集解義疏
	525	論語注疏
196	1	論語筆解
	29	孟子音義
	45	論語拾遺
	53	孟子解
	63	論語全解
	229	孟子傳
	517	尊孟辨
	549	尊孟續辨
	564	尊孟辨別錄
197	1	四書章句集注
	3	大學章句
	14	論語集注
	90	孟子集注
	198	中庸章句
	215	四書或問
198	1	論孟精義
	4	綱領
	6	論語精義
	420	孟子精義
	555	中庸輯略
199	1	石鼓論語答問
	111	論語意原
	189	癸巳論語解
	321	癸巳孟子說
	553	蒙齋中庸講義
200	1	四書集編
	3	大學集編
	44	中庸集編
	100	論語集編
	238	孟子集編
	383	孟子集疏
	557	論語集說
	713	中庸指歸
	721	中庸分章
	737	大學發微
	740	大學本旨
201	1	四書纂疏
	1	大學纂疏
	77	中庸纂疏
	200	論語纂疏
	496	孟子纂疏
202	1	大學疏義
	35	論孟集註考證
	37	論語集註考證
	102	孟子集註考證
	149	四書集義精要
	331	四書辨疑
	529	讀四書叢說
203	1	四書通
	8	大學通
	40	中庸通
	105	論語通
	381	孟子通
	637	四書通證
	641	大學章句或問通證
	650	論語集註通證
	702	孟子集註通證
	734	中庸章句或問通證
	745	四書疑節

四庫全書文集篇目分類索引

	891	四書經疑貫通		483	四書翊記		471	匡謬正俗
204	1	四書纂箋		521	此木軒四書說	222	1	羣經音辨
	2	大學纂箋		657	四書逸箋		59	埤雅
	49	中庸纂箋		713	鄉黨圖考			附：音釋
	125	論語纂箋					239	爾雅翼
	302	孟子纂箋	**樂　類**				515	駢雅
	507	四書通旨	**冊次**	**頁碼**	**書　名**		549	字詁
	675	四書管窺	211	1	皇祐新樂圖記		585	續方言
	961	大學中庸集說啓蒙		23	樂書		607	別雅
	964	大學集說啓蒙	212	1	律呂新書			**二、字書之屬**
	1007	中庸集說啓蒙		49	瑟譜	**冊次**	**頁碼**	**書　名**
205	1	四書大全		93	韶舞九成樂補	223	1	急就篇
	2	大學章句大全		115	律呂成書		63	說文解字
	49	大學或問		189	苑洛志樂		385	說文繫傳
	103	論語集註大全		643	鐘律通考		791	說文繫傳考異
	529	孟子集註大全	213-214	1	樂律全書		843	附錄
	868	中庸章句大全					849	說文解字篆韻譜
	948	中庸或問	215	1	御製律呂正義	224	1	重修玉篇
206	1	四書蒙引		2	上編：正律審音		237	附：玉篇反紐圖
	728	四書蒙引別錄		91	下編：和聲定樂		240	玉篇分毫字樣
	753	四書因問		184	續編：協均度曲		243	干祿字書
207	1	問辨錄	215-218	223	御製律呂正義後編		251	五經文字
	97	論語類考	219	1	欽定詩經樂譜全書		295	九經字樣
	289	孟子雜記		918	附:欽定樂律正俗		307	汗簡
	357	學庸正說	220	1	古樂經傳		309	目錄敍略
	431	論語商		97	古樂書		377	佩觿
	505	論語學案		197	聖諭樂本解說		413	古文四聲韻
	709	四書留書		219	皇言定聲錄	225	1	類篇
208	1	日講四書解義		291	竟山樂錄		503	歷代鐘鼎彝器款識
	649	四書近指		339	李氏學樂錄			法帖
	831	孟子師說		369	樂律表微		679	復古編
	905	大學翼眞		511	律呂新論		749	班馬字類
209	1	四書講義因勉錄		547	律呂闡微		791	漢隸字源
	839	松陽講義		549	卷首：皇言定聲	226	1	六書故
210	1	榕村四書說		687	琴旨		3	卷首：六書通釋
	2	大學古本說		687	卷首：御製文		619	字通
	11	中庸章段					647	龍龕手鑑
	27	中庸餘論	**小學類**			227	1	六書統
	42	讀論語翊記				228	1	周秦刻石釋音
	89	讀孟子翊記	**一、訓詁之屬**				17	字鑑
	133	論語稽求篇	**冊次**	**頁碼**	**書　名**		75	說文字原
	207	四書賸言	221	1	爾雅注疏		106	六書正譌
	250	補		237	爾雅註		183	漢隸分韻
	277	大學證文		281	輶軒使者絕代語釋		285	六書本義
	315	四書釋地			別國方言		289	綱領
	340	四書釋地續		383	釋名		296	圖考
	370	四書釋地又續		425	廣雅		375	奇字韻
	435	四書釋地三續						

四庫全書文集篇目分類索引

引用全書册次、頁碼、書名對照表

	399	古音駢字		349	轉注古音略
	432	古音駢字續編		403	毛詩古音考
	539	俗書刊誤		519	屈宋古音義
	587	字攷	240	1	御定音韻闡微
229-231	1	御定康熙字典		13	卷首：韻譜
	9	總目		359	欽定同文韻統
	17	檢字		449	欽定叶韻彙輯
	31	辨似		853	欽定音韻述微
	36	等韻	241	1	音論
231	598	補遺		33	詩本音
	632	備考		143	易音
232-233	1	御製增訂清文鑑		167	唐韻正
233	315	補編		521	古音表
	448	總綱		535	韻補正
	730	補編總綱	242	1	古今通韻
234	1	御製滿珠蒙古漢字三合切音清文鑑		297	易韻
235	1	欽定西域同文志		337	孫氏唐韻考
	431	隸辨		438	古韻標準
	845	篆隸考異		490	卷首：詩韻舉例

三、韻書之屬

册次	頁碼	書名			附 錄
236	1	原本廣韻		581	六藝綱目
	223	重修廣韻		636	附錄：字原
	433	集韻		640	六藝綱目發原
237	1	切韻指掌圖
	44	附檢圖之例
	55	韻補
	133	附釋文互註禮部韻略
	300	附：貢舉條式
	333	增修五註禮部韻略
	587	增修校正押韻釋疑
	590	卷首：校正條例
	767	九經補韻
238	1	五音集韻
	357	古今韻會舉要
	364	韻母
	837	四聲全形等子
	853	經史正音切韻指南
239	1	洪武正韻
	241	古音叢目
	278	古音獵要
	294	古音餘
	323	古音附錄
	333	古音略例

史 部

正史類

册次	頁碼	書名
243-244	1	史記
244	964	補史記三皇本紀
	966	史記正義論例諡法解列國分野
245-246	1	史記集解
246	447	史記索隱
247-248	1	史記正義
	16	附：史記正義論例諡法解
248	421	讀史記十表
	673	史記疑問
249-251	1	前漢書
251	431	班馬異同
252-253	1	後漢書
253	735	補後漢書年表
	821	兩漢刊誤補遺
254	1	三國志
	13	魏志
	547	蜀志
	694	吳志
	937	三國史辨誤
	949	三國志補注
	1038	附：諸史然疑
255-256	1	晉書
256	1007	晉書音義
257-258	1	宋書
259	1	南齊書
260	1	梁書
	511	陳書
261-262	1	魏書
263	1	北齊書
	391	周書
264	1	隋書
265	1	南史
266-267	1	北史
268-271	1	舊唐書
272-276	1	新唐書
276	530	唐書釋音
	617	新唐書糾謬
277-278	1	舊五代史
	8	目錄
279	1	新五代史
	539	五代史纂誤
280-288	1	宋史
	5	目錄
289	1	遼史
	737	遼史拾遺
290-291	1	金史
292-295	1	元史
296	1	欽定遼金元三史國語解
	3	欽定遼史語解

四庫全書文集篇目分類索引

	118	欽定金史語解
	244	欽定元史語解
297-302	1	明史

編年類

册次	頁碼	書　　名
303	1	竹書紀年
	43	竹書統箋
	203	前漢紀
	491	後漢紀
	829	元經
	955	唐創業起居注
304-310	1	資治通鑑
311	1	資治通鑑考異
	317	資治通鑑釋例
	321	資治通鑑目錄
312	1	通鑑地理通釋
	217	通鑑釋文辨誤
	381	通鑑胡注舉正
	391	稽古錄
	527	資治通鑑外紀
	527	資治通鑑外紀目錄
313	1	皇王大紀
	779	中興小紀
314-322	1	續資治通鑑長編
323	1	綱目續麟
	3	綱目續麟凡例
	14	綱目續麟附錄
	439	綱目續麟彙覽
	513	綱目分註拾遺
	647	綱目訂誤
324	1	大事記
	98	大事記通釋
	124	大事記解題
325-327	1	建炎以來繫年要錄
328	1	九朝編年備要
	873	續宋編年資治通鑑
329	1	西漢年紀
	407	靖康要錄
	685	兩朝綱目備要
	961	宋季三朝政要
330-331	1	宋史全文
332	1	資治通鑑前編
	376	資治通鑑前編舉要
	435	通鑑續編
333-334	1	大事記續編
334	449	元史續編
335-339	1	御批歷代通鑑輯覽
339	737	附：明唐桂二王本末
340	1	御定資治通鑑綱目三編
341	1	皇清開國方略
	3	御製開國方略聯句
	23	卷首：發祥世紀
342-345	1	資治通鑑後編

紀事本末類

册次	頁碼	書　　名
346-349	1	通鑑紀事本末
349	445	春秋左氏傳事類始末
	713	附錄
350-352	1	三朝北盟會編
352	481	蜀鑑
	603	炎徼紀聞
353	1	宋史紀事本末
	753	元史紀事本末
354	1	平定三逆方略
354-355	425	聖祖仁皇帝親征平定朔漠方略
	436	卷首：聖祖仁皇帝御製親征朔漠紀略
356	1	欽定平定金川方略
357-359	1	平定準噶爾方略
	1	前編
358	1	正編
359	506	續編
360-361	1	平定兩金川方略
	8	卷首：天章
	78	藝文
362	1	欽定剿捕臨清逆匪紀略
	233	欽定蘭州紀略
	234	卷首：天章
	487	欽定石峯堡紀略
	489	卷首：天章
363	1	欽定臺灣紀略
	3	卷首
	847	綏寇紀略
364	1	滇考
	117	明末紀事本末
365-368	1	繹史
	18	世系圖
	30	年表
369	1	左傳紀事本末
	557	平臺紀略
	584	附：東征集

別史類

册次	頁碼	書　　名
370	1	逸周書
	65	東觀漢記
	225	建康實錄
371	1	隆平集
	205	古史
372-381	1	通志
382	1	東都事略
383	1	路史
	655	欽定重訂契丹國志
	805	欽定重訂大金國志
384	1	古今紀要
	385	蕭氏續後漢書
	688	義例
	689	附：續後漢書音義
385-386	1	郝氏續後漢書
386	589	春秋別典
387-391	1	御定歷代紀事年表
	2	三元甲子編年
392-401	1	欽定續通志
402	1	補歷代史表
	325	後漢書補逸
403	1	春秋戰國異辭
	8	春秋戰國通表
	1045	摭遺
404-405	1	尚史

雜史類

冊次	頁碼	書　　名
406	1	國語
	187	國語補音
	239	戰國策
	469	鮑氏戰國策注
407	1	戰國策校注
	337	貞觀政要
	555	潛宮舊事
	604	補遺
	609	東觀奏記
	631	五代史闕文
	641	五代史補
	685	北狩見聞錄
	695	松漠紀聞
	704	續
	713	燕翼詒謀錄
408	1	太平治迹統類
	797	咸淳遺事
	833	大金弔伐錄
	933	汝南遺事
	959	錢塘遺事
	1035	平宋錄
409-410	1	弇山堂別集
410	529	革除逸史
	549	欽定蒙古源流

詔令奏議類

一、詔令之屬

冊次	頁碼	書　　名
411	1	太祖高皇帝聖訓
	39	太宗文皇帝聖訓
	97	世祖章皇帝聖訓
	145	聖祖仁皇帝聖訓
412	1	世宗憲皇帝聖訓
413	1	世宗憲皇帝上諭八旗
	313	上諭旗務議覆
	483	諭行旗務奏議
414-415	1	世宗憲皇帝上諭內閣
416-425	1	世宗憲皇帝硃批諭旨
426	1	唐大詔令集
	971	兩漢詔令
	971	西漢詔令
	1062	東漢詔令

二、奏議之屬

冊次	頁碼	書　　名
427	1	范文正奏議
	73	包孝肅奏議集
	183	盡言集
	319	議論集
	389	左史諫草
	404	附:左史呂公家傳
	411	監簿呂公家傳
	417	商文毅疏稿
	453	王端毅奏議
	705	馬端肅奏議
428	1	關中奏議
	559	胡端敏奏議
	749	楊文忠三錄
429	1	何文簡疏議
	263	垂光集
	289	孫毅菴奏議
	351	玉坡奏議
	409	南宮奏稿
	559	訏謨奏疏
	587	譚襄敏奏議
430	1	潘司空奏疏
	189	兩河經略
	249	兩垣奏議
	259	周忠愍奏疏
	303	張襄壯奏疏
	451	靳文襄奏疏
	451	治河題藁
	713	附：撫皖題藁
	729	華野疏稿
431-432	1	宋名臣奏議
433-442	1	歷代名臣奏議
443-444	1	名臣經濟錄
445	1	御選明臣奏議

傳記類

一、聖賢之屬

冊次	頁碼	書　　名
446	1	孔子編年
	57	東家雜記

二、名人之屬

冊次	頁碼	書　　名
446	95	晏子春秋
	161	魏鄭公諫錄
	209	李相國論事集
	251	杜工部年譜
	259	杜工部詩年譜
	273	紹陶錄
	305	金佗稡編
	528	金佗續編
447	1	象臺首末
	47	附錄
	55	魏鄭公諫續錄
	91	忠貞錄
	122	附錄
	127	諸葛忠武書
	227	寧海將軍固山貝子功績錄
	245	朱子年譜
	364	朱子年譜考異
	414	朱子論學切要語

三、總錄之屬

冊次	頁碼	書　　名
448	1	古列女傳
	74	續古列女傳
	85	高士傳
	115	卓異記
	123	春秋臣傳
	283	廉吏傳
	345	紹興十八年同年小錄
	411	伊洛淵源錄
449	1	宋名臣言行錄前集
	125	後集
	292	宋名臣言行錄續集
	362	別集
	642	外集
450	1	名臣碑傳琬琰之集
	2	上集
	225	中集
	668	下集
451	1	錢塘先賢傳贊
	19	慶元黨禁
	47	宋寶祐四年登科錄
	119	京口耆舊傳
	219	昭忠錄
	251	敬鄉錄

四庫全書文集篇目分類索引

	409	唐才子傳
	497	元朝名臣事略
452	1	浦陽人物記
	37	古今列女傳
	121	殿閣詞林記
	421	嘉靖以來首輔傳
453	1	明名臣琬琰錄
	275	明名臣琬琰續錄
	503	今獻備遺
	723	百越先賢志
	763	元儒考略
454	1	欽定宗室王公功績表傳
	217	欽定外蕃蒙古回部王公表傳
455-456	1	欽定八旗滿洲氏族通譜
456	393	欽定勝朝殉節諸臣錄
457	1	明儒學案
	4	發凡
458	1	中州人物考
	173	東林列傳
	484	卷末附：熹宗原本本紀
	519	儒林宗派
	591	明儒言行錄
	993	明儒言行錄續編
459	1	史傳三編
460	1	閩中理學淵源考

四、雜錄之屬

册次	頁碼	書　　名
460	827	征南錄
	833	驂鸞錄
	847	吳船錄
	875	入蜀記
	923	西使記
	929	保越錄
	943	粵閩巡視紀略
	1125	松亭行紀
	1153	屆從西巡日錄

史鈔類

册次	頁碼	書　　名
461	1	兩漢博聞
461-462	201	通鑑總類
462	483	南史識小錄
	574	北史識小錄

載記類

册次	頁碼	書　　名
463	1	吳越春秋
	73	越絕書
	131	華陽國志
	305	鄴中記
	315	十六國春秋
	1105	別本十六國春秋
464	1	蠻書
	43	釣磯立談
	69	江南野史
	119	江南別錄
	131	江表志
	149	江南餘載
	163	三楚新錄
	175	錦里耆舊傳
	203	五國故事
	221	蜀檮杌
	247	馬氏南唐書
	383	陸氏南唐書
	492	南唐書音釋
	497	吳越備史
	576	補遺
	591	安南志略
465-466	1	十國春秋

附　錄

| 466 | 367 | 朝鮮史略 |
| | 559 | 越史略 |

時令類

册次	頁碼	書　　名
467	1	歲時廣記
	39	御定月令輯要
	45	卷首：圖說

地理類

一、宮殿簿之屬

册次	頁碼	書　　名
468	1	三輔黃圖
	37	禁扁

二、總志之屬

册次	頁碼	書　　名
468	131	元和郡縣志
469-470	1	太平寰宇記
471	1	元豐九域志
	233	輿地廣記
	521	方輿勝覽
472-473	1	明一統志
474-483	1	大清一統志

三、都會郡縣之屬

册次	頁碼	書　　名
484	1	吳郡圖經續記
	53	乾道臨安志
	109	淳熙三山志
485	1	吳郡志
	337	新安志
	527	剡錄
486	1	會稽志
	440	會稽續志
	567	赤城志
487	1	寶慶四明志
	347	開慶四明續志
	493	海鹽澉水志
	523	景定嚴州續志
488-489	1	景定建康志
490	1	咸淳臨安志
491	1	至元嘉禾志
	267	昌國州圖志
	319	延祐四明志
	685	齊乘
	810	附：釋音
492	1	至大金陵新志
	653	無錫縣志
493	1	姑蘇志
494	1	武功縣志
	47	朝邑縣志
	61	嶺海輿圖
	97	滇略
	251	吳興備志
495-496	1	欽定熱河志
497-499	1	欽定日下舊聞考
499	451	欽定滿洲源流考
500	1	欽定皇輿西域圖志

四庫全書文集篇目分類索引

引用全書冊次、頁碼、書名對照表

	19	卷首：天章
501-503	1	欽定盛京通志
504-506	1	畿輔通志
507-512	1	江南通志
513-518	1	江西通志
	10	繪圖
519-526	1	浙江通志
527-530	1	福建通志
	15	圖
531-534	1	湖廣通志
535-538	1	河南通志
539-541	1	山東通志
	19	輿圖
542-550	1	山西通志
551-556	1	陝西通志
557-558	1	甘肅通志
559-561	1	四川通志
562-564	1	廣東通志
565-567	1	廣西通志
568	737	附：補纂
569-570	1	雲南通志
571-572	1	貴州通志
572	571	歷代帝王宅京記

四、河渠之屬

冊次	頁碼	書　　名
573	1	水經注
574	1	水經注集釋訂訛
575	1	水經注釋
	679	附錄
	706	水經注箋刊誤
576	1	吳中水利書
	15	四明它山水利備覽
	43	河防通議
	71	治河圖略
	83	浙西水利書
	137	河防一覽
	517	三吳水利錄
	562	附：續增
	567	北河紀
	724	北河紀餘
577	1	敬止集
	87	三吳水考
578	1	吳中水利全書
579	1	欽定河源紀略
	317	崑崙河源考
	347	兩河清彙
	348	圖
	485	居濟一得
	613	治河奏績書
	746	附：河防述言
	781	直隸河渠志
580-582	1	行水金鑑
583	1	水道提綱
	317	海塘錄

五、邊防之屬

冊次	頁碼	書　　名
584	1	籌海圖編
	443	鄭開陽雜著

六、山水之屬

冊次	頁碼	書　　名
585	1	南嶽小錄
	13	廬山記
	42	附：廬山略記
	45	赤松山志
	59	西湖遊覽志
	284	西湖遊覽志餘
	637	桂勝
	739	附：桂故
586	1	欽定盤山志
	337	西湖志纂

七、古蹟之屬

冊次	頁碼	書　　名
587	1	洛陽伽藍記
	53	吳地記
	66	吳地記後集
	73	長安志
	239	洛陽名園記
	249	雍錄
	405	洞霄圖志
	469	長安志圖
	513	汴京遺蹟志
588	1	武林梵志
	287	江城名蹟
	375	營平二州地名記
	401	金鰲退食筆記
	433	石柱記箋釋
	479	關中勝蹟圖志

八、雜記之屬

冊次	頁碼	書　　名
589	1	南方草木狀
	13	荊楚歲時記
	29	北戶錄
	63	桂林風土記
	79	嶺表錄異
	99	益部方物略記
	109	岳陽風土記
	125	東京夢華錄
	175	六朝事迹編類
	251	會稽三賦
	289	中吳紀聞
	365	桂海虞衡志
	389	嶺外代答
590	1	都城紀勝
	13	夢梁錄
	173	武林舊事
	301	增補武林舊事
	433	歲華紀麗譜
	438	附：騰紙譜
	440	蜀錦譜
	443	吳中舊事
	459	平江記事
	471	江漢叢談
	499	閩中海錯疏
591-592	1	蜀中廣記
592	735	益部談資
	759	顏山雜記
	827	嶺南風物記
	841	龍沙紀略
	861	臺海使槎錄
	985	東城雜記

九、遊記之屬

冊次	頁碼	書　　名
593	1	遊城南記
	17	河朔訪古記
	61	徐霞客遊記

十、外紀之屬

冊次	頁碼	書　　名
593	611	佛國記
	635	大唐西域記
	811	宣和奉使高麗圖經
	909	附：宋故尚書刑部員外郎徐公行狀
594	1	諸蕃志
	43	溪蠻叢笑
	53	眞臘風土記
	71	島夷志略
	105	朝鮮賦
	117	海語
	137	東西洋考
	279	職方外紀
	337	赤雅
	369	朝鮮志
	395	皇清職貢圖
	729	坤輿圖說
	793	異域錄
	847	海國聞見錄

職官類

一、官制之屬

冊次	頁碼	書　　名
595	1	唐六典
	295	翰林志
	303	麟臺故事
	341	翰苑羣書
	417	南宋館閣錄
	467	續錄
	549	玉堂雜記
596	1	宋宰輔編年錄
	753	祕書監志
	859	翰林記
597-598	1	禮部志稿
599	1	太常續考
	331	土官底簿
	421	詞林典故
600	1	欽定國子監志
601-602	1	欽定歷代職官表

二、官箴之屬

冊次	頁碼	書　　名
602	617	州縣提綱
	651	官箴
	657	百官箴
	705	畫箑緒論
	729	三事忠告
	761	御定人臣儆心錄

政書類

一、通制之屬

冊次	頁碼	書　　名
603-605	1	通典
606-607	1	唐會要
607	439	五代會要
608	1	宋朝事實
	239	建炎以來朝野雜記
	239	甲集
	449	乙集
609	1	西漢會要
	449	東漢會要
	779	漢制考
610-616	1	文獻通考
617-618	1	明會典
618	765	七國考
619	1	欽定大清會典
620-625	1	欽定大清會典則例
626-631	1	欽定續文獻通考
632-638	1	欽定皇朝文獻通考
639-641	1	欽定續通典
642-643	1	欽定皇朝通典
644-645	1	欽定皇朝通志
645	687	元朝典故編年考

二、儀制之屬

冊次	頁碼	書　　名
646	1	漢官舊儀
	16	補遺
	19	大唐開元禮
	897	謚法
647	1	政和五禮新儀
	36	政和御製冠禮
	85	政和五禮新儀目錄
648	1	紹熙州縣釋奠儀圖
	27	大金集禮
	309	大金德運圖說
	323	廟學典禮
649-650	1	明集禮
651	1	頖宮禮樂疏
	417	明臣謚考
	419	附：釋義
	458	訂誤
	463	明謚紀彙編
	603	明宮史
652	1	幸魯盛典
653-654	1	萬壽盛典初集
655	1	欽定大清通禮
656	1	皇朝禮器圖式
657	1	國朝宮史
	619	欽定滿洲祭神祭天典禮
658-659	1	欽定南巡盛典
660-661	1	八旬萬壽盛典
662	1	歷代建元考
	155	北郊配位尊西向議
	167	廟制圖考

三、邦計之屬

冊次	頁碼	書　　名
662	233	救荒活民書
	298	拾遺
	311	熬波圖
	365	錢通
663	1	捕蝗考
	13	荒政叢書
	203	附錄

四庫全書文集篇目分類索引

引用全書册次、頁碼、書名對照表

	223	欽定康濟錄

四、軍政之屬

册次	頁碼	書　　名
663	437	歷代兵制
	481	補漢兵志
	503	馬政紀
664-671	1	欽定八旗通志

五、法令之屬

册次	頁碼	書　　名
672	1	唐律疏義
672-673	377	大清律例

六、考工之屬

册次	頁碼	書　　名
673	399	營造法式
	699	補遺
	709	欽定武英殿聚珍版程式

目錄類

一、經籍之屬

册次	頁碼	書　　名
674	1	崇文總目
	153	郡齋讀書志
	301	附志
	386	後志
	435	遂初堂書目
	491	子略
	525	直齋書錄解題
675	1	漢藝文志考證
	111	文淵閣書目
	231	授經圖義例
	335	欽定天祿琳琅書目
676	1	千頃堂書目
677-680	1	經義考

二、金石之屬

册次	頁碼	書　　名
681	1	集古錄
	147	金石錄
	377	法帖刊誤
	395	法帖釋文
	427	繹史
	443	隸釋
	759	隸續
682	1	絳帖平
	37	石刻鋪敍
	61	法帖譜系
	73	蘭亭考
	155	蘭亭續考
	181	寶刻叢編
	517	輿地碑記目
	583	寶刻類編
683	1	古刻叢鈔
	25	名蹟錄
	83	附錄
	93	吳中金石新編
	223	金薤琳琅
	357	法帖釋文考異
	417	金石林時地考
	445	石墨鐫華
	514	附錄
	533	金石史
	559	欽定重刻淳化閣帖釋文
	659	求古錄
	701	金石文字記
	833	石經考
	853	萬氏石經考
684	1	來齋金石刻考略
	97	嵩陽石刻集記
	164	附：紀遺
	169	金石文考略
	447	分隸偶存
	503	淳化祕閣法帖考正
	643	竹雲題跋
	711	金石經眼錄
	765	石經考異

史評類

册次	頁碼	書　　名
685	1	史通
	157	史通通釋
	462	附：新唐書劉知幾本傳
	469	唐鑑
	639	唐史論斷
	700	附錄
	703	唐書直筆
686	1	通鑑問疑
	13	三國雜事
	29	經幄管見
	75	涉史隨筆
	95	六朝通鑑博議
	185	宋大事記講義
	413	兩漢筆記
	571	舊聞證誤
	617	通鑑答問
687	1	歷代名賢確論
688	1	歷代通略
	109	附:歷代通略蒙求
	111	十七史纂古今通要
	337	學史
	451	史糾
689-691	1	御批資治通鑑綱目
692	1	御批資治通鑑綱目前編
	577	舉要
693-694	1	御批續資治通鑑綱目
694	417	評鑑闡要
	583	欽定古今儲貳金鑑

子　部

儒家類

册次	頁碼	書　　名
695	1	孔子家語
	115	荀子
	307	孔叢子
	359	附：連叢子
	369	新語
	387	新書
	475	鹽鐵論
696	1	說苑
	187	新序
	269	揚子法言
	355	潛夫論
	432	附:後漢書王符傳
	433	申鑒
	465	中論
	503	傅子
	521	中說
	587	帝範
	619	續孟子
	629	伸蒙子
	645	素履子
	657	家範

四庫全書文集篇目分類索引

	725	帝學
	781	儒志編
	803	附錄
697	1	太極圖說述解
	15	西銘述解
	21	通書述解
	75	張子全書
	320	附錄
	333	注解正蒙
	411	正蒙初義
698	1	二程遺書
	263	附錄
	281	二程外書
	355	二程粹言
	439	公是弟子記
	473	節孝語錄
	497	儒言
	515	童蒙訓
	545	省心雜言
	565	上蔡語錄
	595	袁氏世範
	643	延平答問
	669	附錄
699	1	近思錄
	127	近思錄集註
	129	附說
	357	近思錄集註
	489	雜學辨
	516	附：記疑
	521	御定小學集註
700-702	1	朱子語類
703	1	戒子通錄
	109	知言
	150	附錄
	159	明本釋
	219	少儀外傳
	265	麗澤論說集錄
	457	曾子全書
	487	子思子全書
	509	邇言
	553	木鍾集
704	1	經濟文衡
	1	前集
	157	後集
	315	續集
	497	大學衍義
705-706	1	西山讀書記
706	425	心經
	441	政經
	471	項氏家說
	561	附錄
	585	先聖大訓
707-708	1	黃氏日抄
709	1	北溪字義
	58	附：嚴陵講義
	63	準齋雜說
	91	性理羣書句解
	291	東宮備覽
	319	孔子集語
	351	朱子讀書法
	421	家山圖書
	457	讀書分年日程
	535	辨惑編
	588	附錄
	595	治世龜鑑
	617	管窺外篇
	721	內訓
	741	理學類編
710-711	1	性理大全書
711	541	讀書錄
	702	續錄
712-713	1	大學衍義補
714	1	居業錄
	111	楓山語錄
	134	附：行實
	137	東溪日談錄
	275	困知記
	317	續錄
	358	附錄
	373	讀書箚記
	451	士翼
	521	涇野子內篇
715	1	周子抄釋
	22	附錄
	31	張子抄釋
	107	二程子抄釋
	251	朱子抄釋
	281	中庸衍義
716	1	格物通
717	1	世緯
	27	呻吟語摘
	99	劉子遺書
	100	聖學宗要
	121	學言
	175	人譜
	186	人譜類記
	271	榕壇問業
	521	溫氏母訓
	531	御定資政要覽
	574	附：後序
	589	聖諭廣訓
	613	聖祖仁皇帝庭訓格言
	663	御製日知薈說
718-719	1	御定孝經衍義
719	347	御定內則衍義
	589	御纂性理精義
720-721	1	御纂朱子全書
722	1	欽定執中成憲
722-723	125	御覽經史講義
724	1	思辨錄輯要
	341	正學隅見述
	373	雙橋隨筆
725	1	榕村語錄
	477	讀朱隨筆
	561	三魚堂賸言
	627	松陽鈔存
	661	讀書偶記

兵家類

冊次	頁碼	書 名
726	1	握奇經
	9	六韜
	43	孫子
	57	吳子
	65	司馬法
	71	尉繚子
	89	黃石公三略
	99	三略直解
	127	黃石公素書
	143	李衞公問對
	163	太白陰經
	235	武經總要
	235	前集
	583	後集
727	1	虎鈐經

四庫全書文集篇目分類索引

引用全書冊次、頁碼、書名對照表

	131	何博士備論		435	附：彙考		525	產寶諸方
	175	守城錄		439	闕誤總類	744	1	仁齋直指
	177	靖康朝野僉言後序		441	圖說		570	附：仁齋傷寒類書
	185	守城機要		509	鍼灸甲乙經		665	急救仙方
	191	建炎德安守禦錄	734	1	金匱要略論註		703	素問玄機原病式
	205	武編		201	傷寒論注釋		745	宣明方論
	205	前集		307	附：傷寒明理論		847	傷寒直格方
	511	後集		347	傷寒論方		904	傷寒標本心法類萃
	675	陣紀		365	肘後備急方	745	1	病機氣宜保命集
728	1	江南經略		541	褚氏遺書		99	儒門事親
	487	紀效新書		549	巢氏諸病源候總論		363	內外傷辯惑論
	687	練兵實紀	735	1	備急千金要方		401	脾胃論
	799	練兵雜紀		945	銀海精微		469	蘭室祕藏
			736-737	1	外臺祕要方		573	此事難知
							631	醫壘元戎
法家類 | | | | | 909 | 湯液本草 |

冊次	頁碼	書　　名	738	1	顱顖經	746	1	瑞竹堂經驗方
729	1	管子		15	銅人鍼灸經		43	世醫得效方
	275	管子補注		51	明堂灸經		637	格致餘論
	553	鄧子		97	博濟方		675	局方發揮
	561	商子		217	蘇沈良方		697	金匱鉤玄
	597	韓非子		283	壽親養老新書		755	扁鵲神應鍼灸玉龍經
	795	疑獄集		417	脚氣治法總要		799	外科精義
	822	補疑獄集		439	旅舍備要方		863	脈訣刊誤
	861	折獄龜鑑		451	素問入式運氣論奧		924	附：脈書要語
	969	棠陰比事		499	附：黃帝內經素		931	矯世惑脈論
	988	附錄			問遺篇		937	醫經溯洄集
				541	傷寒微旨論	747-761	1	普濟方
農家類 | | 575 | 傷寒總病論 | | | |

冊次	頁碼	書　　名		661	附：傷寒論音訓	761	560	附：直音略
730	1	齊民要術		663	修治藥法	762	1	玉機微義
	6	附：雜說	739	1	聖濟總錄纂要		571	仁端錄
	169	農書	740	1	證類本草	763-764	1	薛氏醫案
	193	附：蠶書	741	1	全生指迷方			
	195	農桑輯要		49	小兒衛生總微論方	765	1	推求師意
	291	農桑衣食撮要		375	類證普濟本事方		41	鍼灸問對
	315	農書		469	太平惠民和劑局方		111	外科理例
	609	救荒本草		706	指南總論		278	附方
731	1	農政全書		745	傳信適用方		325	石山醫案
	931	泰西水法		813	衛濟寶書		386	附錄
	979	野菜博錄	742	1	醫說		411	名醫類案
732	1	欽定授時通考		229	鍼灸資生經	766	1	赤水玄珠
				435	婦人大全良方		1079	醫旨緒餘
醫家類 | | 447 | 辨識修製藥物法度 | 767-771 | 1 | 證治準繩 |

冊次	頁碼	書　　名	743	1	太醫局諸科程文格			
733	1	黃帝內經素問		117	產育寶慶集	772-774	1	本草綱目
		附：釋文		149	三因極一病證方論		11	附圖
	317	靈樞經		433	集驗背疽方			
	429	難經本義		449	濟生方			

四庫全書文集篇目分類索引

冊次	頁碼	書名
774	549	奇經八脈考
	571	瀕湖脈學
775	1	傷寒論條辨
	129	附：本草鈔
	140	或問
	149	痘書
	159	先醒齋廣筆記
	287	神農本草經疏
776	1	類經
	688	附：類經圖翼
	957	類經附翼
777-778	1	景岳全書
779	1	瘟疫論
	53	補遺
	63	痎瘧論疏
	97	本草乘雅半偈
780-782	1	御纂醫宗金鑑
783	1	尚論篇
	146	後編
	271	醫門法律
	604	附：寓意草
	699	傷寒舌鑑
	735	傷寒兼證析義
	779	絳雪園古方選註
	923	附：得宜本草
784-785	1	續名醫類案
785	343	蘭臺軌範
	557	神農本草經百種錄
	581	傷寒類方
	639	醫學源流論

天文算法類

二、推步之屬

冊次	頁碼	書名
786	1	周髀算經
	69	音義
	79	新儀象法要
	133	六經天文編
	221	原本革象新書
	273	重修革象新書
	311	七政推步
	449	聖壽萬年曆
	547	附錄
	556	附：律曆融通
	658	音義
787	1	古今律曆考
	755	乾坤體義
	807	表度說
	835	簡平儀說
	851	天問略
788-789	1	新法算書
789	815	測量法義
	833	測量異同
	837	句股義
	851	渾蓋通憲圖說
	925	圜容較義
	945	曆體略
	948	圖
790-791	1	御製曆象考成
	7	上編
	618	下編
791	1	表
792	1	御製曆象考成後編
793	1	欽定儀象考成
	2	奏議
	451	曉菴新法
	533	中星譜
	565	天經或問前集
	647	天步眞原
	661	天學會通
794-795	1	曆算全書
795	819	大統曆志
	961	勿菴曆算書記
	993	中西經星同異考
796	1	全史日至源流
	607	數學
	779	續數學

二、算書之屬

冊次	頁碼	書名
797	1	九章算術
	126	音義
	139	孫子算經
	161	數術記遺
	173	海島算經
	179	五曹算經
	193	五經算術
	227	夏侯陽算經
	251	張邱建算經
	303	緝古算經
	323	數學九章
798	1	測圓海鏡
	127	測圓海鏡分類釋術
	243	益古演段
	305	弧矢算術
	339	同文算指
	339	前編
	380	通編
	563	幾何原本
799-801	1	御製數理精蘊
	3	上編
799-800	198	下編
800-801	378	表
802	1	幾何論約
	91	數學鑰
	233	數度衍
	541	附：幾何約
	593	句股引蒙
	679	句股矩測解原
	697	少廣補遺
	717	莊氏算學
	859	九章錄要

術數類

一、數學之屬

冊次	頁碼	書名
803	1	太玄經
	100	釋音
	107	太玄本旨
	217	元包經傳
	242	附：元包數總義
	263	潛虛
	283	附：潛虛發微論
	291	皇極經世書
804	1	皇極經世索隱
	37	皇極經世觀物外篇衍義
	197	易通變
805	1	觀物篇解
	193	附：皇極經世解起數訣
	245	皇極經世書解
	667	易學

四庫全書文集篇目分類索引

	697	洪範皇極內篇
806	1	天原發微
	9	附：各類圖
	23	問答節要
	313	大衍索隱
	371	易象圖說
	375	內篇
	407	外篇
	435	三易洞璣
	437	略例

二、占候之屬

冊次	頁碼	書　　名
807	1	靈臺祕苑
	159	唐開元占經

三、相宅相墓之屬

冊次	頁碼	書　　名
808	1	宅經
	11	葬書
	39	撼龍經
	58	疑龍經
	72	葬法倒杖
	83	青囊序
	89	青囊奧語
	91	天玉經
	91	內傳
	107	外編
	113	靈城精義
	153	催官篇
	189	發微論

四、占卜之屬

冊次	頁碼	書　　名
808	197	靈棋經
	269	焦氏易林
	439	京氏易傳
	471	六壬大全
	849	卜法詳考

五、命書相書之屬

冊次	頁碼	書　　名
809	1	李虛中命書
	29	玉照定眞經
	45	星命溯源
	105	珞琭子賦注
	157	珞琭子三命消息賦注
	177	三命指迷賦
	191	星命總括
	237	演禽通纂
	285	星學大成
810	1	三命通會
	693	月波洞中記
	713	玉管照神局
	759	太清神鑑
	823	人倫大統賦

六、陰陽五行之屬

冊次	頁碼	書　　名
810	855	太乙金鏡式經
	921	遁甲演義
	999	禽星易見
811	1	御定星歷考原
	109	欽定協紀辨方書
	110	奏議

藝術類

一、書畫之屬

冊次	頁碼	書　　名
812	1	古畫品錄
	7	書品
	13	續畫品
	17	貞觀公私畫史
	31	書譜
	37	書斷
	77	述書賦
	101	法書要錄
	277	歷代名畫記
	357	唐朝名畫錄
	375	墨藪.
	416	附:法帖音釋刊誤
	421	畫山水賦
	424	附：筆法記
	427	思陵翰墨志
	433	五代名畫補遺
	445	宋朝名畫評
	477	益州名畫錄
	507	圖畫見聞誌
	571	林泉高致集
	590	附錄
	595	墨池編
	937	德隅齋畫品
813	1	畫史
	27	書史
	51	寶章待訪錄
	63	海嶽名言
	67	宣和畫譜
	207	宣和書譜
	315	山水純全集
	329	廣川書跋
	443	廣川畫跋
	503	畫繼
	553	續書譜
	563	寶眞齋法書贊
814	1	書苑菁華
	205	書小史
	283	書錄
	314	外篇
	317	竹譜
	419	畫鑒
	441	衍極
	475	附圖
	477	法書考
	541	圖繪寶鑑
	625	續編
	635	寓意編
	645	書史會要
	792	補遺
	810	續書史會要
815	1	珊瑚木難
	263	趙氏鐵網珊瑚
816	1	墨池璣錄
	15	書畫跋跋
	112	續
	153	書訣
	189	繪事微言
	243	書法雅言
	263	寒山帚談
	317	附：拾遺
	323	寒山金石林甲乙表
	324	金石林緒論
	335	書法離鉤
	403	畫史會要
	587	書畫題跋記
	768	續題跋記
817	1	清河書畫舫
	511	眞蹟日錄
	607	清河書畫表
	613	書畫見聞表
	619	南陽書畫表
	620	法書表
	624	名畫表

四庫全書文集篇目分類索引

冊次	頁碼	書　　名
818	1	珊瑚網
819-823	1	御定佩文齋書畫譜
	12	纂輯書籍
823	443	祕殿珠林
824-825	1	石渠寶笈
826	1	庚子銷夏記
	101	繪事備考
	321	書法正傳
	467	江村銷夏錄
827-829	1	式古堂書畫彙考
829	541	南宋院畫錄
830-838	1	六藝之一錄
838	547	續編
	701	小山畫譜
	741	傳神祕要

二、琴譜之屬

冊次	頁碼	書　　名
839	1	琴史
	71	松絃館琴譜
	139	松風閣琴譜
	164	附：抒懷操
	179	琴譜合璧

三、篆刻之屬

冊次	頁碼	書　　名
839	839	學古編
	850	附錄
	853	印典

四、雜技之屬

冊次	頁碼	書　　名
839	979	鞠鼓錄
	989	樂府雜錄
	1001	棋經
	1009	棋訣

譜錄類

一、器物之屬

冊次	頁碼	書　　名
840	1	古今刀劍錄
	9	鼎錄
	15	嘯堂集古錄
	91	考古圖
	271	續考古圖
	351	釋文
	371	重修宣和博古圖
	1019	宣德鼎彝譜
	1066	附：宣爐博論
841-842	1	欽定西清古鑑
842	407	奇器圖說
	545	諸器圖說
843	1	文房四譜
	63	硯史
	73	歙州硯譜
	79	歙硯說
	83	辨歙石說
	87	端溪硯譜
	91	硯譜
	97	硯箋
	133	欽定西清硯譜
	625	墨譜法式
	649	墨經
	655	墨史
	677	墨法集要
844	1	欽定錢錄
	217	香譜
	239	陳氏香譜
	349	香乘

附　錄

| | 583 | 雲林石譜 |

二、飲饌之屬

冊次	頁碼	書　　名
844	609	茶經
	627	茶錄
	631	品茶要錄
	635	宣和北苑貢茶錄
	647	附：北苑別錄
	655	東溪試茶錄
	661	續茶經
	790	附錄
	807	煎茶水記
	813	北山酒經
	835	酒譜
	839	糖霜譜

三、草木禽魚之屬

冊次	頁碼	書　　名
845	1	洛陽牡丹記
	9	揚州芍藥譜
	15	劉氏菊譜
	29	史氏菊譜
	33	范村梅譜
	37	范村菊譜
	41	百菊集譜
	44	卷首：諸菊品目
	107	補遺
	121	金漳蘭譜
	133	海棠譜
	153	荔枝譜
	161	橘錄
	171	竹譜
	181	筍譜
	205	菌譜
845-847	207	御定佩文齋廣羣芳譜
847	677	禽經
	689	蟹譜
	703	蟹略
	733	異魚圖贊
	751	異魚圖贊箋
	815	異魚圖贊補
	845	閩集

雜家類

一、雜學之屬

冊次	頁碼	書　　名
848	1	鶡子
	19	墨子
	149	子華子
	181	尹文子
	193	慎子
	199	鶡冠子
	245	公孫龍子
	257	鬼谷子
	271	呂氏春秋
	505	淮南鴻烈解
	759	人物志
	791	金樓子
	881	劉子
	937	顏氏家訓
849	1	長短經
	213	兩同書
	227	化書
	253	昭德新編

四庫全書文集篇目分類索引

引用全書冊次、頁碼、書名對照表

	277	芻言
	295	樂菴語錄
	317	附：宋史李衡傳
	323	習學記言
	811	本語

二、雜考之屬

冊次	頁碼	書　名
850	1	白虎通義
	75	獨斷
	97	古今注
	114	附：中華古今注
	143	資暇集
	167	刊誤
	185	蘇氏演義
	209	兼明書
	253	近事會元
	301	東觀餘論
	385	靖康緗素雜記
	431	猗覺寮雜記
	501	能改齋漫錄
	853	雲谷雜記
	855	卷首：書帖識語
	907	卷末：奏狀題跋
	913	西溪叢語
851	1	學林
	265	容齋隨筆
	401	續筆
	534	三筆
	662	四筆
	790	五筆
852	1	考古編
	67	演繁露
	208	續集
	253	緯略
	411	甕牖閒評
	483	芥隱筆記
	505	蘆浦筆記
	547	野客叢書
	801	附：野老紀聞
853	1	坦齋通編
	15	考古質疑
	69	經外雜鈔
	107	古今考
	129	續古今考
	629	潁川語小
	653	賓退錄
854	1	學齋佔畢
	61	鼠璞
	101	朝野類要
	137	困學紀聞
	507	識遺
	613	愛日齋叢鈔
	697	日損齋筆記
	708	附錄
855	1	丹鉛餘錄
	123	續錄
	226	摘錄
	325	總錄
	671	譚苑醍醐
856	1	藝彀
	41	補
	47	正楊
	159	疑耀
	299	名義考
	451	徐氏筆精
857	1	通雅
858	1	卮林
	251	補遺
	257	拾遺錄
	295	義府
	367	日知錄
859	1	藝林彙考
	8	棟宇篇
	105	服飾篇
	185	飲食篇
	254	稱號篇
	371	植物篇
	381	潛邱劄記
	567	湛園札記
	645	白田雜著
	781	樵香小記
860	1	義門讀書記
861	1	管城碩記
	431	訂譌雜錄
	519	識小編

三、雜說之屬

冊次	頁碼	書　名
862	1	論衡
	349	風俗通義
	415	封氏聞見記
	467	尙書故實
	481	灌畦暇語
	499	春明退朝錄
	533	宋景文筆記
	555	東原錄
	577	王氏談錄
	595	塵史
	649	文昌雜錄
	704	補遺
	707	夢溪筆談
	858	補筆談
863	1	仇池筆記
	21	東坡志林
	99	珩璜新論
	141	晁氏客語
	171	師友談記
	191	楊公筆錄
	207	呂氏雜記
	237	冷齋夜話
	285	曲洧舊聞
	353	元城語錄解
	392	附：行錄
	401	嫩眞子
	451	春渚紀聞
	535	石林燕語
		附：考異
	629	避暑錄話
	721	巖下放言
	747	卻掃編
	801	五總志
	821	紫微雜說
	849	辯言
864	1	墨莊漫錄
	103	寓簡
	171	欒城遺言
	181	東園叢說
	237	常談
	259	雲麓漫抄
	411	示兒編
	585	游宦紀聞
	643	密齋筆記
	686	續筆記
	691	梁谿漫志
	769	澗泉日記
865	1	老學庵筆記
	91	愧郯錄
	201	祛疑說
	221	琴堂諭俗編
	253	鶴林玉露
	405	補遺
	409	貴耳集
	430	二集

四庫全書文集篇目分類索引

冊次	頁碼	書　名
	449	三集
	469	吹劍錄外集
	505	脚氣集
	537	藏一話腴
	539	內編
	555	外編
	573	佩韋齋輯聞
	611	書齋夜話
	635	齊東野語
866	1	困學齋雜錄
	19	隱居通議
	283	湛淵靜語
	319	敬齋古今黈
	417	日聞錄
	433	勤有堂隨錄
	439	玉堂嘉話
	513	庶齋老學叢談
	561	研北雜志
	609	北軒筆記
	629	閒居錄
	645	雪履齋筆記
	657	霏雪錄
	699	蠡海集
	733	草木子
867	1	胡文穆雜著
	27	讕言長語
	69	蟬精雋
	189	震澤長語
	233	井觀瑣言
	255	南園漫錄
	327	雨航雜錄
	357	採芹錄
	419	畫禪室隨筆
	485	六硏齋筆記
	569	二筆
	656	三筆
	741	物理小識
	743	總論
868-869	1	春明夢餘錄
869	309	居易錄
870	1	池北偶談
	379	香祖筆記
	543	分甘餘話
	597	古夫于亭雜錄

四、雜品之屬

冊次	頁碼	書　名
871	1	洞天清錄
	31	負暄野錄
	45	雲煙過眼錄
	81	續錄
	85	格古要論
	115	竹嶼山房雜部
	329	遵生八牋
872	1	清祕藏
	31	長物志
	91	韻石齋筆談
	119	七頌堂識小錄
	129	硯山齋雜記

五、雜纂之屬

冊次	頁碼	書　名
872	197	意林
	273	紺珠集
873	1	類說
874	1	事實類苑
875	1	仕學規範
	203	自警編
	463	言行龜鑑
876-882	1	說郛
883	1	玉芝堂談薈
884	1	元明事類鈔

六、雜編之屬

冊次	頁碼	書　名
885	1	儼山外集
885-886	225	古今說海
886	165	少室山房筆叢正集
	511	鈍吟雜錄

類書類

冊次	頁碼	書　名
887	1	古今同姓名錄
	37	編珠
	70	附：補遺
	110	續編珠
887-888	137	藝文類聚
889	1	北堂書鈔
	851	龍筋鳳髓判
890	1	初學記
	499	元和姓纂
891-892	1	白孔六帖
892	623	小名錄
	651	蒙求集註
	799	事類賦
893-901	1	太平御覽
	8	經史圖書綱目
902-919	1	册府元龜
920	1	事物紀原
	293	實賓錄
	455	書敍指南
921	1	海錄碎事
922	1	古今姓氏書辯證
	383	帝王經世圖譜
923	1	職官分紀
	893	歷代制度詳說
	989	八面鋒
924	1	錦繡萬花谷
	1	前集
	513	後集
	828	續集
925-929	1	古今事文類聚
	1	前集
926	1	後集
927	1	續集
	518	別集
928	1	附：古今事文類聚新集
929	1	外集
	328	古今事文類聚遺集
930-932	1	記纂淵海
933	1	名賢氏族言行類稿
934	1	羣書會元截江網
935	1	全芳備祖集
	3	前集
	266	後集
936-938	1	羣書考索
	1	前集
937	1	後集
938	1	續集
	685	別集

四庫全書文集篇目分類索引

引用全書冊次、頁碼、書名對照表

冊次	頁碼	書名
939-941	1	古今合璧事類備要
	8	前集
	552	後集
940	393	續集
941	1	別集
	444	外集
942	1	古今源流至論
	1	前集
	157	後集
	331	續集
	509	別集
943-948	1	玉海
948	268	附：辭學指南
	379	小學紺珠
	633	姓氏急就篇
	701	小字錄
	731	雞肋
	739	六帖補
949-950	1	翰苑新書
	3	前集
	536	後集上
	693	後集下
950	1	別集
	118	續集
951	1	韻府羣玉
952	1	純正蒙求
	61	排韻增廣事類氏族大全
	63	綱目
	593	名疑
953-955	1	荊川稗編
956-957	1	萬姓統譜
957	824	附：氏族博考
958-959	1	喩林
960-963	1	經濟類編
964	1	同姓名錄
	326	錄補
	341	說略
965-967	1	天中記
	46	附：週天大象賦
968-972	1	圖書編
972	850	附：章斗津先生行狀
973	1	駢志
974-978	1	山堂肆考
	510	補遺
979	1	古儷府
980-981	1	廣博物志
982-983	1	御定淵鑑類函
994-1004	1	御定駢字類編
1005-1007	1	御定分類字錦
1008-1010	1	御定子史精華
1011-1028	1	御定佩文韻府
1029-1030	1	御定韻府拾遺
1031-1032	1	格致鏡原
1033	1	讀書紀數略
1034	1	花木鳥獸集類
	113	別號錄
	215	宋稗類鈔

小說家類

一、雜事之屬

冊次	頁碼	書名
1035	1	西京雜記
	29	世說新語
	215	朝野僉載
	287	唐新語
	403	次柳氏舊聞
	411	唐國史補
	453	劉賓客嘉話錄
	469	因話錄
	507	明皇雜錄
	520	補遺
	527	大唐傳載
	541	教坊記
	551	幽閒鼓吹
	557	松窗雜錄
	563	雲谿友議
	619	玉泉子
	641	雲仙雜記
	695	唐摭言
	809	中朝故事
	823	金華子雜編
	843	開元天寶遺事
	867	鑑誡錄
	927	南唐近事
	941	附：鄭仲賢遺集
1036	1	北夢瑣言
	127	賈氏譚錄
	133	洛陽搢紳舊聞記
	175	南部新書
	265	王文正筆錄
	275	儒林公議
	315	涑水記聞
	469	湘水燕談錄
	531	歸田錄
	557	嘉祐雜誌
	579	東齋記事
	609	青箱雜記
	657	錢氏私志
1037	1	龍川略志
	38	別志
	61	後山談叢
	95	孫公談圃
	119	談苑
	155	畫墁錄
	179	甲申雜記
	191	聞見近錄
	211	隨手雜錄
	219	附：甲申聞見二錄補遺
	225	湘山野錄
	268	續錄
	283	玉壺野史
	355	侯鯖錄
	415	東軒筆錄
	507	泊宅編
	533	珍席放談
	551	鐵圍山叢談
	631	國老談苑
	645	道山清話
	673	墨客揮犀
1038	1	唐語林
	207	楓窗小牘
	235	南窗記談

四庫全書文集篇目分類索引

	245	過庭錄		273	海內十洲記
	273	萍洲可談		281	漢武故事
	313	高齋漫錄		289	漢武帝內傳
	325	默記		299	洞冥記
	363	揮麈錄		311	拾遺記
	363	前錄		365	搜神記
	400	後錄		469	搜神後記
	534	三錄		499	異苑
	566	餘話		553	續齊諧記
	617	玉照新志		561	還冤志
	681	投轄錄		573	集異記
	707	張氏可書		585	博異記
	715	聞見錄		597	杜陽雜編
1039	1	清波雜志		625	前定錄
	92	別志		641	續錄
	127	雞肋編		649	桂苑叢談
	213	聞見後錄		661	劇談錄
	363	北窗炙輠錄		697	宣室志
	399	步里客談		779	補遺
	407	桯史		785	唐闕史
	523	獨醒雜志		823	甘澤謠
	587	耆舊續聞		835	附：東坡刪改圓
	637	四朝聞見錄			澤傳
1040	1	癸辛雜識		839	開天傳信記
	1	前集		849	稽神錄
	31	後集		901	江淮異人錄
	60	續集		915	茅亭客話
	111	別集	1043-1046	1	太平廣記
	165	隨隱漫錄	1047	1	分門古今類事
	199	東南紀聞		197	陶朱新錄
	223	歸潛志		221	睽車志
	331	山房隨筆		265	夷堅支志
	343	山居新話		267	支甲
	379	遂昌雜錄		327	支乙
	397	樂郊私語		388	支丙
	409	輟耕錄		450	支丁
1041	1	水東日記		511	支戊
	231	菽園雜記			
	379	先進遺風			
	425	觚不觚錄			
	441	何氏語林			

二、異聞之屬

冊次	頁碼	書　　名
1042	1	山海經
	85	山海經廣注
	245	穆天子傳
	265	神異經

三、瑣記之屬

冊次	頁碼	書　　名
1047	573	博物志
	611	述異記
	637	酉陽雜俎
	769	續集
	837	清異錄
	931	續博物志

釋家類

冊次	頁碼	書　　名
1048	1	弘明集
		附音釋
	219	廣弘明集
	221	音釋
1049-1050	1	法苑珠林
		附：校訛
		音釋
1051	1	開元釋教錄
1052	1	宋高僧傳
	425	法藏碎金錄
	611	道院集要
	639	禪林僧寶傳
	781	附:補禪林僧寶傳
	784	臨濟宗旨
	791	林間錄
	861	後集
	873	羅湖野錄
1053	1	五燈會元
1054	1	釋氏稽古略
	221	佛祖歷代通載

道家類

冊次	頁碼	書　　名
1055	1	陰符經解
	11	陰符經考異
	19	陰符經講義
	45	老子道德經
	75	道德指歸論
	137	老子道德經
	187	老子解
	239	道德寶章
	257	道德眞經註
	323	老子翼
	436	考異
	445	御定道德經註
	481	老子說略
	519	道德經註
	546	附：陰符經註
	551	關尹子
	573	列子
	651	沖虛至德眞經解
1056	1	莊子注
	169	南華眞經新傳
	350	拾遺

引用全書冊次、頁碼、書名對照表

四庫全書文集篇目分類索引

引用全書冊次、頁碼、書名對照表

	355	莊子口義
1057	1	南華眞經義海纂微
1058	1	莊子翼
	278	附：莊子闕誤
	284	附錄
	305	文子
	371	文子纘義
	487	列仙傳
	509	周易參同契通眞義
	557	周易參同契考異
	581	周易參同契解
	625	周易參同契發揮
	733	釋疑
	749	周易參同契分章注
	811	古文參同契集解
1059	1	抱朴子內外篇
	1	內篇
	124	外篇
	253	神仙傳
	313	眞誥
	509	元倉子
	527	元倉子注
	549	玄眞子
	563	附：天隱子
	567	无能子
	583	續仙傳
1060-1061	1	雲笈七籤
1061	429	悟眞篇註疏
	517	附：直指詳說
	535	古文龍虎經註疏
	577	易外別傳
	597	席上腐談
	627	道藏目錄詳註

集部

楚辭類

冊次	頁碼	書名
1062	1	楚辭章句
	115	楚詞補注
	299	楚辭集注
	379	楚辭辯證
	402	楚辭後語
	455	離騷草木疏
	495	欽定補繪蕭雲從離騷全圖
	601	山帶閣註楚辭
	723	楚辭餘論
	772	楚辭說韻

別集類

冊次	頁碼	書名
1063	1	揚子雲集
	137	蔡中郎集
	231	孔北海集
	245	附錄
	263	曹子建集
	327	附：疑字音釋
	329	稀中散集
	389	陸士龍集
	464	附：晉書本傳
	467	陶淵明集
	469	總論
	529	璿璣圖詩讀法
	563	鮑明遠集
	611	謝宣城集
	647	昭明太子集
	691	何水部集
	713	江文通集
1064	1	庾開府集箋註
	297	庾子山集
	791	徐孝穆集箋注
	792	附：陳書本傳
	925	徐孝穆集箋注卷六備考
1065	1	東皋子集
	24	附：東皋子集傳
	27	附錄
	29	寒山詩集
	56	附：豐干拾得詩
	61	王子安集
	182	附錄
	187	盈川集
	286	附錄
	293	盧昇之集
	341	駱丞集
	524	附錄
	527	陳拾遺集
	648	附錄
	661	張燕公集
1066	1	李北海集
	47	附錄
	57	曲江集
	219	李太白文集
	437	李太白集分類補註
1067	1	李太白集注
1068	1	九家集注杜詩
1069	1	補注杜詩
	5	傳序碑銘
	16	年譜辨疑
	32	集注杜詩姓氏
	663	集千家註杜工部詩集
1070	1	杜詩擷
	91	杜詩詳註
	1002	附：補註
1071	1	王右丞集箋注
	346	附錄
	373	高常侍集
	425	常建詩
	435	附錄
	437	孟浩然集
	471	儲光羲詩集
	509	次山集
	585	顏魯公集
	686	補遺
	697	年譜
	706	行狀
	717	神道碑
	723	宗玄集
	758	附：玄綱論
	770	南統大君內丹九章經
	772	吳尊師傳
	775	杼山集
1072	1	劉隨州集
	77	韋蘇州集
	159	毘陵集
	314	附:獨孤公神道銘
	317	蕭茂挺文集
	345	李遐叔文集
	441	錢仲文集
	503	華陽集
	562	附：顧非熊詩
	565	翰苑集
	797	權文公集
1073	1	韓集舉正
	113	外集舉正
	118	韓集舉正勘錄
	127	原本韓集考異
	261	別本韓文考異
	688	補遺
	694	外集
	733	附錄

四庫全書文集篇目分類索引

1074	1	五百家注昌黎文集		107	會昌一品集		83	附錄
	5	評論詁訓音釋諸		241	李衞公別集		87	黃御史集
		儒名氏		305	李衞公外集		183	附錄
1075	1	東雅堂昌黎集註		334	附：李衞公本傳		191	羅昭諫集
	6	遺文		347	元氏長慶集		287	徐正字詩賦
	13	朱子校昌黎集傳		638	補遺		327	白蓮集
	490	外集註		663	附錄		423	禪月集
	533	韓集點勘	1080	1	白氏長慶集		526	補遺
	576	附：文道先生墓	1081	1	白香山詩集		531	浣花集
		誌銘		11	附：舊唐書白居		576	補遺
	577	文道先生傳			易本傳		585	廣成集
1076	1	柳河東集		21	白香山年譜	1085	1	騎省集
	446	外集		29	舊本白文公		237	河東集
	464	新編外集			年譜		347	附：行狀
	469	柳河東集注		531	鮑溶詩集		353	咸平集
	850	別集注		557	集外詩		355	附:田司徒墓誌銘
	872	外集注		561	樊川文集		358	田司徒神道碑
	888	柳河東集注附錄		695	姚少監詩集			陰
1077	1	五百家註柳先生集	1082	1	李義山詩集		565	逍遙集
	3	看柳文綱目		79	李義山詩集注		575	乖崖集
	4	柳先生年譜		228	附錄		653	附錄
	12	評論詁訓睹儒名氏		232	李義山詩譜		667	忠愍集
	259	新編外集		237	李義山文集箋註	1086	1	小畜集
	281	龍城錄		447	溫飛卿詩集箋注		303	南陽集
	291	附錄		555	丁卯詩集		351	武夷新集
	323	劉賓客文集		605	補遺		615	林和靖集
	517	外集		619	文泉子集	1087	1	穆參軍集
	595	呂衡州集	1083	1	李覃玉詩集		28	附錄遺事
1078	1	張司業集		22	後集		31	元獻遺文
	63	皇甫持正集		39	黎嶽集		45	文莊集
	101	李文公集		63	孫可之集		339	春卿遺稿
	195	歐陽行周文集		95	麟角集		346	附傳
	259	附錄		123	附：省題詩		349	東觀集
	265	李元賓文編		127	曹祠部集		401	元憲集
	294	外編		144	附：曹唐詩	1088	1	景文集
	311	孟東野詩集		153	文藪		609	文恭集
	389	長江集		229	笠澤叢書	1089	1	武溪集
	437	昌谷集		269	補遺		215	安陽集
	474	外集		279	甫里集		551	范文正集
	478	附：李長吉小傳		408	附錄		769	別集
	481	箋註評點李長吉歌詩		417	詠史詩		797	補編
	548	外集		449	雲臺編	1090	1	河南集
	555	絳守居園池記		487	司空表聖文集		146	附錄
	573	補注		547	韓內翰別集		157	孫明復小集
	575	附錄		549	附：新唐書本傳		181	祖徠集
	577	王司馬集		583	唐風集		333	附錄
1079	1	沈下賢集	1084	1	唐英歌詩		337	端明集
	79	追昔遊集		43	玄英集	1091	1	祠部集

四庫全書文集篇目分類索引

引用全書冊次、頁碼、書名對照表

	397	鑰津集		6	四朝國史本傳	1114	1	山谷內集詩注
	641	祖英集		11	年譜		235	山谷外集詩注
1092	1	蘇學士集	1103	580	附錄		481	山谷別集詩注
	127	蘇魏公文集	1103	643	歐陽文粹		511	後山集
	761	伐檀集	1104	1	樂全集		741	后山詩注
1093	1	華陽集		517	附錄	1115	1	柯山集
	447	附錄		541	范忠宣集		427	淮海集
	497	古靈集		735	奏議		653	後集
	705	附錄		787	遺文		686	長短句
1094	1	傳家集		810	附錄		701	濟南集
	739	清獻集		815	補編	1116	1	參寥子詩集
1095	1	旴江集		845	嘉祐集		91	寶晉英光集
	4	李直講年譜		976	附錄		143	石門文字禪
	336	外集	1105	1	臨川文集		571	青山集
	351	金氏文集	1106	1	王荊公詩注		753	附錄
	401	公是集		392	補遺		757	青山續集
1096	1	彭城集		393	廣陵集	1117	1	畫墁集
	393	岑州小集		563	附錄		55	陶山集
	405	都官集	1107-	1	東坡全集		199	倚松詩集
	553	丹淵集	1108				263	長興集
	801	拾遺		7	附：宋史本傳		361	西塘集
1097	1	西溪集		19	東坡先生墓誌銘		503	附錄
	109	郎溪集					515	雲巢編
	379	錢塘集		28	東坡先生年譜	1118	1	景迂生集
1098	1	淨德集	1109	1	東坡詩集註		407	雞肋集
	289	安岳集	1110	1	施註蘇詩	1119	1	樂圃餘藁
	345	元豐類藁		49	卷首注蘇例言		56	附錄
	778	附錄		56	王注正譌		60	補遺
	791	龍學文集		63	注蘇姓氏		63	龍雲集
	882	附：源流始末		66	宋史本傳		334	附錄
1099	1	宛陵集		78	東坡先生墓誌銘		339	雲溪居士集
	429	附錄				1120	1	演山集
	439	拾遺		87	東坡先生年譜		391	姑溪居士前集
	443	忠肅集		696	蘇詩續補遺		628	後集
	679	無爲集	1111	1	蘇詩補註	1121	1	濡水集
1100	1	王魏公集		12	年表		161	道鄉集
	83	范太史集		19	采輯書目		533	學易集
	573	潞公文集	1112	1	欒城集		627	游廌山集
1101	1	擊壤集		585	欒城後集	1122	1	西臺集
	173	鄖陽集		783	欒城第三集		257	樂靜集
	325	曲阜集		844	欒城應詔集		415	北湖集
	415	周元公集	1113	1	山谷集		473	溪堂集
	503	南陽集		5	內集		559	竹友集
	766	附錄		320	外集		615	日涉園集
	770	行狀		539	別集	1123	1	灌園集
	779	節孝集		741	詞		193	慶湖遺老詩集
1102-	1	文忠集		769	簡尺		277	拾遺
1103				819	年譜		289	補遺

四庫全書文集篇目分類索引

	293	附錄		257	忠穆集		87	五峰集
	297	摘文堂集		339	紫微集		257	斐然集
	485	附錄	1132	1	苕溪集		755	大隱居士詩集
	491	襄陵文集		297	東牟集		785	浮山集
	599	浮沚集		521	相山集	1138	1	北山集
	695	東堂集		757	三餘集		293	橫浦集
1124	1	給事集	1133	1	大隱集		445	湖山集
	57	劉左史集		115	龜谿集		585	文定集
	113	竹隱畸士集		257	栟櫚集		825	縉雲文集
	271	眉山集		373	默成文集		895	附錄
	272	眉山詩集		391	鄱陽集	1139	1	嵩山集
	322	眉山文集		425	韋齋集		299	默堂集
	395	洪龜父集		429	卷首行狀		541	知稼翁集
	421	跨鼇集		548	附：玉瀾集		615	唯室集
	657	忠愍集		561	滄齋集		656	附錄
	693	附錄		760	附錄		661	漢濱集
	695	忠肅集		763	陵陽集	1140	1	香溪集
1125	1	宗忠簡集		809	瀛山集		189	鄭忠肅奏議遺集
	101	龜山集	1134	1	雲溪集		225	雲莊集
1125-1126	491	梁谿集		97	盧溪文集		307	竹軒雜著
1126	869	年譜		341	脫藁		369	拙齋文集
	882	行狀		342	附錄		532	拾遺
1127	1	初寮集		351	屏山集		535	附錄
	163	橫塘集		521	北海集		539	于湖集
	353	西渡集		809	附錄		755	附錄
	368	補遺	1135	1	鴻慶居士集	1141	1	太倉稊米集
	369	附錄		467	內簡尺牘		505	夾漈遺稿
	377	老圃集		577	崧菴集		529	鄧峯眞隱漫錄
	397	丹陽集		641	豫章文集	1142	1	海陵集
	669	毘陵集		644	年譜		193	燕堂詩稿
1128	1	浮溪集		783	藏海居士集		207	竹洲集
	335	浮溪文粹	1136	1	和靖集		297	附：棣華雜著
	423	附錄		63	王著作集		303	高峯文集
	429	莊簡集		109	郴江百詠		461	羅鄂州小集
	635	忠正德文集		121	雙溪集		541	附錄
1129	1	東窻集		283	少陽集		551	艾軒集
	181	忠惠集		333	歐陽修撰集		654	附錄
	304	附錄		416	附:歐陽修撰事蹟	1143-1146	1	晦庵集
	319	松隱集		427	東溪集	1146	424	續集
	587	建康集		454	附錄		544	別集
	663	簡齋集		459	岳武穆遺文	1147-1149	1	文忠集
1130	1	北山集		473	茶山集			
	403	梅溪居士集		547	雪溪集	1149	286	附錄
	583	筠谿集		581	蘆川歸來集		343	雪山集
	829	樂府		671	附錄		509	梁谿遺稿
	842	附:筠谿李公家傳		679	東萊詩集		529	方舟集
1131	1	華陽集	1137	1	滄葦文集		853	網山集
				58	附錄			

四庫全書文集篇目分類索引

引用全書冊次、頁碼、書名對照表

1150	1	東萊集
	162	別集
	366	外集
	440	附錄
	493	止齋集
	918	附錄
1151	1	格齋四六
	45	梅溪集
	50	廷試策
	63	奏議
	109	梅溪前集
	302	後集
	634	附:有宋龍圖閣學士王公墓誌銘
	639	香山集
	751	蒙隱集
	779	宮教集
1152	1	倪石陵書
	27	樂軒集
	119	定庵類稿
	197	滄軒集
1152-1153	263	攻媿集
1154	1	尊白堂集
	141	東塘集
	405	涉齋集
	537	義豐集
	571	蠹齋鉛刀編
	690	附:拾遺詩
1155	1	乾道稿
	17	淳熙稿
	332	章泉稿
	411	雙溪類藁
	759	止堂集
1156	1	緣督集
	237	象山集
	500	外集
	540	附:語錄
	605	慈湖遺書
	927	附錄
1157	1	絜齋集
	331	雲莊集
	507	舒文靖集
	563	定齋集
1158	1	九華集
	218	附錄
	223	野處類藁
	243	盤洲文集
	792	附錄
1159	1	應齋雜著
	69	芸庵類藁
	143	浪語集
	593	石湖詩集
1160-1161	1	誠齋集
1162-1163	1	劍南詩藁
1163	307	渭南文集
	710	放翁逸稿
	727	放翁詩選
	729	前集
	769	後集
	802	別集
1164	1	金陵百詠
	17	頤菴居士集
	33	水心集
	527	南湖集
1165	1	南澗甲乙稿
	379	自鳴集
	427	客亭類稿
	549	石屏詩集
	551	卷首:東皋子詩
	661	蓮峯集
1166	1	江湖長翁集
	521	燭湖集
	764	附編
1167	1	昌谷集
	271	省齋集
	402	附:原跋十七首
	407	附錄
	413	南軒集
1168	1	勉齋集
	501	北溪大全集
	896	外集
1169	1	山房集
	123	後藁
	133	橘山四六
	423	竹齋詩集
	455	附錄
	463	後樂集
1170	1	華亭百詠
	11	梅山續藁
	119	菊磵集
	142	附:林湖遺稿
	144	江邨遺稿
	146	疏寮小集
	151	性善堂稿
	275	漫塘集
1171	1	克齋集
	145	芳蘭軒集
	159	二薇亭詩集
	171	西嚴集
	189	清苑齋詩集
	205	瓜廬集
	221	洛水集
	497	龍川集
1172	1	龍洲集
1172-1173	75	鶴山集
1174	1	西山文集
1175	1	方泉詩集
	39	東山詩選
	63	白石道人詩集
	85	附:集外詩
	86	諸賢酬贈詩
	89	野谷詩稿
	133	平齋集
	331	蒙齋集
	573	康範詩集
	584	附:康範續錄
	586	康範實錄
	597	附錄外集
	599	清獻集
1176	1	鶴林集
	397	東澗集
	565	方是閒居士小稿
	625	翠微南征錄
	687	浣川集
	769	漁墅類稿
	845	安晚堂集
	889	滄洲塵缶編
1177	1	四六標準
1178	1	賓窻集
	89	友林乙稿
	117	方壺存稿
	145	鐵菴集
	333	壺山四六
	365	默齋遺稿
	389	履齋遺稿
	391	附:宋史本傳
	441	臞軒集
	683	東野農歌集
	703	敬帚藁略
	805	清正存稿

四庫全書文集篇目分類索引

	946	附錄		719	蘭皋集		629	在軒集
1179	1	寒松閣集		737	雲泉詩		653	紫嚴詩選
	27	滄浪集		765	嘉禾百咏		687	九華詩集
	69	冷然齋詩集		783	柳塘外集		711	附：釋希坦詩
	163	可齋雜藁	1187	1	碧梧玩芳集		713	寧極齋稿
	503	續藁前		181	四明文獻集		734	附：愼獨叟遺稿
	568	續藁後		275	覆瓿集		739	自堂存藁
1180	1	後村集		323	閒風集		783	仁山文集
	563	澗泉集		449	北遊集		835	心泉學詩稿
1181	1	矩山存稿		475	秋堂集	1190	1	拙軒集
	53	附錄		490	附錄		55	滏水集
	61	雪窗集		495	蛟峯文集		267	濟南集
	62	本傳		582	附：山房遺文		515	續編詩
	100	附錄		592	蛟峯外集		519	莊靖集
	113	文溪集		625	山房外集	1191	1	遺山集
	230	附錄		627	秋聲集		471	附錄
	235	庸齋集	1188	1	牟氏陵陽集		487	湛然居士集
	305	彝齋文編		221	湖山類稿		633	藏春集
	369	張氏拙軒集		251	水雲集		691	附錄
	441	玉楮集		273	附錄		703	淮陽集
	501	靈嚴集		281	晞髮集		717	附錄：詩餘
	599	棣堃集		330	晞髮遺集	1192	1	陵川集
1182	1	恥堂存稿		343	遺集補		471	歸田類稿
	131	秋崖集		346	附:天地間集		663	白雲集
	617	芸隱横舟稿		349	西臺慟哭記註	1193	1	稼村類藁
	627	芸隱勌游稿		361	冬青樹引註		219	桐江續集
	639	蒙川遺稿		365	潛齋集		729	野趣有聲畫
	689	雪磯叢稿		518	附：家傳		777	月屋漫稿
1183	1	北礀集		520	鐵牛翁遺稿	1194	1	剡源文集
	175	西腆集		531	梅巖文集		397	剩語
	187	梅屋集		591	四如集		429	養蒙文集
	213	孝詩		683	拾遺		527	牆東類稿
	253	字溪集		687	霽山文集	1195	1	青山集
	429	附錄		761	勿軒集		115	桂隱文集
	473	勿齋集		841	古梅遺稿		207	附錄
	501	巽齋文集	1189	1	佩韋齋集		213	桂隱詩集
1184	1	雪坡集		167	廬山集		335	水雲村稀
	359	文山集		221	英溪集		507	巴西集
	805	文信國集杜詩		233	西湖百詠		579	屏巖小稿
	843	疊山集		273	則堂集		627	玉斗山人集
1185	1	本堂集		365	富山遺稿		659	谷響集
	525	端平詩雋		447	眞山民集		739	竹素山房詩集
	553	竹溪鬳齋十一藁續集		463	百正集		763	附錄
1186	1	魯齋集		489	月洞吟	1196	1	紫山大全集
	293	潛山集		501	伯牙琴		487	松鄉集
	401	須溪集		521	補遺		597	松雪齋集
	637	須溪四景詩集		525	存雅堂遺稿		745	外集
	663	葦航漫遊稿		561	吾汶藁	1197	1	吳文正集

四庫全書文集篇目分類索引

引用全書冊次、頁碼、書名對照表

	923	附錄		148	附錄		665	杏庭摘稾
1198	1	金淵集		151	定宇集	1213	1	安雅堂集
	63	山村遺集		152	年表		181	傅與礪詩文集
	87	湛淵集		427	別集		181	詩集
	104	附：元故湛淵先生白公墓銘		451	良齋詩集		298	文集
				523	知非堂稿		364	附錄
	107	牧潛集		595	雲林集		373	瓢泉吟稿
	159	小亨集		667	梅花字字香		427	筠軒集
	219	還山遺稿		669	前集		597	俟菴集
	221	考歲略		676	後集		600	墓志銘
	256	附錄	1206	1	中庵集		832	附錄
	273	魯齋遺書		201	文忠集	1214	1	滋溪文稿
	481	靜修集		263	靜春堂詩集		361	青陽集
	668	續集		295	惟實集		427	鯨背吟集
	689	青崖集		362	附錄		433	經濟文集
1199	1	養吾齋集		377	勤齋集		505	近光集
	323	存悔齋稿		459	石田文集		542	扈從集
	351	附遺		653	附錄		551	純白齋類稿
	355	雙溪醉隱集		659	榘菴集		687	圭峯集
	493	東庵集	1207	1	道園學古錄		754	附錄
	529	白雲集		707	道園遺稿	1215	1	蛻菴集
	605	附錄	1208	1	楊仲弘集		91	五峰集
	609	畏齋集		67	范德機詩集		185	野處集
	707	默庵集		149	文安集		227	夢觀集
	735	雲峯集		301	補遺		261	金臺集
1200-1201	1	秋澗集		303	翠寒集		307	子淵詩集
				335	檜亭集		355	午溪集
1201	401	牧庵集		391	伊濱集		419	藥房樵唱
	770	附：年譜	1209	1	淵穎集		451	附錄
1202	1	雪樓集		210	附錄		459	栲栳山人詩集
	464	附：元史本傳		215	文獻集		491	梅花道人遺墨
	466	年譜	1210	1	圭齋文集		509	玩齋集
	475	曹文貞公詩集		172	附錄		723	拾遺
	535	後錄		177	待制集		738	附錄
	543	芳谷集		527	附錄	1216	1	羽庭集
	613	陳剛中詩集		543	所安遺集		121	不繫舟漁集
	662	附錄		567	閒居叢稿		272	附錄
	673	秋巖詩集	1211	1	至正集		277	居竹軒詩集
	693	玉井樵唱		574	附：元史本傳		351	句曲外史集
	727	蘭軒集		579	圭塘小藁		389	附錄
1203	1	清容居士集		684	別集		394	補遺
1204	1	此山詩集		717	續集		411	附
	55	霞外詩集	1212	1	禮部集		421	僑吳集
	171	申齋集		302	附錄		614	附錄
	361	西巖集		311	積齋集		619	詠物詩
	525	蒲室集		367	燕石集		635	鹿皮子集
1205	1	弁山小隱吟錄		523	秋聲集		699	林外野言
	57	續軒渠集		565	雁門集		725	傲軒吟稿

四庫全書文集篇目分類索引

冊次	頁碼	書名
1217	1	師山集
	67	師山遺文
	101	附錄
	129	友石山人遺稿
	143	聞過齋集
	253	學言稿
	317	北郭集
	354	補遺
	361	附：述古齋集
	365	玉笥集
	473	青村遺稿
	493	鶴年詩集
	543	附：丁孝子傳
	547	貞素齋集
	668	附錄
	685	一山文集
	795	江月松風集
1218	1	龜巢稿
	457	石初集
	535	山窗餘稿
	563	梧溪集
1219	1	吾吾類稿
	45	樵雲獨唱
	123	桐山老農集
	155	靜思集
	253	九靈山房集
	256	年譜
	608	補編
	617	濂京雜詠
	629	雲陽集
1220	1	南湖集
	49	佩玉齋類藁
	127	玉山璞稿
	151	清閟閣全集
	357	麟原文集
	357	前集
	455	後集
	566	附錄
	569	來鶴亭集
	615	補遺
	621	雲松巢集
	649	環谷集
1221	1	性情集
	43	花谿集
	111	樗隱集
	159	東山存稿
	365	附：東山趙先生汸行狀
	373	東維子集
	709	附錄
1222	1	鐵崖古樂府
	79	樂府補
	123	復古詩集
	145	麗則遺音
	176	附錄
	181	夷白齋藁
	356	外集
	395	庸菴集
	499	可閒老人集
	619	石門集
	667	玉笥集
1223	1	明太祖文集
1223-1224	235	文憲集
1224	563	宋景濂未刻集
1225	1	誠意伯文集
	493	鳳池吟稿
	567	陶學士集
	809	西隱集
	922	附錄
1226	1	王忠文集
	515	翠屏集
	647	說學齋稿
	755	雲林集
	773	白雲集
1227	1	林登州集
	200	附錄
	205	槎翁詩集
	563	東皋錄
	649	覆瓿集
	725	附錄
	733	柘軒集
1228	1	白雲稿
	77	密菴集
	179	清江詩集
	290	文集
	509	蘇平仲文集
1229	1	胡仲子集
	139	始豐稿
	385	王常宗集
	431	補遺
	437	續補遺
	445	白石山房逸藁
	468	附錄
	475	滄螺集
	513	臨安集
	563	尚絅齋集
	653	趙考古文集
	713	劉彥昺集
	771	藍山集
	833	藍澗集
1230	1	大全集
	253	鳧藻集
	329	眉菴集
	484	補遺
	489	靜菴集
	547	北郭集
1231	1	鳴盛集
	80	附錄
	83	白雲樵唱集
	205	附錄
	209	草澤狂歌
	279	半軒集
	440	半軒集補遺
	458	方外補遺
	468	附：王半軒傳
	471	西菴集
	575	南邨詩集
	637	望雲集
	673	蚓竅集
	721	西郊笑端集
1232	1	草閣詩集
	58	拾遺
	81	文集
	85	附：筠谷詩集
	93	樗菴類藁
	123	春草齋集
	125	詩集
	177	文集
	259	耕學齋詩集
	361	可傳集
	383	強齋集
	523	海桑集
	711	畦樂詩集
1233	1	竹齋集
	92	續集
	101	附錄
	107	獨醉亭集
	161	海叟集
	217	榮進集
	273	梁園寓稿
	335	自怡集
	349	附錄
	353	斗南老人集

四庫全書文集篇目分類索引

	581	希澹園詩集		888	附錄		576	補遺
	629	鷗湖集	1243	1	曹月川集		625	醫閭集
1234	1	滎陽外史集		18	附錄		721	翠渠摘稿
	651	繼志齋集		31	敬軒文集		872	續編
	785	全室外集		403	兩谿文集	1255	1	家藏集
	853	續篇	1244	1	忠肅集		791	補遺
1235	1	中丞集		396	附錄	1256	1	歸田稿
	37	中丞遺事附錄		419	蘭庭集		119	震澤集
	43	遜志齋集		481	古穰集		529	鬱洲遺稿
	725	貞白遺稿	1245	1	武功集	1257	1	見素集
	805	靜學文集		235	倪文僖集		325	奏議
	806	附：本傳		603	襄毅文集		454	續集
1236	1	劉蕡集	1246	1	陳白沙集		576	附錄
	135	巽隱集		333	附錄		591	古城集
	209	易齋集		353	類博稿		737	補遺
	210	附：本傳		455	附錄		755	虛齋集
	261	野古集		467	竹巖集	1258	1	容春堂集
	263	年譜		513	補遺		1	前集
	318	附錄		516	附錄		225	後集
	337	峴泉集		521	平橋藁		400	續集
	519	唐愚士詩		676	附錄		722	別集
	591	文毅集	1247	1	彭惠安集	1259	1	圭峯集
	836	附錄		101	清風亭稿		351	吳文肅摘稿
1237	1	虛舟集		179	方洲集		431	立齋遺文
	81	王舍人詩集		581	附：讀史錄		477	附錄
	172	附錄	1248	1	重編瓊臺藁		487	熊峯集
	177	泊菴集		521	謙齋文錄		685	西村集
	431	毅齋集	1249	1	椒邱文集	1260	1	胡文敬集
	545	頤庵文選		529	外集		79	方簡肅文集
	681	青城山人集		559	石田詩選		169	小鳴稿
1238-1239	1	東里集		729	東園文集		363	懷星堂集
	1	文集		858	附錄	1261	1	整菴存稿
	300	詩集	1250	1	懷麓堂集		273	東江家藏集
	370	續集	1251	1	青貉漫稿		878	附：風聞言事論
1239	579	別集		357	康齋集	1262	1	空同集
1240	1	文敏集		597	樓居雜著	1263	1	山齋文集
	403	附錄		615	野航詩稿		135	顧華玉集
	433	省愆集		618	野航文稿		135	浮湘藁
	481	忠靖集		623	野航附錄		173	山中集
	536	附錄		629	一峯文集		262	憑几集
	573	金文靖集	1252-1253	1	篁墩文集		312	憑几集續編
1241-1242	1	抑菴文集	1253	767	拾遺		337	息園存稿詩
	304	抑菴文後集	1254	1	楓山集		453	息園存稿文
1242	407	運壁漫稿		142	附錄		612	緩慟集
	521	梧岡集		145	定山集	1264	1	華泉集
	659	古廉文集		351	補遺		245	東田遺稿
				367	未軒文集		315	清惠集
							483	沙溪集

四庫全書文集篇目分類索引

1265-1266	1	王文成全書		205	止山集		253	小辨齋偶存
1266	251	雙溪集		206	南行集		329	高子遺書
	317	對山集		219	東遊集	1293	1	少墟集
	465	柏齋集		225	北觀集		377	石隱園藏稿
	645	竹澗集		245	山中集		669	仰節堂集
	755	奏議		305	張莊僖文集	1294	1	願學集
	811	附錄		401	洞麓堂集		301	劉蕺山集
1267	1	大復集		653	具茨集	1295	1	學古緒言
	352	附錄		653	詩集		293	檀園集
	369	沮詞		723	文集		411	忠介燼餘集
	673	莊渠遺書		868	遺藁		439	文忠集
1268	1	儼山集	1278	1	青霞集	1296	1	幔亭集
	651	續集		165	年譜		197	白谷集
	733	迪功集		173	滄溟集		379	集玉山房稿
	777	附：談藝錄		572	附錄		543	宋布衣集
	783	太白山人漫藁		579	山海漫談		589	忠肅集
1269	1	少谷集		611	楊忠愍集	1297	1	倪文貞集
	331	苑洛集		680	附錄		212	續編
	711	東洲初稿	1279-1281	1	弇州四部稿		231	奏疏
	1033	附錄	1282-1284	1	弇州續稿		324	講編
1270	1	升菴集	1285	1	讀書後		343	詩集
1271	1	東巖集		97	方麓集		379	凌忠介公集
	55	文簡集		477	存家詩稿		471	申忠愍詩集
	673	方齋存稿		543	海鰩吟稿		505	茅簷集
1272	1	考功集		665	伐檀齋集		621	陶菴全集
	122	附錄		780	附:諸名家贈答詩	1298-1299	1	聖祖仁皇帝御製文集
	131	雲村集	1286	1	備忘集		1	初集
	285	小山類稿		229	石洞集		320	第二集
	531	夢澤集	1287	1	宗子相集	1299	1	第三集
1273	1	甫田集		225	衡廬精舍藏稿		377	第四集
	293	附：先君行略		702	衡廬續稿	1300	1	世宗憲皇帝御製文集
	299	泰泉集	1288	1	薛荔園詩集		1	目錄
	397	西村詩集		137	鯤溟詩集		233	御製樂善堂全集定本
	434	補遺		209	亦玉堂稿		233	序
	439	天馬山房遺稿		361	溫恭毅集		541	跋
	561	蘇門集	1289	1	震川集	1301	1	御製文集
	653	愚谷集		422	別集		1	初集
1274	1	遵巖集		605	四溟集		271	二集
	577	陸子餘集		755	蟻蠶集		563	三集
1275	1	念菴文集	1290	1	少室山房集		684	餘集
	523	皇甫司勳集		4	附：石羊生傳	1302-1311	1	御製詩集
1276	1	楊忠介集	1291	1	穀城山館詩集		1	初集
	126	附錄		193	宗伯集	1303-1304	1	二集
	183	荊川集		597	臨皋文集	1305-1306	1	三集
	491	皇甫少玄集		765	淡然軒集			
	673	外集	1292	1	涇皋藏稿			
1277	1	瑤石山人稿						

1307-1308	1	四集
1309-1311	1	五集
1311	521	餘集
1312	1	梅村集
	421	湯子遺書
	622	附錄
	645	兼濟堂文集
1313	1	學餘堂文集
	359	詩集
	849	外集
1314	1	范忠貞集
	195	林蕙堂全集
1315	1	精華錄
	203	堯峯文鈔
1316	1	午亭文編
	745	讀書齋偶存稿
1317	1	松桂堂全集
	305	延露詞
	342	南漼集
1317-1318	389	曝書亭集
1318	535	附：葉兒樂府
	541	于清端政書
1319	1	愚菴小集
	195	附：傳家質言
	199	抱犢山房集
	200	附：嵇留山先生傳
	275	文端集
1320-1321	1	西河集
1322	1	陳檢討四六
	275	蓮洋詩鈔
	278	墓誌銘
	386	附錄
	389	張文貞集
1323	1	西陂類稿
	521	鐵廬集
	571	外集
	593	湛園集
1324	1	古歡堂集
	395	附：黔書
	469	長河志籍考
	525	榕村集
1325	1	三魚堂文集
	194	外集
	281	外集附錄
	301	因園集
	433	懷清堂集
	633	二希堂文集
1326	1	敬業堂詩集
	713	望溪集
1327	1	存研樓文集
	375	香屑集
	567	鹿洲初集
1328	1	樊榭山房集
	144	續集
	287	果堂集
	381	松泉集
	391	詩集
	691	文集

總集類

冊次	頁碼	書名
1329	1	文選註
1330-1331	1	六臣註文選
1331	573	文選顏鮑謝詩評
	631	玉臺新詠
	725	玉臺新詠考異
1332	1	高氏三宴詩集
	8	附：香山九老詩
	11	篋中集
	19	河嶽英靈集
	63	國秀集
	95	御覽詩
	125	中興間氣集
	149	極玄集
	163	松陵集
	281	二皇甫集
	321	唐四僧詩
	341	薛濤李冶詩集
	357	竇氏聯珠集
	381	才調集
	561	搜玉小集
	573	古文苑
1333-1342	1	文苑英華
1342	733	文苑英華辨證
1343-1344	1	唐文粹
1344	487	西崑詶唱集
	523	同文館唱和詩
	563	唐百家詩選
1345	1	會稽掇英總集
	177	清江三孔集
	543	三劉家集
	585	二程文集
	742	附錄
1346	1	宋文選
	463	坡門酬唱集
1347-1348	1	樂府詩集
1348	207	歲時雜詠
	523	嚴陵集
	607	南嶽倡酬集
	625	附錄
1349	1	萬首唐人絕句
	1	七言
	673	五言
	805	聲畫集
1350-1351	1	宋文鑑
1351	715	古文關鍵
	793	回文類聚
	822	補遺
1352-1353	1	五百家播芳大全文粹
	3	姓氏
1354	1	崇古文訣
	291	成都文類
1355	1	文章正宗
	5	綱目
1356	1	續文章正宗
	409	天臺前集
	444	前集別編
	458	續集
	517	續集別編
	615	赤城集
	783	妙絕古今
	861	唐僧弘秀集
	925	衆妙集
1357	1	江湖小集
	719	江湖後集
1358	1	三體唐詩
	71	論學繩尺
	73	論訣
	589	吳都文粹
1359	1	古文集成前集
	541	文章軌範
	617	月泉吟社詩
1360	1	文選補遺
1361	1	蘇門六君子文粹

四庫全書文集篇目分類索引

	505	三國志文類		33	三華集	1400-1401	409	釋文紀
	781	增注唐策		34	錄苕軒集			
1362	1	詩家鼎臠		87	種菊庵集	1402-1410	1	文章辨體彙選
	27	十先生奧論註		115	錦樹集			
	27	前集		183	閩中十子詩	1411	1	古詩鏡
	118	後集		441	滄海遺珠		3	詩鏡總論
	239	續集		491	元詩體要		303	唐詩鏡
1362-1364	327	兩宋名賢小集	1373	1	中州名賢文表	1412-1416	1	漢魏六朝百三家集
					附：元史本傳			
1364	871	柴氏四隱集	1373-1374	483	明文衡	1416	291	古今禪藻集
1365	1	中州集					665	三家宮詞
	359	附：中州樂府	1375-1376	1	新安文獻志		689	二家宮詞
	379	唐詩鼓吹		2	先賢事略	1417-1418	1	御選古文淵鑒
	523	二妙集	1377	1	海岳會集			
	593	谷音		79	經義模範	1419-1422	1	御定歷代賦彙
	613	河汾諸老詩集						
1366	1	瀛奎律髓	1377-1378	101	文編		1	正集
	559	梅花百詠				1422	1	外集
	580	附錄	1379-1380	1	古詩紀		366	附：逸句
	591	天下同文集					391	補遺
	711	古賦辯體	1380	703	詩紀匡謬	1423-1431	1	御定全唐詩
	863	圭塘欸乃集	1381	1	全蜀藝文志			
	913	忠義集	1382	1	古今詩刪	1432-1434	1	御定佩文齋詠物詩選
	955	宛陵羣英集		291	唐宋元名表			
1367	1	元文類		421	文氏五家集	1435-1436	1	御定歷代題畫詩類
1368	1	元風雅		597	宋藝圃集			
	1	前集		941	元藝圃集	1437-1444	1	御選宋金元明四朝詩
	90	後集	1383-1384	1	唐宋八大家文鈔			
	173	唐音				1437-1438	1	御選宋詩
	427	古樂府	1385-1386	1	吳都文粹續集		6	姓名爵里
1369	1	玉山名勝集				1439	1	御選金詩
	147	外集	1386	690	補		1	姓名爵里
	175	草堂雅集	1387-1394	1	石倉歷代詩選	1439-1441	419	御選元詩
	481	玉山紀遊						
	511	大雅集	1394	293	四六法海		419	姓名爵里
	579	元音遺響	1395	1	古樂苑	1442-1444	1	御選明詩
1370	1	風雅翼		543	衍錄			
	229	荊南倡和詩集	1396	1	皇霸文紀		1	姓名爵里
	254	附錄		185	西漢文紀	1445	1	御訂全金詩增補中州集
	259	乾坤清氣	1397	1	東漢文紀			
	403	元音	1398	1	西晉文紀	1446	1	御選唐詩
	583	雅頌正音		471	宋文紀	1447	1	御定千叟宴詩
1371	1	唐詩品彙	1399	1	南齊文紀		99	御選唐宋文醇
	3	叙目		231	梁文紀	1448	1	御選唐宋詩醇
	44	歷代叙論		595	陳文紀			
	47	姓氏爵里詳節	1400	1	北齊文紀	1449-1450	1	皇清文穎
	924	附：唐詩拾遺		57	後周文紀			
1372	1	廣州四先生詩		197	隋文紀	1451	1	欽定四書文

四庫全書文集篇目分類索引

引用全書冊次、頁碼、書名對照表

	10	化治四書文
	73	正嘉四書文
	200	隆萬四書文
	315	啓禎四書文
	576	本朝四書文
1452	1	欽定千叟宴詩
1453-1458	1	明文海
1459	1	唐賢三昧集
	61	二家詩選
	85	唐人萬首絕句選
1459-1460	173	明詩綜
1461-1462	1	宋詩鈔
1463-1464	1	宋元詩會
1465	1	粵西詩載
1465-1467	427	粵西文載
1467	343	粵西叢載
1468-1471	1	元詩選
1468-1469	1	初集
	2	卷首
1470-1471	1	二集
1471	231	三集
1472-1473	1	御定全唐詩錄
1474	1	甬上耆舊詩
1475	1	槜李詩繫
1476	1	古文雅正
	267	鄱陽五家集
	489	南宋襍事詩
1477	1	宋百家詩存

詩文評類

冊次	頁碼	書　　名
1478	1	文心雕龍
	71	文心雕龍輯注
	189	詩品
	203	文章緣起
	231	本事詩
	247	六一詩話
	257	續詩話
	265	中山詩話
	279	後山詩話
	291	臨漢隱居詩話
	299	優古堂詩話
	329	詩話總龜
	329	前集
	665	後集
	907	彥周詩話
	927	紫薇詩話
	941	四六話
	961	珊瑚鉤詩話
	985	石林詩話
1479	1	藏海詩話
	13	風月堂詩話
	31	歲寒堂詩話
	53	庚溪詩話
	79	韻語陽秋
	215	碧溪詩話
	257	唐詩紀事
1480	1	觀林詩話
	19	四六談麈
	27	環溪詩話
	45	漁隱叢話
	45	前集
	385	後集
	665	竹坡詩話
	683	文則
	709	二老堂詩話
	725	誠齋詩話
	747	餘師錄
	809	滄浪詩話
1481	1	詩人玉屑
	301	後村詩話
	461	娛書堂詩話
	485	荊溪林下偶談
	519	草堂詩話
	549	竹莊詩話
	803	文章精義
	813	浩然齋雅談
	853	對床夜語
1482	1	詩林廣記
	1	前集
	105	後集
	243	文說
	255	修辭鑑衡
	289	金石例
	371	作義要訣
	379	墓銘舉例
	435	懷麓堂詩話
	459	頤山詩話
	473	詩話補遺
	509	秋圃擷餘
	519	唐音癸籤
1483	1	歷代詩話
	819	金石要例
	831	漁洋詩話
	881	師友詩傳錄
	894	師友詩傳續錄
	903	聲調譜
	923	談龍錄
1484-1485	1	宋詩紀事
1486	1	全閩詩話
	453	五代詩話

詞曲類

一、詞集之屬

冊次	頁碼	書　　名
1487	1	珠玉詞
	21	六一詞
	43	樂章集
	79	安陸集
	101	東坡詞
	151	山谷詞
	179	淮海詞
	195	書舟詞
	219	小山詞
	253	晁无咎詞
	281	姑溪詞
	297	溪堂詞
	307	東堂詞
	337	片玉詞
	370	補遺
	373	初寮詞
	383	聖求詞
	405	友古詞
	431	和清眞詞
	449	石林詞
	467	丹陽詞
	479	筠谿樂府
	499	坦菴詞
	523	酒邊詞
	549	無住詞
	555	漱玉詞
	561	竹坡詞
	585	蘆川詞

四庫全書文集篇目分類索引

	615	東浦詞
	623	嬾窟詞
	637	逃禪詞
1488	1	于湖詞
	31	海野詞
	49	審齋詞
	61	介菴詞
	85	歸愚詞
	95	克齋詞
	103	龍川詞
	109	補遺
	111	稼軒詞
	203	西樵語業
	213	樵隱詞
	223	放翁詞
	245	知稼翁詞
	253	蒲江詞
	259	平齋詞
	269	白石道人歌曲
	300	別集
	305	夢窗稿
	371	補遺
	375	惜香樂府
	433	龍洲詞
	445	竹屋癡語
	463	山中白雲詞
	535	附錄
	537	附：樂府指迷
	543	竹山詞
	563	竹齋詩餘
	581	梅溪詞
	605	散花菴詞
	613	石屏詞
	623	斷腸詞
	629	天籟集
	657	蛻巖詞
	685	珂雪詞

二、詞選之屬

册次	頁碼	書　　名
1489	1	花間集
	67	尊前集
	97	梅苑
	167	樂府雅詞
	278	拾遺
	305	花菴詞選
	394	續集
	531	草堂詩餘

1490	1	絕妙好詞箋
	101	樂府補題
	113	花草粹編
1491-1493	1	御選歷代詩餘
1493	427	詞綜
1494	1	十五家詞

三、詞話之屬

册次	頁碼	書　　名
1494	505	碧雞漫志
	527	沈氏樂府指迷
	531	潛山堂詞話
	551	西河詞話
	571	詞苑叢談

四、詞譜詞韻之屬

册次	頁碼	書　　名
1495	1	御定詞譜
1496	1	詞律

五、南北曲之屬

册次	頁碼	書　　名
1496	383	顧曲雜言
	395	御定曲譜
	657	中原音韻

四庫全書文集篇目分類索引

學術文之部

目　次

陳　序

昌　序

凡　例

引用全書册次、頁碼、書名對照表

甲、經　部

A、易　類……………………………1

　a、論　文……………………………1

　b、序　跋……………………………7

　c、附錄：易緯、易林……………… 12

B、書　類………………………………12

　a、論　文……………………………12

　b、序　跋……………………………16

　c、附錄：尚書大傳………………… 18

C、詩　類………………………………19

　a、論　文……………………………19

　b、序　跋……………………………22

　c、附錄：韓詩外傳………………… 23

D、禮　類………………………………23

　a、周　禮……………………………23

　　1論　文……………………………23

　　2序　跋……………………………24

　b、儀　禮……………………………25

　　1論　文……………………………25

　　2序　跋……………………………25

　c、禮　記……………………………26

　　1論　文……………………………26

　　2序　跋……………………………28

　　3.附錄：大戴禮記………………… 28

　d、禮總義……………………………29

　　1論　文……………………………29

　　2序　跋……………………………30

　e、雜　禮……………………………30

E、春秋類……………………………… 34

　a、通　論…………………………… 34

　　1春秋總義………………………… 34

　　2三　傳…………………………… 36

　b、經（傳）文……………………… 36

　c、序　跋…………………………… 38

　　1春秋總義………………………… 38

　　2三　傳…………………………… 41

　d、附錄：春秋繁露………………… 42

F、孝經類……………………………… 42

　a、論　文…………………………… 42

　b、序　跋…………………………… 42

G、四書類……………………………… 43

　a、大　學…………………………… 43

　　1論　文…………………………… 43

　　2序　跋…………………………… 45

　b、中　庸…………………………… 45

　　1論　文…………………………… 45

　　2序　跋…………………………… 47

　c、論　語…………………………… 47

　　1論　文…………………………… 47

　　2序　跋…………………………… 53

　d、孟　子…………………………… 54

　　1論　文…………………………… 54

　　2序　跋…………………………… 57

　e、四書總義………………………… 57

H、樂律類……………………………… 59

學術文之部

目次

a、論　文……………………………… 59
b、序　跋……………………………… 60
I、經總義類……………………………… 61
a、通　論……………………………… 61
b、序　跋……………………………… 62
c、附　錄……………………………… 63
1.石　經……………………………… 63
2.緯　書……………………………… 63

3.河圖洛書……………………………… 63
J、小學類……………………………… 64
a、文　字……………………………… 64
b、訓　詁……………………………… 66
c、音　韻……………………………… 66
d、雜　論……………………………… 68
e、釋　字……………………………… 68
f、訓　蒙……………………………… 68

乙、史　部

A、正史類……………………………… 69
a、史　記……………………………… 69
1.論　文……………………………… 69
2.序　跋……………………………… 72
b、漢　書……………………………… 72
1.論　文……………………………… 72
2.序　跋……………………………… 73
c.後漢書……………………………… 73
1.論　文……………………………… 73
2.序　跋……………………………… 74
d、三國志……………………………… 74
1.論　文……………………………… 74
2.序　跋……………………………… 74
e、晉　書……………………………… 74
f、宋　書……………………………… 75
g、南齊書……………………………… 75
h、梁　書……………………………… 75
i、陳　書……………………………… 75
j、魏　書……………………………… 75
k、北齊書……………………………… 75
l、周　書……………………………… 75
m、隋　書……………………………… 75
n、南北史……………………………… 75
o、兩唐書……………………………… 76
p、兩五代史…………………………… 76
q、宋　史……………………………… 76
r、遼　史……………………………… 77
s、金　史……………………………… 77
t、元　史……………………………… 77
u、明　史……………………………… 78
v、附　錄……………………………… 78
B、編年類……………………………… 78
C、紀事本末類………………………… 83
D、別史類……………………………… 83
E、雜史類……………………………… 84

附錄：史事雜記…………………… 87
F、詔令奏議類………………………… 96
a、書序跋……………………………… 96
b、附　錄…………………………… 100
1.詔令上（作者式）……………… 100
2.詔令下（姓名式）………………629
3.奏議上（作者式）………………1198
4.奏議下（作者式）………………1716
G、傳記類………………………………1739
a、姓　氏………………………………1739
b、家　乘（姓名式）………………1739
c、年　譜………………………………1754
d、總　傳………………………………1755
e、分　傳………………………………1761
f、雜　考………………………………1764
g、雜　錄………………………………1766
H、史鈔類………………………………1766
I、載記類………………………………1767
J、時令類………………………………1768
K、地理類………………………………1768
a、通　論………………………………1768
b、總　志………………………………1769
1.論　文………………………………1769
2.序　跋………………………………1769
c、都會郡縣（地名式）………………1769
1.論　文………………………………1769
2.序　跋………………………………1772
d、河渠水利………………………………1778
1.論　文………………………………1778
2.序　跋………………………………1781
e、山　川………………………………1782
1.論　文………………………………1782
2.序　跋………………………………1783
f、遊　記………………………………1783
附錄：遊記文…………………………1784

四庫全書文集篇目分類索引

g、專　志……………………………1796
　1論　文……………………………1796
　2序　跋……………………………1797
h、外紀邊防…………………………1798
　1論　文……………………………1798
　2序　跋……………………………1798
i、雜　記……………………………1799
L、職官類……………………………1800
a、論　文……………………………1800
b、序　跋……………………………1803
　1官　制……………………………1803
　2官　箴……………………………1804
c、附錄：官箴………………………1804
M、政書類……………………………1808
a、通　制……………………………1808
b、禮　儀……………………………1810
c、邦　計……………………………1819
　1論　文……………………………1819
　2序　跋……………………………1826
d、軍　政……………………………1827
　1論　文……………………………1827
　2序　跋……………………………1829
e、法　令……………………………1830
　1論　文……………………………1830

2序　跋……………………………1831
3附錄：判詞………………………1831
f、考　工……………………………1851
g、附錄：論時政……………………1851
N、目錄類……………………………1854
a、論　文……………………………1854
b、序　跋……………………………1854
c、附錄：藏書記……………………1855
O、金石類……………………………1856
a、器　物……………………………1857
b、印　璽……………………………1857
c、石　刻……………………………1858
d、題　名……………………………1872
e、詩　刻……………………………1873
f、畫　像……………………………1874
g、雜　錄……………………………1874
h、序　跋……………………………1874
P、史評類……………………………1876
a、史學通論…………………………1876
b、史事雜論…………………………1878
c、史　論……………………………1899
　1論個人（姓名式）………………1899
　2論群體……………………………1952
d、序　跋……………………………1954

學術文之部

目次

丙、子　部

A、儒家類……………………………1956
a、論　文……………………………1956
b、序　跋……………………………1961
c、附　錄……………………………1972
　1家訓規條…………………………1972
　2語　錄……………………………1974
B、兵家類……………………………1975
a、論　文……………………………1975
b、序　跋……………………………1981
C、法家類……………………………1982
a、論　文……………………………1982
b、序　跋……………………………1984
D、農家類……………………………1985
a、論　文……………………………1985
b、序　跋……………………………1985
E、醫家類……………………………1985
a、論　文……………………………1985
b、序　跋……………………………1986
F、天文曆算類………………………1990

a、天文曆法…………………………1990
　1論　文……………………………1990
　2序　跋……………………………1991
b、算　學……………………………1992
　1論　文……………………………1992
　2序　跋……………………………1992
G、術數類……………………………1993
a、論　文……………………………1993
b、序　跋……………………………1996
H、藝術類……………………………1997
a、論　文……………………………1997
b、序　跋……………………………2000
c、畫　跋……………………………2002
d、字　跋……………………………2035
I、譜錄類……………………………2099
J、雜家類……………………………2100
a、雜　學……………………………2100
b、雜　考……………………………2102
c、雜　說……………………………2103

d、雜　品……………………………2106
e、雜　纂……………………………2106
f、叢　書……………………………2107
K、類書類……………………………2107
L、小說家類…………………………2109
a、雜　事……………………………2109
b、異　聞……………………………2111
c、瑣　語……………………………2112
d、通　俗……………………………2112
e、傳　奇……………………………2112

M、釋家類……………………………2112
a、論　文……………………………2112
b、序　跋……………………………2116
N、道家類……………………………2124
a、論　文……………………………2124
b、序　跋……………………………2126
O、名墨縱橫…………………………2130
P、論諸子文…………………………2132
Q、雜　論……………………………2132

丁、集　部

A、楚辭類……………………………2159
B、別集類（姓名式）………………2160
a、上古至隋…………………………2160
b、唐五代……………………………2164
c、宋…………………………………2173
d、遼金元……………………………2207
e、明…………………………………2230
f、清…………………………………2265
g、附　錄……………………………2281
C、總集類……………………………2281
a、通　代……………………………2281
b、斷　代……………………………2284
1.上古至隋…………………………2284
2.唐五代……………………………2284
3.宋金元……………………………2285
4.明…………………………………2286
5.清…………………………………2287

c、通　選……………………………2287
d、合　選……………………………2287
e、氏　族……………………………2288
f、郡　邑……………………………2289
g、倡　酬……………………………2291
h、雜　類……………………………2296
i、輓　頌……………………………2302
D、詩文評類…………………………2316
a、論　文……………………………2316
1.通　論……………………………2316
2.個　論……………………………2323
b、序　跋……………………………2325
E、詞曲類……………………………2326
a、詞…………………………………2326
b、戲　曲……………………………2329
F、制舉文……………………………2329
附　錄……………………………2333

補　遺

經　部……………………………………2382　　史　部……………………………………2384

四庫全書文集篇目分類索引

學術文之部

經　部

A.易　類

a.論　文

篇目	作者	編號
通易論	魏阮　籍	1407- 90-403
通易論	魏阮　籍	1413- 15- 34
周易問答	齊王　儉	1414-294- 75
八卦卜大演論	唐王　勃	1065-129- 10
與劉禹錫論周易九六		
說書	唐柳宗元	1076-280- 31
		1076-724- 31
		1355-432- 14
		1383-226- 19
		1447-306- 13
與劉禹錫論易書	唐柳宗元	1344-241- 81
幂易九六論	唐劉禹錫	1077-369- 7
人文化成論	唐呂　溫	1343-526- 36
易義	宋范仲淹	1089-596- 5
四德說元亨利貞之說	宋范仲淹	1089-619- 6
辨易	宋石　介	1090-226- 7
		1346-231- 15
論原——巽說	宋釋契嵩	1091-459- 6
復辨（論）	宋蘇舜欽	1092- 97- 13
善惡有餘解	宋黃　庶	1092-798- 下
易講義	宋陳　襄	1093-574- 10
易論十三篇	宋李　覯	1095- 34- 3
刪定易圖序論	宋李　覯	1095- 53- 4
傳易之家	宋金君卿	1095-396- 下
易本論	宋劉　敞	1095-723- 38
易論上中下	宋呂　陶	1098-112- 15
發蒙論	宋呂　陶	1098-131- 17
伏羲八卦正位圖論	宋邵雍等	1359-444- 63
先天六十四卦方圓圖		
論	宋邵　雍	1359-448- 63
易或問	宋歐陽修	1102-144- 18
		1102-469- 60
		1103-667- 18
		1356- 7- 1
明用（論）潛龍勿用	宋歐陽修	1102-146- 18
		1447-432- 22
易童子問第一二三	宋歐陽修	1102-603- 76
易問上中下三篇	宋歐陽修	1346- 17- 1
送王陶序 論易	宋歐陽修	1359- 31- 5
上北海范天章（書）		
引易說	宋張方平	1104-344- 31
易（論）	宋蘇　洵	1377-574- 27
		1384-330-110
		1407-105-404
易泛論	宋王安石	1105-510- 63
卦名解	宋王安石	1105-513- 63
易象論解	宋王安石	1105-538- 65
九卦論	宋王安石	1105-548- 66
易論	宋蘇　軾	1107-561- 41
易解	宋蘇　軾	1108-476- 92
觀會通以行典禮論	宋蘇　轍	1112-822- 6
易說三首	宋蘇　轍	1112-830- 8
易論	宋蘇　轍	1112-865- 4
易說	宋蘇　轍	1384-927-164
君子終日乾乾論	宋秦　觀	1115-547- 23
		1361-221- 34
易論	宋張舜民	1117- 30- 5
易解	宋陸　佃	1117-127- 9
八卦解上下	宋陸　佃	1117-127- 9
易規	宋晁說之	1118-206- 11
答錢申伯書 論易	宋晁說之	1118-290- 15
易論	宋華　鎡	1119-463- 18
答辛祖禹書 論卦交策數	宋李　復	1121- 36- 4
答辛祖德書		
論卦交中孚睽	宋李　復	1121- 38- 4

四庫全書文集篇目分類索引

經部　易類

答曹鑒秀才書
　　論卦爻復師等　　　　　　宋李　復　　1121- 39- 4

答曹鑑秀才書
　　論樂律以合卦爻說　　　　宋李　復　　1121- 43- 5

論卦相因　　　　　　　　　　宋李　復　　1121- 85- 8

繫辭序　　　　　　　　　　　宋鄒　浩　　1121-400- 27

頤旨　　　　　　　　　　　　宋鄒　浩　　1121-443- 31

易說（七十七則）　　　　　　宋游　酢　　1121-656- 2

答李講師書論易　　　　　　　宋呂南公　　1123-145- 15

仁者見之謂之仁知者
　見之謂之知百姓日
　用而不知故君子之
　道鮮矣（解）　　　　　　宋周行己　　1123-610- 2

（易說二則）　　　　　　　　宋李若水　　1124-674- 1

答陳瑩中書論易理　　　　　　宋楊　時　　1418-313- 46

釋象序　　　　　　　　　　　宋李　綱　　1126-548-134

明變序　　　　　　　　　　　宋李　綱　　1126-550-134

衍數序　　　　　　　　　　　宋李　綱　　1126-551-134

類占上下序　　　　　　　　　宋李　綱　　1126-552-134

洪舍人講易啓　　　　　　　　宋李正民　　1133- 67- 5

著作與尹和靖講易　　　　　　宋王　蘋　　1136-100- 7

易外傳　　　　　　　　　　　宋胡　宏　　1137-224- 5

答陳震秀才論易書　　　　　　宋晁公遡　　1139-249- 45

答陳了翁右司（書）
　　論易　　　　　　　　　　宋陳　淵　　1139-431- 16

又（答李光祖）內束
　（二則）論易　　　　　　　宋陳　淵　　1139-459- 17

答黃循聖書論易　　　　　　　宋陳長方　　1139-637- 2

易論　　　　　　　　　　　　宋范　浚　　1140- 59- 7

答呂伯恭（書）
　　論易卦爻詞　　　　　　　宋朱　熹　　1143-758- 33

答林黃中（書）
　　論邵氏先天之說　　　　　宋朱　熹　　1144- 50- 37

答程可久（書二則）
　　論太極兩儀四象八卦　　　宋朱　熹　　1144- 55- 37

答袁機仲樞（書）
　　河圖洛書卦畫雜說　　　　宋朱　熹　　1144- 64- 38

答袁機仲（書）
　　易卦雜說　　　　　　　　宋朱　熹　　1144- 66- 38

答袁機仲（書）
　　河圖洛書易卦等雜說　　　宋朱　熹　　1144- 67- 38

答袁機仲（書）
　　易卦等雜說　　　　　　　宋朱　熹　　1144- 70- 38

答袁機仲別幅
　　易卦等雜說　　　　　　　宋朱　熹　　1144- 72--38

答袁機仲（書）
　　易卦雜說　　　　　　　　宋朱　熹　　1144- 74- 38

答袁機仲（書）
　　易說雜論（二則）　　　　宋朱　熹　　1144- 78- 38

答趙提舉善譽（書）
　　易卦雜說　　　　　　　　宋朱　熹　　1144- 80- 38

答范伯崇 同呂子約蔣
　子先（書）易道易
　章句等雜說　　　　　　　　宋朱　熹　　1144-137- 39

答吳晦叔（書）易雜說　宋朱　熹　　1144-222- 42

答蔡季通 癸丑三月二十
　一日（書）易卦等雜說　宋朱　熹　　1144-280- 44

答方伯謨士繇（書）
　　易雜說　　　　　　　　　宋朱　熹　　1144-285- 44

答江德功（書）
　　易章句雜說　　　　　　　宋朱　熹　　1144-306- 44

答虞士朋太中（書）
　　雜論易卦論語章句　　　　宋朱　熹　　1144-315- 45

答廖子晦（書）
　　論中孚傳論性理　　　　　宋朱　熹　　1144-338- 45

答黃直卿（書）
　　先天圖太極圖比較論　　　宋朱　熹　　1144-379- 46

答楊元範大法（書）
　　楊元範所著易說雜說　　　宋朱　熹　　1144-464- 50

答萬正淳（書）言張
　　載論易乾卦諸爻之失　　　宋朱　熹　　1144-543- 51

答葉永卿（書）
　　先天圖說　　　　　　　　宋朱　熹　　1144-577- 52

答王伯禮洽（書）
　　易卦雜說　　　　　　　　宋朱　熹　　1144-638- 54

答林正卿（書）易雜說　宋朱　熹　　1145- 37- 59

與郭沖晦（書）
　　易雜說等　　　　　　　　宋朱　熹　　1145- 51- 37

答周純仁（書）易雜說　宋朱　熹　　1145- 76- 60

答潘子善（書）
　　問易傳近思錄　　　　　　宋朱　熹　　1145- 94- 60

答潘子善（書）尚書章
　句章句春秋章句雜說　　宋朱　熹　　1145-100- 60

答黎季忱（書）易雜說　宋朱　熹　　1145-161- 62

記嵩山晁氏卦爻象象
　說　　　　　　　　　　　　宋朱　熹　　1145-284- 66

著卦考誤　　　　　　　　　　宋朱　熹　　1145-285- 66

元亨利貞說　　　　　　　　　宋朱　熹　　1145-307- 67

易象說　　　　　　　　　　　宋朱　熹　　1145-307- 67

易精變神說　　　　　　　　　宋朱　熹　　1145-308- 67

四庫全書文集篇目分類索引

經部

易類

參伍以變錯綜其數說	宋朱　熹	1145-309- 67
易寂感說	宋朱　熹	1145-309- 67
太極說	宋朱　熹	1145-320- 67
記易誤	宋朱　熹	1145-392- 70
記林黃中辨易西銘	宋朱　熹	1145-404- 71
蘇氏易解（辨）	宋朱　熹	1145-439- 72
復卦贊	宋朱　熹	1146- 8- 85
推伏羲神禹畫卦作範之原辨劉牧易置圖書之失	宋朱　熹	1359-440- 62
原卦畫	宋朱　熹	1359-445- 63
（伏羲始畫八卦之圖論）	宋朱熹等	1373-443- 63
題郭彥逢庚午解牘幷易辨說	宋周必大	1147-188- 18
刑獄論	宋李　石	1149-606- 8
鬼神論	宋李　石	1149-606- 8
龍虎論	宋李　石	1149-608- 8
利涉論	宋李　石	1149-610- 8
大人論	宋李　石	1149-611- 8
世數論	宋李　石	1149-612- 8
歲月論	宋李　石	1149-613- 8
君子論	宋李　石	1149-614- 8
四德論	宋李　石	1149-615- 8
時義論	宋李　石	1149-616- 8
古君臣論	宋李　石	1149-617- 8
禦寇論	宋李　石	1149-619- 8
周易十例略	宋李　石	1149-754- 19
周易五體例	宋李　石	1149-758- 19
象統	宋李　石	1149-767- 19
明閑	宋李　石	1149-768- 19
左氏卦例	宋李　石	1149-771- 20
讀易紀聞	宋呂祖謙	1150-306- 12
易（論）	宋陳傳良	1362-149- 4
易論	宋崔敦禮	1151-832- 7
跋張德深辨虛（文）	宋樓　鑰	1153-186- 72
講易	宋袁說友	1154-268- 11
易說（二則）	宋袁說友	1154-392- 20
卦變論	宋王　炎	1155-742- 26
卦變論說	宋王　炎	1375-389- 31
需彖辭	宋彭龜年	1155-840- 8
需象辭	宋彭龜年	1155-840- 8
需象辭	宋彭龜年	1155-840- 8
需初九爻辭	宋彭龜年	1155-841- 8
需初九象辭	宋彭龜年	1155-841- 8
需九二爻辭	宋彭龜年	1155-841- 8
需九二象辭	宋彭龜年	1155-842- 8
需九三爻辭	宋彭龜年	1155-842- 8
需九三象辭	宋彭龜年	1155-842- 8
需六四爻辭	宋彭龜年	1155-842- 8
需九五爻辭	宋彭龜年	1155-843- 8
需九五象辭	宋彭龜年	1155-843- 8
需上六爻辭	宋彭龜年	1155-843- 8
上京丞相書論易泰卦	宋曾　丰	1156-147- 13
上張參政書論易經之道	宋曾　丰	1156-148- 13
易論	宋曾　丰	1156-152- 14
易說	宋陸九淵	1156-440- 21
易說爲張權叔書	宋陸九淵	1156-441- 21
又易說爲連叔廣書	宋陸九淵	1156-442- 21
家記一泛論易	宋楊　簡	1156-687- 7
易策	宋員興宗	1158- 82- 10
復張人傑學諭書論易	宋薛季宣	1159-401- 25
易論	宋楊萬里	1161-113- 85
易（論）	宋楊萬里	1362- 58- 8
五經論——易	宋葉　適	1362-225- 14
易論	宋韓元吉	1165-257- 17
易說（十四則）	宋陳　造	1166-430- 34
書伊川先生易傳復卦義贊	宋張　栻	1167-720- 36
		1353-791-109
講義——臨川郡學——乾元亨利貞……	宋黃　幹	1168- 2- 1
講義——安慶郡學——易大傳日立天之道……	宋黃　幹	1168- 9- 1
講義——南康白鹿書院——乾之九三日……	宋黃　幹	1168- 12- 1
繫辭傳解二章	宋黃　幹	1166- 33- 3
復林正卿（書）論易卜筮	宋黃　幹	1168-133- 12
書晦菴先生所書損益大象	宋黃　幹	1168-237- 22
易說（六則）	宋黃　幹	1168-390- 34
先天圖說	宋陳　淳	1168-585- 11
後天圖說	宋陳　淳	1168-589- 11
易本義大旨	宋陳　淳	1168-623- 16
（易講義）原畫	宋陳　淳	1168-649- 19
（易講義）原辭	宋陳　淳	1168-652- 19
（易講義）原旨	宋陳　淳	1168-654- 19

四庫全書文集篇目分類索引

經部 易類

易講義——天行健君子以自強不息　宋陳淳　1168-657- 19

答郭子從（書）二

　論先天順逆之說　宋陳淳　1168-698- 25

（答郭子從問目）問先天後天說　宋陳淳　1168-784- 36

信州州學講義論易　宋陳文蔚　1171- 59- 8

易議三篇（講義）　宋程珌　1171-287- 6

答滕景重處厚（書）

　論性善之義具見於易中　宋魏了翁　1172-390- 33

題馮仰之因重論後　宋魏了翁　1173- 65- 65

豫利建侯行師（易講義九則）　宋洪咨夔　1175-137- 1

隨元亨利貞无咎（易講義九則）　宋洪咨夔　1175-141- 2

蠱元亨利涉大川先甲三日後甲三日（易講義九則）　宋洪咨夔　1175-145- 3

臨元亨利貞至于八月有凶（易講義九則）　宋洪咨夔　1175-150- 4

觀盥而不薦有孚顒若（易講義九則）　宋洪咨夔　1175-155- 5

噬嗑亨利用獄（易講義九則）　宋洪咨夔　1175-161- 6

經筵講義——易發題　宋袁甫　1175-334- 1

易有太極銘并序　宋袁甫　1175-526- 16

乾坤易之門銘并序　宋袁甫　1175-527- 16

與汪尚中書（二則）

　論易　宋吳泳　1176-288- 30

答嚴子韶書論太極　宋吳泳　1176-293- 30

與宋東山書

　論乾坤坎離爲四正卦　宋陽枋　1183-303- 4

寄示誼儒姪昂

　易上下經卦皆等　宋陽枋　1183-303- 4

與宋東山書論易　宋陽枋　1183-304- 4

與前人書論易學　宋陽枋　1183-309- 4

示姪昂書論易　宋陽枋　1183-311- 5

與宋東山書論易學　宋陽枋　1183-312- 5

與趙明遠書論易卦　宋陽枋　1183-314- 5

與前人書論易卦爻　宋陽枋　1183-315- 5

答前人書論易乾坤二卦　宋陽枋　1183-316- 5

與稅巽父書論啓蒙小傳（易）圖說　宋陽枋　1183-317- 5

　易象陰陽消長圖說　宋陽枋　1183-350- 7

西澗書院釋菜講義　宋文天祥　1184-631- 15

熙明殿近講敬天圖周易賁卦　宋文天祥　1184-633- 15

績溪縣學舍冬至開講——復其見天地之心乎（講義一則并序）　宋汪夢斗　1187-466- 下

三十六宮都是春說　宋胡次焱　1188-565- 6

易論上中下三篇　宋李清臣　1346-261- 18

學易說　宋陳瓘　1346-459- 32

九疇本大衍數之圖（論）　宋鄭東卿　1359-441- 62

太極貫一圖論　宋鄭東卿　1359-442- 62

離（卦論）　宋劉穆元　1362- 67- 9

益（卦論）　宋劉穆元　1362- 68- 9

乾坤（卦論）　宋劉穆元　1362- 69- 9

革（卦論）　宋劉穆元　1362- 69- 9

既濟未濟（卦論）　宋劉穆元　1362- 70- 9

泰（卦論）　宋劉穆元　1362- 71- 9

明夷（卦論）　宋劉穆元　1362- 72- 9

復（卦論）　宋劉穆元　1362- 72- 9

六爻（論）　宋劉穆元　1362- 73- 9

十翼（論）　宋劉穆元　1362- 74- 9

易（論）　宋張震　1362- 83- 11

文王作易爻辭辨　宋胡一桂　1375-379- 30

易文言辨　宋胡一桂　1375-380- 30

易本義啓蒙後論　宋胡一桂　1375-441- 35

易原一二三　宋程大昌　1375-396- 31

序易占例　宋汪深　1375-439- 34

觀易堂隨筆　宋程直方　1375-443- 35

反復其道七日來復（論）　宋姚孝寧　1377- 89- 0

聖人亨以享上帝(論)　宋姚孝寧　1377- 94- 0

利用賓於王（論）　宋姚孝寧　1377- 95- 0

八卦重爲六十四卦之圖論　宋蔡某　1359-447- 62

經世衍易圖論　宋蔡某　1359-449- 63

經世天地四象圖論　宋蔡某　1359-449- 63

圖說——太極圖說　元郝經　1192-159- 16

圖說——先天圖說　元郝經　1192-159- 16

易爻辭解　元王義山　1193- 69- 11

九卦十三卦（講義）　元王義山　1193-105- 17

易（講義）　元王義山　1193-111- 17

大哉乾元萬物資始乃統天（講義）　元王義山　1193-120- 19

麗澤兌君子以朋友講

四庫全書文集篇目分類索引

經部

易類

篇目	作者	索引號
習（講義）	元王義山	1193-122- 19
俞伯初復庵詩并說論易	元方　回	1193-627- 30
謙尊而光卑而不可踰講義	元戴表元	1194-314- 25
大畜象曰天在山中大畜君子以多識前言往行以畜其德講義	元戴表元	1194-322- 26
讀易私言	元許　衡	1198-383- 6
		1367-578- 44
		1373- 36- 2
陰陽消長（說）	元許　衡	1198-389- 6
撰著說	元許　衡	1198-390- 6
檮著記	元劉　因	1198-534- 7
節象（文）	元劉　因	1198-539- 7
中孚象	元劉　因	1198-682- 3
學易可無大過論	元劉將孫	1199-219- 23
地天交泰后以財成天地之道輔相天地之宜	元姚　燧	1201-723- 31
題家人經傳衍義後	元程鉅夫	1202-355- 24
論地羅四卦	元陳　櫟	1205-211- 4
與劉生論易書	元吳師道	1212-122- 11
易之文言傳謂君子行四德乾元亨利貞說	元汪克寬	1220-707- 6
後天圖說	明朱　右	1228- 29- 2
書讀易記後	明蘇伯衡	1228-718- 10
又答顧希武書八卦註雜說	明趙撝謙	1454-805-175
太極釋	明張宇初	1236-352- 1
先天圖論	明張宇初	1236-354- 1
家人卦說示子禎	明王　直	1241-257- 11
說旅卦示穆	明王　直	1242-304- 34
詠易序	明李　賢	1244-546- 6
（論）安土敦乎仁	明陳獻章	1246- 36- 1
周易講章	明倪　岳	1251- 97- 10
書朱子所書易繫辭後	明程敏政	1252-681- 39
復東陽盧御史正夫格（書）論易	明章　懋	1254- 54- 2
易論	明章　懋	1254- 67- 3
讀周易	明黃仲昭	1254-372- 1
坤遯明夷旅雜說	明邵　寶	1258-514- 8
與羅一峰（書）論易	明胡居仁	1260- 17- 1
函谷子太極圖論引	明何景明	1267-306- 34
講義十二首——六二鴻漸于磐飲食		
衎衎吉	明崔　銑	1267-462- 4
講義十二首——九二孚吉悔亡	明崔　銑	1267-463- 4
講義十二首——鳴鶴在陰……	明崔　銑	1267-463- 4
訂易纂言（三則）	明崔　銑	1267-482- 5
冬至進易卦月令講義——易卦（三則）	明魏　校	1267-700- 2
易論二條	明鄭善夫	1269-199- 16
易論	明鄭善夫	1269-265- 21
易卦屏言自序	明李舜臣	1273-711- 6
答斬兩城太守（書）論易交卦及與筮之關係	明羅洪先	1275- 45- 3
與周成之論易（書）	明羅洪先	1275- 58- 3
與友人論咸艮二卦（書）	明羅洪先	1275- 58- 3
見義說	明羅洪先	1275-194- 10
讀易	明楊　爵	1276- 70- 7
讀易銘并序	明楊　爵	1454-371-124
巽說	明胡　直	1287-407- 15
易說示張有書有引	明胡　直	1287-415- 15
易圖論上下	明歸有光	1289- 2- 1
易圖論後	明歸有光	1289- 4- 1
大衍解	明歸有光	1289- 5- 1
否卦億（說義）	明顧允成	1292-285- 4
乾坤說	明高攀龍	1292-369- 3
乾象說	明高攀龍	1292-369- 3
乾象釋	明高攀龍	1292-370- 3
大象	明高攀龍	1292-370- 3
書悟易篇	明高攀龍	1292-712- 12
易文自序	明黃淳耀	1297-649- 2
易卦（論）	明胡　廣	1374-325- 55
先天後天論	清聖祖	1299-532- 21
上下交而其志同論	清高宗	1300-291- 1
君子以虛受人論	清高宗	1300-293- 1
家人上九有孚威如終吉論	清高宗	1300-293- 1
		1449-233-首11
憧以終始其要无咎論	清高宗	1300-294- 1
物不可以苟合論	清高宗	1300-295- 1
象曰天行健君子以自彊不息（論）	清高宗	1301- 19- 1
元者善之長也亨者嘉之會也利者義之和也貞者事之幹也（		

四庫全書文集篇目分類索引

經部 易類

篇目	作者	索引號
論）	清 高 宗	1301- 21- 1
天地之道恆久而不已也（論）	清 高 宗	1301- 22- 1
天地養萬物聖人養賢以及萬民（論）	清 高 宗	1301- 23- 1
天地之大德日生(論)	清 高 宗	1301- 24- 1
天地感而萬物化生聖人感人心而天下和平（論）	清 高 宗	1301- 24- 1
修辭立其誠（論）	清 高 宗	1301- 25- 1
天施地生其益无方（論）	清 高 宗	1301- 27- 2
君子以教思无窮容保民无疆（論）	清 高 宗	1301- 28- 2
上下交而其志同也（論）	清 高 宗	1301- 28- 2
君子體仁足以長人（論）	清 高 宗	1301- 29- 2
易簡而天下之理得矣（論）	清 高 宗	1301- 31- 2
盈勸而翼日進无疆（論）	清 高 宗	1301- 33- 2
咸速也恆久也（論）	清 高 宗	1301- 33- 2
日新之謂盛德（論）	清 高 宗	1301-293- 1
聖人養賢以及萬民（論）	清 高 宗	1301-295- 1
輔相天地之宜（論）	清 高 宗	1301-296- 1
有孚惠我德（論）	清 高 宗	1301-298- 2
自上下下其道大光（論）	清 高 宗	1301-299- 2
乾始能以美利利天下不言所利（論）	清 高 宗	1301-300- 2
天行健君子以自強不息（論）	清 高 宗	1301-302- 2
開泰說	清 高 宗	1301-317- 5
雲上于天解	清 高 宗	1301-322- 6
讀周易枯楊生稊辨訛	清 高 宗	1301-489- 33
讀歸有光易圖論	清 高 宗	1301-498- 35
讀易繫辭上傳第五章書	清 高 宗	1301-504- 36
剛健篤實輝光日新其德（論）	清 高 宗	1301-571- 1
天行健君子以自強不息（論）	清 高 宗	1301-573- 1
唯幾也故能成天下之		
務（論）	清 高 宗	1301-575- 1
顯諸仁藏諸用（論）	清 高 宗	1301-576- 1
八卦方位圖說二則	清 汪 琬	1315-211- 2
卦對圖說二則	清 汪 琬	1315-212- 2
上下經系卦說五則	清 汪 琬	1315-212- 2
象說	清 汪 琬	1315-213- 2
陽爻稱九陰爻稱六說	清 汪 琬	1315-213- 2
陰陽老少說三則	清 汪 琬	1315-213- 2
八卦皆配九數二則	清 汪 琬	1315-213- 2
坎離乾坤之大用	清 汪 琬	1315-214- 2
八卦在五行之先	清 汪 琬	1315-214- 2
卦義樸說二十五則	清 汪 琬	1315-214- 2
易門五十八則	清 汪 琬	1315-217- 3
易乾之九四論	清 汪 琬	1315-269- 8
跋邵堯夫先天圖	清 汪 琬	1315-613- 39
伏羲先天卦爻解	清 陳 廷敬	1316-317- 21
孔氏穎達經傳辨易	清 陳 廷敬	1316-318- 21
十翼說	清 陳 廷敬	1316-318- 21
古今易說	清 陳 廷敬	1316-325- 22
		1449-584- 11
（易）經解（三卷）	清 陳 廷敬	1316-372- 25
講筵奏對錄有序		
奏對易經	清 陳 廷敬	1316-431- 29
太極圖論	清 張 英	1319-681- 42
		1449-508- 6
邵子觀物吟箋註并圖	清 潘 天成	1323-588- 2
象數拾遺	清 李 光地	1324-653- 9
（朱子）周易原象贊跋并贊	清 李 光地	1324-663- 9
（朱子）述旨贊跋并贊	清 李 光地	1324-664- 9
（朱子）警學贊跋并贊論讀易之法	清 李 光地	1324-665- 9
進易論序	清 李 光地	1324-670- 10
先天圖論	清 李 光地	1324-735- 15
		1449-520- 7
後天圖論	清 李 光地	1324-737- 15
		1449-522- 7
乾坤誠明之學論	清 李 光地	1324-738- 15
離爲明明德之學論	清 李 光地	1324-738- 15
艮爲不動心之學論	清 李 光地	1324-739- 15
卦爻辭論	清 李 光地	1324-739- 15
著數論	清 李 光地	1324-741- 15
序卦論	清 李 光地	1324-742- 15
十六卦論	清 李 光地	1324-743- 15

四庫全書文集篇目分類索引

五卦論	清李光地	1324-744- 15	校正伊川易傳後序	宋楊　時	1125-348- 25
十二卦時義時用論	清李光地	1324-744- 15	易傳內篇序	宋李　綱	1126-545-134
後天圖補說	清李光地	1324-756- 16	易傳外篇序	宋李　綱	1126-547-134
後天卦義	清李光地	1324-782- 18	書寄崧老易傳後	宋李　綱	1126-719-163
王制（說）	清李光地	1324-784- 18	秦楚村易書序	宋張　守	1127-783- 10
元亨利貞（講義）	清李光地	1324-850- 23	書易傳後序	宋尹　焞	1136- 22- 3
消息盈虛（講義）	清李光地	1324-851- 23	題蜀本周易後	宋尹　焞	1136- 23- 3
吉凶悔吝无咎（講義）	清李光地	1324-852- 23	周易竄餘序	宋鄭剛中	11-397- 附
易與天地準章（講義）	清李光地	1324-853- 23			1138-263- 25
易贊	清李光地	1324-1004- 34	左氏九六編序	宋鄭剛中	1138-265- 25
		1449-868- 30	易變體義原序	宋張九成	11-629- 附
先天後天圖說	清方　苞	1326-760- 3	郡聖與易傳序	宋張九成	1138-406- 16
易交辭辨	清沈　彤	1328-306- 2	易傳後序	宋陳長方	1139-631- 2
卦圖先後天論	清福　彭	1449-482- 4	書柴鳴擧易索隱後	宋曾　協	1140-288- 4
太極圖論	清葉方藹	1449-485- 5	（古周易跋）	宋朱　熹	15-806- 附
太極圖論	清熊鳴慶	1449-500- 6	易學啓蒙序	宋朱　熹	20-655- 附
復見天心論	清萬松齡	1449-577- 10			26- 90- 附
					1145-578- 76
b.序　跋					1359- 41- 6
上易注二奏	吳慶　翻	1361-549- 12	古易朱子後序	宋朱　熹	26- 89- 附
周易正義序	唐孔穎達	7-301- 附	周易本義序（易序）	宋朱　熹	12-707- 附
		541-379-35之6			28- 3- 附
					541-401-35之6
周易略例序	唐邢　璹	7-584- 附			
周易集解序	唐李鼎祚	7-605- 附	書伊川先生易傳板本		
周易口訣義	唐史　徵	8- 3- 附	後（書易傳大板本		
周易舉正原序	唐郭　京	8-107- 附	後）	宋朱　熹	1145-687- 81
周易彩戲圖序	宋王禹偁	1086-191- 19			1353-809-110
補注周易後序	宋余　靖	1089- 27- 3	書臨漳所刊易經後	宋朱　熹	1145-714- 82
易外傳序	宋劉　敞	1095-693- 34	柴翼秀才著書求跋語		
黃氏易圖後題	宋文　同	1096-676- 21	易棄隱跋	宋周必大	1147-148- 16
進家人卦講義箚子	宋范祖禹	1100-277- 23	書伊川易傳後	宋呂祖謙	538-630- 78
張令注周易序	宋歐陽修	1102-514- 64	書校本伊川先生易傳		
傳易圖序	宋歐陽修	1102-517- 65	後	宋呂祖謙	1150- 60- 7
		1103-746- 13	書所定古周易十二篇		
		1346- 37- 2	後	宋呂祖謙	1150- 65- 7
		1383-518- 47	跋趙共甫古易補音	宋樓　鑰	1153-190- 23
太極傳後序	宋晁說之	1118-324- 17	擇善易解序	宋袁說友	1154-369- 18
題古周易後	宋晁說之	1118-342- 18	進易解表	宋王　炎	1155-546- 11
濼州講易序	宋黃　裳	1120-158- 22			1375-529- 40
張舜元講易序	宋黃　裳	1120-161- 22	讀易筆記序	宋王　炎	1155-722- 25
易解序	宋鄒　浩	1121-399- 27	慶長兄易集議序	宋曾　丰	1156-200- 18
括蒼先生易傳欽	宋鄒　浩	1121-415- 28	周易解序	宋楊　簡	1156-606- 1
孫莘老易傳序	宋游　酢	1121-697- 4	題太玄注疏後	宋員興宗	1158-172- 20
		1351- 76- 92	書古文周易後	宋薛季宣	1159-418- 27
易講義序	宋周行己	1123-628- 4	書莊季綸撰著新譜	宋薛季宣	1159-420- 27

四庫全書文集篇目分類索引

經部　易類

篇目	作者	索引號	篇目	作者	索引號
誠齋易傳原序	宋楊萬里	14-514- 附	跋胡玉齋啓蒙通釋	宋胡次焱	1188-571- 7
易外傳序	宋楊萬里	1161- 83- 81	春臺易圖序	宋黃仲元	1188-643- 3
易傳序	宋楊萬里	1359- 33- 5	周易口義發題	宋倪天隱	8-171- 附
周易宏綱序	宋楊萬里	1161-110- 84	易說原序	宋陳仁子	8-567- 附
易外傳後序	宋楊萬里	1161-112- 84	易傳序（伊川易傳序）	宋程 顥	9-157- 附
易傳後序	宋楊萬里	1359- 34- 5			20- 4- 附
跋袁機仲侍郎易贊	宋楊萬里	1161-306-101			1351- 58- 90
跋王君儀待制易說	宋陸 游	1163-511- 26			1353-755-107
跋巽山先生易說（二則）	宋陸 游	1163-515- 27			1359- 33- 5
					1418-308- 46
跋蘇氏易傳	宋陸 游	1163-522- 28	易程子傳序	宋程 顥	26- 85- 附
跋朱氏易傳	宋陸 游	1163-533- 29	周易程子傳序	宋程 顥	28- 7- 附
跋蒲郎中易老解	宋陸 游	1163-534- 29	易程子序	宋程 顥	26- 87- 附
繫辭解序	宋韓元吉	1165-199- 14	周易序	宋程 顥	541-398-35之6
大易粹言跋	宋陳 造	15-750- 附	易序	宋程 顥	1359- 32- 5
題程氏易傳	宋陳 造	1166-396- 31	周易新講義原序	宋耿南仲	9-578- 附
題沈氏易小傳	宋陳 造	1166-397- 31	紫巖易傳跋	宋張獻之	10-262- 附
題大易粹言	宋陳 造	1166-400- 31	易小傳自序	宋沈 該	10-460- 附
書易學啓蒙後	宋度 正	1170-263- 14	漢上易傳表	宋朱 震	11- 5- 附
書晦菴易學啓蒙後	宋度 正	1170-264- 14	周易覬餘原序	宋陳俊卿	11-399- 附
跋呂與叔易章句	宋度 正	1170-265- 14	易璇璣序	宋吳 沆	11-598- 附
四明胡謙易說序	宋魏了翁	1172-598- 53	易變體義自序	宋都 絜	11-631- 附
廣平李氏觀畫所見序	宋魏了翁	1172-610- 54	登對進書（易變體義		
朱文公五書問答序			）劄子	宋都 絜	11-631- 附
易本義	宋魏了翁	1172-622- 55	原本周易本義序	宋吳 革	12-627- 附
題林叔清古易	宋魏了翁	1173- 44- 62	傳家易說自序	宋郭 雍	13- 3- 附
跋司馬子紀先後天諸			周易義海撮要原序	宋李 衡	13-276- 附
圖	宋魏了翁	1173- 49- 63	復齋易說跋	宋許興裔	13-738- 附
季父易稿序	宋劉克莊	1180-250- 24	復齋易說跋	宋喻仲可	13-738- 附
蔡模易集義序	宋趙汝騰	1181-285- 5	楊氏易傳原序	宋蔡國珍	14- 3- 附
跋李秀巖先生學易編			周易玩辭序	宋項安世	14-220- 附
誦詩訓	宋高斯得	1182- 78- 5	易說原序	宋秦 焴	14-451- 附
趙使君汝廩刊易學啓			大易粹言序	宋曾 權	15- 2- 附
蒙於洛屬子爲跋	宋陽 枋	1183-366- 8	大易粹言又序	宋曾 權	15- 3- 附
題易象本旨後	宋歐陽守道	1183-670- 20	大易粹言跋	宋張嗣古	15-750- 附
跋蘇德淵淼易	宋陳 著	1185-223- 46	大易粹言跋	宋程九萬	15-750- 附
啓蒙發揮後序	宋王 柏	1186- 72- 5	大易粹言跋	宋李訦之	15-751- 附
古易音訓（跋）	宋王 柏	1186-144- 9	（易圖說跋）	宋何元壽	15-778- 附
跋沙隨易雜記贈賈師			（易傳燈）原序	宋徐子東	15-811- 附
父	宋王 柏	1186-176- 11	易稡傳序	宋林 至	15-852- 附
周易鄭康成注原跋	宋王應麟	7-146- 附	厚齋易學自序（二則）	宋馮 椅	16- 4- 附
（新本）鄭氏周易贊	宋王應麟	7-148- 附	（童溪）易傳原序	宋王宗傳	17- 2- 附
嚴光大先天圖義序	宋牟 巘	1188-106- 12	（童溪）易傳原序	宋林 焯	17- 3- 附
易衍序	宋何夢桂	1188-456- 6	周易總義序	宋陳 章	17-381- 附
啓蒙通釋序	宋胡次焱	1188-550- 3	西谿易說原序	宋李 過	17-622- 附

四庫全書文集篇目分類索引

經部

易類

丙子學易編序	宋李心傳	17-777- 附
丙子學易編跋	宋俞 琰	17-796- 附
周易古經家傳跋	宋俞 琰	19- 24- 附
周易集說序	宋俞 琰	21- 2- 附
易通序	宋趙以夫	17-798- 附
周易（卦爻）經傳訓解原序	宋蔡 淵	18- 2- 附
易翼傳原序	宋鄭汝諧	18-304- 附
易翼傳後序	宋鄭如岡	18-413- 附
易學啓蒙小傳序	宋稅與權	19- 2- 附
周易古經象傳跋（三則）	宋稅與權	19- 22- 附
易學啓蒙小傳跋	宋史子翬	19- 17- 附
周易輯聞原序	宋趙汝楳	19- 27- 附
易雅原序	宋趙汝楳	19-286- 附
筮宗原序	宋趙汝楳	19-317- 附
用易詳解自序	宋李 杞	19-351- 附
淙山讀周易（記）序	宋方實孫	19-574- 附
淙山讀周易（記）後序	宋方實孫	19-820- 附
周易傳義附錄原序（二則）	宋董 楷	20- 2- 附
三易備遺原序	宋朱元昇	20-742- 附
（周）易象義自序（二則）	宋丁易東	21-477- 附
（周）易象義後序	宋丁易東	21-786- 附
易圖通變序	宋雷思齊	21-791- 附
易龍圖序	宋陳 摶	561-496- 44
易統序	宋劉穆元	1362- 67- 9
易統後題	宋劉穆元	1362- 75- 9
易呂氏音訓跋	宋朱 鑑	1375-301- 23
書易啓蒙後	宋胡方平	1375-303- 23
漢上易傳原序	宋不著撰人	11- 3- 附
先天圖贊并引	元郝 經	1192-240- 22
太極演總敘	元郝 經	1192-316- 29
周易外傳序	元郝 經	1192-318- 29
讀易蠡測序	元戴表元	1194- 89- 7
先天圖義序	元戴表元	1194- 98- 7
題雙溪王睦仲讀易筆記後	元戴表元	1194-241- 18
題暗庵易卦橫圖	元胡祗遹	1196-256- 14
中易序	元任士林	1196-554- 4
易體用序	元任士林	1196-556- 4
易纂言外翼（十二篇）		
）原序	元吳 澄	22-597- 附
易學濫觴原序		
易學濫觴題辭	元吳 澄	24- 2- 附
易學濫觴春秋指要序	元吳 澄	164-313-附上
四經敘錄易（三則）	元吳 澄	1197- 3- 1
		1367-562- 43
石晉卿易說序	元吳 澄	1197-188- 17
周易略例補釋序	元吳 澄	1197-194- 18
黃定子易說序	元吳 澄	1197-213- 19
周易本說序	元吳 澄	1197-214- 20
周易輯說序	元吳 澄	1197-215- 20
易說綱要序	元吳 澄	1197-220- 20
跋誠齋楊先生易傳草藁	元吳 澄	1197-552- 55
題常道士易學圖	元吳 澄	1197-559- 56
大易集說序	元白 珽	1198-102- 0
太極圖後記（記太極圖後）	元劉 因	1198-537- 7
		1367-477- 38
周易本義通釋序	元胡炳文	1199-760- 3
王氏易學集說序	元王 禕	1200-541- 42
易解序	元王 禕	1200-548- 42
紫山先生易直解序	元王 禕	1200-552- 43
		1373-399- 25
書何太虛集易象後	元程鉅夫	1202-359- 24
易三圖序	元袁 桷	1203-282- 21
易集傳序	元袁 桷	1203-283- 21
大易通義序	元袁 桷	1203-289- 21
月上人周易解序	元釋大訢	1204-580- 8
百一易略自序	元陳 櫟	1205-162- 1
周易玩辭序	元虞 集	14-216- 附
		1207-443- 31
易啓蒙翼編序	元虞 集	1207- 85- 5
易圖通變序	元揭傒斯	21-790- 附
周易交變易緝原序	元黃 溍	27- 3- 附
周易集說序	元黃 溍	1209-368- 5
關子明易傳後序	元吳 萊	1209-130- 7
書蔡本易程式傳後	元柳 貫	1210-497- 19
雜易雜記後題	元吳師道	1212-242- 17
易象圖序	元貢師泰	1215-584- 6
周易大傳附注序	元鄭 玉	1217- 17- 3
周易瓣餘原序	元潘 桂	11-399- 附
南軒易說序	元胡順父	13-626- 附
周易玩辭序	元徐之祥	14-218- 附
周易玩辭序	元馬端臨	14-219- 附
易龍圖序	宋陳 摶	1381-329- 31

四庫全書文集篇目分類索引

經部 易類

易翼傳後序	元鄭陶孫	18-413- 附	周易象旨決錄原序	明楊 慎	31-429- 附
易學啓蒙通釋跋	元劉 壬	20-737- 附	易經存疑序	明王懋中	1274-230- 9
易學啓蒙通釋跋	元熊 禾	20-739- 附	易經紀成序	明王懋中	1274-231- 9
三易備遺跋	元朱士立	20-875- 附			1455-442-220
（周）易象義原序	元章 鑑	21-475- 附	周易辨錄序	明楊 爵	31- 2- 附
易圖通變序	元張宗演	21-790- 附			1276- 11- 2
易圖通變序	元吳全節	21-791- 附	易傳序	明皇甫涍	1276-641- 23
周易啓蒙翼傳原序	元胡一桂	22-200- 附	書雲巖先生周易餘纂	明皇甫涍	1276-664- 25
易源奧義進太子牋	元保 巴	22-698- 附	易意參疑二編序	明王世貞	1280-163- 67
周易程朱傳義折衷原			周易辯疑序	明王世貞	1282-526- 40
序	元趙 采	23- 2- 附	周易韻考序	明王世貞	1282-565- 43
周易折衷序	元趙 采	561-507- 44	周易私錄序	明王 樵	1285-131- 2
		1381-337- 31	周易簡說原序	明高攀龍	34- 68- 附
周易衍義原序	元胡 震	23-448- 附	大易易簡說序	明高攀龍	1292-539- 9上
周易衍義原序	元胡光大	23-449- 附	周易孔義序	明高攀龍	1292-540- 9下
大易緝說原序	元程文海	24- 18- 附	點朱吟序	明高攀龍	1292-548- 9下
大易緝說原序	元王 履	24- 18- 附	讀易夢覺序	明曹于汴	1293-676- 1
大易緝說後序	元李 琳	24-300- 附	易參序	明郭元標	1294-110- 4
續刊大易緝說始末	元田 澤	24-300- 附	像象管見序	明郭元標	1294-112- 4
周易本義集成序	元熊良輔	24-578- 附	廣易通序	明郭元標	1294-135- 4
學易記原序	元李 簡	25- 98- 附	易原序	明郭元標	1294-140- 4
周易會通原序	元董眞卿	26- 70- 附	張慎甫易解序	明劉宗周	1294-460- 9
周易會通原序	元董 僾	26- 72- 附	易經古文抄義引	明劉宗周	1294-609- 16
周易圖說原序	元錢義方	26-619- 附	易經程墨文選序	明婁 堅	1295- 16- 2
周易交變易縕自序	元陳應潤	27- 4- 附	兒易內儀以原序	明倪元璐	35-460- 附
周易演說序	明王 禕	1226-152- 7	兒易內儀以說	明倪元璐	35-460- 附
學易正言序	明唐桂芳	1226-843- 5			1297- 73- 6
題誠齋楊公易傳藁後	明楊士奇	1238-104- 9	兒易內儀以或問	明倪元璐	35-461- 附
（跋）易會通	明楊士奇	1238-579- 16	兒易內儀自序	明倪元璐	35-530- 附
（跋）易學啓蒙	明楊士奇	1238-579- 16			1297- 72- 6
（跋）朱子易說	明楊士奇	1238-579- 16	易屆序	明魏學渠	1297-550- 4
（跋）易主意	明楊士奇	1238-583- 16	周易集解序	明朱睦㮮	7-607- 附
（跋）易義二集	明楊士奇	1238-583- 16	跋（易學）啓蒙意見		
（跋）解季通易義	明楊士奇	1238-583- 16	後	明李 滄	30-192- 附
書陳靜齋新定周易古			跋（易學）啓蒙意見		
文言義後	明邵 寶	1258-537- 9	後	明蘇 祐	30-192- 附
易像鈔原序	明胡居仁	31-132- 附	易經存疑序	明林希元	30-196- 附
杜憂古易序	明祁元明	1260-707- 25	周易象旨決錄私識	明熊 過	31-423- 附
讀易餘言原序	明崔 銑	30- 1- 附	周易象旨決錄原序	明熊 過	31-430- 附
書程子易傳後	明崔 銑	1267-484- 5	易象鈞解原序	明陳士元	31-653- 附
書易程朱解後	明崔 銑	1267-541- 7	周易集註原序	明來知德	32- 3- 附
周易餘言序	明崔 銑	1267-666- 12	葉八白易傳自序	明葉 山	32-586- 附
		1455-440-219	重改易傳序（二則）	明葉 山	32-587- 附
（易學）啓蒙意見原			改錄易傳序	明葉 山	32-588- 附
序	明韓邦奇	30- 96- 附	讀易述序	明焦 竑	33- 3- 附

四庫全書文集篇目分類索引

（周易）像象管見題辭	明錢一本	33-560- 附
（周易）像象管見序測	明錢一本	33-561- 附
周易像象述敘	明吳桂森	34-370- 附
易象正序述	明孟應春	35-127- 附
易象正序述	明陳之遴	35-128- 附
易象正序述	明劉履丁	35-128- 附
易象正序述	明何瑞圖	35-129- 附
卦變考略原序	明董守諭	35-653- 附
古周易訂詁序	明何　楷	36- 2- 附
解經處答客問		
古周易訂詁跋	明何　楷	36-379- 附
周易旁注前圖序	明朱　升	1374-124- 39
		1406- 38-316
易準序	明黃汝亨	1406-122-326
易說題辭	明周復俊	1455-463-221
誠齋先生易傳序	明尹　耕	1455-466-321
易象通序	明湯顯祖	1455-482-222
學易齋易序	明鄒元錫	1455-492-223
王氏易序	明孫　宜	1455-528-226
來氏易注圖說略序	明鄭文惠	1455-543-228
易解序	明唐　俞	1455-557-230
易用原序	明不著撰人	35- 2- 附
日講易經解義序	清聖　祖	37-201- 附
		1298-186- 19
御製周易折中序	清聖　祖	38- 1- 首
		1299-540- 22
御纂周易述義序	清聖　祖	38-565- 附
御製伏日讀易	清高　宗	7-284- 附
御製題宋版周易程傳	清高　宗	9-155- 附
御製易傳燈有序	清高　宗	15-809- 附
御題易祓周易總義八韻	清高　宗	17-379- 附
御題魏了翁周易要義	清高　宗	18-123- 附
御題影宋鈔周易輯聞	清高　宗	19- 25- 附
御製周易傳義合訂序	清高　宗	47-249- 附
御製繙譯易經序滿文	清高　宗	185- 3- 附
易經撥一序	清施閏章	1313- 27- 3
歲終進易講義表	清彭孫遹	1317-269- 35
周易義海撮要序	清朱彝尊	1318- 30- 34
周易輯聞序	清朱彝尊	1318- 31- 34
易璇璣序	清朱彝尊	1318- 31- 34
周易集說序	清朱彝尊	1318- 32- 34
合訂大易集義粹言序	清朱彝尊	1318- 32- 34

徐氏四易序	清朱彝尊	1318- 33- 34
李氏周易集解跋	清朱彝尊	1318-128- 42
書周易本義後	清朱彝尊	1318-129- 42
書林氏周易經傳集解後	清朱彝尊	1318-129- 42
龍氏易集傳後	清朱彝尊	1318-129- 42
王氏大易緝說跋	清朱彝尊	1318-130- 42
周易廣義略序	清朱鶴齡	1319- 81- 7
恭進易經參解表	清張　英	1319-636- 39
		1449-439- 1
恭進參解易經序	清張　英	1319-657- 40
		1449-637- 14
王甲庵周易圖注序	清毛奇齡	1320-223- 27
佟國弼一等公周易注序	清毛奇齡	1320-490- 56
鄭寶水先生易蒐序	清張玉書	1322-442- 4
易義前選序	清李光地	1324-685- 11
進周易啓蒙并請定書名箚子	清李光地	1324-927- 29
進啓蒙附論箚子	清李光地	1324-928- 29
進易論序	清李光地	1449-649- 15
書周易八圖說後	清陸隴其	1325- 8- 1
周易淺說序	清蔡世遠	1325-658- 1
周易玩辭集解原序	清查慎行	47-429- 附
易學圖說會通序	清儲大文	1327-236- 11
大易擇言序	清汪由敦	52-452- 附
跋周易本義	清汪由敦	1328-844- 15
周易注疏考證跋語	清朱良裘	7-600- 附
周易玩辭困學記序	清張次仲	36-384- 附
進易經通注表	清傅以漸	37- 2- 附
易經通注序	清傅以漸	37- 4- 附
易經通注後序	清曹本榮	37-199- 附
日講易經解義進呈疏	清牛鈕、孫在豐等	37-202- 附
讀易大旨總論	清孫奇逢	39- 2- 首
讀易大旨跋	清孫奇逢	39-131- 5
易酌原序	清刁承祖	39-166- 附
圖學辨惑原序	清黃宗炎	40-734- 附
周易箋述原序	清王宏撰	41- 2- 附
周易箋述跋	清瞿　載	41-181- 8
易原就正原序	清包　儀	43-350- 附
大易通解原序	清魏荔彤	44- 2- 附
易圖明辨題辭	清胡　渭	44-639- 附
周易傳註原序	清李　塨	47- 2- 附
周易函書約存序	清李去彦	48- 3- 附

經部

易類

四庫全書文集篇目分類索引

經部

易類：附錄

書類

周易函書約存序	清顧成天	48- 5- 附		1351-749- 上
周易函書約存序（二則）	清胡 煦	48- 7- 附		1383-478- 42
		48- 11- 附		1407-100-404
				1447-482- 25
周易孔義集說傳易源流	清沈起元	50- 2- 附	進尙書解	宋范純仁 1104-629- 9
周易孔義集說總論	清沈起元	50- 4- 附	議太廟增室事	宋范純仁 1104-788- 0
易翼述信原序	清王又樸	50-526- 附	洪範論——叙上中下後序（五則）	宋蘇 洵 1104-887- 7
周易淺釋跋	清林迪光	51-180- 附		1447-639- 36
周易淺釋跋	清沈大成	51-179- 附	書（論）	宋蘇 洵 1377-575- 27
周易洗心讀法	清任啓運	51-184- 附		1384-335-110
周易洗心原序	清任啓運	51-182- 附		1407-109-404
豐川易說原序	清王心敬	51-385- 附	洪範傳	宋王安石 1105-526- 65
易漢學原序	清惠 棟	52-303- 附	書洪範傳後	宋王安石 1105-594- 71
讀易要言（易象大意存解序）	清任陳晉	52-422- 附	書論	宋蘇 軾 1107-562- 41
大易擇言自序	清程廷祚	52-453- 附		1377-576- 27
周易辨畫提綱	清連斗山	53- 2- 附		1384-579-132
合訂删補大易集義粹言識語	清不著撰人	45- 1- 附	論好德錫之福	宋蘇 軾 1107-570- 41
周易古經象傳跋	不著撰人	19- 24- 附	書論	宋蘇 轍 1112-866- 4
			書論	宋華 鎮 1119-464- 18

c.附錄（易緯、易林）

叙焦氏易林	宋薛季宣	1159-473- 30
御製題乾坤鑿度	清 高 宗	53-821- 附
朱氏易韋序	清毛奇齡	1320-456- 52

B.書　類

a.論　文

洪範五行傳	漢劉 向	1412-170- 7
洪範五行傳	漢劉 歆	1412-235- 9
補遺書	唐白居易	1080-499- 46
補逸書	唐白居易	1343-648- 45
		1410-870-780
禹誥（解）	唐陳 黯	1343-647- 45
象刑解	唐沈 顏	1418-150- 40
重黎絶地天通論	宋劉 敞	1095-726- 38
重黎絶地天通論	宋劉 攽	1096-323- 33
洪範論（闕文）	宋呂 陶	1098-117- 15
洪範傳	宋曾 鞏	1098-430- 10
泰誓論	宋歐陽修	1102-151- 18
		1103-609- 2
		1346- 16- 1
		1351-102- 95

經筵講義——尙書（四則）	宋楊 時	1125-137- 5
無逸傳	宋胡 寅	1137-592- 22
答簡州何教授（書）		
記尚書	宋鄭剛中	1138-216- 20
堯典論	宋張九成	1138-327- 6
舜典論	宋張九成	1138-327- 6
大禹謨論	宋張九成	1138-328- 6
皐陶謨論	宋張九成	1138-328- 6
益稷論	宋張九成	1138-329- 6
禹貢論	宋張九成	1138-329- 6
甘誓論	宋張九成	1138-330- 6
五子之歌論	宋張九成	1138-330- 6
胤征論	宋張九成	1138-330- 6
湯誓論	宋張九成	1138-332- 6
仲虺論	宋張九成	1138-332- 6
湯誥論	宋張九成	1138-332- 6
伊訓論	宋張九成	1138-334- 7
太甲論上中下	宋張九成	1138-335- 7
咸有一德論	宋張九成	1138-336- 7
盤庚論上中下	宋張九成	1138-338- 7
說命論上中下	宋張九成	1138-345- 8
高宗彤日論	宋張九成	1138-346- 8
西伯戡黎論	宋張九成	1138-347- 8

四庫全書文集篇目分類索引

經部 書類

微子論　　　　　　　　宋張九成　1138-347- 8
泰誓論上中下　　　　　宋張九成　1138-348- 8
牧誓論　　　　　　　　宋張九成　1138-350- 9
武成論　　　　　　　　宋張九成　1138-351- 9
洪範論　　　　　　　　宋張九成　1138-351- 9
旅獒論　　　　　　　　宋張九成　1138-351- 9
金滕論　　　　　　　　宋張九成　1138-352- 9
大誥論　　　　　　　　宋張九成　1138-353- 9
微子之命論　　　　　　宋張九成　1138-353- 9
康誥論　　　　　　　　宋張九成　1138-354- 9
酒誥論　　　　　　　　宋張九成　1138-354- 9
梓材論　　　　　　　　宋張九成　1138-354- 9
召誥論　　　　　　　　宋張九成　1138-355- 9
洛誥論　　　　　　　　宋張九成　1138-356- 9
多士論　　　　　　　　宋張九成　1138-357- 10
無逸論　　　　　　　　宋張九成　1138-357- 10
君奭論　　　　　　　　宋張九成　1138-358- 10
蔡仲之命論　　　　　　宋張九成　1138-358- 10
多方論　　　　　　　　宋張九成　1138-358- 10
立政論　　　　　　　　宋張九成　1138-359- 10
周官論　　　　　　　　宋張九成　1138-359- 10
君陳論　　　　　　　　宋張九成　1138-360- 10
顧命論　　　　　　　　宋張九成　1138-360- 10
康王之誥論　　　　　　宋張九成　1138-361- 10
畢命論　　　　　　　　宋張九成　1138-362- 11
君牙論　　　　　　　　宋張九成　1138-362- 11
囧命論　　　　　　　　宋張九成　1138-363- 11
呂刑論　　　　　　　　宋張九成　1138-364- 11
文侯之命論　　　　　　宋張九成　1138-364- 11
費誓論　　　　　　　　宋張九成　1138-365- 11
泰誓論　　　　　　　　宋張九成　1138-365- 11
濟水入于河——答人
　書說四事　　　　　　宋馮時行　1138-888- 4
堯典謂之虞書（論）　　宋馮時行　1138-889- 4
盤庚遷都（論）　　　　宋馮時行　1138-890- 4
書論　　　　　　　　　宋范　浚　1140- 60- 7
堯典論　　　　　　　　宋范　浚　1140- 81- 10
湯誓仲虺之誥論　　　　宋范　浚　1140- 82- 10
伊訓論　　　　　　　　宋范　浚　1140- 84- 10
太甲三篇論　　　　　　宋范　浚　1140- 84- 10
咸有一德論　　　　　　宋范　浚　1140- 86- 10
說命三篇論　　　　　　宋范　浚　1140- 87- 10
洪範論　　　　　　　　宋范　浚　1140- 89- 10
大誥康誥酒誥梓材召
　誥洛誥多士多方論　　宋范　浚　1140- 89- 10

君牙囧命呂刑論　　　　宋范　浚　1140- 92- 10
作歸禾作嘉禾（論）　　宋張孝祥　1377- 92- 0
我心之憂日月逾邁（
　論）　　　　　　　　宋張孝祥　1377- 96- 0
歸馬于華山之陽放牛
　于姚林之野（論）　　宋張孝祥　1377- 97- 0
俾以形旁求於天下（
　論）　　　　　　　　宋張孝祥　1377- 98- 0
九江彭蠡辯（辨）　　　宋朱　熹　 518-174- 14
　　　　　　　　　　　　　　　　1145-429- 72
舜典象刑說　　　　　　宋朱　熹　541-546-35之13
　　　　　　　　　　　　　　　　1145-309- 67
答鄭景望（書）
　論尚書舜典所記刑法　宋朱　熹　1144- 46- 37
答程泰之（書）
　尚書禹貢篇雜說　　　宋朱　熹　1144- 60- 37
答吳晦叔（書）
　書經五刑論　　　　　宋朱　熹　1144-225- 42
答梁文叔（書）
　言尚書洪範章皇極之說　宋朱　熹　1144-295- 44
答董叔重（書）
　論語章句書章句書序
　喪服等雜說　　　　　宋朱　熹　1144-500- 51
答李堯卿（書）
　書康誥篇雜說　　　　宋朱　熹　1144-718- 57
答潘子善（書）
　尚書章句易章句雜說
　春秋章句雜說　　　　宋朱　熹　1145-100- 60
答潘子善（書）
　尚書武成篇雜說　　　宋朱　熹　1145-105- 60
尚書（雜著）　　　　　宋朱　熹　1145-249- 65
記尚書三義　　　　　　宋朱　熹　1145-416- 71
記濂水集二事禹貢雜記　宋朱　熹　1145-417- 71
皇極辨　　　　　　　　宋朱　熹　1145-435- 72
　　　　　　　　　　　　　　　　1362-118- 1
皇極辨後　　　　　　　宋朱　熹　1362-122- 1
書（論）　　　　　　　宋陳傅良　1362-152- 4
書論　　　　　　　　　宋曾　丰　1156-154- 14
荊門軍上元設廳講義　　宋陸九淵　1156-460- 23
人心惟危道心惟微惟
　精惟一允執厥中（
　論）　　　　　　　　宋陸九淵　1156-534- 4
汝分猷念以相從各設
　中於乃心（論）　　　宋陸九淵　1156-535- 4
學古入官議事以制政

四庫全書文集篇目分類索引

經部 書類

篇目	作者	索引號
乃不迷（論）	宋陸九淵	1156-535- 4
家記二 論書詩	宋楊 簡	1156-707- 8
詩書遺逸策	宋員興宗	1158- 80- 10
皇極解	宋薛季宣	1159-412- 27
書論	宋楊萬里	1161-117- 85
		1362- 62- 8
五經論——書	宋葉 適	1362-224- 14
洪範論并引上下篇	宋史堯弼	1165-724- 6
講義——安慶郡學——書曰惟皇上帝降衷於下民……	宋黃 榦	1168- 10- 1
答陳伯澡問書（十一則）	宋陳 淳	1168-843- 42
庚寅四月二十一日講義	宋陳文蔚	1171- 60- 8
堯典（講義）	宋程 珌	1171-291- 6
舜典（講義）	宋程 珌	1171-292- 6
大禹謨（講義）	宋程 珌	1171-294- 6
皋陶謨（講義）	宋程 珌	1171-295- 6
益稷（篇講義）	宋程 珌	1171-295- 6
禹貢（篇講義）	宋程 珌	1171-297- 6
甘誓篇（講義）	宋程 珌	1171-300- 6
書經發題	宋陳 亮	1171-578- 10
答吳毅夫書（第五則）論書經	宋吳 泳	1176-300- 31
八月戊寅進講尚書讀九朝通略通鑑綱目	宋徐鹿卿	1178-888- 4
十二月戊辰進講——論五子之歌	宋徐鹿卿	1178-888- 4
癸未進講——論湯誓	宋徐鹿卿	1178-889- 4
己未進講——論禹貢雍州一段	宋徐鹿卿	1178-890- 4
冬十月壬戌進講——論禹貢導山四條	宋徐鹿卿	1178-890- 4
乙丑進講——論禹貢導水九條	宋徐鹿卿	1178-891- 4
乙酉進講——論禹貢九州攸同	宋徐鹿卿	1178-891- 4
十一月乙未進講——講禹貢錫土姓至告厥成功	宋徐鹿卿	1178-892- 4
癸卯進講——論甘誓	宋徐鹿卿	1178-893- 4
戊申進講——論五子之歌	宋徐鹿卿	1178-893- 4
甲寅進講——論仲虺之誥	宋徐鹿卿	1178-894- 4
甲子進講——論仲虺後段	宋徐鹿卿	1178-895- 4
戊辰進講——論伊訓前段	宋徐鹿卿	1178-895- 4
癸未進講——論伊訓後段	宋徐鹿卿	1178-896- 4
戊寅進講——論咸有一德前段	宋徐鹿卿	1178-897- 4
崇政殿經筵尚書講義（四則）	宋徐經孫	1181- 21- 2
（九月十一日九月十三日九月十七日）進講（尚書三則）	宋徐經孫	1181- 23- 2
講義——論尚書經文	宋姚 勉	1184- 51- 8
洪範九疇說	宋王 柏	1186- 88- 6
皇極說	宋王 柏	1186- 89- 6
禹貢論	宋孔武仲	1345-359- 16
洪範五福論	宋孔武仲	1345-360- 16
洪範論	宋廖 偁	1351- 94- 94
惟幾惟康其弼直（論）	宋張庭堅	1351-273-111
自靖人自獻于先生（論）	宋張庭堅	1351-274-111
御書無逸圖贊	宋王 璧	1353-790-109
書（論）	宋張 震	1362- 86- 11
答友人論讀尚書書	宋程實之	1375-163- 9
象刑說	宋程大昌	1375-384- 31
三宅三俊說	宋程大昌	1375-385- 31
象刑說	宋程大昌	1418-640- 58
工執藝事以諫（論）	宋程 卓	1375-513- 39
自靖人自獻於先王（論）	宋張才叔	1377- 81- 0
乃遇汝鳩汝方作汝鳩汝方（論）	宋張才叔	1377- 82- 0
惠迪吉（論）	宋張才叔	1377- 83- 0
巢伯來朝芮伯作旅巢命（論）	宋張才叔	1377- 84- 0
異畝同穎獻諸天子（論）	宋張才叔	1377- 85- 0
念哉聖謨洋洋（論）	宋張才叔	1377- 87- 0
恭默思道夢帝賚良弼（論）	宋張才叔	1377- 88- 0
尚書（講義）	元王義山	1193-116- 18
說命下惟學遜志……厥德修罔覺講義	元戴表元	1194-323- 26

四庫全書文集篇目分類索引

百獸率舞說　　　　　　　元王　惲　　1200-616- 46
秦誓論上下二篇　　　　　元吳　萊　　1209- 92- 5
書義——翕受敷施九
　德咸事……　　　　　　元歐陽玄　　1210-137- 12
端本堂（講義）　　　　　元許有壬　　1211-692- 上
讀洪範五行　　　　　　　元王堃翁　　1375-451- 35
讀禹貢　　　　　　　　　明朱　右　　1228- 27- 2
讀洪範　　　　　　　　　明朱　右　　1228- 28- 2
卜洛辨　　　　　　　　　明貝　瓊　　1228-442- 23
周書補亡三首(并跋)　　　明蘇伯衡　　1228-524- 1
畢命（論）　　　　　　　明方孝孺　　1235-124- 4
　　　　　　　　　　　　　　　　　　1374-320- 54
尚書（講章）　　　　　　明劉　球　　1243-407- 1
進講尚書　　　　　　　　明柯　潛　　1246-486- 上
答學士楊先生論虞書
　疑義（書）　　　　　　明童　軒　　1454-545-148
經筵講章——尚書(
　三則）　　　　　　　　明鄭　紀　　1249-731- 1
經筵講章——書經二
　則　　　　　　　　　　明李東陽　　1250-1004- 95
尚書講章　　　　　　　　明倪　岳　　1251- 98- 10
青宮直講（尚書一）　　　明程敏政　　1252- 40- 3
青宮直講（尚書二）　　　明程敏政　　1252- 57- 4
經筵講章(尚書五則)　　　明程敏政　　1252- 81- 5
經筵講章（尚書）　　　　明程敏政　　1252- 99- 6
經筵日講（尚書）　　　　明程敏政　　1252-118- 7
經筵講章(尚書五則)　　　明程敏政　　1252-149- 8
書論　　　　　　　　　　明章　懋　　1254- 68- 3
讀尚書　　　　　　　　　明黃仲昭　　1254-372- 1
禹貢疑謬辨　　　　　　　明張　吉　　 518-179-141
　　　　　　　　　　　　　　　　　　1257-744- 0
皋陶日帝德罔愆茲用
　不犯干有司(講章)　　　明顧　清　　1261-733- 32
尚書講章　　　　　　　　明何　瑭　　1266-466- 1
經筵講義——（尚書
　）惟暨乃僚罔不同
　心……　　　　　　　　明崔　銑　　1267-417- 2
講義十二首——嘉謨
　攸伏野無遺賢……　　　明崔　銑　　1267-464- 4
講義十二首——敷納
　以言……　　　　　　　明崔　銑　　1267-465- 4
讀尚書正文（二則）　　　明崔　銑　　1267-486- 5
康誥講章（二則）　　　　明魏　校　　1267-686- 1
說命講章　　　　　　　　明魏　校　　1267-688- 1
皇極講義（七則）　　　　明魏　校　　1267-696- 2

（答）御札　　　　　　　明魏　校　　1267-699- 2
經筵講章——嘉靖七
　年九月十二日經筵　　　明陸　深　　1268-204- 33
洪範論　　　　　　　　　明鄭善夫　　1269-269- 21　　經
洪範九疇解　　　　　　　明鄭善夫　　1269-270- 21　　部
洪範數補衍　　　　　　　明鄭善夫　　1269-272- 21
讀洪範　　　　　　　　　明夏良勝　　1269-730- 1　　書
書經講章二道　　　　　　明孫承恩　　1271-116- 7　　類
經筵講章（孟子及尚
　書）　　　　　　　　　明林文俊　　1271-676- 1
尚書師說 有序　　　　　 明李舜臣　　1273-742- 10
　　　　　　　　　　　　　　　　　　1454-212-106
太僕刻周書同命跋　　　　明王世貞　　1281-166-129
洪範傳　　　　　　　　　明歸有光　　1289- 6- 1
考定武成　　　　　　　　明歸有光　　1289- 12- 1
經筵（講書）　　　　　　明倪元璐　　1297-324- 1
日講（講書）　　　　　　明倪元璐　　1297-332- 3
尚書考　　　　　　　　　明陳　第　　 530-631- 74
金縢非古書（論）　　　　明王　廉　　1373-619- 9
顧命辨　　　　　　　　　明周復俊　　1454-280-113
南東其畝解　　　　　　　明郭造卿　　1454-397-128
周誥疑　　　　　　　　　明丁自申　　1454-400-130
欽若昊天曆象日月星
　辰敬授人時（論）　　　清 聖 祖　　1299-549- 24
二典頌有序　　　　　　　清 聖 祖　　1449-155-首4
休有容論　　　　　　　　清 高 宗　　1300-288- 1
嘉言罔攸伏論　　　　　　清 高 宗　　1300-296- 2
讀無逸　　　　　　　　　清 高 宗　　1300-354- 9
　　　　　　　　　　　　　　　　　　1449-287- 14
讀呂刑　　　　　　　　　清 高 宗　　1300-355- 9
讀秦誓　　　　　　　　　清 高 宗　　1300-355- 9
各十有二牧日食哉惟
　時（論）　　　　　　　清 高 宗　　1301- 18- 1
兢兢業業一日二日萬
　幾（論）　　　　　　　清 高 宗　　1301- 18- 1
德唯善政政在養民（
　論）　　　　　　　　　清 高 宗　　1301- 19- 1
以義制事以禮制心（
　論）　　　　　　　　　清 高 宗　　1301- 20- 1
罔違道以干百姓之譽
　罔咈百姓以從己之
　欲（論）　　　　　　　清 高 宗　　1301- 21- 1
闢四門明四目達四聰
　（論）　　　　　　　　清 高 宗　　1301- 26- 2
知人則哲能官人安民

四庫全書文集篇目分類索引

經部 書類

篇目	作者	索引號
則惠黎民懷之(論)	清 高 宗	1301- 29- 2
勅天之命惟時惟幾(論)	清 高 宗	1301- 30- 2
思其艱以圖其易民乃寧(論)	清 高 宗	1301- 31- 2
其難其愼惟和惟一(論)	清 高 宗	1301- 32- 2
厲省乃成(論)	清 高 宗	1301-292- 1
皇建其有極歛時五福用敷錫厥庶民(論)	清 高 宗	1301-292- 1
一日二日萬幾(論)	清 高 宗	1301-294- 1
欽哉惟時亮天工(論)	清 高 宗	1301-294- 1
慮善以動動惟厥時(論)	清 高 宗	1301-296- 1
功崇惟志業廣惟勤(論)	清 高 宗	1301-297- 2
君子所其無逸(論)	清 高 宗	1301-299- 2
在知人在安民(論)	清 高 宗	1301-301- 2
唯臣欽若唯民從義(論)	清 高 宗	1301-301- 2
作福作威論	清 高 宗	1301-305- 3
書小序考	清 高 宗	1301-421- 22
書夏僎尚書詳解費誓篇論淮夷徐戎事	清 高 宗)	1301-485- 33
讀召誥	清 高 宗	1301-504- 36
明作有功惇大成裕(論)	清 高 宗	1301-571- 1
大禹謨允執厥中(論)	清 高 宗	1301-574- 1
天聰明自我民聰明天明畏自我民明威(論)	清 高 宗	1301-576- 1
宣聰明作元后元后作民父母(論)	清 高 宗	1301-577- 1
讀洪範	清 高 宗	1301-660- 14
書虞書舜典集傳	清 高 宗	1301-704- 2
書中星解	清汪 琬	1315-230- 4
書顧命說	清汪 琬	1315-231- 4
答顧寧人先生書 答所論康王之誥	清汪 琬	1315-551- 33
錫土姓說	清陳廷敬	1316-314- 21
三正說	清陳廷敬	1316-329- 22
堯典(解)	清陳廷敬	1316-418- 28
舜典(解)	清陳廷敬	1316-419- 28
禹貢(解)	清陳廷敬	1316-419- 28
皋陶作士(解)	清陳廷敬	1316-420- 28
費誓(解)	清陳廷敬	1316-421- 28
秦誓(解)	清陳廷敬	1316-421- 28
答蕭山毛檢討書 論書經今古文之異	清朱彝尊	1318- 24- 33
讀武成篇書後	清朱彝尊	1318-131- 42
讀蔡仲之命篇書後	清朱彝尊	1318-132- 42
尚書古文辨	清朱彝尊	1318-295- 58
書論一二	清朱彝尊	1318-303- 59
禹貢三江辯	清朱鶴齡	1319-137- 12
寄閻潛丘古文尚書寃詞書	清毛奇齡	1320-139- 18
復馮山公論太極圖說古文尚書寃詞書	清毛奇齡	1320-142- 18
與閻潛丘論尚書疏證書	清毛奇齡	1320-166- 20
與黃梨洲論僞尚書書	清毛奇齡	1320-170- 20
尚書句讀	清李光地	1324-571- 4
尚書古今文辨	清李光地	1324-774- 17
二典(論)	清李光地	1324-781- 18
禹皋二謨(論)	清李光地	1324-781- 18
堯典五條(講義)	清李光地	1324-854- 23
舜典六條(講義)	清李光地	1324-855- 23
人心道心(講義)	清李光地	1324-856- 23
閱詹先生太極河洛洪範諸解疑	清陸隴其	1325- 6- 1
古文尚書考	清陸隴其	1325- 9- 1
書古文尚書考後	清陸隴其	1325- 10- 1
讀古文尚書	清方 苞	1326-714- 1
讀大誥	清方 苞	1326-715- 1
讀尚書記	清方 苞	1326-715- 1
讀尚書又記	清方 苞	1326-716- 1
讀尚書君牙冏命呂刑文侯之命費誓泰誓	清方 苞	1326-717- 1
成王立在襘祿之中辨	清方 苞	1326-732- 1
禹貢(論)	清儲大文	1327-364- 16

b.序 跋

篇目	作者	索引號
尚書(孔氏)序	漢孔安國	56-396- 附
		60-282- 附
		60-433- 附
		62-886- 附
		63- 5- 附
		63-191- 附
		541-367-35之6
		1329-790- 45

四庫全書文集篇目分類索引

		1331-216- 45	羅允中尚書集說序	宋楊萬里	1161- 95- 83	
		1396-383- 9	跋無逸講義	宋陸　游	1163-524- 28	
		1405-410-281	跋晁以道書傳	宋陸　游	1163-533- 29	
古文尚書序	漢衞　宏	1397-133- 7	進書編表	宋陳文蔚	1171- 44- 6	經部
又上書注奏	吳虞　翻	1361-550- 12	尚書序（講義）	宋程　珌	1171-290- 6	
禹貢（九州）地域圖			鄭景望書說序	宋陳　亮	1171-623- 14	書類
序	晉裴　秀	550- 88-212	尚書要義序	宋魏了翁	60- 2- 附	
		1398-100- 6	絜齋家塾書鈔原序	宋袁　甫	57-629- 附	
		1406- 31-316	袁潔齋先生書鈔序	宋包　恢	1178-730- 3	
續書序	唐王　勃	1340-170-736	跋樂平吳桑書說	宋劉克莊	1180-335- 31	
爲陳正卿進續尚書表	唐蕭穎士	1072-329- 0		宋方　岳	1182-588- 36	
		1338-664-610	尚書傳序	宋姚　勉	1184-252- 37	
尚書正義序	唐孔穎達	54- 5- 附	趙尉尚書講解跋	宋林希逸	1185-680- 13	
		541-381-35之6	書疑序	宋王　柏	1186- 66- 5	
進尚書說命講義箚子	宋范祖禹	433-169- 7	書尚書講義後	宋牟　巘	1188-154- 17	
		1100-207- 14	尚書表注序	宋金履祥	60-432- 附	
進無逸講義箚子（二					1189-817- 3	
則）	宋范祖禹	1100-244- 19	尚書全解序	宋林　㬊	55- 4- 附	
		1100-249- 19	尚書全解序	宋鄒　均	55- 6- 附	
進尚書孝經解(箚子)	宋文彥博	433-158- 7	禹貢後論序	宋程大昌	56-107- 附	
		549-108-185	（禹貢山川地理圖跋）	宋陳應行	56-168- 附	
		1100-753- 31	尚書詳解（序）	宋時　瀾	56-405- 附	
聖學（疏）——進尚			增修東萊書說原序	宋時　瀾	57-128- 附	
書二典儀箚子	宋文彥博	433-160- 7	書經集傳序	宋蔡　沈	58- 3- 附	
		1100-755- 31			61-533- 附	
勸政（疏）——進無					1418-739-63	
逸圖奏	宋文彥博	438-442-190	書經集註序	宋蔡　沈	541-410-35之6	
書義序	宋王安石	1105-700- 84	（尚書精義）原序	宋張　鳳	58-143- 附	
		1384- 69- 86	（尚書精義）原序	宋余仁仲	58-143- 附	
		1447-968- 58	尚書詳解（序）	宋陳　經	59- 3- 附	
書洪範傳後	宋王安石	1356-850- 4	宋進書原箚狀（融堂			
		1384-113- 90	書解）	宋喬行簡	59-462- 附	
題王深甫書傳後	宋晁說之	1118-345- 18	宋進書原箚狀（融堂			
（尚書後記）	宋晁說之	1118-322- 17	書解）	宋萬一萬	59-462- 附	
方時發尚書索至序	宋華　鎭	1119-604- 29	洪範統一原敍	宋趙善湘	59-648- 附	
遹文閣無逸孝經圖後			戒逸欲（疏）——進		438-540-195	
序	宋蔡容彥逢	1123-441- 12	故事尚書無逸圖	宋洪　邁	438-540-195	
書義序	宋楊　時	1125-345- 25	題蔡九峯洪範内篇後	宋姚　鑄	1357-389- 51	
擬御書尚書跋尾	宋陳長方	1139-638- 2	進書集傳表	宋蔡　抗	1359-178- 23	
尚書全解序	宋林之奇	55- 3- 附	尚書無逸直解引	金趙秉文	1190-240- 15	
尚書集解序	宋林之奇	1140-492- 16	尚書小傳序	元賦表元	1194- 97- 7	
書臨漳所刊書經後	宋朱　熹	1145-712- 82	書古今文集注序	元趙孟頫	1196-671- 6	
跋呂伯恭書說	宋朱　熹	1145-725- 83	（書纂言今文序）	元吳　澄	61- 3- 附	
尚書小傳序	宋王　炎	1155-711- 24	（書纂言古文序）	元吳　澄	61- 6- 附	
書古文訓序	宋薛季宣	1159-478- 30	（書纂言序）	元吳　澄	61- 8- 附	

四庫全書文集篇目分類索引

		1300- 74- 7
		1449-187- 首7

四經絃錄——書經（二則） | 元吳 澄 | 1197- 3- 1
 | | 1367-562- 43
書傳輯錄纂注後序 | 元吳 澄 | 1197-209- 19
跋章貢嚴盾書說 | 元吳 澄 | 1197-609- 62
（讀書叢說序二則） | 元許 謙 | 61-452- 附
 | | 61-456- 附
書解折衷自序 | 元陳 櫟 | 1205-156- 1
尙書蔡氏集傳纂疏自序 | 元陳 櫟 | 1205-158- 1
洪範謝氏衍義後題 | 元吳師道 | 1212-217- 16
尙書通考敍意 | 元黃鎭成 | 62- 1- 附
擬唐宋璟進無逸圖表 | 元傅若金 | 1213-302- 1
洪範定正序 | 元貢師泰 | 1215-583- 6
書傳發揮序 | 元李 祁 | 1219-692- 6
書傳輯錄纂註序 | 元董 鼎 | 61-534- 附
書蔡傳旁通序 | 元陳師凱 | 62-210- 附
尙書纂傳原序 | 元劉辰翁 | 62-589- 附
尙書纂傳原序 | 元劉 坦 | 62-590- 附
尙書纂傳原序 | 元彭應龍 | 62-590- 附
尙書纂傳原序 | 元王天與 | 62-591- 附
尙書纂傳後序 | 元崔君舉 | 62-883- 附
書集傳發揮序 | 明朱 右 | 1228- 60- 5
（跋）書傳纂疏 | 明楊士奇 | 1238-579- 16
（跋）書禹貢傳註詳節 | 明楊士奇 | 1238-582- 16
（跋）書卓躒 | 明楊士奇 | 1238-583- 16
跋書傳輯錄纂註 | 明何喬新 | 1249-303- 18
洪範圖解序 | 明韓邦奇 | 1269-332- 1
尙書日記（原）序 | 明王 樵 | 64-222- 附
尙書日記序 | 明王 樵 | 1285-132- 2
尙書敍錄 | 明歸有光 | 1289- 11- 1
尙書別解序 | 明歸有光 | 1289- 33- 2
跋禹貢論後 | 明歸有光 | 56-116- 附
 | | 1289- 68- 5
拂雲齋書經社草序 | 明高攀龍 | 1292-573- 9 下
書傳會選序 | 明劉三吾 | 63- 3- 附
尙書考異原序 | 明梅 鷟 | 64- 3- 附
尙書疑義原序 | 明馬明衡 | 64-100- 附
尙書疏衍自序 | 明陳 第 | 64-730- 附
洪範明義原序 | 明黃道周 | 64-798- 附
日講書經解義序 | 清 聖 祖 | 1298-186- 19
 | | 1449-124- 首2

（世宗憲皇帝御製）書經傳說彙纂序 | 清 世 宗 | 65-396- 附

御製讀尙書有會覼括爲言 | 清 高 宗 | 54- 1- 附
御製題毛晃禹貢指南六韻 | 清 高 宗 | 56- 1- 附
御製題宋版尙書詳解 | 清 高 宗 | 56-393- 附
御題袁變絜齋家塾書鈔 | 清 高 宗 | 57-627- 附
御題陳經尙書詳解六韻 | 清 高 宗 | 59- 1- 附
御製日講書經解義序 | 清 高 宗 | 65- 1- 附
御製繙譯書經序 滿文 | 清 高 宗 | 185-212- 附
御製繙譯書經書集傳序 滿文 | 清 高 宗 | 185-215- 附
日講書經解義進呈疏 | 清葉方藹、庫勒納等 | 65- 2- 附
東萊呂氏書說序 | 清朱彝尊 | 1318- 33- 34
跋魯齋王氏書疑 | 清朱彝尊 | 1318-130- 42
尙書纂言跋 | 清朱彝尊 | 1318-130- 42
書傳會選跋 | 清朱彝尊 | 1318-131- 42
尙書碑傳（原）序 | 清朱鶴齡 | 66-688- 附
 | | 1319- 70- 7
禹貢長箋（原）序 | 清朱鶴齡 | 67- 3- 附
 | | 1319- 69- 7

（恭進）書經衷論（原）序 | 清張 英 | 68-144- 附
 | | 1319-658- 40
 | | 1449-638- 14
（古文尙書寃詞序） | 清毛奇齡 | 66-546- 1
（尙書廣聽錄序） | 清毛奇齡 | 66-632- 1
洪範說序 | 清李光地 | 1324-676- 10
古文尙書考序 | 清沈 彤 | 1328-325- 5
書古文尙書寃詞後一二 | 清沈 彤 | 1328-343- 8
（尙書注疏考證跋語） | 清齊召南 | 54-447- 附
（洪範正論）原序 | 清胡 渭 | 68- 2- 附
禹貢會箋原序 | 清徐文靖 | 68-250- 附
尙書纂傳原序 | 不著撰人 | 62-589- 附

c.附錄（尙書大傳）

不以卑臨尊識 | 宋司馬光 | 1094-605- 66
尙書大傳考纂序 | 清沈 彤 | 1328-326- 5
（尙書大傳序） | 清孫之騄 | 68-386- 附
書大傳考 | 清李 紱 | 1449-899- 31

C.詩　類

a.論　文

篇名	作者	編號
周南詩序	周卜　商	1396- 82- 7
		1406-420-360
召南詩序	周卜　商	1396- 84- 7
		1406-420-360
邶風詩序	周卜　商	1396- 84- 7
		1406-420-360
鄘風詩序	周卜　商	1396- 85- 7
		1406-421-360
衞風詩序	周卜　商	1396- 86- 7
		1406-421-360
王風詩序	周卜　商	1396- 87- 7
		1406-421-360
鄭風詩序	周卜　商	1396- 87- 7
		1406-421-360
齊風詩序	周卜　商	1396- 88- 7
		1406-421-360
魏風詩序	周卜　商	1396- 89- 7
		1406-421-360
唐風詩序	周卜　商	1396- 89- 7
		1406-422-360
秦風詩序	周卜　商	1396- 90- 7
		1406-422-360
陳風詩序	周卜　商	1396- 91- 7
		1406-422-360
檜風詩序	周卜　商	1396- 91- 7
		1406-422-360
曹風詩序	周卜　商	1396- 91- 7
		1406-422-360
豳風詩序	周卜　商	1396- 92- 7
		1406-422-360
小雅詩序	周卜　商	1396- 92- 7
		1406-423-360
大雅詩序	周卜　商	1396- 96- 7
		1406-423-360
周頌詩序	周卜　商	1396- 98- 7
		1406-423-360
魯頌詩序	周卜　商	1396- 99- 7
		1406-423-360
詩傳	周端木賜	1396- 99- 7
周詩序	晉夏侯湛	1398-275- 12
詩之序議（缺）	唐韓　愈	1073-697- 1

篇名	作者	編號
		1075-493- 1
正沈約評詩	唐皮日休	1083-190- 5
釋汝墳卒章	宋石　介	1090-227- 7
詩論（闕文）	宋呂　陶	1098-117- 15
詩解統要八篇	宋歐陽修	1102-472- 60
詩變正論	宋張方平	1104-142- 17
詩論	宋蘇　洵	1377-577- 27
		1384-334-110
		1407-108-404
周南詩次解	宋王安石	1105-541- 66
答韓求仁書論詩序	宋王安石	1346-181- 11
上孫莘老書論詩	宋王　令	1106-525- 25
詩論	宋蘇　軾	1107-563- 41
		1447-709- 41
南省說左傳問小雅周之衰	宋蘇　軾	1107-692- 50
問小雅周之衰(并對)	宋蘇　軾	1351-271-111
（論）小雅周之衰（襄二十九年）	宋蘇　軾	1384-602-134
詩論	宋蘇　轍	1112-867- 4
詩說	宋蘇　轍	1384-927-164
詩雜說十四首	宋張　耒	1115-336- 39
詩說十二首	宋張　耒	1361-111- 15
答閔周	宋張　耒	1361-114- 15
臣工傳	宋張　耒	1361-115- 16
抑傳	宋張　耒	1361-116- 16
桑柔傳	宋張　耒	1361-118- 16
雲漢傳	宋張　耒	1361-120- 16
崧高傳	宋張　耒	1361-123- 17
江漢傳	宋張　耒	1361-124- 17
常武傳	宋張　耒	1361-125- 17
文王傳	宋張　耒	1361-126- 17
詩之序論四則	宋晁說之	1118-220- 11
答張仔秀才書		
答以魯頌質春秋問	宋晁說之	1118-282- 15
與張仲明書論豳詩	宋晁說之	1118-288- 15
經解——詩義(三則)	宋楊　時	1125-168- 8
經筵詩講義（八則）	宋張　綱	1131-143- 24
經筵詩講義(十一則)	宋張　綱	1131-149- 25
致李叔易書		
論賦比興之義	宋胡　寅	1137-534- 18
答樂文學書論毛詩	宋晁公遡	1139-257- 46
詩論	宋范　淩	1140- 58- 7
我見舅氏如母存焉（論）	宋張孝祥	1377- 93- 0

經部 詩類

與黃少卿仲秉（書）

　　論詩經之出　　　　　　宋林光朝　1142-612- 6

與趙著作子直（書）

　　論歐陽修所撰詩本義　　宋林光朝　1142-614- 6

答陳體仁（書）

　　詩之意雜說　　　　　　宋朱　熹　1144- 61- 37

答劉平甫（書）

　　詩章句雜說　　　　　　宋朱　熹　1144-150- 40

答劉平甫（書）

　　關雎章句雜說　　　　　宋朱　熹　1144-150- 40

答廖子晦（書）

　　詩經雜論　　　　　　　宋朱　熹　1144-333- 45

答潘叔恭（書）詩六

　　義詩作者詩小序等雜說　宋朱　熹　1144-477- 50

答吳伯豐（書）

　　詩集傳補脫詩章句論

　　語章句等　　　　　　　宋朱　熹　1144-546- 52

答吳斗南（書）

　　廟議暨詩草木疏雜說　　宋朱　熹　1145- 56- 59

讀呂氏詩託桑中篇　　　　　宋朱　熹　1145-379- 70

左氏詩如例上中下　　　　　宋李　石　1149-781- 21

與朱侍講問答 詩說辨疑　　宋呂祖謙　1150-355- 16

詩（論）　　　　　　　　　宋陳傅良　1362-151- 4

詩論　　　　　　　　　　　宋崔敦禮　1151-834- 7

答楊敬仲論詩解　　　　　　宋樓　鑰　1153-121- 67

非詩辨妄　　　　　　　　　宋周　孚　1154-681- 31

中谷有蓷首章（解）　　　　宋彭龜年　1155-844- 8

中谷有蓷次章（解）　　　　宋彭龜年　1155-844- 8

中谷有蓷三章（解）　　　　宋彭龜年　1155-844- 8

姣童首章（解）　　　　　　宋彭龜年　1155-844- 8

姣童次章（解）　　　　　　宋彭龜年　1155-845- 8

雞鳴第三章（解）　　　　　宋彭龜年　1155-845- 8

詩論　　　　　　　　　　　宋曾　丰　1156-155- 14

家記二（論書、詩）　　　　宋楊　簡　1156-707- 8

詩書遺逸策　　　　　　　　宋員興宗　1158- 80- 10

答何商霖書二三

　　論詩經　　　　　　　　宋薛季宣　1159-391- 24

書詩性情說後　　　　　　　宋薛季宣　1159-419- 27

詩論　　　　　　　　　　　宋楊萬里　1161-118- 85

　　　　　　　　　　　　　　　　　　1362- 63- 8

五經論——詩　　　　　　　宋葉　適　1362-222- 14

詩論　　　　　　　　　　　宋韓元吉　1165-260- 17

詩論　　　　　　　　　　　宋史堯弼　1165-726- 6

經筵講義詩　　　　　　　　宋張　栻　1167-489- 8

答陳伯澡問詩(二則)　　　　宋陳　淳　1168-842- 42

讀詩雜記　　　　　　　　　宋陳文蔚　1171- 51- 7

六月朔旦講義詩　　　　　　宋陳文蔚　1171- 59- 8

詩經發題　　　　　　　　　宋陳　亮　1171-578- 10

辛酉進講論四牡詩　　　　　宋徐鹿卿　1178-897- 4

癸巳進講

　　論遣勞使臣之詩二篇　　宋徐鹿卿　1178-898- 4

丁卯進講

　　論棫至丞也無戎　　　　宋徐鹿卿　1178-899- 4

冬十一月己卯進講

　　論常棫至末章　　　　　宋徐鹿卿　1178-899- 4

己亥進講論伐木一篇　　　　宋徐鹿卿　1178-900- 4

戊辰進講論天保一篇　　　　宋徐鹿卿　1178-900- 4

十二月乙未進講

　　論采薇篇　　　　　　　宋徐鹿卿　1178-901- 4

詩疑　　　　　　　　　　　宋方　岳　1375-437- 34

講義四論子衿一篇　　　　　宋姚　勉　1184- 69- 9

詩十辨　　　　　　　　　　宋王　柏　1186-228- 16

賦詩辨　　　　　　　　　　宋王　柏　1418-770- 64

詩論上下二篇　　　　　　　宋李清臣　1346-270- 18

詩（論）　　　　　　　　　宋張　震　1362- 85- 11

詩議（十七則）　　　　　　宋程大昌　1375-321- 26

讀詩　　　　　　　　　　　宋胡一桂　1375-443- 35

趙文溪詩序性情說　　　　　元王義山　1193- 67- 11

豐水有芑武王豈不貽厥孫謀以燕翼平（講義）　　　　　　　　　元王義山　1193-117- 18

菁菁者莪四章講義　　　　　元戴表元　1194-315- 25

答孫敬諭說書

　　論詩經章節　　　　　　元吳　澄　1197-129- 11

商魯頌次序說　　　　　　　元王　惲　1200-615- 46

讀詩疑問　　　　　　　　　元蘇天爵　1214-292- 25

學詩齋詩記　　　　　　　　明王　禕　1226-234- 11

讀周頌　　　　　　　　　　明朱　右　1228- 38- 3

詩辨　　　　　　　　　　　明王　紳　1373-672- 14

詠毛詩序　　　　　　　　　明李　賢　1244-546- 6

詩考　　　　　　　　　　　明程敏政　1252-185- 11

　　　　　　　　　　　　　　　　　　1454-325-119

詩論　　　　　　　　　　　明章　懋　1254- 69- 3

讀毛詩　　　　　　　　　　明黃仲昭　1254-373- 1

辯疑(一)　　　　　　　　　明胡居仁　1260- 48- 2

關雎解　　　　　　　　　　明崔　銑　1267-542- 7

詩微　　　　　　　　　　　明陸　深　1268-189- 31

書秦風兼葭三章後　　　　　明唐順之　1276-480- 12

　　　　　　　　　　　　　　　　　　1406-531-375

刻魯頌駉篇跋　　　　　　　明王世貞　1281-166-129

四庫全書文集篇目分類索引 21

篇目	作者	索引號
鄺谷考	明文翔鳳	556-506- 94
讀大雅	明劉定之	1374-238- 49
詩論	明郭子章	1407-117-405
詩論	明鍾 惺	1407-118-405
毛詩論	明楊兆京	1454-135- 98
詩說	明孫慎行	1454-227-108
讀北門詩	明孫慎行	1455-503-224
詩辨	明王 紹	1454-234-110
詩亡辨	明盧 格	1454-272-112
疑詩	明王 鳳	1454-513-143
書國風鄘篇後	明薛應旂	1455-405-216
（詩經）捕蟬說	清 聖 祖	1298-629- 30
鳳夜基命宥密論	清 高 宗	1300-297- 2
讀二南	清 高 宗	1300-352- 9
讀鹿鳴至天保六詩	清 高 宗	1300-352- 9
		1449-286- 14
讀邶鄘衛風	清 高 宗	1300-353- 9
讀秦風	清 高 宗	1300-353- 9
詩云樂只君子民之父母民之所好好之民之所惡惡之此之謂民之父母	清 高 宗	1301- 21- 1
讀邶風苞有苦葉第二章	清 高 宗	1301-190- 22
（詩大雅）明哲保身論	清 高 宗	1301-306- 3
重書詩經全部識語	清 高 宗	1301-400- 19
國風正訛	清 高 宗	1301-435- 25
涇清渭濁紀實		
附奏承恩奏一則及御筆附錄二則	清 高 宗	1301-660- 14
詩問十二則	清汪 琬	1315-227- 4
敗詩問	清汪 琬	1315-621- 39
詩問九夏非周頌	清汪 琬	1449-893- 31
詩問變變風變雅之終	清汪 琬	1449-894- 31
魯頌（解）	清陳廷敬	1316-422- 28
商頌（解）	清陳廷敬	1316-422- 28
周南召南（解）	清陳廷敬	1316-422- 28
周召有詩無詩（解）	清陳廷敬	1316-422- 28
新宮有聲無詩（解）	清陳廷敬	1316-423- 28
卷耳（解）	清陳廷敬	1316-424- 28
野有死麕（解）	清陳廷敬	1316-424- 28
擊鼓（解）	清陳廷敬	1316-424- 28
雄雉（解）二則	清陳廷敬	1316-424- 28
式微（解）	清陳廷敬	1316-425- 28
簡分解	清陳廷敬	1316-425- 28
北門（解）	清陳廷敬	1316-425- 28
君子偕老（解）	清陳廷敬	1316-425- 28
載馳（解）	清陳廷敬	1316-425- 28
大車（解）	清陳廷敬	1316-426- 28
叔于田二篇（解）	清陳廷敬	1316-426- 28
東方未明（解）	清陳廷敬	1316-426- 28
敝笱解	清陳廷敬	1316-427- 28
唐風（解）	清陳廷敬	1316-427- 28
車鄰（解）	清陳廷敬	1316-427- 28
小戎（解）	清陳廷敬	1316-427- 28
黃鳥（解）	清陳廷敬	1316-428- 28
東門之楊（解）	清陳廷敬	1316-428- 28
颺風（解）	清陳廷敬	1316-428- 28
常棣（解）	清陳廷敬	1316-429- 28
與顧寧人書詩本音疑例	清朱彝尊	1318- 5- 31
讀闇詩書後	清朱彝尊	1318-134- 42
詩論一二	清朱彝尊	1318-304- 59
詩論	清朱彝尊	1449-540- 8
周頌大武分章辨	清朱鶴齡	1319-136- 12
與吳廣文論國風男女書	清毛奇齡	1320-165- 20
論詩樂	清姜宸英	1323-720- 4
論詩	清田 雯	1324-194- 16
（評）碩人	清田 雯	1324-207- 18
（評）秦風	清田 雯	1324-207- 18
朱呂說詩論	清李光地	1324-746- 15
詩說	清李光地	1324-756- 16
關雎（說）	清李光地	1324-780- 18
兼葭（講義）	清李光地	1324-857- 23
下泉（講義）	清李光地	1324-857- 23
常棣（講義）	清李光地	1324-857- 23
伐木（講義）	清李光地	1324-858- 23
鶴鳴（講義）	清李光地	1324-858- 23
白駒（講義）	清李光地	1324-858- 23
小宛（講義）	清李光地	1324-859- 23
蓼莪（講義）	清李光地	1324-859- 23
楚茨（講義）	清李光地	1324-859- 23
旱麓（講義）	清李光地	1324-860- 23
臣工噫嘻（講義）	清李光地	1324-860- 23
幽閒貞靜解	清陸隴其	1325- 21- 2
讀二南	清方 苞	1326-718- 1
讀邶郵至曹檜十一國風	清方 苞	1326-718- 1
讀邶鄘魏檜四國風	清方 苞	1326-719- 1

經部 詩類

四庫全書文集篇目分類索引

經部　詩類

讀王風	清方　苞	1326-720- 1
讀齊風	清方　苞	1326-721- 1
書周頌清廟詩後	清方　苞	1326-721- 1
又書清廟詩後	清方　苞	1326-722- 1
詩碩人說	清沈　彤	1328-297- 1
風雅頌辨	清陳遹聲	1449-773- 22

b.序　跋

毛詩序	周卜　商	541-366-35之6
		1329-789- 45
		1331-215- 45
		1405-409-281
詩譜序	漢鄭　玄	69- 48- 附
		1397-486- 24
		1417-411- 20
詩小序	漢衛　宏	550- 85-212
毛詩正義序	唐孔穎達	69- 47- 附
		541-382-35之6
（鄭氏）詩譜補亡前序	宋歐陽修	70-301- 附
詩譜補亡後序	宋歐陽修	70-309- 附
		1102-322- 41
		1103-749- 13
		1356- 8- 1
		1383-520- 47
		1447-463- 24
詩解統序	宋歐陽修	1102-471- 60
詩譜後序	宋歐陽修	1346- 38- 2
詩圖總序	宋歐陽修	70-300- 附
		1351- 16- 86
詩義序	宋王安石	1105-700- 84
		1384- 69- 86
		1447-968- 58
		1476-198- 11
毛詩解義序	宋周紫芝	1141-358- 51
（詩序序）	宋朱　熹	69- 3- 上
詩（經）集傳原序	宋朱　熹	72-748- 附
		76-261- 附
		83- 71- 附
		541-402-35之6
		1145-566- 76
		1359- 39- 5
		1418-698- 61
呂氏家塾讀詩記序	宋朱　熹	73-323- 附
呂氏家塾讀詩記後序	宋朱　熹	1145-569- 76

		1418-699- 61
書臨漳所刊詩經後	宋朱　熹	1145-712- 82
題印山羅氏一經集後	宋周必大	1147-202- 8
非鄭樵詩辨妄序	宋周　孚	1154-662- 25
慈湖詩傳自序	宋楊　簡	73- 3- 附
詩解序	宋楊　簡	1156-607- 1
序反古詩說	宋薛季宣	1159-479- 30
黃文叔詩說序	宋葉　適	1164-243- 12
呂氏讀詩記後序	宋魏了翁	1172-579- 51
錢氏詩集傳序	宋魏了翁	1172-612- 54
書景獻府講詩終篇（跋）	宋方　岳	1182-559- 38
詩意序	宋姚　勉	1184-252- 37
詩緝原序	宋林希逸	75- 8- 附
詩考自序	宋王應麟	75-598- 附
詩考後序	宋王應麟	75-631- 附
詩考語略序	宋王應麟	1187-197- 1
姚野庵詩解序	宋黃仲元	1188-638- 3
毛詩指說跋	宋熊　克	70-179- 附
詩補傳原序	宋范處義	72- 2- 附
詩總聞原序	宋陳日強	72-434- 附
（段氏）毛詩集解狀	宋段維清	74-421- 附
詩緝原序	宋嚴　粲	75- 9- 附
詩傳遺說序	宋朱　鑑	75-500- 附
與嚴察言詩緝書	宋不著撰人	75- 9- 附
朱文公詩傳序	元郁　經	1192-332- 30
陳竹性圃後賁吟序	元趙　文	1195- 3- 1
四經敍錄——詩經	元吳　澄	1197- 5- 1
		1367-562- 43
題朱近禮詩傳疏釋	元吳　澄	1197-598- 61
董藍皐段氏詩解(跋)	元徐明善	1202-605- 下
詩經句解序	元陳　櫟	1205-161- 1
鄭氏毛詩序	元虞　集	1207-449- 31
詩集傳名物鈔序	元吳師道	76- 2- 附
		1212-201- 15
詩演義原序	元梁　寅	78- 2- 附
詩傳旁通原序	元翟思忠	76-791- 附
恭題關風圖後	明宋　濂	1223-629- 13
		1374-196- 45
新編范經正鵠序	明楊士奇	1238-547- 14
（跋）詩傳通釋	明楊士奇	1238-580- 16
（跋）詩解頤	明楊士奇	1238-583- 16
跋關風圖	明吳　寬	1255-491- 53
詩準序	明陸　深	1268-244- 39
詩微序	明陸　深	1268-253- 41

詩大序跋　　　　　　　明陸　深　1268-582- 90
校定詩大序跋　　　　　明陸　深　1268-583- 90
毛詩通義序　　　　　　清朱鶴齡　1319- 67- 7
詩序考自序　　　　　　明李舜臣　1273-711- 6
詩所原序　　　　　　　清李光地　 86- 3- 附
毛詩出比自序　　　　　明李舜臣　1273-711- 6
　　　　　　　　　　　　　　　　1455-540-227
　　　　　　　　　　　　　　　　1319- 79- 7
　　　　　　　　　　　　　　　　1324-675- 10
　　　　　　　　　　　　　　　　1449-653- 15
詩考序　　　　　　　　明王　樵　1285-133- 2
王罃功詩說序　　　　　清方　苞　1326-810- 6
　　　　　　　　　　　　　　　　1455-389-215
恭跋御書豳風圖(册)　　清汪由敦　1328-835- 14
毛詩折衷序　　　　　　明沈　鯉　1288-330- 9
跋手錄詩所　　　　　　清汪由敦　1328-845- 15
　　　　　　　　　　　　　　　　1455-480-222
毛詩注疏考證跋語　　　清勵宗萬　 69-991- 附
詩經廣雅序　　　　　　　　　　　1297-441- 5
待軒詩記序　　　　　　清孫　治　 82- 3- 附
呂氏家塾讀詩記原序　　明陸　釴　 73-322- 附
詩經通義原序　　　　　清張尚瑗　 85- 2- 附
詩解頤跋　　　　　　　明丁　隆　 78-306- 附
毛詩稽古編原序　　　　清趙嘉稷　 85-329- 附
詩說解頤序　　　　　　明季　本　 79- 2- 附
毛詩稽古編後序　　　　清陳啓源　 85-831- 附
詩說解總論引　　　　　明季　本　 79- 3- 附
毛詩類釋原序　　　　　清顧棟高　 88- 1- 附
讀詩私記原序　　　　　明李先芳　 79-506- 附
詩經類釋續編序　　　　清顧棟高　 88-197- 附
六家詩名物疏原序　　　明焦　竑　 80- 2- 附
三家詩拾遺原序　　　　清范家相　 88-501- 附
重訂詩經疑問原序　　　明姚舜牧　 80-580- 附
詩經世本古義序　　　　明何　楷　 81- 3- 附
c.附錄（韓詩外傳）
待軒詩記自序　　　　　明張次仲　 82- 2- 附
讀韓詩外傳　　　　　　唐皮日休　1083-204- 8
詩說序　　　　　　　　明徐　渭　1405-433-282
　　　　　　　　　　　　　　　　1336-486-377
　　　　　　　　　　　　　　　　1455-385-215
（韓）詩外傳跋　　　　宋洪　邁　 89-861- 附
詩經偶箋自引　　　　　明萬時華　1455-560-231
讀韓詩外傳　　　　　　明王世貞　1280-763-112
日講詩經解義序　　　　清聖　祖　1298-632- 31
　　　　　　　　　　　　　　　　1285- 67- 5
　　　　　　　　　　　　　　　　1449-125-首2

D.禮　類

欽定詩經傳說彙纂御
　製序　　　　　　　　清世宗　　 83- 1- 附
　　　　　　　　　　　　　　　　1300- 70- 6
　　　　　　　　　　　　　　　　1449-188-首7

a.周　禮

1.論　文

御製題絜齋毛詩經筵
　講義　　　　　　　　清高宗　　 74- 1- 附
補周禮九夏系文　　　　唐皮日休　1083-176- 3
　　　　　　　　　　　　　　　　1336-476-376
御題何楷詩經世本古
　義　　　　　　　　　清高宗　　 81- 1- 附
請行周典　　　　　　　唐皮日休　1083-196- 7
御纂詩義折中序　　　　清高宗　　 84- 1- 附
二大典 周禮　　　　　 宋石　介　1090-225- 7
御製繙譯詩經序（滿
　文）　　　　　　　　清高宗　　185-405- 附
奔者不禁解　　　　　　宋蔡　襄　1090-620- 33
御製繙譯詩經傳序　　　清高宗　　185-405- 附
周禮致太平論五十一
　篇并序　　　　　　　宋李　覯　1095- 66- 5
毛詩全圖小序　　　　　清高宗　　1301-106- 11
公食大夫義　　　　　　宋劉　敞　1404-432-203
毛詩圖題後　　　　　　清高宗　　1301-120- 13
三公爲鄕老論　　　　　宋張方平　1104-129- 16
詩原序　　　　　　　　清施閏章　1313- 35- 3
周公論二　　　　　　　宋蘇　轍　1384-801-151
詩說序　　　　　　　　清汪　琬　1315-463- 26
考其德行道藝而勸之
　（解）　　　　　　　宋黃　裳　1120-254- 38
雪山王氏質詩總聞序　　清朱彝尊　1318- 34- 34
官刑上能糾職（解）　　宋黃　裳　1120-257- 38
跋王氏詩疑　　　　　　清朱彝尊　1318-132- 42
辨廟祧之昭穆（解）　　宋黃　裳　1120-258- 38
跋毛詩李氏句解　　　　清朱彝尊　1318-132- 42
王功曰勤（解）　　　　宋黃　裳　1120-260- 39
豐氏魯詩世學跋　　　　清朱彝尊　1318-133- 42
百工飭化八材（解）　　宋黃　裳　1120-262- 39
毛詩稽古編原序　　　　清朱鶴齡　 85-329- 附
占六夢之吉凶（解）　　宋黃　裳　1120-264- 39

四庫全書文集篇目分類索引

經部

禮類：周禮

篇目	作者	索引號
以肺石達窮民（解）	宋劉安上	1124- 44- 5
以其餘爲羨（解）	宋劉安上	1124- 45- 5
讀周禮	宋范浚	1140- 39- 5
周禮三德說	宋朱 熹	541-544-35之13
		1145-312- 67
周禮太祝九撰辯	宋朱 熹	1145-331- 68
經筵講義——周禮（七則）	宋周必大	1148-677-154
周禮論	宋王 炎	1155-732- 26
周禮考	宋王 炎	1375-405- 32
禮論	宋曾 丰	1156-158- 14
五經論——周禮	宋葉 適	1362-227- 14
跋徐仲祥天麟三表說	宋曹彥約	1167-207- 17
周禮發題	宋陳 亮	1171-579- 10
周禮折衷	宋魏了翁	1173-480-104
井牧說	宋魏了翁	1418-769- 64
講義一 論周官	宋姚 勉	1184- 61- 9
周禮（論）	宋林希逸	1185-643- 9
講義（周禮一則）	宋方逢辰	1187-569- 7
冠二子說 論冠義	宋方逢振	1187-586- 8
周禮師氏解	元王義山	1193- 69- 11
周禮晁服之辯	元王義山	1193- 70- 11
周禮天官家宰以九兩繫邦國之民講義	元戴表元	1194-323- 26
書示瘍醫	元劉 因	1406-522-374
經禮附說	元汪克寬	1220-708- 6
經禮補逸後論	元汪克寬	1375-370- 29
（讀）周官（二則）	明方孝孺	1235-118- 4
周禮辨疑（四則）	明方孝孺	1235-120- 4
周官調人復讎辨	明何喬新	1249-315- 19
成周設官煩瑣辨	明何喬新	1249-316- 19
讀天官雜志	明皇甫涍	1276-663- 25
周禮辨	明周復俊	1454-281-113
八議解	清 聖 祖	1298-201- 21
讀周禮書後	清 聖 祖	1298-705- 40
		1449-143-首3
周禮九嬪世婦女御辨	清汪 琬	1315-248- 6
與李恕谷論周禮書	清毛奇齡	1320-171- 20
經說（周禮）	清姜宸英	1323-829- 8
周官筆記	清李光地	1324-585- 5
周禮三德六德記	清李光地	1324-758- 16
周禮三德六德說	清李光地	1449-588- 11
陳生說周禮辨	清李光地	1324-776- 17
周禮（解）	清李光地	1324-783- 18
讀周官	清方 苞	1326-723- 1
周官辨僞一二并記	清方 苞	1326-723- 1
書周官大司馬四時田法後	清方 苞	1326-733- 1
答禮館諸君子（書）論殷同饗燕之說	清方 苞	1326-789- 5
審勢四	清儲大文	1327- 13- 2
周官頒田異同說	清沈 彤	1328-289- 1
周官五溝異同說	清沈 彤	1328-290- 1
周井田軍賦說	清沈 彤	1328-293- 1
釋周官地征	清沈 彤	1328-300- 2
與朱文游論周禮九拜書	清沈 彤	1328-323- 4

2.序 跋

篇目	作者	索引號
周禮正義序	唐賈公彥等	90- 7- 附
周禮正義序	唐賈公彥	541-386-35之6
講周禮序	宋楊 傑	1099-727- 9
周官新義原序	宋王安石	91- 3- 附
周禮義序	宋王安石	1105-699- 84
		1384- 68- 86
		1447-967- 58
		1476-197- 11
講周禮序	宋黃 裳	1120-158- 22
周禮講義序	宋林之奇	1140-494- 16
進周禮說序	宋陳傅良	1150-810- 40
		1418-644- 58
夏休井田譜序	宋陳傅良	1150-813- 40
書周禮井田譜	宋樓 鑰	1153-159- 70
周禮訂義序	宋劉 煇	1157-398- 5
黃文叔周禮序	宋葉 適	1164-246- 12
周禮訂義序	宋眞德秀	93- 5- 附
		1174-451- 29
		1405-418-281
周禮訂義後序	宋趙汝騰	94-569- 附
周禮詳解原序	宋王昭禹	91-199- 附
太平經國書原序	宋鄭伯謙	92-187- 附
三禮歛錄——周官	元吳 澄	1197- 9- 1
		1367-566- 43
		1409-574-627
跋批點周禮訂義	元陳 櫟	1205-195- 3
周禮集說原序	元陳友仁	95-252- 附
周禮考次目錄序	明方孝孺	1235-355- 12
		1405-421-282
周禮集註序	明何喬新	1249-136- 9
周禮沿革傳序	明魏 校	1267-809- 6

四庫全書文集篇目分類索引

重刊周禮序	明陸　深	1268-304- 49
周官音詁序	明楊　慎	1270- 13- 2
太平經國書原序	明高叔嗣	92-189- 附
太平經國書序	明高叔嗣	1273-619- 5
周禮全經釋原後序	明王　樵	96-1049- 附
周官私錄序	明王　樵	1285-135- 2
周禮全經序	明王　樵	1285-146- 2
		1455-391-215
周禮傳原序	明王應電	96- 4- 附
周禮圖說原敍	明王應電	96-284- 附
周禮翼傳序	明王應電	96-375- 附
周禮全經釋原序	明柯尚遷	96-484- 附
刻周禮全經釋原跋	明張大忠	96-1049- 附
周禮重言重意互註序	明張　諭	1455-347-212
丘氏周禮定本序	清朱彝尊	1318- 35- 34
吳氏周禮經傳跋	清朱彝尊	1318-134- 42
錢氏冬官補亡跋	清朱彝尊	1318-134- 42
周官大司樂章註序	清李光地	1324-676- 10
周官集注原序	清方　苞	101- 2- 附
周官集注序	清方　苞	1326-799- 6
周官析疑序	清方　苞	1326-799- 6
周官祿田考跋	清沈　彤	101-713- 下
周官祿田考序	清沈　彤	1328-327- 5
周官祿田考後序	清沈　彤	1328-331- 5
書周官祿田考後	清沈　彤	1328-345- 8
重校周官祿田考跋	清沈　彤	1328-348- 8
周禮注疏考證跋語	清李　紱	90-795- 附

介甫 | 宋劉　敞 | 1096-325- 33 |
爲人後議 | 宋會　肇 | 1098-420- 9 |
		1378- 53- 36
		1407-325-425
		1447-947- 57
上林秀州書儀禮雜論 | 宋陳師道 | 1354-249- 31 |
答黃商伯（書） | | |
喪服制度雜論 | 宋朱　熹 | 1144-360- 46 |
答周叔謹（書） | | |
喪服雜說 | 宋朱　熹 | 1144-628- 54 |
儀禮釋宮 | 宋朱　熹 | 1145-339- 68 |
記永嘉儀禮誤字 | 宋朱　熹 | 1145-393- 70 |
記鄉射疑誤 | 宋朱　熹 | 1145-393- 70 |
問呂恭伯三禮篇次 | 宋朱　熹 | 1145-523- 74 |
論釋奠儀注 | 宋李　石 | 1149-743- 18 |
朋友服議 | 宋王　柏 | 1186-164- 10 |
婚禮——納采（解） | 宋程　頤 | 1345-710- 11 |
婚禮——問名（解） | 宋程　頤 | 1345-710- 11 |
婚禮——納吉（解） | 宋程　頤 | 1345-710- 11 |
婚禮——納徵（解） | 宋程　頤 | 1345-710- 11 |
婚禮——請期（解） | 宋程　頤 | 1345-711- 11 |
婚禮——成婚（解） | 宋程　頤 | 1345-711- 11 |
奠菜（解） | 宋程　頤 | 1345-712- 11 |
儀禮墮祭說 | 元吳師道 | 1212-104- 10 |
置後解 | 清汪　琬 | 1315-242- 6 |
喪服繼母如母解 | 清汪　琬 | 1315-243- 6 |
疑喪服繼父同居義 | 清汪　琬 | 1315-244- 6 |
疑命婦弔大夫義 | 清汪　琬 | 1315-244- 6 |
妾無服辨 | 清汪　琬 | 1315-258- 7 |
儀禮說二則 | 清汪　琬 | 1315-264- 7 |
讀聘禮書後 | 清朱彝尊 | 1318-135- 42 |
又答章宗之問吉祭未 | | |
配書論士喪禮經文 | 清毛奇齡 | 1320-142- 18 |
讀儀禮 | 清方　苞 | 1326-727- 1 |
與鄂少保論喪服注疏 | | |
之誤（書） | 清方　苞 | 1326-783- 5 |
儀禮女子子逆降旁親 | | |
服說 | 清沈　彤 | 1328-297- 1 |
儀禮喪服爲人後者爲 | | |
本親問 | 清沈　彤 | 1328-309- 3 |
儀禮喪服宗子之親爲 | | |
宗子問 | 清沈　彤 | 1328-310- 3 |
儀禮論 | 清韓　菼 | 1449-533- 8 |

b.儀　禮

1.論　文

讀儀禮	唐韓　愈	1073-420- 11
		1074-233- 11
		1075-197- 11
		1378-108- 40
		1383-128- 10
		1406-545-377
		1447-128- 1
士相見義	宋劉　敞	1095-717- 37
		1351-159-101
		1418-368- 48
公食大夫義	宋劉　敞	1095-718- 37
		1351-158-101
		1418-369- 48
說大射三侯	宋劉　敞	1095-808- 46
論出母繼母嫁服與王		

2.序　跋

經部 禮類：儀禮、禮記

儀禮疏序　　　　　　　唐賈公彦　　102- 1- 附
儀禮註疏序　　　　　　唐賈公彦　541-390-35之6
薦陳祥道儀禮解翊子　　宋范祖禹　1100-289- 24
儀禮要義序　　　　　　宋魏了翁　　104-342- 1
儀禮本經注疏會編後
　　序　　　　　　　　宋馬廷鸞　1187- 92- 12
刊儀經傳通解　　　　　宋熊　禾　1188-811- 6
儀禮識誤序　　　　　　宋張　淳　　103- 3- 附
儀禮識誤跋　　　　　　宋張　淳　　103- 29- 3
儀禮集釋序　　　　　　宋陳　汶　　103- 35- 附
儀禮釋宮序　　　　　　宋李如圭　　103-523- 附
儀禮圖序　　　　　　　宋楊　復　　530-487- 70
儀禮經傳通解目錄跋　　宋朱　在　1375-300- 23
儀禮逸經序　　　　　　元吳　澄　　105- 4- 附
三禮叙錄——儀禮（
　　三則）　　　　　　元吳　澄　1197- 7- 1
三禮叙錄　　　　　　　元吳　澄　1367-566- 43
　　　　　　　　　　　　　　　　　1409-574-627
服制考詳序　　　　　　元吳　澄　1197-182- 16
　　　　　　　　　　　　　　　　　1367-425- 34
儀禮經注點校記異後
　　題　　　　　　　　元吳師道　1212-249- 18
題儀禮點本後　　　　　元吳師道　1212-263- 18
經禮補逸序　　　　　　元汪克寬　　105-637- 附
　　　　　　　　　　　　　　　　　1220-681- 4
儀禮集說原序　　　　　元敖繼公　　105- 34- 附
儀禮集說跋　　　　　　元敖繼公　　105-632- 17
內外服制通釋序　　　　元车　楷　　111-710- 附
內外服制通釋跋　　　　元張　復　　111-767- 附
內外服制通釋跋　　　　元車　琦　　111-768- 附
內外服制通釋跋　　　　元車惟賢　　111-768- 附
（跋）儀禮逸經　　　　明楊士奇　1238-581- 16
（跋）儀禮圖　　　　　明楊士奇　1238-581- 16
題劉原父投壺義後
　　補儀禮　　　　　　明何喬新　1249-295- 18
書儀禮叙錄後　　　　　明何喬新　1249-296- 18
書儀禮逸經後　　　　　明程敏政　1252-656- 37
書經禮補逸後　　　　　明程敏政　1252-693- 39
書儀禮逸經後　　　　　明程敏政　1252-694- 39
經禮補逸原序　　　　　明曾　魯　　105-637- 附
讀禮通考原序　　　　　清朱彝尊　　112- 2- 附
跋陸氏儀禮釋文　　　　清朱彝尊　1318-134- 42
儀禮逸經跋　　　　　　清朱彝尊　1318-135- 42
書考定儀禮喪服後　　　清方　苞　1326-727- 1
儀禮注疏跋語　　　　　清周學健　　108-623- 附

儀禮鄭註句讀原序　　　清張爾岐　　108- 3- 附
儀禮鄭註句讀序　　　　清張爾岐　541-416-35之6
儀禮監本正誤序　　　　清張爾岐　　108-244- 附
儀禮石本誤字序　　　　清張爾岐　　108-249- 附
儀禮商原序　　　　　　清應撝謙　　108-255- 附
授長兒儀禮跋（儀禮
　　述註跋）　　　　　清李光坡　　108-756- 附
補饗禮序　　　　　　　清諸　錦　　109-490- 附
太子肆獻裸饋食禮原
　　序　　　　　　　　清檀　萃　　109-830- 附
儀禮集編原序　　　　　清桑調元　　110- 2- 附

c.禮　記

1.論　文

明堂月令論　　　　　　漢蔡　邕　1063-180- 3
　　　　　　　　　　　　　　　　　1397-427- 20
　　　　　　　　　　　　　　　　　1407- 87-403
　　　　　　　　　　　　　　　　　1412-429- 18
月令問答　　　　　　　漢蔡　邕　1063-183- 3
　　　　　　　　　　　　　　　　　1397-431- 20
　　　　　　　　　　　　　　　　　1412-448- 18
答盧欽魏舒問三年之喪　晉杜　預　1413-110- 37
宗譜　　　　　　　　　晉杜　預　1413-119- 37
曲禮問答　　　　　　　齊王　儉　1414-293- 75
改葬服議　　　　　　　北齊邢邵　1400- 42- 3
與李秘（書）論小功
　　不稅書　　　　　　唐韓　愈　1073-457- 14
　　　　　　　　　　　　　　　　　1074-276- 14
　　　　　　　　　　　　　　　　　1075-237- 14
　　　　　　　　　　　　　　　　　1383- 58- 4
江南論鄉飲酒禮書　　　唐劉　蛻　1082-639- 6
受命于天說　　　　　　唐黃　顔　1336-379-361
小功不稅論　　　　　　唐牛希濟　1340-401-760
祭祀不祈說　　　　　　十吳沈　顏　1336-388-362
死喪速貧朽論　　　　　宋王禹偁　1086-141- 15
禘郊論　　　　　　　　宋余　靖　1089- 39- 4
憂勤非損壽論　　　　　宋石　介　1090-252- 11
讀儒行　　　　　　　　宋李　覯　1095-256- 29
投壺義　　　　　　　　宋劉　敞　1095-720- 37
祭法郊廟辨　　　　　　宋劉　敞　1095-721- 37
君臨臣喪辨　　　　　　宋劉　敞　1095-722- 37
　　　　　　　　　　　　　　　　　1351-443-126
　　　　　　　　　　　　　　　　　1407-413-434
　　　　　　　　　　　　　　　　　1418-372- 48
爲人後議　　　　　　　宋劉　敞　1095-756- 41

四庫全書文集篇目分類索引

疑禮　　　　　　　　　　宋劉　敞　1095-807- 46
小功不稅（論）　　　　　宋劉　敞　1095-810- 46
樂者天地之命論　　　　　宋張方平　1104-124- 16
禘嘗治國之本論　　　　　宋張方平　1104-128- 16
冠義序付嘉正　　　　　　宋鄭　俠　1117-380- 2
樂記（論）　　　　　　　宋黃　裳　1120-279- 42
明堂議　　　　　　　　　宋畢仲游　1112- 38- 4
曲禮日毋不敬儼若思
　安定辭安民哉(解)　　　宋周行己　1123-611- 2
傲不可長欲不可從志
　不可滿樂不可極（
　解）　　　　　　　　　宋周行己　1123-612- 2
賢者狎而敬之畏而愛
　之……直而勿有（
　解）　　　　　　　　　宋周行己　1123-613- 2
若夫坐如尸立如齊禮
　從宜使從俗（解）　　　宋周行己　1123-614- 2
禮不妄說人不辭費（
　解）　　　　　　　　　宋周行己　1123-615- 2
禮不踰節不侵侮不好
　狎（解）　　　　　　　宋周行己　1123-615- 2
修身踐言謂之善行行
　修言道禮之質也（
　解）　　　　　　　　　宋周行己　1123-615- 2
禮聞取于人不聞取人
　禮聞來學不聞往教
　（解）　　　　　　　　宋周行己　1123-616- 2
與談子立（書）
　　論禮記三年之喪　　　宋胡　宏　1137-146- 2
月令論　　　　　　　　　宋范　淙　1140- 63- 7
內宮問　　　　　　　　　宋羅　願　1375-470- 37
樂記動靜說　　　　　　　宋朱　熹　541-545-35之13
　　　　　　　　　　　　　　　　　1145-313- 67
答王子合（書）
　　禮記章句雜論　　　　宋朱　熹　1144-439- 49
答胡季隨（書）
　　答延平先生語錄程遺
　　書樂記章句問　　　　宋朱　熹　1144-606- 53
答趙恭父（書）論語
　　章句暨禮記章句雜說　宋朱　熹　1145- 66- 59
深衣制服幷圖（說）　　　宋朱　熹　1145-334- 68
明堂說　　　　　　　　　宋朱　熹　1145-338- 68
問呂伯恭三禮篇次　　　　宋朱　熹　1145-523- 74
講禮記序說　　　　　　　宋朱　熹　1145-526- 74
禘袷論　　　　　　　　　宋王十朋　1151-205- 12

孔子閒居解　　　　　　　宋楊　簡　1156-918- 19
回（曾熤）翰（二則
　）論孔子閒居解　　　　宋楊　簡　1156-925- 19
鄉飲策　　　　　　　　　宋員興宗　1158- 86- 11
講義——安慶郡學—
　樂記曰人生而靜…　　　宋黃　幹　1168- 11- 1
與姜叔權論深衣　　　　　宋陳文蔚　1171- 37- 5
禮記發題　　　　　　　　宋陳　亮　1171-581- 10
十一月初一日上進故
　事——禮記坊記云
　……　　　　　　　　　宋徐元杰　1181-632- 2
深衣吉凶通服說　　　　　宋文天祥　1184-628- 15
（與慈湖先生書四則
　）論孔子閒居解　　　　宋曾　熤　1156-924- 19
葬說 幷圖　　　　　　　 宋程　頤　1345-712- 11
葬法決疑　　　　　　　　宋程　頤　1345-713- 11
祭禮 附始祖先祖禰　　　 宋程　頤　1345-716- 11
祖免辨　　　　　　　　　宋程大昌　1375-374- 30
禮記（講義）　　　　　　元王義山　1193-118- 18
曲禮日毋不敬儼若思
　安定辭安民哉講義　　　元戴表元　1194-321- 26
良治之子必學爲裘良
　弓之子必學爲箕始
　駕馬者反之車在馬
　前講義　　　　　　　　元戴表元　1194-325- 26
土牛制義　　　　　　　　元王　惲　1201-386- 99
投壺引　　　　　　　　　元王　惲　1373-392- 25
深衣說　　　　　　　　　元陳　櫟　1205-231- 6
跋深衣說　　　　　　　　元曹　涇　1375-307- 24
君子非有恭敬則不齊
　（解）　　　　　　　　明劉　基　1225-366- 15
　　　　　　　　　　　　　　　　　1374-266- 51
夏后氏之郊（論）　　　　明劉　基　1225-366- 15
　　　　　　　　　　　　　　　　　1374-266- 51
　　　　　　　　　　　　　　　　　1407-114-405
五宗說　　　　　　　　　明朱　右　1228- 30- 2
深衣考　　　　　　　　　明朱　右　1374-280- 52
讀喪禮　　　　　　　　　明胡　翰　1374-264- 51
（讀）檀弓（六則）　　　明方孝孺　1235-125- 4
經史疑問五條 論禮記　　　明周是修　1236-120- 6
鄉飲酒跋　　　　　　　　明林　俊　1257-321- 28
小宗祭法對　　　　　　　明邵　寶　1258- 86- 9
讀禮雜說（九則）　　　　明邵　寶　1258-518- 8
答何子元書 論禮記會
　子問日食接祭之說　　　明王守仁　1265-615- 21

經部 禮類:禮記附錄

冬至進易卦月令講義
　——月令（三則）　　　明魏　校　1267-700- 2
內則講義——內則日
　凡生子擇於諸母…　　明魏　校　1267-706- 2
嫂叔喪服辯　　　　　　明鄭善夫　1269-189- 15
與宜興諸友書論饋奠禮　明唐順之　1276-256- 4
君子素位章（說義）　　明顧允成　1292-288- 4
深衣辯　　　　　　　　明侯一元　1454-295-115
易簀辯　　　　　　　　明侯一元　1454-296-115
施敬辯　　　　　　　　明馬　統　1454-309-117
三老五更說　　　　　　清 高 宗　1301-320- 6
讀禮記文王世子篇　　　清 高 宗　1301-499- 35
疑大夫士廟制義　　　　清汪　琬　1315-245- 6
大夫士廟當有主說　　　清汪　琬　1315-247- 6
疑禮六則　　　　　　　清汪　琬　1315-249- 6
父卒未殯適孫爲祖服
　辯　　　　　　　　　清汪　琬　1315-258- 7
與友人論內亂不與書　　清汪　琬　1315-528- 32
周人禘嚳辯　　　　　　清朱鶴齡　1319-149- 12
上巳說　　　　　　　　清毛奇齡　1321-280-117
戴記（論）　　　　　　清姜宸英　1323-831- 8
辯明堂位　　　　　　　清方　苞　1326-728- 1
書考定文王世子後　　　清方　苞　1326-729- 1
答楊星亭（書）
　論雜記父爲長子杖　　清方　苞　1326-786- 5
禮記明堂位問　　　　　清沈　彤　1328-308- 3
禮記問喪篇後記　　　　清沈　彤　1328-338- 7
有藉無藉（說）　　　　清汪由敦　1328-905- 20
婦耐於祖姑（說）　　　清汪由敦　1328-906- 20

2.序　跋

禮記正義序　　　　　　唐孔穎達　 115- 8- 附
　　　　　　　　　　　　　　　　541-385-35之6
禮記講義序　　　　　　宋周行己　1123-629- 4
禮記集說序　　　　　　宋魏了翁　 117- 2- 附
橫渠禮記說序　　　　　宋魏了翁　1172-584- 52
衛正叔禮記集說序　　　宋魏了翁　1172-603- 54
進月令解表　　　　　　宋張　慮　 116-538- 附
禮記集說序　　　　　　宋衛　湜　 117- 3- 附
進禮記集說表　　　　　宋衛　湜　 117- 4- 附
（孔子閒居解跋二則）　宋趙彦愊　1156-924- 19
禮序　　　　　　　　　宋程　顥　1359- 39- 5
深衣翼序　　　　　　　宋程時登　1375-260- 18
禮記纂言原序　　　　　元吳　澄　 121- 3- 附
三禮叙錄——小戴記　　元吳　澄　1197- 10- 1

　　　　　　　　　　　　　　　　1367-566- 43
　　　　　　　　　　　　　　　　1409-574-627
禮記義快序　　　　　　元劉將孫　1199- 78- 8
禮記貫義序　　　　　　元劉岳申　1204-199- 2
禮記集義自序　　　　　元陳　櫟　1205-160- 1
曹弘齋深衣說跋　　　　元陳　櫟　1205-428- 17
深衣圖考序　　　　　　元戴　良　1219-495- 21
（陳氏）禮記集說序　　元陳　澔　 121-680- 附
　　　　　　　　　　　　　　　　541-411-35之6
深衣刊誤（序）　　　　明朱　右　1228- 25- 3
（跋）禮記集說二集
　二首　　　　　　　　明楊士奇　1238-581- 16
禮記纂言（原）序　　　明王守仁　 121- 4- 附
　　　　　　　　　　　　　　　　1265-196- 7
　　　　　　　　　　　　　　　　1405-427-282
禮記纂言後序　　　　　明魏　校　 121-678- 附
禮記纂言序　　　　　　明魏　校　1267-811- 6
檀弓叢訓序　　　　　　明楊　慎　1270- 17- 2
　　　　　　　　　　　　　　　　1405-429-282
坊記集傳原序　　　　　明黃道周　 122-929- 附
進禮記集註奏劄　　　　明華　鈗　1453-497- 56
禮記集註序　　　　　　明徐師會　1455-379-214
禮記編釋小序　　　　　明鄧元錫　1455-495-223
御製日講禮記解義序　　清 聖 祖　 123- 2- 附
　　　　　　　　　　　　　　　　1298-634- 31
　　　　　　　　　　　　　　　　1449-126- 2
御製日講禮記解義序　　清 高 宗　 123- 1- 附
　　　　　　　　　　　　　　　　1301-102- 11
御製繙譯禮記序　　　　清 高 宗　 186- 1- 附
禮記說義纂訂序　　　　清汪　琬　1315-450- 25
禮記纂編序　　　　　　清李光地　1324-676- 10
書陳氏集說補正後　　　清方　苞　1326-758- 3
禮記析疑原序　　　　　清方　苞　 128- 3- 附
　　　　　　　　　　　　　　　　1326-798- 6
重訂禮記纂言序　　　　清方　苞　1326-802- 6
禮記注疏考證跋語　　　清齊召南　 116-534- 附
禮記述註序　　　　　　清李光坡　 127-280- 附
禮記訓義擇言引　　　　清江　永　 128-289- 附

3.附錄（大戴禮記）

補大戴禮祭法文　　　　唐皮日休　1083-186- 5
　　　　　　　　　　　　　　　　1336-475-376
　　　　　　　　　　　　　　　　1410-871-780
跋魯直書大戴踐阼篇　　宋陸　游　1163-546- 31
三禮叙錄——大戴禮　　元吳　澄　1197- 11- 1

四庫全書文集篇目分類索引

		1367-566- 43			1377-584- 27
		1409-574-627			1384-580-132
會稽傅氏夏小正注後			禮論	宋蘇 轍	1112-863- 4
序	元吳 萊	1209-162- 9	祭祀郊社	宋胡 宏	1418-633- 58
大戴禮卷後跋	元鄒元祐	1216-502- 7	答陸子壽（書）		
夏小正集解序	明王 鏊	1226- 96- 5	附禮雜說	宋朱 熹	1144- 1- 36
		1374-113- 38	答陸子壽（書）		
		1405-422-282	附廟禮雜說	宋朱 熹	1144- 2- 36
七出議	明王 鏊	1226-311- 15	答黃直卿（書）		
		1373-599- 9	禮書雜論	宋朱 熹	1144-381- 46
		1407-338-426	答吳伯豐（書二則）		
夏小正經傳考序	明危 素	1226-704- 2	祭禮篇目等雜說	宋朱 熹	1144-568- 52
讀夏小正	明方孝孺	1235-128- 4	書程子辯說後	宋朱 熹	1145-733- 83
武王戒書序	明方孝孺	1235-357- 12	答陸子壽書論禮	宋朱 熹	1418-689- 60
夏小正戒錄	明楊 慎	1270- 39- 3	禮（論）	宋陳傅良	1362-150- 4
		1409-584-627	禮論	宋崔 敦禮	1151-836- 7
跋大戴禮記	清朱彝尊	1318-136- 42	辯裕論	宋王 炎	1155-727- 26
文王十三生伯邑考辨	清方 苞	1326-731- 1	郊祀論上下篇	宋王 炎	1155-729- 26
恭進大禮記注表	清汪由敦	1328-741- 5	明堂論	宋王 炎	1155-735- 26
夏小正戴氏傳序	清傅松卿	128-543- 附	禮（論）	宋楊萬里	1161-115- 85
d.禮總義					1362- 59- 8
1.論　文			除喪婦	宋黃 幹	1168-389- 34
遺令葬祭之禮	晉杜 預	1413-120- 37	（經筵講義禮云五則）	宋徐元杰	1181-607- 1
服要記序	北周王 褒	1400-117- 3	深衣小傳	宋金履祥	1189-801- 2
敬奉議	隋魏 澹	1400-313- 5	（深衣）外傳	宋金履祥	1189-801- 2
難魏澹（敬奉）議	隋潘 徽	1400-313- 5	爲師弔服加麻議	宋金履祥	1189-807- 3
改喪服議	唐韓 愈	1073-452- 14	辯說	宋程 頤	1345-743-附上
		1074-271- 14	禮論上中下三篇	宋李清臣	1346-266- 18
		1075-231- 14	禮（論）	宋張 震	1362- 84- 11
		1340-475-767	明堂（論）	宋陳 武	1362-286- 11
明堂議	唐顏師古	541-517-35之12	答陸子壽帖論廟禮	宋不著撰人	1353-274- 69
江南論鄉飲酒禮書	唐劉 蛻	1339-527-690	社主說	元吳師道	1212-106- 10
子游麻衰議	唐高 郢	1340-477-767	答徐大年書祭法雜說	元趙 汸	1221-232- 3
魯議	唐高 郢	1417-731- 34	答徐大年書議禮經	元趙 汸	1454-535-147
徹食宜有樂議	唐杜 佑	1343-576- 40	讀喪禮（二則）	明胡 翰	1229- 23- 2
三朝上壽有樂議	唐杜 佑	1343-576- 40	古禮尙右辨	明童 軒	1454-252-111
禮論七篇	宋李 覯	1095- 18- 2	禮論	明章 懋	1254- 72- 3
爲兄後議	宋劉 敞	1095-753- 41	（答）御札——論辯		
妾爲君之長子三年議	宋劉 敞	1095-755- 41	禮等（三則）	明魏 校	1267-710- 2
公族議	宋曾 鞏	1384-291-106	（答）御札——論辯		
爲人後議	宋曾 鞏	1384-292-106	禮等（三則）	明魏 校	1267-711- 2
禮（論）	宋蘇 洵	1377-583- 27	魯之郊辯辨	明楊 慎	1270- 63- 5
		1384-331-110	宗論上中下	明羅洪先	1454- 63- 91
禮（論）	宋蘇 軾	1107-564- 41	答汪生書論喪	明唐順之	1276-254- 4
			天子諸侯無冠禮論	明歸有光	1289- 36- 3

經部 禮類：禮總義、雜禮

公子有宗道論　　　　　　明歸有光　　1289- 37- 3
周六服朝見（論）　　　　明王　廉　　1373-619- 9
禘袷考　　　　　　　　　明王　道　　1454-330-119
鄉飲酒禮考　　　　　　　明沈　棨　　1454-338-120
牲體說　　　　　　　　　清汪　琬　　1315-247- 6
五服皆爲衰說　　　　　　清汪　琬　　1315-254- 7
喪服襘說五則　　　　　　清汪　琬　　1315-255- 7
喪服或問二十四則　　　　清汪　琬　　1315-259- 7
爲後或問　　　　　　　　清汪　琬　　1315-278- 9
古不修墓辨　　　　　　　清陳廷敬　　1316-335- 22
三禮（解）　　　　　　　清陳廷敬　　1316-429- 28
答孫侍郎書論圭制　　　　清朱彝尊　　1318- 7- 31
與佟太守書
　　論祭祀神主之制　　　清朱彝尊　　1318- 27- 33
釋圭　　　　　　　　　　清朱彝尊　　1318-319- 60
釋齋　　　　　　　　　　清朱彝尊　　1318-319- 60
復何毅庵論本生祖母
　　不承重書　　　　　　清毛奇齡　　1320-122- 16
答章宗之問東西房書　　　清毛奇齡　　1320-141- 18
復陸雅坪編修問降一
　　等書　　　　　　　　清毛奇齡　　1320-151- 18
復蘭谿唐廣文翼修書
　　論廟制　　　　　　　清毛奇齡　　1320-153- 19
答章泰占問方百里書　　　清毛奇齡　　1320-169- 20
嚴父配天議　　　　　　　清姜宸英　　1323-739- 4
異姓爲後（論）　　　　　清方　苞　　1326-762- 3
與鄂少保論修三禮（
　　書）　　　　　　　　清方　苞　　1326-782- 5
禮三年喪受服說　　　　　清沈　彤　　1328-295- 1
禮禘袷年月說　　　　　　清沈　彤　　1328-296- 1
耐主（說）　　　　　　　清汪由敦　　1328-905- 20
三禮論　　　　　　　　　清韓　菼　　1449-531- 8

2.序　跋

禮論後語　　　　　　　　宋李　覯　　1095- 31- 2
明堂定制圖序　　　　　　宋李　覯　　1095-107- 15
五宗圖序　　　　　　　　宋李　覯　　1095-113- 15
補正三禮圖次篇序　　　　宋楊　傑　　1099-719- 8
乞看詳陳祥道禮書箚
　　子　　　　　　　　　宋范祖禹　　1100-249- 19
秀巖先生三禮辨後序　　　宋高斯得　　1182- 70- 4
跋蘇太古書古禮書敍略　　宋王　柏　　1186-205- 13
三禮圖集注原序　　　　　宋聶崇義　　 129- 3- 附
儀禮經傳通解舊序　　　　宋張　虙　　 131- 3- 附
禮序　　　　　　　　　　宋程　頤　　1345-742-附上

古學權輿序　　　　　　　元吳　澄　　1197-227- 21
戴石玉所著三禮序　　　　元虞　集　　1207-445- 31
釋奠儀注序　　　　　　　元張　翥　　 561-509- 44
唐五禮序　　　　　　　　明王　禕　　1226-142- 7
題三禮考註後　　　　　　明楊士奇　　1238-115- 10
三禮考註序　　　　　　　明羅　倫　　1251-656- 2
　　　　　　　　　　　　　　　　　　1405-426-282
六禮纂要序　　　　　　　明何　塘　　1266-539- 5
禮經讀自序　　　　　　　明李舜臣　　1273-711- 6
校錄古禮序　　　　　　　明王　樵　　1285-136- 2
　　　　　　　　　　　　　　　　　　1455-390-215
禮經考次序　　　　　　　明劉宗周　　1294-470- 9
三禮編釋序　　　　　　　明郭元錫　　1455-493-223
三禮考註序　　　　　　　明孫　宜　　1455-529-226
三禮纂註序　　　　　　　明宋儀望　　1455-531-226
御製三禮義疏序　　　　　清 高 宗　　 98- 1- 附
欽定三禮義疏序　　　　　清 高 宗　　1301-103- 11
御製題宋版聶從義三
　　禮圖　　　　　　　　清 高 宗　　 129- 1- 附
讀禮偶見序　　　　　　　清魏裔介　　1312-714- 4
聶氏三禮圖序　　　　　　清朱彝尊　　1318- 34- 34
讀禮通考序　　　　　　　清朱彝尊　　1318- 35- 34
禮學四際約言序　　　　　清李光地　　1324-678- 10
參讀禮志疑序　　　　　　清汪　紱　　 129-587- 上
禮書綱目序　　　　　　　清江　永　　 133- 43- 附
五禮通考原序　　　　　　清蔣汾功　　 135- 58- 附
五禮通考原序　　　　　　清顧棟高　　 135- 59- 附
五禮通考自序　　　　　　清秦蕙田　　 135- 60- 附

e.雜　禮

論用人於社　　　　　　　左　　傳　　1402-311- 56
與趙簡子論禮　　　　　　左　　傳　　1402-351- 59
勗子胥遺書論禮　　　　　漢趙　客　　1404-466-209
終制（論）　　　　　　　晉石　苞　　1398- 83- 5
甲乙問附鄭沖等議（
　　四則）　　　　　　　晉張　華　　1398-117- 6
甲乙問（庶子爲嫡母
　　之服）　　　　　　　晉張　華　　1413-199- 40
通桑梓敬議　　　　　　　晉盛　彥　　1398-189- 9
篤終論　　　　　　　　　晉皇甫謐　　1398-252- 12
告太常論劉宣留頌
　　附劉宣留頌自軍及馬
　　平議三則　　　　　　晉張　觀　　1398-301- 13
拜時有周喪議
　　附何琦駁　　　　　　晉江　統　　1398-431- 19

四庫全書文集篇目分類索引

改葬前母服議　　　　　　晉胡　濟　1398-460- 20
答何承天（書論服喪
　）附庚蔚之議　　　　　劉宋司馬操　1398-659- 9
改葬服議　　　　　　　　北齊邢　邵　1415-660-109
江都集禮序　　　　　　　隋潘　徽　1400-314- 5
重答杜君書
　論家禮喪服新義　　　　唐王　績　1344-242- 81
改葬服議　　　　　　　　唐韓　愈　1343-605- 42
　　　　　　　　　　　　　　　　　1378- 49- 36
　　　　　　　　　　　　　　　　　1383-116- 9
　　　　　　　　　　　　　　　　　1407-313-424
辨諱　　　　　　　　　　唐韓　愈　1351-725- 上
諱辨　　　　　　　　　　唐韓　愈　1355-374- 13
　　　　　　　　　　　　　　　　　1359-462- 66
　　　　　　　　　　　　　　　　　1359-558- 2
　　　　　　　　　　　　　　　　　1383-120- 10
　　　　　　　　　　　　　　　　　1407-410-433
祀竈解　　　　　　　　　唐陸龜蒙　1083-268- 4
　　　　　　　　　　　　　　　　　1083-397- 18
廣喪朋友議　　　　　　　唐崔祐甫　1340-473-767
駁行三年之服議　　　　　唐張束之　1343-601- 42
服母齊衰三年議　　　　　唐田再思　1343-603- 42
祀黃熊評　　　　　　　　唐程　宴　1343-675- 47
答王績書
　論家禮喪禮新義　　　　唐杜之松　1344-241- 81
上叔父評事論葬書謂
　從于新塋不如歸之舊域　宋柳　開　1085-287- 7
　　　　　　　　　　　　　　　　　1351-279-112
韓氏參用古今家祭式
　序　　　　　　　　　　宋韓　琦　1089-338- 22
序聘禮　　　　　　　　　宋司馬光　1094-639- 69
　　　　　　　　　　　　　　　　　1351- 31- 87
　　　　　　　　　　　　　　　　　1406- 62-319
答論橫渠私謚書　　　　　宋司馬光　 556-478- 93
繁昌鄉飲序　　　　　　　宋袁　燮　1157- 89- 8
與楊德淵書 論喪服禮　　　宋黃　幹　1168-196- 18
答李文叔爲兄立謚簡　　　宋張　耒　1361-149- 22
爲兄後議　　　　　　　　宋劉　敞　1351-198-105
　　　　　　　　　　　　　　　　　1407-316-425
　　　　　　　　　　　　　　　　　1418-366- 48
禮論　　　　　　　　　　宋蘇　洵　1407-106-404
禮論　　　　　　　　　　宋王安石　1356- 21- 2
　　　　　　　　　　　　　　　　　1407-164-409
齋說上下　　　　　　　　宋張　耒　1361-110- 15
諱辯　　　　　　　　　　宋晁補之　1118-602- 28

齋揷文　　　　　　　　　宋周行己　1123-649- 6
　與奉議叔論墨緦　　　　宋陳　淵　1139-487- 19
昏問　　　　　　　　　　宋羅　願　1142-480- 2
　　　　　　　　　　　　　　　　　1375-472- 37
家禮序　　　　　　　　　宋朱　熹　 142-530- 附
　　　　　　　　　　　　　　　　　1145-552- 75
答汪尚書論家廟(書)　　宋朱　熹　1143-662- 30
答張欽夫(書)祭禮雜論　宋朱　熹　1143-673- 30
與劉共父（書）
　論明道先生冠服事　　　宋朱　熹　1144- 42- 37
答鄭景望（書）
　論補訂家祭禮書事　　　宋朱　熹　1144- 48- 37
答范伯崇（書）
　居喪禮雜說　　　　　　宋朱　熹　1144-144- 39
答劉平甫(書)祭禮雜說　宋朱　熹　1144-150- 40
與吳晦叔(書)祭儀雜辨　宋朱　熹　1144-220- 42
（答陳明仲）別紙
　喪禮雜說　　　　　　　宋朱　熹　1144-246- 43
答陳明仲（書三則）
　喪祭禮喪服雜說　　　　宋朱　熹　1144-247- 43
答廖子晦（書）廟議葬
　法問　　　　　　　　　宋朱　熹　1144-341- 45
答黃商伯（書）
　方喪心喪無禫雜論　　　宋朱　熹　1144-362- 46
答程正思（書）
　論啓喪遺奠祝文並吉
　祭喪祭之別　　　　　　宋朱　熹　1144-485- 50
答董叔重（書）
　論語章句書章句書序
　喪服等雜說　　　　　　宋朱　熹　1144-500- 51
答葉味道賀（書）
　論既祔之後主不當復
　於寢之非並論復廟左
　昭右穆之制　　　　　　宋朱　熹　1145- 20- 58
答葉味道（書)論既祔
　後主不當復於寢之非　　宋朱　熹　1145- 21- 58
答葉味道（書）
　喪禮雜說　　　　　　　宋朱　熹　1145- 22- 58
答寶文卿（書）
　祭禮雜說　　　　　　　宋朱　熹　1145- 46- 59
答曾光祖（書）
　喪祭禮雜說　　　　　　宋朱　熹　1145-139- 61
答王晉輔（書）
　卒哭之禮祔禮雜說　　　宋朱　熹　1145-155- 62
答李晦叔（書）性理

經部

禮類・雜禮

雜說耐葬耐祭禮雜說　宋朱　熹　1145-166- 62
答胡伯量泳（書）
　喪禮喪服雜說　宋朱　熹　1145-180- 63
答胡伯量（書）
　喪禮雜說　宋朱　熹　1145-185- 63
答李繼善（書）
　喪禮雜說　宋朱　熹　1145-186- 63
答郭子從叔雲（書）
　雜禮說　宋朱　熹　1145-189- 63
答葉仁父（書）
　祭禮雜說　宋朱　熹　1145-194- 63
答余正甫（書）
　喪服喪祭禮雜說　宋朱　熹　1145-201- 63
答余正甫（書）
　喪禮喪服雜說　宋朱　熹　1145-205- 63
答潘立之（書）
　祭禮雜說　宋朱　熹　1145-235- 64
跪坐拜說　宋朱　熹　1145-330- 68
　　　　　　　　　　1407-371-428

趙塤親迎禮大略　宋朱　熹　1145-377- 69
跋古今家祭禮　宋朱　熹　1145-676- 81
跋三家禮範　宋朱　熹　1145-731- 83
題不養出母議後　宋朱　熹　1145-767- 84
（與）王子合遇（書
　）祭禮之位雜說　宋朱　熹　1146-578- 2
（與）向伯元（書）
　飲食必祭雜說　宋朱　熹　1146-584- 2
跋居家雜儀　宋陸　游　1163-529- 28
餘姚鄉飲酒儀序　宋孫應時　1166-635- 10
題魏公祭式後　宋廖行之　1167-398- 9
跋三家昏喪祭禮　宋張　栻　1167-698- 33
答林公度（書一）
　論禮儀　宋黃　幹　1168-153- 14
趙季仁習鄉飲酒儀序　宋黃　幹　1168-233- 21
書晦菴先生家禮　宋黃　幹　1168-239- 22
釋家君錄忌說　宋陳　淳　1168-597- 12
代陳憲跋家禮　宋陳　淳　1168-608- 14
家禮跋　宋陳　淳　1168-610- 14
代鄭寺丞跋家禮　宋陳　淳　1168-611- 14
答李丈人因亡婦欲輟
　春祭之問　宋陳　淳　1168-780- 35
答李丈人論喪疑　宋陳　淳　1168-781- 35
答陳伯澡問居喪出入
　服色　宋陳　淳　1168-781- 35
答莊行之問服制主式　宋陳　淳　1168-781- 35

鄉飲酒儀序　宋劉　宰　1170-531- 19
伊洛禮書補亡序　宋陳　亮　1171-622- 14
書伊洛遺禮後　宋陳　亮　1171-644- 16
　　　　　　　　　　1406-522-374
跋盧氏正歲會拜錄　宋魏了翁　1173- 40- 62
答兩項祀禮筠子　宋戴　栩　1176-715- 4
通廟堂（書）
　薄論承心制事　宋文天祥　1184-459- 5
答歐陽秘書承心制說　宋文天祥　1184-620- 15
答刻胡應之泰來問喪
　服書　宋陳　著　1185-379- 74
上宗長書論掃松　宋王　柏　1186-119- 8
章中時甫集禮書序　宋何夢桂　1188-466- 7
論過房　宋胡次焱　1188-563- 5
作主式 附圖　宋程　頤　1345-715- 11
葬說　宋程　頤　1351-232-108
　　　　　　　　　　1407-367-428
弔說　宋呂大鈞　1351-233-108
　　　　　　　　　　1407-372-428
禁焚死　宋賈　同　1351-436-125
寶祐鄉飲小錄序　宋趙與蕃　1385- 83- 4
鄉飲酒議　元劉　壎　1195-488- 13
答王參政儀伯問
　論雜禮　元吳　澄　1197- 28- 2
跋晦庵先生禮書　元吳　澄　1197-545- 55
與姚公茂書
　論家廟中神主之形式　元楊　奐　1198-231- 上
與姚公茂書論家廟之制　元楊　奐　1367-458- 37
慶元鄉飲小錄序　元程端禮　1199-652- 3
投壺引　元王　惲　1200-525- 41
喪記　元王　惲　1200-582- 44
答問問高祖之父當如何稱　元陳　櫟　1205-246- 7
答王茂先經歷論喪服
　書　元同　恕　1206-690- 4
跋葉振卿喪禮會紀後　元虞　集　1207-177- 11
論近世喪禮　元唐　元　1213-592- 13
與王氏諸子書
　論齋醮之無足信者　元謝應芳　1218-257- 11
上盛教諭論土地夫人
　書　元謝應芳　1218-260- 11
跋族葬圖　元謝應芳　1218-312- 14
抉弊　元謝應芳　1218-327- 14
文公喪禮考異序　元曹　涇　1375-264- 19
原葬　明朱　右　1228- 32- 2
鄉飲酒讀法詩序　明陳　謨　 518- 44-137

四庫全書文集篇目分類索引

經部

禮類：雜禮

篇目	作者	索引號
鄉飲酒頌并序	明陳　謨	1232-567- 3
文公家禮（跋）	明楊士奇	1238-597- 18
書時思儀略（後）	明楊士奇	1238-673- 23
上東里楊先生書議禮	明劉　球	1454-764-170
家禮儀節序	明丘　濬	1248-181- 9
跋冠禮	明朱存理	1251-610- 0
家禮要錄序	明羅　倫	1251-676- 3
祀神考	明程敏政	1252-200- 11
祭掃錄序	明程敏政	1252-408- 23
與邑侯論鄉飲書	明胡居仁	1260- 25- 1
八蜡解	明程敏政	1407-439-436
書謝氏敦彝十二會後	明周　瑛	1254-792- 4
答陸德問（喪服）	明邵　寶	1258-235- 1
與任芸軒論喪禮書		
論喪禮	明顧　清	1261-314- 4
鄉射禮直節序例	明何景明	556-509- 94
		1267-307- 34
鄉射儀直節	明何景明	1407-769-476
祠堂圖說	明魏　校	1267-798- 5
重刻家禮序	明陸　深	1268-275- 44
婚禮不用樂辨	明鄭善夫	1269-195- 15
祠則序	明許相卿	1272-214- 7
墓則序	明許相卿	1272-214- 7
題薛氏四禮圖後	明張　岳	1272-490- 17
與蕭太守國材論家禮纂要書	明陸　粲	1274-667- 6
		1454-772-171
答羅東川公責講學（書）論居喪不宜開講	明羅洪先	1275- 18- 2
答問喪禮（書）	明羅洪先	1275-102- 4
立後論上下	明羅洪先	1454- 70- 91
郭氏立後說	明羅洪先	1454-204-105
射禮序	明王　樵	1285-143- 2
墓享儀引語	明沈　鯉	1288-332- 9
題立嗣辨後	明歸有光	1289- 77- 5
慮得集序	明高攀龍	1292-597-9 下
苦次說喪禮	明劉宗周	1294-519- 11
芳齋三世祀典跋	明劉宗周	1294-611- 16
素菴忌祭跋	明劉宗周	1294-612- 16
泰泉鄉禮原序	明何　烈	142-592- 附
泰泉鄉禮原序	明鄧　遷	142-593- 附
師服問	明錢德洪	1266-191- 37
陶菴儀	明歸子慕	1407-770-476
四禮議	明徐　霈	1453-700- 75
族葬論上下	明李　濂	1454- 48- 89
墓祭說	明李　濂	1454-196-104
私諡問答	明李　濂	1454-453-136
忌日答問	明李　濂	1454-454-136
招魂葬答問	明李　濂	1454-455-136
禮論	明楊兆京	1454-135- 98
喪實論	明陳　確	1454-159-100
新婦初見（禮論）	明陳　確	1454-315-118
喪禮辨微	明陳　確	1454-315-118
答翼兒不脫衰問	明陳　確	1454-316-118
嫠固能守禮議	明陳　確	1454-316-118
喪服妄議	明陳　確	1454-317-118
嫡庶議	明陳　確	1454-317-118
不用浮屠（辯）	明陳　確	1454-318-118
爲人後而復歸者爲所後服議	明陳　確	1454-318-118
爲人後者爲生母服議	明陳　確	1454-319-118
葬說上中下	明王　材	1454-191-104
拜說	明朱元弼	1454-192-104
拜說	明韓如璜	1454-193-104
禮辨	明周復俊	1454-281-113
禮解（二則）	明顧彦夫	1454-395-128
祭祀章（解）	明羅虞臣	1454-401-130
禮廢章（解）	明羅虞臣	1454-403-130
客問立後說	明郝　敬	1454-448-135
通喪問答	明郭造卿	1454-471-138
婚範	明侯一元	1454-511-143
字約	明楊循吉	1454-527-145
奉答太守叔父論祠祭書	明謝　鐸	1454-765-170
復陳世德三年喪禮書	明周　祚	1454-769-171
答黃復菴（書）議禮	明敖　英	1454-771-171
復天彝問師友服制書	明黃　綰	1454-772-171
與叔皮論本生孫爲人不得稱先妣書	明何良俊	1454-775-171
土丘瓊山書議禮	明蔣　晃	1454-776-171
答朱芝山書議禮	明李　默	1454-778-171
與蕭子雍書議禮	明霍　韜	1454-779-172
與朱貳守論稱謂書	明霍　韜	1454-781-172
復古說禮事	清高　宗	1301-592- 4
像設說禮事	清高　宗	1301-593- 4
古今五服考異序一二	清汪　琬	1315-458- 25
五服圖後序	清汪　琬	1315-459- 25
古今五服考異後序	清汪　琬	1315-459- 25
與友人論葬服書	清汪　琬	1315-545- 33
答或人論祥禫書一二	清汪　琬	1315-546- 33

四庫全書文集篇目分類索引

經部

禮類：雜禮

春秋類

與從弟論立後書一二	清汪 琬	1315-548- 33
敗家禮	清汪 琬	1315-615- 39
(辨定祭禮通俗譜序)	清毛奇齡	142-745- 附
上宋大司馬論婚姻書	清毛奇齡	1320-134- 17
釋二辨文——辨三族	清毛奇齡	1321-317-121
釋二辨文——辨叔嫂無服	清毛奇齡	1321-319-121
古禮今律無繼嗣文	清毛奇齡	1321-328-123
古今無慶生日文	清毛奇齡	1321-330-123
禁室女守志殉死文	清毛奇齡	1321-333-124
答問東西房書	清毛奇齡	1449-890- 31
不喪出母辨	清姜宸英	1323-741- 4
家廟祭享禮略	清李光地	1324-823- 21
小宗家祭禮略	清李光地	1324-826- 21
五祀禮略	清李光地	1324-828- 21
答嘉定李生玉如論壽壙事	清陸隴其	1325- 84- 6
四禮輯宜序	清陸隴其	1325-127- 8
敉家禮輯要	清蔡世遠	1325-811- 11
父未殯而祖亡承重議	清沈 彤	1328-313- 3
父妾慈已者服議	清沈 彤	1328-314- 3
母喪無主婦爲主及杖議	清沈 彤	1328-315- 3
喪所生母雜議	清沈 彤	1328-315- 3
祭用香（說）	清汪由敦	1328-906- 20
重刊四禮序	清陳弘謀	570-640-29之12
重刊四禮翼跋	清陳弘謀	570-644-29之12
鄉飲禮儀序	清衛既齊	572-363- 39
藝林彙考稱號篇題記	清沈自南	859- 6- 附

E.春 秋 類

a.通 論

1.春秋總義

論春秋	漢董仲舒	1355-346- 12
春秋長曆論	晉杜 預	1398-135- 7
		1413-116- 37
春秋長曆說	晉杜 預	1398-137- 7
		1413-118- 37
答元饒州論春秋書	唐柳宗元	1076-282- 31
		1076-724- 31
		1383-227- 19
		1447-309- 13
疑經春秋	唐司空圖	1083-500- 3
		1343-648- 45
疑經後述	唐司空圖	1083-501- 3
復陳君後書論春秋	唐司空圖	1083-501- 3
春秋無賢臣論	唐孫 郃	1407- 36-398
二大典春秋	宋石 介	1090-225- 7
春秋論（闕文）	宋呂 陶	1098-117- 15
春秋何以見仲尼之志論	宋文彥博	1100-650- 9
代崔刑部與劉先生（書）論春秋	宋徐 積	1101-940- 30
春秋論上中下	宋歐陽修	1102-147- 18
		1103-661- 18
		1346- 11- 1
		1383-474- 42
		1407-101-404
春秋論上中（二則）	宋歐陽修	1351-746- 上
春秋論（三則）	宋歐陽修	1356- 9- 1
春秋論上下	宋歐陽修	1377-579- 27
春秋或問	宋歐陽修	1102-150- 18
		1383-477- 42
春秋（論）	宋蘇 洵	1351-755- 下
		1359-570- 3
		1377-581- 27
		1384-336-110
		1407-110-404
		1418-345- 47
		1447-635- 35
春秋論	宋蘇 軾	1107-566- 41
		1384-582-132
春秋論	宋蘇 轍	1112-868- 4
春秋說	宋蘇 轍	1384-929-164
答崔子方秀才書論春秋	宋陸 佃	1117-153- 12
與錢弱翁論春秋書	宋鄒 浩	1121-348- 22
答丞相李伯紀書論春秋	宋許 翰	1123-571- 9
再答李丞相書論春秋災異之說	宋許 翰	1123-573- 9
答薛秀才論春秋書	宋許 翰	1123-575- 10
答李格朝奉論春秋二書	宋許 翰	1123-576- 10
再答李格書論春秋	宋許 翰	1123-578- 10
又答王從一教授(書)論讀春秋三家注不如		

四庫全書文集篇目分類索引

經部 春秋類

篇目	作者	索引號
研幾經文	宋葉夢得	1129-656- 8
答羅仲素書 論春秋大旨	宋胡安國	1135-770- 16
春秋桓公不書王(說)	宋高 登	1136-447- 下
春秋講義發題	宋張九成	1138-388- 14
春秋講義——門人陶與諧錄	宋張九成	1138-391- 14
與呂居仁舍人(書) 論春秋制作之意	宋汪應辰	1138-744- 16
答趙文學論春秋書	宋晁公遡	1139-249- 45
春秋論	宋范 浚	1140- 61- 7
文中子春秋（說）	宋史 浩	1141-848- 40
跋先君講春秋序後與張敬夫（書） 論春秋正朔事	宋周麟之	1142-174- 22
	宋朱 熹	1143-677- 31
答吳晦叔（書） 春秋書正論	宋朱 熹	1144-222- 42
答吳晦叔(書)周正考	宋朱 熹	1144-223- 42
答林擇之（書） 論春秋書正事釋金聲玉振等	宋朱 熹	1144-262- 43
答胡平一書 春秋書正疑說	宋朱 熹	1145- 8- 58
春秋(論）	宋陳傅良	1362-153- 4
春秋論	宋曾 丰	1156-157- 14
春秋（論）	宋楊萬里	1161-120- 85
		1362- 65- 8
五經論——春秋	宋葉 適	1362-228- 14
春秋發題	宋陳 亮	1171-580- 10
答趙傳之論夏時書 言萬事之政取正於夏時不必深改也	宋楊 炳	1183-264- 1
春秋（論）上下	宋李清臣	1346-264- 18
春秋（論）	宋張 震	1362- 87- 11
讀春秋（十三則）	元胡祗遹	1196-339- 20
答方仲約論春秋書	元虞 集	1207-558- 39
與吳養浩論春秋書	元李 存	1213-779- 28
屬王季溫刊春秋闕疑（書）	元鄭 玉	1217- 86- 3
周正考	元趙 汸	1221-183- 2
與朱楓林先生允升學正書 論春秋特筆例	元趙 汸	1221-236- 3
與宋景濂（書） 論春秋	元趙 汸	1454-539-147
與鄭子美先生論春秋闕疑書	元徐大年	1217-113- 附
王府啓對錄 論春秋	明鄭 眞	1234-188- 35
通劉仲愚先生啓 論春秋經	明鄭 眞	1454-540-147
春秋論	明章 懋	1254- 70- 3
讀春秋	明黃仲昭	1254-374- 1
獲麟說	明王 鏊	1256-497- 34
答洪元達書凡十三段 論周正	明蔡 清	1257-773- 1
讀春秋雜說八首（辯疑論三）	明邵 寶	1258-516- 8
	明胡居仁	1260- 49- 2
春秋辯疑（十六則）	明胡居仁	1260- 49- 2
經施	明崔 銑	1267-407- 2
春秋蒙卒解	明崔 銑	1267-538- 7
讀春秋正傳雜記	明陸 深	1268-535- 84
讀春秋	明唐順之	1276-470- 12
		1406-557-378
答梁孟敬書 論春秋	明劉永之	1373-798- 26
		1404-732-233
		1454-541-147
春秋天子之事（論）	明席 書	1454- 29- 87
春秋論	明彭 輅	1454- 59- 90
御製書春秋元年春王正月事	清高 宗	174- 4- 附
書洪容齋春秋說論隱公作僞事	清高 宗	1301-487- 33
報徐敬可處士書 論春秋地名考召公封國之奾	清朱彝尊	1318- 22- 33
春秋論一二三四	清朱彝尊	1318-306- 59
春秋論	清朱彝尊	1449-538- 8
孔子用魯年月辨	清朱鶴齡	1319-147- 12
韓愈深得春秋之旨論	清張 英	1319-677- 42
		1449-502- 6
書錢氏春秋論後	清陳廷敬	1316-324- 22
春秋齊桓晉文說	清陳廷敬	1316-332- 22
春秋明天道說	清陳廷敬	1316-333- 22
春秋因事約文說	清陳廷敬	1316-334- 22
春秋爲史法說	清陳廷敬	1316-334- 22
		1449-585- 11
書春秋列國指掌圖	清姜宸英	1323-812- 7
春秋大義	清李光地	1324-557- 3
春秋隨筆	清李光地	1324-564- 3
春秋謹嚴解	清李光地	1324-772- 17
		1449-602- 12
春秋（論）	清李光地	1324-783- 18

春秋論　　　　　　　　清允　禮　　1449-472-　3

2.三　傳

經部

春秋類

左氏論　　　　　　　　宋鄭　獬　　1097-258- 16
辨左氏　　　　　　　　宋歐陽修　　1102-468- 60
　　　　　　　　　　　　　　　　　1103-666-　2
論春秋變周之文　　　　宋蘇　軾　　1107-578- 41
三傳說　　　　　　　　宋晁說之　　1118-235- 12
論通鑑與左氏相接　　　宋林之奇　　1140-454- 12
左式卦例　　　　　　　宋李　石　　1149-771- 20
左氏詩如例上中下　　　宋李　石　　1149-781- 21
左氏君子例　　　　　　宋李　石　　1149-839- 24
（左氏）詩補遺　　　　宋李　石　　1149-848- 24
鄮謹龜陰田（論）　　　明王　廉　　1373-618-　9
讀公羊　　　　　　　　清高　宗　　1301-189- 22
　　　　　　　　　　　　　　　　　1301-493- 34
讀東萊博議論左氏　　　清陸隴其　　1325- 42-　4
公羊穀梁（折諸）後
　　論　　　　　　　　清張尚瑗　　 177-736- 附

b.經(傳)文

六逆論　　　　　　　　唐柳宗元　　1076- 38-　3
　　　　　　　　　　　　　　　　　1076-502-　3
　　　　　　　　　　　　　　　　　1077- 54-　3
　　　　　　　　　　　　　　　　　1340-384-759
　　　　　　　　　　　　　　　　　1343-520- 35
　　　　　　　　　　　　　　　　　1377-648- 30
　　　　　　　　　　　　　　　　　1407- 98-403
晉文公問守原議　　　　唐柳宗元　　 549-245-190
　　　　　　　　　　　　　　　　　1076- 39-　4
　　　　　　　　　　　　　　　　　1076-503-　4
　　　　　　　　　　　　　　　　　1077- 56-　4
　　　　　　　　　　　　　　　　　1351-731-　上
　　　　　　　　　　　　　　　　　1355-382- 13
　　　　　　　　　　　　　　　　　1359-501- 73
　　　　　　　　　　　　　　　　　1359-561-　2
　　　　　　　　　　　　　　　　　1378- 51- 36
　　　　　　　　　　　　　　　　　1383-279- 24
　　　　　　　　　　　　　　　　　1407-315-424
　　　　　　　　　　　　　　　　　1418- 46- 37
　　　　　　　　　　　　　　　　　1447-278- 11
春秋決疑十篇　　　　　唐皮日休　　1083-177-　3
　　　　　　　　　　　　　　　　　1336-402-364
補泓戰語　　　　　　　唐皮日休　　1083-191-　5

　　　　　　　　　　　　　　　　　1336-418-366
薰猶論　　　　　　　　宋趙　湘　　1086-332-　4
泣麟辨　　　　　　　　宋趙　湘　　1086-342-　5
救日論　　　　　　　　宋劉　敞　　1351-112- 96
石鷁論　　　　　　　　宋歐陽修　　1102-467- 59
　　　　　　　　　　　　　　　　　1103-665-　2
　　　　　　　　　　　　　　　　　1346- 14-　1
春秋論——趙盾弑君　　宋歐陽修　　1359-564-　2
魏梁解　　　　　　　　宋歐陽修　　1407-437-436
（論）鄭伯克段于鄢
　隱元年　　　　　　　宋蘇　軾　　1107-571- 41
　　　　　　　　　　　　　　　　　1384-599-134
論鄭伯以璧假許田
　桓元年　　　　　　　宋蘇　軾　　1107-572- 41
論取郜大鼎于宋
　桓二年　　　　　　　宋蘇　軾　　1107-573- 41
論齊侯衛侯胥命于蒲
　桓三年　　　　　　　宋蘇　軾　　1107-573- 41
論祠于太廟用致夫人
　僖八年　　　　　　　宋蘇　軾　　1107-574- 41
論閏月不告朔猶朝于
　廟文六年　　　　　　宋蘇　軾　　1107-575- 41
　　　　　　　　　　　　　　　　　1447-712- 41
（論）用郊成十七年　　宋蘇　軾　　1107-576- 41
　　　　　　　　　　　　　　　　　1384-600-134
（論）會于澶淵宋災
　故襄三十年　　　　　宋蘇　軾　　1107-576- 41
　　　　　　　　　　　　　　　　　1384-600-134
（論）黑肱以濫來奔
　昭三十一年　　　　　宋蘇　軾　　1107-577- 41
　　　　　　　　　　　　　　　　　1384-601-134
南省說左傳問供養三
　德爲善　　　　　　　宋蘇　軾　　1107-691- 50
南省說左傳問小雅周
　之衰　　　　　　　　宋蘇　軾　　1107-692- 50
（論）小雅周之衰
　襄二十九年　　　　　宋蘇　軾　　1351-271-111
　　　　　　　　　　　　　　　　　1384-602-134
南省說左傳問君子能
　補過　　　　　　　　宋蘇　軾　　1107-692- 50
南省說穀梁問侵伐士
　地分民何以明正　　　宋蘇　軾　　1107-693- 50
南省說穀梁問魯猶三
　望　　　　　　　　　宋蘇　軾　　1107-694- 50
（論）猶三望　　　　　宋蘇　軾　　1384-604-134

四庫全書文集篇目分類索引

南省說穀梁問魯作丘甲　　　　　宋蘇　軾　　1107-694- 50
南省說穀梁問雲月何以爲正　　　宋蘇　軾　　1107-695- 50
南省說公羊問大夫無遂事　　　　宋蘇　軾　　1107-695- 50
問大夫無遂事并對　　　　　　　宋蘇　軾　　1351-272-111
（論）大夫無遂事
　莊十九年僖三十年　　　　　　宋蘇　軾　　1384-603-134
問大夫無遂事　　　　　　　　　宋蘇　軾　　1404-430-202
南省說公羊問定何以無正月　　　宋蘇　軾　　1107-696- 50
（論）定何以無正月
　定元年　　　　　　　　　　　宋蘇　軾　　1384-603-134
南省說公羊問初稅畝　　　　　　宋蘇　軾　　1107-697- 50
孔子墮三都（論）　　　　　　　宋蘇　軾　　1351-771- 下
王者不治夷狄論　　　　　　　　宋蘇　軾　　1359-300- 43
魯隱公論一二　　　　　　　　　宋蘇　軾　　1384-546-128
宋襄公論　　　　　　　　　　　宋蘇　軾　　1384-549-128
屈到嗜芰論　　　　　　　　　　宋蘇　軾　　1447-731- 42
春秋左氏傳雜論（四
　十六則）　　　　　　　　　　宋晁補之　　1118-718- 40
　　　　　　　　　　　　　　　　　　　　　1361-322- 51
經解——春秋義（十
　八則）　　　　　　　　　　　宋楊　時　　1125-165- 8
答王從一教授書
　論春秋桓公無王一事　　　　　宋葉夢得　　1129-654- 8
獲麟記　　　　　　　　　　　　宋胡　銓　　1137- 38- 4
左氏傳故事　　　　　　　　　　宋胡　寅　　1137-608- 23
夏曹伯來朝（解）　　　　　　　宋張九成　　1138-380- 13
齊人歸公孫敖之喪（
　解）　　　　　　　　　　　　宋張九成　　1138-381- 13
六月辛丑朔日有食之
　鼓用牲于社（解）　　　　　　宋張九成　　1138-384- 13
隱公元年春正月(解)　　　　　　宋張九成　　1138-390- 14
答潘子善（書）
　書章句易章句春秋章
　句雜說　　　　　　　　　　　宋朱　熹　　1145-100- 60
答張元德（書）
　辯許悼公之死　　　　　　　　宋朱　熹　　1145-150- 62
春秋講義　　　　　　　　　　　宋呂祖謙　　1150-322- 13
甲午左傳手記　　　　　　　　　宋呂祖謙　　1150-328- 13
經筵講義春秋　　　　　　　　　宋王十朋　　1151-607- 27
春秋講義　　　　　　　　　　　宋周　孚　　1154-647- 21
太學春秋講義　　　　　　　　　宋陸九淵　　1156-454- 23

跋胡吳春秋答問後　　　　　　　宋曹彥約　　1167-203- 11
讀左氏傳雜說三條　　　　　　　宋黃　幹　　1168- 40- 3
趙簡子置後（論）　　　　　　　宋姚　勉　　1184-273- 39
晏子家施不及國(論)　　　　　　宋姚　勉　　1184-273- 39
叔孫昭子論　　　　　　　　　　宋姚　勉　　1184-275- 39
荀息論　　　　　　　　　　　　宋姚　勉　　1184-276- 39
獲麟說　　　　　　　　　　　　宋王　柏　　1186- 90- 6
春秋大王求金辯　　　　　　　　元王義山　　1193- 70- 11
子玉請復曹衛（說）　　　　　　元許　衡　　1198-404- 8
　　　　　　　　　　　　　　　　　　　　　1373- 46- 3
答高舜元經史疑義十
　二問　　　　　　　　　　　　元袁　桷　　1203-564- 42
孔子不貶季札論　　　　　　　　元吳　萊　　1209- 94- 5
與黃明遠第一書論日
　夜食 論春秋經中日夜
　食之辨　　　　　　　　　　　元吳　萊　　1209- 96- 5
與黃明遠第二書論左
　氏二事　　　　　　　　　　　元吳　萊　　1209- 98- 6
讀左傳並註數事　　　　　　　　元吳師道　　1212-103- 10
春秋或問十　　　　　　　　　　元程端學　　1375-474- 37
讀歐陽公趙盾許止弑
　君論　　　　　　　　　　　　元鄭　玉　　1375-454- 35
周正考　　　　　　　　　　　　元趙　汸　　1375-413- 32
　　　　　　　　　　　　　　　　　　　　　1454-322-119
春秋明經上(二十則)　　　　　　明劉　基　　1225-307- 13
春秋明經下（二十一
　則）　　　　　　　　　　　　明劉　基　　1225-330- 14
衛公子壽（解）　　　　　　　　明劉　基　　1225-366- 15
春秋經義　　　　　　　　　　　明殷　奎　　1232-464- 6
春秋（講章）　　　　　　　　　明劉　球　　1243-416- 1
春秋講章　　　　　　　　　　　明倪　岳　　1251- 99- 10
經筵講章（春秋）　　　　　　　明程敏政　　1252- 87- 5
經筵講章(春秋二則)　　　　　　明程敏政　　1252-156- 8
春王正月辯　　　　　　　　　　明王　鏊　　1256-496- 34
　　　　　　　　　　　　　　　　　　　　　1454-258-111
泣麟解　　　　　　　　　　　　明林　俊　　1257-318- 28
（辯疑論四 —— 北杏
　之會）　　　　　　　　　　　明胡居仁　　1260- 49- 2
論元年春王正月　　　　　　　　明王守仁　　1265-665- 24
　　　　　　　　　　　　　　　　　　　　　1407-115-405
獲麟解　　　　　　　　　　　　明崔　銑　　1267-542- 7
跋趙東山春王正月辨
　三條　　　　　　　　　　　　明楊　慎　　1270- 99- 10
趙東山春王正月辨跋　　　　　　明楊　慎　　1455-413-217
答姪孫一麐書

四庫全書文集篇目分類索引

經部 春秋類

篇目	作者	編號
論衞州吁弑其君完	明唐順之	1276-253- 4
獲麟說	明唐順之	1407-386-429
春秋（論四則）	明王世貞	1280-744-111
魯鄭易田（論）	明王 廉	1373-618- 9
鄭莊公論	明鍾 惺	1407- 22-396
虎衞魚說	明張 含	1454-182-103
春王正月說	明徐師曾	1454-207-105
春王正月辨	明鄧宗齡	1454-262-111
古文評論——左傳（八十一則）	清聖祖	1299-198- 26
春王正月論	清高宗	1300-298- 2
		1449-235-首11
晉荀林父帥師及楚子戰于邲晉師敗績論	清高宗	1300-298- 2
晉侯及楚子鄭伯戰于鄢陵楚子鄭師敗績論	清高宗	1300-298- 2
作三軍論	清高宗	1300-299- 2
三月公會晉侯宋公衞侯鄭伯曹伯莒子邾子薛伯杞伯小邾子于澶梁戊寅大夫盟論	清高宗	1300-300- 2
諸侯同盟于平丘公不與盟論	清高宗	1300-300- 2
納污含垢論	清高宗	1301-312- 4
三傳晉假道伐虢辨	清高宗	1301-430- 24
書春秋元年春王正月事	清高宗	1301-486- 33
讀左傳季文子出莒僕	清高宗	1301-496- 35
讀左傳晉楚城濮之戰說	清高宗	1301-501- 36
正德利用厚生惟和(說)	清高宗	1301-570- 1
風馬牛說	清高宗	1301-588- 3
書宋劉清之紀左傳叔向之母事	清高宗	1301-649- 12
春王正月辨	清湯 斌	1312-548- 6
		1449-764- 22
尹氏論		
論三傳書尹氏之非	清吳偉業	1312-413- 40
春秋論一二三四	清汪 琬	1315-233- 5
春秋作邱甲解	清汪 琬	1315-237- 5
春秋褒義（十二則）并序	清汪 琬	1315-237- 5
春秋傳筮象四則	清汪 琬	1315-241- 5
春秋論——趙盾一二	清汪 琬	1449-515- 7
胡氏安國夏時冠周月辨	清陳廷敬	1316-319- 22
春秋始隱公論	清陳廷敬	1316-321- 22
家氏鉉翁原夏正辨	清陳廷敬	1316-336- 23
春王正月辨	清朱鶴齡	1319-142- 12
春秋諡世卿辨	清朱鶴齡	1319-145- 12
季札不書公子辨	清朱鶴齡	1319-146- 12
春王正月辨	清李光地	1324-773- 17
		1449-771- 22

c.序 跋

1.春秋總義

篇目	作者	編號
代國子陸博士進集註春秋表	唐呂 溫	1077-625- 4
		1338-670-611
春秋正義序	唐孔穎達	143- 9- 附
		541-383-35之6
		1340-164-735
（春秋釋例）原序	唐劉 貺	146- 4- 附
（春秋集傳微旨序）	唐陸 淳	146-538- 附
（春秋集傳辨疑凡例序）	唐陸 淳	146-597- 附
說春秋序	宋范仲淹	1089-620- 6
進故朱宷所撰春秋文字及乞推恩與弟寔狀	宋范仲淹	1089-755- 19
春秋權衡序	宋劉 敞	1095-694- 34
（蘇氏）春秋集解引	宋蘇 轍	148- 2- 附
趙懿簡春秋序	宋晁說之	1118-332- 17
春秋通志序	宋朱長文	1119- 34- 7
講春秋序	宋劉 弁	1119-255- 24
跋春秋後	宋李之儀	1120-589- 42
春秋經解原序	宋楊 時	147-554- 附
孫先生春秋傳序	宋楊 時	1125-348- 25
跋（春秋）公子血脈譜	宋楊 時	1125-357- 26
書襄陵春秋集傳後	宋李 綱	1126-718-163
吳園先生春秋指南序	宋汪 藻	1128-151- 17
		1128-372- 8
春秋指南序	宋汪 藻	1375-247- 17
葉氏春秋傳原序	宋葉夢得	149- 2- 附
春秋考原序	宋葉夢得	149-248- 附
王彥休春秋解序	宋王庭珪	1134-264- 36
春秋指歸序	宋羅從彥	1135-749- 12

四庫全書文集篇目分類索引

春秋辨疑原序	宋胡 銓	148-109- 附
春秋經解後跋	宋周麟之	147-781- 附
春秋講義序	宋呂祖謙	1150-322- 13
(春秋集注)原序	宋樓 鑰	151-253- 附
陳氏(春秋)後傳序略	宋樓 鑰	162-174- 附
息齋春秋集註序	宋樓 鑰	1152-793- 51
春秋後傳左氏章指原序	宋樓 鑰	151-595- 附
止齋春秋後傳左氏章指序	宋樓 鑰	1152-791- 51
春秋解序	宋楊 簡	1156-607- 1
經解春秋旨要序	宋薛季宣	1159-480- 30
徐德操春秋解序	宋葉 適	1164-247- 12
題孫先生春秋解	宋陳 造	1166-397- 31
春秋集義原序	宋度 正	155-176- 附
四明高氏春秋解後序	宋程 珌	1171-340- 8
春秋比事原序	宋陳 亮	153- 7- 附
春秋比事序	宋陳 亮	1171-622- 14
書伊川先生春秋傳後	宋陳 亮	1171-644- 16
春秋集義原序	宋魏了翁	155-177- 附
李伯勇明復春秋集議序	宋魏了翁	1172-596- 53
春秋考原跋	宋眞德秀	149-493- 附
(跋劉)著作春秋講義	宋眞德秀	1174-552- 35
跋虞復之春秋大義	宋眞德秀	1174-569- 36
(洪氏春秋說)自序	宋洪咨夔	156-459- 附
春秋說序	宋洪咨夔	1175-304- 29
春秋分記序	宋程公許	154- 5- 附
講春秋序	宋黃仲元	1188-635- 3
春秋集傳詳說原序	宋家鉉翁	158- 4- 附
春秋集傳纂例原序	宋朱 臨	146-377- 附
春秋經解原序	宋邵 輯	147-553- 附
春秋經解自序	宋孫 覺	147-555- 附
(崔氏)春秋經解自序	宋崔子方	148-175- 附
(春秋例要序)	宋崔子方	148-335- 附
(崔氏春秋經解)後序	宋崔子方	148-340- 附
春秋本例序	宋崔子方	148-346- 附
春秋五禮例宗原序	宋張大亨	148-460- 附
春秋通訓後敘	宋張大亨	148-632- 附
春秋傳原序	宋胡安國	151- 5- 附

胡氏傳序春秋傳 | 宋胡安國 | 159- 8- 附 |
		162-171- 附
		166- 3- 附
		541-409-35之6
胡氏進春秋傳表	宋胡安國	162-173- 附
		1359-177- 23
(春秋集注)自序	宋高 閌	151-255- 附
(陳氏春秋後傳序)	宋周 勉	151-597- 附
春秋分記序	宋游 侶	154- 3- 附
春秋分記序	宋程公說	154- 4- 附
春秋講義原序	宋沈 光	155- 2- 附
春秋講義原序	宋牛大年	155- 3- 附
進春秋集義表	宋李 愈	155-178- 附
(春秋集義)書後	宋劉之祖	155-808- 附
春秋列國世紀編原序	宋李 琪	156-181- 附
春秋通說原序	宋黃仲炎	156-291- 附
春秋經筌序	宋石泉青陽夢炎	157- 3- 附
春秋經筌序	宋趙鵬飛	157- 4- 附
春秋或問跋	宋何夢申	157-664- 附
程子傳序春秋傳	宋程 顥	159- 7- 附
		162-170- 附
		541-398-35之6
		1351- 58- 90
		1354-213- 26
		1359- 46- 6
		1418-308- 46
春秋講義序	宋不著撰人	1353-761-107
春秋制作本原序	元郝 經	1192-303- 28
春秋外傳序	元郝 經	1192-309- 28
春秋法度編序	元戴表元	1194- 87- 7
春秋纂言總例原序	元吳 澄	159-336- 附
春秋諸國統紀序	元吳 澄	159-867- 附
		1197-214- 20
		1367-424- 34
易學濫觴春秋指要序	元吳 澄	164-313-附上
四經敘錄 ——春秋	元吳 澄	1197- 6- 1
		1367-562- 43
春秋會傳序	元吳 澄	1197-181- 16
春秋備忘序	元吳 澄	1197-198- 18
春秋類編傳集序	元吳 澄	1197-205- 19
春秋集傳釋義序	元吳 澄	1197-216- 20
春秋綱常序	元吳 澄	1197-219- 20
春秋(集傳)詳說原		

經部 春秋類

四庫全書文集篇目分類索引

經部 春秋類

篇目	作者	編號
跋	元龔 璛	158-508- 附
書陸淳春秋纂例後	元袁 桷	1203- 48- 48
鄧淳翁春秋集傳序	元袁 桷	1203-288- 21
題泣麟圖	元劉岳申	1204-350- 14
春秋胡傳附錄纂疏原序	元虞 集	165- 2- 附
春秋胡氏傳纂疏序	元虞 集	1207-448- 31
春秋釋例後序	元吳 萊	146-373- 附
春秋釋例後題	元吳 萊	1209-205- 12
春秋集傳纂例原序	元吳 萊	146-377- 附
春秋胡傳補說序	元吳 萊	1209-177- 10
春秋傳授譜序	元吳 萊	1209-188- 11
春秋世受圖序	元吳 萊	1209-189- 11
春秋舉傳論序	元吳 萊	1209-191- 11
春秋纂例辨疑後題	元吳 萊	1209-206- 12
春秋權衡意林後題	元吳 萊	1209-207- 12
春秋折衷後題	元吳 萊	1209-207- 12
春秋通旨後題	元吳 萊	1209-208- 12
齊太史春秋諸國統紀序	元柳 貫	1210-457- 16
記舊本春秋纂例後	元柳 貫	1210-474- 18
春秋集義序	元許有壬	1211-236- 33
		1211-612- 5
		1373-310- 20
春秋經說序	元許有壬	1211-613- 5
春秋胡傳附辨雜說序	元吳師道	1212-189- 14
春秋本義原序	元程端學	160- 4- 附
春秋（經傳）闕疑原序	元鄭 玉	163- 2- 附
春秋經傳闕疑序	元鄭 玉	1217- 16- 3
春秋案斷補遺序	元戴 良	1219-382- 12
春秋五傳序	元李 祁	1219-650- 3
春秋胡傳附錄纂疏凡例附序	元汪克寬	165- 8- 附
春秋纂疏序	元汪克寬	1220-680- 4
春秋集傳原序	元趙 汸	164- 2- 附
春秋集傳序	元趙 汸	1221-219- 3
春秋集傳序例	元趙 汸	1375-460- 36
春秋屬辭原序	元趙 汸	164-444- 附
春秋屬辭序例	元趙 汸	1375-465- 36
春秋屬辭目錄後記	元趙 汸	164-459- 附
春秋纂述大意		
大意	元趙 汸	1221-257- 3
春秋百問序	元楊維楨	1221-433- 6
春秋定是錄序	元楊維楨	1221-433- 6
春秋提綱原序	元胡光世	159-754- 附
春秋諸國統紀序	元齊履謙	159-868- 附
春秋諸國統紀序錄	元齊履謙	1367-571- 43
春秋讞義原序	元干文傳	162- 3- 附
春秋（諸傳）會通原序	元李 廉	162-164- 附
春秋師說題跋	元金居敬	164-324- 附
書春秋附錄後	元金居敬	1375-316- 25
春秋胡傳附錄纂疏原序	元汪澤民	165- 2- 附
春秋屬辭原序	明宋 濂	164-443- 附
春秋屬辭序	明宋 濂	1223-364- 5
春秋本末序	明宋 濂	1223-363- 5
春秋春王正月考序	明張以寧	165-756- 附
春秋經說序	明張以寧	1226-585- 3
春秋傳類編序	明朱 右	1228- 57- 4
書春秋捷徑後	明鄭 真	1234-195- 35
記俞氏春秋集傳後	明鄭 真	1234-209- 37
記黃氏日抄春秋後	明鄭 真	1234-209- 37
題沈氏春秋比事後	明鄭 真	1234-210- 37
記劉敏春秋權衡意林後	明鄭 真	1234-210- 37
記蕭氏春秋辨疑後	明鄭 真	1234-210- 37
識錄王惟賢春秋指要序後	明鄭 真	1234-219- 38
記春秋後傳	明鄭 真	1234-220- 38
書呂朴卿春秋五論	明鄭 真	1234-229- 39
（跋）春秋胡傳纂疏	明楊士奇	1238-580- 16
（跋）春秋會通	明楊士奇	1238-580- 16
（跋）春秋左傳二集	明楊士奇	1238-580- 16
（跋）春秋本末	明楊士奇	1238-581- 16
春秋詞命引	明王 鏊	1256-277- 13
		1406-428-362
書甬川春秋說後	明崔 銑	1267-663- 12
春秋胡氏傳辨疑原序	明陸 粲	167-754- 附
季彭山春秋私考序	明唐順之	1276-313- 6
		1405-431-282
春秋書法考原序	明皇甫涍	1276-642- 23
春秋私錄序	明王 樵	1285-137- 2
書權書止觀	明曹于汴	1293-717- 3
春秋集傳後序	明汪玄錫	164-251- 附
春秋集傳後序	明倪尚誼	164-251- 附

四庫全書文集篇目分類索引

春秋書法鉤元原序	明石光霽	165-808- 附	
春秋經傳辨疑原序（			
二則）	明童　品	167- 5- 附	
題春秋經傳辨疑後	明王　汶	167- 35- 附	
春秋正傳序	明高　簡	167- 38- 附	
春秋正傳自序	明湛若水	167- 39- 附	
春秋億序	明徐學謨	169- 2- 附	
春秋事義全考序	明姜　寶	169- 84- 附	
春秋事義全考序	明李一陽	169- 86- 附	
春秋事義全考後跋	明鄭良弼	169-490- 附	
春秋胡傳考誤原序	明袁　仁	169-938- 附	
春秋質疑原序	明楊于庭	169-980- 附	
春秋質疑原序	明邱應和	169-981- 附	
麟經古亭世業序	明梅之煥	534-635-102	
春秋輔傳序	明劉　繪	1455-360-212	
夏周正辨疑會通序	明李　濂	1455-400-216	
春秋伸義序	明馬　森	1455-525-226	
御製日講春秋解義序	清聖祖	172- 1- 附	
日講春秋解義序	清聖祖	1298-633- 31	
御製春秋傳說彙纂序	清聖祖	173- 1- 附	
春秋傳說彙纂序	清聖祖	1299-540- 22	
御製題孫覺春秋經解			
六韻	清高宗	147-551- 附	
御製題蕭楚春秋辨疑	清高宗	148-107- 附	
御製閱春秋解口號漫			
題	清高宗	150- 1- 附	
御製題宋版春秋分記	清高宗	154- 1- 附	
御製題王元杰春秋讜			
義春秋讜義御製詩	清高宗	162- 1- 附	
御製書春秋元年春王			
正月考	清高宗	165-753- 附	
御製日講春秋解義序	清高宗	172- 2- 附	
日講春秋解義序	清高宗	1301- 88- 9	
御纂春秋直解序	清高宗	174- 3- 附	
春秋直解序	清高宗	1301-112- 12	
御製繙譯春秋序	清高宗	187- 1- 附	
讀書正譌序	清汪　琬	1315-462- 25	
春秋集傳纂例原序	清朱彝尊	146-378- 附	
陸氏春秋三書序	清朱彝尊	1318- 36- 34	
春秋權衡序	清朱彝尊	1318- 37- 34	
春秋意林序	清朱彝尊	1318- 38- 34	
涪陵崔氏春秋本例序	清朱彝尊	1318- 38- 34	
春秋地名考序	清朱彝尊	1318- 39- 34	
呂氏春秋集解跋	清朱彝尊	1318-136- 42	
嚴氏春秋傳注跋	清朱彝尊	1318-137- 42	

左氏春秋集說序	清朱鶴齡	1319- 78- 7	經部
來元成春秋志在序	清毛奇齡	1320-202- 24	
春秋自得編序	清毛奇齡	1320-239- 29	
春秋通論序	清方　苞	1326-800- 6	春秋類
春秋直解序	清方　苞	1326-801- 6	
敗手錄春秋名號歸一			
圖	清汪由敦	1328-844- 15	
春秋集解原序	清納蘭成德	150- 4- 附	
春秋（經傳）闕疑跋	清鄭肇新	163-677- 附	
春秋四傳糾正原序	清兪汝言	174-387- 附	
春秋平義序	清兪汝言	174-410- 附	
春秋管窺原序	清徐廷垣	176-682- 附	
春秋大事表輿圖序	清顧棟高	180-632- 附	
（春秋通義序）	不著撰人	147-160- 附	
春秋傳原序	不著撰人	147-364- 附	

2. 三　傳

（春秋）公羊傳序	漢何　休	145- 6- 附	
		159- 5- 附	
		162-168- 附	
		541-368-35之6	
		1360-446- 27	
春秋公羊經傳解詁序	漢何　休	1397-375- 17	
左氏傳義詁序	漢孔　僖	1397-168- 8	
（春秋）左（氏）傳序	晉杜　預	143- 11- 附	
		159- 3- 附	
		162-166- 附	
		171-324- 附	
		175-621- 1	
		541-371-35之6	
		1329-791- 45	
		1331-217- 45	
		1398-133- 7	
		1405-41-281	
		1417-465- 23	
左傳後序	晉杜　預	144-674- 附	
		175-625- 1	
春秋左傳集解序	晉杜　預	1413-114- 37	
（春秋）穀梁傳序	晉范　甯	145-537- 附	
		159- 6- 附	
		162-169- 附	
		541-374-35之6	
		1360-446- 27	
		1405-413-281	

四庫全書文集篇目分類索引

經部

春秋類：附錄

孝經類

孔穎達春秋（左傳）
　正義序　　　　　　　　唐孔穎達　　175-627- 1
三傳指要序　　　　　　　唐劉 軻　　1344-413- 95
　　　　　　　　　　　　　　　　　　1405-415-281
左氏九六編序　　　　　　宋鄭剛中　　1138-265- 25
書臨漳所刊春秋（左
　氏傳）後　　　　　　　宋朱 熹　　1145-714- 82
看左氏規模——左氏
　傳說卷首　　　　　　　宋呂祖謙　　152- 4- 附
左氏博議原序　　　　　　宋呂祖謙　　152-296- 附
徐得之左氏國紀序　　　　宋陳傅良　　1150-814- 40
春秋後傳左氏章指原
　序　　　　　　　　　　宋樓 鑰　　151-595- 附
止齋春秋後傳左氏章
　指序　　　　　　　　　宋樓 鑰　　1152-791- 51
春秋三傳折衷序　　　　　元郝 經　　1192-304- 28
左氏窺斑序　　　　　　　元戴表元　　1194- 90- 7
左氏蒙求序　　　　　　　元戴表元　　1194- 93- 7
春秋三傳纂元序　　　　　元戴 良　　1219-322- 6
春秋左氏傳補註原序　　　元趙 汸　　164-328- 附
春秋纂述大意寄宋景
　濂王子充書言春秋師說
　春秋左氏傳補註春秋屬
　辭春秋集傳纂述之大意　元趙 汸　　1221-257- 3
曹元博左氏本末序　　　　元楊維楨　　1221-432- 6
（跋）左傳博議　　　　　明楊士奇　　1238-581- 16
重刊左傳詳節序　　　　　明王 鏊　　1256-273- 13
左觿序　　　　　　　　　明邵 寶　　1258-609- 12
春秋左傳考例自序　　　　明李舜臣　　1273-711- 6
穀梁三例自序　　　　　　明李舜臣　　1273-712- 6
左傳讀自序　　　　　　　明李舜臣　　1273-712- 6
春秋左傳注評測義序　　　明王世貞　　1282-683- 52
（春秋）左傳屬事序　　　明王世貞　　169-498- 附
　　　　　　　　　　　　　　　　　　1282-650- 50
春秋左傳屬事序　　　　　明王錫爵　　169-496- 附
春秋左傳屬事序　　　　　明傅 遜　　169-499- 附
春秋左傳屬事後序　　　　明傅 遜　　169-934- 附
春秋左傳屬事後敘　　　　明潘志伊　　169-933- 附
御製讀左傳　　　　　　　清 高 宗　　143- 2- 附
御製讀公羊兩篇　　　　　清 高 宗　　145- 1- 附
春秋地名考略原序　　　　清朱彝尊　　176-482- 附
讀左日鈔序　　　　　　　清朱鶴齡　　175- 3- 附
　　　　　　　　　　　　　　　　　　1319- 77- 7
左季折衷序　　　　　　　清毛奇齡　　1320-408- 47
春秋公羊傳考證跋語　　　清齊召南　　145-532- 附

穀梁傳注疏跋語　　　　　清齊召南　　145-861- 附
春秋地名考略原序　　　　清徐乾學　　176-480- 附
春秋地名考略原序　　　　清高士奇　　176-483- 附
左傳折諸原序(二則)　　　清張尚瑗　　177- 2- 附
春秋世族譜原序　　　　　清陳厚耀　　178-353- 附
（惠氏）春秋左傳補
　註跋　　　　　　　　　清李文藻　　181-229- 附
春秋地理考實原序　　　　清江 永　　181-249- 附

d.附錄（春秋繁露）

春秋陰陽　　　　　　　　漢董仲舒　　1412- 59- 3
書春秋繁露後　　　　　　宋歐陽修　　1102-573- 73
　　　　　　　　　　　　　　　　　　1103-766- 16
春秋繁露跋　　　　　　　宋樓 鑰　　181-807- 附
　　　　　　　　　　　　　　　　　　1153-240- 77
春秋繁露後題　　　　　　元吳 萊　　1209-143- 8

F.孝經類

a.論 文

孝經問答　　　　　　　　齊王 儉　　1414-294- 75
孝經刊誤　　　　　　　　宋朱 熹　　1145-276- 66
家記六論孝經　　　　　　宋楊 簡　　1156-821- 12
答張恆問孝經　　　　　　元吳 澄　　1197- 23- 2
愛親者不敢惡於人敬
　親者不敢慢於人論　　　清 高 宗　　1300-301- 3
與張秋紹論孝經書　　　　清張玉書　　1322-434- 3
孝經（論）　　　　　　　清李光地　　1324-784- 18

b.序 跋

古文孝經孔氏傳原序　　　漢孔安國　　182- 5- 附
孝經序　　　　　　　　　唐 玄 宗　　182- 30- 附
　　　　　　　　　　　　　　　　　　1340-178-737
今文孝經序　　　　　　　唐 玄 宗　　182- 87- 附
孝經正義序　　　　　　　唐 玄 宗　　1417-603- 29
古文孝經指解序　　　　　宋司馬光　　182- 88- 附
　　　　　　　　　　　　　　　　　　1094-630- 68
聖學（疏）——上孝
　經指解　　　　　　　　宋司馬光　　433-149- 6
進古文孝經指解表　　　　宋司馬光　　549- 92-184
　　　　　　　　　　　　　　　　　　1094-175- 17
進孝經指解箚子　　　　　宋司馬光　　1094-457- 49
古文孝經說序　　　　　　宋范祖禹　　182- 89- 附
　　　　　　　　　　　　　　　　　　1100-398- 36
聖學（疏）—— 進古

四庫全書文集篇目分類索引　　43

文孝經說　　　　　　宋范祖禹　　433-167-　7
進古文孝經說箚子　　宋范祖禹　 1100-205- 14
聖學（疏）——進尚
　書孝經解　　　　　宋文彥博　　433-158-　7
進尚書孝經解箚子　　宋文彥博　　549-108-185
進尚書孝經解（表）　宋文彥博　 1100-753- 31
通英閣無逸孝經圖後
　序　　　　　　　　宋慕容彥逢　1123-441- 12
通英閣無逸孝經圖後
　序　　　　　　　　宋趙鼎臣　 1124-217- 13
題李伯時孝經圖　　　宋張九成　 1138-430- 19
跋李伯時孝經圖　　　宋汪應辰　 1138-697- 12
孝經刊誤後記（二則）宋朱　熹　　182-110- 附
　　　　　　　　　　　　　　　 1145-281- 66
古文孝經指解後序　　宋樓　鑰　 1152-794- 51
孝經集義序　　　　　宋劉　焠　 1157-400-　5
題史繩祖孝經　　　　宋魏了翁　 1173- 63- 65
孝經集義序　　　　　宋眞德秀　 1174-454- 29
（跋）鄭居士手寫古
　文孝經　　　　　　宋眞德秀　 1174-547- 35
孝經集註序　　　　　宋劉辰翁　 1186-527-　6
跋劉君所藏孝經十七
　章像　　　　　　　宋牟　巘　 1188-142- 16
題線縣尹孝經古畫圖　宋何夢桂　 1188-503- 10
孝經大義序　　　　　宋熊　禾　　182-111- 附
　　　　　　　　　　　　　　　 1188-763-　1
孝經注疏序　　　　　宋邢昺等　　182- 28- 附
孝經注疏序　　　　　宋傅　注　　182- 29- 附
題新刻袁氏孝經說後　元戴表元　 1194-227- 18
題孝經首章圖　　　　元張伯淳　 1194-476-　5
古今文孝經集註序　　元陸文圭　 1194-573-　5
孝經敍錄　　　　　　元吳　澄　 1197- 11-　1
程松谷孝經衍義跋　　元陳　櫟　 1205-193-　3
孝經直解序　　　　　元王　沂　 1208-501- 13
孝經圖跋　　　　　　元吳　海　 1217-234-　7
孝經集善序　　　　　明宋　濂　 1223-366-　5
題李伯時畫孝經圖後　明宋　濂　 1223-647- 13
跋新刻孝經集註後　　明宋　濂　 1223-658- 14
孝經集說序　　　　　明王　褘　 1226-101-　5
跋古文孝經　　　　　明王　褘　 1226-349- 17
孝經闡序　　　　　　明危　素　 1226-712-　3
（跋）古文孝經說　　明楊士奇　 1238-582- 16
（跋）吳文正公考定
　孝經　　　　　　　明楊士奇　 1238-582- 16
（跋）孝經傳直解　　明楊士奇　 1238-582- 16

（跋）孝經吳文正公
　校定　　　　　　　明楊士奇　 1238-586- 17
跋孝經古注　　　　　明崔　銑　 1267-586- 10
孝經序　　　　　　　明溫　純　 1288-555-　7
孝經敍錄　　　　　　明歸有光　 1289- 13-　1
孝經序　　　　　　　明鄒元標　 1294-107-　4
書刻汪子手持孝經贊　明鄒元標　 1294-299-　8
刻孝經引　　　　　　明葛　昕　 1296-459-　6
刻孝經跋　　　　　　明葛　昕　 1296-461-　6
孝經述註原序　　　　明黃　昭　　182-142- 附
孝經述註跋　　　　　明項　霦　　182-153- 附
孝經集傳原序　　　　明黃道周　　182-157- 附
刻孝經序　　　　　　明胡　松　 1455-474-222
御定孝經注序　　　　清 世 祖　　182-255- 附
御纂孝經集注序　　　清 世 宗　　182-269- 附
清漢文孝經序　　　　清 世 宗　 1300- 75-　7
恭跋世祖章皇帝御註
　孝經　　　　　　　清 高 宗　 1300-346-　8
　　　　　　　　　　　　　　　 1449-280-首14
孝經易知序　　　　　清湯　斌　 1312-478-　3
　　　　　　　　　　　　　　　 1449-632- 14
孝經集注序　　　　　清魏裔介　 1312-691-　3
孝經注義自序　　　　清魏裔介　 1312-692-　3
跋孝經易知　　　　　清汪　琬　 1315-611- 39
孝經廣訓序　　　　　清毛奇齡　 1320-303- 36
張秋紹孝經小學口義
　序　　　　　　　　清張玉書　 1322-443-　4
孝經要解跋　　　　　清陸隴其　 1325- 52-　4
自跋石刻孝經　　　　清汪由敦　 1328-880- 18
古文孝經孔氏傳原序　清（日本）
　　　　　　　　　　太宰純　　　182-　3- 附
孝經注疏考證跋語　　清李清植　　182- 83- 附
重刊孝經註解跋　　　清陳弘謀　　570-644- 29
　　　　　　　　　　　　　　　　　　　　之12

G. 四書類

a. 大　學

1. 論　文

（大學）經筵講義　　宋朱　熹　 1143-250- 15
答江德明（書）
　大學章句雜說等　　宋朱　熹　 1144-302- 44
答黃直卿（書）釋至
　善知至至之不同處　宋朱　熹　 1144-380- 46
答周舜弼（書）大學

經部

孝經類

四書類：大學

四庫全書文集篇目分類索引

經部

四書類：大學

中庸論語章句雜說　宋朱 熹　1144-493- 50
答趙民表（書）
　格物說　宋朱 熹　1145-235- 64
呂氏大學解（辨）　宋朱 熹　1145-461- 72
家記七論大學中庸　宋楊 簡　1156-825- 13
大學解　宋薛季宣　1159-454- 29
講義——新淦縣學一
　古之欲明明德於天
　下者……　宋黃 幹　1168- 6- 1
大學經 一章解（五則）　宋黃 幹　1168- 29- 3
大學章句疏義（四則）　宋黃 幹　1168- 31- 3
親親仁民愛物只是理
　一而分殊　宋陳 淳　1168-561- 8
大學發題　宋陳 淳　1168-622- 16
答南康胡伯量問目——
　問大學敬四說一長
　上云四說乃是互足
　先生可之是否　宋陳 淳　1168-782- 36
答南康胡伯量問目——
　問明明德章句註　宋陳 淳　1168-783- 36
答陳伯澡問大學（十
　三則）　宋陳 淳　1168-824- 40
答陳伯澡再問大學（
　十一則）　宋陳 淳　1168-826- 40
通晦菴先生書問大學
　誠意章　宋陳文蔚　1171- 11- 2
龍山書院講義　宋陳文蔚　1171- 61- 8
袁州州學講義　宋陳文蔚　1171- 61- 8
經筵講義 —— 進讀大
　學卷子（十五則）　宋眞德秀　1174-262- 18
講筵進讀大學章句手
　記（九則）　宋眞德秀　1174-275- 18
問答（大學章句三十
　三則）　宋眞德秀　1174-462- 30
代趙大寧上游丞相筠
　子（三）論大學之道　宋陽 枋　1183-321- 5
大學沿革論　宋王 柏　1186-145- 9
大學沿革後論　宋王 柏　1186-152- 10
大學要略　元許 衡　1198-309- 3
論明明德　元許 衡　1198-315- 3
大學直解　元許 衡　1198-317- 4
大學講章　明倪 岳　1251- 84- 10
青宮直講（大學）　明程敏政　1252- 4- 1
大學問　明王守仁　1265-708- 26
講義十二首——湯之

盤銘曰……　明崔 銑　1267-458- 4
講義十二首——所謂
　誠其意者毋自欺也　明崔 銑　1267-458- 4
大學講義 —— 若有一
　个臣斷斷兮……　明魏 校　1267-703- 2
復周充之（書）附別
　紙論誠意章　明魏 校　1267-731- 3
與顧惟賢（書）
　論明德　明魏 校　1267-747- 3
與王純甫（書）附別
　紙二則論大學　明魏 校　1267-775- 4
格物說　明楊 慎　1270- 67- 5
或問辯（大學格致之
　說）　明薛 蕙　1272-118- 10
垂世立教之大典　明王立道　1277-856- 8
讀大學　明王世貞　1285- 56- 4
四書義 —— 生財有大
　道……　明海 瑞　1286-156- 5
答陳太守問學論大學
　慎獨及孟子反求諸己　明胡 直　1287-476- 20
大學首章約義　明高攀龍　1292-350- 3
大學首章廣義（十二
　則）　明高攀龍　1292-351- 3
附錄先儒復大學古本
　及論格致未嘗缺傳　明高攀龍　1292-353- 3
附錄洵詞　明高攀龍　1292-355- 3
與涇陽論知本（書）　明高攀龍　1292-471-8上
答史子復三
　論大學格致之義　明劉宗周　1294-452- 8
讀大學　清 聖 祖　1298-234- 28
　　　　　　　　　　1449-142- 3

於緝熙敬止爲人君止
　於仁爲人臣止於敬
　爲人子止於孝爲人
　父止於慈與國人交
　止於信（論）　清 聖 祖　1299-550- 24
自天子以至於庶人壹
　是皆以脩身爲本（
　論）　清 高 宗　1301- 26- 2
如保赤子心誠求之雖
　不中不遠矣（論）　清 高 宗　1301- 33- 2
是以君子有絜矩之道
　也（論）　清 高 宗　1301-293- 1
所謂誠其意者勿自欺
　也（論）　清 高 宗　1301-294- 1

民之所好好之民之所
　惡惡之（論）　　　　　清 高 宗　1301-296- 1
日日新又日新（論）　　　清 高 宗　1301-298- 2
此之謂絜矩之道(論)　　清 高 宗　1301-300- 2
爲人君止於仁爲人臣
　止於敬爲人子止於
　孝爲人父止於慈與
　國人交止於信(論)　　清 高 宗　1301-302- 2
安而后能慮慮而后能
　得（論）　　　　　　　清 高 宗　1301-571- 1
上孫徵君書論大學義　　清湯　斌　1312-510- 5
致知在格物論上下　　　清魏裔介　1312-904- 14
與楊令若論大學補傳
　書　　　　　　　　　清朱鶴齡　1319-119- 10
格物致知論　　　　　　清張　英　1319-680- 42
　　　　　　　　　　　　　　　　1449-507- 6

復沈耕巖編修論大學
　證文書　　　　　　　清毛奇齡　1320-115- 15
大學答問八條　　　　　清陸隴其　1325- 11- 1
大學說　　　　　　　　清陸隴其　1325- 36- 3

2.序　跋

題大學　　　　　　　　宋胡　宏　1137-173- 3
大學章句（原）序　　　宋朱　熹　 197- 3- 附
　　　　　　　　　　　　　　　　 200- 4- 附
　　　　　　　　　　　　　　　　 541-403- 35之6
　　　　　　　　　　　　　　　　1145-580- 76
　　　　　　　　　　　　　　　　1359- 37- 5
　　　　　　　　　　　　　　　　1418-700- 61
　　　　　　　　　　　　　　　　1476-232- 13
記大學後　　　　　　　宋朱　熹　1145-679- 81
代跋大學　　　　　　　宋陳　淳　1168-611- 14
題徐君大學詩後　　　　宋陳　淳　1168-612- 14
朱文公五書問答序
　大學章句　　　　　　宋魏了翁　1172-622- 55
跋牟少眞發蒙中庸大
　學俗解　　　　　　　宋魏了翁　1173- 58- 64
大學解義跋　　　　　　宋謝枋得　1184-886- 3
跋季兄大學編　　　　　宋王　柏　1186-167- 11
大學本旨序　　　　　　宋黎立武　 200-740- 附
大學釋旨序　　　　　　元胡 炳文　1199-764- 3
題大學治平龜鑑後　　　元王　沂　1208-579- 22
李氏大學治平龜鑑序　　元傅若金　1213-315- 4
大學章句序說　　　　　明王　禕　1229-431- 附
題大學篆書正文後　　　明方孝孺　1235-523- 18

書大學重定本後　　　　明程敏政　1253-774- 0
書新刊大學中庸章句
　或問後　　　　　　　明黃仲昭　1254-454- 4
大學古本序　　　　　　明王守仁　1265-196- 7
古本大學題詞　　　　　明高攀龍　1292-349- 3
大學要略序　　　　　　明郝　絡　1198-479- 14
大學私抄序　　　　　　明楊守陳　1455-364-213
書大學跋　　　　　　　清 聖 祖　1299-334- 44
御製繙譯大學序　　　　清 高 宗　 189-285- 附
跋朱子大學章句　　　　清 高 宗　1300-349- 8
大學管窺序　　　　　　清魏裔介　1312-699- 3
大學經子史解序　　　　清潘天成　1323-546- 2
大學古本私記舊序　　　清李光地　1324-673- 10
大學古本私記序　　　　清李光地　1324-673- 10

b.中　庸

1.論　文

中庸解（五則）　　　　宋釋契嵩　1091-440- 4
禮記講議 —— 中庸　　宋陳　庸　1093-598- 12
中和論呈韓秉國與景
　仁　　　　　　　　　宋司馬光　1346- 68- 5
再與秉國論中和呈景
　仁　　　　　　　　　宋司馬光　1346- 69- 5
中庸論五首　　　　　　宋范祖禹　1100-386- 35
中庸論上中下篇　　　　宋張方平　1104-134- 17
中庸論上中下　　　　　宋蘇　軾　1107-567- 41
　　　　　　　　　　　　　　　　1384-583-132

中庸傳　　　　　　　　宋晁說之　1118-225- 12
答朱仲髦先輩書
　論中庸　　　　　　　宋晁說之　1118-296- 15
中庸（論）　　　　　　宋黃　裳　1120-280- 42
中庸義（二十二則）
　附拾遺（十三則）
　補刊（三則）　　　　宋游　酢　1121-644- 1
中庸解義　　　　　　　宋陳　淵　1139-533- 22
答張敬夫（書）論中
　字義及忠恕之道　　　宋朱　熹　1143-682- 31
答張敬夫論中庸章句
　（書）　　　　　　　宋朱　熹　1143-686- 31
答張敬夫（書）
　論中庸章句論語章句　宋朱　熹　1143-686- 31
再答敬夫論中庸章句
　（書）　　　　　　　宋朱　熹　1143-687- 31
答敬夫論中庸說(書)　宋朱　熹　1143-709- 32
答呂伯恭問龜山中庸

四庫全書文集篇目分類索引

經部

四書類：中庸

篇目	作者	索引號
（書）	宋朱　熹	1143-793- 35
（答呂伯恭問龜山中庸）別紙	宋朱　熹	1143-794- 35
（答呂伯恭）別紙		
論中庸章句	宋朱　熹	1143-795- 35
答林擇之（書）釋中	宋朱　熹	1144-265- 43
答林擇之（書）		
釋中和之意	宋朱　熹	1144-266- 43
答江德功（書）		
論中庸章句等	宋朱　熹	1144-306- 44
答呂子約（書）		
中庸章句雜論	宋朱　熹	1144-429- 48
答周舜弼（書）大學		
中庸論語章句雜說	宋朱　熹	1144-493- 50
答胡季隨（書）		
中庸章句等雜說	宋朱　熹	1144-601- 53
答潘謙之（書）孟子		
章句中庸章句雜說	宋朱　熹	1144-650- 55
答李時可（書）		
中庸章句雜說	宋朱　熹	1144-661- 55
與湖南諸公論中和第一書	宋朱　熹	1145-239- 64
中庸首章說	宋朱　熹	1145-314- 67
已發未發說	宋朱　熹	1145-315- 67
張無垢中庸解（辨）	宋朱　熹	1145-448- 72
飲食鮮能知味辯	宋李　石	1149-668- 13
與朱侍講答問 —— 中庸集解質疑	宋呂祖謙	1150-352- 16
家記七（論大學中庸）	宋楊　簡	1156-825- 13
中庸解	宋薛季宣	1159-440- 29
答祝允之書 論中庸	宋韓元吉	1165-196- 13
中庸論上下篇	宋史堯弼	1165-728- 6
中庸總說	宋黃　榦	1168- 36- 3
中庸總論	宋黃　榦	1168- 43- 3
復黃會卿（書）		
論中庸	宋黃　榦	1168-182- 17
率性之道原有條理節目	宋陳　淳	1168-561- 8
中庸發題	宋陳　淳	1168-622- 16
答陳伯澡問中庸（十二則）	宋陳　淳	1168-832- 41
中庸贊	宋劉　宰	1170-633- 25
南軒書院講義 論中庸	宋陳文蔚	1171- 63- 8
問答 —— 問太極中庸之義	宋眞德秀	1174-495- 31
中庸銘	宋袁　甫	1175-527- 16
吉州白鷺洲書院講義		
引中庸	宋陳　著	1185-517- 94
中庸論上下篇	宋王　柏	1186-155- 10
中庸（講義）	宋王義山	1193-108- 17
故至誠無息不息則久……博厚則高明講義	元戴表元	1194-312- 25
子曰中庸其至矣乎民鮮能久矣講義	元戴表元	1194-325- 26
中庸綱領	元吳　澄	1197- 12- 1
中庸直解	元許　衡	1198-341- 5
鳶魚飛躍論	元劉　鶚	1206-302- 1
答倪仲弘先生論中庸輯釋書	元趙　汸	1375-179- 10
讀中庸	明朱　右	1228- 39- 3
經筵講章 中庸二首	明李東陽	1250-1004-95
中庸講章（二則）	明倪　岳	1251- 91- 11
青宮直講（中庸）	明程敏政	1252- 11- 1
經筵講章（中庸）	明程敏政	1252- 80- 5
經筵講章（中庸三則）	明程敏政	1252-143- 8
學禮不議說	明邵　寶	1258- 85- 9
答薛君采論中庸凡書	明崔　銑	1267-543- 7
答論中庸凡書	明崔　銑	1454-546-148
國學講章 —— 中庸	明陸　深	1268-207- 33
中庸說	明夏尚樸	1271- 18- 1
答崔子鍾書		
論中庸之義	明薛　蕙	1272-101- 9
讀中庸	明王世貞	1285- 58- 4
庸說與邵貞菴論拙齋蕭先生軼事作	明顧憲成	1292-155- 12
講義 —— 天命之謂性章	明高攀龍	1292-398- 4
答葉潤山三		
論中庸誠意章	明劉宗周	1294-443- 8
中庸首章說	明劉宗周	1294-510- 11
溥博淵泉而時出之溥博如天淵泉如淵見而民莫不敬言而民莫不信行而民莫不說（論）	清聖　祖	1299-552- 24
修道之謂教論	清 高 宗	1300-290- 1
執其兩端用其中于民（論）	清 高 宗	1301- 20- 1
凡爲天下國家有九經		

四庫全書文集篇目分類索引

所以行之者一也（論）　清高宗　1301-20-1
致中和天地位焉萬物育焉（論）　清高宗　1301-26-2
自誠明謂之性自明誠謂之教（論）　清高宗　1301-30-2
成己仁也成物知也（論）　清高宗　1301-31-2
修道之謂教（論）　清高宗　1301-295-1
悠久所以成物也(論)　清高宗　1301-301-2
書中庸九經敬大臣義　清高宗　1301-485-33
栽者培之傾者覆之（論）　清高宗　1301-573-1
至誠無息不息則久（論）　清高宗　1301-576-1
悠遠則博厚博厚則高明（論）　清高宗　1301-576-1
小德川流大德敦化（論）　清高宗　1301-577-1
中和位育論　清張　英　1319-679-42
　　　　　　　　　　　1449-505-6
中庸仁者人也親親爲大二節（論）　清李光地　1324-866-24
至誠之道可以前知章（論）　清李光地　1324-867-24

2.序　跋

中庸傳後記　宋晁說之　1118-235-12
中庸義序　宋楊　時　1125-347-25
題中庸後示陳知默　宋楊　時　1125-357-26
題呂與叔中庸解　宋胡　宏　1137-170-3
中庸章句序　宋朱　熹　197-198-附
　　　　　　　　　　　200-44-上
　　　　　　　　　　　541-404-35之6
　　　　　　　　　　　1145-581-76
　　　　　　　　　　　1359-35-5
　　　　　　　　　　　1405-416-281
　　　　　　　　　　　1418-702-61
　　　　　　　　　　　1476-234-13
中庸集解（原）序　宋朱　熹　198-557-附
　　　　　　　　　　　541-406-35之6
　　　　　　　　　　　1145-561-75
　　　　　　　　　　　1359-36-5
中和舊說序　宋朱　熹　1145-557-75

書中庸後　宋朱　熹　1145-679-81
書徽州婺源縣中庸集解板本後　宋朱　熹　1145-685-81
　　　　　　　　　　　1375-291-22
跋張季長中庸辨擇　宋陸　游　1163-553-31
跋中庸集解　宋張　栻　1167-696-33
　　　　　　　　　　　1353-809-110
兼山中庸說序　宋張　栻　1359-37-5
楊龜山中庸解序　宋陳　亮　1171-622-14
朱文公五書問答序
　中庸章句　宋魏了翁　1172-622-55
跋牟少眞發蒙中庸大學俗解　宋魏了翁　1173-58-64
古中庸跋　宋王　柏　1186-195-13
郭兼山沖晦中庸說序　宋劉辰翁　1186-524-6
跋方石巖正通庸言　宋黃仲元　1188-644-3
中庸分章序　宋黎立武　200-721-附
中庸纂疏原序　宋牟子才　201-77-附
中庸後解序　宋呂大臨　1351-67-91
中庸簡明傳序　元吳　澄　1197-216-20
中庸口義自序　元陳　櫟　1205-159-1
書新刊大學中庸章句或問後　明黃仲昭　1254-454-4
中庸凡序　明崔　銑　1267-510-6
中庸輯略序　明唐順之　198-559-附
　　　　　　　　　　　1276-310-6
　　　　　　　　　　　1405-430-282
重刊中庸一助序　明宗　臣　1287-137-13
御製繙譯中庸序　清高宗　189-305-附
中庸章段序　清李光地　1324-674-10
中庸餘論序　清李光地　1324-674-10

C.論　語

1.論　文

答侯生問論語書　唐韓　愈　1073-691-0
　　　　　　　　　　　1075-9-0
論語辯二篇　唐柳宗元　1076-43-4
　　　　　　　　　　　1076-506-4
　　　　　　　　　　　1077-60-4
　　　　　　　　　　　1383-281-24
乘桴說　唐柳宗元　1076-158-16
　　　　　　　　　　　1076-612-16
　　　　　　　　　　　1077-208-16
　　　　　　　　　　　1336-384-362

經部 四書類：論語

既往不究論　　宋王禹偁　1086-140- 15
曾參不列四科論　　宋夏竦　1087-216- 20
無友不如己解　　宋韓琦　1089-339- 23
不遷怒不貳過解　　宋蔡襄　1090-620- 33
答孔司戶文仲書
　　論孔門四科　　宋司馬光　1094-531- 60
仁智動靜論　　宋劉敞　1095-734- 39
博施衆濟爲聖論　　宋劉敞　1095-736- 39
畏天命論　　宋劉敞　1095-737- 39
南子問　　宋鄭獬　1097-280- 18
上通判官（書）言君
　　子易事難說之義　　宋章礪　1097-629- 12
謠正論　　宋文彥博　1100-649- 9
進無爲而治論　　宋文彥博　1100-652- 9
代曾參答弟子書
　　論有若似孔子　　宋歐陽修　1102-464- 59
三年無改問　　宋歐陽修　1102-469- 60
夫子賢於堯舜（解）　　宋王安石　1105-552- 67
再答龔深父論語孟子
　　書　　宋王安石　1105-600- 72
君使臣以禮（論）　　宋蘇軾　1384-605-134
觀過斯知仁（論）　　宋蘇軾　1384-605-134
論語拾遺并引　　宋蘇轍　1112-823- 7
論語斷篇　　宋黃庭堅　1113-197- 20
　　　　1346-443- 31
　　　　1361-235- 37
君子多乎哉（解）　　宋黃裳　1120-265- 40
有德必有言（解）　　宋黃裳　1120-266- 40
唐虞之際於斯爲盛（
　　解）　　宋黃裳　1120-267- 40
引而不發（解）　　宋黃裳　1120-270- 40
回盧教授書
　　論論語經文　　宋李復　1121- 29- 3
又回盧教授書
　　論論語孟子　　宋李復　1121- 29- 3
佛肸（論）　　宋李復　1121- 86- 8
論語雜解（四十七則）　　宋游酢　1121-628- 1
文之以禮樂（解）　　宋周行己　1123-616- 2
可謂明也已矣可謂遠
　　也已矣（解）　　宋劉安上　1124- 46- 5
子溫而厲（解）　　宋劉安上　1124- 47- 5
請問其目（解）　　宋劉安上　1124- 47- 5
經筵講義 —— 論語（
　　九則）　　宋楊時　1125-138- 5
論語講義 —— 雍也第

六（三則）　　宋程俱　1130-283- 29
　　　　1130-286- 29
　　　　1130-288- 29
論語講義　　宋程俱　1130-290- 29
經筵講義二　　宋程俱　1375-500- 39
君子有三戒說　　宋潘良貴　1133-385- 3
夫子之道忠恕論　　宋王蘋　1136- 76- 2
鄉黨統論　　宋張九成　1138-325- 5
因與石月先生論仁遂
　　作克己復禮爲仁說　　宋張九成　1138-425- 19
解論語十二段　　宋陳淵　1139-512- 20
答何希深衞軏之問（
　　書）　　宋王之望　1139-697- 3
論語發題　　宋王之望　1139-699- 3
爲政以德章（解）　　宋王之望　1139-701- 3
道之以德章（解）　　宋王之望　1139-701- 3
吾十有五而志於學章
　　（解）　　宋王之望　1139-702- 3
孟懿子問孝章（解）　　宋王之望　1139-702- 3
孟武伯問孝章（解）　　宋王之望　1139-703- 3
子游問孝章（解）　　宋王之望　1139-703- 3
視其所以章（解）　　宋王之望　1139-704- 3
溫故而知新章（解）　　宋王之望　1139-704- 3
君子不器章（解）　　宋王之望　1139-704- 3
孔子聞韶論　　宋范浚　1140- 73- 9
與泉州李佾（書）
　　通論論語　　宋林光朝　1142-618- 6
答張敬夫（書）
　　論中字論忠恕之道　　宋朱熹　1143-682- 31
答張敬夫語解（書）　　宋朱熹　1143-685- 31
答張敬夫（書）
　　論中庸章句論語章句　　宋朱熹　1143-686- 31
與張敬夫論癸巳論語
　　說（書）　　宋朱熹　1143-694- 31
答欽夫仁疑問（書）　　宋朱熹　1143-727- 32
答呂伯恭（書）
　　論誰毀誰譽章等　　宋朱熹　1143-796- 35
與范直閣（書三則）
　　忠恕一貫之道雜說　　宋朱熹　1144- 31- 37
答柯國材翰（書）
　　答論語章問　　宋朱熹　1144-110- 39
答范伯崇（書）
　　論論語章句　　宋朱熹　1144-135- 39
答范伯崇（書）
　　論語章句雜說　　宋朱熹　1144-141- 39

答吳耕老（書）
　一貫之理雜說　　　　　　宋朱　熹　1144-152- 40
答何叔京（書）
　論語章句雜說　　　　　　宋朱　熹　1144-181- 40
答馮作肅（書）
　論語章句雜說　　　　　　宋朱　熹　1144-184- 41
答程允夫（書三則）
　論語章句雜說　　　　　　宋朱　熹　1144-194- 41
　　　　　　　　　　　　　　　　　　1144-200- 41
　　　　　　　　　　　　　　　　　　1144-201- 41
答陳明仲（書）論不
　遠遊與三年無改章　　　　宋朱　熹　1144-247- 43
答陳明仲（書）
　論語章句論　　　　　　　宋朱　熹　1144-248- 43
答曹晉叔（書）
　論語章句論　　　　　　　宋朱　熹　1144-256- 43
答方伯謨（書）
　論語章句雜論　　　　　　宋朱　熹　1144-287- 44
答江德功默（書）
　論論語章句等　　　　　　宋朱　熹　1144-298- 44
答黃直翁寅（書）
　論論語章句　　　　　　　宋朱　熹　1144-312- 44
答虞士朋太申（書）
　雜論易卦論語章句　　　　宋朱　熹　1144-315- 45
答呂子約（書）
　論語章句論等　　　　　　宋朱　熹　1144-386- 47
答呂子約（書）論語
　章句雜論並性理雜論　　　宋朱　熹　1144-388- 47
答呂子約（書）
　論語章句雜論等　　　　　宋朱　熹　1144-398- 47
答呂子約（書）
　史記雜論暨論語雜論　　　宋朱　熹　1144-426- 48
答潘端叔（書）
　論語章句雜說　　　　　　宋朱　熹　1144-467- 50
答周舜弼（書）大學
　中庸論語章句雜說　　　　宋朱　熹　1144-493- 50
答董叔重（書）
　論語章句書章句書序
　喪服等雜說　　　　　　　宋朱　熹　1144-500- 51
答吳伯豐（書）
　言詩集傳補脫詩章句
　論語章句等　　　　　　　宋朱　熹　1144-546- 52
答吳伯豐（書）
　論語章句雜說　　　　　　宋朱　熹　1144-554- 52
答吳伯豐（書）孟子
　作者孟子章句雜說　　　　宋朱　熹　1144-560- 52
答都昌縣學諸生（書
　二則）論語章句雜說　　　宋朱　熹　1144-577- 52
　　　　　　　　　　　　　　　　　　1144-581- 52
答劉季章（書）
　論語章句雜說　　　　　　宋朱　熹　1144-592- 53
答汪子卿（書）
　論語章句雜說　　　　　　宋朱　熹　1144-639- 54
答方賓王（書）
　論語章句雜說　　　　　　宋朱　熹　1144-692- 56
答鄭子上（書二則）
　論語章句雜說　　　　　　宋朱　熹　1144-705- 56
答趙恭父（書）論語
　章句暨禮記章句雜說　　　宋朱　熹　1145- 66- 59
答歐陽希遜謙之(書)
　論孟章句雜說　　　　　　宋朱　熹　1145-123- 61
答嚴時亨（書）性理
　雜說論語章句雜說　　　　宋朱　熹　1145-132- 61
論說或問說一二　　　　　　宋朱　熹　1145-317- 67
巧言令色說　　　　　　　　宋朱　熹　1145-318- 67
觀過說　　　　　　　　　　宋朱　熹　1145-318- 67
忠恕說　　　　　　　　　　宋朱　熹　1145-319- 67
君子所貴乎道者三說　　　　宋朱　熹　1145-319- 67
記謝上蔡論語疑義　　　　　宋朱　熹　1145-395- 70
論語課會說　　　　　　　　宋朱　熹　1145-526- 74
答劉韜仲問目（書）
　論語章句雜說　　　　　　宋朱　熹　1146-523- 5
（答）詹尚賓觀(書)
　答孟子章句猶者之問
　論語章句鄉原之問　　　　宋朱　熹　1146-600- 3
與張荊州問論語孟子
　說所疑　　　　　　　　　宋呂祖謙　1150-356- 16
論語三說　　　　　　　　　宋王十朋　1151-290- 19
經筵講義小學講論語　　　　宋王十朋　1151-608- 27
子曰居上不寬爲禮不
　敬臨喪不哀吾何以
　觀之哉（解）　　　　　　宋袁說友　1154-269- 11
季康子問仲由可使從
　政也與……（解）　　　　宋袁說友　1154-269- 11
季氏使閔子騫爲費宰
　……（解）　　　　　　　宋袁說友　1154-270- 11
伯牛有疾子問之……
　（解）　　　　　　　　　宋袁說友　1154-271- 11
子曰賢哉回也……（
　解）　　　　　　　　　　宋袁說友　1154-271- 11

四庫全書文集篇目分類索引

經部 四書類：論語

冉求曰非不說子之道力不足也……（解）　宋袁說友　1154-272- 11

子謂子夏曰女爲君子儒無爲小人儒（解）　宋袁說友　1154-272- 11

子游爲武城宰……（解）　宋袁說友　1154-273- 11

子曰孟之反不伐奔而殿將入門策其馬曰非敢後也馬不進也（解）　宋袁說友　1154-273- 11

子曰不有祝鮀之佞而有宋朝之美難乎美於今之世矣（解）　宋袁說友　1154-274- 11

子曰誰能出不由戶何莫由斯道也（解）　宋袁說友　1154-275- 11

論語說　宋陸九淵　1156-444- 21

白鹿洞書院講義

取論語一章　宋陸九淵　1156-453- 23

好學近乎智（論）　宋陸九淵　1156-530- 4

學問求放心（論）　宋陸九淵　1156-530- 4

主忠信（論）　宋陸九淵　1156-531- 4

　　　　　　　　　　1359-327- 46

毋友不如己者（論）　宋陸九淵　1156-532- 4

君子喻於義（論）　宋陸九淵　1156-533- 4

　　　　　　　　　　1359-328- 46

里仁爲美（論）　宋陸九淵　1156-534- 4

則以學文（論）　宋陸九淵　1156-534- 4

絜四記　宋楊　簡　1156-637- 3

家記四（論論語上）　宋楊　簡　1156-767- 10

家記五（論論語下）　宋楊　簡　1156-795- 11

講義 —— 新淦縣學—子貢問曰何如斯可謂之士矣……　宋黃　幹　1168- 4- 1

講義 —— 隆興府東湖書院 —— 子曰道之不行也我知之矣一章　宋黃　幹　1168- 4- 1

講義 —— 新淦縣學－和而不同……　宋黃　幹　1168- 7- 1

論語集注學而疏義（六章）　宋黃　幹　1168- 32- 3

與吳伯豐（書）論論語浴沂一章　宋黃　幹　1168-178- 16

詳發憤忘食樂以忘憂意　宋陳　淳　1168-544- 6

詳子溫而厲章　宋陳　淳　1168-545- 6

詳匡人不能害孔子意　宋陳　淳　1168-546- 6

詳高堅前後意　宋陳　淳　1168-546- 6

詳逝者如斯夫章　宋陳　淳　1168-547- 6

詳學道立權章集注　宋陳　淳　1168-548- 6

禱是正理（解）　宋陳　淳　1168-548- 6

詳顏淵問仁段　宋陳　淳　1168-552- 7

己一名含二義（解）　宋陳　淳　1168-554- 7

詳克齋記克己乃所以復禮句　宋陳　淳　1168-554- 7

克己復禮須知二而一一而二（解）　宋陳　淳　1168-555- 7

一曰克己（解）　宋陳　淳　1168-555- 7

顏淵仲弓資稟（論）　宋陳　淳　1168-556- 7

語司馬牛又下於雍（論）　宋陳　淳　1168-557- 7

詳集注與點說　宋陳　淳　1168-559- 8

子路不達禮（論）　　　　　1168-560- 8

論語發題　宋陳　淳　1168-635- 18

論語講義——學而第一（十六則）　宋陳　淳　1168-636- 18

論語講義——爲政第二（四則）　宋陳　淳　1168-645- 18

答廖師子晦（書）一論與點說　宋陳　淳　1168-671- 22

答郭子從問目 —— 問孝弟爲仁之本章　宋陳　淳　1168-783- 36

答郭子從問目 —— 問曾子啓手足章　宋陳　淳　1168-783- 36

答陳伯澡問論語（一百七十八則）　宋陳　淳　1168-790- 37

答陳伯澡再問論語（十二則）　宋陳　淳　1168-821- 40

答周希顏問浴沂論論語舞雩一章　宋陳文蔚　1171- 7- 1

答夏自明（書）論論語中性近習遠等章　宋陳文蔚　1171- 7- 1

白鹿洞講義　宋陳文蔚　1171- 65- 8

論語發題　宋陳　亮　1171-581- 10

跋廣漢趙變論語說　宋魏了翁　1173- 35- 62

問答（論語集注四十三則）　宋眞德秀　1174-472- 30

經筵講義（論語經文六則）　宋袁　甫　1175-334- 1

論克己復禮　宋吳　泳　1176-361- 37

朝聞夕死說　　　　　　宋包恢　　1178-785- 7
經筵講義(論語九則)　　宋徐元杰　1181-602- 1
四月初五日進講 ——
　　論語　　　　　　　宋徐元杰　1181-608- 1
日月進講(一)——論語　宋徐元杰　1181-621- 2
論顏淵喟然嘆章　　　　宋楊　枋　1183-367- 8
講義三　　　　　　　　宋姚　勉　1184- 66- 9
論語先進於禮樂(論)　　宋姚　勉　1184-291- 39
華亭縣九峯書院開講
　　—— 子曰古之學者
　　爲己今之學者爲人　宋汪夢斗　1187-468- 下
講義（論語四則）　　　宋方逢辰　1187-558- 7
新安州學講義　　　　　宋錢　時　1375-505- 39
論語辨惑總論　　　　　金王若虛　1190-291- 3
論語辨惑一二三四　　　金王若虛　1190-292- 4
子路曾晳冉有公西華
　　侍坐……（講義）　元王義山　1193- 98- 16
子在齊聞韶……（講
　　義）　　　　　　　元王義山　1193-100- 16
子夏之門人問交於子
　　張……（講義）　　元王義山　1193-106- 17
子張問曰令尹子文三
　　仕爲令尹……（講
　　義）　　　　　　　元王義山　1193-124- 19
子曰先進於禮樂野人　元戴表元　1194-310- 25
　　也一章講義　　　　元戴表元　1194-309- 25
子與人歌而善必使反
　　之而後和之章講義　元戴表元　1194-310- 25
孟之反不伐一章講義
子曰富與貴是人之所
　　欲也一章講義　　　元戴表元　1194-311- 25
子以四教文行忠信講
　　義　　　　　　　　元戴表元　1194-311- 25
子曰德不孤必有鄰講
　　義　　　　　　　　元戴表元　1194-313- 25
仲弓爲季氏宰問政一
　　章講義　　　　　　元戴表元　1194-316- 25
子曰觚不觚觚哉觚哉
　　講義　　　　　　　元戴表元　1194-316- 25
子曰回也其庶乎屢空
　　一章講義　　　　　元戴表元　1194-317- 25
子罕言利與命與仁講
　　義　　　　　　　　元戴表元　1194-318- 25
祭如在一節講義　　　　元戴表元　1194-319- 25
子路使子羔爲費宰一

章講義　　　　　　　　元戴表元　1194-324- 26
子曰善人爲邦百年一
　　章講義　　　　　　元戴表元　1194-326- 26
子曰伯夷叔齊不念舊
　　惡怨是用希講義　　元戴表元　1194-327- 26
子曰後生可畏焉知來
　　者之不如今也……
　　斯亦不足畏也已講
　　義　　　　　　　　元戴表元　1194-328- 26
子曰小子聽之清斯濯
　　纓濁斯濯足矣自取
　　之也講義　　　　　元戴表元　1194-328- 26
論語所否者（論）　　　元許　衡　1198-403- 8
紀疑二事答李仲叔（
　　書）家語亡弓論語子
　　所否者論　　　　　元許　衡　1373- 45- 3
學而時習說　　　　　　元徐明善　1202-588- 下
疏水曲肱肱樂在其中論　元劉　鶚　1206-300- 1
回也不改其樂論　　　　元劉　鶚　1206-301- 1
浴沂風雪詠而歸論　　　元劉　鶚　1206-301- 1
經疑 —— 問夫子以小
　　器稱管仲……　　　元歐陽玄　1210-135- 12
經史疑問五條 論論語
　　管仲相桓公　　　　明周是修　1236-121- 6
經筵講義 —— 論語（
　　二則）　　　　　　明鄭　紀　1249-735- 1
論語講章（四則）　　　明倪　岳　1251- 86- 10
青宮直講（論語）　　　明程敏政　1252- 22- 2
君子上達（論）　　　　明羅　玘　1259-269- 21
子路問君子堯舜其猶
　　病諸（解）　　　　明顧　清　1261-734- 32
經筵講義 ——（論語
　　）季康子問使民…　明崔　銑　1267-418- 2
講義十二首 —— 德之
　　不修……　　　　　明崔　銑　1267-459- 4
講義十二首 —— 夫子
　　循循然善誘人……　明崔　銑　1267-460- 4
講義十二首 —— 歲寒
　　然後知松柏之後彫
　　也　　　　　　　　明崔　銑　1267-461- 4
進顏曾二章講義 ——
　　顏淵喟然嘆曰仰之
　　彌高……（八則）　明魏　校　1267-693- 2
進顏曾二章講義 ——
　　子曰參乎吾道一以

經部 四書類：論語

貫之……（三則）　明魏　校　1267-694-　2
進顏曾二章講義——總論　明魏　校　1267-695-　2
論語講義 —— 子日鄙夫可與事君也與哉……　明魏　校　1267-704-　2
論語講義 —— 季子然問仲由冉求謂大臣與……　明魏　校　1267-704-　2
論語講義 —— 子路問事……　明魏　校　1267-705-　2
論語講義 —— 因不失其親亦可宗也　明魏　校　1267-708-　2
釋訓論語道一以貫之一貫　明高叔嗣　1273-643-　8
安成劉氏祠堂講論語子章問行一章　明尹　臺　1277-549-　5
四書義 —— 富與貴是人之所欲也　明海　瑞　1286-157-　5
四書義 —— 先進於禮樂章　明海　瑞　1286-158-　5
四書義 —— 子路問政……　明海　瑞　1286-158-　5
四書義 —— 子貢問政……　明海　瑞　1286-159-　5
四書義 —— 巧言令色足恭章　明海　瑞　1286-162-　5
答顧伯剛書忠恕解　明歸有光　1286- 95-　7
齊景公有馬章（說義二則）　明顧允成　1292-287-　4
顏淵問仁章（說義二則）　明顧允成　1292-289-　4
管仲非仁章（說義四則）　明顧允成　1292-289-　4
講義 —— 六十而耳順二節　明高攀龍　1292-380-　4
講義 —— 不仁者不可以久處約章　明高攀龍　1292-380-　4
講義 —— 富與貴章　明高攀龍　1292-381-　4
講義 —— 我未見好仁章　明高攀龍　1292-381-　4
講義 —— 一貫章　明高攀龍　1292-382-　4
講義 —— 吾道一以貫之　明高攀龍　1292-383-　4
講義 —— 已矣乎吾未見能見其過節　明高攀龍　1292-383-　4
講義 —— 十室之邑節　明高攀龍　1292-384-　4
講義 —— 人之生也直章　明高攀龍　1292-384-　4
講義 —— 知之者不如好之者章　明高攀龍　1292-385-　4
講義 —— 中庸之爲德章　明高攀龍　1292-385-　4
講義 —— 志於道章　明高攀龍　1292-386-　4
講義 —— 自行束脩以上二章　明高攀龍　1292-387-　4
講義 —— 葉公問孔子章　明高攀龍　1292-387-　4
講義 —— 二三子以我爲隱章　明高攀龍　1292-388-　4
講義 —— 仁遠乎哉章　明高攀龍　1292-388-　4
講義 —— 學如不及猶恐失之　明高攀龍　1292-389-　4
講義 —— 達巷黨人章　明高攀龍　1292-389-　4
講義 —— 絕四章　明高攀龍　1292-389-　4
講義 —— 天子聖者與二章　明高攀龍　1292-390-　4
講義 —— 顏淵喟然歎章　明高攀龍　1292-390-　4
講義 —— 子在川上章　明高攀龍　1292-391-　4
講義 —— 衣敝縕袍章　明高攀龍　1292-392-　4
講義 —— 子貢問師與商也孰賢章　明高攀龍　1292-392-　4
講義 —— 回也其庶乎章　明高攀龍　1292-393-　4
講義 —— 克己復禮章　明高攀龍　1292-393-　4
講義 —— 仁者其言也訒章　明高攀龍　1292-394-　4
講義 —— 君子而不仁者有矣夫章　明高攀龍　1292-394-　4
講義 —— 莫我知章　明高攀龍　1292-395-　4
講義 —— 君子脩己以敬章　明高攀龍　1292-396-　4
講義 —— 予欲無言章　明高攀龍　1292-397-　4
講義 —— 仲尼焉學章　明高攀龍　1292-397-　4
講義 —— 仁者人也　明高攀龍　1292-399-　4
雪夜記談談論語經文　明馮從吾　1293-282-　16
事父母能竭其力事君能致其身（解）　清聖　祖　1299-551-　24
信而後諫論　清高　宗　1300-289-　1

寬則得衆論　　　　　　　清 高 宗　1300-289- 1
道之以德齊之以禮有耻且格（解）　　清 高 宗　1301- 18- 1
寬則得衆信則民任焉敏則有功公則說（解）　　清 高 宗　1301- 18- 1
唯仁者能好人能惡人（解）　　清 高 宗　1301- 19- 1
一日克己復禮天下歸仁焉（解）　　清 高 宗　1301- 22- 1
子曰性相近也習相遠也（解）　　清 高 宗　1301- 23- 1
子曰古之學者爲己今之學者爲人（解）　　清 高 宗　1301- 23- 1
居之無倦行之以忠（解）　　清 高 宗　1301- 24- 1
子路問政子曰先之勞之請益曰無倦（解）　　清 高 宗　1301- 25- 1
樊遲問仁子曰愛人問知子曰知人（解）　　清 高 宗　1301- 27- 2
夫子之道忠恕而已矣（解）　　清 高 宗　1301- 28- 2
君子之於天下也無適也無莫也義之與比（解）　　清 高 宗　1301- 29- 2
視其所以觀其所由察其所安人焉廋哉人焉廋哉（解）　　清 高 宗　1301- 29- 2
博學而篤志切問而近思仁在其中矣（解）　　清 高 宗　1301- 30- 2
四時行焉百物生焉（解）　　清 高 宗　1301- 32- 2
因民之所利而利之（解）　　清 高 宗　1301-291- 1
無適也無莫也義之與比（解）　　清 高 宗　1301-292- 1
不逆詐不億不信抑亦先覺者是賢乎（解）　　清 高 宗　1301-293- 1
仁者先難而後獲（解）　　清 高 宗　1301-297- 2
百姓足君孰與不足（解）　　清 高 宗　1301-298- 2
先之勞之請益曰無倦（解）　　清 高 宗　1301-299- 2
知者樂仁者壽（解）　　清 高 宗　1301-300- 2
仁者安仁知者利仁（

解）　　清 高 宗　1301-569- 1
子在齊聞韶三月不知肉味曰不圖爲樂之至於斯也（解）　　清 高 宗　1301-572- 1
子謂韶盡美矣又盡善也謂武盡美矣未盡善也（解）　　清 高 宗　1301-572- 1
回也聞一以知十賜也聞一以知二（解）　　清 高 宗　1301-573- 1
君子思不出其位（解）　　清 高 宗　1301-575- 1
道不同不相爲謀論　　清 魏 裔介　1312-908- 14
與計甫草論道書
論語朝聞道一章　　清 汪 琬　1315-535- 32
忠恕說　　清 汪 琬　1449-594- 11
不知命無以爲君子論　　清 張 英　1319-682- 42
　　　　　　　　　　　　　　1449-509- 6
答柴陞升論子貢弟子書　　清 毛奇齡　1320-158- 19
論語詩三百章（講義）　　清 李光地　1324-861- 24
點爾何如節三條（講義）　　清 李光地　1324-861- 24
不患寡而患不均節（講義）　　清 李光地　1324-862- 24

2. 序　跋

論語集解序　　魏 何 晏　195-530- 附
論語序　　魏 何 晏　1360-448- 27
論語集解義疏序　　梁 皇 侃　195-335- 附
論語拾遺序　　宋 蘇 轍　196- 46- 附
王定國注論語序　　宋 秦 觀　1115-646- 39
講論語序　　宋 劉 弁　1119-257- 24
延平講論語序　　宋 黃 裳　1120-162- 22
論語解義序　　宋 鄒 浩　1121-397- 27
論語序　　宋 周行己　1123-630- 4
論語義序　　宋 楊 時　1125-346- 25
論語詳說序　　宋 李 綱　1126-576-138
題論語解後　　宋 尹 焞　1136- 21- 3
論語解序　　宋 尹 焞　1136- 21- 3
題論語後　　宋 王 蘋　1136- 77- 2
上蔡論語解後序　　宋 胡 寅　1137-540- 19
洙泗文集序　　宋 胡 寅　1137-545- 19
魯語詳說序　　宋 胡 寅　1137-547- 19
跋葉君論語解　　宋 胡 寅　1137-731- 28
講論語序　　宋 陳 淵　1139-506- 20
論語纂訓序　　宋 朱 熹　1145-542- 75

經部

四書類：論語、孟子

論語要義目錄序　　宋朱　熹　　1145-543- 75
論語訓蒙口義序　　宋朱　熹　　1145-544- 75
跋胡澹菴所作李承之
　論語說序　　　　宋朱　熹　　1145-703- 82
題林汝器論語集說後　宋朱　熹　　1145-766- 84
胡彥英論語集解序　宋周必大　　1147-208- 20
沈氏論語解序　　　宋周必大　　1147-579- 55
跋胡五峰論語指南　宋樓　鑰　　1153-253- 78
論語發微序　　　　宋劉　焠　　1157-395- 5
論語詳說後序　　　宋劉　焠　　1157-396- 5
論語解序　　　　　宋員興宗　　1158-185- 22
論語直解序　　　　宋薛季宣　　1159-476- 30
論語少學序　　　　宋薛季宣　　1159-478- 30
習齋論語講義序　　宋楊萬里　　1161- 60- 78
題薛常州論語小學後　宋葉　適　　1164-511- 29
書尹和靖論語後　　宋韓元吉　　1165-255- 16
論語說序　　　　　宋張　栻　　1167-538- 14
洙泗言仁序　　　　宋張　栻　　1167-539- 14
語解序　　　　　　宋張　栻　　1353-757-107
論語解序　　　　　宋張　栻　　1359- 44- 6
孫氏拙齋論孟序　　宋魏了翁　　1172-590- 52
朱氏論孟集註序　　宋魏了翁　　1172-596- 53
張魏公紫巖論語說序　宋魏了翁　　1172-605- 54
論語通釋序　　　　宋魏了翁　　1172-618- 55
朱文公五書問答序
　論語集註　　　　宋魏了翁　　1172-622- 55
論語發微序　　　　宋眞德秀　　1174-446- 29
論語詳說後序　　　宋眞德秀　　1174-450- 29
跋孔從龍洙泗言學　宋眞德秀　　1174-577- 36
跋王次點論語說　　宋袁　甫　　1175-517- 15
論語上篇（序）　　宋詹　初　　1179- 6- 1
論語下篇（序）　　宋詹　初　　1179- 6- 1
蔡覺軒模論語集疏序　宋趙汝騰　　1181-284- 5
跋謝正夫論語言仁　宋方　岳　　1182-600- 38
金吉甫（論語）管見
　（跋）　　　　　宋王　柏　　1186-143- 9
聖門一貫圖書後　　宋家鉉翁　　1189-331- 4
新繪一貫圖書後　　宋家鉉翁　　1189-331- 4
論語全解原序　　　宋陳祥道　　 196- 64- 附
論語解序　　　　　宋謝良佐　　1351- 76- 92
讀論語序　　　　　宋謝良佐　　1359- 42- 6
論語辨惑序　　　　金王若虛　　1190-290- 3
論語集註考證原序　元許　謙　　 202- 37- 附
郭好德論語義序　　元袁　桷　　1203-285- 21
論語訓蒙口義自序　元陳　櫟　　1205-158- 1

恭題御製論語解二章
　後　　　　　　　明宋　濂　　1223-596- 12
書論語或問（後）　明程敏政　　1252-686- 39
論語駁異序　　　　明婁　堅　　1295- 9- 1
論語類考原序　　　明陳士元　　 207- 98- 附
論語商原序　　　　明周宗建　　 207-432- 附
御製繙譯論語序　　清 高 宗　　 189-341- 附
御製讀論語（詩）　清 高 宗　　 195-525- 附
御製無倦齋釋論語義
　（詩）　　　　　清 高 宗　　 195-526- 附
論語注疏考證跋語　清陸宗楷　　 195-712- 20
論語筆解序　　　　不著撰人　　 196- 3- 附

d.孟　子

1.論　文

請孟子爲學科書　　唐皮日休　　1083-212- 9
夷惠辨　　　　　　宋釋契嵩　　1091-478- 8
疑孟（十二則）　　宋司馬光　　1094-663- 73
仕者世祿論　　　　宋劉　敞　　1095-737- 39
爲仁不富論　　　　宋劉　敞　　1095-738- 39
明舜　　　　　　　宋劉　敞　　1095-813- 47
五百（歲而一聖人
　作論）　　　　　宋劉　敞　　1095-819- 47
好善優於天下論　　宋劉　放　　1096-324- 33
讀荀孟　　　　　　宋鄭　獬　　1097-280- 18
治地莫善於助論　　宋張方平　　1104-127- 16
三子知聖人汙論　　宋蘇　洵　　1104-913- 9
再答龔深父論語孟子
　書　　　　　　　宋王安石　　1105-600- 72
三聖人論伯夷伊尹柳下
　惠　　　　　　　宋王安石　　1384- 93- 89
讀孟子　　　　　　宋王　令　　1106-499- 20
孟子解二十四章　　宋蘇　轍　　1112-632- 6
孟子斷篇　　　　　宋黃庭堅　　1113-198- 20
　　　　　　　　　　　　　　　1346-444- 31
　　　　　　　　　　　　　　　1361-236- 37
浩氣傳　　　　　　宋秦　觀　　1115-548- 24
　　　　　　　　　　　　　　　1361-223- 35
孟子解　　　　　　宋沈　括　　1117-355- 19
當務之爲急（解）　宋黃　裳　　1120-268- 40
一介不以與人（解）　宋黃　裳　　1120-269- 40
（回盧教授書）又
　論論語孟子　　　宋李　復　　1121- 29- 3
孟子雜解（八則）　宋游　酢　　1121-653- 1
讀孟子疏　　　　　宋呂南公　　1123-160- 17

四庫全書文集篇目分類索引

經部

四書類：孟子

乃所願則學孔子也（解） 宋周行己 1123-617- 2

經義 — 陳善閉邪謂之敬 宋劉安上 1124- 48- 5

經義 — 居之安 宋劉安上 1124- 49- 5

經義 — 守先王之道 宋劉安上 1124- 49- 5

上翟提舉書 論孟子七篇 宋唐 庚 1124-370- 8

孟子解（四十四則） 宋楊 時 1125-169- 8

孟子講義（四則） 宋程 俱 1130-284- 29

答譚思順書孟子觀海難爲水遊聖人難爲言論 宋胡 銓 1137- 51- 6

四端論 宋張九成 1138-322- 5

孟子拾遺（五十則） 宋張九成 1138-392- 15

舜蹠圖（論） 宋范 浚 1140- 42- 5

再答商解元請解孟子書 宋史 浩 1141-785- 32

孟子同道（說） 宋史 浩 1141-847- 40

孟子可欲（說） 宋史 浩 1141-847- 40

答張敬夫集大成說（書） 宋朱 熹 1143-690- 31

答敬夫孟子說疑義（書） 宋朱 熹 1143-691- 31

答呂伯恭（書） 答孟子二子之勇論 宋朱 熹 1143-737- 33

答呂伯恭（書） 答孟子章句問 宋朱 熹 1143-737- 33

答許順之（書） 孟子章句雜說 宋朱 熹 1144-119- 39

答許順之（書） 孟子章句等雜說 宋朱 熹 1144-124- 39

答林擇之（書）論春秋書正事釋金聲玉振等 宋朱 熹 1144-262- 43

答嚴居厚士敦（書） 孟子公孫丑篇章句雜說等 宋朱 熹 1144-319- 45

答吳伯豐（書）孟子作者孟子章句雜說 宋朱 熹 1144-560- 52

答項平父（書二則） 孟子章句等雜說 宋朱 熹 1144-623- 54

答潘謙之（書）孟子章句中庸章句雜說 宋朱 熹 1144-650- 55

答張敬之顯父（書） 孟子章句雜說 宋朱 熹 1145- 31- 58

答歐陽希遜謙之(書) 論孟章句雜說 宋朱 熹 1145-123- 61

答或人（書） 孟子章句雜說 宋朱 熹 1145-240- 64

盡心說 宋朱 熹 1145-320- 67

讀余隱之尊孟辨 宋朱 熹 1145-472- 73

孟子綱領 宋朱 熹 1145-525- 74

（答）詹尙賓觀(書) 答孟子章句狷者之問論語章句鄉原之問 宋朱 熹 1146-600- 3

與朱侍講答問（太極圖義質疑並孟子） 宋呂祖謙 1150-350- 16

與張荊州問論語孟子說所疑 宋呂祖謙 1150-356- 16

經筵孟子講義 宋陳傅良 1150-726- 28

孟子好辯章講義 宋彭龜年 1155-846- 8

與平甫（書）論孟子揠苗助長一段 宋陸九淵 1156-296- 5

孟子說 宋陸九淵 1156-445- 21

人不可以無恥（論）二首 宋陸九淵 1156-532- 4

思則得之（論） 宋陸九淵 1156-533- 4

求則得之（論） 宋陸九淵 1156-533- 4

養心莫善於寡欲(論) 宋陸九淵 1156-535- 4

取二三策而已矣(論) 宋陸九淵 1156-536- 4

保民而王（論） 宋陸九淵 1156-537- 4

寬恤（論） 宋葉 適 1362-307- 13

講義 — 臨川郡學 — 孟子曰無惻隱之心非人也…… 宋黃 幹 1168- 2- 1

講義 — 新淦縣學 — 王子墊問曰士何事…… 宋黃 幹 1168- 5- 1

漢陽軍學 — 孟子講義二十章 宋黃 幹 1168- 14- 2

孟子說三條 宋黃 幹 1168- 39- 3

孟子說天與賢與子可包韓子憂慮後世之義 宋陳 淳 1168-562- 8

答徐子融師堯說 論孟子經文 宋陳文蔚 1171- 9- 2

克齋講義論孟子章句 宋陳文蔚 1171- 57- 8

饒州學講義 宋陳文蔚 1171- 64- 8

白鹿洞講義 宋陳文蔚 1171- 65- 8

孟子發題 宋陳 亮 1171-582- 10

代劉季文浦城縣庠四

四庫全書文集篇目分類索引

經部 四書類：孟子

篇目	作者	編號
德四端講義	宋眞德秀	1174-497- 32
孟子學問求放心(論)	宋姚 勉	1184-272- 39
講義（孟子三則）	宋方逢辰	1187-564- 7
孟子性命章講義（二則）	宋金履祥	1189-812- 3
再答（橫渠先生書）		
孟子章句雜說	宋程 頤	1345-694- 10
書孟子慕父母章	宋程大昌	1375-292- 22
章子有一於是乎（論）	宋吳師孟	1377- 91- 0
孟子辨惑	金王若虛	1190-320- 8
孟子（講義）	元王義山	1193-102- 16
		1193-113- 18
孟子曰子路人告之以有過則喜一章講義	元戴表元	1194-320- 26
惻隱之心仁也羞惡之心義也恭敬之心禮也是非之心智也講義	元戴表元	1194-329- 26
孟子箋	元楊 奐	1198-244- 上
責難陳善閉邪如何論	元劉將孫	1199-221- 23
武成二三策論	元劉將孫	1199-222- 23
讀孟子或問	元王 惲	1200-570- 44
經疑 —— 問孟子以陰與不恭稱夷惠……	元歐陽玄	1210-136- 12
經旨解孟子二章——孟子見梁惠王殺人以梃……	元蒲道源	1210-673- 13
經旨解孟子二章——魯平公將出至焉能使予不遇哉	元蒲道元	1210-673- 13
跋先君子梅壑先生講篇後論孟子浩然之氣	元唐 元	1213-576- 11
經史疑問五條論孟子	明周是修	1236-120- 6
進講孟子	明柯 潛	1246-487- 上
經筵講章孟子一首	明李東陽	1250-1004- 95
孟子直解十九首	明李東陽	1250-1011- 95
孟子講章	明倪 岳	1251- 94- 10
經筵日講（孟子）	明程敏政	1252- 91- 5
經筵講章（孟子）	明程敏政	1252-147- 8
皐陶執瞽瞍腰疑	明蔡 清	1257-778- 1
孟子講章 —— 先生以利說秦楚之王……	明魏 校	1267-689- 1
孟子講義 —— 凡有四端於我者……	明魏 校	1267-701- 2
孟子講義 —— 知者無不知也……	明魏 校	1267-707- 2
孟子講義 —— 仁者以天地萬物爲一體…	明魏 校	1267-708- 2
經筵講章 —— 嘉靖七年十月初二日經筵	明陸 深	1268-205- 33
經筵講章 —— 嘉靖八年三月初二日經筵	明陸 深	1268-205- 33
講章（孟子一道）	明孫承恩	1271-115- 7
孟子講章一道	明孫承恩	1271-118- 7
經筵講章（孟子及尚書）	明林文俊	1271-676- 1
（奉李谷平先生書）二引孟子	明羅洪先	1275- 15- 2
四書義 —— 有安社稷臣者……	明海 瑞	1286-160- 5
四書義 —— 樂天者保天下	明海 瑞	1286-161- 5
四書義 —— 學問之道無他……	明海 瑞	1286-162- 5
（論）使畢戰問井地（三則）	明海 瑞	1286-209- 8
鄉愿亂德（說）	明海 瑞	1286-213- 8
答陳太守問學（書）論孟子反求諸己論大學慎獨	明胡 直	1287-476- 20
講義 —— 不動心章	明高攀龍	1292-399- 4
講義 —— 孟子道性善章	明高攀龍	1292-400- 4
講義 —— 大人者不失其赤子之心者也	明高攀龍	1292-401- 4
講義 —— 人之所以異於禽獸者章	明高攀龍	1292-401- 4
講義 —— 天下之言性也章	明高攀龍	1292-402- 4
講義 —— 伯夷目不視惡色章	明高攀龍	1292-403- 4
講義 —— 性無善無不善章	明高攀龍	1292-403- 4
講義 —— 乃若其情三節	明高攀龍	1292-404- 4
講義 —— 富歲子弟多賴章	明高攀龍	1292-404- 4
講義 —— 牛山之木章	明高攀龍	1292-405- 4
講義 —— 雖存乎仁者		

節　　　　　　　　　　明高攀龍　　1292-405-　4
講義 ── 仁人心也章　　明高攀龍　　1292-406-　4
講義 ── 徐行後長節　　明高攀龍　　1292-406-　4
講義 ── 盡其心者三
　章　　　　　　　　　明高攀龍　　1292-407-　4
講義 ── 萬物皆備章　　明高攀龍　　1292-407-　4
講義 ── 人不可以無
　恥章　　　　　　　　明高攀龍　　1292-407-　4
講義 ── 君子所性仁
　義禮智根於心　　　　明高攀龍　　1292-408-　4
講義 ── 士何事章　　　明高攀龍　　1292-408-　4
講義──道則高矣美
　矣章　　　　　　　　明高攀龍　　1292-409-　4
答淫陽論生之謂性（
　書）　　　　　　　　明高攀龍　　1292-470-8上
答沈進士論孟子求放心
　一節　　　　　　　　明劉宗周　　1294-429-　7
日講（講孟子）　　　　明倪元璐　　1297-329-　2
由堯舜至於湯五百有
　餘歲……若孔子則
　聞而知之（論）　　　清聖祖　　　1299-552- 24
聖人治天下使有菽粟
　如水火菽粟如水火
　而民焉有不仁者乎
　（論）　　　　　　　清 高 宗　　1301-18 -　1
舜明於庶物察於人倫
　由仁義行非行仁義
　也（論）　　　　　　清 高 宗　　1301-32 -　2
由仁義行非行仁義也
　（論）　　　　　　　清 高 宗　　1301-295-　1
三老記　　　　　　　　清 高 宗　　1301-377- 15
讀孟子滕文公章句下　　清 高 宗　　1301-497- 35
天與賢則與賢天與子
　則與子　　　　　　　清 高 宗　　1301-570-　1
書孟子對萬章焚廩浚
　井事　　　　　　　　清 高 宗　　1301-650- 12
五殺辨
　孟子趙注五殺辨　　　清朱彝尊　　1318-299- 58
孟子不動心章(講義)　　清李光地　　1324-863- 24
禹掘地而注之海節　　　清李光地　　1324-865- 24
周室班爵祿章　　　　　清李光地　　1324-866- 24
始經界論　　　　　　　清陸隴其　　1325- 24-　3
讀孟子　　　　　　　　清方 苞　　1326-728-　1

2.序　跋

孟子題辭　　　　　　　漢趙　岐　　1360-444- 27
　　　　　　　　　　　　　　　　　1397-494- 24
　　　　　　　　　　　　　　　　　1406-436-363
題王逢原講孟子後　　　宋王安石　　1105-588- 71
說孟子序　　　　　　　宋王　令　　1106-509- 22
孟子解義序　　　　　　宋鄒　浩　　1121-398- 27
孟子義序　　　　　　　宋楊　時　　1125-347- 25
書孟子指要後　　　　　宋馮時行　　1138-890-　4
孟子講義序　　　　　　宋林之奇　　1140-495- 16
宜春講義發辯　　　　　宋彭龜年　　1155-846-　8
孟子要略後序　　　　　宋劉　爚　　1157-397-　5
孟子說原序　　　　　　宋張　栻　　 199-322- 附
孟子講義序　　　　　　宋張　栻　　1167-539- 14
　　　　　　　　　　　　　　　　　1353-758-107
　　　　　　　　　　　　　　　　　1359- 45-　6
　　　　　　　　　　　　　　　　　1476-245- 14
孫氏拙齋論孟序　　　　宋魏了翁　　1172-590- 52
朱氏語孟集註序　　　　宋魏了翁　　1172-596- 53
朱文公五書問答序
　孟子集註　　　　　　宋魏了翁　　1172-622- 55
孟子要略序　　　　　　宋眞德秀　　1174-450- 29
跋包敏道講義　　　　　宋眞德秀　　1174-565- 36
孟子音義序　　　　　　宋孫　奭　　 195-　6- 附
孟子音義原序　　　　　宋孫　奭　　 196- 31- 附
尊孟辨原序　　　　　　宋余允文　　 196-518- 附
尊孟續辨原序　　　　　宋余允文　　 196-549- 附
孟子纂疏序說　　　　　宋趙順孫　　 200-496- 附
孟子集疏跋　　　　　　宋蔡　杭　　 200-554- 附
輔漢卿語孟諸序　　　　元袁　桷　　1203-284- 21
張介玉手抄孟子後跋　　元汪克寬　　1220-716-　7
（跋）孟子節文　　　　明楊士奇　　1238-585- 17
御製繙譯孟子序　　　　清高宗　　　 189-452- 附
孟子注疏考證跋語　　　清陸宗楷　　 195-331- 附
孟子師說原序　　　　　清黃宗羲　　 208-832- 附

e.四書總義

論孟精義序　　　　　　宋朱　熹　　 198-　2- 附
論孟集義序　　　　　　宋朱　熹　　 541-407-35之6
　　　　　　　　　　　　　　　　　1145-555- 75
書語孟要義序後　　　　宋朱　熹　　1145-690- 81
書臨漳所刊四子後　　　宋朱　熹　　1145-717- 82
跋王之澤論語孟子解　　宋陸　游　　1163-553- 31
題陳壽老論孟紀蒙　　　宋葉　適　　1164-520- 29
　　　　　　　　　　　　　　　　　1356-768- 17
胡魯川中庸大學序　　　宋程　珙　　1171-339-　8

（跋）宋文叔編仁說　　宋眞德秀　1174-554- 35
論孟紀蒙序　　　　　宋陳耆卿　1178- 18- 3
論孟紀蒙後序　　　　宋陳耆卿　1178- 19- 3
題循陽通守黃必昌大
　學中庸講義　　　　宋李昴英　1181-142- 4
跋諸葛珏北溪中庸大
　學序　　　　　　　宋李昴英　1181-142- 4
韋御帶論孟集語(跋)　宋方　岳　1182-596- 38
四書集義序　　　　　宋歐陽守道　1183-599- 12
題重刊四書後　　　　宋歐陽守道　1183-679- 21
講義二論孟子大學中庸　宋姚　勉　1184- 63- 9
學庸集編原序　　　　宋眞志道　 200- 3- 附
四書集編原序　　　　宋劉才之　 200- 3- 附
四書纂疏序　　　　　宋洪天錫　 201- 3- 附
四書纂疏序　　　　　宋趙順孫　 201- 4- 附
周衡齋四書衍義序　　元王義山　1193- 37- 6
四書通序　　　　　　元鄧文原　 203- 2- 附
四書類編序　　　　　元鄧文原　1195-575- 下
四書言仁錄序　　　　元吳　澄　1197-179- 16
四書名考序　　　　　元吳　澄　1197-220- 20
四書通序　　　　　　元胡炳文　 203- 3- 附
　　　　　　　　　　　　　　　1199-761- 3
　　　　　　　　　　　　　　　1375-267- 19
四書通證原序　　　　元胡炳文　 203-638- 附
四書通證序　　　　　元胡炳文　1199-761- 3
義齋先生四書家訓題
　辭　　　　　　　　元王　惲　1200-562- 43
書何安子四書後　　　元程鉅夫　1202-359- 24
新安程子見四書圖訓
　序　　　　　　　　元袁　桷　1203-284- 21
龔氏四書朱陸會同序　元袁　桷　1203-286- 21
胡容齋四書發明序　　元陳　櫟　1205-427- 17
曹弘齋四書發明序　　元陳　櫟　1205-427- 17
經疑十六問　　　　　元蒲道源　1210-673- 13
讀四書叢說序　　　　元吳師道　1212-200- 15
題程敬叔讀書工程後　元吳師道　1212-240- 17
四書管窺序　　　　　元陳　高　1216-202- 10
重訂四書集釋序　　　元汪克寬　1220-683- 4
與袁誠夫先生論四書
　日錄疑義書　　　　元趙　汸　1221-251- 3
論孟集註考證跋　　　元呂　遲　 202-148- 附
四書疑節原序　　　　元李應星　 203-746- 附
四書疑節原序　　　　元黎立武　 203-746- 附
四書疑節原序(二則)　元彭元龍　 203-747- 附
四書疑節原序　　　　元袁俊翁　 203-748- 附

學庸集說啓蒙序　　　元景　星　 204-962- 附
題四書集註音義　　　元吳　程　1375-311- 24
四子論　　　　　　　明王　禕　1226- 68- 4
（跋）四書集註二集　明楊士奇　1238-584- 17
（跋）四書輯釋　　　明楊士奇　1238-584- 17
（跋）大學中庸日錄　明楊士奇　1238-585- 17
（跋）四書管窺三集　明楊士奇　1238-585- 17
（跋）四書待問　　　明楊士奇　1238-586- 17
恭題四書性理大全後　明楊　榮　1240-237- 15
（四書）講義　　　　明王　直　1242-327- 35
四書詳說序　　　　　明曹　端　1243- 12- 0
四書（講章）　　　　明劉　球　1243-419- 1
復東陽盧御史正夫格
　（書）論朱子四書集
　註易綱目書法　　　明章　懋　1254- 54- 2
與張冬官用載（書）
　論四書　　　　　　明章　懋　1254- 60- 2
四書蒙引原序　　　　明蔡　清　 206- 2- 附
道南三書序　　　　　明陸　深　1268-243- 39
四書文選序　　　　　明王世貞　1280-210- 70
鄭天台四書題詠序　　明高攀龍　1292-562-9上
孫興公四書約說序　　明畢自嚴　1293-412- 2
四書說意序　　　　　明曹于汴　 550-146-214
　　　　　　　　　　　　　　　1293-677- 1
四書疑問序　　　　　明曹于汴　1293-677- 1
　　　　　　　　　　　　　　　1455-535-227
四書大全纂序　　　　明鄒元標　1294-105- 4
學庸或問選序　　　　明鄒元標　1294-106- 4
四書證義序　　　　　明鄒元標　1294-138- 4
知新錄序　　　　　　明鄒元標　1294-162- 4
張慎甫四書解序　　　明劉宗周　1294-461- 9
重較四書集註序　　　明婁　堅　1295- 10- 1
日講（講論語孟子）　明倪元璐　1297-336- 4
四書蒙引題辭　　　　明莊　煦　 206- 3- 附
大學中庸正說序　　　明趙南星　 207-358- 附
四書留書原序　　　　明章世純　 207-710- 附
四書留書自跋　　　　明章世純　 207-792- 附
周太僕四書解序　　　明章世純　1455-560-231
論孟或問序　　　　　明張　翊　1455-349-212
四書繪序　　　　　　明徐　渭　1455-386-215
御製日講四書解義序　清聖祖　　 208- 1- 附
　　　　　　　　　　　　　　　1298-185- 19
　　　　　　　　　　　　　　　1449-123-首2
御製繹經四書序　　　清高宗　　 189-282- 附
御製題此木軒四書說

四庫全書文集篇目分類索引　59

（詩）　　　　　　　　清 高 宗　　210-521- 附
四書淺說小引　　　　　清湯　斌　　1312-591- 8
四書近指序　　　　　　清魏裔介　　1312-694- 3
四書偶錄序　　　　　　清魏裔介　　1312-694- 3
四書集說序　　　　　　清魏裔介　　1312-695- 3
四書大全纂要序　　　　清魏裔介　　1312-696- 3
四書精義集解序　　　　清魏裔介　　1312-697- 3
四書簡捷解序　　　　　清魏裔介　　1312-697- 3
四書大宗講義序　　　　清施閏章　　1313- 26- 3
跋四書圖　　　　　　　清汪　琬　　1315-613- 39
日講四書解義進呈疏　　清陳廷敬、
　　　　　　　　　　　喇沙里等　　208- 2- 附
進呈刊完日講四書解
　義疏　　　　　　　　清陳廷敬　　1316-446- 30
　　　　　　　　　　　　　　　　　1449-839- 28
四書字畫約序　　　　　清陳廷敬　　1316-513- 35
答閣徵君書 論四書釋地
　關里一條得失　　　　清朱彝尊　　1318- 23- 33
與馮山公論論孟書　　　清毛奇齡　　1320-144- 18
與朱鹿田孝廉論論孟
　書（二則）　　　　　清毛奇齡　　1320-146- 18
與友人（書）論學庸　　清李光地　　1324-969- 32
松講義原序　　　　　　清陸隴其　　209-840- 附
松陽講義序　　　　　　清陸隴其　　1325-123- 8
書四書惜陰錄後　　　　清陸隴其　　1325- 56- 4
舊本四書大全序　　　　清陸隴其　　1325-122- 8
周永瞻先生四書斷序　　清陸隴其　　1325-124- 8
周雲虬先生四書集義序　清陸隴其　　1325-125- 8
四書朱子全義序　　　　清蔡世遠　　1325-654- 1
四書集註衷義序　　　　清蔡世遠　　1325-665- 1
四書尊聞錄序　　　　　清蔡世遠　　1325-666- 1
沈維學四書義序　　　　清沈　彤　　1328-331- 5
書納蘭綱齋四書義後　　清沈　彤　　1328-347- 8
四書纂疏序　　　　　　清納蘭成德　201- 2- 附
四書近指原序　　　　　清孫奇逢　　208-650- 附
四書講義因勉錄原序　　清彭定求　　209- 1- 附
四書釋地又續原序　　　清閻若璩　　210-370- 附
此木軒四書說原序　　　清劉於義　　210-523- 附
鄉黨圖考序　　　　　　清江　永　　210-716- 附

H.樂律類

a.論　文

樂書　　　　　　　　　漢司馬遷　　1409-441-616
　　　　　　　　　　　　　　　　　1417-250- 13
律書　　　　　　　　　漢司馬遷　　1409-451-616

聲無哀樂論　　　　　　魏嵇　康　　1407-135-407
　　　　　　　　　　　　　　　　　1417-251- 13
　　　　　　　　　　　　　　　　　1413- 63- 35
樂論　　　　　　　　　魏阮　籍　　1407- 94-403
　　　　　　　　　　　　　　　　　1413- 12- 34
與沈約論四聲書　　　　齊陸　厥　　1404-504-214
鐘律議　　　　　　　　梁沈　重　　1399-474- 10
答陸韓卿論宮商書　　　梁沈　約　　1399-402- 7
答陸厥問聲韻書　　　　梁沈　約　　1404-507-215
　　　　　　　　　　　　　　　　　1415-127- 87
駁鄭譯七調義　　　　　隋鍾　嶸　　1400-330- 6
答七調駁　　　　　　　隋鄭　譯　　1400-331- 6
又與蘇夔議（七調）　　隋鄭　譯　　1400-331- 6
又非七調之議　　　　　隋鄭　譯　　1400-331- 6
非十二律旋相爲宮議　　隋何　妥　　1400-331- 6
律譜略　　　　　　　　隋毛　爽　　1400-331- 6
又六十律不可行論
　（二則）　　　　　　隋牛　弘　　1400-284- 4
六十律論　　　　　　　隋牛　弘　　1416-262-117
廣陵散解　　　　　　　唐韓　皋　　1336-494-379
與景仁論樂書附景仁
　復書　　　　　　　　宋司馬光　　1094-551- 61
與范景仁論樂書　　　　宋司馬光　　1351-321-115
　　　　　　　　　　　　　　　　　1404-620-223
答范景仁書附景仁又
　答書 論樂律　　　　 宋司馬光　　1094-557- 62
與范景仁第四書附景
　仁答第四書 論樂律　 宋司馬光　　1094-561- 62
與景仁論積黍書附景
　仁答積黍書　　　　　宋司馬光　　1094-567- 62
樂（論）　　　　　　　宋蘇　洵　　1377-585- 27
　　　　　　　　　　　　　　　　　1384-333-110
　　　　　　　　　　　　　　　　　1407-107-404
與蔡內翰論樂書　　　　宋沈　括　　1117-292- 8
與張舍人論樂書　　　　宋沈　括　　1117-292- 8
與孫侍講論樂書　　　　宋沈　括　　1117-293- 8
樂論上下　　　　　　　宋華　鎮　　1119-466- 18
回謝教授書 論音樂　　 宋李　復　　1121- 30- 3
答曹鑑秀才書 論樂律
　以合卦交說　　　　　宋李　復　　1121- 43- 5
舜命夔典樂教冑子
　（說）　　　　　　　宋馮時行　　1138-889- 4
答蔡季通（書）律書
　雜說　　　　　　　　宋朱　熹　　1144-283- 44
答吳元士（書）樂律

四庫全書文集篇目分類索引

經部 樂律類

雜說
聲律辨　　　　　　　　宋朱 熹　　1145-208- 63
聲律辨　　　　　　　　宋朱 熹　　1145-426- 72
　　　　　　　　　　　　　　　　　1359-471- 67
樂論　　　　　　　　　宋崔敦禮　　1151-837- 7
樂論　　　　　　　　　宋會 丰　　1156-160- 14
樂論　　　　　　　　　宋楊萬里　　1161-116- 85
　　　　　　　　　　　　　　　　　1362- 60- 8
樂律（策）　　　　　　宋方大琮　　1178-274- 25
劉學講義論樂記　　　　宋陳 著　　1185-520- 94
律（論）　　　　　　　宋林希逸　　1185-642- 9
答司馬君實論樂書　　　宋范 鎮　　1351-330-116
　　　　　　　　　　　　　　　　　1404-627-224
樂原　　　　　　　　　元趙孟頫　　1196-665- 6
黃鍾仲律字說　　　　　元吳 澄　　1197-115- 9
大或樂記　　　　　　　元周仁榮　　1385-164- 7
讀律呂元聲　　　　　　明何 瑭　　1266-604- 9
　　　　　　　　　　　　　　　　　1455-431-219
與康德涵修撰論樂（書）
　　　　　　　　　　　明陸 深　　1268-587- 91
　　　　　　　　　　　　　　　　　1454-793-173
黃鍾考論　　　　　　　明尹 臺　　1277-541- 5
黃鍾考議　　　　　　　明王立道　　1277-765- 2
（史記評論）律書　　　明黃淳耀　　1297-684- 4
論元聲書　　　　　　　明楊 廉　　 443-487- 25
　　　　　　　（濂）　　　　　　　1404-744-233
與范以載論樂書　　　　明王廷相　　1405- 40-236
　　　　　　　　　　　　　　　　　1454-789-173
答李太常中麓書論樂　　明劉 繪　　1454-790-173
同聲相應論　　　　　　清聖 祖　　1299-533- 21
黃鍾爲萬事根本論　　　清 高 宗　　1301- 35- 3
　　　　　　　　　　　　　　　　　1449-239-首11
絲竹辨　　　　　　　　清 高 宗　　1301-642- 11
歷代樂章配音樂議　　　清毛奇齡　　1320- 35- 6
　　　　　　　　　　　　　　　　　1449-825- 27
答李恕谷問笙詩并樂
　節書　　　　　　　　清毛奇齡　　1320-154- 19
答問笙詩樂師書　　　　清毛奇齡　　1449-892- 31
進大司樂釋義及樂律
　論辨序　　　　　　　清李光地　　1324-670- 10
樂律（論）　　　　　　清李光地　　1324-829- 21
黃鍾理數論
　　　　　　　　　　　清允 祉　　1449-481- 4
八音樂器說
　　　　　　　　　　　清允 祉　　1449-581- 11
樂章論　　　　　　　　清韓 菼　　1449-535- 8

黃鍾爲萬事根本論　　　清張廷璐　　1449-546- 8
黃鍾爲萬事根本論　　　清劉 綸　　1449-549- 9
黃鍾爲萬事根本論　　　清于 振　　1449-550- 9
黃鍾爲萬事根本論　　　清周長發　　1449-552- 9
黃鍾爲萬事根本論　　　清汪士鉉　　1449-553- 9
黃鍾爲萬事根本論　　　清齊召南　　1449-555- 9

b.序　跋

大樂圖義序　　　　　　宋宋 祁　　1088-396- 45
平律書序　　　　　　　宋楊 傑　　1099-719- 8
大樂十二均圖序　　　　宋楊 傑　　1099-721- 8
擬宏詞黃帝律本序　　　宋王之道　　1132-699- 23
律呂新書序　　　　　　宋朱 熹　　1145-578- 76
樂書正誤序　　　　　　宋樓 鑰　　1152-819- 53
燕樂本原辨證序　　　　宋樓 鑰　　1152-820- 53
三山陳先生樂書序　　　宋楊萬里　　1161- 99- 83
皇祐新樂圖記跋　　　　宋姜伯玉　　 211- 21- 附
皇祐新樂圖記跋　　　　元吳壽民　　 211- 22- 附
韶舞九成樂補原序　　　元余 載　　 212- 95- 附
律呂成書原序　　　　　元劉 瑾　　 212-117- 附
律呂成書原序　　　　　元周 勇　　 212-117- 附
胡氏律論序　　　　　　元熊朋來　　1367-407- 33
跋太古遺音　　　　　　明宋 濂　　1223-658- 14
律呂新書解序　　　　　明邵 寶　　1258-251- 3
樂律管見序　　　　　　明何 瑭　　1266-551- 6
苑洛志樂序　　　　　　明韓邦奇　　 212-192- 附
苑洛志樂律呂直解序　　明韓邦奇　　 212-194- 附
律呂直解序　　　　　　明韓邦奇　　1269-345- 1
苑洛（先生）志樂序　　明楊繼盛　　 212-193- 附
　　　　　　　　　　　　　　　　　1278-633- 2
　　　　　　　　　　　　　　　　　1405-746-313
　　　　　　　　　　　　　　　　　1455-407-216
皇祐新樂圖記跋　　　　明趙開美　　 211- 22- 附
苑洛志樂律呂直解序　　明衛 准　　 212-194- 附
鐘律通考序　　　　　　明張邦奇　　 212-644- 附
樂律全書序　　　　　　明朱載堉　　 213- 24- 附
律呂元聲序　　　　　　明李 元　　 530-490- 70
律呂正聲序　　　　　　明李維楨　　1455-506-225
御製再題朱載堉樂律
　全書（詩）　　　　　清 高 宗　　 213- 4- 附
御製再題樂律全書　　　清 高 宗　　 213- 6- 附
御製律呂正義後編序　　清 高 宗　　 215-223- 附
　　　　　　　　　　　　　　　　　1301- 97- 10
御製編訂詩經樂譜全
　書竟因題入韻　　　　清 高 宗　　 219- 3- 附

四庫全書文集篇目分類索引

御製再題樂律全書　　　　清 高 宗　　219-918- 附
鄭世子樂律全書跋　　　　清朱彝尊　1318-139- 43
樂經內篇序　　　　　　　清于成龍　1318-784- 8
進樂書疏——康熙三
　十一年五月十五日　　　清毛奇齡　 220-198- 1
聖諭樂本解說附記　　　　清毛奇齡　 220-217- 2
奏爲恭進樂書事　　　　　清毛奇齡　1320- 31- 5
進樂律琴圖箋子　　　　　清李光地　1324-942- 29
進大司樂釋義及樂律
　論辨序　　　　　　　　清李光地　1449-651- 15
書樂書序後　　　　　　　清方　苞　1326-739- 2
律呂新書後記(四則)　　　清沈　彤　1328-338- 7
御製律呂正義後編表　　　清允祿等　 215 -226- 附
古樂經傳跋　　　　　　　清李清植　 220- 95- 附
琴旨自跋　　　　　　　　清王　坦　 220-758- 下

I .經總義類

a.通　論

劉歆移太常博士書論
　左氏春秋等宜列學官　　漢劉　歆　1355-421- 14
藝論（三則）　　　　　　漢鄭　玄　1397-486- 24
經籍論　　　　　　　　　漢荀　悅　1412-401- 17
（對）高貴鄉公問諸
　儒經義　　　　　　　　魏淳于俊　1361-651- 33
與王儉書附王儉答書
　論國學群經　　　　　　齊陸　澄　1399-120- 5
寄范天章書二 論六經　　　宋孫　復　1090-171- 0
與張洞進士書 論詩書
　禮樂易春秋六經　　　　宋石　介　1090-280- 14
論原——問經　　　　　　宋釋契嵩　1091-472- 7
答宋咸書 經傳注雜說　　　宋歐陽修　1447-452- 23
六經論　　　　　　　　　宋蘇　洵　1104-879- 6
答韓求仁書 論詩書易
　論語　　　　　　　　　宋王安石　1105-596- 72
經行論　　　　　　　　　宋呂南公　1123- 69- 7
與彭德美（書）論群
　經語　　　　　　　　　宋胡　宏　1137-137- 2
答徐彥章（書）論經
　說所疑　　　　　　　　宋朱　熹　1144-645- 54
記解經　　　　　　　　　宋朱　熹　1145-523- 74
六經總論　　　　　　　　宋會　丰　1156-152- 14
家記三 論春秋禮樂　　　　宋楊　簡　1156-735- 9
五經論——總論　　　　　宋葉　適　1362-221- 14
求遺書（辨疑問）　　　　宋楊冠卿　1165-493- 8

復李公晦書（三則）
　以性理之說談經　　　　宋黃　榦　1168- 90- 8
通劉侍郎書 論明經之序　　宋度　正　1170-205- 7
師訓拾遺　　　　　　　　宋陳文蔚　1171- 52- 7
傳注（策）　　　　　　　宋陳　亮　1171-592- 11
論傳注　　　　　　　　　宋陳　亮　1418-731- 62
經疑（策）　　　　　　　宋方大琮　1178-276- 25
說經　　　　　　　　　　宋陽　枋　1183-341- 7
四經約旨　　　　　　　　宋陳　著　1185-521- 94
續詩續書如何（論）　　　宋林希逸　1185-647- 9
五經辨惑　　　　　　　　金王若虛　1190-276- 1
五經論并序——易書
　詩春秋禮樂(五則)　　　元郝　經　1192-194- 18
讀孔壁傳　　　　　　　　元戴表元　1194-290- 23
答海南海北道廉訪副
　使田君澤問泛論經書　　元吳　澄　1197- 38- 3
四經序錄　　　　　　　　元吳　澄　1409-570-627
敘學（說）　　　　　　　元劉　因　1198-683- 3
古文今文難易不同說　　　元王　惲　1200-615- 46
答徐大年書 論諸經疑義　　元趙　汸　1373-792- 25
六經論　　　　　　　　　明宋　濂　1224-440- 28
　　　　　　　　　　　　　　　　　 1407-113-405
六經論　　　　　　　　　明王　禕　1226- 66- 4
六經論　　　　　　　　　明胡　翰　1373-602- 9
青宮直講（文華大訓）　　明程敏政　1252- 72- 4
五經臆說十三條　　　　　明王守仁　1265-714- 26
經筵詞序　　　　　　　　明陸　深　1268-279- 45
書王序經說　　　　　　　明胡　直　1287-442- 18
與沈敬甫（小簡）解
　經　　　　　　　　　　明歸有光　1289-538- 7
與宗尉西亭公論經學
　書　　　　　　　　　　明劉　繪　1454-548-148
經筵講義　　　　　　　　清 世 宗　1300- 92- 10
經解問　　　　　　　　　清 高 宗　1301-123- 14
十三經注疏論　　　　　　清湯　斌　1312-542- 6
　　　　　　　　　　　　　　　　　 1449-492- 5
答李舉人論以史證經
　書　　　　　　　　　　清汪　琬　1315-536- 32
　　　　　　　　　　　　　　　　　 1449-889- 31
經學家法論　　　　　　　清陳廷敬　1316-470- 32
寄徐太史健菴論經學
　書　　　　　　　　　　清朱鶴齡　1319-123- 10
復章泰古質經問書　　　　清毛奇齡　1320-173- 21
經書筆記　　　　　　　　清李光地　1324-542- 2
讀經解　　　　　　　　　清方　苞　1326-732- 1

四庫全書文集篇目分類索引

經部　經總義類

書辨正周官戴記尙書
　　後　　　　　　　　　清方　苞　　1326-734-　1
與呂宗華（書）論所刪
　崑山徐氏宋元經解刻本　清方　苞　　1326-785-　5
經學考　　　　　　　　　清藍鼎元　　1327-794- 14
經解　　　　　　　　　　清劉　綸　　1449-605- 12
經解　　　　　　　　　　清于　振　　1449-607- 12
經解　　　　　　　　　　清杭世駿　　1449-609- 12
經解　　　　　　　　　　清劉　藻　　1449-615- 13
經解　　　　　　　　　　清周長發　　1449-618- 13
經解　　　　　　　　　　清沈廷芳　　1449-622- 13
經解　　　　　　　　　　清汪士鉉　　1449-624- 13
經解　　　　　　　　　　清齊召南　　1449-627- 13

b.序　跋

經典釋文序　　　　　　　唐陸德明　　 182-357-　1
張氏雜義序　　　　　　　宋劉　敞　　1095-695- 34
上哲宗進經書要言以
　　備聖札（疏）　　　　宋范祖禹　　 431- 73-　6
進經書要言箚子　　　　　宋范祖禹　　1100-204- 14
邦典序　　　　　　　　　宋鄒　浩　　1121-396- 27
漢儒授經圖敘　　　　　　宋程　俱　　1130-150- 15
進陳正言四經解箚子
　　附貼黃易春秋論語孟
　　子四經解　　　　　　宋史　浩　　1141-598-　8
五經論序　　　　　　　　宋呂祖謙　　1359- 47-　6
五經論序　　　　　　　　宋陳傅良　　1359- 47-　6
　　　　　　　　　　　　　　　　　　1362-148-　4
跋陳與權印五經善本　　　宋楊萬里　　1161-296- 99
題徐彥庶群書辨正　　　　宋葉　適　　1164-510- 29
六經正誤序　　　　　　　宋魏了翁　　 183-457-　附
毛義甫居正六經正誤
　　序　　　　　　　　　宋魏了翁　　1172-602- 53
跋湯士恭手書周易諸
　　經　　　　　　　　　宋眞德秀　　1174-562- 35
跋項吉父講義　　　　　　宋眞德秀　　1174-572- 36
經筵講義跋　　　　　　　宋趙汝騰　　1181-288-　5
題危忠齋佩觿錄後　　　　宋歐陽守道　1183-670- 20
六經圖序　　　　　　　　宋苗昌言　　 183-139-　附
融堂四書管見原序
　　論語孝經大學中庸　　宋錢　時　　 183-580-　附
群居治五經序　　　　　　宋龔鼎臣　　1351- 59- 90
大學中庸孝經諸書集
　　解音釋序　　　　　　元戴表元　　1194-104-　8
葉氏經疑序　　　　　　　元趙孟頫　　1196-678-　6

六經辨釋補注序　　　　　元吳　澄　　 164-312-附上
六經補注序　　　　　　　元吳　澄　　 561-508- 44
　　　　　　　　　　　　　　　　　　1197-206- 19
　　　　　　　　　　　　　　　　　　1381-339- 31
經傳考異序　　　　　　　元吳　澄　　1197-226- 21
題楊開先講義後　　　　　元吳　澄　　1197-546- 55
五經約說序　　　　　　　元袁　桷　　1203-287- 21
跋濟寧李章所刻九經
　　四書　　　　　　　　　　　　　　1207-560- 39
跋六經直音　　　　　　　元黃　溍　　1209-325-　4
六藝類要後序　　　　　　元黃　溍　　1209-387-　6
易書二經通旨序　　　　　元陳　高　　1216-201- 10
經筵錄後序　　　　　　　明王　禕　　1226-118-　6
貞觀十四年祭酒孔穎
　　達上五經正義表　　　明鄭　貫　　1234-410- 60
（跋）五經旁注　　　　　明楊士奇　　1238-582- 16
（跋）十一經問對　　　　明楊士奇　　1238-586- 17
福州府學重正諸書序　　　明羅　倫　　1251-650-　2
跋古本九經　　　　　　　明王　鏊　　1256-515- 35
簡端錄原序　　　　　　　明邵　寶　　 184-540-　附
五經臆說序　　　　　　　明王守仁　　1265-638- 22
　　　　　　　　　　　　　　　　　　1405-428-282
四書五經餘義序　　　　　明楊　慎　　1455-415-217
四如黃先生講稿序　　　　明黃　佐　　1455-435-219
四經讀自序　　　　　　　明李舜臣　　1273-710-　6
三經考自序　　　　　　　明李舜臣　　1273-712-　6
漢儒經學編名序　　　　　明皇甫汸　　1275-771- 41
六子說經序　　　　　　　明皇甫汸　　1275-771- 41
巽峰林侯口義序　　　　　明唐順之　　1276-315-　6
　　　　　　　　　　　　　　　　　　1405-743-313
擬宋范祖禹進三經要
　　語表　　　　　　　　明王立道　　1277-863-　8
六經稽疑序　　　　　　　明王世貞　　1282-672- 51
五經繹序　　　　　　　　明顧憲成　　1292- 88-　6
四書五經疑問序　　　　　明鄒元標　　1294-139-　4
古學經序　　　　　　　　明劉宗周　　1294-473-　9
十三經註疏序　　　　　　明凌義渠　　1297-452-　6
五經蠡測原序　　　　　　明蔣鋷生　　 184-435-　附
五經稽疑序　　　　　　　明朱睦㮮　　 184-680-　附
經典稽疑原序　　　　　　明陳耀文　　 184-780-　附
經典稽疑後語　　　　　　明陳耀文　　 184-864-　附
十三經注疏序　　　　　　明任　濬　541-415-35之6
　　　　　　　　　　　　　　　　　　 592-823-　4
進五經四書性理大
　　全表　　　　　　　　明胡　廣　　1373-550-　5

四庫全書文集篇目分類索引　　63

經部　經總義類：附錄

		1403-495-130
進書表		
進所修繕六經之書	明胡　廣	1453-574- 66
疑略序	明丁自申	1455-397-215
五經旁訓跋	明周復俊	1455-463-221
諸儒講義序	明劉　蕡	1455-516-225
書五經白文序	明楊　溥	1455-516-225
五經畜言序	明蔣得瓌	1455-553-230
經筵講章序	清聖　祖	1298-635- 31
御製重刻十三經序	清高　宗	7-283- 附
		1301-101- 11

御製題宋版六經圖八

韻	清高　宗	183-137- 附
五經圭約序	清魏裔介	1312-693- 3
五經翼序	清朱彝尊	1318- 40- 34
六經奧論跋	清朱彝尊	1318-137- 42
孫北海五經翼序	清李光地	1324-695- 12
鼇峰講義序	清蔡世遠	1324-847- 23
經典釋文跋	清陸隴其	1325- 52- 4

（進）勅校刻十三經

告竣（表）	清弘晝等	7-287- 附
簡端錄原序	清華希閔	184-540- 附
九經誤字序	清顧炎武	191- 2- 附
十三經義疑原序	清吳　浩	191-253- 附
九經古義原序	清惠　棟	191-362- 附
朱子五經語類總說	清程　川	193- 2- 附
古經解鈎沈前序	清余蕭客	194-355-1上
古經解鈎沈後序	清余蕭客	194-356-1上
五經稿第一集自序	清范鄗鼎	550-152-214
十三經注疏序後記	清孫廷銓	592-825- 4

c.附　錄

1.石　經

回蔣變教授（書）

記唐石經	宋李　復	1121- 52- 5
石經跋	宋洪　适	1158-665- 63
石經始末記	宋范成大	561-383- 41
		1381-431- 36
石經（辨疑問）	宋楊冠卿	1165-491- 8
石經跋	宋胡元質	561-532- 44
		1381-790- 59
石經跋	宋張　績	561-532- 44
		1381-790- 59
石經跋	宋宇文紹奕	561-532- 44
		1381-791- 59

記石經	元黃　溍	1209-330- 4
跋宋高宗石經殘本	明文徵明	1273-159- 22
石刻蔣衡書十三經於		
辟雍序	清高宗	1301-629- 9
杭州府學宋石經跋	清朱彝尊	526-262-267
		1318-225- 51
石經月令跋	清朱彝尊	1318-136- 42
跋蔡中郎鴻都石經殘		
字	清朱彝尊	1318-185- 47
五經文字跋	清朱彝尊	1318-209- 49
唐國子學石經跋	清朱彝尊	1318-214- 50
九經字樣跋	清朱彝尊	1318-215- 50
宋京兆府學石經碑跋	清朱彝尊	1318-222- 51
自跋石刻孝經	清汪由敦	1328-880- 18

2.緯　書

古微書原序	明孫　穀	194-809- 附
古微書說緯	明孫　穀	194-812- 附
說緯	清朱彝尊	1318-323- 60
答張鶴門論九宮書	清毛奇齡	1320-156- 19

3.河圖洛書

河圖洛書義	宋王安石	538-630- 78
		1105-515- 63
河圖洛書說	宋陸　佃	1117-128- 9
答裴機仲（書）		
河圖洛書卦書雜說	宋朱　熹	1144- 64- 38
答裴機仲（書）		
河圖洛書易卦等雜說	宋朱　熹	1144- 67- 38
書河圖洛後	宋朱　熹	1145-748- 84
河圖洛書論并跋	宋朱　熹	1359-436- 62
河洛圖書辯	宋薛季宣	1159-415- 27
河圖洛書說	宋陳　淳	1168-579- 11
四象數說	宋陳　淳	1168-583- 11
答蔣得之山（書）		
論河圖洛書	宋魏了翁	1172-391- 33
答趙傳之書論河圖洛書	宋陽　枋	1183-316- 5
河圖贊	宋王　柏	1186- 98- 6
洛書贊	宋王　柏	1186- 98- 6
龍圖序	宋陳　摶	1351- 3- 85
		1405-416-281
河圖辨	元劉　因	1198-678- 3
河圖洛書辨	元陳　櫟	1205-202- 4
河圖洛書說	明宋　濂	1224-365- 26
河圖辯	明王　禕	538-586- 77

四庫全書文集篇目分類索引

河圖辯	明王　韋	1226- 77- 4
洛書辯	明王　韋	538-587- 77
		1226- 79- 4
		1373-669- 14
河圖論	明王　韋	1226- 65- 4
圖書經緯說	明朱　右	1228- 28- 2
河洛圖說	明龔　敦	1233-679- 6
河圖原	明張宇初	1236-358- 1
河圖洛書記	清施閏章	1313-302- 25
河圖洛書說	清施閏章	1449-592- 11
伏羲先天策數本河圖		
中五解	清陳廷敬	1316-313- 21
河圖中五生數解	清陳廷敬	1316-316- 21
河圖論	清李光地	1324-734- 15
		1449-518- 7
河圖洛書說	清陸隴其	1325- 5- 1
閩詹先生太極河洛洪		
範諸解疑	清陸隴其	1325- 6- 1
洛書非馮書辯	清丘起鳳	538-591- 77

J．小學類

a．文　字

說文解字敘	漢許　慎	1397-287- 13
		1406- 1-314
進說文解字上安帝書	漢許　沖	1397-289- 13
倉頡書契論	晉衛　恒	550- 56-210
論周大篆秦小篆	晉衛　恒	550- 57-211
玉篇序	梁顧野王	224- 3- 附
		1399-721- 7
進玉篇啓	梁顧野王	1399-720- 7
科斗書後記	唐韓　愈	1073-443- 13
		1074-260--13
		1075-222- 13
		1383-102- 8
急就篇原序	唐顏師古	223- 3- 附
千祿字書序	唐顏元孫	224-244- 附
五經文字序例	唐張　參	224-252- 附
九經字樣原序	唐唐元度	224-296- 附
奉旨校定說文解字狀		
附中書門下牒文	宋徐鉉等	223-382-15下
說文解字篆韻譜序	宋徐　鉉	223-851- 附
說文解字篆韻譜後序	宋徐　鉉	223-984- 附
重修說文序	宋徐　鉉	1085-177- 23
		1351- 1- 85
		1406- 7-314

古文四聲韻序	宋夏　竦	224-416- 附
說文繫傳跋	宋蘇　頌	223-788- 附
類篇原序	宋司馬光	225- 3- 附
進字說表	宋王安石	1105-459- 56
		1384- 38- 83
熙寧字說（序）	宋王安石	1105-700- 84
		1384- 70- 86
		1406- 10-314
類篇敘	宋蘇　轍	1112-269- 25
讀字源小說	宋呂南公	1123-162- 17
王氏字說辨（二十八		
則）	宋楊　時	1125-160- 7
復古編後序	宋楊　時	1125-345- 25
勇氏續千字文序	宋葛勝仲	1127-489- 8
復古編後序	宋程　俱	225-747- 附
復古編序	宋程　俱	1130-149- 15
書字學	宋鄒　蕭	1133-357- 19
書急就篇後	宋羅　願	1142-501- 4
跋郭忠恕說文字源	宋朱　熹	1146-629- 4
陸氏翼孟音解序	宋周必大	1147-564- 53
說文繫傳跋	宋尤　袤	223-789- 附
班馬字類原序	宋樓　鑰	225-751- 附
復古編序	宋樓　鑰	1152-822- 53
班馬字類序	宋樓　鑰	1152-823- 53
跋原隸	宋陸　游	1163-523- 28
跋前漢通用古字韻編	宋陸　游	1163-527- 28
跋重廣字說	宋陸　游	1163-553- 31
代跋小學	宋陳　淳	1168-611- 14
字通原序	宋魏了翁	226-620- 附
彭山李肩吾從周字通		
序	宋魏了翁	1172-592- 53
玉篇反紐圖序	宋釋神珙	224-237- 附
類篇附記	宋丁度等	225-502- 附
復古編原序	宋陳　瑾	225-680- 附
班馬字類後序（二則）	宋婁　機	225-789- 附
漢隸字源序	宋洪景盧	225-792- 附
字通跋	宋慶　统	226-646- 附
題增廣字訓	宋程元鳳	1375-300- 23
性理字訓	宋程端蒙	1375-424- 33
新修龍龕手鑑序	遼釋智光	226-649- 附
急就篇註釋補遺自序	元戴表元	1194- 92- 7
周秦刻石釋音原序	元吾丘衍	228- 2- 附
篆韻序（二則）	元胡厎遜	1196-143- 8
皇朝字語觀瀾綱目序	元趙孟頫	1196-675- 6
字體正訛序	元吳　澄	1197-217- 20

經部

經總義類：附錄

小學類：文字

四庫全書文集篇目分類索引

經部

小學類：文字

存古正字序　　　　　　元吳　澄　　1197-224- 21
隸書存古辯誤韻譜題
　辭　　　　　　　　　元吳　澄　　1197-225- 21
題郭友仁佩觿集　　　　元吳　澄　　1197-538- 54
義齋先生小學家訓序　　元王　惲　　1200-563- 43
題李肩吾字通序　　　　元虞　集　　1207-571- 40
字鑒序　　　　　　　　元黃　溍　　1209-369- 5
說文字原序　　　　　　元周伯琦　　 228- 76- 附
六書統序　　　　　　　元倪　堅　　 227- 3- 附
六書統序　　　　　　　元劉　泰　　 227- 5- 附
六書統自序　　　　　　元楊　桓　　 227- 6- 附
字鑑原序　　　　　　　元顏堯煥　　 228- 18- 附
字鑑原序　　　　　　　元張　棟　　 228- 19- 附
字鑑原序　　　　　　　元干文博　　 228- 19- 附
字鑑原序　　　　　　　元唐泳涯　　 228- 20- 附
字鑑原序　　　　　　　元不著撰人　 228- 20- 附
字鑑原序　　　　　　　元李文仲　　 228- 21- 附
說文字原序　　　　　　元宇文公諒　 228- 78- 附
六書故序　　　　　　　元戴　侗　　1367-402- 32
篆韻集鈔序　　　　　　明宋　濂　　1223-374- 5
重校漢隸字源序　　　　明宋　濂　　1223-375- 5
　　　　　　　　　　　　　　　　　1406- 19-315
偏旁辯證序　　　　　　明貝　瓊　　1228-336- 7
重校漢隸字源敍　　　　明蘇伯衡　　1228-594- 4
偏旁辯證序　　　　　　明蘇伯衡　　1228-595- 4
六書本義序　　　　　　明徐一夔　　1229-321- 11
　　　　　　　　　　　　　　　　　1374-120- 38
　　　　　　　　　　　　　　　　　1455-327-210

與徐大章先生書
　乞爲自著六書本義作序　明趙撝謙　1454-804-175
題篆書偏旁　　　　　　明鄭　真　　1234-244- 40
篆書考正辯僞序　　　　明方孝孺　　1235-357- 12
　　　　　　　　　　　　　　　　　1374-150- 41
包氏說文解字補義序　　明胡　儼　　1237-579- 上
跋干祿字書　　　　　　明楊士奇　　1238-116- 10
書說文字原後　　　　　明楊士奇　　1238-118- 10
（跋）說文字原　　　　明楊士奇　　1455-338-211
書六書正譌後　　　　　明楊士奇　　1238-118- 10
（跋）玉篇　　　　　　明楊士奇　　1238-632- 20
　　　　　　　　　　　　　　　　　1455-339-211

考隸送張正夫　　　　　明丘　濬　　1248-439- 21
跋陳定宇先生小學字
　訓註　　　　　　　　明程敏政　　1252-678- 38
六書故後記　　　　　　明崔　銑　　1267-482- 5
六書精薀序　　　　　　明魏　校　　1267-810- 6

　　　　　　　　　　　　　　　　　1406- 21-315
　　　　　　　　　　　　　　　　　1455-429-218
六書索隱序　　　　　　明楊　慎　　1270- 18- 2
　　　　　　　　　　　　　　　　　1406- 23-315
分隸同構序　　　　　　明楊　慎　　1270- 20- 2
答李仁夫論轉注書　　　明楊　慎　　1405- 42-237
　　　　　　　　　　　　　　　　　1454-807-175
古文考自序　　　　　　明李舜臣　　1273-712- 6
繢文考自序　　　　　　明李舜臣　　1273-712- 6
認字測序　　　　　　　明馮從吾　　1293-216- 13
歷代鐘鼎彝器款識法
　帖原序　　　　　　　明朱謀㙔　　 225-505- 附
周秦刻石釋音跋　　　　明鯤申志　　 228- 15- 附
說文字原序　　　　　　明黃　芳　　 228- 79- 附
六書本義原序　　　　　明趙古則　　 228-286- 附
俗書刊誤自序　　　　　明焦　竑　　 228-541- 附
書性理字訓後　　　　　明朱　升　　1375-312- 24
六書音義序　　　　　　明張　翊　　1455-346-212
御製康熙字典序　　　　清聖祖　　　 229- 2- 附
　　　　　　　　　　　　　　　　　1299-538- 22
御題說文解字篆韻譜　　清高宗　　　 223-849- 附
御製題宋版郭忠恕佩
　觿　　　　　　　　　清高宗　　　 224-377- 附
御製題影宋鈔班馬字
　類　　　　　　　　　清高宗　　　 225-749- 附
御製滿珠蒙古漢字三
　合切音清文鑑序　　　清高宗　　　 234- 2- 附
　　　　　　　　　　　　　　　　　1301-388- 17
欽定西域同文志序　　　清高宗　　　 235- 1- 附
　　　　　　　　　　　　　　　　　1301-115- 12
增訂清文鑑序　　　　　清高宗　　　1301-384- 16
干祿字書序　　　　　　清魏裔介　　1312-794- 8
篆隸考異序　　　　　　清汪　琬　　 235-847- 附
　　　　　　　　　　　　　　　　　1315-474- 27
跋正字通　　　　　　　清汪　琬　　1315-612- 39
玉篇序　　　　　　　　清朱彝尊　　 224- 6- 附
重刊玉篇序　　　　　　清朱彝尊　　1318- 41- 34
字鑑原序　　　　　　　清朱彝尊　　 228- 18- 附
字鑑序　　　　　　　　清朱彝尊　　1318- 43- 34
汗簡跋　　　　　　　　清朱彝尊　　1318-143- 43
五經文字跋　　　　　　清朱彝尊　　1318-209- 49
九經字樣跋　　　　　　清朱彝尊　　1318-215- 50
資治文字序　　　　　　清毛奇齡　　1320-287- 34
同音字解序　　　　　　清毛奇齡　　1320-339- 40
隸辨序　　　　　　　　清顧藹吉　　 235-434- 附

b.訓 詁

經部

小學類：訓詁、音韻

方言 輶軒使者絕代語釋別國方言第一至十二　漢揚　雄　1063- 72- 3

答茂陵郭威（書）

　論爾雅　漢揚　雄　1063-108- 4

釋名序　漢劉　熙　221-385- 附

　　1397-526- 25

與揚雄求方言書　漢劉　歆　1404-454-207

　　1412-227- 9

廣雅表　魏張　揖　221-427- 附

廣雅原序　魏吳本泰　221-428- 附

（輶軒使者絕代語釋別國）方言注自序　晉郭　璞　221-284- 附

方言序　晉郭　璞　1413-551- 56

爾雅序　晉郭　璞　550- 86-212

　　1405-413-281

　　1413-550- 56

爾雅制法則贊　梁蕭　統　1399-350- 5

匡謬正俗進表附勅旨　唐顏提庭　221-476- 附

爾雅新義序　宋陸　佃　1117-143- 11

題爾雅後　宋呂南公　1123-163- 17

書糾謬正俗　宋汪應辰　1138-677- 10

爾雅鄭注序　宋鄭　樵　221-238- 附

爾雅鄭注後序　宋鄭　樵　221-279- 附

爾雅翼自序　宋羅　願　222-245- 附

爾雅翼後序　宋羅　願　1142-483- 3

跋爾雅疏　宋陳傅良　1150-824- 41

又題所書羅端良文三篇陶令祠堂記爾雅翼後序社壇記　宋樓　鑰　1153-181- 72

爾雅翼後序　宋王應麟　222-247- 附

爾雅注疏序　宋邢昺等　221- 4- 附

爾雅鄭注後序　宋毛　晉　221-279- 附

刻方言後序　宋李孟傳　221-380- 附

跋李刻方言　宋朱　質　221-381- 附

群經音辨原序　宋賈昌朝　222- 3- 附

群經音辨後序　宋王觀國　222- 56- 附

爾雅注疏序　宋舒　雅　1375-246- 17

國語類記序 元語　元馬祖常　1206-588- 9

（跋）爾雅　明楊士奇　1238-598- 18

（跋）埤雅　明楊士奇　1238-598- 18

讀埤雅　明王慎中　1274-501- 20

再書埤雅後　明王慎中　1274-502- 20

小學集解跋　清陸隴其　1325- 54- 4

爾雅注疏考證跋語　清張　照　221-236- 附

c.音 韻

與沈約問聲韻書

　附沈約答書　齊陸　厥　1399-159- 7

梵漢譯經音義同異記　梁釋僧佑　1401-351- 28

韻纂序　隋潘　徽　1400-313- 5

原本廣韻原序　唐孫　愐　236- 3- 附

唐韻原序　唐孫　愐　242-339- 附

韻譜前序　宋徐　鉉　1085-178- 23

韻譜後序　宋徐　鉉　1085-179- 23

（切韻指掌圖）自序　宋司馬光　237- 4- 附

韻總序　宋歐陽修　1102-326- 42

　　1103-742- 12

　　1346- 40- 2

　　1383-522- 47

　　1447-466- 24

跋張持義所藏吳彩鸞

　唐韻　宋黃庭堅　1113-647- 11

切韻類例序　宋孫　覿　1135-300- 30

押韻序　宋孫　覿　1135-314- 31

經史專音序　宋鄭剛中　1138-265- 25

謝季澤正事韻類序　宋陳傅良　1150-817- 40

答趙共甫書論聲韻　宋樓　鑰　1153-118- 66

跋趙共甫古易補音　宋樓　鑰　1153-190- 73

題計次陽教授家傳韻略　宋袁說友　1154-376- 19

隸韻序　宋洪　适　1158-478- 34

書劉氏子隸韻　宋洪　适　1158-666- 63

跋三衢毛氏增韻　宋黃　榦　1168-237- 22

潘舍人昌年集篆韻序　宋魏了翁　1172-599- 53

吳彩鸞唐韻後序　宋魏了翁　1172-626- 56

跋毛氏增韻　宋魏了翁　1173- 53- 63

代跋錢君韻補　宋陳春卿　1178- 65- 7

跋字韻　宋王　柏　1186-182- 12

北韻序　宋劉辰翁　1186-527- 6

題漫翁林春山草韻序　宋黃仲元　1188-633- 3

（切韻指掌圖）原序　宋董南一　237- 3- 附

（增修校正押韻釋疑）序　宋袁文煜　237-135- 附

增修校正押韻釋疑原序　宋袁文煜　237-589- 附

（增修校正押韻釋疑）序　宋郭守正　237-136- 附

增修校正押韻釋疑原

四庫全書文集篇目分類索引

序	宋郭守正	237-589-	附
進增修五註禮部韻略			
表	宋毛 晃	237-335-	附
九經補韻原序	宋楊伯嵒	237-768-	附
（九經補韻跋）	宋俞任禮	237-774-	附
李宏道編蒙古韻類序	元王義山	1193- 35-	5
事韻撮英序	元吳 澄	561-509-	44
		1197-206-	19
		1381-340-	31
增廣鍾鼎韻序	元吳 澄	1197-179-	16
切韻指掌圖節要序	元吳 澄	1197-185-	17
陳元吉韻海序	元袁 桷	1203-300-	22
六書存古辨誤韻譜序	元虞 集	1207-447-	31
跋六經直音	元黃 溍	1209-325-	4
周德清樂府韻序	元李 祁	1219-671-	4
古今韻會舉要原序	元劉辰翁	238-358-	附
古今韻會舉要原序	元熊 忠	238-359-	附
經史正音切韻指南序	元劉 鑑	238-854-	附
鍾鼎篆韻序	元熊朋來	1367-409-	33
洪武正韻（原）序	明宋 濂	239- 4-	附
		1223-355-	5
		1374-103-	38
		1406- 17-315
韻府群玉後題	明宋 濂	1223-620-	12
新刻廣韻後題	明宋 濂	1223-620-	12
太古正音序	明宋 濂	1374-105-	38
竹川上人集韻序	明劉 基	1225-175-	7
詩叶韻辨	明童 賓	1229-597-	2
答顧希武書 論修韻書	明趙搢謙	1454-804-175
題切韻指掌圖檢例後	明王 行	237- 52-	附
題重修切韻指掌圖檢			
例後	明王 行	1231-451-	0
（跋）經史動靜字音	明楊士奇	1238-598-	18
（跋）唐音	明楊士奇	1238-616-	19
（跋）廣韻	明楊士奇	1238-632-	20
		1455-340-211
（跋）韻會	明楊士奇	1238-632-	20
（跋）洪武正韻	明楊士奇	1238-633-	20
（跋）五音集韻	明楊士奇	1238-633-	20
詩壇叢韻序	明程敏政	1252-399-	23
中州音韻序	明蔡 清	1257-842-	3
王元信切字正譜序	明邵 寶	1258-611-	12
重刻中原音韻序	明祝允明	1260-704-	24
		1455-374-213
書舊藏廣韻後	明顧 清	1261-639-	24

（讀中原音韻）	明何 瑭	1266-605-	9
轉注古音略（原）序	明楊 慎	239-350-	附
		1270- 16-	2
		1406- 25-315
		1455-412-217
古文韻語題辭	明楊 慎	1406-438-363
六經直音自序	明李舜臣	1273-713-	6
與楊用修太史書			
論轉注古音略	明陸 粲	1274-662-	6
		1454-809-175
三韻類押序	明李攀龍	1278-359-	15
校正詩韻小序	明王世貞	1280-209-	70
周易韻考	明王世貞	1282-565-	43
書改併五音篇後	明王世貞	1285- 51-	4
正韻類鈔序	明畢自嚴	1293-401-	2
重刊五音篇韻序	明徐 煴	1455-536-227
切韻指掌圖檢例跋	明邵光祖	237- 51-	附
韻補序	明陳鳳梧	237- 57-	附
毛詩古音考自序	明陳 第	239-407-	附
屈宋古音義原序	明陳 第	239-520-	附
屈宋古音義跋	明陳 第	239-592-	附
詩韻辨	明張 弨	1454-282-113
與吳鼎儀論韻學書	明彭 華	1454-806-175
韻學集成序	明桑 悅	1455-354-212
御製音韻闡微序	清 世 宗	240- 1-	附
		1300- 71-	7
		1449-193-	7
御製同文韻統序	清 高 宗	240-359-	附
欽定叶韻彙輯序	清 高 宗	240-451-	附
		1301-107-	11
（欽定音韻述微）御製			
序	清 高 宗	240-853-	附
重訂韻補序	清汪 琬	1315-455-	25
與魏善伯書			
論古今音韻之變	清朱彝尊	1318- 8-	31
重刊廣韻序	清朱彝尊	1318- 42-	34
合刻集韻類篇序	清朱彝尊	1318- 42-	34
禮部韻略釋疑跋	清朱彝尊	1318-142-	43
（易韻序）	清毛奇齡	242-298-	附
奏爲恭進韻書事 康熙			
甲子史館新刊古今通韻	清毛奇齡	1320- 29-	5
辨毛稚黃韻學通指書	清毛奇齡	1320-125-	16
葉氏分書詩韻序	清毛奇齡	1320-298-	35
同音字解序	清毛奇齡	1320-339-	40
古韻叶考序	清田 雯	1324-278-	26

經部

小學類：音韻

四庫全書文集篇目分類索引

經部

小學類：音韻、雜論、釋字、訓蒙

韻篆序　　　　　　　　清李光地　　1324-685- 11
等韻皇極經世韻同異　　清李光地　　1324-813- 20
榕村韻書略例　　　　　清李光地　　1324-814- 20
翻切法　　　　　　　　清李光地　　1324-815- 20
南北方音及古今字音
　之異　　　　　　　　清李光地　　1324-815- 20
欽定音韻述微進表　　　清梁國治等　 240-855- 附
（古音表）後敘（二
　則）　　　　　　　　清顧炎武　　 241-532- 附
四聲全形等子序　　　　不著撰人　　 238-839- 附

d.雜　論

論書　　　　　　　　　唐劉禹錫　　1336-378-361
名苑序　　　　　　　　宋司馬光　　1094-630- 68
家計九 論字義　　　　　宋楊　簡　　1156-845- 15
六藝綱目原序　　　　　宋張　壽　　 242-582- 附
六藝綱目原序　　　　　元胡世佐　　 242-583- 附
六藝綱目原序　　　　　元揭　汯　　 242-583- 附
六藝綱目原序　　　　　元劉仁本　　 242-583- 附
六藝綱目原序　　　　　元舒　恭　　 242-584- 附
六藝綱目題詞　　　　　元舒　恭　　 242-585- 附
六藝綱目後序　　　　　明舒　睿　　 242-643- 附

e.釋　字

辨菫字　　　　　　　　宋黃庭堅　　1113-267- 25
辯字贈怡公　　　　　　宋晁說之　　1118-269- 14
答程可久迪（書）
　考阡陌二字之義　　　宋朱　熹　　1144- 54- 37
答許順之（書）
　辨夫子二字之本義　　宋朱　熹　　1144-120- 39
答趙郎中崇憲書 論漢字　宋樓　鑰　　1153-120- 66
跋敘書釋敘字　　　　　宋樓　鑰　　1153-249- 78
跋樓書釋橢字　　　　　宋樓　鑰　　1153-250- 78
跋王達善梅略附辯後
　釋梅柿二字　　　　　宋舒岳祥　　1187-440- 12
旱魃解　　　　　　　　明李維楨　　 550-690-227
熠燿辨　　　　　　　　明徐思會　　1454-282-113
與陳二易論爾汝及誄
　法（書）　　　　　　明繆一鳳　　1454-769-171
釋棠　　　　　　　　　清朱彝尊　　1318-320- 60
釋杭　　　　　　　　　清朱彝尊　　1318-320- 60
與王履菴進士辨樂字
　書（二則）　　　　　清毛奇齡　　1320-118- 15
仁義字說　　　　　　　清李　紱　　1449-597- 11
騶虞解　　　　　　　　清李　紱　　1449-603- 12

f.訓　蒙

千字文　　　　　　　　梁周興嗣　　1399-568- 14
州名急就章 并序　　　　宋歐陽修　　1102-447- 58
　　　　　　　　　　　　　　　　　1351-438-125
論語訓蒙口義序　　　　宋朱　熹　　1145-544- 75
跋敘古千文　　　　　　宋朱　熹　　1145-688- 81
跋陳氏績蒙求　　　　　宋樓　鑰　　1153-154- 70
跋鄭德興歷代蒙求　　　宋樓　鑰　　1153-236- 76
會神童對屬序　　　　　宋會　丰　　1156-205- 18
　　　　　　　　　　　宋會　丰　　1156-205- 18
胡諒廬陵蒙求序　　　　宋楊萬里　　1161-105- 84
跋匡立義教童子訣　　　宋孫應時　　1166-644- 10
計子眞訓蒙正訛序　　　宋魏了翁　　1172-620- 55
止堂訓蒙序　　　　　　宋魏了翁　　1172-622- 55
書胡致堂敘古文後　　　宋李昴英　　1181-139- 4
題聖宋蒙求後　　　　　宋徐元杰　　1181-751- 10
省題詩序　　　　　　　宋歐陽守道　1183-582 -10
劉紹佑千文敘　　　　　宋歐陽守道　1183-669- 20
書課曆序後　　　　　　宋馬廷鸞　　1187-108- 15
名物蒙求　　　　　　　宋方逢辰　　1187-536- 4
虞舜民禮樂韻語序　　　宋牟　巘　　1188-110- 13
十七史蒙求序　　　　　金元好問　　1191-418- 36
應子翊經傳蒙求序　　　元方　回　　1193-654- 31
禮樂韻語序　　　　　　元鄧文原　　1195-526- 上
古今歷代啓蒙序　　　　元趙孟頫　　1196-677- 6
虞舜民禮學韻語序　　　元吳　澄　　1197-189- 17
稽古千文　　　　　　　元許　衡　　1373- 52- 3
帝王鏡略序　　　　　　元王　惲　　1200-526- 41
翁三山史詠序　　　　　元王　惲　　1200-561- 43
書凌生功課歷後　　　　元袁　桷　　1203-645- 49
論語訓蒙口義自序　　　元陳　櫟　　1205-158- 1
字訓註解跋　　　　　　元陳　櫟　　1205-197- 3
歐陽氏急就章解後序　　元吳　萊　　1209-202- 12
跋進學工程　　　　　　元黃　溍　　1209-339- 4
歐公書州名急就章跋　　元吳師道　　1212-226- 16
歷代紀統序　　　　　　元陳　　　　1213- 70- 6
廣孝啓蒙序　　　　　　元唐　元　　1213-539- 9
題葉行叔蒙訓　　　　　元李　存　　1213-791- 26
書歷代蒙求後　　　　　元謝應芳　　1218-310- 14
跋經訓啓蒙　　　　　　元謝應芳　　1218-315- 14
學書　　　　　　　　　元謝應芳　　1218-329- 14
急就章 并序　　　　　　明王　褘　　1226-385- 19
禹貢山川名急就章　　　明王　褘　　1226-386- 19
詩草木鳥獸名急就章　　明王　褘　　1226-386- 19

四庫全書文集篇目分類索引

周官官名急就章	明王 廉	1226-387- 19
歐陽文忠公急就章跋	明胡 翰	1229- 98- 8
書童蒙習句後	明趙搢謙	1229-691- 2
書養蒙大訓後	明楊士奇	1238-117- 10
（跋）小四書二集	明楊士奇	1238-588- 17
（跋）敘古千文	明楊士奇	1238-589- 17
（跋）小學集成	明楊士奇	1238-598- 18
（跋）古文矜式	明楊士奇	1238-602- 18
跋史略釋文	明楊士奇	1455-338-211
詠史絕句序	明程敏政	1252-410- 23
題蒙引初藁序	明蔡 清	1257-843- 3
義學詩訓	明沈 鯉	1288-331- 9
塾訓韻律序	明高攀龍	1292-565- 9上
蒙求句解引	明劉宗周	1294-607- 16
進千家姓表	明吳 沈	1373-546- 5
		1403-496-130
史記初覽序	明彭 畸	1455-375-213
題小兒語	清汪 琬	1315-604- 38
張秋紹孝經小學口義		1322-443- 4
序	清張玉書	1322-443- 4
急就篇皇象碑章數	清汪由敦	1328-908- 20

晏子問	宋鄭 獬	1097-281- 18
五帝紀辨	宋范 浚	1140- 48- 6
驪妃論	宋蘇 洵	1384-347-112
史記五帝本紀論	宋張方平	1104-138- 17
三代本紀論	宋張方平	1104-139- 17
史（論）中	宋蘇 洵	1104-904- 9
		1377-586- 27
孔子世家議（讀孔子世家）	宋王安石	1105-593- 71
		1384-112- 90
		1406-548-377
		1447-962- 58
讀孟嘗君傳	宋王安石	541-802-35之20
		1105-592- 71
		1351-482-130
		1354-157- 20
		1359-600- 5
		1378-109- 40
		1384-112- 90
		1406-548-377
		1447-962- 58
書刺客傳後	宋王安石	1351-482-130
		1406-506-373
讀刺客傳	宋王安石	1384-113- 90
書秦醫後	宋王 令	1106-502- 21
司馬穰苴（考評）	宋蘇 軾	1108-483- 92
代侯公說項羽辭并敘	宋蘇 軾	1108-593-100
（周）平王論	宋蘇 軾	1384-540-128
書淳于髡傳後	宋蘇 軾	1406-507-373
書論（讀史記商君列傳）	宋蘇 轍	1418-484- 51
書晉世家後	宋黃庭堅	1361-254- 39
與大蘇二簡⒈論史記十二諸侯年表之非	宋張 耒	1115-394- 46
子由論史記	宋李 廌	1361-315- 49
史記得詩春秋之義	宋李 廌	1361-317- 49
史記讀武帝	宋李 廌	1361-317- 49
書鄭當時傳後	宋謝 逸	1122-606- 9
讀李斯傳	宋曹 勛	1129-555- 37
史記敘教熊羆貔貅貙虎以戰事（說）	宋高 登	1136-447- 下
史記湯祝網（說）	宋高 登	1136-448- 下
題史記貨殖傳·	宋范 浚	1140- 50- 6
書曹參傳後	宋范 浚	1140- 52- 6
答曹子野觿（書）		

經部

小學類：訓蒙

史部

A.正 史 類

a.史 記

1.論 文

前史得失論史記	漢班 彪	1360-352- 21
		1397-115- 6
		1407- 24-397
太史遷秦紀評	漢班 固	1407-453-438
名士優劣論		
⑴論司馬才勝班固	晉張 輔	1398-438- 19
酷吏傳議	唐權德輿	1340-497-770
		1343-598- 42
		1407-312-424
易商君列傳讀并序	唐皮日休	1083-185- 4
		1340-596-780
題叔孫通傳	唐皮日休	1083-204- 8
題叔孫通傳後	唐皮日休	1344-462- 99
讀封禪書	宋劉 敞	1095-820- 48
書主父偃傳	宋鄭 獬	1097-279- 18
書買誼傳	宋鄭 獬	1097-280- 18

史部

正史類：史記

史部 正史類：史記

篇目	作者	編號
答史記疑數條	宋朱 熹	1144-313- 44
答呂子約（書）		
史記雜論並論語雜論	宋朱 熹	1144-426- 48
書呂不韋傳後	宋李 石	1149-751- 18
辨史記十篇有錄無書	宋呂祖謙	1150-334- 14
有若辨	宋洪 邁	541-560-35之15
史記世本（論）	宋姚 勉	1184-274- 39
復天臺陳司戶（啟）		
論史記	宋王 柏	1186-129- 8
書史記律書後	宋程大昌	1375-294- 22
史記辨惑		
採摭之誤辨上下	金王若虛	1190-324- 9
史記辨惑取舍不當辨	金王若虛	1190-338- 11
史記辨惑議論不當辨	金王若虛	1190-341- 12
史記辨惑		
文勢不相承接辨	金王若虛	1190-344- 13
史記辨惑姓名冗複辨	金王若虛	1190-346- 14
史記辨惑字語冗複辨	金王若虛	1190-349- 15
史記辨惑重疊載事辨	金王若虛	1190-355- 16
史記辨惑疑誤辨	金王若虛	1190-358- 17
史記辨惑史記用而字多		
不安今略舉甚者	金王若虛	1190-360- 18
史記辨惑司馬遷用於是		
乃遂等字冗而不當者		
十有七八，今略舉之	金王若虛	1190-361- 18
史記辨惑雜辨	金王若虛	1190-362- 19
讀司馬穰苴傳	元戴表元	1194-276- 22
讀吳起傳	元戴表元	1194-277- 22
讀孫武傳	元戴表元	1194-277- 22
（讀）孫臏附傳	元戴表元	1194-277- 22
（讀）伍子胥列傳	元戴表元	1194-278- 22
（讀）孔子弟子傳	元戴表元	1194-278- 22
（讀）蘇秦傳	元戴表元	1194-279- 22
（讀）張儀列傳	元戴表元	1194-279- 22
（讀）樗里子甘茂甘羅魏冉白起王翦列傳	元戴表元	1191-280- 22
（讀）孟子荀卿列傳	元戴表元	1194-280- 22
（讀）范睢列傳	元戴表元	1194-281- 22
（讀）樂毅列傳	元戴表元	1194-282- 22
（讀）藺相如列傳	元戴表元	1194-283- 22
（讀）田單列傳	元戴表元	1194-284- 22
（讀）魯仲連列傳	元戴表元	1194-284- 22
（讀）伯夷叔齊列傳	元戴表元	1194-286- 22
孔子弟子傳總論	元戴表元	1194-287- 22
（讀）孟嘗平原信陵春申四君列傳	元戴表元	1194-287- 22
遷固紀傳不同說	元王 惲	1200-588- 45
讀史	元王 惲	1200-589- 45
書張良傳	元吳 萊	1209-108- 6
讀賈生傳	元吳 澄	1209-299- 3
讀貨殖傳	元趙 汸	1374-206- 46
		1375-467- 36
		1455-318-210
考定伯夷傳	明王 禕	1226-440- 21
莊生說讀史記越世家	明王 行	1231-376- 7
經史疑問五條論史記	明周是修	1236-120- 6
跋孟嘗君傳	明胡居仁	1260- 62- 2
史記日者傳跋	明崔 銑	1267-615- 11
讀衛霍傳	明王世貞	1280-765-112
		1285- 68- 5
書趙世家公孫杵臼程嬰事後	明王世貞	1285- 10- 1
書齊悼惠王世家後（二則）	明王世貞	1285- 17- 2
讀秦本紀（二則）	明王世貞	1285- 60- 5
書呂不韋黃歇傳後	明王世貞	1406-535-376
（史記評論）夏本紀	明黃淳耀	1297-679- 4
（史記評論）殷本紀	明黃淳耀	1297-679- 4
（史記評論）秦本紀	明黃淳耀	1297-679- 4
（史記評論）秦始皇本紀	明黃淳耀	1297-680- 4
（史記評論）項羽本紀	明黃淳耀	1297-680- 4
（史記評論）高帝本紀	明黃淳耀	1297-682- 4
（史記評論）呂后本紀	明黃淳耀	1297-683- 4
（史記評論）文帝本紀	明黃淳耀	1297-683- 4
（史記評論）封禪書	明黃淳耀	1297-684- 4
（史記評論）律書	明黃淳耀	1297-684- 4
（史記評論）禮書	明黃淳耀	1297-684- 4
（史記評論）吳太伯世家	明黃淳耀	1297-687- 4
（史記評論）齊太公世家	明黃淳耀	1297-688- 4
（史記評論）魯周公世家	明黃淳耀	1297-689- 4
（史記評論）衛康叔		

四庫全書文集篇目分類索引

史部　正史類：史記

篇目	作者	索引號
世家	明黃淳耀	1297-690- 4
（史記評論）宋微子世家	明黃淳耀	1297-690- 4
（史記評論）晉世家	明黃淳耀	1297-690- 4
（史記評論）楚世家	明黃淳耀	1297-691- 4
（史記評論）越世家	明黃淳耀	1297-692- 4
（史記評論）趙世家	明黃淳耀	1297-692- 4
（史記評論）魏世家	明黃淳耀	1297-694- 4
（史記評論）韓世家	明黃淳耀	1297-694- 4
（史記評論）田敬仲完世家	明黃淳耀	1297-694- 4
（史記評論）平準書	明黃淳耀	1297-685- 4
（史記評論）孔子世家	明黃淳耀	1297-695- 4
（史記評論）陳涉世家	明黃淳耀	1297-695- 4
（史記評論）外戚世家	明黃淳耀	1297-695- 4
（史記評論）荊燕世家	明黃淳耀	1297-696- 4
（史記評論）蕭相國世家	明黃淳耀	1297-696- 4
（史記評論）留侯世家	明黃淳耀	1297-696- 4
（史記評論）絳侯世家	明黃淳耀	1297-698- 4
（史記評論）管晏列傳	明黃淳耀	1297-698- 4
（史記評論）老莊申韓列傳	明黃淳耀	1297-698- 4
（史記評論）伍子胥列傳	明黃淳耀	1297-699- 4
（史記評論）商君列傳	明黃淳耀	1297-699- 4
（史記評論）白起列傳	明黃淳耀	1297-700- 4
（史記評論）孟子荀卿列傳	明黃淳耀	1297-700- 4
（史記評論）孟嘗君平原君信陵君春申君列傳	明黃淳耀	1297-701- 4
（史記評論）范睢蔡澤列傳	明黃淳耀	1297-702- 4
（史記評論）樂毅列傳	明黃淳耀	1297-702- 4
（史記評論）廉頗藺相如列傳	明黃淳耀	1297-703- 4
（史記評論）田單列傳	明黃淳耀	1297-703- 4
（史記評論）魯仲連鄒陽列傳	明黃淳耀	1297-703- 4
（史記評論）屈原列傳	明黃淳耀	1297-704- 4
（史記評論）李斯列傳	明黃淳耀	1297-704- 4
（史記評論）張耳陳餘列傳	明黃淳耀	1297-704- 4
（史記評論）黥布列傳	明黃淳耀	1297-705- 4
（史記評論）淮陰侯列傳	明黃淳耀	1297-705- 4
（史記評論）張丞相列傳	明黃淳耀	1297-706- 4
（史記評論）酈生陸賈列傳	明黃淳耀	1297-706- 4
（史記評論）劉敬叔孫通列傳	明黃淳耀	1297-707- 4
（史記評論）袁盎晁錯列傳	明黃淳耀	1297-707- 4
（史記評論）張釋之馮唐列傳	明黃淳耀	1297-707- 4
（史記評論）萬石君張叔列傳	明黃淳耀	1297-707- 4
（史記評論）田叔列傳	明黃淳耀	1297-708- 4
（史記評論）李將軍列傳	明黃淳耀	1297-708- 4
（史記評論）平津侯列傳	明黃淳耀	1297-708- 4
（史記評論）汲鄭列傳	明黃淳耀	1297-709- 4
（史記評論）酷吏列傳	明黃淳耀	1297-709- 4
（史記評論）大宛列傳	明黃淳耀	1297-710- 4
讀伯夷傳	明徐應雷	1455-533-226
讀伯夷列傳	清高宗	1301-495- 35
書史記漢高帝論蕭曹等事	清高宗	1301-470- 31
書史記冒頓高后事	清高宗	1301-488- 33

四庫全書文集篇目分類索引

史部
正史類：史記、漢書

讀史記儒林傳	清高宗	1301-502- 36
書吳太伯世家後	清陳廷敬	1316-703- 48
讀周本紀	清朱鶴齡	1319-150- 13
讀貨殖傳	清朱鶴齡	1319-151- 13
讀吳越世家	清朱鶴齡	1319-156- 13
書史記衛霍傳後	清姜宸英	1323-809- 7
讀（史記）孔子世家	清姜宸英	1323-813- 7
書項羽本紀後	清李光地	1324-834- 22
讀史記八書	清方苞	1326-737- 2
書（史記）禮書序後	清方苞	1326-738- 2
書（史記）禮書後	清方苞	1326-738- 2
又書禮書序後	清方苞	1326-738- 2
書樂書序後	清方苞	1326-739- 2
詰律書一則	清方苞	1326-740- 2
書封禪書後	清方苞	1326-742- 2
又書封禪書後	清方苞	1326-742- 2
書史記十表後	清方苞	1326-743- 2
書史記六國世表序後	清方苞	1326-744- 2
讀孟子荀卿傳後	清方苞	1326-744- 2
書老子傳後	清方苞	1326-745- 2
書儒林傳後	清方苞	1326-745- 2
又書儒林傳後	清方苞	1326-746- 2
書刺客傳後	清方苞	1326-746- 2
書淮陰侯列傳後	清方苞	1326-748- 2
書蕭相國世家後	清方苞	1326-747- 2
書貨殖傳後	清方苞	1326-748- 2
又書貨殖傳後	清方苞	1326-749- 2
讀伍子胥傳	清方苞	1326-763- 3
讀西門豹傳	清藍鼎元	1327-824- 16
讀田子方傳	清藍鼎元	1327-824- 16
書淮陰侯傳後	清藍鼎元	1327-826- 16
史記北斗齊七政解	清沈彤	1328-298- 1
班馬異同辨	清徐乾學	1449-770- 22

2.序 跋

（太史公書）自序	漢司馬遷	1354- 29- 4
司馬子長自敘（節錄）	漢司馬遷	1355-571- 19
太史公自序	漢司馬遷	1405-446-283
		1417-260- 13
條上司馬遷班固二史	漢張 衡	1397-270- 13
史記集解序	劉宋裴駰	243- 14- 附
		245- 3- 附
		246-449- 附
		550- 84-212
		1398-659- 9
史記索隱序	唐司馬貞	243- 17- 附

史記索隱後序	唐司馬貞	243- 18- 附
補史記序	唐司馬貞	244-962- 附
史記正義序	唐張守節	243- 19- 附
		247- 15- 附
書史記索隱後	宋周紫芝	1141-483- 67
（跋）史記考異	宋眞德秀	1174-552- 35
書宣和史記後	元釋圓至	1198-145- 6
（跋）史漢異同	明楊士奇	1238-589- 17
（跋）史記	明楊士奇	1238-593- 17
史記序	明康 海	1266-370- 4
史記評林序	明王世貞	1282-531- 40
史記纂序	明王世貞	1282-560- 42
讀太史公杜工部李空		
同三書序	明宗 臣	1287-136- 13
（史記評論）太史公		
自序	明黃淳耀	1297-710- 4
史記索隱後序(二則)	明毛 晉	246-665- 附
史記序	明陳仁錫	1405-509-289
書太史公自序後	清方苞	1326-750- 2
又書太史公自序後	清方苞	1326-750- 2
跋所錄歸太僕史記評		
本	清汪由敦	1328-847- 15
史記考證跋語	清張 照	244-977- 附

b.漢 書

1.論 文

名士優劣論(二)

論司馬遷才勝班固	晉張 輔	1389-438- 19
上漢書異狀十事	梁劉之遴	1399-533- 12
酷史傳議	唐權德輿	1340-497-770
		1343-598- 42
補漢書封擁齒册文	唐歐陽詹	1078-242- 7
新城三老董公讚并序	唐皮日休	1083-184- 4
題安昌侯傳	唐皮日休	1083-205- 8
漢史贊桑弘羊說	唐張 或	1343-676- 47
		1407-359-427
漢史揚雄傳論	宋柳 開	1085-253- 3
問喘牛論	宋田 錫	1085-432- 12
不教吏職論	宋夏 竦	1087-220- 20
補封狼居胥山銘并序	宋夏 竦	1087-260- 25
書漢書元帝贊後	宋孫 復	1090-164- 0
書賈誼傳後	宋孫 復	1090-165- 0
題梅福傳後	宋釋契嵩	1091-565- 16
賈山與路溫舒同傳論	宋呂 陶	1098-142- 18

四庫全書文集篇目分類索引

讀孟嘗君傳　　　　宋王安石　1378-109- 40
書鄒陽傳後　　　　宋張　耒　1115-378- 44
西漢雜論（五十三則）宋晁補之　1118-738- 42
　　　　　　　　　　　　　　1361-343- 53
書賈誼傳後　　　　宋謝　邁　1122-605- 9
漢書雜論上下　　　宋劉子翬　1134-383- 3
論漢史贊　　　　　宋劉子翬　1410-780-771
漢書鎡錯論楚漢之爭　宋黃公度　1139-611- 附
又漢書鎡錯一段載鑑
　綱論楚漢之爭　　宋黃公度　1139-611- 附
書曹參傳後　　　　宋范　淡　1140- 52- 6
讀漢史手筆　　　　宋呂祖謙　1150-336- 15
評漢食貨志　　　　宋曹彥約　1167-258- 21
（讀）前漢書（十八
　則）　　　　　　宋劉　宰　1170-524- 18
跋山谷書范滂傳　　宋劉克莊　1466-720- 59
評漢史　　　　　　宋劉辰翁　1186-545- 6
選固紀傳不同說　　元王　惲　1200-588- 45
讀西漢書　　　　　明章　懋　1254- 74- 3
讀西漢書　　　　　明黃仲昭　1254-375- 1
史論　　　　　　　明康　海　1266-324- 1
古今人表論　　　　明楊　慎　1270- 62- 5
　　　　　　　　　　　　　　1407- 74-402
書漢武帝時功臣侯年
　表後　　　　　　明王世貞　1285- 21- 2
書班史酷吏傳後　　明王世貞　1285- 22- 2
跋漢書揚雄傳　　　清汪　琬　1315-611- 39
（評）蕭何　　　　清陳廷敬　1316-478- 33
（評）曹參　　　　清陳廷敬　1316-479- 33
（評）張良　　　　清陳廷敬　1316-479- 33
（評）王陵　　　　清陳廷敬　1316-480- 33
（評）周亞夫　　　清陳廷敬　1316-480- 33
（評）陸賈　　　　清陳廷敬　1316-481- 33
（評）晁錯　　　　清陳廷敬　1316-481- 33
（評）路溫舒　　　清陳廷敬　1316-482- 33
（評）董仲舒　　　清陳廷敬　1316-482- 33
（評）嚴助　　　　清陳廷敬　1316-482- 33
（評）霍光　　　　清陳廷敬　1316-483- 33
（評）王吉貢禹　　清陳廷敬　1361-484- 33
（評）趙廣漢韓延壽
　王章　　　　　　清陳廷敬　1316-484- 33
（評）孔光　　　　清陳廷敬　1316-485- 33
（評）翟方進　　　清陳廷敬　1316-485- 33
（評）何武　　　　清陳廷敬　1316-485- 33
（評）王嘉　　　　清陳廷敬　1316-485- 33

（評）韓嬰　　　　清陳廷敬　1316-486- 33
（評）張湯杜周　　清陳廷敬　1316-486- 33
（評）郭解　　　　清陳廷敬　1316-486- 33
讀漢書　　　　　　清朱鶴齡　1319-152- 13
書儒林傳後　　　　清姜宸英　1323-808- 7
書漢書侯王年表後　清李光地　1324-835- 12
書漢書禮樂志後　　清方　苞　1326-751- 2
書漢書霍光傳後　　清方　苞　1326-751- 2
書王莽傳後　　　　清方　苞　1326-752- 2
班馬異同辨　　　　清徐乾學　1449-700- 22

2.序 跋

上漢書十志疏　　　漢蔡　邕　1063-175- 2
　　　　　　　　　　　　　　1412-420- 18
條上司馬遷班固二史
（漢書）敍傳　　　漢張　衡　1397-270- 13
　　　　　　　　　漢班　固　1405-467-284
後漢書注補志序　　梁劉　昭　1399-535- 12
跋白鹿洞所藏漢書　宋朱　熹　 518-234-143
　　　　　　　　　　　　　　1145-691- 81
漢書正異敍　　　　宋薛季宣　1159-483- 30
擬班固漢書序　　　宋薛季宣　1159-484- 30
羅德禮補注漢書序　宋楊萬里　1161- 66- 79
裴及卿漢書註拾遺序　宋魏了翁　1172-620- 55
（跋）史漢異同　　明楊士奇　1238-589- 17
（跋）前漢書　　　明楊士奇　1238-593- 17
書少宰霍公西漢書後　明皇甫汸　1275-906- 60
宋板前漢書後　　　明王世貞　1281-168-129
又前後漢書後　　　明王世貞　1281-168-129
漢書序　　　　　　明陳仁錫　1405-510-289
吳氏兩漢刊誤補遺跋　清朱彝尊　1318-163- 45
前漢書考證跋語　　清齊召南　 251-427-100下

c.後漢書

1.論 文

題東漢傳後　　　　唐司空圖　1083-497- 2
　　　　　　　　　　　　　　1344-462- 99
　　　　　　　　　　　　　　1406-461-366
題東漢逸民傳後　　宋劉　敞　1095-821- 48
讀東漢書　　　　　明章　懋　1254- 75- 3
讀鍾離意傳（後漢書）明陸　粲　1274-674- 7
書涼州三明（皇甫規
　張奐段熲）傳後　明王世貞　1285- 23- 2
書竇融傳後　　　　明王世貞　1285- 24- 2
范曄（後漢書論）　明胡應麟　1290-714- 98

史部
正史類：漢書、後漢書

74　　　　　　　　四庫全書文集篇目分類索引

讀後漢書	明胡應麟	1290-734-101
元二辨	明胡　廣	1374-332- 55
（題）漢逸民傳	明周　祚	1457-679-407
讀荀或傳	清　高　宗	1301-189- 22
（後漢書）三韓（傳）訂譌	清　高　宗	1301-434- 24
讀嚴光傳	清　高　宗	1301-491- 34
讀後漢書明德馬后傳	清　高　宗	1301-492- 34
讀劉昆傳	清　高　宗	1301-492- 34
（評）光武	清陳延敬	1316-487- 34
（評）明帝章帝	清陳延敬	1316-487- 34
（評）西漢后妾		
實爲東漢	清陳延敬	1316-488- 34
（評）劉伯升	清陳延敬	1316-489- 34
（評）來歙	清陳延敬	1316-489- 34
（評）鄧禹馮異	清陳延敬	1316-489- 34
（評）第五倫	清陳延敬	1316-490- 34
（評）王梁孫咸	清陳延敬	1316-490- 34
（評）卓茂	清陳延敬	1316-491- 34
（評）魯恭	清陳延敬	1316-492- 34
（評）鄭康成	清陳延敬	1316-492- 34
（評）范升	清陳延敬	1316-493- 34
（評）班固	清陳延敬	1316-494- 34
（評）宋均	清陳延敬	1316-494- 34
（評）愛延	清陳延敬	1316-495- 34
（評）馬融	清陳延敬	1316-495- 34
（評）竇武	清陳延敬	1316-495- 34
（評）荀或	清陳延敬	1316-497- 34
讀後漢書	清朱鶴齡	1319-153- 13
書後漢書西域傳論後	清李光地	1324-835- 22

2.序　跋

上後漢十志書	漢蔡　邕	1397-413- 19
後漢書目序	劉宋范　曄	253-728- 附
後漢書注補志序	梁劉　昭	253-730- 附
進補後漢書年表序	宋熊　方	253-737- 附
進補後漢書年表表	宋熊　方	253-738- 附
（進）補後漢書年表狀	宋熊　方	253-739- 附
（跋）後漢書	明楊士奇	1238-593- 17
又前後漢書後	明王世貞	1281-168-129
熊氏後漢書年表序	清朱彝尊	1318- 56- 35
跋後漢書	清朱彝尊	1318-163- 45
吳氏兩漢刊誤補遺跋	清朱彝尊	1318-163- 45
校後漢書書後	清汪由敦	1328-845- 15

| 後漢書考證跋語 | 清陳　浩 | 253-732- 附 |

d.三國志

1.論　文

難荀或賈同傳	劉宋裴松之	1361-740- 50
題魏太祖紀	宋劉　敞	1095-821- 48
讀阮籍傳	宋謝　逸	1122-555- 10
三國志論	宋韓元吉	1165-261- 17
魏論	宋韓元吉	1165-261- 17
三國志雜論	元吳師道	1212- 97- 10
題孫季昭上周益公諮改修三國志書稿	元蘇天爵	1214-341- 29
讀蜀漢志	明章　懋	1254- 76- 3
讀魏志	明王世貞	1280-758-112
		1285- 61- 5
陳壽（三國志論）上		
下	明胡應麟	1290-712- 98
讀三國志	明胡應麟	1290-734-101
讀三國蜀志	明胡應麟	1290-734-101
讀三國志裴注	明胡應麟	1290-736-101
讀蜀志譙周傳	明胡應麟	1290-745-102
讀吳志魯肅傳	明胡應麟	1290-745-102
書蜀志諸葛亮傳七縱七禽事	清　高　宗	1301-475- 31
（評）曹操（二則）	清陳延敬	1316-496- 34
（評）曹丕	清陳延敬	1316-497- 34
（評）孫權	清陳延敬	1316-497- 34
（評）荀或	清陳延敬	1316-497- 34
（評）管寧	清陳延敬	1316-498- 34
評漢昭烈帝（三則）	清陳延敬	1316-498- 34
讀諸葛武侯傳	清李光地	1324-785- 18
書蜀志後	清李光地	1324-836- 22
書諸葛武侯傳後	清藍鼎元	1327-826- 16

2.序　跋

上陳壽三國志表	晉范　頵	1398-422- 18
上三國志注表	劉宋裴松之	254- 2- 附
		1398-658- 9
（跋）三國志	明楊士奇	1238-592- 17
書三國志後	明何喬新	1249-302- 18
三國志序	明陳仁錫	1405-511-289

e.晉　書

| 晉書限斷議 | 晉陸　機 | 1398-344- 15 |

晉書載記序　　　　　唐房玄齡等　256-652- 附
晉書音義序　　　　　唐楊齊宣　　256-1007-上
擬跋御書羊祜傳　　　宋鄭剛中　1138-166- 16
周敬甫晉評序　　　　宋劉　煇　1157-410- 5
書晉武紀後　　　　　宋孔武仲　1345-387- 18
讀晉帝紀　　　　　　明鄭　眞　1234-190- 35
（跋）晉書　　　　　明楊士奇　1238-592- 17
重刻晉書序　　　　　明王世貞　1282-537- 41
讀阮籍傳後　　　　　明王世貞　1285- 30- 2
書晉史隱逸傳後　　　明王世貞　1285- 33- 3
書慕容盛載記後　　　明王世貞　1285- 34- 3
讀晉書　　　　　　　明胡應麟　1290-734-101
讀晉書司馬宣王本紀　明胡應麟　1290-735-101
書溫嶠傳後　　　　　清畢振姬　 550-171-215
（晉書考證跋語）　　清孫人龍　 256-1045-附

f.宋　書

上（撰進）宋書表　　梁沈　約　1399-396- 7
　　　　　　　　　　　　　　　1415-116- 87
讀宋書　　　　　　　宋晁說之　1118-239- 12
讀宋書二則　　　　　明胡應麟　1290-736-101
宋書跋語　　　　　　清萬承蒼　 258-702- 附

g.南齊書

南齊書序　　　　　　宋曾鞏等　 259- 1- 附
南齊書目錄序　　　　宋曾　鞏　1098-453- 11
　　　　　　　　　　　　　　　1351- 40- 88
　　　　　　　　　　　　　　　1356-846- 4
　　　　　　　　　　　　　　　1384-226-100
　　　　　　　　　　　　　　　1418-511- 52
讀齊書　　　　　　　宋晁說之　1118-239- 12
南齊書考證跋語　　　清王祖庚　 259-582- 附

h.梁　書

梁書序　　　　　　　宋曾鞏等　 260- 1- 附
梁書目錄序　　　　　宋曾　鞏　1098-447- 11
　　　　　　　　　　　　　　　1356- 26- 2
　　　　　　　　　　　　　　　1359- 29- 4
　　　　　　　　　　　　　　　1384-228-100
　　　　　　　　　　　　　　　1418-512- 52
讀梁書　　　　　　　宋晁說之　1118-240- 12
讀梁帝紀　　　　　　明鄭　眞　1234-190- 35
書曾子固梁書目錄序
　後　　　　　　　　清李光地　1324-839- 22

i.陳　書

陳書序　　　　　　　宋曾鞏等　 260-511- 附
陳書目錄序　　　　　宋曾　鞏　1098-452- 11
　　　　　　　　　　　　　　　1351- 39- 88
　　　　　　　　　　　　　　　1384-229-100
　　　　　　　　　　　　　　　1405-480-286
讀陳書　　　　　　　宋晁說之　1118-241- 12

j.魏　書

上魏書十志啟　　　　北齊魏　收　1400- 31- 2
　　　　　　　　　　　　　　　1415-672-110
題後魏釋老志　　　　唐皮日休　1083-205- 8
　　　　　　　　　　　　　　　1336-487-377
魏書目錄附考證　　　宋范祖禹等　261- 23- 附
讀魏書　　　　　　　宋晁說之　1118-237- 12
讀魏書　　　　　　　明胡應麟　1290-737-101
魏書考證跋語　　　　清孫人龍　 262-893- 附

k.北齊書

讀北齊書　　　　　　宋晁說之　1118-237- 12
讀北齊後周書　　　　明胡應麟　1290-737-101

l.周　書

讀周書　　　　　　　宋晁說之　1118-238- 12
周書序　　　　　　　宋林　希等　263-399- 附
後周書序　　　　　　宋王安國　1351- 54- 90
　　　　　　　　　　　　　　　1405-482-286
　　　　　　　　　　　　　　　1418-336- 47
讀北齊後周書　　　　明胡應麟　1290-737-101
周書考證跋語　　　　清金文淳　 263-853- 附

m.隋　書

題隋書　　　　　　　宋陳　造　1166-396- 31
隋書宋本原跋　　　　宋藍元用　 264-1175-附
（跋）隋書　　　　　明楊士奇　1238-590- 17
讀隋書　　　　　　　明胡應麟　1290-738-101
隋書考證跋語　　　　清張映斗　 264-1176-附

n.南北史

北史序傳　　　　　　唐李延壽　 267-914-100
（跋）南北史　　　　明楊士奇　1238-611- 18
讀南北史　　　　　　明胡應麟　1290-738-101
北史考證跋語　　　　清孫人龍　 267-916- 附

四庫全書文集篇目分類索引

史部

正史類：兩唐書、兩五代史、宋史

o.兩唐書

篇目	作者	索引號
李君羨傳論	宋王禹稱	1086-143- 15
進新修唐書表	宋歐陽修	1102-730- 91
		1383-421- 37
讀唐書二首	宋張 栻	1115-305- 35
讀唐書	宋張 栻	1346-419- 29
又讀唐書二首	宋張 栻	1115-305- 35
書韓退之傳後	宋張 栻	1115-377- 44
書唐吐蕃傳後	宋張 栻	1115-382- 45
		1346-420- 29
題賈長卿讀高彥休讀白樂天事	宋張 栻	1115-384- 45
唐舊書雜論（一百十則）	宋晁補之	1118-770- 45
舊唐書雜論（一百六則）	宋晁補之	1361-375- 56
書李林甫傳後	宋李 光	1128-621- 17
吳縝著唐書糾謬五代史纂誤之因	宋張元幹	1136-664- 9
讀唐志	宋朱 熹	1145-381- 70
		1476-239- 13
跋景文公唐史藁	宋周必大	1147-160- 16
書唐史諸傳	宋倪 朴	1152- 18- 0
新唐書進表	宋曾公亮	272- 42- 附
進新唐書表	宋曾公亮	1359-182- 23
新唐書糾謬原序	宋吳 縝	276-620- 附
進新唐書糾謬原表	宋吳 縝	276-623- 附
（新唐書糾謬跋語）	宋吳元美	276-764- 附
書唐憲宗紀後	宋孔武仲	1345-388- 18
新唐書辨	金王若虛	1190-379- 22
讀鄭虔傳	明徐一夔	1229-141- 1
書新唐書後	明楊士奇	1238-118- 10
讀唐史三十一首	明李東陽	1250-391- 37
書舊唐書橫海藩鎮列傳後（二則）	明程敏政	1252-639- 36
題歐陽文忠公遺墨唐書紀表	明吳 寬	1255-460- 50
唐書大風拔木斷（論）	明羅 玘	1259-292- 22
重刻舊唐書敘（序）	明文徵明	1273-121- 17
		1405-499-287
		1455-356-212
書張果傳	明胡 直	1287-442- 18
讀新舊唐書	明胡應麟	1290-738-101
書新唐書兵志論後	清高 宗	1300-350- 8
讀唐書孝友傳	清朱鶴齡	1319-153- 13
讀舊唐書	清朱鶴齡	1319-154- 13
書柳宗元傳後	清儲大文	1327-310- 14

p.兩五代史

篇目	作者	索引號
書五代郭崇韜卷後	宋張 栻	1115-373- 44
		1354-234- 29
與大蘇二簡□論五代史唐六臣傳標題之不當	宋張 栻	1115-394- 46
歐陽公五代史得春秋之法（論）	宋李 廌	1361-317- 49
五代（史）雜論（十五則）		1118-811- 50
		1361-414- 61
周世宗家人傳（讀後）	宋楊 時	1125-188- 9
		1362-191- 9
吳縝著唐書糾謬五代史纂誤之因	宋張元幹	1136-664- 9
題六一先生五代史藁	宋周必大	1147-140- 15
書周世宗家人傳	宋薛季宣	1159-422- 27
書郭崇韜傳後	宋陸 游	1406-521-374
五代史記序	宋陳師錫	279- 1- 附
書朱梁本紀後	宋孔武仲	1345-391- 18
書後唐紀後	宋孔武仲	1345-391- 18
書石晉紀後	宋孔武仲	1345-391- 18
書周紀後	宋孔武仲	1345-392- 18
書五代死節傳後	元程鉅夫	1202-353- 24
歐史十國年譜備證	明徐一夔	1229-182- 4
		1374-279- 52
		1407-452-437
歐陽公書王彥章事	明徐一夔	1229-292- 10
書五代史後	明楊士奇	1238-118- 10
書五代史後	明王世貞	1285- 43- 3
歐陽修（五代史論）	明胡應麟	1290-715- 48
五代史記注序	清朱彝尊	1318- 45- 35
讀五代史	清朱鶴齡	1319-155- 13
書五代史安重誨傳後	清方 苞	1326-752- 2
五代史考證跋語	清孫人龍	279-537- 附

q.宋 史

篇目	作者	索引號
書徐晉寧傳後	宋陳 造	1166-391- 31
進宋史表	元歐陽玄	1210-147- 13
三史質疑 宋遼金	元蘇天爵	1214-295- 25
讀宋徽宗本紀	明宋 濂	1224-447- 28
跋譚侍郎傳	明蘇伯衡	1228-709- 10

讀宋史　　　　　　　　明鄭　眞　　1234-206- 37
（跋）宋史略　　　　　明楊士奇　　1238-594- 17
道學傳序　　　　　　　明陳獻章　　 564-719- 59
與葛侍御（書）
　　論宋史曹彬克金陵　明陳獻章　　1246- 46- 2
讀宋史　　　　　　　　明何喬新　　 587-731- 18
　　　　　　　　　　　　　　　　　1249-314- 19
書先文簡公宋史本傳
　　後　　　　　　　　明程敏政　　1252-644- 37
書先太中公宋史附傳
　　後　　　　　　　　明程敏政　　1252-647- 37
讀宋史　　　　　　　　明王　鏊　　1256-489- 33
讀宋史王安石論　　　　明祝允明　　1260-512- 11
與華修撰子潛論修史
　　書論修元史　　　　明陸　釴　　1274-660- 6
讀宋史　　　　　　　　明王世貞　　1280-758-112
　　　　　　　　　　　　　　　　　1285- 62- 5
書趙普傳後　　　　　　明王世貞　　1285- 44- 3
章獻劉皇后（論）　　　明歸有光　　1289-524- 5
郭皇后（論）　　　　　明歸有光　　1289-524- 5
慈聖曹皇后（論）　　　明歸有光　　1289-524- 5
宣仁高皇后（論）　　　明歸有光　　1289-525- 5
欽聖向皇后（論）　　　明歸有光　　1289-525- 5
昭慈孟皇后（論）　　　明歸有光　　1289-525- 5
韋太后（論）　　　　　明歸有光　　1289-525- 5
楊皇后（論）　　　　　明歸有光　　1289-525- 5
（宋）皇后總論　　　　明歸有光　　1289-526- 5
魏悼王（論）　　　　　明歸有光　　1289-526- 5
楚榮憲王（論）　　　　明歸有光　　1289-526- 5
趙子崧（論）　　　　　明歸有光　　1289-526- 5
不恩（論）　　　　　　明歸有光　　1289-526- 5
（宋）諸王總論　　　　明歸有光　　1289-526- 5
（宋）公主（論）　　　明歸有光　　1289-527- 5
范質王溥魏仁浦(論)　　明歸有光　　1289-527- 5
石守信（論）　　　　　明歸有光　　1289-527- 5
侯益趙贊（論）　　　　明歸有光　　1289-527- 5
王全斌（論）　　　　　明歸有光　　1289-528- 5
趙普（論）　　　　　　明歸有光　　1289-528- 5
盧多遜（論）　　　　　明歸有光　　1289-528- 5
張齊賢（論）　　　　　明歸有光　　1289-528- 5
讀宋遼金三史及宋史
　　新編　　　　　　　明胡應麟　　1290-739-101
讀宋史李全傳　　　　　明胡應麟　　1290-739-101
宋論人　　　　　　　　明劉定之　　1373-640- 11
論修正宋史書　　　　　明周　叙　　1454-797-174

答吳克復論宋史東　　　明柯維騏　　1454-799-174
御製讀宋史　　　　　　清 高 宗　　 280- 1- 附
讀宋史徐積傳　　　　　清 高 宗　　1301-188- 22
　　　　　　　　　　　　　　　　　1449-289- 14
讀宋仁宗本紀贊　　　　清 高 宗　　1301-502- 36
讀宋史河渠志　　　　　清 高 宗　　1301-502- 36
書宋史張浚傳後　　　　清 高 宗　　1318-166- 45
讀宋史曹彬傳　　　　　清朱鶴齡　　1319-156- 13
明宋史刑法志總論　　　清姜宸英　　1323-736- 4
讀宋史　　　　　　　　清陸隴其　　1325- 43- 4

r.遼　史

進遼史表　　　　　　　元歐陽玄　　1210-145- 13
三史質疑　　　　　　　元蘇天爵　　1214-295- 25
進遼史表　　　　　　　元托克托　　 289- 2- 附
書耶律遼史後　　　　　明王世貞　　1285- 51- 4
讀宋遼金三史及宋史
　　新編　　　　　　　明胡應麟　　1290-739-101

s.金　史

進金史表　　　　　　　元歐陽玄　　1210-146- 13
三史質疑　　　　　　　元蘇天爵　　1214-295- 25
讀宋遼金三史及宋史
　　新編　　　　　　　明胡應麟　　1290-739-101
御製讀金史　　　　　　清 高 宗　　 292- 2- 附
　　　　　　　　　　　　　　　　　1301-496- 35
讀金史世宗本紀　　　　清陸隴其　　1325- 44- 4
讀金史章宗本紀　　　　清陸隴其　　1325- 44- 4
讀金史哀宗本紀　　　　清陸隴其　　1325- 44- 4
讀金史完顏奴申傳　　　清陸隴其　　1325- 45- 4
讀金史禮志　　　　　　清陸隴其　　1325- 45- 4
讀金史食貨志　　　　　清陸隴其　　1325- 46- 4
讀金史方伎傳張從正　　清陸隴其　　1325- 46- 4
讀金史隱逸傳　　　　　清陸隴其　　1325- 46- 4

t.元　史

進元史表　　　　　　　明宋　濂　　1223-237- 1
　　　　　　　　　　　　　　　　　1373-544- 5
　　　　　　　　　　　　　　　　　1403-558-139
　　　　　　　　　　　　　　　　　1453-578- 66
元史目錄記　　　　　　明宋　濂　　1223-260- 2
與王待制書論修元史　　明徐一夔　　1229-226- 6
　　　　　　　　　　　　　　　　　1454-794-174
書元史後　　　　　　　明楊士奇　　1238-122- 10
與華修撰子潛論修史

史部

正史類：宋史、遼史、金史、元史

書論重修宋元史　　　　　明陸　粲　　1274-660-　6
讀元史歷志　　　　　　　明楊　廉　　 443-658- 30
讀元史五行志　　　　　　清陸隴其　　1325- 47-　4

u.明　史

題明神宗本紀　　　　　　清　高　宗　1301-395- 18
明史立道學忠義二傳
　奏（二則）　　　　　　清彭孫遹　　1317-269- 35
史館上總裁第一至第
　七書論修明史　　　　　清朱彝尊　　1318- 10- 32
復蔣杜陵書論修明史　　　清毛奇齡　　1320-163- 20
題吳夫人評閱明史卷
　首　　　　　　　　　　清毛奇齡　　1320-517- 59
答徐健菴先生書論明
　史立道學傳之不宜　　　清陸隴其　　1325- 65-　5
答明史館某論史事書
　論修明史之義例　　　　清汪由敦　　1328-762-　7
恭進明史表　　　　　　　清張廷玉　　1449-462-　2

v.附　錄

書儒林傳　　　　　　　　宋孔武仲　　1345-384- 18
評前代史
　史記漢書左傳唐書　　　宋唐　庚　　1407-456-438
諸史辨惑　　　　　　　　金王若虛　　1190-369- 20
修遼金宋史搜訪遺書
　條列事狀　　　　　　　元袁　桷　　1203-550- 41
進二十史表　　　　　　　明林文俊　　1271-674-　1
進二十史疏　　　　　　　明林文俊　　1271-692-　2
御製重刻二十一史序　　　清　高　宗　 243-　1- 附
　　　　　　　　　　　　　　　　　　1301-102- 11
御製改譯遼金元三史序　　清　高　宗　 289-　1- 附
　　　　　　　　　　　　　　　　　　 290-　1- 附
　　　　　　　　　　　　　　　　　　 292-　1- 附
　　　　　　　　　　　　　　　　　　1301-390- 17
二十一史論　　　　　　　清湯　斌　　1312-546-　6
二十一史四譜序　　　　　清汪由敦　　1328-782-　9
奉勅校刻二十一史告
　竣進表　　　　　　　　清弘　畫　　 243-　9- 附

B.編　年　類

六國年表（敘論）　　　　漢司馬遷　　1360-426- 26
六國年表序　　　　　　　漢司馬遷　　1405-437-283
六國表　　　　　　　　　漢司馬遷　　1378-　2- 33
漢興以來諸侯年表（
　敘論）　　　　　　　　漢司馬遷　　1360-427- 26
漢興以來諸侯年表　　　　漢司馬遷　　1378-　3- 33
漢興以來諸侯年表序　　　漢司馬遷　　1405-439-283
　　　　　　　　　　　　　　　　　　1417-247- 13
建元以來侯者年表（
　敘論）　　　　　　　　漢司馬遷　　1360-429- 26
建元以來侯者年表序　　　漢司馬遷　　1405-440-283
建元以來王子侯者年
　表（敘論）　　　　　　漢司馬遷　　1360-429- 26
建元以來王子侯者年
　表序　　　　　　　　　漢司馬遷　　1405-441-283
十二諸侯年表　　　　　　漢司馬遷　　1378-　1- 33
十二諸侯年表序　　　　　漢司馬遷　　1405-436-283
　　　　　　　　　　　　　　　　　　1417-246- 13
秦楚月表　　　　　　　　漢司馬遷　　1378-　3- 33
秦楚之際月表序　　　　　漢司馬遷　　1405-438-283
　　　　　　　　　　　　　　　　　　1417-247- 13
秦楚之際月表　　　　　　漢司馬遷　　1408-727-556
　　　　　　　　　　　　　　　　　　1476- 10-　1
高祖功臣年表　　　　　　漢司馬遷　　1378-　4- 33
高祖功臣年表序　　　　　漢司馬遷　　1405-440-283
高祖功臣侯年表序　　　　漢司馬遷　　1417-248- 13
高祖功臣侯年表　　　　　漢司馬遷　　1476- 10-　1
三代世表序　　　　　　　漢司馬遷　　1405-436-283
三代年表　　　　　　　　漢司馬遷　　1408-723-556
惠景間侯者年表序　　　　漢司馬遷　　1405-440-283
前漢紀跋　　　　　　　　漢荀　悅　　 303-488- 30
漢紀序（二則）　　　　　漢荀　悅　　1397-512- 25
　　　　　　　　　　　　　　　　　　1412-385- 17
（漢紀）後序　　　　　　漢荀　悅　　1412-386- 17
異姓諸侯王表（序）　　　漢班　固　　1355-401- 13
　　　　　　　　　　　　　　　　　　1378-　6- 33
　　　　　　　　　　　　　　　　　　1405-460-284
諸侯王表（序）　　　　　漢班　固　　1355-401- 13
　　　　　　　　　　　　　　　　　　1378-　5- 33
　　　　　　　　　　　　　　　　　　1405-461-284
　　　　　　　　　　　　　　　　　　1417-373- 19
　　　　　　　　　　　　　　　　　　1476- 11-　1
高惠高后孝文功臣表　　　漢班　固　　1378-　7- 33
高惠高后文功臣表序　　　漢班　固　　1405-462-284
高惠高后文帝功臣表
　序　　　　　　　　　　漢班　固　　1417-375- 19
王子侯表序上　　　　　　漢班　固　　1405-462-284
王子侯表序下　　　　　　漢班　固　　1405-462-284
景武昭宣元成功臣表

四庫全書文集篇目分類索引

史部 編年類

篇目	作者	索引號
序	漢班 固	1405-463-284
外戚恩澤侯表序	漢班 固	1417-376- 19
後漢紀原序	晉袁 宏	303-493- 附
晉紀總論	晉干 寶	1417-495- 24
梁典序	陳何之元	1399-735- 8
與陳叔達重借隋紀書	唐王 績	1344-254- 82
進順宗皇帝實錄表狀	唐韓 愈	1073-662- 38
		1074-519- 38
		1075-461- 38
順宗實錄五卷	唐韓 愈	1073-712- 6
		1075-511- 6
		1408-634-548
元經原序	唐薛 收	303-831- 附
宋略總論	唐裴子野	1340-342-754
		1399-442- 9
答王績書 答重借隋紀書	唐陳叔達	1344-254- 82
大統紀序	唐陳 鴻	1344-412- 95
資治通鑑序	宋英宗	1418-181- 42
進資治通鑑表	宋司馬光	304- 2- 附
		549- 94-184
		1094-182- 17
		1350- 69- 65
		1359-179- 23
		1394-420- 4
		1476-210- 12
進稽古錄表	宋司馬光	312-396- 附
		1352-101-2下
資治通鑑外紀序	宋司馬光	312-657- 附
進通志表	宋司馬光	1094-176- 17
貽劉道原 修長編意見	宋司馬光	1094-580- 63
答范夢得 修長編意見	宋司馬光	1094-581- 63
記歷年圖後	宋司馬光	1094-653- 71
五代紀元序	宋楊 傑	1099-724- 9
補編年圖序	宋楊 傑	1099-725- 9
進神宗皇帝實錄表	宋范祖禹	1100-127- 5
代司馬丞相進稽古錄表	宋黃庭堅	1113-191- 20
		1394-435- 4
神宗皇帝實錄敘論	宋陸 佃	1117-141- 11
題長編疑事	宋晁說之	1118-347- 18
神宗日錄辨（三十二則）	宋楊 時	1125-143- 6
重修神宗皇帝實錄繳進表	宋趙 鼎	1128-687- 4
擬進神宗實錄表	宋張 嵲	1131-528- 21
代進哲宗皇帝實錄表	宋朱 松	1133-533- 11
得通鑑一綱目一發明		
管見各一觀忤而書	宋李流謙	1133-758- 18
皇王大紀序	宋胡 宏	313- 7- 附
		1137-155- 3
皇王大紀論	宋胡 宏	1137-187- 4
論通鑑與左氏相接	宋林之奇	1140-454- 12
跋閩樂先生論金陵日曆書	宋史 浩	1141-817- 36
進徽宗實錄表	宋周麟之	1142- 44- 6
古今通系圖後序	宋廖 剛	1142-442- 11
答尤延之奏二則		
論資治通鑑之變例	宋朱 熹	1144- 48- 37
		1144- 49- 37
讀大紀	宋朱 熹	1145-382- 70
資治通鑑綱目序	宋朱 熹	1145-556- 75
		1476-235- 13
資治通鑑舉要歷後序	宋朱 熹	1145-571- 76
題伯恭所抹荊公日錄	宋朱 熹	1145-698- 82
跋司馬文正公通鑑綱要真蹟	宋朱 熹	1145-734- 83
跋通鑑韻語	宋朱 熹	1145-710- 82
起居注箚（二則）	宋周必大	1148-673-153
大事記序	宋呂祖謙	1150- 58- 6
跋通鑑紀事	宋呂祖謙	1353-809-110
歷代帝王總要序	宋樓 鑰	1152-824- 53
跋張季長同年所藏司馬溫公通鑑漢元年藁	宋袁說友	1154-380- 19
進東都紀年表	宋王 炎	1155-566- 13
東都紀年序	宋王 炎	1155-725- 25
易覽圖序 鏡古歷年圖序	宋彭龜年	1155-857- 10
漢少帝編年後跋	宋彭龜年	1155-861- 10
續通鑑長編要略序	宋劉 煇	1157-401- 5
皇朝編年舉要備要序	宋劉 煇	1157-402- 5
資治通鑑策	宋員興宗	1158- 86- 11
皇帝玉牒序	宋洪 适	1158-420- 25
通鑑韻語序	宋楊萬里	1161- 93- 82
跋黃齊賢通鑑韻語	宋楊萬里	1161-302-100
東宮勸讀錄——(讀)資治通鑑(十一則)	宋楊萬里	1161-428-113
書通鑑後（二則）	宋陸 游	1163 499- 25
		1406-520-374
題徽宗實錄	宋周 南	1169- 56- 5
裴及卿史漢四紀序	宋魏了翁	1172-619- 55

四庫全書文集篇目分類索引

史部 編年類

通鑑綱目發明序　　　　　　宋魏了翁　1172-628- 56
跋陳了齋辯王荊公日
　錄　　　　　　　　　　　宋魏了翁　1173- 43- 62
九朝編年備要原序　　　　　宋眞德秀　 328- 2- 附
皇朝編年舉要備要序　　　　宋眞德秀　1174-412- 27
續通鑑長編要略序　　　　　宋眞德秀　1174-454- 29
玉牒初草紀宋寧宗嘉定
　十一年十二年事　　　　　宋劉克莊　1180-468- 43
代宰臣進寧宗實錄表　　　　宋徐元杰　1181-658- 4
本朝長編節要綱目序　　　　宋姚　勉　1184-262- 38
資治通鑑綱目凡例後
　語　　　　　　　　　　　宋王　柏　 689- 24-首上
通鑑托始論　　　　　　　　宋王　柏　1186-139- 9
通鑑地理通釋自序　　　　　宋王應麟　 312- 3- 附
通鑑前編前序　　　　　　　宋金履祥　 332- 3- 附
通鑑前編序　　　　　　　　宋金履祥　1189-815- 3
　　　　　　　　　　　　　　　　　　1367-397- 32
通鑑前編後序　　　　　　　宋金履祥　1189-815- 3
資治通鑑外紀序　　　　　　宋劉　恕　 312-658- 附
外紀前序　　　　　　　　　宋劉　恕　1345-545- 0
外紀後序　　　　　　　　　宋劉　恕　1345-545- 0
通鑑議論論筆法　　　　　　宋劉　恕　1345-546- 0
書資治通鑑外紀後　　　　　宋劉　恕　1351-485-130
　　　　　　　　　　　　　　　　　　1406-512-373
進續資治通鑑長編原
　表　　　　　　　　　　　宋李　燾　 314- 36- 附
進續資治通鑑長編表　　　　宋李　燾　1359-180- 23
建炎以來繫年要錄跋　　　　宋賈似道　 327-896- 附
九朝編年備要原序　　　　　宋林　邑　 328- 3- 附
九朝編年備要原序　　　　　宋鄭性之　 328- 3- 附
九朝編年備要原序　　　　　宋陳　均　 328- 4- 附
西漢年紀序　　　　　　　　宋王益之　 329- 4- 附
西漢年紀跋　　　　　　　　宋王觀之　 329-405- 30
資治通鑑綱目發明序　　　　宋尹起莘　 689-30-首下
資治通鑑綱目凡例識
　語　　　　　　　　　　　宋文天祐　 689-26-首上
資治通鑑綱目後序　　　　　宋李方子　 689-28-首下
進呈（金）章宗皇帝
　實錄表　　　　　　　　　金趙秉文　1190-185- 10
集諸家通鑑節要序　　　　　金元好問　1191-417- 36
宋史提綱序　　　　　　　　元王義山　1193- 28- 4
上待制劉後村論提綱
　衍義書　　　　　　　　　元王義山　1193- 73- 12
代徐司戶上參政蔡九
　軒獻通鑑綱目考異

　書　　　　　　　　　　　元王義山　1193- 74- 12
通鑑痛辯序　　　　　　　　元戴表元　1194- 88- 7
題王希聖續漢春秋後　　　　元戴表元　1194-248- 19
通鑑音釋質疑序　　　　　　元鄧文原　1195-548- 下
癸亥冬觀綱目二則　　　　　元胡祗遹　1196-344- 20
甲子年表圖序　　　　　　　元吳　澄　1197-218- 20
經筵講義——通鑑　　　　　元吳　澄　1197-840- 90
通鑑前編序　　　　　　　　元許　謙　 332- 3- 附
上劉約齋書
　論通鑑前編一書　　　　　元許　謙　1199-585- 3
編年紀事序　　　　　　　　元王　惲　1200-540- 42
　　　　　　　　　　　　　　　　　　1373-396- 25
進呈世祖皇帝實錄表　　　　元王　惲　1201- 31- 67
進實錄表
　元世祖皇帝實錄　　　　　元王　惲　1367-198- 16
　　　　　　　　　　　　　　　　　　1382-413-下3
　　　　　　　　　　　　　　　　　　1394-456- 4
國統離合表序　　　　　　　元姚　燧　1373-115- 9
進三朝實錄表　　　　　　　元程鉅夫　1202- 50- 4
　　　　　　　　　　　　　　　　　　1367-199- 16
歷代帝王紀年纂要序　　　　元程鉅夫　1202-198- 15
跋朱文公通鑑綱目稿　　　　元程鉅夫　1375-308- 24
進五朝實錄表　　　　　　　元袁　桷　1203-501- 38
進仁宗皇帝實錄表（
　二則）　　　　　　　　　元袁　桷　1203-506- 38
進實錄表仁宗皇帝實錄　　　元袁　桷　1367-201- 16
古今指掌圖序　　　　　　　元張之翰　1204-477- 14
增廣歷代通略後序　　　　　元陳　櫟　1205-164- 1
通鑑綱目書法序　　　　　　元揭傒斯　1208-214- 8
廬陵劉氏通鑑綱目書
　法後序　　　　　　　　　元歐陽玄　1210- 56- 7
跋司馬溫公修通鑑草　　　　元柳　貫　1210-485- 18
綱目書法序　　　　　　　　元許有壬　1211-213- 30
　　　　　　　　　　　　　　　　　　1211-606- 5
通鑑發明序　　　　　　　　元唐　元　1213-544- 9
通鑑前編舉要新書序　　　　元戴　良　1219-384- 12
通鑑綱目凡例考異序　　　　元汪克寬　 689- 38-首下
　　　　　　　　　　　　　　　　　　1220-684- 4
　　　　　　　　　　　　　　　　　　1375-416- 32
綱目凡例考異　　　　　　　元汪克寬　1374-278- 52
題三史目錄紀年後　　　　　元趙　汸　1221-290- 5
通鑑釋文辯誤序　　　　　　元胡三省　 312-218- 附
資治通鑑音註序　　　　　　元胡三省　 550-101-212
新註資治通鑑序　　　　　　元胡三省　1367-398- 32
　　　　　　　　　　　　　　　　　　1405-485-286

四庫全書文集篇目分類索引

史部 編年類

龍廬陵增廣通略序　　　　元龍　雲　1205-429- 17
進實錄表英宗皇帝實錄　　元謝　端　1367-202- 16
資治通鑑綱目考證序　　　元徐昭文　 689- 45-首下
資治通鑑綱目集覽序
　例　　　　　　　　　　元王幼學　 689- 44-首下
資通鑑綱目凡例序　　　　元倪士毅　 689- 10-首上
（御製）續資治通鑑
　綱目原序　　　　　　　明 憲宗
　　　　　　　　　　　　　　　　　 693- 5- 附
呂氏采史目錄序　　　　　明宋 濂　 518- 38-137
大明日曆序　　　　　　　明宋 濂
　　　　　　　　　　　　　　　　　1223-353- 5

　　　　　　　　　　　　　　　　　1374-102- 38
　　　　　　　　　　　　　　　　　1405-493-287
御製資治通鑑後題　　　　明宋 濂　1223-600- 12
大事記後記　　　　　　　明王 禕
　　　　　　　　　　　　　　　　　1226-170- 8
　　　　　　　　　　　　　　　　　1374-203- 45
通鑑綱目考證序　　　　　明朱 右　1228- 68- 5
歷代統紀要覽序　　　　　明朱 右　1228- 68- 5
通鑑綱目考證序　　　　　明朱 右　1374-122- 39
　　　　　　　　　　　　　　　　　1405-494-287
歷代易覽序　　　　　　　明胡 翰　1229- 42- 4
房玄齡等上高祖今上
　實錄表　　　　　　　　明鄭 真　1234-414- 60
進實錄表明太祖實錄　　　明解 縉　1236-609- 1
　　　　　　　　　　　　　　　　　1373-547- 5
進高皇帝實錄表　　　　　明解 縉　1403-559-139
題通鑑續編後　　　　　　明楊士奇　1238-113- 10
（跋）通鑑續編　　　　　明楊士奇　1238-590- 17

　　　　　　　　　　　　　　　　　1374-223- 47
題通鑑前編舉要新書　　　明楊士奇　1238-114- 10
跋通鑑前編舉要新書　　　明楊士奇　1455-341-211
通鑑綱目集覽正誤序　　　明楊士奇　 689- 47-首下
　　　　　　　　　　　　　　　　　1238-543- 14
（跋）資治通鑑釋文　　　明楊士奇　1238-590- 17
（跋）通鑑綱目書法　　　明楊士奇　1238-591- 17
（跋）通鑑綱目凡例　　　明楊士奇　1238-591- 17
（跋）通鑑綱目　　　　　明楊士奇　1238-591- 17
（跋）續宋編年資治
　通鑑　　　　　　　　　明楊士奇　1238-592- 17
（跋）兩朝實錄纂修
　始末　　　　　　　　　明楊士奇　1238-593- 17
（跋）宣廟實錄纂修
　始末　　　　　　　　　明楊士奇　1238-593- 17
（跋）歷代大統易見　　　明楊士奇　1238-594- 17
兩朝實錄成史館上表
　太宗文皇帝實錄一百

三十卷及仁宗昭皇帝
　實錄十卷　　　　　　　明楊士奇　1373-551- 5
　　　　　　　　　　　　　　　　　1403-561-139
進太祖高皇帝實錄表　　　明夏原吉　1240-483- 1
進實錄表
　宣宗章皇帝實錄　　　　明王 直　1241-270- 12
　　　　　　　　　　　　　　　　　1373-553- 5
通鑑（講章）　　　　　　明劉 球　1243-425- 1
進呈憲宗純皇帝實錄
　表　　　　　　　　　　明丘 濬　1248-159- 8
世史正綱序　　　　　　　明丘 濬　1248-182- 9
書資治通鑑後　　　　　　明何喬新　1249-297- 18
跋大事記續編　　　　　　明何喬新　1249-299- 18
　　　　　　　　　　　　　　　　　1455-365-213
辨通鑑綱目書漢亡　　　　明何喬新　1249-315- 19
　　　　　　　　　　　　　　　　　1407-418-434
　　　　　　　　　　　　　　　　　1454-264-112
擬進憲宗純皇帝實錄
　表　　　　　　　　　　明李東陽　1250-417- 38
進歷代通鑑纂要表　　　　明李東陽　1250-726- 69
　　　　　　　　　　　　　　　　　1453-576- 66
進孝宗皇帝實錄表　　　　明李東陽　1250-727- 69
歷代通鑑纂要凡例　　　　明李東陽　1250-728- 69
通鑑綱目講章　　　　　　明倪 岳　1251-102- 10
經筵講章——綱目一
　二　　　　　　　　　　明程敏政　1252- 89- 5
經筵講章——通鑑綱
　目一二　　　　　　　　明程敏政　1252-158- 8
書宋鑑長編所紀先文
　簡公事後　　　　　　　明程敏政　1252-646- 37
復東陽盧御史正夫格
　（書）論朱子四書
　集註易及綱目書法　　　明章 懋　1254- 54- 2
資治通鑑綱目合注後
　序　　　　　　　　　　明黃仲昭　 689- 48-首下
書新刻資治通鑑綱目
　後　　　　　　　　　　明黃仲昭　1254-452- 4
書重刊通鑑前編後　　　　明黃仲昭　1254-455- 4
書重刊歷代帝王紀年
　纂要後　　　　　　　　明黃仲昭　1254-458- 4
綱目發明辨　　　　　　　明張 吉　1257-745- 0
進實錄表　　　　　　　　明石 珤　1259-559- 5
通鑑綱目前編序　　　　　明何 塘　1266-538- 5
漢紀序　　　　　　　　　明何景明　1267-304- 34
　　　　　　　　　　　　　　　　　1405-498-287

四庫全書文集篇目分類索引

史部 編年類

永樂以後功臣公侯伯年表序　明王世貞　1282-630- 48
內閣輔臣年表序　明王世貞　1282-637- 49
司馬光（通鑑論）　明胡應麟　1290-716- 98
讀通鑑綱目三則　明胡應麟　1290-739-101
讀通鑑胡氏注　明胡應麟　1290-740-101
讀世史正綱二則　明胡應麟　1290-740-101
讀汝家三書——魏紀年逸周書穆天子傳　明胡應麟　1290-741-102
綱目續麟原序　明張自勗　323- 3- 附
宋季三朝政要題辭　明張　萱　329-963- 附
校勘資治通鑑綱目疏　明謝　鐸　445- 73- 4
與李西涯論歷代通鑑纂要（書）　明謝　鐸　1404-746-233
　　1454-796-174
帝王紀年纂要序　明黃　諫　558-695- 48
進歷代通鑑纂要表　明張邦奇　1403-564-139
　　1453-579- 66
大政紀序　明李國祥　1455-465-221
資治通鑑綱目集覽正誤序　明陳　濟　689- 46-首下
綱鑑甲子圖序　明劉應期　1456-499-315
資治通鑑綱目質實序　明馮智舒　689- 48-首下
書通鑑綱目後　清聖祖　1298-241- 29
日講通鑑解義序　清聖祖　1298-636- 31
　　1449-129- 2
通鑑綱目序　清聖祖　1298-639- 32
聖祖仁皇帝實錄序　清世宗　1300- 77- 8
御題南宋兩朝綱目備要　清高宗　329-685- 附
御題歷代通鑑輯覽序　清高宗　335- 1- 附
　　694-417- 附
通鑑輯覽序　清高宗　1301-383- 16
明史綱目序 御定通鑑綱目三編原序　清高宗　340- 3- 附
　　1301- 97- 10
御製明史綱目書成有述并序　清高宗　340- 4- 附
御製開國方略序　清高宗　341- 1- 附
　　1301-625- 9
御製開國方略聯句有序　清高宗　341- 3- 附
讀資治通鑑綱目二則　清高宗　689- 1- 附
（御題）宋版朱子資治通鑑綱目　清高宗　689- 1- 附

朱子資治通鑑綱目序　清高宗　1300-334- 7
　　1449-245- 12
太祖高皇帝實錄序　清高宗　1301- 78- 8
　　1449-252- 12
太宗文皇帝實錄序　清高宗　1301- 79- 8
　　1449-254- 12
世祖章皇帝實錄序　清高宗　1301- 81- 8
　　1449-256- 13
聖祖仁皇帝實錄序　清高宗　1301- 84- 9
聖祖仁皇帝實錄告成序　　- 13
　清高宗　1449-259- 13
世宗憲宗皇帝實錄序　清高宗　1301- 86- 9
　　1449-262- 13
通鑑綱目續編內發明廣義題辭　清高宗　1301-396- 18
書通鑑輯覽明崇禎甲申紀年事　清高宗　1301-474- 31
書通鑑宋太祖云守財事　清高宗　1301-477- 31
起居注册後跋　清陳廷敬　1316-702- 48
　　1449-747- 21
歲終彙進講義疏通鑑講義　清陳廷敬　1449-838- 28
續宋編年資治通鑑原序　清朱彝尊　328-874- 附
永嘉米氏紀年備遺序　清朱彝尊　1318- 56- 35
胡氏皇王大紀跋　清朱彝尊　1318-162- 45
莆田陳氏九朝編年備要跋　清朱彝尊　1318-165- 45
中興通鑑跋　清朱彝尊　1318-166- 45
書李氏續通鑑長編後　清朱彝尊　1318-166- 45
孝宗大紀書後　清朱彝尊　1318-168- 45
重刻荀悅漢紀袁宏後漢紀序　清毛奇齡　1320-410- 48
進太宗文皇帝實錄表　清張玉書　1322-400- 1
跋宋史續通鑑長編　清宋　犖　1323-321- 28
讀綱目　清陸隴其　1325- 42- 4
書史記六國世表序後　清方　苞　1326-744- 2
上陳大中丞請修明史綱目書　清藍鼎元　1327-570- 1
恭進通鑑綱目三編表　清汪由敦　1328-746- 5
恭跋雍正十三年起居注　清汪由敦　1328-831- 14
明史功臣表序　清汪由敦　1449-685- 17
通鑑胡注舉正跋　清陳黃中　312-389- 附

通鑑胡注舉正跋　　　　清陳景雲　312-390- 附
綱目分注拾遺原序　　　清芮長恤　323-514- 附
進御批歷代通鑑輯覽表　清傳　恆　335- 9- 附
進皇清開國方略表　　　清阿　桂　341- 14- 附
皇清開國方略跋　　　　清阿　桂等　341-468- 附
起居注書後　　　　　　清徐乾學　1449-749- 21
進通鑑前編表　　　　　清不著撰人　332- 5- 附

C.紀事本末類

跋通鑑紀事本末　　　　宋朱　熹　1145-677- 81
書袁機仲國錄通鑑紀
　事本末後　　　　　　宋呂祖謙　1150- 62- 7
袁機仲通鑑本末序　　　宋楊萬里　1161- 69- 79
蜀鑑跋　　　　　　　　宋李文子　352-602- 附
蜀鑑跋　　　　　　　　宋不著撰人　352-602- 附
左傳事類序　　　　　　宋吳　澄　1197-180- 16
國統離合表序　　　　　宋姚　燧　1201-426- 3
春秋左氏傳類編序　　　元楊維楨　1221-432- 6
蜀鑑序　　　　　　　　明方孝孺　352-483- 附
　　　　　　　　　　　　　　　　1235-359- 12
蜀漢本末序　　　　　　明方孝孺　1235-360- 12
（跋）通鑑紀事本末　　明楊士奇　1238-591- 17
炎徼紀聞原序　　　　　明田汝成　352-604- 附
御製親征平定朔漠方
　略序　　　　　　　　清 聖 祖　354-425- 附
　　　　　　　　　　　　　　　　1299-159- 20
親征漠北紀略（上下
　二卷）　　　　　　　清 聖 祖　1298-668- 36
御製題宋版通鑑紀事
　本末　　　　　　　　清 高 宗　346- 1- 附
御製通鑑紀事本末題
　辭　　　　　　　　　清 高 宗　346- 2- 附
御製平定金川方略序　　清 高 宗　356- 1- 附
平定兩金川方略序　　　清 高 宗　1301-388- 17
平定準噶爾方略序　　　清 高 宗　357- 1- 附
　　　　　　　　　　　　　　　　1301-384- 16
方略告成序　　　　　　清彭孫遹　1317-271- 35
宋學士院中興紀事本
　末跋　　　　　　　　清朱彝尊　1318-165- 45
平臺灣記序　　　　　　清毛奇齡　1320-348- 41
平臺紀略原序　　　　　清藍鼎元　369-558- 附
平臺紀略自序　　　　　清藍鼎元　1327-641- 5
平臺紀略總論　　　　　清藍鼎元　1327-753- 11
恭進平定金川方略表　　清汪由敦　1328-745- 5

進平定朔漠方略表　　　清溫　達等　354-427- 附
恭進平定金川方略表　　清來　保等　356- 6- 附
進平定準噶爾方略表　　清傳　恆　357- 2- 附
平定準噶爾方略(序)　清傳　恆等　357- 21- 首
平定準噶爾方略正編
　跋　　　　　　　　　清傳　恆等　359-504- 85
平定準噶爾方略續編
　跋　　　　　　　　　清傳　恆等　359-954- 32
平定兩金川方略(表)　清阿　桂等　360- 3- 附
平定兩金川方略跋　　　清阿　桂等　361-861- 136
滇考序　　　　　　　　清馮　甦　364- 2- 附
明史紀事本末原序　　　清谷應泰　364-118- 附
原書徵言（繹史）　　　清馬　驌　365- 2- 附
平定三逆方略序　　　　清韓　菼　1449-656- 15

D.別 史 類

上高帝緘榮緒晉史啟
　附高帝答褚淵　　　　齊褚　淵　1399- 65- 3
齊書贊　　　　　　　　梁何　點　1399-435- 9
魏史義例（二則）　　　隋魏　澹　1400-311- 5
梁史敍論　　　　　　　隋許善心　1400-324- 5
補逸書　　　　　　　　唐陳子昂　1336-481- 377
非沈約齊記論　　　　　唐皮日休　1083-190- 5
建康實錄序　　　　　　唐許　嵩　370-227 - 附
進通志表　　　　　　　宋司馬光　549- 93-184
國朝宗室世系表序　　　宋楊　傑　1099-718- 8
帝王世次圖序　　　　　宋歐陽修　1102-337- 43
　　　　　　　　　　　　　　　　1103-745- 13
　　　　　　　　　　　　　　　　1378-325- 52
　　　　　　　　　　　　　　　　1383-500- 45
　　　　　　　　　　　　　　　　1406- 33-316
　　　　　　　　　　　　　　　　1447-459- 24
帝王世次圖後序　　　　宋歐陽修　1102-338- 43
　　　　　　　　　　　　　　　　1378-326- 52
　　　　　　　　　　　　　　　　1447-460- 24
古史（原）序　　　　　宋蘇　轍　371-207- 附
　　　　　　　　　　　　　　　　1378-331- 52
　　　　　　　　　　　　　　　　1384-908-162
　　　　　　　　　　　　　　　　1405-476-286
古史後序　　　　　　　宋蘇　轍　371-653- 附
上通志書　　　　　　　宋鄭　樵　530-456- 69
通志總序　　　　　　　宋鄭　樵　1418-612- 57
古史餘論　　　　　　　宋朱　熹　1145-464- 72
（蕭氏）續後漢書（
　原）序　　　　　　　宋周必大　384-393- 附

四庫全書文集篇目分類索引

		1147-561- 53
		1359- 28- 4
兩朝寶訓序	宋洪 适	1158-440- 28
史說	宋程 珌	1171-481- 28

史部

別史類

雜史類

代人上李宋書

上蕭晦齋 續後漢書	宋歐陽守道	1183-513- 2
跋續後漢書	宋歐陽守道	1183-682- 21
三皇五帝世譜（論）	宋馬廷鸞	1187-148- 21
通志序代憲使孫澤作	宋黃仲元	1188-636- 3
逸周書後序	宋李 燾	370- 64- 附
隆平集序	宋趙伯衛	371- 2- 附
通志總序	宋鄭 樵	372- 4- 附
進續後漢書表	宋蕭 常	384-394- 附
路史別序	宋費 煇	561-500- 44
		1381-331- 31
續後漢書（自）序	元郝 經	385- 21- 附
		1192-320- 29
		1367-406- 33
		1405-488-286
評鄭夾漈通志答劉教		
諭	元吳 澄	1197- 24- 2
古今通紀序	元吳 澄	1197-219- 20
續後漢書新註序	元苟宗道	385- 24- 附
續後漢書後序	元馮良佑	385- 25- 附
讀史氏手書三朝政要	明鄭 眞	1234-208- 37
錄鄉先生黃東發兩朝		
政要	明鄭 眞	1234-212- 37
讀汝家周書	明方孝孺	1235-128- 4
跋戰國策	明楊士奇	1238-588- 17
（跋）契丹志	明楊士奇	1238-596- 17
書蘇氏古史朱子漫記		
所載程公孫立孤事		
後	明程敏政	1252-635- 36
讀逸周書	明王世貞	1280-760-112
		1285- 64- 5
題手書國史張文忠公		
傳後	明王世貞	1284-310-160
周大記	明胡 直	1287-354- 57
吳記	明胡 直	1287-363- 58
羅氏路史序	明胡應麟	1290-617- 85
讀宋遼金三史及宋史		
新編	明胡應麟	1290-739-101
讀汝家三書——魏紀		
年逸周書穆天子傳	明胡應麟	1290-741-102
讀通志略	明胡應麟	1290-753-104

春秋別典叙 | 明薛虞畿 | 386-590- 附
春秋別典跋 | 明薛虞寶 | 386-745- 附
讀汝家書 | 明周洪謨 | 1374-238- 49
進承天大誌表 | 明張居正 | 1403-566-139
列國史補序 | 明王 衡 | 1405-507-288
| | | 1455-484-222 |
藏書序 | 明陳仁錫 | 1405-512-289
續藏書序 | 明陳仁錫 | 1405-512-289
讀汝家周書 | 明郭 棐 | 1454-431-133
御製歷代紀事年表序 | 清 聖 祖 | 387- 1- 附
歷代年表序 | 清 聖 祖 | 1299-535- 21
御題許嵩建康實錄 | 清 高 宗 | 370-225- 附
御製重刻通志序 | 清 高 宗 | 372- 1- 附
| | | 1301-107- 11
御題郝經續後漢書 | 清 高 宗 | 385- 1- 附
（郝氏續後漢書）夫 | | |
餘國（列）傳訂訛 | | |
訂所載官名之訛 | 清 高 宗 | 1301-437- 25
校正東部事略前序 | 清汪 琬 | 1315-460- 25
東部事略跋序 | 清汪 琬 | 1315-460- 25
擬明史列傳自序 | 清汪 琬 | 1315-509- 30
跋擬明史侯岐曾傳後 | 清汪 琬 | 1315-620- 39
進兩朝國史表 | 清彭孫遹 | 1317-264- 35
春秋別典跋 | 清朱彝尊 | 386-746- 附
補歷代史表原序 | 清朱彝尊 | 402- 10- 附
萬氏歷代史表序 | 清朱彝尊 | 1318- 44- 35
元史類編序 | 清朱彝尊 | 1318- 45- 35
書元趙居信蜀漢本末後 | 清朱彝尊 | 1318-163- 45
書柯氏宋史新編後 | 清朱彝尊 | 1318-167- 45
書北盟會編後 | 清朱鶴齡 | 1319-159- 13
歷代紀事年表進呈表 | 清王之樞 | 387- 22- 附
補歷代史表原序 | 清黃宗羲 | 402- 8- 附
補歷代史表原序 | 清李鄴嗣 | 402- 10- 附
後漢書補逸原序 | 清姚之駰 | 402-326- 附
逸周書序 | 不著撰人 | 370- 3- 附
汝家周書序 | 不著撰人 | 1398-466- 20

E.雜 史 類

戰國策序	漢劉 向	406-471- 附
		407- 2- 附
		1360-442- 27
		1405-514-290
上戰國策叙	漢劉 向	1396-534- 17
		1412-158- 7

四庫全書文集篇目分類索引　　85

國語自序	吳韋　昭	406-　4- 附			1378-351- 53	史部 · 雜史類
齊典序	齊熊　襄	1399-132-　6	聖王處民痒土論	宋張方平	1104-125- 16	
與呂道州溫論非國語書	唐柳宗元	550- 27-209	屈到嗜芰論（續楚語論）	宋蘇　軾	1107-613- 44	
		1076-283- 31			1384-588-132	
		1076-726- 31			1407- 41-399	
		1344-244- 81			1410-774-771	
非國語上下六十七篇并序	唐柳宗元	1076-421- 44	正國語說	宋張　栻	1447-731- 42	
		1076-850- 上	答劉壯與論國語書	宋晁補之	1361- 72- 10	
答吳武陵論非國語書	唐柳宗元	1344-245- 81			1118-830- 52	
讀開元雜報	唐孫　樵	1083- 91- 10	跋三墳傳	宋楊　時	1361-479- 68	
		1343-691- 49	進奉迎錄筒子	宋李　綱	1125-358- 26	
		1406-546-377	靖康傳信錄序	宋李　綱	1126-139- 83	
		1447-418- 21			1126-559-136	
武皇遺劍錄（序）	唐孫　樵	1409-558-625	建炎時政記序	宋李　綱	1126-774-171	
廣陵妖亂志	唐羅　隱	1084-269-　7			1126-579-139	
貞觀政要原序	唐吳　競	407-345- 附			1126-840-178	
東觀奏記原序	唐裴庭裕	407-610- 附	進編類建炎時政記箚子	宋張　守	1127-739-　6	
五代史闕文原序	宋王禹偁	407-633- 附	題金坡遺事後	宋慕崇禮	1134-756- 36	
辯五代史闕文傳	宋王禹偁	550-222-217	避盜錄序	宋鄭剛中	1138- 73-　5	
國語補音原序	宋宋　庠	406-190- 附	跋貞觀政要	宋汪應辰	1138-677- 10	
進平蠻記表	宋余　靖	1465-471-　3	書元祐八年補錄	宋汪應辰	1138-685- 10	
三朝聖政錄序	宋韓　琦	1089-336- 22	題金翁吳頤顯道文	宋汪應辰	1138-690- 11	
五代春秋	宋尹　洙	1090-140- 26	書朱丞相渡江遭變錄	宋汪應辰	1138-690- 11	
三朝聖政錄序	宋石　介	1090-310- 18	讀喻玉泉紹興甲寅奏對錄	宋汪應辰	1138-692- 11	
進華戎魯衛信錄總序（表）	宋蘇　頌	1092-478- 44	龍川別志（跋）	宋汪應辰	1375-290- 22	
華戎魯衛信錄總序	宋蘇　頌	1092-701- 66	書梅聖俞碧雲騢後	宋周紫芝	1141-482- 67	
		1351- 50- 89	寄方禮部書			
		1405-729-312	談通志等著作	宋鄭　樵	1141-516-　2	
述國語	宋司馬光	1094-621- 67	戊午議議序	宋朱　熹	1145-547- 75	
戰國策（原）序	宋曾　鞏	406-241- 附	戊午議論序	宋朱　熹	1353-761-107	
		406-473- 附	戊午議議序	宋朱　熹	1405-731-312	
		407-　4- 附	題東坡元祐手錄	宋周必大	1147-144- 15	
戰國策目錄序	宋曾　鞏	1098-451- 11	跋蔣穎叔楓府日記	宋周必大	1147-178- 18	
		1351- 38- 88	奉詔擬進御製至尊壽皇聖帝聖政序	宋陳傅良	1150-810- 40	
		1351-788- 下	辛臣以下跋御製至尊壽皇聖帝聖政序記	宋陳傅良	1150-819- 41	
		1354-217- 27	跋蔡京貶竄元符末上書人詔草及考定邪正等	宋陳傅良	1150-830- 42	
		1356- 30-　2				
		1359- 21-　3				
		1384-225-100				
		1405-526-290	書李氏建炎備禦錄後	宋樓　鑰	1153-212- 74	
		1447-911- 55	柳宗元非國語策	宋員興宗	1158- 75- 10	
畦田錄并序	宋歐陽修	1102-340- 44				

史部 雜史類

題松漠紀聞	宋洪 适	1158-656- 62
東宮勸讀錄——(讀)		
三朝寶訓	宋楊萬里	1161-435-113
跋文武兩朝獻替記	宋陸 游	1163-507- 26
跋却掃編	宋陸 游	1163-519- 27
跋出疆行程（二則）	宋陸 游	1163-552- 31
題孫公談圃	宋陳 造	1166-398- 31
題國語	宋陳 造	1166-398- 31
跋泣蘄錄後	宋曹彦約	1167-207- 17
跋戊午議議	宋張 栻	1167-702- 34
		1353-812-110
（跋）鄞城雜事記	宋周 南	1169- 54- 5
（跋）牛羊日曆	宋周 南	1169- 55- 5
（跋）南部煙花錄	宋周 南	1169- 55- 5
又題（南部煙花錄）	宋周 南	1169- 55- 5
（跋）傳記	宋周 南	1169- 56- 5
題四川着定錄	宋周 南	1169- 57- 5
戊午議和錄跋	宋周 南	1169- 57- 5
書鄰叢錄跋	宋周 南	1169- 57- 5
姑蘇衞寃錄跋	宋周 南	1169- 58- 5
趙氏痛心錄跋	宋周 南	1169- 58- 5
揚州利害錄跋	宋周 南	1169- 58- 5
書政塗雜抄錄後	宋周 南	1169- 58- 5
五雲次舊聞錄跋	宋周 南	1169- 58- 5
書方夷吾已見錄後	宋周 南	1169- 58- 5
跋翟洛行記後	宋周 南	1169- 59- 5
跋陸日新盡忠辨誣錄	宋魏了翁	1173- 19- 60
跋孟蜀斷憑	宋魏了翁	1173- 25- 61
（跋）任漢州發策本末	宋眞德秀	1174-542- 34
跋石溪漫志	宋陳元晉	1176-817- 5
書平寇錄後	宋包 恢	1178-761- 5
書惠厚下觀難錄後	宋高斯得	1182- 82- 5
續國語序	宋王 柏	1186- 53- 4
春秋十二諸侯譜(論)	宋馬廷鸞	1187-151- 21
季漢正義序	宋林景熙	1188-747- 5
戰國策原序	宋李格非	406-242- 附
書戰國策	宋李格非	406-728- 附
		407-331- 附
戰國策原序	宋王 覺	406-242- 附
題戰國策	宋王 覺	406-728- 附
		407-332- 附
戰國策原序	宋孫 朴	406-243- 附
書閣本戰國策後	宋孫 朴	407-332- 附
戰國策原序	宋姚 宏	406-243- 附
戰國策校注後序	宋姚 宏	407-332- 附
戰國策序	宋鮑 彪	406-474- 附
戰國策校注序	宋鮑 彪	407- 6- 附
戰國策校注後序	宋姚 寬	407-334- 附
戰國策括蒼刊本序	宋耿延禧	407-336- 附
五代史補原序	宋陶 岳	407-643- 附
（松漠紀聞識語）	宋洪 邁	407-712- 2
燕翼詒謀錄序	宋王 栐	407-714- 附
（燕翼詒謀錄序識語）	宋王 栐	407-715- 附
書晉語後	宋孔武仲	1345-384- 18
貞觀政要申鑒引	宋趙秉文	1190-239- 15
讀國語	元戴表元	1194-289- 23
三朝六國事實序	元陸文圭	1194-574- 5
貞觀政要序	元吳 澄	407-342- 附
貞觀政要集論序	元吳 澄	1197-217- 20
題戰國策校本	元吳 澄	1197-558- 56
題溫公日曆藁	元吳 澄	1197-587- 59
中堂事記序	元王 惲	1201-164- 80
讀戰國策	元吳 萊	1209-103- 6
三墳（書）辨	元吳 萊	1209-119- 7
吳氏戰國策正誤序	元吳 萊	1209-178- 10
（戰國策曾序識語）	元吳師道	407- 5- 附
戰國策校（經）注序	元吳師道	407- 7- 附
		1212-180- 14
（姚宏戰國策後序識語）	元吳師道	407-333- 附
（姚寬戰國策注後序識語）	元吳師道	407-335- 附
古三墳書後題	元吳師道	1212-225- 16
姚氏校注戰國策後題	元吳師道	1212-234- 17
閱晏彦文所論王生江南野史	元周霆震	1218-530- 10
書趙郡蘇公所藏經史遺事後	元趙 汸	1221-291- 5
書蘇奉使本末後	元趙 汸	1221-292- 5
貞觀政要序	元郭思貞	407-343- 附
貞觀政要序	元戈 直	407-344- 附
平宋錄序	元鄧 鎔	408-1036-附
平宋錄序	元杜道堅	408-1037-附
平宋錄序	元周 明	408-1038-附
大定治績序	元王 磐	1367-395- 32
貞觀政要序	明憲宗	407-341- 附
洪武聖政記序	明宋 濂	1223-357- 5
重刻貞觀政要序	明宋 濂	1223-371- 5
使南稾序	明宋 濂	1223-429- 7

四庫全書文集篇目分類索引

君臣政要序	明危 素	1226-704- 2	御製貞觀政要序	清 高 宗	407-337- 附
書章貢城陷本末	明陳 謨	1232-695- 9			1300-332- 7
讀三墳書	明方孝孺	1235-126- 4			1449-242-首12
讀戰國策	明方孝孺	1235-135- 4	御製讀齊語	清 高 宗	406- 1- 附
		1455-332-210	御製讀貞觀政要（詩		
南征紀績序	明程敏政	1252-568- 33	三則）	清 高 宗	407-338- 附
蘇氏檮杌序	明程敏政	1253-768- 0	御製題金版貞觀政要		
跋水東日記抄本後	明吳 寬	1255-499- 54	（詩）	清 高 宗	407-339- 附
使西日記序	明邵 寶	1258-259- 3	御製題錢塘遺事（詩		
書漢唐秘史後	明祝允明	1260-709- 25	二則）	清 高 宗	408-959- 附
刻戰國策序	明李夢陽	1262-461- 50	守汴日記序	清梁 熙	538-618- 78
		1405-536-291	左國欣賞集序	清魏裔介	1312-705- 3
秘錄（序）	明李夢陽	1409-568-626	遠志之苗序	清汪 琬	1315-451- 25
雲中激變論跋	明何 瑭	1266-598- 9	題摘九傳疑錄	清汪 琬	1315-606- 38
南封錄序	明潘希曾	1266-723- 6	眉山彭氏太平治迹統		
書戰國策後二首	明陸 深	1268-553- 86	類跋	清朱彝尊	1318-165- 45
書戰國策後	明薛 蕙	1272-121- 10	姜氏秘史跋	清朱彝尊	1318-167- 45
革朝志序	明許相卿	1272-208- 7	明史提綱跋	清朱彝尊	1318-168- 45
跋蕭服接送遼史語錄	明羅洪先	1275-207- 10	戰國策鈔序	清朱鶴齡	1319- 74- 7
沈紫江戰功後序	明羅洪先	1457-405-379	馮司寇見聞隨筆序	清毛奇齡	1320-392- 46
弇山堂別集原序	明王世貞	409- 3- 附	跋孤樹哀談	清宋 犖	1323-320- 28
郭光祿南征實錄序	明王世貞	1280-176- 68	國策（說）	清姜宸英	1323-833- 8
弇山堂識小錄丁戊小識	明王世貞	1280-217- 71	吳將軍行間紀遇後序	清李光地	1324-705- 13
明野史彙小序	明王世貞	1280-218- 71	國語伶州鳩上宮下宮		
讀三墳	明王世貞	1280-764-112	說	清李光地	1324-759- 16
親征考序	明王世貞	1282-645- 49	戰國策去毒跋	清陸隴其	1325- 53- 4
戰國策譚概序	明王世貞	1282-691- 53	跋韋昭國語解	清汪由敦	1328-845- 15
		1455-445-220	戰國策校注後序	不著撰人	407-335- 附
讀楚語論	明王世貞	1285- 9- 1	**附錄（史事雜記）**		
		1406-564-378			
讀三墳	明王世貞	1285- 67- 5	楚屈完對齊侯	左 傳	1355- 11- 1
讀三墳	明胡應麟	1290-749-103			1417- 16- 1
遼變會議始末序	明畢自嚴	1293-405- 2	晉陰飴甥對秦伯	左 傳	1355- 12- 1
度支恩遇日記序	明畢自嚴	1293-414- 2			1378-199- 45
書敬姜論勞逸後	明婁 堅	1295-268- 23			1417- 20- 1
五代史闕文序	明秦 汴	407-632- 附	魯展喜犒齊師	左 傳	1355- 12- 1
革除逸史原序	明朱睦㮮	410-530- 附			1378-199- 45
行邊紀聞序	明顧名儒	568-302-110			1417- 23- 1
建文遜國記序	明鄭履淳	1405-504-288	鄭燭之武說秦伯	左 傳	1355- 13- 1
國策臆序	明陳繼儒	1405-551-292			1378-195- 45
書宋紀受終考後	明謝 復	1455-427-218			1417- 28- 2
韜弟倭變紀略題辯	明彭 暐	1456-449-305	鄭子家告趙宣子	左 傳	1355- 13- 1
書戰國策後	清 聖 祖	1298-706- 40			1378-188- 45
古文評論——國語（			晉解揚對楚子	左 傳	1355- 14- 1
七十六則）	清 聖 祖	1299-206- 27	齊國佐對晉人	左 傳	1355- 14- 1

史部

雜史類：附錄

四庫全書文集篇目分類索引

史部

雜史類：附錄

			1378-187- 45
			1417- 39- 2
晉智瑩對楚子	左	傳	1355- 15- 1
			1417- 41- 2
魯季文子語晉韓穿	左	傳	1355- 16- 1
晉郤至答楚子反	左	傳	1355- 16- 1
			1378-203- 45
晉侯使呂相絕秦	左	傳	1355- 17- 1
			1378-189- 45
魯使聲伯請季孫干晉	左	傳	1355- 18- 1
鄭告晉受盟于楚	左	傳	1355- 19- 1
鄭公子駟與晉盟	左	傳	1355- 20- 1
戎子駒支對范宣子	左	傳	1355- 20- 1
			1378-200- 45
鄭公孫僑對晉徵朝	左	傳	1355- 21- 1
			1378-190- 45
子產與范宣子論重幣	左	傳	1355- 22- 1
			1378-205- 45
鄭子產論重幣	左	傳	1417- 50- 3
子產對晉人問獻捷	左	傳	1355- 22- 1
			1378-191- 45
子產對晉讓壞垣	左	傳	1355- 23- 1
			1378-201- 45
子羽辯公子圍	左	傳	1355- 24- 1
晉叔向詒子產論鑄刑書	左	傳	1355- 25- 1
			1378-203- 45
鄭人鑄刑書	左	傳	1417- 63- 4
吳蹶由對楚子	左	傳	1355- 25- 1
			1378-195- 45
鄭子產爭承	左	傳	1355- 26- 1
			1378-202- 45
子產答韓宣子買環	左	傳	1355- 26- 1
			1378-197- 45
子產對晉邊吏讓登陴	左	傳	1355- 27- 1
			1378-202- 45
子產對晉人問立駟乞	左	傳	1355- 27- 1
			1378-198- 45
子大叔對范獻子	左	傳	1355- 28- 1
鄭游吉對士景伯	左	傳	1355- 29- 1
			1378-198- 45
衞祝佗爭先蔡	左	傳	1355- 30- 1
			1378-204- 45
			1417- 72- 4
楚申包胥乞師於秦	左	傳	1355- 31- 1
魯孔子相夾谷之會	左	傳	1355- 32- 1
			1417- 74- 4
魯子貢對吳請尋盟	左	傳	1355- 32- 1
子服景伯對吳使者	左	傳	1355- 33- 1
陳芉尹蓋對吳子	左	傳	1355- 33- 1
			1378-196- 45
邾缺請歸衞地	左	傳	1355-122- 5
請歸衞田	左	傳	1402-305- 55
臧孫論詰盜	左	傳	1355-122- 5
			1378-195- 45
			1402-324- 57
			1417- 50- 3
祁奚請免叔向	左	傳	1355-123- 5
			1402-306- 55
聲子請復椒舉	左	傳	1355-123- 5
			1402-307- 55
子產論尹何爲邑	左	傳	1355-123- 5
			1378-206- 45
			1402-324- 57
			1417- 53- 3
子產論晉侯疾	左	傳	1355-126- 5
			1378-205- 45
			1402-347- 59
			1417- 54- 3
祁午戒趙文子	左	傳	1355-127- 5
			1402-325- 57
沈尹戌論費無極	左	傳	1355-128- 5
史墨論季氏出君	左	傳	1355-128- 5
			1377-483- 21
劉康么論成子不敬	左	傳	1355-135- 5
子產論伯有爲厲	左	傳	1355-136- 5
			1377-480- 21
			1402-348- 59
子服景伯論黃裳元吉	左	傳	1355-136- 5
閔子馬論學	左	傳	1355-137- 5
子太叔對趙簡子問禮	左	傳	1355-137- 5
			1377-481- 21
			1417- 70- 4
羊舌職論用士會	左	傳	1355-138- 5
仲尼論賞仲叔于奚	左	傳	1355-138- 5
叔孫豹論不朽	左	傳	1355-139- 5
			1402-344- 59
大叔論寧喜置君	左	傳	1355-139- 5
子罕論向戌去兵	左	傳	1355-140- 5
申無宇論公子圍	左	傳	1355-140- 5

四庫全書文集篇目分類索引

子羽論諸大夫謀公子				1377-479- 21
圍	左	傳	1355-140- 5	1417- 51- 3
叔向論楚令尹不終	左	傳	1355-141- 5	敍子產從政　左　傳　1355-497- 16
晏嬰叔向論齊晉	左	傳	1355-141- 5	敍中行穆子敗狄　左　傳　1355-498- 16
			1377-479- 21	敍晏子辭宅　左　傳　1355-498- 16
			1402-348- 59	敍楚靈王之敗　左　傳　1355-498- 16
			1417- 56- 3	楚子革對靈王　左　傳　1417- 65- 4
孟僖子語大夫	左	傳	1355-142- 5	敍子產火政　左　傳　1355-500- 16
叔向論楚克蔡	左	傳	1355-143- 5	敍魏獻子辭梗陽人　左　傳　1355-501- 16
叔向楚子干得國	左	傳	1355-143- 5	左氏（摘錄）　左　傳　1356-786- 1
			1377-481- 21	芊尹無宇對楚子　左　傳　1377-118- 2
仲尼論政寬猛	左	傳	1355-144- 5	1417- 63- 4
			1402-350- 59	北宮文子論威儀　左　傳　1377-478- 21
沈尹戌論子常城郢	左	傳	1355-145- 5	1402-332- 58
			1377-482- 21	1417- 53- 3
仲尼論晉鑄刑鼎	左	傳	1355-145- 5	郳黑肱來奔　左　傳　1378- 33- 35
			1417- 71- 4	郳黑肱以濫奔魯　左　傳　1417- 72- 4
子西論夫差將敗	左	傳	1355-146- 5	王子朝告諸侯　左　傳　1378-191- 45
			1417- 75- 4	景王使詹桓伯責晉　左　傳　1378-196- 45
仲尼論用田賦	左	傳	1355-146- 5	定王使王孫滿對楚子　左　傳　1378-200- 45
			1417- 75- 4	1417- 33- 2
叔向母論娶	左	傳	1355-154- 6	定王使辭翠朔獻齊捷　左　傳　1378-200- 45
與叔向論娶	左	傳	1402-352- 59	晉翠朔獻齊捷于周　左　傳　1417- 41- 2
左氏敍隱桓嫡庶本末	左	傳	1355-474- 16	諫季武子勒功　左　傳　1402-302- 54
敍鄭莊公叔段本末	左	傳	1355-474- 16	諫武子　左　傳　1402-302- 54
			1417- 9- 1	請用冀缺　左　傳　1402-304- 55
敍秦晉相失本末	左	傳	1355-476- 16	請立趙孤　左　傳　1402-305- 55
敍重耳出亡本末	左	傳	1355-476- 16	戒子反慎戰　左　傳　1402-324- 57
			1417- 21- 1	論兵　左　傳　1402-331- 58
敍晉文始霸	左	傳	1355-477- 16	論晉侯之疾　左　傳　1402-333- 58
			1417- 23- 1	論禮可爲國　左　傳　1402-334- 58
敍晉楚城濮之戰	左	傳	1355-478- 16	論死君難　左　傳　1402-345- 59
			1417- 26- 2	與子尾論富　左　傳　1402-346- 59
敍晉楚邲之戰	左	傳	1355-480- 16	與昭子論官　左　傳　1402-350- 59
			1417- 34- 2	列國盟會傳　左　傳　1408-128-492
敍齊晉鞌笄之戰	左	傳	1355-485- 16	列國災異傳（二則）　左　傳　1408-129-492
敍申公巫臣教吳叛楚	左	傳	1355-487- 16	衞石碏諫寵州吁　左　傳　1417- 10- 1
敍晉楚鄢陵之戰	左	傳	1355-488- 16	魯臧僖伯諫觀魚　左　傳　1417- 10- 1
			1417- 44- 3	鄭伯侵陳　左　傳　1417- 11- 1
敍晉人弑厲公	左	傳	1355-491- 16	鄭伯命大夫百里居許　左　傳　1417- 11- 1
敍晉悼公復霸	左	傳	1355-493- 16	魯臧哀伯諫納郜鼎　左　傳　1417- 12- 1
			1417- 47- 3	隨季梁勸修政　左　傳　1417- 13- 1
敍宋樂喜備火政	左	傳	1355-494- 16	楚屈瑕伐羅　左　傳　1417- 14- 1
敍向戌會晉楚之成	左	傳	1355-494- 16	魯齊長勺之戰　左　傳　1417- 14- 1
敍吳公子請觀周樂	左	傳	1355-496- 16	晉獻公嬖驪姬　左　傳　1417- 14- 1

史部　雜史類：附錄

四庫全書文集篇目分類索引

史部

雜史類：附錄

晉獻公使太子申生伐				
東山皋落氏	左　傳	1417- 15-	1
宮之奇諫假道	左　傳	1417- 17-	1
齊管仲論受鄭子華	左　傳	1417- 17-	1
晉秦韓之戰	左　傳	1417- 18-	1
宋楚泓之戰	左　傳	1417- 20-	1
富辰諫襄王	左　傳	1417- 22-	1
秦繆叔諫穆公襲鄭	左　傳	1417- 28-	2
秦師自鄭入滑	左　傳	1417- 29-	2
晉敗秦師于殽	左　傳	1417- 29-	2
魯臧僖公	左　傳	1417- 30-	2
秦穆公濟河焚舟	左　傳	1417- 30-	2
宋樂豫諫昭公	左　傳	1417- 31-	2
晉卻缺說趙宣子	左　傳	1417- 31-	2
魯季文子出苧僕	左　傳	1417- 32-	2
楚子入陳	左　傳	1417- 33-	2
楚子圍鄭	左　傳	1417- 34-	2
齊衞新築之戰	左　傳	1417- 39-	2
晉卿讓功	左　傳	1417- 40-	2
晉韓厥謀遷國	左　傳	1417- 42-	2
劉子論成肅公受脤	左　傳	1417- 42-	2
祁奚請老	左　傳	1417- 48-	3
晉魏絳對晉侯	左　傳	1417- 48-	3
晉悼公蒐上治兵	左　傳	1417- 48-	3
晉師曠論衞人出君	左　傳	1417- 49-	3
宋子罕辭玉	左　傳	1417- 49-	3
子產然明論政	左　傳	1417- 51-	3
衞北宮文子相襄公如			2
楚	左　傳	1417- 52-	3
子產不毀鄉校	左　傳	1417- 52-	3
晉司馬侯論三不殆	左　傳	1417- 59-	4
魯申豐論雨雹	左　傳	1417- 60-	4
晉女叔齊論魯侯	左　傳	1417- 61-	4
楚遠啓疆論辱晉	左　傳	1417- 61-	4
魯孟僖子論禮	左　傳	1417- 64-	4
晉師曠論石言	左　傳	1417- 64-	4
晉屠劌諫平公	左　傳	1417- 65-	4
晉荀吳不納鼓叛人	左　傳	1417- 66-	4
鄭子論官名	左　傳	1417- 67-	4
晏子諫誅祝史	左　傳	1417- 68-	4
晏子論梁丘據	左　傳	1417- 68-	4
晏子論禳彗	左　傳	1417- 70-	4
越使諸稽郢行成於吳	國　語	1355- 34-	1
		1378-198-	45
王孫圉對趙簡子	國　語	1355- 35-	1

展禽論祀爰居	國　語	1355-129-	5
		1377-473-	21
邵叔虎論伐翟相	國　語	1355-130-	5
范文子論戰	國　語	1355-131-	5
叔向賀韓宣子憂貧	國　語	1355-132-	5
		1378-202-	45
		1402-326-	57
郵無正論豐培	國　語	1355-132-	5
		1378-193-	45
		1402-326-	57
壯馳茲賀趙簡子	國　語	1355-133-	5
		1402-327-	57
士苗論智氏之室	國　語	1355-133-	5
		1402-327-	57
左史倚相規申公	國　語	1355-133-	5
		1378-192-	45
		1402-328-	57
		1417-102-	6
藍尹亹告子西	國　語	1355-134-	5
甯嬴論陽處父不沒	國　語	1355-134-	5
季文子論齊侯無禮	國　語	1355-134-	5
伯陽甫論三川震	國　語	1355-148-	6
		1377-472-	21
單襄公論郤氏必亡	國　語	1355-149-	6
		1377-476-	21
單襄公論晉君臣	國　語	1355-150-	6
		1377-477-	21
		1402-335-	58
子叔聲伯論郤氏多怨	國　語	1355-151-	6
季文子論妾與馬	國　語	1355-151-	6
		1402-357-	60
史蘇論驪姬敗國	國　語	1355-152-	6
		1377-472-	21
趙宣子論事君	國　語	1355-152-	6
關且論子常必亡	國　語	1355-153-	6
		1377-482-	21
敬姜論勞逸	國　語	1355-154-	6
		1378-193-	45
國語（摘錄）	國　語	1356-791-	1
內史過論晉君臣	國　語	1377-474-	21
		1402-329-	58
單襄公言陳必亡	國　語	1377-475-	21
		1402-330-	58
周襄王不許晉文公請			

		1378-188-	45

四庫全書文集篇目分類索引

隧	國	語	1378-194-	45	論好士	國　語　1402-318- 56
襄王止晉殺衞侯	國	語	1378-194-	45	論幸臣亡國	國　語　1402-318- 56
諫魏獻子納路	國	語	1402-303-	54	論講秦得失	國　語　1402-319- 56
請師伐宋	國	語	1402-308-	55	論取成皐	國　語　1402-322- 56
論傅太子	國	語	1402-315-	56	論事君不諂左右	國　語　1402-322- 56
			1402-316-	56	論憂社稷之臣	國　語　1402-337- 58
論重黎	國	語	1402-335-	58	謀不與齊東地	國　語　1402-338- 58
與諸大夫論戰	國	語	1402-359-	60	論講秦	國　語　1402-339- 58
論事君	國	語	1402-360-	60	論相	國　語　1402-340- 58
論諸大夫	國	語	1402-360-	60	與田單論兵	國　語　1402-364- 60
論入化	國	語	1402-360-	60	桓公救衞	公　羊傳　1378- 34- 35
論良臣	國	語	1402-361-	60	苟息不食言	公　羊傳　1378- 35- 35
穆王將征犬戎	國	語	1417- 77-	5	毛伯來求金	公　羊傳　1378- 35- 35
厲王虐國人諫王	國	語	1417- 78-	5	世室壞	公　羊傳　1378- 35- 35
厲王說榮夷公	國	語	1417- 78-	5	晉納苗不克	公　羊傳　1378- 36- 35
宣王即位不籍千畝	國	語	1417- 79-	5	季札讓國	公　羊傳　1378- 36- 35
宣王既喪南國之師	國	語	1417- 80-	5	許世子弑其君	公　羊傳　1378- 37- 35
晉文公既定襄王子鄭	國	語	1417- 81-	5	武氏子來求賻	穀　梁傳　1378- 37- 35
定王使單襄公聘於宋	國	語	1417- 81-	5	築王姬之館	穀　梁傳　1378- 38- 35
穀洛鬬	國	語	1417- 83-	5	會王世子于首止	穀　梁傳　1378- 38- 35
周景王將鑄大錢	國	語	1417- 85-	5	閽弑吳子餘祭	穀　梁傳　1378- 38- 35
海鳥曰爰居	國	語	1417- 86-	5	太史公敍秦孝公變法	漢 司馬遷　1355-502- 17
宣公夏濫於泗淵	國	語	1417- 87-	5	敍秦并天下後事	漢 司馬遷　1355-503- 17
公父文伯退朝	國	語	1417- 88-	5	敍秦焚書	漢 司馬遷　1355-505- 17
仲尼在陳	國	語	1417- 89-	5	敍秦起阿房宮	漢 司馬遷　1355-506- 17
齊閭丘來盟	國	語	1417- 89-	5	敍項羽救鉅鹿	漢 司馬遷　1355-506- 17
桓公自莒反於齊	國	語	1417- 89-	5	敍劉項會鴻門	漢 司馬遷　1355-506- 17
正月之朝鄉長復事	國	語	1417- 93-	5	敍項羽分王諸將相	漢 司馬遷　1355-509- 17
桓公從役事於諸侯	國	語	1417- 96-	6	敍劉項戰垓下	漢 司馬遷　1355-509- 17
文公問於晉臣	國	語	1417- 99-	6	敍平勃誅諸呂	漢 司馬遷　1355-510- 17
叔向見韓宣子	國	語	1417-100-	6	敍迎立代王	漢 司馬遷　1355-512- 17
莊王使士壹傳大子歲	國	語	1417-100-	6	敍災異	漢 司馬遷　1355-513- 17
靈王爲章華之臺	國	語	1417-101-	6	敍七國反	漢 司馬遷　1355-513- 17
靈王虐白公子張驪諫	國	語	1417-103-	6	敍武帝求神仙	漢 司馬遷　1355-514- 17
鬬且廷見令尹子常	國	語	1417-104-	6	敍武帝興利	漢 司馬遷　1355-523- 17
王孫圉聘於晉	國	語	1417-105-	6	敍趙武靈王立少子何	漢 司馬遷　1355-531- 18
吳王夫差起師伐越	國	語	1417-105-	6	敍公子無忌救趙	漢 司馬遷　1355-533- 18
吳王夫差告諸大夫	國	語	1417-106-	6	敍毛遂定從	漢 司馬遷　1355-534- 18
吳王還自伐齊	國	語	1417-107-	6	敍范雎見秦王	漢 司馬遷　1355-535- 18
吳王夫差還自黃池	國	語	1417-107-	6	敍荊軻刺秦王	漢 司馬遷　1355-538- 18
越王句踐即位三年而					敍武帝策三王	漢 司馬遷　1355-542- 18
欲伐吳	國	語	1417-110-	6	敍武帝時酷吏	漢 司馬遷　1355-544- 18
諫孟嘗君逐舍人	國	語	1402-303-	54	敍武帝通西域	漢 司馬遷　1355-547- 18
諫平原君攻燕	國	語	1402-303-	54	敍寶灌田蚡之爭	漢 司馬遷　1355-556- 18
諷齊王納諫	國	語	1402-317-	56	敍漢王築壇拜信	漢 司馬遷　1355-559- 19

史部

雜史類・附錄

史部 雜史類：附錄

篇目	作者	索引號
敘韓信破趙	漢 司馬遷	1355-560- 19
敘留侯致四皓	漢 司馬遷	1355-561- 19
敘周勃戰功	漢 司馬遷	1355-563- 19
敘樊噲戰功	漢 司馬遷	1355-564- 19
敘酈商戰功	漢 司馬遷	1355-565- 19
敘灌嬰戰功	漢 司馬遷	1355-566- 19
敘叔孫通制禮儀	漢 司馬遷	1355-568- 19
敘李陵與匈奴戰	漢 司馬遷	1355-568- 19
敘衛青與匈奴戰	漢 司馬遷	1355-570- 19
史記（摘錄）	漢 司馬遷	1356-807- 2
魯仲連責新垣衍	漢 司馬遷	1377-489- 21
蔡澤說應侯辭位	漢 司馬遷	1377-491- 21
說韓信	漢 荊 通	1402-404- 65
敘武帝微行	漢 班 固	1355-571- 19
敘燕蓋上官之變	漢 班 固	1355-572- 19
敘霍光廢昌邑	漢 班 固	1355-573- 19
敘霍氏禍敗之由	漢 班 固	1355-576- 19
敘陳湯等誅郅支	漢 班 固	1355-579- 19
敘漢家廟祀之數	漢 班 固	1355-582- 19
敘元帝京房問對	漢 班 固	1355-582- 19
敘武帝通西南夷	漢 班 固	1355-584- 19
敘武帝討南粵	漢 班 固	1355-585- 19
封燕然山銘有序	漢 班 固	1407-564-452
		1409-669-643
		1412-276- 11
竇車騎北征頌	漢 班 固	1407-632-459
封禪儀記	漢 馬第伯	1397-138- 7
漢建武封禪儀記	漢 馬第伯	1408-662-550
補訂建武封禪儀記	漢 馬第伯	1408-664-550
劉良劉越對劉表	晉 陳 壽	1361-653- 33
賈詡定太子對	晉 陳 壽	1361-654- 33
鍾繇獄詰辯	晉 陳 壽	1361-654- 33
毛玠獄詰對	晉 陳 壽	1361-655- 33
又對無故求降	晉 陳 壽	1361-657- 34
杜畿錄寡婦對	晉 陳 壽	1361-659- 34
鄭泰對董卓	晉 陳 壽	1361-659- 34
龐統稱才對	晉 陳 壽	1361-666- 36
秦宓對或問自比巢許		
四皓	晉 陳 壽	1361-666- 36
又對張溫	晉 陳 壽	1361-667- 36
又答嘲	晉 陳 壽	1361-667- 36
魯肅對吳主佐桓文之		
功	晉 陳 壽	1361-668- 36
朱育對濮陽興	晉 陳 壽	1361-668- 36
太祖拒王芬等謀廢立		
議	晉 陳 壽	1361-670- 37
曹髦帝王優劣議	晉 陳 壽	1361-670- 37
荀或糧盡議	晉 陳 壽	1361-672- 37
又寢復九州議	晉 陳 壽	1361-672- 37
賈詡追退軍議	晉 陳 壽	1361-672- 37
夏侯玄時事議	晉 陳 壽	1361-673- 37
劉勸廢朝却會議	晉 陳 壽	1361-675- 37
王朗復肉刑議	晉 陳 壽	1361-676- 38
華歆舉孝廉議	晉 陳 壽	1361-676- 38
程昱誅降者議	晉 陳 壽	1361-676- 38
郭嘉圖劉備議	晉 陳 壽	1361-677- 38
劉曄議號諡	晉 陳 壽	1361-677- 38
張遼議太祖教	晉 陳 壽	1361-677- 38
崔林考課議	晉 陳 壽	1361-678- 38
辛毗袁譚求和議	晉 陳 壽	1361-678- 38
楊阜四甚議	晉 陳 壽	1361-679- 38
王昶百官考課議	晉 陳 壽	1361-679- 38
諸葛亮正議	晉 陳 壽	1361-679- 38
諸葛亮絕盟好議	晉 陳 壽	1361-679- 38
郊祀議	晉 陳 壽	1361-680- 38
張紘都金陵議	晉 陳 壽	1361-680- 38
赦盜乘御馬議	晉 陳 壽	1361-681- 38
孫盛評魏氏封建	晉 陳 壽	1361-744- 51
隆中對	晉 陳 壽	1476- 75- 5
說孫權	蜀漢 諸葛亮	1402-408- 65
		1476- 77- 5
言醫	唐 李 華	1410-800-773
平淮西碑記并序	唐 韓 愈	538-641- 79
		1073-608- 30
		1074-452- 30
		1075-402- 30
		1341-555-872
		1354- 74- 9
		1355-600- 20
		1356-834- 3
		1378-496- 59
		1383-144- 11
		1409-672-643
		1418- 27- 36
		1447-234- 8
		1476-147- 8
夏平	唐 沈亞之	1079- 12- 3
		1336-438-370
宋州寧陵縣記	唐 杜 牧	1081-611- 7
幽州紀聖功碑銘并序	唐 李德裕	506-580-106

四庫全書文集篇目分類索引

		1341-551-871	楚刈秋擊毬序	宋陳　造	1166-294- 23
寒泉子對秦惠王	唐陸龜蒙	1359-520- 75	登復州城序	宋曹彥約	1167-178- 14
平西原蠻碑記	唐韓雲卿	568-178-105	文帝爲治本末	宋張　栻	1167-556- 16
平蠻碑	唐韓雲卿	1466-438- 45	贛州清平堂記記端平		
平淮碑并序	唐韓雲卿	1343-805- 59	三年安南峒反	宋陳元晉	1176-813- 5
南詔德化碑	唐鄭　回	570-554-29之9	書咸淳五年事	宋高斯得	1182- 71- 5
土汭鎭保寧記	唐符　載	1341-237-830	賈似道大逆不道留夢		
平淮西碑	唐段文昌	1341-558-872	炎擬旨取問事	宋高斯得	1182- 73- 5
		1343-805- 59	靖康朝野僉言後序	宋陳　規	727-177- 1
		1409-675-643	使金錄	宋程　卓	1375-428- 34
齊司寇對	唐程　晏	1359-519- 75	記客言	宋王　回	1357-453-127
平蠻碑記	宋余　靖	568-178-105			1409-615-635
大宋平蠻碑	宋余　靖	1089- 41- 5	平允從州城寨碑	宋張　莊	1466-415- 44
平蠻碑	宋余　靖	1466-440- 45	桂州痤宜賊首級碑	宋孔延之	1466-439- 45
平蠻京觀誌	宋余　靖	1466-440- 45	參政隴西公平寇碑	元劉　壎	1195-347- 2
書淮西碑文後	宋石　介	1090-232- 8	中堂事記上中下	元王　惲	1201-165- 80
		1346-232- 15	平雲南碑	元程鉅夫	570-542-29之9
雜識二首史事	宋曾　鞏	1351-449-126			1367-270- 23
		1410-823-775	書崖山碑後	元劉岳申	1204-356- 15
		1466-765- 61	克復休寧縣碑	元趙　汸	1221-318- 5
識狄青破儂智高語	宋曾　鞏	1409-617-635	富州鑄金紀事	元危　素	517-526-128
更生閣記	宋李　新	1124-530- 16	融州平猺記	元盧　讓	568-181-105
奉迎錄	宋李　綱	1126-140- 83	平蠻記	元陽　恪	1367-328- 27
靖康傳言錄上中下	宋李　綱	1126-775-171	平猺碑	元胡明允	1466-443- 45
建炎進退志總敘上下			西征記	明 太 祖	1223-148- 14
三四	宋李　綱	1126-803-174	御製平西蜀文	明 太 祖	1225-469- 20
建炎時政記上中下	宋李　綱	1126-840-178	平江漢頌并序	明宋　濂	518-213-142
定功繼伐碑	宋王安中	1127-108- 6			534-486- 95
建炎筆錄	宋趙　鼎	1128-730- 7			1223-243- 1
（紹興六年）丙辰（					1370-588- 1
歲）筆錄	宋趙　鼎	1128-739- 8			1373-721- 19
（紹興七年）丁巳（					1407-623-458
歲）筆錄	宋趙　鼎	1128-745- 8			1454-342-122
辨誣筆錄	宋趙　鼎	1128-755- 9	顏率求鼎難	明宋　濂	1224-381- 26
燕魏雜記	宋呂頤浩	1131-331- 8			1407-446-437
跋元祐黨籍事跡	宋王之道	1132-740- 27	廣薛季晁對張束之語	明宋　濂	1224-383- 26
題錄神宗出閣指揮	宋周必大	1147-140- 15	渤泥入貢記	明宋　濂	1409-213-587
親征錄	宋周必大	1148-761-163	平西蜀頌并序	明劉　基	1225-476- 20
龍飛錄	宋周必大	1148-771-164			1373-730- 19
思陵錄上下	宋周必大	1148-883-172	述說苑并序（十二章）	明王　禕	1226-362- 18
西陲筆略	宋員興宗	1158-203- 24	東征詩（頌）有序	明胡　翰	1373-731- 19
紹興采石大戰始末	宋員興宗	1158-214- 25	記高昌國五嬰兒事	明鄭　眞	1234-217- 37
漢五屬國記	宋洪　适	1158-426- 26	跋魏受禪碑	明鄭　眞	1234-243- 40
漢武功賞官記	宋洪　适	1158-426- 26	跋魏上尊號碑	明鄭　眞	1234-243- 40
記太子親王尹京故事	宋陸　游	1163-481- 22	漢府之變一二	明楊士奇	443- 27- 2

史部　雜史類：附錄

四庫全書文集篇目分類索引

史部 雜史類：附錄

趙府之變一二	明楊士奇	443- 29- 2
出師頌 有序	明楊士奇	1239-267- 44
平安南詩（頌）有序	明楊士奇	1373-741- 20
平安南頌 有序	明楊士奇	1454-345-122
王振之變一三	明李　賢	443- 34- 3
石亨之變三四	明李　賢	443- 61- 4
曹吉祥之變	明李　賢	443- 63- 4
天順日錄	明李　賢	1244-745- 25
平蠻遺蹟記	明丘　濬	564-747- 60
歐聞人余應詩	明何喬新	1249-291- 18
劉瑾之變	明李東陽	443-161- 9
平逆頌 有序	明程敏政	443- 64- 4
		1253-375- 61
平廣海銘 有序	明黃仲昭	1254-467- 5
平荊襄銘 有序	明黃仲昭	1254-468- 5
成化戊子六月二十六		
日紀時事	明賀　欽	1254-711- 8
江淮平亂碑	明王　鏊	1256-358- 22
		1386-494- 47
平南碑	明林　俊	1257-195- 18
許濬復水錄	明邵　寶	1258- 96- 10
紀異	明羅　記	1259-297- 22
石亨之變二	明瞿九明	443- 60- 4
江淮平亂事狀	明瞿光明	1260-673- 22
		1457-384-379
平定安南碑記	明羅欽順	568-185-105
秘錄	明李夢陽	443-159-159
書佛郎機遺事	明王守仁	518-256-143
平思田蠻記	明王守仁	568-184-105
平茶寮碑	明王守仁	1265-693- 25
平洄頭碑	明王守仁	1265-693- 25
田州立碑	明王守仁	1265-693- 25
教場石碑	明王守仁	1265-758- 28
漫記（十二則）	明崔　銑	1267-610- 11
誤傳（一）景帝將篡		
儀……	明崔　銑	1267-617- 11
誤傳（二）景帝易儲		
時……	明崔　銑	1267-617- 11
漫記九條	明崔　銑	1267-635- 11
誤傳——弘治乙丑	明崔　銑	1267-638- 11
平江右序 詩附	明夏良勝	1269-977- 13
平蠻碑記	明張　岳	568-187-105
平魚窟刻石	明張　岳	1466-458- 46
平南碑記	明黃　佐	564-762- 60
嶺東平三饒寇碑	明黃　佐	1453-619- 69
海上平寇記	明王慎中	530-556- 72
		1457-391-379
平夷碑	明皇甫汸	1275-807- 47
廣右戰功序	明唐順之	568-303-110
		1276-378- 8
		1457-393-379
庚戌始末志	明王世貞	1280-321- 79
星變志	明王世貞	1409-552-624
使代記嘉靖庚戌予以		
行人奉使至大同	明王　樵	1285-221- 6
		1457-471-386
橘李記……萬曆甲戌再		
有浙西之命……	明王　樵	1285-238- 7
七月西征記	明宗　臣	1287-122- 13
		1409-221-587
九月西征記	明宗　臣	1287-124- 13
		1409-222-587
（守）西門記	明宗　臣	1409-224-587
崖山縣倭寇始末書	明歸有光	1289-115- 8
讀平淮西碑	明胡應麟	1290-760-105
綏交記	明楊寅秋	1291-619- 1
		1457-419-380
平五山猺上三院揭帖		
七則	明楊寅秋	1291-723- 4
訃封記事	明高攀龍	1292-633- 10
秘錄	明馮從吾	1293-317- 18
聞魏廣園諸君子被逮		
記事	明劉宗周	1294-500- 10
福州高瑞紀事	明周順昌	1295-412- 1
遼小紀	明宋登春	1296-545- 1
禿草餘錄六十二則	明楊廷和	428-799- 3
王振之變二	明彭　貢	443- 34- 3
王振之變四	明劉定之	443- 36- 3
石亨之變一	明陳　循	443- 60- 4
李東陽陵廟對錄	明劉　健	443-624- 29
定三城序	明程啓克	503-308-112
己巳紀事詩題辭	明王　濤	556-513- 94
平蠻碑	明任　瀚	561-326- 40
西南三征記	明郭子章	561-427- 42
埋冗銘 有序	明郭子章	1454-373-124
平岑岡寇記	明王世顯	564-779- 60
羅旁善後功蹟碑記	明陳　璘	564-785- 60
平蠻碑記	明王　臣	568-182-105
平古田大功記（碑）	明張　犀	568-189-105
		1466-459- 46

四庫全書文集篇目分類索引

史部 雜史類：附錄

平府江大功記　　　　　　明張　獬　568-191-105
　　　　　　　　　　　　　　　　　1466-461- 46
平北三大功記（碑）　　　明張　獬　568-192-105
　　　　　　　　　　　　　　　　　1466-462- 46
平懷集崗蠻碑記　　　　　明管大勳　568-194-105
剿平懷集崗蠻紀事碑　　　明管大勳　1466-468- 46
平妖懸績碑記　　　　　　明陳　瑤　568-195-105
雲南平諸夷碑　　　　　　明趙汝濂　570-552-29之9
平雲南頌　　　　　　　　明王景常　570-608-29之11
平播銘有序　　　　　　　明江盈科　572-289- 37
撫夷紀事　　　　　　　　明高　拱　572-372- 39
西南平播碑記　　　　　　明陶望齡　572-438- 41
征南碑（文）　　　　　　明田汝成　594-245- 10
　　　　　　　　　　　　　　　　　1409-681-643
　　　　　　　　　　　　　　　　　1453-638- 70
　　　　　　　　　　　　　　　　　1466-451- 45
誅揚晟碑　　　　　　　　明田汝成　1453-636- 70
征宸濠反間遺事　　　　　明錢德洪　1266-211- 38
陽明先生平洸頭記　　　　明費　洪　1266-216- 38
平寧藩事略　　　　　　　明蔡　文　1266-224- 38
平安南（頌幷）序　　　　明王　褒　1372-414- 27
平雲南頌有序　　　　　　明王　景　1373-735- 20
婁東劉家港天妃宮石刻通番事蹟記　　明鄭　和　1385-722- 28
崇明勦海寇紀事碑　　　　明楊循吉　1386-492- 47
補訂馬第伯建武封禪儀記　明孫　鑛　1397-139- 7
核邊記　　　　　　　　　明王維楨　1409-219-587
致身錄　　　　　　　　　明史仲彬　1409-560-626
蠻磯紀事　　　　　　　　明王宗聖　1409-631-636
茂邊紀事　　　　　　　　明朱　紈　1409-632-636
平蠻碑　　　　　　　　　明桑　悅　1409-680-643
　　　　　　　　　　　　　　　　　1453-604- 68
永安蠻碑　　　　　　　　明桑　悅　1466-446- 45
平馬平蠻碑　　　　　　　明桑　悅　1466-448- 45
辟雍紀事　　　　　　　　明王同祖　1453-508- 56
平香爐山碑　　　　　　　明周延用　1453-606- 68
王江涇戰功本末序　　　　明胡　松　1453-635- 70
嶺南平寇碑　　　　　　　明董　份　1453-641- 71
淮揚紀功碑　　　　　　　明董　份　1453-645- 71
平都蠻碑　　　　　　　　明董　份　1453-661- 71
平蠻碑　　　　　　　　　明林大春　1453-657- 71
平九絲碑　　　　　　　　明林大春　1453-659- 71
平古田碑　　　　　　　　明林廷機　1453-669- 72
平建越碑　　　　　　　　明吳國倫　1453-670- 72

平西夏頌有序　　　　　　明楊一清　1454-348-122
保障江南頌幷序　　　　　明俞允文　1454-351-122
紀剿徐海本末　　　　　　明茅　坤　1457- 54-346
柳州馬平（亂記）　　　　明蘇　濬　1457- 78-349
（廣西）馭夷序　　　　　明蘇　濬　1466-593- 52
讀平叛序　　　　　　　　明蘇　濬　1466-598- 52
剿平貴州夷婦米魯構亂事略　　　　　明蔣　晟　1457-390-379
當湖剿寇紀事　　　　　　明馮汝弼　1457-411-380
運籌亭平蠻碑　　　　　　明錢　溥　1466-444- 45
平斷藤峽碑在柳州　　　　明毛伯溫　1466-454- 46
平蠻碑　　　　　　　　　明王錫爵　1466-464- 46
平昭平山寇碑　　　　　　明萬　恭　1466-465- 46
勘定古田序　　　　　　　明呂調陽　1466-578- 51
平蜀傳　　　　　　　　　明不著撰人　1381-717- 51
詔獄慘言 天啓乙丑揚
　左六君子事　　　　　　明不著撰人　1409-657-641
御製平定西藏碑文　　　　清 聖 祖　561-252 - 39
紀苗事　　　　　　　　　清 聖 祖　1298-241 - 29
海運賑濟朝鮮記　　　　　清 聖 祖　1298-646 - 33
平定朔漠告成太學碑　　　清 聖 祖　1298-651 - 34
平定西藏碑文　　　　　　清 聖 祖　1299-546- 23
平定青海告成太學碑文　　清 世 宗　1300-112- 14
平定金川告成太學碑文　　清 高 宗　1301-154- 17
平定準噶爾告成太學碑文　清 高 宗　1301-164- 19
平定回部告成太學碑文　　清 高 宗　1301-174- 20
土爾扈特全部歸順記　　　清 高 宗　1301-353- 11
優卹土爾扈特部衆記　　　清 高 宗　1301-354- 11
平定兩金川戰圖詩序　　　清 高 宗　1301-386- 16
平定兩金川告成太學碑文　清 高 宗　1301-452- 28
己未歲我太祖大破明師於薩爾滸山之戰書事　　清 高 宗　1301-478- 32
勅定安南復封黎維祁爲國王功成班師之記　　　清 高 宗　1301-616- 7
書安南始末事記　　　　　清 高 宗　1301-617- 7
再書安南始末事記　　　　清 高 宗　1301-618- 7
平定臺灣告成熱河文廟碑文　　　　　清 高 宗　1301-645- 11

剿滅臺灣逆賊生擒林
　爽文紀事語　　　　　　清 高 宗　1301-651- 12
福康安奏報生擒莊大
　田紀事語　　　　　　　清 高 宗　1301-654- 13
二月朔日作詩識語　　　　清 高 宗　1301-694- 2
鑑遠堂詩識語　　　　　　清 高 宗　1301-699- 2
書恭迎大駕始末　　　　　清汪 琬　1315-594- 36
平蜀頌有序　　　　　　　清彭孫遹　1450- 28- 33
書錢武肅王造金塗塔
　事　　　　　　　　　　清朱舜尊　1318-176- 46
先君子五言詩書後　　　　清朱舜尊　1318-252- 53
東陽撫寇記事　　　　　　清毛奇齡　1321-275-116
平滇頌有序　　　　　　　清陳維崧　1450- 19- 33
紀平定江南事　　　　　　清張玉書　1322-518- 7
紀滅闖獻二賊事　　　　　清張玉書　1322-521- 7
紀三路進師下雲南事　　　清張玉書　1322-525- 7
紀陝西官民殉闖難事　　　清張玉書　1322-528- 7
記壬午脫難始末　　　　　清宋 犖　1323-293- 26
敗銓事記　　　　　　　　清宋 犖　1323-321- 28
恭製蕩平沙漠愷歌序　　　清姜宸英　1323-597- 1
青海平定詩序　　　　　　清蔡世遠　1325-641- 首
書韓退之平淮西碑後　　　清方 苞　1326-754- 3
平北頌謹序　　　　　　　清儲大文　1327- 4- 1
平西藏碑　　　　　　　　清儲大文　1327-244- 12
逸史　　　　　　　　　　清儲大文　1327-366- 16
逸傳　　　　　　　　　　清儲大文　1327-368- 16
青海平定雅序　　　　　　清藍鼎元　1327-620- 4
御製薩爾滸書事恭跋　　　清于敏中　 503-609-128
星子縣平賊記　　　　　　清宋之盛　 517-753-134
紀恩書事　　　　　　　　清李 蘭　 518-259-143
江右定變記略　　　　　　清周龍藻　 518-260-143
汴城圍陷述　　　　　　　清馬士驥　 538-606- 78
題壁詞并序　　　　　　　清曹席珍　 550-325-220
蕩平川東碑記　　　　　　清沈巨儒　 561-645- 47
平古州八萬苗記　　　　　清徐嘉賓　 568-439-116
平滇頌有序　　　　　　　清尤 侗　570-610-29之11
　　　　　　　　　　　　　　　　　1450- 16- 33
平朔頌有序　　　　　　　清尤 侗　1450- 21- 33
殉難紀事　　　　　　　　清王 睿　 572-377- 39
平滇頌有序　　　　　　　清孫在豐　1450- 10- 33
平滇頌有序　　　　　　　清徐乾學　1450- 13- 33
平蜀頌有序　　　　　　　清翁叔元　1450- 25- 33
皇帝親平漠北頌并序　　　清高士奇　1450- 58- 35

F.詔令奏議類

a.書序跋

答楊湖南書論制集　　　　唐權德興　1344-245- 81
唐贈兵部尚書宣公陸
　公贊翰苑集序　　　　　唐權德興　1386-639-55
表奏序　　　　　　　　　唐元 稹　1079-512-32
制誥序　　　　　　　　　唐元 稹　1079-550-40
會昌一品制集序　　　　　唐鄭 亞　1344-365-91
唐丞相太尉衞國公李
　德裕會昌一品制集
　序　　　　　　　　　　唐鄭 亞　1394-641- 9
三諫書序　　　　　　　　宋王禹偁　1086-182-19
諫垣存藁序　　　　　　　宋韓 琦　1089-334-22
　　　　　　　　　　　　　　　　　1405-721-311
　　　　　　　　　　　　　　　　　1418-221-44
范文正奏議序　　　　　　宋韓 琦　 427- 3 -附
文正范公奏議集序　　　　宋韓 琦　1089-334-22
進嘉祐編敕表　　　　　　宋韓 琦　1089-369-27
與歐靜書論唐典命名之
　不當宜易以「統制」之名　宋范仲俺　1089-649- 9
與周騣推官書論唐典命
　名之當否就教於周騣　　宋范仲俺　1089-650- 9
看詳知開封府縣度支
　郎中王克臣所進熙
　寧通議　　　　　　　　宋強 至　1091-375-33
呂獻可章奏集序　　　　　宋司馬光　1094-635-69
范貫之奏議集(後)序　　　宋曾 鞏　1098-461-12
　　　　　　　　　　　　　　　　　1351- 41-88
　　　　　　　　　　　　　　　　　1378-341-52
　　　　　　　　　　　　　　　　　1384-240-101
　　　　　　　　　　　　　　　　　1405-722-311
　　　　　　　　　　　　　　　　　1418-515-52
　　　　　　　　　　　　　　　　　1447-915-55
進神宗皇帝御筆文字表　　宋范祖禹　1100-132- 6
外制集序　　　　　　　　宋歐陽修　1102-335-43
　　　　　　　　　　　　　　　　　1103-743-12
　　　　　　　　　　　　　　　　　1351- 16-86
　　　　　　　　　　　　　　　　　1383-501-45
　　　　　　　　　　　　　　　　　1447-462-24
內制集序　　　　　　　　宋歐陽修　1102-337-43
　　　　　　　　　　　　　　　　　1103-744-12
　　　　　　　　　　　　　　　　　1383-502- 45
進慶曆編敕表　　　　　　宋張方平　1104-289- 28

四庫全書文集篇目分類索引

田表聖奏議跋　　　　　宋蘇　軾　　1107-484- 34
　　　　　　　　　　　　　　　　　　1351- 47- 89
　　　　　　　　　　　　　　　　　　1378-340- 52
　　　　　　　　　　　　　　　　　　1384-654-139
　　　　　　　　　　　　　　　　　　1405-722-311
上陸宣公奏議箚子　　　宋蘇　軾　　1394-460- 5
跋朱侍郎奏藁　　　　　宋黃庭堅　　1113-314- 30
集策序　　　　　　　　　宋秦　觀　　1405-680-306
　　　　　　　　　　　　　　　　　　1418-576- 55
進御筆表　　　　　　　　宋張舜民　　1352-100-2下
韓文忠富公奏議集序　　宋晁說之　　1118-328- 17
何龍圖奏議序　　　　　宋晁補之　　1118-658- 34
　　　　　　　　　　　　　　　　　　1361-486- 69
（預備志）書檄志序　　宋李　綱　　1126-562-136
建炎制詔奏議表箚集
　序　　　　　　　　　　宋李　綱　　1126-579-139
中興至言序　　　　　　　宋李　綱　　1126-580-139
閎樂先生奏議序　　　　宋李　光　　1128-606- 16
題富鄭公奏議　　　　　宋李　光　　1128-618- 17
西漢詔令（後）序　　　宋程　俱　　 426-1061- 附
　　　　　　　　　　　　　　　　　　1130-156- 15
　　　　　　　　　　　　　　　　　　1375-248- 17
題祖誥　　　　　　　　　宋張　綱　　1131-203- 33
參政兄內外制序　　　　宋孫　覿　　1135-299- 30
翰林莫公內外制序　　　宋孫　覿　　1135-304- 30
時議六篇序　　　　　　　宋高　登　　1136-437- 上
盡言集序　　　　　　　　宋張九成　　1138-407- 16
題包孝肅公奏議　　　　宋汪應辰　　1138-681- 10
實錄院進神宗皇帝寶
　訓表　　　　　　　　　宋林之奇　　1140-399- 4
題龔深之侍郎太常奏
　藁後　　　　　　　　　宋張孝祥　　1140-692- 28
丞相李公奏議後序　　　宋朱　熹　　1145-570- 76
李忠定公奏稿後序　　　宋朱　熹　　1476-236- 13
續中興制草序　　　　　宋周必大　　1147-209- 20
高宗御批陳思恭奏箚
　跋　　　　　　　　　　宋周必大　　1147-485- 46
題張右丞如瑩奏疏　　　宋周必大　　1147-495- 46
元豐懷遇集後序　　　　宋周必大　　1147-551- 52
黃簡肅公中奏議序　　　宋周必大　　1147-580- 55
劉諫議諫稿序　　　　　宋周必大　　1147-581- 55
進建炎紹興詔旨表　　　宋呂祖謙　　1352- 97-2下
跋王恭簡諫章　　　　　宋陳傳良　　1150-830- 42
王文定公內外制序　　　宋樓　鑰　　1152-810- 52
跋溫公題劉雜端孝叔

奏藁　　　　　　　　　　宋樓　鑰　　1153-175- 71
跋陸宣公奏議總要　　　宋樓　鑰　　1153-179- 72
跋韓莊敏公遺藁　　　　宋樓　鑰　　1153-222- 75
林侍制奏議序　　　　　宋王　炎　　1155-709- 24
內治聖鑒序　　　　　　　宋彭龜年　　1155-856- 10
跋張大資政奏議　　　　宋蔡　戡　　1157-702- 13
傅給事外制集序　　　　宋陸　游　　1163-422- 15
跋釣臺江公奏議　　　　宋陸　游　　1163-517- 27
胡尚書奏議序　　　　　宋葉　適　　1164-249- 12
題范蜀公奏議　　　　　宋陳　造　　1166-395- 31
跋陳少師制詞藁　　　　宋曹彥約　　1167-205- 17
江諫議奏藁序　　　　　宋張　栻　　1167-541- 14
吳敏中橘錄跋　　　　　宋周　南　　1169- 57- 5
跋三朝賜齊齋倪尚書
　宸翰　　　　　　　　　宋劉　宰　　1170-614- 24
李文昌表箋集序　　　　宋程　珌　　1171-341- 8
跋王魯公北使口宣詞
　藁　　　　　　　　　　宋程　珌　　1171-351- 9
書歐陽修撰誥後　　　　宋程　珌　　1171-353- 9
書建安葉洪封事後　　　宋程　珌　　1171-354- 9
書岳王家所藏高宗御
　札錄後　　　　　　　　宋程　珌　　1171-354- 9
書和靖尹先生悼奏疏
　後　　　　　　　　　　宋程　珌　　1171-355- 9
虞忠肅公奏議序　　　　宋魏了翁　　 561-506- 44
　　　　　　　　　　　　　　　　　　1172-587- 52
三洪制藁序　　　　　　　宋魏了翁　　1172-580- 51
楊恭惠公輔奏議序　　　宋魏了翁　　1172-606- 54
羅文恭公奏議序　　　　宋魏了翁　　1172-613- 54
跋傅侍郎奏議後　　　　宋眞德秀　　1174-534- 34
（跋）著作劉公奏藁　　宋眞德秀　　1174-551- 35
（跋）羅文恭公奏議　　宋眞德秀　　1174-554- 35
跋袁侍郎機仲奏議　　　宋眞德秀　　1174-570- 36
兩漢詔令原序　　　　　宋洪咨夔　　 426-974- 附
兩漢詔令序　　　　　　　宋洪咨夔　　1175-305- 29
跋羅文恭公薦士疏　　　宋杜　範　　1175-742- 17
玉掌集序　　　　　　　　宋許應龍　　1176-549- 13
無垢先生廷對分錄跋　　宋戴　栩　　1176-753- 9
跋郭靖父（所藏）告　　宋李曾伯　　1179-423- 23
內制序　　　　　　　　　宋趙汝騰　　1181-283- 5
外制序　　　　　　　　　宋趙汝騰　　1181-284- 5
陳帥參南一奏疏跋　　　宋趙汝騰　　1181-289- 5
滄州先生奏議序　　　　宋高斯得　　1182- 67- 4
跋朱常卿奏稿　　　　　宋高斯得　　1182- 80- 5
李氏唐告（跋）　　　　宋方　岳　　1182-595- 38

史部

詔令奏議類：書序跋

四庫全書文集篇目分類索引

史部

詔令奏議類：書序跋

篇目	作者	索引號
跋金尙書奏藁	宋方　岳	1182-601- 38
題晏尙書紹興奏藁	宋歐陽守道	1183-661- 19
書葉監酒慶元封事	宋歐陽守道	1183-665- 19
書洪玉父奏稿後	宋姚　勉	1184-286- 41
跋李景春紹興萬言書藁	宋文天祥	518-237-143
		1184-609- 14
跋曾子美萬言書稿	宋文天祥	1184-606- 14
給事丁先生奏議跋	宋林希逸	1185-681- 13
四明文獻集制誥跋	宋王應麟	1187-247- 4
（四明文獻集卷五誥文跋）	宋王應麟	1187-268- 5
唐大詔令集原序	宋宋敏求	426- 3- 附
東漢詔令後序	宋樓　昉	426-1113- 附
東漢詔令後序	宋范　光	426-1114- 附
包孝肅奏議集題辭	宋張　田	427- 81- 附
包孝肅奏議集原跋	宋吳祇若	427-181- 附
包孝肅奏議集原跋	宋趙儲老	427-181- 附
盡言集跋	宋梁安世	427-316- 附
議論集原序	宋陳安國	427-321- 附
宋名臣奏議原序	宋史季溫	431- 5- 附
進宋名臣奏議箚子	宋趙汝愚	431- 7- 附
進宋名臣奏議序	宋趙汝愚	431- 8- 附
輔弼名對序	宋劉　顏	1351- 9- 85
陸宣公奏議精要序	元戴表元	1194- 91- 7
陳文定公奏議序	元劉　壎	1195-373- 5
趙宗丞奏藁跋	元劉　壎	1195-403- 7
跋胡剛簡公奏藁	元吳　澄	518-238-143
	元吳　澄	1197-536- 54
陸宣公奏議增註序	元吳　澄	1197-213- 19
書楊御史奏稿後	元袁　桷	1203-653- 49
陸宣公奏議註序	元劉岳申	1204-176- 1
書松廳事藁略	元王　結	1206-233- 4
題松廳事藁略後	元馬祖常	1206-577- 8
金壇李氏唐誥跋	元虞　集	1207-172- 11
題董溫其官誥	元虞　集	1207-178- 11
書經筵奏議稿後	元虞　集	1367-486- 39
讀蘇御史奏稿	元黃　溍	1209-342- 4
劉忠公奏議集序	元黃　溍	1209-385- 6
陸宣公奏議纂註序	元許有壬	1211-219- 31
牟清忠公奏議序	元程端學	1212-323- 2
跋松廳章疏	元陳　旅	1213-168- 13
西漢詔令序	元蘇天爵	1214- 72- 6
題松廳章疏後	元蘇天爵	1214-331- 28
題孔氏家藏宋勑牒後	元蘇天爵	1214-345- 29
題東坡制策稿	元蘇天爵	1214-357- 30
寶文待制陳公議論跋	元鄭　稜	427-377- 5
議論集跋	元陳士壯	427-387- 5
進太平金鏡策長（經世大典）一帝制總序	元趙天麟	541-334-35之3
	元趙世延等	1367-493- 40
刻政府奏議跋	元范文英	1386-651- 55
皇明寶訓序	明宋　濂	1223-354- 5
景定諫疏序	明宋　濂	1223-373- 5
題陳忠肅公疏文跋語後	明宋　濂	1223-608- 12
題孔氏所藏先世誥後	明宋　濂	1374-783- 99
治政萬言書序	明王　禕	1226-110- 5
呂左史諫草序	明唐桂芳	1226-854- 5
跋杜愨齋先生奏藁并誥後	明蘇伯衡	1228-708- 10
四明文獻集制誥跋	明鄭　眞	1187-247- 4
（四明文獻集卷五誥文後記）	明鄭　眞	1187-268- 5
讀玉堂類藁	明鄭　眞	1234-196- 36
讀王厚齋拔垣類藁	明鄭　眞	1234-196- 36
讀臣僚請免不允批答詔	明鄭　眞	1234-207- 37
書史衛王除拜詞制後	明鄭　眞	1234-214- 37
錄請度宗聽政士表（跋）	明鄭　眞	1234-215- 37
宗忠簡公奏疏序	明方孝孺	1235-363- 12
宗忠簡公奏疏序	明方孝孺	1405-723-311
檜堂奏稿跋	明張宇初	1236-468- 4
恭題仁廟璽書錄本	明楊士奇	1238-125- 11
（跋）兩漢詔令二集	明楊士奇	1238-594- 17
（跋）聖教序	明楊士奇	1238-643- 21
三朝聖諭錄序	明楊士奇	1238-621- 2
		1455-342-211
書胡忠簡公封事藁	明楊士奇	1455-337-211
恭題四朝所授勅符誥命後	明王　直	1241-290- 13
讀包公奏議	明李　賢	1244-576- 9
讀趙清獻奏議	明李　賢	1244-576- 9
恭題仁廟御墨	明李　賢	1244-577- 9
璽書錄序	明韓　雍	1245-734- 10
奎章錄記	明徐　溥	1248-591- 2
王端毅奏議序	明李東陽	427-455- 附
書芥菴王公奏稿後	明李東陽	427-702- 附
恭題魯府尹所藏先朝		

四庫全書文集篇目分類索引

勑諭後	明李東陽	1250-442- 41
瀛賢奏對錄序	明程敏政	1252-361- 21
題陸宣公奏議	明章 懋	1254- 78- 3
題陸宣公奏議	明黃仲昭	1254-457- 4
赤城論諫錄序	明周 瑛	1254-729- 1
兩漢書疏序	明林 俊	1257- 10- 1
辭謝錄序	明林 俊	1257- 82- 7
端本策紋	明林 俊	1257-520- 8
新刊大儒大奏議序	明邵 寶	1258-149- 14
鶴坡奏稿序	明邵 寶	1258-611- 12
跋送詔制進庫	明羅 玘	1259-280- 21
題楚臺贊錄前	明顧 璘	1263-303- 5
題郭杏東作雙崖疏藁序後	明顧 璘	1263-328- 2
記先祖遺翰二首（跋奏疏卷）	明潘希曾	1266-747- 8
書王瑞毅（公）奏議後	明崔 銑	427-704- 附
		1267-590- 10
雙谿陝西奏議序	明崔 銑	1267-671- 12
虞山奏疏序	明陸 深	1268-229- 37
刻關西奏議序	明韓邦奇	1269-335- 1
歷官表奏序	明韓邦奇	1269-338- 1
陝西奏議序	明韓邦奇	1269-341- 1
陽翁奏謝錄序	明孫承恩	1271-396- 30
唐漁石江西奏議跋	明張 岳	1272-490- 17
虞山奏議序	明王慎中	1274-204- 9
胡公平寇奏議序	明王慎中	1274-205- 9
劍泉奏議集序	明唐順之	1276-324- 6
古編序	明唐順之	1405-567-293
栢泉胡公督撫奏議序	明尹 臺	1277-427- 1
歷任疏稿序	明尹 臺	1277-495- 3
少保王公督府奏議序	明王世貞	550-122-213
		1280-184- 69
御史中丞林公奏議序	明王世貞	1280-149- 66
海漕奏議序	明王世貞	1280-164- 67
太宰楊公獻納稿序	明王世貞	1280-168- 67
天言彙錄後序	明王世貞	1280-212- 71
江右奏議序	明王世貞	1282-534- 40
臺中奏議序	明王世貞	1282-550- 42
太保銅梁張公奏議序	明王世貞	1282-696- 53
方侍御奏議序	明王世貞	1282-697- 53
管比部奏疏序	明王世貞	1282-701- 53
大中丞顧公撫遼奏草序	明王世貞	1282-720- 55

題張中丞漕白糧疏草後	明王世貞	1284-321-160
督府董近淮先生疏稿序	明胡 直	1287-311- 8
田都諫疏草序	明沈 鯉	1288-290- 6
曾中丞奏議序	明沈 鯉	1288-293- 6
楊文忠（公）三錄序	明溫 純	428-753- 附
		1288-561- 7
大中丞劉公奏疏序	明胡應麟	1290-606- 84
中丞懷魯周公疏稿序	明顧憲成	1292- 96- 7
萬歷奏議序	明顧憲成	1292- 97- 7
奉常邵先生奏疏序	明畢自嚴	1293-402- 2
度支薄代奏議序	明畢自嚴	1293-405- 2
度支奏議堂稿序	明畢自嚴	1293-406- 2
度支邊餉司奏議序	明畢自嚴	1293-407- 2
度支雲南司奏議序	明畢自嚴	1293-408- 2
度支山東司奏議序	明畢自嚴	1293-409- 2
東省剿叛公疏序	明畢自嚴	1293-411- 2
抽籤贊言序	明畢自嚴	1293-411- 2
度支新餉司奏議序	明畢自嚴	1293-431- 2
三臺奏議序	明曹于汴	1293-684- 1
楊明宇都尉榮壞集跋	明曹于汴	1293-714- 3
李懋明西臺疏草序	明劉宗周	1294-465- 9
張蓬元撫畿疏草序	明范景文	1295-523- 5
姚孟長翰長代言稿序	明倪元璐	1297- 79- 7
黃白安侍御奏疏序	明倪元璐	1297- 81- 7
劉大將軍奏議序	明倪元璐	1297- 88- 7
董元宰宗伯書山陰令王念生救命册子跋	明倪元璐	1297-192- 15
姜鳳阿宗伯制詞跋	明倪元璐	1297-193- 15
盡言集原序	明石 星	427-185- 附
盡言集原序	明張應福	427-186- 附
商文毅疏稿跋	明商汝顏	427-452- 附
介菴奏議序	明陳公懋	427-700- 附
新刊芥菴奏議跋	明楊循吉	427-703- 附
題緩菴西巡錄後	明楊循吉	538-632- 78
王端毅奏議後序	明程啓充	427-704- 附
楊文忠三錄序	明喬 宇	428-751- 附
楊文忠三錄序	明楊廷和	428-752- 附
余肅敏公奏議序	明楊廷和	444-194- 40
		1405-724-311
楊文忠三錄序	明蒲材俊	428-842- 附
玉坡奏議原序·	明唐 龍	429-352- 附
玉坡奏議原序	明喬世寧	429-353- 附
南宮奏稿序	明汪文盛	429-410- 附

史部

詔令奏議類：書序跋

四庫全書文集篇目分類索引

袁中丞撫閩疏草序	明黃克纘	530-496- 70
李太清忠諫疏藁序	明熊開元	534-634-102
司農奏草序	明王家屏	550-133-214
（曾肇）奏議遺集後序	明曾翔龍	1101-413- 4
撫津疏草序	明李邦華	1293-509- 5
（倪文貞奏疏）原序	明宋 玟	1297-232- 附
重刊陸宣公奏議序	明錢 福	1455-369-213
戶部疏草序	明李維楨	1455-509-225
萬歷疏抄序	明李維楨	1455-512-225
重刻陸宣公奏議序	明黃道周	1455-547-229
馬還初拔坦封事序	明蔣德璟	1455-550-229
宿少卿奏草序	明張邦奇	1455-645-239
粵西奏議序	明胡 宥	1466-590- 52
太祖高皇帝聖訓序	清聖 祖	411- 1- 附
太宗文皇帝聖訓序	清聖 祖	411- 39- 附
世祖章皇帝聖訓序	清聖 祖	411- 97- 附
聖祖仁皇帝聖訓序	清世 宗	411-145- 附
		1300- 80- 8
世宗憲皇帝硃批諭旨序	清世 宗	416- 1- 附
硃批諭旨序	清世 宗	1300- 83- 8
太祖高皇帝聖訓序	清高 宗	411- 2- 附
		1301- 77- 8
		1449-253-首12
太宗文皇帝聖訓序	清高 宗	411- 40- 附
		1301- 78- 8
		1449-255-首12
世祖章皇帝聖訓序	清高 宗	411- 98- 附
		1301- 80- 8
		1449-258-首13
聖祖仁皇帝聖訓序	清高 宗	411-147- 附
		1301- 83- 9
		1449-260-首13
世宗憲皇帝聖訓序	清高 宗	412- 1- 附
		1301- 85- 9
		1449-264-首13
世宗憲皇帝硃批諭旨後序	清高 宗	1301-117- 13
		1449-265-首13
江南巡撫韓公奏議序	清吳偉業	1312-237- 23
衛紫嵐先生奏疏序	清魏裔介	1312-758- 7
都諫朱蒿菴疏稿序	清魏裔介	1312-758- 7
都諫柯岸初疏草序	清魏裔介	1312-759- 7
都諫袁六完疏稿序	清魏裔介	1312-760- 7

吳玉驄疏稿序	清魏裔介	1312-761- 7
都諫許傳巖疏草序	清魏裔介	1312-761- 7
都諫嚴顯亭疏稿序	清魏裔介	1312-762- 7
宮定薌奏疏序	清魏裔介	1312-763- 7
蔡魁吾先生督漕奏議二集序	清魏裔介	1312-764- 7
李繩武制府奏議序	清魏裔介	1312-765- 7
題時御史西臺奏議後	清汪 琬	1315-607- 38
趙子策稿序	清朱彝尊	1317-288- 37
吳維申策稿序	清朱彝尊	1317-291- 37
張御史奏疏稿序	清毛奇齡	1320-346- 41
蕭長源奏疏序	清張玉書	1322-444- 4
奏疏序	清宋 犖	1323-367- 32
世宗憲宗皇帝上諭人旗表	清允祿、允禮等	413- 3- 附
張襄壯奏疏跋	清張雲翼	430-448- 6
恭刊上諭跋	清王 瑄	564-912- 62
（曾肇）奏議遺集後序	清曾思孔	1101-413- 4

b.附 錄

1.詔令上（作者式）

四 畫

●文天祥宋

擬進御筆爲馬丞相趙僉書上奏留平章（內制）二篇 1184-427- 4

●王 沂元

親祀詔 1208-496- 13

●王 直明

敕書贊（二則） 1242-394- 37

●王 洋宋

除大理評事制 1132-407- 7

郎官制 1132-408- 7

大禮都虞候換給定本制 1132-409- 7

三節官屬轉官制 1132-419- 7

陞加五斗力更轉一官制 1132-420- 7

一石五斗弓各轉一官制 1132-420- 7

罷吏部侍郎落職提舉宮觀誥 1132-436- 8

●王 郎漢

移州郡檄 1397- 88- 5

●王 珪宋

嘉祐明堂赦文 1093- 67- 9

治平立皇太子赦文 1093- 67- 9

熙寧元年南郊御札　1093-81-11
賜樞密副使吳奎生日禮物詔二道　1093-123-18
賜樞密副使歐陽修生日禮物詔　1093-123-18
賜樞密副使胡宿生日禮物詔　1093-123-18
賜樞密使富弼生日禮物詔　1093-123-18
賜樞密使文彥博赴闕詔　1093-123-18
賜使相宋庠生日禮物詔　1093-124-18
賜樞密副使包拯生日禮物詔　1093-124-18
賜樞密副使孫抃生日禮物詔　1093-125-18
賜參知政事趙槩生日禮物詔　1093-125-18
賜宰臣韓琦生日禮物詔　1093-125-18
賜樞密使文彥博生日禮物詔三道　1093-125-18
賜契丹皇帝賀乾元節大使茶藥詔　1093-125-18
賜賀乾元節副使茶藥詔　1093-125-18
賜契丹皇太后賀乾元節大使茶藥詔　1093-125-18
賜賀乾元節副使茶藥詔　1093-125-18
賜賀正旦副使茶藥詔　1093-126-18
賜契丹皇帝賀正旦大使茶藥詔　1093-126-18
賜賀正旦副使茶藥詔（二則）　1093-126-18
賜樞密使富弼乞假將治允詔　1093-126-18
賜樞密副使歐陽修免恩命允詔　1093-126-18
賜婉容周氏免恩命不允詔　1093-126-18
賜宰臣富弼乞退不允手詔　1093-127-18
賜參知政事孫抃趙槩免恩命允詔　1093-127-18
賜前樞密副使吳奎辭特支請俸允詔　1093-127-18
賜三司使韓絳乞外郡不允詔　1093-127-18
賜端明殿學士知成都府韓絳乞內郡不允詔　1093-127-18
賜知潞州李束之乞西京留臺不允詔　1093-127-18
賜武成軍節度使知鄆州李璋免南郊加恩第一表不允詔　1093-128-18
賜李璋免恩命不允詔　1093-128-18
賜翰林侍讀學士知鄧州賈黯免恩命不允詔　1093-128-18
賜翰林學士歐陽修修唐書成免恩允詔　1093-128-18
賜翰林學士歐陽修乞洪州不允詔　1093-128-18
賜樞密副使邵亢乞外郡第一箚子不允詔　1093-128-18
賜邵亢乞外郡第二箚子不允詔　1093-129-18
賜定國軍節度使李端愿乞致仕不允詔　1093-129-18
賜判定州李昭亮乞宮觀及移郡不允詔　1093-129-18
賜樞密副使陳升之免恩命箚子不允詔　1093-129-18
賜端明殿學士知定州張方平免恩命乞侍養不允詔　1093-129-18
賜翰林學士承旨宋祁免恩命不允詔　1093-129-18
賜端明殿學士知鄭州宋祁修唐書成免恩命不允詔　1093-130-18
賜樞密副使陳升之生日禮物詔　1093-130-18
賜陝西宣撫使韓絳湯藥詔　1093-130-18
賜樞密副使吳奎免恩命第一箚子不允詔　1093-130-18
賜吳奎免恩命第二箚子不允詔　1093-130-18
賜吳奎免恩命第三箚子不允詔　1093-130-18
賜起復樞副使吳奎免恩命第二表不允詔　1093-131-18
賜判大名府韓琦乞移徐州不允詔　1093-131-18
賜宰臣韓琦不赴文德殿立班待罪不允手詔　1093-131-18
賜宰臣曾公亮不赴文德殿立班待罪不允手詔　1093-131-18
賜翰林學士尚書兵部員外郎知制誥吳奎乞知青州不允詔　1093-131-18
賜宣徽南院使判延州程戡免恩命不允詔　1093-132-18
賜皇后曹氏答詔　1093-132-18
賜沂國公主等答詔　1093-132-18
賜越國長公主等答詔　1093-132-18
賜婕妤俞氏等答詔　1093-132-18
賜貴妃沈氏答詔　1093-132-18
賜宰臣曾公亮已下議宗室封爵不當待罪特放手詔　1093-132-18
賜韓絳御寒衣服詔　1093-135-19
賜忠武軍節度使知河陽梁適避祖諱免恩命不允詔　1093-136-19
賜梁適乞換文資不允詔　1093-136-19
賜知亮州梁適乞致仕不允詔　1093-136-19
賜判延州程戡乞致仕第一表不允詔　1093-136-19
賜程戡乞致仕第二表不允詔　1093-137-19
賜程戡乞致仕第三箚子不允詔　1093-137-19
賜觀文殿大學士龐籍乞致仕第一表不允詔　1093-137-19

史部

詔令奏議類：附錄

詔令上四畫

賜龐籍乞致仕第二表不允詔　1093-137- 19
賜觀文殿學士程戡乞致仕不允詔　1093-137- 19
賜龍圖閣直學士知成都府趙抃治迹尤異獎諭詔　1093-137- 19
賜康州防禦使寶舜卿等賀皇太后皇后授册進馬詔　1093-138- 19
賜河陽三城節度使同中書門下平章事文彥博謝裕享加恩進馬詔　1093-138- 19
賜宣徽北院使知應天府王拱辰到任謝恩進馬詔　1093-138- 19
賜端明殿學士禮部侍郎錢明逸轉官謝恩進馬詔　1093-138- 19
賜四方館使知相州曹偕賀南郊進馬詔　1093-138- 19
賜虔州觀察使劉渙賀裕享進馬詔　1093-138- 19
賜賈昌朝文彥博宋庠李昭亮程戡各進乾元節上壽金酒器并馬詔　1093-138- 19
賜保平軍節度使兼侍中賈昌朝謝明堂加恩進馬詔　1093-139- 20
賜鎮安軍節度使兼侍中賈昌朝謝裕享加恩進馬詔　1093-139- 20
賜宣徽南院使程戡謝恩進馬詔　1093-139- 20
賜武成軍節度使知陳州李璋南郊謝恩進馬詔　1093-139- 20
賜定國軍節度使梁適賀冬至進馬詔　1093-139- 20
賜給事中呂居簡轉官謝恩進馬詔　1093-139- 20
賜宰臣韓琦生日進馬詔二道　1093-139- 20
賜定國軍節度使梁適謝裕享加恩進馬詔　1093-139- 20
賜彰信軍節度使周中書門下平章事李昭亮賀裕享進馬詔　1093-140- 20
賜外任臣僚知陳州李璋進端午馬詔　1093-140- 20
賜西京汝州耐葬皇親等茶藥詔　1093-140- 20
賜宗室從信新婦并文安郡王等茶藥詔　1093-140- 20
賜大內永嘉郡夫人朱氏等茶藥詔　1093-140- 20
賜德妃苗氏等茶藥詔　1093-140- 20
賜保平軍節度使兼侍中判大名府賈昌朝赴闕茶藥詔　1093-140- 20
賜判許州賈昌朝過闕朝見茶藥詔　1093-140- 20
獎諭韓瑜詔　1093-141- 20
賜龍圖閣直學士知審刑院盧士宗斷絕獎諭詔四道　1093-141- 20
賜翰林學士賈黯進宴群玉殿詩獎諭詔　1093-141- 20
賜天章閣待制權知審刑院呂公著斷絕獎諭詔　1093-141- 20
賜樞密使文彥博乞罷節度使公使錢獎諭詔　1093-142- 20
賜天章閣待制權知審刑院孫固斷絕獎諭詔　1093-142- 20
賜龍圖閣直學士知審刑院錢象先斷絕獎諭詔二道　1093-142- 20
皇太后付中書門下還政書　1093-143- 20
賜光祿卿知濟州楊申訓兵有法獎諭詔　1093-143- 20
賜參知政事歐陽修生日禮物詔　1093-143- 20
賜皇子曙免恩命第二表不允詔　1093-144- 20
賜皇子曙免恩命第三表不允詔　1093-144- 20
仁宗遺詔　1093-144- 20
賜使相判鄆州曹佾赴闕詔　1093-145- 21
賜宣徽北院使知鄆州曹佾到任謝恩進馬詔　1093-145- 21
賜翰林侍讀學士知汝州劉敞賀登寶位進馬詔　1093-145- 21
賜安武軍節度使宣徽南院使程戡赴闕茶藥詔　1093-145- 21
賜端明殿學士知河南府工拱辰免恩命不允詔　1093-146- 21
賜判河南府文彥博乞罷使相第一表不允詔　1093-146- 21
賜文彥博乞罷使相第二表不允詔　1093-146- 21
賜判延州程戡乞退不允詔　1093-146- 21
賜檢校太尉兼侍中曹佾免恩命第二箚子不允詔　1093-146- 21
賜宣徽北院使保靜軍節度使曹佾乞邊任不允詔　1093-147- 21
賜保平軍節度使同中書門下平章事判鄆州曹佾免恩命不允詔　1093-147- 21
賜外任臣僚王拱辰等賀寶位進馬詔　1093-147- 21
賜使相判許州張昇乞致仕第一表不允詔　1093-147- 21
賜張昇乞致仕第二表不允詔　1093-147- 21
賜張昇乞致仕第三表不允詔　1093-147- 21
賜張昇乞致仕第四表不允詔　1093-148- 21

賜樞密使張昇乞致仕第一表不允詔　1093-148-　21

賜張昇乞致仕第一箚子不允詔　1093-148-　21

賜判許州張昇乞致仕第一箚子不允詔　1093-148-　21

賜鎭海軍節度使同中書門下平章事富弼生日進馬詔二道　1093-148-　21

賜鎭海軍節度使同中書門下平章事判河陽富弼進壽聖節上壽金酒器并馬詔　1093-148-　21

賜判許州張昇進南郊慶成詩獎諭詔　1093-149-　21

賜從靈駕皇親東平郡王允弼等茶藥詔　1093-149-　21

賜夏國主令發遣熟戶仍不得侵踐地詔　1093-149-　21

賜皇長子顆王頊乞班在允初下不允詔　1093-149-　21

賜皇子顆王頊乞班在富弼允弼允良下不允詔　1093-130-　21

賜皇伯允弼皇叔允良允初特免常朝五日一赴起居詔　1093-150-　21

賜皇后高氏答詔　1093-150-　21

賜判大名府賈昌朝乞辭陵不允詔　1093-150-　21

賜宰臣韓琦免恩命不允手詔　1093-150-　21

賜韓琦乞退第二箚子不允詔　1093-151-　21

賜韓琦乞退第三箚子不允詔　1093-151-　21

賜樞密使文彥博免恩命不允手詔　1093-151-　21

賜樞密使文彥博免恩命第一箚子不允詔　1093-151-　21

賜文彥博免恩命第二箚子不允詔　1093-151-　21

賜文彥博免兼侍中箚子不允詔　1093-152-　21

賜文彥博免恩命第一表不允詔　1093-152-　21

賜使相判毫州宋庠乞致仕不允詔　1093-152-　21

賜觀文殿學士孫抃乞致仕不允詔　1093-152-　21

賜富弼免恩命第二箚子不允詔　1093-152-　21

賜判毫州富弼乞罷使相第一表不允詔　1093-153-　21

賜山陵行事官屯田郎中郎潔等茶藥詔　1093-153-　21

賜山陵使宰臣韓琦茶藥詔　1093-153-　21

賜大遼皇帝弔慰大使茶藥詔　1093-153-　21

賜祭奠大行皇帝副使茶藥詔　1093-153-　21

賜大遼皇帝賀正旦大使茶藥詔　1093-153-　21

賜賀正旦副使茶藥詔　1093-153-　21

賜大遼皇帝賀正旦大使茶藥詔　1093-153-　21

賜契丹皇帝弔慰大使茶藥詔　1093-153-　21

賜弔慰副使茶藥詔　1693-153-　21

賜契丹皇太后弔慰大使茶藥詔　1093-154-　21

賜弔慰副使茶藥詔　1093-154-　21

賜契丹皇太后祭奠大行皇帝大使茶藥詔　1093-154-　21

賜契丹皇帝賀壽聖節大使茶藥詔　1093-154-　21

賜賀壽聖節副使茶藥詔　1093-154-　21

賜契丹皇太后賀壽聖節大使茶藥詔　1093-154-　21

賜賀壽聖節副使茶藥詔　1093-154-　21

賜契丹皇帝賀登寶位大使茶藥詔　1093-154-　21

賜賀登寶位副使茶藥詔　1093-154-　21

賜使相曹佾生日禮物詔四道　1093-154-　21

賜樞密使張昇生日禮物詔　1093-155-　21

賜司農卿知滑州馬尋賀皇子加恩進絹詔　1093-155-　21

賜外任臣寮馬尋等進賀壽聖節絹詔　1093-155-　21

賜諸路賀封東陽郡王進絹詔　1093-155-　21

賜外任臣寮呂溱等進賀壽聖節絹詔　1093-155-　21

賜太子賓客知相州趙良規賀封潁王進絹詔　1093-155-　21

賜成德軍節度使同中書門下平章事判河南府文彥博赴闕朝見後赴任詔　1093-155-　21

賜資政殿學士知河中府孫沔免恩命第一表不允詔　1093-155-　21

賜孫沔免恩命第一箚子不允詔　1093-156-　21

賜觀文殿學士知慶州孫沔免恩命不允詔　1093-156-　21

賜皇伯東平郡王判大宗正司允弼免行事允詔　1093-156-　21

賜皇伯集慶軍節度使同中書門下平章事宗諤乞罷赴中書禮上允詔　1093-156-　21

賜美人董氏免恩命迴授與父安允詔　1093-156-　21

賜樞密使富弼免恩命第一箚子不允詔　1093-157-　21

賜樞密使富弼乞外郡第一箚子不允詔　1093-157-　21

賜富弼乞外郡第二箚子不允詔　1093-157-　21

四庫全書文集篇目分類索引

史部

詔令奏議類:附錄

詔令上四畫

賜宰臣富弼乞外任不允手詔	1093-157- 21
賜起復宰臣富弼赴闕詔	1093-157- 21
賜樞密使富弼赴闕詔	1093-158- 21
賜武康軍節度使知相州李端愿赴闕詔	1093-159- 22
賜臺諫官詔	1093-159- 22
賜外任臣寮呂居簡等進賀壽聖節功德疏詔	1093-160- 22
賜美人董氏免恩命不允詔	1093-160- 22
賜判大名府賈昌朝乞罷使相第一表不允詔	1093-160- 22
賜賈昌朝乞罷使相第二表不允詔	1093-160- 22
賜賈昌朝乞罷使相第三表不允詔	1093-160- 22
賜賈昌朝乞罷使相第四表不允詔	1093-160- 22
賜賈昌朝乞罷使相第五表不允詔	1093-161- 22
賜使相判大名府韓琦條畫河北利害詔	1093-161- 22
賜判大名府韓琦爲水災撫輯河北詔	1093-161- 22
賜守司徒兼侍中判相州韓琦赴闕召見後赴任詔	1093-161- 22
賜判大名府韓琦便宜從事手詔	1093-162- 22
賜宰臣韓琦乞退第三表不允詔	1093-162- 22
賜鎮安武勝等軍節度使守司徒兼侍中判相州韓琦免恩命不允詔	1093-162- 22
賜楚國大長公主等詔	1093-162- 22
賜端明殿學士知大名府王拱辰免恩命不允詔	1093-162- 22
賜端明殿學士知定州王拱辰免恩命不允詔	1093-163- 22
賜知定州王拱辰乞再任西京迎奉靈駕不允詔	1093-163- 22
賜知大名府王拱辰乞暫赴闕朝覲不允詔	1093-163- 22
賜端明殿學士知定州王拱辰乞移許州不允詔	1093-163- 22
賜翰林學士馮京已下進南郊慶成詩獎諭詔	1093-163- 22
賜宣徽南院使判延州郭逵免恩命不允詔	1093-163- 22
賜判延州郭逵乞京西一郡不允詔	1093-164- 22
賜宰臣富弼乞解機政不允手詔	1093-164- 22
賜皇后向氏答詔	1093-164- 22
賜判河陽富弼乞罷使相第一表不允詔	1093-164- 22
賜富弼乞罷使相第二表不允詔	1093-164- 22
賜富弼乞罷使相第三表不允詔	1093-164- 22
賜富弼乞罷使相第四表不允詔	1093-165- 22
賜富弼乞罷使相第五表不允詔	1093-165- 22
賜參知政事吳奎免恩命翁子不允詔	1093-165- 22
賜龍圖閣直學士知河南府韓贄待罪特放詔	1093-165- 22
賜兵部員外郎知制誥知江寧府錢公輔待罪特放詔	1093-166- 23
賜翰林學士權知開封府馮京待罪特放詔	1093-166- 23
雨災許言時政闕失詔	1093-166- 23
慈聖光獻太皇太后遺詔	1093-166- 23
封太祖皇帝後詔	1093-167- 23
賜宰臣曾公亮免恩命翁子不允詔	1093-167- 23
賜宰臣曾公亮生日禮物詔	1093-167- 23
賜河陽三城節度使兼侍中曾公亮乞免册禮允詔	1093-167- 23
賜宣徽南院使判太原府歐陽修免恩命允詔	1093-167- 23
賜樞密院直學士知鄧州王琪進知後院賞花釣魚詩獎諭詔	1093-168- 23
賜宣徽南院使判延州郭逵赴闕茶藥詔	1093-168- 23
賜侍衞親軍步軍副都指揮使郝質赴闕茶藥詔	1093-168- 23
賜保平軍節度使判鄆州曹佾赴闕茶藥詔	1093-168- 23
賜山陵管勾內臣尹日宣等茶藥詔	1093-168- 23
賜侍衞親軍副都指揮使馬懷德赴闕茶藥詔	1093-168- 23
賜奉安仁宗英宗御容禮儀使宰臣曾公亮茶藥詔	1093-168- 23
賜山陵禮儀使范鎮等茶藥詔	1093-168- 23
賜契丹皇太后賀正旦大使茶藥詔	1093-169- 23
賜賀正旦副使茶藥詔	1093-169- 23
賜賀正旦大使茶藥詔	1093-169- 23
賜賀正旦副使茶藥詔	1093-169- 23
賜賀正旦大使茶藥詔	1093-169- 23
賜賀正旦副使茶藥詔	1093-169- 23
賜賀登寶位大使茶藥詔	1093-169- 23
賜起復董戩官誥赦牒對衣等示諭詔	1093-169- 23
賜董戩加食邑實封誥赦牒示諭詔	1093-169- 23

賜賀登寶位副使茶藥詔 1093-170- 23
賜契丹皇帝賀正旦大使茶藥詔 1093-170- 23
賜賀正旦大使茶藥詔 1093-170- 23
賜賀正旦副使茶藥詔 1093-170- 23
賜契丹皇帝祭奠大行皇帝大使茶藥詔 1093-170- 23
賜祭奠大行皇帝副使茶藥詔 1093-170- 23
賜樞密副使呂公弼生日禮物詔二道 1093-170- 23
賜參知政事王安石生日禮物詔 1093-170- 23
敕諸路節度使并逐路總管已下遺留衣物詔 1093-170- 23
賜前兩府大臣兩省已上知州初冬衣襖詔五道 1093-170- 23
賜龍圖閣學士知池州王贄進方物詔 1093-171- 23
賜皇伯祖承顯加食邑詔 1093-171- 23
賜外任臣寮曆日詔二道 1093-172- 23
賜定遠將軍張智常獲儂智高母弟獎諭敕書 1093-172- 24
賜皇姪叔敖進南郊慶成頌獎諭敕書 1093-172- 24
賜集賢校理馮浩等進南郊慶成詩獎諭敕書 1093-172- 24
賜昭德軍三軍將吏僧道百姓等除曹佾爲本鎭節度使諭敕書 1093-172- 24
賜鎭寧軍三軍將吏僧道百姓等除曹佾爲本鎭節度使示諭敕書 1093-173- 24
賜武康軍將吏僧道百姓等除李端愿爲本鎭節度使示諭敕書 1093-173- 24
賜知府州府折繼祖進御馬敕書 1093-173- 24
賜知府州折繼祖進御馬敕書 1093-173- 24
賜陝西諸州軍官吏將校僧道者老百姓等遣韓絳往彼宣撫敕書 1093-174- 24
賜保平軍三軍將吏僧道百姓等除賈昌朝爲本鎭節度使示諭敕書 1093-174- 24
賜保靜軍三軍將吏僧道百姓等除皇兄宗諤爲本鎭節度使示諭敕書 1093-175- 24
賜鎭海軍三軍將吏僧道百姓等除富弼爲本鎭節度使示諭敕書 1093-176- 24
賜西蕃河州刺史密章敕書 1093-176- 24
賜靜海軍節度使同中書門下平章事安南都護交趾郡王李日尊明堂加恩告敕敕書 1093-176- 24
賜李日尊轉官告敕敕書 1093-177- 24
賜李日尊進象敕書 1093-177- 24
賜李日尊進錦犀象敕書 1093-177- 24
賜靜海軍節度使同中書門下平章事安南都護南平王李日尊曆日敕書 1093-177- 24
賜溪口彭仕義賀登寶位進方物敕書 1093-177- 24
賜彭仕義賀冬進方物敕書 1093-177- 24
賜知龍州彭師贊進方物敕書 1093-177- 24
賜溪洞楊光潛進方物敕書 1093-177- 24
賜諸路藩部溪洞初冬時服敕書四道 1093-177- 24
賜大渡河南印部川山前山後百蠻首領直赴賀大登寶位進方物敕書 1093-178- 24
賜集慶軍三軍將吏僧道百姓等除皇伯宗諤爲本鎭節度使示諭敕書 1093-179- 24
賜武勝軍三軍將吏僧道百姓等除皇弟顥爲本鎭節度使示諭敕書 1093-179- 25
賜安武軍三軍將吏僧道百姓等除郝質爲本鎭節度使示諭敕書 1093-179- 25
賜諸路文武官吏等初冬衣襖敕書四道 1093-179- 25
賜諸路諸軍員寮等初冬衣襖敕書五道 1093-180- 25
賜奉安御容都知押班并內臣等茶藥敕書 1093-180- 25
賜知辰州寶舜卿進謝恩馬敕書 1093-180- 25
賜定州路副都部署李珣進端午馬敕書 1093-180- 25
賜商州刺史解旦進馬敕書 1093-181- 25
賜解州刺史劉德進馬敕書 1093-181- 25
賜大理寺審刑院官吏等斷絕獎諭敕書八道 1093-181- 25
賜秘書丞館閣校勘陳繹進擬御試武賦獎諭敕書 1093-182- 25
賜廣南東路轉運使董詢捉殺海賊獎諭敕書 1093-182- 25
賜梓州路轉運使韓璹等減罷重難差役獎諭敕書 1093-182- 25
賜權提點廣南西路刑獄公事李師中等興水利獎諭敕書 1093-182- 25
賜知深州晁仲約爲野蠶成繭獎諭

史部

詔令奏議類：附錄

詔令上四畫

敕書　1093-182- 25

賜知台州李頎救濟水災獎諭敕書　1093-183- 25

賜權知海州章誠獲軍賊獎諭敕書　1093-183- 25

賜五臺山十寺僧正等進功德疏獎諭敕書四道　1093-183- 25

賜河陽三軍將吏僧道百姓等除曾公亮爲本鎮節度使示諭敕書　1093-183- 25

賜知許州李瑋免恩命不允批答

明堂禮成文德殿樞密使已下稱賀批答　1093-184- 26

宣德門肆赦文武百寮宰臣已下稱賀批答　1093-184- 26

賜參知政事趙概乞退不允批答　1093-185- 26

賜參知政事趙概雨災乞退第一表不允批答　1093-185- 26

賜趙概雨災乞退第二表不允斷來章批答　1093-185- 26

賜趙概雨災乞退第三表不允斷來章批答　1093-185- 26

賜參知政事歐陽修雨災乞退第一表不允批答　1093-185- 26

賜歐陽修雨災乞退第二表不允斷來章批答　1093-186- 26

賜歐陽修雨災乞退第三表不允斷來章批答　1093-186- 26

賜宰臣富弼乞退第一表不允批答　1093-186- 26

賜樞密使曾公亮免恩命第一表不允斷來章批答　1093-186- 26

賜曾公亮免恩命第二表不允批答　1093-187- 26

賜知相州李端愿免恩命第二表不允批答　1093-187- 26

賜判河陽富弼免恩命第一表不允批答　1093-187- 26

賜殿前副都指揮使武康軍節度使李璋免恩命第一表不允批答　1093-187- 26

賜參知政事孫抃乞外郡不允批答　1093-187- 26

賜判鄭州宋庠免恩命第一表不允批答　1093-187- 26

賜宋庠免恩命第二表不允斷來章批答　1093-188- 26

賜樞密使張昇免明堂恩命第一表不允批答　1093-188- 26

賜張昇免明堂恩命第二表不允斷來章批答　1093-188- 26

賜同簽書樞密院事郭逵免恩命不允斷來章批答　1093-188- 26

賜宰臣韓琦免南郊恩命第一表不允批答　1093-188- 27

賜韓琦免南郊恩命第二表不允斷來章批答　1093-189- 26

賜韓琦免明堂恩命第一表不允批答　1093-189- 26

賜樞密副使包拯免恩命不允斷來章批答　1093-189- 26

賜宰臣韓琦免恩命不允批答　1093-189- 26

賜韓琦免明堂恩命不允批答　1093-189- 26

賜宰臣富弼乞退不允批答　1093-190- 26

賜歐陽修乞退不允批答　1093-190- 26

賜文武百寮宰臣已下賀明堂禮成批答　1093-190- 26

賜宰臣韓琦已下賀老人星出見批答　1093-190- 26

賀宰臣韓琦已下賀老人星出見批答　1093-190- 26

賜宰臣韓琦已下賀壽星出見批答（三則）　1093-191- 26

賜宰臣富弼已下賀壽星出見批答　1093-191- 26

賜樞密使宋庠已下賀壽星出見批答　1093-191- 26

賜樞密使文彥博已下賀壽星出見批答　1093-191- 26

賜樞密副使胡宿已下賀壽星出見批答　1093-192- 26

賜參知政事歐陽修免恩命不允斷來章批答　1093-192- 26

賜樞密副使歐陽修免恩命不允斷來章批答　1093-192- 26

賜參知政事趙概免恩命不允斷來章批答　1093-192- 26

明堂禮成文德殿文武百寮宰臣已下稱賀批答　1093-192- 26

賜文武百寮宰臣韓琦已下乞立壽聖節宜允批答　1093-193- 27

賜樞密副使王疇免恩命不允斷來章批答　1093-193- 27

賜使相宋庠乞致仕不允斷來章批答　1093-193- 27

賜樞密副使胡宿乞退第二表不允批答　1093-193- 27

賜歐陽修乞退第二表不允批答　1093-193- 27

賜歐陽修乞退第三表不允斷來章批答　1093-194-　27
賜歐陽修再乞退第三表不允斷來章批答　1093-194-　27
賜判許州張昇免恩命第一表不允批答　1093-194-　27
賜樞密使富弼免恩命第一表不允批答　1093-194-　27
賜富弼免恩命第二表不允斷來章批答　1093-184-　27
賜皇長子潁王頊免恩命第一表不允批答　1093-195-　27
賜皇子東郡王顥免恩命第一表不允批答　1093-195-　27
賜文武百寮宰臣韓琦已下上尊號第一表不允批答　1093-195-　27
賜文武百寮宰臣韓琦已下上尊號第三表不允批答　1093-195-　27
賜文武百寮宰臣韓琦已下上尊號第四表不允批答　1093-195-　27
賜文武百寮宰臣韓琦已下上尊號第五表不允批答　1093-196-　27
賜宰臣曾公亮免恩命不允批答　1093-196-　27
賜吳奎免恩命不允斷來章批答　1093-196-　27
賜樞密使張昇乞致仕不允批答　1093-196-　27
賜張昇乞致仕不允斷來章批答　1093-197-　27
賜使相曹佾免恩命第一表不允批答　1093-197-　27
賜曹佾免恩命第二表不允斷來章批答　1093-197-　27
賜皇長子淮陽郡王頊免恩命不允批答　1093-197-　27
賜皇弟岐王顥免恩命第二表不允斷來章批答　1093-197-　27
賜皇弟樂安郡王頵免恩命第一表不允批答　1093-197-　27
賜皇弟樂安郡王頵免恩命第二表不允批答　1093-198-　27
賜皇弟高密郡王頵免恩命第二表不允斷來章批答　1093-198-　27
賜皇伯祖承亮攻封秦國公免恩命不允批答　1093-198-　27
賜皇伯崇信軍節度使宗旦免恩命第二表不允斷來章批答　1093-198-　27
賜皇伯使相宗諤免恩第一表不允批答　1093-198-　27
賜皇伯宗諤免恩命第二表不允斷來章批答　1093-198　27
賜皇伯宗諤免恩命第一表不允批答　1093-198-　27
賜皇伯宗諤免恩命第二表不允斷來章批答　1093-199-　27
賜皇伯使相宗樸免恩命第一表不允批答　1093-200-　28
賜皇伯宗樸免恩命第二表不允斷來章批答　1093-200-　28
賜韓琦免恩命第一表不允批答　1093-200-　28
賜韓琦免恩命第二表不允斷來章批答　1093-201-　28
賜韓琦免恩命第三表不允批答　1093-201-　28
賜使相曾公亮免恩命第三表不允斷來章批答　1093-201-　28
賜參知政事張昇免恩命不允斷來章批答　1093-201-　28
賜文武百寮宰臣韓琦已下乞聽政第一表不允批答　1093-201-　28
賜文武百寮宰臣韓琦已下乞聽政第三表宜允批答　1093-201-　28
賜文武百寮宰臣韓琦已下請御正殿第一表不允批答　1093-201-　28
賜文武百寮宰臣韓琦已下請御正殿第二表不允批答　1093-202-　28
賜文武百寮宰臣韓琦已下請御正殿第三表宜允批答　1093-202-　28
賜文武百寮宰臣韓琦已下乞學樂第二表不允批答　1093-202-　28
賜文武百寮宰臣富弼已下請御正殿復常膳學樂第四表不允批答　1093-202-　28
賜文武百寮宰臣韓琦已下賀灾異消復批答　1093-203-　28
賜郝質免恩命不允批答　1093-203-　28
賜樞密使程戡乞致仕第五表不允批答　1093-203-　28
賜判相州韓琦免恩命第一表不允批答　1093-203-　28
賜宰臣曾公亮免南郊恩命第一表不允批答　1093-203-　28
賜曾公亮免南郊恩命第二表不允斷來章批答　1093-204-　28
賜樞密副使呂公弼免恩命不允斷

史部 詔令奏議類:附錄 詔令上四畫

來章批答 1093-204- 28
賜樞密使呂公弼免恩命第一表不允批答 1093-204- 28
賜呂公弼免恩命第二表不允斷來章批答 1093-204- 28
賜樞密副使陳升之免恩命不允斷來章批答 1093-204- 28
賜陳升之免恩命不允斷來章批答 1093-204- 28
賜宰臣陳升之免恩命第二表不允斷來章批答 1093-205- 28
賜樞密使呂公弼免南郊恩命第一表不允批答 1093-205- 28
賜呂公弼免南郊恩命第二表不允批答 1093-205- 28
賜安武軍節度使郝質免恩命第一表不允批答 1093-205- 28
賜宰臣韓琦雨災乞退第一表不允批答 1093-205- 28
賜韓琦雨災乞退第二表不允斷來章批答 1093-206- 28
賜韓琦雨災乞退第三表不允斷來章批答 1093-206- 28
賜宰臣曾公亮雨災乞退第一表不允批答 1093-206- 28
賜曾公亮旱災乞退第一表不允斷來章批答 1093-206- 28
賜曾公亮地震水災乞退第二表不允斷來章批答 1093-206- 28
賜曾公亮雨災乞退第三表不允斷來章批答 1093-207- 28
賜宰臣韓琦乞退第一表不允批答 1093-207- 28
賜韓琦乞退第二表不允批答 1093-207- 28
賜韓琦乞退第三表不允斷來章批答 1093-207- 28
賜宰臣曾公亮乞退第三表不允斷來章批答 1093-208- 28
賜參知政事歐陽修乞退第一表不允批答 1093-208- 28
賜樞密副使陳升之乞外郡第三表不允斷來章批答 1093-208- 28
賜宰臣曾公亮乞致仕第一表不允批答 1093-208- 28
賜曾公亮乞致仕第二表不允批答 1093-208- 28
賜判運州曹佾生日禮物口宣 1093-209- 29
賜使相曹佾生日禮物口宣二道 1093-209- 29
賜樞密使文彥博生日禮物口宣 1093-209- 29
賜判河南府文彥博生日禮物口宣 1093-209- 29
賜判北京賈昌朝生日禮物口宣二道 1093-209- 29
賜使相宋庠生日禮物口宣二道 1093-209- 29
賜皇兄北海郡王允弼生日禮物口宣 1093-209- 29
賜武康軍節度使李端愿告敕口宣 1093-210- 29
賜武城軍節度使知許州李璋告敕口宣 1093-210- 29
賜淮康軍節度使知曹州張茂實加恩告敕口宣 1093-210- 29
賜觀文殿學士知河南府張方平告敕口宣 1093-210- 29
賜資政殿學士知河中府孫沔告敕口宣 1093-210- 29
賜步軍都虞侯趙滋告敕口宣 1093-210- 29
賜判鄭州宋庠告敕口宣 1093-210- 29
賜判河陽富弼告敕口宣 1093-210- 29
賜樞密使曾公亮告敕口宣 1093-210- 29
賜知相州李端愿免恩命第一表不允口宣 1093-210- 29
賜檢校太尉兼侍中曹佾免恩命第一表不允口宣 1093-211- 29
賜曹佾免恩命第三表不允斷來章口宣 1093-211- 29
賜判鄆州曹佾免恩命第一表不允口宣 1093-211- 29
賜樞密使王疇免恩命不允斷來章口宣 1093-211- 29
賜同簽書樞密院事郭逵免恩命不允斷來章口宣 1093-211- 29
賜使相宋庠免恩命第二表不允斷來章口宣 1093-211- 29
賜樞密使富弼免恩命第一表不允口宣 1093-211- 29
賜樞密使文彥博免南郊恩命不允口宣 1093-211- 29
賜文彥博免南郊恩命第二表不允斷來章口宣 1093-211- 29
賜樞密副使孫抃免恩命不允斷來章口宣 1093-211- 29
賜參知政事孫抃免恩命不允斷來章口宣 1093-212- 29
賜參知政事趙槩免恩命不允斷來

章口宣　1093-212- 29
賜樞密使張昇免明堂恩命第一表不允口宣　1093-212- 29
賜韓琦免南郊恩命第一表不允口宣　1093-212- 29
賜韓琦免南郊恩命第二表不允斷來章口宣　1093-212- 29
賜樞密使曾公亮免恩命第一表不允口宣　1093-212- 29
賜宰臣韓琦免明堂恩命第一表不允口宣　1093-212- 29
賜韓琦免明堂恩命第二表不允斷來章口宣　1093-212- 29
撫問知延州孫沔口宣　1093-212- 29
賜參知政事歐陽修南郊加恩告敕口宣　1093-212- 29
賜使相韓琦赴闕生料口宣　1093-213- 29
賜武康軍節度使李端愿赴闕口宣　1093-213- 29
賜使相曹佾赴闕生料口宣　1093-213- 29
賜鄜延路副都總管賈達赴闕生料口宣　1093-213- 29
賜知滁州向傳範赴闕生料口宣　1093-213- 29
賜知滁州向傳範茶藥口宣　1093-213- 29
賜判延州郭逵赴闕茶藥口宣　1093-213- 29
撫問陝西宣撫使韓絳判官呂大防等兼賜湯藥口宣　1093-213- 29
撫問韓絳等兼賜湯藥口宣　1093-213- 29
撫問韓絳等襚寒衣服口宣　1093-213- 29
撫問河北路臣寮兼賜夏藥口宣　1093-213- 29
撫問涇原秦鳳兩路邊臣兼賜夏藥口宣　1093-214- 29
撫問鄜延環慶路邊臣兼賜夏藥口宣　1093-214- 29
撫問河東路邊臣兼賜夏藥口宣　1093-214- 29
賜諸州路知州已下衣襖口宣　1093-214- 30
賜判大名府賈昌朝朝見到闕都城門外排御筵酒果口宣　1093-214- 30
賜樞密副使已下罷散乾元節道場酒果口宣　1093-214- 30
賜知定州王拱辰告敕并賜對衣金腰帶鞍轡馬等口宣　1093-214- 30
賜知青州唐詢告敕并賜對衣金腰帶鞍轡馬等口宣　1093-215- 30
賜知慶州韓絳告敕對衣金腰帶鞍轡馬錢三百貫文口宣　1093-215- 30
賜天章閣待制知渭州蔡挺告勑銀器衣著并傳宣撫問口宣　1093-215- 30
賜元日大慶殿行禮宣勞執儀仗將士口宣　1093-215- 30
賜冬至大慶殿行禮宣勞執儀仗將士口宣　1093-215- 30
撫問四路官吏諸軍將校口宣　1093-215- 30
撫問河北西路沿邊臣寮口宣　1093-215- 30
安撫河北災傷州軍官吏口宣　1093-215- 30
撫問鄜延環慶路沿邊臣寮口宣二道　1093-216- 30
撫問麟府路沿邊臣寮口宣　1093-216- 30
撫問保州路臣寮口宣　1093-216- 30
撫問梓州路臣寮口宣　1093-216- 30
撫問兩浙并淮南路官吏諸軍將校口宣　1093-216- 30
撫問廣西路桂邕州轉運提刑知州兵官將校等口宣　1093-216- 30
撫問大名府文彥博口宣二道　1093-216- 30
賜判延州郭逵官告勑牒兼傳宣撫問口宣　1093-216- 30
撫問知北京王拱辰口宣　1093-216- 30
宣召翰林學士范鎮再入院口宣　1093-217- 30
宣召翰林學士賈黯入院口宣　1093-217- 30
宣召翰林學士馮京入院口宣　1093-217- 30
宣召翰林學士王疇入院口宣　1093-217- 30
宣召翰林學士司馬光入院口宣　1093-217- 30
宣召翰林學士楊繪入院口宣　1093-217- 30
雄州撫問契丹皇帝賀乾元節人使口宣　1093-217- 30
恩州賜契丹皇帝賀乾元節人使茶藥口宣　1093-217- 30
恩州賜契丹皇太后賀乾元節人使茶藥口宣　1093-217- 30
都亭驛賜契丹皇帝賀乾元節人使內中酒果口宣二道　1093-218- 30
都亭驛賜契丹皇帝賀乾元節人使銀鈔羅等口宣　1093-218- 30
班荊館賜契丹皇帝賀正旦人使到闕酒果口宣　1093-218- 30
都亭驛賜契丹皇帝賀正旦人使春廩勝等口宣　1093-218- 30
都亭驛賜契丹皇帝賀正旦人使生餼口宣　1093-218- 30
恩州賜契丹皇帝賀正旦人使茶藥

口宣三道　1093-218- 30
班荊館賜契丹皇帝賀登寶位人使到闕酒果口宣　1093-218- 30
班荊館賜大遼皇帝弔慰人使酒果口宣　1093-219- 30
都亭驛賜契丹皇帝弔慰人使銀鈔鑵等口宣　1093-219- 30
都亭驛賜契丹皇帝賀登寶位人使射弓例物口宣　1093-219- 30
都亭驛賜契丹皇帝賀登寶位人使朝辭酒果口宣　1093-219- 30
恩州賜契丹兩番賀正旦人使茶藥口宣二道　1093-219- 30
恩州賜契丹皇太后賀正旦人使茶藥口宣　1093-219- 30
恩州賜契丹兩番賀登寶位人使茶藥口宣　1093-219- 30
賜張昇爲仁宗皇帝上僊遺衣物口宣　1093-220- 31
賜皇兄保靜軍節度使宗諤告勅口宣　1093-220- 31
賜皇子進封准陽郡王項告勅口宣　1093-220- 31
賜皇長子項免恩命第　表不允口宣　1093-220- 31
賜皇子項免恩命第二表不允斷來章口宣　1093-220-311
賜皇長子進封潁王項免恩命第二表不允斷來章口宣　1093-220- 31
賜皇子進封東陽郡王顥免恩命第一表不允口宣　1093-220- 31
賜皇子官告口宣　1093-220- 31
賜樞密使文彥博赴闕口宣　1093-220- 31
賜密使文彥博赴闕茶藥口宣　1093-221- 31
賜判河南府文彥博赴闕生料口宣　1093-221- 31
賜判河南府文彥博制敕并赴闕口宣　1093-221- 31
賜皇伯東平郡王允弼生日禮物口宣　1093-221- 31
賜皇叔華原郡王允良生日禮物口宣　1093-221- 31
賜皇叔襄陽郡王允良生日禮物口宣　1093-221- 31
賜皇長子潁王項生日禮物口宣　1093-221- 31
賜皇長子准陽郡王項生日禮物口宣　1093-221- 31
賜皇子鄂國公顗生日禮物口宣　1093-221- 31
賜樞密使張昇明堂加恩告敕口宣　1093-221- 31
賜判許州張昇南郊加恩告敕詔書口宣　1093-221- 31
賜樞密副使吳奎起復詔書口宣　1093-222- 31
賜張昇免南郊恩命第二表不允斷來章口宣　1093-222- 31
賜判延州程戡免恩命第一表不允口宣　1093-222- 31
賜皇伯東平郡王允弼免恩命第一表不允口宣　1093-222- 31
賜皇伯允弼免恩命第二表不允斷來章口宣　1093-222- 31
賜宣徽南院使判延州程戡告敕口宣　1093-222- 31
撫問判河南府文彥博口宣　1093-222- 31
撫問判河南府文彥博爲母亡口宣　1093-222- 31
雄州府問契丹兩番賀壽聖節人使口宣　1093-222- 31
恩州賜大遼皇太后賀正旦人使茶藥口宣　1093-223- 31
都亭驛賜契丹皇帝賀壽聖節人使內中酒果口宣　1093-223- 31
都亭驛賜大遼皇帝賀正旦壽聖節人使宴花酒果口宣　1093-223- 31
都亭驛賜契丹皇帝祭奠人使銀鈔鑵等口宣　1093-223- 31
賜樞密使呂公弼加恩告敕口宣　1093-223- 31
賜宰臣韓琦南郊加恩告敕口宣二道　1093-223- 31
賜使相賈昌朝赴闕生料口宣　1093-223- 31
賜判許州賈昌朝赴闕茶藥口宣　1093-223- 31
賜皇伯祖感德軍節度使承亮改封秦國公免恩命第一表不允口宣　1093-223- 31
賜皇伯祖業亮免恩命第二表不允斷來章口宣　1093-223- 31
賜宰臣曾公亮南郊加恩告敕口宣　1093-224- 31
撫問知青州歐陽修口宣　1093-224- 31
賜皇弟岐王顥生日禮物口宣二道　1093-224- 31
賜殿前副指揮使郝質免恩命第一表不允口宣　1093-224- 31
賜郝質免恩命第二表不允斷來章口宣　1093-224- 31
賜判河陽富弼免恩命第一表不允口宣　1093-224- 31

四庫全書文集篇目分類索引

賜富弼免恩命第二表不允斷來章口宣 1093-224- 31
賜樞密使呂公弼免南郊恩命第一表不允口宣 1093-225- 32
賜呂公弼免南郊恩命第二表不允斷來章口宣 1093-225- 32
賜宰臣曾公亮免南郊恩命第一表不允口宣 1093-225- 32
賜曾公亮免南郊恩命第二表不允斷來章口宣 1093-225- 32
賜韓琦免恩命第一表不允口宣 1093-225- 32
賜皇弟樂安郡王顥告敕口宣 1093-225- 32
雄州撫問大遼皇帝賀正旦人使口宣 1093-225- 32
恩州賜大遼皇帝賀正旦人使茶藥口宣 1093-225- 32
都亭驛賜契丹皇帝賀正旦人使酒果口宣 1093-225- 32
都亭驛賜契丹皇帝賀正旦人使朝辭酒果口宣 1093-226- 32
都亭驛賜大遼皇帝賀正旦人使銀鈔鑵等口宣 1093-226- 32
都亭驛賜大遼兩番賀正旦人使酒果口宣 1093-226- 32
班荊館賜大遼皇帝賀正旦人使到關酒果口宣 1093-226- 32
賜大遼兩番賀正旦人使生餼口宣 1093-226- 32
都亭驛賜大遼皇帝賀同天節人使銀鈔鑵等口宣 1093-226- 32
賜大遼兩番賀同天節人使生餼口宣 1093-226- 32
撫問判大名府韓琦口宣 1093-226- 32
撫問觀文殿學士判太原府呂公弼口宣 1093-226- 32
賜宰臣禮儀使曾公亮已下往西京奉安仁宗英宗御容回茶藥口宣 1093-227- 32
撫問修山陵所殿前副都指揮使郝質已下兼賜湯藥口宣 1093-227- 32
賜宰臣禮儀使曾公亮往西京奉安仁宗英宗御容都城門外酒果口宣 1093-227- 32
賜皇伯號國公宗諤告敕口宣 1093-227- 32
賜皇伯宗諤免恩命第一表不允口宣 1093-227- 32
賜親王使相節度使免恩命第一表不允口宣 1093-227- 32
賜親王使相節度使免恩命第二表不允斷來章口宣 1093-227- 32
賜殿前副都指揮安德軍節度使郝質告敕口宣 1093-227- 32
賜判許州賈昌朝敕牒口宣 1093-227- 32
賜判大名府賈昌朝告敕口宣 1093-228- 32
賜賈昌朝加恩告敕口宣 1093-228- 32
賜皇伯號國公宗諤生日禮物口宣 1093-228- 32
賜皇伯使相宗樸生日禮物口宣 1093-228- 32
賜宰臣韓琦生日禮物口宣六道 1093-228- 32
賜宰臣曾公亮生日禮物口宣二道 1093-229- 32
賜起復宰臣富弼赴闕口宣 1093-229- 32
賜富弼赴闕生料口宣 1093-229- 32
賜福密使富弼赴闕口宣 1093-229- 32
賜判相州韓琦赴闕朝見口宣 1093-229- 32
賜判相州韓琦赴闕茶藥口宣 1093-229- 32
撫問判相州韓琦兼賜湯藥口宣 1093-229- 32
撫問判大名府韓琦兼賜湯藥口宣 1093-229- 32
封百官父制 1093-241- 34
封百官母制 1093-241- 34
封百官妻制 1093-241- 34
中書提點至堂後官制 1093-274- 37
三司判官轉運使等加勳制 1093-281- 38
內外朝官加勳制 1093-281- 38
空名試將作監主簿制二道 1093-284- 38
見任兩府奏薦子孫弟姪制 1093-291- 40
在外前兩府奏薦子孫弟姪制 1093-292- 40
內外待制制 1093-299- 40
爲雨災許言時政闕失詔 1350-314- 31
封太祖皇帝後詔 1350-315- 31
皇太后付中書門下還政書 1350-315- 31
賜宰臣韓琦不赴文德殿立班待罪不允詔 1350-319- 31
賜河陽三城節度使兼侍中曾公亮乞免册禮允詔 1350-319- 31
賜判亳州富弼乞罷使相不允詔 1350-319- 31
賜吳奎免恩命不允詔 1350-319- 31
嘉祐明堂赦文 1350-326- 32
治平立皇太子赦文 1350-327- 32
熙寧元年南郊御札 1350-339- 33
賜皇長子淮陽郡王免恩命不允批答 1350-342- 33
賜皇伯祖承亮改封秦國公免恩命不允批答 1350-342- 33

史部

詔令奏議類：附錄

詔令上四畫

史部 詔令奏議類:附錄 詔令上四畫

賜宰臣韓琦已下乞立壽聖節宜允批答　1350-343- 33
賜宰臣韓琦已下尊號不允批答　1350-343- 33
賜宰臣韓琦免恩命不允批答　1350-343- 33
賜宰臣曾公亮免恩命不允批答　1350-343- 33
賜韓琦免明堂恩命不允批答　1350-344- 33
賜郝質免恩命不允批答　1350-344- 33
賜宰臣富弼乞退不允批答　1350-344- 33
賜歐陽修乞退不允批答　1350-344- 33
神宗封太祖皇帝後詔　1402- 44- 8
神宗允曾公亮乞免册禮詔　1402- 44- 8
賜吳奎免恩命不允詔　1418-204- 43
賜皇長子淮陽郡王免恩命不允批答　1418-204- 43
賜皇伯祖承亮改封秦國公免恩命不允批答　1418-205- 43
賜韓琦免明堂恩命不允批答　1418-205- 43

● 王 莽漢

篡位改國號新書　1396-653- 23
大誥　1396-653- 23
破翟義下詔附陳崇上平翟義書　1396-655- 23
平翟義等爲武軍封詔　1396-656- 23
策群司　1396-667- 24
策五司　1396-668- 24
定諸侯王號書　1396-669- 24
封帝王後奉祀書　1396-669- 24
籍五姓爲宗室書　1396-669- 24
立漢七廟于定安國書　1396-670- 24
禁剛卯金刀書　1396-670- 24
行井田法書　1396-670- 24
行大錢書　1396-671- 24
立五均官誥附義和魯匡上言酒酤　1396-671- 24
復下詔（立五均官）　1396-672- 24
征匈奴書　1396-672- 24
造寶貨五品書　1396-672- 24
因漢律令儀法書　1396-672- 24
戒司監書　1396-672- 24
授諸侯茅土書　1396-673- 24
東巡狩書　1396-673- 24
都雒陽書　1396-674- 24
四巡書附群公奏言及答書　1396-674- 24
制萬國書　1396-674- 24
下吏祿制度書　1396-674- 24
論膳羞書　1396-675- 24
更授諸侯茅土於明堂書　1396-675- 24
收富吏財產詔　1396-675- 24
按驗皇孫宗罪死書　1396-675- 24
推定歷紀書　1396-676- 24
出軍禁趨讙令　1396-676- 24
日正黑下書　1396-676- 24
條備將帥書　1396-676- 24
大風毀王路堂下書　1396-676- 24
郎從官衣絳書　1396-677- 24
建九廟書　1396-677- 24
行壹切法書　1396-677- 24
責七公書　1396-677- 24
霸橋災下書　1396-678- 24
賑貸東方書　1396-678- 24
開山澤書　1396-678- 24
追詔廉丹附哀廉丹書　1396-678- 24
新室當代漢有天下總說　1396-679- 24

● 王 偉梁

矯簡文帝詔　1399-589- 14
矯武帝詔　1399-589- 14

● 王 惲元

改元詔　1201- 26- 67
手詔侍郎楊大淵　1201- 26- 67
姜眞人手詔　1201- 27- 67
擬禁酒詔　1201- 35- 67

● 王 禕明

定嶽鎮海瀆名號詔　1226-247- 12
開科舉詔　1226-247- 12
免租稅詔　1226-248- 12
招諭庫庫特穆爾詔　1226-249- 12
誠諭中外百僚詔　1226-250- 12
招安諸盜賊詔　1226-250- 12
中書平章政事除江浙行省左丞相兼知行樞密院事制　1226-252- 12
中書左丞相開府儀同三司封太師國王制　1226-252- 12
殿中侍御史除刑部尚書誥中　1226-257- 12
禮部尚書除翰林侍講學士知制誥同修國史同知經筵事兼國子祭酒誥　1226-257- 12
（擬）高帝封功臣鐵券辭　1226-274- 13
（擬）文帝賜吳王璽書　1226-275- 13
（擬）武帝置五經博士詔　1226-275- 13
（擬）宣帝賜趙充國書　1226-280- 13
跋宋高宗賜岳飛手札　1226-350- 17
太祖高皇帝定嶽鎮海瀆名號詔　1402- 47- 9

太祖高皇帝招諭庫庫特穆爾詔　1402-47-9
擬周襄王錫命魯文公　1410-850-778
擬周告齊請城王城　1410-851-778
定嶽鎮海瀆名號詔　1453-573-66
● 王　構 元
興師征江南諭行省官軍詔　1367-118-9
即位詔　1367-119-9
王鎮山加封詔　1367-119-9
● 王　褒 北周
赦詔　1416-146-113
省徵發詔　1416-146-113
立通道觀詔　1416-146-113
● 王　鑒 明
勅工部郎中郝海畢昭　1256-319-18
勅遼東巡撫都御史鄧璋　1256-319-18
勅秦府永興王府鎮國中尉椒　1256-319-18
勅司禮監左監丞張溫　1256-320-18
恭題仁廟監國令旨（二則）　1256-506-35
恭題何都御史巡撫南直隸敕　1256-506-35
跋宋著作王蘋襲敕　1256-513-35
● 王　鏊 元
即位詔　1367-115-9
中統建元詔　1367-116-9
中統元年五月赦　1367-116-9
至元改元赦　1367-117-9
● 王之望 宋
賜陳康伯等乞解機政檢會前奏速
　賜罷免不允詔　1139-692-3
賜陳康伯乞祠不允詔　1139-92-3
賜虞允文乞除宮祠不允詔　1139-693-3
賜錢端禮辭免除戶部侍郎兼樞密
　都承旨恩命不允詔　1139-693-3
賜陳康伯告口宣　1139-694-3
賜劉寶告口宣　1139-694-3
賜撫問張浚到闕并賜金合茶藥口
　宣　1139-694-3
賜安慶軍官吏軍民僧道者壽等示
　諭敕書　1139-694-3
賜張浚臈藥敕書　1139-694-3
除郭振武泰軍節度使賜本軍示諭
　敕書　1139-695-3
● 王之道 宋
擬宏詞試觀文殿學士提舉醴泉觀
　兼侍讀特授護國軍節度使開府
　儀同三司江淮荊襄路安撫大使

制　1132-662-19
擬宏詞試少保鎮南軍節度使充兩
　浙東路安撫大使兼知紹興軍府
　事授少傅鎮南靜江軍節度使充
　江南東路安撫大使兼知建康軍
　府事兼管內營田大使兼行宮留
　守加食邑實封制　1132-663-19
擬宏詞試觀文殿學士江南西路安
　撫大使授永興軍節度使開府儀
　同三司都督川陝荊襄軍馬事制　1132-664-19
代無爲守王正仲奉直跋所賜御翰　1132-739-27
跋籍田詔石刻代淮西賈曹茂德　1132-741-27
● 王立道 明
擬漢令郡國學孝廉詔　1277-865-8
● 王安石 宋
敕牓交阯　568-31-98
　　1105-354-47
提轉考課勸詞　1105-355-47
賜太子太傅致仕梁適太子太師致
　仕張昇特赴闕南郊陪位詔　1105-357-47
賜允太子太傅致仕梁適陳乞不赴
　南郊陪位詔　1105-357-47
賜允太子太師致仕張昇不赴南郊
　陪位詔　1105-357-47
賜宣徽北院使判大名府王拱辰乞
　南郊赴闕不允詔　1105-357-47
賜守司徒兼檢校太師兼侍中判永
　興軍韓琦再乞相州詔　1105-358-47
賜守司徒檢校太師兼侍中韓琦詔　1105-358-47
賜韓琦依所乞詔　1105-358-47
賜守司徒檢校太師兼侍中判永興
　軍韓琦乞相州舊任不允詔三道　1105-358-47
賜允守司徒兼檢校太師兼侍中韓
　琦乞相州詔　1105-358-47
賜允觀文殿學士尙書左僕射新除
　集禧觀使富弼辭免乞判汝州詔　1105-359-47
賜守司徒檢校太師兼侍中判永興
　軍韓琦乞致仕不允詔　1105-359-47
賜判承興軍韓琦湯藥詔　1105-359-47
賜判汝州富弼乞致仕不允致　1105-359-47
賜判汝州富弼乞假養疾詔　1105-359-47
賜判汝州富弼乞赴安州避災養疾
　詔　1105-359-47
賜判汝州富弼赴闕詔二道　1105-360-47
賜富弼赴闕并茶藥詔　1105-360-47

四庫全書文集篇目分類索引

史部

詔令奏議類：附錄

詔令上四畫

賜判汝州富弼辭免南郊禮畢支賜詔　1105-360- 47

賜宰臣曾公亮已下辭南郊賜賓不允詔　1105-360- 47

賜觀文殿學士新除刑部尚書知大名府陳升之辭免恩命不允詔　1105-360- 47

賜觀文殿學士刑部尚書知大名府陳升之赴闕朝見茶藥詔　1105-360- 47

賜觀文殿學士刑部尚書知亳州歐陽修上表奏乞致仕不允詔　1105-360- 47

賜知亳州歐陽修陳乞致仕第二表不允詔　1105-361- 47

賜知亳州歐陽修第三表并筠子陳乞致仕不允詔　1105-361- 47

賜觀文殿學士兵部尚書歐陽修辭知青州不允詔二道　1105-361- 47

賜答曾公亮詔　1105-361- 47

賜張方平免特支請俸詔　1105-361- 47

賜樞密副使右諫議大夫邵亢乞郡詔　1105-362- 47

賜皇伯新除彰化軍節度觀察留後安定郡王從式乞免新命不允詔　1105-362- 47

賜涇原路經略使蔡挺茶藥詔　1105-362- 47

賜天章閣待制知渭州蔡挺獎諭詔　1105-362- 47

賜知唐州光祿卿高賦獎諭詔　1105-362- 47

賜天章閣待制知審刑院齊恢獎諭詔　1105-365- 48

又賜知審刑院齊恢獎諭詔　1105-365- 48

賜勅獎諭審刑院詳議官大理寺詳斷官等　1105-365- 48

又賜獎諭審刑院詳議官大理寺詳斷官等　1105-365- 48

賜勅獎諭權大理寺少卿蔡冠卿　1105-365- 48

賜特放諫議大夫知潭州燕度待罪詔　1105-365- 48

賜外任臣寮進奉功德疏　1105-366- 48

賜特放知成德軍韓贄待罪詔　1105-366- 48

賜特放懷州傅卞待罪詔　1105-366- 48

賜答德妃苗氏賀南郊禮畢詔　1105-366- 48

賜答修儀楊氏等馮翊郡君連氏等賀南郊禮畢詔　1105-366- 48

賜大遼賀正旦人使茶藥詔　1105-366- 48

賜大遼賀正旦副使茶藥詔　1105-366- 48

賜大遼皇太后賀正旦人使茶藥詔　1105-366- 48

賜大遼皇太后賀正旦副使茶藥詔　1105-366- 48

賜谿洞知蔣州田元宗等進奉助南郊并賀冬賀正勅書　1105-367- 48

批答文武百寮曾公亮已下上尊號第一表不允　1105-367- 48

批答文武百寮曾公亮已下上尊號第二表不允　1105-367- 48

批答宰臣曾公亮已下賀壽星見　1105-367- 48

批答樞密使文彥博等賀壽星見　1105-367- 48

批答富弼　1105-368- 48

批答不允皇伯祖威德軍節度使榮國公承亮辭免恩命第一表　1105-368- 48

批答不允承亮辭免恩命第二表仍斷來章　1105-368- 38

批答不允承亮辭免（二則）　1105-368- 48

批答樞密副使韓絳邵亢樞密院事陳升之等辭免恩命仍斷來章　1105-368- 48

批答韓絳邵亢陳升之等辭恩命不允仍斷來章　1105-368- 48

宣答文武百寮稱賀宣德門肆赦　1105-368- 48

宣答文武百寮稱賀南郊禮畢　1105-369- 48

宣答樞密使以下賀南郊禮畢　1105-369- 48

賜皇伯祖東平郡王允弼生日口宣　1105-369- 48

賜皇伯祖威德軍節度使榮國公承亮加恩口宣　1105-369- 48

賜皇弟岐王顥生日禮物口宣　1105-369- 48

賜皇弟高密郡王生日禮物口宣　1105-369- 48

賜淮南節度使守司徒兼侍中判相州韓琦加恩口宣　1105-369- 48

賜判永興軍韓琦生日禮物口宣　1105-369- 48

賜樞密使西川節度使守司空兼侍中文彥博生日差內臣賜羊酒采麞等口宣　1105-369- 48

賜文彥博生日差男押賜生日禮物口宣　1105-369- 48

賜樞密使呂公弼生日禮物口宣　1105-370- 48

賜觀文殿大學士尚書左僕射富弼赴闕茶藥口宣　1105-370- 48

賜觀文殿大學士尚書左僕射富弼湯藥并賜詔口宣　1105-370- 48

賜觀文殿學士刑部尚書知大名府陳升之越闕朝見并賜茶藥口宣　1105-370- 48

賜觀文殿大學士尚書左僕射判汝州富弼加恩口宣　1105-370- 48

撫問判永興軍韓琦口宣　1105-370- 48

撫問觀文殿學士陳升之兼賜夏藥

口宣　　　　　　　　　　　　1105-370- 48
撫問鄜延路臣寮口宣　　　　1105-370- 48
撫問延州汎邊臣寮口宣　　　1105-370- 48
撫問河北西路臣寮兼賜夏藥口宣　1105-371- 48
撫問并代州路臣寮并將校口宣　1105-371- 48
撫問高陽關路俸散諸軍特支銀鞋
　錢并傳宣撫問臣寮口宣　　1105-371- 48
撫問送伴大遼賀正旦人使副汴路
　相逢賀大遼皇太后皇帝生辰使
　副口宣　　　　　　　　　1105-371- 48
撫問雄州白溝驛賜北朝賀正旦人
　使御筵口宣　　　　　　　1105-371- 48
賜大遼國賀正旦人使已下生饌口
　宣　　　　　　　　　　　1105-371- 48
賜大遼國賀正旦人使卻迴瀛州御
　筵口宣　　　　　　　　　1105-371- 48
賜大遼國賀正旦人使見詔就驛賜
　酒果口宣　　　　　　　　1105-371- 48
北京賜大遼賀正旦人使卻迴御筵
　口宣　　　　　　　　　　1105-371- 48
雄州賜大遼賀同天節人使卻迴御
　筵兼撫問口宣　　　　　　1105-372- 48
就驛賜大遼賀同天節人使卻迴朝
　辭詔酒果口宣　　　　　　1105-372- 48
賜眞定府路臣寮等初冬衣襖口宣　1105-372- 48
賜召學士馮京入院口宣　　　1105-372- 48
賜召滕甫入院口宣　　　　　1105-372- 48
翰林學士除三司使制　　　　1105-374- 49
節度使加宣徽使制　　　　　1105-374- 49
誠勸諸道轉運使經畫財利寬恤民
　力制　　　　　　　　　　1105-375- 49
磨勘轉官制二道　　　　　　1105-395- 51
明堂宗室加恩制　　　　　　1105-395- 51
英宗即位覃恩轉官龍圖閣學士至
　龍圖閣直學士制　　　　　1105-408- 52
發運轉運提刑判官等制　　　1105-409- 52
卿監館職制　　　　　　　　1105-409- 52
京官館職制　　　　　　　　1105-409- 52
分司致仕正郎以下京官等制　1105-409- 52
諸司使副至崇班內常侍帶遙郡不
　帶遙郡制　　　　　　　　1105-409- 52
皇兄叔大將軍以下制　　　　1105-409- 52
皇弟姪大將軍以下制　　　　1105-409- 52
中書提點堂後官制　　　　　1105-410- 52
諸州軍並轉運提刑弟姪男恩澤等

並試監簿制　　　　　　　　1105-415- 52
轉員制　　　　　　　　　　1105-417- 52
落權團練刺使制　　　　　　1105-417- 52
軍員等換諸司使副承制崇班制　1105-423- 53
空名助教并試監簿制　　　　1105-455- 55
賜判永興軍韓琦再乞相州不允詔　1150-318- 31
賜守司徒檢校太師兼侍中韓琦詔　1350-318- 31
賜富弼乞判汝州允詔　　　　1350-318- 31
賜知亳州歐陽修乞致仕不允詔二
　道　　　　　　　　　　　1350-318- 31
賜答曾公亮詔　　　　　　　1350-319- 31
賜特放知潭州燕度待罪詔　　1350-319- 31
磨勘轉官（制）　　　　　　1350-390- 38
皇姪石衞大將軍秦州防禦使知宗
　正寺制　　　　　　　　　1353- 22- 50
敕榜交趾文　　　　　　　　1353-585- 91
誠勸諸道轉運使經畫財利寬恤民
　力文　　　　　　　　　　1353-586- 91
韓琦加恩制　　　　　　　　1402- 98- 17
宋神宗敕榜　　　　　　　　1402-229- 46
磨勘敍官制　　　　　　　　1418-319- 47

● 王安禮宋

賜建雄軍節度使知定州韓絳獎諭
　詔　　　　　　　　　　　1100- 9- 2
賜建雄軍節度使檢校太傅知潁昌
　府韓絳閡沿路茶藥詔　　　1100- 9- 2
賜司空開府儀同三司致仕韓絳乞
　受册禮畢隨班稱賀免赴詔　1100- 9- 2
賜太中大夫參知政事蔡確生日詔　1100- 9- 2
賜參知政事趙雄生日詔　　　1100- 9- 2
賜太中大夫知樞密院事孫固生日
　詔　　　　　　　　　　　1100- 10- 2
賜邊鎮節度使加宣徽使制　　1100- 10- 2
兩制封父制　　　　　　　　1100- 11- 2
明堂軍員封父制　　　　　　1100- 11- 2
百官封父制　　　　　　　　1100- 11- 2
百官贈父制　　　　　　　　1100- 11- 2
父任兩制子升朝官　　　　　1100- 11- 2
兩制贈父制　　　　　　　　1100- 11- 2
贈父制　　　　　　　　　　1100- 12- 2
宣德郎至承務郎磨勘制　　　1100- 12- 2
中大夫至朝議大夫磨勘酬獎制　1100- 14- 2
朝請大夫至朝奉郎磨勘酬獎制　1100- 14- 2
宣德郎至承務郎酬獎制　　　1100- 14- 2
承議郎至通直郎酬獎制　　　1100- 14- 2

四庫全書文集篇目分類索引

史部

詔令奏議類：附錄

詔令上四畫

將官制	1100- 15-	2
百官封妻制	1100- 22-	2
諸司人伎術人授官制	1100- 25-	3
進納授官制	1100- 25-	3
承議郎至通直郎磨勘制	1100- 31-	3
某氏封充媛制	1100- 34-	3
● 王政君（漢元帝后）漢		
復舊祠詔	1396-270-	5
復南北郊詔	1396-270-	5
復泰時諸祠詔	1396-271-	5
問成帝起居發病狀詔	1396-271-	5
貶趙飛燕詔	1396-271-	5
退傅后詔	1396-271-	5
褒中山孝王后詔	1396-272-	5
令王莽專考吏治詔	1396-272-	5
嘉王莽詔附大司馬護軍褒奏一則	1396-272-	5
傅喜特進奉朝請詔	1396-273-	5
賜孔光詔	1396-273-	5
元始五年冬詔	1396-274-	5
太后報王莽辭封詔	1396-657-	23
王莽辭益封詔	1396-657-	23
太后命奏九錫儀詔	1396-660-	23
安漢公九錫策	1396-660-	23
太后令安漢公居攝詔	1396-661	23
貶趙后詔（二則）	1402- 24-	3
● 王貞風（劉宋明帝后）劉宋		
廢立令	1398-571-	5
● 王禹偁宋		
并諭	1086-136-	14
● 王應麟宋		
咸淳三年郊祀大禮赦文首詞附尾詞	1187-198-	2
德祐元年明堂大禮赦文首詞附尾詞	1187-199-	2
學廉吏詔	1187-200-	2
學將帥詔	1187-200-	2
科學詔	1187-201-	2
日食求言詔	1187-201-	2
資政殿學士江萬里上表再辭免同知樞密院事不允斷來章批答	1187-202-	2
賜文天祥辭免依舊權工部尚書都督府參贊軍事江西安撫使除湖西江東制置使知平江不允詔	1187-202-	2
賜顯謨閣直學士兩淮安撫制置使知揚州李庭芝築城獎諭詔	1187-203-	2
賜呂文德收復開州江面肅清獎諭詔	1187-203-	2
賜淮西制置大使夏貴獎諭詔	1187-204-	2
賜淮東制置大使李庭芝獎諭詔	1187-204-	2
賜知蠻州張起巖獎諭詔	1187-204-	2
賜李庭芝獎諭詔	1187-205-	2
責諭賈似道歸里終喪詔	1187-205-	2
勉諭江西制置大使黃萬石置司隆興府詔	1187-206-	2
賜利西路安撫副使兼知涪州陽立詔	1187-206-	2
賜四川制置副使兼知重慶府張珏詔	1187-206-	2
賜咎萬壽詔	1187-207-	2
賜左相陳宜中勉諭造闕詔（二則）	1187-207-	2
勉諭王爇陳宜中（詔）	1187-208-	2
賜夏貴（詔）	1187-208-	2
賜李庭芝（詔）	1187-209-	2
賜夏貴詔	1187-209-	2
勉諭夏貴詔	1187-209-	2
賜文天祥詔	1187-209-	2
勉諭陳宜中詔	1187-210-	2
獎諭張世傑詔	1187-210-	2
昭慶軍承宣使左金吾衞大將軍荊湖北路安撫使兼知鄂州授寧武軍節度使龍神衞四廂都指揮使蠻路安撫使兼知蠻州兼提領措置屯田兼控扼瀘敍昌洽四州邊面加食邑食實封制	1187-233-	4
特進觀文殿大學士提舉臨安府洞霄宮授少保寧武軍節度使荊湖廣南宣撫使判潭州軍州荊湖南路安撫大使加食邑食實封制	1187-234-	4
寧江軍節度使左驍衞上將軍金州駐箚御前諸軍都統制授右金吾衞上將軍興元府駐箚御前諸軍都統制加食邑食實封制	1187-235-	3
嗣榮王進封福王主榮王祀事加食邑一千戶寬封四百戶仍令所司擇日備禮册命制	1187-237-	4
嗣榮王某賜詔書不名依前皇叔太師武康寧江軍節度使判大宗正事嗣榮王加食邑一千戶寬封四百戶制	1187-237-	4
翰林學士知制誥兼侍讀除同知樞		

密院事誥 1187-249- 5
起居舍人兼侍講除中書舍人兼禮
　部尚書誥 1187-250- 5
● 王寶明（齊宣德王太后）齊
隆昌元年七月令 1399- 39- 2
延興元年十月令 1399- 39- 2
廢東昏侯令 1399- 40- 2
● 元　絳宋
賜王廣淵張誡獎諭詔 1350-320- 31
熙寧七年南郊大赦 1350-327- 32
熙寧四年大饗明堂御札 1350-339- 33
賜宰臣韓絳免恩命不允批答 1350-345- 33
賜宰臣韓絳已下上尊號不允批答 1350-345- 33
賜皇伯宗諤免恩命不允批答 1350-345- 33
賜陳升之免恩命不允批答 1350-345- 33
賜宰臣王安石已下乞御正殿復常
　膳不允批答 1350-345- 33
● 王　禎唐
批宰臣請上尊號第二三四表 426- 60- 6
長慶元年册尊號赦 426- 92- 10
處分幽州德音 1079-551- 40
戒勵風俗德音 1079-552- 40
招討鎭州制 1079-553- 41
批宰臣請上尊號第二三四表 1079-555- 41
批劉悟謝上表 1079-556- 41
批王播謝官表 1079-556- 41
文武孝德皇帝册尊號赦書 1337- 3-422
長慶元年德音 1337-111-437
長慶元年批宰臣請上尊號第二表
　（三則） 1337-360-466
批王播謝官表 1337-368-467
批劉悟謝上表 1337-369-467
唐穆宗文惠皇帝戒勵風俗德音文 1343-466- 31
文武孝德皇帝册尊號赦文 1402-161- 30
神（穆）宗戒勵風俗德音文 1402-162- 30
● 元世祖元
建國號制 1366-597- 1
● 元好問金
擬除樞密使制 1191-175- 15
擬立東宮詔 1191-175- 15
擬除司農卿制 1191-176- 15
● 元成宗元
大成加封制 1366-597- 1
● 元明善元
至治改元詔 1367-122- 9

● 元英宗元
親祀詔 1402- 45- 8

五　畫

● 石　虎後趙
下中書料簡沙門書 1400-553- 9
復下書（料簡沙門事） 1400-554- 9
● 石世龍後趙
辭稱尊號書 550- 15-209
議奉介子推書 550- 15-209
● 石季龍後趙
求言書 550- 15-209
● 司馬光宋
殿前都指揮使節度使加宣徽南院
　使制 1094-156- 16
翰林學士禮部侍郎除三司使制 1094-157- 16
誡勵學人敦修行檢詔 1094-157- 16
賜宰臣韓琦乞退第一表不允批答 1094-157- 16
賜新除知樞密院事陳升之辭免恩
　命不允斷來章詔 1094-158- 16
賜資政殿大學士戶部侍郎知青州
　吳奎乞就差知兗州不允詔 1094-158- 16
賜文武百寮曾公亮已下上第三表
　乞上尊號不允斷來章批答 1094-158- 16
賜新除知樞密院事陳升之上第一
　表辭恩命不允斷來章批答 1094-158- 16
賜宰臣曾公亮不允批答 1094-159- 16
賜觀文殿學士新除兵部尚書知青
　州歐陽修詔 1094-159- 16
賜文武百寮宰臣富弼以下上第五
　表乞皇帝御正殿復常膳聽樂允
　批答 1094-161- 16
西京應天禪院及會聖宮奏安仁宗
　英宗皇帝御容了畢德音 1094-161- 16
賜樞密使守司空檢校太師兼侍中
　文彥博乞退不允手詔 1094-162- 16
賜樞密使守司空兼侍中文彥博不
　允手詔 1094-162- 16
賜參知政事王安石乞退不允批答 1094-163- 16
賜南平李日尊示諭敕書 1094-163- 16
賜參知政事王安石不允斷來章批
　答 1094-163- 16
賜參知政事右諫議大夫趙休乞退
　第一表不允批答 1094-163- 16
賜殿前都指揮使安武軍節度使郝

四庫全書文集篇目分類索引

史部

詔令奏議類：附錄

詔令上五畫

質不允詔 1094-164- 16
賜新除參知政事韓絳辭恩命不允斷來章批答 1094-164- 16
賜新除宣徽南院使特進檢校太保判太原府歐陽修辭免恩命不允詔 1094-164- 16
賜守司徒兼侍中判大名府韓琦不允詔 1094-165- 16
賜新除樞密副使右諫議大夫馮京辭恩命不允斷來章批答 1094-165- 16
賜新除河陽三城節度使守司空檢校太師兼侍中充集禧觀使曾公亮辭免恩命不允詔 1094-166- 16
賜新除守空檢校太師兼侍中充河陽三城節度使集禧觀使曾公亮辭免恩命第一表不允批答 1094-166- 16
賜新除參知政事馮京辭恩命不允斷來章批答 1094-166- 16
賜新除樞密副使右諫議大夫吳充辭恩命不允斷來章批答 1094-166- 16
賜觀文殿學士戶部尚書知陳州張方平乞南京留臺不允詔 1094-166- 16
賜文彥博辭恩命第一表不允批答 1094-167- 16
賜殿前都指揮使郝質辭恩命不允批答 1094-167- 16
賜殿前都指揮使郝質辭恩命不允斷來章批答 1094-167- 16
賜皇伯祖昭化軍節度使檢校工部尚書康國公承顯恩命第一表不允批答 1094-167- 16
賜文彥博辭恩命不允斷來章批答 1094-167- 16
賜皇弟高密郡王顥辭恩命第一表不允批答 1094-167- 16
賜皇弟高密郡王顥辭恩命第二表不允斷來章批答 1094-167- 16
賜皇伯祖昭化軍節度使承顯辭恩命第二表不允斷來章批答 1094-167- 16
賜宰臣富弼等上表賀雲陰日食不及分數批答 1094-168- 16
賜宰臣曾公亮已下賀壽星出現批答 1094-168- 16
賜樞密使文彥博等賀壽星出見批答 1094-168- 16
撫納西人詔意 1094-480- 52
中使徐湜封還傳宣 1094-486- 53

● 司馬倫 晉
僞詔 1398- 65- 4
● 司馬越 晉
勒世子毗 1398- 68- 4
● 司馬瑋 晉
矯詔赦亮瑾官屬 1398- 65- 4
● 田　錫 宋
三司大將加恩（制） 1085-540- 28
高麗職員軍將等授官（制） 1085-544- 28
高麗使副判官等授官（制） 1085-544- 28
禁軍將校授官（制七則） 1085-544- 28
供奉官殿直殿前承旨加恩（制） 1085-551- 28
御史臺孔目官門下省雜事南曹諸司勒留歸司等官可中書省主書門下省主事千牛衞長吏及簿尉司馬勒留并出外縣簿尉（制） 1085-551- 28
內班都知押班以下加恩（制） 1085-553- 29
幕職加官（制） 1085-544- 29
堂後官一十五人轉官（制） 1085-554- 29
守當官等二十人受官（制） 1085-554- 29
開封府祇候都孔目官左右軍巡使及諸王府內知客等加恩（制） 1085-555- 29
宰臣三代追封（制） 1085-556- 29
致仕分司等官加恩（制） 1085-556- 29
押東郊進奉衞內指揮使并衞前職員等加恩（制） 1085-556- 29
知制誥制（二則） 1085-557- 29
拾遺直史館制（三則） 1085-558- 29
著作直館制（二則） 1085-558- 29
諫議大夫制 1085-558- 29
幕職州縣官料錢敕 1085-559- 29
● 史　浩 宋
擬觀文殿大學士太一宮使除樞密使制 1141-577- 6
賜尚書左僕射陳康伯乞寢罷禮儀使支賜銀絹不允詔 1141-579- 6
脩學士院詔 1141-579- 6
賜守令誠諭詔 1141-579- 6
戒公卿舉所知詔 1141-579- 6
賜少傅觀文殿大學士魏國公張浚辭免册命宣允詔 1141-580- 6
賜新除少傅充醴泉觀使進封大寧郡王吳益辭勉恩命不允詔 1141-580- 6
賜新除開府儀同三司充萬壽觀使吳蓋勉恩命不允詔 1141-580- 6

賜觀文殿大學士知紹興軍府事湯思退乞宮觀不允詔　1141-580-　6
賜新除兵部侍郎周揆辭勉恩命不允詔　1141-581-　6
賜新除右諫議大夫任古辭勉恩命不允詔　1141-581-　6
賜新除保平軍節度使王彥辭勉恩命不允詔　1141-581-　6
賜四川制置使沈介誠諭詔　1141-581-　6
賜侍從台諫等筆札修具弊事招　1141-581-　6
戒帥臣監司學勸部內知州臧否詔　1141-582-　6
賜四川宣撫使吳璘回師秦隴詔　1141-582-　6
賜都督張浚審訂北討長策詔　1141-582-　6
賜兩淮將臣李顯忠條具出師方略詔　1141-583-　6
賜兩淮將臣邵宏淵條具出師方略詔　1141-583-　6
戒監司令所部不得重價折變兩稅詔　1141-583-　6
求遺書詔　1141-583-　6
撫問侍衞親軍步軍指揮使吳拱到闕并賜銀盒茶藥口宣　1141-583-　6
賜新除少傅觀文殿大學士魏國公張浚告口宣　1141-583-　6
撫問鎮江府駐卻御前諸軍都統制張子蓋到闕并賜銀盒茶藥口宣　1141-583-　6
撫定中原蠟告　1141-584-　6

●丘　遲梁

禪梁策　1399-486-　11
璽書　1399-487-　11

●白居易唐

答京兆府二十四縣者壽謝賑貸表　556-121-　85
降楊於陵賀安南破環王制　594-237-　10
奉敕試邊鎮節度使加僕射制　1080-515-　47
與金陵立功將士等敕書　1080-516-　47
與崇文詔　1080-516-　47
批河中進嘉禾圖表　1080-516-　47
除郎官分散諸州制　1080-577-　54
除軍使邠寧節度使制　1080-581-　54
邊鎮節度使起復制　1080-582-　54
與王承宗詔　1080-593-　56
答李遜等謝恩令附入屬籍表　1080-594-　56
批李夷簡賀御撰君臣事跡屏風表　1080-594-　56
批百寮嚴綬等賀御撰屏風表　1080-594-　56
答杜兼謝授河南尹表　1080-595-　56
與茂昭詔　1080-595-　56
與師道詔　1080-595-　56
與於陵詔　1080-595-　56
與於陵詔　1080-595-　56
答段祐等賀册皇太子禮畢表　1080-596-　56
答李詞賀處分王士則等德音表　1080-596-　56
與吐蕃宰相鉢闡布敕書　1080-596-　56
與希朝詔　1080-597-　56
與師道詔　1080-597-　56
與劉濟詔　1080-597-　56
與季安詔　1080-598-　56
與從史詔　1080-598-　56
與季安詔　1080-599-　56
與昭義軍將士詔　1080-599-　56
與承璀詔　1080-599-　56
與元陽詔　1080-600-　56
與昭義軍將士詔　1080-600-　56
與師道詔（二則）　1080-600-　56
與茂詔書　1080-601-　56
與昭義節度親事將士等書　1080-601-　56
與執恭詔　1080-602-　56
與恒州節度下將士書　1080-602-　56
與承宗詔　1080-602-　56
批宰相賀赦王承宗表　1080-603-　56
與劉濟詔　1080-603-　56
與吉甫詔　1080-604-　56
與吐蕃宰相尚綺心兒等書　1080-604-　56
答王承宗謝洗雪及復官爵表　1080-605-　56
與鄭緄詔　1080-606-　56
答高郢請致仕第二表　1080-606-　56
與劉總詔　1080-606-　56
答裴垍讓中書侍郎平章事表　1080-606-　56
答劉總謝檢校工部尚書范陽節度使表　1080-606-　56
與茂昭詔　1080-606-　56
答任迪簡讓易定節度使表　1080-607-　56
答裴垍讓宰相第三表　1080-607-　56
答裴垍謝銀青光祿大夫兵部尚書表　1080-607-　56
與劉總詔　1080-607-　56
與房式詔　1080-607-　56
與盧恒卿詔　1080-607-　56
答文武百寮嚴綬等賀御製新譯大乘本生心地觀經序表　1080-608-　56
答孟簡倪等賀御製新譯大乘本生心地觀經序狀　1080-608-　56

答元應授岳鄂觀察使謝上表　1080-608-56
答李郳授淮南節度使謝上表　1080-609-56
答元義請上尊號表　1080-610-57
答薛萃賀生擒李錡表　1080-610-57
與薛萃詔　1080-610-57
與嚴礪詔　1080-610-57
與餘慶詔　1080-610-57
答黃裳請上尊號表　1080-610-57
與從史詔　1080-611-57
與韓皋詔　1080-611-57
與元衡詔　1080-611-57
答李扦等謝許上尊號表　1080-611-57
答馮伉請上尊號表　1080-612-57
答長安萬年兩縣百姓耆壽等謝許上尊號表　1080-612-57
答元素謝上表　1080-612-57
答韓皋請上尊號表　1080-612-57
答馮伉謝許上尊號表　1080-612-57
與顏證詔　1080-613-57
與從史詔　1080-613-57
與季安詔　1080-613-57
與高固詔　1080-613-57
與茂昭詔　1080-614-57
答百寮謝許追遊集宴表　1080-614-57
答李扦謝許遊宴表　1080-615-57
答劉濟詔　1080-615-57
與柳晟詔　1080-615-57
答薛萃謝授浙東觀察使表　1080-615-57
答朱仕明賀册尊號及恩赦表　1080-616-57
與仕明詔　1080-616-57
與崇文詔　1080-616-57
與希朝詔　1080-617-57
與元衡詔　1080-617-57
與陸庶詔　1080-617-57
答盧虔謝賜男從史德政碑文幷移貫屬京兆表　1080-618-57
與宗儒詔　1080-618-57
與希朝詔　1080-618-57
與韓弘詔　1080-618-57
答杜佑謝男師損除工部郎中表　1080-619-57
與嚴礪詔　1080-619-57
與韓弘詔　1080-619-57
答王鍔陳讓淮南節度使表　1080-619-57
答韓弘讓平章事表　1080-619-57
答韓弘再讓平章事表　1080-620-57
與季安詔　1080-621-57
答杜兼謝上河南少尹知府事表　1080-621-57
與南詔清平官書　1080-622-57
答王鍔賀賬恤江淮德音表　1080-622-57
與茂昭詔　1080-622-57
與潘孟陽詔　1080-622-57
答宰相杜佑等賀德音表　1080-623-57
答宗正卿李詞等賀德音表　1080-623-57
答將軍方元蕩等賀德音表　1080-623-57
與韋丹詔　1080-624-57
與從史詔　1080-624-57
答宰相杜佑等賀德音表　1080-624-57
與孫璹詔　1080-625-57
與李良僴詔　1080-625-57
答京兆府二十四縣耆壽謝賑貸表　1080-625-57
除郎官分牧諸州制　1336-713-410
授軍使邢寧節度使制　1337-258-454
與昭義軍將士書（二則）　1337-300-459
授恒州節度下將士等書　1337-302-459
與昭義節度親事將士等書　1337-307-459
答元義等請上尊號表　1337-361-466
答黃裳請上尊號表　1337-361-466
答李扦等謝許上尊號表　1337-361-466
答朱仕明賀册尊號及恩赦表　1337-362-466
批宰相賀赦王承宗表　1337-362-466
答王承宗謝洗雪及復官爵表　1337-362-466
答李嗣賀處分王士則等德音表　1337-362-466
答王鍔賀賑卹江淮德音表　1337-362-466
答宰相杜佑等賀德音表（二則）　1337-363-466
答宗正卿李詞等賀德音表　1337-363-466
答將軍方元蕩等賀德音表　1337-363-466
答薛平賀生擒李錡表　1337-365-467
答段祐等賀册立太子禮畢表　1337-367-467
批李夷簡賀御撰君臣事迹屏風表　1337-367-467
批百寮嚴綬等賀御撰屏風表　1337-367-467
答文武百官嚴綬等賀御製新譯大乘本生心地觀經序表　1337-368-467
答蕭倪孟簡等賀御製新譯大乘本生心觀地經序狀　1337-368-467
答杜兼謝授河南尹表　1337-368-467
答劉總謝檢校工部尚書范陽等兩道節度使表　1337-369-467
答裴垍謝銀青光祿大夫兵部尚書表　1337-369-467
答薛萃謝授浙東觀察使表　1337-369-467

答元膺授岳鄂等觀察使謝上表　1337-370-467
答李郸授淮南節度使謝上表　1337-370-467
答元素謝上表　1337-370-467
答杜兼謝上河南少尹知府事表　1337-370-467

六　畫

●江　淹齊
北伐詔　1063-732- 2
遣使巡行詔　1063-733- 2
立學詔　1063-733- 2
斷募士詔　1063-733- 2
慰勞雍州詔　1063-733- 2
賜赦交州詔　1063-734- 2
曲赦丹陽等四郡詔　1063-734- 2
大赦詔　1063-734- 2
遣太使巡詔　1399-204- 9
賜赦交州詔　1399-204- 9
斷募士詔　1399-204- 9
封江冠軍等詔　1399-205- 9
大赦詔　1399-205- 9
北伐詔　1399-205- 9
曲赦丹陽等四郡詔　1399-206- 9
王僕射加兵詔　1399-207- 9
立學詔　1399-207- 9
齊高帝斷衆賽詔　1402- 38- 6
北伐詔　1415- 25- 85
遣使巡行詔　1415- 25- 85
立學詔　1415- 25- 85
斷募士詔　1415- 26- 85
慰勞雍州詔　1415- 26- 85
賜赦交州詔　1415- 26- 85
曲赦丹陽等四郡詔　1415- 26- 85
大赦詔　1415- 26- 85

●江　總陳
學士詔　1415-581-105

●宇文泰北周
大統十一年十一年春三月令　1400- 63- 1

●伏義氏上古
天皇伏義氏皇策　1396- 7- 1

●任　昉梁
宣德皇后令　1329-624- 36
　　1330-838- 36
　　1394-331- 1
宣德皇后令　1399-361- 6
齊宣德皇后臨朝答梁王令　1399-361- 6

求薦士詔　1399-361- 6
重敦勸梁王令　1399-362- 6
爲武帝與謝朏敕　1399-392- 7
武帝封諸功臣詔　1402- 39- 6
武帝求薦士詔　1402- 39- 6
爲武帝初封功臣詔　1415-244- 91
求薦士詔　1415-244- 91
爲齊帝禪位梁王詔　1415-245- 91
禪梁璽書　1415-246- 91
禪梁册　1415-247- 91
爲齊宣德皇后答梁王令　1415-248- 91
宣德太后再敦勸梁王令　1415-248- 91
爲宣德太后重敦勸梁王令　1415-249- 91

●朱　熹宋
書僞詔後　1145-727- 83
書壽皇批答魏丞相出使箚子　1145-730- 83

●朱彝尊清
恴皇帝御書跋　1318-247- 53

七　畫

●汪　藻宋
皇太后告天下手書　1128-115- 13
賜湖南廣南江東西撫諭詔　1128-116- 13
賜西蕃部族將士撫恤詔　1128-116- 13
撫恤單州軍民詔　1128-116- 13
責李成軍中詔　1128-116- 13
賜檢校少師武成感德軍節度使神
　武左軍統制韓世忠獎諭詔　1128-117- 13
刑部尚書兼侍讀胡直孺辭免昭慈
　獻烈皇太后攢宮橋道頓遞司結
　局轉兩官依所乞獎諭詔　1128-117- 13
建炎三年十一月三日德音　1128-117- 13
賜少保尚書左僕射同中書門下平
　章事呂頤浩生日詔　1128-118- 13
賜鎮潼軍節度使開府儀同三司充
　醴泉觀使孟忠厚生日詔　1128-118- 13
賜參知政事謝克家生日詔　1128-118- 13
賜知樞密院事李回生日詔　1128-119- 13
賜同知樞密院事富直柔生日詔　1128-119- 13
建炎四年科學詔　1128-119- 13
紹興元年科學詔　1128-119- 13
隆祐皇太后遺詔　1128-119- 13
紹興元年追嚴隆祐皇太后詔　1128-120- 13
新除吏部尚書盧法原赴行在供職
　詔　1128-120- 13

史部

詔令奏議類：附錄

詔令上七畫

新除禮部尚書謝克家赴行在供職詔　1128-120-　13

新除刑部尚書胡直孺赴行在供職詔　1128-120-　13

新除刑部尚書胡直孺辭免恩命乞除台嚴一州差遣不允詔　1128-121-　13

通議大夫試刑部尚書胡直孺辭免恩命兼侍讀不允詔　1128-121-　13

通議大夫試刑部尚書兼侍讀胡直孺辭免昭慈獻烈皇太后攢宮橋道頓遞司結局轉兩官恩命不允詔　1128-121-　13

新除戶部尚書孟庾辭免恩命不允詔　1128-121-　13

新除戶部侍郎孟庾辭免恩命不允詔　1128-121-　13

鎭南軍節度使呂頤浩再辭免恩命不允詔　1128-122-　13

呂頤浩乞守前官通奉大夫致仕不允詔　1128-122-　13

通議大夫呂頤浩乞除在外宮觀差遣任便居住不允詔　1128-122-　13

新除鎭南軍節度使呂頤浩辭免恩命不允詔　1128-122-　13

新除少保尚書左僕射呂頤浩辭免恩命不允詔　1128-122-　13

呂頤浩辭免少保恩命不允詔　1128-123-　13

呂頤浩除左僕射再辭免恩命不允詔　1128-123-　13

新除利州觀察使孔彥舟辭免恩命不允詔　1128-123-　13

新差袞荊湖南路馬步軍副總管孔彥舟辭免利州觀察使恩命不允詔　1128-123-　13

觀文殿大學士宣奉大夫朱勝非奏受告新差江州路安撫大使知江州乞就近別行差官不允詔　1128-124-　14

新除參知政事李回辭免恩命不允詔　1128-124-　14

新除同知樞密院事李回辭免恩命不允詔　1128-125-　14

新除起復鎭潼軍節度使孟忠厚辭免恩命乞許終喪制不允詔　1128-125-　14

寧武軍節度使劉光世辭免恩命不允詔　1128-125-　14

新除資政殿大學士提舉萬壽觀兼侍讀王綯辭免恩命不允詔　1128-125-　14

王綯爲從弟投拜金人自劾不允詔　1128-126-　14

新除起復依前檢校少保光山軍節度使士襄辭免不允詔　1128-126-　14

新授觀文殿學士范宗尹辭免恩命不允詔　1128-126-　14

新除資政殿學士張守辭免恩命不允詔　1128-126-　14

溫州觀察使王瓊辭免復兩官恩命不允詔　1128-126-　14

資政殿學士權知三省樞密院事李邴乞間慢差遣不允詔　1128-127-　14

新除江南東路安撫大使葉夢得辭免恩命不允詔　1128-127-　14

參知政事謝克家乞外任觀不允詔　1128-127-　14

新除資政殿學士謝克家辭免恩命不允詔　1128-127-　14

兵部尚書謝克家辭免恩命不允詔　1128-127-　14

新除端明殿學士簽書樞密院事富直柔辭免恩命不允詔　1128-128-　14

杜充同知樞密院事辭免恩命不允詔　1128-128-　14

復觀文殿學士知潭州吳敏乞辭免恩命不允詔　1128-128-　14

仲踪乞罷宗正司不允詔　1128-128-　14

辛企宗乞免秦鳳路經略安撫使不允詔　1128-128-　14

新除吏部侍郎高衞辭免恩命不允詔　1128-129-　14

新除吏部侍郎黎確辭免恩命不允詔　1128-129-　14

新除禮部侍郎李正民辭免恩命改授一閒慢職局不允詔　1128-129-　14

新除戶部侍郎季陵辭免恩命不允詔　1128-129-　14

新除吏部侍郎李正民辭免恩命不允詔　1128-129-　14

起復中散大夫試尚書戶部侍郎李追乞持餘服不允詔　1128-129-　14

新除吏部侍郎綦崇禮辭免恩命不允詔　1128-130-　14

新除徽猷閣直學士知漳州綦崇禮辭免恩命不允詔　1128-130-　14

梁丞相辭免恩命不允批答　1128-131-　15

王丞相辭免恩命不允批答　1128-132-15

辛企宗辭免御營使司都統制不允批答　1128-132-15

賜士褒辭免宗司不允批答　1128-132-15

賜士褒辭免檢校少保不允批答　1128-132-15

文武百僚宰臣范宗尹等上表乞遵隆祐皇太后遺誥服喪允批答　1128-132-15

文武百僚范宗尹等上表請皇帝聽政不允批答　1128-132-15

文武百僚宰臣范宗尹等再上表請皇帝聽政允批答　1128-133-15

范宗尹辭免右僕射不允批答　1128-133-15

新除通議大夫范宗尹再上表辭免恩命不允斷來章批答　1128-133-15

新除少保尚書左僕射呂頤浩上表辭免恩命不允批答　1128-133-15

王綯第一表辭免參知政事不允批答　1128-134-15

王綯第二表辭免參知政事不允批答　1128-134-15

杜充第二表辭免同知樞密院不允批答　1128-134-15

新除參知政事李回上表辭免恩命不允斷來章批答　1128-134-15

新除端明殿學士富直柔上表辭免恩命不允斷來章批答　1128-135-15

文武百僚宰臣范宗尹等上表請皇帝御殿不允批答　1128-135-15

新除同知樞密院事富直柔上表辭免恩命不允斷來章批答　1128-135-15

新除資政殿大學士王綯上表辭免恩命不允斷來章批答　1128-135-15

周望第一表辭免簽書樞密院事不允批答　1128-135-15

周望第二表辭免不允批答　1128-136-15

滕康辭免權同知三省樞密院事不允仍斷來章批答　1128-136-15

劉玨辭免吏部尚書不允批答　1128-136-15

賈謹辭免寶文閣直學士不允批答　1128-136-15

劉錫辭免熙河路安撫使不允批答　1128-136-15

新除檢校少保定江昭慶軍節度使張俊上表辭免恩命不允批答　1128-136-15

檢校少保定江昭慶軍節使張俊再上表辭免恩命不允斷來章批答　1128-136-15

新除起復檢校少師武成感德軍節度使韓世忠上第一二表辭免恩命不允斷來章批答　1128-137-15

鎮潼軍節度使孟忠厚上表辭免恩命不允批答　1128-137-15

鎮潼軍節度使孟忠厚再上表辭免恩命不允仍斷來章批答　1128-137-15

文武百僚宰臣范宗尹等再上表請皇帝御正殿不允批答　1128-137-15

文武百僚宰臣范宗尹等三上表請皇帝御正殿允批答　1128-138-15

新除起復檢校少師武成感德軍節度使韓世忠上第二表辭免恩命不允斷來章口宣　1128-138-15

韓世宗告敕口宣　1128-138-15

同知樞密院事李回批答口宣　1128-138-15

撫問韓世忠口宣　1128-138-15

新除少保尚書左僕射呂頤浩上表辭免恩命不允口宣　1128-138-15

撫問呂頤浩等口宣　1128-138-15

賜呂頤浩銀合茶藥并撫問一行將佐軍兵等口宣　1128-138-15

范宗尹辭免右僕射恩命不允口宣　1128-139-15

新除通議大夫范宗尹再上表辭免恩命不允斷來章口宣　1128-139-15

新除資政殿大學士王綯上表辭免恩命不允斷來章口宣　1128-139-15

新除參知政事李回上表辭免恩命不允斷來章口宣　1128-139-15

新除同知樞密院事富直柔上表辭免恩命不允斷來章口宣　1128-139-15

滕康辭免權同知三省事不允口宣　1128-139-15

韓世忠辭免恩命不允口宣　1128-139-15

新除起復檢校少師韓世忠上表辭免恩命不允口宣　1128-139-15

撫問劉光世等口宣　1128-140-15

檢校少保定江昭慶軍節度使張俊再上表辭免恩命斷來章口宣　1128-140-15

撫問張俊口宣　1128-140-15

撫問王瓌一行將佐仍賜稿設口宣　1128-140-15

撫問韓世忠等一行軍兵將佐口宣　1128-140-15

鎮潼軍節度使孟忠厚上表免辭恩命不允口宣　1128-140-15

孟忠厚辭免恩命不允斷來章口宣　1128-140-15

閤門賜孟忠厚告口宣　1128-140-15

賜呂頤浩茶藥口宣　1128-140-15

四庫全書文集篇目分類索引

史部

詔令奏議類：附錄

詔令上七畫

撫問呂頤浩王瓊楊惟忠并賜銀合茶藥口宣　1128-140- 15

撫問呂頤浩朱勝非并賜銀合茶藥口宣　1128-141- 15

左武大夫成州刺史京畿提刑趙倫獎諭敕書　1128-141- 15

武德大夫忠州刺史京西南路提刑胡安中獎諭敕書　1128-141- 16

武功大夫榮州團練使知鄂州曹成并一行人兵獎諭敕書　1128-141- 16

武功大夫貴州團練使知復州李宏并一行人兵獎諭敕書　1128-141- 16

李齊一行軍兵等獎諭敕書　1128-142- 16

知信州李尙行等獎諭敕書　1128-142- 16

拱衞大夫成州團練使馬友并一行官兵等獎諭敕書　1128-142- 16

從義郎張琪等獎諭敕書　1128-143- 16

漢陽軍荊湖東路招撫使馬友獎諭敕書　1128-143- 16

武義大夫忠州刺史閤門宣贊舍人襄陽府鄧隨獎諭敕書　1128-143- 16

鄂州鎭撫使桑仲獎諭敕書　1128-143- 16

靳公謙獎諭敕書　1128-143- 16

青州劉洪道獎諭敕書　1128-144- 16

戒諭劉洪道敕書　1128-144- 16

戒諭李逵宮儀張成等敕書　1128-144- 16

京畿京西湖北淮南路諸州軍撫諭敕書　1128-144- 16

麟府等州撫諭敕書　1128-144- 16

范溫等撫諭招收敕書　1128-144- 16

南平王李乾德嗣子陽煥弔祭敕書　1128-145- 16

河南府官吏軍民撫諭敕書　1128-145- 16

鎭潼軍官吏軍民道士僧尼者壽等示諭敕書　1128-145- 16

潭州官吏軍民等撫恤敕書　1128-145- 16

臨安府民兵撫恤敕書　1128-146- 16

福建路轉運提刑獎諭敕書　1128-146- 16

蔡州官吏軍民等獎諭敕書　1128-146- 16

興國軍知通以下軍兵將佐獎諭敕書　1128-146- 16

荊南府唐愨獎諭敕書　1128-147- 16

萊州張成進天申節禮物金銀獎諭敕書　1128-147- 16

朝散郎提學淮南西路茶鹽公事許大年并本司官屬獎諭敕書　1128-147- 16

神武前軍統制王瓊等獎諭敕書　1128-147- 16

賜范溫等獎諭敕書　1128-147- 16

獎諭審刑院詳議官大理寺詳斷官　1128-148- 17

皇太后告天下手書　1128-336- 1

建炎三年十一月三日德音　1128-337- 1

賜京畿京西湖北淮南路諸州軍撫諭敕書　1128-337- 1

除石僕射麻　1353- 18- 50

批答曾公亮以下上尊號表不允　1353- 24- 50

詔答左僕射判汝州富弼表乞致仕不允　1353- 24- 50

詔答刑部尚書歐陽脩上表乞致仕不允　1353- 24- 50

詔答呂頤浩辭免左僕射不允　1353- 24- 50

敕獎諭賜審刑院詳議官大理寺平斷官　1353- 26- 50

元祐太后告天下手書　1375- 44- 1

故將姚平仲復吉州團練使所在出膀召赴行在制　1375- 46- 1

建炎三年十一月三日德音　1375- 47- 1

隆祐太后布告天下手書　1394-328- 1

建炎三年十一月三日德音　1394-329- 1

爲隆祐太后草詔　1418-609- 57

● 汪應辰 宋

邊鎭節度使制　1138-652- 8

虞允文辭免恩命不允批答口宣　1138-652- 8

新除樞密使虞允文再辭免恩命乞檢行累奏許解機政不允批答　1138-652- 8

沈介爲招到三衙軍兵並皆少壯及等不擾而辦獎諭詔　1138-652- 8

尙書右僕射虞允文再乞解罷機政不允詔　1138-653- 8

知樞密院事四川宣撫使虞允文辭免赴行在乞解罷機政除在外宮觀差遣不允詔　1138-653- 8

新除檢校少傅保寧軍節度使依前知紹興軍府充兩浙東路安撫使加食邑實封史浩辭免恩命乞許仍舊秩改奉外祠不允詔　1138-653- 8

觀文殿大學士知紹興府事史浩乞解府事賜一在外宮觀差遣不允詔　1138-653- 8

徽猷閣直學士新除知建寧府凌景夏辭免恩命不允詔　1138-653- 8

徽猷閣直學士新知建寧府凌景夏

乙改授一在外宮觀差遣不允詔 1138-654- 8
徵歙閣直學士提舉江州太平興國
宮凌景夏乙致仕不允詔 1138-654- 8
新除寶文閣學士致仕凌景夏辭免
恩命不允詔 1138-654- 8
試給事中兼直學士院兼侍講陳良
佑辭免除吏部侍郎恩命乙守一
州或奉外祠不允詔 1138-654- 8
尚書吏部侍郎兼侍講兼直學士院
陳良祐乙異外祠不允詔 1138-654- 8
試尚書吏部侍郎兼侍講直學士院
陳良佑乙許奉祠或州郡差遣不
允詔 1138-655- 8
新除參知政事兼同知樞密院事王
炎辭免恩命不允詔 1138-655- 8
新除參知政事兼同知樞密院事王
炎乙所除新命特免一職事不
允詔 1138-655- 8
參知政事王炎乙只令以舊帶端明
殿職名充四川宣撫使不允詔 1138-655- 8
尚書左僕射陳俊卿乙許解機務不
允詔 1138-655- 8
尚書左僕射陳俊卿上表再乙許解
機務不允詔 1138-656- 8
試戶部尚書曾懷乙除一宮觀或外
任差遣不允詔 1138-656- 8
右朝議大夫曾懷辭免除龍圖閣學
士知婺州恩命乙一宮觀差遣不
允詔 1138-656- 8
顯謨閣直學士知潭州荊湖南路安
撫使沈介乙除一宮觀差遣不允
詔 1138-656- 8
顯謨閣直學士知潭州充荊湖南路
安撫使沈介乙除宮觀不允詔 1138-657- 8
敷文閣直學士知太平州吳芾辭免
除徵猷閣直學士知隆興府恩命
乙檢會前奏除一宮觀差遣不允
詔 1138-657- 8
徵猷閣直學士知隆興府江南西路
安撫使吳芾乙許守本宮職致仕
不允詔 1138-657- 8
蔣芾辭免依典故給月俸之本差破
隨行幹辦使臣等恩命不允詔 1138-657- 8
蔣芾再辭免依典故月俸之半并依
格法指揮差破隨行使臣等恩命

依所乙詔 1138-657- 8
新除端明殿學士簽書樞密院事梁
克家辭免恩命不允詔 1138-658- 8
端明殿學士簽書樞密院梁克家再
乙解罷職任退奉外祠不允詔 1138-658- 8
新除敷文閣直學士依前成都瀘川
府蒙州利州路安撫制置使兼知
成都府晃公武辭免恩命不允詔 1138-658- 8
端明殿學士新除荊南劉珙辭免除
資政殿學士恩命只令帶見今職
名往知荊南不允詔 1138-658- 8
新除戶部侍郎楊倓辭免恩命不允
詔 1138-658- 8
武吏部侍郎薛良朋乙檢會前奏除
一在外宮觀差遣不允詔 1138-659- 8
新知太平州周操辭免除徵猷閣直
學士恩命不允詔 1138-659- 8
新除吏部侍郎陳彌作辭免恩命不
允詔 1138-659- 8
劉章辭免除禮部侍郎兼侍讀恩命
不允詔 1138-659- 8
新除資政殿大學士致仕周葵辭免
恩命不允詔 1138-659- 8
資政殿大學士知寧國軍府事錢端
禮奏到任已句月年齡耳順乙復
令奉祠退就閒館不允詔 1138-659- 8
顯謨閣學士提舉江南太平興國宮
王師心乙致仕不允詔 1138-660- 8
摔日天武四廂都指揮使安遠軍承
宣使吳琪辭免除兼知元軍府
事充利州路安撫使恩命不允詔 1138-660- 8
降授安德軍承宣使成閔辭免恩命
不允詔 1138-660- 8
龍神衞四廂都指揮使廣州觀察使
趙撙乙賜收還特轉行一官恩命
檢會近上奏翁辭許賜自便不允
詔 1138-660- 8
四川安撫制置使兼知成都晃公武
銀合夏藥敕書 1138-660- 8
觀文殿大學士兩浙東路安撫使史
浩銀合夏藥敕書 1138-661- 8
知樞密院事四川宣撫使虞允文銀
合夏藥敕書 1138-661- 8
參知政事四川撫使王炎銀合夏
藥敕書 1138-661- 8

史部

詔令奏議類：附錄

詔令上七畫

觀文殿學士福建安撫使汪澈銀合夏藥敕書 1138-661- 8

資政殿學士荊南路安撫使劉珙銀合夏藥敕書 1138-661- 8

御前諸軍都統制郭振王友直趙撙陳敏吳琪員琦王琪楊欽御前諸軍副都統制張榮郭剛張青郭謐王明銀合夏藥敕書 1138-661- 8

資政殿大學士知寧國府錢端禮銀合夏藥敕書 1138-661- 8

觀文殿大學士兩浙東路安撫使史浩資政殿學士知溫州王之望資政殿大學士知寧國府錢端禮資政殿學士湖北安撫使劉珙銀合夏藥敕書 1138-661- 8

四川安撫制置使兼知成都府晃公武銀合臘藥敕書 1138-661- 8

參知政事四川宣撫使王炎銀合臘藥敕書 1138-662- 8

御前諸軍都統制郭振王友直趙撙楊欽吳拱員畸銀合臘藥敕書 1138-662- 8

御前諸軍副都統制張榮郭剛王明 1138-662- 8

張青工承祖秦琪銀合臘藥敕書 1138-662- 8

鎭江府都統制成閔銀合臘藥敕書 1138-662- 8

武鋒軍都統制陳敏銀合臘藥敕書 1138-662- 8

正月一日賜金國賀正旦人使入賀畢歸驛御筵口宣 1138-662- 8

正月三日賜金國賀正旦人使內中酒果口宣 1138-662- 8

正月四日賜金國賀正旦人使玉津園射弓弓箭例物口宣 1138-662- 8

金國賀正旦人使玉津園射弓御筵口宣 1138-662- 8

金國賀正旦人使玉津園射弓酒果口宣 1138-662- 8

玉津園射弓賜酒果口宣 1138-663- 8

正月六日賜金國賀正旦人使朝辭歸驛御筵口宣（二則） 1138-663- 8

金使赴闕賜被褥鈔纈口宣 1138-663- 8

賜生餼口宣 1138-663- 8

賜內中酒果口宣二首 1138-663- 8

賜金國賀正旦人使大銀器口宣 1138-663- 8

大金賀正旦使到闕平江府賜御筵口宣 1138-663- 8

大金賀正旦使到闕赤岸賜御筵口

宣 1138-663- 8

赤岸賜金使御筵口宣 1138-664- 8

賜金國賀正旦人使朝辭訖歸驛酒果口宣 1138-664- 8

賜金國賀正旦人使回程龍鳳茶餅金鍍銀合口宣 1138-664- 8

赤岸賜金國賀正旦人使回程御筵口宣三首 1138-664- 8

赤岸賜金國賀正旦人使酒果口宣 1138-664- 8

平江府賜金國賀正旦人使回程御筵口宣 1138-664- 8

鎭江府賜金國賀正旦人使回程御筵口宣 1138-664- 8

盱胎軍賜金國賀正旦人使回程御筵口宣 1138-664- 8

鎭江府賜金國賀會慶節人使銀合茶藥口宣 1138-664- 8

鎭江府賜御筵口宣 1138-665- 8

赤岸賜金使酒果口宣 1138-665- 8

賜金使上壽畢歸驛御筵口宣 1138-665- 8

歸驛賜酒果口宣二首 1138-665- 8

題東坡奏文呂二公免拜詔 1138-687- 11

賜尚書左僕射陳俊卿上表再乞解機務不允詔 1375- 54- 2

賜尚書右僕射虞允文再乞解機政不允詔 1375- 54- 2

賜吏部侍郎兼直學士院陳良祐乞畀外祠不允詔 1375- 54- 2

賜捧日天武四廂都指揮使安遠軍承宣使吳拱辭免除兼知興元軍府事充利州路安撫使恩命不允詔 1375- 54- 2

賜顯謨閣直學士荊湖南路安撫使沈介招到三衙軍兵獎諭詔 1375- 55- 2

賜新除寶文閣學士致仕凌景夏辭免恩命不允詔 1375- 55- 2

● 沈　約 梁

改元監元年赦詔 1336-784-421

赦書 1337- 18-424

南郊恩詔（二則） 1337- 18-424

赦詔 1337- 71-431

大赦詔 1337- 72-431

立太子赦書詔 1337- 77-432

勸農訪民所疾苦詔 1337-328-462

梁武帝與謝朏勅 1394-299- 1

勸農訪民所疾苦詔　1394-303- 1
郊禋赦詔　1399-386- 7
南郊恩詔（二則）　1399-386- 7
改天監元年赦詔　1399-386- 7
平亂赦詔　1399-387- 7
大赦詔　1399-387- 7
立太子詔　1399-387- 7
立太子赦詔　1399-388- 7
勸農訪民所疾苦詔　1399-389- 7
搜訪隱逸詔　1399-389- 7
資給何點詔　1399-389- 7
酬荊雍義士獻物者詔　1399-389- 7
使四方士民陳刑政詔　1399-389- 7
立左降詔　1399-390- 7
降死罪詔　1399-390- 7
立內職詔　1399-390- 7
武帝踐阼後與諸州郡敕　1399-391- 7
與何胤敕　1399-392- 7
改天監元年恩詔　1415-105- 87
南郊恩詔（三則）　1415-106- 87
立太子恩詔（二則）　1415-106- 87
立內職詔　1415-107- 87
使四方士民陳刑政詔　1415-107- 87
勸農訪民所疾苦詔　1415-107- 87
搜隱逸詔　1415-108- 87
酬荊雍義士詔　1415-108- 87
赦詔（二則）　1415-108- 87
立左降詔　1415-109- 87
降死罪詔　1415-109- 87
資給何點詔　1415-110- 87
梁武帝踐祚與州郡勅　1415-113- 87
與謝朏勅　1415-113- 87
與何胤勅　1415-114- 87
● 沈　遘 宋
觀文殿學士除節度使知邊鎭制　1097- 27- 4
翰林學士除御史中丞制　1097- 28- 4
誠勵貢士敦尚行實詔　1097- 28- 4
內臣加恩（制）　1097- 31- 4
空名試監簿（制）　1097- 46- 5
空名試監簿助教各一道（制）　1097- 48- 5
特奏名進士諸科可並逐州長史文
　學（制）　1097- 55- 5
皇親兒男賜名四十七人可並右內
　率　1097- 64- 6
● 沈與求 宋

賜朱勝非辭免新除右僕射不允批
　答　1133-156- 4
賜席益辭免侍講不允批答　1133-156- 4
賜參知政事孟庾辭免通議大夫恩
　命不允詔　1133-157- 4
再賜孟庾辭免不允詔　1133-157- 4
賜新除翰林學士知制誥綦崇禮辭
　免恩命不允詔　1133-157- 4
賜新除禮部尚書洪擬赴闕詔　1133-157- 4
賜新知平江府趙鼎辭免不允詔　1133-158- 4
賜尚書左僕射頌江淮荊浙都督諸
　軍呂頤浩生日詔　1133-158- 4
賜紋復平海軍承宣使蘭整辭免恩
　命不允詔　1133-158- 4
賜張深程唐劉子羽奬諭詔　1133-158- 4
賜新除慶遠軍節度使充醴泉觀使
　特封德清縣開國子食邑五百戶
　食實封二百戶邢煥辭免恩命不
　允詔　1133-159- 4
再賜邢煥辭免不允斷來章詔　1133-159- 4
親征詔　1133-159- 4
賜川陝宣撫處置使詔　1133-160- 4
親征戒諭州縣詔　1133-161- 4
招從僞士大夫詔　1133-161- 4
賜吳玠詔　1133-161- 4
賜韓世忠詔　1133-162- 4
賜張浚詔　1133-162- 4
賜三省銓擇監司郡守詔　1133-162- 4
賜張浚詔　1133-163- 4
賜劉光世韓世忠張俊詔　1133-163- 4
賜李綱詔　1133-163- 4
賜岳飛詔　1133-165- 5
車駕進發賜臨安府詔諭　1133-165- 5
賜劉光世張浚詔　1133-166- 5
賜李綱詔　1133-166- 5
賜呂頤浩詔　1133-166- 5
賜劉光世詔　1133-166- 5
賜交趾郡王李陽煥曆日勅書　1133-166- 5
賜武泰軍官吏僧道者壽等示諭勅
　書　1133-166- 5
賜邢煥除慶遠軍節度使充醴泉觀
　使辭免恩命不允口宣　1133-167- 5
賜孟庾辭免進通議大夫不允口宣　1133-167- 5
賜郭仲荀辭免特授武泰軍節度使
　恩命不允口宣　1133-167- 5

史部

詔令奏議類：附錄

詔令上七畫

賜朱勝非辭免右僕射恩命不允口宣 1133-167- 5
賜吳玠王彥關師古獎諭勅書 1133-167- 5
代提舉常平謝到任表 1133-170- 5
●辛棄疾宋
跋紹興辛巳親征詔草 1359-604- 6
跋紹興辛巳親征草詔 1406-480-369
●宋 祁宋
賜中書門下詔 1088-276- 32
賜中書申明先帝賜文武臣七條戒州郡詔 1088-277- 32
賜任布詔 1088-278- 32
賜知鄂州宋某詔 1088-278- 32
賜知審刑院事丁度詔二首 1088-278- 32
賜杜衍乞退第三表不允斷來章詔 1088-279- 32
賜權知開封府吳育乞解京府不允詔 1088-279- 32
賜章得象讓職第三表不允斷來章手詔 1088-279- 32
賜田況讓職不允詔 1088-280- 32
賜王貽永生日詔 1088-280- 32
賜韓琦生日詔 1088-280- 32
賜杜衍生日詔 1088-280- 32
賜宰臣章得象詔 1088-280- 32
賜宰臣文彥博生日詔 1088-280- 32
賜參知政事賈昌朝生日詔 1088-281- 32
賜參知政事范仲淹生日詔 1088-281- 32
賜樞密院副使晏殊生日羊酒米麵詔二首 1088-281- 32
賜樞密副使張士遜生日羊酒米麵詔 1088-281- 32
賜福密副使王堯臣生日禮物口宣 1088-282- 33
賜樞密副使孫汴生日禮物口宣 1088-282- 33
賜樞密使宋庠生日禮物口宣二首 1088-282- 33
賜宰相劉沆生日禮物口宣 1088-283- 33
北京賜賀正旦兩蕃人使御筵口宣 1088-283- 33
班荆館賜契丹賀契丹正旦人使到闕御筵口宣 1088-283- 33
賜王德用酒果口宣 1088-283- 33
就驛賜契丹賀正旦人使錦褥被銀鈒鑷匜盂盂子口宣 1088-283- 33
賜契丹兩蕃人使賀正旦酒果口宣 1088-283- 33
賜契丹賀正旦人使迴北京御筵口宣 1088-283- 33
賜王德用御筵口宣 1088-283- 33
雄州自溝驛傳宣撫問契丹賀乾元節人使兼賜御筵口宣 1088-283- 33
北京賜契丹賀乾元節使副御筵口宣 1088-284- 33
撫問契丹國信使兼賜御筵口宣 1088-284- 33
賜王貽永批答 1088-284- 33
賜杜衍乞退第二表不允批答 1088-284- 33
賜章得象已下批答 1088-284- 33
賜章得象乞罷第一表批答 1088-284- 33
賜王貽永讓恩命第一表不允批答 1088-284- 33
賜杜衍乞退不允批答 1088-285- 33
賜杜衍第二表乞退不允批答 1088-285- 33
賜皇叔德文第一表不允批答 1088-285- 33
賜皇兄允讓第一表不允批答 1088-285- 33
賜杜衍等批答 1088-285- 33
賜皇兄允讓第二表讓恩命不允斷來章批答 1088-286- 33
賜杜衍陳讓加恩命第一表不允批答 1088-286- 33
賜杜衍第一表讓恩命不允批答 1088-286- 33
賜賈昌朝讓恩命第一表不允批答 1088-286- 33
賜杜衍讓恩命第二表不斷來章批答 1088-286- 33
賜皇叔德文陳讓加恩命第一表不允批答 1088-287- 33
賜賈昌朝王貽永皇帝允良陳讓恩命第二表不允斷來章批答 1088-287- 33
賜陳執中韓琦讓恩命不允斷來章批答 1088-287- 33
賜賈昌朝讓恩命第一表不允批答 1088-287- 33
賜賈昌朝讓恩命第二表不允斷來章批答 1088-287- 33
賜王貽永讓恩命第二表不允來章批答 1088-288- 33
賜皇叔德文讓恩命第二表不允斷來章批答 1088-288- 33
賜新除皇兄允讓讓恩命第二表不允斷來章批答 1088-288- 33
賜皇兄允弼讓恩命第二表不允斷來章批答 1088-288- 33
賜章得象乞罷第二表批答 1088-288- 33
賜郭承祐批答 1088-289- 33
賜皇弟允良讓恩命第二表不允斷來章批答 1088-289- 33
賜皇帝允迪讓恩命第二表不允斷

來章批答　1088-289- 33
賜賈昌朝讓恩命第二表不允斷來章批答　1088-289- 33
賜南平王李德政曆日詔　1350-318- 31
賜陝西西路沿邊經略招討都部署司勅　1350-323- 32
賜杜衍讓恩命不允批答（二則）　1350-341- 33
賜賈昌朝讓恩不允批答　1350-341- 33
賜陳執中韓琦讓恩命不允批答　1350-342- 33
賜皇弟允迪讓恩命不允批答　1350-342- 33
賜陝西西路沿邊經略招討都部署司勅　1394-302- 1

● 宋　庠宋

中書試御史大夫除右僕射制　1087-553- 20
三司副使制　1087-558- 20
郎中員外郎南郊加恩制　1087-580- 23
館職朝臣南郊加恩制　1087-580- 23
中書試西上閤門使除懷州刺史制　1087-591- 25
落軍權正授團練刺史制　1087-592- 25
管軍加團練刺史制　1087-592- 25
兩省妻封縣君制　1087-607- 26
朝臣妻封縣君制　1087-607- 26
參政樞密母追封郡夫人制　1087-608- 26
中書試戒風俗奢靡詔　1087-610- 27
敕州郡勸農詔　1087-611- 27
舉遺逸詔　1087-611- 27
賜南京留司文武百官尚書吏部侍郎知應天府韓億等賀南郊禮畢及上尊號受册詔　1087-612- 27
賜西京留司文武百官資政殿學士尚書吏部侍郎知河南府范雍等賀南郊禮畢詔　1087-612- 27
寶元元年南郊御札勅內外文武臣僚等　1087-612- 27
賜參知政事程琳生日生飯詔　1087-612- 27
賜參知政事王鬷生日詔　1087-613- 27
賜知樞密院夏守賫生日飯詔　1087-613- 27
賜知樞密院盛度生日生飯詔　1087-613- 27
賜知樞密院王德用生日生飯詔　1087-613- 27
賜同知樞密院陳執中生日生飯詔　1087-613- 27
賜宰臣張士遜生日生飯詔　1087-613- 27
賜武成軍節度使同中書門下平章事駙馬都尉柴宗慶進謝賜生日禮物馬詔　1087-614- 27
賜鎮海軍節度使新授知樞密院夏守賫赴闕沿路茶藥詔　1087-614- 27
賜契丹賀正旦使蕭傳到貝州茶藥詔　1087-614- 27
賜契丹賀正旦副使韓志德到貝州茶藥詔　1087-614- 27
賜契丹國信使茶藥詔　1087-614- 27
賜淮康軍節度使同中書門下平章事陳堯佐加恩諸敕詔　1087-614- 27
賜天章閣待制知同州司馬池爲澄城縣百姓黨岫持刀刺殺親叔依條斬訖待罪特放詔　1087-614- 27
賜資政殿大學士尚書左僕射判鄆州王曾乞南郊陪位不允詔　1087-615- 27
賜鎮海軍節度使知潭州夏守賫乞南郊陪位不允詔　1087-615- 27
賜武成軍節度使同中書門下平章事駙馬都尉柴宗慶乞朝觀上壽不允詔　1087-615- 27
賜刑部尚書知徐州李迪乞赴闕上壽不允詔　1087-615- 27
賜護國軍節度使兼侍中張者乞朝觀上壽不允詔　1087-616- 27
賜河陽三城節度使楊崇勳爲移知陳州乞賜觀不允詔　1087-616- 27
賜西平王趙元昊詔　1087-616- 27
賜西平王趙元昊爲賜差來人見辭例物詔　1087-617- 27
賜振武軍節度使知延州范雍充鄜延環慶兩路沿邊經略安撫使詔　1087-617- 27
賜奉寧軍節度使就差知涇州夏竦充涇原秦鳳兩路沿邊經略安撫使詔　1087-617- 27
賜冒勒斯賓詔　1087-617- 27
賜中書門下詔　1087-618- 27
賜外任臣僚進乾元節銀絹詔　1087-620- 27
賜外任臣僚進乾元節功德疏詔　1087-620- 27
賜振武軍節度使知延州范雍進謝賜牌印月俸公使錢到任馬詔　1087-620- 27
賜奉寧軍節度使永興軍夏竦進謝賜牌印月俸公使錢到任馬詔　1087-620- 27
賜外任臣僚進端午馬詔　1087-620- 27
賜諫議大夫張意進謝恩馬詔　1087-620- 27
賜諫議大夫俞獻卿進謝恩馬詔　1087-621- 27
賜諫議大夫盛京進謝恩馬詔　1087-621- 27
賜外任使相節度使進乾元節馬詔　1087-621- 27

賜彰信軍節度使同中書門下平章事王隨進謝到任馬詔　1087-621- 27

賜護國軍節度使兼侍中張者進謝孫男恩澤馬詔　1087-621- 27

賜淮康軍節度使同中書門下平章事陳堯佐進謝差男押賜加恩告敕生日禮物及孫男恩澤馬詔　1087-621- 27

賜龍圖閣學士尚書工部侍郎知并州杜衍進謝恩馬詔　1087-621- 27

賜宜勒斯賽男轄戢敕書　1087-622- 28

賜彰信軍三軍將吏僧道百姓等爲授王隨本軍節度使示諭敕書　1087-622- 28

賜定國軍三軍將吏僧道百姓等爲授王德用本軍節度使示諭敕書　1087-623- 28

賜交趾郡王李德政甘州可汗王伊嚕格勒雅蘇曆日敕書　1087-623- 28

賜五臺山十寺僧正圓凝等新進功德疏敕書　1087-623- 28

賜元州舒延金進奉謝賜眞命官誥及加妻母邑號敕書　1087-623- 28

賜右屯衞大將軍昌州刺史承裕左屯衞大將軍封州刺史宗顏進和御製讀三朝寶訓詩獎諭敕書　1087-623- 28

賜知府州折繼宣放罪敕罪　1087-624- 28

賜溪洞刺史等進乾元節水銀端午綿紬敕書　1087-624- 28

賜乾寧軍兵馬監押右班殿直趙化明敕書　1087-624- 28

賜五臺山僧正法震等敕書　1087-624- 28

賜知唐龍鎮殿直來守順敕書　1087-624- 28

賜祠部郎中知河南府陵臺令兼永安縣趙世長敕書　1087-625- 28

賜尚書兵部員外郎知壽州梅詢敕書　1087-625- 28

賜杭州天竺山傳法住持僧文勝敕書　1087-625- 28

賜馬亮進乾元節絹敕書　1087-625- 28

賜知舒州洪鼎敕書　1087-625- 28

唐龍鎮勾招鞍馬空名敕書　1087-625- 28

府州勾招鞍馬空名敕書　1087-626- 28

賜知代州趙日新進黃金鍍銀碙石火匣敕書　1087-626- 28

賜知廣德軍龔會元進先春茶敕書二首　1087-626- 28

賜知光州郭昭昇進新茶敕書二首　1087-626- 28

賜知豐州新授侍禁王餘慶進謝恩馬敕書　1087-626- 28

賜冀州刺史趙翰階州刺史張重德進謝恩馬敕書　1087-626- 28

賜石州安慶府都督康興乾元節馬敕書　1087-626- 28

賜新授崇儀使李士彬進謝恩并乾元節馬敕書　1087-626- 28

賜殿前都虞侯劉平進謝到任馬敕書　1087-627- 28

賜潞州安慶府都督安美等進上尊號馬敕書　1087-627- 28

賜文武百僚上尊號不允批答（三則）　1087-627- 29

賜荊王賀加上尊號受册批答　1087-628- 29

賜門下侍郎兼兵部尚書同中書門下平章事張士遜讓恩命不允批答　1087-628- 29

賜荊王讓恩命不允批答　1087-628- 29

賜知樞密院盛度讓恩命不允批答　1087-629- 29

賜參知政事王鬷讓恩命不允批答　1087-629- 29

賜參知政事李若谷讓恩命不允批答　1087-629- 29

賜寧江軍節度使允讓讓恩命不允批答　1087-629- 29

賜保寧軍節度使駙馬都尉王貽永讓恩命不允批答　1087-629- 29

賜殿前副都指揮使寧遠軍節度使鄭守忠讓恩命不允批答　1087-629- 29

賜宰臣張士遜讓恩命不允批答　1087-630- 29

賜宰臣章得象讓恩命不允批答　1087-630- 29

賜知樞密院王德用讓恩命不允批答　1087-630- 29

賜知樞密院盛度讓恩命不允批答　1087-630- 29

賜參知政事程琳讓轉官不允批答　1087-630- 29

賜參知政事王鬷讓恩命不允批答　1087-630- 29

賜同知樞密院張觀讓恩命不允批答　1087-630- 29

賜淮康軍節度使同中書門下平章事陳堯佐讓恩命不允批答　1087-630- 29

賜新授武寧軍節度使赴本任王德用讓恩命不允批答　1087-631- 29

賜新授尚書侍郎同中書門下平章事章得象讓恩命不允批答　1087-631- 29

賜參知政事程琳讓轉官不允批答　1087-631- 29

賜新授參知政事王巖讓恩命不允批答 1087-631- 29
賜新授參知政事李若谷讓恩命不允批答 1087-631- 29
賜新授宣徽南院使定國軍節度使知樞密院王德用讓恩命不允批答 1087-632- 29
賜新授寧武軍節度使知樞密院盛度讓恩命不允批答 1087-632- 29
賜新授同知樞密院陳執中讓恩命不允批答 1087-632- 29
賜新授同知樞密院張觀讓恩命不允批答 1087-632- 29
賜新授同知樞密院王博文讓恩命不允批答 1087-633- 29
賜新授彰信軍節度使同中書門下平章事王隨讓恩命不允批答 1087-633- 29
賜新授淮康軍節度使同中書門下平章事陳堯佐讓恩命不允批答 1087-633- 29
賜鎭國軍節度使駙馬都尉李勗遵爲疾病乞致仕不允批答二首 1087-633- 29
賜知樞密院王德用等賀壽星見批答 1087-634- 30
賜步軍副都指揮使張濬已下啓聖院罷乾元節道場香合酒果 1087-634- 30
賜宰臣已下上清宮罷散天祺節道場香合 1087-634- 30
賜宰臣已下大相國寺罷散乾元節道場香合 1087-634- 30
賜賀乾元節人使鈔鑼唾盂被褥等 1087-634- 30
賜賀乾元節人使內中酒果 1087-635- 30
撫問鄜延路知州部署等 1087-635- 30
撫問環慶路知州部署等 1087-635- 30
撫問涇原路知州部署等 1087-635- 30
撫問眞定路知州部署等 1087-635- 30
撫問秦鳳路知州部署等 1087-635- 30
賜宰臣已下上清宮罷散先天節道場香合 1087-635- 30
撫問梓夔路知州鈐轄等 1087-635- 30
撫問幷代路知州部署等 1087-635- 30
撫問高陽關路知州部署等 1087-635- 30
賜宰臣章得象生日禮物 1087-635- 30
賜荆王生日禮物 1087-636- 30
賜宰臣張士遜生日禮物 1087-636- 30
賜宰臣已下上清宮罷散降聖節道場香合 1087-636- 30
閤門賜宰臣荆王使相節度使加恩告敕 1087-636- 30
賜宰臣荆王使相節度使讓恩命不允批答 1087-636- 30
賜淮康軍節度使同中書門下平章事陳堯佐加恩告敕 1087-636- 30
賜刑部尚書知徐州李迪加恩告敕 1087-636- 30
撫問眞定路知州部署等 1087-636- 30
撫問麟府路知州部署等 1087-636- 30
雄州撫問賀正旦人使 1087-636- 30
賜賀正旦人使生餼 1087-637- 30
賜賀正旦人使鈔鑼唾盂被褥等 1087-637- 30
賜賀正旦人使內中酒果 1087-637- 30
賜賀正旦人使春幡勝盤等 1087-637- 30
撫問環慶路知州部署等 1087-637- 30
撫問益州路知州鈐轄等 1087-637- 30
撫問知永興軍夏竦 1087-637- 30
賜賀乾元節人使到闕班荆館御筵 1087-637- 30
賜賀乾元節人使到闕班荆館御筵酒果 1087-637- 30
賜賀乾元節人使生餼 1087-637- 30
賜賀乾元節人使鈔鑼唾盂被褥等 1087-637- 30
賜賀乾元節人使內中酒果 1087-638- 30
賜宰臣已下上清宮罷散天祺節道場香合 1087-638- 30
賜知樞密院王德用已下大相國寺罷散乾元節道場香合 1087-638- 30
賜知樞密院王德用已下罷散乾元節道場錫慶院齋筵酒果教坊樂 1087-638- 30
賜防禦使劉從廣景德寺普門院罷散乾元節道場香合酒果 1087-638- 30
雄州撫問賀乾元節人使 1087-638- 30
賜鎭海軍節度使新授知樞密院夏守贇赴闕沿路茶藥 1087-638- 30
賜鎭海軍節度使新授知樞密院夏守贇到闕生餼 1087-638- 30
賜鎭海軍節度使新授知樞密院夏守贇讓恩命不允批答（二則） 1087-638- 30
賜護國軍節度使兼侍中張耆生日禮物 1087-639- 30
賜武成軍節度使同中書門下平章事駙馬都尉柴宗慶生日禮物 1087-639- 30
賜宰臣已下上清宮罷散先天節道場香合 1087-639- 30

四庫全書文集篇目分類索引

史部

詔令奏議類：附錄

詔令上七畫

撫問涇原秦鳳兩路沿邊經略安撫使夏𫐄鄜延環慶兩路沿邊經略安撫使范雍	1087-639- 30
撫問麟府路知州部署等	1087-639- 30
賜宰臣張士遜赴闕都城門外御筵	1087-639- 30
賜宰臣張士遜赴闕都城門外御筵酒果	1087-639- 30
賜宰臣已下罷散乾元節道場錫慶院齋筵酒果教坊藥	1087-639- 30
賜宰臣已下罷散乾元節道場錫慶院齋筵酒果	1087-640- 30
賜知樞密院王德用已下大相國寺罷散乾元節道場香合	1087-640- 30
賜知樞密王德用已下罷散乾元節道場錫慶院齋筵酒果教坊樂	1087-640- 30
賜知樞密院王德用已下罷散乾元節道場錫慶院齋筵酒果	1087-640- 30
賜賀乾元節人使到闕班荊館御筵	1087-640- 30
賜賀乾元節人使到闕班荊館御筵酒果	1087-640- 30
賜賀乾元節人使鈔鑼唾盂被褥等	1087-640- 30
賜賀乾元節人使玉津園射弓例物並御筵	1087-640- 30
賜賀元節人使朝辭御筵	1087-640- 30
賜賀乾元節人使朝辭御筵酒果	1087-641- 30
賜賀乾元節人使回班荊館御筵酒果	1087-641- 30
賜賀乾元節人使回至天雄軍御筵	1087-641- 30
賜宰臣已下南郊禮畢御筵	1087-641- 30
賜賀正旦人使赴闕至天雄軍御筵	1087-641- 30
賜賀正旦人使到闕班荊館御筵	1087-641- 30
賜賀正旦人使就驛御筵	1087-641- 30
賜賀正旦人使就驛御筵酒果	1087-641- 30
賜賀正旦人使玉津園射弓例物并御筵	1087-641- 30
賜賀正旦人使朝辭御筵	1087-641- 30
賜賀正旦人使朝辭御筵酒果	1087-641- 30
賜賀正旦人使回班荊館御筵	1087-642- 30
賜賀乾元節人使玉津園射弓例物并御筵	1087-642- 30
賜賀乾元節人使回至天雄軍御筵	1087-642- 30
●宋　綬宋	
祖宗升配詔	1350-311- 31
●宋　濂明	
擬誥命起結文	1223-256- 1
恭題御賜書後	1223-597- 12
恭題御筆後	1223-598- 12
恭題御制賜給事中林廷綱等勅符後	1223-599- 12
恭題御製勅符後	1223-625- 13
題宋高宗賜答羅尚書手詔	1223-629- 13
題宋熙陵御書後	1223-630- 13
題孝宗付中丞相內批	1223-631- 13
恭跋御製勅文下方	1223-655- 14
跋宋高宗賜劉大中御丸	1223-657- 14
擬漢賜衞青璽書	1224-464- 28
擬漢賜衞青璽書	1410-854-779
●宋文帝 劉宋	
答群臣勸進令附群臣勸進表	1398-500- 2
訊刑詔	1398-501- 2
大使巡行四方詔（二則）	1398-501- 2
丹徒鑄租詔	1398-502- 2
災戒求言詔	1398-502- 2
經理河南詔	1398-502- 2
申務節儉詔	1398-502- 2
勸農詔	1398-502- 2
遣使益梁交廣詔	1398-503- 2
內外薦學詔	1398-503- 2
優減租役詔	1398-503- 2
建學詔	1398-503- 2
崇奉孔聖詔	1398-503- 2
籍田詔	1398-504- 2
霖雨周給詔	1398-504- 2
督種麥詔	1398-504- 2
策試賜帛詔	1398-504- 2
詔羣臣	1398-504- 2
賜京邑二縣詔	1398-505- 2
講武詔	1398-505- 2
謁京陵大赦普加贈卹詔	1398-505- 2
募移京口詔	1398-505- 2
丹徒存卹故舊詔	1398-506- 2
亂後撫民詔	1398-506- 2
大舉北討詔	1398-506- 2
優卹六州詔	1398-507- 2
酬獎河朔歸義詔	1398-507- 2
長沙王道憐等配饗太廟詔	1398-507- 2
長沙景王等配饗廟庭詔	1398-508- 2
詔錄尚書彭城王義康	1398-509- 2
與義康詔	1398-509- 2
又（與義恭）詔附義恭答奏	1398-512- 2

賜南郡王義宣中詔（二則） 1398-512- 2
詔報衡陽王義季（三則） 1398-513- 2
詔譬臨川王義慶 1398-514- 2
與始興王濬詔 1398-514- 2
追崇外祖母蘇夫人詔
　附中領軍殷景仁議 1398-514- 2
祭劉穆之墓詔 1398-515- 2
誅徐羨之傅亮謝晦詔 1398-515- 2
誅檀道濟詔 1398-516- 2
誅丹陽尹劉湛詔 1398-518- 2
答紘令僕詔 1398-518- 2
賜始興太守徐豁詔 1398-518- 2
賜徐豁營葬詔 1398-518- 2
賜晉壽太守郭啓元家穀詔 1398-519- 2
賜蕭思話手敕 1398-519- 2
詔蕭思話 1398-519- 2
又詔蕭思話 1398-520- 2
別詔沈璞 1398-520- 2
詔戒劉道濟 1398-520- 2
策命 1398-521- 2
勞氏帥楊文德詔 1398-521- 2
修伐林邑功詔 1398-522- 2
慧嚴法師喪事詔 1400-615- 12
戒江夏王義恭詔 1400- 58- 11
與江夏王義恭書 1417-512- 25
又誡（義恭） 1417-513- 25
賜南郡王義宣中詔 1417-513- 25
● 宋太宗 宋
曲赦兩浙德音 526- 2-259
均租詔 526- 2-259
舉廉吏詔 1394-304- 1
非課最不書勞績詔 1418-172- 42
限日決獄詔 1418-172- 42
禁喪葬學樂詔 1418-172- 42
戒許王元僖等詔 1418-172- 42
止尊號詔 1418-173- 42
答樊知古詔 1418-173- 42
選寺監官詔 1418-173- 42
平權衡詔 1418-174- 42
議立贖法詔 1418-174- 42
賜上官正手札 1418-174- 42
申理寃滯諭 1418-174- 42
答李至詔 1418-174- 42
諭宜州蠻界人戶詔 1465-451- 2
● 宋太祖 宋
幸西京詔 538-494- 75
諭普貴赦 572-169- 33
建隆登極赦文 1350-726- 32
藝祖皇帝納降蜀主敕 1354-471- 17
曲赦蜀川詔 1354-471- 17
納降蜀主敕 1381-263- 26
置賢良方正詔 1402- 43- 8
諭輔臣詔 1418-170- 42
平刑詔 1418-170- 42
下孟昶詔 1418-170- 42
禁獻羨餘詔 1418-170- 42
禁鑄銅詔 1418-171- 42
治河詔 1418-171- 42
江南平下詔 1418-171- 42
● 宋少帝 劉宋
決獄詔 1398-498- 1
● 宋仁宗 宋
賜昭德軍節度使檢校太傅知并州
龐籍撫諭戒勵詔 549- 57-183
賜除宰臣文彥博讓恩命批答 549- 58-183
賜同中書門下平章事判河南府文
彥博加恩告敕詔 549- 58-183
賜同中書門下平章事判河南府文
彥博辭加恩不允詔 549- 58-183
賜程琳收獲劫盜逃兵獎諭詔 1354-473- 17
賜王礪父老借留獎諭詔 1354-473- 17
賜程戡修城池獎諭詔 1354-474- 17
賜張方平父老借留獎諭詔 1354-474- 17
賜程琳收獲劫盜逃兵獎諭詔 1381-263- 26
賜王礪父老借留獎諭詔 1381-263- 26
賜程戡修城池獎諭詔 1381-264- 26
賜張方平父老借留獎諭詔 1381-264- 26
取士詔 1402- 43- 8
戒貢士進學詔 1418-175- 42
恤刑詔 1418-175- 42
禁按赦前事詔 1418-176- 42
立制科學詔 1418-176- 42
給致仕官奉詔 1418-176- 42
改定樂制詔 1418-176- 42
戒百官詔 1418-177- 42
頒樂名大安詔 1418-177- 42
戒飭轉運使詔 1418-178- 42
戒百官詔 1418-178- 42
賑濟災傷路詔 1418-178- 42
飭百工敦行實詔 1418-178- 42

頒久任格詔　　　　　　　　　　1418-178- 42
● 宋光宗宋
諭守令詔　　　　　　　　　　　1418-184- 42
● 宋孝宗宋
賜臨安府尹周淙誥　　　　　　　 526- 3-259
賜晁公武獎諭詔　　　　　　　　1354-476- 17
賜范成大獎諭（詔）附謝表　　　1354-476- 17
賜范成大措置和罷戒諭詔附謝表　1354-477- 17
賜范成大措置和罷詔附謝表　　　1354-478- 17
賜晁公武獎諭詔　　　　　　　　1381-266- 26
賜范成大獎諭（詔）附謝表　　　1381-266- 26
斷獄詔　　　　　　　　　　　　1418-183- 42
獎諭魏王愷詔　　　　　　　　　1418-183- 42
興水利詔　　　　　　　　　　　1418-183- 42
賜魏王愷詔　　　　　　　　　　1418-183- 42
禁兩稅折錢詔　　　　　　　　　1418-184- 42
罷官鬻鹽詔　　　　　　　　　　1418-184- 42
● 宋武帝劉宋
與臧熹勅　　　　　　　　　　　1394-299- 1
討桓元移京邑檄　　　　　　　　1398-475- 1
敕建威將軍孫季高　　　　　　　1398-479- 1
江陵下書　　　　　　　　　　　1398-482- 1
江陵又下書　　　　　　　　　　1398-482- 1
北討下書　　　　　　　　　　　1398-482- 1
辟召宗炳周續之書　　　　　　　1398-482- 1
原宥國內令　　　　　　　　　　1398-483- 1
改元大赦詔　　　　　　　　　　1398-484- 1
紹封晉勳臣詔　　　　　　　　　1398-484- 1
平亂酬賞詔　　　　　　　　　　1398-485- 1
遣大使分行四方詔　　　　　　　1398-485- 1
增俸詔　　　　　　　　　　　　1398-485- 1
省除劫科詔　　　　　　　　　　1398-485- 1
復彭沛下邳三郡詔　　　　　　　1398-485- 1
慶典原赦詔　　　　　　　　　　1398-485- 1
衞卹晉世陵塋詔　　　　　　　　1398-486- 1
參詳衆議詔　　　　　　　　　　1398-486- 1
停冬使詔　　　　　　　　　　　1398-486- 1
除諸房廟詔　　　　　　　　　　1398-486- 1
籌量杖罰詔　　　　　　　　　　1398-486- 1
寬兵制詔　　　　　　　　　　　1398-486- 1
興國學詔　　　　　　　　　　　1398-486- 1
分立豫州詔　　　　　　　　　　1398-487- 1
省縣尉詔　　　　　　　　　　　1398-487- 1
諸州開禁詔　　　　　　　　　　1398-487- 1
臨終手詔　　　　　　　　　　　1398-489- 1
討桓玄檄　　　　　　　　　　　1401-206- 42
● 宋明帝劉宋
即位改元詔　　　　　　　　　　1398-544- 4
分遣大使詔　　　　　　　　　　1398-545- 4
減省士官御府詔　　　　　　　　1398-545- 4
有司詳立科品寬惠詔（二則）　　1398-545- 4
原蕩衆藩從亂詔　　　　　　　　1398-546- 4
衡虞科制詔　　　　　　　　　　1398-546- 4
大赦詔　　　　　　　　　　　　1398-546- 4
欽刑詔　　　　　　　　　　　　1398-546- 4
舉司學隱逸詔　　　　　　　　　1398-546- 4
郊祀詔　　　　　　　　　　　　1398-547- 4
詳議郊享明堂詔　　　　　　　　1398-547- 4
定制車服議（詔）　　　　　　　1398-548- 4
報奏路太后別居外宮詔
　　附有司崇憲太后別居外宮奏　1398-548- 4
路太后服總詔　　　　　　　　　1398-548- 4
路太后遷殯詔附有司奏　　　　　1398-548- 4
黜晉熙太妃謝氏詔　　　　　　　1398-549- 4
與建安王休仁詔　　　　　　　　1398-551- 4
誅建安王休仁詔（二則）附有司奏 1398-551- 4
詔諸方鎭大臣　　　　　　　　　1398-553- 4
又爲新安王子鸞立嗣詔　　　　　1398-557- 4
手詔譬袁顗　　　　　　　　　　1398-557- 4
詔沈文秀　　　　　　　　　　　1398-558- 4
手詔劉懷珍　　　　　　　　　　1398-560- 4
寢疾又詔　　　　　　　　　　　1398-560- 4
詔沈攸之　　　　　　　　　　　1398-560- 4
與劉勔張興世蕭道成詔　　　　　1398-560- 4
泰豫元年四月遺詔　　　　　　　1398-565- 4
手詔譬王景文　　　　　　　　　1398-837- 17
修復中興諸寺令　　　　　　　　1400-616- 12
賓禮道猛法師詔　　　　　　　　1400-616- 12
又誠義恭詔　　　　　　　　　　1402- 37- 6
路太后服總詔　　　　　　　　　1402- 38- 6
● 宋英宗宋
賜樞密使守司空兼侍中文彥博不
　　允手詔　　　　　　　　　　 549- 59-183
賜樞密使守司空檢校太師兼侍中
　　文彥博乞退不允手詔　　　　 549- 59-183
賜趙抃父老借留獎諭詔　　　　　1354-475- 17
賜趙抃父老借留獎諭詔附後記　　1381-265- 26
飭百官詔　　　　　　　　　　　1418-179- 42
飭學人詔　　　　　　　　　　　1418-179- 42

賜韓琦詔　　　　　　　　　　1418-180- 42
諭邊臣詔　　　　　　　　　　1418-180- 42
求直言詔　　　　　　　　　　1418-180- 42
求言詔　　　　　　　　　　　1418-180- 42
諭文彥博手詔　　　　　　　　1418-180- 42
● 宋高宗宋
放免租稅詔　　　　　　　　　 526- 2-259
罷修造詔　　　　　　　　　　 526- 3-259
鑄免兩縣民戶地基和買詔　　　 526- 3-259
親耕藉田詔　　　　　　　　　 526- 3-259
（秦崇禮）辭免尚書吏部侍郎不
　允詔　　　　　　　　　　　1134-816-附中
（秦崇禮）辭免徽猷閣直學士知
　彰州不允詔　　　　　　　　1134-816-附中
（秦崇禮）辭免吏部侍郎直學士
　院不允詔　　　　　　　　　1134-816-附中
（秦崇禮）辭免兼侍讀不允詔　1134-816-附中
翰林學士（秦崇禮）乞郡不允詔　1134-816-附中
（秦崇禮）辭免翰林學士不允詔　1134-817-附中
翰林學士（秦崇禮）乞外不允詔　1134-817-附中
（秦崇禮）辭免寶文閣學士知紹
　興府不允詔　　　　　　　　1134-817-附中
知紹興府（秦崇禮）乞宮觀不允
　詔　　　　　　　　　　　　1134-818-附中
（秦崇禮）辭免兵部侍郎兼直學
　士院不允詔　　　　　　　　1134-818-附中
（秦崇禮）辭免兼史館修撰不允
　詔　　　　　　　　　　　　1134-818-附中
翰林學士（秦崇禮）乞外任不允
　詔　　　　　　　　　　　　1134-818-附中
聖語　　　　　　　　　　　　1136- 68- 1
賜（陳東家人）田敕　　　　　1136-330- 6
諭宰執　　　　　　　　　　　1136-330- 6
賜（陳東家人）錢詔　　　　　1136-330- 6
賜王剛中訓諭詔附後記　　　　1354-475- 17
賜王剛中訓諭詔附後記　　　　1381-265- 26
答向子諲乞休詔　　　　　　　1386-698- 上
罷上壽詔　　　　　　　　　　1418-182- 42
察吏詔　　　　　　　　　　　1418-182- 42
幸學手詔　　　　　　　　　　1418-182- 42
禁加耗詔　　　　　　　　　　1418-183- 42
● 宋神宗宋
賜答張商英上仰山瑞禾表手詔　 516-726-114
（韓維）知汝州再乞致仕不允詔
　（二則）　　　　　　　　　1101-767- 附

（韓維）知汝州乞致仕不允詔（
　二則）　　　　　　　　　　1101-767- 附
賜章帖詔　　　　　　　　　　1386-698- 上
諭羣臣詔　　　　　　　　　　1402- 44- 8
賜韓琦詔　　　　　　　　　　1402- 44- 8
始策舉人罷詩論賦三題詔　　　1402- 44- 8
立皇太子赦文　　　　　　　　1402-161- 30
因蝗蟲避正殿降免囚徒德音文　1402-161- 30
● 宋恭帝宋
賜工部尚書浙西江東制置使兼江
　西安撫大使知平江府文天祥詔　1386-452- 46
德祐元年九月十六日賜端明殿學
　士浙西江東制置使知平江府事
　文天祥手詔　　　　　　　　1386-453- 46
● 宋真宗宋
吳山廟春秋建道場詔　　　　　 526- 2-259
臨陳堯叟詔　　　　　　　　　 538-494- 75
旌李濬詔　　　　　　　　　　 549- 56-183
逆賊王均平降德音　　　　　　1354-473- 17
順時行火詔　　　　　　　　　1418-175- 42
切責陳堯咨詔　　　　　　　　1418-175- 42
● 宋哲宗宋
賜保寧軍節度使馮京告勒茶藥詔　506-177- 91
賜馮京進奉賀端午節馬詔　　　 506-177- 91
賜大遼賀正旦副使茶藥詔　　　 506-177- 91
賜太師平章軍國重事文彥博宰相
　呂公著自今後入朝凡有拜禮宜
　並特與免拜詔　　　　　　　 549- 62-183
賜太師文彥博辭免不拜恩命允批
　答　　　　　　　　　　　　 549- 62-183
賜太師文彥博乞致仕不許批答　 549- 62-183
賜太師文彥博乞致仕不許斷來章
　批答　　　　　　　　　　　 549- 62-183
賜太師文彥博乞致仕不允斷來章
　批答　　　　　　　　　　　 549- 63-183
賜文彥博生日詔　　　　　　　 549- 63-183
賜太師平章軍國重事文彥博上第
　一表乞致仕不許批答　　　　 549- 63-183
賜太師文彥博上第二表乞致仕不
　允批答　　　　　　　　　　 549- 63-183
賜新除殿前副都指揮使武泰軍節
　度使苗授上第一表辭免恩命不
　許斷來章批答　　　　　　　 549- 63-183
賜新除殿前副都指揮使武泰軍節

史部

詔令奏議類：附錄

詔令上七畫

度使苗授上第二表辭免恩命不
　允斷來章批答　　　　　　　　　549- 64-183
（韓維）免明堂陪位詔（二則）　1101-767- 附
廢所置郡詔　　　　　　　　　　1465-454- 2

● 宋理宗

辭免禮部侍郎不允詔　　　　　　1178-950- 附
再辭免不允詔　　　　　　　　　1178-950- 附
改元詔　　　　　　　　　　　　1402- 44- 8
從祀五臣詔　　　　　　　　　　1418-185- 42
罪己詔　　　　　　　　　　　　1418-185- 42

● 宋順帝劉宋

罷省御府二署工作詔　　　　　　1398-567- 4
州郡舉才詔　　　　　　　　　　1398-568- 4

● 宋欽宗宋

淵聖皇帝御筆宣諭　　　　　　　1126-145- 83

● 宋寧宗宋

辭免除寶謨閣直學士不允詔書　　1161-707-133
辭免召命不允詔書　　　　　　　1161-707-133
辭免除寶謨閣學士不允詔書　　　1161-707-133
賜秘書監丞裘萬頃敕　　　　　　1169-455- 附
賑荒詔　　　　　　　　　　　　1418-184- 42

● 宋孝武帝劉宋

臨徐袞二州搜揚教
　附王宏表等四則　　　　　　　1398-523- 3
大使巡省風俗詔　　　　　　　　1398-525- 3
施行經給之宜詔　　　　　　　　1398-525- 3
舉孳善詔　　　　　　　　　　　1398-525- 3
崇約弛禁詔　　　　　　　　　　1398-525- 3
勸農學士詔　　　　　　　　　　1398-526- 3
建孔廟詔　　　　　　　　　　　1398-526- 3
諸苑假與貧民詔　　　　　　　　1398-526- 3
惠宥皁徒詔　　　　　　　　　　1398-526- 3
選散騎常侍詔附顏竣奏　　　　　1398-526- 3
聽申奏詔　　　　　　　　　　　1398-527- 3
春務貸給糧種詔　　　　　　　　1398-527- 3
追敘先恩詔　　　　　　　　　　1398-527- 3
牧守卹贍貧弱詔　　　　　　　　1398-527- 3
寬申通亡詔　　　　　　　　　　1398-527- 3
審貢賦詔　　　　　　　　　　　1398-527- 3
聘給北討文武詔　　　　　　　　1398-528- 3
原有徒隸詔　　　　　　　　　　1398-528- 3
依舊聽訟詔　　　　　　　　　　1398-528- 3
行親桑詔　　　　　　　　　　　1398-528- 3
皇太后觀桑禮詔　　　　　　　　1398-528- 3
詳減四時供限詔　　　　　　　　1398-528- 3

卹瞻疫癘詔　　　　　　　　　　1398-528- 3
閲武原赦詔　　　　　　　　　　1398-528- 3
南徐袞二州緩租詔　　　　　　　1398-529- 3
雨水遣使巡行詔　　　　　　　　1398-529- 3
修茸庫序詔　　　　　　　　　　1398-529- 3
簡惠王畿詔　　　　　　　　　　1398-529- 3
大閲詔　　　　　　　　　　　　1398-529- 3
遣祭霍山詔　　　　　　　　　　1398-529- 3
校獵歷陽大赦詔（二則）　　　　1398-530- 3
禁專殺詔　　　　　　　　　　　1398-530- 3
勅刺史守令奉手詔詔　　　　　　1398-530- 3
檢斛占固山澤詔　　　　　　　　1398-530- 3
秋旱賑給詔　　　　　　　　　　1398-530- 3
貸麥種詔　　　　　　　　　　　1398-531- 3
省方詔　　　　　　　　　　　　1398-531- 3
車駕巡南豫州詔　　　　　　　　1398-531- 3
行幸考績詔　　　　　　　　　　1398-531- 3
停東境雜稅詔　　　　　　　　　1398-531- 3
收拯東境詔　　　　　　　　　　1398-531- 3
巡幸賑卹詔　　　　　　　　　　1398-532- 3
巡狩省風俗詔　　　　　　　　　1398-532- 3
建明堂詔附有司議奏　　　　　　1398-532- 3
置古帝王家戶詔　　　　　　　　1398-533- 3
立闈詔　　　　　　　　　　　　1398-533- 3
分置吏部尚書詔　　　　　　　　1398-533- 3
別詔太宰江夏王義恭　　　　　　1398-533- 3
臺省相臨詔　　　　　　　　　　1398-534- 3
行幹杖詔　　　　　　　　　　　1398-534- 3
增諸弟國封詔　　　　　　　　　1398-534- 3
封將帥功臣等詔　　　　　　　　1398-535- 3
答劉懷珍詔　　　　　　　　　　1398-535- 3
祭袁湛墓詔　　　　　　　　　　1398-536- 3
祭殷景仁墓詔　　　　　　　　　1398-536- 3
卹賜徐湛之江湛王僧綽門戶詔　　1398-536- 3
誅王僧達詔　　　　　　　　　　1398-536- 3
與東揚州刺史顏竣詔（二則）　　1398-537- 3
詔劉延孫　　　　　　　　　　　1398-537- 3
賜劉延孫葬送詔　　　　　　　　1398-537- 3
勞顏師伯詔　　　　　　　　　　1398-538- 3
詔劉秀之　　　　　　　　　　　1398-538- 3
顧寶先辭郎詔　　　　　　　　　1398-539- 3
沙汰僧徒詔　　　　　　　　　　1400-615- 12
詳減四時供限詔　　　　　　　　1402- 38- 6
論選舉詔　　　　　　　　　　　1402- 38- 6
審貢賦詔　　　　　　　　　　　1417-514- 25

●宋前廢帝 劉宋

即位詔　　　　　　　　　　　　1398-540- 3
學才詔　　　　　　　　　　　　1398-540- 3
手詔晉安王子勛（二則）　　　　1398-541- 3
赦巢尚之　　　　　　　　　　　1398-542- 3

●宋後廢帝 劉宋

大使分行四方詔　　　　　　　　1398-565- 4
又牧守薦賢詔　　　　　　　　　1398-566- 4
改元大赦詔　　　　　　　　　　1398-566- 4
申土斷詔　　　　　　　　　　　1398-566- 4
蠲改調役詔　　　　　　　　　　1398-566- 4
均賞詔　　　　　　　　　　　　1398-566- 4
減撤服御詔（二則）　　　　　　1398-566- 4
尚書令袁粲訊獄詔　　　　　　　1398-567- 4
別敕李安民　　　　　　　　　　1398-567- 4

●杜　牧 唐

武官授折衝果毅制　　　　　　　1081-689- 17
契丹賀正使大首領等授官制　　　1402- 80- 14

●李　昇 南唐

舉用儒吏詔　　　　　　　　　　1418-158- 41
論廷臣勿言用兵敕　　　　　　　1418-159- 41

●李　景 南唐

災異詔　　　　　　　　　　　　1418-159- 41
答留守周宗乞罷鎭詔　　　　　　1418-160- 41

●李　綱 宋

撫諭河北詔（關文）　　　　　　1125-795- 33
獎諭徐處仁詔書（關）　　　　　1125-795- 33
起防秋兵詔　　　　　　　　　　1125-795- 33
募民出財詔　　　　　　　　　　1125-796- 33
戒諭姚古詔書　　　　　　　　　1125-796- 33
勉旁詔　　　　　　　　　　　　1125-800- 34
戒諭武臣詔　　　　　　　　　　1125-801- 34
撫諭河北河東路詔　　　　　　　1125-801- 34
勉旁獨留中原詔　　　　　　　　1125-802- 34
戒勵士風詔　　　　　　　　　　1125-802- 34
宰相除三少（制）　　　　　　　1125-804- 35
宰相除三公（制）　　　　　　　1125-805- 35
觀文殿大學士中太一宮使除少保太宰（制）　　　　　　　　　　　1125-805- 35
觀文殿大學士中太一宮使除少保左輔（制）　　　　　　　　　　　1125-806- 35
觀文殿大學士中太一宮除節度使（制）　　　　　　　　　　　　　1125-806- 35
彰信軍承宣使除武寧軍節度使（制）　　　　　　　　　　　　　　1125-806- 35

節度使中太一宮使兼侍講移鎭除檢校三少開府儀同三司（制）　　　1125-807- 35
知樞密院除節度使醴泉觀使（制）1125-807- 35
殿帥（制）　　　　　　　　　　1125-808- 35
觀文殿學士諸路經略安撫使除節度使（制）　　　　　　　　　　　1125-808- 35
吏部尚書除節度使（制）　　　　1125-809- 35
彰化軍節度使熙河路經略安撫使除檢校少保雄威軍節度使（制）　　1125-809- 35
節度使殿前都指揮使除檢少保移鎭充鄜延路經略安撫使（制）　　　1125-810- 35
觀文殿學士除節度使知大名府兼北京留守（制）　　　　　　　　　1125-810- 35
威里承宣使除節度使（制）　　　1125-810- 35
皇弟除太傅山南東道節度使開府儀同三司進封越王（制）　　　　　1125-811- 35
皇伯節度使開府儀同三司除郡王（制）　　　　　　　　　　　　　1125-811- 35
皇子封節度使國公（制）　　　　112--812- 35
皇子除檢校少保節度使郡王（制）1125-812- 35
皇子除太傅兩鎭節度使封韓王（制）　　　　　　　　　　　　　　1125-812- 35
皇姪節度使除郡王（制）　　　　1125-813- 35
誠諭士大夫敦尚名節詔　　　　　1125-814- 36
誠諭三省密院修學熙豐政事詔　　1125-814- 36
誠諭百官毋得越職犯分詔　　　　1125-815- 36
誠諭省臺寺監修學職事詔　　　　1125-815- 36
誠諭監司按察州縣詔　　　　　　1125-816- 36
誠諭士大夫朋黨詔　　　　　　　1125-816- 36
誠諭帥臣修飭邊備詔　　　　　　1125-817- 36
勸農詔　　　　　　　　　　　　1125-817- 36
恤刑詔　　　　　　　　　　　　1125-818- 36
誠諭守令推行御筆寬恤詔　　　　1125-818- 36
誠諭禮官嚴奉祠祭詔　　　　　　1125-818- 36
誠諭學者辭尚體要詔　　　　　　1125-819- 36
誠諭守令勸課農桑詔　　　　　　1125-819- 36
門下侍郎除特進知樞密院（制）　1125-820- 37
中書侍郎除門下侍郎（制）　　　1125-821- 37
尚書左丞除中書侍郎（制）　　　1125-821- 37
尚書右丞除尚書左丞（制）　　　1125-821- 37
吏部尚書除尚書右丞（制）　　　1125-821- 37
翰林學士除吏部尚書（制）　　　1125-822- 37
戶部尚書（制）　　　　　　　　1125-822- 37
禮部尚書（制）　　　　　　　　1125-823- 37
兵部尚書（制）　　　　　　　　1125-823- 37

四庫全書文集篇目分類索引

史部

詔令奏議類：附錄

詔令上七畫

刑部尚書（制）	1125-823- 37
工部尚書（制）	1125-824- 37
御史中丞除吏部尚書（制）	1125-824- 37
翰林學士除兵部尚書（制）	1125-824- 37
開封尹除刑部尚書（制）	1125-825- 37
太常少卿除禮部侍郎（制）	1125-825- 37
給事中除戶部侍郎（制）	1125-825- 37
殿中監除工部侍郎（制）	1125-826- 37
翰林學士除承旨（制）	1125-826- 37
中書舍人除翰林學士（制）	1125-826- 37
吏部侍郎除工部尚書	1125-827- 37
大司成除翰林學士（制）	1125-828- 38
給事中除大司成（制）	1125-828- 38
給事中（制）	1125-829- 38
中書舍人除給事中（制）	1125-829- 38
中書舍人（制）	1125-829- 38
起居舍人除中書舍人（制）	1125-830- 38
中書舍人除御史中丞（制）	1125-830- 38
侍御中除御史中丞（制）	1125-830- 38
開封尹（制）	1125-831- 38
工部尚書除延康殿學士知青州兼安撫使（制）	1125-831- 38
戶部侍郎除顯謨閣直學士知揚州兼淮南東路鈴轄（制）	1125-831- 38
中書舍人除徽猷閣待制知廬州（制）	1125-832- 38
殿中監（制）	1125-832- 38
太常卿（制）	1125-832- 38
宗正卿（制）	1125-832- 38
明堂頒政（制）	1125-833- 38
秘書監（制）	1125-833- 38
太僕卿（制）	1125-833- 38
光祿卿（制）	1125-833- 38
太府卿（制）	1125-834- 38
司農卿（制）	1125-834- 38
大理卿（制）	1125-834- 38
鴻臚卿（制）	1125-834- 38
都水使者（制）	1125-834- 38
軍器監（制）	1125-835- 38
少府監（制）	1125-835- 38
將作監（制）	1125-835- 38
親筆宣諭赴院供職	1125-878- 45
親筆手詔	1125-878- 45
親筆宣諭請行	1125-887- 47
宣諭累百章不允辭免	1125-892- 47

宣諭疾速辦行	1125-893- 47
宣諭陳奏請行	1125-893- 47
親筆宣諭不須與三省議	1125-895- 48
親筆宣諭三首	1125-897- 48
親筆宣諭途中將護	1125-899- 48
親筆手詔	1125-899- 48
親筆宣諭覽所上章陳祖宗之法	1125-900- 48
親筆宣諭城外兵馬聽宣撫司節制	1125-914- 50
親筆宣諭三省	1125-915- 50
親筆宣諭不得交兵	1125-916- 50
親筆宣諭節制事	1125-939- 53
宣諭施行節制事一項	1125-939- 53
宣諭再箚下宣節制事	1125-939- 53
親筆宣諭委寄終始	1125-956- 55
宣諭聞已斬冀景	1125-956- 55
宣諭得捷	1125-956- 55
宣諭不得輕易出兵	1125-956- 55
●李　瀚明	
擬漢爲公子無忌置守家五家詔	587-728- 18
●李　謙元	
頒授時曆詔	1367-117- 9
清冗職詔	1367-118- 9
●李介然元	
賜完顏用安鐵劵文	1201-362- 96
●李正民宋	
觀文殿學士中太一宮使除右丞制	1133- 2- 1
●李重茂唐	
溫王遜佐制	426-240- 38
訪天下奇才異行制	426-697-102
誠諭天下制——唐隆元七月	426-769-110
平內難赦	426-887-123
誠勵風俗敕二	1337-352-465
●李夢陽明	
擬二世答李斯書	1410-855-779
●李德林隋	
修定五禮詔	1400-206- 1
申命九錫	1400-258- 3
禪隋詔	1400-260- 3
禪册文	1400-261- 3
爲周帝加隋王九錫詔（二則）	1416-238-116
爲周禪隋詔	1416-239-116
爲周帝赦詔	1416-240-110
賜姓復舊詔	1416-240-116
爲周帝求才詔	1416-240-116

隋文帝爲太祖武元皇帝行幸四處
　立寺建碑詔　　　　　　　　1416-241-116
爲隋文帝修五禮詔　　　　　　1416-241-116
● 李德裕 唐
長慶二年試制科學人敕　　　　 426-733-106
討回鶻制　　　　　　　　　　1079-122- 3
討劉稹制　　　　　　　　　　1079-123- 3
賜太和公主敕書　　　　　　　1079-136- 5
賜思忠詔書　　　　　　　　　1079-138- 5
賜石雄及三軍敕軍　　　　　　1079-144- 6
賜潞州軍人敕書意　　　　　　1079-144- 6
賜劉沔張仲武各詔　　　　　　1079-145- 6
賜張仲武詔　　　　　　　　　1079-145- 6
賜何重順詔　　　　　　　　　1079-146- 6
賜張仲武詔　　　　　　　　　1079-146- 6
賜劉沔茂元詔　　　　　　　　1079-146- 6
賜彥佐詔意　　　　　　　　　1079-147- 6
賜石雄詔意　　　　　　　　　1079-148- 7
賜劉沔詔意　　　　　　　　　1079-148- 7
賜李石詔意　　　　　　　　　1079-149- 7
賜王元逵詔書　　　　　　　　1079-149- 7
賜李石詔意　　　　　　　　　1079-149- 7
賜王宰詔意　　　　　　　　　1079-149- 7
賜張仲武詔意　　　　　　　　1079-150- 7
賜劉沔詔意　　　　　　　　　1079-150- 7
賜王宰詔意　　　　　　　　　1079-151- 7
賜石雄詔意　　　　　　　　　1079-151- 7
賜王元逵何弘敬詔意（二則）　1079-152- 7
賜緣邊諸鎮密詔意　　　　　　1079-153- 7
停歸義軍敕書　　　　　　　　1079-154- 7
置孟州敕旨　　　　　　　　　1079-154- 7
李回宣慰三道敕旨　　　　　　1079-154- 7
賜王宰詔意　　　　　　　　　1079-154- 7
處置楊弁敕　　　　　　　　　1079-169- 9
誅郭誼等敕　　　　　　　　　1079-169- 9
誅張谷等告示中外敕　　　　　1079-169- 9
賜太和公主書　　　　　　　　1337-374-468
賜回鶻嗢沒斯特敕等詔　　　　1337-374-468
賜太和公主勑　　　　　　　　1394-301- 1
贈故蕃維州城副使悉恒謀制　　1402- 93- 16
討劉稹制　　　　　　　　　　1418-109- 39
賜石雄詔意　　　　　　　　　1418-113- 39
賜王宰詔意　　　　　　　　　1418-113- 39
　又賜王宰詔意　　　　　　　1418-114- 39
● 邢　邵 齊

爲齊文宣受禪赦詔　　　　　　1415-656-109
● 呂　陶 宋
誠屬諸路監司修學職事詔　　　1098- 60- 8
吏部郎中制　　　　　　　　　1098- 60- 8
禮部郎中除吏部員外郎制　　　1098- 60- 8
吏部侍郎除戶部尚書制　　　　1098- 61- 8
除戶部侍郎制　　　　　　　　1098- 62- 8
兵部侍郎除禮部尚書制　　　　1098- 62- 8
給事中除禮部侍郎制　　　　　1098- 62- 8
除刑部郎中制　　　　　　　　1098- 63- 8
中書舍人遷給事中制　　　　　1098- 64- 8
除殿中侍御史制　　　　　　　1098- 65- 8
除節度制　　　　　　　　　　1098- 66- 8
侍從乞郡制　　　　　　　　　1098- 66- 88
皇族郊恩封贈制　　　　　　　1098- 68- 9
三司使父某加贈制　　　　　　1098- 69- 9
● 呂　淙 宋
求賢詔　　　　　　　　　　　1375- 43- 1
禁獻羡餘詔　　　　　　　　　1375- 43- 1
平廣賊儂智高曲赦江西湖南德音　1375- 43- 1
平廣賊儂智高曲赦江西湖南德音　1465-452- 2
● 呂公著 宋
賜宰臣韓琦請郡不允詔　　　　1350-320- 31
● 呂皇后（漢高祖后）
議昭靈等尊號詔　　　　　　　 426-981- 3
差次功臣（詔）　　　　　　　 426-981- 3
除三族妖言罪詔　　　　　　　1396-269- 5
定列侯朝位詔附陳平奏一則　　1396-269- 5
廢少帝詔　　　　　　　　　　1396-270- 5
議昭靈夫人武哀侯宣夫人尊號詔　1396-270- 5
● 呂祖謙 宋
戒諭兩淮守令恤農詔　　　　　1418-722- 62
戒諭沿邊修武備詔　　　　　　1418-722- 62
● 吳　泳 宋
贈高年制　　　　　　　　　　1176-101- 10
贈婦人高年制　　　　　　　　1176-101- 10
皇帝賜皇后明堂賀表答詔　　　1176-110- 12
賜貴妃明堂賀表答詔　　　　　1176-110- 12
賜美人明堂賀表答詔　　　　　1176-110- 12
端平三年罪己詔　　　　　　　1176-110- 12
賜魏了翁督視江淮便宜施行詔　1176-111- 12
賜鄭清之以久雨乞上丞相印不允
　詔　　　　　　　　　　　　1176-111- 12
賜喬行簡以久積霖雨乞解丞相不
　允詔　　　　　　　　　　　1176-112- 12

四庫全書文集篇目分類索引

史部

詔令奏議類：附錄

詔令上七—八畫

賜喬行簡以久積霈雨連旬再乞罷歸不允詔　1176-112- 12

賜喬行簡等以星雷示異乞退不允詔　1176-112- 12

賜喬行簡辭免加恩不允詔　1176-112- 12

賜鄭性之以臺章乞賜罷黜不允詔　1176-112- 12

賜趙彥㣆辭免除權書不允詔　1176-113- 12

賜許應辭吏部兼侍讀不允詔　1176-113- 12

賜李皇辭同知四川宣撫不允詔　1176-113- 12

賜崔與立辭免右丞相不允詔　1176-113- 12

賜保寧軍官吏軍民僧道者壽等敕（二則）　1176-113- 12

賜資政殿學士新知潭州魏了翁夏藥銀合百兩敕　1176-114- 12

賜資政殿學士新知眉州李皇夏藥銀合百兩敕　1176-114- 12

賜寶章閣學士淮西制使兼沿江制副知鄂州史嵩之夏藥銀合敕　1176-114- 12

賜四川制置使趙彥吶夏藥銀合敕　1176-114- 12

賜權工侍四川安撫制副丁黼夏藥銀合敕　1176-114- 12

賜兵侍淮安撫制置使趙葵夏藥銀合敕　1176-114- 12

賜工侍沿江制使兼江東安撫知建康兼行宮留守陳韡夏藥銀合敕　1176-114- 12

賜秘閣修撰知江陵府兼京西湖北路安撫制副別之傑夏藥銀合敕　1176-115- 12

賜煥章閣知慶元兼沿海制司職事趙與懽夏藥銀合敕　1176-115- 12

賜兼權侍衞馬軍行司公事知黃州孟珙并諸路都統制夏藥銀合敕　1176-115- 12

賜保康軍官吏軍民僧道者壽等敕　1176-115- 12

賜武康軍官吏軍民僧道者壽等敕　1176-115- 12

賜節賜三省官乳香口宣　1176-116- 12

賜右丞相崔與之不允辭口宣　1176-116- 12

賜與芮永斷來章口宣　1176-116- 12

賜楊谷加恩口宣　1176-116- 12

賜鄒應龍上表辭簽書不允批答　1176-116- 12

賜鄭性之辭參政不允永斷來章批答　1176-116- 12

賜喬行簡特進左相不允辭批答　1176-117- 12

賜李端懿讓恩命批答　1176-117- 12

● 吳　海 元

宋少帝賜高應松辭參政不允詔後書　1217-238- 7

● 吳　寬 明

跋宋孝宗賜虞雍手詔　1255-455- 50

跋宋高宗獎諭著作郎王蘋敕　1255-470- 51

恭題糧長敕諭　1255-481- 52

擬漢高帝求賢詔　1255-531- 57

擬宋仁宗令天下州縣建學詔　1255-532- 57

● 吳大帝 吳

報陸遜書　1361-525- 6

奔喪詔　1361-526- 6

責諸葛謹詔　1361-526- 6

賜呂岱討賊詔　1361-527- 6

幽張溫令　1361-534- 8

尋虞翻令　1361-535- 8

徵顧承賜顧雍書　1386-702- 5

責諸葛瑾等詔　1417-449- 22

讓孫皎書　1417-450- 22

● 吳景帝 吳

答張布詔　1417-451- 22

又答張布（詔）　1417-451- 22

● 余　靖 宋

皇親率府以下（加恩制）　1089-102- 11

殿前都使以下（加恩制）　1089-103- 11

廂都指揮使已下（加恩制）　1089-103- 11

省府推判官（加恩制）　1089-104- 11

諸司副使已下至崇班（加恩制）　1089-104- 11

百官父在者制（加恩制）　1089-105- 11

百官母在者制（加恩制）　1089-105- 11

百官父亡者（加恩制）　1089-105- 11

百官母亡者（加恩制）　1089-105- 11

百官妻（加恩制）　1089-106- 11

● 何皇后（唐昭宗后）唐

命皇太子即位令—天祐元年八月　426-174- 31

● 何喬新 明

恭題宣廟戒諭文武群臣勅　1249-305- 18

八　畫

● 武則天 唐

改元光宅赦　426- 23- 3

改元載初赦　426- 27- 4

命皇太子監國制——神龍元年正月　426-163- 30

郊禮唯昊天稱天五帝只稱帝制——永昌元年九月　426-503- 67

親享明堂制——垂拱四年十二月　426-551- 73

禁喪臨禮制——證聖元年三月　426-618- 80

減大理丞廢秋官獄勅——登封元年十月十一日　426-630- 82

更改閏月制——神功元年七月
置鴻宜鼎稷等州制——天授二年七月九日　426-634- 82
却置潼關制——聖歷元年五月十九日　426-668- 99
釐革技術官制——神功元年閏十月　426-669- 99
釋教在道法之上制——天授二年三月　426-678-120
條流佛道二教制——聖歷元年正月　426-790-113
禁葬舍利骨制——聖歷三年五月　426-790-113
楊素子孫不得任京官勅——聖歷三年五月　426-790-113
誅張易之等赦文　426-803-114
改正朔制　1337- 72-431
減大理丞廢刑部獄制　1337-329-463
置鴻宜鼎稷等州制　1337-333-463
廢潼關雍洛州置開鄭汴許衞等州府制　1337-342-464
　　1337-343-464
却置潼關制　1337-344-464
省獄官制　1337-348-464
詔史德義　1358-751- 6
徵史德義詔　1386-706- 上

● 孟　昶 後蜀

勸農桑詔——明德元年十二月　1354-470- 16
勸農桑詔　1381-262- 26

● 林　俊 明

詹丕遠二勅跋　1257-562- 11

● 林文俊 明

恭題皇上頒賜羣臣敕喻後　1271-825- 9

● 林布逸 宋

跋方持畏歲寒三友制誥　1185-682- 13

● 明太祖

正神名號詔　503-258-109
免江西稅糧詔　516-726-114
詔群臣　534-163- 82
詔武昌臣民　534-163- 82
諭江夏侯周德興　534-164- 82
詔却蘄州進箋　534-164- 82
詔參知政事楊璟　534-164- 82
詔平章常遇春　534-164- 82
詔左相國徐達　534-164- 82
改正嶽鎮海瀆城隍神號詔　538-497- 75
免河南境內稅糧詔二道　538-498- 75
諭河南布政司及諸府州縣官吏　538-498- 75
命宋國公馮勝節制河南敕　538-498- 75

賑濟河南饑民諭　538-498- 75
諭秦王府文武官敕　556-129- 85
初諭雲南詔　570-323-29之2
復諭雲南詔　570-323-29之2
諭征南將軍穎川侯永昌侯西平侯勅　570-323-29之2
諭雲南平詔　570-324-29之2
再諭穎川侯傅友德永昌侯藍玉西平侯沐英敕　570-324-29之2
諭雲南等處承宣布政使司左參政張紘敕　570-324-29之2
諭築銅鼓城敕　572-169- 33
諭楚王同湘王征古州蠻敕　572-169- 33
諭湘獻王敕　572-169- 33
諭宣慰司敕　572-170- 33
諭信國公湯和敕　572-170- 33
諭西平侯沐英敕（二則）　572-170- 33
諭宣慰司田仁智入覲敕　572-171- 33
即位詔　1223- 2- 1
農桑學校詔　1223- 3- 1
赦汪束多爾濟詔　1223- 3- 1
求言詔　1223- 3- 1
免北平燕南河東山西北京河南潼關唐鄧秦隴等稅糧詔　1223- 4- 1
免寧國府稅糧詔　1223- 4- 1
再免應天太平鎮江等處稅糧詔　1223- 4- 1
免應天等府山東河南北稅糧詔　1223- 5- 1
免江西稅糧詔　1223- 5- 1
免兩浙秋糧詔　1223- 6- 1
免應天太平鎮江寧國廣德五府秋糧詔　1223- 6- 1
免河南等省揚州池州安慶徽州稅糧詔　1223- 6- 1
免山西陝右二省夏秋租稅詔　1223- 7- 1
護持朶甘思烏思藏詔　1223- 7- 1
諭西番罕都必喇等詔　1223- 8- 1
諭靖江王府文武官詔　1223- 9- 2
諭福建承宣布政使司參政魏鑑瞿莊詔（二則）　1223- 9- 2
諭山東布政使吳印詔　1223- 10- 2
諭山西布政使華克勤詔　1223- 10- 2
諭元臣納克楚詔　1223- 11- 2
諭元丞相哈喇章曼濟魯爾納克楚等詔　1223- 12- 2
諭元丞相魯爾詔　1223- 13- 2

史部

詔令奏議類：附錄

詔令上八畫

賜西番國師詔	1223- 15- 2
赦宥詔	1223- 15- 2
存恤詔	1223- 15- 2
命丞相大夫詔	1223- 16- -2
免北平夏稅秋糧詔	1223- 16- 2
廢丞相大夫罷中書詔	1223- 16- 2
免天下秋糧詔	1223- 17- 2
免秋糧詔	1223- 17- 2
平雲南詔	1223- 18- 2
免秋夏稅糧詔	1223- 18- 2
赦工役囚人（詔）	1223- 19- 2
答太師李善長等表請御正殿制	1223- 20- 3
答太師李善長等表請上壽制	1223- 20- 3
致仕官誥敕文	1223- 26- 3
參軍府參軍誥文	1223- 27- 3
諒官誥文	1223- 28- 3
中書左右丞相誥	1223- 31- 4
左右都督誥	1223- 32- 4
御使左右大夫誥	1223- 32- 4
太常卿誥	1223- 33- 4
戶部尚書誥	1223- 33- 4
禮部尚書誥	1223- 34- 4
兵部尚書誥	1223- 34- 4
刑部尚書誥	1223- 34 4
工部尚書誥	1223- 35- 4
欽天監令誥	1223- 36- 4
翰林承旨誥	1223- 36- 4
國子祭酒誥	1223- 36- 4
太僕寺卿誥	1223- 37- 4
漕運使誥	1223- 37- 4
尚寶卿誥	1223- 38- 4
內外衞指揮使誥	1223- 38- 4
功臣庶子誥	1223- 38- 4
都指揮使誥	1223- 38- 4
承宣布政使誥	1223- 39- 4
王府武相武傳誥	1223- 40- 4
提刑按察使誥	1223- 40- 4
各處知府誥	1223- 40- 4
與元臣圖噶書	1223- 42- 5
與元臣薩爾布哈書	1223- 42- 5
與元臣圖噶書	1223- 43- 5
與魯爾書	1223- 43- 5
諭太師韓國公李善長江夏侯周德與江陰侯吳良等（敕）	1223- 44- 6
諭熊鼎杜寅蔡秉彝張納等（敕）	1223- 45- 6
諭李文忠顧時及諸侯等（敕）	1223- 45- 6
勞遼東都衞指揮（敕）	1223- 45- 6
勞大同都指揮使（敕）	1223- 46- 6
勞西河衞都指揮（敕）	1223- 46- 6
勞海南衞指揮（敕）	1223- 46- 6
賜署令汪文劉英敕	1223- 47- 6
命功臣祀嶽鎮海瀆敕	1223- 47- 6
諭晉王敕	1223- 47- 6
諭中書天象敕	1223- 48- 6
命中書議律敕	1223- 48- 6
命中書免制西秋糧敕	1223- 48- 6
命中書誅戶部主事趙乾過期賑濟敕	1223- 48- 6
命中書賞賜北平等處軍士敕	1223- 49- 6
命中書整理甲冑敕	1223- 49- 6
命中書誅知縣高翼敕	1223- 49- 6
命中書諭止安南行人敕	1223- 49- 6
命中書勞苗人敕	1223- 49- 6
命中書西河等處種糧（敕）	1223- 51- 7
命中書勞襲封衍聖公孔希學（敕）	1223- 51- 7
大祀禮成諭中書（敕）	1223- 53- 7
諭秦王府文武官（敕）	1223- 53- 7
諭丞相柱序班敕	1223- 53- 7
諭山東布政使吳印敕（二則）	1223- 54- 7
諭太師韓國公李善長等（敕）	1223- 54- 7
命知衢州府事文輔（敕）	1223- 54- 7
諭山西布政使華克勤（敕）	1223- 55- 7
勞翰林承旨宋濂（敕二則）	1223- 56- 7
諭遼東備禦（敕）	1223- 56- 7
諭群卿督工（敕）	1223- 56- 7
諭寧夏衞指揮耿忠（敕）	1223- 56- 7
勞臨洮衞指揮趙琦（敕二則）	1223- 57- 7
諭安南使臣阮士諤（敕）	1223- 57- 7
諭元丞相魯爾（敕）	1223- 58- 7
諭年幼承敕郎曹儀及給事中等省親（敕）	1223- 58- 7
賜魏鑑等守服家用（敕）	1223- 58- 7
諭高麗使回（敕）	1223- 59- 7
諭曾秉正等（敕）	1223- 59- 7
諭罪人曾秉正（敕）	1223- 59- 7
諭中書賑濟京城孤老（敕）	1223- 60- 7
勞河南府守成陸齡（敕）	1223- 60- 7
諭太師李善長敕（二則）	1223- 60- 7
勞江陰侯吳良（敕）	1223- 61- 7
勞致仕承旨宋濂（敕）	1223- 61- 7
諭翰林修撰劉泰（敕）	1223- 61- 7

命太醫院官代職（敕）　1223-61-7
命道士祭嶽鎭海瀆（敕）　1223-62-7
命使齋帛祭歷代先聖（敕）　1223-62-7
命中書召李思迪（敕）　1223-62-7
命中書禮部訪求卜士（敕）　1223-62-7
問中書禮部慢占城入貢敕（二則）　1223-62-7
命戶部定俸祿（敕）　1223-64-7
命御史審決罪囚（敕二則）　1223-65-7
勞致仕營田使馬世熊敕　1223-65-7
命群儒議建言事敕　1223-66-7
諭四輔官王本母陪祭敕　1223-67-7
問斷事官敕　1223-67-7
命方常職御史敕　1223-67-7
諭祭酒樂韶鳳敕　1223-67-7
諭國學師徒（敕）　1223-67-7
諭幼儒敕　1223-68-7
諭群臣務公去私（敕）　1223-69-7
諭學到人材（敕）　1223-70-7
諭戀闘臣僚敕　1223-70-7
諭儀禮司序班等尙志敕　1223-71-7
諭各處巡檢（敕）　1223-72-7
諭天下有司（敕）　1223-72-7
諭出使人員敕　1223-72-7
命禮部諭有司謹祭祀（敕）　1223-73-7
諭御史　1223-73-7
命應天府諭鍾山僧敕　1223-73-7
諭善世禪師班的達敕　1223-74-7
命中書勞西番指揮何鎭南（敕）　1223-75-8
命中書回安南公文　1223-75-8
諭元相魯爾敕　1223-76-8
諭安南來使敕　1223-76-8
諭神樂觀敕　1223-78-8
翰林侍講學士李翀敕文　1223-78-8
翰林編修瑪哈特敕文　1223-79-8
諭征南將軍（敕）　1223-79-8
諭左參政張紘左參議韓鑄（敕）　1223-79-8
建昌僧官敕文　1223-79-8
諭僧純一敕　1223-80-8
命道士祭嶽鎭海瀆敕　1223-80-8
神樂觀提點敕　1223-80-8
神樂觀知觀敕　1223-81-8
諭延安侯唐勝宗（敕）　1223-81-8
諭江夏侯周德興（敕）　1223-81-8
諭右軍都督僉事張德（敕）　1223-82-8
諭太學生（敕）　1223-82-8
諭安南陪臣謝師言等歸（敕）　1223-82-8
諭征南將軍穎川侯永昌侯西平侯　1223-82-8
諭靖州衞指揮僉事龐虎等三員　1223-83-8
諭刑官（敕）　1223-83-8
諭河南布政司及諸府州縣官吏（敕）　1223-84-8
諭翰林檢討（敕）　1223-84-8
諭刑部尙書開濟父（敕）　1223-85-8
諭翰林待詔沈士榮（敕）　1223-85-8
諭僧（敕）　1223-86-8
諭天界寺僧（敕）　1223-87-8
諭天界寺不律僧戒勅復（敕）　1223-87-8
諭海西右丞譚爾根（敕）　1223-88-8
諭正一嗣教眞人張宇初（敕）　1223-88-8
諭曹國公李文忠西平侯沐英等敕（三則）　1223-88-8
諭曹國公李文忠敕　1223-90-8
命曹國公李文忠提調都督府事敕　1223-90-8
諭御史大夫丁玉敕（二則）　1223-90-8
諭信國公湯和敕　1223-91-8
諭遼東都司發回高麗百姓敕　1223-91-8
諭遼東都司敕（二則）　1223-92-8
諭遼東都司指揮潘敬葉旺敕（二則）　1223-92-8
勞西河衞指揮敕（二則）　1223-92-8
勞西涼衞指揮敕　1223-93-8
勞寧夏衞指揮敕　1223-93-8
勞北口衞指揮敕　1223-93-8
勞四川衞指揮敕　1223-93-8
勞福建衞指揮敕　1223-93-8
勞海南衞指揮敕　1223-94-8
勞廣西衞指揮敕　1223-94-8
勞昌國守禦千戶敕　1223-94-8
賜平涼縣尹王彰父諭　1223-94-8
考功監令敕　1223-96-9
中書舍人敕　1223-96-9
東宮官敕　1223-97-9
兵馬指揮敕　1223-97-9
翰林院典簿敕　1223-97-9
翰林院典籍敕　1223-97-9
國子監助教敕　1223-98-9
王相府長史敕　1223-98-9
王相府審理正敕　1223-98-9
王府典寶正敕　1223-98-9
王府典儀正敕　1223-98-9

王府良醫正敕 1223- 98- 9
王府工正敕 1223- 98- 9
王府典膳敕 1223- 99- 9
王府司醞敕 1223- 99- 9
生藥庫大使敕 1223- 99- 9
鈔紙局大使敕 1223- 99- 9
織染局官敕 1223- 99- 9
御寶詔書 1225-468- 20
皇帝手書（予誠意伯） 1225-469- 20
御賜歸老者田詔書 1225-473- 20
問疾敕諭 1225-922- 附
封諸王詔 1373-485- 1
定嶽鎮海瀆名號詔 1373-485- 1
開科學詔 1373-486- 1
免租稅詔 1373-486- 1
招諭庫庫特穆爾 1373-487- 1
明諭御史大夫丁玉勅（二則） 1381-268- 26
諭參政張紘右參政韓鑄 1381-268- 26
寬恤稅糧詔旨 1385-702- 27
存恤詔 1402- 45- 9
農桑學校詔 1402- 46- 9
免江西稅糧詔 1402- 40- 9
諭廣西猺峒官民詔 1465-456- 2
諭靖江王府文武官詔 1465-457- 2
勞廣西衞指揮敕 1415-457- 2

● 明仁宗明
賜少傅楊士奇貞——印勅 516-726-114
（褒獎翰林侍讀承德郎李時勉）
　敕命 1242-888- 12
● 明世宗明
命北直隸河南撫按等官賑濟饑民
　敕 538-504- 75
存問周堵陽王書 538-504- 75
旌周府奉國將軍安河孝行敕 538-504- 75
旌周府鎮國中尉睦梁孝行敕 538-504- 75
諭巡按廣西監察御史劉穎敕 568- 33- 98
諭新設永昌府知府嚴時泰敕 570-325-之2
兵備道勅諭—嘉靖十四年 1385-244- 10
遺詔 1402- 48- 9

● 明代宗明
遣官招撫河南流民敕 538-501- 75
前明禮部太監王誠傳奉聖旨錄周
　元公子孫一景泰六年 1101-464- 5
● 明成祖明

建北鎮廟敕 503-259-109
營建北京詔 506-180- 91
免河南等處租糧雜稅詔 538-499- 75
開設交阯衞門詔 594-241- 10
永樂四年十二月十四日敕 1465-457- 2
永樂四年十二月二十九日敕 1465-458- 2
永樂五年六月十一日敕 1465-458- 2
永樂六年正月初四日敕 1465-458- 2

● 明武宗明
諭致仕戶部尚書韓文敕 549- 68-183

● 明宣宗明
命河南撫按諸臣勘災敕 538-500- 75
宣德十四年四月敕 1465-458- 2
正統五年七月初一日敕 1465-459- 2
敕總兵等官撫安桂平等處地方 1465-459- 2

● 明孝宗明
諭都勻府勅 572-171- 33
勅諭土官鎮安府知府岑紀東蘭州
　知州知州韋祖鋐 1465-462- 2
獎勵姚鎮等官勅 1465-463- 2
諭討桂林修仁等處蠻 1465-460- 2
正統十二年十二月初四日敕 1465-461- 2

● 明英宗明
旌鄕寧縣義民王有祿敕 549- 68-183

● 明神宗明
存問大學士沈鯉文 538-504- 75
旌獎鄭世子載堉敕 538-505- 75
諭宣大山西總督鄭洛敕 549- 69-183

● 明憲宗明
賑恤河南等處詔 538-501- 75
旌義民張玉出粟賑饑敕 549- 68-183

● 周　坦宋
覆謚議 1135-767- 15

● 周　南宋
科舉詔 1169- 14- 2
告諭兩淮詔 1169- 14- 2
戒諭諸將詔 1169- 14- 2
成肅皇太后喪請御正殿批答不允
　詔 1169- 15- 2
（成肅皇太后喪請御正殿）第二
　批答不允詔 1169- 15- 2
太府卿樞密副都承旨制 1169- 16- 2

四川宣撫使制　　　　　　　　　　1169-18-2
江西轉運判官制　　　　　　　　　1169-19-2
書陳文正擬進紹興親征詔草後　　　1169-57-5
● 周文帝 北周
僧實爲昭玄三藏詔　　　　　　　1401-465-35
● 周必大 宋
紹興淳熙兩朝內禪詔跋　　　　　1147-125-14
改左右丞相御筆并御批詔草錄跋　　1147-129-14
御批辭免兵部侍郎不允奏跋　　　　1147-132-14
內批辭免侍講不允奏跋　　　　　　1147-132-14
御批辭免兼太子詹事降詔不允奏跋　　　　　　　　　　　　　　　　　1147-132-14
內批辭免經修太上日曆轉官不允奏跋　　　　　　　　　　　　　　　　1147-132-14
御批辭內翰不允并詔書跋　　　　　1147-132-14
御批巧祠不允奏并詔書跋　　　　　1147-132-14
內批辭幸秘書省轉官不允奏并詔書跋　　　　　　　　　　　　　　　　1147-133-14
內批辭免春官翰苑不允奏并詔書跋　　　　　　　　　　　　　　　　　1147-133-14
御批巧祠不允奏并詔書跋　　　　　1147-133-14
內批辭免經修乾道日曆轉官不允奏跋　　　　　　　　　　　　　　　　1147-133-14
內批辭免東宮講禮記徹章轉官奏跋　　　　　　　　　　　　　　　　　1147-133-14
內批辭免吏部尚書兼學士承旨兩奏跋　　　　　　　　　　　　　　　　1147-134-14
御批巧祠不允兩奏并詔書跋　　　　1147-134-14
御批辭免吏尚兼承旨等奏跋　　　　1147-134-14
御批巧祠不允兩奏跋　　　　　　　1147-134-14
淳熙癸卯生日御筆跋　　　　　　　1147-135-14
題蘇文定公批答二箋　　　　　　　1147-142-15
光堯御筆賜陳正彙白金三百兩跋　　1147-161-17
跋喻仲遷所藏蘇黃門翰林詔草答韓儀公辭免同知密院詔　　　　　　　1147-177-18
跋壽皇御批魏杞講和時奉使奏簡　　1147-201-19
高宗御批錢伯言奏跋　　　　　　　1147-203-19
高宗御批陳思恭奏簡跋　　　　　　1147-485-46
大元帥康王與向子諲咨目及御筆等跋　　　　　　　　　　　　　　　　1147-519-49
題嘉祐賀老人星見表批答　　　　　1147-525-49
太上皇帝慶壽赦文（首詞、尾詞）　1147-90-101
郊祀大禮赦文（首詞、尾詞）附青城奏簡　　　　　　　　　　　　　　1148-90-101
明堂大禮赦文（首詞、尾詞）　　　1148-91-101

皇太子某領臨安尹制　　　　　　　1148-98-102
舉賢良方正詔　　　　　　　　　　1148-125-104
改左右丞相詔　　　　　　　　　　1148-125-104
科舉詔　　　　　　　　　　　　　1148-126-104
幸學詔附（周必大）繳奏　　　　　1148-126-104
舉賢良方正詔　　　　　　　　　　1148-127-104
戒飭諸路轉運司手詔　　　　　　　1148-127-104
賜顯謨閣直學士左朝議大夫和潭州沈介乞守本官職致仕不允詔　　　　　1148-134-105
賜端門殿學士左中奉大夫知平江府汪應辰乞除一宮觀差遣不允詔　　　　　　　　　　　　　　　　　　　1148-134-105
賜敷文閣直學士降授左朝請大夫晁公武辭免知揚州恩命乞除在外宮觀不允詔　　　　　　　　　　　　1148-135-105
賜右朝議大夫曾懷辭免除龍圖學士知婺州恩命乞一宮觀差遣不允詔　　　　　　　　　　　　　　　　　1148-135-105
賜左中奉大夫行司農少卿韓彥直辭免特換觀察使知襄陽府恩命乞許以舊官任使不允詔　　　　　　　　1148-135-105
賜徽猷閣直學士左朝請郎知太平州周操辭免改差知泉州恩命乞改除一宮觀不允詔　　　　　　　　　　1148-135-105
賜徽猷閣直學士左朝奉大夫周操再辭免知泉州及奏事恩命乞改除一宮觀差遣不允詔　　　　　　　　1148-136-105
賜左正議大夫蔣芾再辭免新除觀文殿大學士知紹興府恩命不允不得再有陳詔　　　　　　　　　　　　1148-136-105
賜觀文殿大學士左光祿大夫知福州陳俊卿乞改除一在外宮觀差遣不允詔　　　　　　　　　　　　　　1148-136-105
賜徽猷閣直學士在左朝奉大夫新改差知泉州事周操乞除改宮觀差遣不允詔　　　　　　　　　　　　　1148-136-105
賜觀文殿學士左宣奉大夫提學臨安府洞霄魏杞辭免差知平江府恩命不允詔　　　　　　　　　　　　　1148-136-105
賜左朝散郎試中書舍人兼侍講兼直學士院鄭聞辭免新除禮部侍郎依舊兼直學士院恩命不允詔　　　　1148-137-105
賜敷文閣直學士右承議郎知明州兼沿海制置使趙伯圭乞除一在外宮觀差遣不允詔　　　　　　　　　　1148-137-105

史部

詔令奏議類：附錄

詔令上八畫

賜左朝請郎試尚書戶部侍郎江浙京湖淮廣福建等路都大發運使史正志乞守本官職致仕不允詔　1148-137-105

賜復威武軍節度使左金吾衞上將軍李顯忠辭免除主管侍衞馬軍司公事命不允詔　1148-137-105

賜左正議大夫守尚書右僕射虞允文辭免轉一官加食邑一千戶食實封四百戶恩命不允詔　1148-138-105

賜左承議郎權尚書工部侍郎兼侍講胡銓辭免除工部侍郎恩命不允詔　1148-138-105

賜尚書右僕射虞允文辭免提舉詳定一司勅令恩命不允詔　1148-138-105

賜參知政事梁克家辭免兼同提舉詳定一司勅令恩命不允詔　1148-139-105

賜皇子雄武軍節度使開府儀同三司慶王愷辭免加食邑食實封恩命不允詔　1148-139-105

賜觀文殿大學士左光祿大夫知福州陳俊卿乞改除一在外宮觀差遣不允不得更有陳請詔　1148-139-105

賜左中大夫參知政事梁克家辭免進封清源郡開國侯加食邑食實封恩命不允詔　1148-139-105

賜皇兄檢校少保岳陽軍節度使開府儀同三司充萬壽觀使永陽郡王居廣辭免加食邑食實封恩命不允詔　1148-140-105

賜太尉保信軍節度使充萬壽觀使鄭藻辭免加食邑食實封恩命不允詔　1148-140-105

賜左朝議大夫黃中辭免除顯謨閣學士在外宮觀恩命不允詔　1148-140-105

賜皇弟少保靜江軍節度使判大宗正事恩平郡王璩辭免加食邑食實封恩命不允詔　1148-140-105

賜昭慶軍節度使致仕劉懋辭免加食邑食實封不允詔　1148-140-105

賜皇弟璩再辭免加食邑食實封恩命不得再有陳請詔　1148-141-105

賜龍圖閣直學士右朝議大夫知婺州軍州事曾懷乞除一在外宮觀不允詔　1148-141-105

賜右中大夫充徽猷閣待制新除知荊南府姜詔辭免除敷文閣直學士恩命不允詔　1148-141-105

賜龍神衞四廂都指揮使廣州觀察使趙樽再辭免除昭化軍承宣使恩命不允不得更有陳請詔　1148-141-105

贈復慶遠軍節度使差充鎮江府駐箚御前諸軍都統制成閔辭免加食邑食實封恩命不允詔　1148-142-105

賜皇子鎮洮軍節度使開府儀同三司恭王某辭免立爲皇太子恩命不允詔　1148-142-105

賜成閔上表再辭免加食邑食實封恩命不允不得再有陳請詔　1148-142-105

賜龍神衞四廂都指揮使宜州觀察使主管侍衞步軍司公事王友直辭免陞侍衞親軍步軍都指揮使恩命不允詔　1148-142-105

賜皇子魏王愷再辭免依文彥博例宴餞於玉津園恩命不允詔　1148-142-105

賜左中大夫參知政事四川宣撫使王炎乞罷機政并解使權除一在外宮觀差遣不允詔　1148-143-105

賜利州觀察使韓彥直辭免除鄂州駐箚御前諸軍都統制恩命不允詔　1148-143-105

賜參知政事梁克家辭免兼權知樞密院事恩命不允詔　1148-143-105

賜皇太子辭免立妻李氏爲皇太子妃不允詔　1148-143-105

賜定國夫人李氏辭免立爲皇太子妃不允詔　1148-143-105

賜明州觀察使張說辭免除安慶軍節度使提舉萬壽觀加食邑食實封恩命不允詔　1148-144-105

賜觀文殿學士左宣奉大夫知平江府魏杞乞除一在外宮觀不允詔　1148-144-105

賜草土劉珙辭免起復除同知樞密院事恩命不允詔　1148-144-105

賜顯謨閣學士左中奉大夫知潭州沈介辭免召赴行在乞改除一宮觀差遣不允詔　1148-144-105

賜觀文殿大學士左正議大夫知紹興府蔣芾再上箚子乞除一在外宮觀差遣不允詔　1148-144-105

賜敷文閣直學士王十朋辭免除太

子詹事恩命乞依舊奉祀不允詔　1148-145-105
賜福州觀察使提舉佑神觀曾覿辭免特與轉行一官恩命不允詔　1148-145-105
賜左中大夫參知政事四川宣撫使王炎上表再辭免進封清源郡開國侯加食邑食實封恩命不允不得再有陳請詔　1148-145-105
賜左大中大夫給事中王曮辭免除翰林學士命乞除一在外宮觀差遣不允詔　1148-145-105
賜敷文閣直學士左朝議大夫知揚州晁公武辭知潭州不允詔　1148-146-105
賜敷文閣直學士左朝議大夫知揚州充淮南東路安撫使晁公武乞除外宮觀不允詔　1148-146-105
賜定武軍承宣使安定郡王令德辭免除知南外宗正事恩命不允詔　1148-146-105
賜皇子賜雄武保寧軍節度使開府儀同三司判寧國府魏王愷辭增供給錢等不允詔　1148-146-105
賜新除翰林學士左大中大夫王曮辭免除兼侍讀恩命不允詔　1148-146-105
賜徵猷閣直學士左朝奉大夫提學江州太平興國宮周操辭免除龍圖閣直學士恩命不允詔　1148-147-105
賜觀文殿大學士左光祿大夫知福州陳俊卿辭免加食邑食實封不允詔　1148-147-105
賜觀文殿大學士左光祿大夫知福州陳俊卿辭轉官不允詔　1148-147-105
賜侍衞親軍步軍都指揮使宜州觀察使王友直辭免除殿帥不允詔　1148-147-105
賜侍衞親軍步軍都指揮使武昌軍承宣使吳挺辭免除步帥不允詔　1148-148-105
賜李顯忠辭免特復太尉恩命不允詔　1148-148-105
賜左中大夫參知政事四川宣撫使王炎再乞在外宮觀差遣不允不得再有陳請詔　1148-148-105
賜端明殿學士左中大夫知太平州洪邁辭免知建康府恩命乞除一在外宮觀差遣不允詔　1148-148-105
賜鄭藻辭免除開府儀同三司加食邑食實封恩命不允詔　1148-149-105
賜草土劉琪三上箋子辭免起復恩命乞早賜抽還中使徐倬不允不得再有陳請詔　1148-150-106
賜觀文殿大學士左光祿大夫知福州陳俊卿再辭轉官不允詔　1148-151-106
賜草土劉琪允詔　1148-151-106
賜右朝散郎權尚書吏部侍郎王之奇辭免落權字不允詔　1148-151-106
賜侍衞親軍步軍都指揮使宜州觀察使主管殿前司公事王友直乞宮祠不允詔　1148-151-106
賜左朝散郎致仕巫及辭免復龍圖閣學士恩命不允詔　1148-151-106
賜觀文殿學士左通議大夫提舉臨安府洞霄宮汪徹乞守本官職致仕不允詔　1148-152-106
賜降授左中奉大夫劉章辭免除顯謨閣學士恩命不允詔　1148-152-106
賜太尉昭信軍節度使致仕曹勛辭免落致仕提舉皇城司恩命不允詔　1148-152-106
賜左中大夫參知政事四川宣撫使王炎辭免除樞密使應千恩數並依宰臣恩命不允詔　1148-152-106
賜起復左朝奉大夫充敷文閣待制樞密都承旨兼戶部侍郎葉衡辭新除戶部侍郎不允詔　1148-153-106
賜敷文閣直學士左朝散郎知成都府張震乞除在外宮觀差遣不允詔　1148-153-106
賜敷文閣直學士右中大夫知荊南府姜詵辭免昨任寧國府修圩垾轉一官恩命不允詔　1148-153-106
賜四川宣撫使王炎再辭免除樞密使不允不得再有陳請詔　1148-153-106
賜翰林學士左太中大夫知制誥兼侍讀王曮乞守本官致仕不允詔　1148-154-106
賜龍圖閣直學士左朝奉大夫提舉江州太平興國宮周操辭免召赴行在不允詔　1148-154-106
賜左中大夫參知政事四川宣撫使王炎乞撿會前後陳乞宮祠辭免新除樞密使不允不得再有陳請詔　1148-154-106
賜觀文殿大學士左正議大夫知紹興軍府事蔣芾乞撿會前奏除一

宮廟不允詔　1148-154-106
賜光州觀察使高郵軍駐箚御前武鋒軍都統制兼知楚州陳敏乙除一在外宮觀不允詔　1148-155-106
賜侍衞親軍步軍都指揮使宣州觀察使主管殿前司公事王友直乙除一在外宮觀差遣不允詔　1148-155-106
賜敷文閣直學士右太中大夫提舉江州太平興國宮方滋辭免知紹興府不允詔　1148-155-106
賜慶元文辭免特進左丞相兼樞密使進封華國公加食邑食實封恩命不允詔　1148-155-106
賜梁克家辭免左正奉大夫右丞相兼樞密使進封清源郡開國公加食邑食實封恩命不允詔附繳張說王之奇辭免西府奏貼黃　1148-156-106
賜通奉大夫葉衡辭免差知建寧府恩命乙改除一在外宮觀不允詔　1148-157-106
賜簽書樞密院事李彥穎辭免除參知政事恩命不允詔　1148-157-106
賜翰林學士王淮辭孫除端明殿學士簽書樞密院事恩命不允詔　1148-157-106
賜資政殿大學士中大夫沈復辭免知鎮江府恩命乙除一在外宮觀差遣不允詔　1148-158-106
賜禮部尚書趙雄辭免兼侍讀不允詔　1148-158-106
賜中大夫參知政事龔茂良辭免修製加上尊號寶册了畢轉兩官加恩命不允詔　1148-158-106
賜參知政事龔茂良上表再辭免禮儀使轉官恩命宣允詔　1148-158-106
賜參知政事李彥穎辭免書撰册文轉一官不允詔　1148-159-106
賜端明殿學士簽書樞密院事王淮辭免篆寶轉一官不允詔　1148-159-106
賜參知政事李彥穎上表再辭免撰册文轉一官恩命宣允詔　1148-159-106
賜端明殿學士簽書樞密院事王淮上表再辭免篆寶轉一官恩命宣允詔　1148-160-106
賜資政殿大學士中大夫知建康軍府事劉珙辭免起發本府教閱軍兵特轉一官許回授不允詔　1148-160-106
賜奉國軍節度使殿前副都指揮使王友直乙除一在外宮觀差遣不允詔　1148-160-106
賜龔茂良辭免差權提舉編修玉牒不允詔　1148-160-106
賜李彥穎辭免差權提舉國史院實錄編修朝會要不允詔　1148-161-106
賜降授朝散大夫權吏部尚書兼詳定一司勅令蔡洗辭免經修進吏部七司法轉一官恩命不允詔　1148-161-106
賜觀文殿大學士銀青光祿大夫知福州軍州事陳俊卿辭免起發禁軍士兵轉一官仍許回授不允詔　1148-161-106
賜安慶軍承宣使提舉德壽宮張去爲辭免該遇德壽宮慶典轉三官依條回授恩命不允詔　1148-162-106
賜少保岳陽軍節度使充萬壽觀使承陽郡王居廣辭免加食邑食實封不允詔　1148-162-106
賜新除少傅士暢辭免令所司擇日備禮册命宣允詔　1148-162-107
賜武康軍節度使捧日天武四廂都指揮使提舉隆興府玉隆萬壽宮吳拱辭免召赴行在不允詔　1148-162-107
賜皇子雄武保寧軍節度使開府儀同三司判明州軍州事兼沿海制置使魏王愷辭免加食邑食實封不允詔　1148-163-107
賜皇子魏王愷再上表辭免加食邑食實封恩命不允不得再有陳請詔　1148-163-107
賜龍圖閣學士承議郎提舉江州太平興國宮胡銓辭免檢學磨勘指揮恩命乙檢會前後果奏許休致不允詔　1148-163-107
賜趙伯圭上表再辭免除安德軍節度使提舉隆興府玉隆萬壽宮任便居住加食邑食實封恩命不允不得再有陳請詔　1148-163-107
賜端明殿學士朝奉大夫簽書樞密院事王淮辭免國史日曆所修進太上皇帝日曆修不經進特轉行一官依例加恩命不允詔　1148-164-107

賜朝奉郎試禮記尚書趙雄辭免經修太上皇帝日曆特轉行一官恩命不允詔　1148-164-107

賜資政殿大學士中大夫知鎭江軍府事沈復乞除一在外宮觀差遣不允詔附繳奏沈复辭免慶壽加恩不合降詔　1148-164-107

賜敷文閣直學士中奉大夫提舉江州太平興國宮張津辭免知建寧府恩命不允詔　1148-165-107

賜昭慶軍節度使知荊南軍府事充荊湖北路安撫使楊倓乞畀祠祿不允詔　1148-165-107

賜敷文閣直學士中奉大夫陳彌作辭免提舉江州太平興國宮恩命乞守本宮職致仕不允詔　1148-165-107

賜奉議郎試尚書吏部侍郎趙粹中乞除郡不允詔　1148-165-107

賜安慶軍承宣使提舉德壽宮張去爲辭免特轉一官聽回授不允詔　1148-165-107

賜觀文殿大學士銀青光祿大夫知福州陳俊卿乞檢會前奏除一在外宮觀差遣不允詔　1148-166-107

賜中大夫提舉江州太平興國宮姚憲辭免差知太平州恩命乞且令依舊宮觀不允詔　1148-166-107

賜隨龍延福宮使保信軍承宣使提舉佑神觀李綽辭免落階官除正任承宣使不允詔　1148-166-107

賜趙伯圭上表再辭免除開府儀同三司充萬壽觀使進封天水郡開國公加食邑食實封恩命不允不復再有陳請詔　1148-166-107

賜武康軍節度使捧日天武四廂都指揮使右金吾衞上將軍吳拱辭免除侍衞馬軍都指揮使恩命不允詔　1148-167-107

賜朝散大夫權吏部尚書韓元吉辭免除吏部尚書恩命不允詔　1148-167-107

賜中奉大夫蔡洗辭免除徽猷閣學士與郡恩命不允詔　1148-167-107

賜龍圖閣學士朝散大夫提舉江州太平興國宮胡銓陳乞致仕不允　1148-168-107

賜觀文殿大學士金紫光祿大夫知福州充福建路安撫使陳俊卿乞差在外宮觀一次不允詔　1148-168-107

賜中奉大夫提舉江州太平興國宮胡元質辭免知荊南及復敷文閣直學士恩命不允詔　1148-168-107

賜新復敷文閣直學士中奉大夫胡元質辭免除四川安撫制置使兼知成都府恩命不允詔　1148-168-107

賜通奉大夫參知政事龔茂良辭免進呈安奉玉牒特轉兩官依例加恩恩命不允詔　1148-168-107

賜通宜大夫參知政事李彥穎辭免進呈安奉徽宗皇帝實錄特轉兩官依例加恩恩命不允詔　1148-169-107

賜崇信軍節度使開府儀同三司提舉臨安府洞霄宮史浩辭免除少保觀文殿大學士充醴泉觀使侍讀進封永國公加食邑食實封恩命不允詔　1148-169-107

賜大中大夫提舉臨安府洞霄宮王炎再辭免復資政殿大學士恩命不允不得再有陳請詔　1148-169-107

賜皇子雄武保寧軍節度使開府儀同三司判明州軍州事兼管內勸農使兼沿海制置使魏王愷辭免除荊南集慶軍節度使行江陵尹加食邑食實封餘如故恩命不允詔　1148-170-107

賜資政殿大學士大中大夫知建康軍府充江南東路安撫使兼行宮留守劉珙辭免除觀文殿學士恩命不允詔　1148-170-107

賜通奉大夫參知政事龔茂良乞除一在外宮觀差遣不允詔　1148-170-107

賜通奉大夫龔茂良辭免除資政殿學士知鎭江府恩命不允詔　1148-170-107

賜通奉大夫龔茂良再辭免除資政殿學士知鎭江府乞許奉祠不允詔　1148-171-107

賜中大夫新除參知政事王淮辭免差權提舉國史院編修國朝會要所恩命不允詔　1148-171-107

賜觀文殿大學士金紫光祿大夫陳俊卿辭免除特進恩命乞依舊官

職奉祠不允詔 1148-171-107

賜朝議大夫權尚書禮部侍郎兼同脩國史兼侍講兼權工部侍郎李壽辭免禮部侍郎恩命不允詔 1148-172-107

賜龍圖閣學士朝散大夫胡銓辭免差提舉隆興府玉隆萬壽宮恩命仍乞休致不允詔 1148-172-107

賜觀文殿大學士金紫光祿大夫陳俊卿再辭免除特進恩命只乞依舊宮觀不允不得再有陳請詔 1148-173-108

賜徵敕閣直學士通奉大夫提舉江州太平興國宮徐嘉辭免特轉一官致仕恩命不允詔 1148-173-108

賜定江軍節度使侍衞親軍步軍都指揮使奥州駐劄御前諸軍都統制吳挺乞除一宮觀差遣不允詔 1148-174-108

賜朝請大夫權尚書刑部侍郎兼侍講兼權給事中程大昌辭免除刑部侍郎恩命不允詔 1148-174-108

賜朝議大夫權尚書吏部侍郎司馬仂辭免除吏部侍郎恩命不允詔 1148-174-108

賜敷文閣直學士朝請大夫提學隆興府五隆萬壽宮秦塤辭免差知饒州恩命不允詔 1148-174-108

賜敷文閣直學士朝請郎范成大辭免除權禮部尚書恩命不允詔 1148-175-108

賜龍圖閣學士中大夫提舉江州太平興國宮林安宅乞休致不允詔 1148-175-108

賜端明殿學士朝散郎簽書樞密院事趙雄辭免除同知樞密院事恩命不允詔 1148-175-108

賜觀文殿學士大中大夫知建康軍府事充江南東路安撫使兼行宮留守劉珙乞差在外宮觀不允詔 1148-175-108

賜通議大夫參知政事李彥穎乞解罷機政不允詔 1148-176-108

賜通議大夫參知政事李彥穎上表再乞解罷機政不允不得再有陳請詔 1148-176-108

賜新除端明殿學士知江陵府姚憲乞除一在外宮觀不允詔（二則） 1148-176-108

賜徵敕閣學士中表奉大夫知寧國軍府事蔡洗乞除一宮觀差遣不

允詔 1148-177-108

賜觀文殿學士大中大夫知建康軍府充江南東路安撫使兼行宮留守劉拱乞檢會前後奏章差在外宮觀一次不允詔 1148-177-108

賜敷文閣直學士朝請大夫秦塤辭免改除知舒州恩命不允詔 1148-177-108

賜朝議大夫試尚書吏部侍郎司馬仂乞一在外宮觀差遣不允詔 1148-177-108

賜中大夫新除知江陵軍府軍事姚憲再辭免除端明殿學士恩命不允詔 1148-178-108

賜奉國軍節度使殿前副都指揮使王友直乞除一宮觀差遣不允詔 1148-178-108

賜武泰軍節度使開封府儀同三司充萬壽觀使曾觀乞致仕不允詔 1148-178-108

賜少保觀文殿大學士充醴泉觀使侍讀永國公史浩乞休官不允詔 1148-178-108

賜奉國軍節度使殿前副都指揮使王友直辭免除殿前都指揮使恩命不允詔 1148-178-108

賜武泰軍節度使開府儀同三司充萬壽觀使曾觀再上表乞致仕不允不得再有陳請詔 1148-179-100

賜朝散大夫試尚書戶部侍郎韓彥古辭免除權戶部尚書不允詔 1148-179-108

賜少保觀文殿大學士充醴泉觀使侍讀永國公史浩上表再乞致仕不允不得再有陳請詔 1148-179-108

賜朝議大夫試吏部尚書韓元吉乞授一州郡不允詔 1148-179-108

賜敷文閣直學士中大夫知紹興軍府事充兩浙東路安撫使張津乞改差一在外宮觀差遣不允詔 1148-180-108

賜通議大夫參知政事李彥穎乞解罷機政除一在外宮觀不允詔 1148-180-108

賜通議大夫李彥穎辭免除資政殿學士知紹興府恩命不允詔 1148-180-108

賜李彥穎再辭免除資政殿學士知紹興府恩命不允不得再有陳請詔 1148-180-108

賜少保觀文殿大學士充醴泉觀使侍讀永國公史浩辭免特授右丞相進封魏國公加食邑食實封恩

命不允詔 1148-181-108

賜少保右丞相史浩辭免提舉編修玉牒提舉國史院提舉編修國朝會要所提舉勑令所恩命不允詔 1148-181-108

賜中大夫參知政事趙雄辭免同提舉勑令所恩命不允詔 1148-181-108

賜中大夫參知政事范成大辭免權免監修國史日曆所恩命不允詔 1148-181-108

賜少保右丞相史浩再辭免提舉編修玉牒提舉國史院恩命不允不得再有陳請詔 1148-182-108

賜昭慶軍節度使知太平州楊倓乞除一在外宮觀差遣不允詔 1148-182-108

賜特進觀文殿大學士提舉臨安府洞霄宮陳俊卿辭免判隆興府恩命不允詔 1148-182-108

賜奉國軍節度使殿前都指揮使王友直乞除一宮觀差遣不允詔 1148-182-108

賜奉國軍節度使殿前都指揮使王友直再乞換會前後奏除一宮觀差遣不允不得再有陳請詔 1148-183-108

賜龍圖閣學士提舉江州太平興國宮林安宅再乞致仕不允詔 1148-183-108

賜朝請大夫試尚書刑部侍郎兼侍講程大昌乞特除一小郡或在外宮觀差遣不允詔 1148-183-108

賜武康軍節度使侍衞馬軍都指揮使吳拱乞除一在外宮觀差遣不允詔 1148-183-108

賜朝請大夫試尚書刑部侍郎兼侍講程大昌辭免吏部侍郎恩命不允詔 1148-183-108

賜中大夫參知政事范成大乞解罷機政不允詔 1148-184-108

賜定江軍節度使侍衞親軍步軍都指揮使興州駐箚御前諸軍都統制吳挺辭免兼知興州恩命乞檢會果奏除一宮觀差遣不允詔 1148-184-108

賜朝奉大夫試給事中兼侍講錢良臣辭免除端明殿學士簽書樞密院事恩不允詔 1148-184-108

賜中大夫參知政事趙雄辭免權監修國史日曆恩命不允詔 1148-185-109

賜定江軍節度使侍衞親軍步軍都指揮使興州駐箚御前諸軍都統制吳挺辭免除利州西路安撫使兼知興州恩命不允詔 1148-185-109

賜朝請大夫試尚書吏部侍郎兼侍講程大昌辭免兼同修國史恩命不允詔 1148-185-109

賜朝散郎試有諫議大夫蕭燧辭免除刑部侍郎恩命不允詔 1148-185-109

賜觀文殿學士大中大夫知建康府充江南東路安撫使兼行宮留守劉拱乞檢會前奏除一在外宮觀不允詔 1148-186-109

賜隨龍永州防禦使添差權發遣兩浙西路馬步軍副總管臨安府駐箚李厚辭免特轉行一官再任恩命不允詔 1148-186-109

賜皇子荊南集慶軍節度使開府儀同三司行江陵尹判明州軍州事兼沿海制置使魏王愷辭免除永興成德軍節度使雍州牧加食邑食實封恩命不允詔 1148-186-109

賜皇子荊南集慶軍節度使開府儀同三司行江陵尹判明州軍州事兼沿海制置使魏王愷上表再辭免除永興成德軍節度使雍州牧加食邑食實封恩命不允不得再有陳請詔 1148-186-109

賜皇子荊南集慶軍節度使開府儀同三司行江陵尹判明州軍州事兼沿海制置使魏王愷再上表辭免除永興成德軍節度使雍州牧加食邑食實封恩命不允不得更有陳請詔 1148-187-109

賜龍圖閣學士朝散大夫提舉隆興府玉隆萬壽宮胡銓辭免除端明殿學士依舊宮觀恩命仍乞檢會前奏許休致不允詔 1148-187-109

賜皇太子永興成德軍節度使開府儀同三司雍州牧判明州軍州事兼沿海制置使魏王愷辭免擇日備禮宣允詔 1148-187-109

賜少保右丞相史浩乞歸田廬不允詔 1148-187-109

賜昭慶軍節度使知太平州軍州事楊倓乞除一在外宮觀差遣不允詔 1148-188-109

史部

詔令奏議類：附錄

詔令上八書

史部

詔令奏議類：附錄

詔令上八畫

賜少保右丞相史浩上表再乞解罷機政不允不得再有陳請詔　1148-188-109

賜寧武軍承宣使知閤門事兼客省四方館事張搉乞除一在外宮觀差遣不允詔　1148-188-109

賜宣奉大夫提舉臨安府洞霄宮魏杞辭免復端明殿學士恩命不允詔　1148-188-109

賜奉國軍節度使殿前都指揮使王友直乞除一宮觀差遣不允詔　1148-188-109

賜特進觀文殿大學士新判隆興軍府事兼管內觀農營田使充江南西路安撫使馬軍都總管陳俊卿辭免差知建康府恩命不允詔　1148-189-109

賜中奉大夫試吏部尚書韓元吉乞畀一州郡不允詔　1148-189-109

賜中奉大夫韓元吉辭免除龍圖閣學士恩命不允詔　1148-189-109

賜宣奉大夫提舉臨安府洞霄宮魏杞再辭免復端明殿學士恩命不允不得再有陳請詔　1148-189-109

賜敷文閣直學士中大夫陳彌作上表乞守本官職致仕不允詔　1148-190-109

賜昭慶軍節度使知太平州軍州事楊倓辭免知隆興府恩命乞檢會前奏除一在外宮觀差遣不允詔　1148-190-109

賜中大夫試刑部尚書張津乞除一在外宮觀或近地小郡差遣不允詔　1148-190-109

賜昭慶軍節度使知太平州軍州事楊倓上表再辭免知隆興府恩命不允不得再有陳請詔　1148-190-109

賜敷文閣直學士中大夫陳彌作辭免差遣知泉州恩命不允詔　1148-190-109

賜資政殿大學士中大夫知福州軍州事充福建路安撫使沈复乞除一在外宮觀差遣不允詔　1148-191-109

賜中大夫新任在外宮觀張津辭免除敷文閣學士恩命不允詔　1148-191-109

賜少保右丞相史浩參知政事趙雄辭免幸秘書省推恩特轉一官恩命特依所請詔　1148-191-109

賜中大夫參知政事趙雄再辭免玉牒所進書充禮儀使特轉一官依例加恩恩命不允不得再有陳請詔　1148-191-109

賜少保右丞相史浩辭免玉牒所進書轉兩官特許回授依例加恩恩命不允詔　1148-192-109

賜少保右丞相史浩上表再乞解罷機政不允詔　1148-192-109

賜端明殿學士朝奉大夫簽書樞密院事錢良臣辭免除參知政事恩命不允詔　1148-192-109

賜新除少傅史浩令所司擇日備禮册命辭免宜允詔　1148-192-109

賜右丞相趙雄辭免提舉國史院提舉國朝會要所恩命不允詔　1148-192-109

賜朝奉大夫參知政事錢良臣辭免監修國史日曆恩命不允詔附奏　1148-193-109

賜昭慶軍承宣使提舉佑神觀士歆辭免除保康軍節度使依前提舉佑神觀恩命不允詔　1148-193-109

賜新授中大夫參知政事錢良臣辭免同提舉勸令所恩命不允詔　1148-194-109

賜右丞相趙雄辭免提舉編修玉牒提舉勸令所恩命不允詔　1148-194-109

賜昭化軍承宣使錢愷辭免知閤事幹辨皇城司恩命不允詔　1148-194-109

賜降授中大夫新知泉州軍州事韓彥直辭免敷文閣學士恩命不允詔　1148-194-109

賜皇弟璩上表再辭免除少傅加食邑食實封恩命不允不得再有陳請（詔）　1148-194-109

賜朝議大夫試尚書吏部兼侍講兼同修國史兼權吏部尚書程大昌乞在外宮觀差遣或小郡不允詔　1148-195-109

賜降除朝請大夫參知政事錢良臣辭免纂修日曆特轉行兩官依例加恩恩命不允詔　1148-195-109

賜正議大夫右丞相趙雄辭免曾經預監修纂隆興以後日曆奏成篇帙特轉行一官依例加恩恩命不允詔　1148-195-109

賜太中大夫樞密使王淮辭免曾經預修纂隆興以後日曆奏成篇帙特轉行一官依例加恩恩命不允詔　1148-196-109

四庫全書文集篇目分類索引　　　　153

賜龍圖閣學士中大夫新除致仕林安宅辭免除端明殿學士乞守舊職名致仕不允詔　1148-196-109

賜朝議大夫新除權吏部尚書兼侍講兼同修國史程大昌辭免國史日曆所經脩不經進官特轉一官恩命不允詔　1148-196-109

賜朝奉郎權尚書工部侍郎兼知臨安府吳淵辭免除工部侍郎恩命不允詔　1148-196-109

賜龍圖閣學士中大夫林安宅再辭免除端明殿學士恩命不允不得再有陳請詔　1148-197-109

賜正奉大夫右丞相趙雄辭免勅令所修進一州一路酬賞格法了畢特轉一官依例加恩命不允詔　1148-197-109

賜中奉大夫參知政事錢良臣辭免勅令所修進一州一路酬賞格法了畢特轉一官依例加恩恩命不允詔　1148-197-109

賜朝議大夫試兵部侍郎兼詳定一司勅令賜紫金魚袋劉孝騫辭免勅令所脩進一州一路酬賞格法了畢特轉一官恩命不允詔　1148-197-109

賜龍圖閣直學士中大夫成都潼川府夔州利州路安撫制置使兼知成都府事胡元質乞除一在外宮觀差遣不允詔　1148-198-109

賜中大夫參知政事錢良臣辭免敍復三官於見今官上轉行恩命不允詔　1148-198-109

賜朝請郎試右諫議大夫謝廓然辭免除刑部尚書不允詔　1148-198-109

賜敷文閣學士太中大夫知泉州韓彥直乞特除一在外宮觀差遣不允詔　1148-198-109

賜特進觀文殿大學士判建康軍府事充江南東路安撫使兼行宮留守陳俊卿再上表乞致仕不允不得再有陳請詔　1148-199-109

賜少傅昭化軍節度使充醴泉觀使嗣王士暢辭免除少師加食邑食實封不允詔　1148-199-109

賜皇兄少保岳陽軍節度使充萬壽觀察使永陽郡王居廣辭免除少傅加食邑食實封不允詔　1148-199-109

賜新授少師昭化軍節度使充醴泉觀使嗣濮王士暢辭免令所司擇日備禮册命宜允詔　1148-199-109

賜新授少傅岳陽軍節度使充萬壽觀使永陽郡王居廣辭免令所司擇日備禮册命宜允詔　1148-199-109

賜武翼郎監潭州南嶽廟趙子棟辭免除宜州觀察使安定郡王恩命不允詔　1148-200-109

賜朝請郎權尚書禮部侍郎兼侍講齊慶胄辭免除禮部侍郎恩命不允詔　1148-200-109

賜左正大夫守尚書右僕射虞允文辭免脩進勅令書成轉一官加食邑一千戶食實封四百戶恩命不允批答　1148-201-109

賜皇子慶王愷上表再辭免加食邑食實封恩命不允批答　1148-202-110

賜皇子慶王愷再上表辭免加食邑食實封恩命不允仍斷來章批答　1148-202-110

賜皇兄居廣上表再辭免加食邑食實封不允仍斷來章批答　1148-202-110

賜鄭藻上表再辭免加食邑食實封不允仍斷來章批答　1148-202-110

賜奉國軍節度使同知大宗正事士朱上表再辭免加食邑食實封不允仍斷來章批答　1148-202-110

賜奉國軍節度使同知大宗正事士朱上表再辭免加食邑食實封不允仍斷來章批答　1148-202-110

賜昭慶軍節度使致仕劉懋再上表辭免加食邑食實封不允仍斷來章批答　1148-203-110

賜威武軍節度使主管侍衞馬軍司公事李顯忠再辭免加食邑食實封不允仍斷來章批答　1148-203-110

賜尚書右僕射虞允文上表再辭免轉左光祿大夫特封成國公加食邑食實封恩命不允批答　1148-203-110

賜參知政事梁克家上表再辭免轉一官恩命不允仍斷來章批答　1148-203-110

賜皇子慶王愷上表再辭免除雄武保寧軍節度使判寧國府進封魏王加食邑食實封恩命不允批答　1148-204-110

史部

詔令奏議類：附錄

詔令上八畫

賜皇子恭王某再上表辭免立爲皇太子恩命不允仍斷來章批答 1148-204-110

賜皇子慶王愷再上表辭免除雄武保寧軍節度使判寧國府建封魏王加食邑食實封恩命不允仍斷來章批答 1148-204-110

賜皇太子上表辭免領臨安尹恩命不允批答 1148-205-110

賜虞允文再上表辭免特進左丞相兼樞密使進封華國公加食邑食實封恩命不允批答 1148-205-110

賜梁克家再上表辭免除左正丞大夫右丞相兼樞密使進封清源郡開國公加食邑食實封恩命不允批答 1148-205-110

賜簽書樞密事李彥穎上表再辭免除參知政事恩命不允仍斷來章批答 1148-206-110

賜翰林學士王淮上表再辭免除簽書樞密院事恩命不允仍斷來章批答附乞改正批答紙樣奏 1148-206-110

賜皇叔祖嗣濮王士輗上表再辭免少傅恩命不允批答 1148-207-110

賜參知政事龔茂良上表再辭免進太上日曆特轉兩官依例加恩恩命不允仍斷來章批答 1148-207-110

賜參知政事李彥穎上表再辭免進書禮儀使特轉兩官依例加恩恩命不允仍斷來章批答 1148-207-110

賜武康軍節度使捧日天武四廂都指揮使提舉隆興府玉隆萬壽宮吳挺上表再辭免除右金吾衛上將軍恩命不允仍斷來章批答 1148-207-110

賜王淮上表再辭免除同知樞密院事恩命不允仍斷來章批答 1148-208-110

賜趙雄上表再辭免除端明殿學士簽書樞密院事恩命不允仍斷來章批答 1148-208-110

賜魏王愷第三表辭免荊南集慶軍節度使行江陵尹加食邑食實寬封恩不允仍斷來章批答 1148-208-110

賜端明殿學士朝散郎簽書樞密院事趙雄上表再辭免除同知樞密院事恩命不允仍斷來章批書 1148-209-110

賜奉國軍節度使殿前副都指揮使

王友直上表再辭免除殿前都指揮使恩命不允仍斷來章批答 1148-209-110

賜朝奉大夫試給事中兼侍講錢良臣上表再辭免除端明殿學士簽書樞密院事恩命不允仍斷來章批答 1148-209-110

賜史浩上表再辭免除少傅保寧軍節度使充醴泉觀使兼侍讀加食邑食實封恩命不允批答 1148-210-110

賜端明殿學士朝奉大夫簽書樞密院事錢良臣上表再辭免除參知政事恩命不允仍斷來章批答 1148-210-110

賜王淮再上表辭免除授樞密院使太中大夫加食邑食實封恩命不允仍斷來章批答 1148-210-110

賜趙雄再上表辭免授右丞相正議大夫加食邑食實封恩命不允仍斷來章批答 1148-210-110

賜武泰軍節度使開府儀同三司充萬壽觀使曾覿上表再辭免除少保寧武軍節度使加食邑食實封恩不允批答 1148-210-110

賜曾覿再上表辭免除少保寧武軍節度使充醴泉觀使加食邑食實封恩命不允仍斷來章批答 1148-211-110

賜正奉大夫右丞相趙雄再上表辭免勅令所修進一州一路酬賞格法了畢特轉一官依例加恩恩命不允仍斷來章批答 1148-211-110

賜通議大夫樞密院使王淮上表再辭免已進會要經修不經進提舉官特轉一官恩命不允批答 1148-212-110

獎諭鎭江府駐箚御前諸軍都統制成閔將本軍不曾銷落繳納批答整隱匿付身共九十八百六十件徼中三省樞密院乞行毁抹詔 1148-212-110

獎諭御前諸軍都統制利州路安撫使知興元府吳挺詔 1148-213-110

獎諭右通議大夫充敷文閣待制提舉江州太平興國宮張運就饒州以私家米穀助脤濟詔 1148-213-110

獎諭昭慶軍節度使知太平州楊倓詔 1148-213-110

賜皇兄檢校少保岳陽軍節度使開府儀同三司充萬壽觀使永陽郡

王居廣生日詔　1148-214-110
賜尚書右僕射虞允文生日詔　1148-214-110
賜參知政事梁克家生日詔　1148-214-110
賜皇子雄武保寧軍節度使開府儀同三司判寧國府魏王愷生日詔　1148-214-110
賜太尉保信軍節度使充萬壽觀使鄭藻生日詔　1148-214-110
賜皇叔祖檢校少保昭化軍節度使開府儀同三司嗣濮王士輗生日詔　1148-214-110
賜太尉昭信軍節度使提舉皇城司曹勛生日詔　1148-214-110
賜參知政事梁克家生日詔　1148-215-110
賜參知政事李彥穎生日詔　1148-215-110
賜皇子判魏王愷生日詔　1148-215-110
賜使相鄭藻生日詔　1148-215-110
賜簽書樞密院事王淮生日詔　1148-215-110
賜開府儀同三司充萬壽觀使魯觀生日詔　1148-215-110
賜參知政事龔茂良生日詔　1148-216-110
賜少保永陽郡王居廣生日詔　1148-216-110
賜參知政事李彥穎生日詔　1148-216-110
賜使相鄭藻生日詔　1148-216-110
賜同知樞密院事王淮生日詔　1148-216-110
賜簽樞趙雄生日詔　1148-216-110
賜皇叔祖少傅昭化軍節度使判大宗正事嗣濮王士輗生日詔　1148-216-110
賜皇兄少保岳陽軍節度使充萬壽觀使永陽郡王居廣生日詔　1148-216-110
賜皇太子生日詔　1148-217-110
賜少保觀文殿大學士充醴泉觀使侍讀永國公史浩生日詔　1148-217-110
賜參知政事李彥穎生日詔　1148-217-110
賜太尉威武軍節度使提舉萬壽觀李顯忠生日詔　1148-217-110
賜參知政事范成大生日詔　1148-217-110
賜樞密使王淮生日詔　1148-217-110
賜參知政事趙雄生日詔　1148-217-110
賜趙士輗生日詔　1148-217-110
賜魯觀生日詔　1148-218-110
賜皇太子生日詔　1148-218-110
賜少保右丞相史浩生日詔　1148-218-110
賜保信軍節度使開府儀同三司充萬壽觀使鄭藻生日詔　1148-218-110
賜樞密使王淮生日詔　1148-218-110

賜右丞相趙雄生日詔　1148-218-110
賜皇叔祖士輗生日詔　1148-218-110
賜參知政事錢良臣生日詔　1148-218-110
賜皇子判明州魏王愷金合膈藥勅書　1148-221-111
賜前宰相福建路安撫使陳俊卿銀合膈藥勅書銀合重一百兩　1148-221-111
賜前執政江南東路安撫使劉珙銀合膈藥勅書　1148-221-111
賜前執政荊湖北路安撫使銀合膈藥勅書　1148-221-111
賜前執政荊湖北路安撫使楊倓銀合膈藥勅書　1148-221-111
賜四川安撫制置使范成大銀合膈藥勅書　1148-221-111
賜侍衞馬軍都虞候王明并御前都軍都統制吳挺郭剛皇甫偲魯安仁郭鈞李川郭棣御前諸軍副都統馮湛韓寶張榮張宣于友明椿銀合膈藥勅書　1148-222-111
賜皇子判明州魏王愷金合夏藥勅書　1148-222-111
賜福建路安撫使陳俊卿（勅書）　1148-222-111
賜江東路安撫使劉珙（勅書）　1148-222-111
賜湖北安撫使楊倓知鎮江府沈复（勅書）　1148-222-111
賜權四川制置使范成大（勅書）　1148-222-111
賜侍衞馬軍都虞候王明并御前諸軍都統制郭棣郭剛魯安仁皇甫偲李川郭鈞副統制韓寶張榮劉沂明椿子友馮湛張宣（勅書）　1148-222-111
賜吳挺（勅書）　1148-222-111
賜皇子判明州魏王愷（勅書）　1148-223-111
賜前宰相福建路安撫使陳俊卿（勅書）　1148-223-111
賜前執政官知建康府江東安撫使劉珙知荊南府湖北安撫使王炎（勅書）　1148-223-111
賜敷文閣待制四川安撫制置使范成大（勅書）　1148-223-111
賜前執政知鎮江府沈复（勅書）　1148-223-111
賜吳拱（勅書）　1148-223-111
賜御前諸軍都統制吳挺郭剛李川皇甫偲郭棣郭鈞魯安仁御前諸軍副都統韓寶明椿張宣于友王式雄馮湛（勅書）　1148-223-111
賜皇子判明州魏王愷（勅書）　1148-223-111

史部　詔令奏議類：附錄　詔令上八書

史部 詔令奏議類：附錄 詔令上八畫

賜江南東路安撫使劉珙（勅書） 1148-224-111
賜荊湖北路安撫使姚憲（勅書） 1148-224-111
賜成都潼川府蘷州利州路安撫制置使胡元質（勅書） 1148-224-111
賜侍衞馬軍行司武康軍節度使侍衞馬軍都指揮使吳拱御前諸軍都統制吳挺郭剛郭棣郭鈞皇甫倜李川于友魯安仁御前諸軍副都統岳建壽李思齊王式雄韓寶（勅書） 1148-224-111
賜知太平州楊倓福建路安撫使沈复（勅書） 1148-224-111
賜武經大夫榮州刺史差充池州駐筤御前諸軍都統制明椿（勅書） 1148-224-111
賜皇子判明州魏王愷金合夏藥（勅書） 1148-224-111
賜成都潼川府蘷州路安撫制置使胡元質（勅書） 1148-224-111
賜知太平州楊倓（勅書） 1148-224-111
賜侍衞馬軍行司侍衞馬車都指揮使吳拱并御前諸軍都統制吳挺郭棣郭剛皇甫倜李川田世卿于友御前諸軍副都統制韓寶王世雄明椿岳建壽李思齊（勅書） 1148-225-111
示諭安德軍官吏軍民僧道着壽勅書 1148-225-111
示諭荊南官吏軍民僧道着壽勅書 1148-225-111
示諭保寧軍官吏軍民僧道着壽等勅書 1148-226-111
示諭寧武軍勅書 1148-226-111
賜皇子慶王恭王滿散會慶節道場乳香（口宣） 1148-226-111
賜三省官滿散會慶節道場乳香（口宣） 1148-226-111
賜樞密院官（口宣） 1148-226-111
賜殿前司（口宣） 1148-226-111
賜馬軍司（口宣） 1148-227-111
賜步軍司（口宣） 1148-227-111
賜皇太子（口宣） 1148-227-111
賜馬軍司（口宣二） 1148-227-111
賜步軍司（口宣二） 1148-227-111
賜皇太子（口宣二） 1148-227-111
賜三省官（口宣） 1148-227-111
賜樞密院官（口宣） 1148-227-111
賜殿前司（口宣） 1148-227-111
賜馬軍司（口宣三） 1148-227-111
賜步軍司（口宣一） 1148-228-111
賜皇太子（口宣一） 1148-228-111
賜三省官（口宣一） 1148-228-111
賜樞密院官（口宣） 1148-228-111
賜殿前司（口宣） 1148-228-111
賜馬軍司（口宣） 1148-228-111
賜步軍司（口宣二） 1148-228-111
賜皇太子（口宣二） 1148-228-111
賜三省官（口宣二） 1148-228-111
賜樞密院（口宣） 1148-228-111
賜殿前司（口宣） 1148-229-111
賜馬軍司滿散（口宣） 1148-229-111
賜步軍司（口宣） 1148-229-111
賜三省官赴齊筵酒果（口宣） 1148-229-111
賜樞密院官赴齋筵酒果（口宣） 1148-229-111
撫問端明殿學士新知信州洪遵到闕并賜銀合茶藥（口宣） 1148-230-112
撫問新知紹興府蔣芾到闕并賜銀合茶藥（口宣） 1148-230-112
撫問新知平江府魏杞到闕并賜銀合茶藥（口宣） 1148-230-112
撫問賀金國生辰使副趙雄等到闕賜銀合茶藥（口宣） 1148-230-112
撫問皇子魏王愷到闕并賜金合茶藥（口宣） 1148-230-122
撫問端明殿學士新知建康洪遵到闕賜銀合茶藥（口宣） 1148-230-112
撫問賀金國正旦使副莫濛孫顯祖到闕并賜銀合茶藥（口宣） 1148-230-112
撫問賜吳挺到闕銀合茶藥（口宣） 1148-231-112
撫問賀金國正旦使副謝廓然等到闕并賜銀合茶藥（口宣） 1148-231-112
撫問賀金國生辰使副張宗元等到闕并賜銀合茶藥（口宣） 1148-231-112
撫問賀金國正旦使副錢良臣等到闕并賜銀合茶藥（口宣） 1148-231-112
撫問吳挺到闕并賜銀合茶藥（口宣） 1148-231-112
撫問恩平郡王璩到闕并賜銀合茶藥（口宣） 1148-231-112
撫問新知明州范成大到闕并賜銀合茶藥（口宣） 1148-231-112
賜右僕射虞允文辭免勅局進書轉官加恩不允批答 1148-235-112

四庫全書文集篇目分類索引

賜皇子慶王愷辭免郊禮加恩不允批答　1148-235-112
賜（趙愷）再上表辭免不允仍斷來章批答　1148-235-112
賜皇兄居廣再辭免郊禮加恩不允仍斷來章批答　1148-235-112
賜鄭藻再辭免郊祀加恩不允仍斷來章批答　1148-235-112
賜士銖再辭免郊禮加恩不允仍斷來章批答　1148-235-112
賜李顯忠再辭免郊禮加恩不允仍斷來章批答　1148-235-112
賜劉懋（再辭免不允批答）　1148-236-112
賜虞允文辭免慶壽加尊號轉官進封不允批答　1148-236-112
賜梁克家（辭免加尊號轉官進封不允批答）　1148-236-112
賜皇子慶王愷辭免進封魏王不允批答　1148-236-112
賜皇太子辭免立儲不允仍斷來章批答　1148-236-112
賜皇子慶王愷再辭免進封魏王不允（批答）　1148-236-112
賜皇太子辭免領臨安尹不允批答　1148-236-112
賜虞允文再辭免除左丞相不允批答　1148-236-112
賜龔茂良再辭免進書轉官不允仍斷來章批答　1148-237-112
賜李彥穎（再辭免不允批答）　1148-237-112
賜吳拱再辭免除右金吾衞上將軍不允仍斷來章批答　1148-237-112
賜王淮再辭免除同知樞密院事不允仍斷來章批答　1148-237-112
賜趙雄再辭免除端明殿學士簽書樞密院事不允仍斷來章批答八月六日　1148-237-112
賜皇子魏王愷辭免除荊南集慶軍節度使行江陵尹不允仍斷來章批答　1148-238-112
賜趙雄再辭免除同知樞密院事不允仍斷來章批答　1148-238-112
賜王友直再辭免殿前都指揮使不允仍斷來章批答　1148-238-112
賜錢良臣再辭免除端明殿學士簽書樞密院事不允仍斷來章批答　1148-238-112

賜史浩再辭免除少傅不允批答　1148-238-112
賜錢良臣再辭免除參知政事不允仍斷來章批答　1148-238-112
賜王淮再辭免除樞密使不允仍斷來章批答　1148-238-112
賜趙雄再辭免除右丞相不允仍斷來章批答　1148-239-112
賜曾覿除少保辭免不允批答　1148-239-112
賜（曾覿）再辭（不允批答）　1148-239-112
賜趙雄辭免勅令所進書轉官不允仍斷來章批答　1148-239-112
賜王淮再辭免進會典轉官不允批答　1148-239-112
宣召翰林學士王曦入院供職　1148-239-112
尚書省賜宰執以下喜雪御筵口宣（四則）　1148-239-112
貢院賜進士聞喜宴口宣　1148-240-112
赴闕盱貽軍傳宣撫問賜御筵（口宣）　1148-241-113
鎮江府賜銀合茶藥（口宣）　1148-241-113
鎮江府賜御筵（口宣）　1148-241-113
平江府賜御筵（口宣）　1148-241-113
赤岸賜酒果（口宣）　1148-242-113
赤岸御筵（口宣）　1148-242-113
賜使副春幡勝（口宣）　1148-242-113
賜三節人從春幡勝（口宣）　1148-242-113
賜接伴使副春幡勝（口宣）　1148-242-113
到闕賜生餼（口宣）　1148-242-113
到闕賜被沙羅等（口宣）　1148-242-113
歲除賜內中酒果（口宣）　1148-242-113
五月一日入賀畢歸驛賜御筵（口宣）　1148-242-113
入賀畢歸驛賜酒果（口宣）　1148-242-113
正月四日賜內中酒果（口宣）　1148-242-113
正月四日玉津園射弓賜弓箭例物（口宣）　1148-242-113
玉津園射弓賜御筵（口宣）　1148-242-113
玉津園射弓賜酒果（口宣）　1148-243-113
正月六日朝辭歸驛酒果（口宣）　1148-243-113
朝辭歸驛賜御筵（口宣）　1148-243-113
密賜使副大銀器（口宣）　1148-243-113
回程賜龍鳳茶并金鍍銀合(口宣)　1148-243-113
回程赤岸賜御筵（口宣）　1148-243-113
回程赤岸賜酒果（口宣）　1148-243-113
回程平江府賜御筵（口宣）　1148-243-113

回程鎭江府賜御筵（口宣） 1148-244-113
回程盱眙軍賜御筵（口宣） 1148-244-113
正月三日賜內中酒果（口宣） 1148-244-113
正月四日玉津園射弓賜弓箭例物 1148-244-113
玉津園射弓賜御筵（口宣） 1148-244-113
玉津園射弓賜酒果（口宣） 1148-244-113
正月六日朝辭詣歸賜御筵(口宣） 1148-244-113
朝辭詣歸驛賜酒果（口宣） 1148-244-113
密賜使副大銀器（口宣） 1148-244-113
回程賜龍鳳茶并金鍍銀合(口宣） 1148-244-113
回程赤岸賜酒果（口宣） 1148-245-113
回程赤岸賜御筵（口宣） 1148-245-113
回程平江府賜御筵（口宣） 1148-245-113
回程鎭江府賜御筵（口宣） 1148-245-113
回程盱眙軍賜御筵（口宣） 1148-245-113
赴闘盱眙軍傳宣撫問賜御筵（口宣） 1148-245-113
賜使副春幡勝（口宣） 1148-245-113
賜三節人從春幡勝（口宣） 1148-245-113
赴闘鎭江府賜銀合茶（口宣） 1148-245-113
鎭江府賜御筵（口宣） 1148-245-113
平江府賜御筵（口宣） 1148-246-113
赤岸賜御筵（口宣） 1148-246-113
赤岸賜酒果（口宣） 1148-246-113
十二月二十八日賜生餼（口宣） 1148-246-113
歲除賜內中酒果（口宣） 1148-246-113
正月一日入賀畢歸驛賜御筵 1148-246-113
入賀畢歸驛賜酒果（口宣） 1148-246-113
正月三日賜內中酒果（口宣） 1148-246-113
玉津園射弓賜弓箭例物（口宣） 1148-246-113
玉津園射弓賜御筵（口宣） 1148-246-113
玉津園射弓賜酒果（口宣） 1148-246-113
赴闘平江府賜御筵（口宣） 1148-247-113
十二月二十四日赤岸賜御筵（口宣） 1148-247-113
赤岸賜酒果（口宣） 1148-247-113
十二月二十五日到闘就期賜衾褥鈔羅（口宣） 1148-247-113
十二月二十八日賜使副春幡勝（口宣） 1148-247-113
賜三節人從春幡勝（口宣） 1148-247-113
賜生餼（口宣） 1148-247-113
歲除賜內中酒果（口宣） 1148-247-113
正月一日入賀畢歸賜酒果(口宣） 1148-247-113
入賀畢歸驛御筵（口宣） 1148-248-113
正月三日賜內中酒果（口宣） 1148-248-113
正月四日玉津園射弓賜御筵（口宣） 1148-248-113
玉津園射弓賜酒果（口宣） 1148-248-113
赴闘盱眙軍傳宣問賜御筵(口宣） 1148-248-113
赴闘鎭江府賜御筵（口宣） 1148-248-113
鎭江府賜銀合茶藥（口宣） 1148-248-113
平江府賜御筵（口宣） 1148-248-113
赤岸賜酒果（口宣） 1148-248-113
赤岸賜御筵（口宣） 1148-248-113
到闘賜被褥沙羅（口宣） 1148-248-113
十二月二十八日賜生餼（口宣） 1148-249-113
歲除賜內中酒果（口宣） 1148-249-113
正月一日入賀畢歸驛賜御筵（口宣） 1148-249-113
入賀畢歸賜酒果（口宣） 1148-249-113
正月三日賜內中酒果（口宣） 1148-249-113
玉津園射弓賜弓箭例物（口宣） 1148-249-113
玉津園射弓賜酒果（口宣） 1148-249-113
玉津園射弓賜御筵（口宣） 1148-249-113
正月六日朝辭詣歸驛賜酒果（口宣） 1148-249-113
朝辭詣歸驛賜御筵（口宣） 1148-249-113
密賜使副大銀器（口宣） 1148-250-113
回程賜龍鳳茶并金鍍銀合(口宣） 1148-250-113
初九日赤岸御筵賜館伴使副春幡勝（口宣） 1148-250-113
賜金國使副春幡勝（口宣） 1148-250-113
賜三節人從春幡勝（口宣） 1148-250-113
回程赤岸賜酒果（口宣） 1148-250-113
回程赤岸賜御筵（口宣） 1148-250-113
回程平江府賜御筵（口宣） 1148-250-113
回程鎭江府賜御筵（口宣） 1148-250-113
回程盱眙軍賜御筵（口宣） 1148-250-113
正月六日朝辭詣歸驛賜酒果（口宣） 1148-251-113
朝辭詣歸驛賜御筵（口宣） 1148-251-113
回程赤岸賜御筵（口宣） 1148-251-113
回程鎭江府賜御筵（口宣） 1148-251-113
玉津園射弓賜弓箭例物（口宣） 1148-251-113
十二月二十三日玉津園射弓賜酒果（口宣） 1148-251-113
玉津園射弓賜御筵（口宣） 1148-251-113
密賜使副大銀器（口宣） 1148-251-113
回程賜龍鳳茶并金鍍銀合(口宣） 1148-251-113

朝辭訖歸驛賜御筵（口宣） 1148-251-113
又賜歸驛酒果（口宣） 1148-252-113
回程賜使副冬至節絹（口宣） 1148-252-113
回程賜三節人從冬至節絹（口宣） 1148-252-113
回程赤岸賜酒果（口宣） 1148-252-113
回程赤岸賜御筵（口宣） 1148-252-113
回程平江府賜御筵（口宣） 1148-252-113
回程鎭江府賜御筵（口宣） 1148-252-113
回程盱胎軍賜御筵（口宣） 1148-252-113
赴闕盱胎軍傳宣撫問賜御筵（口宣） 1148-252-113
赴闕鎭江府賜銀合茶藥（口宣） 1148-252-113
鎭江府賜御筵（口宣） 1148-253-113
平江府賜御筵（口宣） 1148-253-113
赤岸賜酒果（口宣） 1148-253-113
赤岸賜御筵（口宣） 1148-253-113
到闕賜被褥鈔羅（口宣） 1148-253-113
到闕賜內中酒果（口宣） 1148-253-113
十月二十二日上壽畢歸驛賜御筵（口宣） 1148-253-113
上壽畢歸驛賜酒果（口宣） 1148-253-113
十月二十三日賜內中酒果（口宣） 1148-253-113
玉津園射弓賜弓箭例物（口宣） 1148-253-113
玉津園射弓賜御筵（口宣） 1148-253-113
玉津園射弓賜酒果（口宣） 1148-254-113
到闕賜被褥鈔羅（口宣） 1148-254-113
到闕賜生餼（口宣） 1148-254-113
二十一日賜內中酒果（口宣） 1148-254-113
十月二十二日上壽畢歸驛賜御筵（口宣） 1148-254-113
上壽畢歸驛賜酒果（口宣） 1148-254-113
二十三日賜內中酒果（口宣） 1148-254-113
玉津園射弓賜弓箭例物（口宣） 1148-254-113
玉津園射弓賜酒果（口宣） 1148-254-113
玉津園射弓賜御筵（口宣） 1148-254-113
二十七日賜內中酒果（口宣） 1148-255-113
密賜使副大銀器（口宣） 1148-255-113
朝辭訖歸賜酒果（口宣） 1148-255-113
朝辭訖歸驛賜內御筵（口宣） 1148-255-113
回程賜使副冬至節絹（口宣） 1148-255-113
回程賜三節人從冬至節絹（口宣） 1148-255-113
回程赤岸賜御筵（口宣） 1148-255-113
回程赤岸賜酒果（口宣） 1148-255-113
回程平江府賜御筵（口宣） 1148-255-113
回程鎭江府賜御筵（口宣） 1148-255-113
回程盱胎軍賜御筵（口宣） 1148-255-113
玉津園射弓賜弓箭例物（口宣） 1148-256-113
玉津園射弓賜御筵（口宣） 1148-256-113
玉津園射弓賜酒果（口宣） 1148-256-113
朝辭訖歸驛賜御筵（口宣） 1148-256-113
朝辭訖歸驛賜酒果（口宣） 1148-256-113
回程賜龍鳳茶并金鍍銀合（口宣） 1148-256-113
回程賜使副冬至節絹（口宣） 1148-256-113
賜三節人從冬至節絹（口宣） 1148-256-113
回程赤岸賜酒果（口宣） 1148-256-113
回程赤岸賜御筵（口宣） 1148-256-113
回程平江府賜御筵（口宣） 1148-257-113
回程鎭江府賜御筵（口宣） 1148-257-113
回程盱胎軍賜御筵（口宣） 1148-257-113
赴闕盱胎軍賜傳宣撫問御筵（口宣） 1148-257-113
赴闕鎭江府賜茶藥（口宣） 1148-257-113
鎭江府賜御筵（口宣） 1148-257-113
平江府賜御筵（口宣） 1148-257-113
十月十八日赤岸賜御筵（口宣） 1148-257-113
赤岸賜果（口宣） 1148-257-113
十月十九日到闕賜被褥鈔羅（口宣） 1148-257-113
十月二十一日賜內中酒果（口宣） 1148-258-113
十月二十二日上壽畢歸驛賜御筵（口宣） 1148-258-113
上壽畢驛賜酒果（口宣） 1148-258-113
十月二十三日賜內中酒果（口宣） 1148-258-113
玉津園射弓賜弓箭例物（口宣） 1148-258-113
玉津園射弓賜箭酒果（口宣） 1148-258-113
玉津園射弓賜御筵（口宣） 1148-258-113
十月二十六日到闕賜生餼（口宣） 1148-258-113
十月二十七日賜內中酒果（口宣） 1148-258-113
密賜使副大銀器（口宣） 1148-258-113
十月二十八日朝辭訖歸驛賜酒果（口宣） 1148-258-113
朝辭訖歸驛賜筵（口宣） 1148-258-113
十月二十九日回程賜龍鳳茶并金鍍銀合（口宣） 1148-259-113
回程赤岸賜御筵（口宣） 1148-259-113
十一月一日回程赤岸賜酒果（口宣） 1148-259-113
回程平江府賜御筵（口宣） 1148-259-113
回程鎭江府賜御筵（口宣） 1148-259-113
回程盱胎軍賜御筵（口宣） 1148-259-113

史部

詔令奏議類：附錄

詔令上八畫

赴闕盱眙軍傳宣撫問賜御筵（口宣） 1148-259-113

赴闕鎭江府賜茶藥（口宣） 1148-259-113

鎭江府賜御筵（口宣） 1148-260-113

平江府賜御筵（口宣） 1148-260-113

赤岸賜酒果（口宣） 1148-260-113

赤岸賜御筵（口宣） 1148-260-113

十月十八日到闕賜內中酒果（口宣） 1148-260-113

十月二十一日上壽畢歸驛賜酒果（口宣） 1148-260-113

上壽畢歸驛賜御筵（口宣） 1148-260-113

十月二十三日賜內中酒果（口宣） 1148-260-113

玉津園射弓賜弓箭例物（口宣） 1148-260-113

密賜使副大銀器（口宣） 1148-260-113

回程賜龍鳳茶幷金鍍銀合（口宣） 1148-260-113

回程平江府賜御筵（口宣） 1148-260-113

回程鎭江府賜御筵（口宣） 1148-260-113

回程盱眙軍賜御筵（口宣） 1148-261-113

赴闕鎭江府賜茶藥（口宣） 1148-261-113

鎭江府賜御筵（口宣） 1148-261-113

平江府賜御筵（口宣） 1148-261-113

赤岸賜御筵（口宣） 1148-261-113

賜被褥鈒鑞（口宣） 1148-261-113

十二月二十二日上壽畢歸驛賜酒果（口宣） 1148-261-113

賜內中酒果（口宣） 1148-261-113

玉津園射弓賜御筵（口宣） 1148-262-113

朝辭詣歸驛賜御筵（口宣） 1148-262-113

密賜使副大銀器（口宣） 1148-262-113

回程賜龍鳳茶幷金鍍銀合（口宣） 1148-262-113

回程赤岸賜御筵（口宣） 1148-262-113

回程平江府賜御筵（口宣） 1148-262-113

郊祀大禮御札 1148-285-116

郊祀大禮畢端誠殿受賀內侍答管軍詞 1148-292-116

閤門宣答樞密詞 1148-292-116

樞密宣答宰臣詞 1148-292-116

麗正門肆赦閤門宣答宰臣詞 1148-292-116

皇太子受册畢班首文武百僚稱賀皇帝詞附侍中承旨宣答 1148-293-116

郊祀大禮畢端誠殿稱賀樞密宣答皇太子以下詞 1148-294-116

閤門宣答樞密已下詞 1148-294-116

內侍宣答管軍詞 1148-295-116

郊祀大禮畢登門肆赦稱賀宣答皇太子以下詞 1148-295-116

進呈仁宗皇帝玉牒徽宗皇帝實錄今上皇帝玉牒畢宣答提舉官已下詞 1148-295-116

勸農桑手詔 1148-339-121

太上皇帝服藥擬赦書附奏箚 1148-341-121

禪位詔 1148-344-121

（皇帝初即位擬求言指揮）前宰執 1148-344-121

（皇帝初即位擬求言指揮）在外侍從 1148-344-121

監司各具州縣弊事等御筆 1148-642-150

蜀中遺火御筆 1148-642-150

宣諭王信書行甘昜職事御筆 1148-645-150

二十三日批李王獻緘章 1148-645-150

展日詣宮燒告御筆 1148-646-150

密審守臣御筆 1148-649-150

過宮燒香皇太子參決等御筆 1148-649-150

皇太子議事御筆 1148-650-150

正旦北使朝見御筆 1148-650-150

屯田御筆 1148-651-150

便殿引對衣服御筆 1148-651-151

禁小報御筆 1148-651-151

衣制用衣御筆 1148-651-151

宣諭陳居仁御筆 1148-652-151

御批陳居仁繳耿延年別與監司指揮 1148-652-151

楊萬里宜去御筆 1148-652-151

賜奉國軍節度使月知大宗正事士鉎上表再辭免加食邑食實封不允仍斷來章批答 1418-626- 57

賜威武軍節度使主管侍衞馬軍司公事李顯忠辭免加食邑食實封不允仍斷來章批答 1418-626- 57

賜尚書右僕射虞允文上表再辭免轉左光祿大夫特封成國公加食邑食實封恩不允批答 1418-626- 57

賜參知政事龔茂良上表再辭免進太上日曆特轉兩官依例加恩恩命不允仍斷來章批答 1418-627- 57

賜顯謨直學士左朝議大夫知潭州沈介乞守本職致仕不允詔 1418-627- 57

賜觀文殿大學士左光祿大夫知福知陳俊卿乞改除一在外宮觀遣

四庫全書文集篇目分類索引

差不允詔	1418-627- 57
科學詔	1418-628- 57
幸學詔	1418-628- 57
賜利州觀察使韓彥直辭免除鄂州駐箚御前諸軍統制恩命不允詔	1418-628- 57
賜觀文殿大學士左正議大夫知紹興府事蔣芾乞檢會前奏除一宮祠不允詔	1418-629- 57
賜虞允文辭免特進左丞相兼樞密使進封華國公加食邑食實封恩命不允詔	1418-629- 57
賜草土劉珙允詔	1418-629- 57
賜觀文殿學大中大夫知建康軍府克江南東路安撫使兼行宮留守劉珙乞差在外宮觀不允詔	1418-630- 57
賜少保觀文殿大學士克醴泉觀使侍讀永國公史浩乞休官不允詔	1418-630- 57
賜奉國軍節度使殿前都指揮使王友直乞除一宮觀遣差不允詔	1418-630- 57
賜朝散郎權尚書禮部侍郎兼侍講齊慶曹辭免除禮部侍郎恩命不允詔	1418-630- 57
賜徵猷閣直學士左朝奉大夫周操再辭免知全州及奏事恩命乞改除一宮觀差遣不允詔	1465-455- 2
●周世宗 後周	
伐江南詔	1418-157- 41
●周定王 周	
使王孫滿對楚子	1355- 9- 1
辭覃朔獻齊捷	1355- 9- 1
●周武帝 北周	
勞同州刺史達奚武璽書	556-111- 85
改元保定詔	1400- 68- 1
頒六官詔	1400- 68- 1
元旱原降罪囚詔	1400- 68- 1
文武租賦詔	1400- 69- 1
減省御供詔	1400- 69- 1
政事依月令詔	1400- 69- 1
奴婢贖爲庶人詔	1400- 69- 1
甲子乙卯日停樂詔	1400- 69- 1
舉孝行詔	1400- 70- 1
省徵發詔	1400- 70- 1
大旱詔	1400- 70- 1
答太子詔	1400- 70- 1
婚嫁禮制詔	1400- 70- 1
頒授老職詔	1400- 70- 1
建德三年大赦詔	1400- 70- 1
文宣皇后喪詔	1400- 71- 1
勸農詔	1400- 71- 1
伐齊詔	1400- 71- 1
遣使周省四方詔	1400- 71- 1
又伐齊詔（二則）	1400- 71- 1
平并州大赦詔	1400- 72- 1
平鄴追恤戰亡士後詔	1400- 73- 1
追鄴斛律明月等詔	1400- 73- 1
毀撤齊國園臺詔	1400- 73- 1
平齊寬郵詔	1400- 73- 1
遣使巡方詔	1400- 73- 1
毀撤京師宮殿詔	1400- 74- 1
毀撤并鄴宮殿詔	1400- 74- 1
禁娶母同姓詔	1400- 74- 1
除配雜科詔	1400- 74- 1
減省六宮詔	1400- 74- 1
加晉公護殊禮詔	1400- 75- 1
命晉公護東征詔	1400- 75- 1
賜晉公護樂舞詔	1400- 75- 1
詠晉公護詔	1400- 75- 1
報于謹詔	1400- 76- 1
勞達奚武璽書	1400- 76- 1
幸李賢第詔	1400- 77- 1
詔答沈重	1400- 78- 1
勅姚僧坦	1400- 78- 1
遺詔	1400- 78- 1
敕廢立義命章	1401-466- 35
徵發詔	1402- 40- 6
停徵發詔	1417-574- 28
毀露寢諸殿詔	1417-574- 28
報于謹詔	1417-574- 28
●周明帝 北周	
放還遠配詔	1400- 65- 1
放免元氏家口詔	1400- 65- 1
放免被掠詔	1400- 65- 1
改稱京北詔	1400- 65- 1
三足烏見大赦詔	1400- 65- 1
造周歷詔	1400- 66- 1
推究赦前事詔	1400- 66- 1
霖雨求言詔	1400- 66- 1
量賜夏州死事詔	1400- 66- 1
還長孫儉第詔	1400- 67- 1
大漸詔	1400- 67- 1

四庫全書文集篇目分類索引

修起寺詔　1401-465- 35

● 周宣帝 北周

修復洛都詔　1400- 82- 2
傳位太子闡詔　1400- 82- 2
洛州遷戶聽還詔　1400- 82- 2
災異修省詔　1400- 82- 2
除刑書要制詔　1400- 83- 2
追封孔子後置廟詔　1400- 83- 2
天旱原罪詔　1400- 83- 2
沙門安置行道詔（二則）　1401-466- 35
陟岵寺行道詔　1401-467- 35

● 周景王 周

使詹桓伯責晉　1355- 10- 1
追命衞襄公　1396- 42- 3
使詹桓伯辭於晉　1396-167- 13

● 周敬王 周

告晉請城成周　1355- 10- 1
使富辛與石張如晉請城成周　1396-168- 13

● 周靜帝 北周

誅尉遲迥大赦詔　1400- 84- 2
賜姓復舊詔　1400- 84- 2
致元大定詔　1400- 84- 2
舉才詔　1400- 84- 2

● 周襄王 周

不許晉文公請隧　1355- 8- 1
止晉殺衞侯　1355- 9- 1
策命晉文公　1396- 42- 3
王子虎盟諸侯　1396- 42- 3
辭晉文公請隧　1396-166- 13

● 周麟之 宋

立皇子詔　1142- 76- 11
皇太后慶壽詔　1142- 76- 11
賢良詔　1142- 77- 11
郊祀赦文（詔）　1142- 77- 11
御札（詔）　1142- 77- 11
賜崇慶軍官吏軍民僧道者壽等勅書　1142- 78- 11
賜南平王李天祚歷日勅書　1142- 78- 11
賜安慶軍官吏軍民僧道者壽策勅書　1142- 78- 11
賜南平王李天祚加恩制詔　1142- 78- 11

● 周靈王 周

賜齊侯命　1396- 42- 3

● 周孝閔帝 北周

祠圜丘詔　1400- 63- 1

分使巡撫詔　1400- 64- 1
封功臣詔　1400- 64- 1
誅趙貴詔　1400- 64- 1
振浙州詔　1400- 64- 1
降罪詔　1400- 64- 1
舉賢良詔　1400- 65- 1
文武授階詔　1400- 65- 1
百官奏改正朔服色議詔可　1400- 65- 1

● 金 宣明

跋宋高宗手詔　1374-235- 49

● 金太宗 金

敦勸農功詔　503-257-107

● 金太祖 金

諭內外諸軍都統昊詔　503-257-109
撫諭遷民詔　503-257-109
諭東京諸路詔　503-257-109

九 畫

● 洪 适 宋

緣邊殘破州軍德音　1158-316- 11
郊祀大禮御札　1158-316- 11
郊祀大禮赦文　1158-316- 11
撫諭四川軍民詔　1158-323- 12
戒飭臧吏詔　1158-323- 12
激論將士詔　1158-324- 12
撫諭歸正將士人民詔　1158-324- 12
親征詔　1158-325- 12
視師詔　1158-325- 12
又視師詔　1158-326- 12
改郊祀詔　1158-326- 12
改上辛郊祀詔　1158-326- 12
皇帝答皇后詔　1158-327- 12
賜王彥獎諭詔　1158-327- 12
賜劉寶獎諭詔　1158-327- 12
賜王彥威方時俊皇甫倜獎諭詔　1158-327- 12
賜潘清卿等乞以秦國大長公主所留金銀助視師犒勞之費不受獎諭詔　1158-327- 12
賜吳璘爲發遣吳拱於祁山堡等處掩殺敵人大獲勝捷獎諭詔　1158-328- 12
賜吳拱於祁山堡等處大獲捷獎諭詔　1158-328- 12
賜王彥時俊威方獎諭詔　1158-328- 12
賜姚憲乞以糴到米一萬石助平江府常州關乏獎諭詔　1158-328- 12
賜金安節辭免吏部尚書兼侍讀不

允詔　1158-329- 13
賜徐林辭免給事中不允詔　1158-329- 13
賜張浚再辭免恩命不允不得再有陳請詔　1158-330- 13
賜張浚第三辭免恩命乞致仕不允不得更有陳請詔　1158-330- 13
賜虞允文乞宮觀不允詔　1158-330- 13
賜黃祖舜乞宮觀不允詔　1158-330- 13
賜汪應辰辭免敷文閣直學士四川安撫制直使不允詔　1158-330- 13
賜辛執湯思退第乞金免南郊支賜不允詔　1158-330- 13
賜龍圖閣直學士趙子肅辭免知福州不允詔　1158-331- 13
賜戶部侍郎淮東宣諭使錢端禮乞宮觀不允詔　1158-331- 13
賜錢端禮辭免吏部侍郎不允詔　1158-331- 13
賜戶部尚書韓仲通辭免荊襄制置使不允詔　1158-331- 13
賜湯思退生日詔　1158-331- 13
賜皇兄岳陽軍節度使開府儀同三司居廣生日詔　1158-332- 13
賜趙密乞致仕不允詔　1158-332- 13
賜吏部尚書金安節乞致仕不允詔　1158-332- 13
賜賀允中赴闕詔　1158-332- 13
賜湯思退等爲水潦害稼待罪不允詔　1158-332- 13
賜湯思退等爲水潦再上表待罪不允不得更有陳請詔　1158-333- 13
賜趙密辭免少保乞守本官致仕不允詔　1158-333- 13
賜金安節辭免敷文閣學士不允詔　1158-332- 13
賜虞允文辭免顯謨閣學士知平江府不允詔　1158-333- 13
賜賀允中辭免落致仕提舉萬壽觀兼侍讀不允詔　1158-333- 13
賜皇子恭王生日詔　1158-334- 13
賜賀允中辭免知樞密院事兼權參知政事恩命不允詔　1158-334- 13
賜錢端禮乞罷遣不允詔　1158-334- 13
賜蕭琦乞宮觀不允詔　1158-334- 13
賜楊存中生日生飭詔　1158-334- 13
賜張浚辭免少師保信年節度使判福州恩命不允詔　1158-335- 13
賜陳康伯辭免判紹興府不允詔　1158-335- 13
賜賀允中依舊致仕及還納前後錫賜恩數不允詔　1158-335- 14
賜左僕射湯思退辭免都督江淮軍馬不允詔　1158-336- 14
賜趙密辭免落致仕權殿前司軔事不允詔　1158-336- 14
賜楊存中辭免同都督江淮軍不允詔　1158-336- 14
賜王之望辭免參知政事不允詔　1158-336- 14
賜錢端禮辭免兵部尚書都督府參贊軍不允詔　1158-337- 14
賜左僕射湯思退乞罷機政不允不得再有陳請詔　1158-337- 14
賜王之望再辭免參知政事乞宮觀不允詔　1158-337- 14
賜給事中吳芾辭免吏部侍郎不允詔　1158-337- 14
賜參知政事王之望辭免督視江淮軍馬乞致仕不允詔　1158-337- 14
賜左僕射湯思退乞罷機政不允詔　1158-338- 14
賜湯思退辭免觀文殿大學士不允詔　1158-338- 14
賜楊存中辭免都督不允詔　1158-338- 14
賜陳康伯辭免召赴陪祠不允詔　1158-338- 14
賜兵部尚書錢端禮辭免端明殿學士簽書樞密院事不允詔　1158-338- 14
賜顯謨閣學士虞允文辭免端明殿學士同簽書樞密院事不允詔　1158-339- 14
賜陳康伯辭免尚書左僕射不允詔　1158-339- 14
賜參知政事周葵生日詔　1158-339- 14
賜吏部侍郎吳芾辭免敷文閣直學士知臨安府不允詔　1158-339- 14
賜草土沈介沿江制置使不允詔　1158-339- 14
賜陳康伯再辭免尚書左僕射詔　1158-340- 14
賜參知政事周葵乞賜黜責不允詔　1158-340- 14
賜王剛中辭免翰林學士兼給事中不允仍特免迴避祖諱詔　1158-340- 14
賜王剛中辭免改除禮部尚書兼給事中直學士院恩命不允詔　1158-340- 14
賜周葵辭免資政殿學士不允詔　1158-340- 14
賜陳康伯辭免兼提舉玉牒所監修國史提舉編類聖政不允詔　1158-341- 14
賜郭振辭免捧日天武四廂都指揮使不允詔　1158-341- 14
賜陳康伯辭免長男偉節除直秘閣

史部 詔令奏議類：附錄 詔令上九畫

次男安節賜同進士出身不允詔　1158-341- 14
賜沈介辭免權兵部尚書不允詔　1158-341- 14
賜王之望辭免端明殿學士不允詔　1158-342- 15
賜崔皐辭免鄂州觀察使不允詔　1158-342- 15
賜錢端禮辭免參知政事兼權知樞密院事不允詔　1158-342- 15
賜虞允文辭免同知樞密院事兼權參知政事不允詔　1158-342- 15
賜王剛中辭免端明殿學士簽書樞密院事不允詔　1158-342- 15
賜戚方辭免捧日天武四廂都指揮使不允詔　1158-343- 15
賜皇子少保鄧王愷生日詔　1158-343- 15
賜太尉昭信軍節度使曹勛生日詔　1158-343- 15
賜簽書樞密院事王剛中生日詔　1158-343- 15
賜龍大淵辭免落階官不允詔　1158-343- 15
賜陳康伯乞解罷機政不允詔　1158-343- 15
賜參知政事虞允文乞宮觀不允詔　1158-343- 15
賜虞允文乞宮觀不允更不得再有陳請詔　1158-344- 15
賜知福州趙子潚乞致仕不允詔　1158-344- 15
賜凌景夏辭免復徵敕閣直學士不允詔　1158-344- 15
賜王大寶辭免禮部尚書不允詔　1158-344- 15
賜趙密再上表辭免少保不允仍斷來章批答　1158-344- 15
賜賀允中再辭免知樞密院事兼權參知政事恩命仍斷來章批答　1158-344- 15
賜文武百僚湯思退等上表請皇帝御正殿復常膳不允批答　1158-344- 15
賜湯思退等再上請御正殿復常膳不允批答　1158-345- 15
賜湯思退等三上表請御正殿復常膳允批答　1158-345- 15
賜楊存中上表再辭免同都督江淮軍馬不允仍斷來章批答　1158-345- 15
賜王之望再辭免參知政事不允斷來章批答　1158-345- 15
賜錢端禮再辭免簽書樞密院兼提舉德壽宮不允仍斷來章批答　1158-346- 15
賜虞允文再辭免同簽書樞密院事不允仍斷來章批答　1158-346- 15
賜陳康伯再辭免尚書左僕射不允仍斷來章批答　1158-346- 15
賜錢端禮再辭免參知政事兼權知樞密院事不允批答　1158-346- 15
賜虞允文再辭免同知樞密院事兼權參知政事不允批答　1158-346- 15
賜王剛中再辭免端明殿學士簽書樞密院事不允批答　1158-346- 15
賜文武百僚宰臣陳康伯等上表奏請御正殿復常膳不允第一批答　1158-347- 15
賜文武百寮再上表奏請御正殿復常膳不允第二批答　1158-347- 15
賜文武百寮奏請御正殿復常膳宜允批答　1158-347- 15
賜吳璘辭免太傅新安郡王不允斷來章批答　1158-347- 15
撫問稿設荊襄將士口宣　1158-348- 16
賜三省官滿散天申節道場香口宣　1158-348- 16
賜樞密院官滿散天申節道場香口宣　1158-348- 16
賜殿前司滿散天申節道場香口宣　1158-348- 16
賜皇子鄧王慶王恭王滿散天申節道場香口宣　1158-348- 16
撫問賀允中到闕并賜銀合茶藥口宣　1158-348- 16
賜趙密辭免少保不允批答口宣　1158-348- 16
賜少保致仕趙密告口宣　1158-348- 16
賜賀允中辭免同知樞密院事斷來章批答口宣　1158-349- 16
賜湯思退口宣　1158-349- 16
賜楊存中辭免同都督斷來章批答口宣　1158-349- 16
賜皇子鄧王慶王恭王滿散會慶節道場香口宣　1158-349- 16
賜三省官滿散會慶節道場香口宣　1158-349- 16
賜樞密院官滿散會慶節道場香口宣　1158-349- 16
賜趙密落致仕權殿前司職事告口宣　1158-349- 16
賜王之望辭免參知政事斷來章批答口宣　1158-349- 16
郊祀畢宣勞將士口宣　1158-349- 16
撫問少保恩平郡王璩到闕并賜銀合茶藥口宣　1158-349- 16
傳宣撫問宣押陳康伯赴行在口宣　1158-350- 16
賜湯思退提舉太平興國宮告口宣　1158-350- 16
賜楊存中都督江淮軍馬告口宣　1158-350- 16
撫問張綱到闕并賜銀合茶藥口宣　1158-350- 16

撫問陳康伯到闕并賜銀合茶藥口宣　1158-350-16
賜錢端禮辭免簽書樞密院兼提舉德壽宮斷來章批答　1158-350- 16
賜虞允文辭免同簽書樞密院事斷來章批答口宣　1158-350- 16
賜陳康伯告口宣　1158-350- 16
宣押陳康伯赴都堂治事口宣　1158-350- 16
賜陳康伯批答口宣　1158-350- 16
撫問楊存中賜金和茶藥口宣　1158-351- 16
撫問大帥并賜鞍馬口宣　1158-351- 16
賜錢端禮斷來章批答口宣　1158-351- 16
賜虞允文斷來章批答口宣　1158-351- 16
賜王剛中斷來章批答口宣　1158-351- 16
賜蒲察久安告口宣　1158-351- 16
賜吳璘告口宣　1158-351- 16
賜吳璘辭免太傅新安郡王不允斷來章批答口宣　1158-351- 16
賜王彥加恩告口宣　1158-351- 16
賜三省官滿散天申聖節道場香口宣　1158-351- 16
賜三衙滿散天申聖節道場香口宣　1158-352- 16
郊祀畢端誠殿受賀樞密宣答宰臣詞　1158-352- 16
端誠殿宣答樞密詞　1158-352- 16
端誠殿宣答箋軍詞　1158-352- 16
麗正門肆赦宣答宰臣詞　1158-352- 16
賜四川宣撫使吳璘夏藥勅書　1158-352- 16
賜保信軍官吏軍民僧道耆壽等示諭勅書　1158-352- 16
賜南平王李天祚歷日勅書　1158-352- 16
回賜南平王李天祚勅書　1158-352- 16
賜階文龍州經略使吳拱等夏藥勅書　1158-353- 16
賜湖北京西路制置使虞允文淮東西路岳諭使錢端禮王之望夏藥勅書　1158-353- 16
賜福建路安撫使張浚夏藥勅書　1158-353- 16
賜荊湖南路安撫使黃祖舜夏藥勅書　1158-353- 16
賜江東安撫使汪澈銀合膾藥勅書　1158-353- 16
賜江東安撫使汪澈銀合夏藥勅書　1158-353- 16
賜御前都統制郭振等銀合夏藥勅書　1158-353- 16
賜四川制置使汪應銀合夏藥勅書　1158-353- 16
賜吳璘夏藥勅書　1158-353- 16

戒諭諸將撫循士卒詔　1158-413- 25
令監司舉廉吏詔　1158-414- 25
令宗司舉賢宗子詔　1158-414- 25
御史中丞除吏部尚書詔　1158-414- 25
觀文殿大學士醴泉觀使兼侍讀除保平年節度使開府儀同三司江南東路安撫大使知建康府缺行宮留守制　1158-428- 27
雄武軍節度使利州路安撫使兼知興元府除檢校少保護國年節度使加食邑食實封制　1158-428- 27
御史中丞除禮部尚書誥　1158-429- 27
給事中除翰林學士誥　1158-429- 27
戒守令勸農詔　1158-429- 27
仲夏賜諸路恤刑詔　1158-430- 27

● 洪　湛 宋
平蜀賊王均赦兩川德音　1375- 41- 1
親征契丹回鑾曲赦河北德音　1375- 42- 1

● 洪咨夔 宋
殿中侍御史王遂辭免除戶部侍郎恩命不允詔　1175-199- 12
權戶部侍郎趙立夫辭免除戶部侍郎恩命不允詔　1175-199- 12
權刑部侍郎李性傳辭免除禮部侍郎恩命不允詔　1175-200- 12
權兵部侍郎趙彥橚辭命除兵部侍郎恩命不允詔　1175-200- 12
朝議大夫新除兵部侍郎兼國史院編修官實錄院檢討官趙彥橚辭免陞兼同修國史實錄院同修撰恩命不允詔　1175-200- 12
特進左丞相兼樞密使鄭清之等奏爲雷發非時乞賜罷黜家居待罪不允詔　1175-201- 12
特進左丞相兼樞密使鄭清之等奏爲滿散天基聖節乞許肆筵不允詔　1175-201- 12
參知政事鄭性之奏爲雷電非時乞賜顯加黜罰不允詔　1175-201- 12
工部尚書李鳴復辭免玉牒兼侍讀恩命不允詔　1175-201- 12
戶部侍郎王遂辭免同修國史實錄院同修撰恩命不允詔　1175-202- 12
兵部侍郎趙彥橚辭侍講恩命不允詔　1175-202- 12

史部

詔令奏議類：附錄

詔令上九畫

特進左丞相兼樞密使鄭清之金紫光祿大夫右丞相兼樞密使喬行簡再上奏爲雷發非時乞賜罷免退伏田里不允不得再有陳請詔　1175-202- 12

端明殿學士宣奉大夫李壁上表辭免除資政殿學士知眉州恩命不允詔　1175-203- 12

太中大夫守兵部侍郎淮南東路安撫制置使兼知揚州軍州事趙葵以護邊無狀乞賜罷歸不允詔　1175-204- 13

太中大夫守尚書戶部侍郎兼刪修勅令官趙立夫乞畀叢祠不允詔　1175-204- 13

李鳴復辭免除權刑部尚書日下供職兼職並依舊恩命不允詔　1175-204- 13

鍾震辭免除寶章閣直學士知靜江府廣西經略安撫恩命不允詔　1175-205- 13

朝議大夫權尚書兵部侍郎四川安撫制置使趙彥吶乞速加汰斥不允詔　1175-205- 13

馬步軍都總管知建康軍府事兼行宮守陳韡乞亟畀祠廟不允詔　1175-205- 13

魏了翁辭免依舊端明殿學士除簽書樞密院事令疾速赴行在奏事恩命不允詔　1175-205- 13

謝奕昌辭免特授保寧軍節度使提舉萬壽觀恩命不允詔　1175-206- 13

謝奕禮辭免特授保康軍節度使提舉萬壽宮恩命不允詔　1175-206- 13

魏了翁再辭免依舊端明殿學士除簽書樞密院事令疾速赴行在奏事恩命不允詔　1175-206- 13

皇叔祖少傅保寧軍節度使充萬壽觀使嗣秀王師瀰生日詔　1175-207- 13

同知樞密院事鄭性之生日詔　1175-207- 13

永寧郡王楊石生日詔　1175-207- 13

光祿大夫右丞相兼樞密院使鄭清之再辭免特進左丞相兼樞密使恩命不允詔　1175-207- 13

參知政事喬行簡再辭免特授金紫光祿大夫右丞相兼樞密使恩命不允批答　1175-207- 13

參知政事喬行簡再上表辭免特授金紫光祿大夫右丞相兼樞密使恩命不允仍斷來章批答　1175-208- 13

兼樞密使鄭清之再辭免特授進左丞相兼樞密使恩命不允仍斷來章批答　1175-208- 13

同知樞密院事曾從龍上表再辭免除樞密院事兼參知政事恩命不允仍斷來章批答　1175-208- 13

端明殿學士陳卓再上表辭免簽書樞密院事不允仍斷來章批答　1175-209- 13

曾從龍再辭免樞密使不允批答　1175-209- 13

魏了翁再辭免簽樞督視荊湖兵馬不允斷章批答　1175-210- 14

曾從龍第二次辭免樞密使都督江淮軍馬不允斷章批答　1175-210- 14

文武百寮宰臣鄭清之等上表奏請皇帝正月五日天基聖節御紫宸殿上壽不允批答　1175-210- 14

文武百寮宰臣鄭清之等再上表奏請天基聖節御殿上壽不允批答　1175-211- 14

謝奕昌再辭免授保寧軍節度使提舉萬壽觀恩命不允仍斷來章批答　1175-211- 14

謝奕禮再辭恩命不允仍斷來章批答　1175-211- 14

左丞相鄭清之口宣　1175-214- 15

右丞相喬行簡口宣　1175-214- 15

左丞相鄭清之批答口宣　1175-214- 15

右丞相喬行簡批答口宣（二則）　1175-214- 15

左丞相鄭清之批答口宣　1175-215- 15

知樞密院曾從龍同知鄭性之簽書陳卓批答口宣　1175-215- 15

樞密使曾從龍批答口宣　1175-215- 15

節度使謝奕昌批答口宣　1175-215- 15

節度使謝奕禮批答口宣　1175-215- 15

賜兼知襄陽府趙范兼知揚州趙葵銀合夏藥勅書　1175-215- 15

賜工部侍郎沿江制置使知建康府陳韡銀合夏藥勅書　1175-215- 15

賜權兵部侍郎四川安撫制置使趙彥吶銀合夏藥勅書　1175-215- 15

賜司農卿知慶元府兼沿海制置使游九功銀合夏藥勅書　1175-215- 15

賜右文殿修撰四川安撫制置副使兼知成都府丁黼甫銀合夏藥勅書　1175-216- 15

賜兵部郎官兼淮西安撫制置使兼知黃州楊恢銀合夏藥　1175-216- 15

賜直寶章閣權發鄂州兼沿江制置副使張元簡銀合夏藥勅書　1175-216- 15

賜鎭江府都統制王虎等銀合夏藥勅書　1175-216- 15

賜平江府許浦水軍都統制董琳銀合夏藥勅書　1175-216- 15

賜帶御器械兼權管主馬軍行司公事兼知光州孟拱等銀合夏藥勅書　1175-216- 15

賜龍圖閣學士京西湖北路安撫制置大使兼知襄陽府趙范銀合臘藥勅書　1175-216- 15

賜權刑部尚書沿江制置大使兼江東安撫使知建康府陳韡銀合臘藥勅書　1175-217- 15

賜寶章閣待制沿江制置副使兼知鄂州黃伯固銀合臘藥勅書　1175-217- 15

賜兵部侍郎趙葵將作監淮西制置副使兼知廬州尤焴銀合臘藥勅書　1175-217- 15

賜權兵部侍郎四川安撫制置使趙彥吶右文殿修撰四川安撫制置副使兼知成都府丁黼銀合臘藥勅書　1175-217- 15

賜太府卿四川總領兼撫諭使安癸仲銀合臘藥勅書　1175-217- 15

賜司農卿知慶元府兼沿海制置使游九功銀合臘藥勅書　1175-217- 15

賜兼建康都統制王鑑等銀合臘藥勅書　1175-217- 15

賜端明殿學士同簽書樞密院事魏了翁銀合臘藥勅書　1175-218- 15

賜直徽猷閣兼知慶元府王定銀合臘藥勅書　1175-218- 15

●封　敕 唐

批宰臣賀下誅迴鶻德音表　1337-363-466

批百寮賀王宰破陽城縣賊表　1337-365-467

批宰臣賀石雄破賊陣表　1337-366-467

批宰臣賀正月一日河中陳許行營破迴鶻表　1337-366-467

批宰臣賀太原破迴鶻奪得太和往表　1337-366-467

批敬昕謝上表　1337-370-467

批盧鈞謝上表　1337-371-467

批鄭涯謝上表　1337-371-467

●胡　寅 宋

某人入內內侍省副都知（制）　1137-431- 12

某人司農丞制　1137-451- 13

退廢王安石配饗詔　1137-468- 14

●胡　宿 宋

進納梢草空名助教制　1088-783- 18

皇親賜名與官海詞可并右內率府副率制　1088-786- 19

議樂詔　1088-829- 24

諸后裕享依舊詔　1088-830- 24

孟冬親詣太廟行裕享之禮御札　1088-830- 24

皇祐五年南郊御札　1088-830- 24

禁內降詔　1088-831- 24

賜百僚乞御正殿復常膳不允批答　1088-831- 24

賜宰臣富弼以下上第二表乞皇帝御正殿復常膳不允批答　1088-832- 24

賜皇兄允讓等上表乞皇帝御正殿復常膳不允批答　1088-832- 24

賜皇親批答　1088-832- 24

賜北海郡王允弼上表謝皇帝御正殿特賜俞允批答　1088-832- 24

賜宰臣文彥博以下上表賀今月四日皇帝御崇政殿疏決刑獄五日降雨批答　1088-833- 24

賜宰臣陳執中以下爲上表賀崇政殿疏放刑獄即時降雨批答　1088-833- 24

賜文武百僚陳執中以下上表賀爲今月一日太陽當蝕虧分不及算數并陰晦微見詔　1088-833- 24

賜宰臣富弼以下上第三表乞加上尊號不允批答　1088-833- 24

賜宰臣文彥博以下賀老人星出見批答　1088-834- 24

賜宰臣富弼以下賀壽星出見批答　1088-834- 24

賜樞密使宋庠等賀壽星出見批答　1088-834- 24

賜感德軍三軍將吏僧道百姓等詔　1088-834- 24

賜山南東道三軍將吏僧道百姓等詔　1088-835- 23

賜河陽三城三軍將吏僧道百姓等詔　1088-835- 24

賜建雄軍三軍將吏僧道百姓等詔　1088-835- 24

賜彰武軍三軍將吏僧道百姓等詔　1088-835- 24

賜淮康軍三軍將吏僧道百姓等詔　1088-835- 24

賜寧國軍節度使北海王允弼摹勒御書飛白上進詔　1088-836- 24

史部

詔令奏議類・附錄

詔令上九畫

御書賜龍圖閣直學士權知開封府蔡襄摹寫賜御書刻石事敕書　1088-836- 24

賜右神武大將軍睦州圖練使宗諲進太平盤維錄敕書　1088-836- 24

賜宗室磁州防禦使承亮進裕享受靄頌敕書　1088-837- 24

賜翰林侍讀學士知徐州呂公綽進明醇詩敕書　1088-837- 24

賜知濟州李及之進唐雅敕書　1088-837- 24

賜交趾李日尊進異獸敕書　1088-837- 24

賜宗室叔哀進異獸歌敕書　1088-837- 24

賜新除參知政事曾公亮詔　1088-838- 25

賜參知政事曾公亮乞退不允批答　1088-838- 25

賜參知政事曾公亮乞退第二表不允批答　1088-839- 25

賜參知政事曾公亮乞退第三表不允批答　1088-839- 25

賜參知政事曾公亮乞退第四表不允批答　1088-839- 25

賜參知政事曾公亮生日禮物口宣　1088-839- 25

賜鎭安軍節度使行尚書右僕射檢校太師兼侍中判許州賈昌朝生日禮物口宣（三則）　1088-839- 25

賜山南東道節度使同中書門下平章事賈昌朝敕書　1088-840- 25

賜山南東道節度使檢校太師同中書門下平章事賈昌朝口宣　1088-840- 25

賜賈昌朝口宣　1088-840- 25

賜賈昌朝赴闕茶藥口宣　1088-840- 25

賜觀文殿大學士判亳州陳執中乞致仕不允批答　1088-840- 25

賜觀文殿大學士判亳州陳執中再乞致仕不允批答　1088-840- 25

賜鎭海軍節度使判亳州陳執中待罪特放敕書　1088-841- 25

賜昭德軍節度使知并州龐籍口宣　1088-841- 25

賜新授觀文殿學士知鄆州籍口宣　1088-841- 25

賜工部尚書同中書門下平章事集賢殿大學士韓琦生日禮物詔（三則）　1088-841- 25

賜武康軍節度使韓琦口宣（三則）　1088-842- 25

賜新除觀文殿學士知河陽富弼對衣金帶案鑷馬口宣　1088-842- 25

賜除富弼起復禮部尚書同中書門下平章事昭文館大學士赴闘敕書　1088-842- 25

賜宰臣富弼生日禮物口宣（四則）　1088-843- 25

賜忠武軍節度使知永興軍文彥博口宣　1088-843- 25

賜河陽三城節度使檢校太師同中書門下平章事文彥博生日進馬口宣　1088-843- 25

賜保平軍節度使檢校太師同中書門下平章事判大名府文彥博生日禮物詔　1088-843- 25

賜新授龍圖閣學士張昇口宣　1088-843- 25

賜參知政事張昇上表乞致不允批答　1088-844- 25

賜參知政事張昇上第二表乞致仕不允批答　1088-844- 25

賜參知政事梁適生日禮物口宣　1088-844- 25

賜定國軍節度使知太原府梁適口宣　1088-844- 25

賜彰信軍節度使判成德軍李昭亮敕書　1088-844- 25

賜彰信軍節度新授同中書門下平章事判大名府李昭亮赴闘茶藥口宣（二則）　1088-844- 25

賜新除昭德軍節度使同中書門下平章事充景靈宮使李昭亮赴闘敕書　1088-845- 25

賜馬軍副都指揮使淮康軍節度使張茂實赴闘茶藥口宣（二則）　1088-845- 25

賜相州觀察使知邢州劉從廣赴闘茶藥口宣（三則）　1088-845- 25

賜侍衞親軍步軍副都指揮使涇州觀使定州路駐泊副都署王凱赴闘茶藥口宣（二則）　1088-845- 25

賜福建路轉運使秦玠平江西賊敕書　1088-846- 26

賜提點刑獄施元長平江西賊敕書　1088-846- 26

賜知汀州藍丞平江西賊敕書　1088-846- 26

賜京東路轉運使董沔殺散河北賊敕書　1088-846- 26

賜判大理寺郭申錫及審刑詳議官等敕書（三則）　1088-846- 26

賜權判大理寺陳太素等敕書　1088-847- 26

賜權大理少卿王惟熙等敕書（二則）　1088-847- 26

賜皇兄寧國軍節度使同中書門下

平章事同知大宗正事北海郡王允弼敕書　1088-847- 26

賜平江軍節度使兼侍中知大宗正事允讓敕書　1088-848- 26

賜起復雲麾將軍濟州防禦使王仁敕書　1088-848- 26

賜新授憲州防禦使劉渙敕書　1088-848- 26

賜撫州刺史滄州鈴轄董貫敕書　1088-848- 26

賜侍衞親軍步軍都虞侯王從改敕書（二則）　1088-848- 26

賜鳳州團練使高順等敕書　1088-848- 26

賜知建昌軍曹觀敕書　1088-848- 26

賜原州刺史知涇州安俊敕書　1088-849- 26

賜海州團練使史吉敕書　1088-849- 26

賜潭州通判李丕緒等修子城敕書　1088-849- 26

賜新除資政殿大學士吳育對衣金帶窄韁馬口宣　1088-849- 26

賜觀文殿學士田況乞致仕不允批答　1088-849- 26

賜參知政事王堯臣生日禮物口宣　1088-849- 26

賜新授右諫議大夫皇甫泌口宣　1088-849- 26

賜兵部員外郎知制誥吳奎知壽州口宣　1088-849- 26

賜鎮潼軍節度觀察留後知鄆州李端懿口宣　1088-850- 26

賜新授禮部郎中充天章閣待制陳暘叔口宣　1088-850- 26

賜鎮安軍節度使判陳州程林口宣　1088-850- 26

賜鎮東軍節度觀察留後知穎州李端願口宣　1088-850- 26

賜新授閤門使康德輿口宣　1088-850- 26

賜河陽三城節度使檢校太師同中書門下平章事王德用口宣　1088-850- 26

賜五台山十寺僧正順縐等敕書　1088-850- 26

賜五台山十寺僧知今等敕書（二則）　1088-850- 26

賜回西蕃獎州團練使霞展敕書　1088-851- 26

賜西蕃獎州團練使霞展男都君主霞智敕書　1088-851- 26

賜契丹人使茶藥口宣（共二十一則）　1088-853- 27

恩州賜北使茶藥口宣（二則）　1088-855- 27

白溝驛撫問北使口宣　1088-855- 27

白溝驛撫問北使兼賜御筵口宣（二則）　1088-855- 27

白溝驛撫問遺留人使兼賜御筵口宣　1088-856- 27

雄州撫問遺問人使口宣　1088-856- 27

雄州撫問北使口宣（五則）　1088-856- 27

北京賜北使御筵口宣（四則）　1088-856- 27

班荊館賜北使赴闕御筵口宣（二則）　1088-857- 27

班荊館賜北使到闕酒果口宣（七則）　1088-858- 27

就驛賜北使內酒果口宣（四則）　1088-858- 27

就驛賜北使生餼口宣（二則）　1088-858- 27

就驛賜北使銀沙羅匜盂等口宣（四則）　1088-858- 27

就驛賜北使春幡勝春盤等口宣　1088-858- 27

玉津園賜北使弓箭御筵口宣　1088-859- 27

正月一日北使入賀畢歸驛賜御筵口宣（三則）　1088-859- 27

正月一日北使入賀畢就驛賜花酒果口宣（四則）　1088-859- 27

正月二日北使就驛賜宴花酒果口宣　1088-859- 27

契丹賀乾元節人使朝辭詣就驛賜酒果口宣　1088-859- 27

賜北使朝辭詣歸驛御筵口宣（六則）　1088-860- 27

班荊館賜却廻北使御筵口宣（六則）　1088-860- 27

北京賜却廻北使御筵口宣（四則）　1088-861- 27

雄州賜却廻北使御筵口宣　1088-861- 27

賜北使迴至瀛州御筵口宣（三則）　1088-861- 27

瀛州賜却廻遺留人使御筵口宣　1088-861- 27

白溝驛賜却廻北使御筵并撫問口宣　1088-861- 27

禁內降詔　1350-314- 31

宋仁宗禁內降詔　1402- 53- 10

● 胡皇后（宣武帝后）北魏

制度僧令　1401-431- 32

● 柳　貫 元

回紇追封趙王公主（制）　1210-287- 7

● 韋處元 唐

平張韶德音　426-909-125

● 符　堅 前秦

與朗濬師書　1400-554- 9

尊朗濬師詔　1400-555- 9

● 范　鎮 宋

曾公亮加恩制　1402-97-12
●范承謨清
跋宋高宗賜岳武穆勅　1314-97-7
●范祖禹宋
賜翰林學士承旨蘇軾乞郡不允詔　1100-321-28
賜新除宣徽南院使檢校太傅依前太子太保致仕張方平辭免恩命不許詔　1100-321-28
（賜張方平辭免恩命）又不允詔　1100-322-28
撫問資政殿學士知永興軍李清臣口宣　1100-322-28
賜外任臣寮進奉坤成節功德疏詔敕書　1100-322-28
賜太師文彥博辭免溫溪心馬不允詔　1100-322-28
賜宰相呂大防辭免弟大臨除秘書省正字不允詔　1100-322-28
賜新除樞密直學士提學萬壽觀趙彥若辭免乞齊州一任不允詔　1100-323-28
賜外任臣僚進奉坤成節馬詔敕書　1100-323-28
召翰林學士范白祿入院口宣　1100-323-28
賜新除翰林學士兼侍讀范白祿辭免恩命不許詔　1100-323-28
（賜范白祿辭免恩命）又不允詔　1100-323-28
賜寶文閣直學士新除權知開封府李彥純辭免不允詔　1100-324-28
賜新除天章閣待制守吏部侍郎趙君錫辭免不允詔　1100-324-28
就驛賜交州進奉人使朝辭御筵口宣　1100-324-28
賜同樞密院事韓忠彥生日詔　1100-324-28
賜新授龍圖閣學士知潁州蘇軾辭免賜銀不允詔　1100-324-28
賜中大夫新除試御史中丞鄭雍辭免不允詔　1100-325-28
賜張方平再辭免恩命不許詔　1100-325-28
（賜張方平再辭免恩命）又不允詔　1100-325-28
賜皇弟武成軍節度使祁國公偲生日禮物口宣　1100-325-28
就驛賜于闐國進奉人進發御筵口宣　1100-326-28
賜宣徽南院使檢校司空充太一宮使馮京再上表乞致仕不許仍斷來章詔　1100-327-28
（賜）馮京再上表乞致仕不允詔　1100-327-28
賜馮京乞致仕不允詔　1100-327-28
賜張方平辭免恩命允詔　1100-327-28
賜資政殿學士新除守吏部尙書王存赴闕詔　1100-327-28
賜馮京再乞致仕不允詔　1100-328-28
合祭天地詔　1100-328-28
賜溪峒知龍賜州彭允宗等進奉賀坤成節溪布敕書　1100-328-28
賜彭允宗等進奉賀端午節溪布敕書　1100-328-28
趙州賜大遼賀坤成節大使茶藥詔　1100-328-28
趙州賜大遼賀坤成節副使茶藥詔　1100-328-28
趙州賜大遼賀坤成節使副茶藥口宣　1100-328-28
賜尙書左丞梁燾乞退不許批答　1100-329-28
（賜梁燾第二表乞退）不允批答　1100-329-28
賜梁燾乞退不允批答口宣　1100-329-28
賜梁燾第二表乞退不允斷來章批答　1100-329-28
（賜梁燾第二表乞退）不許批答　1100-329-28
賜梁燾第三表乞退不允斷來章批答口宣　1100-329-28
賜梁燾乞除東北一郡不許詔　1100-329-29
（賜梁燾乞除東北一郡）不允詔　1100-330-29
賜資政殿學士知定州許將知眞定府李清臣夏藥口宣　1100-330-29
賜新除龍圖閣直學士權知開封錢顗辭免不許詔　1100-331-29
（賜錢顗辭免）不允詔　1100-331-29
賜新除守戶部侍郎范育辭免不允詔　1100-331-29
賜龍圖閣直學士知成都府蔡京乞移東北一郡不允詔　1100-331-29
賜皇弟偲辭免恩命不許批答　1100-331-29
（賜皇弟偲辭免）不允批答　1100-332-29
賜皇弟偲辭免恩命不允批答口宣　1100-332-29
撫問成都府利州路臣寮口宣　1100-332-29
賜皇弟偲上第二表辭免恩命不許批答　1100-332-29
（賜皇弟偲上第二表辭免恩命）不允批答　1100-332-29
賜皇弟偲第二表辭免恩命不允批答口宣　1100-332-29
賜捧日天武四廂都指揮使沂州團

練使充熙河蘭岷路馬步軍副都總管王文郁進奉賀南郊禮畢馬勅書　1100-333- 29
賜端明殿學士兼翰林侍讀學士守禮部尚書蘇軾乙越州不允詔　1100-333- 29
賜觀文殿大學士知穎昌府范純仁茶藥口宣　1100-333- 29
賜端明殿學士兼翰林侍讀學士守禮部尚書蘇軾乙致知越州不允詔　1100-333- 29
賜尚書左僕射呂大防生日詔　1100-333- 29
賜尚書左僕射呂大防生日禮物口宣　1100-334- 29
賜皇弟大寧郡王佖生日禮物口宣　1100-334- 29
賜皇叔徐王顥生日禮物口宣　1100-334- 29
賜新除尚書右僕射范純仁三上箋子詔　1100-334- 29
賜新除尚書右僕射范純仁三上箋子辭免不允詔　1100-335- 29
賜新除尚書右僕射范純仁上第二表辭免恩命不許斷來章批答　1100-335- 29
（賜范純仁上第二表辭免恩命）不允詔　1100-335- 29
賜新除尚書右僕射范純仁辭免恩命第二表不允斷來章批答口宣　1100-335- 29
白溝驛賜大遼賀坤成節人使御筵兼傳宣撫問口宣　1100-335- 29
雄州撫問大遼賀坤成節人使口宣　1100-335- 29
趙州賜大遼賀坤成節使副茶藥口宣　1100-336- 29
就驛賜大遼賀坤成節人使銀鈔羅睡盂等口宣　1100-336- 29
賜大遼賀坤成節使副生餼口宣　1100-336- 29
玉津園使大遼賀坤成節人使射弓例物口宣　1100-336- 29
賜泰寧軍節度觀察留後李珣以下罷散坤成節道場香酒果口宣　1100-336- 29
賜馬步軍都指揮使以下罷散坤成節道場香酒果口宣　1100-336- 29
賜皇伯祖彰化軍節度使判大宗正事宗晟以下罷散坤成節道場香酒果口宣　1100-336- 29
賜知太原府韓縝進奉坤成節金酒器并馬詔　1100-337- 29
賜外任臣寮進奉坤成節功德疏勒書　1100-337- 29
賜外任文武臣僚進奉坤成節馬勅書　1100-337- 29
賜五臺山十寺僧正省奇等獎諭勅書　1100-337- 29
賜徐王罷散坤成節道場香酒果口宣　1100-337- 29
班荊館賜大遼賀坤成節人使回程御筵口宣　1100-338- 30
班荊館賜大遼賀坤成節人使回程酒果口宣　1100-338- 30
相州賜大遼賀坤成節人使回程御筵口宣　1100-338- 30
賜資政殿學士守吏部尚書胡宗愈乞知揚州不允詔　1100-338- 30
賜觀文殿大學士集禧觀使蘇頌乞致仕不許詔　1100-338- 30
（賜蘇頌乞致仕）不允詔　1100-338- 30
賜龍圖閣學士知瀛州曾布乞揚州不允詔　1100-339- 30
賜宰相呂大防上箋子乞罷不允詔　1100-339- 30
賜宰相呂大防等爲雨水乞降黜不允詔　1100-339- 30
賜蘇頌第二表乞致仕不許詔　1100-339- 30
（賜蘇頌第二表乞致仕）不允詔　1100-339- 30
賜資政殿學士許將免知揚州乞便鄉一郡不許詔　1100-339- 30
（賜許將免知揚州乞便鄉一郡）不允詔　1100-340- 30
賜皇叔徐王辭免乘檐子至下馬處不允詔　1100-340- 30
賜資政殿學士新除守戶部尚書李清臣茶藥口宣　1100-341- 30
賜諸道州府告諭赦書　1100-342- 30
賜文武百僚請聽政第一表不允批答　1100-343- 30
賜文武百僚第三表請聽政不允批答　1100-343- 30
賜文武百僚請聽政第五表不允批答　1100-343- 30
太皇太后山陵務從節儉詔　1100-343- 30
賜文武百僚請聽政第七表俟終易月之制批答·　1100-344- 30
賜文武百僚請御正殿第二表不允批答　1100-345- 30

史部 詔令奏議類：附錄 詔令上九畫

賜文武百僚請御正殿第四表不允批答　1100-345-　30
賜資政殿學士新除知大名府將辭免不允詔　1100-347-　31
撫問涇原路臣僚口宣　1100-347-　31
諸路走馬赴闕奏覆回傳宣撫問本路臣僚口宣　1100-347-　31
賜樞密直學士簽書樞密院事劉奉世辭免生日生饌不允詔　1100-347-　31
白溝驛賜大遼賀興龍節人使御筵口宣　1100-348-　31
趙州賜大遼賀興龍節大使茶藥詔　1100-348-　31
趙州賜大遼賀興龍節副使茶藥詔　1100-348-　31
賜觀文殿大學士新差知揚州蘇頌再辭免知揚州不允詔　1100-348-　31
賜北京等路臣寮中冬衣襖口宣　1100-348-　31
賜安武軍節度使知太原府韓縝進馬詔　1100-348-　31
賜龍圖閣直學士知成都府蔡京進馬詔　1100-348-　31
趙州賜大遼賀興龍節使副茶藥口宣　1100-349-　31
相州賜大遼賀興龍節使副御筵口宣　1100-349-　31
白溝驛賜大遼賀正旦人使御筵口宣　1100-349-　31
撫問太原府代州等路臣僚口宣　1100-349-　31
撫問接伴大遼賀正旦人使副口宣　1100-349-　31
撫問大遼賀正旦人使口宣　1100-349-　31
賜尚書右僕射范純仁乞除一閒局或小郡不允詔　1100-349-　31
班荊館賜大遼賀興龍節使副到闗御筵口宣　1100-350-　31
就驛賜大遼賀興龍節使副銀鈔羅睟盂子錦被褥等口宣　1100-350-　31
與龍節賜殿前太尉以下罷散道場香口宣　1100-350-　31
賜大遼賀興龍節人使朝見詣歸驛御筵口宣　1100-350-　31
與龍節賜知樞密院事以下罷散道場香口宣　1100-350-　31
十二月七日就驛賜大遼賀興龍節人使內中酒果宣　1100-350-　31
賜大遼賀興龍節人使不射弓例物口宣　1100-350-　31
就驛賜大遼賀興龍節人使不宴御筵口宣　1100-351-　31
與龍節賜徐王罷散道場香口宣　1100-351-　31
賜大遼賀興龍節人使朝辭詣歸驛御筵口宣　1100-351-　31
班荊館賜大遼賀興龍節人使回程酒果口宣　1100-351-　31
瀛州賜大遼賀興龍節人使回程御筵口宣　1100-351-　31
雄州賜大遼賀興龍節人使回御筵口宣　1100-351-　31
趙州賜大遼賀正旦大使茶藥詔　1100-352-　31
趙州賜大遼賀正旦副使茶藥詔　1100-352-　31
班荊館賜大遼弔慰人使到闗御筵口宣　1100-352-　31
班荊館賜大遼皇帝祭奠人使酒果口宣　1100-352-　31
班荊館賜大遼祭奠人使到闗御筵口宣　1100-352-　31
雄州賜大遼弔慰人使回程御筵口宣　1100-352-　31
接伴大遼弔慰人使送伴回程沿路與賀大遼正旦使副回相逢傳宣撫口宣　1100-352-　31
接伴大遼弔慰人使送伴回程沿路與大遼賀正旦人使相逢傳宣撫問口宣　1100-352-　31
趙州賜大遼賀正旦使副茶藥口宣　1100-353-　31
相州賜大遼賀正旦人使赴闗御筵口宣　1100-353-　31
班荊館賜大遼賀正旦使副到闗酒果口宣　1100-353-　31
班荊館賜大遼賀正旦使副到闗御筵口宣　1100-353-　31
賜大遼賀正旦使副生饌口宣　1100-353-　31
景靈宮奉安太皇太后神御詔　1100-353-　31
撫問脩奉官姚麟以下口宣　1100-354-　31
賜尚書右僕射范純仁辭免弟純禮樞密都承旨不允詔　1100-354-　31
賜新除尚書吏部侍郎王欽臣辭免不允詔　1100-354-　31
賜新除戶部侍郎王覿辭免不允詔　1100-354-　31
賜禮部侍郎孔武仲乞江淮一郡不允詔　1100-354-　31
賜大遼賀正旦使副正月一日慰畢

就驛御筵口宣　1100-355- 32
賜大遼賀正旦使副正月一日慰畢就驛酒果口宣　1100-355- 32
正月五日賜不宴御筵口宣　1100-356- 32
正月五日賜不宴酒果口宣　1100-356- 32
六日就驛賜大遼賀正旦使副朝辭詒御筵口宣　1100-356- 32
賜朝辭詒歸驛酒果口宣　1100-356- 32
相州賜大遼賀正旦使副回程御筵口宣　1100-356- 32
瀛州賜大遼賀正旦使副回程御筵口宣　1100-356- 32
賜五臺山十寺僧正省奇等進奉功德疏獎諭敕書　1100-357- 32
賜知樞密院事韓忠彥乞降黜不允詔　1100-357- 32
賜知樞密院事韓忠彥待罪不允批答　1100-357- 32
賜尚書右丞鄭雍生日詔　1100-357- 32
賜山陵陵使呂大防茶藥兼宣撫問詔　1100-366- 33
賜徐王高密郡王宗晟安定郡王世準觀察使仲先世雄仲富仲損仲覺團練使孝騫茶藥詔敕書　1100-366- 33
賜駙馬郭獻卿錢景臻王師約張敦禮曹詩王詵韓嘉彥都大管勾張茂則防禦使呂眞刺史孟在光祿卿韓宗師衞尉卿趙令鑠少府監陳紘內侍省都知劉有方茶藥詔敕書　1100-366- 33
賜禮儀使李清臣鹵簿使胡宗愈儀伏使李之純橋道使錢觶茶藥詔　1100-366- 33
賜山陵諸司使副右司郎中承議郎以上內殿承制崇班通直郎入內供奉宮陳衍等茶藥并傳宣撫問敕書　1100-366- 33
賜知河南府安燾茶藥詔　1100-367- 33
西路耐葬皇親賜故魏王新新婦譚國夫人王氏以下茶藥并傳宣撫問詔敕書　1100-367- 33
賜感德軍節度使同知大宗正事兼西路耐葬敦睦宗室宗景以下茶藥詔　1100-367- 33
賜西路耐葬皇親監護葬使左朝散大夫守太常少卿盛陶以下并耐

葬魏王鄧國蔡國長公主管勾管勾等使臣茶藥并沿路傳宣撫問敕書　1100-367- 33
賜西路耐葬皇親敦睦宗室感德軍節度使同判大宗正事宗景以下并監護葬使左朝散大夫太常少卿盛陶以下茶藥口宣　1100-367- 33
撫問鄜延路臣寮口宣　1100-369- 33
賜新除寶文閣直學士知成都府韓宗道辭免不允詔　1100-369- 33
賜資政殿學士守吏部尚書胡宗愈辭免兼侍讀不允詔　1100-369- 33
賜新除守太師冀王筍子奏辭免不允詔　1100-370- 33
賜冀王再上筍子辭免不允詔　1100-370- 33
閣門賜冀王告口宣　1100-370- 33
賜冀王三上筍子奏辭免不允詔　1100-370- 33
賜安武軍節度使河東經略安撫使兼知太原府韓縝再上表并筍子奏陳乞致仕不允詔　1100-370- 33
賜永興鳳翔等軍官吏等示諭敕書　1100-370- 33
改元御札　1100-371- 33
合祭天地詔　1350-316- 31
賜觀文殿大學士集禧觀使蘇頌乞致仕不允詔　1350-322- 31

● 苑　咸 唐

答李卿謝二品狀　1337-369-467

● **姚　興** 後秦

與安威侯姚嵩述佛義書附通三世論　1400-556- 9
答安威侯姚嵩　1400-559- 9
重答安威侯姚嵩　1400-561- 9
僧若爲國內僧主詔　1400-561- 9
與恒標二公勸罷道書　1400-561- 9
詔恒標二公　1400-562- 9
詔恒標二公　1400-563- 9
與鳩摩羅耆婆書　1400-563- 9
又報僧碧等書　1400-563- 9
與郎法師書　1400-565- 9

● 姚　燧 元

行銅錢詔　1201-407- 1
至大三年十月赦　1201-407- 1
即位詔　1201-407- 1
行銅錢詔　1367-120- 9
至大三年十月赦　1367-120- 9
即位詔　1367-121- 9

至大三年十月赦　1373- 86- 7
即位詔　1373- 86- 7

十　畫

●高延宗 北齊
即位詔　1400- 18- 1
●高斯得 宋
跋趙遹所受徽宗皇帝御筆　1182- 74- 5
●唐　元元
漢文帝不受千里馬詔　1213-588- 13
●唐　庚 宋
誠諭諸路提舉常平司郵民　1124-377- 9
●唐文宗 唐
太和改元赦　426- 45- 5
開成改元赦　426- 46- 5
答中書門下上尊號——大和六年正月七日　426- 62- 6
大和八年疾愈德音　426- 98- 10
文宗遺詔——（開成五年正月）　426-107- 12
太和七年册皇太子德音　426-156- 29
文宗立穎王爲皇太弟勾當軍國勅——開成五年一月二日　426-166- 30
令兩京選皇太子妃敕——開成元年八月　426-176- 31
聽越王歸葬詔——開成四年六月　426-253- 39
以旱停南郊勅——太和年　426-506--67
太和三年南郊赦　426-533- 71
立終南山祠敕——開成二年　426-564- 74
莊陵優勞德音——太和元年八月　426-584- 77
增忌辰設齋人數勅——（太和年）　426-598- 78
廢國忌日行書勅——開成四年十月　426-598- 78
許慶成節宴會陳脯臨勅——開成二年八月　426-616- 80
禁弋獵勅——太和四年三月　426-617- 80
刪定制勅——太和元年六月　426-633- 82
禁罪人鞭背勅——太和四年四月　426-633- 82
曲赦京畿德音——太和八年十二月　426-651- 86
釐革匭函進狀詔——開成五年四月　426-675- 99
停宰臣監搜詔——太和年　426-690-101
條貫兩省臺官導從勅——太和年　426-691-101
太和二年親試制舉人勅　426-736-106
告諭宗閔德裕親故更不問罪勅——太和九年九月　426-773-110

令御史巡定諸道半價勅——太和年　426-781-111
修亳州太清宮詔——太和年　426-795-113
條流僧尼勅——太和年　426-795-113
招諭王庭湊詔——太和二年八月　426-840-118
令鎮州行營兵馬各守疆界詔——太和年　426-841-118
討鳳翔鄭注德音——太和九年十一月二十四日　426-861-120
破李同捷德音——太和二年五月十二日　426-910-125
誅興元辭兵勅——太和年　426-911-125
誅王涯鄭注後德音——太和九年十二月十六日　426-911-125
誅王涯等德音　426-912-125
誅王涯告諸陵詔——太和九年十一日　426-913-125
誅王涯等勅　426-930-127
勅軍司協助京縣捕盜　556-124- 85
捕盜止法頭首勅　556-124- 85
勅南詔清平官書　570-322-29之2
太和三年十一月十八日赦文　1337- 48-428
太和七年八月七日册皇子德音　1337- 78-432
淄青蝗旱賑恤（詔）　1337-106-436
賑救諸道水災德音　1337-107-436
雨雪賑濟百姓德音　1337-107-436
賑恤諸道遭旱百姓勅　1337-108-436
賑救諸道百姓德音　1337-109-436
討王庭湊德音　1337-121-438
破李同捷德音　1337-122-438
討鳳翔鄭注德音　1337-123-438
誅逆人蘇佐明德音　1337-130-439
太和六年德音　1337-142-441
太和八年疾愈德音　1337-143-441
●唐太宗 唐
即位赦　426- 9- 2
改元貞觀詔　426- 22- 3
太上皇康復詔——（貞觀四年七月）　426- 97- 10
遺詔——（貞觀二十三年五月）　426-101- 11
征遼命皇太子監國詔——貞觀十九年元月　426-162- 30
太上皇崩命皇太子知軍國詔——貞觀九年五月　426-162- 30
破高麗回怡攝命皇太子決斷機務

詔——貞觀二十年三月　　　　　　426-163- 30

魏王泰上括地志賜物詔——貞觀十六年元月　　　　　　426-260- 40

責齊王祐詔——貞觀十七年二月　426-264- 40

功臣陪陵詔——貞觀二十年八月　426-464- 63

賜功臣陪陵地詔——貞觀十一年十月　　　　　　426-464- 63

封建功臣詔——貞觀五年十一月　426-478- 65

圖功臣像於凌烟閣詔——貞觀十七年二月　　　　　　426-479- 65

宥周隋名臣子孫配流詔——貞觀中五年七月　　　　　　426-487- 65

答請封禪詔——貞觀五年正月　　426-489- 65

停封泰山詔——貞觀十五年六月　426-490- 66

貞觀十五年封泰山詔——四月　　426-490- 66

允群臣請封禪詔——貞觀二十年十二月　　　　　　426-491- 66

停封禪詔——貞觀二十一年八月　426-493- 66

貞觀十七年冬至有事南郊詔——十月　　　　　　426-502- 67

貞觀十七年南郊德音　　　　　　426-507- 68

貞觀三年藉田詔——正月十八日　426-556- 74

令所司與禮官議宗廟制——貞觀九年九月　　　　　　426-568- 75

令公卿議太原建寢廟詔——貞觀九年十二月　　　　　　426-568- 75

九嵕山卜陵詔——貞觀十年二月　426-576- 76

高祖山陵畢賜元從功臣及營奉百姓恩澤詔——貞觀元年十一月　426-579- 77

巡幸岐隴二州曲赦　　　　　　　426-600- 79

巡幸并州曲赦——貞觀二十年正月　　　　　　426-600- 79

破契丹幸靈州詔——貞觀二十年八月　　　　　　426-601- 79

定州賜宗姓老人宴會勅——貞觀十九年十一月　　　　　　426-612- 80

賜孝義高年粟帛詔——貞觀三年四月　　　　　　426-614- 80

戒厚葬詔——貞觀十七年三月　　426-617- 80

頒行唐禮及郊廟新樂詔——貞觀十一年四月　　　　　　426-620- 81

修晉書詔——貞觀二十年閏二月　426-623- 81

糾劾違律行事詔——貞觀元年八月　　　　　　426-626- 82

貞觀四年二月大赦　　　　　　　426-636- 83

貞觀九年三月大赦　　　　　　　426-637- 83

致仕官在見任官上詔——貞觀二年九月　　　　　　426-677-100

定三品至九品服色詔——貞觀四年八月　　　　　　426-677-100

置三師詔——貞觀六年二月　　　426-677-100

採訪孝悌儒術等詔——貞觀十一年四月　　　　　　426-693-102

求訪賢良限來年二月集泰山詔——貞觀十五年六月　　　　　　426-693-102

薦舉賢能詔——貞觀十年二月　　426-694-102

搜訪才能詔——貞觀二十一年六月　　　　　　426-695-102

遣使巡行天下詔——貞觀八年正月　　　　　　426-702-103

令群臣直言詔——貞觀二十年十二月　　　　　　426-719-105

寬繒治器械功程詔——貞觀元年七月　　　　　　426-743-107

建玉華宮於宜君縣鳳凰谷詔——貞觀二十一年七月　　　　　　426-752-108

玉華宮成曲赦宜君縣制——貞觀二十二年二月　　　　　　426-753-108

令有司觀勉庶人婚聘及時詔——貞觀元年正月　　　　　　426-766-110

溫彥博等檢行諸州苗稼詔——貞觀元年九月　　　　　　426-776-111

爲殉身戎陣者立寺刹詔——貞觀三年閏十二月　　　　　　426-789-113

道士女冠在僧尼之上詔——貞觀十一年二月　　　　　　426-789-113

諸符瑞申所司詔——貞觀二年九月　　　　　　426-798-114

掩暴露骸骨詔——貞觀二年四月　426-801-114

瘞突厥骸骨詔——貞觀四年九月　426-801-114

劉創京觀詔——貞觀五年二月　　426-801-114

收葬隋朝征遼軍士骸骨勅——貞觀十九年四月　　　　　　426-801-114

禁錮隋朝弑逆子孫詔——貞觀七年正月　　　　　　426-802-114

存問并州父老詔——貞觀十五年六月　　　　　　426-807-115

劉泊自盡詔——貞觀十九年十二月　　　　　　426-921-116

討高昌王麴文泰詔——貞觀十三

史部 詔令奏議類：附錄 詔令上十畫

年十二月　　　　　　　　　　　　426-953-130
討高麗詔——貞觀十八年十月　　　426-954-130
親征高麗詔——貞觀十八年十二
　月　　　　　　　　　　　　　　426-955-130
高麗班師詔——貞觀十九年十月　　426-956-130
破高麗詔——貞觀十九年四月　　　426-962-130
降高麗頒示天下詔——貞觀十九
　年三月　　　　　　　　　　　　426-963-130
破高麗賜酺詔——貞觀十九年六
　月　　　　　　　　　　　　　　426-963-130
破薛延陀告廟詔——貞觀二年八
　月　　　　　　　　　　　　　　426-968-130
諡號（令）——改生避其諱詔　　　440-885-281
征高麗詔　　　　　　　　　　　　503-256-709
與安陸郡公許紹詔　　　　　　　　534-161- 82
建東都詔　　　　　　　　　　　　538-493- 75
優獎太原勳舊詔　　　　　　　　　549- 33-183
曲赦并州管內詔　　　　　　　　　549- 33-183
恤刑慶賜德音　　　　　　　　　1337-133-440
養老德音　　　　　　　　　　　1337-134-440
優獎太原勳舊德音　　　　　　　1337-135-440
貞觀年爲戰陣處峙詔　　　　　　1394-304- 1
手詔高士廉　　　　　　　　　　1402- 41- 7
出隋宮女詔　　　　　　　　　　1402- 41- 7
答劉泊詔　　　　　　　　　　　1402- 41- 7
命魏徵傅皇太子詔　　　　　　　1402- 41- 7
舉縣令詔　　　　　　　　　　　1402- 41- 7
致仕朝參在見任本品上詔　　　　1417-592- 29
賜孝義高年粟帛詔　　　　　　　1417-592- 29
誠厚葬及賜功臣陪塋地詔　　　　1417-593- 29
褒李大亮書　　　　　　　　　　1417-594- 29
●*唐太祖唐*
允百官表請不親至山陵詔　　　　　426-578- 76
●*唐中宗唐*
即位赦　　　　　　　　　　　　　426- 10- 2
令宗屬姑叔不得拜子姪制——
　神龍元年三月　　　　　　　　　426-262- 40
金城公主降吐蕃制——景龍四年
　元月　　　　　　　　　　　　　426-279- 42
東光縣主事跡入國史詔——神龍
　元年三月　　　　　　　　　　　426-286- 43
景龍三年南郊赦——十一月二十
　二日　　　　　　　　　　　　　426-507- 68
親祀明堂赦——神龍元年九月　　　426-552- 73
申寃制——神龍元年二月二十七

日　　　　　　　　　　　　　　　426-631- 82
遣十使巡察風俗制——神龍二年
　二月　　　　　　　　　　　　　426-703-103
集學生制——景龍四年四月二十
　八日　　　　　　　　　　　　　426-721-105
不許言中興勅——神龍三年二月　　426-803-114
景龍三年十一月二十三日拜南郊
　制　　　　　　　　　　　　　1337- 29-425
神龍開創制　　　　　　　　　　1337-336-463
申寃制　　　　　　　　　　　　1337-349-464
●*唐玄宗唐*
即位赦　　　　　　　　　　　　　426- 12- 2
改元天寶赦　　　　　　　　　　　426- 32- 4
改天寶三年爲載制　　　　　　　　426- 33- 4
先天二年不允上尊號（批答）　　　426- 55- 6
答朝集使蔣欽緒等上尊號——（
　開元二十六年）　　　　　　　　426- 56- 6
答侍中裴光庭等同前初表　　　　　426- 56- 6
答再請表　　　　　　　　　　　　426- 56- 6
答三請表　　　　　　　　　　　　426- 56- 6
太上皇答皇帝上尊號誥　　　　　　426- 57- 6
太上皇再答皇帝上尊號誥　　　　　426- 57- 6
太上皇答皇帝上尊號并讓大聖字
　號　　　　　　　　　　　　　　426- 57- 6
太上皇再答上尊號并辭大聖字誥　　426- 57- 6
太上皇三答上尊號并辭大聖字誥　　426- 58- 6
太上皇允上尊號詔　　　　　　　　426- 58- 6
開元二十七年册尊號赦　　　　　　426- 77- 9
天寶七載册尊號赦　　　　　　　　426- 79- 9
天寶八載册尊號赦　　　　　　　　426- 81- 9
天寶十三載册尊號赦　　　　　　　426- 83- 9
遺誥——（上元元年七月）　　　　426-112- 12
開元二十六年册皇太子赦　　　　　426-152- 29
開元三年册皇太子赦　　　　　　　426-152- 29
皇太子諸王改名勅——開元二十
　三年二月　　　　　　　　　　　426-159- 29
皇太子加元服宴百官詔——開元
　八年正月　　　　　　　　　　　426-159- 29
皇太子加元服制——（開元七年
　十二月）　　　　　　　　　　　426-159- 29
皇太子詣太學詔——開元七年十
　二月　　　　　　　　　　　　　426-160- 29
明皇命皇太子監國親總師徒東討
　詔——天寶十四年十二月　　　　426-164- 30
停官祭太子勅——開元二十二年

七月　　　　　　　　　　　　　426-192- 32
選宗子授臺省官及法官京縣官詔——開元三年五月　　　　　　　　　426-263- 40
勉勵宗親諭——先天二年二月　　426-263- 40
册興信公主出降文　　　　　　　426-275- 42
册壽光公主出降文　　　　　　　426-276- 42
册樂成公主出降文　　　　　　　426-276- 42
册平昌公主出降文　　　　　　　426-276- 42
册廣寧公主出降文　　　　　　　426-277- 42
賜護密國王子鐵券文　　　　　　426-472- 64
賜突騎施黑姓可汗鐵券文　　　　426-472- 64
賜懷化王那俱車鼻施鐵券文　　　626-472- 64
賜盧懷愼家粟帛勅——開元四年十一月　　　　　　　　　　　　　426-487- 65
封泰山詔——開元十二年十二月　426-694- 66
東封赦書　　　　　　　　　　　426-496- 66
祀后土賞賜行軍官等制——開元十一年二月　　　　　　　　　　　426-498- 66
幸汾陰祠后土勅——開元十年二月　　　　　　　　　　　　　　　426-498- 66
開元十一年郊天制——九月　　　426-503- 67
天寶元年南郊制　　　　　　　　426-504- 67
天寶五載南郊詔　　　　　　　　426-505- 67
開元十一年南郊赦　　　　　　　426-508- 68
天寶十載南郊赦　　　　　　　　426-510- 68
親祀東郊德音——開元二十六年正月　　　　　　　　　　　　　　426-548- 73
藉田赦書　　　　　　　　　　　426-556- 74
親祭九宮壇勅——天寶三年十二月　　　　　　　　　　　　　　　426-559- 74
命盧從願等祭岳瀆勅——開元十四年正月　　　　　　　　　　　　426-562- 74
禁驪山樵採詔——開元四年正月十九日　　　　　　　　　　　　　426-563- 74
雨澤頻降昭報山川勅——開元十四年六月　　　　　　　　　　　　426-563- 74
置壽星壇勅——開元二十四年十月　　　　　　　　　　　　　　　426-564- 74
太清宮改爲朝獻薦獻制——天寶九年十一月　　　　　　　　　　　426-568-75
增置太廟九室詔——開元十年六月　　　　　　　　　　　　　　　426-569- 75
太廟五享令宗子攝事詔——開元二十七年二月　　　　　　　　　　426-569- 75
令兩京各日享廟詔——天寶三年

四月　　　　　　　　　　　　　426-570- 75
享太廟料外置牙盤食詔——天寶五年四月十六日　　　　　　　　　426-570- 75
令皇帝謁太廟誥——先天元年十月　　　　　　　　　　　　　　　426-571- 75
明皇即位謁太廟赦　　　　　　　426-571- 75
親謁太廟錫賜宗支庶官制——開元六年十二月　　　　　　　　　　426-571- 75
親享九廟制——開元十一年五月　426-572- 75
停諸陵供奉鷹狗詔——開元二年四月　　　　　　　　　　　　　　426-586- 77
九月一日薦衣陵寢制——天寶二年八月　　　　　　　　　　　　　426-588- 77
謁五陵赦　　　　　　　　　　　426-588- 77
睿宗令皇帝巡邊詔——先天元年十月　　　　　　　　　　　　　　426-602- 79
行幸東都詔——先天二年七月　　426-603- 79
幸新豐及同州勅——開元二年九月十一日　　　　　　　　　　　　426-603- 79
幸東都制——開元四年二月三日　426-604- 79
至東都大赦天下制——（開元五年二月三日）　　　　　　　　　　426-604- 79
巡幸東都賜賚屬從赦天下制——開元五年五月　　　　　　　　　　426-605- 79
幸長安制——開元六年七月六日　426-605- 79
幸東都詔——開元九年九月九日　426-605- 79
將離東都減降囚徒勅——開元十一年正月　　　　　　　　　　　　426-606- 79
北巡狩制——開元十一年正月　　426-606- 79
幸太原府赦境內制——開元十一年正月　　　　　　　　　　　　　426-606- 79
北路幸長安制——開元十五年六月　　　　　　　　　　　　　　　426-607- 79
南路幸長安制——開元十五年八月　　　　　　　　　　　　　　　426-607- 79
巡幸東都賜賚從官勅——開元十九年十一月　　　　　　　　　　　426-607- 79
南路幸西京勅——開元二十三年十月　　　　　　　　　　　　　　426-608- 79
鑾駕到蜀大赦制——天寶十五年八月一日　　　　　　　　　　　　426-608- 79
冬至取次日朝賀勅——天寶三年十一月　　　　　　　　　　　　　426-611- 80
賜百官錢令逐勝宴集勅——開元十九年二月　　　　　　　　　　　426-612- 80

史部

詔令奏議類：附錄

詔令上十畫

史部

詔令奏議類：附錄

詔令上十畫

放圍兵勅——開元三年十月　426-616-80

酬賞鳳泉湯知頓官及百姓勅——開元三年十月二十六日　426-616-80

誡厚葬勅——開元二年八月　426-618-80

禁斷女樂勅——開元二年八月七日　426-621-81

內出雲韶舞勅——開元十二年正月　426-621-81

雅樂名大唐樂制——開元二十九年六月　426-622-81

令諸儒質定古文孝經尚書詔——開元七年三月　426-624-81

行何鄭所注書勅——開元七年五月　426-624-81

錄開元以來名臣事迹付史館勅——開元二十五年五月　426-624-81

訴事人先經州縣勅——開元十年閏三月　426-631-82

減抵罪人決杖法詔——開元十二年四月　426-632-82

開元三年正月德音　426-637-83

宥京城罪人勅——開元八年九月　426-638-83

孟夏疏決天下囚徒勅——開元十九年四月二十日　426-638-83

以春令減降天下囚徒勅——開元二十年二月　426-638-83

遣使徒諸道疏決囚徒勅——開元二十六年四月　426-639-84

令史官條奏每月應所行事詔——開元五年十月　426-664-86

歲初處分德音——開元二十一年一月一日　426-664-86

諸衛隊仗緋色幡改赤黃色詔——天寶七年七月　426-574-99

命新除牧守面辭勅——先天二年七月二十四日　426-679-100

簡京官爲都督制史詔——開元二年正月　426-679-100

復置十道按察使制——開元二年閏二月　426-680-100

誡勵尚書省官勅——開元二年六月　426-680-100

洗滌官吏貪犯制——開元四年四月四日　426-681-100

誡勵諸州刺史詔——開元五年七月　426-681-100

刺史令久在任詔——開元六年二月　426-682-100

京官都督刺史中外選用勅——開元八年七月　426-682-100

吏部引見縣令勅——天寶十三年五月　426-684-100

文武官及朝集使舉堪將帥——先天元年十二月　426-698-102

諸州舉實才勅——先天二年六月　426-698-102

搜揚怀懷才隱逸等勅——先天二年十一月四日　426-698-102

求訪武士詔——開元九年九月　426-698-102

處分朝集勅五道——開元十六年十二月二十七日　426-708-104

遣陸象先等依前按察制——開元二年閏二月七日　426-711-104

遣王志愔等各巡察本管內制——開元四年七月六日　426-712-104

遣使河北河南道觀察利害詔——開元五年二月　426-713-104

誡勵京畿縣令勅——開元八年七月　426-713-104

遣御史大夫王晙等巡按諸道制——開元八年八月　426-713-104

遣使黜陟諸道勅——開元二十九年十月　426-714-104

席建侯等巡行諸道勅——天寶五年正月　426-715-104

黜陟楊懋等詔——天寶五年十月　426-715-104

聽百寮進狀及廷爭勅——開元三年十月七日　426-719-105

命張說等兩省侍臣講讀勅　426-722-105

令明經進士就國子監謁先師勅——開元五年九月　426-722-105

求儒學詔——開元十四年六月　426-723-105

處分舉人勅——開元年　426-726-106

令貢舉人勉學詔——開元二年五月　426-738-106

親試四子舉人勅——開元二十九年九月　426-739-106

鎭兵以四年爲限詔——開元五年正月　426-744-107

誡勵諸軍州牧將詔——開元五年八月　426-745-107

四庫全書文集篇目分類索引

史部

詔令奏議類：附錄

詔令上十畫

遣使選擇邊兵勅——開元十二年九月　426-745-107

停修大明宮詔——先天二年正月　426-754-108

大明宮成放免囚徒等制——開元二年六月八日　426-754-108

改明堂爲乾元殿詔——開元五年八月　426-755-108

興慶宮成御朝德音——開元十六年正月　426-755-108

禁斷大醺廣費勅——先天二年八月　426-757-108

焚珠玉錦繡勅——開元二年七月　426-757-108

焚奢侈服用勅——開元二年七月　426-758-108

禁別宅婦人詔——開元五年七月　426-760-109

禁斷止街坊輕浮言語詔——開元五年十一月　426-761-109

禁殺害馬牛驢肉勅——開元十一年十一月　426-761-109

誠勗內外郡官詔——開元十年二月　426-771-110

令州縣以制勅告示百姓勅——開元十六年六月　426-771-110

許百官旬節休假不見朝詔——天寶五年五月　426-774-110

置勸農使安撫戶口詔——開元十二年五月　426-776-111

聽逃戶歸首勅——開元二十四年正月　426-777-111

關內庸調折變粟米勅——開元二十五年二月　426-779-111

禁鑄造銅器詔——開元十七年九月　426-783-112

令僧尼道士女冠拜父母勅——開元二年閏二月三日　426-790-113

斷書經及鑄佛像勅——開元二年七月　426-791-113

誠勵僧尼勅——開元十九年四月　426-791-113

不許私度僧尼及住蘭若勅——開元十九年七月　426-792-113

僧尼拜父母勅——開元二十一年十月　426-792-113

禁三元日屠宰勅——開元二十二年十月　426-792-113

玄元皇帝臨降制——開元二十九年五月　426-793-113

諸州置醫學士勅——開元十一年七月　426-799-114

勝示廣濟方詔——天寶五年八月　426-799-114

三衞疆騎疾病給食料勅——天寶三年八月　426-800-114

埋瘞暴露骸骨勅——天寶元年三月　426-801-114

改丹水爲懷水勅——開元十三年三月　426-803-114

遣畢構等慰撫諸道制——先天二年七月　426-807-115

遣盧絢等諸道宣慰賑給詔——開元二十二年二月　426-808-115

親征安祿山詔——天寶十四年十二月　426-845-119

楊慎矜自盡詔　426-922-126

王鉷自盡詔　426-923-126

令蕃客國子監觀禮教勅——開元三年十二月二十二日　426-936-128

賜入朝新降蕃酋勅——開元八年三月　426-936-128

命姚崇等北伐制——開元二年二月二十八日　426-958-130

命薛之內等與九姓共伐默啜制——開元四年一月二日　426-960-130

平戎告廟勅——開元元年　426-969-130

宣慰湖南百姓制　534-162- 82

賜隱士盧鴻乙還山制　338-493- 75

置北都制　549- 37-183

褒魏知古諫獵渭川手詔　556-112- 85

勅雲南王蒙歸義書　570-321-29之2

復勅雲南王蒙歸義書　570-321-29之2

勅安南省領歸州刺史爨仁恕書　570-322-29之2

開元皇帝受禪制　1336-777-420

改元天寶赦　1336-785-421

天寶六載南郊赦　1337- 28-425

天寶十載南郊赦　1337- 28-425

嗣聖德音　1337-135-440

營興慶宮德音　1337-136-440

發宣撫使勅　1337-311-461

出使優恤制　1337-312-461

置北都制　1337-344-464

誡勵風俗勅三　1337-353-465

斷珠玉等制　1337-355-465

徵嵩山隱士盧鴻 一詔　1402- 42- 7

四庫全書文集篇目分類索引

史部 詔令奏議類:附錄 詔令上十畫

發宣撫使勅 1417-599- 29
求賢良詔 1417-600- 29
誠勵風俗勅 1417-600- 29
焚珠玉錦繡勅 1417-601- 29
勅朝集使（二則） 1417-602- 29
處分朝集使勅 1417-603- 29
● 唐末帝 後唐
修奉關西陵寢詔 556-127- 85
● 唐代宗 唐
卽位赦 426- 14- 2
改元永泰赦 426- 37- 4
改元大曆赦 426- 38- 4
寶應二年上尊號答詔 426- 58- 6
答第二表詔 426- 58- 6
答第三表詔 426- 58- 6
廣德元年册尊號赦 426- 88- 9
遺詔——（大曆十四年五月） 426-104- 11
（大曆五年）册親王出將文 426-236- 37
（大曆六年）册親王出將文 426-236- 37
廣德二年南郊赦 426-514- 69
行再著服詔 426-575- 76
條疏葬祭勅——大曆七年三月 426-619- 80
大曆四年大赦 426-642- 84
大曆五年大赦 426-642- 84
大曆七年大赦 426-646- 85
大曆八年大赦 426-647- 85
大曆九年大赦 426-648- 85
復尚書省故事例——大曆五年三月 426-674- 99
處分舉薦人詔——寶應元年七月 426-700-103
命郭子儀等出師制——大曆九年四月 426-746-107
停河中節度幷耀德軍詔——廣德二年六月 426-748-107
禁天文圖讖詔——大曆三年正月 426-761-109
禁大花綾錦等勅——大曆六年四月 426-762-109
放營府金坑勅——大曆十四年七月 426-785-112
條貫僧尼勅——寶應元年八月 426-794-113
收葬京城骸骨詔——寶應年 426-802-114
決李少良等判 426-925-126
劉希暹自盡制 426-926-126
姜敬初自盡制 426-926-126
誅元載制 426-927-126

平黨項德音——大曆五年二月 426-965-130
賜王縉詔 549- 39-183
備朔方詔——大曆九年 556-115- 85
復尚書省故事制 1337-339-463
答王縉勑 1394-301- 1
卻獻祥瑞詔 1402- 42- 7
增修學宮詔 1417-605- 29
大赦詔 1417-605- 29
● 唐武宗 唐
卽位（赦） 426- 21- 3
改名詔附臣子疏一則 426- 53- 5
批答宰臣上尊號第五表——（會昌四年十月七日） 426- 62- 6
會昌二年册尊號赦 426- 95- 10
會昌五年册尊號赦 426- 95- 10
遺詔——會昌六年三月 426-108- 12
立光王爲皇太叔勾當軍國勑——會昌六年三月二十一日 426-167- 30
會昌元年三月南郊赦 426-535- 71
會昌五年正月三日南郊赦 426-535- 71
義安太后服制勅
　前附有禮部侍郞陳商等奏 426-575- 76
置孟州勅——會昌三年十月 426-671- 99
薦革請留中不出狀詔——會昌元年六月 426-675- 99
拆寺制——會昌五年八月 426-796-113
命李回宣慰函鎭魏等道勅——會昌三年 426-825-117
討潞州劉楨制——會昌三年 426-862-120
平潞州德音——會昌四年九月十八日 426-913-125
劉從諫剖棺暴尸勑——會昌四年八月 426-931-127
遣使賑撫回鶻制——會昌元年十二月 426-950-129
討回鶻制——會昌三年正月 426-961-130
會昌二年四月二十三日上尊號赦文 1337- 13-423
會昌五年正月三日南郊赦文 1337- 55-429
雨災減放稅錢德音 1337- 99-434
會昌元年彗星見避正殿德音 1337-141-441
賜石雄詔 1402- 52- 10
毀佛寺制 1417- 60- 29
● 唐明宗 後唐
後唐收蜀勑 1354-469- 16

● 唐宣宗 唐

即位赦 426- 21- 3
答百僚請加尊號第三表——大中元年十月 426- 62- 6
答宰臣請御丹鳳樓上尊號——大中三年十一月二十五日 426- 63- 6
大中二年册尊號赦 426- 96- 10
遺詔——（大中十三年八月） 426-109- 12
立鄆王爲皇太子勾當軍國勅——大中十三年八月九日） 426-167- 10
大中元年南郊赦——正月十七日 426-536- 72
大中元年積慶皇太后寢疾權不聽政勅——四月 426-574- 76
大中二年太皇太后寢疾權不聽政勅——五月 426-575- 76
加祖宗諡號赦 426-597- 78
大中十三年正月赦 426-651- 86
禁嶺南貨賣男女勅——大中九年閏四月 426-763-109
遣使宣慰安南營管勅——大中十一年四月 426-825- 17
洗滌長慶亂臣支黨德音——大中八年正月十一日 426-859-120
議立回鶻可汗詔——大中十年二月 426-941-128
遣使册回鶻可汗詔——大中十年十二月 426-942-128
答鳳翔節度使崔琪手詔 556-124- 85
答兩省諫幸華清詔 556-125- 85
大中二年正月三日册尊號赦書 1337- 3-422
大中元年正月十七日赦文 1337- 63-430
賑恤江淮遭水旱疾疫百姓德音 1337-109-436
破黨羌德音 1337-126-439
洗雪南山平夏德音 1337-129-439
洗滌長慶亂臣支黨德音 1337-129-439
大中元年答宰臣請上尊號第三表 1337-359-466

● 唐哀帝 唐

親至和陵赦——天祐二年三月 426-578- 76
答百僚不赴陵詔——天祐二年正月 426-578- 76
文武官參用詔——天祐二年四月 426-691-101
抑璀自盡勅——天祐二年十二月 426-934-127

●唐昭宗 唐

改元天復赦 426- 48- 5
命皇太子監國制——光化元年十一月六日 426-168- 30
賜韓建鐵券文——光化元年九月 426-474- 64
升華州爲興德府勅——光化元年八月 426-673- 99
討董昌制——乾寧二年五月 426-868-120
復陳敬瑄官爵詔——大順二年三月 426-882-122
平孫儒德音——景福元年八月 426-918-125
平楊守亮等勅——乾寧九年八月 426-919-125
誅杜讓能宣示天下（勅）——景福元年六月 426-933-127
王摶自盡勅——光化三年六月 426-934-127
答李克用請還京並飭討邠寧詔 556-126- 85
賜王建詔 1354-467- 16
又賜（王建）御筥 1354-467- 16
又賜（王建）詔 1354-467- 16

● 唐高宗 唐

改元總章赦 426- 22- 3
改元弘道詔 426- 23- 3
天帝遺詔——（弘道元年十二月四日） 426-102- 11
命皇太子頒諸司啟事詔 426-163- 30
公主王妃不許舅姑父母答拜詔——顯慶二年二月 426-275- 42
縣主出嫁稱適詔——顯慶二年九月 426-285- 43
停封中嶽詔——永淳二年十一月 426-494- 66
封禪器用從文詔——麟德二年十月 426-494- 66
祭圓丘明堂並以高祖太宗配詔——乾封二年十二月 426-502- 67
宗廟薦享別奠樽爵詔——乾封元年六月 426-569- 75
親謁陵曲赦醴泉縣德音——永徽六年正月 426-587- 77
赦行幸諸縣及岐州詔——永徽五年二月 426-601- 79
幸東都詔——儀鳳二年十月 426-602- 79
停諸節進獻詔——顯慶二年四月 426-615- 80
聽衞士終制三年勅——永徽元年五月 426-617- 80
不許臨喪嫁娶及上墓歡樂詔——龍朔二年三月 426-617- 80
用慶善曲破陣樂詔——麟德二年十月 426-621- 81

史部 詔令奏議類：附錄 詔令上十畫

簡擇史官詔——總章三年十月　426-623- 81
頒行新律詔——永徽二年九月　426-627- 82
法司及別勅推事並依律文詔——永徽六年十一月　426-627- 82
恤刑詔——龍朔二年八月　426-628- 82
頒行新令制——儀鳳元年十二月五日　426-628- 82
申理寃屈制——儀鳳二年十一月十三日　426-629- 82
頒行麟德曆詔——麟德二年九月辛卯　426-633- 82
置乾封明堂縣制——總章元年十一月二十日　426-667- 99
河南河北江淮探訪才傑詔——顯慶元年十月　426-695-102
探訪武勇詔——顯慶二年六月　426-696-102
京文武三品每年各舉知詔——儀鳳二年十二月　426-696-102
求猛士詔——儀鳳二年十二月　426-697-102
條流明經進士詔——永隆二年八月　426-738-106
寫書御名不關點畫勅——顯慶五年正月　426-757-109
官人百姓衣服不得逾令式勅——咸亨五年四月　426-757-108
罷三十六州造船安撫百姓詔——龍朔三年八月　426-779-111
用舊錢詔——乾封二年五月　426-783-112
僧尼不得受父母拜詔——顯慶二年二月　426-789-113
勞薛仁貴勅　549- 34-183
置乾封明堂縣制　1337-341-464
詳定刑名制　1337-345-464
刪定刑書制　1337-346-464
申理寃屈制　1337-347-464
賑貸詔　1402- 41- 7

● *唐高祖唐*

神堯即位赦　426- 9- 2
神堯遺詔——貞觀九年五月六日　426-100- 11
神堯命皇太子決斷庶政詔——武德九年六月　426-162- 30
神堯傳位皇太子詔——武德元年八月　426-169- 30
神堯命皇帝正位詔——武德九年八月　426-170- 30

宗姓官在同列之上詔——武德二年元月　426-262- 40
魏公寂已下奏事侍立並升殿詔——武德二年二月　426-441- 61
裴寂等恕死詔——武德元年八月　426-472- 64
胡大恩賜姓屬宗正詔——武德四年元月　426-475- 64
高開道賜姓上籍宗正詔——武德三年九月　426-475- 64
楚王威賜姓附屬籍詔　426-475- 64
燕公藝賜姓上籍宗正詔——武德二年九月　426-475- 64
安康郡公襲譽聽合譜宗正詔　426-475- 64
親祀太社詔——武德元年正月　426-554- 73
天地宗廟外祭用少牢詔——武德元年十月　426-564- 74
幸故宅改爲通議宮曲赦京城繫囚制——武德六年四月　426-599- 79
停貢獻詔——武德元年十月　426-612- 80
太常樂人饟除——同民例詔——武德二年八月　426-620- 81
命蕭瑀等修三代史詔——武德五年十二月　426-622- 81
頒新律令詔——武德七年四月　426-626- 82
曲赦涼甘等九州制——武德二年二月　426-635- 83
武德二年十月赦　426-635- 83
益州巂州管內疏理囚徒制——武德四年四月　426-636- 83
京官及總管制史舉人詔——武德五年三月　426-693-102
置學官備釋奠禮詔——武德七年二月　426-720-105
興學勅——武德七年二月　426-721-105
閱武詔——武德九年十月　426-742-107
置十二軍詔——武德二年七月　426-742-107
修繕邊障塞詔——武德元年九月　426-742-107
關內諸州斷屠酤詔——武德二年二月　426-756-108
關內諸州斷屠殺詔——武德三年四月　426-756-108
廢潼關以東緣河諸關不禁金銀綾綺詔——武德九年八月　426-756-108
誡表疏不實詔——武德元年五月　426-765-110
令內外官相存問詔——武德九年

十二月　　　　　　　　　　　426-765-110
觀農詔——武德六年六月　　　426-775-111
簡徭役詔——武德六年三月　　426-778-111
禁止迎送營造差科詔——武德六年四月　　　　　　　　　　　426-778-111
置常平監官詔——武德九年九月　426-781-111
禁正月五月九月屠宰詔——武德二年正月　　　　　　　　　　426-788-113
收瘞隋末喪亂骸骨詔——武德年　426-800-114
隋代公卿不預義軍者田宅並勿進收詔——武德元年七月　　　　426-803-114
皇太子等巡京城諸縣詔——武德二年閏二月　　　　　　　　　426-806-115
令秦王討王世充詔——武德三年七月　　　　　　　　　　　　426-843-119
討輔公祏詔——武德六年九月　426-844-119
原劉武周宋金剛等註誤詔　　　426-869-121
宥劉武周餘黨詔　　　　　　　426-869-121
赦河南諸州爲王世充註誤詔　　426-870-121
募擒王世充爵賞詔——武德三年七月　　　　　　　　　　　　426-885-123
平竇建德赦　　　　　　　　　426-885-123
平王世充復赦　　　　　　　　426-886-123
平輔公祏赦　　　　　　　　　426-886-123
皇太子建成齊王元吉伏誅大赦　426-887-123
撫鎮夷狄詔——武德二年二月　426-936-128
命皇太子討稽胡詔——武德四年九月　　　　　　　　　　　　426-952-130
貸逃背征役德音　　　　　　1337-133-440
原宥代州德音　　　　　　　1337-133-440
武德二年春月甲子下詔　　　1394-304- 1
錄用隋氏子孫詔　　　　　　1402- 41- 7
修定科律詔　　　　　　　　1417-588- 29
●*唐肅宗 唐*
即位赦　　　　　　　　　　　426- 13- 2
改元上元赦　　　　　　　　　426- 34- 4
去上元年號大赦　　　　　　　426- 36- 4
答右僕射裴冕上尊號——至德二年　　　　　　　　　　　　　426- 56- 6
乾元元年册太上皇尊號赦　　　426- 86- 9
遺詔——寶應元年四月十八日　426-103- 11
立成王爲皇太子德音——乾元元年　　　　　　　　　　　　　426-153- 19
命皇太子監國制 附楊綰等疏一則　426-165- 30
乾元元年南郊赦——四月十日　426-511- 69

停藉田雕飾農器詔——乾元二年正月　　　　　　　　　　　　426-556- 74
史思明再陷洛陽巡東京詔——乾元二年九月　　　　　　　　　426-608- 79
以春令減降囚徒勅——乾元二年二月　　　　　　　　　　　　426-640- 84
以春令減降囚徒德音——上元二年正月　　　　　　　　　　　426-640- 84
改太史監爲司天臺勅——乾元元年二月　　　　　　　　　　　426-686-101
訪至孝友悌詔——至德二年正月　426-700-103
察訪刺史縣令詔——乾元二年八月一日　　　　　　　　　　　426-716-104
釐革新及第進士宴會勅——乾符二年正月　　　　　　　　　　426-740-106
誡示諸道制——至德二年正月三日　　　　　　　　　　　　　426-771-110
禁京城沽酒勅——乾元元年二月　426-783-112
行乾元重寶錢勅——乾元二年七月　　　　　　　　　　　　　426-784-112
行重輪錢勅——乾元二年八月　426-784-112
令百官議罷新錢詔——乾元三年三月　　　　　　　　　　　　426-784-112
重稜錢減價行用勅——上元元年九月　　　　　　　　　　　　426-785-112
宣慰京城増道父老勅——至德二年　　　　　　　　　　　　　426-809-115
安綏京城百姓詔——至德三年正月　　　　　　　　　　　　　426-809-115
遣使安撫制——至德二十年二月　426-810-115
原免兩京被賊適授僞官詔——乾元元年六月　　　　　　　　　426-871-121
受賊僞官令均平改擬詔——乾元二年八月　　　　　　　　　　426-872-121
收復西京還京詔——至德二年十月　　　　　　　　　　　　　426-888-123
收復京師詔——至德二年　　　426-888-123
誅李惟岳後優郵易定等道詔　　426-898-124
處置受賊僞官陳希烈等詔　　　426-924-126
寶應元年皇太子監國頒天下赦文　1337- 81-432
讞獄詔　　　　　　　　　　1417-804- 29
●*唐順宗 唐*
即位赦　　　　　　　　　　　426- 15- 2
遺誥——元和元年正月十九日　426-112- 12
命皇太子勾當軍國勅——永貞元

年七月 426-166- 30
命皇太子即位詔——貞元二十一年八月 426-173- 30
永貞元年答宰臣請上尊號表 1337-359-466
●唐敬宗 唐
即位優賜諸軍詔 426- 20- 2
答宰臣上尊號第四表——寶應元年四月三日 426- 61- 6
寶曆元年册尊號赦 426- 94- 10
收葬絳王詔——寶曆二年十二月 426-253- 39
寶曆元年正月南郊赦 426-527- 70
令常參官舉人詔——寶曆元年九月 426-701-103
寶曆元年試制舉人詔 426-735-106
江王下教——寶曆年 426-804-114
寶曆元年四月二十日册尊號赦文 1337- 11-423
寶曆元年正月七日赦文 1337- 42-427
誅張韶德音 1337-131-439
答百寮上尊號第四表 1337-358-466
●唐睿宗 唐
即位赦 426- 12- 2
景雲元年册皇太子赦 426-151- 29
皇太子國子監釋奠詔——景雲二年八月 426-160- 29
允皇太子奏讓政事詔——景元二年四月 426-164- 30
令明皇總軍國刑政詔——先天二年七月 426-171- 30
誡諸王任刺史別駕勅——景雲二年十二月 426-265- 40
太極元年北郊赦 426-549- 73
頒律令格式制——文明元年四月二十六日 426-630- 82
揀擇刺史制——景雲元年十一月 426-678-100
令御史錄奏內外官職事詔——景雲二年十月 426-678-100
博採通經史書學兵法詔——景雲元年十二月 426-697-102
停修金仙玉眞兩觀詔——景雲三年三月 426-753-108
不許群臣干請詔——景雲二年十二月 426-770-110
僧道齊行並進制——景雲二年 426-790-113
受禪制 1336-777-420
定刑法制 1337-346-464
誡勵風俗勅 1337-352-465
勞畢構璽書 1417-598- 29
●唐僖宗 唐
改元廣明詔 426- 48- 5
答宰臣蕭遘等上尊號——光啟元年五月某日 426- 63- 6
答第三表詔 426- 64- 6
乾符四年册尊號德音 426- 96- 10
遺詔——（文德元年三月） 426-110- 12
壽王爲皇太弟知軍國詔——光啟四年三月六日 426-168- 30
賜陳敬瑄鐵券文 426-474- 64
命京北府修郭子儀墓詔 426-487- 65
乾符二年正月七日南郊赦 426-537- 72
光啟三年七月德音 426-659- 86
釐革選人勅——中和四年二月 426-691-107
搜訪兵術賢才詔——光啟五年五月 426-701-103
誡諭藩鎭詔——中和四年十二月 426-773-110
宣撫東都官吏勅——乾符三年九月 426-827-117
遣使宣慰斬黃等州勅——乾符四年九月 426-828-117
討伐王鄂詔——乾符三年六月 426-864-120
討草賊詔——乾符四年三月 426-864-120
討楊師立制——中和四年二月 426-865-120
平楊師立詔——中和四年六月 426-917-125
平楊師立宣示中外詔——中和四年六月 426-917-125
處置蕭遘等勅——光啟三年三月 426-932-127
賜高駢築羅城詔 1354-466- 16
賜節度使陳敬瑄鐵券 1354-466- 16
賜高駢築羅城詔 1354-261- 26
賜陳敬瑄太尉鐵券文 1402-154- 29
●唐德宗 唐
奉天改元建中五年爲興元元年正月一日赦 426- 41- 5
改建中元年勅 426- 41- 5
貞元元年正月改元并招討河中李懷光淮西李希烈赦 426- 44- 5
擬百寮請復尊號表——貞元六年 426- 59- 6
遺詔——（貞元二十二年正月） 426-104- 11
册嘉成公主出降文 426-277- 42
賜安西管內黃蘖官鐵券文 426-473- 64
爲李懷光立後詔——貞元元年 426-483- 65

今畫中宗以後功臣於凌煙閣詔——貞元元年　426-484- 65
貞元六年南郊赦　426-520- 70
遷獻懿二祖詔——貞元十九年　426-570- 75
五月一日御宣政殿勅——貞元十年四月　426-611- 80
二月一日爲中和節勅——貞元五年正月　426-615- 80
令誕日外命婦賀皇太后勅——貞元十五年七月　426-616- 80
罪至死者勿決先杖勅——貞元八年十一月　426-633- 82
改梁州爲興元府詔——興元元年六月　426-670- 99
城鹽州詔——貞元九年二月　426-670- 99
賜常參官錢勅——貞元年　426-689-101
置上將軍及增諸衛祿秩詔——貞元年　426-689-101
朝臣薨卒給倞料賻贈詔——貞元十年正月　426-690-101
罷百官正衙奏事勅——貞元元年　426-690-101
訪習天文曆算詔——貞元三年二月　426-690-102
遣諸道黜陟使勅——建中年　426-717-104
貞元元年放制科舉人詔　426-730-106
發兵屯守諸鎮詔——建中元年　426-748-107
優獎西北庭將士詔——建中年　426-749-107
還馬燧賞軍士家財詔——建中年　426-749-107
建中四年伐兩河判帥勞慰本道百姓勅　426-818-116
貞元元年八月慰撫平盧軍先陷在淮西將士勅　426-819-116
平朱泚後車駕還京赦——興元元年七月二十三日　426-894-123
平李希烈詔——興元年　426-900-124
平淮西李希烈勅——貞元二年六月　426-900-124
劉宴賜自盡勅　426-927-126
遣癸陟等賑給江襄郢隨鄂申光蔡等州詔　534-162-182
遣使賑恤天下遭水百姓勅　1337-101-435
賑恤遭水災百姓勅　1337-102-435
建中四年德音　1337-140-441
放免諸道先停放將士資糧德音　1337-140-441
褒功臣詔　1402- 42- 7
賜安西管內黃姓蕃官鐵券文　1402-153- 29
元旦罪己詔　1417-606- 29
褒功臣詔　1417-606- 29

● 唐憲宗 唐

改元元和赦　426- 44- 5
批答宰臣請上尊號　426- 59- 6
批答宰臣請再册尊號第三表——元和二年十二月二十二日　426- 59- 6
答南省請上尊號表——元和十四年　426- 59- 6
答宰臣請册尊號第三四表——元和十四年六月七日　426- 60- 6
元和十四年册尊號赦　426- 91- 10
遺詔——（元和十五年正月）　426-105- 11
元和四年册皇太子赦　426-154- 29
封恩王等女爲縣主制——元和六年十二月　426-287- 43
錄李洧等子孫詔——元和　426-485- 65
元和二年南郊赦　426-524- 70
罷藉田勅——元和五年十一月十九日　426-556- 74
元和元年輟朝侍膳勅——正月　426-574- 76
元和十一年皇太后寢寂權不聽政勅——三月　426-574- 76
大行太后山陵修奉事勅——元和十一年三月　426-577- 76
崇陵優勞德音——永貞元年十一月　426-580- 77
豐陵優勞德音——元和元年　426-580- 77
莊憲皇太后山陵優勞德音——元和十一年九月　426-580- 77
景陵優勞德音——元和十五年六月十九日　426-581- 77
淮西用兵罷元會勅——元和十年十二月　426-612- 80
罷正至進奉勅——元和十二年　426-672- 80
條貫起居注勅——元和十二年九月　426-625- 81
元和十三年大赦　426-649- 85
置宥州勅——元和九年五月　426-671- 99
置行蔡州勅——元和十年三月　426-671- 99
置遂平縣勅——元和十二年四月　426-671- 99
停河南水陸運使等勅——元和五年　426-690-101
停諸道度支營田使勅——元和十

三年七月 426-690-101
元和元年尚書省試制科舉人勅 426-731-106
條貫立戟勅——元和六年十二月 426-761-109
條貫江淮銅鈒勅——元和年 426-786-112
停淄青等道耀鹽勅——元和年 426-787-112
討王承宗招諭勅——元和四年十月十七日 426-840-118
購殺武元衡賊勅——元和十年六月 426-885-123
破淄青李師道德音——元和十四年二月二十一日 426-905-124
誅劉闢勅 426-927-126
誅李錡幷男師回勅 426-928-126
誅殺武元衡賊張宴等勅 426-928-126
誅吳元濟勅 426-930-127
放不從亂吐蕃四人歸國勅——元和年 426-937-128
放吐蕃使歸國勅——元和十四年正月 426-937-128
賜冀鎭節度使王承宗詔 506-173- 91
答杜兼謝授河南尹璽書 538-493- 75
元和十四年七月二十三上（册）
　尊號赦 1337- 6-422
册太子禮畢赦文 1337- 77-432
賑貸京畿百姓德音 1337-100-435
賑貸京畿德音 1337-100-435
分命使臣賑恤水旱百姓勅 1337-102-435
元旱撫恤百姓德音 1337-103-435
賑恤百姓德音 1337-104-435
伐劉闢德音 1337-119-438
詔討鎭州王承宗德音 1377-120-438
元和二年答宰臣請上尊號第二表 1337-359-466
元和十四年答宰臣請上尊號第四表 1337-359-466

● 唐穆宗 唐
即位赦 426- 17- 2
批宰臣請上尊號表——長慶元年四月 426- 60- 6
疾愈德音——（長慶二年二月） 426- 97- 10
遺詔——（長慶四年正月） 426-105- 11
長慶二年册皇太子德音 426-156- 29
命皇太子檢校軍國勅——長慶四年正月 426-166- 30
敍用勳舊武臣德音——長慶二年三月十日 426-485- 65

長慶元年正月南郊改元赦 426-525- 70
光陵優勞德音——長慶四年十月 426-583- 77
長慶四年正月一日德音 426-649- 85
放制舉人詔——長慶二年十二月 426-734-106
誠勵風俗詔——長慶元年四月 426-772-110
洗滌長慶亂臣支黨德音——長慶元年八月十四日 426-882-122
破汴州李牙勅——長慶二年八月二十五日 426-907-124
長慶元年正月三日南郊改元赦文 1337- 37-426
長慶三年德音 1337-113-437
敍用勳舊武臣德音 1337-114-437
長慶三年德音 1337-116-437
朝元御正殿德音 1337-117-437

● 唐懿宗 唐
即位赦 426- 22- 3
答宰臣曾確等請加尊號第四表詔——咸通十年十月十日 426- 63- 6
咸通八年痃復救恤百姓僧尼勅 426- 99- 10
遺詔——（咸通十四年七月） 426-110- 12
立晉王爲皇太子勾當軍國詔——咸通十四年七月十七日 426-167- 30
咸通六年太皇太后寢寂權不聽政勅——十一月 426-575- 76
孝明太皇太后山陵優勞德音——咸通七年六月八日 426-585- 17
咸通七年大赦 426-652- 86
咸通八年五月德音 426-657- 86
咸通十三年五月疏理刑獄勅 426-659- 86
分嶺南爲東西道勅——咸通三年十月 426-672- 99
降徐州爲團練勅——咸通三年八月 426-672- 99
建徐州爲感化軍節度勅——咸通十一年十一月 426-673- 99
嶺南用兵德音——咸通五年五月 426-750-107
迎鳳翔眞德音——咸通十三年四月 426-797-113
遣使宣慰徐宿二州勅——咸通十年十月 426-826-117
安恤天下德音——咸通十四年六月 426-827-117
平徐州制——咸通十年十月 426-915-125
楊牧賜自盡勅——咸通十年二月 426-932-127
嚴譚自盡勅——咸通十年 426-932-127

四庫全書文集篇目分類索引　187

譚提兩道賜錢制	568- 26- 99
分嶺南東西道勅	568- 31- 98
大中十三年十月九日嗣登寶位赦	1336-777-420
疏理囚徒量移左降官等德音	1337-144-441
疏理京城諸司及諸州軍府囚徒德音	1337-146-441
●神農氏上古	
人皇神農氏政典	1396- 8- 1
●祝允明明	
跋宋高宗付岳武穆手敕	1260-721- 26
●秦二世秦	
刻始皇刻辭詔	1396-151- 11
責問李斯（詔）	1396-152- 11
復作阿房宮制	1402- 61- 12
責去疾李斯馮劫制	1402- 62- 12
●秦孝公秦	
下國中令	1396-143- 11
下令國中	1417-156- 9
●秦始皇秦	
賜文信侯名不韋書	1396-145- 11
止諫令	1396-146- 11
下丞相御史議帝號令	1396-146- 11
除諡法稱始皇帝制	1396-147- 11
賜公子扶蘇書附詐書	1396-151- 11
除諡法制	1402- 61- 12
除封建制	1402- 61- 12
坑儒生制	1402- 61- 12
●馬廷鸞宋	
招諭雲南土官等詔	1187- 11- 2
景定五年十月丁卯詔	1187- 12- 2
求言詔	1187- 12- 2
賜侍讀侍講說書官詔	1187- 12- 2
獎諭李庭芝詔	1187- 13- 2
賜先朝故老大臣詔	1187- 13- 2
獎諭御前諸軍都統制利州路安撫使知興元府吳拱詔	1187- 13- 2
賜皇叔太師判大宗正事嗣榮王辭免兼中書令加食封恩命不允詔	1187- 14- 2
賜太傅右丞相賈似道辭免以理宗皇帝耐廟已畢照典故轉官恩命不允詔	1187- 15- 2
賜賈似道辭免兼監修國史日曆提舉編修玉牒提舉國史實錄院提舉編修經武要略不允詔	1187- 15- 2
葉夢鼎辭免簽書樞密院事不允詔	1187- 15- 2
賜銀青光祿大夫葉夢鼎辭免除資政殿學士知慶元府沿海制置使恩命不允詔	1187- 15- 2
賜參知政事葉夢鼎上筍子乞朝假訪醫不允詔	1187- 16- 2
謝方叔辭職不允詔	1187- 16- 2
楊棟辭免同知樞密院事權參知政事不允詔	1187- 16- 2
楊棟辭免進書轉官不允詔	1187- 16- 2
洪勳辭免權兵部尚書恩命不允詔	1187- 17- 2
洪勳乞祠不允詔	1187- 17- 2
包恢免除權刑部尚書恩命不允詔	1187- 17- 2
賜少保觀文殿大學士趙葵上表辭免乞致仕不允詔	1187- 17- 2
賜少傅觀文殿大學士冀國公趙葵乞守本官致仕不允詔	1187- 18- 2
牟子才辭免兼給事中不允詔	1187- 18- 2
牟子才辭免除禮部尚書不允詔	1187- 18- 2
王愉辭免召赴不允詔	1187- 18- 2
呂文德辭免寧武保康軍節度使仍舊職恩命不允詔	1187- 18- 2
朱熠乞歸田里不允詔	1187- 19- 2
江萬里再辭免除資政不允詔	1187- 19- 2
林存辭免知潭州湖南安撫使恩命不允詔	1187- 19- 2
李庭芝乞巫俾追服不允詔	1187- 19- 2
姚希得乞歸不允詔	1187- 20- 2
馬光祖辭免除沿江制置大使兼江東安撫知建康府行宮留守不允詔	1187- 20- 2
高達乞祠不允詔	1187- 20- 2
賜皇太子生日詔	1187- 20- 2
賜皇帝生日詔	1187- 20- 2
賜葉夢鼎生日詔（二則）	1187- 20- 2
皇帝登寶位赦文首尾詞	1187- 21- 3
烈文仁武聖明安孝皇帝耐廟德音	1187- 22- 3
賜告口宣	1187- 24- 3
口宣	1187- 25- 3
賜告口宣	1187- 48- 6
賜兩鎮勅	1187- 69- 9
賜呂文德銀合臘藥勅書	1187- 69- 9
賜李庭芝銀合臘藥勅書	1187- 69- 9
賜汪立信銀合臘藥勅書	1187- 69- 9
賜劉雄飛銀合臘藥勅書	1187- 69- 9
賜都統孫虎臣等銀合臘藥勅書	1187- 69- 9

史部

詔令奏議類：附錄

詔令上十畫

史部 詔令奏議類：附錄 詔令上十畫

賜諸閣銀合臘藥勅書（三則） 1187-69-9
賜李庭芝銀合臘藥勅書 1187-70-9
賜江萬里銀合臘藥勅書 1187-70-9
賜史宇之銀合臘藥勅書 1187-70-9
賜呂文德銀合臘藥勅書 1187-70-9
賜汪立信銀合臘藥勅書 1187-70-9
文武百寮賈似道等上表奏請皇帝聽政不允批答 1187-71-9
賜文武百寮三上表請皇帝聖節名批答 1187-71-9
賜右丞相賈似道上表辭免以理宗皇帝祔廟已畢照典故轉官恩命不允批答 1187-71-9
賜右丞相賈似道三上表辭免以理宗皇帝祔廟推恩不允批答仍斷來章 1187-71-9
李庭芝乞歸田里不允批答 1187-72-9
●馬皇后（漢明帝后）漢
報皇帝（詔） 426-1081-15
辭封爵諸舅詔 426-1081-15
報請封外戚詔（三則） 1397-68-4
又報章帝（封外戚詔二則） 1397-70-4
辭封爵諸舅詔 1402-30-4
報帝請封舅爵詔 1402-30-4
又報帝封諸舅詔 1402-30-4
辭封爵詔 1417-339-17
報帝請封外戚詔 1417-339-17
報有司詔 1476-59-4
●馬祖常 元
遣奉使巡行詔 1206-552-6
遣使巡行詔 1373-241-17
●真德秀 宋
郊祀大禮御札 1174-285-19
郊祀大禮赦文 1174-285-19
淮東湖南江西三路盜賊作過除賊首合行收捕其餘脅從等人並從原貸許以自新各令復業仍仰州縣多方賑卹詔 1174-295-19
科舉詔 1174-296-19
賜沈詵辭免除戶部尚書兼職依舊日下供職恩命不允詔 1174-297-19
賜汪逵辭免除吏部侍郎恩命不允詔 1174-297-19
賜戴溪辭免除太子詹事日下供職恩命不允詔 1174-297-19

賜何異乞守本官致仕不允詔 1174-298-19
賜夏震乞宮觀差遣不允詔 1174-298-19
賜趙師罃乞界祠祿不允詔 1174-298-19
賜雷孝友乞界祠祿不允詔 1174-298-19
賜雷孝友再上奏乞許從罷免俸奉外祠不允不得再有陳請詔 1174-299-19
賜曾喚辭免除吏部尚書恩命不允詔 1174-299-19
賜安丙辭免資政殿大學士知興元府四川制置大使不允詔 1174-299-19
賜黃由辭免除刑部尚書兼直學士院日下前來供職恩命不允詔 1174-300-19
賜樓鑰乞仍舊致仕歸伏田里不允詔 1174-300-19
賜樓鑰再上奏筠子乞旋歸田里再持衣冠不允不得再有陳請詔 1174-301-19
賜畢再遇乞界一在外宮觀差遣不允詔 1174-301-19
賜沈詵乞還官政退老丘園不允詔 1174-302-19
賜沈作賓乞界外祠不允詔 1174-302-19
賜史彌遠辭免以皇太子册寶推恩特轉一官恩命不允詔 1174-303-20
賜雷孝友隻機樓鑰章良能宇文紹節辭免皇太子受册命了畢各與轉一官恩命不允詔 1174-303-20
賜曾喚辭免以皇太子册了畢本官官吏等各與轉一官恩命不允詔 1174-303-20
賜戴溪辭免該遇皇太子受册推恩特轉一官恩命不允詔 1174-304-20
賜汪逵辭免皇太子受册畢本宮官與轉一官恩命不允詔 1174-304-20
賜衞涇辭免皇太子册寶推恩以昨參知政事兼太子賓客與轉一官恩命不允詔 1174-304-20
賜安丙衞涇俱以近臣宣勞藩閫各特轉一官恩命不允不得再有陳請詔 1174-305-20
賜安丙再上表辭免南郊慶成特轉一官恩命不允不得再有陳請詔 1174-305-20
賜章穎乞許歸田里不允詔 1174-305-20
賜隻機感疾乞許納祿不允詔 1174-306-20
賜楊次山辭免新除少保進封永陽郡王加食邑恩命不允詔 1174-306-20
再賜楊次山辭免恩命不允詔 1174-306-20
賜楊谷辭免皇太子受册了畢除承

四庫全書文集篇目分類索引

宣使恩命不允詔　1174-306- 20
賜許奕乞川蜀待關州郡差遣不允詔　1174-307- 20
賜錢象祖上表再辭免特授少保依前觀文殿大學士充醴泉觀使加食邑恩命不允不得再有陳請詔　1174-307- 20
賜曾喚乞令謝事歸養沈痾不允詔　1174-307- 20
賜史彌遠乞歸田廬補還服制不允詔　1174-308- 20
賜李大性辭免除寶文閣學士依舊知江陵府充京西湖北制置使不允詔　1174-308- 20
賜史彌遠再上奏筠子乞歸田里補還服制依已降指揮不允不得再有陳請詔　1174-308- 20
賜雋機年齒衰耄疾病易生乞許納祿不允詔　1174-309- 20
賜沈作賓乞效官偏壘不允詔　1174-309- 20
賜樓鑰辭免同提舉編修勅令恩命不允詔　1174-309- 20
賜葉時乞界宮觀差遣不允詔　1174-309- 20
賜畢再遇乞界在外宮觀差遣不允詔　1174-310- 20
賜沈詵乞檢會前後所奏俾令納祿不允詔　1174-310- 20
賜劉甲乞許納祿退安田里不允詔　1174-310- 20
賜宇文紹節乞界祠祿不允詔　1174-310- 20
賜王喜乞祠祿不允詔　1174-311- 20
賜宇文紹節乞界祠祿不允不得再有陳請詔　1174-311- 20
賜安丙乞界宮觀差遣不允詔　1174-311- 20
賜夏震納祿不允詔　1174-312- 20
賜樓鑰乞再挂衣冠不允詔　1174-312- 20
賜張巖辭免復資政殿學士依舊宮觀恩命不允詔　1174-312- 20
賜章穎辭免除禮部尙書兼職依舊恩命不允詔　1174-312- 20
賜汪達辭免除權工部尙書兼職依舊恩命不允詔　1174-313- 20
賜汪達辭免除權吏部尙書兼子詹事日下供職不允詔　1174-313- 20
賜樓鑰乞致仕不得再有陳乞詔　1174-313- 20
賜黃由乞界外祠不允詔　1174-314- 20
賜李璧辭免復元官宮觀恩命不允詔　1174-314- 20
賜李大性乞許奉祠歸里不允詔　1174-314- 20
賜趙師罃乞歸田里不允詔　1174-314- 20
賜戴溪乞納祿歸田里不允詔　1174-315- 20
賜雷孝友乞奉外祠不允詔　1174-315- 20
賜黃由乞歸田里不允詔　1174-315- 20
賜何澹再辭免差知江陵府恩命仍乞祠祿不允不得再有陳請詔　1174-316- 20
曾從龍乞界祠祿或結關便鄉州郡不允詔　1174-316- 20
賜史彌遠乞解政機俾還田里不允詔　1174-317- 21
賜史彌遠辭免男寬之致仕轉官除職等指揮不允詔　1174-317- 21
賜沈作賓乞宮觀不允詔　1174-318- 21
賜史彌遠再上奏筠子乞歸田里不允不得再有陳請詔　1174-318- 21
賜顯謨閣直學士通奉大夫提舉隆興府玉隆萬壽宮謝源明乞守本官職致仕不允詔　1174-318- 21
賜陳峴辭免除兵部侍郎兼直學士院恩命不允詔　1174-319- 21
賜黃由辭免除寶謨閣學士提舉隆興府玉隆萬壽宮恩命不允詔　1174-319- 21
賜黃度乞檢會前奏許令致仕不允詔　1174-319- 21
賜宇文紹節乞退休不允詔　1174-320- 21
賜趙希憬辭免除顯謨閣直學士差知太平州恩命不允詔　1174-320- 21
賜宇文紹節再乞祿之間散示以保全不允不得再有陳請詔　1174-320- 21
賜衞涇再辭免除資政殿學士知潭州恩命不允詔　1174-321- 21
賜戴溪乞許納祿或界祠祿不允詔　1174-321- 21
賜曾從龍辭免兼給事中兼直學士院日下供職恩命不允詔　1174-321- 21
賜樓鑰乞歸田里不允詔　1174-322- 21
賜楊谷乞界祠祿不允詔　1174-322- 21
賜章穎乞引年致仕歸休田里不允詔　1174-322- 21
賜章穎辭免除寶謨閣學士恩命不允詔　1174-323- 21
賜史彌遠辭免以皇太子講授春秋終篇特與轉一官恩命不允詔　1174-323- 21
賜雷孝友樓鑰章良能宇文紹節辭免皇太子講授春秋終篇各與轉

行一官不允詔　1174-323- 21

賜曾從龍辭免皇太子講授春秋終篇特與轉行一官恩命不允詔　1174-323- 21

賜趙希懌乞畀祠祿不允詔　1174-324- 21

賜僉烈辭免經筵進講周易終篇侍讀官特與轉行一官恩命不允詔　1174-324- 21

賜雷孝友樓鑰宇文紹節辭免皇太子讀潮寶訓終篇並特與轉行一官不允詔　1174-324- 21

賜汪逵戴溪曾從龍辭免以皇太子讀三朝寶訓終篇推賞各與轉一官恩命不允詔　1174-325- 21

賜黃度辭免除權禮部尚書兼侍讀恩命不允詔　1174-325- 21

賜曾從龍辭免權刑部尚書兼職依舊日下供職恩命不允詔　1174-326- 21

賜汪逵辭免除吏部尚書兼職依舊恩命不允詔　1174-326- 21

賜李大性辭免除兵部尚書兼職依舊恩命不允詔　1174-326- 21

賜戴溪辭免陞兼修國史兼實錄院修撰恩命不允詔　1174-327- 21

賜汪逵戴溪曾從龍辭免皇太子講授周易終篇推恩特與轉行一官不允詔　1174-327- 21

賜汪逵兼同修國史兼實錄院同修撰辭免陞兼修國史兼實錄修撰不允詔　1174-327- 21

賜范之柔辭免除禮部侍郎兼中書舍人恩命不允詔　1174-327- 21

賜汪逵乞休致（仕）不允詔　1174-328- 21

賜章良能乞在外宮觀不允詔　1174-328- 21

賜師璪辭免除少傅依前皇伯奉國軍節度使充萬壽觀使嗣秀王加食邑恩命不允詔　1174-328- 21

賜樓鑰辭免除資政殿學士知太平州恩命不允詔　1174-329- 21

賜樓鑰辭免除資政殿大學士在哀宮觀任便居住恩命不允詔　1174-329- 21

賜史彌遠辭免特授正奉大夫加食邑恩命不允詔　1174-329- 21

賜史彌遠再上奏劄子辭免以皇太子册寶推恩特授正奉大夫加食邑恩命不允更不得再有陳請詔　1174-330- 21

賜戴溪乞許納祿休致仕不允詔　1174-330- 21

賜史彌遠辭免進呈安奉三祖下第七世仙源類譜高宗皇帝寶訓今上皇帝玉牒今上皇帝會要禮畢三局提舉官并進呈安奉玉牒禮儀使各特與轉兩官依例加恩令學士院降詔恩命不允詔　1174-331- 22

賜雷孝友再上奏劄子乞歸休田里不允不得再有陳請詔　1174-331- 22

賜汪逵辭免除顯謨閣學士提舉佑神觀依舊兼太子詹事修國史實錄院同修撰仍會赴四參恩命不允詔　1174-331- 22

賜劉光祖乞提舉宮觀一次不允詔　1174-232- 22

賜李大性辭免除吏部尚書兼職依舊日下供職恩命不允詔　1174-332- 22

賜曾從龍辭免除禮部尚書兼職並依舊日下供職恩命不允詔　1174-332- 22

賜曾從龍辭免兼實錄院修撰恩命不允詔　1174-333- 22

賜安丙辭免除同知樞密院事兼太子賓客日下起發赴院治事恩命不允詔　1174-333- 22

賜劉甲辭免除寶謨閣學士知興元府兼本路安撫使填見闕兼節制本路屯戍軍馬就逐還人限一日起發之任候任滿前來奏事時暫兼權四川制置司職事恩命不允詔　1174-333- 22

賜衞涇辭免除資政殿大學士知隆興府江西安撫使填見闘恩命不允詔　1174-334- 22

賜范之柔辭免權刑部尚書日下供職恩命不允詔　1174-334- 22

賜衞涇上表再辭免除資政殿大學士知隆興府江西安撫使恩命不允不得再有陳請詔　1174-335- 22

賜安丙辭免除觀文殿大學士知潭州兼荆湖南路安撫使填見闘恩命不允詔　1174-335- 22

賜史彌遠辭免以皇太子講毛詩終篇特與轉行一官恩命不允詔　1174-335- 22

賜戴溪劉燠辭免以皇太子講毛詩終篇各特與轉行一官恩命不允詔　1174-335- 22

賜安丙上表再辭免除觀文殿學士

四庫全書文集篇目分類索引　191

知潭州兼荆湖南路安撫使填見閔恩命不允不得再有陳請詔　1174-336- 22

賜史彌遠辭免爲進呈安奉高宗皇帝中興經武要略了畢提舉官就差禮儀使各特與轉兩官依例加恩會學士院降制恩命不允詔　1174-336- 22

賜黃疇若辭免除兵部尚書兼太子右庶子恩命不允詔　1174-336- 22

賜黃疇若乞畀祠祿不允詔　1174-337- 22

賜史彌遠再上表辭免皇太子册寶推恩轉行一官恩命不允仍斷來章批答　1174-337- 22

師璪辭免除少保依前皇伯奉國軍節度使充萬壽觀使加食邑封恩命不允批答　1174-337- 22

不儔上表再辭免特授檢校少保依前昭慶軍節度使提舉佑神觀嗣濮王加食邑恩命不允仍斷來章批答　1174-338- 22

師璪再上表辭免除少保依前皇伯奉國軍節度使充萬壽觀使加食邑恩命不允仍斷來章批答　1174-338- 22

賜史彌遠再上表辭免特授光祿大夫右丞相兼樞密使兼太子少師奉化縣開國公加食邑恩命不允仍斷來章批答　1174-338- 22

賜史彌遠再上表辭免皇太子講授春秋終篇特與轉行一官恩命不允仍斷來章批答　1174-339- 22

賜雷孝友樓鑰章良能宇文紹節再上表辭免皇太子講授春秋終篇各特與轉行一官恩命不允仍斷來章批答　1174-339- 22

賜史彌遠等上表奏請皇帝御殿復膳不允批答　1174-339- 22

賜史彌遠等上表再奏請皇帝御殿復膳不允批答　1174-340- 22

賜史彌遠再辭免皇太子讀三朝寶訓終篇轉行一官恩命不允批答　1174-340-22

賜史彌遠上表再辭免勅令所修進吏部修法總類及百司吏職補授法了畢特轉兩官依例加恩仍進封魯國公令學士院降制恩命不允批答　1174-340- 22

賜吳琚上表再辭免除檢校少保加食邑恩命不允仍斷來章批答　1174-341- 22

賜章良能上表再辭免今上皇帝會要禮畢轉官恩命不允仍斷來章批答　1174-341- 22

賜雷孝友上表再辭免進呈安奉高宗皇帝寶訓禮畢轉官恩命不允仍斷來章批答　1174-341- 22

賜史彌遠再上表辭免三局進書轉官恩命不允仍斷來章批答　1174-342- 22

賜鄭昭先辭免除端明殿學士簽書樞密院事兼權參知政事兼太子賓客恩命不允仍斷來章批答　1174-342- 22

賜雷孝友上表再辭免以皇太子講毛詩終篇轉一官恩命不允仍斷來章批答　1174-342- 22

賜史彌遠上表再辭免進呈安奉高宗皇帝中興經武要略了畢轉官恩命不允批答　1174-343- 22

賜史彌遠再上表辭免進呈安奉高宗皇帝中興經武要略了畢轉官恩命不允仍斷來章批答　1174-343- 22

賜雷孝友上表再辭免進呈安奉高宗皇帝中興經武要略了畢同提舉官特與轉兩官依例加恩恩命不允仍斷來章批答　1174-343- 22

賜史丞相生日詔　1174-344- 22

賜少傅吳環生日詔　1174-344- 22

賜參知政事樓鑰生日詔　1174-344- 22

賜右丞相史彌遠生日詔　1174-344- 22

賜嗣秀王師璪生日詔　1174-344- 22

賜右丞相史彌遠生日詔　1174-344- 22

賜少傅吳璆生日詔　1174-344- 22

賜畢再遇蕩平淮寇顯有勞效獎諭詔　1174-345- 22

賜李大性銀合夏藥勅書　1174-346- 23

賜李貴王大才莊松銀合夏藥勅書　1174-346- 23

賜黃度冬藥勅書　1174-347- 23

賜王喜許俊劉元鼎李貴王大才莊松何汝霖呂春李好古盧彥張威石宗馮木時銀合夏藥勅書　1174-347- 23

跋孝宗皇帝郵刑御筆　1174-576- 36

跋高宗皇帝賜洪忠宣公冬服手詔　1174-576- 36

賜寶謨閣直學士朝議大夫知建康府兼江淮制置使黃度乞檢會前奏許令致仕不允詔　1418-742- 63

史部

詔令奏議類：附錄

詔令上十畫

史部 詔令奏議類：附錄 詔令上十畫

賜太中大夫知樞密院事雷孝友正奉大夫樓鑰太中大夫章良能端明殿學士宇文紹節兼太子賓客辭免皇太子講授春秋終篇各特與轉行一官不允詔 1418-743- 63

賜通議大夫知樞密院事兼參知政事雷孝友宣奉大夫參知政事樓鑰通議大夫同知樞密院事章良能端明殿學士正議大夫簽書樞密院事宇文紹節兼太子賓客辭免皇太子讀三朝寶訓終篇並特與轉行一官不允詔 1418-743- 63

●孫 逖 唐

命宰臣等分祭郊廟社稷制——開元二十五年十月 426-503- 67

昇社稷及日月五星爲大祀勅 426-554- 73

親祭九宮壇大赦天下制 426-560- 74

令嗣鄭王希言分祭五嶽勅 426-562- 74

令關內諸州長官祭名山大川勅 426-563- 74

昇風伯雨師爲中祀勅 426-565- 74

改尚書洪範無顧爲陂勅 426-624- 81

寬徒刑配諸軍效力勅 426-632- 82

頒行新定律令格式勅 426-632- 82

誡勵吏部兵部禮部掌選知舉官勅 426-682-100

處分高蹈不仕舉人勅 426-739-106

遣榮王琬往隴右巡按處置勅 426-745-107

停京都檢校僧道威儀勅 426-794-113

令天下寺觀修功德勅 426-794-113

開元二十七年册尊號大赦制 1337- 1-422

天寶三載親祭九宮壇大赦制 1337- 26-425

改尚書洪範無顧字爲陂勅 1337-329-463

誡勵兵吏部侍郎及南曹郎官制 1337-350-465

誡勵吏部兵部禮部掌選知舉官等勅 1337-351-465

誡勵兵部兩司勅 1337-351-465

●孫 覿 宋

承節郎效用空名告（制） 1135-259- 25

承信郎效用空名告（制） 1135-259- 25

代劉節使跋御筆手詔 1135-322- 32

●晉文帝 晉

赦文欽二子令 1398- 9- 1

●晉元帝 晉

恤吳郡饑詔 526- 1-259

下張闓詔 1402- 36- 6

勅吏惠民詔 1402- 36- 6

罷不急之務詔 1402- 36- 6

免良人詔 1402- 36- 6

遺賀循書 1417-461- 23

周顗辭職詔 1417-461- 23

●晉安帝 晉

詔答（慧遠） 1400-547- 8

●晉武帝 晉

詔諸將 534-161- 82

勞汝郡太守王宏詔 538-492- 75

太康中徵嵇詔 1386-701- 上

即位詔 1398- 8- 1

繼絕施惠詔 1398- 10- 1

登位慶賞詔 1398- 10- 1

五等封詔 1398- 10- 1

正祀典詔 1398- 10- 1

郊祀詔 1389- 10- 1

復明堂南郊五帝位詔 1398- 10- 1

朝日詔 1398- 11- 1

夕牲詔 1398- 11- 1

營太廟詔（二則）

附羣臣議立一廟奏 1398- 11- 1

改營太廟詔 1398- 11- 1

謁陵詔 1398- 12- 1

（謁陵因太宰司馬孚等奏）詔（四則）附奏（三則） 1398- 12- 1

除徒陵居詔 1398- 13- 1

皇太后喪即吉詔（三則）

附有司又奏（一則） 1398- 13- 1

正會廢伎樂詔 1398- 13- 1

停止會詔 1398- 13- 1

東堂小會詔 1398- 14- 1

藉田律令大赦詔 1398- 14- 1

藉田詔 1398- 14- 1

親耕藉田後詔 1398- 14- 1

立平糴法詔 1398- 14- 1

蠶禮詔 1398- 15- 1

行鄉飲酒禮詔 1398- 15- 1

太學生詔 1398- 15- 1

守相巡行詔 1398- 15- 1

遣使用行天下詔 1398- 15- 1

議陳事詔 1398- 16- 1

詔奏詔 1398- 16- 1

撰錄大事詔 1398- 16- 1

禁上禮詔 1398- 16- 1

霖雨蟲蝗詔 1398- 16- 1

四庫全書文集篇目分類索引

蕃異求言詔	1398-16- 1	鄭沖以壽光公就第詔	1398-26- 2
焚裘詔	1398-17- 1	原何遵等詔	1398-27- 2
出清商掖庭詔	1398-17- 1	不苟督察州郡播殖詔	1398-27- 2
舉材勇詔	1398-17- 1	羊祜開府詔	1398-27- 2
伐吳詔	1398-17- 1	羊祜聽復本封詔	1398-28- 2
增戍倈詔	1398-17- 1	陳騫留京城詔	1398-28- 2
二傳不臣詔	1398-17- 1	諭陳騫視事詔	1398-28- 2
選侍中常侍詔	1398-17- 1	裴秀喪禮詔	1398-29- 2
議條令史詔	1398-17- 1	衞瓘進太保就第詔	1398-29- 2
僕射詔	1398-18- 1	衞瓘繢騎兵詔	1398-29- 2
復置僕射詔	1398-18- 1	詔張華	1398-29- 2
太子家令詔	1398-18- 1	賜王沈葬地錢詔	1398-30- 2
諸王中尉詔	1398-18- 1	賜荀顗秘器等詔	1398-30- 2
置屯司馬詔	1398-18- 1	賜荀顗家錢詔	1398-30- 2
縣令詔（二則）	1398-18- 1	詔問荀勖 附荀勖答表一	1398-31- 2
刺史詔	1398-18- 1	賜荀勖詔	1398-31- 2
郡治詔	1398-18- 1	定律令加賞賈充等詔	1398-31- 2
糾舉長吏詔	1398-18- 1	賈充鎭關中詔	1398-32- 2
三軍詔	1398-19- 1	韓謐爲賈充後詔	1398-32- 2
中護軍詔	1398-19- 1	魏舒就第賜予詔	1398-33- 2
射聲校尉詔	1398-19- 1	賜慰魏舒詔	1398-33- 2
皇后譖詔	1398-19- 1	賜魏舒葬妻錢地詔	1398-33- 2
定妃后詔	1398-19- 1	考竟劉友詔	1398-33- 2
公主嫁禮詔	1398-19- 1	李憙致仕加禮詔	1398-33- 2
追崇王太后母氏詔	1398-19- 1	征吳興王濬詔	1398-34- 2
追封楊夫人及二從母詔	1398-19- 1	讓王濬詔	1398-34- 2
改葬楊皇后父祖詔	1398-20- 1	原王濬詔	1398-34- 2
優禮陳留王詔	1398-21- 2	報山濤母老解職詔	1398-35- 2
陳留王爲燕王服詔	1398-21- 2	山濤奪情詔	1398-35- 2
立皇子裒爲皇太子詔	1398-21- 2	答白褒論山濤詔	1398-35- 2
安平王孚喪事詔	1398-21- 2	遺諭山濤視事詔	1398-35- 2
下邳王晃鎭盆州詔	1398-22- 2	戒山濤手詔	1398-35- 2
高陽王珪督鄴城守詔	1398-22- 2	報山濤辭疾手詔	1398-36- 2
隴西王泰都關中詔	1398-23- 2	報山濤拜司徒固讓詔	1398-36- 2
報扶風王亮詔	1398-23- 2	賜李胤二家穀詔	1398-36- 2
齊王攸出督都青州詔	1398-23- 2	王基三家贈穀詔	1398-36- 2
立城陽王北後詔	1398-24- 2	賜王基家奴婢詔	1398-36- 2
樂安王鑒燕王機選師友詔	1398-24- 2	華表致政詔	1398-37- 2
省州牧詔	1398-24- 2	詔尚書	1398-37- 2
太子率更僕詔	1398-25- 2	責石鑒詔	1398-37- 2
禁立碑詔	1398-25- 2	賜郭奕諭簡詔	1398-37- 2
御史中丞爲請免王祥詔	1398-25- 2	賜少府侯史光葬錢詔	1398-38- 2
王祥以睢陵公就第詔	1398-25- 2	給羅憲鼓吹詔	1398-38- 2
爲王祥發哀詔	1398-25- 2	胡奮免入直詔	1398-38- 2
尊禮鄭沖五公詔	1398-25- 2	旌寶允詔	1398-39- 2

四庫全書文集篇目分類索引

史部

詔令奏議類：附錄

詔令上十畫

賜王宏穀詔	1398-39- 2
論趙享詔	1398-40- 2
陽平太守梁柳賜粟詔	1398-40- 2
賜曹琨詔	1398-41- 2
賜劉庾葬錢詔	1398-41- 2
賜傅嶷夫人鮑氏葬錢詔	1398-41- 2
邸王凌鄧艾後詔	1398-41- 2
追賜謙周詔	1398-42- 2
追邸傅僉詔	1398-42- 2
袁奧從九卿詔	1398-43- 2
孔晁犯諱詔	1398-43- 2
復扶餘國詔	1398-43- 2
讓王濬詔	1402-35- 6
答司馬伷等詔（三則）	1402-35- 6
下有司諸陵詔	1402-35- 6
開言路詔	1402-35- 6
責鄭徽詔	1402-35- 6
定祀典詔	1417-458-23
答司馬孚等詔	1417-459-23
開言路詔	1417-459-23
答傅玄詔	1417-459-23
下郡國巡行詔	1417-459-23
藉田詔	1417-460-23
聽鄭沖致仕詔	1417-460-23
●晉明帝晉	
定東宮儀制詔	1417-461-23
●晉宣帝晉	
檄告遼東太守公孫文懿	1398- 3- 1
平遼下令	1398- 3- 1
●晉恭帝晉	
禪宋詔	1398-495- 1
禪策	1398-495- 1
禪宋璽書	1398-496- 1
●晉康帝晉	
答有司請改服御膳詔	1417-461-23
●晉惠帝晉	
改元永平詔	1398-44- 3
秘書監詔	1398-44- 3
改著作詔	1398-44- 3
皇后蠶服詔	1398-43- 3
公孫淑妃進貴人詔	1398-45- 3
輔太子詔	1398-45- 3
隴西王世子越楊逸奉朝請詔	1398-45- 3
立愍懷太子臧爲皇太孫詔	1398-45- 3
矯授楚王瑋詔	1398-45- 3
發楚王哀詔	1398-45- 3
徒東華王荏詔	1398-46- 3
立成都王穎爲皇太弟詔	1398-46- 3
豫章王熾爲皇太弟詔	1398-46- 3
給周處母詔	1398-47- 3
復位詔	1398-48- 3
討劉輿詔（二則）	1398-48- 3
青簡詔	1398-49- 3
●晉愍帝晉	
詔琅琊王睿南陽王保	1398-51- 3
又詔琅琊王睿	1398-52- 3
平東將軍宋哲宣詔	1398-52- 3
臨降下張寔詔	1398-53- 3
●晉穆帝晉	
永興山陰二寺詔	1400-440- 3
●晉懷帝晉	
劉寬以侯就第詔	1398-51- 3
詔荀晞（二則）	1398-51- 3
●晉孝武帝晉	
除三吳租布詔	526- 2-259
聘送道潛法師詔	1400-440- 3
道安法師傣給詔	1400-440- 3
竺法汰喪事詔	1400-441- 3
與郎法師書	1400-441- 3
●晉簡文帝晉	
求賢詔	1402-37- 6
答桓溫手詔	1402-37- 6
建太常官詔	1402-37- 6
百官詔	1417-462-23
●桓　玄晉	
許沙門不致禮詔	
附卞嗣之袁恪之答桓玄啓	1400-473- 4
報卞嗣之袁恪之	
附卞嗣之袁恪之再答桓玄啓	1400-474- 4
再報（卞嗣之袁恪之）	
附卞嗣之袁恪之三答桓玄啓	1400-474- 4
三報（卞嗣之袁恪之）	
附卞嗣之袁恪之四答桓玄啓	1400-475- 4
●袁　甫宋	
除將作監丞制	1175-431- 8
除大理寺簿制	1175-433- 9
除司農寺簿制	1175-433- 9
●袁　桷元	
戒飭曲阜廟學詔	1203-467-35
閣阜山萬壽崇眞宮加大崇眞萬壽	

宮詔　　　　　　　　　　　　1203-467- 35
書高安蔡中允諡後　　　　　　1203-601- 46
跋顏眞卿諡　　　　　　　　　1203-660- 50
●夏　竦 宋
秘書省校書郎制　　　　　　　1087- 59- 1
諸王宮教授兼國子監說書制　　1087- 63- 2
轉運使並加階勳制　　　　　　1087- 69- 2
賜玉清昭應宮使王曾等詔　　　1087- 76- 3
賜四宮觀使王曾等詔　　　　　1087- 77- 3
又賜四宮觀使王曾等詔　　　　1087- 77- 3
賜諸路節察防團刺史詔　　　　1087- 77- 3
賜河陽三城節度使夏守恩乞上壽
　不允詔　　　　　　　　　　1087- 77- 3
賜河陽三城節度使夏守恩乞歸本
　任不允詔　　　　　　　　　1087- 77- 3
賜契丹迴使副至班荊館御筵口宣　1087- 77- 3
都城門外賜保大軍節度使同中書
　門下平章事錢惟演御筵口宣　1087- 78- 3
賜契丹賀乾元節人使至班荊館御
　筵口宣　　　　　　　　　　1087- 78- 3
班荊館賜契丹賀長寧節使副御筵
　口宣　　　　　　　　　　　1087- 78- 3
天雄軍賜賀乾元節人使御筵口宣　1087- 78- 3
賜宰臣王曾御筵口宣　　　　　1087- 78- 3
賜賀乾元節人使迴至班荊館御筵
　口宣　　　　　　　　　　　1087-118- 3
賜契丹賀乾元節使副迴至雄州自
　溝驛御筵仍傳宣撫問口宣　　1087- 78- 3
賜契丹賀乾元節人使迴至天雄軍
　御筵口宣　　　　　　　　　1087- 78- 3
賜契丹賀乾元節人使至瀛州御筵
　口宣　　　　　　　　　　　1087- 78- 3
就驛賜契丹賀乾元節人使朝辭御
　筵口宣　　　　　　　　　　1087- 79- 3
玉津園賜契丹賀乾元節人使弓箭
　御筵口宣　　　　　　　　　1087- 79- 3
賜樞密副使充祥源觀使張士遜禮
　上御筵口宣　　　　　　　　1087- 79- 3
賜樞密使曹利用等批答　　　　1087- 79- 3
賜樞密使曹利用等批答　　　　1087- 79- 3
賜宰臣王曾以下批答
　賀正月三日壽星見又於十二日再見　1087- 79- 3
賜宰臣王曾以下批答賀壽星　　1087- 79- 3
賜樞密使曹利用等批答　　　　1087- 80- 3
賜樞密使曹利用等批答　　　　1087- 80- 3

賜宰臣王曾以下批答
　爲宣示南京芝草　　　　　　1087- 80- 3
●夏侯湛 晉
昆弟誥　　　　　　　　　　　1402-109- 19
●晁補之 宋
書毋邱震御印曆紙後　　　　　1118-646- 33
●荀　悅 漢
文帝遺詔短喪論　　　　　　　1412-393- 17
●徐　陵 南朝陳
（梁禪位陳策）　　　　　　　1399-692- 6
（梁禪位陳）璽書　　　　　　1399-673- 6
陳文帝登阼尊皇太后詔　　　　1399-694- 6
●徐　鉉 宋
招討妖賊制　　　　　　　　　1085- 54- 7
●徐有貞 明
擬以戶部尚書兼詹事諡　　　　1245- 54- 2
戒飭邊將嚴守備璽書　　　　　1245- 55- 2
●徐經孫 宋
祀明堂赦文　　　　　　　　　1187- 27- 3

十一畫

●清太宗 清
論治道（諭）——天聰九年乙亥
　五月己巳　　　　　　　　　 411- 44- 1
論治道（諭）——崇德元年丙子
　七月丙辰　　　　　　　　　 411- 44- 1
論治道（諭）——崇德二年丁丑
　六月甲寅　　　　　　　　　 411- 45- 1
論治道（諭）——崇德三年戊寅
　七月丁丑　　　　　　　　　 411- 45- 1
訓諸王（諭）——天聰九年乙亥
　六月癸卯　　　　　　　　　 411- 46- 1
訓諸王（諭）——七月壬戌　　 411- 46- 1
訓諸王（諭）——崇德元年丙子
　七月丁卯　　　　　　　　　 411- 47- 1
訓諸王（諭）——崇德二年丁丑
　四月丁酉　　　　　　　　　 411- 47- 1
訓諸王（諭）——崇德三年戊寅
　七月丁丑　　　　　　　　　 411- 49- 1
訓諸王（諭）——崇德六年辛巳
　二月己未　　　　　　　　　 411- 50- 1
訓諸王（喻）——崇德八年癸未
　六月己卯　　　　　　　　　 411- 50- 1
訓羣臣（喻）——天聰四年庚午
　二月丙辰　　　　　　　　　 411- 52- 2
訓羣臣（喻）——九月戊戌　　 411- 52- 2

史部 詔令奏議類：附錄 詔令上十一畫

訓羣臣（諭）——天聰五年辛未正月乙未　411-53-　2

訓羣臣（諭）——七月辛巳　411-53-　2

訓羣臣（諭）——天聰六年壬申正月丁巳　411-53-　2

訓羣臣（諭）——八月癸酉　411-54-　2

訓羣臣（諭）——天聰七年癸酉九月辛丑　411-54-　2

訓羣臣（諭）——十月己巳　411-55-　2

訓羣臣（諭）——天聰八年甲戌正月癸卯　411-55-　2

訓羣臣（諭）——天聰九年乙亥六月辛丑　411-57-　2

訓羣臣（諭）——崇德元年丙子四月丁亥　411-58-　2

訓羣臣（諭）——崇德二年丁丑六月甲子　411-58-　2

訓羣臣（諭）——七月辛巳　411-59-　2

訓羣臣（諭）——崇德三年戊寅正月己卯　411-60-　2

訓羣臣（諭）——七月丁丑　411-60-　2

訓羣臣（諭）——崇德四年己卯八月辛亥　411-61-　2

謙德（諭）——天聰十年丙子三月庚申　411-63-　3

謙德（諭）——崇德二年丁丑五月丁亥　411-63-　3

寬仁（諭）——天命十一年丙寅九月甲戌　411-64-　3

寬仁（諭）——天聰四年庚午二月壬申　411-64-　3

寬仁（諭）——六月丙寅　411-64-　3

寬仁（諭）——十二月壬子　411-64-　3

寬仁（諭）——天聰八年甲戌六月戊寅　411-64-　3

寬仁（諭）——崇德元年丙子四月乙酉　411-65-　3

寬仁（諭）——崇德十年壬午五月癸酉　411-65-　3

寬仁（諭）——九月癸酉　411-65-　3

寬仁（諭）——十月辛亥　411-66-　3

智略（諭）——天聰三年己巳十一月庚戌　411-66-　3

智略（諭）——天聰四年庚午二月甲寅　411-66-　3

智略（諭）——天聰八年甲戌四月辛酉　411-67-　3

智略（諭）——天聰九年乙亥二月戊子　411-67-　3

智略（諭）——崇德元年丙子十一月癸酉　411-68-　3

智略（諭）——己巳　411-69-　3

求賢（諭）——天聰九年乙亥二月壬午　411-70-　4

求賢（諭）——崇德六年辛巳六月辛亥　411-70-　4

求言（諭）——天聰三年己巳六月乙丑　411-70-　4

求言（諭）——天聰五年辛未三月乙亥　411-71-　4

求言（諭）——天聰六年壬申二月甲戌　411-72-　4

求言（諭）——天聰七年癸酉六月丁亥　411-72-　4

求言（諭）——天聰八年甲戌十二月丙午　411-73-　4

求言（諭）——崇德元年丙子五月丁巳　411-73-　4

求言（諭）——六月戊子　411-74-　4

求言（諭）——崇德七年壬午七月庚午　411-74-　4

輯人心（諭）——崇德七年壬午五月癸酉　411-75-　4

恤民（諭）——天聰元年丁卯六月戊午　411-75-　4

恤民（諭）——天聰二年戊辰三月戊子　411-76-　4

恤民（諭）——天聰七年癸酉正月庚子　411-76-　4

恤民（諭）——崇德二年丁丑二月癸巳　411-76-　4

恤民（諭）——崇德五年庚辰閏正月癸未　411-77-　4

恤民（諭）——崇德八年癸未六月乙酉　411-77-　4

勸農（諭）——天聰九年乙亥三月戊辰　411-77-　4

勸農（諭）——崇德二年丁丑二月癸巳　411-77-　4

勸農（諭）——崇德七年壬午六

月癸卯 411- 78- 4
興文教（諭）——天聰三年己巳四月丙戌 411- 78- 4
興文教（諭）——八月乙亥 411- 78- 4
興文教（諭）——天聰五年辛未閏十一月庚子 411- 78- 4
興文教（喻）——天聰六年壬申三月戊戌 411- 79- 4
興文教（喻）——天聰七年癸酉十月己巳 411- 79- 4
訓將（諭）——天聰三年己巳十一月庚寅 411- 80- 5
訓將（諭）——天聰五年辛未正月己亥 411- 80- 5
訓將（諭）——七月戊戌 411- 81- 5
訓將（諭）——庚子 411- 81- 5
訓將（諭）——八月癸卯 411- 82- 5
訓將（諭）——天聰八年甲戌十二月壬辰 411- 82- 5
訓將（諭）——崇德元年丙子九月辛未 411- 83- 5
訓將（諭）——崇德三年戊寅八月癸丑 411- 83- 5
訓將（諭）——九月癸亥 411- 84- 5
訓將（諭）——崇德六年辛巳四月甲寅 411- 84- 5
訓將（諭）——崇德七年壬午十月壬子 411- 85- 5
勵將士（諭）——天聰四年庚午二月辛亥 411- 85- 5
勵將士（諭）——天聰五年辛未八月乙卯 411- 85- 5
懷遠人（喻）——崇德二年丁丑正月庚午 411- 86- 5
訓諸藩（諭）——天聰六年壬申四月癸未 411- 86- 5
訓諸藩（諭）——崇德八年癸未三月丙申 411- 87- 5
恤降（諭）——天聰四年庚午二月壬申 411- 89- 6
恤降（諭）——天聰五年辛未十一月丙戌 411- 89- 6
恤降（諭）——天聰七年癸酉六月癸亥 411- 89- 6
恤降（諭）——四月辛酉 411- 90- 6
恤降（諭）——天聰九年乙亥二月壬午 411- 90- 6
招降（諭）——天聰元年丁卯五月癸未 411- 91- 6
招降（諭）——崇德三年戊寅七月丁卯 411- 91- 6
恤舊勞（諭）——天聰五年辛未正月庚辰 411- 91- 6
恤舊勞（諭）——天聰六年壬申九月庚子 411- 92- 6
恤舊勞（諭）——崇德三年戊寅七月丁丑 411- 92- 6
敦睦（諭）——天聰十年丙子正月癸亥 411- 92- 6
敦睦（諭）——崇德元年丙子五月壬子 411- 93- 6
節儉（諭）——天聰元年丁卯九月甲子 411- 93- 6
節儉（諭）——天聰二年戊辰正月丁卯 411- 94- 6
節儉（諭）——天聰元年壬申十二月乙丑 411- 94- 6
節儉（諭）——崇德元年丙子十月丁丑 411- 94- 6
謹嗜好（諭）——崇德元年丙子四月癸巳 411- 94- 6
謹嗜好（諭）——八月乙酉 411- 94- 6
禁異端（諭）——天聰五年辛未閏十一月庚戌 411- 94- 6
禁異端（諭）——天聰十年丙子三月庚申 411- 95- 6
禁異端（諭）——崇德七年壬午五月戊寅 411- 95- 6
●清太祖清
敬天（諭）——天命三年戊午閏四月壬午 411- 5- 1
敬天（諭）——天命六年辛酉正月甲申 411- 6- 1
敬天（諭）——（天命六年辛酉）四月壬申 411- 6- 1
敬天（諭）——（天命六年辛酉）七月庚子 411- 7- 1
敬天（諭）—─天命十一年丙寅正月己酉 411- 7- 1
聖孝（諭）——天命九年甲子四

史部　詔令奏議類：附錄　詔令上十一畫

月甲申　411- 7- 1
神武（諭）——癸巳九月　411- 8- 1
神武（諭）——癸丑正月己未　411- 8- 1
神武（諭）——天命三年戊午四月辛丑　411- 8- 1
神武（諭）——天命四年己未三月甲申朔　411- 9- 1
神武（諭）——甲申四月　411- 10- 1
神武（諭）——甲申六月初　411- 10- 1
神武（諭）——乙酉二月　411- 10- 1
神武（諭）——壬子十月　411- 11- 1
神武（諭）——天命四年己未六月辛酉　411- 11- 1
神武（諭）——天命八年癸亥五月乙未　411- 11- 1
寬仁（諭）——甲申九月　411- 11- 1
寬仁（諭）——癸巳九月　411- 12- 1
寬仁（諭）——辛丑正月　411- 12- 1
寬仁（諭）——天命三年戊午四月壬寅　411- 12- 1
寬仁（諭）——天命四年己未七月丙午　411- 12- 1
寬仁（諭）——十月辛未　411- 12- 1
論治道（諭）——天命元年丙辰正月癸酉　411- 13- 2
論治道（諭）——丙子　411- 14- 2
論治道（諭）——三月丙子　411- 14- 2
論治道（諭）——天命三年戊午閏四月壬午　411- 14- 2
論治道（諭）——天命十一年丙寅正月乙酉　411- 15- 2
訓諸王（諭）——乙卯十一月　411- 15- 2
訓諸王（諭）——天命六年辛酉四月壬申　411- 16- 2
訓諸王（諭）——七月庚子　411- 17- 2
訓諸王（諭）——甲子　411- 17- 2
訓諸王（諭）——天命十年乙丑四月庚子　411- 18- 2
訓諸王（諭）——天命十一年丙寅七月乙亥　411- 18- 2
訓羣臣（諭）——乙卯五月庚戌　411- 18- 2
訓羣臣（諭）——天命三年戊午閏四月壬午　411- 19- 2
訓羣臣（諭）——天命六年辛酉五月壬寅　411- 19- 2
訓羣臣（諭）——七月庚子　411- 20- 2
訓羣臣（諭）——甲寅　411- 20- 2
訓羣臣（諭）——天命十一年丙寅三月丙午　411- 21- 2
經國（諭）——乙卯六月葉赫將　411- 22- 3
經國（諭）——天命四年己未四月丙辰　411- 23- 3
經國（諭）——天命六年辛酉三月癸亥　411- 23- 3
經國（諭）——天命七年壬戌三月己亥　411- 23- 3
經國（諭）——天命十年乙丑三月己酉　411- 24- 3
任大臣（諭）——天命八年癸亥正月戊戌　411- 24- 3
任大臣（諭）——天命十年乙丑八月壬辰　411- 24- 3
任大臣（諭）——天命十年乙丑八月壬辰　411- 24- 3
用人（諭）——乙卯十一月　411- 25- 3
用人（諭）——正命元年丙辰五月庚午　411- 25- 3
用人（諭）——天命六年辛酉七月庚子　411- 26- 3
求直言（諭）——癸丑正月　411- 26- 3
求直言（諭）——天命元年丙辰正月丙子　411- 26- 3
興文治（諭）——己亥二月　411- 26- 3
崇教化（諭）——天命四年己未六月丙辰　411- 27- 3
崇教化（諭）——天命五年庚申正月庚辰　4110 27- 3
崇教化（諭）——天命六年辛酉七月甲寅　411- 27- 3
崇教化（諭）——甲子　411- 27- 3
崇教化（諭）——天命八年癸亥二月乙丑　411- 28- 3
崇教化（諭）——六月甲戌　411- 28- 3
勤修省（諭）——天命六年辛酉七月甲子　411- 28- 3
節儉（諭）——乙卯十一月　411- 28- 3
慎刑（諭）——天命二年丁巳九月癸亥　411- 29- 3
慎刑（諭）——天命二年丁巳九月癸亥　411- 29- 3

慎刑（諭）——天命六年辛酉五月壬寅　411-29-3

恤下（諭）——天命六年辛酉閏二月癸未　411-29-3

輯人心（諭）——天命十年乙丑八月乙酉　411-30-4

輯人心（諭）——天命十一年丙寅五月丁巳　411-31-4

通下情（諭）——天命五年庚申六月庚戌　411-32-4

明法令（諭）——天命元年丙辰七月己巳　411-32-4

明法令（諭）——天命四年己未二月乙卯　411-32-4

明法令（諭）——天命七年壬戌二月壬午　411-32-4

明法令（諭）——天命八年癸亥六月乙亥　411-33-4

明法令（諭）——天命十一年丙寅七月乙亥　411-33-4

鑒古（諭）——天命十一年丙寅正月己酉　411-34-4

賞功（諭）——天命六年辛酉七月壬寅　411-35-4

昭信（諭）——天命五年庚申正月丙申　411-35-4

誡逸樂（諭）——天命六年辛酉七月甲子　411-36-4

謹嗜好（諭）——天命六年辛酉五月壬寅　411-36-4

謹嗜好（諭）——天命六年辛酉七月甲寅　411-36-4

謹嗜好（諭）——天命十年乙丑八月癸巳　411-37-4

●清世宗清

聖德（諭）——雍正元年七月丙午　412-6-1

聖德（諭）——雍正元年十一月丁酉　412-6-1

聖德（諭）——雍正二年二月辛酉　412-7-1

聖德（諭）——雍正二年三月己卯　412-7-1

聖德（諭）——雍正二年四月癸亥　412-7-1

聖德（諭）——雍正二年六月甲午　412-7-1

聖德（諭）——雍正二年七月甲辰　412-8-1

聖德（諭）——雍正三年正月戊辰　412-8-1

聖德（諭）——雍正三年二月己巳　412-9-1

聖德（諭）——雍正三年二月庚午　412-9-1

聖德（諭）——雍正三年四月己巳　412-9-1

聖德（諭）——雍正三年四月癸未　412-10-1

聖德（諭）——雍正三年五月癸丑　412-10-1

聖德（諭）——雍正三年八月癸酉　412-10-1

聖德（諭）——雍正三年九月壬寅　412-11-1

聖德（諭）——雍正三年十二月庚寅　412-11-1

聖德（諭）——雍正四年八月丁卯　412-11-1

聖德（諭）——雍正四年十月庚申　412-12-1

聖德（諭）——雍正五年二月甲子　412-13-1

聖德（諭）——雍正五年閏三月乙酉　412-13-1

聖德（諭）——雍正五年四月辛丑　412-14-1

聖德（諭）——雍正五年六月丙申　412-15-1

聖德（諭）——雍正五年十月己亥　412-16-1

聖德（諭）——雍正五年十一月丙子　412-17-1

聖德（諭）——雍正六年二月丙戌　412-18-2

聖德（諭）——雍正六年十一月己酉　412-18-2

聖德（諭）——雍正七年三月甲寅　412-19-2

聖德（諭）——雍正七年五月　412-19-2

聖德（諭）——雍正七年八月庚申 412- 20- 2
聖德（諭）——雍正八年正月戊戌 412- 21- 2
聖德（諭）——雍正八年四月己酉 412- 21- 2
聖德（諭）——雍正八年四月戊午 412- 22- 2
聖德（諭）——雍正八年四月己未 412- 22- 2
聖德（諭）——雍正八年四月辛酉 412- 23- 2
聖德（諭）——雍正八年六月甲辰 412- 23- 2
聖德（諭）——雍正八年六月丙辰 412- 24- 2
聖德（諭）——雍正八年十一月己巳 412- 24- 2
聖德（諭）——雍正八年十二月壬戌 412- 25- 2
聖德（諭）——雍正十年七月丁亥 412- 25- 2
聖德（諭）——雍正十年七月己酉 412- 26- 2
聖德（諭）——雍正十年十月癸酉 412- 26- 2
聖德（諭）——雍正十年十二月壬申 412- 27- 2
聖德（諭）——雍正十一年正月壬子 412- 27- 2
聖德（諭）——雍正十一年七月庚子 412- 27- 2
聖德（諭）——雍正十二年四月庚午 412- 27- 2
聖德（諭）——雍正十二年十月己巳 412- 28- 2
聖德（諭）——雍正十二年十二月乙卯 412- 28- 2
聖德（諭）——雍正十三年正月己卯 412- 28- 2
聖德（諭）——雍正十三年六月辛卯 412- 30- 2
聖孝（諭）——康熙六十一年十一月丙申 412- 31- 3
聖孝（諭）——康熙六十一年十一月丁酉 412- 31- 3
聖孝（諭）——康熙六十一年十一月辛丑（三則） 412- 32- 3
聖孝（諭）——康熙六十一年十一月壬寅 412- 34- 3
聖孝（諭）——康熙六十一年十一月甲辰 412- 35- 3
聖孝（諭）——康熙六十一年十一月乙巳 412- 35- 3
聖孝（諭）——康熙六十一年十二月甲寅 412- 35- 3
聖孝（諭）——康熙六十一年十二月丁巳 412- 36- 2
聖孝（諭）——雍正元年正月壬寅（二則） 412- 37- 3
聖孝（諭）——雍正元年二月己巳 412- 38- 3
聖孝（諭）——雍正元年二月癸酉 412- 39- 3
聖孝（諭）——雍正元年三月庚子 412- 39- 3
聖孝（諭）——雍正元年四月戊午 412- 40- 3
聖孝（諭）——雍正元年五月己卯 412- 40- 3
聖孝（諭）——雍正元年五月甲辰 412- 40- 3
聖孝（諭）——雍正元年五月乙巳 412- 41- 3
聖孝（諭）——雍正元年六月丁卯 412- 41- 3
聖孝（諭）——雍正元年八月乙亥 412- 42- 3
聖孝（諭）——雍正元年九月辛巳 412- 42- 3
聖孝（諭）——雍正元年十一月癸巳 412- 43- 3
聖孝（諭）——雍正元年十一月壬寅 412- 44- 3
聖孝（諭）——雍正二年二月己酉 422- 45- 3
聖孝（諭）——雍正二年十二月壬申 412- 46- 3
聖孝（諭）——雍正二年十二月己卯 412- 46- 3

聖孝（諭）——雍正二年十二月辛巳　412-47-3

聖孝（諭）——雍正三年二月庚辰　412-47-3

聖孝（諭）——雍正三年二月癸未　412-48-3

聖孝（諭）——雍正三年二月庚寅　412-48-3

聖孝（諭）——雍正三年七月己酉　412-49-3

聖孝（諭）——雍正三年八月辛巳　412-49-3

聖孝（諭）——雍正三年八月丙戌　412-49-3

聖孝（諭）——雍正四年八月丙戌　412-50-3

聖孝（諭）——雍正八年八月壬戌　412-50-3

聖學（諭）——雍正三年七月丁巳　412-51-4

聖學（諭）——雍正五年六月壬寅　412-51-4

聖學（諭）——雍正五年七月癸酉　412-52-4

聖學（諭）——雍正五年十二月壬戌　412-53-4

聖學（諭）——雍正五年十二月甲申　412-54-4

聖學（諭）——雍正七年閏七月癸酉　412-55-4

聖學（諭）——雍正七年八月丁巳　412-55-4

聖學（諭）——雍正十年五月甲申　412-56-4

聖學（諭）——雍正十二年十月己酉　412-58-4

聖治（諭）一——雍正元年正月辛巳（七則）　412-59-5

聖治（諭）一——雍正元年二月丙寅　412-68-5

聖治（諭）一——雍正元年六月壬申　412-68-5

聖治（諭）一——雍正元年六月丙子（二則）　412-68-5

聖治（諭）一——雍正元年七月己丑　412-69-5

聖治（諭）一——雍正元年八月己酉　412-70-5

聖治（諭）一——雍正元年九月甲申　412-70-5

聖治（諭）一——雍正元年九月丁亥　412-71-5

聖治（諭）一——雍正元年十月辛亥　412-71-5

聖治（諭）一——雍正元年十月壬戌　412-71-5

聖治（諭）一——雍正元年十一月丁酉　412-72-5

聖治（諭）一——雍正二年三月壬寅　412-72-5

聖治（諭）一——雍正二年四月壬子　412-72-5

聖治（諭）一——雍正二年閏四月癸未　412-73-5

聖治（諭）一——雍正二年閏四月乙酉　412-73-5

聖治（諭）一——雍正二年閏四月辛卯　412-74-5

聖治（諭）一——雍正二年五月甲辰　412-74-5

聖治（諭）一——雍正二年六月甲午　412-74-5

聖治（諭）一——雍正二年六月庚子　412-75-5

聖治（諭）一——雍正二年八月丙申　412-75-5

聖治（諭）一——雍正二年十月癸巳　412-76-5

聖治（諭）一——雍正二年十一月甲辰　412-76-5

聖治（諭）二——雍正三年三月丙寅　412-77-5

聖治（諭）二——雍正三年三月丁卯　412-77-5

聖治（諭）二——雍正三年七月己亥　412-78-6

聖治（諭）二——雍正三年七月癸亥　412-79-6

聖治（諭）二——雍正四年正月癸丑　412-79-6

四庫全書文集篇目分類索引

史部

詔令奏議類：附錄

詔令上十一畫

聖治（諭）二——雍正四年二月辛卯	412- 80- 6
聖治（諭）二——雍正四年五月壬辰	412- 80- 6
聖治（諭）二——雍正四年六月庚午	412- 82- 6
聖治（諭）二——雍正四年六月丁丑	412- 82- 6
聖治（諭）二——雍正四年七月戊戌	412- 82- 6
聖治（諭）二——雍正四年八月庚申	412- 83- 6
聖治（諭）二——雍正四年九月壬子	412- 84- 6
聖治（諭）二——雍正五年二月庚申	412- 84- 6
聖治（諭）二——雍正五年二月甲子	412- 85- 6
聖治（諭）二——雍正五年閏三月己卯	412- 85- 6
聖治（諭）二——雍正五年四月癸丑	412- 86- 6
聖治（諭）二——雍正五年四月乙卯	412- 86- 6
聖治（諭）二——雍正五年九月丙子	412- 87- 6
聖治（諭）二——雍正五年十一月戊午	412- 88- 6
聖治（諭）二——雍正五年十一月壬戌	412- 88- 6
聖治（諭）二——雍正五年十二月己亥	412- 89- 6
聖治（諭）二——雍正六年三月壬子	412- 90- 6
聖治（諭）二——雍正六年三月己未	412- 91- 6
聖治（諭）二——雍正六年四月壬寅	412- 93- 6
聖治（諭）二——雍正六年五月丙辰	412- 94- 6
聖治（諭）二——雍正六年六月丙申	412- 95- 6
聖治（諭）二——雍正六年八月乙酉	412- 96- 6
聖治（諭）二——雍正六年九月辛酉	412- 96- 6
聖治（諭）三——雍正七年正月癸酉	412- 98- 7
聖治（諭）三——雍正七年四月辛巳	412- 99- 7
聖治（諭）三——雍正七年四月丙戌	412-100- 7
聖治（諭）三——雍正七年五月己酉	412-100- 7
聖治（諭）三——雍正七年五月甲子	412-101- 7
聖治（諭）三——雍正七年五月壬申	412-102- 7
聖治（諭）三——雍正七年六月丙申	412-102- 7
聖治（諭）三——雍正七年七月甲子	412-103- 7
聖治（諭）三——雍正七年閏七月癸巳	412-103- 7
聖治（諭）三——雍正七年八月癸丑	412-104- 7
聖治（諭）三——雍正七年八月丙辰	412-105- 7
聖治（諭）三——雍正七年八月乙丑	412-105- 7
聖治（諭）三——雍正七年十二月壬子	412-106- 7
聖治（諭）三——雍正七年十二月己巳	412-106- 7
聖治（諭）三——雍正八年二月丙辰	412-106- 7
聖治（諭）三——雍正八年三月己巳	412-108- 7
聖治（諭）三——雍正八年六月丙辰	412-109- 7
聖治（諭）三——雍正八年七月甲戌	412-109- 7
聖治（諭）三——雍正八年十一月乙亥	412-110- 7
聖治（諭）三——雍正九年二月乙卯	412-110- 7
聖治（諭）三——雍正十一年正月丁亥	412-111- 7
聖治（諭）三——雍正十一年六月丙寅	412-111- 7

四庫全書文集篇目分類索引　　203

聖治（諭）三——雍正十一年六月庚午	412-111- 7	癸酉	412-125- 8
聖治（諭）三——雍正十一年七月己丑	412-112- 7	敬天（諭）——雍正七年十二月辛酉	412-126- 8
聖治（諭）三——雍正十一年八月癸酉	412-112- 7	敬天（諭）——雍正八年六月丁卯	412-126- 8
聖治（諭）三——雍正十二年四月甲子	412-113- 7	敬天（諭）——雍正八年八月己酉	412-128- 8
聖治（諭）三——雍正十二年四月癸酉	412-113- 7	敬天（諭）——雍正八年八月甲寅	412-128- 8
聖治（諭）三——雍正十二年九月辛丑	412-113- 7	敬天（諭）——雍正八年九月庚寅	412-128- 8
聖治（諭）三——雍正十二年十月己酉	412-114- 7	敬天（諭）——雍正九年六月壬寅	412-129- 8
聖治（諭）三——雍正十三年三月戊子	412-114- 7	敬天（諭）——雍正十年正月乙亥	412-130- 8
聖治（諭）三——雍正十三年四月甲辰	412-115- 7	敬天（諭）——雍正十年五月丙子	412-131- 8
聖治（諭）三——雍正十三年四月丁巳	412-116- 7	敬天（諭）——雍正十年八月己巳	412-131- 8
聖治（諭）三——雍正十三年五月癸亥	412-116- 7	敬天（諭）——雍正十二年八月戊午	412-132- 8
敬天（諭）——雍正元年五月甲申	412-117- 7	法祖（諭）——康熙六十一年十一月丁酉（二則）	412-134- 9
敬天（諭）——雍正元年十月辛酉	412-118- 8	法祖（諭）——雍正元年癸卯正月戊子	412-135- 9
敬天（諭）——雍正二年八月甲申	412-118- 8	法祖（諭）——雍正元年四月乙丑	412-135- 9
敬天（諭）——雍正三年四月戊寅	412-118- 8	法祖（諭）——雍正二年二月丙午	412-136- 9
敬天（諭）——雍正三年七月丙午	412-119- 8	法祖（諭）——雍正四年九月戊戌	412-137- 9
敬天（諭）——雍正五年正月癸巳	412-120- 8	法祖（諭）——雍正四年十月戊辰	412-137- 9
敬天（諭）——雍正五年正月丁酉	412-121- 8	法祖（諭）——雍正四年十一月己亥	412-138- 9
敬天（諭）——雍正六年十一月癸丑	412-122- 8	法祖（諭）——雍正六年八月己丑	412-139- 9
敬天（諭）——雍正七年三月戊午	412-123- 8	法祖（諭）——雍正七年八月丁未	412-139- 9
敬天（諭）——雍正七年七月壬申	412-124- 8	法祖（諭）——雍正七年九月乙酉	412-140- 9
敬天（諭）——雍正七年九月丙戌	412-124- 8	法祖（諭）——雍正八年二月乙巳	412-140- 9
敬天（諭）——雍正七年十一月		法祖（諭）——雍正九年十二月己酉	412-141- 9

史部

詔令奏議類：附錄

詔令上十一畫

史部

詔令奏議類：附錄

詔令上十一畫

文教（諭）——雍正元年正月辛巳	412-142- 10
文教（諭）——雍正元年五月乙未	412-142- 10
文教（諭）——雍正元年五月己亥	412-143- 10
文教（諭）——雍正元年七月丙午	412-143- 10
文教（諭）——雍正元年十一月乙巳	412-144- 10
文教（諭）——雍正二年二月丙午	412-144- 10
文教（諭）——雍正二年三月乙亥	412-144- 10
文教（諭）——雍正二年三月己卯	412-145- 10
文教（諭）——雍正二年五月甲辰	412-145- 10
文教（諭）——雍正二年八月甲戌	412-146- 10
文教（諭）——雍正二年十一月癸卯	412-146- 10
文教（諭）——雍正二年十二月癸酉	412-146- 10
文教（諭）——雍正四年四月丁丑	412-147- 10
文教（諭）——雍正四年九月丁巳	412-147- 10
文教（諭）——雍正五年三月庚寅	412-148- 10
文教（諭）——雍正五年三月乙未	412-148- 10
文教（諭）——雍正五年三月辛亥	412-149- 10
文教（諭）——雍正五年四月己丑	412-149- 10
文教（諭）——雍正五年十一月庚申	412-149- 10
文教（諭）——雍正五年十二月乙酉	412-150- 10
文教（諭）——雍正六年十一月丙辰	412-150- 10
文教（諭）——雍正六年十一月壬戌	412-150- 10
文教（諭）——雍正七年正月癸酉	412-151- 10
文教（諭）——雍正七年二月辛巳	412-151- 10
文教（諭）——雍正七年閏七月丁酉	412-151- 10
文教（諭）——雍正七年十二月癸丑	412-151- 10
文教（諭）——雍正十年七月壬子	412-152- 10
文教（諭）——雍正十年八月乙亥	412-153- 10
文教（諭）——雍正十一年正月壬辰	412-153- 10
文教（諭）——雍正十一年正月丙午	412-153- 10
文教（諭）——雍正十一年四月己未	412-154- 10
文教（諭）——雍正十一年五月癸未	412-154- 10
文教（諭）——雍正十二年十二月癸亥（二則）	412-155- 10
武功（諭）——雍正元年正月丙午	412-156- 10
武功（諭）——雍正元年八月甲子	412-156- 11
武功（諭）——雍正二年三月辛丑	412-158- 11
武功（諭）——雍正二年六月乙酉	412-158- 11
武功（諭）——雍正二年十月丁亥	412-160- 11
武功（諭）——雍正五年十月甲申	412-160- 11
武功（諭）——雍正五年十月己酉	412-160- 11
武功（諭）——雍正六年七月戊午	412-161- 11
武功（諭）——雍正六年七月乙丑	412-161- 11
武功（諭）——雍正六年十二月丁酉	412-161- 11
武功（諭）——雍正七年二月癸巳	412-162- 11
武功（諭）——雍正七年四月壬寅	412-165- 11

武功（諭）——雍正七年五月乙巳　412-166- 11

武功（諭）——雍正十一年八月丙辰　412-169- 11

武功（諭）——雍正十二年正月甲申　412-169- 11

武功（諭）——雍正十二年三月己亥　412-130- 11

武備（諭）——雍正二年閏四月乙未　412-170- 11

武備（諭）——雍正二年七月甲子　412-170- 11

武備（諭）——雍正三年八月丙子　412-171- 11

武備（諭）——雍正四年九月甲辰　412-172- 11

武備（諭）——雍正五年二月癸亥　412-172- 11

武備（諭）——雍正六年十二月己亥　412-172- 11

武備（諭）——雍正七年閏七月乙亥　412-173- 11

武備（諭）——雍正七年八月甲寅　412-173- 11

武備（諭）——雍正七年十月己酉　412-173- 11

武備（諭）——雍正九年八月癸丑　412-173- 11

武備（諭）——雍正九年八月乙卯　412-173- 11

武備（諭）——雍正十一年二月庚申　412-174- 11

武備（諭）——雍正十三年二月辛酉　412-174- 11

敦睦（諭）——康熙六十一年十二月壬子　412-176- 7

敦睦（諭）——雍正元年正月丙申　412-176- 12

敦睦（諭）——雍正元年十一月辛丑　412-177- 12

敦睦（諭）——雍正元年十一月乙巳　412-177- 12

敦睦（諭）——雍正二年正月甲午　412-177- 12

敦睦（諭）——雍正二年閏四月戊寅　412-177- 12

敦睦（諭）——雍正二年五月己巳　412-178- 12

敦睦（諭）——雍正二年十二月壬午　412-179- 12

敦睦（諭）——雍正二年十二月甲申　412-180- 12

敦睦（諭）——雍正三年三月辛亥　412-180- 12

敦睦（諭）——雍正四年七月辛亥　412-181- 12

敦睦（諭）——雍正六年二月丙戌　412-182- 12

敦睦（諭）——雍正七年閏七月癸未　412-182- 12

敦睦（諭）——雍正八年五月甲戌　412-183- 12

敦睦（諭）——雍正八年五月丙子　412-183- 12

敦睦（諭）——雍正八年五月丙戌　412-184- 12

敦睦（諭）——雍正八年六月丁未　412-185- 12

敦睦（諭）——雍正八年六月辛酉　412-186- 12

用人（諭）——康熙六十一年十一月庚戌　412-187- 13

用人（諭）——雍正元年二月丙寅　412-187- 13

用人（諭）——雍正元年三月乙酉　412-188- 13

用人（諭）——雍正元年四月甲子　412-188- 13

用人（諭）——雍正元年十月辛亥　412-188- 13

用人（諭）——雍正元年十月乙丑　412-189- 13

用人（諭）——雍正元年十二月辛亥　412-189- 13

用人（諭）——雍正二年三月庚辰　412-190- 13

用人（諭）——雍正二年八月己丑　412-190- 13

用人（諭）——雍正三年三月甲寅　412-190- 13

史部

詔令奏議類：附錄

詔令上十一畫

用人（諭）——雍正三年六月庚寅　412-191- 13

用人（諭）——雍正三年十月己巳　412-191- 13

用人（諭）——雍正四年六月丙寅　412-191- 13

用人（諭）——雍正四年六月己丑　412-191- 13

用人（諭）——雍正四年七月丁酉　412-192- 13

用人（諭）——雍正四年七月己亥　412-193- 13

用人（諭）——雍正五年二月乙亥　412-193- 13

用人（諭）——雍正五年三月丁未　412-194- 13

用人（諭）——雍正五年閏三月乙丑　412-194- 13

用人（諭）——雍正五年四月癸巳　412-195- 13

用人（諭）——雍正五年五月庚辰　412-196- 13

用人（諭）——雍正五年九月乙丑　412-197- 13

用人（諭）——雍正五年十一月乙卯　412-198- 13

用人（諭）——雍正五年十二月丁亥　412-198- 13

用人（諭）——雍正六年四月丁未　412-199- 13

用人（諭）——雍正六年七月庚申　412-199- 13

用人（諭）——雍正六年十月癸未　412-200- 13

用人（諭）——雍正六年十月庚子　412-201- 13

用人（諭）——雍正七年四月壬辰　412-202- 13

用人（諭）——雍正七年閏七月丙申　412-202- 13

用人（諭）——雍正八年二月乙巳　412-202- 13

用人（諭）——雍正八年三月己巳　412-203- 13

用人（諭）——雍正八年十月己酉　412-203- 13

用人（諭）——雍正十二年七月丁丑　412-203- 13

恤臣下（諭）——康熙六十一年十二月戊午　412-204- 14

恤臣下（諭）——雍正元年五月甲申　412-204- 14

恤臣下（諭）——雍正元年十一月癸卯　412-204- 14

恤臣下（諭）——雍正元年十二月甲子　412-205- 14

恤臣下（諭）——雍正三年九月丁酉　412-205- 14

恤臣下（諭）——雍正四年二月壬午　412-205- 14

恤臣下（諭）——雍正五年三月癸巳　412-206- 14

恤臣下（諭）——雍正五年十一月丁卯　412-206- 14

恤臣下（諭）——雍正六年二月庚戌　412-206- 14

恤臣下（諭）——雍正六年十一月乙亥　412-207- 14

恤臣下（諭）——雍正七年正月庚戌　412-207- 14

恤臣下（諭）——雍正七年三月甲戌　412-207- 14

恤臣下（諭）——雍正七年九月辛巳　412-208- 14

恤臣下（諭）——雍正七年十二月戊申　412-208- 14

恤臣下（諭）——雍正八年三月戊寅　412-208- 14

恤臣下（諭）——雍正八年三月庚寅　412-209- 14

恤臣下（諭）——雍正八年七月癸酉　412-209- 14

恤臣下（諭）——雍正八年九月丁卯　412-209- 14

恤臣下（諭）——雍正八年十月壬子　412-210- 14

恤臣下（諭）——雍正十年六月戊辰　412-210- 14

恤臣下（諭）——雍正十一年七月戊戌　412-210- 14

愛民（諭）——雍正元年正月壬午　412-211- 15
愛民（諭）——雍正元年正月壬辰　412-211- 15
愛民（諭）——雍正元年正月乙未　412-212- 15
愛民（諭）——雍正元年正月庚戌　412-212- 15
愛民（諭）——雍正元年五月戊戌（二則）　412-212- 15
愛民（諭）——雍正元年十月壬申　412-213- 15
愛民（諭）——雍正元年十一月丁亥　412-213- 15
愛民（諭）——雍正二年五月辛酉　412-214- 15
愛民（諭）——雍正二年六月庚子　412-214- 15
愛民（諭）——雍正二年九月辛酉　412-214- 15
愛民（諭）——雍正二年九月壬戌　412-215- 15
愛民（諭）——雍正三年七月辛酉　412-215- 15
愛民（諭）——雍正三年八月癸未　412-215- 15
愛民（諭）——雍正三年十二月戊子　412-216- 15
愛民（諭）——雍正四年二月庚午　412-216- 15
愛民（諭）——雍正四年二月戊寅　412-216- 15
愛民（諭）——雍正四年二月庚寅（二則）　412-217- 15
愛民（諭）——雍正四年三月甲辰　412-217- 15
愛民（諭）——雍正四年五月庚申　412-218- 15
愛民（諭）——雍正五年十二月辛丑　412-218- 15
愛民（諭）——雍正六年二月甲辰　412-218- 15
愛民（諭）——雍正六年三月壬子　412-219- 15
愛民（諭）——雍正六年八月乙酉　412-220- 15
愛民（諭）——雍正六年十月辛巳　412-220- 15
愛民（諭）——雍正七年十一月庚子　412-221- 16
愛民（諭）——雍正八年二月戊辰　412-221- 16
愛民（諭）——雍正八年三月乙未　412-222- 16
愛民（諭）——雍正八年七月戊寅　412-222- 16
愛民（諭）——雍正八年九月乙酉　412-222- 16
愛民（諭）——雍正八年十月壬子　412-222- 16
愛民（諭）——雍正八年十月戊午　412-222- 16
愛民（諭）——雍正八年十二月丁巳　412-223- 16
愛民（諭）——雍正九年四月戊午　412-223- 16
愛民（諭）——雍正九年六月庚戌　412-224- 16
愛民（諭）——雍正九年六月丁巳　412-224- 11
愛民（諭）——雍正九年七月乙酉　412-225- 16
愛民（諭）——雍正九年十二月甲辰　412-225- 16
愛民（諭）——雍正十年七月庚寅　412-226- 16
愛民（諭）——雍正十一年五月丁亥　412-226- 16
愛民（諭）——雍正十一年五月庚寅　412-226- 16
愛民（諭）——雍正十一年五月辛卯　412-226- 16
愛民（諭）——雍正十二年二月壬子　412-226- 16
愛民（諭）——雍正十二年九月丁酉　412-227- 16
愛民（諭）——雍正十二年十月丁未　412-227- 16
愛民（諭）——雍正十三年三月庚寅　412-227- 16

史部

詔令奏議類：附錄

詔令上十一畫

愛民（諭）——雍正十三年閏四月戊寅　412-228- 16

恤兵（諭）——雍正元年三月己酉　412-229- 17

恤兵（諭）——雍正元年四月丁卯　412-229- 17

恤兵（諭）——雍正元年五月庚辰　412-229- 17

恤兵（諭）——雍正元年十月辛未　412-229- 17

恤兵（諭）——雍正二年正月辛丑　412-230- 17

恤兵（諭）——雍正二年九月癸卯　412-230- 17

恤兵（諭）——雍正三年六月壬辰　412-231- 17

恤兵（諭）——雍正四年十月甲子　412-231- 17

恤兵（諭）——雍正四年十二月戊午　412-231- 17

恤兵（諭）——雍正五年九月丁卯　412-231- 17

恤兵（諭）——雍正五年十月丙戌　412-232- 17

恤兵（諭）——雍正六年九月己酉　412-232- 17

恤兵（諭）——雍正六年十一月戊午　412-232- 17

恤兵（諭）——雍正六年十一月乙亥　412-232- 17

恤兵（諭）——雍正六年十二月戊戌　412-233- 17

恤兵（諭）——雍正七年正月己未　412-233- 17

恤兵（諭）——雍正七年二月丁丑　412-234- 17

恤兵（諭）——雍正七年三月戊午　412-234- 17

恤兵（諭）——雍正七年四月丁丑　412-235- 17

恤兵（諭）——雍正七年四月甲午　412-235- 17

恤兵（諭）——雍正七年閏七月庚辰　412-235- 17

恤兵（諭）——雍正七年八月甲辰　412-235- 17

恤兵（諭）——雍正七年十二月癸卯　412-236- 17

恤兵（諭）——雍正七年十二月丁巳　412-236- 17

恤兵（諭）——雍正八年三月乙西　412-236- 17

恤兵（諭）——雍正八年八月癸丑　412-237- 17

恤兵（諭）——雍正八年九月丁卯　412-237- 17

恤兵（諭）——雍正八年十月辛亥　412-237- 17

恤兵（諭）——雍正八年十二月戊戌　412-238- 17

恤兵（諭）——雍正九年二月丁未　412-238- 17

恤兵（諭）——雍正九年五月甲子　412-238- 17

恤兵（諭）——雍正九年五月癸未　412-239- 17

恤兵（諭）——雍正九年七月癸丑　412-239- 17

恤兵（諭）——雍正九年九月丁丑　412-240- 17

恤兵（諭）——雍正十年二月乙卯　412-240- 17

恤兵（諭）——雍正十年三月戊午　412-240- 17

恤兵（諭）——雍正十年三月甲申　412-240- 17

恤兵（諭）——雍正十年四月壬辰　412-241- 17

恤兵（諭）——雍正十年五月戊辰　412-241- 17

恤兵（諭）——雍正十年五月庚午　412-242- 17

恤兵（諭）——雍正十年閏五月乙未　412-242- 17

恤兵（諭）——雍正十年八月癸亥　412-242- 17

恤兵（諭）——雍正十一年五月乙巳　412-242- 17

恤兵（諭）——雍正十一年六月癸亥　412-242- 17

恤兵（諭）——雍正十一年十二月丙辰　412-243- 17
恤兵（諭）——雍正十二年十一月辛丑　412-243- 17
恤兵（諭）——雍正十三年閏四月甲申　412-244- 17
察吏（諭）——雍正元年五月丁亥　412-244- 18
察吏（諭）——雍正元年五月庚寅　412-245- 18
察吏（諭）——雍正元年六月乙亥（二則）　412-245- 18
察吏（諭）——雍正二年七月乙巳　412-246- 18
察吏（諭）——雍正三年四月戊子　412-246- 18
察吏（諭）——雍正四年八月丙戌　412-247- 18
察吏（諭）——雍正四年十月戊寅　412-247- 18
察吏（諭）——雍正五年三月丙申　412-248- 18
察吏（諭）——雍正五年閏三月丙寅　412-248- 18
察吏（諭）——雍正五年閏三月乙酉　412-248- 18
察吏（諭）——雍正五年六月丁亥　412-249- 18
察吏（諭）——雍正五年七月丁巳　412-250- 18
察吏（諭）——雍正六年五月己巳　412-250- 18
察吏（諭）——雍正六年七月戊午　412-250- 18
察吏（諭）——雍正六年七月乙亥　412-251- 18
察吏（諭）——雍正六年八月己卯　412-252- 18
察吏（諭）——雍正七年正月癸丑　412-253- 18
察吏（諭）——雍正七年五月庚申　412-253- 18
察吏（諭）——雍正七年閏七月壬午　412-253- 18
察吏（諭）——雍正七年十一月己亥　412-254- 18
察吏（諭）——雍正八年五月壬辰　412-255- 18
察吏（諭）——雍正十三年七月乙巳　412-256- 18
訓臣工（諭）——雍正元年正月癸卯　412-257- 18
訓臣工（諭）——雍正元年四月丁卯　412-257- 18
訓臣工（諭）——雍正元年十月戊午　412-258- 18
訓臣工（諭）——雍正二年二月丙午　412-259- 19
訓臣工（諭）——雍正二年三月丁丑　412-260- 19
訓臣工（諭）——雍正二年三月戊寅　412-260- 19
訓臣工（諭）——雍正二年六月庚寅　412-260- 19
訓臣工（諭）——雍正二年七月丁巳　412-260- 19
訓臣工（諭）——雍正三年六月丁卯　412-262- 19
訓臣工（諭）——雍正四年正月乙未　412-263- 19
訓臣工（諭）——雍正四年三月甲寅　412-264- 19
訓臣工（諭）——雍正四年四月庚午　412-265- 19
訓臣工（諭）——雍正四年六月乙丑　412-265- 19
訓臣工（諭）——雍正四年十月庚申　412-266- 19
訓臣工（諭）——雍正四年十二月庚辰　412-266- 19
訓臣工（諭）——雍正五年正月甲辰　412-268- 20
訓臣工（諭）——雍正五年八月庚子　412-269- 20
訓臣工（諭）——雍正五年八月庚戌　412-270- 20
訓臣工（諭）——雍正五年十月癸卯　412-271- 20
訓臣工（諭）——雍正六年九月甲戌　412-272- 20

四庫全書文集篇目分類索引

史部

詔令奏議類・附錄

詔令上十一畫

訓臣工（諭）——雍正六年十月甲午　412-272- 20

訓臣工（諭）——雍正六年十一月己巳　412-273- 20

訓臣工（諭）——雍正七年五月丙午　412-273- 20

訓臣工（諭）——雍正七年七月辛未　412-274- 20

訓臣工（諭）——雍正八年九月戊辰　412-275- 20

訓臣工（諭）——雍正十年閏五月甲午　412-277- 20

訓臣工（諭）——雍正十二年正月己卯　412-278- 20

訓臣工（諭）——雍正十三年正月壬辰　412-279- 20

勵將士（諭）——雍正元年正月辛巳（三則）　412-281- 20

勵將士（諭）——雍正元年四月丁卯　412-283- 21

勵將士（諭）——雍正元年六月乙亥　412-284- 21

勵將士（諭）——雍正元年九月辛卯　412-284- 21

勵將士（諭）——雍正三年五月壬寅　412-285- 21

勵將士（諭）——雍正三年十二月乙酉　412-285- 21

勵將士（諭）——雍正五年二月庚申　412-286- 21

勵將士（諭）——雍正五年十一月丁丑　412-287- 21

勵將士（諭）——雍正六年正月庚辰　412-287- 21

勵將士（諭）——雍正七年正月戊申　412-287- 21

勵將士（諭）——雍正七年十二月乙巳　412-288- 21

勵將士（諭）——雍正八年四月丙午　412-288- 21

勵將士（諭）——雍正八年七月壬申　412-289- 21

勵將士（諭）——雍正九年二月乙卯　412-289- 21

勵將士（諭）——雍正十年正月丁卯（二則）　412-290- 21

勵將士（諭）——雍正十年三月戊寅　412-291- 21

勵將士（諭）——雍正十一年正月丁亥　412-292- 21

勵將士（諭）——雍正十一年六月丁巳　412-293- 21

勵將士（諭）——雍正十一年十一月辛丑　412-293- 21

勵將士（諭）——雍正十三年三月甲午　412-293- 21

廣言路（諭）——雍正年二月丙寅　412-294- 22

廣言路（諭）——雍正元年四月丁卯　412-296- 22

廣言路（諭）——雍正元年五月乙未　412-296- 22

廣言路（諭）——雍正二年九月乙丑　412-296- 22

廣言路（諭）——雍正四年六月壬戌　412-297- 22

廣言路（諭）——雍正五年閏三月丁巳　412-297- 22

廣言路（諭）——雍正五年九月己巳　412-298- 22

廣言路（諭）——雍正七年二月丙子　412-298- 22

廣言路（諭）——雍正七年五月辛未　412-298- 22

廣言路（諭）——雍正七年七月己酉　412-300- 22

廣言路（諭）——雍正十年五月丁卯　412-300- 22

理財（諭）——雍正二年二月丙午　412-301- 23

理財（諭）——雍正二年三月丁丑　412-302- 23

理財（諭）——雍正三年五月癸丑　412-302- 23

理財（諭）——雍正四年四月己丑　412-302- 23

理財（諭）——雍正四年九月丙申　412-302- 23

理財（諭）——雍正四年十二月丙子　412-303- 23

理財（諭）——雍正五年四月壬辰 412-303- 23

理財（諭）——雍正五年九月乙卯 412-304- 23

理財（諭）——雍正五年九月戊辰 412-305- 23

理財（諭）——雍正六年二月丙申 412-306- 23

理財（諭）——雍正六年九月庚午 412-307- 23

理財（諭）——雍正六年十一月丙子 412-307- 23

理財（諭）——雍正七年二月甲午 412-309- 23

理財（諭）——雍正七年二月乙未 412-309- 23

理財（諭）——雍正七年二月戊戌 412-309- 23

理財（諭）——雍正七年十月甲子 412-309- 23

理財（諭）——雍正七年十二月癸卯 412-311- 23

理財（諭）——雍正八年正月丙申 412-312- 23

理財（諭）——雍正八年九月丁丑 412-313- 23

理財（諭）——雍正八年十一月戊子 412-313- 23

理財（諭）——雍正十一年十月甲寅 412-314- 23

理財（諭）——雍正十一年十一月癸巳 412-314- 23

慎刑（諭）——雍正元年二月壬子 412-316- 24

慎刑（諭）——雍正元年六月己酉 412-316- 24

慎刑（諭）——雍正二年二月庚戌 412-317- 24

慎刑（諭）——雍正二年二月壬申 412-317- 24

慎刑（諭）——雍正二年三月己卯 412-318- 24

慎刑（諭）——雍正二年三月甲午 412-318- 24

慎刑（諭）——雍正二年四月庚戌 412-319- 24

慎刑（諭）——雍正二年四月壬子 412-319- 24

慎刑（諭）——雍正二年閏四月戊寅 412-319- 24

慎刑（諭）——雍正二年六月癸未 412-320- 24

慎刑（諭）——雍正二年十二月丁丑 412-320- 24

慎刑（諭）——雍正三年六月壬辰 412-320- 24

慎刑（諭）——雍正三年九月癸丑 412-321- 24

慎刑（諭）——雍正三年十月丁卯 412-321- 24

慎刑（諭）——雍正三年十月辛未 412-321- 24

慎刑（諭）——雍正四年七月丁未 412-321- 24

慎刑（諭）——雍正四年八月丙戌 412-322- 24

慎刑（諭）——雍正四年十二月丁丑 412-322- 24

慎刑（諭）——雍正五年九月丁丑 412-323- 24

慎刑（諭）——雍正六年正月戊寅 412-323- 24

慎刑（諭）——雍正六年十二月己丑 412-324- 24

慎刑（諭）——雍正七年五月辛亥 412-324- 24

慎刑（諭）——雍正八年四月庚申 412-325- 24

慎刑（諭）——雍正八年六月丙寅 412-325- 24

慎刑（諭）——雍正八年十月甲辰 412-326- 24

慎刑（諭）——雍正九年六月癸卯 412-327- 24

慎刑（諭）——雍正十年二月丙申 412-327- 24

慎刑（諭）——雍正十年八月壬戌 412-328- 24

慎刑（諭）——雍正十一年九月庚子 412-328- 24

史部

詔令奏議類：附錄

詔令上十一畫

慎刑（諭）——雍正十一年九月壬寅　412-328- 24

慎刑（諭）——雍正十一年十月丁卯　412-329- 24

慎刑（諭）——雍正十一年十二月甲戌　412-330- 24

慎刑（諭）——雍正十二年九月乙亥　412-330- 24

慎刑（諭）——雍正十二年九月癸巳（二則）　412-331- 24

慎刑（諭）——雍正十三年三月癸未　412-332- 24

慎刑（諭）——雍正十三年閏四月戊戌　412-332- 24

慎刑（諭）——雍正十三年六月丁酉　412-333- 24

重農桑（諭）——雍正元年四月乙亥　412-334- 25

重農桑（諭）——雍正二年二月癸丑　412-335- 25

重農桑（諭）——雍正二年二月甲子　412-335- 25

重農桑（諭）——雍正四年八月丙戌　412-335- 25

重農桑（諭）——雍正五年二月乙酉　412-336- 25

重農桑（諭）——雍正五年三月庚寅　412-337- 25

重農桑（諭）——雍正五年七月癸未　412-339- 25

重農桑（諭）——雍正六年八月乙未　412-340- 25

重農桑（諭）——雍正六年十二月丁亥　412-340- 25

重農桑（諭）——雍正七年正月壬申　412-341- 25

重農桑（諭）——雍正七年四月戊子　412-341- 25

重農桑（諭）——雍正八年正月辛未　412-342- 25

重農桑（諭）——雍正八年四月辛酉　412-342- 25

重農桑（諭）——雍正八年四月癸亥　412-343- 25

重農桑（諭）——雍正九年七月甲申　412-343- 25

重農桑（諭）——雍正九年八月癸巳　412-344- 25

重農桑（諭）——雍正十年閏五月丁酉　412-344- 25

重農桑（諭）——雍正十一年七月己亥　412-344- 25

重農桑（諭）——雍正十二年十月戊辰　412-344- 25

厚風俗（諭）——雍正元年二月癸亥　412-346- 25

厚風俗（諭）——雍正元年八月己酉　412-346- 26

厚風俗（諭）——雍正元年九月乙巳　412-347- 26

厚風俗（諭）——雍正二年四月戊申　412-347- 26

厚風俗（諭）——雍正三年三月乙卯　412-348- 26

厚風俗（諭）——雍正三年四月庚辰　412-348- 26

厚風俗（諭）——雍正四年十月己巳　412-349- 26

厚風俗（諭）——雍正四年十月辛未　412-349- 26

厚風俗（諭）——雍正四年十一月癸丑　412-350- 26

厚風俗（諭）——雍正五年正月癸巳　412-350- 26

厚風俗（諭）——雍正五年四月己亥　412-351- 26

厚風俗（諭）——雍正五年五月己未　412-352- 26

厚風俗（諭）——雍正五年十一月庚辰　412-354- 26

厚風俗（諭）——雍正七年三月戊申　412-354- 26

厚風俗（諭）——雍正七年六月丁丑　412-355- 26

厚風俗（諭）——雍正八年正月壬午　412-356- 26

厚風俗（諭）——雍正十二年五月壬辰　412-357- 26

厚風俗（諭）——雍正十二年十一月壬午　412-357- 26

治河（諭）——雍正元年正月癸未　412-359- 27
治河（諭）——雍正元年五月戊戌　412-359- 27
治河（諭）——雍正元年七月甲午　412-360- 27
治河（諭）——雍正二年閏四月己亥　412-360- 27
治河（諭）——雍正三年七月乙卯　412-360- 27
治河（諭）——雍正三年七月丁巳　412-361- 27
治河（諭）——雍正三年十二月己丑　412-361- 27
治河（諭）——雍正四年七月甲辰　412-362- 27
治河（諭）——雍正四年十月壬申　412-362- 27
治河（諭）——雍正五年十二月戊申　412-362- 27
治河（諭）——雍正六年正月癸丑　412-362- 27
治河（諭）——雍正七年二月庚辰　412-363- 27
治河（諭）——雍正七年七月辛亥　412-363- 27
治河（諭）——雍正七年十一月甲戌　412-364- 27
治河（諭）——雍正七年十二月壬寅　412-364- 27
治河（諭）——雍正八年正月己卯　412-364- 27
治河（諭）——雍正八年正月丁酉　412-365- 27
治河（諭）——雍正十一年十一月己亥　412-365- 27
治河（諭）——雍正十三年二月辛亥　412-365- 27
水利（諭）——雍正元年九月癸巳　412-366- 27
水利（諭）——雍正三年五月甲寅　412-366- 27
水利（諭）——雍正四年四月庚辰　412-366- 27
水利（諭）——雍正四年七月庚戌　412-366- 27
水利（諭）——雍正五年正月乙卯　412-367- 27
水利（諭）——雍正五年二月癸酉　412-368- 27
水利（諭）——雍正五年十二月己亥　412-368- 27
水利（諭）——雍正七年十二月辛亥　412-368- 27
水利（諭）——雍正八年三月庚辰　412-369- 27
水利（諭）——雍正十年正月己卯　412-369- 27
水利（諭）——雍正十一年正月庚寅　412-370- 27
水利（諭）——雍正十三年正月癸酉　412-370- 27
水利（諭）——雍正十三年七月丙辰　412-370- 27
蠲賑（諭）——康熙六十一年十二月癸丑　412-371- 28
蠲賑（諭）——雍正元年正月庚戌　412-372- 28
蠲賑（諭）——雍正元年二月丙寅　412-372- 28
蠲賑（諭）——雍正元年三月辛丑　412-372- 28
蠲賑（諭）——雍正元年三月甲辰　412-372- 28
蠲賑（諭）——雍正元月四月癸亥　412-373- 28
蠲賑（諭）——雍正二年正月甲辰　412-373- 28
蠲賑（諭）——雍正二年八月甲午　412-373- 28
蠲賑（諭）——雍正二年十月癸巳　412-374- 28
蠲賑（諭）——雍正三年三月丁未　412-374- 28
蠲賑（諭）——雍正三年三月丁巳　412-374- 28
蠲賑（諭）——雍正三年五月丙辰　412-375- 28
蠲賑（諭）——雍正三年九月丁酉　412-375- 28

籌賑（議）——雍正三年十月戊子 412-375- 28

籌賑（議）——雍正三年十一月乙未 412-376- 28

籌賑（議）——雍正三年十二月丁亥 412-376- 28

籌賑（議）——雍正四年六月癸酉 412-376- 28

籌賑（議）——雍正四年六月甲戌 412-377- 28

籌賑（議）——雍正四年十月甲子 412-377- 28

籌賑（議）——雍正四年十一月己亥 412-377- 28

籌賑（議）——雍正五年六月丁未 412-377- 28

籌賑（議）——雍正五年七月乙卯 412-378- 28

籌賑（議）——雍正五年七月戊辰 412-378- 28

籌賑（議）——雍正五年八月辛亥 412-379- 28

籌賑（議）——雍正五年九月乙丑 412-379- 28

籌賑（議）——雍正五年十月戊戌 412-379- 28

籌賑（議）——雍正五年十月己酉 412-379- 28

籌賑（議）——雍正六年三月癸丑 412-381- 28

籌賑（議）——雍正六年十月辛卯 412-382- 28

籌賑（議）——雍正六年十一月庚戌 412-382- 28

籌賑（議）——雍正六年十二月甲午 412-383- 28

籌賑（議）——雍正七年二月辛丑 412-383- 29

籌賑（議）——雍正七年二月癸卯 412-384- 29

籌賑（議）——雍正七年三月丙午 412-384- 29

籌賑（議）——雍正七年六月乙酉 412-384- 29

籌賑（議）——雍正七年八月癸丑 412-385- 29

籌賑（議）——雍正七年九月甲戌 412-386- 29

籌賑（議）——雍正七年九月己丑 412-386- 29

籌賑（議）——雍正七年十一月丙子 412-387- 29

籌賑（議）——雍正八年六月己未 412-387- 29

籌賑（議）——雍正八年七月己卯 412-387- 29

籌賑（議）——雍正八年八月己亥（二則） 412-388- 29

籌賑（議）——雍正八年八月丙午 412-388- 29

籌賑（議）——雍正九年九月甲申 412-389- 29

籌賑（議）——雍正八年十一月庚辰 412-389- 29

籌賑（議）——雍正九年正月戊辰 412-389- 29

籌賑（議）——雍正九年正月丁亥 412-390- 29

籌賑（議）——雍正九年正月庚寅 412-390- 29

籌賑（議）——雍正九年二月戊午 412-391- 29

籌賑（議）——雍正九年二月己未 412-392- 29

籌賑（議）——雍正九年三月乙亥 412-393- 29

籌賑（議）——雍正九年四月乙未 412-393- 29

籌賑（議）——雍正十年閏五月丁酉 412-393- 29

籌賑（議）——雍正十年七月壬辰 412-394- 29

籌賑（議）——雍十一年正月庚寅 412-394- 29

籌賑（議）——雍正十一年六月己未 412-395- 29

籌賑（議）——雍正十一年七月己亥 412-395- 29

籌賑（議）——雍正十二年十月癸丑 412-395- 29

籌賑（諭）——雍正十二年十一月甲午　412-396- 29

籌賑（諭）——雍正十三年五月甲辰　412-396- 29

籌賑（諭）——雍正元年六月丁丑　412-397- 30

積貯（諭）——雍正二年閏四月丁丑　412-397- 30

積貯（諭）——雍正三年七月癸亥　412-398- 30

積貯（諭）——雍正三年八月丙寅　412-398- 30

積貯（諭）——雍正三年八月辛卯　412-398- 30

積貯（諭）——雍正三年九月丁巳　412-399- 30

積貯（諭）——雍正三年十二月戊寅　412-400- 30

積貯（諭）——雍正三年十二月戊子　412-400- 30

積貯（諭）——雍正三年十二月己丑　412-400- 30

積貯（諭）——雍正四年正月乙巳　412-401- 30

積貯（諭）——雍正四年九月甲辰　412-401- 30

積貯（諭）——雍正四年十二月丁卯　412-402- 30

積貯（諭）——雍正五年正月乙巳　412-402- 30

積貯（諭）——雍正五年六月丙戌　412-403- 30

積貯（諭）——雍正五年六月辛卯　412-404- 30

積貯（諭）——雍正五年六月癸巳　412-404- 30

積貯（諭）——雍正六年四月庚寅　412-405- 30

積貯（諭）——雍正七年六月己亥　412-405- 30

積貯（諭）——雍正七年閏七月戊戌　412-406- 30

積貯（諭）——雍正七年九月辛丑　412-407- 30

積貯（諭）——雍正七年十一月乙未　412-407- 30

積貯（諭）——雍正八年正月戊寅　412-408- 30

積貯（諭）——雍正八年正月己亥　412-409- 30

積貯（諭）——雍正八年十二月丁巳　412-409- 30

積貯（諭）——雍正九年二月乙未　412-410- 30

積貯（諭）——雍正十一年十月壬戌　412-410- 30

謹制度（諭）——康熙六十一年十二月癸亥　412-411- 31

謹制度（諭）——雍正元年二月丙寅　412-411- 31

謹制度（諭）——雍正元年三月乙酉　412-412- 31

謹制度（諭）——雍正元年五月甲申　412-412- 31

謹制度（諭）——雍正元年七月癸巳　412-412- 31

謹制度（諭）——雍正三年三月癸丑　412-413- 31

謹制度（諭）——雍正三年六月己卯　412-413- 31

謹制度（諭）——雍正四年三月甲寅　412-414- 31

謹制度（諭）——雍正四年四月乙亥　412-414- 31

謹制度（諭）——雍正四年八月辛酉　412-414- 31

謹制度（諭）——雍正四年九月甲寅　412-414- 31

謹制度（諭）——雍正五年九月戊辰　412-415- 31

謹制度（諭）——雍正五年十二月癸巳　412-416- 31

謹制度（諭）——雍正六年八月庚辰　412-416- 31

謹制度（諭）——雍正七年十一月丙戌　412-416- 31

謹制度（諭）——雍正七年十二月壬寅　412-417- 31

謹制度（諭）——雍正八年二月乙巳　412-417- 31

諫制度（諭）——雍正八年二月乙丑　412-417- 31

諫制度（諭）——雍正八年三月辛卯　412-418- 31

諫制度（諭）——雍正八年四月己酉　412-418- 31

諫制度（諭）——雍正八年七月癸巳　412-418- 31

諫制度（諭）——雍正十年五月戊辰　412-419- 31

諫制度（諭）——雍正十年七月乙酉　412-419- 31

諫制度（諭）——雍正十一年十月癸酉　412-420- 31

諫制度（諭）——雍正十一年十二月戊午　412-421- 31

崇祀典（諭）——雍正元年三月甲午　412-422- 32

崇祀典（諭）——雍正元年四月丁卯　412-423- 32

崇祀典（諭）——雍正元年七月甲申　412-423- 32

崇祀典（諭）——雍正元年九月乙未　412-423- 32

崇祀典（諭）——雍正二年五月辛酉　412-424- 32

崇祀典（諭）——雍正二年八月甲午　412-424- 32

崇祀典（諭）——雍正六年二月丁亥　412-425- 32

崇祀典（諭）——雍正六年三月癸丑　412-425- 32

崇祀典（諭）——雍正七年正月庚申　412-425- 32

崇祀典（諭）——雍正七年二月壬辰　412-426- 32

崇祀典（諭）——雍正七年二月丙申　412-426- 32

崇祀典（諭）——雍正七年八月丙寅　412-427- 32

崇祀典（諭）——雍正七年九月甲戌　412-427- 32

崇祀典（諭）——雍正八年四月丁未　412-428- 32

崇祀典（諭）——雍正十年三月乙丑　412-428- 32

崇祀典（諭）——雍正十一年六月庚午　412-428- 32

崇祀典（諭）——雍正十二年十月甲子　412-429- 32

篤勸舊（諭）——雍正元年九月丙午　412-430- 33

篤勸舊（諭）——雍正二年六月癸未　412-430- 33

篤勸舊（諭）——雍正二年十月乙亥　412-431- 33

篤勸舊（諭）——雍正三年六月乙亥　412-431- 33

篤勸舊（諭）——雍正四年正月乙卯　412-431- 33

篤勸舊（諭）——雍正四年五月己酉　412-432- 33

篤勸舊（諭）——雍正五年五月庚申　412-432- 33

篤勸舊（諭）——雍正五年八月癸卯　412-432- 33

篤勸舊（諭）——雍正五年十一月丁卯　412-433- 33

篤勸舊（諭）——雍正六年七月乙亥　412-433- 33

篤勸舊（諭）——雍正六年九月癸丑　412-433- 33

篤勸舊（諭）——雍正六年十二月甲午　412-434- 33

篤勸舊（諭）——雍正七年正月丁巳　412-435- 33

篤勸舊（諭）——雍正七年二月己亥　412-435- 33

篤勸舊（諭）——雍正八年二月庚子　412-435- 33

篤勸舊（諭）——雍正九年十一月己卯　412-436- 33

篤勸舊（諭）——雍正十一年十一月戊戌　412-436- 33

褒忠節（諭）——雍正二年十月癸未　412-437- 34

褒忠節（諭）——雍正七年五月壬戌　412-438- 34

褒忠節（諭）——雍正七年十一月戊寅　412-439- 34

褒忠節（諭）——雍正八年六月乙丑　412-440- 34
褒忠節（諭）——雍正八年七月戊寅　412-440- 34
褒忠節（諭）——雍正八年十一月丁亥　412-441- 34
褒忠節（諭）——雍正十年二月辛卯　412-442- 34
褒忠節（諭）——雍正十年五月庚辰　412-443- 34
綏藩服（諭）——雍正元年正月丙戌　412-444- 35
綏藩服（諭）——雍正元年三月癸巳　412-445- 35
綏藩服（諭）——雍正元年四月乙卯　412-445- 35
綏藩服（諭）——雍正元年六月乙卯　412-445- 35
綏藩服（諭）——雍正元年六月丙子　412-446- 35
綏藩服（諭）——雍正元年七月辛卯（二則）　412-446- 35
綏藩服（諭）——雍正元年八月己巳　412-447- 35
綏藩服（諭）——雍正元年八月丙子　412-447- 35
綏藩服（諭）——雍正元年九月丁亥　412-448- 35
綏藩服（諭）——雍正二年正月丁丑　412-448- 35
綏藩服（諭）——雍正二年三月壬辰　412-449- 35
綏藩服（諭）——雍正二年四月戊申　412-449- 35
綏藩服（諭）——雍正二年五月辛亥　412-450- 35
綏藩服（諭）——雍正二年十月己亥　412-450- 35
綏藩服（諭）——雍正二年十一月己酉　412-450- 35
綏藩服（諭）——雍正三年四月己丑　412-450- 35
綏藩服（諭）——雍正三年十月癸酉　412-451- 35
綏藩服（諭）——雍正四年十月丁卯　412-452- 35
綏藩服（諭）——雍正四年十月丙戌　412-452- 35
綏藩服（諭）——雍正四年十二月丙戌　412-452- 35
綏藩服（諭）——雍正五年十一月丁巳　412-452- 35
綏藩服（諭）——雍正六年正月己卯　412-452- 35
綏藩服（諭）——雍正六年二月甲申　412-453- 35
綏藩服（諭）——雍正七年正月丙午　412-453- 35
綏藩服（諭）——雍正七年七月己巳　412-454- 35
綏藩服（諭）——雍正七年八月丁未　412-454- 35
綏藩服（諭）——雍正七年九月甲午　412-454- 35
綏藩服（諭）——雍正七年十月辛亥　412-454- 35
綏藩服（諭）——雍正七年十月己未　412-455- 35
綏藩服（諭）——雍正七年十一月丙申　412-455- 35
綏藩服（諭）——雍正七年十一月庚子　412-455- 35
綏藩服（諭）——雍正九年二月乙巳　412-455- 35
綏藩服（諭）——雍正九年七月庚辰　412-456- 35
綏藩服（諭）——雍正九年九月戊辰　412-457- 35
綏藩服（諭）——雍正九年九月庚午　412-457- 35
綏藩服（諭）——雍正九年十月戊午　412-457- 35
綏藩服（諭）——雍正九年十一月丙寅　412-458- 35
綏藩服（諭）——雍正十年三月己卯　412-459- 35
綏藩服（諭）——雍正十年八月庚午　412-459- 35
綏藩服（諭）——雍正十年十月辛酉　412-460- 35

四庫全書文集篇目分類索引

史部

詔令奏議類：附錄

詔令上十一畫

綏藩服（諭）——雍正十一年七月庚辰　412-460- 35

綏藩服（諭）——雍正十一年八月丁丑　412-460- 35

綏藩服（諭）——雍正十二年十一月庚子　412-460- 35

綏藩服（諭）——雍正十三年六月壬辰　412-461- 35

弭盜（諭）——雍正元年八月己未　412-462- 36

弭盜（諭）——雍正元年十月己未　412-462- 36

弭盜（諭）——雍正元年十二月庚申　412-462- 36

弭盜（諭）——雍正二年六月甲戌　412-462- 36

弭盜（諭）——雍正二年十一月壬子　412-463- 36

弭盜（諭）——雍正三年八月己卯　412-463- 36

弭盜（諭）——雍正四年二月壬申　412-463- 36

弭盜（諭）——雍正四年四月甲申　412-464- 36

弭盜（諭）——雍正四年十一月癸卯　412-464- 36

弭盜（諭）——雍正五年二月丙寅　412-465- 36

弭盜（諭）——雍正五年九月癸亥　412-465- 36

弭盜（諭）——雍正五年十一月癸酉　412-466- 36

弭盜（諭）——雍正五年十二月壬辰　412-467- 36

弭盜（諭）——雍正六年七月辛未　412-467- 36

弭盜（諭）——雍正七年九月己亥　412-468- 36

弭盜（諭）——雍正七年十一月丙辰　412-469- 36

弭盜（諭）——雍正七年六月癸巳　412-469- 36

弭盜（諭）——雍正八年八月癸卯　412-469- 36

弭盜（諭）——雍正十一年四月

乙丑　412-470- 36

上諭八旗——康熙六十一年十一月十七日　413- 5- 1

上諭八旗——康熙六十一年十一月二十一日　413- 5- 1

上諭八旗——康熙六十一年十二月初一日　413- 6- 1

上諭八旗——康熙六十一年十二月十一日　413- 7- 1

上諭八旗——康熙六十一年十二月十二日　413- 7- 1

上諭八旗——雍正元年正月十六日　413- 7- 1

上諭八旗——雍正元年正月二十四日　413- 7- 1

上諭八旗——雍正元年正月二十九日　413- 8- 1

上諭八旗——雍正元年二月初八日　413- 8- 1

上諭八旗——雍正元年三月十八日　413- 8- 1

上諭八旗——雍正元年三月三十日　413- 8- 1

上諭八旗——雍正元年四月初十日　413- 8- 1

上諭八旗——雍正元年四月十四日　413- 8- 1

上諭八旗——雍正元年四月十八日　413- 9- 1

上諭八旗——雍正元年四月二十六日　413- 9- 1

上諭八旗——雍正元年五月初六日　413- 9- 1

上諭八旗——雍正元年六月初八日　413- 10- 1

上諭八旗——雍正元年六月二十九日（二則）　413- 10- 1

上諭八旗——雍正元年七月初六日　413- 11- 1

上諭八旗——雍正元年七月初九日　413- 11- 1

上諭八旗——雍正元年七月十六日（三則）　413- 11- 1

上諭八旗——雍正元年七月二十四日　413- 12- 1

上諭八旗——雍正元年七月二十八日　413-13-1
上諭八旗——雍正元年七月二十九日　413-13-1
上諭八旗——雍正元年八月十六日　413-13-1
上諭八旗——雍正元年八月十七日　413-13-1
上諭八旗——雍正元年九月十四日　413-13-1
上諭八旗——雍正元年九月十五日　413-14-1
上諭八旗——雍正元年九月十八日　413-14-1
上諭八旗——雍正元年九月二十日　413-14-1
上諭八旗——雍正元年九月二十一日　413-14-1
上諭八旗——雍正元年九月二十七日　413-15-1
上諭八旗——雍正元年十月初三日　413-15-1
上諭八旗——雍正元年十月初六日　413-15-1
上諭八旗——雍正元年十月初七日　413-15-1
上諭八旗——雍正元年十月初八日　413-15-1
上諭八旗——雍正元年十月十五日　413-15-1
上諭八旗——雍正元年十月十六日　413-15-1
上諭八旗——雍正元年十月二十五日　413-16-1
上諭八旗——雍正元年十一月初八日　413-17-1
上諭八旗——雍正元年十一月初九日　413-17-1
上諭八旗——雍正元年十一月二十一日　413-17-1
上諭八旗——雍正元年十一月二十五日　413-18-1
上諭八旗——雍正元年十一月二十七日　413-18-1
上諭八旗——雍正元年十一月二十七日　413-19-1
上諭八旗——雍正元年十一月二十九日　413-19-1
上諭八旗——雍正元年十二月初一日　413-19-1
上諭八旗——雍正元年十二月初六日　413-20-1
上諭八旗——雍正元年十二月十一日　413-21-1
上諭八旗——雍正二年正月初三日　413-21-2
上諭八旗——雍正二年二月初二日　413-21-2
上諭八旗——雍正二年二月初八日　413-22-2
上諭八旗——雍正二年二月二十四日　413-23-2
上諭八旗——雍正二年三月初九日　413-23-2
上諭八旗——雍正二年三月十八日　413-23-2
上諭八旗——雍正二年三月二十一日　413-23-2
上諭八旗——雍正二年三月二十三日　413-24-2
上諭八旗——雍正二年三月二十八日　413-25-2
上諭八旗——雍正二年四月初五日　413-25-2
上諭八旗——雍正二年四月初七日　413-26-2
上諭八旗——雍正二年四月初八日　413-26-2
上諭八旗——雍正二年四月三十日　413-28-2
上諭八旗——雍正二年五月初四日　413-28-2
上諭八旗——雍正二年五月二十日　413-29-2
上諭八旗——雍正二年六月十一日　413-31-2
上諭八旗——雍正二年六月二十七日　413-32-2
上諭八旗——雍正二年七月十六日　413-32-2

史部

詔令奏議類：附錄

詔令上十一畫

上諭八旗——雍正二年七月二十三日	413- 33- 2
上諭八旗——雍正二年八月初三日	413- 34- 2
上諭八旗——雍正二年八月二十二日	413- 35- 2
上諭八旗——雍正二年八月二十六日	413- 36- 2
上諭八旗——雍正二年九月十三日（二則）	413- 36- 2
上諭八旗——雍正二年九月二十一日	413- 36- 2
上諭八旗——雍正二年十月初四日	413- 37- 2
上諭八旗——雍正二年十月初五日（三則）	413- 37- 2
上諭八旗——雍正二年十月二十六日	413- 38- 2
上諭八旗——雍正二年十月二十八日	413- 39- 2
上諭八旗——雍正二年十一月初二日	413- 42- 2
上諭八旗——雍正二年十一月十一日	413- 42- 2
上諭八旗——雍正二年十一月十三日	413- 42- 2
上諭八旗——雍正二年十一月十三日	413- 43- 2
上諭八旗——雍正二年十一月十五日（二則）	413- 44- 2
上諭八旗——雍正二年十一月十九日	413- 50- 2
上諭八旗——雍正二年十二月初十日	413- 50- 2
上諭八旗——雍正三年正月二十六日	413- 51- 3
上諭八旗——雍正三年正月二十九日	413- 51- 3
上諭八旗——雍正三年二月初四日	413- 52- 3
上諭八旗——雍正三年二月十二日	413- 52- 3
上諭八旗——雍正三年二月二十四日	413- 53- 3
上諭八旗——雍正三年二月二十七日	413- 53- 3
上諭八旗——雍正三年三月初二日	413- 54- 3
上諭八旗——雍正三年三月初三日	413- 54- 3
上諭八旗——雍正三年三月初五日	413- 54- 3
上諭八旗——雍正三年三月初八日	413- 54- 3
上諭八旗——雍正三年三月初十日	413- 54- 3
上諭八旗——雍正三年三月十三日（二則）	413- 55- 3
上諭八旗——雍正三年三月十四日	413- 55- 3
上諭八旗——雍正三年三月十六日	413- 56- 3
上諭八旗——雍正三年三月二十八日	413- 56- 3
上諭八旗——雍正三年四月初五日	413- 57- 3
上諭八旗——雍正三年四月初八日	413- 57- 3
上諭八旗——雍正三年四月初九日	413- 57- 3
上諭八旗——雍正三年四月十五日	413- 58- 3
上諭八旗——雍正三年四月十六日（三則）	413- 58- 3
上諭八旗——雍正三年四月十八日	413- 61- 3
上諭八旗——雍正三年四月二十一日	413- 61- 3
上諭八旗——雍正三年五月二十日（二則）	413- 62- 3
上諭八旗——雍正三年五月二十二日（二則）	413- 63- 3
上諭八旗——雍正三年五月二十六日	413- 66- 3
上諭八旗——雍正三年六月初一日	413- 66- 3
上諭八旗——雍正三年六月初三日	413- 68- 3
上諭八旗——雍正三年六月初七日（二則）	413- 68- 3

四庫全書文集篇目分類索引　　221

上諭八旗——雍正三年六月初九日	413- 69-	3	四日	413- 77-	3
上諭八旗——雍正三年六月十七日	413- 69-	3	上諭八旗——雍正三年十二月初四日	413- 78-	3
上諭八旗——雍正三年六月十九日	413- 70-	3	上諭八旗——雍正三年十二月十一日	413- 78-	3
上諭八旗——雍正三年七月初一日	413- 71-	3	上諭八旗——雍正三年十二月二十日	413- 79-	3
上諭八旗——雍正三年七月初八日	413- 71-	3	上諭八旗——雍正三年十二月二十二日	413- 79-	3
上諭八旗——雍正三年七月初十日	413- 71-	3	上諭八旗——雍正三年十二月二十五日	412- 80-	3
上諭八旗——雍正三年七月二十六日	413- 72-	3	上諭八旗——雍正三年十二月二十六日	413- 80-	3
上諭八旗——雍正三年七月二十八日	413- 72-	3	上諭八旗——雍正四年正月二十六日	413- 82-	4
上諭八旗——雍正三年七月二十九日	413- 72-	3	上諭八旗——雍正四年正月二十九日	413- 82-	4
上諭八旗——雍正三月八月三十日	413- 73-	3	上諭八旗——雍正四年二月初四日	413- 82-	4
上諭八旗——雍正三年八月初八日	413- 74-	3	上諭八旗——雍正四年二月初五日	413- 83-	4
上諭八旗——雍正三年八月二十四日	413- 74-	3	上諭八旗——雍正四年二月初六日	413- 87-	4
上諭八旗——雍正三年八月二十八日	413- 74-	3	上諭八旗——雍正四年二月二十三日	413- 88-	4
上諭八旗——雍正三年九月初八日	413- 74-	3	上諭八旗——雍正四年三月十五日	413- 88-	4
上諭八旗——雍正三年九月十三日	413- 75-	3	上諭八旗——雍正四年三月二十日	413- 89-	4
上諭八旗——雍正三年九月十四日	413- 75-	3	上諭八旗——雍正四年三月二十二日	413- 89-	4
上諭八旗——雍正三年九月二十二日	413- 75-	3	上諭八旗——雍正四年三月二十九日	413- 90-	4
上諭八旗——雍正三年九月二十三日	413- 76-	3	上諭八旗——雍正四年四月初四日	413- 90-	4
上諭八旗——雍正三年九月二十六日	413- 76-	3	上諭八旗——雍正四年四月十三日	413- 90-	4
上諭八旗——雍正三年十月初五日	413- 76-	3	上諭八旗——雍正四年四月十五日	413- 91-	4
上諭八旗——雍正三年十月十七日	413- 76-	3	上諭八旗——雍正四年四月十七日	413- 91-	4
上諭八旗——雍正三年十月二十一日	413- 77-	3	上諭八旗——雍正四年四月二十五日	413- 91-	4
上諭八旗——雍正三年十一月初			上諭八旗——雍正四年五月初二日	413- 91-	4

史部　詔令奏議類：附錄　詔令十一畫

四庫全書文集篇目分類索引

史部

詔令奏議類：附錄

詔令上十一畫

上諭八旗——雍正四年五月初七日	413- 92-	4	
上諭八旗——雍正四年五月初十日	413- 92-	4	
上諭八旗——雍正四年五月十一日	413- 92-	4	
上諭八旗——雍正四年五月十二日	413- 93-	4	
上諭八旗——雍正四年五月十四日	413- 93-	4	
上諭八旗——雍正四年五月十七日（二則）	413- 94-	4	
上諭八旗——雍正四年五月十八日	413-101-	4	
上諭八旗——雍正四年五月二十七日	413-102-	4	
上諭八旗——雍正四年六月初三日	413-102-	4	
上諭八旗——雍正四年六月初五日	413-119-	4	
上諭八旗——雍正四年六月十三日	413-119-	4	
上諭八旗——雍正四年六月十六日	413-120-	4	
上諭八旗——雍正四年六月二十二日	413-120-	4	
上諭八旗——雍正四年七月十六日	413-121-	4	
上諭八旗——雍正四年七月十七日	413-121-	4	
上諭八旗——雍正四年七月二十二日	413-121-	4	
上諭八旗——雍正四年八月初二日	413-122-	4	
上諭八旗——雍正四年八月初十日	413-122-	4	
上諭八旗——雍正四年八月二十八日	413-122-	4	
上諭八旗——雍正四年八月二十九日	413-123-	4	
上諭八旗——雍正四年九月十二日	413-123-	4	
上諭八旗——雍正四年九月二十一日（二則）	413-124-	4	
上諭八旗——雍正四年十月初二日	413-124-	4	
上諭八旗——雍正四年十月初九日	413-125-	4	
上諭八旗——雍正四年十月初十日	413-125-	4	
上諭八旗——雍正四年十月十二日	413-125-	4	
上諭八旗——雍正四年十月十四日（二則）	413-126-	4	
上諭八旗——雍正四年十月十六日（二則）	413-127-	4	
上諭八旗——雍正四年十月二十一日	413-128-	4	
上諭八旗——雍正四年十月二十九日	413-128-	4	
上諭八旗——雍正四年十一月初七日	413-131-	4	
上諭八旗——雍正四年十二月二十七日	413-132-	4	
上諭八旗——雍正五年正月初十日	313-134-	4	
上諭八旗——雍正五年正月十三日（二則）	413-134-	5	
上諭八旗——雍正五年正月十五日	413-136-	5	
上諭八旗——雍正五年正月二十日	413-136-	5	
上諭八旗——雍正五年二月初七日	413-136-	5	
上諭八旗——雍正五年二月二十一日	413-137-	5	
上諭八旗——雍正五年二月三十日	413-137-	5	
上諭八旗——雍正五年三月初六日	413-137-	5	
上諭八旗——雍正五年三月初八日	413-137-	5	
上諭八旗——雍正五年三月十一日	413-138-	5	
上諭八旗——雍正五年三月十五日	413-138-	5	
上諭八旗——雍正五年三月二十五日（二則）	413-138-	5	
上諭八旗——雍正五年三月二十六日	413-139-	5	

上諭八旗——雍正五年閏三月二十九日　413-139-　5

上諭八旗——雍正五年四月初六日　413-141-　5

上諭八旗——雍正五年四月初八日　413-141-　5

上諭八旗——雍正五年四月十三日　413-145-　5

上諭八旗——雍正五年四月十五日（二則）　413-150-　5

上諭八旗——雍正五年四月十九日　413-151-　5

上諭八旗——雍正五年四月二十一日　413-152-　5

上諭八旗——雍正五年四月二十三日　413-152-　5

上諭八旗——雍正五年四月二十九日　413-153-　5

上諭八旗——雍正五年五月初四日　413-154-　5

上諭八旗——雍正五年五月初九日　413-155-　5

上諭八旗——雍正五年六月初八日　413-156-　5

上諭八旗——雍正五年六月十九日　413-157-　5

上諭八旗——雍正五年六月二十一日　413-157-　5

上諭八旗——雍正五年七月初四日（二則）　413-158-　5

上諭八旗——雍正五年七月初五日　413-159-　5

上諭八旗——雍正五年七月初十日　413-159-　5

上諭八旗——雍正五年七月十九日　413-162-　5

上諭八旗——雍正五年八月初六日　413-162-　5

上諭八旗——雍正五年八月二十七日　413-162-　5

上諭八旗——雍正五年八月二十八日　413-164-　5

上諭八旗——雍正五年九月初二日　413-165-　5

上諭八旗——雍正五年九月二十八日　413-166-　5

上諭八旗——雍正五年十月初五日　413-166-　5

上諭八旗——雍正五年十月初六日　413-166-　5

上諭八旗——雍正五年十月十八日　413-167-　5

上諭八旗——雍正五年十月十九日　413-167-　5

上諭八旗——雍正五年十一月初八日　413-167-　5

上諭八旗——雍正五年十一月二十五日　413-168-　5

上諭八旗——雍正五年十一月二十六日　413-168-　5

上諭八旗——雍正五年十一月二十八日（三則）　413-168-　5

上諭八旗——雍正五年十二月初二日　413-169-　5

上諭八旗——雍正五年十二月初四日　413-169-　5

上諭八旗——雍正五年十二月初六日　413-169-　5

上諭八旗——雍正五年十二月初八日　413-171-　5

上諭八旗——雍正五年十二月十三日（二則）　413-171-　5

上諭八旗——雍正五年十二月二十日　413-171-　5

上諭八旗——雍正五年十二月二十三日　413-171-　5

上諭八旗——雍正五年十二月二十八日　413-171-　5

上諭八旗——雍正六年正月二十日　413-172-　5

上諭八旗——雍正六年正月二十七日　413-172-　6

上諭八旗——雍正六年正月二十九日　413-173-　6

上諭八旗——雍正六年二月初四日　413-173-　6

上諭八旗——雍正六年二月初五日　413-174-　6

上諭八旗——雍正六年二月十二日　413-175-　6

史部 詔令奏議類：附錄 詔令上十一畫

上諭八旗——雍正六年二月十九日（三則） 413-175- 6

上諭八旗——雍正六年二月二十九日 413-176- 6

上諭八旗——雍正六年三月初二日 413-176- 6

上諭八旗——雍正六年三月初六日 413-178- 6

上諭八旗——雍正六年三月十二日 413-178- 6

上諭八旗——雍正六年三月十五日 413-179- 6

上諭八旗——雍正六年三月二十三日 413-180- 6

上諭八旗——雍正六年三月二十五日 413-180- 6

上諭八旗——雍正六年三月二十六日 413-180- 6

上諭八旗——雍正六年四月初三日 413-181- 6

上諭八旗——雍正六年四月十二日 413-181- 6

上諭八旗——雍正六年四月二十日（二則） 413-182- 6

上諭八旗——雍正六年四月二十八日 413-183- 6

上諭八旗——雍正六年四月二十九日 413-183- 6

上諭八旗——雍正六年五月初一日 413-183- 6

上諭八旗——雍正六年五月十八日 413-184- 6

上諭八旗——雍正六年五月二十五日 413-184- 6

上諭八旗——雍正六年六月初四日 413-184- 6

上諭八旗——雍正六年六月初五日 413-184- 6

上諭八旗——雍正六年六月十三日（二則） 413-185- 6

上諭八旗——雍正六年六月十六日 413-187- 6

上諭八旗——雍正六年六月十八日 413-187- 6

上諭八旗——雍正六年六月二十四日 413-188- 6

上諭八旗——雍正六年六月二十六日 413-188- 6

上諭八旗——雍正六年六月二十九日 413-188- 6

上諭八旗——雍正六年七月初一日 413-188- 6

上諭八旗——雍正六年七月初五日 413-189- 6

上諭八旗——雍正六年七月初八日（二則） 413-191- 6

上諭八旗——雍正六年七月十五日 413-194- 6

上諭八旗——雍正六年七月十六日 413-194- 6

上諭八旗——雍正六年七月二十三日 413-194- 6

上諭八旗——雍正六年七月二十九日 413-195- 6

上諭八旗——雍正六年八月初九日 413-195- 6

上諭八旗——雍正六年八月十四日（二則） 413-197- 6

上諭八旗——雍正六年八月二十五日 413-197- 6

上諭八旗——雍正六年九月初三日 413-197- 6

上諭八旗——雍正六年九月初五日 413-198- 6

上諭八旗——雍正六年九月初六日 413-198- 6

上諭八旗——雍正六年九月二十七日 413-199- 6

上諭八旗——雍正六年九月二十九日 413-199- 6

上諭八旗——雍正六年十月初三日 413-200- 6

上諭八旗——雍正六年十月初六日 413-201- 6

上諭八旗——雍正六年十月初七日 413-202- 6

上諭八旗——雍正六年十月十四日 413-202- 6

上諭八旗——雍正六年十月二十二日（二則） 413-203- 6

上諭八旗——雍正六年十一月初三日　413-203-　6

上諭八旗——雍正六年十一月初七日　413-204-　6

上諭八旗——雍正六年十二月初二日　413-205-　6

上諭八旗——雍正六年十二月十二日　413-205-　6

上諭八旗——雍正六年十二月十四日　413-206-　6

上諭八旗——雍正六年十二月二十日　413-206-　6

上諭八旗——雍正七年正月初九日　413-208-　7

上諭八旗——雍正七年正月二十二日　413-209-　7

上諭八旗——雍正七年二月初七日　413-209-　7

上諭八旗——雍正七年二月二十一日　413-209-　7

上諭八旗——雍正七年二月二十四日　413-210-　7

上諭八旗——雍正七年二月二十五日　413-210-　7

上諭八旗——雍正七年二月二十六日　413-210-　7

上諭八旗——雍正七年三月初一日　413-210-　7

上諭八旗——雍正七年三月初十日　413-210-　7

上諭八旗——雍正七年三月十四日　413-211-　7

上諭八旗——雍正七年四月十一日　413-212-　7

上諭八旗——雍正七年四月十二日　413-212-　7

上諭八旗——雍正七年四月十五日　413-213-　7

上諭八旗——雍正七年四月十六日　413-214-　7

上諭八旗——雍正七年四月二十日　413-214-　7

上諭八旗——雍正七年四月二十二日（二則）　413-214-　7

上諭八旗——雍正七年四月二十三日（二則）　413-216-　7

上諭八旗——雍正七年四月二十五日　413-216-　7

上諭八旗——雍正七年五月二日　413-217-　7

上諭八旗——雍正七年五月四日　413-218-　7

上諭八旗——雍正七年五月五日　413-219-　7

上諭八旗——雍正七年五月十八日　413-219-　7

上諭八旗——雍正七年五月二十日　413-220-　7

上諭八旗——雍正七年五月二十二日　413-220-　7

上諭八旗——雍正七年五月二十七日　413-221-　7

上諭八旗——雍正七年六月四日（二則）　413-222-　7

上諭八旗——雍正七年六月十日　413-223-　7

上諭八旗——雍正七年六月十五日　413-223-　7

上諭八旗——雍正七年七月六日　413-224-　7

上諭八旗——雍正七年七月十二日　413-225-　7

上諭八旗——雍正七年七月十三日　413-225-　7

上諭八旗——雍正七年閏七月初一日　413-225-　7

上諭八旗——雍正七年閏七月初三日　413-226-　7

上諭八旗——雍正七年閏七月初八日　413-226-　7

上諭八旗——雍正七年閏七月十五日　413-226-　7

上諭八旗——雍正七年閏七月十八日（二則）　413-226-　7

上諭八旗——雍正七年閏七月二十日（二則）　413-227-　7

上諭八旗——雍正七年閏七月二十二日　413-228-　7

上諭八旗——雍正七年閏七月二十五日（二則）　413-228-　7

上諭八旗——雍正七年閏七月二十八日　413-228-　7

上諭八旗——雍正七年閏七月三十日　413-228-　7

上諭八旗——雍正七年八月四日　413-229-　7

史部

詔令奏議類：附錄

詔令上十一畫

上諭八旗——雍正七年八月十日 413-229- 7
上諭八旗——雍正七年八月十五日 413-229- 7
上諭八旗——雍正七年八月十七日 413-230- 7
上諭八旗——雍正七年八月二十日 413-231- 7
上諭八旗——雍正七年八月二十二日 413-231- 7
上諭八旗——雍正七年八月二十三日 413-231- 7
上諭八旗——雍正七年八月二十四日 413-231- 7
上諭八旗——雍正七年九月二日 413-231- 7
上諭八旗——雍正七年九月九日 413-231- 7
上諭八旗——雍正七年九月十日 413-232- 7
上諭八旗——雍正七年九月十三日 413-232- 7
上諭八旗——雍正七年十月一日 413-232- 7
上諭八旗——雍正七年十月五日 413-232- 7
上諭八旗——雍正七年十月八日 413-233- 7
上諭八旗——雍正七年十一月一日（二則） 413-233- 7
上諭八旗——雍正七年十一月三日 413-234- 7
上諭八旗——雍正七年十一月六日 413-235- 7
上諭八旗——雍正七年十一月八日 413-235- 7
上諭八旗——雍正七年十一月二十五日 413-237- 7
上諭八旗——雍正七年十二月二日 413-237- 7
上諭八旗——雍正七年十二月五日 413-237- 7
上諭八旗——雍正七年十二月十三日 413-238- 7
上諭八旗——雍正七年十二月二十一日 413-239- 7
上諭八旗——雍正七年十二月二十三日 413-239- 7
上諭八旗——雍正八年正月二十七日 413-240- 8
上諭八旗旗—雍正八年二月初三日 413-240- 8
上諭八旗——雍正八年二月十七日 413-241- 8
上諭八旗——雍正八年二月二十九日（二則） 413-242- 8
上諭八旗——雍正八年三月一日 413-242- 8
上諭八旗——雍正八年三月四日 413-243- 8
上諭八旗——雍正八年三月九日 413-243- 8
上諭八旗——雍正八年三月十日 413-243- 8
上諭八旗——雍正八年三月十一日 413-243- 8
上諭八旗——雍正八年三月二十三日（二則） 413-244- 8
上諭八旗——雍正八年三月二十五日 413-245- 8
上諭八旗——雍正八年四月十日 413-245- 8
上諭八旗——雍正八年四月十四日（二則） 413-245- 8
上諭八旗——雍正八年四月二十一日 413-246- 8
上諭八旗——雍正八年五月七日 413-247- 8
上諭八旗——雍正八年五月九日 413-247- 8
上諭八旗——雍正八年五月十日（二則） 413-249- 8
上諭八旗——雍正八年五月十一日 413-251- 8
上諭八旗——雍正八年五月十九日 413-252- 8
上諭八旗——雍正八年五月二十日 413-253- 8
上諭八旗——雍正八年五月二十一日 413-254- 8
上諭八旗——雍正八年五月二十六日 413-255- 8
上諭八旗——雍正八年六月十六日 413-257- 8
上諭八旗——雍正八年六月十七日 413-258- 8
上諭八旗——雍正八年六月十九日 413-260- 8
上諭八旗——雍正八年六月二十四日 413-260- 8
上諭八旗——雍正八年六月二十八日 413-260- 8
上諭八旗——雍正八年六月二十九日 413-261- 8

上諭八旗——雍正八年六月三十日　413-262- 8
上諭八旗——雍正八年七月五日　413-264- 8
上諭八旗——雍正八年七月八日（二則）　413-264- 8
上諭八旗——雍正八年七月十日　413-265- 8
上諭八旗——雍正八年八月五日　413-266- 8
上諭八旗——雍正八年八月十八日　413-266- 8
上諭八旗——雍正八年八月二十六日　413-267- 8
上諭八旗——雍正八年八月三十日　413-267- 8
上諭八旗——雍正八年九月六日　413-268- 8
上諭八旗——雍正八年九月二十一日　413-268- 8
上諭八旗——雍正八年十月三日　413-270- 8
上諭八旗——雍正八年十一月三日　413-270- 8
上諭八旗——雍正八年十一月二十五日　413-270- 8
上諭八旗——雍正九年二月十日　413-272- 9
上諭八旗——雍正九年二月十二日　413-272- 9
上諭八旗——雍正九年二月二十二日　413-272- 8
上諭八旗——雍正九年二月三十日　413-273- 9
上諭八旗——雍正九年四月十日　413-274- 9
上諭八旗——雍正九年六月十一日　413-274- 9
上諭八旗——雍正九年六月十二日（二則）　413-275- 9
上諭八旗——雍正九年九月三日　413-276- 9
上諭八旗——雍正九年九月十七日　413-276- 9
上諭八旗——雍正九年十月四日　413-276- 9
上諭八旗——雍正九年十月十六日　413-276- 9
上諭八旗——雍正九年十月十七日　413-277- 9
上諭八旗——雍正九年十一月二十日　413-277- 9
上諭八旗——雍正九年十二月五日　413-277- 9
上諭八旗——雍正九年十二月八日　413-277- 9
上諭八旗——雍正九年十二月十二日　413-278- 9
上諭八旗——雍正九年十二月二十四日　413-278- 9
上諭八旗——雍正十年正月九日（二則）　413-279- 9
上諭八旗——雍正十年正月十七日　413-280- 10
上諭八旗——雍正十年二月十二日　413-281- 10
上諭八旗——雍正十年三月二日　413-281- 10
上諭八旗——雍正十年四月二十三日　413-282- 10
上諭八旗——雍正十年四月二十七日　413-282- 10
上諭八旗——雍正十年四月二十九日　413-282- 10
上諭八旗——雍正十年五月七日　413-282- 10
上諭八旗——雍十年五月十七日　413-283- 10
上諭八旗——雍正十年五月二十八日　413-283- 10
上諭八旗——雍正十年閏五月五日　413-283- 10
上諭八旗——雍正十年閏五月九日　413-284- 10
上諭八旗——雍正十年閏五月十日　413-286- 10
上諭八旗——雍正十年閏五月十九日　413-287- 10
上諭八旗——雍正十年六月十三日　413-287- 10
上諭八旗——雍正十年七月一日　413-288- 10
上諭八旗——雍正十年七月三日　413-288- 10
上諭八旗——雍正十年七月二十三日　413-289- 10
上諭八旗——雍正十年八月二十日　413-289- 10
上諭八旗——雍正十年九月一日　413-290- 10
上諭八旗——雍正十年十月八日（二則）　413-291- 10
上諭八旗——雍正十年十月二十

四庫全書文集篇目分類索引

史部

詔令奏議類：附錄

詔令上十一畫

五日 413-296- 10
上諭八旗——雍正十年十一月二日 413-296- 10
上諭八旗——雍正十年十二月十一日 413-297- 10
上諭八旗——雍正十年十二月二十二日 413-297- 10
上諭八旗——雍正十年十二月二十四日 413-297- 10
上諭八旗——雍正十一年二月十六日 413-298- 11
上諭八旗——雍正十一年四月七日 413-298- 11
上諭八旗——雍正十一年四月二十二日 413-298- 11
上諭八旗——雍正十一年四月二十八日 413-299- 11
上諭八旗——雍正十一年四月二十九日 413-300- 11
上諭八旗——雍正十一年六月七日 413-300- 11
上諭八旗——雍正十一年八月七日 413-301- 11
上諭八旗——雍正十一年九月三日 413-301- 11
上諭八旗——雍正十一年九月八日 413-301- 11
上諭八旗——雍正十一年九月十日 413-301- 11
上諭八旗——雍正十一年九月十四日 413-301- 11
上諭八旗——雍正十一年十一月五日 413-302- 11
上諭八旗——雍正十一年十一月二十四日 413-302- 11
上諭八旗——雍正十一年十一月二十七日 413-302- 11
上諭八旗——雍正十一年十二月二日 413-302- 11
上諭八旗——雍正十一年十二月十三日（二則） 413-303- 11
上諭八旗——雍正十一年十二月十四日 413-303- 11
上諭八旗——雍正十一年十二月二十九日 413-304- 11
上諭八旗——雍正十二年正月二日 413-304- 11
上諭八旗——雍正十二年三月七日 413-306- 12
上諭八旗——雍正十二年三月二十日 413-306- 12
上諭八旗——雍正十二年五月十七日 413-306- 12
上諭八旗——雍正十二年七月二十一日 413-307- 12
上諭八旗——雍正十二年九月十九日 413-307- 12
上諭八旗——雍正十二年十五日 413-307- 12
上諭八旗——雍正十二年十月八日 413-307- 12
上諭八旗——雍正十二年十月十二日 413-308- 12
上諭八旗——雍正十二年十月二十一日 413-308- 12
上諭八旗——雍正十二年十月二十三日 413-308- 12
上諭八旗——雍正十二年十二月六日 413-309- 12
上諭八旗——雍正十二年十二月八日 413-310- 12
上諭八旗——雍正十三年正月二十一日 413-310- 13
上諭八旗——雍正十三年五月十六日 413-310- 13
上諭八旗——雍正十三年五月二十九日 413-311- 13
上諭八旗——雍正十三年八月三日（二則） 413-311- 13
上諭旗務附議覆——康熙六十一年十一月二十八日——京師草炭價值騰貴幣情 413-313- 1
上諭旗務附議覆——雍正元年二月四日——考選軍政事宜 413-314- 1
上諭旗務附議覆——雍正元年四月十日（二則）——制科取士二牧放官馬所派部員並無效力 413-314- 1
上諭旗務附議覆——雍正元年四月二十九日 413-316- 1
上諭旗務附議覆——雍正元年五

月十一日——議喪葬之儀婚嫁之禮　413-318-　1

上諭旗務附議覆　——雍正元年六月十四日——京城兵丁戶口漸繁擇其無產業者移駐邊外　413-322-　1

上諭旗務附議覆　——雍正元年六月二十八日　413-323-　1

上諭旗務附議覆　——雍正元年八月十八日　413-324-　1

上諭旗務附議覆　——雍正元年八月二十日　413-325-　1

上諭旗務附議覆　——雍正元年九月二十五日　413-326-　1

上諭旗務附議覆　——雍正元年十一月十四日——議覆事親之道　413-327-　1

上諭旗務附議覆　——雍正元年十二月三日——革職旗員理宜令當苦差　413-329-　1

上諭旗務附議覆　——雍正元年十二月十二日——八旗事務殷繁繕寫檔案文移之人不可不敷其用　413-330-　1

上諭旗務附議覆　——雍正二年二月九日　413-331-　2

上諭旗務附議覆　——雍正二年三月二十八日　413-333-　2

上諭旗務附議覆　——雍正二年四月五日　413-334-　2

上諭旗務附議覆　——雍正二年六月二十三日　413-336-　2

上諭旗務附議覆　——雍正二年八月八日　413-337-　2

上諭旗務附議覆　——雍正二年八月十三日　413-340-　2

上諭旗務附議覆　——雍正二年十月十六日　413-341-　2

上諭旗務附議覆　——雍正二年十一月十四日　413-342-　2

上諭旗務附議覆　——雍正二年十二月二十一日　413-343-　2

上諭旗務附議覆　——雍正三年正月二十三日　413-348-　3

上諭旗務附議覆　——雍正三年三月十一日　413-349-　3

上諭旗務附議覆　——雍正三年三月十六日　413-352-　3

上諭旗務附議覆　——雍正三年五月四日　413-352-　3

上諭旗務附議覆　——雍正三年五月十六日　413-353-　3

上諭旗務附議覆　——雍正三年五月十六日　413-354-　3

上諭旗務附議覆　——雍正三年六月十三日　413-355-　3

上諭旗務附議覆　——雍正三年八月二十二日　413-363-　3

上諭旗務附議覆　——雍正三年九月三日　413-365-　3

上諭旗務附議覆　——雍正三年九月二十九日　413-367-　3

上諭旗務附議覆　——雍正三年九月三十日　413-368-　3

上諭旗務附議覆　——雍正三年十月十四日　413-369-　3

上諭旗務附議覆　——雍正三年十一月五日　413-370-　3

上諭旗務附議覆　——雍正三年十二月六日　413-370-　3

上諭旗務附議覆　——雍正四年二月四日　413-373-　4

上諭旗務附議覆　——雍正四年二月二十日　413-374-　4

上諭旗務附議覆　——雍正四年二月二十一日　413-375-　4

上諭旗務附議覆　——雍正四年二月二十八日　413-375-　4

上諭旗務附議覆　——雍正四年三月九日　413-377-　4

上諭旗務附議覆　——雍正四年五月二日　413-378-　4

上諭旗務附議覆　——雍正四年六月三日　413-380-　4

上諭旗務附議覆　——雍正四年七月八日　413-380-　4

上諭旗務附議覆　——雍正四年八月四日　413-381-　4

上諭旗務附議覆　——雍正四年八月十八日　413-381-　4

上諭旗務附議覆　——雍正四年九月二日　413-382-　4

史部 詔令奏議類：附錄 詔令上十一畫

上諭旗務附議覆——雍正四年九月二十三日	413-384-	4
上諭旗務附議覆——雍正四年十月九日	413-385-	4
上諭旗務附議覆——雍正四年十月十七日	413-386-	4
上諭旗務附議覆——雍正五年二月二十日	413-388-	5
上諭旗務附議覆——雍正五年二月二十七日	413-389-	5
上諭旗務附議覆——雍正五年三月二十三日（二則）	413-390-	5
上諭旗務附議覆——雍正五年四月十二日	413-391-	5
上諭旗務附議覆——雍正五年五月七日	413-393-	5
上諭旗務附議覆——雍正五年五月二十九日	413-393-	5
上諭旗務附議覆——雍正五年六月十日	413-394-	5
上諭旗務附議覆——雍正五年七月十日	413-395-	5
上諭旗務附議覆——雍正五年七月二十四日	413-396-	5
上諭旗務附議覆——雍正五年七月二十七日	413-397-	5
上諭旗務附議覆——雍正五年九月十七日	413-398-	5
上諭旗務附議覆——雍正五年十月十四日	413-399-	5
上諭旗務附議覆——雍正五年十月十八日	413-400-	5
上諭旗務附議覆——雍正五年十一月二十二日	413-401-	5
上諭旗務附議覆——雍正五年十一月二十八日	413-402-	5
上諭旗務附議覆——雍正五年十二月一日	413-403-	5
上諭旗務附議覆——雍正五年十二月五日	413-404-	5
上諭旗務附議覆——雍正五年十二月八日	413-405-	5
上諭旗務附議覆——雍正五年十二月二十五日	413-405-	5
上諭旗務附議覆——雍正六年二月十三日	413-406-	6
上諭旗務附議覆——雍正六年二月十七日	413-408-	6
上諭旗務附議覆——雍正六年二月二十八日	413-410-	6
上諭旗務附議覆——雍正六年四月十六日	413-412-	6
上諭旗務附議覆——雍正六年五月八日	413-413-	6
上諭旗務附議覆——雍正六年六月五日	413-415-	6
上諭旗務附議覆——雍正六年七月十一日	413-416-	6
上諭旗務附議覆——雍正六年七月二十日	413-417-	6
上諭旗務附議覆——雍正六年八月四日	413-418-	6
上諭旗務附議覆——雍正六年八月五日	413-420-	6
上諭旗務附議覆——雍正六年十一月二十四日	413-422-	6
上諭旗務附議覆——雍正六年十二月二十日	413-422-	6
上諭旗務附議覆——雍正七年二月二十日	413-424-	7
上諭旗務附議覆——雍正七年三月五日	413-425-	7
上諭旗務附議覆——雍正七年三月二十四日	413-430-	7
上諭旗務附議覆——雍正七年七月二十一日	413-431-	7
上諭旗務附議覆——雍正七年八月一日	413-432-	7
上諭旗務附議覆——雍正七年八月十九日	413-433-	7
上諭旗務附議覆——雍正七年八月二十九日	413-433-	7
上諭旗務附議覆——雍正七年十月三日	413-434-	7
上諭旗務附議覆——雍正七年十一月二十九日	413-435-	7
上諭旗務附議覆——雍正七年十二月十九日	413-435-	7
上諭旗務附議覆——雍正八年正月十二日	413-438-	8

上諭旗務附議覆——雍正八年二月十六日　413-439- 8

上諭旗務附議覆——雍正八年二月二十四日　413-440- 8

上諭旗務附議覆——雍正八年四月九日　413-441- 8

上諭旗務附議覆——雍正八年五月二十四日　413-442- 8

上諭旗務附議覆——雍正八年八月九日　413-448- 8

上諭旗務附議覆——雍正八年九月二十四日　413-452- 8

上諭旗務附議覆——雍正八年十月五日　413-452- 8

上諭旗務附議覆——雍正八年十月九日　413-454- 8

上諭旗務附議覆——雍正八年十二月十五日　413-455- 8

上諭旗務附議覆——雍正八年十二月十七日　413-457- 8

上諭旗務附議覆——雍正九年三月二十五日　413-459- 9

上諭旗務附議覆——雍正九年四月三十日　413-461- 9

上諭旗務附議覆——雍正九年五月七日　413-462- 9

上諭旗務附議覆——雍正九年八月二十一日　413-464- 9

上諭旗務附議覆——雍正九年八月二十四日　413-465- 9

上諭旗務附議覆——雍正九年十二月二日　413-466- 9

上諭旗務附議覆——雍正十年二月九日　413-467- 10

上諭旗務附議覆——雍正十年四月一日　413-468- 10

上諭旗務附議覆——雍正十年四月二十七日　413-469- 10

上諭旗務附議覆——雍正十年五月十六日　413-469- 10

上諭旗務附議覆——雍正十年六月二日　413-470- 10

上諭旗務附議覆——雍正十年七月九日　413-471- 10

上諭旗務附議覆——雍正十年八月二十日　413-472- 10

上諭旗務附議覆——雍正十年九月十六日　413-473- 10

上諭旗務附議覆——雍正十年十二月十八日　413-474- 10

上諭旗務附議覆——雍正十年十二月二十日　413-476- 10

上諭旗務附議覆——雍正十一年九月五日　413-478- 11

上諭旗務附議覆——雍正十一年十二月二十四日　413-479- 11

上諭旗務附議覆——雍正十二年七月二日　413-480- 12

上諭旗務附議覆——雍正十二年十一月十七日　413-481- 12

上諭內閣——康熙六十一年十一月　414- 7- 1

上諭內閣——康熙六十一年十一月十四日（三則）　414- 9- 1

上諭內閣——康熙六十一年十一月十五日（六則）　414- 9- 1

上諭內閣——康熙六十一年十一月十六日（五則）　414- 11- 1

上諭內閣——康熙六十一年十一月十七日（五則）　414- 13- 1

上諭內閣——康熙六十一年十一月十八日　414- 14- 1

上諭內閣——康熙六十一年十一月十九日（三則）　414- 14- 1

上諭內閣——康熙六十一年十一月二十日（二則）　414- 15- 1

上諭內閣——康熙六十一年十一月二十一日　414- 16- 1

上諭內閣——康熙六十一年十一月二十一日　414- 17- 1

上諭內閣——康熙六十一年十一月二十二日　414- 17- 1

上諭內閣——康熙六十一年十一月二十三日（四則）　414- 18- 1

上諭內閣——康熙六十一年十一月二十四日（二則）　414- 19- 1

上諭內閣——康熙六十一年十一月二十五日　414- 20- 1

上諭內閣——康熙六十一年十一月二十七日（二則）　414- 20- 1

史部

詔令奏議類・附錄

詔令上十一畫

上諭內閣——康熙六十一年十一月二十八日（三則） 414- 21- 1

上諭內閣——康熙六十一年十一月二十九日 414- 21- 1

上諭內閣——康熙六十一年十一月三十日 414- 22- 1

上諭內閣——康熙六十一年十二月一日（四則） 414- 23- 1

上諭內閣——康熙六十一年十二月二日 414- 24- 2

上諭內閣——康熙六十一年十二月三日 414- 25- 2

上諭內閣——康熙六十一年十二月四日（二則） 414- 26- 2

上諭內閣——康熙六十一年十二月五日 414- 26- 2

上諭內閣——康熙六十一年十二月六日（二則） 414- 27- 2

上諭內閣——康熙六十一年十二月六日 414- 28- 2

上諭內閣——康熙六十一年十二月七日（二則） 414- 28- 2

上諭內閣——康熙六十一年十二月八日 414- 29- 2

上諭內閣——康熙六十一年十二月十日（二則） 414- 29- 2

上諭內閣——康熙六十一年十二月十一日 414- 29- 2

上諭內閣——康熙六十一年十二月十二日（五則） 414- 30- 2

上諭內閣——康熙六十一年十二月十三日（二則） 414- 32- 2

上諭內閣——康熙六十一年十二月十五日（三則） 414- 33- 2

上諭內閣——康熙六十一年十二月十七日（三則） 414- 34- 2

上諭內閣——康熙六十一年十二月十八日 414- 34- 2

上諭內閣——康熙六十一年十二月二十日 414- 35- 2

上諭內閣——康熙六十一年十二月二十一日（二則） 414- 35- 2

上諭內閣——雍正元年正月初二日 414- 36- 3

上諭內閣——雍正元年正月初三日 414- 36- 3

上諭內閣——雍正元年正月初四日 414- 36- 3

上諭內閣——雍正元年正月初六日 414--36- 3

上諭內閣——雍正元年正月初七日 414- 37- 3

上諭內閣——雍正元年正月十二日（二則） 414- 37- 3

上諭內閣——雍正元年正月十三日 414- 38- 3

上諭內閣——雍正元年正月十四日 414- 38- 3

上諭內閣——雍正元年正月十五日（二則） 414- 39- 3

上諭內閣——雍正元年正月十六日（三則） 414- 39- 3

上諭內閣——雍正元年正月二十三日（三則） 414- 40- 3

上諭內閣——雍正元年正月二十四日 414- 41- 3

上諭內閣——雍正元年正月二十六日 414- 41- 3

上諭內閣——雍正元年正月二十七日（三則） 414- 41- 3

上諭內閣——雍正元年正月二十九日 414- 42- 3

上諭內閣——雍正元年正月三十日（三則） 414- 43- 3

上諭內閣——雍正元年二月二日（二則） 414- 44- 4

上諭內閣——雍正元年二月四日 414- 45- 4

上諭內閣——雍正元年二月五日 414- 45- 4

上諭內閣——雍正元年二月八日（二則） 414- 45- 4

上諭內閣——雍正元年二月九日 414- 45- 4

上諭內閣——雍正元年二月十日 414- 46- 4

上諭內閣——雍正元年二月十三日 414- 49- 4

上諭內閣——雍正元年二月十四日 414- 49- 4

上諭內閣——雍正元年二月十六日（七則） 414- 49- 4

上諭內閣——雍正元年二月十九日 414- 52- 4

上諭內閣——雍正元年二月二十日 414- 53- 4
上諭內閣——雍正元年二月二十一日 414- 53- 4
上諭內閣——雍正元年二月二十三日 414- 53- 4
上諭內閣——雍正元年二月二十五日 414- 54- 4
上諭內閣——雍正元年二月二十六日 414- 54- 4
上諭內閣——雍正元年二月二十八日 414- 54- 4
上諭內閣——雍正元年二月二十九日 414- 54- 4
上諭內閣——雍正元年三月一日（二則） 414- 55- 5
上諭內閣——雍正元年三月二日 414- 56- 5
上諭內閣——雍正元年三月四日 414- 56- 5
上諭內閣——雍正元年三月六日 414- 56- 5
上諭內閣——雍正元年三月九日 414- 56- 5
上諭內閣——雍正元年三月十日 414- 57- 5
上諭內閣——雍正元年三月十一日（二則） 414- 57- 5
上諭內閣——雍正元年三月十三日 414- 57- 5
上諭內閣——雍正元年三月十四日（二則） 414- 58- 5
上諭內閣——雍正元年三月十五日（二則） 414- 59- 5
上諭內閣——雍正元年三月十六日 414- 59- 5
上諭內閣——雍正元年三月十七日 414- 60- 5
上諭內閣——雍正元年三月十九日 414- 60- 5
上諭內閣——雍正元年三月二十日 414- 60- 5
上諭內閣——雍正元年三月二十一日 414- 61- 5
上諭內閣——雍正元年三月二十二日 414- 61- 5
上諭內閣——雍正元年三月二十五日 414- 61- 5
上諭內閣——雍正元年四月六日 414- 62- 6
上諭內閣——雍正元年四月九日 414- 62- 6
上諭內閣——雍正元年四月十一日 414- 62- 6
上諭內閣——雍正元年四月十三日 414- 62- 6
上諭內閣——雍正元年四月十四日（二則） 414- 63- 6
上諭內閣——雍正元年四月十五日（二則） 414- 63- 6
上諭內閣——雍正元年四月十六日（三則） 414- 64- 6
上諭內閣——雍正元年四月十八日（三則） 414- 64- 6
上諭內閣——雍正元年四月十八日（六則） 414- 65- 6
上諭內閣——雍正元年四月二十四日 414- 69- 6
上諭內閣——雍正元年四月二十六日（二則） 414- 69- 6
上諭內閣——雍正元年五月一日（二則） 414- 70- 7
上諭內閣——雍正元年五月二日 414- 71- 7
上諭內閣——雍正元年五月六日（三則） 414- 71- 7
上諭內閣——雍正元年五月七日（三則） 414- 72- 7
上諭內閣——雍正元年五月十日 414- 73- 7
上諭內閣——雍正元年五月十一日（二則） 414- 73- 7
上諭內閣——雍正元年五月十二日 414- 73- 7
上諭內閣——雍正元年五月十五日 414- 74- 7
上諭內閣——雍正元年五月十七日（三則） 414- 74- 7
上諭內閣——雍正元年五月二十日（五則） 414- 75- 7
上諭內閣——雍正元年五月二十一日（二則） 414- 76- 7
上諭內閣——雍正元年五月二十二日 414- 77- 7
上諭內閣——雍正元年五月二十三日（二則） 414- 77- 7
上諭內閣——雍正元年五月二十三日 414- 78- 7
上諭內閣——雍正元年五月二十四日（二則） 414- 78- 7
上諭內閣——雍正元年五月二十

史部 詔令奏議類:附錄 詔令上十一畫

五日 414-80- 7
上諭內閣——雍正元年五月二十六日 414-80- 7
上諭內閣——雍正元年五月二十七日 414-80- 7
上諭內閣——雍正元年六月二日 414-81- 8
上諭內閣——雍正元年六月八日（二則） 414-82- 8
上諭內閣——雍正元年六月十二日 414-82- 8
上諭內閣——雍正元年六月十三日 414-83- 8
上諭內閣——雍正元年六月十四日 414-83- 8
上諭內閣——雍正元年六月十七日 414-83- 8
上諭內閣——雍正元年六月二十日 414-84- 8
上諭內閣——雍正元年六月二十一日 414-85- 8
上諭內閣——雍正元年六月二十二日 414-85- 8
上諭內閣——雍正元年六月二十三日 414-85- 8
上諭內閣——雍正元年六月二十五日 414-85- 8
上諭內閣——雍正元年六月二十六日 414-86- 8
上諭內閣——雍正元年六月二十八日（二則） 414-86- 8
上諭內閣——雍正元年六月二十九日（四則） 414-86- 8
上諭內閣——雍正元年六月三十日 414-88- 8
上諭內閣——雍正元年七月六日 414-90- 9
上諭內閣——雍正元年七月七日（二則） 414-90- 9
上諭內閣——雍正元年七月八日 414-91- 9
上諭內閣——雍正元年七月九日（二則） 414-92- 9
上諭內閣——雍正元年七月十一日（二則） 414-93- 9
上諭內閣——雍正元年七月十二日 414-94- 9
上諭內閣——雍正元年七月十三日（二則） 414-94- 9
上諭內閣——雍正元年七月十四日（二則） 414-95- 9
上諭內閣——雍正元年七月十五日 414-96- 9
上諭內閣——雍正元年七月十六日 414-96- 9
上諭內閣——雍正元年七月十七日（二則） 414-97- 9
上諭內閣——雍正元年七月十八日（二則） 414-98- 9
上諭內閣——雍正元年七月二十二日 414-98- 9
上諭內閣——雍正元年七月二十六日（二則） 414-98- 9
上諭內閣——雍正元年七月二十八日 414-99- 9
上諭內閣——雍正元年七月二十九日（三則） 414-99- 9
上諭內閣——雍正元年八月二日（二則） 414-101- 10
上諭內閣——雍正元年八月三日 414-102- 10
上諭內閣——雍正元年八月九日 414-102- 10
上諭內閣——雍正元年八月十日 414-103- 10
上諭內閣——雍正元年八月十二日 414-103- 10
上諭內閣——雍正元年八月十四日 414-103- 10
上諭內閣——雍正元年八月十七日（二則） 414-103- 10
上諭內閣——雍正元年八月十八日 414-105- 10
上諭內閣——雍正元年八月二十二日（二則） 414-105- 10
上諭內閣——雍正元年八月二十三日（二則） 414-106- 10
上諭內閣——雍正元年八月二十四日 414-106- 10
上諭內閣——雍正元年八月二十五日 414-107- 10
上諭內閣——雍正元年八月二十六日 414-107- 10
上諭內閣——雍正元年八月二十八日 414-107- 10
上諭內閣——雍正元年八月二十

九日 414-108- 10
上諭內閣——雍正元年九月一日 414-110- 11
上諭內閣——雍正元年九月五日 414-110- 11
上諭內閣——雍正元年九月八日 414-111- 11
上諭內閣——雍正元年九月十一日（三則） 414-111- 11
上諭內閣——雍正元年九月十六日 414-112- 11
上諭內閣——雍正元年九月十七日 414-112- 11
上諭內閣——雍正元年九月十九日 414-112- 11
上諭內閣——雍正元年九月二十日 414-113- 11
上諭內閣——雍正元年九月二十二日 414-113- 11
上諭內閣——雍正元年九月二十六日 414-114- 11
上諭內閣——雍正元年九月二十八日 414-114- 11
上諭內閣——雍正元年九月二十九日（二則） 414-115- 11
上諭內閣——雍正元年九月三十日 414-116- 11
上諭內閣——雍正元年十月三日 414-117- 12
上諭內閣——雍正元年十月四日 414-118- 12
上諭內閣——雍正元年十月五日（三則） 414-118- 12
上諭內閣——雍正元年十月六日（二則） 414-119- 12
上諭內閣——雍正元年十月八日（二則） 414-119- 12
上諭內閣——雍正元年十月十二日 414-120- 12
上諭內閣——雍正元年十月十五日 414-120- 12
上諭內閣——雍正元年十月十八日 414-121- 12
上諭內閣——雍正元年十月十九日（二則） 414-121- 12
上諭內閣——雍正元年十月二十日 414-122- 12
上諭內閣——雍正元年十月二十二日 414-122- 12
上諭內閣——雍正元年十月二十六日（二則） 414-122- 12
上諭內閣——雍正元年十一月六日（二則） 414-123- 13
上諭內閣——雍正元年十一月八日 414-124- 13
上諭內閣——雍正元年十一月九日 414-124- 13
上諭內閣——雍正元年十一月一日 414-125- 13
上諭內閣——雍正元年十一月二十一日（三則） 414-125- 13
上諭內閣——雍正元年十一月二十二日 414-126- 13
上諭內閣——雍正元年十一月二十五日（二則） 414-127- 13
上諭內閣——雍正元年十一月二十七日（二則） 414-127- 13
上諭內閣——雍正元年十一月二十九日（四則） 414-128- 13
上諭內閣——雍正元年十二月五日 414-130- 14
上諭內閣——雍正元年十二月六日 414-130- 14
上諭內閣——雍正元年十二月七日 414-131- 14
上諭內閣——雍正元年十二月九日 414-131- 14
上諭內閣——雍正元年十二月十一日 414-131- 14
上諭內閣——雍正元年十二月十五日（二則） 414-131- 14
上諭內閣——雍正元年十二月十六日 414-132- 14
上諭內閣——雍正元年十二月十七日 414-133- 14
上諭內閣——雍正元年十二月十九日（二則） 414-133- 14
上諭內閣——雍正二年正月二日 414-134- 15
上諭內閣——雍正二年正月八日（二則） 414-134- 15
上諭內閣——雍正二年正月九日 414-135- 15
上諭內閣——雍正二年正月十八日（三則）， 414-136- 15
上諭內閣——雍正二年正月十九日（二則） 414-137- 15

四庫全書文集篇目分類索引

史部

詔令奏議類：附錄

詔令上十一畫

上諭內閣——雍正二年正月二十二日	414-138- 15
上諭內閣——雍正二年正月二十六日	414-138- 15
上諭內閣——雍正二年正月二十七日	414-139- 15
上諭內閣——雍正二年正月二十九日	414-139- 15
上諭內閣——雍正二年二月二日	414-140- 16
上諭內閣——雍正二年二月五日	414-140- 16
上諭內閣——雍正二年二月九日（二則）	414-141- 16
上諭內閣——雍正二年二月十日	414-142- 16
上諭內閣——雍正二年二月十四日	414-142- 16
上諭內閣——雍正二年二月十七日	414-143- 16
上諭內閣——雍正二年二月二十日（二則）	414-143- 16
上諭內閣——雍正二年二月二十二日	414-143- 16
上諭內閣——雍正二年二月二十三日	414-144- 16
上諭內閣——雍正二年二月二十八日（二則）	414-144- 16
上諭內閣——雍正二年三月一日（二則）	414-146- 17
上諭內閣——雍正二年三月四日	414-147- 17
上諭內閣——雍正二年三月五日（二則）	414-147- 17
上諭內閣——雍正二年三月六日（二則）	414-147- 17
上諭內閣——雍正二年三月九日	414-148- 17
上諭內閣——雍正二年三月十二日	414-148- 17
上諭內閣——雍正二年三月十八日	414-148- 17
上諭內閣——雍正二年三月二十日（三則）	414-149- 17
上諭內閣——雍正二年三月二十三日	414-150- 17
上諭內閣——雍正二年三月二十七日	414-151- 17
上諭內閣——雍正二年四月三日（二則）	414-152- 18
上諭內閣——雍正二年四月五日	414-152- 18
上諭內閣——雍正二年四月七日（三則）	414-152- 18
上諭內閣——雍正二年四月八日（三則）	414-156- 18
上諭內閣——雍正二年四月九日（二則）	414-157- 18
上諭內閣——雍正二年四月十九日	414-158- 18
上諭內閣——雍正二年四月十五日	414-159- 18
上諭內閣——雍正二年四月十七日	414-160- 18
上諭內閣——雍正二年四月十八日	414-160- 18
上諭內閣——雍正二年四月十九日	414-160- 18
上諭內閣——雍正二年四月二十日	414-161- 18
上諭內閣——雍正二年四月二十四日	414-161- 18
上諭內閣——雍正二年四月二十六日	414-161- 18
上諭內閣——雍正二年閏四月四日	414-162- 19
上諭內閣——雍正二年閏四月五日（三則）	414-163- 19
上諭內閣——雍正二年閏四月八日（二則）	414-164- 19
上諭內閣——雍正二年閏四月十日（三則）	414-165- 19
上諭內閣——雍正二年閏四月十一日	414-166- 19
上諭內閣——雍正二年閏四月十二日	414-166- 19
上諭內閣——雍正二年閏四月十四日	414-167- 19
上諭內閣——雍正二年閏四月十六日	414-168- 19
上諭內閣——雍正二年閏四月十八日	414-168- 19
上諭內閣——雍正二年閏四月二十二日	414-168- 19
上諭內閣——雍正二年閏四月二十五日	414-168- 19

上諭內閣——雍正二年閏四月二十六日　414-169- 19

上諭內閣——雍正二年五月二日（二則）　414-169- 20

上諭內閣——雍正二年五月四日（二則）　414-170- 20

上諭內閣——雍正二年五月八日（二則）　414-170- 20

上諭內閣——雍正二年五月九日　414-171- 20

上諭內閣——雍正二年五月十一日　414-171- 20

上諭內閣——雍正二年五月十二日　414-171- 20

上諭內閣——雍正二年五月十四日　414-174- 20

上諭內閣——雍正二年五月十八日（二則）　414-175- 20

上諭內閣——雍正二年五月十九日（二則）　414-175- 20

上諭內閣——雍正二年五月二十日（二則）　414-176- 20

上諭內閣——雍正二年五月二十二日　414-178- 20

上諭內閣——雍正二年五月二十七日（二則）　414-179- 20

上諭內閣——雍正二年五月二十八日　414-179- 20

上諭內閣——雍正二年五月二十九日　414-180- 20

上諭內閣——雍正二年六月三日　414-181- 21

上諭內閣——雍正二年六月五日（二則）　414-181- 21

上諭內閣——雍正二年六月七日　414-182- 21

上諭內閣——雍正二年六月十日　414-182- 21

上諭內閣——雍正二年六月十一日　414-183- 21

上諭內閣——雍正二年六月十二日　414-183- 21

上諭內閣——雍正二年六月十二日（五則）　414-183- 21

上諭內閣——雍正二年六月十四日　414-184- 21

上諭內閣——雍正二年六月十九日　414-185- 21

上諭內閣——雍正二年六月二十一日　414-185- 21

上諭內閣——雍正二年六月二十三日（二則）　414-185- 21

上諭內閣——雍正二年六月二十七日　414-186- 21

上諭內閣——雍正二年七月三日　414-187- 22

上諭內閣——雍正二年七月四日　414-187- 22

上諭內閣——雍正二年七月六日　414-187- 22

上諭內閣——雍正二年七月九日　414-189- 22

上諭內閣——雍正二年七月十三日　414-189- 22

上諭內閣——雍正二年七月十六日（二則）　414-189- 22

上諭內閣——雍正二年八月二日　414-191- 23

上諭內閣——雍正二年八月三日　414-191- 23

上諭內閣——雍正二年八月四日　414-192- 23

上諭內閣——雍正二年八月十一日　414-193- 23

上諭內閣——雍正二年八月十二日（二則）　414-193- 23

上諭內閣——雍正二年八月十四日（二則）　414-194- 23

上諭內閣——雍正二年八月十八日　414-195- 23

上諭內閣——雍正二年八月十九日（二則）　414-195- 23

上諭內閣——雍正二年八月二十日　414-196- 23

上諭內閣——雍正二年八月二十二日　414-196- 23

上諭內閣——雍正二年八月二十四日（二則）　414-200- 23

上諭內閣——雍正二年八月二十七日（二則）　414-201- 23

上諭內閣——雍正二年九月一日（二則）　414-202- 24

上諭內閣——雍正二年九月三日（二則）　414-202- 24

上諭內閣——雍正二年九月五日　414-203- 24

上諭內閣——雍正二年九月十日　414-203- 24

上諭內閣——雍正二年九月十三日　414-204- 24

上諭內閣——雍正二年九月十九日　414-204- 24

上諭內閣——雍正二年九月二十

史部 詔令奏議類:附錄 詔令上十一 畫

一日(二則) 414-204- 24
上諭內閣——雍正二年九月二十二日 414-205- 24
上諭內閣——雍正二年九月二十三日 414-205- 24
上諭內閣——雍正二年九月二十五日(二則) 414-205- 24
上諭內閣——雍正二年十月一日 414-207- 25
上諭內閣——雍正二年十月四日(四則) 414-207- 25
上諭內閣——雍正二年十月九日 414-208- 25
上諭內閣——雍正二年十月十日(三則) 414-208- 25
上諭內閣——雍正二年十月十三日 414-209- 25
上諭內閣——雍正二年十月十四日 414-210- 25
上諭內閣——雍正二年十月十七日 414-213- 25
上諭內閣——雍正二年十月二十日(二則) 414-213- 25
上諭內閣——雍正二年十月二十二日 414-214- 25
上諭內閣——雍正二年十月二十三日(二則) 414-215- 25
上諭內閣——雍正二年十月二十四日 414-216- 25
上諭內閣——雍正二年十月二十五日 414-216- 25
上諭內閣——雍正二年十月二十六日(三則) 414-216- 25
上諭內閣——雍正二年十月二十八日 414-218- 25
上諭內閣——雍正二年十月二十九日 414-219- 25
上諭內閣——雍正二年十一月二日 414-219- 26
上諭內閣——雍正二年十一月三日 414-220- 26
上諭內閣——雍正二年十一月四日 414-220- 26
上諭內閣——雍正二年十一月五日 414-220- 26
上諭內閣——雍正二年十一月六日 414-221- 26
上諭內閣——雍正二年十一月九日 414-221- 26
上諭內閣——雍正二年十一月十二日(二則) 414-221- 26
上諭內閣——雍正二年十一月十三日(三則) 414-222- 26
上諭內閣——雍正二年十一月十四日 414-225- 26
上諭內閣——雍正二年十一月十五日 414-225- 26
上諭內閣——雍正二年十一月十七日 414-225- 26
上諭內閣——雍正二年十一月二十二日(二則) 414-226- 26
上諭內閣——雍正二年十一月二十五日 414-226- 26
上諭內閣——雍正二年十二月二日 414-227- 27
上諭內閣——雍正二年十二月三日 414-227- 27
上諭內閣——雍正二年十二月四日(二則) 414-228- 27
上諭內閣——雍正二年十二月五日(二則) 414-228- 27
上諭內閣——雍正二年十二月八日(三則) 414-229- 27
上諭內閣——雍正二年十二月十日 414-230- 27
上諭內閣——雍正二年十二月十一日 414-230- 27
上諭內閣——雍正二年十二月十三日(二則) 414-231- 27
上諭內閣——雍正二年十二月十五日(二則) 414-232- 27
上諭內閣——雍正二年十二月十八日(二則) 414-233- 27
上諭內閣——雍正二年十二月十九日(二則) 414-234- 27
上諭內閣——雍正二年十二月二十二日 414-234- 27
上諭內閣——雍正三年正月十日 414-235- 28
上諭內閣——雍正三年正月二十二日(二則) 414-235- 28
上諭內閣——雍正三年正月二十三日 414-236- 28

四庫全書文集篇目分類索引

上諭內閣——雍正三年正月二十四日（二則）	414-237-	28
上諭內閣——雍正三年正月二十五日	414-237-	28
上諭內閣——雍正三年正月二十六日	414-238-	28
上諭內閣——雍正三年正月二十九日（三則）	414-238-	28
上諭內閣——雍正三年二月一日	414-240-	29
上諭內閣——雍正三年二月二日	414-240-	29
上諭內閣——雍正三年二月八日（二則）	414-241-	29
上諭內閣——雍正三年二月九日	414-241-	29
上諭內閣——雍正三年二月十二日	414-241-	29
上諭內閣——雍正三年二月十四日	414-242-	29
上諭內閣——雍正三年二月十五日	414-244-	29
上諭內閣——雍正三年二月十六日	414-244-	29
上諭內閣——雍正三年二月十七日（二則）	414-245-	29
上諭內閣——雍正三年二月二十一日（四則）	414-245-	29
上諭內閣——雍正三年二月二十二日	414-247-	29
上諭內閣——雍正三年二月二十三日	414-247-	29
上諭內閣——雍正三年二月二十五日	414-247-	29
上諭內閣——雍正三年二月二十六日	414-248-	29
上諭內閣——雍正三年二月二十七日（二則）	414-249-	29
上諭內閣——雍正三年二月二十九日	414-250-	29
上諭內閣——雍正三年三月三日	414-255-	30
上諭內閣——雍正三年三月五日	414-256-	30
上諭內閣——雍正三年三月七日	414-256-	30
上諭內閣——雍正三年三月九日	414-257-	30
上諭內閣——雍正三年三月十日	414-258-	30
上諭內閣——雍正三年三月十三日（三則）	414-258-	30
上諭內閣——雍正三年三月十五日（二則）	414-260-	30
上諭內閣——雍正三年三月十六日（二則）	414-262-	30
上諭內閣——雍正三年三月十七日	414-263-	30
上諭內閣——雍正三年三月十九日（三則）	414-264-	30
上諭內閣——雍正三年三月二十三日（二則）	414-266-	30
上諭內閣——雍正三年三月二十五日（二則）	414-267-	30
上諭內閣——雍正三年三月二十七日	414-268-	30
上諭內閣——雍正三年三月二十八日（二則）	414-268-	30
上諭內閣——雍正三年四月一日	414-269-	31
上諭內閣——雍正三年四月二日	414-269-	31
上諭內閣——雍正三年四月四日	414-270-	31
上諭內閣——雍正三年四月四日	414-270-	31
上諭內閣——雍正三年四月九日	414-270-	31
上諭內閣——雍正三年四月十日（四則）	414-270-	31
上諭內閣——雍正三年四月十一日	414-271-	31
上諭內閣——雍正三年四月十二日	414-272-	31
上諭內閣——雍正三年四月十六日（三則）	414-273-	31
上諭內閣——雍正三年四月十八日	414-275-	31
上諭內閣——雍正三年四月二十二日	414-276-	31
上諭內閣——雍正三年四月二十八日（二則）	414-277-	31
上諭內閣——雍正三年五月二日	414-278-	32
上諭內閣——雍正三年五月四日	414-278-	32
上諭內閣——雍正三年五月十四日	414-279-	32
上諭內閣——雍正三年五月十六日（五則）	414-279-	32
上諭內閣——雍正三年五月十七日（二則）	414-282-	32
上諭內閣——雍正三年五月十八日	414-283-	32
上諭內閣——雍正三年五月二十		

史部　詔令奏議類：附錄

詔令十一畫

四庫全書文集篇目分類索引

史部

詔令奏議類．附錄

詔令上十一畫

日	414-283- 32
上諭內閣——雍正三年五月二十五日	414-283- 32
上諭內閣——雍正三年五月二十六日	414-284- 32
上諭內閣——雍正三年五月二十八日	414-284- 32
上諭內閣——雍正三年六月一日	414-285- 33
上諭內閣——雍正三年六月二日（二則）	414-287- 33
上諭內閣——雍正三年六月四日	414-287- 33
上諭內閣——雍正三年六月六日	414-287- 33
上諭內閣——雍正三年六月七日（六則）	414-288- 33
上諭內閣——雍正三年六月九日	414-288- 33
上諭內閣——雍正三年六月十一日	414-290- 33
上諭內閣——雍正三年六月十四日（四則）	414-291- 33
上諭內閣——雍正三年六月十七日	414-291- 33
上諭內閣——雍正三年六月十九日（二則）	414-292- 33
上諭內閣——雍正三年六月二十日（二則）	414-293- 33
上諭內閣——雍正三年六月二十一日（二則）	414-294- 33
上諭內閣——雍正三年六月二十三日	414-295- 33
上諭內閣——雍正三年六月二十四日（二則）	414-295- 33
上諭內閣——雍正三年六月二十六日（二則）	414-296- 33
上諭內閣——雍正三年六月二十七日	414-297- 33
上諭內閣——雍正三年六月三十日	414-297- 33
上諭內閣——雍正三年七月一日	414-297- 33
上諭內閣——雍正三年七月三日（二則）	414-299- 34
上諭內閣——雍正三年七月四日（二則）	414-299- 34
上諭內閣——雍正三年七月八日	414-300- 34
上諭內閣——雍正三年七月九日	414-301- 34
上諭內閣——雍正三年七月十一日（二則）	414-301- 34
上諭內閣——雍正三年七月十二日（二則）	414-301- 34
上諭內閣——雍正三年七月十四日	414-303- 34
上諭內閣——雍正三年七月十五日	414-303- 34
上諭內閣——雍正三年七月十六日（二則）	414-304- 34
上諭內閣——雍正三年七月十七日	414-304- 34
上諭內閣——雍正三年七月十八日	414-306- 34
上諭內閣——雍正三年七月二十日（二則）	414-306- 34
上諭內閣——雍正三年七月二十一日（二則）	414-307- 34
上諭內閣——雍正三年七月二十二日（二則）	414-307- 34
上諭內閣——雍正三年七月二十三日	414-308- 34
上諭內閣——雍正三年七月二十六日（二則）	414-309- 34
上諭內閣——雍正三年七月二十八日（三則）	414-309- 34
上諭內閣——雍正三年七月二十九日	414-309- 34
上諭內閣——雍正三年八月一日	414-311- 34
上諭內閣——雍正三年八月三日（二則）	414-312- 35
上諭內閣——雍正三年八月五日	414-312- 35
上諭內閣——雍正三年八月六日（二則）	414-313- 35
上諭內閣——雍正三年八月八日	414-313- 35
上諭內閣——雍正三年八月十日	414-314- 35
上諭內閣——雍正三年八月十一日	414-314- 35
上諭內閣——雍正三年八月十二日	414-314- 35
上諭內閣——雍正三年八月十三日	414-314- 35
上諭內閣——雍正三年八月十四日	414-315- 35
上諭內閣——雍正三年八月十六日	414-315- 35

上諭內閣——雍正三年八月十八日 414-316- 35

上諭內閣——雍正三年八月十九日 414-316- 35

上諭內閣——雍正三年八月二十一日 414-316- 35

上諭內閣——雍正三年八月二十二日 414-317- 35

上諭內閣——雍正三年八月二十六日 414-317- 35

上諭內閣——雍正三年八月二十八日（二則） 414-318- 35

上諭內閣——雍正三年八月二十九日 414-318- 35

上諭內閣——雍正三年九月三日（二則） 414-320- 36

上諭內閣——雍正三年九月八日 414-321- 36

上諭內閣——雍正三年九月十三日（二則） 414-321- 36

上諭內閣——雍正三年九月十五日 414-321- 36

上諭內閣——雍正三年九月十九日 414-322- 36

上諭內閣——雍正三年九月二十二日 414-322- 36

上諭內閣——雍正三年九月二十三日（二則） 414-323- 36

上諭內閣——雍正三年九月二十六日（三則） 414-324- 36

上諭內閣——雍正三年九月二十七日 414-325- 36

上諭內閣——雍正三年九月三十日 414-325- 36

上諭內閣——雍正三年十月三日 414-326- 37

上諭內閣——雍正三年十月四日 414-326- 37

上諭內閣——雍正三年十月五日（五則） 414-326- 37

上諭內閣——雍正三年十月七日 414-327- 37

上諭內閣——雍正三年十月八日（二則） 414-327- 37

上諭內閣——雍正三年十月九日 414-328- 37

上諭內閣——雍正三年十月十三日 414-328- 37

上諭內閣——雍正三年十月二十三日（三則） 414-329- 37

上諭內閣——雍正三年十月二十四日 414-329- 37

上諭內閣——雍正三年十月二十九日 414-330- 38

上諭內閣——雍正三年十一月一日 414-330- 38

上諭內閣——雍正三年十一月二日（二則） 414-331- 38

上諭內閣——雍正三年十一月三日 414-333- 38

上諭內閣——雍正三年十一月四日（二則） 414-334- 38

上諭內閣——雍正三年十一月五日 414-335- 38

上諭內閣——雍正三年十一月二十一日 414-335- 38

上諭內閣——雍正三年十一月二十五日 414-335- 38

上諭內閣——雍正三年十一月二十七日 414-336- 38

上諭內閣——雍正三年十二月一日（五則） 414-336- 39

上諭內閣——雍正三年十二月十一日（二則） 414-338- 39

上諭內閣——雍正三年十二月十二日 414-340- 39

上諭內閣——雍正三年十二月十三日 414-340- 39

上諭內閣——雍正三年十二月十五日 414-340- 39

上諭內閣——雍正三年十二月十六日 414-340- 39

上諭內閣——雍正三年十二月十七日（二則） 414-340- 39

上諭內閣——雍正三年十二月十八日 414-341- 39

上諭內閣——雍正三年十二月十九日（二則） 414-341- 39

上諭內閣——雍正三年十二月二十日（二則） 414-342- 39

上諭內閣——雍正三年十二月二十二日（二則） 414-342- 39

上諭內閣——雍正三年十二月二十三日 414-344- 39

上諭內閣——雍正三年十二月二

四庫全書文集篇目分類索引

史部　詔令奏議類：附錄　詔令上十一畫

十四日	414-344- 39
上諭內閣——雍正三年十二月二十五日（五則）	414-345- 39
上諭內閣——雍正三年十二月二十七日（二則）	414-346- 39
上諭內閣——雍正四年正月一日	414-348- 40
上諭內閣——雍正四年正月二日	414-348- 40
上諭內閣——雍正四年正月三日（三則）	414-349- 40
上諭內閣——雍正四年正月四日	414-350- 40
上諭內閣——雍正四年正月五日（三則）	414-351- 40
上諭內閣——雍正四年正月八日	414-357- 40
上諭內閣——雍正四年正月十日	414-357- 40
上諭內閣——雍正四年正月十二日	414-358- 40
上諭內閣——雍正四年正月二十日	414-358- 40
上諭內閣——雍正四年正月二十一日	414-359- 40
上諭內閣——雍正四年正月二十二日	414-359- 40
上諭內閣——雍正四年正月二十四日	414-360- 40
上諭內閣——雍正四年正月二十七日（二則）	414-360- 40
上諭內閣——雍正四年正月二十八日（二則）	414-361- 40
上諭內閣——雍正四年正月二十九日	414-362- 40
上諭內閣——雍正四年正月三十日（二則）	414-362- 40
上諭內閣——雍正四年二月二日	414-363- 41
上諭內閣——雍正四年二月三日	414-363- 41
上諭內閣——雍正四年二月七日（三則）	414-363- 41
上諭內閣——雍正四年二月八日	414-364- 41
上諭內閣——雍正四年二月九日	414-365- 41
上諭內閣——雍正四年二月十日	414-365- 41
上諭內閣——雍正四年二月十一日（二則）	414-365- 41
上諭內閣——雍正四年二月十三日	414-366- 41
上諭內閣——雍正四年二月十五日（二則）	414-366- 41
上諭內閣——雍正四年二月十九日（二則）	414-367- 41
上諭內閣——雍正四年二月二十五日	414-367- 41
上諭內閣——雍正四年二月二十六日	414-368- 41
上諭內閣——雍正四年二月二十七日（二則）	414-368- 41
上諭內閣——雍正四年二月二十八日（	414-369- 41
上諭內閣——雍正四年二月二十九日	414-369- 41
上諭內閣——雍正四年三月十日	414-371- 42
上諭內閣——雍正四年三月十二日（二則）	414-372- 42
上諭內閣——雍正四年三月十六日	414-373- 42
上諭內閣——雍正四年三月十七日	414-373- 42
上諭內閣——雍正四年三月十八日	414-374- 42
上諭內閣——雍正四年三月十九日	414-374- 42
上諭內閣——雍正四年三月二十日	414-374- 42
上諭內閣——雍正四年三月二十二日（二則）	414-374- 42
上諭內閣——雍正四年三月二十八日	414-375- 42
上諭內閣——雍正四年三月二十九日	414-376- 42
上諭內閣——雍正四年三月三十日	414-377- 42
上諭內閣——雍正四年四月二日	414-378- 43
上諭內閣——雍正四年四月十一日	414-378- 43
上諭內閣——雍正四年四月十二日	414-378- 43
上諭內閣——雍正四年四月十三日	414-379- 43
上諭內閣——雍正四年四月十四日（三則）	414-379- 43
上諭內閣——雍正四年四月十五日	414-381- 43
上諭內閣——雍正四年四月十六	

日	414-381- 43	上諭內閣——雍正四年六月十四日	414-400- 45
上諭內閣——雍正四年四月十八日（二則）	414-381- 43	上諭內閣——雍正四年六月十五日	414-400- 45
上諭內閣——雍正四年四月十九日（二則）	414-382- 43	上諭內閣——雍正四年六月十六日	414-401- 45
上諭內閣——雍正四年四月二十日	414-383- 43	上諭內閣——雍正四年六月十九日	414-401- 45
上諭內閣——雍正四年四月二十一日（二則）	414-383- 43	上諭內閣——雍正四年六月二十八日	414-401- 45
上諭內閣——雍正四年四月二十二日	414-384- 43	上諭內閣——雍正四年六月二十九日	414-403- 45
上諭內閣——雍正四年四月二十三日	414-384- 43	上諭內閣——雍正四年七月一日	414-404- 46
上諭內閣——雍正四年四月二十六日	414-385- 43	上諭內閣——雍正四年七月二日（三則）	414-405- 46
上諭內閣——雍正四年四月二十七日	414-385- 43	上諭內閣——雍正四年七月五日（二則）	414-406- 46
上諭內閣——雍正四年五月一日（二則）	414-386- 44	上諭內閣——雍正四年七月七日	414-407- 46
上諭內閣——雍正四年五月二日（二則）	414-387- 44	上諭內閣——雍正四年七月八日	414-407- 46
上諭內閣——雍正四年五月三日	414-389- 44	上諭內閣——雍正四年七月九日	414-408- 46
上諭內閣——雍正四年五月四日（二則）	414-389- 44	上諭內閣——雍正四年七月十一日	414-409- 46
上諭內閣——雍正四年五月七日	414-390- 44	上諭內閣——雍正四年七月十三日（四則）	414-410- 46
上諭內閣——雍正四年五月九日（六則）	414-390- 44	上諭內閣——雍正四年七月十四日	414-411- 46
上諭內閣——雍正四年五月十二日	414-394- 44	上諭內閣——雍正四年七月十五日（二則）	414-411- 46
上諭內閣——雍正四年五月十四日	414-394- 44	上諭內閣——雍正四年七月十七日（五則）	414-412- 46
上諭內閣——雍正四年五月十九日	414-395- 44	上諭內閣——雍正四年七月二十日	414-416- 46
上諭內閣——雍正四年五月二十九日	414-396- 44	上諭內閣——雍正四年七月二十一日（五則）	414-417- 46
上諭內閣——雍正四年六月一日	414-397- 45	上諭內閣——雍正四年七月二十二日（二則）	414-420- 46
上諭內閣——雍正四年六月二日	414-398- 45	上諭內閣——雍正四年七月二十五日	414-421- 46
上諭內閣——雍正四年六月五日（二則）	414-398- 45	上諭內閣——雍正四年七月二十八日（三則）	414-421- 46
上諭內閣——雍正四年六月六日	414-399- 45	上諭內閣——雍正四年七月二十九日（五則）	414-423- 46
上諭內閣——雍正四年六月九日	414-399- 45	上諭內閣——雍正四年八月一日	414-425- 47
上諭內閣——雍正四年六月十二日	414-399- 45	上諭內閣——雍正四年八月二日	414-426- 47
上諭內閣——雍正四年六月十三日	414-400- 45	上諭內閣——雍正四年八月四日	414-426- 47

上諭內閣——雍正四年八月六日 414-427- 47
上諭內閣——雍正四年八月八日 414-428- 47
上諭內閣——雍正四年八月九日（二則） 414-428- 47
上諭內閣——雍正四年八月十日 414-429- 47
上諭內閣——雍正四年八月十四日（二則） 414-429- 47
上諭內閣——雍正四年八月十五日（二則） 414-430- 47
上諭內閣——雍正四年八月二十一日（二則） 414-431- 47
上諭內閣——雍正四年八月二十二日（二則） 414-432- 47
上諭內閣——雍正四年八月二十三日 414-432- 47
上諭內閣——雍正四年八月二十四日 414-432- 47
上諭內閣——雍正四年八月二十五日 414-433- 47
上諭內閣——雍正四年八月二十六日（二則） 414-433- 47
上諭內閣——雍正四年八月二十七日（四則） 414-434- 47
上諭內閣——雍正四年八月二十八日（二則） 414-437- 47
上諭內閣——雍正四年八月二十九日 414-438- 47
上諭內閣——雍正四年八月三十日（二則） 414-439- 47
上諭內閣——雍正四年九月四日 414-440- 48
上諭內閣——雍正四年九月七日 414-440- 48
上諭內閣——雍正四年九月十日（三則） 414-441- 48
上諭內閣——雍正四年九月十一日 414-442- 48
上諭內閣——雍正四年九月十二日（三則） 414-442- 48
上諭內閣——雍正四年九月十三日 414-443- 48
上諭內閣——雍正四年九月十五日（三則） 414-445- 48
上諭內閣——雍正四年九月十六日 414-446- 48
上諭內閣——雍正四年九月十七日（三則） 414-447- 48
上諭內閣——雍正四年九月十八日（二則） 414-447- 48
上諭內閣——雍正四年九月二十二日 414-448- 48
上諭內閣——雍正四年九月二十三日（二則） 414-448- 48
上諭內閣——雍正四年九月二十四日（三則） 414-449- 48
上諭內閣——雍正四年九月二十五日（二則） 414-450- 48
上諭內閣——雍正四年九月二十六日 414-451- 48
上諭內閣——雍正四年九月二十七日（五則） 414-454- 48
上諭內閣——雍正四年九月二十九日 414-456- 48
上諭內閣——雍正四年十月二日（三則） 414-457- 49
上諭內閣——雍正四年十月三日（三則） 414-460- 49
上諭內閣——雍正四年十月五日 414-460- 49
上諭內閣——雍正四年十月六日（六則） 414-461- 49
上諭內閣——雍正四年十月八日（四則） 414-463- 49
上諭內閣——雍正四年十月九日（二則） 414-465- 49
上諭內閣——雍正四年十月十日 414-466- 49
上諭內閣——雍正四年十月十一日 414-467- 49
上諭內閣——雍正四年十月十三日 414-467- 49
上諭內閣——雍正四年十月十四日（四則） 414-468- 49
上諭內閣——雍正四年十月十六日（二則） 414-470- 49
上諭內閣——雍正四年十月十八日 414-476- 49
上諭內閣——雍正四年十月十九日（三則） 414-477- 49
上諭內閣——雍正四年十月二十日（三則） 414-478- 49
上諭內閣——雍正四年十月二十一日（三則） 414-479- 49
上諭內閣——雍正四年十月二十

三日　　　　　　　　　414-480- 49
上諭內閣——雍正四年十月二十四日（四則）　　　　　　414-480- 49
上諭內閣——雍正四年十月二十六日　　　　　　　　　　414-481- 49
上諭內閣——雍正四年十月二十七日（二則）　　　　　　414-481- 49
上諭內閣——雍正四年十月二十八日　　　　　　　　　　414-482- 49
上諭內閣——雍正四年十月二十九日（二則）　　　　　　414-482- 49
上諭內閣——雍正四年十一月三日　　　　　　　　　　　414-486- 50
上諭內閣——雍正四年十一月四日（二則）　　　　　　　414-486- 50
上諭內閣——雍正四年十一月五日　　　　　　　　　　　414-487- 50
上諭內閣——雍正四年十一月七日　　　　　　　　　　　414-487- 50
上諭內閣——雍正四年十一月十一日（二則）　　　　　　414-488- 50
上諭內閣——雍正四年十一月十二日　　　　　　　　　　414-490- 50
上諭內閣——雍正四年十一月十四日　　　　　　　　　　414-490- 50
上諭內閣——雍正四年十一月十五日　　　　　　　　　　414-490- 50
上諭內閣——雍正四年十一月十九日　　　　　　　　　　414-491- 50
上諭內閣——雍正四年十一月二十五日（四則）　　　　　414-491- 50
上諭內閣——雍正四年十一月二十七日　　　　　　　　　414-493- 50
上諭內閣——雍正四年十一月二十九日　　　　　　　　　414-494- 50
上諭內閣——雍正四年十二月一日　　　　　　　　　　　414-495- 51
上諭內閣——雍正四年十二月三日（三則）　　　　　　　414-495- 51
上諭內閣——雍正四年十二月五日（二則）　　　　　　　414-496- 51
上諭內閣——雍正四年十二月七日（四則）　　　　　　　414-497- 51
上諭內閣——雍正四年十二月八日（二則）　　　　　　　414-500- 51
上諭內閣——雍正四年十二月九日（二則）　　　　　　　414-504- 51
上諭內閣——雍正四年十二月十日　　　　　　　　　　　414-505- 51
上諭內閣——雍正四年十二月十二日（二則）　　　　　　414-506- 51
上諭內閣——雍正四年十二月十三日　　　　　　　　　　414-508- 51
上諭內閣——雍正四年十二月十五日（二則）　　　　　　414-509- 51
上諭內閣——雍正四年十二月十六日　　　　　　　　　　414-509- 51
上諭內閣——雍正四年十二月十七日（二則）　　　　　　414-509- 51
上諭內閣——雍正四年十二月十八日　　　　　　　　　　414-511- 51
上諭內閣——雍正四年十二月十九日（二則）　　　　　　414-511- 51
上諭內閣——雍正四年十二月二十日　　　　　　　　　　414-514- 51
上諭內閣——雍正四年十二月二十一日　　　　　　　　　414-514- 51
上諭內閣——雍正四年十二月二十二日　　　　　　　　　414-515- 51
上諭內閣——雍正四年十二月二十三日　　　　　　　　　414-516- 51
上諭內閣——雍正四年十二月二十四日（二則）　　　　　414-516- 51
上諭內閣——雍正四年十二月二十五日　　　　　　　　　414-516- 51
上諭內閣——雍正四年十二月二十六日（二則）　　　　　414-517- 51
上諭內閣——雍正四年十二月二十七日　　　　　　　　　414-518- 51
上諭內閣——雍正四年十二月二十九日（三則）　　　　　414-520- 51
上諭內閣——雍正五年正月一日　　　　　　　　　　　　414-521- 52
上諭內閣——雍正五年正月六日　　　　　　　　　　　　414-522- 52
上諭內閣——雍正五年正月七日　　　　　　　　　　　　414-523- 52
上諭內閣——雍正五年正月八日　　　　　　　　　　　　414-523- 52
上諭內閣——雍正五年正月十日　　　　　　　　　　　　414-524- 52
上諭內閣——雍正五年正月十二日　　　　　　　　　　　414-524- 52
上諭內閣——雍正五年正月十三日　　　　　　　　　　　414-524- 52

史部

詔令奏議類・附錄

詔令十二書

上諭內閣——雍正五年正月十四日 414-525- 52

上諭內閣——雍正五年正月十五日 414-526- 52

上諭內閣——雍正五年正月十七日（六則） 414-526- 52

上諭內閣——雍正五年正月十九日 414-530- 52

上諭內閣——雍正五年正月二十日 414-531- 52

上諭內閣——雍正五年正月二十三日 414-531- 52

上諭內閣——雍正五年正月二十四日（三則） 414-531- 52

上諭內閣——雍正五年正月二十七日 414-532- 52

上諭內閣——雍正五年正月二十八日 414-533- 52

上諭內閣——雍正五年正月二十九日 414-533- 52

上諭內閣——雍正五年二月三日（五則） 414-535- 53

上諭內閣——雍正五年二月四日（四則） 414-537- 53

上諭內閣——雍正五年二月五日 414-539- 53

上諭內閣——雍正五年二月六日（二則） 414-540- 53

上諭內閣——雍正五年二月七日（八則） 414-540- 53

上諭內閣——雍正五年二月八日 414-543- 53

上諭內閣——雍正五年二月九日（二則） 414-544- 53

上諭內閣——雍正五年二月十六日 414-544- 53

上諭內閣——雍正五年二月十八日 414-545- 53

上諭內閣——雍正五年二月二十日（二則） 414-546- 53

上諭內閣——雍正五年二月二十二日 414-546- 53

上諭內閣——雍正五年二月二十三日（二則） 414-546- 53

上諭內閣——雍正五年二月二十四日（二則） 414-547- 53

上諭內閣——雍正五年二月二十八日（二則） 414-548- 53

上諭內閣——雍正五年二月二十九日（四則） 414-550- 53

上諭內閣——雍正五年二月三十日（二則） 414-552- 53

上諭內閣——雍正五年三月一日（二則） 414-554- 54

上諭內閣——雍正五年三月二日 414-555- 54

上諭內閣——雍正五年三月三日（五則） 414-555- 54

上諭內閣——雍正五年三月五日 414-559- 54

上諭內閣——雍正五年三月六日（三則） 414-560- 54

上諭內閣——雍正五年三月八日（二則） 414-561- 54

上諭內閣——雍正五年三月九日（二則） 414-561- 54

上諭內閣——雍正五年三月十日 414-562- 54

上諭內閣——雍正五年三月十一日 414-563- 54

上諭內閣——雍正五年三月十四日 414-565- 54

上諭內閣——雍正五年三月十七日（二則） 414-565- 54

上諭內閣——雍正五年三月十八日 414-566- 54

上諭內閣——雍正五年三月二十日（二則） 414-566- 54

上諭內閣——雍正五年三月二十四日 414-567- 54

上諭內閣——雍正五年三月二十五日（三則） 414-567- 54

上諭內閣——雍正五年三月二十六日（二則） 414-568- 54

上諭內閣——雍正五年三月二十七日 414-570- 54

上諭內閣——雍正五年三月二十八日 414-570- 54

上諭內閣——雍正五年閏三月一日（二則） 414-571- 55

上諭內閣——雍正五年閏三月二日 414-571- 55

上諭內閣——雍正五年閏三月四日（三則） 414-572- 55

上諭內閣——雍正五年閏三月五

日　　414-573- 55
上諭內閣——雍正五年閏三月九日　　414-573- 55
上諭內閣——雍正五年閏三月十日（二則）　　414-574- 55
上諭內閣——雍正五年閏三月十一日（三則）　　414-575- 55
上諭內閣——雍正五年閏三月十二日　　414-577- 55
上諭內閣——雍正五年閏三月十五日（二則）　　414-577- 55
上諭內閣——雍正五年閏三月十七日（二則）　　414-577- 55
上諭內閣——雍正五年閏三月十八日（二則）　　414-579- 55
上諭內閣——雍正五年閏三月十九日　　414-580- 55
上諭內閣——雍正五年閏三月二十日　　414-581- 55
上諭內閣——雍正五年閏三月二十一日　　414-581- 55
上諭內閣——雍正五年閏三月二十二日　　414-582- 55
上諭內閣——雍正五年閏三月二十三日　　414-583- 55
上諭內閣——雍正五年閏三月二十四日　　414-583- 55
上諭內閣——雍正五年閏三月二十五日　　414-584- 55
上諭內閣——雍正五年閏三月二十八日（二則）　　414-584- 55
上諭內閣——雍正五年閏三月二十九日（二則）　　414-585- 55
上諭內閣——雍正五年四月一日　　414-588- 56
上諭內閣——雍正五年四月二日（二則）　　414-588- 56
上諭內閣——雍正五年四月三日（二則）　　414-590- 56
上諭內閣——雍正五年四月四日　　414-590- 56
上諭內閣——雍正五年四月五日　　414-591- 56
上諭內閣——雍正五年四月六日（四則）　　414-591- 56
上諭內閣——雍正五年四月七日（三則）　　414-592- 56
上諭內閣——雍正五年四月八日（五則）　　414-593- 56
上諭內閣——雍正五年四月九日　　414-598- 56
上諭內閣——雍正五年四月十日　　414-598- 56
上諭內閣——雍正五年四月十二日（二則）　　414-598- 56
上諭內閣——雍正五年四月十四日（三則）　　414-599- 56
上諭內閣——雍正五年四月十五日（五則）　　414-600- 56
上諭內閣——雍正五年四月十六日　　414-602- 56
上諭內閣——雍正五年四月十七日　　414-603- 56
上諭內閣——雍正五年四月十八日　　414-603- 56
上諭內閣——雍正五年四月十九日（二則）　　414-606- 56
上諭內閣——雍正五年四月二十日　　414-607- 56
上諭內閣——雍正五年四月二十一日　　414-607- 56
上諭內閣——雍正五年四月二十二日（二則）　　414-608- 56
上諭內閣——雍正五年四月二十三日　　414-609- 56
上諭內閣——雍正五年四月二十六日（三則）　　414-611- 56
上諭內閣——雍正五年四月二十七日（二則）　　414-611- 56
上諭內閣——雍正五年四月二十九日（二則）　　414-611- 56
上諭內閣——雍正五年五月四日（二則）　　414-613- 57
上諭內閣——雍正五年五月五日　　414-615- 57
上諭內閣——雍正五年五月六日　　414-615- 57
上諭內閣——雍正五年五月九日（二則）　　414-616- 57
上諭內閣——雍正五年五月十日　　414-617- 57
上諭內閣——雍正五年五月十二日　　414-618- 57
上諭內閣——雍正五年五月十五日（二則）　　414-618- 57
上諭內閣——雍正五年五月十七日　　414-619- 57
上諭內閣——雍正五年五月二十

四日 414-619- 57
上諭內閣——雍正五年五月二十五日（三則） 414-621- 57
上諭內閣——雍正五年五月二十七日 414-624- 57
上諭內閣——雍正五年五月二十八日 414-624- 57
上諭內閣——雍正五年五月二十九日 414-625- 57
上諭內閣——雍正五年六月一日（三則） 414-627- 57
上諭內閣——雍正五年六月二日（五則） 414-630- 58
上諭內閣——雍正五年六月四日 414-632- 58
上諭內閣——雍正五年六月六日 414-632- 58
上諭內閣——雍正五年六月七日 414-633- 58
上諭內閣——雍正五年六月八日（四則） 414-633- 58
上諭內閣——雍正五年六月九日 414-635- 58
上諭內閣——雍正五年六月十日 414-636- 58
上諭內閣——雍正五年六月十二日 414-636- 58
上諭內閣——雍正五年六月十三日（二則） 414-637- 58
上諭內閣——雍正五年六月十四日（二則） 414-638- 58
上諭內閣——雍正五年六月十五日（四則） 414-639- 58
上諭內閣——雍正五年六月十六日（二則） 414-642- 58
上諭內閣——雍正五年六月十七日 414-643- 58
上諭內閣——雍正五年六月十八日（三則） 414-644- 58
上諭內閣——雍正五年六月十九日（七則） 414-645- 58
上諭內閣——雍正五年六月二十日 414-649- 58
上諭內閣——雍正五年六月二十二日（四則） 414-649- 58
上諭內閣——雍正五年六月二十三日 414-651- 58
上諭內閣——雍正五年六月二十五日 414-651- 58
上諭內閣——雍正五年六月二十六日 414-652- 58
上諭內閣——雍正五年六月二十八日（三則） 414-655- 59
上諭內閣——雍正五年七月一日 414-655- 59
上諭內閣——雍正五年七月二日 414-656- 59
上諭內閣——雍正五年七月三日（二則） 414-656- 59
上諭內閣——雍正五年七月四日（六則） 414-657- 59
上諭內閣——雍正五年七月五日（二則） 414-660- 59
上諭內閣——雍正五年七月八日（三則） 414-660- 59
上諭內閣——雍正五年七月十日 414-662- 59
上諭內閣——雍正五年七月十一日 414-665- 59
上諭內閣——雍正五年七月十二日 414-665- 59
上諭內閣——雍正五年七月十三日 414-665- 59
上諭內閣——雍正五年七月十五日 414-666- 59
上諭內閣——雍正五年七月十六日（三則） 414-666- 59
上諭內閣——雍正五年七月十七日（三則） 414-668- 59
上諭內閣——雍正五年七月十九日 414-669- 59
上諭內閣——雍正五年七月二十一日 414-670- 59
上諭內閣——雍正五年七月二十五日 414-671- 59
上諭內閣——雍正五年七月二十七日 414-671- 59
上諭內閣——雍正五年七月二十九日 414-672- 59
上諭內閣——雍正五年八月一日 414-673- 60
上諭內閣——雍正五年八月二日（二則） 414-674- 60
上諭內閣——雍正五年八月四日 414-674- 60
上諭內閣——雍正五年八月六日（二則） 414-675- 60
上諭內閣——雍正五年八月七日 414-675- 60
上諭內閣——雍正五年八月十一日 414-676- 60

上諭內閣——雍正五年八月十二日 414-676- 60

上諭內閣——雍正五年八月十三日（二則） 414-676- 60

上諭內閣——雍正五年八月十六日（二則） 414-677- 60

上諭內閣——雍正五年八月十七日 414-679- 60

上諭內閣——雍正五年八月二十日（二則） 414-679- 60

上諭內閣——雍正五年八月二十一日（二則） 414-681- 60

上諭內閣——雍正五年八月二十四日 414-681- 60

上諭內閣——雍正五年八月二十六日（二則） 414-682- 60

上諭內閣——雍正五年八月二十七日（二則） 414-682- 60

上諭內閣——雍正五年八月二十八日 414-685- 60

上諭內閣——雍正五年八月二十九日（二則） 414-685- 60

上諭內閣——雍正五年八月三十日（三則） 414-685- 60

上諭內閣——雍正五年九月二日 414-688- 61

上諭內閣——雍正五年九月三日（三則） 414-689- 61

上諭內閣——雍正五年九月五日 414-690- 61

上諭內閣——雍正五年九月七日 414-691- 61

上諭內閣——雍正五年九月十日（二則） 414-691- 61

上諭內閣——雍正五年九月十二日（四則） 414-693- 61

上諭內閣——雍正五年九月十三日 414-694- 61

上諭內閣——雍正五年九月十四日 414-695- 61

上諭內閣——雍正五年九月十五日（二則） 414-695- 61

上諭內閣——雍正五年九月十六日 414-698- 61

上諭內閣——雍正五年九月十七日 414-699- 61

上諭內閣——雍正五年九月十八日 414-699- 61

上諭內閣——雍正五年九月二十三日 414-699- 61

上諭內閣——雍正五年九月二十四日 414-700- 61

上諭內閣——雍正五年九月二十五日（四則） 414-701- 61

上諭內閣——雍正五年九月二十六日 414-703- 61

上諭內閣——雍正五年九月二十七日 414-703- 61

上諭內閣——雍正五年九月二十九日（二則） 414-703- 61

上諭內閣——雍正五年十月二日 414-703- 62

上諭內閣——雍正五年十月三日 414-704- 62

上諭內閣——雍正五年十月四日（二則） 414-705- 62

上諭內閣——雍正五年十月五日 414-705- 62

上諭內閣——雍正五年十月六日（二則） 414-706- 62

上諭內閣——雍正五年十月七日（三則） 414-708- 62

上諭內閣——雍正五年十月九日 414-709- 62

上諭內閣——雍正五年十月十日 414-710- 62

上諭內閣——雍正五年十月十一日（二則） 414-710- 62

上諭內閣——雍正五年十月十二日（二則） 414-710- 62

上諭內閣——雍正五年十月十三日 414-711- 62

上諭內閣——雍正五年十月十四日（三則） 414-711- 62

上諭內閣——雍正五年十月十五日（二則） 414-712- 62

上諭內閣——雍正五年十月十六日（六則） 414-714- 62

上諭內閣——雍正五年十月十七日（四則） 414-716- 62

上諭內閣——雍正五年十月十八日 414-717- 62

上諭內閣——雍正五年十月十九日（二則） 414-718- 62

上諭內閣——雍正五年十月二十一日（二則） 414-718- 62

上諭內閣——雍正五年十月二十二日（二則） 414-719- 62

上諭內閣——雍正五年十月二十六日（二則） 414-720- 62
上諭內閣——雍正五年十月二十七日（二則） 414-721- 62
上諭內閣——雍正五年十月二十八日（二則） 414-723- 62
上諭內閣——雍正五年十一月三日（二則） 414-725- 63
上諭內閣——雍正五年十一月五日 414-726- 63
上諭內閣——雍正五年十一月六日（二則） 414-726- 63
上諭內閣——雍正五年十一月八日（二則） 414-727- 63
上諭內閣——雍正五年十一月十日（三則） 414-728- 63
上諭內閣——雍正五年十一月十一日 414-730- 63
上諭內閣——雍正五年十一月十二日（二則） 414-730- 63
上諭內閣——雍正五年十一月十五日（三則） 414-731- 63
上諭內閣——雍正五年十一月十六日 414-731- 63
上諭內閣——雍正五年十一月十九日（二則） 414-733- 63
上諭內閣——雍正五年十一月二十日 414-735- 63
上諭內閣——雍正五年十一月二十一日（三則） 414-735- 63
上諭內閣——雍正五年十一月二十三日 414-736- 63
上諭內閣——雍正五年十一月二十四日 414-737- 63
上諭內閣——雍正五年十一月二十五日（三則） 414-738- 63
上諭內閣——雍正五年十一月二十六日（二則） 414-739- 63
上諭內閣——雍正五年十一月二十八日（四則） 414-740- 63
上諭內閣——雍正五年十二月二日（三則） 414-743- 64
上諭內閣——雍正五年十二月三日 414-743- 64
上諭內閣——雍正五年十二月四日（四則） 414-744- 64
上諭內閣——雍正五年十二月五日（二則） 414-745- 64
上諭內閣——雍正五年十二月六日（三則） 414-745- 64
上諭內閣——雍正五年十二月七日（二則） 414-747- 64
上諭內閣——雍正五年十二月九日（四則） 414-748- 64
上諭內閣——雍正五年十二月十一日 414-748- 64
上諭內閣——雍正五年十二月十二日 414-749- 64
上諭內閣——雍正五年十二月十三日（二則） 414-750- 64
上諭內閣——雍正五年十二月十五日（二則） 414-751- 64
上諭內閣——雍正五年十二月十六日 414-753- 64
上諭內閣——雍正五年十二月十七日（六則） 414-753- 64
上諭內閣——雍正五年十二月十八日（四則） 414-755- 64
上諭內閣——雍正五年十二月十九日 414-757- 64
上諭內閣——雍正五年十二月二十日（五則） 414-757- 64
上諭內閣——雍正五年十二月二十二日 414-760- 64
上諭內閣——雍正五年十二月二十三日 414-761- 64
上諭內閣——雍正五年十二月二十六日 414-761- 64
上諭內閣——雍正五年十二月二十七日（二則） 414-762- 64
上諭內閣——雍正五年十二月二十八日（二則） 414-762- 64
上諭內閣——雍正五年十二月二十九日 414-763- 64
上諭內閣——雍正六年一月二日 415- 1- 65
上諭內閣——雍正六年一月四日 415- 1- 65
上諭內閣——雍正六年一月十二日 415- 2- 65
上諭內閣——雍正六年一月十三日 415- 2- 65
上諭內閣——雍正六年一月二十日 415- 4- 65
上諭內閣——雍正六年一月二十

一日　415- 4- 65
上諭內閣——雍正六年一月二十二日　415- 4- 65
上諭內閣——雍正六年一月二十三日（二則）　415- 5- 65
上諭內閣——雍正六年一月二十七日　415- 6- 65
上諭內閣——雍正六年一月二十八日　415- 7- 65
上諭內閣——雍正六年一月三十日　415- 7- 65
上諭內閣——雍正六年二月三日　415- 8- 66
上諭內閣——雍正六年二月四日（三則）　415- 8- 66
上諭內閣——雍正六年二月五日（四則）　415- 10- 66
上諭內閣——雍正六年二月六日（二則）　415- 11- 66
上諭內閣——雍正六年二月七日　415- 12- 66
上諭內閣——雍正六年二月九日　415- 13- 66
上諭內閣——雍正六年二月十一日（二則）　415- 13- 66
上諭內閣——雍正六年二月十五日　415- 13- 66
上諭內閣——雍正六年二月十七日（四則）　415- 15- 66
上諭內閣——雍正六年二月十九日（三則）　415- 16- 66
上諭內閣——雍正六年二月二十一日（三則）　415- 17- 66
上諭內閣——雍正六年二月二十三日（四則）　415- 18- 66
上諭內閣——雍正六年二月二十五日（二則）　415- 20- 66
上諭內閣——雍正六年二月二十六日　415- 21- 66
上諭內閣——雍正六年二月二十九日（三則）　415- 22- 66
上諭內閣——雍正六年三月一日（二則）　415- 23- 67
上諭內閣——雍正六年三月二日（三則）　415- 23- 67
上諭內閣——雍正六年三月三日（三則）　415- 26- 67
上諭內閣——雍正六年三月五日（三則）　415- 27- 67
上諭內閣——雍正六年三月七日（五則）　415- 29- 67
上諭內閣——雍正六年三月八日　415- 30- 67
上諭內閣——雍正六年三月十一日　415- 31- 67
上諭內閣——雍正六年三月十二日　415- 31- 67
上諭內閣——雍正六年三月十三日　415- 31- 67
上諭內閣——雍正六年三月十四日　415- 32- 67
上諭內閣——雍正六年三月十五日　415- 32- 67
上諭內閣——雍正六年三月二十日　415- 33- 67
上諭內閣——雍正六年三月二十一日　415- 33- 67
上諭內閣——雍正六年三月二十二日　415- 34- 67
上諭內閣——雍正六年三月二十三日　415- 34- 67
上諭內閣——雍正六年三月二十四日（三則）　415- 35- 67
上諭內閣——雍正六年三月二十五日　415- 35- 67
上諭內閣——雍正六年三月二十六日（四則）　415- 37- 67
上諭內閣——雍正六年三月二十七日（三則）　415- 38- 67
上諭內閣——雍正六年三月二十八日（四則）　415- 39- 67
上諭內閣——雍正六年四月四日　415- 41- 68
上諭內閣——雍正六年四月五日　415- 42- 68
上諭內閣——雍正六年四月六日　415- 42- 68
上諭內閣——雍正六年四月十日　415- 43- 68
上諭內閣——雍正六年四月十一日（三則）　415- 43- 68
上諭內閣——雍正六年四月十二日　415- 44- 68
上諭內閣——雍正六年四月十三日（三則）　415- 45- 68
上諭內閣——雍正六年四月十四日　415- 46- 68
上諭內閣——雍正六年四月十五日　415- 46- 68

史部

詔令奏議類：附錄

詔令上十一書

上諭內閣——雍正六年四月十六日	415- 46- 68
上諭內閣——雍正六年四月十八日	415- 47- 68
上諭內閣——雍正六年四月十九日	415- 47- 68
上諭內閣——雍正六年四月二十二日（二則）	415- 48- 68
上諭內閣——雍正六年四月二十四日（二則）	415- 50- 68
上諭內閣——雍正六年四月二十五日（三則）	415- 51- 68
上諭內閣——雍正六年四月二十六日	415- 52- 68
上諭內閣——雍正六年四月二十七日	415- 52- 68
上諭內閣——雍正六年四月二十八日（三則）	415- 53- 68
上諭內閣——雍正六年四月二十九日（二則）	415- 54- 68
上諭內閣——雍正六年五月一日（二則）	415- 56- 69
上諭內閣——雍正六年五月四日（二則）	415- 57- 69
上諭內閣——雍正六年五月六日（二則）	415- 58- 69
上諭內閣——雍正六年五月八日	415- 59- 69
上諭內閣——雍正六年五月九日	415- 59- 69
上諭內閣——雍正六年五月十一日	415- 59- 69
上諭內閣——雍正六年五月十二日（四則）	415- 60- 69
上諭內閣——雍正六年五月十六日（二則）	415- 61- 69
上諭內閣——雍正六年五月十九日（二則）	415- 62- 69
上諭內閣——雍正六年五月二十日（六則）	415- 63- 69
上諭內閣——雍正六年五月二十一日	415- 65- 69
上諭內閣——雍正六年五月二十二日（三則）	415- 66- 69
上諭內閣——雍正六年五月二十四日	415- 68- 69
上諭內閣——雍正六年五月二十五日（二則）	415- 68- 69
上諭內閣——雍正六年五月二十六日	415- 71- 69
上諭內閣——雍正六年五月二十七日	415- 71- 69
上諭內閣——雍正六年五月二十八日	415- 71- 69
上諭內閣——雍正六年六月二日	415- 72- 70
上諭內閣——雍正六年六月五日（四則）	415- 73- 70
上諭內閣——雍正六年六月七日	415- 73- 70
上諭內閣——雍正六年六月八日（三則）	415- 75- 70
上諭內閣——雍正六年六月九日（三則）	415- 77- 70
上諭內閣——雍正六年六月十日	415- 77- 70
上諭內閣——雍正六年六月十一日	415- 77- 70
上諭內閣——雍正六年六月十三日	415- 78- 70
上諭內閣——雍正六年六月十四日（二則）	415- 79- 70
上諭內閣——雍正六年六月十五日	415- 81- 70
上諭內閣——雍正六年六月十六日（二則）	415- 81- 70
上諭內閣——雍正六年六月十七日（四則）	415- 82- 70
上諭內閣——雍正六年六月十八日	415- 83- 70
上諭內閣——雍正六年六月十九日（三則）	415- 84- 70
上諭內閣——雍正六年六月二十日（四則）	415- 86- 70
上諭內閣——雍正六年六月二十二日	415- 88- 70
上諭內閣——雍正六年六月二十三日（二則）	415- 89- 70
上諭內閣——雍正六年六月二十五日	415- 90- 70
上諭內閣——雍正六年六月二十九日（二則）	415- 91- 70
上諭內閣——雍正六年七月一日	415- 92- 71
上諭內閣——雍正六年七月二日		

（三則） 415- 93- 71
上諭內閣——雍正六年七月三日
（二則） 415- 94- 71
上諭內閣——雍正六年七月五日
（二則） 415- 94- 71
上諭內閣——雍正六年七月七日 415- 96- 71
上諭內閣——雍正六年七月八日
（五則） 415- 97- 71
上諭內閣——雍正六年七月九日
（四則） 415- 98- 71
上諭內閣——雍正六年七月十日
（二則） 415-101- 71
上諭內閣——雍正六年七月十一
日（四則） 415-101- 71
上諭內閣——雍正六年七月十二
日（三則） 415-103- 71
上諭內閣——雍正六年七月十五
日（四則） 415-105- 71
上諭內閣——雍正六年七月十六
日（二則） 415-106- 71
上諭內閣——雍正六年七月二十
日（四則） 415-107- 71
上諭內閣——雍正六年七月二十
二日 415-109- 71
上諭內閣——雍正六年七月二十
五日（二則） 415-110- 71
上諭內閣——雍正六年七月二十
六日（三則） 415-112- 71
上諭內閣——雍正六年七月二十
九日 415-113- 71
上諭內閣——雍正六年八月一日 415-115- 72
上諭內閣——雍正六年八月二日
（二則） 415-116- 72
上諭內閣——雍正六年八月四日 415-117- 72
上諭內閣——雍正六年八月六日 415-117- 72
上諭內閣——雍正六年八月七日
（二則） 415-118- 72
上諭內閣——雍正六年八月九日 415-119- 72
上諭內閣——雍正六年八月十日 415-120- 72
上諭內閣——雍正六年八月十四
日（四則） 415-120- 72
上諭內閣——雍正六年八月十六
日 415-121- 72
上諭內閣——雍正六年八月十七
日（二則） 415-122- 72
上諭內閣——雍正六年八月十八
日 415-122- 72
上諭內閣——雍正六年八月十九
日 415-123- 72
上諭內閣——雍正六年八月二十
二日 415-123- 72
上諭內閣——雍正六年八月二十
六日（二則） 415-124- 72
上諭內閣——雍正六年八月二十
七日 415-125- 72
上諭內閣——雍正六年八月二十
九日 415-125- 72
上諭內閣——雍正六年九月一日
（四則） 415-126- 73
上諭內閣——雍正六年九月二日 415-127- 73
上諭內閣——雍正六年九月三日 415-128- 73
上諭內閣——雍正六年九月四日 415-128- 73
上諭內閣——雍正六年九月五日 415-128- 73
上諭內閣——雍正六年九月六日
（二則） 415-128- 73
上諭內閣——雍正六年九月八日
（二則） 415-130- 73
上諭內閣——雍正六年九月十四
日（三則） 415-130- 73
上諭內閣——雍正六年九月十五
日 415-131- 73
上諭內閣——雍正六年九月十六
日 415-132- 73
上諭內閣——雍正六年九月十七
日 415-132- 73
上諭內閣——雍正六年九月二十
三日（三則） 415-132- 73
上諭內閣——雍正六年九月二十
三日（三則） 415-133- 73
上諭內閣——雍正六年九月二十
五日 415-134- 73
上諭內閣——雍正六年九月二十
七日（三則） 415-134- 73
上諭內閣——雍正六年九月二十
八日 415-135- 73
上諭內閣——雍正六年九月二十
九日 415-136- 73
上諭內閣——雍正六年九月三十
日 415-137- 73
上諭內閣——雍正六年十月二日 415-138- 74

史部

詔令奏議類：附錄

詔令上十一畫

四庫全書文集篇目分類索引

史部

詔令奏議類：附錄

詔令上十二畫

上諭內閣——雍正六年十月三日	415-138- 74
上諭內閣——雍正六年十月四日	415-139- 74
上諭內閣——雍正六年十月五日	415-139- 74
上諭內閣——雍正六年十月六日	415-140- 74
上諭內閣——雍正六年十月七日	415-141- 74
上諭內閣——雍正六年十月八日	415-142- 74
上諭內閣——雍正六年十月十日（二則）	415-142- 74
上諭內閣——雍正六年十月十三日	415-143- 74
上諭內閣——雍正六年十月十四日（五則）	415-143- 74
上諭內閣——雍正六年十月十八日	415-146- 74
上諭內閣——雍正六年十月十九日	415-146- 74
上諭內閣——雍正六年十月二十日	415-147- 74
上諭內閣——雍正六年十月二十一日	415-147- 74
上諭內閣——雍正六年十月二十二日	415-147- 74
上諭內閣——雍正六年十月二十三日（三則）	415-148- 74
上諭內閣——雍正六年十月二十六日	415-149- 74
上諭內閣——雍正六年十月二十七日	415-149- 74
上諭內閣——雍正六年十一月三日	415-150- 75
上諭內閣——雍正六年十一月六日（二則）	415-151- 75
上諭內閣——雍正六年十一月七日	415-152- 75
上諭內閣——雍正六年十一月十二日	415-154- 75
上諭內閣——雍正六年十一月十三日	415-154- 75
上諭內閣——雍正六年十一月十六日（三則）	415-154- 75
上諭內閣——雍正六年十一月十七日	415-155- 75
上諭內閣——雍正六年十一月十八日（二則）	415-155- 75
上諭內閣——雍正六年十一月十九日	415-156- 75
上諭內閣——雍正六年十一月二十二日（三則）	415-156- 75
上諭內閣——雍正六年十一月二十三日（二則）	415-158- 75
上諭內閣——雍正六年十一月二十四日（二則）	415-158- 75
上諭內閣——雍正六年十一月二十五日	415-159- 75
上諭內閣——雍正六年十一月二十六日	415-159- 75
上諭內閣——雍正六年十一月二十七日	415-160- 75
上諭內閣——雍正六年十一月二十八日	415-160- 75
上諭內閣——雍正六年十一月二十九日（五則）	415-161- 75
上諭內閣——雍正六年十一月三十日	415-163- 75
上諭內閣——雍正六年十二月三日（二則）	415-165- 76
上諭內閣——雍正六年十二月五日	415-166- 76
上諭內閣——雍正六年十二月十日（四則）	415-166- 76
上諭內閣——雍正六年十二月十一日（二則）	415-169- 76
上諭內閣——雍正六年十二月十二日	415-170- 76
上諭內閣——雍正六年十二月十三日	415-170- 76
上諭內閣——雍正六年十二月十四日（四則）	415-171- 76
上諭內閣——雍正六年十二月十五日	415-173- 76
上諭內閣——雍正六年十二月十八日	415-174- 76
上諭內閣——雍正六年十二月十九日	415-174- 76
上諭內閣——雍正六年十二月二十日（四則）	415-174- 76
上諭內閣——雍正六年十二月二十一日	415-176- 76
上諭內閣——雍正六年十二月二十二日	415-176- 76

四庫全書文集篇目分類索引

上諭內閣——雍正六年十二月二十三日　415-176- 76
上諭內閣——雍正六年十二月二十四日（二則）　415-177- 76
上諭內閣——雍正六年十二月二十六日　415-178- 76
上諭內閣——雍正七年一月五日（三則）　415-179- 77
上諭內閣——雍正七年一月八日　415-180- 77
上諭內閣——雍正七年一月九日（三則）　415-180- 77
上諭內閣——雍正七年一月十二日　415-181- 77
上諭內閣——雍正七年一月十三日　415-181- 77
上諭內閣——雍正七年一月十四日　415-182- 77
上諭內閣——雍正七年一月十五日　415-182- 77
上諭內閣——雍正七年一月二十二日　415-183- 77
上諭內閣——雍正七年一月二十四日　415-183- 77
上諭內閣——雍正七年一月二十六日　415-183- 77
上諭內閣——雍正七年一月二十七日（四則）　415-184- 77
上諭內閣——雍正七年一月二十八日（三則）　415-186- 77
上諭內閣——雍正七年一月二十九日（二則）　415-187- 77
上諭內閣——雍正七年二月二日　415-188- 78
上諭內閣——雍正七年二月五日（四則）　415-189- 78
上諭內閣——雍正七年二月六日（二則）　415-190- 78
上諭內閣——雍正七年二月七日　415-190- 78
上諭內閣——雍正七年二月八日（四則）　415-191- 78
上諭內閣——雍正七年二月九日　415-192- 78
上諭內閣——雍正七年二月十一日　415-193- 78
上諭內閣——雍正七年二月十二日（二則）　415-193- 78
上諭內閣——雍正七年二月十六日　415-193- 78
上諭內閣——雍正七年二月十七日（二則）　415-194- 78
上諭內閣——雍正七年二月十八日（二則）　415-194- 78
上諭內閣——雍正七年二月十九日（四則）　415-198- 78
上諭內閣——雍正七年二月二十日（六則）　415-199- 78
上諭內閣——雍正七年二月二十一日　415-202- 78
上諭內閣——雍正七年二月二十二日　415-203- 78
上諭內閣——雍正七年二月二十三日（三則）　415-204- 78
上諭內閣——雍正七年二月二十四日（二則）　415-204- 78
上諭內閣——雍正七年二月二十五日　415-205- 78
上諭內閣——雍正七年二月二十六日（二則）　415-205- 78
上諭內閣——雍正七年二月二十八日（二則）　415-206- 78
上諭內閣——雍正七年三月一日　415-208- 79
上諭內閣——雍正七年三月二日（四則）　415-208- 79
上諭內閣——雍正七年三月三日　415-210- 79
上諭內閣——雍正七年三月四日（二則）　415-210- 79
上諭內閣——雍正七年三月五日　415-212- 79
上諭內閣——雍正七年三月六日　415-212- 79
上諭內閣——雍正七年三月八日（三則）　415-212- 79
上諭內閣——雍正七年三月九日　415-213- 79
上諭內閣——雍正七年三月十日（三則）　415-214- 79
上諭內閣——雍正七年三月十三日　415-215- 79
上諭內閣——雍正七年三月十四日（三則）　415-216- 79
上諭內閣——雍正七年三月十九日　415-218- 79
上諭內閣——雍正七年三月二十日　415-219- 79
上諭內閣——雍正七年三月二十

史部

詔令奏議類：附錄

詔令上十一畫

一日 415-219- 79
上諭內閣——雍正七年三月二十二日（二則） 415-220- 79
上諭內閣——雍正七年三月二十五日 415-221- 79
上諭內閣——雍正七年三月二十七日 415-221- 79
上諭內閣——雍正七年三月二十八日（二則） 415-222- 79
上諭內閣——雍正七年三月三十日 415-222- 79
上諭內閣——雍正七年四月二日（三則） 415-223- 80
上諭內閣——雍正七年四月三日（二則） 415-224- 80
上諭內閣——雍正七年四月六日 415-224- 80
上諭內閣——雍正七年四月七日（二則） 415-225- 80
上諭內閣——雍正七年四月九日（二則） 415-226- 80
上諭內閣——雍正七年四月十日（二則） 415-226- 80
上諭內閣——雍正七年四月十一日 415-228- 80
上諭內閣——雍正七年四月十二日 415-228- 80
上諭內閣——雍正七年四月十四日 415-229- 80
上諭內閣——雍正七年四月十五日 415-230- 80
上諭內閣——雍正七年四月十七日 415-230- 80
上諭內閣——雍正七年四月十八日（二則） 415-230- 80
上諭內閣——雍正七年四月十九日 415-231- 80
上諭內閣——雍正七年四月二十日（三則） 415-231- 80
上諭內閣——雍正七年四月二十一日 415-233- 80
上諭內閣——雍正七年四月二十二日（三則） 415-233- 80
上諭內閣——雍正七年四月二十九日 415-235- 80
上諭內閣——雍正七年四月三十日（三則） 415-235- 80
上諭內閣——雍正七年五月一日（二則） 415-237- 81
上諭內閣——雍正七年五月二日（二則） 415-238- 81
上諭內閣——雍正七年五月四日（二則） 415-239- 81
上諭內閣——雍正七年五月五日 415-240- 81
上諭內閣——雍正七年五月七日（三則） 415-241- 81
上諭內閣——雍正七年五月八日 415-242- 81
上諭內閣——雍正七年五月九日 415-242- 81
上諭內閣——雍正七年五月十三日（二則） 415-243- 81
上諭內閣——雍正七年五月十四日（二則） 415-244- 81
上諭內閣——雍正七年五月十五日 415-244- 81
上諭內閣——雍正七年五月十六日（四則） 415-245- 81
上諭內閣——雍正七年五月十八日 415-247- 81
上諭內閣——雍正七年五月二十日（三則） 415-248- 81
上諭內閣——雍正七年五月二十二日 415-249- 81
上諭內閣——雍正七年五月二十五日 415-249- 81
上諭內閣——雍正七年五月二十七日（二則） 415-250- 81
上諭內閣——雍正七年五月二十八日（三則） 415-252- 81
上諭內閣——雍正七年六月二日 415-254- 82
上諭內閣——雍正七年六月三日（二則） 415-254- 82
上諭內閣——雍正七年六月四日 415-255- 82
上諭內閣——雍正七年六月六日（二則） 415-256- 82
上諭內閣——雍正七年六月八日（二則） 415-257- 82
上諭內閣——雍正七年六月九日（二則） 415-258- 82
上諭內閣——雍正七年六月十日（四則） 415-259- 82
上諭內閣——雍正七年六月十一

日（二則） 415-260- 82
上諭內閣——雍正七年六月十二日 415-260- 82
上諭內閣——雍正七年六月十四日（三則） 415-264- 82
上諭內閣——雍正七年六月十五日（二則） 415-264- 82
上諭內閣——雍正七年六月十九日（二則） 415-267- 82
上諭內閣——雍正七年六月二十日（五則） 415-267- 82
上諭內閣——雍正七年六月二十一日 415-269- 82
上諭內閣——雍正七年六月二十二日 415-269- 82
上諭內閣——雍正七年六月二十三日 415-269- 82
上諭內閣——雍正七年六月二十五日 415-270- 82
上諭內閣——雍正七年六月二十六日（二則） 415-270- 82
上諭內閣——雍正七年六月二十九日 415-280- 82
上諭內閣——雍正七年七月三日（二則） 415-282- 80
上諭內閣——雍正七年七月四日（三則） 415-285- 83
上諭內閣——雍正七年七月五日（三則） 415-287- 83
上諭內閣——雍正七年七月六日 415-288- 83
上諭內閣——雍正七年七月八日 415-289- 83
上諭內閣——雍正七年七月九日（二則） 415-290- 83
上諭內閣——雍正七年七月十一日 415-290- 83
上諭內閣——雍正七年七月十三日 415-290- 83
上諭內閣——雍正七年七月十四日（二則） 415-291- 83
上諭內閣——雍正七年七月十五日（二則） 415-291- 83
上諭內閣——雍正七年七月十九日 415-292- 83
上諭內閣——雍正七年七月二十一日（三則） 415-292- 83
上諭內閣——雍正七年七月二十三日 415-293- 83
上諭內閣——雍正七年七月二十四日 415-294- 83
上諭內閣——雍正七年七月二十五日 415-294- 83
上諭內閣——雍正七年七月二十六日 415-294- 83
上諭內閣——雍正七年七月二十七日（二則） 415-295- 83
上諭內閣——雍正七年七月二十八日（四則） 415-296- 83
上諭內閣——雍正七年七月二十九日 415-297-- 83
上諭內閣——雍正七年閏七月一日 415-298- 84
上諭內閣——雍正七年閏七月一日（二則） 415-299- 84
上諭內閣——雍正七年閏七月三日 415-299- 84
上諭內閣——雍正七年閏七月五日 415-300- 84
上諭內閣——雍正七年閏七月七日（四則） 415-300- 84
上諭內閣——雍正七年閏七月八日（二則） 415-301- 84
上諭內閣——雍正七年閏七月十日（二則） 415-302- 84
上諭內閣——雍正七年閏七月十一日（三則） 415-303- 84
上諭內閣——雍正七年閏七月十二日（二則） 415-305- 84
上諭內閣——雍正七年閏七月十三日 415-305- 84
上諭內閣——雍正七年閏七月十四日 415-305- 84
上諭內閣——雍正七年閏七月十五日 415-306- 84
上諭內閣——雍正七年閏七月十七日（二則） 415-306- 84
上諭內閣——雍正七年閏七月十八日（二則） 415-306- 84
上諭內閣——雍正七年閏七月二十日 415-307- 84
上諭內閣——雍正七年閏七月二

史部

詔令奏議類・附錄

詔令上十一畫

十一日（三則） 415-308- 84
上諭內閣——雍正七年閏七月二十二日 415-310- 84
上諭內閣——雍正七年閏七月二十四日（二則） 415-310- 84
上諭內閣——雍正七年閏七月二十五日 415-310- 84
上諭內閣——雍正七年閏七月二十六日（四則） 415-311- 84
上諭內閣——雍正七年閏七月二十九日（三則） 415-313- 84
上諭內閣——雍正七年八月一日 415-315- 84
上諭內閣——雍正七年八月二日（二則） 415-315- 85
上諭內閣——雍正七年八月四日 415-316- 85
上諭內閣——雍正七年八月五日 415-316- 85
上諭內閣——雍正七年八月七日 415-317- 85
上諭內閣——雍正七年八月八日 415-317- 85
上諭內閣——雍正七年八月九日 415-317- 85
上諭內閣——雍正七年八月十日 415-318- 85
上諭內閣——雍正七年八月十一日（二則） 415-318- 85
上諭內閣——雍正七年八月十二日 415-320- 85
上諭內閣——雍正七年八月十四日 415-320- 85
上諭內閣——雍正七年八月十五日 415-321- 85
上諭內閣——雍正七年八月十七日（三則） 415-321- 85
上諭內閣——雍正七年八月十八日（二則） 415-323- 85
上諭內閣——雍正七年八月二十日 415-325- 85
上諭內閣——雍正七年八月二十一日（二則） 415-326- 85
上諭內閣——雍正七年八月二十三日 415-327- 85
上諭內閣——雍正七年八月二十四日（三則） 415-327- 85
上諭內閣——雍正七年八月二十九日（二則） 415-328- 85
上諭內閣——雍正七年九月一日（二則） 415-330- 85
上諭內閣——雍正七年九月二日（二則） 415-330- 85
上諭內閣——雍正七年九月三日（二則） 415-331- 85
上諭內閣——雍正七年九月四日 415-332- 86
上諭內閣——雍正七年九月七日（二則） 415-332- 86
上諭內閣——雍正七年九月九日（二則） 415-332- 86
上諭內閣——雍正七年九月十日（二則） 415-333- 86
上諭內閣——雍正七年九月十一日 415-334- 86
上諭內閣——雍正七年九月十二日（二則） 415-334- 86
上諭內閣——雍正七年九月十三日（三則） 415-335- 86
上諭內閣——雍正七年九月十四日 415-336- 86
上諭內閣——雍正七年九月十五日 415-337- 86
上諭內閣——雍正七年九月十六日 415-337- 86
上諭內閣——雍正七年九月十八日 415-338- 86
上諭內閣——雍正七年九月十九日（四則） 415-338- 86
上諭內閣——雍正七年九月二十一日 415-339- 86
上諭內閣——雍正七年九月二十三日 415-339- 86
上諭內閣——雍正七年九月二十六日 415-339- 86
上諭內閣——雍正七年九月二十七日 415-340- 86
上諭內閣——雍正七年九月三十日（二則） 415-341- 86
上諭內閣——雍正七年十月一日 415-343- 87
上諭內閣——雍正七年十月四日（二則） 415-343- 87
上諭內閣——雍正七年十月五日 415-344- 87
上諭內閣——雍正七年十月六日（四則） 415-345- 87
上諭內閣——雍正七年十月七日（二則） 415-348- 87
上諭內閣——雍正七年十月九日

四庫全書文集篇目分類索引　　259

（四則）	415-349- 87	上諭內閣——雍正七年十一月十五日	415-372- 88
上諭內閣——雍正七年十月十日（三則）	415-353- 87	上諭內閣——雍正七年十一月十六日（三則）	415-372- 88
上諭內閣——雍正七年十月十一日	415-355- 87	上諭內閣——雍正七年十一月十七日（二則）	415-373- 88
上諭內閣——雍正七年十月十四日（二則）	415-356- 87	上諭內閣——雍正七年十一月十八日（二則）	415-374- 88
上諭內閣——雍正七年十月十五日	415-356- 87	上諭內閣——雍正七年十一月二十二日	415-375- 88
上諭內閣——雍正七年十月十六日（二則）	415-356- 87	上諭內閣——雍正七年十一月二十三日	415-375- 88
上諭內閣——雍正七年十月十七日（四則）	415-357- 87	上諭內閣——雍正七年十一月二十四日	415-376- 88
上諭內閣——雍正七年十月十八日（二則）	415-358- 87	上諭內閣——雍正七年十一月二十五日	415-376- 88
上諭內閣——雍正七年十月十九日	415-358- 87	上諭內閣——雍正七年十一月二十六日	415-376- 88
上諭內閣——雍正七年十月二十日（二則）	415-359- 87	上諭內閣——雍正七年十一月二十七日	415-377- 88
上諭內閣——雍正七年十月二十一日	415-360- 87	上諭內閣——雍正七年十一月二十九日	415-378- 88
上諭內閣——雍正七年十月二十三日	415-361- 87	上諭內閣——雍正七年十一月三十日	415-378- 88
上諭內閣——雍正七年十月二十六日	415-362- 87	上諭內閣——雍正七年十二月二日（四則）	415-380- 89
上諭內閣——雍正七年十月二十七日	415-363- 87	上諭內閣——雍正七年十二月三日（五則）	415-382- 89
上諭內閣——雍正七年十一月三日	415-363- 88	上諭內閣——雍正七年十二月五日	415-387- 89
上諭內閣——雍正七年十一月四日（二則）	415-365- 88	上諭內閣——雍正七年十二月六日	415-388- 89
上諭內閣——雍正七年十一月六日（三則）	415-366- 88	上諭內閣——雍正七年十二月七日	415-388- 89
上諭內閣——雍正七年十一月七日	415-367- 88	上諭內閣——雍正七年十二月八日（三則）	415-389- 89
上諭內閣——雍正七年十一月八日	415-367- 88	上諭內閣——雍正七年十二月十二日	415-390- 89
上諭內閣——雍正七年十一月一日	415-369- 88	上諭內閣——雍正七年十二月十三日	415-390- 89
上諭內閣——雍正七年十一月十一日	415-370- 88	上諭內閣——雍正七年十二月十四日（二則）	415-391- 89
上諭內閣——雍正七年十一月十二日	415-370- 88	上諭內閣——雍正七年十二月十五日	415-391- 89
上諭內閣——雍正七年十一月十四日（三則）	415-370- 88	上諭內閣——雍正七年十二月十	

史部

詔令奏議類：附錄

詔令上十一畫

史部

詔令奏議類：附錄

詔令上十一畫

六日	415-392- 89
上諭內閣——雍正七年十二月十七日（四則）	415-393- 89
上諭內閣——雍正七年十二月十八日（二則）	415-394- 89
上諭內閣——雍正七年十二月十九日	415-395- 89
上諭內閣——雍正七年十二月二十日	415-396- 89
上諭內閣——雍正七年十二月二十一日（六則）	415-396- 89
上諭內閣——雍正七年十二月二十二日	415-397- 89
上諭內閣——雍正七年十二月二十七日（五則）	415-398- 89
上諭內閣——雍正七年十二月二十九日	415-400- 89
上諭內閣——雍正八年一月二日（二則）	415-402- 90
上諭內閣——雍正八年一月九日（二則）	415-403- 90
上諭內閣——雍正八年一月十二日（二則）	415-404- 90
上諭內閣——雍正八年一月十三日	415-404- 90
上諭內閣——雍正八年一月十四日	415-406- 90
上諭內閣——雍正八年一月十八日	415-407- 90
上諭內閣——雍正八年一月二十七日	415-407- 90
上諭內閣——雍正八年一月二十八日	415-408- 90
上諭內閣——雍正八年一月二十九日	415-408- 90
上諭內閣——雍正八年一月三十日（二則）	415-409- 90
上諭內閣——雍正八年二月一日	415-410- 90
上諭內閣——雍正八年二月三日	415-410- 90
上諭內閣——雍正八年二月六日（三則）	415-411- 91
上諭內閣——雍正八年二月七日	415-412- 91
上諭內閣——雍正八年二月八日	415-412- 91
上諭內閣——雍正八年二月十五日	415-413- 91
上諭內閣——雍正八年二月十六日（四則）	415-413- 91
上諭內閣——雍正八年二月十七日（三則）	415-415- 91
上諭內閣——雍正八年二月十八日	415-416- 91
上諭內閣——雍正八年二月十九日	415-417- 91
上諭內閣——雍正八年二月二十日	415-417- 91
上諭內閣——雍正八年二月二十一日	415-418- 91
上諭內閣——雍正八年二月二十四日	415-418- 91
上諭內閣——雍正八年二月二十六日	415-418- 91
上諭內閣——雍正八年二月二十九日（四則）	415-419- 91
上諭內閣——雍正八年三月一日（三則）	415-422- 92
上諭內閣——雍正八年三月三日	415-423- 92
上諭內閣——雍正八年三月四日	415-424- 92
上諭內閣——雍正八年三月七日	415-424- 92
上諭內閣——雍正八年三月八日	415-425- 92
上諭內閣——雍正八年三月十日	415-425- 92
上諭內閣——雍正八年三月十二日（二則）	415-425- 92
上諭內閣——雍正八年三月十三日（二則）	415-427- 92
上諭內閣——雍正八年三月十五日	415-427- 92
上諭內閣——雍正八年三月十七日（二則）	415-427- 92
上諭內閣——雍正八年三月十八日（四則）	415-428- 92
上諭內閣——雍正八年三月十九日	415-430- 92
上諭內閣——雍正八年三月二十二日（二則）	415-433- 92
上諭內閣——雍正八年三月二十三日（三則）	415-433- 92
上諭內閣——雍正八年三月二十四日（三則）	415-435- 92
上諭內閣——雍正八年三月二十五日	415-436- 92

四庫全書文集篇目分類索引

上諭內閣——雍正八年三月二十七日	415-436- 92	上諭內閣——雍正八年五月二十五日	415-462- 94
上諭內閣——雍正八年三月二十八日	415-437- 92	上諭內閣——雍正八年五月二十六日	415-464- 94
上諭內閣——雍正八年三月二十九日	415-438- 92	上諭內閣——雍正八年五月二十八日	415-466- 94
上諭內閣——雍正八年四月六日	415-439- 92	上諭內閣——雍正八年六月一日	415-466- 95
上諭內閣——雍正八年四月八日	415-442- 93	上諭內閣——雍正八年六月二日（二則）	415-466- 95
上諭內閣——雍正八年四月九日（二則）	415-443- 93	上諭內閣——雍正八年六月七日	415-467- 95
上諭內閣——雍正八年四月十一日（二則）	415-444- 93	上諭內閣——雍正八年六月十日	415-468- 95
上諭內閣——雍正八年四月十四日（二則）	415-445- 93	上諭內閣——雍正八年六月十七日	415-468- 95
上諭內閣——雍正八年四月十七日	415-446- 93	上諭內閣——雍正八年六月十八日	415-470- 95
上諭內閣——雍正八年四月二十日	415-446- 93	上諭內閣——雍正八年六月十九日（二則）	415-470- 95
上諭內閣——雍正八年四月二十一日	415-446- 93	上諭內閣——雍正八年六月二十二日（三則）	415-471- 95
上諭內閣——雍正八年四月二十二日	415-447- 93	上諭內閣——雍正八年六月二十四日	415-472- 95
上諭內閣——雍正八年四月二十三日（三則）	415-448- 93	上諭內閣——雍正八年六月二十八日（二則）	415-473- 95
上諭內閣——雍正八年四月二十五日（二則）	415-449- 93	上諭內閣——雍正八年六月二十九日	415-474- 95
上諭內閣——雍正八年五月六日	415-451- 93	上諭內閣——雍正八年六月三十日	415-475- 95
上諭內閣——雍正八年五月七日	415-452- 94	上諭內閣——雍正八年七月五日（三則）	415-477- 96
上諭內閣——雍正八年五月九日	415-453- 94	上諭內閣——雍正八年七月六日	415-479- 96
上諭內閣——雍正八年五月十日（二則）	415-455- 94	上諭內閣——雍正八年七月七日（二則）	415-479- 96
上諭內閣——雍正八年五月十一日	415-457- 94	上諭內閣——雍正八年七月八日	415-481- 96
上諭內閣——雍正八年五月十二日	415-457- 94	上諭內閣——雍正八年七月十日	415-482- 96
上諭內閣——雍正八年五月十三日	415-457- 94	上諭內閣——雍正八年七月十一日（二則）	415-482- 96
上諭內閣——雍正八年五月十五日（二則）	415-458- 94	上諭內閣——雍正八年八月十二日（二則）	415-483- 96
上諭內閣——雍正八年五月十九日	415-459- 94	上諭內閣——雍正八年八月十九日	415-486- 96
上諭內閣——雍正八年五月二十日	415-460- 94	上諭內閣——雍正八年八月二十五日（二則）	415-486- 96
上諭內閣——雍正八年五月二十一日	415-462- 94	上諭內閣——雍正八年八月二十六日	415-487- 96
		上諭內閣——雍正八年八月二十	

史部　詔令奏議類：附錄　詔令十一畫

七日 415-487- 96
上諭內閣——雍正八年八月二十八日 415-488- 96
上諭內閣——雍正八年八月三日（二則） 415-489- 97
上諭內閣——雍正八年八月七日 415-490- 97
上諭內閣——雍正八年八月八日 415-490- 97
上諭內閣——雍正八年八月九日 415-491- 97
上諭內閣——雍正八年八月十日 415-491- 97
上諭內閣——雍正八年八月十三日 415-491- 97
上諭內閣——雍正八年八月十五日 415-492- 97
上諭內閣——雍正八年八月十七日（二則） 415-493- 97
上諭內閣——雍正八年八月十八日 415-494- 97
上諭內閣——雍正八年八月十九日（二則） 415-494- 97
上諭內閣——雍正八年八月二十日 415-494- 97
上諭內閣——雍正八年八月二十一日 415-495- 97
上諭內閣——雍正八年八月二十二日 415-495- 97
上諭內閣——雍正八年八月二十六日 415-495- 97
上諭內閣——雍正八年八月三十日 415-496- 97
上諭內閣——雍正八年九月一日 415-498- 98
上諭內閣——雍正八年九月二日 415-499- 98
上諭內閣——雍正八年九月六日 415-501- 98
上諭內閣——雍正八年九月十一日 415-501- 98
上諭內閣——雍正八年九月十七日 415-502- 98
上諭內閣——雍正八年九月十八日 415-502- 98
上諭內閣——雍正八年九月十九日（二則） 415-502- 98
上諭內閣——雍正八年九月二十一日（二則） 415-503- 98
上諭內閣——雍正八年九月二十四日 415-505- 98
上諭內閣——雍正八年九月二十六日 415-505- 98
上諭內閣——雍正八年十月六日 415-506- 99
上諭內閣——雍正八年十月九日（二則） 415-506- 99
上諭內閣——雍正八年十月十二日 415-507- 99
上諭內閣——雍正八年十月十四日 415-508- 99
上諭內閣——雍正八年十月十六日 415-509- 99
上諭內閣——雍正八年十月十七日（二則） 415-509- 99
上諭內閣——雍正八年十月十九日 415-510- 99
上諭內閣——雍正八年十月二十二日 415-510- 99
上諭內閣——雍正八年十月二十三日 415-511- 99
上諭內閣——雍正八年十一月三日（二則） 415-512-100
上諭內閣——雍正八年十一月四日 415-512-100
上諭內閣——雍正八年十一月十日 415-513-100
上諭內閣——雍正八年十一月十一日（二則） 415-513-100
上諭內閣——雍正八年十一月十四日 415-516-100
上諭內閣——雍正八年十一月十五日 415-516-100
上諭內閣——雍正八年十一月十六日（二則） 415-517-100
上諭內閣——雍正八年十一月二十二日 415-518-100
上諭內閣——雍正八年十一月二十三日 415-518-100
上諭內閣——雍正八年十一月二十五日 415-519-100
上諭內閣——雍正八年十一月二十九日 415-519-100
上諭內閣——雍正八年十二月四日 415-520-100
上諭內閣——雍正八年十二月五日 415-521-100
上諭內閣——雍正八年十二月十

四庫全書文集篇目分類索引　　263

日	415-521-101	日	415-542-104
上諭內閣——雍正八年十二月十九日	415-521-101	上諭內閣——雍正九年三月十二日	415-542-104
上諭內閣——雍正八年十二月二十日	415-522-101	上諭內閣——雍正九年三月十三日	415-542-104
上諭內閣——雍正八年十二月二十一日	415-523-101	上諭內閣——雍正九年三月二十六日	415-543-104
上諭內閣——雍正八年十二月二十三日（二則）	415-523-101	上諭內閣——雍正九年三月二十七日	415-543-104
上諭內閣——雍正八年十二月二十八日	415-524-101	上諭內閣——雍正九年四月五日	415-544-105
上諭內閣——雍正九年一月四日	415-525-102	上諭內閣——雍正九年四月八日	415-545-105
上諭內閣——雍正九年一月十一日	415-525-102	上諭內閣——雍正九年四月十四日	415-549-105
上諭內閣——雍正九年一月二十日	415-526-102	上諭內閣——雍正九年四月十五日	415-550-105
上諭內閣——雍正九年一月二十一日	415-527-102	上諭內閣——雍正九年四月十九日	415-550-105
上諭內閣——雍正九年一月二十三日（三則）	415-527-102	上諭內閣——雍正九年四月二十六日	415-550-105
上諭內閣——雍正九年一月二十六日	415-528-102	上諭內閣——雍正九年四月二十九日（二則）	415-551-105
上諭內閣——雍正九年二月二日（二則）	415-529-103	上諭內閣——雍正九年四月三十日	415-553-105
上諭內閣——雍正九年二月七日	415-529-103	上諭內閣——雍正九年五月二日（二則）	415-554-106
上諭內閣——雍正九年二月八日	415-530-103	上諭內閣——雍正九年五月七日	415-554-106
上諭內閣——雍正九年二月十二日（二則）	415-530-103	上諭內閣——雍正九年五月九日	415-555-106
上諭內閣——雍正九年二月十三日	415-531-103	上諭內閣——雍正九年五月十一日（二則）	415-555-106
上諭內閣——雍正九年二月十四日（二則）	415-533-103	上諭內閣——雍正九年五月十三日（二則）	415-556-106
上諭內閣——雍正九年二月二十日	415-533-103	上諭內閣——雍正九年六月十六日	415-557-106
上諭內閣——雍正九年二月二十五日（四則）	415-534-103	上諭內閣——雍正九年六月十八日	415-558-106
上諭內閣——雍正九年二月二十六日（二則）	415-537-103	上諭內閣——雍正九年六月二十一日	415-558-106
上諭內閣——雍正九年二月二十九日	415-538-103	上諭內閣——雍正九年六月二十六日	415-559-106
上諭內閣——雍正九年二月三十日（二則）	415-539-103	上諭內閣——雍正九年六月七日	415-560-107
上諭內閣——雍正九年三月五日	415-541-104	上諭內閣——雍正九年六月十一日（二則）	415-561-107
上諭內閣——雍正九年三月八日	415-541-104	上諭內閣——雍正九年六月十二日	415-562-107
上諭內閣——雍正九年三月十一		上諭內閣——雍正九年六月十四	

史部

詔令奏議類：附錄

詔令上十一畫

四庫全書文集篇目分類索引

史部

詔令奏議類：附錄

詔令上十一畫

日	415-563-107
上諭內閣——雍正九年六月十八日	415-563-107
上諭內閣——雍正九年六月十九日（二則）	415-563-107
上諭內閣——雍正九年六月二十六日（二則）	415-564-107
上諭內閣——雍正九年七月一日	415-565-108
上諭內閣——雍正九年七月八日	415-565-108
上諭內閣——雍正九年七月十日（二則）	415-566-108
上諭內閣——雍正九年七月二十二日	415-567-108
上諭內閣——雍正九年七月二十三日	415-568-108
上諭內閣——雍正九年七月二十四日	415-568-108
上諭內閣——雍正九年七月二十六日	415-569-108
上諭內閣——雍正九年七月二十七日	415-569-108
上諭內閣——雍正九年八月一日	415-570-109
上諭內閣——雍正九年八月六日	415-570-109
上諭內閣——雍正九年八月十一日	415-571-109
上諭內閣——雍正九年八月十三日	415-571-109
上諭內閣——雍正九年八月十四日	415-572-109
上諭內閣——雍正九年八月十九日	415-572-109
上諭內閣——雍正九年八月二十四日（二則）	415-572-109
上諭內閣——雍正九年八月二十五日	415-574-109
上諭內閣——雍正九年九月三日（三則）	415-574-110
上諭內閣——雍正九年九月五日	415-575-110
上諭內閣——雍正九年十月四日	415-575-110
上諭內閣——雍正九年十月十六日	415-575-110
上諭內閣——雍正九年九月十七日（二則）	415-576-110
上諭內閣——雍正九年十月三日	415-577-111
上諭內閣——雍正九年十月四日（三則）	415-577-111
上諭內閣——雍正九年十月十六日（二則）	415-578-111
上諭內閣——雍正九年十月十七日	415-579-111
上諭內閣——雍正九年十月二十二日	415-579-111
上諭內閣——雍正九年十月二十四日	415-580-111
上諭內閣——雍正九年十月二十五日	415-580-111
上諭內閣——雍正九年十一月一日	415-581-112
上諭內閣——雍正九年十一月六日	415-581-112
上諭內閣——雍正九年十一月七日	415-581-112
上諭內閣——雍正九年十一月八日	415-582-112
上諭內閣——雍正九年十一月十一日	415-582-112
上諭內閣——雍正九年十一月二十日	415-582-112
上諭內閣——雍正九年十一月二十三日	415-583-112
上諭內閣——雍正九年十一月二十八日	415-583-112
上諭內閣——雍正九年十二月四日	415-584-113
上諭內閣——雍正九年十二月六日	415-584-113
上諭內閣——雍正九年十二月十二日	415-585-113
上諭內閣——雍正九年十二月十五日	415-585-113
上諭內閣——雍正九年十二月十六日（二則）	415-585-113
上諭內閣——雍正九年十二月二十日	415-586-113
上諭內閣——雍正九年十二月二十一日（二則）	415-587-113
上諭內閣——雍正九年十二月二十四日	415-587-113
上諭內閣——雍正九年十二月二	

十六日 415-588-113
上諭內閣——雍正十年一月九日（二則） 415-589-114
上諭內閣——雍正十年一月十七日 415-591-114
上諭內閣——雍正十年一月二十一日 415-591-114
上諭內閣——雍正十年一月二十七日 415-592-114
上諭內閣——雍正十年二月二日（二則） 415-593-115
上諭內閣——雍正十年二月三日 415-595-115
上諭內閣——雍正十年二月六日 415-596-115
上諭內閣——雍正十年二月八日 415-596-115
上諭內閣——雍正十年二月十日 415-596-115
上諭內閣——雍正十年二月十一日（二則） 415-597-115
上諭內閣——雍正十年二月十二日 415-597-115
上諭內閣——雍正十年二月十六日 415-598-115
上諭內閣——雍正十年二月十七日 415-598-115
上諭內閣——雍正十年二月十九日（二則） 415-598-115
上諭內閣——雍正十年三月二日 415-599-116
上諭內閣——雍正十年三月三日 415-600-116
上諭內閣——雍正十年三月八日 415-600-116
上諭內閣——雍正十年三月十日 415-600-116
上諭內閣——雍正十年三月十七日 415-601-116
上諭內閣——雍正十年三月二十一日 415-601-116
上諭內閣——雍正十年三月二十六日 415-601-116
上諭內閣——雍正十年三月二十七日 415-602-116
上諭內閣——雍正十年三月二十八日 415-602-116
上諭內閣——雍正十年三月三十日 415-603-116
上諭內閣——雍正十年四月四日 415-603-117
上諭內閣——雍正十年四月二十二日 415-604-117
上諭內閣——雍正十年四月二十七日 415-604-117
上諭內閣——雍正十年五月一日（二則） 415-605-118
上諭內閣——雍正十年五月五日 415-605-118
上諭內閣——雍正十年五月七日 415-606-118
上諭內閣——雍正十年五月九日 415-606-118
上諭內閣——雍正十年五月十一日（四則） 415-607-118
上諭內閣——雍正十年五月十三日 415-608-118
上諭內閣——雍正十年五月十七日（二則） 415-609-118
上諭內閣——雍正十年五月十八日 415-609-118
上諭內閣——雍正十年五月二十日 415-609-118
上諭內閣——雍正十年五月二十八日 415-610-118
上諭內閣——雍正十年閏五月九日 415-611-119
上諭內閣——雍正十年閏五月十日 415-613-119
上諭內閣——雍正十年閏五月十二日 415-614-119
上諭內閣——雍正十年閏五月二十九日（二則） 415-614-119
上諭內閣——雍正十年六月五日 415-615-120
上諭內閣——雍正十年六月十三日 415-615-120
上諭內閣——雍正十年六月十六日 415-616-120
上諭內閣——雍正十年七月一日 415-617-121
上諭內閣——雍正十年七月三日 415-617-121
上諭內閣——雍正十年七月六日（二則） 415-618-121
上諭內閣——雍正十年七月八日 415-618-121
上諭內閣——雍正十年七月十八日 415-619-121
上諭內閣——雍正十年七月十九日 415-619-121
上諭內閣——雍正十年七月二十三日 415-619-121
上諭內閣——雍正十年七月二十五日 415-620-121
上諭內閣——雍正十年七月二十

六日 415-620-121
上諭內閣——雍正十年七月二十七日 415-621-121
上諭內閣——雍正十年七月二十八日 415-621-121
上諭內閣——雍正十年七月二十九日 415-621-121
上諭內閣——雍正十年八月八日 415-622-122
上諭內閣——雍正十年八月九日（二則） 415-623-122
上諭內閣——雍正十年八月十五日 415-623-122
上諭內閣——雍正十年八月二十一日（二則） 415-624-122
上諭內閣——雍正十年八月二十四日 415-624-122
上諭內閣——雍正十年九月一日（二則） 415-625-123
上諭內閣——雍正十年九月八日 415-628-123
上諭內閣——雍正十年九月十六日 415-628-123
上諭內閣——雍正十年九月十七日 415-629-123
上諭內閣——雍正十年九月十九日 415-629-123
上諭內閣——雍正十年九月二十一日 415-630-123
上諭內閣——雍正十年九月二十六日 415-630-123
上諭內閣——雍正十年十月五日 415-632-124
上諭內閣——雍正十年十月七日 415-632-124
上諭內閣——雍正十年十月八日（三則） 415-632-124
上諭內閣——雍正十年十月九日（二則） 415-637-124
上諭內閣——雍正十年十月十七日 415-638-124
上諭內閣——雍正十年十月十九日 415-639-124
上諭內閣——雍正十年十月二十二日 415-639-124
上諭內閣——雍正十年十月二十五日 415-639-124
上諭內閣——雍正十年十月二十六日 415-640-124
上諭內閣——雍正十年十一月五日 415-641-125
上諭內閣——雍正十年十一月十四日（二則） 415-641-125
上諭內閣——雍正十年十一月二十二日 415-642-125
上諭內閣——雍正十年十二月十五日 415-642-126
上諭內閣——雍正十年十二月十四日 415-642-126
上諭內閣——雍十一年一月五日（二則） 415-643-127
上諭內閣——雍正十一年一月八日（二則） 415-644-127
上諭內閣——雍正十一年一月十三日 415-645-127
上諭內閣——雍正十一年一月十四日 415-645-127
上諭內閣——雍正十一年一月十六日 415-646-127
上諭內閣——雍正十一年一月二十日 415-646-127
上諭內閣——雍正十一年一月二十四日 415-646-127
上諭內閣——雍正十一年一月三十日 415-647-127
上諭內閣——雍正十一年二月六日 415-648-128
上諭內閣——雍正十一年二月八日 415-648-128
上諭內閣——雍正十一年二月十六日 415-649-128
上諭內閣——雍正十一年二月二十日 415-649-128
上諭內閣——雍正十一年二月二十二日 415-649-128
上諭內閣——雍正十一年二月二十四日 415-651-128
上諭內閣——雍正十一年二月二十五日 415-651-128
上諭內閣——雍正十一年三月四日 415-652-129
上諭內閣——雍正十一年三月五日 415-652-129
上諭內閣——雍正十一年三月十

四庫全書文集篇目分類索引

日	415-652-129	上諭內閣——雍正十一年五月二十日	415-664-131
上諭內閣——雍正十一年三月十四日	415-652-129	上諭內閣——雍正十一年五月二十四日	415-664-131
上諭內閣——雍正十一年三月十七日	415-654-129	上諭內閣——雍正十一年五月二十五日	415-664-131
上諭內閣——雍正十一年三月二十五日	415-654-129	上諭內閣——雍正十一年五月二十七日	415-664-131
上諭內閣——雍正十一年四月一日（三則）	415-655-130	上諭內閣——雍正十一年五月二十八日	415-665-131
上諭內閣——雍正十一年四月二日	415-656-130	上諭內閣——雍正十一年五月二十九日	415-665-131
上諭內閣——雍正十一年四月八日	415-656-130	上諭內閣——雍正十一年六月七日	415-667-132
上諭內閣——雍正十一年四月十日	415-657-130	上諭內閣——雍正十一年六月八日	415-667-132
上諭內閣——雍正十一年四月十二日	415-657-130	上諭內閣——雍正十一年六月日	415-667-132
上諭內閣——雍正十一年四月十四日	415-657-130	上諭內閣——雍正十一年六月十四日	415-668-132
上諭內閣——雍正十一年四月十九日	415-658-130	上諭內閣——雍正十一年六月十七日	415-668-132
上諭內閣——雍正十一年四月二十日	415-658-130	上諭內閣——雍正十一年六月十八日	415-668-132
上諭內閣——雍正十一年四月二十一日	415-658-130	上諭內閣——雍正十一年六月二十一日（二則）	415-669-132
上諭內閣——雍正十一年四月二十二日	415-659-130	上諭內閣——雍正十一年六月二十三日	415-669-132
上諭內閣——雍正十一年四月二十七日	415-659-130	上諭內閣——雍正十一年七月一日	415-670-133
上諭內閣——雍正十一年四月二十八日	415-659-130	上諭內閣——雍正十一年七月六日	415-670-133
上諭內閣——雍正十一年四月二十九日	415-661-130	上諭內閣——雍正十一年七月七日（二則）	415-671-133
上諭內閣——雍正十一年五月一日	415-662-131	上諭內閣——雍正十一年七月十日（二則）	415-671-133
上諭內閣——雍正十一年五月二日	415-662-131	上諭內閣——雍正十一年七月十一日	415-672-133
上諭內閣——雍正十一年五月七日	415-662-131	上諭內閣——雍正十一年七月二十日（二則）	415-674-133
上諭內閣——雍正十一年五月九日	415-662-131	上諭內閣——雍正十一年七月二十一日	415-675-133
上諭內閣——雍正十一年五月十日（三則）	415-663-131	上諭內閣——雍正十一年八月一日	415-677-134
上諭內閣——雍正十一年五月十一日	415-663-131	上諭內閣——雍正十一年八月六	

史部　詔令奏議類：附錄　詔令十一畫

四庫全書文集篇目分類索引

史部

詔令奏議類：附錄

詔令上十一畫

日	415-677-134	上諭內閣——雍正十一年十一月	
上諭內閣——雍正十一年八月七		十八日（二則）	415-691-137
日	415-678-134	上諭內閣——雍正十一年十一月	
上諭內閣——雍正十一年八月十		十九日	415-692-137
日	415-678-134	上諭內閣——雍正十一年十一月	
上諭內閣——雍正十一年八月十		二十一日	415-693-137
二日	415-678-134	上諭內閣——雍正十一年十一月	
上諭內閣——雍正十一年八月十		二十二日	415-693-137
九日	415-679-134	上諭內閣——雍正十一年十一月	
上諭內閣——雍正十一年八月二		二十四日（二則）	415-693-137
十日	415-679-134	上諭內閣——雍正十一年十一月	
上諭內閣——雍正十一年八月二		二十七日	415-694-137
十五日	415-680-134	上諭內閣——雍正十一年十二月	
上諭內閣——雍正十一年八月三		二日	415-695-138
十日	415-681-134	上諭內閣——雍正十一年十二月	
上諭內閣——雍正十一年九月五		四日	415-695-138
日	415-681-135	上諭內閣——雍正十一年十二月	
上諭內閣——雍正十一年九月二		七日（二則）	415-695-138
十日	415-681-135	上諭內閣——雍正十一年十二月	
上諭內閣——雍正十一年九月二		九日（二則）	415-696-138
十二日	415-682-135	上諭內閣——雍正十一年十二月	
上諭內閣——雍正十一年九月二		十日	415-697-138
十四日（三則）	415-682-135	上諭內閣——雍正十一年十二月	
上諭內閣——雍正十一年十月三		十一日	415-697-138
日	415-684-136	上諭內閣——雍正十一年十二月	
上諭內閣——雍正十一年十月四		十三日	415-698-138
日	415-684-136	上諭內閣——雍正十一年十二月	
上諭內閣——雍正十一年十月六		十四日	415-699-138
日（三則）	415-684-136	上諭內閣——雍正十一年十二月	
上諭內閣——雍正十一年十月七		十七日	415-699-138
日	415-685-136	上諭內閣——雍正十一年十二月	
上諭內閣——雍正十一年十月十		二十三日	415-699-138
日（二則）	415-686-136	上諭內閣——雍正十一年十二月	
上諭內閣——雍正十一年十月十		二十六日	415-700-138
四日	415-686-136	上諭內閣——雍正十一年十二月	
上諭內閣——雍正十一年十月十		二十七日	415-700-138
九日	415-687-136	上諭內閣——雍正十二年一月二	
上諭內閣——雍正十一年十月二		日	415-701-139
十二日	415-689-136	上諭內閣——雍正十二年一月四	
上諭內閣——雍正十一年十月二		日	415-702-139
十五日	415-689-136	上諭內閣——雍正十二年一月二	
上諭內閣——雍正十一年十一月		十三日	415-703-139
十五日	415-690-137	上諭內閣——雍正十二年一月二	
上諭內閣——雍正十一年十一月		十七日	415-703-139
十六日	415-690-137	上諭內閣——雍正十二年二月二	

四庫全書文集篇目分類索引

日 415-704-140
上諭內閣——雍正十二年二月六日 415-704-140
上諭內閣——雍正十二年二月十三日 415-705-140
上諭內閣——雍正十二年二月十九日 415-705-140
上諭內閣——雍正十二年二月二十二日 415-706-140
上諭內閣——雍正十二年三月一日（二則） 415-706-141
上諭內閣——雍正十二年三月九日 415-707-141
上諭內閣——雍正十二年三月十五日（二則） 415-707-141
上諭內閣——雍正十二年三月十七日（二則） 415-708-141
上諭內閣——雍正十二年三月二十日（二則） 415-708-141
上諭內閣——雍正十二年三月二十四日 415-709-141
上諭內閣——雍正十二年四月六日（二則） 415-710-142
上諭內閣——雍正十二年四月十日 415-711-142
上諭內閣——雍正十二年四月十二日（二則） 415-711-142
上諭內閣——雍正十二年四月十三日 415-711-142
上諭內閣——雍正十二年四月十四日（二則） 415-712-142
上諭內閣——雍正十二年四月十七日 415-713-142
上諭內閣——雍正十二年四月二十八日 415-713-142
上諭內閣——雍正十二年五月四日 415-714-143
上諭內閣——雍正十二年五月十二日 415-714-143
上諭內閣——雍正十二年五月十七日 415-715-143
上諭內閣——雍正十二年五月二十一日 415-715-143
上諭內閣——雍正十二年五月二十五日 415-716-143
上諭內閣——雍正十二年五月二十七日（二則） 415-716-143
上諭內閣——雍正十二年五月二十八日 415-717-143
上諭內閣——雍正十二年六月三日 415-718-144
上諭內閣——雍正十二年六月七日 415-718-144
上諭內閣——雍正十二年六月十日 415-718-144
上諭內閣——雍正十二年六月十七日 415-718-144
上諭內閣——雍正十二年六月二十五日 415-719-144
上諭內閣——雍正十二年六月二十六日（二則） 415-719-144
上諭內閣——雍正十二年七月四日 415-720-145
上諭內閣——雍正十二年七月五日 415-720-145
上諭內閣——雍正十二年七月十八日 415-720-145
上諭內閣——雍正十二年七月二十日 415-721-145
上諭內閣——雍正十二年七月二十一日 415-721-145
上諭內閣——雍正十二年八月六日 415-725-146
上諭內閣——雍正十二年八月七日 415-725-146
上諭內閣——雍正十二年八月十二日 415-725-146
上諭內閣——雍正十二年八月十五日 415-726-146
上諭內閣——雍正十二年八月十六日 415-727-146
上諭內閣——雍正十二年八月二十九日 415-727-146
上諭內閣——雍正十二年九月二日 415-728-147
上諭內閣——雍正十二年九月三日 415-728-147
上諭內閣——雍正十二年九月五日（二則） 415-729-147
上諭內閣——雍正十二年九月十

史部

詔令奏議類：附錄

詔令上十一畫

二日　415-729-147
上諭內閣——雍正十二年九月十六日　415-730-147
上諭內閣——雍正十二年九月二十一日（二則）　415-730-147
上諭內閣——雍正十二年九月二十三日　415-732-147
上諭內閣——雍正十二年九月二十五日　415-732-147
上諭內閣——雍正十二年九月二十六日　415-732-147
上諭內閣——雍正十二年九月二十九日　415-733-147
上諭內閣——雍正十二年十月三日　415-734-148
上諭內閣——雍正十二年十月五日　415-735-148
上諭內閣——雍正十二年十月七日（二則）　415-736-148
上諭內閣——雍正十二年十月九日　415-736-148
上諭內閣——雍正十二年十月十一日　415-736-148
上諭內閣——雍正十二年十月十二日　415-737-148
上諭內閣——雍正十二年十月十六日　415-737-148
上諭內閣——雍正十二年十月十七日（二則）　415-738-148
上諭內閣——雍正十二年十月二十日　415-738-148
上諭內閣——雍正十二年十月二十一日　415-739-148
上諭內閣——雍正十二年十月二十二日　415-739-148
上諭內閣——雍正十二年十月二十六日　415-739-148
上諭內閣——雍正十二年十月二十七日　415-740-148
上諭內閣——雍正十二年十一月三日　415-741-149
上諭內閣——雍正十二年十一月八日　415-741-149
上諭內閣——雍正十二年十一月十一日　415-742-149
上諭內閣——雍正十二年十一月十二日　415-743-149
上諭內閣——雍正十二年十一月二十三日（三則）　415-743-149
上諭內閣——雍正十二年十一月三十日　415-745-149
上諭內閣——雍正十二年十二月二日　415-746-150
上諭內閣——雍正十二年十二月六日　415-746-150
上諭內閣——雍正十二年十二月七日　415-747-150
上諭內閣——雍正十二年十二月八日　415-747-150
上諭內閣——雍正十二年十二月十四日（三則）　415-747-150
上諭內閣——雍正十二年十二月十八日　415-748-150
上諭內閣——雍正十二年十二月十九日　415-749-150
上諭內閣——雍正十二年十二月二十日（二則）　415-749-150
上諭內閣——雍正十二年十二月二十一日（二則）　415-750-150
上諭內閣——雍正十二年十二月二十二日（二則）　415-751-150
上諭內閣——雍正十二年十二月二十九日　415-751-150
上諭內閣——雍正十三年一月八日　415-752-151
上諭內閣——雍正十三年一月十四日　415-753-151
上諭內閣——雍正十三年一月二十一日（二則）　415-753-151
上諭內閣——雍正十三年一月二十四日　415-755-151
上諭內閣——雍正十三年一月二十八日　415-755-151
上諭內閣——雍正十三年二月一日　415-756-152
上諭內閣——雍正十三年二月二日　415-756-152
上諭內閣——雍正十三年二月八日　415-756-152
上諭內閣——雍正十三年二月十

日　　415-757-152
上諭內閣——雍正十三年二月二十日　　415-757-152
上諭內閣——雍正十三年二月二十二日　　415-758-152
上諭內閣——雍正十三年二月二十八日（二則）　　415-759-152
上諭內閣——雍正十三年三月二日　　415-760-153
上諭內閣——雍正十三年三月七日　　415-760-153
上諭內閣——雍正十三年三月十三日　　415-761-153
上諭內閣——雍正十三年三月二十日　　415-761-153
上諭內閣——雍正十三年三月二十四日（二則）　　415-762-153
上諭內閣——雍正十三年三月二十八日　　415-763-153
上諭內閣——雍正十三年四月三日（二則）　　415-764-154
上諭內閣——雍正十三年四月四日　　415-765-154
上諭內閣——雍正十三年四月六日　　415-766-154
上諭內閣——雍正十三年四月十七日　　415-766-154
上諭內閣——雍正十三年四月二十三日　　415-766-154
上諭內閣——雍正十三年四月二十六日　　415-767-154
上諭內閣——雍正十三年閏四月三日　　415-768-155
上諭內閣——雍正十三年閏四月六日　　415-768-155
上諭內閣——雍正十三年閏四月十一日　　415-768-155
上諭內閣——雍正十三年閏四月十五日　　415-768-155
上諭內閣——雍正十三年閏四月二十六日　　415-769-155
上諭內閣——雍正十三年閏四月二十八日（三則）　　415-769-155
上諭內閣——雍正十三年五月五日　　415-774-156
上諭內閣——雍正十三年五月八日　　415-774-156
上諭內閣——雍正十三年五月十六日　　415-775-156
上諭內閣——雍正十三年五月十八日　　415-775-156
上諭內閣——雍正十三年五月二十四日　　415-776-156
上諭內閣——雍正十三年五月二十八日　　415-776-156
上諭內閣——雍正十三年六月十二日　　415-777-157
上諭內閣——雍正十三年六月十五日　　415-778-157
上諭內閣——雍正十三年六月十八日　　415-778-157
上諭內閣——雍正十三年六月十九日　　415-779-157
上諭內閣——雍正十三年六月二十二日　　415-779-157
上諭內閣——雍正十三年六月二十三日（二則）　　415-780-157
上諭內閣——雍正十三年六月二十九日（二則）　　415-781-157
上諭內閣——雍正十三年七月八日（二則）　　415-783-158
上諭內閣——雍正十三年七月九日　　415-784-158
上諭內閣——雍正十三年七月十日　　415-785-158
上諭內閣——雍正十三年七月十一日　　415-785-158
上諭內閣——雍正十三年七月十四日　　415-785-158
上諭內閣——雍正十三年七月十五日　　415-786-158
上諭內閣——雍正十三年七月十九日　　415-786-158
上諭內閣——雍正十三年七月二十日（二則）　　415-787-158
上諭內閣——雍正十三年七月二十三日（二則）　　415-788-158
上諭內閣——雍正十三年七月二十八日（二則）　　415-789-158
上諭內閣——雍正十三年八月一

日　　　　　　　　　　　　　　　　415-790-159

上諭內閣——雍正十三年八月三日（二則）　　　　　　　　　　　415-790-159

上諭內閣——雍正十三年八月五日　　　　　　　　　　　　　　　415-790-159

上諭內閣——雍正十三年八月十一日　　　　　　　　　　　　　　415-792-159

上諭內閣——雍正十三年八月十三日　　　　　　　　　　　　　　415-792-159

上諭內閣——雍正十三年八月十五日　　　　　　　　　　　　　　415-793-159

上諭內閣——雍正十三年八月十六日　　　　　　　　　　　　　　415-793-159

上諭內閣——雍正十三年八月十七日　　　　　　　　　　　　　　415-794-159

批雍正四年六月二十四日署理江南江西總督印務總兵官范時繹奏爲恭謝天恩事　　416- 4-1上

批雍正四年六月二十四日署理江南江西總督印務總兵官范時繹奏爲奏聞甘霖普遍栽蒔咸齊秋成預兆恭慰聖懷事　　416- 5-1上

批雍正四年七月二十日署理江南江西總督印務總兵官范時繹奏爲恭謝天恩事　　416- 6-1上

批雍正四年八月十五日署理江南江西總督印務都統范時繹奏爲具報禾苗長發情形恭慰聖懷事　　416- 7-1上

批雍正四年八月十五日署理江南江西總督印務都統范時繹奏爲據實奏明仰祈聖鑒事　　416- 7-1上

批雍正四年八月十五日署理江南江西總督印務都統范時繹奏爲奏聞事　　416- 8-1上

批雍正四年八月二十八日署理江南江西總督印務都統范時繹奏爲奏報事　　416- 9-1上

批雍正四年八月二十八日署理江南江西總督印務都統范時繹奏爲遵旨覆奏事　　416- 10-1上

批雍正四年十月十九日署理江南江西總督印務都統范時繹奏爲欣承聖訓仰荷恩頒感激恭謝天恩事　　416- 11-1上

批雍正四年十一月二日署理江南江西總督印務都統范時繹奏爲事關錢糧銷補據實奏聞事　　416- 12-1上

批雍正四年十二月六日署理江南江西總督印務都統范時繹奏爲欽奉諭旨察明奏覆事　　416- 13-1上

批雍正四年十二月六日署理江南江西總督印務都統范時繹奏爲欽奉硃批諭旨感激恭謝天恩事　　416- 14-1上

批雍正五年一月二日署理江南江西總督印務都統范時繹奏爲聖世嘉徵協應黃河效順澄清恭賀上瑞敬抒歡誠事　　416- 15-1上

批雍正五年一月二日署理江南江西總督印務都統范時繹奏爲欽奉諭旨恭謝天恩事　　416- 16-1上

批雍正五年一月十九日署理江南江西總督印務都統范時繹奏爲聞冬雪均霑春耕褐盆書　　416- 17-1上

批雍正五年二月十三日署理江南江西總督印務都統范時繹奏爲奏聞事　　416- 18-1上

批雍正五年三月十二日署理江南江西總督印務都統范時繹奏爲遵旨覆奏事　　416- 19-1上

批雍正五年三月二十四日署理江南江西總督印務都統范時繹奏爲奏聞請旨事　　416- 19-1上

批雍正五年三月二十四日署理江南江西總督印務都統范時繹奏爲請旨事　　416- 20-1上

批雍正五年閏三月八日署理江南江西總督印務都統范時繹奏爲奉到密飭上諭事　　416- 21-1上

批雍正五年四月二十六日署理江南江西總督印務都統范時繹奏爲奉到硃批諭旨謹欽遵事　　416- 22-1上

批雍正五年五月十四日署理江南江西總督印務都統范時繹奏爲奏報二麥收成分數恭慰聖懷事　　416- 23-1上

批雍正五年六月五日署理江南江西總督印務都統范時繹奏爲恭謝天恩事　　416- 23-1上

批雍正五年六月五日署理江南江西總督印務都統范時繹奏爲請添監督之員以專責成酌分承修

三廠以重欽工事　416-24-1上

批雍正五年七月十五日署理江南江西總督印務都統范時繹奏爲奏聞事　416-25-1上

批雍正五年八月二十三日署理江南江西總督印務都統范時繹奏爲荷蒙聖訓恭謝天恩事　416-26-1上

批雍正五年十月十八日署理江南江西總督印務都統范時繹奏爲恭謝天恩事　416-27-1上

批雍正五年十月十八日署理江南江西總督印務都統范時繹奏爲奏報秋成分數恭祈睿鑒事　416-28-1上

批雍正五年十二月十日署理江南江西總督印務都統范時繹奏爲恭報瑞雪及時恩膏溥遍事　416-28-1上

批雍正五年十二月十日署理江南江西總督印務都統范時繹奏爲遵奉諭旨事　416-29-1上

批雍正五年十二月十日署理江南江西總督印務都統范時繹奏爲奏聞事　416-30-1上

批雍正六年一月二十二日署理江南江西總督印務都統范時繹奏爲欽奉聖訓恭謝天恩事　416-31-1上

批雍正六年一月三十日署理江南江西總督印務都統范時繹奏爲荷蒙御賜恭謝天恩事　416-31-1上

批雍正六年三月十七日署理江南江西總督印務都統范時繹奏爲謹報雨澤霑足麥苗長發情形恭慰聖懷事　416-32-1上

批雍正六年三月十七日署理江南江西總督印務都統范時繹奏爲恭聞恩諭頂戴難勝謹瀝情陳奏仰祈睿鑒事　416-33-1上

批雍正六年三月三十日署理江南江西總督印務尚書范時繹奏爲奏聞事　416-35-1上

批雍正六年四月八日署理江南江西總督印務尚書范時繹奏爲戀主情殷恭懇聖恩允賜入覲事　416-36-1上

批雍正六年五月十日署理江南江西總督印務尚書范時繹奏爲恭謝天恩事　416-37-1上

批雍正六年五月十日署理江南江西總督印務尚書范時繹奏爲酌歸幣項改定彙交經收之法以杜弊累事　416-38-1上

批雍正六年六月七日署理江南江西總督印務尚書范時繹奏爲恭謝天恩事　416-40-1上

批雍正六年六月七日署理江南江西總督印務尚書范時繹奏爲謹報二麥收成分數恭慰聖懷事　416-41-1上

批雍正六年六月二十日署理江南江西總督印務尚書范時繹奏爲奏聞事　416-42-1上

批雍正六年六月二十日署理江南江西總督印務尚書范時繹奏爲謹報雨水情形恭慰聖懷事　416-43-1上

批雍正六年六月二十日署理江南江西總督印務尚書范時繹奏爲奉旨事　416-43-1上

批雍正六年七月二十六日署理江南江西總督印務尚書范時繹奏爲恭謝天恩事　416-44-1上

批雍正六年七月二十六日署理江南江西總督印務尚書范時繹奏爲奉旨事　416-45-1上

批雍正六年八月二十二日署理江南江西總督印務尚書范時繹奏爲奏聞事　416-46-1上

批雍正六年九月二十一日署理江南江西總督印務尚書范時繹奏爲奏聞事　416-47-1上

批雍正六年九月二十一日署理江南江西總督印務尚書范時繹奏爲恭謝天恩事　416-48-1上

批雍正六年十月十五日署理江南江西總督印務尚書范時繹奏爲荷蒙聖訓恩賜感激遵奉恭謝天恩事　416-49-1上

批雍正六年十一月十一日署理江南江西總督印務尚書范時繹奏爲奏聞事　416-50-1上

批雍正六年十一月十一日署理江南江西總督印務尚書范時繹奏爲欽奉上諭事　416-51-1上

批雍正六年十二月十六日署理江

四庫全書文集篇目分類索引

史部

詔令奏議類：附錄

詔令上十一畫

南江西總督印務尙書范時繹奏爲請留人地相宜之員恭懇聖恩事　416- 51-1上

批雍正六年十二月二十二日署理江南江西總督印務尙書范時繹奏爲奏報得雪日期恭慰聖懷事　416- 52-1上

批雍正七年二月二日署理江南江西總督印務尙書范時繹奏恭請皇上聖安　416- 54-1下

批雍正七年二月二日署理江南江西總督印務尙書范時繹奏爲荷蒙恩賜感激恭謝天恩事　416- 54-1下

批雍正七年二月二日署理江南江西總督印務尙書范時繹奏爲據實陳明仰祈睿鑒事　416- 55-1下

批雍正七年二月十七日署理江南江西總督印務尙書范時繹奏爲欽奉聖訓感激愧懼敬陳愚悃仰祈恩鑒事　416- 57-1下

批雍正七年二月十七日署理江南江西總督印務尙書范時繹奏爲奏聞歲修徒陽河道重運經臨無悔仰祈睿鑒事　416- 59-1下

批雍正七年四月四日署理江南江西總督印務尙書范時繹奏爲欣聞諭旨感激恭謝天恩事　416- 60-1下

批雍正七年四月十四日署理江南江西總督印務尙書范時繹奏爲陳明贏餘銀兩仰體皇仁奏聞請旨事　416- 61-1下

批雍正七年四月三十日署理江南江西總督印務尙書范時繹奏爲奏聞辦送米石抵閩日期仰祈睿鑒事　416- 62-1下

批雍正七年六月十七日署理江南江西總督印務尙書范時繹奏爲奏報江省麥熟分數仰祈睿鑒事　416- 63-1下

批雍正七年六月十七日署理江南江西總督印務尙書范時繹奏爲欽奉訓旨荷蒙恩賜感激恭謝天恩事　416- 63-1下

批雍正七年六月十七日署理江南江西總督印務尙書范時繹奏爲奏聞雨澤霑足插蒔普遍田苗長發情形仰祈睿鑒事　416- 64-1下

批雍正七年閏七月二十七日署理江南江西總督印務尙書范時繹奏爲欽奉聖訓感激凜慄據實奏聞事　416- 65-1下

批雍正七年閏七月二十七日署理江南江西總督印務尙書范時繹奏爲奏聞事　416- 68-1下

批雍正七年閏七月二十七日署理江南江西總督印務尙書范時繹奏爲欽奉上諭事　416- 69-1下

批雍正七年九月十七日署理江南江西總督印務尙書范時繹奏爲欽奉訓旨謹將獲解鹽梟中途拒捕續經挐究梟衆各情形據實奏聞仰祈睿鑒事　416- 71-1下

批雍正七年十月五日署理江南江西總督印務尙書范時繹奏爲自陳愚昧據實奏聞事　416- 72-1下

批雍正七年十一月四日署理江南江西總督印務尙書范時繹奏爲荷蒙聖訓恩賜感激恭謝天恩事　416- 73-1下

批雍正七年十一月四日署理江南江西總督印務尙書范時繹奏爲欽奉上諭事　416- 74-1下

批雍正七年十一月十三日署理江南江西總督印務尙書范時繹奏爲荷蒙聖訓恩賜感激頂戴恭謝天恩事　416- 75-1下

批雍正七年十一月十三日署理江南江西總督印務尙書范時繹奏爲欽奉訓諭事　416- 76-1下

批雍正七年十一月十三日署理江南江西總督印務尙書范時繹奏爲奏聞事　416- 76-1下

批雍正七年十二月八日署理江南江西總督印務尙書范時繹奏爲恭報萬民感戴瑞雪均霑仰祈睿鑒事　416- 77-1下

批雍正七年十二月八日署理江南江西總督印務尙書范時繹奏爲調撥文武署汛以重職守以固疆圉仰祈睿鑒事　416- 78-1下

批雍正八年一月十五日署理江南江西總督印務尙書范時繹奏爲荷蒙聖訓感激凜慄據實陳情恭

謝天恩事　416-79-1下
批雍正元年二月六日署理河道總督山東按察使齊蘇勒奏爲欽奉上諭事　416-82-2上
批雍正元年四月二十二日總督河道齊蘇勒奏爲陳明微惆仰祈睿鑒事　416-83-2上
批雍正元年六月五日總督河道齊蘇勒奏爲飛報時雨大霈河水充盈重艘得以遄行事　416-84-2上
批雍正元年六月二十二日總督河道齊蘇勒奏爲恭請聖安仰慰睿懷事　416-85-2上
批雍正元年六月二十二日總督河道齊蘇勒奏爲恭謝天恩事　416-86-2上
批雍正元年九月二日總督河道齊蘇勒謹奏爲欽奉上諭事　416-86-2上
批雍正二年三月七日總督河道齊蘇勒奏爲恭謝天恩事　416-87-2上
批雍正二年三月七日總督河道齊蘇勒奏爲恭報江口運河得水糧艘遄行無阻事　416-88-2上
批雍正二年閏四月十五日總督河道齊蘇勒奏爲欽奉上諭事　416-88-2上
批雍正二年閏四月二十二日總督河道齊蘇勒奏爲聖主恩遂再造圖報靡涯瀝忱恭謝事　416-90-2上
批雍正二年閏四月二十二日總督河道齊蘇勒奏爲奏聞事　416-91-2上
批雍正二年閏四月二十二日總督河道齊蘇勒奏爲奏聞事　416-92-2上
批雍正二年九月二日總督河道齊蘇勒奏爲恭報秋汛工程平穩情形仰慰聖懷事　416-93-2上
批雍正二年十月二十一日總督河道齊蘇勒奏爲恭謝天恩事　416-94-2上
批雍正二年十月二十一日總督河道齊蘇勒奏爲欽奉上諭事　416-95-2上
批雍正二年十二月十三日總督河道齊蘇勒奏爲恭謝天恩事　416-96-2上
批雍正三年一月二十四日總督河道齊蘇勒奏爲恭請擇吉懸扁開光以昭永久事　416-97-2上
批雍正三年二月二十七日總督河道齊蘇勒奏爲奏聞事　416-97-2上
批雍正三年四月十日總督河道齊蘇勒奏爲請旨事　416-98-2上
批雍正三年四月十日總督河道齊蘇勒奏爲奏聞事　416-99-2上
批雍正三年四月十日總督河道齊蘇勒奏爲奏明事　416-100-2上
批雍正三年九月十日總督河道齊蘇勒奏爲奏聞事　416-101-2上
批雍正三年九月十日總督河道齊蘇勒奏爲請立勸懲之法以節國帑以裕工料事　416-101-2上
批雍正三年九月十日總督河道齊蘇勒奏爲恭謝天恩事　416-103-2上
批雍正三年十二月十五日總督河道齊蘇勒奏爲據實陳情仰祈聖明垂鑒事　416-104-2上
批雍正三年十二月十五日總督河道齊蘇勒奏爲請旨事　416-105-2上
批雍正四年二月九日總督河道齊蘇勒奏爲遵旨詳議覆奏事　416-108-2下
批雍正四年五月二十四日總督河道齊蘇勒奏爲恭謝天恩事　416-109-2下
批雍正四年十二月十七日總督河道齊蘇勒奏爲戀主情殷恭請陛見敬聆聖訓以慰下悃事　416-110-2下
批雍正五年一月二十八日總督河道齊蘇勒奏爲遵旨奉明事　416-112-2下
批雍正五年一月二十八日總督河道齊蘇勒奏爲恭謝天恩事　416-112-2下
批雍正五年一月二十八日總督河道齊蘇勒奏爲恭謝天恩事　416-113-2下
批雍正五年二月九日總督河道齊蘇勒奏爲欽奉上諭事　416-114-2下
批雍正五年閏三月二十四日總督河道齊蘇勒奏爲恭謝天恩事　416-115-2下
批雍正五年七月二十七日總督河道齊蘇勒奏爲恭謝天恩事　416-116-2下
批雍正五年九月九日總督河道齊蘇勒奏爲請旨事　416-117-2下
批雍正五年九月九日總督河道齊蘇勒奏爲恭謝天恩事　416-118-2下
批雍正六年二月八日總督河道齊蘇勒奏爲恭謝天恩事　416-119-2下
批雍正六年二月八日總督河道齊蘇勒奏爲欽奉上諭事　416-120-2下

史部

詔令奏議類：附錄

詔令上十一畫

批雍正六年二月八日總督河道齊蘇勒奏爲奏聞事　416-121-2下

批雍正六年四月十日總督河道齊蘇勒奏爲奏明事　416-122-2下

批雍正六年七月二十八日總督河道齊蘇勒奏爲黃運兩河大工告成仰祈睿鑒事　416-123-2下

批雍正六年九月七日總督河道齊蘇勒奏爲請旨事　416-124-2下

批雍正六年九月七日總督河道齊蘇勒奏爲大工告成期保永固事　416-125-2下

批雍正六年九月七日總督河道齊蘇勒奏爲覆奏事　416-126-2下

批雍正六年十二月十日總督河道齊蘇勒奏爲請除河工積弊以固運道事　416-127-2下

批雍正六年十二月十日總督河道齊蘇勒奏爲請旨事　416-129-2下

批雍正七年一月十七日總督河道齊蘇勒奏爲奏聞事　416-130-2下

批雍正元年二月二日雲南巡撫楊名時奏請皇上聖安　416-132-2下

批雍正元年五月十一日雲南巡撫楊名時奏爲恭報雲南夏熟收成仰慰聖心事　416-132-3

批雍正元年七月六日雲南巡撫楊名時奏爲奏明事　416-133-3

批雍正元年七月六日雲南巡撫楊名時奏爲欽承諭旨恭謝聖恩凜奉遵行事　416-134-3

批雍正元年十月九日雲南巡撫楊名時奏爲恭謝聖諭事　416-136-3

批雍正元年十一月六日雲南巡撫楊名時奏爲奏明事　416-136-3

批雍正二年二月四日雲南巡撫楊名時奏　416-137-3

批雍正二年二月四日雲南巡撫楊名時奏爲恭承聖諭祇奉遵行事　416-138-3

批雍正二年二月四日雲南巡撫楊名時奏　416-139-3

批雍正二年二月四日雲南巡撫楊名時奏　416-139-3

批雍正二年二月四日雲南巡撫楊名時奏爲欽奉密諭事　416-139-3

批雍正二年五月二十八日雲南巡撫楊名時奏爲奏聞事　416-140-3

批雍正二年九月六日雲南巡撫楊名時奏爲恭報秋成豐稔民生樂業仰慰聖懷事　416-141-3

批雍正三年七月十三日雲南巡撫楊名時奏請皇上聖安　416-142-3

批雍正四年四月二十日兵部尙書雲貴總督仍管雲南巡撫事楊名時奏爲恭謝天恩事　416-142-3

批雍正四年四月二十日兵部尙書雲貴總督仍管雲南巡撫事楊名時奏　416-142-3

批雍正四年六月九日兵部尙書雲貴總督仍管雲南巡撫事楊名時奏爲冒陳鄙見仰祈聖明垂鑒事　416-143-3

批雍正四年九月四日兵部尙書雲貴總督仍管雲南巡撫事楊名時奏爲恭報雨暘時若秋成豐稔事　416-144-3

批雍正四年九月四日兵部尙書雲貴總督仍管雲南巡撫楊名時奏爲恭奏接奉諭旨日期併陳謝悃事　416-145-3

批雍正四年九月四日兵部尙書雲貴總督仍管雲貴巡撫事楊名時奏爲恭繳朱批奏摺事　416-145-3

批雍正四年十二月十八日吏部尙書以總督管理雲南巡撫事務楊名時奏爲恭謝天恩事　416-147-3

批雍正四年十二月十八日吏部尙書以總督管理雲南巡撫事務楊名時奏爲恭報地方情形事　416-147-3

批雍正五年一月二十五日吏部尙書以總督管理雲南巡撫事務楊名時奏爲凜奉嚴綸瀝陳下悃事　416-148-3

批雍正五年閏三月八日吏部尙書以總督管理雲南巡撫事務楊名時奏爲欽奉上諭事　416-149-3

批雍正五年閏三月八日吏部尙書以總督管理雲南巡撫事務楊名時奏爲奏聞事　416-149-3

批雍正五年閏三月八日吏部尙書以總督管理雲南巡撫事務楊名時奏爲恭誦嚴明心懷惕恭鳴謝悃懇祈睿鑒事　416-150-3

批雍正五年閏三月二十一日吏部

四庫全書文集篇目分類索引　　277

尚書以總督管理雲南巡撫事務楊名時奏爲凜奉嚴綸臣心警楊恭陳惝仰祈睿慈垂鑒事　416-151-3

批雍正五年六月十七日署理雲南巡撫楊名時奏爲恭報夏熟收成豐稔秋苗栽插普遍仰慰聖懷事　416-152-3

批雍正五年六月十七日署理雲南巡撫楊名時奏爲恭報辦理銅鑄課項仰祈睿鑒事　416-153-3

批雍正五年九月二十日署理雲南巡撫楊名時奏爲滇省秋成豐稔仰慰聖懷事　416-154-3

批雍正五年九月二十日署理雲南巡撫楊名時奏爲欽承聖諭開諭感激難名恭陳謝惝懇祈睿鑒事　416-154-3

批雍正五年九月二十日署理雲南巡撫楊名時奏爲瀝陳下惝仰籲聖慈垂鑒事　416-155-3

批雍正元年三月九日湖廣總督楊宗仁奏爲恭織硃批奏摺事　416-157-4

批雍正元年四月五日湖廣總督楊宗仁奏恭請皇上聖安　416-159-4

批雍正元年四月五日湖廣總督楊宗仁爲遵旨議奏事　416-159-4

批雍正元年四月二十日湖廣總督楊宗仁爲奏聞事　416-160-4

批雍正元年四月二十日湖廣總督楊宗仁奏爲奏聞事　416-161-4

批雍正元年五月十五日湖廣總督楊宗仁奏爲奏聞事　416-162-4

批雍正元年五月十五日湖廣總督楊宗仁奏爲奏聞事　416-162-4

批雍正元年五月十五日湖廣總督楊宗仁奏爲奏聞事　416-163-4

批雍正元年五月十五日湖廣總督楊宗仁奏爲密請聖裁事　416-164-4

批雍正元年五月十五日湖廣總督楊宗仁奏爲瀝泣陳情顧懇天聽事　416-165-4

批雍正元年五月二十二日湖廣總督楊宗仁奏爲糧驛各有專司歸併勢難兼顧亟請復設驛鹽道員以專責成以免貽誤事　416-166-4

批雍正元年五月二十二日湖廣總督楊宗仁奏爲恭繳御批原摺事　416-167-4

批雍正元年五月二十九日湖廣總督楊宗仁奏爲奏請調補道員利益地方事　416-167-4

批雍正元年六月二日湖廣總督楊宗仁奏爲奏聞事　416-168-4

批雍正元年六月二十七日湖廣總督楊宗仁奏爲叩謝天恩恭織硃批原摺事　416-168-4

批雍正元年六月二十七日湖廣總督楊宗仁奏爲奏聞事　416-169-4

批雍正元年六月二十七日湖廣總督楊宗仁奏爲奏聞事　416-169-4

批雍正元年六月二十七日湖廣總督楊宗仁奏爲覆旨事　416-170-4

批雍正元年七月九日湖廣總督楊宗仁奏爲奏請聖裁事　416-170-4

批雍正元年七月二十五日湖廣總督楊宗仁奏爲覆旨事　416-171-4

批雍正元年八月二十五日湖廣總督楊宗仁奏爲恭請聖裁事　416-172-4

批雍正元年九月四日湖廣總督楊宗仁奏爲恭請聖恩欽定鹽價下慰商民仰望事　416-173-4

批雍正元年九月十五日湖廣總督楊宗仁奏爲奏聞事　416-174-4

批雍正元年九月十五日湖廣總督楊宗仁奏爲恭織密諭事　416-175-4

批雍正元年十月十六日湖廣總督楊宗仁奏爲恭織上諭事　416-176-4

批雍正元年十月十六日湖廣總督楊宗仁奏爲奏聞事　416-177-4

批雍正元年十月十六日湖廣總督楊宗仁奏爲欽承聖訓據實自陳事　416-178-4

批雍正元年十一月十七日湖廣總督楊宗仁奏爲憑遵上諭繕摺覆旨事　416-178-4

批雍正元年十一月七日湖廣總督楊宗仁奏爲奏聞事　416-180-4

批雍正元年十二月三日湖廣總督楊宗仁奏爲恭謝天恩事　416-181-4

批雍正二年一月十九日湖廣總督楊宗仁奏爲奏聞事　416-182-4

批雍正二年一月十九日湖廣總督楊宗仁奏爲叩謝聖訓敬繳硃批事　416-182-4

批雍正二年四月十三日湖廣總督

楊宗仁奏爲奏聞事 416-183-4

批雍正二年閏四月二十二日湖廣總督楊宗仁奏爲奏聞事 416-185-4

批雍正二年閏四月二十二日湖廣總督 楊宗仁奏爲欽奉上諭事 416-185-4

批雍正二年閏四月二十二日湖廣總督楊宗仁奏爲奏聞事 416-186-4

批雍正二年閏四月二十二日湖廣總督楊宗仁奏爲披瀝陳情仰干天聽事 416-186-4

批雍正二年六月二十五日湖廣總督楊宗仁奏爲欽奉上諭恭繳殊批事 416-188-4

批雍正二年六月二十五日湖廣總督楊宗仁奏爲奏聞事 416-189-4

批雍正二年六月二十五日湖廣總督楊宗仁奏爲奏聞事 416-190-4

批雍正二年八月八日湖廣總督楊宗仁奏爲欽奉殊批恭繳原摺事 416-190-4

批雍正二年九月一日湖廣總督楊宗仁奏爲奏聞事 416-191-4

批雍正二年十月二十日湖廣總督楊宗仁奏爲恭謝天恩事 416-192-4

批雍正二年十月二十日湖廣總督楊宗仁奏爲欽奉上諭事 416-192-4

批雍正二年十月二十日湖廣總督楊宗仁奏爲奏聞事 416-193-4

批雍正二年十一月十五日湖廣總督楊宗仁奏爲欽奉上諭事 416-194-4

批雍正二年十二月十日湖廣總督楊宗仁奏爲欽奉上諭事 416-195-4

批雍正二年十二月十日湖廣總督楊宗仁奏爲奏聞事 416-196-4

批雍正三年一月二十日湖廣總督楊宗仁奏恭請皇上聖安并叩謝恩綸 416-196-4

批雍正三年一月二十日湖廣總督楊宗仁奏爲遵旨奏聞事 416-197-4

批雍正三年二月七日湖廣總督楊宗仁奏爲恭謝天恩事 416-197-4

批雍正三年四月九日湖廣總督楊宗仁奏爲奏聞事 416-198-4

批雍正三年四月九日湖廣總督楊宗仁奏爲恭謝天恩事 416-198-4

批雍正三年六月十七日湖廣總督

楊宗仁奏爲奏聞事（二則） 416-199-4

批雍正三年六月二十四日湖廣總督楊宗仁奏爲奏聞事 416-199-4

批雍正三年三月八日署理山西巡撫印務刑部左侍郎伊都立奏爲奏聞事 416-201-5

批雍正三年二月十五日署理山西巡撫印務刑部左侍郎伊都立奏爲奏聞事 416-201-5

批雍正三年三月十五日署理山西巡撫印務刑部左侍郎伊都立奏爲奏明事 416-202-5

批雍正三年三月十五日署理山西巡撫印務刑部左侍郎伊都立奏爲恭請聖裁事 416-203-5

批雍正三年三月二十四日署理山西巡撫印務刑部左侍郎伊都立奏爲奏聞事 416-204-5

批雍正三年三月二十四日署理山西巡撫印務刑部左侍郎伊都立奏爲凜遵聖訓事 416-204-5

批雍正三年三月二十四日署理山西巡撫印務刑部左侍郎伊都立奏爲遵旨具奏事 416-205-5

批雍正三年三月二十四日署理山西巡撫印務刑部左侍郎伊都立奏爲奏聞事 416-205-5

批雍正三年四月七日署理山西巡撫印務刑部左侍郎伊都立奏爲奏聞事 416-206-5

批雍正三年四月二十日署理山西巡撫印務刑部左侍郎伊都立奏爲奏明事 416-206-5

批雍正三年四月二十五日署理山西巡撫印務刑部左侍郎伊都立奏爲再行奏聞事 416-207-5

批雍正三年四月二十五日署理山西巡撫印務刑部左侍郎伊都立奏爲奏聞事 416-208-5

批雍正三年五月九日署理山西巡撫印務刑部左侍郎伊都立奏爲恭謝天恩事 416-208-5

批雍正三年六月十一日署理山西巡撫印務刑部左侍郎伊都立奏爲奏聞事 416-209-5

四庫全書文集篇目分類索引　　279

批雍正三年六月二十九日署理山西巡撫印務刑部左侍郎伊都立奏爲奏明事　416-210-5

批雍正三年六月二十九日署理山西巡撫印務刑部左侍郎伊都立奏爲奏聞事　416-211-5

批雍正三年七月十二日署理山西巡撫印務刑部左侍郎伊都立奏爲轉奏事　416-211-5

批雍正三年八月十日署理山西巡撫印務刑部左侍郎伊都立奏爲奏明事　416-212-5

批雍正三年八月十日署理山西巡撫印務刑部左侍郎伊都立奏爲奏明雍正二年耗羨銀兩事　416-213-5

批雍正三年九月十日署理山西巡撫印務刑部左侍郎伊都立奏爲奏聞事　416-214-5

批雍正三年十一月二十四日總督管理山西巡撫事務伊都立奏爲奏聞事　416-215-5

批雍正四年一月二日總督管理山西巡撫事務伊都立奏爲恭報瑞雪事　416-216-5

批雍正四年二月二十四日總督管理山西巡撫事務伊都立奏爲恭報得雪十分霑足事　416-216-5

批雍正四年六月二十二日總督管理山西巡撫事務伊都立奏爲奏聞事　416-217-5

批雍正四年六月二十二日總督管理山西巡撫事務伊都立奏爲奏報二麥收成分數事　416-217-5

批雍正四年七月一日總督管理山西巡撫事務伊都立奏爲奏明事　416-218-5

批雍正四年七月一日總督管理山西巡撫事務伊都立奏爲奏明養廉銀兩事　416-219-5

批雍正四年七月十九日總督管理山西巡撫事務伊都立奏爲恭報雨澤事　416-219-5

批雍正四年七月十九日總督管理山西巡撫事務伊都立奏爲恭錄訓旨進呈御覽事　416-220-5

批雍正四年七月十九日總督管理

山西巡撫事務伊都立奏爲聖恩格外寬容難自遣事　416-221-5

批雍正四年七月二十九日總督管理山西巡撫事務伊都立奏爲請旨事　416-222-5

批雍正四年九月六日總督管理山西巡撫事務伊都立奏爲奏明事　416-223-5

批雍正四年九月六日總督管理山西巡撫事務伊都立奏爲謝天恩事　416-224-5

批雍正四年十月四日總督管理山西巡撫事務伊都立奏爲奏明雍正三年耗羨銀兩事　416-225-5

批雍正四年十月四日總督管理山西巡撫事務伊都立奏爲恭謝天恩並自陳罪狀事　416-226-5

批雍正四年十一月二日總督管理山西巡撫事務伊都立奏爲恭報瑞雪事　416-227-5

批雍正元年八月五日福建布政使黃叔琬奏爲謝天恩事　416-228-6

批雍正元年八月五日福建布政使黃叔琬奏爲報明庫項銀兩事　416-229-6

批雍正元年八月二十一日福建布政使黃叔琬奏　416-230-6

批雍正元年十二月二十六日福建布政使黃叔琬奏爲遵旨再行奏聞事　416-231-6

批雍正二年九月十二日福建布政使黃叔琬奏爲恭繳御批事　416-231-6

批雍正二年九月十二日福建布政使黃叔琬奏爲報明庫項銀兩事　416-232-6

批雍正二年九月十二日福建布政使黃叔琬奏爲恭請聖訓事　416-232-6

批雍正二年九月十二日福建布政使黃叔琬奏爲恭繳御批事　416-233-6

批雍正三年八月十三日廣西布政使黃叔琬奏爲報明庫項銀兩事　416-233-6

批雍正三年八月十三日廣西布政使黃叔琬奏爲恭繳御批事　416-234-6

批雍正元年二月二十四日廣西巡撫孔毓珣奏爲奏聞事　416-236-7之1

批雍正元年五月九日廣西巡撫孔毓珣奏爲恭報雨水情形事　416-237-7之1

批雍正元年五月九日廣西巡撫孔

史部

詔令奏議類：附錄

詔令上十一畫

史部 詔令奏議類・附錄 詔令上十一 畫

毓琇奏爲請旨事 416-238-7之1

批雍正元年六月二十日廣西巡撫孔毓琇奏爲奏明事 416-239-7之1

批雍正元年六月二十日廣西巡撫孔毓琇奏爲謹陳下悃事 416-240-7之1

批雍正元年七月十六日廣西巡撫孔毓琇奏爲請旨事 416-241-7之1

批雍正元年七月十六日廣西巡撫孔毓琇奏爲恭報早稻收成事 416-241-7之1

批雍正元年七月十六日廣西巡撫孔毓琇奏爲奏聞事 416-242-7之1

批雍正元年七月十六日廣西巡撫孔毓琇奏 416-244-7之1

批雍正元年七月十六日廣西巡撫孔毓琇奏爲恭繳御批奏摺事 416-244-7之1

批雍正元年七月二十九日廣西巡撫孔毓琇奏爲奏聞事 416-245-7之1

批雍正元年七月二十九日廣西巡撫孔毓琇奏爲奏明剔除兇猾事 416-246-7之1

批雍正元年九月二十八日廣西總督兼理巡撫印務孔毓琇奏爲遵旨回奏事 416-247-7之1

批雍正元年九月二十八日廣西總督兼巡撫印務孔毓琇奏爲恭報晚稻豐收事 416-247-7之1

批雍正元年九月二十八日廣西總督兼理巡撫印務孔毓琇奏爲欽奉上諭事 416-248-7之1

批雍正元年十二月二十六日廣西總督兼理巡撫印務孔毓琇奏爲請旨事 416-249-7之1

批雍正元年十二月二十六日廣西總督兼理巡撫印務孔毓琇奏爲粵西倉穀補足恭請遣員盤驗事 416-250-7之1

批雍正元年十二月二十六日廣西總督兼理巡撫印務孔毓琇奏爲欽奉御批事 416-250-7之1

批雍正元年十二月二十六日廣西總督兼理巡撫印務孔毓琇奏爲欽奉御批事 416-250-7之1

批雍正二年四月十九日廣西總督兼理巡撫印務孔毓琇奏爲恭繳御批奏摺事（二則） 416-251-7之1

批雍正二年三月九日廣西總督兼理巡撫印務孔毓琇奉爲欽奉御批事 416-250-7之1

批雍正二年閏四月九日兩廣總督孔毓琇奏爲仰懇聖恩調補道員事 416-254-7之1

批雍正二年閏四月九日兩廣總督孔毓琇奏爲恭報雨水情形事 416-254-7之1

批雍正二年閏四月九日兩廣總督孔毓琇奏爲奏聞事 416-254-7之1

批雍正二年六月七日兩廣總督孔毓琇奏爲籌畫辦理地方公務斟酌兩全之法據實奏明事 416-255-7之1

批雍正二年六月七日兩廣總督孔毓琇奏爲奏報早禾收成米糧價值事 416-256-7之1

批通政司左通政梁文科奏爲謹陳粵東事宜事 416-256-7之1

批雍正二年六月二十四日兩廣總督孔毓琇奏爲遵旨回奏事 416-257-7之1

批雍正二年六月二十四日兩廣總督孔毓琇奏爲遵旨回奏事 416-259-7之1

批雍正二年七月九日兩廣總督孔毓琇奏爲奏明事 416-260-7之1

批雍正二年七月九日兩廣總督孔毓琇奏爲奏聞事 416-260-7之1

批兩廣總督孔毓琇廣東提督董象緯奏回奏事 416-261-7之1

批雍正二年七月九日兩廣總督孔毓琇奏爲回奏事 416-262-7之1

批雍正二年九月八日兩廣總督孔毓琇奏爲欽奉上諭事 416-263-7之1

批雍正二年九月八日兩廣總督孔毓琇奏爲奏明鹽務清楚事 416-264-7之1

批雍正二年九月八日兩廣總督孔毓琇奏爲欽奉上諭事 416-265-7之1

批雍正二年十月九日兩廣總督孔毓琇奏爲回奏事 416-266-7之1

批雍正二年十月九日兩廣總督孔毓琇奏爲奏報晚禾收成米糧價值事 416-267-7之1

批雍正二年十月九日兩廣總督孔毓琇奏爲回奏事 416-269-7之1

批雍正二年十月二十九日兩廣總督孔毓琇奏爲恭繳珠批諭旨事 416-270-7之1

批兩廣總督孔毓琇廣東巡撫年希堯提督董象緯奏爲欽奉上諭事 416-271-7之1

四庫全書文集篇目分類索引

批雍正二年十二月二十二日兩廣總督孔毓珣奏爲回奏事　416-272-7之1

批正白旗漢軍副都統金鐲奏爲邊海宜專責協營巡防以重職守事　416-273-7之1

批雍正三年二月二十五日兩廣總督孔毓珣奏爲回奏事　416-273-7之1

批雍正三年二月二十五日兩廣總督孔毓珣奏爲奏明事　416-275-7之1

批兩廣總督孔毓珣廣東巡撫年希堯提督董象緯奏爲奏聞事　416-275-7之1

批雍正三年四月一日兩廣總督孔毓珣奏爲奏報雨水米價事　416-276-7之1

批雍正三年六月二十八日兩廣總督孔毓珣奏爲奏明事　416-276-7之1

批雍正三年七月二十六日兩廣總督孔毓珣奏爲奏聞事　416-278-7之2

批雍正三年七月二十六日兩廣總督孔毓珣奏爲奏明交代撫篆事　416-279-7之2

批雍正三年九月九日兩廣總督孔毓珣奏爲恭聆天語叩謝聖恩事　416-279-7之2

批雍正三年九月九日兩廣總督孔毓珣奏爲奏明料理被水地方事宜事　416-280-7之2

批雍正三年九月九日兩廣總督孔毓珣奏爲奏明復署撫篆事　416-281-7之2

批雍正三年九月九日兩廣總督孔毓珣奏爲奏明到粵外國洋船事　416-282-7之2

批雍正三年十一月十日兩廣總督孔毓珣奏爲奏明事　416-282-7之2

批雍正三年十一月十五日兩廣總督孔毓珣奏爲奏報晚禾收成米糧價值事　416-283-7之2

批雍正三年十一月十五日兩廣總督孔毓珣奏爲轉奏事　416-284-7之2

批雍正三年十一月十五日兩廣總督孔毓珣奏爲恭繳硃批奏摺事　416-284-7之2

批雍正四年二月十二日兩廣總督孔毓珣奏爲聖遇獨隆感激難名事　416-285-7之2

批雍正四年二月十二日兩廣總督孔毓珣奏爲奏報鹽課事　416-285-7之2

批雍正四年二月十二日兩廣總督孔毓珣奏爲奏聞事　416-286-7之2

批雍正四年二月十二日兩廣總督孔毓珣奏爲敬聆上諭感激陳情事　416-286-7之2

批雍正四年二月十二日兩廣總督孔毓珣奏爲奏明西洋使臣回國日期事　416-287-7之2

批雍正四年二月十二日兩廣總督孔毓珣奏爲奏明事　416-287-7之2

批雍正四年四月二十二日兩廣總督孔毓珣奏爲奏報雨水米價事　416-289-7之2

批雍正四年四月二十二日兩廣總督孔毓珣奏爲奏報廣西米價事　416-289-7之2

批雍正四年四月二十二日兩廣總督孔毓珣奏爲奏聞事　416-289-7之2

批雍正四年五月二十八日兩廣總督孔毓珣奏爲微臣幸逢參天之頃踴躍難名事　416-290-7之2

批雍正四年五月二十八日兩廣總督孔毓珣奏爲奏報早禾豐盛事　416-291-7之2

批雍正四年五月二十八日兩廣總督孔毓珣奏爲彙報擒獲洋盜事　416-292-7之2

批雍正四年五月二十八日兩廣總督孔毓珣奏爲酌議沿海緊要鎮營貯積穀石以備兵食事　416-292-7之2

批雍正四年五月二十八日兩廣總督孔毓珣奏爲恭繳硃批奏摺事　416-293-7之2

批雍正四年六月十五日兩廣總督孔毓珣奏爲欽奉上諭事　416-294-7之2

批雍正四年七月二十二日兩廣總督孔毓珣奏爲奏明防禦种苗遁逸事　416-295-7之2

批雍正四年七月二十二日兩廣總督孔毓珣奏爲奏明事　416-295-7之2

批雍正四年十一月十五日兩廣總督孔毓珣奏爲奏聞晚禾收成米糧價值事　416-296-7之2

批雍正四年十一月十五日兩廣總督孔毓珣奏爲奏明微臣交印起程日期　416-297-7之2

批雍正四年十二月二十九日兩廣總督孔毓珣奏爲奏明微臣已到河工日期請旨恩准協理河務事　416-297-7之2

批雍正五年二月十五日兩廣總督孔毓珣奏爲奏聞事　416-299-7之3

批雍正五年五月二十九日兩廣總督孔毓珣奏爲恭謝天恩事　416-300-7之3

批雍正五年五月二十九日兩廣總

史部

詔令奏議類：附錄

詔令上十一畫

督孔毓珣奏爲欽遵聖諭事　416-301-7之3

批雍正五年五月二十九日兩廣總督孔毓珣奏爲奏明事　416-301-7之3

批雍正五年八月十九日兩廣總督孔毓珣奏爲奏明補栽晚稻情形事　416-302-7之3

批雍正五年八月十九日兩廣總督孔毓珣奏　416-303-7之3

批雍正五年八月十九日兩廣總督孔毓珣奏　416-303-7之3

批雍正五年八月十九日兩廣總督孔毓珣奏爲奏聞事　416-304-7之3

批雍正五年九月二十九日兩廣總督孔毓珣奏爲南丹礦徒遵法解散事　416-305-7之3

批雍正五年九月二十九日兩廣總督孔毓珣奏爲場鹽盛產事　416-306-7之3

批雍正五年九月二十九日兩廣總督孔毓珣奏爲奏明催補倉穀事　416-306-7之3

批雍正五年九月二十九日兩廣總督孔毓珣奏爲覆奏事　416-307-7之3

批雍正五年十一月十六日兩廣總督孔毓珣奏爲奏聞晚禾收成米糧價值事　416-307-7之3

批雍正五年十一月十六日兩廣總督孔毓珣奏爲奏聞弁兵捕盜傷故事　416-307-7之3

批雍正五年十一月十六日兩廣總督孔毓珣奏爲奏聞事　416-308-7之3

批雍正五年十一月十六日兩廣總督孔毓珣奏爲奏聞西洋官商在澳慶祝萬壽事　416-309-7之3

批雍正五年十一月二十六日兩廣總督孔毓珣廣東提督王紹緒奏爲酌存營中公糧以辦公務事　416-309-7之3

批雍正六年二月六日兩廣總督孔毓珣奏爲添委土官協丈歸順公田事　416-310-7之3

批雍正六年二月六日兩廣總督孔毓珣奏爲欽奉上諭事　416-311-7之3

批雍正六年二月六日兩廣總督孔毓珣奏爲奏聞泗城戶口田土事宜事　416-311-7之3

批雍正六年二月六日兩廣總督孔毓珣奏爲奏明安插廣東自首賊犯事　416-313-7之3

批雍正六年二月六日兩廣總督孔毓珣奏爲奏明事　416-314-7之3

批雍正六年三月二十二日兩廣總督孔毓珣奏爲奏明修葺沿海礮台營房事　416-315-7之3

批雍正六年三月二十二日兩廣總督孔毓珣奏爲奏明分賠廣西司庫倻工銀兩事　416-316-7之3

批雍正六年三月二十二日兩廣總督孔毓珣奏爲奏聞撥兵擒捕西隆土目事　416-317-7之3

批雍正六年三月二十二日兩廣總督孔毓珣奏爲奏聞協捕楚省賊徒事　416-317-7之3

批雍正六年三月二十二日兩廣總督孔毓珣奏爲遵旨稽查採辦木植事　416-318-7之3

批雍正六年三月二十二日兩廣總督孔毓珣奏爲遵旨奏覆事　416-319-7之3

批雍正六年三月二十二日兩廣總督孔毓珣奏爲請旨留存礮位以裨邊海事　416-319-7之3

批兩廣總督孔毓珣廣東巡撫楊文乾奏爲遵旨會議漁船事宜事　416-320-7之3

批雍正六年四月十一日兩廣總督孔毓珣奏爲奏聞廣東早禾栽插遍滿事　416-322-7之3

批雍正六年四月十一日兩廣總督孔毓珣奏爲奏覆事　416-323-7之3

批雍正六年四月十一日兩廣總督孔毓珣奏爲奏覆粵西文職事　416-323-7之3

批雍正六年四月十一日兩廣總督孔毓珣奏爲奏明廣西再加節省羨餘事　416-324-7之3

批雍正六年四月十一日兩廣總督孔毓珣奏爲奏聞緝獲楚省賊犯事　416-325-7之3

批雍正六年五月九日兩廣總督孔毓珣奏爲備陳疎忽情由仰祈聖鑒事　416-326-7之3

批雍正六年五月二十四日兩廣總督孔毓珣奏爲奏聞驅捕礦徒事　416-327-7之3

批雍正六年五月二十四日兩廣總督孔毓珣奏爲奏聞粵東早稻豐

收事　416-328-7之3

批雍正六年五月二十四日兩廣總督孔毓珣奏爲奏聞欽差到粵日期事　416-328-7之3

批雍正六年五月二十四日兩廣總督孔毓珣奏爲據實奏聞事　416-328-7之3

批雍正六年五月二十四日兩廣總督孔毓珣奏爲恭請聖鑒事　416-329-7之3

批雍正六年六月二十八日兩廣總督孔毓珣奏爲奏明委撥臣標參將督捕西隆土目事　416-330-7之3

批雍正六年六月二十八日兩廣總督孔毓珣奏爲奏聞事　416-331-7之3

批雍正六年六月二十八日兩廣總督孔毓珣奏爲奏聞礦徒解散事　416-331-7之3

批雍正六年六月二十八日兩廣總督孔毓珣奏爲奏聞事　416-332-7之3

批雍正六年七月十八日兩廣總督孔毓珣奏爲奏明事　416-333-7之3

批雍正六年七月十八日兩廣總督孔毓珣奏爲奏明委管關稅事　416-333-7之3

批雍正六年七月十八日兩廣總督孔毓珣奏爲請旨事　416-334-7之3

批雍正六年八月四日兩廣總督孔毓珣奏爲遵旨奏覆事　416-335-7之3

批雍正六年八月四日兩廣總督孔毓珣奏爲奏明曠軍田地餘米歸公事　416-336-7之3

批雍正六年八月四日兩廣總督孔毓珣奏爲奏請酌撥汀引速清餉項事　416-336-7之3

批雍正六年九月十一日兩廣總督孔毓珣奏爲奏明事　416-338-7之3

批雍正六年九月十一日兩廣總督孔毓珣奏爲奏覆事　416-339-7之3

批雍正六年九月十一日兩廣總督孔毓珣奏爲欽奉上諭事　416-339-7之3

批雍正六年十月十日兩廣總督孔毓珣奏爲奏明遵旨防範事　416-340-7之3

批雍正六年十月十日兩廣總督孔毓珣奏爲欽奉上諭事　416-341-7之3

批雍正六年十月十日兩廣總督孔毓珣奏爲請旨調補緊要之道員以收地方實效事　416-341-7之3

批雍正六年十月十日兩廣總督孔毓珣奏爲奏明事　416-342-7之3

批雍正六年十月二十日兩廣總督孔毓珣奏爲恭謝天恩事　416-343-7之3

批雍正六年十月二十日兩廣總督孔毓珣奏爲州牧不宜邊地請旨調補以收實用事　416-343-7之3

批雍正六年十月二十日兩廣總督孔毓珣奏爲奏聞晚稻豐收米價平減事　416-344-7之3

批雍正六年十一月七日兩廣總督孔毓珣奏爲敬聆天語恭摺奏覆事　416-345-7之3

批雍正六年十一月七日兩廣總督孔毓珣奏爲奏覆事　416-345-7之3

批雍正六年十一月七日兩廣總督孔毓珣奏爲據實陳明仰祈聖鑒事　416-346-7之3

批雍正六年十一月二十二日兩廣總督孔毓珣奏爲奏明事　416-346-7之3

批雍正七年二月二十八日廣東總督孔毓珣奏爲敬聆天語恭摺奏謝事　416-348-7之4

批雍正七年二月二十八日廣東巡撫孔毓珣奏爲聞地方情形事　416-349-7之4

批雍正七年三月三日廣東總督孔毓珣奏爲奏聞事　416-349-7之4

批雍正七年六月二十一日廣東總督今調江南河道總督孔毓珣奏爲奏聞早稻豐收事　416-350-7之4

批雍正七年六月二十一日廣東總督今調江南河道總督孔毓珣奏爲奏聞運送楠木及補辦情由事　416-350-7之4

批雍正七年十月二十八日江南河道總督孔毓珣奏爲遵旨奏覆事　416-351-7之4

批雍正七年十二月初二日江南河道總督孔毓珣奏爲奏明清口引情形事　416-352-7之4

批雍正七年十二月初二日江南河道總督孔毓珣奏爲奏明高堰石工情形仰祈睿鑒事　416-353-7之4

批雍正七年十二月初二日江南河道總督孔毓珣奏爲奏覆淮城情形事　416-354-7之4

批雍正七年十二月初二日江南河道總督孔毓珣奏爲水利上下深

通併請疏濬中段支河以收全效事 416-355-7之4

批雍正七年十二月初二日江南河道總督孔毓珣奏爲河庫河務均關重大請勅照舊分管以專責成事 416-357-7之4

批雍正七年十二月初二日江南河道總督孔毓珣奏爲奏明事 416-357-7之4

批雍正七年十二月初二日江南河道總督孔毓珣奏爲奏聞事 416-359-7之4

批雍正七年十二月初二日江南河道總督孔毓珣奏爲遵旨奏覆事 416-360-7之4

批雍正七年十二月初二日江南河道總督孔毓珣奏爲仰懇聖恩賞賜藥丸事 416-361-7之4

批雍正七年十二月初六日江南河道總督孔毓珣奏爲請旨事 416-362-7之4

批雍正七年十二月六日江南河道總督孔毓珣奏爲奏明平餘銀兩事 416-362-7之4

批雍正七年十二月六日江南河道總督孔毓珣奏爲謹籌高堰工程事宜奏請睿鑒事 416-363-7之4

批雍正七年十二月六日江南河道總督孔毓珣奏爲據實查奏事 416-364-7之4

批雍正八年一月十日江南河道總督孔毓珣奏爲奏聞事 416-365-7之4

批雍正八年一月十日江南河道總督孔毓珣奏爲奏明河工飯食銀兩事 416-367-7之4

批雍正八年一月十日江南河道總督孔毓珣奏爲奏明挑築運口越河以利運行事 416-368-7之4

批江南河道總督孔毓珣蘇州巡撫尹繼善奏爲會勘高堰大工謹籌修理事宜仰祈睿鑒事 416-368-7之4

批雍正八年四月八日江南河道總督孔毓珣奏爲奏明微臣病患瘥痊情形仰祈睿鑒事 416-370-7之4

批雍正二年八月七日貴州威寧總兵官石禮哈奏爲奏聞事 416-372-8上

批雍正二年十一月十六日貴州威寧總兵官石禮哈奏爲遵奉硃批諭旨事 416-373-8上

批雍正二年十一月十六日貴州威

寧總兵官石禮哈奏爲生童聚辱官阻考事 416-373-8上

批雍正二年十一月十六日貴州威寧總兵官石禮哈奏爲奏明營伍廢弛掛欠銀兩事 416-374-8上

批雍正三年一月十三日貴州威寧總兵官石禮哈奏爲奏明標兵米事 416-375-8上

批雍正三年一月十三日貴州威寧總兵官石禮哈奏爲恭織硃批諭旨事 416-377-8上

批雍正三年一月十三日貴州威寧總兵官石禮哈奏爲恭謝天恩事 416-377-8上

批雍正三年一月十三日貴州威寧總兵官石禮哈奏爲奏明城垣傾坦情形酌議捐修事 416-378-8上

批雍正三年一月十三日貴州威寧總兵官石禮哈奏爲奏請聖恩要缺須得能員以收實用事 416-378-8上

批雍正三年三月八日貴州威寧總兵官石禮哈奏爲奏聞事 416-379-8上

批雍正三年三月八日貴州威寧總兵官石禮哈奏爲奏明事 416-380-8上

批雍正三年三月八日貴州威寧總兵官石禮哈奏爲遵旨回奏事 416-381-8上

批雍正三年四月二十二日貴州威寧總兵官石禮哈奏爲恭謝天恩事 416-382-8上

批雍正三年四月二十二日貴州威寧總兵官石禮哈奏爲奏聞事 416-382-8上

批雍正三年四月二十二日貴州威寧總兵官石禮哈奏爲敬陳管見仰請聖鑒事 416-383-8上

批雍正三年四月二十二日貴州威寧總兵官石禮哈奏爲恭織硃批遵旨回奏事 416-384-8上

批雍正三年六月三日署理貴州巡撫印務威寧總兵官石禮哈奏爲要缺須得能員事 416-385-8上

批雍正三年六月三日署理貴州巡撫印務威寧總兵官石禮哈奏爲恭織硃批事 416-387-8上

批雍正三年六月三日署理貴州巡撫印務威寧總兵官石禮哈奏爲奏明事 416-389-8上

四庫全書文集篇目分類索引　　285

批雍正三年六月三日署理貴州巡撫印務威寧總兵官石禮哈奏爲奏明再行嚴禁惡風事　416-389-8上

批雍正三年六月三日署理貴州巡撫印務威寧總兵官石禮哈奏爲奏明黔省豐年情形事　416-390-8上

批雍正三年八月三日署理貴州巡撫印務威寧總兵官石禮哈奏爲恭繳硃批諭旨敬謝聖訓事　416-390-8上

批雍正三年八月三日署理貴州巡撫印務威寧總兵官石禮哈奏爲奏明籌補司庫缺項仰荷睿鑒事　416-391-8上

批雍正三年八月三日署理貴州巡撫印務威寧總兵官石禮哈奏爲欽奉硃批諭旨事　416-393-8上

批雍正三年八月三日署理貴州巡撫印務威寧總兵官石禮哈奏爲奏明黔省官更民苗共戴天恩一視同仁事　416-394-8上

批雍正三年八月三日署理貴州巡撫印務威寧總兵官石禮哈奏爲恭繳硃批奏摺事　416-395-8上

批雍正三年八月三日署理貴州巡撫印務威寧總兵官石禮哈奏爲奏明黔省歷年驛站冒銷事　416-396-8上

批雍正三年八月三日署理貴州巡撫印務威寧總兵官石禮哈奏爲欽奉硃批諭旨事　416-396-8上

批都察院左副都御史署刑部侍郎事梁文科奏爲黔省之軍糧太重伏懇聖恩勅部減則以寬民力事　416-397-8上

批雍正三年九月十二日署理貴州巡撫印務威寧總兵官石禮哈奏爲遵旨回奏事　416-399-8上

批雍正三年九月十二日署理貴州巡撫印務威寧總兵官石禮哈奏爲遵旨回奏事　416-400-8上

批雍正三年九月十二日署理貴州巡撫印務威寧總兵官石禮哈奏爲奏明秋成分數事　416-401-8上

批雍正三年九月十二日署理貴州巡撫印務威寧總兵官石禮哈奏爲恭繳硃批諭旨敬謝天恩事（二則）　416-401-8上

批雍正三年九月十二日署理貴州巡撫印務威寧總兵官石禮哈奏爲恭謝天恩事　416-402-8上

批雍正三年九月十二日署理貴州巡撫印務威寧總兵官石禮哈奏爲遵旨查奏事　416-403-8上

批雍正三年十月十三日署理貴州巡撫印務威寧總兵官石禮哈奏爲奏明事　416-404-8上

批雍正三年十月十三日署理貴州巡撫印務威寧總兵官石禮哈奏爲恭繳硃批諭旨事　416-405-8上

批雍正三年十月十三日署理貴州巡撫印務威寧總兵官石禮哈奏爲微臣戀主情殷再瀝天恩仰祈睿鑒事　416-406-8上

批雍正三年十一月十九日署理貴州巡撫印務威寧總兵官石禮哈奏爲奏聞事　416-406-8上

批雍正三年十一月十九日署理貴州巡撫印務威寧總兵官石禮哈奏爲欽奉硃批諭旨事　416-407-8上

批雍正三年十一月十九日署理貴州巡撫印務威寧總兵官石禮哈奏爲奏聞事　416-408-8上

批雍正四年一月十七日署理貴州巡撫印務威寧總兵官石禮哈奏爲奏聞事　416-410-8下

批雍正四年一月十七日署理貴州巡撫印務威寧總兵官石禮哈奏爲恭謝天恩事　416-411-8下

批雍正四年三月二十日署理貴州巡撫印務威寧總兵官石禮哈提督貴州總兵官馬會伯謹奏爲奏聞事　416-411-8下

批雍正四年三月二十日署理貴州巡撫印務威寧總兵官石禮哈奏爲欽奉上諭事　416-412-8下

批雍正四年六月十八日威寧總兵官石禮哈奏爲奏聞事　416-414-8下

批雍正四年六月十八日威寧總兵官石禮哈奏爲恭謝天恩事　416-415-8下

批雍正四年九月十九日鎭守廣州將軍石禮哈奏爲恭謝天恩事　416-415-8下

批雍正四年九月十九日鎭守廣州將軍石禮哈奏爲奏聞事　416-416-8下

史部

詔令奏議類：附錄

詔令上十一書

批雍正四年十一月二十四日鎭守廣州將軍石禮哈奏爲奏聞事　416-418-8下

批雍正四年十二月二十九日鎭守廣州將軍石禮哈奏爲奏聞事（二則）　416-419-8下

批雍正四年十二月二十九日鎭守廣州將軍石禮哈奏爲奏聞事　416-421-8下

批雍正五年二月二十五日鎭守廣州將軍石禮哈奏爲恭謝天恩事　416-422-8下

批雍正五年二月二十五日鎭守廣州將軍石禮哈奏爲奏聞事　416-422-8下

批雍正五年閏三月十日鎭守廣州將軍石禮哈奏爲請旨事　416-423-8下

批雍正五年閏三月十日鎭守廣州將軍石禮哈奏爲奏聞事(二則)　416-424-8下

批雍正五年四月十八日鎭守廣州將軍石禮哈奏爲覆奏事　416-426-8下

批雍正五年六月十五日鎭守廣州將軍石禮哈署理廣東巡撫印務常賚奏爲奏聞事　416-427-8下

批雍正五年九月二十二日鎭守廣州將軍石禮哈奏爲恭謝天恩事　416-429-8下

批雍正五年九月二十二日鎭守廣州將軍石禮哈奏爲恭謝天恩矜宥愚矇事　416-430-8下

批雍正五年九月二十二日鎭守廣州將軍石禮哈奏爲遵旨奏聞事　416-430-8下

批雍正五年十一月六日廣州將軍署理巡撫印務石禮哈奏爲恭謝天恩事　416-433-8下

批雍正五年十一月六日廣州將軍署理巡撫印務石禮哈奏爲請旨事　416-433-8下

批雍正五年十一月六日廣州將軍署理巡撫印務石禮哈奏爲奏聞事　416-433-8下

批雍正五年十一月六日廣州將軍督署理巡撫印務石禮哈奏爲奏聞事　416-434-8下

批雍正五年十一月二十二日廣州將軍署理巡撫印務石禮哈奏爲奏聞事　416-435-8下

批雍正六年一月八日廣州將軍署理巡撫印務石禮哈奏爲奏聞事（二則）　416-436-8下

批雍正六年一月八日廣州將軍署理巡撫印務石禮哈奏爲議將回籍流民墾荒安插免再入川事　416-437-8下

批雍正六年五月四日鎭守廣州將軍石禮哈奏爲奏聞事　416-438-8下

批雍正六年五月四日鎭守廣州將軍石禮哈奏爲披瀝下清仰墾睿鑒事　416-439-8下

批雍正六年七月四日鎭守廣州將軍石禮哈奏爲奏明事　416-442-8下

批雍正三年二月二日河南布政使楊文乾奏　416-444-9上

批雍正三年二月十九日河南布政使楊文乾奏爲奏請睿裁事　416-445-9上

批雍正三年二月十九日河南布政使楊文乾奏爲奏聞事　416-445-9上

批雍正三年三月二十三日河南布政使楊文乾奏爲奏請聖裁事　416-446-9上

批雍正三年十月十五日河南布政使楊文乾奏爲奏謝聖恩訓勉事　416-447-9上

批雍正三年十二月十日廣東巡撫楊文乾奏爲奏覆事　416-448-9上

批雍正三年十二月十日廣東巡撫楊文乾奏爲奏聞事（三則）　416-449-9上

批雍正三年十二月十日廣東巡撫楊文乾奏爲奏請聖裁事　416-451-9上

批雍正四年一月十九日廣東巡撫楊文乾奏爲奏請聖裁事(二則)　416-452-9上

批雍正四年一月十九日廣東巡撫楊文乾奏爲奏謝聖訓事　416-455-9上

批雍正四年二月十二日廣東巡撫楊文乾奏爲恭謝大恩事　416-456-9上

批雍正四年二月十二日廣東巡撫楊文乾奏爲恭聆聖諭事　416-456-9上

批雍正四年二月十二日廣東巡撫楊文乾奏爲恭繳御批事　416-457-9上

批雍正四年二月十二日廣東巡撫楊文乾奏爲奏請聖裁事　416-458-9上

批雍正四年二月十二日廣東巡撫楊文乾奏爲奏聞事　416-458-9上

批雍正四年四月三日廣東巡撫楊文乾奏爲奏聞事　416-459-9上

批雍正四年四月三日廣東巡撫楊文乾奏爲敬聆聖諭勉力遵行事　416-460-9上

批雍正四年四月十四日廣東巡撫

楊文乾奏爲恭謝天恩事　416-461-9上
批雍正四年四月十四日廣東巡撫楊文乾奏爲奏聞事　416-461-9上
批雍正四年四月十四日廣東巡撫楊文乾奏爲奏請聖恩欽差確審事　416-462-9上
批雍正四年四月十四日廣東巡撫楊文乾奏爲奏聞事（二則）　416-463-9上
批雍正四年七月九日廣東巡撫楊文乾奏爲奏聞事　416-465-9上
批雍正四年七月九日廣東巡撫楊文乾奏爲恭繳御批事　416-465-9上
批雍正四年七月九日廣東巡撫楊文乾奏爲奏聞事　416-466-9上
批雍正四年七月二十六日廣東巡撫楊文乾奏爲奏請睿裁事　416-467-9上
批雍正四年七月二十六日廣東巡撫楊文乾奏爲奏請御批以便遵行事　416-467-9上
批雍正四年七月二十六日廣東巡撫楊文乾奏爲酌議積貯以備接濟事　416-468-9上
批雍正四年八月五日廣東巡撫楊文乾奏爲奏聞事　416-469-9上
批雍正四年十月二十一日廣東巡撫楊文乾奏爲遵旨保送千總事　416-470-9上
批雍正四年十月二十一日廣東巡撫楊文乾奏爲奏聞事　416-470-9上
批雍正四年十月二十一日廣東巡撫楊文乾奏爲據實陳明事　416-471-9上
批雍正四年十一月十四日廣東巡撫楊文乾奏爲奏請睿裁事　416-472-9上
批雍正四年十一月十四日廣東巡撫楊文乾奏爲奏繳御批事　416-472-9上
批雍正四年十一月十四日廣東巡撫楊文乾奏爲奏覆事　416-473-9上
批雍正四年十一月十四日廣東巡撫楊文乾奏爲奏聞事　416-473-9上
批雍正四年十一月二十四日廣東巡撫楊文乾奏爲老戶改立的名行之有效事　416-474-9上
批雍正四年十一月二十四日廣東巡撫楊文乾奏爲覆奏事(二則)　416-474-9上
批雍正四年十一月二十四日廣東巡撫楊文乾奏爲遠洋遣員朝賀恭報起程日期事　416-476-9上
批雍正四年十二月十八日廣東巡撫楊文乾奏爲奏聞事　416-476-9上
批雍正四年十二月十八日廣東巡撫楊文乾爲秋審緩決人犯密奏請旨以廣皇恩事　416-478-9上
批雍正四年十二月十八日廣東巡撫楊文乾奏爲遵旨具題再行覆奏事　416-479-9上
批雍正四年十二月十八日廣東巡撫楊文乾奏爲奏聞事　416-480-9上
批雍正五年一月三日廣東巡撫楊文乾奏爲奏聞事　416-481-9上
批雍正五年二月十日廣東巡撫楊文乾奏爲覆奏事　416-482-9上
批雍正五年三月十二日廣東巡撫楊文乾奏爲恭謝天恩事　416-483-9上
批雍正五年三月十二日廣東巡撫楊文乾奏爲奏聞事　416-484-9上
批雍正五年閏三月一日廣東巡撫楊文乾奏爲奏聞事　416-484-9上
批雍正五年八月二十八日廣東巡撫楊文乾奏爲覆奏事　416-485-9下
批雍正五年八月二十八日廣東巡撫楊文乾奏爲奏聞事（二則）　416-486-9下
批雍正五年八月二十八日廣東巡撫楊文乾奏爲奏請聖裁事　416-487-9下
批雍正五年八月二十八日廣東巡撫楊文乾奏爲覆奏事　416-488-9下
批雍正五年九月九日廣東巡撫楊文乾恭奉御批事　416-489-9下
批雍正五年九月九日廣東巡撫楊文乾奏爲據實密奏仰祈睿鑒事　416-490-9下
批雍正五年十二月一日廣東巡撫楊文乾奏爲閩省盤查已竣謹合詞奏聞仰祈聖鑒事　416-490-9下
批雍正五年十二月一日廣東巡撫楊文乾奏爲邊海重地揀材宜急事　416-492-9下
批雍正五年十二月一日廣東巡撫楊文乾奏爲覆奏事（三則）　416-493-9下
批雍正五年十二月一日廣東巡撫楊文乾奏爲奏聞事　416-494-9下
批雍正五年十二月二十一日廣東巡撫楊文乾奏爲奏聞事　416-495-9下

四庫全書文集篇目分類索引

史部

詔令奏議類・附錄

詔令上十一畫

批雍正五年十二月二十一日廣東巡撫楊文乾奏爲覆奏事(二則)　416-496-9下

批雍正五年十二月二十一日廣東巡撫楊文乾奏爲奏聞（二則）　416-497-9下

批雍正五年十二月二十一日廣東巡撫楊文乾奏爲遵旨密奏事　416-499-9下

批雍正六年二月一日廣東巡撫楊文乾奏爲恭報時雨事　416-500-9下

批雍正六年二月一日廣東巡撫楊文乾奏爲密奏事　416-500-9下

批雍正六年三月二日廣東巡撫楊文乾奏爲恭報再得時雨事　416-501-9下

批雍正六年三月二日廣東巡撫楊文乾奏爲奏聞事（三則）　416-502-9下

批雍正六年五月三日廣東巡撫楊文乾奏爲敬聆訓諭據實陳明事　416-506-9下

批雍正六年五月三日廣東巡撫楊文乾奏爲恭報三春得雨二麥豐收事　416-509-9下

批雍正六年五月三日廣東巡撫楊文乾奏爲覆奏事　416-509-9下

批雍正六年五月三日廣東巡撫楊文乾奏爲奏明事　416-510-9下

批雍正六年五月二十四日廣東巡撫楊文乾奏爲早禾成熟事　416-511-9下

批雍正六年五月二十四日廣東巡撫楊文乾奏爲奏請聖裁事　416-512-9下

批雍正六年五月二十四日廣東巡撫楊文乾奏爲據實奏明事　416-513-9下

批雍正六年五月二十四日廣東巡撫楊文乾奏爲覆奏事　416-514-9下

批雍正六年五月二十四日廣東巡撫楊文乾奏爲奏聞事　416-515-9下

批雍正元年五月六日直隸巡撫李維鈞奏爲清查通省虧空據實奏聞事　416-516-10上

批雍正元年五月七日直隸巡撫李維鈞奏爲奏明事　416-517-10上

批雍正元年五月十三日直隸巡撫李維鈞奏爲恭報雨澤事　416-517-10上

批雍正元年五月十四日直隸巡撫李維鈞奏爲恭報二麥收成分數事　416-518-10上

批雍正元年五月十六日直隸巡撫李維鈞奏爲奏聞事　416-519-10上

批雍正元年五月十八日直隸巡撫李維鈞等密奏爲訪緝勢惡以除民害事　416-520-10上

批雍正元年五月十八日直隸巡撫李維鈞奏爲再報雨澤以慰聖懷事　416-521-10上

批雍正元年五月十八日直隸巡撫李維鈞奏爲改就武職以圖報效事　416-521-10上

批雍正元年六月二十二日直隸巡撫李維鈞奏爲遵旨具奏事　416-522-10上

批雍正元年六月二十三日直隸巡撫李維鈞奏爲奏聞事　416-523-10上

批雍正元年六月二十五日直隸巡撫李維鈞奏爲奏聞事　416-523-10上

批雍正元年六月二十九日直隸巡撫李維鈞奏爲明事　416-524-10上

批雍正元年七月十二日直隸巡撫李維鈞奏爲奏明事　416-525-10上

批雍正元年七月十七日直隸巡撫李維鈞奏爲欽奉上諭事　416-526-10上

批雍正元年七月二十日直隸巡撫李維鈞奏爲監司務在得人仰請聖裁簡補事　416-527-10上

批雍正元年七月二十二日直隸巡撫李維鈞奏爲恭謝天恩事　416-527-10上

批雍正元年七月三十日直隸巡撫李維鈞奏爲察訪勢惡害民密行奏聞事　416-528-10上

批雍正元年九月二十四日直隸巡撫李維鈞奏爲奏聞事　416-529-10上

批雍正元年九月二十八日直隸巡撫李維鈞奏爲恭請聖裁事　416-529-10上

批雍正元年十月十五日直隸巡撫李維鈞奏爲恭報瑞雪及時事　416-530-10上

批雍正元年十月十六日直隸巡撫李維鈞奏爲酌議按地輸丁之法恭請聖裁事　416-531-10上

批雍正元年十一月一日直隸巡撫李維鈞奏爲謹瀝下情仰祈睿鑒事　416-532-10上

批雍正元年十一月一日直隸巡撫李維鈞奏爲奏明事　416-533-10上

批雍正元年十一月九日直隸巡撫李維鈞奏爲聖恩高厚感戴彌深

事　416-534-10上
批雍正元年十一月十五日直隸巡撫李維鈞奏爲要地需才謹舉所知恭請聖裁簡補事　416-535-10上
批雍正元年十一月二十九日直隸巡撫李維鈞奏爲奏明事　416-535-10上
批雍正二年一月十九日直隸巡撫李維鈞奏爲奏明事（二則）　416-536-10上
批雍正二年一月二十七日直隸巡撫李維鈞奏爲恭懇聖恩簡員發用以收實效事　416-537-10上
批雍正二年二月二十三日直隸巡撫李維鈞奏爲欽奉上諭事　416-538-10上
批雍正二年二月十三日直隸巡撫李維鈞奏爲奏明事　416-539-10上
批雍正二年二月二十日直隸巡撫李維鈞奏爲奏聞事　416-539-10上
批雍正二年二月二十日直隸巡撫李維鈞奏爲奏明事　416-540-10上
批雍正二年三月十二日直隸巡撫李維鈞奏爲恭謝天恩併報微臣回署日期事　416-540-10上
批雍正二年三月十二日直隸巡撫李維鈞奏爲恭報雨澤事　416-542-10上
批雍正二年三月二十三日直隸巡撫李維鈞奏爲奏明事　416-542-10上
批雍正二年四月六日直隸巡撫李維鈞奏爲奏明事　416-544-10上
批雍正二年四月九日直隸巡撫李維鈞奏爲續報雨澤事　416-545-10上
批雍正二年四月十三日直隸巡撫李維鈞奏爲奏聞事　416-546-10上
批雍正二年四月十三日直隸巡撫李維鈞奏爲恭謝天恩事　416-546-10上
批雍正二年四月十九日直隸巡撫李維鈞奏爲奏明事　416-547-10上
批雍正二年四月二十三日直隸巡撫李維鈞奏爲奏聞事　416-548-10上
批雍正二年閏四月十五日直隸巡撫李維鈞奏爲恭請聖安并申微悃事　416-548-10上
批雍正二年閏四月二十五日直隸巡撫李維鈞奏爲奏覆事　416-549-10上
批雍正二年閏四月二十五日直隸巡撫李維鈞奏爲恭報約計二麥收成分數事　416-550-10上
批雍正二年五月一日直隸巡撫李維鈞奏爲奏報事　416-551-10上
批雍正二年五月五日直隸巡撫李維鈞奏爲續報雨澤事　416-552-10上
批雍正二年五月十七日直隸巡撫李維鈞奏爲恭謝天恩事　416-552-10上
批雍正二年六月十二日直隸巡撫李維鈞奏爲保留良吏恭請聖裁事　416-554-10下
批雍正二年六月十二日直隸巡撫李維鈞奏爲奏聞事（二則）　416-555-10下
批雍正二年六月十二日直隸巡撫李維鈞奏爲奏明事　416-556-10下
批雍正二年六月二十二日直隸巡撫李維鈞奏爲奏覆事　416-557-10下
批雍正二年六月二十三日直隸巡撫李維鈞奏爲奏明事　416-558-10下
批雍正二年七月四日直隸巡撫李維鈞奏爲奏明事　416-560-10下
批雍正二年七月十六日直隸巡撫李維鈞奏爲奏明事　416-560-10下
批雍正二年七月十六日直隸巡撫李維鈞奏爲要缺需人謹舉所知仰祈聖裁簡用事　416-560-10下
批雍正二年八月六日直隸巡撫李維鈞奏爲恭請聖裁事　416-561-10下
批雍正二年八月八日直隸巡撫李維鈞奏爲恭報微臣公出日期事　416-563-10下
批雍正二年九月一日直隸巡撫李維鈞奏爲奏聞事　416-563-10下
批雍正二年九月九日直隸巡撫李維鈞奏爲特舉賢員仰祈睿鑒事　416-564-10下
批雍正二年九月十九日直隸巡撫李維鈞奏爲奏覆事　416-564-10下
批雍正二年九月十九日直隸巡撫李維鈞奏爲奏聞事　416-565-10下
批雍正二年九月二十八日直隸巡撫李維鈞奏爲奏明事　416-566-10下
批雍正二年十月一日直隸巡撫李維鈞奏爲奏聞事　416-566-10下
批雍正二年十月十四日直隸巡撫李維鈞奏爲奏明事　416-567-10下
批雍正二年十一月十三日直隸巡撫李維鈞奏爲遵旨奏覆事　416-568-10下

批雍正二年十一月二十二日直隸巡撫李維鈞奏爲密奏事 416-569-10下

批雍正二年十二月六日直隸巡撫李維鈞奏爲續報得雪事 416-570-10下

批雍正二年十二月十一日直隸巡撫李維鈞奏爲恭懇聖恩請留賢員事 416-571-10下

批雍正三年一月三日直隸巡撫李維鈞奏爲恭報雨雪事 416-571-10下

批雍正三年一月十九日直隸巡撫李維鈞奏爲奏聞事 416-572-10下

批雍正三年一月二十五日直隸總督李維鈞奏爲續報雨雪事 416-573-10下

批雍正三年二月一日直隸總督李維鈞奏爲奏覆事 416-573-10下

批雍正三年二月一日直隸總督李維鈞奏爲敬抒愚悃仰祈聖鑒事 416-574-10下

批雍正三年二月二十五日直隸總督李維鈞奏爲奏聞事 416-575-10下

批雍正三年二月三十日直隸總督李維鈞奏爲微臣負咎實深仰祈聖慈矜察事 416-576-10下

批雍正三年三月七日直隸總督李維鈞奏爲恭謝天恩事 416-577-10下

批雍正三年三月七日直隸總督李維鈞奏爲奏明事 416-577-10下

批雍正三年三月十五日直隸總督李維鈞奏爲雨澤及時恭慰聖懷事 416-578-10下

批雍正三年三月二十五日直隸總督李維鈞奏爲奏覆事 416-578-10下

批雍正三年三月二十五日直隸總督李維鈞奏爲續報雨澤事 416-579-10下

批雍正三年四月十七日直隸總督李維鈞奏爲奏聞事 416-580-10下

批雍正三年四月二十一日直隸總督李維鈞奏爲天恩彌厚咎愈深仰祈睿慈事 416-581-10下

批雍正三年五月一日直隸總督李維鈞奏爲續報雨澤事 416-581-10下

批雍正三年五月一日直隸總督李維鈞奏爲奏明事 416-582-10下

批雍正三年五月十日直隸總督李維鈞奏爲密陳實情事 416-583-10下

批雍正三年五月十四日直隸總督李維鈞奏爲恭報二麥收成分數事 416-584-10下

批雍正三年五月十七日直隸總督李維鈞奏爲遵旨秉公回奏事 416-584-10下

批雍正三年五月二十二日直隸總督李維鈞奏爲奏聞事 416-585-10下

批雍正三年六月一日直隸總督李維鈞奏爲謹抒下情仰祈睿鑒事 416-586-10下

批雍正三年六月六日直隸總督李維鈞奏爲續報雨澤事 416-586-10下

批雍正三年六月二十六日直隸總督李維鈞奏爲敬陳管見仰祈睿鑒事 416-587-10下

批雍正三年六月二十七日直隸總督李維鈞奏爲覆奏事 416-588-10下

批雍正三年七月六日直隸總督李維鈞奏爲奏聞事 416-589-10下

批雍正三年七月十三日直隸總督李維鈞奏爲奏聞事 416-589-10下

批雍正三年七月十三日直隸總督李維鈞奏爲奉旨發審人犯事 416-590-10下

批雍正三年七月十九日直隸總督李維鈞奏爲奏聞事（二則） 416-591-10下

批雍正三年七月二十六日直隸總督李維鈞奏爲奏聞事 416-592-10下

批雍正三年七月二十九日直隸總督李維鈞奏爲奏聞事 416-593-10下

批雍正三年八月四日直隸總督李維鈞奏爲懇乞聖恩慈覆矜全事 416-593-10下

批雍正元年一月二十二日河南開歸道仍帶廣西道監察御史陳時夏奏爲恭謝天恩事 416-595-11上

批雍正元年十一月十三日河南開歸道仍帶廣西道監察御史陳時夏奏爲據實陳情仰懇聖恩事 416-596-11上

批雍正四年十月六日加布政使銜署理江蘇巡撫印務陳時夏奏爲奏聞事 416-597-11上

批雍正四年十月六日加布政使銜署理江蘇巡撫印務陳時夏奏爲遵例請革供應鋪陳什物以免商累事 416-598-11上

批雍正四年十一月二十日加布政使銜署理江蘇巡撫印務陳時夏奏爲奏聞事 416-599-11上

四庫全書文集篇目分類索引

批雍正四年十一月二十日加布政使署理江蘇巡撫印務陳時夏奏爲請旨事　416-600-11上

批雍正四年十二月四日加布政使署理江蘇巡撫印務陳時夏奏爲據實奏聞仰祈睿鑒事　416-600-11上

批雍正四年十二月四日加布政使衘署理江蘇巡撫印務陳時夏奏爲請旨事　416-602-11上

批雍正四年十二月四日加布政使衘署理江蘇巡撫印務陳時夏奏爲據實奏聞事　416-603-11上

批雍正五年一月十日蘇州巡撫陳時夏奏爲恭謝天恩事　416-605-11上

批雍正五年一月十日蘇州巡撫陳時夏奏爲黃河澄清敬伸慶賀事　416-606-11上

批雍正五年一月十日蘇州巡撫陳時夏奏爲敬陳管見仰祈睿鑒事　416-606-11上

批雍正五年一月二十八日蘇州巡撫陳時夏奏爲奏聞事　416-608-11上

批雍正五年一月二十八日蘇州巡撫陳時夏奏爲請旨事　416-609-11上

批雍正五年一月二十八日蘇州巡撫陳時夏奏爲據實密陳事　416-609-11上

批雍正五年一月二十八日蘇州巡撫陳時夏奏爲遵旨酌議奏明仰祈睿鑒事　416-610-11上

批雍正五年二月十七日蘇州巡撫陳時夏奏　416-612-11上

批雍正五年三月十七日蘇州巡撫陳時夏奏爲敬陳芻蕘仰祈睿鑒事　416-612-11上

批雍正五年三月十七日蘇州巡撫陳時夏奏爲據實奏明仰祈睿鑒事　416-613-11上

批雍正五年閏三月七日蘇州巡撫陳時夏奏爲請定吏胥役滿考職酌捐銀兩免其赴考之法以收實效以廣聖恩仰祈睿鑒事　416-615-11上

批雍正五年閏三月七日蘇州巡撫陳時夏奏爲密奏事　416-616-11上

批雍正五年四月十一日蘇州巡撫陳時夏奏爲欽奉上諭事　416-616-11上

批雍正五年四月十一日蘇州巡撫陳時夏奏爲陳明河工海塘情形仰祈睿鑒事　416-617-11上

批雍正五年四月十一日蘇州巡撫陳時夏奏爲密奏事　416-618-11上

批雍正五年四月十一日蘇州巡撫陳時夏奏爲奏聞事　416-619-11上

批雍正五年四月二十六日蘇州巡撫陳時夏奏爲欽奉上諭事　416-620-11上

批雍正五年四月二十六日蘇州巡撫陳時夏奏爲密奏事　416-620-11上

批雍正五年四月二十六日蘇州巡撫陳時夏奏爲據實密奏事　416-621-11上

批雍正五年六月四日蘇州巡撫陳時夏奏爲母恭沐天恩平安到署微臣感激難名涕泣奏謝事　416-622-11上

批雍正五年六月四日蘇州巡撫陳時夏奏爲據實回奏事　416-624-11上

批雍正五年六月四日蘇州巡撫陳時夏奏爲據實奏聞仰祈睿鑒事　416-626-11上

批雍正五年六月四日蘇州巡撫陳時夏奏爲奏聞事　416-627-11上

批雍正五年七月二十四日蘇州巡撫陳時夏奏爲奏聞事　416-629-11下

批雍正五年七月二十四日蘇州巡撫陳時夏奏爲密奏事　416-631-11下

批雍正五年七月二十四日蘇州巡撫陳時夏奏爲奏明事　416-632-11下

批雍正五年七月二十四日蘇州巡撫陳時夏奏爲臣母疊受殊恩感泣奏謝事　416-634-11下

批雍正五年九月十三日蘇州巡撫陳時夏奏爲密陳戰船之弊敬抒芻蕘仰祈睿鑒事　416-635-11下

批雍正五年九月十三日蘇州巡撫陳時夏奏爲奏聞事　416-636-11下

批雍正五年九月十三日蘇州巡撫陳時夏奏爲據實奏聞事　416-638-11下

批雍正五年十一月六日蘇州巡撫陳時夏奏爲奏聞事　416-639-11下

批雍正五年十一月六日蘇州巡撫陳時夏奏爲謹籌耗羨歸公之法仰祈睿鑒事　416-640-11下

批雍正五年十一月六日蘇州巡撫陳時夏奏（二則）　416-642-11下

批雍正五年十一月六日蘇州巡撫陳時夏奏爲奏聞事　416-643-11下

史部

詔令奏議類：附錄

詔令十一畫

批雍正五年十一月六日蘇州巡撫陳時夏奏爲奏明事　416-644-11下

批雍正五年十一月六日蘇州巡撫陳時夏奏爲微臣戀主情殷恭懇聖恩允臣歲底入都陛見事　416-645-11下

批雍正五年十一月二十四日蘇州巡撫陳時夏奏爲奏聞事　416-646-11下

批雍正五年十一月二十四日蘇州巡撫陳時夏奏爲欽奉聖明訓誨微臣感激難名恭謝天恩仰祈睿鑒事　416-648-11下

批雍正五年十一月二十四日蘇州巡撫陳時夏奏爲欽奉上諭事　416-649-11下

批雍正五年十一月二十四日蘇州巡撫陳時夏奏爲敬據臆見仰祈睿鑒事　416-650-11下

批雍正五年十二月二十四日蘇州巡撫陳時夏奏爲據實奏明仰祈睿鑒事　416-651-11下

批雍正五年十二月二十四日蘇州巡撫陳時夏奏爲奏聞事　416-652-11下

批雍正五年十二月二十四日蘇州巡撫陳時夏奏爲奏聞事　416-653-11下

批雍正五年十二月二十四日蘇州巡撫陳時夏奏爲奏明事　416-654-11下

批雍正六年一月二十九日蘇州巡撫陳時夏奏爲奏聞事　416-656-11下

批雍正六年一月二十九日蘇州巡撫陳時夏奏爲奏明事　416-657-11下

批雍正六年一月二十九日蘇州巡撫陳時夏奏　416-658-11下

批雍正六年一月二十九日兵部尚書降一級調用何天培蘇州巡撫陳時夏奏爲奏聞事　416-660-11下

批雍正六年三月二十九日蘇州巡撫陳時夏奏爲仰荷聖恩訓誨微臣感激難名涕泣奏謝仰祈睿鑒事　416-660-11下

批雍正六年三月二十九日蘇州巡撫陳時夏奏爲奏聞事（二則）　416-661-11下

批雍正六年三月二十九日蘇州巡撫陳時夏奏爲奏明事　416-663-11下

批雍正六年三月二十九日蘇州巡撫陳時夏奏爲奏聞事　416-664-11下

批雍正六年三月二十九日蘇州巡撫陳時夏奏　416-665-11下

批雍正六年四月十八日蘇州巡撫陳時夏奏爲請旨事　416-666-11下

批雍正六年四月十八日蘇州巡撫陳時夏奏爲奏聞事　416-666-11下

批雍正六年六月十一日蘇州巡撫陳時夏奏爲欽奉上諭事　416-667-11下

批雍正六年六月十一日蘇州巡撫陳時夏奏爲欽奉上諭遵即覆奏事　416-668-11下

批雍正六年七月二十五日原任蘇州巡撫陳時夏奏爲感謝天恩仰祈睿鑒事　416-669-11下

批雍正三年一月八日山東布政使布蘭泰奏爲再叩天恩事　416-671-12上

批雍正三年四月七日山東布政使布蘭泰奏爲敬陳探訪事宜仰祈睿鑒事　416-672-12上

批雍正三年七月二十六日山東布政使布蘭泰奏爲仰體聖衷事　416-672-12上

批雍正三年七月二十六日山東布政使布蘭泰奏爲敬陳管見以資弼盜事　416-673-12上

批雍正三年七月二十六日山東布政使布蘭泰奏爲遵旨再奏事　416-674-12上

批雍正三年十月九日署理山東巡撫印務布政使布蘭泰奏　416-675-12上

批雍正三年十月九日署理山東巡撫印務布政使布蘭泰奏爲仰體皇仁賑恤災黎事　416-676-12上

批雍正四年二月一日湖南巡撫布蘭泰奏　416-677-12上

批雍正四年三月二日湖南巡撫布蘭泰奏（二則）　416-678-12上

批雍正四年三月十九日湖南巡撫布蘭泰奏爲奸民不法歛兵會捕事　416-680-12上

批雍正四年四月二十六日湖南巡撫布蘭泰奏（五則）　416-681-12上

批雍正四年六月二十二日湖南巡撫布蘭泰奏（四則）　416-685-12上

批雍正四年九月十二日湖南巡撫布蘭泰奏（二則）　416-687-12上

批雍正四年九月十七日湖南巡撫布蘭泰奏　416-690-12上

批雍正四年九月二十二日湖南巡撫布蘭泰奏　416-689-12上

批雍正四年十一月二十二日湖南巡撫布蘭泰奏（三則）　416-690-12上

批雍正五年一月二十五日湖南巡撫布蘭泰奏（二則）　416-692-12上

批雍正五年閏三月二日湖南巡撫布蘭泰（三則）　416-694-12上

批雍正五年閏三月十二日湖南巡撫布蘭泰奏（二則）　416-696-12上

批雍正五年四月二十四日湖南巡撫布蘭泰奏爲分別催科以清積欠事　416-698-12上

批雍正五年五月十六日戶部侍郎仍署理湖南巡撫印務布蘭泰恭謝天恩事　416-699-12下

批雍正五年五月十六日戶部侍郎仍署理湖南巡撫印務布蘭泰奏　416-700-12下

批雍正五年六月十八日戶部侍郎仍署理湖南巡撫印務布蘭泰奏　416-700-12下

批雍正五年六月十八日戶部侍郎仍署理湖南巡撫印務布蘭泰奏（二則）　416-701-12下

批雍正五年六月十八日戶部侍郎仍署理湖南巡撫印務布蘭泰奏爲恭謝天恩事　416-702-12下

批雍正五年七月二日戶部侍郎仍署理湖南巡撫印務布蘭泰奏　416-702-12下

批雍正五年七月十四日戶部侍郎仍署理湖南巡撫印務布蘭泰奏爲遵旨察明事　416-704-12下

批雍正五年九月二十九日江西巡撫布蘭泰奏爲恭謝天恩事　416-704-12下

批雍正五年十一月十八日江西巡撫布蘭泰奏爲奏聞事　416-705-12下

批雍正五年十一月十八日江西巡撫布蘭泰奏爲敬籌江西省錢法仰請睿裁事　416-706-12下

批雍正五年十一月十八日江西巡撫布蘭泰奏爲奏聞事　416-706-12下

批雍正五年十一月十八日江西巡撫布蘭泰奏爲欽奉上諭事　416-707-12下

批雍正五年十一月十八日江西巡撫布蘭泰奏爲君恩愈厚臣罪實深事　416-708-12下

批雍正五年十二月一日江西巡撫布蘭泰奏爲請禁隨丁私占馬糧以實營伍事　416-709-12下

批雍正五年十二月二十六日江西巡撫布蘭泰奏爲仰體聖衷事　416-710-12下

批雍正六年一月二十六日江西巡撫布蘭泰奏爲欽奉上諭事　416-711-12下

批雍正六年一月二十六日江西巡撫布蘭泰奏爲恭謝天恩事　416-711-12下

批雍正六年一月二十六日江西巡撫布蘭泰奏爲藩司責任匪輕拘儒恐難稱職仰請聖鑒事　416-713-12下

批雍正六年三月六日江西巡撫布蘭泰奏爲請旨事　416-713-12下

批雍正六年四月三日江西巡撫布蘭泰爲仰體聖衷事　416-714-12下

批雍正六年四月三日江西巡撫布蘭泰奏爲請旨事　416-715-12下

批雍正六年四月十八日江西巡撫布蘭泰奏爲恭報二麥收成分數仰祈聖鑒事　416-716-12下

批雍正六年六月十一日江西巡撫布蘭泰奏爲欽奉上諭事　416-717-12下

批雍正六年六月十一日江西巡撫布蘭泰奏爲奏聞事　416-718-12下

批雍正六年六月十一日江西巡撫布蘭泰奏爲仰體聖衷事　416-718-12下

批雍正六年六月十一日江西巡撫布蘭泰奏爲欽奉諭旨事　416-719-12下

批雍正六年六月二十日江西巡撫布蘭泰奏爲仰體聖衷事　416-720-12下

批雍正六年七月三日江西巡撫布蘭泰奏爲恭報早稻收成分數仰祈聖鑒事　416-721-12下

批雍正六年七月三日江西巡撫布蘭泰奏爲仰體聖衷事　416-721-12下

批雍正二年五月十四日貴州巡撫毛文銓奏爲據實奏聞仰祈睿鑒事　417- 1-13上

批雍正二年五月二十九日貴州巡撫毛文銓奏爲謹陳行伍情形仰祈睿鑒事　417- 3-13上

批雍正二年五月二十九日貴州巡撫毛文銓奏爲奏明陋規事　417- 3-13上

批雍正二年五月二十九日貴州巡

史部

詔令奏議類：附錄

詔令上十一畫

撫毛文銓奏爲奏聞事　417- 4- 13上
批雍正二年五月二十九日貴州巡撫毛文銓奏爲奏明礦廠事　417- 5- 13上
批雍正二年五月二十九日貴州巡撫毛文銓奏爲謹陳未議仰祈聖鑒事　417- 5- 13上
批雍正二年七月六日貴州巡撫毛文銓奏爲奏聞事　417- 6- 13上
批雍正二年七月六日貴州巡撫毛文銓奏爲奏聞設立社倉等事　417- 7- 13上
批雍正二年七月八日貴州巡撫毛文銓奏爲仰顴聖恩事　417- 7- 13上
批雍正二年七月八日貴州巡撫毛文銓奏爲奏聞雨水情形事　147- 8- 13上
批雍正二年八月二十八日貴州巡撫毛文銓奏爲遵旨回奏事　417- 8- 13上
批雍正二年十月二十四日雲貴總督高其倬貴州提督趙坤貴州巡撫毛文銓奏爲奏聞獲定廣究苗事　417- 10- 13上
批雍正二年十一月十七日貴州巡撫毛文銓奏爲奏請聖恩事　417- 11- 13上
批雍正二年十二月十八日貴州巡撫毛文銓奏爲恭謝天恩事　417- 12- 13上
批雍正三年正月二十六日貴州巡撫毛文銓奏爲奏聞府備勒捕究苗事　417- 13- 13上
批雍正三年正月二十六日貴州巡撫毛文銓奏爲奏聞事　417- 14- 13上
批雍正三年正月二十六日貴州巡撫毛文銓奏爲恭謝天恩事　417- 14- 13上
批雍正三年正月二十六日貴州巡撫毛文銓奏爲奏乞天恩事　417- 15- 13上
批雍正三年十月六日福建巡撫毛文銓奏爲奏聞事奏　417- 16- 13上
批雍正三年十月六日福建巡撫毛文銓奏爲奏聞各屬被水情形仰祈聖鑒事　417- 16- 13上
批雍正三年十月六日福建巡撫毛文銓奏爲謹陳廈門流匪情形并前後獲犯事　417- 17- 13上
批雍正三年十月六日福建巡撫毛文銓奏爲奏聞事　417- 18- 13上
批雍正三年十月二十五日福建巡撫毛文銓奏爲再行具摺奏聞事　417- 19- 13上
批雍正三年十月二十五日福建巡撫毛文銓奏爲奏明養廉事　417- 19- 13上
批雍正三年十月二十五日福建巡撫毛文銓奏爲仰請聖恩事　417- 20- 13上
批雍正三年十月二十五日福建巡撫毛文銓奏爲奏聞事　417- 21- 13上
批雍正三年十一月十九日福建巡撫毛文銓奏爲遵旨密奏事　417- 22- 13上
批雍正三年十一月十九日福建巡撫毛文銓奏爲遵旨覆奏事　417- 22- 13上
批雍正三年十一月十九日福建巡撫毛文銓奏爲奏聞臺灣情形仰祈睿鑒事　417- 23- 13上
批雍正三年十一月十九日福建巡撫毛文銓奏爲再摺奏聞仰祈睿鑒事　417- 24- 13上
批雍正三年十一月十九日福建巡撫毛文銓奏爲奏聞事（二則）　417- 25- 13上
批雍正三年十一月十九日福建巡撫毛文銓奏爲遵旨密奏事　417- 26- 13上
批雍正四年正月四日福建巡撫毛文銓奏爲據實奏聞仰祈聖鑒事　417- 28- 13下
批雍正四年正月四日福建巡撫毛文銓奏爲遵旨覆奏事　417- 29- 13下
批雍正四年正月四日福建巡撫毛文銓奏爲請撫生番事　417- 30- 13下
批雍正四年正月四日福建巡撫毛文銓奏爲密請聖恩事　417- 30- 13下
批雍正四年正月四日福建巡撫毛文銓奏爲據實奏明仰祈聖鑒事　417- 31- 13下
批雍正四年二月四日福建巡撫毛文銓爲奏聞事　417- 32- 13下
批雍正四年二月四日福建巡撫毛文銓奏爲奏聞事　417- 32- 13下
批雍正四年二月四日福建巡撫毛文銓奏爲犬馬報主之心甚切謹陳愚悃密請聖裁事　417- 33- 13下
批雍正四年三月十日福建巡撫毛文銓奏爲恭謝天恩事　417- 35- 13下
批雍正四年三月十日福建巡撫毛文銓奏爲欽奉硃批先行覆奏事　417- 35- 13下
批雍正四年三月十日福建巡撫毛文銓奏爲奏請聖恩事　417- 35- 13下
批雍正四年三月十日福建巡撫毛文銓奏爲據實奏聞仰祈睿鑒事　417- 36- 13下

四庫全書文集篇目分類索引　295

批雍正四年三月十日福建巡撫毛文銓奏爲奏聞事（二則）　417-37-13下
批雍正四年四月二十一日福建巡撫毛文銓奏爲奏聞事　417-40-13下
批雍正四年五月四日福建巡撫毛文銓奏爲奏明事　417-40-13下
批雍正四年五月四日福建巡撫毛文銓奏爲再摺奏聞仰祈睿鑒事　417-41-13下
批雍正四年五月十四日福建巡撫毛文銓奏爲奏聞事　417-42-13下
批雍正四年五月十四日福建巡撫毛文銓奏爲仰請聖恩事　417-43-13下
批雍正四年六月二十二日福建巡撫毛文銓爲新稻將次登塲人心大定特摺奏聞仰慰聖懷事　417-45-13下
批雍正四年七月十八日福建巡撫毛文銓奏爲聖恩浩蕩臣罪無辭事　417-46-13下
批雍正四年八月四日福建巡撫毛文銓奏爲奏聞事　417-47-13下
批雍正四年九月十六日福建巡撫毛文銓奏爲奏請聖訓事　417-47-13下
批雍正四年十月十二日福建巡撫毛文銓奏爲仰懇聖恩事　417-47-13下
批雍正四年十一月九日福建巡撫毛文銓奏恭請皇上聖安　417-48-13下
批雍正四年十一月九日福建巡撫毛文銓奏爲奏明事　417-49-13下
批雍正四年十一月九日福建巡撫毛文銓奏爲奏聞收成分數現今米價事　417-49-13下
批雍正四年十一月二十八日福建巡撫毛文銓奏爲奏聞事（二則）　417-50-13下
批雍正四年十一月二十八日福建巡撫毛文銓奏爲再摺奏聞仰祈聖鑒事　417-51-13下
批雍正四年十二月二十一日福建巡撫毛文銓奏爲恭謝天恩事　417-52-13下
批雍正四年十二月二十一日福建巡撫毛文銓奏爲具奏奉發硃批原任督臣滿保奏摺事　417-52-13下
批雍正四年十二月二十一日福建巡撫毛文銓奏爲奏聞事（二則）　417-53-13下
批雍正四年十二月二十一日福建巡撫毛文銓奏爲據實奏聞事　417-55-13下
批雍正四年十二月二十一日福建巡撫毛文銓奏爲據實奏聞仰祈聖鑒事　417-55-13下
批雍正五年正月七日福建巡撫毛文銓奏爲奏請聖訓事　417-56-13下
批雍正五年二月十日福建巡撫毛文銓奏爲聖恩之高厚難名微臣之感激無盡再陳謝悃仰祈睿鑒事　417-56-13下
批雍正五年二月十日福建巡撫毛文銓奏爲欽奉上諭事　417-57-13下
批雍正五年四月四日鎭海將軍署理福建巡撫印務毛文銓奏爲奏聞事（二則）　417-58-13下
批雍正元年正月十八日兩廣總督楊琳奏爲叩謝天恩事　417-60-14
批雍正元年三月二日兩廣總督楊琳奏爲恭繳硃批事　417-61-14
批雍正元年三月三日兩廣總督楊琳奏爲備陳鑒務始末情由事　417-62-14
批雍正元年三月三日兩廣總督楊琳奏爲據實奏明叩懇聖恩原宥事　417-63-14
批雍正元年四月二日兩廣總督楊琳廣州將軍管源忠署理廣東巡撫年希堯廣東提督馮毅奏爲奏聞事（二則）　417-65-14
批雍正元年五月十三日兩廣總督楊琳奏爲奏報早禾收成米糧價值事　417-67-14
批雍正元年五月十三日兩廣總督楊琳奏爲奏報盜首全獲事　417-67-14
批雍正元年六月十二日兩廣總督楊琳署廣東巡撫年希堯奏爲奏請補授都司遊擊事　417-67-14
批雍正元年七月九日兩廣總督楊琳署廣東巡撫年希堯廣東提督馮毅奏爲奏報發落盜犯事　417-68-14
批雍正元年七月九日兩廣總督楊琳奏爲奏請因才補用事　417-69-14
批雍正元年七月二十六日兩廣總督楊琳奏爲奏聞事　417-70-14
批雍正元年七月二十六日兩廣總督楊琳奏爲敬陳籌海事宜事　417-71-14
批雍正元年七月二十六日兩廣總

四庫全書文集篇目分類索引

史部

詔令奏議類：附錄

詔令上十一畫

督楊琳奏爲回奏事	417- 72-	14
批雍正元年八月五日兩廣總督楊琳廣東巡撫年希堯奏爲奏報事	417- 74-	14
批雍正元年八月二十三日兩廣總督楊琳奏爲奏請更替管理鹽務事	417- 75-	14
批雍正元年八月二十三日兩廣總督楊琳奏爲回奏事	417- 76-	14
批雍正元年八月二十三日兩廣總督楊琳廣東巡撫年希堯奏爲奏聞事	417- 76-	14
批雍正元年八月二十三日兩廣總督楊琳奏爲欽奉上諭事	417- 77-	14
批雍正元年九月十五日兩廣總督楊琳奏爲凜遵聖訓勉圖報効事	417- 78-	14
批雍正元年九月十五日兩廣總督楊琳奏爲恭繳上諭事	417- 79-	14
批雍正元年九月二十四日兩廣總督楊琳奏爲恭奉聖訓事	417- 80-	14
批雍正元年十一月十六日廣東總督楊琳奏爲回奏事	417- 81-	14
批雍正元年十一月十六日廣東總督楊琳奏爲奏報秋收分數米糧價值事	417- 81-	14
批雍正元年十一月十六日廣東總督楊琳廣東巡撫年希堯奏爲遵旨回奏事	417- 82-	14
批雍正元年十二月六日廣東總督楊琳奏爲奏報解部銀兩日期事	417- 84-	14
批雍正元年十二月六日廣東總督楊琳奏爲恭繳朱批奏摺事	417- 85-	14
批雍正元年四月二十一日江西巡撫裴律度奏爲奏聞事	417- 86-	15
批雍正元年六月二十日江西巡撫裴律度奏爲奏聞事	417- 87-	15
批雍正元年九月一日江西巡撫裴律度奏爲遵旨具覆事	417- 88-	15
批雍正元年九月一日江西巡撫裴律度奏爲敬陳湖口設關之險仍請移回九江分立口岸保商裕課事	417- 89-	15
批雍正元年九月二十六日江西巡撫裴律度奏爲奏聞事	417- 90-	15
批雍正元年十月十三日江西巡撫裴律度（奏銅鼓盜賊虛實）	417- 90-	15
批雍正元年十二月十二日江西巡撫裴律度奏採買米石一事	417- 91-	15
批雍正元年十二月十二日江西巡撫裴律度奏江省事宜	417- 92-	15
批雍正元年十二月十二日江西巡撫裴律度奏爲恭謝天恩事	417- 93-	15
批雍正二年三月二十八日江西巡撫裴律度奏(江西雨沛旱禾事)	417- 94-	15
批雍正二年三月二十八日江西巡撫裴律度奏湖口關稅務	417- 94-	15
批雍正二年三月二十八日江西巡撫裴律度奏爲奏明事	417- 95-	15
批雍正二年六月二十四日江西巡撫裴律度奏（報棚民一事）	417- 96-	15
批雍正二年六月二十四日江西巡撫裴律度奏爲奏聞事	417- 96-	15
批雍正二年六月二十四日江西巡撫裴律度奏竊查寧州流匪一案	417- 97-	15
批雍正二年六月二十四日江西巡撫裴律度奏（遵旨收解湖關贏餘事）	417- 97-	15
批雍正二年六月二十九日江西巡撫裴律度奏	417- 98-	15
批雍正二年九月二十八日江西巡撫裴律度奏（奏恭繳上諭二道——革除里長嚴禁邪教二件）	417- 99-	15
批雍正二年九月二十八日江西巡撫裴律度上奏（三則）	417-100-	15
雍正二年十月二十八日江西巡撫裴律度上奏	417-103-	15
雍正三年二月二十六日江西巡撫裴律度上奏（二則）	417-104-	15
批雍正三年二月二十六日江西巡撫裴律度奏爲備陳封禁山情形伏乞睿鑒事	417-104-	15
批雍正三年六月二十日江西巡撫裴律度奏爲奏聞事	417-105-	15
批雍正三年六月二十日江西巡撫裴律度上奏	417-106-	15
批雍正三年六月二十江西巡撫裴律度奏爲恭謝天恩兼陳愚悃伏候睿裁事	417-106-	15
批雍正三年九月二十六日江西巡撫裴律度奏（江西省弭盜安民事宜）	417-107-	15

雍正三年九月二十六日江西巡撫裴率度上奏（江西現在並無邪教） 417-108- 15

批雍正三年十一月八日江西巡撫裴率度（奏報魯宗懋揭胡期頤勒詐事） 417-108- 15

批雍正三年十一月八日江西巡撫裴率度上奏 417-109- 15

批雍正三年十二月十八日江西巡撫裴率度奏（報江西省從前虧空各案） 417-109- 15

批雍正三年十二月十八日江西巡撫裴率度奏（報查贛關稅務） 417-110- 15

批雍正三年十二月十八日江西巡撫裴率度奏爲遵旨據實陳明事 417-111- 15

批雍正四年三月十三日江西巡撫裴率度奏（報親勘塘汛關口情形） 417-111- 15

批雍正四年三月十三日江西巡撫裴率度上奏 417-112- 12

批雍正四年三月十三日江西巡撫裴率度上奏（繪圖奏報查勘九江南康二府古河道事） 417-112- 15

批雍正四年三月十三日江西巡撫裴率度上奏 417-113- 15

批雍正四年四月四日戶部侍郎仍辦理江西巡撫事務裴率度（恭謝天恩奏） 417-113- 15

批雍正四年四月四日戶部侍郎仍辦理江西巡撫事務裴率度奏爲請嚴交盤措勒之積習以清民欠以實庫帑事 417-114- 15

批雍正四年四月四日戶部侍郎仍辦理江西巡撫事務裴率度奏（勸輸報捐事） 417-115- 15

批雍正四年六月四日戶部侍郎仍辦江西巡撫事務裴率度上奏 417-115- 15

批雍正四年六月四日戶部侍郎仍辦理江西巡撫事務裴率度上奏（江西雨水情形） 417-116- 15

批雍正四年六月四日戶部侍郎仍辦理江西巡撫事務裴率度上奏 417-117- 15

批雍正四年七月三日都察院左都御史裴率度（恭謝天恩奏） 417-117- 15

批雍正四年七月三日都察院左都御史裴率度奏爲奏聞事 417-118- 15

批雍正六年八月二十七日山東布政使費金吾奏爲欽奉上諭恭謝天恩事 417-119- 16

批雍正六年八月二十七日山東布政使費金吾奏爲敬陳地方事宜仰祈聖訓事 417-120- 16

批雍正六年八月二十七日山東布政使費金吾奏爲敬籌盤查倉庫之法仰祈睿鑒事 417-123- 16

批雍正六年十月十八日山東布政使費金吾奏爲奏聞事 417-124- 16

批雍正六年十一月二十八日山東布政使費金吾奏爲恭謝天恩事 417-125- 16

批雍正七年正月十四日山東布政使費金吾奏爲敬陳錢糧事宜仰祈睿鑒事 417-126- 16

批雍正七年正月十四日山東布政使費金吾奏爲欽奉聖訓恭謝天恩事 417-127- 16

批雍正七年四月二十八日山東布政使費金吾奏爲恭謝天恩敬請聖訓事 417-128- 16

批雍正七年六月八日山東布政使費金吾奏爲恭報二麥豐收秋禾徧播仰慰聖懷事 417-129- 16

批雍正七年六月八日山東布政使費金吾奏爲奏聞事 417-130- 16

批雍正七年六月十七日山東布政使費金吾奏爲請定復職人員補用之例以裨吏治事 417-131- 16

批雍正七年六月十七日山東布政使費金吾奏爲科場經費不敷請旨動用庫項事 417-132- 16

批雍正七年七月十二日山東布政使費金吾奏爲奏聞事 417-134- 16

批雍正七年七月十二日山東布政使費金吾奏爲敬陳東省辦驛實情仰祈睿鑒事 417-135- 16

批雍正七年閏七月一日山東布政使費金吾奏爲欽承聖訓恭謝天恩事 417-136- 16

批雍正七年閏七月一日山東布政使費金吾奏爲恭報查路諸臣入境日期事 417-137- 16

批雍正七年閏七月二十六日暫行署理山東巡撫印務布政使費金吾奏爲奏聞事　417-138-　16

批雍正七年閏七月二十六日暫行署理山東巡撫印務布政使費金吾奏爲祗承聖訓恭謝天恩事　417-138-　16

批雍正七年閏七月二十六日暫行署理山東巡撫印務布政使費金吾奏爲奏聞事　417-139-　16

批雍正七年八月七日暫行署理山東巡撫印務布政使費金吾奏爲恭報秋禾收成分數仰慰聖懷事　417-141-　16

批雍正七年八月二十八日暫行署理山東巡撫印務布政使費金吾奏爲恭謝天恩事　417-142-　16

批雍正七年八月二十八日暫行署理山東巡撫印務布政使費金吾奏爲奏聞事　417-142-　16

批雍正七年九月十三日暫行署理山東巡撫印務布政使費金吾奏爲請旨事　417-143-　16

批雍正七年九月十三日暫行署理山東巡撫印務布政使費金吾奏爲科場事竣奏明歸還庫項事　417-144-　16

批雍正七年九月十九日山東布政使費金吾奏爲恭報臨關經收錢糧事　417-145-　16

批雍正七年九月十九日山東布政使費金吾奏爲請旨事　417-146-　16

批雍正七年十月二日山東布政使費金吾奏爲遵旨陳奏恭謝天恩事　417-147-　16

批雍正七年十月二日山東布政使費金吾奏爲恭謝天恩事　417-148-　16

批雍正七年十月十七日山東布政使費金吾奏爲恭祝聖壽如天事　417-149-　16

批雍正七年十月十七日山東布政使費金吾奏爲恭謝天恩敬陳下悃事　417-150-　16

批雍正七年十一月十九日山東布政使費金吾奏爲恭報藩庫餘平銀兩事　417-152-　16

批雍正七年十一月十九日山東布政使費金吾奏爲欽承聖訓恭謝天恩事　417-152-　16

批雍正七年十二月三日山東布政使費金吾奏爲君德合符師道闡里呈現卿雲事　417-153-　16

批雍正七年十二月三日山東布政使費金吾奏爲奏聞事　417-155-　16

批雍正八年三月二十四日湖北巡撫費金吾奏爲微臣赴任稽遲恭懇天恩垂宥事　417-156-　16

批浙江巡撫黃叔琳奏（二則）　417-157-　17

批浙江巡撫黃叔琳奏奉命撫浙兼理北新南新海關稅務事　147-159-　17

批浙江巡撫黃叔琳奏（三則）　147-160-　17

批浙江巡撫黃叔琳奏查報馮國泰虧空錢糧案　417-163-　17

批浙江巡撫黃叔琳奏（二則）　417-164-　17

批浙江巡撫黃叔琳奏爲奏明請旨定奪庶於國賦有益事　417-166-　17

批浙江巡撫黃叔琳奏浙省鹽徒私販一事　417-167-　17

批浙江巡撫黃叔琳奏　417-167-　17

批浙江巡撫黃叔琳奏爲欽奉上諭事（三則）　417-168-　17

批浙江巡撫黃叔琳奏爲請旨事　417-171-　17

批浙江巡撫黃叔琳奏（二則）　417-172-　17

批江南江常鎮道王璣奏爲請免河工舊欠以清塵案以廣皇仁事　417-174-　18

批江南江常鎮道王璣奏爲清查僧寺以靖姦盜事　417-175-　18

批戶部左侍郎王璣奏爲奏聞事　417-176-　18

批署理蘇州巡撫印務王璣吏部右侍郎彭維新奏爲奏明請旨以便清查事　417-177-　18

批署理蘇州巡撫印務王璣奏爲密奏事　417-177-　18

批署理蘇州巡撫印務王璣奏爲恭報二麥茂盛情形仰慰聖懷事　417-178-　18

批署理蘇州巡撫印務王璣吏部右侍郎彭維新奏爲欽奉上諭事　417-179-　18

批署理蘇州巡撫印務王璣奏爲戰船宜歸營修據實直陳仰祈聖主採擇事　417-180-　18

批署理蘇州巡撫印務王璣奏爲恭懇聖恩事　417-181-　18

批署理蘇州巡撫印務王璣奏爲密奏事　417-182-　18

批署理蘇州巡撫印務王瑳奏（報江蘇提解耗羨并養廉公事需用各數） 417-183- 18

批雍正元年正月十七日福建巡撫黃國材奏爲請旨事 417-185- 19上

批雍正元年三月六日福建巡撫黃國材奏爲奏聞事（二則） 417-186- 19上

批雍正元年四月二十五日福建巡撫黃國材奏爲叩請聖安並懇皇上節勞頤養事 417-187- 19上

批雍正元年四月二十五日福建巡撫黃國材奏爲請復熱審減等之例以廣皇仁事 417-188- 19上

批雍正元年五月十四日福建巡撫黃國材奏爲恭繳硃批事（二則） 417-188- 19上

批雍正元年五月十四日福建巡撫黃國材奏爲奏聞事 417-190- 19上

批雍正元年七月二十九日福建巡撫黃國材奏爲恭繳諭旨叩謝天恩事（二則） 417-190- 19上

批雍正元年七月二十九日福建巡撫黃國材奏爲調補撫標官員事 417-191- 19上

批雍正元年八月十二日福建巡撫黃國材奏爲請禁服色僭越以維風俗事 417-192- 19上

批雍正元年九月十一日福建巡撫黃國材奏爲恭繳諭旨事 417-193- 19上

批雍正元年九月十一日福建巡撫黃國材奏爲奏聞事 417-194- 19上

批雍正元年十月六日福建巡撫黃國材奏爲奏聞事 417-194- 19上

批雍正元年十月十八日福建巡撫黃國材奏爲恭繳喻旨叩謝天恩事 417-195- 19上

批雍正元年十一月九日福建巡撫黃國材奏爲奏聞事 417-196- 19上

批雍正元年十一月九日福建巡撫黃國材奏爲遵明再叩天恩事 417-196- 19上

批雍正元年十一月十九日福建巡撫黃國材奏爲恭繳諭旨事 417-197- 19上

批雍正元年十一月十九日福建巡撫黃國材奏爲恭繳諭旨叩謝天恩事 417-198- 19上

批雍正二年正月三日福建巡撫黃國材奏爲恭繳諭旨事 417-198- 19上

批雍正二年正月二十五日福建巡撫黃國材奏爲恭謝天恩事（三則） 417-199- 19上

批雍正二年正月二十五日福建巡撫黃國材奏爲恭繳諭旨事 417-201- 19上

批雍正二年二月二十四日福建巡撫黃國材奏爲恭繳諭旨事 417-201- 19上

批雍正二年三月二十六日福建巡撫黃國材奏爲奏聞事 417-202- 19上

批雍正二年三月二十六日福建巡撫黃國材奏爲恭聆訓旨事 417-202- 19上

批雍正二年閏四月十三日福建巡撫黃國材奏爲奏聞事 417-203- 19上

批雍正二年閏四月十三日福建巡撫黃國材奏爲恭繳諭旨叩謝天恩事 417-234- 19上

批雍正二年五月五日福建巡撫黃國材奏爲恭繳諭旨叩謝天恩事 417-205- 19上

批雍正二年五月五日福建巡撫黃國材奏爲奏聞事 417-206- 19上

批雍正二年五月五日福建巡撫黃國材奏爲欽奉上諭恭謝天恩事 417-206- 19上

批雍正二年五月十八日福建巡撫黃國材奏爲恭謝天恩事 417-207- 19上

批雍正二年五月二十一日福建巡撫黃國材奏爲奏聞事 417-208- 19上

批雍正二年六月十四日福建巡撫黃國材奏爲恭繳諭旨叩謝天恩事 417-209- 19上

批雍正二年六月十四日福建巡撫黃國材奏爲奏聞事 417-209- 19上

批雍正二年六月十四日福建巡撫黃國材奏爲恭領聖訓據實回奏事 417-210- 19上

批雍正二年六月十四日福建巡撫黃國材奏爲恭領聖訓事 417-210- 19上

批雍正二年六月二十五日福建巡撫黃國材奏爲恭繳諭旨叩謝天恩事（二則） 410-211- 19上

批雍正二年六月二十五日福建巡撫黃國材奏爲恭繳諭旨事 410-213- 19上

批雍正二年七月十七日福建巡撫黃國材奏爲恭謝天恩事 410-213- 19上

批雍正二年七月十七日福建巡撫黃國材奏爲恭繳諭旨事 410-215- 19上

批雍正二年八月三日福建巡撫黃國材奏爲恭繕諭旨據實奏聞事 410-215- 19上

批雍正二年八月三日福建巡撫黃國材奏爲恭謝天恩事 417-216- 19上

批雍正二年八月三日福建巡撫黃國材奏爲恭繕諭旨叩謝天恩事 417-217- 19上

批雍正二年八月十九日福建巡撫黃國材奏爲微臣受恩愈重戀主愈殷叩懇天恩准臣陛見以伸瞻仰微忱事 417-217- 19上

批雍正二年九月十日福建巡撫黃國材奏爲恭繕諭旨事 417-219- 19上

批雍正二年九月十日福建巡撫黃國材奏爲恭繕諭旨叩謝天恩事 417-219- 19上

批雍正二年九月十日福建巡撫黃國材奏爲恭繕諭旨事 417-220- 19上

批雍正二年九月十日福建巡撫黃國材奏爲恭繕諭旨叩謝天恩事（二則） 417-220- 19上

批雍正二年十月十五日福建巡撫黃國材奏爲奏聞事 417-222- 19上

批雍正二年十月十五日福建巡撫黃國材奏爲恭繕諭旨事 417-222- 19上

批雍正二年十月十五日福建巡撫黃國材奏爲恭繕諭旨叩謝天恩事（三則） 417-222- 19上

批雍正二年十月十五日福建巡撫黃國材奏爲恭繕諭旨事 417-225- 19上

批雍正二年十一月二十六日福建巡撫黃國材奏爲恭繕諭旨事 417-225- 19上

批雍正二年十一月二十六日福建巡撫黃國材奏爲恭繕諭旨叩謝天恩事 417-227- 19上

批雍正二年十二月二十四日福建巡撫黃國材奏爲奏聞事 417-227- 19上

批雍正三年正月二十日福建巡撫黃國材奏爲恭繕諭旨叩謝天恩事 417-229- 19下

批雍正三年二月十六日福建巡撫黃國材奏爲起解稅羨銀兩事 417-230- 19下

批雍正三年三月一日福建巡撫黃國材奏爲恭繕諭旨事 417-231- 19下

批雍正三年三月一日福建巡撫黃國材奏爲奏聞事（二則） 417-231- 19下

批雍正三年三月十三日福建巡撫黃國材奏爲奏賀事 417-232- 19下

批雍正三年三月十三日福建巡撫黃國材奏爲奏聞事 417-233- 19下

批雍正三年四月三日福建巡撫黃國材奏爲恭繕諭旨叩謝天恩事 417-233- 19下

批雍正三年四月三日福建巡撫黃國材奏爲奏聞事 417-234- 19下

批雍正三年四月二十六日福建巡撫黃國材奏爲恭繕諭旨事 417-234- 19下

批雍正三年五月二日福建巡撫黃國材奏爲恭繕諭旨事 417-235- 19下

批雍正三年五月二日福建巡撫黃國材奏爲恭繕諭旨叩謝天恩事（二則） 417-236- 19下

批雍正三年五月二日福建巡撫黃國材奏爲請免調換水師千總把總事 417-237- 19下

批雍正三年五月二日福建巡撫黃國材奏爲叩謝天恩事 417-237- 19下

批雍正三年五月十一日福建巡撫黃國材奏爲恭謝天恩事 417-238- 19下

批雍正三年五月二十二日福建巡撫黃國材奏爲奏聞事 417-239- 19

批雍正三年五月二十二日福建巡撫黃國材奏爲據實奏聞事 417-240- 19

批雍正三年五月二十二日福建巡撫黃國材奏爲恭繕諭旨叩謝天恩事 417-241- 19下

批雍正三年六月三日福建巡撫黃國材奏爲奏聞事（二則） 417-241- 19下

批雍正三年七月十五日福建巡撫黃國材奏爲恭繕諭旨叩謝天恩事 417-243- 19下

批雍正三年七月十五日福建巡撫黃國材奏爲恭繕諭旨事 417-243- 19下

批雍正三年七月十五日福建巡撫黃國材奏爲恭繕諭旨叩謝天恩事 417-244- 19下

批雍正三年八月十二日福建巡撫黃國材奏爲恭繕諭旨叩謝天恩事（三則） 417-245- 19下

批雍正三年九月一日解任巡撫黃國材奏爲叩謝天恩事據實奏聞事 417-247- 19下

批雍正三年九月七日解任巡撫黃

國材奏爲奏聞事　417-248-　19下
批雍正元年三月二十四日署理江蘇巡撫印務何天培奏爲淮關勢難兼管懇恩酌改事　417-250-　20
批雍正元年五月四日署理江蘇巡撫印務上奏（二則）　417-250-　20
批雍正元年五月四日署理江蘇巡撫印務何天培奏爲奏報二麥收成米糧價值恭慰聖懷事　417-251-　20
批雍正元年五月二十四日署理江蘇巡撫印務何天培奏爲密請特簡賢能郡守事　417-252-　20
批雍正元年五月二十四日署理江蘇巡撫印務何天培奏爲密請特簡賢能郡守事　417-252-　20
批雍正元年五月二十四日署理江蘇巡撫印務何天培奏爲遵旨奏明事　417-252-　20
批雍正元年七月七日署理江蘇巡撫印務何天培奏爲奏聞事　417-253-　20
批雍正元年七月二十六日署理江蘇巡撫印務何天培上奏　417-253-　20
批雍正元年七月二十六日署理江蘇巡撫印務何天培奏爲據實陳奏事　417-254-　20
批雍正元年七月二十六日署理江蘇巡撫何天培奏爲奏聞事　417-255-　20
批雍正元年八月二十日署理江蘇巡撫印務何天培奏爲奏聞事　417-255-　20
批雍正元年八月二十日署理江蘇巡撫印務何天培奏爲預籌積貯事　417-256-　20
批雍正元年九月九日署理江蘇巡撫印務何天培奏爲接管海關敬繳贏餘銀兩事　417-257-　20
批雍正元年九月九日署理江蘇巡撫印務何天培奏爲接辦銅觔繳贏餘銀兩事　417-258-　20
批雍正元年九月三日署理江蘇巡撫印務何天培上奏敬繳御批二摺諭旨一事　417-259-　20
批雍正元年十月十九日署理江蘇巡撫印務何天培奏爲凜遵聖訓據實陳明事　417-260-　20
批雍正元年十月十九日署理江蘇巡撫印務奏爲敬籌徵漕賑濟事宜仰祈睿鑒事　417-261-　20
批雍正元年十月十九日署理江蘇巡撫印務何天培奏爲遵旨奏覆事　417-262-　20
批雍正二年正月四日署理江蘇巡撫印務何天培奏爲奏聞事　417-262-　20
批雍正二年正月二十七日署理江蘇巡撫印務何天培奏爲奏聞事　417-263-　20
批雍正二年二月二十四日署理江蘇巡撫印務何天培奏爲奏聞事　417-264-　20
批雍正二年四月十日署理江蘇巡撫印務何天培奏爲請旨事　417-264-　20
批雍正二年四月十日署理江蘇巡撫印務何天培奏爲奏聞事　417-265-　20
批雍正二年四月十日署理江蘇巡撫印務何天培奏爲接管龍江關務敬繳贏餘銀兩事　417-266-　20
批雍正二年閏四月六日署理江蘇巡撫印務何天培奏爲奏聞事　417-266-　20
批雍正二年閏四月二十六日署理江蘇巡撫印務何天培奏爲奏聞事　417-267-　20
批雍正二年閏四月二十六日署理江蘇巡撫印務何天培奏爲請將甍丁歸併甍地徵收以免苦累事　417-268-　20
批雍正二年五月十九日署理江蘇巡撫印務何天培奏爲欽遵上諭事　417-269-　20
批雍正二年五月十九日署理江蘇巡撫印務何天培奏爲遵旨奏聞事　417-269-　20
批雍正二年五月十九日署理江蘇巡撫印務何天培奏爲感激聖訓據實奏聞事　417-270-　20
批雍正二年五月十九日署理江蘇巡撫印務何天培奏爲奏聞事　417-271-　20
批雍正二年六月八日署理江蘇巡撫印務何天培奏爲聖諭洞鑒臣心謹具摺謝恩事　417-271-　20
批雍正二年七月九日署理江蘇巡撫印務何天培奏爲聖主念切民主念切民生感召天和雨澤應時恩膏普遍事　417-272-　20
批雍正二年七月九日署理江蘇巡

302　　　　　　　　　四庫全書文集篇目分類索引

史部

詔令奏議類：附錄

詔令上十一畫

撫印務何天培奏爲凜遵聖訓恭謝天恩事　417-273-　20

批雍正二年七月十七日署理江蘇巡撫印務何天培奏爲恭謝天恩事　417-273-　20

批雍正二年七月二十八日署理江蘇巡撫印務何天培奏爲奏聞事　417-274-　20

批雍正二年九月九日署理江蘇巡撫印務奏爲奏聞事　417-274-　20

批雍正二年九月九日署理江蘇巡撫印務何天培奏爲奏明事　417-275-　20

批雍正二年十月二十八日署理江蘇巡撫印務何天培奏爲請旨事　417-276-　20

批雍正二年十一月二十五日署理江蘇巡撫印務何天培奏爲奏聞事　417-276-　20

批雍正二年十一月二十五日署理江蘇巡撫印務何天培奏爲再懇聖恩緩發銅價以清積欠以愼庫帑事　417-277-　20

批雍正二年十一月二十五日署理江蘇巡撫印務何天培奏爲奏明事　417-278-　20

批雍正二年十二月二十一日署理江蘇巡撫印務何天培奏爲遵旨奏明贏餘銀省銀兩總數事　417-278-　20

批雍正三年正月二十八日署理江蘇巡撫印務何天培奏爲奏聞事　417-279-　20

批雍正三年三月十六日署理江蘇巡撫印務何天培奏爲奏聞事（二則）　417-279-　20

批雍正三年四月三日署理江蘇巡撫印務何天培奏爲敬繳銅勸節省銀兩事　417-280-　20

批雍正三年四月六日署理江蘇巡撫印務何天培奏爲恭謝天恩事　417-281-　20

批雍正三年四月六日署理江蘇巡撫印務奏爲減糧特沛天恩萬姓歡呼感頌合先據情奏聞事　417-282-　20

批雍正三年五月三日鎭海將軍何天培奏爲微臣戀主情殷叩請陛見以慰葵衷事　417-283-　20

批雍正三年五月三日鎭海將軍何天培奏爲奏聞事　417-284-　20

批雍正三年五月三日鎭海將軍何天培奏爲敬遵聖訓事　417-284-　20

批雍正三年七月七日鎭海將軍何天培奏爲奏聞事　417-285-　20

批雍正三年七月七日鎭海將軍何天培奏爲據實奏聞事　417-285-　20

批雍正三年七月七日鎭海將軍何天培奏爲叩請恩綸事　417-286-　20

批雍正三年七月七日鎭海將軍何天培奏爲旗丁添設操演事　417-286-　20

批雍正三年七月十九日鎭海將軍何天培奏爲據實檢學事　417-287-　20

批雍正三年八月二十四日鎭海將軍何天培奏爲聖躬即去請紓餘慕事　417-288-　20

批雍正三年十二月十六日鎭海將軍何天培奏爲奏聞事　417-288-　20

批雍正四年五月四日鎭海將軍何天培奏爲奏聞事　417-289-　20

批雍正四年七月二十日鎭海將軍何天培奏爲請嚴遏羅之禁以裕民食事　417-289-　20

批雍正五年三月十六日署理鎭海將軍印務何天培奏爲恭繹聖訓叩謝天恩事　417-290-　20

批雍正五年三月十六日署理鎭海將軍印務奏爲奏聞事　417-291-　20

批雍正五年閏三月二十七日署理鎭海將軍何天培奏爲欽奉上諭整武備以肅軍威事　417-291-　20

批雍正五年五月三日署理鎭海將軍印務何天培奏爲遵旨奏聞事　417-292-　20

批雍正五年八月十三日署理鎭海將軍印務何天培奏爲請旨事　417-292-　20

批雍正五年十一月十七日兵部尙書何天培奏爲奏聞事（二則）　417-293-　20

批雍正元年七月四日佟吉圖奏爲瀝陳愚悃仰冀照鑒事　417-294-　21

批雍正二年六月十八日佟吉圖奏爲欽奉上諭事　417-295-　21

批雍正二年八月二十八日署理兩浙鹽政布政使佟吉圖奏爲欽奉上諭事　417-296-　21

批雍正二年八月二十八日署理兩浙鹽政布政使佟吉圖奏爲浙省耗羨不敷公用請酌捐俸工以濟

四庫全書文集篇目分類索引

諸費事　417-298-　21

批雍正二年九月三日署理浙江巡撫印務布政使佟吉圖奏爲陳明撫恤災黎情形仰慰聖衷事　417-299-　21

批雍正二年九月十五日署理浙江巡撫印務布政使佟吉圖奏爲欽奉上諭事　417-300-　21

批雍正二年九月十五日署理浙江巡撫印務布政使佟吉圖奏爲奏明海關贏餘銀兩仰候聖裁事　417-300-　21

批雍正三年二月十三日浙江布政使佟吉圖奏爲欽奉上諭事　417-301-　21

批雍正三年五月十日浙江布政使佟吉圖奏爲奏聞事　417-302-　21

批雍正二年六月二十日浙江布政使佟吉圖奏爲奏聞事　417-302-　21

批雍正三年七月三日浙江布政使佟吉圖奏爲密行奏聞事　417-303-　21

批雍正三年八月二十四日浙江布政使佟吉圖奏爲叩懇皇恩准臣瞻仰天顏以伸依戀微忱事　417-304-　21

批雍正四年三月六日浙江布政使佟吉圖恭請皇上萬安　417-305-　21

批雍正四年五月十二日浙江布政使佟吉圖奏爲恭繳御批事　417-305-　21

批雍正四年五月十二日浙江布政使佟吉圖奏爲奏聞事　417-306-　21

批雍正四年六月二十七日浙江布政使佟吉圖奏爲遵旨具奏事　417-306-　21

批雍正四年六月二十七日浙江布政使佟吉圖奏爲恭謝天恩事　417-307-　21

批雍正元年八月一日都察院左副都御史李紱奏爲據實奏聞事　417-308-　22上

批雍正元年八月二十日都察院副都御史李紱奏爲據實覆奏事　417-309-　22上

批雍正元年十月十三日兵部右侍郎李紱奏爲恭報起囤漕糧事　417-309-　22上

批雍正二年三月二十四日兵部右侍郎李紱奏爲奏明起米情形事　417-310-　22上

批雍正二年七月三日廣西巡撫李紱奏爲敬陳廣西目下情形事　417-311-　22上

批雍正二年七月三日廣西巡撫李紱奏爲欽奉上諭事　417-312-　22上

批雍正二年七月二十五日廣西巡撫李紱奏爲備陳貪守劣蹟事　417-312-　22上

批雍正二年七月二十五日廣西巡撫李紱奏爲請均發貯捐穀以濟實用事　417-313-　22上

批雍正二年八月四日廣西巡撫李紱奏爲敬陳粵省礦徒情形事　417-314-　22上

批雍正二年九月二十八日廣西巡撫李紱奏爲粵西年歲豐稔事　417-315-　22上

批雍正二年九月二十八日廣西巡撫李紱奏爲實陳倉儲穀石事　417-315-　22上

批雍正二年九月二十八日廣西巡撫李紱奏爲恭謝天恩事　417-316-　22上

批雍正二年十月六日廣西巡撫李紱奏爲恭領御製叩謝天恩事　417-317-　22上

批雍正二年十月六日廣西巡撫李紱奏爲欽奉上諭事（二則）　417-318-　22上

批雍正二年十月二十五日廣西巡撫李紱奏爲敬陳戎政事宜　417-319-　22上

批雍正二年十月二十五日廣西巡撫李紱奏爲請旨事　417-321-　22上

批雍正二年十二月二十六日廣西巡撫李紱奏爲據實奏明事　417-322-　22上

批雍正二年十二月二十六日廣西巡撫李紱奏爲欽奉上諭事　417-323-　22上

批雍正二年十二月四日廣西巡撫李紱奏爲奏明前摺事　417-325-　22上

批雍正二年十二月四日廣西巡撫李紱奏爲恭謝聖訓瀝情實奏事　417-325-　22上

批雍正二年十二月四日廣西巡撫李紱奏爲欽奉上諭奏聞雨水事　417-326-　22上

批雍正二年十二月十八日廣西巡撫李紱奏爲欽奉上諭事　417-327-　22上

批雍正三年二月十六日廣西巡撫李紱奏爲徹底清查倉穀事　417-329-　22上

批雍正三年二月十九日廣西巡撫李紱奏爲推廣皇仁以弘文教事　417-330-　22上

批雍正三年二月十九日廣西巡撫李紱奏爲奏聞事　417-331-　22上

批雍正三年二月十九日廣西巡撫李紱奏爲奏明變色米價事　417-332-　22上

批雍正三年六月九日廣西巡撫李紱奏爲欽奉上諭事　417-334-　22上

批雍正三年六月九日廣西巡撫李紱奏爲奏聞事　417-337-　22上

批雍正三年六月九日廣西巡撫李紱奏爲奏明擒捕猺獞事　417-338-　22上

四庫全書文集篇目分類索引

史部

詔令奏議類：附錄

詔令上十一畫

批雍正三年六月九日廣西巡撫李紱奏爲恭讀御批感激聖明叩謝天恩事　417-338- 22上

批雍正三年六月九日廣西巡撫李紱奏爲清查捐穀分肥實數事　417-339- 22上

批雍正三年七月十三日廣西巡撫李紱奏爲首都亟需表率仰懇特用賢員以資治理事　417-340- 22上

批雍正三年七月十三日廣西巡撫李紱奏爲據實奏明賢員事　417-341- 22上

批雍正三年九月七日廣西巡撫李紱奏爲奏明擒捕猺蠻事　417-342- 22上

批雍正三年九月七日廣西巡撫李紱奏爲奏明雨水情形事　417-342- 22上

批雍正三年九月七日廣西巡撫李紱奏爲欽奉上諭清查捐穀事　417-343- 22上

批雍正四年正月十日廣西巡撫李紱奏爲修理省會城垣事　417-345- 22上

批雍正四年正月十日廣西巡撫李紱奏爲查明捐穀分肥實數事　417-346- 22上

批雍正四年正月十日廣西巡撫李紱奏爲請旨事　417-347- 22上

批雍正四年五月十日直隸總督李紱奏爲恭報雨水併二麥情形事　417-348- 22下

批雍正四年五月十日直隸總督李紱奏爲請旨事　417-349- 22下

批雍正四年六月十日直隸總督李紱奏爲請旨事　417-350- 22下

批雍正四年六月十日直隸總督李紱奏爲恭報二麥收成分數事　417-350- 22下

批雍正四年六月十日直隸總督李紱奏爲報明雨水情形事　417-351- 22下

批雍正四年六月十六日直隸總督李紱奏爲據實奏明事　417-352- 22下

批雍正四年七月一日直隸總督李紱奏爲據實陳情仰祈睿鑒事　417-352- 22下

批雍正四年七月十一日直隸總督李紱奏爲恭報雨澤事　417-354- 22下

批雍正四年八月一日直隸總督李紱奏爲約報秋稼豐登情形事　417-355- 22下

批雍正四年八月一日直隸總督李紱奏爲恭謝天恩事　417-355- 22下

批雍正四年八月一日直隸總督李紱奏爲奏明事　417-356- 22下

批雍正四年八月四日直隸總督李紱奏爲請留應用之員以濟營工事　417-357- 22下

批雍正四年八月十六日直隸總督李紱奏爲據實奏明事　417-358- 22下

批雍正四年八月十六日直隸總督李紱奏爲衿棍捏災科斂橫肆公庭事　417-358- 22下

批雍正四年八月二十四日直隸總督李紱奏爲請旨事　417-359- 22下

批雍正四年八月二十四日直隸總督李紱奏爲實陳直屬盜案以紓聖懷事　417-360- 22下

批雍正四年八月二十四日直隸總督李紱奏爲欽奉上諭事　417-361- 22下

批雍正四年九月二十二日直隸總督李紱奏爲恭報秋禾收成分數事　417-361- 22下

批雍正四年九月二十二日直隸總督李紱奏爲直屬衝繁請留賢員事　417-362- 22下

批雍正四年九月二十九日直隸總督李紱奏爲歷年弘借年餉據實奏明酌除陋例事　417-363- 22下

批雍正四年九月二十九日直隸總督李紱奏爲奏明事　417-364- 22下

批雍正四年十月十二日直隸總督李紱奏爲恭謝天恩事　417-365- 22下

批雍正四年十月十二日直隸總督李紱奏爲欽奉上諭事　417-366- 22下

批雍正四年十月十二日直隸總督李紱奏爲請詣闕廷恭祝聖壽事　417-366- 22下

批雍正四年十一月十五日直隸總督李紱奏爲恭謝天恩事　417-367- 22下

批雍正四年十一月十五日直隸總督李紱奏爲請旨事　417-368- 22下

批雍正四年十一月十五日直隸總督李紱奏爲欽奉上諭事　417-368- 22下

批雍正四年十一月二十一日直隸總督李紱奏爲請免歲貢驗看以恤貧生事　417-369- 22下

批雍正四年十一月二十五日直隸總督李紱奏爲遲誤營工罪獨在臣仰懇聖恩敕部議處事　417-370- 22下

批雍正四年十一月二十五日直隸總督李紱奏爲欽奉上諭事　417-371- 22下

四庫全書文集篇目分類索引　305

批雍正四年十一月二十五日直隸總督奏爲恭謝聖訓事　417-372- 22下

批雍正四年十二月三日直隸總督李紱奏爲恭報得雪事　417-373- 22下

批雍正四年十二月三日直隸總督李紱奏爲恭謝聖訓事　417-373- 22下

批雍正四年十二月十七日直隸總督李紱奏爲續報瑞雪普霈事　417-374- 22下

批康熙六十一年十二月四日護理山東巡撫印務按察使黃炳奏爲奏明事　417-376- 23上

批康熙六十一年十二月四日山東巡撫黃炳奏恭請皇上聖安　417-377- 23上

批雍正元年正月二十五日山東巡撫黃炳上奏　417-378- 23上

批雍正元年正月二十五日山東巡撫黃炳奏爲遵旨奏明事　417-379- 23上

批雍正元年三月十七日山東巡撫黃炳奏爲遵旨保奏事　417-380- 23上

批雍正元年三月十七日山東巡撫黃炳奏爲據情請留賢將以重地方以裨漕運事　417-381- 23上

批雍正元年四月三日山東巡撫黃炳奏爲請補賢能郡守並酌調繁簡以收實效事　417-381- 23上

批雍正元年四月二十二日山東巡撫黃炳奏爲奏聞事　417-382- 23上

批雍正元年五月四日山東巡撫黃炳奏爲恭報得雨日期事　417-383- 23上

批雍正元年五月二十四日山東巡撫黃炳奏爲清查庫項據實陳明仰祈睿鑒事　417-383- 23上

批雍正元年五月二十四日山東巡撫黃炳奏爲恭報地方情形仰慰聖懷事　417-385- 23上

批雍正元年六月一日山東巡撫黃炳奏爲秋禾望雨正殷甘霖及時普降恭慰聖懷事　417-386- 23上

批雍正元年六月二日山東巡撫黃炳奏爲伏請聖躬稍節哀思以慰臣民事　417-387- 23上

批雍正元年六月八日山東巡撫黃炳奏爲敬陳窮民苦累請照地攤丁以甦積困事　417-388- 23上

批雍正元年六月十一日山東巡撫黃炳奏爲奏聞事附允禧等議覆　417-389- 23上

批雍正元年六月十九日山東巡撫黃炳奏爲覆奏事　417-391- 23上

批雍正元年六月十九日山東巡撫黃炳奏爲欽奉上諭事　417-391- 23上

批雍正元年六月十九日山東巡撫黃炳太僕寺少卿須洲戶部郎中博爾多奏爲覆奏事　417-392- 23上

批雍正元年六月二十五日山東巡撫黃炳奏爲自陳罪戾恭謝天恩事　417-393- 23上

批雍正元年七月十日山東巡撫黃炳奏爲覆奏事　417-394- 23上

批雍正元年七月十日山東巡撫黃炳奏爲奏明事　417-395- 23上

批雍正元年七月十四日山東巡撫黃炳奏爲奏聞事　417-395- 23上

批雍正元年七月二十四日山東巡撫黃炳奏爲恭進瑞穀以昭聖治事　417-397- 23上

批雍正元年七月二十四日山東巡撫黃炳奏爲覆奏事　417-398- 23上

批雍正元年八月二十一日山東巡撫黃炳奏爲政治務在得人敬陳管見仰請聖裁事　417-399- 23上

批雍正元年九月二十日山東巡撫黃炳奏爲感激天恩事　417-400- 23上

批雍正元年九月二十日山東巡撫黃炳奏爲覆奏事　417-401- 23上

批雍正元年十一月十二日山東巡撫黃炳奏爲欽奉上諭事　417-402- 23上

批雍正元年十一月十二日山東巡撫黃炳奏爲覆奏事　417-403- 23上

批雍正元年十一月十二日山東巡撫黃炳奏爲奏明地方情形事　417-403- 23上

批雍正元年十一月十二日山東巡撫黃炳奏爲請旨事　417-404- 23上

批雍正元年十一月二十二日山東巡撫黃炳奏爲恭謝天恩事　417-404- 23上

批雍正元年十一月二十二日山東巡撫黃炳奏爲據實奏聞事　417-405- 23上

批雍正元年十二月一日山東巡撫黃炳奏爲覆奏事　417-406- 23上

批雍正元年十二月一日山東巡撫黃炳奏爲奏聞事　417-407- 23上

史部

詔令奏議類：附錄

詔令十一畫

四庫全書文集篇目分類索引

批雍正元年十二月一日山東巡撫黃炳奏爲微臣依戀心切懇恩俞允躬請聖安面聆聖訓事 417-408- 23上

批雍正元年十二月十三日山東巡撫黃炳奏爲欽奉上諭事(二則) 417-408- 23上

批雍正二年正月一日山東巡撫黃炳上奏(恭請聖安) 417-410- 23上

批雍正二年三月三日山東巡撫黃炳奏爲奏聞事 417-411- 23下

批雍正二年三月三日山東巡撫黃炳奏恭謝天恩事 417-411- 23下

批雍正二年三月十七日山東巡撫黃炳奏爲再行奏聞事 417-412- 23下

批雍正二年三月十七日山東巡撫黃炳奏爲覆奏事 417-412- 23下

批雍正二年三月十七日山東巡撫黃炳奏爲請旨事 417-413- 23下

批雍正二年四月三日山東巡撫黃炳奏爲覆奏事 417-414- 23下

批雍正二年四月三日山東巡撫黃炳奏爲敬陳府倉之捐米請分貯州縣以廣積儲以省運費事 417-414- 23下

批雍正二年四月三日山東巡撫黃炳奏爲奏聞事 417-415- 23下

批雍正二年四月十一日山東巡撫黃炳奏爲奏聞事 417-415- 23下

批雍正二年四月十一日山東巡撫黃炳奏爲敬抒下悃仰祈睿鑒事 417-416- 23下

批雍正二年四月二十七日山東巡撫黃炳奏爲奏明地方情形事 417-417- 23下

批雍正二年四月二十七日山東巡撫黃炳奏爲覆奏事 417-418- 23下

批雍正四年十月一日刑部左侍郎黃炳奏恭謝天恩事 417-418- 23下

批雍正四年十月一日刑部左侍郎黃炳蘇州織造郎中高斌奏爲請旨事 417-419- 23下

批雍正四年十一月二日刑部左侍郎黃炳河道總督齊蘇勒內務府總管理淮關稅務年希堯蘇州織造郎中高文武奏爲奏聞事(二則) 417-420- 23下

批雍正五年五月二十八日刑部左侍郎黃炳川陝總督岳鍾琪湖北巡撫憲德四川巡撫馬會伯奏爲

奏聞事 417-424- 23下

批雍正五年五月二十八日刑部左侍郎黃炳川陝總督岳鍾琪湖北巡撫憲德四川巡撫馬會伯奏爲參奏事 417-425- 23下

批雍正五年十一月二十日刑部左侍郎黃炳雲南巡撫朱綱奏爲欽奉上諭事 417-426- 23下

批雍正五年十一月二十日刑部左侍郎黃炳雲南巡撫朱綱奏爲奏聞事 417-427- 23下

批雍正五年十二月十三日刑部左侍郎黃炳奏爲微臣願效馳少報浪埃特抒下悃仰祈睿鑒府賜恩准事 417-428- 23下

批雍正二年閏四月二十七日山東巡撫陳世倌奏爲據實報明事 417-430- 24上

批雍正二年五月六日山東巡撫陳世倌奏爲遵旨具奏事 417-431- 24上

批雍正二年五月二十六日山東巡撫陳世倌奏爲恭報領奉御書扁額事 417-432- 24上

批雍正二年五月二十六日山東巡撫陳世倌奏爲遵旨具奏事 417-433- 24上

批雍正二年五月二十六日山東巡撫陳世倌奏爲恭謝天恩遵諭覆奏事 417-434- 24上

批雍正二年五月二十六日山東巡撫陳世倌奏爲查閱河工冒昧陳奏事 417-435- 24上

批雍正二年六月十六日山東巡撫陳世倌奏爲報明事 417-436- 24上

批雍正二年六月二十五日山東巡撫世倌奏爲報明事 417-438- 24上

批雍正二年七月十一日山東巡撫陳世倌奏爲據實陳明事 417-438- 24上

批雍正二年七月二十三日山東巡撫陳世倌奏爲欽奉上諭事 417-439- 24上

批雍正二年八月七日山東巡撫陳世倌奏爲直陳微漕積弊仰祈聖鑒事 417-441- 24上

批雍正二年八月二十四日山東巡撫陳世倌奏爲欽奉上諭事 417-442- 24上

批雍正二年九月四日山東巡撫陳世倌奏爲直陳虧空實數懇恩展

限奏銷事 417-443- 24上
批雍正二年九月十二日山東巡撫
　陳世倌奏爲遵旨奏明事 417-444- 24上
批雍正二年九月十二日山東巡撫
　陳世倌奏爲敬陳未議仰祈聖鑒
　事 417-445- 24上
批雍正二年九月十二日山東巡撫
　陳世倌奏爲欽奉上諭事 417-446- 24上
批雍正二年九月十七日山東巡撫
　陳世倌奏爲據實陳情懇賜解任
　赴審事 417-447- 24上
批雍正二年九月二十三日山東巡
　撫陳世倌奏爲恭謝天恩事 417-448- 24上
批雍正二年十月一日山東巡撫陳
　世倌奏爲報明事 417-449- 24上
批雍正二年十月一日山東巡撫陳
　世倌奏爲敬效愚誠仰祈聖鑒事 417-449- 24上
批雍正二年十月四日山東巡撫陳
　世倌奏爲恭承聖訓叩謝天恩事 417-450- 24上
批雍正二年十月四日山東巡撫陳
　世倌奏爲遵旨回奏事 417-451- 24上
批雍正二年十月十五日山東巡撫
　陳世倌奏爲欽奉上諭事 417-452- 24上
批雍正二年十二月一日山東巡撫
　陳世倌奏爲恭報得雪雨日期事 417-452- 24上
批雍正二年十二月八日山東巡撫
　陳世倌奏爲聖德優容如天臣心
　悃感無地謹具摺奏謝天恩事 417-453- 24上
批雍正三年正月二十一日山東巡
　撫陳世倌奏爲欽奉上諭事 417-454- 24中
批雍正三年二月十五日山東巡撫
　陳世倌奏爲恭報東省雨澤事 417-455- 24中
批雍正三年三月二十八日山東巡
　撫陳世倌奏爲遵旨議奏事 417-455- 24中
批雍正三年三月二十八日山東巡
　撫陳世倌上奏 417-456- 24中
批雍正三年三月二十八日山東巡
　撫陳世倌奏爲奏聞事 417-456- 24中
批雍正三年四月十五日山東巡撫
　陳世倌奏爲聖敬感孚甘霖連沛
　事 417-457- 24中
批雍正三年四月二十三日山東巡
　撫陳世倌奏爲甘霖疊沛遵旨奏
　聞事 417-458- 24中
批雍正三年四月二十九日山東巡
　撫陳世倌奏爲遵旨奏明事 417-459- 24中
批雍正三年五月十一日山東巡撫
　陳世倌奏爲奏聞事 417-460- 24中
批雍正三年五月十一日山東巡撫
　陳世倌奏爲遵旨具奏事 417-461- 24中
批雍正三年五月二十日山東巡撫
　陳世倌奏爲遵旨具奏事 417-462- 24中
批雍正三年五月二十日山東巡撫
　陳世倌奏爲恪遵聖諭酌議具奏
　事 417-463- 24中
批雍正三年五月二十日山東巡撫
　陳世倌奏爲奏聞事 417-463- 24中
批雍正三年五月二十五日山東巡
　撫陳世倌奏爲遵旨明白回奏事 417-464- 24中
批雍正三年五月二十五日山東巡
　撫陳世倌奏爲遵旨實陳事 417-465- 24中
批雍正三年六月三日山東巡撫陳
　世倌奏爲奏明事 417-466- 24中
批雍正三年六月三日山東巡撫陳
　世倌奏爲請旨事 417-467- 24中
批雍正三年六月十八日山東巡撫
　陳世倌奏爲奏聞事 417-467- 24中
批雍正三年六月二十四日山東巡
　撫陳世倌奏爲奏聞事 417-468- 24中
批雍正三年六月二十四日山東巡
　撫陳世倌奏爲仰體皇仁敬陳管
　見事 417-469- 24中
批雍正三年七月十一日山東巡撫
　陳世倌奏爲欽奉上諭事 417-470- 24中
批雍正三年七月十一日山東巡撫
　陳世倌奏爲恭請敕選興工吉期
　以光盛典事 417-471- 24中
批雍正三年八月五日山東巡撫陳
　世倌奏爲奏聞事 417-471- 24中
批雍正三年九月十三日山東巡撫
　陳世倌奏爲欽奉上諭事（二則） 417-472- 24中
批雍正三年十一月十一日山東巡
　撫陳世倌奏爲報明司庫錢糧併
　賑濟情由事 417-475- 24中
批雍正三年十一月二十三日山東
　巡撫陳世倌奏爲奏明事 417-476- 24中
批雍正三年十二月十六日山東巡
　撫陳世倌奏爲奏聞事 417-477- 24中
批雍正四年正月六日山東巡撫陳
　世倌奏爲欽奉上諭事 417-478- 24下

史部

詔令奏議類：附錄

詔令上十一畫

批雍正四年正月六日山東巡撫陳世倌奏爲錫福自天感恩無地敬伸下悃叩謝天恩事　417-479-　24下

批雍正四年三月十六日山東巡撫陳世倌奏爲奏聞事　417-480-　24下

批雍正四年三月十六日山東巡撫陳世倌奏爲恭謝天恩事　417-481-　24下

批雍正四年四月六日山東巡撫陳世倌奏爲恭報甘霖普被仰慰聖懷事　417-481-　24下

批雍正四年四月二十日山東巡撫陳世倌奏爲奏聞事　417-482-　24下

批雍正四年五月一日山東巡撫陳世倌奏爲二麥指日登場請及時購買以實積貯事　417-483-　24下

批雍正四年六月十五日山東巡撫陳世倌奏爲奏聞事　417-484-　24下

批雍正四年六月十五日山東巡撫陳世倌奏爲遵旨具奏事　417-484-　24下

批雍正四年六月二十五日山東巡撫陳世倌奏爲奏聞事　417-485-　24下

批雍正四年七月三日山東巡撫陳世倌奏爲奏聞事　417-485-　24下

批雍正元年七月三日山東巡撫陳世倌奏爲奏明關稅贏餘銀兩事　417-486-　24下

批雍正四年七月二十日山東巡撫陳世倌奏爲奏聞事　417-486-　24下

批雍正四年八月四日山東巡撫陳世倌奏爲敬陳採訪事宜仰祈睿鑒事　417-487-　24下

批雍正四年九月十八日山東巡撫陳世倌奏爲恭謝天恩事　417-489-　24下

批雍正四年十月六日山東巡撫陳世倌奏爲聖主之施恩逾厚微臣之感激難名叩謝天恩敬伸下悃事　417-490-　24下

批雍正四年十月六日山東巡撫陳世倌奏爲據實奏明事　417-490-　24下

批雍正四年十月六日山東巡撫陳世倌奏爲奏聞事　417-491-　24下

批雍正四年十一月十六日山東巡撫陳世倌奏爲恭謝天恩事　417-492-　24下

批雍正五年六月二十八日原任山東巡撫陳世倌奏爲恭謝天恩事　417-493-　24下

批雍正六年正月二十九日原任山東巡撫今革職陳世倌奏爲恭謝天恩事　417-494-　24下

批雍正六年正月二十九日原任山東巡撫今革職陳世倌奏爲據實奏聞事　417-494-　24下

批雍正六年三月十三日原任山東巡撫陳世倌奏爲恭奉聖訓敬申謝悃事　417-495-　24下

批雍正三年八月二十九日署理浙江巡撫印務吏部侍郎福敏奏爲恭報微臣入境事　417-497-　25

批雍正三年八月二十九日署理浙江巡撫印務吏部侍郎福敏奏爲奏聞事二則　417-498-　25

批雍正三年九月二十日署理浙江巡撫印務吏部侍郎福敏奏爲遵旨訪問事　417-499-　25

批雍正三年九月二十日署理浙江巡撫印務吏部侍郎福敏奏爲遵旨問明回奏事　417-499-　25

批雍正三年九月二十日署理浙江巡撫印務吏部侍郎福敏奏爲遵旨回奏事　417-500-　25

批雍正三年九月二十日署理浙江巡撫印務吏部侍郎福敏奏爲清查浮派等事　417-501-　25

批雍正三年九月二十日署理浙江巡撫印務吏部侍郎福敏奏爲遵旨回奏事　417-502-　25

批雍正三年十月二十四日署理浙江巡撫印務吏部侍郎福敏奏爲恭報通省年成米價事　417-503-　25

批雍正三年十月二十四日署理浙江巡撫印務吏部侍郎福敏奏爲遵旨回奏事　417-504-　25

批雍正三年十一月二十七日署理浙江巡撫吏部侍郎福敏奏爲奏聞事　417-504-　25

批雍正三年十二月二十二日署理浙江巡撫印務吏部侍郎福敏奏爲奏聞事　417-505-　25

批雍正四年十月十日署理湖廣總督印務都察院左都御史福敏奏爲恭謝天恩事　417-505-　25

批雍正四年十月十日署理湖廣總

督印務都察院左都御史福敏奏
爲欽奉上諭事（二則） 417-506- 25

批雍正四年十月十日署理湖廣總
督印務都察院左都御史福敏奏
爲奏聞事（三則） 417-508- 25

批雍正四年十一月八日署理湖廣
總督印務都察院左都御史福敏
奏爲請旨事 417-509- 25

批雍正四年十一月八日署理湖廣
總督印務都察院左都御史福敏
奏爲恭請聖訓事 417-511-25

批雍正四年十二月四日署理湖廣
總督印務都察院左都御史福敏
奏爲請旨事 417-512- 25

批雍正四年十二月四日署理湖廣
總督印務都察院左都御史福敏
奏爲恭謝天恩事 417-513- 25

批雍正四年十二月四日署理湖廣
總督印務都察院左都御史福敏
湖北巡撫憲德奏爲奏聞事 417-513- 25

批雍正四年十二月十日署理湖廣
總督印務都察院左都御史福敏
湖北巡撫憲德奏爲請旨事 417-514- 25

批雍正四年十二月二十五日署理
湖廣總督印務都察院左都御史
福敏湖北巡撫憲德奏爲奏聞事 417-516- 25

批雍正四年十二月二十五日署理
湖廣總督印務都察院左都御史
福敏奏爲陳明事 417-517- 25

批雍正四年十二月二十五日署理
湖廣總督印務都察院左都御史
福敏奏爲飛機嚴查等事 417-517- 25

批雍正五年正月二十五日署理湖
廣總督印務都察院左都御史福
敏奏爲請旨事 417-518- 25

批雍正五年正月二十五日署理湖
廣總督印務都察院左都御史福
敏奏爲奏明事 417-519- 25

批雍正五年正月二十五日署理湖
廣總督印務都察院左都御史福
敏奏爲恭謝天恩事 417-519- 25

批雍正五年二月二十日署理湖廣
總督印務都察院左都御史福敏
湖北巡撫憲德奏爲請旨事 417-520- 25

批雍正五年二月二十日署理湖廣

總督印務都察院左都御史福敏
奏爲恭奏楚省雨雪情形米糧價
值事 417-521- 25

批雍正五年三月十六日署理湖廣
總督印務都察院左都御史福敏
湖北巡撫憲德上奏 417-522- 25

批雍正五年三月十六日署理湖廣
總督印務都察院左都御史福敏
奏爲奏明事 417-523- 25

批雍正五年三月十六日署理湖廣
總督印務都察院左都御史福敏
奏爲奏明地方情形事 417-524- 25

批雍正五年三月十六日署理湖廣
總督印務都察院左都御史福敏
奏爲恭陳土司情形應請歸流仰
祈聖訓事 417-525- 25

批雍正五年四月二十一日吏部尙
書署理湖廣總督印務福敏奏爲
奏懇天恩事 417-526- 25

批雍正五年四月二十一日吏部尙
書署理湖廣總督印務福敏奏爲
遵旨酌議奏聞并謝天恩事 417-526- 25

批雍正五年四月二十一日吏部尙
書署理湖廣總督印務福敏奏爲
恭報夏收分數米糧價值事 417-527- 25

批雍正五年四月二十一日吏部尙
書署理湖廣總督印務福敏上奏 417-528- 25

批雍正五年七月九日吏部尙書署
理湖廣總督印務福敏奏爲恭謝
天恩事 417-529- 25

批雍正五年七月九日吏部尙書署
理湖廣總督印務福敏奏爲奏聞
事 417-529- 25

批雍正五年七月九日吏部尙書署
理湖廣總督印務福敏奏爲恭報
被水情形事 417-530- 25

批雍正五年七月九日吏部尙書署
理湖廣總督印務福敏奏爲密陳
事 417-530- 25

批雍正五年七月二十六日吏部尙
書署理湖廣總督印務福敏奏爲
奏聞事 417-531- 25

批雍正五年七月二十六日吏部尙
書署理湖廣總督印務福敏奏爲
請旨事 417-531- 25

史部

詔令奏議類：附錄

詔令上十一畫

批雍正五年九月二十二日吏部尚書署理湖廣總督印務福敏奏爲彙報楚省收成分數仰祈睿鑒事 417-532- 25

批雍正五年九月二十二日吏部尚書署理湖廣總督印務福敏奏爲恭報調遣官兵撫輯事宜仰祈睿鑒事 417-533- 25

批雍正五年九月二十五日署理湖廣總督印務福敏湖北巡撫馬會伯奏爲請留賢員事 417-534- 25

批雍正五年十一月十日吏部尚書署理湖廣總督印務福敏奏爲土苗感恩向化亟請設縣立營以長久安長治之策事 417-534- 25

批雍正五年十一月十日吏部尚書署理湖廣總督印務福敏奏爲恭謝天恩並陳犬馬愚誠仰祈睿鑒事 417-535- 25

批雍正六年二月十三日吏部尚書福敏戶部左侍郎史貽直上奏 417-536- 25

批雍正四年十一月十日署理山東巡撫印務侍郎塞楞額奏爲欽奉上諭事 417-539- 26

批雍正四年十一月十日署理山東巡撫印務侍郎塞楞額奏爲恭謝天恩事 417-540- 26

批雍正四年十一月十日署理山東巡撫印務侍郎塞楞額奏爲請旨事 417-540- 26

批雍正四年十二月五日署理山東巡撫印務侍郎塞楞額奏爲恭報得雪情形事 417-541- 26

批雍正四年十二月十九日署理山東巡撫印務侍郎塞楞額奏爲遵旨議奏事 417-541- 26

批雍正四年十二月十九日署理山東巡撫印務侍郎塞楞額奏爲請旨事 417-542- 26

批雍正五年正月三日署理山東巡撫印務侍郎塞楞額奏爲恭謝天恩事 417-542- 26

批雍正五年正月三日署理山東巡撫印務侍郎塞楞額奏爲奏聞事 417-543- 26

批雍正五年正月二十四日署理山東巡撫印務侍郎塞楞額奏爲請旨事 417-544- 26

批雍正五年二月十日署理山東巡撫印務侍郎塞楞額奏爲請旨事 417-544- 26

批雍正五年二月十日署理山東巡撫印務侍郎塞楞額奏爲恭報雨雪情形事 417-545- 26

批雍正五年二月二十二日署理山東巡撫印務侍郎塞楞額奏爲遵旨查奏事 417-545- 26

批雍正五年二月二十二日署理山東巡撫印務侍郎塞楞額奏爲奏聞事 417-546- 26

批雍正五年三月十九日署理山東巡撫印務侍郎塞楞額奏爲代進奏摺事 417-547- 26

批雍正五年三月十九日署理山東巡撫印務侍郎塞楞額奏爲奏聞事 417-547- 26

批雍正五年閏三月十六日署理山東巡撫印務侍郎塞楞額奏爲奏聞事 417-548- 26

批雍正五年四月五日署理山東巡撫印務侍郎塞楞額奏爲報明二麥情形事 417-549- 26

批雍正五年四月五日署理山東巡撫印務侍郎塞楞額奏爲奏覆事 417-549- 26

批雍正五年四月九日署理山東巡撫印務侍郎塞楞額奏恭請皇山聖恭萬安 417-550- 26

批雍正五年四月九日署理山東巡撫印務侍郎塞楞額奏爲奏聞事 417-550- 26

批雍正五年四月九日署理山東巡撫印務侍郎塞楞額奏爲請旨事 417-551- 26

批雍正五年四月二十四日山東巡撫塞楞額奏爲恭謝天恩事二則 417-551- 26

批雍正五年四月二十八日山東巡撫塞楞額奏爲奏聞事 417-552- 26

批雍正五年五月二十二日山東巡撫塞楞額奏爲查明倉穀壤實奏聞事 417-553- 26

批雍正五年五月二十二日山東巡撫塞楞額奏爲奏聞事 417-553- 26

批雍正五年六月二十九日山東巡撫塞楞額奏爲奏聞事二則 417-554- 26

批雍正五年六月二十九日山東巡撫

撫塞楞額奏爲查勘河道工程事　417-555- 26
批雍正五年七月九日山東巡撫塞楞額奏爲奏聞事　417-556- 26
批雍正五年八月六日山東巡撫塞楞額奏爲奏聞事（二則）　417-556- 26
批雍正五年八月十六日山東巡撫塞楞額奏爲奏聞事　417-557- 26
批雍正五年八月二十六日山東巡撫塞楞額奏爲請旨事（二則）　417-558- 26
批雍正五年十月四日山東巡撫塞楞額奏爲奏聞事　417-560- 26
批雍正五年十一月七日山東巡撫塞楞額奏爲恭報瑞雪事　417-560- 26
批雍正五年十一月二十四日山東巡撫塞楞額奏爲請調回塘撥之兵以專責成以實營伍事　417-560- 26
批雍正五年十一月二十四日山東巡撫塞楞額奏爲叩懇聖恩俯允陸見事　417-561- 26
批雍正五年十一月二十四日山東巡撫塞楞額奏爲恭報瑞雪事　417-562- 26
批雍正五年十二月十八日山東巡撫塞楞額奏爲恭謝天恩事　417-562- 26
批雍正元年正月二十八日山東巡撫塞楞額奏爲請旨事　417-563- 26
批雍正六年正月十一日山東巡撫塞楞額奏爲恭報瑞雪事　417-563- 26
批雍正六年正月二十八日山東巡撫塞楞額奏爲請旨事　417-564- 26
批雍正六年二月十二日山東巡撫塞楞額奏爲恭報雨雪事　417-564- 26
批雍正六年二月十二日山東巡撫塞楞額奏爲遵旨密議據實覆奏事　417-564- 26
批雍正六年二月二十六日山東巡撫塞楞額奏爲恭報得雨日期事　417-565- 26
批雍正六年二月二十六日山東巡撫塞楞額奏爲據實奏聞事　417-565- 26
批雍正六年二月二十六日山東巡撫塞楞額奏爲請旨事　417-566- 26
批雍正六年二月二十六日山東巡撫塞楞額奏爲欽奉上諭事　417-566- 26
批雍正六年三月二十七日山東巡撫奏爲恭謝天恩事　417-567- 26
批雍正六年三月二十七日山東巡撫塞楞額奏爲恭報雨澤事　417-567- 26
批雍正六年三月二十七日山東巡撫塞楞額奏爲奏明事　417-568- 26
批雍正六年四月二十六日山東巡撫塞楞額奏爲遵旨查明覆奏事　417-568- 26
批雍正六年十一月二日署理廣東巡撫印務傅泰奏爲奏聞事　417-570-27 上
批雍正六年十一月二日署理廣東巡撫傅泰奏爲覆奏事　417-571-27 上
批雍正六年十一月二日署理廣東巡撫印務傅泰通政使留保工部郎中喀爾紀善奏爲奏聞事　417-572-27 上
批雍正六年十一月二十日署理廣東巡撫印務傅泰通政使喀爾紀善工部郎中留保奏爲密奏事　417-573-27 上
批雍正六年十二月十日署理廣東巡撫印務傅泰奏爲覆奏事　417-574-27 上
批雍正七年二月二十四日署理廣東巡撫印務傅泰奏爲奏請聖裁事　417-574-27 上
批雍正七年二月二十四日署理廣東巡撫印務傅泰奏爲請定事前預首給賞之法以靖盜源事　417-575-27 上
批雍正七年二月二十四日署理廣東巡撫印務傅泰奏爲奏聞事　417-577-27 上
批雍正七年二月二十四日署理廣東巡撫印務傅泰奏爲覆奏事　417-578-27 上
批雍正七年三月二十九日署理廣東巡撫印務傅泰奏爲奏聞事（二則）　417-579-27 上
批雍正七年四月二十四日署理廣東巡撫印務傅泰奏爲遵旨明白回奏事　417-580-27 上
批雍正七年四月二十四日署理廣東巡撫印務傅泰奏爲恭領聖訓感謝天恩事　417-580-27 上
批雍正七年六月四日署理廣東巡撫印務傅泰奏爲奏聞事　417-581-27 上
批雍正七年七月十九日署理廣東巡撫印務傅泰奏爲密奏事　417-582-27 上
批雍正七年七月十九日署理廣東巡撫印務傅泰奏爲奏聞事　417-583-27 上
批雍正七年七月十九日署理廣東巡撫印務傅泰奏爲覆奏事　417-583-27 上
批雍正七年七月十九日署理廣東

巡撫印務傅泰奏爲奏聞事（二則） 417-584- 27上

批雍正七年七月十九日署理廣東巡撫印務傅泰奏爲恭謝天恩事 417-586- 27上

批雍正七年閏七月十二日署理廣東巡撫印務傅泰奏爲欽奉上諭事 417-587- 27上

批雍正七年閏七月十二日署理廣東巡撫印務傅泰奏爲奏聞事 417-588- 27上

批雍正七年閏七月十二日署理廣東巡撫印務傅泰奏爲覆奏事 417-589- 27上

批雍正七年閏七月十二日署理廣東巡撫印務傅泰奏爲奏聞事 417-590- 27上

批雍正七年閏七月十二日署理廣東巡撫印務傅泰奏爲海關交代已竣奏明羨餘實數事 417-591- 27上

批雍正七年八月六日署理廣東巡撫印務傅泰奏爲奏請恩賜試用人員以收實效事 417-592- 27下

批雍正七年八月六日署理廣東巡撫印務傅泰奏爲奏聞事 417-593- 27下

批雍正七年八月六日署理廣東巡撫印務傅泰奏爲奏請聖示以裕鼓鑄事 417-593- 27下

批雍正七年九月十九日廣東總督郝玉麟署理廣東巡撫印務傅泰奏爲奏聞事 417-594- 27下

批雍正七年九月十九日廣東總督郝玉麟署理廣東巡撫印務傅泰奏爲請留能員仰祈睿鑒事 417-596- 27下

批雍正七年九月十九日署理廣東巡撫印務傅泰奏爲欽奉諭旨據實覆奏事 417-596- 27下

批雍正七年九月十九日署理廣東巡撫印務傅泰奏爲奏聞事（二則） 417-597- 27下

批雍正七年九月十九日署理廣東巡撫印務傅泰奏爲敬宣諭旨據情覆奏事 417-599- 27下

批雍正七年十月二十八日署理廣東巡撫印務傅泰奏爲請旨事 417-600- 27下

批雍正七年十月二十八日署理廣東巡撫印務傅泰奏爲敬陳末議恭請睿裁事 417-601- 27下

批雍正七年十月二十八日署理廣東巡撫印務傅泰奏爲覆奏事 417-603- 27下

批雍正七年十月二十八日署理東巡撫印務傅泰奏爲奏聞事 417-604- 27下

批雍正七年十月二十八日署理廣東巡撫印務傅泰奏爲覆奏事 417-604- 27下

批雍正七年十月二十八日署理廣東巡撫印務傅泰奏爲請旨添設學政一官端士習以育人材正民心以厚風俗事 417-605- 27下

批雍正七年十二月二十七日署理廣東巡撫印務傅泰奏爲奏聞事 417-606- 27下

批雍正七年十二月二十七日署理廣東巡撫印務傅泰奏爲奏聞命盜案件仰祈睿鑒事 417-607- 27下

批雍正七年十二月二十七日署理廣東巡撫印務傅泰奏爲奏聞事 417-608- 27下

批雍正七年十二月二十七日署理廣東巡撫印務傅泰奏爲恭繳御批事 417-609- 27下

批雍正七年十二月二十七日署理廣東巡撫印務傅泰奏爲奏繳御批事 417-610- 27下

批雍正七年十二月二十七日署理廣東巡撫印務傅泰奏爲密奏事 417-611- 27下

批雍正八年三月十七日署理廣東巡撫印務傅泰奏爲奏聞事 417-612- 27下

批雍正八年三月十七日署理廣東巡撫印務傅泰奏爲繳御批事 417-613- 27下

批雍正八年三月十七日署理廣東巡撫印務傅泰奏爲欽奉上諭事 417-613- 27下

批雍正八年三月十七日署理廣東巡撫印務傅泰奏爲奏聞事 417-615- 27下

批雍正八年四月二十七日署理廣東巡撫印務傅泰爲欽奉上諭事 417-616- 27下

批雍正八年四月二十七日署理廣東巡撫印務傅泰奏爲奏聞事 417-617- 27下

批雍正八年十月十九日署理廣東巡撫印務傅泰奏爲密奏事 417-618- 27下

批雍正二年八月二十日四川巡撫王景灝奏爲恭謝天恩事 417-620- 28

批雍正二年八月二十日四川巡撫王景灝奏爲恭報秋成事 417-621- 28

批雍正二年九月十六日四川巡撫王景灝奏爲遵旨覆奏事 417-622- 28

批雍正二年十一月二日四川巡撫

王景灝奏爲遵旨覆奏事　417-622-　28

批雍正二年十一月二日四川巡撫王景灝奏爲奏聞事　417-623-　28

批雍正二年十一月二日四川巡撫王景灝奏爲請旨事　417-624-　28

批雍正二年十一月二日四川巡撫王景灝奏爲敬領溫綸恭謝天恩事　417-624-　28

批雍正二年十二月二十一日四川巡撫王景灝奏爲奏聞事　417-625-　28

批雍正三年二月二十七日四川巡撫王景灝奏爲覆奏事　417-627-　28

批雍正三年二月二十七日四川巡撫王景灝奏爲恭領聖訓敬陳愚悃事　417-628-　28

批雍正三年五月十九日四川巡撫王景灝奏爲奏聞事　417-629-　28

批雍正三年五月十九日四川巡撫王景灝奏爲恭謝溫綸事　417-630-　28

批雍正三年七月二日四川巡撫王景灝奏爲奏聞事　417-631-　28

批雍正三年八月八日四川巡撫王景灝奏爲奏聞事　417-632-　28

批雍正三年八月八日四川巡撫王景灝奏爲奏明事（二則）　417-633-　28

批雍正三年八月八日四川巡撫王景灝奏爲欽承訓旨瀝陳悃誠仰祈睿鑒事　417-634-　28

批雍正三年九月六日四川巡撫王景灝奏爲恭報秋成事　417-635-　28

批雍正三年九月六日四川巡撫王景灝奏爲覆奏事　417-636-　28

批雍正三年十一月八日四川巡撫王景灝奏爲覆奏事　417-636-　28

批雍正三年十一月八日四川巡撫王景灝奏爲凜遵聖諭恭謝天恩事　417-637-　28

批雍正三年十二月十五日四川巡撫王景灝奏爲恭謝天恩事　417-638-　28

批雍正元年五月二十日鎭守天津總兵官韓良輔奏爲請旨事　417-640-　29上

批雍正元年五月二十日鎭守天津總兵官韓良輔奏爲請旨事　417-641-　29上

批雍正元年五月二十日鎭守天津總兵官韓良輔奏爲恭謝天恩事　417-641-　29上

批雍正元年九月十五日廣西提督韓良輔奏恭請皇上聖安　417-642-　29上

批雍正元年九月十五日廣西提督韓良輔奏爲恭請聖訓事　417-642-　29上

批雍正元年十二月三日廣西提督韓良輔奏爲製辦軍裝事　417-644-　29上

批雍正元年十二月三日廣西提督韓良輔奏爲恭領聖訓事　417-645-　29上

批雍正元年十二月三日廣西提督韓良輔奏爲恭報粵西豐稔事　417-645-　29上

批雍正元年十二月三日廣西提督韓良輔奏爲恭報發兵擒獲猺賊事　417-646-　29上

批雍正元年十二月三日廣西提督韓良輔奏爲懇恩特放熟練營員以收臂指實效事（二則）　417-646-　29上

批雍正元年十二月三日廣西提督韓良輔奏爲懇恩特設武職衙門吏書以便核兵清餉事　417-647-　29上

批雍正元年十二月十五日廣西提督韓良輔奏恭請皇上聖安　417-648-　29上

批雍正元年十二月二十五日廣西提督韓良輔奏爲懇頒訓誡兵丁聖諭以便宣講事　417-648-　29上

批雍正元年十二月十五日廣西提督韓良輔奏爲仰懇聖恩欽定頒換傳敎之例以昭法守事　417-649-　29上

批雍正元年十二月十五日廣西提督韓良輔奏爲奏聞事　417-649-　29上

批雍正二年二月十八日廣西提督韓良輔奏爲恭賀事　417-650-　29上

批雍正二年二月十八日廣西提督韓良輔奏爲甲械告竣驗交營將經理事　417-650-　29上

批雍正二年二月十八日廣西提督韓良輔奏爲恭解聖訓敬呈睿鑒事　417-651-　29上

批雍正二年二月十八日廣西提督韓良輔奏爲奏聞請旨事　417-652-　29上

批雍正二年二月十八日廣西提督韓良輔奏爲恭謝天恩事　417-653-　29上

批雍正二年三月十六日廣西提督韓良輔奏爲廢員尚堪驅策仰請睿鑒應否酌用事　417-653-　29上

批雍正二年閏四月十七日署理廣

史部

詔令奏議類：附錄

詔令十一 畫

西巡撫印務韓良輔奏爲請領聖訓恭謝天恩事　417-654- 29上

批雍正二年閏四月七日署理廣西巡撫印務韓良輔奏爲敬陳粵西招徠懇關之宜以盡地方以副聖心事　417-655- 29上

批雍正二年閏四月十七日署理廣西巡撫印務韓良撫奏爲恭報粵西二麥豐收事　417-656- 29上

批雍正二年閏四月十七日署理廣西巡撫印務韓良輔奏爲請酌停邊員三年即陞之例俾得盡心教養以廣皇仁事　417-657- 29上

批雍正二年閏四月十七日署理廣西巡撫印務韓良輔奏爲恭報署篆初政事　417-658-229上

批雍正二年六月十四日廣西提督韓良輔奏爲恭報粵西早禾豐收晚禾茂盛併進晴雨册籍事　417-659- 29上

批雍正二年六月十五日廣西提督韓良輔奏爲恭謝天恩事　417-660- 29上

批雍正二年八月十三日廣西提督韓良輔奏爲率士咸書大有粵西尤慶豐登謹陳歡忭微忱事　417-661- 29上

批雍正二年八月十三日廣西提督韓良輔奏爲遵旨覆奏事　417-661- 29上

批雍正二年八月十三日廣西提督韓良輔奏爲恭繹聖訓叩謝天恩事　417-662- 29上

批雍正二年八月十三日廣西提督韓良輔奏爲恭進關隘地圖併陳邊境情形事　417-663- 29上

批雍正二年八月十三日廣西提督韓良輔奏爲提標續造之軍裝告竣營兵教操之武藝漸嫺縷摺奏聞附陳綏靖地方機宜事　417-665- 29上

批雍正二年八月十三日廣西提督韓良輔奏爲謹陳撫綏土民勸懲土官事宜仰求睿鑒府賜訓諭事　417-665- 29上

批雍正二年九月八日廣西提督韓良輔奏爲恭報年成米價事　417-667- 29上

批雍正二年十一月八日廣西提督韓良輔奏爲遵旨據實再奏事　417-667- 29上

批雍正二年十一月八日廣西提督韓良輔奏爲再陳邊境情形仰請聖訓事　417-668- 29上

批雍正二年十一月八日廣西提督韓良輔奏爲仰承聖訓恭謝天恩事　417-669- 29上

批雍正二年十一月八日廣西提督韓良輔奏爲恭謝天恩事　417-670- 29上

批雍正二年十一月八日廣西提督韓良輔奏爲謹陳微臣近政仰求訓諭事　417-670- 29上

批雍正三年二月三日廣西提督韓良輔奏爲邊營務在得人謹遴選保奏伏懇皇上恩准補授以收臂指之效事　417-673- 29下

批雍正三年二月三日廣西提督韓良輔奏爲恭承聖訓據實覆奏并懇天恩賞賜平安丸藥事　417-674- 29下

批雍正三年二月三日廣西提督韓良輔奏爲恭報雨水米價事　417-674- 29下

批雍正三年五月十三日廣西提督韓良輔奏爲邊營要缺需員謹遴選保學仰顏皇上簡補以收得人之效事　417-675- 29下

批雍正三年五月十三日廣西提督韓良輔奏爲邊省之疆界最爲遼濶接壤之營制急宜聯絡以戢苗夷以綏地方事　417-675- 29下

批雍正三年五月十三日廣西提督韓良輔奏爲恭繹聖訓叩謝天恩事　417-677- 29上

批雍正三年八月十八日廣西提督韓良輔奏爲恭報粵西年成雨水并進米價清摺事　417-677- 29下

批雍正三年八月十八日廣西提督韓良輔奏爲奏聞發兵擒捕三瞷猺賊緣由仰祈聖鑒事　417-678- 29下

批雍正三年八月十八日廣西提督韓良輔奏爲敬繹聖訓據實奏聞事　417-679- 29下

批雍正三年十一月十四日廣西提督韓良輔奏爲天威丕震蠻猺革心向化據實奏聞仰慰聖懷事　417-680- 29下

批雍正三年十一月十四日廣西提督韓良輔奏爲恭進粵西米價清摺附陳管見伏候皇上睿裁事　417-681- 29下

批雍正四年二月二十四日廣西提

督韓良輔奏爲恭繹聖訓敬謝天恩事　417-682- 29下

批雍正四年六月十八日廣西提督韓良輔奏爲奏聞酌行撫提鎮三標會巡之法以靖河道以壯聲援事　417-683- 29下

批雍正五年正月六日廣西提督署理廣西巡撫印務韓良輔奏爲奏聞事　417-684- 29下

批雍正五年正月六日廣西提督署理廣西巡撫印務韓良輔奏爲恭謝天恩事　417-685- 29下

批雍正五年正月六日廣西提督署理廣西巡撫印務韓良輔奏爲恭報粵西年成米價事　417-686- 29下

批雍正五年二月二日署理廣西巡撫印務韓良輔奏爲遵旨奏覆并恭繳諭旨事（二則）　417-687- 29下

批雍正五年二月二日署理廣西巡撫印務韓良輔奏爲恭請簡補邊缺官員事　417-688- 29下

批雍正五年二月二日廣西巡撫印務韓良輔奏爲恭繳硃批奏摺并進泗城地圖事　417-688- 29下

批雍正五年二月二日署理廣西巡撫印務韓良輔奏爲恭謝天恩事　417-690- 29下

批雍正五年閏三月八日廣西巡撫韓良輔奏爲恭謝天恩事　417-691- 29下

批雍正五年閏三月八日廣西巡撫韓良輔奏爲奏明事　417-692- 29下

批雍正五年閏三月八日廣西巡撫韓良輔奏爲恭謝天恩事　417-692- 29下

批雍正五年閏三月八日廣西巡撫韓良輔奏爲奏聞事　417-693- 29下

批雍正五年四月八日廣西巡撫韓良輔奏爲恭報粵西春麥豐收并附奏雨水米價事　417-693- 29下

批雍正五年四月八日廣西巡撫韓良輔奏爲恭報微臣交送撫篆赴安籠會議邊境機宜事　417-694- 29下

批雍正五年八月十九日廣西巡撫韓良輔奏爲恭報微臣往黔會商邊境事　417-695- 29下

批雍正五年八月十九日廣西巡撫韓良輔奏爲清查改流州縣科派陋規以肅政治事　417-696- 29下

批雍正五年八月十九日廣西巡撫韓良輔奏爲恭陳斟酌料理邊境先後緩急事宜顒請聖訓事　417-697- 29下

批雍正五年八月十九日廣西巡撫韓良輔奉爲土府之私派實繁微臣之愚昧已極現在飭司查審核確立即繕疏題參謹據實預奏事　417-699- 29下

批雍正五年八月十九日廣西巡撫韓良輔奏爲再瀝微忱仰祈睿鑒俯賜恩允事　417-700- 29下

批雍正五年八月十九日廣西巡撫韓良輔奏爲恭謝天恩敬繳硃批奏摺事　417-701- 29下

批雍正五年八月十九日廣西巡撫韓良輔奏爲恭報廣西年成米價敬慰睿懷事　417-701- 29下

批雍正元年四月六日河南巡撫石文焯奏爲恭謝天恩並陳愚悃仰祈聖鑒事　417-703- 30上

批雍正元年五月四日河南巡撫石文焯奏爲恭報雨澤情形仰慰聖懷事　417-704- 30上

批雍正元年五月十六日河南巡撫石文焯奏爲仰懇聖恩事　417-705- 30上

批雍正元年五月十六日河南巡撫石文焯奏爲恭報二麥收成分數仰祈睿鑒事　417-705- 30上

批雍正元年六月六日河南巡撫石文焯奏爲恭報全省雨水霑足仰慰聖懷事　417-706- 30上

批雍正元年六月十日河南巡撫石文焯奏爲奏聞事　417-706- 30上

批雍正元年六月二十六日河南巡撫石文焯奏爲謹陳河工情形仰祈聖鑒事　417-707- 30上

批雍正元年六月二十六日河南巡撫石文焯奏爲恭繳御批據實回奏仰祈睿鑒事　417-708- 30上

批雍正元年六月二十六日河南巡撫奏爲謹陳截漕廳空仰請著落賠補以實倉廩事　417-709- 30上

批雍正元年六月二十八日河南巡撫石文焯奏爲恭謝天恩事　417-710- 30上

批雍正元年七月五日河南巡撫石

史部

詔令奏議類：附錄

詔令上十一畫

文焯奏爲恭報馬營水勢消落情形仰祈睿鑒事　417-712-　30上

批雍正元年七月十一日河南巡撫石文焯奏爲奏聞事　417-712-　30上

批雍正元年八月二十七日河南巡撫石文焯奏爲著落賠補廳空仰祈聖鑒事　417-713-　30上

批雍正元年八月二十七日河南巡撫石文焯奏爲詳議完補廳空之法仰祈聖裁事　417-714-　30上

批雍正元年八月二十七日河南巡撫石文焯奏爲恭繳硃批事　417-715-　30上

批雍正元年八月二十七日河南巡撫石文焯奏爲臨河地方緊要請定州縣調補之例以收得人之效事　417-716-　30上

批雍正元年九月二日河南巡撫石文焯奏爲恭報收成分數事　417-717-　30上

批雍正元年九月二十二日河南巡撫奏爲遵旨回奏事　417-718-　30上

批雍正元年十二月十三日河南巡撫石文焯奏爲恭謝天恩事　417-719-　30上

批雍正二年正月二十二日河南巡撫石文焯奏爲請旨事　417-719-　30上

批雍正二年正月二十二日河南巡撫石文焯奏爲再陳愚悃仰懇聖恩事　417-720-　30上

批雍正二年正月二十二日河南巡撫石文焯奏爲奏明事　417-721-　30上

批雍正二年三月三日河南巡撫石文焯奏爲奏明事　417-722-　30上

批雍正二年三月三日河南巡撫石文焯奏爲恭繳硃批再陳愚悃事　417-723-　30上

批雍正二年三月三日河南巡撫石文焯奏爲備陳補直廳空仰請睿裁事　417-724-　30上

批雍正二年三月二十四日河南巡撫石文焯奏爲恭繳硃批併陳愚悃仰祈睿鑒事　417-724-　30上

批雍正二年三月二十四日河南巡撫石文焯奏爲雨水霑足田禾茂盛恭慰聖懷事　417-725-　30上

批雍正二年三月二十四日內閣侍讀學士班第奏爲奏聞事　417-726-　30上

批雍正二年二月二十二日河南巡撫石文焯奏爲捧讀聖訓感愧交深謹據實陳明仰祈睿鑒事　417-728-　30中

批雍正二年二月二十二日河南巡撫石文焯奏爲據實陳明仰請聖裁事　417-729-　30中

批雍正二年閏四月十三日河南巡撫石文焯奏爲奏聞事　417-730-　30中

批雍正二年閏四月十三日河南巡撫石文焯奏爲據詳陳明仰懇聖恩事　417-731-　30中

批雍正二年閏四月二十一日河南巡撫石文焯奏爲奏明事　417-732-　30中

批雍正二年閏四月二十一日河南巡撫石文焯奏爲凜遵聖諭次第學行仰祈睿鑒事　417-733-　30中

批雍正二年閏四月二十八日河南巡撫石文焯奏爲恭報二麥收成分數仰祈睿鑒事　417-734-　30中

批雍正二年五月二日河南巡撫石文焯奏爲恭報甘霖大沛仰慰聖懷事　417-735-　30中

批雍正二年五月十八日河南巡撫石文焯奏爲恭讀聖諭據實陳明事　417-736-　30中

批雍正二年五月十八日河南巡撫石文焯奏爲恭謝天恩事　417-738-　30中

批雍正二年五月十八日河南巡撫石文焯奏爲恭繳硃批據實奏聞事　417-739-　30中

批雍正二年六月十三日河南巡撫石文焯奏爲欽奉上諭事　417-740-　30中

批雍正二年六月十三日河南巡撫石文焯爲遵旨回奏事　417-740-　30中

批雍正二年六月十三日河南巡撫石文焯奏爲恭繳硃批仰祈睿鑒事　417-741-　30中

批雍正二年六月二十三日河南巡撫石文焯奏爲奏明事　417-742-　30中

批雍正二年七月五日河南巡撫石文焯奏爲恭請聖裁事　417-743-　30中

批雍正二年七月五日河南巡撫石文焯奏爲天恩高厚感激難名謹具摺奏謝以伸微悃事　417-745-　30中

批雍正二年八月二十六日河南巡撫石文焯奏爲恭報秋成分數仰祈聖鑒事　417-745-　30中

批雍正二年九月三日河南巡撫石文焯奏爲恭謝天恩仰請聖訓事 417-746- 30中

批雍正二年十月四日署理浙江巡撫印務河南巡撫石文焯奏爲謹陳沿海賑濟事宜恭慰聖懷事 417-747- 30中

批雍正二年十月十五日署理浙江巡撫印務河南巡撫石文焯奏爲遵旨覆奏事 417-748- 30中

批雍正二年十月十五日署理浙江巡撫印務河南巡撫石文焯奏爲請旨事 417-749- 30中

批雍正二年十月二十日署理浙江巡撫印務河南巡撫石文焯奏爲據報奏明事 417-749- 30中

批雍正二年十一月十五日署理浙江巡撫印務河南巡撫石文焯奏爲奏聞事 417-751- 30中

批雍正二年十一月十五日署理浙江巡撫印務河南巡撫石文焯奏爲恭報晚稻收成分數仰祈聖鑒事 417-752- 30中

批雍正二年十二月六日調補西安巡撫石文焯奏爲恭請陛見事 417-752- 30中

批雍正三年二月二十九日西安巡撫石文焯奏爲覆奏事 417-753- 30下

批雍正三年五月四日西安巡撫石文焯奏爲恭報麥收分數仰慰聖懷事 417-754- 30下

批雍正三年五月四日西安巡撫石文焯奏爲恭謝聖恩併陳下悃仰祈睿鑒事 417-754- 30下

批雍正三年五月十八日甘肅巡撫石文焯奏爲恭繳硃批併陳謝悃事 417-755- 30下

批雍正三年六月二十八日甘肅巡撫石文焯奏爲恭謝天恩併繳硃批事 417-756- 30下

批雍正三年六月二十八日甘肅巡撫石文焯奏爲謹陳甘屬事宜仰祈睿鑒事 417-757- 30下

批雍正三年六月二十八日甘肅巡撫石文焯奏爲恭報夏收分數仰慰聖懷事 417-758- 30下

批雍正三年七月二十四日甘肅巡撫石文焯奏爲庫項虛懸待補官役俸食難支謹備細奏明事 417-759- 30下

批雍正三年九月一日甘肅巡撫石文焯奏爲恭謝天恩兼陳愚悃事 417-760- 30下

批雍正三年十月一日甘肅巡撫石文焯奏爲恭報甘屬秋收分數仰慰聖懷事 417-761- 30下

批雍正三年十月一日甘肅巡撫石文焯奏爲陳明各官養廉仰祈聖裁事 417-761- 30下

批雍正三年十月一日甘肅巡撫石文焯奏爲奏聞事 417-763- 30下

批雍正四年二月二十日甘肅巡撫石文焯奏爲恭繳硃批仰祈聖鑒事 417-763- 30下

批雍正四年五月一日甘肅巡撫奏爲恭繳硃批叩懇天恩俯賜矜全事 417-764- 30下

批雍正四年五月十七日甘肅巡撫革職留任石文焯奏爲恭謝天恩歷陳愚悃仰祈睿鑒事 417-765- 30下

批雍正四年七月三日甘肅巡撫革職留任石文焯奏爲疊蒙恩有感激難名恭陳謝悃事 417-766- 30下

批雍正四年七月三日甘肅巡撫革職留任石文焯奏爲恭報夏收分數仰祈睿鑒事 417-767- 30下

批雍正四年七月十三日甘肅巡撫革職留任石文焯奏爲甘霖大沛仰慰聖懷事 417-767- 30下

批雍正四年九月二十日甘肅巡撫石文焯奏爲據實奏聞事 417-768- 30下

批雍正四年九月二十二日甘肅巡撫石文焯奏爲恭報秋禾豐稔仰慰聖懷事 417-768- 30下

批雍正四年十一月二十六日甘肅巡撫石文焯奏爲恭繳硃批仰祈睿鑒事 417-769- 30下

批雍正五年二月二十五日甘肅巡撫石文焯奉爲聖主之恩膏疊沛微臣之感激靡涯敬陳下悃恭謝天恩事 417-770- 30下

批雍正五年閏三月八日甘肅巡撫石文焯奏爲奏聞事 417-770- 30下

批雍正五年九月一日甘肅巡撫石文焯奏爲恭謝天恩事 417-771- 30下

史部 詔令奏議類：附錄 詔令上十一畫

批雍正元年十一月十二日雲南永北鎮總兵官馬會伯奏爲恭謝天恩事　418- 1- 31上

批雍正元年十二月十三日署理山西大同鎮總兵官馬會伯奏爲欽奉上諭事　418- 2- 31上

批雍正二年正月十七日山西大同鎮總兵官馬會伯奏爲奏聞事　418- 3- 31上

批雍正二年六月二十日雲南永北鎮總兵官馬會伯奏爲奏聞事　418- 3- 31上

批雍正二年六月二十日雲南永北鎮總兵馬會伯奏爲遵旨條奏仰祈睿鑒事　418- 4- 31上

批雍正二年六月二十日雲南永北鎮總兵官馬會伯奏爲請復陝省武闈解額以光聖治事　418- 5- 31上

批雍正二年七月十一日雲南永北鎮總兵官馬會伯奏爲恭謝天恩事　418- 6- 31上

批雍正三年八月二十五日貴州提督馬會伯奏爲遵旨回奏事　418- 7- 31上

批雍正三年八月二十八日貴州提督馬會伯奏爲恭請聖訓事　418- -7- 31上

批雍正三年八月二十八日貴州提督馬會伯奏爲仰顧天恩准帶人員以資委用事　418- 8- 31上

批雍正三年八月二十八日貴州提督馬會伯奏爲恭謝天恩事　418- 9- 31上

批雍正三年十月二十八日貴州提督馬會伯奏恭請皇上聖安　418- 9- 31上

批雍正三年十月二十八日貴州提督馬會伯奏爲修製甲械以壯軍威以資實用事　418- 10- 31上

批雍正三年十月二十八日貴州提督馬會伯奏爲詳懇轉呈訓旨事　418- 10- 31上

批雍正三年十月二十八日貴州提督馬會伯奏爲恭請陛見以抒誠悃事　418- 11- 31上

批雍正四年四月十六日貴州提督馬會伯奏爲奏聞事　418- 12- 31上

批雍正四年七月十五日貴州提督馬會伯奏爲奏聞事　418- 13- 31上

批雍正四年七月十五日貴州提督馬會伯奏爲仲苗抗阻不法遣兵勦撫仰祈睿鑒事　418- 13- 31上

批雍正四年八月十九日貴州提督馬會伯奏爲奏聞事　418- 15- 31上

批雍正四年八月十九日貴州提督馬會伯奏爲恭繳硃批奏摺事　418- 16- 31上

批雍正五年正月二十一日四川巡撫馬會伯奏爲奏明事　418- 19- 31上

批雍正五年正月二十一日四川巡撫馬會伯奏爲奏明事　418- 19- 31上

批雍正五年正月二十一日四川巡撫馬會伯奏爲恭請陛見跪聆聖訓事　418- 19- 31上

批雍正五年正月二十一日四川巡撫馬會伯奏爲據實奏聞事　418- 20- 31上

批雍正五年四月十八日四川巡撫馬會伯奏爲恭繳硃批諭旨並謝天恩事　418- 21- 31上

批雍正五年四月十八日四川巡撫馬會伯奏爲欽奉聖諭事　418- 22- 31上

批雍正五年四月十八日四川巡撫馬會伯奏爲敬陳蜀地民情設立清查隱糧之法仰祈睿鑒事　418- 23- 31上

批雍正五年四月十八日四川巡撫馬會伯奏爲奏聞變關收過稅銀數目事　418- 24- 31上

批雍正五年四月十八日四川巡撫馬會伯奏爲據實奏明事　418- 25- 31上

批雍正五年四月十八日四川巡撫馬會伯奏爲覆奏事　418- 26- 31上

批雍正五年四月十八日四川巡撫馬會伯奏爲奏明事　418-266- 31上

批雍正五年六月二十四日湖北巡撫馬會伯奏爲奏明事　418- 27- 31上

批雍正五年六月二十四日湖北巡撫馬會伯奏爲敬繳硃批奏摺恭謝天恩事　418- 27- 31上

批雍正五年九月二十三日湖北巡撫馬會伯奏爲奏明事　418- 28- 31上

批雍正五年十一月二十一日湖北巡撫馬會伯奏爲奏聞事　418- 29- 31上

批雍正五年十一月二十一日湖北巡撫馬會伯奏爲奏請聖諭事　418- 30- 31上

批雍正六年二月十七日湖北巡撫馬會伯奏爲奏請睿裁事　418- 32- 31下

批雍正六年二月十七日湖北巡撫馬會伯奏爲奏聞事　418- 33- 31下

四庫全書文集篇目分類索引

批雍正六年三月初七日湖北巡撫馬會伯奏爲奏聞事 418- 34- 31下

批雍正六年三月初七日湖北巡撫馬會伯奏爲仰顒聖恩敕發賢員以肅吏治事 418- 35- 31下

批雍正六年四月二十二日湖北巡撫馬會伯奏爲恭繳硃批奏摺事 418- 36- 31下

批雍正六年四月二十二日湖北巡撫馬會伯奏爲奏聞事 418- 38- 31下

批雍正六年六月二十八日湖北巡撫馬會伯奏爲奏聞事 418- 39- 31下

批雍正六年九月初四日湖北巡撫馬會伯奏爲欽奉上諭事 418- 39- 31下

批雍正六年九月初四日湖北巡撫馬會伯奏爲奏聞事 418- 41- 31下

批雍正六年十一月二十六日湖北巡撫馬會伯奏爲奏聞事 418- 41- 31下

批雍正七年正月二十六日湖北巡撫馬會伯奏爲奏聞事 418- 42- 31下

批雍正七年正月二十六日湖北巡撫馬會伯奏爲奏覆事 418- 42- 31下

批雍正七年三月二十日湖北巡撫馬會伯奏爲恭繳硃批奏摺事 418- 43- 31下

批雍正七年三月二十日湖北巡撫馬會伯奏爲奏明事 418- 43- 31下

批雍正七年四月二十九日湖北巡撫馬會伯奏爲奏聞事 418- 44- 31下

批雍正七年四月二十九日湖北巡撫馬會伯奏爲奏明事 418- 44- 31下

批雍正七年四月二十九日湖北巡撫馬會伯奏爲請旨事 418- 45- 31下

批雍正七年五月十一日湖北巡撫馬會伯奏爲奏聞事 418- 46- 31下

批雍正七年五月二十日湖北巡撫馬會伯奏爲恭請聖訓事 418- 47- 31下

批雍正七年閏七月十八日湖北巡撫馬會伯奏爲奏聞事 418- 47- 31下

批雍正七年八月二十五日湖北巡撫馬會伯奏爲奏聞事 418- 48- 31下

批雍正七年十二月初十日湖北巡撫馬會伯奏爲恭繳硃批奏摺事 418- 49- 31下

批雍正七年十二月初十日湖北巡撫馬會伯奏爲奏聞事 418- 50- 31下

批雍正七年十二月初十日湖北巡撫馬會伯奏爲奏聞事 418- 52- 31下

批雍正八年三月二十九日兵部尚書馬會伯奏爲恭繳硃批奏摺事 418-56-31下

批雍正三年四月三十日江蘇巡撫張楷奏爲密陳沿途地方情形事 418- 58- 32

批雍正三年四月三十日江蘇巡撫張楷奏爲遵旨回奏事 418- 59- 32

批雍正三年四月三十日江蘇巡撫張楷奏爲委員管理上海關稅務仰祈聖鑒事 418- 60- 32

批雍正三年五月初六日江蘇巡撫張楷奏爲奏聞事 418- 61- 32

批雍正三年五月初六日江蘇巡撫張楷奏爲敬陳管見恭請聖裁事 418- 61- 32

批雍正三年五月二十六日江蘇巡撫張楷奏爲奏聞事 418- 62- 32

批雍正三年五月二十六日江蘇巡撫張楷奏爲感激聖慈敬陳謝悃事 418- 63- 32

批雍正三年六月十八日江蘇巡撫張楷奏爲奏聞事 418- 63- 32

批雍正三年六月十八日江蘇巡撫張楷奏爲恭請聖裁事 418- 64- 32

批雍正三年七月初八日江蘇巡撫張楷奏爲奏聞事 418- 65- 32

批雍正三年七月初八日江蘇巡撫張楷奏爲仰懇聖慈清滯獄以廣皇仁事 418- 66- 32

批雍正三年七月十六日江蘇巡撫張楷奏爲奏聞事 418- 67- 32

批雍正三年七月十六日江蘇巡撫張楷奏爲奏明事 418- 67- 32

批雍正三年八月十五日江蘇巡撫張楷奏爲奏聞事（二則） 418- 68- 32

批雍正三年九月初二日江蘇巡撫張楷奏爲欽承聖訓瀝悃濱陳仰祈睿鑒事 418- 70- 32

批雍正三年九月初五日江蘇巡撫張楷奏爲謹籌徵輸積欠錢糧以裕國賦事 418- 71- 32

批雍正三年九月初七日江蘇巡撫張楷奏爲請旨事 418- 72- 32

批雍正三年九月二十日江蘇巡撫張楷奏爲嚴捕盜之責以衞民失事 418- 72- 32

批雍正三年十月初二日江蘇巡撫

史部　詔令奏議類：附錄　詔令上十一畫

張楷奏爲奏聞事　418-73-32

批雍正三年十一月初六日江蘇巡撫張楷奏爲遵旨奏聞事　418-74-32

批雍正三年十一月初六日江蘇巡撫張楷奏爲欽承聖訓再陳謝惶事　418-75-32

批雍正三年十一月初六日江蘇巡撫張楷奏爲奏聞事（二則）　418-76-32

批雍正三年十一月初十日江蘇巡撫張楷奏爲海塘務期永固工料應請酌增仰祈睿鑒事　418-77-32

批雍正三年十二月十一日江蘇巡撫張楷奏爲奏聞事　418-78-32

批雍正三年十二月十八日江蘇巡撫張楷奏爲欽承上諭事(二則)　418-79-32

批雍正三年十二月十八日江蘇巡撫張楷奏爲遵旨奏陳仰祈睿鑒事　418-79-32

批雍正四年正月初一日江蘇巡撫張楷奏爲遵旨具奏事　418-81-32

批雍正四年正月二十二日江蘇巡撫張楷奏爲奏聞事（二則）　418-81-32

批雍正四年二月初六日江蘇巡撫張楷奏爲遵旨奏覆事　418-83-32

批雍正四年二月初六日江蘇巡撫張楷奏爲欽承聖訓再陳謝惶仰祈睿鑒事　418-83-32

批雍正四年二月二十一日江蘇巡撫張楷奏爲奏請聖裁事　418-84-32

批雍正四年三月十三日江蘇巡撫張楷奏爲奏報關稅贏餘銀兩仰祈睿鑒事　418-84-32

批雍正四年三月十三日江蘇巡撫張楷奏爲遵旨瀝陳仰祈聖鑒事　418-85-32

批雍正四年四月初二日江蘇巡撫張楷奏爲奏聞事　418-86-32

批雍正四年四月二十一日江蘇巡撫張楷奏爲欽承聖訓據實陳明事　418-87-32

批雍正四年五月十六日江蘇巡撫張楷奏爲奏聞事　418-87-32

批雍正四年五月十七日江蘇巡撫張楷奏爲遵旨具奏事　418-88-32

批雍正四年五月十七日江蘇巡撫張楷奏爲欽承訓旨瀝惶瀆陳仰祈睿鑒事　418-89-32

批雍正二年七月十三日護理湖南巡撫印務布政使朱綱奏爲恭謝天恩事　418-91-33

批雍正二年七月十三日護理湖南巡撫印務布政使朱綱奏（湖南早稻收成事）　418-92-33

批雍正二年九月初五日護理湖南巡撫印務布政使朱綱奏（論宋致虧空庫帑事）　418-93-33

批雍正二年九月初五日護理湖南巡撫印務布政使朱綱奏（論臨湘縣等旱災）　418-93-33

批雍正二年九月初五日護理湖南巡撫印務布政使朱綱奏　418-94-33

批雍正二年十月二十八日湖南布政使朱綱奏（論承諭旨及面稟撫臣事）　418-95-33

批雍正三年正月初七日湖南布政使朱綱奏（論王朝恩居心）　418-96-33

批雍正三年正月初七日湖南布政使朱綱奏（論湖南秋後缺雨）　418-97-33

批雍正三年四月十一日湖南布政使朱綱奏（論王朝恩事）　418-97-33

批雍正三年八月二十七日湖南布政使朱綱奏（論兄朱絲病）　419-98-33

批雍正三年八月二七日湖南布政使朱綱奏爲恭謝天恩事　419-98-33

批雍正三年十月二十二日湖南布政使朱綱奏（遵旨據實奏）　418-99-33

批雍正三年十一月二十九日湖南巡撫印務布政使朱綱奏（論選補州縣）　418-100-33

批雍正四年二月十一日湖南布政使朱綱奏（論賜福字）　418-101-33

批雍正四年二月十一日湖南布政使朱綱奏（論地方事）　418-102-33

批雍正四年十一月十七日湖南布政使朱綱奏（論錢糧事）　418-103-33

批雍正四年十一月十七日湖南布政使朱綱奏（論浙省風俗）　418-104-33

批雍正五年正月二十二日湖南布政使朱綱奏爲恭謝天恩事　418-104-33

批雍正五年正月二十二日湖南布政使朱綱奏爲恭請睿鑒事　418-105-33

四庫全書文集篇目分類索引

批雍正五年三月二十二日湖南布政使朱綱奏爲恭謝天恩事　418-106- 33

批雍正五年四月二十八日雲南巡撫朱綱奏爲據實奏聞事　418-107- 33

批雍正五年八月初八日雲南巡撫朱綱奏爲敬陳管見事　418-108- 33

批雍正五年九月二十六日雲南巡撫朱綱奏(論往任雲南巡撫事)　418-109- 33

批雍正五年九月二十六日雲南巡撫朱綱奏（論地方情形事）　418-113- 33

批雍正五年十月二十四日雲南巡撫朱綱奏（論鄂爾泰）　418-113- 33

批雍正五年十一月初十日雲南巡撫朱綱奏（據實奏聞事）　418-114- 33

批雍正五年十一月初十日雲南巡撫朱綱奏（論各衛兵員）　418-115- 33

批雍正五年十一月二十日雲南巡撫朱綱奏（論大雪）　418-116- 33

批雍正五年十一月二十日雲南巡撫朱綱奏（論米穀題報）　418-116- 33

批雍正五年十一月二十日雲南巡撫朱綱奏（論往雲南事）　418-117- 33

批雍正五年十二月初六日雲南巡撫朱綱奏（論倉儲情形）　418-118- 33

批雍正五年十二月初六日雲南巡撫朱綱奏（滇南雪）　418-119- 33

批雍正六年正月初八日雲南巡撫朱綱奏（論滇兵進藏部）　418-119- 33

批雍正六年正月初八日雲南巡撫朱綱奏（論田肇麗年老）　418-120- 33

批雍正六年三月初三日雲南巡撫朱綱奏（論調用福建巡撫）　418-120- 33

批雍正六年三月初三日雲南巡撫朱綱奏（論滇省案件）　418-121- 33

批雍正六年三月初三日雲南巡撫朱綱奏（論標營糧餉事）　418-122- 33

批雍正六年三月十二日雲南巡撫朱綱奏（論海疆事）　418-124- 33

批雍正六年五月初十日福建巡撫朱綱奏（論任內銀兩）　418-125- 33

批雍正六年五月初十日福建巡撫朱綱奏（論任滇巡撫事）　418-125- 33

批雍正六年五月初十日福建巡撫朱綱奏（論卸任途中事）　418-126- 33

批雍正六年五月初十日福建巡撫朱綱奏(論桑植保靖二司歸事　418-127- 33

批雍正六年六月初七日福建巡撫朱綱奏（論閩省收成事）　418-128- 33

批雍正六年六月初七日福建巡撫朱綱奏（論閩省鹽事）　418-129- 33

批雍正六年七月初六日福建巡撫朱綱奏（論臺灣事）　418-129- 33

批雍正六年七月初六日福建巡撫朱綱奏（論行耕耤典禮案）　418-130- 33

批雍正六年七月初六日福建巡撫朱綱奏（論雨水影響米價）　418-131- 33

批雍正六年七月十六日福建巡撫朱綱奏（論臺灣府等印信事）　418-131- 33

批雍正六年七月十六日福建巡撫朱綱奏（論閩省雨量情形）　418-132- 33

批雍正六年八月初一日福建巡撫朱綱奏（論籌畫旱災事）　418-133- 33

批雍正六年八月初八日福建巡撫朱綱奏（論閩省旱象）　418-134- 33

批雍正六年八月初八日福建巡撫朱綱奏（論公捐俸工）　418-135- 33

批雍正六年八月初十日福建巡撫朱綱奏爲恭謝天恩事　418-135- 33

批雍正六年九月初八日福建巡撫朱綱奏（論因病未能理案）　418-135- 33

批雍正元年三月初九日安徽巡撫李成龍奏恭請皇上聖安　418-137- 34

批雍正元年三月初九日安徽巡撫李成龍奏爲凜尊聖訓叩謝天恩事　418-137- 34

批雍正元年四月二十八日安徽巡撫李成龍奏爲恭報二麥豐收分數仰祈睿鑒事　418-138- 34

批雍正元年九月二十六日安徽巡撫李成龍奏爲恭報上江秋成分數仰祈睿鑒事　418-139- 34

批雍正二年閏四月十六日安徽巡撫李成龍奏爲恭報二麥收成分數仰祈睿鑒事　418-140- 34

批雍正二年九月二十八日安徽巡撫李成龍奏請皇上聖安　418-140- 34

批雍正二年九月二十八日安徽巡撫李成龍奏爲恭報秋收分數仰祈睿鑒事　418-141- 34

批雍正二年十一月初十日安徽巡

撫李成龍奏爲奏聞事　418-141- 34

批雍正三年正月十一日安徽巡撫李成龍奏爲再行回奏仰請聖裁事　418-142- 34

批雍正三年七月二十二日安徽巡撫李成龍奏爲恭謝天恩事　418-143- 34

批雍正三年九月初十日安徽巡撫李成龍奏爲敬陳（事）　418-143- 34

批雍正四年正月十七日湖廣總督李成龍奏爲據實奏明仰祈睿鑒事　418-144- 34

批雍正四年三月初三日湖廣總督李成龍奏爲恭繳硃批仰祈睿鑒事　418-144- 34

批雍正四年三月二十日湖廣總督李成龍奏爲具實奏仰請睿裁事　418-145- 34

批雍正四年五月初四日湖廣總督李成龍奏爲恭繳硃批仰祈睿鑒事　418-146- 34

批雍正四年七月十一日湖廣總督李成龍奏爲恭繳硃批仰祈睿鑒事　418-147- 34

批雍正四年四月初八日貴州巡撫何世璂奏爲奏聞事（二則）　418-149- 35

批雍正四年四月初八日貴州巡撫何世璂奏爲恭請聖訓指示以便遵守事　418-150- 35

批雍正四年四月二十九日貴州巡撫何世璂奏爲奏聞事（三則）　418-152- 35

批雍正四年五月二十九日貴州巡撫何世璂奏爲盤查司庫錢糧仰利睿鑒事　418-154- 35

批雍正四年五月二十九日貴州巡撫何世璂奏爲奏聞事（二則）　418-155- 35

批雍正四年六月二十九日貴州巡撫何世璂奏爲盤倉事竣據實奏聞事　418-157- 35

批雍正四年六月二十九日貴州巡撫何世璂奏爲奏聞事　418-158- 35

批雍正四年九月十二日貴州巡撫何世璂奏爲奏聞事　418-159- 35

批雍正四年十一月十五日貴州巡撫何世璂奏爲聖主訓誠維殷事　418-159- 35

批雍正四年十一月十五日貴州巡撫何世璂奏爲陳明續完司庫墊

支銀兩仰祈睿鑒事　415-160- 35

批雍正五年閏三月二十六日貴州巡撫何世璂奏爲奏聞事　418-161- 35

批雍正五年閏三月二十六日貴州巡撫何世璂奏爲欽遵諭旨和衷辦事備悉奏聞仰祈睿鑒事　418-162- 35

批雍正五年五月十三日貴州巡撫何世璂奏爲奏聞事　418-164- 35

批雍正五年五月十三日貴州巡撫何世璂奏爲聖壽普天同慶（事）　418-164- 35

批雍正六年六月初六日署理直隸總督事務何世璂奏爲奏聞事　418-165- 35

批雍正六年六月初六日署理直隸總督何世璂協理直隸總督劉師忽奏爲恭報二麥收成分數事　418-167- 35

批雍正六年七月二十四日署理直隸總督事務何世璂奏爲恭繳硃批并奏請聖裁事　418-167- 35

批雍正六年七月二十四日署理直隸總督何世璂協理直隸總督劉師忽奏爲請旨事　418-169- 35

批雍正六年八月二十四日署理直隸總督何世璂協理直隸總督劉師忽奏爲奏聞事　418-169- 35

批雍正六年八月二十四日署理直隸總督何世璂協理直隸總督劉師忽奏爲遵旨密訪事　418-170- 35

批雍正六年九月二十六日署理直隸總督何世璂協理直隸總督劉師忽奏爲恭報秋禾收成分數事　418-171- 35

批雍正六年九月二十六日署理直隸總督何世璂協理直隸總督劉師忽奏爲要地需人能員難得具實具奏請旨事　418-171- 35

批雍正六年十二月十七日署理直隸總督何世璂協理直隸總督劉師忽奏爲奏聞事　418-172- 35

批雍正元年三月二十六日右僉都御史謝賜履奏爲奏明事　418-174- 36

批雍正元年四月十六日右僉都御史謝賜履奏爲恭請聖安事　418-175- 36

批雍正元年四月二十一日右僉都御史謝賜履奏爲欽奉上諭事　418-175- 36

批雍正元年六月二十日右僉都御史謝賜履奏爲恭繳硃批奏摺事　418-176- 36

批雍正元年七月初三日右僉都御史謝賜履奏爲泣陳愨悃恭請節哀以慰下情事 418-177- 36

批雍正元年十二月初一日右僉都御史謝賜履奏爲奏明解過織造銀兩事 418-178- 36

批雍正二年正月十七日右僉都御史謝賜履奏爲恭謝天恩事 418-178- 36

批雍正二年閏四月初四日右僉都御史謝賜履奏爲備陳淮商困苦情形仰祈睿鑒事 418-179- 36

批雍正二年九月十一日左副都御史謝賜履奏（論兩淮鹽課事二則） 418-180- 36

批雍正三年二月二十五日左副都御史謝賜履奏(論兩淮鹽課事) 418-181- 36

批雍正三年八月二十八日管理兩浙鹽務謝賜履奏（論兩浙鹽課事） 418-182- 36

批雍正三年八月二十八日管理兩浙鹽務謝賜履奏爲奏明兩浙公費事 418-183- 36

批康熙六十一年十二月十八日江寧巡撫吳存禮奏爲欽奉上諭事 418-184- 37

批雍正元年三月十六日浙江巡撫李馥奏爲密陳閩省情形事 418-186- 38

批雍正元年四月初一日浙江巡撫李馥奏爲恭報麥苗情形仰祈睿鑒事 418-186- 38

批雍正元年五月十二日浙江巡撫李馥奏爲恭請聖安以抒悃悃事 418-187- 38

批雍正元年五月十二日浙江巡撫李馥奏爲恭報春熟收成分數仰祈睿鑒事 418-187- 38

批雍正元年六月十八日浙江巡撫李馥奏爲遵旨奏明事 418-188- 38

批雍正元年七月二十四日浙江巡撫李馥奏爲夏秋雨澤情形事 418-190- 38

批雍正元年八月初一日浙江巡撫李馥奏爲恭謝天恩密覆諭旨事 418-190- 38

批雍正元年九月十四日浙江巡撫李馥奏爲直陳司道知府官方事 418-191- 38

批雍正元年十二月初四日浙江巡撫李馥奏爲恭覆諭旨事（論張爲政） 418-193- 38

批雍正元年十二月十九日浙江巡撫李馥奏爲雨雪應期仰慰聖懷事 418-193- 38

批雍正二年正月二十二日浙江巡撫李馥奏爲恭謝天恩事 418-194- 38

批雍正五年四月十二日廣東布政使官達奏爲奏聞事（二則） 418-196- 36

批雍正五年五月二十日廣東布政使官達奏爲敬陳管見仰祈睿鑒事 418-198- 39

批雍正五年五月二十日廣東布政使官達奏爲奏聞事 418-199- 39

批雍正四年四月初二日廣東布政使常賽奏爲奏聞事 418-202- 40

批雍正四年十月二十六日廣東布政使常賽奏爲恭謝天恩事 418-203- 40

批雍正四年十月二十六日廣東布政使常賽奏爲奏聞事 418-203- 40

批雍正五年二月初一日廣東布政使常賽奏爲恭緘珠批瀝陳微忱仰祈睿鑒事 418-204- 40

批雍正五年二月初一日廣東布政使常賽奏爲奏聞事 418-205- 40

批雍正五年二月初十日廣東布政使常賽奏爲恭謝天恩仰祈聖鑒事 418-206- 40

批雍正五年二月初十日廣東布政使常賽奏爲奏聞事 418-207- 40

批雍正五年三月二十五日廣東布政使常賽奏爲奏聞事 418-208- 40

批雍正五年閏三月二十七日署理廣東巡撫印務常賽奏爲恭緘珠批仰祈聖鑒事 418-209- 40

批雍正五年閏三月二十七日署理廣東巡撫印務常賽奏爲奏聞事 418-210- 40

批雍正五年四月十三日署理廣東巡撫印務常賽奏爲奏明嚴處積案兇盜以靖地方事 418-210- 40

批雍正五年五月二十四日署理廣東巡撫印務常賽奏爲奏聞事（二則） 418-211- 40

批雍正五年五月二十四日署理廣東巡撫印務常賽奏爲奏明立限買補食穀以裕天儲事 418-212- 40

批雍正五年六月十八日署理廣東巡撫印務常賓奏爲覆奏事 418-213- 40

批雍正五年六月十八日署理廣東巡撫印務常賓奏爲奏聞事 418-214- 40

批雍正五年六月十八日署理廣東巡撫印務常賓奏爲恭謝天恩事 418-215- 40

批雍正五年七月十九日福建巡撫常賓奏爲請定修堤之專責以杜水患以衛民生事 418-216- 40

批雍正五年七月十九日福建巡撫常賓奏爲奏明太平粵海兩關稅務事 418-217- 40

批雍正五年九月初二日福建巡撫常賓奏爲奏聞事（二則） 418-218- 40

批雍正五年九月二十六日福建巡撫常賓奏爲奏聞事（二則） 418-219- 40

批雍正五年九月二十六日福建巡撫常賓奏爲恭繳硃批感謝聖訓事 418-221- 40

批雍正五年十月二十五日福建巡撫常賓奏爲遵旨覆奏仰祈睿鑒事 418-222- 40

批雍正五年十月二十五日福建巡撫常賓奏爲奏聞事（二則） 418-223- 40

批雍正五年十月二十五日福建巡撫常賓奏爲酌更水師營員補用之法以除刁悍積習事 418-224- 40

批雍正五年十一月十七日福建巡撫常賓奏爲恭繳硃批奏摺事 418-226- 40

批雍正五年十一月二十二日福建巡撫常賓奏爲奏聞事 418-227- 40

批雍正五年十一月二十二日福建巡撫常賓奏爲感沐聖恩恭陳謝悃事 418-227- 40

批雍正六年正月初八日福建巡撫常賓奏爲奏聞事（二則） 418-228- 40

批雍正六年二月初十日福建巡撫常賓奏爲奏聞官役侵蝕捏稱民欠事 418-229- 40

批雍正六年二月二十日今調雲南巡撫常賓奏爲恭繳硃批事 418-230- 40

批雍正六年二月二十日今調雲南巡撫常賓奏爲恭謝天恩懇求陛見事 418-231- 40

批雍正六年三月二十二日今調雲南巡撫常賓奏爲奏聞事 418-231- 40

批雍正六年三月二十二日今調雲南巡撫常賓奏爲奏陳各官賢否仰冀睿鑒事 418-232- 40

批雍正六年三月二十二日今調雲南巡撫常賓奏爲恭繳硃批叩請陛見事 418-233- 40

批雍正六年四月十二日今調雲南巡撫常賓奏爲奏聞事 418-234- 40

批雍正二年六月初八日山西布政使高成齡奏爲敬陳未議事 418-235- 41

批雍正二年九月十四日山西布政使高成齡奏恭請皇上萬安 418-237- 41

批雍正二年九月十四日山西布政使高成齡奏爲請將丁銀歸入地糧以便徵收以均苦樂事 418-237- 41

批雍正二年十二月初九日山西布政使高成齡奏爲恭謝天恩事 418-238- 41

批雍正三年二月初八日山西布政使高成齡奏爲奏明雍正元年耗羨銀兩事 418-239- 41

批雍正三年二月初八日山西布政使高成齡奏爲奏明事 418-239- 41

批雍正三年四月二十八日山西布政使高成齡奏爲敬陳未議事 418-240- 41

批雍正三年十月初四日山西布政使高成齡奏爲奏明事 418-241- 41

批雍正四年四月十六日山西布政使高成齡奏爲奏聞事 418-241- 41

批雍正四年五月二十日山西布政使高成齡奏爲奏聞事 418-242- 41

批雍正四年十一月十四日山西布政使高成齡奏爲清運制錢以便軍民事 418-242- 41

批雍正四年十一月十四日山西布政使高成齡奏爲恭謝天恩事 418-243- 41

批雍正四年十二月二十日山西布政使高成齡奏爲據實奏聞事 418-244- 41

批雍正五年六月初六日山西布政使高成齡奏爲恭謝天恩事 418-245- 41

批雍正五年七月初六日山西布政使高成齡奏爲恭謝聖訓事 418-245- 41

批雍正五年七月初十日山西布政使高成齡奏爲敬陳未議事 418-246- 41

批雍正五年八月十六日監察御史

四庫全書文集篇目分類索引

性桂護理山西巡撫印務高成齡按察使蔣泂奏爲奏明事　418-247- 41

批雍正五年九月十六日山西布政使高成齡奏爲恭報盛世豐年十分收成事　418-248- 41

批雍正五年九月十六日山西布政使高成齡奏爲敬陳未議仰祈睿鑒事　418-248- 41

批雍正四年七月初六日巡視臺灣監察御史索琳奏爲恭報微臣到任日期事　418-250- 42

批雍正四年七月初六日巡視臺灣監察御史索琳吏科給事中汪繼爆奏爲恭報臺澎兩協操期驗閱已竣事　418-251- 42

批雍正四年七月初六日巡視臺灣監察御史索琳吏科給事中汪繼爆奏爲恭報地方米價雨水情形仰慰聖懷事　418-251- 42

批雍正四年七月初六日巡視臺灣監察御史索琳吏科給事中汪繼爆奏爲奏聞事　418-252- 42

批雍正四年十月二十四日巡視臺灣監察御史索琳奏爲奏聞事　418-253- 42

批雍正五年正月十二日巡視臺灣監察御史索琳奏爲剿捕生番以保民事　418-254- 42

批雍正五年閏三月二十一日巡視臺灣監察御史索琳奏爲奏聞事　418-255- 42

批雍正五年四月初二日巡視臺灣監察御史索琳奏爲奏聞事　418-257- 42

批雍正五年八月十二日巡視臺灣監察御史索琳奏爲訪陳臺郡田糧利弊仰請聖裁事　418-258- 42

批雍正五年十月十三日巡視臺灣監察御史索琳奏爲臺郡農功已畢報收成分數事　418-259- 42

批雍正五年十一月初八日巡視臺灣監察御史索琳奏爲特參虛冒兵糧濫役滋擾事　418-260- 42

批雍正五年六月十五日陝西興漢鎮總兵官劉世明奏爲奏明事　418-262-43上

批雍正五年九月初六日陝西興漢鎮總兵官劉世明奏恭請皇上聖安　418-263-43上

批雍正五年九月初六日陝西興漢鎮總兵官劉世明奏爲奏明事　418-263-43上

批雍正五年十一月十三日署理湖廣提督印務劉世明奏爲奏明事　418-265-43上

批雍正五年十一月十三日署理湖廣提督印務劉世明奏爲據實密奏事　418-266-43上

批雍正五年十一月二十九日署理湖廣提督印務劉世明奏爲叩謝天恩事　418-267-43上

批雍正五年十二月十九日署理湖廣提督印務劉世明奏爲奏聞事　418-268-43上

批雍正六年二月二十日署理湖廣提督印務劉世明奏爲敬抒管見仰祈睿鑒事　418-269-43上

批雍正六年四月二十一日署理湖廣提督印務劉世明奏爲瀝陳下情仰祈天聽事　418-270-43上

批雍正六年五月初一日署理湖廣提督印務劉世明奏爲奏聞事　418-271-43上

批雍正六年六月二十二日署理湖廣提督印務劉世明奏爲奏聞事（三則）　418-273-43上

批雍正六年八月二十四日署理湖廣提督印務劉世明奏爲奏聞事　418-275-43上

批雍正六年八月二十四日署理湖廣提督印務劉世明奏爲恭繳硃批事　418-275-43上

批雍正六年十月十三日暫理湖廣提督印務劉世明奏爲奏聞事　418-276-43上

批雍正六年十月十三日暫理湖廣提督印務劉世明奏爲奏聞遵旨派撥官兵事　418-276-43上

批雍正六年十一月初六日特授甘肅巡撫劉世明奏爲奏聞事　418-277-43上

批雍正七年正月二十五日福建巡撫劉世明奏爲恭報微臣入境日期并陳地方情形事　418-278-43上

批雍正七年正月二十五日福建巡撫劉世明奏爲奏聞恭聆傳宣諭旨凜慎遵循事　418-279-43上

批雍正七年正月二十五日福建巡撫劉世明奏爲酌籌閩省耗羨歸公之法以昭畫一事　418-280-43上

批雍正七年正月二十五日福建巡

四庫全書文集篇目分類索引

史部 詔令奏議類：附錄 詔令上十一畫

撫劉世明奏爲奏聞事 418-281-43上

批雍正七年三月十一日福建巡撫劉世明奏爲奏聞事 418-283-43上

批雍正七年三月十一日福建巡撫劉世明奏爲遵旨覆奏事 418-283-43上

批雍正七年三月十一日福建巡撫劉世明奏爲奏聞事 418-284-43上

批雍正七年四月十三日福建巡撫劉世明奏爲二麥豐收事 418-286-43上

批雍正七年五月初一日福建巡撫劉世明奏爲奏聞事 418-286-43上

批雍正七年五月初一日福建巡撫劉世明奏爲據實奏聞恭請睿鑒事 418-287-43上

批雍正七年五月初一日福建巡撫劉世明奏爲奏聞事 418-288-43上

批雍正七年六月十六日福建巡撫劉世明奏爲奏聞畫一辦理通省公務分給各官養廉事 418-289-43上

批雍正七年六月十六日福建巡撫劉世明奏爲恭報早穀豐登事 418-289-43上

批雍正七年六月十六日福建巡撫劉世明奏爲欽奉上諭事 418-290-43上

批雍正七年七月二十六日福建巡撫劉世明奏爲據實奏聞恭請睿鑒事 418-290-43上

批雍正七年八月初二日福建巡撫劉世明奏爲奏聞事 418-292-43上

批雍正七年八月初二日福建巡撫劉世明奏爲恭謝天恩事 418-292-43上

批雍正七年九月初六日福建巡撫劉世明奏恭請皇上聖安 418-293-43上

批雍正七年九月初六日福建巡撫劉世明奏爲奏聞事 418-294-43上

批雍正七年九月初六日福建巡撫劉世明奏爲恭報年歲事 418-295-43上

批雍正七年十月十三日福建巡撫劉世明奏爲遵旨密察事 418-295-43上

批雍正七年十一月十七日署理福建總督史貽直巡撫劉世明奏爲殊批會議覆奏事 418-298-43上

批雍正七年十一月十七日福建巡撫劉世明奏爲奏聞事 418-299-43上

批雍正七年十二月二十四日福建巡撫劉世明奉爲欽奉上諭事 418-300-43上

批雍正八年二月初三日福建巡撫劉世明奏爲奏聞事 418-301-43下

批雍正八年二月十六日福建巡撫劉世明奏爲微臣罪過多端顧求聖恩鑒宥事 418-302-43下

批雍正八年四月二十二日福建巡撫劉世明奏爲跪聆諭旨恭謝天恩事 418-303-43下

批雍正八年四月二十二日福建巡撫劉世明奏爲奏聞事 418-304-43下

批雍正八年六月初三日福建巡撫劉世明奏爲奏聞事 418-304-43下

批雍正八年八月十二日福建總督劉世明奏爲據實奏聞密請睿裁事 418-305-43下

批雍正八年十月二十六日福建總督劉世明奏爲奏陳蟻恫傯縮求睿鑒事 418-305-43下

批雍正八年十二月二十六日福建總督劉世明巡撫趙國麟奏爲敬陳管見仰祈睿鑒事 418-306-43下

批雍正九年二月初六日福建總督劉世明奏爲奏請訓旨事 418-306-43下

批雍正九年二月初六日福建總督劉世明奏爲謹備陳閩疆水陸營汛事宜伏祈睿鑒事 418-307-43下

批雍正九年二月初六日福建總督劉世明奏爲欽承聖諭恭謝天恩事 418-308-43下

批雍正九年三月十三日福建總督劉世明奏爲奏聞事 418-308-43下

批雍正九年三月十三日福建總督劉世明奏爲據實奏聞請旨事 418-309-43下

批雍正九年三月二十九日福建總督劉世明巡撫趙國麟奏爲據實奏聞恭請睿鑒事 418-309-43下

批雍正九年四月二十九日福建總督劉世明奏爲奏聞通省二麥豐收禾苗現俱栽插事 418-310-43下

批雍正九年六月十五日福建總督劉世明奏爲奏聞事 418-311-43下

批雍正九年九月十一日福建總督劉世明奏爲奏聞事 418-312-43下

批雍正九年十月初九日福建總督劉世明奏爲奏聞事 418-313-43下

批雍正九年十月十九日福建總督劉世明奏爲奏聞事 418-314-43下
批雍正九年十月十九日福州將軍阿爾賽福建總督劉世明巡撫趙國麟奏爲欽奉上諭事 418-314-43下
批雍正九年十月二十五日福建總督劉世明奏爲欽奉上諭事 418-315-43下
批雍正十年正月二十四日福建總督劉世明奏爲奏聞事 418-316-43下
批雍正十年正月二十六日福建總督劉世明奏爲欽奉上諭事 418-317-43下
批雍正十年三月十七日福建總督劉世明奏(恭請皇上聖安) 418-318-43下
批雍正元年五月十四日福州將軍宜兆熊奏爲請旨事 418-320-44上
批雍正元年五月十四日福州將軍宜兆熊奏爲奏聞事 418-321-44上
批雍正元年六月十二日福州將軍宜兆熊奏爲恭謝天恩事 418-321-44上
批雍正元年九月十五日福州將軍宜兆熊奏爲恭謝天恩事 418-322-44上
批雍正元年九月十五日福州將軍宜兆熊奏爲請旨事 418-323-44上
批雍正元年十一月十七日福州將軍宜兆熊奏爲恭謝天恩事 418-323-44上
批雍正二年三月十三日福州將軍宜兆熊奏爲奏聞事 418-324-44上
批雍正二年三月十三日福州將軍宜兆熊奏爲欽奉上諭事 418-325-44上
批雍正二年三月十三日福州將軍宜兆熊奏爲請旨事 418-325-44上
批雍正二年四月二十四日福建將軍宜兆熊奏爲恭謝天恩事 418-326-44上
批雍正二年閏四月二十一日福州將軍宜兆熊奏爲奏聞事 418-326-44上
批雍正二年七月初四日福州將軍宜兆熊奏爲恭繳硃批叩謝天恩事 418-327-44上
批雍正二年七月初四日福州將軍宜兆熊奏爲奏聞事 418-328-44上
批雍正二年九月十五日福州將軍宜兆熊奏爲敬陳管見仰祈睿鑒事 418-328-44上
批雍正二年九月十五日福州將軍宜兆熊奏爲奏聞事 418-329-44上
批雍正二年九月十五日福州將軍宜兆熊奏爲恭謝天恩事 418-330-44上
批雍正二年九月二十五日福州將軍宜兆熊奏爲欽奉上諭事 418-331-44上
批雍正二年十一月初四日福州將軍宜兆熊奏爲戀主情殷懇請陛見事 418-331-44上
批雍正二年十一月二十四日福州將軍宜兆熊奏爲恭謝天恩事 418-332-44上
批雍正二年十一月二十四日福州將軍宜兆熊奏爲敬陳管見仰祈睿鑒事 418-333-44上
批雍正二年十一月二十四日福州將軍宜兆熊奏爲請旨事 418-333-44上
批雍正二年十二月十五日福州將軍宜兆熊奏爲敬陳管見仰祈睿鑒事 418-334-44上
批雍正二年十二月十五日福州將軍宜兆熊奏爲奏聞事 418-334-44上
批雍正三年四月二十六日福州將軍宜兆熊奏爲聖主隆繼述之孝至仁沛蠲賦之恩海嶠微官欣祝無疆事 418-335-44上
批雍正三年四月二十六日福州將軍宜兆熊奏爲奏聞事 418-335-44上
批雍正三年七月初一日福州將軍宜兆熊奏爲奏聞事 418-336-44上
批雍正三年九月初八日福州將軍宜兆熊奏爲奏聞事 418-337-44上
批雍正三年九月二十八日福州將軍署理閩浙總督印務宜兆熊奏爲奏聞事 418-338-44上
批雍正三年十月二十四日福州將軍署理閩浙總督印務宜兆熊奏爲奏聞事 418-338-44上
批雍正四年正月初三日福建將軍署理閩浙總督印務宜兆熊奏爲請撫生番事 418-339-44上
批雍正四年二月初四日福州將軍署理閩浙總督印務宜兆熊福建巡撫毛文銓奏爲奏聞事 418-340-44上
批雍正四年二月初四日福州將軍署理閩浙總督印務宜兆熊福建巡撫毛文銓奏爲奏聞事 418-341-44上
批雍正四年三月二十六日福州將

軍署理閩浙總督印務宜兆熊福建巡撫毛文銓奏爲據實奏聞事 418-341-44上

批雍正四年四月初一日福州將軍署理閩浙總督印務宜兆熊奏爲奏聞事 418-342-44上

批雍正四年五月十四日福州將軍宜兆熊副都統鄭繼寬奏爲奏聞事 418-343-44上

批雍正四年六月二十二日福州將軍宜兆熊奏爲叩謝天恩事 418-343-44上

批雍正四年七月二十一日福州將軍宜兆熊奏爲恭謝天恩事 418-344-44上

批雍正五年正月二十八日署理直隸總督宜兆熊協理直隸總督劉師恕奏爲奏聞事 418-346-44下

批雍正五年正月二十八日署理直隸總督宜兆熊協理直隸總督劉師恕奏爲奏聞事 418-347-44下

批雍正五年正月二十八日署理直隸總督宜兆熊協理直隸總督劉師恕奏爲奏明事 418-348-44下

批雍正五年二月初三日署理直隸總督宜兆熊協理直隸總督劉師恕奏爲恭報瑞雪事 418-349-44下

批雍正五年二月初三日署理直隸總督宜兆熊協理直隸總督劉師恕奏爲奏聞事 418-349-44下

批雍正五年二月十五日署理直隸總督宜兆熊協理直隸總督劉師恕奏爲叩謝天恩事 418-350-44下

批雍正五年二月十五日署理直隸總督宜兆熊協理直隸總督劉師恕奏爲續報瑞雪普霑事 418-350-44下

批雍正五年二月十五日署理直隸總督宜兆熊協理直隸總督劉師恕奏爲據情轉請事 418-351-44下

批雍正五年三月二十二日署理直隸總督宜兆熊協理直隸總督劉師恕奏爲奏聞事 418-352-44下

批雍正五年三月二十二日署理直隸總督宜兆熊協理直隸總督劉師恕奏爲請旨事 418-354-44下

批雍正五年閏三月初六日署理直隸總督宜兆熊協理直隸總督劉師恕奏爲奏聞事 418-354-44下

批雍正五年閏三月十二日署理直隸總督宜兆熊協理直隸總督劉師恕奏爲恭報雨澤事 418-355-44下

批雍正五年閏三月十二日署理直隸總督宜兆熊協理直隸總督劉師恕奏爲請旨事 418-356-44下

批雍正五年閏三月十二日署理直隸總督宜兆熊協理直隸總督劉師恕奏爲奏聞事 418-357-44下

批雍正五年閏三月十二日署理直隸總督宜兆熊協理直隸總督劉師恕奏爲酌提耗羨事 418-358-44下

批雍正五年閏三月二十二日吏部尙書仍署理直隸總督宜兆熊禮部右侍郎協理直隸總督劉師恕奏爲遵奉聖訓事 418-361-44下

批雍正五年閏三月二十二日吏部尙書仍署理直隸總督宜兆熊禮部右侍郎協理直隸總督劉師恕奏爲請旨事 418-361-44下

批雍正五年閏三月二十二日吏部尙書仍署理直隸總督宜兆熊禮部右侍郎協理直隸總督劉師恕奏爲續報雨澤事 418-362-44下

批雍正五年四月初四日吏部尙書仍署理直隸總督宜兆熊禮部右侍郎協理直隸總督劉師恕奏爲覆奏事 418-363-44下

批雍正五年四月初八日吏部尙書仍署理直隸總督宜兆熊禮部右侍郎協理直隸總督劉師恕奏爲恭報甘雨事 418-364-44下

批雍正五年四月十五日吏部尙書仍署理直隸總督宜兆熊禮部右侍郎協理直隸總督劉師恕奏爲欽奉諭旨事 418-365-44下

批雍正五年四月十五日吏部尙書仍署理直隸總督宜兆熊禮部右侍郎協理直隸總督劉師恕奏爲奏聞事 418-366-44下

批雍正五年四月二十六日吏部尙書仍署理直隸總督宜兆熊禮部右侍郎協理直隸總督劉師恕奏爲叩謝訓旨事 418-367-44下

批雍正五年四月二十六日吏部尙

書仍署理直隸總督宜兆熊禮部右侍郎協理直隸總督劉師恕奏爲續報雨澤事　418-367-44下

批雍正五年五月十六日吏部尚書仍署理直隸總督宜兆熊禮部右侍郎協理直隸總督劉師恕奏爲恭報二麥約收分數事　418-369-44下

批雍正五年六月初二日吏部尚書仍署理直隸總督宜兆熊禮部右侍郎協理直隸總督劉師恕奏爲奏聞事　418-370-44下

批雍正五年六月初二日吏部尚書仍署理直隸總督宜兆熊禮部右侍郎協理直隸總督劉師恕奏爲恭報雨澤事　418-370-44下

批雍正五年六月初九日吏部尚書仍署理直隸總督宜兆熊禮部右侍郎協理直隸總督劉師恕奏爲奏聞事　418-371-44下

批雍正五年六月初九日吏部尚書仍署理直隸總督宜兆熊禮部右侍郎協理直隸總督劉師恕奏爲奏明請旨事　418-372-44下

批雍正五年六月二十日吏部尚書仍署理直隸總督宜兆熊禮部右侍郎協理直隸總督劉師恕奏爲奏聞事　418-373-44下

批雍正五年六月二十八日吏部尚書仍署理直隸總督宜兆熊禮部右侍郎協理直隸總督劉師恕奏爲覆奏事　418-374-44下

批雍正五年六月二十八日吏部尚書仍署理直隸總督宜兆熊禮部右侍郎協理直隸總督劉師恕奏爲奏聞事　418-375-44下

批雍正五年六月二十八日吏部尚書仍署理直隸總督宜兆熊禮部右侍郎協理直隸總督劉師恕奏爲皇恩之浩蕩無疆膏澤之逮民至速臣等心悅誠服合詞奏謝事　418-375-44下

批雍正五年七月初五日吏部尚書仍署理直隸總督宜兆熊禮部右侍郎協理直隸總督劉師恕奏爲請旨事　418-376-44下

批雍正五年七月初五日吏部尚書仍署理直隸總督宜兆熊奏爲瀝情請旨事　418-377-44下

批雍正五年八月初七日吏部尚書仍署理直隸總督宜兆熊禮部右侍郎協理直隸總督劉師恕奏爲覆奏事　418-378-44下

批雍正五年八月初七日吏部尚書仍署理直隸總督宜兆熊禮部右侍郎協理直隸總督劉師恕奏爲欽奉諭旨據實覆奏事　418-379-44下

批雍正五年九月十五日吏部尚書仍署理直隸總督宜兆熊禮部右侍郎協理直隸總督劉師恕奏爲奏聞事　418-381-44下

批雍正五年九月十五日吏部尚書仍署理直隸總督宜兆熊禮部右侍郎協理直隸總督劉師恕奏爲請旨事　418-382-44下

批雍正五年九月十五日吏部尚書仍署理直隸總督宜兆熊禮部右侍郎協理直隸總督劉師恕奏爲奏明事　418-382-44下

批雍正五年九月十五日吏部尚書仍署理直隸總督宜兆熊禮部右侍郎協理直隸總督劉師恕奏爲請旨事　418-383-44下

批雍正五年十月十九日吏部尚書仍署理直隸總督宜兆熊禮部右侍郎協理直隸總督劉師恕奏爲奏聞事　418-384-44下

批雍正五年十一月十八日吏部尚書仍署理直隸總督宜兆熊禮部右侍郎協理直隸總督劉師恕奏爲請旨事　418-385-44下

批雍正五年十一月十八日吏部尚書仍署理直隸總督宜兆熊禮部右侍郎協理直隸總督劉師恕奏爲續報得雪事　418-385-44下

批雍正五年十一月十八日吏部尚書仍署理直隸總督宜兆熊禮部右侍郎協理直隸總督劉師恕奏爲懇請代奏給假省親事　418-386-44下

批雍正五年十一月十八日吏部尚書仍署理直隸總督宜兆熊禮部右侍郎協理直隸總督劉師恕奏

爲遵旨議奏事　418-387-44下

批雍正六年正月二十四日吏部尚書仍署理直隸總督宜兆熊禮部右侍郎協理直隸總督劉師恕奏爲奏聞事　418-389-44下

批雍正六年二月二十三日吏部尚書仍署理直隸總督宜兆熊禮部右侍郎協理直隸總督劉師恕奏爲恭報春雨事　418-390-44下

批雍正六年三月十七日吏部尚書仍署理直隸總督宜兆熊禮部右侍郎協理直隸總督劉師恕奏爲奏明事　418-391-44下

批雍正六年三月十七日吏部尚書仍署理直隸總督宜兆熊禮部右侍郎協理直隸總督劉師恕奏爲請旨事　418-391-44下

批雍正六年三月十七日吏部尚書仍署理直隸總督宜兆熊禮部右侍郎協理直隸總督劉師恕奏爲續報雨澤事　418-392-44下

批雍正六年四月十六日署理直隸總督宜兆熊協理直隸總督劉師恕奏爲奏聞事　418-393-44下

批雍正六年四月十九日署理直隸總督宜兆熊協理直隸總督劉師恕奏爲奏聞事　418-394-44下

批雍正二年十二月二十五日河南開歸河道沈廷正奏爲遵旨回奏事　418-395-45上

批雍正三年正月二十一日河南開歸河道沈廷正奏爲恭蒙聖訓謹瀝下情仰祈睿鑒事　418-396-45上

批雍正三年二月二十二日河南開歸河道沈廷正奏爲恭蒙聖訓謹再披瀝下忱仰祈睿鑒事　418-397-45上

批雍正三年五月二十四日河南開歸河道沈廷正奏爲恭蒙聖諭微臣漸感難名謹具摺奏謝天恩事　418-398-45上

批雍正四年五月三十日福建布政使沈廷正奏爲恭謝天恩事　418-399-45上

批雍正四年五月三十日福建布政使沈廷正奏爲敬陳管見仰祈睿鑒事　418-400-45上

批雍正四年九月二十九日福建布政使沈廷正奏爲奏聞事　418-401-45上

批雍正四年九月二十九日福建布政使沈廷正奏爲恭謝天恩事　418-401-45上

批雍正四年九月二十九日福建布政使沈廷正奏爲奏聞事　418-402-45上

批雍正四年九月二十九日福建布政使沈廷正奏爲恭謝天恩事（二則）　418-402-45上

批雍正四年九月二十九日福建布政使沈廷正奏爲微臣奉到硃批謹據實回奏仰祈睿鑒事　418-404-45上

批雍正五年正月初七日福建布政使沈廷正奏爲謹具摺奏謝恭繳硃批事　418-406-45上

批雍正五年正月初七日福建布政使沈廷正奏爲恭謝天恩事　418-407-45上

批雍正五年閏三月二十一日福建布政使沈廷正奏爲恭謝天恩事（二則）　418-407-45上

批雍正五年四月十六日福建布政使沈廷正奏爲據實奏聞伏祈聖鑒事　418-409-45上

批雍正五年七月初三日福建布政使沈廷正奏爲敬陳倉穀造州原委仰祈睿鑒事　418-412-45上

批雍正五年七月初三日福建布政使沈廷正奏爲據實奏聞事　418-413-45上

批雍正五年七月初三日福建布政使沈廷正奏爲奏聞事　418-414-45上

批雍正五年七月初八日署理福建巡撫印務布政使沈廷正奏爲奏聞事　418-415-45上

批雍正五年七月初八日署理福建巡撫印務布政使沈廷正奏爲奏聞事　418-415-45上

批雍正五年十月初三日福建布政使沈廷正奏爲恭繳硃批事　418-416-45上

批雍正五年十月初三日福建布政使沈廷正奏爲恭謝天恩事　418-417-45上

批雍正五年十月初三日福建布政使沈廷正奏爲奏聞事　418-418-45上

批雍正五年十二月二十五日福建布政使沈廷正奏爲恭繳硃批仰祈睿鑒事　418-419-45上

批雍正五年十二月二十五日福建

布政使沈廷正奏爲據實奏聞事 418-419-45上

批雍正五年十二月二十五日福建布政使沈廷正奏爲恭謝天恩仰祈睿鑒事 418-420-45上

批雍正六年正月初八日福建布政使補授貴州巡撫沈廷正奏爲恭謝天恩仰請陛見以抒下情事 418-422-45上

批雍正六年正月初八日福建布政使補授貴州巡撫沈廷正奏爲奏聞事 418-423-45上

批雍正六年四月初二日貴州巡撫沈廷正奏爲恭謝天恩事 418-423-45上

批雍正六年四月初二日貴州巡撫沈廷正奏爲恭繳硃批仰祈睿鑒事 418-424-45上

批雍正六年七月十六日貴州巡撫沈廷正奏爲奏聞事（二則） 418-425-45上

批雍正六年七月十六日貴州巡撫沈廷正奏爲奏請聖裁事 418-427-45上

批雍正六年七月十六日貴州巡撫沈廷正奏爲奏聞事 418-428-45上

批雍正六年七月十六日貴州巡撫沈廷正奏爲據實奏明仰祈睿鑒事 418-429-45上

批雍正六年八月十二日署理貴州巡撫事務雲南巡撫沈廷正奏爲恭謝天恩事（二則） 418-429-45上

批雍正六年八月十二日署理貴州巡撫事務雲南巡撫沈廷正奏爲奏聞事 418-431-45上

批雍正六年八月十二日署理貴州巡撫事務雲南巡撫沈廷正奏爲奏請展限盤查仰祈睿鑒事 418-433-45上

批雍正六年八月十二日署理貴州巡撫事務雲南巡撫沈廷正奏爲奏聞事 418-434-45上

批雍正六年九月十三日署理貴州巡撫事務雲南巡撫沈廷正奏爲恭謝天恩事 418-435-45上

批雍正六年九月十三日署理貴州巡撫事務雲南巡撫沈廷正奏爲奏聞事（二則） 418-436-45上

批雍正六年九月十三日署理貴州巡撫事務雲南巡撫沈廷正奏爲敬陳管見仰祈睿鑒事 418-437-45上

批雍正六年九月十三日署理貴州巡撫事務雲南巡撫沈廷正奏爲奏聞事（四則） 418-438-45上

批雍正六年十一月初六日署理貴州巡撫印務雲南巡撫沈廷正奏爲奏聞事 418-443-45上

批雍正六年十一月初六日署理貴州巡撫印務雲南巡撫沈廷正奏爲恭繳硃批仰祈睿鑒事 418-443-45上

批雍正六年十一月初六日署理貴州巡撫印務雲南巡撫沈廷正奏爲微臣恭蒙聖訓漸意彌深謹具摺奏謝敬繳硃批事 418-444-45上

批雍正六年十一月初六日署理貴州巡撫印務雲南巡撫沈廷正奏爲奏聞事 418-445-45上

批雍正六年十一月初六日署理貴州巡撫印務雲南巡撫沈廷正奏爲據實奏明仰祈睿鑒事 418-445-45上

批雍正六年十一月初六日署理貴州巡撫印務雲南巡撫沈廷正奏爲奏聞事 418-446-45上

批雍正六年十二月二十六日署理貴州巡撫事務雲南巡撫沈廷正奏爲奏聞事 418-447-45上

批雍正六年十二月二十六日署理貴州巡撫事務雲南巡撫沈廷正奏爲奏請聖裁事 418-448-45上

批雍正六年十二月二十六日署理貴州巡撫事務雲南巡撫沈廷正奏爲恭繳硃批仰祈睿鑒事 418-449-45下

批雍正七年正月十六日雲南巡撫沈廷正奏爲奏聞事 418-450-45下

批雍正七年正月十六日雲南巡撫沈廷正奏爲恭報大捷仰祈睿鑒事 418-451-45下

批雍正七年二月十九日雲南巡撫沈廷正奏爲奏聞事 418-451-45下

批雍正七年五月二十一日雲南巡撫沈廷正奏爲奏聞事（二則） 418-452-45下

批雍正七年五月二十一日雲南巡撫沈廷正奏爲恭繳硃批仰祈睿鑒事 418-454-45下

批雍正七年六月十八日雲南巡撫沈廷正奏爲恭逢盛世嘉徵日華

與慶雲並耀事　418-455-45下

批雍正七年六月十八日雲南巡撫沈廷正奏爲奏聞事　418-456-45下

批雍正七年七月二十九日雲南巡撫沈廷正奏爲聖朝恩威遠播遐方慕義輸誠恭摺奏聞仰祈睿鑒事　418-456-45下

批雍正七年七月二十九日雲南巡撫沈廷正奏爲奏聞事（二則）　418-457-45下

批雍正七年七月二十九日雲南巡撫沈廷正奏爲恭繳硃批仰祈睿鑒事（二則）　418-459-45下

批雍正七年八月二十日雲南巡撫沈廷正奏爲恭繳硃批仰祈睿鑒事　418-460-45下

批雍正七年十一月初七日雲南巡撫沈廷正奏爲奏聞事　418-461-45下

批雍正七年十一月初七日雲南巡撫沈廷正奏爲恭繳硃批仰祈睿鑒事　418-462-45下

批雍正七年十一月初七日雲南巡撫沈廷正奏爲奏聞事　418-463-45下

批雍正七年十一月初七日雲南巡撫沈廷正奏爲恭繳硃批仰祈睿鑒事　418-464-45下

批雍正七年十一月初七日雲南巡撫沈廷正奏爲恭繹聖訓微臣愧悚難名敬繳硃批仰祈睿鑒事　418-465-45下

批雍正八年三月二十一日雲南巡撫沈廷正奏爲恭繳硃批仰祈睿鑒事　418-466-45下

批雍正八年三月二十一日雲南巡撫沈廷正奏爲恭謝天恩事　418-468-45下

批雍正八年三月二十一日雲南巡撫沈廷正奏爲保學事　418-469-45下

批雍正八年三月二十一日雲南巡撫沈廷正奏爲仰蒙聖恩垂訓感激難名敬抒下悃伏祈睿鑒事　418-469-45下

批雍正八年五月二十四日雲南巡撫沈廷正奏爲恭謝天恩事　418-470-45下

批雍正八年十月二十四日山東河南河道總督沈廷正奏爲恭請陞見仰祈俞允以抒下悃事　418-471-45下

批雍正九年二月初九日山東河南河道總督沈廷正奏爲奏聞事　418-472-45下

批雍正九年二月二十七日山東河南河道總督沈廷正奏爲奏聞事　418-473-45下

批雍正九年六月初六日山東河南河道總督沈廷正奏爲奏明事　418-474-45下

批雍正九年六月初六日山東河南河道總督沈廷正奏爲奏聞事（二則）　418-475-45下

批雍正九年七月初七日山東河南河道總督沈廷正奏爲奏聞事　418-477-45下

批雍正九年七月初七日山東河南河道總督沈廷正奏爲恭報程家寨北岸引河開放南岸工程平穩仰慰聖懷事　418-478-45下

批雍正九年七月初七日山東河南河道總督沈廷正奏爲奏明事　418-478-45下

批雍正九年九月初八日山東河南河道總督沈廷正奏爲恭報黃河秋汛安瀾工程平穩情形仰慰聖懷事　418-479-45下

批雍正四年六月二十六日兩淮鹽運使張坦麟奏爲奏聞事　418-481-46

批雍正五年正月初三日兩淮鹽運使張坦麟奏爲奏聞事　418-482-46

批雍正五年五月二十六日蘇州布政使張坦麟奏爲奏聞事　418-483-46

批雍正五年五月二十六日蘇州布政使張坦麟奏爲籌定捐項以速公務以裕國帑事　418-484-46

批雍正五年五月二十六日蘇州布政使張坦麟奏爲國帑久懸謹籌彌補事　418-485-46

批雍正五年五月二十六日蘇州布政使張坦麟奏爲奏聞事　418-486-46

批雍正五年十一月初一日蘇州布政使張坦麟奏爲遵旨奏聞事　418-487-46

批雍正五年十一月初一日蘇州布政使張坦麟奏爲奏明事　418-488-46

批雍正五年十一月初一日蘇州布政使張坦麟奏爲奏聞事　418-488-46

批雍正五年十一月初一日蘇州布政使張坦麟奏爲遵旨奏明仰懇睿鑒事　418-489-46

批雍正五年十一月初十日蘇州布政使張坦麟奏爲奏聞事（二則）　418-490-46

批雍正五年十一月初十日蘇州布

政使張坦麟奏爲敬籌查追之員以清虧項事　418-493- 46

批雍正五年十一月初十日蘇州布政使張坦麟奏爲敬籌停忙之例以裕徵輸事　418-494- 46

批雍正五年十一月初十日蘇州布政使張坦麟奏爲奏聞事　418-495- 46

批雍正六年二月十五日蘇州布政使調補山東布政使張坦麟奏爲奏聞事　418-495- 46

批雍正六年四月二十九日調補山東布政使張坦麟奏爲再請睿鑒事　418-496- 46

批雍正六年七月初三日署理蘇州巡撫印務張坦麟奏爲天恩高厚恭摺奏謝事　418-497- 46

批雍正六年七月初三日署理蘇州巡撫印務張坦麟奏爲據實臚陳恭請睿鑒事　418-498- 46

批雍正六年七月初三日署理蘇州巡撫印務張坦麟奏爲懇請暫留告假藩司以資佐理事　418-500- 46

批雍正六年七月二十四日署理蘇州巡撫印務張坦麟奏爲奏聞事　418-501- 46

批雍正六年七月二十四日署理蘇州巡撫印務張坦麟奏爲守令亟須得人仰懇睿鑒簡發以收實效事　418-502- 46

批雍正六年八月十五日署理蘇州巡撫印務張坦麟奏爲奏聞事（二則）　418-503- 46

批雍正六年八月十五日署理蘇州巡撫印務張坦麟奏爲據實懇恩賞准迴避事　418-505- 46

批雍正六年八月十五日署理蘇州巡撫印務張坦麟奏爲錢糧積弊已久恭請委員督查以清舊欠事　418-505- 46

批雍正六年八月十九日署理蘇州巡撫印務張坦麟奏爲奏聞事　418-506- 46

批雍正六年九月初七日署理江西巡撫印務張坦麟奏爲叩謝天恩恭請陛見事　418-507- 46

批雍正六年九月初七日署理江西巡撫印務張坦麟奏爲奏聞事　418-508- 46

批雍正六年十月二十日署理江西巡撫印務張坦麟奏爲請旨事　418-509- 46

批雍正六年十二月初三日署理江西巡撫印務張坦麟奏爲奏聞事　418-510- 46

批雍正六年十二月初三日署理江西巡撫印務張坦麟奏爲遵旨查議事　418-511- 46

批雍正六年十二月初三日署理江西巡撫印務張坦麟奏爲恭請睿鑒事　418-513- 46

批雍正七年正月二十九日署理江西巡撫印務張坦麟奏爲遵旨奏聞事　418-514- 46

批雍正七年正月二十九日署理江西巡撫印務張坦麟奏爲密行奏聞事　418-515- 46

批雍正七年正月二十九日署理江西巡撫印務張坦麟奏爲遵旨奏聞事　418-516- 46

批雍正七年二月二十四日署理江西巡撫印務張坦麟奏爲密行奏聞事　418-517- 46

批雍正七年五月二十四日署理江西巡撫印務張坦麟奏爲奏聞事　418-519- 46

批雍正七年五月二十四日署理江西巡撫印務張坦麟奏爲奏聞事（論用程懋泓任董天敘職）　418-520- 46

批雍正七年五月二十四日署理江西巡撫印務張坦麟奏爲請旨事　418-521- 46

批雍正八年五月二十六日原任內閣學士兼禮部侍郎在工守制張坦麟奏爲請旨嚴飭以重河防事　418-522- 46

批雍正六年三月初一日四川按察使呂耀曾奏爲恭謝天恩事　418-524- 47

批雍正七年二月十六日四川按察使呂耀曾奏爲遵旨摺奏事（論吳鳴虞）　418-525- 47

批雍正七年二月十六日四川按察使呂耀曾奏爲遵旨條陳事　418-526- 47

批雍正七年六月二十二日署理四川布政使印務按察使呂耀曾奏爲恭謝天恩事　418-527- 47

批雍正七年六月二十二日署理四川布政使印務按察使呂耀曾奏爲敬陳管見事　418-528- 47

批雍正六年十月初四日陝西糧鹽

道杜濱奏（二則） 418-529- 48
批雍正七年閏七月二十日陝西糧鹽道杜濱奏（二則） 418-533- 48
批雍正二年四月十五日巡視長蘆鹽課監察御史莽鵠立奏爲欽遵諭旨事 418-538- 49
批雍正二年四月十五日巡視長蘆鹽課監察御史莽鵠立奏爲核減鹽規事 418-539- 49
批雍正二年八月十七日巡視長蘆鹽課監察御史莽鵠立奏爲奏銷之嚴限已届元年之銷引未完再請據情陳奏仰懇皇仁事 418-539- 49
批雍正二年九月十五日巡視長蘆鹽課監察御史莽鵠立奏爲陳明均引分引事 418-541- 49
批雍正二年十月初三日巡視長蘆鹽課監察御史莽鵠立奏爲奏明餘銀候便彙解事 418-541- 49
批雍正三年四月二十三日巡視長蘆鹽課監察御史莽鵠立奏爲奏聞事 418-542- 49
批雍正三年五月初六日巡視長蘆鹽課監察御史莽鵠立奏爲密摺奏聞事（論宋師會事） 418-543- 49
批雍正三年五月初六日巡視長蘆鹽課監察御史莽鵠立奏爲聖德格天甘霖霈足事 418-543- 49
批雍正三年六月初二日巡視長蘆鹽課監察御史莽鵠立奏爲請飭禁仕途積弊以肅功令事 418-544- 49
批雍正三年六月初三日巡視長蘆鹽課監察御史莽鵠立奏爲請懲刀玩之竈戶以肅法紀以完場課事 418-545- 49
批雍正三年七月初八日大理寺卿仍管理長蘆鹽政莽鵠立奏爲酌議捐修隄岸工程以護城垣以保民生事 418-545- 49
批雍正三年七月二十一日大理寺卿仍管理長蘆鹽政莽鵠立奏爲具報被水情形懇恩暫開海運以濟地方以安窮黎事 418-547- 49
批雍正三年八月二十二日大理寺卿仍管理長蘆鹽政莽鵠立奏爲情願捐修海廟仰答皇恩祈准翰納事 418-547- 49
批雍正三年九月十二日大理寺卿仍管理長蘆鹽政莽鵠立奏爲暫留能員委辦公務事（論王昭威留用馬駿雲任用事） 418-548- 49
批雍正三年九月二十日大理寺卿仍管理長蘆鹽政莽鵠立奏爲欽奉上諭事 418-549- 49
批雍正三年九月二十八日大理寺卿仍管理長蘆鹽政莽鵠立奏爲請修天津城垣以保民居以固疆圉事 418-550- 49
批雍正四年七月二十八日兵部右侍郎監理長蘆鹽政莽鵠立奏爲欽奉上諭事 418-551- 49
批雍正五年四月初五日刑部右侍郎署理長蘆鹽政莽鵠立奏爲奏聞事 418-551- 49
批雍正六年二月初三日甘肅巡撫莽鵠立奏爲恭報甘肅得雪日期事 418-552- 49
批雍正六年二月十五日甘肅巡撫莽鵠立奏爲奏聞事 418-552- 49
批雍正六年二月十五日甘肅巡撫莽鵠立奏爲據實奏明仰祈聖鑒事 418-553- 49
批雍正六年二月十五日甘肅巡撫莽鵠立奏爲奏聞事 418-554- 49
批雍正六年三月二十三日甘肅巡撫莽鵠立奏爲恭報雨雪日期事 418-555- 49
批雍正六年三月二十三日甘肅巡撫莽鵠立奏爲奏聞事 418-555- 49
批雍正六年五月二十一日甘肅巡撫莽鵠立奏爲奏聞事 418-557- 49
批雍正六年六月初一日甘肅巡撫莽鵠立奏爲奏聞事 418-558- 49
批雍正六年六月十三日甘肅巡撫莽鵠立奏爲奏聞事 418-559- 49
批雍正六年七月二十七日甘肅巡撫莽鵠立奏爲據實奏明仰祈聖鑒事 418-560- 49
批雍正五年十二月十八日西安巡撫西琳奏爲奏聞事 418-562- 50
批雍正六年二月初九日陝西總督

岳鍾琪西安巡撫西琳奏爲請旨事 418-563- 50

批雍正六年二月初九日西安巡撫西琳奏爲奏請聖裁事 418-564- 50

批雍正六年三月二十六日西安巡撫西琳奏爲奏聞事（論佟愛等人） 418-565- 50

批雍正六年三月二十六日西安巡撫西琳奏爲奏聞事（論馮玉等人事） 418-566- 50

批雍正六年七月二十五日暫署西安將軍印務巡撫西琳奏爲恭謝天恩事 418-567- 50

批雍正六年七月二十五日暫署西安將軍印務巡撫西琳奏爲奏聞事 418-568- 50

批雍正六年十一月初九日陝西巡撫西琳奏爲恭謝天恩事 418-571- 50

批雍正元年五月十二日直隸巡道法敏奏爲奏聞事 418-572- 51

批雍正元年八月初一日直隸巡道法敏奏爲奏聞事 418-573- 51

批雍正元年八月二十八日總督倉場戶部右侍郎法敏奏爲奏明事 418-574- 51

批雍正二年七月十六日總督倉場戶部右侍郎法敏奏爲仰體聖恩一例起剩以便軍民以速漕務事 418-575- 51

批雍正二年八月初八日總督倉場戶部右侍郎法敏奏爲奏聞事 418-576- 51

批雍正三年七月二十七日湖北巡撫法敏奏爲奏聞事 418-576- 51

批雍正三年九月初六日湖北巡撫法敏奏爲恭報秋成事 418-578- 51

批雍正三年九月初六日湖北巡撫法敏奏爲奏聞事（二則） 418-579- 51

批雍正三年九月二十一日湖北巡撫法敏奏爲欽奉上諭事 418-580- 51

批雍正三年十月十五日湖北巡撫法敏奏爲恭謝天恩事 418-581- 51

批雍正三年十月二十七日湖北巡撫法敏奏爲恭謝天恩事 418-581- 51

批雍正三年十月二十七日湖北巡撫法敏奏爲奏聞事 418-582- 51

批雍正三年十二月二十八日湖北巡撫法敏奏爲恭謝天恩事 418-582- 51

批雍正四年三月十七日四川巡撫法敏奏 418-583- 51

批雍正四年三月十七日四川巡撫法敏奏爲奏明事（二則） 418-584- 51

批雍正四年四月二十六日四川巡撫法敏奏（三則） 418-585- 51

批雍正四年四月二十六日四川巡撫法敏奏爲查明覆奏仰祈睿鑒事 418-587- 51

批雍正四年六月初四日四川巡撫法敏奏爲奏聞事 418-589- 51

批雍正四年六月初四日四川巡撫法敏奏 418-591- 51

批雍正四年六月初四日四川巡撫法敏奏爲奏聞事 418-592- 51

批雍正四年六月初四日四川巡撫法敏奏 418-593- 51

批雍正四年六月二十日四川巡撫法敏奏 418-593- 51

批雍正四年九月十七日四川巡撫法敏奏爲恭繕硃批奏摺事 418-594- 51

批雍正四年十一月初二日四川巡撫法敏奏 418-594- 51

批雍正四年十一月初二日四川巡撫法敏奏爲奏明事 418-595- 51

批雍正四年十二月二十七日陝西巡撫法敏奏爲奏明事 418-596- 51

批雍正五年三月十二日陝西巡撫法敏奏爲仰承聖訓恭謝天恩事 418-596- 51

批雍正五年三月十二日陝西巡撫法敏奏爲奏聞事 418-597- 51

批雍正五年閏三月初九日陝西巡撫法敏奏爲甘肅普徧仰慰聖懷事 418-598- 51

批雍正五年閏三月二十一日陝西巡撫法敏奏爲恭繕硃批奏摺事 418-598- 51

批雍正五年閏三月二十一日陝西巡撫法敏奏爲首都要缺仰懇聖恩速賜揀補事 418-598- 51

批雍正五年五月十一日陝西巡撫法敏奏爲恭報二麥收成事 418-599- 51

批雍正五年五月十一日陝西巡撫法敏奏爲請旨事 418-599- 51

批雍正五年五月十一日陝西巡撫法敏奏爲恭繕硃批奏摺事 418-600- 51

四庫全書文集篇目分類索引

批雍正元年三月二十八日漕運總督張大有奏爲恭請聖安事 418-602- 51

批雍正元年三月二十八日漕運總督張大有奏爲恭報運河水長情形仰祈睿鑒事 418-603- 51

批雍正元年四月初二日漕運總督張大有奏爲糧道關係緊要仰懇聖恩特簡賢員事 418-603- 52

批雍正元年四月二十七日漕運總督張大有奏爲奉到聖諭恭陳謝悃事 418-603- 52

批雍正元年五月二十八日漕運總督張大有奏爲恭報雨澤事 418-604- 52

批雍正元年六月九日漕運總督張大有奏爲恭慰聖慮事 418-604- 52

批雍正元年七月初一日漕運總督張大有奏爲恭報糧船過閘數日事 418-605- 52

批雍正元年七月初一日漕運總督張大有奏爲欽奉聖諭事 418-606- 52

批雍正元年八月初一日漕運總督張大有奏爲請旨事 418-606- 52

批雍正元年九月十五日漕運總督張大有奏 418-607- 52

批雍正元年九月二十日漕運總督張大有奏爲欽奉上諭事 418-607- 52

批雍正元年九月二十日漕運總督張大有奏 418-608- 52

批雍正元年十月初一日漕運總督張大有奏爲請廣皇仁加恩兵丁以完倉儲事 418-608- 52

批雍正元年十月初一日漕運總督張大有奏爲遊擊缺員懇恩速賜補放事 418-609- 52

批雍正元年十月初二日漕運總督張大有奏爲欽奉上諭事 418-610- 52

批雍正元年十二月初八日漕運總督張大有奏爲恪遵聖諭整飭營務事 418-610- 52

批雍正元年十二月八日漕運總督張大有奏爲恭報回空糧船出閘事 418-611- 52

批雍正元年十二月十七日漕運總督張大有奏爲恭報回空糧船全數過淮事 418-611- 52

批雍正二年二月初二日漕運總督張大有奏恭請皇上萬安 418-612- 52

批雍正二年二月初二日漕運總督張大有奏爲奏明事 418-612- 52

批雍正二年三月初四日漕運總督張大有奏 418-612- 52

批雍正二年三月二十六日漕運總督張大有奏 418-613- 52

批雍正二年三月二十六日漕運總督張大有奏爲欽奉上諭事 418-613- 52

批雍正二年三月二十六日漕運總督張大有奏爲催走賃糧船事 418-614- 52

批雍正二年三月二十六日漕運總督張大有奏爲仰瞻聖恩事 418-614- 52

批雍正二年四月二十六日漕運總督張大有奏爲恭謝天恩事 418-615- 52

批雍正二年閏四月初一日漕運總督張大有奏 418-615- 52

批雍正二年閏四月初六日漕運總督張大有江南江西總督查弼納奏爲奏聞事 418-616- 52

批雍正二年閏四月二十五日漕運總督張大有奏爲請旨事 418-616- 52

批雍正二年閏四月二十五日漕運總督張大有奏爲奏聞事 418-617- 52

批雍正二年五月初三日漕運總督張大有奏爲恭報甘霖大沛運河水長事 418-617- 52

批雍正二年五月初三日漕運總督張大有奏爲遵旨核奏事 418-618- 52

批雍正二年五月二十五日漕運總督張大有奏爲敬聆聖訓恭謝天恩事 418-618- 52

批雍正二年五月二十五日漕運總督張大有奏爲恭報糧船進閘出閘數目事 418-619- 52

批雍正二年六月十二日漕運總督張大有奏爲請旨事 418-619- 52

批雍正二年九月二十四日漕運總督張大有等奏爲遵旨覆奏事 418-620- 52

批雍正二年九月二十四日漕運總督張大有奏爲恭報回空糧船過淮數目事 418-621- 52

批雍正二年十月二十六日漕運總督張大有奏爲恭報回空漕船過

准數目事　418-621- 52

批雍正二年十月二十六日漕運總督張大有奏爲欽奉上諭事　418-621- 52

批雍正二年十月二十六日漕運總督張大有奏爲仰懇聖恩特留副將事　418-622- 52

批雍正二年十一月十七日漕運總督張大有奏爲奉到聖諭恭謝天恩事　418-623- 52

批雍正二年十二月初一日漕運總督張大有奏　418-623- 52

批雍正二年十二月初一日漕運總督張大有奏爲遵旨奏聞事　418-624- 52

批雍正二年十二月初一日漕運總督張大有奏爲敬聆聖訓恭謝天恩事　418-624- 52

批雍正三年正月初八日漕運總督張大有奏爲承聖訓謹陳微悃仰祈睿鑒事　418-625- 52

批雍正三年正月初八日漕運總督張大有奏爲敬聆聖訓恭謝天恩事　418-625- 52

批雍正三年二月十二日漕運總督張大有奏爲恭聆聖訓事　418-626- 52

批雍正三年四月十九日漕運總督張大有奏爲奏聞事　418-626- 52

批雍正三年四月十九日漕運總督張大有奏爲催走贊糧船事　418-627- 52

批雍正三年五月初一日漕運總督張大有奏爲欽奉上諭事　418-627- 52

批雍正三年十一月初八日漕運總督張大有奏爲恭報回空糧船過准數目事　418-628- 52

批雍正三年十一月初八日漕運總督張大有奏爲奏聞事　418-628- 52

批雍正四年正月十九日漕運總督張大有奏爲奏聞事　418-629- 52

批雍正四年三月二十日漕運總督張大有奏　418-629- 52

批雍正四年五月十九日漕運總督張大有奏爲恭報糧船過閘日期仰祈睿鑒事　418-630- 52

批雍正四年五月十九日漕運總督張大有奏爲奏聞事　418-630- 52

批雍正四年六月初十日漕運總督張大有奏爲恭報糧船全過臨清日期事　418-631- 52

批雍正四年九月初一日漕運總督張大有奏爲恭報回空糧船數目事　418-631- 52

批雍正四年九月初一日漕運總督張大有奏爲奏聞事　418-631- 52

批雍正四年十二月十一日漕運總督張大有奏爲奏聞事　418-632- 52

批雍正四年十二月二十七日漕運總督張大有奏爲盛世河清事　418-632- 52

批雍正五年四月二十一日漕運總督張大有奏　418-633- 52

批雍正五年四月二十一日漕運總督張大有奏爲奉到諭旨日期事　418-633- 52

批雍正五年八月初七日漕運總督張大有奏　418-634- 52

批雍正六年二月初三日漕運總督張大有奏爲恭報雨澤事　418-634- 52

批雍正六年二月初三日漕運總督張大有奏爲奏聞事　418-635- 52

批雍正六年二月初三日漕運總督張大有奏　418-635- 52

批雍正六年三月十五日漕運總督張大有奏爲奏聞事　418-636- 52

批雍正六年五月初四日漕運總督張大有奏　418-637- 52

批雍正六年九月十三日漕運總督張大有奏爲恭謝天恩事　418-637- 52

批雍正七年二月初九日漕運總督張大有奏爲仰懇聖恩援例保題衞備鼓勵人才事　418-637- 52

批雍正七年二月初九日漕運總督張大有奏爲欽奉上諭叩謝天恩事　418-638- 52

批雍正七年七月初一日工部右侍郎仍辦理催漕事務張大有奏爲請旨事　418-639- 52

批雍正七年八月十八日工部右侍郎仍管理總漕印務張大有奏爲恭謝天恩事　418-639- 52

批雍正七年八月十八日工部右侍郎仍管理總漕印務張大有奏爲奏聞事　418-640- 52

批雍正七年九月初一日工部右侍

郎仍管理總漕印務張大有奏爲
奏聞事 418-640- 52

批雍正七年十月二十四日工部右
侍郎仍管理總漕印務張大有奏
爲請旨事 418-641- 52

批雍正七年十二月初八日工部右
侍郎仍管理總漕印務張大有奏 418-642- 52

批雍正八年二月十七日刑部右侍
郎暫署總漕印務張大有奏爲恭
報糧船過淮數目事 418-642- 52

批雍正七年四月初八日西安巡撫
武格奏爲奏聞事 418-643- 53

批雍正七年五月十一日西安巡撫
武格奏爲叩謝天恩事 418-644- 53

批雍正七年六月十八日署理總督
查郎阿西安巡撫武格奏爲奏請
聖鑒事 418-645- 53

批雍正七年六月十八日西安巡撫
武格奏爲奏請聖鑒事 418-646- 53

批雍正七年七月初九日西安巡撫
武格奏爲奏聞事 418-647- 53

批雍正七年七月初九日西安巡撫
武格奏爲奏請睿裁事 418-649- 53

批雍正七年閏七月二十日署理總
督查郎阿西安巡撫武格奏爲回
奏事 418-650- 53

批雍正七年閏七月二十日西安巡
撫武格奏爲回奏事 418-651- 53

批雍正七年閏七月二十日西安巡
撫武格奏爲據實陳情仰祈睿鑒
事 418-651- 53

批雍正七年閏七月二十日西安巡
撫武格奏爲奏聞事 418-652- 53

批雍正七年九月初三日西安巡撫
武格奏爲恭繳徠批奏摺事 418-653- 53

批雍正七年九月十五日西安巡撫
武格奏爲遵旨回奏事 418-656- 53

批雍正七年十月初四日西安巡撫
武格奏爲遵旨回奏事 418-659- 53

批雍正七年十一月十一日西安巡
撫武格奏爲請旨事 418-660- 53

批雍正八年正月二十九日西安巡
撫武格奏爲遵旨回奏事 418-661- 53

批雍正八年十二月初二日西安巡
撫武格奏爲奏聞事 418-661- 53

批雍正九年三月十三日西安巡撫
武格奏爲請旨事 418-662- 53

批雍正九年三月十三日西安巡撫
武格工部侍郎馬爾泰奏爲奏聞
事 418-662- 53

批雍正九年五月初六日西安巡撫
武格工部侍郎馬爾泰奏爲奏聞
事 418-664- 53

批雍正三年四月初三日江西布政
使常德壽奏爲奏明事（二則） 418-666- 54

批雍正三年八月十八日江西布政
使常德壽奏爲奏明事 418-667- 54

批雍正三年三月初八日雲南布政
使常德壽奏（三則） 418-668- 54

批雍正四年七月二十六日雲南布
政使常德壽奏（四則） 418-671- 54

批雍正四年十二月十一日雲南布
政使常德壽奏 418-674- 54

批雍正四年十二月十一日雲南布
政使常德壽奏爲恭謝聖恩事 418-675- 54

批雍正五年閏三月二十六日雲南
布政使常德壽奏（二則） 418-676- 54

批雍正三年十二月十五日山東布
政使張保奏爲奏聞事 418-679- 55

批雍正四年二月初一日山東布政
使張保奏爲奏聞事 418-680- 55

批雍正四年三月初十日山東布政
使張保奏爲奏聞事 418-680- 55

批雍正四年三月十八日山東布政
使張保奏爲欽奉上諭事 418-681- 55

批雍正四年四月十五日山東布政
使張保奏爲恭謝天恩事 418-683- 55

批雍正四年七月十三日山東布政
使張保奏爲奏聞事 418-683- 55

批雍正四年八月初六日山東布政
使張保奏爲奏聞事 418-684- 55

批雍正四年九月十四日山東布政
使張保奏爲奏聞事（二則） 418-686- 55

批雍正四年十月初九日山東布政
使張保奏爲檢舉惡味罪愆仰懇
聖主敕部先加議處事 418-687- 55

批雍正四年十一月初四日山東布
政使張保奏爲奏聞事（二則） 418-688- 55

批雍正四年十一月二十日山東布
政使張保奏爲奏聞事（二則） 418-690- 55

批雍正四年十二月十六日山東布政使張保奏爲奏聞事　418-691- 55

批雍正五年正月十二日山東布政使張保奏爲奏聞事（二則）　418-692- 55

批雍正五年二月初七日山東布政使張保奏爲奏聞事（二則）　418-693- 55

批雍正五年三月二十七日山東布政使張保奏爲奏聞事　418-695- 55

批雍正五年四月十四日山東布政使張保奏爲奏聞事　418-696- 55

批雍正五年五月初三日山東布政使張保奏爲奏聞事　418-697- 55

批雍正五年五月二十九日山東布政使補授刑部右侍郎張保奏爲聖主隆恩高厚微臣頂戴難勝敬陳蟻悃恭謝天恩事　418-698- 55

批雍正五年八月十六日陝西巡撫張保奏爲奏聞事（二則）　418-699- 55

批雍正五年九月二十五日刑部侍郎署理陝西巡撫張保奏爲據實奏聞仰祈聖訓事　418-700- 55

批雍正五年九月二十五日刑部侍郎署理陝西巡撫張保奏爲恭報秋禾收成分數仰祈聖鑒事　418-701- 55

批雍正五年十月二十六日刑部侍郎署理陝西巡撫張保奏恭請皇上聖躬萬安　418-701- 55

批雍正五年十月二十六日刑部侍郎署理陝西巡撫張保奏爲奏聞事　418-701- 55

批雍正六年八月十七日福建鹽驛道伊抗齊奏　418-703- 56

批雍正六年十二月十二日監察御史伊抗齊奏爲恭繳硃批事　418-704- 56

批雍正六年十二月十二日監察御史伊抗齊奏爲請給印信事　418-704- 56

批雍正六年十二月十二日監察御史伊抗齊奏爲奏聞事　418-705- 56

批雍正七年二月十一日監察御史伊伊抗齊奏爲奏聞事　418-707- 56

批雍正七年六月十一日監察御史伊抗齊奏爲恭繳硃批事　418-708- 56

批雍正七年閏七月初四日監察御史伊抗齊奏爲恭繳硃批事　418-709- 56

批雍正七年閏七月初四日監察御史伊抗齊奏爲奏聞事　418-710- 56

批雍正七年閏七月初四日監察御史伊抗齊奏爲奏聞事　418-711- 56

批雍正七年閏七月初四日監察御史伊抗齊奏爲奏聞事　418-712- 56

批雍正七年閏七月初四日監察御史伊抗齊奏爲禁米出洋事　418-712- 56

批雍正七年九月十五日監察御史伊抗齊奏爲貪官難容漏網事　418-713- 56

批雍正七年九月十五日監察御史伊抗齊奏爲奏聞事　418-714- 56

批雍正七年十二月初二日監察御史伊抗齊奏爲恭繳硃批事　418-715- 56

批雍正七年十二月初二日監察御史伊抗齊奏爲請復設道員以重地方事　418-716- 56

批雍正七年十二月初二日監察御史伊抗齊奏爲奏聞事　418-717- 56

批雍正八年三月二十六日監察御史伊抗齊奏爲請均積貯以廣皇仁事　418-718- 56

批雍正八年五月十一日新授江西布政使伊抗齊奏爲恭謝天恩事　418-719- 56

批雍正八年十一月二十七日署理兩淮鹽政印務江西布政使伊抗齊奏爲奏報己西一綱經解脚費節省銀兩事　418-720- 56

批雍正九年八月十九日署理兩淮鹽政印務江西布政使伊抗齊奏爲除引封之累以便商運事　418-721- 56

批雍正九年十月初十日署理兩淮鹽政印務江西布政使伊抗齊奏爲恭繳硃批仰懇恩准卦京敬聆聖訓事　418-722- 56

批雍正六年五月初三日巡察江南監察御史戴音保奏爲奏聞請旨事　418-723- 57

批雍正六年七月十二日巡察江南監察御史戴音保奏爲恭謝天恩事　418-723- 57

批雍正六年七月十二日巡察江南監察御史戴音保奏爲遵旨訪察胦私現獲人鹽船隻事　418-724- 57

批雍正七年九月初十日巡察江南監察御史戴音保奏爲敬陳管見

史部 詔令奏議類・附錄 詔令上十一畫

仰祈睿鑒事 418-725- 57

批雍正八年五月二十八日巡察江南監察御史戴音保奏爲敬陳管見仰祈睿鑒事 418-726- 57

批雍正八年五月二十八日巡察江南監察御史戴音保奏爲請旨事 418-727- 57

批雍正七年閏七月二十一日湖南按察使郭朝祚奏爲遵旨回奏事 418-728- 58

批雍正四年四月二十四日江西按察使積善奏爲據實密奏事 418-730- 59

批雍正四年十二月初七日江西按察使積善奏爲據實奏聞事 418-731- 59

批雍正五年四月十一日江西按察使積善奏爲據實密奏事 418-732- 59

批雍正五年四月十一日江西按察使積善奏爲據實回奏事 418-733- 59

批雍正五年四月十一日江西按察使積善奏爲據實密奏事 418-734- 59

批河南學政王國棟奏爲欽奉上諭事 419- 1- 60上

批河南學政王國棟奏督學河南歷試數郡事 419- 2- 60上

批河南學政王國棟奏五月十九日齎摺回豫領到硃批百凡事 419- 2- 60上

批河南學政王國棟奏爲遵旨密陳事 419- 3- 60上

批浙江觀風整俗使王國棟奏爲覆旨事 419- 4- 60上

批浙江觀風整俗使王國棟奏爲敬陳浙西風俗事 419- 6- 60上

批浙江觀風整俗使王國棟奏爲敬陳浙西州縣事宜仰祈睿鑒事 419- 8- 60上

批浙江觀風整俗使王國棟奏爲敬陳浙西營伍情形仰祈睿鑒事 419- 9- 60上

批浙江觀風整俗使王國棟奏爲覆旨事 419-10- 60上

批浙江觀風整俗使王國棟奏爲敬陳浙東紹寧台三府情形仰祈睿鑒事 419-12- 60上

批浙江觀風整俗使王國棟奏爲據實陳明仰祈睿鑒事 419-14- 60上

批浙江觀風整俗使王國棟奏爲敬陳縣務需才事宜仰祈睿鑒事 419-15- 60上

批浙江觀風整俗使王國棟奏爲恭繳硃批叩謝天恩事 419-16- 60上

批浙江觀風整俗使王國棟奏爲恭謝天恩仰祈聖訓事 419- 17- 60上

批浙江觀風整俗使王國棟奏爲奏明事 419- 18- 60上

批浙江觀風整俗使王國棟奏爲敬陳浙省財賦情形仰祈睿鑒事 419- 19- 60上

批湖南巡撫王國棟奏爲奏聞事 419- 20- 60上

批湖南巡撫王國棟奏爲奏明事 419- 21- 60上

批湖南巡撫王國棟奏爲欽奉上諭事 419- 23- 60上

批湖南巡撫王國棟奏爲奏明事（三則） 419- 24- 60上

批湖南巡撫王國棟奏爲恭謝天恩敬覆諭旨事 419- 27- 60上

批湖南巡撫王國棟奏爲奏明堤工情形事 419- 28- 60上

批湖南巡撫王國棟奏爲州縣人才難得仰懇聖恩准予開復事 419- 30- 60中

批湖南巡撫王國棟奏爲請旨事 419- 31- 60中

批湖南巡撫王國棟奏爲敬覆諭旨事 419- 32- 60中

批湖南巡撫王國棟奏爲奏明事 419- 33- 60中

批湖南巡撫王國棟奏爲覆旨事 419- 34- 60中

批湖南巡撫王國棟奏爲奏聞事 419- 35- 60中

批湖南巡撫王國棟奏爲恭報湖南雨水情形及早稻收成分數仰祈睿鑒事 419- 35- 60中

批湖南巡撫王國棟奏爲奏聞事 419- 36- 60中

批湖南巡撫王國棟奏爲奏明穀倉事 419- 37- 60中

批湖南巡撫王國棟奏爲奏明事（四則） 419- 38- 60中

批湖南巡撫王國棟奏爲覆旨事 419- 41- 60中

批湖南巡撫王國棟奏爲奏明驛站夫役事 419- 42- 60中

批湖南巡撫王國棟奏爲奏聞事 419- 43- 60中

批湖南巡撫王國棟奏爲請旨事 419- 45- 60中

批湖南巡撫王國棟奏爲恭謝天恩敬覆諭旨事 419- 46- 60中

批湖南巡撫王國棟奏爲敬覆硃批諭旨事 419- 47- 60中

批湖南巡撫王國棟謹奏爲敬覆硃批諭旨事 419- 48- 60中

批湖南巡撫王國棟奏爲奏聞事 419- 49- 60中

批湖南巡撫王國棟奏爲敬覆訓旨

四庫全書文集篇目分類索引　341

事　419-49-60中
批刑部左侍郎杭奕祿副都統海蘭湖南巡撫王國棟奏爲恭報會訊逆賊供情并呈逆書底稿仰祈睿鑒事　419-50-60中
批湖南巡撫王國棟奏爲奏明事（二則）　419-52-60中
批刑部左侍郎杭奕祿副都統海蘭湖南巡撫王國棟奏爲請旨事　419-54-60中
批湖廣總督邁柱湖南巡撫王國棟奉爲欽奉上諭事（二則）　419-55-60中
批湖廣總督邁柱湖南巡撫王國棟奏爲奏明事　419-58-60中
批湖南巡撫王國棟奏爲遵旨丈勘復則田畝限內報竣仰祈睿鑒事　419-59-60下
批湖南巡撫王國棟奏爲敬覆諭旨事　419-60-60下
批湖南巡撫王國棟奏爲苗疆務在得人懇留賢員以策後效事　419-61-60下
批湖南巡撫王國棟奏爲奏聞事　419-62-60下
批湖南巡撫王國棟奏爲敬覆硃批諭旨事　419-62-60下
批湖南巡撫王國棟奏爲奏明事　419-64-60下
批湖南巡撫王國棟奏爲奏聞事　419-65-60下
批湖南巡撫王國棟奏爲奏明事　419-65-60下
批湖南巡撫王國棟奏爲奏聞事　419-66-60下
批湖南巡撫王國棟奏爲欽奉諭旨事　419-67-60下
批湖南巡撫王國棟奏爲敬覆硃批諭旨事　419-68-60下
批湖南巡撫王國棟奏爲奏聞事　419-68-60下
批湖南巡撫王國棟奏爲欽奉訓旨事　419-70-60下
批湖南巡撫王國棟觀風整俗使李徵奏爲奏聞事　419-71-60下
批湖南巡撫王國棟奏爲奏聞土苗聚衆撫諭解散地方寧謐事　419-72-60下
批湖南巡撫王國棟奏爲永順地方遼闊委員分駐以資彈壓事　419-74-60下
批湖南巡撫王國棟奏爲奏聞事　419-74-60下
批湖南巡撫王國棟奏爲聖恩高厚臣罪難辭仰懇陛見面臨聖訓事　419-74-60下
批湖南巡撫王國棟奏爲奏明事　419-77-60下
批湖南巡撫王國棟奏爲奏聞事　419-78-60下
批刑部侍郎王國棟吏部侍郎劉於

義奏爲奏聞事（二則）　419-79-60下
批署理蘇州巡撫王國棟奏爲恭報秋成分數事　419-81-60下
批署理蘇州巡撫王國棟奏爲恭謝天恩事　419-81-60下
批署理浙江巡撫印務王國棟奏爲恭請聖訓事　419-82-60下
批署理浙江巡撫印務王國棟奏爲彙報雨雪米穀情形事　419-83-60下
批署理浙江巡撫印務王國棟奏爲恭報勘過海塘情形仰祈睿鑒事　419-83-60下
批署理浙江總督署理浙江巡撫王國棟奏爲請留賢員以裨地方事　419-84-60下
批署理浙江總督李燦署理浙江巡撫王國棟奏爲奏明事　419-85-60下
批署理浙江巡撫印務以恭謝聖訓事　419-86-60下
批署理浙江總督李燦署理浙江巡撫王國棟奏爲恭報海塘秋汛平穩及田禾情形仰祈睿鑒事　419-86-60下
批雍正四年二月二十四日廣西巡撫汪漋奏爲遵旨查覆事　419-88-61
批雍正四年五月二十五日廣西巡撫汪漋奏恭謝皇上萬安事　419-89-61
批雍正四年五月二十五日廣西巡撫汪漋奏爲恭報雨水米價事　419-89-61
批雍正四年五月二十五日廣西巡撫汪漋奏爲叩謝天恩事　419-90-61
批雍正四年六月十六日廣西巡撫汪漋奏爲恭謝天恩事　419-90-61
批雍正四年六月十六日廣西巡撫汪漋奏爲奏明出糶捐穀事　419-91-61
批雍正四年六月十六日廣西巡撫汪漋奏爲敬舉廉能縣令事　419-92-61
批雍正四年六月十六日廣西巡撫汪漋奏爲奏明拏獲礦徒事　419-92-61
批雍正四年八月一日江西巡撫汪漋奏爲奏聞事　419-92-61
批雍正四年八月一日江西巡撫汪漋奏爲恭繳硃批奏摺事　419-93-61
批雍正四年八月一日江西巡撫汪漋奏爲欽奉上諭事　419-93-61
批雍正四年九月十八日江西巡撫汪漋奏爲陳明江省被水情形事　419-94-61
批雍正四年九月十八日江西巡撫

史部　詔令奏議類：附錄

詔令上十一畫

汪漋奏爲請旨事　419-95-61

批雍正四年九月二十八日江西巡撫汪漋奏爲欽奉上諭事　419-96-61

批雍正四年十月二十九日江西巡撫汪漋奏爲請動常平倉穀石借給災民以廣皇仁事　419-97-61

批雍正四年七月三日廣西巡撫甘汝來奏爲奏聞事　419-99-62

批雍正五年四月二十日署理廣西巡撫印務甘汝來奏爲奏明事　419-99-62

批雍正五年六月二十四日署理廣西巡撫印務甘汝來奏爲請旨事　419-100-62

批雍正五年六月二十四日署理廣西巡撫印務甘汝來奏爲清查黔粵戶口事　419-101-62

批雍正五年六月二十四日署理廣西巡撫印務甘汝來奏爲恭報雨水米價情形仰祈睿鑒事　419-101-62

批雍正五年六月二十四日署理廣西巡撫印務甘汝來奏爲仰體聖心欽恤民命請定緩決限年減等之例以廣皇仁事　419-102-62

批雍正五年九月七日都察院左副都御史甘汝來奏恭請聖安事　419-103-62

批雍正五年九月十九日都察院左副都御史甘汝來奏爲奏聞事　419-103-62

批雍正五年九月十九日都察院左副都御史甘汝來奏爲遵旨明白回奏事　419-104-62

批安慶按察使劉柟奏爲敬陳蒭蕘之言仰祈睿鑒事　419-105-63

批浙江按察使劉柟奏爲敬攄愚悃微忱仰祈睿鑒事　419-109-63

批署理江南江寧布政司印務劉柟奏爲奏明事　419-109-63

批署理江南江寧布政司印務劉柟奏爲瀝陳下情仰祈睿鑒事　419-110-63

批署理江南江寧布政司印務劉柟奏爲奏請睿鑒事　419-111-63

批署理江南江寧布政司印務劉柟奏請截留漕米改徵米穀石紓民力以裕倉儲事　419-112-63

批署理江寧布政司印務劉柟奏爲奏明事　419-113-63

批護理江西巡撫印務布政使李蘭奏爲恭謝天恩事　419-114-64

批護理江西巡撫印務布政使李蘭奏爲恭報各屬雨暘米價仰祈睿鑒事　419-115-64

批護理江西巡撫印務布政使李蘭奏爲奏明事　419-116-64

批江西布政使李蘭奏爲恭謝聖訓事　419-117-64

批江西布政使李蘭奏爲奏明賑耀緣由仰祈聖鑒事　419-117-64

批江西布政使李蘭奏爲奏明事　419-118-64

批江西布政使李蘭奏明各屬存庫軍器年久銹爛仰祈聖鑒事　419-119-64

批江西布政使李蘭奏爲恭報雨雪霑足仰祈聖鑒事　419-120-64

批江西布政使李蘭奏爲恭報平耀緣由仰祈聖鑒事　419-120-64

批江西布政使李蘭奏爲請定寄莊定糧之法以便催科事　419-121-64

批江西布政使李蘭奏爲遵旨奏聞事　419-122-64

批江西布政使李蘭奏爲奏明酌提耗羨以均養廉以濟公用事　419-123-64

批江西布政使李蘭奏爲恭謝聖訓事　419-124-64

批江西布政使李蘭奏爲請嚴餉鞘之防衞飭禁護兵之騷擾以重錢糧以安民生事　419-125-64

批江西布政使李蘭奏爲奏聞事　419-126-64

批江西布政使李蘭奏爲聖恩之教育瀰深微臣之負罪莫逭恭伸謝悃仰祈聖鑒事　419-127-64

批雍正四年三月十日巡察河南戶科掌印給事中張元懷奏爲敬陳彰衞二府地方情形仰乞睿鑒事　419-128-65

批雍正四年三月十日巡察河南戶科掌印給事中張元懷奏爲請旨事　419-129-65

批雍正四年九月二十二日巡察河南戶科掌印給事中張元懷奏爲恭報巡察河南各州縣乙周仰乞睿鑒事　419-130-65

批雍正五年八月二十二日巡察河南戶科掌印給事中張元懷奏爲巡查河南各府州縣地方一周仰

四庫全書文集篇目分類索引

乞睿鑒事 419-131- 65

批雍正五年八月二十二日巡查河南給事中張元懷奏爲奏聞事 419-131- 65

批雍正五年十二月二十二日廣西按察使張元懷奏爲恭緘殊批諭旨叩謝天恩仰祈睿鑒事 419-132- 65

批雍正六年九月十五日廣西布政使張元懷奏爲恭謝天恩謹緘殊批仰祈睿鑒事 419-133- 65

批雍正六年九月十五日廣西布政使張元懷奏爲遵旨奏聞事 419-134- 65

批雍正六年九月十五日廣西布政使張元懷奏爲奏聞事 419-134- 65

批雍正七年一月二十五日廣西布政使張元懷奏爲初春雨澤霑足事 419-135- 65

批雍正七年三月二十日廣西布政使張元懷奏爲粵省雨澤霑足事 419-136- 65

批雍正七年十一月一日廣西布政使張元懷奏爲奏聞事 419-136- 65

批雍正七年十一月一日廣西布政使張元懷奏爲敬陳管見仰祈睿鑒事 419-137- 65

批雍正九年五月六日署理河南巡撫印務浙江布政使張元懷奏爲恭謝天恩事 419-138- 65

批雍正九年六月十二日署理河南巡撫印務布政使張元懷奏爲奏明事 419-139- 65

批雍正九年六月十七日署理河南巡撫印務布政使張元懷奏爲奏聞事 419-140- 65

批雍正九年六月二十九日署理河南巡撫印務布政使張元懷奏爲奏明事 419-140- 65

批雍正九年七月九日署理河南巡撫印務布政使張元懷奏爲奏聞事（二則） 419-141- 65

批雍正九年七月二十四日署理河南巡撫印務布政使張元懷奏爲奏聞事（二則） 419-143- 65

批雍正九年八月二十二日署理河南巡撫印務布政使張元懷奏爲奏聞事 419-144- 65

批雍正九年九月一日署理河南巡撫印務布政使張元懷奏爲酌議漕補倉事宜仰祈睿鑒事 419-145- 65

批雍正九年九月一日署理河南巡撫印務布政使張元懷奏爲奏明事 419-147- 65

批江南安徽布政使董永芟奏爲藩庫交盤已竣備陳始末仰祈睿鑒事 419-148- 66

批安徽布政使董永芟奏爲叩謝天恩事（二則） 419-149- 66

批山東按察使董永芟奏爲感激天恩再申謝悃事 419-150- 66

批浙江按察使董永芟奏爲恭聆聖訓叩謝天恩事 419-151- 66

批浙江按察使董永芟奏爲恭蒙賜給養廉叩謝天恩事 419-152- 66

批浙江按察使董永芟奏爲恭謝天恩事（二則） 419-152- 66

批雍正二年十一月二十五日浙江糧道蔡仕舢奏爲徹查懸欠之庫項敬陳彌補之末籌仰祈睿鑒採納事 419-154- 67

批雍正六年十一月十九日浙江觀風整俗使蔡仕舢奏爲仰祈聖慈俯允陞見事 419-156- 67

批雍正七年一月二十五日浙江觀風整俗使蔡仕舢奏爲敬陳浙省民情官方仰祈睿鑒事 419-156- 67

批雍正七年三月二十日浙江觀風整俗使蔡仕舢奏爲奏明甘露呈祥事 419-158- 67

批雍正七年三月二十日浙江觀風整俗使蔡仕舢奏爲敬陳巡歷所見仰祈睿鑒事 419-158- 67

批雍正七年五月二日署理浙江巡撫印務蔡仕舢奏爲恭謝天恩兼陳職守事宜仰祈睿鑒事 419-159- 67

批雍正七年五月二日署理浙江巡撫印務蔡仕舢奏爲恭謝天恩事 419-160- 67

批雍正七年五月二日署理浙江巡撫印務蔡仕舢奏爲請除惡捕以安良民酌定嚴例以懲積玩事 419-161- 67

批雍正七年七月二十五日署理浙江巡撫印務蔡仕舢奏爲奏聞海寧縣塘震裂事 419-162- 67

四庫全書文集篇目分類索引

史部

詔令奏議類：附錄

詔令上十一畫

批雍正七年七月二十五日署理浙江巡撫印務蔡仕舢奏爲恭報早稻收成事 419-163- 67

批雍正七年七月二十五日署理浙江巡撫印務蔡仕舢奏爲恭謝天恩幷緻飭批奏摺事 419-163- 67

批雍正七年七月二十五日署理浙江巡撫印務蔡仕舢奏爲請嚴捕役窩盜之禁以靖盜源事 419-164- 67

批雍正七年閏七月二十三日署理浙江巡撫印務蔡仕舢奏爲三陳海塘情形事 419-166- 67

批雍正七年八月六日署理浙江巡撫印務蔡仕舢奏爲恭報竿獲江省積盜事 419-167- 67

批雍正七年八月六日署理浙江巡撫印務蔡仕舢奏爲奏明寧塘保固事 419-168- 67

批雍正七年九月二十四日署理浙江巡撫印務蔡仕舢奏爲恭緻飭批奏摺事 419-169- 67

批雍正七年十二月十二日浙江觀風整俗使蔡仕舢奏爲敬陳巡歷所見仰祈睿鑒事 419-170- 67

批雍正八年二月八日浙江觀風整俗使蔡仕舢奏爲奏參圖利剝民之豪貢請旨搜追以懲貪恩以快輿情事 419-171- 67

批雍正八年四月六日浙江觀風俗使蔡仕舢奏爲據實陳奏仰祈睿鑒事 419-172- 67

批雍正八年四月六日浙江觀風整俗使蔡仕舢奏爲敬籌秋審之法以防疏縱事 419-173- 67

批雍正七年四月二十六日署理廣東按察使樓儼奏爲遵旨明白回奏事 419-175- 68

批雍正七年閏七月四日廣東按察使樓儼奏爲恭謝天恩事 419-176- 68

批雍正七年閏七月四日廣東按察史樓儼奏爲備陳地方情形仰祈睿鑒事 419-177- 68

批雍正七年閏七月四日廣東按察史樓儼奏爲職官窩盜殃民據實奏明事 419-178- 68

批雍正七年閏七月四日廣東按察使樓儼奏爲奏明潮屬水利仰祈睿鑒事 419-179- 68

批雍正八年三月二十七日江西按察使樓儼奏爲運穀原借稅羨額天恩分年補還事 419-180- 68

批雍正八年三月二十七日江西按察使樓儼奉爲酌寬盤倉限期以免交代遲快事 419-181- 68

批雍正八年五月十八日江西按察使樓儼奏爲據實陳情仰懇皇恩事 419-182- 68

批雍正八年十二月七日江西按察使在任守制樓儼奏爲請定藩桌新任展限之例以便詳慎辦理事 419-182- 68

批雍正九年三月十二日江西按察使在任守制樓儼奏爲請開供首唆訟之路以除刁攪事 419-183- 68

批雍正九年五月二十一日江西按察使在任守制樓儼奏爲謹陳江西雨水及禾苗情形仰祈聖鑒事 419-184- 68

批雍正九年五月二十一日江西按察使在任守制樓儼奏爲請救通行一米二穀交代之例以杜弊端事 419-185- 68

批雍正九年五月二十一日江西按察使在任守制樓儼奏爲請定內缺委署積算之例以示鼓勵事 419-185- 68

批雍正九年八月八日江西按察使樓儼奏爲恭謝天恩事 419-186- 68

批雍正九年八月八日江西按察使樓儼奏爲再陳江省早稻收成分數晚不現在情形幷各屬米糧價值仰祈睿鑒事 419-187- 68

批雍正九年八月八日江西按察使樓儼奏爲恭謝聖訓敬緻飭批仰祈睿鑒事 419-188- 68

批雍正九年八月八日江西按察使樓儼奏爲恭請聖裁事 419-189- 68

批雍正五年一月二十五日廣東學政楊爾德恭請皇上聖駕萬安事 419-190- 69

批雍正五年六月十七日廣東學政楊爾德奏爲恭謝天恩事 419-191- 69

批雍正五年六月十七日廣東學政楊爾德奏爲據實條陳事 419-191- 69

四庫全書文集篇目分類索引

批雍正五年六月十七日廣東學政楊爾德奏爲仰懇皇仁事 419-193- 69

批雍正二年七月二十四日浙江按察史甘國奎奏爲備陳地方情形事 419-194- 70

批雍正二年九月十五日浙江按察使甘國奎奏爲敬陳下悃仰祈天鑒事 419-195- 70

批雍正二年十一月二十四日浙江按察使甘國奎奏爲敬陳下悃事 419-196- 70

批雍正二年十一月二十四日浙江按察使甘國奎奏爲遵旨奏明事 419-197- 70

批雍正二年十二月十五日浙江按察使甘國奎奏爲密奏事 419-198- 70

批雍正三年三月三日浙江按察使甘國奎奏爲遵旨密奏事 419-199- 70

批雍正三年三月三日浙江按察使甘國奎奏爲奏明事 419-200- 70

批雍正三年三月十八日浙江按察使甘國奎奏爲奏聞事 419-200- 70

批雍正三年五月初十日浙江按察使甘國奎奏爲敬陳海疆事 419-201- 70

批雍正三年五月初十日浙江按察使甘國奎奏爲密奏事 419-202- 70

批雍正三年六月初二日浙江按察使甘國奎奏爲再行密奏事 419-203- 70

批雍正三年六月初二日浙江按察使甘國奎奏爲謹陳下悃事 419-205- 70

批雍正三年七月初九日署理浙江巡撫印務按察使甘國奎奏爲奏聞事 419-207- 70

批巡察湖北湖南等處更科給事中王瓚奏爲敬陳管見事 419-208- 70

批巡察湖北湖南等處更科給事中王瓚奏爲直陳管見恭請睿鑒事 419-210- 71

批雍正六年二月十五日巡視臺灣給事中赫碩色兼理學政監察御史夏之芳奏爲恭報微臣受事日期仰祈睿鑒事 419-211- 72

批雍正六年五月初六日巡視臺灣給事中赫碩色兼理學政監察御史夏之芳奏爲恭報臺灣雨水情形米穀價值仰慰睿慮事 419-212- 72

批雍正六年五月初六日巡視臺灣給事中赫碩色兼理學政監察御史夏之芳奏爲敬陳臺地事宜仰祈睿鑒事 419-212- 72

批雍正六年八月十八日巡視臺灣給事中赫碩色兼理學政監察御史夏之芳奏爲陳敬臺地雨水穀價仰慰聖慮事 419-214- 72

批雍正六年八月十八日巡視臺灣給事中赫碩色兼理學政監察御史夏之芳奏爲敬陳臺地事宜仰祈睿鑒事 419-215- 72

批雍正六年十一月初四日臺灣給事中赫碩色兼理學政監察御史夏之芳奏爲恭報臺地收成分數米穀價值仰慰聖慮事 419-215- 72

批雍正六年十二月初六日臺灣給事中赫碩色兼理學政監察御史夏之芳奏爲奏聞事 419-216- 72

批雍正七年一月十八日巡視臺灣給事中赫碩色兼理學政監察御史夏之芳奏爲恭謝天恩事 419-216- 72

批雍正七年一月十八日巡視臺灣給事中赫碩色兼理學政監察御史夏之芳奏爲奏聞事 419-217- 72

批雍正七年三月十六日巡視臺灣給事中赫碩色兼理學政監察御史夏之芳奏爲奏聞事 419-218- 72

批雍正七年三月十六日巡視臺灣給事中赫碩色兼理學政監察御史夏之芳奏爲敬陳臺地事宜仰祈睿鑒事 417-219- 72

批雍正七年閏七月二十九日巡視臺灣給事中赫碩色兼理學政監察御史夏之芳奏爲奏聞事 419-220- 72

批雍正七年十月十五日巡視臺灣給事中赫碩色兼理學政監察御史夏之芳奏爲報明臺地收成分數米穀價值仰慰聖慮事 419-221- 72

批雍正七年十月十五日巡視臺灣給事中赫碩色兼理學政監察御史夏之芳奏爲報明看操日期仰祈睿鑒事 419-222- 72

批雍正六年十月八日廣東布政使王士俊奏爲恭謝天恩事 419-223-73之1

批雍正六年十月八日廣東布政使王士俊奏爲恭報米價事 419-225-73之1

批雍正六年十月八日廣東布政使王士俊奏爲陳明倉穀事 419-226-73之1

批雍正六年十月八日廣東布政使王士俊奏爲奏明短少解部銀兩事 419-226-73之1

批雍正六年十一月十五日廣東布政使王士俊奏爲恭報豐收事 419-227-73之1

批雍正六年十一月十五日廣東布政使王士俊奏爲奏明革除積弊事 419-228-73之1

批雍正六年十一月十五日廣東按察使王士俊奏爲據實奏明事 419-229-73之1

批雍正六年十一月十五日廣東布政使王士俊奏爲敬陳各員賢否事 419-230-73之1

批雍正六年十一月十五日廣東布政使王士俊奏爲奏聞事 419-232-73之1

批雍正六年十一月十五日廣東布政使王士俊奏爲密陳管見事 419-233-73之1

批雍正六年十一月十五日廣東按察使王士俊奏爲奏明事 419-233-73之1

批雍正六年十二月十日署理廣東布政使王士俊奏爲承審參案據實奏聞事 419-234-73之1

批雍正六年十二月十日署理廣東按察使王士俊奏爲奏明礦徒情形並陳管見事 419-235-73之1

批廣東六年十二月十日署理廣東布政使王士俊奏爲奏明事 419-236-73之1

批雍正七年三月三日署理廣東布政使王士俊奏爲恭謝天恩事 419-237-73之1

批雍正七年三月三日署理廣東布政使奏爲恭報米價平減二麥豐盛事 419-238-73之1

批雍正七年三月三日署理廣東布政使王士俊奏爲恭進方物以展微忱事 419-238-73之1

批雍正七年三月三日署理廣東布政使王士俊奏爲懇賜起運銅斤留粵就近鼓鑄事 419-239-73之1

批雍正七年三月三日署理廣東布政使王士俊奏爲敬請開例懇荒事 419-240-73之1

批雍正七年三月三日署理廣東布政使王士俊奏爲恭謝聖訓敬繳硃批事 419-241-73之1

批雍正七年四月二十日署理廣東布政使王士俊奏爲遵旨明白回奏事 419-242-73之1

批雍正七年四月二十日署理廣東布政使王士俊奏爲陳明徵糧積弊事 419-244-73之2

批雍正七年四月二十日署理廣東布政使王士俊奏爲恭報二麥豐收米價日減事 419-245-73之2

批雍正七年六月十一日署理廣東布政使王士俊奏爲恭謝聖訓敬繳硃批事 419-245-73之2

批雍正七年六月十一日署理布政使王士俊奏爲營汛乘機搶奪密請敕部嚴加治罪事 419-246-73之2

批雍正七年六月十一日署理廣東布政使王士俊奏爲恭報早稻收成米糧價值事 419-247-73之2

批雍正七年六月十一日署理廣東布政使王士俊奏爲遵旨據實密覆事 419-247-73之2

批雍正七年六月十一日署理廣東布政使王士俊奏爲奏聞事 419-249-73之2

批雍正七年七月二十四日署理廣東布政使王士俊奏爲恭謝聖訓敬繳硃批事 419-249-73之2

批雍正七年七月二十四日署理廣東布政使王士俊奏爲遵旨密覆事 419-250-73之2

批雍正七年七月二十四日署理廣東布政使王士俊奏爲恭報米價事 419-252-73之2

批雍正七年七月二十四日署理廣東布政使王士俊奏爲奏明稅契贏餘銀兩事 419-252-73之2

批雍正七年七月二十四日署理廣東布政使王士俊奏爲陳請復設經歷事 419-253-73之2

批雍正七年七月二十四日署理廣東布政使王士俊奏爲密陳各鎭賢否仰祈睿鑒事 419-254-73之2

批雍正七年七月二十四日署理廣東布政使王士俊奏爲敬陳管見以廣皇仁事 419-254-73之2

批雍正七年九月十五日廣東布政使王士俊奏爲恭報米價事 419-255-73之2

批雍正七年九月十五日廣東布政使王士俊奏爲奏明粵東吏治事 419-256-73之2

批雍正七年九月十五日廣東布政使王士俊奏爲清查溢額錢糧以增國課事 419-257-73之2

批雍正七年九月十五日廣東布政使王士俊奏爲敬請添設巡道以資兼轄事 419-258-73之2

批雍正七年九月十五日廣東布政使王士俊奏爲敬陳黎峒情形事 419-259-73之2

批雍正七年十一月十日廣東布政使王士俊奏爲恭報收成米價事 419-260-73之2

批雍正七年十一月十日廣東布政使王士俊奏爲奏明定弓虛稅事 419-261-73之2

批雍正七年十一月十日廣東布政使王士俊奏爲清查冒領會試銀兩事 419-262-73之2

批雍正七年十一月十日廣東布政使王士俊奏爲據實密奏事 419-263-73之2

批雍正七年十一月十日廣東布政使王士俊奏爲審明假冒道員事 419-264-73之2

批雍正七年十一月十日廣東布政使王士俊奏爲奏聞事 419-265-73之2

批雍正七年十一月十日廣東布政使王士俊奏爲密陳管見事 419-266-73之2

批雍正八年一月二日廣東布政使王士俊奏爲據實奏聞事 419-268-73之2

批雍正八年一月二日廣東布政使王士俊奏爲書役藉勢橫行密請嚴禁事 419-269-73之3

批雍正八年一月二日廣東布政使王士俊奏爲奏聞事 419-270-73之3

批雍正八年一月二日廣東布政使王士俊奏爲奏明事 419-272-73之3

批雍正八年二月十六日廣東布政使王士俊奏爲恭報米價事 419-272-73之3

批雍正八年二月十六日廣東布政使王士俊奏爲敬陳推廣良法事 419-273-73之3

批雍正八年二月十六日廣東布政使王士俊奏爲敬陳管見事 419-274-73之3

批雍正八年二月十六日廣東布政使王士俊奏爲修輯省志事 419-275-73之3

批雍正八年二月十六日廣東布政使王士俊奏爲請禁私賣制錢事 419-276-73之2

批雍正八年二月十六日廣東布政使王士俊奏爲密請聖裁事 419-277-73之2

批雍正八年二月十六日廣東布政使王士俊奏爲遵旨密學幹員事 419-278-73之2

批雍正八年二月十六日廣東布政使王士俊奏爲聖德覃敷生黎誠服事 419-279-73之2

批雍正八年二月十六日廣東布政使王士俊奏爲據實陳明事 419-279-73之2

批雍正八年二月十六日廣東布政使王士俊奏爲恭謝聖訓敬繳御批事 419-281-73之2

批雍正八年四月十一日廣東布政使王士俊奏爲恭報二麥豐收米價平減事 419-282-73之2

批雍正八年四月十一日廣東布政使王士俊奏爲密學能員事 419-282-73之2

批雍正八年四月十一日廣東布政使王士俊奏爲恭報採獲楠木事 419-282-73之3

批雍正八年四月十一日廣東布政使王士俊奏爲奏明事 419-283-73之3

批雍正八年四月十一日廣東布政使王士俊奏爲恭請聖裁事 419-284-73之3

批雍正八年四月十一日廣東布政使王士俊奏爲敬聆聖訓恭謝天恩事 419-284-73之3

批雍正八年六月二日廣東布政使王士俊奏爲恭謝聖訓敬繳御批事 419-286-73之3

批雍正八年六月二日廣東布政使王士俊奏爲戀主情殷恭請陛見事 419-287-73之3

批雍正八年六月二日廣東布政使王士俊奏爲據實密奏事 419-288-73之3

批雍正八年九月九日廣東布政使王士俊奏爲敬陳兩廣情形密請聖裁事 417-289-73之4

批雍正八年九月九日廣東布政使王士俊奏爲奏明就近支領兵餉事 417-291-73之4

批雍正八年十月十一日廣東布政使王士俊奏爲恭報晚稻豐收牛價平減事 417-292-73之4

批雍正八年十月十一日廣東布政

使王士俊奏爲據實陳明事　417-293-73之4

批雍正八年十一月十五日廣東布政使王士俊奏爲密請聖裁事　419-293-73之4

批雍正八年十一月十五日廣東布政使王士俊奏爲奏明事　419-294-73之4

批雍正八年十一月十五日廣東布政使王士俊奏爲遵旨敬刊上諭恭謝聖訓事　419-295-73之4

批雍正八年十一月十五日廣東布政使王士俊奏爲立法清查稅畝仰祈睿鑒事　419-296-73之4

批雍正九年一月十二日廣東布政使王士俊奏爲恭謝聖訓敬繳御批事　419-296-73之4

批雍正九年一月十二日廣東布政使王士俊奏爲敬陳要地之宜經畫以圖久遠治安事　419-298-73之4

批雍正九年一月十二日廣東布政使王士俊奏爲酌開電白河渠利賴永垂萬世事　419-299-73之4

批雍正九年一月十二日廣東布政使王士俊奏爲遵旨議覆事　419-300-73之4

批雍正九年四月十一日廣東布政使王士俊奏爲奏明事　419-301-73之4

批雍正九年四月十一日廣東布政使王士俊奏爲密請聖裁事　419-302-73之4

批雍正九年五月六日湖北巡撫王士俊奏爲聖恩愈隆恭陛見教抒誠悃事　419-303-73之4

批雍正九年五月六日湖北巡撫王士俊奏爲恭報早禾秀茂米價平減事　419-304-73之4

批雍正九年十月十二日湖北巡撫王士俊奏爲密請聖裁事　419-305-73之4

批雍正九年十二月六日湖北巡撫王士俊奏爲恭報湖北現今米價事　419-306-73之4

批雍正九年十二月六日湖北巡撫王士俊奏爲仰體皇上敬陳睿鑒事　419-306-73之4

批雍正九年十二月六日湖北巡撫王士俊奏爲據實陳奏事　419-308-73之4

批雍正九年十二月六日湖北巡撫王士俊奏爲據實奏聞事　419-308-73之4

批雍正九年十二月六日湖北巡撫王士俊奏爲據實密奏事　419-309-73之4

批雍正十年一月十八日湖北巡撫王士俊奏爲恭報冬雪春晴米價平減事　419-311-73之4

批雍正十年一月十八日湖北巡撫王士俊奏爲敬陳一得仰懇睿鑒事　419-311-73之4

批雍正十年一月十八日湖北巡撫王士俊奏爲據奏聞事　419-313-73之4

批雍正十年一月十八日湖北巡撫王士俊奏爲恭請聖裁事　419-313-73之4

批雍正十年一月十八日湖北巡撫王士俊奏爲請旨揀發人員以資實用事　419-314-73之5

批雍正十年二月十三日湖北巡撫王士俊奏爲恭報麥苗得雨米價平減事　419-314-73之5

批雍正十年二月十三日湖北巡撫王士俊奏爲請旨通行事　419-315-73之5

批雍正十年二月十三日湖北巡撫王士俊奏爲敬陳末議仰祈睿鑒事　419-316-73之5

批雍正十年二月十三日湖北巡撫王士俊奏爲請旨事　419-316-73之5

批雍正十年二月十三日湖北巡撫王士俊奏爲備陳郎歸二屬勘墾修城之要務仰祈睿鑒事　419-317-73之5

批雍正十年二月十三日湖北巡撫王士俊奏爲謹陳屯衞事宜仰祈睿鑒事　419-318-73之5

批雍正十年二月十三日湖北巡撫王士俊奏爲據實奏聞事　419-320-73之5

批雍正十年三月八日湖北巡撫王士俊奏爲聖主誠教遠孚楚省麥苗雨足米價平減慕慰聖懷事　419-321-73之5

批雍正十年三月八日湖北巡撫王士俊奏爲請留大員督懇以收實效事　419-321-73之5

批雍正十年三月八日湖北巡撫王士俊奏爲請酌定漕船修造之例以紓屯累事　419-322-73之5

批雍正十年三月八日湖北巡撫王士俊奏爲奏明事　419-323-73之5

批雍正十年三月八日湖北巡撫王士俊奏爲密陳睿鑒事　419-324-73之5

四庫全書文集篇目分類索引　349

批雍正十年四月三日湖北巡撫王
　士俊奏爲恭報三春雨足米價平
　減事　419-325-73之5
批雍正十年二月三日湖北巡撫王
　士俊奏爲密請睿鑒事　419-326-73之5
批雍正十年四月三日湖北巡撫王
　士俊奏爲請旨事　419-327-73之5
批雍正十年四月三日湖北巡撫王
　士俊奏爲據實陳明事　419-327-73之5
批雍正十年四月二十日湖北巡撫
　王士俊奏爲楚省晴雨以時入夏
　秋青麥熟米價平減恭慰聖懷事　419-328-73之5
批雍正十年四月二十日湖北巡撫
　王士俊奏爲奏明事　419-329-73之5
批雍正十年四月二十日湖北巡撫
　王士俊奏爲據實自行檢舉仰祈
　睿鑒敕部嚴加議處事　419-329-73之5
批雍正十年五月十八日湖北巡撫
　王士俊奏爲恭報二麥收成禾苗
　得雨米價平減上慰聖懷事　419-330-73之5
批雍正十年五月十八日湖北巡撫
　王士俊奏爲請旨通行事　419-330-73之5
批雍正十年四月二十日湖北巡撫
　王士俊奏爲據實奏聞事　419-331-73之5
批雍正十年四月二十日湖北巡撫
　王士俊奏爲據實密奏事　419-332-73之5
批雍正十年閏五月十三日湖北巡
　撫王士俊奏爲恭報省田禾雨足
　米價平減仰慰聖懷事　419-333-73之5
批雍正十年閏五月十三日湖北巡
　撫王士俊奏爲直陳汛兵號召之
　弊請旨嚴行飭禁事　419-334-73之5
批雍正十年六月十二日湖北巡撫
　王士俊奏爲據實查奏事　419-335-73之5
批雍正十年六月二十七日湖北巡
　撫王士俊奏爲恭報早稻收成分
　數米價平減事　419-336-73之5
批雍正十年六月二十七日湖北巡
　撫王士俊奏爲據實查案陳明仰
　祈睿鑒事　419-337-73之5
批雍正十年九月十二日湖北巡撫
　王士俊奏爲恭謝天恩事　419-339-73之5
批雍正十年九月十二日湖北巡撫
　王士俊奏爲恭謝聖訓敬繳御批
　事　419-339-73之5

批雍正十年九月十二日湖北巡撫
　王士俊奏爲恭報鄉場試竣仰祈
　睿鑒事　419-341-73之5
批雍正十年九月十二日湖北巡撫
　王士俊奏爲奏明事（二則）　419-341-73之5
批雍正十年十一月三日湖北巡撫
　王士俊奏爲恭謝聖訓敬繳御批
　事　419-343-73之5
批雍正十年十一月三日湖北巡撫
　王士俊奏爲恭報楚省豐收米價
　平減事　419-344-73之5
批雍正十年十一月三日湖北巡撫
　王士俊奏爲仰懇聖恩事　419-345-73之5
批雍正十年十一月三日湖北巡撫
　王士俊奏爲據實奏聞事　419-345-73之5
批雍正十年十一月二十五日湖北
　巡撫王士俊奏爲陳明勸墾之實
　効仰祈睿鑒事　419-346-73之5
批雍正十年十一月二十五日湖北
　巡撫王士俊奏爲敬陳末議仰祈
　睿鑒事　419-347-73之5
批雍正十年十二月十日湖北巡撫
　王士俊奏爲恭謝聖訓敬繳御批
　事　419-350-73之5
批雍正四年十一月三日貴州提督
　楊天縱奏爲恭繳硃批奏摺叩謝
　天恩事　419-351-73之5
批雲南臨元總兵官楊天縱奏爲恭
　請聖安事　419-351- 74
批雍正五年三月二十七日貴州提
　督楊天縱奏爲欽奉上諭事　419-352- 74
批雍正五年三月二十七日貴州提
　督楊天縱奏爲奏明事　419-353- 74
批雍正五年三月二十七日貴州提
　督楊天縱奏爲密奏事　419-354- 74
批雍正五年七月二十日貴州提督
　楊天縱奏爲恭繳硃批奏摺叩謝
　天恩仰祈睿鑒事　419-355- 74
批雍正五年九月四日貴州提督楊
　天縱奏爲奏明事　419-356- 74
批雍正六年三月六日貴州提督楊
　天縱奏爲恭繳硃批奏摺叩謝天
　恩事　419-357- 74
批雍正六年三月六日貴州提督楊
　天縱奏爲奏明事　419-358- 74

史部

詔令奏議類：附錄

詔令上十一畫

史部

詔令奏議類：附錄

詔令上十一畫

批雍正六年六月四日貴州提督楊天縱奏爲奏聞擒獲頑苗仰祈睿鑒事 419-359- 74

批雍正六年六月四日貴州提督楊天縱奏爲奏明事 419-360- 74

批雍正六年六月四日貴州提督楊天縱奏爲敬陳黔省行使制錢之法仰祈睿鑒事 419-361- 74

批雍正六年八月二十日貴州提督楊天縱奏爲奏明事 419-362- 74

批雍正六年八月二十日貴州提督楊天縱奏爲奏聞事 419-363- 74

批雍正六年十月二十二日貴州提督楊天縱奏爲奏聞事 419-365- 74

批雍正六年十月二十二日貴州提督楊天縱奏爲恭繳硃批奏摺叩謝天恩事 419-367- 74

批雍正七年一月十九日貴州提督楊天縱奏爲天威遠震頑苗歸誠事 419-368- 74

批雍正七年一月十九日貴州提督楊天縱奏爲謹陳頑苗梗化情由仰祈睿鑒事 419-370- 74

批雍正七年八月一日貴州總督楊天縱奏爲年歲豐稔仰祈睿鑒事 419-371- 74

批雍正八年十月二十六日貴州提督楊天縱奏爲恭報天威遠播克復蒙仵大敗嶺雄逆賊情由伏祈睿鑒事 419-372- 74

批雍正九年九月八日貴州提督楊天縱奏爲奏明事 419-374- 74

批雍正九年九月八日貴州提督楊天縱奏爲奏聞事 419-374- 74

批雍正九年十二月十七日太子太保原任貴州提督楊天縱奏爲請旨事 419-375- 74

批雍正十年六月十二日太子太保楊天縱奏爲敬抒未盡之愚衷仰祈睿鑒事 419-376- 74

批雍正六年十二月二日南澳總兵官許良彬奏爲奏聞事 419-377- 75

批雍正六年十二月二日南澳總兵官許良彬奏爲謹陳捐除穀石以資兵食事 419-378- 75

批雍正七年三月二十一日南澳總兵官許良彬奏爲據實檢舉事 419-379- 75

批雍正七年九月八日署理金門總兵官印務許良彬奏爲奏聞米價事 419-380- 75

批雍正八年二月十七日署理福建水師提督印務南澳總兵官許良彬奏爲備陳晴雨米價事 419-380- 75

批雍正八年二月十七日署理福建水師提督印務南澳總兵官許良彬奏爲科揭狄冒以做官邪事 419-381- 75

批雍正八年五月二十四日署理福建水師提督印務南澳總兵官許良彬奏爲請設立巡檢以約束番民事 419-382- 75

批雍正三年七月二十九日江西南贛總兵官石雲倬奏爲密陳天聽事 419-384- 76

批雍正三年七月二十九日江西南贛總兵官石雲倬奏爲請旨更定弁丁年貌確册以杜姦弊事 419-385- 76

批雍正三年十月四日江西南贛總兵官石雲倬奏爲密陳營伍事 419-385- 76

批雍正四年二月十二日江西南贛總兵官石雲倬奏爲添設職位以鎭地方事 419-386- 76

批雍正四年六月二十二日江西南贛總兵官石雲倬奏爲哀籲聖慈乞終喪制事 419-387- 76

批雍正四年十一月十二日浙江提督石雲倬奏爲恭請陛見仰承聖訓事 419-388- 76

批雍正五年三月六日浙江提督石雲倬奏爲密陳浙省營伍情形事 419-388- 76

批雍正五年三月六日浙江提督石雲倬奏爲再陳營伍條規事 419-389- 76

批雍正五年三月六日浙江提督石雲倬奏爲奏聞事 419-390- 76

批雍正五年三月六日浙江總督石雲倬奏爲請旨事 419-391- 76

批雍正五年四月二十一日浙江總督石雲倬奏爲先發隨糧以濟公務事 419-392- 76

批雍正五年五月十日浙江提督石雲倬奏爲奏聞事 419-393- 76

批雍正五年七月十一日浙江提督石雲倬奏爲恭謝天恩事 419-394- 76

批雍正五年七月十一日浙江提督石雲倬奏爲遵旨覆奏事 419-394- 76

批雍正五年七月十一日浙江提督石雲倬奏爲酌定戰船丈尺名號以昭畫一以垂永遠事 419-395- 76

批雍正五年十月二十二日浙江提督石雲倬奏爲酌調不諳水師之營將恭請特簡補放事 419-396- 76

批雍正六年一月八日浙江提督石雲倬奏爲恭謝天恩事 419-397- 76

批雍正六年一月二十二日浙江提督石雲倬奏爲恭謝天恩事 419-397- 76

批雍正六年一月二十二日浙江提督石雲倬奏爲敬陳任內未完事件事 419-398- 76

批雍正六年四月二十六日福建陸路提督石雲倬奏爲詳籌地方營伍情形仰祈睿鑒事 419-400- 76

批雍正六年四月二十六日福建陸路提督石雲倬奏請撥兵教習水師事 419-402- 76

批雍正六年六月二日福建陸路提督石雲倬奏爲恭請陛見仰懇聖訓以慰依戀以資遵守事 419-403- 76

批雍正六年六月二日福建陸路提督石雲倬奏爲立法以除積弊事 419-404- 76

批雍正六年七月十六日福建陸路提督石雲倬奏爲報明丁艱事 419-405- 76

批雍正六年七月十六日福建陸路提督石雲倬奏爲遵奉朱批通飭各營畫一遵守事 419-406- 76

批雍正六年八月二十四日福建陸路提督石雲倬奉爲據實密奏事 419-408- 76

批雍正六年十一月十九日福建陸路提督石雲倬奏爲奏明事 419-409- 76

批雍正六年十一月十九日福建陸路提督石雲倬奏爲敬陳管見仰祈聖明採擇事 419-410- 76

批雍正七年四月六日福建陸路提督石雲倬奏爲奏明地方情形事 419-411- 76

批雍正七年四月六日福建陸路提督石雲倬奏爲奏明泉郡城垣事 419-412- 76

批雍正七年四月六日福建陸路提督石雲倬奏爲奏聞事 419-412- 76

批雍正七年六月十五日福建陸路提督石雲倬奏爲恭謝天恩事 419-414- 76

批雍正七年六月十五日福建陸路提督石雲倬奏爲要缺需人懇請酌補賢員以收實效事 419-414- 76

批雍正七年十一月一日福建陸路提督石雲倬奏爲王師遠征不庭臣請軍前效力以報聖恩事 419-415- 76

批雍正八年四月二十日福建陸路提督石雲倬奏爲奏聞事 419-416- 76

批雍正九年正月二十五日福建陸路提督石雲倬奏爲恭謝天恩事 419-416- 76

批雍正九年四月二日福建陸路提督石雲倬奏爲恭謝天恩事 419-417- 76

批雍正九年七月二十日副將軍石雲倬奏爲奏明事 419-418- 76

批山西按察使蔣洞奏爲聖主精誠格天通省雨澤普霑事 419-420- 77

批山西按察使蔣洞奏爲請禁大吏坐缺題人以杜權食事 419-421- 77

批山西按察使蔣洞奏爲恭謝天恩事 419-422- 77

批山西按察使蔣洞奏爲恭報雨雪霑足事 419-423- 77

批山西按察使蔣洞奏爲報明事 419-423- 77

批山西按察使蔣洞奏恭請皇上聖安事 419-424- 77

批山西按察使蔣洞奏爲敬陳足食足兵以收實效事 419-424- 77

批山西按察使蔣洞奏爲恭繳諭旨事（二則） 419-425- 77

批山西按察使蔣洞奏爲恭報春雨及時事 419-426- 77

批山西按察使蔣洞奏爲恭繳諭旨事 419-427- 77

批山西按察使蔣洞奏爲密奏事 419-427- 77

批山西按察使蔣洞奏恭請皇上聖安（事） 419-428- 77

批山西按察使蔣洞奏爲恭報晉省嘉禾盈野年穀豐登仰祈睿鑒事 419-429- 77

批山西按察使蔣洞遵旨覆奏事 419-429- 77

批山西按察使蔣洞奏爲恭報瑞雪普遍事 419-431- 77

批山西按察使蔣洞奏爲密奏事 419-432- 77

史部

詔令奏議類：附錄

詔令上十一畫

批山西按察使蔣洞奏爲恭謝天恩事	419-433-	77
批山西按察使蔣洞奏爲欽承諭旨謹行奏覆事	419-434-	77
批山西按察使蔣洞奏爲恭報春雨及時事	419-434-	77
批山西按察使蔣洞奏爲密奏事	419-435-	77
批山西按察使蔣洞奏爲奏聞事	419-435-	77
批山西按察使蔣洞奏爲奏明雨澤及時民生樂業事	419-436-	77
批山西按察使蔣洞奏爲恭謝天恩事	419-436-	77
批廣東布政使蔣洞奏爲遵旨奏明事	419-437-	77
批光祿寺卿王璣廣東布政使蔣洞奏爲奏聞事	419-438-	77
批廣東布政使蔣洞奏爲恭報晉省秋收分數仰祈睿鑒事	419-440-	77
批廣東布政使蔣洞奏爲奏明事	419-440-	77
批廣東布政使蔣洞奏爲恭繳御批叩謝天恩事	419-441-	77
批廣東布政使蔣洞奏爲裕課便商事	419-441-	77
批廣東布政使蔣洞奏爲恭謝聖訓事	419-442-	77
批廣東布政使蔣洞奏爲雍正四五兩年耗羨銀兩事	419-443-	77
批廣東布政使蔣洞奏爲恭報瑞雪普沾疊沛億兆頂戴恩膏事	419-443-	77
批廣東布政使蔣洞奏爲欽奉上諭事	419-444-	77
批廣東布政使蔣洞奏爲恭繳御批叩謝聖訓事	419-445-	77
批廣東布政使蔣洞奏爲恭報雨澤普霑事	419-446-	77
批廣東布政事蔣洞奏爲欽奉上諭事	419-446-	77
批廣東布政使蔣洞奏爲恭繳御批事	419-447-	77
批廣東布政使蔣洞奏爲請旨事	419-447-	77
批廣東布政使蔣洞奏爲謹陳愚悃伏祈兪允事	419-448-	77
批廣東布政使蔣洞奏爲欽奉上諭事	419-448-	77
批廣東布政使蔣洞奏爲恭報雨澤普霑事	419-449-	77
批廣東布政使蔣洞奏爲恭報秋禾茂盛雨澤普霑事	419-450-	77
批山西布政使蔣洞奏爲恭報晉省秋禾收成分數仰祈睿鑒事	419-450-	77
批山西布政使蔣洞奏爲萬姓感激天恩公務不日告成事	419-451-	77
批山西布政使蔣洞奏爲聖恩之感被廡涯萬姓之擄忱實切謹據情奏達仰祈睿鑒事	419-451-	77
批山西布政使蔣洞奏爲聖主之盛德光天晉省之慶雲呈瑞恭擄賀悃仰祈睿鑒事	419-452-	77
批山西布政使蔣洞奏爲萬姓感戴天恩急公實由至悃謹再據情奏達仰祈睿鑒事	419-453-	77
批山西布政使蔣洞奏爲奏聞事	419-454-	77
批山西布政使蔣洞奏爲聖德之格被廡涯上天之嘉應疊見億兆歡騰恭擄賀悃仰祈睿鑒事	419-455-	77
批山西布政使蔣洞奏爲恭報瑞雪普霑事	419-456-	77
批山西布政使蔣洞奏爲欽承訓旨叩謝聖恩事	419-457-	77
批山西布政使蔣洞奏爲恭謝天恩事	419-458-	77
批山西布政使蔣洞奏爲恭報雨雪普霑萬姓頂戴恩膏事	419-459-	77
批山西布政使蔣洞奏爲遵旨奏覆事	419-459-	77
批山西布政使蔣洞奏爲密奏事	419-460-	77
批山西布政使蔣洞奏爲恭報晉省甘雨普霑事	419-461-	77
批山西布政使蔣洞奏爲恭報時雨普遍霑足事	419-461-	77
批山西布政使蔣洞奏爲恭報晉省二麥豐收分數仰祈睿鑒事	419-462-	77
批山西布政使蔣洞奏爲奏明事	419-462-	77
批山西布政使蔣洞奏爲恭報晉省得雨情形事	419-463-	77
批山西布政使蔣洞奏爲密奏事	419-463-	77
批山西布政使蔣洞奏爲報晉省秋禾豐收分數仰祈睿鑒事	419-464-	77
批山西布政使蔣洞奏爲奏聞事（二則）	419-464-	77

四庫全書集篇目分類索引　353

批山西布政使蔣洞奏爲恭報全省雨雪普遍霑足事　419-466-　77

批山西布政使蔣洞奏爲甘雨疊沛全省霑足事　419-466-　77

批山西布政使蔣洞奏爲恭報全省雨澤事　419-467-　77

批雍正七年二月九日江西按察使胡瀛奏爲敬陳管見事　419-468-　78

批雍正七年二月九日江西按察使胡瀛奏爲直陳江省吏治仰祈睿鑒事　419-469-　78

批雍正七年七月五日江西按察使胡瀛奏爲恭繳奏摺事　419-470-　78

批雍正七年十月八日江西按察使胡瀛奏爲欽奉硃批御旨事　419-470-　78

批雍正七年十月八日江西按察使胡瀛欽奉上諭各省富戶鄉紳當體恤貧民事　419-471-　78

批雍正七年十月八日江西按察使胡瀛奏爲陳請飭責罰贖銀兩以收實用事　419-472-　78

批陝西平慶道李元英奏爲遵旨奏聞仰邀睿鑒事　419-474-　79

批蘭州按察使李元英奏爲恭謝天恩事　419-475-　79

批蘭州按察使李元英奏爲恭繳硃批事　419-476-　79

批蘭州按察使李元英奏爲奏聞事（二則）　419-476-　79

批蘭州按察使李元英奏爲恭繳硃批事　419-478-　79

批雍正六年二月二十六日雲南按察使趙弘本奏爲恭謝天恩叩請聖訓事　419-479-　80

批雍正七年六月十九日貴州按察使趙弘本奏爲請禁書吏抽改案件之弊以清吏治事　419-479-　80

批雍正七年六月十九日貴州按察使趙弘本奏清查滇黔兩省事件　419-480-　80

批雍正七年六月十九日貴州按察使趙弘本奏爲報明事　419-482-　80

批雍正六年四月十五日天津總兵官岳超龍奏聞事　419-484-　81

批雍正六年四月十五日天津總兵官岳超龍奏爲恭報雨澤事　419-485-　81

批雍正六年十月十三日署理胡廣總督岳超龍奏爲奏聞事　419-485-　81

批雍正六年十一月二十四日署理胡廣提督岳超龍奏爲奏聞事　419-486-　81

批雍正七年正月二十六日署理胡廣提督岳超龍奏爲請旨預簡人員以備委署以免懸曠事　419-487-　81

批雍正七年正月二十六日署理湖廣提督岳超龍奏爲再懇天恩續發教習以益水汛事　419-488-　81

批雍正七年正月二十六日署理湖廣提督岳超龍奏爲奏聞事　419-489-　81

批雍正七年四月二十六日署理湖廣提督岳超龍奏爲檢舉事　419-489-　81

批雍正七年四月二十六日署理湖廣提督岳超龍奏爲奏聞事　419-490-　81

批雍正七年五月四日署理湖廣提督岳超龍奏聞事　419-490-　81

批雍正七年七月八日署理湖廣提督岳超龍奏爲奏聞事　419-491-　81

批雍正七年七月八日署理湖廣提督岳超龍奏爲恭謝天恩事　419-492-　81

批雍正七年七月八日署理湖廣提督岳超龍奏爲奏聞事　419-492-　81

批雍正七年八月十二日署理湖廣提督岳超龍奏爲聖恩高厚訓諭殷諄微臣感激難名愧悔無地敬抒奮勵悛改之下忱仰祈睿鑒事　419-493-　81

批雍正七年八月十二日署理湖廣提督岳超龍奏爲奏聞事　419-494-　81

批雍正七年九月七日署理湖廣提督岳超龍奏爲奏聞事　419-495-　81

批雍正七年九月七日署理湖廣提督岳超龍奏爲敬陳苗疆要鎭之情形請改隸兼轄營分以資調遣以壯聲援事　419-495-　81

批雍正七年九月七日署理湖廣提督岳超龍奏爲請旨再申黃銅之禁以裕泉源以杜流弊事　419-496-　81

批雍正七年十一月十六日署理湖廣提督岳超龍奏爲欽奉上諭事　419-497-　81

批雍正七年十一月十六日署理湖廣提督岳超龍奏爲奏聞事（二則）　419-498-　81

批雍正七年十二月十五日署理湖

史部

詔令奏議類：附錄

詔令上十一畫

史部

詔令奏議類：附錄

詔令上十一畫

廣提督岳超龍奏爲奏聞事　419-500-　81

批雍正八年三月一日署理湖廣提督岳超龍奏爲凜遵聖訓敬愼奮勉披瀝悃忱仰祈睿鑒事　419-501-　81

批雍正八年十月三日湖廣提督岳超龍奏爲奏聞事　419-502-　81

批雍正八年十二月二十七日湖廣提督岳超龍奏爲奏聞事　419-503-　81

批雍正九年三月二十一日湖廣提督岳超龍奏爲奏聞事　419-504-　81

批雍正九年四月九日湖廣提督岳超龍奏爲敬陳未議仰祈睿鑒事　419-505-　81

批雍正九年五月十五日湖廣提督岳超龍奏爲仰懇聖恩事　419-506-　81

批雍正九年五月十五日湖廣提督岳超龍奏爲遵旨商酌事　419-507-　81

批雍正九年七月二十一日湖廣提督岳超龍奏爲恭報早稻收成豐稔仰慰聖懷事　419-508-　81

批雍正九年七月二十一日湖廣提督岳超龍奏爲鎮臣辦事乖張據實奏明仰祈睿鑒事　419-509-　81

批雍正九年九月十五日湖廣提督岳超龍奏爲恭報中晚兩稻收成豐稔仰慰聖懷事　419-510-　81

批雍正九年九月十五日湖廣提督岳超龍奏爲奏明事　419-510-　81

批雍正十年正月二十八日湖廣提督岳超龍奏爲新疆之兵食維艱六里之荒田可墾請准招種以裕久遠事　419-511-　81

批雍正十年正月二十八日湖廣提督岳超龍奏爲入春雨均沾據實恭報仰慰聖懷事　419-512-　81

批雍正十年正月二十八日湖廣提督岳超龍奏爲奏明苗寨情形事　419-512-　81

批雍正十年正月二十八日湖廣提督岳超龍奏爲苗疆極邊仰請逾額增設鳥鎗以資實用事　419-513-　81

批雍正十年四月二十八日湖廣提督岳超龍奏爲覆奏事　419-514-　81

批雍正十年四月二十八日湖廣提督岳超龍奏爲奏明事　419-514-　81

批雍正十年四月二十八日湖廣提督岳超龍奏爲要地需員懇恩遴

補事　419-515-　81

批雍正五年正月三日川北總兵官馬紀勳奏爲奏明事　419-517-　82

批雍正五年九月二日韶州總兵官馬紀勳奏爲恭繳硃批奏摺事　419-518-　82

批雍正五年九月二日韶州總兵官馬紀勳奏爲恭謝天恩事　419-518-　82

批雍正六年四月二十六日韶州總兵官馬紀勳奏爲恭繳硃批奏摺事　419-519-　82

批雍正七年三月二十二日韶州總兵官馬紀勳奏爲恭繳硃批奏摺事　419-520-　82

批雍正七年三月二十二日韶州總兵官馬紀勳奏爲敬陳管見仰祈睿鑒事　419-520-　82

批雍正七年六月十五日韶州總兵官馬紀勳奏爲敬陳一得之愚仰祈睿鑒事　419-523-　82

批雍正八年二月二十日署理南澳總兵官印務張起雲奏爲據實陳明事　419-524-　83

批雍正八年六月二十日署理南澳總兵官印務張起雲奏爲奏聞事　419-525-　83

批雍正九年正月二十二日南澳總兵官張起雲奏爲效力情殷仰懇睿鑒事　419-526-　83

批雍正九年六月八日署理福建陸路提督張起雲奏爲奏聞事　419-527-　83

批雍正九年十月一日署理福建陸路提督張起雲奏爲奏聞事　419-528-　83

批雍正元年九月二十日左江總兵官邊士偉奏爲奏明事　419-529-　84

批雍正二年四月二十二日左江總兵官邊士偉奏爲恭謝天恩事　419-530-　84

批雍正二年四月二十二日左江總兵官邊士偉奏爲奏明事　419-531-　84

批雍正三年七月三日溫州總兵官邊士偉奏爲革除漁船陋規清風弊以靖海疆事　419-532-　84

批雍正三年七月三日溫州總兵官邊士偉奏爲整備軍裝以肅戎行事　419-532-　84

批雍正三年五月二十五日署理松潘總兵官印務張元佐奏爲恭謝

天恩事 419-534- 84
批雍正三年六月一日署理松潘總兵官印務張元佐奏爲戀主殷恭請陞見事 419-534- 85
批雍正四年正月十九日松潘總兵官張元佐奏爲恭請聖安事 419-535- 85
批雍正四年九月三日松潘總兵官張元佐奏爲奏聞事 419-536- 85
批雍正四年九月二十二日松潘總兵官張元佐奏爲奏聞事 419-537- 85
批雍正七年五月九日松潘總兵官張元佐奏爲恭謝天恩事 419-538- 85
批雍正四年七月二日左江總兵官齊元輔奏爲恭報欽遵聖訓料理營伍以收實效事 419-539- 86
批雍正四年七月二日左江總兵官齊元輔奏爲恭報米穀價值上慰聖懷事 419-541- 86
批雍正五年八月三日左江總兵官齊元輔奏爲恭報米價雨水情形上慰聖懷事 419-541- 86
批雍正五年八月三日左江總兵官齊元輔奏爲敬陳一得之愚仰冀聖明垂鑒事 419-541- 86
批雍正六年八月二十四日左江總兵官齊元輔奏爲恭報粵西出師情形事 419-544- 86
批雍正六年八月二十四日左江總兵官齊元輔奏爲恭報雨水情形及米糧價值事 419-545- 86
批雍正七年九月十一日左江總兵官齊元輔奏爲叩謝天恩恭繳原奉硃批奏摺事 419-545- 86
批雍正七年九月十一日左江總兵官官元輔奏爲恭請陞見事 419-546- 86
批四川巡撫蔡珽奏叩接大行皇帝遺詔疏 419-548- 87
批四川巡撫蔡珽奏爲恭懇聖恩簡員預發以備補用事 419-549- 87
批四川巡撫蔡珽奏爲請旨事 419-550- 87
批四川巡撫蔡珽奏爲恭讀聖訓惶愧無地事 419-550- 87
批四川巡撫蔡珽奏爲恭懇聖恩給員辦理工程事 419-551- 87
批四川巡撫蔡珽奏爲恭請陞見祗聆聖訓事 419-551- 87
批四川巡撫蔡珽提督岳鍾琪奏爲據容敬陳管見恭請睿裁事 419-552- 87
批四川巡撫蔡珽奏爲請旨事 419-552- 87
批四川巡撫蔡珽奏爲奏明事 419-553- 87
批四川巡撫蔡珽奏爲恭懇聖慈事 419-553- 87
批四川巡撫蔡珽奏 419-554- 87
批四川巡撫蔡珽奏爲預籌庫項事 419-554- 87
批四川巡撫蔡珽奏四川今歲收成事 419-555- 87
批四川巡撫蔡珽奏 419-555- 87
批四川巡撫蔡珽奏爲奏明事 419-555- 87
批四川巡撫蔡珽奏 419-556- 87
批四川巡撫蔡珽奏爲請留道員以濟軍務事 419-556- 87
批四川巡撫蔡珽奏爲奏聞事 419-557- 87
批大臣公馬爾賽左都御史蔡珽奏爲請旨事 419-557- 87
批左都御史都統蔡珽奏（四則） 419-558- 87
批署直隸總督蔡珽奏 419-560- 87
批署直隸總督蔡珽奏賑恤一事深厪聖心 419-560- 87
批署直隸總督蔡珽奏爲奏明事 419-561- 87
批署直隸總督蔡珽奏（十一則） 419-561- 87
批署直隸總督蔡珽奏爲請旨事 419-569- 87
批署直隸總督蔡珽奏（八則） 419-570- 87
批署直隸總督蔡珽奏爲銀米兼收徵糧平糶以足民食事 419-575- 87
批雍正四年五月十一日四川布政使佛喜奏爲遵旨據實密奏事 419-577- 88
批雍正四年八月六日四川布政使佛喜奏爲恭繳硃批事 419-578- 88
批雍正四年八月六日四川布政使佛喜奏爲奏明司庫錢糧事 419-579- 88
批雍正四年八月六日四川布政使佛喜奏 419-580- 88
批雍正四年八月六日四川布政使佛喜奏爲奏明事 419-580- 88
批雍正四年八月六日四川布政使佛喜奏爲敬陳未議仰祈睿鑒事 419-581- 88
撥雍正四年十一月二十六日四川布政使佛喜奏爲據實密奏事 419-582- 88
批雍正四年十一月二十六日四川布政使佛喜奏爲奏聞事 419-583- 88
批雍正四年十一月二十六日四川

史部

詔令奏議類・附錄

詔令上十一畫

布政使佛喜奏爲欽遵聖訓敬陳一得仰祈睿鑒事　419-584-88

批雍正五年正月十二日四川布政使佛喜奏爲奏明事　419-585-88

批雍正五年正月十二日四川布政使佛喜奏爲據實奏明敬陳管見仰祈聖鑒事　419-586-88

批雍正六年閏三月八日四川布政使佛喜奏爲遵旨覆奏事　419-587-88

批雍正六年閏三月八日四川布政使佛喜奏爲恭謝天恩併繳硃批事　419-587-88

批雍正六年閏三月八日四川布政使佛喜奏爲備陳冕山兵勢仰祈聖鑒事　419-588-88

批雍正六年閏三月八日四川布政使佛喜奏爲遵旨覆奏事　419-588-88

批雍正五年閏三月二十日湖北布政使黃焜奏爲奏聞事　419-591-89

批雍正五年閏三月二十日湖北布政使黃焜奏爲聖恩難名敬陳管見少盡懸悃事　419-592-89

批雍正五年六月六日湖北布政使黃焜奏爲奏明交代事（二則）　419-594-89

批雍正五年六月六日湖北布政使黃焜奏爲恭繳硃批聖訓事　419-596-89

批雍正五年七月二十九日湖北布政使黃焜奏爲恭謝天恩事　419-596-89

批雍正五年八月十九日湖北布政使黃焜奏爲敬請睿裁事　419-597-89

批雍正五年八月十九日湖北布政使黃焜奏爲敬瀝下情仰祈睿鑒事　419-598-89

批雍正五年十月三日湖北布政使黃焜奏爲薦舉屬員事　419-599-89

批雍正五年九月九日四川布政使管承澤奏爲奏聞事（二則）　419-600-89

批雍正五年九月九日四川布政使管承澤奏爲勸首田地嚴飭開墾事　419-603-90

批雍正六年二月六日四川布政使管承澤奏爲奏明牟價暫緩商販事　419-604-90

批雍正六年二月六日四川布政使管承澤奏爲奏聞事　419-605-90

批雍正七年六月十五日署理天津總兵官管承澤奏爲奏聞事　419-606-90

批雍正七年六月二十五日署理天津總兵官管承澤奏爲奏明伏汛驗發事　419-606-90

批雍正七年九月六日署理天津總兵官管承澤奏爲請旨巡查所屬協營以收營伍實效事　419-607-90

批雍正七年九月六日署理天津總兵官管承澤奏爲奏聞事　419-608-90

批雍正七年十月十一日署理天津總兵官管承澤奏爲奏明查過營汛情形事　419-608-90

批雍正七年十月十一日署理天津總兵官管承澤奏爲奏明暫停城工事　419-609-90

批雍正七年十二月十六日署理天津總兵官管承澤奏爲奏明查看營汛已畢事　419-610-90

批雍正八年正月二十二日署理天津總兵官管承澤奏爲恭謝天恩事　419-611-90

批雍正八年二月二十二日署理天津總兵官管承澤奏爲保舉能員仰祈睿鑒事　419-611-90

批雍正八年四月九日署理天津總兵官管承澤奏爲恭報得雨日期事　419-612-90

批雍正八年四月二十二日署理天津總兵官管承澤奏爲恭報南糧頭幫過關日期事　419-612-90

批雍正八年四月二十二日署理天津總兵官管承澤奏爲凜遵聖訓事　419-613-90

批雍正八年五月二日署理天津總兵官管承澤奏爲奏聞事　419-613-90

批雍正八年十二月二十日署理天津總兵官管承澤奏爲敬陳末議仰祈睿鑒事　419-614-90

批雍正九年三月二十五日署理西大通總兵官管承澤奏爲奏明地方情形事　419-615-90

批雍正九年六月九日署理西大通總兵官管承澤奏爲奏聞事（二則）　419-616-90

批雍正九年七月十七日署理西大通總兵官管承澤奏爲恭謝天恩併伸悃悃事　419-619- 90

批古北口總兵官董象緯奏爲欽奉上諭事　419-621- 91

批古北口總兵官董象緯奏爲恭報雨澤事　419-622- 91

批古北口提督董象緯奏爲恭請皇上聖安（事）　419-622- 91

批古北口提督董象緯奏爲恭報雨澤事　419-622- 91

批古北口提督董象緯奏爲恭請聖安仰慰睿懷事　419-622- 91

批古北口提督董象緯奏爲恭請叩謁大行皇太后梓宮以伸哀念事　419-623- 91

批古北口提督董象緯奏爲要地需才據實奏懇仰祈睿鑒事　419-624- 91

批廣東提督董象緯奏爲奏聞事（二則）　419-625- 91

批廣東提督董象緯奏爲請旨事　419-627- 91

批廣東提督董象緯奏爲營伍務宜整理將備必在得人據實奏請仰懇睿鑒事　419-628- 91

批廣東提督董象緯奏爲據實明水師情形仰祈睿鑒事　419-628- 91

批廣東提督董象緯奏爲據實覆奏事　419-629- 91

批廣東提督董象緯奏爲備陳營伍那欠餉銀設法補前杜後事　419-630- 91

批廣東提督董象緯奏爲遵旨回奏事　419-631- 91

批廣東提督董象緯奏爲恭領聖訓仰祈恩宥事　419-631- 91

批廣東提督董象緯奏爲奏聞事（二則）　419-632- 91

批雍正五年二月十八日湖廣提督馮允中奏爲恭謝天恩並陳地方情形事　419-634- 92

批雍正五年六月十五日湖廣總督馮允中奏爲恭繳硃批恭謝天恩事　419-634- 92

批雍正五年六月十五日湖廣提督馮允中奏爲恭報拿獲搶犯解散饑衆情形事　419-635- 92

批雍正五年六月十五日湖廣提督馮允中奏爲黔楚會拿凶苗情形仰祈睿鑒事　419-636- 92

批雍正五年六月十五日湖廣提督馮允中奏爲請旨事　419-637- 92

批雍正六年正月十六日署理西大通總兵官印務馮允中奏爲敬陳自楚至陝並在西安前赴大通事　419-637- 92

批雍正六年四月二日署理西大通總兵官印務馮允中奏爲恭謝天恩敬報到任日期並陳地方情形仰祈睿鑒事　419-638- 92

批雍正六年四月二日署理西大通總兵官印務馮允中奏爲敬陳大通接連三鎮營堡程途里數事　419-640- 92

批雍正七年四月二十四日署西大通西寧總兵官印務馮允中奏爲敬陳地方情形並派調出征官兵事　419-641- 92

批雍正七年四月十八日黃巖總兵官李燦奏爲敬陳未議恭請睿裁事　419-643- 93

批雍正七年九月二十四日黃巖總兵官李燦奏爲海洋寧靖年歲豐登仰祈睿鑒事　419-643- 93

批雍正九年四月六日崇明總兵官李燦奏爲奏請諭旨事　419-644- 93

批雍正九年十月一日崇明總兵官李燦奏爲海洋寧謐年歲豐登仰祈睿鑒事　419-645- 93

批雍正九年十月二十八日崇明總兵官李燦奏爲力小任大驚懼難安謹瀝下情叩請聖訓事　419-646- 93

批雍正九年十二月七日署理浙江總督印務李燦奏爲恭繳硃批叩謝天恩並陳地方情形仰祈睿鑒事　419-646- 93

批雍正十年一月二十四日署理浙江總督印務奏爲恭繳硃批叩謝天恩事　419-648- 93

批雍正十年三月三日署理浙江總督印務奏爲恭謝聖訓事　419-649- 93

批雍正十年八月二十一日署理浙江總督印務李燦奏爲奏明撥發義倉米石賑恤蕩窮仰祈睿鑒事　419-650- 93

批雍正五年七月十一日重慶總兵

官任國榮奏恭請皇上聖安 419-651- 94

批雍正五年十二月十三日重慶總兵官任國榮奏爲奏聞事 419-652- 94

批雍正五年十二月十三日重慶總兵官任國榮奏爲冒昧陳奏事 419-653- 94

批雍正五年十二月十三日重慶總兵官任國榮奏爲敬陳汛地情形仰祈睿鑒事 419-654- 94

批雍正七年六月二十七日重慶總兵官任國榮奏恭請皇上聖安 419-655- 94

批雍正七年六月二十七日重慶總兵官任國榮奏爲遵旨事 419-656- 94

批雍正七年六月二十七日重慶總兵官任國榮奏爲奏聞事 419-656- 94

批雍正七年八月十八日重慶總兵官任國榮奏恭請皇上聖安叩祝萬壽聖節 419-658- 94

批雍正七年八月十八日重慶總兵官任國榮奏爲奏聞事 419-659- 94

批雍正七年八月十八日重慶總兵官任國榮奏爲恭謝天恩事 419-661- 94

批雍正八年九月一日重慶總兵官任國榮奏爲奏聞事 419-661- 94

批雍正八年十一月二十五日重慶總兵官任國榮奏爲奏聞事 419-662- 94

批雍正二年十二月二十五日肅州總兵官楊長泰奏爲恭謝天恩事 419-664- 95

批雍正三年八月二十日肅州總兵官楊長泰奏爲恭繳硃批奏摺事 419-665- 95

批雍正四年二月二十一日肅州總兵官楊長泰奏爲恭繳硃批奏摺事 419-665- 95

批雍正四年九月六日肅州總兵官楊長泰奏爲奏聞事 419-666- 95

批雍正四年十二月二十七日肅州總兵官楊長泰奏爲恭謝天恩事 419-667- 95

批雍正五年十一月十二日肅州總兵官楊長泰奏爲奏聞事 419-668- 95

批雍正六年三月十日杭州左翼副都統楊長泰奏爲恭請陛見事 419-668- 95

批雍正五年七月二十四日杭嘉湖道徐鼎奏爲恭謝天恩並陳微忱仰祈睿鑒事 419-669- 96

批雍正五年七月二十四日杭嘉湖道徐鼎奏爲浙西民戶叢雜田糧滋弊請就保甲以寓順莊靖地方以便徵輸事 419-670- 96

批雍正五年十月二日杭嘉湖道徐鼎奏爲敬繳硃批恭謝天恩事 419-671- 96

批雍正六年二月二日杭嘉湖道徐鼎奏爲欽奉上諭敬陳愚忱仰祈睿鑒事 419-673- 96

批雍正六年二月二日杭嘉湖道徐鼎奏爲敬體皇仁仰請恩出上裁事 419-674- 96

批雍正六年九月二十五日湖北布政使徐鼎奏恭請皇上聖安事 419-674- 96

批雍正六年九月二十五日湖北布政使徐鼎奏爲感荷天恩勉圖報効敬抒下悃仰陳聖聽事 419-674- 96

批雍正六年九月二十五日湖北布政使徐鼎奏爲承宣任重報稱維艱謹竭愚慮通計湖北情形仰祈睿鑒事 419-676- 96

批雍正七年三月八日湖北布政使徐鼎奏（三則） 419-676- 96

批雍正七年六月七日湖北布政使徐鼎奏爲聖主之殊恩逾分小臣之報稱愈難叩鳴謝悃仰祈睿鑒事 419-680- 96

批雍正七年六月七日湖北布政使徐鼎奏 419-680- 96

批雍正七年七月四日署理湖北巡撫印務布政使徐鼎奏（二則） 419-681- 96

批雍正七年七月二十二日署理湖北巡撫印務布政使徐鼎奏（二則） 419-683- 96

批雍正七年八月四日署理湖北巡撫印務布政使徐鼎奏 419-685- 96

批雍正七年九月八日署理湖北巡撫印務布政使徐鼎奏爲奏明事 419-685- 96

批雍正七年九月八日署理湖北巡撫印務布政使徐鼎奏 419-686- 96

批雍正四年六月十五日陝西固原提督路振揚奏 419-688- 97

批雍正四年六月十五日陝西固原提督路振揚奏爲奏明臣標應補盔甲仰懇聖恩賞撥正項錢糧以資補造事 419-688- 97

批雍正四年六月十五日陝西固原

提督路振揚奏爲恭謝天恩事　419-689-97

批雍正四年六月十五日陝西固原提督路振揚奏爲奏明公費名糧數目事　419-690-97

批雍正四年六月十五日陝西固原提督奏爲敬陳愚見仰請睿鑒事　419-690-97

批雍正四年八月十九日陝西固原提督路振揚奏　419-691-97

批雍正五年閏三月二十日陝西固原提督路振揚奏爲戰守均賴碪位數少不敷應用敬陳管見仰祈睿鑒事　419-692-97

批雍正五年六月十五日陝西固原提督路振揚奏爲奏聞事　419-693-97

批雍正五年七月二十四日陝西固原提督路振揚奏爲據實陳奏雨霑情形事　419-693-97

批雍正七年二月六日暫理固原提督印務路振揚奏爲奏聞事　419-694-97

批雍正四年六月十五日署理四川提督印務川北總兵官潘之善奏爲奏聞事　419-696-98

批雍正四年九月二十二日安西總兵官潘之善奏爲叩謝天恩恭繳硃批事　419-697-98

批雍正四年十一月九日安西總兵官潘之善奏爲奏聞事　419-698-98

批雍正四年十一月九日安西總兵官潘之善奏爲恭請聖安仰祈睿鑒事　419-499-98

批雍正五年四月十八日安西總兵官潘之善奏爲奏聞事　419-700-98

批雍正五年八月二十五日馬爾泰汪漋潘之善奏爲奏聞事　419-701-98

批雍正五年九月六日安西總兵官潘之善奏爲邊地初開禾稼咸登進呈御覽以慰宸衷事　419-701-98

批雍正五年九月六日安西總兵官潘之善奏爲奏聞事　419-702-98

批雍正五年十一月八日安西總兵官潘之善奏爲奏聞事（二則）　419-703-98

批雍正六年二月二十二日安西總兵官潘之善奏爲奏明躉獲賊蹤事　419-707-98

批雍正六年六月二十九日馬爾泰汪漋潘之善奏爲奏聞事　419-708-98

批雍正六年八月二十四日安西總兵官潘之善奏爲恭謝天恩並繳硃批事　419-708-98

批雍正六年八月二十四日安西總兵官潘之善奏爲奏聞事　419-709-98

批雍正六年九月二十五日馬爾泰汪漋潘之善奏爲城工告成事　419-710-98

批雍正六年十一月六日安西總兵官潘之善奏爲恭繪新設興圖進呈御覽事　419-711-98

批雍正七年二月十二日安西總兵官潘之善奏爲奏聞事　419-711-98

批雍正七年三月八日安西總兵官潘之善奏爲奏明事　419-712-98

批雍正七年四月二十七日原任安西總兵官潘之善奏爲恭謝天恩事　419-713-98

批雍正七年五月十二日原任安西總兵官潘之善奏爲病全瘥懇請隨征仰祈俞允事　419-714-98

批雍正七年七月二十四日原任安西總兵官潘之善爲恭謝天恩事　419-715-98

批雍正七年八月二十八日原任安西總兵官潘之善奏爲奏謝天恩恭繳硃批事　419-715-98

批雍正七年十一月二十四日署理陝西提督潘之善奏爲恭謝天恩併繳硃批事　附署安西總兵官袁繼蔭奏爲恭懇聖恩憫念窮兵准開官當以濟緩急事　419-716-98

批雍正八年正月二十七日署理陝西固原提督潘之善爲遵旨實陳事　419-718-98

批雍正八年正月二十七日陝西提督潘之善奏爲欽遵聖訓事　419-720-98

批雍正九年四月九日原任署理固原提督潘之善奏爲皇恩高厚臣病難醫披陳下悃仰祈睿鑒事　419-720-98

批雍正七年七月四日直隸按察使張璨奏爲請嚴跌錢之禁以重國寶以清賭具事　419-722-99

批雍正八年三月二十三日湖南按察使張璨奏爲據實回奏事　419-723-99

批雍正四年五月四日湖北巡撫鄭

史部

詔令奏議類：附錄

詔令上十一畫

任鑠奏爲奏聞事（二則） 419-725-100

批雍正四年七月十三日湖北巡撫鄭任鑠奏爲恭織硃批事 419-726-100

批雍正四年九月十三日湖北巡撫鄭任鑠奏爲恭織硃批叩謝天恩事 419-728-100

批雍正元年六月四日松潘總兵官周瑛奏爲恭謝天恩事 419-729-101

批雍正元年十一月三日松潘總兵官周瑛奏爲恭報領兵迎藏日期事 419-730-101

批雍正元年十二月十九日松潘總兵官周瑛奏恭報領兵抵藏日期事 419-731-101

批雍正二年六月二十九日松潘總兵官周瑛奏爲恭謝天恩事 419-732-101

批雍正三年七月二十六日松潘總兵官周瑛奏爲恭報奉文自藏撤兵起程日期事 419-734-101

批雍正三年七月二十六日松潘總兵官周瑛奏懇主心切恭請陛見事 419-735-101

批雍正三年十二月二日四川提督周瑛奏爲借支軍需銀兩事 419-736-101

批雍正三年十二月二日四川提督周瑛奏明事 419-737-101

批雍正三年十二月二十一日四川提督周瑛奏爲恭謝天恩事 419-738-101

批雍正四年三月十六日四川提督周瑛奏爲奏明酌減公費名糧事 419-738-101

批雍正四年七月十九日四川提督周瑛奏爲查邊事逸懇主情啟恭請陛見事 419-739-101

批雍正六年八月二十八日瓊州總兵官施廷專奏爲備陳地方情形敬抒管見事 419-741-102

批雍正六年八月二十八日瓊州總兵官施廷專奏爲恭懇聖恩事 419-743-102

批雍正六年九月二十二日瓊州總兵官施廷專奏爲奏聞事 419-744-102

批雍正六年九月二十二日瓊州總兵官施廷專奏爲抒感密奏仰祈睿鑒事 419-745-102

批雍正七年三月三日瓊州總兵官施廷專奏爲恭謝天恩據實陳奏

仰祈聖鑒事 419-746-102

批雍正七年三月三日瓊州總兵官施廷專奏爲奏聞事 419-747-102

批雍正七年八月十二日瓊州總兵官施廷專奏爲恭謝天恩事 419-750-102

批雍正七年八月十二日瓊州總兵官施廷專奏爲欽遵聖訓並繳硃批事 419-750-102

批雍正七年八月十二日瓊州總兵官施廷專奏爲奏聞事 419-751-102

批雍正元年六月二十五日太原總兵官袁立相奏爲恭領聖訓叩謝天恩事 419-753-103

批雍正元年六月二十八日太原總兵官袁立相奏爲叩請聖安事 419-753-103

批雍正元年七月十一日太原總兵官袁立相奏爲奏聞事 419-754-103

批雍正元年九月二十一日太原總兵官袁立相奏爲奏聞事 419-755-103

批雍正元年十一月一日太原總兵官袁立相奏爲遵旨保舉能員以資臂指事 419-755-103

批雍正二年正月九日太原總兵官袁立相奏爲恭繳上諭事 419-756-103

批雍正二年三月十六日太原總兵官袁立相奏爲據實奏聞事 419-756-103

批雍正二年四月二十二日太原總兵官袁立相奏爲奏聞事 419-757-103

批雍正二年閏四月二十四日太原總兵官袁立相奏爲叩謝天恩事 419-758-103

批雍正二年閏四月二十四日太原總兵官袁立相奏爲請旨事 419-758-103

批雍正三年六月一日太原總兵官袁立相奏爲奏聞事 419-759-103

批雍正五年八月七日太原總兵官袁立相奏爲奏聞事 419-760-103

批雍正六年三月十日太原總兵官袁立相奏爲密奏事 419-761-103

批雍正六年三月十六日太原總兵官袁立相奏爲密奏事 419-762-103

批雍正六年五月十四日太原總兵官袁立相奏爲密奏事 419-763-103

批雍正六年九月十四日山西提督袁立相奏爲奏聞事 419-764-103

批雍正六年十二月十五日山西提

督袁立相奏爲敬陳查閱情形仰祈聖鑒事　419-764-103
批雍正七年正月二十二日山西提督袁立相奏爲恭謝天恩事　419-765-103
批雍正七年三月三日山西提督袁立相奏爲欽奉上諭事　419-766-103
批雍正七年四月二十四日山西提督袁立相奏爲奏聞事　419-767-103
批雍正七年四月二十四日山西提督袁立相奏爲要地需人懇留賢員以裨營伍事　419-768-103
批雍正七年十月二十一日山西提督袁立相奏爲恭謝天恩事　419-769-103
批雍正七年十二月二日山西提督袁立相奏爲請補賢員以勵廉能以裨營伍事　419-770-103
批廣東潮州總兵官尚濤奏爲覆旨事　420- 1-104
批廣東潮州總兵官尚濤奏爲據實奏聞事　420- 2-104
批廣東潮州總兵官尚濤奏爲恭報年成事　420- 2-104
批廣東潮州總兵官尚濤奏爲敬陳管見事　420- 3-104
批廣東潮州總兵官尚濤奏爲據實恭報年成以慰聖懷事　420- 4-104
批廣東潮州總兵官尚濤奏爲恭繳硃批奏摺叩謝天恩事　420- 4-104
批廣東潮州總兵官尚濤奏爲恭繳硃批叩謝天恩事　420- 5-104
批廣東潮州總兵官尚濤奏爲恭請聖安以伸瞻慕事　420- 6-104
批廣東潮州總兵官尚濤奏爲據實摺奏事　420- 6-104
批廣東潮州總兵官尚濤奏爲恭繳御批事　420- 7-104
批廣東潮州總兵官尚濤奏爲敬陳未議事　420- 7-104
批廣東潮州總兵官尚濤奏爲恭逢聖壽懇恩陛見以遂微忱事　420- 8-104
批廣東潮州總兵官尚濤奏爲據實恭報年成事　420- 8-104
批廣東潮州總兵官尚濤奏爲恭繳御批奏摺事　420- 9-104
批廣東潮州總兵官尚濤奏爲恭繳御批奏摺事（二則）　420- 10-104
批廣東潮州總兵官尚濤奏爲恭報年登大有群沾聖澤事　420- 11-104
批雍正四年四月初二日山東沂州營副將楊鵬奏恭請皇上聖安　420- 12-105
批雍正四年四月初二日山東沂州營副將楊鵬奏爲奏聞事　420- 12-105
批雍正四年六月二十六日河南南陽總兵官楊鵬奏爲恭謝天恩敬繳聖諭事　420- 13-105
批雍正四年六月二十六日河南南陽總兵官楊鵬奏爲請旨遵行事　420- 14-105
批雍正四年六月二十六日河南南陽總兵官楊鵬奏爲恭報二麥收成上慰天心事　420- 15-105
批雍正四年十月初九日河南南陽總兵官楊鵬奏爲請均勞逸以收實效事　420- 15-105
批雍正四年十月初九日河南南陽總兵官楊鵬奏爲恭繳硃批諭旨敬陳下情事　420- 16-105
批雍正五年二月二十六日河南南陽總兵官楊鵬奏爲恭繳硃批諭旨敬陳欽奉緣由事　420- 17-105
批雍正五年二月二十六日河南南陽總兵官楊鵬奏爲雨雪及時麥苗茂盛據實奏明上慰聖懷事　420- 18-105
批雍正五年五月十二月河南南陽總兵官楊鵬奏爲恭謝天恩謹請陛見以遂瞻戀微忱事　420- 19-105
批雍正五年五月十二日河南南陽總兵官楊鵬奏爲夏麥豐收秋苗茂盛上慰聖懷事　420- 20-105
批雍正五年九月十六日湖廣襄陽總兵官楊鵬奏爲恭謝天恩敬繳硃批事　420- 20-105
批雍正五年九月十六日湖廣襄陽總兵官楊鵬奏爲請復拔補千把舊例以收實效事　420- 21-105
批雍正五年十月二十九日湖廣襄陽總兵官楊鵬奏爲凜奉聖諭恭謝天恩事　420- 22-105
批雍正六年五月十六日湖廣襄陽總兵官楊鵬奏爲仰懇聖恩賞准入籍事　420- 23-105

四庫全書文集篇目分類索引

史部

詔令奏議類：附錄

詔令上十一畫

批雍正七年閏七月十二日湖廣襄陽總兵官楊鵬奏爲夏麥豐登秋成大有據實奏明上慰聖懷事　420- 23-105

批雍正七年閏七月十二日湖廣襄陽總兵官楊鵬奏爲微臣受恩深重乞效犬馬稍慰下悃事　420- 24-105

批雍正七年閏七月十二日湖廣襄陽總兵官楊鵬奏爲敬陳一得之愚仰祈聖明採擇事　420- 25-105

批雍正七年九月二十四日湖廣襄陽總兵官楊鵬奏爲遵旨據實奏聞事　420- 26-105

批雍正八年正月初七日湖廣襄陽總兵官楊鵬奏爲恭謝天恩據實陳情事　420- 27-105

批雍正六年十一月十一日山西大同總兵官張善奏爲恭謝天恩敬請陛見事　420- 28-106

批雍正七年正月十九日山西大同總兵官張善奏爲籌補軍器事　420- 29-106

批雍正七年三月初八日山西大同總兵官張善奏爲犬馬戀主情殷恭請陛見以展微忱事　420- 30-106

批雍正七年三月二十日山西大同總兵官張善奏爲聖恩高厚難名臣心仰報彌切懇請隨師進剿以申報效微忱事　420- 31-106

批雍正七年閏七月十八日署理陝西固原提督印務總兵官張善奏爲恭謝天恩事　420- 31-106

批雍正七年閏七月十八日署理陝西固原提督印務總兵官張善奏　420- 32-106

批雍正七年閏七月十八日署理陝西固原提督印務總兵官張善奏爲奏聞事　420- 32-106

批雍正元年五月二十日河南南陽總兵官佟世鑑奏爲南鎮霖雨及時二麥均收恭進新麥仰慰聖懷事　420- 34-107

批雍正元年五月二十五日河南南陽總兵官佟世鑑奏爲敬陳管見恭請睿裁事　420- 34-107

批雍正元年八月初六日河南南陽總兵官佟世鑑奏爲請補幹員以裨益營伍事　420- 35-107

批雍正元年九月十八日河南南陽總兵官佟世鑑奏爲南鎮秋稼告成地方安靜仰慰聖懷事　420- 35-107

批雍正元年十一月二十八日河南南陽總兵官佟世鑑奏爲地方寧謐瑞雪及時據實奏聞仰慰聖懷事　420- 36-107

批雍正元年十一月二十八日河南南陽總兵官佟世鑑奏爲恭謝天恩事　420- 36-107

批雍正二年三月十五日河南南陽總兵官佟世鑑奏爲禾稼得雨墩堡告成據實奏聞仰慰聖懷事　420- 37-107

批雍正二年閏四月二十八日河南南陽總兵官佟世鑑奏爲南鎮二麥豐收秋禾茂盛恭進新麥仰慰聖懷事　420- 37-107

批雍正二年六月二十九日河南南陽總兵官佟世鑑奏爲遵旨據實奏聞事　420- 38-107

批雍正二年九月初六日河南南陽總兵官佟世鑑奏爲南鎮地方寧謐秋稼豐登恭進方物仰慰聖懷事　420- 38-107

批雍正二年十一月十六日河南南陽總兵官佟世鑑奏爲奏明事　420- 39-107

批雍正三年正月二十四日河南南陽總兵官佟世鑑奏爲恭謝天恩事　420- 39-107

批雍正三年四月二十四日河南南陽總兵官佟世鑑奏爲恭報得雨仰慰聖懷事　420- 40-107

批雍正元年四月十三日山西大同總兵官馬觀伯奏爲奏聞事　420- 41-108

批雍正元年十二月二十五日山西大同總兵官馬觀伯奏爲奏聞事　420- 42-108

批雍正二年五月初四日山西大同總兵官馬觀伯奏爲恭請聖安事　420- 42-108

批雍正二年七月初二日山西大同總兵官馬觀伯奏爲奏聞事　420- 43-108

批雍正二年八月初四日山西大同總兵官馬觀伯奏爲奏聞事　420- 43-108

批雍正二年十月二十日山西大同總兵官馬觀伯奏爲奏聞事　420- 44-108

批雍正三年正月二十四日山西大

同總兵官馬觀伯奏爲欽奉上諭事　420- 45-108

批雍正三年二月十八日山西大同總兵官馬觀伯奏爲奏聞事　420- 45-108

批雍正三年三月初七日山西大同總兵官馬觀伯奏　420- 46-108

批雍正五年二月二十七日福州將軍蔡良奏爲恭謝天恩事　420- 47-109

批雍正五年二月二十七日福州將軍蔡良奏爲奏聞事（二則）　420- 47-109

批雍正五年九月十三日福州將軍蔡良奏爲奏聞事　420- 49-109

批雍正六年三月十六日福州將軍蔡良奏爲敬遵聖訓恭繕硃批諭旨事　420- 50-109

批雍正六年四月十一日福州將軍蔡良奏爲奏聞事　420- 51-109

批雍正六年九月十二日廣州將軍蔡良奏爲奏聞事　420- 51-109

批雍正七年三月初三日廣州將軍蔡良奏爲微臣受恩深重再伸謝悃仰祈睿鑒事　420- 52-109

批雍正七年三月初三日廣州將軍蔡良奏爲奏聞事　420- 53-109

批雍正七年七月初六日廣州將軍蔡良奏爲敬遵聖訓恭繕硃批諭旨事　420-54 -109

批廣州將軍蔡良右翼副都統安華奏爲奏聞事　420- 55-109

批雍正七年九月十一日廣州將軍蔡良奏爲欽奉聖諭凜遵訓勉恭繕硃批諭旨事　420- 57-109

批雍正七年九月十一日廣州將軍蔡良奏爲奏聞事　420- 57-109

批雍正八年五月二十六日廣州將軍蔡良奏爲請旨事　420- 59-109

批雍正八年十一月二十日廣州將軍蔡良奏爲年歲豐收地方寧謐恭慰聖懷事　420- 60-109

批雍正九年六月初一日廣州將軍蔡良奏爲敬奉聖諭凜遵訓勉恭繕硃批諭旨事　420- 60-109

批雍正九年九月十二日廣州將軍蔡良奏爲恭繕硃批諭旨事　420- 61-109

批雍正二年五月十八日福建陸路提督吳陞奏恭請皇上聖安　420- 62-110

批雍正二年五月十八日福建陸路提督吳陞奏爲恭謝天恩事（二則）　420- 62-110

批雍正三年正月十八日福建陸路提督吳陞奏恭請皇上聖安　420- 63-110

批雍正三年正月十八日福建陸路提督吳陞奏爲恭謝天恩事　420- 64-110

批雍正三年五月二十六日福建陸路提督吳陞奏爲遵旨回奏事　420- 64-110

批雍正三年九月二十日福建陸路提督吳陞奏爲遵旨回奏恭謝天恩事　420- 65-110

批雍正三年十一月十六日福建陸路提督吳陞奏爲奏聞事　420- 66-110

批雍正四年五月二十日福建陸路提督吳陞奏爲奏聞事　420- 66-110

批雍正四年六月十八日福建陸路提督吳陞奏爲遵旨回奏事　420- 67-110

批雍正元年三月二十日湖廣提督魏經國奏恭請皇上聖安　420- 68-111

批雍正元年三月二十日湖廣提督魏經國奏爲欽奉上諭事　420- 68-111

批雍正元年六月初三日湖廣提督魏經國奏爲恭謝天恩事　420- 69-111

批雍正元年六月初三日湖廣提督魏經國奏爲欽奉上諭事　420- 69-111

批雍正元年八月二十七日湖廣提督魏經國奏爲欽奉上諭事　420- 70-111

批雍正元年十一月初九日湖廣提督魏經國奏爲欽奉諭旨據實直陳事　420- 71-111

批雍正元年十一月十六日湖廣提督魏經國奏爲請旨事　420- 71-111

批雍正元年十一月十六日湖廣提督魏經國奏爲據實陳明仰祈聖鑒事　420- 72-111

批雍正二年正月十九日湖廣提督魏經國奏爲欽奉諭旨據實直陳仰祈睿鑒事　420- 73-111

批雍正二年九月初二日湖廣提督魏經國奏爲欽奉諭旨據實直陳仰祈睿鑒事　420- 73-111

批雍正二年九月初二日湖廣提督魏經國奏爲保舉能員以收實效

四庫全書文集篇目分類索引

史部

詔令奏議類・附錄

詔令上十一畫

伏祈恩允事　420-74-111

批雍正三年正月十九日湖廣提督魏經國奏爲欽奉上諭事　420-75-111

批雍正三年七月初二日湖廣提督魏經國奏爲歲豐登人民樂業據實陳奏仰慰聖懷事　420-75-111

批雍正三年七月初二日湖廣提督魏經國奏爲恭謝天恩兼請陛見敬聆聖訓事　420-76-111

批雍正四年五月初六日江南提督魏經國奏爲敬陳地方營汛情形仰祈睿鑒事　420-76-111

批雍正四年七月二十八日江南提督魏經國奏爲奏懇天恩事　420-77-111

批雍正四年七月二十八日江南提督魏經國奏爲再陳營汛地方事宜仰祈睿鑒事　420-78-111

批雍正四年九月十三日江南提督魏經國奏爲恭報秋成分數仰祈睿鑒事　420-79-111

批雍正五年正月二十五日江南提督魏經國奏爲遵奉諭旨實力奉行恭繳硃批統祈睿鑒事　420-79-111

批雍正五年三月十五日江南提督魏經國奏爲欽奉上諭恭謝天恩事　420-81-111

批雍正五年四月十五日江南提督魏經國奏爲敬陳地方事宜營伍要務仰祈睿鑒事　420-82-111

批雍正五年六月二十七日江南提督魏經國奏爲欽奉上諭恭繳硃批伏祈睿鑒事　420-82-111

批雍正五年九月十三日江南提督魏經國奏爲恭繳硃批敬陳愚悃伏祈恩鑒事　420-83-111

批雍正五年九月十三日江南提督魏經國奏爲敬陳一得之愚仰祈睿鑒裁奪事　420-84-111

批雍正五年九月十三日江南提督魏經國奏爲時届秋成據實陳明伏乞睿鑒事　420-85-111

批雍正七年七月初十日署理直隸古北口提督印務都統降二級調用魏經國奏爲奏聞事　420-86-111

批雍正七年七月二十一日署理直隸古北口提督印務都統降二級調用魏經國奏爲恭繳硃批奏摺事　420-86-111

批雍正七年閏七月二十六日署理直隸古北口提督印務都統降二級調用魏經國奏爲剔除營債盤利之弊以廣皇仁以紓兵累事　420-87-111

批雍正七年八月初四日署理直隸古北口提督印務都統降二級調用魏經國奏爲奏聞事　420-87-111

批雍正八年四月十四日署理直隸古北口提督印務都統降二級調用魏經國奏爲恭報雨澤事　420-88-111

批雍正元年六月初十日江西南昌總兵官楊長春奏爲恭謝天恩事　420-90-112

批雍正二年十月初一日浙江提督楊長春奏爲奏明事　420-91-112

批雍正二年十月十六日浙江提督楊長春奏爲奏明事　420-91-112

批雍正三年四月初七日浙江提督楊長春奏爲據實覆旨事　420-92-112

批雍正三年六月十四日浙江提督楊長春奏爲恭謝天恩事　420-92-112

批雍正三年八月初七日浙江提督楊長春奏爲遵旨據實補奏考語事　420-93-112

批雍正三年八月初七日浙江提督楊長春奏爲欽奉上諭事　420-93-112

批雍正三年九月初九日浙江提督楊長春奏爲欽奉上諭事　420-94-112

批雍正三年九月十八日浙江提督楊長春奏爲敬聆諭旨恭謝天恩事　420-95-112

批雍正四年二月初八日浙江提督楊長春奏爲恭謝天恩事　420-95-112

批雍正四年四月二十日浙江提督楊長春奏爲恭謝天恩事　420-96-112

批雍正元年十一月十八日山東登州總兵官黃元驥奏爲奏聞事　420-97-113

批雍正元年十二月初九日山東登州總兵官黃元驥奏爲請旨事　420-98-113

批雍正二年正月十九日山東登州總兵官黃元驥奏爲奏聞事　420-99-113

批雍正二年三月初十日山東登州總兵官黃元驥奏爲臣標兵需諸

練之員仰懇聖恩擢補以重海疆以資指臂事 420-100-113

批雍正二年閏四月十三日山東登州總兵官黃元驥奏為恭陳下梢仰懇天恩事 420-100-113

批雍正二年八月二十日山東登州總兵官黃元驥奏為特舉賢員懇恩遴補以收實效事 420-101-113

批雍正三年六月十六日山東登州總兵官黃元驥奏為密奏事 420-101-113

批雍正三年六月十六日山東登州總兵官黃元驥奏為恭謝天恩事 420-102-113

批雍正三年九月十二日山東登州總兵官黃元驥奏為叩謝天恩事 420-102-113

批雍正四年二月二一日山東登州總兵官黃元驥奏為奏閱事 420-103-113

批雍正四年九月初六日山東登州總兵官黃元驥奏為奏閱事 420-104-113

批山東兗州總兵官趙國琳奏為敬陳因革事宜仰祈睿鑒事 420-105-114

批山東兗州總兵官趙國琳奏為遵旨密奏事 420-106-114

批山東兗州總兵官趙國琳奏為奏閱事 420-106-114

批直隸天津總兵官趙國琳奏為奏閱事 420-107-114

批直隸天津總兵官趙國琳奏為遵旨奏明事 420-107-114

批直隸天津總兵官趙國琳奏為奏閱事（四則） 420-108-114

批直隸天津總兵官趙國琳奏為恭請睿裁以重海防事 420-110-114

批陝西涼州總兵官田畯奏為奏閱事 420-112-115

批陝西涼州總兵官田畯奏為恭繳殊批諭旨仰祈睿鑒事 420-113-115

批廣西提督田畯奏恭請皇上聖安 420-113-115

批廣西提督田畯奏為奏閱事 420-114-115

批廣西提督田畯奏為備陳粵西情形仰祈睿鑒事 420-114-115

批廣西提督田畯奏為奏閱事 420-116-115

批廣西提督田畯奏為叩謝聖訓事 420-116-115

批廣西提督田畯奏為叩謝天恩從寬賠補軍需事 420-117-115

批廣西提督田畯奏為恭繳御批事 420-118-115

批廣南提督田畯奏為奏明地方情形事 420-118-115

批廣西提督田畯奏為調發官兵擒治土惡以除民害事 420-119-115

批廣西提督田畯奏為奏閱事 420-120-115

批廣西提督田畯奏為叩懇天恩俯允陸見事 420-121-115

批雍正五年閏三月初七日署理山永副將事務正白旗漢軍副都統祖秉衡奏為奏閱事 420-122-116

批雍正五年七月二十七日正白旗漢軍副都統祖秉衡奏為請旨事 420-122-116

批雍正五年十月十九日山西大同總兵官祖秉衡奏為恭謝天恩事 420-123-116

批雍正五年十一月十一日山西大同總兵官祖秉衡奏為預籌積貯以濟兵食事 420-123-116

批雍正六年正月十一日山西大同總兵官祖秉衡奏為叩謝天恩事 420-124-116

批雍正六年正月十一日山西大同總兵官祖秉衡奏為恭謝天恩事 420-124-116

批雍正六年正月二十八日山西大同總兵官祖秉衡奏為請調理軍站營員以慎站務事 420-125-116

批雍正六年九月二十一日鎮海將軍祖秉衡奏為敬陳管見以收營伍實效事 420-126-116

批雍正六年十一月二十八日鎮海將軍祖秉衡奏為懇請整理江汛以專防守責成事 420-126-116

批雍正六年十一月二十八日鎮海將軍祖秉衡奏為據實奏聞仰祈睿鑒事 420-127-116

批雍正六年十一月二十八日鎮海將軍祖秉衡奏為奏閱事 420-128-116

批雍正七年二月初八日鎮海將軍祖秉衡奏為遵旨奏閱事 420-128-116

批雍正七年二月初八日鎮海將軍祖秉衡奏為恭謝天恩事 420-129-116

批雍正七年五月二十二日鎮海將軍祖秉衡奏為請除陋習以勵功令事 420-129-116

批雍正七年七月十九日鎮海將軍祖秉衡奏為恭承聖訓感激難名叩謝天恩事 420-130-116

史部

詔令奏議類・附錄

詔令上十一畫

批雍正二年十一月十六日加銜總兵官孫繼宗奏爲恭請聖安以申犬馬戀主微忱事　420-131-117

批雍正三年七月十一日陝西安西總兵官孫繼宗奏爲欽奉聖旨恭謝天恩事　420-132-117

批雍正三年七月十一日陝西安西總兵官孫繼宗奏　420-132-117

批雍正三年八月初三日陝西安西總兵官孫繼宗奏爲密摺奏聞仰祈聖主睿鑒事　420-133-117

批雍正三年十月初三日陝西安西總兵官孫繼宗奏爲恭報微臣叩領朱批諭旨日期事　420-134-117

批雍正三年十月初三日陝西安西總兵官孫繼宗奏爲恭謝天恩事　420-134-117

批雍正三年十一月十一日陝西安西總兵官孫繼宗奏爲遵旨具奏事　420-135-117

批雍正四年三月初四日署理甘肅提督孫繼宗奏爲密摺奏聞仰祈聖主睿鑒事　420-136-117

批雍正四年三月初四日署理甘肅提督孫繼宗奏爲遵旨具奏事　420-137-117

批雍正四年九月初八日署理甘肅提督孫繼宗奏爲叩祝萬壽事　420-137-117

批雍正五年二月初十日陝西延綏總兵官孫繼宗奏爲奏聞事　420-138-117

批雍正五年三月二十五日陝西延綏總兵官孫繼宗奏爲奏聞事　420-138-117

批雍正五年七月十三日陝西延綏總兵官孫繼宗奏爲奏聞事　420-139-117

批雍正六年三月初十日陝西延綏總兵官孫繼宗奏爲奏聞事（二則）　420-140-117

批雍正三年三月十九日福建福寧總兵官顏光昿奏（二則）　420-142-118

批雍正四年四月初八日福建福寧總兵官顏光昿奏爲遵旨奏明事　420-144-118

批雍正五年四月初八日福建福寧總兵官顏光昿奏爲恭謝天恩事　420-145-118

批雍正五年四月初八日福建福寧總兵官顏光昿奏爲遵旨奏明事　420-145-118

批雍正六年四月十八日福建福寧總兵官顏光昿奏　420-146-118

批雍正六年四月十八日福建福寧總兵官顏光昿奏爲敬陳管見恭請聖裁事　420-147-118

批雍正七年四月初四日福建福寧總兵官顏光昿奏爲敬陳指掌册事宜仰祈聖明敕令武職畫一遵行事　420-148-118

批雍正七年四月初四日福建福寧總兵官顏光昿奏爲謹抒一得之愚以防侵那之漸事　420-149-118

批雍正三年正月初一日貴州大定總兵官丁士傑奏爲據實陳奏事　420-151-119

批雍正三年五月初二日貴州大定總兵官丁士傑奏爲披瀝自陳事　420-151-119

批雍正三年五月初二日貴州大定總兵官丁士傑奏爲奏聞事　420-152-119

批雍正三年五月十三日貴州大定總兵官丁士傑奏爲奏聞事　420-153-119

批雍正三年七月初八日總兵官暫理貴州大定協副將事丁士傑奏爲恭懇天恩事　420-154-119

批雍正三年七月初八日總兵官暫理貴州大定協副將事丁士傑奏爲奏聞事　420-155-119

批雍正三年八月二十七日總兵官暫理貴州大定協副將事丁士傑奏爲恭謝天恩事　420-155-119

批雍正三年八月二十七日總兵官暫理貴州大定協副將事丁士傑奏爲奏聞事　420-156-119

批雍正三年十月十六日總兵官暫理貴州大定協副將事丁士傑奏爲遵旨奏覆事　420-156-119

批雍正四年正月二十九日總兵官暫理貴州大定協副將事丁士傑奏爲奏聞事　420-157-119

批雍正四年正月二十九日總兵官暫理貴州大定協副將事丁士傑奏爲請定儀注以彰國體事　420-158-119

批雍正四年正月二十九日總兵官暫理貴州大定協副將事丁士傑奏爲奏聞事　420-158-119

批雍正四年五月初十日總兵官暫理貴州大定協副將事丁士傑奏爲恭謝天恩事　420-159-119

四庫全書文集篇目分類索引

批雍正四年五月初十日總兵官暫理貴州大定協副將事丁士傑奏爲奏聞事　420-160-119

批雍正四年六月二十七日總兵官暫理貴州大定協副將事丁士傑奏爲奏聞事　420-161-119

批雍正四年八月十六日福建漳州總兵官丁士傑奏爲恭謝天恩備陳愚悃仰祈睿鑒事　420-162-119

批雍正四年十二月初一日福建陸路提督丁士傑奏爲恭謝天恩懇請陛見事　420-163-119

批雍正四年十二月初一日福建陸路提督丁士傑奏爲奏聞事　420-164-119

批雍正四年十二月初一日福建陸路提督丁士傑奏爲恭謝天恩事　420-165-119

批雍正四年十二月初一日福建陸路提督丁士傑奏爲奏聞事　420-166-119

批雍正五年四月初六日福建陸路提督丁士傑奏爲據實陳情叩天恩鑒事　420-167-119

批雍正五年四月二十四日福建陸路提督丁士傑奏爲奏聞事　420-168-119

批雍正五年四月二十四日福建陸路提督丁士傑奏爲奏聞事（二則）　420-169-119

批雍正五年五月二十八日福建陸路提督丁士傑奏爲奏聞事　420-170-119

批雍正五年五月二十八日福建陸路提督丁士傑奏爲恭謝天恩事　420-171-119

批雍正五年五月二十八日福建陸路提督丁士傑奏爲敬陳未議仰祈睿鑒事　420-172-119

批加總兵官銜駐防哈密陝西洮岷副將袁繼蔭奏爲恭謝天恩事　420-173-120

批陝西涼州總兵官袁繼蔭奏爲微臣戀主情切懇請陛見仰觀天顏跪奏聖訓事　420-173-120

批陝西涼州總兵官袁繼蔭奏爲懇乞聖恩俯准隨師以效愚誠事　420-174-120

批署理陝西安西總兵官印務袁繼蔭奏爲恭懇聖恩憫念窮兵准開官當以濟緩急事　420-174-120

批署理陝西安西總兵官印務袁繼蔭奏爲遵旨議奏事　420-175-120

批雍理陝西安西總兵官印務袁繼蔭奏爲恭繳硃批諭旨叩謝天恩事　420-176-120

批雍正元年五月二十一日貴州提督趙坤奏爲保奏人員以資臂指事　420-178-121

批雍正元年五月二十一日貴州提督趙坤奏爲奏明事　420-179-121

批雍正二年八月二十六日貴州提督趙坤奏爲回奏事　420-179-121

批雍正二年十二月十九日貴州提督趙坤奏爲恭謝天恩事　420-180-121

批雍正三年二月二十三日貴州提督趙坤奏恭請皇上聖安　420-181-121

批雍正三年二月二十三日貴州提督趙坤奏爲欽奉上諭事　420-181-121

批雍正三年二月二十三日貴州提督趙坤奏爲奏聞事　420-183-121

批雍正三年十月初七日署理四川提督印務湖廣提督趙坤奏爲奏明事　420-183-121

批雍正三年十月初七日署理四川提督印務湖廣提督趙坤奏爲奏聞事　420-184-121

批雍正四年正月二十二日湖廣提督趙坤奏爲恭謝天恩敬繳硃批事　420-185-121

批雍正四年二月初一日湖廣提督趙坤奏爲奏明事　420-186-121

批雍正四年二月初一日湖廣提督趙坤奏爲陳情懇恩事　420-186-121

批雍正四年四月十七日湖廣提督趙坤奏爲恭謝天恩併繳硃批事　420-187-121

批雍正四年四月十七日湖廣提督趙坤奏爲奏明事　420-188-121

批雍正四年六月初七日湖廣提督趙坤奏爲恭謝天恩敬繳硃批事　420-188-121

批雍正四年七月初一日湖廣提督趙坤奏爲欽奉上諭事　420-189-121

批雍正四年九月十一日湖廣提督趙坤奏爲奏聞拏獲姦民事　420-190-121

批雍正元年八月二十二日福建臺灣總兵官藍廷珍奏爲懇恩改名事　420-191-122

批雍正元年十月二十九日福建臺

史部

詔令奏議類：附錄

詔令上十一畫

灣總兵官藍廷珍奏爲恭謝天恩事 420-191-122

批雍正二年四月二十日福建水師提督藍廷珍奏爲恭織袜批事 420-192-122

批雍正二年五月十二日福建水師提督藍廷珍奏爲恭謝天恩事 420-192-122

批雍正二年九月初三日福建水師提督藍廷珍奏爲護陳臺灣善後事宜仰祈睿鑒事 420-193-122

批雍正二年九月初三日福建水師提督藍廷珍奏爲恭織袜批事 420-194-122

批雍正二年九月二十日福建水師提督藍廷珍奏爲恭織袜批并報奉到聖諭日期事 420-195-122

批雍正三年五月十三日福建水師提督藍廷珍奏爲遵旨咨商回奏事 420-195-122

批雍正三年五月十三日福建水師提督藍廷珍奏爲恭織袜批事 420-196-122

批雍正四年八月十五日福建水師提督藍廷珍奏爲微臣奉諭旨欽遵勉勵仰祈聖主垂察事 420-197-122

批雍正四年八月二十二日福建水師提督藍廷珍奏爲恭謝天恩事 420-198-122

批雍正五年正月十九日福建水師提督藍廷珍奏爲奏聞事 420-199-122

批雍正五年五月二十六日福建水師提督藍廷珍奏爲恭謝天恩事 420-200-122

批雍正六年八月初七日福建水師提督藍廷珍奏爲據實陳明仰祈聖主睿鑒事 420-201-122

批雍正六年九月十三日福建水師提督藍廷珍奏爲恭謝天恩事 420-202-122

批雍正六年十一月初十日福建水師提督藍廷珍奏爲遵旨據實奏聞事 420-202-122

批雍正七年六月十二日福建水師提督藍廷珍奏爲恭謝天恩事 420-203-122

批雍正七年九月初三日福建水師提督藍廷珍奏爲奏聞事 420-204-122

批雍正二年二月二十六日雲南鶴麗總兵官張耀祖奏爲報明到滇日期並陳出口策應事 420-205-123

批雍正三年八月初六日雲南鶴麗總兵官張耀祖奏爲恭請聖安事 420-206-123

批雍正五年二月十三日雲南鶴麗總兵官張耀祖奏爲奏明事 420-207-123

批雍正六年七月初三日雲南鶴麗總兵官張耀祖恭請皇上聖安 420-207-123

批雍正六年七月初三日雲南鶴麗總兵官張耀祖奏爲陳明進剿情形仰祈睿鑒事 420-208-123

批雍正七年正月二十一日雲南鶴麗總兵官張耀祖奏爲恭謝天恩事 420-209-123

批雍正七年正月二十一日雲南鶴麗總兵官張耀祖奏爲奏明事 420-210-123

批雍正七年五月二十二日雲南提督張耀祖奏爲遵旨具奏事 420-211-123

批雍正七年八月初一日雲南提督張耀祖奏爲恭謝天恩事 420-212-123

批雍正七年九月二十四日雲南提督張耀祖奏爲大馬戀主情懇恭懇恩准陛見以伸積悃事 420-213-123

批雍正八年四月初三日雲南提督張耀祖奏爲奏聞事 420-214-123

批雍正八年七月初九日雲南提督張耀祖奏爲奏聞事 420-215-123

批雍正九年正月初三日雲南提督張耀祖奏爲恭謝天恩事 420-216-123

批雍正九年正月初三日雲南提督張耀祖奏爲奏明進剿情形仰祈睿鑒事 420-216-123

批雍正二年十一月二十二日河南河北總兵官紀成斌奏爲聖恩高厚難名微臣圖報心切謹陳恩誡仰祈睿鑒事 420-218-124

批雍正三年二月初一日河南河北總兵官紀成斌奏爲奏明事 420-219-124

批雍正三年二月初一日河南河北總兵官紀成斌奏爲陳明請旨事 420-220-124

批雍正三年二月初一日河南河北總兵官紀成斌奏爲請旨事 420-221-124

批雍正三年二月初一日河南河北總兵官紀成斌奏爲恭謝天恩事 420-222-124

批雍正三年四月初十日河南河北總兵官紀成斌奏爲奏聞事 420-222-124

批雍正三年五月二十二日河南河北總兵官紀成斌奏爲遵旨回奏事 420-223-124

批雍正三年六月二十八日河南河北總兵官紀成斌奏爲奏聞事　420-224-124

批雍正三年六月二十八日河南河北總兵官紀成斌奏爲瀝陳愚衷仰祈聖主睿鑒事　420-224-124

批雍正三年八月十八日河南河北總兵官紀成斌奏爲恭謝天恩事　420-226-124

批雍正三年九月二十六日河南河北總兵官紀成斌奏爲遵旨密奏事　420-227-124

批雍正三年九月二十六日河南河北總兵官紀成斌奏爲恭謝天恩事　420-228-124

批雍正三年十一月二十二日河南河北總兵官紀成斌奏爲奏聞事　420-229-124

批雍正四年四月十二日河南河北總兵官紀成斌奏爲恭謝天恩事　420-229-124

批雍正四年四月十二日河南河北總兵官紀成斌奏爲奏聞事　420-230-124

批雍正四年十月初二日河南河北總兵官紀成斌奏爲回奏事　420-231-124

批雍正四年十月初二日河南河北總兵官紀成斌奏爲奏聞事　420-231-124

批雍正五年二月初十日河南河北總兵官紀成斌奏爲微臣居川年久懇恩賞賜入籍事　420-232-124

批雍正五年六月十三日河南河北總兵官紀成斌奏爲奏聞事　420-233-124

批雍正五年六月十三日河南河北總兵官紀成斌奏爲恭謝天恩事　420-234-124

批雍正五年七月初八日河南河北總兵官紀成斌奏爲奏聞事　420-234-124

批雍正五年八月二十八日河南河北總兵官紀成斌奏爲奏聞事　420-236-124

批雍正五年八月二十八日河南河北總兵官紀成斌奏爲欽奉訓諭愧悔無極恭謝天恩事　420-236-124

批雍正元年十一月二十六日江南江蘇布政使鄂爾泰奏爲交盤已竣特陳額外虧缺事　420-238-125之1

批雍正二年正月十一月江南江蘇布政使鄂爾泰奏爲恭繳硃批諭旨據實回奏事　420-240-125之1

批雍正二年六月初八日江南江蘇布政使鄂爾泰奏爲恭謝天恩幷繳硃批諭旨事　420-241-125之1

批雍正二年七月初五日江南江蘇布政使鄂爾泰奏爲恭謝天恩事　420-242-125之1

批雍正二年七月二十四日江南江蘇布政使鄂爾泰奏爲欽遵聖訓恭繳硃批事　420-243-125之1

批雍正二年七月二十四日江南江蘇布政使鄂爾泰奏爲敬陳管見事　420-243-125之1

批雍正二年九月初四日江南江蘇布政使鄂爾泰奏爲陳明地方情形仰懇皇仁事　420-247-125之1

批雍正三年十二月十九日雲南巡撫管雲貴總督事鄂爾泰奏爲恭謝聖恩報明臣體痊可事　420-249-125之1

批雍正四年二月二十四日雲南巡撫管雲貴總督事鄂爾泰奏爲恭謝聖恩事　420-250-125之1

批雍正四年二月二十四日雲南巡撫管雲貴總督事鄂爾泰奏爲遵旨覆奏事　420-251-125之1

批雍正四年三月二十日雲南巡撫管雲貴總督事鄂爾泰奏爲敬陳東川事宜仰祈聖裁事　420-252-125之1

批雍正四年三月二十日雲南巡撫管雲貴總督事鄂爾泰奏爲遵旨覆事　420-253-125之1

批雍正四年三月二十日雲南巡撫管雲貴總督事鄂爾泰奏爲據實奏聞事　420-255-125之1

批雍正四年四月初九日雲南巡撫管雲貴總督事鄂爾泰奏爲請肅清頑苗以靖邊方事　420-256-125之1

批雍正四年四月初九日雲南巡撫管雲貴總督事鄂爾泰奏爲報明銅廠事　420-258-125之1

批雍正四年五月二十五日雲南巡撫管雲貴總督事鄂爾泰奏爲恭謝聖恩事　420-259-125之1

批雍正四年五月二十五日雲南巡撫鄂爾泰奏爲聖恩逾重愛身圖報事　420-260-125之1

批雍正四年五月二十五日雲南巡撫鄂爾泰奏爲恭報滇黔二省豆麥等項收成分數幷米糧價值仰

四庫全書文集篇目分類索引

史部

詔令奏議類：附錄

詔令上十一畫

祈睿鑒事 420-261-125之1

批雍正四年五月二十五日雲南巡撫鄂爾泰奏爲進剿頑苗收獲諸寨事 420-262-125之1

批雍正四年六月二十日雲南巡撫鄂爾泰奏爲恭謝天恩事 420-264-125之1

批雍正四年六月二十日雲南巡撫鄂爾泰奏爲欽奉聖諭事 420-265-125之1

批雍正四年六月二十日雲南巡撫鄂爾泰奏爲欽奉硃批敬陳大略事 420-267-125之1

批雍正四年六月二十日雲南巡撫鄂爾泰奏爲苗寨雖靖防禦宜周事 420-268-125之1

批雍正四年七月初九日雲南巡撫鄂爾泰奏爲擒制積惡土官事 420-271-125之2

批雍正四年七月初九日雲南巡撫鄂爾泰奏爲恭報頑苗俱靖定議各寨安營事 420-272-125之2

批雍正四年八月初六日雲南巡撫鄂爾泰奏爲敬陳所知以備採擇事 420-275-125之2

批雍正四年八月初六日雲南巡撫鄂爾泰奏爲嚴緝黔省漢姦川販據實奏聞事 420-276-125之2

批雍正四年八月初六日雲南巡撫鄂爾泰奏爲分別流土考成以專職守以靖邊方事 420-277-125之2

批雍正四年九月十九日雲南巡撫鄂爾泰奏爲恭謝聖恩事 420-280-125之2

批雍正四年九月十九日雲南巡撫鄂爾泰奏爲欽遵聖諭事（二則） 420-281-125之2

批雍正四年九月十九日雲南巡撫鄂爾泰奏爲剪除夷官清查田土以增租賦以靖地方事 420-284-125之2

批雍正四年九月十九日雲南巡撫鄂爾泰奏爲報明銅鹽事 420-286-125之2

批雍正四年九月十九日雲南巡撫鄂爾泰奏爲恭報秋收併米糧價值仰紓聖懷事 420-287-125之2

批雍正四年十一月十五日雲南巡撫鄂爾泰奏恭請皇上聖安 420-288-125之2

批雍正四年十一月十五日雲南巡撫鄂爾泰奏爲恭謝聖恩事 420-288-125之2

批雍正四年十一月十五日雲南巡撫鄂爾泰奏爲恭謝聖恩敬陳愚悃事 420-289-125之2

批雍正四年十一月十五日雲南巡撫鄂爾泰奏爲欽遵聖訓事 420-293-125之2

批雍正四年十一月十五日雲南巡撫鄂爾泰奏爲欽奉上諭事 420-295-125之2

批雍正四年十一月十五日雲南巡撫鄂爾泰奏爲欽遵聖諭事 420-296-125之2

批雍正四年十二月二十一日雲貴總督鄂爾泰奏爲恭謝天恩事 420-299-125之2

批雍正四年十二月二十一日雲貴總督鄂爾泰奏爲欽遵聖諭事 420-300-125之2

批雍正四年十二月二十一日雲貴總督鄂爾泰奏爲據實奏聞事 420-303-125之2

批雍正四年十二月二十一日雲貴總督鄂爾泰奏爲欽遵聖諭事 420-304-125之2

批雍正四年十二月二十一日雲貴總督鄂爾泰奏爲敬陳東川事宜事 420-305-125之2

批雍正四年十二月二十一日雲貴總督鄂爾泰奏爲奏聞事 420-307-125之2

批雍正五年正月二十五日雲貴總督鄂爾泰奏爲恭請皇上聖安 420-310-125之3

批雍正五年正月二十五日雲貴總督鄂爾泰奏爲恭謝聖恩事 420-310-125之3

批雍正五年正月二十五日雲貴總督鄂爾泰奏爲恭報雨雪事 420-311-125之3

批雍正五年正月二十五日雲貴總督鄂爾泰奏爲覆奏事（二事） 420-312-125之3

批雍正五年正月二十五日雲貴總督鄂爾泰奏爲欽遵聖諭事 420-317-125之3

批雍正五年二月初十日雲貴總督鄂爾泰等奏爲奏聞事 420-320-125之3

批雍正五年三月十二日雲貴總督鄂爾泰奏爲恭逢上聖慶觀殊祥事 420-322-125之3

批雍正五年三月十二日雲貴總督鄂爾泰奏爲恭謝聖恩并陳愚悃事 420-324-125之3

批雍正五年三月十二日雲貴總督鄂爾泰奏爲欽遵聖諭事 420-325-125之3

批雍正五年三月十二日雲貴總督鄂爾泰奏爲覆奏事 420-326-125之3

批雍正五年三月十二日雲貴總督鄂爾泰奏爲覆旨事 420-329-125之3

批雍正五年三月十二日雲貴總督鄂爾泰奏爲報明夷裸橫逆遣發官兵擒獲情形事　420-332-125之3

批雍正五年閏三月二十六日雲貴總督鄂爾泰奏爲恭謝聖恩幷陳愚悃事　420-336-125之3

批雍正五年閏三月二十六日雲貴總督鄂爾泰奏爲據實陳明仰祈聖鑒事　420-337-125之3

批雍正五年閏三月二十六日雲貴總督鄂爾泰奏爲覆奏事　420-339-125之3

批雍正五年閏三月二十六日雲貴總督鄂爾泰奏爲陳明鎭沅等事　420-340-125之3

批雍正五年閏三月二十六日雲貴總督鄂爾泰奏爲欽奉上諭事　420-343-125之3

批雍正五年閏三月二十六日雲貴總督鄂爾泰奏爲奏聞事　420-345-125之3

批雍正五年閏三月二十六日雲貴總督鄂爾泰奏爲報明廠務情形事　420-345-125之3

批雍正五年五月初十日雲貴總督鄂爾泰奏爲恭謝聖恩事　420-347-125之4

批雍正五年五月初十日雲貴總督鄂爾泰奏爲恭報豆麥收成分數事　420-348-125之4

批雍正五年五月初十日雲貴總督鄂爾泰奏爲欽遵聖諭事　420-349-125之4

批雍正五年五月初十日雲貴總督鄂爾泰奏爲奏明事　420-352-125之4

批雍正五年五月初十日雲貴總督鄂爾泰奏爲報明泗城情形事　420-353-125之4

批雍正五年五月初十日雲貴總督鄂爾泰奏爲奏聞事　420-356-125之4

批雍正五年五月初十日雲貴總督鄂爾泰奏爲銅礦大旺工本不敷懇恩通那以資調劑事　420-357-125之4

批雍正五年五月初十日雲貴總督鄂爾泰奏爲遵旨議覆事　420-358-125之4

批雍正五年六月二十七日雲貴總督鄂爾泰奏恭請皇上聖安　420-361-125之4

批雍正五年六月二十七日雲貴總督鄂爾泰奏爲恭謝聖恩事　420-361-125之4

批雍正五年六月二十七日雲貴總督鄂爾泰奏爲欽奉上諭事　420-362-125之4

批雍正五年六日二十七日雲貴總督鄂爾泰奏爲生苗向化請附版圖事　420-365-125之4

批雍正五年六月二十七日雲貴總督鄂爾泰奏爲覆奏事　420-367-125之4

批雍正五年八月初十日雲貴總督鄂爾泰奏爲恭謝聖恩事　420-370-125之4

批雍正五年八月初十日雲貴總督鄂爾泰奏爲敬陳水利以備採擇事　420-372-125之4

批雍正五年八月初十日雲貴總督鄂爾泰奏爲報明開墾田地幷查出隱射田土仰祈睿鑒事　420-375-125之4

批雍正五年八月初十日雲貴總督鄂爾泰奏爲覆奏事　420-378-125之4

批雍正五年八月初十日雲貴總督鄂爾泰奏爲請旨事　420-380-125之4

批雍正五年九月十六日雲貴總督鄂爾泰奏爲恭謝聖恩事　420-382-125之5

批雍正五年九月十六日雲貴總督鄂爾泰奏爲謬沖既靖各寨歸誠事　420-383-125之5

批雍正五年九月十六日雲貴總督鄂爾泰奏爲報明永北邊界用兵協剿賊番事　420-385-125之5

批雍正五年九月十六日雲貴總督鄂爾泰奏爲乘藉兵威剿滅裸賊事　420-386-125之5

批雍正五年九月十六日雲貴總督鄂爾泰奏爲據實覆奏事　420-388-125之5

批雍正五年十月初八日雲貴總督鄂爾泰奏爲恭謝天恩事　420-390-125之5

批雍正五年十月初八日雲貴總督鄂爾泰奏爲欽奉聖諭事　420-392-125之5

批雍正五年十月初八日雲貴總督鄂爾泰奏爲奏明酌均公件耗羨以昭畫一事　420-393-125之5

批雍正五年十月初八日雲貴總督鄂爾泰奏爲查出官莊田地報明歸公以除隱漏事　420-396-125之5

批雍正五年十一月十一日雲貴總督鄂爾泰奏爲恭謝聖恩事　420-397-125之5

批雍正五年十一月十一日雲貴總督鄂爾泰奏爲恭報滇黔二省秋收豐稔幷米糧價值仰祈睿鑒事　420-398-125之5

批雍正五年十一月十一日雲貴總

史部 詔令奏議類：附錄 詔令上十一畫

督鄂爾泰奏爲報明進剿窩泥逆賊事 420-399-125之5

批雍正五年十一月十一日雲貴總督鄂爾泰奏爲遵旨議覆事 420-401-125之5

批雍正五年十一月十一日雲貴總督鄂爾泰奏爲新增鹽課餘息事 420-402-125之5

批雍正五年十二月十三日雲貴總督鄂爾泰奏爲恭請皇上聖安 420-404-125之5

批雍正五年十二月十三日雲貴總督鄂爾泰奏爲恭謝聖恩事 420-404-125之5

批雍正五年十二月十三日雲貴總督鄂爾泰奏爲恭報瑞雪預兆豐年事 420-406-125之5

批雍正五年十二月十三日雲貴總督鄂爾泰奏爲續報向化生苗盡入版圖事 420-407-125之5

批雍正五年十二月十三日雲貴總督鄂爾泰奏爲報明古州各夷願附版圖事 420-409-125之5

批雍正六年正月初八日雲貴總督鄂爾泰奏爲恭謝天恩事 420-412-125之5

批雍正六年正月初八日雲貴總督鄂爾泰奏爲恭謝聖恩幷陳愚悃事 420-413-125之5

批雍正六年正月初八日雲貴總督鄂爾泰奏爲窩泥既靖規畫宜周敬陳管見仰祈睿鑒事 420-416-125之5

批雍正六年二月初十日雲貴總督鄂爾泰奏恭請皇上聖安 420-421-125之6

批雍正六年二月初十日雲貴總督鄂爾泰奏爲恭謝天恩事 420-421-125之6

批雍正六年二月初十日雲貴總督鄂爾泰奏爲恭謝聖恩事 420-423-125之6

批雍正六年二月初十日雲貴總督鄂爾泰奏爲恭謝聖恩敬陳愚悃事 420-424-125之6

批雍正六年二月初十日雲貴總督鄂爾泰奏爲遵旨覆奏事 420-426-125之6

批雍正六年二月初十日雲貴總督鄂爾泰奏爲鑄錢日多請增發運事 420-427-125之6

批雍正六年二月初十日雲貴總督鄂爾泰奏爲覆奏事 420-429-125之6

批雍正六年三月初八日雲貴總督鄂爾泰奏爲恭謝聖恩事 420-430-125之6

批雍正六年三月初八日雲貴總督鄂爾泰奏爲創平法夏以靖東川事 420-431-125之6

批雍正六年三月初八日雲貴總督鄂爾泰奏爲據實奏聞事 420-434-125之6

批雍正六年三月初八日雲貴總督鄂爾泰奏爲欽奉上諭事 420-436-125之6

批雍正六年三月二十八日雲貴總督鄂爾泰奏爲恭謝聖恩事 420-437-125之6

批雍正六年三月二十八日雲貴總督鄂爾泰奏爲首兇就擒外域效命事 420-438-125之6

批雍正六年三月二十八日雲貴總督鄂爾泰奏爲報明鹽務零星銀兩撥充公用事 420-440-125之6

批雍正六年四月二十六日雲貴總督鄂爾泰奏爲恭謝聖恩事 420-441-125之6

批雍正六年四月二十六日雲貴總督鄂爾泰奏爲報明分兵進剿米貼情形事 420-441-125之6

批雍正六年四月二十六日雲貴總督鄂爾泰奏爲恭報春熟事 420-445-125之6

批雍正六年四月二十六日雲貴總督鄂爾泰奏爲備陳古州等處情形仰祈睿鑒事 420-446-125之6

批雍正六年四月二十六日雲貴總督鄂爾泰奏爲請旨事 420-448-125之6

批雍正六年四月二十六日雲貴總督鄂爾泰奏爲銅礦大旺等事 420-452-125之6

批雍正六年五月二十一日雲貴總督鄂爾泰奏爲恭謝聖恩事 420-454-125之7

批雍正六年五月二十一日雲貴總督鄂爾泰奏爲恭報黔省豆麥收成分數仰祈睿鑒事 420-455-125之7

批雍正六年五月二十一日雲貴總督鄂爾泰奏爲報明清出影射等項田土仰祈睿鑒事 420-456-125之7

批雍正六年五月二十一日雲貴總督鄂爾泰奏爲奏聞事 420-457-125之7

批雍正六年五月二十一日雲貴總督鄂爾泰奏爲報明剿撫米貼逆賊首惡已獲餘黨將盡事 420-458-125之7

批雍正六年五月二十一日雲貴總督鄂爾泰奏爲據實奏聞事 420-464-125之7

批雍正六年五月二十一日雲貴總

四庫全書文集篇目分類索引

督鄂爾泰奏爲報明五年分辦獲銅息仰祈睿鑒事 420-465-125之7

批雍正六年六月十二日雲貴總督鄂爾泰奏爲恭謝聖恩事 420-466-125之7

批雍正六年六月十二日雲貴總督鄂爾泰奏爲欽奉聖諭備陳愚知事 420-467-125之7

批雍正六年六月十二日雲貴總督鄂爾泰奏爲報明酌撤滇黔進剿米貼官兵幷州省蠻夷不法會兵擒剿事 420-471-125之7

批雍正六年六月十二日雲貴總督鄂爾泰奏爲據實奏聞事 420-475-125之7

批雍正六年六月十二日雲貴總督鄂爾泰奏爲請旨事 420-477-125之7

批雍正六年六月十二日雲貴總督鄂爾泰奏爲覆奏酌均公件耗羨遵旨寬裕留給以廣聖安事 420-478-125之7

批雍正六年七月二十一日雲貴總督鄂爾泰奏爲恭謝聖恩事 420-481-125之7

批雍正六年七月二十一日雲貴總督鄂爾泰奏爲欽奉聖諭先行陳覆事 420-482-125之7

批雍正六年七月二十一日雲貴總督鄂爾奏爲奏聞事 420-485-125之7

批雍正六年七月二十一日雲貴總督鄂爾泰奏爲報明委員招撫生苗情形事 420-487-125之7

批雍正六年七月二十一日雲貴總督鄂爾泰奏爲奏報添派官兵會剿川夷事 420-490-125之7

批雍正六年七月二十一日雲貴總督鄂爾泰奏爲報明粵西土目拒殺官兵情形事 420-493-125之7

批雍正六年七月二十一日雲貴總督鄂爾泰奏爲請旨事 420-495-125之7

批雍正六年八月初六日雲貴總督鄂爾泰奏爲恭謝聖恩事 420-497-125之8

批雍正六年八月初六日雲貴總督鄂爾泰奏爲奏聞事 420-498-125之8

批雍正六年八月初六日雲貴總督鄂爾泰奏爲八寨生苗招撫完竣事宜仰祈睿鑒事 420-501-125之8

批雍正六年九月初三日雲貴總督鄂爾泰奏爲恭謝聖恩事(二則) 420-503-125之8

批雍正六年九月初三日雲貴總督鄂爾泰奏爲報明會剿西隆叛目情形事 420-506-125之8

批雍正六年九月初三日雲貴總督鄂爾泰奏爲丹江生苗不服化誨添撥官兵剿撫事 420-510-125之8

批雍正六年九月初三日雲貴總督鄂爾泰奏爲奏聞事 420-512-125之8

批雍正六年十月二十日雲貴總督鄂爾泰奏爲恭報滇黔二省秋收分數仰祈睿鑒事 420-515-125之8

批雍正六年十月二十日雲貴總督鄂爾泰奏爲招撫生苗事 420-516-125之8

批雍正六年十月二十日雲貴總督鄂爾泰奏爲奏聞事(二則) 420-521-125之8

批雍正六年十月二十日雲貴總督鄂爾泰奏爲恭謝聖恩事 420-526-125之9

批雍正六年十月二十日雲貴總督鄂爾泰奏爲欽奉聖諭事 420-527-125之9

批雍正六年十月二十日雲貴總督鄂爾泰奏爲覆奏事 420-529-125之9

批雍正六年十月二十日雲貴總督鄂爾泰奏爲設法彌補無著之虧空以清積案以實庫帑事 420-531-125之9

批雍正六年十月二十日雲貴總督鄂爾泰奏爲查出官莊實餘租息歸公裕賦事 420-532-125之9

批雍正六年十月二十日雲貴總督鄂爾泰奏爲奏明借動庫項收鉛運售獲息情由仰祈睿鑒事 420-534-125之9

批雍正六年十一月初十日雲貴總督鄂爾泰奏爲恭謝聖恩事 420-535-125之9

批雍正六年十一月初十日雲貴總督鄂爾泰奏爲欽奉聖諭事 420-536-125之9

批雍正六年十一月初十日雲貴總督鄂爾泰奏爲奏聞事 420-538-125之9

批雍正六年十二月初八日雲貴總督鄂爾泰奏恭請皇上聖安 420-541-125之9

批雍正六年十二月初八日雲貴總督鄂爾泰奏爲恭逢聖誕慶覲祥雲事 420-541-125之9

批雍正六年十二月初八日雲貴總督鄂爾泰奏爲恭謝聖恩並陳愚悃事 420-543-125之9

批雍正六年十二月初八日雲貴總

史部

詔令奏議類：附錄

詔令上十一畫

督鄂爾泰奏爲分兵進剿阿驩等處逆蠻情形事　420-546-125之9

批雍正六年十二月初八日雲貴總督鄂爾泰奏爲報明克取江壩情形事　420-549-125之9

批雍正六年十二月初八日雲貴總督鄂爾泰奏爲報明克取丹江情形事　420-551-125之9

批雍正七年正月二十五日雲貴廣西總督鄂爾泰奏爲恭謝天恩事 420-556-125之10

批雍正七年正月二十五日雲貴廣西總督鄂爾泰奏爲欽奉聖諭事（二則）　420-558-125之10

批雍正七年正月二十五日雲貴廣西總督鄂爾泰奏爲報明剿撫丹江一帶生苗就緒情形仰祈睿鑒事　420-563-125之10

批雍正七年正月二十五日雲貴廣西總督鄂爾泰奏爲奏聞事　420-567-125之10

批雍正七年正月二十五日雲貴廣西總督鄂爾泰奏爲報明剿撫阿驩夷蠻已靖現在撤師回汛事　420-569-125之10

批雍正七年正月二十五日雲貴廣西總督鄂爾泰奏爲奏明事　420-572-125之10

批雍正七年二月二十四日雲貴廣西總督鄂爾泰奏爲恭謝聖恩事（二則）　420-573-125之10

批雍正七年二月二十四日雲貴廣西總督鄂爾泰奏爲據實陳明仰祈慈鑒事　420-576-125之10

批雍正七年二月二十四日雲貴廣西總督鄂爾泰奏爲奏聞事　420-578-125之10

批雍正七年二月二十四日雲貴廣西總督鄂爾泰奏爲奏明事　420-580-125之10

批雍正七年二月二十四日雲貴廣西總督鄂爾泰奏爲覆奏事　420-583-125之10

批雍正七年二月二十四日雲貴廣西總督鄂爾泰奏爲遵旨酌覆事 420-584-125之10

批雍正七年四月十五日雲貴廣西總督鄂爾泰奏恭請皇上聖安　420-586-125之10

批雍正七年四月十五日雲貴廣西總督鄂爾泰奏爲恭謝聖恩事　420-586-125之10

批雍正七年四月十五日雲貴廣西總督鄂爾泰奏爲奏聞事　420-587-125之10

批雍正七年四月十五日雲貴廣西總督鄂爾泰奏爲覆奏事　420-587-125之10

批雍正七年四月十五日雲貴廣西總督鄂爾泰奏爲奏聞事　420-589-125之10

批雍正七年四月十五日雲貴廣西總督鄂爾泰奏爲欽奉聖諭事　420-591-125之10

批雍正七年五月十八日雲貴廣西總督鄂爾泰奏恭請皇上聖安　420-594-125之11

批雍正七年五月十八日雲貴廣西總督鄂爾泰奏爲恭謝聖恩事　420-594-125之11

批雍正七年五月十八日雲貴廣西總督鄂爾泰奏爲奏報春熟事　420-595-125之11

批雍正七年五月十八日雲貴廣西總督鄂爾泰奏爲報明清江頑苗就撫攻克情形事　420-597-125之11

批雍正七年五月十八日雲貴廣西總督鄂爾泰奏爲奏明偏化生苗嚴懲兇犯情形事　420-598-125之11

批雍正七年五月十八日雲貴廣西總督鄂爾泰奏爲奏明事　420-601-125之11

批雍正七年五月十八日雲貴廣西總督鄂爾泰奏爲軍田加稅難完仰請聖恩寬免事　420-603-125之11

批雍正七年六月十八日雲貴廣西總督鄂爾泰奏恭請皇上聖安　420-605-125之11

批雍正七年六月十八日雲貴廣西總督鄂爾泰奏爲恭謝聖恩事　420-605-125之11

批雍正七年六月十八日雲貴廣西總督鄂爾泰奏爲新開水道并興修陸路事　420-606-125之11

批雍正七年六月十八日雲貴廣西總督鄂爾泰奏爲聞事　420-610-125之11

批雍正七年六月十八日雲貴廣西總督鄂爾泰奏爲謹報廣西豆麥收成分數并雲南陸涼南寧二州縣被水情形事　420-613-125之11

批雍正七年六月十八日雲貴廣西總督鄂爾泰奏爲奏聞事　420-616-125之11

批雍正七年七月二十四日雲貴廣西總督鄂爾泰奏爲恭謝天恩事 420-618-125之11

批雍正七年七月二十四日雲貴廣西總督鄂爾泰奏爲恭謝聖恩事 420-619-125之11

批雍正七年七月二十四日雲貴廣西總督鄂爾泰奏爲黔省慶雲千秋特見事　420-621-125之11

批雍正七年七月二十四日雲貴廣

西總督鄂爾泰奏爲聖德遠届外國輸誠事　420-622-125之11

批雍正七年七月二十四日雲貴廣西總督鄂爾泰奏爲奏報春熟事420-623-125之11

批雍正七年七月二十四日雲貴廣西總督鄂爾泰奏爲請招無管生苗以安三省邊境事　420-624-125之11

批雍正七年七月二十四日雲貴廣西總督鄂爾泰奏爲覆奏事　420-627-125之11

批雍正七年八月十八日雲貴廣西總督鄂爾泰奏爲恭謝聖恩事　420-630-125之12

批雍正七年八月十八日雲貴廣西總督鄂爾泰奏爲德薄兩間慶協三才事　420-631-125之12

批雍正七年八月十八日雲貴廣西總督鄂爾泰奏爲奏聞事　420-633-125之12

批雍正七年八月十八日雲貴廣西總督鄂爾泰奏爲請旨事　420-634-125之12

批雍正七年九月十九日雲貴廣西總督鄂爾泰奏恭請皇上聖安　420-635-125之12

批雍正七年九月十九日雲貴廣西總督鄂爾泰奏爲恭謝天恩並陳下悃事　420-635-125之12

批雍正七年九月十九日雲貴廣西總督鄂爾泰奏爲恭謝聖恩事　420-636-125之12

批雍正七年九月十九日雲貴廣西總督鄂爾泰奏爲地出醴泉民沾厚澤事　420-638-125之12

批雍正七年九月十九日雲貴廣西總督鄂爾泰奏爲遵旨議奏事　420-639-125之12

批雍正七年九月十九日雲貴廣西總督鄂爾泰奏爲請招撫無管生苗以安三省邊境事　420-642-125之12

批雍正七年九月十九日雲貴廣西總督鄂爾泰奏爲請開黔省鼓鑄以利民用事　420-644-125之12

批雍正七年九月十九日雲貴廣西總督鄂爾泰奏爲覆奏事　420-646-125之12

批雍正七年九月十九日雲貴廣西總督鄂爾泰奏爲奏聞事　420-647-125之12

批雍正七年十一月初七日雲貴廣西總督鄂爾泰奏恭請皇上聖安420-649-125之12

批雍正七年十一月初七日雲貴廣西總督鄂爾泰奏爲恭謝聖恩事420-649-125之12

批雍正七年十一月初七日雲貴廣西總督鄂爾泰奏爲恭奉聖訓一併陳明事　420-650-125之12

批雍正七年十一月初七日雲貴廣西總督鄂爾泰奏爲恭報滇黔粵西三省秋收分數米糧價值仰祈睿鑒事　420-653-125之12

批雍正七年十一月初七日雲貴廣西總督鄂爾泰奏爲苗情踴躍嚮化誠切事　420-656-125之12

批雍正七年十一月初七日雲貴廣西總督鄂爾泰奏爲奏明調劑黔省鉛勧並辦獲滇省鉛息事　420-657-125之12

批雍正七年十一月初七日雲貴廣西總督鄂爾泰奏爲報明七年分鹽銅課息事　420-659-125之12

批雍正八年正月十三日雲貴廣西總督鄂爾泰奏爲恭謝聖恩事　420-661-125之13

批雍正八年正月十三日雲貴廣西總督鄂爾泰奏爲恭謝天恩事　420-663-125之13

批雍正八年正月十三日雲貴廣西總督鄂爾泰奏爲奏明微臣入粵情形事　420-664-125之13

批雍正八年正月十三日雲貴廣西總督鄂爾泰奏爲敬陳水利併改河道事　420-669-125之13

批雍正八年正月十三日雲貴廣西總督鄂爾泰奏爲奏聞事（二則）420-671-125之13

批雍正八年正月十三日雲貴廣西總督鄂爾泰奏爲廣南土司土目投見歸誠事　420-675-125之13

批雍正八年正月十三日雲貴廣西總督鄂爾泰奏爲奏聞事　420-678-125之13

批雍正八年正月十三日雲貴廣西總督鄂爾泰奏爲覆奏事　420-681-125之13

批雍正八年三月二十六日雲貴廣西總督鄂爾泰奏爲恭謝聖恩事　420-682-125之14

批雍正八年三月二十六日雲貴廣西總督鄂爾泰奏爲奏聞事　420-684-125之14

批雍正八年三月二十六日雲貴廣西總督鄂爾泰奏爲海口興工神龍示現事　420-686-125之14

批雍正八年三月二十六日雲貴廣西總督鄂爾泰奏爲清水江苗業經勘定各寨畏服事　420-687-125之14

批雍正八年三月二十六日雲貴廣

西總督鄂爾泰奏爲生苗勒定河路開通事　420-689-125之14

批雍正八年三月二十六日雲貴廣西總督鄂爾泰奏爲請酌添養廉以廣皇仁以勵官方事　420-693-125之14

批雍正八年三月二十六日雲貴廣西總督鄂爾泰奏爲覆奏事　420-694-125之14

批雍正八年四月二十日雲貴廣西總督鄂爾泰奏爲土司納課野夷輸誠事　420-695-125之14

批雍正八年四月二十日雲貴廣西總督鄂爾泰奏爲遵旨酌覆事　420-696-125之14

批雍正八年四月二十日雲貴廣西總督鄂爾泰奏爲奏聞事　420-698-125之14

批雍正八年五月二十六日雲貴廣西總督鄂爾泰奏爲地湧瀚泉民霑膏澤事　420-701-125之14

批雍正八年五月二十六日雲貴廣西總督鄂爾泰奏爲開鑿河道以利民生事　420-702-125之14

批雍正八年五月二十六日雲貴廣西總督鄂爾泰奏爲覆奏事　420-704-125之14

批雍正八年五月二十六日雲貴廣西總督鄂爾泰奏爲恭報滇黔二省豆麥收成分數仰祈睿鑒事　420-705-125之14

批雍正八年七月二十四日雲貴廣西總督鄂爾泰奏爲欽遵諭旨斟酌陳覆事　420-707-125之15

批雍正八年七月二十四日雲貴廣西總督鄂爾泰奏爲請旨事　420-709-125之15

批雍正八年七月二十四日雲貴廣西總督鄂爾泰奏爲奏聞事（二則）　420-710-125之15

批雍正八年九月初四日雲貴廣西總督鄂爾泰奏爲恭謝聖恩事　420-720-125之15

批雍正八年九月初四日雲貴廣西總督鄂爾泰奏爲勦平兇寨事　420-721-125之15

批雍正八年九月十四日雲貴廣西總督鄂爾泰奏爲密奏事　420-723-125之15

批雍正八年十月十七日雲貴廣西總督鄂爾泰奏爲官兵報捷恢復烏蒙事　420-724-125之15

批雍正八年十一月二十八日雲貴廣西總督鄂爾泰奏爲遵旨議覆事　420-730-125之16

批雍正八年十一月二十八日雲貴廣西總督鄂爾泰奏爲欽奉上諭事　420-734-125之16

批雍正八年十一月二十八日雲貴廣西總督鄂爾泰奏爲剿除逆賊疏通兩郡恢復三關各路報捷事420-735-125之16

批雍正八年十二月十七日雲貴廣西總督鄂爾泰奏爲恭謝聖恩事420-746-125之16

批雍正八年十二月十七日雲貴廣西總督鄂爾泰奏爲南掌使回芬國請貢事　420-747-125之16

批雍正八年十二月十七日雲貴廣西總督鄂爾泰奏爲欽奉上諭事420-749-125之16

批雍正八年十二月十七日雲貴廣西總督鄂爾泰奏爲覆奏事（二則）　420-752-125之16

批雍正九年正月二十八日雲貴廣西總督鄂爾泰奏爲逆首全獲各路蕩平事　420-756-125之17

批雍正九年正月二十八日雲貴廣西總督鄂爾泰奏爲委替總統嚴剿賊竄事　420-761-125之17

批雍正九年正月二十八日雲貴廣西總督鄂爾泰奏爲籌酌黔省養廉請旨遵行事　420-765-125之17

批雍正九年四月初九日雲貴廣西總督鄂爾泰奏爲恭謝聖恩事　420-767-125之17

批雍正九年四月初九日雲貴廣西總督鄂爾泰奏爲奏聞事　420-768-125之17

批雍正九年四月初九日雲貴廣西總督鄂爾泰奏爲奏聞事　420-770-125之17

批雍正九年四月初九日雲貴廣西總督鄂爾泰奏爲請旨事　420-772-125之17

批雍正九年五月二十六日雲貴廣西總督鄂爾泰奏爲恭謝聖恩事420-773-125之17

批雍正九年五月二十六日雲貴廣西總督鄂爾泰奏爲鄧橫已靖竄賊盡屠恭報情形仰祈睿鑒事　420-775-125之17

批雍正九年五月二十六日雲貴廣西總督鄂爾泰奏爲恭報三省豆麥收成分數仰祈睿鑒事　420-777-125之17

批雍正九年五月二十六日雲貴廣西總督鄂爾泰奏爲欽遵請旨事420-779-125之17

批雍正九年五月二十六日雲貴廣西總督鄂爾泰奏爲覆奏事　420-780-125之17

批雍正九年五月二十六日雲貴廣西總督鄂爾泰奏爲續報剿撫生苗并收繳軍器事 420-782-125之17

批雍正九年五月二十六日雲貴廣西總督鄂爾泰奏爲奏聞事 420-784-125之17

批雍正九年八月初一日雲貴廣西總督鄂爾泰奏爲欽承恩諭再攄愚忱事 420-786-125之17

批雍正九年八月初一日雲貴廣西總督鄂爾泰奏爲皇威已靖苗氛天象特昭瑞靄事 420-788-125之17

批雍正九年八月初一日雲貴廣西總督鄂爾泰奏爲覆奏事(二則) 420-788-125之17

批雍正九年八月初一日雲貴廣西總督鄂爾泰奏爲蕃自天生蟲爲鳥食天麻滋至聖德廢涯事 420-791-125之17

批雍正九年九月初二日雲貴廣西總督鄂爾泰奏爲滾塘剿撫已竣古州大局全定事 420-792-125之17

批雍正二年四月六日河南布政使田文鏡奏爲據實陳明仰祈睿鑒事 421- 1-126之1

批雍正二年四月六日河南布政使田文鏡奏爲欽奉上諭據實奏聞事 421- 3-126之1

批雍正二年閏四月六日河南布政使田文鏡奏爲恭賀大捷事 421- 4-126之1

批雍正二年閏四月六日河南布政使田文鏡爲恭謝天恩事 421- 4-126之1

批雍正二年閏四月六日河南布政使田文鏡奏爲欽奉上諭據實奏明事 421- 4-126之1

批雍正二年閏四月六日河南布政使田文鏡奏爲據實直陳仰祈睿鑒事 421- 4-126之1

批雍正二年閏四月二十八日河南布政使田文鏡奏爲遵旨覆奏仰祈睿鑒事 421- 9-126之1

批雍正二年閏四月二十八日河南布政使田文鏡奏爲據實陳奏伏祈聖鑑事 421- 11-126之1

批雍正二年五月十二日河南布政使田文鏡奏爲自陳薦舉非人仰祈皇上即賜斥革嚴處以懲冒昧濫舉事 421- 12-126之1

批雍正二年五月十二日河南布政使田文鏡奏爲欽奉上諭據實覆奏仰祈睿鑒事 421- 13-126之1

批雍正二年五月十二日河南布政使田文鏡奏爲遵旨覆奏仰祈聖鑒事 421- 14-126之1

批雍正二年五月十七日河南布政使田文鏡奏爲遵旨據實覆奏仰祈睿鑒事 421- 16-126之1

批雍正二年五月十七日河南布政使田文鏡奏爲遵旨據實覆奏仰祈聖鑒事 421- 16-126之1

批雍正二年五月十七日河南布政使田文鏡奏爲預陳分隸之制仰祈睿鑒事 421- 19-126之1

批雍正二年六月二十二日河南布政使田文鏡奏爲特懇聖恩簡發賢員以勸盛治事 421- 20-126之1

批雍正二年六月二十二日河南布政使田文鏡奏爲據實奏聞仰祈聖鑒事 421- 22-126之1

批雍正二年六月二十二日河南布政使田文鏡奏爲據實再陳仰祈睿鑒事 421- 23-126之1

批雍正二年六月二十二日河南布政使田文鏡奏爲遵旨據實再陳仰祈睿鑒事 421- 24-126之1

批雍正二年七月七日河南布政使田文鏡奏爲封邑首犯已獲地方寧靜仰祈聖鑒事 421- 25-126之1

批雍正二年八月八日河南布政使田文鏡奏爲據實密陳仰祈聖鑒事 421- 28-126之2

批雍正二年八月八日河南布政使田文鏡奏爲遵旨覆奏仰祈聖鑒事 421- 30-126之2

批雍正二年八月八日河南布政使田文鏡奏爲據實奏聞仰祈聖鑒事 421- 31-126之2

批雍正二年八月八日河南布政使田文鏡奏爲欽奉上諭事 421- 33-126之2

批雍正二年八月八日河南布政使田文鏡奏爲循例冒懇仰祈聖慈垂憐格外榮封事 421- 34-126之2

批雍正二年九月三日河南布政使

田文鏡奏爲聖恩之高厚無極圖
報感難謹陳下悃恭謝天恩事 421- 35-126之2

批雍正二年九月三日河南布政使
田文鏡奏爲遵旨據實覆奏仰祈
聖鑒事 421- 36-126之2

批雍正二年九月三日河南布政使
田文鏡奏爲據實奏明仰祈聖鑒
事 421- 37-126之2

批雍正二年九月二十四日署理河
南巡撫印務布政使田文鏡奏爲
恭謝天恩仰祈聖鑒事 421- 38-126之2

批雍正二年九月二十四日署理河
南巡撫印務布政使田文鏡奏爲
據實奏聞仰祈聖鑒事 421- 39-126之2

批雍正二年九月二十四日署理河
南巡撫印務布政使田文鏡奏爲
仰懇聖恩格外垂憐以廣皇仁事421- 39-126之2

批雍正二年九月二十四日署理河
南巡撫印務布政使田文鏡奏爲
遵旨據實密奏仰祈聖鑒事 421- 40-126之2

批雍正二年九月二十四日署理河
南巡撫印務布政使田文鏡奏爲
據實奏明仰祈聖鑒事 421- 41-126之2

批雍正二年九月二十四日署理河
南巡撫印務布政使田文鏡奏爲
欽奉上諭事 421- 42-126之2

批雍正二年十一月三日署理河南
巡撫印務布政使田文鏡奏爲欽
奉上諭事 421- 43-126之2

批雍正二年十月十二日署理河南
巡撫印務布政使田文鏡奏爲恭
報雨澤事 421- 44-126之2

批雍正二年十月十二日署理河南
巡撫印務布政使田文鏡奏爲遵
旨覆奏事 421- 45-126之2

批雍正二年十月二十六日署理河
南巡撫印務布政使田文鏡奏爲
恭謝天恩仰祈聖鑒事 421- 46-126之2

批雍正二年十月二十六日署理河
南巡撫印務布政使田文鏡奏爲
恭謝天恩仰祈聖鑒事 421- 47-126之2

批雍正二年十月二十六日署理河
南巡撫印務布政使田文鏡奏爲
據實奉聞仰祈睿鑒事 421- 48-126之2

批雍正二年十一月九日署理河南

巡撫印務布政使田文鏡奏爲據
實陳明仰祈聖恩鑒宥事 421- 48-126之2

批雍正二年十一月九日署理河南
巡撫印務布政使田文鏡奏爲據
實覆奏仰祈聖鑒事 421- 50-126之2

批雍正二年十一月九日署理河南
巡撫印務布政使田文鏡奏爲據
實奏明仰祈聖鑑事 421- 53-126之2

批雍正二年十一月九日署理河南
巡撫印務布政使田文鏡奏爲據
實覆奏仰祈聖鑒事 421- 53-126之2

批雍正二年十一月二十日署理河
南巡撫印務布政使田文鏡奏爲
據實陳明以慰聖懷事 421- 54-126之2

批雍正二年十一月二十日署理河
南巡撫印務布政使田文鏡奏爲
遵旨據實覆奏仰祈聖鑒事 421- 58-126之2

批雍正二年十一月二十日署理河
南巡撫印務布政使田文鏡奏爲
請旨事 421- 59-126之2

批雍正二年十二月四日署理河南
巡撫印務田文鏡奏爲聖恩之高
厚無極圖報感難謹繕摺覆奏仰
祈睿鑒事 421- 61-126之3

批雍正二年十二月四日署理河南
巡撫印務田文鏡奏爲恭謝天恩
仰祈聖鑒事 421- 64-126之3

批雍正二年十二月十五日河南巡
撫田文鏡奏爲聖恩壅沛圖報實
難謹繕摺奏謝仰祈睿鑒事 421- 65-126之3

批雍正二年十二月十五日河南巡
撫田文鏡奏爲恭謝天恩仰祈聖
鑒事 421- 66-126之3

批雍正二年十二月十五日河南巡
撫田文鏡奏爲恭報得雪日期分
寸以慰聖懷事 421- 67-126之3

批雍正二年十二月十五日河南巡
撫田文鏡奏爲遵旨據實奏明仰
祈聖鑒事 421- 67-126之3

批雍正二年十二月十五日河南巡
撫田文鏡奏爲據實奏明仰祈睿
鑒事 421- 69-126之3

批雍正二年十二月二十七日河南
巡撫田文鏡奏爲聖恩日重圖報
感難謹瀝丹誠仰祈睿鑒事 421- 70-126之3

四庫全書文集篇目分類索引　　379

批雍正二年十二月二十七日河南巡撫田文鏡奏爲恭報得雪日期分寸以慰聖懷事　421- 71-126之3

批雍正二年十二月二十七日河南巡撫田文鏡奏爲敬陳筠堯請增營汛官兵保固疆圉以垂永遠仰祈睿鑒事　421- 71-126之3

批雍正三年一月四日河南巡撫田文鏡奏爲恭謝天恩仰祈聖睿鑒事　421- 73-126之3

批雍正三年一月四日河南巡撫田文鏡奏爲聖恩浩蕩無可圖報謹瀝丹誠仰祈睿鑒事　421- 74-126之3

批雍正三年一月四日河南巡撫田文鏡奏爲據實奏明仰祈聖鑒事 421- 76-126之3

批雍正三年一月二十四日河南巡撫田文鏡奏爲敬陳各官賢否以慰聖懷事　421- 76-126之3

批雍正三年一月二十四日河南巡撫田文鏡奏爲恭報得雨日期共慶豐以慰聖懷事　421- 78-126之3

批雍正三年一月二十四日河南巡撫田文鏡奏爲據實覆奏仰祈聖鑒事　421- 78-126之3

批雍正三年一月二十四日河南巡撫田文鏡奏爲聖恩壑沛謹瀝丹誠仰祈聖鑒事　421- 79-126之3

批雍正三年一月二十四日河南巡撫田文鏡奏爲遵旨覆奏仰祈聖鑒事　421- 80-126之3

批雍正三年一月二十四日河南巡撫田文鏡奏爲仰懇聖恩仍留堡夫以資防修事　421- 80-126之3

批雍正三年二月八日河南巡撫田文鏡奏爲據實奏明仰祈聖鑒事 421- 81-126之3

批雍正三年二月八日河南巡撫田文鏡奏爲奏明事　421- 83-126之3

批雍正三年二月二十四日河南巡撫田文鏡奏爲奏請酌更貯存米石以免紅朽事　421- 83-126之3

批雍正三年二月二十四日河南巡撫田文鏡奏爲請補各案曠空以裕國餉等　421- 85-126之3

批雍正三年二月二十四日河南巡撫田文鏡奏爲據實覆奏仰祈聖鑒事　421- 86-126之3

批雍正三年二月二十四日河南巡撫田文鏡奏爲據實奏明動存耗羨銀兩數目仰祈聖鑒事　421- 87-126之3

批雍正三年二月二十四日河南巡撫田文鏡奏爲奏明事　421- 88-126之3

批雍正三年二月二十九日河南巡撫田文鏡奏爲仰懇聖恩逾格榮封事　421- 90-126之4

批雍正三年二月二十九日河南巡撫田文鏡奏爲敬抒謝悃據實奏聞事　421- 91-126之4

批雍正三年二月二十九日河南巡撫田文鏡奏爲敬陳積年被水田畝仰祈聖鑒事　421- 92-126之4

批雍正三年三月三日河南巡撫田文鏡奏爲遵旨據實覆奏仰祈聖鑒事　421- 95-126之4

批雍正三年三月十七日河南巡撫田文鏡奏爲據實奏聞仰祈聖鑒事　421- 97-126之4

批雍正三年三月十七日河南巡撫田文鏡奏爲仰懇聖恩格外賞給養廉以廣皇仁事　421- 98-126之4

批雍正三年三月十七日河南巡撫田文鏡奏爲據實奏明仰祈聖鑒事　421- 99-126之4

批雍正三年三月十七日河南巡撫田文鏡奏爲據實覆奏仰祈聖鑒事　421-101-126之4

批雍正三年四月二日河南巡撫田文鏡奏爲遵旨覆奏仰祈聖鑒事 421-101-126之4

批雍正三年四月二日河南巡撫田文鏡奏爲遵旨覆奏仰祈聖鑒事 421-102-126之4

批雍正三年四月三日河南巡撫田文鏡奏爲恭報得雨日期分寸以慰聖懷事　421-103-126之4

批雍正三年四月十三日河南巡撫田文鏡奏爲恭謝天恩仰祈聖鑒事　421-104-126之4

批雍正三年四月十三日河南巡撫田文鏡奏爲據實覆奏仰祈聖鑒事　421-105-126之4

批雍正三年四月十四日河南巡撫田文鏡奏爲恭報雨澤以慰聖懷

事　　　　　　　　　　421-106-126之4

批雍正三年四月十七日河南巡撫田文鏡奏爲恭報雨澤以慰聖懷事　　　　　　　　　　421-107-126之4

批雍正三年四月二十五日河南巡撫田文鏡奏爲敬陳愚悃仰祈聖鑒事　　　　　　　　　　421-108-126之4

批雍正三年四月二十五日河南巡撫田文鏡奏爲據實覆奏仰祈聖鑒事　　　　　　　　　　421-109-126之4

批雍正三年四月二十五日河南巡撫田文鏡奏爲據實奏明恭請聖裁事　　　　　　　　　　421-109-126之4

批雍正三年四月二十五日河南巡撫田文鏡奏爲據實覆奏仰祈聖鑒事　　　　　　　　　　421-110-126之4

批雍正三年五月六日河南巡撫田文鏡奏爲恭報得雨日期分數以慰聖懷事　　　　　　　　421-113-126之4

批雍正三年五月六日河南巡撫田文鏡奏爲遵旨據實密奏仰祈聖鑒事　　　　　　　　　　421-113-126之4

批雍正三年五月六日河南巡撫田文鏡奏爲恭報二麥收成分數以慰聖懷事　　　　　　　　421-114-126之4

批雍正三年五月六日河南巡撫田文鏡奏爲請停印發紅簿以省無益事　　　　　　　　　　421-116-126之4

批雍正三年五月六日河南巡撫田文鏡奏爲據實覆奏仰祈聖鑒事421-117-126之4

批雍正三年五月十六日河南巡撫田文鏡奏爲恭報雨澤以慰聖懷事　　　　　　　　　　421-118-126之4

批雍正三年五月十六日河南巡撫田文鏡奏爲恭報米麥雜糧價值以慰聖懷事　　　　　　　421-119-126之4

批雍正三年五月十六日河南巡撫田文鏡奏爲據情代奏恭謝天恩事　　　　　　　　　　421-119-126之4

批雍正三年五月十六日河南巡撫田文鏡奏爲據情代奏恭謝天恩事　　　　　　　　　　421-120-126之4

批雍正三年五月二十六日河南巡撫田文鏡奏爲恭謝天恩事　　421-121-126之4

批雍正三年五月二十六日河南巡撫田文鏡奏爲敬陳河工錢糧務宜逐案及時奏銷以清款項仰祈聖鑒事　　　　　　　　　　421-122-126之4

批雍正三年五月二十六日河南巡撫田文鏡奏爲遵旨據實覆奏仰祈聖鑒事　　　　　　　　421-123-126之4

批雍正三年五月二十六日河南巡撫田文鏡奏爲恭謝天恩仰祈聖鑒事　　　　　　　　　　421-124-126之4

批雍正三年六月十日河南巡撫田文鏡奏爲恭報雨澤以慰聖懷事421-125-126之5

批雍正三年六月十日河南巡撫田文鏡奏爲遵旨據實覆奏仰祈聖鑒事　　　　　　　　　　421-126-126之5

批雍正三年六月十日河南巡撫田文鏡奏爲糟糧關係國儲挽運必須協力懇請改歸屬縣以免推諉遲誤事　　　　　　　　　　421-127-126之5

批雍正三年六月十日河南巡撫田文鏡奏爲據實覆奏仰祈聖鑒事421-130-126之5

批雍正三年六月十日河南巡撫田文鏡奏爲仰懇聖恩逾格補授升員以收得人之效事　　　　421-132-126之5

批雍正三年六月二十一日河南巡撫田文鏡奏爲恭報雨澤以慰聖懷事　　　　　　　　　　421-134-126之5

批雍正三年六月二十一日河南巡撫田文鏡奏爲責成河道兼管河兵以免曠工以收實效事　　421-134-126之5

批雍正三年六月二十一日河南巡撫田文鏡奏爲請旨事　　　　421-136-126之5

批雍正三年六月二十一日河南巡撫田文鏡奏爲據實奏明仰祈聖鑒事　　　　　　　　　　421-138-126之5

批雍正三年六月二十一日河南巡撫田文鏡奏爲據實覆奏仰祈聖鑒事　　　　　　　　　　421-139-126之5

批雍正三年七月六日河南巡撫田文鏡奏爲恭報雨澤以慰聖懷事421-140-126之5

批雍正三年七月六日河南巡撫田文鏡奏爲恭報伏汛水勢情形以慰聖懷事　　　　　　　　421-141-126之5

批雍正三年七月六日河南巡撫田文鏡奏爲錢糧酌量撥解司庫少留存貯仰祈聖裁事　　　　421-142-126之5

四庫全書文集篇目分類索引

批雍正三年七月十五日河南巡撫田文鏡奏爲直陳汜水漫溢情形仰祈聖鑒事 421-144-126之5

批雍正三年七月十九日河南巡撫田文鏡奏爲缺口之流水已斷居民之田廬無恙謹據實詳陳以慰聖懷事 421-145-126之5

批雍正三年七月二十八日河南巡撫田文鏡奏爲據實奏明仰祈聖鑒事 421-147-126之5

批雍正三年七月二十八日河南巡撫田文鏡奏爲教缺不可久懸衰老實難勝任敬陳一得仰祈睿鑒事 421-148-126之5

批雍正三年八月三日河南巡撫田文鏡奏爲據實奏明仰祈聖鑒事 421-151-126之6

批雍正三年八月三日河南巡撫田文鏡奏請預買穀石以實倉廩事 421-153-126之6

批雍正三年八月三日河南巡撫田文鏡奏爲據實覆奏仰祈聖鑒事 421-154-126之6

批雍正三年八月三日河南巡撫田文鏡奏爲欽奉上諭事 421-155-126之6

批雍正三年八月三日河南巡撫田文鏡奏爲恭謝天恩仰祈聖鑒事 421-156-126之6

批雍正三年八月二十八日河南巡撫田文鏡奏爲據實覆奏仰祈聖鑒事 421-156-126之6

批雍正三年八月二十八日河南巡撫田文鏡奏爲據實奏明仰祈聖鑒事 421-158-126之6

批雍正三年九月十一日河南巡撫田文鏡奏爲據實覆奏仰祈聖鑒事 421-160-126之6

批雍正三年九月十一日河南巡撫田文鏡奏爲恭報秋禾收成分數以慰聖懷事 421-164-126之6

批雍正三年九月十一日河南巡撫田文鏡奏爲據實覆奏仰祈聖鑒事 421-165-126之6

批雍正三年九月十一日河南巡撫田文鏡奏爲欽奉上諭事 421-166-126之6

批雍正三年九月十一日河南巡撫田文鏡奏爲據實奏聞仰祈聖鑒事 421-166-126之6

批雍正三年九月二十九日河南巡撫田文鏡奏爲據實覆奏仰祈聖鑒事 421-167-126之6

批雍正三年九月二十九日河南巡撫田文鏡奏爲恭報秋汜水勢情形以慰聖懷事 421-168-126之6

批雍正三年九月二十九日河南巡撫田文鏡奏爲據實覆奏仰祈聖鑒事 421-169-126之6

批雍正三年九月二十九日河南巡撫田文鏡奏爲奏請酌調賢員以除積弊以甦民困事 421-171-126之6

批雍正三年九月二十九日河南巡撫田文鏡奏爲遵旨覆奏仰祈聖鑒事 421-173-126之6

批雍正三年十一月十日河南巡撫田文鏡奏爲恭請皇上聖安 421-175-126之6

批雍正三年十一月十日河南巡撫田文鏡奏爲恭謝天恩仰祈聖鑒事 421-175-126之6

批雍正三年十一月十日河南巡撫田文鏡奏爲漕運全資水利宜通源節流以濟運道事 421-176-126之6

批雍正三年十一月十日河南巡撫田文鏡奏爲據實覆奏仰祈聖鑒事 421-177-126之6

批雍正三年十一月十日河南巡撫田文鏡奏爲據情代奏恭謝天恩事 421-178-126之6

批雍正三年十一月十日河南巡撫田文鏡奏爲據實奏明仰祈聖鑒事 421-180-126之6

批雍正四年一月二十一日河南巡撫田文鏡奏爲據實奏明仰祈聖鑒事 421-182-126之7

批雍正四年一月二十一日河南巡撫田文鏡奏爲仰懇聖恩擢補賢員以收得人之效事 421-183-126之7

批雍正四年一月二十一日河南巡撫田文鏡奏爲恭謝天恩仰祈聖鑒事 421-184-126之7

批雍正四年一月二十一日河南巡撫田文鏡奏爲據實再陳仰祈聖鑒事 421-186-126之7

批雍正四年一月二十一日河南巡撫田文鏡奏爲恭報瑞雪以慰聖

懷事　　　　　　　　421-187-126之7

批雍正四年二月二十一日河南巡撫田文鏡奏爲據實奏明仰祈聖鑒事　　　　　　　　421-187-126之7

批雍正四年二月二十一日河南巡撫田文鏡奏爲據實覆奏仰祈聖鑒事　　　　　　　　421-188-126之7

批雍正四年三月二十七日河南巡撫田文鏡奏爲敬陳覆勘水利情形仰祈聖鑒事　　　　421-190-126之7

批雍正四年三月二十七日河南巡撫田文鏡奏爲恭報晴雨日期仰祈聖鑒事　　　　　　421-194-126之7

批雍正四年四月二日河南巡撫田文鏡奏爲恭報雨澤分寸暨桃汛水勢平穩以慰聖懷事　421-194-126之7

批雍正四年四月十日河南巡撫田文鏡奏爲恭報雨澤霑足情形以慰聖懷事　　　　　　421-195-126之7

批雍正四年四月二十七日河南巡撫田文鏡奏爲遵旨據實覆奏仰祈聖鑒事　　　　　　421-197-126之7

批雍正四年四月二十七日河南巡撫田文鏡奏爲據實覆奏仰祈聖鑒事　　　　　　　　421-200-126之7

批雍正四年五月十五日河南巡撫田文鏡奏爲據實覆奏仰祈聖鑒事　　　　　　　　　421-202-126之7

批雍正四年五月十五日河南巡撫田文鏡奏爲恭報二麥收成分數以慰聖懷事　　　　　421-203-126之7

批雍正四年五月十九日河南巡撫田文鏡奏爲聖恩浩蕩圖報愈難謹瀝丹誠仰祈睿鑒事　421-203-126之7

批雍正四年五月二十九日河南巡撫田文鏡奏爲恭請陛見以伸犬馬私忱事　　　　　　421-204-116之7

批雍正四年六月十一日河南巡撫田文鏡奏爲恭謝天恩仰祈聖鑒事　　　　　　　　　421-205-126之7

批雍正四年六月十一日河南巡撫田文鏡奏爲據實奏聞仰祈聖鑒事　　　　　　　　　421-206-126之7

批雍正四年六月十一日河南巡撫田文鏡奏爲恭報秋禾暢茂情形以慰聖懷事　　　　　421-208-126之7

批雍正四年六月十一日河南巡撫田文鏡奏爲據實覆奏仰祈聖鑒事　　　　　　　　　421-208-126之7

批雍正四年六月二十一日河南巡撫田文鏡奏爲遵旨密奏仰祈聖鑒事　　　　　　　　421-209-126之7

批雍正四年六月二十一日河南巡撫田文鏡奏爲恭報雨澤併秋禾暢茂情形以慰聖懷事　421-210-126之7

批雍正四年六月二十一日河南巡撫田文鏡奏爲恭謝天恩仰祈聖鑒事　　　　　　　　421-211-126之7

批雍正四年七月九日河南巡撫田文鏡奏爲據實覆奏仰祈聖鑒事421-212-126之7

批雍正四年七月九日河南巡撫田文鏡奏爲恭報伏汛水勢平穩情形以慰聖懷事　　　　421-212-126之7

批雍正四年七月十九日河南巡撫田文鏡奏爲担傳諭旨鼓惑聽聞不敢不奏仰祈聖鑒事　421-213-126之7

批雍正四年七月二十二日河南巡撫田文鏡奏爲據實覆奏仰祈聖鑒事　　　　　　　　421-214-126之7

批雍正四年七月二十二日河南巡撫田文鏡奏爲據實奏明仰祈聖鑑事　　　　　　　　421-215-126之7

批雍正四年七月二十六日河南巡撫田文鏡奏爲據實奏明仰祈聖鑒事　　　　　　　　421-217-126之7

批雍正四年七月二十六日河南巡撫田文鏡奏爲據實覆奏仰祈聖鑒事　　　　　　　　421-219-126之7

批雍正四年九月一日河南巡撫田文鏡奏爲恭謝天恩仰祈聖鑒事　421-221-126之8

批雍正四年九月一日河南巡撫田文鏡奏爲據實覆奏仰祈聖鑑事（二則）　　　　　　421-222-126之8

批雍正四年九月三日河南巡撫田文鏡奏爲恭報秋成分數暨秋汛水勢情形上慰聖懷事　421-224-126之8

批雍正四年九月三日河南巡撫田文鏡奏爲道員懷私挾嫌一計兩害以圖報復仰祈睿鑒事　421-225-126之8

批雍正四年九月四日河南巡撫田

文鏡奏爲學臣三年任滿多士懇請復留謹據實奏聞仰祈聖鑒事 421-228-126之8

批雍正四年九月四日河南巡撫田文鏡奏爲聖恩高厚廑極感惶無地伏乞皇上立賜龍黜嚴加究治以彰不職事 421-229-126之8

批雍正四年九月二十一日河南巡撫田文鏡奏爲恭謝天恩仰祈聖鑑事 421-231-126之8

批雍正四年九月二十一日河南巡撫田文鏡奏爲遵旨據實覆奏仰祈聖鑑事 421-231-126之8

批雍正四年九月二十一日河南巡撫田文鏡奏爲聖恩益隆臣罪愈重謹據實覆奏仰祈聖鑒事 421-232-126之8

批雍正四年九月二十一日河南巡撫田文鏡奏爲據實覆奏仰祈聖鑑事 421-234-126之8

批雍正四年九月二十四日河南巡撫田文鏡奏爲聖恩愈厚圖報愈難負罪愈深矢心愈篤淚盡血枯聲微嘔咽事 421-236-126之8

批雍正四年九月二十四日河南巡撫田文鏡奏爲遵旨據實密奏仰祈聖鑒事 421-239-126之8

批雍正四年九月二十四日河南巡撫田文鏡奏爲恭謝天恩仰祈聖鑑事 421-240-126之8

批雍正四年九月二十九日河南巡撫田文鏡奏爲聖恩愈重臣罪愈深謹瀝血奏謝仰祈聖鑒事 421-240-126之8

批雍正四年九月二十九日河南巡撫田文鏡奏爲秋汛安瀾民情感激謹據實奏聞恭慰聖懷事 421-242-126之8

批雍正四年十月九日河南巡撫田文鏡奏爲聖恩愈重圖報愈難謹瀝血奏謝仰祈睿鑑事 421-243-126之8

批雍正四年十一月三日河南巡撫田文鏡奏爲欽賜御書恭謝天恩事 421-246-126之9

批雍正四年十一月三日河南巡撫田文鏡奏爲據實覆奏仰祈聖鑒事 421-247-126之9

批雍正四年十一月七日河南巡撫田文鏡河北鎮總兵官紀成斌奏爲遵旨定議據實奏聞仰祈聖鑒事 421-250-126之9

批雍正四年十一月七日河南巡撫田文鏡奏爲奉命來豫之侍衞才有可用仰懇聖恩逾格補授以收得人之效事 421-251-126之9

批雍正四年十一月七日河南巡撫田文鏡奏爲屢蒙聖訓恭謝天恩事 421-251-126之9

批雍正四年十一月九日河南巡撫田文鏡奏爲據實覆奏仰祈聖鑒事 421-253-126之9

批雍正四年十一月九日河南巡撫田文鏡奏爲荷蒙聖訓恭謝天恩仰祈睿鑒事 421-253-126之9

批雍正四年十一月九日河南巡撫田文鏡奏爲疊蒙聖訓感激難名謹瀝血奏謝仰祈聖鑒事 421-256-126之9

批雍正四年十二月六日河南巡撫田文鏡奏爲恭報瑞雪以慰聖懷事 421-258-126之9

批雍正四年十二月六日河南巡撫田文鏡奏爲恭謝天恩仰祈聖鑒事 421-259-126之9

批雍正四年十二月六日河南巡撫田文鏡奏爲據實覆奏仰祈聖鑒事 421-260-126之9

批雍正四年十二月六日河南巡撫田文鏡奏爲恭謝天恩仰祈聖鑒事 421-261-126之9

批雍正四年十二月十八日河南巡撫田文鏡奏爲恭報瑞雪仰祈聖鑒事 421-262-126之9

批雍正五年一月一日河南巡撫田文鏡奏爲恭報河清大慶仰祈睿鑒事 421-262-126之9

批雍正五年一月七日河南巡撫田文鏡奏爲恭謝天恩事 421-263-126之9

批雍正五年一月七日河南巡撫田文鏡奏爲恭懇天恩准留巡察以資政治事 421-265-126之9

批雍正五年一月七日河南巡撫田文鏡奏爲恭請復設河北道員仰祈睿鑒事 421-266-126之9

批雍正五年二月九日河南巡撫田

文鏡奏爲恭報春雨春雪仰祈睿鑒事 421-267-126之9

批雍正五年二月十八日河南巡撫田文鏡奏爲欽奉聖訓據實覆奏事 421-268-126之9

批雍正五年二月十八日河南巡撫田文鏡奏爲恭請分發候選州縣學習留補以課更仰祈睿鑒事 421-270-126之9

批雍正五年閏三月六日河南巡撫田文鏡奏爲奏聞事 421-273-126之9

批雍正五年閏三月六日河南巡撫田文鏡奏爲桃汛已過工程平穩仰祈睿鑒事 421-274-126之9

批雍正五年閏三月六日河南巡撫田文鏡奏爲欽奉聖訓據實覆奏事 421-274-126之9

批雍正五年閏三月二十日河南巡撫田文鏡奏爲恭報得雨透足日期二麥秋禾長茂情形仰祈睿鑒事 421-275-126之9

批雍正五年閏三月二十日河南巡撫田文鏡奏爲據實奏明仰祈睿鑒事 421-276-126之9

批雍正五年四月二十八日河南巡撫田文鏡奏爲欽奉聖訓據實覆奏事 421-279-126之10

批雍正五年四月二十八日河南巡撫田文鏡奏爲恭報二麥收成分數及雨澤汛水情形仰慰聖懷事 421-281-126之10

批雍正五年六月三日河南巡撫田文鏡奏爲恭報雨澤壁汛水平穩情形仰慰聖懷事 421-282-126之10

批雍正五年六月三日河南巡撫田文鏡奏爲據實奏明仰祈聖鑒事 421-283-126之10

批雍正五年六月三日河南巡撫田文鏡奏爲欽奉聖訓據實覆奏事 421-284-126之10

批雍正五年六月二十日河南巡撫田文鏡奏爲恭報得雨日期壁秋禾暢茂情形仰慰聖懷事 421-286-126之10

批雍正五年六月二十日河南巡撫田文鏡奏爲伏汛已過工程平穩仰祈聖鑒事 421-287-126之10

批雍正五年六月二十日河南巡撫田文鏡奏爲敬陳出借倉穀之積習不可不除伏乞睿鑒事 421-288-126之10

批雍正五年六月二十日河南巡撫田文鏡奏爲恭報動存耗羨銀兩數目仰祈聖鑒事 421-289-126之10

批雍正五年七月四日河南巡撫田文鏡奏爲恭報得雨日期壁汛水平穩情形仰慰聖懷事 421-290-126之10

批雍正五年七月四日河南巡撫田文鏡奏爲據實奏聞事 421-291-126之10

批雍正五年七月四日河南巡撫田文鏡奏爲欽奉聖訓據實覆奏事 421-292-126之10

批雍正五年八月四日河南總督田文鏡奏爲恭謝天恩事 421-294-126之10

批雍正五年八月四日河南總督田文鏡奏爲恭報秋雨日期壁汛水平穩情形仰祈睿鑒事 421-294-126之10

批雍正五年八月四日河南總督田文鏡奏爲恭報秋禾收成分數仰慰聖懷事 421-295-126之10

批雍正五年八月四日河南總督田文鏡奏爲請旨事 421-295-126之10

批雍正五年八月四日河南總督田文鏡奏爲欽奉聖訓據實覆奏事 421-297-126之10

批雍正五年八月四日河南總督田文鏡欽奉聖訓據實覆奏事 421-298-126之10

批雍正五年八月二十八日河南總督田文鏡奏爲恭報晴雨日期壁汛水平穩情形仰慰聖懷事 421-301-126之10

批雍正五年八月二十八日河南總督田文鏡奏爲遵旨密奏仰祈聖鑒事 421-301-126之10

批雍正五年八月二十八日河南總督田文鏡奏爲豫懇聖恩仰祈睿鑒事 421-303-126之10

批雍正五年八月二十八日河南總督田文鏡奏爲據實奏聞仰祈聖鑒事 421-304-126之10

批雍正五年八月十八日河南總督田文鏡奏爲請定查驗盜賊出入情形之例件嚴事主担報盜案之條以廣皇仁以重民命事 421-306-126之10

批雍正五年八月二十八日河南總督田文鏡奏爲據實奏聞仰祈聖鑒事 421-309-126之10

批雍正五年九月十一日河南總督田文鏡奏爲恭謝天恩仰祈聖鑒

事　　　　　　　　　421-311-126之11
批雍正五年九月十一日河南總督
　田文鏡奏爲欽奉聖訓據實覆奏
　事　　　　　　　　421-313-126之11
批雍正五年九月二十五日河南總
　督田文鏡奏爲請定稅契之法以
　杜姦弊事　　　　　421-314-126之11
批雍正五年九月二十五日河南總
　督田文鏡奏爲欽奉聖訓據實覆
　奏事　　　　　　　421-318-126之11
批雍正五年九月二十五日河南總
　督田文鏡奏爲欽奉聖訓據實覆
　奏事　　　　　　　421-319-126之11
批雍正五年九月二十五日河南總
　督田文鏡奏爲欽奉聖訓據實覆
　奏事　　　　　　　421-320-126之11
批雍正五年十月二十六日河南總
　督田文鏡奏爲恭報瑞雪仰慰聖
　懷事　　　　　　　421-321-126之11
批雍正五年十月二十六日河南總
　督田文鏡奏爲據實奏明仰祈睿
　鑒事　　　　　　　421-322-126之11
批雍正五年十月二十六日河南總
　督田文鏡奏爲欽奉聖訓據實覆
　奏事（二則）　　　421-325-126之11
批雍正五年十一月二十六日河南
　總督田文鏡奏爲恭請訓旨事　421-328-126之11
批雍正五年十一月二十六日河南
　總督田文鏡奏爲欽奉聖諭據實
　覆奏事　　　　　　421-329-126之11
批雍正五年十一月二十六日河南
　總督田文鏡奏爲欽奉聖訓據實
　覆奏事　　　　　　421-331-126之11
批雍正五年十一月二十六日河南
　總督田文鏡奏爲欽奉聖諭據實
　覆奏事　　　　　　421-322-126之11
批雍正五年十一月二十六日河南
　總督田文鏡奏爲恭摺覆奏事　421-334-126之11
批雍正五年十一月二十六日河南
　總督田文鏡奏爲欽奉聖訓據實
　覆奏事　　　　　　421-334-126之11
批雍正五年十二月十日河南總督
　田文鏡奏恭請皇上聖安　421-337-126之11
批雍正五年十二月十日河南總督
　田文鏡奏爲恭逢正旦令節普天
同慶事　　　　　　　421-337-126之11
批雍正五年十二月十日河南總督
　田文鏡奏爲恭報瑞雪仰祈睿鑒
　事　　　　　　　　421-338-126之11
批雍正六年一月十一日河南總督
　田文鏡奏爲欽奉聖訓據實覆奏
　事　　　　　　　　421-339-126之12
批雍正六年一月十一日河南總督
　田文鏡奏爲欽奉聖訓據實覆奏
　事　　　　　　　　421-341-126之12
批雍正六年二月三日河南總督田
　文鏡奏爲遵旨密議據實覆奏事 421-342-126之12
批雍正六年二月三日河南總督田
　文鏡奏爲恭報雨澤仰慰聖懷事 421-344-126之12
批雍正六年二月三日河南總督田
　文鏡奏爲錢價之不平有由小民
　之銅器有限收銅之法則宜分仰
　祈睿鑒事　　　　　421-344-126之12
批雍正六年二月三日河南總督田
　文鏡奏爲遵旨恭進御覽事　421-349-126之12
批雍正六年二月三日河南總督田
　文鏡奏爲恭報駐驛解足日期仰
　祈聖鑒事　　　　　421-350-126之12
批雍正六年二月三日河南總督田
　文鏡奏爲遵旨酌增各官養廉以
　廣皇仁以勵廉節事　421-350-126之12
批雍正六年二月十二日河南總督
　田文鏡奏爲恭報普得雨雪日期
　仰慰聖懷事　　　　421-353-126之12
批雍正六年二月十二日河南總督
　田文鏡奏爲欽奉聖訓據實覆奏
　事　　　　　　　　421-353-126之12
批雍正六年三月四日河南總督田
　文鏡奏爲恭報復得雨雪日期仰
　慰聖懷事　　　　　421-354-126之12
批雍正六年三月四日河南總督田
　文鏡奏爲欽奉聖訓據實覆奏事
　（二則）　　　　　421-355-126之12
批雍正六年三月四日河南總督田
　文鏡奏爲遵旨奏聞事　421-358-126之12
批雍正六年三月四日河南總督田
　文鏡奏爲欽奉聖訓據實覆奏事 421-358-126之12
批雍正六年三月四日河南總督田
　文鏡奏爲欽奉上諭據實覆奏事 421-359-126之12
批雍正六年三月二十五日河南總

督田文鏡奏爲恭報雨澤仰慰聖懷事 421-361-126之12

批雍正六年三月二十五日河南總督田文鏡奏爲恭謝天恩仰祈聖鑒事 421-361-126之12

批雍正六年三月二十五日河南總督田文鏡奏爲桃汛已過工程平穩仰祈睿鑒事 421-362-126之12

批雍正六年四月十六日河南總督田文鏡奏爲據實奏明仰祈聖鑒事 421-363-126之12

批雍正六年四月十六日河南總督田文鏡奏爲恭謝天恩事 421-364-126之12

批雍正六年四月十六日河南總督田文鏡奏爲仰祈聖恩特留清勤公正之道員以勸盛治事 421-365-126之12

批雍正六年四月十六日河南總督田文鏡奏爲欽奉聖訓據實覆奏事 421-366-126之12

批雍正六年五月四日河南總督田文鏡奏爲恭報二麥收成分數暨秋禾暢茂情形仰慰聖懷事 421-367-126之12

批雍正六年五月四日河南總督田文鏡奏爲恭報得雨日期暨水勢平穩緣由仰祈聖鑒事 421-368-126之12

批雍正六年五月二十八日河南總督田文鏡奏爲恭報晴雨日期暨汛水平穩緣由仰祈聖鑒事 421-368-126之12

批雍正六年五月二十八日河南總督田文鏡奏爲恭報動存耗羨銀兩數目仰祈聖鑒事 421-369-126之12

批雍正六年六月二十一日河東總督田文鏡奏爲恭受天恩奏請聖訓事 421-371-126之13

批雍正六年六月二十一日河東總督田文鏡奏爲聖治淳熙化及愚夫愚婦據實奏聞事 421-374-126之13

批雍正六年六月二十一日河東總督田文鏡奏爲據實覆奏仰祈睿鑒事 421-375-126之13

批雍正六年七月十一日河東總督田文鏡奏爲遵旨密奏仰祈聖鑒事 421-376-126之13

批雍正六年七月十一日河東總督田文鏡奏爲欽奉聖訓據實覆奏事（二則） 421-377-126之13

批雍正六年八月四日河東總督田文鏡奏爲恭謝天恩事 421-383-126之13

批雍正六年八月四日河東總督田文鏡奏爲恭報豫省秋禾收成分數事 421-384-126之13

批雍正六年八月四日河東總督田文鏡奏爲恭奏東省秋禾收成分數事 421-384-126之13

批雍正六年八月四日河東總督田文鏡奏爲恭奏豫省黃河秋汛水勢情形及中泓刷深丈尺仰慰聖懷事 421-386-126之13

批雍正六年八月四日河東總督田文鏡奏爲欽奉聖訓據實覆奏事 421-387-126之13

批雍正六年八月四日河東總督田文鏡奏爲欽奉聖訓據實覆奏事 421-392-126之13

批河東總督田文鏡奏爲奏聞事 421-393-126之13

批雍正六年九月八日河東總督田文鏡奏爲欽奉諭旨據實覆奏事 421-393-126之13

批雍正六年九月八日河東總督田文鏡奏爲直陳歸充公用之非宜仰祈睿鑒事 421-394-126之13

批雍正六年九月八日河東總督奏爲觀侯月食事 421-398-126之13

批雍正六年九月八日河東總督田文鏡奏爲豫省車法已經教演嫺熟仰祈睿鑒事 421-399-126之13

批雍正六年九月八日河東總督田文鏡奏爲欽奉聖訓據實覆奏事 421-400-126之13

批雍正六年十月二十七日河東總督田文鏡奏爲恭報河東兩省雨暘時若二麥青葱仰祈睿鑒事 421-406-126之14

批雍正六年十月二十七日河東總督田文鏡奏爲恭摺代謝天恩仰祈睿鑒事 421-407-126之14

批雍正六年十月二十七日河東總督田文鏡奏爲欽奉上諭事（二則） 421-408-126之14

批雍正六年十月二十七日河東總督田文鏡奏爲查明沿海汛兵捉報賊船情由據實奏聞仰祈睿鑒事 421-411-126之14

批雍正六年十月二十七日河東總督田文鏡奏爲欽奉聖訓據實覆

奏事　　　　　　　　421-414-126之14
批雍正六年十一月十八日河東總
　督田文鏡奏爲恭報河東兩省所
　得雨雪日期仰祈睿鑒事　　421-416-126之14
批雍正六年十一月十八日河東總
　督田文鏡奏爲據實奏聞仰祈睿
　鑒事　　　　　　　421-417-126之14
批雍正六年十一月十八日河東總
　督田文鏡奏爲查明據實奏聞事421-418-126之14
批雍正六年十二月十六日河東總
　督田文鏡奏爲恭報河東兩省得
　雪日期仰祈睿鑒事　　421-420-126之14
批雍正六年十二月十六日河東總
　督田文鏡奏爲請添雙篷艍船以
　資巡哨以重海疆事　　421-420-126之14
批雍正六年十二月十六日河東總
　督田文鏡奏爲遵旨查明沿海情
　形無庸添設水陸滿兵仰祈睿鑒
　事　　　　　　　　421-422-126之14
批雍正六年十二月十六日河東總
　督田文鏡奏爲欽奉聖訓據實覆
　奏事　　　　　　　421-427-126之14
批雍正七年一月十九日河東總督
　田文鏡奏爲恭謝天恩事　　421-429-126之15
批雍正七年一月十九日河東總督
　田文鏡奏爲查明東省倉庫穀酌
　量買貯據實奏聞仰祈睿鑒事　421-430-126之15
批雍正七年一月十九日河東總督
　田文鏡奏爲查驗東省水陸各營
　及沿海汛地將弁馬步兵丁情形
　據實奏聞仰祈睿鑒事　　421-432-126之15
批雍正七年一月十九日河東總督
　田文鏡奏爲欽奉聖訓據實覆奏
　事　　　　　　　　421-434-126之5
批雍正七年一月二十九日河東總
　督田文鏡奏爲恭報河東兩省得
　雪日期仰祈睿鑒事　　421-436-126之15
批雍正七年一月二十九日河東總
　督田文鏡奏爲恭謝天恩事　　421-437-126之15
批雍正七年一月二十九日河東總
　督田文鏡奏爲遵旨察議具奏仰
　祈睿鑒事　　　　　421-438-126之15
批雍正七年二月十一日河東總督
　田文鏡奏爲欽奉上諭撥給養廉
　事　　　　　　　　421-441-126之15
批雍正七年二月十一日河東總督
　田文鏡奏爲豫省漕運動用歸公
　鹽規銀兩數目據實奏明仰祈睿
　鑒事　　　　　　　421-441-126之15
批雍正七年二月十一日河東總督
　田文鏡奏爲豫省各屬歸公鹽規
　銀兩據實奏明仰祈睿鑒事　　421-442-126之15
批雍正七年二月十一日河東總督
　田文鏡奏爲查勘東省廟工情形
　敬陳未議仰祈睿鑒事　　421-443-126之15
批雍正七年二月十一日河東總督
　奏爲欽奉聖訓據實覆奏事　421-447-126之15
批雍正七年三月六日河東總督田
　文鏡奏爲恭報河東兩省雨雪日
　期仰祈聖鑒事　　　421-448-126之15
批雍正七年三月六日河東總督田
　文鏡奏爲奏聞事　　　421-449-126之15
批雍正七年三月六日河東總督田
　文鏡奏爲欽奉聖訓據實覆奏事421-451-126之15
批雍正七年三月二十日河東總督
　田文鏡奏爲恭報河東兩省得雨
　日期仰祈睿鑒事　　421-452-126之15
批雍正七年三月二十日河東總督
　田文鏡奏爲受恩至重圖報至難
　冒昧越分陳言仰祈聖鑒事　　421-453-126之15
批雍正七年三月二十日河東總督
　田文鏡奏爲恭報河南解陝驛馬
　日期仰祈睿鑒事　　421-455-126之15
批雍正七年三月二十日河東總督
　田文鏡奏爲酌議辦理車馬奇事
　宜給發各項銀兩數目謹分析奏
　明仰祈睿鑒事　　　421-456-126之15
批雍正七年三月二十日河東總督
　田文鏡奏爲動用耗羨銀兩據實
　奏明仰祈睿鑒事　　421-457-126之15
批雍正七年三月二十日河東總督
　田文鏡奏爲刑名之任非輕賢能
　之員難得仰請聖恩陞擢以收實
　效事　　　　　　　421-459-126之15
批雍正七年四月十一日河東總督
　田文鏡奏爲黃河水汛平穩敬謹
　修防以固堤工以慰聖懷事　　421-461-126之15
批雍正七年四月十一日河東總督
　田文鏡奏爲欽遵聖諭據實覆奏
　事　　　　　　　　421-462-126之15

批雍正七年四月十一日河東總督田文鏡奏爲欽奉聖訓據實覆奏事 421-463-126之15

批雍正七年四月十一日河東總督田文鏡奏爲欽遵聖訓據實覆奏事 421-463-126之15

批雍正七年四月二十七日河東總督田文鏡奏爲恭報河東得雨日期仰慰聖懷事 421-466-126之16

批雍正七年四月二十七日河東總督田文鏡奏爲據實奏聞仰請聖裁事 421-467-126之16

批雍正七年四月二十七日河東總督田文鏡奏爲遵旨商酌據實覆奏事 421-468-126之16

批雍正七年四月二十七日河東總督田文鏡奏爲敬陳東省事宜請敕道員分密參案以清積牘以資吏治事 421-470-126之16

批雍正七年五月四日河東總督田文鏡奏爲恭報豫省得雨日期仰祈睿鑒事 421-472-126之16

批雍正七年五月四日河東總督田文鏡奏爲遵旨密覆事 421-472-126之16

批雍正七年五月四日河東總督田文鏡奏爲車騎兵丁起程日期仰祈睿鑒事 421-474-126之16

批雍正七年五月四日河東總督田文鏡奏爲欽奉諭旨委員確勘道路事 421-474-126之16

批雍正七年五月四日河東總督田文鏡奏爲遵旨斟酌東省耗羨據實覆奏事 421-476-126之16

批雍正七年五月四日河東總督田文鏡奏爲聖恩高厚難名感激無地恭辭增給養廉仰懇俯准事 421-477-126之16

批雍正七年五月十日河東總督田文鏡奏爲恭報豫省二麥收成分數并河東兩省得雨日期仰祈睿鑒事 421-479-126之16

批雍正七年五月十日河東總督田文鏡奏爲奏聞事 421-480-126之16

批雍正七年五月二十一日河東總督田文鏡奏爲恭報東省二麥收成分數仰祈睿鑒事 421-481-126之16

批雍正七年五月二十一日河東總督田文鏡奏爲欽奉上諭事 421-482-126之16

批雍正七年五月二十一日河東總督田文鏡奏爲豫省辦理車騎事宜動用耗羨銀兩據實奏明仰祈睿鑒事 421-483-126之16

批雍正七年五月二十一日奏爲恭報動存耗羨銀兩數目仰祈聖鑒事 421-484-126之16

批雍正七年五月二十一日奏爲欽奉聖訓據實覆奏事 421-484-126之16

批雍正七年六月十五日河東總督田文鏡奏爲恭報河東兩省得雨日期仰祈睿鑒事 421-486-126之16

批雍正七年六月十五日河東總督田文鏡奏爲公項動款既繁內部册檔宜備謹擬一併再造册報部以重庫帑仰祈聖裁事 421-487-126之16

批雍正七年六月十五日河東總督田文鏡奏爲遵旨密奏仰祈聖鑒事 421-488-126之16

批雍正七年六月十五日河東總督田文鏡奏爲恭報黃河水汛平穩仰慰聖懷事 421-489-126之16

批雍正七年六月十五日河東總督田文鏡奏爲據詳代奏恭謝天恩事 421-490-126之16

批雍正七年六月十五日河東總督田文鏡奏爲欽奉聖訓據實覆奏事 421-490-126之16

批雍正七年六月十五日河東總督田文鏡奏爲欽奉聖訓據實覆奏事 421-492-126之16

批雍正七年七月四日河東總督田文鏡奏爲恭報黃河水汛平穩仰慰聖懷事 421-494-126之17

批雍正七年七月四日河東總督田文鏡奏爲欽奉上諭分析奏明河東二麥收成分數仰祈睿鑒事 421-495-126之17

批雍正七年七月四日河東總督田文鏡奏爲欽奉上諭據實奏明事421-496-126之17

批雍正七年七月四日河東總督田文鏡奏爲奏聞事 421-497-126之17

批雍正七年七月四日河東總督田文鏡奏爲請定交穀交馬之例以

杜措以肅交代事　　　　　　421-498-126之17

批雍正七年七月四日河東總督田文鏡奏爲奏明事　　　　　　421-500-126之17

批雍正七年七月四日河東總督田文鏡奏爲奏請動用公項銀兩修理潰廟仰祈睿鑒事　　　　　　421-501-126之17

批雍正七年七月二十一日河東總督田文鏡奏爲恭報河東兩省得雨日期仰祈睿鑒事　　　　　　421-502-126之17

批雍正七年七月二十一日河東總督田文鏡奏爲恭報黃河伏汛平穩仰慰聖懷事　　　　　　421-502-126之17

批雍正七年七月二十一日河東總督田文鏡奏爲奏明事　　　　421-503-126之17

批雍正七年七月二十一日河東總督田文鏡奏爲遵旨覆奏事　　421-505-126之17

批雍正七年七月二十一日河東總督田文鏡奏爲司庫存貯零星歸公銀兩據實奏明仰祈聖鑒事　421-506-126之17

批雍正七年七月二十一日河東總督田文鏡奏爲據實奏明仰祈聖裁事（二則）　　　　　　421-507-126之17

批雍正七年七月二十一日河東總督田文鏡奏爲欽奉上諭事　　421-509-126之17

批雍正七年閏七月十日河東總督田文鏡奏爲恭報河東兩省得雨日期仰祈睿鑒事　　　　　　421-511-126之17

批雍正七年閏七月十日河東總督田文鏡奏爲恭報豫省秋禾收成分數仰祈睿鑒事　　　　　　421-512-126之17

批雍正七年閏七月十日河東總督田文鏡奏爲恭報黃河水汛平穩仰祈睿鑒事　　　　　　421-512-126之17

批雍正七年閏七月十日河東總督田文鏡奏爲奏聞事　　　　　421-513-126之17

批雍正七年閏七月十日河東總督田文鏡奏爲遵旨覆奏事　　　421-513-126之17

批雍正七年閏七月十日河東總督田文鏡奏爲奏請改造倉廒以重積貯事　　　　　　421-514-126之17

批雍正七年閏七月十日河東總督田文鏡奏爲欽奉聖訓據實覆奏事　　　　　　　　　　　　421-515-126之17

批雍正七年八月三日河東總督田文鏡奏爲恭報東省秋禾收成分數并河東兩省得雨日期仰祈睿鑒事　　　　　　　　　　　　421-516-126之17

批雍正七年八月三日河東總督田文鏡奏爲恭報黃河水汛平穩仰祈睿鑒事　　　　　　421-517-126之17

批雍正七年八月三日河東總督田文鏡奏爲據實奏明仰祈睿鑒事421-517-126之17

批雍正七年八月三日河東總督田文鏡奏爲欽奉上諭事　　　　421-521-126之17

批雍正七年八月三日河東總督田文鏡奏爲奏請酌通河東兩省書吏換班之期仰祈睿鑒事　　　421-521-126之17

批雍正七年八月三日河東總督田文鏡奏爲豫省黃河堤工請停加修議添堡夫仰祈睿鑒事　　　421-523-126之17

批雍正七年八月三日河東總督田文鏡奏爲欽奉聖訓據實覆奏事421-525-126之17

批雍正七年九月三日河東總督田文鏡奏爲恭報黃河秋汛平穩仰祈睿鑒事　　　　　　　　　421-527-126之18

批雍正七年九月三日河東總督田文鏡奏爲欽奉聖訓據實覆奏事421-528-126之18

批雍正七年九月三日河東總督田文鏡奏爲奏請酌增豫省運漕脚價仰祈睿鑒事　　　　　　　421-530-126之18

批雍正七年九月三日河東總督田文鏡奏爲奏明存貯入官硫磺仰請發給各營以資火藥需用事　421-531-126之18

批雍正七年九月三日河東總督田文鏡奏爲奏明事　　　　　　421-532-126之18

批雍正七年九月三日河東總督田文鏡奏爲恭謝天恩事　　　　421-534-126之18

批雍正七年九月二十一日河東總督田文鏡奏爲欽奉上諭事　　421-535-126之18

批雍正七年九月二十一日河東總督田文鏡奏爲據實奏聞事　　421-535-126之18

批雍正七年九月二十一日河東總督田文鏡奏爲欽奉上諭據實覆奏事　　　　　　　　　　　421-537-126之18

批雍正七年九月二十一日河東總督田文鏡奏爲遵旨密議覆奏事421-538-126之18

批雍正七年九月二十九日河東總督田文鏡奏爲欽奉聖訓據實覆奏事　　　　　　　　　　　421-541-126之18

批雍正七年九月二十九日河東總

督田文鏡奏爲恭報蘭陽工次化險爲平官民共慶聖德光昭事 421-545-126之18

批雍正七年十月二十四日河東總督田文鏡奏爲遵旨覆奏仰祈聖裁事 421-546-126之18

批雍正七年十月二十四日河東總督田文鏡奏爲欽奉聖訓據實覆奏事 421-548-126之18

批雍正七年十一月七日河東總督田文鏡奏爲恭報河東兩省雨雪日期仰祈睿鑒事 421-551-126之18

批雍正七年十一月七日河東總督田文鏡奏爲桌司關繫綦重職守務在得人據實奏明仰祈聖鑒以收實效事 421-551-126之18

批雍正七年十一月七日河東總督田文鏡奏爲奏明事 421-553-126之18

批雍正七年十一月十六日河東總督田文鏡奏爲恭報得雪日期仰祈睿鑒事 421-555-126之19

批雍正七年十一月十六日河東總督田文鏡奏爲欽奉上諭事 421-556-126之19

批雍正七年十一月十六日河東總督田文鏡奏爲欽奉聖訓據實覆奏事 421-557-126之19

批雍正七年十一月二十七日河東總督田文鏡奏爲續報豫省各屬得雪分寸並東省得雪日期仰祈睿鑒事 421-559-126之19

批雍正七年十一月二十七日河東總督田文鏡奏爲欽奉聖訓據實覆奏事 421-560-126之19

批雍正七年十一月二十七日河東總督田文鏡奏爲奏明事 421-562-126之19

批雍正七年十二月八日河東總督田文鏡奏爲恭謝天恩事 421-564-126之19

批雍正七年十二月八日河東總督田文鏡奏爲欽奉聖訓據實覆奏事 421-565-126之19

批雍正七年十二月八日河東總督田文鏡奏爲遵旨編輯訓示初任規條恭呈御覽仰請睿裁事 421-566-126之19

批雍正七年十二月八日河東總督田文鏡奏爲東省修建倉廒恭請聖訓遵行事 421-568-126之19

批雍正八年一月二日河東總督田文鏡奏爲恭謝天恩事 421-570-126之19

批雍正八年一月二日河東總督田文鏡奏爲恭報得雪日期仰祈睿鑒事 421-571-126之19

批雍正八年一月二日河東總督田文鏡奏爲欽奉聖訓據實覆奏事 421-571-126之19

批雍正八年二月一日河東總督田文鏡奏爲欽奉上諭事 421-574-126之19

批雍正八年二月一日河東總督田文鏡奏爲奏明事 421-575-126之19

批雍正八年二月一日河東總督田文鏡奏爲奏明武職養廉仰請聖裁事 421-576-126之19

批雍正八年二月一日河東總督田文鏡奏爲恭報雨雪日期仰祈睿鑒事 421-578-126之19

批雍正八年二月二十五日河東總督田文鏡奏爲遵旨行文事 421-579-126之19

批雍正八年二月二十五日河東總督田文鏡奏爲欽奉上諭事 421-581-126之19

批雍正八年二月二十五日河東總督田文鏡奏爲恭報河東兩省同沾雨雪日期仰祈睿鑒事 421-584-126之19

批雍正八年二月二十五日河東總督田文鏡奏爲添修豫省各營軍器仰祈睿鑒事 421-584-126之19

批雍正八年二月二十五日河東總督田文鏡奏爲欽奉上諭事 421-586-126之19

批雍正八年三月十七日河東總督田文鏡奏爲恭報豫省得雨日期仰祈睿鑒事 421-588-126之20

批雍正八年三月十七日河東總督田文鏡奏爲桃汛已過工程平穩謹繕摺奏聞仰慰聖懷事 421-589-126之20

批雍正八年三月十七日河東總督田文鏡奏爲欽奉聖訓據實覆奏事 421-590-126之20

批雍正八年三月十七日河東總督田文鏡奏爲奏明事 421-592-126之20

批雍正八年三月十七日河東總督田文鏡奏爲奏明東省營伍情形並酌選題補人員仰祈睿鑒事 421-593-126之20

批雍正八年三月十七日河東總督田文鏡奏爲奏明事 421-596-126之20

批雍正八年三月十七日河東總督
　田文鏡奏爲恭懇聖慈事　421-597-126之20
批雍正八年四月十三日河東總督
　田文鏡奏爲恭報豫省雨澤日期
　仰祈睿鑒事　421-599-126之20
批雍正八年四月十三日河東總督
　田文鏡奏爲遵旨密奏仰祈睿鑒
　事　421-600-126之20
批雍正八年四月十三日河東總督
　田文鏡奏爲欽奉上諭事　421-600-126之20
批雍正八年四月十三日河東總督
　田文鏡奏爲查明歸淮河道情形
　仰祈睿鑒事　421-603-126之20
批雍正八年四月十三日河東總督
　田文鏡奏爲通行條奏事　421-604-126之20
批雍正八年四月十三日河東總督
　田文鏡奏爲欽奉上諭事　421-606-126之20
批雍正八年四月二十七日河東總
　督田文鏡奏爲奏明東省藩庫平
　餘仰請聖鑒事　421-608-126之20
批雍正八年四月二十七日河東總
　督田文鏡奏爲奏明東省道府倉
　監穀仰祈睿鑒事　421-610-126之20
批雍正八年五月六日河東總督田
　文鏡奏恭請皇上聖安　421-614-126之20
批雍正八年五月六日河東總督田
　文鏡奏爲恭謝天恩事　421-614-126之20
批雍正八年五月六日河東總督田
　文鏡奏爲欽奉上諭事（二則）421-615-126之20
批雍正八年五月十七日河東總督
　田文鏡奏爲引河開放成功萬年
　永慶底績事　421-618-126之20
批雍正八年五月十七日河東總督
　田文鏡奏爲據實奏懇聖恩事　421-619-126之20
批雍正八年五月二十三日河東總
　督田文鏡奏爲欽奉聖訓據實覆
　奏事　421-621-126之21
批雍正八年五月二十三日河東總
　督田文鏡奏爲聖恩之垂念彌深
　臣心之感激難已欽奉聖訓謹再
　據實覆奏事　421-622-126之21
批雍正八年六月八日河東總督田
　文鏡奏爲恭報豫省雨澤日期仰
　祈睿鑒事　421-623-126之21
批雍正八年六月八日河東總督田
　文鏡奏爲欽奉上諭事　421-624-126之21
批雍正八年六月八日通政使革職
　從寬留任留保奏　421-625-126之21
批雍正八年六月八日河東總督田
　文鏡奏爲覆奏事　421-626-126之21
批雍正八年六月八日河東總督田
　文鏡奏爲郡守才不勝任據實奏
　明仰請睿鑒事　421-627-126之21
批雍正八年六月二十二日河東總
　督田文鏡奏爲奏明事　421-628-126之21
批雍正八年六月二十二日河東總
　督田文鏡奏爲奏明程家寨工程
　危險并搶護平穩緣由仰祈睿鑒
　事　421-629-126之21
批雍正八年六月二十二日河東總
　督田文鏡奏爲奏明事　421-631-126之21
批雍正八年七月八日河東總督田
　文鏡奏爲河工需員甚殷仰請聖
　恩簡發以備差委事　421-632-126之21
批雍正八年七月八日河東總督田
　文鏡奏爲恭請簡發人員以資更
　治事　421-633-126之21
批雍正八年七月八日河東總督田
　文鏡奏爲程家寨工程穩固再行
　奏明仰慰聖懷事　421-634-126之21
批雍正八年七月十五日河東總督
　田文鏡奏爲彙奏東省被水州縣
　并陳賑恤事宜仰祈睿鑒事　421-635-126之21
批雍正八年七月二十五日河東總
　督田文鏡奏爲敬推皇仁奏請睿
　鑒事　421-637-126之21
批雍正八年八月四日河東總督田
　文鏡奏爲敬陳黃運兩河工程仰
　祈睿鑒事　421-638-126之21
批雍正八年八月四日河東總督田
　文鏡奏爲遵旨覆奏事　421-639-126之21
批雍正八年八月四日河東總督田
　文鏡奏爲覆奏聖訓事　421-640-126之21
批雍正八年九月一日河東總督田
　文鏡奏爲兩省河務重大敬遴協
　理之員仰請聖裁事　421-641-126之21
批雍正八年九月四日河東總督田
　文鏡奏爲奏明東省賑濟事宜仰
　祈睿鑒事　421-642-126之21
批雍正八年九月二十八日河東總

督田文鏡奏爲東省大計屆期仰請聖恩特賜展限事　421-646-126之22
批雍正八年九月二十八日河東總督田文鏡奏爲據實奏聞事　421-647-126之22
批雍正八年九月二十八日河東總督田文鏡奏爲覆奏聖諭事　421-648-126之22
批雍正八年九月二十八日河東總督田文鏡奏爲奏明戴村壩工程仰祈聖鑒事　421-649-126之22
批雍正八年十月十日河東總督田文鏡奏爲欽奉上諭事（二則）　421-650-126之22
批雍正八年十月十日河東總督田文鏡奏爲據實奏明仰祈睿鑒事　421-651-126之22
批雍正八年十月二十八日河東總督田文鏡奏爲據實奏明仰祈聖鑒事　421-654-126之22
批雍正八年十二月二日河東總督田文鏡奏爲遵旨揀選具奏仰請聖裁事　421-655-126之22
批雍正八年十二月二日河東總督田文鏡奏爲遵旨密覆事　421-657-126之22
批雍正八年十二月八日河東總督田文鏡奏爲奏明蘭陽灘地仰祈睿鑒事　421-659-126之22
批雍正九年一月三日河東總督田文鏡奏爲恭報河東兩省瑞雪日期仰祈睿鑒事　421-660-126之22
批雍正九年一月三日河東總督田文鏡奏爲欽奉聖訓據實覆奏事　421-661-126之22
批雍正九年一月六日河東總督田文鏡奏爲欽奉上諭仰請聖訓事　421-663-126之22
批雍正九年二月一日河東總督田文鏡奏爲遵旨覆奏事　421-665-126之22
批雍正九年二月一日河東總督田文鏡奏爲恭報河東兩省雨雪日期仰祈睿鑒事　421-666-126之22
批雍正九年三月二十日河東總督田文鏡奏爲恭報桃汛平穩工程鞏固仰祈睿鑒事　421-666-126之22
批雍正九年四月八日河東總督田文鏡奏爲請旨事　421-667-126之22
批雍正九年四月十七日河東總督田文鏡奏爲恭報豫省得雨日期仰祈睿鑒事　421-668-126之22
批雍正九年四月十七日河東總督田文鏡奏爲奏明豫省貢院仰請移建伏祈聖鑒事　421-668-126之22
批雍正九年四月十七日河東總督田文鏡奏爲恭報豫省續解軍需馬匹起程日期仰祈睿鑒事　421-669-126之22
批雍正九年五月四日河東總督田文鏡奏爲遵旨酌議仰請睿鑒事　421-670-126之22
批雍正九年五月四日河東總督田文鏡奏爲欽奉上諭事　421-671-126之22
批雍正九年五月四日河東總督田文鏡奏爲奏聞事　421-673-126之22
批雍正九年五月四日河東總督田文鏡奏爲奏明事　421-673-126之22
批雍正九年五月二十四日河東總督田文鏡奏爲奏明事　421-674-126之22
批雍正九年六月二日原任河東總督田文鏡奏爲奏明事　421-675-126之22
批雍正九年六月二十六日原任河東總督田文鏡奏爲程家寨引河開放深通據實奏聞仰慰聖懷事　421-676-126之22
批雍正九年六月二十六日原任河東總督田文鏡奏爲覆奏聖諭事　421-677-126之22
批雍正九年七月六日原任河東總督田文鏡奏爲奏明事　421-679-126之23
批雍正九年七月二十一日原任河東總督田文鏡奏恭請皇上聖安　421-681-126之23
批雍正九年七月二十一日原任河東總督田文鏡奏爲再陳末議仰祈睿鑒事　421-681-126之23
批雍正九年十月二十六日河東總督田文鏡奏恭請皇上聖安　421-682-126之23
批雍正九年十月二十六日河東總督田文鏡奏爲欽奉上諭事　421-682-126之23
批雍正九年十月二十六日河東總督田文鏡奏爲據實覆奏事（二則）　421-684-126之23
批雍正九年十一月二十七日河東總督田文鏡奏爲恭謝天恩事　421-686-126之23
批雍正九年十二月七日河東總督田文鏡奏爲據實奏聞事　421-687-126之23
批雍正九年十二月七日河東總督田文鏡奏爲請停民壯防護之例以收實用事　421-688-126之23
批雍正九年十二月七日河東總督田文鏡奏爲據實覆奏仰祈睿鑒

事　　　　　　　　　421-690-126之23
批雍正十年一月二十八日河東總
　督田文鏡奏爲恭請聖安仰祈睿
　鑒事　　　　　　　421-691-126之23
批雍正十年二月六日河東總督田
　文鏡奏爲恭報豫省得雨日期仰
　慰聖懷事　　　　　421-692-126之23
批雍正十年二月十六日河東總督
　田文鏡奏爲欽奉上諭事　421-693-126之23
批雍正十年二月十六日河東總督
　田文鏡奏爲據實覆奏仰祈睿鑒
　事　　　　　　　　421-695-126之23
批雍正十年二月十六日河東總督
　奏爲據實奏請仰祈睿鑒事　421-697-126之23
批雍正十年二月二十五日河東總
　督田文鏡奏恭請皇上聖安　421-698-126之23
批雍正十年二月二十五日河東總
　督田文鏡奏爲欽奉訓旨據實覆
　奏事　　　　　　　421-698-126之23
批雍正十年二月二十五日河東總
　督田文鏡奏爲署司未得其人據
　實奏聞事　　　　　421-700-126之23
批雍正十年三月十五日河東總督
　田文鏡奏恭請皇上聖安　421-703-126之23
批雍正十年三月十五日河東總督
　田文鏡奏爲恭報豫省得雪日期
　仰慰聖懷事　　　　421-703-126之23
批雍正十年三月二十八日河東總
　督田文鏡奏爲恭奏東省雨雪幷
　豫省得雨日期仰祈睿鑒事　421-704-126之23
批雍正十年三月二十八日河東總
　督田文鏡奏爲恭報桃汛平穩工
　程鞏固仰祈睿鑒事　421-705-126之23
批雍正十年三月二十八日河東總
　督田文鏡奏爲恭繳硃批仰祈睿
　鑒事　　　　　　　421-706-126之23
批雍正十年四月十三日河東總督
　田文鏡奏爲遵旨密奏仰祈睿鑒
　事　　　　　　　　421-707-126之23
批雍正十年四月十三日河東總督
　田文鏡奏爲據實覆奏事　421-708-126之23
批雍正十年四月十三日河東總督
　田文鏡奏爲欽奉聖諭據實覆奏
　事　　　　　　　　421-709-126之23
批雍正十年四月二十二日河東總
　督田文鏡奏爲據實奏請仰祈睿
　鑒事　　　　　　　421-711-126之23
批雍正十年五月十一日河東總督
　田文鏡奏爲恭奏河東兩省得雨
　日期仰祈睿鑒事　　421-712-126之24
批雍正十年五月十八日河東總督
　田文鏡奏爲據實具奏仰祈睿鑒
　事　　　　　　　　421-713-126之24
批雍正十年五月十八日河東總督
　田文鏡奏爲遵旨預行辦理幷東
　兗二府現在情形仰慰聖懷事　421-714-126之24
批雍正十年五月二十七日河東總
　督田文鏡奏爲遵旨通融辦理恩
　賞鎭兵生息銀兩以廣皇仁事　421-715-126之24
批雍正十年閏五月十七日河東總
　督田文鏡奏爲據實奏聞仰祈睿
　鑒事　　　　　　　421-717-126之24
批雍正十年六月三日河東總督田
　文鏡奏爲續參市恩擾賑之卿員
　仰祈睿鑒事　　　　421-719-126之24
批雍正十年六月十三日河東總督
　田文鏡奏爲恭繳硃批仰祈睿鑒
　事　　　　　　　　421-722-126之24
批雍正十年六月十三日河東總督
　田文鏡奏爲據實奏聞仰祈睿鑒
　事　　　　　　　　421-723-126之24
批雍正十年六月十三日河東總督
　田文鏡奏爲奏明事　421-723-126之24
批雍正十年七月四日河東總督田
　文鏡奏爲恭繳硃批仰祈睿鑒事　421-724-126之24
批雍正十年七月四日河東總督田
　文鏡奏爲據實具奏仰祈睿鑒事　421-725-126之24
批雍正十年七月四日河東總督田
　文鏡奏爲武職乏員急宜寬途廣
　拔以實營伍事　　　421-726-126之24
批雍正十年八月三日河東總督田
　文鏡奏爲據實具奏仰慰聖懷事　421-728-126之24
批雍正十年八月三日河東總督田
　文鏡奏爲據實覆奏仰祈睿鑒事　421-729-126之24
批雍正十年九月十五日河東總督
　田文鏡奏爲恭奏河東二省秋收
　分數仰祈睿鑒事　　421-730-126之24
批雍正十年九月十五日河東總督
　田文鏡奏爲仰懇天恩解任調養
　事　　　　　　　　421-731-126之24

史部

詔令奏議類：附錄

詔令上十一畫

批雍正十年九月十五日河東總督田文鏡奏爲冒昧顴請天恩仰祈睿鑒事 421-732-126之24

批雍正十年九月十八日河東總督田文鏡山東巡撫岳濬奏爲遵旨會商據實奏參仰祈睿鑒事 421-733-126之24

批雍正十年十月十日河東總督田文鏡奏恭請皇上聖安 421-735-126之24

批雍正十年十月十日河東總督田文鏡奏爲恭謝天恩事（二則） 421-735-126之24

批雍正十年十一月三日河東總督田文鏡奏爲恭繳硃批仰祈睿鑒事 421-737-126之24

批雍正十年十一月六日河東總督田文鏡奏爲據實奏請仰祈睿鑒事 421-738-126之24

批雍正十年十一月六日河東總督田文鏡奏爲據實陳請再懇聖恩解任調養事 421-739-126之24

批雍正元年四月二十七日江南提督高其位奏爲恭請聖安仰慰睿懷事 422- 1-127

批雍正元年六月二十五日江南提督高其位謹奏爲遵旨據實陳奏恭繳硃批奏摺事 422- 2-127

批雍正元年七月初三日江南提督高其位謹奏爲請旨事 422- 3-127

批雍正二年二月二十七日江南提督高其位謹奏爲奏聞事 422- 3-127

批雍正二年三月十八日江南提督高其位謹奏爲奏聞事 422- 4-127

批雍正二年六月初十日江南提督高其位謹奏爲恭請聖安事 422- 4-127

批雍正二年七月二十五日江南提督高其位謹奏爲奏聞事 422- 5-127

批雍正二年八月二十六日江南提督高其位謹奏爲請旨事 422- 6-127

批雍正二年八月二十六日江南提督高其位奏爲恭謝天恩事 422- 6-127

批雍正二年九月二十四日江南提督高其位謹奏爲奏聞事 422- 7-127

批雍正二年十月初九日江南提督高其位謹奏爲奏聞事 422- 8-127

批雍正二年十月二十八日江南提督高其位謹奏爲請旨事 422- 8-127

批雍正二年十二月初四日江南提督高其位謹奏爲恭謝大恩事 422- 9-127

批雍正三年正月二十六日江南提督高其位謹奏爲叩謝聖恩仰祈睿鑒事 422- 9-127

批雍正三年四月二十四日江南提督高其位謹奏爲恭謝天恩事 422- 10-127

批雍正三年六月二十二日江南提督高其位謹奏爲恭謝天恩事 422- 11-127

批雍正三年九月初四日江南提督高其位謹奏爲恭謝天恩事 422- 12-127

批雍正三年九月二十四日江南提督高其位謹奏爲奏聞事 422- 12-127

批雍正三年十一月二十九日太子少傅內閣大學士暫理江南提督事務高其位謹奏爲恭謝天恩事 422- 13-127

批雍正元年十二月十五日署理宣化總兵官正黃旗副都統許國桂謹奏爲據實奏明事 422- 14-128

批雍正元年十二月十五日署理宣代總兵官正黃旗副都統許國桂謹奏爲遵旨奏明仰請睿裁事 422- 14-128

批雍正元年十二月二十八日署理宣代總兵官正黃旗副都統許國桂謹奏爲報明事 422- 15-128

批雍正二年正月二十二日宣代總兵官許國桂謹奏爲據實具奏仰籲天恩事 422- 16-128

批雍正二年二月初三日宣代總兵官許國桂謹奏爲遵旨監照沙城敬陳末議事 422- 17-128

批雍正二年二月十八日宣代總兵官許國桂謹奏爲奏明事 422- 18-128

批雍正二年三月初三日宣代總兵官許國桂謹奏爲據實奏聞仰祈乾斷事 422- 18-128

批雍正二年三月初三日宣城總兵官許國桂謹奏爲恭報宣代得雨日期事 422- 19-128

批雍正二年四月二十二日宣代總兵官許國桂謹奏爲恭繳硃批諭旨事 422- 19-128

批雍正二年六月二十一日宣代總兵官許國桂謹奏爲奏聞事 422- 19-128

批雍正二年七月二十八日宣代總

兵官許國桂謹奏爲據實奏明仰
祈聖裁事 422- 20-128

批雍正二年八月二十六日宣代總
兵官許國桂謹奏爲恭謝天恩事 422- 20-128

批雍正二年九月十一日宣代兵
官許國桂奏爲恭繳硃批諭旨
事 422- 21-128

批雍正三年四月二十六日宣代總
兵官許國桂謹奏爲奏聞事 422- 21-128

批雍正三年五月初二日宣代總兵
官許國桂謹奏爲遵旨奏聞事 422- 22-128

批雍正三年五月十九日宣代總兵
官許國桂謹奏爲奏聞事 422- 22-128

批雍正三年六月初六日宣代總兵
官許國桂謹奏爲奏明事 422- 23-128

批雍正三年六月二十五日宣代總
兵官許國桂謹奏爲奏明事 422- 23-128

批雍正三年六月二十五日宣代總
兵官許國桂謹奏爲參奏事 422- 24-128

批雍正三年七月二十一日宣代總
兵官許國桂謹奏爲欽奉上諭事 422- 25-128

批雍正三年八月二十四日宣代總
兵官許國桂謹奏爲恭繳硃批諭
旨事 422- 25-128

批雍正五年三月初九日廣東提督
王紹緒謹奏爲欽奉諭旨恭謝天
恩事 422- 27-129

批雍正五年三月初九日廣東提督
王紹緒謹奏爲欽奉上諭旨 422- 28-129

批雍正五年三月初九日廣東提督
王紹緒謹奏爲恭謝天恩事 422- 29-129

批雍正五年六月二十七日廣東提
督王紹緒謹奏爲奏聞事 422- 31-129

批雍正五年六月二十七日廣東提
督王紹緒謹奏爲據實奏明臣標
營伍事 422- 31-129

批雍正五年六月二十七日廣東提
督王紹緒謹奏爲恭謝聖訓事 422- 33-129

批雍正五年九月十一日廣東提督
王紹緒謹奏爲奏聞事（二則） 422- 33-129

批雍正五年九月十一日廣東提督
王紹緒謹奏爲恭繳硃批叩謝恩
訓事 422- 35-129

批雍正六年二月初三日廣東提督
王紹緒謹奏爲恭謝聖訓謹再陳

明仰祈睿鑒事 422- 36-129

批雍正六年六月二十四日廣東提
督王紹緒謹奏爲恭謝聖訓敬繳
硃批事 422- 37-129

批雍正六年六月二十四日廣東提
督王紹緒謹奏爲奏聞事 422- 37-129

批雍正六年六月二十四日廣東提
督王紹緒謹奏爲奏聞廣東早稻
收成現在米價雨水情形事 422- 38-129

批雍正六年九月十九日廣東提督
王紹緒謹奏爲城垣久塌城垣請
旨倣修以資防禦事 422- 38-129

批雍正七年四月十二日廣東提督
王紹緒謹奏爲特揭貪污曠職千
總以肅軍紀事 422- 39-129

批雍正七年六月初四日廣東提督
王紹緒謹奏爲請開黎路并設官
兵以分夷勢事 422- 40-129

批雍正七年六月初四日廣東提督
王紹緒謹奏爲奏明臣標營伍仰
祈睿鑒事 422- 42-129

批雍正七年六月初四日廣東提督
王紹緒謹奏爲欽奉上諭事 422- 43-129

批雍正七年六月初四日廣東提督
王紹緒謹奏爲奏聞事 422- 44-129

批雍正七年八月初六日廣東提督
王紹緒謹奏爲奏聞筆獲礦徒現
交發審事 422- 45-129

批雍正七年八月初六日廣東提督
王紹緒謹奏爲奏聞早稻收成現
在米價及晚禾雨水情形事 422- 46-129

批雍正七年八月初六日廣東提督
王紹緒謹奏爲恭謝聖訓事 422- 46-129

批雍正七年十二月二十四日廣東
提督王紹緒謹奏爲欽奉上諭恭
謝天恩事 422- 47-129

批雍正八年九月初九日廣東提督
王紹緒謹奏爲恭謝天恩事 422- 48-129

批雍正八年九月初九日廣東提督
王紹緒謹奏爲奏聞事 422- 49-129

批雍正八年十月二十一日廣東提
督王紹緒謹奏爲微臣懇主情切
恭請陸見伏乞恩准以抒下愚事 422- 49-129

批雍正八年十月二十一日廣東提
督王紹緒謹奏爲奏聞事 422- 50-129

史部

詔令奏議類・附錄

詔令上十一畫

批雍正九年六月十六日江南提督王紹緒謹奏爲敬陳裁馬盆兵未議以收標營實用事 422- 51-129

批雍正九年六月十六日江南提督王紹緒謹奏爲恭緘硃批幷謝聖訓事 422- 52-129

批雍正二年六月初一日江南崇明水師總兵官陳天培謹奏爲聖治彌隆海疆寧謐事 422- 53-130

批雍正二年七月二十二日江南崇明水師總兵官陳天培謹奏爲海潮泛溢田地被淹事 422- 53-130

批雍正三年六月初一日江南崇明水師總兵官陳天培謹奏爲恭謝天恩事 422- 54-130

批雍正四年六月初二日江南崇明水師總兵官陳天培謹奏爲奏聞事 422- 54-130

批雍正五年六月初二日江南崇明水師總兵官陳天培謹奏爲奏聞事 422- 55-130

批雍正五年十二月初二日江南崇明水師總兵官陳天培謹奏爲恭緘硃批諭旨事 422- 55-130

批雍正六年四月十八日浙江提督陳天培謹奏爲奏明事 422- 56-130

批雍正六年四月十八日浙江提督陳天培謹奏爲微臣親查營汛以勵官兵以整戎行事 422- 56-130

批雍正六年四月十八日浙江提督陳天培謹奏爲恭懇聖恩准調能具以資任用事 422- 57-130

批雍正六年四月二十六日浙江提督陳天培謹奏爲奏明事 422- 57-130

批雍正六年六月二十九日浙江提督陳天培謹奏爲恭謝天恩事 422- 58-130

批雍正六年六月二十九日浙江提督陳天培謹奏爲敬陳管見仰祈睿鑒事 422- 59-130

批雍正六年九月十三日浙江提督陳天培謹奏爲奏明收過公糧製辦軍械總教仰祈睿鑒事 422- 60-130

批雍正七年六月初九日浙江提督陳天培謹奏爲選補能具以資整頓事 422- 61-130

批雍正三年三月初一日署陝西涼州總兵官宋可進謹奏恭請皇上聖安 422- 62-131

批雍正三年七月十五日署陝西涼州總兵官宋可進謹奏恭請皇上聖安 422- 63-131

批雍正三年九月初十日署陝西涼州總兵官宋可進謹奏爲微臣敬領聖訓恭謝天恩事 422- 64-131

批雍正三年九月初十日署陝西涼州總兵官宋可進謹奏爲恭緘諭旨事 422- 65-131

批雍正四年二月十一日署陝西安西總兵官宋可進謹奏恭請皇上聖安 422- 65-131

批雍正四年二月十一日署陝西安西總兵官宋可進奏爲微臣戀主情殷懇請陛見事 422- 65-131

批雍正四年二月十一日署陝西安西總兵官宋可進又奏爲恭緘諭旨事（二則） 422- 66-131

批雍正五年十一月初六日陝西甘州提督宋可進謹奏爲奏聞事 422- 67-131

批雍正五年十一月十二日陝西甘州提督宋可進謹奏爲奏聞事 422- 68-131

批雍正六年正月二十六日陝西甘州提督宋可進謹奏爲微臣自勉冒昧保學人員請祈敕部議處事 422- 70-131

批雍正六年正月二十六日陝西甘州提督宋可進謹奏爲天恩事 422- 70-131

批雍正六年五月二十七日陝西甘州提督宋可進謹奏爲微臣保學失當籌措自勉仰祈敕部從重議處事 422- 71-131

批雍正六年七月初三日陝西甘州提督宋可進謹奏爲奏明事 422- 71-131

批雍正六年九月十六日陝西甘州提督宋可進謹奏爲恭謝天恩事 422- 72-131

批雍正七年二月十八日陝西甘州提督宋可進謹奏爲仰懇皇上洪恩准臣領兵效力以圖報答稍盡微忱事 422- 73-131

批雍正七年閏七月十八日陝西甘州提督宋可進謹奏爲鎮臣年老惛憒恐致貽誤邊營臣謹據實奏

聞仰祈睿鑒事　　　　　　　422- 73- 131

批雍正七年閏七月十八日陝西甘州提督宋可進謹奏爲恭繳硃批諭旨事　　　　　　　　　422- 74- 131

批雍正九年九月十八日陝西甘州提督宋可進謹奏爲奏聞事　　422- 74- 131

批雍正九年十二月初一日陝西甘州提督宋可進謹奏爲欽奉上諭事　　　　　　　　　　　422- 75- 131

批雍正十年六月十八日陝西甘州提督宋可進謹奏爲凜奉上諭叩謝天恩事　　　　　　　　422- 76- 131

批雍正十年八月十二日陝西甘州提督宋可進謹奏爲恭繳硃批諭旨事　　　　　　　　　　422- 77- 131

批雍正四年四月初九日湖北按察使憲德謹奏爲恭報微臣到任日期事　　　　　　　　　　422- 78-132上

批雍正四年六月初八日湖北按察使憲德謹奏爲密陳事　　　　422- 79-132上

批雍正四年七月二十二日湖北按察使憲德謹奏爲遵旨密陳事　422- 80-132上

批雍正四年九月十九日湖北按察使憲德謹奏爲據實回奏事　　422- 81-132上

批雍正四年十一月二十四日湖北巡撫憲德謹奏爲敬抒忱悃事　422- 82-132上

批雍正五年正月十九日湖北巡撫憲德謹奏爲恭謝天恩事　　　422- 83-132上

批雍正五年正月十九日湖北巡撫憲德謹奏爲密陳事　　　　　422- 84-132上

批雍正五年正月十九日湖北巡撫憲德謹奏爲奏聞事　　　　　422- 84-132上

批雍正五年三月十六日湖北巡撫憲德謹奏爲奏聞事　　　　　422- 86-132上

批雍正五年三月十六日湖北巡撫憲德謹奏爲據實陳明仰懇聖恩事　　　　　　　　　　　422- 86-132上

批雍正五年閏三月二十四日湖北巡撫憲德謹奏爲奏明事　　　422- 87-132上

批雍正五年六月二十四日湖北巡撫憲德謹奏爲仰乞聖鑒事　　422- 88-132上

批雍正五年六月二十四日湖北巡撫憲德謹奏爲奏聞事　　　　422- 89-132上

批雍正五年六月二十九日湖北巡撫憲德謹奏爲奏明事　　　　422- 91-132上

批雍正五年八月十八日四川巡撫憲德謹奏爲恭報秋成事　　　422- 91-132上

批雍正五年八月十八日四川巡撫憲德謹奏爲奏明事（二則）　422- 92-132上

批雍正五年八月十八日四川巡撫憲德謹奏爲仰祈聖鑒簡發能員以禆吏治事　　　　　　　422- 93-132上

批雍正五年十月初一日四川巡撫憲德謹奏爲冒昧陳情事　　　422- 94-132上

批雍正五年十月初一日四川巡撫憲德謹奏爲懇乞簡選賢員赴川委任事　　　　　　　　　422- 95-132上

批雍正五年十一月初六日四川巡撫憲德謹奏爲密陳事　　　　422- 95-132上

批雍正五年十一月初六日四川巡撫憲德謹奏爲請旨事　　　　422- 96-132上

批雍正五年十一月初六日四川巡撫憲德謹奏爲欽奉上諭事　　422- 97-132上

批雍正五年十一月十八日四川巡撫憲德謹奏爲陳奏事　　　　422- 98-132上

批雍正六年正月二十二日四川巡撫憲德謹奏爲奏聞事　　　　422- 99-132上

批雍正六年正月二十二日四川巡撫憲德謹奏爲據實陳情事　　422-100-132上

批雍正六年正月二十二日四川巡撫憲德謹奏爲據實奏明事　　422-101-132上

批雍正六年正月二十二日四川巡撫憲德謹奏爲請嚴懲提塘指攫以肅法紀事　　　　　　　422-102-132上

批雍正六年三月初二日四川巡撫憲德謹奏爲奏聞事　　　　　422-103-132上

批雍正六年三月初二日四川巡撫憲德謹奏爲請旨事　　　　　422-103-132上

批雍正六年四月初二日四川巡撫憲德謹奏爲奏明事　　　　　422-104-132上

批雍正六年六月初四日四川巡撫憲德提督黃廷桂謹奏爲奏聞事 422-105-132上

批雍正六年六月二十九日四川巡撫憲德提督黃廷桂謹奏爲奏聞事　　　　　　　　　　　422-106-132上

批雍正六年八月二十六日四川巡撫憲德提督黃廷桂謹奏爲覆奏事　　　　　　　　　　　422-107-132上

批雍正六年八月二十六日四川巡撫憲德謹奏爲恭報秋成事　　422-108-132上

史部

詔令奏議類：附錄

詔令上十一畫

批雍正六年八月二十六日四川巡撫憲德謹奏爲敬陳管見事　422-108-132上

批雍正六年十一月十六日四川巡撫憲德謹奏爲土民感沐皇恩樂輸軍糈事　422-109-132上

批雍正七年正月二十四日四川巡撫憲德謹奏爲恭謝天恩事　422-111-132中

批雍正七年正月二十四日四川巡撫憲德謹奏爲奏聞拏獲重犯事　422-112-132中

批雍正七年正月二十四日四川巡撫憲德謹奏爲據實補奏仰祈聖鑒事　422-112-132中

批雍正七年二月初十日四川巡撫憲德謹奏爲密行奏聞事　422-113-132中

批雍正七年二月初十日四川巡撫憲德奏爲奏聞已參之知府通揭鎭臣事　422-114-132中

批雍正七年二月二十二日四川巡撫憲德謹奏爲據揭陳奏事　422-115-132中

批雍正七年二月二十二日四川巡撫憲德謹奏爲請旨事　422-116-132中

批雍正七年四月初二日四川巡撫憲德謹奏爲奏聞雨澤事　422-117-132中

批雍正七年四月初二日四川巡撫憲德謹奏爲遵旨覆奏事　422-118-132中

批雍正七年五月二十二日四川巡撫憲德提督黃廷桂謹奏爲奏聞事　422-118-132中

批四川巡撫憲德署松茂道給事中高維新謹奏爲請旨事　422-120-132中

批四川巡撫憲德謹奏爲請旨事　422-121-132中

批四川巡撫憲德同日又奏爲請旨事　422-122-132中

批四川巡撫憲德同日又奏爲遵旨覆奏事　422-123-132中

批四川巡撫憲德同日又奏爲恭謝天恩事　422-124-132中

批四川巡撫憲德同日又奏爲恭請陛見事　422-124-132中

批雍正七年六月十一日四川巡撫憲德謹奏爲密奏事　422-125-132中

批雍正七年閏七月十三日四川巡撫憲德給事中高維新馬維翰御史吳濤謹奏爲請旨事　422-126-132中

批四川巡撫憲德奏爲奏聞事　422-127-132中

批同日四川巡撫憲德又奏爲請留熟練能員裨益地方事　422-128-132中

批同日四川巡撫憲德又奏爲請旨事　422-129-132中

批同日四川巡撫憲德又奏爲恭蒙聖訓敬陳愚悃事　422-129-132中

批雍正七年閏七月二十日四川巡撫憲德黃廷桂謹奏爲請旨事　422-130-132中

批雍正七年閏七月二十六日四川巡撫憲德謹奏爲懇恩敍議事　422-131-132中

批雍正七年閏七月二十六日四川巡撫憲德又奏爲奏聞事　422-131-132中

批雍正七年九月二十一日四川巡撫憲德謹奏爲奏聞事　422-133-132中

批雍正七年九月二十一日四川巡撫憲德謹奏爲恭報秋成事　422-134-132中

批雍正七年十月二十一日四川巡撫憲德謹奏爲奏聞事　422-135-132中

批雍正七年十一月十六日四川巡撫憲德給事中馬維翰布政使高維新謹奏爲參奏事　422-136-132中

批四川巡撫憲德謹奏爲遵旨查議事　422-137-132中

批同日四川巡撫憲德又奏爲密行陳情事　422-138-132中

批同日四川巡撫憲德又奏爲奏明事　422-139-132中

批雍正七年十二月十八日四川巡撫憲德謹奏爲奏明事　422-139-132中

批雍正八年正月二十二日四川巡撫憲德謹奏爲遵旨覆奏事　422-141-132下

批雍正八年正月二十二日四川巡撫憲德謹奏爲欽奉硃批事　422-142-132下

批雍正八年三月二十日四川巡撫憲德謹奏爲敬陳管見仰祈睿鑒事　422-143-132下

批四川建昌道馬維翰謹奏爲敬陳一得仰祈睿鑒事　422-144-132下

批雍正八年五月二十二日四川巡撫憲德謹奏爲奏請事　422-146-132下

批雍正八年五月二十二日四川巡撫憲德謹奏爲妄行保舉臣罪難寬事　422-147-132下

批雍正八年八月初六日四川巡撫憲德謹奏爲奏明事　422-148-132下

批雍正八年八月初六日四川巡撫憲德謹奏爲請嚴定欺隱田糧之例以清積弊事 422-149-132下

批雍正八年十一月初九日四川巡撫憲德謹奏爲奏聞事 422-150-132下

批雍正八年十一月初九日四川巡撫憲德謹奏爲敬陳邊方寧謐情形恭慰聖懷事 422-150-132下

批雍正九年四月初一日四川巡撫憲德謹奏爲據實奏明軍需銀兩事 422-151-132下

批雍正九年五月二十八日四川巡撫憲德謹奏爲據情覆奏事 422-152-132下

批雍正九年六月初八日四川巡撫憲德謹奏爲請遣員究審以伸國法以懲姦邪事 422-153-132下

批雍正十年九月二十九日四川巡撫憲德謹奏爲恭謝天恩事 422-154-132下

批雍正十年九月二十九日四川巡撫憲德謹奏爲覆奏事 422-154-132下

批雍正十一年二月初七日四川巡撫憲德謹奏爲欽奉上諭事 422-155-132下

批雍正十一年八月初二日四川巡撫憲德等謹奏爲鑒道任意率行辦理失實飛灑累商引滯難銷事 422-156-132下

批雍正十一年九月初六日四川總督黃廷桂巡撫憲德謹奏爲恭報秋成分數事 422-157-132下

批雍正十一年十一月初三日四川巡撫憲德謹奏爲恭請陛見事 422-158-132下

批雍正十二年正月初六日四川巡撫憲德謹奏爲恭謝天恩事 422-158-132下

批雍正九年十一月初二日署理蘇州巡撫喬世臣謹奏爲微臣重任難勝仰懇聖訓遵循暫行辦理事 422-160-133

批雍正九年十一月初二日署理蘇州巡撫喬世臣謹奏爲陳明地方年歲情形事 422-161-133

批雍正九年十二月初七日署理蘇州巡撫喬世臣謹奏爲廣積貯以裕民食事 422-162-133

批雍正九年十二月初七日署理蘇州巡撫喬世臣謹奏爲奏明事 422-164-133

批雍正九年十二月初七日署理蘇州巡撫喬世臣謹奏爲奏聞事 422-165-133

批雍正十年正月二十八日署理蘇州巡撫喬世臣謹奏爲奏聞事 422-166-133

批雍正十年三月二十四日署理蘇州巡撫喬世臣謹奏爲奏明事 422-168-133

批雍正十年閏五月初一日蘇州巡撫喬世臣謹奏爲恭報二麥收成分數事 422-169-133

批雍正十年閏五月初一日蘇州巡撫喬世臣謹奏爲謹陳南糧有關兵食特請另定催懲處分以免遲誤事 422-170-133

批雍正十年閏五月初一日署理蘇州巡撫喬世臣謹奏爲奏明事 422-171-133

批雍正十年七月十三日署理蘇州巡撫喬世臣謹奏爲奏明事 422-172-133

批雍正十年七月十三日署理蘇州巡撫喬世臣謹奏爲縷陳下情仰顴天恩事 422-173-133

批雍正十年七月二十一日署理蘇州巡撫喬世臣謹奏爲奏明事 422-174-133

批雍正十年七月二十九日署理蘇州巡撫喬世臣謹奏爲奏明被災情形安輯災黎事宜事 422-175-133

批雍正十年十二月十一日江蘇巡撫喬世臣謹奏爲仰荷浩蕩天恩謹陳瞻戀下愧伏祈睿鑒事 422-176-133

批雍正十一年二月十三日江蘇巡撫喬世臣謹奏爲奏明事 422-177-133

批雍正十一年二月十三日江蘇巡撫喬世臣謹奏爲請旨事 422-179-133

批雍正十一年二月十三日江蘇巡撫喬世臣謹奏爲據情代奏事 422-180-133

批雍正十一年三月初六日江蘇巡撫喬世臣謹奏爲遵旨奏聞事 422-180-133

批雍正十一年四月十五日江蘇巡撫喬世臣謹奏爲恭報二麥收成情形事 422-183-133

批雍正十一年四月十五日江蘇巡撫喬世臣謹奏爲遵旨奏聞事 422-184-133

批雍正十一年五月二十八日江蘇巡撫喬世臣謹奏爲奏聞事 422-185-133

批雍正十一年五月二十四日江蘇巡撫喬世臣謹陳採買匠硝舖礦之弊以杜把持以嚴夾帶事 422-186-133

批雍正十一年七月十七日江蘇巡

史部 詔令奏議類：附錄 詔令上十一畫

撫喬世臣謹奏爲陳明現辦營房墩臺事宜仰祈睿鑒事　422-187-133

批雍正八年十月初九日廣東觀風整俗使焦祈年謹奏爲感荷聖恩敬陳下悃仰懇睿鑒事　422-190-134

批雍正八年十月初九日廣東觀風整俗使焦祈年謹奏爲酌修塘汛之費仰懇睿鑒事　422-191-134

批雍正九年三月初一日廣東觀風整俗使焦祈年謹奏爲密奏事　422-191-134

批雍正九年六月二十九日廣東觀風整俗使焦祈年謹奏爲密奏事（二則）　422-193-134

批雍正九年六月二十九日廣東觀風整俗使焦祈年謹奏爲據實密奏事　422-194-134

批雍正九年六月二十九日廣東觀風整俗使焦祈年謹奏爲奏聞事　422-195-134

批雍正九年十月二十一日廣東觀風整俗使焦祈年謹奏爲奏聞事　422-196-134

批雍正九年十月二十一日廣東觀風整俗使焦祈年謹奏爲據實奏聞仰祈睿鑒事　422-196-134

批雍正十年二月二十八日廣東觀風整俗使焦祈年謹奏爲奏聞事（二則）　422-197-134

批雍正十年五月二十九日廣東觀風整俗使焦祈年謹奏爲奏聞事　422-199-134

批雍正十年八月十九日廣東觀風整俗使焦祈年謹奏爲奏聞事　422-199-134

批雍正十年八月十九日廣東觀風整俗使焦祈年謹奏爲據實密奏事　422-200-134

批雍正十年十一月十九日廣東觀風整俗使焦祈年謹奏爲奏聞事（二則）　422-201-134

批雍正五年九月十七日浙江布政使孔毓璞謹奏爲錢糧重任恭請聖訓指示仰祈恩賜摺奏事　422-203-135

批雍正五年十一月十九日調補陝西甘肅布政使孔毓璞謹奏爲叩謝天恩恭緘珠批諭旨事　422-204-135

批雍正六年二月二十七日陝西甘肅布政使孔毓璞謹奏爲據實奏明事　422-205-135

批雍正六年二月二十七日陝西甘肅布政使孔毓璞謹奏爲恭謝天恩事　422-207-135

批雍正六年二月二十七日陝西甘肅布政使孔毓璞謹奏爲恭緘珠批諭旨事　422-207-135

批雍正六年六月二十一日陝西甘肅布政使孔毓璞謹奏爲據實奏明事　422-208-135

批雍正六年六月二十一日陝西甘肅布政使孔毓璞謹奏爲請旨揀選蔭胄以備邊省實用事　422-208-135

批雍正六年六月二十一日陝西甘肅布政使孔毓璞謹奏爲恭緘珠批諭旨事　422-210-135

批雍正六年九月十九日陝西甘肅布政使孔毓璞謹奏爲恭緘珠批諭旨事　422-210-135

批雍正七年六月十六日陝西甘肅布政使孔毓璞謹奏爲恭謝天恩事　422-211-135

批雍正七年六月十六日陝西甘肅布政使孔毓璞謹奏爲恭緘珠批諭旨事　422-212-135

批雍正七年十月十五日陝西甘肅布政使孔毓璞謹奏爲敬陳下悃仰祈睿鑒事　422-213-135

批雍正七年十月十五日陝西甘肅布政使孔毓璞謹奏爲恭緘珠批諭旨事　422-213-135

批雍正八年三月二十日署甘肅布政使協辦軍需孔毓璞謹奏爲敬陳辦過軍需事宜仰祈聖慈睿鑒事　422-217-135

批雍正八年三月二十日署甘肅陝西布政使協辦軍需孔毓璞謹奏爲恭緘珠批諭旨事（二則）　422-218-135

批雍正九年四月初九日左副都御史辦理軍需孔毓璞謹奏爲奏明照前辦理軍需以專職守事　422-220-135

批雍正九年四月初九日左副都御史辦理軍需孔毓璞謹奏爲奏明運務事　422-221-135

批雍正九年四月初九日左副都御史辦理軍需孔毓璞謹奏爲欽奉

四庫全書文集篇目分類索引

上諭事　422-222-135

批雍正十年二月二十日左副都御史辦理軍需孔毓璞謹奏爲仰懇聖恩賜匡摺匣以期慎重事　422-223-135

批雍正十年七月二十三日左副都御史孔毓璞等謹奏爲酌議口外屯種以省糧運事　422-223-135

批雍正十一年正月初六日吏部右侍郎孔毓璞謹奏爲恭報微臣出口日期事　422-225-135

批雍正十一年六月初二日吏部右侍郎孔毓璞等謹奏爲報明口外屯種數目并禾苗長發情形事　422-225-135

批雍正三年十二月二十一日甘肅布政使鍾保謹奏爲敬陳末議伏候聖裁事　422-227-136

批雍正四年二月十六日甘肅布政使鍾保謹奏爲奏聞事　422-227-136

批雍正四年二月二十六日甘肅布政使鍾保謹奏爲恭謝天恩事　422-228-136

批雍正四年十一月初七日甘肅布政使鍾保謹奏爲遵旨覆奏事　422-229-136

批雍正四年十一月初七日甘肅布政使鍾保謹奏爲奏聞事　422-230-136

批雍正五年正月十二日甘肅布政使鍾保謹奏爲遵旨據實奏聞事　422-231-136

批雍正五年閏三月初十日甘肅布政使鍾保謹奏爲奏明護理巡撫印信日期事　422-232-136

批雍正五年閏三月初十日甘肅布政使鍾保謹奏爲祗遵聖訓恭謝天恩事　422-233-136

批雍正五年五月二十九日護理蘭州巡撫印務布政使鍾保謹奏爲恭報雨水田禾情形仰慰聖懷事　422-233-136

批雍正五年五月二十九日護理蘭州巡撫印務布政使鍾保謹奏爲恭繳硃批奏摺事　422-234-136

批雍正六年二月初十日浙江杭州府知府孫國璽謹奏爲奏請睿鑒事　422-235-137

批雍正六年十一月初三日福建臺灣道孫國璽謹奏爲奏請睿鑒事　422-236-137

批雍正六年十一月初三日福建臺灣道孫國璽謹奏爲仰祈睿鑒事　433-237-137

批雍正七年四月十一日福建臺灣道孫國璽謹奏爲聖恩之高厚難名仰申微臣謝忱事　422-237-137

批雍正七年十月初六日福建按察使孫國璽謹奏爲恭謝天恩仰請准臣引見事　422-238-137

批雍正八年二月十二日山東布政使孫國璽謹奏爲恭謝天恩懇請聖訓事　422-239-137

批雍正八年二月十二日山東布政使孫國璽謹奏爲恭謝聖訓據實奏明事　422-240-137

批雍正八年四月十一日山東布政使孫國璽謹奏爲奏聞事　422-241-137

批雍正八年四月十一日山東布政使孫國璽謹奏爲顯懇再寬首報隱匿地畝之限期以廣皇仁事　422-242-137

批雍正八年四月十一日山東布政使孫國璽謹奏爲奏明東省平餘實情仰祈睿鑒事　422-243-137

批雍正十年正月初十日大理寺少卿孫國璽謹奏爲遵旨具奏叩懇天恩事　422-244-137

批雍正十年四月二十五日辦理河東副總河事大理寺少卿孫國璽謹奏爲恭繳硃批叩謝聖訓事　422-245-137

批雍正十年十月初七日協辦河東總督事務河東副總河大理寺少卿孫國璽謹奏爲恭謝天恩事　422-246-137

批雍正十年十一月初八日協辦河東總督事務河東副總河大理寺少卿孫國璽謹奏爲封疆責任綦重伏懇聖主簡任賢能以免貽誤事　422-248-137

批雍正十年十一月二十四日署理河南巡撫事務大理寺少卿孫國璽謹奏爲恭謝天恩懇請陛見仰承聖訓事　422-248-137

批雍正十一年正月三十日署理河南巡撫事務大理寺少卿孫國卿謹奏爲恭報雨雪日期仰祈睿鑒事　422-249-137

批雍正十一年二月初六日署理河南巡撫事務大理寺少卿孫國璽謹奏爲恭摺續報雨雪日期仰祈

史部

詔令奏議類：附錄

詔令上十一畫

睿鑒事 422-251-137

批雍正十一年二月十九日署理河南巡撫事務大理寺少卿孫國璽謹奏爲恭報得雨日期仰祈睿鑒事 422-251-137

批雍正十一年三月二十五日河東總督王士俊署理河南巡撫事務大理寺少卿孫國璽謹奏爲奏聞事 422-252-137

批雍正十一年四月二十四日署理河南巡撫事務大理寺少卿孫國璽謹奏爲恭報接運楚米過豫數目日期仰祈睿鑒事 422-253-137

批雍正十一年七月初九日河東總督王士俊署理河南巡撫事務左副都御史孫國璽謹奏爲據實奏聞仰祈睿鑒事 422-253-137

批雍正十一年九月十三日暫署蘇州巡撫印務左副都御史孫國璽謹奏爲恭謝天恩事 422-254-137

批雍正七年十月初六日署理江西巡撫印務太常寺卿謝旻謹奏爲恭陳應行事宜仰請聖訓事 422-256-138上

批雍正七年十月初六日署理江西巡撫印務太常寺卿謝旻謹奏爲奏聞事（二則） 422-258-138上

批雍正七年十一月初九日署理江西巡撫太常寺卿謝旻謹奏恭請皇上聖安 422-260-138上

批雍正七年十一月初九日署理江西巡撫太常寺卿謝旻謹奏爲奏明事 422-260-138上

托雍正七年十一月初九日署理江西巡撫太常寺卿謝旻謹奏爲遵旨議奏事 422-261-138上

批雍正七年十一月初九日署理江西巡撫太常寺卿謝旻謹奏爲要地急需能員遵旨揀補事 422-262-138上

批雍正七年十一月初九日署理江西巡撫太常寺卿謝旻謹奏爲奏聞事 422-263-138上

批雍正七年十一月初九日署理江西巡撫太常寺卿謝旻謹奏爲請發人員以資委用事 422-263-138上

批雍正七年十二月初六日署理江西巡撫印務太常寺卿謝旻謹奏爲敬領聖訓恭謝天恩事 422-264-138上

批雍正七年十二月初六日署理江西巡撫太常寺卿謝旻謹奏爲奏聞事（二則） 422-264-138上

批雍正七年十二月初六初署理江西巡撫太常寺卿謝旻謹奏爲請旨事 422-266-138上

批雍正七年十二月初六日署理江西巡撫太常寺卿謝旻謹奏爲遵旨覆奏事 422-266-138上

批雍正七年十二月初六日署理江西巡撫太常寺卿謝旻謹奏爲敬陳末議恭請聖裁事 422-268-138上

批雍正七年十二月初六日署理江西巡撫太常寺卿謝旻謹奏爲奏明事 422-268-138上

批雍正八年正月二十日署理江西巡撫印務太常寺卿謝旻謹奏爲恭謝天恩事 422-269-138上

批雍正八年正月二十日署理江西巡撫印務太常寺卿謝旻謹奏爲遵旨據實覆奏事 422-270-138上

批雍正八年正月二十日署理江西巡撫印務太常寺卿謝旻謹奏爲欽承聖訓恭申謝悃事 422-270-138上

批雍正八年三月初一日署理江西巡撫印務太常寺卿謝旻謹奏爲奏聞事（二則） 422-271-138上

批雍正八年三月初一日署理江西巡撫印務太常寺卿謝旻謹奏爲奏明請旨事 422-273-138上

批雍正八年三月初一日署理江西巡撫印務太常寺卿謝旻謹奏爲奏明事 422-273-138上

批雍正八年四月十二日署理江西巡撫印務太常寺卿謝旻謹奏爲覆奏事 422-274-138上

批雍正八年四月十二日署理江西巡撫印務太常寺卿謝旻謹奏爲遵旨奏聞事 422-275-138上

批雍正八年四月十二日署理江西巡撫印務太常寺卿謝旻謹奏爲奏聞事 422-275-138上

批雍正八年四月十二日署理江西

巡撫印務太常寺卿謝旻謹奏爲請旨事　422-276-138上

批雍正八年五月十九日署理江西巡撫印務太常寺卿謝旻謹奏爲奏聞事　422-277-138上

批雍正八年五月十九日署理江西巡撫印務太常寺卿謝旻謹奏爲覆奏事　422-277-138上

批雍正八年十月十七日署理江西巡撫印務太常寺卿謝旻謹奏爲請動公費羅買穀石以便民用以裕民食事　422-278-138上

批雍正八年十二月初四日江西巡撫謝旻謹奏爲奏聞事　422-278-138上

批雍正八年十二月初四日江西巡撫謝旻謹奏爲恭報開濬葘花池口竣工事　422-279-138上

批雍正八年十二月初四日江西巡撫謝旻謹奏爲酌請分貯各府庫銀仰祈睿鑒事　422-280-138上

批雍正九年正月二十四日江西巡撫謝旻謹奏爲請更同名之縣以杜滋弊事　422-281-138下

批雍正九年正月二十四日江西巡撫謝旻謹奏爲酌陳停運漕運之議仰祈睿鑒事　422-281-138下

批雍正九年三月初十日江西巡撫謝旻謹奏爲奏聞事　422-283-138下

批雍正九年六月二十四日江西巡撫謝旻謹奏爲奏聞事　422-283-138下

批雍正九年六月二十四日江西巡撫謝旻謹奏爲遵旨覆奏事　422-284-138下

批雍正九年六月二十四日江西巡撫謝旻謹奏爲奏聞事　422-285-138下

批雍正九年八月初八日江西巡撫謝旻謹奏爲奏聞事　422-285-138下

批雍正九年八月初八日江西巡撫謝旻謹奏爲請旨事　422-287-138下

批雍正九年九月初四日江西巡撫謝旻謹奏爲奏明事　422-288-138下

批雍正九年九月初四日江西巡撫謝旻謹奏爲遵旨覆奏事　422-289-138下

批雍正十年正月初二日江西巡撫謝旻謹奏爲奏聞事　422-289-138下

批雍正十年二月十六日江西巡撫謝旻謹奏爲請留熟悉風土之員以收吏治之效事　422-289-138下

批雍正十年三月十五日江西巡撫謝旻謹奏爲請旨事　422-290-138下

批雍正十年閏五月初七日江西巡撫謝旻謹奏爲奏聞事　422-291-138下

批雍正十年六月十五日江西巡撫謝旻謹奏爲請旨事　422-292-138下

批雍正十年六月十五日江西巡撫謝旻謹奏爲奏明拏獲匪犯家屬事　422-293-138下

批雍正十年十月十一日江西巡撫謝旻謹奏爲奏聞事（二則）　422-293-138下

批雍正十年十一月十五日江西巡撫謝旻謹奏爲請旨事　422-294-138下

批雍正十一年正月十八日江西巡撫謝旻謹奏爲奏聞事　422-295-138下

批雍正十一年正月十八日江西巡撫謝旻謹奏爲遵旨覆奏事　422-296-138下

批雍正十一年三月十六日江西巡撫謝旻謹奏爲請旨事　422-297-138下

批雍正十一年五月十六日江西巡撫謝旻謹奏爲奏聞事　422-298-138下

批雍正十一年六月二十八日江西巡撫謝旻謹奏爲奏聞事　422-299-138下

批雍正十一年七月二十八日江西巡撫謝旻謹奏爲覆奏事　422-300-138下

批雍正十一年七月二十八日江西巡撫謝旻謹奏爲欽承聖訓謹瀝衷仰祈睿鑒事　422-301-138下

批雍正十一年七月二十八日江西巡撫謝旻謹奏爲奏明存庫耗羨等項銀數事　422-302-138下

批雍正十一年九月初六日江西巡撫謝旻謹奏爲奏聞事　422-302-138下

批雍正十二年正月初八日江西巡撫謝旻謹奏爲奏明事　422-303-138下

批雍正十二年四月初六日陞任江西巡撫謝旻謹奏爲奏聞事　422-303-138下

批雍正六年八月二十四日巡察山西等處戶科掌印給事中宋筠謹奏爲據實陳明仰祈睿鑒事　422-306-139

批雍正六年九月十三日巡察山西等處戶科掌印給事中宋筠謹奏爲不避煩瑣隨所聞見無論巨細

史部 詔令奏議類・附錄 詔令上十一畫

據實直陳仰祈睿鑒事 422-310-139

批雍正六年十一月二十二日巡察山西等處戶科掌印給事中宋筠謹奏爲隨時隨事據實奏聞仰祈睿鑒事 422-313-139

批雍正七年二月十九日巡察山西等處戶科掌印給事中宋筠謹奏爲隨聞隨見據實直陳伏惟睿鑒事 422-316-139

批雍正七年三月十二日巡察山西等處戶科掌印給事中宋筠奏 422-319-139

批雍正七年六月初四日巡察山西等處戶科掌印給事中宋筠謹奏爲據實奏聞事 422-321-139

批雍正七年九月初一日巡察山西等處戶科掌印給事中宋筠謹奏爲恭謝天恩事 422-323-139

批雍正七年九月初一日巡察山西等處戶科掌印給事中宋筠謹奏爲據實奏聞事 422-324-139

批雍正七年十一月二十一日巡察山西等處戶科給事中宋筠謹奏爲恭謝天恩事 422-327-139

批雍正七年十一月二十一日巡察山西等處戶科掌印給事中宋筠謹奏爲據實陳奏事 422-328-139

批雍正七年十二月十一日山西按察使宋筠謹奏爲聖德光天卿雲疊呈上瑞敬據賀悃仰祈睿鑒事 422-331-139

批雍正八年正月二十六日山西按察使宋筠謹奏爲恭報晉省瑞雪普霑事 422-331-139

批雍正八年三月十七日山西按察使宋筠謹奏爲遵旨回奏事 422-332-139

批雍正八年三月十七日山西按察使宋筠謹奏爲恭報晉省雨澤普被事 422-332-139

批雍正八年四月二十四日山西按察使宋筠謹奏爲恭報雨澤霑足事 422-332-139

批雍正八年八月二十日山西按察使宋筠謹奏爲據實陳奏事 422-333-139

批雍正八年十二月十九日山西按察使宋筠謹奏爲奏聞事 422-335-139

批雍正二年正月二十五日調補浙江布政使王朝恩謹奏爲清查浙省藩庫錢糧事 422-337-140

批雍正二年正月二十五日調補浙江布政使王朝恩奏 422-339-140

批雍正二年正月二十五日調補浙江布政使王朝恩謹奏爲嚴行查參事 422-339-140

批雍正二年八月二十四日湖南巡撫王朝恩奏 422-340-140

批雍正二年十一月初四日湖南巡撫王朝恩奏（三則） 422-341-140

批雍正二年十一月初四日湖南巡撫王朝恩謹奏爲欽奉上諭事 422-343-140

批雍正二年十一月初四日湖南巡撫王朝恩奏（三則） 422-343-140

批雍正三年二月初三日湖南巡撫王朝恩奏 422-347-140

批雍正三年二月初三日湖南巡撫王朝恩謹奏爲恭謝天恩事 422-347-140

批雍正三年二月初三日湖南巡撫王朝恩謹奏爲奏聞事 422-348-140

批雍正三年二月初三日湖南巡撫王朝恩奏 422-349-140

批雍正三年二月初三日湖南巡撫王朝恩謹奏爲恭謝聖恩事 422-350-140

批雍正三年二月初三日湖南巡撫王朝恩謹奏爲欽奉上諭事 422-350-140

批雍正三年四月初三日湖南巡撫王朝恩謹奏爲恭謝聖訓瀝陳愚悃仰祈睿鑒事 422-352-140

批雍正三年六月二十五日湖南巡撫王朝恩謹奏爲恭謝天恩事 422-353-140

批雍正三年六月二十五日湖南巡撫王朝恩謹奏爲恭報早禾收成及雨水情形事 422-353-140

批雍正三年九月十三日湖南巡撫王朝恩奏 422-354-140

批雍正三年九月十三日湖南巡撫王朝恩謹奏爲恭報收成分數米糧價值事 422-355-140

批雍正五年七月初十日署理奉天府府尹印務王朝恩謹奏爲奏聞事 422-355-140

批雍正五年九月十二日署理奉天府府尹印務王朝恩謹奏爲恭謝

聖訓並繳硃批原摺事　422-356-140

批雍正五年九月十二日署理奉天府尹印務王朝恩謹奏爲請旨欽定稅差事　422-357-140

批雍正六年正月初七日署理奉天府府尹印務王朝恩謹奏爲奏明會審情形事　422-357-140

批雍正六年二月十一日署理奉天府府尹印務王朝恩謹奏爲皇恩錫福自天微臣感激無地謹繕摺恭謝事　422-359-140

批雍正六年三月十二日署理奉天府府尹印務王朝恩謹奏爲奏明首列銜名情由事　422-359-140

批雍正六年七月二十一日署理奉天府府尹印務王朝恩謹奏爲奉天借三之積弊已深剔除之立法宜早請敕部定議以清倉糧事　422-360-140

批雍正六年七月二十一日署理奉天府府尹印務王朝恩謹奏爲請定紳衿欠糧奏銷另册達部之例以杜隱蔽以清國賦事　422-361-140

批雍正六年八月二十六日盛京戶部侍郎署理奉天府府尹印務王朝恩謹奏爲奏請調缺以示勸懲事　422-362-140

批雍正六年十二月二十一日盛京戶部侍郎署理奉天府府尹印務王朝恩謹奏爲請改奏銷限期以紓民力事　422-363-140

批雍正七年七月二十六日署理奉天府府尹印務王朝恩謹奏爲恭謝天恩事　422-364-140

批雍正七年六月初四日署理奉天府府尹印務王朝恩謹奏爲遵旨酌議養廉事　422-364-140

批雍正七年六月初四日署理奉天府府尹印務王朝恩謹奏爲奏聞事　422-365-140

批雍正七年七月初一日奉天府府尹王朝恩謹奏爲特參御史聲肘部務以肅政體事　422-366-140

批雍正八年二月初九日署理奉天府府尹印務王朝恩謹奏爲請留縣令辦理地方事務事　422-367-140

批雍正九年四月初六日刑部左侍郎王朝恩謹奏爲恭謝天恩事　422-367-140

批雍正十年三月初十日直隸河道總督王朝恩協理北河事務事徐湛恩奏　422-368-140

批雍正十年六月二十六日直隸河道總督王朝恩協理北河事務徐湛恩謹奏爲奏聞事　422-369-140

批雍正十年七月二十六日直隸河道總督王朝恩謹奏爲欽承聖訓恭謝天恩事　422-369-140

批雍正十一年二月初七日直隸河道總督王朝恩協理北河事務徐湛恩謹奏爲奏請分隸限工以重河防事　422-370-140

批雍正十一年三月二十一日直隸河道總督王朝恩協理北河事務徐湛恩謹奏爲據情代奏事　422-371-140

批雍正十一年六月二十七日直隸河道總督王朝恩協理北河事務徐湛恩謹奏爲奏明伏汛水勢情形事　422-372-140

批監督淮安關稅務慶元謹奏爲據實陳明仰祈天鑒事　422-373-141

批監督淮安關稅務慶元謹奏爲遵旨查覆事　422-374-141

批監督淮安關稅務慶元謹奏爲恭繳御批并報初季徵解實數事　422-375-141

批監督淮安關稅務慶元謹奏爲奏聞事　422-376-141

批監督淮安關稅務慶元謹奏爲遵旨議覆仰候睿裁事　422-376-141

批監督淮安關稅務慶元謹奏爲恭報次季徵解實數事　422-377-141

批監督淮安關稅務慶元謹奏爲恭請叩覲天顏仰祈聖鑒事　422-378-141

批監督淮安關稅務慶元謹奏爲季報徵解實數并恭繳御批事　422-379-141

批監督淮安關稅務慶元謹奏爲仰體皇上宣揚聖德事　422-380-141

批監督淮安關稅務慶元謹奏爲牙稅之盈缺不齊折夫之捐賠有例謹請永遠代輸以濟工需以甦窮戶事　422-380-141

批監督淮安關稅務慶元謹奏爲仰

遵聖訓再行奏明事　422-382-141
批監督淮安關稅務慶元謹奏爲叩謝天恩事　422-384-141
批監督淮安關稅務慶元謹奏爲恭報次季錢糧徵解實數事　422-384-141
批監督淮安關稅務慶元謹奏爲恭報第三季錢糧徵解實數事　422-385-141
批監督淮安關稅務慶元謹奏爲恭謝天恩事　422-386-141
批監督淮安關稅務慶元謹奏爲恭謝聖訓瀝陳下情事　422-386-141
批監督淮安關稅務慶元謹奏爲恭報第二季徵解實數事　422-387-141
批湖南衡永郴道王柔謹奏爲敬陳管見事　422-389-142上
批湖南辰沅靖道王柔謹奏爲恭謝天恩事　422-390-142上
批湖南辰沅靖道王柔謹奏爲呈繳硃批恭謝天恩事　422-391-142上
批湖南辰沅靖道王柔謹奏爲密行奏聞事　422-392-142上
批湖南辰沅靖道王柔謹奏爲密陳嬗位關係重大跪懇聖裁事　422-393-142上
批湖南辰沅靖道王柔謹奏爲據實奏明事　422-394-142上
批湖南辰沅靖道王柔謹奏爲密行奏聞事　422-395-142上
批湖南辰沅靖道王柔謹奏爲瀝陳微臣苦衷跪懇聖鑒事　422-396-142上
批湖南辰沅靖道王柔謹奏爲敬陳未議跪懇聖裁事　422-397-142上
批湖南辰沅靖道王柔謹奏爲跪呈硃批感愧無地仰懇聖恩俯鑒事　422-398-142上
批湖南辰沅靖道王柔謹奏爲請定佐雜之差委以專職守事　422-399-142上
批湖南辰沅靖道王柔謹奏爲清除川硝之私販仰乞睿鑒事　422-400-142上
批湖南辰沅靖道王柔謹奏爲敬陳初仕之造就以勸吏治事　422-401-142上
批湖南辰沅靖道王柔謹奏爲叩謝聖訓跪陳硃批事　422-402-142上
批湖南辰沅靖道王柔謹奏爲叩謝天恩事　422-402-142上
批湖南辰沅靖道王柔謹奏爲奏聞事　422-403-142上
批湖南辰沅靖道王柔謹奏爲請定密旨之遵奉以免承辦之洩漏事　422-404-142上
批湖南辰沅靖道王柔謹奏爲跪呈硃批恭謝天恩事　422-405-142上
批湖南辰沅靖道王柔謹奏爲奏聞事　422-406-142上
批湖南辰沅靖道王柔謹奏爲備陳苗疆情形仰懇皇上迅賜批示以便清理事　422-406-142上
批湖南辰沅靖道王柔謹奏爲密行奏聞事　422-408-142上
批湖南辰沅靖道王柔謹奏爲姦士悍惡不悛難再爲寬容復瀝愚忱跪乞聖恩迅賜乾斷事　422-409-142上
批湖南辰沅靖道王柔謹奏爲籌畫兵食以資飽騰事　422-410-142上
批湖南辰沅靖道王柔謹奏爲冒抒愚忱密行奏聞跪懇聖裁事　422-411-142上
批湖南辰沅靖道王柔謹奏爲安全無業之窮民以廣皇仁事　422-412-142上
批湖南辰永靖道王柔謹奏爲跪呈硃批恭謝聖訓仰祈睿鑒事　422-414-142上
批湖南辰永靖道王柔謹奏爲奏明招撫安設情形仰祈睿鑒事　422-414-142上
批湖南辰永靖道王柔謹奏爲請設鹽引以便商民事　422-415-142上
批湖南辰永靖道王柔謹奏爲密行奏聞事　422-416-142上
批湖南辰永靖道王柔謹奏爲跪呈硃批恭謝聖訓事　422-417-142上
批湖南辰永靖道王柔謹奏籌查新關六里一切善後事宜　422-419-142下
批湖南辰永靖道王柔謹奏爲再行奏謝伏乞聖鑒事　422-419-142下
批湖南辰永靖道王柔謹奏爲新兵之浮設宜裁謹據實奏聞事　422-420-142下
批湖南辰永靖道王柔謹奏爲奏聞事　422-422-142下
批湖南辰永靖道王柔謹奏爲籌畫治理邊疆之永圖敬抒管見仰祈睿鑒事　422-422-142下
批湖南辰永靖道王柔謹奏爲分貯各府州之帑金宜預爲防範以免侵蝕事　422-423-142下
批湖南辰永靖道王柔謹奏籌臣查

鎭筸所屬紅苗既經開關安設四路營汛所有應添文員及善後事宜 422-425-142下

批湖南辰永靖道王柔謹奏爲奏明邊務事 422-426-142下

批湖南辰永靖道王柔謹奏爲跪呈珎批恭謝聖訓事 422-429-142下

批湖南辰永靖道王柔謹奏爲恭謝天恩事 422-429-142下

批湖南辰永靖道王柔謹奏爲恭謝天恩仰祈睿鑒事 422-430-142下

批湖南辰永靖道王柔謹奏爲據實奏明事 422-430-142下

批湖南辰永靖道王柔謹奏爲奏明事 422-432-142下

批湖南辰永靖道王柔謹奏爲披瀝懇衷仰祈睿鑒事 422-432-142下

批湖北按察使王柔謹奏爲據實奏明事 422-433-142下

批湖北按察使王柔謹奏爲敬陳管見仰請睿裁事 422-434-142下

批湖北按察使王柔謹奏爲敬陳苗民感化情形及現在措置事宜仰祈聖鑒事 422-434-142下

批湖北按察使王柔謹奏爲恭謝天恩事 422-434-142下

批湖北按察使王柔謹奏爲奏明事 422-436-142下

批湖北按察使王柔謹奏爲請禁各營長支之弊免致虧缺攤賠事 422-437-142下

批湖北按察使王柔謹奏爲奏明事 422-437-142下

批湖北按察使王柔謹奏爲奏定審案報駁核批之例以省拖累事 422-438-142下

批湖北按察使王柔謹奏爲奏明事（二則） 422-439-142下

批湖北按察使王柔謹奏瀝陳苦衷跪懇天鑒事 422-441-142下

批湖北按察使王柔謹奏爲請綏邊土事 422-443-142下

批湖北按察使王柔謹奏爲再陳管見敬請睿裁事 422-444-142下

批湖北按察使王柔謹奏爲敬陳管見事 422-445-142下

批湖北按察使王柔謹奏爲敬陳楚蜀水陸道途之險請敕開關疏整以利攸往事 422-446-142下

批廣東韶州總兵官李萬倉謹奏爲據實陳明事 422-448-143

批署理廣東潮州總兵官李萬倉謹奏陸營請致水師捍外兼以衞內事 422-448-143

批署理廣東潮州總兵官李萬倉謹奏爲備陳礦徒流息仰祈聖明敕法窮治永靖嚴疆事 422-450-143

批廣東廣州左翼總兵官李萬倉謹奏爲恭請效力西匯仰祈恩准事 422-450-143

批貴州學政徐本謹奏爲黔省慶雲七現聖世上瑞光昭事 422-454-144

批貴州學政徐本謹奏爲黔省嘉禾偏野年登大有事 422-455-144

批貴州按察使徐本謹奏爲恭謝天恩事 422-456-144

批今陞湖北布政使徐本謹奏爲恭謝天恩事 422-456-144

批湖北布政使徐本謹奏爲陳明交盤錢糧事 422-457-144

批湖北布政使徐本謹奏爲仰承聖訓恭謝天恩事 422-458-144

批湖北布政使徐本謹奏爲恭謝天恩并陳下悃事 422-458-144

批安徽巡撫徐本謹奏恭請皇上萬安 422-459-144

批安徽巡撫徐本謹奏爲奏明事（二則） 422-460-144

批安徽巡撫徐本謹奏爲恭報上江得雪日期事 422-461-144

批安徽巡撫徐本謹奏爲詳陳安省盜案情由并酌添捕役以資巡緝事 422-462-144

批安徽巡撫徐本謹奏爲恭報鳳陽等處雨雪霑足事 422-462-144

批安徽巡撫徐本謹奏爲奏聞事 422-463-144

批安徽巡撫徐本謹奏爲請旨事 422-464-144

批安徽巡撫徐本謹奏爲知府才具不同謹請酌量調補以重職守事 422-465-144

批安徽巡撫徐本謹奏爲請旨事 422-466-144

批安徽巡撫徐本謹奏爲天恩有加無已微臣感激難名恭摺奏謝以伸下悃事 422-466-144

批安徽巡撫徐本謹奏爲奏明事 422-467-144

批安徽巡撫徐本謹奏爲奏聞事 422-468-144

批江南總督高其倬安徽巡撫徐本
　謹奏爲請旨事　　　　　　　422-469-144
批安徽巡撫徐本謹奏爲奏聞事　422-470-144
批安徽巡撫徐本謹奏爲安省安插
　土司另請撥給地畝以慶皇仁事　422-471-144
批安徽巡撫徐本謹奏爲恭謝天恩
　事　　　　　　　　　　　　422-471-144
批安徽巡撫徐本謹奏爲欽奉上諭
　事　　　　　　　　　　　　422-472-144
批安徽巡撫徐本謹奏爲敬陳窮獲
　積盜緣由仰祈睿鑒事　　　422-474-144
批安徽巡撫徐本謹奏爲請旨事　422-475-144
批安徽巡撫徐本謹奏爲紳士急公
　修城據情奏聞事　　　　　　422-476-144
批安徽巡撫徐本謹奏爲奏明事　422-476-144
批安徽巡撫徐本謹奏爲恭報雨雪
　事　　　　　　　　　　　　422-477-144
批安徽巡撫徐本謹奏爲請設塘船
　以資巡緝以救飄溺事　　　422-478-144
批安徽巡撫徐本謹奏爲恭報冬雪
　事　　　　　　　　　　　　422-478-144
批安徽巡撫徐本謹奏爲恭謝天恩
　仰祈睿鑒事　　　　　　　422-478-144
批今陞都察院左都御史徐本謹奏
　爲恭報微臣欽奉諭旨站交印赴
　浙緣由仰祈睿鑒事　　　　422-480-144
批工部尚書徐本謹奏爲恭謝天恩
　仰祈睿鑒事　　　　　　　422-480-144
批工部尚書徐本浙江總督程元章
　謹奏爲奏聞事　　　　　　422-481-144
批工部尚書徐本謹奏爲恭報浙省
　春收情形仰祈睿鑒事　　　422-483-144
批雍正七年七月一日署理直隸總
　督左都御史唐執玉謹奏爲遵旨
　查奏事　　　　　　　　　422-484-145
批雍正七年八月初九日署理直隸
　總督左都御史唐執玉謹奏爲恭
　報秋禾收成分數事　　　　422-485-145
批雍正七年八月初九日署理直隸
　總督左都御史唐執玉奏爲奏聞
　事　　　　　　　　　　　422-485-145
批雍正七年八月二十九日署理直
　隸總督左都御史唐執玉謹奏爲
　覆奏事　　　　　　　　　422-486-145
批雍正七年八月二十九日署理直

隸總督左都御史唐執玉奏爲奏
　聞事　　　　　　　　　　422-486-145
批雍正七年九月二十六日署理直
　隸總督左都御史唐執玉謹奏爲
　覆奏事　　　　　　　　　422-487-145
批雍正七年十月十五日署理直隸
　總督左都御史唐執玉謹奏爲奏
　聞事　　　　　　　　　　422-489-145
批雍正七年十月十五日署理直隸
　總督左都御史唐執玉奏爲恭報
　瑞雪及時事　　　　　　　422-489-145
批雍正七年十一月初四日署理直
　隸總督左都御史唐執玉謹奏爲
　請旨事　　　　　　　　　422-489-145
批雍正七年十一月初九日署理直
　隸總督左都御史唐執玉謹奏爲
　再陳下愷恭謝天恩事　　　422-490-145
批雍正七年十二月初八日署理直
　隸總督左都御史唐執玉謹奏爲
　懇賜陛見以達愚忱事　　　422-491-145
批雍正七年十二月初八日署理直
　隸總督左都御史唐執玉又奏爲
　遵旨查議事前附都察院左都御史三
　泰奏　　　　　　　　　　422-492-145
批雍正八年正月二十五日署理直
　隸總督左都御史唐執玉謹奏爲
　奏聞事　　　　　　　　　422-493-145
批雍正八年正月二十五日署理直
　隸總督左都御史唐執玉奏爲續
　報得雪事　　　　　　　　422-494-145
批雍正八年三月十七日署理直隸
　總督左都御史唐執玉謹奏爲請
　旨事（二則）　　　　　　422-495-145
批雍正八年三月二十六日署理直
　隸總督左都御史唐執玉謹奏爲
　恭報得雨事　　　　　　　422-497-145
批雍正八年四月初一日署理直隸
　總督左都御史唐執玉謹奏爲據
　實陳奏懇賜處分以懲溺職事　422-498-145
批雍正八年四月十五日署理直隸
　總督左都御史唐執玉謹奏爲續
　報雨澤事　　　　　　　　422-498-145
批雍正八年四月二十日署理直隸
　總督左都御史唐執玉謹奏爲奏
　明耗羨銀兩事　　　　　　422-499-145

四庫全書文集篇目分類索引　　409

批雍正八年十二月十六日兵部尚書暫署直總督印務唐執玉謹奏爲微臣懇主情殷恭請陛見以昭聖訓事　422-500-145

批雍正九年三月十日兵部尚書曹署直隸印務唐執玉奏爲恭報雨澤事　422-500-145

批雍正九年四月初十日兵部尚書暫署直隸總督印務唐執玉謹奏爲據實陳奏事　422-501-145

批雍正九年四月初十日兵部尚書曹署直隸總督印務唐執玉奏爲恭報雨澤事　422-501-145

批雍正九年五月初十日兵部尚書曹署直隸總督印務唐執玉布政使王暮謹奏爲欽奉上諭事　422-502-145

批雍正九年五月二十二日兵部尚書暫署直隸總督印務唐執玉謹奏爲恭報二麥實在收成分數事　422-503-145

批雍正九年五月二十二日兵部尚書暫署直隸總督印務唐執玉奏爲據實陳奏事　422-504-145

批雍正九年六月二十二日兵部尚書暫署直隸總督印務唐執玉謹奏爲續報雨澤事　422-505-145

批內閣學士繆沅謹奏臣於雍正六年四月二十日奉旨差察參革原任蒲臺縣知縣朱成元家人張士榮叩閽控告休蒲臺縣知縣王僧慧一案　422-506-146

批內閣學士繆沅謹奏臣於七月初七日按戶部知會奉旨命臣同鹽臣鄭禪寶會查東省鹽政積弊　422-507-146

批內閣學士繆沅御史鄭禪寶謹奏臣等欽奉諭旨清查山東鹽務重夜影射阿城改包種種弊端併積弔侵蝕正課數目　422-508-146

批內閣學士繆沅御史鄭禪寶謹奏爲奏明事　422-509-146

批侍郎繆沅御史鄭禪寶謹奏爲奏明事　422-510-146

批侍郎繆沅御史鄭禪寶謹奏爲請旨事　422-510-147

批提督雲南學政蔡嵩奏（三則）　422-512-147

批雍正三年八月十八日提督福建

學政黃之雋謹奏爲欽奉上諭事　422-515-147

批雍正三年八月十八日提督福建學政黃之雋奏　422-516-148

批雍正元年六月二十八日湖南巡撫魏廷珍奏爲恭報早稻收成仰慰聖懷事　422-519-149上

批雍正元年九月初六日湖南巡撫魏廷珍奏爲恭報秋成事　422-520-149上

批雍正元年十一月二十五日湖南巡撫魏廷珍奏（二則）　422-521-149上

批雍正元年十二月二十日湖南巡撫魏廷珍奏　422-523-149上

批雍正二年二月初二日湖南巡撫魏廷珍奏　422-524-149上

批雍正二年閏四月十九日湖南巡撫魏廷珍奏（四則）　422-524-149上

批雍正三年二月初九日盛京工部侍郎魏廷珍奏　422-528-149上

批雍正三年四月二十八日盛京工部侍郎魏廷珍奏　422-528-149上

批雍正四年二月二十四日安徽巡撫魏廷珍奏（二則）　422-529-149上

批雍正四年六月初八日安徽巡撫魏廷珍奏　422-531-149上

批雍正四年六月初八日安徽巡撫魏廷珍奏臣又查得新開河一事　422-531-149上

批雍正四年六月初八日安徽巡撫魏廷珍奏　422-532-149上

批雍正四年七月二十六日安徽巡撫魏廷珍奏　422-533-149上

批雍正四年十一月二十六日安徽巡撫魏廷珍奏　422-534-149上

批雍正四年十一月二十六日安徽巡撫魏廷珍奏　422-534-149上

批雍正五年閏三月初六日安徽巡撫魏廷珍奏　422-535-149上

批雍正五年閏三月初六日安徽巡撫魏廷珍奏　422-536-149上

批雍正五年十一月十九日安徽巡撫魏廷珍奏爲恭謝天恩事　422-536-149上

批同雍正五年十一月十九日安徽巡撫魏廷珍奏　422-537-149上

批雍正五年十一月十九日安徽巡撫魏廷珍奏（二則）　422-538-149上

批雍正六年三月十九日安徽巡撫

史部

詔令奏議類：附錄

詔令上一書

史部

詔令奏議類：附錄

詔令上十一畫

魏廷珍奏　422-540-149上

批雍正六年三月十九日安徽巡撫魏廷珍奏　422-540-149下

批雍正六年三月十九日安徽巡撫魏廷珍奏爲恭謝天恩事　422-541-149上

批雍正六年六月二十日江南安徽巡撫魏廷珍奏爲據實奏明事　422-542-149下

批雍正六年十一月十八日安徽巡撫魏廷珍奏　422-544-149下

批雍正六年十一月十八日安徽巡撫魏廷珍奏　422-545-149下

批雍正七年正月初十日安徽巡撫魏廷珍奏窮臣奉上諭計議名官養廉一事　422-545-149下

批雍正七年二月二十二日安徽巡撫魏廷珍奏臣奉上諭計議名官養廉一事　422-546-149下

批雍正七年六月三十日安徽巡撫魏廷珍奏　422-548-149下

批雍正七年六月三十日安徽巡撫魏廷珍奏　422-550-149下

批雍正七年九月十六日安徽巡撫魏廷珍奏　422-550-149下

批雍正七年十月二十五日安徽巡撫魏廷珍奏　422-551-149下

批雍正七年十月二十五日安徽巡撫魏廷珍奏（三則）　422-552-149下

批雍正九年三月二十五日署理湖北巡撫魏廷珍奏　422-554-149下

批雍正九年四月初六日署理湖北巡撫魏廷珍奏　422-556-149下

批雍正九年七月十三日署理湖北巡撫魏廷珍奏　422-557-149下

批雍正十年四月二十六日漕運總督魏廷珍奏　422-557-149下

批雍正十年四月二十六日漕運總督魏廷珍奏　422-558-149下

批雍正十年五月十三日漕運總督魏廷珍奏　422-559-149下

批雍正十年十一月十一日署理兩江總督魏廷珍奏　422-560-149下

批雍正十一年正月二十四日署理兩江總督魏廷珍奏　422-561-149下

批雍正十一年正月二十四日署理兩江總督魏廷珍奏　422-562-149下

批雍正十一年三月十八日署理兩江總督魏廷珍奏　422-563-149下

批雍正十一年四月二十四日署理兩江總督魏廷珍奏　422-564-149下

批雍正十一年六月十九日漕運總督魏廷珍奏　422-565-149下

批雍正六年八月初二日郎中鄂禮謹奏請旨事　422-566-150

批雍正七年閏七月二十六日郎中鄂禮謹奏爲恭謝天恩事　422-567-150

批雍正七年十一月十六日郎中鄂禮謹奏爲據實奏聞事　422-569-150

批雍正七年十二月二十七日郎中鄂禮謹奏爲恭謝天恩事　422-570-150

批雍正七年十二月二十七日郎中鄂禮奏爲奏聞事　422-571-150

批雍正十年二月十一日管理長蘆鹽政鄂禮謹奏爲恭報又晴得雪仰慰聖懷事　422-573-150

批雍正十年五月二十日管理長蘆鹽政鄂禮謹奏爲奏聞事　422-573-150

批雍正十年十一月初七日暫署天津總兵官印務鄂禮謹奏爲欽奉上諭敬繳牃批事　422-574-150

批雍正十年十一月初七日暫署天津總兵官印務鄂禮奏爲蘆商感戴皇恩情願量力急公事　422-575-150

批雍正十一年二月初二日暫署天津總兵官印務鄂禮謹奏爲敬陳管見仰祈聖鑒事　422-575-150

批雍正十一年三月初六日暫署天津總兵官印務鄂禮謹奏爲恭報時雨大沛仰慰聖懷事　422-576-150

批雍正十一年四月初七日暫署天津總兵官印務鄂禮謹奏爲奏明接交鎮篆事　422-577-150

批雍正十一年十月十一日暫署天津總兵官印務鄂禮謹奏爲遵旨巡察營伍事　422-577-150

批雍正十一年十一月十七日暫署天津總兵官印務鄂禮謹奏爲奏明巡察營伍情形仰祈睿鑒事　422-578-150

批雍正十一年十一月十七日暫署天津總兵官印務鄂禮奏爲奏明餘平飯銀兩解部部歸公事　422-579-150

四庫全書文集篇目分類索引　　411

批雍正十二年正月初二日暫署天津總兵官印務鄂禮謹奏爲恭報瑞雪事　　422-580-150

批雍正十二年正月二十四日暫署天津總兵官印務鄂禮謹奏爲請免道廳掛號之繁以便鹽運仍留應得養廉之項以資辦公事　　422-580-150

批雍正十二年二月十七日暫署天津總兵官印務鄂禮謹奏爲奏聞事　　422-581-150

批雍正二年九月十五日提督江西學政翰林院侍讀學士沈翼機謹奏爲恭請聖安事　　422-582-151

批雍正三年六月初十日提督江西學政翰林院侍讀學士沈翼機謹奏爲恭請聖安事　　422-582-151

批雍正三年五月初四日巡視臺灣監察御史景考祥謹奏爲敬宣旨據實回奏事　　422-583-152

批雍正三年五月二十五日巡視臺灣監察御史景考祥謹奏恭請皇上聖躬萬安　　422-584-152

批雍正三年十二月二十八日巡視臺灣吏科給事中補授福建運使景考祥謹奏爲謝天恩敬陳下悃仰邀聖鑒事　　412-584-152

批雍正七年五月初二日巡察直隸等處農務御史舒喜謹奏爲萬民歡欣感戴二麥豐茂情形仰祈睿鑒事　　422-585-153

批雍正七年六月初四日巡察直隸等處農務御史舒喜謹奏爲請建倉房以免積穀霉爛以杜規避交盤事　　422-586-153

批雍正七年七月初四日巡察直隸等處農務御史舒喜謹奏爲特參受賄濫派之員以抒民怨以儆吏治事　　422-586-153

批雍正七年七月初四日巡察直隸等處農務御史舒喜奏爲恭報秋禾豐茂萬民歡悅事　　422-587-153

批雍正七年七月初四日巡察直隸等處農務御史舒喜奏爲縣令歷更吏治閱草非老成練達之員難以整理事　　422-588-153

批雍正八年四月十六日巡察直隸等處農務御史舒喜謹奏爲恭報二麥豐茂萬民歡悅情形仰祈睿鑒事　　422-589-153

批雍正八年六月十三日巡察直隸等處農務御史舒喜謹奏爲功績及人深遠士民感激罔涯懇上達以伸情愫以誌不忘事　　422-589-153

批雍正九年四月二十二日巡察直隸等處農務御史舒喜謹奏爲敬陳被水州縣民地情形仰祈睿鑒事　　422-591-153

批雍正九年五月十五日巡察直隸等處農務御史舒喜謹奏爲敬陳因地制宜以資民用仰祈睿鑒事　　422-591-153

批雍正九年七月初一日巡察直隸等處農務御史舒喜謹奏爲奏聞事　　422-592-153

批雍正九年八月二十九日巡察直隸等處農務御史舒喜謹奏爲敬陳管見仰祈睿鑒事　　422-593-153

批雍正九年八月二十九日巡察直隸等處農務御史舒喜奏爲恭請移駐兼轉之員以資彈壓以重地方事　　422-594-153

批雍正九年九月二十六日巡察直隸等處農務御史舒喜謹奏爲恭報嘉禾獻瑞闔邑歡慶仰祈睿鑒事　　422-594-153

批雍正十年五月二十七日巡察直隸等處農務侍郎舒喜謹奏爲請旨事　　422-595-153

批雍正十年六月十七日巡察直隸等處農務侍郎舒喜謹奏爲秋禾豐茂情形據實陳奏仰祈睿鑒事　　422-596-153

批雍正五年六月初七日江安糧道葛森奏　　422-597-154

批雍正五年八月十六日江安糧道葛森謹奏爲恭緘珠批叩謝天恩事　　422-598-154

批雍正五年九月二十八日江安糧道葛森謹奏爲恭緘珠批叩謝天恩事　　422-598-154

批雍正五年十一月二十二日江安糧道葛森謹奏爲恭緘珠批叩謝

史部

詔令奏議類・附錄

詔令十一畫

天恩事　422-599-154

批雍正六年正月二十四日江安糧道葛森謹奏爲叩謝天恩恭繳硃批事　422-600-154

批雍正六年十一月二十八日山西按察使葛森謹奏爲恭謝天恩叩請陛見敬聆聖訓事　422-601-154

批雍正七年五月初十日山西按察使葛森謹奏爲欽奉上諭事　422-601-154

批雍正七年十二月十五日辦理噶斯軍需甘肅布政使葛森吏部郎中竇滿岱刑部郎中福寧謹奏爲請旨事　422-602-154

批雍正八年三月十七日辦理噶斯軍需甘肅布政使葛森西安布政使張廷棟吏部郎中竇滿岱刑部郎中福寧謹奏爲奏聞事　422-603-154

批雍正九年六月初四日雲南布政使葛森謹奏爲恭謝天恩事　422-604-154

批雍正九年六月初四日雲南布政使葛森奏爲奏聞事　422-605-154

批雍正九年八月十九日雲南布政使葛森謹奏爲奏聞事　422-605-154

批雍正十年六月十六日雲南布政使葛森謹奏爲奏聞事　422-606-154

批雍正六年六月十八日雲南開化總兵官南天祥謹奏爲奏聞事　422-608-155

批雍正八年七月二十五日雲南鶴麗總兵官南天祥謹奏爲遠隔天庭日久微臣瞻慕時殷恭請陛見以抒蟻悃以聆聖訓事　422-609-155

批雍正十年九月初九日江南提督南天祥謹奏爲奏聞事　422-610-155

批雍正十一年正月二十日江南提督南天祥謹奏爲陳奏事　422-611-155

批雍正十一年三月初九日江南提督南天祥謹奏爲奏明事　422-613-155

批雍正十一年三月初九日江南提督南天祥奏爲陳奏事　422-614-155

批雍正十一年四月二十二日江南提督南天祥謹奏爲奏聞請旨事　422-616-155

批雍正十一年七月十三日江南提督南天祥謹奏爲聖主德婣生成微臣情殷瞻戀恭請陛見敬聆睿訓以禔職守以慰下忱事　422-618-155

批雍正十一年七月十三日江南提督南天祥奏爲敬陳管見仰祈睿鑒事　422-619-155

批雍正十一年九月初四日江南提督南天祥謹奏爲陳奏事　422-620-155

批雍正十一年九月初四日江南提督南天祥奏爲奏明事　422-621-155

批雍正十二年正月二十二日江南提督南天祥謹奏爲敬陳管見仰祈聖訓事　422-622-155

批雍正十年正月二十八日署理湖北彝陵鎮總兵官治大雄謹奏爲敬陳管見仰祈睿鑒事　422-624-156

批雍正十年正月二十八日署理湖北彝陵鎮總兵官治大雄奏爲據實奏明仰祈睿鑒事　422-625-156

批雍正十年正月二十八日署理湖北彝陵鎮總兵官治大雄奏爲奏明事　422-626-156

批雍正十年五月初二日湖北彝陵鎮總兵官治大雄謹奏爲恭報地方雨水二麥收成分數事　422-628-156

批雍正十年五月初二日湖北彝陵鎮總兵官治大雄奏爲據實奏聞仰祈睿鑒事　422-628-156

批雍正十一年四月二十六日湖北彝陵鎮總兵官治大雄謹奏爲微臣親歷查勘敬陳營汛事宜事　422-630-156

批雍正十一年八月二十六日湖北彝陵鎮總兵官治大雄謹奏爲敬陳管見仰祈睿鑒事　422-630-156

批雍正十一年十月十八日湖北彝陵鎮總兵官治大雄謹奏爲土弁狂悖違旨欺君據實奏聞仰祈聖裁事　422-632-156

批雍正十一年十一月初一日湖北彝陵鎮總兵官治大雄謹奏爲土弁負恩叛逆亟請宸斷以靖邊疆以安民生事　422-634-156

批雍正十一年十二月二十一日湖北彝陵鎮總兵官治大雄謹奏爲敬繳硃批諭旨恭謝天恩事　422-636-156

批雍正四年五月初一日內閣學士兼禮部侍郎何國宗等謹奏爲奏聞事　422-638-157

四庫全書文集篇目分類索引　413

批雍正四年十二月二十日內閣學士兼禮部侍郎何國宗謹奏爲奏聞事　422-639-157

批雍正五年三月二十九日內閣學士兼禮部侍郎何國宗謹奏爲奏聞事　422-640-157

批雍正五年三月二十九日內閣學士兼禮部侍郎何國宗奏爲敬陳下悃恭謝天恩事　422-641-157

批雍正五年閏三月初四日內閣學士兼禮部侍郎何國宗等謹奏爲恭報時雨霑足上慰聖懷事　422-641-157

批雍正五年四月二十二日內閣學士兼禮部侍郎何國宗謹奏爲奏聞事　422-642-157

批雍正五年五月二十一日內閣學士兼禮部侍郎何國宗謹奏爲欽奉上諭事　422-642-157

批雍正八年二月十四日工部侍郎何國宗謹奏爲奏聞事　422-643-157

批雍正八年三月二十四日工部侍郎何國宗謹奏爲奏聞事　422-644-157

批雍正八年三月二十四日工部侍郎何國宗奏爲奏聞事　422-645-157

批雍正元年六月十八日戶部銀庫郎中博爾多太僕寺少卿須洲謹奏爲恭請皇上萬安事　422-647-158

批雍正元年七月初九日戶部銀庫郎中博爾多謹奏爲恭報賑務事　422-647-158

批雍正元年八月十二日戶部銀庫郎中博爾多謹奏爲奏聞事　422-648-158

批雍正元年八月十二日戶部銀庫郎中博爾多奏爲遵旨會審事　422-649-159

批雍正三年九月十八日廣東提督萬際瑞謹奏恭請皇上聖安　422-649-159

批雍正三年九月十八日廣東提督萬際瑞奏爲欽奉上諭事　422-649-159

批雍正三年九月十八日廣東提督萬際瑞奏　422-651-159

批雍正四年四月初八日廣東提督萬際瑞謹奏爲恭報地方米價雨水情形事　422-652-159

批雍正四年七月二十四日廣東提督萬際瑞謹奏爲恭謝天恩事　422-653-159

批雍正四年七月二十四日廣東提督萬際瑞奏爲恭報粵東夏禾收成惠府秋水汜濫事　422-653-159

批雍正四年九月二十日廣東提督萬際瑞謹奏爲鎭臣貪鄙徇私事　422-654-159

批雍正四年九月二十日廣東提督萬際瑞奏爲報明田禾城舍被水衝壞事　422-655-159

批雍正四年九月二十日廣東提督萬際瑞奏爲報明馬價羨餘急公修造兵房事　422-656-159

批雍正五年八月初十日山東登州總兵官萬際瑞謹奏爲奏聞事　422-657-159

批雍正六年二月初十日山東登州總兵官革職留任萬際瑞謹奏爲請旨事　422-658-159

批雍正六年四月二十一日山東登州總兵官革職留任萬際瑞謹奏爲敬抒管見仰祈睿鑒以備採擇事　422-659-159

批雍正六年四月二十一日山東登州總兵官革職留任萬際瑞奏爲請嚴積引之弊以裕國課事　422-661-159

批雍正六年五月十九日山東登州總兵官革職留任萬際瑞謹奏爲恭謝天恩事　422-661-159

批雍正六年六月二十一日山東登州總兵官萬際瑞謹奏爲恭謝天恩事　422-662-159

批雍正六年六月二十一日山東登州總兵官萬際瑞奏爲歷陳引鹽積弊以肅鹽政事　422-663-159

批雍正六年六月二十一日山東登州總兵官萬際瑞奏爲奏聞事　422-665-159

批雍正六年七月二十二日山東登州總兵官萬際瑞謹奏爲奏聞事　422-666-159

批雍正六年十月初五日山東登州總兵官萬際瑞謹奏爲奏聞事　422-667-159

批雍正七年九月初三日浙江提督萬際瑞謹奏爲恭請陛見跪聆聖訓事　422-667-159

批雍正七年十一月二十四日浙江提督萬際瑞謹奏爲請更弁兵實在食糧年月以杜頂冒事　422-668-159

批雍正七年十一月二十四日浙江提督萬際瑞奏　422-669-159

史部　詔令奏議類：附錄　詔令上十一畫

史部

詔令奏議類：附錄

詔令上十一畫

批雍正八年三月二十五日浙江提督萬際瑞謹奏爲奏報雍正元年分收過公糧餉未製造軍裝甲械數目仰祈睿鑒事　422-670-159

批雍正八年六月十一日浙江提督萬際瑞謹奏爲聖恩高厚難名微臣罪衍莫逭謹恪遵聖訓以圖報效事　422-672-159

批雍正八年十二月初五日浙江提督萬際瑞謹奏爲奏報雍正七年分收過公糧製造軍械數目仰祈睿鑒事　422-672-159

批雍正九年十一月二十六日浙江提督萬際瑞謹奏爲奏報雍正八年分收過公糧製造軍械數目仰祈睿鑒事　422-673-159

批雍正十年三月初八日浙江提督萬際瑞謹奏爲恭報微臣查閱汛回署日期事　422-674-159

批雍正十一年七月二十四日浙江提督萬際瑞謹奏爲奏聞事　422-675-159

批雍正十一年十二月初一日浙江提督萬際瑞謹奏爲欽遵聖訓恭緻殊批事　422-675-159

批雍正六年八月二十四日巡察順天永平宣化三府監察御史苗壽陶正中謹奏爲敬陳約束在屯旗莊事宜仰祈睿鑒事　422-677-160

批雍正六年八月二十四日巡察順天永平宣化三府監察御史苗壽陶正中奏爲敬陳編造旗地清册事宜以正賦額以杜訟端事　422-679-160

批雍正六年十一月二十七日巡察順天永平宣化三府監察御史苗壽陶正中謹奏爲敬陳清釐官守之管見以熙庶績事　422-680-160

批雍正三年五月二十五日署理四川川北總兵官李如栢謹奏爲微臣依戀情切恭請陛見少展罄慕以抒積誠事　422-681-161

批雍正三年五月二十五日署理四川川北總兵官李如栢奏爲敬陳管見事　422-682-161

批雍正三年五月二十五日署理四川川北總兵官李如栢奏爲敬陳釿蕘之見以固疆圉事　422-683-161

批雍正三年七月初八日署理四川川北總兵官李如栢謹奏爲敬陳愚見事　422-684-161

批雍正五年三月二十七日直隸宣化總兵官李如栢謹奏爲恭懇聖慈明白訓導事　422-685-161

批雍正五年四月二十六日直隸宣化總兵官李如栢謹奏爲敬陳釿蕘恭請睿鑒事　422-686-161

批雍正五年五月初四日直隸宣化總兵官李如栢謹奏恭請皇上聖安　422-688-161

批雍正五年五月初四日直隸宣化總兵官李如栢奏爲奏明事　422-688-161

批雍正五年八月初七日直隸宣化總兵官李如栢謹奏爲聖諭自天傲惕無地事　422-689-161

批雍正五年十二月初九日直隸宣化總兵官李如栢謹奏爲恭懇聖慈俯准開墾裕國賦以益民生事　422-689-161

批雍正六年二月十五日直隸宣化總兵官李如栢謹奏爲恭懇聖慈俯准查閱邊汛事　422-690-161

批雍正六年五月初一日直隸宣化總兵官李如栢謹奏爲奏明更造軍器以期適用事　422-691-161

批雍正六年五月十二日直隸宣化總兵官李如栢謹奏爲報足雨澤事　422-692-161

批雍正六年五月十二日直隸宣化總兵管李如栢奏爲恭謝天恩事　422-692-161

批雍正六年十二月初七日直隸宣化總兵官李如栢謹奏爲鳥槍兵丁火藥不敷據實奏明事　422-693-161

批雍正六年十二月十七日直隸宣化總兵官李如栢謹奏爲奏明事　422-694-161

批雍正七年三月十五日直隸宣化總兵官李如栢謹奏爲侍官夾帶禁物傷兵強出邊口事　422-695-161

批雍正七年三月二十四日直隸宣化總兵官李如栢謹奏爲恭懇天恩事　422-696-161

批雍正七年十一月十一日直隸宣化總兵官李如栢謹奏爲據稟奏

參事　422-697-161

批雍正八年四月十三日直隸宣化總兵官李如栢謹奏爲遵旨議奏事　422-698-161

批雍正九年八月十二日署理山西太原總兵官印務直隸宣化總兵官李如栢謹奏爲請旨事　422-699-161

批雍正九年十月二十四日署理山西太原總兵官印務直隸宣化總兵官李如栢謹奏爲遵旨覆奏事　422-700-161

批雍正十年五月二十六日暫署山西大同總兵官印務直隸宣化總兵官李如栢謹奏爲奏明事　422-701-161

批雍正十年六月十三日暫署山西大同總兵官印務直隸宣化總兵官李如栢謹奏爲奏明事　422-702-161

批雍正十一年三月二十五日暫署山西大同總兵官印務直隸宣化總兵官李如栢謹奏爲敬陳芻蕘事　422-703-161

批雍正十一年七月二十五日暫署山西大同總兵官印務直隸宣化總兵官李如栢謹奏爲奏明事　422-706-161

批雍正十一年八月初十日暫署山西大同總兵官印務直隸宣化總兵官李如栢謹奏爲遵旨奏明事　422-706-161

批雍正十二年四月二十日暫署山西大同總兵官印務直隸宣化總兵官李如栢謹奏爲恭謝天恩事　422-707-161

批雍正十二年八月二十一日暫署山西大同總兵官印務直隸宣化總兵官李如栢謹奏爲恭懸聖恩府准陛見事　422-709-161

批雍正七年十一月二十四日協理清查江蘇錢糧事務監察御史安修德謹奏爲奏聞事　422-711-162

批雍正七年十一月二十四日協理清查江蘇錢糧事務監察御史安修德奏爲請除侵欠錢糧之源以清積弊事　422-712-162

批雍正八年二月初四日協理清查江蘇錢糧事務監察御史安修德謹奏爲恭繳硃批事　422-712-162

批雍正五年二月二十六日鑲黃旗漢軍副都統李淑德謹奏爲奏開

事　422-714-163

批雍正五年閏三月初六日鑲黃旗漢軍副都統李淑德謹奏爲奏聞事　422-715-163

批雍正五年閏三月二十九日鑲黃旗漢軍副都統李淑德謹奏爲直陳水利仰祈聖裁事　422-715-163

批直隸通永道高鑛謹奏爲恭謝天恩竝陳愚悃事　422-717-164

批直隸通永道高鑛謹奏爲奏陳私悃懸恩賜覽事　422-717-164

批雍正四年五月二十日山東兗州總兵官柏之蕃謹奏爲奏聞事　422-719-165

批雍正四年六月十二日山東兗州總兵官柏之蕃謹奏爲奏聞事　422-720-165

批雍正四年九月初一日山東兗州總兵官柏之蕃謹奏爲請旨事　422-720-165

批雍正四年九月十七日山東兗州總兵官柏之蕃謹奏爲奏聞事　422-721-165

批雍正五年三月初三日山東兗州總兵官柏之蕃謹奏爲武童無知習慣妄爲事　422-722-165

批雍正五年九月二十六日山東兗州總兵官柏之蕃謹奏爲奏聞事　422-723-165

批雍正六年四月初六日江南松江提督柏之蕃謹奏爲敬陳蒞任事宜仰祈睿鑒事　422-723-165

批雍正六年六月初二日江南松江提督柏之蕃謹奏爲閱過沿海各營兵馬謹具奏聞仰祈睿鑒事　422-724-165

批雍正六年六月二十六日江南松江提督柏之蕃謹奏爲奏聞事　422-725-165

批雍正六年九月十七日江南松江提督柏之蕃謹奏爲奏聞事　422-726-165

批雍正六年九月十七日江南松江提督柏之蕃謹奏爲奏明嚴防海洋營汛事　422-728-165

批雍正六年十二月初五日江南松江提督柏之蕃謹奏爲奏聞事　422-729-165

批雍正六年十二月初五日江南松江提督柏之蕃謹奏爲據實陳奏事　422-730-165

批雍正七年四月二十六日江南松江提督柏之蕃謹奏爲請旨隨征效力少伸圖報微忱伏祈俞允事　422-731-165

史部 詔令奏議類：附錄 詔令上十一畫

批雍正七年四月二十六日江南松江提督柏之蕃謹奏爲恭謝天恩事 422-732-165

批雍正七年四月二十六日江南松江提督柏之蕃謹奏爲奏聞事 422-732-165

批雍正七年閏七月初四日江南松江提督柏之蕃謹奏爲恭繳硃批事 422-734-165

批雍正七年閏七月十一日江南松江提督柏之蕃謹奏爲奏聞事 422-734-165

批雍正七年十一月二十九日江南松江提督柏之蕃謹奏爲恭繳硃批事 422-735-165

批雍正七年十一月二十九日江南松江提督柏之蕃謹奏爲鄉民燒燬差船事 422-736-165

批雍正八年四月初四日江南松江提督柏之蕃謹奏爲恭謝天恩事 422-737-165

批雍正十年六月初六日廣州將軍柏之蕃謹奏爲奏聞事 422-738-165

批雍正十年六月初六日廣州將軍柏之蕃謹奏爲請旨事 422-739-165

批雍正十年十一月初四日廣州將軍柏之蕃謹奏爲叩謝天恩仰祈睿鑒事 422-740-165

批雍正十一年三月十一日廣州將軍柏之蕃謹奏爲據實陳奏懇祈睿鑒事 422-741-165

批雍正十一年九月十一日廣州將軍柏之蕃副都統毛克明安華謹奏爲旗人學習清話謹遵聖旨務收實效事 422-742-165

批雍正十二年二月十九日廣州將軍柏之蕃謹奏爲酌辦存庫息銀以廣皇仁事 422-743-165

批雍正十二年二月十九日廣州將軍柏之蕃謹奏爲請旨事 422-744-165

批雍正二年正月二十六日署理山西大同總兵官陳王章謹奏爲奏聞事 422-746-166

批雍正二年三月二十六日署理山西大同總兵官陳王章謹奏爲據實奏明事 422-747-166

批雍正二年閏四月十六日署理山西大同總兵官陳王章謹奏爲恭謝聖諭併繳硃批事 422-748-166

批雍正二年九月二十一日署理江西南昌總兵官陳王章謹奏爲要缺需員遵旨請補事 422-749-166

批雍正二年九月二十五日署理江西南昌總兵官陳王章謹奏爲遵旨酌議棚民事宜據實回奏事 422-750-166

批雍正三年二月二十八日江西南昌總兵官陳王章謹奏爲請旨事 422-751-166

批雍正四年二月初六日江西南昌總兵官陳王章謹奏爲恭請訓旨事 422-752-166

批雍正四年六月初十日江西南昌總兵官陳王章謹奏爲奏明事 422-753-166

批雍正四年八月二十六日江西南昌總兵官陳王章謹奏爲恭繳御批奏摺事 422-754-166

批雍正四年八月二十六日江西南昌總兵官陳王章謹奏爲敬陳管見仰祈睿鑒事 422-755-166

批雍正四年十二月初二日江西南昌總兵官陳王章謹奏爲恭繳御批奏摺事 422-756-166

批雍正四年十二月初二日江西南昌總兵官陳王章謹奏爲恭謝天恩仰祈睿鑒事 422-757-166

批雍正五年七月二十六日江西南昌總兵官陳王章謹奏爲微臣戀主情殷仰懇聖慈恩准陛見以抒瞻慕事 422-758-166

批雍正六年二月初三日江西南昌總兵官陳王章謹奏爲奏聞事 422-758-166

批雍正六年二月初三日江西南昌總兵官陳王章謹奏爲恭懇聖恩事 422-759-166

批雍正六年六月二十一日江西南昌總兵官陳王章謹奏爲奏聞地方得雨情形事 422-760-166

批雍正六年六月二十一日江西南昌總兵官陳王章謹奏爲恭繳御批奏摺仰祈睿鑒事 422-760-166

批雍正六年六月二十一日江西南昌總兵官陳王章謹奏爲叩謝天恩恭繳御批奏摺仰祈睿鑒事 422-761-166

批雍正七年五月二十二日江西南

昌總兵官陳王章謹奏為奏聞事 422-762-166
批雍正七年五月二十二日江西南昌總兵官陳王章謹奏為據實陳奏事 422-762-166
批雍正七年閏七月初十日江西南昌總兵官陳王章謹奏為回奏事 422-763-166
批雍正七年閏七月初十日江西南昌總兵官陳王章謹奏為恭繳硃批奏摺仰祈聖鑒事 422-764-166
批雍正七年閏七月初十日江西南昌總兵官陳玉章謹奏為據實奏聞事 422-764-166
批雍正七年九月初八日江西南昌總兵官陳王章謹奏為欽奉上諭密飭嚴舉大盜以靖江湖以安商民事 422-765-166
批雍正七年九月初八日江西南昌總兵官陳王章謹奏為恭繳硃批奏摺仰祈聖鑒事 422-766-166
批雍正七年九月初八日江西南昌總兵官陳王章謹奏為欽奉聖訓瀝誠奏謝仰祈睿鑒事 422-766-166
批雍正七年九月初八日江西南昌總兵官陳王章謹奏為奏聞事 422-767-166
批雍正七年九月初八日江西南昌總兵官陳王章謹奏為聖主訓迪譬詳微臣感激情切恭申愚悃叩謝天恩事 422-768-166
批雍正七年九月初八日江西南昌總兵官陳王章謹奏為恭聞訓旨悚懼彌深敬申誠悃仰祈聖鑒事 422-769-166
批雍正七年九月初八日江西南昌總兵官陳王章謹奏為恭謝天恩事 422-770-166
批雍正七年十月初十日江西南昌總兵官陳王章謹奏為奏聞事（二則） 422-770-166
批雍正八年二月初八日江西南昌總兵官陳王章謹奏為恭繳御批奏摺仰祈聖鑒事 422-772-166
批雍正八年二月初八日江西南昌總兵官陳王章謹奏為恭繳硃批奏摺仰祈睿鑒事 422-773-166
批雍正八年二月初八日江西南昌總兵官陳王章謹奏為請旨事 422-774-166
批雍正八年四月初八日江西南昌總兵官陳王章謹奏為欽奉聖訓感愧交并謹陳下悃仰祈睿鑒事 422-774-166
批雍正八年四月初八日江西南昌總兵官陳王章謹奏為恭繳御批奏摺仰祈聖鑒事 422-775-166
批雍正八年四月初八日江西南昌總兵官陳王章謹奏為恭繳硃批奏摺仰祈聖鑒事 422-776-166
批雍正十年二月二十日署理江西南昌總兵官陳王章謹奏為聖主鴻慈逾格微臣感激難名敬陳下悃叩謝天恩事 422-776-166
批雍正十一年六月十八日署理江西南昌總兵官陳王章謹奏為恭請聖裁事 422-777-166
批雍正十一年六月十八日署理江西南昌總兵官陳王章謹奏為奏聞事 422-779-166
批雍正六年十一月初六日江西南贛總兵官劉章謹奏為敬陳管見仰祈睿裁事 422-781-167
批雍正七年六月初二日江西南贛總兵官劉章謹奏為奏聞事 422-782-167
批雍正七年閏七月二十六日江西南贛總兵官劉章謹奏為聖恩撫恤有加兵民感戴無已謹摺奏明恭繳硃批事 422-783-167
批雍正七年閏七月二十六日江西南贛總兵官劉章謹奏為奏聞事 422-784-167
批雍正八年二月十二日江西南贛總兵官劉章謹奏為奏聞事 422-784-167
批雍正八年二月十二日江西南贛總兵官劉章謹奏為欽承聖訓事 422-785-167
批雍正十年五月十五日江西南贛總兵官劉章謹奏為奏明微臣查閱營伍情形仰祈睿鑒事 422-786-167
批雍正十年九月初七日江西南贛總兵官劉章謹奏為奏聞事 422-787-167
批雍正十年九月初七日江西南贛總兵官劉章謹奏為恭繳硃批事 422-788-167
批雍正十一年八月十七日署太原總兵印務額外總兵官劉章謹奏為請旨製易營館以壯軍容事 422-789-167
批雍正十一年十月二十二日署太

418　　　　　　　　　四庫全書文集篇目分類索引

原總兵印務額外總兵官劉章謹奏爲欽奉上諭事　422-790-167

批鎭守雲南曲尋武霑等處總兵官楊鯤謹奏爲受恩至重圖報至殷謹瀝下悃仰祈睿鑒事　422-791-167

批鎭守雲南曲尋武霑等處總兵官楊鯤謹奏爲遵旨密陳事　422-792-167

批直隸正定鎭總兵官楊鯤謹奏爲奏明事（二則）　422-793-167

批直隸正定鎭總兵官楊鯤謹奏爲恭繳硃批諭旨事　422-796-168

批直隸正定鎭總兵官楊鯤謹奏爲奏明事　422-797-168

批直隸正定鎭總兵官楊鯤謹奏爲奏明關稅羨餘銀兩數目事　422-798-168

批直隸正定鎭總兵官楊鯤謹奏爲奏明事（二則）　422-798-168

批直隸古北口提督楊鯤謹奏爲奏明事　442-799-168

批直隸古北口提督楊鯤謹奏爲恭進瑞穀事　422-800-168

批直隸古北口提督楊鯤謹奏爲冒罪瀆陳仰懇聖恩事　422-801-168

批直隸古北口提督楊鯤謹奏爲詳陳堤塘虛冒苟減之弊以清積蠹以肅功令事　422-801-168

批直隸全省提督楊鯤謹奏爲奏明宣鎭火藥銀兩事　422-802-168

批直隸全省提督楊鯤謹奏爲酌請廢弁入伍以慎人才以勉後效事　422-803-168

批直隸全省提督楊鯤謹奏爲遵旨商酌仰祈睿鑒事　422-803-168

批直隸全省提督楊鯤謹奏爲奏明事　422-804-168

批直隸全省提督楊鯤謹奏爲撤回京撥兵丁以實營伍事　422-805-168

批直隸全省提督楊鯤謹奏爲奏明事　422-806-168

批直隸全省提督楊鯤謹奏爲恭謝天恩事　422-807-168

批直隸全省提督楊鯤謹奏爲奏聞事　422-808-168

批直隸全省提督楊鯤謹奏爲奏明事　422-809-168

批直隸全省提督楊鯤謹奏爲恭懇聖慈賞留幹員事　422-809-168

批直隸全省提督楊鯤謹奏爲奏明事　422-810-168

批直隸全省提督楊鯤謹奏爲酌調幹員以裨營汛事　422-810-168

批直隸全省提督楊鯤謹奏爲仰請簡補守備以收實效事　422-811-168

批直隸全省提督楊鯤謹奏爲請旨事　422-811-168

批直隸全省提督楊鯤謹奏爲請補都司以勵實心之員事　422-812-168

批直隸全省提督楊鯤謹奏爲查明通省墩塘數目條陳愚昧之見應否舉行恭請聖裁事　422-813-168

批直隸全省提督楊鯤謹奏爲署鎭不勝重任仰祈聖裁事　422-813-168

批直隸全省提督楊鯤謹奏爲微臣受恩愈厚圖報彌殷俯竭愚誠仰祈睿鑒事　422-814-168

批署理直隸總督事務提督楊鯤謹奏爲奏明盤查藩庫事　422-815-168

批署理直隸總督事務提督楊鯤謹奏爲仰懇聖恩俯准賞補守備事　422-816-168

批署理直隸總督事務提督楊鯤謹奏爲奏聞事　422-816-168

批署理直隸總督事務提督楊鯤謹奏爲恭謝天恩叩懇聖慈事　422-817-168

批署理直隸總督事務提督楊鯤謹奏爲奏明微臣養廉事　422-817-168

批署理直隸總督事務提督楊鯤等謹奏爲恭報雨澤沾潤及時麥苗生發極旺事　422-818-168

批署理直隸總督事務提督楊鯤等謹奏爲請旨事　422-819-168

批署理直隸總督事務提督楊鯤等謹奏爲奏聞事　422-819-168

批署理直隸總督事務提督楊鯤等謹奏爲恭報通省雨澤情形仰慰聖懷事　422-820-168

批署理直隸總督事務提督楊鯤謹奏爲奏明前任督臣動存公用銀兩數目事　422-820-168

批署理直隸總督事務提督楊鯤謹奏爲請撥督臣衙門公用銀兩事　422-821-168

批署理直隸總督事務提督楊鯤謹

四庫全書文集篇目分類索引　419

奏爲酌定通省養廉繕造黃册恭請御覽事　422-822-168

批署理直隸總督事務提督楊鯤謹奏爲請旨事　422-823-168

批署理直隸總督事務提督楊鯤謹奏爲派提雍正七年耗羨事　422-823-168

批署理直隸總督事務提督楊鯤謹奏爲酌調同知州牧以收人地之宜事　422-824-168

批署理直隸總督事務提督楊鯤謹奏爲恭報京南四府五州得雨情形竝二麥秀實分數仰祈睿鑒事　422-824-168

批提督山東學政王世琛謹奏爲奏聞事　422-826-169

批提督山東學政王世琛謹奏爲敬陳武生教演之法以收實用事　422-827-169

批提督山東學政王世琛謹奏爲謹陳東省監穀積貯事　422-827-169

批提督山東學政王世琛謹奏爲請杜生監干預公事之端事　422-828-169

批提督山東學政王世琛謹奏爲奏聞事　422-829-169

批提督山東學政王世琛謹奏爲請杜州縣徵收之隱弊事　422-829-169

批雍正元年七月十一日巡視兩浙鹽課噶爾泰謹奏爲請除墮民丐籍以廣皇仁以端風化事　422-832-170

批雍正三年九月十一日巡視兩淮鹽課噶爾泰謹奏爲報明癸卯綱經解等費用存銀兩事　422-832-170

批雍正三年十一月初八日巡視兩淮鹽課噶爾泰謹奏爲敬陳諭旨恭謝天恩事　422-833-170

批雍正四年七月二十八日巡視兩淮鹽課噶爾泰謹奏爲恭請陛見以申犬馬微忱事　422-834-170

批雍正五年正月十八日巡視兩淮鹽課噶爾泰謹奏爲據實奏聞事　422-835-170

批雍正五年三月初十日巡視兩淮鹽課噶爾泰謹奏爲恭謝天恩事　422-835-170

批雍正五年三月十五日巡視兩淮鹽課噶爾泰謹奏爲皇恩浩蕩難名犬馬私情未展叩詳題達少報涓埃事　422-836-170

批雍正五年七月十一日巡視兩淮鹽課噶爾泰謹奏爲叩乞皇恩事　422-837-170

批雍正五年七月二十四日巡視兩淮鹽課噶爾泰謹奏爲聖主洪恩霑沛草茅報效無由叩鑒蟻忱據情題達事　422-838-170

批雍正六年五月初十日署理江南安徽布政使噶爾泰謹奏爲奏明安徽布政司衙門一應事宜仰祈睿鑒事　422-839-170

批雍正六年七月初六日署理江南安徽布政使噶爾泰謹奏爲恭謝聖訓竝繳御批仰祈睿鑒事　422-839-170

批雍正七年正月二十五日署理江南安徽布政使噶爾泰謹奏爲奏報安徽布政司衙門續收錢糧仰祈睿鑒事　422-840-170

批雍正七年二月初四日署理江南安徽布政使噶爾泰謹奏爲恭謝天恩事　422-840-170

批雍正七年三月二十日署理江南安徽布政使噶爾泰謹奏　422-841-170

批雍正七年三月二十日署理江南安徽布政使噶爾泰謹奏今將江寧城內被盜應行嚴禁緣由逐一開陳伏乞皇上睿鑒事　422-842-170

批雍正七年四月初二日署理江南安徽布政使噶爾泰謹奏　422-843-170

批雍正六年十月十一日湖南布政使趙城謹奏爲奏明奉到諭旨恭謝天恩事　422-844-171

批雍正六年十月十一日湖南布政使趙城謹奏爲請定養廉銀兩解司分給以免州縣那廳事　422-845-171

批雍正七年二月十五日湖南布政使趙城謹奏爲敬繳硃批奏摺恭謝天恩事　422-846-171

批雍正七年七月初二日湖南布政使趙城謹奏爲州縣解司糧銀請令隨帶法馬以杜中途侵蝕事　422-847-171

批雍正二年十二月十八日提督貴州等處學政翰林院編修王奕仁謹奏爲遵旨條陳事　422-848-171

批雍正二年十二月十八日提督貴州等處學政翰林院編修王奕仁謹奏爲請嚴武生考課以宏造就

史部

詔令奏議類：附錄

詔令上十一畫

事　　　　　　　　　　　　　422-849-172

批雍正二年十二月十八日提督貴州等處學政翰林院編修王奕仁謹奏爲苗童宜加代誘以移風俗事　　　　　　　　　　　　　422-849-172

批雍正二年十二月十八日提督貴州等處學政翰林院編修王奕仁謹奏爲據實陳明仰祈睿鑒事　　422-850-172

批雍正二年十二月十八日提督貴州等處學政翰林院編修王奕仁謹奏爲恭懇皇上頒賜御製朋黨論一册廣布學宮以正人心以端學術事　　　　　　　　　422-851-172

批雍正二年十二月十八日提督貴州等處學政翰林院編修王奕仁謹奏爲黔省寄籍廛生改歸壅滯仰懇聖恩暫免撥回事　　　422-851-172

批提督湖北學政翰林院修撰于振謹奏恭請皇上聖安　　　　422-853-173

批提督湖北學政翰林院修撰于振謹奏爲聖諭之化導最宏廣訓之歸民孔易請通行鄉會試以彰德教事　　　　　　　　　　　422-853-173

批提督湖北學政翰林院修撰于振謹奏爲請定文武童生之增額以歸畫一事　　　　　　　　　422-854-173

批提督湖北學政翰林院修撰于振謹奏爲請旨事　　　　　　423-855-173

批雍正元年六月十九日雲南驛鹽道李衞奏爲奏聞事　　　　423- 1-174之1

批雍正元年六月十九日雲南驛鹽道李衞奏爲據實陳明積弊事　　　　　　　　　　　　　　423- 2-174之1

批雍正元年六月十九日雲南驛鹽道李衞奏爲遵旨敬陳地方情形事　　　　　　　　　　　　423- 6-174之1

批雍正元年七月六日雲南驛鹽道李衞奏爲邊疆寄重據實奏聞事　　　　　　　　　　　　　423- 8-174之1

批雍正元年十月三日雲南驛鹽道李衞奏爲恭謝天恩事　　　423- 9-174之1

批雍正元年十月三日雲南驛鹽道李衞奏爲遵旨覆奏事　　　423-10-174之1

批雍正二年二月十五日雲南驛鹽道李衞奏爲恭繳硃批奏摺敬陳

雲省現今情形事　　　　　　423- 12-174之1

批雍正二年四月十二日雲南布政使兼管驛鹽道事李衞奏爲恭謝天恩疊沛竝陳愚悃叩乞睿鑒事　　　　　　　　　　　423- 13-174之1

批雍正二年七月二十五日雲南布政使兼管驛鹽道事李衞奏爲恭繳硃批奏摺叩謝天恩事　423- 15-174之1

批雍正二年九月六日雲南布政使兼管驛鹽道李衞奏爲恭謝天恩事　　　　　　　　　　　423- 21-174之1

批雍正二年九月六日雲南布政使兼管驛鹽道事李衞奏爲奏明恭繳硃批奏摺遲緩緣由竝陳司庫交盤事　　　　　　　423- 22-174之1

批雍正二年十一月十五日雲南布政使兼管驛鹽道事李衞奏爲遵旨覆奏事　　　　　　　423- 23-174之1

批雍正三年正月二十六日雲南布政使兼管驛鹽道事李衞奏爲恭繳硃批奏摺竝謝天恩寬宥事　　　　　　　　　　　423- 24-174之1

批雍正三年二月十二日雲南布政使兼管驛鹽道事李衞奏恭請皇上聖安　　　　　　　423- 26-174之1

批雍正三年二月十二日雲南布政使兼管驛鹽道事李衞奏爲恭謝天恩事　　　　　　　423- 26-174之1

批雍正三年四月一日雲南布政使兼管驛鹽道事李衞奏爲恭繳硃批奏摺竝謝聖恩訓諭事　423- 26-174之1

批雍正三年五月二十五日雲南布政使兼管鹽道事李衞奏爲奏聞邊地情形事　　　　　423- 28-174之1

批雍正三年六月二十七日雲南布政使兼管驛鹽道事李衞奏爲奏聞事　　　　　　　　423- 30-174之1

批雍正四年三月一日浙江巡撫李衞奏爲奏明事　　　　　423- 32-174之2

批雍正四年三月一日浙江巡撫李衞奏爲覆奏事　　　　　423- 33-174之2

批雍正四年三月一日浙江巡撫李衞奏爲請旨事　　　　　423- 35-174之2

批雍正四年三月一日浙江巡撫李衞奏爲敬陳浙省吏治大概

先爲奏聞事 423- 36-174之 2
批雍正四年三月一日浙江巡撫
　李衞奏爲奏聞事 423- 37-174之 2
批雍正四年三月十五日浙江巡
　撫李衞奏爲欽奉上諭事 423- 38-174之 2
批雍正四年三月十五日浙江巡
　撫李衞上奏 423- 39-174之 2
批雍正四年三月十七日浙江巡
　撫李衞奏爲欽奉上諭事 423- 40-174之 2
批雍正四年五月十日浙江巡撫
　李衞奏爲奏聞春熟年景事 423- 40-174之 2
批雍正四年五月十日浙江巡撫
　李衞奏爲遵旨覆奏事 423- 41-174之 2
批雍正四年五月十日浙江巡撫
　李衞奏爲恭繳硃批覆奏事 423- 42-174之 2
批雍正四年五月十日浙江巡撫
　李衞奏爲奏明縣署失盜事 423- 43-174之 2
批雍正四年五月十日浙江巡撫
　李衞奏爲請旨事 423- 44-174之 2
批雍正四年六月一日浙江巡撫
　李衞奏爲請旨事 423- 44-174之 2
批雍正四年六月一日浙江巡撫
　李衞奏爲覆奏海洋情形事 423- 46-174之 2
批雍正四年六月一日浙江巡撫
　李衞奏爲恭繳硃批原摺事 423- 48-174之 2
批雍正四年八月二日浙江巡撫
　李衞奏爲亟請揀發人員以備
　臨時需用事 423- 49-174之 2
批雍正四年八月二日浙江巡撫
　李衞奏爲陳明省會情形事 423- 50-174之 2
批雍正四年十月九日浙江巡撫
　李衞奏爲恭謝天恩竝繳硃批
　原摺事 423- 52-174之 2
批雍正四年十月九日浙江巡撫
　李衞奏爲奏明海洋近日情形
　事 423- 53-174之 2
批雍正四年十月九日浙江巡撫
　李衞上奏 423- 54-174之 2
批雍正四年十月二十五日杭州
　將軍鄂密達浙江巡撫李衞奏
　爲欽奉上諭恭繳硃筆諭旨事 423- 55-174之 2
批雍正四年十月二十五日浙江
　巡撫李衞奏爲奏聞事 423- 57-174之 2
批雍正四年十一月二十日浙江
　巡撫李衞會同福浙總督高其
　倬署理浙江提督印務定海鎮
　總兵官張溥奏爲查覆浙洋玉
　環山情形敬陳未議恭請聖訓
　遵行事 423- 58-174之 2
批雍正四年十一月二十日浙江
　巡撫李衞會同福浙總督高其
　倬奏爲敬陳湖屬三邑條糧情
　由恭候睿鑒事 423- 61-174之 2
批雍正四年十一月二十日浙江
　巡撫李衞奏爲報明臣前任經
　手錫廠變價歸清事 423- 62-174之 2
批雍正四年十二月二日浙江巡
　撫李衞奏爲恭謝天恩呈繳御
　批事 423- 64-174之 2
批雍正四年十二月二日浙江巡
　撫李衞奏爲奏聞事 423- 66-174之 2
批雍正五年正月十七日浙江巡
　撫李衞奏爲奏聞冬月雨水情
　形事 423- 69-174之 3
批雍正五年正月十七日浙江巡
　撫李衞奏爲恭謝天恩厦沛竝
　繳硃批奏摺事 423- 71-174之 3
批雍正五年正月十七日浙江巡
　撫李衞奏爲請旨遵行事 423- 72-174之 3
批雍正五年正月十七日浙江巡
　撫李衞奏爲奏明乘時發運閩
　穀事 423- 73-174之 3
批雍正五年正月十七日浙江巡
　撫李衞奏爲恭請睿鑒事 423- 74-174之 3
批雍正五年正月十七日浙江巡
　撫李衞奏爲奏聞事 423- 75-174之 3
批雍正五年二月十七日浙江巡
　撫李衞奏爲奏聞雨水情形事 423- 76-174之 3
批雍正五年十二月十七日浙江
　巡撫李衞奏爲恭謝天恩恭繳
　御批事 423- 78-174之 3
批雍正五年二月十七日浙江巡
　撫李衞奏爲奏明事 423- 79-174之 3
批雍正五年二月十七日浙江巡
　撫李衞奏爲奏聞出洋商船情
　由事 423- 81-174之 3
批雍正五年二月十七日浙江巡
　撫李衞奏爲奏明事 423- 82-174之 3
批雍正五年三月二十四日浙江
　巡撫李衞奏爲覆奏事 423- 84-174之 4

422　　　　　　　四庫全書文集篇目分類索引

批雍正五年三月二十四日浙江巡撫李衛奏爲恭繳硃批原摺事　　　　　　　　　423- 86-174之4

批雍正五年閏三月一日浙江巡撫李衛奏爲奏明浙省保甲社倉情形仰祈聖鑒事　　423- 88-174之4

批雍正五年閏三月一日浙江巡撫李衛奏爲再請命發人員以備委用事　　　　　　423- 89-174之4

批雍正五年閏三月一日浙江巡撫李衛奏爲奏明藩庫新舊正署交盤已清事　　　　423- 91-174之4

批雍正五年四月十一日浙江觀風整俗使王國棟會同浙江巡撫李衛奏爲遵旨覆奏事　423- 92-174之4

批雍正五年四月十一日浙江巡撫李衛奏爲恭繳御批事　　423- 95-174之4

批雍正五年四月十一日浙江巡撫李衛奏爲奏明浙省現在營伍情形仰祈睿鑒事　　423- 97-174之4

批雍正五年四月十一日浙江巡撫李衛奏爲覆旨事　　　　423- 99-174之4

批雍正五年五月十一日浙江巡撫李衛奏爲恭繳御批事　　423- 99-174之4

批雍正五年五月十一日浙江巡撫李衛奏爲奏明買回川米平糶情形事　　　　　　423-100-174之4

批雍正五年五月十一日浙江巡撫李衛奏爲據實直陳以備聖明採擇事　　　　　　423-102-174之4

批雍正五年五月十一日浙江巡撫李衛奏爲請旨事　　　　423-104-174之4

批雍正五年六月二十七日浙江巡撫李衛奏爲恭繳御批奏覆下柵事　　　　　　　423-105-174之4

批雍正五年六月二十七日浙江巡撫李衛奏爲奏請聖鑒事　423-108-174之4

批雍正五年八月二十二日浙江巡撫李衛奏爲敬陳鹽政銅弊酌量疏銷緣由仰祈睿鑒指示事　　　　　　　　　　　　423-109-174之4

批雍正五年九月十九日浙江巡撫李衛奏爲奏聞瑞穀雙岐恭呈御覽事　　　　　423-113-174之5

批雍正五年九月十九日浙江巡撫李衛奏爲敬陳愚見以備聖明採擇事　　　　　　423-114-174之5

批雍正五年九月十九日浙江巡撫李衛奏爲奏明浙省歷來辦銅情由仰祈睿鑒事　　423-115-174之5

批雍正五年九月十九日浙江巡撫李衛奏爲據實奏聞事　　423-117-174之5

批雍正五年十月十三日浙江巡撫李衛奏爲敬陳隱藏銅器鋼弊酌議收買分晰嚴禁之法仰祈睿鑒事　　　　　　　　423-119-174之5

批雍正五年十月十三日浙江巡撫李衛奏爲明委署藩庫兩司印務事　　　　　　　423-122-174之5

批雍正五年十月十三日浙江巡撫李衛奏爲瀝陳微臣下梢叩求聖主天恩事　　　　423-123-174之5

批雍正五年十月十三日浙江巡撫李衛奏爲彙覆條奏事宜仰祈睿鑒事　　　　　423-126-174之5

批雍正五年十一月八日浙江巡撫李衛奏爲恭謝聖訓并陳覆奉行事宜仰祈睿鑒事　423-131-174之5

批雍正五年十一月八日浙江巡撫李衛奏爲再陳速銷鹽鹵引以裕課餉事　　　　　423-133-174之5

批雍正五年十一月八日浙江巡撫李衛奏爲恭繳御批事　　423-135-174之5

批雍正五年十二月三日浙江總督管巡撫事李衛奏恭請皇上聖安　　　　　　　　423-137-174之5

批雍正五年十二月三日浙江總督管巡撫事李衛奏爲聖主加恩意重微臣惶感難安謹具摺恭謝並繳御批事　　　　　　423-137-174之5

批雍正五年十二月三日浙江總督管巡撫事李衛奏爲恭請欽定嘉名懇賜御書匾額昭垂萬古事　　　　　　　　　　　423-139-174之5

批雍正五年十二月三日浙江總督管巡撫事李衛奏爲遵旨覆奏事　　　　　　　　423-140-174之5

批雍正五年十二月三日浙江總督管巡撫事李衛奏爲恩諭特頒官民頂戴無涯謹擬奉行辦

理之處請旨飭遵事 423-142-174之5

批雍正五年十二月三日浙江總督管巡撫事李衛奏爲奏聞事 423-144-174之5

批雍正六年正月十九日浙江總督管巡撫事李衛奏爲據實覆奏事 423-146-174之6

批雍正六年正月十九日浙江總督管巡撫事李衛奏爲奏聞舉過引目事 423-148-174之6

批雍正六年二月二十五日浙江總督管巡撫事李衛奏爲奏聞全浙雨水年景情形上慰聖懷事 423-150-174之6

批雍正六年二月二十五日浙江總督管巡撫事李衛奏爲據實奏聞事 423-151-174之6

批雍正六年二月二十五日浙江總督管巡撫事李衛奏爲覆奏事 423-153-174之6

批雍正六年三月二日浙江總督管巡撫事李衛奏爲奏明事 423-155-174之6

批雍正六年三月二日浙江總督管巡撫事李衛奏爲恭繳御批事 423-156-174之6

批雍正六年四月六日浙江總督管巡撫事李衛奏爲恭謝天恩事 423-157-174之6

批雍正六年四月六日浙江總督管巡撫事李衛奏爲恭繳御批遵旨覆奏事 423-158-174之6

批雍正六年四月六日浙江總督管巡撫事李衛奏爲奏明事 423-161-174之6

批雍正六年四月二十一日浙江總督管巡撫事李衛奏爲奏明事 423-163-174之7

批雍正六年四月二十一日浙江總督管巡撫事李衛奏爲請旨事 423-164-174之7

批雍正六年四月二十一日浙江總督管巡撫事李衛奏爲恭繳御批事 423-165-174之7

批雍正六年四月二十一日浙江總督管巡撫事李衛奏爲叩謝天恩瀝陳覆奏事 423-167-174之7

批雍正六年五月九日浙江總督管巡撫事李衛奏爲奏聞事 423-172-174之7

批雍正六年五月九日浙江總督管巡撫事李衛奏爲遵旨酌量分晰恩賞養廉數目仰祈睿鑒事 423-173-174之7

批雍正六年五月九日浙江總督管巡撫事李衛奏爲諄諭下情仰祈聖鑒事 423-176-174之7

批雍正六年六月八日浙江總督管巡撫事李衛奏爲恭謝聖訓事 423-178-174之7

批雍正六年六月八日浙江總督管巡撫事李衛奏爲明現墾引目漸有起色懇恩早發場員事 423-180-174之7

批雍正六年六月八日浙江總督管巡撫事李衛奏爲據實密陳仰祈聖鑒事 423-181-174之7

批雍正六年六月八日浙江總督管巡撫事李衛奏爲覆奏沿海地方應行要務仰祈睿鑒事 423-182-174之7

批雍正六年六月八日浙江總督管巡撫事李衛奏爲恭謝天恩呈繳御批事 423-184-174之7

批雍正六年六月十三日浙江總督管巡撫事李衛奏爲甘雨及時上慰聖懷事 423-186-174之7

批雍正六年六月十三日浙江總督管巡撫事李衛奏爲奏聞拿獲惡賊事 423-187-174之7

批雍正六年七月六日浙江總督管巡撫事李衛奏爲奏聞事 423-189-174之8

批雍正六年七月六日浙江總督管巡撫事李衛奏爲遵旨議覆事 423-190-174之8

批雍正六年七月十八日浙江總督管巡撫事李衛奏爲續陳辦理鹽法事 423-192-174之8

批雍正六年七月十八日浙江總督管巡撫事李衛奏爲奏明戰船中途遇風觸回修換檣木緣由事 423-194-174之8

批雍正六年七月十八日浙江總督管巡撫事李衛奏爲請旨事 423-196-174之8

批雍正六年七月十八日浙江總

督管巡撫事李衛奏爲備陳實情懇祈聖鑒事 423-197-174之8

批雍正六年七月十八日浙江總督管巡撫事李衛奏爲奏聞事 423-199-174之8

批雍正六年八月八日浙江總督管巡撫事李衛奏爲奏聞事 423-200-174之8

批雍正六年八月八日浙江總督管巡撫事李衛奏爲恭繳御批再陳微悃叩懇聖恩事 423-203-174之8

批雍正六年八月二十四日浙江總督管巡撫事李衛奏爲呈繳硃筆諭旨并御批奏摺事 423-205-174之8

批雍正六年八月二十四日浙江總督管巡撫事李衛奏爲奏聞事 423-206-174之8

批雍正六年八月二十四日浙江總督管巡撫事李衛奏爲奏明事 423-208-174之8

批雍正六年九月二十五日浙江總督管巡撫事李衛奏爲覆奏事 423-209-174之8

批雍正六年九月二十五日浙江總督管巡撫事李衛奏爲恭繳硃批奏覆諭旨事 423-212-174之8

批雍正六年九月二十五日浙江總督管巡撫事李衛奏爲遵旨查覆事 423-213-174之8

批雍正六年十月十七日浙江總督管巡撫事李衛奏爲聖恩廣被年歲豐登恭摺奏聞上慰睿懷事 423-214-174之8

批雍正六年十月十七日浙江總督管巡撫事李衛奏爲覆奏事 423-215-174之8

批雍正六年十一月三日浙江總督管巡撫事李衛奏爲恭繳御批事 423-218-174之9

批雍正六年十一月三日浙江總督管巡撫事李衛奏爲遵旨奏覆事 423-219-174之9

批雍正六年十一月三日浙江總督管巡撫事李衛奏爲奏明事 423-220-174之9

批雍正六年十一月三日浙江總督管巡撫事李衛奏爲奏聞事 423-221-174之9

批雍正六年十一月二十二日浙江總督管巡撫事李衛奏爲恭繳密諭并陳下悃仰祈睿鑒事 423-224-174之9

批雍正六年十一月二十二日浙江總督管巡撫事李衛奏爲遵旨覆奏事 423-226-174之9

批雍正六年十一月二十二日浙江總督管巡撫事李衛奏爲奏明事 423-228-174之9

批雍正六年十一月二十二日浙江總督管巡撫事李衛奏爲恭繳御批事 423-229-174之9

批雍正六年十二月十一日浙江總督管巡撫事李衛奏爲請旨事 423-230-174 之9

批雍正六年十二月十一日浙江總督管巡撫事李衛奏爲謹陳與論相同之膽見仰備聖明採擇事 423-231-174 之9

批雍正六年十二月十一日浙江總督管巡撫事李衛奏爲覆奏會同辦理東洋商船事 423-233-174 之9

批雍正七年正月二十二日浙江總督管巡撫事李衛奏爲恭繳御批事 423-235-174 之9

批雍正七年正月二十二日浙江總督管巡撫事李衛奏爲恭懇聖恩准賜陛見以紓微忱事 423-238-174 之9

批雍正七年正月二十二日浙江總督管巡撫事李衛奏爲再行據實陳明事 423-240-174 之9

批雍正七年正月二十二日浙江總督管巡撫事李衛奏爲遵旨不敢見疏謹繕摺瀝陳蟻悃奏謝天恩事 423-242-174 之9

批雍正七年七月十五日浙江總督管巡撫事今丁憂給假李衛奏爲聖澤垂及泉壤微臣銜結難酬恭謝天恩瀝陳愚悃事 423-244-174之10

批雍正七年八月十一日浙江總督管巡撫事今丁憂給假李衛奏爲恭謝天恩事 423-246-174之10

批雍正七年八月十一日浙江總督管巡撫事今丁憂給假李衛奏爲奏聞事（二則） 423-247-174之10

批雍正七年八月十一日浙江總督管巡撫事今丁憂給假李衛

奏爲覆奏事　423-251-174之10

批雍正七年八月十一日浙江總督管巡撫事今丁憂給假李衛奏爲陳明寧邑海塘近日情形并動項備料搶護緣由仰祈睿鑒事　423-253-174之10

批雍正七年九月二十日浙江總督管巡撫事今丁憂給假李衛奏爲奏聞事　423-254-174之10

批雍正七年十一月十五日浙江總督管巡撫事在任守制李衛奏爲祗承聖訓恭繳硃批事　423-256-174之10

批雍正七年十一月十五日浙江總督管巡撫事在任守制李衛奏爲遵旨議奏事　423-257-174之10

批雍正七年十一月十五日浙江總督管巡撫事在任守制李衛奏爲遵旨議覆事　423-258-174之10

批雍正七年十一月十五日浙江總督管巡撫事在任守制李衛奏爲請旨事　423-261-174之10

批雍正七年十二月二日浙江總督管巡撫事在任守制李衛奏爲奏明拿獲姦匪情形請旨差審結案事　423-264-174之10

批雍正七年十二月十一日浙江總督管巡撫事在任守制李衛奏爲奏懇聖恩鑒察事　423-272-174之10

批雍正七年十二月十一日浙江總督管巡撫事在任守制李衛奏爲再陳匪案近日情形仰祈睿鑒事　423-273-174之10

批雍正八年正月六日浙江總督管巡撫事在任守制李衛等奏爲奏聞事　423-275-174之10

批雍正八年正月六日浙江總督管巡撫事在任守制李衛奏爲叩謝聖訓恭繳御批事　423-277-174之10

批雍正八年正月十七日浙江總督管巡撫事在任守制李衛奏爲恭繳御批叩謝聖訓事　423-280-174之11

批雍正八年正月十七日浙江總督管巡撫事在任守制李衛奏爲遵旨覆奏事　423-284-174之11

批雍正八年正月十七日浙江總督管巡撫事在任守制李衛奏爲聖慈體恤至深臣心更有難安謹瀝陳愚衷仰祈睿鑒事　423-285-174之11

批雍正八年正月十七日浙江總督管巡撫事在任守制李衛奏爲奏明鹽額多銷正引不敷謹陳末議恭請訓旨事　423-286-174之11

批雍正八年二月八日浙江總督管巡撫事在任守制李衛奏爲遵旨奏覆事　423-289-174之11

批雍正八年二月八日浙江總督管巡撫事在任守制李衛奏爲欽奉上諭事　423-290-174之11

批雍正八年二月八日浙江總督管巡撫事在任守制李衛奏爲遵旨陳明事　423-291-174之11

批雍正八年二月二十五日浙江總督管巡撫事在任守制李衛奏爲恭謝天恩事　423-292-174之11

批雍正八年二月二十五日浙江總督管巡撫事在任守制李衛奏爲遵旨覆奏事　423-293-174之11

批雍正八年二月二十五日浙江總督管巡撫事在任守制李衛奏爲欽奉上諭事　423-295-174之11

批雍正八年二月二十五日浙江總督管巡撫事在任守制李衛奏爲奏明事　423-296-174之11

批雍正八年二月二十五日浙江總督管巡撫事在任守制李衛奏爲虛情難逃睿照恭謝聖明照鑒事　423-299-174之11

批雍正八年二月二十五日浙江總督管巡撫事在任守制李衛奏爲恭繳御批事　423-302-174之11

批雍正八年三月十日浙江總督管巡撫事在任守制李衛奏爲恭請皇上聖安　423-304-174之11

批雍正八年三月十日浙江總督管巡撫事在任守制李衛奏爲請旨事　423-304-174之11

批雍正八年三月十日浙江總督管巡撫事在任守制李衛奏爲奏明事　423-306-174之11

批雍正八年三月十日浙江總督

管巡撫事在任守制李衛奏爲
恭繳御批事 423-307-174之11

批雍正八年三月二十九日浙江
總督管巡撫事在任守制李衛
奏爲請旨事 423-308-174之11

批雍正八年三月二十九日浙江
總督管巡撫事在任守制李衛
奏爲敬呈廟工圖式恭請聖鑒
指示欽遵事 423-310-174之11

批雍正八年四月十五日浙江總
督管巡撫事在任守制李衛
奏爲恭謝天
恩事 423-313-174之11

批雍正八年四月十五日浙江總
督管巡撫事在任守制李衛奏
爲奏聞事 423-314-174之11

批雍正八年四月十五日浙江總
督管巡撫事在任守制李衛奏
爲請與修省志以光聖治事 423-316-174之11

批雍正八年四月十五日浙江總
督管巡撫事在任守制李衛奏
爲覆奏事 423-317-174之11

批雍正八年四月十五日浙江總
督管巡撫事在任守制李衛奏
爲恭繳御批事 423-319-174之11

批雍正八年五月二十二日浙江
總督管巡撫事在任守制李衛
奏爲奏明事 423-321-174之12

批雍正八年五月二十二日浙江
總督管巡撫事在任守制李衛
奏爲恭繳御批遵旨覆奏事 423-322-174之12

批雍正八年六月六日浙江總督
管巡撫事在任守制李衛奏恭
請皇上聖安 423-326-174之12

批雍正八年六月六日浙江總督
管巡撫事在任守制李衛奏爲
遵旨議覆事 423-326-174之12

批雍正八年六月六日浙江總督
管巡撫事在任守制李衛奏爲
奏聞事 423-328-174之12

批雍正八年六月六日浙江總督
管巡撫事在任守制李衛奏爲
請旨遵行事 423-329-174之12

批雍正八年六月六日浙江總督
管巡撫事在任守制李衛奏爲
請旨調補事 423-330-174之12

批雍正八年七月二十五日浙江
總督管巡撫事在任守制李衛
奏爲覆奏事 423-331-174之12

批雍正八年七月二十五日浙江
總督管巡撫事在任守制李衛
奏爲奏明全省近日年景情形
事 423-332-174之12

批雍正八年七月二十五日浙江
總督管巡撫事在任守制李衛
奏爲奏聞事 423-333-174之12

批雍正八年七月二十五日浙江
總督管巡撫事在任守制李衛
奏爲奏明請旨事 423-334-174之12

批雍正八年七月二十五日浙江
總督管巡撫事在任守制李衛
奏爲恭繳朱批遵旨據實覆奏
事 423-335-174之12

批雍正八年七月二十五日浙江
總督兼管江蘇督捕事務在任
守制李衛吏部左侍郎署兩江
總督史貽直奏爲覆奏會勘松
江海塘情形仰祈睿鑒事 423-337-174之12

批雍正八年七月二十五日浙江
總督兼管江蘇督捕事務在任
守制李衛吏部左侍郎署兩江
總督史貽直總蘇州巡撫尹繼善
奏爲遵旨會議具奏恭請聖訓
欽遵事 423-338-174之12

批雍正八年八月二十日浙江總
督管巡撫事在任守制李衛奏
爲奏請聖鑒事 423-340-174之12

批雍正八年九月六日浙江總督
管巡撫事在任守制李衛奏恭
請皇上聖安 423-341-174之12

批雍正八年九月六日浙江總督
管巡撫事在任守制李衛奏爲
覆奏事 423-341-174之12

批雍正八年九月六日浙江總督
管巡撫事在任守制李衛奏爲
奏明養廉歸補遠年庫項已清
仰懇聖恩鑒照事 423-342-174之12

批雍正八年十月二十日浙江總
督管巡撫事在任守制李衛奏
爲恭報浙屬通省豐收歲登大
有事 423-343-174之12

四庫全書文集篇目分類索引　　427

批雍正八年十月二十日浙江總督管巡撫事在任守制李衛奏爲恭繕御批事　423-344-174之12

批雍正八年十月二十八日浙江總督管巡撫事在任守制李衛奏爲遵旨覆奏事　423-345-174之12

批雍正八年十一月十五日浙江總督管巡撫事在任守制李衛奏爲遵旨奏聞事　423-347-174之12

批雍正八年十二月四日浙江總督管巡撫事在任守制李衛奏爲恭陳勘過海塘近日沙漲穩固情形上慰聖懷事　423-348-174之12

批雍正八年十二月四日浙江總督管巡撫事在任守制李衛奏爲恭繕御批叩謝聖諭事　423-349-174之12

批雍正九年二月二十日浙江總督管巡撫事在任守制李衛奏爲奏聞事　423-352-174之13

批雍正九年三月七日浙江總督管巡撫事在任守制李衛奏爲遵旨具覆事　423-353-174之13

批雍正九年四月二日浙江總督管巡撫事在任守制李衛奏爲天恩高厚臣分難安懇辭議敘以盡職守事　423-356-174之13

批雍正九年四月二日浙江總督管巡撫事在任守制李衛奏爲再行陳明請旨事　423-357-174之13

批雍正九年五月六日浙江總督管巡撫事在任守制李衛奏爲奏聞事　423-359-174之13

批雍正九年五月六日浙江總督管巡撫事在任守制李衛奏爲恭請聖鑒欽定事　423-361-174之13

批雍正九年五月六日浙江總督管巡撫事在任守制李衛奏爲請定彰癉之鉅典永垂萬世臣鑒事　423-361-174之13

批雍正九年五月六日浙江總督管巡撫事在任守制李衛奏爲備陳蘇郡營制地方情形仰祈睿鑒事　423-364-174之13

批雍正九年五月六日浙江總督管巡撫事在任守制李衛奏爲遵旨覆奏事　423-366-174之13

批雍正九年六月十九日浙江總督管巡撫事在任守制李衛奏爲奏聞晴雨應時膏澤普徧現在情形事　423-370-174之13

批雍正九年六月十九日浙江總督管巡撫事在任守制李衛奏爲奏聞事　423-371-174之13

批雍正九年七月二十一日浙江總督管巡撫事在任守制李衛奏爲覆奏事　423-372-174之13

批雍正九年七月二十七日浙江總督管巡撫事在任守制李衛奏爲疊奉溫綸垂慈優渥叩謝聖恩恭繕硃批事　423-373-174之13

批雍正九年九月一日浙江總督管巡撫事李衛奏爲覆奏候旨事　423-375-174之14

批雍正九年九月一日浙江總督管巡撫事李衛奏爲遵旨查覆事　423-376-174之14

批雍正九年九月十五日浙江總督管巡撫事李衛奏爲奏明事　423-377-174之14

批雍正九年十月二十二日浙江總督管巡撫事李衛奏爲據實奏聞請旨遵行事　423-378-174之14

批雍正九年十月二十二日浙江總督管巡撫事李衛奏爲覆奏事　423-380-174之14

批雍正九年十一月八日浙江總督管巡撫事李衛奏爲據實奏明仰祈睿鑒事　423-381-174之14

批雍正十年八月一日浙江總督署理直隸總督印務李衛奏爲奏聞沿途禾稼收穫豐盈事　423-382-174之14

批雍正十年八月二十七日浙江總督署理直隸總督印務李衛奏爲奏聞事　423-383-174之14

批雍正十年八月二十七日浙江總督署理直隸總督印務李衛奏爲請旨事　423-384-174之14

批雍正十年九月四日浙江總督署理直隸總督印務李衛奏爲遵旨奏覆事　423-387-174之14

批雍正十年九月四日浙江總督

史部　詔令奏議類：附錄　詔令上十一畫

署理直隸總督印務李衛奏爲奏聞地方大概情形事 423-385-174之14

批雍正十年十月九日直隸總督李衛奏爲懇請聖恩事 423-388-174之14

批雍正十年十一月四日直隸總督李衛奏爲恭繳硃批諭旨先行覆奏事 423-389-174之14

批雍正十年十一月四日直隸總督李衛奏爲奏請睿鑒事 423-390-174之14

批雍正十年十一月十日直隸總督李衛奏爲遵旨覆奏恭繳御批事 423-392-174之14

批雍正十年十一月二十九日直隸總督李衛奏爲奏聞事 423-393-174之14

批雍正十年十一月二十九日直隸總督李衛奏爲據實覆奏事 423-395-174之14

批雍正十年十二月十三日直隸總督李衛奏爲敬陳愚昧之見仰祈睿照事 423-396-174之14

批雍正十一年正月十五日直隸總督李衛奏爲恭繳御批附陳交代起程事 423-398-174之15

批雍正十一年四月十七日直隸總督李衛奏爲甘霖大沛四野露足恭摺奏報上慰聖懷事 423-398-174之15

批雍正十一年四月二十日直隸總督李衛奏爲奏聞事 423-399-174之15

批雍正十一年五月十五日直隸總督李衛奏爲敬陳管見恭請睿裁事 423-400-174之15

批雍正十一年六月六日直隸總督李衛奏爲遵旨覆奏事 423-401-174之15

批雍正十一年六月六日直隸總督李衛奏爲愚衷難遏冒昧瀝陳仰祈睿鑒事 423-401-174之15

批雍正十一年六月十五日直隸總督李衛奏爲敬陳地方控制事宜恭請聖訓指示遵行事 423-403-174之15

批雍正十一年六月二十九日直隸總督李衛奏爲奏明事 423-405-174之15

批雍正十一年八月十六日直隸總督李衛奏爲奏聞地方實在情形事 423-405-174之15

批雍正十一年九月三日直隸總督李衛奏爲恭請聖鑒事 423-407-174之15

批雍正十一年九月三日直隸總督李衛奏爲恭報秋禾實在收成分數事 423-408-174之15

批雍正十一年九月二十日直隸總督李衛奏爲奏聞畢獲飛賊事 423-408-174之15

批雍正十一年九月二十二日直隸總督李衛奏爲遵旨覆奏事 423-409-174之15

批雍正十一年十月七日直隸總督李衛奏爲請旨事 423-410-174之15

批雍正十一年十一月二日直隸總督李衛奏爲恭報瑞雪普徧事 423-411-174之15

批雍正十一年十一月二十四日直隸總督李衛奏爲續報各屬得雪普徧日期事 423-412-174之15

批雍正十一年十一月二十四日直隸總督李衛奏爲奏明河凍阻運設法辦理賑務事 423-413-174之15

批雍正十一年十一月二十四日直隸總督李衛奏爲請旨遵行事 423-414-174之15

批雍正十一年十二月四日直隸總督李衛奏爲請旨事 423-415-174之15

批雍正十二年正月二日直隸總督李衛奏爲奏報歲朝瑞雪事 423-417-174之16

批雍正十二年正月二十六日直隸總督李衛奏爲陳明運河應行事宜以便次第辦理事 423-418-174之16

批雍正十二年二月二十日直隸總督李衛奏爲恭報春雨及時早霑事 423-419-174之16

批雍正十二年二月二十日直隸總督李衛奏爲奏聞事 423-419-174之16

批雍正十二年四月二十日直隸總督李衛奏爲恭報二麥情形伏祈睿鑒事 423-420-174之16

批雍正十二年四月二十日直隸總督李衛奏爲遵旨查議事 423-421-174之16

批雍正十二年二月二十日直隸總督李衛奏爲據實奏聞事 423-423-174之16

批雍正十二年四月二十八日直隸總督李衛奏爲恭謝天恩事 423-424-174之16

批雍正十二年四月二十八日直隸總督李衛奏爲請酌定戰船

更換蓬索事 423-425-174之16

批雍正十二年五月七日直隸總督李衛奏爲聖澤至深極重微臣承荷難勝恭摺奏謝天恩事 423-426-174之16

批雍正十二年五月七日直隸總督李衛奏爲覆奏事 423-427-174之16

批雍正十二年五月十五日直隸總督李衛奏爲恭報得雨日期收麥情形事 423-429-174之16

批雍正十二年五月十五日直隸總督李衛奏爲請旨事 423-430-174之16

批雍正十二年五月十五日直隸總督李衛奏爲據實奏聞事 423-430-174之16

批雍正十二年五月二十四日直隸總督李衛奏爲奏聞事 423-431-174之16

批雍正十二年五月二十四日直隸總督李衛奏爲恭謝天恩疊沛事 423-432-174之16

批雍正十二年六月三日直隸總督李衛奏爲奏聞近日雨澤情形事 423-433-174之16

批雍正十二年六月三日直隸總督李衛奏爲恭報二麥實在收成分數事 423-434-174之16

批雍正十二年六月十日直隸總督李衛奏爲瀝陳實情仰祈睿鑒事 423-434-174之16

批雍正十二年六月二十七日直隸總督李衛奏爲奏聞甘雨及時復需事 423-437-174之16

批雍正十二年六月二十七日直隸總督李衛奏爲覆奏事 423-437-174之16

批雍正十二年七月四日直隸總督李衛奏爲覆雨澤情形事 423-438-174之16

批雍正十二年七月二十日直隸總督李衛奏爲奏聞近日地方雨澤年景情形事 423-439-174之16

批雍正十二年七月二十日直隸總督李衛奏爲奏聞事 423-440-174之16

批雍正十二年七月二十五日直隸總督李衛奏爲奏報宣化近日得有透雨并覆現在預備緣由事 423-441-174之16

批雍正十二年八月四日直隸總督李衛奏爲奏聞事 423-443-174之17

批雍正十二年八月二十日直隸總督李衛奏爲奏明事 423-444-174之17

批雍正十二年九月一日直隸總督李衛奏爲奏明驛遞實在情形酌議調劑整頓恭請訓示事 423-446-174之17

批雍正十二年九月二十八日直隸總督李衛奏爲奏明事 423-447-174之17

批雍正十二年十月十五日直隸總督李衛奏爲欣逢聖瑞歡切臣衷事 423-448-174之17

批雍正十三年正月十五日直隸總督李衛奏爲恭謝天恩并陳地方近日情形事 423-449-174之17

批雍正十三年正月二十日直隸總督李衛奏爲恭報瑞雪均霑事 423-450-174之17

批雍正十三年正月二十四日直隸總督李衛奏爲奏聞事 423-451-174之17

批雍正十三年二月二日直隸總督李衛奏爲恭請恩准隨覲以展微忱事 423-452-174之17

批雍正十三年二月二十四日直隸總督李衛奏爲聖孝格天甘霖協應億兆歡呼臣民共慶事 423-452-174之17

批雍正十三年三月十日直隸總督李衛奏爲恭報春雨及時再沛事 423-453-174之17

批雍正十三年三月二十一日直隸總督李衛奏爲請旨事 423-454-174之17

批雍正十三年三月二十一日直隸總督李衛奏爲甘霖疊沛再行奏聞事 423-455-174之17

批雍正十三年四月六日直隸總督李衛奏爲奏聞地方情形事 423-456-174之17

批雍正十三年四月二十九日直隸總督李衛奏爲彙報雨澤頻降薄利農功事 423-457-174之17

批雍正十三年四月二十九日直隸總督李衛奏爲恭懇聖鑒事 423-458-174之17

批雍正十三年閏四月二十七日直隸總督李衛奏爲恭請聖鑒事 423-459-174之17

批雍正十三年閏四月二十七日直隸總督李衛奏爲聖主施恩逾格微臣惶楊難安恭摺奏謝

430　　　　　　　　四庫全書文集篇目分類索引

事　　　　　　　　423-460-174之17
批雍正十三年五月四日直隸總
督李衛奏爲恭報二麥豐收實
在分數事　　　　423-461-174之17
批雍正十三年五月二十二日直
隸總督李衛奏爲聖恩高厚恭
摺叩謝事　　　　423-461-174之17
批雍正十三年五月二十二日直
隸總督李衛奏爲奏聞請旨遵
行事　　　　　　423-462-174之17
批雍正十三年六月四日直隸總
督李衛奏爲覆奏交辦額外銅
斤完半緣由并陳銅務銷弊事
宜仰祈睿鑒事　423-463-174之17
批雍正十三年六月四日直隸總
督李衛奏爲請旨事　423-467-174之17
批雍正十三年六月四日直隸總
督李衛奏爲奏聞事　423-468-174之17
批雍正十三年八月三日直隸總
督李衛奏爲覆奏事　423-469-174之17
批雍正十三年八月三日直隸總
督李衛奏爲奏明事　423-471-174之17
批雍正十三年八月十日直隸總
督李衛奏爲奏聞事　423-471-174之17
批雍正元年七月九日兵部左侍
郎崑曾筠奏爲欽奉上諭事
　　　　　　　　423-473-175之1
批雍正元年七月十八日兵部左
侍郎崑曾筠奏爲欽奉上諭事
（二則）　　　　423-474-175之1
批雍正元年八月二十四日兵部
左侍郎崑曾筠奏爲欽奉上諭
事　　　　　　　423-475-175之1
批雍正元年九月二十五日兵部
左侍郎崑曾筠河南巡撫石文
焯奏爲呈報事　423-476-175之1
批雍正元年十二月十五日兵部
左侍郎崑曾筠奏爲欽奉上諭
事　　　　　　　423-477-175之1
批雍正元年十二月十五日兵部
左侍郎崑曾筠奏爲奏聞事　423-478-175之1
批雍正二年四月九日副總河兵
部左侍郎崑曾筠奏爲恭謝天
恩敬請聖訓事　423-478-175之1
批雍正二年閏四月十三日副總
河兵部左侍郎崑曾筠奏爲聖

主恩施至渥微臣感激難名謹
伸謝悃仰祈睿鑒事　423-479-175之1
批雍正二年閏四月十三日副總
河兵部左侍郎崑曾筠奏爲奏
聞事　　　　　　423-480-175之1
批雍正二年五月二十一日副總
河兵部左侍郎崑曾筠奏爲欽
奉上諭事（二則）　423-480-175之1
批雍正二年六月十八日副總河
兵部左侍郎崑曾筠奏爲欽奉
上諭事　　　　　423-483-175之1
批雍正二年六月二十五日副總
河兵部左侍郎崑曾筠奏爲欽
奉上諭事　　　　423-484-175之1
批雍正二年六月二十五日副總
河兵部左侍郎崑曾筠奏爲奏
聞事　　　　　　423-485-175之1
批雍正二年七月二十二日副總
河兵部左侍郎崑曾筠奏恭請
皇上聖安　　　　423-485-175之1
批雍正二年七月二十二日副總
河兵部左侍郎崑曾筠奏爲欽
奉上諭事　　　　423-486-175之1
批雍正二年九月一日副總河兵
部左侍郎崑曾筠奏爲恭報秋
汛情形工程平穩仰慰聖懷事
　　　　　　　　423-487-175之1
批雍正二年九月一日副總河兵
部左侍郎崑曾筠奏爲欽奉上
諭事　　　　　　423-488-175之1
批雍正二年十月二日副總河兵
部左侍郎崑曾筠奏爲萬壽昌
期日近微臣戀主情殷敬效藎
呼兼陳蟻悃事　423-488-175之1
批雍正二年十月十八日副總河
兵部左侍郎崑曾筠奏爲欽奉
上諭事　　　　　423-489-175之1
批雍正二年十一月三日副總河
兵部左侍郎崑曾筠奏爲謹陳
管見仰祈睿鑒事　423-490-175之1
批雍正三年正月四日副總河兵
部左侍郎崑曾筠奏爲運河暢
流漕艘遄進謹據實奏聞仰慰
聖懷事　　　　　423-492-175之1
批雍正三年正月四日副總河兵
部左侍郎崑曾筠奏爲欽奉上

諭事 423-493-175之1

批雍正三年二月十六日副總河兵部左侍郎趙世顯筄奏爲道員心驕性僻聖旨抗玩據實陳奏仰祈聖鑒事 423-493-175之1

批雍正三年三月一日副總河兵部左侍郎趙世顯筄奏爲恭報桃汛平穩仰慰聖懷事 423-495-175之1

批雍正三年三月一日副總河兵部左侍郎趙世顯筄奏爲祥符河勢南趨亟請挑空引河以順水性仰祈睿鑒事 423-496-175之1

批雍正三年三月二十六日副總河兵部左侍郎趙世顯筄奏爲欽奉上諭事（二則） 423-496-175之1

批雍正三年五月九日副總河兵部左侍郎趙世顯筄奏爲欽奉上諭事（二則） 423-498-175之1

批雍正三年六月十日副總河兵部左侍郎趙世顯筄奏爲欽奉上諭事 423-500-175之1

批雍正三年七月八日副總河兵部左侍郎趙世顯筄奏爲欽奉上諭事 423-501-175之1

批雍正三年九月十九日總河兵部左侍郎趙世顯筄奏爲秋汛已過工程平穩據實陳奏上慰聖懷事 423-501-175之1

批雍正三年十月二日副總河兵部左侍郎趙世顯筄奏爲謹陳豫工情形仰祈睿鑒事 423-503-175之1

批雍正三年十月二日副總河兵部左侍郎趙世顯筄奏爲敬陳下悃仰祈睿鑒事 423-504-175之1

批雍正三年十一月二十六日副總河兵部左侍郎趙世顯筄奏爲奏聞事 423-504-175之1

批雍正四年三月十三日總河兵部左侍郎趙世顯筄奏爲恭報桃汛平穩仰慰聖懷事 423-505-175之1

批雍正四年四月十六日總河兵部左侍郎趙世顯筄奏爲報明立夏以後黃水長落情形仰祈睿鑒事 423-506-175之1

批雍正四年五月二十八日副總河兵部左侍郎趙世顯筄奏爲恭報五月內工程水勢平穩情形仰祈睿鑒事 423-506-175之1

批雍正四年六月二十九日副總河兵部左侍郎趙世顯筄奏爲恭報六月內工程水勢平穩情形仰祈睿鑒事 423-507-175之1

批雍正四年八月一日副總河兵部左侍郎趙世顯筄奏爲恭報七月內工程水勢平穩情形仰祈睿鑒事 423-508-175之1

批雍正四年八月十六日副總河兵部左侍郎趙世顯筄奏爲秋汛方中工程平穩據實上聞恭慰聖懷事 423-510-175之1

批雍正四年八月二十七日總河兵部左侍郎趙世顯筄奏爲欽奉上諭事 423-511-175之1

批雍正四年九月二十八日總河兵部左侍郎趙世顯筄奏爲河工關係緊要顧想聖恩特簡熟諳道員以收實效事 423-512-175之1

批雍正四年十月十五日總河兵部左侍郎趙世顯筄奏爲堤工已經告竣微臣奉命日久恭請陛見瞻聆聖訓事 423-513-175之1

批雍正四年十一月十五日總河兵部左侍郎趙世顯筄奏爲遵旨查勘引河情形事 423-514-175之1

批雍正四年十一月十五日總河兵部左侍郎趙世顯筄奏爲恭謝天恩仰祈睿鑒事 423-515-175之1

批雍正四年十二月十五日總河兵部左侍郎趙世顯筄奏爲瑞雪年豐凌汛平穩據實奏聞事 423-517-175之1

批雍正四年十二月十五日總河兵部左侍郎趙世顯筄奏爲泉源利濟漕糧通行據實奏聞功慰聖懷事 423-517-175之1

批雍正五年正月四日兵部左侍郎河南副總河兼山東黃河堤工筄會筄奏爲恭報聖世河清昌期嘉應事 423-519-175之2

批雍正五年正月四日兵部左侍郎河南副總河兼管山東黃河

堤工茲會箋奏為恭謝天恩仰
祈睿鑒事
423-520-175之2

批雍正五年正月十九日兵部左
侍郎河南副總河兼管山東黃
河堤箋奏為敕陳東省
黃河堤埧工程事宜仰請聖訓
以固修防事
423-521-175之2

批雍正五年二月十三日兵部左
侍郎河南副總河兼管山東黃
河堤工茲會箋奏為欽奉上諭
事
423-523-175之2

批雍正五年三月十三日兵部左
侍郎河南副總河兼管山東黃
河堤工茲會箋奏為欽奉上諭
恭謝天恩事
423-524-175之2

批雍正五年四月十八日更部右
侍郎河南副總河兼管山東黃
河堤工茲會箋奏為恭報水勢
長發工程平穩仰慰聖懷事
423-525-175之2

批雍正五年五月十九日更部右
侍郎河南副總河兼管山東黃
河堤工茲會箋奏為恭謝天恩
事（二則）
423-526-175之2

批雍正五年六月十五日更部右
侍郎河南副總河兼管山東黃
河堤工茲會箋奏為據實陳情
仰祈睿鑒事
423-527-175之2

批雍正五年六月十五日更部右
侍郎河南副總河兼管山東黃
河堤工茲會箋奏為伏汛將竣
恭報水勢工程平穩仰慰聖懷
事
423-529-175之2

批雍正五年七月二十七日更部
右侍郎河南副總河兼管山東
黃河堤工茲會箋奏為秋汛水
勢已定豫充工程平穩仰祈睿
鑒事
423-529-175之2

批雍正五年九月九日史部右侍
郎河南副總河兼管山東黃河
堤工茲會箋奏為秋汛已竣工
程平穩仰祈睿鑒事
423-530-175之2

批雍正五年十月二十九日更部
右侍郎河南副總河兼管山東
黃河堤工茲會箋奏為乘機因
勢開挑引以固大堤仰祈睿鑒

事
423-531-175之2

批雍正六年正月十九日更部左
侍郎河南副總河兼管山東黃
河堤工茲會箋奏為恭報河工
豫備事宜敬慰聖懷事
423-533-175之2

批雍正六年正月十九日更部左
侍郎河南副總河兼管山東黃
河堤工茲會箋奏為聖主天恩
浩蕩微臣感激難名敬陳謝悃
仰祈睿鑒事
423-534-175之2

批雍正六年二月二十七日更部
左侍郎河南副總河兼管山東
黃河堤工茲會箋奏為欽奉上
諭事
423-535-175之2

批雍正六年二月二十七日更部
左侍郎河南副總河兼管山東
黃河堤工茲會箋奏為請旨事
423-536-175之2

批雍正六年三月十三日兵部尚
書河南副總河兼管山東黃河
堤工茲會箋奏為恭報蘭陽新
險工程搶護平穩仰慰聖懷事
423-537-175之2

批雍正六年五月二十八日更部
尚書河南副總河兼管山東黃
河堤工茲會箋奏為恭報五月
水勢工程平穩情形上慰聖懷
事
423-539-175之2

批雍正六年五月二十八日更部
尚書河南副總河兼管山東黃
河堤工茲會箋奏為恭報引河
告成水勢暢流上慰聖懷事
423-539-175之2

批雍正六年七月二十七日更部
尚書河南副總河兼管山東黃
河堤工茲會箋奏為恭報七月
水勢工程平穩情形上慰聖懷
事
423-540-175之2

批雍正六年十二月一一日更部
尚書河南副總河兼管山東黃
河堤工茲會箋奏為運河水勢
深通黃河料物齊備敬慰聖懷
事
423-541-175之2

批雍正七年正月二十二日更部
尚書河南副總河兼管山東黃
河堤工茲會箋奏為恭謝天恩
事
423-542-175之2

批雍正七年正月二十二日更部

尚書河南副總河兼管山東黃河堤工摺會箋奏爲欽奉上諭事 423-543-175之2

批雍正七年二月二十五日吏部尚書河南副總河兼管山東黃河堤工摺會箋奏爲欽奉上諭事 423-545-175之2

批雍正七年三月三日吏部尚書總督河南山東河道摺會箋奏爲恭謝天恩事 423-546-175之3

批雍正七年三月三日吏部尚書總督河南山東河道摺會箋奏爲請旨事 423-547-175之3

批雍正七年四月二十一日吏部尚書總督河南山東河道摺會箋奏爲運道深通糧艘遄行仰慰聖懷伏祈睿鑒事 423-548-175之3

批雍正七年五月二十四日吏部尚書總督河南山東河道摺會箋奏爲恭報黃河水勢工程平穩情形仰祈睿鑒事 423-549-175之3

批雍正七年五月二十四日吏部尚書總督河南山東河道摺會箋奏爲核定運河夫食銀兩去浮冒以收實效事 423-550-175之3

批雍正七年五月二十四日吏部尚書總督河南山東河道摺會箋奏爲恭謝天恩仰祈睿鑒事 423-552-175之3

批雍正七年六月十五日吏部尚書總督河南山東河道摺會箋內閣學士協理河工事務徐湛恩奏爲欽奉上諭事 423-553-175之3

批雍正七年七月二十日吏部尚書總督河南山東河道摺會箋內閣學士協理河工事務徐湛恩奏爲恭報伏秋交會水勢工程平穩情形仰慰聖懷事 423-554-175之3

批雍正七年七月二十日吏部尚書總督河南山東河道摺會箋奏爲恭謝天恩事 423-555-175之3

批雍正七年八月三日吏部尚書總督河南山東河道摺會箋內閣學士協理河工事務徐湛恩奏爲恭報秋汛水勢工程平穩情形仰慰聖懷事 423-556-175之3

批雍正七年八月三日吏部尚書總督河南河道摺會箋兵部尚書總督河南山東等處地方兼理河道田文鏡奏爲欽奉上諭事 423-556-175之3

批雍正七年八月二十四日吏部尚書總督河南山東河道摺會箋內閣學士協理河工事務徐湛恩奏爲秋汛已竣恭報水勢工程平穩情形仰慰聖懷事 423-558-175之3

批雍正七年十月二十八日吏部尚書總督河南山東河道摺會箋奏爲恭報豫省運河通暢糧船全數出境日期仰慰聖懷事 423-560-175之3

批雍正八年二月二十二日吏部尚書總督河南山東河道摺會箋奏爲恭報運河大挑工竣兼陳水勢深通情形仰慰聖懷事 423-560-175之3

批雍正八年二月二十二日吏部尚書總督河南山東河道摺會箋奏爲水利興舉需時道員查勘未竣冒昧瀆奏仰懇聖鑒事 423-561-175之3

批雍正八年三月二十日吏部尚書總督河南山東河道摺會箋內閣學士協理河工事務徐湛恩奏爲荊隆口河勢北趨急請開挖引河以順水性以保堤工仰祈睿鑒事 423-562-175之3

批雍正八年四月八日吏部尚書總督河南山東河道摺會箋奏爲恭報頭次糧船通數過濟黃運兩河水勢安流仰慰聖懷事 423-564-175之3

批雍正八年四月十五日吏部尚書總督河南山東河道摺會箋奏爲道員貪墨不職有負聖恩謹循例會參恭招奏明兼陳員缺緊要情由仰祈睿鑒事 423-565-175之3

批雍正八年五月六日吏部尚書總督河南山東河道摺會箋奏爲恭謝天恩事 423-566-175之3

批雍正八年五月六日吏部尚書總督河南山東河道摺會箋奏爲欽奉上諭事（二則） 423-567-175之3

批雍正八年五月十七日吏部尚書總督河南山東河道摺會箋

奏爲恭請聖訓事 423-569-175之3

批雍正八年五月十七日吏部尚書總督河南山東河道㧞曾筠奏爲請旨事 423-570-175之3

批雍正八年六月六日吏部尚書總督江南河道㧞曾筠奏爲欽奉上諭事 423-571-175之3

批雍正八年六月二十五日吏部尚書總督江南河道㧞曾筠奏爲清口暢流朝宗有慶恭慰聖懷事 423-572-175之3

批雍正八年六月二十五日吏部尚書總督河南山東河道㧞曾筠奏爲請旨事 423-573-175之3

批雍正八年十一月八日吏部尚書總督江南河道㧞曾筠蘇州巡撫協理河工事務尹繼善奏爲石工關係重大躉築酌分先後據實備陳仰祈睿鑒事 423-574-175之3

批雍正九年四月十一日吏部尚書總督江南河道㧞曾筠奏爲陳查勘各工程築事宜仰祈睿鑒事 423-575-175之3

批雍正九年四月二十一日吏部尚書總督江南河道㧞曾筠奏爲請旨事 423-576-175之3

批雍正九年五月二十二日吏部尚書總督江南河道㧞曾筠奏爲遵奉聖訓宏深并陳工程水勢仰祈睿鑒事 423-577-175之3

批雍正九年五月二十二日吏部尚書總督江南河道㧞曾筠奏爲恭報江工開放引河日期仰祈睿鑒事 423-579-175之3

批雍正九年八月十八日吏部尚書總督江南河道㧞曾筠奏爲恭報八月水勢工程平穩情形仰慰聖懷事 423-580-175之3

批雍正九年十二月十九日吏部尚書總督江南河道㧞曾筠奏爲奏明價辦修築情形并陳慎工節幇事宜仰祈睿鑒事 423-581-175之3

批雍正九年十二月十九日吏部尚書總督江南河道㧞曾筠奏爲欽奉上諭事 423-583-175之3

批雍正十年正月二十一日吏部尚書總督江南河道㧞曾筠奏爲欽奉上諭事 423-584-175之3

批雍正十年三月八日吏部尚書總督江南河道㧞曾筠奏爲甘雨麥苗霑足運河水勢深通據實奏聞恭慰聖懷事 423-585-175之3

批雍正十年六月八日吏部尚書總督江南河道㧞曾筠奏爲伏汛水勢工程平穩情形仰祈睿鑒事 423-586-175之3

批雍正十年八月二十一日吏部尚書總督江南河道㧞曾筠奏爲恭報秋汛已竣水勢工程平穩情形敬慰聖懷事 423-587-175之3

批雍正十一年三月七日吏部尚書總督江南河道㧞曾筠奏爲欽奉上諭事 423-588-175之4

批雍正十一年四月十五日吏部尚書總督江南河道㧞曾筠奏爲恭報糧艘全數北上運河水勢深通仰祈睿鑒事 423-589-175之4

批雍正十一年五月二十八日大學士仍管理江南河道總督事務㧞曾筠奏爲時雨霑足水勢工程平穩情形仰慰聖懷事 423-590-175之4

批雍正十一年五月二十八日大學士仍管理江南河道總督事務㧞曾筠奏爲洪湖禹廟告成恭請宸翰頒賜匾額永光萬禩事 423-591-175之4

批雍正十一年七月十八日大學士仍管理江南河道總督事務㧞曾筠奏爲伏秋交會水勢工程平穩上慰聖懷事 423-593-175之4

批雍正十一年八月十日大學士仍管理江南河道總督事務㧞曾筠奏爲恭報唯寧天賜引河各工安瀾普慶據實奏聞仰祈睿鑒事 423-594-175之4

批雍正十一年九月六日大學士仍管理江南河道總督事務㧞曾筠奏爲奏聞事 423-595-175之4

批雍正十一年九月六日大學士仍管理江南河道總督事務㧞

會筠奏爲請旨事 423-597-175之4

批雍正十一年十月二十二日大
學士仍管江南河道總督事
務㥞會筠奏爲請定兵夫積土
成例以固堤防以收實效事 423-598-175之4

批雍正十一年十二月一日大學
士仍管理江南河總督事務
㥞會筠奏爲聖恩巨古特隆微
臣感激難名恭申謝悃并陳明
臣母緣由仰祈睿鑒事 423-599-175之4

批雍正十二年四月十五日大學
士仍管理江南總河事務㥞會
筠奏爲奏聞事 423-601-175之4

批雍正十二年四月十五日大學
士仍管理江南總河事務㥞會
筠署理江南河道總督印務高
斌奏爲請築月堤移建閘座以
禦汛水以固河防事 423-602-175之4

批雍正十二年八月一日大學士
仍管理江南總河事務㥞會筠
署理江南河道總督印務高斌
奏爲恭報水勢工程平穩仰慰
聖懷事 423-603-175之4

批雍正十二年九月十五日大學
士仍管理江南總河事務㥞會
筠南河副總河白鍾山奏爲酌
量調撥兵夫挑濬清江引河以
利漕運以節錢糧仰祈睿鑒事 423-604-175之4

批雍正十二年十月二十八日大
學士仍管江南總河事務㥞
會筠南河副總河白鍾山奏爲
酌減漕規以節錢糧事 423-605-175之4

批雍正十二年十二月四日大學
士仍管理江南總河事務㥞會
筠奏爲恭謝天恩事 423-606-175之4

批雍正十三年二月二日大學士
仍管理江南總河事務㥞會筠
署理江南河道總督印務高斌
奏爲雨雪應時麥田淙長運道
深通仰慰聖懷事 423-607-175之4

批雍正十三年三月二十日大學
士仍管理江南總河事務㥞會
筠署理江南河道總督印務高
斌奏爲據情代奏恭謝天恩事 423-608-175之4

批雍正十三年四月十五日大學

士仍管理江南總河事務㥞會
筠署理江南河道總督印務高
斌奏爲酌添舖巡船以資防
守仰請聖訓事 423-609-175之4

批雍正十三年四月十五日大學
士仍管理江南總河事務㥞會
筠署理江南河道總督印務高
斌奏爲奏聞事 423-610-175之4

批雍正十三年六月一日大學士
仍管理江南總河事務㥞會筠
南河副總河都察院僉都御史
劉永澄奏爲恭報伏汛水勢工
程平穩情形仰祈睿鑒事 423-611-175之4

批雍正十三年七月十一日大學
士仍管理江南總河事務㥞會
筠南河副總河都察院僉都御
史劉永澄奏爲恭報伏秋交會
水勢工程平穩情形仰慰聖懷
事 423-612-175之4

批雍正元年二月二十八日雲貴
總督高其倬雲南巡撫楊名時
奏恭請皇上聖安 423-614-176之1

批雍正元年二月二十八日雲貴
總督高其倬雲南巡撫楊名時
奏爲奏聞事 423-614-176之1

批雍正元年四月五日雲貴總督
高其倬奏爲奏聞雨水米價事 423-615-176之1

批雍正元年四月五日雲貴總督
高其倬奏爲奏聞事 423-616-176之1

批雍正元年五月十二日雲貴總
督高其倬奏爲奏聞雨水米價
情形事 423-618-176之1

批雍正元年五月十二日雲貴總
督高其倬奏爲自陳鷹舉不當
乞賜治罪事 423-619-176之1

批雍正元年五月二十日雲貴總
督高其倬雲南巡撫楊名時奏
爲恭繳御批事 423-619-176之1

批雍正元年五月二十日雲貴總
督高其倬雲南巡撫楊名時奏
爲奏聞事 423-619-176之1

批雍正元年九月二十日雲貴總
督高其倬奏爲欽遵聖諭事 423-620-176之1

批雍正元年九月二十日雲貴總
督高其倬奏爲奏聞土司承襲

情節事 423-621-176之1

批雍正元年九月二十日雲貴總督高其倬奏爲奏聞清查裁禁雲南公件事 423-621-176之1

批雍正元年九月二十日雲貴總督高其倬奏爲奏聞訓習本標兵丁子弟事 423-622-176之1

批雍正元年九月二十八日雲貴總督高其倬奏爲奏聞事 423-623-176之1

批雍正元年九月二十八日雲貴總督高其倬奏爲查參事 423-624-176之1

批雍正元年十月二十六日雲貴總督高其倬奏爲奏聞雲南營伍情形事 423-625-176之1

批雍正元年十月二十六日雲貴總督高其倬奏爲懇恩調補中軍副將事 423-626-176之1

批雍正元年十月二十六日雲貴總督高其倬奏爲奏聞事 423-627-176之1

批雍正元年十二月二十日雲貴總督高其倬雲南巡撫楊名時奏爲奏聞官兵起程日期事 423-628-176之1

批雍正元年十二月二十日雲貴總督高其倬雲南巡撫楊名時奏爲奏聞中旬情形事 423-629-176之1

批雍正元年十二月二十日雲貴總督高其倬雲南巡撫楊名時奏爲奏聞事 423-630-176之1

批雍正二年正月二十日雲貴總督高其倬奏爲奏聞事 423-632-176之1

批雍正二年二月十八日雲貴總督高其倬奏恭請皇上聖安 423-633-176之1

批雍正二年二月十八日雲貴總督高其倬奏爲奉到上諭事 423-633-176之1

批雍正二年二月十八日雲貴總督高其倬奏爲恭謝聖訓事 423-634-176之1

批雍正二年二月十八日雲貴總督高其倬奏爲奏聞提臣帶兵起程日期事 423-636-176之1

批雍正二年二月二十九日雲貴總督高其倬奏爲奏聞雨水米價事 423-637-176之1

批雍正二年二月二十九日雲貴總督高其倬奏爲遵旨謹奏事 423-638-176之1

批雍正二年二月二十九日雲貴總督高其倬奏爲奏聞事（二則） 423-639-176之1

批雍正二年二月二十九日雲貴總督高其倬奏爲恭謝天恩事 423-640-176之1

批雍正二年四月十六日雲貴總督高其倬奏爲奏聞事 423-641-176之2

批雍正二年四月十九日雲貴總督高其倬奏爲開墾馬廠以濟兵食事 423-642-176之2

批雍正二年四月十九日雲貴總督高其倬奏爲奏聞野賊情形并參流土不職事 423-644-176之2

批雍正二年四月二十九日雲貴總督高其倬奏爲奏聞中甸田地可以開墾情形事 423-647-176之2

批雍正二年五月二十八日雲貴總督高其倬奏爲奏聞事 423-648-176之2

批雍正二年五月二十八日雲貴總督高其倬奏爲遵旨奏聞事 423-649-176之2

批雍正二年五月二十八日雲貴總督高其倬奏爲奏聞事 423-650-176之2

批雍正二年五月二十八日雲貴總督高其倬奏爲奏聞酌定各府稅規羨餘充餉情節事 423-650-176之2

批雍正二年五月二十八日雲貴總督高其倬奏爲奏聞畢獲土州父子以除積患事 423-652-176之2

批雍正二年六月二十九日雲貴總督高其倬奏恭請皇上聖安 423-653-176之2

批雍正二年六月二十九日雲貴總督高其倬奏爲查參事 423-654-176之2

批雍正二年六月二十九日雲貴總督高其倬奏爲奏聞事 423-656-176之2

批雍正二年九月十二日雲貴總督高其倬奏爲奏聞年成分數事 423-656-176之2

批雍正二年九月十二日雲貴總督高其倬奏爲遵旨覆奏事 423-657-176之2

批雍正二年九月十二日雲貴總督高其倬奏爲奏聞野賊已平事 423-657-176之2

批雍正二年九月二十日雲貴總督高其倬奏爲奏聞事（二則） 423-659-176之2

批雍正二年九月二十日雲貴總督高其倬奏爲遵旨覆奏事 423-662-176之2

批雍正二年十月二十五日雲貴總督高其倬奏爲奏聞事　423-663-176之2

批雍正二年十一月十日雲貴總督高其倬奏爲奏聞雨雪情形事　423-665-176之3

批雍正二年十一月十日雲貴總督高其倬奏爲奏聞事　423-666-176之3

批雍正二年十一月十六日雲貴總督高其倬奏爲奏聞事（二則）　423-667-176之3

批雍正二年十一月二十一日雲貴總督高其倬奏爲奏聞事　423-668-176之3

批雍正二年十一月二十一日雲貴總督高其倬奏爲奏聞調營拔補千把事　423-669-176之3

批雍正二年十一月二十一日雲貴總督高其倬奏爲奏聞節省鉛價幷調劑錢法事　423-670-176之3

批雍正二年十二月二十二日雲貴總督高其倬奏恭請皇上聖安　423-671-176之3

批雍正二年十二月二十二日雲貴總督高其倬奏爲恭謝天恩事　423-671-176之3

批雍正二年十二月二十二日雲貴總督高其倬奏爲奏聞事　423-672-176之3

批雍正二年十二月二十二日雲貴總督高其倬貴州巡撫毛文銓貴州提督趙坤奏爲奏聞古州八萬情形事　423-672-176之3

批雍正三年正月二十六日雲貴總督高其倬奏爲參奏事　423-673-176之3

批雍正三年正月二十六日雲貴總督高其倬奏爲恭謝天恩寬宥事　423-674-176之3

批雍正三年正月二十六日雲貴總督高其倬奏爲奏聞交阯舊界詳細情節事　423-676-176之3

批雍正三年二月十二日雲貴總督高其倬奏爲欽奉上諭事　423-679-176之3

批雍正三年二月十二日雲貴總督高其倬奏爲欽遵聖訓恭謝天恩幷陳下悃事　423-680-176之3

批雍正三年二月十二日雲貴總督高其倬奏爲密奏事　423-682-176之3

批雍正三年二月十二日雲貴總督高其倬奏爲奏聞事　423-683-176之3

批雍正三年三月二十八日雲貴總督高其倬奏爲代繳硃批奏摺幷謝天恩事　423-684-176之3

批雍正三年四月二日雲貴總督高其倬奏爲奏聞豆麥收成分數事　423-685-176之3

批雍正三年四月二日雲貴總督高其倬奏爲奏聞請旨事　423-685-176之3

批雍正三年四月二日雲貴總督高其倬奏爲奏聞事（二則）　423-686-176之3

批雍正三年四月二日雲貴總督高其倬奏爲遵旨奏聞事附工部侍郎金世揚奏爲撫臣侵冒軍需侠仇誤公據實陳明仰祈睿鑒事　423-690-176之3

批雍正三年五月六日雲貴總督高其倬奏爲奏聞事　423-692-176之4

批雍正三年五月六日雲貴總督高其倬奏爲奏聞功加外委兵丁情節仰懇皇仁事　423-694-176之4

批雍正三年五月六日雲貴總督高其倬奏爲欽奉聖諭事　423-694-176之4

批雍正三年五月六日雲貴總督高其倬奏爲奏聞雨水栽插情形事　423-695-176之4

批雍正三年五月六日雲貴總督高其倬奏爲奏聞事　423-695-176之4

批雍正三年五月二十六日雲貴總督高其倬奏爲遵旨密奏交界情節仰祈睿鑒事　423-696-176之4

批雍正三年五月二十六日雲貴總督高其倬奏爲彙報鹽政額外贏餘事　423-700-176之4

批雍正三年五月二十六日雲貴總督高其倬奏爲奏聞雨水遍足事　423-702-176之4

批雍正三年五月二十八日雲貴總督高其倬奏爲奏聞事　423-702-176之4

批雍正三年五月二十八日雲貴總督高其倬奏爲仰懇天恩請留陞員事　423-703-176之4

批雍正三年五月二十八日雲貴總督高其倬奏爲密陳愚昧所見仰祈睿覽事　423-703-176之4

批雍正三年六月二十八日雲貴總督高其倬奏爲奏懇聖恩請留賢員事　423-705-176之4

批雍正三年六月二十八日雲貴總督高其倬奏爲奏聞事（二則）　423-706-176之4

批雍正三年六月二十八日雲貴總督高其倬奏爲遵旨奏聞事　423-706-176之4

批雍正三年六月二十八日雲貴總督高其倬奏爲奏聞事（三則）　423-707-176之4

批雍正三年六月二十八日雲貴總督高其倬奏爲恭請陞見敬聆聖訓事　423-710-176之4

批雍正三年九月九日雲貴總督高其倬奏恭請皇上聖安　423-711-176之4

批雍正三年九月九日雲貴總督高其倬奏爲遵旨奏聞事　423-712-176之4

批雍正三年九月九日雲貴總督高其倬奏爲遵旨覆奏事　423-713-176之4

批雍正三年九月九日雲貴總督高其倬奏爲奏聞雲貴秋成分數事　423-714-176之4

批雍正三年九月九日雲貴總督高其倬奏爲遵旨查奏事　423-714-176之4

批雍正三年十一月十二日雲貴總督高其倬奏爲遵旨覆奏事　423-716-176之4

批雍正三年十一月十四日雲貴總督高其倬奏爲遵旨覆奏事　423-717-176之4

批雍正三年十二月二日雲貴總督今調補浙閩總督高其倬奏爲奏聞土司奪占民田流官串合賄斷情節事　423-720-176之4

批雍正四年六月十九日浙閩總督高其倬奏爲奏聞閩省情形事　423-722-176之4

批雍正四年六月十九日浙閩總督高其倬奏爲奏聞借撥浙穀請於山東淮安買麥運閩接濟事　423-724-176之4

批雍正四年七月十八日浙閩總督高其倬奏爲欽奉上諭事　423-727-176之5

批雍正四年七月十八日浙閩總督高其倬奏爲酌量閩省情形請運江西穀石事　423-729-176之5

批雍正四年七月十八日浙閩總督高其倬奏爲遵旨奏聞事　423-731-176之5

批雍正四年七月二十六日浙閩總督高其倬奏爲仰懇聖恩請調中軍副將事　423-731-176之5

批雍正四年七月二十六日浙閩總督高其倬奏爲奏聞詳記擧賊勞績拔捕千把事　423-732-176之5

批雍正四年七月二十六日浙閩總督高其倬奏爲奏聞事　423-733-176之5

批雍正四年七月二十六日浙閩總督高其倬奏爲請開臺灣逼米之禁接濟泉漳民食事　423-734-176之5

批雍正四年九月二日浙閩總督高其倬奏爲奏聞蘇祿國王進表效貢事　423-735-176之5

批雍正四年九月二日浙閩總督高其倬奏爲奏聞事　423-736-176之5

批雍正四年九月二日浙閩總督高其倬奏爲奏聞運麥事　423-737-176之5

批雍正四年九月二日浙閩總督高其倬奏爲奏聞事（三則）　423-738-176之5

批雍正四年九月二日浙閩總督高其倬奏爲奏聞禁止短擺船隻及自備哨船以杜偷渡事　423-741-176之5

批雍正四年九月二日浙閩總督高其倬奏爲奏請展限切實清查事　423-743-176之5

批雍正四年九月二日浙閩總督高其倬奏爲奏聞水沙社番肆惡情形事　423-743-176之5

批雍正四年九月二日浙閩總督高其倬奏爲奏聞鹽政情節事　423-745-176之5

批雍正四年九月十五日浙閩總督高其倬奏爲奏聞事　423-747-176之5

批雍正四年十月二日浙閩總督高其倬奏爲奏聞浙江洋盜情節事　423-747-176之5

批雍正四年十月二日浙閩總督高其倬奏爲奏聞清查臺灣穀石事　423-749-176之5

批雍正四年十月二日浙閩總督高其倬奏　423-749-176之5

批雍正四年十月十三日浙閩總督高其倬福建巡撫毛文銓奏

四庫全書文集篇目分類索引

爲奏聞勦懲水沙連兇番情節事　423-750-176之5

批雍正四年十月十三日浙閩總督高其倬奏爲奏聞事　423-751-176之5

批雍正四年十月十三日浙閩總督高其倬奏爲奏聞拿獲洋盜事　423-752-176之5

批雍正四年十月十三日浙閩總督高其倬奏爲奏聞事(二則)　423-753-176之5

批雍正四年十一月八日浙閩總督高其倬奏爲奏聞事　423-755-176之6

批雍正四年十一月八日浙閩總督高其倬奏爲奏聞設法操練水師將弁兵丁事　423-756-176之6

批雍正四年十一月八日浙閩總督高其倬爲聞奏聞事(二則)　423-758-176之6

批雍正四年十一月二十八日浙閩總督高其倬奏爲奏聞年成米價情形事　423-760-176之6

批雍正四年十一月二十八日浙閩總督高其倬奏爲懇請移駐道員改設通判事　423-762-176之6

批雍正四年十一月二十八日浙閩總督高其倬奏爲奏聞拿獲海洋盜首事　423-763-176之6

批雍正四年十一月二十八日浙閩總督高其倬奏爲恭謝天恩事　423-764-176之6

批雍正四年十二月二十日浙閩總督高其倬奏爲奏聞事(三則)　423-764-176之6

批雍正五年正月七日浙閩總督高其倬福建巡撫毛文銓奏爲奏聞勦撫臺灣兇番事　423-769-176之6

批雍正五年正月七日浙閩總督高其倬奏爲奏聞暫留總兵辦理事務事　423-771-176之6

批雍正五年正月七日浙閩總督奏爲閩省辦理需人謹冒昧破格保奏仰乞睿鑒事　423-771-176之6

批雍正五年二月十日浙閩總督高其倬奏恭請皇上聖安　423-773-176之6

批雍正五年二月十日浙閩總督高其倬奏爲仰懇聖恩嚴懲事　423-773-176之6

批雍正五年二月十日浙閩總督高其倬奏爲奏聞事(四則)　423-773-176之6

批雍正五年二月十日浙閩總督高其倬鎭海將軍暫辦福建巡撫事務毛文銓奏爲奏聞事　423-779-176之6

批雍正五年四月四日浙閩總督高其倬奏爲奏聞鹽務事　423-781-176之7

批雍正五年四月四日浙閩總督高其倬奏爲奏聞事(三則)　423-782-176之7

批雍正五年四月四日浙閩總督高其倬鎭海將軍暫辦福建巡撫事務毛文銓奏爲奏聞事　423-785-176之7

批雍正五年六月四日浙閩總督高其倬奏爲奏聞福省平糶情節事　423-787-176之7

批雍正五年六月四日浙閩總督高其倬奏爲奏聞早稻收成情形事　423-788-176之7

批雍正五年七月八日浙閩總督高其倬奏爲奏聞事　423-789-176之7

批雍正五年七月八日浙閩總督高其倬奏爲奏聞臺灣人民搬眷情節事　423-791-176之7

批雍正五年七月八日浙閩總督高其倬奏爲奏聞臺灣各學寄籍諸生宜歸本籍事　423-793-176之7

批雍正五年七月八日浙閩總督高其倬奏爲奏聞臺灣兵丁額少應籌變通調劑事　423-793-176之7

批雍正五年七月八日浙閩總督高其倬奏爲奏聞請將臺灣折色粟石仍行改徵本色事　423-794-176之7

批雍正五年七月十日浙閩總督高其倬奏爲預籌買米以備平糶事　423-796-176之7

批雍正五年七月十日浙閩總督高其倬奏爲奏聞事　423-797-176之7

批雍正五年七月十日浙閩總督高其倬奏爲調勻兵米事　423-798-176之7

批雍正五年七月十日浙閩總督高其倬奏爲奏聞事　423-799-176之7

批雍正五年七月十日浙閩總督高其倬奏爲奏聞運到江浙各項米穀并分撥情節事　423-800-176之7

批雍正五年九月二日浙閩總督高其倬奏爲奏聞辦理鹽務情

節事 423-801-176之7

批雍正五年九月九日浙閩總督高其倬福建巡撫常賚廣東巡撫楊文乾奏爲覆奏事 423-809-176之7

批雍正五年十月二十六日浙閩總督高其倬奏爲奏聞事（二則） 423-812-176之7

批雍正五年十一月十七日浙閩總督高其倬奏爲奏聞事（三則） 423-815-176之8

批雍正五年十一月十九日浙閩總督高其倬奏爲奏聞事（二則） 423-818-176之8

批雍正六年正月八日浙閩總督高其倬福建巡撫常賚廣東巡撫楊文乾奏爲遵旨定議先行具摺奏聞事 423-819-176之8

批雍正六年正月八日浙閩總督高其倬奏爲奏聞事（五則） 423-821-176之8

批雍正六年正月八日浙閩總督高其倬奏爲恭謝天恩并陳臣悃事 423-825-176之8

批雍正六年二月十日福建總督高其倬奏爲奏聞事 423-826-176之8

批雍正六年四月十二日福建總督高其倬奏爲奏聞事 423-826-176之8

批雍正六年四月十二日福建總督高其倬奏爲恭謝天恩凜遵聖訓事 423-827-176之8

批雍正六年四月十二日福建總督高其倬奏爲奏聞事 423-827-176之8

批雍正六年四月十二日福建總督高其倬奏爲欽遵聖諭事 423-829-176之8

批雍正六年四月十二日福建總督高其倬奏爲欽遵聖訓痛自奮勉事 423-830-176之8

批雍正六年四月十二日福建總督高其倬奏爲恭繳奏摺事 423-830-176之8

批雍正六年四月十二日福建總督高其倬奏爲臣罪難追謝天恩事 423-831-176之8

批雍正六年六月七日福建總督高其倬奏爲奏聞事 423-831-176之8

批雍正六年七月六日福建總督高其倬奏爲奏聞事 423-832-176之8

批雍正六年八月十日福建總督高其倬奏爲奏聞事（三則） 423-833-176之8

批雍正六年九月十七日福建總督高其倬奏爲奏聞事 423-838-176之8

批雍正六年十月八日福建總督高其倬奏爲奏聞事 423-839-176之8

批雍正六年十一月五日福建總督高其倬奏爲奏聞事 423-841-176之9

批雍正六年十一月二十二日福建總督高其倬水師提督藍廷珍陸路提督石雲倬奏爲成臺兵丁等事 423-842-176之9

批雍正六年十一月二十二日福建總督高其倬奏爲奏聞事 423-844-176之9

批雍正六年十一月二十二日福建總督高其倬奏爲密陳臺灣文員歷俸太久轉生懈怠情形事 423-844-176之9

批雍正六年十一月二十二日福建總督高其倬奏爲奏聞事 423-845-176之9

批雍正六年十二月二十八日福建總督高其倬奏爲奏聞事（二則） 423-846-176之9

批雍正七年正月二十日福建總督高其倬奏爲恭謝天恩敬遵聖訓切實改勉期竭寸忱事 423-847-176之9

批雍正七年正月二十日福建總督高其倬奏爲奏聞事（二則） 423-849-176之9

批雍正七年二月八日福建總督高其倬奏爲奏聞事 423-850-176之9

批雍正七年二月八日福建總督高其倬奏爲恭謝天恩事 423-851-176之9

批雍正七年二月八日福建總督高其倬奏爲奏聞事（二則） 423-852-176之9

批雍正七年二月八日福建總督高其倬奏爲恭謝天恩事（三則） 423-853-176之9

批雍正七年三月十日福建總督高其倬奏爲奏聞事（四則） 423-855-176之9

批雍正七年三月二十七日福建總督高其倬奏恭請皇上聖安 423-858-176之9

批雍正七年三月二十七日福建總督高其倬奏（五則） 423-858-176之9

批雍正七年四月三日福建總督高其倬奏爲請旨事 423-861-176之9

批雍正七年四月十二日福建總督高其倬奏爲奏聞事(二則) 423-862-176乙9

批雍正七年五月二日福建總督高其倬奏爲奏聞事 423-864-176乙9

批雍正八年四月二十二日福建總督高其倬奏爲恭謝天恩事 423-865-176乙9

批雍正八年四月二十二日福建總督高其倬奏爲奏聞事(三則) 423-866-176乙9

批雍正八年六月三日福建總督高其倬奏爲奏聞事 423-869-176乙9

批雍正八年六月六日福建總督今調兩江總督高其倬奏爲恭謝天恩誄陳徵憫事 423-869-176乙9

批雍正八年六月六日福建總督高其倬奏爲聞事 423-870-176乙9

批雍正九年正月十四日兩江總督高其倬奏爲恭謝天恩誄陳愚憫事 423-872-176乙10

批雍正九年正月十四日兩江總督高其倬奏爲遵旨辦理據實奏聞事 423-873-176乙10

批雍正九年二月六日兩江總督高其倬奏爲奏聞事 423-874-176乙10

批雍正九年二月六日兩江總督高其倬奏爲再行詳奏各處饑民情形仰懇睿鑒事 423-875-176乙10

批雍正九年三月六日兩江總督高其倬奏爲奏聞事(三則) 423-878-176乙10

批雍正九年四月十五日兩江總督高其倬奏爲奏聞事 423-881-176乙10

批雍正九年四月十五日兩江總督高其倬奏爲恭謝天恩并陳愚憫事 423-883-176乙10

批雍正九年六月二日兩江總督高其倬奏爲奏聞事 423-884-176乙10

批雍正九年六月二日兩江總督高其倬奏爲聞麥熟分數情形事 423-886-176乙10

批雍正九年六月二日兩江總督高其倬奏爲奏聞事 423-886-176乙10

批雍正九年八月二十日兩江總督署理雲貴廣西總督印務高其倬奏爲奏懇天恩事 423-887-176乙10

批雍正九年十一月十日兩江總督署理雲貴廣西總督印務高其倬奏爲奏聞事 423-887-176乙10

批雍正九年十一月十日兩江總督署理雲貴廣西總督印務高其倬奏爲仰懇聖恩實簡賢員事 423-888-176乙10

批雍正九年十一月十日兩江總督署理雲貴廣西總督印務高其倬奏爲奏聞事(二則) 423-888-176乙10

批雍正九年十二月二十五日兩江總督署理雲貴廣西總督印務高其倬奏爲奏聞事 423-891-176乙10

批雍正十年二月二十日兩江總督署理雲貴廣西總督印務高其倬奏爲奏聞事(三則) 423-891-176乙10

批雍正十年三月十二日兩江總督署理雲貴廣西總督印務高其倬奏恭請皇上聖安 423-894-176乙10

批雍正十年六月十六日兩江總督署理雲貴廣西總督印務高其倬奏爲奏聞事 423-895-176乙10

批雍正十年六月二十八日兩江總督署理雲貴廣西總督印務高其倬奏爲奏聞事 423-900-176乙10

批雍正十年八月三日兩江總督署理雲貴廣西總督印務高其倬奏爲奏聞事 423-903-176乙11

批雍正十年九月三日兩江總督署理雲貴廣西總督印務高其倬奏爲奏聞事 423-905-176乙11

批雍正十年九月二十二日兩江總督署理雲貴廣西總督印務高其倬奏爲奏聞事(二則) 423-908-176乙11

批雍正十年十一月二十九日兩江總督署理雲貴廣西總督印務高其倬雲南巡撫張允隨奏爲仰懇聖恩事 423-913-176乙11

批雍正十一年六月二十四日兩江總督高其倬奏爲聞事 423-914-176乙11

批雍正十一年九月十六日兩江總督高其倬奏爲奏聞事二則 423-915-176乙11

批雍正十一年九月十六日兩江總督管理蘇州巡撫事務高其倬奏爲詳察地方情形仰懇聖恩事 423-918-176乙11

四庫全書文集篇目分類索引

史部

詔令奏議類：附錄

詔令上十一畫

批雍正十一年十一月六日兩江總督管理蘇州巡撫事務高其倬奏爲查明奏聞事　423-920-176之11

批雍正十一年十一月六日兩江總督管理蘇州巡撫事務高其倬奏爲奏聞事　423-921-176之11

批雍正十二年三月六日總督管理蘇州巡撫事務高其倬奏爲恭謝皇上嚴切訓飭之深恩實情徵臣痛自省改之下悃仰祈睿鑒事　423-922-176之11

批雍正十二年五月二十二日蘇州巡撫高其倬奏爲奏聞事　423-923-176之11

批雍正十二年六月二十六日蘇州巡撫高其倬奏爲奏聞事　423-924-176之11

批雍正六年八月二日大理寺卿性桂奏爲奏明事　424- 1-177

批雍正六年八月二日大理寺卿性桂奏爲密奏事　424- 3-177

批雍正六年九月二十八日大理寺卿性桂奏爲密奏事　424- 4-177

批雍正六年九月二十八日大理寺卿性桂奏爲奏明事　424- 5-177

批雍正六年九月二十八日大理寺卿性桂奏爲奏明沿海要口添設巡船礮臺以固海疆事　424- 6-177

批雍正六年十月二十四日大理寺卿性桂奏爲奏明事　424- 7-177

批雍正六年十月二十四日大理寺卿性桂奏爲遵聖諭密奏事　424- 8-177

批雍正六年十二月五日大理寺卿性桂奏爲奏明事　424- 9-177

批雍正七年一月二十五日都察院左副都御史性桂奏爲據情陳明龍神著靈恭請敕封永鎭海疆以衞商民事　424- 10-177

批雍正七年一月二十五日都察院左副都御史性桂奏爲恭繳硃批奏摺事　424- 11-177

批雍正七年四月二十日都察院左副都御史補授漕運總督署理浙江總督印務性桂奏爲疊沐隆恩恭摺奏謝以伸下悃事　424- 12-177

批雍正七年四月二十日署理浙江總督印務性桂奏爲奏明事　424- 12-177

批雍正七年五月二日補授漕運總督署理浙江總督印務性桂奏爲奏聞事　424- 13-177

批雍正七年五月二日補授漕運總督署理浙江總督印務性桂浙江觀風整俗使署理浙江巡撫事蔡仕舡奏爲奏聞事　424- 13-177

批雍正七年五月二日署理浙江總督印務性桂浙江觀風整俗使署理浙江巡撫事蔡仕舡奏爲奏明事　424- 13-177

批雍正七年五月二十七日補授漕運總督署理浙江總督印務性桂浙江觀風整俗使署巡撫事蔡仕舡奏爲奏聞事　424-15-177

批雍正七年六月三十日補授漕運總督署理浙江總督印務性桂浙江觀風整俗使署巡撫事蔡仕舡奏爲據各密奏事　424- 16-177

批雍正七年閏七月二十三日補授漕運總督署理浙江總督印務性桂浙江觀風整俗使署巡撫事蔡仕舡奏爲密奏事　424- 17-177

批雍正七年八月六日補授漕運總督署理浙江總督印務性桂奏爲密奏事　424- 18-177

批雍正七年八月六日補授漕運總督署理浙江總督印務性桂奏爲奏明現在潮勢平和情形仰祈睿鑒事　424- 19-177

批雍正七年八月二十五日補授漕運總督署理浙江總督印務性桂奏爲再陳勘過望汛潮勢情形事　424- 20-177

批雍正七年九月八日補授漕運總督署理浙江總督印務性桂奏爲奏聞事　424- 21-177

批雍正七年十一月十六日補授漕運總督署理杭州將軍印務性桂等奏爲敬陳禁重地城上宜建營房仰祈聖鑒事　424- 22-177

批雍正七年十一月十六日補授漕運總督署理杭州將軍印務性桂等奏爲請旨事　424- 23-177

批雍正七年十二月十一日補授漕運總督性桂奏爲奏聞事　424- 24-177

四庫全書文集篇目分類索引　　443

批雍正八年二月八日工部尙書李
　永陞漕運總督性桂浙江總督李
　衛奏爲遵旨察審事　　　424- 25-177
批雍正八年三月十日工部尙書李
　永陞漕運總督性桂浙江總督李
　衛奏爲遵旨察審事　　　424- 26-177
批雍正九年十一月十五日漕運總
　督性桂奏爲遵旨密行奏聞事
　　　　　　　　　　　　424- 29-177
批雍正十年十二月十七日兵部尙
　書暫行署理漕運總督印務性桂
　奏爲奏聞事　　　　　　424- 30-177
批雍正四年十二月二十八日山西
　巡撫德明奏爲奏聞事　　424- 31-178
批雍正五年一月十九日山西巡撫
　德明奏爲欽蒙聖訓恭謝天恩事
　　　　　　　　　　　　424- 31-178
批雍正五年一月十九日山西巡撫
　德明奏爲奏聞事　　　　424- 32-178
批雍正五年二月十三日山西巡撫
　德明奏爲奏聞事（二則）424- 32-178
批雍正五年二月十三日山西巡撫
　德明奏爲恭織殊批事　　424- 34-178
批雍正五年閏三月七日山西巡撫
　德明奏爲奏聞事　　　　424- 34-178
批雍正五年閏三月十二日山西巡
　撫德明奏爲奏聞事　　　424- 35-178
批雍正六年六月二十一日福建汀
　州總兵官朱杰奏爲奏聞事
　　　　　　　　　　　　424- 36-179
批雍正六年六月二十一日福建汀
　州總兵官朱杰爲教子不嚴瀆陳
　請罪仰祈睿鑒事　　　424- 37-179
批雍正六年十月二日福建汀州總
　兵官朱杰奏爲遵旨奏聞事
　　　　　　　　　　　　424- 38-179
批雍正七年三月二十二日福建汀
　州總兵官朱杰奏爲奏聞事
　　　　　　　　　　　　424- 39-179
批雍正七年九月二十一日福建汀
　州總兵官朱杰爲據實奏聞事
　　　　　　　　　　　　424- 40-179
批雍正八年三月二十一日福建汀
　州總兵官朱杰奏爲據實奏聞事
　　　　　　　　　　　　424- 41-179
批雍正九年三月十五日福建汀州
　總兵官朱杰奏爲據實奏聞事
　　　　　　　　　　　　424- 43-179
批雍正九年十月十九日福建汀州
　總兵官朱杰奏爲據實奏聞事
　　　　　　　　　　　　424- 43-179
批雍正十年四月十六日福建汀州
　總兵官朱杰奏爲據實奏聞事
　　　　　　　　　　　　424- 44-179
批雍正十年九月十二日福建汀州

總兵官朱杰奏爲據實奏聞事　424- 45-179
批雍正六年二月十二日杭州織造
　李秉忠奏爲恭謝天恩事　424- 47-180
批雍正六年二月二十七日蘇州織
　造李秉忠奏爲恭謝天恩事424- 48-180
批雍正六年三月三日蘇州織造李
　秉忠奏爲奏聞事　　　　424- 48-180
批雍正六年九月六日蘇州織造李
　秉忠奏爲天威遠播事　　424- 49-180
批雍正六年九月六日蘇州織造李
　秉忠奏（爲舉保伊拉齊劉永璣
　事）　　　　　　　　　424- 49-180
批雍正七年二月四日蘇州織造李
　秉忠奏爲奏明商船阻淺事
　　　　　　　　　　　　424- 50-180
批雍正七年三月十日蘇州織造李
　秉忠奏爲恭請陛見以抒蟻悃事
　　　　　　　　　　　　424- 50-180
批雍正二年十一月七日廣西右江
　道喬于瀷奏爲恭謝天恩事
　　　　　　　　　　　　424- 52-181
批雍正二年十一月七日廣西右江
　道喬于瀷奏爲奏聞事　　424- 52-181
批雍正三年五月十三日廣西右江
　道喬于瀷奏爲恭謝聖恩高厚無
　疆感戴弗諼事　　　　　424- 53-181
批雍正三年五月十三日廣西右江
　道喬于瀷奏爲奏明事　　424- 54-181
批雍正三年十一月十四日廣西右
　江道喬于瀷奏爲奏明事　424- 55-181
批雍正三年十一月十四日廣西右
　江道喬于瀷奏爲士民之義非
　讀書莫啓請立士官勸懲令民一
　體力學應試以廣皇仁以隆文教
　事　　　　　　　　　　424- 55-181
批雍正三年十一月十四日廣西右
　江道喬于瀷奏爲奏聞事　424- 56-181
批雍正四年五月十六日廣西右江
　道喬于瀷奏爲遵旨商酌事
　　　　　　　　　　　　424- 57-181
批雍正四年五月十六日廣西右江
　道喬于瀷奏爲奏明事　　424- 57-181
批雍正二年閏四月二十一日巡視
　臺灣御史禪濟布丁士一奏爲恭
　謝天恩併報接任日期事　424- 58-182
批雍正二年六月四日巡視臺灣御
　史禪濟布丁士一奏爲奏聞事
　　　　　　　　　　　　424- 59-182
批雍正二年六月十五日巡視臺灣
　御史禪濟布丁士一奏爲恭報雨

史部　詔令奏議類：附錄

詔令上十一畫

水田禾地方情形事　424-59-182

批雍正二年八月四日巡視臺灣御史禪濟布丁士一奏爲奏報颶風情形事　424-60-182

批雍正三年三月十六日巡視臺灣御史禪濟布奏爲奏聞事　424-60-182

批雍正三年三月十六日巡視臺灣御史禪濟布奏爲聖德覃被無疆生番歸化日衆事　424-61-182

批雍正三年三月十六日巡視臺灣御史禪濟布奏爲恭報得雨日期事　424-62-182

批雍正三年五月四日巡視臺灣御史禪濟布奏爲恭謝天恩事　424-62-182

批雍正三年九月九日巡視臺灣御史禪濟布給事中景考祥奏（爲）恭請皇上聖躬萬安（事）　424-63-182

批雍正三年九月九日巡視臺灣御史禪濟布給予事中景考祥奏爲恭報雨水田禾情形事　424-63-182

批雍正三年九月九日巡視臺灣御史禪濟布奏爲海神效靈懋領宸翰以昭崇報事　424-63-182

批雍正三年十月七日巡視臺灣御史禪濟布奏（爲）恭請皇上聖安（事）　424-64-182

批雍正三年十月七日巡視臺灣御史禪濟布奏爲恭謝天恩疊錫事　424-64-182

批雍正三年十月十六日巡視臺灣御史禪濟布給事中景考祥奏爲恭報地方收成穀價仰慰聖懷事　424-65-182

批雍正三年十月十六日巡視臺灣御史禪濟布給事中景考祥奏爲據實陳情仰慰天鑒事　424-65-182

批雍正三年十二月二日巡視臺灣御史禪濟布奏爲奏聞事　424-66-182

批雍正四年二月二十一日巡視臺灣御史禪濟布奏恭請皇上聖躬萬安　424-67-182

批雍正二年五月九日山西學政劉於義奏（爲密訪奏聞事）　424-68-183

批雍正二年九月十七日山西學政劉於義奏爲恭謝天恩事(二則)　424-69-183

批雍正三年五月九日山西學政劉於義奏（爲雨水米價事）　424-71-183

批雍正三年十二月十三日山西學政劉於義奏　424-71-183

批雍正四年五月九日山西學政劉於義奏　424-72-183

批雍正七年閏七月二十六日總督倉場戶部右侍郎劉於義山西按察使葛森奏爲奏聞事　424-72-183

批雍正七年十月一日總督倉場戶部右侍郎劉於義山西按察使葛森奏　424-73-183

批雍正八年四月八日總督倉場戶部右侍郎劉於義奏　424-74-183

批雍正八年十一月十八日吏部左侍郎協辦山東巡撫印務劉於義刑部左侍郎牧可登奏爲奏聞事　424-75-183

批雍正八年十二月二十一日吏部左侍郎協辦山東巡撫印務劉於義刑部左侍郎王國棟奏爲恭請聖鑒事　424-76-183

批雍正八年十二月二十一日吏部左侍郎協辦山東巡撫印務劉於義刑部左侍郎王國棟奏爲請設利津海口墩臺以重海疆以衞鹽灘事　424-77-183

批雍正九年一月六日直隸河道水利總督劉於義奏爲請旨事　424-78-183

批雍正九年一月二十一日直隸河道水利總督劉於義刑部左侍郎牧可登奏爲據實覆奏事　424-79-183

批雍正九年三月十六日直隸河道水利總督劉於義刑部左侍郎牧可登奏爲敬陳審案供情仰祈聖訓事　424-80-183

批雍正九年八月十六日直隸河道水利總督劉於義奏爲壩工幸未告成懇恩再行酌議以慎大工事　424-81-183

批雍正九年十月二十二日刑部尚書署理直隸總督事務劉於義奏爲恭請聖訓事　424-82-183

批雍正九年十二月十五日刑部尚書署理直隸總督事務劉於義奏爲奏聞事　424-83-183

批雍正十年三月六日刑部尚書署理直隸總督事務劉於義奏爲恭報雨雪事　424-84-183

批刑部尚書署理直隸總督事務劉於義奏爲懇恩分年帶徵以清積欠事　424- 84-183

批刑部尚書署理直隸總督事務劉於義奏爲請旨事　424- 85-183

批雍正十年三月十八日刑部尚書署理直隸總督事務劉於義奏爲恭報雨雪事　424- 86-183

批雍正十年三月十八日刑部尚書署理直隸總督事務劉於義奏爲遵旨議奏事　424- 87-183

批雍正十年四月二十八日刑部尚書署理直隸總督事務劉於義奏爲恭報雨澤事　424- 88-183

批雍正十年四月二十八日刑部尚書署理直隸總督事務劉於義奏爲奏明事　424- 89-183

批雍正十年五月五日刑部尚書署理直隸總督事務劉於義奏爲據實陳奏事　424- 89-183

批雍正十年五月五日刑部尚書署理直隸總督事務劉於義奏爲懇請撥運米石以儲支應事　424- 90-183

批雍正十年五月二十日刑部尚書署理直隸總督事務劉於義奏爲奏聞事　424- 91-183

批雍正十年閏五月六日刑部尚書署理直隸總督事務劉於義奏報明事　424- 93-183

批雍正十年閏五月十四日刑部尚書署理直隸總督事務劉於義奏爲續報雨澤事　424- 94-183

批雍正十年閏五月十四日刑部尚書署理直隸總督事務劉於義奏爲奏聞事　424- 94-183

批雍正十年閏五月十四日刑部尚書署理直隸總督事務劉於義奏爲請修衝郡城垣事　424- 95-183

批雍正十年六月二十四日刑部尚書署理直隸總督事務劉於義奏爲請修橋梁以便行旅事　424- 96-183

批雍正十年七月四日刑部尚書署理直隸總督事務劉於義奏爲據實奏聞事　424- 97-183

批雍正十年七月二十日刑部尚書署理直隸總督事務劉於義奏爲叩懇天恩事　424- 98-183

批雍正七年閏七月十日分查松江府錢糧王溯維奏爲謹遵聖諭奏謝天恩事　424- 99-184

批雍正七年九月三日分查松江府錢糧王溯維奏爲欽遵聖訓叩謝天恩事　424-100-184

批雍正七年九月三日分查松江府錢糧王溯維奏爲兼理海關詳辭未准陳請聖鑒事　424-101-184

批雍正八年四月十二日分查松江府錢糧王溯維奏爲敬陳造册之法以除積弊仰祈睿鑒事　424-102-184

批雍正八年四月十二日分查松江府錢糧王溯維奏爲欽遵聖諭叩謝天恩事　424-103-184

批雍正八年四月十二日分查松江府錢糧王溯維奏爲欽遵聖訓恭謝天恩事　424-103-184

批雍正九年三月十八日分查松江府錢糧王溯維奏爲奏明事　424-103-184

批江南蘇州布政使趙向奎奏爲恭謝天恩事　424-105-185

批江南蘇州布政使趙向奎奏爲恭繳硃批事　424-105-185

批江南蘇州布政使趙向奎奏爲據實奏聞事　424-106-185

批江南蘇州布政使趙向奎奏爲恭謝天恩事　424-107-185

批江蘇布政使趙向奎奏爲恭繳硃批叩謝天恩事　424-108-185

批江南蘇州布政使趙向奎奏爲耗羨一案酌議略有定規先繕清單恭呈睿鑒事　424-109-185

批福建布政使潘體豐奏爲恭謝天恩並陳管見事　424-110-186

批福建布政使潘體豐奏爲薦舉之員宜註明事蹟確據以鼓人心以勵實政事　424-111-186

批福建布政使潘體豐奏爲糧戶之的各宜清保甲之編查宜嚴清專員辦理以收實效事　424-112-186

批福建布政使潘體豐奏爲竊盜之查緝宜嚴請分別勸懲以安民生

四庫全書文集篇目分類索引

事 424-113-186
批福建布政使潘體豐奏爲請嚴保長之選舉立法勸懲以正地方事 424-114-186
批福建布政使潘體豐奏爲奏閩事 424-115-186
批福建布政使潘體豐奏爲報捐積穀事 424-116-186
批福建布政使潘體豐奏爲奏明分貯各屬帑銀數目仰祈聖鑒事 424-117-186
批福建布政使潘體豐奏爲恭謝天恩事 424-118-186
批福建布政使潘體豐奏爲酌議分買穀石以裕倉儲事 424-118-186
批福建布政使潘體豐奏爲奏閩事（二則） 424-120-186
批雍正八年五月二日福建按察使李玉鋐奏 424-122-187
批雍正八年七月二十一日福建按察使李玉鋐奏（二則） 424-123-187
批雍正一年十一月一日杭州織造孫文成奏爲遵旨覆奏事 424-126-188
批雍正四年六月一日杭州織造孫文成奏爲奏閩事 424-126-188
批雍正四年九月一日杭州織造孫文成奏爲遵旨覆奏事 424-127-188
批雍正五年一月一日杭州織造孫文成奏爲奏閩事 424-127-188
批雍正五年一月一日杭州織造孫文成奏爲奏明菩提樹結子事 424-127-188
批雍正五年一月一日杭州織造孫文成奏爲叩謝天恩事 424-128-188
批雍正五年三月一日杭州織造孫文成奏爲恭承聖訓事 424-128-188
批雍正五年四月一日杭州織造孫文成奏爲覆奏事 424-129-188
批雍正六年二月二十五日貴州按察使張廣泗奏爲恭請聖訓事 424-131-189上
批雍正六年八月二十日新授貴州巡撫張廣泗奏爲恭謝天恩事 424-132-189上
批雍正六年八月二十日新授貴州巡撫張廣泗奏爲奏明開通苗疆情形仰祈睿鑒事 424-133-189上
批雍正六年八月二十日新授貴州巡撫張廣泗奏爲恭繕硃批事 424-134-189上
批雍正六年八月二十日新授貴州巡撫張廣泗奏爲謹陳蟻楮跪懇天恩事 424-134-189上
批雍正六年十月二十二日貴州巡撫張廣泗奏爲欽奉上諭事 424-136-189上
批雍正六年十月二十二日貴州巡撫張廣泗奏爲奏明事 424-139-189上
批雍正六年十二月二十五日貴州巡撫張廣泗奏爲恭謝天恩事 424-140-189上
批雍正六年十二月二十五日貴州巡撫張廣泗奏爲奏閩事 424-141-189上
批雍正六年十二月二十五日貴州巡撫張廣泗奏爲恭謝天恩事 424-143-189上
批雍正六年十二月二十五日貴州巡撫張廣泗奏爲恭謝天恩事 424-143-189上
批雍正七年一月三十日貴州巡撫張廣泗奏爲奏明事 424-143-189上
批雍正七年七月二十二日貴州巡撫張廣泗奏爲奏明事 424-143-189上
批雍正七年七月二十二日貴州巡撫張廣泗奏爲奏閩事 424-146-189上
批雍正七年七月二十二日貴州巡撫張廣泗奏爲恭謝天恩事（二則） 424-147-189上
批雍正七年七月二十二日貴州巡撫張廣泗奏爲奏明事 424-149-189上
批雍正七年八月六日貴州巡撫張廣泗奏爲恭逢奇瑞疊見據實奏聞仰祈睿鑒事 424-150-189上
批雍正七年八月六日貴州巡撫張廣泗奏爲奏明事（三則） 424-151-189上
批雍正七年九月十六日貴州巡撫張廣泗奏爲奏聞黔省年歲大有情形竝米糧價值事 424-155-189上
批雍正七年九月十六日貴州巡撫張廣泗奏爲懇請題達叩謝天恩事 424-156-189上
批雍正七年十一月二十六日貴州巡撫張廣泗奏爲恭進稻孫靈芝事 424-157-189上
批雍正七年十一月二十六日貴州巡撫張廣泗奏爲奏閩事 424-158-189上
批雍正七年十一月二十六日貴州巡撫張廣泗奏爲恭繕硃批叩謝天恩事 424-159-189上
批雍正八年三月二十七日貴州巡撫張廣泗奏爲懇聖恩揀發人員以資委用事 424-162-189下
批雍正八年三月二十七日貴州巡

四庫全書文集篇目分類索引

撫張廣泗奏爲奏明事　424-163-189下

批雍正八年三月二十七日貴州巡撫張廣泗奏爲恭謝天恩事　424-164-189下

批雍正八年六月八日貴州巡撫張廣泗奏爲奏聞黔省夏田收成情形竝米糧價值事　424-165-189下

批雍正八年六月八日貴州巡撫張廣泗奏爲恭謝天恩事　424-165-189下

批雍正八年六月八日貴州巡撫張廣泗奏爲奏明事　424-166-189下

批雍正八年九月十八日貴州巡撫張廣泗奏爲奏聞黔省秋成豐稔情形竝米糧價值事　424-167-189下

批雍正八年十月十七日貴州巡撫張廣泗奏爲奏聞大兵克復烏蒙府治情形仰祈睿鑒事　424-168-189下

批雍正八年十月十七日貴州巡撫張廣泗奏爲奏明事　424-168-189下

批雍正八年十二月一日貴州巡撫張廣泗奏爲奏聞大兵進勦逆夷連捷情形仰祈聖鑒事　424-170-189下

批雍正八年十二月一日貴州巡撫張廣泗奏爲奏明事　424-171-189下

批雍正八年十二月一日貴州巡撫奏爲敬陳一得之愚恭請聖鑒事　424-173-189下

批雍正九年二月十八日貴州巡撫張廣泗奏爲奏明事　424-174-189下

批雍正九年二月十八日貴州巡撫張廣泗奏爲敬抒愚忱恭請陛見事　424-175-189下

批雍正九年六月十五日貴州巡撫張廣泗奏爲奏請聖鑒事　424-176-189下

批雍正九年九月十五日貴州巡撫張廣泗奏爲再抒下忱恭懇聖鑒事　424-177-189下

批雍正九年九月十五日貴州巡撫張廣泗奏爲奏明事　424-178-189下

批雍正九年十二月一日貴州巡撫張廣泗奏爲奏請聖鑒事　424-180-189下

批雍正九年十二月一日貴州巡撫張廣泗奏爲奏明事（二則）　424-181-189下

批雍正十年三月二十三日貴州巡撫張廣泗奏爲奏明事　424-183-189下

批雍正五年十月十三日提督雲南等處學政石春坊右中允翠建豐奏爲恭謝天恩事　424-185-196

批雍正六年二月二十五日提督雲南等處學政翰林院侍講翠建豐奏爲恭謝天恩事　424-186-190

批江西布政使石成峨奏恭請皇上萬安（二則）　424-187-191

批雍正一年六月二十九日廣西布政使劉廷琛奏爲據實奏明事　424-189-192

批雍正二年四月二十八日廣西布政使劉廷琛奏爲遵旨恭繕奏摺事　424-190-192

批雍正五年十月十七日貴州按察使赫勝額奏爲遵旨事　424-192-193

批雍正五年十二月一日署理貴州布政使印務按察使赫勝額奏爲恭請聖訓事　424-192-193

批雍正五年十二月一日署理貴州布政使印務按察使赫勝額奏爲敬陳管見仰祈睿鑒事　424-193-193

批雍正五年十二月十五日署理貴州布政使印務按察使赫勝額奏爲請旨事　424-195-193

批雍正七年十二月二十四日湖廣襄陽府同知廖坤奏爲遵旨密奏事　424-196-194

批雍正八年三月四日湖廣襄陽府同知廖坤奏爲恭繕硃批原摺事　424-197-194

批雍正七年閏七月十六日吏部右侍郎署理蘇州巡撫印務總理清查錢糧事彭維新奏爲請旨事　424-199-195

批雍正七年閏七月十六日吏部右侍郎署理蘇州巡撫印務總理清查錢糧事彭維新奏爲奏聞事　424-200-195

批雍正七年閏七月十六日吏部右侍郎署理蘇州巡撫印務總理清查錢糧事彭維新奏爲據實奏聞事　424-200-195

批雍正七年八月二十九日總理清查江蘇等處錢糧事務署理蘇州巡撫吏部右侍郎彭維新等奏爲奏聞事　424-201-195

批雍正七年九月二十五日吏部右侍郎署理蘇州巡撫印務總理清查錢糧事彭維新奏爲據實覆奏仰祈睿鑒事　424-202-195

史部

詔令奏議類：附錄

詔令上十一畫

批雍正七年九月二十五日吏部右侍郎署理蘇州巡撫印務總理清查錢糧事彭維新奏爲據實奏聞仰慰聖懷事　424-203-195

批雍正七年九月二十五日吏部右侍郎署理蘇州巡撫印務總理清查錢糧事彭維新奏爲奏聞事　424-203-195

批雍正七年十二月四日總理清查江蘇錢糧事務侍郎彭維新馬爾泰奏爲奏聞事　424-204-195

批雍正八年十二月四日總理清查江蘇錢糧事務吏部右侍郎彭維新奏爲奏聞事　424-205-195

批雍正九年六月二十六日總理清查江蘇錢糧事務侍郎彭維新協理清查御史安修德奏爲奏明事　424-206-195

批雍正九年六月二十六日總理清查江蘇錢糧事務吏部右侍郎彭維新奏爲敬陳江蘇錢糧善後條件仰祈聖鑒事　424-207-195

批雍正四年七月十日署廣州將軍阿克敦奏爲奏聞事　424-209-196

批雍正四年十月二十二日署廣州將軍阿克敦奏爲欽奉上諭事　424-210-196

批雍正四年十二月九日署兩廣總督阿克敦奏爲奏聞事　424-211-196

批雍正四年十二月九日署兩廣總督阿克敦奏爲恭謝天恩事　424-212-196

批雍正四年十二月九日署兩廣總督阿克敦奏爲奏聞事　424-213-196

批雍正四年十二月九日署兩廣總督阿克敦奏爲請旨事　424-213-196

批雍正四年十二月九日署兩廣總督阿克敦奏爲請旨遵行事　424-214-196

批雍正五年一月三日署兩廣總督阿克敦奏（二則）　424-215-196

批雍正五年一月三日署兩廣總督阿克敦奏爲奏聞事　424-217-196

批雍正五年一月三日署兩廣總督阿克敦奏　424-217-196

批雍正五年二月十七日署兩廣總督阿克敦奏爲恭繳上諭事　424-218-196

批雍正五年二月十七日署兩廣總督阿克敦爲奏聞事　424-219-196

批雍正五年二月十七日署兩廣總督阿克敦奏爲請旨事　424-220-196

批雍正五年三月二十二日署兩廣總督阿克敦奏　424-220-196

批雍正五年三月二十二日署兩廣總督阿克敦奏爲奏聞事　424-221-196

批雍正五年三月二十二日署兩廣總督阿克敦奏爲欽奉上諭事　424-222-196

批雍正五年三月二十二日署兩廣總督阿克敦奏　424-223-196

批雍正五年閏三月二十五日署兩廣總督阿克敦奏　424-224-196

批雍正五年四月二十一日署兩廣總督阿克敦奏爲欽奉上諭事　424-224-196

批雍正五年五月二十九日署兩廣總督阿克敦奏爲恭謝天恩事　424-225-196

批雍正五年五月二十九日署兩廣總督阿克敦奏（二則）　424-225-196

批雍正五年七月一日署兩廣總督阿克敦奏爲奏聞事　424-227-196

批雍正五年七月一日署兩廣總督阿克敦奏爲敬陳開墾事宜事　424-227-196

批雍正五年七月十一日署兩廣總督阿克敦奏爲恭謝天恩事　424-228-196

批雍正五年七月十一日署兩廣總督阿克敦奏爲奏聞事　424-229-196

批雍正五年八月十二日署廣東巡撫阿克敦奏　424-229-196

批雍正五年九月十三日署廣東巡撫阿克敦奏（二則）　424-230-196

批雍正五年十月二十八日署廣東巡撫阿克敦奏爲恭謝天恩事　424-231-196

批雍正五年十月二十八日署廣東巡撫阿克敦奏（二則）　424-232-196

批雍正五年十二月九日署廣西巡撫阿克敦奏　424-233-196

批雍正六年一月二十九日署廣西巡撫阿克敦奏　424-233-196

批雍正六年一月二十九日署廣西巡撫阿克敦奏爲恭繳硃批奏摺事　424-234-196

批雍正六年三月二十五日署廣西巡撫阿克敦奏（二則）　424-234-196

批雍正七年七月二十五日浙江按察使方觀奏爲恭謝天恩事　424-237-197

批雍正七年七月二十五日浙江按

察使方觀奏爲敬陳地方情形仰祈聖鑒事　424-238-197

批雍正七年閏七月十八日浙江按察使方觀奏爲敬陳鹽仰祈聖鑒事　424-239-197

批雍正七年十二月二日浙江按察使今陞西安布政使方觀奏爲恭謝天恩事　424-240-197

批雍正八年二月六日陝西布政使方觀奏爲瀝陳患病情形仰祈聖鑒事　424-240-197

批雍正八年二月六日陝西布政使方觀奏爲奏聞事　424-241-197

批雍正八年二月六日陝西布政使方觀奏爲恭謝天恩事　424-242-197

批雍正七年六月十八日陝西寧夏道鄂昌奏爲恭謝天恩事　424-243-198

批雍正七年九月一日陝西寧夏道鄂昌奏爲奏聞事　424-244-198

批雍正七年九月一日陝西寧夏道鄂昌奏爲密陳管見恭懇皇恩事　424-244-198

批雍正七年九月一日陝西寧夏道鄂昌奏爲奏明邊鎮營伍情形事　424-245-198

批雍正八年二月十五日陝西寧夏道鄂昌奏爲恭懇皇恩事　424-246-198

批雍正八年十月一日陝西寧夏道鄂昌奏爲修補渠工事　424-246-198

批雍正九年六月一日陝西寧夏道鄂昌奏爲奏聞事　424-247-198

批雍正十年八月一日甘肅布政使鄂昌奏爲恭謝天恩事　424-247-198

批雍正十年八月一日甘肅布政使鄂昌奏爲奏聞事　424-248-198

批雍正十一年一月十二日甘肅布政使鄂昌奏爲密奏事　424-248-198

批雍正十二年四月十三日四川巡撫鄂昌奏爲奏聞事　424-250-198

批雍正十二年四月十三日四川巡撫鄂昌奏爲請旨事　424-250-198

批雍正十二年五月十八日四川巡撫鄂昌奏爲陳明地方情形事　424-251-198

批雍正十二年五月十八日四川巡撫鄂昌奏爲奏聞事（二則）　424-252-198

批雍正十二年八月二十二日四川巡撫鄂昌奏爲欽奉上諭事　424-254-198

批雍正十二年十月十七日四川巡撫鄂昌奏爲請旨嚴飭事　424-255-198

批雍正二年八月四日山東兗州府知府吳關杰奏（二則）　424-257-199

批雍正三年五月十七日山東兗州府知府吳關杰奏（二則）　424-258-199

批雍正五年二月一日山東兗州府知府今陞湖廣辰沅靖道吳關杰奏爲恭謝天恩事　424-260-199

批雍正一年三月二十二日蘇州織造胡鳳翬奏爲奏聞虛空事　424-261-200

批雍正一年四月五日蘇州織造胡鳳翬奏爲奏聞地方情形事　424-261-200

批雍正二年十二月十八日蘇州織造胡鳳翬奏爲遵旨回奏事　424-262-200

批雍正三年七月二十六日蘇州織造胡鳳翬奏爲欽遵舉首據實奏聞事　424-262-200

批雍正三年八月十七日蘇州織造胡鳳翬奏爲叩謝天恩事　424-263-200

批雍正三年九月二十六日蘇州織造胡鳳翬奏爲叩謝天恩事　424-264-200

批雍正三年十月三日蘇州織造胡鳳翬奏爲據實陳情恭繳硃批事　424-264-200

批雍正五年六月二十一日山東布政使岳濬奏爲奏聞事　424-266-201上

批雍正五年十一月二十八日山東布政使岳濬奏爲查明司庫收支貯耗羨銀兩開册進呈仰祈睿鑒事　424-267-201上

批雍正六年三月二十九日山東布政使調任山西布政使岳濬奏爲奏明續貯充公銀兩仰祈睿鑒事　424-268-201上

批雍正六年六月九日山東布政使調任山西布政使岳濬奏爲陳明賑穀捐項已補未補各案仰祈睿鑒事　424-269-201上

批雍正六年六月二十二日署理山東巡撫印務布政使岳濬奏爲恭謝天恩兼陳下悃統祈慈鑒事　424-270-201上

批雍正六年七月十三日署理山東巡撫印務布政使岳濬奏爲請將驛道陋規解司充公仍懇另給養廉事　424-271-201上

批雍正六年八月十二日署理山東

巡撫印務布政使岳濬奏爲恪遵訓旨敬達謝忱事　424-272-201上

批雍正六年八月十七日署理山東巡撫印務布政使岳濬奏爲奏明事　424-273-201上

批雍正六年八月十七日署理山東巡撫印務布政使岳濬奏爲奏聞事　424-274-201上

批雍正六年九月四日署理山東巡撫印務布政使岳濬奏明事　424-275-201上

批雍正六年九月十五日署理山東巡撫印務布政使岳濬奏爲據實奏明仰祈聖鑒事　424-276-201上

批雍正六年十月二十八日署理山東巡撫印務布政使岳濬奏爲疊荷聖慈敬陳謝悃事　424-277-201上

批雍正六年十月二十八日署理山東巡撫布政使岳濬奏爲奏覆事　424-278-201上

批雍正六年十一月十日署理山東巡撫印務布政使岳濬奏爲桌司需才甚重據實陳奏仰祈聖裁事　424-279-201上

批雍正六年十二月二十五日署理山東巡撫印務布政使岳濬奏爲奏明事　424-280-201上

批雍正六年十二月二十五日署理山東巡撫印務布政使岳濬奏爲交明司庫耗羨緒册進呈仰祈聖鑒事　424-281-201上

批雍正六年十二月二十五日署理山東巡撫印務布政使岳濬奏爲酌核動支耗羨款項仰祈聖鑒事　424-281-201上

批雍正七年二月二十四日署理山東巡撫印務布政使岳濬奏爲捧讀硃批欽遵奏覆事　424-282-201上

批雍正七年三月一日署理山東巡撫印務布政使岳濬奏爲遵旨酌議東省各官養廉仰祈聖裁事　424-283-201上

批雍正七年四月二十日署理山東巡撫印務布政使岳濬奏爲聖恩高厚難名恭達謝忱仰祈睿鑒事　424-284-201上

批雍正七年八月二十七日署理山東巡撫印務布政使岳濬奏爲聖主眷遇益隆感戴彌切敬陳下悃恭謝天恩事　424-285-201上

批雍正七年十月三日署理山東巡撫印務都察院僉都御史岳濬奏爲敬遵諭旨圖報聖恩事　424-286-201上

批雍正七年十月三日署理山東巡撫印務都察院僉都御史岳濬奏爲請發人員以備委用事　424-287-201上

批雍正七年十月二十四日署理山東巡撫印務都察院僉都御史岳濬奏爲恭報瑞雪敬慰宸衷事　424-288-201上

批雍正七年十一月七日署理山東巡撫印務都察院僉都御史岳濬奏爲欽奉上諭事　424-288-201上

批雍正七年十一月七日署理山東巡撫印務都察院僉都御史岳濬奏爲奏明事　424-290-201上

批雍正七年十二月十二日署理山東巡撫印務都察院僉都御史岳濬奏爲恭讀硃批恭申謝悃事　424-290-201上

批雍正七年十二月十二日署理山東巡撫印務都察院僉都御史岳濬奏明事　424-292-201上

批雍正七年十二月二十四日山東巡撫岳濬奏爲恭謝天恩兼陳下悃仰祈慈鑒事　424-293-201上

批雍正八年一月十日山東巡撫岳濬奏爲跪誦硃批敬陳下悃仰祈慈鑒事　424-296-201下

批雍正八年一月八日山東巡撫岳濬奏爲據情上奏仰祈睿鑒事　424-297-201下

批雍正八年二月二日山東巡撫岳濬奏爲祥雲獻瑞萬姓歡騰據實奏聞以昭聖德事　424-299-201下

批雍正八年三月二十二日山東巡撫岳濬奏爲奏明事　424-299-201下

批雍正八年四月六日山東巡撫岳濬奏恭請皇上聖安　424-300-201下

批雍正八年四月六日山東巡撫岳濬奏爲恭報雨澤仰祈聖鑒事　424-300-201下

批雍正八年五月一日山東巡撫岳濬奏爲恭謝天恩事　424-301-201下

批雍正九年三月八日山東巡撫岳濬奏爲東省軍兵懸額未補謹陳未議仰懇聖鑒事　424-301-201下

批雍正九年五月十五日山東巡撫岳濬奏爲仰懇聖恩簡擢撫員以重職守事　424-303-201下

批雍正九年六月十八日山東巡撫岳濬奏爲遵旨據實覆奏仰慰聖懷事　424-303-201下

批雍正九年六月十八日山東巡撫岳濬奏爲謹陳東省嚴緝盜案情形仰祈聖鑒事　424-305-201下

批雍正九年七月二十一日山東巡撫岳濬奏爲謹東省雨澤溥遍禾穀茂盛上慰聖懷事　424-306-201下

批雍正九年十月一日山東巡撫岳濬奏爲計典展限已届謹據實陳明再祈聖鑒事　424-307-201下

批雍正九年十二月四日山東巡撫岳濬奏爲恭報東省得雪州縣上慰聖懷事　424-308-201下

批雍正十年六月十一日山東巡撫岳濬奏爲仰體皇仁奏明請旨事　424-309-201下

批雍正十年九月十三日山東巡撫岳濬奏爲恭懇聖鑒事　424-310-201下

批雍正十年十一月二十六日山東巡撫岳濬奏爲恭報東省得雪州縣仰祈聖鑒事　424-311-201下

批雍正十一年一月十八日山東巡撫岳濬奏爲恭報東省得雪州縣仰祈聖鑒事　424-312-201下

批雍正十一年七月十五日山東巡撫岳濬奏爲奏報事　424-312-201下

批雍正十一年九月六日山東巡撫岳濬奏爲恭報東省各屬秋成分數仰祈聖鑒事　424-313-201下

批雍正十一年十一月十五日山東巡撫岳濬奏爲恭報東省瑞雪溥霈仰祈聖鑒事　424-314-201下

批雍正十二年三月二十四日山東巡撫岳濬奏爲據實奏聞事　424-315-201下

批雍正十二年五月十九日山東巡撫岳濬奏爲恭報甘雨沛霈仰祈聖鑒事　424-316-201下

批雍正十二年七月二十六日山東巡撫岳濬奏爲德州衞河漫口旋經堵築據實奏聞事　424-317-201下

批雍正十二年八月八日山東巡撫岳濬奏爲備籌稽察海口豆船事宜奏請聖鑒事　424-318-201下

批雍正十二年九月二十四日山東巡撫奏恭報東省各屬秋成分數仰祈聖鑒事　424-320-201下

批雍正十二年九月二十四日山東巡撫岳濬奏爲恭讀硃批敬陳下悃仰祈恩鑒事　424-321-201下

批雍正十三年二月九日山東巡撫岳濬奏爲遵旨揀送農民赴粵仰祈聖鑒事　424-322-201下

批雍正十三年四月二十五日山東巡撫岳濬奏爲恭報省城得雨日期仰祈聖鑒事　424-323-201下

批雍正十三年七月二十七日山東巡撫岳濬爲恭報東省各屬秋成分數仰祈聖鑒事　424-324-201下

批雍正十三年八月五日山東巡撫岳濬奏爲恭報東省得雨日期仰祈聖鑒事　424-324-201下

批雍正六年三月十九日廣西布政使郭鉞奏恭請皇上聖安　424-326-202上

批雍正六年三月十九日廣西布政使郭鉞奏爲據實奏聞事　424-326-202上

批雍正六年三月十九日廣西布政使郭鉞奏爲敬陳管見事(二則)　424-328-202上

批雍正六年三月十九日廣西布政使郭鉞奏爲奏聞事　424-330-202上

批雍正六年七月六日廣西巡撫郭鉞奏爲恭謝天恩事　424-332-202上

批雍正六年七月六日廣西巡撫郭鉞奏爲遵旨恭繳硃批奏摺事　424-332-202上

批雍正六年七月六日廣西巡撫郭鉞奏爲恭繳硃批奏摺事　424-333-202上

批雍正六年七月六日廣西巡撫郭鉞奏爲奏聞事（二則）　424-334-202上

批雍正六年八月七日廣西巡撫郭鉞奏爲奏聞事　424-336-202上

批雍正六年八月二十四日廣西巡撫郭鉞奏爲奏聞事（三則）　424-337-202上

批雍正六年十月十一日廣西巡撫郭鉞奏爲恭繳硃批奏摺事　424-340-202上

批雍正六年十月十一日廣西巡撫郭鉞奏爲遵旨奏聞事　424-336-202上

批雍正六年十月十一日廣西巡撫郭鉞奏爲奏聞事　424-342-202上

批雍正六年十一月十日廣西巡撫郭鉞奏爲奏聞事　424-343-202上

四庫全書文集篇目分類索引

史部

詔令奏議類：附錄

詔令上十一畫

批雍正六年十一月十日廣西巡撫郭鉷奏爲請旨事 424-344-202上

批雍正六年十一月十日廣西巡撫郭鉷奏爲奏聞事（二則） 424-345-202上

批雍正七年二月四日廣西巡撫金鉷奏爲恭謝天恩事 424-348-202中

批雍正七年二月四日廣西巡撫金鉷奏爲恭繳硃批奏摺事 424-348-202中

批雍正七年二月四日廣西巡撫金鉷奏爲恭謝天恩事 424-350-202中

批雍正七年六月四日廣西巡撫金鉷奏恭請皇上聖安 424-351-202中

批雍正七年六月四日廣西巡撫金鉷奏爲奏聞事（四則） 424-351-202中

批雍正七年六月四日廣西巡撫金鉷奏爲繳硃批奏摺事 424-355-202中

批雍正七年六月四日廣西巡撫金鉷奏爲遵旨事 424-356-202中

批雍正七年七月二十一日廣西巡撫金鉷奏爲奏聞事（二則） 424-357-202中

批雍正七年八月一日廣西巡撫金鉷奏爲恭繳硃批奏摺事 424-358-202中

批雍正七年九月二十四日廣西巡撫金鉷奏爲奏聞事通省年成事 424-359-202中

批雍正七年十一月七日廣西巡撫金鉷奏爲奏聞粵西礦務事 424-360-202中

批雍正七年十一月七日廣西巡撫金鉷奏爲奏聞事 424-362-202中

批雍正七年十一月七日廣西巡撫金鉷奏爲敬陳倉穀事宜仰祈睿鑒事 424-362-202中

批雍正七年十一月七日廣西巡撫金鉷奏爲恭繳硃批奏摺事 424-364-202中

批雍正八年二月四日廣西巡撫金鉷奏爲奏聞事（二則） 424-365-202中

批雍正八年二月四日廣西巡撫金鉷奏爲欽奉上諭事 424-366-202中

批雍正八年二月四日廣西巡撫金鉷奏爲恭繳硃批奏摺事 424-367-202中

批雍正八年二月四日廣西巡撫金鉷奏爲恭懇天恩事 424-368-202中

批雍正八年二月四日廣西巡撫金鉷奏爲欽奉上諭事 424-369-202中

批雍正八年五月八日廣西巡撫金鉷奏爲奏聞事 424-370-202中

批雍正八年五月八日廣西巡撫金鉷奏爲遵旨奏聞事 424-371-202中

批雍正八年五月八日廣西巡撫金鉷奏爲奏聞暫緩鼓鑄情由事 424-372-202中

批雍正八年五月八日廣西巡撫金鉷奏爲奏聞事 424-373-202中

批雍正八年八月十八日廣西巡撫金鉷奏爲奏聞事 424-373-202中

批雍正八年八月十八日廣西巡撫金鉷奏爲據實陳明恭祈睿鑒事 424-374-202中

批雍正八年十一月十五日廣西巡撫金鉷奏爲奏聞事 424-376-202中

批雍正八年十一月十五日廣西巡撫金鉷奏爲恭繳硃批奏摺事 424-377-202中

批雍正九年三月二十八日廣西巡撫金鉷奏爲恭陳愧惄懇請陛見事 424-377-202中

批雍正九年三月二十八日廣西巡撫金鉷奏爲恭繳硃批奏摺事 424-378-202中

批雍正九年七月六日廣西巡撫金鉷奏爲恭謝天恩事 424-379-202中

批雍正九年七月六日廣西巡撫金鉷奏爲奏聞事 424-379-202中

批雍正九年七月六日廣西巡撫金鉷奏爲恭繳硃批奏摺事 424-380-202中

批雍正九年十月十日廣西巡撫金鉷奏爲恭繳硃批奏摺事 424-382-202中

批雍正九年十月十日廣西巡撫金鉷奏爲奏聞陂河工程情形事 424-382-202中

批雍正九年十月十日廣西巡撫金鉷奏爲奏聞事 424-383-202中

批雍正十年一月十二日廣西巡撫革職留任金鉷奏爲奏明感激天恩事 424-385-202下

批雍正十年一月十二日廣西巡撫革職留任金鉷奏爲奏聞事 424-386-202下

批雍正十年一月十二日廣西巡撫革職留任金鉷奏爲奏聞查拏姦匪事 424-387-202下

批雍正十年一月十二日廣西巡撫革職留任金鉷奏爲奏明收捐開墾實數仰祈睿鑒事 424-388-202下

批雍正十年四月十六日廣西巡撫革職留任金鉷奏爲奏聞事 424-389-202下

批雍正十年四月十六日廣西巡撫

革職留任金鉷奏爲恭繳硃批奏摺事　424-389-202下

批雍正十年四月十六日廣西巡撫革職留任金鉷奏爲遵旨賞給事　424-390-202下

批雍正十年四月十六日廣西巡撫革職留任金鉷奏爲恭謝天恩事　424-391-202下

批雍正十年十一月十九日廣西巡撫革職留任金鉷奏爲據實密奏事　424-392-202下

批雍正十一年四月二日廣西巡撫革職留任金鉷奏爲密陳請復祭祀額編銀兩以昭盛典事　424-393-202下

批雍正十一年四月二日廣西巡撫革職留任金鉷奏爲恭報地湧瑞泉益彰聖德廣被事　424-394-202下

批雍正十一年五月十二日廣西巡撫草職留任金鉷奏爲奏明粵西官兵協勦逆苗奮勇克捷情形仰祈睿鑒事　424-395-202下

批雍正十一年五月十二日廣西巡撫草職留任金鉷奏爲奏明試銷古州鹽斤餘息事　424-396-202下

批雍正十一年五月二十二日廣西巡撫革職留任金鉷奏爲奏明畢獲匪首李梅撥兵解往東省餘犯分別完結仰祈睿鑒事　424-397-202下

批雍正十一年七月十六日廣西巡撫革職留任金鉷奏爲據情代奏恭謝天恩事　424-399-202下

批雍正十一年十一月十八日廣西巡撫革職留任金鉷奏爲感激天恩敬瀝愚誠仰祈睿鑒事　424-400-202下

批雍正十一年十一月十八日廣西巡撫革職留任金鉷奏爲奏聞事　424-401-202下

批雍正十一年十一月十八日廣西巡撫革職留任金鉷奏爲密陳愚見仰祈睿裁事　424-402-202下

批雍正十二年三月二十四日廣西巡撫革職留任金鉷奏爲奏明事　424-403-202下

批雍正十二年三月二十四日廣西巡撫革職留任金鉷奏爲恭繳硃批奏摺事　424-405-202下

批雍正十二年九月十九日廣西巡撫草職留任金鉷奏爲恭報秋成大有事　424-406-202下

批雍正十二年十二月十七日廣西巡撫革職留任金鉷奏爲據實密陳仰祈睿鑒事　424-407-202下

批雍正十三年四月二十日廣西巡撫革職留任金鉷奏爲遵旨奏明事　424-408-202下

批雍正十三年四月二十日廣西巡撫革職留任金鉷奏明去任賢員仰祈睿鑒事　424-410-202下

批雍正十三年四月二十日廣西巡撫革職留任金鉷奏爲奏明事（二則）　424-410-202下

批雍正十三年五月二十一日廣西巡撫革職留任金鉷奏爲愚忱密舉所知仰祈睿鑒事　424-412-202下

批雍正十三年六月十三日廣西巡撫革職留任金鉷奏爲奏明事　424-412-202下

批雍正七年六月四日更部尚書署陝西總督查郎阿西安巡撫武格奏爲奏聞事　424-414-203上

批雍正七年六月二十九日更部尚書署陝西總督查郎阿奏爲玩忽之習未除請旨嚴飭以靖地方以安民生事　424-415-203上

批雍正七年六月二十九日更部尚書署陝西總督查郎阿奏爲奏明各商情節仰請聖鑒事　424-416-203上

批雍正七年六月二十九日更部尚書署陝西總督查郎阿奏爲奏聞事　424-417-203上

批雍正七年七月十五日更部尚書署陝西總督查郎阿奏爲據實密奏恭請聖鑒事　424-418-203上

批雍正七年八月十二日更部尚書署陝西總督查郎阿奏爲恭謝天恩事　424-419-203上

批雍正七年八月十二日更部尚書署陝西總署查郎阿奏爲奏聞事　424-419-203上

批雍正七年八月十二日更部尚書署陝西總督查郎阿奏爲據報奏聞事　424-421-203上

批雍正七年八月十二日更部尚書署陝西總督查郎阿奏爲欽奉上諭事　424-422-203上

批雍正七年九月七日更部尚書署

陝西總督查郎阿奏爲勘撫事竣
據容奏聞事　424-423-203上

批雍正七年九月七日吏部尙書
陝西總督查郎阿奏爲遵旨具奏
事　424-424-203上

批雍正七年九月十八日吏部尙書
署陝西總督查郎阿奏爲欽奉上
諭事　424-425-203上

批雍正七年十月五日吏部尙書署
陝西總督查郎阿奏爲遵旨具奏
事　424-426-203上

批雍正七年十月五日吏部尙書署
陝西總督查郎阿奏爲倉儲所關
甚重謹陳未議恭請聖鑒事　424-428-203上

批雍正七年十一月四日吏部尙書
署陝西總督查郎阿西安巡撫武
格奏爲恭報秋禾收成分數仰祈
聖鑒事　424-429-203上

批雍正七年十一月四日吏部尙書
署陝西總督查郎阿奏爲奏聞事
（三則）　424-430-203上

批雍正七年十一月十六日吏部尙
書署陝西總督查郎阿奏爲奏閱
事　424-434-203上

批雍正七年十一月二十二日吏部
尙書署陝西總督查郎阿西安巡
撫武格奏爲恭報陝屬得雪日期
分寸仰請聖鑒事　424-435-203上

批雍正七年十一月二十六日吏部
尙書署陝西總督查郎阿西安巡
撫武格奏爲奏聞事　424-436-203上

批雍正七年十二月十一日吏部尙
書署陝西總督查郎阿西安巡撫
武格奏爲遵旨議奏事　424-436-203上

批雍正七年十二月十五日吏部尙
書署陝西總督查郎阿西安巡撫
武格奏爲奏聞事　424-438-203上

批雍正七年十二月十五日吏部尙
書署陝西總督查郎阿奏爲據容
奏聞事　424-440-203上

批雍正七年十二月十五日吏部尙
書署陝西總督查郎阿奏爲欽奉
上諭事　424-443-203上

批雍正七年十二月十八日吏部尙
書署陝西總督查郎阿西安巡撫

武格奏爲欽奉上諭事（二則）　424-444-203上

批雍正七年十二月十八日吏部尙
書署陝西總督查郎阿奏爲奏閱
事　424-445-203上

批雍正八年一月四日吏部尙書署
陝西總督查郎阿奏爲奏聞事　424-448-203下

批雍正八年二月五日吏部尙書署
陝西查郎阿奏爲欽奉上諭事　424-449-203下

批雍正八年二月二十八日吏部尙
書署陝西總督查郎阿奏爲奏閱
事　424-450-203下

批雍正八年三月七日吏部尙書署
陝西總督查郎阿奏爲署鎭護
狗私謹據實密陳仰祈聖鑒事　424-450-203下

批雍正八年三月十三日吏部尙書
署陝西總督查郎阿西安巡撫武
格奏爲奏聞事

批雍正八年三月十三日吏部尙書
署陝西總督查郎阿奏爲欽奉上
諭事　424-452-203下

批雍正八年三月十三日吏部尙書
署陝西總督查郎阿奏爲請旨事　424-454-203下

批雍正八年四月十三日吏部尙書
署陝西總督兼署西安將軍查郎
阿奏爲欽奉上諭事　424-455-203下

批雍正八年四月二十八日吏部尙
書署陝西總督查郎阿奏爲奏閱
事　424-456-203下

批雍正八年四月二十八日吏部尙
書署陝西總督查郎阿奏爲欽奉
上諭事　424-457-203下

批雍正八年五月四日吏部尙書署
陝西總督查郎阿西安巡撫武格
奏爲欽奉上諭事　424-459-203下

批雍正八年五月四日吏部尙書署
陝西總督查郎阿西安巡撫武格
奏爲奏報勸用公用銀兩事　424-460-203下

批雍正八年十月二十六日吏部尙
書署陝西總督查郎阿西安巡撫
武格奏爲奏聞事　424-461-203下

批雍正八年十月二十六日吏部尙
書署陝西總督查郎阿奏爲恭謝
天恩事　424-461-203下

批雍正九年二月七日吏部尙書署
陝西總督查郎阿奏爲准容密陳

四庫全書文集篇目分類索引　　455

恭請聖鑒事　　　　　424-462-203下
批雍正十年四月十一日夷部尚書
　署陝西總督查郎阿奏爲聖德感
　孚甘霖時沛恭摺奏報事
　　　　　　　　　　424-464-203下
批雍正十年閏五月二十四日夷部
　尚書署陝西總督查郎阿奏爲密
　陳臣惴仰祈聖鑒事
　　　　　　　　　　424-466-203下
批雍正十年九月十五日署寧遠大
　將軍查郎阿奏爲奏聞事
　　　　　　　　　　424-467-203下
批雍正六年一月七日山西學政翰
　林院編修勵宗萬奏爲請定教職
　調補之法以收實效事
　　　　　　　　　　424-469-204
批雍正六年一月七日山西學政翰
　林院編修勵宗萬奏爲奏聞事
　　　　　　　　　　424-470-204
批雍正六年一月七日山西學政翰
　林院編修勵宗萬奏爲預行奏聞
　事　　　　　　　　424-471-204
批雍正六年三月六日山西學政翰
　林院編修勵宗萬奏爲請定學臣
　舉駁優劣隨棚造册達部以杜奉
　行不力事　　　　　424-472-204
批雍正六年三月六日山西學政翰
　林院編修勵宗萬奏爲請旨事
　　　　　　　　　　424-473-204
批雍正六年六月三日山西學政翰
　林院編修勵宗萬奏爲奏聞事（
　二則）　　　　　　424-473-204
批雍正六年六月三日山西學政翰
　林院編修勵宗萬奏爲密奏事
　　　　　　　　　　424-475-204
批雍正六年八月十一日山西學政
　國子監司業勵宗萬奏爲恭謝天
　恩事　　　　　　　424-476-204
批雍正六年八月十一日山西學政
　國子監司業勵宗萬奏爲謹陳貢
　監考職之法社代倩以收眞材事
　　　　　　　　　　424-477-204
批雍正六年八月十一日山西學政
　國子監司業勵宗萬奏爲奏聞事
　　　　　　　　　　424-478-204
批雍正六年八月十一日山西學政
　國子監司業勵宗萬奏爲清理商
　民籍貫以除積弊事
　　　　　　　　　　424-479-204
批雍正六年九月六日山西學政國
　子監司業勵宗萬奏爲恭謝天恩
　事　　　　　　　　424-480-204

批雍正六年九月六日山西學政國
　子監司業勵宗萬奏爲據實奏聞
　事　　　　　　　　424-481-204
批雍正六年十一月三日山西學政
　國子監司業勵宗萬奏爲感激天
　恩敬陳謝悃事　　　424-482-204
批雍正六年十一月三日山西學政
　國子監司業勵宗萬奏爲密奏事
　　　　　　　　　　424-482-204
批雍正七年三月二十日山西學政
　國子監司業勵宗萬奏爲奏聞事
　　　　　　　　　　424-483-204
批雍正七年七月二十一日山西學
　政國子監司業勵宗萬奏爲奏聞
　事　　　　　　　　424-483-204
批雍正七年七月二十一日山西學
　政國子監司業勵宗萬奏爲請旨
　事　　　　　　　　424-484-204
批雍正七年九月二十四日山西學
　政翰林院侍讀勵宗萬奏爲請禁
　屬員無益之參謁以重職守
　　　　　　　　　　424-485-204
批雍正七年十一月二十七日山西
　學政翰林院侍讀勵宗萬奏據詳
　奏聞事　　　　　　424-486-204
批雍正七年十一月二十七日山西
　學政翰林院侍讀勵宗萬奏爲奏
　聞得雪日期事　　　424-487-204
批雍正七年十一月二十七日山西
　學政翰林院侍讀勵宗萬奏爲恭
　謝天恩事　　　　　424-487-204
批雍正八年五月十日翰林院侍讀
　管理山西巡察事務勵宗萬奏爲
　奏聞縱容家人衙役訛稅詐贓復
　用酷刑立斃民命之縣令事
　　　　　　　　　　424-488-204
批雍正八年十一月十六日翰林院
　侍讀革職仍留山西巡察之任效
　力贖罪行走勵宗萬奏爲恭謝天
　恩敬陳愧悃事　　　424-489-204
批雍正八年十一月十六日翰林院
　侍讀革職仍留山西巡察之任效
　力贖罪行走勵宗萬奏爲奏聞河
　肆縣歷年衝塌地畝近村莊民全
　數目亟請疏濬淤沙以安民生事
　　　　　　　　　　424-489-204
批雍正九年一月二十一日翰林院
　侍讀革職仍留山西巡察之任效
　力贖罪行走勵宗萬奏爲請旨事
　　　　　　　　　　424-489-204
批雍正九年三月二十五日翰林院

史部

詔令奏議類：附錄

詔令十一畫

侍讀革職仍留山西巡察之任效
力贖罪行走勵宗萬奏爲奏聞事　424-491-204

批雍正九年三月二十五日翰林院
侍讀革職仍留山西巡察之任效
力贖罪行走勵宗萬奏爲敬陳筠
篁管見仰祈聖訓指示事　424-491-204

批雍正四年二月二十一日蘇州織
造兼理淮墅關稅務郎中高斌奏
爲奏聞事　424-495-205上

批雍正四年四月八日蘇州織造兼
淮墅關稅務郎中高斌奏爲奏聞
事　424-496-205上

批雍正四年六月十日蘇州織造兼
理淮墅關稅務郎中高斌爲奏
聞事　424-496-205上

批雍正四年九月二日蘇州織造兼
理淮墅關稅務郎中高斌奏爲奏
聞事　424-497-205上

批雍正四年十月九日蘇州織造兼
理淮墅關稅務郎中高斌奏爲據
實奏聞仰祈睿鑒事　424-497-205上

批雍正四年十月九日蘇州織造兼
理淮墅關稅務郎中高斌奏爲奏
聞事　424-498-205上

批雍正四年十二月九日蘇州織造
兼理淮墅關稅務郎中高斌奏恭
進各色宮燈十六對　424-499-205上

批雍正四年十二月十三日蘇州織
造兼理淮墅關稅務郎中高斌奏
爲奏聞事　424-499-205上

批雍正五年二月一日蘇州織造兼
理淮墅稅務郎中高斌奏爲遵旨
覆奏事　424-500-205上

批雍正五年二月一日蘇州織造兼
理淮墅關稅務郎中高斌奏爲奏
聞事　424-500-205上

批雍正五年二月十五日蘇州織造
兼理淮墅關稅務郎中高斌奏爲
奏聞事　424-500-205上

批雍正五年二月十五日蘇州織造
兼理淮墅關稅務郎中高斌奏爲
遵旨覆奏事　424-501-205上

批雍正五年三月四日蘇州織造兼
理淮墅關稅務郎中高斌奏爲奏
聞事　424-502-205上

批雍正五年四月一日蘇州織造兼
理淮墅關稅務郎中高斌奏爲恭
繳硃批事　424-502-205上

批雍正五年五月四日蘇州織造兼
理淮墅關稅務郎中高斌奏爲叩
懇天恩仰祈睿鑒事　424-503-205上

批雍正五年九月二日蘇州織造兼
理淮墅關稅務郎中高斌奏爲奏
聞事　424-503-205上

批雍正五年十一月七日蘇州織造
兼理淮墅關稅務郎中高斌爲
請旨事　424-504-205上

批雍正六年六月二日浙江布政使
高斌奏爲奏聞事　424-505-205上

批雍正七年二月一日浙江布政使
高斌奏爲奏聞事　424-506-205上

批雍正七年七月二十五日調補蘇
州布政使高斌奏爲恭謝天恩事　424-506-205上

批雍正七年七月二十五日調補蘇
州布政使高斌奏爲奏聞事　424-508-205上

批雍正七年閏七月二十七日蘇州
布政使高斌奏　424-509-205上

批雍正七年閏七月二十七日蘇州
布政使高斌奏爲奏明事　424-509-205上

批雍正七年九月十一日蘇州布政
使高斌奏爲密奏事　424-510-205上

批雍正七年十一月四日蘇州布政
使高斌奏爲遵旨密保仰祈聖鑒
事　424-512-205上

批雍正七年十一月四日蘇州布政
使高斌奏爲密奏事　424-512-205上

批雍正七年十一月四日蘇州布政
使高斌奏爲奏明事　424-513-205上

批雍正八年三月一日蘇州布政使
高斌奏爲聞縣令循良堪膺擢用
仰祈睿鑒事　424-514-205上

批雍正八年三月一日蘇州布政使
高斌奏爲密陳通崇等處沙地劃
分管理之案仰請睿鑒事　424-515-205上

批雍正八年三月一日蘇州布政使
高斌奏爲奏明酌行存七耗三之
法遞年易穀還倉以收積儲實效
事　424-516-205上

批雍正八年十一月二十八日蘇州
布政使高斌奏爲密奏事　424-517-205上

批雍正九年三月一日蘇州布政使高斌奏爲密奏事　424-518-205下

批雍正九年三月十八日調補河南布政使高斌爲恭謝天恩事　424-519-205下

批雍正九年三月二十八日河南布政使高斌奏爲奏聞事　424-520-205下

批雍正九年十一月一日河南布政使高斌奏爲恭謝天恩敬懇聖慈事　424-521-205下

批雍正十年三月十六日管理兩淮鹽政布政使高斌奏爲密陳鹽政情形事　424-522-205下

批雍正十年十二月二十六日管理兩淮鹽政布政使高斌奏爲密奏事　424-523-205下

批雍正十一年三月一日管理兩淮鹽政兼署江寧織造龍江關稅務布政使高斌奏爲恭謝天恩事　424-524-205下

批雍正十一年四月四日管理兩淮鹽政兼署江寧織造龍江關稅務布政使高斌奏　424-525-205下

批雍正十一年四月四日管理兩淮鹽政兼署江寧織造龍江關稅務布政使高斌奏爲密陳運司不能稱職仰請聖鑒事　424-526-205下

批雍正十一年九月八日管理兩淮鹽政兼署江寧織造龍江關稅務布政使高斌奏爲恭懇聖恩簡發人員以資委用事　424-526-205下

批雍正十一年十一月六日管理兩淮鹽政兼署江寧織造龍江關稅務布政使高斌奏爲密奏事　424-527-205下

批雍正十二年一月十七日署理江南河道總督印務管理兩淮鹽政兼署江寧織造龍江關稅務布政使高斌奏爲恭謝天恩仰祈睿鑒事　424-528-205下

批雍正十二年二月二十日署理江南河道總督印務管理兩淮鹽政兼署江寧織造龍江關稅務布政使高斌奏爲恭謝天恩仰祈睿鑒事　424-529-205下

批雍正十二年三月六日署理江南河道總督印務管理兩淮鹽政兼署江寧織造龍江關稅務布政使高斌奏爲奏請聖訓事　424-531-205下

批雍正十二年三月十八日署理江南河道總督印務管理兩淮鹽政兼署江寧織造龍江關稅務布政使高斌奏爲恭報桃汛平穩情形事　424-532-205下

批雍正十二年六月二十八日總理鹽政兩江總督趙弘恩管理兩淮鹽政布政使高斌奏爲清查規費酌給養廉以清吏治以除積弊事　424-533-205下

批雍正十二年六月二十八日署理江南河道總督印務兩淮鹽政布政使高斌奏爲請旨事　424-534-205下

批雍正十二年八月二日管理兩淮鹽政高斌奏爲欽奉上諭事　424-535-205下

批雍正十二年九月十五日管理兩淮鹽政布政使高斌奏爲欽奉上諭據實陳明事　424-536-205下

批雍正十二年九月十五日管理兩淮鹽政布政使高斌奏爲密陳鹽政之要務恭懇聖恩事　424-537-205下

批雍正十二年九月十五日管理兩淮鹽政布政使高斌奏爲密奏事　424-538-205下

批雍正十三年二月二日署理江南河道總督印務管理兩淮鹽政布政使高斌奏爲據實查參恭請簡發人員以資委署事　424-539-205下

批雍正十三年四月十八日署理江南河道總督印務管理兩淮鹽政布政使高斌奏爲奏明口岸疏通場鹽豐裕仰慰聖懷事　424-540-205下

批雍正十三年五月十日管理兩淮鹽政布政使高斌奏爲酌議移駐道員以裨鹽務海疆仰請聖訓遵行事　424-540-205下

批雍正十三年六月二十四日管理兩淮鹽政布政使高斌奏爲請旨事　424-542-205下

批雍正六年十二月十八日福建布政使趙國麟奏恭請皇上聖安　424-544-206

批雍正七年四月二日福建布政使趙國麟奏爲奏聞事　424-544-206

批雍正七年四月二日福建布政使趙國麟奏爲敬陳一得之愚宣德化以整民俗事　424-546-206

批雍正七年四月二日福建布政使趙國麟奏爲端風俗以廣皇仁事　424-547-206

批雍正七年四月二日福建布政使趙國麟奏爲遵聖訓恭謝天恩事　424-547-206

批雍正八年九月六日福建巡撫趙國麟奏爲默誦聖訓感激難名自陳愚衷恭謝天恩事　424-548-206

批雍正八年九月六日福建巡撫趙國麟奏爲奏聞事　424-550-206

批雍正八年十一月十八日福建巡撫趙國麟奏　424-550-206

批雍正九年三月十九日福建巡撫趙國麟奏（三則）　424-552-206

批雍正九年三月十九日福建巡撫趙國麟奏爲議奏事　424-554-206

批雍正九年四月二十九日福建巡撫趙國麟奏爲陳管見仰祈睿鑒事　424-555-206

批雍正九年八月二十二日福建巡撫趙國麟奏　424-556-206

批雍正九年十一月四日福建巡撫趙國麟奏　424-557-206

批雍正十年一月二十六日福建巡撫趙國麟奏　424-558-206

批雍正十年三月十七日福建巡撫趙國麟奏　424-558-206

批雍正十年三月十七日福建巡撫趙國麟奏爲奏聞事　424-559-206

批雍正十年三月十七日福建巡撫趙國麟奏　424-560-206

批雍正十年四月十九日福建巡撫趙國麟奏　424-560-206

批雍正十年五月二日福建巡撫趙國麟奏　424-561-206

批雍正十年五月二十五日福建巡撫趙國麟奏爲恭報臺灣南北二路安定情形事　424-562-206

批雍正十年五月二十五日福建巡撫趙國麟奏　424-562-206

批雍正十年閏五月二十四日福建巡撫趙國麟奏　424-563-206

批雍正十年七月二十九日福建巡撫趙國麟奏　424-564-206

批雍正十年九月十三日福建巡撫趙國麟奏　424-564-206

批雍正十一年六月四日福建總督郝玉麟福建巡撫趙國麟奏　424-565-206

批雍正十二年三月一日福建總督郝玉麟福建巡撫趙國麟奏爲請旨事　424-566-206

批雍正十二年三月一日福建總督郝玉麟福建巡撫趙國麟奏爲實陳冒荒積弊恭請聖訓事　424-566-206

批雍正十二年四月八日福建巡撫趙國麟奏　424-568-206

批雍正十二年九月二十五日福建巡撫趙國麟奏　424-568-206

批雍正十三年三月十五日安慶巡撫趙國麟奏（二則）　424-569-206

批雍正十三年六月十九日安慶巡撫趙國麟奏爲奏聞雨澤事　424-570-206

批雍正十三年六月十九日安慶巡撫趙國麟奏爲奏聞事　424-571-206

批雍正十三年七月三日安慶巡撫趙國麟奏爲恭報雨澤事　424-572-206

批雍正十三年七月三日安慶巡撫趙國麟奏爲奏聞事　424-573-206

批雍正七年正月二十日吏部左侍郎仍兼管戶部侍郎事史貽直奏（二則）　424-574-207上

批雍正七年二月八日吏部左侍郎仍兼管戶部侍郎事史貽直奏　424-578-207上

批雍正七年二月八日侍郎史貽直總督高其倬巡撫劉世明學士西柱奏（二則）　424-579-207上

批雍正七年三月十二日吏部左侍郎仍兼戶部侍郎事史貽直奏爲奏明事　424-581-207上

批雍正七年四月十二日吏部左侍郎仍兼管戶部侍郎事史貽直奏附南平縣革職知縣梅廷謀奏　424-582-207上

批雍正七年四月二十九日侍郎史貽直總督高其倬巡撫劉世明奏爲遵旨案審事　424-584-207上

批雍正七年五月二十一日吏部侍郎仍兼管戶部侍郎事史貽直奏恭請皇上聖安　424-585-207上

批雍正七年五月二十一日吏部侍郎仍兼管戶部侍郎事史貽直奏　424-586-207上

批雍正七年閏七月二十四日署理

福建總督印務吏部左侍郎史貽直奏爲奏聞事（二則） 424-587-207上

批雍正七年閏七月二十四日署理福建總督印務吏部左侍郎史貽直奏爲敬陳慎選參遊都守之眞以收得人之效事 424-588-207上

批雍正七年閏七月二十四日署理福建總督印務吏部左侍郎史貽直奏爲奏聞事 424-589-207上

批雍正七年八月二日署理福建總督印務吏部左侍郎史貽直奏爲敬陳酌通福興衆漳四府之積穀以免沮耗以實倉儲事 424-590-207上

批雍正七年八月二十七日署理福建總督印務吏部左侍郎史貽奏爲奏聞事 424-591-207上

批雍正七年九月十九日署理福建總督印務吏部左侍郎史貽直福建巡撫劉世明奏爲覆奏事 424-593-207上

批雍正七年九月十九日署理福建總督印務吏部左侍郎史貽直福建巡撫劉世明奏爲遵旨酌議事 424-594-207上

批雍正七年九月十九日署理福建總督印務吏部左侍郎史貽直奏爲請旨事 424-595-207上

批雍正七年九月十九日署理福建總督印務吏部左侍郎史貽直奏爲奏聞事 424-595-207上

批雍正七年十月二十一日署理福建總督印務吏部左侍郎史貽直福建巡撫劉世明奏爲要地亟需能員仰懇聖恩俯准借補以收得人之效事 424-596-207上

批雍正七年十月二十一日署理福建總督印務吏部左侍郎史貽直奏爲參員罪有可原仰懇聖恩寬宥以勵人材事 424-597-207上

批雍正七年十月二十一日署理福建總督印務吏部左侍郎史貽直奏爲奏聞事 424-598-207上

批雍正七年十一月十二日署理福建總督印務吏部左侍郎史貽直福建巡撫劉世明奏爲奏聞事 424-599-207上

批雍正七年十一月十二日署理福建總督印務吏部左侍郎史貽直奏爲奏聞事（二則） 424-600-207上

批雍正七年十一月十二日署理福建總督印務吏部左侍郎史貽直奏爲奏明事 424-601-207上

批雍正七年十一月十二日署理福建總督印務吏部左侍郎史貽直奏爲請旨事 424-602-207上

批雍正七年十二月二十四日署理福建總督印務吏部左侍郎史貽直奏爲覆奏事 424-603-207上

批雍正七年十二月二十四日署理福建總督印務吏部左侍郎史貽直奏爲奏聞事 424-604-207上

批雍正七年十二月二十四日署理福建總督印務吏部左侍郎史貽直奏爲瀝陳下悃仰祈睿鑒事 424-605-207上

批雍正八年二月三日署理福建總督印務吏部左侍郎史貽直奏爲據實奏明仰祈睿鑒事 424-605-207中

批雍正八年二月三日署理福建總督印務吏部左侍郎史貽直奏爲奏聞事 424-608-207中

批雍正八年二月十六日署理福建總督印務吏部左侍郎史貽直奏 424-608-207中

批雍正八年五月六日暫行署理兩江總督印務吏部左侍郎史貽直奏爲受恩逾分悚懼難安瀝陳不困仰懇聖慈垂鑒事 424-609-207中

批雍正八年六月四日暫行署理兩江總督印務吏部左侍郎史貽直奏 424-611-207中

批雍正八年六月四日暫行署理兩江總督印務吏部左侍郎史貽直奏爲整葺營汛以資防禦事 424-613-207中

批雍正八年九月二十日都察院左都御史仍暫署兩江總督印務史貽直奏請皇上萬安 424-614-207中

批雍正八年九月二十日都察院左都御史仍暫署兩江總印務史貽直奏請分首府之屬縣改隸別郡以均繁簡事 424-614-207中

批雍正八年九月二十日都察院御史仍暫署兩江總督印務史貽直奏請定沿江汛兵替換之期以杜貽縱事 424-615-207中

史部

詔令奏議類：附錄

詔令上一畫

批雍正八年十月二十二日都察院左都御史仍暫署兩江總督印務史貽直奏爲被水人民賑恤得所仰慰聖懷事 424-616-207中

批雍正八年一月二十二日都察院左都御史仍暫署兩江總督印務史貽直奏爲奏報江西全省秋收豐稔仰祈睿鑒事 424-616-207中

批雍正八年十一月十五日都察院左都御史仍暫署兩江總督印務史貽直奏爲奏聞事（二則） 424-618-207中

批雍正八年十二月二十八日都察院左都御史史貽直奏爲恭謝天恩并陳下悃仰祈睿鑒事 424-620-207中

批雍正九年六月二十四日都察院左都御史史貽直奏爲恭報秦民感戴情形仰慰聖懷事 424-621-207中

批雍正九年六月二十四日都察院左都御史貽直奏爲奏聞事（二則） 424-622-207中

批雍正九年八月七日都察院左都御史史貽直奏爲據實覆奏事 424-623-207中

批雍正十年二月三日兵部尚書史貽直奏爲奏聞請旨事 424-625-207中

批雍正十年八月十七日兵部尚書協辦陝西巡撫事務史貽直奏爲奏明事 424-625-207中

批雍正十年八月十七日兵部尚書陝西巡撫事務史貽直奏爲甘涼西肅之兵糧折價不敷據實密陳仰祈睿鑒事 424-626-207中

批雍正十年九月二十五日兵部尚書協辦陝西巡撫事務史貽直奏爲覆奏事 424-627-207中

批雍正十一年五月十日署理陝西巡撫史貽直鄂昌奏爲都要返需能員仰悉聖恩俯准陞補以收得人之效事 424-629-207下

批雍正十一年六月六日署理陝西巡撫史貽直鄂昌奏爲欽奉上諭事 424-630-207下

批雍正十一年七月二十七日署理陝西巡撫史貽直奏爲奏聞事 424-631-207下

批雍正十一年十一月二日署理陝西巡撫史貽直鄂昌奏爲奏聞事 424-632-207下

批雍正十一年十一月二日署理陝西巡撫史貽直鄂昌奏爲欽奉上諭事 424-634-207下

批雍正十一年十一月二日署理陝西巡撫史貽直鄂昌奏爲彙報秋禾收成分數米糧時價仰祈睿鑒事 424-635-207下

批雍正十一年十一月十六日署理陝西巡撫史貽直奏爲奏聞事 424-635-207下

批雍正十一年十一月十六日署理陝西巡撫史貽直鄂昌奏爲備陳河道疏濬之難仰祈睿鑒事 424-637-207下

批雍正十一年十一月十六日署理陝西巡撫史貽直鄂昌奏爲恭報瑞雪日期仰祈睿鑒事 424-638-207下

批雍正十二年一月六日署理陝西巡撫史貽直奏爲請旨事 424-639-207下

批雍正十二年一月六日署理陝西巡撫史貽直奏爲聖主之恩施至厚感愧實深恭謝天恩仰祈睿鑒事 424-640-207下

批雍正十二年一月十日署理陝西巡撫史貽直奏爲恭謝天恩竝陳下悃仰祈睿鑒事 424-642-207下

批雍正十二年二月十七日署理陝西巡撫史貽直碩色奏爲雨雪應時疊降麥秋豐稔可期據實奏聞仰慰聖懷事 424-643-207下

批雍正十二年三月二十六日署理陝西巡撫史貽直奏爲密陳陝省武職人材仰祈睿鑒事 424-644-207下

批雍正十二年三月二十六日署理陝西巡撫史貽直奏爲奏聞事 424-645-207下

批雍正十二年四月六日署理西安巡撫史貽直碩色奏爲據實奏聞仰瀝天恩事 424-645-207下

批雍正十二年六月二十五日署理西安巡撫史貽直碩色奏爲遵旨代奏事 424-647-207下

批雍正十二年六月二十五日署理西安巡撫史貽直碩色奏爲恭報得雨日期仰慰聖懷事 424-648-207下

批雍正十三年一月二十九日署理西安巡撫史貽直碩色奏恭請皇上聖安 424-649-207下

四庫全書文集篇目分類索引　461

批雍正十三年一月二十九日署理
　西安巡撫史貽直碩色奏爲仰懇
　聖恩簡補道員以重地方事　424-649-207下

批雍正十三年三月四日署理西安
　巡撫史貽直碩色奏爲彙奏雍正
　十二年社倉糧石數目仰祈睿鑒
　事　424-649-207下

批雍正十三年四月七日署理西安
　巡撫史貽直碩色奏爲恭報甘霖
　疊降通省均霑仰慰聖懷事
　　424-650-207下

批雍正十三年四月七日署理西安
　巡撫史貽直奏爲覆奏事
　　424-650-207下

批雍正十三年六月十五日署理西
　安巡撫史貽直碩色奏爲再籌因
　時買麥以敷搬運之倉項事
　　424-651-207下

批雍正十三年六月十五日署理西
　安巡撫史貽直碩色奏爲奏聞事
　　424-653-208

批提督順天等處學政吳應棻奏爲
　奏聞事　424-653-208

批提督順天等處學政吳應棻奏爲
　八旗歲考不到生員宜核實清查
　以振積習事　424-654-208

批提督順天等處學政吳應棻奏爲
　感激天恩恭抒謝悃事
　　424-655-208

批提督順天等處學政吳應棻奏爲
　恭繳批奏摺叩謝天恩事
　　424-656-208

批署理湖北巡撫印務兵部右侍郎
　吳應棻奏爲聖主隆恩疊佈感激
　難名歷敘寵榮恭抒謝悃事
　　424-657-208

批署理湖北巡撫印務兵部右侍郎
　吳應棻奏爲恭報二麥收穫米價
　平減事　424-658-208

批署理湖北巡撫印務兵部右侍郎
　吳應棻奏爲敬陳湖北吏治仰邀
　睿鑒事　424-658-208

批署理湖北巡撫印務兵部右侍郎
　吳應棻奏爲奏聞事
　　424-659-208

批署理湖北巡撫印務兵部右侍郎
　吳應棻奏爲奏聞地方情形事
　　424-660-208

批雍正八年二月二十四日湖南布
　政使楊永斌奏爲恭謝天恩敬請
　聖訓事　424-661-209上

批雍正九年五月十二日調補廣東
　布政使楊永斌奏爲恭謝天恩敬
　請聖訓事　424-662-209上

批雍正九年十月二十五日廣東布
　政使楊永斌奏爲恭繳批奏摺
　事　424-664-209上

批雍正九年十月二十五日廣東布
　政使楊永斌奏爲請定鐵鍋出洋
　之禁以杜姦弊事　424-665-209上

批雍正九年十一月二十三日廣東
　布政使楊永斌奏爲奏聞事
　　424-666-209上

批雍正十年四月一日署理廣東巡
　撫楊永斌奏爲恭謝天恩事
　　424-667-209上

批雍正十年四月一日署理廣東巡
　撫楊永斌奏爲奏聞事
　　424-668-209上

批雍正十年五月二十七日署理廣
　東巡撫楊永斌奏爲恭請聖裁事
　　424-669-209上

批雍正十年五月二十七日署理廣
　東巡撫楊永斌奏爲奏聞事
　　424-670-209上

批雍正十年五月二十七日署理廣
　廣巡撫楊永斌奏爲恭繳硃批敬
　請聖鑒事　424-670-209上

批雍正十年七月十日署理廣東巡
　撫楊永斌奏爲恭報早禾收成分
　數仰祈聖鑒事　424-672-209上

批雍正十年七月十日署理廣東巡
　撫楊永斌奏奏明遴官看量
　材題補官員事　424-673-209上

批雍正十年七月十日署理廣東巡
　撫楊永斌奏爲請聖裁事
　　424-674-209上

批雍正十年九月十日署理廣東巡
　撫楊永斌奏爲奏聞事
　　424-676-209上

批雍正十年十一月四日廣東巡撫
　楊永斌奏爲恭報晚禾收成分數
　仰祈聖鑒事　424-676-209上

批雍正十一年三月四日廣東巡撫
　楊永斌奏爲明動項安插食民
　仰祈睿鑒事　424-677-209上

批雍正十一年三月四日廣東巡撫
　楊永斌奏爲要地需員彈壓請添
　設同知以便吏治民生事
　　424-678-209上

批雍正十一年三月四日廣東巡撫
　楊永斌奏爲籌畫海疆積貯仰祈
　睿鑒事　424-678-209上

批雍正十一年五月八日廣東總督
　鄂彌巡撫楊永斌奏爲奏聞事
　　424-679-209上

批雍正十一年五月八日廣東巡撫
　楊永斌奏爲奏聞事
　　424-680-209上

史部

詔令奏議類：附錄

詔令十一畫

四庫全書文集篇目分類索引

史部

詔令奏議類：附錄

詔令上十一畫

批雍正十一年五月八日廣東巡撫奏爲敬陳修整軍器仰祈睿鑒事 424-681-209上

批雍正十一年六月一日廣東巡撫楊永斌奏爲奏聞事 424-682-209上

批雍正十一年七月九日廣東巡撫楊永斌奏恭報早禾收成分數仰祈聖鑒事 424-683-209上

批雍正十一年九月三十日廣東巡撫楊永斌奏爲敬陳下悃仰祈睿鑒事 424-685-209上

批雍正十一年十一月九日廣東總督鄂彌達巡撫楊永斌奏爲奏明招回入川人民事 424-686-209上

批廣東巡撫楊永斌奏爲奏明籌畫積貯事宜賽酌捐例事 424-687-209上

批廣東巡撫楊永斌奏爲恭報晚禾收成分數仰祈聖鑒事 424-689-209上

批雍正十二年三月六日廣東總督鄂彌達巡撫楊永斌奏爲廢員才能可用報效有心據情陳奏仰祈睿鑒事 424-690-209下

批雍正十二年三月六日廣東總督鄂彌達巡撫楊永斌奏爲廢員廉能素著據實陳恭請睿鑒事 424-691-209下

批雍正十二年三月六日廣東巡撫楊永斌奏爲奏聞事 424-693-209下

批雍正十二年三月六日廣東巡撫楊永斌奏爲奏明空獲藏位事 424-694-209下

批雍正十二年五月二十六日廣東巡撫楊永斌奏爲請嚴爭奪新田之禁以收墾荒實效事 424-694-209下

批雍正十二年五月二十六日廣東巡撫楊永斌奏爲請嚴教職之考覈以礪士習以勵民風事 424-695-209下

批雍正十二年六月二十五日廣東巡撫楊永斌奏爲恭報早稻以收成米糧價值事 424-697-209下

批雍正十二年六月二十五日廣東巡撫楊永斌奏爲遵旨奏覆事 424-697-209下

批雍正十二年九月二日廣東巡撫楊永斌奏爲海疆地多礦痘懇照輕則起科以廣開墾以薄皇仁事 424-698-209下

批雍正十二年九月二日廣東總督鄂彌達廣東巡撫楊永斌奏爲奏聞事 424-699-209下

批雍正十二年十一月八日廣東巡撫楊永斌奏爲恭報晚稻收成分數幷米糧價值事 424-701-209下

批雍正十二年十一月八日廣東巡撫楊永斌奏爲欽承聖訓恭摺奏謝事 424-701-209下

批雍正十三年二月十二日廣東巡撫楊永斌奏爲恭緘珓批奏摺叩謝天恩事 424-702-209下

批雍正十三年二月十二日廣東巡撫楊永斌奏爲請廣皇仁以勵風化事 424-703-209下

批雍正十三年三月二十九日廣東巡撫楊永斌奏爲恭報雨水情形並米糧價值事 424-704-209下

批雍正十三年六月十五日兩廣總督鄂彌達廣東巡撫楊永斌奏爲奏明事 424-705-209下

批雍正十三年六月十五日廣東巡撫楊永斌奏爲叩謝聖訓事 424-706-209下

批雍正八年十月二十六日西安按察使楊秘奏爲請旨事 424-708-210

批雍正九年四月二日西安按察使楊秘奏爲恭謝聖訓事 424-709-210

批雍正九年四月二日西安按察使楊秘奏爲敬陳一得之愚仰祈睿鑒事 424-709-210

批雍正十一年四月二十六日西安按察使楊馝奏爲敬陳管見仰祈睿鑒事 424-710-210

批雍正十一年十二月二十八日西安布政使兼管河東鹽務楊秘奏爲恭謝天恩伏乞睿鑒事 424-711-210

批雍正十二年六月八日西安布政使兼管河東鹽務楊秘奏爲恭緘珓批諭旨幷謝天恩事 424-712-210

批雍正十二年六月十三日署湖北巡撫楊秘奏爲恭謝天恩仰祈睿鑒事 424-713-210

批雍正十二年七月二十一日署湖北巡撫楊秘奏爲恭報起程日期事 424-714-210

批雍正十二年十月十八日署湖北巡撫楊秘奏爲敬陳現在辦理案件事 424-714-210

四庫全書文集篇目分類索引　　463

批雍正十二年十二月三日署湖北巡撫楊秘奏為奏聞事　424-715-210

批雍正十三年一月十七日署湖北巡撫楊秘奏為恭報瑞雪事　424-716-210

批雍正十三年二月十五日四川巡撫楊秘奏為恭謝天恩事　424-717-210

批雍正十三年五月八日四川巡撫楊秘奏　424-717-210

批雍正十三年六月八日四川巡撫楊秘奏為遵旨具摺明白回奏竝謝聖訓事　424-719-210

批雍正十三年六月八日四川巡撫楊秘奏為據實奏聞事　424-720-210

批雍正十三年六月八日四川巡撫楊秘奏為奏聞勘墾首墾情形仰祈睿鑒事　424-721-210

批雍正十三年六月八日四川巡撫楊秘奏為恭請聖訓事　424-722-210

批福建學政程元章奏為恭謝天恩事　424-724-211上

批福建學政程元章奏為遵旨保舉事　424-724-211上

批福建學政程元章奏為凜遵聖諭叩謝天恩縧摺恭繳事　424-725-211上

批福建學政程元章奏為凜遵聖諭恭謝天恩縧摺奏繳事　424-726-211上

批福建學政程元章奏為恭謝天恩敬陳愧悃事　424-726-211上

批署理浙江布政使程元章奏為恭謝天恩事　424-727-211上

批署理浙江布政使程元章奏為奏聞事　424-728-211上

批署理浙江布政使程元章奏為跪讀御筆訓旨繕摺恭繳敬陳愧悃恭謝天恩事　424-728-211上

批署理浙江布政使元章奏為跪讀聖訓感激銘心縧摺恭繳再陳愧悃事　424-730-211上

批署理浙江布政使程元章奏為密陳事　424-731-211上

批署理浙江布政使程元章奏為奏明晚禾豐收米穀價平海塘安瀾地方寧謐事　424-732-211上

批浙江布政使元章奏為恭謝天恩事　424-733-211上

批浙江布政使程元章奏為據實備陳海塘情形事　424-734-211上

批浙江布政使今陞安徽巡撫程元章奏為恭謝天恩瀝陳下悃叩請陛見跪聆聖訓事　424-735-211上

批安徽巡撫程元章奏為謹將經歷地方情形據實陳奏事　424-736-211上

批安徽巡撫程元章奏為詳陳地方情形事宜仰懇聖訓事　424-737-211上

批安徽巡撫程元章奏為敬陳愧悃恭請聖訓事　424-738-211上

批安徽巡撫程元章奏為據實陳奏事　424-739-211上

批安徽巡撫程元章奏為陳奏事　424-739-211上

批安徽巡撫程元章奏為棍徒糾黨假公濟私沿門嚇詐大干法紀事　424-741-211上

批安徽巡撫程元章奏為謹陳詳奏屬員仰懇聖訓事　424-742-211上

批安徽巡撫程元章奏為恭報雨水米價二麥長茂情形事　424-742-211上

批安徽巡撫程元章奏為密陳事　424-743-211上

批安徽巡撫程元章奏為盤查積貯以濟平糶事　424-744-211上

批安徽巡撫程元章奏為恭報二麥收成分數事　424-745-211上

批安徽巡撫程元章奏為遵旨陳奏事　424-745-211上

批安徽巡撫程元章奏為再陳愧悃事　424-746-211上

批安徽巡撫程元章奏為密查事（二則）　424-747-211上

批安徽巡撫程元章奏為恭報秋禾收成分數事　424-749-211上

批安徽巡撫程元章奏為陳奏事（二則）　424-750-211上

批安徽巡撫程元章奏為奏聞事　424-751-211上

批安徽巡撫程元章奏為恭報二麥收成分數事　424-752-211上

批安徽巡撫程元章奏為奏覆事　424-752-211上

批安徽巡撫程元章奏為恭謝天恩事　424-753-211上

批浙江總督程元章奏陳奏事（二則）　424-754-211上

批浙江總督程元章奏為遵旨督辦賑恤江省篛丁事　424-755-211上

史部

詔令奏議類：附錄

詔令上十一畫

批浙江總督程元章奏爲欽奉訓諭實覆奏事　424-756-211上

批浙江總督程元章奏爲奏聞事（二則）　424-758-211上

批浙江總督程元章奏爲欽奉上諭事（二則）　424-761-211下

批浙江總督程元章奏爲奏聞事　424-762-211下

批浙江總督程元章奏爲欽奉上諭據實覆奏事　424-764-211下

批浙江總督程元章奏爲奏聞事　424-766-211下

批浙江總督程元章奏爲恭報年歲豐稔情形仰慰聖懷事　424-766-211下

批浙江總督程元章奏爲奏聞事　424-767-211下

批浙江總督程元章奏爲恭報雨水情形事　424-768-211下

批浙江總督程元章奏爲據情代奏仰祈睿鑒事　424-769-211下

批浙江總督程元章奏爲奏聞事　424-769-211下

批浙江總督程元章奏爲奏請折留漕米以裕民食事　424-770-211下

批浙江總督程元章奏爲奏聞事　424-771-211下

批浙江總督程元章奏爲戀主情殷恭請陛見以伸愚悃事　424-772-211下

批浙江總督程元章奏爲奏聞事　424-773-211下

批浙江總督程元章大理寺卿汪灝原任內閣學士兼禮部侍郎張坦麟奏爲奏聞事　424-774-211下

批浙江總督程元章奏爲陳奏事　424-775-211下

批浙江總督程元章奏爲奏聞事　424-776-211下

批浙江總督程元章奏爲陳奏事　424-778-211下

批浙江總督程元章奏爲恭報晚禾收成分數事　424-778-211下

批浙江總督程元章奏爲奏聞事　424-779-211下

批浙江總督程元章奏爲陳奏事　424-780-211下

批浙江總督程元章奏爲奏聞事（三則）　424-781-211下

批浙江總督程元章奏爲奏明首犯就獲事　424-783-211下

批浙江總督程元章奏爲奏明米糧價值雨水情形仰慰宸衷事　424-784-211下

批浙江總督程元章奏爲陳奏事　424-785-211下

批浙江總督程元章奏爲欽奉上諭事　424-786-211下

批浙江總督程元章奏爲跪讀訓旨感激覆奏事　424-787-211下

批浙江總督程元章奏爲陳奏事　424-788-211下

批浙江總督程元章奏爲恭報晚禾收成分數事　424-788-211下

批總督專管浙江巡撫程元章奏爲恭謝天恩事　424-788-211下

批總督專管浙江巡撫程元章奏爲陳奏事（二則）　424-789-211下

批總督專管浙江巡撫程元章奏爲據實奏覆仰祈睿鑒事　424-792-211下

批總督專管浙江巡撫程元章奏爲恭報春花收成分數事　424-793-211下

批雍正三年五月六日陝西糧鹽道仍帶監察御史許容奏爲奏聞事　424-794-211下

批雍正三年六月十五日署陝西按察司事糧鹽道仍帶監察御史許容奏爲敬陳愚忱仰祈睿鑒事　424-795-211上

批雍正三年六月十五日署陝西按察司事糧鹽道仍帶監察御史許容奏爲恭繳硃批諭旨事　424-796-211上

批雍正四年一月十一日陝西西安按察司仍兼管督糧道事許容奏爲恭謝天恩事　424-797-211上

批雍正四年四月十二日陝西西安按察司仍兼管督糧道許容奏爲恭繳硃批叩謝天恩事　424-797-212上

批雍正四年四月十二日陝西西安按察司仍兼管督糧道事許容奏爲請復倉鋪以廣皇仁事　424-798-212上

批雍正四年七月十六日陝西西安按察司兼管河東巡鹽御史許容奏爲恭謝天恩竝陳下悃事　424-799-212上

批雍正四年七月十六日陝西西安按察司仍兼管河東巡鹽御史許容奏爲恭繳硃批諭旨事　424-800-212上

批雍正五年三月十三日浙江巡撫布政使許容奏爲據實陳明仰祈睿鑒事　424-801-212上

批雍正五年三月十三日浙江布政使許容奏爲奏聞南米事宜仰祈聖鑒事　424-802-212上

批雍正五年三月十三日浙江布政使許容奏爲奏聞事　424-804-212上

批雍正五年六月十五日浙江觀風整俗使許容奏爲恭謝天恩仰請聖訓事　424-805-212上

四庫全書文集篇目分類索引　　465

批雍正五年六月十五日浙江觀風整俗使許容奏爲備陳浙省民欠流抵之積弊以重錢糧以清交代事　　424-806-212上

批雍正五年六月十五日浙江觀風整俗使許容奏爲奏請聖裁事　424-807-212上

批雍正六年一月二十六日浙江觀風整俗使許容奏爲恭繳硃批事　424-809-212上

批雍正六年三月二日浙江觀風整俗使許容奏爲奏聞歷嘉湖情形事　　424-810-212上

批雍正六年三月二日浙江觀風整俗使許奏爲遵旨保舉事　424-811-212上

批雍正六年四月二十八日浙江觀風整俗使許容奏爲奏聞事　424-811-212上

批雍正七年三月十二日蘭州巡撫許容奏爲奏聞事（二則）　424-813-212上

批雍正七年三月十二日蘭州巡撫許容奏爲甘省奏銷久違定限亟宜清查以杜弊端事　424-816-212上

批雍正七年三月十二日蘭州巡撫許容奏明事（二則）　424-817-212上

批雍正七年四月十五日蘭州巡撫許容奏爲奏聞事　　424-818-212上

批雍正七年四月十五日蘭州巡撫許容奏爲請旨事　　424-819-212上

批雍正七年四月十五日蘭州巡撫許容奏爲奏請審裁事　424-820-212上

批雍正七年四月十五日蘭州巡撫許容奏爲奏聞事　　424-821-212上

批雍正七年四月十五日蘭州巡撫許容奏爲恭奏甘省雨水情形事　424-821-212上

批雍正七年五月六日蘭州巡撫許容奏爲恭報時雨仰慰聖懷事　424-822-212上

批雍正七年五月六日蘭州巡撫許容奏爲奏請聖裁事　424-823-212上

批雍正七年五月六日蘭州巡撫許容奏爲地方整理需人冒昧陳奏仰祈聖鑒事　　424-824-212上

批雍正七年五月六日蘭州巡撫許容奏爲奏聞事　　424-825-212上

批雍正七年五月六日蘭州巡撫許容奏爲奏明事　　424-826-212上

批雍正七年五月十八日蘭州巡撫許容奏爲請旨事　　424-827-212上

批雍正七年六月六日蘭州巡撫許容奏爲請旨事　　424-827-212上

批雍正七年六月六日蘭州巡撫奏爲恭繳硃批奏摺事　424-828-212上

批雍正七年七月四日蘭州巡撫許容奏爲恭繳硃批奏摺事　424-829-212上

批雍正七年閏七月九日蘭州巡撫許容奏爲奏聞事　　424-830-212上

批雍正七年九月十五日蘭州巡撫許容奏爲奏明事　　424-831-212上

批雍正七年九月十五日蘭州巡撫奏爲恭繳硃批事　　424-832-212上

批雍正七年十一月二十日蘭州巡撫許容奏爲恭謝天恩事　424-833-212上

批雍正七年十一月二十日蘭州巡撫許容奏爲奏明事　424-834-212上

批雍正七年十一月二十日蘭州巡撫許容奏爲恭繳硃批事　424-836-212上

批雍正八年一月二十六日蘭州巡撫許容奏爲恭繳硃批事　424-838-212上

批雍正八年一月二十六日蘭州巡撫許容奏爲奏明軍需事　424-839-212上

批雍正八年三月二十六日蘭州巡撫許容奏爲恭繳硃批事　424-840-212上

批雍正八年三月二十六日蘭州巡撫許容奏爲奏明事　　424-841-212下

批雍正八年四月八日蘭州巡撫許容奏爲奏聞事　　424-842-212下

批雍正八年五月二十一日蘭州巡撫許容奏爲請旨事　424-843-212下

批雍正八年十月十日蘭州巡撫許容奏爲恭報甘屬收成分數仰慰聖懷事　　424-844-212下

批雍正八年十二月二日蘭州巡撫許容奏爲奏聞事　　424-845-212下

批雍正九年二月二日蘭州巡撫許容奏爲恭繳硃批奏摺事　424-846-212下

批雍正九年三月六日蘭州巡撫許容奏爲聖訓指示恩深感戴情切密摺恭謝事　　424-846-212下

批雍正九年六月十四日蘭州巡撫許容奏爲奏聞事　　424-848-212下

批雍正九年十一月十六日蘭州巡撫許容奏爲感激天恩瀝誠奏覆事　　424-850-212下

史部

詔令奏議類：附錄

詔令上十一畫

四庫全書文集篇目分類索引

史部

詔令奏議類：附錄

詔令上十一畫

批雍正十年三月九日蘭州巡撫許容奏爲奏聞甘省現情形仰慰聖懷事　424-851-212下

批雍正十年八月十六日蘭州巡撫許容奏爲再奏地方情形仰慰聖懷事　424-853-212下

批雍正十年十月十五日蘭州巡撫許容奏爲奏聞事　424-853-212下

批雍正十一年一月九日蘭州巡撫許容奏爲密奏事　424-854-212下

批雍正十一年七月十一日蘭州巡撫許容奏爲河神致祭已畢邊民受福無疆到處歡騰恭摺具奏事　424-855-212下

批雍正十一年十一月十八日蘭州巡撫許容奏爲瑞雪盈疇恭摺奏聞事　424-856-212下

批雍正十二年三月一日蘭州巡撫許容奏爲聖恩逾分臣父感悚恭摺具奏事　424-856-212下

批雍正十二年九月一日蘭州巡撫許容奏爲奏聞事　424-857-212下

批雍正十三年一月二十九日蘭州巡撫許容奏爲請旨事　424-858-212下

批雍正十三年三月二十六日蘭州巡撫許容奏爲奏聞近日雨水情形事　424-859-212下

批雍正十三年閏四月七日蘭州巡撫許容奏爲奏聞事　424-859-212下

批雍正十三年五月九日蘭州巡撫許容奏爲甘雨連降恭摺奏聞事　424-860-212下

批雍正十三年六月二十六日蘭州巡撫許容奏爲據詳請旨事　424-861-212下

批邁柱奏　425- 1-213之1

批雍正四年十月二十七日欽差吏部侍郎邁柱奏爲欽奉上諭事　425- 2-213之1

批雍正四年十二月十八日署理江西巡撫吏部侍郎邁柱奏爲奏聞事　425- 5-213之1

批雍正四年十二月十八日署理江西巡撫吏部侍郎邁柱奏爲請旨事　425- 6-213之1

批雍正五年一月二十四日署理江西巡撫吏部侍郎邁柱奏爲恭謝天恩事　425- 8-213之1

批雍正五年一月二十四日署理江西巡撫吏部侍郎邁柱奏爲奏明事　425- 8-213之1

批雍正五年一月二十五日署江西巡撫吏部侍郎邁柱奏爲奏聞事　425- 10-213之1

批雍正五年一月二十五日署江西巡撫吏部侍郎邁柱奏爲欽奉上諭事　425- 11-213之1

批雍正五年三月十九日署江西巡撫吏部侍郎邁柱奏爲恭繳御批奏摺事　425- 12-213之1

批雍正五年三月十九日署江西巡撫吏部侍郎邁柱奏爲欽奉上諭事　425- 12-213之1

批雍正五年三月十九日署江西巡撫吏部侍郎邁柱奏爲請旨事　425- 14-213之1

批雍正五年三月十九日署江西巡撫吏部侍郎邁柱奏爲奏聞事　425- 15-213之1

批雍正五年三月十九日署江西巡撫吏部侍郎邁柱奏爲起解盈餘銀兩恭摺奏聞事　425- 18-213之1

批雍正五年閏三月一日署江西巡撫吏部侍郎邁柱奏爲江省亟需人員以裨吏治事　425- 18-213之1

批雍正五年五月十日署理江西巡撫湖廣總督邁柱奏爲恭報江省禾苗暢茂雨水調勻事　425- 19-213之1

批雍正五年五月十日署理江西巡撫湖廣總督邁柱奏爲請旨事　425- 20-213之1

批雍正五年五月十日署理江西巡撫湖廣總督邁柱奏爲抗糧積弊之州縣亟需能員調補以倡催科事　425- 21-213之1

批雍正五年五月十日署理江西巡撫湖廣總督邁柱奏爲奏聞事　425- 22-213之1

批雍正五年七月八日署理江西巡撫湖廣總督邁柱奏爲奏明事　425- 23-213之1

批雍正五年七月八日署理江西巡撫湖廣總督邁柱奏爲恭報早稻收成分數仰祈睿鑒事　425- 25-213之1

批雍正五年七月八日署理江西巡撫湖廣總督邁柱奏爲請旨事　425- 25-213之1

批雍正五年八月十六日署理江西巡撫湖廣總督邁柱奏爲恭謝天恩仰祈睿鑒事　425- 26-213之1

批雍正五年十二月十八日湖廣總

四庫全書文集篇目分類索引　467

督邁柱奏爲陳明賑濟情形併招民復業仰慰睿懷事　425-28-213之1

批雍正五年十二月十八日湖廣總督邁柱奏爲請旨事　425-29-213之1

批雍正五年十二月十八日湖廣總督邁柱奏爲奏聞事　425-29-213之1

批雍正六年一月十九日湖廣總督邁柱湖北巡撫馬會伯奏爲恭陳修築隄岸情形仰祈睿鑒事　425-31-213之2

批雍正六年一月十九日湖廣總督邁柱湖北巡撫馬會伯奏爲恭請訓旨事　425-33-213之2

批雍正六年一月十九日湖廣總督邁柱奏爲敬陳修隄事宜仰祈睿鑒事　425-34-213之2

批雍正六年一月十九日湖廣總督邁柱奏　425-36-213之2

批雍正六年二月三日湖廣總督邁柱奏爲奏聞事　425-37-213之2

批雍正六年二月三日湖廣總督邁柱奏爲請旨事　425-37-213之2

批雍正六年二月三日湖廣總督邁柱奏（二則）　425-38-213之2

批雍正六年三月十一日湖廣總督邁柱湖北巡撫馬會伯奏爲奏明事　425-39-213之2

批雍正六年三月十一日湖廣總督邁柱奏爲奏明事　425-40-213之2

批雍正六年三月十一日湖廣總督邁柱奏爲恭請睿裁事　425-41-213之2

批雍正六年三月十一日湖廣總督邁柱奏　425-41-213之2

批雍正六年三月十九日湖廣總督邁柱奏爲桑土正藉撫綏文武不能共濟合先陳明恭請訓旨事　425-42-213之2

批雍正六年三月十九日湖廣總督邁柱奏爲奏明事　425-43-213之2

批雍正六年四月八日湖廣總督邁柱奏爲恭謝天恩事　425-44-213之2

批雍正六年四月八日湖廣總督邁柱奏爲恭報楚省二麥豐收分數雨水霑足情形仰慰聖懷事　425-44-213之2

批雍正六年四月八日湖廣總督邁柱奏　425-45-213之2

批雍正六年四月八日湖廣總督邁柱奏爲遵旨開列能員恭候簡用事　425-46-213之2

批雍正六年四月二十日湖廣總督邁柱奏爲治苗宜循鷙剿之法以壯軍威以安良善事　425-47-213之2

批雍正六年四月二十日湖廣總督邁柱奏　425-47-213之2

批雍正六年四月二十日湖廣總督邁柱奏爲奏聞事　425-48-213之2

批雍正六年四月二十日湖廣總督邁柱奏爲恭繳御批奏摺事　425-49-213之2

批雍正六年五月二十二日湖廣總督邁柱湖北巡撫馬會伯奏爲請旨事　425-49-213之2

批雍正六年五月二十二日湖廣總督邁柱奏爲恭報二麥全收禾秋盡插地方寧謐情形仰慰聖懷事　425-50-213之2

批雍正六年五月二十二日湖廣總督邁柱奏爲奏請訓旨事　425-50-213之2

批雍正六年七月九日湖廣總督邁柱奏爲恭報早稻豐收分數米價平減情形仰慰聖懷事　425-51-213之2

批雍正六年七月九日湖廣總督邁柱奏爲奏聞事　425-52-213之2

批雍正六年七月九日湖廣總督邁柱奏爲奏聞事　425-53-213之2

批雍正六年七月九日湖廣總督邁柱奏爲奏明事　425-53-213之2

批雍正六年七月二十一日湖廣總督邁柱奏爲陳明經理苗疆事　425-54-213之2

批雍正六年七月二十一日湖廣總督邁柱奏爲奏聞事　425-54-213之2

批雍正六年八月十八日湖廣總督邁柱奏爲陳明事　425-55-213之2

批雍正六年八月十八日湖廣總督邁柱奏爲恭陳查勘苗疆事宜仰祈睿鑒事　425-56-213之2

批雍正六年九月八日湖廣總督邁柱奏爲恭報中晚二稻豐收分數仰祈睿鑒事　425-57-213之2

批雍正六年九月八日湖廣總督邁柱奏　425-57-213之2

批雍正六年九月八日湖廣總督邁柱奏爲積年民欠錢糧亟宜清查以重國賦事　425-58-213之2

史部

詔令奏議類：附錄

詔令上十一畫

四庫全書文集篇目分類索引

批雍正六年九月八日湖廣總督邁柯奏　425- 59-213之2

批雍正六年九月八日湖廣總督邁柯奏爲恭繳御批奏摺事　425- 60-213之2

批雍正六年十月二十日湖廣總督邁柯奏爲奏謝天恩事　425- 60-213之2

批雍正六年十月二十日湖廣總督邁柯奏爲奏聞事　425 -61-213之2

批雍正六年十月二十日湖廣總督邁柯奏爲截曠銀兩不便仍作公費以重國帑事　425- 62-213之2

批雍正六年十月二十日湖廣總督邁柯奏爲覆奏事　425- 62-213之2

批雍正六年十月二十日湖廣總督邁柯奏爲楚省强竊賊盜衆多亟宜整飭以安民生事　425- 63-213之2

批雍正六年十二月二日湖廣總督邁柯奏（二則）　425- 66-213之2

批雍正六年十二月二日湖廣總督邁柯奏爲奏聞事　425- 67-213之2

批雍正六年十二月二日湖廣總督邁柯奏爲密陳改土歸流事　425- 68-213之2

批雍正六年十二月六日湖廣總督邁柯奏爲奏明事　425- 68-213之2

批雍正七年一月十九日湖廣總督邁柯奏爲奏聞事　425- 71-213之3

批雍正七年一月十九日湖廣總督邁柯奏爲密陳事　425- 72-213之3

批雍正七年一月十九日湖廣總督邁柯奏爲謹陳廠關事宜仰請聖訓事　425- 73-213之3

批雍正七年二月九日湖廣總督邁柯湖南巡撫王國棟奏爲覆奏事　425- 75-213之3

批雍正七年二月九日湖廣總督邁柯奏爲奏聞事　425- 76-213之3

批雍正七年三月三日湖廣總督邁柯湖北巡撫馬會伯奏爲奏聞事　425- 76-213之3

批雍正七年三月三日湖廣總督邁柯湖北巡撫馬會伯奏爲覆奏事　425- 77-213之3

批雍正七年三月三日湖廣總督邁柯湖北巡撫馬會伯奏爲奏聞事　附雍正六年十二月十三日湖廣總督邁柯摺片　425- 77-213之3

批雍正七年三月三日湖廣總督邁柯奏　425- 78-213之3

批雍正七年三月二十二日湖廣總督邁柯奏爲請留才力堪用武員仰祈睿鑒事　425- 79-213之3

批雍正七年三月二十二日湖廣總督邁柯奏爲奏明事　425- 80-213之3

批雍正七年三月二十二日湖廣總督邁柯奏爲請旨事　425- 80-213之3

批雍正七年四月二十一日湖廣總督邁柯奏爲恭報二麥豐收米價平減情由仰慰聖懷事　425- 81-213之3

批雍正七年四月二十一日湖廣總督邁柯奏爲密請睿裁事　425- 82-213之3

批雍正七年四月二十一日湖廣總督邁柯奏爲密摺奏聞事　425- 82-213之3

批雍正七年四月二十一日湖廣總督邁柯奏爲仰體聖主恤兵之德意請貯倉穀借給以利營伍事　425- 83-213之3

批雍正七年五月二日湖廣總督邁柯奏爲請旨事　425- 84-213之3

批雍正七年五月二日湖廣總督邁柯奏爲奏聞事　425- 84-213之3

批雍正七年六月一日湖廣總督邁柯奏爲奏報捕盡蝗蝻情形事　425- 85-213之3

批雍正七年六月一日湖廣總督邁柯奏　425- 86-213之3

批雍正七年七月十五日湖廣總督邁柯奏爲恭報早稻收成分數米糧價值仰慰睿懷事　425- 87-213之3

批雍正七年七月十五日湖廣總督邁柯奏　425- 87-213之3

批雍正七年七月十五日湖廣總督邁柯奏爲請恩留用能員以收後效事　425- 88-213之3

批雍正七年七月十五日湖廣總督邁柯奏爲恭謝天恩並陳下悃仰祈睿鑒事　425- 88-213之3

批雍正七年七月十五日湖廣總督邁柯奏爲恭繳御批奏摺事　425- 89-213之3

批雍正七年七月二十七日湖廣總督邁柯奏　425- 90-213之3

批雍正七年七月二十七日湖廣總督邁柯奏爲欽奉上諭事　425- 90-213之3

批雍正七年七月二十七日湖廣總督邁柯奏爲奏聞事　425- 91-213之3

批雍正七年七月二十七日湖廣總

四庫全書文集篇目分類索引　469

督邁柱奏爲請旨事　425-92-213之3
批雍正七年七月二十七日湖廣總督邁柱奏爲要郡正需能員仰懇聖恩允補以裨苗疆事　425-93-213之3
批雍正七年七月二十七日湖廣總督邁柱奏爲奏聞事　425-93-213之3
批雍正七年閏七月二十七日湖廣總督邁柱奏　425-94-213之3
批雍正七年閏七月二十七日湖廣總督邁柱奏爲奏聞事　425-95-213之3
批雍正七年八月十二日湖廣總督邁柱奏爲遵旨覆奏併繳御批奏摺事　425-96-213之3
批雍正七年八月十二日湖廣總督邁柱奏爲奏明事　425-97-213之3
批雍正七年八月十二日湖廣總督邁柱奏爲奏聞事　425-97-213之3
批雍正七年九月十七日湖廣總督邁柱奏爲謹繪新設永順府縣興圖恭呈御覽事　425-99-213之4
批雍正七年九月十七日湖廣總督邁柱奏爲覆奏訓旨併繳碎批原摺事　425-100-213之4
批雍正七年九月十七日湖廣總督邁柱奏爲恭報湖北收成分數米價情形事　425-100-213之4
批雍正七年九月十七日湖廣總督邁柱奏爲覆奏事　425-101-213之4
批雍正七年九月十七日湖廣總督邁柱奏爲謹陳湖南吏治情由仰祈睿鑒事　425-102-213之4
批雍正七年九月十七日湖廣總督邁柱奏爲據實奏聞事　425-103-213之4
批雍正七年十月二十日湖廣總督邁柱奏爲奏聞事　425-104-213之4
批雍正七年十月二十日湖廣總督邁柱奏爲備陳清查積欠情由仰祈睿鑒事　425-104-213之4
批雍正七年十月二十八日湖廣總督邁柱奏爲遵旨覆奏併繳碎批原摺事　425-106-213之4
批雍正七年十一月八日湖廣總督邁柱奏爲請旨事　425-106-213之4
批雍正七年十一月八日湖廣總督邁柱奏爲請旨事　425-107-213之4

批雍正七年十二月十五日湖廣總督邁柱奏爲恭謝天恩事　425-107-213之4
批雍正七年十二月十五日湖廣總督邁柱奏爲恭報楚省得雪情形事　425-108-213之4
批雍正七年十二月十五日湖廣總督邁柱奏爲覆奏事　425-108-213之4
批雍正七年十二月十五日湖廣總督邁柱奏爲奏聞事　425-109-213之4
批雍正七年十二月十五日湖廣總督邁柱奏爲覆奏事　425-109-213之4
批雍正七年十二月十五日湖廣總督邁柱奏爲奏聞事　425-110-213之4
批雍正八年二月四日湖廣總督邁柱奏爲奏聞事　425-111-213之4
批雍正八年二月四日湖廣總督邁柱奏爲奏明事　425-111-213之4
批雍正八年二月四日湖廣總督邁柱奏　425-112-213之4
批雍正八年三月十七日湖廣總督邁柱奏　425-112-213之4
批雍正八年四月二十四日湖廣總督邁柱奏爲恭請訓旨事　425-113-213之4
批雍正八年四月二十四日湖廣總督邁柱奏爲奏聞事　425-113-213之4
批雍正八年四月二十四日湖廣總督邁柱奏爲恭謝天恩併陳下悃事　425-115-213之4
批雍正八年五月十一日湖廣總督邁柱奏爲奏聞事　425-116-213之4
批雍正八年五月十一日湖廣總督邁柱奏爲恭繳御批奏摺事　425-117-213之4
批雍正八年九月六日湖廣總督邁柱奏爲請旨事　425-117-213之4
批雍正八年十月九日湖廣總督邁柱奏爲奏明事　425-118-213之4
批雍正八年十一月二十九日湖廣總督邁柱奏爲微臣戀主情殷恭請陛見以抒愚悃事　425-118-213之4
批雍正八年十一月二十九日湖廣總督邁柱奏　425-119-213之4
批雍正八年十二月二十六日湖廣總督邁柱湖南巡撫趙弘恩奏爲請旨事　425-119-213之4
批雍正九年二月六日湖廣總督邁

史部

詔令奏議類：附錄

詔令上十一畫

柱奏爲請旨事 425-120-213之

批雍正九年二月六日湖廣總督邁

柱奏爲覆奏事 425-121-213之4

批雍正九年二月六日湖廣總督邁

柱奏爲奏請試用武員事 425-122-213之4

批雍正九年三月二十一日湖廣總

督邁柱奏爲請旨事 425-122-213之4

批雍正九年三月二十一日湖廣總

督邁柱奏（二則） 425-122-213之4

批雍正九年四月一日湖廣總督邁

柱奏（三則） 425-124-213之4

批雍正九年五月十二日湖廣總督

邁柱奏爲請旨事 425-126-213之4

批雍正九年六月二十九日湖廣總

督邁柱奏爲處員仍請留楚補用

以備任使事 425-126-213之4

批雍正九年七月十八日湖廣總督

邁柱奏爲恭報楚省早稻豐收分

數米糧價值仰慰睿懷事 425-127-213之4

批雍正九年七月十八日湖廣總督

邁柱奏爲奏聞事 425-127-213之4

批雍正九年八月十七日湖廣總督

邁柱登州鎮總兵岳含奇奏爲奏

聞事 425-128-213之4

批雍正九年九月八日湖廣總督邁

柱奏爲恭報楚省中晚二禾豐收

分數米糧價值仰慰睿懷事 425-129-213之4

批雍正九年十月十三日湖廣總督

邁柱奏（二則） 425-129-213之4

批雍正九年十二月六日湖廣總督

邁柱奏爲請旨事 425-130-213之4

批雍正九年十二月六日湖廣總督

邁柱奏爲奏聞事 425-131-213之4

批雍正十年一月十二日湖廣總督

邁柱奏爲恭報楚省得雪情形仰

慰聖懷事 425-132-213之5

批雍正十年一月十二日湖廣總督

邁柱奏 425-132-213之5

批雍正十年二月二十四日湖廣總

督邁柱奏爲恭報楚省雨雪情形

米糧價值仰慰聖懷事 425-133-213之5

批雍正十年二月二十四日湖廣總

督邁柱奏爲奏明事 425-134-213之5

批雍正十年二月二十四日湖廣總

督邁柱奏 425-134-213之5

批雍正十年三月二十一日湖廣總

督邁柱湖廣提督岳超龍奏爲請

旨事 425-135-213之5

批雍正十年四月二十六日湖廣總

督邁柱奏爲請留任事能員以收

勸懲實效事 425-135-213之5

批雍正十年四月二十六日湖廣總

督邁柱奏爲請旨事 425-136-213之5

批雍正十年四月二十六日湖廣總

督邁柱奏爲奏聞事 425-137-213之5

批雍正十年四月二十六日湖廣總

督邁柱奏爲奏聞事 425-137-213之5

批雍正十年五月二十二日湖廣總

督邁柱奏爲據實密摺奏聞事 425-137-213之5

批雍正十年七月四日湖廣總督邁

柱奏爲恭報早稻收成分數米糧

價值仰慰睿懷事 425-139-213之5

批雍正十年七月四日湖廣總督邁

柱奏爲楚北丁銀掛欠無幾據實

陳明仰祈睿鑒事 425-140-213之5

批雍正十年八月二十五日湖廣總

督邁柱奏爲請旨事 425-142-213之5

批雍正十年八月二十五日湖廣總

督邁柱奏爲遵旨查覆事 425-143-213之5

批雍正十年八月二十五日湖廣總

督邁柱奏爲奏明事 425-145-213之5

批雍正十年十一月九日湖廣總督

邁柱奏爲奏聞事 425-145-213之5

批雍正十年十一月九日湖廣總督

邁柱奏爲奏請揀撥武員事 425-146-213之5

批雍正十年十一月九日湖廣總督

邁柱奏爲請留因公罣誤之能員

以備任使事 425-146-213之5

批雍正十年十二月十七日湖廣總

督邁柱奏爲奏明暫停捐納事例

以平米價以濟民食事 425-147-213之5

批雍正十年十二月十七日湖廣總

督邁柱奏 425-147-213之5

批雍正十一年二月二十一日湖廣

總督邁柱奏爲恭報雨雪情形仰

慰聖懷事 425-148-213之5

批雍正十一年四月十一日湖廣總

督邁柱奏 425-149-213之5

批雍正十一年五月六日湖廣總督

邁柱奏爲恭報二麥豐收分數米

糧價值仰慰睿懷事 425-149-213之5

批雍正十一年五月六日湖廣總督

邁柱奏爲請旨事 425-150-213之5

批雍正十一年五月六日湖廣總督邁柱奏 425-151-213之5

批雍正十一年五月六日～十一年五月二十二日湖廣總督邁柱湖北巡撫德齡奏爲奏明事 425-152-213之5

批雍正十一年五月二十二日湖廣總督邁柱奏爲姦邪不法之土司實難姑容仰祈睿鑒事 425-153-213之5

批雍正十一年五月二十二日湖廣總督邁柱奏爲遵旨回奏事 425-155-213之5

批雍正十一年七月九日湖廣總督邁柱奏爲恭報早稻收成分數米糧價值仰慰聖懷事 425-157-213之5

批雍正十一年七月九日湖廣總督邁柱奏爲奏明事 425-158-213之5

批雍正十一年八月二十九日湖廣總督邁柱奏爲遵旨回奏事 425-158-213之5

批雍正十一年九月十六日湖廣總督邁柱奏爲恭報楚省中晚二禾收成分數米糧價值仰慰聖懷事 425-159-213之5

批雍正十一年九月十六日湖廣總督邁柱奏爲奏明事 425-160-213之5

批雍正十一年十一月九日湖廣總督邁柱奏爲請旨事 425-161-213之5

批雍正十一年十一月九日湖廣總督邁柱奏爲奏聞事 425-162-213之5

批雍正十一年十一月九日湖廣總督邁柱奏爲奏明事 425-163-213之5

批雍正十一年十一月九日湖廣總督邁柱奏爲請補要地同知以資督理堤膞事 425-164-213之5

批雍正十一年十二月十九日湖廣總督邁柱奏 425-165-213之5

批雍正十一年十二月十九日湖廣總督邁柱奏爲恭報瑞雪情形仰慰聖懷事 425-166-213之5

批雍正十一年十二月二十四日湖廣總督邁柱奏爲恭繳御批奏摺事 425-167-213之5

批雍正十二年二月四日湖廣總督邁柱奏爲奏明事 425-169-213之6

批雍正十二年二月四日湖廣總督邁柱奏 425-170-213之6

批雍正十二年四月十六日湖廣總督邁柱奏爲請旨事 425-171-213之6

批雍正十二年五月十五日湖廣總督邁柱奏爲恭報楚省二麥豐收分數米糧價值仰慰睿懷事 425-172-213之6

批雍正十二年五月十五日湖廣總督邁柱奏 425-173-213之6

批雍正十二年五月十五日湖廣總督邁柱奏爲欽奉上諭事 425-173-213之6

批雍正十二年七月八日湖廣總督邁柱奏爲恭報早稻收成分數米糧價值仰慰聖懷事 425-174-213之6

批雍正十二年七月八日湖廣總督邁柱奏爲恭繳御批奏摺事 425-175-213之6

批雍正十二年七月八日湖廣總督邁柱奏爲遵旨回奏事 425-175-213之6

批雍正十二年九月十五日湖廣總督邁柱奏爲恭報中晚二禾收成分數米糧價值仰慰聖懷事 425-176-213之6

批雍正十二年九月十五日湖廣總督邁柱奏爲請旨事 425-177-213之6

批雍正十二年九月十五日湖廣總督邁柱奏爲遵旨議覆事 425-178-213之6

批雍正十二年九月十五日湖廣總督邁柱奏爲土司嚮化歸誠仰祈睿鑒事 425-178-213之6

批雍正十二年九月十五日湖廣總督邁柱署理湖北巡撫楊馝奏爲遵旨回奏事 425-179-213之6

批雍正十二年九月二十八日湖廣總督邁柱奏爲欽奉上諭事 425-181-213之6

批雍正十二年十一月二日湖廣總督邁柱署理湖南巡撫鍾保奏爲遵旨回奏事 425-181-213之6

批雍正十二年十一月二日湖廣總督邁柱奏爲欽奉上諭事 425-182-213之6

批雍正十二年十二月四日湖廣總督邁柱奏爲恭請聖裁事 425-184-213之6

批雍正十二年十二月四日湖廣總督邁柱奏爲請旨事 425-184-213之6

批雍正十二年十二月四日湖廣總督邁柱奏 425-185-213之6

批雍正十三年二月十日湖廣總督邁柱奏爲奏聞事 425-186-213之6

批雍正十三年三月二十四日湖廣總督邁柱奏爲奏聞事（二則） 425-187-213之6

批雍正十三年四月二十四日湖廣總督邁柱奏爲恭懇聖恩事 425-188-213之6

批雍正十三年四月二十四日湖廣總督邁柱奏 425-189-213之6

批雍正十三年閏四月十三日湖廣總督邁柱奏爲恭報二麥豐收分數米糧價值仰慰聖懷事 425-189-213之6

批雍正十三年閏四月十三日湖廣總督邁柱奏 425-190-213之6

批雍正十三年五月二十二日湖廣總督邁柱奏 425-192-213之6

批雍正十三年六月二十四日湖廣總督邁柱奏 425-192-213之6

批雍正十三年七月十五日湖廣總督邁柱奏爲恭報早稻收成分數米糧價值仰慰聖懷事 425-193-213之6

批雍正二年一月二十一日雲南提督郝玉麟奏爲奏聞事 425-194-214之1

批雍正二年三月二十六日雲南提督郝玉麟奏爲奏聞事 425-196-214之1

批雍正二年閏四月十三日雲南提督郝玉麟奏爲恭謝天恩事 425-198-214之1

批雍正三年四月三日雲南提督郝玉麟奏爲奏聞駐劄官兵情形上慰聖懷事 425-199-214之1

批雍正三年四月三日雲南提督郝玉麟奏爲營伍務在得人人材宜加鼓勵妄陳未議仰請睿裁事 425-199-214之1

批雍正三年八月二十二日雲南提督郝玉麟奏爲奏聞事 425-200-214之1

批雍正三年十二月二日雲南提督郝玉麟奏爲奏明事 425-201-214之1

批雍正三年十二月二日雲南提督郝玉麟奏爲微臣戀主情殷恭請陛見仰乞俞允用伸積悃事 425-203-214之1

批雍正四年七月十三日雲南提督郝玉麟奏爲恭謝天恩事 425-204-214之1

批雍正五年一月二十四日雲南提督郝玉麟奏爲微臣積悃未伸犬馬戀主益切乞聖慈恩准陛見事 425-204-214之1

批雍正五年三月二十四日雲南提督郝玉麟奏爲鎮沅地方平定首惡俱已就擒夷民漸次復業事 425-205-214之1

批雍正五年五月二十六日雲南提督郝玉麟奏爲奏明事 425-207-214之1

批雍正五年八月十日雲南提督郝玉麟奏爲密陳安南情形仰祈睿鑒事 425-208-214之1

批雍正五年九月十六日雲南提督郝玉麟奏爲勘明邊界情形仰祈睿鑒事 425-209-214之1

批雍正五年九月十七日雲南提督郝玉麟奏爲奏聞事 425-210-214之1

批雍正五年十一月二十一日雲南提督郝玉麟奏爲飛報安國迎請敕書事 425-211-214之1

批雍正六年二月二十二日雲南提督郝玉麟奏爲奏聞事 425-213-214之1

批雍正六年四月二十日雲南提督郝玉麟奏爲勘明茶山情形並獲要犯緣由仰祈睿鑒事 425-214-214之1

批雍正六年四月二十日雲貴提督郝玉麟奏爲據實陳明事 425-216-214之1

批雍正六年五月十九日雲南提督郝玉麟奏爲奏聞事 425-217-214之1

批雍正六年九月四日雲南提督郝玉麟奏爲彙報事 425-219-214之1

批雍正六年十月二十日雲南提督郝玉麟奏爲奏聞事 425-220-214之1

批雍正六年十二月四日雲南提督郝玉麟奏爲平逆夷情形仰祈睿鑒事 425-221-214之1

批雍正七年二月四日雲南提督郝玉麟奏爲微臣瞻天念切恭請陛見以伸瞻慕事 425-224-214之2

批雍正七年六月十二日廣東總督郝玉麟奏爲欽奉聖訓事 425-226-214之2

批雍正七年六月十二日廣東總督郝玉麟奏爲恭懇聖恩事 425-227-214之2

批雍正七年八月十一日廣東總督郝玉麟奏恭請皇上聖安 425-229-214之2

批雍正七年八月十一日廣東總督郝玉麟奏爲奏聞事（二則） 425-229-214之2

批雍正七年八月十一日廣東總督郝玉麟奏爲敬陳兩廣鹽政之流弊仰祈睿鑒事 425-231-214之2

批雍正七年八月十一日廣東總督郝玉麟署巡撫傅泰奏爲請旨事 425-232-214之2

批雍正七年九月十一日廣東總督郝玉麟奏爲粵省買補營馬領銀

浮多宜定成規以杜冒銷事　425-234-214之2

批雍正七年九月十一日廣東總督郝玉麟奏爲拏獲海洋巨盜事　425-235-214之2

批雍正七年九月十一日廣東總督郝玉麟奏爲聖主之德澤日深商等之沾恩已厚請增餉課以效涓埃事　425-236-214之2

批雍正七年九月十一日廣東總督郝玉麟奏爲查出東省官運官銷之埋羨以裕課餉事　425-237-214之2

批雍正七年十一月十八日廣東總督郝玉麟奏爲恭謝天恩事　425-239-214之2

批雍正七年十一月十八日廣東總督郝玉麟奏爲敬陳粵東外海內河戰船情形分別小修歲修以收實效事　425-241-214之2

批雍正七年十一月十八日廣東總督郝玉麟奏爲欽奉上諭密行辦理事　425-242-214之2

批雍正七年十一月十八日廣東總督郝玉麟奏爲敬覆諭旨仰祈睿鑒事　425-243-214之2

批雍正七年十二月二十七日廣東總督郝玉麟署巡撫傅泰奏爲遵旨查奏事 附摺片　425-244-214之2

批雍正七年十二月二十七日廣東總督郝玉麟奏爲遵旨覆奏事　425-247-214之2

批雍正八年一月二十四日廣東總督郝玉麟奏爲鹽政流弊仰祈睿鑒事　425-250-214之3

批雍正八年一月二十四日廣東總督郝玉麟奏爲奏聞恭報楠木黎民急公情形仰祈睿鑒事　425-252-214之3

批雍正八年一月二十四日廣東總督郝玉麟奏爲聖德光昭卿雲遠見謹據與情稟請題達事　425-253-214之3

批雍正八年一月二十四日廣東總督郝玉麟奏爲據實奏明事　425-254-214之3

批雍正八年一月二十四日廣東總督郝玉麟奏爲遵旨奏聞事　425-255-214之3

批雍正八年一月二十四日廣東總督郝玉麟奏爲欽奉上諭事　425-255-214之3

批雍正八年三月十一日廣東總督郝玉麟奏爲欽遵諭旨事　425-257-214之3

批雍正八年三月十一日廣東總督郝玉麟奏爲恭報續獲海洋盜首事　425-259-214之3

批雍正八年三月十一日廣東總督郝玉麟奏爲恭請聖裁事　425-260-214之3

托雍正八年三月十一日廣東總督郝玉麟署巡撫傅泰奏爲滙陳辦銅下情懇祈亟賜籌畫事　425-261-214之3

批雍正八年三月二十六日廣東總督郝玉麟署巡撫傅泰奏爲謹遵諭旨會議營制事　425-263-214之3

批雍正八年五月十一日廣東總督郝玉麟奏爲奏聞事　425-264-214之3

批雍正八年五月十一日廣東總督郝玉麟奏爲密行奏聞事　425-264-214之3

批雍正八年五月十一日廣東總督郝玉麟奏爲據詳奏聞事　425-265-214之3

批雍正八年五月十一日廣東總督郝玉麟奏爲恭謝天恩事　425-266-214之3

批雍正八年五月十一日廣東總督郝玉麟奏爲欽奉諭旨事　425-267-214之3

批雍正八年五月十一日廣東總督郝玉麟奏爲奏聞事　425-267-214之3

批雍正八年八月二十六日廣東總督郝玉麟奏爲遵旨覆奏事　425-268-214之3

批雍正八年八月二十六日廣東總督郝玉麟奏爲奏聞事　425-269-214之3

批雍正八年八月二十六日廣東總督郝玉麟奏爲奏明事　425-269-214之3

批雍正八年十一月二日廣東總督郝玉麟奏爲微臣戀主情殷恭請陛見用伸積悃事　425-271-214之4

批雍正八年十一月二日廣東總督郝玉麟奏爲奏明事　425-272-214之4

批雍正八年十二月二日廣東總督郝玉麟奏爲敬陳愚悃仰祈睿鑒事　425-273-214之4

批雍正八年十二月二日廣東總督郝玉麟奏爲游棍招搖據實奏聞仰乞睿鑒事　425-274-214之4

批雍正九年二月二十一日廣東總督郝玉麟奏爲奏請聖裁事　425-275-214之4

批雍正九年三月九日廣東總督郝玉麟奏爲海洋積盜悔罪投首奏明安插事　425-276-214之4

批雍正九年八月八日廣東總督革

史部

詔令奏議類：附錄

詔令上十一畫

職留任郝玉麟奏爲奏明酌設緝私巡丁以專責成以裕課稅事 425-276-214之4

批雍正九年八月八日廣東總督革職留任郝玉麟奏爲酌劑廣西鹽務裕課便民仰乞聖裁事 425-277-214之4

批雍正九年九月二十八日廣東總督革職留任郝玉麟奏爲密拿舉逃盜事 425-279-214之4

批雍正九年十月二十二日廣東總督革職留任郝玉麟巡撫鄂彌達奏爲奏聞事 425-279-214之4

批雍正十年二月十二日廣東總督革職留任郝玉麟奏爲通核息銀數目酌議分給協營恭請聖裁指示欽遵事 425-280-214之4

批雍正十年二月十九日廣東總督革職留任郝玉麟奏爲海疆關係緊要酌擬陞調之員恭懇聖恩以裨地方營伍事 425-282-214之4

批雍正十年四月六日廣東總督革職留任郝玉麟奏爲聖恩寬厚感激深恭摺奏謝仰請訓諭事 425-283-214之4

批雍正十年四月六日廣東總督革職留任郝玉麟奏爲奏聞事 425-284-214之4

批雍正十年五月七日署福建總督郝玉麟奏爲臺疆安帖情形仰祈睿鑒事 425-285-214之4

批雍正十年五月二十九日署福建總督郝玉麟奏爲欽奉上諭事 425-286-214之4

批雍正十年閏五月二十四日署福建總督郝玉麟奏爲集報二麥已豐收早稻旋登大有據實奏聞事 425-287-214之4

批雍正十年閏五月二十四日署福建總督郝玉麟奏爲海疆教化宜先頑民管轄宜近謹陳漳南地界情形酌議分駐改轄事 425-288-214之4

批雍正十年閏五月二十四日署福建總督郝玉麟奏爲恭懇聖恩事 425-289-214之4

批雍正十年六月二十日署福建總督郝玉麟奏爲奏明事 425-290-214之4

批雍正十年六月二十日署福建總督郝玉麟奏爲奏聞事 425-291-214之4

批雍正十年六月二十日署福建總督郝玉麟奏爲奏請添設烏銃額數以資捍衛事 425-292-214之4

批雍正十年七月二十六日署福建總督郝玉麟奏爲調補臺澎之武職仰懇聖恩准照舊例附支俸薪以資日用事 425-293-214之4

批雍正十年七月二十六日署福建總督郝玉麟奏爲遵旨覆奏事 425-294-214之4

批雍正十年八月二十八日署福建總督郝玉麟奏爲據報進勸番社情形恭摺奏聞事 425-297-214之5

批雍正十年八月二十八日署福建總督郝玉麟奏爲恭請聖裁事 425-298-214之5

批雍正十年九月十八日署福建總督郝玉麟奏爲酌議臺地文員之年限以示鼓勵以昭畫一事 425-299-214之5

批雍正十年九月十八日署福建總督郝玉麟奏爲恭奏進勸逆番情形事 425-300-214之5

批雍正十年九月十八日署福建總督郝玉麟奏爲遵旨奏覆事 425-302-214之5

批雍正十年十月二十一日福建總督郝玉麟福建巡撫趙國麟奏爲買銅之洋船回棹有期委員之在蘇守候無益謹爲酌量變通恭請睿鑒事 425-304-214之5

批雍正十年十月二十一日福建總督郝玉麟奏爲海疆要鎮重在得人據實恭懇聖恩事 425-306-214之5

批雍正十年十月二十一日福建總督郝玉麟奏爲恭報蕩平臺番大捷事 425-306-214之5

批雍正十年十月二十一日福建總督郝玉麟奏爲請旨事 425-308-214之5

批雍正十年十二月二十日福建總督郝玉麟奏爲遵旨覆奏事 425-309-214之5

批雍正十年十二月二十日福建總督郝玉麟奏爲奏聞事 425-310-214之5

批雍正一年二月二十日福建總督郝玉麟奏爲遵旨覆奏事 425-311-214之5

批雍正十一年三月二日福建總督郝玉麟福建巡撫趙國麟奏爲撥運倉穀接濟鄰省事 425-312-214之5

批雍正十一年四月五日福建總督郝玉麟福建巡撫趙國麟奏爲二麥豐茂逾常早禾亦多暢茂謹據實奏聞仰祈睿鑒事 425-313-214之5

批雍正十一年四月五日福建總督郝玉麟福建巡撫趙國麟奏爲奏聞事　425-314-214之5

批雍正十一年四月五日福建總督郝玉麟福建巡撫趙國麟奏爲據情遵例代奏仰祈聖鑒事　425-315-214之5

批雍正十一年五月一日福建總督郝玉麟福建巡撫趙國麟奏爲奏聞事　425-316-214之5

批雍正十一年六月二十七日福建巡撫趙國麟奏爲敬陳地方情形增政府州縣治以專職守事　425-317-214之5

批雍正十一年六月二十七日福建總督郝玉麟福建巡撫趙國麟奏爲奏聞事　425-319-214之5

批雍正十一年六月二十七日福建總督郝玉麟福建巡撫趙國麟奏爲恭懇聖恩以恢興情事　425-320-214之5

批雍正十一年六月二十七日福建總督郝玉麟奏爲請旨事　425-321-214之5

批雍正十一年六月二十七日福建總督郝玉麟奏爲奏聞事　425-322-214之5

批雍正十一年八月四日福建總督郝玉麟奏爲海嶼鎮協各營兵食最關緊要酌議分貯穀石以備接濟事　425-323-214之5

批雍正十一年九月二日福建總督郝玉麟署福建陸路提督阿爾賽奏爲請旨事　425-325-214之6

批雍正十一年九月二日福建總督郝玉麟福建巡撫趙國麟奏爲據情轉奏事　425-326-214之6

批雍正十一年九月二日福建總督郝玉麟福建巡撫趙國麟奏爲恭報閩省早稻收成分數仰祈睿鑒事　425-327-214之6

批雍正十一年九月二十六日福建總督郝玉麟奏爲姦民私藏番人潛入內地事　425-328-214之6

批雍正十一年十一月一日福建總督郝玉麟福建巡撫趙國麟奏爲欽奉上諭事（二則）　425-329-214之6

批雍正十一年十一月十八日福建總督郝玉麟福建巡撫趙國麟奏爲恭報閩省晚稻收成分數仰祈睿鑒事　425-332-214之6

批雍正十一年十二月二十六日福建總督郝玉麟福建巡撫趙國麟奏爲據實奏聞仰祈睿鑒事　425-333-214之6

批雍正十一年十二月二十六日福建督郝玉麟福建巡撫趙國麟奏爲姦民私載番人潛入內地謹將審擬罪名恭陳聖鑒事　425-334-214之6

批雍正十一年十二月二十六日福建總督郝玉麟福建巡撫趙國麟奏爲請旨事　425-336-214之6

批雍正十一年十二月二十六日福建總督郝玉麟奏爲欽奉上諭事　425-339-214之6

批雍正十二年三月十二日福建總督郝玉麟福建巡撫趙國麟奏爲欽奉上諭事　425-340-214之6

批雍正十二年五月二十二日福建總督郝玉麟奏爲微弁著有勞績伏懇皇上格外施恩以示鼓勵事　425-341-214之6

批雍正十二年五月二十二日福建總督郝玉麟福建巡撫趙國麟奏爲恭報閩省二麥收成分數事　425-342-214之6

批雍正十二年六月十二日福建總督郝玉麟奏爲奏聞事　425-343-214之6

批雍正十二年六月十二日福建總督郝玉麟福建巡撫趙國麟奏爲恭報閩省早稻成熟情形仰祈睿鑒事　425-344-214之6

批雍正十三年六月二日浙閩總督郝玉麟奏爲海疆重鎮務在得人仰懇聖主簡補賢能以收實效事　425-345-214之6

批雍正十三年七月一日浙閩總督郝玉麟奏爲據實密奏仰祈睿鑒事　425-346-214之6

批雍正六年九月十一日貴州布政使鄂彌達奏爲奏聞事（二則）　425-349-215之1

批雍正七年一月十一日貴州布政使鄂彌達奏爲恭謝天恩事　425-351-215之1

批雍正七年一月十一日貴州布政使鄂彌達奏爲據實陳明仰祈睿鑒事　425-352-215之1

批雍正七年四月十五日貴州布政使鄂彌達奏爲奏聞事　425-353-215之1

批雍正七年四月十五日貴州布政使鄂彌達奏爲欽奉聖訓事　425-354-215之1

批雍正七年八月十二日貴州布政使鄂彌達奏爲恭謝天恩事 425-355-215之1

批雍正七年八月十二日貴州布政使鄂彌達奏爲恭繕硃批原摺事 425-355-215之1

批雍正八年一月二十四日貴州布政使鄂彌達奏爲社倉請專委任以明勸懲以收實效事 425-356-215之1

批雍正八年七月七日貴州布政使今陞廣東巡撫鄂彌達奏爲敬陳管見仰祈睿鑒事 425-357-215之1

批雍正八年九月六日新任廣東巡撫鄂彌達奏爲恭報微臣起程日期仰祈睿鑒事 425-359-215之1

批雍正九年正月十二日廣東巡撫鄂彌達奏爲奏聞事 425-360-215之1

批雍正九年二月十日廣東巡撫鄂彌達奏爲敬陳粵省情形仰祈睿鑒事 425-360-215之1

批雍正九年三月二十二日廣東巡撫鄂彌達奏爲請定保甲練總功過以期盜息民安事 425-361-215之1

批雍正九年七月十五日廣東巡撫鄂彌達奏爲奏聞事(二則) 425-363-215之1

批雍正九年八月二十四日廣東巡撫鄂彌達奏爲奏聞事(二則) 425-364-215之1

批雍正九年八月二十四日廣東巡撫鄂彌達奏爲請旨事 425-366-215之1

批雍正九年九月六日廣東巡撫鄂彌達奏爲奏聞事 425-367-215之1

批雍正九年十月二十三日廣東巡撫鄂彌達奏爲欽遵聖諭實力奉行事 425-368-215之1

批雍正九年十月二十三日廣東巡撫鄂彌達奏爲恭報粵東秋收分數仰祈睿鑒事 425-369-215之1

批雍正十年正月十六日廣東巡撫鄂彌達奏爲奏聞事(二則) 425-370-215之2

批雍正十年正月十六日廣東巡撫鄂彌達奏爲請旨事 425-371-215之2

批雍正十年二月十八日廣東巡撫鄂彌達奏爲恭繕硃批原摺事 425-372-215之2

批雍正十年三月十九日廣東總督郝玉麟廣東巡撫鄂彌達奏爲奏聞事 425-373-215之2

批雍正十年三月十九日廣東總督郝玉麟廣東巡撫鄂彌達奏爲遵旨覆奏事 425-373-215之2

批雍正十年三月十九日廣東巡撫鄂彌達奏爲請改州縣轄屬以便吏治民生事 425-375-215之2

批雍正十年四月十六日署理廣東總督鄂彌達奏爲恭請聖訓事 425-376-215之2

批雍正十年四月十六日署理廣東總督鄂彌達奏爲奏聞事 425-377-215之2

批雍正十年五月二十九日署理廣東總督鄂彌達署理廣東巡撫楊永斌奏爲參奏事 425-377-215之2

批雍正十年五月二十九日署理廣東總督鄂彌達署理廣東巡撫楊永斌奏爲奏聞事 425-379-215之2

批雍正十年五月二十九日署理廣東總督鄂彌達署理廣東巡撫楊永斌奏爲遵旨覆奏事(二則) 425-380-215之2

批雍正十年閏五月十三日署理廣東總督鄂彌達奏爲奏聞事(二則) 425-383-215之2

批雍正十年六月九日署理廣東總督鄂彌達奏爲安插窮民開墾情形仰祈睿鑒事 425-384-215之2

批雍正十年六月九日署理廣東總督鄂彌達奏爲遵旨覆奏事 425-386-215之2

批雍正十年七月二日署理廣東總督鄂彌達奏爲恭報粵東早稻收成分數仰祈睿鑒事 425-387-215之2

批雍正十年七月二日署理廣東總督鄂彌達奏爲酌裁鹽政陋例以節浮費事 425-387-215之2

批雍正十年七月二日署理廣東總督鄂彌達奏爲奏聞事 425-389-215之2

批雍正十年七月二日署理廣東總督鄂彌達奏爲請旨事(二則) 425-389-215之2

批雍正十年九月三日署理廣東總督鄂彌達奏爲人才難得據實奏聞仰祈睿鑒事 425-392-215之2

批雍正十年九月三日署理廣東總督鄂彌達奏爲奏明事 425-393-215之2

批雍正十年九月三日署理廣東總督鄂彌達奏爲請旨事 425-394-215之2

批雍正十年九月三日署理廣東總督鄂彌達署理廣東巡撫楊永斌

奏爲遵旨據實回奏仰祈聖裁事 425-395-215之2

批雍正十年九月十九日署理廣東總督鄂彌達奏爲請旨事 425-396-215之2

批雍正十年九月十九日署理廣東總督鄂彌達奏爲呈請代奏恭謝天恩事 425-397-215之2

批雍正十年九月十九日署理廣東總督鄂彌達奏爲敬籌各標生息銀兩永遠流通匀給賞賚之法仰冀聖裁事 425-398-215之2

批雍正十年十一月九日廣東總督鄂彌達廣東巡撫楊永斌奏爲恭報粵東秋成分數仰祈睿鑒事 425-399-215之2

批雍正十年十二月一日廣東總督鄂彌達廣東巡撫楊永斌奏爲奏明事 425-399-215之2

批雍正十年十二月一日廣東總督鄂彌達奏爲恭繕硃批原摺事 425-400-215之2

批雍正十年十二月一日廣東總督鄂彌達奏秀民感激聖化相率悔罪自新恭懇皇恩准予安插事 425-401-215之2

批雍正十年十二月二十日廣東總督鄂彌達廣東巡撫楊永斌奏爲奏明事 425-402-215之2

批雍正十年十二月二十日廣東總督鄂彌達奏爲據實奏聞事 425-403-215之2

批雍正十一年三月十二日廣東總督鄂彌達廣東巡撫楊永斌奏爲奏明事 425-405-215之3

批雍正十一年三月十二日廣東總督鄂彌達奏爲奏聞事 425-406-215之3

批雍正十一年五月十日廣東總督鄂彌達廣東巡撫楊永斌奏爲奏覆事 425-407-215之3

批雍正十一年五月十日廣東總督鄂彌達奏爲水師人才難得據情奏聞仰邀睿鑒事 425-409-215之3

批雍正十一年五月十日廣東總督鄂彌達奏爲謹籌便益貧民買食之法仰冀睿鑒事 425-410-215之3

批雍正十一年七月一日廣東總督鄂彌達廣東巡撫楊永斌奏爲豬人情性迥殊因俗權宜立法據實奏明仰邀睿鑒事 425-411-215之3

批雍正十一年七月一日廣東總督鄂彌達奏爲恭報粵東早稻收成分數仰祈睿鑒事 425-413-215之2

批雍正十一年七月一日廣東總督鄂彌達奏爲遵旨奏覆事(二則) 425-414-215之3

批雍正十一年八月二十五日廣東總督鄂彌達廣州將軍柏之蕃廣東提督張溥奏爲遵旨奏覆事 425-416-215之3

批雍正十一年八月二十五日廣東總督鄂彌達提督張溥奏爲鎮臣庸惰乖張任意勒派據實奏明仰邀睿鑒事 425-417-215之3

批雍正十一年八月二十五日廣東總督鄂彌達奏爲恭謝天恩事 425-418-215之3

批雍正十一年十月四日廣東總督鄂彌達奏 425-419-215之3

批雍正十一年十月四日廣東總督鄂彌達奏爲恭繕硃批原摺事 425-420-215之3

批雍正十一年十一月十五日廣東總督鄂彌達廣東巡撫楊永斌奏爲勞臣遺澤在顴懇破格加恩以酬懋績以恢興情事 425-421-215之3

批雍正十一年十一月十五日廣東總督鄂彌達廣東巡撫楊永斌奏爲恭懇聖恩准留鹽場效力事 425-422-215之3

批雍正十一年十一月十五日廣東總督鄂彌達奏爲恭報粵東晚稻收成分數仰祈睿鑒事 425-423-215之3

批雍正十一年十二月四日廣東總督鄂彌達廣東巡撫楊永斌奏爲遵旨奏覆事 425-424-215之3

批雍正十一年十二月四日廣東總督鄂彌達廣東巡撫楊永斌奏爲據情奏明仰祈聖鑒事 425-426-215之3

批雍正十一年十二月四日廣東總督鄂彌達廣東巡撫楊永斌奏爲人才難得據情奏聞仰祈睿鑒事 425-426-215之3

批雍正十二年二月四日廣東總督鄂彌達廣東巡撫楊永斌奏爲奏明事 425-429-215之4

批雍正十二年二月四日廣東總督鄂彌達廣東巡撫楊永斌奏爲奏聞事 425-430-215之4

批雍正十二年二月十九日廣東總督鄂彌達廣東巡撫楊永斌奏爲奏聞事 425-431-215之4

史部

詔令奏議類：附錄

詔令上十一畫

批雍正十二年二月十九日廣東總督鄂彌達奏爲奏聞事 425-433-215之4

批雍正十二年三月初一日廣東總督鄂彌達奏爲恭進職位事 425-433-215之4

批雍正十二年四月八日廣東總督鄂彌達廣東巡撫楊永斌奏爲要地需員酌請調補以收實效事 425-434-215之4

批雍正十二年四月八日廣東總督鄂彌達廣東巡撫楊永斌奏爲謹籌要地倉貯以備民食事 425-434-215之4

批雍正十二年四月初八日廣東總督鄂彌達奏爲奏聞事 425-436-215之4

批雍正十二年四月八日廣東總督鄂彌達奏爲請定鹽塩專弁以清私販事 425-436 215之4

批雍正十二年五月初四日廣東總督鄂彌達奏爲奏報開墾田畝安插人民事 425-437-215之4

批雍正十二年五月初四日廣東總督鄂彌達爲奏聞事 425-438-215之4

批雍正十二年六月十一日廣東總督鄂彌達奏爲恭報粵東早稻分數仰祈睿鑒事 425-439-215之4

批雍正十二年六月初一日廣東總督鄂彌達奏爲奏明事 425-440-215之4

批雍正十二年七月二十六日廣東總督鄂彌達奏爲恭謝天恩事 425-440-215之4

批雍正十二年十月八日廣東總督鄂彌達廣東巡撫楊永斌奏爲奏聞事 425-441-215之4

批雍正十二年十一月十二日廣東總督鄂彌達奏爲恭報粵東秋成分數仰祈聖鑒事 425-442-215之4

批雍正十二年十一月十二日廣東總督鄂彌達奏爲請旨事 425-443-215之4

批雍正十二年十二月十三日廣東總督鄂彌達奏爲奏聞事 425-444-215之4

批雍正十三年正月二十六日廣東巡撫楊永斌奏爲奏聞請旨事 425-444-215之4

批雍正十三年二月十二日兩廣總督鄂彌達廣東巡撫楊永斌奏爲恭謝天恩事 425-445-215之4

批雍正十三年二月十二日兩廣總督鄂彌達奏爲奏聞事 425-446-215之4

批雍正十三年二月十二日兩廣總督鄂彌達奏爲敬陳管見仰祈睿鑒事 425-447-215之4

批雍正十三年三月十五日兩廣總督鄂彌達廣東巡撫楊永斌奏爲遵旨奏覆事 425-448-215之4

批雍正十三年三月十五日兩廣總督鄂彌達廣東提督張溥奏爲奏覆事 425-450-215之4

批雍正十三年四月初六日兩廣總督鄂彌達奏爲恭報二麥豐收米價平減仰慰聖懷事 425-451-215之4

批雍正十三年四月初六日兩廣總督鄂彌達廣東巡撫楊永斌奏爲奏覆事 425-452-215之4

批雍正十三年四月初六日兩廣總督鄂彌達廣東巡撫楊永斌奏爲奏聞事（二則） 425-453-215之4

批雍正十三年閏四月初九日兩廣總督鄂彌達奏爲請旨事 425-454-215之4

批雍正十三年閏四月初九日兩廣總督鄂彌達奏爲恭謝聖訓事 425-455-215之4

批雍正十三年閏四月初九日兩廣總督鄂彌達廣東巡撫楊永斌奏爲恭謝聖訓事 425-456-215之4

批雍正十三年閏四月二十一日兩廣總督鄂彌達奏爲奏聞事 425-457-215之4

批雍正十三年六月十三日兩廣總督鄂彌達奏爲恭報早稻收成分數并米糧價值事 425-459-215之4

批雍正十三年六月十三日兩廣總督鄂彌達廣東巡撫楊永斌奏爲奏聞事 425-459-215之4

批雍正六年十月十五日湖南按察使趙弘恩奏爲遵旨陳奏恭謝天恩事 425-461-216之1

批雍正六年十月十五日湖南按察使趙弘恩奏地方事宜 425-462-216之1

批雍正七年四月二十四日四川布政使趙弘恩奏（二則） 425-464-216之1

批雍正七年八月二十四日署理湖北巡撫印務四川布政使趙弘恩奏爲恭謝天恩事 425-466-216之1

批雍正七年八月二十四日署理湖北巡撫印務四川布政使趙弘恩奏（三則） 425-467-216之1

四庫全書文集篇目分類索引

批雍正七年八月二十四日署理湖北巡撫印務四川布政使趙弘恩奏爲遵旨密行事　425-471-216之1

批雍正七年九月十九日署理湖北巡撫印務四川布政使趙弘恩奏　425-473-216之1

批雍正七年九月十九日湖廣總督邁柱署理湖北巡撫印務趙弘恩奏爲恭請聖訓事　425-474-216之1

批雍正七年十一月初七日湖南巡撫趙弘恩奏爲恭謝天恩事　425-475-216之1

批雍正七年十一月初七日湖南巡撫趙弘恩奏（三則）　425-476-216之1

批雍正七年十一月初七日湖廣總督邁柱湖南巡撫趙弘恩奏爲奏聞事　425-479-216之1

批雍正七年十二月初九日湖廣總督邁柱湖南巡撫趙弘恩奏　425-479-216之1

批雍正七年十二月初九日湖南巡撫趙弘恩奏　425-480-216之1

批雍正七年十二月初九日湖南巡撫趙弘恩奏爲奏請訓旨事　425-481-216之1

批雍正七年十二月初九日湖南巡撫趙弘恩奏爲奏聞事　425-482-216之1

批雍正七年十二月初九日湖南巡撫趙弘恩奏　425-483-216之1

批雍正八年二月初四日湖南巡撫趙弘恩奏爲恭謝天恩事　425-484-216之2

批雍正八年二月初四日湖南巡撫趙弘恩奏　425-484-216之2

批雍正八年二月初四日湖南巡撫趙弘恩奏爲奏聞事　425-485-216之2

批雍正八年二月初四日湖南巡撫趙弘恩奏爲請旨事　425-487-216之2

批雍正八年二月初四日湖南巡撫趙弘恩觀風整俗使李徵奏爲奏請聖訓事　425-488-216之2

批雍正八年四月初三日湖廣總督邁柱湖南巡撫趙弘恩奏爲報明事　425-488-216之2

批雍正八年四月初三日湖廣總督邁柱湖南巡撫趙弘恩奏　425-489-216之2

批雍正八年四月初三日湖南巡撫趙弘恩奏爲奏聞事　425-490-216之2

批雍正八年四月初三日湖南巡撫趙弘恩奏爲酌留能員恭請聖訓事　425-491-216之2

批雍正八年五日二十六日湖廣總督邁柱湖南巡撫趙弘恩奏爲報明事　425-492-216之2

批雍正八年五月二十六日湖南巡撫趙弘恩奏爲恭謝天恩事　425-492-216之2

批雍正八年十月二十八日湖南巡撫趙弘恩奏　425-493-216之2

批雍正九年正月二十八日湖南巡撫趙弘恩奏　425-494-216之2

批雍正九年三月初七日湖南巡撫趙弘恩奏　425-495-216之2

批雍正九年七月初三日湖廣總督邁柱湖南巡撫趙弘恩奏爲遵旨密奏事　425-496-216之2

批雍正九年十月初十日湖南巡撫趙弘恩奏　425-497-216之2

批雍正九年十二月初三日湖南巡撫趙弘恩奏　425-498-216之2

批雍正九年十二月初三日湖南巡撫趙弘恩奏爲恭謝天恩事　425-499-216之2

批雍正十年正月十六日湖南巡撫趙弘恩奏　425-500-216之2

批雍正十年閏五月初七日湖南巡撫趙弘恩奏爲據實奏聞事　425-500-216之2

批雍正十年六月二十七日湖南巡撫趙弘恩奏　425-501-216之2

批雍正十年八月初三日湖南巡撫趙弘恩奏　425-502-216之2

批雍正十年九月初七日湖南巡撫趙弘恩奏　425-503-216之2

批雍正十年九月初七日湖南巡撫趙弘恩奏爲奏聞事　425-504-216之2

批雍正十年十月初十日湖南巡撫趙弘恩奏　425-505-216之2

批雍正十年十二月初四日湖南巡撫趙弘恩奏　425-506-216之2

批雍正十一年正月十八日湖廣總督邁柱湖南巡撫趙弘恩奏爲請旨事　425-508-216之3

批雍正十一年二月初十日湖南巡撫趙弘恩奏　425-509-216之3

批雍正十一年七月初二日湖南巡撫趙弘恩奏　425-510-216之3

批雍正十一年七月二十四日湖南

史部

詔令奏議類：附錄

詔令上十一畫

巡撫趙弘恩奏 425-512-216之3

批雍正十一年九月十六日湖南巡撫趙弘恩爲遵旨明白回奏事 425-513-216之3

批雍正十一年正月十二日署理江南總督印務趙弘恩奏（四則）425-514-216之3

批雍正十二年二月十八日署理江南總督印務趙弘恩奏 425-518-216之3

批雍正十二年二月十八日署理江南總督印務趙弘恩奏爲察琴匪類事 425-519-216之3

批雍正十二年二月十八日署理江南總督印務趙弘恩奏 425-520-216之3

批雍正十二年三月初一日署理江南總督印務趙弘恩奏 425-521-216之3

批雍正十二年三月十五日署理江南總督印務趙弘恩奏（三則）425-522-216之3

批雍正十二年三月十五日署理江南總督印務趙弘恩奏爲奏聞事 425-525-216之3

批雍正十二年三月二十六日署理江南總督印務趙弘恩奏爲據實奏聞事 425-526-216之3

批雍正十二年三月二十六日署理江南總督印務趙弘恩奏爲恭請聖訓事 425-528-216之3

批雍正十二年三月二十六日署理江南總督印務趙弘恩奏爲據實奏聞事 425-529-216之3

批雍正十二年三月二十六日署理江南總督趙弘恩奏 425-529-216之3

批雍正十二年四月十六日署理江南總督印務趙弘恩奏 425-530-216之3

批雍正十二年五月初一日署理江南總督印務趙弘恩奏（四則）425-531-216之3

批雍正十二年五月二十四日署理江南總督印務趙弘恩奏 425-536-216之3

批雍正十二年六月初十日江南總督趙弘恩奏爲恭謝天恩懸准陞見事 425-538-216之4

批雍正十二年六月初十日江南總督趙弘恩奏爲恭謝天恩事 425-539-216之4

批雍正十二年六月初十日江南總督趙弘恩奏 425-540-216之4

批雍正十二年六月初十日江南總督趙弘恩奏爲江南港渠極宜普修以全水利以廣皇仁事 425-541-216之4

批雍正十二年六月二十五日江南總督趙弘恩奏 425-542-216之4

批雍正十二年七月初六日江南總督趙弘恩奏（二則） 425-544-216之4

批雍正十二年七月二十一日江南總督趙弘恩奏 425-546-216之4

批雍正十二年八月初六日江南總督趙弘恩奏 425-547-216之4

批雍正十二年八月初六日江南總督趙弘恩奏爲恭謝天恩事 425-549-216之4

批雍正十二年八月初六日江南總督趙弘恩奏爲恭謝天恩事 425-549-216之4

批雍正十二年九月初九日江南總督趙弘恩江寧將軍吳納哈副都統伍納策奏爲奏明事 425-550-216之4

批雍正十二年九月初九日江南總督趙弘恩奏爲奏聞事（二則）425-551-216之4

批雍正十二年九月二十二日江南總督趙弘恩奏爲奏明事 425-553-216之4

批雍正十二年九月二十八日江南總督趙弘恩漕運總督魏廷珍蘇州巡撫高其倬奏爲遵旨會議具奏事 425-553-216之4

批雍正十二年九月二十八日江南總督趙弘恩奏 425-555-216之4

批雍正十二年十月初六日江南總督趙弘恩奏爲奏聞事（二則）425-557-216之4

批雍正十二年十月初六日江南總督趙弘恩奏 425-559-216之4

批雍正十二年十月十二日江南總督趙弘恩奏 425-560-216之4

批雍正十二年十一月初七日江南總督趙弘恩奏 425-562-216之4

批雍正十二年十一月初七日江南總督趙弘恩奏爲恭請崇祀火神以昭紀典以益民生事 425-563-216之4

批雍正十二年十一月二十日江南總督趙弘恩奏 425-564-216之4

批雍正十二年十一月二十日江南總督趙弘恩奏爲據實奏明事 425-566-216之4

批雍正十二年十二月初九日江南總督趙弘恩奏（二則） 425-568-216之4

批雍正十二年十二月二十日江南總督趙弘恩奏 425-570-216之4

批雍正十二年十二月二十日江南總督趙弘恩奏爲據實繼晰奏聞事 425-571-216之4

四庫全書文集篇目分類索引　　481

批雍正十三年正月十二日江南總
　督趙弘恩奏（二則）　425-575-216乙5
批雍正十三年正月二十四日江南
　總督趙弘恩奏　　　425-578-216乙5
批雍正十三年正月二十四日江南
　總督趙弘恩奏爲恭請聖訓事　425-579-216乙5
批雍正十三年正月二十四日江南
　總督趙弘恩奏　　　425-580-216乙5
批雍正十三年二月初六日江南總
　督趙弘恩奏　　　　425-581-216乙5
批雍正十三年二月初六日江南總
　督趙弘恩奏爲奏聞事　425-582-216乙5
批雍正十三年二月十五日江南總
　督趙弘恩奏　　　　425-583-216乙5
批雍正十三年三月初一日江南總
　督趙弘恩奏（三則）　425-584-216乙5
批雍正十三年三月十八日江南總
　督趙弘恩奏爲奏明事　425-587-216乙5
批雍正十三年三月十八日江南總
　督趙弘恩奏　　　　425-588-216乙5
批雍正十三年四月初十日江南總
　督趙弘恩奏（二則）　425-589-216乙5
批雍正十三年四月十八日江南總
　督趙弘恩奏（二則）　425-591-216乙5
批雍正十三年閏四月十日江南總
　督趙弘恩奏（二則）　425-593-216乙5
批雍正十三年五月初八日江南總
　督趙弘恩奏（二則）　425-596-216乙5
批雍正十三年五月十二日江南總
　督趙弘恩奏爲奏聞事　425-599-216乙5
批雍正十三年六月初六日江南總
　督趙弘恩奏（二則）　425-599-216乙5
批雍正十三年六月二十一日江南
　總督趙弘恩奏（二則）　425-602-216乙5
批雍正十三年六月二十六日江南
　總督趙弘恩奏　　　425-605-216乙5
批雍正十三年六月二十九日江南
　總督趙弘恩奏（二則）　425-606-216乙5
批雍正十三年七月二十一日江南
　總督趙弘恩奏（三則）　425-608-216乙5
批雍正十三年七月二十九日江南
　總督趙弘恩奏　　　425-612-216乙5
批雍正四年五月十八日江南安徽
　布政使石麟奏爲奏聞事　425-614-216乙5
批雍正四年八月十七日江南安徽

布政使石麟奏爲請旨事　425-615-217乙1
批雍正四年八月十七日江南安徽
　布政使石麟奏爲奏聞事
批雍正四年八月十七日江南安徽
　布政使石麟奏爲遵旨賑事已竣
　恭摺奏聞事　　　　425-616-217乙1
批雍正四年十二月初四日江南安
　徽布政使石麟恭請皇上聖安　425-617-217乙1
批雍正四年十二月初四日江南安
　徽布政使石麟奏爲敬陳管見仰
　祈聖裁事
批雍正四年十二月初四日江南安
　徽布政使石麟奏爲推廣良法以
　杜虧空事　　　　　425-618-217乙1
批雍正五年三月初九日江南安徽
　布政使石麟奏爲恭謝天恩事　425-619-217乙1
批雍正五年閏三月二十九日江南
　安徽布政使石麟奏爲謹陳侵隱
　稅銀之弊亟宜立法清查以除積
　習事　　　　　　　425-620-217乙1
批雍正五年閏三月二十九日江南
　安徽布政使石麟奏爲奏聞事　425-622-217乙1
批雍正五年七月十六日江南安徽
　布政使今陞山西巡撫石麟奏爲
　欽奉上諭事　　　　425-622-217乙1
批雍正五年八月二十八日新授山
　西巡撫石麟奏爲特參州牧不職
　以肅官箴事
批雍正五年九月二十四日山西巡
　撫石麟奏爲奏聞事　425-624-217乙1
批雍正五年十月初十日山西巡撫
　石麟奏爲奏聞事　　425-624-217乙1
批雍正五年十月二十日山西巡撫
　石麟奏爲奏聞事　　425-625-217乙1
批雍正五年十一月初六日山西巡
　撫石麟奏爲奏聞事（二則）　425-626-217乙1
批雍正五年十一月二十一日山西
　巡撫石麟奏爲奏聞事　425-627-217乙1
批雍正五年十一月二十一日山西
　巡撫石麟奏爲請旨事　425-628-217乙1
批雍正五年十二月初十日山西巡
　撫石麟奏爲遵旨定議謹先奏爲
　會裁事　　　　　　425-629-217乙1
批雍正五年十二月十八日山西巡
　撫石麟奏爲奏聞事（二則）　425-631-217乙1

史部　詔令奏議類：附錄　詔令上十一書

482　　　　　　　　四庫全書文集篇目分類索引

批雍正五年十二月十八日山西巡
　撫石麟奏爲遵旨查奏事　425-632-217之1
批雍正五年十二月十八日山西巡
　撫石麟奏爲奏聞事　425-633-217之1
批雍正六年正月初四日山西巡撫
　石麟奏爲遵旨據實奏聞事　425-635-217之2
批雍正六年正月二十二日山西巡
　撫石麟奏爲請旨事　425-636-217之2
批雍正六年正月二十二日山西巡
　撫石麟奏爲奏聞事　425-637-217之2
批雍正六年二月初二日山西巡撫
　石麟奏爲請旨事　425-638-217之2
批雍正六年二月初二日山西巡撫
　石麟奏爲遵旨密議覆奏事　425-639-217之2
批雍正六年二月初二日山西巡撫
　石麟奏爲欽奉上諭事　425-640-217之2
批雍正六年二月十八日山西巡撫
　石麟奏爲奏聞事　425-641-217之2
批雍正六年二月二十八日山西巡
　撫石麟奏爲奏聞事　425-642-217之2
批雍正六年三月十一日山西巡撫
　石麟奏爲奏聞事　425-642-217之2
批雍正六年三月二十二日山西巡
　撫石麟奏爲奏聞事　425-643-217之2
批雍正六年四月十八日山西巡撫
　石麟奏爲奏聞事　425-644-217之2
批雍正六年四月十八日山西巡撫
　石麟奏爲恭繳耗羨黃册事　425-644-217之2
批雍正六年四月十八日山西巡撫
　石麟奏爲遵旨再行奏聞事　425-645-217之2
批雍正六年四月二十七日山西巡
　撫石麟奏爲奏聞事　425-645-217之2
批雍正六年四月二十七日山西巡
　撫石麟奏爲請旨事　425-646-217之2
批雍正六年五月十六日山西巡撫
　石麟奏爲欽奉上諭事　425-646-217之2
批雍正六年五月十八日山西巡撫
　石麟奏爲奏聞事　425-648-217之2
批雍正六年六月初八日山西巡撫
　石麟奏爲欽遵聖訓恭謝天恩事　425-648-217之2
批雍正六年七月初八日山西巡撫
　石麟奏爲奏聞事（二則）　425-649-217之2
批雍正六年九月初六日山西巡撫
　石麟奏爲奏聞事（二則）　425-650-217之2
批雍正六年九月十九日山西巡撫

石麟奏爲恭報盛世豐年收成分
　數事　425-652-217之2
批雍正六年九月十九日山西巡無
　石麟奏爲奏聞事　425-652-217之2
批雍正六年十一月初八日山西巡
　撫石麟奏爲遵旨查奏事　425-653-217之2
批雍正六年十二月初四日山西巡
　撫石麟奏爲奏聞事　425-654-217之2
批雍正六年十二月初四日山西巡
　撫石麟奏爲敬陳一得之愚仰祈
　睿鑒事　425-654-217之2
批雍正六年十二月初四日山西巡
　撫石麟奏爲據實奏聞仰祈睿鑒
　事　425-655-217之2
批雍正六年十二月十八日山西巡
　撫石麟奏爲奏聞事　425-655-217之2
批雍正七年正月初四日山西巡撫
　石麟奏爲聖朝德化廣孚士民還
　金璧見據實奏聞事　425-656-217之2
批雍正七年二月初八日山西巡撫
　石麟奏爲請旨事　425-657-217之2
批雍正七年二月初八日山西巡撫
　石麟奏爲欽奉上諭事　425-657-217之2
批雍正七年二月二十九日山西巡
　撫石麟奏爲欽奉上諭事　425-659-217之2
批雍正七年三月十一日山西巡撫
　石麟奏爲奏聞事　425-660-217之2
批雍正七年三月二十九日山西巡
　撫石麟奏爲奏聞事　425-661-217之2
批雍正七年四月二十七日山西巡
　撫石麟奏爲請旨事　425-661-217之2
批雍正七年四月二十七日山西巡
　撫石麟奏爲奏聞事　425-662-217之2
批雍正七年五月初六日山西巡撫
　石麟奏爲奏聞事　425-663-217之2
批雍正七年七月初八日山西巡撫
　石麟奏爲奏聞事（二則）　425-663-217之2
批雍正七年九月二十日山西巡撫
　石麟奏爲恭報盛世豐年收成分
　數事　425-665-217之2
批雍正七年十一月初七日山西巡
　撫石麟奏爲恭謝天恩事　425-665-217之2
批雍正七年十一月初七日山西巡
　撫石麟奏爲皇恩愛民深切民情
　效力急公恭摺奏聞事　425-666-217之2

批雍正七年十一月初七日山西巡
　撫石麟奏爲奏聞事　425-667-217之2
批雍正七年十一月初七日山西巡
　撫石麟奏爲請旨事　425-668-217之2
批雍正七年十一月初七日山西巡
　撫石麟奏爲民情效力踴躍再三
　慰諭不止恭摺奏聞事　425-669-217之2
批雍正七年十一月二十七日山西
　巡撫石麟奏爲聖德光天雲白獻
　瑞事　425-671-217之3
批雍正七年十一月二十七日山西
　巡撫石麟奏爲奏聞事（二則）425-672-217之3
批雍正七年十一月二十七日山西
　巡撫石麟奏爲聖主訓誨無已微
　臣感激難名恭謝天恩事　425-674-217之3
批雍正七年十二月十一日山西巡
　撫石麟奏爲聖德之格被廱洊上
　天之嘉應疊見事　425-675-217之3
批雍正八年正月初十日山西巡撫
　石麟奏爲奏聞事　425-676-217之3
批雍正八年正月二十六日山西巡
　撫石麟奏爲奏聞事　425-676-217之3
批雍正八年二月十二日山西巡撫
　石麟奏爲欽奉上諭事　425-677-217之3
批雍正八年三月十七日山西巡撫
　石麟奏爲欽奉聖訓敬謹遵行恭
　摺叩謝天恩事　425-678-217之3
批雍正八年三月十七日山西巡撫
　石麟奏爲欽奉諭旨察訪奏聞事　425-678-217之3
批雍正八年三月十七日山西巡撫
　石麟奏爲奏聞事　425-679-217之3
批雍正八年三月十七日山西巡撫
　石麟奏爲奏明雍正六年耗羨銀
　兩事　425-680-217之3
批雍正八年四月初八日山西巡撫
　石麟奏爲奏聞事　425-680-217之3
批雍正八年四月初八日山西巡撫
　石麟奏爲遵旨詳查辦理奏請睿
　裁事　425-681-217之3
批雍正八年四月二十四日山西巡
　撫石麟奏爲奏聞事　425-683-217之3
批雍正八年五月十三日山西巡撫
　石麟奏爲聖化感孚退遞邊民重
　義還金恭摺奏聞事　425-683-217之3
批雍正八年六月二十八日山西巡
　撫石麟奏爲恭報二麥豐收事　425-684-217之3
批雍正八年十月二十六日山西巡
　撫石麟奏爲奏聞事　425-684-217之3
批雍正八年十一月初九日山西巡
　撫石麟布政使蔣洞奏爲欽奉上
　諭事　425-685-217之3
批雍正八年十二月二十日山西巡
　撫石麟奏爲奏聞事　425-687-217之3
批雍正九年正月初十日山西巡撫
　石麟奏爲欽奉上諭事　425-687-217之3
批雍正九年正月初十日山西巡撫
　石麟奏爲奏聞事　425-688-217之3
批雍正九年二月初十日山西巡撫
　石麟奏爲欽奉上諭事　425-689-217之3
批雍正九年二月初十日山西巡撫
　石麟奏爲奏聞事　425-690-217之3
批雍正九年三月初七日山西巡撫
　石麟奏爲聖主之訓誨無已微臣
　之察吏不周仰請睿鑒加處分事　425-691-217之3
批雍正九年三月二十二日山西巡
　撫石麟奏爲奏聞事　425-691-217之3
批雍正九年七月初七日山西巡撫
　石麟奏爲恭報二麥豐收事　425-692-217之3
批雍正九年七月初七日山西巡撫
　石麟奏爲奏聞事　425-692-217之3
批雍正九年七月初七日山西巡撫
　石麟奏爲請旨事　425-693-217之3
批雍正九年十月初六日山西巡撫
　石麟奏爲恭報盛世豐年收成分
　數事　425-694-217之3
批雍正九年十一月初二日山西巡
　撫石麟奏爲預籌移貯倉糧以裕
　軍需仰祈睿鑒事　425-694-217之3
批雍正九年十一月初五日山西巡
　撫石麟奏爲奏請量加兵米折價
　以廣皇仁事　425-695-217之3
批雍正九年十一月初五日山西巡
　撫石麟奏爲奏聞事　425-696-217之3
批雍正九年十一月初十日山西巡
　撫石麟奏爲恭懇聖恩俯留能員
　以濟公務事　425-697-217之3
批雍正十年二月初六日山西巡撫
　石麟奏爲奏聞晉省得雪日期事　425-699-217之4
批雍正十年三月初五日山西巡撫
　石麟奏爲奏聞事　425-700-217之4

批雍正十年三月十八日山西巡撫石麟奏爲奏聞事 425-700-217之4

批雍正十年四月初六日山西巡撫石麟奏爲欽奉上諭事 425-701-217之4

批雍正十年四月初六日山西巡撫石麟奏爲奏聞事 425-701-217之4

批雍正十年閏五月二十四日山西巡撫石麟奏爲奏聞事 425-702-217之4

批雍正十年閏五月二十四日山西巡撫石麟奏爲欽奉上諭事 425-702-217之4

批雍正十年七月初一日山西巡撫石麟奏爲欽奉上諭事 425-703-217之4

批雍正十年七月十二日山西巡撫石麟奏爲恭報二麥收成事 425-705-217之4

批雍正十年九月二十五日山西巡撫石麟奏爲欽承聖訓恭謝天恩并據實陳明事 425-706-217之4

批雍正十年九月二十五日山西巡撫石麟奏爲恭報盛世豐年收成分數事 425-707-217之4

批雍正十一年正月二十八日山西巡撫石麟奏聞事 425-708-217之4

批雍正十一年三月初六日山西巡撫石麟奏爲奏聞事 425-709-217之4

批雍正十一年三月二十六日山西巡撫石麟奏爲奏聞事 425-709-217之4

批雍正十一年四月十三日山西巡撫石麟奏爲奏聞事 425-710-217之4

批雍正十一年五月初七日山西巡撫石麟奏爲聖主之訓誨無已微臣之覺察有疎仰祈睿鑒嚴加處分事 425-711-217之4

批雍正十一年六月初三日山西巡撫石麟奏爲奏聞事 425-711-217之4

批雍正十一年七月十五日山西巡撫石麟奏爲恭報二麥收成事 425-712-217之4

批雍正十一年九月十三日山西巡撫石麟奏爲恭報盛世豐年收成分數事 425-713-217之4

批雍正十一年十一月十六日山西巡撫石麟奏爲欽奉上諭事 425-713-217之4

批雍正十一年十一月十六日山西巡撫石麟奏爲奏聞事 425-714-217之4

批雍正十一年十一月二十一日山西巡撫石麟奏爲奏聞事 425-715-217之4

批雍正十一年十二月十六日山西巡撫石麟奏爲奏聞事 425-716-217之4

批雍正十二年正月十一日山西巡撫石麟奏爲奏聞事 425-717-217之4

批雍正十二年正月十一日山西巡撫石麟奏爲至德光昭甘泉疊見恭摺奏聞事 425-718-217之4

批雍正十二年三月十二日山西巡撫石麟奏爲奏聞事 425-719-217之4

批雍正十二年四月二十八日山西巡撫石麟奏爲奏聞事 425-719-217之4

批雍正十二年七月十一日山西巡撫石麟爲奏聞事 425-720-217之4

批雍正十二年八月初三日山西巡撫石麟奏爲欽奉上諭事 425-721-217之4

批雍正十二年十月初三日山西巡撫石麟奏爲恭報盛世豐年收成分數事 425-722-217之4

批雍正十二年十月初三日山西巡撫石麟奏爲欽承聖訓恭謝天恩事 425-722-217之4

批雍正十二年十一月八日山西巡撫石麟奏爲奏聞事 425-723-217之4

批雍正十三年三月十七日山西巡撫石麟奏爲欽承聖訓恭謝天恩事 425-724-217之4

批雍正十三年六月十三日山西巡撫石麟奏爲奏聞事 425-725-217之4

批雍正十三年七月十九日山西巡撫石麟奏爲奏聞事 425-725-217之4

批雍正十三年八月初六日山西巡撫石麟奏爲奏聞事 425-726-217之4

批雍正五年六月十九日四川提督黃廷桂奏爲謹陳營伍地方情形及微臣管見事宜恭請聖訓事 425-728-218上

批雍正五年六月十九日四川提督黃廷桂奏爲遵旨回奏事 425-732-218上

批雍正五年十月十五日四川提督黃廷桂奏爲遵旨回奏事 425-732-218上

批雍正五年十月十五日四川提督黃廷桂奏爲據實回奏請旨遵行事 425-733-218上

批雍正五年十一月十一日四川提督黃廷桂奏爲敬陳管見仰祈睿鑒事 425-734-218上

批雍正五年十一月十一日四川提督黃廷桂奏爲請旨事　425-735-218上

批雍正五年十一月十一日四川提督黃廷桂奏爲據實奏明伏祈聖鑒事　425-736-218上

批雍正五年十一月十一日四川提督黃廷桂奏爲謹據訪聞陳奏伏祈睿鑒事　425-737-218上

批雍正五年十一月十一日四川提督黃廷桂奏爲奏明事　425-738-218上

批雍正五年十一月十一日四川提督黃廷桂奏爲奏聞事　425-739-218上

批雍正六年二月十五日四川提督黃廷桂奏爲請旨設立義學以廣皇仁事　425-740-218上

批雍正六年二月十五日四川提督黃廷桂奏爲奏明事（二則）　425-741-218上

批雍正六年三月初十日四川提督黃廷桂奏爲奏聞事　425-743-218上

批雍正六年四月二十一日四川提督黃廷桂奏爲恭謝天恩事　425-744-218上

批雍正六年七月初四日四川提督黃廷桂奏爲欽奉上諭事　425-745-218上

批雍正六年七月初四日四川提督黃廷桂奏爲恭請聖訓以便遵行事　425-748-218上

批雍正六年九月十八日四川提督黃廷桂奏爲仰賴聖謨恭報捷音事　425-748-218上

批雍正六年十日初五日四川提督黃廷桂奏爲仰賴聖謨恭報捷音事　425-750-218上

批雍正六年十月初五日四川提督黃廷桂奏爲奏聞事　425-759-218上

批雍正六年十月十三日四川提督黃廷桂奏爲奏明事　425-753-218上

批雍正六年十二月十六日四川提督黃廷奏爲仰賴聖謨苗方底定恭報大捷事　425-754-218上

批雍正六年十二月十六日四川提督黃廷桂奏爲奏聞事　425-756-218上

批雍正七年正月初八日四川提督黃廷桂奏爲分剿逆黨仰伏天威擒獲賊首恭報大捷事　425-758-218下

批雍正七年正月初八日四川提督黃廷桂奏爲敘陳苗疆地方情形仰祈睿鑒事　425-760-218下

批雍正七年二月二十四日四川提督黃廷桂奏爲奏聞事　425-762-218下

批雍正七年四月十一日四川提督黃廷桂四川巡撫憲德奏爲奏明事　425-763-218下

批雍正七年四月十一日四川提督黃廷桂爲密奏事　425-765-218下

批雍正七年四月十一日四川提督黃廷桂奏爲奏明事　425-763-218下

批雍正七年七月初十日四川提督黃廷桂奏爲據實陳明仰祈睿鑒事　425-766-218下

批雍正七年七月初十日四川提督黃廷桂奏爲奏明事　425-767-218下

批雍正七年七月二十四日四川提督黃廷桂奏爲奏聞請旨遵行事　425-767-218下

批雍正七年八月十二日四川提督黃廷桂奏爲密奏事　425-768-218下

批雍正七年八月十二日四川提督黃廷桂奏爲恭報奉殊批訓旨事　425-769-218下

批雍正七年九月二十一日四川提督黃廷桂奏爲奏聞事（二則）　425-770-218下

批雍正七年十月十三日四川提督黃廷桂奏爲奏聞事　425-772-218下

批雍正七年十一月十六日四川提督黃廷桂奏爲奏明事　425-773-218下

批雍正七年十一月十六日四川提督黃廷桂奏爲請旨招民開採礦廠以資鼓鑄以利民用事　425-774-218下

批雍正七年十一月十六日四川提督黃廷桂奏爲奏聞請旨遵行事　425-775-218下

批雍正七年十二月初一日四川提督黃廷桂四川巡撫憲德奏爲奏聞事　425-777-218下

批雍正八年正月十八日四川提督黃廷桂奏爲恭謝訓旨事　425-778-218下

批雍正八年正月十八日四川提督黃廷桂奏爲奏聞事　425-779-218下

批雍正八年正月十八日四川提督黃廷桂奏爲奏聞事　425-779-218下

批雍正八年十二月十六日四川提督黃廷桂奏爲奏聞事　425-780-218下

批雍正九年六月二十二日四川總

督黃廷桂四川巡撫憲德奏爲備陳川省情形敬竭臣等管見仰冀聖明俯垂採擇事　425-782-218下

批雍正十年閏五月十二日四川總督黃廷桂奏爲恭謝天恩事　425-784-218下

批雍正十年閏五月二十五日四川總督黃廷桂四川巡撫憲德奏爲奏聞事　425-784-218下

批雍正十年八月十七日四川總督黃廷桂奏爲奏聞事（二則）　425-785-218下

批雍正十年十月二十日四川總督黃廷桂奏爲奏聞官兵克捷擒獲賊兇事　425-787-218下

批雍正十年十月二十日四川總督黃廷桂奏爲敬凜聖訓實力遵行事　425-788-218下

批雍正十年十二月初一日四川總督黃廷桂奏爲凜遵睿謨苗疆底定恭報凱捷事　425-789-218下

批雍正十一年十一月二十一日四川總督黃廷桂奏爲奏聞事　425-791-218下

批雍正十一年十二月初五日四川總督黃廷桂四川巡撫憲德奏爲奏聞事　425-792-218下

批雍正十二年正月十七日四川總督黃廷桂工部尚書暫理四川巡撫事務憲德奏爲奏聞事　425-793-218下

批雍正十二年二月十二日四川總督黃廷桂奏爲據實奏聞仰祈睿鑒事　425-794-218下

批雍正十二年九月初二日四川總督黃廷桂四川巡撫鄂昌奏爲恭報秋禾收成分數事　425-795-218下

批雍正十二年九月初二日四川總督黃廷桂四川巡撫鄂昌奏爲奏聞事　425-795-218下

批雍正十二年十一月二十一日四川總督黃廷桂奏爲奏聞事　425-796-218下

批雍正十三年五月十一日四川總督黃廷桂四川巡撫楊馝奏爲恭報夏熟收成分數事　425-797-218下

批雍正十三年五月十一日四川總督黃廷桂四川巡撫楊馝奏爲奏聞事　425-798-218下

批雍正十三年六月初八日四川總督黃廷桂四川巡撫楊馝奏爲奏聞事　425-799-218下

批雍正六年七月十六日提督廣西學政衞昌績奏爲恭解原書事　425-801-219

批雍正六年十一月二十九日提督廣西學政衞昌績奏爲敬陳管見事　425-802-219

批雍正六年十一月二十九日提督廣西學政衞昌績奏爲恭謝天恩事　425-802-219

批雍正七年四月二十九日提督廣西學政衞昌績奏　425-803-219

批雍正六年八月十四日巡察山東等處監察御史蔣治秀奏爲奏聞事　425-804-220

批雍正六年十一月初九日巡察山東等處監察御史蔣治秀奏爲奏聞事　425-805-220

批雍正二年七月二十日山東按察使余甸奏爲恭謝天恩事　425-806-221

批雍正二年十一月六日山東按察使余甸奏爲恭謝天恩事　425-807-221

批提督四川學政任蘭枝奏爲敬陳下悃事　425-808-222

批提督四川學政任蘭枝奏恭請皇上聖安　425-808-222

批提督四川學政任蘭枝奏爲欽奉上諭事　425-809-222

批提督四川學政任蘭枝奏爲恭繳御批事　425-809-222

批兵部右侍郎任蘭枝江西巡撫謝旻奏爲奏聞事　425-810-222

批雍正六年六月二十八日內閣侍讀學士協理河工事務尹繼善奏爲恭謝天恩事　425-811-223上

批雍正六年九月二十六日署理江蘇巡撫尹繼善奏爲恭謝天恩事　425-812-223上

批雍正六年九月二十六日署理江蘇巡撫尹繼善奏爲奏聞事　425-813-223上

批雍正六年十一月初九日署理江蘇巡撫尹繼善奏爲奏聞事　425-815-223上

批雍正六年十一月初九日署理江蘇巡撫尹繼善奏爲請旨事　425-816-223上

批雍正六年十一月初九日署理江蘇巡撫尹繼善奏爲奏聞事　425-817-223上

批雍正六年十二月十一日署理江蘇巡撫尹繼善奏爲恭報得雪日期事　425-818-223上

批雍正六年十二月十一日署理江蘇巡撫尹繼善奏爲奏聞事　425-818-223上

批雍正六年十二月十一日署理江蘇巡撫尹繼善奏爲欽奉上諭事　425-819-223上

批雍正六年十二月十一日署理江蘇巡撫尹繼善奏爲奏聞事　425-820-223上

批雍正六年十二月十一日署理江蘇巡撫尹繼善奏爲備陳江南積欠之弊仰祈睿鑒事　425-822-223上

批雍正六年十二月十一日署理江蘇巡撫尹繼善奏爲奏明事　425-823-223上

批雍正六年十二月十一日署理江蘇巡撫尹繼善奏爲恭謝天恩事　425-824-223上

批雍正七年正月二十五日署理江蘇巡撫尹繼善奏爲奏聞事　425-825-223上

批雍正七年正月二十五日署理江蘇巡撫尹繼善奏爲請旨敕部議處事　425-825-223上

批雍正七年二月十二日署理江蘇巡撫尹繼善奏爲奏聞事　425-826-223上

批雍正七年三月初三日蘇州巡撫署理總督河道仍協辦巡撫尹繼善奏爲恭謝天恩事　425-827-223上

批雍正七年三月初三日蘇州巡撫署理總督河道仍協辦巡撫尹繼善奏爲奏聞事　425-828-223上

批雍正七年三月初三日蘇州巡撫署理總督河道仍協辦巡撫事尹繼善奏爲奏明事　425-829-223上

批雍正七年四月十二日蘇州巡撫協理河工事務尹繼善奏爲奏聞事　425-830-223上

批雍正七年四月十二日蘇州巡撫協理河工事務尹繼善奏爲奏明事　425-832-223上

批雍正七年五月二十九日蘇州巡撫協理河工事務尹繼善奏爲恭報二麥收成分數事　425-833-223上

批雍正七年五月二十九日蘇州巡撫協理河工事務尹繼善奏爲奏聞事　425-833-223上

批雍正七年五月二十九日蘇州巡撫協理河工事務尹繼善奏爲敬承聖訓恭摺奏謝事　425-834-223上

批雍正七年七月初十日蘇州巡撫協理河工事務尹繼善奏爲敬陳水勢情形事　425-837-223中

批雍正七年七月初十日蘇州巡撫協理河工事務尹繼善奏爲請旨事　425-838-223中

批雍正七年七月初十日蘇州巡撫協理河工事務尹繼善奏爲欽奉上諭事　425-839-223中

批雍正七年七月初十日蘇州巡撫協理河工事務尹繼善奏爲奏聞事　425-840-223中

批雍正七年閏七月初九日蘇州巡撫協理河工事務尹繼善奏爲敬陳秋水情形仰慰聖懷事　425-841-223中

批雍正七年閏七月初九日蘇州巡撫協理河工事務尹繼善奏爲奏聞事　425-842-223中

批雍正七年九月初六日蘇州巡撫協理河工事務尹繼善奏爲敬陳秋汛安瀾事　425-844-223中

批雍正七年九月初六日蘇州巡撫協理河工事務尹繼善奏爲奏明事　425-845-223中

批雍正七年九月初六日蘇州巡撫協理河工事務尹繼善奏爲恭報秋成事　425-846-223中

批尹繼善奏爲據實奏聞事　425-846-223中

批雍正七年十月十三日蘇州巡撫協理河工事務尹繼善奏爲奏聞事　425-847-223中

批雍正七年十月十三日蘇州巡撫協理河工事務尹繼善奏爲奏明事　425-848-223中

批雍正七年十二月初四日蘇州巡撫協理河工事務尹繼善奏爲奏明事　425-849-223中

批雍正七年十二月初四日蘇州巡撫協理河工事務尹繼善奏爲奏聞事　425-850-223中

批雍正八年二月初三日蘇州巡撫協理河工事務尹繼善奏爲覆奏事　425-851-223中

史部

詔令奏議類：附錄

詔令上十畫

批雍正八年三月二十二日蘇州巡撫協理河工事務尹繼善奏爲聖治漸摩民風敦厚據實奏聞事 425-852-223中

批雍正八年三月二十二日蘇州巡撫協理河工事務尹繼善奏爲奏聞事 425-853-223中

批雍正八年三月二十二日蘇州巡撫協理河工事務尹繼善奏爲奏明事 425-855-223中

批雍正八年四月二十四日蘇州巡撫協理河工事務尹繼善奏爲據實陳明事 425-856-223中

批雍正八年六月初三日蘇州巡撫協理河工事務尹繼善奏爲奏聞事 425-857-223中

批雍正八年十一月二十四日蘇州巡撫協理河工事務尹繼善奏爲恭報瑞雪事 425-858-223中

批雍正八年十一月二十四日蘇州巡撫協理河工事務尹繼善奏爲奏明事 425-859-223中

批雍正八年十二月初八日蘇州巡撫協理河工事務尹繼善奏爲奏聞事 425-860-223中

批雍正九年六月初六日蘇州巡撫協理河工事務尹繼善奏爲敬陳清查情形仰祈睿鑒事 425-861-223中

批雍正九年八月二十一日署理江南總督蘇州巡撫尹繼善奏爲恭謝天恩事 425-862-223中

批雍正九年八月二十一日署理江南總督蘇州巡撫尹繼善奏爲請換老遣之總兵以重地方事 425-863-223中

批雍正九年十一月二十九日署理江南總督蘇州巡撫尹繼善奏爲奏明事 425-864-223中

批雍正十年正月二十八日署理江南總督蘇州巡撫尹繼善奏爲恭謝天恩事 425-865-223下

批雍正十年正月二十八日署理江南總督蘇州巡撫尹繼善奏爲備陳長江情形酌籌水師營制仰懇聖訓事 425-866-223下

批雍正十年正月二十八日署理江南總督蘇州巡撫尹繼善奏爲奏

聞事 425-869-223下

批雍正十年閏五月十五日署理江南總督蘇州巡撫尹繼善奏爲請留效力人員事 425-870-223下

批雍正十年九月初七日署理江南總督蘇州巡撫尹繼善奏 425-870-223下

批雍正十一年六月二十九日雲貴廣西總督尹繼善奏爲恭報大捷事 425-871-223下

批雍正十一年九月二十一日雲貴廣西總督尹繼善奏爲奏報年歲豐收事 425-873-223下

批雍正十一年十一月二十九日雲貴廣西總督尹繼善奏爲奏明元新賊首盡行投誠事 425-873-223下

批雍正十一年十一月二十九日雲貴廣西總督尹繼善奏爲奏明普思軍務剿撫情形仰乞睿鑒事 425-874-223下

批雍正十一年十一月二十九日雲貴廣西總督尹繼善奏爲要地亟需幹員仰祈睿鑒事 425-876-223下

批雍正十二年二月二十九日雲貴廣西總督尹繼善奏爲奏明辦理元新賊首情形恭請聖訓事 425-877-223下

批雍正十二年二月二十九日雲貴廣西總督尹繼善奏爲奏明整頓三省營伍情形仰請聖訓事 425-879-223下

批雍正十二年二月二十九日雲貴廣西總督尹繼善奏爲備陳清查雲貴廣西三省各營公費生息情形仰祈睿鑒事 425-881-223下

批雍正十二年七月二十三日雲貴廣西總督尹繼善奏爲濬粵全河告成事 425-883-223下

批雍正十二年十月初十日雲貴廣西總督尹繼善奏爲恭報三省豐收事 425-885-223下

批雍正十二年十月初十日雲貴廣西總督尹繼善奏爲恭謝天恩事 425-885-223下

批雍正十三年二月初四日雲貴廣西總督尹繼善奏爲奏明雨雪應時春苗茂盛事 425-886-223下

批雍正十三年四月十六日雲貴總督尹繼善奏爲奏明雨水調勻豆麥豐熟事 425-887-223下

批雍正十三年六月二十九日雲貴總督尹繼善奏爲恭報大捷及現在進勦情形事　425-887-223下

批雍正十三年六月二十九日雲貴總督尹繼善奏爲奏聞事　425-891-223下

雍正元年上諭孔毓珣　568- 6- 97

雍正二年五月初九日諭禮部兵部兩廣總督孔毓珣　568- 6- 97

雍正二年五月十九日諭四川陝西湖廣廣東廣西雲南貴州督撫提鎭　568- 6- 97

雍正二年九月二十三日諭兵部各省副將以下遊擊以上官員輪流來京引見者　568- 7- 97

雍正二年十一月十二日諭大學士等　568- 7- 97

雍正三年正月二十九日諭兩廣總督孔毓珣　568- 7- 97

雍正三年三月十五日諭各省督撫　568- 7- 97

雍正三年九月二十三日上諭　568- 8- 97

雍正四年四月二十二日上諭　568- 9- 97

雍正四年九月二十五日上諭　568- 9- 97

雍正四年十月二十日上諭　568- 10- 97

雍正四年十月二十六日上諭　568- 10- 97

雍正五年二月初三日諭雲南貴州四川廣西督撫提鎭等　568- 10- 97

雍正五年二月二十八日上諭　568- 11- 97

雍正五年二月二十九日上諭　568- 12- 97

雍正五年三月初三日上諭（二則）　568- 13- 97

　568- 15- 97

雍正五年四月初六日上諭　568- 17- 97

雍正五年十二月初九日上諭戶部　568- 17- 97

雍正五年十二月十八日上諭　568- 17- 97

雍正六年十月初十日上諭　568- 18- 97

雍正六年十一月二十四日上諭　568- 19- 97

雍正六年十一月二十八日上諭　568- 19- 97

雍正七年二月二十日上諭　568- 20- 97

雍正七年五月十六日上諭　568- 20- 97

雍正七年六月初十日上諭　568- 20- 97

雍正七年六月十二日上諭　568- 21- 97

雍正七年六月二十九日上諭　568- 22- 97

雍正七年閏七月二十四日上諭　568- 23- 97

雍正九年八月初二日上諭　568- 23- 97

雍正十年六月初五日上諭　568- 23- 97

雍正十一年三月初九日上諭　568- 24- 97

雍正十一年六月十九日上諭　568- 24- 97

雍正十二年十月十六日上諭　568- 24- 97

雍正二年五月上諭四川陝西湖廣廣東廣西雲南貴州督撫提鎭　570-314-29之1

雍正三年三月上諭各省督撫　570-314-29之1

雍正五年八月上諭　570-315-29之1

雍正五年十二月上諭　570-315-29之1

雍正六年十一月上諭　570-316-29之1

雍正七年正月上諭　570-317-29之1

雍正七年六月上諭　570-318-29之1

雍正七年十月上諭　570-319-29之1

雍正十三年八月上諭　570-320-29之1

平定廣种苗諭——雍正二年　572-176- 33

嚴飭土官諭——雍正二年　572-176- 33

生苗歸誠加恩督撫諭——雍正五年　572-177- 33

四省接壤分界安汛諭——雍正五年　572-177- 33

撫綏生苗諭——雍正六年　572-178- 33

苗民歸誠加恩官弁兵丁諭——雍正六年　572-178- 33

慶雲現加恩滇黔各官諭——雍正七年　572-170- 33

慶雲七現諭——雍正七年　572-180- 33

進瑞穀圖諭　572-180- 33

慶雲瑞穀諭——雍正七年　572-181- 33

雍正七年免八年錢糧諭　572-183- 33

雍正十三年免本年錢糧諭　572-184- 33

雍正十三年九月二十四日上諭　572-185- 33

雍正十三年十月二日上諭　572-185- 33

雍正十三年十一月十九日上諭　572-186- 33

諭總督　1300- 28- 1

諭巡撫　1300- 29- 1

諭布政司　1300- 31- 1

諭按察司　1300- 32- 1

諭道員　1300- 33- 1

諭知府　1300- 34- 1

諭知州知縣　1300- 35- 1

諭提督　1300- 37- 2

諭總兵官　1300- 38- 2

諭副將參將遊擊等官　1300- 39- 2

諭督學　1300- 40- 2

諭各省關差鹽差　1300- 41- 2

諭八旗文武官員人等　1300- 42- 2

諭直省督府等官　1300- 43- 3

史部　詔令奏議類：附錄　詔令上十一畫

諭武臣　1300-44-3
諭中外臣民　1300-44-3
諭科甲出身官員　1300-46-3
諭內外羣臣　1300-50-3
諭辦理軍機大臣　1300-51-3
登極詔　1300-52-4
恭上聖祖仁皇帝廟號尊諡詔　1300-53-4
聖祖仁皇帝配天詔　1300-55-4
遺詔　1300-56-4

● 清世祖 清

論治道（諭）——順治十年癸巳正月丙申　411-102-1
論治道（諭）——丁酉　411-102-1
論治道（諭）——五月庚午　411-103-1
論治道（諭）——順治十一年甲午五月甲午端陽節　411-103-1
論治道（諭）——順治十二年乙未正月壬子　411-104-1
敬天（諭）——順治十七年庚子二月甲午　411-104-1
聖孝（諭）——順治八年辛卯正月辛未　411-104-1
聖孝（諭）——順治十三年丙申正月癸未　411-105-1
聖孝（諭）——八月壬寅　411-105-1
聖孝（諭）——十二月戊戌　411-106-1
聖孝（諭）——順治十四年丁酉十二月丙申　411-106-1
聖孝（諭）——順治十五年戊戌正月辛酉　411-106-1
聖孝（諭）——順治十七年庚子三月辛未　411-107-1
聖學（諭）——順治十二年乙未三月癸丑　411-107-1
謙德（諭）——順治十四年丁酉正月壬戌　411-107-1
謙德（諭）——順治十六年己亥八月辛亥　411-108-1
節儉（諭）——順治十五年戊戌六月庚午　411-108-1
儆戒（諭）——順治十年癸巳閏六月庚辰　411-108-1
儆戒（諭）——順治十三年丙申三月丙午　411-108-1
儆戒（諭）——順治十四年丁酉

九月戊辰　411-109-1
敦睦（諭）——順治十三年丙申八月丙子　411-110-2
敦睦（諭）——順治十四年丁酉三月丁卯　411-110-2
諭羣臣——順治九年壬辰十二月丁卯　411-111-2
諭羣臣——順治十年癸巳三月戊辰　411-111-2
諭羣臣——順治十二年乙未正月戊戌　411-111-2
諭羣臣——順治十三年丙申閏五月丁丑　411-112-2
求言（諭）——順治十年癸巳正月辛未　411-112-2
求言（諭）——七月辛亥　411-113-2
求言（諭）——順治十一年甲午二月丙寅　411-113-2
求言（諭）——三月戊申　411-113-2
求言（諭）——癸丑　411-114-2
求言（諭）——四月癸酉　411-114-2
求言（諭）——順治十二年乙未正月甲辰　411-114-2
求言（諭）——順治十七年庚子五月己卯　411-115-2
納諫（諭）——順治九年壬辰九月戊戌　411-115-2
納諫（諭）——順治十年癸巳七月戊戌　411-116-2
任官（諭）——順治八年辛卯閏二月丙辰　411-116-2
任官（諭）——順治十年癸巳三月己巳　411-116-2
任官（諭）——四月庚子　411-116-2
任官（諭）——順治十二年乙未九月辛卯　411-117-2
任官（諭）——己亥　411-117-2
任官（諭）——順治十三年丙申六月乙未　411-117-2
考績（諭）——順治八年辛卯六月庚午　411-118-3
考績（諭）——順治十年癸巳三月壬辰　411-119-3
考績（諭）——四月庚子　411-119-3
考績（諭）——順治十七年庚子

二月戊戌 411-119- 3
選舉（諭）——順治十五年戊戌
　四月癸酉 411-119- 3
誠飭臣下（諭）——順治九年壬
　辰十一月乙未 411-120- 3
誠飭臣下（諭）——十二月癸亥 411-120- 3
誠飭臣下（諭）——順治十一年
　甲午正月壬寅 411-121- 3
誠飭臣下（諭）——二月辛亥 411-121- 3
誠飭臣下（諭）——三月辛丑 411-122- 3
誠飭臣下（諭）——順治十三年
　丙申二月丙子 411-122- 3
誠飭臣下（諭）——三月癸卯 411-123- 3
誠飭臣下（諭）——順治十四年
　丁酉十月乙酉 411-123- 3
誠飭臣下（諭）——順治十五年
　戊戌三月甲辰 411-123- 3
誠飭臣下（諭）——順治十六年
　己亥三月丁酉 411-124- 3
誠飭臣下（諭）——五月乙丑 411-124- 3
誠飭臣下（諭）——順治十七年
　庚子二月甲辰 411-124- 3
理財（諭）——順治十年癸巳四
　月甲寅 411-125- 4
理財（諭）——順治十四年丁酉
　十月丙子 411-125- 4
恤民（諭）——順治八年辛卯二
　月丙午 411-126- 4
恤民（諭）——七月丙子 411-126- 4
恤民（諭）——順治九年壬辰九
　月甲申 411-127- 4
恤民（諭）——順治十一年甲午
　四月己卯 411-127- 4
恤民（諭）——順治十二年乙未
　正月甲辰 411-127- 4
恤民（諭）——順治十四年丁酉
　七月戊申 411-127- 4
恤民（諭）——順治十七年庚子
　六月壬辰 411-128- 4
賑濟（諭）——順治十一年甲午
　二月甲申 411-128- 4
賑濟（諭）——丙戌 411-128- 4
賑濟（諭）——順治十三年丙申
　八月丁酉 411-129- 4
賑濟（諭）——順治十六年己亥

五月辛 411-129- 4
重祀典（諭）——順治十三年丙
　申十二月己亥 411-129- 4
重祀典（諭）——順治十四年丁
　酉二月戊寅 411-129- 4
重祀典（諭）一順治十五年戊戌
　正月辛亥 411-130- 4
禮前代（諭）——順治八年辛卯
　六月辛未 411-130- 4
禮前代（諭）——順治十四年丁
　酉二月甲申 411-130- 4
禮前代（諭）——六月己丑立金
　太祖世宗陵碑 411-130- 4
禮前代（諭）——順治十六年己
　亥十一月甲戌 411-131- 4
禮前代（諭）一甲申 411-131- 4
褒忠節（諭）——順治九年壬辰
　十一月乙酉 411-131- 4
興文教（諭）——順治九年壬辰
　九月辛卯 411-132- 5
興文教（諭）——順治十年癸巳
　四月甲寅 411-132- 5
興文教（諭）——順治十二年乙
　未正月丙午 411-132- 5
興文教（諭）——庚戌 411-133- 5
興文教（諭）——三月壬子 411-134- 5
興文教（諭）——順治十四年丁
　酉十月丁亥 411-134- 5
諭將帥——順治十五年戊戌八月
　丙子 411-134- 5
招降（諭）——順治十三年丙申
　六月癸巳 411-134- 5
諭外藩——順治十三年丙申八月
　壬辰 411-135- 5
諭外藩——甲辰 411-135- 5
仁政（諭）——順治八年辛卯閏
　二月乙卯 411-136- 5
仁政（諭）——丙寅 411-136- 5
仁政（諭）——丁丑 411-136- 5
仁政（諭）---三月乙酉 411-137- 5
仁政（諭）——順治十二年乙未
　八月癸酉 411-137- 5
體羣情（諭）——順治十三年丙
　申六月己丑 411-137- 5
安民（諭）——順治八年辛卯閏

二月丙寅 411-138- 6

安民（諭）——順治十年癸巳五月己卯 411-139- 6

安民（諭）——順治十五年戊戌五月癸卯 411-139- 6

慎刑（諭）——順治八年辛卯三月乙酉 411-139- 6

慎刑（諭）——順治十年癸巳六月丁酉 411-140- 6

慎刑（諭）——順治十二年乙未六月丁卯 411-141- 6

慎刑（諭）———十月戊辰 411-141- 6

慎刑（諭）——順治十七年庚子十一月壬子 411-141- 6

懲貪佞（諭）——順治八年辛卯閏二月甲寅 411-141- 6

懲貪佞（諭）——丁丑 411-142- 6

懲貪佞（諭）——八月己酉 411-142- 6

懲貪佞（諭）——順治十年癸巳正月癸巳 411-142- 6

懲貪佞（諭）——順治十七年庚子十一月戊寅 411-142- 6

除弊（諭）——順治十二年乙未四月丙子 411-143- 6

除弊（諭）——順治十五年戊戌正月甲寅 411-143- 6

宥過（諭）——順治十一年甲午二月乙丑 411-143- 6

● 清高宗清

上諭——論新纂明珠列傳內所列郭琇糾參各疑於核實記載之義未合 430-730- 附

上諭——論所纂王鴻緒列傳郭琇劾鴻緒與高士奇招納賄賂 430-731- 附

上諭 570-520-29之1

乾隆元年七月二十日上諭 572-186- 33

乾隆十四年十一月七日上諭（撰西清古鑑） 841- 1- 附

命館臣錄存楊維楨正統辨諭 1221-374- 附

書漢文帝除肉刑詔後 1301-122- 13

重刻淳化閣帖諭 1301-324- 7

命通鑑輯覽附紀明唐桂二王事蹟諭 1301-324- 7

命議予明季殉節諸臣諡典諭 1301-325- 7

命議諡前明靖難殉節諸臣諭 1301-327- 7

命國史館編列明季貳臣傳諭 1301-327- 7

命追復睿親王封爵及復開國有功諸王原號並予配享諭 1301-328- 8

命國史館以明季貳臣傳分甲乙二編諭 1301-332- 8

命館臣錄存楊維楨正統辨諭 1301-332- 8

命皇子等編輯明臣奏議諭 1301-334- 8

命館臣重訂契丹國志諭 1301-335- 8

命館臣編輯河源紀略諭 1301-336- 9

重刻五朝册寶尊藏太廟禮成諭 1301-338- 9

命館臣入吳三桂擒桂王由榔諭 1301-340- 9

命皇子及軍機大臣訂正通鑑綱目續編諭 1301-340- 9

命廷臣更議歷代帝王廟祀典諭 1301-341- 9

命諸皇子及樂部大臣定詩經全部樂譜諭 1301-599- 5

乾隆五十五年八十壽辰普免天下錢糧諭 1301-599- 5

通飭各省督撫學政嚴禁坊刻經書刪本諭 1301-600- 5

命普免六十年各省應徵漕糧諭 1301-601- 5

上丁親詣文廟釋奠諭 1301-602- 5

釋奠禮成廣各直省入學額諭 1301-603- 5

普免嘉慶元年各直省地丁錢糧諭 1301-603- 5

再舉千叟宴諭 1301-604- 5

允皇太子率王公大臣等進乾隆六十一年時憲書備內廷頒賜諭 1301-604- 5

紀元周甲建立皇太子以明年元日授寶爲嘉慶元年詔 1301-607- 6

命歸政後諸皇子孫曾元輩仍在尚書房讀書及應用冠服訓（詔） 1301-610- 6

申示皇太子及內外王公大臣等弗允請緩歸政訓（詔） 1301-611- 6

書命館臣入吳三桂擒桂王由榔諭卷識語 1301-639- 10

丙辰元日傳位子皇帝並却上尊號詔 1301-686- 1

重舉千叟宴加恩百歲壽民等諭 1301-687- 1

授受禮成申未撰進頌册諸臣諭 1301-688- 1

再免湖南湖北明歲應徵錢糧諭 1301-689- 1

饒承德府屬明歲地丁錢糧諭 1301-689- 1

命饒免湖北被擾州縣及附近之湖南龍山四川酉陽地方本年應徵錢糧諭 1301-689- 1

命饒免四川達州陝西漢中興安府

四庫全書文集篇目分類索引　　493

所屬被賊地方來歲應徵錢糧諭　1301-690-　1
命鎭免貴州南籠安順貴陽所屬地
　方未完銀穀及本年應徵秋糧諭　1301-690-　1
再免貴州興義永豐等處一年錢糧
　及獎賞兵勇諭　1301-690-　1
命鎭免四川葊州府屬明年應徵錢
　糧諭　1301-691-　1
閱授受禮成示撰進頌册諸臣諭諭
　語　1301-698-　2
諭葬原任史部尚書汪由敦碑文　1328-383-　附
欽定千叟宴詩諭旨　1452-　1-　附

● 清聖祖清
聖孝（諭）——康熙元年壬寅八
　月庚午　411-153-　1
聖孝（諭）——康熙四年乙丑九
　月己酉　411-154-　1
聖孝（諭）——康熙六年丁未十
　一月戊午　411-154-　1
聖孝（諭）——康熙九年庚戌閏
　二月庚戌　411-155-　1
聖孝（諭）——丁巳　411-155-　1
聖孝（諭）——五月丙辰朔　411-155-　1
聖孝（諭）——九月丙辰　411-156-　1
聖孝（諭）——康熙十年辛亥正
　月甲子　411-157-　1
聖孝（諭）——九月辛未　411-157-　1
聖孝（諭）——康熙十一年壬子
　正月庚午　411-157-　1
聖孝（諭）——十二月丁巳　411-158-　1
聖孝（諭）——康熙十二年癸丑
　二月己未　411-158-　1
聖孝（諭）——五月乙亥　411-158-　1
聖孝（諭）——七月壬午　411-158-　1
聖孝（諭）——康熙十三年甲寅
　二月乙未朔　411-159-　1
聖孝（諭）——康熙十五年丙辰
　正月乙未　411-159-　1
聖孝（諭）——康熙二十年辛酉
　十二月丁酉　411-160-　1
聖孝（諭）——庚子　411-160-　1
聖孝（諭）——康熙二十二年癸
　亥四月丙子　411-160-　1
聖孝（諭）——康熙二十四年乙
　丑正月癸酉　411-160-　1
聖孝（諭）——九月乙亥　411-161-　1

聖孝（諭）——康熙二十六年丁
　卯十一月壬寅　411-161-　1
聖孝（諭）——甲辰　411-161-　1
聖孝（諭）——十二月乙巳朔　411-162-　1
聖孝（諭）——甲寅　411-162-　1
聖孝（諭）——己巳子時　411-163-　1
聖孝（諭）——康熙二十七年戊
　辰正月辛巳　411-164-　1
聖孝（諭）——戊子　411-165-　1
聖孝（諭）——庚寅　411-165-　1
聖孝（諭）——戊戌　411-165-　1
聖孝（諭）——三月庚子　411-166-　1
聖孝（諭）——康熙三十八年己
　卯三月乙酉　411-166-　1
聖孝（諭）——康熙四十一年壬
　午七月庚戌朔　411-166-　1
聖孝（諭）——康熙四十九年庚
　寅正月壬午　411-166-　1
聖孝（諭）——康熙五十六年丁
　酉十一月癸丑　411-167-　1
聖孝（諭）——十二月甲申　411-167-　1
聖孝（諭）——乙酉　411-167-　1
聖孝（諭）——丙戌　411-167-　1
聖孝（諭）——丙午　411-168-　1
聖孝（諭）——康熙五十七年戊
　戌三月壬戌　411-168-　1
聖孝（諭）——康熙五十九年庚
　子十二月甲辰　411-168-　1
聖孝（諭）——庚申　411-169-　1
聖德（諭）——康熙六年丁未七
　月己酉　411-170-　1
聖德（諭）——康熙八年己酉正
　月戊申　411-171-　1
聖德（諭）——八月辛未　411-171-　1
聖德（諭）——康熙九年庚戌二
　月癸未　411-171-　2
聖德（諭）——閏二月庚寅　411-171-　2
聖德（諭）——四月乙未　411-171-　2
聖德（諭）——康熙十年辛亥三
　月壬子朔　411-171-　2
聖德（諭）——四月壬午　411-172-　2
聖德（諭）——九月辛未　411-172-　2
聖德（諭）——康熙十五年丙辰
　五月丁亥　411-172-　2
聖德（諭）——七月己酉　411-172-　2

史部

詔令奏議類：附錄

詔令上十一畫

聖德（諭）——康熙十七年戊午二月甲辰　411-172-　2
聖德（諭）——閏三月丙寅　411-173-　2
聖德（諭）——四月戊子　411-173-　2
聖德（諭）——乙未　411-173-　2
聖德（諭）——康熙十八年己未四月丙戌　411-173-　2
聖德（諭）——七月庚申　411-174-　2
聖德（諭）——八月甲子　411-174-　2
聖德（諭）——庚辰　411-174-　2
聖德（諭）——十二月丙寅　411-174-　2
聖德（諭）——康熙十九年庚申八月癸未　411-175-　2
聖德（諭）——康熙二十年辛酉七月甲子　411-175-　2
聖德（諭）——八月丙申　411-175-　2
聖德（諭）——九月壬申　411-176-　2
聖德（諭）——十二月癸巳　411-176-　2
聖德（諭）——康熙二十一年壬戌二月甲午　411-177-　2
聖德（諭）——四月丁酉　411-177-　2
聖德（諭）——五月丁巳　411-178-　2
聖德（諭）——六月辛卯　411-178-　2
聖德（諭）——八月己卯　411-178-　2
聖德（諭）——康熙二十二年癸亥閏六月庚申　411-178-　2
聖德（諭）——十月丁未　411-179-　2
聖德（諭）——康熙二十三年甲子六月庚戌　411-179-　2
聖德（諭）——十月丙辰　411-180-　2
聖德（諭）——康熙二十四年乙丑四月辛丑　411-180-　3
聖德（諭）——十月庚戌　411-180-　3
聖德（諭）——十一月乙酉　411-181-　3
聖德（諭）——康熙二十五年丙寅二月己酉　411-181-　3
聖德（諭）——康熙二十六年丁卯正月戊子　411-181-　3
聖德（諭）——丙申　411-181-　3
聖德（諭）——五月庚辰　411-181-　3
聖德（諭）——癸巳　411-182-　3
聖德（諭）——康熙二十七年戊辰二月壬子　411-182-　3
聖德（諭）——七月癸巳　411-182-　3
聖德（諭）——康熙二十八年己巳四月己卯　411-183-　3
聖德（諭）——五月庚戌　411-183-　3
聖德（諭）——九月壬子　411-184-　3
聖德（諭）——十二月乙酉　411-184-　3
聖德（諭）——康熙二十九年庚午二月甲戌　411-184-　3
聖德（諭）——康熙三十一年壬申十月庚子　411-184-　3
聖德（諭）——康熙三十二年癸酉二月甲申　411-185-　3
聖德（諭）——康熙三十三年甲戌二月庚午　411-185-　3
聖德（諭）——康熙三十四年乙亥四月丙辰　411-185-　3
聖德（諭）——六月庚子　411-185-　3
聖德（諭）——七月壬午　411-186-　3
聖德（諭）——十二月辛丑　411-186-　3
聖德（諭）——乙巳　411-187-　3
聖德（諭）——丁未　411-187-　3
聖德（諭）——康熙三十五年丙子十一月己卯　411-187-　3
聖德（諭）——十二月甲申　411-187-　3
聖德（諭）——康熙三十六年丁丑正月甲戌　411-188-　3
聖德（諭）——五月癸卯　411-188-　3
聖德（諭）——十一月丁酉　411-188-　3
聖德（諭）——康熙三十七年戊寅十二月庚戌　411-188-　3
聖德（諭）——康熙三十八年己卯十月丙戌　411-189-　3
聖德（諭）——康熙三十九年庚辰三月丁未　411-189-　3
聖德（諭）——康熙四十一年壬午十二月壬辰　411-190-　4
聖德（諭）——康熙四十二年癸未十二月乙酉　411-190-　4
聖德（諭）——康熙四十三年甲申八月庚午　411-190-　4
聖德（諭）——十一月壬戌　411-190-　4
聖德（諭）——康熙四十五年丙戌二月丁巳　411-191-　4
聖德（諭）——三月丙寅　411-191-　4
聖德（諭）——十月乙巳　411-191-　4
聖德（諭）——康熙四十六年丁亥十月乙酉　411-191-　4

四庫全書文集篇目分類索引

聖德（諭）——康熙四十七年戊子八月辛未　411-191-　4
聖德（諭）——十月甲辰　411-192-　4
聖德（諭）——康熙四十九年庚寅四月辛酉　411-192-　4
聖德（諭）——十月癸未　411-193-　4
聖德（諭）——康熙五十年辛卯三月辛卯　411-194-　4
聖德（諭）——康熙五十一年壬辰七月丁酉　411-194-　4
聖德（諭）——十月己巳　411-195-　4
聖德（諭）——康熙五十二年癸巳二月庚戌　411-196-　4
聖德（諭）——三月戊寅朔　411-197-　4
聖德（諭）——乙酉　411-197-　4
聖德（諭）——十二月甲午　411-197-　4
聖德（諭）——康熙五十三年甲午六月癸未　411-198-　4
聖德（諭）——十二月戊子　411-198-　4
聖德（諭）——康熙五十五年丙申五月壬戌　411-198-　4
聖德（諭）——甲子　411-198-　4
聖德（諭）——康熙五十九年一月己卯　411-198-　4
聖德（諭）——康熙六十一年壬寅十月戊寅　411-199-　4
聖學（諭）——康熙九年庚戌十月丁酉　411-200-　5
聖學（諭）——康熙十二年癸丑二月丁未　411-200-　5
聖學（諭）——三月甲戌　411-200-　5
聖學（諭）——五月壬申　411-200-　5
聖學（諭）——九月甲戌　411-200-　5
聖學（諭）——己卯　411-201-　5
聖學（諭）——十月戊戌　411-201-　5
聖學（諭）——十一月壬申　411-201-　5
聖學（諭）——康熙十三年甲寅九月壬戌朔　411-201-　5
聖學（諭）——康熙十五年丙辰二月己未　411-201-　5
聖學（諭）——十月癸酉　411-201-　5
聖學（諭）——康熙十六年丁巳五月己卯　411-202-　5
聖學（諭）——癸卯　411-202-　5
聖學（諭）——康熙十七年戊午五月己未　411-202-　5
聖學（諭）——康熙十九年庚申六月甲申　411-202-　5
聖學（諭）——十月丁未　411-202-　5
聖學（諭）——康熙二十一年壬戌五月庚午　411-203-　5
聖學（諭）——康熙二十二年癸亥八月庚子朔　411-203-　5
聖學（諭）——辛丑　411-203-　5
聖學（諭）——壬戌　411-203-　5
聖學（諭）——十月辛酉　411-203-　5
聖學（諭）——康熙二十三年甲子三月丁亥　411-203-　5
聖學（諭）——四月庚子　411-203-　5
聖學（諭）——十一月乙丑　411-204-　5
聖學（諭）——康熙二十四年乙丑四月辛卯　411-204-　5
聖學（諭）——康熙二十五年丙寅閏四月己未　411-204-　5
聖學（諭）——康熙二十六年丁卯四月己未　411-204-　5
聖學（諭）——康熙二十八年己巳二月甲子　411-205-　5
聖學（諭）——乙丑　411-205-　5
聖學（諭）——康熙三十一年壬申正月甲寅　411-205-　5
聖學（諭）——康熙三十三年甲戌五月甲寅　411-206-　5
聖學（諭）——閏五月戊辰　411-206-　5
聖學（諭）——康熙三十六年丁丑七月甲午　411-206-　5
聖學（諭）——康熙四十一年壬午五月丙午　411-206-　5
聖學（諭）——十月壬午　411-206-　5
聖學（諭）——康熙四十二年癸未四月戊戌　411-207-　5
聖學（諭）——康熙四十三年甲申六月丁酉　411-207-　5
聖學（諭）——七月乙卯　411-208-　5
聖學（諭）——八月庚午　411-208-　5
聖學（諭）——十一月己亥　411-208-　5
聖學（諭）——壬戌　411-208-　5
聖學（諭）——康熙四十四年乙酉十一月壬申　411-208-　5
聖學（諭）——康熙四十五年丙

戌十月丁未　　　　　　　　　411-209-　5
聖學（諭）——康熙四十六年丁亥六月己酉　　　　　　　　　411-209-　5
聖學（諭）——康熙四十八年己丑十一月庚寅　　　　　　　　411-209-　5
聖學（諭）——康熙四十九年庚寅三月己巳　　　　　　　　　411-210-　5
聖學（諭）——乙亥　　　　　411-210-　5
聖學（諭）——康熙五十年辛卯二月辛巳　　　　　　　　　　411-210-　5
聖學（諭）——四月甲戌　　　411-210-　5
聖學（諭）——十月辛未　　　411-211-　5
聖學（諭）——康熙五十一年壬辰十月癸亥　　　　　　　　　411-211-　5
聖學（諭）——康熙五十二年癸巳七月乙卯　　　　　　　　　411-211-　5
聖學（諭）——九月庚午　　　411-211-　5
聖學（諭）——康熙五十三年甲午四月癸酉　　　　　　　　　411-212-　5
聖學（諭）——十月己巳朔　　411-212-　5
聖學（諭）——康熙五十四年乙未三月乙丑　　　　　　　　　411-212-　5
聖學（諭）——康熙五十五年丙申三月乙巳　　　　　　　　　411-212-　5
聖學（諭）——康熙五十六年丁酉四月乙未　　　　　　　　　411-213-　5
聖學（諭）——七月戊辰　　　411-213-　5
聖學（諭）——八月乙酉　　　411-214-　5
聖學（諭）——十一月丙子　　411-214-　5
聖學（諭）——康熙五十八年己亥二月乙卯　　　　　　　　　411-214-　5
聖學（諭）——十月壬子　　　411-214-　5
聖治（諭）——康熙八年己酉六月戊寅　　　　　　　　　　　411-215-　6
聖治（諭）——康熙九年庚戌十月癸巳　　　　　　　　　　　411-215-　6
聖治（諭）——康熙十一年壬子八月癸丑　　　　　　　　　　411-216-　6
聖治（諭）——十二月戊午　　411-216-　6
聖治（諭）——康熙十二年癸丑三月癸酉　　　　　　　　　　411-216-　6
聖治（諭）——癸未　　　　　411-217-　6
聖治（諭）——八月癸亥　　　411-217-　6
聖治（諭）——十月乙巳　　　411-217-　6
聖治（諭）——十二月辛丑　　411-217-　6
聖治（諭）——康熙十六年丁巳五月癸巳　　　　　　　　　　411-218-　6
聖治（諭）——康熙十七年戊午正月丙申　　　　　　　　　　411-218-　6
聖治（諭）——九月癸卯　　　411-218-　6
聖治（諭）——康熙十八年己未八月戊子　　　　　　　　　　411-218-　6
聖治（諭）——己丑　　　　　411-219-　6
聖治（諭）——辛卯　　　　　411-219-　6
聖治（諭）——十月甲子　　　411-220-　6
聖治（諭）——康熙十九年庚申三月甲寅　　　　　　　　　　411-220-　6
聖治（諭）——四月庚申朔　　411-220-　6
聖治（諭）——康熙二十年辛酉三月丙子　　　　　　　　　　411-220-　6
聖治（諭）——康熙二十一年壬戌五月丙子　　　　　　　　　411-221-　6
聖治（諭）——七月己酉　　　411-221-　6
聖治（諭）——八月庚子　　　411-221-　6
聖治（諭）——九月乙丑　　　411-221-　6
聖治（諭）——康熙二十二年癸亥四月乙亥　　　　　　　　　411-222-　6
聖治（諭）——八月辛亥　　　411-222-　6
聖治（諭）——甲寅　　　　　411-222-　6
聖治（諭）——十月癸亥　　　411-222-　6
聖治（諭）——康熙二十三年甲子二月甲寅　　　　　　　　　411-223-　6
聖治（諭）——三月丁亥　　　411-223-　6
聖治（諭）——五月丙子　　　411-223-　6
聖治（諭）——九月癸未　　　411-224-　6
聖治（諭）——十月丁未　　　411-224-　6
聖治（諭）——十一月乙丑　　411-224-　6
聖治（諭）——康熙二十四年乙丑三月辛酉朔　　　　　　　　411-225-　6
聖治（諭）——五月癸未　　　411-225-　7
聖治（諭）——十二月丁亥朔　411-225-　7
聖治（諭）——康熙二十五年丙寅五月甲申朔　　　　　　　　411-225-　7
聖治（諭）——六月辛巳　　　411-226-　7
聖治（諭）——康熙二十六年丁卯十月丙午朔　　　　　　　　411-226-　7
聖治（諭）——康熙二十八年己巳十二月癸亥朔　　　　　　　411-227-　7
聖治（諭）——己卯　　　　　411-227-　7
聖治（諭）——康熙二十九年庚

午四月丁丑　411-227-　7
聖治（諭）——十月己未　411-228-　7
聖治（諭）——壬戌　411-228-　7
聖治（諭）——康熙三十年辛未五月丙午　411-228-　7
聖治（諭）——八月乙未　411-228-　7
聖治（諭）——康熙三十一年壬申五月癸酉　411-229-　7
聖治（諭）——康熙三十三年甲戌五月戊戌　411-229-　7
聖治（諭）——康熙三十四年乙亥十二月甲午　411-229-　7
聖治（諭）——康熙三十六年丁丑閏三月甲午　411-229-　7
聖治（諭）——康熙三十七年戊寅十一月甲申　411-230-　7
聖治（諭）——丙戌　411-230-　7
聖治（諭）——十二月甲辰　411-231-　7
聖治（諭）——丁巳　411-231-　7
聖治（諭）——戊午　411-232-　7
聖治（諭）——康熙三十九年庚辰三月甲午朔　411-232-　7
聖治（諭）——康熙四十一年壬午正月丙午　411-232-　7
聖治（諭）——五月丙申　411-232-　7
聖治（諭）——閏六月戊子　411-233-　7
聖治（諭）——辛卯　411-233-　7
聖治（諭）——康熙四十三年甲申八月乙未　411-233-　7
聖治（諭）——康熙四十五年丙戌三月丁亥　411-233-　7
聖治（諭）——康熙四十六年丁亥九月丙辰　411-234-　7
聖治（諭）——十二月戊戌　411-234-　7
聖治（諭）——康熙四十七年戊子閏三月甲午　411-235-　8
聖治（諭）——康熙四十八年己丑十月丙午　411-235-　8
聖治（諭）——康熙五十年辛卯五月己酉　411-235-　8
聖治（諭）——六月乙亥　411-235-　8
聖治（諭）——十二月丁卯　411-235-　8
聖治（諭）——康熙五十一年壬辰二月壬午　411-236-　8
聖治（諭）——五月壬寅　411-236-　8
聖治（諭）——九月庚子　411-237-　8
聖治（諭）——康熙五十二年癸巳三月壬寅　411-237-　8
聖治（諭）——四月甲寅　411-237-　8
聖治（諭）——六月丁酉　411-238-　8
聖治（諭）——七月乙卯　411-239-　8
聖治（諭）——辛酉　411-239-　8
聖治（諭）——十月丙子　411-239-　8
聖治（諭）——康熙五十三年甲午四月乙亥　411-241-　8
聖治（諭）——六月丙子　411-241-　8
聖治（諭）——七月己未　411-242-　8
聖治（諭）——康熙五十五年丙申四月乙巳　411-242-　8
聖治（諭）——五月乙丑　411-242-　8
聖治（諭）——九月甲申　411-242-　8
聖治（諭）——十月辛亥　411-243-　8
聖治（諭）——壬子　411-243-　8
聖治（諭）——康熙五十六年丁酉四月丁酉　411-245-　9
聖治（諭）——十月己亥　411-245-　9
聖治（諭）——庚戌　411-245-　9
聖治（諭）——十一月辛未　411-245-　9
聖治（諭）——甲戌　411-249-　9
聖治（諭）——乙亥　411-249-　9
聖治（諭）——丙子　411-250-　9
聖治（諭）——康熙五十七年戊戌正月辛酉　411-250-　9
聖治（諭）——四月庚辰　411-250-　9
聖治（諭）——十一月戊戌　411-250-　9
聖治（諭）——康熙五十八年己亥四月辛亥　411-251-　9
聖治（諭）——康熙六十一年壬寅十月甲寅　411-252-　9
敬天（諭）——康熙七年戊申五月壬子　411-255-　10
敬天（諭）——乙卯　411-256-　10
敬天（諭）——康熙十年辛亥三月庚午　411-256-　10
敬天（諭）——四月戊子　411-256-　10
敬天（諭）——康熙十二年癸丑三月戊寅　411-256-　10
敬天（諭）——九月乙亥　411-257-　10
敬天（諭）——己卯　411-257-　10
敬天（諭）——康熙十六年辛巳

四庫全書文集篇目分類索引

史部

詔令奏議類：附錄

詔令上十一畫

三月己丑　　　　　　　　　　411-257- 10
敬天（諭）——康熙十七年戊午六月壬午　　　　　　　　　　411-257- 10
敬天（諭）——康熙十八年己未七月庚申　　　　　　　　　　411-257- 10
敬天（諭）——壬戌　　　　　411-258- 10
敬天（諭）——康熙十九年庚申四月庚午　　　　　　　　　　411-260- 10
敬天（諭）——康熙二十一年壬戌六月己丑　　　　　　　　　411-260- 10
敬天（諭）——庚寅　　　　　411-260- 10
敬天（諭）——七月癸酉　　　411-260- 10
敬天（諭）——康熙二十四年乙丑十一月乙酉　　　　　　　　411-260- 10
敬天（諭）——康熙二十七年戊辰三月丙申　　　　　　　　　411-261- 10
敬天（諭）——康熙三十年辛未十一月甲戌　　　　　　　　　411-261- 10
敬天（諭）——康熙三十六年丁丑二月壬午朔　　　　　　　　411-261- 10
敬天（諭）——十一月甲午　　411-261- 10
敬天（諭）——康熙四十七年戊子九月壬午　　　　　　　　　411-261- 10
敬天（諭）——康熙四十九年庚寅四月丙午　　　　　　　　　411-262- 10
敬天（諭）——康熙五十年辛卯四月丁丑　　　　　　　　　　411-262- 10
敬天（諭）——五月丙申　　　411-262- 10
敬天（諭）——十一月乙未　　411-262- 10
敬天（諭）——康熙五十六年丁酉十月庚戌　　　　　　　　　411-263- 10
敬天（諭）——康熙五十七年戊戌五月庚戌　　　　　　　　　411-263- 10
敬天（諭）——十月辛未　　　411-263- 10
敬天（諭）——康熙五十八年己未正月己卯　　　　　　　　　411-263- 10
敬天（諭）——十一月乙亥　　411-263- 10
法祖（諭）——康熙八年己酉六月戊子　　　　　　　　　　　411-265- 11
法祖（諭）——九月己未　　　411-265- 11
法祖（諭）——康熙十年辛亥四月乙酉　　　　　　　　　　　411-266- 11
法祖（諭）——康熙十七年戊午五月甲寅　　　　　　　　　　411-266- 11
法祖（諭）——康熙二十一年壬戌十二月壬午　　　　　　　　411-267- 11
法祖（諭）——康熙二十四年乙丑五月庚午　　　　　　　　　411-267- 11
法祖（諭）——康熙二十八年己巳五月壬戌　　　　　　　　　411-267- 11
法祖（諭）——九月戊戌　　　411-268- 11
法祖（諭）——康熙二十九年庚午三月乙未　　　　　　　　　411-268- 11
法祖（諭）——四月乙丑　　　411-268- 11
法祖（諭）——康熙三十五年丙子四月乙未　　　　　　　　　411-269- 11
法祖（諭）——康熙三十六年丁丑九月乙未　　　　　　　　　411-269- 11
法祖（諭）——康熙三十八年己卯六月辛酉　　　　　　　　　411-269- 11
法祖（諭）——康熙四十二年癸未七月乙巳朔　　　　　　　　411-270- 11
法祖（諭）——丙午　　　　　411-270- 11
法祖（諭）——康熙四十七年戊子九月壬午　　　　　　　　　411-270- 11
法祖（諭）——康熙四十九年庚寅四月乙巳　　　　　　　　　411-271- 11
文教（諭）——康熙八年己酉四月戊寅　　　　　　　　　　　411-271- 12
文教（諭）——康熙十六年丁巳三月庚寅　　　　　　　　　　411-271- 12
文教（諭）——康熙十七年戊午正月乙未　　　　　　　　　　411-272- 12
文教（諭）——康熙十九年庚申四月己卯　　　　　　　　　　411-272- 12
文教（諭）——康熙二十一年壬戌十二月壬辰　　　　　　　　411-272- 12
文教（諭）——康熙二十三年甲子三月癸巳　　　　　　　　　411-272- 12
文教（諭）——四月丁巳　　　411-272- 12
文教（諭）——乙丑　　　　　411-273- 12
文教（諭）——八月庚戌　　　411-273- 12
文教（諭）——十一月丙子　　411-273- 12
文教（諭）——己卯　　　　　411-273- 12
文教（諭）——十二月辛丑　　411-274- 12
文教（諭）——康熙二十四年乙丑二月丁酉　　　　　　　　　411-274- 12
文教（諭）——康熙二十五年丙寅四月甲午　　　　　　　　　411-274- 12
文教（諭）——閏四月戊午　　411-275- 12

文教（諭）——庚申　411-275- 12
文教（諭）——甲子　411-275- 12
文教（諭）——康熙二十六年丁卯十月壬戌　411-275- 12
文教（諭）——康熙三十二年癸酉四月壬辰　411-275- 12
文教（諭）——康熙三十六年丁丑十月己酉　411-275- 12
文教（諭）——康熙三十九年庚辰六月丁亥　411-276- 12
文教（諭）——康熙四十一年壬午五月丁亥　411-276- 12
文教（諭）——六月戊午　411-276- 12
文教（諭）——己未　411-277- 12
文教（諭）——九月壬子　411-277- 12
文教（諭）——康熙四十二年癸未四月庚辰　411-277- 12
文教（諭）——康熙四十三年甲申三月庚戌　411-278- 12
文教（諭）——康熙四十四年乙酉三月壬戌　411-278- 12
文教（諭）——康熙四十九年庚寅正月庚寅　411-278- 12
文教（諭）——康熙五十年辛卯十月甲子　411-278- 12
文教（諭）——康熙五十一年壬辰二月丁巳　411-279- 12
文教（諭）——康熙五十二年癸巳四月甲寅　411-279- 12
文教（諭）——十月乙酉　411-279- 12
文教（諭）——康熙五十三年甲午四月癸酉　411-279- 12
文教（諭）——七月己酉　411-279- 12
文教（諭）——康熙五十四年乙未正月甲子　411-280- 12
文教（諭）——二月己丑　411-280- 12
文教（諭）——康熙五十五年丙申三月丙辰　411-280- 12
文教（諭）附武科——康熙三十二年癸酉四月壬辰　411-280- 12
文教（諭）附武科——康熙三十三年甲戌九月丁亥　411-280- 12
文教（諭）附武科——十月庚子　411-281- 12
文教（諭）附武科——康熙四十八年己丑十月壬寅　411-281- 12
文教（諭）附武科——癸卯　411-281- 12
文教（諭）附武科——康熙四十九年庚寅七月庚寅　411-281- 12
文教（諭）附武科——九月辛亥　411-282- 12
文教（諭）附武科——康熙五十二年癸巳十一月壬子　411-282- 12
文教（諭）——甲寅　411-283- 12
文教（諭）——十二月辛卯　411-283- 12
武功（諭）——康熙十二年癸丑十二月丙辰　411-284- 13
武功（諭）——丁巳　411-284- 13
武功（諭）——康熙十三年甲寅正月己丑　411-285- 13
武功（諭）——二月乙巳　411-285- 13
武功（諭）——甲寅　411-285- 13
武功（諭）——庚申　411-285- 13
武功（諭）——辛酉　411-285- 13
武功（諭）——三月壬申　411-286- 13
武功（諭）——四月丁未　411-286- 13
武功（諭）——五月己巳　411-287- 13
武功（諭）——壬辰　411-287- 13
武功（諭）——六月甲午朔　411-287- 13
武功（諭）——壬子　411-288- 13
武功（諭）——戊午　411-288- 13
武功（諭）——八月丁酉　411-288- 13
武功（諭）——辛亥　411-288- 13
武功（諭）——己未　411-288- 13
武功（諭）——九月戊辰　411-288- 13
武功（諭）——十月丁未　411-289- 13
武功（諭）——十一月庚申朔　411-289- 13
武功（諭）——十二月丙申　411-289- 13
武功（諭）——乙巳　411-299- 13
武功（諭）——戊申　411-290- 13
武功（諭）——壬子　411-290- 13
武功（諭）——康熙十四年乙卯正月辛酉　411-291- 13
武功（諭）——壬戌　411-291- 13
武功（諭）——癸酉　411-291- 13
武功（諭）——丁丑　411-292- 13
武功（諭）——乙酉　411-293- 13
武功（諭）——戊子　411-293- 13
武功（諭）——五月甲戌　411-293- 13
武功（諭）——七月丙午　411-294- 13
武功（諭）——癸丑　411-294- 13
武功（諭）——八月己未　411-294- 13

武功（諭）——十月甲戌　411-295- 13
武功（諭）——十二月戊午　411-295- 13
武功（諭）——壬戌　411-295- 13
武功（諭）——康熙十五年丙辰
　正月辛卯　411-296- 14
武功（諭）——二月壬戌　411-296- 14
武功（諭）——乙丑　411-296- 14
武功（諭）——己巳　411-296- 14
武功（諭）——辛未　411-297- 14
武功（諭）——甲戌　411-297- 14
武功（諭）——戊寅　411-298- 14
武功（諭）——辛巳　411-298- 14
武功（諭）——三月癸巳　411-298- 14
武功（諭）——辛丑　411-299- 14
武功（諭）——四月庚申　411-299- 14
武功（諭）——五月癸巳　411-300- 14
武功（諭）——六月丙辰　411-300- 14
武功（諭）——戊辰　411-300- 14
武功（諭）——十月壬申　411-300- 14
武功（諭）——十一月辛卯　411-301- 14
武功（諭）——丙申　411-301- 14
武功（諭）——十二月己巳　411-301- 14
武功（諭）——康熙十六年丁巳
　正月庚寅　411-302- 14
武功（諭）——庚子　411-302- 14
武功（諭）——三月甲申　411-302- 14
武功（諭）——乙巳　411-302- 14
武功（諭）——丙午　411-303- 14
武功（諭）——四月戊午　411-303- 14
武功（諭）——五月乙巳　411-304- 14
武功（諭）——六月辛酉　411-304- 14
武功（諭）——庚午　411-304- 14
武功（諭）——七月丁酉　411-305- 14
武功（諭）——九月丁酉　411-305- 14
武功（諭）——康熙十七年戊午
　正月庚辰　411-306- 15
武功（諭）——二月辛未　411-307- 15
武功（諭）——三月戊寅　411-307- 15
武功（諭）——甲申　411-307- 15
武功（諭）——乙酉　411-308- 15
武功（諭）——丙戌　411-308- 15
武功（諭）——閏三月辛丑　411-308- 15
武功（諭）——丁巳　411-309- 15
武功（諭）——庚申　411-309- 15
武功（諭）——己巳　411-309- 15
武功（諭）——四月甲戌　411-309- 15
武功（諭）——五月庚子朔　411-309- 15
武功（諭）——六月壬辰　411-310- 15
武功（諭）——乙未　411-310- 15
武功（諭）——丙申　411-311- 15
武功（諭）——七月甲辰　411-311- 15
武功（諭）——辛酉　411-311- 15
武功（諭）——壬戌　411-312- 15
武功（諭）——八月甲申　411-312- 15
武功（諭）——九月辛丑　411-312- 15
武功（諭）——戊申　411-313- 15
武功（諭）——甲子　411-313- 15
武功（諭）——十月丙申　411-313- 15
武功（諭）——十一月辛亥　411-313- 15
武功（諭）——康熙十八年己未
　正月甲子　411-314- 15
武功（諭）——二月戊辰　411-315- 15
武功（諭）——甲戌　411-315- 15
武功（諭）——乙亥　411-316- 15
武功（諭）——庚辰　411-316- 15
武功（諭）——三月庚戌　411-316- 15
武功（諭）——四月壬午　411-316- 15
武功（諭）——康熙十九年庚申
　正月戊戌　411-317- 15
武功（諭）——丁未　411-317- 15
武功（諭）——甲寅　411-317- 15
武功（諭）——二月辛酉朔　411-318- 15
武功（諭）——丁卯　411-318- 15
武功（諭）——庚辰　411-318- 15
武功（諭）——三月癸卯　411-318- 15
武功（諭）——己酉　411-318- 15
武功（諭）——七月辛卯　411-319- 15
武功（諭）——八月庚申　411-319- 15
武功（諭）——己巳　411-319- 15
武功（諭）——壬申　411-319- 15
武功（諭）——閏八月己丑　411-320- 15
武功（諭）——九月乙丑　411-320- 15
武功（諭）——康熙二十年辛酉
　正月丁巳　411-321- 16
武功（諭）——丙子　411-321- 16
武功（諭）——十二月己亥　411-322- 16
武功（諭）——康熙二十一年壬
　戌八月庚寅　411-322- 16
武功（諭）——十二月庚子　411-323- 16
武功（諭）——康熙二十二年癸

亥七月癸未 411-323- 16
武功（諭）——康熙二十四年乙
　丑正月癸未 411-324- 16
武功（諭）——四月乙未 411-325- 16
武功（諭）——六月癸巳 411-325- 16
武功（諭）——壬寅 411-326- 16
武功（諭）——十一月甲戌 411-327- 16
武功（諭）——康熙二十五年七
　月乙巳 411-328- 16
武功（諭）——八月丁丑 411-328- 16
武功（諭）——康熙二十九年庚
　午正月辛丑 411-328- 16
武功（諭）——四月甲子 411-328- 16
武功（諭）——五月癸丑 411-329- 16
武功（諭）——六月辛巳 411-329- 16
武功（諭）——癸未 411-329- 16
武功（諭）——甲申 411-329- 16
武功（諭）——七月庚寅朔 411-330- 16
武功（諭）——壬辰 411-331- 16
武功（諭）——癸巳 411-331- 16
武功（諭）——丙申 411-331- 16
武功（諭）——壬寅 411-331- 16
武功（諭）——癸卯 411-332- 16
武功（諭）——辛亥 411-332- 16
武功（諭）——八月辛酉 411-333- 16
武功（諭）——丁丑 411-333- 16
武功（諭）——康熙三十三年甲
　戌四月己卯 411-333- 16
武功（諭）——七月癸酉 411-334- 16
武功（諭）——壬午 411-334- 16
武功（諭）——康熙三十四年乙
　亥十月丙申 411-335- 17
武功（諭）——十一月庚辰 411-335- 17
武功（諭）——甲申 411-336- 17
武功（諭）——十二月甲辰 411-336- 17
武功（諭）——康熙三十五年丙
　子正月甲戌 411-338- 17
武功（諭）——乙亥 411-339- 17
武功（諭）——二月甲午 411-339- 17
武功（諭）——甲辰 411-340- 17
武功（諭）——甲寅 411-340- 17
武功（諭）——四月己丑 411-340- 17
武功（諭）———戊戌 411-341- 17
武功（諭）——己亥 411-341- 17
武功（諭）——五月己未 411-342- 17
武功（諭）——癸亥 411-342- 17
武功（諭）——乙丑 411-343- 17
武功（諭）——丁卯 411-343- 17
武功（諭）——辛未 411-344- 17
武功（諭）——癸酉 411-344- 17
武功（諭）——丙子 411-344- 17
武功（諭）——庚辰 411-345- 17
武功（諭）——六月乙未 411-345- 17
武功（諭）——八月甲午 411-345- 17
武功（諭）——九月辛酉 411-346- 17
武功（諭）——己巳 411-346- 17
武功（諭）——壬午 411-347- 17
武功（諭）——十月甲申朔 411-347- 17
武功（諭）——甲辰 411-348- 17
武功（諭）——己酉 411-348- 17
武功（諭）——十一月乙丑 411-350- 17
武功（諭）——丙寅 411-350- 17
武功（諭）——戊寅 411-350- 17
武功（諭）——康熙三十六年丁
　丑二月丙戌 411-352- 18
武功（諭）——壬辰 411-353- 18
武功（諭）——癸巳 411-353- 18
武功（諭）——庚子 411-353- 18
武功（諭）——三月丁巳 411-354- 18
武功（諭）——壬戌 411-354- 18
武功（諭）——癸酉 411-354- 18
武功（諭）——閏三月辛卯 411-354- 18
武功（諭）——壬辰 411-355- 18
武功（諭）——四月庚戌朔 411-357- 18
武功（諭）——甲寅 411-357- 18
武功（諭）——甲戌 411-358- 18
武功（諭）——五月丙申 411-358- 18
武功（諭）——癸卯 411-359- 18
武功（諭）——六月甲戌 411-360- 18
武功（諭）——七月丁酉 411-360- 18
武功（諭）——十月乙卯 411-361- 18
武功（諭）——十二月甲寅 411-362- 18
武功（諭）——康熙三十七年戊
　寅十月乙巳 411-363- 19
武功（諭）——康熙三十九年庚
　辰七月庚子 411-365- 19
武功（諭）——康熙四十二年癸
　未九月丁卯 411-365- 19
武功（諭）——己巳 411-365- 19
武功（諭）——康熙四十五年丙

戊十月庚寅 411-366- 19
武功（諭）——乙巳 411-366- 19
武功（諭）——康熙四十七年戊子三月己巳 411-366- 19
武功（諭）——康熙四十九年庚寅八月庚辰 411-367- 19
武功（諭）——康熙五十二年癸巳閏五月乙卯 411-368- 19
武功（諭）——康熙五十四年乙未四月己丑 411-369- 19
武功（諭）——乙未 411-369- 19
武功（諭）——七月甲午朔 411-370- 19
武功（諭）——康熙五十五年丙申三月辛丑 411-370- 19
武功（諭）——十月丁未 411-371- 19
武功（諭）——十一月辛酉 411-371- 19
武功（諭）——十二月丙午 411-372- 19
武功（諭）——康熙五十六年丁酉三月丁丑 411-372- 19
武功（諭）——五月癸酉 411-373- 19
武功（諭）——八月壬午朔 411-373- 19
武功（諭）——十月丙午 411-373- 19
武功（諭）——十一月甲戌 411-374- 19
武功（諭）——康熙五十七年戊九月己卯 411-376- 20
武功（諭）——十二月庚午 411-376- 20
武功（諭）——康熙五十八年己亥正月癸卯 411-377- 20
武功（諭）——九月乙未 411-377- 20
武功（諭）——十二月丙辰 411-378- 20
武功（諭）——康熙五十九年庚子正月壬申 411-379- 20
武功（諭）——十月乙卯 411-381- 20
武功（諭）——康熙六十年辛丑六月癸巳 411-382- 20
武功（諭）——乙卯 411-383- 20
武功（諭）——九月戊戌 411-383- 20
武功（諭）——丁巳 411-384- 20
武功（諭）——康熙六十一年壬寅正月庚子 411-385- 20
武功（諭）——二月己卯 411-385- 20
武功（諭）——九月乙酉 411-386- 20
恤民（諭）——康熙六年丁未五月丙午 411-387- 20
恤民（諭）——七月乙卯 411-387- 21
恤民（諭）——康熙八年己酉三月辛丑 411-387- 21
恤民（諭）——康熙九年庚戌正月己酉 411-387- 21
恤民（諭）——康熙十二年癸丑三月辛巳 411-388- 21
恤民（諭）——四月癸卯 411-388- 21
恤民（諭）——十一月庚午 411-388- 21
恤民（諭）——康熙十三年甲寅正月癸未 411-388- 21
恤民（諭）——戊子 411-389- 21
恤民（諭）——二月辛酉 411-389- 21
恤民（諭）——四月丙申 411-390- 21
恤民（諭）——十一月辛未 411-390- 21
恤民（諭）——十二月壬寅 411-390- 21
恤民（諭）——癸丑 411-390- 21
恤民（諭）——康熙十五年丙辰二月丁巳 411-391- 21
恤民（諭）——康熙十六年丁巳二月辛酉 411-391- 21
恤民（諭）——康熙十八年己未四月甲戌 411-391- 21
恤民（諭）——十二月癸未 411-391- 21
恤民（諭）——康熙十九年庚申二月丁卯 411-391- 21
恤民（諭）——十月庚子 411-391- 21
恤民（諭）——康熙二十年辛酉二月癸巳 411-392- 21
恤民（諭）——四月戊子 411-392- 21
恤民（諭）——十一月辛酉 411-392- 21
恤民（諭）——康熙二十一年壬戌正月辛未 411-392- 21
恤民（諭）—八月辛巳 411-392- 21
恤民（諭）——甲辰 411-392- 21
恤民（諭）——九月壬戌 411-392- 21
恤民（諭）——十二月壬午 411-393- 21
恤民（諭）——康熙二十二年癸亥七月辛卯 411-393- 21
恤民（諭）——九月戊子 411-393- 21
恤民（諭）——康熙二十三年甲子四月丙辰 411-393- 21
恤民（諭）——五月壬午 411-394- 21
恤民（諭）——九月甲子朔 411-394- 21
恤民（諭）——十月辛亥 411-394- 21
恤民（諭）——癸丑 411-394- 21

仙民（諭）——甲寅　　　　　411-394- 21
仙民（諭）——庚申　　　　　411-395- 21
仙民（諭）——十一月丁卯　　411-395- 21
仙民（諭）——康熙二十四年乙
　丑四月戊戌　　　　　　　　411-395- 21
仙民（諭）——五月丙戌　　　411-395- 21
仙民（諭）——戊子　　　　　411-395- 21
仙民（諭）——九月甲申　　　411-396- 21
仙民（諭）——十月癸卯　　　411-396- 21
仙民（諭）——康熙二十五年丙
　寅二月壬子　　　　　　　　411-396- 21
仙民（諭）——康熙二十六年丁
　卯十一月乙未　　　　　　　411-396- 21
仙民（諭）——康熙二十七年戊
　辰七月甲午　　　　　　　　411-396- 21
仙民（諭）——康熙二十八年己
　巳二月乙卯　　　　　　　　411-396- 21
仙民（諭）——康熙二十九年庚
　午二月己卯　　　　　　　　411-397- 21
仙民（諭）——六月丙戌　　　411-397- 21
仙民（諭）——七月丙午　　　411-397- 21
仙民（諭）——康熙三十年辛未
　九月己巳　　　　　　　　　411-398- 21
仙民（諭）——康熙三十二年癸
　酉六月庚子　　　　　　　　411-398- 21
仙民（諭）——八月丁酉　　　411-398- 21
仙民（諭）——十一月庚申　　411-398- 21
仙民（諭）——康熙三十三年甲
　戌二月癸酉　　　　　　　　411-399- 21
仙民（諭）——丁亥　　　　　411-399- 21
仙民（諭）——四月庚辰　　　411-399- 21
仙民（諭）——五月丁巳　　　411-400- 21
仙民（諭）——九月甲申　　　411-400- 21
仙民（諭）——十一月癸酉　　411-400- 21
仙民（諭）——康熙三十四年乙
　亥正月戊寅　　　　　　　　411-401- 22
仙民（諭）——四月庚子　　　411-401- 22
仙民（諭）——五月壬戌朔　　411-401- 22
仙民（諭）——六月癸卯　　　411-402- 22
仙民（諭）——康熙三十五年丙
　子七月庚申　　　　　　　　411-402- 22
仙民（諭）——九月丁丑　　　411-402- 22
仙民（諭）——十二月辛亥　　411-402- 22
仙民（諭）——康熙三十六年丁
　丑二月乙未　　　　　　　　411-402- 22
仙民（諭）——戊戌　　　　　411-403- 22
仙民（諭）——辛丑　　　　　411-403- 22
仙民（諭）——閏三月甲午　　411-404- 22
仙民（諭）——五月丙申　　　411-404- 22
仙民（諭）——戊戌　　　　　411-404- 22
仙民（諭）——六月戊寅　　　411-404- 22
仙民（諭）——康熙三十七年戊
　寅二月庚午　　　　　　　　411-405- 22
仙民（諭）——五月甲申　　　411-405- 22
仙民（諭）——康熙三十八年己
　卯九月戊申　　　　　　　　411-405- 22
仙民（諭）——康熙三十九年庚
　辰二月乙酉　　　　　　　　411-405- 22
仙民（諭）——三月甲午朔　　411-405- 22
仙民（諭）——康熙四十一年壬
　午閏六月癸未　　　　　　　411-406- 22
仙民（諭）——康熙四十二年癸
　未正月壬申　　　　　　　　411-406- 22
仙民（諭）——二月丙子朔　　411-406- 22
仙民（諭）——八月甲申　　　411-406- 22
仙民（諭）——十月庚寅　　　411-407- 22
仙民（諭）——康熙四十三年甲
　申三月辛酉　　　　　　　　411-407- 22
仙民（諭）——康熙四十四年乙
　酉三月己亥　　　　　　　　411-407- 22
仙民（諭）——癸丑　　　　　411-407- 22
仙民（諭）——壬戌　　　　　411-407- 22
仙民（諭）——康熙四十六年丁
　亥七月戊寅　　　　　　　　411-408- 22
仙民（諭）——十一月己未　　411-408- 22
仙民（諭）——康熙四十八年己
　丑七月乙亥　　　　　　　　411-408- 22
仙民（諭）——己卯　　　　　411-409- 22
仙民（諭）——康熙五十二年癸
　巳二月丁丑　　　　　　　　411-409- 22
仙民（諭）——四月辛亥　　　411-409- 22
仙民（諭）——五月庚辰　　　411-409- 22
仙民（諭）——六月己丑　　　411-410- 22
仙民（諭）——辛卯　　　　　411-410- 22
仙民（諭）——九月辛未　　　411-410- 22
仙民（諭）——十月庚寅　　　411-411- 22
仙民（諭）——康熙五十三年甲
　午三月乙巳　　　　　　　　411-411- 22
仙民（諭）——癸丑　　　　　411-411- 22
仙民（諭）——六月丙戌　　　411-411- 22

恤民（諭）——十月壬辰　411-412- 22
恤民（諭）——康熙五十五年丙申閏三月壬午　411-412- 22
恤民（諭）——五月壬戌　411-413- 22
恤民（諭）——康熙五十六年丁酉六月丙戌　411-413- 22
恤民（諭）——十月癸卯　411-413- 22
恤民（諭）——康熙五十七年戊戌八月庚子　411-414- 22
恤民（諭）——康熙六十年辛丑四月己酉　411-414- 22
恤民（諭）——五月甲申　411-414- 22
恤民（諭）——九月辛亥　411-415- 22
恤民（諭）——康熙六十一年壬寅二月乙酉　411-415- 22
恤民（諭）——六月壬戌　411-415- 22
任官（諭）——康熙三年甲辰四月己未　411-416- 23
任官（諭）——五月壬午　411-416- 23
任官（諭）——十月辛未　411-416- 23
任官（諭）——康熙七年戊申三月丁未　411-416- 23
任官（諭）——辛酉　411-416- 23
任官（諭）——康熙八年己酉十月癸亥　411-417- 23
任官（諭）——康熙十二年癸丑九月辛未　411-417- 23
任官（諭）——康熙十三年甲寅三月丁丑　411-417- 23
任官（諭）——康熙十四年乙卯閏五月戊子朔　411-418- 23
任官（諭）——康熙十六年丁巳十月癸亥　411-418- 23
任官（諭）——康熙十九年庚申六月丁丑　411-418- 23
任官（諭）——七月甲午　411-418- 23
任官（諭）——十一月戊午　411-418- 23
任官（諭）——康熙二十年辛酉正月辛巳　411-418- 23
任官（諭）——六月辛亥　411-418- 23
任官（諭）——七月丙寅　411-419- 23
任官（諭）——戊辰　411-419- 23
任官（諭）——壬申　411-419- 23
任官（諭）——康熙二十二年癸亥五月乙卯　411-419- 23
任官（諭）——康熙二十三年甲子三月壬辰　411-420- 23
任官（諭）——四月戊申　411-420- 23
任官（諭）——六月丁巳　411-420- 23
任官（諭）——康熙二十四年乙丑三月癸亥　411-420- 23
任官（諭）——九月辛酉　411-420- 23
任官（諭）——康熙二十五年丙寅四月戊申　411-421- 23
任官（諭）——癸丑　411-421- 23
任官（諭）——七月乙酉　411-421- 23
任官（諭）——康熙二十六年丁卯四月辛亥　411-422- 23
任官（諭）——康熙二十七年戊辰十一月辛未　411-422- 23
任官（諭）——康熙二十八年己巳閏三月壬寅　411-422- 23
任官（諭）——六月庚寅　411-422- 23
任官（諭）——康熙三十一年壬申七月癸酉　411-422- 23
任官（諭）——康熙三十二年癸酉十一月庚子朔　411-422- 23
任官（諭）——十二月壬申　411-423- 23
任官（諭）——康熙三十三年甲戌五月癸卯　411-423- 23
任官（諭）——甲辰　411-423- 23
任官（諭）——康熙三十四年乙亥三月癸亥　411-424- 23
任官（諭）——康熙三十六年丁丑七月丙午　411-424- 23
任官（諭）——八月辛酉　411-424- 23
任官（諭）——康熙三十七年戊寅十一月甲午　411-424- 23
任官（諭）——十二月丙辰　411-424- 23
任官（諭）——康熙三十八年己卯五月癸巳　411-424- 23
任官（諭）——六月戊戌朔　411-425- 23
任官（諭）——十月己巳　411-425- 23
任官（諭）——康熙三十九年庚辰七月乙未　411-425- 23
任官（諭）——九月丙午　411-425- 23
任官（諭）——十月己卯　411-426- 23
任官（諭）——康熙四十年辛巳二月庚辰　411-426- 23
任官（諭）——三月壬辰　411-426- 23

任官（諭）——壬子　411-426- 23
任官（諭）——五月戊子　411-427- 23
任官（諭）——十月己巳　411-427- 23
任官（諭）——康熙四十二年癸未正月丁卯　411-427- 23
任官（諭）——四月戊戌　411-428- 23
任官（諭）——十二月辛卯　411-428- 23
任官（諭）——康熙四十五年丙戌三月丙寅　411-428- 23
任官（諭）——康熙五十一年壬辰二月丁巳　411-428- 23
任官（諭）——三月乙巳　411-429- 23
任官（諭）——康熙五十二年癸巳二月癸酉　411-429- 23
任官（諭）——五月庚辰　411-429- 23
任官（諭）——九月丁卯　411-430- 23
任官（諭）——康熙五十三年甲午四月癸酉　411-430- 23
任官（諭）——康熙五十四年乙未十一月己酉　411-430- 23
任官（諭）——康熙五十七年戊戌四月丁未　411-430- 23
任官（諭）——康熙六十一年壬寅三月壬子　411-430- 23
任官（諭）——七月甲辰　411-431- 23
廣言路（諭）——康熙六年丁未十二月壬申　411-431- 24
廣言路（諭）——康熙七年戊申九月癸丑　411-431- 24
廣言路（諭）——十一月丙辰　411-432- 24
廣言路（諭）——康熙八年己酉六月丁卯　411-432- 24
廣言路（諭）——康熙九年庚戌十二月戊申　411-432- 24
廣言路（諭）——康熙十二年癸丑八月己酉　411-433- 24
廣言路（諭）——康熙二十一年壬戌八月丙子朔　411-433- 24
廣言路（諭）——康熙二十四年乙丑五月戊子　411-433- 24
廣言路（諭）——十一月己未　411-433- 24
廣言路（諭）——康熙二十六年丁卯四月癸酉　411-433- 24
廣言路（諭）——十一月乙未　411-434- 24
廣言路（諭）——康熙二十七年戊辰六月辛亥　411-434- 24
廣言路（諭）——康熙二十九年庚午四月己卯　411-434- 24
廣言路（諭）——康熙三十一年壬申三月戊寅　411-434- 24
廣言路（諭）——十月丁酉　411-434- 24
廣言路（諭）——康熙三十六年丁丑二月乙酉　411-434- 24
廣言路（諭）——五月壬寅　411-435- 24
廣言路（諭）——康熙三十九年庚辰四月辛未　411-435- 24
廣言路（諭）——九月乙巳　411-436- 24
廣言路（諭）——十月丁卯　411-436- 24
廣言路（諭）——康熙四十年辛巳十二月甲子　411-437- 24
廣言路（諭）——康熙四十一年壬午三月辛丑　411-437- 24
廣言路（諭）——康熙四十五年丙戌十一月壬戌　411-437- 24
廣言路（諭）——康熙五十一年壬辰正月壬子　411-437- 24
廣言路（諭）——康熙五十五年丙申七月壬午　411-438- 24
廣言路（諭）——十月甲午　411-438- 24
嚴法紀（諭）——康熙三年甲辰三月庚午　411-439- 25
嚴法紀（諭）——四月戊午　411-439- 25
嚴法紀（諭）——康熙四年乙巳正月甲午　411-440- 25
嚴法紀（諭）——康熙六年丁未四月戊申　411-440- 25
嚴法紀（諭）——康熙七年戊申三月辛酉　411-440- 25
嚴法紀（諭）——六月丁丑　411-441- 25
嚴法紀（諭）——康熙八年己酉五月庚申　411-441- 25
嚴法紀（諭）——六月庚寅　411-442- 25
嚴法紀（諭）——八月壬戌　411-442- 25
嚴法紀（諭）——壬申　411-442- 25
嚴法紀（諭）——康熙九年庚戌三月辛未　411-443- 25
嚴法紀（諭）——康熙十年辛亥七月甲子　411-443- 25
嚴法紀（諭）——康熙十一年壬子正月庚申　411-443- 25

史部

詔令奏議類：附錄

詔令上十一畫

嚴法紀（諭）——康熙十二年癸丑十二月癸丑　411-443- 25

嚴法紀（諭）——康熙十五年丙辰正月丁酉　411-443- 25

嚴法紀（諭）——八月乙丑　411-443- 25

嚴法紀（諭）——丙寅　411-444- 25

嚴法紀（諭）——康熙十六年丁巳二月己巳　411-444- 25

嚴法紀（諭）——康熙十八年己未二月乙酉　411-444- 25

嚴法紀（諭）——康熙十九年庚申五月庚寅　411-445- 25

嚴法紀（諭）——六年壬午　411-445- 25

嚴法紀（諭）——七月甲辰　411-445- 25

嚴法紀（諭）——康熙二十年辛酉二月甲午　411-445- 25

嚴法紀（諭）——七月丙寅　411-446- 25

嚴法紀（諭）——康熙二十一年壬戌四月己卯　411-446- 25

嚴法紀（諭）——康熙二十二年癸亥五月辛酉　411-446- 25

嚴法紀（諭）——八月丙辰　411-446- 25

嚴法紀（諭）——辛酉　411-447- 25

嚴法紀（諭）——十月癸亥　411-447- 25

嚴法紀（諭）——康熙二十三年甲子五月甲申　411-447- 25

嚴法紀（諭）——康熙二十四年乙丑九月庚辰　411-448- 25

嚴法紀（諭）——十月戊戌　411-448- 25

嚴法紀（諭）——十一月戊午　411-448- 25

嚴法紀（諭）——十二月甲辰　411-448- 25

嚴法紀（諭）——康熙二十五年丙寅閏四月壬戌　411-449- 25

嚴法紀（諭）——康熙二十六年丁卯二月癸亥　411-449- 25

嚴法紀（諭）——四月庚午　411-449- 25

嚴法紀（諭）——五月壬辰　411-449- 25

嚴法紀（諭）——十月辛未　411-449- 25

嚴法紀（諭）——康熙二十七年戊辰十一月庚戌　411-450- 25

嚴法紀（諭）——丁卯　411-450- 25

嚴法紀（諭）——康熙二十八年己巳十一月庚申　411-450- 25

嚴法紀（諭）——康熙二十九年庚午五月辛丑　411-451- 25

嚴法紀（諭）——六月乙亥　411-451- 25

嚴法紀（諭）——康熙三十三年甲戌閏五月庚辰　411-451- 25

嚴法紀（諭）——十月庚子　411-452- 25

嚴法紀（諭）——康熙三十四年乙亥二月丙辰　411-452- 25

嚴法紀（諭）——六月庚申　411-452- 25

嚴法紀（諭）——康熙三十五年丙子二月丁未　411-453- 26

嚴法紀（諭）——丙辰　411-453- 26

嚴法紀（諭）——五月丁巳　411-453- 26

嚴法紀（諭）——九月己巳　411-453- 26

嚴法紀（諭）——十月乙未　411-454- 26

嚴法紀（諭）——康熙三十六年丁丑二月癸巳　411-454- 26

嚴法紀（諭）——三月己未　411-454- 26

嚴法紀（諭）——五月辛卯　411-454- 26

嚴法紀（諭）——九月己卯　411-454- 26

嚴法紀（諭）——康熙三十八年己卯六月辛酉　411-454- 26

嚴法紀（諭）——七月戊辰朔　411-455- 26

嚴法紀（諭）——十一月丁酉　411-455- 26

嚴法紀（諭）——丁未　411-455- 26

嚴法紀（諭）——十二月戊辰　411-455- 26

嚴法紀（諭）——癸酉　411-456- 26

嚴法紀（諭）——康熙三十九年庚辰正月壬戌　411-456- 26

嚴法紀（諭）——七月乙卯　411-456- 26

嚴法紀（諭）——康熙四十一年壬午二月戊辰　411-456- 26

嚴法紀（諭）——壬申　411-457- 26

嚴法紀（諭）——四月壬戌　411-457- 26

嚴法紀（諭）——康熙四十二年癸未五月壬戌　411-457- 26

嚴法紀（諭）——癸亥　411-457- 26

嚴法紀（諭）——八月甲戌朔　411-458- 26

嚴法紀（諭）——十月癸未　411-458- 26

嚴法紀（諭）——康熙四十三年甲申正月戊辰　411-458- 26

嚴法紀（諭）——三月己酉　411-459- 26

嚴法紀（諭）——十一月癸卯　411-459- 26

嚴法紀（諭）——戊午　411-459- 26

嚴法紀（諭）——康熙四十四年乙酉閏四月丙午　411-459- 26

嚴法紀（諭）——七月乙酉　411-460- 26

嚴法紀（諭）——八月甲午　411-460- 26
嚴法紀（諭）——康熙四十五年丙戌二月壬辰　411-460- 26
嚴法紀（諭）——十月丁酉　411-460- 26
嚴法紀（諭）——丁未　411-460- 26
嚴法紀（諭）——康熙四十七年戊子正月庚午　411-461- 26
嚴法紀（諭）——閏三月甲午　411-461- 26
嚴法紀（諭）——七月丁丑　411-461- 26
嚴法紀（諭）——康熙五十年辛卯八月辛酉　411-461- 26
嚴法紀（諭）——康熙五十一年壬辰五月戊申　411-462- 26
嚴法紀（諭）——康熙五十二年癸巳正月癸卯　411-462- 26
嚴法紀（諭）——七月丁巳　411-462- 26
嚴法紀（諭）——十月庚辰　411-462- 26
嚴法紀（諭）——康熙五十三年甲午八月甲午　411-463- 26
嚴法紀（諭）——康熙五十五年丙申七月戊寅　411-463- 26
嚴法紀（諭）——康熙五十六年丁酉正月乙丑　411-464- 26
嚴法紀（諭）——康熙五十七年戊戌七月甲戌　411-464- 26
嚴法紀（諭）——康熙五十九年庚子十一月丙子　411-464- 26
嚴法紀（諭）——康熙六十年辛丑六月甲辰　411-465- 27
理財（諭）——康熙七年戊申三月辛酉　411-465- 27
理財（諭）——康熙十八年己未九月乙巳　411-465- 27
理財（諭）——康熙二十三年甲子三月癸酉　411-466- 27
理財（諭）——康熙二十四年乙丑二月辛亥　411-466- 27
理財（諭）——三月辛酉朔　411-466- 27
理財（諭）——庚午　411-466- 27
理財（諭）——六月丁巳　411-466- 27
理財（諭）——十一月丁巳　411-467- 27
理財（諭）——康熙二十五年丙寅二月丙申　411-467- 27
理財（諭）——六月丁巳　411-468- 27
理財（諭）——康熙二十六年丁卯二月壬申　411-468- 27
理財（諭）——五月己卯　411-468- 27
理財（諭）——康熙二十八年己巳閏三月丁未　411-468- 27
理財（諭）——康熙三十六年丁丑十一月丙戌　411-468- 27
理財（諭）——康熙三十七年戊寅四月壬戌　411-469- 27
理財（諭）——康熙三十九年庚辰九月丙午　411-469- 27
理財（諭）——康熙四十五年丙戌四月己亥　411-469- 27
理財（諭）——七月辛酉　411-469- 27
理財（諭）——十月辛亥　411-470- 27
理財（諭）——十一月己巳　411-470- 27
理財（諭）——康熙四十七年戊子閏三月己丑　411-470- 27
理財（諭）——康熙四十八年己丑十一月丙子　411-470- 27
理財（諭）——康熙五十三年甲午正月癸亥　411-471- 27
理財（諭）——七月己未　411-472- 27
理財（諭）——九月乙丑　411-472- 27
理財（諭）——康熙五十四年乙未七月壬寅　411-472- 27
理財（諭）——康熙五十五年丙申七月壬午　411-472- 27
理財（諭）——康熙五十六年丁酉三月甲子　411-473- 27
理財（諭）——六月己亥　411-473- 27
理財（諭）——康熙五十八年己亥三月壬辰　411-473- 27
理財（諭）——康熙六十一年壬寅九月戊子　411-473- 27
慎刑（諭）——康熙二年癸卯正月壬午　411-475- 28
慎刑（諭）——十一月乙丑　411-475- 28
慎刑（諭）——十二月辛酉　411-475- 28
慎刑（諭）——康熙三年甲辰十二月壬午　411-475- 28
慎刑（諭）——康熙四年乙巳二月癸酉　411-476- 28
慎刑（諭）——康熙八年己酉五月癸巳朔　411-476- 28
慎刑（諭）——六月癸酉　411-476- 28

慎刑（諭）——康熙九年庚戌二月壬申　411-476- 28
慎刑（諭）——六月丙申　411-476- 28
慎刑（諭）——己酉　411-476- 28
慎刑（諭）——康熙十年辛亥四月丙戌　411-476- 28
慎刑（諭）——康熙十一年壬子六月己亥　411-477- 28
慎刑（諭）——閏七月丁亥　411-477- 28
慎刑（諭）——十月辛亥　411-477- 28
慎刑（諭）——康熙十二年癸丑十一月丙寅朔　411-477- 28
慎刑（諭）——康熙十四年乙卯五月乙亥　411-478- 28
慎刑（諭）——十一月辛丑　411-478- 28
慎刑（諭）——康熙十六年丁巳七月壬辰　411-478- 28
慎刑（諭）——康熙十八年己未三月己未　411-478- 28
慎刑（諭）——四月戊辰　411-478- 28
慎刑（諭）——壬午　411-479- 28
慎刑（諭）——康熙十九年庚申四月戊辰　411-479- 28
慎刑（諭）——癸酉　411-479- 28
慎刑（諭）——康熙二十年辛酉正月辛巳　411-479- 28
慎刑（諭）——（康熙二十年）五月甲戌　411-480- 28
慎刑（諭）——八月丁酉　411-480- 28
慎刑（諭）——十月丙午　411-480- 28
慎刑（諭）——康熙二十一年壬戌五月壬子　411-480- 28
慎刑（諭）——丙辰　411-480- 28
慎刑（諭）——六月丁亥　411-481- 28
慎刑（諭）——康熙二十二年癸亥十二月丙辰　411-481- 28
慎刑（諭）——康熙二十三年甲子正月丙戌　411-481- 28
慎刑（諭）——五月丙寅朔　411-481- 28
慎刑（諭）——十二月丙午　411-482- 28
慎刑（諭）——康熙二十四年乙丑四月戊戌　411-482- 28
慎刑（諭）——十月庚子　411-482- 28
慎刑（諭）——十一月乙丑　411-482- 28
慎刑（諭）——康熙二十五年丙寅三月庚午　411-482- 28
慎刑（諭）——六月己未　411-483- 28
慎刑（諭）——七月辛丑　411-483- 28
慎刑（諭）——十月戊寅　411-483- 28
慎刑（諭）——康熙二十八年己巳閏三月癸亥　411-484- 28
慎刑（諭）——十一月戊午　411-484- 28
慎刑（諭）——康熙三十一年壬申十月甲申　411-485- 29
慎刑（諭）——康熙三十二年癸酉十二月辛未　411-485- 29
慎刑（諭）——康熙三十三年甲戌四月庚寅　411-486- 29
慎刑（諭）——十二月壬子　411-486- 29
慎刑（諭）——康熙三十六年丁丑十一月戊子　411-486- 29
慎刑（諭）——康熙三十七年戊寅四月己酉　411-486- 29
慎刑（諭）——十一月甲申　411-487- 29
慎刑（諭）——十二月庚戌　411-487- 29
慎刑（諭）——康熙三十八年己卯三月壬午　411-487- 29
慎刑（諭）——乙未　411-487- 29
慎刑（諭）——康熙三十九年庚辰九月癸巳　411-487- 29
慎刑（諭）——己酉　411-488- 29
慎刑（諭）——庚戌　411-488- 29
慎刑（諭）——甲寅　411-488- 29
慎刑（諭）——康熙四十年辛巳十一月甲午　411-488- 29
慎刑（諭）——康熙四十一年壬午正月丙午　411-489- 29
慎刑（諭）——康熙四十三年甲申十一月乙卯　411-489- 29
慎刑（諭）——康熙四十四年乙酉十月乙巳　411-489- 29
慎刑（諭）——康熙四十五年丙戌十月庚子　411-489- 29
慎刑（諭）——十一月丁卯　411-489- 29
慎刑（諭）——十二月乙巳　411-490- 29
慎刑（諭）——康熙四十八年己丑十月壬子　411-490- 29
慎刑（諭）——十一月癸未　411-490- 29
慎刑（諭）——康熙五十年辛卯四月庚申　411-490- 29

慎刑（諭）——五月己酉　411-491- 29
慎刑（諭）——八月辛酉　411-491- 29
慎刑（諭）——康熙五十一年壬辰十一月丙申　411-491- 29
慎刑（諭）——十二月甲子　411-491- 29
慎刑（諭）——康熙五十二年癸巳三月己丑　411-492- 29
慎刑（諭）——七月辛酉　411-492- 29
慎刑（諭）——康熙五十三年甲午二月甲戌　411-492- 29
慎刑（諭）——十月丁亥　411-492- 29
慎刑（諭）——康熙五十四年乙未十月丙寅　411-493- 29
慎刑（諭）——庚辰　411-493- 29
慎刑（諭）——十一月丁酉　411-493- 29
慎刑（諭）——庚子　411-493- 29
慎刑（諭）——康熙五十五年丙申六月壬辰　411-493- 29
慎刑（諭）——十月丙申　411-493- 29
慎刑（諭）——康熙五十六年丁酉二月丁未　411-494- 29
慎刑（諭）——六月癸巳　411-494- 29
慎刑（諭）——康熙五十七年戊戌十月甲寅　411-494- 29
慎刑（諭）——十一月戊戌　411-494- 29
慎刑（諭）——康熙五十九年庚子十月癸亥　411-494- 29
慎刑（諭）——康熙六十年辛丑閏六月丙寅　411-495- 29
重農桑（諭）——康熙十四年乙卯三月乙丑　411-495- 30
重農桑（諭）——康熙十五年丙辰二月癸酉　411-495- 30
重農桑（諭）——康熙二十年辛酉三月癸酉　411-496- 30
重農桑（諭）——康熙二十一年壬戌十二月丁亥　411-496- 30
重農桑（諭）——康熙二十三年甲子六月壬寅　411-496- 30
重農桑（諭）——康熙二十五年丙寅正月壬申　411-496- 30
重農桑（諭）——十二月丙辰　411-496- 30
重農桑（諭）——康熙二十八年己巳正月庚辰　411-496- 30
重農桑（諭）——六月庚寅　411-497- 30
重農桑（諭）——康熙二十九年庚午正月甲辰　411-497- 30
重農桑（諭）——十二月己巳　411-497- 30
重農桑（諭）——康熙三十年辛未九月辛未　411-497- 30
重農桑（諭）——十二月丙戌　411-498- 30
重農桑（諭）——丁亥　411-498- 30
重農桑（諭）——康熙三十一年壬申二月丙戌　411-499- 30
重農桑（諭）——四月辛丑　411-499- 30
重農桑（諭）——康熙三十二年癸酉二月丙子　411-500- 30
重農桑（諭）——十月己卯　411-500- 30
重農桑（諭）——康熙三十四年乙亥正月乙酉　411-500- 30
重農桑（諭）——康熙三十五年丙子六月己丑　411-501- 30
重農桑（諭）——康熙三十七年戊寅三月戊子　411-501- 30
重農桑（諭）——康熙三十八年己卯三月庚辰　411-501- 30
重農桑（諭）——乙酉　411-501- 30
重農桑（諭）——閏七月乙卯　411-502- 30
重農桑（諭）——康熙三十九年庚辰二月辛卯　411-502- 30
重農桑（諭）——四月乙酉　411-502- 30
重農桑（諭）——康熙四十六年丁亥四月癸巳　411-502- 30
重農桑（諭）——十月己亥　411-503- 30
重農桑（諭）——康熙四十九年庚寅五月丙子　411-503- 30
重農桑（諭）——康熙五十一年壬辰八月戊寅　411-503- 30
重農桑（諭）——康熙五十四年乙未二月庚辰　411-503- 30
重農桑（諭）——康熙五十五年丙申四月戊申　411-503- 30
重農桑（諭）——康熙五十六年丁酉三月壬午　411-503- 30
重農桑（諭）——四月戊子　411-504- 30
重農桑（諭）——庚子　411-504- 30
重農桑（諭）——康熙五十八年己亥五月戊寅　411-504- 30
興禮樂（諭）——康熙八年己酉七月壬子　411-505- 31

史部　詔令奏議類・附錄　詔令上十一畫

興禮樂（諭）——康熙十一年壬子正月乙丑　411-505- 31
興禮樂（諭）——康熙十二年癸丑八月丁巳　411-505- 31
興禮樂（諭）——康熙十六年丁巳九月丙子　411-506- 31
興禮樂（諭）——康熙二十一年壬戌二月壬午　411-506- 31
興禮樂（諭）——戊戌　411-506- 31
興禮樂（諭）——六月乙巳　411-506- 31
興禮樂（諭）——康熙二十三年甲子正月壬辰　411-506- 31
興禮樂（諭）——康熙二十四年乙丑正月辛巳　411-507- 31
興禮樂（諭）——康熙二十五年丙寅八月戊寅　411-507- 31
興禮樂（諭）——十一月丙申　411-507- 31
興禮樂（諭）——康熙二十八年己巳正月乙酉　411-507- 31
興禮樂（諭）——康熙三十八年己卯十二月壬午　411-508- 31
興禮樂（諭）——康熙四十年辛巳十二月辛巳　411-508- 31
興禮樂（諭）——康熙五十三年甲午十月己丑　411-508- 31
興禮樂（諭）——康熙十年辛丑四月丙申　411-508- 31
省方（諭）——康熙八年己酉十月甲子　411-509- 32
省方（諭）——康熙二十三年甲子九月乙亥　411-509- 32
省方（諭）——癸未　411-510- 32
省方（諭）——丁亥　411-510- 32
省方（諭）——康熙二十四年乙丑二月庚戌　411-510- 32
省方（諭）——三月丙寅　411-510- 32
省方（諭）——康熙二十八年己巳正月庚午　411-511- 32
省方（諭）——壬午　411-511- 32
省方（諭）——癸巳　411-512- 32
省方（諭）——丙申　411-512- 32
省方（諭）——二月己酉　411-513- 32
省方（諭）——癸亥　411-513- 32
省方（諭）——康熙三十六年丁丑二月戊戌　411-514- 32
省方（諭）——三月戊寅　411-514- 32
省方（諭）——康熙三十八年己卯正月辛卯　411-514- 32
省方（諭）——二月丁未　411-515- 32
省方（諭）——三月壬午　411-515- 32
省方（諭）——戊子　411-516- 32
省方（諭）——四月辛丑　411-516- 32
省方（諭）——五月丙戌　411-517- 32
省方（諭）——康熙四十一年壬午九月甲子　411-517- 32
省方（諭）——康熙四十二年癸未二月丁酉　411-518- 32
省方（諭）——十月丁丑　411-518- 32
省方（諭）——戊戌　411-519- 32
省方（諭）——十二月丁丑　411-519- 32
省方（諭）——庚寅　411-520- 32
省方（諭）——康熙四十三年甲申十一月戊午　411-520- 32
省方（諭）——康熙四十四年乙酉正月戊午　411-520- 32
省方（諭）——二月庚寅　411-521- 32
省方（諭）——三月壬子　411-521- 32
省方（諭）——康熙四十六年丁亥正月丁卯　411-521- 32
治河（諭）——康熙九年庚戌九月丙辰　411-523- 33
治河（諭）——康熙十一年壬子九月辛丑　411-523- 33
治河（諭.）——康熙十五年丙辰十月辛未　411-524- 33
治河（諭）——康熙二十一年壬戌五月丁卯　411-524- 33
治河（諭）——庚午　411-524- 33
治河（諭）——康熙二十三年甲子十月辛亥　411-524- 33
治河（諭）——十一月辛未　411-525- 33
治河（諭）——康熙二十四年乙丑正月戊子　411-525- 33
治河（諭）——康熙二十五年丙寅七月丙戌　411-526- 33
治河（諭）——十二月丙寅　411-526- 33
治河（諭）——康熙二十七年戊辰三月壬午　411-527- 33
治河（諭）——四月庚申　411-527- 33
治河（諭）——五月癸酉　411-528- 33

治河（諭）——康熙二十八年己巳正月辛卯　411-528- 33
治河（諭）——康熙二十九年庚午三月丁巳　411-529- 33
治河（諭）——四月戊寅　411-529- 33
治河（諭）——康熙三十一年壬申十一月戊辰　411-529- 33
治河（諭）——康熙三十三年甲戌正月己未　411-530- 33
治河（諭）——十月甲寅　411-530- 33
治河（諭）——康熙三十五年丙子九月辛酉　411-530- 33
治河（諭）——康熙三十六年丁丑正月甲戌　411-531- 33
治河（諭）——康熙三十七年戊寅七月乙未　411-531- 33
治河（諭）——己亥　411-531- 33
治河（諭）——十一月乙酉　411-532- 33
治河（諭）——十二月辛丑朔　411-532- 33
治河（諭）——康熙三十八年己卯三月庚午朔　411-533- 33
治河（諭）——庚辰　411-534- 33
治河（諭）——甲申　411-535- 33
治河（諭）——七月庚午　411-535- 33
治河（諭）——九月戊申　411-535- 33
治河（諭）——癸未　411-536- 33
治河（諭）——甲申　411-536- 33
治河（諭）——十一月乙巳　411-536- 33
治河（諭）——丁未　411-537- 33
治河（諭）——十二月辛巳　411-537- 33
治河（諭）——壬午　411-537- 33
治河（諭）——康熙三十九年庚辰三月丁未　411-538- 33
治河（諭）——康熙四十年辛巳七月己丑　411-538- 33
治河（諭）——十二月庚午　411-539- 33
治河（諭）——康熙四十一年壬午五月壬辰　411-540- 34
治河（諭）——九月甲子　411-540- 34
治河（諭）——丁卯　411-540- 34
治河（諭）——康熙四十二年癸未二月庚辰　411-541- 34
治河（諭）——三月戊申　411-541- 34
治河（諭）——十月己卯　411-541- 34
治河（諭）——康熙四十四年乙酉二月庚寅　411-543- 34
治河（諭）——三月乙巳　411-543- 34
治河（諭）——壬子　411-543- 34
治河（諭）——閏四月癸卯　411-543- 34
治河（諭）——乙巳　411-544- 34
治河（諭）——丙午　411-544- 34
治河（諭）——七月壬申　411-545- 34
治河（諭）——丙戌　411-545- 34
治河（諭）——十月甲午　411-545- 34
治河（諭）——康熙四十五年丙戌正月己巳　411-546- 34
治河（諭）——己卯　411-547- 34
治河（諭）——壬午　411-547- 34
治河（諭）——五月戊午朔　411-547- 34
治河（諭）——十月辛丑　411-548- 34
治河（諭）——康熙四十六年丁亥二月癸卯　411-548- 34
治河（諭）——乙巳　411-548- 34
治河（諭）——五月癸丑　411-549- 34
治河（諭）——康熙四十七年戊子五月辛巳　411-549- 34
治河（諭）——康熙四十八年己丑十一月庚寅　411-550- 34
治河（諭）——康熙四十九年庚寅十二月庚辰　411-550- 34
治河（諭）——康熙五十年辛卯二月戊辰　411-550- 34
治河（諭）——康熙五十五年丙申十月丙申　411-551- 34
治河（諭）——康熙五十七年戊戌三月壬子　411-551- 34
治河（諭）——康熙六十年辛丑四月庚子　411-551- 34
治河（諭）——九月甲午　411-553- 34
治河（諭）——壬寅　411-553- 34
治河（諭）——丙午　411-554- 34
治河（諭）——丙辰　411-554- 34
治河附運河（諭）——康熙三十五年丙子六月戊戌　411-555- 35
治河附運河（諭）——康熙三十七年戊寅十二月丁未　411-555- 35
治河附運河（諭）——康熙四十三年甲申十月戊辰朔　411-556- 35
治河附運河（諭）——己巳　411-556- 35
治河附運河（諭）——癸巳　411-556- 35

史部

詔令奏議類：附錄

詔令上十一畫

治河附運河（諭）——甲午　411-557- 35
治河附運河（諭）——康熙六十一年壬寅六月丙寅　411-557- 35
治河附北河（諭）——康熙二十九年庚午六月丙寅　411-558- 35
治河附北河（諭）——康熙三十七年戊寅二月庚午　411-558- 35
治河附北河（諭）——三月丁丑　411-558- 35
治河附北河（諭）——辛卯　411-559- 35
治河附北河（諭）——五月甲戌朔　411-559- 35
治河（諭）——康熙三十八年己卯二月壬子　411-559- 35
治河附北河（諭）——十月甲戌　411-559- 35
治河附北河（諭）——乙亥　411-559- 35
治河附北河（諭）——丙子　411-560- 35
治河附北河（諭）——辛巳　411-560- 35
治河附北河（諭）——康熙三十九年庚辰二月乙亥　411-560- 35
治河附北河（諭）——庚辰　411-561- 35
治河附北河（諭）——康熙四十年辛巳四月戊寅　411-561- 35
治河附水利（諭）——康熙二十六年丁卯十月壬戌　411-561- 35
治河附水利（諭）——康熙三十九年庚辰九月庚戌　411-562- 35
治河附水利（諭）——康熙四十五年丙戌三月壬戌　411-562- 35
治河附水利（諭）——康熙四十六年丁亥十一月乙亥　411-562- 35
澄叙（諭）——康熙四年乙巳三月壬辰　411-564- 36
澄叙（諭）——康熙六年丁未二月戊辰　411-564- 36
澄叙（諭）——十一月甲子　411-564- 36
澄叙（諭）——康熙七年戊申六月戊子　411-564- 36
澄叙（諭）——康熙八年己酉八月壬申　411-565- 36
澄叙（諭）——康熙十年辛亥五月辛酉　411-565- 36
澄叙（諭）——十二月癸未　411-566- 36
澄叙（諭）——康熙十七年戊午五月己酉　411-566- 36
澄叙（諭）——康熙十九年庚申五月庚寅　411-566- 36
澄叙（諭）——八月己卯　411-566- 36
澄叙（諭）——康熙二十一年壬戌九月癸酉　411-566- 36
澄叙（諭）——康熙二十三年甲子正月壬辰　411-566- 36
澄叙（諭）——丙申　411-567- 36
澄叙（諭）——五月辛巳　411-567- 36
澄叙（諭）——十二月己亥　411-567- 36
澄叙（諭）——康熙二十四年乙丑九月辛未　411-568- 36
澄叙（諭）——康熙二十五年丙寅二月辛丑　411-568- 36
澄叙（諭）——四月甲辰　411-568- 36
澄叙（諭）——七月庚戌　411-569- 36
澄叙（諭）——十月壬申　411-569- 36
澄叙（諭）——康熙二十九年庚午正月甲寅　411-569- 36
澄叙（諭）——康熙三十一年壬申十一月戊辰　411-569- 36
澄叙（諭）——康熙三十三年甲戌十二月戊申　411-570- 36
澄叙（諭）——康熙三十六年丁丑五月丁酉　411-570- 36
澄叙（諭）——壬寅　411-570- 36
澄叙（諭）——十月己酉　411-570- 36
澄叙（諭）——康熙三十八年己卯正月丁酉　411-571- 36
澄叙（諭）——五月丙戌　411-571- 36
澄叙（諭）——康熙三十九年庚辰四月辛未　411-571- 36
澄叙（諭）——康熙四十二年癸未五月己未　411-571- 36
澄叙（諭）——康熙四十四年乙酉五月己卯　411-572- 36
澄叙（諭）——康熙四十六年丁亥五月丙子　411-572- 36
澄叙（諭）——十月辛丑　411-572- 36
澄叙（諭）——十一月壬申　411-572- 36
澄叙（諭）——康熙四十八年己丑十二月甲寅　411-572- 36
澄叙（諭）——康熙四十九年庚寅三月戊子　411-573- 36
澄叙（諭）——康熙五十三年甲午四月丁亥　411-573- 36

澄敘（諭）——十月乙亥　411-573- 36
澄敘（諭）——康熙五十四年乙未四月庚午　411-573- 36
澄敘（諭）——康熙五十六年丁酉四月丁亥　411-573- 36
澄敘（諭）——康熙五十七年戊戌十月甲寅　411-574- 36
澄敘（諭）——甲子　411-574- 36
澄敘（諭）——康熙五十九年庚子十月癸亥　411-574- 36
澄敘（諭）——十二月己酉　411-574- 36
澄敘（諭）——癸丑　411-575- 36
賞賚（諭）——康熙九年庚戌三月辛未　411-575- 37
賞賚（諭）——康熙十五年丙辰二月癸酉　411-575- 37
賞賚（諭）——乙亥　411-576- 37
賞賚（諭）——康熙十八年己未六月戊辰　411-576- 37
賞賚（諭）——九月乙未　411-576- 37
賞賚（諭）——康熙二十年辛酉七月壬申　411-576- 37
賞賚（諭）——康熙二十二年癸亥正月乙卯　411-576- 37
賞賚（諭）——康熙二十三年甲子六月甲寅　411-577- 37
賞賚（諭）——康熙二十四年乙丑三月戊子　411-577- 37
賞賚（諭）——康熙二十七年戊辰九月丁亥　411-577- 37
賞賚（諭）——康熙二十八年己巳九月辛酉　411-577- 37
賞賚（諭）——康熙三十年辛未十月丙申　411-578- 37
賞賚（諭）——康熙三十二年癸酉十二月戊子　411-578- 37
賞賚（諭）——康熙三十五年丙子正月乙酉　411-579- 37
賞賚（諭）——九月戊寅　411-579- 37
賞賚（諭）——十月甲申朔　411-579- 37
賞賚（諭）——戊申　411-579- 37
賞賚（諭）——康熙三十六年丁丑閏三月辛丑　411-579- 37
賞賚（諭）——康熙四十二年癸未三月辛酉　411-580- 37
賞賚（諭）——十一月甲寅　411-580- 37
賞賚（諭）——康熙四十六年丁亥十一月甲戌　411-580- 37
賞賚（諭）——康熙五十二年癸巳三月甲午　411-580- 37
賞賚（諭）——壬寅　411-581- 37
賞賚（諭）——康熙五十六年丁酉十一月甲戌　411-581- 37
籌賑（諭）——康熙三年甲辰六月庚申　411-583- 38
籌賑（諭）——康熙七年戊申七月丁未　411-584- 38
籌賑（諭）——康熙九年庚戌十月甲午　411-584- 38
籌賑（諭）——康熙十年辛亥三月己巳　411-584- 38
籌賑（諭）——六月壬午　411-585- 38
籌賑（諭）——康熙十一年壬子四月己卯　411-585- 38
籌賑（諭）——康熙十二年癸丑四月辛亥　411-585- 38
籌賑（諭）——壬戌　411-585- 38
籌賑（諭）——六月甲子　411-585- 38
籌賑（諭）——九月丙戌　411-585- 38
籌賑（諭）——康熙十三年甲寅二月辛丑　411-586- 38
籌賑（諭）——康熙十七年戊午閏三月丙辰　411-586- 38
籌賑（諭）——六月癸酉　411-586- 38
籌賑（諭）——十一月庚戌　411-586- 38
籌賑（諭）——康熙十八年己未二月己巳　411-586- 38
籌賑（諭）——四月庚寅　411-587- 38
籌賑（諭）——康熙十九年二月丙戌　411-587- 38
籌賑（諭）——三月己未　411-587- 38
籌賑（諭）——四月庚辰　411-587- 38
籌賑（諭）——康熙二十年辛酉五月壬戌　411-588- 38
籌賑（諭）——六月丙戌　411-588- 38
籌賑（諭）——康熙二十二年癸亥四月辛巳　411-588- 38
籌賑（諭）——十二月丙辰　411-588- 38
籌賑（諭）——康熙二十三年甲子三月癸未　411-589- 38

籌賑（諭）——四月丁酉　411-589- 38
籌賑（諭）——康熙二十四年乙丑三月丁丑　411-589- 38
籌賑（諭）——辛巳　411-589- 38
籌賑（諭）——四月辛丑　411-589- 38
籌賑（諭）——九月丙寅　411-590- 38
籌賑（諭）——十一月己未　411-590- 38
籌賑（諭）——庚申　411-590- 38
籌賑（諭）——康熙二十五年丙寅九月庚寅　411-591- 38
籌賑（諭）——十二月戊辰　411-591- 38
籌賑（諭）——康熙二十六年丁卯九月己未　411-592- 38
籌賑（諭）——十一月辛丑　411-592- 38
籌賑（諭）——康熙二十八年己巳七月丙辰　411-592- 38
籌賑（諭）——九月庚戌　411-592- 38
籌賑（諭）——十月辛巳　411-593- 38
籌賑（諭）——康熙二十九年庚午二月乙丑　411-593- 38
籌賑（諭）——康熙三十年辛未十二月甲申　411-594- 39
籌賑（諭）——康熙三十一年壬申二月甲申　411-594- 39
籌賑（諭）——十月己卯　411-595- 39
籌賑（諭）——康熙三十二年癸酉八月甲戌　411-595- 39
籌賑（諭）——九月丁巳　411-595- 39
籌賑（諭）——十一月甲子　411-595- 39
籌賑（諭）——康熙三十三年甲戌三月辛酉　411-596- 39
籌賑（諭）——五月癸丑　411-596- 39
籌賑（諭）——七月壬午　411-596- 39
籌賑（諭）——康熙三十四年乙亥五月庚寅　411-597- 39
籌賑（諭）——七月戊子　411-597- 39
籌賑（諭）——九月癸未　411-597- 39
籌賑（諭）——康熙三十五年丙子二月壬辰　411-598- 39
籌賑（諭）——九月丙子　411-598- 39
籌賑（諭）——十二月己丑　411-598- 39
籌賑（諭）——辛亥　411-599- 39
籌賑（諭）——康熙三十六年丁丑正月戊寅　411-599- 39
籌賑（諭）——二月戊申　411-599- 39
籌賑（諭）——四月甲戌　411-600- 39
籌賑（諭）——九月乙巳　411-600- 39
籌賑（諭）——十月壬戌　411-600- 39
籌賑（諭）——十一月甲辰　411-601- 39
籌賑（諭）——康熙三十七年戊寅二月辛亥　411-601- 39
籌賑（諭）——五月癸未　411-601- 39
籌賑（諭）——庚寅　411-601- 39
籌賑（諭）——十月丁卯　411-601- 39
籌賑（諭）——十一月乙未　411-601- 39
籌賑（諭）——康熙三十八年己卯三月辛未　411-602- 39
籌賑（諭）——壬午　411-602- 39
籌賑（諭）——辛卯　411-603- 39
籌賑（諭）——乙未　411-603- 39
籌賑（諭）——四月乙卯　411-604- 39
籌賑（諭）——五月甲戌　411-604- 39
籌賑（諭）——七月甲申　411-604- 39
籌賑（諭）——十一月己亥　411-604- 39
籌賑（諭）——壬寅　411-605- 39
籌賑（諭）——康熙三十九年庚辰二月乙酉　411-605- 39
籌賑（諭）——康熙四十年辛巳二月癸酉　411-606- 40
籌賑（諭）——十月己未　411-606- 40
籌賑（諭）——癸亥　411-606- 40
籌賑（諭）——康熙四十一年壬午十一月乙卯　411-606- 40
籌賑（諭）——丙辰　411-607- 40
籌賑（諭）——康熙四十二年癸未正月壬申　411-608- 40
籌賑（諭）——二月丁丑　411-608- 40
籌賑（諭）——壬午　411-609- 40
籌賑（諭）——七月戊申　411-609- 40
籌賑（諭）——己巳　411-609- 40
籌賑（諭）——癸酉　411-609- 40
籌賑（諭）——八月丙子　411-610- 40
籌賑（諭）——十月壬午　411-610- 40
籌賑（諭）——甲午　411-610- 40
籌賑（諭）——十一月戊午　411-610- 40
籌賑（諭）——康熙四十三年甲申三月庚戌　411-611- 40
籌賑（諭）——六月戊子　411-611- 40
籌賑（諭）——十月甲戌　411-612- 40
籌賑（諭）——辛巳　411-613- 40

籌賑（諭）——十一月戊戌　411-614- 40
籌賑（諭）——康熙四十五年丙戌五月丙寅　411-614- 40
籌賑（諭）——甲戌　411-614- 40
籌賑（諭）——十月己酉　411-615- 40
籌賑（諭）——十一月甲戌　411-615- 40
籌賑（諭）——康熙四十六年丁亥十月乙酉　411-615- 40
籌賑（諭）——十一月己酉朔　411-616- 40
籌賑（諭）——康熙四十七年戊子十月戊午　411-616- 40
籌賑（諭）——康熙四十八年己丑十月壬戌　411-617- 41
籌賑（諭）——十一月庚辰　411-618- 41
籌賑（諭）——康熙四十九年庚寅八月乙亥　411-618- 41
籌賑（諭）——十月甲子　411-618- 41
籌賑（諭）——十一月辛卯朔　411-620- 41
籌賑（諭）——康熙五十年辛卯十月戊午　411-620- 41
籌賑（諭）——康熙五十一年壬辰十月癸丑　411-620- 41
籌賑（諭）——康熙五十二年癸巳三月庚子　411-621- 41
籌賑（諭）——十月庚寅　411-622- 41
籌賑（諭）——十一月庚戌　411-622- 41
籌賑（諭）——康熙五十三年甲午十一月庚戌　411-622- 41
籌賑（諭）——康熙五十四年乙未三月己亥　411-623- 41
籌賑（諭）——庚申　411-623- 41
籌賑（諭）——五月甲辰　411-623- 41
籌賑（諭）——六月庚辰　411-624- 41
籌賑（諭）——十月壬辰　411-624- 41
籌賑（諭）——十二月乙酉　411-624- 41
籌賑（諭）——康熙五十五年丙申十月癸巳　411-625- 41
籌賑（諭）——十二月壬子　411-625- 41
籌賑（諭）——康熙五十六年丁酉十一月丙子　411-626- 41
籌賑（諭）——康熙五十七年戊戌閏八月戊辰　411-626- 41
籌賑（諭）——康熙五十八年己亥十二月辛酉　411-627- 41
籌賑（諭）——康熙五十九年庚子六月丙辰　411-628- 41
籌賑（諭）——七月丁卯　411-628--41
籌賑（諭）——十月戊申　411-628- 41
籌賑（諭）——庚戌　411-628- 41
籌賑（諭）——康熙六十年辛丑四月丙辰　411-629- 41
籌賑（諭）——五月乙酉　411-629- 41
積貯（諭）——康熙十七年戊午二月庚戌　411-630- 42
積貯（諭）——康熙十八年己未六月辛未　411-630- 42
積貯（諭）——康熙二十年辛酉三月庚午　411-631- 42
積貯（諭）——康熙二十一年壬戌七月甲寅　411-631- 42
積貯（諭）——康熙二十五年丙寅六月丙辰　411-631- 42
積貯（諭）——十二月丙辰　411-631- 42
積貯（諭）——康熙二十八年己巳十月辛卯　411-632- 42
積貯（諭）——康熙二十九年庚午正月癸卯　411-632- 42
積貯（諭）——七月癸巳　411-632- 42
積貯（諭）——康熙三十一年壬申正月壬子　411-633- 42
積貯（諭）——五月辛亥　411-633- 42
積貯（諭）——康熙三十三年甲戌七月辛卯　411-633- 42
積貯（諭）——康熙三十四年乙亥八月癸巳　411-633- 42
積貯（諭）——康熙三十五年丙子十二月辛亥　411-633- 42
積貯（諭）——康熙三十六年丁丑三月壬戌　411-634- 42
積貯（諭）——七月丙午　411-634- 42
積貯（諭）——康熙三十七年戊寅二月庚午　411-634- 42
積貯（諭）——康熙三十八年己卯十月癸酉　411-634- 42
積貯（諭）——康熙三十九年庚辰三月乙未　411-634- 42
積貯（諭）——七月丙辰　411-635- 42
積貯（諭）——康熙四十一年壬午三月辛卯　411-635- 42
積貯（諭）——康熙四十二年癸

史部 詔令奏議類:附錄 詔令上十一畫

未十二月辛卯　411-635- 42
積貯（諭）——康熙五十二年癸巳五月辛巳　411-636- 42
積貯（諭）——康熙五十三年甲午七月辛亥　411-636- 42
積貯（諭）——十一月乙卯　411-636- 42
積貯（諭）——康熙五十五年丙申五月壬申　411-637- 42
積貯（諭）——十月丁亥朔　411-637- 42
積貯（諭）——康熙五十六年丁酉四月乙未　411-637- 42
積貯（諭）——丁酉　411-638- 42
積貯（諭）——康熙五十八年己亥正月壬寅　411-638- 42
積貯（諭）——康熙六十一年壬寅四月戊午　411-638- 42
積貯（諭）——六月壬戌　411-639- 42
積貯（諭）——十月辛酉　411-639- 42
飭臣工（諭）——康熙七年戊申二月丁酉　411-640- 43
飭臣工（諭）——康熙八年己酉六月丁卯　411-640- 43
飭臣工（諭）——康熙九年庚戌三月己卯　411-640- 43
飭臣工（諭）——九月乙亥　411-640- 43
飭臣工（諭）——康熙十二年癸丑五月庚辰　411-641- 43
飭臣工（諭）——八月庚子　411-641- 43
飭臣工（諭）——九月甲申　411-641- 43
飭臣工（諭）——十二月辛丑　411-641- 43
飭臣工（諭）——康熙十三年甲寅正月庚辰　411-642- 43
飭臣工（諭）——三月辛巳　411-642- 43
飭臣工（諭）——康熙十六年丁巳三月己丑　411-642- 43
飭臣工（諭）——七月甲辰　411-642- 43
飭臣工（諭）——八月丁卯　411-643- 43
飭臣工（諭）——康熙十七年戊午正月戊戌　411-643- 43
飭臣工（諭）——三月壬午　411-643- 43
飭臣工（諭）——四月壬辰　411-644- 43
飭臣工（諭）——七月戊午　411-644- 43
飭臣工（諭）——康熙十八年己未八月甲戌　411-645- 43
飭臣工（諭）——辛卯　411-645- 43
飭臣工（諭）——九月庚子　411-645- 43
飭臣工（諭）——十月辛卯　411-647- 43
飭臣工（諭）——康熙十九年庚申正月辛亥　411-647- 43
飭臣工（諭）——二月壬午　411-648- 43
飭臣工（諭）——五月癸卯　411-648- 43
飭臣工（諭）——六月戊辰　411-649- 43
飭臣工（諭）——七月乙未　411-649- 43
飭臣工（諭）——康熙二十一年壬戌正月己巳　411-649- 43
飭臣工（諭）——二月壬辰　411-650- 43
飭臣工（諭）——九月己酉　411-650- 43
飭臣工（諭）——十月乙亥　411-650- 43
飭臣工（諭）——康熙二十二年癸亥二月壬午　411-651- 44
飭臣工（諭）——癸未　411-651- 44
飭臣工（諭）——三月甲子　411-651- 44
飭臣工（諭）——閏六月癸亥　411-652- 44
飭臣工（諭）——十一月戊辰朔　411-652- 44
飭臣工（諭）——康熙二十三年甲子正月丙戌　411-653- 44
飭臣工（諭）——二月己亥　411-653- 44
飭臣工（諭）——三月丁丑　411-653- 44
飭臣工（諭）——四月庚子　411-654- 44
飭臣工（諭）——五月癸未　411-654- 44
飭臣工（諭）——八月庚戌　411-654- 44
飭臣工（諭）——九月己丑　411-654- 44
飭臣工（諭）——十一月壬戌朔　411-654- 44
飭臣工（諭）——康熙二十四年乙丑二月癸卯　411-654- 44
飭臣工（諭）——五月庚申朔　411-655- 44
飭臣工（諭）——八月己亥　411-655- 44
飭臣工（諭）——九月己卯　411-655- 44
飭臣工（諭）——十月庚戌　411-656- 44
飭臣工（諭）——康熙二十五年丙寅正月甲戌　411-656- 44
飭臣工（諭）——二月癸巳　411-656- 44
飭臣工（諭）——戊申　411-657- 44
飭臣工（諭）——三月乙卯朔　411-657- 44
飭臣工（諭）——閏四月乙亥　411-657- 44
飭臣工（諭）——康熙二十六年丁卯三月辛丑　411-658- 44
飭臣工（諭）——七月辛卯　411-658- 44
飭臣工（諭）——己亥　411-658- 44
飭臣工（諭）——康熙二十七年

戊辰正月丁酉　　　　　　　411-659- 44
飭臣工（諭）——二月壬子　　411-659- 44
飭臣工（諭）——五月壬申朔　411-660- 44
飭臣工（諭）——康熙二十八年
　己巳三月丙申　　　　　　411-660- 44
飭臣工（諭）——康熙二十九年
　庚午正月己酉　　　　　　411-660- 44
飭臣工（諭）——康熙三十年辛
　未十一月己未　　　　　　411-661- 44
飭臣工（諭）——康熙三十二年
　癸酉十二月癸酉　　　　　411-662- 45
飭臣工（諭）——康熙三十三年
　甲戌正月丙辰　　　　　　411-662- 45
飭臣工（諭）——二月壬申　　411-663- 45
飭臣工（諭）——三月丁卯　　411-663- 45
飭臣工（諭）——十二月庚戌　411-663- 45
飭臣工（諭）——康熙三十四年
　乙亥二月戊戌　　　　　　411-664- 45
飭臣工（諭）——康熙三十五年
　丙子八月辛亥　　　　　　411-664- 45
飭臣工（諭）——康熙三十六年
　丁丑正月甲戌　　　　　　411-664- 45
飭臣工（諭）——二月甲申　　411-664- 45
飭臣工（諭）——閏三月辛卯　411-665- 45
飭臣工（諭）——康熙三十七年
　戊寅正月壬寅　　　　　　411-666- 45
飭臣工（諭）——康熙三十九年
　庚辰十一月己巳　　　　　411-666- 45
飭臣工（諭）——康熙四十年辛
　巳九月庚子　　　　　　　411-666- 45
飭臣工（諭）——壬子　　　　411-666- 45
飭臣工（諭）——康熙四十一年
　壬午正月癸卯　　　　　　411-666- 45
飭臣工（諭）——七月丙辰　　411-667- 45
飭臣工（諭）——十月辛卯　　411-667- 45
飭臣工（諭）——十一月丁巳　411-667- 45
飭臣工（諭）——康熙四十二年
　癸未正月丙寅　　　　　　411-667- 45
飭臣工（諭）——二月丁亥　　411-667- 45
飭臣工（諭）——乙未　　　　411-668- 45
飭臣工（諭）——九月丁巳　　411-668- 45
飭臣工（諭）——康熙四十三年
　甲申正月辛酉　　　　　　411-668- 45
飭臣工（諭）——三月癸卯　　411-669- 45
飭臣工（諭）——五月壬寅　　411-669- 45
飭臣工（諭）——十一月壬戌　411-670- 45
飭臣工（諭）——康熙四十四年
　乙酉四月壬辰　　　　　　411-670- 45
飭臣工（諭）——十二月庚戌　411-671- 45
飭臣工（諭）——康熙四十五年
　丙戌三月丁亥　　　　　　411-671- 45
飭臣工（諭）——七月丁巳　　411-671- 45
飭臣工（諭）——己卯　　　　411-671- 45
飭臣工（諭）——乙酉　　　　411-672- 45
飭臣工（諭）——十月庚寅　　411-672- 45
飭臣工（諭）——十一月壬午　411-672- 45
飭臣工（諭）——康熙四十六年
　丁亥三年戊寅　　　　　　411-672- 45
飭臣工（諭）——六月乙巳　　411-673- 45
飭臣工（諭）——康熙四十八年
　己丑正月乙未　　　　　　411-673- 45
飭臣工（諭）——五月丁酉　　411-674- 46
飭臣工（諭）——九月甲午　　411-674- 46
飭臣工（諭）——乙未　　　　411-674- 46
飭臣工（諭）——十月丙午　　411-675- 46
飭臣工（諭）——己酉　　　　411-675- 46
飭臣工（諭）——十一月庚寅　411-675- 46
飭臣工（諭）——康熙四十九年
　庚寅正月庚寅　　　　　　411-676- 46
飭臣工（諭）——康熙五十年辛
　卯三月辛卯　　　　　　　411-676- 46
飭臣工（諭）——乙卯　　　　411-676- 46
飭臣工（諭）——九月壬辰　　411-677- 46
飭臣工（諭）——十月丙辰　　411-677- 46
飭臣工（諭）——康熙五十一年
　壬辰十月丙辰　　　　　　411-677- 46
飭臣工（諭）——康熙五十二年
　癸巳九月甲戌　　　　　　411-678- 46
飭臣工（諭）——十月庚辰　　411-678- 46
飭臣工（諭）——庚寅　　　　411-679- 46
飭臣工（諭）——康熙五十三年
　甲午三月丁卯　　　　　　411-679- 46
飭臣工（諭）——十月壬辰　　411-679- 46
飭臣工（諭）——十一月庚戌　411-679- 46
飭臣工（諭）——十二月戊子　411-679- 46
飭臣工（諭）——庚寅　　　　411-680- 46
飭臣工（諭）——壬辰　　　　411-680- 46
飭臣工（諭）——康熙五十四年
　乙未二月庚午　　　　　　411-681- 46
飭臣工（諭）——十月丙寅　　411-681- 46

飭臣工（諭）——壬辰　411-681- 46
飭臣工（諭）——十一月辛丑　411-681- 46
飭臣工（諭）——康熙五十五年丙申三月戊午　411-682- 46
飭臣工（諭）——九月戊寅　411-682- 46
飭臣工（諭）——甲申　411-683- 46
飭臣工（諭）——康熙五十六年丁酉十月己亥　411-684- 46
飭臣工（諭）——康熙五十七年戊戌十月庚午　411-684- 46
飭臣工（諭）——康熙五十八年己亥十月丙寅　411-685- 46
飭臣工（諭）——康熙五十九年庚子五月辛巳　411-685- 46
訓將士（諭）——康熙十年辛亥十月壬辰　411-686- 47
訓將士（諭）——康熙十二年癸丑十二月癸亥　411-686- 47
訓將士（諭）——康熙十三年甲寅正月乙亥　411-686- 47
訓將士（諭）——五月戊辰　411-686- 47
訓將士（諭）——八月癸巳　411-687- 47
訓將士（諭）——十一月己巳　411-687- 47
訓將士（諭）——康熙十四年乙卯七月甲辰　411-687- 47
訓將士（諭）——八月己巳　411-687- 47
訓將士（諭）——康熙十五年丙辰二月乙亥　411-688- 47
訓將士（諭）——三月庚寅　411-688- 47
訓將士（諭）——四月丙辰　411-688- 47
訓將士（諭）——七月辛巳朔　411-688- 47
訓將士（諭）——丁未　411-689- 47
訓將士（諭）——八月戊午　411-689- 47
訓將士（諭）——己未　411-689- 47
訓將士（諭）——十一月丁亥　411-689- 47
訓將士（諭）——壬寅　411-690- 47
訓將士（諭）——康熙十六年丁巳三月丙午　411-690- 47
訓將士（諭）——（康熙十六年）四月辛未　411-691- 47
訓將士（諭）——六月己未　411-691- 47
訓將士（諭）——九月丙子　411-692- 47
訓將士（諭）——十一月壬午　411-692- 47
訓將士（諭）——十二月癸丑　411-692- 47
訓將士（諭）——辛未　411-693- 47
訓將士（諭）——康熙十七年戊午二月乙巳　411-693- 47
訓將士（諭）——三月丙戌　411-693- 47
訓將士（諭）——閏三月庚申　411-694- 47
訓將士（諭）——六月庚午朔　411-694- 47
訓將士（諭）——己卯　411-694- 47
訓將士（諭）——丁亥　411-694- 47
訓將士（諭）——己丑　411-694- 47
訓將士（諭）——七月庚子　411-695- 47
訓將士（諭）——九月辛酉　411-695- 47
訓將士（諭）——康熙十八年己未六月丁亥　411-696- 47
訓將士（諭）——九月辛丑　411-696- 47
訓將士（諭）——十月辛未　411-696- 47
訓將士（諭）——康熙十九年庚申三月甲寅　411-698- 48
訓將士（諭）——十月甲辰　411-698- 48
訓將士（諭）——康熙二十一年壬戌五月壬子　411-699- 48
訓將士（諭）——康熙二十二年癸亥四月丁丑　411-699- 48
訓將士（諭）——八月戊午　411-699- 48
訓將士（諭）——九月戊寅　411-700- 48
訓將士（諭）——十二月辛亥　411-700- 48
訓將士（諭）——康熙二十三年甲子四月乙丑　411-700- 48
訓將士（諭）——康熙二十四年乙丑八月丙申　411-700- 48
訓將士（諭）——康熙二十六年丁卯十月己巳　411-701- 48
訓將士（諭）——康熙二十七年戊辰六月辛亥　411-701- 48
訓將士（諭）——康熙二十九年庚午九月丁酉　411-702- 48
訓將士（諭）——康熙三十三年甲戌十月甲寅　411-702- 48
訓將士（諭）——十二月甲辰　411-702- 48
訓將士（諭）——康熙三十五年丙子正月癸亥　411-703- 48
訓將士（諭）——二月癸巳　411-703- 48
訓將士（諭）——五月甲戌　411-703- 48
訓將士（諭）——康熙三十六年丁丑閏三月己丑　411-703- 48
訓將士（諭）——康熙四十一年壬午正月乙酉　411-704- 48

訓將士（諭）——三月庚戌　411-704- 48
訓將士（諭）——康熙四十二年癸未十月戊寅　411-705- 48
訓將士（諭）——康熙四十四年乙酉四月癸巳　411-705- 48
訓將士（諭）——康熙四十七年戊子二月丁酉　411-705- 48
訓將士（諭）——康熙四十八年己丑十一月甲申　411-705- 48
訓將士（諭）——康熙四十九年庚寅四月癸卯　411-706- 48
訓將士（諭）——八月庚辰　411-706- 48
訓將士（諭）——康熙五十年辛卯三月壬辰　411-706- 48
訓將士（諭）——康熙五十二年癸巳正月辛丑　411-706- 48
訓將士（諭）——康熙五十四年乙未八月辛卯　411-707- 48
訓將士（諭）——康熙五十五年丙申二月壬戌朔　411-708- 48
訓將士（諭）——庚午　411-708- 48
訓將士（諭）——康熙五十八年己亥八月己未　411-708- 48
訓將士附恤兵（諭）——康熙五年丙午七月甲辰　411-709- 48
訓將士附恤民（諭）——康熙十九年庚申三月壬寅　411-709- 48
訓將士附恤兵（諭）——閏八月乙未　411-710- 49
訓將士（諭）——康熙二十一年壬戌五月乙丑　411-710- 49
訓將士（諭）——七月甲戌　411-711- 49
訓將士（諭）——康熙二十九年庚午九月戊子朔　411-711- 49
訓將士（諭）——康熙三十四年乙亥正月乙酉　411-711- 49
訓將士（諭）——五月丙寅　411-712- 49
訓將士（諭）——辛未　411-712- 49
訓將士（諭）——九月丁丑　411-712- 49
訓將士（諭）——庚辰　411-712- 49
訓將士（諭）——康熙四十一年壬午閏六月癸未　411-712- 49
訓將士（諭）——康熙四十二年癸未四月乙亥　411-713- 49
訓將士（諭）——十一月辛酉　411-713- 49
訓將士（諭）——康熙四十五年丙戌十一月癸酉　411-713- 49
訓將士（諭）——康熙四十六年丁亥三月壬戌　411-714- 49
訓將士（諭）——十月壬辰　411-714- 49
訓將士（諭）——康熙四十九年庚寅正月乙未　411-714- 49
訓將士（諭）——四月辛酉　411-714- 49
訓將士（諭）——康熙五十五年丙申十月癸巳　411-714- 49
訓將士（諭）——康熙五十六年丁酉九月丁巳　411-715- 49
訓將士（諭）——癸酉　411-715- 49
訓將士（諭）——康熙五十七年戊戌正月戊寅　411-715- 49
訓將士（諭）——八月癸未　411-716- 49
訓將士（諭）——十二月己酉　411-716- 49
訓將士（諭）——康熙五十九年庚子十月庚戌　411-716- 49
褒忠節（諭）——康熙十四年乙卯三月丁丑　411-717- 50
褒忠節（諭）——閏五月壬子　411-717- 50
褒忠節（諭）——九月庚戌　411-717- 50
褒忠節（諭）——十一月庚寅　411-717- 50
褒忠節（諭）——康熙十六年丁巳三月癸卯　411-717- 50
褒忠節（諭）——五月壬辰　411-718- 50
褒忠節（諭）——康熙十八年己未六月丙寅　411-718- 50
褒忠節（諭）——十月戊子　411-718- 50
褒忠節（諭）——康熙十九年庚申四月壬戌　411-719- 50
褒忠節（諭）——康熙二十年辛酉二月丙申　411-719- 50
褒忠節（諭）——五月甲子　411-719- 50
褒忠節（諭）——庚午　411-719- 50
褒忠節（諭）——康熙二十七年戊辰八月丁未　411-719- 50
褒忠節（諭）——康熙二十八年己巳二月戊午　411-719- 50
褒忠節（諭）——康熙三十八年己卯三月丙申　411-720- 50
褒忠節（諭）——康熙四十九年庚寅十二月戊辰　411-720- 50
褒忠節（諭）——康熙五十二年

癸巳五月癸卯 411-720- 50
褒忠節（諭）——康熙六十年辛丑十一月壬辰 411-721- 50
郵舊勞（諭）——康熙元年壬寅正月庚寅 411-721- 51
郵舊勞（諭）——康熙二年癸卯五月甲戌 411-721- 51
郵舊勞（諭）——八月庚子 411-721- 51
郵舊勞（諭）——康熙八年己酉五月己亥 411-722- 51
郵舊勞（諭）——六月壬申 411-722- 51
郵舊勞（諭）——七月壬寅 411-722- 51
郵舊勞（諭）——康熙九年庚戌二月丁丑 411-722- 51
郵舊勞（諭）——乙酉 411-722- 51
郵舊勞（諭）——康熙十一年壬子六月辛丑 411-723- 51
郵舊勞（諭）——康熙十二年癸丑二月辛酉 411-723- 51
郵舊勞（諭）——康熙十三年甲寅六月甲午朔 411-723- 51
郵舊勞（諭）——七月辛卯 411-724- 51
郵舊勞（諭）——十一月庚辰 411-724- 51
郵舊勞（諭）——康熙十五年丙辰二月癸丑朔 411-724- 51
郵舊勞（諭）——七月壬辰 411-725- 51
郵舊勞（諭）——八月丙子 411-725- 51
郵舊勞（諭）——康熙十七年戊午四月丙申 411-726- 51
郵舊勞（諭）——十二月甲戌 411-726- 51
郵舊勞（諭）——康熙十八年己未十一月乙未 411-726- 51
郵舊勞（諭）——康熙二十年辛酉四月丁酉 411-726- 51
郵舊勞（諭）——康熙二十一年壬戌二月壬辰 411-726- 51
郵舊勞（諭）——八月乙未 411-727- 51
郵舊勞（諭）——辛丑 411-727- 51
郵舊勞（諭）——九月乙巳朔 411-727- 51
郵舊勞（諭）——十二月癸未 411-728- 51
郵舊勞（諭）——康熙二十三年甲子二月庚戌 411-728- 51
郵舊勞（諭）——九月甲戌 411-728- 51
郵舊勞（諭）——康熙二十四年乙丑五月甲申 411-729- 51
郵舊勞（諭）——康熙二十七年戊辰七月乙酉 411-729- 51
郵舊勞（諭）——康熙三十年辛未七月壬子 411-729- 51
郵舊勞（諭）——康熙三十二年癸酉十二月癸未 411-729- 51
郵舊勞（諭）——康熙三十三年甲戌九月甲申 411-729- 51
郵舊勞（諭）——康熙三十六年丁丑三月戊午 411-729- 51
郵舊勞（諭）——丙子 411-730- 51
郵舊勞（諭）——丁丑 411-730- 51
郵舊勞（諭）——康熙三十七年戊寅四月甲寅 411-730- 51
郵舊勞（諭）——六月丁卯 411-730- 51
郵舊勞（諭）——十月戊午 411-730- 51
郵舊勞（諭）——康熙三十八年己卯九月戊午 411-731- 51
郵舊勞（諭）——康熙三十九年庚辰八月己卯 411-731- 51
郵舊勞（諭）——康熙四十年辛巳十月壬申 411-731- 51
郵舊勞（諭）——康熙四十一年壬午二月己巳 411-731- 51
郵舊勞（諭）——四月甲戌 411-732- 51
郵舊勞（諭）——十二月壬午 411-732- 51
郵舊勞（諭）——康熙四十二年癸未四月戊戌 411-732- 51
郵舊勞（諭）——五月戊申 411-732- 51
郵舊勞（諭）——十一月戊申 411-732- 51
郵舊勞（諭）——丁巳 411-733- 51
郵舊勞（諭）——己未 411-733- 51
郵舊勞（諭）——康熙四十三年甲申十一月辛亥 411-733- 51
郵舊勞（諭）——康熙四十四年乙酉二月辛巳 411-733- 51
郵舊勞（諭）——三月壬戌 411-734- 51
郵舊勞（諭）——四月己丑 411-734- 51
郵舊勞（諭）——康熙四十五年丙戌六月丁亥朔 411-734- 51
郵舊勞（諭）——七月丁巳 411-734- 51
郵舊勞（諭）——康熙四十六年丁亥五月戊寅 411-735- 51
郵舊勞（諭）——康熙四十八年己丑八月乙巳 411-735- 51

邮舊勞（諭）——十一月己卯 411-736- 51
邮舊勞（諭）——康熙四十九年庚寅三月乙亥 411-736- 51
邮舊勞（諭）——十二月辛巳 411-736- 51
邮舊勞（諭）——康熙五十年辛卯五月丁未 411-736- 51
邮舊勞（諭）——康熙五十二年癸巳三月壬寅 411-737- 51
邮舊勞（諭）——康熙五十八年己亥正月辛丑 411-737- 51
邮舊勞（諭）——康熙五十九年庚子四月戊午 411-737- 51
廣幅員（諭）——康熙二十三年甲子四月己酉 411-738- 52
廣幅員（諭）——康熙二十五年丙寅正月甲戌 411-738- 52
廣幅員（諭）——康熙三十五年丙子五月丙子 411-739- 52
廣幅員（諭）——康熙三十九年庚辰六月庚寅 411-739- 52
廣幅員（諭）——七月乙卯 411-739- 52
廣幅員（諭）——康熙五十年辛卯五月癸巳 411-740- 52
廣幅員（諭）——八月辛酉 411-740- 52
廣幅員（諭）——康熙五十三年甲午七月丙寅 411-740- 52
廣幅員（諭）——康熙五十九年庚子十月庚戌 411-741- 52
廣幅員（諭）——十一月辛巳 411-741- 52
弘制度（諭）——康熙十六年丁巳三月甲午 411-744- 53
弘制度（諭）——康熙十八年己未十一月壬辰 411-744- 53
弘制度（諭）——康熙二十年辛酉十月丁未 411-744- 53
弘制度（諭）——康熙二十三年甲子二月庚戌 411-744- 53
弘制度（諭）——十一月辛卯 411-744- 53
弘制度（諭）——康熙二十四年乙丑九月丁丑 411-745- 53
弘制度（諭）——十一月甲戌 411-745- 53
弘制度（諭）——康熙二十六年丁卯十月乙亥 411-745- 53
弘制度（諭）——康熙三十一年壬申九月乙丑 411-745- 53
弘制度（諭）——康熙三十三年甲戌十二月壬子 411-746- 53
弘制度（諭）——康熙三十六年丁丑六月己巳 411-746- 53
弘制度（諭）——十一月丙戌 411-746- 53
弘制度（諭）——康熙四十一年壬午十月丁酉 411-746- 53
弘制度（諭）——康熙四十三年甲申六月戊子 411-746- 53
弘制度（諭）——十月癸未 411-747- 53
弘制度（諭）——康熙四十九年庚寅正月辛卯 411-747- 53
弘制度（諭）——康熙六十年辛丑十月壬戌 411-747- 53
弘制度（諭）——康熙六十一年壬寅三月乙未 411-748- 53
弭盜（諭）——康熙四年乙巳七月庚子 411-749- 54
弭盜（諭）——康熙八年己酉八月乙丑 411-749- 54
弭盜（諭）——康熙十年辛亥十二月壬午 411-749- 54
弭盜（諭）——康熙二十年辛酉六月癸未 411-749- 54
弭盜（諭）——康熙二十一年壬戌九月戊辰 411-750- 54
弭盜（諭）——十月丁丑 411-750- 54
弭盜（諭）——康熙二十三年甲子十二月癸卯 411-750- 54
弭盜（諭）——康熙二十六年丁卯十一月丙子朔 411-750- 54
弭盜（諭）——康熙二十八年己巳六月甲申 411-751- 54
弭盜（諭）——康熙三十年辛未二月丁巳朔 411-751- 54
弭盜（諭）——康熙三十六年丁丑十一月丙午 411-751- 54
弭盜（諭）——康熙三十七年戊寅八月戊辰 411-751- 54
弭盜（諭）——康熙三十八年己卯九月甲寅 411-752- 54
弭盜（諭）——十一月戊午 411-752- 54
弭盜（諭）——康熙四十二年癸未九月戊午 411-752- 54
弭盜（諭）——十月甲戌 411-753- 54

522　　　　　　　　　　四庫全書文集篇目分類索引

弭盜（諭）——康熙四十三年甲申正月辛酉　411-753- 54

弭盜（諭）——三月辛酉　411-753- 54

弭盜（諭）——十一月癸丑　411-753- 54

弭盜（諭）——康熙四十七年戊子二月丁酉　411-754- 54

弭盜（諭）——閏三月己亥　411-754- 54

弭盜（諭）——康熙四十九年庚寅九月辛亥　411-754- 54

弭盜（諭）——康熙五十年辛卯正月乙卯　411-754- 54

弭盜（諭）——五月己酉　411-754- 54

弭盜（諭）——六月己未朔　411-754- 54

弭盜（諭）——十月辛未　411-755- 54

弭盜（諭）——康熙五十二年癸巳三月己卯　411-755- 54

弭盜（諭）——康熙五十六年丁酉九月癸酉　411-756- 54

弭盜（諭）——康熙六十年辛丑十二月丙寅　411-757- 54

牧政（諭）——康熙九年庚戌三月辛未　411-758- 55

牧政（諭）——康熙二十年辛酉九月辛未　411-758- 55

牧政（諭）——康熙二十一年壬戌十二月甲申　411-758- 55

牧政（諭）——康熙二十七年戊辰三月戊子　411-758- 55

牧政（諭）——康熙三十一年壬申三月丙辰　411-759- 55

牧政（諭）——康熙三十四年乙亥七月乙酉　411-759- 55

牧政（諭）——十月甲午　411-759- 55

牧政（諭）——康熙三十五年丙子二月壬辰　411-759- 55

牧政（諭）——三月乙丑　411-760- 55

牧政（諭）——戊寅　411-760- 55

牧政（諭）——四月乙未　411-760- 55

牧政（諭）——六月乙未　411-761- 55

牧政（諭）——康熙三十六年丁丑三月戊辰　411-761- 55

牧政（諭）——閏三月癸未　411-761- 55

牧政（諭）——康熙三十七年戊寅正月辛丑　411-761- 55

牧政（諭）——三月庚子　411-762- 55

牧政（諭）——十一月丁酉　411-762- 55

牧政（諭）——康熙三十九年庚辰八月丁卯　411-762- 55

牧政（諭）——康熙四十年辛巳四月辛酉　411-762- 55

牧政（諭）——六月己未　411-762- 55

牧政（諭）——甲子　411-763- 55

牧政（諭）——康熙四十四年乙酉閏四月乙未　411-763- 55

牧政（諭）——康熙五十四年乙未四月庚辰　411-764- 55

牧政（諭）——康熙五十五年丙申十月己酉　411-764- 55

牧政（諭）——康熙五十六年丁酉三月庚午　411-764- 55

牧政（諭）——康熙五十七年戊戌十二月庚戌　411-764- 55

禮前代（諭）——康熙十四年乙卯九月庚子　411-765- 56

禮前代（諭）——康熙二十二年癸亥八月己酉　411-765- 56

禮前代（諭）——康熙二十三年甲子十一月甲子　411-765- 56

禮前代（諭）——康熙二十八年己巳二月己酉　411-765- 56

禮前代（諭）——甲寅　411-766- 56

禮前代（諭）——康熙三十一年壬申正月丁丑　411-766- 56

禮前代（諭）——康熙三十六年丁丑正月甲戌　411-767- 56

禮前代（諭）——康熙三十八年己卯四月庚戌　411-767- 56

禮前代（諭）——壬子　411-767- 56

禮前代（諭）——康熙四十一年壬午十一月壬申　411-768- 56

禮前代（諭）——康熙四十二年癸未十一月丁巳　411-768- 56

禮前代（諭）——康熙五十五年丙申十一月乙酉　411-768- 56

禮前代（諭）——康熙五十六年丁酉正月己卯　411-768- 56

禮前代（諭）——四月丙申　411-768- 56

禮前代（諭）——康熙六十一年壬寅四月辛酉　411-769- 56

柔遠人（諭）——康熙五年丙午

五月乙未　411-770- 57
柔遠人（諭）——康熙七年戊申四月庚寅　411-770- 57
柔遠人（諭）——五月甲子　411-771- 57
柔遠人（諭）——十一月己亥　411-771- 57
柔遠人（諭）——康熙八年己酉十二月庚申朔　411-771- 57
柔遠人（諭）——康熙九年庚戌二月己巳　411-771- 57
柔遠人（諭）——康熙十年辛亥六月壬午　411-771- 57
柔遠人（諭）——康熙十一年壬子三月戊辰　411-771- 57
柔遠人（諭）——康熙十二年癸丑二月壬戌　411-771- 57
柔遠人（諭）——六月辛丑　411-771- 57
柔遠人（諭）——康熙十三年甲寅正月辛巳　411-772- 57
柔遠人（諭）——康熙十四年乙卯四月癸巳　411-772- 57
柔遠人（諭）——五月甲子　411-772- 57
柔遠人（諭）——九月戊申　411-772- 57
柔遠人（諭）——康熙十五年丙辰六月己卯　411-772- 57
柔遠人（諭）——康熙十六年丁巳四月戊午　411-772- 57
柔遠人（諭）——五月甲午　411-773- 57
柔遠人（諭）——十月甲寅　411-773- 57
柔遠人（諭）——康熙十八年己未四月丙寅　411-773- 57
柔遠人（諭）——九月庚申　411-773- 57
柔遠人（諭）——康熙二十年辛酉五月己未　411-773- 57
柔遠人（諭）——七月丙子　411-774- 57
柔遠人（諭）——八月甲申　411-774- 57
柔遠人（諭）——庚寅　411-774- 57
柔遠人（諭）——十月己亥　411-774- 57
柔遠人（諭）——戊申　411-775- 57
柔遠人（諭）——康熙二十一年壬戌七年乙卯　411-775- 57
柔遠人（諭）——十月癸未　411-776- 57
柔遠人（諭）——十一月辛亥　411-776- 57
柔遠人（諭）——癸丑　411-776- 57
柔遠人（諭）——康熙二十二年癸亥七月辛未　411-776- 57
柔遠人（諭）——八月庚子朔　411-777- 57
柔遠人（諭）——己酉　411-777- 57
柔遠人（諭）——乙卯　411-777- 57
柔遠人（諭）——九月丁丑　411-777- 57
柔遠人（諭）——癸未　411-778- 57
柔遠人（諭）——乙未　411-779- 57
柔遠人（諭）——十一月壬申　411-779- 57
柔遠人（諭）——康熙二十三年甲子二月庚子　411-780- 58
柔遠人（諭）——十二月己酉　411-781- 58
柔遠人（諭）——康熙二十四年乙丑四月戊申　411-781- 58
柔遠人（諭）——五月癸未　411-781- 58
柔遠人（諭）——七月丙寅　411-782- 58
柔遠人（諭）——癸酉　411-782- 58
柔遠人（諭）——十一月癸酉　411-782- 58
柔遠人（諭）——康熙二十五年丙寅正月戊辰　411-783- 58
柔遠人（諭）——乙亥　411-783- 58
柔遠人（諭）——四月乙酉朔　411-784- 58
柔遠人（諭）——七月癸巳　411-784- 58
柔遠人（諭）——己酉　411-785- 58
柔遠人（諭）——九月己亥　411-785- 58
柔遠人（諭）——己酉　411-785- 58
柔遠人（諭）——十一月癸巳　411-786- 58
柔遠人（諭）——康熙二十六年丁卯二月丙子　411-786- 58
柔遠人（諭）——九月庚子　411-786- 58
柔遠人（諭）——十一月丙申　411-787- 58
柔遠人（諭）——康熙二十七年戊辰八月癸丑　411-787- 58
柔遠人（諭）——康熙二十八年己巳正月丁亥　411-788- 59
柔遠人（諭）——四月甲午　411-789- 59
柔遠人（諭）——八月丁丑　411-790- 59
柔遠人（諭）——九月戊戌　411-790- 59
柔遠人（諭）——十二月癸亥朔　411-791- 59
柔遠人（諭）——康熙二十九年庚午七月甲寅　411-791- 59
柔遠人（諭）——十一月甲辰　411-791- 59
柔遠人（諭）——康熙三十年辛未二月乙丑　411-792- 59
柔遠人（諭）——五月戊子　411-792- 59
柔遠人（諭）——六月乙卯朔　411-793- 59
柔遠人（諭）——七月甲午　411-794- 59

柔遠人（諭）——九月丁卯　411-794- 59
柔遠人（諭）——康熙三十一年
　壬申三月壬申　411-795- 59
柔遠人（諭）——十一月丙午朔　411-795- 59
柔遠人（諭）——康熙三十二年
　癸酉九月辛亥　411-795- 59
柔遠人（諭）——康熙三十三年
　甲戌四月辛卯　411-795- 59
柔遠人（諭）——康熙三十四年
　乙亥二月乙卯　411-796- 59
柔遠人（諭）——康熙三十五年
　丙子二月己亥　411-796- 59
柔遠人（諭）——六月癸丑　411-797- 59
柔遠人（諭）——康熙三十六年
　丁丑二月丁酉　411-798- 60
柔遠人（諭）——壬寅　411-798- 60
柔遠人（諭）——三月庚辰　411-799- 60
柔遠人（諭）——閏三月乙巳　411-799- 60
柔遠人（諭）——八月辛酉　411-799- 60
柔遠人（諭）——九月癸未　411-800- 60
柔遠人（諭）——十一月戊戌　411-800- 60
柔遠人（諭）——癸卯　411-800- 60
柔遠人（諭）——康熙三十七年
　戊寅正月庚寅　411-800- 60
柔遠人（諭）——七月壬午　411-801- 60
柔遠人（諭）——康熙三十八年
　己卯二月丁未　411-802- 60
柔遠人（諭）——八月己巳　411-803- 60
柔遠人（諭）——康熙三十九年
　庚辰十月丙寅　411-803- 60
柔遠人（諭）——康熙四十一年
　壬午正月丙午　411-803- 60
柔遠人（諭）——五月丁亥　411-803- 60
柔遠人（諭）——九月戊午　411-803- 60
柔遠人（諭）——十二月壬寅　411-804- 60
柔遠人（諭）——康熙四十三年
　甲申十一月　411-804- 60
柔遠人（諭）——康熙四十五年
　丙戌十月丁未　411-804- 60
柔遠人（諭）——康熙四十六年
　丁亥十一月丁卯　411-805- 60
柔遠人（諭）——康熙四十八年
　己丑正月乙未　411-805- 60
柔遠人（諭）——康熙四十九年
　庚寅五月丙子　411-806- 60
柔遠人（諭）——康熙五十年辛
　卯十月戊寅　411-806- 60
柔遠人（諭）——康熙五十二年
　癸巳正月戊申　411-806- 60
柔遠人（諭）——康熙五十三年
　甲午六月乙亥　411-806- 60
柔遠人（諭）——康熙五十五年
　丙申二月丙子　411-807- 60
柔遠人（諭）——康熙五十六年
　丁酉九月己巳　411-807- 60
柔遠人（諭）——康熙五十七年
　戊戌五月戊午　411-807- 60
柔遠人（諭）——康熙五十九年
　庚子九月甲申　411-807- 60
柔遠人（諭）——戊子　411-807- 60
柔遠人（諭）——十月甲辰　411-808- 60
（御製）諭陝西四川總督吳赫　558-572- 44
諭寧夏官紳兵民　558-573- 44
康熙二十年十二月詔　568- 1- 97
康熙十七年上諭吏戶兵三部　568- 2- 97
康熙二十四年上諭戶部　568- 3- 97
康熙三十三年上諭戶部　568- 3- 97
康熙四十二年上諭　568- 3- 97
康熙四十九年上諭　568- 4- 97
康熙四十九年上諭戶部　568- 4- 97
諭各省王貝勒大將軍督撫將軍提
　鎮等勒——康熙十七年　570-304-29之1
諭湖廣總督蔡毓榮勒——康熙十
　八年　570-304-29之1
諭湖廣總督蔡毓榮第二勒——康
　熙十八年　570-304-29之1
恢復雲南詔——康熙二十年　570-305-29之1
訓飭士子文——康熙四十一年　570-307-29之1
山川考諭——康熙五十八年　570-308-29之1
平定滇黔詔——康熙二十年　572-172- 33
免康熙二十二年二十三年錢糧諭
　——康熙二十二年　572-175- 33
免康熙二十五年二十六年錢糧諭
　——康熙二十五年　572-175- 33
免康熙三十三年錢糧諭——康熙
　三十二年　572-175- 33
諭戶部　1298- 38- 1
諭吏兵二部　1298- 38- 1
諭吏部（二則）　1298- 39- 1
諭戶部　1298- 40- 1

諭吏兵刑三部　　　　　　　1298-40-1
諭吏兵二部　　　　　　　　1298-40-1
諭戶部　　　　　　　　　　1298-41-1
諭宗人府　　　　　　　　　1298-41-1
諭刑部（共二則）　　　　　1298-41-1
諭吏部（二則）　　　　　　1298-42-1
諭宗人府吏兵二部　　　　　1298-42-1
諭禮部　　　　　　　　　　1298-42-1
諭兵刑二部　　　　　　　　1298-43-1
諭兵部　　　　　　　　　　1298-43-1
諭吏部（二則）　　　　　　1298-43-1
諭吏兵二部　　　　　　　　1298-44-1
諭吏部（一）　　　　　　　1298-44-1
諭戶部　　　　　　　　　　1298-44-1
諭吏部（二）　　　　　　　1298-44-1
諭吏兵二部　　　　　　　　1298-45-1
諭吏兵二部　　　　　　　　1298-47-2
諭禮部（二則）　　　　　　1298-47-2
諭吏部　　　　　　　　　　1298-47-2
諭兵部　　　　　　　　　　1298-47-2
諭兵部都察院督捕衙門　　　1298-48-2
諭戶兵二部　　　　　　　　1298-48-2
諭禮部（一）　　　　　　　1298-48-2
諭吏部等衙門　　　　　　　1298-48-2
諭禮部（二）　　　　　　　1298-48-2
諭刑部　　　　　　　　　　1298-49-2
諭都察院左都御史明珠　　　1298-49-2
諭禮部　　　　　　　　　　1298-49-2
諭禮部（一）　　　　　　　1298-50-2
諭吏兵二部　　　　　　　　1298-50-2
諭禮部　　　　　　　　　　1298-50-2
諭戶部　　　　　　　　　　1298-51-2
諭禮部　　　　　　　　　　1298-51-2
諭刑部等衙門　　　　　　　1298-51-2
諭大學士巴泰索額圖李霨魏裔介
　學士哲爾肯哈占達都色黑馬朗
　古張鳳儀勒輔陳敱永　　1298-52-2
諭禮部（二則）　　　　　　1298-52-2
諭戶部　　　　　　　　　　1298-53-2
諭內閣翰林院　　　　　　　1298-55-3
諭刑部等衙門　　　　　　　1298-55-3
諭禮部　　　　　　　　　　1298-55-3
諭吏部　　　　　　　　　　1298-56-3
諭兵部　　　　　　　　　　1298-56-3
諭宗人府吏兵二部　　　　　1298-56-3
諭禮部（二則）　　　　　　1298-56-3
諭吏兵二部　　　　　　　　1298-56-3
諭吏部　　　　　　　　　　1298-57-3
諭兵部併督捕衙門　　　　　1298-57-3
諭禮部尚書哈爾哈齊侍郎常鼐　1298-57-3
諭太常侍　　　　　　　　　1298-57-3
諭戶部　　　　　　　　　　1298-57-3
諭吏部等衙門　　　　　　　1298-58-3
諭吏兵二部　　　　　　　　1298-58-3
諭吏部　　　　　　　　　　1298-58-3
諭刑部　　　　　　　　　　1298-58-3
諭工部　　　　　　　　　　1298-58-3
諭宗人府　　　　　　　　　1298-59-3
諭刑部　　　　　　　　　　1298-59-3
諭禮部（一）　　　　　　　1298-59-3
諭兵部　　　　　　　　　　1298-59-3
諭禮部（二）　　　　　　　1298-59-3
諭戶部（二則）　　　　　　1298-60-3
諭吏部　　　　　　　　　　1298-60-3
諭兵部　　　　　　　　　　1298-60-3
諭吏部　　　　　　　　　　1298-61-3
諭吏兵二部　　　　　　　　1298-61-3
諭戶部　　　　　　　　　　1298-61-3
諭禮部　　　　　　　　　　1298-63-4
諭吏部　　　　　　　　　　1298-63-4
諭吏部等衙門　　　　　　　1298-63-4
諭刑部　　　　　　　　　　1298-64-4
諭戶部　　　　　　　　　　1298-64-4
諭吏兵二部　　　　　　　　1298-64-4
諭吏禮二部　　　　　　　　1298-65-4
諭吏兵刑三部　　　　　　　1298-65-4
諭兵部　　　　　　　　　　1298-65-4
諭兵刑二部　　　　　　　　1298-65-4
諭兵部　　　　　　　　　　1298-66-4
諭吏兵二部　　　　　　　　1298-66-4
諭吏部　　　　　　　　　　1298-66-4
諭兵刑二部　　　　　　　　1298-66-4
諭兵部　　　　　　　　　　1298-67-4
諭禮部　　　　　　　　　　1298-68-4
諭兵刑二部　　　　　　　　1298-68-4
諭兵部　　　　　　　　　　1298-68-4
諭兵部　　　　　　　　　　1298-69-4
諭吏部　　　　　　　　　　1298-71-5
諭禮部　　　　　　　　　　1298-72-5
諭吏禮兵三部　　　　　　　1298-72-5

史部

詔令奏議類：附錄

詔令上十一畫

諭兵部	1298- 72- 5
諭吏部	1298- 73- 5
諭兵部（一）	1298- 73- 5
諭刑部	1298- 73- 5
諭兵部	1298- 73- 5
諭禮部	1298- 74- 5
諭吏兵二部	1298- 74- 5
諭大將軍多羅貝勒等	1298- 74- 5
諭禮部	1298- 75- 5
諭內務府	1298- 75- 5
諭禮工二部	1298- 75- 5
諭兵部督捕衙門	1298- 75- 5
諭兵部	1298- 76- 5
諭吏戶兵三部	1298- 76- 5
諭戶部	1298- 76- 5
諭兵部	1298- 77- 5
諭吏兵二部	1298- 78- 6
諭禮部（一）	1298- 79- 6
諭吏戶兵三部	1298- 79- 6
諭禮部（三）	1298- 79- 6
諭管侍衛內大臣	1298- 79- 6
諭海澄公黃芳世	1298- 79- 6
諭日講官起居注侍讀學士牛鈕	1298- 80- 6
諭禮部	1298- 80- 6
諭翰林院掌院學士喇沙里陳廷敬侍讀學士葉芳藹侍講學士張英	1298- 80- 6
諭刑部	1298- 80- 6
諭新委西勒圖部落首領喇嘛墨爾根噶布褚	1298- 80- 6
諭平南親王奉達尚之信齋奏參將羅思漢	1298- 81- 6
諭遣往將軍莽吉圖軍前侍講學士顧八代	1298- 81- 6
諭平南親王奉達尚之信齋奏回粵張永祥	1298- 82- 6
諭禮部	1298- 82- 6
諭吏禮二部	1298- 82- 6
諭吏部	1298- 82- 6
諭大學士明珠	1298- 83- 6
諭大學士巴泰	1298- 83- 6
諭廣東提督王可巨	1298- 83- 6
諭大學士索額圖	1298- 83- 6
諭吏部等大小各衙門	1298- 83- 6
諭河南巡撫董國興	1298- 83- 6
諭遣往廣西巡撫傅宏烈軍前筆帖式噶爾西拖洛	1298- 84- 6
諭大學士署禮部索額圖	1298- 84- 6
諭工部尚書馬喇侍郎溫代	1298- 84- 6
諭巴林長公主	1298- 86- 7
諭傅宏烈賫奏道臣劉曉	1298- 86- 7
諭內閣傳諭平南親王奉達尚之信賫奏人	1298- 87- 7
諭吏部	1298- 87- 7
諭將軍穆占	1298- 87- 7
諭戶部	1298- 87- 7
諭禮部	1298- 88- 7
諭吏戶兵三部	1298- 88- 7
諭撫蠻滅寇將軍廣西巡撫傅弘烈	1298- 88- 7
諭吏兵二部	1298- 89- 7
諭掌院學士陳廷敬侍講學士張英侍讀王士禎中書舍人高士奇	1290- 89- 7
諭劉秦吳默納等	1298- 89- 7
諭大學士撫遠大將軍圖海	1298- 90- 7
諭吏部等衙門	1298- 90- 7
諭兵部	1298- 90- 7
諭中書舍人高士奇	1298- 90- 7
諭刑部	1298- 91- 7
諭禮部	1298- 91- 7
諭吏部等衙門	1298- 91- 7
諭將軍穆占	1298- 91- 7
諭大將軍康親王傑淑	1298- 94- 8
諭安親王岳樂	1298- 94- 8
因岳州將軍等失機特諭議政諸臣	1298- 94- 8
諭禮部	1298- 94- 8
諭吏部	1298- 95- 8
諭盛京將軍安褐護	1298- 95- 8
諭戶部	1298- 95- 8
諭內務府	1298- 96- 8
諭吏部	1298- 96- 8
諭兵部	1298- 96- 8
諭禮部（二則）	1298- 97- 8
諭吏部	1298- 97- 8
諭刑部	1298- 97- 8
諭禮部	1298- 98- 8
諭兵部（二則）	1298- 98- 8
諭戶部	1298- 99- 8
諭吏部等衙門	1298- 99- 8
諭戶工二部	1298- 99- 8
諭內閣九卿詹事科道滿漢各官	1298-101- 9
諭大學士明珠李霨尚書宋德宜左	

四庫全書文集篇目分類索引

都御史魏象樞學士佛倫　1298-102-　9
諭大學士明珠（二則）　1298-102-　9
諭吏部等衙門　1298-102-　9
諭大學士索額圖明珠戶部尚書伊桑阿　1298-104-　9
諭吏部等衙門　1298-104-　9
諭戶部侍郎薩木哈　1298-104-　9
諭九卿詹事科道　1298-104-　9
諭大學士索額圖明珠李霨杜立德馮溥學士噶爾圖佛倫希福項景襄李天馥　1298-105-　9
諭九卿科道　1298-105-　9
諭護軍統領吳丹　1298-106-　9
諭大學士索額圖明珠李霨馮溥學士噶爾圖佛倫項景襄　1298-106-　9
諭禮部　1298-107-　9
諭刑部　1298-107-　9
諭大學士索額圖明珠李霨杜立德馮溥學士噶爾圖佛倫項景襄李天馥　1298-107-　9
諭康親王傑淑　1298-107-　9
諭戶部　1298-110-　10
諭禮部　1298-111-　10
諭九卿詹事科道　1298-111-　10
諭康親王傑淑　1298-111-　10
諭大將軍安親王岳樂　1298-112-　10
諭九卿　1298-112-　10
諭大學士索額圖明珠李霨杜立德馮溥　1298-113-　10
諭戶部　1298-113-　10
諭戶部尚書伊桑阿　1298-113-　10
諭大學士索額圖勒德洪明珠李霨杜立德馮溥學士噶爾圖希福徐元文李天馥　1298-113-　10
諭大學士索額圖　1298-114-　10
諭刑部　1298-114-　10
諭吏兵二部　1298-114-　10
諭吏部　1298-114-　10
諭禮部　1298-115-　10
諭吏部等衙門　1298-115-　10
諭大學士勒德洪明珠李霨杜立德　1298-115-　10
諭內閣九卿詹事科道　1298-115-　10
諭恪純長公主　1298-116-　10
諭大學士索額圖勒德洪明珠李霨杜立德學士噶爾圖希福李天馥　1298-116-　10
諭大學士勒德洪明珠李霨杜立德馮溥　1298-118-　11
諭翰林院掌院學士庫勒納等　1298-118-　11
諭侍郎宜昌阿　1298-118-　11
諭兵部　1298-119-　11
諭盛京將軍安褚護　1298-119-　11
諭吏部　1298-120-　11
諭三法司　1298-120-　11
諭翰林院　1298-121-　11
諭吏部都察院　1298-121-　11
諭都察院　1298-121-　11
諭大學士明珠（二則）　1298-121-　11
諭戶部　1298-121-　11
諭戶部（一）　1298-122-　11
諭大學士勒德洪明珠李霨馮溥學士噶爾圖希福格爾古德李光地張玉書　1298-122-　11
諭戶部（二）　1298-122-　11
諭禮部　1298-122-　11
諭侍講高士奇　1298-122-　11
諭兵部　1298-123-　11
諭吏兵二部　1298-123-　11
諭戶部（二則）　1298-123-　11
諭大學士勒德洪明珠　1298-124-　11
諭禮部　1298-124-　11
諭戶部尚書伊桑阿侍郎額庫禮　1298-124-　11
諭禮部　1298-124-　11
諭吏兵二部　1298-124-　11
諭禮部　1298-125-　11
諭奉天將軍安褚護　1298-125-　11
諭大學士勒德洪明珠李霨學士格爾古德阿蘭泰石柱王守才張玉書　1298-127-　12
諭大學士勒德洪明珠　1298-127-　12
諭議政王大臣　1298-128-　12
諭大學士杜立德　1298-129-　12
諭禮部　1298-129-　12
諭將軍安褚護　1298-130-　12
諭烏喇將軍巴海等　1298-130-　12
諭學士張英　1298-130-　12
諭裕親王福全　1298-130-　12
諭蘇大敦柱　1298-130-　12
諭戶刑二部　1298-131-　12
諭裕親王福全（二則）　1298-131-　12
諭敦柱蘇大　1298-132-　12

史部

詔令奏議類：附錄

詔令上十一畫

諭刑部　1298-132-　12
諭戶兵工三部　1298-132-　12
諭將軍巴海副都統薩布蘇瓦里虎等　1298-135-　13
諭大學士勒德洪明珠李霨王熙學士噶爾圖石柱張玉書　1298-136-　13
諭部院諸臣　1298-136-　13
諭戶部　1298-137-　13
諭刑部　1298-137-　13
諭吏部　1298-137-　13
諭戶部尚書梁清標侍郎李天馥　1298-137-　13
諭兵部　1298-138-　13
諭議政王貝勒大臣內閣九卿詹事科道　1298-138-　13
諭禮部　1298-139-　13
諭兵部　1298-139-　13
諭禮部　1298-140-　13
諭部院大臣　1298-140-　13
諭朝覲各官　1298-140-　13
諭刑部　1298-140-　13
諭戶部　1298-141-　13
諭大學士勒德洪明珠李霨王熙黃機吳正治學士薩海阿蘭泰石柱王守才金汝祥胡簡敬孫在豐　1298-141-　13
諭刑部　1298-141-　13
諭戶兵二部　1298-143-　14
諭吏兵二部　1298-144-　14
諭吏部　1298-144-　14
諭刑部　1298-145-　14
諭戶部（二則）　1298-145-　14
諭九卿詹事科道　1298-146-　14
諭大學士勒德洪明珠王熙吳正治宋德宜學士席柱喇巴克馬爾圖圖納席爾達牛鈕金汝祥吳興祖王鴻緒范承勳　1298-146-　14
諭大學士勒德洪等　1298-146-　14
諭戶部　1298-147-　14
諭大學士明珠王熙　1298-147-　14
諭大學士明珠　1298-147-　14
諭大學士明珠王熙　1298-148-　14
諭大學士明珠尚書介山　1298-148-　14
諭大學士明珠總督王新命　1298-148-　14
諭江南江西總督江蘇巡撫　1298-148-　14
諭吏部尚書伊桑阿　1298-149-　14
諭江南大小諸臣　1298-149-　14
諭內閣九卿詹事科道　1298-365-　1
諭內閣　1298-365-　1
諭內閣　1298-366-　1
諭大學士勒德洪明珠（四則）　1298-366-　1
諭大學士勒德洪明珠尚書科爾坤侍郎鄂爾多郭丕　1298-368-　1
諭大學士勒德洪明珠尚書科爾坤哈占侍郎鄂爾多郭丕　1298-369-　1
諭大學士勒德洪尚書科爾坤哈占侍郎鄂爾多　1298-369-　1
諭大學士勒德洪明珠（四則）　1298-369-　1
諭按察使于成龍　1298-369-　1
諭吏部　1298-370-　1
諭大學士勒德洪明珠　1298-370-　1
諭大學士明珠　1298-372-　2
諭大學士勒德洪明珠王熙吳正治宋德宜學士麻爾圖圖納席爾達丹岱禪布吳興祖王起元　1298-372-　2
諭大學士勒德洪明珠王熙吳正治宋德宜學士麻爾圖席爾達吳興祖王起元　1298-372-　2
諭大學士勒德洪明珠王熙吳正治宋德宜學士麻爾圖圖納席爾達丹岱禪布吳興祖王起元　1298-373-　2
諭大學士勒德洪明珠　1298-373-　2
諭大學士勒德洪明珠王熙吳正治宋德宜學士麻爾圖圖納牛鈕丹岱禪布吳興祖王起徐乾學韓菼　1298-373-　2
諭戶部　1298-373-　2
諭大學士明珠　1298-374-　2
諭大學士勒德洪王熙吳正治宋德宜學士麻爾圖圖納席爾達牛鈕丹岱禪布吳興祖王起元徐乾學韓菼　1298-374-　2
諭大學士勒德洪明珠　1298-374-　2
諭大學士勒德洪學士麻爾圖圖納　1298-375-　2
諭侍郎佛倫學士圖納席爾達牛鈕（二則）　1298-375-　2
諭大學士勒德洪明珠學士麻爾圖圖納牛鈕丹岱禪布吳興祖王起元　1298-376-　2
諭大學士勒德洪明珠王熙吳正治宋德宜學士麻爾圖圖納牛鈕丹岱禪布吳興祖王起元徐乾學韓菼（二則）　1298-376-　2

諭大學士勒德洪明珠王熙吳正治宋德宜學士麻爾圖牛鈕禪布吳興祖王起元徐乾學韓菼 1298-378- 2

諭大學士勒德洪明珠學士麻爾圖牛鈕禪布 1298-378- 2

諭大學士勒德洪明珠 1298-378- 2

諭大學士勒德洪明珠王熙吳正治宋德宜學士麻爾圖牛鈕禪布穆成格吳興祖王起元徐乾學韓菼 1298-378- 2

諭戶部 1298-380- 3

諭大學士明珠 1298-380- 3

諭內閣 1298-380- 3

諭大學士勒德洪明珠王熙吳正治宋德宜學士麻爾圖牛鈕禪布吳興祖王起元徐乾學韓菼（二則） 1298-381- 3

諭大學士勒德洪學士麻爾圖 1298-381- 3

諭戶部 1298-381- 3

諭政治典訓總裁大學士勒德洪明珠王熙吳正治宋德宜戶部尚書余國柱左都御史陳廷敬 1298-382- 3

諭吏兵二部 1298-382- 3

諭禮部 1298-383- 3

諭大學士勒德洪明珠王熙吳正治宋德宜學士吳興祖王起元徐乾學韓菼 1298-383- 3

諭刑部等衙門 1298-383- 3

諭吏部 1298-383- 3

諭吏兵二部 1298-383- 3

諭禮部翰林院 1298-384- 3

諭吏部（二則） 1298-384- 3

諭內閣 1298-385- 3

諭刑部 1298-385- 3

諭大學士勒德洪明珠王熙吳正治宋德宜學士麻爾圖牛鈕禪布蔡必漢噶思泰 1298-386- 3

諭三法司衙門 1298-387- 4

諭一統志館總裁勒德洪等 1298-390- 4

諭三法司衙門 1298-390- 4

諭大學士勒德洪明珠吳正治宋德宜學士禪布蔡必漢噶思泰吳興祖徐廷璽韓菼郭棻 1298-390- 4

諭工部右侍郎孫在豐 1298-390- 4

諭刑部 1298-391- 4

諭大學士勒德洪明珠王熙吳正治宋德宜學士禪布蔡必漢吳興祖徐廷璽李光地韓菼郭棻 1298-391- 4

諭大學士勒德洪明珠王熙吳正治宋德宜學士禪布蔡必漢噶思泰吳喇岱吳興祖徐廷璽李光地韓菼郭棻 1298-392- 4

諭內閣 1298-392- 4

諭戶部 1298-392- 4

諭大學士勒德洪明珠王熙吳正治宋德宜學士禪布蔡必漢噶思泰吳喇岱齊穅吳興祖徐廷璽李光地韓菼郭棻（二則） 1298-392- 4

諭大學士明珠 1298-393- 4

諭禮部 1298-393- 4

諭戶部 1298-393- 4

諭大學士勒德洪明珠學士禪布噶思泰吳喇岱齊穅吳興祖額爾赫圖 1298-394- 4

諭大學士勒德洪明珠學士禪布噶思泰吳喇岱齊穅額爾赫圖 1298-394- 4

諭大學士勒德洪明珠學士禪布噶思泰吳喇岱額爾赫圖吳興祖徐廷璽 1298-394- 4

諭大學士勒德洪明珠學士禪布吳喇岱額爾赫圖吳興祖徐廷璽 1298-395- 4

諭吏部 1298-397- 5

諭刑部 1298-397- 5

諭大學士勒德洪明珠 1298-398- 5

諭大學士明珠王熙宋德宜余國柱學士禪布吳喇岱額爾赫圖塞楞格舜拜吳興祖徐廷璽盧琦 1298-398- 5

諭內閣 1298-399- 5

諭大學士勒德洪明珠（二則） 1298-399- 5

諭內閣 1298-399- 5

諭大學士明珠學士禪布額爾赫圖舜拜 1298-400- 5

諭尚書鄂爾圖郎中伊爾克圖溫保 1298-400- 5

諭八旗都統三品以上官 1298-400- 5

諭滿州管漢軍副都統參領等 1298-401- 5

諭內閣（二則） 1298-401- 5

諭大學士勒德洪明珠學士齊穅額爾赫圖舜拜多奇凱音布趙山 1298-402- 5

諭戶部 1298-402- 5

諭刑部 1298-403- 5

諭大學士明珠（二則） 1298-403- 5

諭內閣等衙門 1298-403- 5

史部

詔令奏議類：附錄

詔令十一畫

諭大學士勒德洪等	1298-404-	5
諭禮部	1298-406-	6
諭學士爰拜	1298-406-	6
諭宗人府	1298-406-	6
諭內閣	1298-407-	6
諭吏部	1298-407-	6
諭大學士伊桑阿梁清標學士齊稀舜拜趙山拜里阿喇密石文桂盧琦	1298-408-	6
諭大學士伊桑阿王熙梁清標學士凱音布趙山拜里阿喇密朱都納薩穆哈石文桂王封溪	1298-409-	6
諭內閣	1298-409-	6
諭大學士伊桑阿王熙梁清標學士凱音布拜里朱都納薩穆哈吳什巴石文桂王封溪	1298-409-	6
諭大學士伊桑阿等	1298-409-	6
諭都統瓦岱	1298-409-	6
諭大學士伊桑阿學士薩穆哈石文桂	1298-410-	6
諭大學士伊桑阿尚書阿蘭泰紀爾塔布侍郎額爾赫圖	1298-410-	6
諭大學士伊桑阿學士凱音布薩穆哈吳什巴石文桂	1298-410-	6
諭湖廣巡撫丁思孔	1298-410-	6
諭學士凱音布吳什巴石文桂	1298-411-	6
諭學士凱音布吳什巴石文桂	1298-411-	6
諭內閣	1298-411-	6
諭大學士伊桑阿學士凱音布朱都納薩穆哈邁圖索諾和	1298-411-	6
諭大學士伊桑阿王熙梁清標學士凱音布朱都納邁圖索諾和彭孫遹李振裕郭琇	1298-412-	6
諭吏戶兵工四部	1298-414-	7
諭屬從部院諸臣	1298-415-	7
諭山東巡撫錢珏	1298-415-	7
諭總督傅臘塔王騭巡撫洪之傑金鋐	1298-415-	7
諭皇太子	1298-416-	7
諭屬從部院諸臣	1298-417-	7
諭浙閩總督王騭	1298-417-	7
諭屬從部院諸臣	1298-417-	7
諭內閣	1298-418-	7
諭戶部	1298-418-	7
諭刑部	1298-418-	7
諭內閣	1298-419-	7
諭大學士伊桑阿	1298-419-	7
諭禮部（二則）	1298-419-	7
諭大學士伊桑阿阿蘭泰學士凱音布朱都納邁圖索諾和西安郭世隆	1298-419-	7
諭禮部（二則）	1298-420-	7
諭戶部	1298-420-	7
諭吏部	1298-421-	7
諭大學士伊桑阿阿蘭泰學士凱音布拜里朱都納邁圖西安博濟郭世隆王國昌（二則）	1298-423-	8
諭大學士伊桑阿阿蘭泰學士凱音布朱都納邁圖西安博濟郭世隆王國昌（三則）	1298-423-	8
諭大學士伊桑阿阿蘭泰學士凱音布朱都納邁圖西安博濟郭世隆王國昌	1298-424-	8
諭戶部	1298-425-	8
諭政治典訓館總裁伊桑阿等	1298-425-	8
諭大學士伊桑阿王熙梁清標徐元文學士凱音布朱都納邁圖西安博濟郭世隆王國昌彭孫遹顧汧	1298-425-	8
諭戶部（二則）	1298-426-	8
諭內閣九卿詹事科道	1298-426-	8
諭內閣	1298-427-	8
諭皇太子	1298-427-	8
諭戶部（三則）	1298-427-	8
諭大學士伊桑阿阿蘭泰學士朱都納西安博濟席喇王國昌	1298-428-	8
諭內閣（一）	1298-429-	8
諭內閣九卿詹事科道	1298-429-	8
諭內閣	1298-429-	8
諭大學士伊桑阿阿蘭泰學士朱都納西安博濟席喇布顏圖王國昌	1298-429-	8
諭大學士伊桑阿阿蘭泰學士朱都納邁圖西安博濟布顏圖郭世隆王國昌	1298-429-	8
諭內閣（二則）	1298-430-	8
諭內閣	1298-432-	9
諭大學士伊桑阿阿蘭泰學士朱都納邁圖西安布顏圖郭世隆王國昌	1298-432-	9
諭大學士伊桑阿阿蘭泰學士朱都納邁圖西安博濟布顏圖郭世隆		

王國昌　1298-432- 9
諭三朝國史館總裁大學士伊桑阿
　等　1298-433- 9
諭內閣（二則）　1298-433- 9
諭戶部　1298-434- 9
諭和碩裕親王福全等　1298-434- 9
諭和碩恭親王常寧等　1298-435- 9
諭戶部　1298-435- 9
諭大學士伊桑阿阿蘭泰學士朱都
　納西安博濟王國昌　1298-436- 9
諭大學士阿蘭泰　1298-436- 9
諭戶部　1298-436- 9
諭內閣　1298-436- 9
諭大學士伊桑阿阿蘭泰學士朱都
　納西安博濟王國昌（二則）　1298-437- 9
諭兵部　1298-437- 9
諭都統瓦岱等　1298-437- 9
諭都統郎談等　1298-438- 9
諭大學士伊桑阿阿蘭泰兵部尚書
　馬奇學士邁圖西安博濟南塔海　1298-438- 9
諭大學士伊桑阿阿蘭泰　1298-438- 9
諭大學士伊桑阿阿蘭泰學士邁圖
　西安博濟南塔海傳繼祖　1298-439- 9
諭戶部　1298-441- 10
諭大學士伊桑阿阿蘭泰學士邁圖
　西安南塔海傳繼祖　1298-442- 10
諭大學士伊桑阿阿蘭泰王熙梁清
　標張玉書學士邁圖博濟傳繼祖
　王國昌年遐齡孫通王尹方　1298-442- 10
諭大學士伊桑阿等　1298-442- 10
諭大學士伊桑阿阿蘭泰學士邁圖
　西安傳繼祖王國昌年遐齡　1298-443- 10
諭內閣　1298-443- 10
諭戶部（二則）　1298-443- 10
諭內閣（四則）　1298-444- 10
諭吏部　1298-444- 10
諭內閣　1298-445- 10
諭戶部　1298-445- 10
諭禮部　1298-446- 10
諭大學士伊桑阿阿蘭泰學士滿丕
　圖納哈思格則德珠王國昌理藩
　院尚書額爾赫圖署侍郎事學士
　達瑚　1298-446- 10
諭戶部（二則）　1298-446- 10
諭內閣　1298-447- 10
諭兵部　1298-447- 10
諭大學士伊桑阿阿蘭泰　1298-450- 11
諭大學士伊桑阿阿蘭泰王熙張玉
　書學士王國昌滿丕圖納哈王尹
　方王撫李柟　1298-450- 11
諭修明史諸臣　1298-451- 11
諭戶部　1298-451- 11
諭大學士伊桑阿阿蘭泰　1298-452- 11
諭內閣　1298-452- 11
諭大學士伊桑阿阿蘭泰王熙張玉
　書學士德珠溫保王國昌王尹方
　王撫李柟　1298-452- 11
諭兵部　1298-453- 11
諭大學士伊桑阿阿蘭泰學士德珠
　溫保王國昌　1298-453- 11
諭大學士伊桑阿阿蘭泰張玉書學
　士傳繼祖溫保王國昌王尹方王
　撫李柟（二則）　1298-453- 11
諭大學士伊桑阿阿蘭泰張玉書尚
　書馬奇侍郎凱音布學士傳繼祖
　溫保王國昌王尹方王撫李柟　1298-454- 11
諭大學士伊桑阿阿蘭泰張玉書學
　士傳繼祖溫保王國昌王伊方王
　撫李柟　1298-454- 11
諭大學士伊桑阿阿蘭泰　1298-454- 11
諭大學士伊桑阿阿蘭泰學士傳繼
　祖達瑚溫保王國昌戴通　1298-454- 11
諭大學士伊桑阿阿蘭泰侍郎朱都
　納學士傳繼祖達瑚溫保戴通王
　國昌　1298-455- 11
諭尚書庫勒納等　1298-455- 11
諭大學士伊桑阿阿蘭泰學士傳繼
　祖戴通王國昌　1298-455- 11
諭大學士伊桑阿阿蘭泰學士傳繼
　祖席喇達瑚戴通　1298-455- 11
諭大學士伊桑阿阿蘭泰學士席喇
　達瑚戴通　1298-456- 11
諭大學士伊桑阿阿蘭泰學士席喇
　傳繼祖達瑚德珠戴通　1298-456- 11
諭戶部　1298-456- 11
諭刑部　1298-457- 11
諭吏部都察院　1298-457- 11
諭大學士伊桑阿阿蘭泰學士席喇
　傳繼祖德珠戴通安布祿　1298-457- 11
諭大學士伊桑阿學士席喇傳繼祖

史部

詔令奏議類：附錄

詔令上十一畫

德珠溫保戴通安布祿　1298-457- 11

諭大學士伊桑阿學士席喇傳繼祖德珠溫保戴通安布祿　1298-458- 11

諭大學士伊桑阿阿蘭泰學士席喇傳繼祖溫保戴通安布祿　1298-460- 12

諭內閣（五則）　1298-460- 12

諭大學士伊桑阿阿蘭泰尙書馬奇顧八代索諾和圖納薩穆哈班第都御史沙海侍郎溫達滿丕學士席喇傳繼祖安布祿　1298-462- 12

諭內閣　1298-462- 12

諭大學士伊桑阿阿蘭泰王熙張玉書李天馥學士席喇傳繼祖溫保戴通安布祿王尹方李栴李應廌　1298-462- 12

諭領侍衞內大臣郎談等　1298-463- 12

諭內閣（三則）　1298-463- 12

諭領侍衞內大臣伯費揚古　1298-464- 12

諭內閣（二則）　1298-464- 12

諭戶部　1298-465- 12

諭內閣（三則）　1298-465- 12

諭戶部（二則）　1298-466- 12

諭大學士伊桑阿阿蘭泰學士傳繼祖溫保德珠戴通沈圖常書　1298-467- 12

諭兵部　1298-467- 12

諭內閣（二則）　1298-470- 13

諭大學士伊桑阿阿蘭泰　1298-471- 13

諭內閣　1298-471- 13

諭戶部　1298-471- 13

諭大學士伊桑阿阿蘭泰　1298-471- 13

諭內閣四則　1298-472- 13

諭領侍衞內大臣索額圖大學士伊桑阿阿蘭泰尙書馬奇索諾和　1298-473- 13

諭戶部　1298-473- 13

諭內閣　1298-473- 13

諭戶部　1298-474- 13

諭大學士伊桑阿學士溫保戴通沈圖宋柱陶岱侍郎席喇　1298-474- 13

諭內閣（二則）　1298-474- 13

諭大學士伊桑阿阿蘭泰（二則）　1298-475- 13

諭內閣（三則）　1298-475- 13

諭大學士伊桑阿阿蘭泰王熙張玉書學士溫保戴通沈圖宋柱李栴顧藻陸菜徐嘉炎　1298-476- 13

諭戶部　1298-478- 14

諭大學士伊桑阿阿蘭泰（三則）　1298-478- 14

諭大學士伊桑阿侍郎朱都納學士宋柱戶部郎中鄂奇　1298-479- 14

諭大學士伊桑阿阿蘭泰（二則）　1298-479- 14

諭內閣　1298-479- 14

諭大學士伊桑阿阿蘭泰張玉書學士戴通勒德額赫里齊稀顧藻徐嘉炎陸菜（三則）　1298-479- 14

諭大學士伊桑阿阿蘭泰張玉書學士戴通阿爾稗顧藻徐嘉炎張榕端　1298-480- 14

諭內閣　1298-480- 14

諭吏兵二部　1298-480- 14

諭大學士伊桑阿阿蘭泰　1298-480- 14

諭大學士伊桑阿阿蘭泰學士戴通宋柱陶岱齊稀博濟（一）　1298-481- 14

諭大學士伊桑阿阿蘭泰王熙張玉書學士戴通宋柱陶岱齊稀博濟韓菑顧藻徐嘉炎張榕端　1298-481- 14

諭大學士伊桑阿阿蘭泰學士戴通宋柱陶岱齊稀博濟（二）　1298-481- 14

諭戶部　1298-481- 14

諭大學士阿蘭泰　1298-481- 14

諭戶部　1298-482- 14

諭大學士伊桑阿阿蘭泰王熙張玉書學士戴通齊稀博濟傳繼祖韓菑顧藻徐嘉炎張榕端　1298-482- 14

諭議政大臣　1298-482- 14

諭大學士伊桑阿阿蘭泰（四則）　1298-482- 14

諭大學士伊桑阿阿蘭泰侍讀學士伊道　1298-483- 14

諭大學士伊桑阿阿蘭泰（一）　1298-484- 14

諭大學士伊桑阿阿蘭泰尙書庫勒納佛倫薩穆哈　1298-484- 14

諭內閣（一）　1298-484- 14

諭大學士伊桑阿阿蘭泰（二）　1298-484- 14

諭內閣（二）　1298-484- 14

諭大學士伊桑阿阿蘭泰尙書馬奇侍郎思格則阿爾稗學士宋柱齊稀傳繼祖綵色　1298-486- 15

諭大學士伊桑阿阿蘭泰尙書馬奇傳臘塔索諾和圖納侍郎朱都納馬爾漢學士宋柱齊稀傳繼祖綵色　1298-486- 15

諭大學士伊桑阿阿蘭泰　1298-487- 15

諭大學士伊桑阿阿蘭泰學士宋柱

四庫全書文集篇目分類索引

陶岱齊穆綵色 1298-487- 15
諭大學士伊桑阿阿蘭泰兵部尚書
　索諾和侍郎朱都納馬爾漢 1298-487- 15
諭大學士王熙等 1298-487- 15
諭大學士伊桑阿阿蘭泰 1298-488- 15
諭內閣 1298-488- 15
諭內大臣國舅佟國維等（二則） 1298-488- 15
諭大學士伊桑阿阿蘭泰尚書馬奇
　佛倫索諾和侍郎安布祿（三則） 1298-488- 15
諭大學士伊桑阿阿蘭泰尚書馬奇
　索諾和侍郎安布祿學士綵色等 1298-489- 15
諭大學士阿蘭泰王熙張玉書李天
　馥學士三寶楊舒朱都納哈山韓
　菑徐嘉炎張榕端 1298-489- 15
諭大學士伊桑阿阿蘭泰學士三寶
　楊舒朱都納哈山哈雅爾圖侯倫 1298-489- 15
諭內閣（二則） 1298-490- 15
諭戶部（二則） 1298-490- 15
諭領侍衛內大臣索額圖明珠大學
　士伊桑阿阿蘭泰 1298-491- 15
諭戶部 1298-491- 15
諭內閣（二則） 1298-492- 15
諭大學士伊桑阿阿蘭泰學士三寶
　羅察席爾登 1298-492- 15
諭勇略將軍趙良棟 1298-494- 16
諭大學士伊桑阿等 1298-494- 16
諭吏部都察院 1298-494- 16
諭吏部等衙門 1298-495- 16
諭大學士伊桑阿阿蘭泰學士三寶
　楊舒羅察席爾登 1298-495- 16
諭大學士伊桑阿阿蘭泰 1298-496- 16
諭提督江南學政學士張榕端提督
　浙江學政侍講張希良 1298-496- 16
諭明史館監修大學士伊桑阿張玉
　書李天馥吏部尚書熊賜履總裁
　戶部尚書陳廷敬禮部尚書張英
　原任左都御史王鴻緒 1298-496- 16
諭內閣 1298-497- 16
諭宗人府禮部 1298-497- 16
諭兵部 1298-498- 16
諭大學士伊桑阿阿蘭泰 1298-498- 16
諭內閣 1298-498- 16
諭戶部 1298-498- 16
諭大學士伊桑阿阿蘭泰 1298-499- 16
諭方略管總裁大學士伊桑阿阿蘭
　泰王熙張玉書李天馥吏部尚書
　熊賜履禮部尚書張英 1298-499- 16
諭大學士伊桑阿阿蘭泰 1298-502- 17
諭內閣（三則） 1298-502- 17
諭大學士伊桑阿阿蘭泰尚書席爾
　達侍郎馬爾漢覺羅三寶學士羅
　察布泰噶禮辛保溫達 1298-502- 17
諭建威將軍宗室費揚古 1298-503- 17
諭清修禪師都綱喇嘛丹巴格隆 1298-503- 17
諭內閣（二則） 1298-504- 17
諭灌頂普慧弘善大國師扎薩克達
　喇嘛默爾根綽爾濟 1298-504- 17
諭內閣 1298-504- 17
諭大學士伊桑阿阿蘭泰 1298-504- 17
諭大學士伊桑阿阿蘭泰王熙李天
　馥吳琠學士布泰噶禮辛保溫達
　恩丕顧藻徐嘉炎李錄予（二則） 1298-504- 17
諭大學士伊桑阿阿蘭泰 1298-505- 17
諭大學士伊桑阿阿蘭泰王熙李天
　馥吳琠學士布泰噶禮溫達錢齊
　保恩丕顧藻徐嘉炎李錄予 1298-505- 17
諭內閣（三則） 1298-506- 17
諭戶部 1298-506- 17
諭吏戶兵工四部 1298-507- 17
諭戶部 1298-509- 18
諭總督于成龍 1298-509- 18
諭刑部 1298-509- 18
諭戶部 1298-510- 18
諭吏部 1298-510- 18
諭吏戶兵三部 1298-511- 18
諭戶部 1298-511- 18
諭刑部 1298-512- 18
諭吏部 1298-512- 18
諭戶部 1298-512- 18
諭戶禮二部 1298-512- 18
諭戶部（二則） 1298-513- 18
諭內閣九卿詹事科道 1298-514- 18
諭戶部（二則） 1298-515- 18
諭吏部 1298-515- 18
諭戶部（二則） 1298-516- 18
北征勅諭——諭皇太子計七十六
　則 1298-525- 19
北征勅諭——諭皇太子計七十六
　則 1298-525- 20
北征勅諭——諭皇太子計七十六

四庫全書文集篇目分類索引

史部

詔令奏議類：附錄

詔令上十一畫

則 1298-525- 21
北征勅諭——諭皇太子計七十六則 1298-525- 22
北征敕諭——諭皇太子計七十六則 1298-525- 23
北征勅諭——諭皇太子計七十六則 1298-525- 24
北征勅諭——諭領侍衛內大臣國舅佟國維內大臣福善蘇爾達大學士伊桑阿阿蘭泰 1298-568- 25
北征勅諭——諭大學士伊桑阿阿蘭泰學士宋柱陶岱齊稀綬色三寶（二則） 1298-569- 25
北征勅諭——諭內閣 1298-569- 25
北征勅諭——諭勇略將軍趙良棟 1298-569- 25
北征勅諭——諭領侍衛內大臣伯費揚古 1298-570- 25
北征勅諭——諭太子少保振武將軍左都督孫思克 1298-570- 25
北征勅諭——諭揚威將軍覺羅恕書 1298-571- 25
北征勅諭——諭都察院左都御史于成龍兵部督捕右侍郎李鉞通政使司左通政略拜 1298-571- 25
北征勅諭——諭兵部都捕右侍郎王國昌大理寺卿喻成龍光祿寺卿辛保內閣侍讀學士范承烈 1298-572- 25
北征勅諭——諭總統督理中路運務左都御史于成龍等 1298-573- 25
北征勅諭——諭大將軍伯費揚古 1298-573- 25
北征勅諭——諭禮兵二部 1298-573- 25
北征勅諭——諭大將軍伯費揚古 1298-574- 25
北征勅諭——諭大學士伊桑阿阿蘭泰 1298-574- 25
北征勅諭——諭大將軍伯費揚古（四則） 1298-575- 25
北征勅諭——諭大將軍伯費揚古（二則） 1298-578- 25
北征勅諭——諭大將軍伯費揚古等 1298-579- 26
北征勅諭——諭領侍衛內大臣 1298-579- 26
北征勅諭——諭屬從官員兵丁 1298-579- 26
北征勅諭——諭戶部 1298-580- 26
北征勅諭——諭領侍衛內大臣（二則） 1298-580- 26
北征勅諭——諭大將軍伯費揚古 1298-580- 26
北征勅諭——諭領侍衛內大臣（三則） 1298-580- 26
北征勅諭——諭內大臣等 1298-581- 26
北征勅諭——諭尚書馬奇 1298-581- 26
北征勅諭——諭大學士阿蘭泰尚書馬奇（二則） 1298-582- 26
北征勅諭——諭兵部 1298-582- 26
北征勅諭——諭議政大臣 1298-582- 26
北征勅諭——諭領侍衛內大臣 1298-582- 26
北征勅諭——諭尚書馬奇 1298-582- 26
北征勅諭——諭大學士阿蘭泰 1298-583- 26
北征勅諭——諭議政諸臣 1298-583- 26
北征勅諭——諭大學士阿蘭泰（二則） 1298-583- 26
北征勅諭——諭領侍衛內大臣 1298-584- 26
北征勅諭——諭兵部 1298-584- 26
北征勅諭——諭尚書馬奇 1298-584- 26
北征勅諭——諭領侍衛內大臣（二則） 1298-584- 26
北征勅諭——諭領侍衛內大臣尚書班第（二則） 1298-585- 26
北征勅諭——諭大將軍伯費揚古 1298-585- 26
北征勅諭——諭領侍衛內大臣 1298-586- 26
北征勅諭——諭領侍衛內大臣尚書班第 1298-586- 26
北征勅諭——諭領侍衛內大臣班第等 1298-586- 26
北征勅諭——諭大將軍伯費揚古 1298-586- 26
北征勅諭——諭領侍衛內大臣 1298-587- 26
北征勅諭——諭尚書馬奇(二則） 1298-587- 26
北征勅諭——諭領侍衛內大臣班第等 1298-587- 26
北征勅諭——諭議政大臣 1298-588- 26
北征勅諭——諭大學士阿蘭泰 1298-588- 26
北征勅諭——諭領侍衛內大臣馬思哈等 1298-588- 26
北征勅諭——諭議政大臣等及大學士伊桑阿阿蘭泰 1298-591- 27
北征勅諭——諭大學士伊桑阿阿蘭泰（一） 1298-591- 27
北征勅諭——諭議政大臣班第等大學士伊桑阿阿蘭泰 1298-591- 27
北征勅諭——諭大學士伊桑阿阿蘭泰（三） 1298-591- 27

北征勦諭——諭大將軍伯費揚古　1298-592- 27
北征勦諭——諭領侍衛內大臣公福善等　1298-592- 27
北征勦諭——諭領侍衛內大臣　1298-592- 27
北征勦諭——諭理藩院　1298-593- 27
北征勦諭——諭大學士伊桑阿　1298-593- 27
北征勦諭——諭大將軍伯費揚古　1298-593- 27
北征勦諭——諭副都統御史努赫　1298-593- 27
北征勦諭——諭大學士伊桑阿（二則）　1298-594- 27
北征勦諭——諭領侍衛內大臣索額圖大學士伊桑阿　1298-594- 27
北征勦諭——諭戶部　1298-595- 27
北征勦諭——諭理藩院　1298-595- 27
北征勦諭——諭領侍衛內大臣索額圖等　1298-595- 27
北征勦諭——諭領侍衛內大臣索額圖大學士伊桑阿　1298-595- 27
北征勦諭——諭右衛將軍偏俄山西巡撫倭倫　1298-595- 27
北征勦諭——諭侍郎安布祿　1298-596- 27
北征勦諭——諭大將軍伯費揚古　1298-596- 27
北征勦諭——諭山西巡撫倭倫陝西巡撫黨愛甘肅巡撫郭洪　1298-596- 27
北征勦諭——諭領侍衛內大臣索額圖　1298-597- 27
北征勦諭——諭領侍衛內大臣及嚮導官　1298-597- 27
北征勦諭——諭領侍衛內大臣　1298-597- 27
北征勦諭——諭山西巡撫倭倫　1298-597- 27
北征勦諭——諭兵部　1298-597- 27
北征勦諭——諭侍郎安布祿　1298-598- 27
北征勦諭——諭員外郎薩哈連　1298-598- 27
北征勦諭——諭議政諸臣（二則）1298-598- 27
北征勦諭——諭大學士伊桑阿（一）　1298-599- 27
北征勦諭——諭大學士伊桑阿等　1298-599- 27
北征勦諭——諭大學士伊桑阿（二）　1298-599- 27
北征勦諭——諭兵部　1298-599- 27
北征勦諭——諭議政諸臣　1298-599- 27
北征勦諭——諭大學士伊桑阿（三）　1298-599- 27
北征勦諭——諭護軍統領托倫等　1298-600- 27
北征勦諭——諭領侍衛內大臣　1298-600- 27
北征勦諭——諭大學士伊桑阿（二則）　1298-600- 27
北征勦諭——諭陝西四川總督吳赫　1298-602- 28
北征勦諭——諭大學士伊桑阿　1298-603- 28
北征勦諭——諭兵部（一）　1298-603- 28
北征勦諭——諭議政大臣等　1298-603- 28
北征勦諭——諭議政大臣（一）　1298-603- 28
北征勦諭——諭兵部　1298-603- 28
北征勦諭——諭議政大臣（二）　1298-603- 28
北征勦諭——諭寧夏文武官員兵民人等　1298-604- 28
北征勦諭——諭大學士伊桑阿（三則）　1298-604- 28
北征勦諭——諭將軍馬思哈　1298-605- 28
北征勦諭——諭大學士伊桑阿（二則）　1298-605- 28
北征勦諭——諭議政大臣　1298-605- 28
北征勦諭——諭議政大臣等　1298-605- 28
北征勦諭——諭議政諸臣　1298-606- 28
北征勦諭——諭陝西總督提督巡撫總兵等官　1298-606- 28
北征勦諭——諭理藩院（二則）　1298-607- 28
北征勦諭——諭議政大臣（二則）1298-607- 28
北征勦諭——諭總兵官王化行　1298-607- 28
北征勦諭——諭大學士伊桑阿等　1298-608- 28
北征勦諭——諭領侍衛內大臣　1298-608- 28
北征勦諭——諭議政大臣（三則）1298-608- 28
北征勦諭——諭兵部　1298-609- 28
北征勦諭——諭議政大臣（四則）1298-609- 28
北征勦諭——諭戶部　1298-610- 28
北征勦諭——諭議政大臣　1298-610- 28
北征勦諭——諭領侍衛內大臣　1298-610- 28
北征勦諭——諭大學士伊桑阿（二則）　1298-610- 28
北征勦諭——諭領侍衛內大臣　1298-611- 28
北征勦諭——諭議政大臣（二則）1298-611- 28
北征勦諭——諭太僕寺　1298-612- 28
北征勦諭——諭侍郎安布祿　1298-612- 28
北征勦諭——諭吏部　1298-612- 28
諭河道總督于成龍（二則）　1299- 29- 1
諭河道總督張鵬翮　1299- 30- 1
諭工部　1299- 30- 1
諭河道總督張鵬翮　1299- 30- 1
諭大學士伊桑阿馬齊（二則）　1299- 30- 1

諭工部（二則） 1299- 31- 1
諭戶部等部 1299- 32- 1
諭禮部 1299- 32- 1
諭大學士伊桑阿馬齊王熙吳琠熊賜履張英學士滿都邵穆布巢可托舒祿范承烈王九齡曹鑑倫 1299- 32- 1
諭內閣 1299- 32- 1
諭工部 1299- 32- 1
諭內閣 1299- 33- 1
諭九卿等 1299- 33- 1
諭直隸巡撫李光地 1299- 33- 1
諭大學士伊桑阿等（二則） 1299- 34- 1
諭大學士伊桑阿馬齊 1299- 34- 1
諭大學士伊桑阿馬齊王熙吳琠熊賜履張英等 1299- 36- 2
諭大學士伊桑阿等 1299- 36- 2
諭大學士伊桑阿馬齊王熙吳琠熊賜履張英學士法良辛保傅紳范承烈王九齡曹鑑倫 1299- 37- 2
諭大學士伊桑阿等（二則） 1299- 37- 2
諭工部 1299- 37- 2
諭戶部（二則） 1299- 38- 2
諭大學士伊桑阿馬齊吳琠熊賜履張英學士辛保傅紳范承烈王九齡曹鑑倫 1299- 38- 2
諭大學士伊桑阿馬齊吳琠熊賜履學士辛保傅紳來道范承烈曹鑑倫 1299- 38- 2
諭大學士伊桑阿馬齊吳琠熊賜履學士辛保傅紳來道常壽來福范承烈曹鑑倫 1299- 39- 2
諭大學士馬齊等 1299- 39- 2
諭大學士伊桑阿馬齊等 1299- 40- 2
諭刑部 1299- 40- 2
諭內閣 1299- 40- 2
諭戶部 1299- 40- 2
諭漢大學士九卿翰詹科道諸臣 1299- 41- 2
諭刑部 1299- 41- 2
諭大學士王熙 1299- 41- 2
諭禮部 1299- 41- 2
諭吏刑二部 1299- 41- 2
諭禮部 1299- 41- 2
諭戶部 1299- 42- 2
諭大學士伊桑阿馬齊張玉書吳琠熊賜履（二則） 1299- 43- 3
諭山東省官員 1299- 44- 3
諭扈從大學士張玉書直隸巡撫李光地 1299- 44- 3
諭戶部（三則） 1299- 44- 3
諭內閣 1299- 45- 3
諭工部 1299- 46- 3
諭大學士馬齊西哈納 1299- 46- 3
諭都察院都御史六科給事中各道御史等 1299- 46- 3
諭扈從大學士馬齊張玉書學士色德里劉光美 1299- 46- 3
諭戶部 1299- 46- 3
諭山東巡撫王國昌 1299- 47- 3
諭戶部 1299- 47- 3
諭河道總督張鵬翮（二則） 1299- 48- 3
諭永定河分司齊蘇勒 1299- 48- 3
諭河道總督張鵬翮 1299- 48- 3
諭河道總督張鵬翮 1299- 50- 4
諭偏沅巡撫趙申喬 1299- 50- 4
諭扈從大學士馬齊張玉書學士色德里劉光美 1299- 50- 4
諭扈從大學士馬齊張玉書學士色德里劉光美起居注揆敍滿保 1299- 50- 4
諭河道總督張鵬翮（四則） 1299- 51- 4
諭內閣九卿等 1299- 52- 4
諭內閣 1299- 52- 4
諭工部 1299- 52- 4
諭禮部 1299- 52- 4
諭內閣 1299- 52- 4
諭戶部 1299- 53- 4
諭大學士九卿詹事掌印不掌印科道等官 1299- 53- 4
諭戶部（二則） 1299- 53- 4
諭東省在京官員 1299- 54- 4
諭兵部 1299- 54- 4
諭內閣部院等官 1299- 54- 4
諭兵部 1299- 57- 5
諭內閣兵部 1299- 57- 5
諭吏部 1299- 58- 5
諭大學士馬齊席哈納張玉書吳琠陳廷敬等 1299- 58- 5
諭吏戶兵三部 1299- 58- 5
諭大學士馬齊西哈納張玉書吳琠陳廷敬學士常壽色德里滿丕趙士芳王九齡曹鑑倫 1299- 59- 5

諭武殿試讀卷官 1299- 59- 5
諭奉命撫苗尚書席爾達等 1299- 59- 5
諭大學士馬齊張玉書吳琠陳廷敬 1299- 60- 5
諭工部 1299- 60- 5
諭戶部 1299- 60- 5
諭吏工二部 1299- 61- 5
諭大學士馬齊等 1299- 62- 5
諭山西巡撫噶禮 1299- 64- 6
諭散秩內大臣公傅爾丹 1299- 64- 6
諭兵部 1299- 64- 6
諭禮部 1299- 64- 6
諭川陝總督華顯陝西巡撫鄂海甘肅巡撫齊世武 1299- 65- 6
諭河南巡撫徐潮 1299- 65- 6
諭大學士馬齊席哈納張玉書吳琠陳廷敬學士色德里鐵圖滿丕阿蘭泰趙世芳王九齡曹鑑倫徐秉義 1299- 66- 6
諭吏禮二部 1299- 66- 6
諭吏部 1299- 66- 6
諭刑部 1299- 67- 6
諭戶部 1299- 67- 6
諭工部 1299- 67- 6
諭起居注官揆敍海寶 1299- 67- 6
諭大學士馬齊起居注官滿保海寶 1299- 68- 6
諭欽天監 1299- 68- 6
諭兵部 1299- 68- 6
諭戶部 1299- 68- 6
諭戶部（二則） 1299- 71- 7
諭工部 1299- 72- 7
諭內閣 1299- 72- 7
諭大學士九卿等 1299- 73- 7
諭刑部 1299- 73- 7
諭內閣 1299- 74- 7
諭吏部 1299- 74- 7
諭吏戶兵工四部 1299- 74- 7
諭工部 1299- 74- 7
諭刑部 1299- 75- 7
諭扈從大學士馬齊張玉書陳廷敬 1299- 75- 7
諭山東巡撫趙世顯 1299- 75- 7
諭河道總督張鵬翮 1299- 75- 7
諭河道總督張鵬翮及河工官員 1299- 76- 7
諭江南總督阿山巡撫宋犖 1299- 78- 8
諭江南督撫 1299- 78- 8
諭內閣禮部 1299- 79- 8
諭扈從大學士張玉書陳廷敬翰林查昇陳壯履錢名世蔣廷錫汪灝勵廷儀等 1299- 79- 8
諭扈從大學士馬齊張玉書陳廷敬 1299- 79- 8
諭扈從內閣吏部 1299- 79- 8
諭浙江福建總督金世榮浙江巡撫張泰交福建巡撫李斯義 1299- 79- 8
諭江南總督阿山江寧巡撫宋犖安徽巡撫劉光美 1299- 80- 8
諭扈從大學士馬齊張玉書陳廷敬等 1299- 80- 8
諭吏部 1299- 80- 8
諭河道總督張鵬翮 1299- 81- 8
諭扈從諸大臣及河臣等 1299- 81- 8
諭河道總督張鵬翮（三則） 1299- 81- 8
諭山東巡撫趙世顯 1299- 82- 8
諭河道總督張鵬翮（三則） 1299- 82- 8
諭內閣 1299- 83- 8
諭戶部 1299- 83- 8
諭大學士馬齊席哈納張玉書陳廷敬等 1299- 83- 8
諭戶部（二則） 1299- 83- 8
諭內閣 1299- 85- 9
諭戶部 1299- 85- 9
諭扈從大學士馬齊等 1299- 85- 9
諭工部 1299- 85- 9
諭內閣 1299- 85- 9
諭工部 1299- 86- 9
諭扈從大學士等 1299- 86- 9
諭戶部（二則） 1299- 86- 9
諭工部 1299- 86- 9
諭內閣（二則） 1299- 88- 9
諭大學士馬齊席哈納張玉書陳廷敬等 1299- 88- 9
諭大學士等 1299- 88- 9
諭戶部 1299- 88- 9
諭兵部 1299- 89- 9
諭貴州巡撫陳詵 1299- 89- 9
諭大學士馬齊席哈納張玉書陳廷敬 1299- 89- 9
諭九卿詹事科道 1299- 89- 9
諭大學士馬齊席哈納張玉書陳廷敬 1299- 90- 9
諭兵部 1299- 90- 9
諭兵部 1299- 92- 10

諭雲南巡撫郭瓅 1299- 92- 10
諭大學士馬齊席哈納張玉書陳廷敬等 1299- 92- 10
諭內閣 1299- 92- 10
諭刑部 1299- 93- 10
諭內閣 1299- 93- 10
諭戶部 1299- 93- 10
諭修國史諸臣 1299- 93- 10
諭戶工二部 1299- 94- 10
諭內閣（二則） 1299- 94- 10
諭刑部（三則） 1299- 94- 10
諭戶部 1299- 95- 10
諭刑部（二則） 1299- 95- 10
諭內閣 1299- 95- 10
諭武殿試讀卷官等（二則） 1299- 96- 10
諭吏部尙書溫達 1299- 96- 10
諭內閣（二則） 1299- 97- 10
諭內閣 1299- 99- 11
諭刑部 1299- 99- 11
諭戶部 1299- 99- 11
諭大學士馬齊席哈納張玉書陳廷敬李光地（二則） 1299- 99- 11
諭大學士馬齊張玉書陳廷敬李光地等（二則） 1299-100- 11
諭大學士席哈納吏部侍郎張廷樞兵部侍郎蕭永藻 1299-101- 11
諭戶部 1299-101- 11
諭禮部 1299-101- 11
諭大學士馬齊張玉書陳廷敬等 1299-102- 11
諭戶部（二則） 1299-102- 11
諭刑部 1299-102- 11
諭吏戶兵工四部 1299-103- 11
諭扈從視河諸臣及總河衆河官等 1299-103- 11
諭扈從大學士馬齊張玉書陳廷敬等 1299-104- 11
諭戶部 1299-104- 11
諭戶部（二則） 1299-106- 12
諭浙江福建總督梁鼐浙江巡撫王然江南江西總督邵穆布安徽巡撫劉光美江蘇巡撫于準山東巡撫趙世顯 1299-106- 12
諭刑部 1299-107- 12
諭扈從大學士馬齊張玉書陳廷敬等 1299-107- 12
諭吏部 1299-107- 12
諭戶部 1299-108- 12
諭兵部 1299-108- 12
諭內閣（三則） 1299-109- 12
諭工部 1299-110- 12
諭大學士馬齊等 1299-110- 12
諭起居注官揆敍等 1299-110- 12
諭大學士馬齊等 1299-110- 12
諭兵部 1299-111- 12
諭大學士馬齊等 1299-111- 12
諭戶部 1299-111- 12
諭戶部 1299-113- 13
諭內閣 1299-113- 13
諭戶部 1299-113- 13
諭內閣（二則） 1299-114- 13
諭工部 1299-114- 13
諭內閣 1299-114- 13
諭內大臣大學士九卿等 1299-115- 13
諭江浙在京官員大學士張玉書尙書王鴻緒等 1299-115- 13
諭工部 1299-116- 13
諭刑部 1299-116- 13
諭內閣（二則） 1299-117- 13
諭工部 1299-117- 13
諭兵部 1299-117- 13
諭工部 1299-117- 13
諭九卿詹事科道 1299-119- 14
諭兵部 1299-119- 14
諭工部 1299-120- 14
諭內閣 1299-120- 14
諭吏部 1299-120- 14
諭戶部 1299-121- 14
諭刑部 1299-121- 14
諭內閣 1299-121- 14
諭戶部 1299-121- 14
諭刑部 1299-122- 14
諭浙江巡撫黃秉中 1299-122- 14
諭兵部 1299-122- 14
諭宗人府 1299-122- 14
諭兵部 1299-123- 14
諭刑部 1299-123- 14
諭兵部 1299-124- 14
諭內閣九卿等 1299-124- 14
諭內閣九卿等（二則） 1299-126- 15
諭兵部 1299-126- 15
諭河南巡撫鹿祐 1299-127- 15

諭都察院　1299-128-　15
諭大學士溫達尚書耿額　1299-128-　15
諭大學士溫達張玉書陳廷敬李光地兵部尚書蕭永藻侍郎李先復宋駿業　1299-128-　15
諭刑部　1299-129-　15
諭戶部　1299-129-　15
諭大學士溫達張玉書陳廷敬學士塞爾圖孫柱仇兆鰲王思軾滿丕滿寶顧悅履潘宗洛　1299-129-　15
諭吏部　1299-131-　15
諭內閣　1299-133-　16
諭戶部尚書張鵬翮內閣學士噶敏圖　1299-133-　16
諭刑部　1299-133-　16
諭工部　1299-133-　16
諭都察院　1299-133-　16
諭八旗都統副都統參領等　1299-134-　16
諭南書房侍直大學士陳廷敬等　1299-135-　16
諭吏部　1299-135-　16
諭工部　1299-135-　16
諭戶部　1299-135-　16
諭大學士溫達張玉書陳廷敬李光地學士塞爾圖孫柱滿丕滿保王思軾顧悅履潘宗洛　1299-135-　16
諭戶部（二則）　1299-136-　16
諭兵部　1299-136-　16
諭刑部　1299-136-　16
諭戶部　1299-136-　16
諭兵部　1299-137-　16
諭戶部　1299-137-　16
諭兵部　1299-137-　16
諭戶部　1299-137-　16
諭兵部　1299-137-　16
諭戶部（二則）　1299-138-　16
諭兵部　1299-140-　17
諭吏部（三則）　1299-140-　17
諭工部　1299-141-　17
諭吏兵二部　1299-141-　17
諭吏部　1299-141-　17
諭大學士溫達等　1299-141-　17
諭兵部　1299-142-　17
諭和碩顯親王顏璟等（二則）　1299-142-　17
諭兵部　1299-142-　17
諭戶部　1299-143-　17
諭張鵬翮　1299-143-　17
諭大學士等　1299-143-　17
諭大學士溫達等（四則）　1299-143-　17
諭戶部　1299-144-　17
諭刑部　1299-145-　17
諭吏刑二部　1299-146-　17
諭刑部　1299-146-　17
諭兵部　1299-146-　17
諭戶部（二則）　1299-149-　18
諭大學士溫達陳廷敬蕭永藻等　1299-150-　18
諭大學士溫達李光地蕭永藻　1299-150-　18
諭禮部　1299-150-　18
諭內閣（二則）　1299-151-　18
諭戶部等衙門　1299-152-　18
諭大學士溫達等　1299-152-　18
諭禮部　1299-152-　18
恩詔　1299-153-　18
訓飭士子文　1299-195-　25
諭滿漢大學士九卿等　1299-400-　1
諭大學士九卿　1299-400-　1
諭大學士溫達等　1299-401-　1
諭吏部　1299-402-　1
諭大學士溫達等　1299-402-　1
諭大學士九卿（二則）　1299-402-　1
諭兵部　1299-403-　1
諭大學士溫達等　1299-403-　1
諭內閣　1299-403-　1
諭禮部　1299-403-　1
諭湖廣總督鄂海等　1299-404-　1
諭戶部　1299-404-　1
諭吏部　1299-405-　1
諭大學士溫達李光地王掞等　1299-405-　1
諭九卿　1299-405-　1
諭禮部　1299-407-　2
諭直隸巡撫趙宏燮　1299-407-　2
諭大學士溫達松柱李光地王掞學士馬良傳爾呼納綽奇彭始搏鄂士瑸沈涵（二則）　1299-407-　2
諭大學士溫達等　1299-408-　2
諭大學士溫達松柱李光地蕭永藻王掞（二則）　1299-408-　2
諭大學士溫達等　1299-409-　2
諭吏部尚書管倉場事務富寧安戶部侍郎塔進泰噶敏圖　1299-409-　2
諭王貝勒大臣九卿詹事科道　1299-409-　2

史部

詔令奏議類：附錄

詔令上十一畫

條目	編號
諭南書房翰林（二則）	1299-410- 2
諭大學士溫達等	1299-410- 2
諭大學士九卿等	1299-411- 2
諭大學士溫達等	1299-411- 2
諭各直省老人	1299-412- 2
諭吏部	1299-414- 3
諭刑部	1299-414- 3
諭大學士溫達松柱李光地蕭永藻王揆	1299-414- 3
諭內閣	1299-415- 3
諭大學士溫達松柱李光地蕭永藻王揆（二則）	1299-415- 3
諭大學士溫達松柱等	1299-416- 3
諭大學士溫達松柱學士舒蘭馬良綽奇常泰	1299-416- 3
諭大學士松柱李光地蕭永藻王揆等	1299-416- 3
諭大學士溫達松柱李光地蕭永藻王揆學士舒蘭馬良傅爾呼納綽奇常泰彭始搏鄒士璁沈涵兼管翰林院事左都御史揆敍侍郎湯右曾等	1299-416- 3
諭戶部	1299-417- 3
諭大學士溫達松柱李光地蕭永藻王揆學士綽奇常泰沈涵等	1299-417- 3
諭大學士溫達等（二則）	1299-418- 3
諭禮部	1299-418- 3
諭大學士等	1299-420- 4
諭大學士溫達松柱李光地蕭永藻王揆等	1299-420- 4
諭大學士松柱左都御史兼翰林院掌院學士揆敍	1299-421- 4
諭戶部	1299-421- 4
諭禮部	1299-421- 4
諭大學士松柱等	1299-421- 4
諭領侍衞內大臣等	1299-422- 4
諭刑部	1299-422- 4
諭大學士九卿詹事科道	1299-422- 4
諭刑部	1299-423- 4
諭南書房翰林	1299-423- 4
諭大學士松柱李光地蕭永藻王揆	1299-423- 4
諭戶部（二則）	1299-424- 4
諭大學士松柱等	1299-424- 4
諭大學士溫達松柱李光地蕭永藻王揆	1299-425- 4
諭理藩院	1299-425- 4
諭大學士學士九卿詹事科道	1299-425- 4
諭大學士溫達松柱李光地蕭永藻王揆等	1299-427- 5
諭吏部尚書張鵬翮等	1299-427- 5
諭直隸巡撫趙宏燮（二則）	1299-428- 5
諭吏部	1299-428- 5
諭吏部尚書張鵬翮副都御史阿錫鼐	1299-428- 5
諭大學士溫達松柱李光地蕭永藻王揆	1299-429- 5
諭吏部	1299-429- 5
諭議政大臣（四則）	1299-429- 5
諭喇藏台吉察漢達席	1299-430- 5
諭議政大臣（二則）	1299-431- 5
諭大學士松柱兵部尚書孫徵灝等	1299-432- 5
諭戶部	1299-432- 5
諭議政大臣（三則）	1299-433- 6
諭九卿	1299-434- 6
諭大學士松柱學士查弼納敦拜等（二則）	1299-435- 6
諭吏部尚書富寧安	1299-435- 6
諭戶部	1299-435- 6
諭議政大臣（二則）	1299-436- 6
諭大學士松柱學士查弼納敦拜星俄特常壽	1299-437- 6
諭大學士馬齊等	1299-437- 6
諭戶部	1299-437- 6
諭大學士松柱蕭永藻王揆學士查弼納敦拜渣克旦勒什布星俄特常壽蔡升元王之樞彭始搏鄒世璁等	1299-440- 7
諭大學士松柱蕭永藻王揆學士查弼納敦拜渣克旦勒什布星俄特常壽蔡升元王之樞彭始搏鄒士璁	1299-440- 7
諭偏沅巡撫陳瑸	1299-440- 7
諭大學士松柱等	1299-441- 7
諭議政大臣	1299-441- 7
諭大學士松柱等	1299-441- 7
諭戶部	1299-441- 7
諭議政大臣（二則）	1299-442- 7
諭兵部	1299-446- 8
諭工部	1299-446- 8
諭戶部	1299-446- 8

諭大學士松柱（四則） 1299-447- 8
諭大學士九卿 1299-448- 8
諭議政大臣等 1299-448- 8
諭大學士馬齊等 1299-448- 8
諭總督滿保 1299-449- 8
諭大學士馬齊等 1299-449- 8
諭戶部 1299-449- 8
諭九卿 1299-449- 8
諭大學士馬齊等（三則） 1299-450- 8
諭貴州巡撫劉蔭樞 1299-452- 9
諭大學士馬齊松柱蕭永藻王掞學
　士蔡升元王之樞渣克旦彭始搏
　星俄特顧悅履薩哈布常羶等 1299-453- 9
諭戶部 1299-453- 9
諭兵部 1299-454- 9
諭大學士馬齊等 1299-454- 9
諭大學士九卿 1299-455- 9
諭內閣九卿 1299-455- 9
諭吏部 1299-455- 9
諭大學士九卿科道 1299-456- 9
諭議政大臣等 1299-457- 9
諭各路將軍 1299-459- 10
諭大學士九卿 1299-459- 10
諭戶部 1299-460- 10
諭學士星俄特常羶郎中三寶吳碩
　色鄂啓卿齊布員外郎吳黑達賴 1299-460- 10
諭戶部 1299-461- 10
諭大學士學士九卿詹事科道等 1299-461- 10
諭吏部 1299-462- 10
諭大學士九卿 1299-462- 10
諭大學士馬齊理藩院尚書赫壽等 1299-463- 10
諭九卿 1299-463- 10
諭大學士馬齊松柱蕭永藻王掞等 1299-463- 10
諭大學士馬齊兵部侍郎查弼納學
　士渣克旦勒什布 1299-465- 11
諭將軍傅爾丹等 1299-465- 11
諭大學士 1299-466- 11
諭大學士馬齊等 1299-466- 11
諭吏部 1299-466- 11
諭議政大臣等 1299-466- 11
諭諾爾布色楞布達禮等 1299-467- 11
諭議政大臣 1299-467- 11
諭大學士馬齊等（二則） 1299-468- 11
諭戶部（二則） 1299-469- 11
諭大學士馬齊松柱李光地王掞等 1299-470- 11
諭大學士馬齊等 1299-470- 11
諭大學士馬齊等 1299-472- 12
諭大學士馬齊 1299-472- 12
諭戶部 1299-472- 12
諭吏部尚書張鵬翮侍郎李旭升傅
　紳湯右曾 1299-473- 12
諭內大臣巴渾岱等 1299-473- 12
諭吏部尚書張鵬翮侍郎李旭升傅
　紳湯右曾 1299-473- 12
諭議政大臣內大臣等 1299-473- 12
諭大學士馬齊松柱蕭永藻王掞王
　項齡學士勒什布常壽穆爾泰阿
　克敦德音額赫納張廷玉蔣廷錫 1299-474- 12
諭大學士九卿大臣科道 1299-474- 12
諭大學士馬齊松柱蕭永藻王掞王
　項齡等 1299-475- 12
諭大學士馬齊等 1299-476- 12
諭大學士九卿等 1299-476- 12
諭大學士九卿等 1299-476- 12
諭大學士九卿等（二則） 1299-478- 13
諭大學士馬齊等 1299-479- 13
諭大學士九卿詹事科道 1299-479- 13
諭戶部 1299-480- 13
諭議政大臣九卿等 1299-480- 13
諭大學士馬齊等（二則） 1299-481- 13
諭學士常壽 1299-481- 13
諭議政大臣 1299-482- 13
諭大學士馬齊松柱蕭永藻王掞王
　項齡學士張廷玉蔣廷錫高其倬
　勵廷儀阿克敦額赫納格爾布等 1299-482- 13
諭戶部 1299-483- 13
諭領侍衛內大臣議政大臣軍前調
　回大臣八旗都統前鋒統領護軍
　統領副都統等 1299-484- 14
諭和碩顯王衍璜等 1299-486- 14
諭大學士馬齊等（三則） 1299-487- 14
諭靖逆將軍富寧安等 1299-488- 14
諭大學士馬齊等 1299-488- 14
諭大學士馬齊尚書孫渣齊徐元夢
　等 1299-488- 14
諭吏部（二則） 1299-489- 14
諭大學士馬齊松柱蕭永藻王掞王
　項齡學士常壽阿克敦德音額赫
　納格爾布登德蔣廷錫勵廷儀 1299-491- 15
諭戶部 1299-491- 15

諭兵部　1299-492- 15
諭大學士馬齊松柱蕭永藻王揆王
　項齡學士常壽阿克敦德音額赫
　納格爾布蔣廷錫勵廷儀李周望
　李紱　1299-493- 15
諭大學士九卿等　1299-493- 15
諭九卿　1299-496- 15
諭大學士馬齊松柱王揆王項齡學
　士常壽阿克敦德音格爾布登德
　蔣廷錫勵廷儀魏廷珍　1299-496- 15
諭大學士馬齊等　1299-498- 16
諭大學士學士九卿詹事科道等　1299-498- 16
諭滿漢文武大臣等　1299-499- 16
諭大學士九卿等　1299-499- 16
諭大學士馬齊等（三則）　1299-500- 16
諭大學士學士九卿　1299-502- 16
諭大學士九卿等（二則）　1299-504- 17
諭戶部尚書孫渣齊　1299-506- 17
諭大學士九卿　1299-506- 17
諭大學士九卿等　1299-507- 17
諭大學士馬齊等　1299-507- 17
諭臺灣衆民　1299-507- 17
諭宗人府　1299-508- 17
諭大學士馬齊等（二則）　1299-508- 17
諭吏部　1299-509- 17
諭吏兵二部　1299-509- 17
諭浙閩總督滿保等　1299-509- 17
諭大學士等　1299-509- 17
諭戶部　1299-512- 18
諭議政大臣　1299-512- 18
諭大學士馬齊尚書孫渣齊徐元夢
　侍郎查弼納學士阿克敦德音額
　赫納（三則）　1299-513- 18
諭大學士馬齊等　1299-514- 18
諭大學士馬齊松柱蕭永藻王項齡
　學士阿克敦德音額赫納登德蔣
　廷錫勵廷儀魏廷珍　1299-515- 18
諭大學士九卿詹事科道　1299-515- 18
諭大學士馬齊等　1299-515- 18
諭兵部（二則）　1299-516- 18
諭議政大臣等　1299-517- 18
諭侍郎張廷玉學士勵廷儀　1299-519- 19
諭大學士九卿詹事科道　1299-519- 19
諭大學士九卿等　1299-520- 19
諭戶部　1299-520- 19
諭大學士馬齊松柱蕭永藻王揆王
　項齡學士阿克敦額赫納格爾布
　登德吳爾泰蔣廷錫勵廷儀　1299-520- 19
諭大學士馬齊等　1299-521- 19
諭刑部　1299-521- 19
諭大學士馬齊尚書孫渣齊徐元夢
　侍郎查弼納六相學士格爾布吳
　爾泰蔡斌（二則）　1299-522- 19
諭兵部　1299-522- 19
諭刑部　1299-523- 19
諭大學士馬齊等　1299-523- 19
諭大學士馬齊尚書孫渣齊侍郎勒
　什布張廷玉查弼納六相特古式
　學士阿克敦額赫納格爾布吳爾
　泰蔣廷錫　1299-523- 19
諭大學士馬齊尚書孫渣齊侍郎勒
　什布張廷玉查弼納六相特古式
　學士阿克敦額赫納格爾布吳爾
　泰蔣廷錫　1299-524- 19
諭大學士馬齊等　1299-524- 19
諭乾清門頭等侍衞拉錫　1299-526- 20
諭領侍衞內大臣侍衞等八旗都統
　前鋒統領護軍統領副都統參領
　等內閣九卿詹事科道直隸巡撫
　守道　1299-526- 20
諭內閣九卿等　1299-527- 20
恩詔　1299-528- 20
遺詔　1299-529- 20
● 章要兒（陳高祖后）陳
廢立令　1399-629- 2
● 許　翰宋
藩官男爲父陣亡補承信郎制　1123-493- 1
綱郎凌等陣亡恩澤勅　1123-513- 3
趙宗古等勅　1123-513- 3
蕃官張達勅　1123-513- 3
蕃官王誦勅　1123-513- 3
蕃官成凌等勅　1123-513- 3
蕃官侯剛勅　1123-514- 3
傳應法師張守貞加通妙二字勅　1123-514- 3
藍瑞等爲措置修閉堤岸有勞勅　1123-515- 3
李誠陣亡恩澤勅　1123-515- 3
宋珪等勅　1123-515- 3
張恕等勅　1123-515- 3
王通勅　1123-516- 3
李處勵等勅　1123-516- 3

四庫全書文集篇目分類索引　543

莫琮勅　1123-516-　3
趙進忠勅　1123-517-　3
胡諲勅　1123-517-　3
李抗勅　1123-517-　3
劉棣勅　1123-517-　3
蕃官伊凌等勅　1123-518-　3
房仕忠勅　1123-518-　3
王澤勅　1123-518-　3
葛彥實勅　1123-518-　3
崔詩勅　1123-518-　3
張德元等勅　1123-518-　3
燕瑛勅　1123-518-　3
尹昭明勅　1123-518-　3
孟拳勅　1123-519-　3
龍世延勅　1123-519-　3
　●許有壬元
命相詔視草　1211-489-　70
恭題太師秦王所藏手詔　1211-496-　71
跋紹興獄空詔　1211-515-　73
　●許景宗唐
封禪詔——貞觀二十一年正月　426-492-　66
　●許敬宗唐
曲赦并州管內詔　1337-　82-433
舉賢良詔　1337-322-462
　●許應龍宋
科舉詔　1176-398-　1
嘉平朔日蝕星聚避朝損膳廣宥多辟降詔　1176-398-　1
賜李鳴復生日詔　1176-399-　1
賜李宗勉生日詔　1176-399-　1
賜喬行簡生日詔　1176-399-　1
賜楊谷生日詔　1176-399-　1
賜鄭性之生日詔　1176-399-　1
皇叔希遹辭免特授保康軍節度使提舉萬壽觀依前皇叔進封會稽郡開國公加食邑食實封恩命不允詔　1176-399-　1
皇弟貴謙辭免特授保康軍節度使仍奉朝請依前皇弟進封天水郡開國公加食邑食實封恩命不允詔　1176-400-　1
皇弟與芮辭免特授武康軍節度使提舉萬壽觀進封天水郡開國子加食邑食實封恩命不允詔　1176-400-　1
少師保寧軍節度使判大宗正事嗣

秀王師彌乞解職畀祠不允詔　1176-400-　1
特進鄭清之三辭免觀文殿大學士醴泉觀使兼侍讀恩命不允不得更有陳請詔　1176-400-　1
宣奉大夫鄒應龍再辭免除資政殿學士知慶元府沿海制置使恩命不允不得再有陳請詔　1176-400-　1
鄒應龍辭免兼修玉牒官恩命不允詔　1176-401-　1
鄒應龍辭免兼侍讀恩命不允詔　1176-401-　1
鄒應龍辭免除端明殿學士簽書樞密院事兼權參知政事恩命不允詔　1176-401-　1
鄒應龍辭免同提學編修經武要略恩命不允詔　1176-401-　1
端明殿學士宣奉大夫簽書樞密院事兼權參知政事鄒應龍乞解機政不允詔　1176-402-　1
鄭性之鄒應龍李宗勉以鬱攸拯災乞退歸田里不允詔　1176-402-　1
吳潛辭免除戶部侍郎淮東總領兼知鎮江府恩命不允詔　1176-402-　1
趙彥悈辭免陞兼侍讀恩命不允詔　1176-402-　1
吳泳辭免除權刑部尚書兼職依舊恩命不允詔　1176-403-　1
吳泳辭免除權刑部尚書兼職依舊恩命不允詔　1176-403-　1
吳泳辭免陞兼修玉牒官其餘兼職依舊恩命不允詔　1176-403-　1
吳泳辭免除寶章閣學士知寧國府恩命不允詔　1176-403-　1
鍾震乞許奉祠不允詔　1176-403-　1
陳曒辭免依舊顯謨閣學士除沿海制置使知慶元府恩命不允詔　1176-403-　1
李大同辭免除吏部侍郎兼職依舊恩命不允詔　1176-404-　1
李大同辭免除權工部尚書恩命不允詔　1176-404-　1
范鍾辭免除兵部侍郎兼職依舊恩命不允詔　1176-404-　1
范鍾辭免除吏部侍郎兼職依舊恩命不允詔　1176-404-　1
余天錫辭免除吏部尚書兼給事中兼侍讀恩命不允詔　1176-404-　1
余天錫辭免除端明殿學士同簽書

史部
詔令奏議類：附錄
詔令上十一畫

四庫全書文集篇目分類索引

史部

詔令奏議類：附錄

詔令上十一畫

篇目	册-頁-	條
樞密院事恩命不允詔	1176-405-	1
余天錫乞俾還里閈不允詔	1176-405-	1
余天錫再乞俾遂山林之志不允不得再有陳請詔	1176-405-	1
趙善湘再辭免依舊除四川宣撫使兼知成都府恩命不允不得再有陳請詔	1176-405-	1
趙汝談辭免權刑部尚書兼職依舊恩命不允詔	1176-406-	1
李鳴復乞退歸不允詔	1176-406-	1
李鳴復再乞歸田里不允不得再有陳請詔	1176-406-	1
李鳴復辭免除資政殿學士知紹興府恩命不允詔	1176-406-	1
李鳴復辭免召赴行在恩命不允詔	1176-406-	1
李鳴復再辭免召赴行在恩命不允不得再有陳請詔	1176-407-	1
李鳴復辭免除參知政事恩命不允詔	1176-407-	1
李鳴復再辭免除參知政事恩命不允詔	1176-407-	1
李鳴復赴行在再辭免參知政事恩命不允詔	1176-407-	1
李鳴復辭除樞密院事兼參知政事恩命不允詔	1176-407-	1
李鳴復辭免同提舉編修勅令恩命不允詔	1176-408-	1
李鳴復乞退歸不允詔	1176-408-	1
李鳴復再乞投閑不允不得再有陳請詔	1176-408-	1
李鳴復再乞去不允詔	1176-408-	1
鄭性之辭免除知樞密院事兼參知政事恩命不允詔	1176-408-	1
鄭性之再乞放歸田里不得再有陳請詔	1176-409-	1
鄭性之再乞俾歸田里不允不得再有陳請詔	1176-409-	1
太中大夫鄭性之除職與郡辭免不允詔	1176-409-	1
鄭性之辭免除資政殿大學士知紹興府浙東安撫使恩命不允詔	1176-409-	1
魏了翁再辭免依舊資政殿學士知福州福建安撫使恩命不允不得再有陳請詔	1176-409-	1
魏了翁再辭免依舊資政殿學士知紹興府浙東安撫使恩命不允不得再有陳請詔	1176-410-	1
李皇辭免除同知樞密院事四川宣撫使恩命不允不得再有陳請詔	1176-410-	2
李皇求早遂退休不允詔	1176-410-	2
李皇乞免奏事不允詔	1176-411-	2
李皇辭免仍知成都府恩命不允詔	1176-411-	2
李皇乞退歸田里不允詔	1176-411-	2
趙葵辭免權將淮西一路分隸史嵩之與趙葵節制恩命不允詔	1176-411-	2
葛洪初辭免依舊資政殿學士提舉萬壽觀兼侍讀日下前來供職恩命不允不得再有陳請詔	1176-412-	2
葛洪再辭免依舊資政殿大學士日下前來供職恩命不允不得再有陳請詔	1176-412-	2
陳韡辭免特轉兩官除煥章閣學士依舊沿江制置使兼知建康府行宮留守兼淮西制置使恩命不允詔	1176-412-	2
陳韡辭免兼淮西制置使恩命不允詔	1176-412-	2
崔與之辭免除觀文殿大士提舉臨安府洞霄宮恩命不允詔	1176-413-	2
崔與之再辭免觀文殿大士提舉臨安府洞霄宮恩命不允詔	1176-413-	2
崔與之再辭免特授正議大夫右丞相兼樞密使恩命不允不得再有陳請令疾速赴都堂治事詔	1176-413-	2
喬行簡辭免特進左丞相兼樞密使進封肅國公加食邑一千戶食實封四百戶	1176-413-	2
喬行簡辭免加食邑食實封恩命不允詔	1176-414-	2
喬行簡辭免提舉國史實錄院提舉編修國朝會要恩命不允詔	1176-414-	2
喬行簡辭免提舉編修玉牒監修國史日曆提舉編修經武要略提舉編修勅令恩命不允詔	1176-414-	2
喬行簡再乞俾歸田里不允詔	1176-414-	2
特進左丞相兼樞密使肅國公喬行簡以烈風乞解政機不允詔	1176-415-	2
喬行簡再乞投閑不允不得再有陳請詔	1176-415-	2
喬行簡第三箚乞解政歸耕不允不		

得再有陳請詔　1176-415-　2
游似辭免除權禮部尚書兼職依舊
　恩命不允詔　1176-415-　2
游似辭免陞兼侍讀恩命不允詔　1176-416-　2
游似丐祠不允詔　1176-416-　2
游似乞賜投閒不允詔　1176-416-　2
游似辭免除禮部尚書兼職依舊恩
　命不允詔　1176-416-　2
游似辭免兼給事中恩命不允詔　1176-416-　2
游似辭免陞兼修國史兼實錄院修
　撰恩命不允詔　1176-417-　2
游似辭除吏部尚書恩命不允詔　1176-417-　2
游似乞退從醫藥不允詔　1176-417-　2
趙與權辭免除戶部侍郎兼權兵部
　尚書恩命不允詔　1176-417-　2
趙與權辭免除權戶部尚書恩命不
　允詔　1176-417-　2
趙與權辭免特與敍復元官恩命不
　允詔　1176-418-　2
趙與權辭免兼修玉牒恩命不允詔　1176-418-　2
趙與權乞畀祠祿不允詔　1176-418-　2
趙與權辭免除戶部尚書日下供職
　恩命不允詔　1176-418-　2
李宗勉辭免陞兼侍讀恩命不允詔　1176-419-　2
李宗勉辭免除端明殿學士同簽書
　樞密院事恩命不允詔　1176-419-　2
李宗勉辭免同提舉編修經武要略
　恩命不允詔　1176-419-　2
李宗勉辭免依舊端明殿學士除簽
　書樞密院事恩命不允詔　1176-419-　2
李宗勉再乞奉祠不允詔　1176-420-　2
李宗勉乞退歸不允詔　1176-420-　2
李宗勉再乞退歸不允不得再有陳
　請詔　1176-420-　2
史嵩之乞改畀叢祠不允詔　1176-420-　2
史嵩之乞祠廟不允詔　1176-421-　2
史嵩之乞畀祠祿不允詔（二則）　1176-421-　2
史嵩之辭免兼督視淮西軍馬恩命
　不允詔　1176-421-　2
史嵩之再辭免兼督視淮西軍馬恩
　命不允詔　1176-421-　2
李宗勉上表再辭免特授通奉大夫
　左丞相兼樞密使不允批答　1176-423-　3
余天錫上表再辭免除參知政事不
　允批答　1176-423-　3
游似上表再辭免端明殿學士簽書
　樞密院事不允仍斷來章批答　1176-424-　3
余天錫上表再辭免除同簽書樞密
　院事恩命不允仍斷來章批答　1176-424-　3
喬行簡辭免特進左丞相兼樞密使
　進封肅國公恩命不允批答　1176-424-　3
宰執赴經筵聽講三朝寶訓終篇奏
　謝宣答勅　1176-424-　3
侍讀官進讀終篇奏賀謝宣答詞　1176-424-　3
宰執率侍讀侍講說書侍立官奏賀
　詒宣答詞　1176-425-　3
文武百僚宰臣喬行簡等三上表奏
　請皇帝御正殿復膳聽樂宣允批
　答　1176-425-　3
文武百僚宰臣喬行簡等諸文德殿
　三上表奏請皇帝御正殿復膳宣
　允批答　1176-425-　3
文武百僚宰臣喬行簡等三上表奏
　請皇帝上壽宣允批答　1176-425-　3
李鳴復上表再辭免除參知政事恩
　恩命不允仍斷來章批答　1176-425-　3
文武百僚參知政事鄭性之等上表
　奏請皇帝御正殿不允批答　1176-425-　3
文武百僚宰臣喬行簡等奏請皇帝
　御正殿復膳聽樂不允批答　1176-426-　3
再請御正殿復膳聽樂不允批答　1176-426-　3
文武百僚宰臣喬行簡等諸文德殿
　拜表奏請皇帝御正殿復膳不允
　批答　1176-426-　3
文武百僚宰臣喬行簡等諸文德殿
　再拜表奏請皇帝御正殿復膳不
　允批答　1176-426-　3
文武百僚宰臣喬行簡等再上表奏
　請皇帝上壽不允批答　1176-427-　3
文武百僚宰臣喬行簡等上表奏請
　皇帝御正殿復膳聽樂不允批答　1176-427-　3
文武百僚宰臣喬行簡等再上表奏
　請皇帝御正殿復膳聽樂不允批
　答　1176-427-　3
左丞相喬行簡再上表辭免特授少
　傅平章軍國重事進封益國公不
　允仍斷來章批答　1176-427-　3
參知政事李宗勉再上表辭免特授
　通奉大夫左丞相兼樞密使不允
　仍斷來章批答　1176-428-　3

四庫全書文集篇目分類索引

史部

詔令奏議類：附錄

詔令上十一畫

李宗勉再辭免依舊端明殿學士簽書樞密院恩命不允仍斷來章批答　1176-428- 3

皇叔新除保康軍節度使希遷辭免前官恩命不允仍斷來章批答　1176-428- 3

師彌再辭免特授少師加食邑食實封恩命不允批答　1176-428- 3

師彌三辭免特授少師加食邑食實封恩命不允仍斷來章批答　1176-428- 3

喬行簡辭免觀文殿大學士醴泉觀使兼侍讀恩命不允批答　1176-429- 3

兩淮荊襄四川州縣被寇寬恤德音　1176-429- 3

嘉平月朔日蝕星聚德音　1176-429- 3

● 梁 妠（漢順帝后）漢

詔詰欒巴　1397- 74- 4

永嘉元年五月大旱詔　1397- 74- 4

太學詔　1397- 74- 4

費亭侯曹騰之國詔　1397- 75- 4

郵災詔　1397- 75- 4

歸政詔　426-1109- 21

　1397- 75- 4

遺詔　1397- 76- 4

● 梁元帝 後梁

賜劉璠書　1399-312- 4

答顏之儀（書）　1399-312- 4

責鮑泉書　1399-312- 4

與武陵王紀書附別紙　1399-313- 4

又與武陵王書　1399-313- 4

即位江陵詔　1399-323- 4

蠲免力田詔　1399-323- 4

還都建鄴詔　1399-323- 4

赦杜龕　1399-324- 4

赦報司徒王僧辯　1399-324- 4

別赦王僧辯　1399-324- 4

與王僧辯帛書　1399-325- 4

即位詔　1414-648- 84

蠲免力田詔　1414-649- 84

次建業詔　1414-649- 84

詔讓庾詵與劉之遴　1414-650- 84

答勸進箋下令（三則）　1414-650- 84

答南平王恪等令　1414-651- 84

解嚴令　1414-651- 84

課耕令　1414-651- 84

下四方令　1414-651- 84

赦餘黨令　1414-651- 84

勒報司徒王僧辯　1414-652- 84

別勒王僧辯　1414-652- 84

赦杜龕　1414-652- 84

討侯景檄　1414-662- 84

● 梁武帝 後梁

汝潁建州詔　538-492- 75

守視晉宋齊諸陵詔　538-492- 75

霸府禁奢令　1394-330- 1

平京邑大赦令（五則）　1399-238- 1

進爵梁王原赦令　1399-240- 1

大赦詔　1399-241- 1

齊世王侯降省詔（二則）　1399-241- 1

放還後宮詔　1399-241- 1

內侍周省四方詔　1399-241- 1

贖罪條格詔　1399-242- 1

置諫木肺石函詔　1399-242- 1

議罰詔　1399-242- 1

端右風聞奏事詔　1399-243- 1

定梁律詔　1399-243- 1

審古樂詔附沈約奏答　1399-243- 1

曹郎奏事詔　1399-244- 1

罷鳳凰衞書伎詔　1399-244- 1

申赦諸州臨訊詔　1399-244- 1

分命從行諸郡詔　1399-244- 1

除贖罪科詔　1399-245- 1

置五經博士詔（二則）　1399-245- 1

停止宮人觀禮詔　1399-245- 1

搜選郡國舊族詔　1399-245- 1

郵刑詔　1399-245- 1

陳言詔　1399-245- 1

禁祝史祈福詔　1399-246- 1

常侍侍中詔　1399-246- 1

大啓庫敞詔　1399-246- 1

屯戍開禁詔　1399-246- 1

置陵令詔　1399-246- 1

敕錄通經詔　1399-247- 1

王子從學詔　1399-247- 1

職僚集議詔　1399-247- 1

五都令史詔　1399-247- 1

公卿陳啓詔　1399-247- 1

停老小將送詔　1399-247- 1

收藏戰亡遺骸詔（二則）　1399-247- 1

脩起明堂詔　1399-248- 1

天監十四年親祠南郊詔　1399-248- 1

條奏吏民詔　1399-248- 1

四庫全書文集篇目分類索引

天監十六年親祠南郊詔	1399-248-	1	敕貞陽侯淵明	1399-265-	1
議代牲祀詔	1399-249-	1	手敕宜豐侯脩	1399-265-	1
又薦時蔬詔	1399-249-	1	敕何胤（三則）	1399-265-	1
流動還本詔	1399-249-	1	敕答王珍國	1399-266-	1
親祠南郊詔	1399-249-	1	手詔陳慶之	1399-266-	1
改作南北郊詔	1399-249-	1	敕徐勉	1399-266-	1
停賀瑞詔	1399-250-	1	手敕劉孝綽	1399-266-	1
躬耕籍田詔	1399-250-	1	手敕劉之遴	1399-266-	1
征魏詔	1399-250-	1	手敕張率	1399-266-	1
給俸詔	1399-250-	1	手敕沈衆	1399-266-	1
南郊恩詔	1399-250-	1	敕任昉 附任昉奉敕示七夕詩啓	1399-267-	1
推恩宗戚詔	1399-250-	1	敕答費昶	1399-267-	1
獻議言詔	1399-251-	1	議明堂制（二則）附儀曹郎朱异議	1399-267-	1
檢括封事詔	1399-251-	1	議二郊坎位制 附八座奏	1399-268-	1
南郊等令詔	1399-251-	1	答皇太子啓大功服行嘉禮	1399-268-	1
州郡言政事詔	1399-251-	1	詳定郊祀服章 附五經博士陸璉等議		1
守護晉宋齊諸陵詔	1399-251-	1	二則	1399-269-	1
朝堂參議疑是詔	1399-251-	1	議六代樂舞制	1399-269-	1
優敕通耗詔	1399-252-	1	議宗廟設宮縣制	1399-270-	1
禁占公田詔	1399-252-	1	議宗廟迎送神樂制	1399-270-	1
禁斷遊軍私屯詔	1399-252-	1	武帝賜貞陽侯淵明書	1399-585-	14
謁陵頒賚詔	1399-252-	1	炎宅寺金像詔	1401-159-	20
赦除罪通詔	1399-253-	1	牙像詔	1401-159-	20
條上民患詔	1399-253-	1	出古育王塔下佛舍利詔	1401-160-	20
贖罪詔	1399-253-	1	手勅江革	1401-160-	20
除坐罪父母祖父母詔	1399-253-	1	勅光祿大夫江倩	1401-160-	20
通用足陌錢詔	1399-253-	1	勅答僧正南澗寺沙門慧超	1401-160-	20
祠南郊頒恩詔	1399-254-	1	寬禁誌公詔	1401-160-	20
分置二豫詔	1399-254-	1	又勅辯正道勅	1401-168-	20
緣邊初附詔	1399-254-	1	勅答臣下神滅論 附臨川王宏等六十		
舉士詔	1399-254-	1	二人答	1401-256-	24
詔西豐侯正德	1399-256-	1	勅有司	1401-355-	28
甄恬旌孝詔	1399-259-	1	勅諭智藏	1401-363-	29
詔許慧詔	1399-261-	1	禁祝史祈福詔	1402- 38-	6
手詔到溉	1399-261-	1	置誘木肺石函詔	1402- 39-	6
詔答劉之遴	1399-261-	1	搜隱逸詔	1402- 39-	6
手詔何點	1399-261-	1	遣使巡省詔	1414-409-	80
聘何點喪詔	1399-262-	1	遣使巡州郡詔	1414-410-	80
聘陸雲公詔	1399-263-	1	求讜言詔	1414-410-	80
賜左丞范縝璽書	1399-264-	1	令公卿入陳時政詔	1414-410-	80
敕昭明太子統	1399-264-	1	令百司各陳損益詔	1414-410-	80
敕晉安王綱	1399-264-	1	令所在條陳民患詔	1414-411-	80
敕報皇太子	1399-264-	1	令所在條陳時政詔	1414-411-	80
敕湘東王繹	1399-264-	1	令郡縣各陳時政闕失詔	1414-411-	80
敕廬陵王績	1399-265-	1			

四庫全書文集篇目分類索引

史部 詔令奏議類:附錄 詔令上十一畫

令朝堂參議疑事詔	1414-411- 80	差等品流詔	1414-421- 80
令尚書郎奏事詔	1414-411- 80	郊廟等令視散騎詔	1414-421- 80
設誘木肺石二函詔	1414-412- 80	散騎通直詔	1414-421- 80
風聞奏事詔	1414-412- 80	尚書五都詔	1414-422- 80
用賢詔	1414-412- 80	牙像詔	1414-422- 80
旁求俊义詔	1414-412- 80	出阿育王塔下佛舍利詔	1414-422- 80
舊族搜士詔	1414-412- 80	代牲詔	1414-422- 80
勿限年次詔	1414-412- 80	薦蔬詔	1414-422- 80
定梁律詔	1414-413- 80	手詔何點	1414-423- 80
申勅諸州訊獄詔	1414-413- 80	臧盾兼領軍詔	1414-423- 80
慎刑詔	1414-413- 80	與陳慶之手詔	1414-424- 80
贖刑詔	1414-413- 80	遣豫章王北伐詔	1414-424- 80
除贖罪之科詔	1414-414- 80	旌沈崇傃詔	1414-424- 80
更開贖刑詔	1414-414- 80	旌甄恬詔	1414-424- 80
赦詔（二則）	1414-414- 80	答徐勉修五禮詔	1414-424- 80
停老少連坐詔	1414-414- 80	答陶弘景請解官詔	1414-424- 80
停祖父連坐詔	1414-414- 80	答陶弘景進冥通記詔	1414-425- 80
汝穎建州詔	1414-414- 80	與任昉詔	1414-425- 80
恤新附諸州詔	1414-415- 80	答劉之遴詔	1414-425- 80
禁止私利詔	1414-415- 80	答周弘正詔	1414-425- 80
開山澤常禁詔	1414-415- 80	又郵周捨詔	1414-429- 80
清公田詔	1414-415- 80	聘陸雲公手詔	1414-429- 80
原宥散失官物詔	1414-416- 80	郵何點詔	1414-429- 80
通用足陌錢詔	1414-416- 80	齊世王侯降封詔	1414-430- 80
撫流移詔	1414-416- 80	詔許慧詔	1414-430- 80
埋枯骨詔	1414-416- 80	責蕭昱詔	1414-431- 80
罷京觀詔	1414-417- 80	責西豐侯正德詔	1414-431- 80
祠南郊恩詔（五則）	1414-417- 80	光宅寺金像詔	1414-431- 80
改作南北郊詔	1414-418- 80	寬禁誌公詔	1414-432- 80
耕籍田詔	1414-418- 80	手勅何胤	1414-432- 80
豐年恩詔	1414-418- 80	與何胤勅（三則）	1414-432- 80
幸蘭陵恩詔	1414-419- 80	勅昭明太子	1414-433- 80
推恩六親詔	1414-419- 80	勅報皇太子	1414-433- 80
停賀瑞詔	1414-419- 80	答皇太子請御講勅（三則）	1414-433- 80
罷祈禱詔	1414-419- 80	答晉安王請開講啓勅	1414-434- 80
建學詔	1414-419- 80	答晉安王謝開講般若啓勅	1414-434- 80
遣皇子及王侯子弟入學詔	1414-419- 80	答菩提樹頌手勅	1414-434- 80
弘經術詔（二則）	1414-420- 80	答晉安王謝幸善覺寺啓勅	1414-434- 80
問群臣音樂詔	1414-420- 80	勅貞陽侯淵	1414-434- 80
罷鳳凰衘書詔	1414-420- 80	手勅劉之遴	1414-435- 80
放遣後宮詔	1414-420- 80	賜陸倕勅	1414-435- 80
禁止宮人縱觀郊祀詔	1414-421- 80	手勅張率	1414-435- 80
南面詔	1414-421- 80	責賀琛勅	1414-435- 80
議洗匹詔	1414-421- 80	勅答臣下神滅論	1414-438- 80
守視晉宋齊諸陵詔	1414-421- 80	勅光祿大夫江蒨	1414-438- 80

勅沈約撰佛記序　　　　　　　　1414-438- 80　　與劉孝儀令　　　　　　　　　　1414-526-82上
與周捨論斷肉勅（五則）　　　　1414-438- 80　　與湘東王論王規令　　　　　　　1414-526-82上
答曹思文勅　　　　　　　　　　1414-440- 80　　邱孔休源手令　　　　　　　　　1414-526-82上
喻智藏勅　　　　　　　　　　　1414-440- 80　　與衡山侯恭手令　　　　　　　　1414-527-82上
勅答釋明徹　　　　　　　　　　1414-440- 80　　臨城公夫人停省太子妃令　　　　1414-527-82上
敕答僧正南澗寺沙門慧超　　　　1414-440- 80
手勅江革　　　　　　　　　　　1414-440- 80　　●庚　冰晉
與羣臣論明堂制（二則）　　　　1414-440- 80　　代成帝沙門不應盡敬詔　　　　　1400-442-　3
駁慈母服議制　　　　　　　　　1414-441- 80　　重代成帝沙門不應盡敬詔　　　　1400-443-　3
唱斷肉經竟制　　　　　　　　　1414-442- 80
賜左丞范鎮璽書　　　　　　　　1414-442- 80　　●陸　佃宋
覇府去苛令　　　　　　　　　　1414-443- 80　　翰林學士除節度使制　　　　　　1117-135- 10
覇府禁奢令　　　　　　　　　　1414-443- 80　　宣徽南院使除河陽之城節度使制　1117-135- 10
閱武堂大赦令　　　　　　　　　1414-444- 80　　宗室除節度使制　　　　　　　　1117-136- 10
申飭刑政令　　　　　　　　　　1414-444- 80　　邊鎮節度使除開府儀同三司制　　1117-136- 10
初封梁王下國中恩令　　　　　　1414-444- 80　　吏部尚書除尚書右僕射制　　　　1117-137- 10
掩骼令　　　　　　　　　　　　1414-445- 80　　故皇姪右千牛衞將軍可贈右監門
移京邑檄　　　　　　　　　　　1414-445- 80　　　　衞大將軍制　　　　　　　　　1117-138- 10
與始興王憺書　　　　　　　　　1414-452- 80
禁祝史邪福詔　　　　　　　　　1417-537- 26　　●陸　游宋
檢括封事詔　　　　　　　　　　1417-538- 26　　跋陳魯公所草親征詔　　　　　　1163-535- 29
勅外司明加聽採隨事舉奏詔　　　1417-538- 26　　跋漢文帝後元年三月詔　　　　　1163-545- 30
與謝朏勅　　　　　　　　　　　1417-538- 26　　跋唐昭宗賜錢武肅王鐵卷文　　　1163-546- 31
與何點詔　　　　　　　　　　　1417-539- 26
徵何胤手詔附又勅二則　　　　　1417-539- 26　　●陸　贄唐
　●梁敬帝後梁　　　　　　　　　　　　　　　　賜李納王武俊田悅鐵劵文　　　　 426-473- 64
梁禪陳璽書　　　　　　　　　　1064-923-　6　　賜將士名及奉天定難功臣詔　　　 426-481- 65
梁禪陳詔　　　　　　　　　　　1064-915-　6　　貞元元年南郊大赦天下制　　　　 426-516- 69
改元紹泰大赦詔　　　　　　　　1399-333-　4　　貞元九年南郊赦　　　　　　　　 426-521- 70
修孔祀詔　　　　　　　　　　　1399-333-　4　　討李希烈不許諸軍侵抄詔　　　　 426-837-118
梁禪陳詔　　　　　　　　　　1415-483-103上　　誅李希烈原宥淮西將吏詔　　　　 426-876-121
梁禪陳璽書　　　　　　　　　1415-491-103上　　重原宥淮西將士等詔　　　　　　 426-878-122
　●梁簡文帝後梁　　　　　　　　　　　　　　　放淮西姓口歸本貫詔　　　　　　 426-878-122
與劉孝儀令　　　　　　　　　　1394-330-　1　　改梁州爲興元府升洋州爲望州詔　 556-118- 85
與湘東王令　　　　　　　　　　1394-331-　1　　甄獎陷賊守節官詔　　　　　　　 556-118- 85
即位詔　　　　　　　　　　　　1399-290-　2　　奉天改元大赦制　　　　　　　　1072-576-　1
原放北人詔　　　　　　　　　　1399-290-　2　　平朱泚後車駕還京大赦制　　　　1072-580-　1
改元大寶詔　　　　　　　　　　1399-290-　2　　貞元改元大赦制　　　　　　　　1072-583-　2
解嚴詔　　　　　　　　　　　　1399-290-　2　　冬至大禮大赦制　　　　　　　　1072-586-　2
葬簡皇后詔　　　　　　　　　　1399-290-　2　　貞元九年冬至大禮大赦制　　　　1072-590-　3
贈江子一兄弟詔　　　　　　　　1399-291-　2　　蝗蟲避正殿降免囚徒德音　　　　1072-593-　3
矯禪豫章王棟詔　　　　　　　　1399-291-　2　　誅李懷光後原宥河中將吏幷招諭
改元詔　　　　　　　　　　　1414-525-82上　　　　淮西詔　　　　　　　　　　　1072-594-　3
即位敕詔　　　　　　　　　　1414-525-82上　　重原宥淮西將士詔　　　　　　　1072-597-　3
營莊陵詔　　　　　　　　　　1414-525-82上　　賑西諸道將吏百姓等詔　　　　　1072-598-　4
　　　　　　　　　　　　　　　　　　　　　　　優恤畿內百姓幷除十縣令詔　　　1072-599-　4
　　　　　　　　　　　　　　　　　　　　　　　重優復興元府及洋鳳州百姓等詔　1072-601-　4
　　　　　　　　　　　　　　　　　　　　　　　議減鹽價詔　　　　　　　　　　1072-601-　4
　　　　　　　　　　　　　　　　　　　　　　　賜京畿及同華等州百姓種子賑給

550 四庫全書文集篇目分類索引

貧人詔	1072-602- 4
賜將士名奉天定難功臣詔	1072-602- 4
改梁州爲興元府升洋州爲望州詔	1072-603- 4
奉天遣使宣慰諸道詔	1072-604- 5
收復京師遣使宣慰將吏百姓詔	1072-606- 5
平淮西後宴賞諸軍將士放歸本道詔	1072-607- 5
授王武俊李抱眞官封并招諭朱滔詔	1072-608- 5
招諭淮西將吏詔	1072-609- 5
招諭河中詔	1072-610- 5
安撫淮西歸順將士百姓勅	1072-611- 5
甄獎陷賊守節官詔	1072-611- 5
令百寮議大禮期日詔	1072-612- 5
不許諸軍侵擾勅	1072-612- 5
放淮西生口歸本貫勅	1072-613- 5
令諸道募靈武鎭守人詔	1072-613- 5
答宰臣請停大禮表	1072-622- 6
答百寮請停大禮表第二三表	1072-623- 6
答百寮賀利州連理木表	1072-624- 6
答宰臣請復御膳表	1072-625- 6
答百寮請復御膳表	1072-625- 6
除鄧州歸順官制	1072-645- 9
賜李納王武俊等鐵劵文	1072-646- 10
賜安西管內黃姓薰官鐵劵文	1072-647- 10
慰問四鎭北庭將吏勅書	1072-648- 10
奉天改元大赦制	1336-787-421
興元二年改爲貞元元年正月一日大赦天下制	1336-790-421
貞元元年冬至郊祀大赦天下制	1337- 30-425
貞元九年冬至大禮大赦制	1337- 34-426
平朱泚後車駕還京大赦制	1337- 73-431
賜李納田悅王武俊等鐵劵文	1337-407-472
賜安西管內黃姓薰官鐵劵文	1337-408-472
唐德宗神武皇帝奉天改元大赦文	1343-464- 31
唐德宗神武皇帝賜李納田悅王武俊鐵劵文	1343-467- 31
奉天改元大赦文	1394-311- 1
德宗神武皇帝奉天改元大赦文	1402-156- 30
德宗改元大赦天下制文	1402-158- 30
興元元年奉天改元大赦詔	1417-699- 33
奉天改元大赦詔	1476-116- 7
●陸文圭元	
擬求賢詔	1194-531- 1
擬勸學詔	1194-532- 1
擬郡國水災賑貸詔	1194-532- 1
擬漢文帝十五年令諸侯王公卿郡守學直言極諫詔	1194-532- 1
●張 守宋	
賜江南安撫大使呂頤浩詔	1127-670- 1
賜呂頤浩乞宮觀不允詔（三則）	1127-670- 1
賜呂頤浩詔	1127-671- 1
賜浙東制置使張俊詔（二則）	1127-671- 1
賜兩浙制置使韓世忠詔（二則）	1127-672- 1
賜福建制置使辛企宗詔	1127-672- 1
賜陝西宣撫處置使張浚詔（六則）	1127-673- 1
浙西親征詔	1127-675- 1
賜門下詔（三則）	1127-675- 1
太后賜門下詔	1127-676- 1
賜中書侍郎王孝迪尚書左丞廬益赴闕詔	1127-677- 1
賜浙西安撫大使劉光世詔	1127-677- 1
賜張浚特進學士院詔	1127-677- 1
賜江南西路安撫大使朱勝非詔（二則）	1127-677- 1
賜威武大將軍曲端詔	1127-678- 1
賜孔彥舟詔	1127-678- 1
賜浙東宣撫副使郭仲荀詔	1127-679- 1
賜嚴州柳約詔	1127-679- 1
賜新除端明殿學士同簽書樞密院事鄭毅辭免恩命不允詔	1127-679- 1
賜新除端明殿學士同簽書樞密院事李邴辭免恩命不允詔	1127-680- 1
賜新除戶部尚書孫覿辭免恩命不允詔	1127-680- 1
賜新除翰林院學士李邴辭免恩命不允詔	1127-680- 1
賜右諫議大夫鄭毅乞待罪不允詔	1127-680- 1
賜新除御史中丞鄭毅辭免恩命不允詔	1127-681- 1
賜新除中書侍郎王孝迪辭免恩命不允詔	1127-681- 1
賜新除徽猷閣待制康允之辭免恩命不允詔	1127-681- 1
賜資政殿學士葉夢得辭免知洪州恩命不允詔	1127-681- 1
賜淮南諸鎭詔	1127-682- 1
賜御營都統制辛企宗詔	1127-682- 1
明州奏捷賜詔	1127-682- 1
觀文殿學士中太一官使兼侍讀除	

史部 詔令奏議類：附錄 詔令上十一畫

應道軍節度上清寶籙官使制　　　　1127-687- 2
●張　栻宋
討蜀賊李順諭兩川招安使手詔　　　1375- 41- 1
眞宗即位大赦文　　　　　　　　　1375- 41- 1
●張　拭宋
題趙鼎家光堯御筆　　　　　　　　1167-695- 33
題太上皇帝賜陳規手敕　　　　　　1167-696- 33
●張　嵲宋
普安郡王辭免恩命不允詔　　　　　1131-433- 11
孟郡王辭免恩命不允詔　　　　　　1131-433- 11
恩平郡王辭免恩命不允詔　　　　　1131-433- 11
詹大方辭免工部尚書不允詔　　　　1131-433- 11
秦熺辭免恩命不允詔　　　　　　　1131-433- 11
錢忱辭免恩命不允詔　　　　　　　1131-434- 11
王鐵辭免廣東經略不允詔　　　　　1131-434- 11
潘溫卿辭免承宣使不允詔　　　　　1131-434- 11
孟忠厚辭免恩命不允詔　　　　　　1131-434- 11
李顯忠辭免恩命不允詔　　　　　　1131-434- 11
陳良傳乞在外宮觀不允詔　　　　　1131-434- 11
吏部尚書制　　　　　　　　　　　1131-435- 11
禮部尚書制　　　　　　　　　　　1131-435- 11
正任承宣觀察防禦團練刺史制　　　1131-436- 11
參知政事制（二則）　　　　　　　1131-456- 13
擬觀文殿大學士提舉江州太平觀
　制　　　　　　　　　　　　　　1131-474- 16
工部尚書制　　　　　　　　　　　1131-475- 16
刑部尚書制　　　　　　　　　　　1131-476- 16
行御史中丞制　　　　　　　　　　1131-476- 16
兵部尚書制　　　　　　　　　　　1131-476- 16
橫行帶承宣觀察防禦制　　　　　　1131-477- 16
小使臣帶閤門祗候制　　　　　　　1131-480- 16
正使帶團練刺史閤門宣贊舍人制　　1131-480- 16
給事中制　　　　　　　　　　　　1131-480- 16
翰林學士制　　　　　　　　　　　1131-482- 16
進武校尉至守闕進義副尉制　　　　1131-483- 17
擬除萬壽觀使兼侍讀制　　　　　　1131-483- 17
戶部尚書制　　　　　　　　　　　1131-485- 17
起居郎舍人制　　　　　　　　　　1131-488- 17
磨勘制　　　　　　　　　　　　　1131-489- 17
中書舍人制　　　　　　　　　　　1131-491- 18
賀正旦使人到盱胎軍御筵口宣　　　1131-519- 21
鎭江府御筵（口宣）　　　　　　　1131-519- 21
回程鎭江府御筵（口宣）　　　　　1131-519- 21
值雪御筵在驛（口宣）　　　　　　1131-519- 21
平江府御筵（口宣）　　　　　　　1131-519- 21
赤岸御筵（口宣）　　　　　　　　1131-520- 21
就驛射弓御筵（口宣）　　　　　　1131-520- 21
喜雪御筵（口宣）　　　　　　　　1131-520- 21
又賜酒果（口宣三則）　　　　　　1131-520- 21
使人賀畢賜御筵（口宣）　　　　　1131-520- 21
回程盱胎軍御筵（口宣）　　　　　1131-520- 21
回程平江府御筵（口宣）　　　　　1131-520- 21
朝辭歸驛御筵（口宣）　　　　　　1131-520- 21
到關值雨御筵移在驛（口宣）　　　1131-521- 21
●張　說唐
睿宗命皇太子監國制——景雲二
　年二月　　　　　　　　　　　　 426-164- 30
答宰臣賀破賊狀　　　　　　　　　1337-365-467
●張　綱宋
恭題賜帶御書　　　　　　　　　　1131-203- 33
●張　衡漢
東巡誥　　　　　　　　　　　　　1397-271- 13
東巡誥　　　　　　　　　　　　　1402-109- 19
東巡誥　　　　　　　　　　　　　1412-335- 14
●張九齡唐
皇太子納妃勅——開元二十一年
　五月二十一日　　　　　　　　　 426-175- 31
后土赦書　　　　　　　　　　　　 426-499- 66
藉田制　　　　　　　　　　　　　 426-556- 74
置十道採訪使勅——開元二十二
　年二月十九日　　　　　　　　　 426-683-100
處分縣令勅（二則）　　　　　　　 426-683-100
令禮部賞貢舉勅　　　　　　　　　 426-739-606
議放私鑄錢勅　　　　　　　　　　 426-783-112
幸西京制　　　　　　　　　　　　 556-113- 85
南郊赦書　　　　　　　　　　　　1066- 97- 6
東封赦書　　　　　　　　　　　　1066- 98- 6
后土赦書　　　　　　　　　　　　1066- 99- 6
籍田赦書　　　　　　　　　　　　1066- 99- 6
勅皇太子納妃　　　　　　　　　　1066-101- 7
勅處分十道朝集使（二則）　　　　1066-102- 7
勅處分朝集使　　　　　　　　　　1066-103- 7
勅處分十道朝集使　　　　　　　　1066-104- 7
勅歲初處分　　　　　　　　　　　1066-105- 7
勅令禮部賞貢人　　　　　　　　　1066-106- 7
勅幸西京　　　　　　　　　　　　1066-106- 7
勅置十道使　　　　　　　　　　　1066-106- 7
勅授十道使　　　　　　　　　　　1066-107- 7
勅停官祭贈太子　　　　　　　　　1066-107- 7
勅處分學人　　　　　　　　　　　1066-107- 7

四庫全書文集篇目分類索引

史部

詔令奏議類：附錄

詔令上十一畫

勅處分縣令（二則）	1066-107- 7	勅西州都督張待賓書	1066-144- 12
勅處分選人	1066-108- 7	勅河西節度副大使牛仙客書	1066-144- 12
勅議放私鑄錢	1066-108- 7	勅天仙軍使張待賓書	1066-145- 12
勅處分宴朔方將士	1066-108- 7	南郊赦書	1066- 18-424
勅宴幽州老人	1066-109- 7	東封赦書	1066- 20-424
勅慮囚	1066-109- 7	后土赦書	1337- 23-424
勅擇日告廟	1066-109- 7	皇太子納妃德音	1337-137-440
籍田之制	1066-109- 7	優恤德音	1337-138-440
勅西州都督張待賓書	1066-111- 8	歲初處分德音	1337-138-440
勅清夷軍使虞靈章書	1066-111- 8	處分朝集使勅	1337-303-460
勅伊吾軍使張楚賓書	1066-112- 8	處分十道朝集使勅	1337-304-460
勅河西節度牛仙客書	1066-112- 8	處分朝集使勅	1337-305-460
勅北庭將士已下書	1066-112- 8	處分十道朝集使勅	1337-306-460
勅西州都督張待賓書	1066-112- 8	勅朝集使八道	1337-306-460
勅北庭將士百姓等書	1066-113- 8	幸西京制	1337-319-462
勅河西節度使牛仙客書	1066-113- 8	籍田制（二則）	1337-325-462
勅瀚海軍使蓋嘉運書	1066-114- 8	開元三十一年處分十道朝集使勅	1417-662- 31
勅幽州節度使張守珪書（二則）	1066-115- 8	●張士觀元	
勅劍南節度使王昱書	1066-116- 8	武宗即位詔	1367-122- 9
勅夔都督李歸國書（二則）	1066-118- 9	●張方平宋	
勅平盧使烏知義書	1066-119- 9	賜中書門下置寶文閣學士待制詔	1350-313- 31
勅松漠都督泥禮書	1066-119- 9	復天下州縣官職田勅	1350-325- 32
勅幽州節度張守珪書（五則）	1066-119- 9	條制資蔭勅	1350-325- 32
勅平盧使烏知義書	1066-121- 9	條制資蔭勅	1418-202- 43
勅平盧諸將士書	1066-121- 9	●張孝祥宋	
勅平盧使烏知義書	1066-123- 9	戒諭將臣詔（二則）	1140-639- 19
勅河東節度副使王忠嗣書	1066-123- 9	正任防禦使刺史通侍大夫至右武	
勅常州別駕董懲運書	1066-124- 10	大夫帶遙郡同加封父母制	1140-643- 19
勅當息羌首領書	1066-125- 10	橫行副使及武功大夫至修武郎父	
勅鄯州都督許齊物書	1066-125- 10	加封制	1140-644- 19
勅龍古節度陰承本書	1066-125- 10	宗室橫行至正任防禦使父母加封	
勅安西節度王斛斯書	1066-125- 10	制	1140-644- 19
勅北庭經略使蓋嘉運書	1066-126- 10	進書賞人史等轉官制	1140-645- 19
勅安西節度王斛斯書（五則）	1066-126- 10	●張伯淳元	
勅北庭經略使蓋嘉運書	1066-128- 10	成宗即位詔	1194-434- 1
勅瀚海使蓋嘉運書	1066-128- 10	免差稅詔	1194-435- 1
勅四鎮節度王斛斯書（二則）	1066-128- 10	●張皇后（宋武帝夫人）劉宋	
勅安西節度王斛斯書	1066-129- 10	廢少帝立首都王令	1398-569- 5
勅北庭都護蓋嘉運書	1066-130- 10	●陳　襄宋	
勅瀚海軍使蓋嘉運書	1066-133- 10	熙寧四年九月十日明堂赦書	1093-504- 2
勅契丹知兵馬中郎李過折書	1066-134- 11	明堂禮畢諸寺謝批答	1093-506- 2
勅金城公主書	1066-135- 11	崇國夫人等賀明堂禮畢詔答	1093-506- 2
勅劍南節度王昱書	1066-135- 11	修儀婉容等賀明堂禮畢詔答	1093-506- 2
勅磧西支度等使章仇兼瓊書	1066-140- 11	內省宮正以下賀明堂禮畢詔答	1093-506- 2
勅金城公主書（二則）	1066-142- 12	趙少師繁辭免明堂陪位批答	1093-506- 2

四庫全書文集篇目分類索引　　　　　　　　553

皇親觀察留後從式除節度使再辭
　不允批答　　　　　　　　　1093-507-　2
詔河北水災付韓侍中琦　　　　1093-507-　2
賜知州以下初冬衣襖詔勅　　　1093-507-　2
賜諸軍員僚等初冬衣襖勅書　　1093-507-　2
賜諸路蕃路峪洞初冬衣襖詔敕　1093-507-　2

●陳文帝陳

勅虞荔　　　　　　　　　　　1399-601-　1
即位詔　　　　　　　　　　　1399-601-　1
天嘉元年春正月大赦詔　　　　1399-602-　1
親祠南郊詔　　　　　　　　　1399-602-　1
平王琳原宥詔　　　　　　　　1399-602-　1
鑄復詔　　　　　　　　　　　1399-602-　1
寬復詔　　　　　　　　　　　1399-602-　1
錄序蕭莊官屬詔　　　　　　　1399-603-　1
迎葬梁元帝詔　　　　　　　　1399-603-　1
進舉賢良詔　　　　　　　　　1399-603-　1
令流移著籍詔　　　　　　　　1399-603-　1
令種麥詔　　　　　　　　　　1399-603-　1
崇儉詔　　　　　　　　　　　1399-603-　1
春夏停刑詔　　　　　　　　　1399-604-　1
勳臣配食高祖廟庭詔　　　　　1399-604-　1
親祠南郊詔　　　　　　　　　1399-604-　1
曲赦京師詔　　　　　　　　　1399-604-　1
修治前代王侯忠烈墳家詔　　　1399-605-　1
曲赦京師詔　　　　　　　　　1399-605-　1
改元天康大赦詔　　　　　　　1399-605-　1
遺詔　　　　　　　　　　　　1399-605-　1
誅侯安都詔　　　　　　　　　1399-606-　1
周鐵虎配食高祖廟庭詔　　　　1399-606-　1
聘鄰周敷詔　　　　　　　　　1399-607-　1
討留異詔　　　　　　　　　　1399-607-　1
衡陽王昌鄰典詔　　　　　　　1399-611-　1
修前代墓詔　　　　　　　　　1417-549-　26

●陳武帝陳

即位詔　　　　　　　　　　　1064-914-　6
下州郡璽書　　　　　　　　　1064-923-　6
即位大赦詔　　　　　　　　　1399-597-　1
奉梁主爲江陰王詔　　　　　　1399-597-　1
勅州郡璽書　　　　　　　　　1399-597-　1
刪改科令詔　　　　　　　　　1399-598-　1
永定二年正月乙未詔　　　　　1399-599-　1
親祠南郊詔　　　　　　　　　1399-599-　1
宥沈泰部曲妻兒詔　　　　　　1399-599-　1
下選曹詔　　　　　　　　　　1399-599-　1

隆禮諸公主詔　　　　　　　　1399-600-　1
賑恤吳州縉州詔　　　　　　　1399-600-　1
日食服袞冕詔　　　　　　　　1399-600-　1
討熊曇朗詔　　　　　　　　　1399-600-　1
即位詔　　　　　　　　　　　1415-482-103上
下州郡璽書　　　　　　　　　1415-490-103上

●陳宣帝陳

天嘉六年脩前代墓詔　　　　　1394-303-　1
即位詔　　　　　　　　　　　1399-615-　2
太建二年秋鑄鄰詔（二則）　　1399-616-　2
班兵制十三科詔　　　　　　　1399-616-　2
求言舉才詔　　　　　　　　　1399-617-　2
寬復姑孰封畿詔　　　　　　　1399-617-　2
創築東宮詔　　　　　　　　　1399-617-　2
還熊曇朗等首級詔　　　　　　1399-617-　2
曲赦江右淮北諸州詔　　　　　1399-618-　2
原除南川等郡通租詔　　　　　1399-618-　2
慰撫青齊詔　　　　　　　　　1399-618-　2
樂遊苑大會詔　　　　　　　　1399-618-　2
原通租詔　　　　　　　　　　1399-618-　2
錄淮泗戰功詔　　　　　　　　1399-619-　2
停減供役詔　　　　　　　　　1399-619-　2
申明刑獄詔（二則）　　　　　1399-619-　2
太建十一年大赦詔　　　　　　1399-620-　2
崇儉詔　　　　　　　　　　　1399-620-　2
太建十二年十一月原丹陽等十郡
　丁租詔　　　　　　　　　　1399-620-　2
吳明徹拜豫州刺史增封詔　　　1399-621-　2
給吳明徹鉞詔　　　　　　　　1399-621-　2
皇孫生詔　　　　　　　　　　1399-621-　2
與邊將書　　　　　　　　　　1399-621-　2
遺詔　　　　　　　　　　　　1399-621-　2
留智顗師勅　　　　　　　　　1401-386-　30
施物勅　　　　　　　　　　　1401-386-　30
給寺名勅　　　　　　　　　　1401-386-　30
禁海際捕魚滬業勅　　　　　　1401-386-　30
曼援監檢戒場詔　　　　　　　1401-386-　30
釋靖嵩等供給勅　　　　　　　1401-387-　30
北伐勅　　　　　　　　　　　1401-387-　30

●陳後主陳

令百僚舉士詔　　　　　　　　1394-303-　1
即位詔　　　　　　　　　　　1399-622-　2
勸農詔　　　　　　　　　　　1399-623-　2
九品以上各薦一人詔　　　　　1399-623-　2
求言詔　　　　　　　　　　　1399-623-　2

史部

詔令奏議類：附錄

詔令上十一畫

省繁費禁左道詔　1399-624- 2
發遣淮泗質任詔　1399-624- 2
改元至德詔　1399-624- 2
原除太建十四年租調詔　1399-624- 2
修孔子廟祀詔　1399-625- 2
王公以下各薦所知詔　1399-625- 2
至德四年十一月大赦詔　1399-625- 2
改元禎明大赦詔　1399-625- 2
大政殿訊獄詔　1399-626- 2
制答尚書八座奏始興王叔陵附尚
　書八座奏始興王叔陵　1399-627- 2
葬新安王伯固詔（二則）　1399-627- 2
手勅姚察　1399-628- 2
勅答尚書令江總等　1399-628- 2
勅報謝貞　1399-628- 2
勅迎智顗（三則）　1401-387- 30
勅東陽州刺史永陽王伯智　1401-387- 30
路次迎候勅書　1401-387- 30
即位詔　1415-463-102
諮詢詔　1415-463-102
舉賢詔　1415-463-102
求言詔　1415-463-102
柔遠詔　1415-464-102
勸農詔　1415-464-102
恤民詔　1415-464-102
禁奢詔　1415-465-102
訊獄詔　1415-465-102
赦詔（三則）　1415-465-102
宣聖禮典詔　1415-466-102
答姚察詔　1415-466-102
葬伯固以庶人禮詔　1415-467-102
原伯固諸子詔　1415-467-102
答江總等勅　1415-467-102
報謝貞勅　1415-467-102
討叔陵制　1415-468-102
●陳傅良 宋
慶元改元詔　1150-568- 10
賜張杓辭免改差知建康府恩命乞
　在外宮觀不允詔　1150-571- 10
賜趙汝愚等上表請皇帝還內不允
　批答　1150-571- 10
賜趙汝愚等再上表請皇帝還內宜
　允批答　1150-571- 10
在外侍從登極恩贈父（制）　1150-613- 15
在外侍從登極恩贈母（制）　1150-613- 15

在外宰執登極恩贈妻（制）　1150-614- 15
在外侍從登極恩封妻（制）　1150-614- 15
在外宰執明堂加恩（制）　1150-622- 16
在外侍從明堂加恩（制）　1150-622- 16
在外侍從明堂恩贈父（制）　1150-628- 16
在外侍從明堂恩封妻（制）　1150-628- 16
潘邸有勞轉官（制）　1150-634- 17
●陳廢帝
即位詔　1399-613- 1
改元光大大赦詔　1399-613- 1
到仲舉韓子高付廷尉詔　1399-613- 1
誅華皎家口詔　1399-613- 1
曲赦湘巴二州詔　1399-614- 1
●崔　涓 唐
賜許國公韓建鐵券文　1337-409-472
●崔　群 唐
元和七年册皇太子赦　426- 15- 29
册太子禮畢赦文　1337- 77-432
●崔　據 唐
授公興鎮州副使等制　1336-724-412
授內諸司及供奉官敍階制　1336-757-417
授內官加階爵制　1336-766-418
●常　袞 唐
天下三等已上親赴上都制　426-263- 40
册晉寧公主出降文　426-277- 42
褒勞勳臣制　426-434- 60
蕭昕等分祭名山大川制　426-564- 74
赦京城囚徒制　426-648- 85
停河南淮南等道副元帥制　426-687-101
減京兆尹以下俸錢制　426-687-101
禁諸道將校逃亡制　426-746-107
勸天下種桑棗制　426-777-111
廢華州屯田制　426-778-111
減徵京畿丁役等制　426-780-111
命諸道平糶制　426-781-111
禁天下寺觀停客制　426-794-113
禁僧道卜筮制　426-795-113
喻安西北庭諸將制　426-814-116
宣慰湖南百姓制　426-815-116
宣慰嶺南制　568- 27- 98
大曆四年大赦天下制　1337- 85-433
大曆五年大赦天下制　1337- 85-433
大曆七年大赦天下制　1337- 87-433
大赦京畿三輔制　1337- 87-433
赦京城內囚徒制　1337- 88-433

四庫全書文集篇目分類索引

劉晏宣慰河南淮南制　1337-90-434
宣慰嶺南制　1337-91-434
宣慰湖南百姓制　1337-91-434
減徵京畿夏麥制　1337-93-434
減徵京畿丁役等制　1337-94-434
京兆府減稅制　1337-94-434
放京畿丁役及免稅制　1337-95-434
減淮南租庸地稅制　1337-96-434
減京兆府秋稅制　1337-97-434
免京兆府稅錢制　1337-97-434
減京畿秋稅制　1337-97-434
減放太原及沿邊州郡稅錢德音　1337-98-434
勅天文圖讖制　1337-357-465
答元和南省請上徽號表　1337-358-466
答請上尊號第三表　1337-358-466
太宗答顏眞卿賀肅宗即位表　1337-367-467
減徵京畿夏麥制　1417-687-32
大曆四年大赦詔　1417-687-32
大曆六年放京畿丁役及免稅制　1417-688-32
大曆十四年減京畿丁役等制　1417-688-32
宣慰嶺南制　1465-447-2

十二畫

●曾　肇宋
元符日食求言詔　1101-327-1
元符日食求言詔　1350-316-31
賜新除觀文殿大學士中太一宮使
　　范純仁令赴闕供職詔　1350-322-31

●曾　鞏宋
陝西轉運使制　556-129-85
廣西轉運使制　568-29-98
册立皇太子制　1098-561-23
王制（三則）　1098-562-23
皇子制　1098-563-23
王子制　1098-563-23
相制（三則）　1098-564-23
節相制　1098-565-23
侍中制　1098-566-23
門下侍郎制　1098-566-23
門下侍郎尚書左右丞制　1098-566-23
給事中制　1098-567-23
左右常侍郎制　1098-567-23
左右諫議大夫制　1098-567-23
二起居制　1098-567-23
左右正言制　1098-567-23
諫官制　1098-568-23

中書令制　1098-568-23
門下中書侍郎尚書左右丞制　1098-568-23
中書舍人制　1098-569-23
知制誥制（二則）　1098-569-23
尚書左右丞制　1098-569-23
左右司郎中制　1098-570-23
吏部尚書制　1098-570-24
吏部侍郎制　1098-570-24
戶部尚書制　1098-571-24
戶部侍郎制　1098-571-24
禮部尚書制　1098-571-24
禮部侍郎制　1098-572-24
兵部尚書制　1098-572-24
兵部侍郎制　1098-572-24
刑部尚書制　1098-572-24
刑部侍郎制　1098-573-24
工部尚書制　1098-573-24
工部侍郎制　1098-573-24
禮部制　1098-573-24
主客制　1098-573-24
膳部制　1098-574-24
駕部制　1098-574-24
庫部（制）　1098-574-24
都官制　1098-574-24
比部制　1098-574-24
司門制　1098-574-24
屯田制　1098-574-24
虞部制　1098-574-24
水部制　1098-574-24
御史中丞制　1098-575-24
知制誥授中司制　1098-575-24
中司授太中大夫制　1098-575-24
責御史制　1098-575-24
御史遷郎官制　1098-575-24
御史知雜制　1098-576-24
監察御史制　1098-576-24
秘書監制　1098-576-25
著作郎制　1098-576-25
秘書郎制　1098-577-25
正字制　1098-577-25
殿中監制　1098-577-25
殿中丞制　1098-577-25
太常丞制　1098-577-25
衛尉卿制　1098-577-25
太僕卿制　1098-577-25

四庫全書文集篇目分類索引

史部

詔令奏議類：附錄

詔令上十二畫

大理卿制	1098-577- 25	正長各舉屬官諭	1418-489- 52
國子祭酒司業制	1098-577- 25	相制（二則）	1418-492- 52
太學博士制	1098-578- 25	尚書左丞制	1418-492- 52
少府監制	1098-578- 25	吏部尚書制	1418-493- 52
軍器監制	1098-578- 25	戶部尚書制	1418-493- 52
大宗正丞制	1098-578- 25	秘書監制	1418-493- 52
諸丞制	1098-578- 25	將軍制	1418-494- 52
知開封府制	1098-578- 25	廣西轉運制	1465-453- 2
開府儀同三司制	1098-579- 25	●黃　帝上古	
開封府獄空轉官制	1098-579- 25	地皇軒轅氏政典	1396- 9- 1
樞密遷官加殿學士知州制	1098-579- 25	●黃　溍元	
侍讀制	1098-579- 25	書唐諸後	1209-334- 4
殿前指都揮使制	1098-580- 25	跋宋理宗與賈似道書	1209-350- 4
使相制	1098-580- 25	跋度宗與賈似道書	1209-350- 4
節度使制	1098-580- 25	●隋文帝隋	
節度加宣徽制	1098-581- 25	賜李穆詔	549- 32-183
軍師制	1098-581- 25	加獎李穆詔	549- 32-183
將軍制	1098-581- 25	獎陸讓母馮氏詔	549- 32-183
都虞侯制	1098-581- 25	移都城於龍首山詔	556-111- 85
都知制	1098-582- 25	搜賢詔	1337-321-462
內臣制	1098-582- 25	復姓令	1400-199- 1
責帥制	1098-582- 25	前代品爵依舊詔	1400-199- 1
監司制	1098-582- 25	議衮冕服色詔	1400-199- 1
廣西轉運制	1098-582- 25	更定新律詔	1400-200- 1
蜀轉運判官制	1098-582- 25	建都邑詔	1400-200- 1
轉運使制	1098-583- 25	發使巡省風俗詔	1400-201- 1
陝西轉運使制	1098-583- 25	施用新曆詔	1400-201- 1
提舉常平制（二則）	1098-583- 25	開漕渠詔	1400-202- 1
知州制	1098-584- 26	廢律官詔	1400-202- 1
知河陽制	1098-584- 26	伐陳詔	1400-202- 1
知軍制	1098-585- 26	平陳後詔	1400-203- 1
通判制	1098-585- 26	禁請登封詔	1400-204- 1
罷館職加官制	1098-585- 26	議樂詔	1400-204- 1
賞功制（二則）	1098-585- 26	罷神置軍府詔	1400-204- 1
團練使駙馬都尉制	1098-585- 26	減租詔	1400-204- 1
磨勘轉官制（二則）	1098-585- 26	施用新樂詔	1400-205- 1
軍功制（三則）	1098-586- 26	脩三國祀詔	1400-205- 1
新及第授官制	1098-586- 26	義倉詔	1400-205- 1
責將制	1098-586- 26	職官決罪詔	1400-205- 1
堂後官轉官制	1098-586- 26	省廟樂詔	1400-205- 1
勸學詔	1098-587- 26	禁大船詔	1400-206- 1
勸農詔	1098-587- 26	戰亡入墓詔	1400-206- 1
正長各學屬官諭	1098-588- 26	減省國學胄子詔	1400-206- 1
勸學詔	1418-488- 52	喪禮詔	1400-207- 1
勸農詔	1418-489- 52	搜揚賢哲詔	1400-208- 1

四庫全書文集篇目分類索引

禁朝貢東宮詔	1400-209- 1	北伐突厥詔	1400-223- 1
罪元旻等詔	1400-209- 1	遺詔	1400-224- 1
罪蜀王秀詔	1400-210- 1	罪蜀王詔	1400-250- 2
下李穆詔	1400-211- 1	五岳各置僧寺詔	1401-531- 38
答李穆乞骸詔	1400-211- 1	襄陽四郡立寺制	1401-531- 38
襃李穆詔	1400-211- 1	相州建伽藍制	1401-532- 38
報梁睿詔	1400-211- 1	救生勅	1401-533- 38
誅劉昉詔	1400-212- 1	毁毀像勅	1401-533- 38
勞豆盧勣詔	1400-213- 1	修復廢寺詔	1401-533- 38
豆盧勣加邑封詔	1400-213- 1	受戒放囚詔	1401-533- 38
誅鄖國公王誼詔	1400-213- 1	誦經勅	1401-533- 38
與元諧敕	1400-214- 1	度僧勅	1401-533- 38
元諧加賞詔	1400-214- 1	營建功德勅	1401-533- 38
賜元孝矩璽書	1400-214- 1	禁毀佛像及岳瀆神形詔	1401-533- 38
與元孝矩書	1400-214- 1	生日斷屠詔	1401-534- 38
徵張羨書	1400-214- 1	立舍利塔詔	1401-534- 38
詔答宇文慶	1400-214- 1	再立舍利塔詔	1401-550- 38
詔蘇威	1400-215- 1	詔釋曇遷	1401-551- 38
敕蘇威	1400-215- 1	詔釋智舜	1401-551- 38
敕李德林	1400-215- 1	詔釋靈裕（二則）	1401-551- 38
下源雄伐陳册書	1400-215- 1	詔釋僧照	1401-552- 38
下王長述書	1400-215- 1	曇遷爲禪定寺主勅	1401-552- 38
下史祥詔	1400-215- 1	勞問智聚法師勅	1401-552- 38
下晉王廣詔	1400-216- 1	賜釋法藏濟法寺名勅	1401-552- 38
優詔韓擒虎賀若弼	1400-216- 1	遺釋慧則	1401-552- 38
詔高熲	1400-216- 1	手勅靈藏法師	1401-552- 38
下宇文述詔	1400-216- 1	勅釋智顗	1401-552- 38
遺韋洗書	1400-216- 1	與智顗書	1401-552- 38
詔韋沖	1400-216- 1	勅給荊州玉泉寺額書	1401-553- 38
勞李安詔書	1400-217- 1	詔蘇威	1402- 41- 7
追錄李安兄弟詔	1400-217- 1	罪蜀王秀詔	1402- 60- 11
下楊素討賊詔	1400-217- 1	辭封禪詔	1417-582- 28
褒楊素詔	1400-217- 1	正樂詔	1417-582- 28
敕楊素	1400-218- 1	與元諧勅	1417-582- 28
褒達奚長儒詔	1400-218- 1	●隋恭帝	
下賀妻子幹書	1400-218- 1	改元義寧赦詔	1400-247- 2
罪史萬歲詔	1400-219- 1	禪唐詔	1400-247- 2
賜尉義臣姓楊詔	1400-219- 1	唐王相國總機務詔	1400-247- 2
降田德懋璽書	1400-219- 1	●隋煬帝	
賜梁彥光詔	1400-220- 1	營建東京詔	1400-232- 2
褒王伽詔	1400-220- 1	遣使巡省詔	1400-233- 2
報趙綽詔	1400-220- 1	求讜言詔	1400-233- 2
降譙國夫人洗氏敕書	1400-221- 1	興學詔	1400-234- 2
矜免陸讓詔	1400-221- 1	修高廟樂詔	1400-234- 2
又賜馮氏詔	1400-221- 1	崇祀先哲詔	1400-235- 2

史部

詔令奏議類：附錄

詔令上十二畫

給帝王陵戶詔	1400-235- 2	巡省風俗詔	1416-173-114
革前制罪坐詔	1400-235- 2	尚齒詔	1416-174-114
巡省詔	1400-235- 2	緝民詔	1416-174-114
十科舉人詔	1400-235- 2	教義詔	1416-174-114
崇建文帝寢廟詔	1400-236- 2	安集詔	1416-174-114
爲突厥啓民可汗造屋詔	1400-236- 2	恤行役詔	1416-174-114
孔子後爲紹聖侯詔	1400-237- 2	達幽枉詔	1416-174-114
立周漢魏晉後詔	1400-237- 2	寬連坐詔	1416-175-114
處置耆老詔	1400-237- 2	改博陵爲高陽郡詔	1416-175-114
勳封詔	1400-237- 2	埋祭死亡軍士詔	1416-175-114
巡撫涿郡詔	1400-237- 2	親征高麗詔	1416-175-114
伐高麗詔	1400-238- 2	再伐高麗詔	1416-177-114
賑恤行從詔	1400-239- 2	勞楊素手詔	1416-178-114
授勳官詔	1400-239- 2	爲楊素立碑詔	1416-179-114
改博陵郡詔	1400-240- 2	手詔史祥	1416-179-114
收葬遼海戰亡詔	1400-240- 2	褒樊子蓋詔	1416-179-114
再伐高麗詔	1400-240- 2	詔樊子蓋	1416-179-114
令人城居詔	1400-241- 2	又褒樊子蓋詔	1416-179-114
勒齊王暕	1400-241- 2	責蘇威詔	1416-181-114
又勒柳嚌之	1400-241- 2	優突厥詔	1416-181-114
勞楊素手詔	1400-242- 2	答議突厥改服詔	1416-181-114
爲楊素立墓碑詔	1400-244- 2	宣齊王勅	1416-182-114
降史祥手詔	1400-244- 2	與柳嚌之勅	1416-182-114
褒樊子蓋詔	1400-244- 2	勅度四十九人法名	1416-182-114
報樊子蓋詔	1400-245- 2	行道度人天下勅	1416-183-114
降來護兒詔	1400-245- 2	降來護兒璽書	1416-183-114
放官奴詔	1400-246- 2	遺陳尚書江總檄	1416-185-114
責內史舍人寶威等勅	1400-246- 2	●彭龜年 宋	
議天台寺名勅	1401-571- 39	恭書紹熙甲寅賜講筵詔後跋	1155-859- 10
又勅前附智璪講寺名啓	1401-571- 39	●華 廙 晉	
勅度四十九人法名	1401-571- 39	爲武帝遺詔附有司華廙襲封奏及武帝詔報	1398-165- 8
賜釋慧覺書	1401-572- 39	●華 嶠 吳	
禁僧抗禮勅	1401-573- 39	詔陸玩	1358-750- 6
行道度人天下勅	1401-573- 39	●傅 亮 劉宋	
營東京詔	1416-169-114	修復前漢諸陵教	1398-638- 8
立七廟詔	1416-170-114	宋公九錫策文	1414- 32- 64
修高廟樂詔	1416-171-114	晉恭帝禪宋詔	1414- 36- 64
爲先代立後詔	1416-171-114	禪策	1414- 36- 64
爲孔子立後詔	1416-171-114	禪宋璽書	1414- 37- 64
爲前代帝王守陵墓詔	1416-171-114	●傅 察 宋	
爲昔賢立祠詔	1416-171-114	擬中書侍郎除少宰制	1124-770- 下
功臣襲封詔	1416-171-114	擬延康殿學士醴泉觀使除中書侍郎制	1124-770- 下
勳官不得回授職事詔	1416-172-114	擬太宰除使相宮使制	1124-770- 下
舉賢詔	1416-172-114		
勵經術詔	1416-173-114		

擬安武軍節度使守司空開府儀同
　三司除鎮海軍節度使守太保開
　府儀同三司制　　　　　　　　1124-771- 下
擬資政學士除鎮海軍節度使制　　1124-771- 下
擬中書舍人除禮部侍郎制　　　　1124-771- 下
●傅若金元
擬漢宣帝尊孝武廟爲世宗廟詔　　1124-301- 1
擬唐玄宗令州縣歲十二月行鄉欽
　酒禮詔　　　　　　　　　　　1213-301- 1
●程 珌宋
理宗即位大赦文　　　　　　　　1171-225- 1
諭經筵講讀官詔　　　　　　　　1171-225- 1
諭監司守令恤刑詔　　　　　　　1171-225- 1
理宗即位大赦文　　　　　　　　1375- 56- 2
諭經筵講讀官詔　　　　　　　　1375- 56- 2
諭監司守令恤刑詔　　　　　　　1375- 56- 2
●程 俱宋
題陳襄薦士狀草并手詔及本傳　　1130-168- 16
某宻禮辭免吏部侍郎兼權直學士
　院不允詔　　　　　　　　　　1130-273- 28
觀文殿學士除保大軍節度使制　　1130-274- 28
宗室開府郡王檢校太保加食邑制　1130-274- 28
資政殿大學士安撫大使奉國軍節
　度使制　　　　　　　　　　　1130-274- 28
戒百官勤修職事詔　　　　　　　1130-275- 28
移暉至臨守府手詔　　　　　　　1130-276- 28
戒百官勤修職事詔　　　　　　　1375- 48- 1
●程克俊宋
紹興十年九月明堂赦文　　　　　1375- 52- 2
獎諭武勝定國軍節度使湖北京西
　宣撫使岳飛鄂城勝捷仍降編賞
　詔　　　　　　　　　　　　　1375- 52- 2
賜少保樞密副使岳飛乞紋立參知
　政事王次翁之下不允批答　　　1375- 52- 2
●程叔達宋
察郡邑廉吏詔　　　　　　　　　1375- 55- 2
罷鷙爵詔　　　　　　　　　　　1375- 55- 2
●程敏政明
書先忠壯公封王宣命後　　　　　1252-637- 36
書先縣尉公所受至元勅牒後　　　1252-649- 37
●程鉅夫元
命中書省從新整治制　　　　　　1202- 5- 1
命左右相詔　　　　　　　　　　1202- 5- 1
皇慶改元詔　　　　　　　　　　1202- 6- 1
延祐改元詔　　　　　　　　　　1202- 6- 1

諭立魯齋書院（詔）　　　　　　1202- 6- 1
行科學詔　　　　　　　　　　　1367-121- 9
命相詔　　　　　　　　　　　　1375- 59- 2
科學詔　　　　　　　　　　　　1375- 60- 2
諭立魯齋書院（詔）　　　　　　1375- 60- 2

十三畫

●溫子昇北魏
爲魏莊帝聞閶門赦詔　　　　　　1415-642-108
爲莊帝生皇太子赦詔　　　　　　1415-642-108
爲魏帝遷都拜廟鄴宮赦詔　　　　1415-642-108
太平元年被命作答齊神武勅　　　1415-643-108
●賈 至唐
明皇令肅宗即位詔——至德元年
　八月十六日　　　　　　　　　 426-172- 30
詔天下搜賢俊制　　　　　　　　 426-700-103
收葬陣亡將士及慰問其家口勅　　 426-801-114
宣慰西京逆官勅　　　　　　　　 426-809-115
慰諭朔方將士勅　　　　　　　　 426-810-115
遣鄭叔清往江淮宣慰制　　　　　 426-811-115
喻西京逆官勅　　　　　　　　　 426-830-118
遣巡撫使勅　　　　　　　　　　1337-311-461
玄宗幸普安郡制　　　　　　　　1337-320-462
詔天下搜賢俊制　　　　　　　　1337-323-462
●賈 曾唐
睿宗命皇太子即位制——延和元
　年七月　　　　　　　　　　　 426-171- 30
●隗 囂漢
杜伯山令　　　　　　　　　　　1397- 90- 5
●楊 炎唐
誠刺史縣令錄事參軍詔　　　　　 426-688-101
諭巡州將士詔　　　　　　　　　 426-832-118
諭梁崇義詔　　　　　　　　　　 426-833-118
●楊 榮明
恭書仁廟御批後　　　　　　　　1240-230- 15
恭題仁廟勅齎忠貞卷後　　　　　1240-236- 15
●楊 紹唐
肅宗命皇太子即位詔　　　　　　 426-173- 30
●楊士奇明
書高宗手詔後　　　　　　　　　1238-101- 9
恭題國史院編修官廖賜所受勅命
　後　　　　　　　　　　　　　1238-110- 9
題正祀典名號詔書　　　　　　　1238-116- 10
恭題勅諭致仕官羅崇後　　　　　1238-576- 16
恭題蔣院判用文所得令諭後　　　1238-578- 16
恭題某給事中所藏勅書後　　　　1238-578- 16

560 四庫全書文集篇目分類索引

交阯再平定赦罪詔	1239-580-	1
巡幸北京詔	1239-581-	1
册貴妃文	1239-581-	1
昭容誥文	1239-582-	1
寬恤交阯詔	1239-582-	1
蠲陝西山西河南通稅詔	1239-582-	1
仁宗即位詔	1239-582-	1
勅五府六部等衙門求直言	1239-588-	1
勸諭天下文武羣臣修政事	1239-589-	1
郊祀覃恩詔	1239-589-	1
勅兵部罷朝覲官牧馬	1239-593-	1
勸諭文武羣臣求言並復弋謙朝參	1239-593-	1
戒司法慎行詔	1239-594-	1
減免山東徐淮稅糧物料詔	1239-595-	1
勸諭禮部翰林院纂修文皇帝實錄	1239-595-	1
仁宗遺詔	1239-596-	1
宣宗即位詔	1239-596-	1
勸諭吏部申明薦舉	1239-600-	1
勸文武羣臣各修職事	1239-601-	1
寬宥交阯詔	1239-601-	1
皇子生詔	1239-602-	1
恤旱災詔	1239-603-	1
英宗即位詔	1239-606-	1
勸諭吏部都察院因災考察官員	1239-613-	1
勸諭行在吏部選舉御史縣令	1239-614-	1
勸諭文武羣臣修政事守祖法	1239-614-	1
勸諭公侯伯五府六部都察院等衙門正官因災修政	1239-614-	1
聖諭錄上中下	1239-622-	2
●楊廷和 明		
嘉靖登極詔草	443-255-	14
●楊冠卿 宋		
代跋御筆手詔	1165-487-	7
●路惠男（宋文帝淑媛）劉宋		
立湘東王或令	1398-570-	5
賜豫章王子尚山陰公主楚玉死令	1398-570-	5
●虞　集 元		
跋宋高宗親札賜岳飛	1207-572-	40
文宗即位改元詔	1367-123-	9
文宗即位詔	1367-123-	9
親祀南郊赦	1367-124-	9
惠宗即位詔	1367-124-	9
●虞　儔 宋		
在外侍從登極恩贈父制	1154-118-	5
在外侍從明堂恩贈父制	1154-118-	5

史部

詔令奏議類：附錄

詔令上十三—十四畫

在外侍從登極恩贈母制	1154-122-	5
在外宰執登極恩贈妻制	1154-122-	5
在外侍從登極恩封妻制	1154-122-	5
百歲老人授官致仕制	1154-123-	5
全國賀瑞慶節人使旰昐賜宴詔	1154-126-	6
鎭江賜宴詔	1154-126-	6
赤岸賜御宴詔	1154-126-	6
平江賜御宴詔	1154-126-	6
單蘺辭免權刑部尚書不允詔	1154-126-	6
報謝使副僉烈等到閩撫問賜茶藥等詔	1154-127-	6
赤岸賜酒果詔	1154-127-	6
●鄒　浩 宋		
中書舍人除翰林學士制	1121-292-	15
●解　縉 明		
跋宋眞宗賜楊丞手勅	1236-828-	16
十四畫		
●褚　淵 齊		
禪齊詔	1399- 63-	3
●褚皇后（晉康帝后）		
手詔羣公	1402- 37-	6
●齊武帝		
高帝喪禮詔	1399- 16-	1
原蕩諸城詔	1399- 17-	1
賑卹京師兩岸詔（二則）	1399- 17-	1
災異蠲卹詔	1399- 17-	1
戒將恩慶詔	1399- 17-	1
優獎郡縣丞尉詔	1399- 17-	1
邦宰滿限詔	1399- 17-	1
恩赦詔	1399- 17-	1
袁粲等葬事詔	1399- 17-	1
小會青溪宮詔	1399- 18-	1
京師二縣沾賚詔	1399- 18-	1
興學詔（二則）	1399- 18-	1
永明三年蠲田租詔	1399- 18-	1
籍田詔（二則）	1399- 19-	1
講武班賜詔	1399- 19-	1
春正普賜詔	1399- 19-	1
霖雨賑賜詔	1399- 19-	1
優貸丹陽屬縣詔	1399- 19-	1
九日詔	1399- 19-	1
蠲三調詔	1399- 19-	1
原北兗八州租調詔（二則）	1399- 20-	1
原雍州通租詔	1399- 20-	1
增俸詔	1399- 20-	1

四庫全書文集篇目分類索引

奉聖詔	1399- 20- 1	孔聖祀典詔	1399- 35- 2
婚禮詔	1399- 21- 1	誅王敬則詔	1399- 35- 2
婚葬崇儉詔	1399- 21- 1	遣陳顯達北討詔	1399- 35- 2
永明八年七月大赦詔	1399- 21- 1	答奏陳顯達詔	1399- 36- 2
寬黃籍諭役詔	1399- 21- 1	誅王晏詔	1399- 36- 2
賑賜京師詔	1399- 21- 1	誅蕭諶詔	1399- 36- 2
水旱斷酒詔	1399- 21- 1	江斆讓聘詔	1399- 37- 2
沾郢二岸詔（二則）	1399- 21- 1	手詔王思遠	1399- 37- 2
葬宋建平王景素詔	1399- 22- 1	賜謝朏詔	1399- 37- 2
委皇太子長懋決獄詔	1399- 22- 1	遺詔	1399- 38- 1
答豫章王嶷求解太傅詔	1399- 22- 1	敕傅昭	1399- 38- 1
豫章王嶷喪事詔	1399- 22- 1	●齊和帝齊	
補淵喪事詔	1399- 23- 1	普除東征衆軍詔	1399- 38- 2
誅垣崇祖詔	1399- 24- 1	●齊後主北齊	
誅張敬兒詔	1399- 24- 1	與任城王湝書	1400- 17- 1
荅薛淵解職詔	1399- 25- 1	北齊元會詔書	1400- 17- 1
聘高平太守戴僧靜詔	1399- 25- 1	稅僧尼令	1400-460- 34
驍騎將軍桓康喪事詔	1399- 25- 1	●齊高帝齊	
沈仲喪還詔	1399- 25- 1	賜張融手詔	1386-703- 上
蕭景先節度司州諸軍詔	1399- 25- 1	改元大赦詔	1399- 8- 1
賻蕭景先喪詔	1399- 25- 1	原赦詔	1399- 9- 1
誅王奐赦詔	1399- 25- 1	省置屯税詔	1399- 9- 1
長沙王妃詔	1399- 26- 1	斷衆募詔	1399- 9- 1
遺詔（二則）	1399- 27- 1	營郢遺櫬詔	1399- 9- 1
赦廬陵王子卿（二則）	1399- 28- 1	曲赦交趾詔	1399- 9- 1
赦晉安王子懋（三則）	1399- 28- 1	錄序從軍官詔	1399- 9- 1
赦隨郡王子隆	1399- 29- 1	建學詔	1399- 10- 1
赦王晏	1399- 29- 1	蠲戰亡租役詔	1399- 10- 1
赦劉祥	1399- 29- 1	詔朝臣	1399- 10- 1
赦曹虎	1399- 30- 1	詔豫章王嶷	1399- 10- 1
赦豫章內史虞悰	1399- 30- 1	與司徒褚淵手詔附褚淵答	1399- 11- 1
赦中書舍人茹法亮	1399- 30- 1	宥王遜詔	1399- 11- 1
禁婚喪奢靡詔	1417-530- 26	詔領軍將軍李安民	1399- 11- 1
勗廬陵王子卿	1417-530- 26	呂安國安集司州民戶詔	1399- 11- 1
勗晉安王子懋	1417-530- 26	詔周盤龍	1399- 11- 1
●齊明帝齊		手詔張融	1399- 11- 1
建武元年即位詔	1399- 33- 2	詔夏侯恭叔	1399- 12- 1
符斷税役詔	1399- 33- 2	徵明僧紹詔	1399- 12- 1
斷任土垣貢詔	1399- 34- 2	詔答河南王吐谷渾拾寅	1399- 12- 1
銓敍眷齒詔	1399- 34- 2	臨終詔司徒褚淵左僕射王儉	1399- 12- 1
申柩舉直詔	1399- 34- 2	赦柳世隆（六則）	1399- 13- 1
嚴課農桑詔	1399- 34- 2	赦桓崇祖（二則）	1399- 14- 1
罷東田諸役詔	1399- 34- 2	手敕劉懷慰（二則）	1399- 14- 1
修晉帝諸陵詔	1399- 34- 2	赦周山圖（二則）	1399- 14- 1
學敕詔	1399- 35- 2	赦周盤龍（二則）	1399- 14- 1

史部

詔令奏議類：附錄

詔令上十四畫

手敕張岱　　　　　　　　　　1399- 15-　1
敕江謐掌吏部　　　　　　　　1399- 15-　1
敕崔文仲　　　　　　　　　　1399- 15-　1
手敕王珍國　　　　　　　　　1399- 15-　1
答陳顯達（二則）　　　　　　1399- 15-　1
答劉善明（二則）　　　　　　1399- 15-　1
答蕭景先　　　　　　　　　　1399- 16-　1
敕答柳引　　　　　　　　　　1399- 16-　1
答晉壽太守楊公則（書）　　　1399- 16-　1
賜張融衣手詔　　　　　　　　1417-529- 26
答劉善明詔（二則）　　　　　1417-529- 26
答蕭景先詔　　　　　　　　　1417-530- 26
　●齊廢帝 北齊
僧稱喪事詔　　　　　　　　　1401-459- 34
　●齊文宣帝 北齊
天保元年大赦詔　　　　　　　1400- 11-　1
崇儉詔　　　　　　　　　　　1400- 12-　1
復渤海四郡詔　　　　　　　　1400- 12-　1
祭慰故太傅孫騰等詔　　　　　1400- 12-　1
奏聞文啓詔　　　　　　　　　1400- 12-　1
出魏御府珍綵詔　　　　　　　1400- 12-　1
修立學序詔　　　　　　　　　1400- 12-　1
賞直言詔（二則）　　　　　　1400- 13-　1
修錄文籍詔　　　　　　　　　1400- 13-　1
定麟趾格詔　　　　　　　　　1400- 13-　1
發遣梁民詔　　　　　　　　　1400- 13-　1
併省州郡詔　　　　　　　　　1400- 13-　1
祀禮詔　　　　　　　　　　　1400- 14-　1
與崔暹書　　　　　　　　　　1400- 15-　1
詔釋僧稱　　　　　　　　　　1401-458- 34
禁祭酒道詔　　　　　　　　　1401-458- 34
問釋道兩教制詔　　　　　　　1401-458- 34
　●齊孝昭帝 北齊
封先代後詔　　　　　　　　　1400- 15-　1
詔王晞　　　　　　　　　　　1400- 16-　1
赦崔瞻　　　　　　　　　　　1400- 16-　1
遺詔　　　　　　　　　　　　1400- 16-　1
與長廣王湛書（二則）　　　　1400- 16-　1
爲僧稱起塔詔　　　　　　　　1401-459- 34
　●齊武成帝 北齊
輕罰詔　　　　　　　　　　　1400- 16-　1
赦馮翊王潤　　　　　　　　　1400- 16-　1
與河南王孝瑜手勅　　　　　　1400- 17-　1
勅和士開　　　　　　　　　　1400- 17-　1
　●齊海陵王 齊

即位詔　　　　　　　　　　　1399- 31-　1
新安國吏詔　　　　　　　　　1399- 32-　1
銓用淮關僑成詔　　　　　　　1399- 32-　1
延興元年冬十月癸巳詔　　　　1399- 32-　1
　●齊鬱林王 齊
即阼鑄減征調詔　　　　　　　1399- 30-　1
放遣北掠餘口詔　　　　　　　1399- 30-　1
序用勞人詔　　　　　　　　　1399- 30-　1
量處貧吏詔　　　　　　　　　1399- 31-　1
隆昌元年下州郡詔　　　　　　1399- 31-　1
　●廖　剛 宋
御書三十二字跋尾　　　　　　1142-441- 11
　●漢文帝 漢
封功臣詔　　　　　　　　　　426-982-　4
即位赦天下詔　　　　　　　　426-982-　4
養老詔　　　　　　　　　　　426-983-　4
振貸詔　　　　　　　　　　　426-983-　4
有司請建太子詔（二則）　　　426-983-　4
開藉田詔　　　　　　　　　　426-984-　4
日食詔　　　　　　　　　　　426-984-　4
列侯之國詔　　　　　　　　　426-984-　4
擊匈奴詔　　　　　　　　　　426-985-　4
遣列侯之國詔　　　　　　　　426-985-　4
不受獻詔　　　　　　　　　　426-985-　4
勸農詔　　　　　　　　　　　426-985-　4
詔議法　　　　　　　　　　　426-985-　4
詔議犯法者收坐　　　　　　　426-985-　4
除誹謗法詔　　　　　　　　　426-985-　4
除肉刑詔　　　　　　　　　　426-985-　4
除秘祝詔　　　　　　　　　　426-986-　4
親耕親桑具禮儀詔　　　　　　426-986-　4
置三老孝悌力田常員詔　　　　426-986-　4
勸農詔　　　　　　　　　　　426-986-　4
答晁錯璽書　　　　　　　　　426-987-　4
增祀無祈詔　　　　　　　　　426-987-　4
勸農詔　　　　　　　　　　　426-987-　4
議可以佐百姓者詔　　　　　　426-988-　4
議郊祀詔　　　　　　　　　　426-988-　4
遺詔　　　　　　　　　　　　426-989-　4
和親詔（二則）　　　　　　　426-989-　4
擊匈奴詔　　　　　　　　　　556-110- 85
議犯法相坐詔　　　　　　　　1355- 39-　2
答有司請建太子詔　　　　　　1355- 39-　2
議振貸及養老詔　　　　　　　1355- 40-　2
令列侯之國詔　　　　　　　　1355- 40-　2

四庫全書文集篇目分類索引　563

日食詔	1355- 40- 2
除誹謗法詔	1355- 41- 2
勸農詔（二則）	1355- 41- 2
置三老孝悌力田常員詔	1355- 41- 2
除肉刑詔	1355- 42- 2
增祀無祈詔	1355- 42- 2
議佐百姓詔	1355- 42- 2
與匈奴和親詔	1355- 43- 2
遺詔	1355- 43- 2
苕晁錯璽書	1355- 75- 3
議犯法相坐詔	1360- 9- 1
答有司請建太子詔	1360- 10- 1
議振貸及養老詔	1360- 10- 1
令列侯之國詔	1360- 11- 1
日食詔	1360- 11- 1
除誹謗訞言法詔	1360- 11- 1
勸農詔（二首）	1360- 12- 1
置三老孝悌力田常員詔	1360- 13- 1
除肉刑詔	1360- 13- 1
增祀無祈詔	1360- 14- 1
議佐百姓詔	1360- 14- 1
與匈奴和親詔	1360- 15- 1
遺詔	1360- 16- 1
答鼂錯璽書	1360- 53- 3
即位赦詔	1396-192- 1
封誅諸呂功臣詔	1396-192- 1
議除收孥相坐律詔附周勃陳平奏二則又詔一則	1396-192- 1
報建太子詔（二則）附有司固請建太子奏	1396-193- 1
春和振貸詔	1396-193- 1
存問長老詔	1396-194- 1
修代來功詔	1396-194- 1
封從高帝功臣詔	1396-194- 1
令列侯之國詔	1396-194- 1
日食求直言詔	1396-194- 1
親耕藉田詔	1396-195- 1
除誹謗法詔	1396-195- 1
勸農詔	1396-195- 1
遣丞相之國詔	1396-195- 1
擊匈奴詔	1396-195- 1
赦濟北吏民詔	1396-195- 1
勸農觿租詔	1396-196- 1
賜三老孝悌力田置常員詔	1396-196- 1
親耕藉詔	1396-196- 1
除秘祝詔	1396-196- 1
除肉刑詔附張蒼等奏一則	1396-196- 1
除租稅詔	1396-197- 1
增祀無祈詔（二則）	1396-197- 1
議佐百姓詔	1396-198- 1
匈奴和親詔	1396-198- 1
遺詔	1396-200- 1
辭建太子詔	1402- 6- 1
修代來功詔	1402- 6- 1
令列侯之國詔	1402- 6- 1
議犯法相坐詔	1402- 6- 1
議振貸詔	1402- 6- 1
日食求言詔	1402- 6- 1
開籍田詔	1402- 7- 1
除誹謗法詔	1402- 7- 1
遣丞相之國詔	1402- 7- 1
勸農詔	1402- 7- 1
置三老孝悌力田常員詔	1402- 7- 1
除秘祝詔	1402- 8- 1
除肉刑詔	1402- 8- 1
除租稅詔	1402- 8- 1
增祀無祈詔	1402- 8- 1
議佐百姓詔	1402- 8- 1
不受獻詔	1402- 9- 1
遺詔	1402- 9- 1
議振貸詔	1417-166- 10
養老詔	1417-166- 10
日食求言詔	1417-167- 10
除誹謗訞言之令詔	1417-168- 10
賜民田租之半詔	1417-168- 10
議法相坐詔	1417-168- 10
勸農詔	1417-168- 10
勞賜三老孝悌力田詔	1417-168- 10
除肉刑詔	1417-169- 10
除田租稅詔	1417-169- 10
令祠官致敬無祈詔	1417-169- 10
策賢良詔	1417-170- 10
議佐百姓詔	1417-170- 10
定和親詔	1417-170- 10
議振貸詔	1476- 6- 1
養老詔	1476- 6- 1
日食求言詔	1476- 6- 1
勞賜三老孝悌力田詔	1476- 7- 1

●漢元帝

罷擊珠厓詔	426-1026- 9

四庫全書文集篇目分類索引

史部

詔令奏議類：附錄

詔令上十四畫

問賈捐之（詔）	426-1026- 9	赦天下詔	1355- 56- 2
詔宮館希御幸者勿繕治	426-1026- 9	條責丞相御史詔	1355- 56- 2
議律令詔	426-1026- 9	議罷郡國廟詔	1355- 56- 2
詔關東今年毋出租賦等	426-1026- 9	議廟禮詔	1355- 56- 2
遣光祿大夫循行天下詔	426-1026- 9	赦天下詔	1355- 57- 2
詔報于定國	426-1027- 9	日食舉茂材賢良詔	1355- 57- 2
求言詔	426-1027- 9	赦天下詔（二則）	1355- 57- 2
赦天下詔	426-1027- 9	日食求直言詔	1355- 58- 2
赦天下詔	426-1028- 9	初陵勿置縣邑詔	1355- 58- 2
賜諸葛豐書	426-1028- 9	議封甘延壽等詔	1355- 58- 2
免蕭望之等詔	426-1028- 9	赦天下詔	1355- 58- 2
詔報貢禹	426-1028- 9	賜馮奉世璽書	1355- 77- 3
詔條責丞相御史	426-1029- 9	使車騎將軍諭單于	1355- 85- 3
赦天下詔	426-1029- 9	議律令詔	1360- 34- 2
引見丞相御史入受詔條責以職事	426-1029- 9	宮館希御者勿治詔	1360- 35- 2
罷角抵宮館等詔	426-1029- 9	罷擊珠厓詔	1360- 35- 2
赦天下詔	426-1030- 9	災異赦天下詔	1360- 35- 2
議廟詔（二則）	426-1030- 9	報貢禹詔	1360- 36- 2
議罷郡國廟（詔二則）	426-1030- 9	罷甘泉建章宮衞等詔	1360- 37- 2
罷吏士（詔）	426-1031- 9	赦天下詔	1360- 37- 2
賜馮奉世璽書	426-1031- 9	條責丞相御史詔	1360- 37- 2
赦天下詔	426-1031- 9	議罷郡國廟詔	1360- 37- 2
日食舉茂材賢良詔	426-1031- 9	議廟禮詔	1360- 38- 2
詔初陵勿置縣邑	426-1032- 9	赦天下詔	1360- 38- 2
求直言詔	426-1032- 9	日食舉茂材賢良詔	1360- 39- 2
赦天下詔	426-1032- 9	日食求言直詔	1360- 39- 2
三年十一月詔	426-1032- 9	初陵勿置縣邑詔	1360- 39- 2
赦天下詔	426-1033- 9	議封甘延壽等詔	1360- 39- 2
遣諫大夫博士詔	426-1033- 9	賜馮奉世璽書	1360- 54- 3
議封甘延壽陳湯詔	426-1033- 9	賜淮陽王欽璽書	1360- 55- 3
賜淮陽王欽璽書	426-1033- 9	教喻東平王宇璽書	1360- 55- 3
赦諭東平王宇璽書	426-1034- 9	賜東平太后璽書	1360- 56- 3
使車騎將軍口諭單于（詔）	426-1034- 9	赦東平王傳相詔書	1360- 64- 3
改元竟寧詔	426-1034- 9	遣使循行天下詔	1396-238- 3
詔毋徵召証案不急之事	426-1034- 9	關東免租詔	1396-238- 3
赦東平王傳相詔書	426-1035- 9	水災詔	1396-239- 3
賜東平王太后璽書	426-1035- 9	議律令詔	1396-239- 3
賜馮奉世璽書	549- 31-183	地震詔	1396-239- 3
遣光祿大夫循行詔	1355- 54- 2	地震水災詔	1396-239- 3
議律令詔	1355- 54- 2	條責丞相御史大夫詔	1396-240- 3
宮館希御者勿治詔	1355- 54- 2	水災赦詔	1396-240- 3
罷擊珠厓詔	1355- 54- 2	罷甘泉建章宮衞詔	1396-240- 3
災異赦天下詔	1355- 55- 2	星變詔	1396-240- 3
報禹貢詔	1355- 55- 2	永光元年赦貸詔	1396-241- 3
罷甘泉建章宮衞等詔	1355- 55- 2	復責丞相御史詔	1396-241- 3

報于定國（詔） 1396-241- 3
永光二年赦天下詔 1396-241- 3
日蝕舉士詔 1396-241- 3
又赦天下詔 1396-242- 3
地動雨水詔 1396-242- 3
永光四年赦天下詔 1396-242- 3
日蝕求直言詔 1396-242- 3
議罷郡國廟詔附奏議一則 1396-242- 3
議立四親廟詔附奏議四則 1396-243- 3
議宣景皇考廟詔附奏議三則 1396-244- 3
申明孝武廟詔 1396-245- 3
初陵勿置縣邑詔 1396-245- 3
遣使循行舉士詔 1396-245- 3
建昭五年赦天下詔 1396-245- 3
申敕勞農詔 1396-246- 3
改元竟寧詔 1396-246- 3
孔霸奉夫子祀詔 1396-246- 3
封甘延壽陳湯詔 1396-246- 3
敕諭東平王宇璽書 1396-246- 3
又賜王太后璽書 1396-247- 3
又敕東平王宇傅相 1396-247- 3
賜諸葛豐書 1396-247- 3
勞馮奉世璽書 1396-248- 3
使車騎將軍諭單于（書） 1396-249- 3
水災詔 1402- 21- 3
罷擊珠厓詔 1402- 21- 3
罷甘泉建章宮衞等詔 1402- 21- 3
報貢禹詔 1402- 22- 3
條責丞相御史詔 1402- 22- 3
日食求言詔 1402- 22- 3
議封甘延壽等詔 1402- 22- 3
禁妨農詔 1402- 23- 3
責丞相御史詔 1417-184- 10
鑄減律令詔 1417-184- 10
宮館勿繕治詔 1417-184- 10
地震赦天下詔 1417-184- 10
罷珠崖詔 1417-185- 10
赦天下詔 1417-185- 10
罷甘泉建章宮衞詔 1417-185- 10
復責丞相御史詔 1417-185- 10
罷初陵縣邑詔 1417-186- 10
賜東平王太后璽書 1417-186- 10
勅東平傅相詔 1417-186- 10
報貢禹（詔） 1417-186- 10

● 漢平帝漢

詔勿陳赦前事 426-1054-12
傅后退就桂宮詔 426-1054-12
益中山后湯沐邑詔 426-1055-12
還傅喜詔 426-1055-12
詔勿繫老弱 426-1056-12
賜龔勝郉漢策 426-1056-12
更名詔 426-1056-12
置宗師詔 426-1057-12
詔孔光 426-1057-12
嘉王莽詔 426-1058-12
詔莽食肉 426-1058-12
太后詔問公卿 426-1058-12
詔王莽（二則） 426-1058-12
太后詔百僚 426-1058-12
太后不親省小事詔 426-1058-12
議九錫詔 426-1059-12
問孔光以莽讓二子封拜詔 426-1059-12
聽莽讓盆封詔 426-1059-12
賜馬宮策 426-1059-12
遺詔 426-1060-12
赦令詔 1396-266- 4
更名告廟詔 1396-266- 4
禁繫婦女老幼詔 1396-267- 4
立宗師詔 1396-267- 4
大司徒敕上計郡國守長史 1396-267- 4
御史大夫敕上計丞長史 1396-267- 4
睦族詔 1402- 25- 3

● 漢安帝漢

學明習陰陽災異者（詔） 426-1098-18
檢勑外戚賓客詔 426-1098-18
詔舉有道術達於政化之士 426-1099-18
詔公卿勿以災異自貶 426-1099-18
令王主官屬通得外補（詔） 426-1099-18
恤貧弱詔 426-1100-18
申制度科品（詔） 426-1100-18
霖雨傷稼詔 426-1100-18
旱蝗詔安輯黎元 426-1100-18
禁非時供薦新味（詔） 426-1100-18
舉刺史二千石令長詔 426-1101-18
詔河南尹豹等 426-1101-18
廢太子保詔群臣 426-1102-18
詔元菟太使姚光等 503-256-109
賜河南尹豹等詔 538-491- 75
長吏去職詔 1397- 45- 3
敕司隸校尉冀并二州刺史 1397- 45- 3

史部 詔令奏議類：附錄 詔令上十四畫

變異求言詔	1397- 45- 3	龍見日蝕詔（二則）	426-1043- 10
外補吏詔	1397- 46- 3	賜史丹策	426-1043- 10
京師大饑詔	1397- 46- 3	禁車服奢僭詔	426-1044- 10
舉賢良方正詔	1397- 46- 3	詔有司	426-1044- 10
紹封功臣詔	1397- 46- 3	令皇太后詔有司	426-1044- 10
蝗災詔	1397- 47- 3	遣太中大夫嘉等循行天下詔	426-1044- 10
雨水振卹詔	1397- 47- 3	還馮參詔	426-1045- 10
崇節約詔	1397- 47- 3	還平恩侯親屬詔	426-1045- 10
春賜穀詔	1397- 47- 3	遣王立就國（詔）	426-1045- 10
舉吏詔	1397- 47- 3	報翟方進（詔）	426-1045- 10
詔群臣	1397- 47- 3	孛星詔	426-1045- 10
賜豫州刺史馮煥詔	1397- 48- 3	又詔有司	426-1046- 10
報高句麗王逐成降詔	1397- 48- 3	皇太后詔大司馬莽丞相大司空	426-1046- 10
徵郎宗等策書	1397- 49- 3	賜翟方進策	426-1046- 10
討羌符	1397- 67- 3	從讀作昌陵大匠詔——永始二年	556-110- 85
霖雨傷稼詔	1402- 31- 4	報匡衡詔	1355- 60- 3
申制度科品詔	1402- 31- 4	報張禹策（詔）	1355- 60- 3
旱蝗詔	1417-348- 17	減死刑詔	1355- 61- 3
霖雨傷稼詔	1417-348- 17	憂郡國災異詔	1355- 61- 3
申制度科品詔	1417-348- 17	罷昌陵詔	1355- 62- 3
●漢成帝漢		立太子詔	1355- 62- 3
報匡衡（詔）	426-1036- 10	報許皇后詔	1355- 70- 3
赦天下詔	426-1036- 10	賜淮陽王欽璽書	1355- 73- 3
詔舉賢良方正	426-1037- 10	勑諭東平王宇璽書	1355- 74- 3
復東平王創縣詔	426-1037- 10	賜東平太后璽書	1355- 74- 3
遣諫大夫循行天下詔	426-1037- 10	勑東平王傅相詔書	1355- 74- 3
賜許嘉策	426-1037- 10	復東平王創縣詔	1355- 75- 3
赦奉郊縣減天下賦算等詔	426-1037- 10	賜史丹策	1355- 79- 3
報張禹策	426-1037- 10	報匡衡詔	1360- 40- 2
報王鳳詔	426-1037- 10	減死刑詔	1360- 40- 2
減死刑詔	426-1038- 10	罷昌陵詔	1360- 41- 2
大赦天下詔	426-1038- 10	賜史丹策	1360- 63- 3
改元河平詔	426-1038- 10	火災赦天下詔	1396-250- 4
詔嘉王尊	426-1038- 10	郊赦詔	1396-250- 4
報許后（詔）	426-1039- 10	訛言遣使循行天下詔	1396-250- 4
策直言	426-1039- 10	災異求直言詔	1396-251- 4
報王鳳（詔）	426-1040- 10	日蝕詔	1396-251- 4
遣諫大夫理等詔	426-1041- 10	恤刑詔	1396-251- 4
勸農詔	426-1041- 10	順四時月令詔	1396-251- 4
詔舉可充博士者	426-1041- 10	舉博士詔	1396-252- 4
詔順四時月令	426-1041- 10	勸農詔	1396-252- 4
罷昌陵詔	426-1042- 10	舉冤獄詔	1396-252- 4
水旱詔	426-1042- 10	舉直言詔	1396-252- 4
賜王音等書	426-1042- 10	郡國災異詔	1396-253- 4
詔舉敦厚有行義能直言詔	426-1042- 10	永始二年二月日蝕詔	1396-253- 4

四庫全書文集篇目分類索引

振贍關東詔	1396-253- 4	置武功賞官詔	426-1000- 6
永始三年正月日蝕詔	1396-253- 4	賞霍去病等（詔）	426-1000- 6
地震火災詔	1396-254- 4	詔太常禮官	426-1000- 6
申敕禮制詔	1396-254- 4	遣博士中等循行詔	426-1003- 6
星變詔	1396-254- 4	得寶鼎（詔）	426-1003- 6
復東平王宇削地詔	1396-255- 4	遣博士大等循行天下詔	426-1003- 6
禮楚王觿詔	1396-255- 4	敕責楊樸書	426-1004- 6
王尊加秩賜金詔	1396-255- 4	詔丁酉拜況于郊	426-1004- 6
馮參以列侯奉朝請詔	1396-255- 4	討呂嘉等詔	426-1004- 6
還廢后許氏親屬詔	1396-256- 4	卜式賜爵詔	426-1004- 6
許嘉免就朝位策	1396-256- 4	遷東越民詔	426-1005- 6
賜王音策	1396-256- 4	遣使告單于（詔）	426-1005- 6
賜史丹策	1396-256- 4	巡邊詔	426-1005- 6
報張禹（書）	1396-257- 4	封泰山（詔）	426-1005- 6
報翟方進（詔）	1396-257- 4	改元元封詔	426-1005- 6
報匡衡（詔）	1396-257- 4	減內史地租詔	426-1005- 6
賜讓丞相翟方進册	1396-257- 4	報石慶（詔）	426-1006- 6
賜趙飛燕婕妤書	1396-258- 4	赦汾陰詔	426-1006- 6
擇博士詔	1402- 23- 3	察茂材異等詔	426-1006- 6
罷昌陵詔	1402- 23- 3	赦汾陰等詔	426-1006- 6
勸農詔	1402- 23- 3	赦所幸縣詔	426-1006- 6
禁奢侈詔	1402- 24- 3	使公孫遂往朝鮮（詔）	426-1006- 6
報許皇后詔	1402- 57- 11	甘泉產芝詔	426-1006- 6
減刑詔	1417-187- 10	天旱（詔）	426-1006- 6
順四時月令詔	1417-187- 10	增太室祠詔	426-1006- 6
舉博士詔	1417-187- 10	詔路博德	426-1007- 6
勸農詔	1417-187- 10	欲遂困胡詔	426-1007- 6
遣使者巡行郡國詔	1417-188- 10	赦汾陰安邑詔	426-1007- 6
禁列侯近臣奢僭詔	1417-188- 10	改元詔	426-1007- 6
●漢武帝漢		詔兒寬	426-1007- 6
諭淮南王（詔）	426- 994- 6	詔李陵	426-1008- 6
修山川詞詔	426- 994- 6	報齊人延年（詔）	426-1008- 6
復高年子孫詔	426- 994- 6	黃金改名（詔）	426-1008- 6
詔策賢良（五則）	426- 995- 6	賜吾丘壽王璽書	426-1008- 6
赦雁門代郡軍士詔	426- 997- 6	報胡建制	426-1008- 6
賜陳后策	426- 997- 6	詔蓄馬補邊	426-1009- 6
詔問公卿	426- 997- 6	責問御史大夫（詔）	426-1009- 6
賜嚴助書	426- 997- 6	賜丞相璽書	426-1009- 6
許諸侯王分子弟邑（詔）	426- 998- 6	封栾通等（詔）	426-1010- 6
赦天下詔	426- 998- 6	詔天下詔	426-1010- 6
詔議不舉孝廉者罪	426- 998- 6	報車千秋（詔）	426-1010- 6
赦天下詔	426- 999- 6	搜粟詔	426-1010- 6
報公孫弘（書）	426- 999- 6	報右北平太守李廣書	506-173- 91
議后土祀	426-1000- 6	賜嚴助詔	526- 1-259
遣謁者巡行天下詔	426-1000- 6	加增太室祠詔	538-490- 75

史部

詔令奏議類：附錄

詔令上十四畫

祀后土詔	549- 30-183		議移爵賞詔	1396-208- 2
又赦汾陰詔	549- 30-183		買爵減罪詔	1396-208- 2
又赦汾陰安邑詔	549- 30-183		遣謁者巡行致賜詔	1396-209- 2
詔一首下州郡求賢良	1329-618- 35		遣博士循行詔	1396-209- 2
賢良詔	1329-618- 35		振流民詔	1396-209- 2
詔一首下州郡求賢良	1330-830- 35		又遣博士循行詔	1396-209- 2
賢良詔	1330-830- 35		報尊寶鼎詔附有司奏	1396-210- 2
復高年子孫詔	1355- 45- 2		郊見詔	1396-210- 2
赦鷹門代郡軍士詔	1355- 45- 2		議內史減田租詔	1396-210- 2
議不舉孝廉者罪詔	1355- 46- 2		親巡邊詔	1396-210- 2
報公孫弘詔	1355- 46- 2		遷東越民詔	1396-211- 2
令禮官勸學詔	1355- 46- 2		增太室祠詔	1396-211- 2
遣謁者巡行詔	1355- 47- 2		登封改元詔（三則）	1396-211- 2
遣博士循行詔	1355- 47- 2		芝瑞赦天下詔	1396-211- 2
遣博士巡行詔	1355- 47- 2		乾封詔	1396-211- 2
察茂材異等詔	1355- 48- 2		祠后土赦賜詔	1396-212- 2
止田輪臺等詔	1355- 48- 2		南巡狩赦賜詔	1396-212- 2
賜嚴助書	1355- 75- 3		求賢詔	1396-212- 2
賜吾邱壽王璽書	1355- 75- 3		赦汾陰詔	1396-212- 2
勅責楊僕書	1355- 75- 3		造太初曆詔	1396-212- 2
問賢良策（五則）	1360- 80- 3		定禮儀詔	1396-212- 2
復高年子孫詔	1360- 19- 1		赦汾陰安邑詔	1396-213- 2
赦雁門代郡軍士詔	1360- 19- 1		下關都尉詔	1396-213- 2
議不舉孝廉者罪詔	1360- 20- 1		征匈奴詔	1396-213- 2
報公孫弘詔	1360- 20- 1		更黃金故名詔	1396-213- 2
令禮官勸學詔	1360- 21- 1		郊見赦天下詔	1396-213- 2
遣謁者巡行詔	1360- 21- 1		長平侯衞青益封戶詔	1396-214- 2
遣博士循行詔（二則）	1360- 22- 1		衞青益封戶詔	1396-214- 2
造太初曆詔	1360- 22- 1		霍去病益封戶詔（二則）	1396-215- 2
止田輪臺等詔	1360- 23- 1		霍去病再益封戶詔	1396-215- 2
賜吾丘壽王璽書	1360- 54- 3		討呂嘉等詔	1396-216- 2
賜嚴助書	1360- 59- 3		賜嚴助書附嚴助謝罪上書	1396-220- 2
賜韓福策	1360- 62- 3		敕責楊僕書	1396-220- 2
敕責楊僕書	1360- 63- 3		報李廣（書）	1396-221- 2
遣嚴助諭淮南王	1396- 64- 3		賜吾丘壽王璽書	1396-221- 2
復高年子孫詔	1396-206- 2		賜丞相劉屈氂璽書	1396-221- 2
修山川祠詔	1396-206- 2		報丞相車千秋	1396-221- 2
省衞士詔	1396-206- 2		諭淮南詔	1396-285- 5
議攻匈奴詔	1396-206- 2		復高年子孫詔	1402- 12- 2
赦鷹門代郡軍士詔	1396-207- 2		修山川祠詔	1402- 12- 2
議不舉孝廉罪詔附有司議一則	1396-207- 2		賢良詔	1402- 12- 2
元朔元年赦天下詔	1396-207- 2		問攻匈奴詔	1402- 13- 2
分封藩國詔	1396-208- 2		赦雁門代郡軍士詔	1402- 13- 2
元朔三年赦天下詔	1396-208- 2		議不舉孝廉者罪詔	1402- 13- 2
禮官勸學詔	1396-208- 2		與民更始詔	1402- 13- 2

赦天下詔	1402- 14- 2	詔勸農桑謹刑罰（詔）	426-1076- 14
令禮官勸學詔	1402- 14- 2	報中山王焉（詔）	426-1076- 14
遣謁者巡行詔	1402- 14- 2	賜東平國傅手詔	426-1077- 14
嘉霍去病功詔	1402- 14- 2	勸農功詔	426-1077- 14
議后土祀詔	1402- 15- 2	報楚王英	426-1077- 14
遣博士巡行詔（二則）	1402- 15- 2	班封事詔	426-1077- 14
郊祀詔	1402- 16- 2	日食詔	426-1077- 14
遷東粵詔	1402- 16- 2	獲寶鼎詔	426-1077- 14
改元詔	1402- 16- 2	日食勿劾三公制	426-1078- 14
赦天下免所幸縣租詔	1402- 16- 2	汴渠成詔	426-1078- 14
求賢良詔	1402- 16- 2	由明科禁詔	426-1078- 14
定禮儀詔	1402- 17- 2	詔寶固	426-1078- 14
謹察出入詔	1402- 17- 2	賜楚國許太后詔	426-1078- 14
伐胡詔	1402- 17- 2	禱雨詔	426-1078- 14
止田輪臺詔	1402- 56- 11	朝堂奉觴上壽制	426-1079- 14
報胡建制	1402- 62- 12	幸辟雍初行養老禮詔	538-491- 75
答莊青翟制	1402- 62- 12	汴渠成詔	538-491- 75
答御史封皇子制	1402- 62- 12	追賜朱勃子穀詔	556-110- 85
策賢良制	1417-173- 10	行養老禮詔	1355- 65- 3
復策賢良制（二則）	1417-174- 10	有司順時勸農詔	1355- 66- 3
養老詔	1417-175- 10	日食詔	1355- 66- 3
策賢良詔	1417-175- 10	引咎詔	1355- 66- 3
興廉舉孝詔	1417-176- 10	申明車服制度詔	1355- 67- 3
赦天下詔	1417-176- 10	行養老禮詔	1360- 46- 2
置博士弟子詔	1417-176- 10	有司順時勸農詔	1360- 47- 2
賜三老孝悌力田帛詔	1417-176- 10	日食詔	1360- 47- 2
遣博士巡行天下詔	1417-177- 10	引咎詔	1360- 47- 2
遣博士巡行江南詔	1417-178- 10	申明車服制度詔	1360- 48- 2
勅楊僕書	1417-178- 10	即位詔	1397- 17- 1
減內史地租詔	1417-179- 10	戒春節詔	1397- 17- 1
察茂材異等詔	1417-179- 10	宗祀光武皇帝詔	1397- 17- 1
賜會稽太守書	1417-179- 10	幸辟雍行養老禮詔	1397- 18- 1
賜吾丘壽王璽書	1417-179- 10	督農詳刑詔	1397- 18- 1
罷屯輪臺詔	1417-179- 10	日食詔	1397- 18- 1
議不學孝廉者罪詔	1476- 8- 1	元旦罷朝賀詔	1397- 18- 1
●漢明帝漢		籍田詔	1397- 18- 1
詔有司順時氣	426-1074- 14	優復元氏詔	1397- 19- 1
赦比銅鉗詔	426-1074- 14	寶鼎詔	1397- 19- 1
即位赦天下（詔）	426-1074- 14	日食詔	1397- 19- 1
詔百僚師尹順時令	426-1075- 14	示百官詔	1397- 19- 1
賜東海傅相詔	426-1075- 14	大赦詔	1397- 19- 1
復元氏縣田租詔	426-1076- 14	科禁厚葬詔	1397- 19- 1
公卿遵時令平刑罰詔	426-1076- 14	巡行河渠詔	1397- 20- 1
日食求言詔	426-1076- 14	日食報三公詔	1397- 20- 1
詔報鍾離意	426-1076- 14	報上壽制	1397- 20- 1

史部 詔令奏議類：附錄 詔令上十四畫

瞷罪詔	1397- 20- 1
禱雨詔	1397- 21- 1
尙書詔	1397- 21- 1
謁者詔	1397- 21- 1
復道詔	1397- 21- 1
東海王彊喪事詔	1397- 21- 1
東平王蒼歸藩詔	1397- 21- 1
手詔東平憲王蒼	1397- 22- 1
報中山王焉書	1397- 22- 1
制詔楚王英母許太后	1397- 22- 1
舉姜詩大孝詔	1397- 23- 1
案驗鄰令詔	1397- 23- 1
詔竇固	1397- 23- 1
詔班固	1397- 23- 1
郵比銅鉗詔	1397- 23- 1
書板（詔）	1397- 24- 1
詔報楚王英	1400-423- 2
行養老禮詔	1402- 27- 4
有司順時勸農詔	1402- 27- 4
申明科禁詔	1402- 27- 4
手詔東平王國傅	1402- 28- 4
壬寅日食以封事班示百官詔	1402- 28- 4
祀明堂詔	1417-336- 17
獲寶鼎詔	1417-337- 17
班示封事詔	1417-337- 17
手詔東平王國傅	1417-338- 17
申明科禁詔	1417-338- 17
汴渠成詔	1417-338- 17
祀明堂詔	1476- 58- 4
手詔東平王國傅	1476- 59- 4

● 漢和帝漢

皇太后詔	426-1091- 16
北狄西域降附賜錢帛詔	426-1092- 16
匈奴平薦功祖廟詔	426-1092- 16
罷鹽鐵詔	426-1092- 16
報梁王暢詔	426-1093- 16
勗張蕃	426-1093- 16
選舉詔	426-1093- 16
覈實貧民戶口人數（詔）	426-1093- 16
詔求曹相國後	426-1093- 16
疏導溝渠詔	426-1094- 16
手詔勿議降黜太后	426-1094- 16
災異求助詔	426-1094- 16
選郎官任典城者（詔）	426-1094- 16
舉賢良詔	426-1094- 16
詔擇良吏	426-1095- 16
禁逾侈詔	426-1095- 16
褒劉愷詔	426-1095- 16
班刻漏四十八箭詔	426-1095- 16
緣邊歲舉孝廉詔	426-1095- 16
令民半入田租（詔）	426-1095- 16
太官不受獻詔	426-1096- 16
太后策周馮貴人	426-1096- 16
察苛吏詔	426-1096- 16
免王侯就國詔	426-1096- 16
詔報張禹	426-1096- 16
稟給流民詔	426-1096- 16
貰租詔	534-161- 82
罷禁鹽鐵詔	1397- 38- 2
薦功詔	1397- 38- 2
行幸長安詔	1397- 38- 2
詔封蕭曹詔	1397- 39- 2
旱蝗免租詔（二則）	1397- 39- 2
舉吏詔	1397- 39- 2
舉賢良方正詔	1397- 49- 2
選郎官詔	1397- 40- 2
京師蝗詔（二則）	1397- 40- 2
疏導溝漬詔	1397- 40- 2
禁厚葬詔	1397- 40- 2
歲灾賜賑詔（二則）	1397- 40- 2
邊郡舉孝廉詔	1397- 41- 2
秋旱詔	1397- 41- 2
詔賜彭城王恭	1397- 41- 2
留諸王詔	1397- 41- 2
賜大鴻臚韋彪喪事詔	1397- 41- 2
報太尉張酺（詔二則）	1397- 42- 2
詔張酺	1397- 42- 2
勗張蕃（二則）	1397- 42- 2
詔報張禹	1397- 42- 2
罷收鹽鐵詔	1417-345- 17
求曹相國後詔	1417-345- 17
選舉詔	1417-345- 17
舉賢良詔	1417-345- 17
蝗災罪己詔	1417-346- 17
擇良吏詔	1417-346- 17
留諸王詔	1417-347- 17

● 漢宣帝漢

賞功詔	426-1014- 8
賜陳遂璽書	426-1015- 8
議武帝廟樂詔	426-1015- 8

四庫全書文集篇目分類索引　571

置廷平詔	426-1015- 8	日食詔	426-1024- 8
議辰太子號諡等詔	426-1015- 8	察計簿詔	426-1025- 8
罷車騎等屯兵詔	426-1016- 8	賜汝南太守等詔	426-1025- 8
賜縣寫學賢良詔	426-1016- 8	詔毋舉吏六百石	426-1025- 8
賞王成詔	426-1016- 8	褒潁川太守黃霸詔	538-490- 75
嘉霍光詔	426-1016- 8	嘉霍光詔	549- 30-183
復宗室屬籍詔	426-1016- 8	議孝武廟樂詔	1355- 50- 2
地震詔	426-1016- 8	置廷平詔	1355- 50- 2
損膳減樂人詔	426-1016- 8	地震詔	1355- 50- 2
赦爲霍氏所詿誤者詔	426-1017- 8	嘉霍光詔	1355- 50- 2
子首匿父母等勿坐詔	426-1017- 8	爵王成詔	1355- 50- 2
吏有喪勿繇事詔	426-1017- 8	罷車騎等屯兵詔	1355- 51- 2
舉孝弟等詔	426-1017- 8	令郡國舉孝弟等詔	1355- 51- 2
賜張敞璽書	426-1018- 8	有喪者勿繇事詔	1355- 51- 2
博舉吏民詔	426-1018- 8	子首匿父母等勿坐詔	1355- 51- 2
鳳皇甘露詔	426-1018- 8	減鹽賈及歲上繫囚詔	1355- 51- 2
課獄吏殿最詔	426-1018- 8	博舉吏民詔	1355- 52- 2
減鹽價詔	426-1018- 8	令二千石察官屬詔	1355- 52- 2
賜震后策	426-1018- 8	令八十人以上非誣告等勿坐詔	1355- 52- 2
更名詔	426-1019- 8	報張安世詔	1355- 52- 2
察吏詔	426-1019- 8	親奉祀詔	1355- 52- 2
赦天下詔	426-1019- 8	益小吏祿詔	1355- 53- 2
諭蕭望之詔	426-1019- 8	褒黃霸詔	1355- 53- 2
報丙吉詔	426-1019- 8	郡國等勿行苛政（詔）	1355- 53- 2
改元神爵詔	426-1020- 8	客禮待單于詔	1355- 53- 2
親奉祀詔	426-1020- 8	戒不禁姦邪詔	1355- 53- 2
神爵集宮苑等詔	426-1020- 8	賜趙充國書（五則）	1355- 76- 3
褒尹翁歸詔	426-1026- 8	置廷平詔	1360- 27- 2
報張安世詔	426-1020- 8	地震詔	1360- 28- 2
遣太中大夫循行天下詔	426-1020- 8	嘉霍光詔	1360- 28- 2
禁彈射詔	426-1020- 8	罷車騎等屯兵詔	1360- 30- 2
賜趙充國書（五則）	426-1021- 8	令郡國舉孝悌等詔	1360- 30- 2
祠江海等（詔）	426-1021- 8	有喪者勿繇事詔	1360- 30- 2
褒朱邑詔	426-1021- 8	子首匿父母等勿坐詔	1360- 30- 2
止諸侯王等毋朝詔	426-1021- 8	減鹽賈及歲上繫囚詔	1360- 31- 2
益吏祿詔	426-1022- 8	博舉吏民詔	1360- 31- 2
赦天下詔	426-1022- 8	令二千石察官屬詔	1360- 31- 2
美陽得鼎詔	426-1022- 8	令八十以上非誣告等勿坐詔	1360- 32- 2
單于稱臣詔	426-1023- 8	報張安世詔	1360- 32- 2
詔勿行苛政	426-1023- 8	益小吏祿詔	1360- 33- 2
褒黃霸詔	426-1023- 8	郡國等勿行苛政（詔）	1360- 33- 2
神光詔	426-1023- 8	客禮待單于詔	1360- 33- 2
客禮待單于詔	426-1024- 8	戒不禁姦邪詔	1360- 34- 2
赦天下減民算等詔	426-1024- 8	賜趙充國書（五則）	1360- 60- 3
問黃霸（詔）	426-1024- 8	益封霍光詔	1396-226- 3

史部

詔令奏議類：附錄

詔令上十四畫

572　　　　　　　　　四庫全書文集篇目分類索引

褒賞張安世詔	1396-226-	3
議衞太子號謚詔附有司議二則	1396-227-	3
議孝武廟樂詔	1396-227-	3
貸貧民詔	1396-228-	3
地震詔	1396-228-	3
復宗室屬籍詔	1396-228-	3
追褒霍光復世詔	1396-228-	3
賜鰥寡孤獨高年詔	1396-229-	3
地節三年九月地震詔	1396-229-	3
罷屯兵詔	1396-229-	3
舉孝弟行義詔	1396-229-	3
置廷平詔	1396-229-	3
免有喪徭事詔	1396-229-	3
首匿勿坐詔	1396-229-	3
誅霍氏詔	1396-230-	3
減鹽賈詔	1396-230-	3
郡國上繫囚詔	1396-230-	3
嘉瑞赦賜詔	1396-231-	3
博舉吏民詔	1396-231-	3
赦天下詔	1396-231-	3
二千石察官屬詔	1396-231-	3
赦觸諱詔	1396-231-	3
張賀置守家詔	1396-231-	3
禁射鳥詔	1396-232-	3
耆老勿坐繫詔	1396-232-	3
神爵見賜吏民詔	1396-232-	3
報張安世歸侯詔	1396-232-	3
賜故右扶風尹翁歸後詔	1396-233-	3
親祠上帝詔	1396-233-	3
改元神爵詔	1396-233-	3
免朝二年詔	1396-233-	3
賜故大司農朱邑子詔	1396-233-	3
祠江海詔	1396-233-	3
鳳凰見赦天下詔	1396-234-	3
益吏百石以下秩奉詔	1396-234-	3
嘉瑞赦天下詔	1396-234-	3
潁水太守黃霸賜秩詔	1396-234-	3
寬苛禁詔	1396-234-	3
嘉瑞勗公卿大夫詔	1396-234-	3
日食詔	1396-235-	3
甘露二年赦天下詔	1396-235-	3
鳳凰集新蔡詔	1396-235-	3
察計簿詔	1396-235-	3
吏六百石不得舉廉詔	1396-236-	3
賜山陽太守張敞璽書附張敞條奏昌邑		
王賀	1396-236-	3
嫁母不制服詔	1396-237-	3
賜陳遂璽書	1396-237-	3
報丙吉（詔）	1396-238-	3
使尚書令召問丞相黃霸	1396-238-	3
議孝武廟樂詔	1402- 18-	3
有喪者勿繇事詔	1402- 18-	3
子首匿父母等勿坐詔	1402- 18-	3
釋繫囚詔	1402- 19-	3
博舉吏民詔	1402- 19-	3
令二千石察官屬詔	1402- 19-	3
報張安世詔	1402- 20-	3
祀江海詔	1402- 20-	3
褒朱邑詔	1420- 20-	3
益小吏秩詔	1420- 20-	3
議律令詔	1420- 20-	3
郡國等勿行苛政詔	1402- 20-	3
日食詔	1402- 20-	3
吏六百石不得舉廉吏詔	1402- 20-	3
察計簿詔	1402- 21-	3
地震舉賢良方正詔	1417-181-	12
令郡國舉孝弟詔	1417-182-	10
罷車騎等屯兵詔	1417-182-	10
遭喪勿繇詔	1417-182-	10
首匿勿坐詔	1417-182-	10
減鹽賈詔	1417-182-	10
令郡國歲上繫囚詔	1417-182-	10
令二千石察官屬詔	1417-183-	10
益吏奉詔	1417-183-	10
使尚書詔問黃霸	1417-183-	10
戒不禁姦邪詔	1417-183-	10
令二千石察官屬詔	1417- 9-	1
●漢哀帝漢		
益河間戶詔	426-1047-	11
限名田詔	426-1047-	11
罷樂府詔	426-1047-	11
詔舉孝弟等	426-1048-	11
遣王根等就國詔	426-1048-	11
詔王莽	426-1048-	11
遣光祿大夫循行水災詔	426-1048-	11
改元易號詔	426-1049-	11
葬丁太后詔	426-1049-	11
問李尋（詔）	426-1049-	11
詔王崇	426-1050-	11
報平當（詔）	426-1050-	11

史部

詔令奏議類：附錄

詔令上十四畫

四庫全書文集篇目分類索引

改元易號赦令詔　426-1050-11
舉明習兵法者（詔）　426-1051-11
令太皇太后詔有司　426-1051-11
責王嘉（詔）　426-1052-11
日蝕赦天下詔　426-1052-11
策蕭育　426-1052-11
尊祖母定陶太后母丁姬詔　1396- 259- 4
罷樂府官詔附丞相孔光等奏　1396- 259- 4
益封河間王良詔　1396- 260- 4
禁限奢淫詔附有司條奏　1396- 260- 4
水災免租詔　1396- 260- 4
舉賢詔　1396- 261- 4
尊定陶恭皇恭皇太后恭皇后詔　1396- 261- 4
丁太后陵園詔　1396- 261- 4
改元太初詔　1396- 261- 4
罪夏賀良等詔　1396- 262- 4
日蝕求言詔　1396- 262- 4
益封王根等三侯詔　1396- 262- 4
起王莽詔　1396- 262- 4
董賢爲大司馬詔　1396- 263- 4
報丞相平當（詔）　1396- 266- 4
禁奢踰限詔　1402- 24- 3
罷樂府官詔　1417- 188-10
● 漢昭帝漢
賜遺韓福等詔　426-1011- 7
舉賢良文學詔　426-1011- 7
詔民勿出馬　426-1011- 7
勿收賑貸詔　426-1011- 7
詔毋漕　426-1012- 7
毋斂馬口錢詔　426-1012- 7
赦燕太子等詔　426-1012- 7
賜燕王璽書　426-1012- 7
減口賦詔　426-1013- 7
叔粟當賦詔　426-1013- 7
令民毋出田租等詔　1355- 49- 2
賜燕王旦璽書　1355- 73- 3
賜韓福策　1355- 79- 3
勿出田租詔　1360- 26- 2
勿出馬詔　1360- 27- 2
舉賢良文學詔　1360- 27- 2
罷馬口鐵詔　1360- 27- 2
減口賦錢詔　1360- 27- 2
賜燕王旦璽書　1360- 54- 3
蠲租貸詔　1396- 222- 2
止出馬詔　1396- 222- 2

舉賢良文學詔　1396- 223- 2
禮韓福詔　1396- 223- 2
赦從燕王上官傑等反罪詔　1396- 223- 2
罷馬口錢詔　1396- 224- 2
免漕收責詔　1396- 224- 2
叔粟當賦詔　1396- 224- 2
減賦口錢詔　1396- 224- 2
勿出田租詔　1402- 17- 2
止出馬詔　1402- 17- 2
舉賢良文學詔　1402- 17- 2
賜韓福詔　1402- 17- 2
以菽粟當賦詔　1402- 17- 2
減口賦錢詔　1402- 17- 2
賜涿郡韓福等五人詔　1417- 181-10
賜燕王旦璽書　1417- 181-10
● 漢後主蜀漢
告諭伐魏詔　1354- 464-16
告諭伐魏詔　1361- 521- 5
告諭伐魏詔　1381- 260-26
● 漢高祖漢
赦天下（詔）　426- 977- 1
祠祭詔　426- 977- 1
爲義帝發喪告諸侯（詔）　426- 977- 1
諭諸縣鄉邑（詔）　426- 977- 1
封爵之誓（二則）　426- 978- 1
詔擇齊荊王　426- 978- 1
赦天下（詔）　426- 978- 1
令善遇高爵詔　426- 978- 1
復諸侯子等詔　426- 978- 1
求賢詔　426- 979- 1
獻費詔　426- 979- 1
擇代王詔　426- 979- 1
疑獄詔　426- 979- 1
賜韓王信書　426- 979- 1
三月詔　426- 980- 1
赦燕吏民詔　426- 980- 1
置守家詔　426- 980- 1
議立吳王詔　426- 980- 1
手勅太子（五則）　1332- 651-10
入關告諭　1355- 37- 2
爲義帝發喪告諸侯　1355- 37- 2
祠祭詔　1355- 38- 2
赦天下令　1355- 38- 2
令諸吏善遇諸爵詔　1355- 38- 2
尊太公曰太上皇詔　1355- 38- 2

574　　　　　　　　　四庫全書文集篇目分類索引

獄讞詔	1355- 38- 2	減作陵者刑各月數（詔）	426-1107-21
定口賦詔	1355- 39- 2	嚴選舉詔	426-1107-21
求賢詔	1355- 39- 2	口食寬恤詔	426-1108-21
入關告諭	1360- 4- 1	葬朽骨詔	426-1108-21
告爲義帝發喪（諭）	1360- 4- 1	改元和平詔	426-1109-21
罷兵首詔	1360- 5- 1	申明興明制度（詔）	426-1109-21
令諸吏善遇高爵詔	1360- 6- 1	禁郡國賣酒詔	426-1109-21
獄讞詔	1360- 7- 1	遣居車兒還單于詔	426-1109-21
定口賦詔	1360- 8- 1	策馮緄詔	426-1110-21
求賢詔	1360- 8- 1	詔旱灾郡勿收租	426-1110-21
禮諸神詔	1396-181- 1	舉廉吏詔	1397- 55- 3
赦天下令	1396-187- 1	減陵徒刑詔	1397- 55- 3
罷兵賜復詔	1396-188- 1	日蝕免禁徒詔	1397- 55- 3
善遇高爵詔	1396-188- 1	災異詔	1397- 55- 3
赦天下詔	1396-188- 1	詔司隸校尉部刺史	1397- 55- 3
詔衛尉酈商	1396-188- 1	日食又詔	1397- 56- 3
擇王荊楚詔	1396-188- 1	減租調詔	1397- 56- 3
讞獄詔	1396-189- 1	光祿大夫周舉喪事詔	1397- 56- 3
擇立代王詔	1396-189- 1	學生補郎舍人詔	1397- 5- 3
定口賦詔	1396-189- 1	賜應奉詔	1397- 57- 3
求賢詔	1396-189- 1	報橋玄詔	1397- 57- 3
擇立梁王淮陽王詔	1396-190- 1	遣還南單于居車兒詔	1397- 57- 3
擇立吳王詔	1396-190- 1	詔策馮緄	1397- 57- 3
置秦楚諸帝王守家詔	1396-190- 1	災異詔	1417- 348-17
賜赦燕吏民詔	1396-190- 1	●漢章帝漢	
十二年三月詔	1396-190- 1	詔報張酺	426-1079-15
賜韓王信書	1396-191- 1	報東平王蒼書	426-1080-15
手敕太子（五則）	1396-191- 1	地震舉賢良詔	426-1080-15
禮諸神詔	1402- 3- 1	詔順時令理寬獄	426-1080-15
罷兵首詔	1402- 3- 1	詔駙實受稟	426-1080-15
告衛尉酈商詔	1402- 3- 1	糾嫁娶非法者詔	426-1081-15
太上公尊號詔	1402- 3- 1	封三舅太后報皇帝	426-1081-15
讞獄詔	1402- 4- 1	賜東平王蒼瑯琊王京書	426-1082-15
擇立代王詔	1402- 4- 1	詔論五經同異	426-1082-15
定口賦詔	1402- 4- 1	切責寶憲（詔）	426-1082-15
求賢詔	1402- 4- 1	沛濟南東平中山四王勿名詔	426-1083-15
擇立吳王詔	1402- 5- 1	求賢詔	426-1083-15
置守家詔	1402- 5- 1	詔糾獄吏迫脅無辜	426-1083-15
擇立燕王詔	1402- 5- 1	禱雨詔	426-1083-15
告天下詔	1402- 5- 1	日食舉直言詔	426-1083-15
罷兵詔	1417-165-10	詔高才生受左氏穀梁春秋古文尚	
令諸吏善遇商爵詔	1417-166-10	書毛詩	426-1084-15
求賢詔	1417-166-10	東平憲王堪賜策	426-1084-15
求賢詔	1476- 5- 1	岐山獻銅白鹿詔	426-1084-15
●漢桓帝漢		禁行幸勞擾詔	426-1084-15

史部　詔令奏議類：附錄　詔令上十四畫

東平王蒼辭歸國賜手詔　　　　426-1084-15　　講議五經同異詔　　　　　　1360- 49- 2
詔賜公卿助祭錢　　　　　　426-1084-15　　選高才生受學詔　　　　　　1360- 50- 2
詔賜鄭均毛義穀　　　　　　426-1085-15　　禁多獄多酷詔　　　　　　　1360- 50- 2
詔除禁錮　　　　　　　　　426-1085-15　　賜胎養穀等詔　　　　　　　1360- 50- 2
改元詔　　　　　　　　　　426-1085-15　　褒劉方詔　　　　　　　　　1360- 50- 2
詔禁考掠　　　　　　　　　426-1085-15　　鑠除禁錮詔　　　　　　　　1360- 51- 2
賜流民公田詔　　　　　　　426-1085-15　　即位詔　　　　　　　　　　1397- 25- 2
賜馬光京師詔　　　　　　　426-1085-15　　日蝕詔　　　　　　　　　　1397- 25- 2
改用四分曆詔　　　　　　　426-1086-15　　春作詔（二則）　　　　　　1397- 25- 2
詔用安靜之吏　　　　　　　426-1086-15　　地震詔　　　　　　　　　　1397- 26- 2
胎養令　　　　　　　　　　426-1086-15　　舉察非法詔　　　　　　　　1397- 26- 2
罷嚴宣歷學詔　　　　　　　426-1086-15　　講議五經詔　　　　　　　　1397- 26- 2
禁十一月以後報囚（詔）　　426-1087-15　　日食求直諫詔（二則）　　　1397- 27- 2
鸞鳳見賜爵詔　　　　　　　426-1087-15　　省刑詔　　　　　　　　　　1397- 27- 2
巡狩赦天下詔　　　　　　　426-1087-15　　補官詔　　　　　　　　　　1397- 27- 2
賜三老孝弟力田帛（詔）　　426-1087-15　　禘祭賜錢詔　　　　　　　　1397- 27- 2
議增修群祀（詔）　　　　　426-1087-15　　巡幸詔　　　　　　　　　　1397- 28- 2
詔齊相賜江革粟詔　　　　　426-1088-15　　興經學詔　　　　　　　　　1397- 28- 2
興禮樂詔　　　　　　　　　426-1088-15　　四科選舉詔　　　　　　　　1397- 28- 2
還北單于生口詔　　　　　　426-1088-15　　募人就田詔　　　　　　　　1397- 28- 2
稟給孤幼（詔）　　　　　　426-1088-15　　理獄詔　　　　　　　　　　1397- 29- 2
詔報袁安　　　　　　　　　426-1088-15　　改元元和詔　　　　　　　　1397- 29- 2
改章和元年詔　　　　　　　426-1089-15　　除妖言三屬禁錮詔　　　　　1397- 29- 2
赦出朱暉等　　　　　　　　426-1089-15　　賜胎養穀詔　　　　　　　　1397- 29- 2
詔報朱暉　　　　　　　　　426-1089-15　　又詔三公　　　　　　　　　1397- 29- 2
又興禮樂詔　　　　　　　　426-1089-15　　增修群祀詔　　　　　　　　1397- 30- 2
勗御史司空（詔）　　　　　426-1089-15　　耕定陶賜帛詔　　　　　　　1397- 30- 2
以肥田賦貧民詔　　　　　　426-1089-15　　巡狩大赦詔　　　　　　　　1397- 30- 2
收下博侯晃及母太姬璽綬創利侯　　　　　　嘉瑞班恩詔　　　　　　　　1397- 30- 2
　剛戶封詔　　　　　　　　426-1090-15　　定報囚詔　　　　　　　　　1397- 30- 2
諭常山等郡守相勗　　　　　506- 173-91　　又班恩詔　　　　　　　　　1397- 30- 2
幸河內詔　　　　　　　　　538- 491-75　　稟給嬰兒詔　　　　　　　　1397- 31- 2
緣邊歲舉孝廉詔　　　　　　549- 31-183　　告常山魏郡清河鉅鹿平原東平郡
尊師傅詔　　　　　　　　　1355- 67- 3　　　太守相　　　　　　　　　1397- 31- 2
地震詔　　　　　　　　　　1355- 67- 3　　敕侍御史司空　　　　　　　1397- 31- 2
三公糾非法詔　　　　　　　1355- 68- 3　　改元章和詔　　　　　　　　1397- 31- 2
講議五經同異詔　　　　　　1355- 68- 3　　增修群祀詔　　　　　　　　1397- 31- 2
選高才生受學詔　　　　　　1355- 68- 3　　議曆詔　　　　　　　　　　1397- 32- 2
禁考獄多酷詔　　　　　　　1355- 68- 3　　制定禮樂詔（二則）　　　　1397- 32- 2
鑠除禁錮詔　　　　　　　　1355- 69- 3　　賜賈貴人詔　　　　　　　　1397- 33- 2
賜胎養穀等詔　　　　　　　1355- 69- 3　　賜東平王蒼書　　　　　　　1397- 33- 2
定報囚律詔　　　　　　　　1355- 69- 3　　復報東平王蒼書（二則）　　1397- 34- 2
稟給嬰兒詔　　　　　　　　1355- 70- 3　　賜東平王蒼及琅邪王京書　　1397- 35- 2
尊師傅詔　　　　　　　　　1360- 48- 2　　東平四王勿名詔　　　　　　1397- 35- 2
三公糾非法詔　　　　　　　1360- 49- 2　　賜東平王蒼手詔　　　　　　1397- 35- 2

四庫全書文集篇目分類索引

史部

詔令奏議類：附錄

詔令上十四畫

留舅許陽侯馬光詔	1397- 36- 2	詔議徙民寬地	426-991- 5
與舅馬光詔	1397- 36- 2	令二千石脩職（詔）	426-992- 5
追賜朱勃子穀詔	1397- 37- 2	讞獄詔	426-992- 5
賜鄭均詔	1397- 37- 2	減答詔	426-992- 5
褒江革詔	1397- 37- 2	吏車服詔	426-992- 5
報朱暉詔	1397- 37- 2	讞獄詔	426-992- 5
還北虜生口詔	1397- 38- 2	頌繫老幼等詔	426-992- 5
定報囚律詔	1402- 28- 4	勸農桑禁採金玉詔	426-993- 5
尊師傅詔	1402- 28- 4	嗇算詔	426-993- 5
順時理獄詔	1402- 28- 4	立孝文廟樂舞詔	1355- 44- 2
地震詔	1402- 29- 4	徙民寬大地詔	1355- 44- 2
河內詔	1402- 29- 4	頌繫老幼等詔	1355- 44- 2
以肥田賦貧民詔	1402- 29- 4	讞獄詔	1355- 44- 2
勗三公詔	1402- 29- 4	令二千石脩職詔	1355- 45- 2
實覈受廩詔	1417-340-17	禁采黃金珠玉詔	1355- 45- 2
地震舉賢良詔	1417-340-17	立孝文廟樂舞詔	1360- 17- 1
報東平王（詔）	1417-340-17	徙民寬大地詔	1360- 17- 1
賜東平瑯琊二王書	1417-341-17	頌繫老幼等詔	1360- 18- 1
論五經同異詔	1417-341-17	讞獄詔	1360- 18- 1
日食詔	1417-341-17	令二千石脩職詔	1360- 18- 1
手詔東平王	1417-342-17	禁采黃金珠玉詔	1360- 18- 1
賜公卿助祭錢詔	1417-342-17	立孝文廟舞詔附申屠嘉等奏	1396-201- 1
行秋稼詔	1417-342-17	聽民徙寬大地詔	1396-202- 1
選高才生受學詔	1417-342-17	議減罪吏詔附廷尉信與丞相議奏	1396-202- 1
賜流民公田詔	1417-342-17	定答罪詔	1396-202- 1
詔報朱暉	1417-343-17	赦襄平侯嘉詔	1396-203- 1
賜鄭均毛義穀詔	1417-343-17	繫七國制詔	1396-203- 1
詔三公	1417-343-17	赦從吳王吏民詔	1396-203- 1
定律詔	1417-343-17	讞獄詔	1396-203- 1
詔袁安等	1417-344-17	定長吏車服詔	1396-204- 1
詔改定禮制	1417-344-17	減答詔	1396-204- 1
廩給孤幼詔	1417-344-17	定箠詔	1396-204- 1
以肥田賦貧民詔	1417-344-17	詳讞詔	1396-204- 1
勗侍御史司空詔	1417-344-17	令二千石脩職詔	1396-204- 1
詔齊相旌江革	1417-344-17	卹廉士詔	1396-204- 1
詔三公	1476- 60- 4	勸農桑詔	1396-205- 1
●漢惠帝漢		寬鞫繫詔	1396-205- 1
吏唯給軍賦（詔）	426-981- 2	立孝文廟樂舞詔	1402- 10- 1
寬吏賦詔	1396-192- 1	徙民寬大地詔	1402- 10- 1
●漢景帝漢		定答罪詔	1402- 10- 1
文帝廟樂舞（詔）	426-990- 5	擊吳楚詔	1402- 10- 1
繫七國詔	426-991- 5	讞獄詔	1402- 11- 1
赦吳吏民等詔	426-991- 5	詳讞詔	1402- 11- 1
減答詔	426-991- 5	令二千石脩職詔	1402- 11- 1
詔議受所監臨令	426-991- 5	重廉士詔	1402- 11- 1

禁采黃金珠玉詔　1402- 11- 1
定孝文廟樂舞詔　1417- 172-10
讞疑獄詔　1417- 172-10
治獄務寬詔　1417- 172-10
令天下務農蠶詔　1417- 172-10
重廉士詔　1417- 173-10
勸農桑詔　1417- 173-10
令二千石脩職詔　1476- 7- 1

● 漢順帝漢

又赦天下詔　426-1103-19
祠楊震策　426-1103-19
大赦天下詔　426-1103-19
赦天下詔　426-1104-19
徵楊倫詣廷尉（詔）　426-1104-19
地震求直言詔　426-1104-19
簡核刺史二千石詔　426-1104-19
舉孝廉限年詔　426-1104-19
禱雨詔　426-1104-19
令冀部勿收今年田租（詔）　426-1104-19
封還大珠詔　426-1104-19
案行地震諸郡（詔）　426-1105-19
詔問災異　426-1105-19
日食詔上封事　426-1105-19
策周舉　426-1105-19
追祠太尉楊震詔　556- 111-85
舉賢良方正詔　1397- 49- 3
改元大赦詔　1397- 49- 3
觸租詔　1397- 50- 3
地震免租詔　1397- 50- 3
赦詔　1397- 50- 3
封還獻珠詔　1397- 50- 3
免蕪部租詔　1397- 50- 3
祈嶽瀆詔　1397- 50- 3
選刺史二千石詔　1397- 51- 3
地震求言詔　1397- 51- 3
連旱大赦詔　1397- 51- 3
日變詔　1397- 51- 3
隴西諸郡地震詔　1397- 51- 3
告南陽太守禮樊英詔　1397- 52- 3
告中山相朱逵詔　1397- 52- 3
告河南尹徵張楷詔　1397- 52-19
追祠太尉楊震詔策　1397- 52-19
賜宋漢策　1397- 53-19
賜國三老袁良册　1397- 53-19
勗桂楊太守文礱　1417- 348-17

● 漢殤帝漢

勗司隸校尉部刺史躬實水灾　426-1097-17
出挾庭宮人詔　426-1097-17
減服御詔　426-1097-17
皇太后詔　426-1097-17
雨水減服膳詔　1397- 43-17
赦司隸校尉部刺史　1397- 43-17
勗司隸校尉部刺史　1417- 347-17

● 漢質帝漢

賑濟廣陵九江郡詔　426-1106-20
寬案驗微罪詔　426-1106-20
定三陵序次詔　426-1106-20
閔雨寬恤詔　426-1106-20
詔子弟就學月一饗會　426-1107-20
正祀詔　1397- 54- 3
方春寬罰詔　1397- 54- 3
賑卹二郡詔　1397- 54- 3

● 漢獻帝漢

原輕繫詔　426-1112-23
報有司請建長秋詔　426-1112-23
儒生依科罷者聽爲太子舍人(詔)　426-1112-23
命魏公承制封拜詔　1361- 505- 1
魏王三辭詔三報不許又手詔　1361- 507- 1
與魏太子丕詔　1361- 508- 1
變雒爲洛詔　1361- 508- 1
日食詔　1397- 60- 3
儒生爲太子舍人詔　1397- 61- 3
報奏立長秋宮詔　1397- 61- 3
罪李儒詔　1397- 61- 3
原裴茂詔　1397- 61- 3
罪侯汝詔　1397- 61- 3
奉例詔　1397- 61- 3
赦曹操　1397- 62- 3
令州郡罷兵詔　1397- 62- 3
令魏公曹操拜封諸侯守相詔　1397- 62- 3
手詔 魏王三辭詔三報不許又手詔　1397- 64- 3
禪魏詔　1397- 64- 3
禪魏册　1397- 64- 3
立春日下寬大書　1397- 66- 3
漢律布金令　1397- 67- 3

● 漢靈帝漢

詔問蔡邕灾異　426-1111-22
消復災異制　1397- 60- 3
徵荀爽等詔　1397- 60- 3
徵美胘手詔　1397- 60- 3

●漢光武帝 漢

敕鄧禹進兵（詔）	426-1062-13	殺奴婢不減罪詔	426-1069-13
省刑罰詔	426-1063-13	勞郭伋（詔）	426-1069-13
詔報朱浮	426-1063-13	戒馮勤（詔）	426-1070-13
封功臣策	426-1063-13	詔太守不受異味	426-1070-13
封功臣爲列侯詔	426-1063-13	邊吏不拘逗留法（詔）	426-1070-13
列侯子孫復故國詔	426-1063-13	讓劉尚（詔）	426-1070-13
敕馮異征伐	426-1063-13	諭公孫述詔	426-1070-13
徵鄧禹還（詔）	426-1063-13	地震詔	426-1071-13
報耿弇（詔）	426-1064-13	詔除邊郡盜殺死罪	426-1071-13
與隗囂手書	426-1064-13	諭竇融勿爲山陵（詔）	426-1071-13
詔寬六百石以下吏罪	426-1064-13	班彪上報北匈奴詔草	426-1072-13
勞馮異璽書	426-1064-13	卻封禪詔	426-1072-13
得璽授祠高廟詔	426-1064-13	封藏宮詔	426-1072-13
詔報竇融	426-1065-13	春日下寬大書	426-1073-13
進柔良退貪酷詔	426-1065-13	賜周黨帛詔	426-1073-13
賜竇融璽書	426-1065-13	遺詔	426-1073-13
報馮異詔	426-1065-13	告祠高廟詔	426-1073-13
讓蓋延（詔）	426-1065-13	賜岑彭詔	534- 161-82
赦殊死以下（詔）	426-1066-13	封周姓諸侯詔	534- 161-82
賜隗囂詔	426-1066-13	作壽陵詔	538- 491-75
與公孫述書	426-1066-13	下關中諸將璽書	556- 110-85
賜馮異錢帛詔	426-1066-13	議省刑法詔	1355- 62- 3
詔二千石撫循百姓	426-1066-13	令中都官等出繫囚詔	1355- 63- 3
賜侯霸璽書	426-1066-13	命郡國給稟高年等詔	1355- 63- 3
勞耿弇（詔）	426-1066-13	省減吏員詔	1355- 63- 3
討龐盟與諸將書	426-1066-13	日有食之詔	1355- 63- 3
罷輕車騎士材官樓船詔	426-1067-13	三十稅一詔	1355- 63- 3
薄葬詔	426-1067-13	戒厚葬詔	1355- 63- 3
賜馮異璽書	426-1067-13	令太官勿受異味詔	1355- 63- 3
田租三十稅一詔	426-1067-13	地震詔	1355- 64- 3
日食求賢良詔	426-1067-13	作壽陵詔	1355- 64- 3
詔省縣減吏職	426-1067-13	報臧官詔	1355- 64- 3
報陳俊詔	426-1068-13	賜周黨帛詔	1355- 65- 3
遣寇恂平潁川詔	426-1068-13	賜諸侯策	1355- 73- 3
勅岑彭書	426-1068-13	賜竇融璽書	1355- 78- 3
迎詔竇融	426-1068-13	議省形法詔	1360- 42- 2
詔告隗囂	426-1068-13	令中都官等出繫囚詔	1360- 42- 2
報竇融詔	426-1068-13	省減吏員詔	1360- 42- 2
舉賢良方正詔	426-1068-13	日食詔	1360- 42- 2
詔上書不得言聖	426-1068-13	三十稅一詔	1360- 43- 2
報吳漢書	426-1069-13	戒厚葬詔	1360- 43- 2
讓吳漢書	426-1069-13	戒略奴婢詔	1360- 43- 2
戒吳漢書	426-1069-13	戒殺奴婢詔	1360- 43- 2
報岑彭書	426-1069-13	令太官勿受異味詔	1360- 43- 2
		地震詔	1360- 44- 2

作壽陵詔	1360-44-2	勞蓋延詔書	1397-12-1
報臧宮詔	1360-45-2	詔諸將	1397-12-1
賜周黨帛詔	1360-45-2	報耿純制書	1397-12-1
上書者不得言聖詔	1360-46-2	詔耿況	1397-12-1
賜竇融璽書	1360-56-2	賜竇融璽書	1397-12-1
賜諸侯策	1360-63-2	詔報竇融	1397-13-1
封功臣詔附博士丁恭議	1397-4-1	詔竇融	1397-13-1
封策	1397-4-1	賜侯霸璽書	1397-14-1
省刑法詔	1397-4-1	賜侯將年（詔）	1397-14-1
聽歸嫁賣詔	1397-4-1	迎拜鮑永詔	1397-14-1
追封宗室詔	1397-4-1	責御史罪制詔	1397-14-1
受傳國璽詔	1397-4-11	賜丁邯詔	1397-14-1
省罪詔	1397-4-1	賜張堪詔	1397-15-1
旱詔	1397-5-1	褒牛牟詔	1397-15-1
郡災詔	1397-5-11	詔郭伋	1397-15-1
赦天水諸郡詔	1397-5-1	報劉興書	1397-15-1
省減吏員詔	1397-5-1	報匈奴詔	1397-15-1
日食詔	1397-5-1	遺詔	1397-15-1
減田租詔	1397-5-1	報竇融書	1397-97-5
禁厚葬詔	1397-5-1	賜鄧書	1397-90-5
罷軍吏詔	1397-6-1	報馮異書（二則）	1397-93-5
日食禁上書言聖詔	1397-6-1	令太官勿受異味詔	1402-26-4
日食大赦詔	1397-6-1	報臧宮馬武詔	1402-26-4
禁殺奴婢詔（二則）	1397-6-1	作壽陵詔	1402-27-4
禁獻異味詔（二則）	1397-6-1	勗馮異	1417-333-17
改封長沙王等爲侯詔	1397-6-1	恤民詔	1417-333-17
地震詔	1397-7-1	賜竇融璽書	1417-333-17
增奉詔	1397-7-1	再報竇融詔	1417-334-17
營壽陵詔（二則）	1397-7-1	賜隗囂詔	1417-335-17
詔告隗囂	1397-8-1	詔上書不得言聖	1417-335-17
詔喻公孫述	1397-8-1	詔讓劉尚	1417-335-17
下鄧禹敕	1397-8-1	地震詔	1417-335-17
懲鄧禹還敕（二則）	1397-9-1	報臧宮馬武詔	1417-336-17
勞馮異璽書（三則）	1397-9-1	賜馮異敕	1476-56-4
詔馮異	1397-9-1	賜竇融璽書	1476-57-4
賜馮異璽書	1397-9-1	報臧宮馬武詔	1476-58-4
詔祭遵	1397-10-1	●漢昭烈帝蜀漢	
敕岑彭書	1397-10-1	封張飛策	1361-521-5
報岑彭書	1397-10-1	●恭崇禮宋	
詔吳漢（二則）	1397-10-1	討罪誠飭詔	1134-573-8
讓吳漢（詔二則）	1397-11-1	賜參知政事席益生日詔	1134-574-8
報吳漢（詔）	1397-11-1	賜太尉定江昭慶軍節度使神武右	
讓劉尚（詔二則）	1397-11-1	軍都統制張俊生日詔	1134-574-8
賜陳俊璽書	1397-11-1	賜鎮潼軍節度使開府儀同三司充	
報陳俊詔	1397-11-1	醴泉觀使孟忠厚生日詔	1134-574-8

史部

詔令奏議類：附錄

詔令上十四畫

賜新除尚書右僕射同中書門下平章事朱勝非生日詔　1134-575-8

賜尚書右僕射范宗尹生日詔　1134-575-8

賜簽書樞密院權邦彥生日詔　1134-575-8

賜端明殿學士左朝奉大夫江南西路安撫大使兼知洪州趙鼎赴行在詔　1134-575-8

賜新除起復左宣奉大夫守尚書右僕射同中書門下平章事兼知樞密院事朱勝非赴行在詔　1134-575-8

賜川陝宣撫使司張浚詔　1134-576-8

賜檢校少保定國軍節度使知樞密院事張浚赴行在詔（二則）　1134-576-8

賜新除江東淮西路宣撫使劉光世詔　1134-577-8

賜新除鎭江府建康府淮南東路宣撫使韓世忠詔　1134-578-8

賜宇文虛中詔（二則）　1134-578-8

賜門下分鎭詔　1134-579-9

賜檢校少保光山軍節度使知大宗正事士儁乞收叙銜在令時下允詔　1134-580-9

賜左中奉大夫徽猷閣待制德安府復州漢陽軍鎭撫使馬步軍都總管兼知德安府陳規獎諭詔　1134-580-9

賜徽猷閣直學士降受左中奉大夫知鄂州荊湖北路安撫使劉洪道獎諭詔　1134-580-9

賜龍圖館直學士左朝請大夫知湖州汪藻獎諭詔　1134-580-9

賜起復檢校少保定國軍節度使川陝宣撫副使吳玠獎諭詔　1134-581-9

賜資政殿學士左中大夫江南西路安撫大使馬步軍總管兼知洪州軍州充德安府舒蘄光黃復州漢陽軍宣撫使李回獎諭詔　1134-581-9

賜楊維忠獎諭詔　1134-582-9

賜皇叔祖檢校少保靖海軍節度使開府儀同三司嗣濮王仲湜辭免兼大宗正事恩命不允詔　1134-582-9

賜皇叔祖檢校少傅靖海軍節度使開府儀同三司嗣濮王仲湜再上表辭免宗祀加恩斷來章不允詔　1134-582-9

賜新尚書右濮射同中書門下平章事朱勝非辭免恩命不允詔　1134-583-9

賜觀文殿學士朱勝非辭免恩命不允詔　1134-583-9

賜觀文殿學士左宣奉大夫知紹興府事充兩浙東路安撫使朱勝非辭免新除同都督江淮浙諸軍事恩命不允詔　1134-583-9

賜觀文殿學士左宣奉大夫知紹興府朱勝非乞改一外任宮觀差遣不允詔　1134-583-9

賜朱勝非辭免依舊知紹興府乞除受一外任宮祠差遣不允詔　1134-584-9

賜新除提舉萬壽觀兼侍讀朱勝非辭免恩命乞改授一外任宮祠不允詔　1134-584-9

賜端明殿學士左朝奉大夫江南西路安撫大使兼知洪州趙鼎乞除一宮觀差遣不允詔　1134-584-9

賜新除參知政事趙鼎辭免恩命乞改除一在外宮觀差遣不允詔　1134-585-9

賜新除簽書樞密院事趙鼎辭免不允詔　1134-585-9

賜參知政事趙鼎乞罷范仲宗少卿直史館除命不允詔　1134-585-9

賜左朝奉大夫試吏部尚書兼侍讀胡松年乞除一在外宮觀不允詔　1134-587-10

賜新除端明殿學士川陝等路宣撫處置等副使王似辭免恩命不允詔　1134-587-10

賜資政殿學士左通奉大夫川陝宣撫使王似乞一宮觀差遣不允詔　1134-588-10

賜新除資政殿大學士知溫州范宗尹辭免恩命乞依舊宮祠不允詔　1134-588-10

賜新除通議大夫守尚書右濮射同中書門下平章事進封高平郡開國侯范宗尹辭免恩命不允詔　1134-588-10

賜龍圖閣直學士左朝請大夫知湖州汪藻再乞除在外宮觀差遣不允詔　1134-589-10

賜新除兵部侍郎兼權直學士院汪藻辭免恩命乞除一在外宮觀差遣不允詔　1134-589-10

賜新除兵部侍郎鄭滋辭免恩命不允詔　1134-589-10

賜左朝議大夫試尚書吏部侍郎鄭滋乞除知州或外宮觀不允詔　1134-590-10

四庫全書文集篇目分類索引

賜起復檢校少保光山軍節度使知大宗正事士儀上表辭免宗祀加恩不允詔　1134-590-10

賜檢校少保光山軍節度使司知大宗正事士儀乞罷宗正職事除一外任宮觀不允詔　1134-590-10

賜徵猷閣直學士知鄂州劉洪道辭免特轉左太中大夫恩命不允詔　1134-590-10

賜資政殿大學士左中大夫提舉臨安府洞霄宮王綯辭紹興府恩命乞依舊宮祠終滿此任不允詔　1134-591-10

賜資政殿大學士左中大夫知紹興府王綯乞除依舊外任宮觀不允詔　1134-591-10

賜資政殿大學士左中大夫知紹興府王綯再乞除依舊外任宮觀不允詔　1134-591-10

賜新除龍圖閣學士依前樞院都承旨章誼辭免恩命不允詔　1134-592-10

賜新除龍圖閣學士章誼再辭免恩命不允詔　1134-592-10

賜龍圖閣學士左中大夫樞密院都承旨充大金國前通問使章誼辭免特賜起發錢一千貫銀絹二百疋兩恩命不允詔　1134-592-10

賜新除工部侍郎李擢辭免恩命不允詔　1134-592-10

賜尚書工部侍郎兼權侍講李擢乞除僻小一郡或在外宮觀不允詔　1134-593-10

賜新除徵猷閣直學士依前知德安府陳規辭免恩命不允詔　1134-593-10

賜新除龍圖閣直學士折彥質辭免恩命并召赴行在乞除在外宮觀不允詔　1134-593-10

賜資政殿學士左中大夫謝克家辭免提舉萬壽觀兼侍讀恩命不允詔　1134-594-10

賜新除禮部尚書謝克家辭免恩命不允詔　1134-594-11

賜資政殿學士左中大夫提舉萬壽觀兼侍讀謝克家辭免新除男僅工部郎官恩命不允詔　1134-594-11

賜檢校少保定國軍節度使川陝宣撫使吳玠辭免新除少保恩命不允詔　1134-595-11

賜徵猷閣直學士左中大夫提舉江州太平觀洪擬辭免特轉太中大夫恩命不允詔　1134-595-11

賜試禮部尚書洪擬辭免轉官并減磨勘不允詔　1134-596-11

賜新除禮部尚書洪擬辭免恩命不允詔　1134-596-11

賜新除吏部尚書兼翰林學士沈與求辭免恩命乞除一在外宮觀不允詔　1134-596-11

賜新除龍圖閣學士充荊湖南路安撫史兼知潭州沈與求辭免恩命乞一在外宮觀不允詔　1134-596-11

賜吏部尚書兼權翰林學士沈與求辭免兼侍讀恩命不允詔　1134-597-11

賜新除翰林學士知制誥徐俯辭免恩命不允詔　1134-597-11

賜端明殿學士左中大夫新除提舉臨安府洞霄宮徐俯辭免依舊職名不允詔　1134-598-11

賜新除簽書樞密院事徐俯辭免恩命不允詔　1134-598-11

賜新除參知政事席益辭免恩命不允詔　1134-598-11

賜新除工部尚書席益辭免恩命不允詔　1134-598-11

賜新除吏部尚書席益辭免恩命不允詔　1134-599-11

賜新除寧武軍節度使開府儀同三司劉光世辭免恩命不允斷來章詔　1134-599-11

賜起復檢校太傅寧武國軍節度使開府儀同三司充江南東路宣撫使劉光世辭免特賜銀一千兩恩命不允詔　1134-599-11

賜新除起復檢校太傅寧武國軍節度使開府儀同三司充江南東路宣撫使劉光世辭免恩命不允詔　1134-600-11

賜新除檢校太傅依前起復寧武寧國軍節度使開府儀同三司充江南東路宣撫使劉光世辭免恩命不允詔　1134-600-11

賜太尉奉國軍節度使御營副使劉光世乞一便郡差遣或守本官致仕不允詔　1134-600-11

賜劉光世再辭免起復恩命并乞回
納聘贈及特賜銀絹並不允詔 1134-601-11
賜劉光世再辭免恩命不允詔(二則) 1134-601-12
賜劉光世三上箋子辭免恩命不允
詔 1134-602-12
賜新除參知政事張守辭免恩命不
允詔 1134-602-12
賜新除資政殿學士左中大夫知福
州張守辭免恩命乙除一在外宮
觀不允詔 1134-602-12
賜資政殿學士左中大夫知福州充
福建路安撫使張守乙一在外宮
觀任使居住不允詔 1134-602-12
賜資政殿學士左中大夫知福州充
福建路安撫使張守乙除在外宮
觀不允詔 1134-603-12
賜資政殿學士左中大夫知紹興府
張守辭免提舉萬壽觀兼侍讀恩
命并乙外任宮觀一次不允詔 1134-603-12
賜新除戶部侍郎黃叔敖辭恩命
不允詔 1134-603-12
賜戶部尙書兼侍讀黃叔敖乙除一
在外宮觀差遣不允詔 1134-604-12
賜新除戶部尙書兼侍讀充倫政局
參詳官黃叔敖辭免恩命不允詔 1134-604-12
賜同都督江淮判浙諸軍事孟庾辭
免恩命不允詔 1134-604-12
賜左中大夫參知政事福建江西判
湖南北路宣撫使孟庾乙除外一
宮觀差遣不允詔 1134-605-12
賜參知政事孟庾辭免兼權同都督
江淮判浙諸軍恩命并乙除在外
宮觀差遣不允詔 1134-605-12
賜參知政事同都督江淮判浙諸軍
事孟庾乙除在外宮觀差遣不允
詔 1134-605-12
賜同都督江淮判浙諸軍事孟庾乙
除一在外宮觀差遣不允詔 1134-606-12
賜試兵部尙書權邦彥辭免兼侍讀
恩命不允詔 1134-606-12
賜新除端明殿學士簽書樞密院事
權邦彥辭免恩命不允詔 1134-606-12
賜新除淮南江浙判湖等路制置發
運使權邦彥辭免恩命不允詔 1134-606-12
賜尙書右僕射同中書門下平章事

秦檜爲水災待罪不允詔 1134-607-12
賜尙書右僕射同中書門下平章事
秦檜乙外任宮觀差遣不允詔 1134-607-12
賜新除建康府撫大使兼知池州呂
頤浩乙給假將治不允詔 1134-607-12
賜端明殿學士左朝奉大夫江南西
路安撫大使兼知洪州趙鼎乙除
一宮觀差遣不允詔 1134-609-12
賜新除工部尙書胡松年辭免恩命
不允詔 1134-610-13
賜新除建康府路安撫大使兼知池
州呂頤浩再辭免恩命不允詔 1134-610-13
賜觀文殿大學士提舉臨安府洞霄
宮呂頤浩辭免恩命不允詔 1134-610-13
賜呂頤浩乙收還節度使印鈒落開
府儀同三司却除一合得職名不
允詔 1134-610-13
賜尙書左僕射同中書門下平章事
呂頤浩等爲火災待罪不允詔 1134-611-13
賜特進尙書左僕射同中書門下平
章事呂頤浩辭免監修國史恩命
不允詔 1134-611-13
賜特進尙書左僕射同中書門下平
章事兼知樞密院事都督江淮判
浙路諸軍事呂頤浩辭免長男承
議郎抗次男宣教郎撤除職名賜
章服恩命不允詔 1134-611-13
賜新除御史中丞富直柔辭免恩命
不允詔 1134-612-13
賜新除工部侍郎買安宅辭免恩命
不允詔 1134-612-13
賜新除龍圖閣直學士知泉州葉份
辭免恩命不允詔 1134-612-13
賜新除徽猷閣直學士淮南東西路
宣撫使參謀官宋伯友辭免恩命
不允詔 1134-613-13
賜新除御史中丞辛炳辭免恩命不
允詔 1134-613-13
賜神武副軍都統制岳飛辭免恩命
不允詔 1134-613-13
賜新除龍圖閣學士充川陝宣撫處
置副使盧法原辭免恩命不允詔 1134-614-13
賜新除兵部侍郎程瑀辭免恩命不
允詔 1134-614-13
賜左朝奉大夫試尙書刑部侍郎兼

四庫全書文集篇目分類索引　583

權吏部侍郎胡交修辭免兼侍讀恩命不允詔　1134-614-13

賜左朝奉大夫新除兵部尚書賜趙子書辭免恩命不允詔　1134-614-13

賜捧日天武四廂都指揮使明州觀察使權主管殿前公事劉錫辭免恩命不允詔　1134-615-13

賜龍圖閣直學士左朝奉大夫知處州耿延禧乞除在外宮觀差遣不允詔　1134-615-13

賜新除端明殿學士朝議大夫權同知三省樞密院事李回辭免恩命乞除一宮觀差遣不允詔　1134-616-14

賜資政殿學士左中大夫江南西路安撫大使兼知洪州李回乞除一宮觀差遣不允詔　1134-616-14

賜新除端明殿學士左朝奉郎充江南東路安撫大使兼知建康府充壽春府滁濠和州無爲軍宣撫史李光辭免恩命不允詔　1134-616-14

賜新除吏部尚書李光辭免恩命不允詔　1134-617-14

賜新除戶部侍郎柳約辭免恩命不允詔　1134-617-14

賜新除顯謨閣直學士左朝請郎知平江府李彌大辭免恩命不允詔　1134-617-14

賜新除戶部尚書李彌大辭免恩命不允詔　1134-617-14

賜新除參知政事翟汝文辭免恩命不允詔　1134-617-14

賜參知政事翟汝文乞除在外一宮觀差遣不允詔　1134-618-14

賜新除太尉依前武成感德軍節度使神武左軍都統制韓世忠辭免恩命不允詔　1134-618-14

賜新除開府儀同三司韓世忠辭免恩命不允詔　1134-618-14

賜韓世忠再上箚子辭免恩命不允詔　1134-619-14

賜韓世忠三上箚子辭免恩命不允詔　1134-619-14

賜新除武泰軍節度使依前侍衞親軍步軍都總指揮使郭仲荀辭免恩命不允詔　1134-619-14

賜武泰軍節度使知明州軍事兼管內勸農使兼沿海制置使郭仲荀辭免新除檢校少保恩命不允詔　1134-619-14

賜侍衞親軍步軍都指揮使武泰軍節度使權主管殿前司公事郭仲荀乞罷軍職除一宮觀差遣不允詔　1134-620-14

賜新除檢校少保郭仲荀辭免恩命不允詔　1134-620-14

賜新除信安郡王孟忠厚辭免恩命不允詔　1134-620-14

賜寧遠軍節度使充醴泉觀使孟忠厚辭免回授轉官恩命不允詔　1134-620-14

賜新除溫州韓肖胄辭免恩命不允詔　1134-621-14

賜端明殿學士左中大夫同簽樞密院事韓肖胄辭免賜馬不允詔　1134-621-14

賜左朝奉大夫試工部尚書胡松年辭免賜馬不允詔　1134-621-14

賜端明殿學士左中大夫同簽樞密院事充大金國軍前通問史韓肖胄辭免特賜恩澤七資起發錢一千貫恩命不允詔　1134-621-14

賜左朝奉大夫試工部尚書充大金國軍前通問副使胡松年辭免特賜恩澤五資起發錢八百貫恩命不允詔　1134-621-14

賜新除同簽書樞密院事韓肖胄辭免恩命不允詔　1134-621-41

賜新除吏部侍郎韓肖胄辭免恩命改授一州不允詔　1134-622-14

賜新除捧日天武四廂都指揮使充淮南東西路宣撫使司都統制王璉辭免恩命不允詔　1134-622-15

賜捧日天武四廂都指揮使慶遠軍承宣使神武前軍統制王璉辭免軍職不允詔　1134-622-15

賜新除知揚州充淮南東路安撫史湯東野辭免恩命不允詔　1134-623-15

賜徽猷閣直學士右太中大夫知揚州充淮南東路安撫史湯東野乞依舊一宮觀差遣不允詔　1134-623-15

賜新除禮部侍郎陳與義辭免恩命不允詔　1134-623-15

賜左奉議郎試尚書吏部侍郎兼侍講兼權直學士院陳與義乞除一

史部

詔令奏議類：附錄

詔令上十四畫

四庫全書文集篇目分類索引

史部

詔令奏議類：附錄

詔令上十四畫

在外宮觀或僻小一郡不允詔　1134-624-15
賜左奉議郎試尚書吏部侍郎兼侍講陳與義辭免恩命不允詔　1134-624-15
賜吏部侍郎兼學士院兼侍講陳與義乞除一小郡或宮觀差遣並不允詔　1134-624-15
賜新除檢校少保定國軍節度使依前知樞密院事宣撫處置使張浚辭免恩命不允詔　1134-625-15
賜檢校少保定國軍節度使知樞密院事宣撫處置使張浚乞檢累奏賜勑責別選大臣經營關陝不允詔　1134-626-15
賜檢校少保定國軍節度使知樞密院事張浚乞罷知院事不允詔　1134-626-15
賜檢校少保定國軍節度使知樞密院事張浚請罪不允詔　1134-626-15
賜知樞密院事張浚乞許辭免先除檢校少保定國軍節度使恩命不允詔　1134-627-15
賜太尉定江昭慶軍節度使神武右軍都統制張浚乞一在外宮觀差遣許任便居住不允詔　1134-627-15
賜知樞密院張浚乞在外宮觀差遣不允詔　1134-627-15
賜新除徵猷閣學士提舉臨安府洞霄宮詹义辭免恩命不允詔　1134-627-15
賜端明殿學士左中大夫知饒州軍州事主管學生監牧董耘乞除在外宮觀差遣不允詔　1134-628-15
賜知隨州李道獎諭功書　1134-629-16
賜李橫獎諭勅書　1134-630-16
賜李宏獎諭勅書　1134-630-16
賜陳彥明下一行官兵等獎諭勅書　1134-630-16
賜武功大夫遙郡防禦使襄陽府鄂州鎭撫使李橫武義大夫兼閤門宣贊舍人鄧隨州鎭撫使李道權知鄧州桑立獎諭勅書　1134-630-16
賜廣南東西路荊湖南北路兩浙東西路福建路江南東西路州縣官吏等勅書　1134-631-16
賜慶遠軍官吏軍民僧道耆壽等示諭書　1134-631-16
撫諭四川路勅書　1134-631-16
撫諭陝西路官吏軍民等勅書　1134-632-16
撫諭缺州軍勅書　1134-632-16
賜董震獎諭勅書　1134-633-16
賜唐州官吏軍民等撫諭勅書　1134-633-16
賜李橫翟琮董先董震牛皋彭玘牛寶王偉趙起朱全朱力成撫諭勅書　1134-633-16
賜李橫等撫諭勅書　1134-634-16
高麗使副朝見託歸館賜御宴口宣　1134-634-17
高麗使副朝辭賜御筵口宣　1134-634-17
賜張守上表辭免恩命不允仍斷來章批答　1134-634-17
賜趙鼎上表辭免恩命不允仍斷來章批答　1134-635-17
賜謝克家上表辭免恩命不允仍斷來章批答　1134-635-17
賜呂頤浩上表辭免恩命不允批答　1134-636-17
賜呂頤浩再上表辭免恩命不允仍斷來章批答　1134-636-17
賜翟汝文上表辭免恩命不允斷來章批答　1134-636-17
賜權邦彥上表辭免恩命不允仍斷章批答　1134-636-17
賜朱勝非辭免恩命不允斷來章批答　1134-637-17
賜郭仲荀上奏辭免恩命不允詔　1134-637-17
賜郭仲荀再上表辭免恩命不允仍斷來章批答　1134-637-17
賜邢煥表辭免恩命不允詔　1134-638-17
賜孟庾上表辭免恩命不允仍斷來章批答　1134-638-17
賜席益上表辭免恩命不允仍斷來章批等　1134-638-17
賜徐俯上表辭免恩命不允仍斷來章批答　1134-639-17
賜孟忠厚上表辭免恩命不允批答　1134-639-17
賜孟忠厚再上表辭免恩命不允仍斷來章批答　1134-639-17
賜韓肖胄上表辭免恩命不允仍斷來章批答　1134-639-17
賜趙鼎上表免辭免恩命不允仍斷來章批答　1134-640-17
賜胡松年上表辭免恩命不允斷來章批答　1134-640-17
● 趙秉文金
擬元禎長慶新體戒諭　1190-183-10

諭陝西東西兩路行省詔　1190-183-10

● 翟汝文宋

戒士大夫不當明黨詔　1129-183- 1
賜張孝純詔　1129-183- 1
撫問河南制置使解潛詔　1129-183- 1
撫問王璉并一行將佐軍兵等詔　1129-183- 1
賜李綱玉束帶戰袍金帶馬甲刀劍細物銀絹茶燭等詔　1129-184- 1
賜新除資政殿大學士中山西路安撫使詹度辭免恩命不允詔　1129-184- 1
賜給事中詹义乞淮浙一小郡或在外宮觀不允詔　1129-184- 1
賜吏部尚書莫儔辭免兼侍講恩命不允詔　1129-184- 1
賜刑部尚書李彌大乞除便鄉小郡或外任宮觀不允詔　1129-184- 1
賜御史中丞陳過庭乞宮觀不允詔　1129-185- 1
賜知雄州郭仲荀辭免遂安軍承宣使仍更轉一官回授自身恩受命不允詔　1129-185- 1
賜新除給事中楊時辭免恩命乞致仕不允詔　1129-185- 1
賜新除徵猷閣直學士楊時辭免恩命不允詔　1129-185- 1
賜權管幹殿前司公事王宗濋辭免殿前都虞侯恩命不允詔　1129-185- 1
賜武昌軍承宣使權管幹侍衞步軍司公事閻勁乞宮觀不允詔　1129-186- 1
賜新除汝州觀察使曹曚辭免恩命不允詔　1129-186- 1
賜門下侍郎耿南仲辭免男延禧除太常少卿恩命不允詔　1129-186- 1
賜朝奉郎試兵部尚書孫傅辭免兼侍讀恩命不允詔　1129-186- 1
賜參政福建宣撫使孟庾詔　1129-186- 1
賜福建宣撫副使韓世忠詔　1129-186- 1
賜新除端明殿學士江東路安撫大使李光再辭免恩命不允詔　1129-187- 1
節度使開府儀同三司除尚書左僕射兼中書侍郎制　1129-189- 1
工部侍郎除節度使制　1129-189- 1
翰林技術官等磨勘制　1129-219- 4
武臣磨勘制　1129-219- 4
醫官遷轉制　1129-220- 4
水利司官措置湖秀州圩田成堆恩

制　1129-220- 4
子弟所呈試弓馬推恩制　1129-220- 4
効用推恩制　1129-220- 4
邊功推賞制　1129-221- 4
納級推賞制　1129-221- 4
追贈將官制　1129-221- 4
陣亡遺蔭勒　1129-221- 4
賜內侍童貫乞罷職不允詔　1129-222- 4
內侍遷轉制　1129-223- 4
衞士賜官制　1129-223- 4
西蕃歸朝首領賜官制　1129-223- 4
溪峒賜官制　1129-224- 4
溪峒歸朝首領賜官制　1129-224- 4
內宰視太宰制　1129-224- 4
副宰視少宰制　1129-224- 4
治中視門下制　1129-224- 4

● 圖克坦公履元

建國號詔　1367-117- 9

● 僧伽羅國王西土

伐羅利令　1400-422- 1

● 裴子野梁

喻虜檄文　1399-447- 9

十五畫

● 潘布真明

恭記御賜先臣勒後　1266-748- 8

● 諸葛亮蜀漢

蜀漢後皇帝三月詔　1402- 32- 5
爲後主伐魏詔　1412-324-22

● 鄭 畋唐

授武臣邠寧節度使制　1337-283-457
與韓君雄書　1337-302-459
與張文裕及魏博軍書　1337-302-459

● 鄭 紀明

恭題南京守備太監臣陳祖生審錄勅諭後　1249-831- 11

● 鄭 真明

跋宋高宗賜岳飛手詔（二則）　1234-186- 35
跋宋理宗內批　1234-188- 35
擬賜四川省臣臘藥口宣　1234-396- 57
擬賜和林帥臣臘藥口宣　1234-396- 57
擬賜上都帥臣臘藥口宣　1234-396- 57
擬賜淮南省臣臘藥口宣　1234-396- 57
擬撫問總兵官兼賜臘藥口宣并跋　1234-396- 57
擬撫問省臣及賜夏藥口宣　1234-397- 57
擬撫問渝東分省臣僚及賜銀合服

藥口宣	1234-397-57	高麗國進奉使可大理寺丞制	1097-134- 3
擬撫問湖南總兵省臣及賜銀合夏藥口宣	1234-397-57	國子監直講可大理寺丞制	1097-134- 3
擬撫問雲南省臣及賜銀合夏藥口宣	1234-397-57	秘書監可左散騎常侍制	1097-135- 3
擬賜江淛省龍衣御酒勅書	1234-397-57	靈臺郎制	1097-136- 3
擬賜江淛省臣名馬勅書	1234-397-57	天章閣侍制可都轉運使制	1097-138- 3
擬賜淛東憲臣御酒勅書	1234-397-57	客省使制	1097-142- 4
擬起復江淛參加政事制	1234-399-57	中書舍人可宣州觀察使制	1097-142- 4
● 鄭 綱 唐		觀察使節度觀察留後制	1097-143- 4
貞元二十一年册皇太子赦	426-154-29	騎馬都尉可越州觀察留後制	1097-143- 4
順宗傳位皇太子改元詔	426-173-30	兩府制（四則）	1097-144- 4
● 鄭 獬 宋		知開封府制（二則）	1097-145- 4
三司使工部尚書可邊鎮節度使制	1097-113- 1	知成都府制	1097-146- 4
知制誥可翰林學士制	1097-115- 1	知雄州制	1097-147- 4
知制誥制	1097-115- 1	兵部郎中知潭州制	1097-147- 4
侍讀制（二則）	1097-115- 1	知洪州制	1097-148- 4
太子家令率更令制	1097-116- 1	知廣州制	1097-148- 4
秘書丞制	1097-116- 1	郎官可赤縣令制	1097-150- 4
太子賓客制	1097-116- 1	開封府判官制	1097-150- 5
太子司議郎制	1097-116- 1	荆湖刺史制	1097-151- 5
東宮官制	1097-116- 1	侍從可刺史制	1097-151- 5
雜學士制	1097-116- 1	諸衞將軍可鄭州刺史制	1097-152- 5
學士出鎮制	1097-117- 1	武臣可刺史制	1097-152- 5
起居舍人制	1097-117--1	邊郡刺史制	1097-152- 5
給事中可禮部侍郎制	1097-118- 1	遙郡刺史制	1097-152- 5
給事中可工部侍郎制	1097-118- 1	刺史制	1097-152- 5
中書舍人除御史中丞制	1097-118- 1	閤門使可刺史制	1097-153- 5
諫官制（五則）	1097-119- 1	東宮博制（二則）	1097-155- 5
侍御史制	1097-120- 1	致仕制（二則）	1097-156- 5
御史制	1097-120- 1	大臣致仕制	1097-156- 5
御史知雜制	1097-120- 1	登極覃恩轉官制	1097-159- 6
太原府兵馬鈐轄制	1097-124- 2	翰林書畫等待詔覃恩轉官制	1097-159- 6
帥臣制	1097-124- 2	大藩通判轉官制	1097-161- 6
三司使制	1097-126- 2	朝臣轉官制	1097-161- 6
兵部尚書可三司使制	1097-126- 2	簽判轉官制	1097-162- 6
三司判官制（五則）	1097-127- 2	登極覃恩致仕轉官制	1097-162- 6
四廂指揮使制（二則）	1097-127- 2	英宗南郊今上即位加恩轉官制	1097-162- 6
功臣後制（三則）	1097-128- 2	立太子賜爲人後者勳一轉官制	1097-163- 6
郎官制	1097-129- 3	沿邊都監轉官制	1097-163- 6
發運使可兵部郎中制	1097-129- 3	沿邊巡檢轉官制	1097-163- 6
近侍加吏部郎中制	1097-130- 3	邊將轉官制	1097-163- 6
吏部郎中制	1097-130- 3	武臣轉官制（三則）	1097-163- 6
大理少卿制	1097-132- 3	郎官轉官制	1097-164- 6
宗正寺丞制	1097-132- 3	朝官轉官制	1097-164- 6
		發極致仕官可轉官制	1097-164- 6
		國子監直講轉官制	1097-164- 6

四庫全書文集篇目分類索引

史部

詔令奏議類：附錄

詔令上十五畫

殿前馬步軍諸班廂禁軍指揮使已下兩經恩加勳階制	1097-165-6
諸班直廂禁軍指揮使已下一次經恩加勳階制	1097-165-6
英宗南郊百官加勳制	1097-165-6
登極賜爲人後者勳一轉官制（二則）	1097-165-6
諸州衙前押登極進奉加恩制	1097-166-6
英宗南郊致仕官可加恩制	1097-166-6
賜出身制	1097-167-6
宗室女封縣君制	1097-172-7
贈父制	1097-172-7
都虞侯指揮使以下贈父制	1097-172-7
宗室贈官制	1097-172-7
追贈官人制	1097-172-7
治平登極覃恩百官敍封父制	1097-173-7
南郊百官贈父制	1097-174-7
南郊百官贈父母制	1097-174-7
贈母制	1097-174-7
封母制	1097-174-7
封妻制（二則）	1097-174-7
敍封妻制	1097-175-7
登極訓飭諸臣詔	1097-175-8
訪逸書詔	1097-176-8
戒諭郡國舉賢良詔	1097-176-8
下州縣勸農詔	1097-176-8
求直言詔	1097-177-8
戒勵求訪猛士詔	1097-177-8
戒諭天下廣儲蓄詔	1097-177-8
求賢詔	1097-178-8
安撫沿邊將士詔	1097-178-8
賜中書門下詔（二則）	1097-179-8
賜岐王顥辭免南郊亞獻行事不允詔	1097-180-8
賜皇弟高密郡王頵賀南郊禮畢答詔	1097-180-8
賜楚國保寧安德夫人景氏等賀南郊禮畢答詔	1097-180-8
賜左右直御侍邢氏已下賀南郊禮畢答詔	1097-180-8
賜西蕃邈川首領保順軍節度檢核太傅董氊加恩勅詔	1097-180-8
賜皇弟岐王顥乞免行册命允詔	1097-180-8
賜新除守司徒檢核太師兼侍中判相州韓琦乞免册禮允詔	1097-181-8
賜樞密使文彥博乞免行册禮詔	1097-181-8
賜護葬使錢公輔等茶藥并傳宣撫問詔	1097-181-8
賜絳州團練使羅榮進奉賀冬馬詔	1097-181-8
賜景靈宮使昭德軍節度使檢校太尉兼侍中曹佾生日詔	1097-181-8
賜參知政事趙抃生日詔	1097-181-8
賜樞密副使居諫議大夫邵元生日詔	1097-181-8
恩州賜大遼皇太后賀同天節大使副使茶藥詔	1097-181-8
恩州賜大遼皇帝同天節大使副使茶藥詔	1097-182-8
恩州賜大遼皇帝賀正旦大使副使茶藥詔	1097-182-8
恩州賜大遼皇太后賀正旦大使副使茶藥詔	1097-182-8
賜黔州觀察使涇原路副都總管盧政赴闕茶藥詔	1097-182-8
賜宣徽南院使判延州郭逵朝見茶藥詔	1097-182-8
賜侍衞親軍馬軍副都指揮使賈逵茶藥詔	1097-182-8
賜觀文殿大學士尚書左僕射判河南富弼赴闕茶藥詔	1097-183-8
賜西京并汝州路祔葬隨護（趙）世岳等茶藥詔	1097-183-8
賜觀文殿學士刑部尚書知亳州歐陽修乞致仕不允詔（二則）	1097-183-9
賜守司徒兼侍中韓琦辭免恩命不允詔	1097-184-9
賜樞密院使守司空檢校太師兼侍中文彥博辭免恩命不允詔	1097-184-9
賜新除守尚書左僕射觀文殿學士判河陽富弼不允詔	1097-184-9
賜新除守司空兼侍中富弼辭免受恩命不允詔	1097-184-9
賜戶部尚書參知政事張方平乞免起復不允詔	1097-185-9
賜醴泉觀使定國軍節度使李端愿乞致仕不允詔	1097-185-9
賜邊將乞朝覲不允詔	1097-185-9
賜宣徽南院使判延州郭逵乞京西一郡不允詔	1097-185-9
賜宰臣曾公亮乞免退不允詔	1097-186-9

史部　詔令奏議類：附錄　詔令上十五畫

賜樞密副使諫議大夫邵亢乞出不允詔　1097-186-9

賜觀文殿學士知徐州趙槩乞致仕不允詔　1097-186-9

賜觀文殿學士吏部尚書知徐州趙槩乞致仕不允詔　1097-186-9

賜新除吏部尚書充觀文殿學士知徐州趙槩辭免恩命不允詔　1097-187-9

南郊御札勅　1097-187-9

賜右諫議大夫知瀛州李肅之獎諭勅書　1097-187-9

賜御侍夫人魏氏以下勅書　1097-187-9

賜御侍夫人以下守陵回京沿路茶藥并撫問勅書　1097-187-9

賜入內副都知石全育等守陵回沿路茶藥並撫問勅書　1097-188-9

賜淮南王三軍將吏僧道百姓等勅書　1097-188-9

賜劍南西川三軍將吏僧道百姓等勅書　1097-188-9

賜五臺山十寺僧正順縝已下勅書　1097-188-9

賜西南蕃龍異閣等勅書　1097-189-9

賜梓州路轉運使趙誠獎諭勅書　1097-189-9

賜宰臣曾公亮乞免罷第二表不允批答　1097-189-9

賜文武百寮曾公亮已下乞皇帝御正殿復常膳不允批答　1097-189-9

（賜文武百寮曾公亮已下乞皇帝御正殿復常膳）第二表不允批答　1097-189-9

賜宰臣曾公亮已下賀壽星出見批答　1097-190-9

賜樞密使文彥博等賀壽星出見批答　1097-190-9

賜禮部尚書參知政事趙槩乞致仕第一二表不允批答　1097-190-9

賜文武百寮富弼以下上尊號第一三五表不允批答　1097-190-9

賜文武百寮請皇帝聽樂第一二表不允批答　1097-191-9

賜文武百寮請皇帝聽樂第三表不允斷來章批答　1097-192-9

賜新除參知政事唐介辭免恩命不允斷來章批答　1097-192-9

賜參知政事趙抃唐介辭免恩命不允斷來章批答　1097-192-9

賜皇伯集慶軍節度使檢校尚書左僕射（趙）宗諤辭免恩命第一表不允批答　1097-193-9

賜皇弟岐王（趙）顥辭免恩命第一表不允批答　1097-193-9

賜曹佾辭免恩命第一表不允批答　1097-193-9

賜（趙）宗諤辭免恩命第二表不允斷來章批答　1097-193-9

賜岐王（趙）顥第二表不允斷來章批答　1097-193-9

賜曹佾第二表不允斷來章批答　1097-193-9

賜參知政事趙槩乞致仕不允斷來章批答　1097-194-9

賜（趙）宗樸辭恩命第二表不允斷來章批答　1097-194-9

賜樞密使文彥博辭免恩命不允斷來章批答　1097-194-9

賜新除檢校尚書左僕射同中書門下平章事彰德軍節度使（趙）宗樸第一表辭免恩命不允批答　1097-194-9

賜新除守司徒兼侍中充淮南節度使判相州韓琦辭免恩命第二表不允斷來章批答　1097-194-9

賜皇伯祖（趙）允弼上表辭免起復恩命不允批答　1097-194-9

賜新除守司空依前樞密使文彥博辭免恩命不允批答　1097-195-9

白溝驛撫問大遼賀同天節人使及賜御筵口宣　1097-196-10

都亭驛賜大遼人使賀正畢御筵口宣　1097-196-10

瀛州賜大遼人使卻回御筵口宣　1097-196-10

賜大遼賀同天節人賜入驛御筵口宣　1097-196-10

賜大遼賀同天節人使回北京御筵口宣　1097-197-10

賜大遼賀正旦人使入見詣歸驛御筵口宣　1097-197-10

賜人使朝辭歸驛御筵口宣　1097-197-10

賜人使回至瀛州御筵口宣　1097-197-10

北京賜大遼賀同天節人使御筵口宣　1097-197-10

班荆館賜大遼賀正旦人使到闕御筵口宣　1097-197-10

北京賜大遼賀正旦使副御筵口宣　1097-197-10
雄州賜大遼賀正旦人使御筵兼撫問口宣　1097-197-10
閤門賜（趙）宗樸告勅口宣　1097-197-10
閤門賜起復皇伯祖（趙）允弼告勅口宣　1097-197-10
賜大遼賀正旦人陳春幡勝春盤等口宣　1097-197-10
雄州賜大遼賀正旦人使却回御筵兼傳宣撫問口宣　1097-198-10
賜（趙）宗樸第二表不允斷來章批答口宣　1097-198-10
賜皇伯祖東平郡王（趙）允弼生日禮物口宣　1097-198-10
二月一日賜宰相曾公亮生日禮物口宣　1097-198-10
賜檢校太尉兼侍中曹佾生日禮物口宣　1097-198-10
賜皇伯彭德軍節度使同中書門下平章事（趙）宗樸生日禮物口宣　1097-198-10
恩州賜大遼皇太后賀正旦人使茶藥口宣　1097-198-10
賜黔州觀察使涇原路副都總管盧政赴闘茶藥口宣　1097-198-10
賜盧政赴闘生科口宣　1097-198-10
賜永興軍韓琦茶藥口宣　1097-198-10
賜觀使留後賈逵赴闘茶藥口宣　1097-199-10
恩州賜大遼皇太后賀同天節使副茶藥口宣　1097-199-10
恩州賜大遼皇帝賀同天節使副茶藥口宣　1097-199-10
撫問河北西路沿邊臣寮口宣　1097-199-10
撫問西京永興軍并陝西轉運司臣寮口宣　1097-199-10
撫問宣徽南院使郭逵口宣　1097-199-10
撫問判北京臣寮口宣　1097-199-10
撫問陝西安撫使韓琦已下口宣　1097-199-10
撫問南京張方平口宣　1097-199-10
撫問涇原鎮戎軍路臣寮口宣　1097-199-10
撫問判永興軍韓琦口宣　1097-200-10
撫問邠寧環慶等路臣寮口宣　1097-200-10
雄州撫問大遼國賀同天節人使口宣　1097-200-10
撫問判河陽富弼口宣　1097-200-10
雄州撫問大遼國賀正旦人使口宣　1097-200-10
撫問判大名府韓琦口宣　1097-200-10
賜判汝州富弼赴闘詔口宣　1097-200-10
閤門賜岐王（趙）顒加恩告勅口宣　1097-200-10
賜景靈宮使曹佾加恩告勅口宣　1097-200-10
賜新除宰臣富弼辭恩命不允批答口宣　1097-200-10
賜富弼斷來章批答口宣　1097-200-10
賜使相（趙）宗樸辭恩命第一表不允批答口宣　1097-201-10
賜大遼賀正旦人使銀鈔鑼唾盂子錦被褥等口宣　1097-201-10
賜大遼賀同天節人使生餼口宣　1097-201-10
賜文武臣寮并大遼賀同天節人使錫慶院御宴口宣　1097-201-10
賜大遼賀同天節人使鈔鑼唾盂子被褥等口宣　1097-201-10
召翰林學士王安石入院口宣　1097-201-10
賜宰臣以下錫慶院罷散同天節道場酒果口宣　1097-201-10
賜宰臣以下大相國寺散同天節道場香合口宣　1097-201-10
班荊館賜大遼賀正旦人使到闘酒果口宣　1097-202-10
賜大遼賀正旦人使內中酒果口宣　1097-202-10
同天節錫慶院宴賜文武臣寮并人使酒果口宣　1097-202-10
賜大遼賀同天節人使內中酒果口宣　1097-202-10
就驛賜大遼人使朝辭後酒果口宣　1097-202-10
賜大遼賀正旦人使却回班荊館酒果口宣　1097-202-10
就驛賜人使射弓例物口宣　1097-202-10
賜富弼轉官對衣鞍轡馬口宣　1097-202-10
賜（趙）宗樸生日禮物口宣　1097-202-10
●樓　鑰宋
某依舊武功大夫祁州團練使(制)　1152-615-34
臺諫卿監郎官以上封祖父并父（制）　1152-676-38
臺諫卿監郎官以上封祖父并母（制）　1152-673-38
職事官內外陞朝官京局京選人在外京官選人封祖父母父母(制)　1152-673-38
外舍生加封祖父母父母（制）　1152-676-39

590　　　　　　　　　　四庫全書文集篇目分類索引

上舍內舍生加封祖父母父母(制)　1152-676- 39
慶壽詔書宗子年八十以上使臣年八十以上願致仕者並轉一官定詞（制）　1152-686- 39
帶御器械某知閤門事（制）　1152-691- 40
文臣承務郎以上致仕定詞（制）　1152-695- 40
覃恩文臣承務郎以上轉官選人在任并嶽廟循資定詞（制）　1152-695- 40
監察御史并卿監郎官該覃恩轉官定詞（制）　1152-700- 40
擬進郊祀御札（制）　1152-717- 42
擬立皇子喜王皇太子制　1152-717- 42
擬進登極赦文　1152-718- 42
季深淫雨震電罪己責躬詔　1152-718- 42
孝宗耐廟德音（詔）　1152-718- 42
改嘉定元年詔　1152-719- 42
戒飭貪吏詔　1152-719- 42
戒飭四川將士詔　1152-720- 42
閔雨求言詔　1152-720- 42
右丞相錢象祖等以旱蝗星變待罪不允詔　1152-720- 42
趙彥逾再上劄子辭免端明殿學士并執政恩數不允詔　1152-721- 42
新除安德崇信軍節度使伯圭辭免不允詔　1152-721- 42
新除少傅周必大辭免不允詔　1152-721- 42
趙汝愚再辭免提學編修國朝會要不允詔　1152-721- 42
吏部尚書鄭僑辭免兼實錄院修撰不允詔　1152-721- 42
吏部侍郎彭龜年辭免兼侍讀詔　1152-722- 42
王藺再辭免知潭州不允不得再有陳請詔　1152-722- 42
新除四川安撫制置使趙彥逾辭免不允詔　1152-722- 42
新知鄂州吳琚辭免不允詔　1152-722- 42
趙彥逾再辭免新除端明殿學士中大夫四川安撫制置使兼知成都府不允不得再有陳請詔　1152-722- 42
趙汝愚辭免大禮加食邑實封不允詔　1152-722- 42
新除刑部侍郎梁總辭免不允詔　1152-723- 42
吳琚再辭免不允不得再有陳請詔　1152-723- 42
王藺辭免覃轉一官不允詔　1152-723- 42
周必大再辭免少傅不允不得再有陳情詔　1152-723- 42
梁總辭免奉使回程時轉一官不允詔　1152-723- 42
知明州何澹辭免曾任藩邸講官轉一官不允詔　1152-723- 42
知泰州韓同卿辭免改授正任觀察使在京宮觀不允詔　1152-723- 42
賜觀文殿學士致仕李彦穎銀合茶藥詔　1152-724- 42
賜龍圖學士致仕程大昌張大經敷文閣直學士致仕汪大猷顯謨閣待制致仕程叔達寶文閣待制致仕沈樞敷文閣待制致仕李昌圖銀合茶藥詔　1152-724- 42
資政殿大學士黃洽辭免覃恩轉一官不允詔　1152-724- 42
周必大再辭免少傅不允不得再有陳請詔　1152-724- 42
殿前都指揮使郭呆辭免修蓋大內福寧殿等特轉一官減三年磨勘回授不允詔　1152-724- 42
知樞密院事陳騤乞歸休不允詔　1152-724- 42
新除知樞密院事余端禮辭免不允詔　1152-724- 42
新除參知政事京鑑辭免不允詔　1152-725- 42
新除同知樞密院事鄭僑辭免不允詔　1152-725- 42
正議大夫陳騤辭免除職與郡不允詔　1152-725- 42
王藺再辭免覃恩轉一官不允不得再有陳請詔　1152-725- 42
御史中丞謝深甫辭免兼侍讀不允詔　1152-725- 42
新除資政殿大學士陳騤辭免不允詔　1152-725- 42
新除戶部侍郎袁說友辭免不允詔　1152-726- 42
新除少師永寧郡王郭師禹辭免不允詔　1152-726- 43
伯圭辭免兼中書令不允詔　1152-727- 43
太府卿吳玠辭免換授正任觀察使在京宮觀不允詔　1152-727- 43
新除觀察使謝淵辭免不允詔　1152-727- 43
知紹興府葉翥辭免除龍圖閣學士不允詔　1152-727- 43
知樞密院事余端禮辭免攝太傅持

四庫全書文集篇目分類索引　591

節導孝宗靈駕及焚諡册諡寶監掩攢宮轉一官不允詔　1152-727- 43

郭師禹辭免備禮册命宣允詔　1152-727- 43

趙汝愚辭免不允詔　1152-728- 43

宣州觀察使孫瑀辭免孝宗隨龍特轉一官不允詔　1152-728- 43

參知政事京鑑辭免孝宗耐廟畢特轉一官不允詔　1152-728- 43

皇伯祖伯圭辭免贊拜不名加食邑實封不允詔　1152-728- 43

知樞密院事余端禮辭免兼參知政事不允詔　1152-728- 43

新除觀文殿大學士知福州趙汝愚辭免不允詔　1152-728- 43

余端禮辦免權提學編修玉牒監修國史日曆不允（詔）　1152-729- 43

參知政事京鑑辭免權提學實錄院編修國朝會要不允詔　1152-729- 43

寶文閣學士知遂寧府宇文价乞奉祠不允詔　1152-729- 43

提學臨安府洞霄宮趙汝愚辭免觀文殿大學士不允詔　1152-729- 43

少保周必大再乞致仕依已降指揮不允詔　1152-729- 43

寶文閣學士知太平州李嶼乞宮觀不允詔　1152-729- 43

余端禮辭免右丞相不允詔　1152-730- 43

新除知樞密院事京鑑辭免不允詔　1152-730- 43

新除參知政事鄭僑辭免不允詔　1152-730- 43

新除端明殿學士簽書樞密院事謝深甫辭免不允詔　1152-730- 43

新除權兵部尚書張叔椿辭免不允詔　1152-730- 43

權兵部尚書張叔椿辭免兼侍讀不允詔　1152-731- 43

右丞相余端禮辭免權提學編修玉牒實錄院編修國朝會要不允詔　1152-731- 43

參知政事鄭僑辭免權監修國史日曆不允詔　1152-731- 43

戶部侍郎袁說友辭免兼侍講不允詔　1152-731- 43

新除吏部侍郎林大中辭免不允詔　1152-731- 43

新除吏部侍郎兼太子左庶子隻機辭免不允詔　1152-731- 43

新除開府儀司三充萬壽使楊次山辭免不允詔　1152-732- 43

新除權兵部尚書兼侍讀倪思辭免不允詔　1152-732- 43

新除禮部侍郎兼侍講章良能辭免不允詔　1152-732- 43

右武大夫文州刺史知閤門事楊谷辭免除權觀察使不允詔　1152-732- 43

右武郎知閤門事楊石辭免除觀察使不允詔　1152-732- 43

兵部尚書倪思辭免兼修國史兼實錄院修撰不允詔　1152-733- 43

禮部侍郎章良能辭免改兼修玉牒官不允詔　1152-733- 43

吏部侍郎隻機辭免兼太子詹事不允詔　1152-733- 43

端明殿學士四川宣撫副使安丙乞宮觀不允詔　1152-734- 44

京西湖南北路宣撫使宇文紹節辭免除寶謨閣學士不允詔　1152-734- 44

新除寶謨閣直學士李寅仲辭免召赴行在不允詔　1152-734- 44

禮部侍郎章良能乞宮觀不允詔　1152-734- 44

新除觀文殿學士趙彥逾再辭免不允不得再有陳請詔　1152-734- 44

侍讀趙彥逾倪思宇文紹節侍講章良能辭免進講毛詩終篇轉一官不允詔　1152-735- 44

新除刑部侍郎曾喚辭免不允詔　1152-735- 44

吏部侍郎梁季玘乞宮觀不允詔　1152-735- 44

刑部侍郎曾喚辭免兼同修國史兼實錄院同修撰不允詔　1152-735- 44

福州觀察使鎮江府駐劄御前諸軍都統制兼知揚州畢再遇乞奉祠不允詔　1152-735- 44

皇太子某辭免每遇視事令侍立宰執赴資善堂會議不允詔——嘉定元年閏四月　1152-735- 44

四川宣撫副使安丙再辭免資政殿學士不允不得再有陳請詔　1152-736- 44

皇伯嗣秀王師揆生日詔——嘉定元年五月十五日　1152-736- 44

新除吏部侍郎章良能辭免不允詔　1152-736- 44

新除侍衞步軍副都指揮使夏震辭免不允詔　1152-736- 44

開府儀同三司楊次山生日詔——

史部

詔令奏議類：附錄

詔令上十五畫

史部

詔令奏議類：附錄

詔令上十五畫

嘉定元年六月二十三日　1152-736-44

知閤門事楊谷乞祠不允詔　1152-736-44

寶謨閣學士前四川安撫制置使楊輔乞宮觀不允詔　1152-736-44

京西湖南北路宣撫使宇文紹節乞祠不允詔　1152-737-44

右丞相錢象祖乞解罷機政不允詔　1152-737-44

新除御史中丞章良能辭免不允詔　1152-737-44

衞涇乞解罷機政不允不得再有陳請詔　1152-738-44

錢象祖乞歸田里不允不得再有陳請詔　1152-738-44

刑部侍郎曾晞乞祠不允詔　1152-738-44

禮部尚書倪思乞祠不允詔　1152-738-44

簽書樞密院事林大中乞仍舊休致不允詔　1152-739-44

江淮制置大使丘崈乞致仕不允詔　1152-739-44

寶謨閣直學士李寅仲乞祠不允詔　1152-739-44

右丞相錢象祖辭免提學國史院實錄院提學編修國朝會要不允詔　1152-739-44

參知政事雷孝友辭免權監修國史日曆不允詔　1152-739-44

刑部侍郎曾晞辭免兼太子詹事不允詔　1152-740-44

觀文殿學士侍讀趙彦逾乞歸田里不允詔　1152-740-44

吏部侍郎梁季玘乞待次州郡不允詔　1152-740-44

禮部尚書倪思乞待次州郡不允詔　1152-740-44

江淮制置大使丘崈再辭召赴行在不允不得再有陳情詔　1152-740-44

知平江府李大異辭免除寶謨閣直學士不允詔　1152-740-44

賜皇太子生日詔——嘉定元年八月十七日　1152-741-44

通奉大夫趙師翼辭免復寶謨閣學士依所乞宮觀不允詔　1152-741-44

觀文殿學士何澹再辭免知建昌府仍奉祠祿不允不得再有陳請詔　1152-741-44

鎭江府都統制畢再遇乞歸田里不允詔　1152-741-44

京西湖南北路宣撫使宇文紹節辭免召赴行在不允詔　1152-741-44

何澹辭免兼江淮制署大使不允詔　1152-742-44

新除煥章閣學士改知江陵府充京西湖北路制置使李大性辭免乞奉祠不允詔　1152-742-44

新除同知樞密院事丘崈辭免不允詔　1152-742-44

伯圭再辭免兩鎭節度使不允批答——紹興五年九月附口宣　1152-750-46

伯圭再辭免兩鎭節度使不允仍斷來章批答附口宣　1152-750-46

侍講陳傅良朱熹宣赴經筵供職曲謝宣答詞　1152-750-46

初講畢案前致詞降殿曲謝（二則）　1152-750-46

余端禮再辭免知樞密院事不允仍斷來章批答附口宣　1152-750-46

京鐄再辭免參知政事不允仍斷來章批答附口宣　1152-751-46

鄭僑再辭免同知樞密院事不允仍斷來章批答附口宣　1152-751-46

郭師禹再辭免（少）師不允批答附口宣　1152-751-46

郭師禹再辭免少師不允仍斷來章批答附口宣　1152-751-46

伯圭再辭免中書令不允批答——慶元元年附口宣　1152-752-46

伯圭再辭免特授兼中書令加食邑實封不允仍斷來章批答附口宣　1152-752-46

余端禮再辭免右丞相不允批答附口宣　1152-752-46

京鐄再辭免知樞密院事不允仍斷來章批答附口宣　1152-753-46

鄭僑再辭免參知政事不允仍斷來章批答附口宣　1152-753-46

謝深甫再辭免簽書樞密院事不允仍斷來章批答附口宣　1152-753-46

余端禮再拜辭免右丞相不允仍斷來章批答附口宣　1152-753-46

賜右丞相錢象祖褒語附割子　1152-754-46

新除右丞相兼樞密使錢象祖再辭免不允批答附口宣　1152-754-46

新除參知政事衞涇再辭免不允仍斷來章批答附口宣　1152-754-46

新除參知政事雷孝友再辭免不允仍斷來章批答附口宣　1152-754-46

新除端明殿學士簽書樞密院事林大中再辭免不允仍斷來章批答附口宣　1152-755-46

四庫全書文集篇目分類索引　593

楊次山再辭免開府儀同三司不允批答附口宣　1152-755- 46
經筵進講毛詩終篇宣答詞——宰執赴聽講致詞謝　1152-755- 46
經筵進講毛詩終篇宣答詞——侍讀侍講官奏賀　1152-755- 46
經筵進講毛詩終篇宣答詞——宰執率經筵侍立官再奏賀　1152-755- 46
皇太子再辭免侍立會議不允批答——嘉定元年閏四月附口宣　1152-755- 46
衞涇乞解罷機政不允仍斷來章批答附口宣褒語　1152-756- 46
提舉淮南東路常平茶鹽公事陳損之獎諭敕書　1152-756- 47
賀金國生辰使副梁總戴勳到闕傳宣撫問并賜銀合茶藥口宣　1152-756- 47
荊湖南路安撫使王蘭賜腦藥敕書　1152-757- 47
四川安撫制置使趙彥逾賜銀合腦藥敕書　1152-757- 47
主管侍衞馬軍行司張師顏賜銀合腦藥敕書　1152-757- 47
御前諸軍都統制閣世雄皇甫斌張詔趙廓劉忠劉震賜銀合腦藥敕書　1152-757- 47
御前諸軍副都統制馮湛張國珍田世輔李世廣王宗廉王知新田畢賜銀合腦藥敕書　1152-757- 47
報登寶位使副鄭混范仲壬到闕傳宣撫問并賜銀合茶藥口宣　1152-757- 47
荊湖南路安撫使王蘭賜銀合夏藥敕書　1152-757- 47
四川安撫制置使趙彥逾賜銀合夏藥敕書　1152-757- 47
侍衞馬軍都虞侯張師顏賜銀合夏藥敕書　1152-757- 47
御前諸軍都統制閣世雄張詔趙廓劉忠劉震田世輔賜銀合夏藥敕書　1152-757- 47
御前諸軍副都統制馮湛張國珍李世廣王宗廉王知新田畢賜銀合夏藥敕書　1152-758- 47
知潼川府費士寅賜銀合夏藥敕書　1152-758- 47
四川宣撫使安丙賜銀合夏藥勅書　1152-758- 47
江淮制置大使丘崈賜銀合夏藥勅書　1152-758- 47
四川安撫制置使兼知成都府吳獵賜銀合夏藥敕書　1152-758- 47
京西湖南北路宣撫使宇文紹節賜銀合夏藥敕書　1152-758- 47
殿前副都指揮使兼江淮制置使趙淳賜銀合夏藥敕書　1152-758- 47
侍衞步軍都虞侯措置防捍江面王處久賜銀合夏藥敕書　1152-758- 47
侍衞馬軍行司權管幹本軍馬職事張良顯賜銀合夏藥敕書　1152-758- 47
御前諸軍都統制李郁畢再遇秦世輔王大才彭輅賜銀合夏藥敕書　1152-759-447
御前諸軍副都統制周整莊松何汝霖劉元鼎魏友諒薛九齡王鉞賜銀合夏藥敕書　1152-759- 47
金國弔祭使人赴闕口宣——紹熙五年十月　1152-759- 47
金國弔祭使人赴闕口宣　1152-759- 47
金國弔祭人使回程口宣　1152-761- 47
金國賀登寶位使人赴闕口宣　1152-762- 47
金國賀正旦使人赴闘口宣　1152-763- 47
金國賀登寶位使人到闕口宣　1152-764- 47
金國賀正旦使人到闕回程口宣　1152-766- 47
報謝使副林季友郭正已回程到闘傳宣撫問并賜銀合茶藥口宣　1152-767- 47
金國諭成使赴闕口宣　1152-767- 47
閣仲績康伯修奉檻宮傳宣撫問并賜銀合茶藥及喝賜一行官吏工匠等稿設口宣　1152-771- 48
（恭題御筆）嗣秀王伯圭免奉朝請并聖節批答　1153-144- 69
恭題（御筆）知貢舉所賜御札　1153-144- 69
恭題（御筆）賜陳傅良宸翰　1153-145- 69
恭題（御筆）仁宗賜張中庸仙刑敕書　1153-147- 69
跋徐狀元爽祥符五年敕牒　1153-158- 70
跋姚編禮闘敕牒　1153-170- 71
跋卞居讓攝泰州長史牒并宣徽院公文　1153-174- 71
跋李光祖所藏遠祖遷定海縣丞告　1153-175- 71
（跋）唐僖宗賜憻實敕書　1153-231- 76
● 鄧潤甫 宋
元豐立皇太子赦文　1350-328- 32

● 鄧　綏（漢和帝后）漢

四庫全書文集篇目分類索引

皇太后詔 426-1098-18
臨朝大赦詔 1397- 72- 4
詔司徒大司農長樂少府 1397- 72- 4
約赦親屬詔 1397- 72- 4
省供薦新味詔 1397- 72- 4
詔從兄鄧豹鄧康 1397- 73- 4
報鄧閬 1397- 73- 4
勉馬融制 1397- 73- 4
遺詔 1397- 73- 4
簡勒外戚賓客詔 1402- 31- 4
賜從兄河南尹豹越騎校尉康等詔 1402- 31- 4
詔河南尹豹等 1417-347- 17
● 歐陽玄元
命相出師詔（二則） 1210-144- 13
● 歐陽修 宋
賜西京作坊使知麟州王慶民獎諭
　敕書 556-128- 85
請皇太后權同聽政詔 1102-154- 19
皇太后還政議合行典禮詔 1102-154- 19
賜大宗正司詔 1102-155- 19
英宗遺制 1102-155- 19
勸農勒 1102-615- 78
頒貢舉條制勒 1102-616- 78
進納長馬空名誥海詞 1102-624- 79
進納人空名誥海詞 1102-626- 80
賜宰臣陳執中生日禮物口宣 1102-646- 82
班荆館賜契丹國信使副赴闔御筵
　口宣 1102-646- 82
撫問梓州路臣寮口宣 1102-646- 82
班荆館賜契丹國信使副却回酒果
　口宣 1102-646- 82
班荆館賜契丹國信使副却回御筵
　口宣 1102-646- 82
賜灕州團練使代州部署田辛等敕
　書 1102-646- 82
雄州白溝驛賜契丹人使却回御筵
　兼傳宣撫問口宣 1102-646- 82
賜翰林學士尚書工部郎中知制誥
　王珠獎諭詔 1102-646- 82
雄州白溝驛撫問契丹賀正（旦）
　人使兼賜御筵口宣 1102-647- 82
賜新除參知政事程戡讓恩命不允
　斷來章批答 1102-647- 82
賜寧遠軍節度使張茂實進謝恩馬
　詔 1102-648- 82
賜新授龍神衞四廂都指揮使英州
　團練使郝質勒書 1102-648- 82
賜尚書工部侍郎余靖詔 1102-648- 82
撫問江南東西路臣寮口宣 1102-648- 82
撫問鄜延路臣寮口宣 1102-648- 82
雄州撫問契丹正旦兩蕃人使口宣 1102-648- 82
恩州賜契丹皇太后賀正旦人使茶
　藥口宣 1102-649- 82
恩州賜契丹皇帝賀正旦人使茶藥
　口宣 1102-649- 82
恩州賜契丹皇太后賀正旦大使茶
　藥詔 1102-649- 82
恩州賜契丹皇太后賀正旦副使茶
　藥詔 1102-650- 82
恩州賜契丹皇帝賀正旦大使茶藥
　詔 1102-650- 82
恩州賜契丹皇帝賀正旦副使茶藥
　詔 1102-650- 82
二十四日就驛賜契丹正旦人使銀
　鈒鑌唾盂子錦被褥口宣 1102-650- 82
正月一日入賀畢就驛賜酒果口宣 1102-650- 82
今月三十日賜契丹賀正旦人使內
　中酒果口宣 1102-650- 82
正月三日就驛賜契丹賀正旦人使
　內中酒果口宣 1102-650- 82
賜契丹人使春幡春盤法酒口宣 1102-650- 82
班荆館賜契丹賀正旦人使到闔酒
　果口宣 1102-651- 82
班荆館賜契丹賀正旦兩蕃人使到
　闔御筵口宣: 1102-651- 82
撫問眞定府州等路臣寮口宣 1102-655- 82
雄州撫問契丹賀乾元節人使口宣 1102-655- 83
賜契丹賀正旦人使却回班荆館酒
　果口宣 1102-655- 83
撫問保州路臣寮口宣 1102-655- 83
撫問北京并恩州臣寮口宣 1102-655- 83
賜鎭安軍節度同中書門下平章事
　判陳州程琳進奉乾元節詔 1102-656- 83
賜外任臣寮進奉乾元節銀絹馬等
　詔 1102-656- 83
賜樞密使河陽三城節度使同中書
　下平章事王德用生日禮物口宣 1102-656- 83
撫問河東路沿邊臣寮夏藥口宣 1102-656- 83
撫問麟府路臣寮及并代州路臣寮
　口宣 1102-656- 83

史部

詔令奏議類：附錄

詔令上十五畫

四庫全書文集篇目分類索引

撫問宣徽南院使彰信軍節度使判眞定府李昭亮口宣 1102-656- 83
錫慶院賜辛臣已下罷乾元節道場酒果口宣 1102-652- 83
賜右屯衞大將軍叔詔獎諭勅書 1102-658- 83
十九日契丹賀乾元節人使朝辭訖就驛賜酒果口宣 1102-659- 83
賜判大名府賈昌朝判陳州程琳判成德軍李昭亮等進奉上壽金酒器一副馬六匹詔 1102-659- 83
賜鎮海軍節度使檢校太尉同中書門下平章事判毫州陳執中讓恩命第二表不允仍斷來章批答 1102-660- 83
賜新除宰臣富弼赴闕茶藥口宣 1102-660- 83
賜新除宣徽北院使檢校太保判并州王拱辰讓恩命不允仍斷來章批答 1102-660- 83
賜新除宣徽南院使檢校太保判延州吳育讓恩命不允仍斷來章批答 1102-660- 83
賜新除昭德軍節度使知鄆州龐籍赴闕生料口宣 1102-661- 83
賜新除昭德軍節度使知鄆州龐籍赴闕茶藥詔 1102-661- 83
賜新除宰臣文彥博讓恩命第二表不允仍斷來章批答 1102-662- 83
賜新除宰臣富弼讓恩命第二表不允仍斷來章批答 1102-662- 83
撫問眞定府高陽關河東等路臣寮口宣 1102-662- 83
撫問邠寧環慶涇原鎮戎軍德順軍路臣寮口宣 1102-663- 83
班荊館賜北朝告哀人使筵口宣 1102-665- 84
班荊館賜契丹告哀人使酒果口宣 1102-665- 84
契丹告哀人使回至北京賜御筵口宣 1102-665- 84
契丹告哀人使回至雄州賜御筵兼傳宣撫問口宣 1102-666-884
賜鎮海軍節度使檢校太尉同中書門下平章事判毫州陳執中生日禮物口宣 1102-666- 84
賜右領軍衞將軍克沖獎諭勅書 1102-667- 84
賜鎮海軍節度使檢校太尉同中書門下平章事判毫州陳執中詔 1102-668- 84
賜知建昌軍張貫和勅書 1102-668- 84

賜吏部尙書同中書門下平章事文彥博生日禮物口宣 1102-668- 84
撫問麟府代州路臣寮口宣 1102-668- 84
賜侍衞親軍步軍副都指揮使涇州觀察使王凱赴闕茶藥口宣 1102-669- 84
賜龍圖閣直學士給事中施昌言已下爲脩河了畢御筵口宣 1102-669- 84
賜鎮東軍節度觀察留後知潁州李端愿赴闕茶藥詔 1102-669- 84
賜契丹賀乾元節國信使副生餼口宣 1102-669- 84
賜文武百官文彥博已下於大相國寺罷散乾元節道場香合口宣 1102-669- 84
賜文武百官文彥博已下於錫慶院罷散乾元節道場酒果兼教坊樂口宣 1102-669- 84
大慶殿行恭謝之禮御札 1102-669- 84
賜五臺山十寺僧正知令等勅書 1102-670- 84
賜天章閣待制知揚州許元詔 1102-670- 84
撫問廣南西路臣寮口宣 1102-670- 84
宣召會公亮口宣 1102-671- 84
撫問河北路臣寮諸軍將校口宣 1102-671- 84
撫問樞密直學士施昌言爲患口宣 1102-671- 84
撫問潭州滑州衢州通利軍梅摯等及存仙逐州軍爲水災及防護堤岸口宣 1102-671- 84
賜昭德軍節度使龐籍并武康軍節度使韓琦龍神衞四廂都指揮使英州團練使郝質各進奉端午馬詔勅 1102-673- 85
賜龍神衞四廂都指揮使英州團練使郝質各進奉端午馬詔勅 1102-673- 85
賜濬洞進奉乾元節并端午勅書 1102-673- 85
賜外任臣寮進奉乾元節功德疏詔勅 1102-673- 85
賜外任臣寮進奉助恭謝禮畢銀絹等詔勅 1102-673- 85
賜武康軍節度韓琦到闕坐對口宣 1102-674- 85
賜新授四方館使依舊英州刺史馬懷德進奉謝恩馬勅書 1102-674- 85
賜知池州包拯進奉石菖蒲一銀合勅書 1102-674- 85
賜新授觀文殿大學士行尙書左僕射陳執中詔 1102-674- 85
賜新除資政殿大學士知青州孫沔

四庫全書文集篇目分類索引

史部

詔令奏議類：附錄

詔令上十五書

告勅并對衣鞍韉馬口宣　1102-674- 85

賜護國軍三軍將吏僧道百姓等爲護國軍節度使樞密使狄青罷政加平章事判陳州示諭勅書　1102-674-855

賜翰林學士尚書左司郎中知制誥權知審刑院曾公亮詔　1102-674- 85

賜尚書刑部員外郎兼侍御史知雜事權判大理寺郭申錫等勅書　1102-675- 85

賜新除同中書門下平章事判大名府依前彰信軍節度使李昭亮讓恩命不允詔　1102-675- 85

賜溪洞進奉助恭謝賀冬賀正水銀綿紬等敕書　1102-676- 85

正月六日朝鮮訖就驛賜契丹賀正旦人使御筵口宣　1102-676- 85

班荊館賜契丹賀正旦人使却回酒果口宣　1102-676- 85

賜樞密副使程戡生日詔　1102-676- 85

賜諸道州府軍監及四京恤刑詔勅　1102-676- 85

契丹國信使副回入四月沿路賜夏藥扇子甘蔗等口宣　1102-676- 85

就驛賜契丹賀乾元節人使內中酒果口宣　1102-677- 85

賜河北東西路邊臣夏藥及傳宣撫問口宣　1102-677- 85

賜昭德軍節度使檢校太傅知并州龐籍撫諭戒勵詔　1102-677- 85

賜宰臣富弼上第三表乞退不允斷來章批答　1102-678- 85

賜兗國公主陳讓恩命第三表不允斷來章手詔　1102-678- 85

賜賢妃苗氏陳讓恩命第三表不允斷來章批答　1102-678- 85

賜知乾寧軍高遵約獎諭勅書　1102-678- 85

賜樞密副使田況生日禮物詔　1102-679- 85

班荊館賜契丹國信使副到闕酒果口宣　1102-680- 85

班荊館賜契丹國信使副到闕御筵口宣　1102-680- 85

玉津園賜契丹國信使副弓箭御筵口宣　1102-680- 85

雄州白溝驛賜北朝契丹賀正旦人使御筵兼傳宣撫問口宣　1102-680- 85

賜樞密使山南東道節度使同中書門下平章事賈昌朝生日禮物口

宣　1102-680- 86

賜知潁州徐宗況進奉兗國公主出降銀絹馬等勅書　1102-681- 86

賜知建昌軍沈造勅書　1102-681- 86

班荊館賜契丹賀正旦人使到闕酒果口宣　1102-681- 86

正月三日就驛賜契丹賀正旦人使內中酒果口宣　1102-682- 86

班荊館賜契丹賀正旦人使到闕御筵口宣　1102-682- 86

賜新除觀文殿學士禮部侍郎孫沔詔　1102-683- 86

自京至雄州以來撫問契丹告哀人使口宣　1102-683- 86

賜契丹國告哀人使茶藥口宣　1102-683- 86

沿路賜契丹國告哀人使赴闕茶藥口宣　1102-684- 86

雄州撫問契丹賀乾元節人使口宣　1102-684- 86

賜給事中參知政事曾公亮生日詔　1102-684- 86

賜翰林學士兼侍讀學士尚書戶部郎中知制誥知審刑院胡宿詔　1102-684- 86

賜判大理寺陳太素并權少卿楊開及審刑院詳議官大理寺詳斷官等勅書　1102-684- 86

恩州賜契丹還遺留使副茶藥口宣　1102-685- 86

瀛州賜契丹賀乾元節人使却回御筵口宣　1102-685- 86

班荊館賜契丹賀乾元節人使却回酒果口宣　1102-685- 86

十六日就驛賜契丹賀乾元節人使內中酒果口宣　1102-685- 86

賜知舒州齊廓進新茶并知廣德軍浦延熙進先春茶勅書　1102-685- 86

賜外任臣寮進奉乾元節銀絹馬勅書　1102-685- 86

班荊館賜契丹告哀人使內中酒果口宣　1102-686- 86

賜彰信軍節度使檢校太保同中書門下平章事判大名府李昭亮乞知西京不允詔　1102-686- 86

賜宣徽南院使淮康軍節度使張堯佐乞知西京不允詔　1102-686- 86

賜宰臣文彥博上第一表乞解重任不允批答　1102-686- 86

就驛賜契丹遺留使副銀鈒鑞唾盂

子錦被褥口宣　　　　　　　　　　1102-687- 86
通商茶法詔　　　　　　　　　　　1102-687- 86
恩州賜契丹皇太后賀乾元節大使
　茶藥詔　　　　　　　　　　　　1102-688- 87
恩州賜契丹皇太后賀乾元節副使
　茶藥詔　　　　　　　　　　　　1102-688- 87
恩州賜契丹皇帝賀乾元節大使茶
　藥詔　　　　　　　　　　　　　1102-688- 87
恩州賜契丹皇帝賀乾元節副使茶
　藥詔　　　　　　　　　　　　　1102-688- 87
恩州賜契丹皇帝賀乾元節人使茶
　藥口宣　　　　　　　　　　　　1102-690- 87
恩州賜契丹皇太后乾元節人使茶
　藥口宣　　　　　　　　　　　　1102-690- 87
賜新除行刑部尚書依前觀文殿大
　學士知陳州劉沆讓恩命不允詔　　1102-691- 87
雄州白溝驛賜契丹賀乾元節人使
　却回御筵兼撫問口宣　　　　　　1102-691- 87
賜中書門下戒僭奢詔　　　　　　　1102-692- 87
賜步軍副都指揮使涇州觀察使秦
　鳳路副都部署王凱赴闕茶藥口
　宣　　　　　　　　　　　　　　1102-693- 87
賜步軍副都指揮使涇州觀察使秦
　鳳路副都部署王凱赴闕生料口
　宣　　　　　　　　　　　　　　1102-693- 87
賜樞密使宋庠讓恩命第一表不允
　批答　　　　　　　　　　　　　1102-697- 87
賜樞密使宋庠讓恩命第二表不允
　斷來章批答　　　　　　　　　　1102-697- 87
賜樞密使宋庠讓恩命第一表批答
　口宣　　　　　　　　　　　　　1102-697- 87
賜樞密使宋庠加恩告勅口宣　　　　1102-697- 87
賜河陽三城節度使判河南府文彥
　博加恩告勅口宣　　　　　　　　1102-697- 87
閣門賜華原郡王允良感德軍節度
　使允初告勅口宣　　　　　　　　1102-697- 87
賜皇弟奉寧軍節度使華原郡王允
　良讓恩命第一表不允批答　　　　1102-697- 87
賜皇弟奉寧軍節度使華原郡王允
　良讓恩命第二表不允斷來章批
　答　　　　　　　　　　　　　　1102-697- 87
賜皇弟感德軍節度使允初讓恩命
　第一表不允批答　　　　　　　　1102-698- 87
賜皇弟感德軍節度使允初讓恩命
　第二表不允斷來章批答　　　　　1102-698- 87
賜皇弟華原郡王允良感德軍節度
　（使）允初讓恩命第一表不允
　批答口宣　　　　　　　　　　　1102-698- 87
賜皇弟華原郡王允良感德軍節度
　使允初讓恩命第二表不允斷來
　章批答口宣　　　　　　　　　　1102-698- 87
賜西南蕃蠻人張光現等勅書　　　　1102-699- 87
賜宰臣富弼乞退不允批答　　　　　1102-700- 88
賜外任臣寮進奉助裨享銀絹等勅
　書　　　　　　　　　　　　　　1102-700- 88
賜觀文殿學士禮部尚書王舉正乞
　致仕不允詔　　　　　　　　　　1102-700- 88
賜相州觀察使劉從廣進奉乾元節
　馬詔　　　　　　　　　　　　　1102-700- 88
賜觀文殿大學士尚書戶部侍郎知
　定州龐籍乞退不允詔　　　　　　1102-701- 88
賜河陽三城節度使同中書門下平
　章事判河南府文彥博辭加恩不
　允詔　　　　　　　　　　　　　1102-701- 88
賜樞密使檢校太尉同中書門下平
　章事宋庠讓恩命第二表不允斷
　來章批答口宣　　　　　　　　　1102-701- 88
閣門賜許懷德張茂實告勅口宣　　　1102-702- 88
賜觀文殿學士禮部尚書王舉正乞
　致仕不允詔　　　　　　　　　　1102-702- 88
賜馬步軍副都指揮使張茂實赴闕
　生料口宣　　　　　　　　　　　1102-702- 88
班荊館賜契丹賀正旦人使到闕御
　筵口宣　　　　　　　　　　　　1102-702- 88
正月五日賜賀正旦人使內中酒果
　口宣　　　　　　　　　　　　　1102-702- 88
賜侍衞親軍馬軍副都指揮使張茂
　實讓恩命不允詔　　　　　　　　1102-702- 88
賜新除建雄軍節度使依舊殿前都
　指揮使許懷德讓恩命第二表不
　允斷來章批答　　　　　　　　　1102-703- 88
賜起居舍人知制誥劉敞等獎諭詔　　1102-704- 88
賜刑部郎中充天章閣待制錢象等
　先等獎諭詔　　　　　　　　　　1102-704- 88
賜屯田員外郎國子監直講梅堯臣
　獎諭勅書　　　　　　　　　　　1102-704- 88
賜西京作坊使知麟州王慶民獎諭
　勅書　　　　　　　　　　　　　1102-704- 88
賜新除建雄軍節度使殿前都指揮
　使許懷德讓恩命第一表不允批

答口宣 1102-705- 88
賜新除建雄軍節度使殿前都指揮使許懷德讓恩命第二表不允斷來章批答口宣 1102-705- 88
賜觀文殿學尙書右丞田況乞致仕不允批答 1102-705- 88
賜樞密副使右諫議大夫張昇乞解罷第一表不允批答 1102-707- 89
賜禮部侍郎參知政事曾公亮乞罷不允詔 1102-709- 89
賜新除寧遠軍節度使李端懿讓恩命第一表不允斷來章批答口宣 1102-709- 89
閤門賜新除寧遠軍節度使知潭州李端懿告勅口宣 1102-709- 89
賜新除工部尙書知秦州張方平陳讓不允詔 1102-709- 89
賜樞密副使尙書禮部侍郎程戡乞退休第二表不允批答 1102-709- 89
賜宰臣富弼第二表乞退不允批答 1102-710- 89
賜宰臣富弼乞退第四表不允斷來章手詔 1102-710- 89
賜樞密副使張昇生日詔 1102-710- 89
賜荊湖北路救濟飢民知州獎諭勅書 1102-710- 89
賜河陽三城節度使同中書門下平章事文彥博進奉謝裕享加恩詔 1102-710- 89
賜定國軍節度使知并州梁適進奉謝恩馬詔 1102-710- 89
賜觀文殿大學士知定州龐籍進奉謝恩馬詔 1102-711- 89
賜虔州觀察使定州路副都部署劉渙進奉謝恩馬詔 1102-711- 89
賜定國軍節度使梁適進奉謝恩馬詔 1102-711- 89
賜外任臣寮進奉賀裕享禮畢勅書 1102-711- 89
賜翰林學士尙書兵部員外郎知制誥吳奎乞知青州不允詔 1102-711- 89
賜新除宣徽南院使檢校太保鄜延路馬步軍都部署經略安撫使判延州程戡讓恩命第一表不允斷來章批答 1102-711- 89
賜知建昌軍楊儀進奉銀珠稻米勅書 1102-712- 89
賜右諫議大夫知梓州呂居簡進奉乾元節無量壽佛一幀勅書 1102-712- 89

賜新除翰林學士依前禮部郎中知制誥權知開封府蔡襄上表乞依舊知泉州不允詔 1102-712- 89
賜屯田員外郎王公袞獎諭勅書 1102-712- 89
撫問護葬使向傳式詔 1102-713- 89
撫問西京并汝州路耐葬隨護宗懿已下勅書 1102-713- 89
撫問尙宮沈氏勅書 1102-713- 89
撫問西京并汝州路管勾修墳并沿路巡檢道路及管勾一行靈舉程頓排辨等朝臣使臣內臣等勅書 1102-713- 89
賜宰臣富弼上第一表乞解罷機務不允批答 1102-713- 89
賜宰臣富弼上第三表乞解罷機務不允斷來章批答 1102-713- 89
稱親手詔 1103-254-122
膀朝堂手詔 1103-254-122
賜中書門下詔 1350-312- 31
皇太后還政議合行典禮詔 1350-312- 31
通商茶法詔 1350-313- 31
賜觀文殿學士禮部尙書王舉正不允詔 1350-317- 31
頒貢舉條制勅 1350-323- 32
賜右屯衞大將軍叔詔獎諭勅 1350-323- 32
大慶殿恭謝御札 1350-338- 33
賜除宰臣文彥博讓恩命批答 1350-339- 33
賜新除宰臣富弼讓恩命不允批答 1350-340- 33
賜宰臣富弼乞退不允批答（二則） 1350-340- 33
賜宰臣富弼乞解機務不允批答 1350-341- 33
賜宰臣文彥博乞解重任不允批答 1350-341- 33
賜樞密使宋庠讓恩命不允批答 1350-341- 33
進納人空名海詞（制） 1350-380- 36
神宗賜河陽節度使文彥博辭加恩不允詔 1402- 54- 10

● 慕容垂 前燕
與朗濮師書 1400-555- 9
● 慕容德 南燕
與朗濮師書 1400-555- 9
● 慕容彥達 宋
賜仁福帝姬辭免册禮許允詔 1123-319- 3
賜少保太宰兼門下侍郎鄭居中辭免男億年直秘閣允詔 1123-319- 3
賜少保太宰鄭居中辭免册命允所乞詔 1123-319- 3
賜新除太傅致仕何執中辭免册禮

允詔 1123-320- 3
戒勵百官遵奉法度詔 1123-320- 3
賜延康殿學士強淵明辭免恩命不允詔 1123-320- 3
賜新除顯謨（閣）直學士依前永興軍路安撫使賈炎辭免恩命不允詔 1123-320- 3
賜新除翰林學士承旨馮熙載辭免恩命不允詔 1123-321- 3
賜翰林學士馮熙載辭免恩命不允詔 1123-321- 3
賜少保太宰兼門下侍郎鄭居中辭免外甥朝奉郎知大宗正承事李伯達除尚書度支員外郎恩命不允詔 1123-321- 3
賜太傳何執中辭免恩命不允詔 1123-321- 3
賜新除翰林學士承旨鄧洵仁辭免恩命不允詔 1123-321- 3
賜新除翰林學士許光凝辭免恩命不允詔 1123-321- 3
賜大司成陸蘊辭免恩命不允詔 1123-321- 3
賜新除翰林學士劉嗣明不許辭免詔 1123-322- 3
賜新除工部侍郎方會不允辭免詔 1123-322- 3
賜龍州知州彭允宗等進奉賀端午節溪布勅書 1123-322- 3
賜保大軍官吏等示諭勅書 1123-322- 3
賜修武郎趙子霆獎諭勅書 1123-322- 3
賜護國軍官吏人道士僧尼百姓等示諭勅書 1123-322- 3
賜知安州向萬觶等進奉賀天寧節并端午冬正溪布勅書 1123-323- 3
賜保靜州知州彭儒武等進奉天寧節并冬祀冬正溪布勅書 1123-323- 3
賜保靜州知州彭儒武等進奉賀端午節溪布勅書 1123-323- 3
誠諭三省樞密院修學先朝政事 1123-323- 3
賜皇后賀冬祀禮畢批答 1123-323- 3
賜內中夫人郡君已下賀冬祀禮畢批答 1123-323- 3
賜皇弟燕王越王賀冬祀禮畢批答 1123-324- 3
賜大長帝姬賀冬祀禮畢批答 1123-324- 3
賜新除宰臣鄭居中辭免恩命批答仍斷來章 1123-324- 3
賜新除宰臣劉正夫辭免恩命批答

仍斷來章 1123-324- 3
賜新除知樞密院事鄧洵武辭免不允批答 1123-324- 3
賜宰臣鄭居中辭免册命不允批答仍斷來章 1123-324- 3
賜新除知樞密院事鄧洵武辭免不允批答仍斷來章 1123-324- 3
除檢校少保充護國軍節度使開府儀同三司依前中太一宮使加食邑食實封差遣如故某制 1123-325- 3
武康軍節度使除開府儀同三司某制 1123-325- 3
除保大軍節度使充熙河蘭湟路經略安撫使兼知熙州某制 1123-326- 3
除少保某太宰制 1123-326- 3
光祿卿除戶部侍郎制 1123-329- 3
殿中丞某官可秘書丞制 1123-333- 4
入內洛苑使某人可化州刺史依舊洛苑使制 1123-346- 5
西蕃大首領皇城使某與轉遙郡團練使制 1123-356- 6
皇城使成州團練使某人可依前成州團練使充昭宣使制 1123-361- 6
空名招納諸司使官制 1123-362- 6
皇城副使某與轉兩官制 1123-387- 8
賜皇子檢校太保鎮海軍節度使開府儀同三司廣平郡王生日禮物口宣 1123-403- 9
就驛賜大遼國賀天寧節度使副銀沙羅唾盂盂子錦被褥等口宣 1123-404- 9
開府儀同三司仲爰四月二十八日生日口宣 1123-404- 9
玉津園賜大遼國賀天寧節度使副射弓例物口宣 1123-404- 9
宣召翰林學士劉嗣明口宣 1123-404- 9
賜臣寮口宣 1123-404- 9
賜皇子感德軍節度使檢校少保韓國公捷生日禮物口宣 1123-404- 9
賜高麗使人相國寺燒香乾果子口宣 1123-404- 9
撫問荊湖南路臣寮口宣 1123-404- 9
撫問資政殿大學士宣奉大夫大名尹梁子美口宣 1123-404- 9
就驛賜大遼國賀天寧節使副賜內中酒果口宣 1123-405- 9

史部

詔令奏議類・附錄

詔令上十五畫

班荊館賜大遼國賀天寧節使副回程酒果口宣　1123-405- 9

賜陝西河東路臣寮御筆勒書獎諭銀合茶藥對衣金帶鞍轡馬及支賜等口宣　1123-405- 9

賜熙河等賞功諸軍特支併稿設等口宣　1123-405- 9

撫問廣南東路臣寮口宣　1123-405- 9

撫問瀘南梓州路臣寮口宣　1123-405- 9

賜知樞密院事鄧洵武已下罷散天寧節道場香酒果口宣　1123-405- 9

天寧節尚書省御筵賜知樞密院事鄧洵武已下酒果口宣　1123-405- 9

賜殿前指揮使高俅已下罷散天寧節道場香酒果口宣　1123-406- 9

賜寧海軍節度使開府儀同三司永嘉郡王向宗良已下罷散天寧節道場香酒果口宣　1123-406- 9

賜判大宗正事仲愛已下罷散天寧節道場香酒果口宣　1123-406- 9

賜節度使豫章郡王孝參已下罷散天寧節道場香酒果口宣　1123-406- 9

賜駙馬都尉石端禮等罷散天寧節道場香酒果口宣　1123-406- 9

賜大遼國賀天寧節人使朝見訖歸驛賜酒果口宣　1123-406- 9

賜高麗國進奉人使膳晨風藥口脂酒果口宣　1123-406- 9

冬節高麗使人就館御筵賜教坊樂花香藥下酒上醞局白羊御酒酒果兼傳勸尚醞局供進御酒口宣　1123-406- 9

宣召翰林學士許光疑入院口宣　1123-407- 9

賜高麗使人到闕朝見酒果口宣　1123-407- 9

撫問河北東路沿邊臣寮口宣　1123-407- 9

送判正旦使副汴路與賀北朝生辰并正旦使副相逢傳宣撫問口宣　1123-407- 9

撫問成都府利州路臣寮口宣　1123-407- 9

宣召翰林學士承旨鄧洵仁口宣　1123-407- 9

宣召翰林學士馮熙載口宣　1123-407- 9

賜新除宰臣鄭居中劉正夫口宣　1123-407- 9

賜新除知樞密院鄧洵武口宣　1123-407- 9

賜熙河等路茶藥等口宣　1123-407- 9

● 蔡　襄 宋

中書試金吾衞大將軍除邊鎮節度使制　1090-416- 10

中書試禮部尚書除御史大夫制　1090-417- 10

中書試郡國察孝悌力田詔　1090-417- 10

戒勵臣僚奏薦勑　1090-417- 10

廣南東西十一路轉運使提點刑獄揀放配軍勑　1090-418- 10

前兩府并兩制聖節奏弟姪京官或試監簿制　1090-432- 11

案相參政樞密聖節奏薦子孫各京官制　1090-432- 11

選人授錄事參軍監茶場制　1090-436- 11

軍都指揮使諸班都虞候可四廂都指揮使制　1090-448- 13

歸明人等詞　1090-451- 13

皇親大將軍遙郡制　1090-466- 15

禁軍都虞候已上及藩方馬步軍都指揮使并御前忠佑南郊加恩封贈父母妻制　1090-467- 15

諸軍班都虞候制　1090-468- 15

司天監五官正制　1090-469- 15

中書錄事以下制　1090-469- 15

京官等加恩制　1090-469- 15

蕃官加恩制　1090-469- 15

● 魯宣公 周

命季孫行父書　1396- 55- 5

里革更書　1396- 56- 5

● 劉　劭 劉宋

即僞位書　1398-593- 6

臧敦等復本位書　1398-593- 6

● 劉　敞 宋

開封府推官制　1096-226- 22

● 劉　斧 宋

誠諭士大夫敦尚名節（詔）　1119- 74- 2

● 劉　敞 宋

罷諸路同提點刑獄使臣置轉運判官（勑）　1095-655- 30

罷諸路同提點刑獄使臣置轉運判官勑　1350-324- 32

● 劉　壎 元

跋安子文丙楊子淵巨源誅吳曦矯詔　詔附　1195-388- 7

● 劉　嫕 宋

賜劉光祖乞提舉宮觀一次不允（詔）　1157-438- 9

賜…雷孝友再上奏劄子乞歸休田里不允不得再有陳請（詔）　1157-438- 9

賜⋯李大性辭免除吏部尚書兼職依舊日下供職恩命不允（詔） 1157-439- 9

賜劉甲辭免除寶謨閣學士知興元府兼本路安撫使鎮見闘兼節制本路屯戍軍馬就送還人限一日起發之任候任滿前來奏事時暫兼權四川制置司職事恩命不允（詔） 1157-439- 9

賜⋯衞涇辭免除資政殿大學士知隆興府江西安撫使鎮見闘恩命不允（詔） 1157-439- 9

賜⋯范之柔辭免權刑部尚書日下供職恩命不允（詔） 1157-440- 9

賜⋯衞涇上表再辭免除資政殿大學士知隆興府江西安撫使恩命不允不得再有陳請（詔） 1157-440- 9

賜⋯史彌遠辭免以皇太子講毛詩終篇特與轉行一官恩命不允（詔） 1157-440- 9

賜⋯史彌遠辭免爲進呈安奉高宗皇帝中興經武要略了畢提舉官就差禮儀使各特與轉兩官依例加恩令學士院降制恩命不允（詔） 1157-441- 9

賜⋯黃疇若辭免除尚書兼太子右庶子恩命不允（詔） 1157-441- 9

賜⋯黃疇若乞畀祠祿不允（詔） 1157-441- 9

賜⋯沈詵辭免除戶部尚書兼職依舊日下供職恩命不允（詔） 1157-442- 9

賜⋯江達辭免除吏部侍郎恩命不允（詔） 1157-442- 9

賜⋯戴溪辭免除太子詹事日下供職恩命不允（詔） 1157-442- 9

賜⋯何異乞守本官致仕不允(詔) 1157-443- 9

賜⋯雷孝友乞畀祠祿不允（詔） 1157-443- 9

賜⋯安丙再上奏劄子辭免資政殿大學士知興元府四川制置大使不允（詔） 1157-443- 9

賜⋯善下乞依舊在京宮觀免奉朝請任便居住不允（詔） 1157-444- 9

賜⋯黃田辭免除戶部尚書兼直學士院日下前來供職恩命不允（詔） 1157-444- 9

賜⋯樓鑰乞仍舊致仕歸伏田里不允（詔） 1157-444- 9

賜⋯史彌遠辭免以皇太子册寶推恩特轉一官恩命不允（詔） 1157-444- 9

賜雷孝友隻機樓鑰章良能宇文紹節辭免皇太子受册命了畢各得轉一官恩命不允（詔） 1157-445- 9

賜⋯章穎乞許歸田不允（詔） 1157-445- 9

楊次山辭免新除少保進封永陽郡王加食邑食實封恩命不允(詔) 1157-446- 9

賜⋯錢象祖上表再辭免特授少保依前觀文殿大學士充醴泉觀使雷孝友乞奉外祠不允（詔） 1157-446- 9

賜⋯何澹再辭免差知江陵府恩命仍乞祠祿不允不得再有陳情（詔） 1157-446- 9

賜⋯曾從龍乞畀祠祿或特賜便鄉州郡不允（詔） 1157-446- 9

賜中大夫知樞密院事兼參知政事兼太子賓客加食邑辭實封恩命不允不得再有陳請（詔） 1157-447- 9

賜⋯曾映乞令謝事歸養沈痾不允（詔） 1157-447- 9

賜⋯李大性辭免除寶文閣學士依舊知江陵府充京西湖北制置使不允（詔） 1157-447- 9

賜⋯隻機年齒衰耆疾病易生許納祿不允（詔） 1157-448- 9

賜⋯沈作賓乞效官偏壘不允(詔) 1157-448- 9

賜⋯樓鑰辭免同提舉編修勅令恩命不允（詔） 1157-448- 9

賜保康軍承宣使左驍衞將軍鎮江都兼知揚州淮東安撫使畢再遇乞畀在外宮觀差遣不允（詔） 1157-448- 9

賜⋯宇文紹節乞畀祠祿不允(詔) 1157-449- 9

賜⋯宇文紹節乞畀祠祿不允不得再有陳請（詔） 1157-449- 9

賜⋯安丙乞畀宮觀差遣不允(詔) 1157-449- 9

賜⋯夏震納祿不允（詔） 1157-450- 9

賜⋯樓鑰乞再挂衣冠不允（詔） 1157-450- 9

賜⋯章穎辭免除禮部尚書兼職依舊恩命不允（詔） 1157-450- 9

賜⋯黃由乞畀外祠不允（詔） 1157-450- 9

賜⋯戴溪乞納祿歸田里不允(詔) 1157-451- 9

賜⋯沈作賓乞宮觀不允（詔） 1157-451- 9

賜⋯謝原明乞守本官職致仕不允（詔） 1157-451- 9

史部

詔令奏議類：附錄

詔令上十五畫

賜…趙希懌辭免除顯謨閣直學士差知太平州恩命不允（詔） 1157-452- 9

賜…宇文紹節再乞祿之閒散示以保全不允不得再有陳情（詔） 1157-452- 9

賜…衞涇再辭免除資政殿學士知潭州恩命不允（詔） 1157-452- 9

賜…戴溪乞許納祿或畀祠祿不允（詔） 1157-453- 9

賜…樓鑰乞歸田里不允（詔） 1157-453- 9

賜…章穎辭免除寶謨閣學士恩命不允（詔） 1157-453- 9

賜…曾從龍辭免皇太子講授春秋終篇特與轉行一官恩命不允（詔） 1157-453- 9

賜…俞烈辭免經筵進講周易終篇侍讀官特與轉行一官恩命不允（詔） 1157-454- 9

賜…黃度辭免除權禮部尚書兼侍讀恩命不允（詔） 1157-454- 9

賜…曾從龍辭免權刑部尚書兼職依舊日下供職恩命不允（詔） 1157-454- 9

賜…汪達辭免除吏部尚書兼職依舊恩命不允（詔） 1157-455- 9

賜…范之柔辭免除禮部侍郎兼中書舍人恩命不允（詔） 1157-455- 9

賜…汪達乞休致不允（詔） 1157-455- 9

賜…樓鑰辭免除資政殿大學士在京觀任便居住恩命不允（詔） 1157-456- 9

賜…戴溪乞許納祿休致不允(詔） 1157-456- 9

皇伯…嗣秀王師璠可特授少保加食邑食實封（制） 1157-457- 10

賜…史彌遠再上表辭免皇太子册寶推恩轉行一官恩命不允仍斷來章（批答） 1157-461- 11

賜嗣濮王不儔上表再辭免特授檢校少保依前昭慶軍節度使提舉佑神觀嗣濮王加食（邑食）實封恩命不允仍斷來章（批答） 1157-461- 11

賜嗣秀王師璠再上表辭免除少保依前皇伯奉國軍節度使充萬壽觀使加食（邑食）實封恩命不允仍斷來章（批答） 1157-461- 11

賜正議大夫史彌遠再上表辭免特授光祿大夫右丞相兼樞密使兼太子少師奉化縣開國公加食邑食實封恩命不允仍斷來章（批答） 1157-462- 11

賜史彌遠再上表辭免皇太子講授春秋終篇特與行一官恩命不允（批答） 1157-462- 11

賜文武百僚宰臣史彌遠等上表奏請皇帝御殿復膳不允（批答） 1157-462- 11

賜史丞相彌遠再辭免皇太子讀三朝寶訓終篇轉行一官恩命不允（批答） 1157-463- 11

賜…史彌遠上表再辭免勅令所修進吏部條法總類及百司吏職補授法了畢特轉兩官依例加恩仍進封國公令學士院降制恩命不允（批答） 1157-463- 11

賜吳琚上表再辭免除檢校少保加食邑食實封恩命不允（批答） 1157-463- 11

賜…鄭照先辭免除端明殿學士簽書樞密院事兼權參知政事兼太子賓客恩命不允（批答） 1157-464- 11

賜…雷孝友上表再辭免以皇太子講毛詩終篇轉一官恩命不允（批答） 1157-464- 11

賜史丞相（生日詔） 1157-465- 12

賜右丞相史彌遠（生日詔） 1157-465- 12

賜嗣秀王師璠（生日詔） 1157-465- 12

賜畢再遇蕩平淮寇顯有勞（獎諭詔） 1157-465- 12

淮東湖南江西三路賊盜作過除賊首合行收捕其餘脅從等人並從原貨許以自新各令復業仍仰州縣多方賑卹（獎諭詔） 1157-465- 12

科學（獎諭詔） 1157-466- 12

賜湖北安撫使充京西湖北制置使李大性銀合夏藥（勅） 1157-467- 13

賜江淮制置使黃度冬藥（勅） 1157-467- 13

郊祀大禮赦諸司 1157-468- 14

●劉一止 宋

辭免除敷文閣直學士恩命不允批答 1132- 76- 13

擬戒諭監司按察姦貪之吏詔 1132-126- 23

擬戒諭守令勸課農桑詔 1132-126- 23

擬戒諭內外從官舉薦遺才詔 1132-127- 23

賜樓炤辭免恩命不允詔 1132-226- 47

賜李綱辭免知潭州不允詔 1132-226- 47

賜李綱再辭免知潭州（不）允詔 1132-227- 47
賜張浚辭免知福州不允詔 1132-227- 47
賜張浚再辭免知福州不允詔 1132-227- 47
賜新除禮部侍郎蘇符辭免恩命不允詔 1132-227- 47
賜新除工部侍郎李誼辭免恩命不允詔 1132-227- 47

●劉才邵 宋

除保寧軍節度使河東路經略安撫使制 1130-466- 5
賜科學誠諭詔 1130-479- 6
賜沈該等爲慧星消伏乞復常膳詔（三則） 1130-480- 6
賜韓世忠乞住請給等詔 1130-480- 6
賜張守忠辭免恩命不允詔 1130-481- 6
賜王喚乞在外差遣不允詔 1130-481- 6
賜王喚乞除小郡不允詔 1130-481- 6
賜成閔辭免恩命不允詔 1130-482- 6
賜成閔再辭免加恩不允詔 1130-482- 6
賜張子蓋辭免恩命不允詔 1130-482- 6
賜張子蓋再辭免恩命不允詔 1130-482- 6
賜吳璘辭免恩命不允詔（三則） 1130-483- 6
賜吳璘再辭免恩命不允詔 1130-483- 6
賜湯思退辭免恩命不允詔 1130-484- 6
賜吳蓋辭免恩命不允詔 1130-484- 6
賜吳蓋再辭免恩命不允詔 1130-484- 6
賜周三畏辭免恩命不允詔（二則） 1130-484- 6
賜湯鵬舉辭免恩命不允詔 1130-485- 6
賜湯鵬舉辭免銀絹恩命不允詔 1130-485- 6
賜湯鵬舉辭免恩命不允詔 1130-486- 6
賜王彥辭免恩命不允詔 1130-486- 6
賜姚仲辭免恩命不允詔 1130-486- 6
賜田師中辭免恩命不允詔 1130-487- 6
賜程克俊辭免恩命不允詔 1130-487- 6
賜程克俊再辭免恩命不允詔 1130-487- 6
賜程克俊辭免恩命不允詔 1130-488- 6
賜汪勃辭免恩命不允詔 1130-488- 6
賜陳康伯辭免兼修玉牒恩命不允詔 1130-488- 6
賜（趙）士㝬辭免恩命不允詔 1130-489- 6
賜韋謙辭免恩命不允詔 1130-489- 6
賜韋謙再辭免恩命不允詔 1130-489- 6
賜韋謙第三辭免恩命不允詔 1130-489- 6
賜董先辭免恩命不允詔 1130-489- 6
賜趙密辭免恩命不允詔 1130-490- 6
賜趙密再辭免恩命不允詔 1130-490- 6
賜蘇符辭免恩命不允詔 1130-490- 6
賜折彥質辭免恩命不允詔 1130-490- 6
賜陳誠之辭免恩命不允詔 1130-491- 6
賜陳誠之再辭免恩命不允詔 1130-491- 6
賜趙令務辭免恩命不允詔 1130-491- 6
賜万俟高辭免恩命不允詔 1120-492- 6
賜万俟高再辭免恩命不允詔 1130-492- 6
賜劉棆辭免恩命不允詔 1130-492- 6
賜劉棆再辭免恩命不允詔 1130-493- 6
賜劉棆第三辭免恩命不允詔 1130-493- 6
賜万俟高辭免恩命不允詔（二則） 1130-493- 6
賜万俟高再辭免恩命不允詔 1130-494- 6
賜万俟高辭免恩命不允詔（二則） 1130-494- 6
賜万俟高第三辭免恩命不允詔 1130-494- 6
賜王權辭免恩命不允詔（二則） 1130-495- 6
賜劉寶辭免恩命不允詔 1130-495- 6
賜劉寶再辭免恩命不允詔 1130-495- 6
賜朱勝非辭免恩命不允詔 1130-496- 6
賜沈該辭免恩命不允詔（二則） 1130-496- 6
賜沈該再辭免恩命不允詔（二則） 1130-497- 6
賜沈該辭免恩命不允詔（二則） 1130-497- 6
賜張綱辭免恩命不允詔 1130-498- 6
賜張綱再辭免恩命不允詔 1130-498- 6
賜王俁辭免恩命不允詔 1130-498- 6
賜石清辭免恩命不允詔 1130-499- 6
賜韓仲通辭免恩命不允詔 1130-499- 6
賜李文會辭免中丞恩命不允詔 1130-499- 6
賜秦熺辭免眞除禮部侍郎恩命（不允）詔 1130-499- 6
賜太傅韓世忠生日詔 1130-500- 6
賜尚書右僕射万俟高生日詔 1130-500- 6
賜尚書左僕射沈該生日詔 1130-500- 6
賜少傅楊存中生日詔 1130-500- 6
賜參政張綱生日詔 1130-500- 6
賜參政万俟高生日詔 1130-500- 6
賜樞密院湯思退生日詔 1130-501- 6
賜太尉韋謙生日詔 1130-501- 6
賜太尉錢愷生日詔 1130-501- 6
賜太師秦檜生日詔 1130-501- 6
賜周三畏辭眞除刑部侍郎恩命（不允）詔 1130-501- 6
賜孟忠厚乞除在外宮觀（不允）詔（二則） 1130-501- 6

賜湯鵬舉乞宮觀不允詔　1130-502- 6
賜施鉅乞宮觀（不允）詔　1130-502- 6
賜程克俊乞宮觀（不允）詔　1130-503- 6
賜万俟高乞在外宮觀（不允）詔　1130-503- 6
賜魏良臣乞宮觀（不允）詔　1130-503- 6
賜莫將乞宮觀（不允）詔　1130-504- 6
賜昭慶軍勅書　1130-506- 7
賜寧武軍勅書　1130-506- 7
賜宰臣喜雪御筵酒果口宣　1130-507- 7
賜宰執以下喜雪御筵口宣（二則）　1130-507- 7
賜大金人使賀正旦畢歸驛賜御筵口宣　1130-507- 7
賜交阯朝見後三日玉津園御筵口宣　1130-507- 7
三佛齊國使人入貢到闕起前一日賜御筵口宣　1130-507- 7
殿前司滿散天申節道場賜御筵酒果口宣　1130-507- 7
馬軍司滿散天申節道場賜御筵酒果口宣　1130-508- 7
賜宰執以下喜雪酒口宣　1130-508- 7
賜參政沈該再辭免恩命不允批答口宣　1130-508- 7
賜尚書左僕射沈該告口宣　1130-508- 7
賜沈該辭免恩命不允批答口宣　1130-508- 7
賜沈該再辭免恩命不允批答口宣　1130-508- 7
賜參政万俟高再辭免恩命不允批答口宣　1130-508- 7
賜尚書右僕射万俟高告口宣　1130-508- 7
賜万俟高辭免恩命不允批答口宣　1130-508- 7
賜万俟高再辭免恩命不允批答口宣　1130-509- 7
賜尚書右僕射万俟高告口宣　1130-509- 7
賜万俟高辭免恩命不允批答口宣　1130-509- 7
撫問程克俊到闕賜銀合茶藥口宣　1130-509- 7
賜知湖州程克俊辭免恩命不允批答口宣　1130-509- 7
賜承宣使吳蓋辭免恩命不允批答口宣　1130-509- 7
賜承宣使吳蓋再辭免恩命不允批答口宣　1130-509- 7
賜張子蓋口宣　1130-509- 7
賜張子蓋辭免恩命不允批答口宣　1130-509- 7
撫問使大金使陳誠之副使蘇曄到闕賜銀合茶藥口宣　1130-510- 7
撫問郭浩幷賜到闕銀合茶藥口宣　1130-510- 7
賜韋謙辭免恩命不允批答口宣　1130-510- 7
賜吳國長公主到闕銀合茶藥口宣　1130-510- 7
賜成閔辭免恩命不允批答口宣　1130-510- 7
賜趙密辭免恩命不允批答口宣　1130-510- 7
賜鄭藻告口宣　1130-510- 7
賜李顯忠告口宣　1130-511- 7
賜步軍司滿散天申節道場香酒果口宣　1130-511- 7
賜樞密院官滿散天申節道場香酒果口宣　1130-511- 7
賜樞密湯思退辭免恩命不允批答口宣　1130-511- 7
賜陳誠之辭免同知樞密院事恩命不允批答口宣　1130-511- 7
賜實錄院進呈皇太后回鸞事實宣答宰臣已下口宣　1130-511- 7
賜張綱辭免除參政恩命不允批答口宣　1130-511- 7
賜劉榘辭免恩命不允批答口宣　1130-511- 7
賜劉榘再辭免恩命不允批答口宣　1130-512- 7
撫問孟忠厚到闕幷賜銀茶合香藥口宣　1130-512- 7
賜大金人使朝辭訖歸驛酒果口宣　1130-512- 7
賜大金人使賀天申節賜內中酒果口宣　1130-512- 7
賜大金人使賀天申節回程赤岸賜酒果口宣　1130-512- 7
賜大金人使賀天申節內中酒果口宣　1130-512- 7
賜大金人使賀正旦到赤岸賜酒果口宣　1130-512- 7
賜大金人使賀天申節上壽畢歸驛賜酒果口宣　1130-512- 7
賜大金人使賀天申節射弓賜酒果口宣　1130-513- 7
賜大金人使賀天申節朝辭訖歸驛賜酒果口宣　1130-513- 7
賜大金人使賀正旦回程赤岸賜酒果口宣　1130-513- 7
賜大金人使賀正旦畢歸驛酒果口宣　1130-513- 7
賜大金人使在驛牲饌口宣　1130-513- 7
賜大金人使賀天申節在驛賜牲饌口宣　1130-513- 7

賜大金人使賀正旦在驛賜牲饌口宣 1130-513- 7
賜大金人使賀正旦密賜大銀器口宣(二則) 1130-513- 7
賜大金人使賀正旦賜銀鈒鑵唾孟子錦被褥口宣 1130-513- 7
賜大金人使賀天申節賜射弓箭例物口宣 1130-514- 7
賜大金人使賀正旦射弓例物口宣 1130-514- 7
賜大金人使副春幡勝春盤等口宣 1130-514- 7
賜大金三節人從春幡口宣 1130-514- 7
賜大金人使副賀正旦春幡勝口宣 1130-514- 7
賜大金都管三節人從春幡勝口宣 1130-514- 7
賜大金人使副賀天申節端午節扇帕頭髢紗帛等口宣 1130-514- 7
賜大金都管并三節人從端午扇帕頭髢紗帛等口宣 1130-514- 7
賜大金人使回程金鍍銀合盛龍鳳茶口宣 1130-514- 7
賜大金人使賀天申節鎮江府賜茶藥口宣 1130-514- 7
賜大金人使賀天申節回程龍鳳茶金鑲銀合口宣 1130-515- 7
賜大金人使賀正旦鎮江府茶藥口宣 1130-515- 7
賜大金人使賀正旦回程賜龍鳳茶口宣 1130-515- 7
賜接伴使副春幡勝口宣(二則) 1130-515- 7
賜接伴使副端午令節扇帕頭髢口宣 1130-515- 7
賜大金人使賀正旦回程鎮江府賜御筵口宣 1130-515- 7
賜大金人使賀正旦回程旰眙軍賜御筵口宣 1130-515- 7
賜大金人使回程旰眙軍賜御筵口宣 1130-515- 7
賜大金人使賀天申節鎮江府賜御筵口宣 1130-516- 7
賜大金人使賀天申節平江府賜御筵口宣 1130-516- 7
賜大金人使賀天申節回程旰眙軍賜御筵口宣 1130-516- 7
賜大金人使賀天申節回程平江府賜御筵口宣 1130-516- 7
賜大金人使賀天申節回程赤岸賜御筵口宣 1130-516- 7
賜大金人使賀正旦回程平江府賜御筵口宣 1130-516- 7
賜大金人使賀正旦回程赤岸賜御筵口宣 1130-516- 7
賜大金人使賀正旦射弓賜御筵口宣 1130-516- 7
賜大金人使賀正旦朝辭訖歸驛賜御筵口宣 1130-516- 7
賜大金人使賀天申節上壽畢歸驛賜御筵口宣 1130-516- 7
賜大金人使賀正旦旰眙軍賜御筵口宣 1130-517- 7
賜大金人使賀正旦鎮江府御筵口宣 1130-517- 7
賜大金人使賀正旦平江府御筵口宣 1130-517- 7
賜大金人使賀正旦到赤岸賜御筵口宣 1130-517- 7
大金人使賀天申節賜射弓御筵口宣 1130-517- 7
賜大金人使朝辭訖歸驛御筵口宣 1130-517- 7
賜大金人使回程臨平鎮祖送賜御筵口宣 1130-517- 7
賜大金人使回平江府排辦御筵口宣 1130-517- 7
賜大金人使回程鎮江府賜御筵口宣 1130-517- 7
賜大金人使回程赤岸賜御筵口宣 1130-517- 7
撫問知湖州程克俊賜銀合茶藥口宣 1130-517- 7
賜瀘南沿邊安撫使李文會夏藥口宣 1130-518- 7
賜四川安撫制置使蕭振夏藥口宣 1130-518- 7
賜御前都統制吳璘楊政夏藥口宣 1130-518- 7
賜御前都統制吳璘楊政下統制統領將佐官屬夏藥口宣 1130-518- 7
賜姚仲夏藥口宣 1130-518- 7
賜姚仲下統制統領將佐官屬夏藥口宣 1130-518- 7
賜知湖州程克俊夏藥口宣 1130-518- 7
賜瀘南沿邊安撫使李文會夏藥口宣 1130-518- 7
撫問統制田師中岳超王權劉表賜銀合臘藥口宣 1130-518- 7

撫問諸路安撫使賜銀合臘藥口宣　1130-519- 7
賜姚仲臘藥口宣　1130-519- 7
賜姚仲下統制統領將佐官屬臘藥
　　口宣　1130-519- 7
●劉安上 宋
橫行皇城使皇城副使等換官（制）　1124- 21- 2
某氏衛國夫人（制）　1124- 23- 2
●劉禹錫 唐
授倉部郎中制　1336-568-389
授主客郎中制　1336-568-389
授比部郎中制　1336-574-390
授屯田郎中制　1336-575-390
擬太子太保制　1336-658-403
擬太子太傅制　1336-658-403
擬册皇太子文　1337-158-443
擬册齊王文　1337-173-445
擬册楚王文　1337-174-445
擬册邠王文　1337-174-445
擬册晉王文　1337-174-445
擬公主册文　1337-182-446
授倉部郎中制　1402- 78- 14
授主客郎中制　1402- 78- 14
●劉崇望 唐
加外藩佐僚郎等將制　1336-733-413
●衛　涇 宋
錢象祖辭免參知政事不允詔　1169-497- 3
錢象祖再辭免參知政事不允詔　1169-497- 3
賜程松辭免除資政殿大學士四川
　　制置使兼知成都府恩命不允詔　1169-498- 3
辛棄疾辭免除兵部侍郎不允詔　1169-498- 3
賜丘崈辭免除刑部尙書充江淮宣
　　撫使不許辭免恩命不允詔　1169-498- 3
錢象祖辭免興復元依舊知紹興府
　　不允詔　1169-499- 3
錢象祖辭免召赴行在不允詔　1169-499- 3
錢象祖辭免再知紹興府不允詔　1169-499- 3
錢象祖乞祠祿不允詔　1169-499- 3
賜成閔辭免加食邑食實封恩命不
　　詔允　1169-500- 3
賜成閔上表再辭免加食邑（食）
　　實封恩命不允不得再有陳請詔　1169-500- 3
楊炳辭免除權吏部尙書不允詔　1169-500- 3
楊炳乞祠祿不允詔　1169-500- 3
楊炳辭免寶謨閣直學士宮觀不允
　　詔　1169-501- 3
吳總辭免除工部侍郎不允詔　1169-501- 3
吳總辭免吏部侍郎不允詔　1169-501- 3
吳總辭免知鄂州不允詔　1169-501- 3
薛叔似再辭免端明殿學士侍讀依
　　舊湖北京西宣撫使不允詔　1169-501- 3
招撫使郭倪乞賜重行竄責不允詔　1169-502- 3
張嚴辭免除知樞密院事不允詔　1169-502- 3
張嚴再辭免除知樞密院事不允詔　1169-502- 3
李壁辭免除參知政事不允詔　1169-503- 3
李壁再辭免除參知政事不允詔　1169-503- 3
李壁辭免權監修國史日曆同提舉
　　編修勅令不允詔　1169-503- 3
李壁乞祠祿不允詔　1169-504- 3
倪思辭免禮部侍郎兼直學士院不
　　允詔　1169-504- 3
丘崈辭免端明殿學士侍讀依舊江
　　淮宣撫使再除簽書樞密院事督
　　視江淮軍馬不允詔　1169-510- 4
薛叔似爲棗陽神馬坡兵敗乞行遣
　　不允詔　1169-510- 4
程松乞待罪不允詔　1169-511- 4
程松乞祠祿不允詔　1169-511- 4
張嚴辭免督視江淮軍馬不允詔　1169-511- 4
宇文紹節辭免兼同修國史兼實錄
　　院同修撰不允詔　1169-511- 4
四川宣撫使知成都府楊輔辭免不
　　允詔　1169-512- 4
安丙辭免轉中大夫端明殿學士知
　　興州充利州西路安撫使兼四川
　　宣撫副使不允詔　1169-512- 4
安丙再辭免端明殿學士中大夫知
　　沔州充利州西路安撫使兼四川
　　宣撫使不允詔　1169-512- 4
楊輔乞還田里不允詔　1169-513- 4
太皇太后遺誥　1169-513- 4
宇文紹節辭免兵部尙書不允詔　1169-514- 4
宇文紹節辭免華文閣直學士知江
　　陵府兼權宣撫使不允詔　1169-514- 4
宇文紹節辭免侍讀依舊華文閣學
　　士宣撫使兼知江陵府不允詔　1169-514- 4
趙淳辭免殿前司副都指揮使不允
　　詔　1169-515- 4
趙淳辭免特轉承宣使不允詔　1169-515- 4
丘崈乞守本官致仕不允詔　1169-515- 4
張嚴辭免資政殿大學士知福州不

四庫全書文集篇目分類索引

允詔 1169-516- 4
張嚴再辭免資政殿大學士知福州不允詔 1169-516- 4
吳琚乞祠祿不允詔 1169-516- 4
樓鑰辭免復原職不允詔 1169-516- 4
費士寅辭免改差知潼川府不允詔 1169-516- 4
楊次山乞休致不允詔 1169-517- 4
趙善堅辭免除工部侍郎兼知臨安府不允詔 1169-517- 4
趙善堅辭免招收禁軍特轉一官不允詔 1169-517- 4
趙師罩乞祠祿不允詔 1169-517- 4
趙師罩辭免兼國用司參計官不允詔 1169-518- 4
師垂再辭免除檢校少師不允詔 1169-518- 4
師垂辭免除知大宗正事不允詔 1169-518- 4
陸峻乞祠祿不允詔 1169-518- 4
陸峻辭免除權禮部尚書不允詔 1169-518- 4
賜參知政事李壁生日詔 1169-519- 4
賜太尉保大軍節度使李孝純生日詔 1169-519- 4
生日賜生籫詔 1169-519- 4
賜安南王李龍翰加恩制告書 1169-519- 4
商飛卿辭免戶部侍郎依舊淮西總領不允詔 1169-519- 4
吳獵乞罷黜不允詔 1169-519- 4
張澤辭免寶謨閣直學士宮觀不允詔 1169-520- 4
陳杞辭免寶謨閣直學士致仕不允詔 1169-520- 4
蕭逵辭免招收福建路效用水軍數足特轉一官不允詔 1169-520- 4
賜丘崈臘藥勅書 1169-521- 5
賜程松臘藥勅書 1169-521- 5
賜費士寅臘藥勅書 1169-521- 5
賜錢象祖臘藥勅書 1169-521- 5
賜薛叔似臘藥勅書 1169-522- 5
賜吳總陳謙臘藥勅書 1169-522- 5
賜郭倪臘藥勅書 1169-522- 5
賜郭果臘藥勅書 1169-522- 5
賜田琳董世雄趙淳馮拱陳孝慶魏友諒彭軺毋思畢再遇臘藥勅書 1169-522- 5
賜程松銀合湯藥勅書 1169-522- 5
賜王大節孫忠銳夏藥勅書 1169-522- 5
賜魏友諒莊松王鉞王大才等夏藥勅書 1169-522- 5
賜馮拱夏藥勅書 1169-523- 5
賜楊輔銀合夏藥（勅書） 1169-523- 5
賜秦世輔銀合夏藥（勅書） 1169-523- 5
賜彭軺銀合夏藥（勅書） 1169-523- 5
賜劉光鼎銀合夏藥（勅書） 1169-523- 5
賜安丙夏藥（勅書） 1169-523- 5
賜王喜夏藥（勅書） 1169-524- 5
賜戚拱夏藥（勅書） 1169-524- 5
賜趙淳畢再遇田琳等夏藥（勅書） 1169-524- 5
賜董世雄夏藥（勅書） 1169-524- 5
賜張嚴夏藥（勅書） 1169-524- 5
賜費士寅夏藥（勅書） 1169-524- 5
賜宇文紹節夏藥（勅書） 1169-524- 5
賜吳獵夏藥（勅書） 1169-524- 5
賜沈作賓夏藥（勅書） 1169-524- 5
賜李好義銀合夏藥（勅書） 1169-524- 5
賜（錢）象祖斷章批答口宣 1169-525- 5
賜李壁斷章批答口宣 1169-525- 5
賜張嚴斷章批答口宣 1169-525- 5
宣勞將士口宣 1169-525- 5
賜皇子榮王告口宣 1169-525- 5
賜嗣秀王（師揆）告口宣 1169-525- 5
賜少傅吳環告口宣 1169-525- 5
賜少保謝淵告口宣 1169-525- 5
賜太尉楊次山加恩告口宣 1169-525- 5
賜三省官滿散瑞慶聖節道場乳香口宣 1169-525- 5
賜太尉李孝純加恩告口宣 1169-526- 5
賜諫令雍加恩告口宣 1169-526- 5
賜吳琰加恩告口宣 1169-526- 5
賜師垂批答口宣 1169-526- 5
賜師垂告口宣 1169-526- 5
賜錢象祖到闕傳宣撫問并賜銀合茶藥口宣 1169-526- 5
賜殿前司滿散瑞慶聖節道場乳香（口宣） 1169-526- 5
賜馬軍司散滿瑞慶聖節道場乳香（口宣） 1169-526- 5
賜步軍司散滿瑞慶聖節道場乳香（口宣） 1169-526- 5
賜樞密院官等滿散瑞慶聖節道乳香（口宣二則） 1169-526- 5
賜樞密院官瑞慶聖節御筵酒果（口宣） 1169-527- 5

史部 詔令奏議類：附錄 詔令上十五—十七畫

賜三省官滿散瑞慶聖節道場乳香（口宣） 1169-527- 5

賜三省官瑞慶聖節御筵酒果（口宣） 1169-527- 5

賜三省官等滿散瑞慶聖節道場乳香（口宣） 1169-527- 5

文武百僚奏請皇帝聽政不允批答 1169-527- 5

文武百僚再奏請皇帝聽政宜允批答 1169-527- 5

文武百僚三請皇帝御正殿復常膳宜允批答 1169-527- 5

● 樂明龜 唐

賜陳敬宣太尉鐵券文 1337-408-472

十六畫

● 閻 復 元

加封五嶽四瀆四海詔 1367-118- 9

武宗即位詔 1367-120- 9

建儲詔 1367-120- 9

● 閻興邦 清

聖諭十六條直解跋 538-633- 78

● 遼太祖 遼

天贊三年詔 503-256-109

● 遼道宗 遼

賜左伊勒希巴詔 503-256-109

● 盧多遜 宋

幸西京詔 1350-311- 31

● 蕭文壽（宋武帝繼母） 劉宋

遺令 1398-569- 5

● 蕭寶卷 齊

誅徐孝嗣沈文季詔 1399- 38- 2

十七畫

● 謝 莊 劉宋

宋明帝即位赦詔 1414-217- 73

● 韓 琦 宋

邊鎮節度使加同平章事制 1089-460- 40

中書舍人除御史丞制 1089-460- 40

誠勸風俗浮薄詔 1089-461- 40

● 韓 維 宋

求直言詔 1101-639- 15

賜張方平詔 1101-639- 15

賜董種加恩告勅示諭詔 1101-639- 15

賜宣徽南院使雄武軍節度觀察留後判秦州郭逵乞京西一郡不允詔 1101-639- 15

賜守司徒兼侍中北京韓琦藥物并撫問詔 1101-640- 15

賜新除樞密副使右諫議大夫蔡挺赴闕茶藥詔 1101-640- 15

賜河南三城節度使守司空兼侍中判永興軍曾公亮赴闕詔 1101-640- 15

賜新除武寧軍節度使守司空同中書門下平章事致仕富弼辭免恩命不允與免册禮詔 1101-640- 15

賜淮南節度使守司徒檢校太師兼侍中判大名府韓琦不允斷來章詔 1101-640- 15

賜宣徽南院使判渭州郭逵謝到任乞京西一郡不允詔 1101-640- 15

賜淮南節度使守司徒檢校太師兼侍中判大名府韓琦不允辭謝詔 1101-640- 15

賜新除節度使守司空同中書門下平章事致仕富弼辭免致仕所加恩命不允詔 1101-641- 15

賜新除守太傅檢校太師兼侍中河陽三城節度使致仕曾公亮辭免致仕恩命不允詔 1101-641- 15

賜龍圖閣直學士尚書右司郎中知蔡州陳薦待罪特放詔 1101-641- 15

賜皇伯崇信軍節度使知大宗正事宗旦不允詔 1101-641- 15

賜熊進進馬勅書 1101-645- 15

皇伯宗旦示諭本鎮勅書 1101-645- 15

賜南平王李日尊加恩勅書 1101-645- 15

賜五臺山十寺院僧正順行已下獎諭勅書 1101-645- 15

賜敦睦并耐葬皇親等茶藥并傳宣撫問勅書 1101-645- 15

賜護葬使并監護使臣等茶藥并傳宣撫問詔敕 1101-645- 15

賜宰臣富弼已下賀壽星出見批答 1101-649- 15

賜樞密使文彥博等賀壽星出見批答 1101-649- 15

賜右諫議大夫參知政事趙忭乞退不允批答 1101-649- 15

賜皇伯新除崇信軍節度使宗旦辭免恩命不允批答 1101-649- 15

賜參知政事趙忭乞退第二表不允批答 1101-649- 15

賜右諫議大夫參知政事趙忭乞退第三表不允仍斷來章批答 1101-649- 15

賜參知政事右諫議大夫馮京乞退第二表不允批答　1101-649- 15

賜河陽三城節度使守司空檢校太師兼侍中曾公亮乞致仕不允批答　1101-650- 15

賜河陽三城節度使守司空檢校太師兼侍中曾公亮乞致仕第二表不允批答　1101-650- 15

閤門賜新除崇信軍節度（使）宗且告勅口宣　1101-650- 15

賜新除皇伯崇信軍節度使宗且第一表辭恩命不允批答口宣　1101-650- 15

賜新除皇伯崇信軍節度使宗且辭恩命不允斷來章批答口宣　1101-650- 15

就驛賜大遼賀正旦人使銀鈒鑼唾盂子錦被褥口宣　1101-650- 15

正旦日御殿賜勞將士　1101-650- 15

撫問守司徒兼侍中判北京韓琦兼賜湯藥　1101-651- 15

十二日就驛賜大遼賀同天節使人內中酒果口宣　1101-651- 15

賜河陽三城節度使守司空兼侍中曾公亮赴闕茶藥口宣　1101-651- 15

賜河陽三城節度使守司空兼侍中曾公亮赴闕生料口宣　1101-651- 15

賜修黃御彰河官員兵士等夏藥兼傳宣撫問口宣　1101-651- 15

閤門賜新除守太傅依前河陽三城節度使兼侍中魯國公致仕曾公亮告勅口宣　1101-651- 15

濠州明公等歸出給空名助教官告一千道　1101-652- 16

准本院帖進納空名試監簿（制）　1101-658- 16

某試秘校守黔州彭水縣尉（制）　1101-680- 18

求直言詔　1350-313- 31

求直言詔　1418-541- 54

● 薛廷珪 唐

授太僕卿制　1336-617-397

授司農卿制　1336-620-397

十八畫

● 顓　項 上古

專令　1396- 10- 1

● 藍鼎 元 清

擬諸葛武侯伐魏檄　1327-813- 15

書伐魏檄後　1327-827- 16

再書伐魏檄後　1327-828- 16

● 魏　收 北齊

魏禪齊詔　1400- 30- 2

爲文宣帝西伐書　1400- 36- 2

北齊武帝以三臺宮爲大興聖寺詔　1401-462- 34

爲武成帝以三臺宮爲大興聖寺詔　1415-668-110

爲魏禪齊詔　1415-669-110

爲齊文宣西討詔　1415-669-110

● 魏了翁 宋

賜左丞相鄭清之辭免兼職不允詔　1172-183- 14

賜淮東制置（使）趙葵乞遂退閒不允詔　1172-183- 14

賜左丞相鄭清之乞上印綬不允詔　1172-184- 14

擬御筆褒鄭清之（詔）　1172-184- 14

賜葛洪辭免資政提宮乞休致不允詔　1172-184- 14

曾參政從龍生日賜牲饌詔　1172-184- 14

聞喜宴口宣　1172-185- 14

賜吏部尚書李皇乞歸田里不允詔　1172-185- 14

賜知閣韓休乞休致不允詔　1172-185- 14

賜李皇辭免除端明殿學士提舉萬壽觀兼侍讀不允詔　1172-185- 14

賜洪咨夔辭免除吏部侍郎兼給事不允詔　1172-185- 14

賜李皇再辭免除端明內祠侍讀不允斷章批答　1172-186- 14

口宣　1172-186- 14

賜葛洪再乞休致不允詔　1172-186- 14

賜崔與之辭免參知政事不允詔　1172-186- 14

賜陳卓乞解衮書樞密辭執政恩例奉祠不允詔　1172-186- 14

賜陳韡辭免除工部尚書不允詔　1172-187- 14

賜陳卓再乞祠不允詔　1172-187- 14

擬趣召崔與之御筆（詔）　1172-187- 14

賜右丞相喬行簡生日禮物詔　1172-187- 14

賜左丞相鄭清之生日禮物詔　1172-188- 14

賜李皇乞還故里不允詔　1172-188- 14

賜李皇再上章乞還故里不允不得再有陳請詔　1172-188- 14

安癸仲撫諭四川官吏軍民詔　1172-189- 14

跋高宗付吳玠凡事密奏宸翰　1173- 24- 61

跋賜潘京仙刑詔　1173- 37- 62

賜左丞相鄭清之乞上印綬不允詔　1418-757- 64

賜吏部尚書李皇乞歸田里不允詔　1418-758- 64

● 魏文帝 魏

史部 詔令奏議類:附錄 詔令上十八畫

諭赦遼東	503-261-109
賜中山王袞詔	506-173- 91
營壽陵詔	538-491- 75
下潁川詔	538-492- 75
改雍爲洛詔	538-492- 75
與朝歌令吳質書	1329-731- 42
與吳質書	1329-732- 42
與鍾大理書	1329-733- 42
與朝歌令吳質書	1331-130- 42
與吳質書	1331-131- 42
與鍾大理書	1331-133- 42
脩孔聖廟詔	1360- 51- 2
戒后妃不得與政詔	1360- 52- 2
天地之售勿復勸三公詔	1361-508- 1
楊彪待以客禮詔	1361-509- 1
作壽陵戒儉葬詔	1361-509- 1
緩征孫權詔	1361-510- 1
鵲鵲集靈芝池詔	1361-510- 2
議輕刑詔	1361-510- 2
戒非祀之祭等詔	1361-510- 2
喻華歆詔	1361-511- 2
蔣濟難追還詔	1361-512- 8
問張既令	1361-532- 8
鄭稱爲武德侯傳令	1361-533- 8
因孫權獻蜀將孟達等手筆令	1361-533- 8
答司馬懿等言許芝所上符命令	1361-533- 8
答輔國將軍劉若等以下一百二十人令	1361-533- 8
與孟達書	1361-702- 8
三公詔	1402- 33- 5
禁母后干政詔	1402- 33- 5
鵲鵲集靈芝池詔	1402- 34- 5
薄葬制	1402- 63- 12
定正朔詔	1412-591- 24
追崇孔子詔	1412-591- 24
爲漢帝置守塚詔	1412-592- 24
息兵詔	1412-592- 24
災異免策三公詔	1412-592- 24
拜日東郊詔	1412-592- 24
禁母后預政詔	1412-592- 24
改封諸王爲縣王詔	1412-592- 24
鵲鵲集靈芝池詔	1412-593- 24
取士不限年詔	1412-593- 24
輕刑詔	1412-593- 24
平准詔	1412-593- 24
禁復讎詔	1412-593- 24
禁淫祀詔	1412-593- 24
罷墓祭詔	1412-593- 24
外國遣使奉獻詔	1412-594- 24
與羣臣詔（四首）	1412-594- 24
下潁川詔	1412-594- 24
答臨淄侯植詔	1412-594- 24
答北海王袞詔	1412-594- 24
待楊彪客禮詔	1412-595- 24
賜華歆詔	1412-595- 24
論孫權詔	1412-595- 24
詔王朗等三公	1412-596- 24
與王朗詔	1412-596- 24
報王朗詔	1412-596- 24
答蔣濟詔	1412-596- 24
與夏侯尚詔	1412-596- 24
報何夔詔	1412-596- 24
與于禁詔	1412-597- 24
與張郃詔	1412-597- 24
答孟達詔	1412-597- 24
手報司馬芝詔	1412-597- 24
制詔三公	1412-598- 24
服色如奏詔	1412-598- 24
改雍爲洛詔	1412-598- 24
賜桓階詔	1412-599- 24
與張既詔	1412-599- 24
褒田豫詔	1412-599- 24
與羣臣（詔二首）	1412-600- 24
詔司馬懿	1412-600- 24
終制	1412-620- 24
禁母后干政詔	1417-423- 21
鵲鵲集靈芝池詔	1417-423- 21
輕刑詔	1417-423- 21

● 魏太祖 魏

諭擄屬各言其失令	1361-528- 7
分租令	1361-528- 7
辭邑土令	1361-529- 7
祠廟令	1361-530- 7
錄王必令	1361-531- 7
封田疇令	1361-531- 7
賜杜畿令	1361-532- 7

● 魏明帝 魏

露布天下幷班告益州文	1354-809- 47
改正朔詔	1361-512- 2
祀圜丘詔	1361-512- 2

追尊高帝高后畢降此詔 1361-513- 2
封諸侯王詔 1361-513- 2
功臣配饗詔 1361-513- 2
寬獄詔 1361-514- 3
令青州刺史禮遣管寧詔 1361-514- 3
過賈逵祠詔 1361-515- 3
賜彭城王據詔 1361-515- 3
又賜璽書（彭城王） 1361-515- 3
賜恭王袞詔 1361-515- 3
又賜璽書（中山王） 1361-515- 3
賜趙王幹璽書 1361-516- 3
恐無能傳業詔 1361-517- 4
赦遼東詔 1361-517- 4
露布天下並班告益州（文） 1361-754- 54
露布天下並班告益州文 1381-578- 43
正嗣統詔 1402- 34- 5
日食不許禳祠詔 1402- 34- 5
用人詔 1402- 34- 5
正嗣統詔 1417-423- 21
論封禪詔 1417-424- 21
郎吏分受四經三禮詔 1417-424- 21
●魏知古 唐
答張九齡賀西幸延期表 1337-366-467
●魏文成帝 北魏
興復佛教詔 1401-426- 32
遣使巡行詔 1417-556- 27
●魏太武帝 北魏
都洛陽立太學詔 538-492- 75
禁養沙門詔（二則） 1401-425- 32
辟召賢良詔 1417-556- 27
頒制詔 1417-556- 27
●魏孝文帝 北魏
文明太皇太后靈塔詔 1401-427- 32
登法師喪詔 1401-428- 32
追褒羅什法師詔 1401-428- 32
僧顯爲沙門都統詔 1401-428- 32
立僧尼制詔 1401-428- 32
聽諸法師一月三日入殿詔 1401-429- 32
令諸州衆僧安居講說詔 1401-429- 32
贈徐州僧統并設齋詔 1401-429- 32
歲施道人應統帛詔 1401-429- 32
爲慧紀法師亡施帛設齋詔 1401-429- 32
與太子論彭城王詔 1402- 39- 6
大旱自責詔 1402- 39- 6
條禁州牧詔 1417-557- 27
決遣民獄詔 1417-557- 27
復靈丘租調詔 1417-557- 27
免租算詔 1417-558- 27
求直言詔 1417-558- 27
文明太后喪服詔 1417-558- 27
答有司卜祥日詔 1417-559- 27
孟月廟祀詔 1417-559- 27
徵王肅詔 1417-559- 27
●魏孝靜帝 北魏
檢括寺宅詔（二則） 1401-431- 32
●魏宣武帝 北魏
賜夏侯道遷詔 556-111- 85
僧律詔 1401-430- 32
僧祇穀詔 1401-430- 32
耕籍田詔 1402- 40- 6
詔裴衍 1402- 40- 6
●魏陳留王 魏
議燕王稱臣詔 506-181- 91
賜呂興督交州諸軍事詔 568- 26- 98
燕王不稱臣詔 1361-520- 5
督鄧艾禽姜維詔 1361-521- 5
●魏道武帝 北魏
與郎法師書 1401-425- 32
天興元年興佛法詔 1401-425- 32
●魏齊王芳
賜孫資詔 1361-518- 4
●魏獻文帝 北魏
禁游僧詔 1401-427- 32
又禁造圖寺詔 1401-427- 32
東平靈像詔 1401-427- 32
●魏高貴鄉公 魏
即位詔 1361-519- 4
改武丘名詔 1361-519- 4
立三老五更詔 1361-519- 4
復入賈逵祠詔 1361-519- 4
賜楚王彪璽書 1361-520- 4

十九畫

●龐 洋 明
討思恩府土官岑濬檄 1466-753- 61
●羅 願 宋
孝文遺詔（說） 1142-477- 2

二十畫

●竇 妙（漢桓帝后）漢
賜段熲詔 1397- 80- 4
●蘇 軾 宋

史部 詔令奏議類：附錄 詔令上二十畫

明堂赦文　1108-702-109
西京奉安神宗皇帝御容禮畢西京德音赦文　1108-702-109
德音赦文　1108-703-109
集官詳議親祠北郊詔　1108-703-109
太皇太后賜門下手詔（二則）　1108-703-109
趙州賜大遼賀興龍節大使茶藥詔　1108-704-109
賜皇叔祖（趙）宗景上表辭恩命不允詔　1108-704-109
賜皇叔祖（趙）宗景上表辭恩命不許詔　1108-704-109
太皇太后賜故夏國主嗣子乾順詔　1108-704-109
趙州賜大遼賀正旦副使茶藥詔附賜大使　1108-705-109
趙州賜大遼國賀太皇太后正旦大使茶藥詔附賜副使　1108-705-109
賜韓絳上表乞致仕不許詔　1108-705-109
賜韓絳上表乞致仕不允詔　1108-705-109
賜呂公著生日詔　1108-705-109
賜呂大防辭恩命不允詔　1108-706-109
賜傅堯俞辭免恩命不允詔　1108-706-109
賜安燾乞退不允詔　1108-706-109
賜韓絳上第二表乞致仕不允詔　1108-706-109
賜韓絳上第三表乞致仕不許斷來章詔　1108-706-109
賜韓絳上第三表乞致仕不允斷來章詔　1108-706-109
賜蘇頌辭恩命不允詔　1108-707-109
賜范鎮赴闕詔　1108-707-109
皇帝賜故夏國主嗣子乾順進奉賀正馬馳回詔　1108-707-109
太皇太后賜故夏國主嗣子乾順進奉賀正馬馳回詔　1108-707-109
賜韓縝上表辭免恩命不允詔　1108-707-109
賜韓絳上第二表乞致仕不許詔　1108-707-109
賜孫固乞致仕不許詔（二則）　1108-707-109
賜孫固再乞致仕不允詔（二則）　1108-707-109
賜韓忠彥乞改一偏州不允詔　1108-708-109
賜王存乞知陳州不允詔　1108-708-109
賜李清臣生日詔　1108-709-109
賜傅堯俞乞外郡不允詔　1108-709-109
賜韓絳茶藥詔　1108-709-109
賜馮京告敕茶藥詔　1108-709-109
賜韓絳赴闕詔（二則）　1108-709-109
賜范百祿乞外任不允詔　1108-709-109
賜呂公瑫乞改授宮觀小郡差遣不允詔　1108-710-109
賜（趙）宗晟上表乞還職事不允詔（二則）　1108-710-109
賜故夏國主嗣子乾順進奉謝恩馬馳回詔（二則）　1108-710-109
賜劉摯辭免恩命不允詔　1108-710-109
賜王存辭免恩命不允詔　1108-711-109
賜韓絳乞致仕不允詔（二則）　1108-711-109
賜范百祿辭免恩命不允詔　1108-711-109
賜傅堯俞辭免恩命乞知陳州不允詔　1108-711-109
賜范純仁生日詔　1108-711-109
賜安燾辭免恩命不允詔　1108-712-109
賜李常乞除沿邊一州不允詔　1108-712-109
賜文彥博呂公著自今後入朝凡有拜禮宜並特與免拜詔　1108-712-109
賜蘇頌辭免恩命不允詔　1108-712-109
賜韓絳乞受册禮畢隨班稱賀免赴詔　1108-712-109
賜呂公著乞罷免相位不允詔　1108-713-109
賜前兩府并待制已上知州初冬衣襖詔　1108-713-109
賜文彥博乞致仕不允詔　1108-713-109
賜文彥博乞致仕不許詔　1108-713-109
賜蔡延慶乞知應天府不允詔　1108-713-109
賜劉摯生日詔　1108-713-109
趙州賜大遼皇帝賀興龍節大使茶藥詔附賜副使　1108-713-109
賜文彥博生日詔　1108-714-109
賜王安禮乞知陳穎等一郡不允詔　1108-714-109
沿路賜奉安神宗御容禮儀使呂大防銀合茶藥詔　1108-714-109
賜王安禮銀合茶藥詔　1108-714-109
趙州賜大遼賀太皇太后正旦大使茶（藥）詔附賜副使　1108-714-109
趙州賜大遼賀皇帝正旦大使茶藥詔附賜副使　1108-714-109
賜呂公著生日詔　1108-715-109
賜李之純辭恩命不允詔　1108-715-109
賜文彥博乞致仕不許詔　1108-715-109
賜文彥博乞致仕不允詔　1108-715-109
賜外任臣寮進賀太皇太后受册馬詔敕　1108-715-109
賜外任臣寮進奉賀皇太后皇太妃

受册馬詔敕　1108-715-109
賜馮京進奉賀端午節馬詔　1108-716-109
賜韓維進奉謝恩馬詔　1108-716-109
賜郭逵進奉謝恩馬詔　1108-716-109
賜王存生日詔　1108-716-109
賜趙瞻陳乞便郡不允詔　1108-716-109
賜皇伯祖（趙）宗晟辭免起復恩命不許詔　1108-716-109
賜皇伯祖（趙）宗晟辭免起復恩命不允詔　1108-716-109
賜皇伯祖（趙）宗晟辭免起復恩命不許詔　1108-717-109
賜皇伯祖（趙）宗晟辭免起復恩命不允詔　1108-717-109
賜馮京進奉興龍節并冬至正旦馬詔　1108-717-109
賜外任臣寮進奉謝恩馬詔敕　1108-717-109
賜外任臣寮進奉興龍節功德疏詔敕　1108-717-109
賜呂公著辭免恩命不允詔　1108-717-109
賜呂大防辭免恩命不允詔　1108-718-109
賜范純仁辭免恩命不允詔　1108-718-109
賜韓縝三上表乞致仕不許斷來章詔　1108-718-109
賜韓縝三上表陳乞致仕不允斷來章詔　1108-719-110
賜范純仁再上劄子辭免恩命不允詔　1108-719-110
賜劉摯辭免命不允詔　1108-719-110
賜王存辭免命不允詔　1108-720-110
賜胡宗愈辭免恩命不允詔　1108-720-110
賜趙瞻辭免恩命不允詔　1108-720-110
賜孫固辭（免）恩命不允詔　1108-720-110
賜孫覺辭免恩命不允詔　1108-720-110
賜安燾辭（免）恩命不允詔　1108-720-110
賜胡宗愈辭免恩命不允詔　1108-721-110
賜趙瞻辭免恩命不允詔　1108-721-110
賜許將赴闕詔　1108-721-110
賜呂公著辭免册禮許詔　1108-721-110
賜安燾辭免遷官恩命允詔　1108-721-110
賜胡宗愈辭免恩命不允詔　1108-721-110
賜呂公著辭免册禮允詔　1108-722-110
賜許將辭免恩命不允詔　1108-722-110
賜阿里庫進奉回詔　1108-722-110
賜傅堯俞辭免恩命不允詔　1108-722-110
賜胡宗愈乞除閑慢差遣不允詔　1108-722-110
賜范純仁生日詔　1108-723-110
賜孫固生日詔　1108-723-110
賜安燾生日詔　1108-723-110
賜曾布之除一閑慢州郡不允詔　1108-723-110
敕阿里庫進奉回程詔　1108-723-110
賜皇叔改封徐王（趙）顥上表辭免册禮允詔　1108-723-110
賜皇叔改封徐王（趙）顥上表辭免册禮許詔　1108-724-110
賜劉昌祚進奉興龍節銀詔　1108-724-110
賜皇伯祖（趙）宗晟辭免起復恩命不許詔　1108-724-110
賜皇伯祖（趙）宗晟辭免起復恩命不允詔　1108-724-110
賜蔡確乞量移弟碩允詔　1108-724-110
賜劉昌祚進奉謝恩并賜月俸公使及賀端午節馬詔　1108-724-110
賜范鎮獎諭詔　1108-724-110
賜傅堯俞乞外郡不允詔　1108-725-110
賜馮京進奉賀興龍馬一十匹并冬節馬二匹詔　1108-725-110
賜李琦進奉賀冬馬一匹詔　1108-725-110
賜王存生日詔　1108-725-110
賜呂公著上表陳乞致仕不允詔（二則）　1108-725-110
賜曹佾在朝假將百日特與寬假將理詔　1108-726-110
賜蘇頌上表乞致仕不允詔　1108-726-110
賜蘇頌上表陳乞致仕不允詔　1108-726-110
賜蘇頌上第二表陳乞致仕不允詔　1108-726-110
賜蘇頌上第二表請乞致仕不許詔　1108-726-110
梁燾辭免恩命不允詔　1108-726-110
賜馮京乞依職任官例祇赴六參不允詔　1108-727-110
賜呂大防生日詔　1108-727-110
賜趙彥若辭免國史修撰不允詔　1108-727-110
賜文彥博溫錫沁馬詔　1108-727-110
賜皇伯祖（趙）宗晟辭免恩命起復允終喪制詔（二則）　1108-727-110
賜李乾德歷日敕書　1108-728-110
賜李乾德加恩制誥敕書　1108-728-110
賜外任臣寮歷日詔敕書　1108-728-110
賜劉昌祚進奉明堂禮畢馬敕書　1108-728-110
賜外任臣寮進奉興龍節馬詔敕書　1108-728-110

賜彭允宗進奉端午布敕書　1108-728-110
賜孫路銀絹獎諭敕書　1108-728-110
賜王文郁銀絹獎諭敕書　1108-728-110
賜李乾德制詔敕書　1108-729-110
賜外任臣寮進奉坤成節銀敕書　1108-729-110
賜西南羅藩進奉敕書　1108-729-110
賜諸路知州職司等并總管鈐轄至使臣初冬衣襖敕書　1108-729-110
賜諸路蕃官并溪洞蠻人初冬衣襖敕書　1108-729-110
賜諸路屯駐駐泊就糧本城諸員寨等初冬衣襖都敕（書）　1108-729-110
賜外任臣寮等進奉坤成節功德疏詔敕書　1108-729-110
賜趙君爽進奉坤成節無量壽佛敕書　1108-729-110
沿路賜奉安神宗御容押班馮宗道并內臣等銀合茶藥敕書　1108-729-110
賜（釋）省奇等進奉興龍節功德疏等獎諭敕書　1108-730-110
賜外任臣寮歷日敕書　1108-730-110
賜外任臣寮進奉興龍節馬敕書　1108-730-110
賜彭儒武等進奉興龍節溪布敕書　1108-730-110
賜王保進奉戀闕并到任馬敕書　1108-730-110
賜張赴獎諭敕書　1108-730-110
賜（釋）省奇已下獎諭敕書　1108-731-110
示諭武泰軍官吏軍人僧道百姓等勅書　1108-731-110
賜劉舜卿進奉賀冬馬敕書　1108-731-110
賜外任臣寮進奉興龍節馬勅書　1108-731-110
賜莫世忍等進奉敕書　1108-731-110
賜（釋）省奇等獎諭敕書　1108-731-110
雄州撫問大遼國賀興龍節使副口宣　1108-732-111
趙州賜大遼賀興龍節人使茶藥口宣　1108-732-111
賜安燾乞退不允批答口宣　1108-732-111
賜呂公著生日禮物口宣　1108-732-111
相州賜大遼國賀興龍節使副御筵口宣　1108-733-111
趙州賜大遼國賀太皇太后正旦使副茶藥口宣　1108-733-111
趙州賜大遼國賀皇帝正旦使副茶藥口宣　1108-733-111
雄州白溝驛賜大遼賀正旦人使御筵口宣　1108-733-111
賜韓絳詔書湯藥口宣（二則）　1108-733-111
賜呂大防辭免恩命不允斷來章批答口宣　1108-733-111
賜劉摯辭恩命不允斷來章批答口宣　1108-733-111
賜安燾乞外郡不允斷來章批答口宣　1108-734-111
班荆館賜大遼國興龍節人使赴闕口宣　1108-734-111
班荆館賜大遼賀興龍節人使到闕酒果口宣　1108-734-111
雄州賜大遼賀正旦人使迴程御筵口宣　1108-734-111
賜河東路諸軍來年春季銀輕賫傳宣撫問臣寮將校口宣　1108-734-111
送伴正旦使副沿路與賀北朝生辰并正旦使副相見傳宣撫問口宣　1108-734-111
賜大遼賀正旦人使正月一日入賀畢就驛御筵口宣　1108-734-111
就驛賜大遼賀旦人使銀鈔鑵唾盂子錦被褥等口宣　1108-734-111
班荆館賜大遼賀正旦人使却回御筵口宣　1108-735-111
相州賜大遼賀正旦人使却回御筵口宣　1108-735-111
就驛賜大遼賀興龍節人使迴程酒果口宣　1108-735-111
賜大遼賀正旦人使朝辭訖就驛御筵口宣　1108-735-111
班荆館賜大遼賀正旦人使迴程酒果口宣　1108-735-111
撫問熙河蘭會路臣寮口宣　1108-735-111
撫問王安禮口宣　1108-735-111
賜皇叔祖（趙）宗隱生日禮物口宣　1108-735-111
賜皇叔祖（趙）宗瑗生日禮物口宣　1108-736-111
寒節就驛賜于闐國進奉人御筵口宣　1108-736-111
賜皇叔祖（趙）宗愈生日禮物口宣　1108-736-111
賜馮京告勅詔書茶藥口宣　1108-736-111
賜鎮江軍節度使充集禧觀使韓絳詔書茶藥口宣　1108-736-111

賜太師文彥博乞致仕不允批答口宣 1108-736-111
賜宰相呂公著乞退不允批答口宣 1108-736-111
賜交州進奉人朝見訖就驛御筵口宣 1108-736-111
白溝驛賜大遼賀坤成節人使御筵兼傳宣撫問口宣 1108-737-111
賜尚書左丞李清臣乞退不允批答口宣 1108-737-111
賜韓絳到闕生飯口宣 1108-737-111
班荊館賜大遼國賀坤成節人使到闕御筵口宣 1108-737-111
賜曹佾生日禮物口宣 1108-737-111
賜皇弟（趙）化生日禮物口宣 1108-737-111
就驛賜大遼賀坤成節使副銀鈒羅錦被褥等口宣 1108-737-111
賜皇伯祖（趙）宗晟生日禮物口宣 1108-737-111
賜安燾已下罷散坤成節御筵口宣 1108-738-111
玉津園賜大遼賀坤成節人使射弓例物口宣 1108-738-111
賜大遼坤成節人使生飯口宣 1108-738-111
相州賜大遼坤成節人使卻迴御筵口宣 1108-738-111
瀛州賜大遼賀坤成節人使回程御筵口宣 1108-738-111
賜大遼賀坤成節人使內中酒果口宣 1108-738-111
賜太師文彥博已下罷散坤成節道場香酒果口宣 1108-738-111
賜安燾已下罷散坤成節道場香酒果口宣 1108-738-111
坤成節就驛賜于闐國進奉人御筵口宣 1108-739-111
賜燕達已下罷散坤成節道場香酒果口宣 1108-739-111
賜皇伯祖（趙）宗暉已下罷散坤成節道場香酒果口宣 1108-739-111
賜李瑋已下罷散坤成節道場香酒果口宣 1108-739-111
賜皇叔楊王（趙顥）荊王（趙頵）醴泉觀罷散坤成節道場香酒果口宣 1108-739-111
雄州撫問大遼使副賀坤成節口宣 1108-739-111
班荊館賜大遼坤成節人使回程酒果口宣 1108-739-111
賜皇叔楊王（趙）顥生日禮物口宣 1108-739-111
賜安燾辭免恩命不允斷來章批答口宣 1108-740-111
賜熙河秦鳳路帥臣并沿邊知州軍臣寮茶銀合兼傳宣撫問口宣 1108-740-111
賜熙河秦鳳路提刑轉運茶銀合兼傳宣撫問口宣 1108-740-111
賜韓縝茶銀合兼傳宣撫問口宣 1108-740-111
賜皇弟（趙）佶生日禮物口宣 1108-740-111
賜皇叔荊王（趙）頵生日禮物口宣 1108-740-111
賜宰相呂公著乞外任不允批答口宣 1108-740-111
賜宰相呂公著乞龍相位不允斷來章批答口宣 1108-740-111
賜皇弟（趙）佖生日禮物口宣 1108-741-111
賜文彥博辭免免入朝拜禮允批答口宣 1108-741-111
熙河蘭會路賜种諤已下銀合茶藥及撫問稍設漢蕃將校以下口宣 1108-741-111
賜（趙）宗綽生日禮物口宣 1108-741-111
撫問劉舜卿兼賜銀合茶藥口宣 1108-741-111
賜孫路銀合茶藥口宣 1108-741-111
賜游師雄銀合茶藥口宣 1108-741-111
賜涇原路經略使并應守城禦城漢蕃使臣已下銀合茶藥兼傳宣撫問口宣 1108-741-111
賜大遼賀正旦人使白溝驛御筵并撫問口宣 1108-742-111
賜太師文彥博乞致仕第一表不允批答口宣 1108-742-111
賜太師文彥博乞致仕不允斷來章批答口宣 1108-742-111
白溝驛傳宣撫問大遼賀興龍節人使及賜御筵口宣 1108-742-111
沿路撫問奉安神宗御容禮儀使呂大防已下口宣（三則） 1108-742-111
賜姚兕等銀合茶藥口宣 1108-742-111
撫問秦鳳等路臣寮口宣 1108-742-111
西京會聖宮應天禪院奉安神宗御容禮畢押賜禮儀使已下御筵口宣 1108-743-111
賜嗣濮王（趙）宗暉生日禮物口

宣　　　　　　　　　　　　　　1108-743-111
賜皇弟（趙）佶生日禮物口宣　　1108-743-111
趙州賜大遼賀興龍節使副茶藥口
　宣　　　　　　　　　　　　　1108-743-111
賜太師文彥博生日禮物口宣　　　1108-743-111
沿路賜奉安神宗御容禮儀使呂大
　防押賜馮宗道并使臣已下銀合
　藥茶兼傳宣撫問口宣　　　　1108-743-111
接伴大遼賀興龍節人使送伴回程
　與大遼賀正旦人使相逢撫問口
　宣　　　　　　　　　　　　　1108-743-111
趙州賜大遼賀太皇太后正旦使副
　茶藥口宣　　　　　　　　　1108-743-111
趙州賜大遼賀皇帝正旦使副茶藥
　口宣　　　　　　　　　　　　1108-744-111
雄州撫問大遼賀興龍節使副口宣　1108-744-111
雄州撫問大遼賀正旦使副口宣　　1108-744-111
賜諸路臣寮中冬衣襖口宣　　　　1108-744-111
賜宰相呂公著生日禮物口宣　　　1108-744-111
冬季傳宣撫問諸路沿邊臣寮口宣　1108-744-111
撫問張璪韓縝口宣　　　　　　　1108-744-111
冬季撫問陝西轉運使副口宣　　　1108-744-111
冬季撫問諸路沿邊臣寮口宣　　　1108-744-111
賜王安禮詔書銀合茶藥傳宣撫問
　口宣　　　　　　　　　　　　1108-745-111
賜于闐國進奉人進發前一日御筵
　口宣　　　　　　　　　　　　1108-745-111
班荆館賜大遼賀正旦人使到闕御
　筵口宣　　　　　　　　　　　1108-745-111
班荆館賜大遼賀興龍節人使酒果
　口宣　　　　　　　　　　　　1108-745-111
班荆館賜大遼賀興龍節人使御筵
　口宣　　　　　　　　　　　　1108-745-111
相州賜大遼賀正旦人使御筵口宣　1108-745-111
賜皇伯祖（趙）宗晟已下罷散興
　龍節道場香酒果口宣　　　　　1108-745-111
賜安燾已下罷散興龍節道場酒果
　口宣　　　　　　　　　　　　1108-745-111
賜曹佾罷散興龍節道場酒果口宣　1108-746-111
賜燕達已下罷散興龍節道場香酒
　果口宣　　　　　　　　　　　1108-746-111
賜安燾已下罷散興龍節道場香酒
　果口宣　　　　　　　　　　　1108-746-111
賜文彥博已下罷散興龍節酒果口
　宣　　　　　　　　　　　　　1108-746-111
賜大遼賀興龍節前一日內中酒果
　口宣　　　　　　　　　　　　1108-746-111
賜大遼賀興龍節十日內中酒果口
　宣　　　　　　　　　　　　　1108-746-111
賜大遼賀興龍節朝辭訖歸驛御筵
　口宣　　　　　　　　　　　　1108-746-111
賜大遼賀興龍節瀛州回程御筵口
　宣　　　　　　　　　　　　　1108-746-111
相州賜大遼賀興龍節使赴御筵口
　宣　　　　　　　　　　　　　1108-747-111
相州賜大遼賀興龍節使副却回御
　筵口宣　　　　　　　　　　　1108-747-111
賜大遼賀興龍節人使射弓例物口
　宣　　　　　　　　　　　　　1108-747-111
班荆館賜大遼賀興龍節人使回程
　御筵口宣　　　　　　　　　　1108-747-111
賜諸路臣寮春季銀鞋兼撫問口宣　1108-747-111
撫問馮京口宣　　　　　　　　　1108-747-111
賜大遼賀興龍節人使朝辭歸驛酒
　果口宣　　　　　　　　　　　1108-747-111
賜大遼賀興龍節人使班荆館却回
　酒果口宣　　　　　　　　　　1108-747-111
班荆館賜大遼賀正旦人使到闕酒
　果口宣　　　　　　　　　　　1108-747-111
就驛賜大遼賀興龍節人使宴口宣　1108-748-111
就驛使大遼賀興龍節人使宴花酒
　果口宣　　　　　　　　　　　1108-748-111
賜大遼賀正旦使副銀鈔鑼等口宣　1108-748-111
相州賜大遼賀正旦人使却回御筵
　口宣　　　　　　　　　　　　1108-748-111
賜大遼賀正旦人使却回雄州御筵
　口宣　　　　　　　　　　　　1108-748-111
賜大遼賀興龍節使副鈔鑼等口宣　1108-748-111
賜大遼正旦人使生餼口宣　　　　1108-748-111
送伴正旦使副沿路與賀北朝生辰
　并正旦使副相逢傳宣撫問口宣　1108-748-111
賜大遼賀正旦入賀畢使副就驛酒
　果口宣　　　　　　　　　　　1108-749-111
賜大遼賀正旦入賀畢使副就驛御
　筵口宣　　　　　　　　　　　1108-749-111
賜大遼賀正旦使副前一日內中酒
　果口宣　　　　　　　　　　　1108-749-111
賜大遼賀正旦却回班荆館御筵口
　宣　　　　　　　　　　　　　1108-749-111
賜大遼賀正旦朝辭訖歸驛御筵口

宣　　　　　　　　　　　　1108-749-111
賜大遼賀正旦朝辭誌歸驛御筵酒
　果口宣　　　　　　　　1108-749-111
賜大遼賀興龍節人使雄州回程御
　筵口宣　　　　　　　　1108-750-112
賜大遼賀正旦使副春幡勝口宣　1108-750-112
賜大遼賀正旦使副射弓例物口宣　1108-750-112
瀛州賜大遼賀正旦人使回程御筵
　口宣　　　　　　　　　1108-750-112
賜呂公著上第二表乞致仕不允批
　答口宣　　　　　　　　1108-751-112
賜呂公著乞致仕不允斷來章批答
　口宣　　　　　　　　　1108-751-112
閤門賜呂公著誥口宣　　　1108-751-112
閤門賜呂大防范純仁誥口宣　1108-751-112
賜呂大防范純仁辭免恩命不允批
　答口宣　　　　　　　　1108-751-112
賜呂公著辭恩命上第二表不允斷
　來章批答口宣　　　　　1108-751-112
賜范純仁呂大防辭恩命上第二表
　不允斷來章批答口宣　　1108-751-112
賜孫固辭免恩命不允斷來章批答
　口宣　　　　　　　　　1108-751-112
賜劉摯辭免恩命不允斷來章批答
　口宣　　　　　　　　　1108-752-112
賜王存辭免恩命不允斷來章批答
　口宣　　　　　　　　　1108-752-112
賜胡宗愈辭免恩命不允斷來章批
　答口宣　　　　　　　　1108-752-112
賜趙瞻辭免恩命不允斷來章批答
　口宣　　　　　　　　　1108-752-112
賜河北西路諸軍秋季銀鞋兼傳宣
　撫問臣寮將校口宣　　　1108-752-112
宣詔許內翰入院口宣　　　1108-752-112
白溝驛賜大遼賀坤成節人使御筵
　兼傳宣撫問口宣　　　　1108-752-112
賜大遼賀坤成節人使生餼口宣　1108-752-112
賜安燾乞退不允斷來章批答口宣　1108-753-112
賜北京恩冀等州修河官吏及都運
　運使運判監丞等銀合茶藥并兵
　級等夏藥特支兼傳宣撫問口宣　1108-753-112
撫問馮京兼賜銀合茶藥口宣　1108-753-112
賜呂大防生日禮物口宣　　1108-753-112
賜皇弟（趙）佖生日禮物口宣　1108-753-112
賜大遼人使賀坤成節入見誌歸驛
　御筵口宣　　　　　　　1108-753-112
賜大遼人使賀坤成節入見誌歸驛
　酒果口宣　　　　　　　1108-753-112
班荊館賜大遼賀坤成節人使回程
　御筵口宣　　　　　　　1108-753-112
玉津園賜大遼賀坤成節人使射弓
　例物口宣　　　　　　　1108-754-112
賜殿前司罷散坤成節道場香酒果
　口宣　　　　　　　　　1108-754-112
賜宗室開府儀同三司以下罷散坤
　成節道場香酒果口宣　　1108-754-112
賜馬步軍司罷散坤成節道場香酒
　果口宣　　　　　　　　1108-754-112
賜安燾已下罷散坤成節道場香酒
　果口宣　　　　　　　　1108-754-112
賜皇伯祖嗣濮王（趙）宗暉已下
　罷散坤成節道場香酒果口宣　1108-754-112
賜皇叔楊王（趙顥）醴泉觀罷散
　坤成節道場香酒果口宣　1108-754-112
賜文彥博已下罷散坤成節道場香
　酒果口宣　　　　　　　1108-754-112
相州賜大遼賀坤成節人使卻回御
　筵口宣　　　　　　　　1108-755-112
瀛洲賜大遼賀坤成節人使回程御
　筵口宣　　　　　　　　1108-755-112
賜曹佾罷散坤成節道場香酒果口
　宣　　　　　　　　　　1108-755-112
班荊館賜大遼賀坤成節人使回程
　酒果口宣　　　　　　　1108-755-112
就驛賜大遼國賀坤成節人使宴口
　宣　　　　　　　　　　1108-755-112
就驛賜大遼賀坤成節人使花酒果
　口宣　　　　　　　　　1108-755-112
賜苗授辭免恩命第二表不允批答
　口宣　　　　　　　　　1108-755-112
撫問秦鳳路臣寮口宣　　　1108-755-112
閤門賜新除徐王誥口宣　　1108-755-112
賜皇叔新封徐王上第二表辭免恩
　命不允斷來章批答口宣　1108-756-112
賜文彥博乞致仕不允斷來章批答
　口宣　　　　　　　　　1108-756-112
相州賜大遼賀興龍節使副御筵口
　宣　　　　　　　　　　1108-756-112
賜皇伯祖（趙）宗晟辭免起復恩
　命不允批答口宣　　　　1108-756-112

賜皇伯祖（趙）宗晟辭免起復恩命不允斷來章批答口宣　1108-756-112
賜李瑋已下罷散興龍節道場香酒果口宣　1108-756-112
賜苗授已下罷散興龍節道場香酒果口宣　1108-756-112
賜姚麟已下罷散興龍節道場酒果口宣　1108-756-112
興龍節尚書省賜安燾已下酒果口宣　1108-757-112
賜大遼賀興龍節人使生餼口宣　1108-757-112
賜曹脩罷散興龍節道場香酒果口宣　1108-757-112
賜皇伯祖（趙）宗暉已下罷散興龍節道場香酒果口宣　1108-757-112
賜皇叔祖（趙）宗景罷散興龍節道場香酒果口宣　1108-757-112
賜皇叔徐王罷散興龍節道場香酒果口宣　1108-757-112
賜文太師已下罷散興龍節道場香酒果口宣　1108-757-112
賜安燾以下罷散興龍節道場香酒果口宣　1108-757-112
班荆館賜大遼賀興龍節人使到闕御筵口宣　1108-758-112
賜大遼賀興龍節人使朝辭誌就驛酒果口宣　1108-758-112
賜大遼賀興龍節人使朝辭誌歸驛御筵口宣　1108-758-112
七日賜大遼賀興龍節人使內中酒果口宣　1108-758-112
玉津園賜大遼賀興龍節人使射弓御筵口宣　1108-758-112
相州賜大遼賀正旦人使御筵口宣　1108-758-112
班荆館賜大遼賀興龍節人使回程御筵口宣　1108-758-112
十日賜大遼賀興龍節人使內中酒果口宣　1108-758-112
班荆館賜大遼賀興龍節人使却回酒果口宣　1108-759-112
瀛州賜大遼賀興龍節人使回程御筵口宣　1108-759-112
賜皇弟（趙）似生日禮物口宣　1108-759-112
相州賜大遼賀興龍節人使回程御筵口宣　1108-759-112
趙州賜大遼正旦使副茶藥口宣　1108-759-112
趙州賜大遼賀太皇太后正旦使副茶藥口宣　1108-759-112
興龍節尚書省賜宰相已下酒果口宣　1108-759-112
就驛賜大遼賀興龍節使副鈒鑞等口宣　1108-759-112
玉津園賜大遼賀正旦人使射弓例物口宣　1108-759-112
撫問馮京口宣　1108-760-112
冬季傳宣撫問河北東路沿邊臣寮口宣　1108-760-112
賜大遼賀正旦人使銀鈒鑞唾盂子錦被等口宣　1108-760-112
雄州撫問大遼賀正旦人使口宣　1108-760-112
賜大遼賀正旦人使正月一日就驛御筵口宣　1108-760-112
賜大遼賀正旦人使內中酒果口宣　1108-760-112
班荆館賜大遼賀正旦人回程御筵口宣　1108-760-112
賜于闐國進奉人正旦就驛御筵口宣　1108-760-112
雄州賜大遼國賀正旦人使回程御筵兼傳宣撫問口宣　1108-761-112
瀛州賜大遼賀正旦人使回程御筵口宣　1108-761-112
班荆館賜大遼賀正旦人使却回酒果口宣　1108-761-112
正月六日朝辭誌就驛賜大遼賀正旦人使御筵口宣　1108-761-112
撫問鄜延路臣寮口宣（二則）　1108-761-112
賜呂大防生日禮物口宣　1108-761-112
賜皇叔（趙）顥生日禮物口宣　1108-761-112
就驛賜大遼賀坤成節人使銀鈒鑞等口宣　1108-761-112
賜皇弟（趙）佖生日禮物口宣　1108-762-112
班荆館賜大遼賀坤成節國信使副到闔酒果口宣　1108-762-112
賜姚麟已下罷散坤成節道場香酒果口宣　1108-762-112
賜大遼坤成節使副生餼口宣　1108-762-112
雄州白溝驛賜大遼賀坤成節人使却回御筵兼傳宣撫問口宣　1108-762-112
玉津園賜大遼賀坤成節人使射弓例物口宣　1108-762-112

四庫全書文集篇目分類索引　619

賜殿前都指揮使已下罷散坤成節道場香酒果口宣　1108-762-112
賜皇伯祖（趙）宗晟已下罷散坤成節道場香酒果口宣　1108-762-112
賜韓忠彥已下罷散坤成節道場香酒果口宣　1108-763-112
相州賜大遼賀坤成節人使却回御筵口宣　1108-763-112
賜大遼國賀坤成節使副時花酒果口宣　1108-763-112
賜李瑋已下罷散坤成節道場香酒果口宣　1108-763-112
坤成節尚書省賜宗相已下御筵酒果口宣　1108-763-112
坤成節賜韓忠彥已下向書省御筵酒果口宣　1108-763-112
賜徐王罷散坤成節道場香酒果口宣　1108-763-112
賜大遼賀坤成節人使朝辭記歸驛御筵口宣　1108-763-112
班荆館賜大遼賀坤成節人使回程御筵口宣　1108-764-112
賜呂大防已下罷散坤成節道場香酒果口宣　1108-764-112
賜大遼賀坤成節使副內中酒果口宣　1108-764-112
賜大遼賀坤成節人使朝辭記歸驛酒果口宣　1108-764-112
坤成節就驛賜阿里庫進奉人使御筵口宣　1108-764-112
瀛洲賜大遼賀坤成節人使回程御筵口宣　1108-764-112
坤成節就驛賜于闐國進奉人使御筵口宣　1108-764-112
班荆館賜大遼賀坤成節人使回程酒果口宣　1108-764-112
賜呂公著辭免不允批答口宣　1108-765-112
賜皇弟（趙）似生日禮物口宣　1108-765-112
班荆館賜大遼賀坤成節人使回程香酒果口宣　1108-765-113
賜安燾乞外郡不許批答　1108-765-113
賜安燾乞外郡不允批答　1108-765-113
賜劉摯辭恩命不許斷來章批答　1108-765-113
賜劉摯辭免恩命不允斷來章批答　1108-766-113
賜文彥博乞致仕不許批答　1108-766-113

賜文彥博乞致仕不允批答　1108-766-113
賜呂公著乞退不許批答　1108-766-113
賜呂公著乞退不允批答　1108-766-113
賜李清臣乞退不許批答　1108-767-113
賜李清臣乞退不許批答　1108-767-113
賜文武百寮文彥博以下上第一表請皇帝御正殿復常膳不允批答　1108-767-113
賜武百寮文彥博已下上第一表請太皇太后復常膳不許批答　1108-767-113
賜文武百寮文彥博已下上第五表請皇帝御正殿復常膳允批答　1108-767-113
賜文武百寮文彥博以下上第五表請太皇太后復常膳許批答　1108-767-113
賜文武百寮太師文彥博已下上第一表請學樂不許批答　1108-768-113
賜文百寮太師文彥博以下上第一表請學樂不允批答　1108-768-113
賜文武百寮太師文彥博已下上第二表請學樂不許批答　1108-768-113
賜文百寮太師文彥博已下上第二表請學樂不允批答　1108-768-113
賜文彥博等請太皇太后受册第二表不許批答　1108-768-113
賜文武百寮太師文彥博已下上第四表請學樂不許批答　1108-769-113
賜文武百寮太師文彥博已下上第四表請學樂不允批答　1108-769-113
賜太師文彥博等上第三表請太皇太后受册許批答　1108-769-113
賜王存辭免恩命不允斷來章批答　1108-769-113
賜王存辭免恩命不許斷來章批答　1108-769-113
賜安燾辭免恩命不許斷來章批答　1108-769-113
賜安燾辭免恩命不允斷來章批答　1108-770-113
賜韓絳辭免恩命不允批答（二則）　1108-770-113
賜文彥博辭免不拜恩命許批答　1108-770-113
賜文彥博辭免不拜恩命允批答　1108-770-113
賜呂公著乞罷相位不許斷來章批答　1108-770-113
賜呂公著乞罷相位不允斷來章批答　1108-771-113
賜呂公著乞罷相位除一外任不許批答　1108-771-113
賜呂公著乞罷相位除一外任不允批答　1108-771-113
賜呂公著辭免不拜恩命允批答　1108-771-113

史部

詔令奏議類：附錄

詔令二十畫

620　　　　　　　　　四庫全書文集篇目分類索引

史部

詔令奏議類：附錄

詔令上二十畫

賜呂公著辭免不拜恩命許批答	1108-771-113
賜文彥博上第一表乞致仕不允批答	1108-772-113
賜文彥博上第一表乞致仕不許批答	1108-772-113
賜文彥博乞致仕不許斷來章批答	1108-772-113
賜文彥博乞致仕不允斷來章批答	1108-772-113
賜呂公著上第一表乞致仕不允批答	1108-773-113
賜呂公著上第一表乞致仕不許批答	1108-773-113
賜呂公著上第二表乞致仕不許批答	1108-773-113
賜呂公著上第二表乞致仕不允斷來章批答	1108-773-113
賜劉摯辭免恩命不許斷來章批答	1108-773-113
賜劉摯辭免恩命不允斷來章批答	1108-774-113
賜王存辭免恩命不許斷來章批答	1108-774-113
賜王存辭免恩命不允斷來章批答	1108-774-113
賜范純仁上第一表辭免恩命不允批答	1108-774-113
賜范純仁上第一表辭免恩命不許批答	1108-774-113
賜呂公著上第二表辭免恩命不許斷來章批答	1108-774-113
賜呂公著上第二表辭免恩命不允斷來章批答	1108-775-113
賜呂大防上第二表辭免恩命不許斷來章批答	1108-775-113
賜呂大防上第二表辭免恩命不允斷來章批答	1108-775-113
賜范純仁上第二表辭免恩命不許斷來章批答	1108-775-113
賜范純仁上第二表辭免恩命不允斷來章批答	1108-776-113
賜孫固辭免恩命不許斷來章批答	1108-776-113
賜孫固辭免恩命不允斷來章批答	1108-776-113
賜胡宗愈辭免恩命不許斷來章批答	1108-776-113
賜胡宗愈辭免恩命不允斷來章批答	1108-776-113
賜趙瞻辭免恩命不允斷來章批答（二則）	1108-776-113
賜安燾乞退不允批答	1108-777-113
賜安燾乞退不許批答	1108-777-113
賜苗授上第一表辭免恩命不許斷來章批答	1108-777-113
賜苗授上第二表辭免恩命不允斷來章批答	1108-777-113
賜文彥博上第一表乞致仕不許批答	1108-777-113
賜文彥博上第一表乞致仕不允批答	1108-778-113
賜呂公著上第一表辭免恩命不允批答	1108-778-113
賜呂大防辭免恩命不允批答	1108-778-113
賜呂大防上第一表辭免恩命不許批答	1108-778-113
賜呂公著上表辭免不許批答	1108-778-113
生獲果莊文武百寮稱賀宣答詞	1108-778-113
八月二十八日入內高班蔡克明傳宣取批答宰臣以下賀生獲果莊表	1108-779-113
太皇太后賜門下詔（二則）	1350-315- 31
賜新除落致仕依前光祿大夫范鎮赴闕詔	1350-320- 31
賜尚書刑部侍郎范百祿乞外任不允詔	1350-320- 31
沿路賜奉安神宗皇帝御容禮儀使呂大防銀合茶藥詔	1350-321- 31
賜阿里骨詔	1350-321- 31
賜正議大夫知鄧州蔡確乞量移弟碩允詔	1350-321- 31
賜端明殿學士銀青光祿大夫致仕范鎮獎諭詔	1350-321- 31
賜劉摯辭免恩命不允批答	1350-345- 33
賜太師文彥博乞致仕不允批答（二則）	1350-346- 33
賜宰臣呂公著乞外任不允批答	1350-346- 33
賜宰臣呂公著乞致仕不允批答	1350-346- 33
賜司空呂公著免恩命不允批答	1350-346- 33
賜右僕射范純仁免恩命不允批答	1350-347- 33
賜門下侍郎侍固乞致仕不許批答	1350-347- 33
賜劉昌祚免恩命不允批答	1350-347- 33
賜太師文彥博乞致仕不許制	1394-322- 1
神宗賜范鎮定樂詔	1402- 53- 10
神宗賜試戶部尚書李常乞除沿邊一州不允詔	1402- 54- 10
神宗賜太師文彥博乞致仕不許詔	1402- 54- 10
神宗賜皇叔改封徐王顥上表辭免	

册禮允詔 1402- 54- 10
賜尚書刑部侍郎范百祿乞外任不允詔 1418-382- 49
賜韓絳上第二表乞致仕不允詔 1418-384- 49
賜新除落致仕依前光祿大夫范鎭赴闕詔 1418-385- 49
賜太師文彥博乞致仕不許批答 1418-385- 49
賜文武百寮太師文彥博已下上第一表請學樂不允批答（二則） 1418-385- 49
賜宰相呂公著乞罷相位除一外任不許批答（二則） 1418-385- 49
賜太師文彥博乞致仕不許詔 1418-386- 49
賜資政殿學士大中大夫新知成都府王安禮乞知陳潁等一郡不允詔 1418-386- 49
賜宰相呂公著上第一表乞致仕不許批答 1418-386- 49
賜宰相呂公著上第二表乞致仕不允斷來章批答 1418-387- 49
太皇太后賜門下手詔 1418-387- 49

● 蘇　頌 宋

明堂赦書 1092-280- 21
太師文彥博加食邑制 1092-280- 21
皇叔徐王顥加食邑制 1092-281- 21
皇叔祖華原郡王宗愈加食邑制 1092-282- 21
皇叔祖安康郡王宗隱加食邑制 1092-282- 21
皇弟大寧郡王佾加食邑制 1092-283- 21
皇弟咸寧郡王佖加食邑制 1092-283- 21
保康軍節度使苗授加食邑制 1092-284- 21
駙馬都尉李瑋加食邑制 1092-284- 21
西蕃邈川首領阿里骨加食邑制 1092-285- 21
南平王李乾德加食邑制 1092-285- 21
太皇太后賜門下詔 1092-286- 22
賜太子太保致仕張方平乞免明堂陪位允詔 1092-286- 22
（賜太子太保致仕張方平乞免明堂陪位）許詔 1092-287- 22
賜新除中大夫守尚書左丞韓忠彥辭免恩命不允詔 1092-287- 22
（賜新除中大夫守尚書左丞韓忠彥辭免恩命）不許詔 1092-287- 22
賜新除中大夫守尚書右丞許將辭免恩命不允詔 1092-287- 22
賜正議大夫知樞密院事安燾特給假候母親稍安日供職詔 1092-287- 22

賜起復正議大夫知樞密院事安燾上表辭免恩命不允詔 1092-288- 22
（賜起復正議大夫知樞密院事安燾辭免恩命）不許詔 1092-288- 22
賜新除翰林學士朝奉郎知制誥蘇轍辭免恩命不允詔 1092-288- 22
賜尚書吏部侍郎范百祿進撰成詩傳補注二十卷獎諭詔 1092-288- 22
賜正議大夫知樞密院事安燾生日詔 1092-289- 22
賜正議大夫門下侍郎孫固生日詔 1092-289- 22
賜同知樞密院事趙瞻生日詔 1092-289- 22
賜新除檢校司空充保康軍節度使知濠州苗授辭免恩命不允詔 1092-289- 22
賜門下侍郎孫固再上劄子陳乞致仕不允詔 1092-289- 22
賜新除中大夫同知樞密院事趙瞻辭免恩命不允詔 1092-290- 22
賜新除吏部尚書傳堯俞辭免恩命不允詔 1092-290- 22
賜新除試御史中丞梁燾辭免恩命不允詔 1092-290- 22
賜觀文殿大學士光祿大夫知永興軍韓縝上表並劄子陳乞致仕不允詔 1092-290- 22
（賜觀文殿大學士光祿大夫知永興軍韓縝上表並劄子陳乞致仕）不許詔 1092-291- 22
賜保寧軍節度使知大名府馮京進奉坤成節馬詔 1092-291- 22
賜中大夫守中書侍郎劉摯生日詔 1092-291- 22
賜中大夫守尚書右丞許將生日詔 1092-291- 22
賜中大夫同知樞密院事趙瞻乞陝西一郡不允詔 1092-291- 22
賜知樞密院事安燾上第二表辭免起復恩命不允詔 1092-292- 22
（賜知樞密院事安燾上第二表辭免起復恩命）不許詔 1092-292- 22
賜起復正議大夫知樞密院事安燾上第三表辭免起復恩命許終喪制允詔 1092-292- 22
（賜起復正議大夫知樞密院事安燾上第三表辭免起復恩命許終喪制）許詔 1092-292- 22
賜新除門下侍郎劉摯辭免恩命不

允詔　1092-293- 23
賜孫固辭免轉官知樞密院事不允詔　1092-293- 23
賜新除中大夫守中書侍郎傅堯俞辭免恩命不允詔（二則）　1092-293- 23
賜通議大夫新知亳州鄧溫伯不許辭免龍圖閣學士詔　1092-293- 23
賜殿前副都指揮使武康軍節度使劉昌祚獎諭詔　1092-294- 23
賜外任臣寮進奉謝恩馬詔　1092-294- 23
賜太師平章軍國重事文彥博四上劄子陳乞致仕示諭詔（二則）　1092-294- 23
賜戶部尚書呂公著乞致仕不允詔　1092-295- 23
（賜戶部尚書呂公著乞致仕）不許詔　1092-295- 23
賜保寧軍節度使知大名府馮京上表乞致仕不允詔　1092-295- 23
（賜保寧軍節度使知大名府馮京上表乞致仕）不許詔　1092-295- 23
賜西蕃邈川首領河南軍節度使阿里骨進奉回詔　1092-296- 23
賜御史中丞梁燾辭免兼侍讀不允詔　1092-296- 23
賜知大名府馮京進奉興龍節馬并冬節馬詔　1092-296- 23
賜侍衞親軍步軍副都指揮使徐州觀察使知渭州劉舜卿進奉賀冬節并賀正馬詔　1092-296- 23
賜保寧軍節度使知大名府馮京再上表乞致仕不允詔　1092-296- 23
（賜保寧軍節度使知大名府馮京再上表乞致仕）不許詔　1092-297- 23
賜保寧軍節度使知大名府馮京辭免加恩不允詔　1092-297- 23
（賜保寧軍節度使知大名府馮京辭免加恩）不許詔　1092-297- 23
賜潞國公文彥博辭免兩鎮恩命不允手詔　1092-297- 23
（賜潞國公文彥博辭免兩鎮恩命）不許手詔　1092-298- 23
賜潞國公文彥博辭免册禮允詔　1092-298- 23
（賜潞國公文彥博辭免册禮）許詔　1092-298- 23
賜保寧軍節度使知大名府馮京三上表陳乞致仕不允斷來章詔　1092-298- 23
（賜保寧軍節度使知大名府馮京三上表陳乞致仕）不許斷來章詔　1092-299- 23
賜皇弟賀禮畢答詔　1092-299- 23
賜在外公主賀禮畢答詔　1092-299- 23
賜內中公主賀禮畢答詔　1092-299- 23
賜吳楚國安仁賢壽夫人張氏賀禮畢答詔　1092-299- 23
賜貴妃苗氏以下賀禮畢答詔　1092-299- 23
賜內中慶國夫人寶氏以下賀禮畢答詔　1092-299- 23
賜內中左右直御侍郎君掌賓王氏已下賀禮畢答詔　1092-300- 23
賜五臺山寺僧正省奇以下獎諭勅書　1092-300- 24
賜前兩府并待制以上知州初冬衣襖詔勅書　1092-300- 24
賜諸路知州職司及總管鈐轄至使臣衣襖勅書　1092-300- 24
賜諸路蕃官及溪洞蠻人初冬衣襖勅書　1092-301- 24
賜諸路屯駐駐泊就糧本城諸軍員寨等初冬衣襖勅書　1092-301- 24
賜于闐國進奉勅書　1092-301- 24
賜于闐國示諭勅書　1092-301- 24
賜于闐國男進奉勅書　1092-301- 24
賜西南蕃程以途等進奉勅書　1092-302- 24
賜南平王李乾德加恩制誥勅書　1092-302- 24
賜西南蕃龍以利等進奉勅書　1092-302- 24
賜西蕃邈川首領河西軍節度使阿里骨加恩制誥詔勅書　1092-302- 24
賜知渭州劉昌祚等進奉助明堂馬詔勅書　1092-302- 24
賜南平王李乾德歷日勅書　1092-302- 24
賜外任臣寮進奉坤成節功德疏詔勅書　1092-303- 24
賜溪洞進奉賀明堂并興龍節及冬正溪布示諭勅書　1092-303- 24
賜知大名府馮京進奉賀明堂禮畢馬詔勅書　1092-303- 24
賜徐州觀察使知渭州劉舜卿進奉賀明堂禮畢馬詔勅書　1092-303- 24
賜五臺山十寺僧正省奇等進奉興龍節新正功德疏獎諭勅書　1092-303- 24
賜溪洞進奉賀元祐二年三年四年

四庫全書文集篇目分類索引

興龍節端午冬溪布勅書 1092-304- 24
賜新除右光祿大夫知樞密院事孫固辭免恩命不允斷來章批答 1092-304- 24
（賜新除右光祿大夫知樞密院事孫固辭免恩命）不許批答 1092-304- 24
賜新除守門下侍郎依前中大夫劉摯辭免恩命不允斷來章批答 1092-304- 24
（賜新除守門下侍郎依前中大夫劉摯辭免恩命）不許批答 1092-304- 24
賜潞國公致仕文彥博上第二表辭免兩鎮恩命不允斷來章批答 1092-304- 24
（賜潞國公致仕文彥博上第二表辭免兩鎮恩命）不許批答 1092-305- 24
賜新除中大夫守尚書左丞韓忠彥辭免恩命不允斷來章批答 1092-305- 24
（賜新除中大夫守尚書左丞韓忠彥辭免恩命）不許批答 1092-305- 24
賜門下侍郎孫固上第二表乞致仕不允斷來章批答 1092-305- 24
（賜門下侍郎孫固上第二表乞致仕）不許批答 1092-306- 24
賜新除殿前副都指揮使武康軍節度使劉昌祚上第一表辭免恩命不允批答 1092-306- 24
（賜新除殿前副都指揮使武康軍節度使劉昌祚上第一表辭免恩命）不許批答 1092-306- 24
賜新除中大夫同知樞密院趙瞻辭免恩命不允斷來章批答 1092-306- 24
（賜新除中大夫同知樞密院趙瞻辭免恩命）不許批答 1092-306- 24
賜新除中大夫守尚書右丞許將辭免恩命不允斷來章批答 1092-306- 24
（賜新除中大夫守尚書右丞許將辭免恩命）不許批答 1092-307- 24
賜太師文彥博辭免恩命不允批答 1092-308- 25
（賜太師文彥博辭免恩命）不許批答 1092-308- 25
賜文彥博上第二表辭免恩命不允斷來章批答 1092-309- 25
（賜文彥博上第二表辭免恩命）不許批答 1092-309- 25
賜李瑋苗授上第一表辭免恩命不允批答 1092-309- 25
（賜李瑋苗授上第一表辭免恩命）不許批答 1092-309- 25
賜平海軍節度使駙馬都尉李瑋上第二表辭免恩命不允斷來章批答 1092-309- 25
（賜平海軍節度使駙馬都尉李瑋上第二表辭免恩命）不許斷來章批答 1092-309- 25
賜新除中書侍郎傅堯俞辭免恩命不許斷來章批答 1092-310- 25
（賜新除中書侍郎傅堯俞辭免恩命）不許斷來章批答 1092-310- 25
賜新除中大夫同知樞密院事趙瞻辭免恩命不允斷來章批答口宣 1092-310- 25
賜新除中大夫守尚書左丞韓忠彥辭免恩命不允斷來章批答口宣 1092-310- 25
賜新除中大夫守尚書右丞許將辭免恩命不允斷來章批答口宣 1092-310- 25
賜皇叔徐顗生日禮物口宣 1092-310- 25
宣召新除內翰蘇轍入院口宣 1092-311- 25
賜大遼賀坤成節人使銀鈒鑞等口宣 1092-311- 25
班荊館賜大遼賀坤成節國信使副到關酒果口宣 1092-311- 25
賜皇叔宗景以下罷散坤成節道場香酒果口宣 1092-311- 25
賜殿前副都指揮使苗授以下罷散坤成節道場香酒果口宣 1092-311- 25
賜謝馬都尉李瑋以下罷散坤成節道場香酒果口宣 1092-311- 25
就驛賜大遼賀坤成節人使內中酒果口宣 1092-311- 25
坤成節就驛賜于闐國進奉人御筵口宣 1092-311- 25
班荊館賜大遼賀坤成節人使回程酒果口宣 1092-311- 25
賜殿前指揮使劉昌祚赴闕沿路茶藥口宣 1092-311- 25
就驛賜于闐國進奉人朝辭御筵口宣 1092-312- 25
賜皇弟邠國公偲生日禮物口宣 1092-312- 25
賜劉昌祚辭免恩命不允批答口宣 1092-312- 25
賜劉昌祚辭免恩命斷章批答口宣 1092-312- 25
送伴賀興龍節使副沿路與賀正旦人使相見傳宣撫問口宣 1092-312- 25
送伴賀興龍節使副沿路與接伴賀

正旦使副相見傳宣撫問口宣 1092-312- 25
閤門賜平章軍國重事文彥博加恩告口宣 1092-312- 25
閤門賜宰相呂防加恩告口宣 1092-312- 25
閤門賜徐王加恩告口宣 1092-312- 25
閤門賜嗣濮王宗暉郡王宗隱宗愈國公宗楚宗祐加恩告口宣 1092-312- 25
閤門賜殿前副都指揮使劉昌祚加恩告口宣 1092-313- 25
閤門賜節度李瑋加恩告口宣 1092-313- 25
白溝驛賜大遼賀興龍節人使御筵并傳宣撫問口宣 1092-313- 25
賜太師平章軍國重事文彥博上第一表辭免恩命不允批答口宣 1092-313- 25
賜太師文彥博第二表不允斷來章批答口宣 1092-313- 25
賜嗣濮王宗暉華原郡王宗愈安康郡王宗隱翼國公宗祐郢國公宗楚上第一表辭免加恩不允批答口宣 1092-313- 25
（賜嗣濮王宗暉華原郡王宗愈安康郡王宗隱翼國公宗祐郢國公宗楚上第一表辭免加恩）不允斷章批答口宣 1092-313- 25
賜孫固劉摯趙瞻韓忠彥許將上第一表辭免恩命不允斷來章批答口宣 1092-313- 25
賜皇弟大寧郡王似遂寧郡王佶成寧郡王侯普寧郡王似祁國公佀上第二表不允斷來章批答 1092-314- 25
賜殿前副都指揮使劉昌祚保康軍節度使苗授上第二表辭免恩命不允斷來章批答口宣 1092-314- 25
賜平海軍節度使駙馬都尉李瑋上第一表辭免恩命不允批答口宣 1092-314- 25
賜皇伯祖嗣濮王宗暉生日禮物口宣 1092-314- 25
賜太師文彥博乞致仕不允批答口宣 1092-314- 25
賜太師文彥博生日禮物口宣 1092-314- 25
雄州撫問大遼賀興龍節使副口宣 1092-314- 25
趙州賜大遼皇帝賀興龍節度使副茶藥口宣 1092-314- 25
賜皇弟遂寧郡王生日禮物口宣 1092-314- 25
撫問資政殿學士光祿大夫知定州張璪口宣 1092-315- 26
撫問觀文殿學士知穎昌府范純仁口宣 1092-315- 26
白溝驛賜大遼賀正旦人使御筵兼傳宣撫問口宣 1092-315- 26
撫問知河南府李清臣知永興軍韓縝口宣 1092-315- 26
撫問陝西轉運使副兼涇原秦鳳熙河蘭岷路緣邊臣寮及賜諸軍特支口宣 1092-316- 26
相州賜大遼賀興龍節使副御筵口宣 1092-316- 26
冬節就驛賜阿里骨進奉人御筵口宣 1092-316- 26
班荊館賜大遼賀興龍節人使到闕御筵口宣 1092-316- 26
班荊館賜大遼賀正旦人使到闕御筵口宣 1092-316- 26
相州賜大遼賀正旦人使回程御筵口宣 1092-316- 26
賜河北西路諸軍春季銀鞋兼傳宣撫問臣寮將校口宣 1092-316- 26
賜門下侍郎劉摯辭免恩命不允斷來章批答口宣 1092-316- 26
賜知樞密院孫固辭免恩命不允斷來章批答口宣 1092-316- 26
賜新除中書侍郎傅堯俞辭免恩命不允斷來章批答口宣 1092-317- 26
瀛州賜大遼賀正旦人使回程御筵口宣 1092-317- 26
賜大遼賀興龍節使銀鈒鑵等口宣 1092-317- 26
賜皇伯嗣濮王宗暉以下罷散興龍節道場香酒果口宣 1092-317- 26
賜大遼賀興龍節人使辭訖酒果口宣 1092-317- 26
班荊館賜大遼賀興龍節人使回程御筵口宣 1092-317- 26
賜宰臣以下罷散興龍節道場尚書省御筵酒果口宣 1092-317- 26
玉津園賜大遼賀興龍節人使射弓例物口宣 1092-317- 26
班荊館賜大遼賀興龍節人使回程酒果口宣 1092-317- 26
賜大遼賀興龍節人使內中酒果口宣（二則） 1092-317- 26

興龍節就驛賜阿里骨等進奉人御筵口宣　1092-318- 26
賜大遼賀興龍節人使回朝辭訖歸驛御筵口宣　1092-318- 26
班荊館賜大遼賀正旦人使到闕酒果口宣　1092-318- 26
賜皇弟普寧郡王似生日禮物口宣　1092-318- 26
賜大遼賀正旦人使鈒鑞鍍唾盂子錦被褥等口宣　1092-318- 26
皇帝御大慶殿受朝賀畢宣勞將士等口宣　1092-318- 26
撫問成都府利州等路臣寮口宣　1092-318- 26
賜大遼賀正旦人使春幡勝口宣　1092-318- 26
賜大遼賀正旦使副歲除日酒果口宣　1092-318- 26
正月三日賜大遼賀正旦使副內中酒果口宣　1092-319- 26
送伴正旦使副沿路與北朝生辰正旦使副相見傳宣撫問口宣　1092-319- 26
玉津園賜大遼賀正旦人使射弓例物口宣　1092-319- 26
正旦日賜大遼賀正旦人使酒果口宣　1092-319- 26
雄州賜大遼賀正旦人使回程御筵口宣　1092-319- 26
正月六日賜大遼賀正旦人使朝辭訖歸驛御筵口宣　1092-319- 26
賜大遼賀正旦人使正月一日就驛御筵口宣　1092-319- 26
賜大遼賀正旦使副朝辭酒果口宣　1092-319- 26
班荊館賜大遼賀正旦人使回程御筵口宣　1092-319- 26
班荊館賜大遼賀正旦人使回程酒果口宣　1092-319- 26
御史中丞除河陽三城節度使制　1092-343- 29
中書舍人除壽州觀察使制　1092-343- 29
誠暨臣學任必以賢詔　1092-343- 29
皇族出官勅詞　1092-344- 29
河北都轉運司空名攝助教五道　1092-359- 30
磁州空名助教二道　1092-359- 30
軍員換諸司使副及崇班承制(制)　1092-386- 33
軍都指揮使諸班都虞候與除忠佐帶遙郡不帶遙郡（制）　1092-386- 33
軍都指揮使諸班都虞候與轉軍分帶遙郡或已有遙郡（制）　1092-386- 33

廂都指揮使與落權正任（制）　1092-387- 33
廂都指揮使（制）　1092-387- 33
京朝官知縣磨勘詞　1092-392- 34
承制以上磨勘詞　1092-392- 34
河東進納空名助教（制）三十道　1092-397- 34
南郊百官封贈父母妻（制）共五道　1092-397- 34
兩制母在改封　1092-398- 34
兩制妻改封　1092-399- 34
南郊致仕率府副率加恩（制）　1092-400- 34
南郊諸州軍衙前加恩（制）　1092-400- 34
皇族出官勅　1350-325- 32
西蕃遜川首領阿里庫加食邑制　1402-101- 17
● 蘇　綽 北周
爲周太祖作六條詔書　1417-575- 28
● 蘇　頲 唐
改元開元元年大赦天下制　426- 31- 4
睿宗遺誥——開元四年六月二十日　426-111- 12
停親謁乾陵勅　426-587- 77
原減囚徒勅　426-637- 83
處分朝集使勅八道　426-703-103
驪山講武賞慰將士詔　426-743-107
禁斷錦繡珠玉勅　426-760-109
禁斷臘月乞寒勅　426-760-109
誠勵官寮制　426-770-110
禁斷妖訛等勅　425-791-113
遣楊虛受江東道安撫勅　426-808-115
寬有逆人親黨勅　426-870-121
矜放緣坐勅　426-870-121
命呂休璟等北伐制　426-957-130
幸新豐及同州赦　556-112- 85
幸長安制　556-113- 85
睿宗受禪制　1336-776-420
開元元年赦書　1336-784-421
至都大赦天下制　1337- 84-433
居大明宮德音　1337-136-440
命呂休璟等北伐制　1337-296-459
命姚崇等北伐制　1337-298-459
命薛訥等與九姓共伐默啜　1337-299-459
處分朝集使勅　1337-303-460
幸新豐及同州勅　1337-318-462
幸東都制　1337-319-462
幸長安制　1337-319-462
搜楊懷才隱逸等勅　1337-323-462

626　　　　　　　　　四庫全書文集篇目分類索引

史部　詔令奏議類：附錄　詔令上二十畫

戒勵官寮制　　　　　　　　　　1337-349-465
每日聽政勉勵百寮勅　　　　　　1337-349-465
命新除牧守面辭　　　　　　　　1337-350-465
誡百寮與供奉人交通制　　　　　1337-350-465
誡勵御史制　　　　　　　　　　1337-350-465
禁斷錦繡珠玉制　　　　　　　　1337-355-465
禁斷女樂勅　　　　　　　　　　1337-356-465
禁斷大醮廣費勅　　　　　　　　1337-356-465
禁斷妖訛等勅　　　　　　　　　1337-356-465
禁斷臘月乞寒勅　　　　　　　　1337-356-465
幸新豐及同州勅　　　　　　　　1394-300-　1
唐玄宗主都大赦天下制文　　　　1402-155- 30
開元三年處分朝集使勅　　　　　1417-660- 31
●蘇　轍宋
文臣升朝封父母妻（制）　　　　1112-339- 32
文臣升朝追封父母妻（制）　　　1112-340- 32
門下侍郎孫固乞致仕不允仍給寬假詔　　　　　　　　　　　　　　1112-355- 33
尚書左丞韓忠彥免弟嘉尚主不許不允詔（二則）　　　　　　　　　1112-355- 33
孫固乞致仕不允詔　　　　　　　1112-356- 33
韓忠彥乞外任不許不允詔（二則）1112-356- 33
趙君錫免刑部侍郎不允詔　　　　1112-357- 33
呂公瑊免戶部尚書不允詔　　　　1112-357- 33
太皇太后明堂禮成罷賀門下手詔　1112-357- 33
太師文彥博乞致仕不許不允詔（二則）　　　　　　　　　　　　　1112-357- 33
文彥博致仕再免兩鎮不許不允詔（二則）　　　　　　　　　　　　1112-358- 33
文彥博三免兩鎮不許不允詔（二則）　　　　　　　　　　　　　　1112-358- 33
文彥博免兩鎮許允詔（二則）　　1112-358- 33
河東官吏軍民示喻勅書　　　　　1112-359- 33
孫固乞致仕不允詔　　　　　　　1112-359- 33
韓忠彥免同知樞密院不允詔　　　1112-360- 33
蘇頌免尚書右丞不許不允詔（二則）　　　　　　　　　　　　　　1112-360- 33
蘇頌再免左丞不許不允詔（二則）1112-360- 33
知樞密院孫固乞避親不允詔　　　1112-360- 33
周尹進興龍節無量壽佛敕書　　　1112-361- 33
范百祿免侍讀不允詔　　　　　　1112-361- 33
趙君錫吏部侍郎不允詔　　　　　1112-361- 33
文彥博免孫男康世章服不允詔　　1112-361- 33
孫固乞致仕不允詔　　　　　　　1112-361- 33
宰相呂大防等爲旱乞退不允詔　　1112-362- 33
太皇太后以旱賜門下詔　　　　　1112-362- 33
皇帝以旱賜門下詔　　　　　　　1112-362- 33
鄧溫伯免翰林承旨不許不允詔（二則）　　　　　　　　　　　　　1112-363- 33
呂大防等再爲旱乞退不允詔　　　1112-363- 33
彰德軍官吏軍民示喻敕書　　　　1112-363- 33
馮京免彰德軍節鉞不許不允詔（二則）　　　　　　　　　　　　　1112-363- 33
文彥博免致仕合得五人恩澤詔　　1112-364- 33
范百祿免翰林學士不允詔　　　　1112-364- 33
門下侍郎孫固乞致仕不許不允批答（二則）　　　　　　　　　　　1112-365- 34
劉昌祚免殿前副都指使不許不允批答（二則）　　　　　　　　　　1112-366- 34
呂大防免明堂恩命不許不允批答（四則）　　　　　　　　　　　　1112-366- 34
文彥博乞致仕不許不允批答（二則）　　　　　　　　　　　　　　1112-366- 34
皇伯祖宗暟免恩命不許不允批答（四則）　　　　　　　　　　　　1112-367- 34
皇叔祖宗祐宗楚免恩命不許不允批答（四則）　　　　　　　　　　1112-367- 34
皇弟佶似僓免恩命不許不允批答（四則）　　　　　　　　　　　　1112-368- 34
劉昌祚免恩命不許不允批答（四則）　　　　　　　　　　　　　　1112-368- 34
中書侍郎劉摯免恩命不許不允批答（二則）　　　　　　　　　　　1112-368- 34
尚書右丞許將免恩命不許不允批答（二則）　　　　　　　　　　　1112-369- 34
文彥博致仕免兩鎮不許不允批答（二則）　　　　　　　　　　　　1112-369- 34
韓忠彥免同知樞密院不許不允批答（二則）　　　　　　　　　　　1112-369- 34
蘇頌免尚書左丞不許不允批答（二則）　　　　　　　　　　　　　1112-370- 34
呂大防等乞御正殿復常膳不許不允批答（二則）　　　　　　　　　1112-370- 34
（呂大防等乞御正殿復常膳）第二表不許不允批答（二則）　　　　1112-370- 34
（呂大防等乞御正殿復常膳）第三表不許不允批答（二則）　　　　1112-371- 34
（呂大防等乞御正殿復常膳）第四表許允批答（二則）　　　　　　1112-371- 34
改園陵爲山陵手詔　　　　　　　1112-706- 14

擬答西夏詔書　　　　　　　　1112-706- 14
擬合祭天地手詔　　　　　　　1112-708- 15
● 蘇天爵元
曲赦雲南詔　　　　　　　　　1214-280- 24

不著撰人

● 唐

封某王男某郡王制　　　　　　426-240- 38
降親王爲郡王制　　　　　　　426-240- 38
諸王男等加封邑制　　　　　　426-249- 38
收葬遇害王妃詔　　　　　　　426-262- 40
甄紋皇屬勅　　　　　　　　　426-264- 40
封七女公主制　　　　　　　　426-269- 41
詳定公主郡縣主出降儀勅　　　426-275- 42
新都郡主適楊汯制　　　　　　426-285- 43
義安郡主適裴異制　　　　　　426-286- 43
新都郡主適盧咸制　　　　　　426-286- 43
安樂郡主適楊守文制　　　　　426-286- 43
壽昌縣主適崔珍制　　　　　　426-287- 43
杜祐每月兩三度入朝商議軍國大
　事制　　　　　　　　　　　426-442- 61
不許李光弼辭封詔　　　　　　426-468- 63
令李晟家附屬籍詔　　　　　　426-476- 64
許涼武昭王孫緯郡姑臧等四公子
　隸入宗正屬籍勅　　　　　　426-476- 64
錄陷蕃官子孫詔　　　　　　　426-483- 65
處分行事官勅　　　　　　　　426-495- 66
斷屠及漁獵採捕勅　　　　　　426-495- 66
升壇入廟行事官先去劍佩及履勅　426-504- 67
每載四孟合祭天地詔　　　　　426-505- 67
百官議大禮期日勅　　　　　　426-506- 67
罷告謝郊廟勅　　　　　　　　426-506- 67
元年建子月祭圓丘詔　　　　　426-506- 67
元年建卯月南郊赦　　　　　　426-513- 69
詳議明堂制度詔　　　　　　　426-550- 73
頒明堂制度詔　　　　　　　　426-550- 73
明堂災告廟制　　　　　　　　426-552- 73
令嗣許王瓘祭東嶽勅　　　　　426-562- 74
遣官祭霍山勅　　　　　　　　426-563- 74
五人帝祝文勿稱臣詔　　　　　426-565- 74
條貫祀事詔——寶歷九年二月　426-565- 74
親拜風伯雨師祝版勅　　　　　426-565- 74
太清宮行禮改用朝服并停祝版勅　426-567- 75
禘祫不廢常享詔　　　　　　　426-570- 75
厚奉建陵詔　　　　　　　　　426-577- 76
隨靈駕赴陵所詔　　　　　　　426-578- 76

國忌在近進蔬菜詔　　　　　　426-597- 78
宴朔方將士勅　　　　　　　　426-613- 80
宴幽州老人勅　　　　　　　　426-613- 80
平淮西後宴賞諸軍將士放歸本道
　詔　　　　　　　　　　　　426-613- 80
以水災罷九日宴會勅——正元八
　年八月　　　　　　　　　　426-614- 80
老人賜几杖鳩杖勅　　　　　　426-615- 80
詔習禮樂詔　　　　　　　　　426-621- 81
令宰臣與法官詳死刑勅　　　　426-632- 82
原免囚徒德音　　　　　　　　426-641- 84
大赦京畿三輔制　　　　　　　426-644- 84
有京城禁囚勅　　　　　　　　426-648- 85
置營州都督府制　　　　　　　426-669- 99
試百官與供奉人交通制　　　　426-679-100
勅勵御史制　　　　　　　　　426-679-100
誡勵兵吏部兩司勅　　　　　　426-683-100
處分選人勅　　　　　　　　　426-684-100
加散騎常侍員品詔　　　　　　426-686-101
升中書門下品秩詔　　　　　　426-686-101
減京畿官員制　　　　　　　　426-687-101
復先減官員勅　　　　　　　　426-689-101
訪孝悌德行詔　　　　　　　　426-696-102
搜訪天下賢能勅　　　　　　　426-701-103
甄獎陷賊守節官詔　　　　　　426-717-104
錄用鄧州歸順官詔　　　　　　426-717-104
令臺省詳議封事詔　　　　　　426-719-105
令百官言事詔　　　　　　　　426-720-105
許刺史言事勅　　　　　　　　426-720-105
選集賢學生勅　　　　　　　　426-723-105
崇太學詔　　　　　　　　　　426-723-105
處分制舉人勅　　　　　　　　426-726-106
孝悌力田學人不令考試詞策勅　426-727-106
放制學人勅　　　　　　　　　426-732-106
除制學人官勅　　　　　　　　426-735-106
放制學人詔　　　　　　　　　426-736-106
放制學人勅　　　　　　　　　426-737-106
條流習禮經人勅　　　　　　　426-740-106
禁諸道將士逃入諸運制　　　　426-746-107
遣胡証巡邊詔　　　　　　　　426-749-107
禁斷寒食雞子相餉遺勅　　　　426-761-109
禁車服第宅踰侈勅　　　　　　426-763-109
申禁公私車服踰侈勅　　　　　426-763-109
誡勵氏族婚姻詔　　　　　　　426-766-110
誡勵風俗勅四道　　　　　　　426-767-110

四庫全書文集篇目分類索引

史部

詔令奏議類：附錄

詔令上不著撰人

令藩鎭侯詔方得入覲勅	426-772-110	討鎭州王庭湊德音	426-858-120
制置諸道兩稅使勅	426-780-111	雪王庭湊詔	426-858-120
放天下權酒勅	426-785-112	討王庭湊詔	426-860-120
減鹽價勅	426-786-112	討李同捷詔	426-860-120
條貫錢貨及禁採銀勅	426-786-112	宥田承嗣詔	426-872-121
不許奏祥端詔	426-799-114	宥李忠臣詔	426-874-121
令諸道不得奏祥瑞詔	426-799-114	宥李懷光示諭河中將士詔	426-874-121
頒廣利方詔	426-800-114	誅李懷光後原宥河中將吏并招諭	
改丹水爲懷水勅	426-803-114	淮西詔	426-875-121
遣劉晏宣慰諸道勅	426-811-115	放李希烈將士還本道詔	426-876-121
劉晏宣慰河南淮南制	426-813-116	雪王承宗詔	426-879-122
宣慰嶺南制	426-815-116	宥淄青大將勅	426-880-122
奉天遣使宣慰諸道詔	426-815-116	赦鎭州德音	426-880-122
收復京師遣使宣慰制	426-817-116	雪王庭湊詔	426-881-122
安撫淮西歸順將士勅	426-817-116	收復兩京大赦	426-890-123
處分淮西赦	426-818-116	平李懷光詔	426-898-124
遣使宣撫水災州軍	426-819-116	平李洧詔	426-901-124
令潘孟陽宣慰江淮詔	426-820-116	平劉闢詔	426-902-124
宣慰魏博詔	426-821-117	平李錡德音	426-903-124
宣慰鎭州詔	426-822-117	平吳元濟詔	426-904-124
宣慰幽州詔	426-823-117	周元幹等死沒制	426-925-126
遣使宣撫諸道詔	426-824-117	李怕自盡制	426-925-126
爲將漳王事安撫中外敕	426-824-117	處置李齊勅	426-930-127
遣使宣慰諸道詔	426-825-117	處置楊弁勅	426-930-127
遣裴敦復往江東招討海賊勅	426-830-118	誅郭誼等勅	426-931-127
招諭僕固懷恩詔	426-831-118	誅張谷等告示中外勅	426-931-127
招諭金商鄧州界逃亡官健制	426-832-118	誅黔州刺史秦匡謀勅	426-932-127
招諭朱滔詔	426-834-118	崔昭緯自盡勅——乾德三年五月	426-933-127
招諭河中李懷光詔	426-835-118	放諸蕃質子各還本國勅	426-937-128
招諭河中勅	426-836-118	遣牛仙客往關內諸州安輯六州胡	
招諭淮西將吏勅	426-836-118	勅	426-937-128
招諭討劉闢詔	426-838-118	洗雪平夏党項德音	426-951-129
招諭劍南諸州詔	426-838-118	討吐浴渾詔	426-952-130
招諭蔡州詔	426-839-118	收復河湟德音	426-964-130
討鎭州禁侵略勅	426-840-118	祠后土制	1337- 30-425
討李希烈詔	426-847-119	淮西平赦文	1337- 72-431
討吳少誠詔	426-848-119	安養百姓及諸改革制	1337- 82-433
討李錡詔	426-849-119	宣慰魏博德音	1337- 92-434
討李希烈詔	826-851-119	擬中書侍郎平章事制	1337-208-449
王承宗絕朝貢勅	426-851-119	擬門下侍郎平章事制	1337-208-449
討鎭州王承宗德音	426-853-119	遣宣撫使勅	1337-312-461
討吳元濟勅	426-854-119	求訪賢良詔	1337-323-462
今百僚議徵李師道勅	426-856-120	舉賢制	1337-324-462
討李師道詔	426-857-120	搜訪賢良詔	1337-324-462
討淄青禁焚燒爐舍勅	426-858-120	勸農制	1337-329-462

置勞州都督府制　　　　　　　1337-344-464
誠勸風俗敕四　　　　　　　　1337-352-465
●宋
勅書十三件　　　　　　　　　1098-877- 16
皇叔加恩麻　　　　　　　　　1353- 18- 50
皇叔祖加恩麻　　　　　　　　1353- 18- 50
除觀使麻（二則）　　　　　　1353- 20- 50
皇姪孫左屯衞大將軍隴州防禦使
　制　　　　　　　　　　　　1353- 22- 50
節度使加宣徽（制）　　　　　1353- 23- 50
翰林學士除三司使　　　　　　1353- 23- 50
批答曾公亮以下賀壽星見　　　1353- 23- 50
詔答呂頤浩辭免除少保不允　　1353- 24- 50
詔答辭免端明殿學士不允　　　1353- 25- 50
詔答辭免資政殿學士不允(二則)　1353- 25- 50
詔答呂頤浩辭免左僕射不允　　1353- 25- 50
批答王丞相辭免恩命不允　　　1353- 26- 50
批答梁丞相辭免恩命不允　　　1353- 26- 50
刑部侍郎改兵部侍郎制　　　　1353- 27- 50
除皇子伴讀（制）　　　　　　1353- 27- 50
詔奬論韓世忠　　　　　　　　1353- 27- 50
尚書左丞除同知樞密制　　　　1353- 29- 51
左司諫除御史中丞（制）　　　1353- 29- 51
吏部侍郎兼太子詹事（制）　　1353- 30- 51
中書舍人除給事中（制）　　　1353- 30- 51
國子祭酒權鴻臚卿（制）　　　1353- 30- 51
監察御史除著作佐郎（制）　　1353- 31- 51
除太學春秋博士（制）　　　　1353- 31- 51
除太府監丞（制）　　　　　　1353- 31- 51
除秘書省校書郎（制）　　　　1353- 31- 51
除大理寺丞（制）　　　　　　1353- 31- 51
除吏部侍郎（制）　　　　　　1353- 32- 51
給事中除禮部侍郎（制）　　　1353- 32- 51
提轉考課勅文　　　　　　　　1353-585- 91
●明
御製諭安南陪臣謝師言等歸勅　594-240- 10

2.詔令下(姓名式)

（男）

二　畫

●刁　起宋
除太學博士制　　　　　宋袁　甫　1175-439- 9
授宗學諭兼景獻府教
　授制　　　　　　　　宋吳　泳　1176- 67- 7
●刁　紹南唐

大理卿判戶部刁紹可
　工部尚書（制）　　　宋徐　鉉　1085- 58- 7
●刁　綬宋
比部員外郎刁綬可駕
　部員外郎（制）　　　宋蘇　頌　1092-371- 32
●刁　摩宋
轉官制　　　　　　　　宋王　洋　1132-423- 7
●丁　成宋
轉一官資制　　　　　　宋張　嵲　1131-441- 12
●丁　明漢
策免丁明　　　　　　　漢哀帝　　426-1052- 11
免大司馬丁明册　　　　漢哀帝　　1396-265- 4
●丁　恂宋
可少府主簿（制）　　　宋蘇　轍　1112-292- 27
●丁　度宋
可兵部侍郎制　　　　　宋胡　宿　1088-754- 16
●丁　政宋
內殿崇班丁政可內殿
　承制　　　　　　　　宋沈　遘　1097- 43- 5
●丁　則宋
轉一官（制）　　　　　宋李彌遜　1130-629- 4
太府丞（制）　　　　　宋李彌遜　1130-631- 4
大理寺丞（制）　　　　宋李彌遜　1130-641- 5
●丁　禹宋
右贊善大夫丁禹可諸
　司副使制　　　　　　宋宋　庠　1087-555- 20
●丁　逢宋
潼川府路轉運判官（
　制）　　　　　　　　宋樓　鑰　1152-678- 39
●丁　鈞宋
除名人丁鈞可檢校水
　部員外郎充楚州團
　練副使簽書本州公
　事（制）　　　　　　宋韓　維　1101-662- 17
●丁　琢宋
前大理評事丁琢服闋
　可舊官制　　　　　　宋宋　庠　1087-586- 24
●丁　達宋
贈承節郎與一子進勇
　副尉（制）　　　　　宋周必大　1148- 49- 97
●丁　維宋
朝請郎丁維可轉一官
　制　　　　　　　　　宋慕容彥逢　1123-378- 7
●丁　瑾宋
降交州制　　　　　　　宋不著撰人　594-237- 10

●丁　銳 宋
翰林醫官賜緋丁銳可
　轉一官制　　　　　　　宋慕容彥逢　1123-383-　7

●丁　諷 宋
可大理寺丞制　　　　　　宋胡　宿　　1088-729- 14
祠部郎中充集賢校理
　丁諷可金部郎中依
　前集賢校理散官如
　故（制）　　　　　　　宋蘇　頌　　1092-389- 34

●丁　禔 宋
落閣職除遂郡制　　　　　宋劉才邵　　1130-471-　5
轉一官（制）　　　　　　宋李彌遜　　1130-638-　5

●丁　暐 宋
除直寶謨閣淮東路轉
　運判官制　　　　　　　宋洪咨夔　　1175-251- 21

●丁　錞 宋
試秘校前冀州衡水縣
　令丁錞可著作佐郎
　（制）　　　　　　　　宋沈　遘　　1097- 40-　5

●丁　濤 宋
可司天冬官正制　　　　　宋胡　宿　　1088-740- 14

●丁　翼 宋
可秘書丞制　　　　　　　宋胡　宿　　1088-723- 13

●丁　驌 宋
朝散郎太常博士丁驌
　可右正言制　　　　　　宋劉　攽　　1096-219- 22
朝散郎右正言丁驌可
　左正言制　　　　　　　宋劉　攽　　1096-220- 22
（可）太常博士(制）　　　宋蘇　轍　　1112-291- 27

●丁　騭 宋
循右修職郎制　　　　　　宋張　擴　　1129-138- 13
循右文林郎制　　　　　　宋張　擴　　1129-139- 13

●丁公著 唐
從給事中授工部侍郎
　制　　　　　　　　　　唐白居易　　1080-535- 50
尚書工部侍郎集賢殿
　學士丁公著可檢校
　左散騎常侍越州刺
　史浙東觀察使制　　　　唐白居易　　1080-539- 50
授丁公著工部侍郎制　　　唐賈　至　　1336-552-387
授丁公著可檢校左散
　騎常侍守越州刺史
　充浙東觀察使制　　　　唐白居易　　1336-697-408
授丁公著工部侍郎制　　　　　　　　　1402- 65- 13

●丁克彥 宋

崇班丁可彥可轉一官
　制　　　　　　　　　　宋慕容彥逢　1123-372-　7

●丁伯桂 宋
除權吏部侍郎制　　　　　宋袁　甫　　1175-434-　9
除中書舍人誥　　　　　　宋許應龍　　1176-433-　3
除給事中制　　　　　　　宋許應龍　　1176-449-　4

●丁宗臣 宋
可太常博士制　　　　　　宋胡　宿　　1088-735- 14
前楚州團練判官丁宗
　臣可著作佐郎制　　　　宋歐陽修　　1102-638- 81

●丁昌時 宋
轉一官（制）　　　　　　宋樓　鑰　　1152-664- 38

●丁為寶 宋
可大理寺丞制　　　　　　宋胡　宿　　1088-733- 14

●丁時發（等）宋
廣東提刑告詞　　　　　　宋陳　驥　　1161-699-133

●丁部領 宋
降交州制　　　　　　　　宋不著撰人　 594-237- 10

●丁執禮 宋
可依前太常博士集賢
　殿校理兼監察御史
　制　　　　　　　　　　宋王安禮　　1100- 31-　3

●丁崇道 宋
秀州司理參軍丁崇道
　可衛尉寺丞制　　　　　宋王　珪　　1093-279- 38

●丁常任 宋
戶部侍郎丁常任降兩
　官放罷制　　　　　　　宋衛　涇　　1169-470-　1

●丁寶臣 宋
可太常丞制　　　　　　　宋胡　宿　　1088-735- 14

●丁顯明（等）宋
轉官制　　　　　　　　　宋衛　涇　　1169-479-　1

●卜　式 漢
賜卜式詔　　　　　　　　漢 武 帝　　1402- 16-　2

●卜　伸 宋
可太常博士制　　　　　　宋胡　宿　　1088-750- 15

●卜　紳 宋
職方員外郎卜紳可屯
　田郎中制　　　　　　　宋王安石　　1105-387- 50

●卜天生 劉宋
贈卜天生詔　　　　　　　劉宋孝武帝　1398-540-　3

●卜天與 劉宋
贈卜天與詔　　　　　　　劉宋孝武帝　1398-539-　3

三　畫

●亡　諸 漢

四庫全書文集篇目分類索引

封閩粵王詔　漢 高 祖　426-978- 1
封故粵王亡諸詔　漢 高 祖　1396-187- 1
●三寶奴元
尚書左丞相某封誥制　元馬祖常　1206-559- 6
●士建中宋
殿中丞士建中可依前官（制）　宋余 靖　1089- 97- 10
追勒停人屯田員外郎士建中特授太常博士制　宋蔡 襄　1090-447- 13
●于 恭宋
應辦中宮册寶于恭各轉一官制　宋張 擴　1129- 78- 8
●于 淵宋
可司天監丞（制）　宋胡 宿　1088-741- 14
●于 莘宋
文思副使青州駐泊于莘可左藏庫副使制　宋鄭 獬　1097-141- 4
●于 荷唐
授于荷雙流縣令制　唐薛廷珪　1336-746-415
●于 琮唐
平章事制——咸通八年七月　唐不著撰人　426-346- 50
●于 禁魏
復官詔　魏文帝　1412-597- 24
●于 誠宋
降一官（制）　宋周必大　1148- 17- 95
●于 頓唐
恩王傳絕朝謁制　唐不著撰人　426-408- 57
更賜于頓盆制　唐元 稹　1079-599- 50
●于 德宋
歸順人于德補承信郎制　宋洪咨夔　1175-230- 17
●于 璋元
贈誠肅政功臣光祿大夫平章政事上柱國追封薊國公謚文簡（制）　元袁 桷　1203-496- 37
中丞于璋贈謚（制）　元元明善　1367-152- 12
●于 謙明
誥命　明憲 宗　1244-396- 附
●于 觀宋
駕部員外郎于觀可虞部郎中（制）　宋韓 維　1101-665- 17
●于 謹北周

爲三老詔　北周武帝　1400- 76- 1
爲三老詔　北周武帝　1417-575- 28
●于 觀宋
奏舉人于觀大理寺丞制　宋王安石　1105-404- 51
●于士明宋
閤府典事于士明可借職制　宋慕容彥逢　1123-352- 5
●于尹躬唐
貶于尹躬洋州刺史制　唐白居易　1080-580- 54
●于可久宋
樞密院令史于可久內殿承制制　宋蔡 襄　1090-432- 11
●于可度宋
監檀州稅務于可度可太子左贊善大夫制　宋宋 庠　1087-581- 24
●于用和宋
右侍禁于用和可左清道率府副率致仕（制）　宋蘇 頌　1092-376- 32
●于光庭唐
授于光庭聞喜縣令制　唐蘇 頲　1336-743-415
●于光寓唐
授于光寓太子中允制　唐蘇 頲　1336-667-404
●于光遠唐
授于光遠等加階制　唐李 嶠　1336-756-417
●于定遠宋
右迪功郎于定遠管押廣南市舶司乳香至行在與一資（制）　宋劉一止　1132-224- 47
●于季友唐
授右羽林將軍制　唐元 稹　1079-574- 46
授于季友羽林軍將軍制　唐元 稹　1336-654-402
授于季友羽林軍將軍制　唐元 稹　1402- 70- 13
●于彥佐宋
奉議郎于彥佐可轉一官制　宋慕容彥逢　1123-391- 8
●于俊成宋
補保義郎制　宋張 嵲　1131-505- 19
●于祐之宋
青州司馬于祐之可青州長史制　宋夏 竦　1087- 70- 2

●于惟脩 宋
除入內內侍省押班（制）　宋陳傳良　1150-575- 11
●于惟謙 唐
授于惟謙給事中制　唐李 嶠　1336-508-381
●于復業 唐
授于復業太子中允制　唐李 嶠　1336-667-404
●于經野 唐
授于經野給事中制　唐蘇 頲　1336-508-381
●于德源 宋
入內東頭供奉官于德源可內殿承制制　宋宋 庠　1087-588- 25
●兀涬常 宋
蕃官兀涬常等十二人覃恩轉官（制）　宋蘇 軾　1108-666-106
●兀征蘭遷角 宋
蕃官兀征蘭遷角補官制　宋鄒 浩　1121-310- 17
●万俟虎 宋
除荆湖南路轉運判官制　宋張 擴　1129- 70- 8
●万俟高 宋
兼侍讀制　宋張 擴　1129-144- 13
贈少師（制）　宋周麟之　1142-159- 20
●万俟敏 宋
贈少傅制　宋張 擴　1129-122- 12
●万俟湜 宋
贈太子太師制　宋張 擴　1129-123- 12
●万俟琰 宋
贈太子太保制　宋張 擴　1129-122- 12
●万俟允中 宋
孟子禮轉右奉議郎万俟允中轉右承宜郎制　宋張 擴　1129- 88- 9
●大公則 唐
青州道渤海慎能至王姪大公則等授金吾將軍放還蕃制　唐元 稹　1079-591- 49
●大多英 唐
青州道渤海大定順王姪大多英等授諸衞將軍放還藩制　唐元 稹　1079-591- 49
●上官合 宋
蠡州路常平上官合特授朝散大夫制　宋翟汝文　1129-217- 4

●上官宏 宋
迪功郎上官宏邊功換授忠訓郎制　宋許 翰　1123-502- 1
●上官均 宋
承議郎殿中侍御史上官均可兵部員外郎（制）　宋劉 攽　1096-185- 19
監察御史上官均可殿中侍御史制　宋劉 攽　1096-195- 20
比部員外郎（制）　宋蘇 轍　1112-317- 30
●上官悟 宋
朝散郎上官悟除秘閣修撰制　宋綦崇禮　1134-544- 3
●上官愔 宋
秘書省校書郎制　宋汪 藻　1128- 80- 8
吏部員外郎制　宋李正民　1133- 14- 2
除直秘閣京畿運副制　宋李正民　1133- 32- 3
●上官瑛 宋
降一官（制）　宋劉一止　1132-171- 33
●上官凝 宋
屯田員外郎上官凝可都官員外郎（制）　宋韓 維　1101-665- 17
●上官世端 宋
降一官制　宋張 擴　1129-133- 12
●山 濤 晉
爲少傅詔　晉武帝　1398- 35- 2
爲右僕射詔　晉武帝　1398- 35- 2
爲吏部尚書詔　晉武帝　1398- 35- 2
爲司徒詔　晉武帝　1398- 36- 2
●乞 商 宋
蕃官乞商等轉官制　宋鄒 浩　1121-302- 16

四　畫

●卞　咸 宋
司勳郎中知洪州卞咸可衞尉少卿（制）　宋余 靖　1089- 98- 10
●卞士端 宋
圖畫局藝學卞士端可轉一官制　宋慕容彥逢　1123-392- 8
●方　元 宋
歸順人方元補承信郎制　宋洪咨夔　1175-230- 17
●方　正 宋
方正等三人授忠訓郎（制）　宋陳傳良　1150-576- 11

●方 邵 宋
將仕郎編修國朝會典所檢閱文字方邵改承奉郎除秘書省校書郎（制）　宋劉安上　1124- 17- 2
除監察御史制　宋翟汝文　1129-210- 3

●方 來 宋
中奉大夫方來特授太中大夫守寶章閣侍制致仕制　宋馬廷鸞　1187- 67- 9

●方 浐 宋
循資制　宋王 洋　1132-424- 7

●方 涼 宋
降授朝請郎落閣職制　宋吳 泳　1176- 85- 9

●方 訒 南唐
水部郎中方訒可主客郎中東都留守判官（制）　宋徐 鉉　1085- 65- 8

●方 滋 宋
知秀州方滋除直秘閣制　宋張 擴　1129- 84- 8
差知紹興府（制）　宋周必大　1148- 79-100
權刑部侍郎制　宋洪 适　1158-411- 24

●方 喜 宋
遠來歸正特與轉一官制　宋張 嵲　1131-444- 12

●方 會 宋
徽猷閣侍制方會除給事中制　宋劉中邱　1130-472- 5

●方 寧 宋
前舒州太湖尉方寧可和州歷陽令（制）　宋田 錫　1085-546- 28

●方 榮 宋
左侍禁方榮可轉一官制　宋慕容彥逢　1123-380- 7

●方 與 宋
爲捉獲兇惡海賊吳宥一等一十四人全火并婦女六人連贓仗等物轉一官制　宋張 嵲　1131-442- 12

●方 聞 宋
降兩官衝替制　宋汪 藻　1128- 87- 9

●方 銓 宋
降一官制　宋衛 涇　1169-477- 1

●方 闔 宋

國子司業制　宋汪 藻　1128- 74- 8
都官員外郎（制）　宋程 俱　1130-261- 26

●方 蘋 宋
可太常寺祝制　宋胡 宿　1088-739- 14
大理評事方蘋可衞尉寺丞制　宋蔡 襄　1090-446- 13
太子中舍制　宋王安石　1105-400- 51

●方 權 宋
輸米補迪功郎（制）　宋陳傳良　1150-647- 18

●方大琮 宋
除司農寺簿制　宋洪咨夔　1175-248- 20
除秘書郎誥　宋許應龍　1176-435- 3

●方安石 宋
可殿中丞制　宋胡 宿　1088-721- 13

●方仲弓 宋
衞尉寺丞知湖州烏程縣事方仲弓可大理寺丞制　宋夏 竦　1087- 66- 2

●方仲謀 宋
題方仲謀所受勅後　明王 直　1241-288- 13
前權潤州觀察推官方仲謀可大理寺丞（制）　宋蘇 頌　1092-348- 29

●方孟卿 宋
方孟卿等落職制　宋許景衡　1127-232- 7
除右司諫（制）　宋程 俱　1130-260- 26

●方承約 宋
殿直方承約可轉一官制　宋慕容彥逢　1123-372- 7

●方庭實 宋
禮部郎官（制）　宋李彌遜　1130-644- 5
宗正少卿（制）　宋劉一止　1132-187- 38

●方海水 宋
年一百七歲特補右迪功郎致仕制　宋張 擴　1129- 42- 6

●方崧卿 宋
廣西運判方崧鄉京西運判　宋樓 鑰　1152-648- 36
　　　　　　　　　　　　1465-456- 2

●方國珍 明
除廣西行省右丞誥　明王 禕　568- 30- 98
　　　　　　　　　　　　1226-255- 12
　　　　　　　　　　　　1373-490- 1
　　　　　　　　　　　　1465-457- 2

●方逢辰 宋

初補承事郎授平江僉判誥 宋不著撰人 1187-592- 1
轉宣教郎誥 宋不著撰人 1187-593- 1
除校書郎誥 宋不著撰人 1187-593- 1
除正字誥 宋不著撰人 1187-593- 1
除尚右郎誥 宋不著撰人 1187-594- 1
除著作郎誥 宋不著撰人 1187-594- 1
除秘書郎誥 宋不著撰人 1187-594- 1
除秘書少監誥 宋不著撰人 1187-595- 1
轉朝善大夫誥 宋不著撰人 1187-595- 1
除司封郎誥 宋不著撰人 1187-595- 1
轉朝議大夫誥 宋不著撰人 1187-596- 1
除秘撰江東提刑誥 宋不著撰人 1187-596- 1
陞集英殿修謨誥 宋不著撰人 1187-596- 1
除江西運使誥 宋不著撰人 1187-597- 1
●方雲翼 宋
爲勅令所編修在京通用條册成書轉一官制 宋張 嵲 1131-442- 12
●方欽祖 宋
明堂恩封官制 宋洪咨夔 1175-242- 19
●方懋德 宋
垂拱殿成臨安府屬縣方懋德各轉一官制 宋張 擴 1129- 77- 8
●文 及 宋
可衞尉少卿（制） 宋蘇 軾 1108-679-107
●文 立 晉
爲散騎常侍詔 晉 武 帝 1398- 42- 2
●文 泊 宋
尚書司勳員外郎判三司都磨勘司兼主轄支收拘收司文泊可尚書主客郎中制 宋宋 庠 1087-569- 22
吏部侍郎同中書門下平章事文彥博父泊贈太師可贈中書令制 宋胡 宿 1088-810- 21
（文彥博）父泊可追封魏國公制 宋王安禮 1100- 21- 2
文彥博父泊贈太師中書令兼尚書令魏國公可特追封周國公除如故（制） 宋韓 維 1101-660- 16
●文 浩 宋
除國子監丞制 宋劉才邵 1130-462- 5

●文 勛 宋
守溫州瑞金縣尉文勛可特授處州縉雲縣令（制） 宋韓 維 1101-667- 17
●文 銳 宋
吏部侍郎同中書門下平章事文彥博祖銳贈太傅可贈太師制 宋胡 宿 1088-809- 21
（文彥博）祖銳可追封周國公制 宋王安禮 1100- 21- 2
文彥博祖銳贈太師中書令兼尚書令齊國公可特追封吳國公除如故（制） 宋韓 維 1101-659- 16
●文大同 宋
大理寺丞文大同可右贊善大夫（制） 宋蘇 頌 1092-372- 32
●文大淵 宋
特轉一官制 宋袁 甫 1175-437- 9
●文天祥 宋
除尚書禮部員外郎制 宋馬廷鸞 1187- 29- 4
特授端明殿學士依舊江西安撫使浙西江東制置使兼知平江府誥 宋王應麟 1187-253- 5
特授集英殿修撰樞密都承旨依舊江西安撫副使誥 宋王應麟 1187-254- 5
依前權工部尚書都督府參贊軍事江西安撫使特授浙西江東制置使兼知平江府誥 宋王應麟 1187-257- 5
工部尚書知平江府事文天祥除端明殿學士制 宋王應麟 1386-452- 46
●文及甫 宋
太常博士制 宋曾 鞏 1098-545- 20
吏部員外郎制 宋曾 鞏 1098-554- 22
●文可觀 宋
太子中舍同判眉州文可觀可殿中丞餘如故制 宋夏 竦 1087- 66- 2
●文安之 明
南京國子監司業文安

之（勅）　　明倪元璐　1297- 24- 2
●文宗道宋
（文彥博）男宗道可
　承事郎制　　宋王安禮　1100- 23- 2
●文居中宋
可宗正寺主簿（制）　宋蘇　軾　1108-695-108
●文彥博宋
除文彥博司徒判河南
　制　　宋仁宗　538-495- 75
除文彥博判大名府制　宋仁宗　549- 57-183
加文彥博食邑（食）
　實封制　　宋英宗　549- 59-183
除文彥博守司空依前
　樞密使加食邑實封
　制　　宋神宗　549- 60-183
除文彥博樞密使賜功
　臣制　　宋神宗　549- 60-183
除文彥博司徒判河南
　制　　宋神宗　549- 61-183
除文博平章軍國重事
　制　　宋哲宗　549- 61-183
除文彥博太師河東節
　度使致仕制　　宋哲宗　549- 65-183
除文彥博依前檢校太
　尉充忠武軍節度使
　授特進加食邑制　　宋胡　宿　1088-823- 23
除文彥博特授檢校太
　尉同中書門下平章
　事使持節孟州諸軍
　事行孟州刺使充河
　陽三城節度使判河
　南府兼西京留守司
　畿內勸農使加食邑
　實封制　　宋胡　宿　1088-823- 23
龍圖閣直學士文彥博
　可樞密直學士知益
　州（制）　　宋余　靖　1089- 92- 10
授依前檢校太師同中
　書門下平章事潞國
　公行眞定尹充成德
　軍節度使加食邑實
　封制　　宋王　珪　1093-246- 35
授依前檢校太師尚書
　左僕射同中書門下
　平章事成德軍節度

使判太原府制　　宋王　珪　1093-251- 36
授守司空依前樞密使
　加封邑制　　宋王　珪　1093-265- 37
授樞密使改賜功臣制　宋王　珪　1093-265- 37
除文彥博（制）　　宋司馬光　1094-159- 16
故降授太子少保致仕
　潞國公文彥博追復
　河東節度管內觀察
　處置等使太師開府
　儀同三司太原尹潞
　國公制　　宋曾　肇　1101-331- 1
賜河陽三城節度使同
　中書門下平章事判
　河南府文彥博加恩
　告勅制　　宋歐陽修　1102-699- 88
除文彥博易鎭判大名
　府制　　宋歐陽修　1102-707- 89
除文彥博太師河東節
　度使致仕制　　宋蘇　轍　1112-353- 33
除文彥博判大名府制　宋歐陽修　1350-349- 34
除文彥博樞密使賜功
　臣制　　宋王　珪　1350-359- 35
除文彥博守司空依前
　樞密使加食邑實封
　制　　宋王　珪　1350-359- 35
除文彥博平章軍國重
　事制　　宋鄒潤甫　1350-369- 36
除文彥博太師河東節
　度使致仕制　　宋蘇　轍　1350-373- 36
司徒判河南制　　宋曾　布　1350-373- 36
故降授太子少保致仕
　潞國公文彥博追復
　河東節度管內觀察
　處置等使太師開府
　儀同三司太原尹潞
　國公（制）　　宋曾　肇　1350-411- 40
平章軍國重事制　　宋鄒潤甫　1354-256- 32
除文彥博平章軍國重
　事制　　宋鄒潤甫　1394-321- 1
●文保雍宋
將作監丞（制）　　宋蘇　軾　1108-685-107
●文恭祖宋
大理寺丞文恭祖可贊
　善大夫制　　宋蔡　襄　1090-437- 12
●文崇遠宋

史部 詔令奏議類：附錄

詔令下（男）四畫

吏部侍郎同中書門下平章事文彥博曾祖崇遠贈太保可贈太傅制　宋胡　宿　1088-808- 21

文彥博曾祖崇遠可燕國公制　宋王安禮　1100- 21- 2

樞密使淮南節度使兼侍中文彥博曾祖崇遠贈太師中書令兼尙書令鄒國公特追封韓國公除如故（｜制）　宋韓　維　1101-659- 16

●文貽慶宋

可都官員外郎（制）　宋蘇　軾　1108-695-108

●文復之宋

除宗學教諭制　宋袁　甫　1175-439- 9

●尤　袤宋

除禮部尙書兼侍讀（制）　宋陳傅良　1150-581- 12

禮部尙書（制）　宋樓　鑰　1152-624- 35

轉一官守禮部尙書致仕（制）　宋樓　鑰　1152-667- 38

右司郎中告詞　宋王　信　1161-701-133

●尤　焴宋

太府寺丞尤焴除樞密院編修官兼權檢詳制　宋洪咨夔　1175-232- 17

除兵部郎官兼淮西制置制　宋袁　甫　1175-425- 8

授淮南路運判兼權知廬州主管淮南西路安撫司事制　宋吳　泳　1176- 77- 8

●尤　煜宋

除知江陵府兼京湖路安撫制　宋洪咨夔　1175-256- 21

●太　訓（父）元

太訓之考贈韓國敬穆公制　元姚　燧　1201-412- 1

●王　力宋

都官郎中王力可職方郎中（制）　宋蘇　頌　1092-371- 32

●王　元宋

內藏庫使王元轉一官制　宋慕容彥逢　1123-367- 6

●王　方宋

樞密使王德用曾祖方贈尙書令兼中書追封許國公特贈太師晉國公制　宋蔡　襄　1090-459- 14

●王　方宋

特除名人王方可鄭州參軍（制）　宋　邁　1097- 59- 6

●王　方宋

供奉官王方可轉一官制　宋慕容彥逢　1123-372- 7

●王　文宋

王之望祖文太子少傅制　宋洪　适　1158-376- 20

●王　文明

除侍儀使誥　明王　禕　1226-253- 12

　　　　　　　　　　　　1373-492- 1

●王　元宋

西染院使王元轉兩官制　宋慕容彥逢　1123-389- 8

●王　元宋

可右衞大將軍遂郡觀察使（制）　宋胡　宿　1350-388- 38

●王　尹宋

司大理寺丞制　宋胡　宿　1088-729- 14

●王　勻宋

贈六官於橫行遂郡上分贈與六資恩澤（制）　宋周必大　1148- 45- 97

●王　升宋

轉遂防遂團（制）　宋張　綱　1131- 7- 1

除正任防禦使制　宋張　嶸　1131-436- 11

●王　介宋

秘書丞制　宋王安石　1105-398- 51

●王　介宋

國子錄（制）　宋樓　鑰　1152-681- 39

●王　允宋

可太子中舍人制　宋胡　宿　1088-722- 13

轉官制　宋王安石　1105-392- 50

●王　允宋

忠翊郎王允降三官（制）　宋孫　覿　1135-261- 25

●王　允明

勅諭御史王允　明 宣宗　1465-462- 2

●王　玄宋

王德用祖玄贈尙書令

兼中書令追封曹國公特贈太師齊國公制　宋蔡　襄　1090-460- 14

● 王　永 唐

可守太常博士制　唐元　稹　1079-579- 47

● 王　永 宋

太子中舍王永可殿中丞（制）　宋沈　遘　1097- 47- 5

● 王　永 宋

左僕射門下侍郎王珪追封曾祖制　宋曾　鞏　1093-455-附2

左僕射門下侍郎王珪追封曾祖永贈開府儀同三司（制）　宋曾　鞏　1098-547- 21

王珪曾祖永可特贈太師中書令制　宋王安禮　1100- 16- 2

● 王　永 宋

御前統制王德曾祖永贈太子太保制　宋張　擴　1129-127- 12

● 王　永 宋

翰林醫官尚藥奉御王永可依前尚藥奉御直翰林醫官（制）　宋李清臣　1350-398- 39

● 王　古 宋

秘閣校理試秘書少監王古可起居郎制　宋呂　陶　1098- 64- 8

可通直郎提舉京東西路常平事制　宋王安禮　1100- 33- 3

可工部郎中（制）　宋蘇　轍　1112-286- 27

吏部員外郎（制）　宋蘇　轍　1112-314- 29

● 王　本 宋

待制王本轉官制　宋許　翰　1123-494- 1

湖南常平王本除京畿路提舉制　宋翟汝文　1129-192- 2

● 王　本 明

諭王本等職四輔官（三則）　明太祖　1223- 66- 7

● 王　石 漢

以王石爲郎中詔　漢安帝　426-1099-18

封洛陽令王渙子石爲郎詔　漢鄧皇后　1397- 73- 4

● 王　弗 宋

秀州華亭縣丞王弗轉宣教郎爲陳獻與農田水利推恩制　宋翟汝文　1129-220- 4

權戶部侍郎制　宋洪　适　1158-411- 24

● 王　申 宋

奏舉人前永興軍節度掌書記王申等太子中允制　宋王安石　1105-400- 51

● 王　丘 唐

授王丘紫微舍人制　唐蘇　頲　1336-516-382

授王丘主爵郎中等制　唐蘇　頲　1336-565-389

　　　　　　　　　　　　　　1402- 86- 15

● 王　用 宋

供備庫副使王用可西京左藏庫副使制　宋蔡　襄　1090-432- 11

追官人文思副使王用內殿承制制　宋王安石　1105-450- 55

● 王　用 宋

進武林尉王用因軍功轉四資換授付身（制）　宋劉一止　1132-180- 36

● 王　弁 宋

河東轉運副使太常博士王平弟弁可將作監主簿制　宋夏　竦　1087- 63- 2

● 王　亦 宋

特敍翊衞大夫制　宋胡　寅　1137-436- 12

● 王　式 唐

授王式節度使制　宋玉堂遺範 1337-247-453

● 王　式 宋

著作佐郎充北宅諸院教授王式可秘書丞餘如故制　宋夏　竦　1087- 67- 2

● 王　戎 晉

開府詔　晉惠帝　1398- 47- 3

領吏部詔　晉惠帝　1398- 48- 3

爲尚書令詔　晉惠帝　1398- 48- 3

● 王　圭 宋

收捕僬寇特轉三官（制）　宋陳傅良　1150-635- 17

● 王　存 宋

轉官制　宋曾　鞏　1098-553- 21

可承議郎加上騎都尉丹陽縣開國男食邑三百戶制　宋王安禮　1100- 13- 2

磨勘改朝散郎（制）　宋蘇　轍　1112-285- 27

贈左銀青光祿大夫制　宋鄒　浩　1121-313- 17

追復資政殿學士左正

638　　　　　　　　　四庫全書文集篇目分類索引

議大夫贈右銀青光祿大夫（制）　宋張　綱　1131- 28- 5

合斷絞罪緣與南使王倫親戚特議放免乞推恩特改承務郎制　宋張　嵫　1131-506- 19

●王　羽宋

王公瑾父羽明堂恩封官制　宋洪咨夔　1175-242- 19

●王　匡（等）漢

封孔光舜子孫詔　漢王皇后　1396-274- 5

●王　异宋

可太常丞制　宋胡　宿　1088-727- 14

都官員外郎充秘閣校理王异可司封員外郎制　宋王安石　1105-388- 50

左中大夫參知政事王次翁曾祖异贈太保制　宋張　擴　1129-121- 12

參知政事王次翁故曾祖异可特贈少保制　宋張　嵫　1131-463- 14

●王　旭宋

王旦弟度支員外郎判國子監旭可尚書司封員外郎餘依舊制　宋夏　竦　1087- 56- 1

●王　优宋

右班殿直王优可轉一官制　宋慕容彥逢　1123-389- 8

●王　任宋

試大理評事充節推知縣制　宋王安石　1105-408- 52

●王　全宋

爲驅逐楊德著熱身死特降一官制　宋張　嵫　1131-470- 15

●王　年宋

朝散郎王年可朝請郎制　宋劉　敞　1096-204- 20

●王　仲宋

可國子博士制　宋胡　宿　1088-747- 15

幹事忠義爲國理官優賞轉忠訓郎閣門祗侯制　宋張　嵫　1131-451- 13

換給承信郎（制）　宋周必大　1148- 9- 94

●王　宏宋

補官知蘭州制　宋史　浩　1141-585- 6

轉兩官（制）　宋周必大　1148- 31- 96

●王　汗宋

侍禁王汗可轉一官制　宋慕容彥逢　1125-391- 8

●王　汶宋

朝奉郎王復故父任刑部侍郎充天章閣待制贈開府儀同三司汶可贈司宜制　宋劉　敞　1096-202- 20

●王　沈晉

賜王沈司空公詔　晉　武　帝　1398- 30- 2

●王　沃宋

可換通直郎致仕制　宋王安禮　1100- 33- 3

●王　沖晉

爲治書侍御史詔　晉　武　帝　1398- 37- 2

●王　沖宋

轉一官（制）　宋樓　鑰　1152-618- 34

●王　沂唐

可河南府永寧縣令制　唐元　稹　1079-584- 48

授王沂永寧縣令制　唐元　稹　1336-691-407

●王　沂宋

廣南東路經略安撫使余靖奏高郵軍醫博（士）王沂武國子四門助教不理選限制　宋王安石　1105-450- 55

●王　沂元

王思廉之祖沂贈恒山郡莊惠侯制　元姚　燧　1201-419- 2

●王　亨宋

特勒停人前職方員外郎王亨可都官員外郎（制）　宋韓　維　1101-676- 18

三司開折司守關前行滑州別駕王亨鄭州司馬制　宋王安石　1105-453- 55

●王　亨宋

王璹父亨贈太師制　宋王　洋　1132-432- 8

●王　亨宋

授忠州刺史制　宋吳　泳　1176- 78- 8

授武翼郎差充應天府兵馬鈐轄制　宋吳　泳　1176- 82- 9

●王　忭明

王世貞父右都御史贈兵部尚書王忭誥命　明馮　琦　1402-128- 24

●王　序宋

直龍圖閣王序等除修

四庫全書文集篇目分類索引

史部　詔令奏議類：附錄　詔令下（男）四畫

　撰制　　　　　　　　　宋許　翰　1123-512- 2
明州勤縣丞王序轉宣
　教郎爲陳獻興農田
　水利推恩制　　　　　　宋翟汝文　1129-220- 4
●王　序（二代）宋
王序封贈二代（制）　　　宋張　綱　1131- 22- 4
●王　罕宋
奏舉人平江軍節度推
　官王罕可大理寺丞
　制　　　　　　　　　　宋宋　祁　1088-268- 31
可充戶部判官制　　　　　宋胡　宿　1088-756- 16
贈觀察使制　　　　　　　宋李正民　1133- 33- 3
●王　汾宋
朝議大夫充集賢院校
　理諸王府翊善王汾
　可中散大夫直秘閣
　差遣依舊制　　　　　　宋劉　敞　1096-187- 19
●王　汶唐
加朝散大夫授左贊善
　大夫致仕制　　　　　　唐白居易　1080-540- 50
●王　汶宋
前辰州沅溪令王汶禦
　盜有功循一次（制）　　宋劉一止　1132-162- 31
●王　良宋
右騏驥副使王良可權
　知黔州制　　　　　　　宋劉　敞　1096-210- 21
●王　良宋
轉一官資（制）　　　　　宋樓　鑰　1152-616- 34
●王　志齊
王亮等封侯詔　　　　　　梁沈　約　1415-111- 87
●王　志宋
東頭供奉官王志轉兩
　官（制）　　　　　　　宋慕容彥逢　1123-370- 7
●王　成漢
封孫程等詔　　　　　　　漢 順 帝　426-1102-19
爵王成詔　　　　　　　　漢 宣 帝　1360- 29- 2
賜膠東相王成詔　　　　　漢 宣 帝　1396-228- 3
●王　孝宋
開封府儀曹掾制　　　　　宋翟汝文　1129-190- 2
●王　犯宋
贈六官與六資恩澤係
　於橫行遙郡上分贈
　（制）　　　　　　　　宋周必大　1148- 44- 97
●王　杞宋
循右文林郎制　　　　　　宋張　擴　1129-139- 13

●王　材宋
因殺逆賊王關郭希賊
　馬立功授進義校尉
　制　　　　　　　　　　宋慕容彥逢　1123-353- 5
●王　似宋
除資政殿學士川陝宣
　撫使（制）　　　　　　宋張　綱　1131- 37- 6
可差知成都府制　　　　　宋慕崇禮　1134-542- 3
●王　孚宋
開封府司兵曹事制　　　　宋翟汝文　1129-190- 2
●王　谷宋
朝奉郎成都府路提舉
　常平王谷可戶部郎
　官（制）　　　　　　　宋慕容彥逢　1123-338- 4
奉職王谷可轉一官制　　　宋慕容彥逢　1123-390- 8
●王　秀宋
除直秘閣仍賜章服（
　制）　　　　　　　　　宋張　綱　1131- 26- 4
●王　佐宋
前石州方山縣令王佐
　可著作佐郎制　　　　　宋胡　宿　1088-717- 12
前石州方山縣令王佐
　可著作佐郎（制）　　　宋蘇　頌　1092-348- 29
●王　佐宋
轉兩官（制）　　　　　　宋周必大　1148- 50- 97
換武翼郎（制）　　　　　宋樓　鑰　1152-616- 34
直寶文閣知宣州制　　　　宋洪　适　1158-385- 21
●王　佑宋
入內左藏庫使王佑轉
　一官制　　　　　　　　宋慕容彥逢　1123-374- 7
●王　伷唐
除王伷檢校戶部尚書
　充靈鹽節度使制　　　　唐白居易　1080-575- 54
授王伷檢校戶部尚書
　靈鹽節度使制　　　　　唐白居易　1337-256-454
●王　伾宋
授太府寺丞制　　　　　　宋徐元杰　1181-687- 7
●王　琮宋
王宗等歸正（制）　　　　宋李彌遜　1130-635- 5
●王　京宋
贈承信郎各與一子父
　職名制　　　　　　　　宋張　嵲　1131-509- 19
●王　怡唐
鎮州軍將王怡先被賊
　中誅囚並死各贈官

四庫全書文集篇目分類索引

史部

詔令奏議類：附錄

詔令下（男）四畫

及優卹子孫制　唐白居易　1080-564- 53
●王　祁宋
試秘書省校書郎守河南府法曹參軍充魯王宮小學教授王邵可大理寺丞（制）　宋蘇　頌　1092-375- 32
勅賜同進士出身王邵試秘校守青州益都縣主簿制　宋王安石　1105-446- 55
●王　泌宋
可光祿寺丞制　宋胡　宿　1088-727- 14
●王　定宋
監察御史王定授大理少卿制　宋吳　泳　1176- 55- 6
●王　炎宋
除樞密使御筆跋　宋周必大　1147-129- 14
轉官除樞密使依舊四川宣撫使制　宋周必大　1148- 99-102
賜王炎除樞密使依舊四川宣撫使告　宋周必大　1148-233-112
●王　松宋
改轉敦武郎（制）　宋劉一止　1132-196- 40
●王　青宋
補承信郎制　宋張　擴　1129- 89- 9
●王　直宋
大理寺丞白波發運判官王直可守殿中丞制　宋夏　竦　1087- 51- 1
●王　玠宋
轉行右武大夫（制）　宋周必大　1148- 62- 98
●王　坪宋
東頭供奉官王坪轉一官制　宋慕容彥逢　1123-391- 8
●王　玢唐
贈淮西軍大將周曾等勅　唐不著撰人　426-480- 65
●王　忠宋
各贈兩官與一資恩澤（制）　宋周必大　1148- 62- 98
●王　昌宋
轉一官制　宋衞　涇　1169-479- 1
●王　明宋
光州刺史王明可禮部侍郎（制）　宋田　錫　1085-543- 28
新除右諫議大夫參知

政事王安石曾祖封贈（制）　宋蘇　頌　1092-405- 35
中大夫守尚書右丞王安禮曾祖明贈太師中書令兼尚書令可追封英國公制　宋陸　佃　1117-139- 10
●王　固唐
除太僕少卿制　唐杜　牧　1081-670- 14
●王　果宋
衣庫副使知廣信軍王果可尚食副使制　宋宋　庠　1087-555- 20
可東上閤門使并加輕車都尉制　宋胡　宿　1088-766- 17
除諸司使制　宋韓　琦　1089-463- 40
●王　岷宋
贈兵部尚書王疇遺表長男太廟齋郎岷可太常寺太祝　宋沈　遘　1097- 45- 5
●王　昇宋
太中大夫致仕（制）　宋程　俱　1130-270- 27
差充皇太后本殿准備使換轉官請給依中節人例施行（制）　宋劉一止　1132-180- 36
●王　昕北齊
創爵詔　北齊文宣帝　1400- 14- 1
●王　岡宋
除直秘閣宮觀（制）　宋張　綱　1131- 17- 3
●王　易宋
京苑使王易可皇城使制　宋鄭　獬　1097-139- 4
●王　叔（等）宋
王叔等四人爲與賊接戰陣殁贈承信郎制　宋張　嵲　1131-492- 18
●王　旻宋
轉武節郎制　宋洪容齋　1175-245- 19
●王　冥唐
王冥等升秩制　唐元　稹　1079-588- 49
●王　約元
除兼太子詹事制　元柳　貫　1210-289- 7
●王　周（子）宋
虞部員外郎致仕王周男某可試將作監主簿制　宋胡　宿　1088-789- 19
●王　佺宋
光祿丞制　宋王安石　1105-399- 51

四庫全書文集篇目分類索引

通判荊南（制） 宋蘇 轍 1112-299- 28

● 王 金 宋
都虞侯王金遇明堂大禮合該換授忠訓郎（制） 宋劉一止 1132-172- 34

● 王 佐 宋
轉一官資制 宋張 嶸 1131-441- 12
王佐爲措置捍禦金人有功轉一官制 宋張 嶸 1131-443- 12

● 王 依 宋
可除大理正卿制 宋綦崇禮 1134-547- 4

● 王 延 漢
封太師王舜子書 漢王 莽 1396-673- 24

● 王 炳 元
王思廉之考贈恒山郡正獻公制 元姚 燧 1201-410- 1

● 王 爲 宋
十二考人鄂州觀察支使王爲可著作佐郎制 宋宋 庠 1087-594- 25

● 王 宣 宋
轉兩官（制） 宋周必大 1148- 50- 97
防禦使制 宋洪 适 1158-389- 21

● 王 泊 宋
曹州南華縣尉王泊可太常寺奉禮郎（制） 宋蘇 頌 1092-364- 31

● 王 洽 晉
下王洽詔 晉 武 帝 1417-462- 23

● 王 音 漢
封王音詔 漢 成 帝 426-1041- 10
封安陽侯詔 漢 成 帝 1396-256- 4

● 王 狩 宋
丞奉郎王狩可太常寺太祝制 宋劉 攽 1096-187- 19

● 王 恬 宋
除司農寺丞（制） 宋陳傳良 1150-639- 17
軍器監主簿（制） 宋樓 鑰 1152-638- 35

● 王 恂 晉
爲散騎常侍詔 晉 武 帝 1398- 39- 2
爲河南尹詔 普 武 帝 1398- 39- 2

● 王 恂 元
太史令王恂贈謚制 元王士熙 1367-157- 12

● 王 計 唐
除萊州刺史制 唐白居易 1080-553- 51
授萊州刺史制 唐白居易 1336-713-410

● 王 亮 梁
加授詔 梁沈 約 1336-500-380
　 1399-384- 7
　 1415-110- 87
授王亮左僕射詔 梁沈 約 1336-537-385
　 1399-385- 7
　 1415-109- 87
王亮等封侯詔 　 1336-751-416
　 1415-111- 87

● 王 彥 宋
轉一官制 宋許景衡 1127-229- 7
差知金州（制） 宋周麟之 1142-131- 17
贈承信郎與一子父職名（制） 宋周必大 1148- 62- 98
落龍神衞四廂都指揮使制 宋洪 适 1158-380- 20

● 王 沫 宋
可守本官充史館修撰制 宋胡 宿 1088-711- 12
工部郎中知制誥王沫可封太原縣開國男加食邑制 宋王 珪 1093-244- 35

● 王 恢 晉
封王基孫詔 晉 惠 帝 1398- 48- 3

● 王 度 宋
王度可太子中允制 宋胡 宿 1088-717- 12

● 王 玨 宋
除湖北運判（制） 宋周麟之 1142-100- 13
除湖南提舉（制） 宋周麟之 1142-137- 17

● 王 柄 宋
宗正寺主簿王柄可太僕寺丞制 宋劉 攽 1096-228- 22

● 王 厚 宋
武勝軍節度觀察留後王厚可贈節度使制 宋慕容彥逢 1123-399- 8

● 王 革 宋
除大理正卿（制） 宋劉安上 1124- 14- 2
戶部侍郎王革除開封尹制 宋翟汝文 1129-191- 2
戶部侍郎王革磨勘朝請郎制 宋翟汝文 1129-216- 4
追授中大夫仍落職（制） 宋張 綱 1131- 22- 4

● 王 郢 宋
王郢等轉一官制 宋許景衡 1127-227- 7

●王 炎宋
贈正儀大夫（制） 宋程 俱 1130-242- 24
●王 述宋
太常博士通判滑州王述可尚書屯田員外郎制 宋宋 庠 1087-584- 24
特降一官衝替（制） 宋劉一止 1132-210- 43
●王 建唐
授王建祕書郎制 唐白居易 1336-638-400
　　　　　　　　　　　　 1402- 77- 14
●王 茂梁
加侍中詔 梁沈 約 1336-501-380
追贈王茂詔 梁 武 帝 1399-257- 1
加侍中詔 梁沈 約 1339-385- 7
贈王茂詔 梁 武 帝 1414-426- 80
加侍中詔 梁沈 約 1415-110- 87
●王 茂宋
左通議大夫王熙故父茂可特贈太子太保制 宋張 嵲 1131-517- 20
●王 貞宋
換給修武郎制 宋張 擴 1129-102- 10
●王 昜宋
供奉官王昜可轉一官制 宋慕容彥逢 1123-372- 7
●王 思宋
西京左藏庫副使王思可文思副使（制） 宋蘇 頌 1092-393- 34
●王 昱唐
授王昱太僕卿制 唐孫 逖 1336-616-397
●王 昱宋
贈六官與六資恩澤係於橫行遙郡上分贈（制） 宋周必大 1148- 44- 97
●王 昭宋
可濮州臨濮縣令制 宋胡 宿 1088-781- 18
●王 峋宋
光祿寺丞制 宋王安石 1105-399- 51
●王昂宋
駕部員外郎制 宋李正民 1133- 15- 2
●王 迪唐
貶永州司馬制 唐元 稹 1079-589- 49
●王 迪宋
左司郎官（制） 宋李彌遜 1130-625- 4
●王 信宋

知池州（制） 宋陳傳良 1150-633- 17
磨勘轉官（制） 宋樓 鑰 1152-680- 39
該覃恩轉官（制） 宋樓 鑰 1152-701- 40
●王 奐齊
王侍中爲南蠻校尉詔 梁江 淹 1063-735- 2
　　　　　　　　　　　　 1399-206- 9
　　　　　　　　　　　　 1415- 28- 85
●王 侯宋
御史臺檢法王侯除監察御史（制） 宋孫 覿 1135-244- 24
●王 侯宋
降兩官制 宋汪 藻 1128- 86- 9
落權字（制） 宋李彌遜 1130-620- 4
蠻路提刑（制） 宋李彌遜 1130-626- 4
轉一官制 宋胡 寅 1137-426- 12
轉一官（制） 宋周麟之 1142-145- 18
●王 俊宋
爲統兵收復陷沒州縣與賊交戰大獲勝捷轉履正大夫武勝軍承宣使制 宋張 嵲 1131-490- 18
武略大夫王俊贈五官（制） 宋王 洋 1132-433- 8
●王 容宋
著作佐郎王容特轉一官（制） 宋陳傳良 1150-578- 11
著作郎（制） 宋樓 鑰 1152-708- 41
起居郎制 宋虞 儔 1154-109- 5
●王 浩宋
補承信郎制 宋張 擴 1129- 99- 10
●王 朗宋
左藏庫副使王朗可轉一官制 宋慕容彥逢 1123-379- 7
●王 益宋
新除右諫議大夫參知政事王安石父封贈（制） 宋蘇 頌 1092-406- 35
中大夫守尚書右丞王安禮父益贈太師中書令兼尚書令可追封楚國公制 宋陸 佃 1117-140- 10
●王 宰唐
授王宰兼充河陽行營諸軍攻討使制 唐李德裕 1079-125- 3
授王宰三道節度使制 唐封 敖 1337-261-455

授王宰河陽節度使制　唐蔣　伸　1337-269-456

●王　祥宋

內殿崇班王祥轉一官制　宋慕容彥逢　1123-366-　6

●王　祚宋

樞密王太尉祖祚贈太師中書令兼尚書令可追封國公　宋余　靖　1089-111-　11

●王　悅唐

王悅等可昭武校尉行左千牛備身制　唐韓　維　1079-589-　49

●王　淡宋

換武翼郎（制）　宋樓　鑰　1152-616-　34

●王　淡（父）宋

昭州文學王淡父年九十封右承務郎致仕制　宋張　擴　1129-　42-　6

●王　素劉宋

徵王素朱百年詔　劉宋孝武帝　1398-540-　3

●王　素宋

龍圖閣直學士兵部郎中巡原路經略使王素可諫議大夫（制）　宋劉　敞　1095-651-　30
　　　　　　　　　　　　1350-383-　37
　　　　　　　　　　　　1418-361-　48

瀘州觀察使王素可檢校司徒充青州觀察使加食邑五百戶食實封二百戶（制）　宋韓　維　1101-679-　18

●王　恭宋

轉一官制　宋張　嶸　1131-440-　12

●王　珪宋

可太常寺丞制　宋胡　宿　1088-726-　14

王珪制　宋蔡　襄　1090-465-　15

翰林學士承旨兼端明殿學士翰林侍讀學士給事中知制誥王珪可禮部侍郎（制）　宋蘇　頌　1092-352-　30

拜左僕射制　宋徐自明　1093-455-　2

拜相制　宋徐自明　1093-455-附2

翰林學士兼侍讀學士知制誥充史館修撰王珪轉官加食邑制　宋王安石　1093-455-附2
　　　　　　　　　　　　1105-380-　49

翰林學士給事中王珪

可承旨制　宋鄭　獬　1097-115-　1

翰林學士兼侍讀學士右諫議大夫知制誥充史館修撰王珪可特授依前右諫議大夫翰林學士兼端明殿學士翰林侍讀學士知審官院兼充史館修撰散官（制）　宋韓　維　1101-674-　18

可朝請大夫給事中依前充翰林學士兼端明殿學士翰林侍讀學士知制誥充史館修撰加食實封二百戶（制）　宋韓　維　1101-678-　18

除太常少卿（制）　宋周麟之　1142-151-　19

●王　珪明

命王珪職翰林典籍（敕）　明太祖　1223-　65-　7

●王　哲宋

江南東路轉運使尚書祠部郎中充集賢校理王哲可尚書刑部郎中制　宋韓　維　1101-665-　17

●王　栢宋

特贈承事郎誥　宋王應麟　1187-265-　5

●王　翃唐

王正雅父翃贈太子太師制　唐白居易　1080-531-　49

●王　珩宋

戶部郎官（制）　宋程　俱　1130-241-　24

可除戶部員外郎制　宋綦崇禮　1134-539-　3

●王　起唐

王起等賜勳制　唐白居易　1080-529-　49

賜爵制　唐白居易　1080-553-　51

●王　起宋

未復舊官人殿中丞王起太常博士制　宋王安石　1105-447-　55

●王　陟唐

授王陟監察御史充西川節度判官制　唐元　稹　1079-657-　5

授王陟監察御史克西川節度判官制　唐元　稹　1336-724-412

●王　振唐

授王振蓬溪縣令制　唐薛廷珪　1336-747-415

●王 振 宋

海州刺史充本州團練使王振可左千牛衞大將軍海州團練使（制）　宋蘇 頌　1092-355- 30

●王 振 宋

可大理少卿（制）　宋蘇 軾　1108-694-108

●王 挺 宋

因葉祐學鄉談相爭打葉祐上齒一角斷折二分係有戰功特降一官制　宋張 嵲　1131-471- 15

●王 根 漢

益封王根等詔　漢 哀 帝　426-1047- 11

●王 剛 宋

可除刑部員外郎制　宋綦崇禮　1134-540- 3

除中書舍人（制）　宋周麟之　1142-113- 15

●王 恕 宋

用昔日功賞轉一官制　宋許應龍　1176-473- 6

●王 拒 宋

除集英殿修撰知饒州員任人別與差遣（制）　宋周必大　1148- 77-100

●王 劍 唐

除皇城留守制　唐杜 牧　1081-680- 16

●王 倫 宋

修職郎王倫改朝奉郎充大金通問使制　宋汪 藻　1128- 92- 10

脩職郎王倫改朝奉郎充大金通問使制　宋汪 藻　1128-341- 2

除同簽書樞密院事迎請梓宮太后交割地界使仍賜同進士出身（制）　宋劉一止　1132-175- 35

特轉朝奉大夫除右文殿修撰主管萬壽觀誥　宋王 洋　1132-416- 7

授保義郎制　宋吳 泳　1176- 67- 7

修職郎王倫改朝奉郎充大金通問使制　宋汪 藻　1375- 45- 1

以王倫爲通問使制　宋張 閣　1402-104- 17

●王 俶 宋

轉成忠郎制　宋張 擴　1129- 96- 10

●王 寅 唐

授王寅太子左諭德制　唐常 袞　1336-668-404

●王 寅 宋

知江州（制）　宋樓 鑰　1152-678- 39

跋王江州誥　元黃 溍　1209-349- 4

●王 庶 宋

轉兩官除徽猷閣直學士（制）　宋程 俱　1130-243- 24

兵部侍郎（制）　宋李彌遜　1130-620- 4

復徽猷閣直學士（制）　宋李彌遜　1130-629- 4

兵部尚書（制）　宋李彌遜　1130-642- 5

樞密副使左通議大夫王庶除資政殿學士知潭州（制）　宋劉一止　1132-162- 31

落職宮祠（制）　宋劉一止　1132-173- 34

朝議大夫利州路經略安撫使知興元府王庶轉行兩官制　宋王 洋　1132-431- 8

除直龍圖閣權發遣鄜延路經略安撫使（制）　宋孫 覿　1135-267- 26

龍圖閣待制利夔路制置使王庶加徽猷閣直學士進宮二等制　宋程 俱　1375- 51- 1

●王 涯 唐

平章事制——元和十一年十二月　唐不著撰人　426-314- 47

平章事制——太和七年七月　唐不著撰人　426-329- 48

諸道榷茶使制——太和九年十月三日　唐不著撰人　426-363- 52

兵部尚書制——元和十三年八月　唐不著撰人　426-397- 56

拜相制　唐 憲 宗　549- 44-183

　　1337-200-448

●王 淮 宋

轉官加食邑食實封制　宋周必大　1148-117-103

加食邑一千戶食實封四百戶制　宋周必大　1148-118-103

賜王淮秘書省進書加恩告　宋周必大　1148-235-112

題王魯公授少保致仕誥　明宋 濂　1223-606- 12

跋王魯公除少保誥　明蘇伯衡　1228-706- 10

●王 翊 唐

授王翊刑部侍郎制　唐 代 宗　549- 40-183

授王翊刑部侍郎制　唐常 袞　1336-561-388

●王　商漢
免王商詔　　　　　　　漢成帝　426-1038-10
●王　淵宋
宰相富弼奏試國子四
　門助教王淵可試將
　作監主簿（制）　　宋劉　敞　1095-652-30
　　　　　　　　　　　　　　　1350-384-37
　　　　　　　　　　　　　　　1402-114-20
　　　　　　　　　　　　　　　1418-362-48
●王　淵宋
爲修免原河轉官制　　宋許　翰　1123-497-91
●王　寂宋
參知政事王次翁祖寂
　贈少傅制　　　　　宋張　擴　1129-121-12
王次翁故祖寂可特贈
　太子太傅制　　　　宋張　嵲　1131-464-14
●王　梁漢
爲濟南太守詔　　　　漢光武帝　426-1068-13
　　　　　　　　　　　　　　　1397-12-　1

●王　淑宋
禮部侍郎王淑可起復
　舊官制　　　　　　宋胡　宿　1088-754-16
●王　淑宋
責官制　　　　　　　宋王　洋　1132-425-　8
●王　康漢
封孫程等詔　　　　　漢順帝　　426-1102-19
●王　康唐
除建陵台令制　　　　唐杜　牧　1081-677-15
●王　康宋
太子中舍通判蔡州王
　康可殿中丞制　　　宋宋　庠　1087-593-25
可太子中舍人制　　　宋胡　宿　1088-722-13
●王　康宋
王朴父康贈武功大夫
　（制）　　　　　　宋樓　鑰　1152-610-34
●王　袞宋
屯田員外郎王袞可都
　官員外郎（制）　　宋沈　遘　1097-62-　6
　　　　　　　　　　　　　　　1350-397-39
少卿制　　　　　　　宋曾　鞏　1098-546-20
知袞州（制）　　　　宋蘇　轍　1112-318-30
●王　琮宋
知常德府制　　　　　宋許應龍　1176-468-　6
●王　球唐
除太府少卿制　　　　唐杜　牧　1081-670-14

●王　規宋
知大宗正丞王規可司
　封員外郎制　　　　宋翟汝文　1129-209-　3
●王　堅唐
授王堅檢校兵部尚書
　制　　　　　　　　唐薛廷珪　1336-738-414
●王　堅宋
致仕加恩制附口宣　　宋馬廷鸞　1187--68-　9
●王　堅（父）宋
王堅父追贈制　　　　宋蘇　轍　1112-342-32
●王　楚宋
除太府少卿兼權樞密
　副都承旨制　　　　宋袁　甫　1175-423-　8
除軍器監諾　　　　　宋許應龍　1176-435-　3
轉一官制　　　　　　宋許應龍　1176-473-　6
●王　陶宋
翰林學士右諫議大夫
　知制誥王陶可依前
　官充侍讀學士知蔡
　州（制）　　　　　宋蘇　頌　1092-351-30
大理寺丞王陶轉殿中
　丞制　　　　　　　宋歐陽修　1102-632-80
左司諫王陶可皇子伴
　讀（制）　　　　　宋王安石　1105-378-49
　　　　　　　　　　　　　　　1350-389-38
　　　　　　　　　　　　　　　1402-114-20
提點福建路諸州刑獄
　公事王陶祠部郎中
　制　　　　　　　　宋王安石　1105-385-50
●王　勇宋
知汝州王勇加顯謨閣
　待制改知成德軍（
　制）　　　　　　　宋劉安上　1124-14-　2
●王　晞宋
故兵部郎中知應天府
　兼南京留守司王昉
　男太廟齋郎晞可將
　作監主簿制　　　　宋夏　竦　1087-63-　2
●王　崇漢
左遷御史大夫王崇策　漢哀帝　　1396-265-　4
●王處仁宋
爲岳飛申自紹興七年
　承受本司往來軍期
　機速文字到今別無
　稽滯伏乞指揮依一

四庫全書文集篇目分類索引

般進奏官邢子文蘇公亮體例先次補授合得出職名目依舊在院祗應奉聖旨補承節郎制　宋張　嵲　1131-505- 19

● 王　國 漢

封孫程等詔　漢 順 帝　426-1102-19

● 王　莽 漢

益封王根等詔　漢 哀 帝　426-1047- 11

詔以王莽爲太傅　漢 平 帝　426-1055- 12

安漢公策　漢王太后　426-1056- 12

　　1396-657- 23

九錫策　漢 平 帝　426-1059- 12

益封王莽詔　漢 哀 帝　1396-263- 4

爲太傅號安漢公詔　漢王太后　1396-657- 23

● 王　晞 宋

左修職郎潮州司理王晞及推正平人蔡城等九人疏放賞轉兩資制　宋劉一止　1132-180- 36

充准備差遣（制）　宋劉一止　1132-200- 41

● 王　胲（等）宋

廣東提刑告詞　宋楊萬里　1161-700-133

● 王　晙 唐

同三品制——開元十一年四月　唐不著撰人　426-297- 45

朔方道行軍總管制——開元二年二月初五日　唐不著撰人　426-422- 59

授王晙左散騎常侍制　唐蘇　頲　1336-504-380

拜相制　唐不著撰人　1337-194-448

按察使制　唐蘇　頲　1337-317-461

● 王　念 宋

丞議郎光祿寺丞王念可太常博士制　宋劉　放　1096-187- 19

光祿寺丞制　宋蘇　轍　1112-319- 30

● 王　倚 宋

補承信郎制　宋張　擴　1129- 98- 10

● 王　紹 宋

天平軍節度使王曾男太常寺太祝紹可將作監丞制　宋宋　庠　1087-591- 25

● 王　偉 宋

西京左藏庫副使王偉可轉一官制　宋慕容彥逢　1123-383- 7

● 王　敏 宋

可太子中舍人致仕制　宋胡　宿　1088-798- 20

● 王　敏 明

吏部尚書王敏誥　明 太 祖　1223- 23- 3

● 王　健 宋

右修職郎新邵州錄事參軍王健以叔倫奉使恩澤改舍入官（制）　宋劉一止　1132-180- 36

● 王　寓 宋

權務羨賞轉一官（制）　宋洪容齋　1175-264- 22

● 王　滋 宋

殯宮修奉司屬官王滋各於遙郡上轉行一官制　宋張　擴　1129- 76- 8

● 王　溫 宋

補忠訓郎差充忠勇諸軍統制應天府駐劄制　宋吳　泳　1176- 82- 9

● 王　詔 宋

可衞尉寺丞制　宋胡　宿　1088-728- 14

開封尹王詔除龍圖閣直學士提舉醴泉觀制　宋翟汝文　1129-201- 2

● 王　翔 宋

利州路提刑王翔除利州路轉運判官制　宋洪容齋　1175-239- 18

● 王　善 元

王桓故祖父善謚武靖制　元程鉅夫　1202- 39- 4

平章政事王桓故祖父金吾衞上將軍知中山府事善增銀青榮祿大夫司徒追封異國公謚武靖制　元程鉅夫　1375- 58- 2

● 王　曾 宋

翰林學士主客郎中知制誥王曾可兵部郎中餘依舊制　宋夏　竦　1087- 56- 1

● 王　洸 宋

除直祕閣知平江府（制）　宋陳傅良　1150-644- 18

戶部郎官（制）　宋樓　鑰　1152-682- 39

● 王　悻 漢

封劉歆王悻等（詔）　漢 平 帝　426-1057- 12

●王 渾 晉
錄尚書事詔　　　　　　　　晉惠帝　1398-47-3
●王 宴 宋
特轉一官（制）　　　　　　宋周必大　1148-60-98
●王 淶 宋
可太子賓客致仕制　　　　　宋胡　宿　1088-795-20
●王 雲 宋
宣德郎王雲爲進崇寧奉使雞林志文理可探特轉一官與諸軍差遣制　　　　　　　　　　宋慕容彥逢　1123-368-6
宣德郎通判乾寧軍王雲可轉兩官制　　　　　　　　宋慕容彥逢　1123-380-7
●王 琮 宋
贈官與一子恩澤（制）　　宋劉一止　1132-170-33
●王 琪 唐
授王琪水部員外郎制　　　　唐蘇　頲　1336-589-392
●王 琪 宋
殿中丞集賢校理知復州王琪可太常博士制　　　　　　　　　　　宋宋　庠　1087-577-23
祠部員外郎直集賢院兩浙轉運按察使王琪可就轉刑部員外郎制　　　　　　　　　　　宋歐陽修　1102-617-79
贈武經郎制　　　　　　　　宋汪　藻　1128-83-8
轉秉義郎制　　　　　　　　宋張　擴　1129-100-10
●王 閎 漢
封淳于長等詔　　　　　　　漢成帝　426-1043-10
罷昌陵封王閎淳于長詔　　　漢成帝　1396-253-4
●王 賀 宋
左班殿直王賀轉一資制　　　宋劉　攽　1096-199-20
●王 琰 唐
加王琰食實封制——天寶二年七月十八日　　　　　　　　　　　唐蘇　頲　426-466-63
●王 喜 宋
轉保義郎制　　　　　　　　宋張　擴　1129-103-10
轉一官資制　　　　　　　　宋張　嵲　1131-441-12
加食邑制　　　　　　　　　宋眞德秀　1174-293-19
●王 極 宋
除太府寺簿制　　　　　　　宋袁　甫　1175-433-9
特除吏部侍郎制　　　　　　宋許應龍　1176-441-4

除監察御史制　　　　　　　宋許應龍　1176-447-4
●王 皙 宋
可知衢州（制）　　　　　　宋蘇　軾　1108-668-106
●王 雄（等）宋
王雄等轉官制　　　　　　　宋許景衡　1127-229-7
●王 登 宋
可太子中舍人制　　　　　　宋胡　宿　1088-722-13
●王 堪 唐
可豐州刺史制　　　　　　　唐元　稹　1079-582-48
●王 弼 明
授驍騎衞同知指揮諭（命）　明蘇伯衡　1228-554-2
　　　　　　　　　　　　　　　　　　1373-494-1
　　　　　　　　　　　　　　　　　　1402-127-24
●王 霧 宋
改官（制）　　　　　　　　宋張　綱　1131-27-4
●王 彭 宋
知黎州王彭可知濟州制　　　宋劉　攽　1096-216-21
新差知濟州王彭可改善知撫州制　　　　　　　　　宋劉　攽　1096-218-21
大理寺丞充本寺詳斷官王彭可太子右贊善大夫（制）　　　　　宋沈　遘　1097-35-4
知黎州（制）　　　　　　　宋蘇　軾　1108-678-107
●王 畛 宋
利州路轉運使尚書司勳員外王畛可尚書工部郎中制　　　　　　宋宋　庠　1087-569-22
●王 琛 晉
爲太子庶子詔　　　　　　　晉武帝　1398-40-2
●王 瑛 宋
轉官再任制　　　　　　　　宋洪　适　1158-386-21
●王 琳 宋
祕書省著作佐郎王琳可祕書丞　　　　　　　　　　宋沈　遘　1097-38-4
●王 琳（等）宋
王琳等十九人爲與賊接戰陣殁贈承信郎制　　　　　　　　　　宋張　嵲　1131-492-18
●王 超 宋
王德用父超贈開府儀同三司太師尚書令兼中書令封魯國公宜特追封燕國公餘

四庫全書文集篇目分類索引

史部

詔令奏議類：附錄

詔令下（男）四畫

如故制　宋蔡　襄　1090-460-14

●王　撰宋
太常博士王撰丁愛服闋復舊官制　宋歐陽修　1102-619-79

●王　逑宋
右正言制　宋洪　适　1158-380-20
直秘閣宮觀制　宋洪　适　1158-394-22

●王　棣宋
賞轉一官減二年磨勘（制）　宋周必大　1148-48-97

●王　棣宋
贈資政殿學士制　宋李正民　1133-3-1

●王　發宋
（王綱）故父發贈太子太保（制）　宋程　俱　1130-235-23
贈父制　宋李正民　1133-39-3

●王　戩宋
三班差使王戩轉一資制　宋劉　敞　1096-199-20

●王　貴宋
修宣德樓了畢轉官制　宋許　翰　1123-500-1
除侍衞親軍步軍指揮使添差福建路副都總管制　宋張　擴　1129-147-14

●王　著唐
貶端州司戶制　唐杜　牧　1081-690-17

●王　凱宋
可檢校工部尚書隴州刺史充本州防禦使進封太原郡開國侯加食邑五百戶制　宋胡　宿　1088-762-17
馬軍都虞侯王凱可殿前都虞侯制　宋蔡　襄　1090-423-10
軍節度觀察留後殿前都虞侯隴西防禦使王凱除步軍副都指揮使（制）　宋蔡　襄　1090-448-13
武勝軍節度觀察留後王凱贈節度使制　宋王安石　1105-441-54

●王　華宋
降官（制）　宋劉安上　1124-22-2

●王　崢宋
贈兵部尚書王疇遺表親姪崢可守將作監主簿　宋沈　遘　1097-45-5

●王　崢宋
贈兵部尚書王疇遺表次男崢可秘書省校書郎（制）　宋沈　遘　1097-45-5

●王　傳宋
可國子博士制　宋胡　宿　1088-736-14

●王　順宋
特轉遙郡刺史（制）　宋周必大　1148-63-98

●王　舜漢
益封王根等詔　漢　哀　帝　426-1047-11
授四輔等詔　漢　平　帝　426-1057-12

●王　勝宋
爲收復海州除正任觀察使制　宋張　嵲　1131-477-16
同前除正任承宣使制　宋張　嵲　1131-490-18
贈兩官制　宋張　嵲　1131-493-18
贈兩官恩澤一資制　宋張　嵲　1131-509-19
敍復敦武郎（制）　宋劉一止　1132-170-33
轉遙郡防禦使（制）　宋周必大　1148-28-96

●王　勝（父）宋
利州觀察使王勝故父缺名可特贈武略郎制　宋張　嵲　1131-514-20

●王　鉄宋
除直秘閣制　宋張　擴　1129-56-7
提舉浙東茶鹽王鉄賞轉一官制　宋張　擴　1129-81-8
除兩浙西路提點刑獄制　宋張　擴　1129-91-9

●王　欽宋
承制王欽供備庫副使制　宋王安石　1105-422-53

●王　溥唐
陸展濮州司戶王溥淄州司戶制　唐不著撰人　426-419-58
授王溥太僕少卿制　唐元　稹　1402-69-13

●王　溥宋
樞密王太尉父溥贈尚書令兼中書令追封魯國公可贈太師　宋余　靖　1089-111-11

●王　源宋
國子監丞（制）　宋樓　鑰　1152-659-37

●王　慈宋
左藏庫副使致仕王慈（可贈）龍圖閣直

學士制　宋劉 攽　1096-225- 22

●王 靖 宋

太常寺太祝王靖可大理評事制　宋宋 庠　1087-560- 20

轉保義郎制　宋張 擴　1129-103- 10

●王 洵 宋

可太子中舍人制　宋胡 宿　1088-721- 13

●王 雍 宋

故守太尉尚書令王旦男大理評事雍可光祿寺丞制　宋夏 竦　1087- 61- 2

●王 準 宋

左僕射門下侍郎王珪父準追封漢國公（制）　宋曾 鞏　1093-456-附2

　　　　　　　　　　　　1098-548- 21

（王珪）父準可追封魯國公餘如故制　宋王安禮　1100- 17- 2

●王 煥 宋

汝州長史王煥移號州長史制　宋宋 庠　1087-564- 21

●王 運 宋

侍禁王運先降一官送大理寺取勘制　宋慕容彥逢 1123-366- 6

●王 道 漢

封孫程等詔　漢 順 帝　426-1102- 19

●王 道 宋

轉右朝奉郎制　宋張 擴　1129-141- 13

●王 遂 宋

皇城使王遂可坊州刺史制　宋王 珪　1093-294- 40

右正言王遂除殿中侍御史制　宋洪容齋　1175-223- 16

除四川制置使制　宋許應龍　1176-461- 5

知平江府制　宋許應龍　1176-468- 6

●王 城 宋

差知德慶府（制）　宋周必大　1148- 83-100

●王 瑀 唐

授王瑀太子左贊善大夫制　唐蘇 頲　1336-669-404

●王 瑀 宋

除閣門祗候免供職制　宋王 洋　1132-409- 7

起復充殿前司副將（制）　宋周必大　1148- 19- 95

起復（制）　宋周必大　1148- 34- 96

●王 琿 宋

轉兩官閣門宣贊舍人（制）　宋李彌遜　1130-646- 5

●王 楹（等）宋

王楹等十四人可三班奉職制　宋劉 攽　1096-233- 23

●王 瑋 宋

除四廂都指揮使知荊南府（制）　宋王 洋　1132-422- 7

●王 瑜 宋

可大理寺丞制　宋胡 宿　1088-750- 15

京西提刑（制）　宋蘇 轍　1112-308- 29

爲建築縣寨推恩制　宋許 翰　1123-506- 2

●王 幹 唐

授王幹太子左贊善大夫制　唐常 袞　1336-670-404

●王 犇 唐

授王犇白石縣令制　唐薛廷珪　1336-747-415

●王 勤 宋

河東轉運判官王勤可轉一官制　宋慕容彥逢 1123-391- 8

●王 瑛 宋

除閣門祗候（制）　宋周必大　1148- 12- 94

●王 瑜 宋

爲關草喂馬將官草一百束喂馬及公使造酒庫關少酒材於省倉節次借過年計小麥白米豌豆錢等事罰銅五斤特降一官制　宋張 嶸　1131-470- 15

●王 毅 宋

朝散大夫行大理正王毅可刑部郎中制　宋慕容彥逢 1123-335- 4

●王 達 宋

步軍都虞侯王達可馬軍都虞侯制　宋蔡 襄　1090-423- 10

●王 達 宋

工部郎中直昭文館王達可刑部郎中制　宋王 珪　1093-300- 40

●王 達 宋

御前統制王德父達贈太子少師制　宋張 擴　1129-128- 12

●王 萬 宋

宣德郎新除大理寺主

簿王萬可京畿轉運判官填創置闕制　宋慕容彥逢　1123-348- 5

宣義郎王萬可轉一官制　宋慕容彥逢　1123-378- 7

●王　照宋

提舉淮東措置料角斥援王安道申統領官張宗王照一般在料角防托委寔宣力檢照張宗已轉官特令王照一例推賞奉聖旨與轉一官於正名目上收使制　宋張　嵲　1131-444- 12

●王　瞻宋

可禮賓副使制　宋胡　宿　1088-768- 17

●王　嵩宋

內殿承制閤門祗候王嵩禮賓副使制　宋王安石　1105-421- 53

●王　鼎宋

可屯田員外郎制　宋胡　宿　1088-749- 15

●王　暐唐

授王暐太子詹事制　唐孫　逖　1336-663-403

●王　喚宋

三班借職制　宋曾　鞏　1098-559- 22

●王　晥宋

知臨安府王晥除敷文閣直學士制　宋張　擴　1129- 47- 6

除敷文閣待制知臨安府制　宋張　擴　1129-136- 13

充寶文閣學士知平江府制　宋劉才邵　1130-463- 5

致仕轉官制　宋王　洋　1132-422- 7

●王　傳宋

除提舉淮南東路茶鹽制　宋張　擴　1129-143- 13

●王　僉梁

諡王僉詔　梁元帝　1414-649- 84

●王　鉅唐

授祠部郎中知制誥賜緋王鉅守中書舍人制　唐錢　珝　1336-520-382

授考功員外郎賜緋魚王鉅駕部員外郎知制誥制　唐錢　珝　1336-522-382

授王鉅駕部員外郎知

制誥制　唐錢　珝　1402- 80- 14

●王　經（孫）晉

王經孫爲郎中詔　晉武帝　1398- 42- 2

●王　會唐

遣王會等安撫回鶻制　唐李德裕　1079-122- 3

●王　節宋

殿前司托試到舊行門王節武藝與換敦武郎（制）　宋劉一止　1132-173- 34

●王　鉢宋

左司郎官（制）　宋劉一止　1132-208- 43

起居舍人（制）　宋劉一止　1132-221- 46

●王　微劉宋

追贈王微詔　劉宋孝武帝　1398-535- 3

●王　微宋

可屯田員外郎制　宋胡　宿　1088-749- 15

●王　賓宋

御史中丞王賓刑部尚書制　宋汪　藻　1128-106- 11

追復龍圖閣學士制　宋李正民　1133- 5- 1

●王　實宋

朝奉郎王實特落致仕制　宋翟汝文　1129-203- 2

●王　演宋

承信郎轉運司准備差使王演該遇皇后歸謁家廟並特轉一官（制）　宋陳傳良　1150-574- 11

●王　諗宋

大理評事監海州酒稅王諗可光祿寺丞制　宋宋　庠　1087-597- 26

羣牧判官尚書比部郎中王諗可尚書司勳郎中依前羣牧判官（制）　宋蘇　頌　1092-379- 33

賀部員外郎王諗可虞部郎中　宋沈　遘　1097- 46- 5

知河中府（制）　宋蘇　軾　1108-665-106

知河中府誥　宋蘇　軾　1402-116- 21

●王　墊宋

前廣信軍司理參軍王墊可衞尉寺丞制　宋蔡　襄　1090-430- 11

太子中舍制　宋王安石　1105-400- 51

●王　寧宋

故翰林學士彭乘姪壻

四庫全書文集篇目分類索引

王寧可試將作監主簿制　宋胡　宿　1088-787- 19

保義郎王寧該遇皇后歸謁家廟並特轉一官（制）　宋陳傅良　1150-574- 11

除太府寺丞（制）　宋陳傅良　1150-604- 14

● 王　漸 宋

守少府監致仕王山民男漸可守將作監主簿（制）　宋蘇　頌　1092-368- 31

知階州（制）　宋蘇　轍　1112-307- 29

● 王　端 宋

前河北提刑王端可將作少監制　宋劉　放　1096-187- 19

太常少卿權知壽州王端可光祿卿知壽州（制）　宋韓　維　1101-662- 17

復集賢殿修撰差知廣州制　宋慕容彥逢　1123-348- 5

● 王　說 宋

朝議大夫知密州王說可知淄州制　宋劉　放　1096-228- 22

徐州制　宋曾　肇　1098-555- 22

除直龍圖閣知青州制　宋鄒　浩　1121-296- 15

● 王　誦 宋

可大理評事制　宋胡　宿　1088-740- 14

● 王　禔 宋

王次翁父禔贈少師制　宋張　擴　1129-121- 12

王次翁故父禔可特贈太子太師制　宋張　嵲　1131-465- 14

● 王　壽 漢

封杜延年等詔　漢 昭 帝　426-1011- 7

● 王　壽 漢

封杜延年燕倉任宮王壽爲列侯詔　漢 昭 帝　1396-223- 2

● 王　輔 宋

轉官知澤州制　宋鄒　浩　1121-320- 18

● 王　摶 唐

平章事制——乾寧三年十月　唐韓　儀　426-350- 50

諸道鹽鐵轉運等使制　唐鄭　璘　426-368- 52

威勝軍節度平章事制　唐楊　鉅　426-387- 54

工部侍郎制——光化二年六月　唐不著撰人　426-418- 58

崖州司戶制——光化三年六月　唐不著撰人　426-418- 58

溪州刺史制——光化三年六月　唐不著撰人　426-418- 58

授禮部員外郎集賢院直學士賜紫金魚袋王摶刑部郎中兼御史知雜事制　唐錢　翊　1336-599-394

授王摶兵部員外郎兼侍御史知雜事等制　唐李　磎　1336-599-394

授王摶檢校殿中侍御史充義成軍節度推官制　唐劉崇望　1336-727-412

授王摶中書侍郎同中書門下平章事判戶部制　唐吳　融　1337-216-450

授王摶平章事制　唐韓　儀　1337-218-450

● 王　戩 宋

補承信郎制　宋張　擴　1129- 98- 10

● 王　熙 宋

可大理寺丞制　宋胡　宿　1088-731- 14

● 王　嘉 宋

建武軍節度使充鄂州駐箚御前諸軍都統制王嘉加食邑食實封（制）　宋劉　綸　1157-459- 10

● 王　榕 宋

江西提舉茶鹽（制）　宋劉一止　1132-204- 42

● 王　兢 宋

湖南提刑（制）　宋蘇　轍　1112-307- 29

● 王　瑛 宋

轉一官（制）　宋周必大　1148- 28- 96

● 王　遷 宋

殿中監致仕王綽孫男遷可試秘校（制）　宋韓　維　1101-671- 18

● 王　遜 宋

殿中丞王遜轉官(制)　宋劉安上　1124- 19- 2

● 王　鉦 宋

進七朝國史列傳重加添補成書共二百一十五册特與轉一官（制）　宋劉一止　1132-180- 36

● 王　縉 宋

除湖南路提點刑獄制　宋張　擴　1129-143- 13

降左朝散大夫制　宋張　擴　1129-151- 14

除右司（制）　宋張　綱　1131- 43- 7

史部

詔令奏議類：附錄

詔令下（男）四畫

●王 銍宋
可左衞將軍駙馬都尉（制） 宋蘇 頌 1092-361- 31
可慶州刺史制 宋王安禮 1100- 28- 3
●王 紳宋
秘書少監制 宋王安石 1105-382- 49
侍御史知雜事判都水監王紳刑部郎中制 宋王安石 1105-386- 50
知雜王紳吏部郎中直龍圖閣知徐州制 宋王安石 1105-379- 49
●王 綱宋
殿中丞王綱可太常博士制 宋蔡 襄 1090-450- 13
王之望父綱太子少師制 宋洪 适 1158-377- 20
●王 綃宋
給事中王綃復朝散郎制 宋汪 藻 1128- 93- 10
贈官（制） 宋李彌遜 1130-624- 4
●王 綸宋
除同知樞密院事（制） 宋周麟之 1142-120- 15
除工部侍郎兼直學士院（制） 宋周麟之 1142-122- 16
前任經修仙源積慶圖特轉一官（制） 宋周麟之 1142-153- 19
上遺表特贈五官（制） 宋周必大 1148- 6- 94
與轉一官致仕（制） 宋周必大 1148- 6- 94
●王 徹宋
應天府鈐轄王徹降一官制 宋汪 藻 1128- 88- 9
●王 瑩梁
加授詔 梁沈 約 1336-500-380
加授詔 梁沈 約 1399-384- 7
王亮王瑩加授詔 梁沈 約 1415-110- 87
王亮等封侯詔 梁沈 約 1415-111- 87
●王 潮唐
授王潮威武軍節度使制 唐張玄晏 1337-286-457
●王 諲宋
監徐州鹽稅務王諲可光祿寺丞制 宋宋 庠 1087-578- 23
大理寺丞王諲轉左贊善大夫制 宋歐陽修 1102-630- 80
●王 鄒唐
授前鹽鐵淄青催勘使

檢梭左散騎常侍王鄒衞尉卿制 唐錢 珝 1336-615-396
●王 慶宋
文思副使王慶可左藏庫使（制） 宋蘇 頌 1092-349- 29
●王 褒宋
入內東頭供奉官王褒可轉一官制 宋慕容彥逢 1123-373- 7
降官制 宋王 洋 1132-428- 8
●王 璀唐
湖南都押衙監察御史王璀可柳州司馬依舊職制 唐白居易 1080-568- 53
●王 增元
王桓故曾祖父增謚武康制 元程鉅夫 1202- 38- 4
●王 醇宋
奏舉人試秘書省校書郎前守宣州司理參軍王醇可著作佐郎（制） 宋蘇 頌 1092-374- 32
●王 播唐
平章事制——長慶元年十月 唐元 稹 426-320- 47
平章事制——天中元年六月 唐不著撰人 426-326- 48
授王播中書侍郎平章事兼鹽鐵使副制 唐元 稹 549- 46-183
　 1337-210-450
授王播中書侍郎同平章事使職如故制 唐元 稹 1079-558- 42
授王播刑部尚書諸道鹽鐵轉運等使制 唐元 稹 1079-570- 45
賜爵幷迴授爵制 唐白居易 1080-522- 48
●王 罕宋
承議郎王罕可權知宿州制 宋劉 敞 1096-209- 21
通判揚州（制） 宋蘇 轍 1112-297- 28
垂拱殿成臨安府屬縣王罕各轉一官制 宋張 擴 1129- 77- 8
●王 樟唐
除雅州刺史制 唐杜 牧 1081-678- 15
●王 墻宋
授州防禦使制 宋吳 泳 1176- 75- 8
●王 震唐

授王震將作少匠（監）制　唐賈 至　1336-633-399

● 王 震 宋

可大理寺丞制　宋胡 宿　1088-717- 12

朝奉郎充龍圖閣待制王震可朝散郎制　宋劉 放　1096-204- 20

龍圖閣待制知河中府王震可知鄭州制　宋劉 放　1096-209- 21

知南京王震可知荆南制　宋劉 放　1096-228- 22

特追復朝清郎制　宋鄒 浩　1121-299- 16

轉翰林書藝局直長克待詔制　宋鄒 浩　1121-300- 16

湖南運判（制）　宋李彌遜　1130-634- 5

● 王 霆 宋

改知光州主管蔡州安撫司事制　宋吳 泳　1176- 77- 8

授武功大夫勅　宋吳 泳　1176-113- 12

● 王 爽 宋

職方員外郎通判饒州王爽可屯田郎中差遣如故（制）　宋韓 維　1101-652- 16

除著作郎（制）　宋陳傳良　1150-648- 18

秘書郎（制）　宋樓 鑰　1152-653- 37

著作佐郎（制）　宋樓 鑰　1152-708- 41

● 王 穀 宋

忠訓郎王穀乞改正轉官別給告命　宋劉一止　1132-190- 38

● 王 遷 宋

王之望贈三代曾祖遷太子少保制　宋洪 适　1158-376- 20

● 王 撥 宋

除直秘閣制　宋汪 藻　1128- 75- 8

● 王 履 宋

轉官制　宋許 翰　1123-494- 1

● 王 賞 宋

兼侍講制　宋張 擴　1129- 49- 6

除權禮部侍郎兼實錄院修撰制　宋張 擴　1129- 92- 9

禮部侍郎落權字制　宋張 擴　1129- 92- 9

罷禮部侍郎與外任制　宋劉才邵　1130-473- 5

● 王 墨 宋

宣德郎王墨辟雍學錄制　宋翟汝文　1129-205- 3

● 王 崢 宋

贈兵部尚書王曙遺表次男崢可秘書省秘書郎　宋沈 遘　1097- 45- 5

● 王 積 宋

可比部員外郎制　宋胡 宿　1088-748- 15

可太子中舍人致仕制　宋胡 宿　1088-795- 20

● 王 儀 宋

將作監丞王儀可大理寺丞（制）　宋沈 遘　1097- 33- 4

特轉朝奉郎致仕制　宋洪咨夔　1175-237- 18

● 王 德 宋

爲張俊提統前去應援順昌府及收復宿毫州除正任承宣使制　宋張 嵲　1131-478- 16

爲收復宿毫州等處立功除龍神衞四廂都指揮使制　宋張 嵲　1131-490- 16

王德等轉官制　宋衞 涇　1169-479- 1

● 王 鍇 宋

尚書司封員外郎直集賢院判三司開折司王鍇可尚書工部郎中制　宋宋 庠　1087-594- 25

　　506-179- 91

● 王 磐 元

贈翰林承旨王磐官制　元 世 祖　506-179- 91

翰林學士承旨王公制　元王 惲　1201- 42- 68

贈榮祿大夫少保諡文忠公制　元不著撰人　1366-598- 1

翰林承旨王磐贈官制　元王之綱　1367-139- 11

● 王 範 宋

天雄軍習三傳王範可大名府文學制　宋夏 竦　1087- 71- 2

● 王 稷 宋

奏舉人前湖州烏程縣令王稷可著作佐郎制　宋宋 庠　1087-590- 25

秘書丞邛州通判王稷可太常博士（制）　宋余 靖　1089- 98- 10

● 王 儉 齊

爲左僕射詔　梁江 淹　1063-734- 2

　　1399-205- 9

　　1415- 27- 85

領太子詹事詔　梁江 淹　1063-734- 2

　　1399-206- 9

		1415- 27- 85
王僕射加兵詔	梁江 淹	1063-735- 2
		1415- 28- 85
贈王儉太尉詔	南齊武帝	1399- 23- 1
南昌公王儉降封詔	南齊武帝	1399-256- 1
●王 導宋		
內侍王導除尚醞奉御制	宋翟汝文	1129-222- 4
●王 潛唐		
賜爵一級并廻授男同制	唐白居易	1080-561- 52
●王 澤宋		
朝奉郎都隨可都官員外郎宣德郎王澤可膳部員外郎制	宋慕容彥逢	1123-337- 4
宣德郎尚書膳部員外郎王澤可轉一官制	宋慕容彥逢	1123-383- 7
●王 諲宋		
供備庫副使王諲可西京左藏庫副使(制)	宋蘇 頌	1092-349- 29
水部郎中王諲可知濟州制	宋劉 敞	1096-186- 19
可水部郎中(制)	宋蘇 軾	1108-691-108
●王 璟宋		
提點刑獄兼保甲制	宋翟汝文	1129-193- 2
河北路沿邊安撫副使制	宋翟汝文	1129-200- 2
●王 賦宋		
都官員外郎致仕王琰男賦可試將改作監主簿制	宋胡 宿	1088-789- 19
●王 頤宋		
延陵縣令監原州折博務王頤可大理寺丞制	宋鄭 獬	1097-134- 3
●王 幟宋		
換秉義郎(制)	宋樓 鑰	1152-676- 39
●王 整宋		
太子中舍監袞州酒務王整可殿中丞制	宋宋 庠	1087-582- 24
●王 璞宋		
故給事中充天章閣待制王舉元遺表親孫王僕可將仕郎試將作監主簿(制)	宋蘇 頌	1092-385- 33
授太學博士制	宋徐元杰	1181-689- 7
●王 隨宋		
刑部員外郎知制誥新知揚州王隨可工部郎中餘依舊制	宋夏 竦	1087- 55- 1
參知政事王隨除尚書吏部侍郎知樞密院制	宋宋 庠	1087-568- 22
尚書吏部侍郎知樞密院王隨可加功臣食邑實封制	宋宋 庠	1087-596- 25
監成都府上供機王隨可轉一官制	宋慕容彥逢	1123-377- 7
●王 默宋		
爲不肯追贓田與王洙虛有陳論特降兩官其王默係進納成忠郎制	宋張 嵲	1131-458- 13
●王 興宋		
可陵州團練使制	宋胡 宿	1088-776- 18
捧日天武四廂都指揮使王興可步軍都虞侯制	宋王 珪	1093-282- 38
單州團練使王興可龍神衞四廂都指揮使兗州防禦使制	宋王 珪	1093-298- 40
●王 蕭宋		
循右從事郎制	宋張 擴	1129-131- 12
●王 豫宋		
右班殿直王豫可轉一官制	宋慕容彥逢	1123-370- 7
●王 選宋		
高州刺史制	宋洪 适	1158-372- 19
●王 曒元		
高麗國王封曾祖父制	元姚 燧	1373- 91- 7
●王 錫宋		
故右侍禁王卞男錫可三班借職制	宋慕容彥逢	1123-394- 8
●王 穆宋		
可秘書丞制	宋胡 宿	1288-724- 13
●王 縉唐		
侍中兼都統制	唐不著撰人	426-370- 52
兼幽州節度使制	唐楊 炎	426-371- 52
括州刺史制	唐不著撰人	426-407- 57
授王縉侍中兼河南都		

四庫全書文集篇目分類索引　655

統制　　　　　　　　　唐代宗　　549-39-183
授王縉侍中兼河南都
　統制　　　　　　　　唐常　袞　1337-223-457
●王　縉宋
直秘閣知常州（制）　　宋劉一止　1132-168-32
秘閣知溫州制　　　　　宋胡　寅　1137-438-12
監察御史制　　　　　　宋胡　寅　1137-439-13
殿中侍御史制　　　　　宋胡　寅　1137-448-13
●王　謙宋
湖北提刑（制）　　　　宋樓　鑰　1152-672-38
湖南提刑（制）　　　　宋樓　鑰　1152-690-40
●王　灌宋
降右宣義郎制　　　　　宋張　擴　1129-90-9
●王　襄宋
趙野分司制　　　　　　宋汪　藻　1128-113-12
散官安置制　　　　　　宋汪　藻　1128-113-12
●王　懋宋
轉一官（制）　　　　　宋樓　鑰　1152-680-39
●王　翼唐
授王翼殿中侍御史等
　制　　　　　　　　　唐徐安貞　1336-605-395
●王　翼宋
開封府兵曹軍王翼可
　著作佐郎制　　　　　宋宋　庠　1087-590-25
●王　鷺宋
三門自波發運使尚書
　比部員外郎王鷺可
　加勳制　　　　　　　宋宋　庠　1087-592-25
●王　臨漢
諡王臨策命　　　　　　漢王　莽　1396-680-24
●王　臨宋
處士王臨可試太學錄
　（制）　　　　　　　宋蘇　軾　1108-692-108
●王　瑩宋
太常博士王瑩可屯田
　員外郎制　　　　　　宋蔡　襄　1090-428-11
●王　敦唐
授王瑀柳城縣令制　　　唐蘇　頲　1336-743-415
●王　曙宋
贈太保中書令王曙可
　銀青光祿大夫檢校
　國子祭酒兼監察御
　史武騎尉充敎練使
　制　　　　　　　　　宋宋　庠　1087-587-24
●王　漢宋

轉右文林郎制　　　　　宋張　擴　1127-88-9
●王　遵宋
除右司郎中制　　　　　宋許應龍　1176-446-4
●王　邁宋
轉朝請郎制　　　　　　宋洪咨夔　1175-244-19
授秘書省正字制　　　　宋吳　泳　1176-67-7
●王　嶼宋
贈兵部尚書王曠遺表
　次男嶼可秘書省校
　書郎　　　　　　　　宋沈　遘　1097-45-5
●王　鑑宋
可大理評事制　　　　　宋胡　宿　1088-725-13
●王　穗宋
爲與海賊戰歿贈承信
　郎與一子恩澤制　　　宋張　嵲　1131-493-18
●王　績唐
前進士王績授校書郎
　江西巡官制　　　　　唐白居易　1080-568-53
●王　濟宋
太常丞同判福州王濟
　可太常博士餘如故
　制　　　　　　　　　宋夏　竦　1087-65-2
王堯臣父濟可贈太子
　太師制　　　　　　　宋王　珪　1093-257-36
●王　謹宋
王謹等轉官制　　　　　宋鄒　浩　1121-298-15
●王　瓚宋
除考功郎中兼檢詳制　　宋許應龍　1176-447-4
●王　璋宋
除京西運使制　　　　　宋翟汝文　1129-193-2
直秘閣京西運使王璋
　除集賢殿修撰知平
　江府制　　　　　　　宋翟汝文　1129-196-2
●王　璵唐
授王璵祠部郎中兼侍
　御史制　　　　　　　唐賈　至　1336-568-389
●王　贊宋
王贊制　　　　　　　　宋蔡　襄　1090-465-15
左僕射門下侍郎王珪
　祖贊追封魏國公（
　制）　　　　　　　　宋曾　鞏　1093-456-附2
　　　　　　　　　　　　　　　　1098-548-21

（王珪）祖贊皇任兵
　部郎中贈太師中書
　令兼尚書令追封昌

史部

詔令奏議類：附錄

詔令下（男）四畫

國公可追封蜀國公餘如故制　宋王安禮　1100- 16- 2
授殿中侍御史（制）　宋王禹偁　1350-378- 37

●王 壁 宋
秘書省正字（制）　宋劉一止　1132-221- 46

●王 鎔 唐
授王鎔常山郡王制　唐韓 儀　1337-229-451

●王 鑑 唐
可郎中刺史制　唐白居易　1080-542- 50
可刑部員外郎制　唐白居易　1080-568- 53
授王鑑刑部員外郎制　唐白居易　1336-585-392
授王鑑朝散大夫等制　唐白居易　1336-712-410

●王 簡 宋
太常博士知越州蕭山縣王簡可尚書屯田員外郎制　宋宋 庠　1087-577- 23
前光祿寺丞王簡言復舊官制　宋歐陽修　1102-617- 79

●王 績 梁
授王績王師制　梁沈 約　1336-672-405
　　1399-391- 7
　　1415-114- 87

●王 賁 宋
敍官制　宋王 洋　1132-415- 7

●王 疇 宋
開封府推官王疇可開封府判官制　宋王 珪　1093-281- 38
刑部郎中知制誥王疇可右司郎中（制）　宋劉 敞　1350-385- 37
　　1418-362- 48

●王 繹 宋
三司戶部判官充秘閣校理王繹工部郎中制　宋王安石　1105-387- 50

●王 淪 宋
浙西提點刑獄制　宋洪 适　1158-406- 24
轉承議郎制　宋洪咨夔　1175-243- 19

●王 礪 宋
屯田郎中王淡父礪可贈尚書左丞制　宋宋 庠　1087-562- 21
開封府推官屯田員外郎王礪可依前官充開封府判官制　宋蔡 襄　1090-426- 11
樞密副使王堯臣祖礪可贈太師制　宋王 珪　1093-257- 36

●王 環 唐
授河東節度副使檢校司空王環特進制　唐錢 珝　549- 55-183
　　1336-762-183

●王 懷 宋
轉右朝請郎制　宋張 擴　1129-141- 13

●王 顒 宋
上殿聖語除官賜出身　宋不著撰人　1136- 68- 1
勅詞一至五　宋不著撰人　1136- 69- 1

●王 獻 宋
可洛苑使（制）　宋蘇 軾　1108-698-108

●王 曦 宋
轉一官制　宋許 翰　1123-499- 1

●王 曦（曾祖）宋
大禮封贈王曦曾祖追封楊楚國公贈太師制　宋許 翰　1123-508- 2

●王 曦（祖）宋
贈太師進封秦魏國公制　宋許 翰　1123-509- 2

●王 蘭 宋
登極恩轉正議大夫（制）　宋陳傅良　1150-612- 15
知江陵府（制）　宋樓 鑰　1152-636- 35
王蘭資政殿大學士知潭州（制）　宋樓 鑰　1152-695- 40

●王 膺 唐
授王膺太子賓客制　唐錢 珝　1336-662-403
授太子賓客王膺等諸王傅制　唐薛廷珪　1336-673-405
授王膺等諸王傅制　唐薛廷珪　1402- 82- 14

●王 覺 宋
前屯田郎中王覺可舊官服闕（制）　宋蘇 頌　1092-347- 29

●王 繼 明
命兵部尚書王繼參贊機務勅　明 孝 宗　538-502- 75

●王 灊 宋
閤門宣贊舍人（制）　宋劉安上　1124- 20- 2

●王 爟 宋
授秘書丞制　宋徐元杰　1181-687- 7
授太府寺丞制　宋徐元杰　1181-687- 7
龍圖閣學士王爟除端明殿學士提舉佑神觀兼侍讀制　宋馬廷鸞　1187- 32- 4

依前少保特授平章軍
國重事一月兩赴經
筵五日一朝仍赴都
堂議事加食邑食實
封制　　　　　　　　宋王應麟　1187-239- 4

● 王 覽 晉
爲宗正卿詔　　　　　晉 武 帝　1398- 25- 2

● 王 璩 宋
除天武捧日四廂都指
揮使充淮南東西路
安撫使司都統（制）　宋張　綱　1131- 10- 2
降三官制　　　　　　宋胡　寅　1137-427- 12

● 王 蘭 宋
爲與番兵接戰陣殁贈
五官制　　　　　　　宋張　嵲　1131-507- 19

● 王 鐸 唐
平章事制——中和一
年一月　　　　　　　唐不著撰人　426-347- 50
弘文館大學士等制　　唐不著撰人　426-360- 51
判戶部制　　　　　　唐不著撰人　426-364- 52
中書令諸道行營都統
權知義成軍節度使制　唐樂朋龜　426-372- 52
義成軍節度兼中書令制　唐不著撰人　426-386- 54

● 王 鏊 明
御製題倪元璐撰王鏊
制辭　　　　　　　　清 高 宗　1297- 1- 0
翰林院侍講王鏊（勅）　明倪元璐　1297- 23- 2

● 王 續 宋
知太康縣（制）　　　宋蘇　軾　1108-682-107

● 王 懿 宋
西京左藏庫副使充岢
嵐軍使王懿轉官制　宋鄭　獬　1097-161- 6

● 王 瑾 宋
三司度支判官尚書刑
部郎中充集賢校理
王瑾可尚書兵部郎
中依前集賢校理充
三司度支判官（制）　宋蘇　頌　1092-379- 33

● 王 鑒 宋
皇城副使王鑒知莫州
制　　　　　　　　　宋劉　攽　1096-211- 21
宣德郎知長安縣京兆
府王鑒可權通判岷
州制　　　　　　　　宋劉　攽　1096-221- 22

● 王 權 宋

轉一官制　　　　　　宋胡　寅　1137-458- 14

● 王 觀 宋
故恩州司理參軍王獎
男觀可守鄆州須城
縣主簿（制）　　　　宋蘇　頌　1092-385- 33
右司諫王觀可右司員
外郎制　　　　　　　宋劉　攽　1096-187- 19
右司員外郎王觀可侍
御史制　　　　　　　宋劉　攽　1096-195- 20
奉議郎試侍御史王觀
可承議郎餘並如故
制　　　　　　　　　宋劉　攽　1096-231- 23
右司諫王觀可右司員
外郎制　　　　　　　宋劉　攽　1096-238- 23
可右司諫（制）　　　宋蘇　軾　1108-696-108
起居舍人王觀除中書
舍人制　　　　　　　宋翟汝文　1129-212- 3

● 王 鑑 宋
守武功大夫遙郡團練
使致仕制　　　　　　宋張　擴　1129- 42- 6
特授拱衞大夫某州觀
察使制　　　　　　　宋袁　甫　1175-422- 8

● 王 餘 宋
司封郎官（制）　　　宋李彌遜　1130-640- 5

● 王 嚴 唐
除右金吾使判官制　　唐杜　牧　1081-686- 16

● 王 曠 宋
殯宮總護使司屬官王
曠等各轉一官制　　宋張　擴　1129- 76- 8
大府主簿詹楙軍器監
主簿兩易其任制　　宋劉才邵　1130-471- 5

● 王十朋 宋
兼崇政殿說書（制）　　　　　　1148- 38- 96

● 王九言 宋
前夏州節度推官王九
言可宋州觀察支使　宋田　錫　1085-546- 28

● 王九成 宋
勅賜進士及第王九成
可試秘校郎制　　　宋胡　宿　1088-725- 13

● 王士亨 宋
殿直王士亨可轉一官
制　　　　　　　　　宋慕容彥逢　1123-372- 7

● 王士則 宋
除右羽林大將軍制　　唐白居易　1080-555- 52

授王士則右羽林大將軍制　唐白居易　1336-647-401

轉一官致仕制　宋洪适　1158-374- 19

禮部尚書制　宋洪适　1158-410- 24

● 王士隆 宋

可守少府監主簿充翰林待詔制　宋胡宿　1088-741- 14

● 王方慶 唐

授王方慶麟臺監修國史制　唐李嶠　426-390- 55

　　1336-628-399

● 王子文 宋

前知華州王子父可差通判大名府制　宋劉攽　1096-221- 22

授王方慶左庶子制　唐李嶠　1336-665-404

● 王文郁 宋

● 王子犯（等）宋

王子犯等轉一官制　宋許景衡　1127-227- 7

內殿崇班閣門祗候王文郁可內殿承制依舊（制）　宋蘇頌　1092-365- 31

● 王子約 宋

皇后三從伯王子約可三班借職制　宋慕容彥逢　1123-393- 8

● 王文英 宋

殿中丞知單州碭山縣王文英可國子監博士制　宋宋庠　1087-576- 23

● 王子晉 唐

臨川王子晉遷授詔　梁沈約　1336-501-380

● 王文思 宋

可內殿承制制　宋胡宿　1088-719- 13

● 王子淵 宋

太府少卿王子淵可權京西轉運使知北外制　宋劉攽　1096-189- 19

● 王文煥 明

（王肇坤）父（封爲某官勅）　明倪元璐　1297- 42- 3

● 王子曼 宋

如京副使兼閤門通事舍人王子曼特與轉三官制　宋慕容彥逢　1123-370- 7

● 王文顯 宋

可供備庫副使制　宋胡宿　1088-770- 17

● 王子琦 宋

朝請郎王子琦可衛尉丞制　宋劉攽　1096-238- 23

● 王之望 宋

除直祕閣成都府運副（制）　宋周麟之　1142-134- 17

太常寺主簿制　宋曾鞏　1098-545--20

端明殿學士提舉江州太平興國宮制　宋洪适　1158-398- 23

● 王子歆 宋

降官（制）　宋劉安上　1124- 22- 2

封襄陽縣子制　宋洪适　1158-408- 24

可先次落職放罷制　宋慕崇禮　1134-555- 5

● 王之道 宋

● 王子韶 宋

禮部員外郎制　宋曾鞏　1098-543- 20

加贈少師王之道勅　宋不著撰人　1132-752- 30

主客郎中（制）　宋蘇軾　1108-678-107

● 王元甫 宋

知壽州（制）　宋蘇軾　1108-685-107

殿中丞制　宋王安石　1105-397- 51

　　1350-405- 40

● 王元宥 唐

除右神策軍護軍中尉制　唐杜牧　1081-691- 17

● 王子澄 宋

除大理司直制　宋張擴　1129- 51- 6

● 王元純 宋

歸順人王元純補迪功郎制　宋洪咨夔　1175-230- 17

● 王子濤 宋

遇慶恩典轉官（制）　宋陳傅良　1150-602- 14

● 王元琰 唐

可銀州刺史制　唐元稹　1079-583- 48

● 王子獻 宋

復職制　宋胡寅　1137-430- 12

● 王元逵 唐

同中書門下平章事制　唐李德裕　426-439- 60

● 王大亨 宋

轉一官減二年磨勘（制）　宋周必大　1148- 48- 97

授王元逵平章事制　唐李德裕　1079-127- 4

● 王元輔 唐

● 王大寶 宋

海州刺史王元輔加中

丞制　唐白居易　1080-523- 48

可左羽林衞將軍知軍事制　唐白居易　1080-538- 50

授王輔元左羽林衞將軍知軍事制　唐白居易　1336-655-402

● 王天覺 宋

循資制　宋洪 适　1158-399- 23

● 王天麟 宋

天鑒男天麟承襲補承信郎（制）　宋樓 鑰　1152-715- 41

● 王友直 宋

當轉三官特任觀察使制　宋周必大　1148- 51- 97

賜王友直除殿前都指揮使告　宋周必大　1148-234-112

● 王夫亨 宋

叙復通直郎差充沿江制機制　宋吳 泳　1176- 84- 9

● 王日宣 宋

可太子中舍人制　宋胡 宿　1088-745- 15

● 王日簡 唐

可朝散大夫德州刺史制　唐白居易　1080-556- 52

● 王中立 宋

可屯田員外郎制　宋胡 宿　1088-749- 15

● 王中正 宋

降官制　宋曾 鞏　1098-560- 22

追復遂郡防禦使制　宋鄒 浩　1121-294- 15

降官制　宋王 洋　1132-426- 8

● 王中庸 宋

可引進使制　宋胡 宿　1088-766- 17

可國子監丞致仕制　宋鄭 獬　1097-155- 5

● 王中實 宋

特贈承直郎與一子恩澤制　宋虞 儔　1154-119- 5

● 王公亮 唐

可商州刺史制　唐白居易　556-123- 85

　　1080-525- 48

● 王公亮 宋

降兩官放罷制　宋汪 藻　1128- 86- 9

● 王公儀 宋

蘄州路轉運使（制）　宋蘇 軾　1108-686-107

● 王公濟 宋

階官上轉一官遂郡上轉行兩官（制）　宋周必大　1148- 25- 95

● 王仁旭 宋

濟州防禦史并代營內部署王仁旭可起復雲麾將軍依前濟州防禦史差遣依舊制　宋蔡 襄　1090-434- 12

棣州防禦使知鄭州王仁旭可博州防禦使知滄州制　宋鄭 獬　1097-149- 4

● 王仁恕 宋

試中書舍人王鉷故父仁恕可特贈承議郎制　宋張 嵲　1131-511- 20

● 王仁皎 唐

授王仁皎開府儀同三司制　唐玄宗　549- 36-183

授王仁皎開府儀同三司制　唐蘇 頲　1336-759-417

● 王化基 宋

觀文殿學士王舉正父化基可追封冀國公制　宋王 珪　1093-230- 33

● 王允文 宋

入內崇班王允文可轉一官制　宋慕容彥逢　1123-373- 7

● 王允恭 宋

新授蘇州司戶參軍王浩父允恭可假承務郎致仕制　宋呂 陶　1098- 68- 9

● 王永可 宋

禮院副禮直官王永可益州司戶參軍充職制　宋歐陽修　1102-632- 80

● 王永吉 宋

贈六宅使王永吉可贈高州刺史制　宋王 珪　1093-293- 40

● 王永肩 宋

與遂郡上轉一官制　宋王 洋　1132-418- 7

● 王丙特 宋

改承務郎制　宋洪咨夔　1175-240- 19

● 王正己 宋

駕部員外郎王正己轉官　宋余 靖　1089-100- 10

大理寺丞王正己轉太子中舍制　宋歐陽修　1102-632- 80

● 王正民 宋

史部 詔令奏議類：附錄 詔令下（男）四畫

可虞部員外郎制　宋胡　宿　1088-747- 15
殿中丞王正民磨勘改官制　宋歐陽修　1102-636- 81

● 王正臣 宋
可光祿寺丞制　宋胡　宿　1088-728- 14
主簿王正臣守秘書省校書郎致仕制　宋王安石　1105-425- 53
東頭供奉官王正臣各轉一官制　宋慕容彥逢　1123-370- 7
東頭供奉官王正臣與轉一官制　宋慕容彥逢　1123-389- 8
武進校尉王正臣差齋文字過界與轉一官（制）　宋劉一止　1132-162- 31
該第一賞轉一官特與轉遂郎刺史（制）　宋周麟之　1142-153- 19

● 王正倫 宋
殿中丞通判河南府王正倫可太常博士制　宋夏　竦　1087- 60- 1

● 王可久 宋
奏舉人前太原府大谷縣令王可久可大理寺丞　宋沈　遘　1097- 41- 5

● 王可方 唐
授王可方加階官制　唐薛廷珪　1336-767-418

● 王世卞 宋
供備庫副使王世卞可西京左藏庫副使（制）　宋沈　遘　1097- 30- 4

● 王世安 宋
內殿崇班王世安可內殿承制（制）　宋蘇　頌　1092-367- 31

● 王世忠 宋
轉武功大夫刺史制　宋胡　寅　1137-440- 13

● 王世昌 宋
爲首先乞歸正本朝與轉一官合轉承節郎制　宋張　嵲　1131-450- 13
轉一官（制）　宋周必大　1148- 32- 96

● 王世益 宋
東頭供奉官王世益轉一官制　宋慕容彥逢　1123-385- 7

● 王世雄 宋
當轉一官（制）　宋周必大　1148- 82-100

● 王世隆 宋

永清彰德等軍節度使駙馬都尉王承衍男世隆加階勳如京副使（制）　宋田　錫　1085-552- 29

● 王世範 宋
奏舉人前路潞州上黨縣令王世範可大理寺丞制　宋蔡　襄　1090-420- 10

● 王世融 宋
王參政贈曾祖制　宋李正民　1133- 38- 3

● 王以寧 宋
送吏部（制）　宋孫　覿　1135-263- 25

● 王母羅 宋
蕃官王母羅等轉官制　宋鄒　浩　1121-297- 15

● 王申伯 唐
太常博士王中伯可侍御史制　唐白居易　1080-531- 49

● 王代怒 宋
翰林學士承旨王拱辰父代怒可贈刑部侍郎制　宋王　珪　1093-233- 33

● 王令圖 宋
可都水使者（制）　宋蘇　轍　1112-287- 27

● 王仕榮 宋
王淵祖仕榮贈太子太保制　宋張　擴　1129-113- 11

● 王用之 宋
新除右諫議大夫參加知政事王安石祖封贈（制）　宋蘇　頌　1092-406- 35
中大夫守尚書右丞王安禮祖用之贈太師中書令兼尚書令可追封衞國公制　宋陸　佃　1117-139- 10

● 王用亨 宋
授武翼郎閤門宣贊舍人致仕制　宋吳　泳　1176- 87- 9

● 王守一 宋
供備庫副使沿邊巡檢都監王守一可就轉西京左藏庫副使制　宋歐陽修　1102-624- 79

● 王守規 宋
入內都知武軍節度觀察留後王守忠弟守規制　宋蔡　襄　1090-450- 13

四庫全書文集篇目分類索引

內藏庫使王守規可榮州刺史制　宋王珪　1093-294- 40

● 王守斌宋

除王守斌特授節度使和食邑制　宋韓維　1101-644- 15

● 王守廉唐

授王守廉申王府長史制　唐蘇頲　1336-676-405

● 王守道元

贈壽國忠惠公制　元姚燧　1201-418- 2

● 王安石宋

授金紫光祿大夫禮部侍郎同中書門下平章事監修國史進封開國公加封邑功臣制　宋王珪　1093-277- 37

可三司戶部師副使制　宋劉攽　1096-199- 20

三司度支判官祠部員外郎直集賢院同修起居注王安石可刑部員外郎餘如故　宋沈遘　1097- 60- 6

工部郎中知制誥王安石可翰林學士制　宋鄭獬　1097-114- 1

除王安石制　宋韓維　1101-642- 15

工部郎中知制誥王安石可舊官服闕（制）　宋韓維　1101-656- 16

贈太傅（制）　宋蘇軾　1108-669-106

贈太傅制　宋蘇軾　1402-100- 17

● 王安行宋

特授州防禦使依舊提舉宮觀制　宋吳泳　1176- 75- 8

● 王安實唐

授王安實天雄軍節度使制　宋玉堂遺範 1337-246-453

● 王安禮宋

知揚州制　宋蘇轍　1112-294- 27

● 王汝明宋

開封工曹制　宋翟汝文　1129-191- 2

● 王次翁宋

除資政殿學士宮觀制　宋張擴　1129- 48- 6

進封長清郡開國侯加食邑五百戶制　宋張擴　1129-147- 14

起居舍人（制）　宋劉一止　1132-187- 38

中書舍人（制）　宋劉一止　1132-207- 42

工部侍郎（制）　宋劉一止　1132-223- 46

● 王再興宋

再加兩官制　宋胡寅　1137-428- 12

● 王存禮唐

授王存禮左威衞將軍制　唐錢珝　1336-657-402

● 王丞雍唐

授王丞雍充節推制　唐錢珝　1336-732-413

● 王夷簡宋

大理評事秘書校理通判渭州王夷簡可大理寺丞餘依舊制　宋夏竦　1087-62- 2

● 王同老宋

王同老可朝奉郎充秘閣校理制　宋王安禮　1100- 22- 2

● 王光寀宋

循右從事郎制　宋張擴　1129-130- 12

● 王光祖宋

如京副使兼閤門通事舍人王光祖可莊宅副使兼閤門通事舍人（制）　宋蘇頌　1092-381- 33

閤門通事舍人王光祖可西染院事使兼閤門通事舍人（制）　宋韓維　1101-664- 17

東上閤門使王光祖可四方館使制　宋陸佃　1117-138- 10

● 王光圖宋

衢州衢縣簿王光圖可衢州司理（制）　宋田錫　1085-540- 28

● 王自勵唐

授王自勵原王府諮議制　唐元稹　1079-654- 4
　　　　　　　　　　　　1336-674-405

● 王仲山宋

爲知撫州失守日除名勒停紹興九年正月五日赦文應軍興以來州縣官曾經失守投降之人不以存亡並與敍復生前係中大夫與敍復原官制　宋張嵲　1131-503- 19

● 王仲千宋

入內皇城使資州刺史王仲千可遂郡團練使制　宋慕容彥逢 1123-356- 6

四庫全書文集篇目分類索引

史部

詔令奏議類：附錄

詔令下（男）四畫

● 王仲玄 唐
忠武軍都押衙檢校太子賓客王仲玄加官制　唐杜　牧　1081-688- 17

● 王仲平 宋
可內殿承制制　宋胡　宿　1088-720- 13
供備庫使王仲平可昌州刺使制　宋王　珪　1093-292- 40

● 王仲安 宋
淮南節度推官前知鄆州中都縣事王仲安可大理寺丞（制）　宋蘇　頌　1092-364- 31

● 王仲甫 宋
敕賜毛詩及第王仲甫可光化軍乾德縣封制　宋胡　宿　1088-782- 18

● 王仲原 宋
朝奉郎提舉京畿常平王仲原可轉一官制　宋慕容彥逢　1123-378- 7

● 王仲琬 宋
王珪男仲琬可大理評事制　宋王安禮　1100- 4- 2

● 王仲連 唐
贊善大夫制　唐杜　牧　1081-678- 15

● 王仲連 南唐
侍御史王仲連可起居舍人楷可右補闕（制）　宋徐　鉉　1085- 57- 7

● 王仲莊 宋
虞部員外郎王仲莊可比部員外郎制　宋王　珪　1093-283- 38

● 王仲舒 唐
王仲舒等加階制　唐元　稹　1079-592- 49

● 王仲詢 宋
授王琮男王仲詢補保義郎制　宋翟汝文　1129-217- 4

● 王仲煜 宋
承事郎王仲煜可宣教郎制　宋劉　敞　1096-204- 20

● 王仲寧（等）宋
勅王仲寧等制　宋許　翰　1123-502- 1

● 王仲端 宋
剳登聞檢院王仲端除軍器少監制　宋翟汝文　1129-201- 2

● 王仲巋 宋

爲該大禮赦敘左通奉大夫制　宋張　嵲　1131-500- 19
可先次落職放罷制　宋綦崇禮　1134-554- 5

● 王仰心 宋
磨勘轉左太中大夫（制）　宋周麟之　1142-154- 19

● 王行可 宋
除開封府右司錄制　宋翟汝文　1129-190- 2

● 王行審 唐
授王行審鄆州節度使制　唐吳　融　1337-293-458

● 王言恭 宋
除駕部郎官制　宋張　擴　1129- 72- 8

● 王序辰 宋
與轉官（制）　宋周必大　1148- 52- 97

● 王良存 宋
爲隨岳飛應辦錢糧有勞效轉一官制內王良存除直徽猷閣度支員外郎制　宋張　嵲　1131-445- 12
　宋胡　寅　1137-438- 12

● 王良臣 宋
三班奉職王良臣可南京柘城縣尉　宋余　靖　1089-100- 10
慈州寧鄉縣令王良臣可河陽節度推官知洛州曲周縣制　宋鄭　獬　1097-149- 4

● 王良佐 宋
額內翰林醫官太醫局教授王良佐該遇皇后歸謁家廟並特轉一官（制）　宋陳傅良　1150-573- 11

● 王志愔（等）唐
遣王志愔等各巡察本管內制　唐蘇　頲　1337-316-461

● 王成一 宋
東頭供奉宮閤門祗候王成一可內殿崇班依舊閤門祗候制　宋蔡　襄　1090-445- 13

● 王孝先 宋
降一官知濮州（制）　宋蘇　軾　1108-683-107

● 王孝忠 宋
可降授供備庫副使制　宋王安禮　1100- 13- 2

● 王孝叔 宋
職方員外郎致仕王述男孝叔可試將作監

主等制　　　　　　宋胡　宿　1088-788- 19
充春州軍事推官通判
　春州兼知本州制　宋王安石　1105-415- 52
● 王孝迪宋
宣德郎尚書司封員外
　郎王孝迪可太常少
　卿制　　　　　　宋慕容彥逢　1123-332- 4
宣德郎尚書司封員外
　郎王孝迪可殿中少
　監制　　　　　　宋慕容彥逢　1123-339- 4
● 王克存宋
資政殿大學士王綯故
　祖克存贈太子少師
　（制）　　　　　宋程　俱　1130-234- 23
贈祖制　　　　　　宋李正民　1133- 38- 3
● 王克臣宋
龍圖閣直學士王克臣
　可知鄭州制　　　宋劉　放　1096-215- 21
可工部侍郎（制）　宋蘇　軾　1108-662-106
● 王克忠宋
故四方館使新州刺史
　王克忠可贈引進使
　遙郡團練使制　　宋胡　宿　1088-802- 21
● 王克昌宋
內殿承制王克昌可供
　備庫副使　　　　宋蘇　頌　1092-356- 30
● 王克明宋
東上閣門使運州刺史
　王克明可四方館使
　制　　　　　　　宋宋　庠　1087-555- 20
● 王克基宋
陳東上閣門使制　　宋韓　琦　1089-462- 40
● 王克常宋
寧州觀察使王權父克
　常贈武經郎制　　宋張　擴　1129-136- 13
● 王克詢宋
知順安軍（制）　　宋蘇　軾　1108-689-108
● 王克勤宋
特授太常寺主簿　　宋衛　涇　1169-465- 1
● 王克謙宋
起服淮西安撫司准備
　差遣制　　　　　宋吳　泳　1176- 82- 9
授知安吉州制　　　宋徐元杰　1181-690- 7
● 王克讓宋
可內殿承制制　　　宋胡　宿　1088-768- 17

● 王見賓明
河南開封府知府王見
　賓誥命　　　　　明馮　琦　1402-123- 22
● 王伯大宋
除吏部郎中制　　　宋許應龍　1176-443- 4
授吏部侍郎兼侍讀制　宋徐元杰　1181-682- 6
磨勘轉官制　　　　宋徐元杰　1181-692- 7
● 王伯序宋
孟子禮轉右奉議郎王
　伯序轉右承宣郎制　宋張　擴　1129- 88- 9
● 王伯虎宋
朝散郎在京進奏院王
　伯虎復秘書省校書
　郎制　　　　　　宋劉　放　1096-203- 20
跋宋王伯虎受官救田
　道　　　　　　　明吳　寬　1255-469- 51
題宋進士王伯虎授建
　州參軍勅　　　　明王　鏊　1256-510- 35
● 王伯恭宋
轉官制　　　　　　宋王安石　1105-392- 10
　　　　　　　　　　　　　　1350-390- 38
　　　　　　　　　　　　　　1418-320- 47
● 王希雋唐
授王希雋太僕卿制　唐蘇　頲　1336-615-397
● 王布顏宋
可殿中丞制　　　　宋胡　宿　1088-721- 13
● 王利用宋
除秘書郎（制）　　宋劉一止　1132-164- 31
監察御史（制）　　宋劉一止　1132-183- 37
成都府路提刑（制）　宋劉一止　1132-220- 46
● 王利見宋
贈承務郎（制）　　宋李彌遜　1130-630- 4
● 王利涉宋
勒停人左侍禁王利涉
　除率府副率制　　宋蔡　襄　1090-440- 12
● 王利賓宋
可並特授守司天監主
　簿制　　　　　　宋王安禮　1100- 32- 3
● 王廷老宋
太常寺太祝王廷老可
　光祿寺丞制　　　宋王　珪　1093-297- 40
● 王廷年宋
樞密使王某親甥孫廷
　年可守秘校制　　宋胡　宿　1088-786- 19
● 王廷秀宋

史部 詔令奏議類：附錄 詔令下（男）四畫

除直秘閣宮觀（制） 宋張 綱 1131- 17- 3

● 王廷禧 宋

知濟州王廷禧可知登州制 宋劉 放 1096-212- 21

● 王伎寧 唐

授建昌郡王伎寧冬官尚書制 唐李 嶠 1336-554-387

● 王宗古 宋

可殿中丞制 宋胡 宿 1088-751- 15

● 王宗望 宋

左班殿直王宗望可轉一官制 宋慕容彥逢 1123-368- 6

勅王宗望等制 宋許 翰 1123-495- 1

● 王宗道 宋

尚書祠部員外郎崇文院檢討天章閣侍講王宗道可尚書度支員外郎制 宋宋 庠 1087-602- 26

● 王宗浚 宋

散官安置制 宋汪 藻 1128-113- 12

● 王宗禮 宋

武功大夫王宗禮降兩官制 宋許景衡 1127-234- 7

● 王宗變 前蜀

授王宗變韜邛漢二州刺史制 唐薛廷珪 1336-720-411

● 王官寧 宋

東頭供奉官王官寧可內殿崇班制 宋蔡 襄 1090-445- 13

● 王宋慶 宋

比部員外郎王宗慶可駕部員外郎（制） 宋韓 維 1101-657- 16

● 王武俊 唐

授王武俊司徒李抱眞司空制 唐不著撰人 426-836-118

授王武俊李抱眞官封并招諭朱滔詔 唐陸 贄 1072-688- 5

● 王直臣 宋

奉議郎通判永興軍王直臣可轉一官制 宋慕容彥逢 1123-378- 7

● 王居仁 明

侍御史王居仁除山西行省參知政事誥 明宋 濂 1223-255- 1

除山西行省參政誥 明宋 濂 1373-493- 1

● 王居正 宋

除太常少卿（制） 宋張 綱 1131- 38- 6

除起居舍人（制） 宋張 綱 1131- 44- 7

爲臣寮上言天資凶悍學術迂陋好文姦言以欺世俗落職依舊宮觀制 宋張 嵲 1131-478- 16

改台州制 宋胡 寅 1137-432- 12

降授待制宮祠（制） 宋胡 寅 1137-434- 12

● 王居安 宋

太學博士誥 宋虞 儔 1154-125- 5

● 王東里 宋

著作佐郎制 宋洪 适 1158-369- 19

● 王承休 唐

授王承休等諸州刺史制 唐李虞仲 1336-714-410

● 王承宗 唐

削奪王承宗官爵詔 唐不著撰人 426-850-119

贈賻王承宗制 唐元 稹 1079-598- 50

● 王承林 唐

可安州刺史制 唐白居易 1080-556- 52

● 王承迪 唐

授王承迪等刺史王府司馬制 唐元 稹 1079-655- 5

1336-677-405

● 王承祖 宋

王承祖等轉官制 宋洪 适 1158-411- 24

● 王忠立 宋

御前統制王德祖忠立贈太子少傅制 宋張 擴 1129-127- 12

● 王忠臣 宋

前大理寺丞王忠臣舊官服闕制 宋王安石 1105-410- 52

大理司直王忠臣在任（制） 宋孫 覿 1135-256- 25

● 王忠植 宋

特贈奉國軍節度使開府儀同三司仍賜諡制 宋張 嵲 1131-491- 18

● 王忠嗣 唐

授王忠嗣同隴右節度副使制 唐孫 逖 1336-722-412

● 王昌固 宋

與贈三官恩澤五資制 宋張 嵲 1131-509- 19

● 王昌涉 唐

武寧軍將王昌涉等授

官制　　　　　　　　唐白居易　1080-566- 53
● 王昇朝唐
王庭湊父昇朝可贈禮
　部尚書制　　　　　唐白居易　1080-545- 51
● 王易知宋
都官員外郎王易知可
　職方員外郎制　　　宋王安石　1105-390- 50
● 王叔政唐
授王叔政洪州別駕制　唐崔　觚　1336-739-414
● 王叔哥宋
爲遠來歸正本朝委實
　忠義補承信郎（制）宋張　嵲　1131-504-19
● 王叔堪宋
承議郎開封府參軍王
　叔堪可士曹參軍（
　制）　　　　　　　宋慕容彥逢　1123-349- 5
● 王叔憲宋
奉議郎王叔憲可朝奉
　郎制　　　　　　　宋劉　敞　1096-204- 20
● 王知和宋
崇儀副使荊湖北路駐
　泊天知和可六宅副
　使制　　　　　　　宋鄭　獬　1097-140- 4
● 王知信唐
除左衞將軍制　　　　唐杜　牧　1081-680- 16
授王知信左衞將軍制　唐杜　牧　1336-650-402
● 王知信宋
可內殿承制制　　　　宋胡　宿　1088-719- 13
故右驍衞大將軍致仕
　王元祐男知信可內
　殿崇班制　　　　　宋歐陽修　1102-637- 81
● 王知道唐
授王知道寧州刺史制　唐薛廷珪　1336-650-402
● 王知遠唐
授王知遠左衞將軍制　唐錢　珝　1336-650-402
● 王知勤唐
授王知勤右衞將軍制　唐薛廷珪　1336-650-402
● 王朋約宋
贈直龍圖閣制　　　　宋李正民　1133- 5- 1
● 王延之南齊
王鎭軍爲中書令右光
　祿詔　　　　　　　梁江　淹　1063-734- 2
　　　　　　　　　　　　　　　1399-207- 9
　　　　　　　　　　　　　　　1415- 27- 85
● 王延世漢
改元河平賜王延世爵
　詔　　　　　　　　漢成帝　　1396-251- 4
● 王延休唐
授王延休殿中侍御史
　制　　　　　　　　唐常　袞　1336-604-395
● 王延昌唐
授王延昌諫議大夫兼
　侍御史制　　　　　唐賈　至　1336-513-381
● 王延慶宋
可太子中舍人制　　　宋胡　宿　1088-736- 14
● 王延贊宋
台州百姓王延贊年一
　百一歲可守本州助
　教（制）　　　　　宋蘇　頌　1092-400- 34
● 王宥孚宋
漳州進士王宥孚可守
　本州助教制　　　　宋夏　竦　1087- 70- 2
● 王彥成宋
太僕少卿制　　　　　宋汪　藻　1128- 74- 8
除官職制　　　　　　宋翟汝文　1129-204- 3
● 王彥雍宋
乞得幷補承信郎制　　宋張　擴　1129- 99- 10
大理司直制　　　　　宋袁　甫　1175-423- 8
● 王彥韶宋
朝散大夫權知曹州王
　彥韶可衞尉少卿制　宋劉　敞　1096-186- 19
● 王彥儔南唐
加階制　　　　　　　宋徐　鉉　1085- 53- 7
● 王彥懷唐
授王彥懷翟州長史制　唐薛廷珪　1336-738-414
● 王持厚宋
除著作郎制　　　　　宋馬廷鸞　1187- 33- 4
● 王拱已宋
追官人前太常博士王
　拱已太常博士制　　宋王安石　1105-448- 55
● 王拱安宋
侍讀學士戶部侍郎王
　拱辰親兄拱安可試
　將作監主簿制　　　宋胡　宿　1088-787- 19
● 王拱辰宋
將作監丞王拱辰可著
　作郎直集賢院制　　宋宋　庠　1087-579- 23
諫議大夫御史中丞王
　拱辰加勳　　　　　宋余　靖　1089-102- 11
翰林學士承旨吏部侍

四庫全書文集篇目分類索引

史部

詔令奏議類：附錄

詔令下（男）四畫

郎王拱辰加勳邑制　宋王珪　1093-243- 35

納節予宮祠制　宋王安禮　1100- 15- 2

端明殿學士王拱辰可采太子少保依前充端明殿學士兼翰林侍讀學士龍圖閣學士加食邑五百戶食實封二百戶餘如故（制）　宋韓　維　1101-679- 18

● 王拱辰（父）宋

王拱辰父可贈太子中允制　宋宋　庠　1087-596- 25

● 王咸有宋

故王德基男咸有可閤門通事舍人許持服制　宋胡　宿　1088-789- 19

● 王厚之宋

直祕閣兩浙路轉運判官（制）　宋樓　鑰　1152-633- 35

直顯謨閣知臨安府（制）　宋樓　鑰　1152-663- 38

● 王厚貴宋

授賀州別駕制　宋鄒　浩　1121-295- 15

● 王政雅唐

授王政雅等兵部郎中制　唐李虛中　1336-572-390

● 王政路宋

簽署鄭州節度判官廳公事王政路可將作監丞制　宋宋　庠　1087-578- 23

● 王建福宋

樞密王太尉曾祖建福贈太師中書令可贈兼尚書令餘如故　宋余　靖　1089-110- 11

● 王茂元唐

贈王茂元司徒制　唐李德裕　1079-129- 4

● 王思誠宋

特與帶行遙刺制　宋虞　儔　1154-118- 5

● 王思齊唐

授王思齊驍衞將軍加階制　唐李　磎　1336-768-418

● 王若谷宋

贊善大夫王若谷轉殿中丞制　宋歐陽修　1102-630- 80

● 王昭序宋

可特授中書省主事依前充職散官如故制　宋蔡　襄　1090-445- 13

● 王昭辰宋

與轉官（制）　宋周必大　1148- 52- 97

● 王昭明宋

文思副使內侍押班王昭明可右騏驥副使（制）　宋韓　維　1101-659- 16

● 王昭遠宋

可轉一官制　宋綦崇禮　1134-535- 2

● 王恒之梁

封三舍人詔　梁沈　約　1336-752-416

　　　　　　　　　　　　1339-385- 7

　　　　　　　　　　　　1415-112- 87

● 王廻質唐

授王廻質祕書監等制　唐孫　逖　1336-629-399

● 王禹得宋

禮部員外郎制　宋李正民　1133- 15- 2

● 王重瞻宋

王淵曾祖重瞻贈太子少師制　宋張　擴　1129-112- 11

● 王衍之宋

轉閤門宣贊舍人制　宋張　擴　1129- 55- 7

● 王保常宋

內殿承制制　宋王安石　1105-423- 53

● 王俊民宋

責官制　宋王　洋　1132-427- 8

● 王唐卿宋

東頭供奉官王唐卿可內殿崇班（制）　宋蘇　頌　1092-385- 33

● 王祖道宋

朝請郎權江西運副王祖道可福建運判制　宋劉　放　1096-188- 19

司封員外郎制　宋曾　肇　1098-544- 20

廣西經略使王祖道除龍圖閣直學士制　宋慕容彥逢　1123-330- 3

● 王祖禮宋

供奉官王祖禮授內殿崇班　宋余　靖　1089- 97- 10

● 王益柔宋

三司鹽鐵判官度支員外郎集賢校理王益柔可兵部員外郎制　宋王安石　1105-389- 50

龍圖閣直學士太中大夫知毫州王益柔可

差知江寧府制　宋毛涤　1123-745- 5
● 王益祥宋
特授監察御史制　宋衛涇　1169-481- 2
● 王家屏明
勅王家屏柱國太保制　明 神 宗　549- 70-183
勅王家屏通議大夫制　明 神 宗　549- 70-183
● 王浚明宋
可除直秘閣制　宋綦崇禮　1134-548- 4
● 王庭珪宋
除國子監主簿誥詞　宋不著撰人　1134-342-附
除直敷文閣誥詞　宋不著撰人　1134-342-附
● 王珣瑜宋
簽書西京留守叛官廳
　公事王珣瑜可太子
　右贊善大夫制　宋宋 庠　1087-582- 24
殿中丞王珣瑜磨勘改
　官制　宋歐陽修　1002-642- 81
● 王桂直唐
除道州長史制　唐杜 牧　1081-689- 17
授王桂直道州長史制　唐杜 牧　1336-737-414
● 王起之宋
除屯田郎中（制）　宋孫 覿　1135-268- 26
● 王陟臣宋
戶部員外郎制　宋曾 鞏　1098-543- 20
右司郎中（制）　宋蘇 轍　1112-313- 29
● 王捷之宋
押天申節馬轉官制　宋王 洋　1132-420- 7
● 王致用宋
太子中舍王致用等六
　人轉官（制）　宋余 靖　1089- 97- 10
● 王時升宋
權兵部侍郎制　宋洪 适　1158-392- 22
● 王苟龍宋
可大理寺丞制　宋胡 宿　1088-732- 14
知楟州（制）　宋蘇 軾　1108-691-108
知潭州（制）　宋蘇 轍　1112-287- 27
● 王晏實唐
除齊州刺史制　唐杜 牧　1081-676- 15
授王晏實齊州刺史制　唐杜 牧　1336-717-411
● 王剛中宋
除起居舍人（制）　宋周麟之　1142-123- 16
除起居郎（制）　宋周麟之　1142-130- 16
經修神宗寶訓轉一官
　（制）　宋周麟之　1142-153- 19
禮部尚書兼給事中直

學士院制　宋洪 适　1158-383- 21
轉朝散大夫制　宋洪 适　1158-386- 21
端明殿學士簽書樞密
　院事制　宋洪 适　1158-402- 23
● 王師心宋
大理寺丞（制）　宋劉一止　1132-199- 40
除吏部尚書（制）　宋周麟之　1142-106- 14
除顯謨閣直學士知紹
　興府（制）　宋周麟之　1142-112- 15
除給事中（制）　宋周麟之　1142-122- 16
知湖州制　宋洪 适　1158-399- 23
● 王師古宋
廣東提刑（制）　宋樓 鑰　1152-658- 37
● 王師石宋
授閣門祗候制　宋吳 泳　1176- 72- 8
● 王師旦宋
可大理寺丞（制）　宋胡 宿　1088-717- 12
● 王師伏宋
王師伏等除丞寺制　宋翟汝文　1129-206- 3
● 王師約宋
駙馬都尉王師約轉觀
　察使制　宋曾 鞏　1098-559- 22
● 王師珪宋
轉歸吏部差住京宮觀
　免奉朝請（制）　宋陳傅良　1150-583- 12
內侍王師珪等各降兩
　官制　宋衛 涇　1169-470- 1
● 王師原宋
醫官王師原敍復舊官
　制　宋鄒 浩　1121-321- 18
● 王師閔唐
可檢校水部員外郎徐
　泗濠等州觀判官制　唐白居易　1080-559- 52
授王師閔檢校水部員
　外郎充徐泗濠等州
　觀察判官制　唐白居易　1336-725-412
● 王師魯唐
授王師魯等嶺南判官
　制　唐元 稹　1079-656- 5
　　　　1336-724-412
● 王能甫宋
朝散郎試尚書禮部侍
　郎王能甫轉一官制　宋慕容彥逢　1123-381- 7
● 王純臣宋
通判岷州（制）　宋蘇 轍　1112-291- 27

● 王惟正 宋
前尚書金部員外郎王惟正服闋可舊官制　宋宋 庠　1087-585- 24

● 王惟顯（先祖）宋
跋王氏所藏宋敕二道　明吳 寬　1255-505- 55

● 王堅固 漢
封王堅固詔　漢 平 帝　426-1056-12
封邛成侯詔　漢王皇后　1396-271- 5

● 王乾祐 宋
可太子中舍人制　宋胡 宿　1088-745- 15

● 王務民 宋
皇城副使王務民可西京左藏庫使制　宋慕容彥逢　1123-359- 6

● 王崇文 南唐
王崇文劉仁瞻張鈞並本州觀察使制　宋徐 鉉　1085- 56- 7

● 王崇古 明
贈太保諡襄毅詔　明 神 宗　549- 69-183

● 王崇吉 宋
勒停人王崇吉可建州陽簿（制）　宋田 錫　1085-547- 28

● 王崇拯 宋
可遙郡刺史（制）　宋蘇 軾　1108-669-106

● 王崇昭 南唐
江州錄事參軍王崇昭可江西觀察衙推（制）　宋徐 鉉　1085- 66- 8

● 王處厚 宋
軍器庫副使兼翰林醫官副使王處厚可翰林醫官使制　宋慕容彥逢　1123-362- 6
醫官使王處厚可轉一官制　宋慕容彥逢　1123-384- 7
醫官王處厚可轉一官制　宋慕容彥逢　1123-385- 7

● 王國光 宋
降官制　宋王 洋　1132-428- 8

● 王野民 宋
軍事推官王野民可大理寺丞制　宋歐陽修　1102-644- 81

● 王晞亮 宋
知漳州王晞亮祕閣修撰致仕制　宋洪 适　1158-379- 20

● 王象仲 唐
可衡州刺史制　唐白居易　1080-570- 53

● 王得臣 宋
知唐州王得臣可知邢州制　宋劉 敞　1096-207- 21

● 王得賢 宋
可虞部員外郎制　宋胡 宿　1088-745- 15

● 王斛斯 唐
授王斛斯太僕卿制　唐孫 逖　1336-615-397
授王斛斯兼左金吾衞大將軍制　唐孫 逖　1336-644-401
授王斛斯右羽林軍將軍制　唐孫 逖　1336-654-402

● 王敏文 宋
潼州府路轉運副使制　宋汪 藻　1128- 75- 8

● 王逢士 宋
可殿中丞制　宋宋 祁　1088-266- 31

● 王逢辰 宋
奏百姓醫生王逢辰可試國子四門助教　宋沈 遘　1097- 35- 4

● 王從志 宋
書藝局藝學王從志轉一官制　宋慕容彥逢　1123-392- 8

● 王從伍 宋
知岢嵐軍諮　宋 哲 宗　549- 65-183
知岢嵐軍制　宋曾 鞏　1098-559- 22
　　　　　　1350-397- 39

● 王從政 宋
諸司使副陝西緣邊都監知州王從政轉官制　宋宋 庠　1087-569- 22
步軍都虞侯王從政可馬軍都虞侯（制）　宋王 珪　1093-282- 38
崇儀使賀州刺史王從政可六宅使制　宋王 珪　1093-294- 40
左藏庫使涇原鈐轄王從政可西上閤門使益州鈐轄制　宋歐陽修　1102-632- 80

● 王從善 宋
可西京左藏庫使依前充果州團練使制　宋胡 宿　1088-776- 18
三班奉職王從善轉一官制　宋慕容彥逢　1123-385- 7

● 王善之 宋
直龍圖閣（制）　宋樓 鑰　1152-629- 35

● 王善長 宋
屯田員外郎王善長等

四庫全書文集篇目分類索引

可轉官制　　　　　　宋鄭　獬　　1097-159-　6

● 王淶之宋

除起居舍人制　　　　宋鄒　浩　　1121-308- 17

● 王敦祐宋

太史局冬官正王敦祐各轉一官制　　宋張　擴　　1129- 78-　8

● 王博古宋

屯田郎中致仕王希男博古可試祕書省校書郎　　宋鄭　獬　　1097-167-　6

● 王博聞宋

直龍圖閣知延安府制　宋鄒　浩　　1121-308- 17

權發遣河北路轉運副使王博聞可轉一官陞充轉運使制　　宋慕容彥逢　1123-343-　4

● 王惠超唐

王惠超等授左清道率府率制　　　　唐元　稹　　1079-580- 47

● 王雅康唐

授王雅康建陵臺令制　唐杜　牧　　1336-717-411

● 王堯臣宋

可三司使制　　　　　宋宋　祁　　1088-264- 31

可大理寺丞（制）　　宋胡　宿　　1088-716- 12

除翰林學士制　　　　宋韓　琦　　1089-461- 40

樞密使給事中王堯臣可金紫光祿大夫依前給事中充樞密使仍賜推忠佐理功臣勳封實食封如故制　　宋蔡　襄　　1090-464- 15

樞密副使給事中王堯臣可戶部侍郎參知政事制　　　　　宋王　珪　　1093-260- 36

待制王堯臣知單州制　宋曾　鞏　　1098-551- 21

可特贈太師中書令改謚文忠制　　　宋王安禮　　1100- 32-　3

入內內侍省官王堯臣可特轉一官制　宋慕容彥逢　1123-374-　7

● 王堯佐宋

降一資（制）　　　　宋樓　鑰　　1152-619- 34

● 王堯明宋

左武衞大將軍遙郡刺史王堯明可東上閤門使制　　宋宋　庠　　1087-558- 20

● 王彭年宋

朝請郎王彭年可監察

御史制　　　　　　　宋劉　放　　1096-196- 20

● 王揚英宋

除成都府路運判（制）　宋周麟之　　1142-140- 18

● 王景文劉宋

封王景文蔡興宗詔　　劉宋明帝　　1398-564-　4

● 王景仁宋

西京作坊使知岢嵐軍王景仁可知原州制　　宋劉　邠　　1096-208- 21

● 王景年宋

權泉州惠安縣尉王佐父景年可右承務郎致仕制　　　　　宋呂　陶　　1098- 68-　9

● 王景良宋

衞尉寺丞今知益州成都縣王景良可大理寺丞制　　　　　宋宋　庠　　1087-578- 23

● 王景純宋

太常寺大祝王景純可大理評事（制）　宋沈　遘　　1097- 33-　4

● 王景崇唐

封王景崇常山郡王制　唐不著撰人　426-445- 61

● 王景華宋

可衞尉寺丞制　　　　宋胡　宿　　1088-716- 12

● 王貽永宋

加食邑實封功臣制　　宋宋　祁　　1088-214-31

除王貽永授依前檢校太師行尚書右僕射兼侍中充景靈宮使彰德軍節度使加食邑實封改賜功臣制　　宋胡　宿　　1088-816- 22

故保平軍節度使王貽永男西上閤門使道卿可貴州團練使制　宋王　珪　　1093-240- 34

● 王貽正宋

樞密王太尉兄貽正贈太師可贈中書令（制）　　　　　　宋余　靖　　1089-112- 11

● 王無逸宋

贈工中王裕長男無逸可試將作監主簿　宋沈　遘　　1097- 49-　5

● 王智興唐

王智興等加官爵制——元和二年十一月　唐不著撰人　426-439- 60

可檢校右散騎常侍兼御史大夫充武寧軍

史部 詔令奏議類・附錄 詔令下（男）四畫

節度副使領本道兵馬赴行營制 唐白居易 1080-558- 52 1336-723-412

授檢校刑部員外郎充觀察判官兼侍御史賜緋紫制 唐白居易 1080-530- 49

● 王循友宋

除倉部郎官制 宋張 擴 1129- 73- 8

倉部郎官王循友交割歲幣有勞特轉一官制 宋張 擴 1129- 75- 8

授學士王源中等中書舍人制 唐李虞中 1336-531-384

授學士王源中戶部侍郎制 唐李虞中 1336-531-384

殯宮梳道頓遞使司屬官王循友等各轉一官制 宋張 擴 1129- 76- 8

授王源中檢校刑部員外郎充觀察判官各兼侍御史賜緋紫制 唐白居易 1336-728-413

知建康府制 宋李正民 1133- 20- 2

● 王資深宋

知建康府（制） 宋周麟之 1142-147- 19

王資深等並除監察御史制 宋鄒 浩 1121-310- 17 1418-585- 56

● 王舜中宋

西京左藏庫副使王舜中轉一官制 宋慕容彥逢 1123-370- 7

贈五官制 宋汪 藻 1128- 97- 10

● 王舜民宋

● 王補之宋

醫官副使王舜民可轉一官制 宋慕容彥逢 1123-384- 7

士理寺丞（制） 宋樓 鑰 1152-625- 35

除大理少卿制 宋虞 儔 1154-106- 5

● 王舜圭宋

● 王慎儀（等）宋

（除左班殿直制） 宋蘇 轍 1112-294- 27

大理寺丞王慎儀等改官（制） 宋蘇 頌 1092-383- 33

● 王舜臣宋

● 王義升宋

王舜臣等時與轉官制 宋鄒 浩 1121-298- 15

可先次落職放罷制 宋綦崇禮 1134-555- 5

致仕制 宋王 洋 1132-431- 8

● 王溫恭宋

● 王舜卿宋

權保安軍判官王溫恭可知延州延水縣制 宋歐陽修 1102-629- 80

太醫丞直翰林醫官局王舜卿可轉一官制 宋慕容彥逢 1123-380- 7

● 王道恭宋

● 王舜康宋

西上閤門使王道恭可康州刺史仍舊西上閤門使成都府利州路鈐轄（制） 宋沈 遘 1097- 49- 5

醫官王舜康可轉一官制 宋慕容彥逢 1123-384- 7

● 王道卿宋

● 王欽若宋

西京作坊使高州刺史王道卿可西上閤門使制 宋王 珪 1093-241- 34

故守司空兼門下侍郎平章事王欽若可贈太師中書令制 宋夏 竦 1087- 71- 2

供備庫副使王道卿可西京左藏庫副使制 宋王道卿 1102-621- 79

● 王進之宋

● 王楊英宋

知德慶府（制） 宋陳傳良 1150-604- 14

除吏部郎官制 宋張 擴 1129- 74- 8

知德慶府（制） 宋樓 鑰 1152-676- 39

● 王達如宋

● 王進发唐

除吏部郎官制 宋張 擴 1129- 74- 8

可冀州刺史制 唐元 稹 1079-582- 48

● 王萬修宋

● 王進為宋

循修職郎（制） 宋周必大 1148- 47- 97

元係振武指揮使累年教閲委是整肅降等換承節郎換給制 宋張 嵲 1131-490- 18

● 王敬弘劉宋

● 王進誠唐

追謚王敬弘文貞公詔 劉宋順帝 1398-568- 4

授王進誠嚴州刺史制 唐錢 翊 1336-718-411

● 王源中唐

● 王敬則齊
王撫軍爲安東吳興詔　齊江　淹　1063-735- 2
　　　　　　　　　　　　　　　1399-206- 9
　　　　　　　　　　　　　　　1415- 27- 85

● 王敬從唐
授王敬從御史中丞制　唐孫　逖　1336-593-393
● 王敬堯唐
授潁州刺史充本州防
　禦使王敬堯加檢校
　太子太傅制　　　　唐錢　珝　1336-703-409
授王敬堯武寧軍節度
　使制　　　　　　　唐張玄晏　1337-285-457
● 王會龍宋
除工部郎官制　　　　宋許應龍　1176-445- 4
除右司郎中制　　　　宋許應龍　1176-446- 4
● 王寧新宋
太府寺丞（制）　　　宋樓　鑰　1152-672- 38
● 王漢之宋
兵部侍郎王漢之可顯
　謨閣直學士知成都
　府制　　　　　　　宋慕容彥逢　1123-345- 5
● 王漢臣宋
轉官制　　　　　　　宋張孝祥　1140-643- 19
折欠違程降官制　　　宋張孝祥　1140-645- 19
● 王漢卿宋
崇儀副使王漢卿可左
　驍衞將軍致仕　　　宋韓　維　1101-668- 17
● 王輔元唐
授王輔元左羽林衞將
　軍知軍事制　　　　唐白居易　1336-655-402
　　　　　　　　　　　　　　　1402- 77- 14

● 王與權宋
右清道率副率致仕王
　與權可右司禦率府
　副率致仕（制）　　宋沈　遘　1097- 49- 5
除大理少卿制　　　　宋袁　甫　1175-422- 8
除起居郎誥　　　　　宋許應龍　1176-434- 3
● 王槐孫宋
循資制　　　　　　　宋洪　适　1158-374- 19
● 王嘉聞宋
都官員外郎知成州王
　嘉聞轉職方員外郎
　制　　　　　　　　宋歐陽修　1102-623- 79
● 王聞詩宋
除考功郎官（制）　　宋陳傅良　1150-629- 16

考功郎官王聞詩覃恩
　轉官（制）　　　　宋陳傅良　1150-632- 17
● 王聞顯宋
歸順人王聞顯武翼大
　夫制　　　　　　　宋洪咨夔　1175-225- 16
● 王夢易宋
試大理評事充永興軍
　節推知遂州青石縣
　事制　　　　　　　宋王安石　1105-408- 52
● 王僧度齊
王光祿爲征南湘州詔　梁江　淹　1063-735- 2
　　　　　　　　　　　　　　　1399-206- 9
● 王僧辯梁
加王僧辯太尉車尉車
　騎大將軍詔　　　　梁 元 帝　1399-323- 4
詔封王僧辯　　　　　梁 元 帝　1414-649- 84
● 王肇坤明
刑部福建司主事王肇
　坤（勅）　　　　　明倪元璐　1297- 42- 3
● 王廣淵宋
羣牧判官屯田員外郎
　直集賢院王廣淵可
　度支員外郎依前直
　集賢院充群牧判官
　（制）　　　　　　宋韓　維　1101-655- 16
● 王廣廉宋
奏舉人前祁州深澤縣
　令王廣廉著作佐郎
　制　　　　　　　　宋王安石　1105-401- 51
● 王慶端元
王桓故父慶端改諡忠
　武制　　　　　　　元程鉅夫　1202- 39- 4
● 王鄰臣宋
可殿中丞制　　　　　宋胡　宿　1088-722- 13
● 王踐睦唐
授王踐睦虞部郎中制　唐蘇　頲　1336-575- 90
● 王德用宋
除王德用特授依前開
　府儀同三司檢校太
　師同中書門下平章
　事充樞密使河陽三
　城節度使進封魯國
　公加食邑制　　　　宋胡　宿　1088-827- 23
除王德用特授依前校
　太師同中書門下平

章事兼群牧制置使充樞密使河陽三城節度使加食邑實封仍改賜功臣制　宋胡　宿　1088-827- 23　1350-352- 34

● 王德明宋
西京留司御史臺正名知班驅使官王德明可將仕郎守蓬州蓬山縣主簿勒留（制）　宋蘇　頌　1092-397- 34

● 王德厚宋
內殿承制王德厚特與轉西上閤門副使知城寨制　宋慕容彥逢　1123-366- 6

● 王德悅宋
可將作監主簿制　宋胡　宿　1088-741- 14

● 王德豐宋
內殿承制王德豐可備庫副使制　宋王　珪　1093-296- 40

● 王禧中宋
考功員外郎制　宋洪　适　1158-382- 20
起居舍人制　宋洪　适　1158-388- 21

● 王餘慶宋
右侍禁王餘慶率府副率致仕制　宋王安石　1105-426- 53

● 王義叔宋
水軍措置副使（制）　宋李正民　1133- 30- 3

● 王義賓宋
爲措置捍禦金人有功轉一官制　宋張　嵲　1131-443- 12

● 王諤臣宋
國子博士王諤臣可虞部員外郎（制）　宋沈　遘　1097- 52- 6

● 王積薪唐
授王積薪慶王友制　唐孫　逖　1226-675-405

● 王舉元宋
奉議郎王詔弟奉議郎護故父任給事中夫章閣待制贈銀青光祿大夫舉元可贈特進制　宋劉　攽　1096-240- 23
刑部郎中制　宋王安石　1105-386- 50

● 王瑸弱宋
宣贊舍人王瑸弱轉遙郡刺史依舊拘管皇

城司（制）　宋孫　覿　1135-260- 25
武功大夫王瑸弱知東上閤門（制）　宋孫　覿　1135-261- 25

● 王鎮惡劉宋
追封劉穆之王鎮惡詔　劉宋武帝　1398-487- 1

● 王懷玉宋
王守忠男懷玉制　宋蔡　襄　1090-450- 13

● 王懷忠宋
東頭供奉官閤門祗候王懷忠可內殿崇班依舊閤門祗候制　宋夏　竦　1087- 52- 1

● 王懷信宋
王淵父懷信贈太子太傅制　宋張　擴　1129-113- 11

● 王懷淳宋
內殿承制王懷淳可供備庫副使（制）　宋蘇　頌　1092-366- 31

● 王懷德宋
可內殿承制制　宋胡　宿　1088-720- 13

● 王懷勳宋
左藏庫副使知丹州王懷勳轉官制　宋鄭　獬　1097-161- 6

● 王獻可宋
火山軍（制）　宋蘇　轍　1112-300- 28

● 王獻臣宋
可大理寺丞制　宋胡　宿　1088-722- 13
范鎮奏成都府醫人王獻臣試國子四門助教不理選限制　宋王安石　1105-451- 55

● 王繼先宋
轉遙郎承宣使制　宋張　擴　1129-149- 14

● 王繼祖宋
京東路同提點刑獄內殿承制閤門祗候王繼祖可禮賓副使制　宋宋　庠　1087-557- 20

● 王繼恩宋
供備庫副使王繼恩可西京左藏庫副使（制）　宋王　震　1350-399- 39

● 王繼廉明
刑科給事中王繼廉（勅）　宋倪元璐　1297- 26- 2

● 王繼榮宋
耀州司法繼榮可邠州宣祿簿（制）　宋田　錫　1085-546- 28

● 王繼遠 宋
供備庫副使王繼遠等二人轉官制　宋鄭 獬　1097-160- 6

● 王巖叟 宋
侍御史王巖叟可起居舍人制　宋劉 攽　1096-201- 20
承議郎自集賢院知齊州王巖叟可起居舍人制　宋劉 攽　1096-201- 20
承議郎侍御史王巖叟可直集賢院知齊州制　宋劉 攽　1096-218- 21
可侍御史（制）　宋蘇 軾　1108-696-108

● 王觀國 宋
奉議郎僉書陝州節度判官廳公事王觀國可轉一官制　宋慕容彥逢　1123-378- 7
除祠部郎官制　宋劉才邵　1130-458- 4
岳州通判王觀國失收據制錢特降一官（制）　宋劉一止　1132-206- 42

● 五哥之 唐
王庭湊會祖五歌之可贈越州都督制　唐白居易　1080-545- 51

● 井 溥 宋
係劉相公差作回易因劉相公罷宣撫使拘收回易錢爲簿名下錢未見下落及虛攤鹽舖戶錢特降一官制　宋張 嶸　1131-472- 15

● 井亮采 宋
河東運副井亮采可知滑州制　宋劉 攽　1096-218- 21
河東漕（制）　宋蘇 轍　1112-321- 30

● 元 方 宋
圖畫局藝學元方轉一官制　宋慕容彥逢　1123-392- 8

● 元 成 宋
武德郎元成贈三官與三資恩澤制　宋張 擴　1129-148- 14

● 元 佑 唐
可洋州刺史制　唐元 稹　1079-581- 48

● 元 海 元
（元明善）祖海贈嘉

議大夫秘書監太卿上輕車都尉追封清河郡侯諡貞惠（制）　元袁 桷　1203-481- 36

● 元 貢 元
（元明善）父貢贈中奉大夫吏部尚書護軍追封清河郡公諡孝靖（制）　元袁 桷　1203-481- 36

● 元 晦 唐
授元晦諫議大夫制　唐李德裕　1079-130- 4
　　1336-514-381
　　1394-320- 1
　　1402- 93- 16

● 元 奭 唐
授元奭侍御史制　唐常 袞　1336-601-394

● 元 絳 宋
可都官員外郎制　宋胡 宿　1088-745- 15
正議大夫依前充資政殿學士加食邑制　宋王安禮　1100- 16- 2

● 元 載 唐
平章事制——元年建辰月　唐不著撰人　426-301-405
授元載豫章防禦便制　唐賈 至　1336-701-409

● 元 當 宋
監察御史元當可同諫（制）　宋孫 覿　1135-245- 24

● 元 壽 唐
授元壽陸渾縣令制　唐崔 嘏　1336-692-407

● 元 廣 宋
贈武經郎（制）　宋周必大　1148- 45- 97

● 元 瑜 宋
醫官元瑜叙權易使（制）　宋蘇 轍　1112-311- 29

● 元 積 唐
平章事制　唐不著撰人　426-320- 47
同州刺史制——長慶二年六月　唐不著撰人　426-398- 56
除中書舍人翰林學士賜紫金魚袋製　唐白居易　1080-537- 50
可太子左諭德依前入蕃使制　唐白居易　1080-549- 51
授元稹中書舍人翰林學士制　唐白居易　1336-530-384

● 元 導 宋
圖畫局藝學元導可轉

四庫全書文集篇目分類索引

一官制　　　　　　　　　　宋慕容彥逢　1123-392-　8

●元　隋 宋

贈太保中書令隋可銀青光祿大夫檢校國子祭酒兼監察御史武騎尉充教練使制　宋宋　庠　1087-587- 24

鎭安軍節度使同中書門下平章事元隋可銀青光祿大夫檢校國子祭酒兼監察御史武騎尉充教練使制　宋宋　庠　1087-587- 24

●元　鋸 唐

元宗簡父鋸贈尚書刑部侍郎制　唐白居易　1080-530- 49

●元　環 唐

授元環右監門衞將軍制　唐孫　逖　1336-653-402

●元　奭（與）唐

元奭等可餘杭等州刺史制（授元與等杭濠歙泗諸州刺史制）　唐元　稹　1079-582- 48

　　　　　　　　　　　　　　　　　　1336-711-410

　　　　　　　　　　　　　　　　　　1402- 71- 13

●元　鎬 唐

授元鎬京兆少尹國子司業制　唐薛廷珪　1336-641-401

●元太祖 元

太祖皇帝加上尊號册文　元王　構　1367-126- 10

●元公度 唐

授華陰令制　唐白居易　1090-540- 50

授元公度華陰縣令制　唐白居易　1080-744-415

●元仁宗 元

仁宗皇帝謚册文　元張士觀　1367-131- 10

●元世祖 元

世祖皇帝謚册文　元王　構　1367-127- 10

●元成宗 元

成宗皇帝謚册文　元張士觀　1367-131- 10

●元宗孟 宋

樞密院副承旨元宗孟可文思副使制　宋陸　佃　1117-137- 10

●元宗簡 唐

權知京兆少尹制　唐元　稹　1079-575- 46

●元武宗 元

皇帝尊號玉册文　元姚　燧　1201-405-　1

●元居中 宋

前職方員外郎元居中舊官服闕制　宋王安石　1105-411- 52

●元明宗 元

明宗皇帝祔廟册文　元虞　集　1207-307- 21

明宗皇帝尊號册文　元歐陽玄　1210-149- 13

明宗皇帝謚册文　元虞　集　1367-132- 10

●元彥沖 唐

授元彥沖等諸州刺史制　唐孫　逖　1336-708-410

●元英宗 元

英宗皇帝謚册文　元袁　桷　1203-466- 35

　　　　　　　　　　　　　　　　　　1367-132- 10

●元素履 唐

授元素履忠州臨江縣令制　唐李　嶠　1336-742-415

●元著寧 宋

館閣校勘換校書郎（制）　宋蘇　轍　1112-310- 29

●元時敏 宋

通仕郎充詳定一司勅令所刪定官元時敏可特授宣德郎差遣故制　宋慕容彥逢　1123-340-　4

●元順宗 元

順宗皇帝謚册文　元程鉅夫　1367-128- 10

●元欽裕 唐

授元欽裕櫟陽縣令制　唐蘇　頲　1336-689-407

●元裕宗 元

裕宗册文　元張伯淳　1194-434-　1

●元睿宗 元

增謚睿宗仁聖景襄皇帝玉册文　元王　惲　1201- 25- 67

睿宗皇帝加上謚册文　元劉　廣　1367-128- 10

●元默卿 宋

封燕國公加食邑實封制　宋姚　勉　1184-293- 42

●元積中 宋

可屯田員外郎制　宋胡　宿　1088-742- 15

●元（开）贊 宋

責授崇儀副使制　宋鄭　獬　1097-140-　4

四庫全書文集篇目分類索引　675

可內殿承制誥　宋歐陽修　1402-112- 20
● 比　千商
贈殷太師比干詔　唐 太 宗　538-493- 75
● 扎瑪里廸音元
章佩丞和和曾祖父扎瑪里廸音贈順節功臣資德大夫中書左丞上護軍追封魏國公（制）　元札瑪里廸音　1196-730- 10
● 巴　延元
丞相巴延贈謚制　元閻　復　1367-138- 11
● 巴　奕宋
永興軍進士巴奕可試國子四門助教（制）　宋韓　維　1101-657- 16
● 巴令渴宋
蕃官巴令渴等轉官制　宋鄒　浩　1121-293- 15
● 巴克實巴元
秦國忠翊之弟巴克實巴追封古哩郡恭懿公制　元姚　燧　1201-421- 2
● 巴延祖考元
丞相巴延祖考封謚制　元宋　本　1367-158- 12
● 巴雅爾罕元
趙王專故曾祖父巴雅爾罕進封趙王謚武毅制　元程鉅夫　1202-29- 3
● 孔　立宋
降忠訓郎制　宋孔　立　1129-132- 12
● 孔　丘周
加封孔子制　元閻　復　1367-134- 11
爲魯司寇命　周魯定公　1396- 56- 5
追封孔子詔　元 武 宗　1402- 54- 10
● 孔　吉漢
封殷後詔　漢 成 帝　426-1045- 10
封孔吉爲殷後詔　漢 成 帝　1396-254- 4
● 孔　光漢
益封王根等詔　漢 哀 帝　426-1047- 11
策免孔光　漢 哀 帝　426-1051- 11
授四輔等詔　漢 平 帝　426-1057- 12
免丞相孔光策　漢 哀 帝　1396-264- 4
益封孔光等詔　漢王太后　1396-657- 23
● 孔　奕宋
加官制　宋王　洋　1132-418- 7
● 孔　括宋
右承事郎知淳安縣孔

括轉一官再任制　宋張　擴　1129- 80- 8
● 孔　納明
襲封衍聖公孔訥誥文　明 太 祖　1223- 29- 3
● 孔　勗宋
題騎都尉孔勗誥後　明薛　瑄　1243-221- 11
● 孔　頌宋
右班殿直孔頌可洛州別駕致仕（制）　宋蘇　頌　1092-358- 30
● 孔　弼宋
邊功轉官制　宋許　翰　1123-496- 1
● 孔　羨魏
封孔子後爲宗聖侯詔　魏 文 帝　1361-508- 1
● 孔　戣唐
可散騎常侍制　唐白居易　1080-524- 48
授尚書左丞制　唐白居易　1080-537- 50
除孔戣等官制　唐白居易　1080-585- 55
授孔戣右散騎常侍制　唐白居易　1336-506-380
授孔戣等給事制　唐白居易　1336-511-381
授孔戣尚書左丞制　唐白居易　1336-543-385
授孔戣右散騎常侍制　唐白居易　1418- 72- 38
● 孔　戡唐
賜爵一級並廻授男同制　唐白居易　1080-561- 52
除孔戡萬年縣令制　唐白居易　1080-589- 55
　　　　　　1336-687-407
● 孔　緯唐
荊南節度使制——大順二年一月　唐不著撰人　426-415- 58
授孔緯吏部尚書加食邑等制　唐薛廷珪　1336-547-386
● 孔　禮宋
武顯大夫孔禮等迎護梓宮屬官各轉一官制　宋張　擴　1129- 78- 8
● 孔　競唐
授孔競陰平縣令制　唐薛廷珪　1336-747-415
● 孔文仲宋
起居舍人（制）　宋蘇　轍　1112-297- 28
中書舍人（制）　宋蘇　轍　1112-326- 30
起居舍人（制）　宋蘇　轍　1350-407- 40
● 孔平仲宋
太常博士充集賢校理孔平仲可秘書丞制　宋劉　攽　1096-188- 19
太僕丞（制）　宋蘇　轍　1112-310- 29
太常博士（制）　宋蘇　轍　1112-319- 30

四庫全書文集篇目分類索引

史部

詔令奏議類：附錄

詔令下（男）四畫

除金部郎中制　宋鄒　浩　1121-305- 16

題孔氏所題先世諸後　明宋　濂　1223-604- 12

● 孔世卿 宋

左諫議大夫知瀛州李肅之奏醫人孔世卿可試國子四門助教不理選限（制）　宋蘇　頌　1092-368- 31

● 孔目官 宋

學士院孔目官可特授兗州陽信縣尉充學士院錄事制　宋歐陽修　1102-637- 81

● 孔仲良（等）唐

跋孔君家藏唐誥　宋朱　熹　1145-750- 84

● 孔仲原 宋

大理司直制　宋汪　藻　1128- 78- 8

● 孔休源 梁

贈孔休源詔　梁 武 帝　1399-260- 1　1414-428- 80

● 孔克營 明

曲阜知縣孔克營勅文　明 太 祖　1223- 26- 3

● 孔防叔 周

追封孔子曾祖防叔公册文　清 世 宗　1300- 59- 4

● 孔伯夏 周

追封孔子祖伯夏公册文　清 世 宗　1300- 59- 4

● 孔宗愿 宋

孔子四十六代孫文宣公宗愿改封衍聖公制　宋呂　淙　1375- 44- 1

● 孔宗翰 宋

秘書丞孔宗翰可太常博士（制）　宋沈　遘　1097- 56- 6

● 孔宗願 宋

濟州鉅野縣尉孔宗願可濰州北海縣尉制　宋宋　庠　1087-564- 21

● 孔昌祚 宋

右領軍將軍孔昌祚可泗州刺史（制）　宋徐　鉉　1085- 65- 6

● 孔彥舟 宋

轉武翼大夫添差東平府鈐轄制　宋汪　藻　1128- 76- 8

● 孔述睿 唐

授孔述睿起居舍人制　唐常　袞　1336-525-383

● 孔溫裕 唐

授孔溫裕忠武軍節度使制　宋玉堂遺範　1337-241-453

● 孔嗣宗 宋

秘書丞充三司勾當修造案公事禮嗣宗可太常博士餘如故（制）　宋蘇　頌　1092-354- 30

● 孔履常 宋

孔履常上書中書後肖召詔特補右迪功郎制　宋張　擴　1129-137- 13

● 尹　才 宋

（可）號州司戶（制）　宋蘇　轍　1112-289- 27

● 尹　立 宋

可大理寺丞制　宋胡　宿　1088-731- 14

● 尹　玉 宋

特贈濠州團練使麻士龍特贈高州刺史諡　宋王應麟　1187-266- 5

● 尹　正 宋

文思副使尹正可內園副使制　宋慕容彥逢　1123-362- 6

左藏庫副使尹正可轉一官制　宋慕容彥逢　1123-385- 7

● 尹　林 宋

殿中丞尹林可國子博士　宋沈　遘　1097- 48- 5

● 尹　昆 漢

拜尚書僕射詔　漢 獻 帝　1397- 66- 3

● 尹　倌 宋

可國子博士制　宋胡　宿　1088-737- 14

● 尹　惔 唐

授尹惔諫議大夫　唐孫　逖　1336-512-381

● 尹　烜 宋

秘書郎兼崇政殿說書（制）　宋李彌遜　1130-620- 4

徽猷閣待制提舉江州太平觀尹烜轉一官致仕制　宋程克俊　1375- 53- 2

● 尹　植 宋

戶曹參軍尹植可某官致仕制　宋歐陽修　1102-641- 81

● 尹　源 宋

秘書丞尹源可磨勘改官制　宋歐陽修　1102-617- 79

● 尹　機 宋

四庫全書文集篇目分類索引　677

循右從事郎制　　　　　宋張　擴　1129-138- 13
●尹　勤漢
封單超等詔　　　　　　東漢桓帝　426-1169- 21
●尹　穡宋
右諫議大夫制　　　　　宋洪　适　1158-375- 20
●尹光臣宋
永興軍節度推官大理
　評事前知儀州崇信
　縣事尹光臣可大理
　評事充山南東道節
　度推官知梓州東關
　縣事　　　　　　　　宋沈　遘　1097- 54- 6
●尹良左宋
追官人前儒林郎守司
　戶參軍尹良佐可鄆
　州別駕（制）　　　　宋蘇　頌　1092-397- 34
●尹東珣宋
駕部員外郎尹東珣庫
　部員外郎制　　　　　宋汪　藻　1128- 78- 8
●尹忠臣宋
都官員外郎尹忠臣廣
　南東路轉運判官制　　宋汪　藻　1128- 78- 8
●尹忠恕宋
尹忠恕太子中舍制　　　宋王安石　1105-399- 51
●尹思貞唐
授尹思貞御史大夫制　　唐蘇　頲　1336-591-393
　　　　　　　　　　　　　　　　1402- 87- 15
●尹皇后（孫姪）宋
覃恩淑德尹皇后孫姪　　宋王安石　1105-409- 52
　轉官制
●尹處畸宋
守濮州文學尹處畸可
　曹州文學（制）　　　宋蘇　頌　1092-377- 32
●木金父上古
追封孔子五世祖木金
　父公册文　　　　　　清 世 宗　1300- 59- 4
●木待問宋
知湖州制　　　　　　　宋樓　鑰　 526- 5-259
除煥章閣待制　　　　　宋陳傅良　1150-632- 17
知湖州（制）　　　　　宋樓　鑰　1152-629- 35
改知婺州（制）　　　　宋樓　鑰　1152-634- 35
知寧國府（制）　　　　宋樓　鑰　1152-649- 36
●毋　玉宋
殿直毋玉可轉一官制　　宋慕容彥逢　1123-372- 7
●毋　沇宋

權提點河東路刑獄公
　事尚書都官郎中毋
　沇可尚書司封中差
　遣如故（制）　　　　宋韓　維　1101-675- 18
●毋　波漢
立鉤町玉詔　　　　　　漢 昭 帝　 426-1011- 7
封鉤町侯毋波大鴻臚
　田廣明詔　　　　　　漢 昭 帝　1396-223- 2
●毋　淟宋
可屯田員外郎制　　　　宋胡　宿　1088-748- 15
都官員外郎知坊州毋
　淟可侍御史制　　　　宋蔡　襄　1090-429- 11
●毋丘廉宋
轉一官（制）　　　　　宋李彌遜　1130-624- 4
●毋將隆漢
左遷毋將隆詔　　　　　漢 哀 帝　 426-1051- 11
左遷毋將隆制詔　　　　漢 哀 帝　1396-263- 4
●勾　勉宋
太廟齊郎勾勉可將仕
　郎試祕書省校書郎
　知嘉州夾江縣監果
　州商稅制　　　　　　宋蔡　襄　1090-436- 12
●勾　濤宋
起居舍人（制）　　　　宋李彌遜　1130-628- 4
中書舍人（制）　　　　宋李彌遜　1130-636- 5
●勾仲甫宋
除荊湖北路提點刑獄
　（制）　　　　　　　宋劉安上　1124- 21- 2
●勾龍如淵宋
起居舍人（制）　　　　宋李彌遜　1130-635- 5
復敷文閣待制制　　　　宋張　嵲　1131-439- 12
中書舍人勾龍如淵除
　御史中丞（制）　　　宋劉一止　1132-163- 31
罷御史中丞提舉宮觀
　（制）　　　　　　　宋劉一止　1132-188- 38
●公孫弘漢
又册公孫弘（文）　　　漢 武 帝　 426-997- 6
封丞相弘詔　　　　　　漢 武 帝　 426-999- 6
　　　　　　　　　　　　　　　　1355- 46- 2
　　　　　　　　　　　　　　　　1360- 20- 1
封公孫弘爲平津侯詔　　漢 武 帝　1396-213- 2
●公孫弘後漢
公孫弘後賜爵詔　　　　漢 平 帝　 426-1056- 12
公孫弘後爲侯詔　　　　漢王皇后　1396-273- 5
●公孫迪宋

大理寺丞公孫迪可太子中舍（制） 宋沈 遘 1097-44-5

●公孫敖漢

封公孫敖等詔御史 漢 武帝 426-999-6

封公孫敖等爲列侯詔 漢 武帝 1396-214-2

●公孫儀宋

中允知榮州公孫儀可太常丞餘依舊制 宋夏 竦 1087-60-1

●公乘高宋

前瀛州防禦推官充魏王宮大小學敎授公乘高可大理寺丞（制） 宋韓 維 1101-658-16

●公遂迪宋

可試秘校知齊州歷城縣制 宋胡 宿 1088-780-18

●公西輿如周

改重邱伯公西輿如爲北鄕伯（制） 宋劉安上 1124-13-2

●公孫戎奴漢

封公孫敖等詔御史 漢 武帝 426-999-6

●公孫知止宋

前韶州仁化縣令公孫知止可太子中舍致仕制 宋宋 庠 1087-565-21

●公孫景茂隋

授公孫景茂伊州刺史詔 隋文帝 1400-220-1

●仇 成明

安慶侯仇成誥文 明 太祖 1223-25-3

●仇 洎宋

醫官仇洎等轉官制 宋鄒 浩 1121-299-15

●仇 念宋

復官制 宋劉才邵 1130-457-4

降兩官（制） 宋張 綱 1131-14-2

●仇 著宋

都官員外郎仇著等改官（制） 宋蘇 頌 1092-380-33

●仇 昌宋

殿中省尚藥奉御直醫官院仇昌充翰林醫官副使制 宋王安石 1105-452-55

●仇 愈宋

復左朝請郎制 宋張 擴 1129-140-13

右司員外郎（制） 宋程 俱 1130-240-24

爲該大禮赦左郎散郎制 宋張 嵲 1131-502-19

除寶文閣直學士陝西都轉運使（制） 宋劉一止 1131-211-43

知明州兼沿海制置制 宋胡 寅 1137-437-12

●仇 熙宋

可依前殿中省尚藥奉御充權易副使制 宋王安禮 1100-12-2

●仇延郎宋

皇城司勘契官仇延郎可銀青階兼官（制） 宋田 錫 1085-540-28

●仇洎彥宋

醫官仇洎彥轉官制 宋鄒 浩 1121-316-18

●牛 平宋

授朝奉大夫制 宋翟汝文 1129-217-4

●牛 圭宋

太常博士牛圭可尚書屯田員外郎制 宋宋 庠 1087-602-26

●牛 皐宋

轉兩官（制） 宋張 綱 1131-5-1

●牛 萬（等）宋

牛萬等歸明授承信郎勅 宋許 翰 1123-514-3

●牛 霈宋

爲措置捍禦特除閤門祗候兼殿前司選鋒軍將官依舊添差宿州兵馬鈴轄純制本州管內諸山寨鄕義民兵制 宋張 嵲 1131-480-16

●牛子正宋

轉忠訓郎制 宋張 擴 1129-100-10

●牛文渥宋

牛文渥改官制 宋歐陽修 1102-627-80

●牛元翼唐

授牛元翼深冀等州節度 唐穆宗 506-176-91

授牛元翼成德軍節度使制 唐穆宗 506-176-91

可深冀等州節度使制 唐元 稹 1079-567-44

授牛元翼成德軍節度使制 唐元 稹 1079-567-44

可檢校左散騎常侍深州刺史御史大夫制 唐白居易 1080-569-53

授牛元翼深冀等州節

四庫全書文集篇目分類索引　679

度使州　　　　　　　　唐元　稹　1337-254-454

授牛元翼成德軍節度使制　　　　　　　　唐元　稹　1337-255-454

授牛元翼深冀等州節度使制　　　　　　　　唐元　稹　1402- 68- 13

● 牛仙客 唐

授牛仙客殿中監制　　　唐孫　逖　1336-630-399

授牛仙客薊國公制　　　唐孫　逖　1336-750-416

● 牛仙童 唐

授牛仙童內謁者監制　　唐孫　逖　1336-764-418

● 牛伊格 宋

蕃官內庭崇班牛伊格與轉一官制　　　　　　　　宋慕容彥逢　1123-370- 7

● 牛希逸 唐

授牛希逸殿中侍御史制　唐薛廷珪　1336-606-395

● 牛威名 宋

內殿丞制牛威名與轉一官制　　　　　　　　宋慕容彥逢　1123-389- 8

● 牛知新 宋

可著作佐郎制　　　　　宋胡　宿　1088-717- 12

● 牛拱辰 宋

可國子博士制　　　　　宋胡　宿　1088-737- 14

● 牛僧孺 唐

平章事制——長慶二年三月　　　　　　　　唐不著撰人　426-323- 48

平章事制——太和四年一月　　　　　　　　唐不著撰人　426-328- 48

集賢院大學士監修國史制　　　　　　　　唐不著撰人　426-355- 51

武昌節度平章事制——寶歷七年七月　　　　唐不著撰人　426-378- 53

可戶部侍郎制　　　　　唐白居易　1080-520- 48

監察御史制　　　　　　唐白居易　1080-590- 55

授牛僧孺戶部侍郎制　　唐白居易　1336-560-388

授牛僧孺監察御史制　　唐白居易　1336-608-395

● 毛　友 宋

除監察御史制　　　　　宋翟汝文　1129-210- 3

● 毛　宏 宋

爲招安張清友掩殺賊首趙海等賊節次立功轉忠訓郎換給制　　宋張　嵲　1131-452- 13

● 毛　玠（等）魏

拜毛玠等子男爲郎中令　　　　　　　　　魏 文 帝　1412-604- 24

● 毛　漸 宋

廣東轉運判官毛漸可湖北轉判官制　　　　宋劉　攽　1096-189- 19

● 毛　兌 宋

秘書丞制　　　　　　　宋王安石　1105-398- 51

● 毛　銳 明

伏羌伯毛銳加封太子太保誥文　　　　　　明王　鏊　1256-317- 18

伏羌伯毛銳加封太子太保誥命　　　　　　明王　鏊　1402-122- 22

● 毛　憲 宋

特授行左司諫兼侍講制　　　　　　　　　宋衞　涇　1169-481- 2

寶謨閣待制致仕毛憲明堂加恩制　　　　　宋洪咨夔　1175-237- 18

● 毛永保 宋

可內殿承制制　　　　　宋胡　宿　1088-768- 17

● 毛羽健 明

雲南道御史毛羽健（勒）　　　　　　　　明倪元璐　1297- 28- 2

● 毛居寶 宋

轉歸吏部授從義郎（制）　　　　　　　　宋陳傅良　1150-605- 14

● 毛昌達 宋

供備庫副使溫臺明越衢婺處州都巡檢毛昌達可左武衞將軍致仕制　　　　　　　　宋宋　庠　1087-565- 21

● 毛致通 宋

轉一官（制）　　　　　宋樓　鑰　1152-679- 39

● 毛敦書 宋

除大理正丞（制）　　　宋劉一止　1132-214- 44

● 毛維藩 宋

可大理寺丞制　　　　　宋胡　宿　1088-728- 14

● 宋真宗 宋

眞宗追封介之推誥　　　周介之推　549- 56-183

● 介玉仲孚 宋

大文官介玉仲孚可轉一官制　　　　　　　宋慕容彥逢　1123-381- 7

五　畫

● 主鴻選 梁

授李居王等制　　　　　梁沈　約　1399-390- 7

● 主父寶臣 宋

故贈昭慶軍節度使曹億門客進士主父寶臣可假承務郎制　　宋王安禮　1100- 23- 2

●丙 吉 漢
封丙吉等詔　　　　　　漢 宣 帝　426-1019- 8
●丙 昌 漢
封丙吉孫昌爲博陽侯
　詔　　　　　　　　　漢 成 帝　426-1042- 10
　　　　　　　　　　　　　　　　1355- 61- 3
　　　　　　　　　　　　　　　　396-255- 4
　　　　　　　　　　　　　　　　1402- 23- 3
●丙 顯 漢
免丙顯（詔）　　　　　漢 宣 帝　426-1024- 8
●巨 振 宋
降官（制）　　　　　　宋張 綱　1131- 48- 8
●巨 麟 宋
係號州略縣尉因金人
　侵犯本州同都巡張
　志前去把截不期張
　志叛用鎗刺死麟麟
　贈承信郎制　　　　　宋張 嶸　1131-492- 18
●甘 暉 唐
授甘暉太子贊善人夫
　等制　　　　　　　　唐孫 逖　1336-669-404
●甘 暉 宋
可宣贊舍人制　　　　　宋汪 藻　1128- 77- 8
秉義郎甘暉可閤門祗
　候制　　　　　　　　宋汪 藻　1128- 81- 8
●甘昭吉 宋
西京左藏庫副使帶御
　器甘昭吉可特授文
　思副使制　　　　　　宋蔡 襄　1090-431- 11
入內副都知制　　　　　宋王安石　1105-421- 53
　　　　　　　　　　　　　　　　1350-390- 38
　　　　　　　　　　　　　　　　1418-320- 47
●左 迪 宋
贈六官恩澤依舊制　　宋張 嶸　1131-508- 19
●左 祐 宋
起復（制）　　　　　　宋左 祐　1148- 9- 94
●左 恬 漢
封單超等詔　　　　　　漢 桓 帝　426-1109- 21
●左之剛 宋
換給承信郎制　　　　　宋張 擴　1129- 98- 10
●左安仁 宋
手分借職左安仁可轉
　一官制　　　　　　　宋慕容彥逢　1123-377- 7
●左良辰 宋
承信郎（制）　　　　　宋孫 覿　1135-261- 25

●左伯能 宋
補官制　　　　　　　　宋鄒 浩　1121-318- 18
●左厚之 宋
買鈔所監官文思副使
　左厚之可轉一官制　宋慕容彥逢　1123-378- 7
●左惟溫 宋
前秀州崇德縣尉左惟
　溫可漣水軍錄事參
　軍（制）　　　　　　宋劉 敞　1095-652- 30
　　　　　　　　　　　　　　　　1350-382- 37
　　　　　　　　　　　　　　　　1418-360- 48
●左興盛 梁
封左興盛等制　　　　　梁沈 約　1336-754-416
　　　　　　　　　　　　　　　　1399-391- 7
　　　　　　　　　　　　　　　　1415-113- 87
●石 丙 宋
降官制　　　　　　　　宋鄒 浩　1121-313- 17
●石 弁 宋
贊善大夫石弁可殿中
　丞（制）　　　　　　宋沈 遘　1097- 52- 6
●石 行 晉
封石苞孫詔　　　　　　晉 惠 帝　1378- 48- 3
●石 成 宋
故如京副使石福姪孫
　成可特授三班借職
　制　　　　　　　　　宋慕容彥逢　1123-353- 5
●石 育 宋
莊宅使端州刺史內侍
　押班石育可內侍右
　班副都知餘如故　　宋沈 遘　1097- 59- 6
●石 炳 宋
內殿常班永寧寨都監
　石炳可內殿承旨制　宋鄭 獬　1097-133- 3
●石 思 宋
轉官制　　　　　　　　宋許 翰　1123-495- 1
除司農簿制　　　　　　宋翟汝文　1129-206- 3
●石 苞 晉
爲司徒詔（二則）　　　晉 武 帝　1398- 27- 2
●石 堅 宋
故如京副使石福男堅
　可三班奉職制　　　宋慕容彥逢　1123-353- 5
●石 偉 晉
爲議郎詔　　　　　　　晉 武 帝　1398- 43- 2
●石 賀 唐
除義武軍書記制　　　　唐杜 牧　1081-686- 16

1336-731-413

●石　雄唐
石雄河中節度使制　　　　唐武宗　549-52-183
授石雄晉絳行營節度使制　唐李德裕　1079-127-4
授石雄河中節度使制　　　唐封　敖　1337-263-455
●石　珣宋
奏舉人前眞州軍事推官石珣可著作佐郎制　　宋蔡　襄　1090-439-12
●石　遇宋
四廂都指揮使制　　　　　宋王安禮
　　　　　　　　（王安石）1100-12-2
　　　　　　　　　·　　　1105-420-53

●石　榮宋
石瑺父榮年九十五保義郎致仕（制）　宋樓　鑰　1152-614-34
●石　廣宋
朝奉郎石廣京東路提刑制　宋曾　肇　1101-330-1
　　　　　　　　　　　　1350-411-40

●石　慶漢
封石慶詔　　　　　　　　漢武帝　426-1004-6
●石　瑾宋
入內內侍省官石瑾可特轉一官制　　宋慕容彥逢　1123-373-7
●石　緯宋
通判岷州奉議郎石緯可轉一官制　　宋慕容彥逢　1123-379-7
●石　鑑宋
內園使知欽州石鑑可南作坊使令再任（制）　宋蘇　頌　1092-372-32
●石士儉唐
授龍州刺史制　　　　　　唐白居易　1080-562-52
●石之端宋
參知政事石之端加食邑實封制　宋姚　勉　1184-292-42
●石元之宋
職方員外郎石元之可屯田郎中　宋沈　遘　1097-29-4
●石天瑞宋
石天瑞補秉義郎制　　　宋洪容齋　1175-244-19
●石中立宋
尚書禮部侍郎參知政

事石中立除尚書戶部侍郎資政殿學士制　　宋宋　庠　1087-581-4
●石公弼宋
知襄州制　　　　　　　　宋翟汝文　1129-198-2
●石公揆宋
直龍圖閣知撫州（制）　宋李彌遜　1130-641-5
●石用休宋
西京左藏副使石用休文思副使制　　宋王安石　1105-422-52
●石守正宋
皇城副使石守正可儀鸞使制　宋鄭　獬　1097-140-4
●石光陳宋
西平州進奉都部押石光陳等加保順郎將制　　宋鄭　獬　1097-165-6
●石全彬宋
可陵州團練使制　　　　　宋胡　宿　1088-776-18
入內內侍省副都知利州觀察使石全彬可宣政使制　宋王　珪　1093-239-34
入內內侍押班石全彬可封平原郡開國侯加食邑制　宋王　珪　1093-239-34
入內內侍押班充荊湖南等路安撫副使石全彬可綿州防禦使制　宋王　珪　1093-239-34
●石君許宋
皇后閣祗應人石君許可轉一官制　　宋慕容彥逢　1123-391-8
●石邦哲宋
大理寺丞制　　　　　　　宋王　洋　1132-416-7
●石宗尹宋
如京副使閣門通事舍人石宗尹可南作坊副使制　宋鄭　獬　1097-144-4
東頭供奉官閣門祗候石宗尹可內殿崇班制　宋歐陽修　1102-635-81
●石宗昭宋
除度支郎官（制）　　　　宋陳傳良　1150-644-18
●石明緒宋
循一資（制）　　　　　　宋周必大　1148-47-97

四庫全書文集篇目分類索引

史部

詔令奏議類：附錄

詔令下（男）五畫

●石延年宋
光祿寺丞通判海州石延年可大理評事制　宋宋　庠　1087-578- 23

●石延慶宋
除國子監丞制　宋張　擴　1129- 94- 9

爲勅令所編修在京通用條册成書轉一官制　宋張　嶸　1131-442- 12

●石洵直宋
前鄉貢進士石洵直等三十三人並可守秘書省校書郎制　宋宋　庠　1087-600- 26

可屯田員外郎制　宋胡　宿　1088-748- 15

職方郎中石洵直可太常少卿（制）　宋韓　維　1101-654- 16

●石禹明宋
知廣安軍渠江縣石禹明可著作佐郎制　宋王　珪　1093-285- 39

●石待問宋
可太常博士致仕制　宋胡　宿　1088-799- 20

●石保興宋
起復如京使順州團練使石保興可落起復加金紫光祿大夫依舊官（制）　宋田　錫　1085-549- 28

●石祖冲宋
故石中立親孫祖冲可試監簿制　宋蔡　襄　1090-428- 11

●石祖良宋
大理評事制　宋王安石　1105-404- 51

●石珪保宋
故如京副使石福姪男珪保可特授三班借職制　宋慕容彥逢　1123-353- 5

●石淑問宋
軍器監丞制　宋石淑問　1137-436- 12

●石善友唐
授石善友鎭武節度使制　唐陸　贄　1337-283-457

　　　　　　　　　　　　1465-450- 2

●石畫問宋
除司封郎官（制）　宋陳傅良　1150-639- 17

●石揚休宋
可祠部員外郎制　宋胡　宿　1088-744- 15

可太常博士兼秘閣校

理充開封府推官制　宋胡　宿　1088-778- 18

●石景略宋
可宣德郎（制）　宋蘇　轍　1112-323- 30

●石景術宋
朝請郎祠部員外郎石景術提點京西北路刑獄（制）　宋劉安上　1124- 19- 2

●石舜舉宋
供備副使石舜舉轉兩官制　宋慕容彥逢　1123-367- 6

●石端禮宋
德州團練使提舉醴泉觀駙馬都尉石端禮爲復州防禦使(制)　宋劉安上　1124- 13- 2

●石麟之宋
朝清郎工部員外郎石麟之可開封府推官制　宋劉　放　1096-226- 22

●司　下宋
國子博士司卞可虞部員外郎制　宋胡　宿　1088-759- 16

國子博士司卞可虞部員外郎制　宋蘇　頌　1092-348- 29

●司　允宋
內殿承制司允可供備庫副使（制）　宋蘇　頌　1092-366- 31

●司　孟宋
借職司孟可轉一官制　宋慕容彥逢　1123-372- 7

●司公度宋
（趙）士暢女夫司公度除閤門祗候(制)　宋周必大　1148- 65- 98

●司馬旦宋
前太常寺奉禮郎司馬旦丁憂服闋復舊官制　宋歐陽修　1102-626- 80

●司馬申陳
贈司馬申侍中進侯爵詔　陳 後 主　1399-627- 2

追贈司馬申詔　陳 後 主　1415-467-102

●司馬池宋
三司戶部副使尙書工部郎中司馬池可三司支副使制　宋宋　庠　1087-559- 20

尙書工部郎中兼侍御史知雜事司馬池可

四庫全書文集篇目分類索引

三司戶部副使制　宋宋　庠　1087-559- 20
翰林學士右諫議大夫司馬光父贈司空（制）　宋蘇　頌　1092-408- 35
司馬光父池贈太師追封溫國公（制）　宋蘇　軾　1108-674-107
● 司馬光宋
改天章閣待制誥　宋 仁 宗　549- 58-183
除司馬光左僕射制　宋 哲 宗　549- 61-183
追贈司馬光溫國公制　宋 哲 宗　549- 64-183
度支員外郎直秘閣同修起居注司馬光可起居舍人同知諫院餘如故　宋沈　遘　1097- 63- 6
前將作監主簿司馬光憂服闋復舊制　宋歐陽修　1102-626- 80
起居舍人直秘閣同修起居注司馬光知制誥制　宋王安石　1105-375- 49
起居舍人直秘閣同修起居注司馬光改天章閣待制制　宋王安石　1105-376- 49
天章閣待制司馬光制　宋王安石　1105-380- 49
待制司馬光禮部郎中制　宋王安石　1105-381- 49
司馬光追封溫國公制　宋蘇　軾　1108-699-108
跋司馬溫公呂申公同除內翰告　宋周必大　1147-159- 16
除司馬光左僕射制　宋鄒潤甫　1350-368- 36
起居舍人直秘閣同修起居注司馬光改天章閣待制（制）　宋王安石　1350-389- 38
除司馬光知制誥　宋王安石　1353- 27- 50
除司馬光禮部郎中（制）　宋王安石　1353- 27- 50
知制誥誥　宋王安石　1402-114- 20
● 司馬宏宋
天章閣待制司馬光親兄之子宏試將作監主簿制　宋王安石　1105-412- 52
● 司馬冏晉
齊王冏復封册　晉 惠 帝　1398- 50- 3
● 司馬孚晉
封安平王詔　晉 武 帝　1398- 21- 2
● 司馬伷（二子）晉

封瑯琊王伷二子詔　晉 武 帝　1398- 23- 2
● 司馬攸晉
齊王攸封册　晉 武 帝　1398- 24- 2
● 司馬京宋
齊州司法參軍監秦州在城酒司馬京可衞尉寺丞制　宋蔡　襄　1090-430- 11
● 司馬承晉
封安平王孫承詔　晉 武 帝　1398- 22- 2
● 司馬炫宋
司馬光祖炫太子傅（制）　宋司馬炫　1108-674-107
● 司馬亮晉
扶風王亮爲宗師詔　晉 武 帝　1398- 23- 2
汝南王亮爲太宰詔　晉 惠 帝　1398- 45- 3
● 司馬政宋
司馬光曾祖政太子太保（制）　宋蘇　軾　1108-673-107
● 司馬泰晉
隴西王泰爲太尉册　晉 武 帝　1398- 23- 2
● 司馬珪晉
高陽王珪爲右僕射詔　晉 武 帝　1398- 22- 2
● 司馬望晉
義陽王望進位太尉詔　晉 武 帝　1398- 21- 2
● 司馬睦晉
貶中山王睦詔　晉 武 帝　1398- 22- 2
中山王睦復封高陽王詔　晉 武 帝　1398- 22- 2
● 司馬禎宋
跋司馬氏家藏宋誥　明吳　寬　1255-494- 54
● 司馬睿晉
琅琊王睿通直詔　晉 惠 帝　1398- 46- 3
● 司馬璞晉
爲冗從僕射詔　晉 武 帝　1398- 25- 2
● 司馬僕宋
兵部員外郎司馬僕可右司員外郎（制）　宋孫　覿　1135-247- 24
● 司馬遹晉
封皇孫遹爲廣陵王詔　晉 武 帝　1398- 24- 2
追復愍懷太子遹册文　晉 惠 帝　1398- 49- 3
● 司馬觀晉
東莞王世子觀爲冗從僕射詔　晉 武 帝　晉 武 帝　1398- 23- 2
● 司馬瓌晉
太原王瓌追贈詔　晉 武 帝　1398- 22- 2

史部　詔令奏議類：附錄　詔令下（男）五畫

● 司馬懿 魏

以陳羣爲鎮軍司馬懿爲撫軍詔　魏文帝　1412-595- 24

● 司馬利賓 唐

授司馬利賓著作郎等制　唐孫　逖　1336-639-400

● 司馬延祚 晉

封樂平王延祚詔　晉武帝　1398- 24- 2

● 司馬崔就 唐

授楝王府司馬崔就太常少卿賜紫制　唐錢　珝　1336-622-398

● 司徒昌運 宋

尚書主客郎中判大理寺司徒昌運可加柱國制　宋宋　庠　1087-592- 25

● 布色 元

平章伊蘇岱爾曾祖父布色追封曹南王諡忠定制　元馬祖常　1206-556- 6　1373-243- 17

● 布呼密 元

平章布呼密贈諡制　元盧　亘　1367-156- 12

● 布嘍拶 宋

蕃官右武衞將軍兼監察御史柱國布嘍拶可加上柱國（制）　宋蘇　頌　1092-397- 34

● 布拉吉達 元

特穆岱爾故祖父布拉吉達諡忠武制　元程鉅夫　1202- 31- 3

封河南王制　元程鉅夫　1202- 47- 4

● 布哈穆爾 元

拜布哈故父布哈穆爾諡忠節制　元程鉅夫　1202- 43- 4

● 布琳濟達 元

丞相布琳濟達封河南王制　元程鉅夫　1367-154- 12

● 未恒活 唐

王庭湊祖未恒活可贈左散騎常侍制　唐白居易　1080-545- 51

● 且渠安周 劉宋

襲封河西王詔　劉宋文帝　1398-522- 2

● 且渠無諱 劉宋

封且渠無諱河西王詔　劉宋文帝　1398-522- 2

● 田　立（等）宋

田立等十二人爲與賊接戰陣殁贈承信郎制　宋張　嵲　1131-492- 18

● 田　布 唐

起復田布魏博節度等使制　唐元　稹　1079-564- 43　1337-253-454　1394-319- 1　1402- 67- 13

贈右僕射制　唐白居易　1080-526- 49

● 田　禾 宋

朝奉郎田禾等磨勘制　宋翟汝文　1129-218- 4

● 田　沖 宋

降一官制　宋張　嵲　1131-472- 15

● 田　牟 唐

授田牟將軍制　唐崔　瑨　1336-651-402

授田牟三道節度使制　唐封　敖　1337-261-455

● 田　汧 宋

降一官制　宋張　嵲　1131-472- 15

● 田　辛 宋

龍衞右廂都指揮使田辛進封開國公加勳邑制　宋王　珪　1093-287- 39

● 田　克 唐

加檢校國子祭酒依前宥州刺史制　唐杜　牧　1081-675- 15

● 田　京 宋

可度支員外郎制　宋胡　宿　1088-742- 15

尚書兵部員外郎直史館知滄州田京可工部郎中餘依舊制　宋蔡　襄　1090-419- 10

兵部員外郎知滄州田京可工部郎中制　宋王　珪　1093-235- 33

● 田　況 宋

賜新除龍圖閣直學士知成德軍府事田況詔　宋宋　祁　1088-278- 32

除田況特授檢校太傅充樞密使進封開國公加食邑實封制　宋胡　宿　1088-819- 22

翰林學士兼龍圖閣直學士給事中權三司使田況可禮部侍郎充三司使制　宋蔡　襄　1090-440- 12

三司使禮部侍郎田況可樞密副使制　宋王　珪　1093-260- 36

1350-392- 38

● 田 武 宋
皇城副使田武可特授
　儀鸞使制　　　　　宋蔡 襄　1090-437- 12
● 田 珏 宋
內殿崇班田珏可內殿
　承制（制）　　　　宋王 震　1350-399- 39
● 田 密 唐
授田密相州長史等制　唐崔 鍛　1336-737-414
● 田 曾 宋
前大理丞田曾可舊官
　服闕　　　　　　　宋沈 遘　1097- 30- 4
● 田 淙 宋
轉官制　　　　　　　宋張孝祥　1140-645- 19
● 田 戚 唐
可金吾將軍勾當左衞
　事制　　　　　　　唐白居易　1080-570- 53
　　　　　　　　　　　　　　　1336-651-402

● 田 登 宋
吏部郎中田登鴻臚少
　卿制　　　　　　　宋翟汝文　1129-213- 3
● 田 開 宋
除刺史（制）　　　　宋張 綱　1131- 23- 4
● 田 貴 宋
田貴等先因程待制依
　分鎮便且指揮將前
　項功賞與轉官并同
　職昨隨殿前太尉劉
　殺劉猊立到奇功特
　與轉行遂郡一官制　宋張 嵲　1131-445- 12
● 田 進 宋
轉兩官（制）　　　　宋周必大　1148- 50- 97
　田 瑋 宋
大理寺丞田瑋可特授
　太子中舍制　　　　宋蔡 襄　1090-442- 12
駕部員外郎田瑋等改
　官（制）　　　　　宋蘇 頌　1092-370- 32
● 田 瑜 宋
太常博士知蒙州田瑜
　可尚書屯田員外郎
　制　　　　　　　　宋宋 庠　1087-573- 23
● 田 群 唐
可起復守左金吾衞將
　軍員外置兼濠州刺
　史制　　　　　　　唐白居易　1080-558- 52

● 田 稔 宋
西頭供奉官田稔與轉
　兩官制　　　　　　宋慕容彥逢　1123-388- 8
● 田 埂 宋
田埂等迎敵金兵殺敗
　賊衆所有陣亡人欲
　贈承信郎制　　　　宋張 嵲　1131-493- 18
● 田 緒 唐
褒贈淮西立功將士詔　唐 德 宗　426-482- 65
● 田 潤 元
田忠良父潤授光祿大
　夫大司徒封趙國公
　制　　　　　　　　元程鉅夫　1202- 25- 2
● 田 練 唐
冀州奏事官田練可冀
　州司馬兼殿中侍御
　史制　　　　　　　唐白居易　1080-569- 53
● 田 澄 宋
太學博士（制）　　　宋樓 鑰　1152-653- 37
特授行尚書吏部員外
　郎制　　　　　　　宋衞 涇　1169-468- 1
特授國子司業制　　　宋衞 涇　1169-480- 2
● 田 穎 唐
可亳州刺史制　　　　唐白居易　1080-565- 53
● 田 穎 宋
十二考人前權保康軍
　節度推官田穎可著
　作佐郎制　　　　　宋宋 庠　1087-577- 23
● 田 霖 南唐
秘書郎田霖可東都留
　守巡官（制）　　　宋徐 鉉　1085- 65- 8
● 田 興 唐
除田興工部尚書魏博
　節度使制　　　　　唐白居易　1080-588- 55
　　　　　　　　　　　　　　　1337-258-454
授田興魏府節度使制　玉堂遺範　1337-233-452
● 田 疇 唐
神策軍推官田疇加官
　制　　　　　　　　唐白居易　1080-571- 53
● 田 瑾 宋
降官制　　　　　　　宋王 洋　1132-429- 8
● 田 儂 宋
殿中丞致仕田儂服闕
　可舊官制　　　　　宋宋 庠　1087-586- 24
● 田九思 宋

儒林郎守雅州錄事參軍兼可法事田九思特授太子中舍致仕制　宋蔡　襄　1090-420- 10

● 田士亨 宋
殿中丞同判鎮戎軍田士亨可國子博士制　宋夏　竦　1087- 67- 2

● 田子成 元
田忠良故祖父子成追封趙國公謚武康制　元程鉅夫　1202- 24- 2

●田子諒 宋
新除開封府封官田子諒可河北西路提刑　宋劉　攽　1096-189- 19
（可）湖南通判(制)　宋蘇　轍　1112-291- 27

●田千秋 漢
封丞相田千秋爲富民侯下詔　漢武帝　1402- 55- 11

●田文廣 宋
左侍禁田文廣可行太子左清道率府副率　宋沈　遘　1097- 40- 4

● 田友及 宋
轉兩官制　宋程　俱　1130-264- 27

● 田化愚 宋
可虞部員外郎制　宋胡　宿　1088-751- 15

● 田弘正 唐
兼侍中制　唐不著撰人　426-437- 60

● 田守忠 宋
田守忠等因功合轉從義郎已贈三官欲更贈兩官制　宋張　嶸　1131-507- 19
贈三官恩澤四資制　宋張　嶸　1131-509- 19

● 田守則 宋
文思副使田守則可左驍衞將軍致仕(制)　宋蘇　頌　1092-382- 33

●田安衡 宋
責官制　宋王　洋　1132-427- 8

●田至安 宋
太子少傅致仕田況遺表男守秘校至安太常寺太祝制　宋王安石　1105-413- 52

● 田夷吾 唐
日賦詩百首田夷吾授魏州宛州縣尉制　唐白居易　1080-560- 52
魏宛二州所薦田夷吾準勅試詩日終百首

授以所貢郡縣尉制　唐白居易　1336-748-415

● 田光嗣 唐
授田光嗣檢校郎中充職制　唐錢　珝　1336-732-413

● 田行周 宋
三司使禮部侍郎田況祖行周可贈工部員外郎制　宋王　珪　1093-256- 36

●田承嘉 宋
故知富州田承亮第承嘉可銀酒監武知富州制　宋胡　宿　1088-790- 19

● 田承嗣 唐
加田承嗣實封制　唐常　袞　426-469- 63
貶田承嗣永州刺史詔　唐不著撰人　426-485-119
復田承嗣官爵制　唐不著撰人　426-873-121

●田忠俊 宋
金紫光祿大夫檢校司徒使田忠俊可加檢校太保實邑三百戶實封二百戶制　宋宋　庠　1087-571- 22
故寧遠將軍知棣州田彥晏長孫忠俊可溪洞都巡檢制　宋胡　宿　1088-790- 19

● 田忠隱 宋
銀青光祿大夫檢校禮部尚書田忠隱可加檢校戶部尚書上輕車都尉制　宋宋　庠　1087-571- 22

● 田延昭 宋
田況父延昭可贈右神武軍將軍制　宋王　珪　1093-256- 36
右侍禁田延昭可右內率府率制　宋歐陽修　1102-630- 80

● 田洪盈 宋
田洪盈洪益加勳制　宋鄒　浩　1121-313- 17

● 田洪保 宋
溪洞高州四甲巡檢田洪祐弟洪保承兄官（制）　宋蘇　頌　1092-377- 32

●田洪祐 宋
故知溪洞新遠州軍州事田忠利長男洪祐可依前知溪洞新遠　宋蘇　頌
州軍州事（制）　宋蘇　頌　1092-377- 32

●田洪益宋
田洪盈洪益加勳制　　宋鄒　浩　1121-313- 17

●田洪惟宋
溪洞高州四甲巡檢田守元男洪惟可銀酒監權充溪洞高州四甲巡檢（制）　　宋蘇　頌　1092-358- 30

●田洪部宋
銀青光祿大夫檢校國子祭酒田洪部可加檢校太子賓客制　　宋宋　庠　1087-571- 22

●田彥宣宋
田彥宣承襲銀青光祿大夫檢校國子祭酒知京賜州兼監察御史武騎尉充東路都誓首制　　宋張　擴　1129-147- 14

●田彥卿宋
大理評事田彥卿可將作監丞（制）　　宋蘇　頌　1092-391- 34

●田彥章宋
承襲銀青光祿大夫檢校國子祭酒監察御史知溪洞珍州制　　宋張　擴　1129- 94- 9

●田述古宋
襄州司法（制）　　宋蘇　轍　1112-289- 27

●田思世宋
銀青光祿大夫檢校國子祭酒充溪洞恭順知州兼監察御史武騎尉田洪獎長男世承襲制　　宋劉　攽　1096-229- 22

●田思邁宋
襲封溪洞都誓首制　　宋李正民　1133- 34- 3

●田待問宋
可淮南轉運判官（制）　　宋蘇　軾　1108-662-106
淮南提刑制　　宋蘇　軾　1108-701-108
淮南運判可淮南提刑（制）　　宋蘇　轍　1112-286- 27

●田祖嚴宋
從義郎權知恩州田祖嚴特轉一官（制）　　宋陳傅良　1150-596- 13

●田神功宋
加田神功實封制　　唐常　袞　426-469- 63

授田神功右僕射制　　唐常　袞　1336-539-385

●田庭玠唐
贈田弘正等父制　　唐元　稹　1079-595- 50

●田師中宋
爲張俊提統前去應援順昌府及收復宿毫州除正任承宣使制　　宋張　嵩　1131-478- 16

●田惟賢元
恩州田惟賢贈義敏侯制　　元張伯淳　1194-437- 1

●田開元宋
再任御前右軍統領軍馬（制）　　宋周必大　1148- 27- 96

●田欽亮宋
垂拱殿成臨安府屬縣田欽亮各轉一官制　　宋張　擴　1129- 77- 8
改初等官制　　宋胡　寅　1137-443- 13

●田幹元唐
授田幹之溫王府司馬制　　唐蘇　廷頁　1336-676-405

●田嗣叔元
田忠良故曾祖父嗣叔追封趙國公諡忠毅制　　元程鉅夫　1202- 24- 2

●田鳴鶴宋
泗州司法參軍田鳴鶴可太子洗馬致仕制　　宋宋　庠　1087-564- 21

●田廣明漢
封鉤町侯母波大鴻臚田廣明詔　　漢昭帝　1396-223- 2

●田慶餘宋
殿中丞田慶餘可國子博士制　　宋夏　竦　1087- 67- 2

●田謹賢宋
特授親衞大夫福建觀察使依舊知恩州兼御前諸軍都統制誥　　宋王應麟　1187-260- 5

●田蘇兆明
江西臨江府推官今陞東城兵馬司指揮田蘇兆（敕）　　明倪元璐　1297- 46- 4

●田鴻和爾巴哈
（二代）元
恩州田鴻和爾巴哈封二代制　　元馬祖常　1367-157- 12

史部 詔令奏議類：附錄 詔令下（男）五畫

●田冕晃和爾布哈（二代）元
恩州軍民宣撫使田冕晃和爾布哈封贈二代制　元馬祖常　1206-553- 6

●田冕晃和爾布哈（二代）元
恩州軍民宣撫使田冕晃和爾布哈二代追贈制　元馬祖常　1206-553- 6

●冉　泉 宋
起復左武大夫文州刺史制　宋張　擴　1129- 93- 9

●冉宗元 宋
前京兆府觀察推官冉宗元可大理寺丞制　宋夏　竦　1087- 62- 2

●申　立 宋
合贈右武大夫遙郡刺史制　宋周必大　1148- 45- 97

●申　明 宋
換給承信郎（制）　宋周必大　1148- 9- 74

●申　房 宋
前蘄州黃梅縣令兼監稅申房可漳州錄事參軍監京山稅制　宋蔡　襄　1090-424- 10
漳州錄事參軍前監鄂州京山縣酒稅申房可太子洗馬致仕（制）　宋沈　遘　1097- 41- 5

●申　陟 宋
可相州湯陰縣令制　宋胡　宿　1088-781- 18
殿中丞致仕申陟等登極轉官制　宋鄭　獬　1097-762- 6

●申布祖 梁
封申希祖詔　梁沈　約　1336-752-416
　　　　　　　　　　　　1399-385- 7
　　　　　　　　　　　　1415-112- 87

●申宗諒 宋
開封府功曹參軍申宗諒可著作佐郎制　宋王　珪　1093-285- 39

●申屠會 宋
可殿中丞（制）　宋胡　宿　1088-736- 14

●史　才 宋
國子監主簿制　宋王　洋　1132-408- 7
除右正言（制）　宋周麟之　1142- 96- 13

除右諫議大夫（制）　宋周麟之　1142- 99- 13
復龍圖閣學士見任宮祠人依舊（制）　宋周必大　1148- 7- 94

●史　丹 漢
封史丹詔　漢 成 帝　426-1042- 10
　　　　　　　　　　　1396-256- 4

●史　玄 漢
封丙吉等詔　漢 宣 帝　426-1019- 8

●史　汜 漢
封孫程等詔　漢 順 帝　426-1102- 19

●史　吉 宋
海州團練史吉可左驍衞大將軍致仕制　宋王　珪　1093-289- 39

●史　聿 宋
潼州府路轉運判官制　宋王　洋　1132-408- 7

●史　光 晉
城門校尉侯史光爲御史光爲御史中丞詔　晉 武 帝　1398- 38- 2
　　　　　　　　　　　　　　　　　　　1402- 36- 6

●史　宏 宋
可大理寺丞制　宋胡　宿　1088-729- 14

●史　倬 宋
依赦轉兩官（制）　宋周必大　1148- 31- 96

●史　珍 宋
可守太子中舍人制　宋胡　宿　1088-736- 14

●史　信 宋
爲隊下効用高儀與妻相打令節級用荊棒決本人臂上瘡發身死追三官勒停制　宋張　嶸　1131-457- 13

●史　侯 宋
改右宣義郎制　宋張　擴　1129- 89- 9

●史　浩 宋
除太學博士（制）　宋周麟之　1142-116- 15
加食邑一千戶食實封囚百戶制　宋周必大　1148-102-102
除右丞相制　宋周必大　1148-111-103
加食邑實封制　宋周必大　1148-114-103
罷相除少傅保寧軍節度使充醴泉觀使兼侍讀加食邑實封制　宋周必大　1148-115-103
加食邑一千戶食實封囚百戶制　宋周必大　1148-119-103
賜史浩遇太上皇帝慶七十加食邑食實封　宋周必大

四庫全書文集篇目分類索引　689

　告　　　　　　　　　宋周必大　1148-233-112
賜史浩玉牒所進書加
　恩告　　　　　　　　宋周必大　1148-234-112
賜史浩除少傅告　　　　宋周必大　1148-234-112
●史　栢梁
授李居王等制　　　　　梁沈　約　1399-390-　7
●史　曾漢
封丙吉等詔　　　　　　漢宣　帝　426-1019-　8
●史　混宋
除大理評事制　　　　　宋袁　甫　1175-423-　8
●史　弼元
平章史弼封鄂國公制　　元王　構　1367-148-　12
●史　琳明
贈太子太保都察院左
　都御史琳諡文　　　　明王　鏊　1256-318-　18
　　　　　　　　　　　　　　　　1402--127-24
●史　備唐
可濠州刺史制　　　　　唐白居易　1080-523-　28
　　　　　　　　　　　　　　　　1336-711-410
●史　瑜宋
都官郎中史瑜可職方
　郎中（制）　　　　　宋韓　維　1101-661-　17
●史　愿宋
除敷文閣待制制　　　　宋張　擴　1121-　52-　6
●史　德宋
橫行遙郡上各轉行一
　官制　　　　　　　　宋張　擴　1129-　80-　8
史德等轉囚官制　　　　宋程　俱　1130-264-　27
●史　憲唐
劍南西川節度使下將
　士史憲等敍勳制　　　唐元　稹　1079-594-　49
●史　寰唐
除右監門衞將軍制　　　唐杜　牧　1080-680-　16
　　　　　　　　　　　　　　　　1336-650-402
●史　徵宋
赦史徵等制　　　　　　宋許　翰　1123-505-　2
●史　鑑明
徵聘（史鑑）詔　　　　明憲　宗　1259-690-　首
●史天澤元
贈丞相史天澤謚制　　　元世　祖　506-179-　91
丞相史天澤贈謚制　　　元劉　元　1367-136-　11
●史宇之宋
該遇明堂大禮加恩制　宋馬廷鸞　1187-　58-　7
●史宅之宋
除待制知寧國府制　　　宋許應龍　1176-466-　6

賞轉一官制　　　　　　宋許應龍　1176-474-　6
●史吉亨宋
殿中丞使吉亨磨勘改
　官制　　　　　　　　宋歐陽修　1102-642-　81
●史全之宋
監軍平蔡州轉兩官制　宋洪咨夔　1175-264-　22
●史志聰宋
內侍省內侍左班都知
　史志聰等加勳邑制　　宋王　珪　1093-244-　35
●史宗範宋
朝散大夫知廬州史宗
　範可差知郢州制　　　宋劉　攽　1096-207-　21
知淫州（制）　　　　　宋蘇　轍　1112-317-　30
知廬州（制）　　　　　宋蘇　轍　1112-319-　30
●史定之宋
從政郎錄事參軍史定
　之降一官放罷（制）　宋陳傅良　1150-599-　13
●史季溫宋
守太府卿兼國史史季
　溫特授起居郎制　　　宋馬廷鸞　1187-　26-　3
●史厚祖宋
朝奉郎史厚祖除大理
　寺丞制　　　　　　　宋衞　涇　1169-469-　1
●史晉中宋
翰林醫官殿中省尚藥
　御醫史晉中可直翰
　林醫官局制　　　　　宋劉　攽　1096-190-　19
●史崇信宋
故文思使遂州觀察使
　史崇信可贈振武軍
　節度制　　　　　　　宋胡　宿　1088-802-　21
●史復祖宋
除刑部郎中制　　　　　宋洪咨夔　1175-230-　17
●史嵩之宋
戶部侍郎京湖制置使
　史嵩之明堂恩進封
　鄞縣開國子加食邑
　制　　　　　　　　　宋洪咨夔　1175-234-　18
除淮西制置使沿江制
　置副使兼知鄂州　　　宋許應龍　1176-462-　5
●史憲忠唐
授史憲忠涇原節度使
　制　　　　　　　　　唐封　敖　1337-262-455
●史彌正宋
落職罷宮觀（制）　　　宋樓　鑰　1152-620-　34

史部

詔令奏議類：附錄

詔令下（男）五畫

●史彌忞宋

權知信州史彌忞除將作監制　宋洪咨夔　1175-242-19

除寶謨閣待制特賜金帶一條制　宋許應龍　1176-454-5

●史彌堅宋

太府寺丞制　宋虞儔　1154-120-5

賜諡忠宣制　宋吳泳　1176-92-10

●史彌廓宋

轉一官（制）　宋樓鑰　1152-634-35

●史彌遠宋

特授正奉大夫依前起復右丞相奉代郡開國公加食邑制　宋眞德秀　1174-288-19

特授光祿大夫右丞相兼樞密使兼太子少師加食邑制　宋眞德秀　1174-289-19

史丞相回授加恩進封永國公加食邑制　宋眞德秀　1174-292-19

●史彌翠宋

摧務羨賞轉一官(制)　宋洪咨夔　1175-264-22

●史繩祖宋

陞直煥章閣江東提舉制　宋馬廷鸞　1187-39-5

●史繼莊宋

司天監靈臺郎史繼莊等可並司天監主簿　宋沈遘　1097-57-6

●史嚴之宋

除權刑部侍郎制　宋許應龍　1176-442-4

除左司郎中制　宋許應龍　1176-445-4

除太府卿兼知臨安府制　宋許應龍　1176-463-5

●令狐定唐

贈禮部尚書制　唐杜牧　1081-672-14

授令狐定右散騎常侍制　唐崔嘏　1336-506-380

　　1402-65-13

●令狐朗唐

除滑州別駕制　唐杜牧　1081-681-16

●令狐楚唐

平章事制　唐不著撰人　426-317-47

宣歙池觀察使制　唐不著撰人　426-397-56

衡州刺史制　唐元稹　426-410-57

令狐楚等加階制　唐元稹　1079-591-49

拜相制　宋玉堂遺範　1337-203-449

●令狐頌宋

殿中丞新差同判鄂州令狐頌可國子博士餘如故制　宋夏竦　1087-68-2

●令狐彰唐

滑州節度使令狐彰加御史大夫制　唐不著撰人　426-434-60

授令狐彰右僕射制　唐常袞　1336-538-385

●令狐絢唐

弘文館大學士制　唐不著撰人　426-357-51

●句士良宋

秘書丞制　宋王安石　1105-398-51

●句仲甫宋

朝奉郎權發遣通利軍句仲甫可轉一官制　宋慕容彥逢　1123-379-7

●句希仲宋

屯田員外郎句諶父希仲已贈吏部侍郎贈金紫光祿大夫工部尚書制　宋王安石　1105-442-54

●丘岳宋

除兵部郎官制　宋洪咨夔　1175-254-2

轉一官制　宋許應龍　1176-474-6

●丘奐宋

右宣義郎丘奐等充二京淮北宣諭司屬官先轉一資（制）　宋劉一止　1132-187-38

●丘紓唐

授丘紓員外郎制　唐元稹　1079-653-4

　　1336-589-392

●丘崈宋

磨勘轉官（制）　宋樓鑰　1152-698-40

煥章閣學士再任(制)　宋樓鑰　1152-711-41

國子博士告詞　宋范成大　1161-698-133

特授試刑部尚書充江淮宣撫使誥　宋衛涇　1169-492-2

特授通奉大夫守刑部尚書差遣制　宋衛涇　1169-493-2

除直秘閣淮東轉運判官制　宋袁甫　1175-436-9

●丘據唐

授丘據兵部員外郎制　唐賈至　1336-570-390

●丘礪宋

除福建運判（制）　宋周麟之　1142-100-13

●丘仲孚梁

贈丘仲孚詔　　　　　　　梁武帝　　1399-262- 1
　　　　　　　　　　　　　　　　　1414-429- 80

●丘景元唐
授丘景元分水縣令制　　唐薛廷珪　1336-746-415
●白　均宋
西京左藏庫副使白均
　可供備庫使　　　　　宋沈　遘　1097- 39- 4
●白　華宋
補秉義郎制　　　　　　宋洪咨夔　1175-244- 19
●白　選宋
轉遙郡防禦使（制）　　宋周必大　1148- 28- 96
●白　贄宋
奏舉人白贄大理寺丞
　制　　　　　　　　　宋王安石　1105-403- 51
●白守琪宋
西頭供奉官白守琪可
　崇儀副使（制）　　　宋田　錫　1085-555- 29
●白孝德唐
白餘盛亡父孝德贈太
　保同制　　　　　　　唐白居易　1080-546- 51
●白居易唐
授尚書主客郎中知制
　誥制　　　　　　　　唐元　稹　1079-572- 45
●白知慎唐
授白知慎河南少尹制　　唐蘇　頲　1336-683-406
　　　　　　　　　　　　　　　　1402- 88- 15

●白彥忠宋
修武郎白彥忠自川陝
　前來行在投下機密
　文字各與優異推恩
　轉兩官（制）　　　　宋劉一止　1132-203- 41
●白敏中唐
弘文館大學士制　　　　唐不著撰人　426-359- 51
邠寧節度平章事制　　　唐沈　詢　 426-380- 53
授白敏中邠寧節度使
　制　　　　　　　　　唐沈　詢　1337-272-456
授白敏中西川節度使
　制　　　　　　　　　唐沈　詢　1337-273-456
●白從道唐
除東渭橋巡官制　　　　唐杜　牧　1081-684- 16
　　　　　　　　　　　　　　　　1336-730-413

●白舜元宋
白舜元可莫州長豐縣
　尉制　　　　　　　　宋胡　宿　1088-781- 18
●包　拯宋

龍圖閣直學士包拯（
　可）刑部郎中(制)　　宋劉　敞　1095-655- 30
樞密直學士右諫議大
　夫權三司使包拯加
　上輕車都尉食邑（
　制）　　　　　　　　宋劉　敞　1095-655- 30
跋包孝肅公誥詞後　　　明宋　濂　1223-660- 14
●包　厚宋
蕃官包厚轉官制　　　　宋鄒　浩　1121-293- 15
●包　喜宋
內廷崇班包喜轉兩官
　制　　　　　　　　　宋慕容彥逢　1123-370- 7
●包　綬宋
宣德郎濠州簽判包綬
　可少府監丞制　　　　宋劉　放　1096-236- 23
●包文顯宋
太常寺攝樂正包文顯
　可太常寺太樂署副
　樂正制　　　　　　　宋王安石　1105-408- 52
●印應雷宋
除右文殿修撰知福州
　制　　　　　　　　　宋馬廷鸞　1187- 45- 6
特贈端明殿學士誥　　　宋王應麟　1187-265- 5

六　畫

●安　丙宋
賜諡忠定制　　　　　　宋吳　泳　1176- 92- 10
●安　郊宋
安郊右朝散郎成都府
　路轉運判所犯因應
　副王彥一軍錢糧未
　見起發數目等事先
　次降兩官又爲因吳
　玠軍前糧食闕乏不
　行裝發放罷追五官
　添差監郴州在城酒
　稅後遇明堂大禮赦
　與敍左通直郎（制）　宋張　嵲　1131-501- 19
除湖北路運判（制）　　宋劉一止　1132-164- 31
●安扶宋
中書舍人安扶給事中
　（制）　　　　　　　宋孫　覿　1135-254- 25
●安　泳宋
將作監承制　　　　　　宋袁　甫　1175-423- 8
●安　貞明
釋湖廣黃州府同知安

貞（制） 明 太祖 1223-83-8

●安 俊 宋

龍神衞四廂都指揮果州團練使安俊除捧日天武四廂都指揮使制 宋蔡 襄 1090-448-13

●安 配 明

建昌衞指揮使安配誥文 明 太祖 1223-29-3

●安 時 宋

轉官（制） 宋張 綱 1131-14-2

●安 悖 宋

奏議郎安悖可變州路轉運判官制 宋劉 攽 1096-230-22

●安 祥 宋

勅安祥等制 宋許 翰 1123-497-1

●安 統 明

給事中安統除兵部尚書誥 明宋 濂 1223-254-1

1373-493-1

●安 義 宋

忠翊郎安義贈兩官各與兩資恩澤制 宋張 擴 1129-81-8

●安 榮 宋

贈三官恩澤三資制 宋張 擴 1129-129-12

●安 壽 宋

奏舉人前晉州趙城縣令安壽可著作佐郎（制） 宋蘇 頌 1092-384-33

●安 質 宋

使臣安質可轉一官制 宋慕容彥逢 1123-366-6

●安 燾 宋

太常博士充秘閣校理安燾可祠部員外郎（制） 宋蘇 頌 1092-370-32

同知樞密院事安燾守本官知樞密院事加食邑實封制 宋劉 攽 1096-220-22

明堂執政安燾加恩（制） 宋蘇 軾 1108-607-108

除觀文殿學士知河南府制 宋鄒 轍 1121-307-17

●安燾（祖）宋

安燾祖追贈制 宋蘇 轍 1112-333-31

知樞密院安燾祖追贈制 宋蘇 轍 1112-346-32

●安燾（曾祖）宋

安燾曾祖追贈制 宋蘇 轍 1112-332-31

知樞密院安燾曾祖追贈制 宋蘇 轍 1112-346-32

●安友晟 唐

授安友晟寧州刺史仍封武威縣開國子加食邑制 唐錢 珝 1336-753-416

●安友權 唐

授安友權安南節度使制 唐鄭 璘 1337-290-458

●安日華 宋

安燾父封贈制 宋蘇 轍 1112-333-31

知樞密院安燾父封贈制 宋蘇 轍 1112-346-32

●安弘度 唐

授安弘度古監門衞將軍制 唐錢 珝 1336-653-402

●安世用 宋

爲措置捍禦金人有功轉一官制 宋張 嵲 1131-443-12

係點檢醫藥飯食昨因金人侵犯數內立功人與循右承直郎制 宋張 嵲 1131-454-13

●安世賢 宋

武功大夫榮州防禦使樞密院諸房副承旨安世賢階官上轉行一官制 宋張 擴 1129-80-8

●安呂同 宋

軍中起復（制） 宋劉一止 1132-164-31

●安宗說 宋

知利州（制） 宋蘇 轍 1112-306-29

●安宗爽 宋

朝散郎安宗爽可知單州制 宋劉 攽 1096-213-21

●安宗謹 宋

奉舉人前推武軍節推安宗謹可大理寺丞（制） 宋沈 遘 1097-34-4

●安知和 宋

安知和賞轉一官(制) 宋周必大 1148-46-97

●安金藏 唐

授安金藏右驍將軍制 唐蘇 頲 1336-652-402

四庫全書文集篇目分類索引　693

●安彥斌宋
瀘州被害官兵故忠訓
　郎瀘州駐泊兵馬監
　押安彥斌贈三官與
　一子承信郎(制)　宋陳傅良　1150-577- 11
●安保衡宋
可大理寺丞知縣(制)　宋余　靖　1089- 97- 10
都官員外郎制　宋王安石　1105-447- 55
●安恭行宋
除大理寺簿制　宋洪咨夔　1175-238- 18
除大理寺正制　宋洪咨夔　1175-255- 21
●安濟諾延元
追封皇國舅安濟諾延
　濟寧王諡忠武制　元王　惲　1201- 27- 67
●江　固宋
太學博士江固郎官制　宋翟汝文　1129-209- 3
●江　革梁
爲臨川王長史詔　梁　武　帝　1399-260- 1
　　　　　　　　　　1414-423- 80

●江　常宋
顯謨閣待制江常知福
　州（制）　宋孫　覿　1135-258- 25
●江　從宋
可供備庫副使制　宋胡　宿　1088-770- 17
●江　華宋
父華贈太子太師制　宋馬廷鸞　1187- 57- 7
●江　棫宋
可秘書丞制　宋胡　宿　1088-724- 13
潁州推官江棫可大理
　寺丞制　宋歐陽修　1102-624- 79
　　　　　　　　　　1350-380- 37

●江　瑛宋
江萬里曾祖瑛贈太子
　太保制　宋馬廷鸞　1187- 56- 7
●江　鈿宋
左儒林郎前知南劍州
　順昌縣江鈿獲賊改
　官（制）　宋劉一止　1132-181- 36
●江　淑宋
特贈左金紫光祿大夫
　（制）　宋周必大　1148- 81-100
●江　總陳
授尚書令策　陳　後　主　1399-628- 2
●江　龍明
廣西梧州府鬱林州知

州江龍誥命　明馮　琦　1402-123- 22
●江　璞宋
（江萬里）祖璞贈太
　子太傅制　宋馬廷鸞　1187- 56- 7
●江　誌宋
入內內侍省官江誌可
　特轉一官制　宋慕容彥逢　1123-374- 7
●江　總陳
授江總尚書令策　陳　後　主　1415-407-102
●江　鎬宋
尚書都官員外郎前通
　判宣州江鎬可尚書
　職方員外郎制　宋宋　庠　1087-583- 24
●江　逌宋
除權吏部侍郎制　宋張　擴　1127-104- 10
除集英殿修撰宮觀制　宋劉才邵　1130-470- 5
●江　踦宋
除殿中侍御史（制）　宋程　俱　1130-266- 27
●江　顯宋
授常州刺史充親從第
　三指揮使制　宋吳　泳　1176- 78- 8
●江文仲齊
封江冠軍等詔　梁江　淹　1063-736- 2
　　　　　　　　　　1415- 28- 85

●江文叔宋
前提舉廣南市舶江文
　叔容縱押綱官移易
　香綱錢物特降一官
　（制）　宋陳傅良　1150-605- 14
●江中行宋
可秘書丞制　宋胡　宿　1088-722- 13
●江少虞宋
江少虞等充宣諭司屬
　官（制）　宋劉一止　1132-200- 41
責官制　宋王　洋　1132-425- 8
●江公亮宋
倉部工部兩易其任(
　制）　宋張　綱　1131- 47- 8
●江公著宋
通判陳州（制）　宋蘇　轍　1112-309- 29
●江正倫宋
可太子中舍人制　宋胡　宿　1088-736- 14
●江昌朝宋
賞各轉一官（制）　宋周必大　1148- 46- 97
●江景倫宋

故太子少師致仕贈太子太師任師中外甥江景倫可試監簿制　宋蔡　襄　1090-439- 12

●江萬里宋

授秘書省正字制　宋吳　泳　1176- 67- 7

除校書諸　宋許應龍　1176-432- 3

除秘書郎諸　宋許應龍　1176-435- 3

授鴻部郎官制　宋徐元杰　1181-685- 6

授監察御史制　宋徐元杰　1181-685- 6

授尚書右郎官兼侍講制　宋徐元杰　1181-685- 6

端明殿學士知建寧府兼福建運使江萬里除資政殿學士依舊任制　宋馬廷鸞　1187- 44- 6

資政殿學士知建寧府兼福建運使江萬里依前職知福州福建安撫使制　宋馬廷鸞　1187- 45- 6

該遇明堂大禮加恩制　宋馬廷鸞　1187- 56- 7

特贈太傅諡　宋王應麟　1187-263- 5

特贈太師諡　宋王應麟　1187-263- 5

●江萬頃宋

除福建市船制　宋馬廷鸞　1187- 46- 6

●江嗣宗宋

新差荊湖北路提點刑獄太常博士江嗣宗可屯田員外郎餘依舊制　宋夏　竦　1087- 57- 1

祠部郎中知宣州江嗣宗可度支郎中餘如故制　宋夏　竦　1087- 66- 2

●江賓王宋

跋宋賜江賓王進士出身敕　明祝允明　1260-722- 26

●江端卿宋

贈官與一子恩澤(制)　宋劉一止　1132-170- 33

●江繼美唐

授江繼美加兼檢校右散騎常侍制　唐錢　珝　1336-645-401

授江繼美左領軍衞大將軍制　唐錢　珝　1336-646-401

●宇文士唐

長孫無忌等九人各封一子郡縣公詔　不著撰人　426-477- 65

●宇文价宋

知襄陽府（制）　宋樓　鑰　1152-636- 35

改知遂寧府（制）　宋樓　鑰　1152-646- 36

該覃恩轉官（制）　宋樓　鑰　1152-702- 40

●宇文淵宋

排轉制　宋胡　寅　1137-429- 12

南荊門歸陝公安安撫使制　宋胡　寅　1137-429- 12

●宇文融唐

汝州刺史制　唐不著撰人　426-406- 57

●宇文臨唐

授宇文臨翰林學士制二首　唐崔　嘏　1336-534-384

授宇文臨禮部員外郎制　唐崔　嘏　1336-580-391

●宇文子震宋

知潼川府（制）　宋陳傳良　1150-638- 17

●宇文昌齡宋

吏部郎（制）　宋蘇　軾　1108-682-107

●宇文師瑗宋

除鴻部郎官（制）　宋張　綱　1131- 41- 7

●宇文紹彭宋

可特授尚書度支郎中制　宋衞　涇　1169-468- 1

●宇文景度宋

知順慶府制　宋袁　甫　1175-430- 8

●宇文粹中宋

知江寧府宇文粹中落職宮祠安置制　宋汪　藻　1128- 83- 9

工部侍郎宇文粹中緣省試知舉舉人議訕降官敘復制　宋翟汝文　1129-215- 5

復資政殿學士制　宋王　洋　1132-414- 7

●池　評宋

池評（轉一官制）　宋蘇　轍　1112-325- 30

●州　位宋

贈右中奉大夫制　宋張　擴　1129- 60- 7

●州　輔漢

封中常侍州輔吉成侯詔州　漢桓帝　1397- 58- 3

●羊　布劉宋

降號詔　劉宋明帝　1398-558- 4

●羊　祜晉

爲尚書右僕射詔　晉武帝　1398- 27- 2

追贈羊祜詔　晉武帝　1398- 28- 2

●羊 琇晉
爲中護軍詔　　　　　　晉武帝　1398-38- 2
免羊琇官詔　　　　　　晉武帝　1398-39- 2
贈開封府詔　　　　　　晉武帝　1398-39- 2

●羊聲唘宋
蕃官羊聲唘等補官制　宋鄒　浩　1121-315- 18

●米　吉宋
諸司使副陝西緣邊都
　監知州米吉轉官制　宋宋　庠　1087-569- 22

●米　芾宋
奉聖旨米芾罷郎官差
　知淮陽軍制　　　　宋慕容彥逢　1123-364- 6

●米　業南唐
江州節度使制　　　　宋徐　鉉　1085- 47- 6

●米　邁宋
入內東頭供奉官米邁
　可供備庫副使轉出
　制　　　　　　　　宋劉　敞　1096-234- 23

●米　贊宋
米贊等轉官制　　　　宋曾　肇　1098-558- 22

●米友仁宋
除將作監制　　　　　宋張　擴　1129- 47- 6
屯田員外郎陞郎中制　宋張　擴　1129- 72- 8
除屯田郎官制　　　　宋張　擴　1129- 73- 8
轉右朝請郎制　　　　宋張　擴　1129-140- 13
提舉茶鹽（制）　　　宋劉一止　1132-204- 42

●米崇楷南唐
監察米崇楷可右補闕
　（制）　　　　　　宋徐　鉉　1085- 57- 7

●吉　昌宋
應辦中宮册寶吉昌各
　轉一官制　　　　　唐張　擴　1129- 78- 8

●吉　旼唐
可守京兆府渭南縣令
　制　　　　　　　　唐元　稹　556-120- 85
　　　　　　　　　　　　　　　1079-584- 48

●吉　旻唐
授東畿令吉旻西畿令
　制　　　　　　　　唐元　稹　1336-690-407

●吉　俊宋
補官換給告身（制）　宋張　綱　1131- 44- 7

●吉少華唐
華州及陝府將士吉少
　華二千三百三十五
　人各賜勳五轉制　　唐白居易　1080-554- 51

●吉希孟宋
閤門看班祗候吉希孟
　可轉一官並罷閤門
　看班祗候制　　　　宋慕容彥逢　1123-355- 5

●吉義福唐
授吉義福等荊州都督
　府司馬制　　　　　唐不著撰人　1336-740-414

●西門廷暉唐
授西門廷暉被庭局丞
　制　　　　　　　　唐劉崧望　1336-766-418

●存　溫宋
小首領存溫軍主制　　宋慕容彥逢　1123-355- 5

●臣師古宋
可降三官制　　　　　宋慕崇禮　1134-556- 5

●托克托元
封鄭王詔　　　　　　元王　沂　1208-497- 1?

●同　鼎宋
歸順人同鼎武翼郎制　宋洪容齋　1175-225- 16

●同　繹宋
朝散大夫司農少卿同
　宗且故伯父任尙書
　虞部郎中經可贈朝
　請大夫制　　　　　宋劉　敞　1096-241- 23

●曲　育宋
贈兩官與一資恩澤制　宋張　嵲　1131-508- 19

●曲　珍宋
四廂都指揮使綏州防
　禦使制　　　　　　宋曾　肇　1098-554- 22

●曲　瑞宋
知渭州制　　　　　　宋李正民　1133- 23- 2
除遂郡防禦使制　　　宋慕崇禮　1134-541- 3

●曲　環唐
褒贈淮西立功將士詔　唐不著撰人　426-482- 65

●曲慶祖宋
修武郎曲慶祖等差充
　陝西六路宣諭司幹
　辦官先次各轉一官
　（制）　　　　　　宋劉一止　1132-191- 39

●艾　筠南唐
浙西判官艾筠可江都
　少尹（制）　　　　宋徐　鉉　1085- 61- 8

●艾介石宋
可太子中舍人致仕制　宋胡　宿　1088-796- 20

●艾世安宋
艾世安等降官制　　　宋劉才邵　1130-475- 5

四庫全書文集篇目分類索引

●艾保卿 宋
可殿中丞制　　宋胡 宿　1088-750- 15
●艾敬直 唐
授艾敬直仙州長史制　　唐蘇 頲　1336-735-414
●伏 暅 梁
以伏暅爲豫章內史詔　　梁 武 帝　1414-424- 80
●伍昌禹 宋
元係鳳翔府僧因金人犯陝西麟遊知縣趙壁守節不屈招集忠義萬五千人後來陷僞更不出官依舊爲僧藏泊川陝宣撫司申已差充鳳翔府推官奉旨特與補迪功郎制　　宋張 嵩　1131-504- 19
●任 元 宋
任元等換官制　　宋王 洋　1132-410- 7
●任 古 宋
除監察御史（制）　　宋周麟之　1142-116- 15
●任 旦 宋
尚書職方員外郎知衡州任旦可尚書屯田郎中制　　宋宋 庠　1087-574- 23
●任 布 宋
故天子少師致仕任布可贈太子太傅制　　宋王 珪　1093-237- 34
●任 同 宋
太常寺奉禮郎任同可舊官服闕制　　宋夏 竦　1087- 60- 1
●任 宮 漢
封杜延年燕倉任宮王壽爲列侯詔　　漢 昭 帝　426-1011- 7
　　1396-223- 2
●任 決 宋
補承信郎制　　宋不著撰人　1128- 81- 8
●任 珪 宋
入內皇城使忠州刺史任珪可遙郡團練使（制）　　宋慕容彥逢　1123-346- 5
●任 迪 宋
屯田員外郎任迪等加勳制　　宋王安石　1105-394- 50
前屯田員外郎任迪舊官服闕制　　宋王安石　1105-410- 52

●任 桶 宋
著作佐郎任桶可秘書丞（制）　　宋沈 遘　1097- 54- 6
●任 凱 宋
奏舉人前江寧府上元縣令兼管勾府學任凱可著作佐郎制　　宋宋 庠　1087-590- 25
●任 逸 宋
屯田員外郎任逸可都官員外郎制　　宋鄭 獬　1097-131- 3
●任 雍 宋
內殿崇班任雍可內殿承制（制）　　宋蘇 頌　1092-356- 30
●任 端 宋
昭宣使福州管內觀察使同知內侍省事任瑞可宣政使餘依舊制　　宋慕容彥逢　1123-361- 6
●任 達 宋
追官勒停人任達可濟州司馬致仕制　　宋蔡 襄　1090-429- 11
●任 端 宋
任端等轉官制　　宋鄒 浩　1121-309- 17
●任 廊 宋
將作監主簿任廊可奉禮郎　　宋沈 遘　1097- 53- 6
●任 粹 宋
保定軍任粹可太常博士制　　宋王 珪　1093-268- 37
●任 鄧 宋
交引循一官制　　宋許應龍　1176-475- 6
●任 諒 宋
龍圖閣直學士中大夫任諒贈正奉大夫（制）　　宋孫 覿　1135-253- 25
●任 葉 唐
授前左贊德任葉將作少匠（監）制　　唐錢 珝　1336-633-399
●任 鑄 宋
任鑄致仕制　　宋王 洋　1132-431- 8
●任大方 宋
循左儒林郎制　　宋張 擴　1129-140- 13
●任文素 宋
秘書省著作佐郎知蜀州永康縣兼兵馬監

押任文素可太子右贊善大夫餘如故制　宋夏　竦　1087- 52-　1

●任文薦宋
任文薦加官制　宋王　洋　1132-417-　7

●任元之宋
太子少師致仕任中師姪孫元之可試監簿制　宋胡　宿　1088-786- 19

●任元善宋
醫官任元善可轉一官制　宋慕容彥逢　1123-384-　7

●任天賜宋
左武大夫遙郡防禦使制　宋洪　适　1158-389- 21

●任中正宋
樞密直學士右諫議大夫任中正可給事中餘依舊制　宋夏　竦　1087- 50-　1

●任中行宋
前太常博士任中行可太常博士散官制　宋夏　竦　1087- 60-　1

●任中師宋
故太子太師致仕任中師可贈太子太傅制　宋胡　宿　1088-801- 21

●任永德宋
可試大理評事制　宋胡　宿　1088-740- 14

●任古言宋
特降一官更部供本人元係武功大夫吉州刺史落階官授文州刺史（制）　宋周必大　1148-　2- 94

●任世宗宋
武節大夫權發遣鄂州任世安特轉一官再任（制）　宋陳傳良　1150-596- 13

●任申先宋
徵猷閣待制（制）　宋李彌遜　1130-621-　4
轉一官致仕（制）　宋李彌遜　1130-622-　4
上遺表特贈四官（制）　宋李彌遜　1130-643-　5
左史制　宋胡　寅　1137-445- 13

●任仕安宋
立功轉一官仍貴州刺史制　宋胡　寅　1137-432- 12

●任守忠宋
可宮苑使加輕車都尉

制　宋胡　寅　1088-766- 17

●任守信宋
西京左藏庫使內侍省內侍押班任守信可遙郡刺史依舊鄜延路駐泊兵馬鈐轄制　宋歐陽修　556-128- 85
　1102-619- 79
　1350-379- 37

任守素宋
可內殿承制制　宋胡　宿　1088-768- 17

●任有方宋
文思副使任有方可左騏衛將軍致仕（制）　宋蘇　頌　1092-393- 34

●任如愚唐
除信州刺史制　唐杜　牧　1081-676- 16
　1336-716-411

●任仲言宋
醫官任仲言轉官制　宋鄒　浩　1121-300- 16

●任良臣宋
司農丞制　宋胡　寅　1137-445- 13

●任良弼宋
罷大理少卿知密州（制）　宋劉安士　1124- 13-　2

●任伯雨宋
除度支員外郎制　宋鄒　浩　1121-294- 15
贈右諫議大夫制　宋胡　寅　1137-447- 13

●任伯傳宋
可殿中丞制　宋胡　宿　1088-722- 13

●任有利宋
可殿中丞制　宋胡　宿　1088-725- 13

●任直清宋
文林郎任直清與改合入官除直秘閣仍賜緋章服（制）　宋程　俱　1130-237- 24

●任承亮宋
故洛苑使任承亮可贈正任團練使制　宋胡　宿　1088-802- 21

●任承睿宋
樞密院任承睿可都承旨制　宋蔡　襄　1090-428- 11
樞密承旨左監門衛將軍任承睿可樞密都承旨制　宋鄭　獬　1097-126-　2
任承睿可都承旨制　宋慕容彥逢　1123-363-　6

●任尚賢宋

史部　詔令奏議類：附錄　詔令下（男）六畫

閣門看班祗候任尙賢可轉一官並罷閣門祗候制　宋慕容彥逢　1123-355- 5

●任叔向宋
閣門看班祗候落看班寫制　宋張　擴　1129-132- 12

●任拱之宋
太子少傅致仕任布孫拱之可試秘校制　宋胡　宿　1088-786- 19

●任若拙宋
改官制　宋歐陽修　1102-627- 80

●任迪簡唐
除任迪簡檢校右僕射制　唐不著撰人　1080-582- 54

●任修已宋
內侍省內東頭供奉官任修已可內殿崇班制　宋蔡　襄　1090-445- 13

●任清夐宋
陞郎中制　宋虞　儔　1154-110- 5

●任景先宋
補官制　宋鄒　浩　1121-306- 16

●任景章宋
醫官任景章轉一官制　宋慕容彥逢　1123-392- 8

●任熙明宋
除給事中制　宋劉才邵　1130-473- 5

●任盡言宋
除直秘閣江淮都督府參議官制　宋張孝祥　1140-643- 19

●任慶之宋
未復舊官人檢校水部員外郎懷州團練副使任慶之大理寺丞制　宋王安石　1105-448- 55

●向　安宋
可著作佐郎制　宋胡　宿　1088-714- 12

●向　朴宋
循資制　宋虞　儔　1154-123- 5

●向　汸宋
特降一資（制）　宋周必大　1148- 21- 95

●向　汋宋
提舉淮東常平茶鹽制　宋洪　适　1158-368- 19

●向　約宋
衞尉寺丞監溫州前倉鎮茶鹽酒稅務向約

可大理寺丞餘如故制　宋夏　竦　1087- 67- 2

●向　釗宋
轉左朝議大夫除司農卿等制　宋鄒　浩　1121-300- 16

●向　琪宋
與轉一官特轉遙郡刺史　宋周必大　1148- 3- 94

●向　滁宋
宣奉郎向滁可轉一官制　宋慕容彥逢　1123-378- 7

向滁應天府少尹（制）　宋孫　覿　1135-258- 25

●向　尊唐
授向尊光祿少卿制　唐賈　至　1336-623-398

●向　經宋
皇太后父經（追封）周王制　宋蘇　轍　1112-330- 31

●向　綽宋
皇后生日奏親堂叔國子博士向綽可檢校工部尚書充內園使（制）　宋蘇　頌　1092-373- 32

皇城使帶御器械向綽可遙郡刺史制　宋呂　陶　1098- 67- 8

●向　蔚（等）宋
向伯奮弟仲堪乞依赦回授封授與祖父母祖父蔚特授朝散郎致仕（制）　宋程　俱　1130-262- 26

●向　濤宋
奉議郎向濤可轉一官制　宋慕容彥逢　1123-378- 7

●向　齋宋
轉官制　宋許景衡　1127-227- 7

●向　繹宋
國子博士向繹可尚書虞部員外郎制　宋宋　祁　1088-265- 31

●向　寶宋
皇城使向寶可貴州刺史依舊皇城使（制）　宋蘇　頌　1092-349- 29

秦鳳路鈴轄左騏驥使向寶可皇城使再任制　宋鄭　獬　1097-139- 4

●向子僨宋
直秘閣制　宋李正民　1133- 8- 1

●向子忞宋
敍官制　　　　　　　　宋王　洋　　1132-416-　7
復職制　　　　　　　　宋胡　寅　　1137-430- 12
●向子昌宋
降一官（制）　　　　　宋劉一止　　1132-170- 33
●向子固宋
知旰眙軍向子固轉官制　宋劉才邵　　1130-456-　4
轉官職制　　　　　　　宋王　洋　　1132-418-　7
●向子能宋
奉聖旨各特先次降一官仍合路提刑司取勘具按聞奏制　　　　　　　　宋張　嵲　　1131-469- 附
●向子展宋
除正任刺史駟馬都尉制　宋許景衡　　1127-224-　7
通直郎向子展除右衞將軍駟馬都尉制　宋許景衡　　1127-224-　7
●向子章宋
向子章等轉官制　　　　宋鄒　浩　　1121-301- 16
●向子廉宋
復官（制）　　　　　　宋張　綱　　1131- 22-　4
●向子廣宋
循右從事郎制　　　　　宋張　擴　　1129-130- 12
●向子諲宋
落職與郡制　　　　　　宋汪　藻　　1128- 85-　9
徽猷閣待制兩浙都轉運使（制）　　　宋李彌遜　　1130-638-　5
轉一官致仕（制）　　　宋劉一止　　1132-211- 43
落致仕知江州制　　　　宋胡　寅　　1137-443- 13
江東漕制　　　　　　　宋胡　寅　　1137-453- 13
贈四官（制）　　　　　宋周麟之　　1142-158- 20
●向子褒宋
贈官制　　　　　　　　宋汪　藻　　1128- 83-　8
●向永晤宋
溪洞永晤可襲知富州制　宋鄭　獬　　1097-147-　4
●向世章宋
爲掩殺桑仲賊衆得功轉承節郎并部押義軍赴宣撫司轉保義郎換給制　宋張　嵲　　1131-488- 17
●向世偉（等）宋
勅向世偉等制　　　　　宋許　翰　　1123-502-　1
●向守玙宋

故知古州向光瑒男守玙可銀青光祿大夫國子祭酒兼監察御史武騎尉知古州軍州事制　　　　　　　宋夏　竦　　1087- 69-　2
●向守興宋
溪洞鶴州知州向守興可銀酒監武餘如故　宋沈　遘　　1097- 55-　6
●向伯奮宋
起復充河南府留守司參議官（制）　　宋劉一止　　1132-214- 44
除湖北提刑（制）　　　宋周麟之　　1142-136- 17
●向宗旦宋
祠部郎中向宗旦可兵部郎中制（制）　宋劉　攽　　1096-186- 19
司農少卿　　　　　　　宋蘇　轍　　1112-321- 30
●向宗良宋
除向宗良檢校司空充醴泉觀使昭信軍節度使制　　　　宋曾　肇　　1101-327-　1
　　　　　　　　　　　　　　　　　1350-375- 36
知衢州（制）　　　　　宋蘇　轍　　1112-298- 28
●向宗明宋
贈耀州觀察使制　　　　宋張　擴　　1129- 56-　7
徽猷閣直學士向子諲弟右朝散郎子讓故父宗明可特贈沂州防禦使制　宋張　嵲　　1131-516- 20
●向宗厚宋
除祠部郎官兼權太常少卿（制）　　　宋程　俱　　1130-258- 26
吏部郎中（制）　　　　宋劉一止　　1132-209- 43
通理知州資序合陞郎中（制）　　　　宋劉一止　　1132-216- 45
除浙西提刑（制）　　　宋劉一止　　1132-217- 45
●向宗博宋
持服人前朝奉郎向宗博入錢助軍特起充京城東壁守禦（制）　宋孫　覿　　1135-256- 25
●向宗傑宋
宣議郎向宗傑可權通判安肅軍制　　　宋劉　攽　　1096-221- 22
●向宗賢宋
朝請大夫知鄧州向宗賢可轉一官差遣依

四庫全書文集篇目分類索引

史部

詔令奏議類：附錄

詔令下（男）六畫

舊制　　　　　　　　　　宋慕容彥逢　1123-368- 6

●向昌鑒唐

授向昌鑒試衞尉卿等制　　唐賈　至　1336-615-396

●向季仲宋

轉右朝奉郎制　　　　　宋張　擴　1129-105- 10

●向思遷宋

向萬聰男思遷承襲制　　宋劉　攽　1096-229- 22

●向崇回宋

緜州刺史提舉萬壽觀公事向崇回可知蔡州制　　　　　　　　　　宋劉　攽　1096-209- 21

●向紹組宋

脩職郎萬州司理參軍向紹組降一資放罷（制）　　　　　　　　宋陳傳良　1150-600- 13

●向敏中宋

皇太后曾祖敏中（追封）申王制　　　　　　　宋蘇　轍　1112-329- 31

●向載舜宋

故嵊峒都巡檢向思景男載舜承襲代父名目制　　　　　　　　　宋劉　攽　1096-229- 22

●向載舞宋

向思越姪載舞承襲制　　宋劉　攽　1096-229- 22

●向傳式宋

可特授給事中制　　　　宋胡　宿　1088-763- 17

給事中充集賢殿學士向傳式可加食邑三百戶制　　　　　　　　宋蔡　襄　1090-464- 15

●向傳亮宋

皇太后祖傳亮（追封）榮王制　　　　　　　宋蘇　轍　1112-330- 31

●向傳師宋

可光祿少卿制　　　　　宋胡　宿　1088-754- 16

●向傳範宋

可四方館使制　　　　　宋胡　宿　1088-765- 17

可東上閤門使加上騎都尉制　　　　　　　　宋胡　宿　1088-766- 17

登州防禦使向傳範可齊州防禦使知滄州制　　　　　　　　　　宋鄭　獬　1097-148- 4

●全　淵宋

轉一官制　　　　　　　宋許景衡　1127-229- 7

●全子才（材）宋

除准西安撫副使兼知廬州兼計度轉運副使制　　　　　　　　　宋洪咨夔　1175-222- 16

降授朝散大夫落直秘閣差知隋州制　　　　　宋吳　泳　1176- 84- 9

●全克懃宋

可供備庫副使制　　　　宋胡　宿　1088-770- 17

●全余白宋

可大理寺丞制　　　　　宋胡　宿　1088-734- 14

●全惟幾宋

皇城使全惟幾可遙郡刺史制　　　　　　　　宋慕容彥逢　1123-347- 5

●全端夫宋

轉官制　　　　　　　　宋許景衡　1127-228- 7

●合羅角宋

角斯波男合羅角可本族軍主制　　　　　　　宋歐陽修　1102-635- 81

●竹文晟唐

授竹文晟成州刺史制　　唐薛廷珪　1336-720-411

●竹友直宋

賞循右修職郎（制）　　宋周必大　1148- 44- 97

循資制　　　　　　　　宋洪　适　1158-403- 23

●危　佑宋

可都官員外郎制　　　　宋胡　宿　1088-747- 15

●仲　郜宋

皇姪右監門衞大將軍仲郜可依前右監門衞大將軍黃州刺史特封齊安郡公制　　　　　　宋神宗　534-163- 82

●仲　湜宋

贈少傅（制）　　　　　宋李彌遜　1130-636- 5

●仰　齊宋

南道總管司屬官仰齊降兩官勒停制　　　　宋汪　藻　1128- 88- 9

●牟　彥宋

爲嗇人齊到文字要壽春府投拜衆官等不肯順嗇死守府城立轉一官選人比類循右修職郎制　　　　　　　宋張　嵲　1131-455- 13

●牟　桂宋

牟子才父已贈太中大夫桂特贈通議大夫制　　　　　　　　　　宋馬廷鸞　1187- 53- 7

●牟　融漢

四庫全書文集篇目分類索引

趙熹太傅牟融太尉詔　漢 章 帝　426-1079-15
錄尙書事詔　漢 章 帝　1397- 37- 2
命牟融爲太尉詔　漢 章 帝　1417-340- 17

●牟子才宋
試禮部尙書兼直學士牟子才特授翰林學士知制誥兼職依舊制　宋馬廷鸞　1187- 32- 4
翰林學士知制誥兼給事中兼修史牟子才特授端明殿學士與宮觀制　宋馬廷鸞　1187- 67- 9
特授資政殿學士致仕制　宋馬廷鸞　1187- 67- 9

●牟安禮宋
轉承信郎制　宋張　擴　1129- 97- 10

●牟崇厚唐
授牟崇厚右千牛大將軍等制　唐錢　珏　1336-646-401

●牟欽遹宋
西蕃首領牟欽遹除化外州團練（制）　宋蘇　轍　1112-320- 30

●伊　昱宋
忠訓郎幹辦人船伊昱該遇皇后歸謁家廟並特轉一官（制）　宋陳傅良　1150-574- 11

●伊　重宋
爲監造平射弓不合令弓匠將本胎錯磨怯薄就材改作軟弓特降兩官（制）　宋張　嵲　1131-457- 13

●伊　怨宋
可御前忠佐制　宋胡　宿　1088-764- 17

●伊　實唐
除獻陵臺令制　唐杜　牧　1081-677- 15

●伊　蘇元
蒙克特穆爾祖考伊蘇追封秦國康惠公制　元姚　燧　1201-422- 2

●伊郎軒漢
益封去病等　漢 武 帝　426-1002- 6

●伊嚕格勒宋
甘州外甥回紇汗王伊嚕格勒可特進懷寧順化汗王制　宋夏　竦　1087- 71- 2

●伊蘇岱爾（三代）元

平章伊蘇岱爾封贈三代制　元馬祖常　1206-556- 6

●伊蘇鼎爾元
（中書左丞某）父某贈銀青榮祿大夫大司徒追封齊國公諡恭惠（制）　元袁　桷　1203-484- 36

●伊蘇德勒元
伊蘇德勒贈蜀國武襄公制　元姚　燧　1201-420- 3

●伊卜德嚕羅丹元
額卜德呼勒父伊卜德嚕羅丹諡忠簡制　元程鉅夫　1202- 21- 2

●朱　升明
除翰林侍講學士誥　明陶　安　1373-492- 1
　　　　　　　　　　　　1402-127- 24

●朱　正明
昭信校尉管軍百戶朱正制　明 太 祖　568- 30- 98

●朱　朴唐
柳州司馬制——乾寧四年八月　不著撰人　426-417- 58
平章事制——乾寧二年八月　唐韓　儀　426-349- 50
授朱朴平章事制　唐韓　儀　1337-218-450

●朱　异梁
贈朱异詔　梁 武 帝　1399-260- 1

●朱　沖晉
徵朱沖詔（二則）　晉 武 帝　1398- 40- 2

●朱　秀宋
特轉右武大夫（制）　宋周必大　1148- 42- 97

●朱　定宋
內殿崇班朱定轉兩官制　宋慕容彥逢　1123-366- 6

●朱　松宋
校書郎（制）　宋李彌遜　1130-628- 4
吏部郎官（制）　宋劉一止　1132-222- 46

●朱　玘唐
援齊州刺史充武肅軍防禦使朱玘加檢校司空制　唐錢　珏　1336-703-409

●朱　承宋
將仕郎試辟廱錄朱承可俟今任滿日令再任制　宋慕容彥逢　1123-363- 6

四庫全書文集篇目分類索引

史部

詔令奏議類：附錄

詔令下（男）六畫

●朱　虎宋
轉官制　　宋許應龍　1176-472- 6
●朱　佺宋
朱佺兩易知泉州（制）　宋樓　鑰　1152-661- 37
●朱　服宋
知潤州朱服可知福州制　宋劉　攽　1096-210- 21
新差權發遣泉州朱服可知婺州制　宋劉　攽　1096-218- 21
權發遣泉州（制）　宋蘇　轍　1112-321- 30
●朱　洪宋
贈六官與元資恩澤係於橫行遙郡上分贈（制）　宋周必大　1148- 44- 97
●朱　洵宋
轉修武郎制　宋張　擴　1129-102- 10
●朱　彥宋
除左司郎官制　宋鄒　浩　1121-308- 17
●朱　革宋
轉兩官制　宋許景衡　1127-226- 7
●朱　勃宋
太僕寺丞朱勃可權發遣號州制　宋劉　攽　1096-229 22
●朱　勇宋
爲金兵侵犯陝西將帶官兵前來應副使喚轉武節郎兼閤門宣贊舍人換給制　宋張　嵲　1131-457- 13
轉遙郡團練（制）　宋周必大　1148- 42- 97
●朱　帝宋
轉官制　宋許　翰　1123-494- 1
落敷文閣待制知徽州制　宋張　擴　1129-132- 12
爲隨岳飛應辦錢糧有勞效轉一官制爲係參謀官措置殺敵馬有勞　宋張　嵲　1131-445- 12
●朱　衍宋
文州刺史朱衍可知全州制　宋劉　攽　1096-228- 22
●朱　紀明
贈光祿寺少卿朱紀誌　明武宗　538-502- 75
●朱　祹宋
除集賢殿脩撰知壽州制　宋鄒　浩　1121-307- 17

●朱　淫宋
主簿朱淫等太子洗馬致仕制　宋王安石　1105-427- 53
●朱　恭宋
朱恭轉武德大夫制　宋張　擴　1129-105- 10
●朱　真宋
轉遙郡團練使（制）　宋周必大　1148- 28- 96
●朱　晉宋
太學正制　宋翟汝文　1129-204- 3
●朱　紘宋
秘書省校書郎守唐州泌陽縣令朱紘可大理寺丞餘如故（制）　宋蘇　頌　1092-375- 32
●朱　倬宋
除右正言（制）　宋周麟之　1142-108- 14
●朱　祥宋
朱祥等補官制　宋史　浩　1141-585- 6
●朱　暘宋
開封府兵曹係開封尹王詔特薦制　宋翟汝文　1129-191- 2
●朱　翌宋
敷文閣待制朱翌左朝議大夫制　宋洪　适　1158-398- 23
●朱　異宋
朱異等轉官制　宋秦崇禮　1134-534- 2
●朱　彪宋
御史臺檢法官（制）　宋劉一止　1132-205- 42
●朱　紋宋
除給事中制　宋鄒　浩　1121-293- 15
●朱　淙宋
可虞部員外郎制　宋胡　宿　1088-751- 15
●朱　渙宋
開封府捉事使臣朱渙可轉一官制　宋慕容彥逢　1123-370- 7
大理寺捉事使臣朱渙可轉一官制　宋慕容彥逢　1123-386- 7
右侍禁朱渙可轉兩官制　宋慕容彥逢　1123-390- 9
三班借職朱渙　宋慕容彥逢　1123-390- 8
●朱　彭宋
可大理寺丞制　宋胡　宿　1088-717- 12
●朱　逵宋
可大理寺丞制　宋胡　宿　1088-734- 14
●朱　斐宋
除大理少卿制　宋張　擴　1129- 47- 6

除刑部郎官制　　宋張　擴　1129-74-8
大理寺丞（制）　宋李彌遜　1130-641-5
除大理少卿（制）　宋周麟之　1142-98-13
●朱　傑宋
宿州臨渙縣柳子鎭市
　戶進納斛米人朱億
　弟傑本州助教制　宋王安石　1105-455-55
●朱　靖宋
朱靖等授官制　宋許景衡　1127-226-7
●朱　詰宋
太常博士朱詰可屯田
　員外郎（制）　宋沈　遘　1097-31-4
●朱　載宋
進書轉官制　宋翟汝文　1129-219-4
●朱　塘唐
授朱塘恩州刺史制　唐李　翺　1336-721-411
●朱　業南唐
宣州節度使制　宋徐　鉉　1085-48-6
加中書令宣州節度使
　制　宋徐　鉉　1085-50-6
●朱　業（曾祖）宋
跋武學博士朱公誌　元黃　溍　1209-348-4
●朱　漸宋
內殿承制朱漸供備庫
　副使制　宋王安石　1105-422-53
●朱　頓宋
太常博士朱頓可屯田
　員外郎制　宋夏　竦　1087-58-1
●朱　睿明
册立皇后皇太子封宗
　室諸王詔　明楊士奇　1239-588-1
●朱　維宋
朝請大夫朱維可刑部
　郎中制　宋慕容彥逢　1123-335-4
●朱　廣明
禮部尚書兼翰林院學
　士朱廣誥命　明馮　琦　1402-128-24
●朱　誕唐
授朱誕等諸州刺史制　唐李　翺　1336-721-411
●朱　震宋
秘書省校書郎（制）　宋孫　覿　1135-257-25
中書舍人制　宋胡　寅　1137-437-12
朱震轉一官制　宋胡　寅　1137-449-13
朱震轉一官制　宋胡　寅　1137-456-14
●朱　震（父）宋

跋朱漢上先生贈父誥　明蘇伯衡　1228-707-10
●朱　棣（等）明
封諸王詔　明王　禕　1226-246-12
太祖高皇帝封諸王詔　明王　禕　1402-46-9
●朱　質宋
武博士制　宋虞　儔　1154-124-5
●朱　斡宋
吏部郎官（制）　宋劉一止　1132-205-42
●朱　澤宋
將作監丞朱澤可右贊
　善大夫（制）　宋田　錫　1085-550-28
●朱　筠宋
除尚書右丞制　宋慕容彥逢　1123-327-3
●朱　熹宋
登極恩轉朝請郎(制)　宋陳傅良　1150-613-15
封婺源縣開國男食邑
　三百戶（制）　宋陳傅良　1150-620-15
知潭州（制）　宋樓　鑰　1152-665-38
煥章閣待制侍講(制)　宋樓　鑰　1152-712-41
故華文閣待制朱熹贈
　太師追封信國公誥　宋程　珌　1171-226-1
擬故宋太師徽國公朱
　熹改封齊國公制
　（并跋）　明鄭　眞　1234-398-57
故華文閣待制朱熹贈
　太師追封信國公誥　宋程　珌　1375-58-2
追封朱熹徽國公並從
　祀孔子廟廷詔　宋理宗　1402-45-8
●朱　熹（父）宋
朱熹明堂恩贈父(制)　宋陳傅良　1150-627-16
●朱　整晉
爲吏部尚書詔　晉武帝　1398-40-2
以朱整爲吏部尚書詔　晉武帝　1402-35-6
●朱　興宋
東頭供奉官朱興可內
　殿崇班（制）　宋蘇　頌　1092-394-34
●朱　翻宋
大理寺丞（制）　宋樓　鑰　1152-679-39
●朱　穆漢
桓帝贈朱穆益州刺史
　詔　漢桓帝　1397-341-16
公卿表旌朱穆　漢不著撰人　1397-341-16
●朱　謙唐
授朱謙等諸州刺史制　唐薛廷珪　1336-720-411
●朱　懋宋

四庫全書文集篇目分類索引

史部

詔令奏議類：附錄

詔令下（男）六畫

爲殺獲興國縣兇賊首王大老等轉承信郎制　宋張　嵩　1331-451- 13

●朱　臨宋
大理寺丞制仕朱臨可殿中丞制　宋鄭　獬　1097-126- 2

●朱　寶宋
朱寶等轉武功大夫遙郡刺史（制）　宋程　俱　1130-264- 27

●朱　鑑宋
依舊將作監丞淮西制參兼運判制　宋許應龍　1176-470- 6

●朱　靈魏
封朱靈詔　魏 文 帝　1361-511- 2
封朱靈鄃侯詔　魏 文 帝　1412-597- 24

●朱子美宋
朱子美閤門舍人制　宋虞　儔　1154-108- 5

●朱子肅宋
轉一官制　宋許應龍　1176-472- 6

●朱文忠明
浙江行中書省平章政事朱文忠諡　明朱　升　1375- 62- 2

●朱文海宋
前內殿承制朱文海可舊官服闕（制）　宋韓　維　1101-657- 16

●朱之彥宋
爲應副大軍糧草循一資又爲措置良家子弟籍爲義士五萬餘人特改宣教郎換給制　宋張　嵩　1131-506- 19

●朱孔易明
恭題朱孔易所受勅命後　明楊士奇　1238-573- 16

●朱中興宋
敍復軍賞轉官（制）　宋劉一止　1132-169- 33

●朱允元宋
賜中丞知貴州朱允元可國子博士（制）　宋田　錫　1085-548- 28

●朱允修宋
河陽中州習學究朱允修可將仕郎守孟州助教制　宋夏　竦　1087- 70- 2

●朱永壽宋
依赦換給（制）　宋周必大　1148- 9- 94

●朱正基宋
殿中丞同判鄧州朱正基可國子博士餘如故制　宋夏　竦　1087- 65- 2

●朱正辭宋
光祿寺丞朱正辭可秘書省著作佐郎制　宋夏　竦　1087- 59- 1

●朱守約宋
轉朱守約可西上閤門使制引進副使新差充益州路鈐　宋蔡　襄　1090-450- 13

●朱百年劉宋
徵王素朱百年詔　劉宋孝武帝　1398-540- 3

●朱回敦宋
入內內侍省武經郎朱回敦乞轉出歸部致仕依所乞制　宋汪　藻　1128- 95- 10

●朱光庭宋
左司諫朱光庭可左司員外郎制　宋劉　放　1096-187- 19
　　　　　　　　　　　　　　　　　　1096-238- 23

可左司諫（制）　宋蘇　軾　1108-696-108
太常少卿（制）　宋蘇　轍　1112-323- 30

●朱仲元宋
可大理寺丞制　宋胡　宿　1088-721- 13
虞部員外郎朱仲元可比部員外郎　宋沈　遘　1097- 51- 6

●朱良治宋
殿中丞知富順監朱良治可國子博士餘如故制　宋夏　竦　1087- 66- 2

●朱良弼宋
與轉官（制）　宋周必大　1148- 52- 97

●朱孝孫宋
四方館使榮州刺史樞密副都承旨朱孝孫可正任防禦使依前樞密都承旨制　宋慕容彥逢　1123-363- 6

●朱孝莊宋
左武郎朱孝莊簽書在上閤門制　宋翟汝文　1129-201- 2

●朱克柔唐
授朱克柔等加階制　唐薛廷珪　1336-758-417

●朱伯材宋
故醴泉觀使武泰軍節

度使贈開府儀同三司朱伯材特追封恩平郡王制　宋劉　敞　1096-195- 20

西京左藏庫使榮州刺史帶御器械朱伯材可特授文思使依舊榮州刺史帶御器械制　宋呂　陶　1098- 66- 8

● 朱希彩 唐

加朱希彩幽州管內觀察使制　唐常　袞　1336-695-408

● 朱初平 宋

大理評事朱初平可光祿寺丞制　宋鄭　獬　1097-135- 3

● 朱叔明 唐

授右武衞大將軍制　唐不著撰人　1081-681- 16

● 朱長文 宋

勅賜進士及第朱長文可試秘校守許州同戶參軍　宋沈　遘　1097- 37- 4

● 朱秉文 宋

轉右承直郎制　宋張　擴　1129-137- 13

● 朱延世 宋

國子博士朱延世可虞部員外郎制　宋王安石　1105-389- 50

● 朱拱之 宋

入內右騏驥使朱拱之可轉兩官制　宋慕容彥逢　1123-375- 7

● 朱束之 宋

試大理司直兼監察御史朱束之大理寺丞制　宋王安石　1105-404- 51

● 朱思正 宋

轉歸吏部（制）　宋樓　鑰　1152-613- 34

轉一官資（制）　宋樓　鑰　1152-616- 34

● 朱思道 宋

泰州興化縣主簿朱思道可衞尉寺丞制　宋歐陽修　1102-641- 81

泰州興化縣主簿朱思道可衞尉寺丞(制)　宋歐陽修　1350-382- 37

● 朱祐之 宋

入內內侍省官朱祐之可特轉一官制　宋慕容彥逢　1123-373- 7

● 朱夏卿 宋

朱夏卿權戶部制郎制　宋洪　适　1158-381- 20

● 朱致民 宋

大理寺司直（制）　宋樓　鑰　1152-633- 35

大理寺丞（制）　宋樓　鑰　1152-714- 41

● 朱致知 宋

京西運判（制）　宋樓　鑰　1152-687- 39

● 朱師友 宋

朱炎父師友明堂恩封官制　宋洪咨夔　1175-242- 19

● 朱師正 宋

依赦換給（制）　宋周必大　1148- 9- 94

● 朱崇節 唐

授朱崇節河陽節度使制　唐陸　贄　1337-279-457

● 朱處約 宋

可殿中丞制　宋胡　宿　1088-751- 15

祠部郎中制　宋王安石　1105-385- 50

● 朱國祚 明

朱文恪諡命後　清陳廷敬　1316-706- 48

● 朱晞顏 宋

直煥章閣（制）　宋樓　鑰　1152-648- 36

直秘閣京西運判朱晞顏直煥章閣知靖江府（制）　宋樓　鑰　1465-456- 2

● 朱逢吉 宋

前信州錄事參軍朱逢吉可太子中舍致仕　宋沈　遘　1097- 37- 4

● 朱從道 宋

職方員外郎朱從道可屯田郎中制　宋王安石　1105-387- 50

● 朱敦儒 宋

殯宮總護使司屬官朱敦儒等各轉一官制　宋張　擴　1129- 76- 8

除秘書郎（制）　宋劉一止　1132-193- 39

都官郎官（制）　宋劉一止　1132-212- 44

● 朱喻祖 宋

解罷閣職轉一官制　宋許應龍　1176-472- 6

● 朱揚祖 宋

轉一官制　宋許應龍　1176-473- 6

● 朱景陽 宋

大理寺丞朱景陽磨勘改官制　宋歐陽修　1102-636- 81

● 朱華孫 宋

降官制　宋洪　适　1158-404- 23

● 朱勝非 宋

知湖州（制）　宋劉一止　1132-185- 37

觀文殿大學士知洪州制　宋李正民　1133- 2- 1

可除觀文殿學士充江西荊湖南北路宣撫史制　宋綦崇禮　1134-532- 2

除朱勝非特授依前左宣奉大夫守尚書右僕射同中書門下平章事兼知樞密院事加食邑食實封制　宋綦崇禮　1134-567- 7

戶部侍郎朱夏卿父勝非魯國公制　宋洪　适　1158-396- 22

● 朱復之宋

授軍器監主簿兼權知惠州制　宋吳　泳　1176- 81- 9

● 朱溫其宋

右贊善大夫朱溫其可殿中丞（制）　宋蘇　頌　1092-372- 32

刑部詳覆官前宋慈州鄉寧縣令朱溫其可大理寺丞依前充職（制）　宋韓　維　1101-662- 17

● 朱載言唐

除循州刺史制　唐杜　牧　1081-679- 15

● 朱聖非宋

直龍圖閣東道副都總管（制）　宋孫　覿　1135-248- 24

● 朱壽昌宋

大理評事朱壽昌磨勘改官制　宋歐陽修　1102-617- 79

● 朱壽隆宋

金部郎中朱壽隆三司鹽鐵判官制　宋王安石　1105-377- 49

● 朱輔世宋

入內內殿承制朱輔世可轉一官制　宋慕容彥逢　1123-373- 7

● 朱應元宋

除右正言兼侍講制　宋馬廷鸞　1187- 27- 3

直徽猷閣浙東提刑兼提舉制　宋馬廷鸞　1187- 39- 5

● 朱貌孫宋

朝請郎守御史朱貌孫特授右諫議大夫制　宋馬廷鸞　1187- 26- 3

除侍御史制　宋馬廷鸞　1187- 31- 4

● 朱瞻墡明

封襄王制　明仁宗　534-167- 82

● 朱懷玉宋

裝界藝學南州三溪縣主簿御書院祗候朱懷玉可東嶽廟令　宋沈　遘　1097- 63- 6

七　畫

● 汪　勃宋

御史臺檢法官制　宋張　擴　1129-141- 13

太常寺主簿制　宋張　擴　1129-145- 13

知湖州職事修舉特轉三官（制）　宋周麟之　1142-129- 16

與復龍圖閣學士見任官祠人依舊（制）　宋周必大　1148- 7- 94

與宮觀（制）　宋周必大　1148- 7- 94

● 汪　梓宋

陞郎中（制）　宋陳傅良　1150-629- 16

以趙汝愚親嫌除淮東提舉（制）　宋陳傅良　1150-643- 18

倉部郎中（制）　宋樓　鑰　1152-713- 41

● 汪　紳宋

應辦中宮册寶汪紳各轉一官制　宋張　擴　1129- 78- 8

● 汪　逵宋

除員外郎（制）　宋陳傅良　1150-629- 16

● 汪　暉宋

褒贈指揮節文　宋袁　甫　1175-585- 0

● 汪　澈宋

汪澈特與轉一官致仕（制）　宋周必大　1148- 81-100

汪澈端明殿學士知建康府制　宋洪　适　1158-401- 23

● 汪　粹宋

軍器監丞（制）　宋樓　鑰　1152-662- 37

● 汪　穀宋

翰林學士汪藻父穀贈正奉大夫（制）　宋程　俱　1130-231- 23

顯謨閣直學士汪藻故父穀可特贈特進制　宋張　嵲　1131-496- 18

汪藻贈父制　宋王　洋　1132-434- 8

● 汪　藻宋

汪藻龍圖閣直學士與郡（制）　宋程　俱　1130-225- 22

龍圖閣直學士知湖州（制）　宋程　俱　1130-239- 24

落職與宮觀永州居住

制　　　　　　　　宋劉才邵　1130-474- 5
轉一官（制）　　　宋張　綱　1131- 40- 7
修史成書陞顯謨閣學
　士（制）　　　　宋劉一止　1132-169- 33
磨勘轉左太中大夫（
　制）　　　　　　宋劉一止　1132-218-415
給事中制　　　　　宋李正民　1133- 10- 1
　●汪大定宋
知九江郡（制）　　宋陳傳良　1150-628- 16
　●汪大獻宋
該覃恩轉官（制）　宋樓　鑰　1152-703- 41
　●汪之道宋
除國子錄制　　　　宋洪咨夔　1175-246- 20
除太常寺丞制　　　宋洪咨夔　1175-254- 21
　●汪中立宋
除秘書丞制　　　　宋韓　琦　1089-463- 40
　●汪立信宋
除秘閣修撰樞密副都
　承旨依舊沿江制置
　副使江西安撫使制　宋馬廷鸞　1187- 37- 5
除集英殿修撰依舊樞
　密副都承旨沿江制
　置副使知江州江西
　安撫使制　　　　宋馬廷鸞　1187- 38- 5
特贈正奉大夫誥　　宋王應麟　1187-264- 5
　●汪召嗣宋
除江南西路轉運副使
　制　　　　　　　宋劉才邵　1130-465- 5
知潼川府制　　　　宋張　嵲　1131-481- 16
降官制　　　　　　宋王　洋　1132-429- 8
　●汪由敦清
御賜吏部尚書汪由敦
　郵典　　　　　　清　高宗　1328-382-附
　●汪自强宋
題宋御史汪自強誥後　元貢師泰　1215-657- 8
　●汪伯彥宋
復觀文殿學士依舊宮
　祠（制）　　　　宋劉一止　1132-180- 36
除同知樞密院（制）宋孫　覿　1135-265- 26
　●汪廷直宋
汪廷直屯向員外郎（
　制）　　　　　　宋程　俱　1130-266- 27
　●汪宗盆宋
史館孔目官汪宗盆可
　青州壽光縣尉制　宋胡　宿　1088-782- 18

●汪思恭宋
除吏部郎官主管侍郎
　左選（制）　　　宋張　綱　1131- 50- 8
　●汪師忠宋
淮東提刑汪師忠降兩
　官制　　　　　　宋汪　藻　1128- 86- 9
　●汪義端宋
監察御史（制）　　宋樓　鑰　1152-624- 35
汪義端知舒州（制）宋樓　鑰　1152-669- 38
　●汪慈明宋
東頭供奉官汪慈明可
　閤門祗候令再任制　宋慕容彥逢　1123-355- 5
　●汪楚材宋
收捕盜寇特轉三官（
　制）　　　　　　宋陳傳良　1150-635- 17
　●汪廣洋明
廢丞相汪廣洋（敕）明　太　祖　1223- 63- 7
除中書右丞誥　　　明王　禕　1226-256- 12
　　　　　　　　　　　　　　1373-491- 1
　●汪德輸宋
知崇慶府（制）　　宋樓　鑰　1152-669- 38
　●汪應辰宋
改官制　　　　　　宋胡　寅　1137-457- 14
　●完顏伯元
封冀國公制　　　　元張伯淳　1194-436- 1
　●沈　千宋
沈昭遠父千贈左通議
　大夫制　　　　　宋張　擴　1129-62- 7
　●沈　兀宋
太子中舍知福州吉田
　縣事沈兀可殿中丞
　餘如故制　　　　宋夏　竦　1087- 67- 2
　●沈　升宋
德妃沈氏曾祖升贈太
　師宜特贈尚書令　宋余　靖　1089-109- 11
　●沈　介宋
除秘書省正字制　　宋張　擴　1129- 75- 8
除秘書少監（制）　宋周麟之　1142-113- 15
復敷文閣待制（制）宋周必大　1148- 19- 95
起復權兵部尚書湖北
　京西制置使制　　宋洪　适　1158-387- 21
　●沈　立宋
河北轉運使兵部郎中
　沈立可太常少卿差
　遣如故（制）　　宋韓　維　1101-662- 17

史部 詔令奏議類：附錄 詔令下（男）七畫

河北轉運使太常少卿沈立可依前太常少卿充集賢院修撰知滄州（制）　宋韓　維　1101-677- 18

兵部郎中沈立可依前官充三司戶部判官制　宋王安石　1105-377- 49

●沈　丘宋

右文林郎沈丘知縣與轉一官制　宋張　嵶　1131-444- 12

●沈　合宋

知岳州（制）　宋樓　鑰　1152-688- 39

●沈　沖齊

追贈沈沖詔　齊 武 帝　1399- 25- 1

●沈　扶宋

金部員外郎沈扶可司勳員外郎（制）　宋蘇　頌　1092-354- 30

追官勒停人國子博士沈扶國子博士制　宋王安石　1105-447- 55

追官勒停人國子博士沈扶國子博士制　宋翟汝文　1129-205- 3

●沈　披宋

常州團練推官沈披可衛尉寺丞制　宋劉　敞　1095-652- 30

　　1350-384- 27

　　1418-362- 48

●沈　明宋

待詔沈明補承信郎制　宋許　翰　1123-493- 1

換武翼郎（制）　宋樓　鑰　1152-616- 34

●沈　周宋

尚書屯田員外郎通判楚州沈周可尚書都官員外郎制　宋宋　庠　1087-582- 24

祠都郎中沈周可開封府判官制　　1102-620- 79

●沈　岱明

（沈維柄）父（封文林郎制）　明倪元璐　1297- 14- 1

●沈　亮劉宋

授職詔　劉宋文帝　1398-520- 2

●沈　度宋

直秘閣知平江府制　宋洪　适　1158-377- 20

●沈　柄宋

降右儒林郎制　宋張　擴　1129-131- 12

●沈　勃劉宋

徙沈勃詔　劉宋明帝　1398-560- 4

●沈　思宋

贈官制　宋李正民　1133- 35- 3

●沈　起宋

殿中丞沈起可監察御使裏行（制）　宋劉　敞　1095-653- 30

　　1350-386- 38

　　1418-364- 48

●沈　倫宋

故左僕射致仕贈侍中沈倫可追封魯國公（制）　宋田　錫　1085-556- 29

德妃祖贈太師尚書令冀王倫宜特贈兼中書令　宋余　靖　1089-109- 11

●沈　康宋

度支員外郎兄集賢校理沈康可司封員外郎餘如故　宋沈　遘　1097- 29- 4

●沈　晦宋

降左朝散大夫制　宋張　擴　1129-151- 14

可除徽猷閣待制制　宋綦崇禮　1134-535- 2

●沈　紳宋

可大理寺丞制　宋胡　宿　1088-716- 12

●沈　琮唐

授沈琮檢校員外郎充職制　唐錢　翊　1336-732-413

●沈　超宋

內庭崇班沈超轉一官制　宋慕容彥逢　1123-370- 7

●沈　植宋

皇后幹辦宅忠訓郎沈植特轉一官（制）　宋陳傳良　1150-573- 11

●沈　撲宋

兼侍講（制）　宋陳傳良　1150-592- 13

司農卿（制）　宋樓　鑰　1152-626- 35

權吏部侍郎（制）　宋樓　鑰　1152-645- 36

磨勘轉官（制）　宋樓　鑰　1152-646- 36

轉一官守權吏部侍郎致仕（制）　宋樓　鑰　1152-675- 39

贈四官（制）　宋樓　鑰　1152-675- 39

●沈　貴宋

皇城副使沈貴與轉兩官制　宋慕容彥逢　1123-387- 8

●沈　畤宋

四庫全書文集篇目分類索引　709

宣德郎守監察御史沈
　畸可殿中侍御史制　宋慕容彥逢　1123-335-　4
宣德郎新除守左正言
　沈畸可侍御史制　宋慕容彥逢　1123-335-　4
●沈　傑宋
降授保章正制　宋吳　泳　1176-　87-　9
●沈　復宋
除權戶部侍郎（制）　宋周必大　1148-　80-100
●沈　該宋
權禮部侍郎制　宋張　嶸　1131-484-　17
磨勘轉官制　宋王　洋　1132-421-　7
落職制　宋張孝祥　1140-640-　19
除沈該特進制　宋周麟之　1142-　79-　11
加食邑制　宋周麟之　1142-　80-　11
除沈該觀文殿大學士
　宮觀制　宋周麟之　1142-　85-　11
差知襄州（制）　宋周麟之　1142-137-　17
●沈　詢唐
授沈詢充翰林學士制　唐崔　嘏　1336-534-384
●沈　槐宋
除大理評事（制）　宋陳傳良　1150-646-　18
●沈　遘宋
可集賢校理制　宋王　珪　1093-238-　34
龍圖閣學士吏部郎中
　權知開封府沈遘可
　右諫議大夫餘如故
　（制）　宋韓　維　1101-672-　18
知制誥沈遘知杭州制　宋王安石　1105-378-　49
右正言知制誥知越州
　沈遘起居舍人制　宋王安石　1105-382-　49
●沈　紹宋
降右承議郎制　宋張　擴　1129-131-　12
●沈　維宋
知房州（制）　宋樓　鑰　1152-658-　37
●沈　調宋
落職降官制　宋張孝祥　1140-640-　19
●沈　樞宋
除御史臺簿（制）　宋周麟之　1142-117-　15
度中郎中（制）　宋樓　鑰　1152-632-　35
該覃恩轉官（制）　宋樓　鑰　1152-703-　41
●沈　澤宋
前權知單州團練推官
　廳公事沈澤可大理
　寺丞制　宋夏　竦　1087-　62-　2
●沈　遵宋

可殿中丞制　宋胡　宿　1088-750-　15
●沈　錫宋
承務郎前知婺州沈錫
　可吏部郎官制　宋慕容彥逢　1123-337-　4
●沈　翱後唐
前舒州錄事參軍沈翱
　可大理司直（制）　宋徐　鉉　1085-　66-　8
●沈　瀛宋
知江州（制）　宋樓　鑰　1152-660-　37
●沈士安宋
西綾錦副使制　宋曾　鞏　1098-558-　22
●沈士彥宋
龍圖閣直學士戶部員
　外郎知永興軍王陶
　奏監人沈士彥可試
　國子四門助教不在
　選限（制）　宋韓　維　1101-654-　16
●沈士龍宋
追官人著作左郎沈士
　龍秘書丞制　宋王安石　1105-448-　55
●沈文季梁
加侍中詔　梁沈　約　1336-500-380
　　　　　　　　　　　1399-384-　7
　　　　　　　　　　　1415-109-　87
●沈文偉唐
授右補闕沈文偉守本
　官並充翰林學士制　唐劉崇望　1336-535-384
●沈友直宋
開封府刑曹掾（制）　宋孫　覿　1135-257-　25
●沈正言唐
授沈正言南鄭縣令制　唐薛廷珪　1336-746-415
●沈有開宋
特轉一官（制）　宋陳傳良　1150-578-　11
起居舍人（制）　宋樓　鑰　1152-694-　40
該覃恩轉官（制）　宋樓　鑰　1152-700-　40
●沈仲齡宋
授額外翰林醫官制　宋吳　泳　1176-　68-　7
●沈作賓宋
刑部郎官（制）　宋樓　鑰　1152-633-　35
檢詳（制）　宋樓　鑰　1152-712-　41
除戶部侍郎制　宋周　南　1169-128-　0
特授試尚書戶部侍郎
　制　宋衞　涇　1169-487-　2
●沈長卿宋
秘書省正字制　宋胡　寅　1137-447-　13

● 沈林子 劉宋

加沈林子輔國將軍詔　劉宋武帝　1398-488- 1

追贈沈林子詔　劉宋武帝　1398-489- 1

● 沈叔通 宋

知海州（制）　宋蘇　軾　1108-671-106

● 沈季長 宋

通直郎新差通判興國軍沈季長可差充楊州簽判制　宋劉　攽　1096-234- 23

知南康軍（制）　宋蘇　軾　1108-693-108

少府少監（制）　宋蘇　轍　1112-315- 29

知秀州（制）　宋蘇　轍　1112-316- 30

● 沈佺期 唐

授沈佺期太子少詹事等制　唐蘇　頲　1336-664-403

● 沈延祖 明

直隸鳳陽府潁州知州沈延祖（制）　明倪元璐　1297- 47- 4

● 沈厚載 宋

尚書職方員外郎知歸州沈厚載可尚書屯田郎中制　宋宋　庠　1087-593- 25

● 沈昭遠 宋

改官（制）　宋張　綱　1131- 17- 3

除戶部郎官（制）　宋張　綱　1131- 26- 4

● 沈禹卿 宋

沈禹卿江西提鹽(制)　宋劉一止　1132-224- 47

● 沈栖遠 唐

授侍御史沈栖遠右司員外郎制　唐薛廷珪　1336-587-392

授沈栖遠右司員外郎殿中制　唐薛廷珪　1402- 81- 14

● 沈師顏 宋

循資轉一官制　宋衞　涇　1169-477- 1

● 沈清臣 宋

江東提舉（制）　宋樓　鑰　1152-715- 41

太學錄制　宋洪　适　1158-378- 20

● 沈惟恭 宋

故光祿卿沈繼宗次男試將作監主簿惟恭可守將作監主簿制　宋夏　竦　1087- 64- 2

太子中舍監在京廣濟倉沈惟恭可殿中丞制　宋宋　庠　1087-563- 21

西京左藏庫使沈惟恭

可遂郡刺史依舊西京左藏庫使制　宋蔡　襄　1090-428- 11

供備庫副使沈惟恭等可康州刺史制　宋王　珪　1093-293- 40

文思使康州刺史沈惟恭可左藏庫使(制)　宋沈　遘　1097- 60- 6

● 沈崇傃 梁

擢沈崇傃詔　梁 武 帝　1399-260- 1

● 沈與求 宋

左中大夫同知樞密院事沈與求除知樞密院事制　宋翟汝文　1129-187- 1

沈與求御史中丞(制)　宋程　俱　1130-269- 27

知鎭江府（制）　宋張　綱　1131- 31- 5

殿中侍御史制　宋李正民　1133- 9- 1

兵部員外郎制　宋李正民　1133- 14- 2

太學春秋博士（制）　宋孫　覿　1135-255- 25

● 沈遇明 宋

翰林醫官使勾管本院公事沈遇明可推易使兼翰林醫官使（制）　宋韓　維　1101-676- 18

● 沈傳師 唐

授中書舍人制　唐元　稹　1079-570- 45

授沈傳師左拾遺史館修撰制　唐白居易　1080-579- 54

　　1336-634-400

　　1402- 77- 14

授學士沈傳師加舍人制　唐元　稹　1336-530-384

● 沈演之 劉宋

沈演之范曄拜官詔　劉宋文帝　1398-517- 2

● 沈維炳（柄）明

太常寺少卿沈維柄（制）　明倪元璐　1297- 14- 1

　　1402-131- 24

● 沈德妃（妊）宋

沈德妃妊授監簿(制)　宋王安石　1350-390- 38

● 沈積中 宋

可特追復資政殿學士還舊官與合得致仕恩澤制　宋綦崇禮　1134-532- 2

● 沈應如 明

（沈延祖）父（封某階制）　明倪元璐　1297- 47- 4

● 沈徽孚齊
封三舍人詔　　　　　　梁沈　約　1336-752-416
　　　　　　　　　　　　　　　　1399-385-　7
　　　　　　　　　　　　　　　　1415-112- 87

● 沈獻卿宋
德妃沈氏姪孫獻卿可
　試大理評事（制）　　宋王安石　1350-390- 38
● 沈繼宗宋
德妃沈氏父繼宗贈兵
　部尚書宜特贈(制)　宋余　靖　1089-110- 11
● 辛　宗宋
東頭供奉官辛宗可轉
　一官制　　　　　　　宋慕容彥逢　1123-386-　7
● 辛　炳宋
落致仕制　　　　　　　宋汪　藻　1128- 95- 10
除御史中丞（制）　　　宋張　綱　1131- 35-　6
● 辛　炤宋
駕部郎中致仕辛惟簡
　男炤可試秘書省校
　書郎制　　　　　　　宋宋　庠　1087-599- 26
● 辛　昱宋
授知門門事兼客省四
　方館事兼幹辦皇城
　司制　　　　　　　　宋吳　泳　1176- 73-　8
特授州防禦使依舊知
　閤門事制　　　　　　宋吳　泳　1176- 73-　8
授州團練使依舊帶御
　器械制　　　　　　　宋吳　泳　1176- 81-　9
● 辛　祕唐
京兆少尹辛祕可汝州
　刺史制　　　　　　　唐白居易　1080-585- 55
● 辛　息宋
授防禦使勅　　　　　　宋吳　泳　1176-113- 12
● 辛　犛宋
朝請郎行太常博士辛
　犛可太常寺丞制　　　宋劉　放　1096-188- 19
太常博士（制）　　　　宋蘇　轍　1112-310- 29
辛永宗宋
責官制　　　　　　　　宋王　洋　1132-426-　8
● 辛丘度唐
可工部員外郎制　　　　唐白居易　1080-521- 48
　　　　　　　　　　　　　　　　1336-525-383

● 辛弁文唐
可淄州長山縣令制　　　唐白居易　1080-557- 52
　　　　　　　　　　　　　　　　1336-745-415

● 辛企宗宋
提舉御營使司一行事
　務制　　　　　　　　宋汪　藻　1128- 91- 10
降官制　　　　　　　　宋李正民　1133- 41-　3
● 辛次膺宋
湖南提刑（制）　　　　宋李彌遜　1130-621-　4
除給事中（制）　　　　宋周麟之　1142-109- 14
差知泉州（制）　　　　宋周麟之　1142-116- 15
● 辛克承宋
門下省檢正諸房公事
　辛克承除太府卿（
　制）　　　　　　　　宋洪容齋　1175-227- 17
● 辛京杲唐
授辛京杲湖南觀察使
　制　　　　　　　　　唐常　袞　1336-695-408
● 辛果京唐
封辛果京晉昌郡王制　　唐不著撰人　426-445- 61
● 辛彥宗宋
移修殿前司轉一官制　　宋許　翰　1123-500-　1
敍左武大夫康州刺史
　（制）　　　　　　　宋張　綱　1131- 14-　2
● 辛若渝宋
可衞少卿制　　　　　　宋宋　祁　1088-267- 31
服闋人辛若渝可依前
　少府監分司南京制　　宋蔡　襄　1090-449- 13
● 辛起宗宋
辛起宗等轉官制　　　　宋許應龍　1176-473-　6
● 辛棄疾宋
太府卿（制）　　　　　宋樓　鑰　1152-630- 35
集英殿修撰知福州（
　制）　　　　　　　　宋樓　鑰　1152-645- 36
辛棄疾待制知紹興府
　制　　　　　　　　　宋周　南　1169- 18-　2
特授知紹興軍府兼管
　內勸農使充兩浙東
　路安撫使馬步軍都
　總管制　　　　　　　宋衞　涇　1169-473-　1
● 辛終吉宋
奉舉人前變州錄事參
　軍辛終吉可著作佐
　郎　　　　　　　　　宋余　靖　1089-100- 10
● 辛景賢宋
大理寺丞制　　　　　　宋王安石　1105-404- 51
● 辛德謙唐
授辛德謙丹延團練使

四庫全書文集篇目分類索引

史部

詔令奏議類：附錄

詔令下（男）七畫

制　　　　　　　　　　　唐代宗　549-39-183
授辛德謙丹延團練使
　制　　　　　　　　　　唐常　袞　556-114-85
　　　　　　　　　　　　　　　　1336-704-409
●辛興宗宋
降官制　　　　　　　　　宋李正民　1133-41-3
勒停人辛興宗復遙郡
　防禦隆德府路鈐轄
　（制）　　　　　　　　宋孫　覿　1135-263-25
●辛押陀羅宋
歸德將軍（制）　　　　　宋蘇　軾　1108-687-107
●沙兀惹宋
歸順人沙兀惹特補修
　武郎添差蔡州兵鈐
　兼權蔡州事詔　　　　　宋洪咨夔　1175-243-19
●沙正議（父）宋
父某正議大夫遙授工
　部尚書管領茶迸兒
　局人匠總管（制）　　　元袁　桷　1203-486-36
●沙世堅宋
收捕餘寇有勞特轉團
　練使（制）　　　　　　宋陳傅良　1134-635-17
●沙吒忠義唐
封沙吒忠義郕國公制　　　唐李　嶠　1336-749-416
授沙吒忠義等官爵制　　　唐李　嶠　1336-754-416
●宋　太宋
前守鄭州洛川縣令宋
　太可試大理評事充
　天平軍節度推官知
　潞州壼關縣事制　　　　宋胡　宿　1088-780-18
前守鄭州洛川縣令宋
　太可試大理評事充
　天平軍節度推官知
　潞州壼關縣事制　　　　宋韓　維　1101-658-16
●宋　元宋
換給付身（制）　　　　　宋劉一止　1132-163-31
●宋　弁宋
轉一官（制）　　　　　　宋周必大　1148-50-97
●宋　有宋
充准備差遣（制）　　　　宋劉一止　1132-200-41
●宋　任宋
司封郎中宋任太常少
　卿制　　　　　　　　　宋王安石　1105-382-49
●宋　宏宋
可太常博士制　　　　　　宋胡　宿　1088-750-15

●宋　良宋
內殿承制閤門祗候宋
　良禮賓副使制　　　　　宋王安石　1105-421-53
●宋　紀宋
集賢相宋庠父紀累贈
　中書令兼尚書令追
　封榮國公可進封鄭
　國公制　　　　　　　　宋胡　宿　1088-807-21
宋觀文父紀制　　　　　　宋蔡　襄　1090-462-15
●宋　紀（父）宋
宋觀文祖制　　　　　　　宋蔡　襄　1090-462-15
●宋　沽明
（宋權）父（改贈某
　官勅）　　　　　　　　明倪元璐　1297-36-3
●宋　祁宋
可依前右諫議大夫充
　史館修撰制　　　　　　宋胡　宿　1088-711-12
翰林學士禮部郎中宋
　祁可吏部郎中(制)　　　宋余　靖　1089-93-10
翰林侍讀學士禮部侍
　郎宋祁加勳邑制　　　　宋王　珪　1093-244-35
跋劉原父制詞草　　　　　宋楊萬里　1161-300-100
端明殿學士吏部侍郎
　宋祁可尚書左丞（
　制）　　　　　　　　　宋劉　敞　1350-385-37
　　　　　　　　　　　　　　　　　1418-362-48
●宋　定宋
廣南西路鈐轄皇城使
　忠州刺史宋定可果
　州團練使舊官充廣
　南西路安撫都監兼
　知宜州（制）　　　　　宋沈　遘　1097-64-6
●宋　林（等）宋
宋林等爲自來訓練武
　藝比拍得事藝高強
　弓馬精熟累經戰陣
　諸曉出入轉武翼郎
　換給制　　　　　　　　宋張　嵲　1131-487-17
●宋　昌漢
封宋昌詔　　　　　　　　漢文帝　426-983-4
●宋　明宋
催促修造使臣宋明可
　轉一官制　　　　　　　宋慕容彥逢　1123-372-7
●宋　昇宋
知單州宋昇可徵獻閣

待制知應天府制　宋翟汝文　1129-195- 2

徵歆閣待制知應天府宋昇除知汝州　宋翟汝文　1129-199- 2

● 宋　佺宋

入內東頭供奉官宋佺可各轉一官制　宋慕容彥逢　1123-373- 7

● 宋　受宋

宋受等加官制　宋王　洋　1132-417- 7

● 宋　庠宋

除宋庠河陽三城節度使檢校太尉同中書門下平章事判鄭州制　宋胡　宿　1088-824- 23

除宋庠特授檢校太尉充樞密使仍賜功臣制　宋胡　宿　1088-824- 23

賜使相知相州宋庠加恩詔詔　宋王　珪　1093-124- 18

可兵部尚書知河陽制　宋王　珪　1093-246- 35

宋庠授依前檢校太尉同中書門下平章事充河陽三城節度使苣國公加食邑實封功臣制　宋王　珪　1093-250- 35

除宋庠制　宋歐陽修　1102-693- 87

除宋庠兵部尚書同中書門下平章事制　宋歐陽修　1402- 97- 17

● 宋　郁唐

授宋郁廣都尉制　唐李　磎　1336-748-415

● 宋　昱宋

可贈供備庫使制　宋胡　宿　1088-803- 21

● 宋　迪宋

運糧有勞轉一官制　宋張　擴　1129- 75- 8

● 宋　俊宋

宋俊等贈承節郎制係掩殺金兵陣殁　宋張　嵲　1131-493- 18

● 宋　訓宋

宋訓等並授修武郎制　宋張　擴　1129- 99- 10

● 宋　展宋

十二考人前鎭國軍節度推官知鄆城縣宋展可大理寺丞制　宋宋　庠　1087-575- 23

● 宋　或宋

奉議郎宋或可大晟府樂令制　宋慕容彥逢　1123-341- 4

● 宋　烈宋

特降一官（制）　宋周必大　1148- 17- 95

● 宋　航宋

邵州錄事參軍監成德軍倉場給納宋航可宣奉郎行廣濟軍錄事參軍監鄂州竹家渡制　宋蔡　襄　1090-438- 12

● 宋　純宋

勅賜同學究出身宋純可密州安邱簿（制）　宋田　錫　1085-553- 29

衞尉少卿宋純可光祿少卿制　宋王　珪　1093-282-338

● 宋　納宋

文淵閣大學士宋納誥文　明太　祖　1223- 28- 3

● 宋　許宋

循右從事郎制　宋張　擴　1129-130- 12

● 宋　訥明

授國子監祭酒制誥　明太　祖　1225-922- 附

授文淵閣大學士制誥　明太　祖　1225-922- 附

初召勅符　明太　祖　1225-922- 附

● 宋　晟宋

轉一官制　宋許景衡　1127-227- 7

● 宋　晞唐

授宋晞諫議大夫制　唐常　袞　1336-513-381

授宋晞屯田員外郎制　唐賈　至　1336-588-392

● 宋　彪宋

爲自番人圍閉宿州至今堅守山寨捍禦金人不順番前來歸朝委實忠義特與補正承節郎制　宋張　嵲　1131-505- 19

● 宋　滋宋

可右侍禁（制）　宋蘇　軾　1108-679-107

武功大夫宋滋提舉京畿路保甲兼提刑制　宋翟汝文　1129-192- 2

提點刑獄兼保甲制　宋翟汝文　1129-193- 2

● 宋　渥（等）宋

諸衞上將軍宋渥等加恩（制）　宋田　錫　1085-552- 29

● 宋　渾唐

授宋渾諫議大夫制　唐孫　逖　1336-512-381

授宋渾將作少匠（監）制　唐孫　逖　1336-633-399

四庫全書文集篇目分類索引

史部

詔令奏議類：附錄

詔令下（男）七畫

● 宋　寬 宋
降一官送潭州居住（制）　宋周必大　1148- 29- 96

● 宋　湜 宋
朝奉郎宋湜可朝散郎制　宋劉　攽　1096-204- 20
贈承節郎與一子進勇副尉（制）　宋周必大　1148- 43- 97

● 宋　械 宋
皇城使茶州刺史宋渙姪男械回授補借職制　宋慕容彥逢　1123-392- 8

● 宋　超 宋
爲首先將帶軍馬一城官吏渡淮來歸淮西宣撫差權知亳州烏珠親率重兵攻打遂致失守除名勒停令該遇大禮赦係歸正之人特與敍從義郎制　宋張　嵲　1131-502- 19

● 宋　昿 宋
應辦中宮册寶宋昿轉一官制　宋張　擴　1129- 81- 8
宋昿轉保義郎制　宋張　擴　1129-103- 10

● 宋　鈞 宋
奉使回轉官（制）　宋周麟之　1142-147- 18
權知閤門事（制）　宋周必大　1148- 13- 94

● 宋　象 宋
將仕郎守眞定府平山縣主簿宋象特授守國子監丞致仕制　宋蔡　襄　1090-420- 10

● 宋　棄 宋
除江西運判（制）　宋劉一止　1132-212- 44
宋棄除太府少卿(制)　宋周麟之　1142-139- 18

● 宋　調 宋
轉一官制　宋許應龍　1176-472- 6

● 宋　詢 宋
國子博士宋詢特授尚書屯田員外郎制　宋蔡　襄　1090-427- 11

● 宋　鼎 唐
授宋鼎尚書右丞等制　唐孫　逖　1336-541-385

● 宋　晥 宋
責授單州團練副使永州安置制　宋許景衡　1127-234- 7

敍朝請大夫（制）　宋程　俱　1130-225- 22
上遺表特贈四官(制)　宋周必大　1148- 6- 94

● 宋　經 宋
文思副使宋經可左藏庫副使（制）　宋韓　維　1101-677- 18

● 宋　誠明
貴州宣慰使宋誠諭文　明太祖　1223- 27- 3

● 宋　福 宋
爲殺退金人轉一官制　宋張　嵲　1131-440- 12

● 宋　寧 宋
宋寧等轉三官（制）　宋周必大　1148- 50- 97

● 宋　肇 宋
武翼大夫宋肇知揚州轉一官制　宋張　擴　1129- 79- 8

● 宋　漢 漢
追策宋漢　漢 順 帝　426-1103- 19

● 宋　榮 宋
可左屯衞大將軍致仕制　宋胡　宿　1088-800- 20

● 宋　熙 宋
內殿崇班宋熙可內殿承制（制）　宋沈　遘　1097- 60- 6

● 宋　緒 宋
左監門衞大將軍鳳州團練使宋緒年八十特除致仕制　宋鄭　獬　1097-156- 5

● 宋維可 宋
衞尉寺丞宋維可大理寺丞制　宋張　擴　1129- 86- 9

● 宋　綱 宋
贈兩官恩澤一資更與一名守關進義副尉制　宋張　嵲　1131-509- 19

● 宋　輝（煇）宋
右武大夫宋煇磨勘制　宋翟汝文　1129-218- 4
落職（制）　宋張　綱　1131- 34- 6
復秘閣修撰除京西路轉運副使（制）　宋劉一止　1132-191- 39
宋輝改除應天府路轉運副使依舊權京畿都轉運使（制）　宋劉一止　1132-197- 40
直龍圖閣發運副使制　宋李正民　1133- 31- 3

● 宋　緬 宋
大理寺丞宋緬磨勘改官制　宋歐陽修　1102-640- 81

●宋 濂明
翰林承旨宋濂誥　　　　　　明太祖　1223-23-3
●宋 璟唐
兼黃門監制　　　　　　　　唐不著撰人　426-295-44
修國史勅　　　　　　　　　唐不著撰人　426-353-51
授宋璟兼京兆尹制　　　　　唐蘇 頲　556-113-85
　　　　　　　　　　　　　　　　　　1336-678-406
授宋璟御史大夫制　　　　　唐蘇 頲　1336-591-393
　　　　　　　　　　　　　　　　　　1402-86-15
拜相制　　　　　　　　　　唐不著撰人　1337-193-448
●宋 樽唐
授宋樽等諸州刺史制　　　　唐孫 逖　1336-709-410
●宋 樸宋
除御史中丞（制）　　　　　宋周麟之　1142-96-13
除端明殿學士簽書樞
　密院事（制）　　　　　　宋周麟之　1142-97-13
兼侍講（制）　　　　　　　宋周麟之　1142-137-17
除殿中侍御史（制）　　　　宋周麟之　1142-148-19
與復龍圖閣學士見任
　官嗣人依舊（制）　　　　宋周必大　1148-7-94
●宋 曜宋
集賢相宋庠祖曜累贈
　太師可特贈中書令
　制　　　　　　　　　　　宋胡 宿　1088-807-21
●宋 鎬宋
太子中允御史臺推直
　宋鎬可監察御史（
　制）　　　　　　　　　　宋田 錫　1085-548-28
●宋 謹宋
同前與轉行右武大夫
　遂郡刺史制　　　　　　　宋張 嵲　1131-447-12
●宋 寶宋
承務郎制　　　　　　　　　宋蘇 轍　1112-304-28
●宋 藻宋
加官制　　　　　　　　　　宋王 洋　1132-417-7
循資制　　　　　　　　　　宋王 洋　1132-424-7
賞轉一官（制）　　　　　　宋周必大　1148-51-97
賞轉一官（制）　　　　　　宋周必大　1148-45-97
●宋 辯宋
特降一官衝替制　　　　　　宋張 嵲　1131-471-15
●宋 權明
吏科給書中宋權(勅)　　　　明倪元璐　1297-36-3
●宋士堯宋
故內殿承制宋士堯等
　贈官制　　　　　　　　　宋王安石　1105-442-54

●宋子儀宋
大理寺丞（制）　　　　　　宋蘇 轍　1112-313-29
●宋文昭明
贈翰林承旨宋濂祖父
　詔　　　　　　　　　　　明太祖　1223-25-3
●宋文質宋
梓橦縣主簿宋文質可
　國子監丞致仕制　　　　　宋歐陽修　1102-621-79
●宋之才宋
除考功郎官制　　　　　　　宋張 擴　1129-73-8
除館職制　　　　　　　　　宋胡 寅　1137-450-13
除知衢州（制）　　　　　　宋周麟之　1142-140-18
磨勘轉官（制）　　　　　　宋周麟之　1142-146-18
●宋之瑞宋
福建提舉（制）　　　　　　宋樓 鑰　1152-685-39
●宋太宗
太宗册文　　　　　　　　　宋蘇 頌　1092-322-27
太宗皇帝册文　　　　　　　宋洪 适　1158-318-11
（明堂册文）　　　　　　　宋吳 泳　1176-40-5
●宋太祖宋
太祖册文　　　　　　　　　宋蘇 頌　1092-322-27
郊祀配帝太祖皇帝册
　文　　　　　　　　　　　宋王安石　1105-340-45
太祖皇帝册文　　　　　　　宋洪 适　1158-318-11
太祖皇帝(明堂册文)　　　　宋吳 泳　1176-40-5
●宋公侯（等）齊
降封宋公侯詔　　　　　　　齊高帝　1399-8-1
●宋仁宗宋
仁宗皇帝諡册文　　　　　　宋蘇 頌　1092-230-1
仁宗册文　　　　　　　　　宋蘇 頌　1092-323-27
仁宗皇帝加上徽號册
　文　　　　　　　　　　　宋王 珪　1093-65-9
　　　　　　　　　　　　　　　　　　1350-331-32
朝享仁宗皇帝册文　　　　　宋王安石　1105-340-45
●宋玄爽唐
授宋玄爽司膳少卿制　　　　唐李 嶠　1336-623-398
●宋永昌宋
翰林醫官少府監宋永
　昌可殿中省尚藥奉
　御制　　　　　　　　　　宋鄭 獬　1097-136-3
●宋可觀宋
許州司法宋可觀可許
　州司理（制）　　　　　　宋田 錫　1085-550-28
●宋申錫唐
平章事制　　　　　　　　　不著撰人　426-328-48

四庫全書文集篇目分類索引

太子右庶子制　　　　　　不著撰人　426-399- 56
開州司馬制　　　　　　　不著撰人　426-410- 57
可監察御史制　　　　　　唐白居易　1080-518- 48
　　　　　　　　　　　　　　　　　1336-608-395

史部

詔令奏議類：附錄

詔令下（男）七畫

●宋守約宋
河北路安撫使宋守約
　可引進副使知恩州
　制　　　　　　　　　　宋王　珪　1093-252- 36
●宋安世宋
特與帶行遙刺制　　　　宋虞　儔　1154-118- 5
●宋安道宋
皇城使巴州刺史宋安
　道落巴州刺史制　　　宋王安石　1105-449- 55
皇城使宋安道責授檢
　校水部員外郎充衞
　州團練副使不簽書
　本州公事制　　　　　宋王安石　1105-450- 55
●宋有言宋
西京左藏庫副使宋有
　言可莊宅副使制　　　宋王　珪　1093-295- 40
宮苑使宋有言可南作
　坊使（制）　　　　　宋沈　遘　1097- 53- 6
●宋有志宋
入內內侍省內東頭供
　奉官宋有志東染院
　副使制　　　　　　　宋王安石　1105-421- 53
●宋良輔宋
轉一官制　　　　　　　宋衞　涇　1169-477- 1
●宋孝先宋
起復知揚州（制）　　　宋張　綱　1131- 44- 7
降兩官（制）　　　　　宋張　綱　1131- 47- 8
●宋孝孫宋
奏舉人前知陳州宛丘
　縣宋孝孫可衞尉寺
　丞制　　　　　　　　宋宋　庠　1087-598- 26
比部郎中制　　　　　　宋王安石　1105-386- 50
●宋克俊宋
閤門宣贊舍人宋克俊
　該應舉人使十次賞
　各轉一官（制）　　　宋陳傅良　1150-579- 11
●宋伯友宋
復官制　　　　　　　　宋許景衡　1127-231- 7
除刑部侍郎（制）　　　宋張　綱　1131- 19- 3
刑部郎宋伯友除徽猷
　閣待制與郡（制）　　宋孫　覿　1135-250- 24

●宋伯威宋
西頭供奉官宋伯威與
　轉兩官制　　　　　　宋慕容彥逢　1123-372- 7
●宋武帝劉宋
宋公九錫文　　　　　　劉宋不著撰人　1394-305- 1
宋公九錫策文　　　　　晉　安　帝　1398-492- 1
●宋松年宋
宋祁遺表孫松年守將
　作監主簿制　　　　　宋王安石　1105-413- 52
●宋表微宋
翰奉郎權知解州宋表
　微可轉一官制　　　　宋慕容彥逢　1123-380- 7
●宋忠臣宋
宋忠臣可水部員中制　宋宋　祁　1088-268- 31
庫部郎中宋忠臣可司
　農少卿　　　　　　　宋沈　遘　1097- 57- 6
●宋明遠宋
轉官制　　　　　　　　宋袁　甫　1175-437- 9
●宋易從宋
逐便人宋易從可沂州
　參軍（制）　　　　　宋沈　遘　1097- 58- 6
●宋知本宋
宋知本制　　　　　　　宋許　翰　1123-504- 2
●宋延年宋
宋祁遺表孫延年守將
　作監主簿制　　　　　宋王安石　1105-413- 52
●宋宣祖宋
宣祖册文　　　　　　　宋蘇　頌　1092-322- 27
●宋亮臣宋
幹事回轉官兩資(制)　宋劉一止　1132-163- 31
●宋彥通宋
待制知筠州制　　　　　宋李民正　1133- 24- 2
●宋彥圖宋
轉內崇班再知歸信容
　城縣（制）　　　　　宋蘇　轍　1112-289- 27
●宋南强宋
知金州（制）　　　　　宋樓　鑰　1152-629- 35
●宋若拙宋
夏州錄事參軍宋若拙
　可著作佐郎（制）　　宋田　錫　1085-551- 28
●宋若華唐
追封宋若華河南郡君
　制　　　　　　　　　唐元　稹　1079-599- 50
●宋英宗宋
英宗皇帝尊號册文　　宋韓　琦　1089-466- 41

英宗册文　　　　　　　宋蘇　頌　1092-323- 27
立皇子詔　　　　　　　宋王　珪　1093-142- 20
　　　　　　　　　　　　　　　　1350-314- 31
朝享英宗皇帝册文　　　宋王安石　1105-340- 45
又跋王禹玉立英宗爲
　皇子詔草及當日請
　對奏藁　　　　　　　宋周必大　1147-166- 17
●宋垂範宋
可著作佐郎制　　　　　宋胡　宿　1088-716- 12
●宋俊國宋
翰林學士承旨宋祁遺
　表男俊國守秘書省
　正字令持服制　　　　宋王安石　1105-413- 52
●宋高宗宋
德壽宮答皇帝請加尊
　號第二表允詔　　　　宋周必大　1148- 87-101
高宗謚册文　　　　　　宋周必大　1148-342-121
皇帝初卽位擬進上壽
　皇尊號詔　　　　　　宋周必大　1148-344-121
●宋唐卿宋
永祐陵殿宮復按副使
　橫遙郡上各轉一官
　制　　　　　　　　　宋張　擴　1129- 79- 8
入內內侍省都知(制)　宋胡　寅　1137-431- 12
●宋神宗宋
神宗册文　　　　　　　宋蘇　頌　1092-323- 27
立皇太子制　　　　　　宋張方平　1350-350- 34
●宋惟湜宋
供備庫副使惟湜可西
　京左藏庫副使(制)　宋蘇　頌　1092-366- 31
●宋惟幹(等)宋
右諫議大夫分司西京
　宋惟幹等可中大夫
　進封開國伯加食邑
　制　　　　　　　　　宋夏　竦　1087- 69- 2
●宋康年宋
推貨務監官朝奉大夫
　宋康年可轉一官制　宋慕容彥逢　1123-378- 7
淮南路轉運副使宋康
　年淮南浙江荊湖制
　置發運副使制　　　　宋翟汝文　1129-194- 2
●宋康濟宋
可青州益都縣尉制　　　宋胡　宿　1088-781- 18
●宋真宗宋
眞宗册文　　　　　　　宋蘇　頌　1092-322- 27

眞宗皇帝册文　　　　　宋歐陽修　1102-696- 87
●宋哲宗宋
立皇太子制　　　　　　宋鄒潤甫　1350-367- 36
●宋常春(等)唐
宋常春等可內侍省內
　僕局令制　　　　　　唐元　稹　1079-590- 49
●宋敏求宋
右諫議大夫知制誥宋
　敏求依所乞落知制
　誥守本宮差遣如故
　(制)　　　　　　　宋蘇　頌　1092-369- 32
三司度支判官工部員
　外郎充集賢校理宋
　敏求可刑部員外郎
　餘如故(制)　　　　宋沈　遘　1097- 57- 6
太常博士集賢校理宋
　敏求可祠部員外郎
　依舊職任(制)　　　宋劉　敞　1350-385- 37
三司度支判官宋敏求
　可祠部員外郎並依
　舊職任(制)　　　　宋劉　敞　1418-962- 48
●宋敏修宋
可著作佐郎制　　　　　宋胡　宿　1088-714- 12
殿中丞祕書丞宋敏修
　可太常博士制　　　　宋蔡　襄　1090-431- 11
祕書省宋敏修可太常
　博士制　　　　　　　宋王　珪　1093-269- 37
●宋逢丑宋
降一官制　　　　　　　宋許應龍　1176-457- 5
●宋朝榮唐
加常侍制　　　　　　　唐白居易　1080-566- 53
●宋彭年宋
前江西提刑宋彭年可
　司農少卿制　　　　　宋劉　放　1096-192- 19
朝奉大夫宋彭年可權
　知邢州制　　　　　　宋劉　放　1096-210- 21
●宋景先宋
前內殿承制宋景先可
　舊官服闕(制)　　　宋蘇　頌　1092-393- 34
●宋喬年宋
左朝議大夫提舉西京
　崇福宮宋喬年可依
　前京畿轉運使制　　宋慕容彥逢　1123-343- 4
正議大夫致仕宋喬年
　特贈金紫光祿大夫

四庫全書文集篇目分類索引

史部

詔令奏議類：附錄

詔令下（男）七畫

龍圖閣學士制　宋慕容彥逢　1123-399- 8

●宋道方宋

朱肱醫學博士宋道方醫學錄制　宋翟汝文　1129-206- 3

●宋聖祖宋

郊祀前二日朝獻景靈宮聖祖册文　宋洪　适　1158-317- 11

●宋聖寵宋

吏部員外郎宋聖寵可右司員外郎制　宋慕容彥逢　1123-336- 4

●宋椿年宋

觀文殿大學士戶部尚書知許州宋庠男椿年可守將作監主簿制　宋蔡　襄　1090-451- 13

●宋萬年宋

轉一官（制）　宋張　綱　1131- 51- 8

爲金人侵犯料集軍馬竭力保捍敦減過官依舊給還仍差攝知慶陽軍府兼主管經略安撫司公事節制鄜延環慶路軍馬換給仍陞除直顯謨閣制　宋張　嵲　1131-480- 16

●宋齊丘南唐

知尚書省制　宋徐　鉉　1085- 52- 7

●宋齊愈宋

罷諫議大夫送御史臺根勘制　宋汪　藻　1128-108- 12

　　1128-342- 2

　　1375- 45- 1

著作郎宋齊愈除監察御史（制）　宋孫　覿　1135-244- 24

監察御史宋齊遂著作佐郎（制）　宋孫　覿　1135-255- 25

起居郎（制）　宋孫　覿　1135-268- 26

●宋輔國宋

前太常寺奉禮部宋輔國等並舊官服闕制　宋王安石　1105-410- 52

●宋蒼舒宋

轉右宣教郎制　宋張　擴　1129-133- 12

●宋偓祖宋

明堂奏告太廟八室册文　宋蘇　頌　1092-322- 27

●宋廣國宋

翰林學士承旨宋祁遺表男廣國守秘書省正字令持服制　宋王安石　1105-413- 52

●宋慶曾宋

大理評事宋慶曾可光祿寺丞　宋沈　遘　1097- 46- 5

●宋德义明

贈翰林承旨宋濂祖父誥　明太祖　1223- 25- 3

●宋頤年宋

宋祁遺表孫頤年守將作監主簿制　宋王安石　1105-413- 52

●宋騏皇宋

集賢相宋庠曾祖騏皇贈太傅可贈太師制　宋胡　宿　1088-806- 21

●宋興祖宋

補官制　宋史　浩　1141-585- 6

●宋翼祖宋

翼祖皇帝册文　宋歐陽修　1102-696- 87

●宋徽宗宋

上太上道君皇帝尊號玉册文　宋汪　藻　1128-115- 13

●宋繼垣宋

文思副使宋繼垣可左藏庫副使（制）　宋韓　維　1101-663- 17

●宋後廢帝劉宋

追封後廢帝令　劉宋王太后　1398-571- 5

●宋瀛國公宋

降封宋主爲瀛國公制　元王　磐　1367-136- 11

●沐　英明

西平侯英誥　明太祖　1223- 22- 3

●沃　協（等）宋

環州蕃部沃協等可本族副軍主制　宋宋　庠　1087-595- 25

●汎　光宋

永興通判移秦州制　宋蘇　轍　1112-314- 29

●汎漢臣宋

歸順人汎漢臣補承信郎制　宋洪咨夔　1175-230- 17

●汎熙載宋

衢州軍事推官汎熙載可大理寺丞　宋歐陽修　1102-620- 79

可太常博士制　宋胡　宿　1088-751- 15

●求　歸宋

四庫全書文集篇目分類索引　719

臺州百姓求歸年一百二歲可守本州助教（制）　宋蘇　頌　1092-400- 35

●成　泚 唐
授成泚上谷郡王制　唐韓　儀　1337-229-451

●成　卓 宋
閤門祗候制　宋曾　鞏　1098-557- 22
（降兩官監筠州酒稅制）　宋蘇　轍　1112-311- 29

●成　昂 宋
前泰寧軍節度副使成昂可太府少卿致仕誥　宋夏　竦　1087- 76- 3

●成　奕 宋
京東轉運使祠部郎中成奕可刑部郎中　宋沈　遘　1097- 58- 6

●成　閔 宋
同前除正任團練使制　宋張　嶸　1131-486- 17
轉觀察使制　宋王　洋　1132-407- 7
可落太尉在外宮祠婺州居住（制）　宋周必大　1148- 60- 98
加食邑五百戶食實封二百戶制　宋周必大　1148- 96-102
加食邑五百戶食實封二百戶制　宋周必大　1148-121-103
賜成閔（大禮畢加食邑食封告）　宋周必大　1148-232-112

●成　道 宋
忠翊郎成道陣亡特贈兩官與一子恩澤（制）　宋劉一止　1132-182- 36

●成　壁 宋
尚書虞部員外郎通判郢州成壁可尚書比部員外郎制　宋宋　庠　1087-601- 26

●成　鑄 宋
知黔州（制）　宋樓　鑰　1152-613- 34

●成大亨 宋
祠部員外郎制　宋李正民　1133- 15- 2
直祕閣兩浙轉運使制　宋李正民　1133- 31- 3
可除戶部員外郎制　宋綦崇禮　1134-539- 3

●成允顯 宋
轉一官資（制）　宋樓　鑰　1152-616- 34

●成永泰 宋
集賢院楷書成永泰可

江陵府公安縣主簿制　宋鄭　獬　1097-166- 6

●成幼文 南唐
江西推官成幼文可主客員外郎（制）　宋徐　鉉　1085- 62- 8

●成吉甫 宋
可趙州隆平縣令制　宋胡　宿　1088-781- 18

●成有宗 宋
可河中府司錄參軍監汀州鍾賽金銅場制　宋胡　宿　1088-783- 18

●成希賾 唐
授成希賾忠州刺史制　唐錢　翊　1336-718-411

●成善威（等）唐
授成善威等刺史制　唐李　嶠　1336-708-410

●成無玷 宋
降三官依舊知鄂州制　宋綦崇禮　1134-557- 5

●成道升 宋
國子博士知貝州歷亭縣成道升可尚書虞部員外郎制　宋宋　庠　1087-601- 26

●成端夫 宋
追官人前朝奉郎成端夫行太常寺奉禮郎制　宋蔡　襄　1090-419- 10

●豆盧毓 隋
追封豆盧毓詔（二則）　隋　煬　帝　1400-241- 2
改封豆盧毓雍丘侯詔　隋　煬　帝　1416-180-114
贈豆盧毓大將軍詔　隋　煬　帝　1416-180-114

●豆盧志靜 唐
授豆盧志靜等官制　唐李　嶠　1336-708-410

●豆盧欽望 唐
册贈豆盧欽望司空并州大都督文　唐不著撰人　426-459- 63
授豆盧欽望秋官尚書制　唐李　嶠　1336-549-386
授豆盧欽望太府卿制　唐李　嶠　1336-620-397

●巫　仪 宋
巫仪等改官制　宋劉才邵　1130-458- 4
進講尚書制　宋王　洋　1132-406- 7
兼侍講（制）　宋周麟之　1142-126- 16
與復龍圖閣學士貝任宮祠人依舊（制）　宋周必大　1148- 7--94

●杜　充 宋
東京留守杜充同知樞密院制　宋汪　藻　1128-104- 11

降杜充觀文殿學士提舉江州太平觀制 宋汪 藻 1128-110- 12
宣撫使制 宋李正民 1133- 30- 3

●杜 存 宋
補承信郎制 宋張 擴 1129- 97- 10

●杜 行 宋
安遠軍節度推官杜行可知鄂州江夏縣制 宋王 珪 1093-285- 39

●杜 克 宋
庫部員外郎制 宋翟汝文 1129-207- 3

●杜 杞 宋
京西轉運按察使虞部員外郎杜杞可刑部員外郎直集賢院充廣西轉運使制 宋歐陽修 568- 29- 98
1102-641- 81
1350-382- 37
1465-452- 2

●杜 佑 唐
諸道鹽鐵使等制 唐不著撰人 426-362- 52
太保致仕制 唐不著撰人 426-405- 57
致仕制 唐白居易 1080-583- 55
贈杜佑太尉制 唐白居易 1080-588- 55

●杜 松 宋
可大理寺丞制 宋胡 宿 1088-716- 12

●杜 亞 唐
淮南節度使制 唐陸 贄 1070-640- 9
1337-249-454

●杜 直 宋
監杭州糧料院杜直可太子中舍制 宋宋 庠 1087-578- 23

●杜 林 宋
轉遞防遞團（制） 宋張 綱 1131- 7- 1

●杜 果 宋
除兵部侍郎淮西制置使制 宋許應龍 1176-461- 5
除太府卿兼淮西制置兼知廬州制 宋許應龍 1176-462- 5

●杜 宣 宋
降官制 宋許景衡 1127-234- 7

●杜 美 宋
瀘州被害官兵故節度使推官杜美贈兩資與一子下州文學（制） 宋陳傅良 1150-577- 11

●宋 衍 宋
加食邑實封功臣制 宋宋 祁 1088-273- 31
可依前太子太師致仕加食邑七百戶實食封二百戶制 宋蔡 襄 1090-463- 15

●杜 羔 唐
故工部尚書致仕杜羔贈右僕射制 唐白居易 1080-561- 52
前萬年縣令杜羔除戶部郎中制 唐白居易 1080-584- 55
1336-573-390

●杜 紘 宋
朝散郎右司郎中杜紘可大理卿制 宋劉 敞 1096-191- 19
朝請郎試大理卿杜紘可直祕閣知齊州制 宋劉 敞 1096-207- 21
朝散郎大理卿杜紘可朝請郎制 宋劉 敞 1096-231- 23
刑部郎中（制） 宋曾 鞏 1098-543- 20
可右司郎中（制） 宋蘇 軾 1108-689-108

●杜 卿 宋
侍禁杜卿可轉一官制 宋慕容彥逢 1123-372- 7

●杜 純 宋
大理少卿杜純可侍御史制 宋劉 敞 1096-195- 20
侍御史杜純可陞左司郎中制 宋劉 敞 1096-200- 20
侍御史杜純可知相州制 宋劉 敞 1096-208- 21
朝奉郎知相州杜純可知徐州制 宋劉 敞 1096-210- 21
大理正制 宋曾 鞏 1098-547- 20
可刑部員外郎（制） 宋蘇 軾 1108-689-108
可大理少卿（制） 宋蘇 軾 1108-698-108

●杜 悰 唐
平章事制——會昌四年閏七月甲辰 唐不著撰人 426-337- 49
右僕射制——會昌五年四月 唐不著撰人 426-400- 56

●杜 訴 宋
都官員外郎權發遣三司都磨勘司兼主轄支收拘收司公事杜訴可職方員外郎差遣如故（制） 宋蘇 頌 1092-362- 31

太常博士權御史臺推
　官杜訢可屯田員外
　郎制　　　　　　　　宋王安石　1105-388- 50
衞尉少卿（制）　　　　宋蘇　軾　1108-687-107
●杜　寂唐
授杜寂職方郎中制　　　唐常　袞　1336-572-390
●杜　兼宋
權劍門縣杜兼循資制　　宋洪　适　1158-368- 19
●杜　常宋
兵部郎中杜常可光祿
　少卿制　　　　　　　宋劉　攽　1096-186- 19
光祿少卿杜常可集賢
　校理知梓州制　　　　宋劉　攽　1096-215- 21
兵部郎中制　　　　　　宋曾　鞏　1098-551- 21
兵部郎中（制）　　　　宋蘇　轍　1112-300- 28
吏部侍郎杜常可工部
　尚書制　　　　　　　宋慕容彥逢　1123-327- 3
●杜　鉞宋
前磁州錄事參軍杜鉞
　可衞尉寺丞制　　　　宋歐陽修　1102-620- 79
●杜　術宋
殿中丞杜術轉官（制）　宋余　靖　1089-100- 10
●杜　紳宋
知趙州杜紳可知濱州
　制　　　　　　　　　宋劉　攽　1096-229- 22
●杜　斌宋
杜斌贈拱衞大夫團練
　使制　　　　　　　　宋洪　适　1158-379- 20
●杜　湛宋
轉武翼大夫遙郡刺史
　（制）　　　　　　　宋張　綱　1131- 18- 3
除遙郡團練使江西兵
　馬鈐轄（制）　　　　宋張　綱　1131- 37- 6
●杜　琮宋
轉二官（制）　　　　　宋李彌遜　1130-625- 4
授杜琮淮南節度使制　　唐沈　詢　1337-273-456
●杜　植宋
荊湖南路轉運使衞尉
　少卿杜植可光錄少
　卿制　　　　　　　　宋鄭　獬　1097-132- 3
●杜　琳宋
降官（制）　　　　　　宋劉一止　1132-172- 34
●杜　冕唐
授杜冕開府儀同三司
　制　　　　　　　　　唐常　袞　1336-760-417

●杜　前
詔贈杜崗　　　　　　　梁 元 帝　1339-324- 4
　　　　　　　　　　　　　　　　1414-649- 84
●杜　喬漢
除杜喬丹水長詔　　　　漢光武帝　426-1071- 13
除大司空杜林子喬爲
　郎詔　　　　　　　　漢光武帝　1397- 14- 1
●杜　勝宋
降官制　　　　　　　　宋劉才邵　1130-474- 5
降一官放罷貝降作刺
　史遇登極赦敍元官
　（制）　　　　　　　宋周必大　1148- 12- 94
●杜　該宋
內殿承制杜該可供備
　庫副使（制）　　　　宋蘇　頌　1092-393- 34
●杜　載唐
可監察御史制　　　　　唐元　稹　1079-586- 48
●杜　椿宋
換武翼郎（制）　　　　宋樓　鑰　1152-616- 34
●杜　遠宋
爲照管關隘捍禦賊馬
　并兩次殺散逆賊等
　轉保義郎換給制　　　宋張　嵲　1131-450- 13
●杜　畿魏
追諡杜畿詔　　　　　　魏 文 帝　1412-599- 24
●杜　範宋
軍器監丞制　　　　　　宋洪容齋　1175-231- 17
除監察御史制　　　　　宋袁　甫　1175-424- 8
軍器監丞制　　　　　　宋袁　甫　1175-428- 8
●杜　諮宋
可大理寺丞制　　　　　宋胡　宿　1088-733- 14
轉官制　　　　　　　　宋歐陽修　1102-639- 81
●杜　諫宋
西作坊使杜諫轉一資
　制　　　　　　　　　宋劉　攽　1096-199- 20
●杜　橫宋
贈六官恩澤依舊制　　　宋張　嵲　1131-508- 19
●杜　震宋
左侍禁管勾融州臨溪
　堡事兼同地方巡檢
　杜震降兩官制　　　　宋劉　攽　1096-235- 23
●杜　堯唐
授杜堯曾口縣令制　　　唐薛廷珪　1336-747-415
●杜　遲唐
荊州長史制　　　　　　唐不著撰人　426-405- 57

授杜遍等侍御史制　唐韓　休　1336-601-394
　　　　　　　　　　　　　　1402- 89- 16

●杜　濟唐
授杜濟東川防禦使制　唐常　袞　1336-701-409
●杜　濟宋
可殿中丞制　宋胡　宿　1088-722- 13
●杜　淙唐
除太常博士制　唐杜　牧　1081-670- 14
　　　　　　　　　　　　　1336-638-400

●杜　鎬宋
綿州錄事參軍杜鎬加
　檢校水部員外郎制　宋鄭　獬　1097-131- 3
●杜　觀宋
大將杜觀可特授三班
　奉職制　宋慕容彥逢　1123-352- 5
●杜士寶宋
昭憲皇后親姪孫杜士
　寶特補承信郎(制)　宋陳傅良　1150-585- 12
●杜子才宋
可太常寺太祝制　宋胡　宿　1088-724- 13
前大理丞杜子才可舊
　官服闕（制）　宋沈　遘　1097- 30- 4
●杜千能宋
尚書祠部郎中杜千能
　可依前充三司鹽鐵
　判官（制）　宋韓　維　1101-668- 17
權提點廣南西路刑獄
　杜千能祠部郎中制　宋王安石　1105-385- 50
●杜元逵唐
授杜元逵殿中少監制　唐蘇　頲　1336-632-399
●杜元穎唐
平章事制——長慶一
　年二月　唐不著撰人　426-319- 47
授杜元穎戶部侍郎依
　前翰林學士制　唐元　稹　1079-570- 45
賜爵制　唐白居易　1080-553- 51
杜元穎等賜勳制　唐白居易　1080-562- 52
授學士杜元穎加侍郎
　制　唐元　稹　1336-529-384
●杜友宣宋
杜範父友宣追封制　宋徐元杰　1181-700- 7
●杜日思宋
醫官杜日思可翰林醫
　官使制　宋慕容彥逢　1123-362- 6
●杜日遷宋

醫官杜日遷可翰林醫
　官使制　宋慕容彥逢　1123-362- 6
●杜仁經宋
教坊使杜仁經等加恩　宋沈　遘　1097- 57- 6
●杜永修宋
杜範祖永修追封制　宋徐元杰　1181-699- 7
●杜幼節宋
除著作郎制　宋袁　甫　1175-435- 9
●杜式方唐
可贈禮部尚書制　唐白居易　1080-547- 51
●杜如晦唐
房玄齡杜如晦左右僕
　射制　唐不著撰人　426-290- 44
長孫無忌等九人各封
　一子郡縣公詔　唐不著撰人　426-477- 65
●杜亨道宋
爲係干預機速軍務等
　宣力尤多轉兩官制　宋張　嵲　1131-446- 12
●杜希望唐
授杜希望鴻臚卿制　唐孫　逖　1336-619-397
●杜廷臣宋
杜範曾祖廷臣追封制　宋徐元杰　1181-699- 7
●杜宗象宋
東頭供奉官杜宗象可
　內殿崇班（制）　宋韓　維　1101-676- 18
●杜宗範宋
圖畫局藝學杜宗範可
　轉一官制　宋慕容彥逢　1123-392- 8
●杜其初明
兵部武選司主事杜其
　初（勅）　明倪元璐　1297- 29- 2
●杜昌業南唐
江州制　宋徐　鉉　1085- 54- 7
●杜叔良唐
授杜叔良左領軍衞大
　將軍制　唐元　稹　1079-654- 4
　　　　　　　　　　　1336-646-401

●杜延年漢
封杜延年等詔　漢 昭帝　426-1011- 7
封杜延年燕倉任宮王
　壽爲列侯詔　漢 昭帝　1396-223- 2
●杜英輩宋
東頭供奉官（制）　宋蘇　轍　1112-311- 29
●杜皇后（孫姪）宋
覃恩昭憲杜皇后孫姪

四庫全書文集篇目分類索引 723

轉官制 宋王安石 1105-409- 52
●杜保衡 宋
太常博士杜保衡可屯
　田員外郎 宋沈 遘 1097- 62- 6
　　　　　　　　　　 1350-397- 39
●杜致美 唐
授杜致美太常少卿制 唐薛廷珪 1336-573-390
●杜惟序 宋
可知滄州制 宋宋 祁 1088-265- 31
可西上閤門使福州刺
　史知涇州制 宋歐陽修 1102-632- 80
●杜從則 唐
授杜從則雍州司馬制 唐不著撰人 1336-740-414
●杜黃裳 唐
平章事制——永貞一
　年七月 唐不著撰人 426-305- 46
河中節度平章事制—
　—元和二年正月 唐不著撰人 426-375- 53
●杜彭壽 宋
司理參軍杜彭壽可大
　理寺丞制 宋歐陽修 1102-640- 81
●杜景佺 唐
授杜景佺司刑少卿制 唐李 嶠 1336-625-398
●杜欽雲 宋
加官制 宋王 洋 1132-417- 7
●杜寅客 唐
起復杜寅客右威衞將
　軍制 唐蘇 頲 1336-657-402
●杜審權 唐
平章事制——大中十
　二年十二月 唐不著撰人 426-344- 50
鎮海軍節度平章事制
　——咸通四年五月 唐不著撰人 426-384- 54
●杜鴻漸 唐
東都留守制 唐楊 炎 426-370- 52
授杜鴻漸崔倚中書舍
　人制 唐賈 至 1336-517-382
●杜讓能 唐
梧州刺史制——景福
　二年九月 唐不著撰人 426-417- 58
●李　义 唐
授李义刑部尚書制 唐蘇 頲 1336-550-386
　　　　　　　　　　 1402- 86- 15
●李　方 唐
授李方右諫議大夫等

制 唐崔 嘏 1336-514-381
●李　方 宋
改官制 宋歐陽修 1102-628- 80
●李　元 漢
封孫程等詔 漢 順 帝 426-1102- 19
●李友（等）宋
使臣李友等依舊制 宋張 嵲 1131-508- 19
●李　中 宋
（李壁）祖中擬贈太
　子少傅（制） 宋衞 涇 1169-474- 1
●李　介 宋
西京左藏庫副使李介
　二級轉一官制 宋霖容彥逢 1123-372- 7
●李　及 宋
三司戶部副使禮部郎
　中李及可吏部郎中
　充淮南轉運使制 宋夏 竦 1087- 69- 2
奏舉人前眞州錄事參
　軍李及可著作佐郎 宋沈 遘 1097- 53- 6
國子博士李及可虞部
　員外郎（制） 宋蘇 頌 1092-354- 30
●李　玄 唐
授李玄監察御史制 唐崔 嘏 1336-608-395
●李　永 唐
立魯王爲皇太子詔—
　—（太和七年八月） 唐不著撰人 426-142- 27
册魯王爲皇太子文 唐不著撰人 426-149- 28
封魯王制——太和四
　年一月 唐不著撰人 426-197- 33
册魯王永文 唐不著撰人 426-206- 34
●李　永 唐
授李永祠書少監制 唐常 袞 1336-632-399
●李　丙 宋
落徵獻閣待制制 宋許景衡 1127-233- 7
●李　弘 唐
皇太子諡孝敬皇帝詔
　——上元二年四月 唐不著撰人 426-127- 26
册諡孝敬皇帝文 唐不著撰人 426-129- 26
立代王爲皇太子詔—
　—永徽七年一月 王言會最 426-139- 27
　　　　　　　　　　 1337-159-443
册代王爲皇太子文 王言會最 426-145- 28
　　　　　　　　　　 1337-154-443
●李　巨 唐
嗣號王巨西京留守制

史部

詔令奏議類：附錄

詔令下（男）七書

——至德二年九月
　二十九日　　　　　　唐賈　至　　426-248- 38
授李巨憲部尚書制　　　唐賈　至　　1336-550-386
●李　石 唐
平章事制——太和九
　年十一月　　　　　　唐不著撰人　426-334- 49
荊南節度平章事制——
　開成三年一月　　　　唐不著撰人　426-379- 53
可左補闕制　　　　　　唐白居易　　1080-521- 48
　　　　　　　　　　　　　　　　　1336-525-383
並授官充涇原判官制　　唐白居易　　1080-549- 51
　　　　　　　　　　　　　　　　　1336-729-413
●李　丕 唐
授李丕汾州刺史制　　　唐李德裕　　1079-131- 4
授李丕晉州刺史充冀
　代行營攻討副使制　　唐李德裕　　1079-132- 4
授李丕鄆州節度使制　　唐崔　珏　　1337-271-456
●李　丕 宋
循右從事郎制　　　　　宋張　擴　　1129-129- 12
●李　司 宋
可供奉官（制）　　　　宋蘇　軾　　1108-667-106
●李　平 宋
供備庫副使李平可殿
　中丞制　　　　　　　宋王　珪　　1093-269- 37
●李　平 宋
轉一官（制）　　　　　宋周必大　　1148- 50- 97
●李　充 隋
授李充等諸州刺史制　　宋薛廷珪　　1336-719-411
●李　旦 唐
相王并州牧制　　　　　唐不著撰人　426-214- 35
相王雍州牧制——長
　安二年七月　　　　　唐不著撰人　426-214- 35
相王太子右衞率制　　　唐不著撰人　426-214- 35
加相王封制　　　　　　唐不著撰人　426-239- 38
●李　田 宋
可國子博士制　　　　　宋胡　宿　　1088-737- 14
●李　匀 宋
可殿中丞制　　　　　　宋胡　宿　　1088-737- 14
●李　用 宋
轉武顯郎制　　　　　　宋張　擴　　1129-105- 10
●李　亦 宋
改官（制）　　　　　　宋張　綱　　1131- 34- 6
●李　式 宋
可衞尉寺丞制　　　　　宋胡　宿　　1088-728- 14
●李　圭 宋

賞循從事郎制　　　　　宋衞　涇　　1169-466- 1
●李　吉 宋
涇州廣銳第三十一指
　揮都虞侯李吉可特
　授左侍禁制　　　　　宋慕容彥逢　1123-353- 5
李吉等爲有戰功換官
　制　　　　　　　　　宋王　洋　　1132-410- 7
被衆驅擁過淮脫身歸
　朝轉一官（制）　　　宋李彌遜　　1130-642- 5
●李　亘 宋
通直郎李亘可轉兩官
　御批繆寡孤獨王政
　所先條令雖具施行
　在人溧陽縣分爲八
　室男女異處各得其
　所宜在褒勸其知縣
　特轉兩官候任滿日
　與堂除差遣制　　　　宋慕容彥逢　1123-378- 7
●李　回 唐
平章事制——會昌五
　年五月乙丑　　　　　唐不著撰人　426-338- 49
賀州刺史制——大中
　二年九月　　　　　　唐不著撰人　426-414- 58
太子賓客分司東都制
　——大中二年九月　　唐不著撰人　426-414- 58
●李　回 宋
祕書少監分司南京制　　宋汪　藻　　1128- 84- 9
散官安置制　　　　　　宋汪　藻　　1128-114- 12
參知政事李回加食邑
　實封（制）　　　　　宋程　俱　　1130-231- 23
除資政殿學士江南西
　路安撫大使令謝辭
　上殿（制）　　　　　宋程　俱　　1130-238- 24
落職宮觀（制）　　　　宋張　綱　　1131- 5- 1
追復資政殿學士依條
　與遺表恩澤（制）　　宋劉一止　　1132-171- 33
依舊延康殿學士知洪
　州（制）　　　　　　宋孫　覿　　1135-266- 26
●李　光 宋
尚書吏部侍郎主管右
　選（制）　　　　　　宋程　俱　　1130-242- 24
吏部尚書（制）　　　　宋程　俱　　1130-271- 27
知洪州（制）　　　　　宋李彌遜　　1130-621- 4
知洪州李光除吏部尚
　書（制）　　　　　　宋劉一止　　1132-163- 31

四庫全書文集篇目分類索引

落職提舉臺州崇道觀誌　宋王　洋　1132-436- 8

李光治效顯著可除直龍圖閣制　宋綦崇禮　1134-537- 2

知平江制　宋胡　寅　1137-435- 12

●李　早 宋

北京留司御史臺正名知班驅使官李早可蓬州蓬山縣主簿勒留　宋沈　遘　1097- 48- 5

●李　收 唐

授李收諫議大夫制　唐常　袞　1336-513-381

●李　全 宋

保義郎李全禦賊陣亡贈兩官（制）　宋劉一止　1132-173- 34

特贈承節郎與一子進勇副尉（制）　宋周必大　1148- 49- 97

依舊京東忠義諸軍都統制　宋林希逸　1185-611- 6

●李　先 宋

知撫州都官外郎李先轉職方員外郎制　宋蔡　襄　1090-426- 11

●李　仲 唐

封廣平郡王等制——開元二十八年九月　唐不著撰人　426-241- 38

封廣平郡王等制——開元二十八年九月　唐不著撰人　426-241- 38

●李　份 宋

垂拱殿成臨安府屬縣李份轉一官制　宋張　擴　1129- 77- 8

●李　宏 宋

除淮西轉運判官制　宋張　擴　1129- 71- 8

應辦宣力特轉　宋李彌遜　1130-642- 5

特與轉一官（制）　宋周必大　1148- 18- 95

李長者誥勒跋　明林　俊　1257-314- 28

●李　言 唐

授李言大理少卿制　唐崔　鄯　1336-519-382

●李　言 宋

（李顯忠）故祖言特追封和國公（制）　宋周必大　1148- 55- 98

●李　沛 唐

封諸王男爲郡王制——太和八年八月　唐不著撰人　426-242- 38

●李　亨 唐

命三王制——天寶十

五年七月十五日　唐賈　至　426-220- 36

册忠王爲皇太子文　唐不著撰人　1337-157-443

立忠王爲皇太子制　唐孫　逖　1337-160-443

●李　序 唐

判官李序先被賊中誅囚并死各贈官及優卹子孫制　唐白居易　1080-564- 53

●李　罕 宋

朝散郎新除太僕少卿李罕可開封少尹制　宋慕容彥逢　1123-332- 4

●李　忻 宋

直秘閣（制）　宋程　俱　1130-244- 24

●李　汶 宋

朝堂知班驅使官李汶開州開江縣主簿依前充職制　宋王安石　1105-453- 55

●李　沐 宋

吏部郎官（制）　宋樓　鑰　1152-644- 36

將作監（制）　宋樓　鑰　1152-713- 41

●李　泓 唐

昭王泓成德軍節度制——大中十一年八月二十日　唐不著撰人　426-225- 36

●李　志 宋

東頭供奉官李志轉兩官制　宋曾　肇　1101-331- 1

　　　　　　　　　　　　1350-412- 40

●李　抃 宋

樂寅孫李抃趙達不覺察過淮人降官制　宋張孝祥　1140-645- 19

●李　成 宋

爲固守蒲城勞效轉五官內兩官授忠州團練使制　宋張　嵲　1131-435- 11

爲結集同華一帶鄉村土豪保險抗敵厲立功效備見忠義特轉行履正大夫遙郡觀察使節制同華等處忠義軍馬制　宋張　嵲　1131-448- 12

●李　育 宋

新及第進士諸科李育等可幕聯州縣官制　宋胡　宿　1088-784- 18

岐王府記事參軍尚書度支員外郎直史館

史部 詔令奏議類：附錄 詔令下（男）七畫

李育可司封員外郎（制）　宋蘇　頌　1092-346- 29

前邠州觀察推官李育可著作佐郎（制）　宋劉　敞　1095-651- 30　1350-383- 37　1418-361- 48

●李　孝 *唐*

册許王爲孝秦州都督文　不著撰人　426-229- 37

●李　玕 *唐*

貶撫州司馬制　唐杜　牧　1081-690- 17

●李　犯 *唐*

可京兆府尹曹制　唐白居易　1080-531- 49

●李　犯 *宋*

可內殿承制制　宋胡　宿　1088-763- 17

前西京左藏庫副使李犯可除舊官制　宋蔡　襄　1090-447- 13

●李　犯 *宋*

特運遙郡刺史（制）　宋周必大　1148- 63- 98

●李　呂 *宋*

李呂爲因父李弼陣亡初補承信郎次因金人侵犯三泉縣應副宣撫使司一行軍須最爲宣力轉承節郎換給制　宋張　鎡　1131-450- 13

●李　岑 *唐*

授李岑工部員外郎制　唐賈　至　1336-588-392

●李　谷 *唐*

授李谷檢校郎中制　崔李　礎　1336-734-413

●李　佐 *宋*

東頭供奉李佐可轉一官制　宋慕容彥逢　1123-391- 8

勒李佐等制　宋許　翰　1123-503- 2

●李　佑 *唐*

立德王爲皇太子詔　唐不著撰人　426-143- 27

●李　佑 *唐*

授晉州刺史制　唐白居易　1080-565- 53

●李　伍 *唐*

封廣平郡王等制——開元二十八年九月　不著撰人　426-241- 38

●李　伍 *宋*

可袞州瑕邱縣令制　宋胡　宿　1088-781- 18

●李　召 *唐*

與王贈恭懿太子制一

一貞元元年八月　唐不著撰人　426-182- 32

恭懿太子册文　唐不著撰人　426-184- 32

●李　召 *唐*

彭王僅等河西節度大使制——乾元二年閏四月　唐不著撰人　426-224- 36

●李　邠 *宋*

修職郎邵州司理參軍李邠特降一資（制）　宋陳傳良　1150-593- 13

●李　邦 *宋*

轉一官（制）　宋樓　鑰　1152-617- 34

●李　删 *宋*

轉一官（制）　宋樓　鑰　1152-618- 34

●李　兌 *宋*

可起居舍人同知諫院制　宋胡　宿　1088-713- 12

龍圖閣直學士左司郎中知河陽李兌可左諫議大夫依前充龍圖閣直學士餘如故　宋沈　遘　1097- 42- 5

龍圖閣學士知河陽李兌給事中依前龍圖閣直學士知鄧州制　宋王安石　1105-378- 49

●李　彤 *唐*

授檢校工部郎中充鄜滑節度副使兼侍御史賜緋紫制　唐白居易　1080-530- 49　1336-728-413

●李　佖 *唐*

封廣平郡王等制——開元二十八年九月　不著撰人　426-241- 38

●李　宗 *宋*

河東採礦木植李宗等轉一官制　宋許　翰　1123-499- 1

爲措置河東路採礦木植時直秘閣制　宋許　翰　1123-501- 1

●李　沮 *漢*

封公孫弘等詔御史　漢　武帝　426-999- 6

●李　治 *唐*

立晉王爲皇太子詔——貞觀十七年四月　王言會最　426-139- 27　1337-159-443

册晉王爲皇太子文　王言會最　426-145- 8　1337-154-443

●李　怡 *唐*

封汚王等制——長慶元年三月 不著撰人 426-196- 33
●李　泌唐
平章事制——貞元三年六月 不著撰人 426-303- 45
●李　定宋
可工部郎中制 宋宋　祁 1088-267- 31
內藏庫使李定可皇城使制 宋王　珪 1093-293- 40
東上閤門使果州團練使李定可遙郡防禦使制 宋鄭　獬 1097-143- 4
李定可落翰林學士依前太中大夫知制誥知河陽制 宋王安禮 1100- 29- 3
●李　泳唐
封欽王等制——貞元二十一年四月 不著撰人 426-196- 33
●李　泳宋
除比部郎官（制） 宋周麟之 1142-101- 13
●李　沬唐
封諸王男爲郡王制——太和八年八月 唐不著撰人 426-242- 38
●李　庚宋
虢州朱陽縣主簿李庚可國子監丞致仕（制） 宋蘇　頌 1092-392- 34
●李　庚宋
除兵部郎官（制） 宋周麟之 1142-139- 18
●李　武唐
通事舍人太僕丞李武可守本官兼監察御史充盟會判官制 唐白居易 1080-527- 49
●李　玭唐
授李玭鳳翔節度使制 唐沈　詢 1337-278-456
●李　邴宋
復舊職制 宋汪　藻 1128- 93- 10
資政殿學士李邴權知三省樞密院事扈從大母往洪州制 宋汪　藻 1128-104- 11
1128-340- 2
左中大夫李邴復資政學士誥 宋王　洋 1132-436- 8
知平江府制 宋李正民 1133- 21- 2
●李　林唐
封嗣曹王制——開成元年八月 唐不著撰人 426-246- 38
●李　忠唐
降太子忠爲梁王詔 唐不著撰人 426-177- 31
黜梁王忠庶人詔 唐上官儀 426-251- 39
●李　忠唐
湖州烏程縣尉李忠等授官仍量留等制 唐薛廷珪 1336-748-415
●李忠（等）宋
李忠等各與轉官制 宋許景衡 1127-227- 7
李忠等補承信郎制 宋許景衡 1127-230- 7
●李　典魏
封張遼李典詔 魏文帝 1361-511- 2
1412-598- 24
●李　虎宋
授左武大夫依舊達州刺史知淮安州制 宋吳　泳 1176- 77- 8
特降三官落刺史罷帶御器械制 宋許應龍 1176-457- 5
●李　明唐
册曹王明梁州都督文 唐不著撰人 426-231- 37
册曹王明虢州刺史文 唐不著撰人 426-233- 37
册曹王明預州刺史文 唐不著撰人 426-234- 37
●李　明宋
太子右贊善大夫監通濟粳米第一倉李明可殿中丞餘如故制 宋夏　竦 1087- 51- 1
●李　固漢
趙峻李固參錄尚書事策 漢沖帝 1347- 54- 3
●李　岫唐
授李岫司勳員外郎制 唐孫　逖 1336-577-391
授李岫衞尉少卿制 唐孫　逖 1336-624-398
封李岫長樂縣侯制 唐孫　逖 1336-751-416
●李　芾宋
除尚書兵部員外郎制 宋馬廷鸞 1187- 31- 4
特授秘閣修撰樞密都承旨依舊知潭州兼湖南安撫湖北鎭撫使誥 宋王應麟 1187-254- 5
●李　昆唐
李昆可權知滑州司馬兼監察御史制 唐元　稹 1079-589- 49
●李　昉宋
直龍圖閣宮觀制 宋張　嵲 1131-475- 16

史部 詔令奏議類：附錄 詔令下（男）七畫

●李　易 宋

敷文閣待制李易轉左朝散郎致仕制　宋張　擴　1129- 41- 6

除敷文閣待制宮觀制　宋張　擴　1129- 74- 8

除給事中制　宋張　擴　1129- 88- 9

屯田郎官（制）　宋程　俱　1130-240- 24

●李　芝 宋

除潼川府路轉運判官制　宋張　擴　1129- 71- 8

●李　呆 宋

京東轉運副使李呆可太府少卿制　宋劉　放　1096-192- 19

●李　朋 唐

李朋除刑部員外郎制　唐杜　牧　1081-667- 14

　　　　　　　　　　　　　　　　1336-586-392

●李　周 宋

通直郎李周所奉議郎致仕制　宋劉　放　1096-239- 23

太僕少卿李周秘書少監制　宋會　肇　1101-328- 1

　　　　　　　　　　　　　　　　1350-409- 40

可太僕少卿（制）　宋蘇　軾　1108-668-106

李周陝西運使（制）　宋蘇　轍　1112-298- 28

●李　肩 宋

可殿中省尚藥奉御直翰林醫官（制）　宋蘇　軾　1108-687-107

●李　估 唐

册蜀王估文　玉堂遺範　426-208- 34

　　　　　　　　　　　　　　　　1337-173- 445

蜀王估西川節度制——咸通十一年七月　唐不著撰人　426-226- 36

●李　佶 宋

前簡州平泉縣主簿李佶可守秘校致仕　宋沈　遘　1097- 62- 6

●李　侗 宋

文林郎李侗除國子正制　宋翟汝文　1129-205- 3

●李　俊 唐

册魏王俊文　玉堂遺範　426-207- 34

　　　　　　　　　　　　　　　　1337-172-445

●李　金 唐

册杞王金鄲州刺史文　不著撰人　426-230- 37

●李　侃 宋

李大同大禮追贈父制　宋徐元杰　1181-693- 7

●李　佺 唐

封廣平郡王等制——開元二十八年九月　不著撰人　426-241- 38

●李　受 宋

左司郎中充天章閣保制兼侍讀李受可左諫議大夫依前侍制兼侍讀餘如故（制）　容韓　維　1101-652- 16

●李　秉 宋

可大理寺丞制　宋胡　宿　1088-734- 14

屯田員外郎李秉等可並服闋舊官　宋沈　遘　1097- 38- 4

●李　宣 宋

收使功賞轉官制　宋王　洋　1132-417- 7

●李　宥 唐

立遂王爲皇太子詔——元和七年十月　唐不著撰人　426-141- 27

封鄧王等制——元和元年八月七日　唐不著撰人　426-196- 33

遂王宥彰信軍節度制——元和五年二月　唐不著撰人　426-225- 35

●李　治 唐

慶王等食實封制　唐張九齡　426-239- 38

　　　　　　　　　　　　　　　　1066-109- 7

●李　恆 唐

授李恆武部侍郎制　唐賈　至　1336-558-388

●李　恂 唐

封汙王等制——長慶元年三月　唐不著撰人　426-196- 33

可祕書丞制　宋胡　宿　1088-723- 13

●李　恪 唐

授安州都督英王恪等官制　唐不著撰人　426-213- 35

轉一官（制）　宋張　綱　1131- 29- 5

●李　潭 唐

諸王實封制　唐張九齡　1066-109- 7

●李　流 宋

搉貨務賞各轉一官制　宋張　擴　1129- 78- 8

轉右朝散郎制　宋張　擴　1129-141- 13

●李　汯 唐

封濟王等制——開元二十一年九月　唐不著撰人　426-194- 33

●李　庥 宋

供備庫使李庥可轉一官制　宋慕容彥逢　1123-383- 7

內殿崇班李庥轉一官

四庫全書文集篇目分類索引　729

制　　　　　　　　　　宋慕容彥逢　1123-391- 8
復官星夜發來赴行在
　制　　　　　　　　　宋汪　藻　1128- 93- 10
贈左武大夫團使制　　　宋洪　适　1158-379- 20
●李　彥宋
陝府西轉運使金部郎
　中李彥可司封充淮
　南等路發運使制　　　宋蔡　襄　1090-444- 13
●李　協唐
封汙王等制——長慶
　元年三月　　　　　　唐不著撰人　426-196- 33
●李　沫宋
前殿中丞李洙等可並
　舊官服闕　　　　　　宋沈　遘　1097- 49- 5
●李　度宋
制置三司條例司奏潭
　州湘陰縣鄉貢進士
　李度可將仕郎潭州
　長史（制）　　　　　宋蘇　頌　1092-386- 33
●李　珏唐
楊嗣復李珏平章事制
　——開成三年一月　　唐不著撰人　426-336- 49
册贈李珏司空文　　　　唐杜　牧　426-461- 63
　　　　　　　　　　　　　　　　1081-671- 14
授李珏揚州節度使制　　唐蔣　伸　1337-266-455
●李　珏宋
李杞長男珏可將仕郎
　試將作監主簿制　　　宋王安禮　1100- 32- 3
贈官（制）　　　　　　宋劉一止　1132-164- 31
再任（制）　　　　　　宋樓　鑰　1152-621- 34
●李　拭唐
可宗正卿制　　　　　　唐元　稹　1079-572- 45
　　　　　　　　　　　　　　　　1336-630-399
河東李拭加招討使制　　唐崔　琮　1337-226-451
授李拭河東節度使制　　唐蔣　伸　1337-269-456
●李　柄宋
開封府士曹橡（制）　　宋孫　覿　1135-257- 25
●李　軌唐
鄶國公軌等益州道安
　撫大使詔　　　　　　唐不著撰人　426-806-115
●李　奎宋
御前學究及第李奎可
　河南府澠池縣主簿
　制　　　　　　　　　宋胡　宿　1088-783- 18
●李　括宋

知洋州（制）　　　　　宋蘇　轍　1112-301- 28
●李　革宋
李清臣父追贈制　　　　宋蘇　轍　1112-335- 31
●李　珂宋
解罷帶御器械轉團練
　使制　　　　　　　　宋張　嵲　1131-487- 17
改官制　　　　　　　　宋洪　适　1158-405- 23
●李　珍唐
嗣岐王珍免爲庶人制
　——上元二年四月　　唐不著撰人　426-252- 39
●李　政宋
李政等權太康縣與縣
　尉巡檢作劉錡鄉道
　掩殺金人捷各與轉
　一官制　　　　　　　宋張　嵲　1131-443- 12
該恩及去官特降一官
　（制）　　　　　　　宋周必大　1148- 11- 94
●李　述唐
封睦王等制——大歷
　十年二月　　　　　　唐不著撰人　426-195- 33
●李　述宋
縣尉李述可縣令制　　　宋宋　庠　1087-561- 21
可祕書丞制　　　　　　宋胡　宿　1088-747- 15
祕書丞知嘉州洪雅縣
　李述轉太常博士制　　宋歐陽修　1102-634- 81
●李　建漢
封孫程等詔　　　　　　漢 順 帝　426-1102-19
●李　建唐
除李建吏部員外郎制　　唐白居易　1080-585- 55
　　　　　　　　　　　　　　　　1336-576-391
　　　　　　　　　　　　　　　　1402- 76- 14
●李　建宋
淮西參議官李建敘復
　左朝散大夫（制）　　宋劉一止　1132-171- 33
●李　貞明
追封隴西王李貞諡　　　明 太 祖　1223- 23- 3
●李　昱元
（李個）父昱贈集賢
　侍講學士追封冀寧
　郡公（制）　　　　　元袁　桷　1203-479- 36
（李個）父昱追封冀
　寧郡公謚忠敏(制)　　元柳　貫　1210-288- 7
●李　昭宋
敘石州制　　　　　　　宋蘇　轍　1112-300- 28
敘忻州（制）　　　　　宋蘇　轍　1112-307- 29

四庫全書文集篇目分類索引

史部

詔令奏議類：附錄

詔令下（男）七畫

●李　毗 唐

授李毗集賢校理等制　唐崔　嘏　1336-636-400

●李　英 宋

爲掩殺桑仲補守闘進義副尉掩殺李忠賊馬授承信郎又掩殺桑仲授保義郎制　宋張　嵲　1131-455- 13

●李　迪 宋

資政殿大學士刑部尚書李迪降授太常卿知密州制　宋宋　庠　1087-556- 20

●李　備 唐

封廣平郡王等制——開元二十八年九月　唐不著撰人　426-241- 38

●李　係 唐

越王係天下兵馬元帥制　唐不著撰人　426-221- 36

●李　禹 宋

（李回）祖禹贈太子少傅（制）　宋程　俱　1130-229- 23

●李約（李淑）唐

封欽王等制——貞元二十一年四月　唐不著撰人　426-196- 33

●李　信 宋

文思副使李信可左藏庫副使（制）　宋韓　維　1101-653- 16

●李　衍 宋

直寶文閣致仕制　宋洪容齋　1175-248- 20

●李　衍 宋

循左文林郎制　宋劉才邵　1130-460- 5

●李　勉 唐

太子太師制——貞元二年一月十一日　唐陸　贄　426-392- 55

　　　　　　　　　　　　　　　　　　1072-632- 7

授李勉河南尹制　唐蕭　宗　538-493- 75

授李勉河南尹制　唐常　袞　1336-682-406

●李　勉 宋

平黎賞轉朝奉郎制　宋洪容齋　1175-253- 21

●李　迨 宋

李迨御營使司參議官制　宋汪　藻　1128- 78- 8

京畿都轉運使（制）　宋劉一止　1132-209- 43

除戶部侍郎制　宋李正民　1133- 12- 1

可除顯謨閣待制江淮荊浙發運使制　宋綦崇禮　1134-545- 3

兩浙運使制　宋胡　寅　1137-454- 13

●李　保 唐

慶王贈靖德太子制——天寶十一年五月　唐不著撰人　426-182- 32

●李　佺 唐

州涼王佺文　玉堂遺範　426-207- 34

　　　　　　　　　　　　　1337-173-445

彭王僅等河西節度大使制——乾元二年閏四月　唐不著撰人　426-224- 36

●李　浦 宋

皇城使合州刺史權發遣高陽關路鈐轄李浦可特授廉州團練使制　宋慕容彥逢　1123-357- 6

●李　海 宋

爲禦敵人得功并該喝轉暴露特轉七資及解圍方出原授一資因隨薛仁輔等遠赴行在寄兩資共寄一十一資每資合比折減三年唐勘依例每滿五年轉一官制　宋張　嵲　1131-442- 12

●李　裒 宋

承節郎幹辦人船李裒該遇皇后歸謁家廟並特轉一官（制）　宋陳傳良　1150-574- 11

●李　祇 唐

嗣吳王祇右衞將軍等制　唐孫　逖　426-247- 38

　　　　　　　　　　　　　1336-649-402

嗣吳王祇太子賓客制　唐常　袞　426-248- 38

　　　　　　　　　　　　　1226-661-403

●李　涓 唐

諸王實封制　唐張九齡　1066-109- 7

●李　浩 宋

總轄牧放合轉一官久任有勞轉行遙郡刺史（制）　宋樓　鑰　1152-691- 40

●李　高 宋

資政殿學士李光故父高可特贈太子太保制　宋張　嵲　1131-512- 20

●李　祐 宋

寧化軍判官李祐可太

子中舍致仕制　宋宋　庠　1087-564- 21
李祐除京東轉運副使（制）　宋孫　覿　1135-268- 26
●李　祚　唐
何皇后立輝王爲皇太子監軍國令——天祐元年八月　唐不著撰人　426-169- 30
封景王輝王祁王制——乾寧四年十月　唐鄭　璘　426-200- 33
　1337-178-445
册輝王祚文　唐錢　珝　426-208- 34
　1337-176-445

●李　益　唐
賜爵制　唐白居易　1080-553- 51
●李　益　宋
可試大理評事充徐州觀察推官制　宋胡　宿　1088-779- 18
●李　朔　漢
封公孫弘等詔御史　漢武帝　426-999- 6
●李　泡　唐
封欽王等制——貞元二十一年四月　不著撰人　426-196- 33
●李　淡　唐
封封王等制——貞元二十一年四月　不著撰人　426-196- 33
●李　訓　唐
舒元輿李訓平章事制——太和九年九月　不著撰人　426-333- 49
●李　悅　唐
封汙王等制——長慶元年三月　不著撰人　426-196- 33
●李　涉　宋
習進士李涉可宛丘簿（制）　宋田　錫　1085-549- 28
●李　祕　唐
封景王輝王祁王制——乾寧四年十月　唐鄭　璘　426-200- 33
册景王祕文　唐錢　珝　426-208- 34
　1337-175-445

●李　案　宋
大理寺丞（制）　宋孫　覿　1135-257- 25
與轉歸吏部特差幹辦內藏庫墳見關(制)　宋周必大　1148- 6- 94
●李　浚　宋
轉一官（制）　宋周必大　1148- 50- 97

●李　庭　元
平章李庭贈謚制　元張士觀　1367-153- 12
　1394-326- 1
　1402-106- 18

●李　泰　唐
册雍州牧左武侯大將軍越王泰政封魏王文　唐岑文本　426-204- 34
　1337-167-444
相州都督魏王泰雍王牧制　不著撰人　426-213- 35
降魏王泰東萊郡王制　不著撰人　426-250- 39
●李　泰　宋
澤州推官李泰可大理寺丞制　宋歐陽修　1102-628- 80
●李　琙　唐
命三王制——天寶十五年七月十五日　唐賈　至　426-220- 36
●李　琙　宋
保義郎李琙特降一官（制）　宋陳傳良　1150-582- 12
●李　恭（等）宋
中書守當官李恭等五人五簿尉（制）　宋田　錫　1085-557- 29
●李　珪　宋
李珪永祐陵殿宮復按副使階官遞郡上各轉一官制　宋張　擴　1129- 79- 8
●李　翊　唐
起復仍前監察御史制　唐元　稹　1079-579- 47
　1336-608-395

●李　翊　宋
（李謙）本生父翊贈承事郎（制）　宋樓　鑰　1152-656- 37
●李　珣　唐
嗣澤王洵國子司業制　不著撰人　426-247- 38
●李　珣　宋
可東上閤門使加上騎都尉制　宋胡　宿　1088-766- 17
可文州刺史制　宋胡　宿　1088-774- 18
前東上閤門使文州刺史李珣可除舊官制　宋蔡　襄　1090-447- 13
東上閤門使李珣可德州刺史制　宋王　珪　1093-293- 40
●李　格（先祖）唐

跋金壇李氏唐誥後　元張之翰　1204-509- 18
●李　格 宋
可太子中舍人制　宋胡　宿　1088-722- 13
●李　剛 漢
封孫程等詔　漢順　帝　426-1102-19
●李　峴 唐
李峴李揆第五琦平章
　事制　不著撰人　426-300- 45
●李　怨 唐
故光祿卿致仕李怨贈
　右散騎常侍制　唐白居易　1080-560- 52
●李　紘 唐
封欽王等制——貞元
　二十一年四月　不著撰人　426-196- 33
撫王紘河東節度制　不著撰人　426-224- 36
撫王紘開府儀同三司
　守司空制——咸通
　四年一月　唐獨孤霖　426-226- 36
●李　紘 宋
尚書刑部郎中天章閣
　待制李紘可龍圖閣
　直學士知秦州制　宋宋　庠　1087-571- 22
●李　釜 宋
承事郎權通判河中府
　李釜可轉一官制　宋慕容彥逢　1123-380- 7
中書舍人制　宋李正民　1133- 18- 2
待制知筠州制　宋李正民　1133- 26- 2
轉官致仕制　宋李正民　1133- 41- 3
●李　柜 宋
龍圖閣直學士起居舍
　人李絢遺表男將仕
　郎守將作監主簿柜
　特授太常寺太祝制　宋蔡　襄　1090-419- 10
●李　柂
龍圖閣直學士起居舍
　人李絢遺表男柂特
　授將仕郎守將作監
　主簿制　宋蔡　襄　1090-419- 10
●李　倩 宋
審刑院詳議官太子中
　舍李倩可殿中丞制　宋宋　庠　1087-563- 21
審刑院詳議官太子中
　舍李倩可加上騎都
　尉制　宋宋　庠　1087-592- 25
轉一官資制　宋張　嶸　1131-441- 12

●李　桌 唐
馬燧李皋賜實封制　唐陸　贄　426-470- 63
　　　　　　　　　　　　　1072-643- 9
褒賞淮西立功將士詔　不著撰人　426-482- 65
●李　倚 宋
翰林書藝局藝學李倚
　可翰林書藝局直長
　充待詔制　宋慕容彥逢　1123-350- 5
●李　倬 唐
封廣平郡王等制——
　開元二十八年九月　不著撰人　426-241- 38
●李　躬 漢
爵李躬詔　漢明　帝　1417-337- 17
●李　邕 唐
册汴王邕文　唐蘇　頲　426-206- 34
　　　　　　　　　　　　1331-170-444
嗣號王邕同知內外閑
　廐勅——景龍三年
　十二月十二日　唐蘇　頲　426-247- 38
●李　邕 唐
授李邕戶部郎中制　唐蘇　頲　1336-567-389
●李　倚 宋
可翰林書藝局直長充
　待詔制　宋慕容彥逢　1123-350- 5
●李　倬 唐
封廣平郡王等制——
　開元二十八年九月　唐不著撰人　426-241- 38
●李　躬 漢
爵李躬詔　漢明　帝　1417-337- 17
●李　俊 唐
齊王諴承天皇帝制　不著撰人　426-128- 26
册諴承天皇帝文　唐常　袞　426-131- 26
封廣平郡王等制——
　開元二十八年九月　不著撰人　426-241- 38
●李　逢 宋
可太子中舍人致仕制　宋胡　宿　1088-797- 20
●李　迥 唐
封睦王等制——大曆
　十年二月　不著撰人　426-195- 33
●李　做 唐
册成王爲皇太子文　不著撰人　426-147- 28
　　　　　　　　　　　　1337-155-443
廣平王進封楚王制——
　寶應一年三月　不著撰人　426-195- 33
封廣平郡王等制——

開元二十八年九月　不著撰人　426-241- 38
●李　納唐
褒贈淮西立功將士詔　不著撰人　426-482- 65
檢校右僕射平章事制　唐陸　贄　1072-631- 7
檢校司空制　唐陸　贄　1072-646- 10
●李　姝宋
轉承節郎制　宋張　擴　1129-100- 10
●李　洺唐
授太僕卿賜紫李洺國子祭酒制　唐錢　珝　1336-640-400
●李　淳唐
立廣陵郡王爲皇太子詔——貞元二十一年一月　唐鄭　絪　426-141- 27
册廣陵郡王爲皇太子文　不著撰人　426-147- 28
●李　清明
浙江寧波府推官李清（勅）　明倪元璐　1297- 45- 4
●李　涵唐
授李涵尚書右丞制　唐常　袞　1336-504-380
●李　翊唐
起復仍前監察御史制　唐元　稹　1402- 71- 13
●李　望宋
著作佐郎李望轉秘書丞制　宋歐陽修　1102-630- 80
●李　祠唐
封棣王虔王沂王遂王制——乾寧一年十月　唐陸　扆　426-199- 33
　　　　1337-177-445
●李　情唐
封薛王等制——咸道二年十一月　不著撰人　426-199- 33
●李　惜唐
封汙王等制——長慶元年三月　不著撰人　426-196- 33
●李　淘唐
封諸王男爲郡王制——太和八年八月　不著撰人　426-242- 38
●李　涵唐
封汙王等制——長慶元年三月　不著撰人　426-196- 33
河北宣撫制　唐常　袞　426-812-116
　　　　1337-312-461

再使河北制　　　426-813-116
　　　　1337-313-461
●李　章宋
屯田郎中制　宋王安石　1105-387- 50
●李　祥唐
封雅王瓊王制——光化元年十一月　唐張玄晏　426-200- 33
　　　　1337-177-445
册瓊王祥文　唐錢　珝　426-209- 34
　　　　1337-176-445
●李　祥宋
李回明堂大禮封贈會祖祥贈太子少保（制）　宋程　俱　1130-228- 23
除國子祭酒（制）　宋陳傳良　1150-647- 18
國子司業（制）　宋樓　鑰　1152-639- 36
宗正少卿（制）　宋樓　鑰　1152-692- 40
●李　郊宋
可駕部員外郎制　宋胡　宿　1088-745- 15
●李　淀唐
封濟王等制——開元二十一年九月　不著撰人　426-194- 33
●李　宋宋
廣西提刑（制）　宋劉一止　1132-193- 39
上殿改官制　宋胡　寅　1137-442- 13
●李　深唐
授李深兵部郎中制　唐常　袞　1336-571-390
●李　淑唐
封欽王等制——貞元二十一年四月　不著撰人　426-196- 33
封諸王男爲郡王制——太和八年八月　不著撰人　426-242- 38
●李　淑宋
端明殿學士兼侍讀學士給侍中李淑可加上護軍實封貳百戶（制）　宋余　靖　1089-102- 11
端明殿學士禮部侍郎李淑可起復舊官制　宋王　珪　1093-291- 40
殿直李淑可轉一官制　宋慕容彥逢　1123-391- 8
●李　訥唐
李訥除浙東觀察使兼御史大夫制　唐杜　牧　526- 4-259
　　　　1081-673- 15
　　　　1336-698-408

四庫全書文集篇目分類索引

授李訥中書舍人制　　唐崔　嘏　1336-519-382
●李　袞 宋
太醫承直翰林醫官局
　李袞可翰林醫官副
　使制　　　　　　　宋慕容彥逢　1123-362- 6
●李　球 宋
可內殿崇班制　　　　宋胡　宿　1088-763- 17
可內殿承制制　　　　宋胡　宿　1088-770- 17
前供備庫副使李球可
　除舊官制　　　　　宋蔡　襄　1090-447- 13
●李　執 元
李道復曾祖考執贈韓
　國公制　　　　　　元姚　燧　1201-423- 2
●李　玨 唐
授李玨侍御史知雜事
　制　　　　　　　　唐常　袞　1336-597-394
●李　基 魏
以李通子基爲中郎將
　詔　　　　　　　　魏 文 帝　1412-598- 24
●李　壎 宋
敷文閣學士李壎明堂
　恩加食邑實封制　　宋洪咨夔　1175-234- 18
李壎除端明殿學士提
　舉萬壽觀兼侍讀兼
　修史制　　　　　　宋袁　甫　1175-440- 9
授守吏部尚書兼給事
　中兼修國史實錄修
　撰制　　　　　　　宋吳　泳　1176- 52- 6
授兼侍讀制　　　　　宋吳　泳　1176- 59- 7
轉一官守同知致仕制　宋許應龍　1176-456- 5
李壎加恩制　　　　　宋許應龍　1176-457- 5
除同知樞密院事四川
　宣撫使制　　　　　宋許應龍　1176-459- 5
●李　規 唐
授李規戶部郎中制　　唐常　袞　1336-567-389
●李　規 宋
可秘書丞制　　　　　宋胡　宿　1088-724- 13
●李　梲 宋
戶部員外郎李梲除右
　司員外郎（制）　　宋劉安上　1124- 15- 2
●李　珸 唐
授李珸監察御史制　　唐薛廷珪　1336-606-395
●李　連 唐
封睦王等制——大曆
　十年二月　　　　　不著撰人　426-195- 33

●李　授 唐
授前峽州刺史李授光
　祿少卿制　　　　　唐劉崇望　1336-624-398
●李　通 唐
封睦王等制——大曆
　十年二月　　　　　不著撰人　426-195- 33
嘉王運等檢校司空制　不著撰人　426-224- 36
●李　通 宋
三班借職李通可特轉
　一官制　　　　　　宋慕容彥逢　1123-389- 8
起復中衞大夫忠州團
　練使鄜延路兵馬鈐
　轄御前統領制　　　宋張　擴　1129-143- 13
●李　晟 唐
鳳翔隴右節度使兼涇
　原副元帥制　　　　唐陸　贄　426-429- 59
　　　　　　　　　　　　　　　556-117- 85
　　　　　　　　　　　　　　　1072-637- 8
　　　　　　　　　　　　　　　1337-223-451
　　　　　　　　　　　　　　　1417-703- 33
司徒兼中書令制　　　唐陸　贄　426-434- 60
　　　　　　　　　　　　　　　1072-626- 7
册李晟司徒文　　　　不著撰人　426-447- 61
册李晟太尉文　　　　不著撰人　426-448- 61
裴冕李晟段秀實配享
　肅宗德宗廟庭詔　　不著撰人　426-466- 63
垂授李晟通事舍人制　唐白居易　1080-539- 50
　　　　　　　　　　　　　　　1336-675-405
●李　崇 唐
授李崇鴻臚少卿制　　唐薛廷珪　1336-626-398
●李　莊 宋
除兩浙運判（制）　　宋周麟之　1142-137- 17
●李　常 唐
授李常殿中侍御史制　唐常　袞　1336-604-395
●李　常 宋
宰相韓琦奏鄉貢進士
　李常可試將作監主
　簿（制）　　　　　宋劉　敞　1095-652- 30
　　　　　　　　　　　　　　　1350-384- 37
　　　　　　　　　　　　　　　1402-114- 20
　　　　　　　　　　　　　　　1418-362- 48
太常少卿制　　　　　宋曾　鞏　1098-546- 20
龍圖閣直學士朝議大
　夫御史中丞兼侍讀
　李常中大夫依前龍

圖閣直學士御史中丞兼侍讀制　宋曾 鞏　1101-329- 1
　　　　　　　　　　　　　　　　　1350-410- 40
磨勘轉朝議大夫制　宋蘇 軾　1108-700-108
轉朝議大夫（制）　宋蘇 軾　1112-287- 27
●李　苹唐
授李苹禮部員外郎制　唐賈 至　1336-580-391
●李　苹宋
朝請大夫江東轉運副使李苹可江南西路轉運副使制　宋劉 放　1096-188- 19
●李　彭宋
換給父陣亡恩澤付身（制）　宋劉一止　1132-170- 33
●李　莫宋
除直秘閣（制）　宋周麟之　1142-134- 17
●李　夏宋
知果州（制）　宋蘇 軾　1108-690-108
●李　息漢
封公孫弘等詔御史　漢 武帝　426-999- 6
●李　偘唐
彭王僅等河西節度大使制——乾元二年閏四月　不著撰人　426-224- 36
授李偘隴州刺史兼防禦使制　唐崔 嘏　1336-702-409
●李　偕唐
封廣平郡王制——開元二十八年九月　不著撰人　426-241- 38
●李　佳唐
彭王僅等河西節度大使制——乾元二年閏四月　不著撰人　426-224- 36
●李　紹宋
內庭崇班李紹與轉三官制　宋慕容彥逢　1123-371- 7
邊功轉官制　宋許 翰　1123-496- 1
●李　啓宋
特轉一官（制）　宋周必大　1148- 22- 95
●李　偉宋
可大理寺丞制　宋胡 宿　1088-717- 12
●李　紓（李浣）唐
封欽王等制——貞元二十一年四月　不著撰人　426-196- 33
●李　紳唐

封欽王等制——貞元二十一年四月　不著撰人　426-196- 33
●李　參宋
河北都運使李參可諫議大夫制　宋王 珪　1093-248- 35
樞密直學士李參可尚書兵部侍郎依前樞密直學士加食邑五百戶（制）　宋韓 維　1101-678- 18
●李　傷唐
封廣平郡王等制——開元二十八年九月　不著撰人　426-241- 38
●李　造唐
封睦王等制——大曆十年二月　不著撰人　426-195- 33
●李　敏宋
可虞部員外郎制　宋胡 宿　1088-747- 15
知雲安軍李敏可太子中舍制　宋宋 庠　1087-583- 24
●李　逢唐
授李逢太僕少卿制　唐元 稹　1402- 69- 13
●李　健唐
封廣平郡王等制——開元二十八年九月　不著撰人　426-241- 38
●李　健宋
直祕閣督漕制　宋胡 寅　1137-430- 12
應副收光州錢糧轉一官制　宋胡 寅　1137-439- 12
●李　條宋
屯田員外郎致仕李景長男條可試將作監主簿（制）　宋韓 維　1101-671- 18
●李　皎唐
授李皎監察制　宋薛廷珪　1336-603-394
　　　　　　　　　　　　　1402- 82- 14
●李　逖唐
封嗣荊王制　不著撰人　426-245- 38
●李　從宋
可祕書丞制　宋宋 祁　1088-266- 31
●李　滋（李結）唐
封欽王等制——貞元二十一年四月　不著撰人　426-196- 33
●李　湘宋
祠部郎中李湘可依前祠部郎中充三司度

支副使制 宋夏竦 1087-50-1
●李 証 宋
李僑父証贈迪功郎（制） 宋樓鑰 1152-658-37
●李 普 唐
晉王贈悼懷太子制——大和三年六月 不著撰人 426-183-32
封晉王制——寶曆元年十一月 不著撰人 426-197-33
　 549-50-183
　 1337-165-444
●李 渾 北齊
授李渾比部員外郎等制 唐崔嘏 1336-587-392
●李 端 宋
開封府職級李端可奉職開封府額內守制 宋慕容彥逢 1123-352-5
●李 評 宋
可內殿承制制 宋胡宿 1088-719-13
供備庫副使李評可朝散大夫制 宋蔡襄 1090-431-11
可東上閤門使（制） 宋蘇頌 1092-380-33
守許州長史李評可守鄭州長史（制） 宋蘇頌 1092-396-34
可特授引進使依舊榮州刺史制 宋王安禮 1100-28-3
●李 惲 唐
册洛州刺史鄶王惲改封蔣王文 唐岑文本 426-204-34
　 1337-167-444
●李 嵩 唐
封棣王制——大中六年十一月 不著撰人 426-198-33
　 1337-175-445
●李 渤 唐
授李渤給事中制 唐白居易 1336-518-382
●李 湊 唐
齊王贈懷懿太子制——開成三年一月 不著撰人 426-182-32
●李 浚 唐
封欽王等制——貞元二十一年四月 不著撰人 426-196-33
●李 雲 宋
李雲等十九人各贈承節郎（制） 宋周必大 1148-43-97
●李 琮 唐
靖德太子諡奉天皇帝制 不著撰人 426-128-26
慶王琮司徒制——開元二十四年 不著撰人 426-219-36
●李 琮 宋
知吉州（制） 宋蘇軾 1108-671-106
（李回）父琮進封襄國公（制） 宋程俱 1130-229-23
●李 琪 宋
前西京左藏庫副使李琪可除舊官制 宋蔡襄 1090-447-13
屯田員外郎李琪磨勘改官制 宋歐陽修 1102-620-79
●李 搉 唐
申王贈惠莊太子制——開元十二年十一月 不著撰人 426-181-32
惠莊太子册文 不著撰人 426-184-32
邠王守禮等兼晉州刺史制——開元元年十二月 不著撰人 426-216-35
●李 栻 宋
係金人侵犯順昌府守禦官循兩資制 宋張嵲 1131-454-13
●李 閎 宋
朝請大夫光祿卿李閎可顯謨閣待制提舉宮觀制 宋慕容彥逢 1123-331-3
●李 巽 宋
可大理評事制 宋胡宿 1088-736-14
●李 珺 宋
可內殿承制制 宋胡宿 1088-770-17
前供備庫副使李珺可除舊官制 宋蔡襄 1090-447-13
●李 喆 宋
贈奉議郎制 宋洪适 1158-378-20
●李 植 宋
除湖北運判（制） 宋周麟之 1142-133-17
●李 階 宋
監察御史知陝州軍府事李階可殿中侍御史餘依舊制 宋夏竦 1087-58-1
●李 登 唐
授李登趙縣令制 唐薛廷珪 1336-746-415

四庫全書文集篇目分類索引

● 李 琬唐
榮王琬安北大都護制——天寶八年二月　不著撰人　426-220- 36
● 李 琬唐
授李琬宗正卿制　唐常 袞　1336-612-396
● 李 琬宋
太醫丞充中嶽廟令（制）　宋蘇 轍　1112-297- 28
● 李 琦唐
命三王制——天寶十五年七月十五日　唐賈 至　426-220- 36
● 李 琦宋
可內殿承制制　宋胡 宿　1088-719- 13
可供備庫副使制　宋胡 宿　1088-770- 17
● 李 覃宋
濠州鍾離令李覃可中舍致仕（制）　宋余 靖　1089- 96- 10
● 李 閎宋
知亳州爲李閎可知明州制　宋劉 敞　1096-214- 21
● 李 弼唐
授曹王弼左武將軍　唐孫 逖　1336-655-402
● 李 弼宋
左班殿直李弼轉一官制　宋慕容彥逢　1123-385- 7
解閣職轉官制　宋衞 涇　1169-477- 1
● 李 琰宋
供備庫副使李琰可轉兩官制　宋慕容彥逢　1123-390- 8
● 李 琳宋
主簿李琳國子監丞致仕制　宋王安石　1105-426- 53
● 李 琳宋
除吏部郎官（制）　宋周麟之　1142-101- 13
除敷文閣待制知湖州（制）　宋周麟之　1142-133- 17
奉使回轉一官（制）　宋周麟之　1142-146- 18
磨勘轉左朝議大夫（制）　宋周麟之　1142-154- 19
跋李氏宋敎　明吳 寬　1255-499- 54
● 李 遂唐
封睦王等制——大曆十年二月　不著撰人　426-195- 33
● 李 梃宋
知唐州（制）　宋蘇 轍　1112-290- 27

● 李 揆唐
李峴李揆第五琦平章事制——乾元二年二月　不著撰人　426-300- 45
袁州長史制　不著撰人　426-407- 57
● 李 隊宋
降官制　宋王 洋　1132-427- 8
● 李 發宋
轉三官（制）　宋李彌遜　1130-627- 4
● 李 景唐
封諸王制　王言會最　1337-165-444
● 李 貴宋
轉右武大夫福建路兵馬鈴轄制　宋張 擴　1129- 46- 6
遙郡刺史制　宋李正民　1133- 22- 2
特降兩官仍落遙郡放罷送撫州居住(制)　宋周必大　1148- 12- 94
贈三官者兩資恩澤（制）　宋周必大　1148- 43- 97
● 李 萃宋
知明州李萃可江東運副制　宋劉 敞　1096-219- 21
● 李 華宋
直徽猷閣湖南安撫使制　宋許應龍　1176-459- 5
除江西提刑兼知贛州制　宋許應龍　1176-462- 5
● 李 郭唐
授韋珩等西畿令制　唐元 稹　1402- 71- 13
● 李 棠宋
左從政郎李棠充東京留守司幹辦官先次循兩資（制）　宋劉一止　1132-184- 37
特改合入官（制）　宋劉一止　1132-202- 41
● 李 萊宋
中散大夫李萊可知耀州制　宋劉 敞　1096-217- 21
● 李 喩宋
故內殿承制李仙長男畧次男畧可與三班借職制　宋慕容彥逢　1123-393- 8
賞各轉一官（制）　宋周必大　1148- 46- 97
● 李 僚唐
封廣平郡王等制——開元二十八年九月　不著撰人　426-241- 38

史部 詔令奏議類：附錄 詔令下（男）七畫

●李　順 宋
換忠翊郎制　　宋張　擴　1129-101- 10
●李　鈞 宋
換武翼郎（制）　　宋樓　鑰　1152-616- 34
●李　程 唐
平章事制——長慶四
　年五月　　不著撰人　426-324- 48
除李程郎中制　　唐白居易　1080-580- 54
行軍司馬制　　唐白居易　1080-590- 50
●李　皓 宋
國子博士李皓祠部員
　外郎制　　宋翟汝文　1129-207- 3
●李　循 唐
授興州刺史制　　唐白居易　1080-508- 53
　　　　　　1336-712-410
●李　畬 唐
授李畬司勳員外郎制　唐蘇　頲　1336-577-391
●李　絢 唐
封欽王等制——貞元
　二十一年四月　　不著撰人　426-196- 33
●李　税 宋
可與復舊官除戶部尚
　書留建康府掌戶部
　錢斛官物及分劈錢
　物應副本府鎮江府
　太平州駐箚軍兵制　宋綦崇禮　1134-542- 3
●李　備 宋
可太子中舍人致仕制　宋胡　宿　1088-796- 20
虞部員外郎李備磨勘
　改官制　　宋歐陽修　1102-637- 81
　　　　　　1402-112- 20
●李　絳 唐
平章事制——元和六
　年十一月　　玉堂遺範　426-310- 46
　　　　　　1337-197-448
李絳禮部尚書制——
　元和九年二月　　不著撰人　426-395- 55
除李絳平章事制　　唐白居易　1080-578- 54
　　　　　　1337-211-450
授李絳檢校右僕射兼
　兵部尚書制　　唐元　稹　1079-569- 44
　　　　　　1336-548-386
贈李絳司徒制　　唐李德裕　1402- 92- 16
●李　逸 唐
封睦王等制——大曆

十年二月　　不著撰人　426-195- 33
●李　象 唐
授李象除陳州刺史制　唐杜　牧　1336-716-411
●李　傑 唐
授李傑御史大夫制　　唐蘇　頲　1336-592-393
授李傑河南尹制　　唐蘇　頲　1336-681-406
●李　傑 宋
梓州提刑（制）　　宋蘇　轍　1112-317- 30
●李　進 宋
修武郎制　　宋張　嵲　1131-503- 19
爲殺敗金兵轉修武郎
　制　　宋張　嵲　1131-506- 19
李進等一十四人名特
　贈承節郎（制）　　宋周必大　1148- 49- 91
轉兩官（制）　　宋周必大　1148- 50- 97
右武大夫制　　宋洪　适　1158-373- 19
●李　寔 唐
授咸陽令制　　唐白居易　1080-522- 48
　　　　　　1336-691-407
●李　溥 唐
封諸王男爲郡王制——
　太和八年八月　　不著撰人　426-242- 38
嗣號王溥等太僕少卿
　制　　唐元　稹　426-248- 38
　　　　　　1079-653- 4
　　　　　　1336-625-398
●李　溥 宋
尚書司封員外郎直集
　賢院李溥可三司鹽
　鐵判官制　　宋宋　庠　1087-579- 23
●李　源 唐
封諸王男爲郡王制——
　太和八年八月　　不著撰人　426-242- 38
授李源左諫議大夫詔　唐穆　宗　549- 48-183
●李　意 宋
太常博士同判蘇州李
　意可屯田員外郎餘
　如故制　　宋夏　竦　1087- 66- 2
●李　祺 唐
封景王輝王郊王制——
　乾寧四年十月　　唐鄭　璘　426-200- 33
　　　　　　1337-178-445
册郊王祺文　　不著撰人　426-208- 34
　　　　　　1337-176-445
●李　祺 明

四庫全書文集篇目分類索引

駙馬都尉李祺誥　　　　　明太祖　　1223-22-3

●李　慎唐

册紀王慎澤州刺史文　　　不著撰人　426-230-37

册紀王慎爲荊州都督文　　唐上官儀　426-231-37

　　　　　　　　　　　　　　　　　1337-168-444

册紀王慎邢州刺史文　　　不著撰人　426-234-37

●李　資宋

濰州北海縣主簿制　　　　宋王安石　1105-446-55

●李　義宋

內殿崇班制　　　　　　　宋曾　鞏　1098-547-20

歸順人李義承節郎制　　　宋洪咨夔　1175-225-16

●李　溢唐

封濟王等制——開元二十一年九月　　不著撰人　426-194-33

●李　洽唐

封濟王等制——開元二十一年九月　　不著撰人　426-194-33

●李　靖唐

右僕射制——貞觀四年八月　　　　　不著撰人　426-290-44

特進制——貞觀八年十二月　　　　　不著撰人　426-390-55

追封李靖制　　　　　　　元世祖　　549-66-183

●李　詢宋

巡州管內觀察使舒國公從式奏百姓醫人李詢可試國子四門助教不理選限(制)　宋蘇　頌　1092-350-29

泰寧軍節度使觀察留後李詢可知相州制　宋劉　放　1096-215-21

●李　裕唐

授李裕鄧州別駕等制　　　唐孫　逖　1336-739-414

册德王爲皇太子文　　　　唐薛廷珪　426-150-28

　　　　　　　　　　　　　　　　　1337-158-443

●李　裕宋

轉遙團勒　　　　　　　　宋許　翰　1123-514-3

承信郎李裕軍前有勞轉一官（制）　　宋孫　覿　1135-260-25

●李　雍宋

入內內侍省官李雍可特轉一官制　　　宋慕容彥逢　1123-373-7

●李　準宋

前濱州軍事判官李準可光祿寺丞（制）　宋田　錫　1085-543-28

●李　詳宋

轉官制　　　　　　　　　宋鄒　浩　1121-304-10

●李　誡宋

供備庫副使李誡可西京左藏庫副使(制)　宋沈　遘　1097-35-4

自軍頭司除知忻州（制）　宋蘇　轍　1112-297-28

（知）隰州（制）　　　　宋蘇　轍　1112-307-29

●李　新宋

元符中上書論政事關失陳備防十事言辯切直特贈一官(制)　宋李彌遜　1130-643-5

●李　煒宋

特授朝請大夫制　　　　　宋吳　泳　1176-66-7

●李　運唐

封睦王等制——大曆十年二月　　　　不著撰人　426-195-33

嘉王橫海軍節度使制　　　唐陸　贄　426-224-36

　　　　　　　　　　　　　　　　　1072-642-9

嘉王運等檢校司空制　　　不著撰人　426-224-36

●李　道宋

遷榮州團練使（制）　　　宋張　綱　1131-5-1

●李道（父）宋

李道封贈故父（制）　　　宋周必大　1148-16-95

●李　項唐

授李項虹縣主簿制　　　　唐李　嶠　1336-748-415

●李　瑜宋

可內殿承制制　　　　　　宋胡　宿　1088-770-17

前禮賓副使李瑜可除舊官制　宋蔡　襄　1090-447-13

●李　瑀唐

册漢中王瑀文　　　　　　唐賈　至　426-243-38

　　　　　　　　　　　　　　　　　1337-172-445

●李　載宋

授州團練使依舊帶御器械制　宋吳　泳　1176-81-9

●李　楨唐

册雅王文　　　　　　　　唐錢　珝　1337-176-445

●李　搆宋

熙河奏李憲立廟推恩李搆等制　宋翟汝文　1129-220-4

●李　椿唐

授李椿光祿少卿制　　　　唐賈　至　1336-623-398

●李　桷宋

監察御史制　　　　　　　宋汪　藻　1128-74-8

四庫全書文集篇目分類索引

史部

詔令奏議類：附錄

詔令下（男）七畫

爲掩殺判賊史斌生擒到僞第五將王晟轉一官比類循兩資制　宋張　嵲　1131-454- 13

●李　瑋 宋

可起復雲麾將軍保州團練使制　宋胡　宿　1088-777- 18

建州管內觀察使李瑋安州管內觀察使制　宋王安石　1105-449- 55

●李　瑋（曾祖）宋

李瑋曾祖追贈制　宋蘇　轍　1112-341- 32

●李　瑋（祖）宋

李瑋祖追贈制　宋蘇　轍　1112-342- 32

●李　勣 唐

册李勣改封英國公文　不著撰人　426-451- 62

●李　瑛 唐

廢皇太子瑛爲庶人制——開元二十五年七月　不著撰人　426-178- 31

●李　晞 唐

授李晞兵部郎中等制　唐孫　逖　1336-570-390

●李　嵩 宋

轉一官減米年磨勘（制）　宋周必大　1148- 51- 97

●李　等 南唐

可節度副使罷軍職（制）　宋徐　鉉　1085- 57- 7

●李　鼎 唐

隴右節度使制　不著撰人　426-425- 59

●李　暉 宋

贈承信郎與一子父職名制　宋張　嵲　1131-509- 19

降官制　宋洪　适　1158-404- 23

●李　皋 唐

安州刺史制　唐白居易　1080-591- 55

●李　遇 唐

封睦王等制——大曆十年二月　不著撰人　426-195- 33

●李　業 唐

岐王範華州刺史等制——開元二年十月二十九日　不著撰人　426-215- 35

岐王範太子師等制——開元四年六月七日　不著撰人　426-216- 35

邠王守禮等兼晉州刺史制——開元元年十二月　不著撰人　426-216- 35

鳳翔李業加招討使制　唐崔　琮　1337-226-451

授李業鄭滑節度使　唐沈　詢　1337-275-456

●李　頊 宋

可太常博士制　宋胡　宿　1088-745- 15

●李　綠（李濬）唐

封欽王等制——貞元二十一年四月　唐不著撰人　426-196- 33

●李　僅 唐

彭王僅等河西節度大使制——乾元二年閏四月　不著撰人　426-223- 36

封廣平郡王等制——開元二十八年九月　不著撰人　426-241- 38

●李　經（李浚）唐

封欽王等制——貞元二十一年四月　不著撰人　426-196- 33

●李　綬 宋

皇城使李綬可充利州刺史仍舊皇城使（制）　宋不著撰人　1101-677- 18

●李　會 宋

徵歛閣待制知廬州制　宋汪　藻　1128- 90- 10

左司諫李會除祕書少監（制）　宋孫　覿　1135-245- 24

●李　逵 唐

封睦王等制——大曆十年二月　不著撰人　426-195- 33

●李　實 宋

授同州團練使慶元府兵馬總管制　宋吳　泳　1176- 81- 9

●李　察 唐

封鄧王等制——元和元年八月七日　唐不著撰人　426-196- 33

●李　察 宋

承議郎權發遣陝西運副李察可朝奉郎再任（制）　宋王　震　556-129- 85　1350-400- 39

朝奉郎李察可知濟州制　宋劉　放　1096-214- 21

●李　演 唐

贈太子少保制　唐白居易　1080-541- 50

除左衞上將軍制　唐白居易　1080-550- 51

1336-641-401

●李　澈 唐
濮陽郡王澈宗正卿制　唐孫　逖　426-244- 38

●李　誠 宋
將作監李誠可轉一官李誠係左朝議大夫制　宋慕容彥逢　1123-371- 7

●李　誠 唐
封欽王等制——貞元二十一年四月　唐不著撰人　426-196- 33

●李　禎 唐
封雅王瓊王制——光化元年十一月　唐張玄曼　426-200- 33
册雅王禎文　唐不著撰人　426-209- 34

●李　庾 唐
授李庾太子左庶子制　唐常　袞　1336-666-404

●李　庾 宋
殿宮按行使司復按使司屬官李庾各轉一官制　宋張　擴　1129- 76- 8

●李　愬 唐
移鎭加官階爵邑制　唐不著撰人　426-436- 60
贈太尉制　唐白居易　1080-526- 49
　　　　　　　　　　1402- 74- 14
賜爵一級幷迴授男同制　唐白居易　1080-561- 52
授李愬山南東道節度使制　玉堂遺範　1337-236-452

●李　璆 唐
封濟王等制——開元二十一年九月　唐不著撰人　426-194- 33

●李　韶 宋
除正言制　宋袁　甫　1175-424- 8
除吏部郎官制　宋袁　甫　1175-426- 8
除都官郎中制　宋袁　甫　1175-439- 9
授太府寺丞制　宋吳　泳　1176- 55- 6
除權工部侍郎制　宋許應龍　1176-443- 4
除殿中侍御史制　宋許應龍　1176-448- 4

●李　福 唐
册趙王福青州刺史文　唐不著撰人　426-229- 37
册趙王福梁州都督文　唐不著撰人　426-235- 37

●李　福 宋
贈兩官恩澤兩資制　宋張　嵲　1131-509- 19
贈兩官各與恩澤一資

制　宋張　嵲　1131-509- 19
轉遙郡（制）　宋周必大　1148- 44- 97

●李　種 唐
封棣王虔王沂王遂王制——乾寧元年十月　唐陸　贄　426-199- 33
　　　　　　　　　　1337-177-445

●李　寧 唐
立鄧王爲皇太子詔——元和四年四月　唐不著撰人　426-141- 27
　　　　　　　　　　1337-161-443
册鄧王爲皇太子文　唐不著撰人　426-148- 28
封鄧王等制——元和元年八月七日　唐不著撰人　426-196- 33
　　　　　　　　　　1337-164-444

封皇太子男寧平原郡王等制——正元二十一年四月　唐不著撰人　426-242- 38
　　　　　　　　　　1337-165-444
　　　　　　　　　　1402- 64- 13

●李　漸 唐
授監察御史李漸左補闕制　唐錢　珝　1336-528-383

●李　端 宋
蔡襄奏醫人李端試國子四門助教不理選限制　宋王安石　1105-451- 55

●李　端 宋
換武翼郎（制）　宋樓　鑰　1152-616- 34

●李　齊 宋
右朝散大夫充集賢院學士李周故父贈通議大夫齊可贈右正議大夫制　宋呂　陶　1098- 73- 9

●李　誦 唐
立宣王爲皇太子詔——建中元年正月　唐不著撰人　426-140- 27

●李　郳 唐
授李郳門下侍郎平章事制　唐蔣　防　426-315- 47
　　　　　　　　　　534-162- 82
　　　　　　　　　　1337-213-450

戶部尙書制——元和十三年三月　唐不著撰人　426-396- 56

●李　禕 唐

封棣王虔王沂王遂王制——乾寧元年十月
唐陸　贄　426-199- 33
1337-177-445

嗣江王禕封郡王制——開元十二年四月
唐不著撰人　426-241- 38

信安郡王禕滑州刺史制
唐不著撰人　426-244- 38

授信安王李禕太子太師制
唐孫　逖　426-245- 38
1336-658-403

嗣江王食實封制
唐不著撰人　426-246- 38

●李　肇 唐

可中散大夫鄆州刺史制
唐白居易　1080-542- 50
1336-712-410

●李　漢 唐

封諸王男爲郡王制——太和八年八月
唐不著撰人　426-242- 38

●李　淡 宋

換給承信郎制
宋張　擴　1129- 99- 10

●李　禊 唐

封棣王虔王沂王遂王制——乾寧元年十月
唐陸　贄　426-199- 33
1337-177-445

●李　澈 唐

授濮陽郡王澈宗正卿制
唐孫　逖　1336-612-396

●李　榮 宋

贈六官與元資恩澤係於橫行遙郡上分贈（制）
宋周必大　1148- 44- 97

●李　壽 漢

封李壽張富昌詔
漢　武　帝　426-1008- 6
1396-217- 2

●李　壽 宋

右贊善大夫知大理少卿李壽可祠書丞依前充職（制）
宋田　錫　1085-547- 28

西頭供奉官李壽二級每級轉一官制
宋慕容彥逢　1123-372- 7

●李　輔 宋

可大理寺丞制
宋胡　宿　1088-732- 14

●李　愿 唐

授李愿檢校司空宣武軍節度使制
唐元　稹　1079-562- 43
1337-251-454
1402- 67- 13

賜爵一級幷廻授男同制
唐白居易　1080-561- 52

●李　碩 宋

度支郎中李碩可三司戶部判官（制）
宋劉　敞　1095-654- 30
1350-381- 38
1418-364- 48

●李　暨 唐

除絳州刺史制
唐杜　牧　1081-674- 15
1336-716-411

●李　鄂 唐

除檢校刑部員外郎充鹽鐵嶺南留後制
唐杜　牧　1081-682- 16

●李　需 宋

可太子中舍人制
宋胡　宿　1088-745- 15

●李　瑤 唐

授李瑤雲陽縣令等制
唐崔　嘏　1336-745-415

●李　邇 唐

封睦王等制——大曆十年二月
唐不著撰人　426-195- 33

●李　遷 宋

宣德郎李遷可大晟府協律郎制
宋慕容彥逢　1123- 34- 4

●李　遠 北周

追贈李遠詔
北周武帝　1400- 77- 1

●李　遜 唐

授宗正卿嗣鄭王遜大理卿制
唐錢　珝　426-249- 38
1336-613-396

授李遜京北尹制
唐白居易　556-122- 85
1080-585- 55
1336-680-406

●李　蒙 唐

除陳州刺史制
唐杜　牧　1081-676- 15

●李鳳 唐

册號王鳳宋州刺史文
唐不著撰人　426-230- 37

詔册號王鳳爲青州刺史文
唐上官儀　426-232- 37
1337-168-444

●李　僅 唐

封廣平郡王等制——

開元二十八年九月 唐不著撰人 426-241- 38

● 李 偉 唐
封廣平郡王等制——
　開元二十八年九月 唐不著撰人 426-241- 38

● 李 倐 唐
彭王僅等河西節度大
　使制——乾元二年
　閏四月 唐不著撰人 426-223- 36
封廣平郡王等制——
　開元二十八年九月 唐不著撰人 426-241- 38

● 李 僑 唐
封廣平郡王等制——
　開元二十八年九月 唐不著撰人 426-241- 38

● 李 銘 唐
封欽王等制——貞元
　二十一年四月 唐不著撰人 426-196- 33

● 李 維 宋
翰林學士左司郎中知
　制誥李維可中書舍
　人餘依舊制 宋夏 竦 1087- 50- 1

● 李 維 宋
浙東提刑除直秘閣（
　制） 宋劉一止 1132-221- 46

● 李 銳 唐
封嗣蔣王制 唐不著撰人 426-245- 38

● 李 綺（李沱）唐
封欽王等制——貞元
　二十一年四月 唐不著撰人 426-196- 33

● 李 綽 唐
封欽王等制——貞元
　二十一年四月 唐不著撰人 426-196- 33

● 李 綽 宋
轉景福殿使遂郡承宣
　使（制） 宋周必大 1148- 22- 95

● 李 緄 唐
封欽王等制——貞元
　二十一年四月 唐不著撰人 426-196- 33

● 李 綱（李泳）唐
封欽王等制——貞元
　二十一年四月 唐不著撰人 426-196- 33

● 李 綱 宋
落職鄂州居住制 宋汪 藻 1128-108- 12
除觀文殿學士荆湖廣
　南路宣撫使兼知潭
　州（制） 宋程 俱 1130-272- 27

知潭州兼安撫大使（ 1375- 50- 1
　制） 宋劉一止 1132-191- 38
江西安撫制置大使制 宋胡 寅 1137-425- 12

● 李 綸 唐
封欽王等制——貞元
　二十一年四月 唐不著撰人 426-196- 33

● 李 綸 宋
因掩殺叛賊李忠授承
　信郎制 宋張 嵲 1131-452- 13

● 李 銑 唐
右威衞將軍制 唐杜 牧 1081-681- 16

● 李 棊 宋
金淵李棊並除太學博
　士（制） 宋洪咨夔 1175-222- 16
太學博士李棊除諸王
　宮大小學教授制 宋洪咨夔 1175-257- 21

● 李 像 唐
榮王故男贈文安郡王
　制 唐不著撰人 426-255- 39

● 李 徹 唐
册嗣密王制——開元
　五年五月 唐不著撰人 426-246- 38

● 李 綾 唐
可監察御史天平軍判
　官制 唐白居易 1080-532- 49
　 1336-729-413

● 李 察 唐
封鄧王等制——元和
　元年八月七日 唐不著撰人 426-196- 33

● 李 察 唐
授李察太子中允制 唐蘇 頲 1336-667-404

● 李 寬 唐
封鄧王等制——元和
　元年八月七日 唐不著撰人 426-196- 33

● 李 寬 唐
册李寬太子詹事文 唐不著撰人 426-454- 62

● 李 憑 唐
封濟王等制——開元
　二十一年九月 唐不著撰人 426-194- 33

● 李 憑 唐
授李憑祕書監制 唐常 袞 1336-629- 99

● 李 漬 唐
封諸王男爲郡王制 唐不著撰人 426-242- 38

● 李 澤南 唐
權知江都令李澤正授

四庫全書文集篇目分類索引

史部

詔令奏議類：附錄

詔令下（男）七畫

（制） 宋徐 鉉 1085- 60- 8
●李 諒 唐
庶王諒申光節度制 唐不著撰人 426-223- 36
庶王申光隨蔡等州節
　度使制 唐陸 贄 1072-640- 9
●李 諒 唐
除泗州刺史兼團練使
　當道兵馬留後兼侍
　御史賜紫金魚袋制 唐白居易 1080-536- 50
　　　　　　　　　　 1336-712-410
　　　　　　　　　　 1402- 78- 14
授壽州刺史制 唐白居易 1080-541- 50
　　　　　　　　　　 1336-713-410
●李 廣 宋
左藏庫副使李廣可庄
　宅使（制） 宋沈 遘 1097- 38- 4
●李 廣 宋
李綱祖廣贈少傅制 宋汪 藻 1128- 67- 7
●李 審 唐
封鄧王等制——元和
　元年八月七日 唐不著撰人 426-196- 33
●李 潛 唐
授李潛嶺南西道觀察
　支使制 唐錢 珝 1336-732-413
●李 潛（等）宋
李潛等並落致仕制 宋鄒 浩 1121-303- 16
　　　　　　　　　　 1350-412- 40
●李 潤 唐
封鄂王制 唐蔣 仲 426-198- 33
　　　　　　　　　　 1337-175-445
慶王等食實封制 唐不著撰人 426-239- 38
●李 潤 宋
除監察御史制 宋張 擴 1129- 46- 6
御史臺主簿制 宋張 擴 1129-145- 13
除司封郎官制 宋劉才邵 1130-458- 4
●李 澄 唐
封濟王等制——開元
　二十一年九月 唐不著撰人 426-194- 33
褒贈淮西立功將士詔 唐不著撰人 426-482- 65
●李 澄 唐
贈司空制 唐陸 贄 1072-644- 9
●李 澄 宋
東頭供奉官李澄可內
　殿崇班制 宋蔡 襄 1090-440- 12
●李 澄 宋

宗正丞諾 宋虞 儔 1154-125- 5
●李 誼（李謜）唐
普王荊襄江西道兵馬
　都元帥制 唐陸 贄 426-222- 36
　　　　　　　　　　 1072-635- 8
　　　　　　　　　　 1337-220-451
●李 誼 宋
中書舍人兼直學士院
　兼侍講（制） 宋劉一止 1132-187- 38
除館職制 宋胡 寅 1137-450- 13
●李 潭 唐
慶王潭涼州都督制—
　—開元十五年三月 唐不著撰人 426-219- 36
慶王等食實封制 唐不著撰人 426-239- 38
封諸王男爲郡王制 唐不著撰人 426-242- 38
●李 適 宋
唐南東路轉運使司封
　員外郎李適可工部
　郎中制 宋夏 竦 1097- 66- 2
●李 襲 唐
泗州判官制 唐白居易 1080-506- 51
授李襲刺史等制 唐錢 翊 1336-718-411
●李 賢 唐
册揚州都督沛王文
　潞王周王上柱國別食
　實封制 唐不著撰人 426-204- 34
　　　　　　　　　　 唐不著撰人 426-239- 38
●李 跳 宋
除直秘閣制 宋張 擴 1129- 84- 8
除福建路提點刑獄制 宋張 擴 1129- 91- 9
●李 瑾 唐
贈河東郡王瑾太子少
　師制 唐不著撰人 426-254- 39
●李 璋 宋
除李璋殿前都指揮使
　武康軍節度使制 宋王 珪 1093-253- 36
　　　　　　　　　　 1350-361- 35
　　　　　　　　　　 1402- 99- 17
依前官加食邑實封功
　臣制 宋王 珪 1093-253- 36
授依前武成軍節度使
　加勳食邑制 宋王 珪 1093-254- 36
加恩制 宋王 珪 1105-356- 47
　　　　　　　　　　 1350-355- 34
轉保義郎制 宋張 擴 1129-103- 10
除李璋制 宋不著撰人 1353- 22- 50

●李 璣宋
循資制　　　　　　　　宋洪 适　1158-395- 22
●李 輪唐
册冀王輪文　　　　　唐不著撰人　426-205- 34
●李 樞宋
崇班閣門祗候李樞可
　供備庫副使制　　　宋蔡 襄　1090-430- 11
文思使李樞可康州刺
　史　　　　　　　　宋沈 遘　1097- 40- 5
●李 琮唐
授褒信郡王琮宗正卿
　制　　　　　　　　唐孫 逖　426-244- 38
　　　　　　　　　　　　　　1336-612-396
●李 瑾宋
復職制　　　　　　　宋許景衡　1127-232- 7
除國子博士制　　　　宋翟汝文　1129-204- 3
復集英殿修撰制　　　宋王 洋　1132-411- 7
轉一官制　　　　　　宋胡 寅　1137-429- 12
●李 震唐
建王震魏博節度制—
　—中和二年二月　　唐不著撰人　426-227- 36
●李 震唐
授李震宗正少卿制　　唐薛廷珪　1336-626-398
●李 磷唐
授李磷戶部侍郎知制
　誥充學士制　　　　唐薛廷珪　1336-535-384
●李 濂宋
降一資（制）　　　　宋周必大　1148- 18- 95
●李 蔚唐
除侍御史制　　　　　唐杜 牧　1087-669- 14
　　　　　　　　　　　　　　1336-602-394
●李 蔡漢
封公孫弘等詔御史　　漢 武 帝　426-999- 6
●李 槙宋
故英州攝臣李禎宜特
　贈光祿寺丞制　　　宋蔡 襄　1090-423- 10
●李 儀宋
轉拱衞大夫制係掩殺
　金人立功　　　　　宋張 嵲　1131-448- 12
特贈承節郎與一改職
　名更與一名進勇副
　尉（制）　　　　　宋周必大　1148- 49- 97
●李 德宋
贈六官恩澤依舊制　　宋張 嵲　1131-509- 19
●李 德宋

歸順人李德保義郎制　宋洪咨夔　1175-225- 16
●李 紳（李淮）唐
封欽王等制——貞元
　二十一年四月　　　唐不著撰人　426-196- 33
●李 縉唐
封薊王等制——咸通
　二年十一月　　　　唐不著撰人　426-199- 33
●李 範唐
岐王贈惠文太子制—
　—開元十四年四月　唐不著撰人　426-181- 32
惠文太子册文　　　　唐不著撰人　426-184- 32
岐王範華州刺史等制
　——開元二年十月
　二十九日　　　　　唐不著撰人　426-215- 35
授岐王範太子少太師
　等制　　　　　　　唐蘇 頲　426-216- 35
邵王守禮等兼晉州刺
　史制　　　　　　唐不著撰人　1336-659-403
　　　　　　　　　　　　　　　426-216- 35
●李 劉宋
除禮部郎官制　　　　宋袁 甫　1175-434- 9
除禮部郎官制　　　　宋許應龍　1176-444- 4
陞禮部郎中制　　　　宋許應龍　1176-444- 4
轉一官制　　　　　　宋許應龍　1176-476- 6
●李 緯（李汮）唐
封濟王等制——開元
　二十一年九月　　　唐不著撰人　426-194- 33
封欽王等制——貞元
　二十一年四月　　　唐不著撰人　426-196- 33
●李 緯宋
可莊宅使制　　　　　宋胡 宿　1088-768- 17
故西上閤門使知雄州
　李緯可贈陵州團練
　使制　　　　　　　宋王 珪　1093-286- 39
●李 憲唐
寧王諡讓皇帝制——
　開元二十九年十一
　月　　　　　　　　唐不著撰人　426-127- 26
册諡讓皇帝文　　　　唐不著撰人　426-130- 26
改封寧王制——開元
　七年九月　　　　　唐不著撰人　426-194- 33
邵王守禮等兼晉州刺
　史制——開元元年
　十二月　　　　　　唐不著撰人　426-216- 35
●李 憲宋

四庫全書文集篇目分類索引

武勝軍節度觀察留後制　宋曾 鞏　1998-553- 21

●李 訥 宋
年九十七特封右承武郎致仕制　宋張 擴　1129- 42- 6

●李 涵 唐
封衛王灌等制——大中十一年六月二十八日　唐不著撰人　426-199- 33

●李 逿 唐
太子第二男追封縉雲郡王賜名諡制——大歷三年七月　唐不著撰人　426-255- 39

●李 諮 宋
同知樞密院李諮除尚書戶部侍郎知樞密院制　宋宋 庠　1087-567- 22

●李 憻 唐
封汙王等制——長慶元年三月　唐不著撰人　426-196- 33

●李 熺 宋
朝散郎直秘閣李熺特轉朝奉大夫直華文閣致仕制　宋洪咨夔　1175-237- 18

●李 湔 唐
封諸王男爲郡王制——太和八年八月　不著撰人　426-242- 38

●李 澤 唐
濮王澤成德軍節度制——大中九年一月二十四日　不著撰人　426-225- 36

●李 灝 唐
授李灝右（左）散騎常侍制　唐薛廷珪　1336-507-380

●李 詡 唐
封欽王等制——貞元二十一年四月　不著撰人　426-196- 33

●李 詡 宋
職方員外郎李詡除著作郎（制）　宋劉安上　1124- 16- 2

●李 愃 唐
封汙王等制——長慶元年三月　不著撰人　426-196- 33

●李 寰 唐
封鄧王等制——元和

元年八月七日　不著撰人　426-196- 33

●李 遵 宋
可洮州刺史充保順軍節度使制　宋夏 竦　1087- 68- 2
補承信郎制　宋張 擴　1129- 98- 10

●李 橫 宋
轉行翊衞大夫（制）　宋張 綱　1131- 6- 1

●李 機 宋
朝散郎李機可知華州制　宋劉 敞　1096-214- 21

●李 瑤 唐
授李瑤右威衞將軍制　唐錢 珝　1336-657-402

●李 壇 唐
授李壇湖州防禦推（判）官制　唐薛廷珪　1336-733-413

●李 整 宋
奏小方脈醫人李整（制）　宋沈 遘　1097- 42- 5

●李 壁 宋
秘書省正字（制）　宋樓 鑰　1152-705- 41
除參知政事制　宋周 南　1169- 16- 2

●李 璘 唐
命三王制——天寶十五年七月十五日　唐賈 至　426-220- 36
除永王璘庶人詔　不著撰人　426-251- 39

●李 璘 宋
循右從事郎制　宋張 擴　1129-130- 12
循一資（制）　宋周必大　1148- 33- 96

●李 駢 唐
授李駢等加階制　唐崔 殷　1336-758-417

●李 擇 宋
可衞尉寺丞制　宋胡 宿　1088-727- 14

●李 毅 唐
授李毅河南府參軍充集賢校理制　唐李 磎　1336-637-400

●李 樸 宋
秘書少監李樸除國子祭酒（制）　宋孫 覿　1135-246- 24

●李 遹 唐
封睦王等制——大曆十年二月　不著撰人　426-195- 33
嘉王運等檢校司空制　不著撰人　426-224- 36

●李 隨 宋
可虞部員外郎制　宋胡 宿　1088-751- 15
故供備庫副使李隨可

贈供備庫使制 宋胡 宿 1088-803- 21
太子中舍李隨可磨勘改官制 宋歐陽修 1102-617- 79
●李 暐唐
授李暐宗正卿列 唐賈 至 1336-612-396
●李 鄰宋
待制知越州制 宋李正民 1133- 25- 2
●李 遐唐
封睦王等制——大曆十年二月 不著撰人 426-195- 33
●李 僑唐
授李僑左領軍衛大將軍制 唐錢 珝 1336-646-401
●李 翱唐
賜爵一級并廻授男同制 唐白居易 1080-561- 52
●李 穆（等）隋
李穆等世祿詔 隋文帝 1400-205- 1
●李 穆宋
內侍李穆等轉官制 宋鄒 浩 1121-305- 16
●李 穆宋
轉一官制 宋衛 涇 1169-477- 1
●李 勝宋
殿前司托試到舊行門李勝武藝與換敦武郎（制） 宋劉一止 1132-173- 34
●李 謙宋
太常丞主簿（制） 宋樓 鑰 1152-626- 35
浙東提舉（制） 宋樓 鑰 1152-648- 36
●李 謙元
李謙贈光祿大夫柱國追封魯國公諡文正（制） 元袁 桷 1203-480- 36
●李 應宋
降一官制 宋張 嵲 1131-472- 15
●李 甄唐
虞部郎中制 唐白居易 1080-590- 55
●李 澧唐
封欽王等制——貞元二十一年四月 不著撰人 426-196- 33
●李 膺宋
除聯方員外郎制 宋翟汝文 1129-208- 3
●李 濟宋
補三班借職制 宋鄒 浩 1121-301- 16
●李 襄宋

右侍禁李襄可率府副率致仕（制） 宋鄭 獬 1097-133- 3
　 1350-394- 38
右侍禁李襄可率府副率致仕（制） 宋韓 維 1101-671- 18
●李 燧唐
授李燧平盧軍節度使制 玉堂遺範 1337-240-453
●李 懋元
（李個）祖懋贈嘉議大夫吏部尚書上輕車都尉追封冀寧郡侯諡文惠（制） 元袁 桷 1203-479- 36
（李個）祖懋追封冀寧都侯諡文惠(制) 元柳 貫 1210-288- 7
●李 鸞唐
授李鸞祠部員外郎等制 唐崔 嘏 1336-581-391
●李 攄宋
袁州（制） 宋李彌遜 1130-628- 4
除徽猷閣直學士與郡（制） 宋張 綱 1131- 18- 3
知婺州（制） 宋張 綱 1131- 19- 3
徽猷閣待制制 宋李正民 1133- 6- 1
左司諫李攄除太常少卿（制） 宋孫 覿 1135-245- 24
●李 楃宋
除太府寺丞制 宋張 擴 1129- 93- 9
●李 觀宋
告詞（二則） 宋不著撰人 1095-336- 1
●李 璩唐
諡汴哀王璩制 不著撰人 426-254- 39
●李 璬（等）唐
停潁王等節度諸——至德一年八月二十一日 不著撰人 426-221- 36
●李 駿宋
起復直龍圖閣四川都大茶馬制 宋洪咨夔 1175-244- 19
●李 蹈宋
循資制 宋王 洋 1132-423- 7
●李 邁宋
通議大夫致仕李及之故父贈晉進邁可特贈開府儀同三司制 宋劉 攽 1096-224- 22

四庫全書文集篇目分類索引

史部

詔令奏議類：附錄

詔令下（男）七畫

●李　邁 宋
國子博士制　　　　　　　　宋翟汝文　1129-205- 3

●李　踐 金
參致知事李踐授左丞
　誥　　　　　　　　　　　金趙秉文　1190-193- 10

●李　繁 唐
可遂州刺史制　　　　　　　唐白居易　1080-523- 48
　　　　　　　　　　　　　　　　　　　1336-711-410

前吉州刺史李繁可依
　前吉州刺史制　　　　　　唐白居易　1080-570- 53

●李　總（李湊）唐
封欽王等制——貞元
　二十一年四月　　　　　　不著撰人　426-196- 33

●李　鎬 唐
授李鎬加兼檢校右散
　騎常侍制　　　　　　　　唐錢　珝　1336-645-401

●李　橦 唐
授李橦殿中侍御史等
　制　　　　　　　　　　　唐崔　嘏　1336-605-395

●李　錬 唐
嗣道王錬雲安等五郡
　節度等使制——至
　德二年一月五日　　　　　唐賈　至　426-248- 38

●李　縱（李洵）唐
封欽王等制——貞元
　二十一年四月　　　　　　不著撰人　426-196- 33

●李　顏 宋
都官郎中李顏可職方
　郎中（制）　　　　　　　宋韓　維　1101-664- 17

●李　謹 宋
御龍直長行李謹可並
　三班借職制　　　　　　　宋慕容彥逢　1123-394- 8
轉忠訓郎制　　　　　　　　宋張　擴　1129-100- 10

●李　翱 唐
授李翱虞部郎中制　　　　　唐白居易　1336-575-390

●李　謨 宋
知潤州制　　　　　　　　　宋胡　寅　1137-456- 14

●李　瑛 唐
立忠王爲皇太子詔
　——開元四年十月
　十四日　　　　　　　　　唐孫　逖　426-140- 27
册忠王爲皇太子文　　　　　不著撰人　426-146- 28

●李　熹 宋
單州成武縣令李熹江
　陰軍錄事參軍制　　　　　宋王安石　1105-416- 52

●李　熹 宋
（李壁）父熹擬贈太
　師（制）　　　　　　　　宋衛　涇　1169-475- 1

●李　擴 宋
轉官制　　　　　　　　　　宋鄒　浩　1121-301- 16

●李　壁 宋
除校書郎（制）　　　　　　宋陳傳良　1150-636- 17

●李　權 宋
磨勘轉左朝散大夫進
　封開國伯加食邑三
　百戶（制）　　　　　　　宋劉一止　1132-205- 42

●李　顗 唐
可試太子通事舍人知
　賓州事兼賓澄巒橫
　貫等五州都遊奕使
　制　　　　　　　　　　　唐白居易　1080-550- 51

●李　鎭 宋
尚衣奉御李鎭可轉一
　官制　　　　　　　　　　宋慕容彥逢　1123-372- 7

●李　逸 宋
依舊眞定安撫使制　　　　　宋許景衡　1127-224- 7
李逸贈節度使（制）　　　　宋程　俱　1130-267- 27

●李　憲 宋
知永興軍李憲責授團
　副使安置（制）　　　　　宋劉安上　1124- 17- 2

●李　瀚 唐
授李瀚宗正少卿制　　　　　唐常　袞　1336-623-398

●李　懷 宋
武功大夫李懷軍中探
　報百功特除遂郡刺
　史（制）　　　　　　　　宋劉一止　1132-204- 42

●李　瓊 唐
加樂安郡王實封制
　——開元二十五年
　七月　　　　　　　　　　不著撰人　426-241- 38

●李　藝 唐
淮安王神通等開府儀
　同三司制　　　　　　　　不著撰人　426-244- 38

●李　藩 唐
平章事制——元和四
　年二月　　　　　　　　　不著撰人　426-308- 46
弘文館大學士制　　　　　　不著撰人　426-355- 51
太子詹事制——元和
　六年二月　　　　　　　　不著撰人　426-394- 55

●李　鑄 宋

轉官制　　　　　　　宋劉才邵　1130-457- 4
●李　寶宋
節度使制　　　　　　宋張　擴　1129-149- 14
李寶係義兵統制將帶
　京東忠義兵馬與金
　人鬪敵同逐人老小
　轉清河前來歸投本
　朝與轉兩官仍除遙
　郡刺史制　　　　　宋張　嵲　1131-446- 12
轉左武大夫制係掩殺
　金人立功　　　　　宋張　嵲　1131-448- 12
特與轉一官（制）　　宋周必大　1148- 42- 97
特降一官制　　　　　宋周必大　1148- 56- 98
●李　湊唐
封汙王等制——長慶
　元年三月　　　　　不著撰人　426-196- 33
●李　夔宋
李綱父夔用登極思封
　贈制　　　　　　　宋汪　藻　1128- 66- 7
李綱父夔贈少師制　　宋汪　藻　1128- 67- 7
●李　籌唐
授李籌盧龍節度使制　唐陸　贄　506-177- 97
　　　　　　　　　　　　　　　1337-281-457
●李　繹唐
封欽王等制——貞元
　二十一年四月　　　不著撰人　426-196- 33
●李　鄴宋
大理評事監在京廣衍
　倉李鄴可光祿寺丞
　制　　　　　　　　宋宋　庠　1087-597- 26
●李　灌唐
封衞王灌等制——大
　中十一年六月二十
　八日　　　　　　　不著撰人　426-199- 33
●李　鐵唐
授李鐵邕州節度使制　唐鄭　璘　568- 28- 98
　　　　　　　　　　　　　　　1337-291-458
授李鐵邕州節度使制　唐崔　遠　1465-449- 2
●李　璀唐
授李璀金吾將軍等制　唐薛廷珪　1336-645-401
●李　瑀唐
授許王瑀太子詹事制　唐孫　逖　426-248- 38
　　　　　　　　　　　　　　　1336-662-403
●李　權宋
特贈一官與一資恩澤

（制）　　　　　　　宋周必大　1148- 32- 16
●李　鑑宋
屯田員外郎李鑑可都
　官員外郎（制）　　宋蘇　頌　1092-347- 29
●李　儼唐
封廣平郡王等制——
　開元二十八年九月　不著撰人　426-241- 38
●李　顯唐
封周王詔　　　　　　王言會最　426-193- 33
　　　　　　　　　　　　　　　1337-164-444
詔册周王爲并州都督
　文　　　　　　　　唐上官儀　426-232- 37
　　　　　　　　　　　　　　　1337-169-444
册周王顯左衞大將軍
　文　　　　　　　　不著撰人　426-235- 37
濬王周王上柱國別食
　實封制　　　　　　不著撰人　426-239- 38
●李　嶽宋
除寶文閣學士知婺州
　改知太平州（制）　宋陳傅良　1150-616- 15
該覃恩轉官（制）　　宋樓　鑰　1152-699- 40
寶文閣學士知婺州（
　制）　　　　　　　宋樓　鑰　1152-712- 41
●李　巖唐
授李巖兵部員外郎制　唐孫　逖　1336-583-392
●李　鷹宋
落職降一官（制）　　宋張　綱　1131- 15- 2
●李　觀宋
開封府襄邑縣尉李觀
　可大理寺丞制　　　宋王　珪　1093-280- 38
成都路並運判（制）　宋李彌遜　1130-639- 5
階官上轉行一官（制）宋周必大　1148- 24- 95
●李　瀛唐
封諸王力爲郡王制—
　—太禾八年八月　　不著撰人　426-242- 38
●李　顒宋
可宣德郎（制）　　　宋蘇　軾　1108-494-108
●李九言宋
可屯田員外郎制　　　宋胡　宿　1088-747- 15
●李九齡宋
轉翰林醫効（制）　　宋陳傅良　1150-597- 13
●李士京宋
大理寺主簿制　　　　宋曾　鞏　1098-551- 21
將作丞（制）　　　　宋蘇　轍　1112-318- 30
餘官李士京等轉官制　宋鄒　浩　1121-313- 17

史部　詔令奏議類：附錄

詔令下（男）七畫

●李士定宋
都水監署押官李士定可右班殿直制　宋慕容彥逢　1123-353- 5
●李士昌宋
可大理寺丞制　宋胡　宿　1088-729- 14
●李士明宋
李清臣祖父追贈制　宋蘇　轍　1112-335- 31
●李士隆宋
福州閩縣尉李士隆獲賊授濟州任城尉與萬戶請授制　宋蔡　襄　1090-439- 12
●李士衡宋
樞密直學士河北都轉運使工部侍郎李士衡可中大夫上輕車都尉制　宋夏　竦　1087- 64- 2
●李士權宋
桂陽監司理李士權推恩合循一資（制）　宋劉一止　1132-162- 31
●李大卞宋
知詳州（制）　宋樓　鑰　1152-664- 38
●李大正宋
循資制　宋張孝祥　1140-645- 19
●李大有宋
除左司（制）　宋張　綱　1131- 28- 5
●李大同宋
國子博士李大同除秘書丞仍兼崇政殿說書制　宋洪咨夔　1175-220- 16
秘書丞兼崇政殿說書李大同除右正言兼侍講制　宋洪咨夔　1175-224- 16
授兼侍講制　宋吳　泳　1176- 62- 7
除權刑部侍郎制　宋許應龍　1176-442- 4
除寶謨閣直學士知平江　宋許應龍　1176-465- 6
磨勘轉官制　宋徐元杰　1181-693- 7
●李大性宋
除浙東提舉（制）　宋陳傅良　1150-644- 18
軍器少監（制）　宋樓　鑰　1152-713- 41
●李大昌宋
加贈武康軍節度使制　宋吳　泳　1176- 98- 10
●李大受宋
進武校尉私名掌戔李大受該遇皇后歸謁

家廟並特轉一官（制）　宋陳傅良　1150-574- 11
●李大異宋
除蘄州路轉運判官（制）　宋陳傅良　1150-638- 17
司農寺丞（制）　宋樓　鑰　1152-637- 35
特授徽猷閣待制知婺州軍州事兼管內勸農使制　宋衛　涇　1169-488- 2
●李大援宋
轉官制　宋張孝祥　1140-643- 19
●李大謙宋
特轉朝議大夫依前直寶章閣致仕制　宋洪咨夔　1175-237- 18
●李大聲宋
授武節郎遊擊軍統制　宋吳　泳　1176- 78- 8
●李大臨宋
三司度支判官兵部員外郎秘閣校理李大臨可工部郎中制　宋鄭　獬　1097-129- 3
度支員外郎充秘閣校理李大臨三司度支判官制　宋王安石　1105-377- 49
●李山成宋
保義郎李山成忠節（制）　宋孫　覿　1135-258- 25
●李千里唐
成王千里還舊官制　不著撰人　426-253- 39
●李斗南宋
賜釋褐出身（制）　宋陳傅良　1150-640- 18
●李文中宋
太府寺主簿制　宋張　擴　1129-145- 13
●李文仲宋
瓊州監押李文仲酬獎可內殿丞制　宋鄭　獬　1097-126- 2
●李文俊宋
江陰軍錄事參軍李熹父文俊守秘書省校書郎致仕制　宋王安石　1105-424- 53
●李文益宋
儒州縉山簿李文益可太府寺主簿（制）　宋田　錫　1085-553- 29
●李文悅唐
賜爵一級并迴授男制　唐白居易　1080-561- 52

●李文卿 宋
大理寺丞制　　　　　　宋王安石　1105-402- 51
●李文著 宋
金部郎中知洛州李文著可司勳郎中餘如故制　　　　　　宋夏 竦　1087- 66- 2
●李文會 宋
除殿中侍御史制　　　　宋張 擴　1129- 45- 6
除御史中丞制　　　　　宋劉才邵　1130-461- 5
除侍御史制　　　　　　宋劉才邵　1130-464- 5
除四川安撫制置使兼知成都府（制）　　宋周麟之　1142-124- 16
●李文儒 唐
授李文儒守禮部員外郎並充翰林學士制　唐杜 牧　1336-533-384
●李之美 宋
轉一官資（制）　　　　宋樓 鑰　1152-616- 34
●李之純 宋
可廣西提刑（制）　　　宋蘇 軾　1108-662-106
●李之純 宋
殿中丞李之純可太常博士（制）　　　　宋沈 遘　1097- 51- 6
戶部侍郎（制）　　　　宋蘇 軾　1108-685-107
　　　　　　　　　　　　　　　　　1350-405- 40
可集賢殿修撰河北部轉運使（制）　　宋蘇 軾　1108-688-108
寶文閣直學士知成都府（制）　　　　宋蘇 軾　1112-323- 30
●李太直 唐
授李太直充本州防禦使制　　　　　　唐錢 珝　1336-703-409
●李元方 唐
册周王爲并一州都督詔　唐 太 宗　549- 34-183
●李元方 宋
可國子博士制　　　　　宋胡 宿　1088-737- 14
西京左藏庫副使帶御器械李元方可莊宅副使（制）　　宋韓 維　1101-672- 18
堂後官李元方可大理寺丞制　　　　　宋歐陽修　1102-617- 79
●李元之 宋
虞部員外郎致仕李卓男元之試將作監主簿制　　　　宋王安石　1105-415- 52

●李元吉 唐
秦王等兼中書令制——武德八年十一月　　不著撰人　426-212- 35
齊王元吉司徒制——武德九年二月　　　不著撰人　426-212- 35
故海陵郡王元吉追封巢王制——貞觀十六年六月　　不著撰人　426-254- 39
●李元名 唐
授鄧王元裕等刺史制　　不著撰人　426-213- 35
授鄶王元裕等官制——貞觀十一年一月　不著撰人　426-213- 35
●李元成 唐
授李元成中書舍人制　　唐孫 逖　1336-517-382
●李元昌 唐
册梁州都督漢王元昌文　　　　　　唐岑文本　426-202- 34
　　　　　　　　　　　　　　　　　1337-166-444
●李元美 宋
降忠翊郎放罷（制）　　宋樓 鑰　1152-620- 34
●李元則 唐
册遂州都督彭王元則文　唐岑文本　426-203- 34
　　　　　　　　　　　　　　　　　1337-167-444
●李元紘 唐
曹州刺史制　　　　　　不著撰人　426-406- 57
授李元紘度支員外郎制　唐蘇 頲　1336-579-391
　　　　　　　　　　　　　　　　　1402- 87- 15
●李元祥 唐
册岐州刺史許王元祥改封江王文　　唐岑文本　426-204- 34
　　　　　　　　　　　　　　　　　1337-168-444
詔册江王元祥爲鄭州刺史　　　　　唐上官儀　426-233- 37
　　　　　　　　　　　　　　　　　1337-169-444
●李元善 宋
轉右承議郎制　　　　　宋張 擴　1129-141- 13
●李元景 唐
册荊州都督荊王元景文　不著撰人　426-203- 34
荊王元景等子孫世襲刺史制——貞觀十一年六月　　不著撰人　426-212- 35
●李元裕 唐

授鄧王元裕等官制——貞觀十一年一月　不著撰人　426-213- 35
授鄧王元裕等刺史制　不著撰人　426-213- 35
册鄧王元裕襄州刺史文　不著撰人　426-229- 37

●李元瑜宋
華州下邽縣令李元瑜等可著作佐郎制　宋鄭 獬　1097-132- 3

●李元賓宋
內殿承制李元賓可供備庫副使（制）　宋不著撰人 1101-655- 10

●李元嘉唐
册洛州都督韓王元嘉文　唐岑文本　426-203- 34　1337-166-444

●李元輔宋
知綘州（制）　宋蘇 軾　1108-664-106

●李元禮唐
册徐州都督徐王元禮文　不著撰人　426-202- 34

●李元渝宋
除度支郎官（制）　宋張 綱　1131- 43- 7

●李天祚宋
除南平王李天祚加食邑制　宋周麟之　1142- 84- 11
加食邑實封加遵度功臣制　宋洪 适　1158-322- 11

●李友文唐
授李友文興平縣令制　唐崔 嘏　1336-691-407

●李友直宋
宗正寺主簿（制）　宋樓 鑰　1152-659- 37

●李友信唐
授李友信蜀王府司馬制　唐常 袞　1336-677-405

●李友聞宋
復集英殿修撰差提舉江州太平觀（制）　宋程 俱　1130-272- 27

●李日休宋
前漢陽軍漢陽尉李日休可本軍司理（制）　宋田 錫　1085-543- 28

●李日尊宋
授靜海軍節度使加封邑功臣制　宋王 珪　1093-272- 37
進封南平王加封邑制　宋王 珪　1093-274- 37
加恩制　宋王安石　1105-356- 47

1350-356- 34

●李日新宋
閤門承授文林郎守右金吾衞長史李日新可特授守中書省主事依前充職散官如故制　宋蔡 襄　1090-445- 13

左清道率府副率致仕制　宋王安石　1105-426- 53

●李中正宋
殿直李中正可轉一官制　宋慕容彥逢　1123-391- 8

●李中吉宋
可東上閤門使并加輕車部尉制　宋胡 宿　1088-766- 17

●李中祐宋
禮賓使李中祐可六宅使　宋沈 遘　1097- 34- 4

●李公才宋
降官制　宋劉才邵　1130-475- 5

●李公年宋
江東路提刑李公年兩易制　宋翟汝文　1129-193- 2

●李公彥宋
李摶父公彥贈左銀青光祿大夫制　宋張 擴　1129- 66- 7
中書舍人制　宋李正民　1133- 19- 2
可轉中奉大夫守中書舍人致仕制　宋綦崇禮　1134-532- 2

●李公衍宋
進士李公衍可將仕郎制　宋慕容彥逢　1123-339- 4

●李公瑾宋
殿中丞通判興元府李公瑾可國子博士制　宋宋 庠　1087-576- 23

●李公懋宋
湖北提刑（制）　宋李瀰遜　1130-622- 4
著作佐郎制　宋胡 寅　1137-441- 13

●李公謹宋
司門員外郎李公謹磨勘改官制　宋歐陽修　1102-635- 81
轉太史局中官正制　宋張 擴　1129- 47- 6

●李仁晦唐
授李仁晦棣州長史制　唐劉崇望　1336-738-414

●李仁範唐

除東川推官制　唐杜　牧　1081-685- 16
　　　　　　　　　　　　1336-731-413
● 李仍叔唐
可右補闕制　唐白居易　1080-521- 48
　　　　　　　　　　　　1336-525-383
● 李允中宋
可太子中舍人制　宋胡　宿　1088-717- 12
● 李允恭宋
可供備庫副使制　宋胡　宿　1088-770- 17
入內內侍省內東頭供
　奉官李允恭可內殿
　承制制　宋歐陽修　1102-629- 80
內殿崇班李允恭可內
　殿承制制　宋歐陽修　1102-636- 81
　　　　　　　　　　　　1350-381- 37
　　　　　　　　　　　　1402-113- 20
太常寺太樂署副樂正
　李允恭可太常寺太
　樂署太樂正制　宋王安石　1105-408- 52
● 李及之宋
可都官員外郎制　宋胡　宿　1088-746- 15
● 李玄成唐
李玄成等授官制　唐白居易　1080-571- 53
● 李玄霸唐
皇第三子玄霸等追封
　衞王制——武德七
　年七月　不著撰人　426-254- 39
● 李立之宋
權三司戶部判官尚書
　司勳員外郎李立之
　可主客郎中（制）　宋蘇　頌　1092-369- 32
都水使者制　宋曾　鞏　1098-546- 20
● 李立則唐
可檢校虞部員外郎知
　鹽鐵東部留後制　唐不著撰人　1079-586- 48
● 李永世宋
太子中舍知汾州平遙
　縣事李永世可殿中
　丞餘如故制　宋夏　竦　1087- 67- 2
● 李永年宋
供奉官李永年可轉一
　官制　宋慕容彥逢　1123-391- 8
● 李永言宋
蔡王府都監入內西京
　左藏庫副使李永言

降兩官制　宋慕容彥逢　1123-364- 6
● 李永奇宋
（李顯忠）故父永奇
　追封楚國公（制）　宋周必大　1148- 55- 98
● 李永昌宋
翰林醫官殿中省尚書
　奉御李永昌可權易
　使制　宋劉　敞　1096-190- 19
● 李永恭宋
可內殿承制制　宋胡　宿　1088-720- 13
● 李永慶宋
東頭供奉官李永慶可
　內殿崇班（制）　宋沈　遘　1097- 33- 4
● 李永德宋
廣南西路提點刑獄虞
　部郎中李永德可金
　部郎中　宋余　靖　1089-101- 10
　　　　　　　　　　　　1465-452- 2
● 李弘順（愛耶勿）唐
授回鶻內宰相愛耶勿
　歸義軍副使兼賜姓
　名制　唐不著撰人　1079-156- 8
● 李正己唐
授李正己青州刺史制　唐常　袞　1336-722-412
● 李正民宋
李正民除徽猷閣待制
　知吉州（制）　宋程　俱　1130-261- 26
筠州（制）　宋李彌遜　1130-628- 4
● 李正臣宋
轉官制　宋王安石　1105-392- 50
● 李正卿唐
權知陵州刺史李正卿
　正除刺史制　唐白居易　1080-568- 53
● 李巨川唐
授京畿制置使判官兼
　中丞賜紫李巨川工
　部郎中制　唐錢　珝　1336-574-390
● 李丕緒宋
光祿少卿李丕緒少府
　監制　宋王安石　1105-382- 49
● 李世昌明
李世昌誥　明太祖　1223- 21- 3
● 李世南宋
宣德郎李世南可通直
　郎制　宋劉　敞　1096-204- 20

四庫全書文集篇目分類索引

史部

詔令奏議類：附錄

詔令下（男）七畫

●李世興（等）宋
李世興等因論語徹章各轉一官制　宋衛涇　1169-478- 1

●李以制宋
除大理寺簿制　宋洪咨夔　1175-231- 17
大理寺簿制　宋袁甫　1175-428- 8

●李令珣宋
李迪祖令珣贈中書令制　宋韓琦　1089-465- 40

●李令將宋
戶部郎中李令將等轉官制　宋翟汝文　1129-219- 4

●李仕吉宋
內庭崇班李仕吉與轉一官制　宋慕容彥逢　1123-370- 7

●李用布宋
故內侍省內東頭供奉官李用希可贈供備庫副使（制）　宋韓維　1101-663- 17

●李用和宋
六宅副使制　宋王安石　1105-421- 53
李瑋父追贈制　宋蘇軾　1112-342- 32

●李用晦宋
可司天中官正制　宋胡宿　1088-741- 14

●李仙卿宋
淮南轉運使李昭述男仙卿可試秘書省校書郎制　宋宋庠　1087-599- 26

●李守一唐
授李守一別駕等制　唐蘇頲　1336-738-414

●李守文宋
醫人李守文可國子四門助教制　宋蔡襄　1090-449- 13

●李守仁宋
右衞大將軍致仕李繼忠男守仁可供備庫副使制　宋鄭獬　1097-142- 4

●李守信宋
東頭供奉官閤門祗候知勝關寨李守信可就轉內殿崇班儀州寨主制　宋歐陽修　1102-623- 79

●李守寧宋
前福州錄事參軍李守寧特授建州錄事參

軍監滑大翟村酒稅制　宋蔡襄　1090-426- 11

●李守禮唐
邠王守禮等兼襄州刺史等制——開元三年十二月九日　不著撰人　426-215- 35
宋王成器太尉等制——先天二年八月九日　不著撰人　426-215- 35
邠王守禮等兼晉州刺史制——開元元年十二月　不著撰人　426-216- 35
加邠王守禮實封制　不著撰人　426-239- 38

●李安仁宋
和安大夫惠州刺史李安仁特落致仕發赴之行在供職（制）　宋劉一止　1132-176- 35

●李安民齊
贈李安民詔　齊武帝　1399- 24- 1

●李汝明宋
轉右奉議郎制　宋張擴　1129- 88- 9

●李安國宋
除大府少卿湖廣總領（制）　宋周必大　1148- 78-100
特轉武節郎制　宋洪咨夔　1175-229- 17

●李安期宋
前駕部員外郎李安期舊官服闋制　宋王安石　1105-411- 52

●李安道（等）宋
駕部員外郎李安道等改官（制）　宋蘇頌　1092-379- 33

●李安靜唐
贈右衞將軍李安靜制　唐李德裕　1079-179- 4

●李吉甫唐
平章事(拜相)制——元和二年正月　不著撰人　426-307- 46
　　　　　　　　　　　　　　　　1337-196-448
平章事制——元和六年正月　不著撰人　426-309- 46

●李百藥宋
秘書郎（制）　宋劉一止　1132-213- 44

●李在欽宋
李迪曾祖在欽贈太師制　宋韓琦　1089-464- 40

●李有卿宋

特降一官（制） 宋周必大 1148-17-95
● 李存道宋
武經郎李存道和耀淮西總領所米般量少欠降一官（制） 宋陳傅良 1150-605-14
● 李存賢宋
國子博士李存賢可水部員外郎（制） 宋韓 維 1101-665-17
● 李匡明南唐
御史大夫制 宋徐 鉉 1085-52-7
舒州刺史制 宋徐 鉉 1085-53-7
前舒州刺史李匡明可中書侍郎（制） 宋徐 鉉 1085-66-8
● 李夷吾唐
授李夷吾榮王府諮議制 唐孫 逖 1336-674-405
● 李夷簡唐
平章事制——元和十三年三月 不著撰人 426-315-47
1337-203-449
淮南節度平章事制 不著撰人 426-376-53
李夷簡各賜爵幷迴授爵制 唐白居易 1080-522-48
除李夷簡西川節度使制 唐白居易 1080-589-55
1337-259-454
● 李良孫宋
知隆慶府李良孫轉一官再任制 宋袁 甫 1175-437-9
● 李光封宋
李光封贈故父（制） 宋李彌遜 1130-622-4
● 李光弼唐
副知行營事制——乾元二年七月 不著撰人 426-424-59
侍中制——乾元一年九月 不著撰人 426-433-60
太尉中書令制——乾元二年十二月 不著撰人 426-433-60
賜李光弼實封一子官制 不著撰人 426-468-63
● 李光進唐
授李光進鴻臚卿制 唐賈 至 1336-619-397
● 李光嗣唐
授前庫部員外郎李光嗣右司員外郎制 唐白居易 1336-584-392
● 李光嗣宋
內殿崇班李光嗣可內殿承制 宋沈 遘 1097-42-5
● 李光輔宋
給承信郎制 宋張 擴 1129-97-10
● 李光顏唐
加階制 唐元 稹 426-438-60
1079-592-49
1336-761-417
授李光顏檢校司空制 唐穆宗 549-48-183
授李光顏忠武軍節度使制 玉堂遺範 1337-237-452
● 李旭輪唐
册詔殷王旭輪文 唐上官儀 426-205-34
1337-170-444
詔册殷王爲單于大都督文 唐上官儀 426-233-37
1337-170-444
● 李自明唐
武寧軍陣亡大將軍李白明贈濠州刺史制 唐白居易 1080-564-53
● 李全昌唐
授李全昌工部員外郎制 唐蘇 頲 1336-588-392
● 李全績唐
授李全績中大夫行內侍省內謁者監等制 唐李 碏 1336-765-418
● 李如岡宋
差知襄陽府（制） 宋周麟之 1142-141-18
改差知靜江府（制） 宋周麟之 1142-142-18
1465-455-2
李如岡見係敷文閣待制知廣州今轉一官（制） 宋周必大 1148-31-96
磨勘制 宋洪 适 1158-407-24
● 李仲昌宋
彰武軍節度推官李仲昌可大理寺丞簽署渭州判官公事制 宋歐陽修 1102-637-81
1350-381-37
● 李仲宣宋
殿中丞李仲宣丁憂服闋復舊官制 宋歐陽修 1102-627-80
● 李仲淵宋
壽州稅戶李仲淵本州

四庫全書文集篇目分類索引

史部

詔令奏議類：附錄

詔令下（男）七畫

助教制　　宋王安石　1105-454- 55

●李仲章宋

壽州稅戶李仲章本州助教制　　宋王安石　1105-454- 55

●李仲章宋

太醫丞直翰林醫官局李仲章可轉一官制　　宋慕容彥逢　1123-380- 7

●李仲連宋

可左清道副率致仕制　　宋胡　宿　1088-799- 20

●李仲詢宋

特落致仕差知濟州制　　宋許景衡　1127-233- 7

●李仲熊宋

授湖北轉運判官制　　宋徐元杰　1181-691- 7

●李仲驥宋

知廬州（制）　　宋劉一止　1132-223- 46

●李行修唐

授李行修刑部員外郎制　　唐李虞仲　1336-586-392

●李休復唐

封梁王等制——開成二年八月　　不著撰人　426-197- 33

●李宏茂南唐

慶王進封陳王贈太尉册　　宋徐　絃　1085- 71- 9

●李言恭明

臨淮侯李言恭誥命　　明馮　琦　1402-128- 24

●李言揚唐

封梁王等制——開成二年八月　　不著撰人　426-197- 33

●李牟麟唐

授李牟麟遊縣令制　　唐劉崇望　1336-746-415

●李罕之唐

削奪李罕之官爵制　　不著撰人　426-867-120

●李宗卿宋

太子中舍通判鄭州李宋卿可殿中丞制　　宋宋　庠　1087-563- 21

●李汶儒唐

守禮部員外郎充翰林學士制　　唐杜　牧　1081-607- 14

●李良臣宋

循兩資（制）　　宋樓　鑰　1152-686- 39

西和州守陳寅族人立照璽館客李良臣死節贈官制　　宋洪咨夔　1175-226- 17

●李良輔宋

知廬州制　　宋曾　鞏　1098-555- 22

●李志行宋

除刑部郎官制　　宋張　擴　1129- 74- 8

大理寺丞制　　宋張　擴　1129- 86- 9

●李成允宋

朝散郎河東經略司管勾機宜文字李成允可陝西轉運判官制　　宋慕容彥逢　1123-348- 5

●李成式唐

授李成式大理卿制　　唐賈　至　1336-618-397

●李成美唐

封梁王等制——開成二年八月　　不著撰人　426-197- 33

立陳王爲皇太子制　　王言會最　426-142- 27

　　1337-160-443

●李成義唐

封衡陽郡王成義爲申王等制　　唐蘇　頲　426-194-337

　　1337-164-444

　　1394-315- 1

　　1402- 84- 15

宋王成器太尉等制——先天二年八月九日　　不著撰人　426-215- 35

●李成慶唐

授李成慶夏州節度使制　　唐韓　儀　1337-289-458

●李成器唐

授宋王成器太子太師制　　唐蘇　頲　426-214- 35

　　1336-658-403

　　1402- 84- 15

宋王成器太尉等制——先天二年八月九日　　不著撰人　426-215- 35

授相王男成器太子左贊善大夫制　　唐李　嶠　426-244- 38

　　1336-669-404

●李孝友宋

南劍州司理參軍李孝友責授吉州參軍制　　宋歐陽修　1102-621- 79

●李孝友宋

李易父孝友贈右朝請郎制　　宋張　擴　1129- 69- 7

●李孝友宋

特轉右武郎（制）　宋陳傳良　1150-572- 11

●李孝直宋

淮南轉運使李仲僅次男孝直可試秘書省校書郎制　宋胡　宿　1088-790- 19

●李孝恭唐

册趙王孝恭改封河間郡王文　唐岑文本　426-242- 38

●李孝恭宋

轉左朝散大夫制　宋張　擴　1129-105- 10

充樞密府提舉一行錢糧事務先轉一官（制）　宋劉一止　1132-202- 41

●李孝孫宋

可大理寺丞制　宋胡　宿　1088-730- 14

屯田郎中判吏部南曹李孝孫可都官郎中差遣如故（制）　宋韓　維　1101-664- 17

●李孝純宋

知棣州（制）　宋蘇　轍　1112-287- 27

特轉右武郎（制）　宋陳傳良　1150-572- 11

落階官（制）　宋樓　鑰　1152-618- 34

加食邑實封制　宋衞　涇　1169-508- 3

●李孝壽宋

知開德府顯謨閣直學士朝奉大夫李孝壽可轉一官制　宋慕容彥逢　1123-382- 7

顯謨閣直學士中奉大夫李孝壽復正議大夫（制）　宋劉安上　1124- 20- 2

●李君俞宋

追官人李君俞授大理評事制　宋蔡　襄　1090-421- 10

●李君卿宋

可降授駕部員外郎制　宋王安禮　1100- 32- 3

●李克文宋

端州防禦使李克文落起復依舊端州刺史充州防禦使（制）　宋田　錫　1085-541- 28

●李克勛唐

授李克勛宗正卿等制　唐錢　珝　1336-613-396

●李克忠宋

崇儀副使李克忠可六宅副使　宋沈　遘　1097- 46- 5

故泰國夫人林氏孫閣門祗候李克忠可內殿承制制　宋慕容彥逢　1123-354- 5

●李克明宋

可國子監丞致仕制　宋胡　宿　1088-798- 20

故國子博士李克明可贈度支員外郎制　宋歐陽修　1102-633- 80

●李克恭唐

鄭滑院官李克恭可試大理評事制　唐白居易　1080-558- 52

●李孚佑宋

可大理寺丞制　宋胡　宿　1088-731- 14

●李秀璋唐

授李秀璋開府儀同三司制　唐常　袞　1336-760-417

●李伯玉宋

起居郎兼權工部侍郎李伯玉特授權禮部侍郎兼職如故制　宋馬廷鸞　1187- 29- 4

●李伯宗宋

開封府少尹李伯宗除衞尉卿制　宋翟汝文　1129-213- 3

●李伯英宋

高州茂名縣尉兼主簿李伯英永州錄事參軍兼司戶參軍制　宋王安石　1105-446- 55

●李希及宋

故莊宅使李希及可贈眉州防禦使制　宋胡　宿　1088-802- 21

●李希言唐

授嗣鄭王希言右衞大將軍制　唐蘇　頲　426-247- 38

　　　　　　　　　　　　　1336-643-401

●李希成宋

西頭供奉官李希成可轉兩官制　宋慕容彥逢　1123-390- 8

●李希逸宋

可國子博士制　宋胡　宿　1088-749- 15

●李邦彥宋

吏部員外郎制　宋翟汝文　1129-209- 3

吏部員外郎李邦彥編修五禮新儀成遷秩制　宋翟汝文　1129-219- 4

●李邦獻宋

除直敷文閣江西運副（制）　宋周麟之　1142-152- 19

●李利用 宋
除河南府路轉運判官
　（制）　　　　　　　宋劉一止　1132-197- 40

●李何忌 唐
授李何忌職方員外郎
　制　　　　　　　　　唐賈　至　1336-584-392

●李廷珪 唐
授李廷珪沂州司馬制　唐孫　逖　1336-741-414

●李宗元 宋
越國長公主奏大方脈
　醫人李宗元可試國
　子四門助教不理選
　限（制）　　　　　　宋不著撰人　1101-680- 18

●李宗旦 宋
邊功轉一官制　　　　宋許　翰　1123-495- 1
邊功轉官制　　　　　宋許　翰　1123-496- 1

●李宗河 唐
可渭南令制　　　　　唐白居易　1080-531- 49

●李宗易 宋
度支郎中致仕李宗易
　可司封郎中制　　　宋鄭　獬　1097-130- 3

●李宗勉 宋
吏部郎中兼右司李宗
　勉除監察御史制　　宋洪咨夔　1175-223- 18
除司諫制　　　　　　宋袁　甫　1175-424- 8
授兼侍講制　　　　　宋吳　泳　1176- 61- 7
授兼侍講制　　　　　宋吳　泳　1176- 62- 7
賜李宗勉除同簽書口
　宣　　　　　　　　宋吳　泳　1176-116- 12
除參知政事制　　　　宋許應龍　1176-438- 4
除工部侍郎兼給事中
　制　　　　　　　　宋許應龍　1176-443- 4
除殿中侍御史制　　　宋許應龍　1176-448- 4
加恩制　　　　　　　宋許應龍　1176-457- 5

●李宗訓 宋
賞轉額外翰林醫官（
　制）　　　　　　　宋周必大　1148- 46- 97

●李宗哲 宋
內殿崇班李宗哲可內
　承制（制）　　　　宋韓　維　1101-655- 16

●李宗詠 宋
兵部郎中李宗詠可鹽
　鐵副使（制）　　　宋余　靖　1089- 94- 10

●李宗閔 唐
平章事制——太和三

　年八月　　　　　　不著撰人　426-327- 48
平章事制——太和八
　年十月　　　　　　不著撰人　426-330- 48
處州刺史制　　　　　不著撰人　426-411- 57
再貶李宗閔處州長史
　制　　　　　　　　不著撰人　426-411- 57
三貶李宗閔潮州司戶
　制　　　　　　　　不著撰人　426-411- 57

●李宗傑 宋
殿中丞監在京豐濟粳
　米倉李宗傑可國子
　博士制　　　　　　宋宋　庠　1087-583- 24

●李宗誠 宋
得功人蕃官六宅使李
　宗誠制　　　　　　宋呂　陶　1098- 67- 8

●李宗壽 宋
李清臣曾祖追贈制　　宋蘇　轍　1112-334- 31

●李宗儉 唐
封蔣王制——開成二
　年八月　　　　　　不著撰人　426-198- 33

●李宗儒 宋
可內殿承旨制　　　　宋蔡　襄　1090-430- 11

●李宜卿 宋
屯田員外郎李宜卿可
　都官員外郎制　　　宋王　珪　1093-282- 38

●李性傳 宋
改知寧國府制　　　　宋袁　甫　1175-429- 8
授權刑部侍郎兼侍講
　制　　　　　　　　宋吳　泳　1176- 57- 7
授兼侍講制　　　　　宋吳　泳　1176- 63- 7
授端明殿學士簽書樞
　密院事兼參知政事
　制　　　　　　　　宋徐元杰　1181-683- 6
磨勘轉官制　　　　　宋徐元杰　1181-692- 7

●李性傳（曾祖）宋
李性傳曾祖追贈制　　宋徐元杰　1181-697- 7

●李性傳（祖）宋
李性傳祖追贈制　　　宋徐元杰　1181-698- 7

●李性傳（父）宋
李性傳父追贈制　　　宋徐元杰　1181-698- 7

●李青綱 宋
降授內殿承制李青綱
　可轉一官制　　　　宋慕容彥逢　1123-386- 7

●李直柄 宋
軍器監兼刑部郎官李

直柄除大理少卿制　宋洪咨夔　1175-230- 17

● 李居中 宋
翰林醫官李居中等可
　轉官制　　　　　　宋鄭　獬　1097-161- 6

● 李居王 梁
授李居王等制　　　　梁沈　約　1336-753-416
　　　　　　　　　　　　　　　1399-390- 7
　　　　　　　　　　　　　　　1415-112- 87

● 李孟傳 宋
除將作監主簿（制）　宋陳傳良　1150-639- 17

● 李抱玉 唐
河西等道副元帥制　　唐常　袞　426-427-597
　　　　　　　　　　　　　　　1337-221-451

授李抱玉開府儀同三
　司制　　　　　　　唐常　袞　1336-759-417

● 李抱貞 唐
褒贈淮西立功將士詔　不著撰人　426-482- 65
授王武俊司徒李抱眞
　司空制　　　　　　不著撰人　426-836-118
授王武俊李抱眞官封
　并招諭朱滔詔　　唐陸　贄　1072-608- 5

● 李阿里 宋
蕃官內藏庫使騎都尉
　李阿里可特授皇城
　使封清河縣開國男
　制　　　　　　　　宋劉　敞　1096-227- 22

● 李奉慈 唐
册贈渤海王文　　　　唐上官儀　426-255- 39

● 李長年 宋
秘書省正字制　　　　宋汪　藻　1128- 80- 8

● 李長卿 宋
文學李長卿可長史制　宋歐陽修　1102-627- 80

● 李長祺 明
（李清）父（贈某官
　勅）　　　　　　　明倪元璐　1297- 46- 4

● 李東之 宋
前太常博士李東之服
　闋可舊官制　　　　宋宋　庠　1087-585- 24

● 李東序 唐
授李東序檢校司勳郎
　中兼中丞克職制　　唐錢　珝　1336-727-412

● 李林甫 唐
裴耀卿侍中張九齡中
　書令李林甫同三品
　制——開元二十二

年五月　　　　　　　不著撰人　426-298- 45
兼朔方節度使制——
　開元二十四年十一
　月　　　　　　　　不著撰人　426-309- 52
兼河西節度使制——
　開元二十六年九月　唐孫　逖　426-369- 52
除割官秩詔　　　　　不著撰人　426-923-126
授李林甫右僕射制　　唐孫　逖　1336-537-385
授李林甫兵部尚書制　唐孫　逖　1336-547-386
封李林甫晉國公制　　唐孫　逖　1336-750-416
授李林甫特進制　　　唐蘇　頲　1336-761-417

● 李林宗 唐
授李林宗太僕卿制　　唐孫　逖　1336-616-397
授李林宗太常少卿制　唐孫　逖　1336-622-398

● 李承之 宋
可特授樞密直學士依
　前朝奉郎權三司使
　公事制　　　　　　宋王安禮　1100- 31- 3
知青州（制）　　　　宋蘇　軾　1108-675-107
　　　　　　　　　　　　　　　1350-403- 39
　　　　　　　　　　　　　　　1402-116- 21
　　　　　　　　　　　　　　　1418-384- 49

● 李承宏 唐
授廣武郡王承宏光祿
　卿制　　　　　　　唐孫　逖　426-244- 38
　　　　　　　　　　　　　　　1336-613-396

● 李承訓 唐
除福昌縣令制　　　　唐杜　牧　1081-678- 15
　　　　　　　　　　　　　　　1402- 79- 14

● 李承祐 宋
可內殿崇班（制）　　宋蘇　軾　1108-694-108

● 李承乾 唐
立中山王爲皇太子詔
　——武德九年十月　不著撰人　426-138- 27
廢皇太子承乾爲庶人
　詔——貞觀十七年
　四月　　　　　　　不著撰人　426-177- 31
贈廢太子承乾恒山愍
　王制——開元二十
　四年　　　　　　　唐孫　逖　426-179- 31
贈恒山愍王承乾荊州
　大都督等制　　　　不著撰人　426-254- 39

● 李承造 宋
御營使司參議官制　　宋汪　藻　1128- 78- 8
右司員外郎制　　　　宋李正民　1133- 16- 2

四庫全書文集篇目分類索引

兩浙轉運使制　　宋李正民　1133- 31- 3
●李承嘉唐
授李承嘉并州太原縣令制　　唐李　嶠　549- 34-183
　　　　　　　　　　　　　1336-742-415
●李承慶唐
除鳳翔節度副使制　　唐杜　牧　1081-683- 16
　　　　　　　　　　　　　1336-730-413
　　　　　　　　　　　　　1402- 79- 14
●李忠臣唐
授李忠臣右僕射制　　唐常　袞　1336-538-385
●李忠履宋
故內殿承制李仙孫忠履可並與三班借職制　　宋慕容彥逢　1123-393- 8
●李尚行宋
可降一官制　　宋綦崇禮　1134-556- 5
●李尚隱唐
授李尚隱戶部尚書盆州長史劍南節度採訪使制　　唐不著撰人　1337-231-452
●李昌元唐
可兼御史大夫制　　唐白居易　1080-565- 53
●李昌本宋
補三班借職制　　宋鄒　浩　1121-300- 16
●李昌言宋
瀛王屯留縣尉李昌言徐州錄事參軍制　　宋王安石　1105-416- 52
許州司馬致仕制　　宋王安石　1105-427- 53
●李昌岷唐
授李昌岷辰錦等州團練使制　　唐常　袞　1336-707-409
●李昌偉唐
授李昌偉岐山縣令制　　唐薛廷珪　1336-747-415
●李昌遠唐
授起居郎李昌遠守本官充翰林學士制　　唐薛廷珪　1336-536-384
●李昌圖宋
該覃恩轉官（制）　　宋樓　鑰　1152-703- 41
●李明允宋
都官司員外郎知宿州李明允等一十四人（推恩）　　宋宋　靖　1089- 96- 10
●李明遠唐
一品孫李明遠授左千

牛備身制　　唐杜　牧　1081-682- 16
●李固言唐
平章事制——太和九年七月　　不著撰人　426-331- 48
平章事制——開成一年四月　　不著撰人　426-334- 49
崇文館大學士等制　　不著撰人　426-355- 51
●李昇朝唐
授李昇朝等諸州刺史制　　唐孫　逖　1336-710-410
●李叔玟唐
除太僕卿制　　唐杜　牧　1081-670- 14
●李叔明唐
右僕射制　　唐陸　贄　1072-644- 9
●李叔謙宋
李叔謙降一官（制）　　宋周必大　1148- 10- 94
●李果卿宋
可京西轉運副使（制）　　宋蘇　軾　568- 29- 98
　　　　　　　　　　　　　1108-679-107
●李知己宋
除大理寺丞（制）　　宋陳傅良　1150-645- 18
●李知止唐
授李知止可封員外郎等制　　唐孫　逖　1336-576-391
●李知和宋
可西京左藏庫使制　　宋宋　祁　1088-265- 31
●李知讓唐
加御史中丞依前邠州刺史制　　唐杜　牧　1081-683- 16
●李季友宋
除右司員外郎（制）　　宋陳傅良　1150-632- 17
●李季立唐
前穀熟縣令李季立授奉天丞兼監察御史充迴鶻使判官制　　唐白居易　1080-556- 52
●李季卿唐
授李季卿右散騎常侍制　　唐常　袞　1336-504-380
●李周士宋
殿中丞李周士可太常博士通判秦州軍州事餘依舊制　　宋夏　竦　1087- 69- 2
●李周道宋
內殿崇班李周道左監門衞將軍致仕制　　宋王安石　1105-426- 53

● 李佐元宋
忠翊郎李佐元係尚書省額外都事陳狀乞比換使臣出職吏部勘當申省狀內刮補添注舉發到官虛妄特降一官依衝替人例（制）
宋劉一止　1132-174- 34

● 李延吉宋
回鶻進奉大使李延吉可右監門衞將軍（制）
宋蘇　頌　1092-350- 29

● 李延昌唐
授李延昌左金吾衞大將軍制
唐蘇　頲　1336-644-401
　　　　　1402- 88- 15

● 李延渥宋
演州團練使右領軍衞大將軍李延渥可左衞大將軍致仕誥
宋夏　竦　1087- 76- 3

● 李延貫宋
除刑部郎官制
宋鄒　浩　1121-305- 16

● 李延暉唐
加嗣陳王實封制
不著撰人　426-245- 38

● 李洪申宋
特改宣教郎（制）
宋衞　涇　1169-466- 1

● 李炳堯宋
應辦中宮册寶李炳堯各轉一官制
宋張　擴　1129- 78- 8

● 李洵仁宋
轉官制
宋鄒　浩　1121-315- 18
李洵仁等轉官制
宋鄒　浩　1121-320- 18

● 李彥正宋
除入內內侍省副都知（制）
宋陳傳良　1150-575- 11
降一官（制）
宋陳傳良　1150-583- 12
復官（制）
宋陳傅良　1150-583- 12
除入內內侍省都知（制）
宋陳傳良　1150-583- 12

● 李彥佐唐
前右羽林將軍李彥佐服闋重除本官兼御史中丞知軍事制
唐白居易　1080-550- 51
　　　　　1336-655-402

授李彥佐鄜坊節度使制
唐沈　詢　1337-276-456

● 李彥明宋
李彥明昨捉獲劉超賊徒立功便宜轉官給到尚書吏部公據本部照得本人付身並立係眞命合轉忠翊郎制
宋張　嵲　1131-452- 13

● 李彥卿宋
知宣州李彥卿除刑部郎官（制）
宋程　俱　1130-257- 26

● 李彥端宋
除開封府少尹制
宋翟汝文　1129-191- 2

● 李彥穎宋
登極恩轉光祿大夫（制）
宋陳傳良　1150-612- 15

● 李彥機宋
轉一官（制）
宋樓　鑰　1152-618- 34

● 李成熙宋
可國子博士制
宋胡　宿　1088-748- 15

● 李南公宋
李南公知滄州（制）
宋蘇　軾　1108-685-107
　　　　　1350-405- 40

龍圖閣直學士中大夫李南公特除落致仕誥
宋慕容彥逢　1123-403- 9

● 李南仲宋
借職李南仲可轉一官制
宋慕容彥逢　1123-391- 8

● 李建中宋
可太常博士制
宋胡　宿　1088-734- 14

● 李建成唐
息隱王追復皇太子詔——貞觀十六年六月
不著撰人　426-179- 31

● 李束之宋
龍圖閣直學士李束之刑部侍郎充集賢院學士判西京留守司御史臺制
宋王安石　1105-379- 49
集賢院學士李束之轉官加勳邑制
宋王安石　1105-381- 49

● 李茂先宋
駕部員外郎李茂先可虞部郎中（制）
宋蘇　頌　1092-348- 29

●李茂真 唐

封岐王加尙書令制　唐吳　融　556-126- 85

　　　　　　　　　　1337-227-451

●李茂莊 唐

册贈李茂莊太師丈　唐錢　珝　426-462- 63

●李思忠（嗢沒斯）唐

授嗢沒斯改姓李名思忠制　唐李德裕　1079-156- 8

●李思恭 宋

某官監洛州監酒稅李思恭轉駕部員外郎制　宋歐陽修　1102-623- 79

●李思詔 唐

授李思詔太子洗馬等制　唐蘇　頲　1336-670-404

●李思敬 唐

授李思敬武軍節度使制　唐張玄晏　1337-286-457

授李思敬湖南節度使制　唐盧　說　1337-292-458

●李思齊 明

遙授李思齊江西行省左丞誥　明宋　濂　1223-255- 1

●李思讓 唐

授李思讓延州節度使制　唐韓　儀　556-119- 85

　　　　　　　　　　1337-288-458

●李昂英 宋

李昂英直秘閣知贛州制　宋許應龍　1176-464- 5

轉一官制　宋許應龍　1176-473- 6

●李若川 宋

玉轄成循右承直郎制　宋張　擴　1129-138- 13

除江西運判（制）　宋周麟之　1142-140- 18

權刑部侍郎都督府參贊軍事制　宋洪　适　1158-394- 22

●李若水 宋

建炎贈官誥詞　宋不著撰人　1124-693- 3

建炎贈謚誥詞　宋不著撰人　1124-694- 3

●李若谷 宋

左司員外郎陞郎中制　宋張　擴　1129- 72- 8

除屯田郎官制　宋張　擴　1129- 72- 8

●李若拙 宋

起居舍人李若拙可鹽鐵判官（制）　宋田　錫　1085-553- 29

●李若幽 唐

朔方節度使賜名國貞制　不著撰人　426-426- 59

●李若虛 宋

落秘閣修撰制　宋張　擴　1129-151- 14

參議官（制）　宋劉一止　1132-200- 41

●李昭玘 宋

除太常少卿制　宋鄒　浩　1121-295- 15

李昭玘等降官制　宋鄒　浩　1121-306- 16

●李昭亮 宋

除李昭亮依前檢校太傅同中書門下平章事充景靈宮使昭德軍節度使制　宋胡　宿　1088-818- 22

授依前檢校太傅中書門下平章事充昭德軍節度使　宋王　珪　1093-247- 35

除李昭亮制　宋歐陽修　1102-694- 87

除李昭亮檢校太保判定州制　宋歐陽修　1102-708- 89

除李昭亮殿前副都指揮使寧武節度使制　宋張方平　1350-351- 34

●李昭述 宋

可依前刑部侍郎充龍圖閣學士秦鳳路馬步軍副都部署兼知秦州制　宋胡　宿　1088-773- 18

●李昭素 宋

未復舊官人內殿崇班李昭素復內殿承制制　宋蔡　襄　1090-421- 10

●李昭逢 宋

大理寺丞知陝府芮城縣李昭逢可右贊善大夫（制）　宋余　靖　1089- 97- 10

●李昭锻 宋

相州永定令李昭锻可濮州鄄城令（制）　宋田　錫　1085-548- 28

●李昭慶 宋

可太子中舍人制　宋胡　宿　1088-750- 15

●李昭璉 宋

將作監主簿李昭璉可大理評事（制）　宋沈　遘　1097- 59- 6

●李昭選 宋

奏舉人前平海軍節度

四庫全書文集篇目分類索引

推官知福州懷安縣李昭選可大理寺丞制　宋宋　祁　1088-268- 31

● 李昭錫宋

可大理寺丞制　宋胡　宿　1088-715- 12

● 李昭遜宋

故司空致仕贈尚書令追封韓國公李昉孫男昭遜等可試秘書省校書郎制　宋夏　竦　1087- 59- 1

● 李昭懿宋

左侍禁李昭懿可左清道率府副率致仕（制）　宋蘇　頌　1092-367- 31

● 李禹言宋

東頭供奉官李禹言可內殿崇班制　宋歐陽修　1102-632- 80

● 李重茂唐

册諡殤皇帝文　不著撰人　426-130- 26

● 李重俊唐

贈重俊皇太子制——唐隆元年六月二十五日　唐蘇　頲　426-179- 31

節愍太子諡册文　不著撰人　426-183- 32

● 李重規唐

授高平郡王重規司屬卿制　唐李　嶠　1336-611-396

　　　　　　　　　　　　　1402- 84- 15

授河內高平王重規等大將軍制　唐李　嶠　1336-643-401

● 李重潤宋

邵王贈皇太子制——神龍元年二月九日　不著撰人　426-181- 32

● 李信甫宋

江東提刑（制）　宋樓　鑰　1152-645- 36

● 李保信宋

可供備庫副使制　宋胡　宿　1088-769- 17

● 李唐臣宋

李庭芝父唐臣贈朝奉大夫制　宋馬廷鸞　1187- 54- 7

● 李唐卿宋

可太常博士制　宋胡　宿　1088-746- 15

● 李唐卿宋

著作佐郎李唐卿特轉一官制　宋陳傅良　1150-578- 11

著作郎（制）　宋樓　鑰　1152-653- 37

江東提舉（制）　宋樓　鑰　1152-704- 41

● 李唐瑁宋

李唐瑁除直徽猷閣陝西路運副（制）　宋劉一止　1132-218- 45

● 李祐之宋

可水部員外郎制　宋胡　宿　1088-748- 15

● 李盆謙宋

戶部員外郎制　宋洪　适　1158-375- 19

● 李神通唐

淮安王神通等開府儀同三司制　不著撰人　426-243- 38

淮安王神通山東道安撫大使詔　不著撰人　426- 8-115

● 李庭芝唐

授李庭芝綏州司馬制　唐孫　逖　1336-741-414

● 李庭芝宋

兩淮制置使兼知揚州李庭芝除寶章閣直學士依舊任制　宋馬廷鸞　1187- 36- 5

兩淮安撫制置使兼知揚州李庭芝特授寶章閣學士依舊任制　宋馬廷鸞　1187- 37- 5

該遇明堂大禮加恩制　宋馬廷鸞　1187- 54- 7

特授參知政事依舊淮東安撫制置大使兼知揚州兼淮西策應大使誥　宋王應麟　1187-250- 5

特授知樞密院事兼參知政事誥　宋王應麟　1187-251- 5

● 李庭堅宋

衞尉寺丞知淄州縣事李庭堅可大理寺丞餘如故制　宋夏　竦　1087- 67- 2

● 李素節唐

州邸王素節申州刺史文　不著撰人　426-231- 37

● 李真卿宋

可太常博士制　宋胡　宿　1088-734- 14

● 李栖筠唐

贈吉甫先父官并與一子官制　唐白居易　1080-578- 54

授李栖筠浙西觀察使制　唐常　袞　1336-694-408

● 李格非宋

四庫全書文集篇目分類索引

史部

詔令奏議類：附錄

詔令下（男）七畫

太學錄李格非可太學正制　宋劉　攽　1096-193- 19

●李時雨宋

上書可採轉一官（制）　宋李彌遜　1130-637- 5

●李時勉明

（特陞李時勉階爲奉直大夫職如舊）誥命　明不著撰人　1242-888- 12

（特贈李時勉禮部左侍郎改謚忠文）誥命　明不著撰人　1242-888- 12

●李倫清宋

除淮南東路（運判制）　宋劉一止　1132-164- 31

●李師中宋

可太常博士制　宋胡　宿　1088-734- 14

●李師老宋

翰林醫學李師老可轉一官制　宋慕容彥逢　1123-383- 7

●李師祖宋

皇城使忠州團練使兼翰林醫官使李師祖可轉防禦使依前皇城使兼翰林醫官使制　宋慕容彥逢　1123-358- 6

●李師望唐

授李師望定邊節度使制　唐鄭　畋　1337-284-457

●李師堯宋

德壽官劉貴妃位醫官李師堯轉兩官（制）　宋周必大　1148- 52- 97

●李師顏宋

特差充閤門宣贊舍人（制）　宋周必大　1148- 38- 96

差克興元府駐箚御前諸軍都統制利州東路安撫使馬步軍都總管兼知興元府事（制）　宋周必大　1148- 46- 97

●李清臣宋

資政殿學士通議大夫知成德軍李清臣可戶部尚書制　宋呂　陶　1098- 61- 8

明堂執政李清臣加恩（制）　宋蘇　軾　1108-697-108

資政殿學士知河陽（制）　宋蘇　軾　1112-311- 29

中大夫守尚書右丞李清臣可太中大夫依前守尚書右丞（制）　宋王　震　1350-398- 39

●李惟永宋

可大理寺丞制　宋胡　宿　1088-731- 14

●李惟正宋

承制李惟正供備庫副使制　宋王安石　1105-422- 53

●李惟忠宋

文思副使李惟忠可左藏庫副使（制）　宋蘇　頌　1092-365- 31

●李惟岳唐

削奪李惟岳官爵詔　不著撰人　426-848-119

●李惟寅宋

太子中舍同判襲州李惟寅可殿中丞餘如故制　宋夏　竦　1087- 68- 2

●李惟清宋

供備庫副使李惟清可西京左藏庫副使（制）　宋蘇　頌　1092-365- 31

●李惟賢宋

西上閤門使李惟賢可高州刺史知莫州制　宋王　珪　1093-293- 40

●李康彥宋

宣德郎李康彥可職方員外郎制　宋慕容彥逢　1123-337- 4

通直郎尚書職方員外郎李康彥可轉一官制　宋慕容彥逢　1123-383- 7

●李執方唐

授李執方陳許節度使制　唐封　敖　1337-264-455

●李執中唐

封梁王等制——開成二年八月　不著撰人　426-197- 33

●李執中宋

可著作佐郎制　宋胡　宿　1088-713- 12

縣尉李執中可察推制　宋王安石　1105-415- 52

●李執柔宋

司農寺丞（制）　宋蘇　轍　1112-303- 28

除屯田郎中制　宋鄒　浩　1121-316- 18

●李推實宋

可閤門通事舍人制　宋胡　宿　1088-767- 17

四庫全書文集篇目分類索引　765

● 李推賢唐
殿中丞制　　　　　　　唐杜　牧　1081-685- 16
　　　　　　　　　　　　　　　　 1336-730-413

● 李棁孫宋
李棁孫降一官放罷（
　制）　　　　　　　　宋樓　鑰　1152-657- 37
● 李處直唐
授李處直少府少監制　　唐蘇　頲　1336-633-399
● 李處厚宋
太常博士李處厚可屯
　田員外郎制　　　　　宋王安石　1105-391- 50
● 李處耘宋
故淄州刺史累贈太子
　師李處耘可贈侍中
　（制）　　　　　　　宋田　錫　1085-547- 28
● 李處經宋
楚州通判李處經降右
　宣義郎制　　　　　　宋張　擴　1129-131- 12
● 李國慶宋
太子中舍李國慶可殿
　中丞制　　　　　　　宋歐陽修　1102-638- 81
● 李萃民宋
降右通直郎制　　　　　宋張　擴　1129-131- 12
● 李晞顏宋
太社令李晞顏除大理
　司直制　　　　　　　宋洪咨夔　1175-234- 18
● 李莫信宋
提舉廣東西路茶鹽制　宋張　擴　1129- 94- 9
● 李得臣宋
大理寺丞李得臣可守
　太子中舍（制）　　　宋蘇　頌　1092-390- 34
● 李逢吉唐
拜相制　　　　　　　　玉堂遺範　 426-313- 47
　　　　　　　　　　　　　　　　 1337-199-448

授李逢吉門下侍郎同
　平章事制　　　　　　玉堂遺範　 426-321- 47
　　　　　　　　　　　　　　　　 1337-207-449

東川節度使制　　　　　不著撰人　 426-378- 53
李逢吉等加階制　　　　唐元　稹　1679-592- 49
　　　　　　　　　　　　　　　　 1336-757-417

● 李從古宋
侍禁李從古可轉一官
　制　　　　　　　　　宋慕容彥逢　1123-391- 8
● 李從式宋
左侍禁李從式可太子

左清道率府副率致
　仕制　　　　　　　　宋歐陽修　1102-638- 81
● 李從吉宋
前内殿丞制李從吉可
　舊官服闕（制）　　　宋蘇　頌　1092-349- 29
● 李從易唐
可守宗正丞制　　　　　唐元　稹　1079-579- 47
● 李從政宋
可秀州嘉興縣尉制　　　宋胡　宿　1088-782- 18
● 李從誨唐
除都官員外郎制　　　　唐杜　牧　1081-667- 14
　　　　　　　　　　　　　　　　 1366-586-392

● 李從善宋
可殿中丞制　　　　　　宋胡　宿　1088-721- 13
● 李從遠唐
授李從遠太府卿制　　　唐蘇　頲　1336-621-397
● 李善長明
中書左丞相李善長善
　太子少師封宣國公
　誥　　　　　　　　　明朱　升　1375- 60- 2
● 李曾伯宋
知岳州制　　　　　　　宋許應龍　1176-466- 6
觀文殿學士提舉臨安
　府洞霄宮李曾伯依
　舊職知慶元府沿海
　制置使制　　　　　　宋馬廷鸞　1187- 40- 5
該遇明堂大禮加恩制　宋馬廷鸞　1187- 58- 7
● 李敦復宋
同谷令李敦復可節度
　推官知乾寧軍乾寧
　縣制　　　　　　　　宋鄭　獬　1097-149- 4
● 李敦頤宋
新差通判瀛州李敦頤
　可軍器監丞制　　　　宋劉　攽　1096-187- 19
朝散郎勾當左廂店宅
　務李敦頤可權通判
　瀛州制　　　　　　　宋劉　攽　1096-220- 22
● 李博义唐
册隴西郡王博义特進
　司宗卿文　　　　　　不著撰人　 426-243- 38
● 李朝正宋
磨勘轉官制　　　　　　宋王　洋　1132-420- 7
● 李朝隱唐
褒長安令李朝隱制　　　唐睿　宗　 556-112- 85
● 李肅之宋

史部

詔令奏議類：附錄

詔令下（男）七畫

右諫議大夫李肅之可依前官充天章閣待制權知開封府（制）　宋蘇　頌　1092-347- 29

●李弸直宋

太常博士制　宋胡　寅　1137-458- 14

●李弸騣宋

右朝議大夫直徽猷閣李弸騣可落職永不與堂除差遣　宋劉一止　1132-191- 39

復直徽猷閣詔　宋王　洋　1132-436- 8

●李彭年唐

授李彭年等中書舍人制　唐王從敬　1336-518-382

授李彭年吏部侍郎制　唐孫　逖　1336-556-387

　　　　　　　　　　　　　　　　1402- 90- 16

授李彭年兵部侍郎制　唐孫　逖　1336-558-388

●李彭年宋

供備庫副使李彭年可轉一官制　宋慕容彥逢　1123-378- 7

內殿承制李彭年可轉一官制　宋慕容彥逢　1123-391- 8

●李景山宋

除刑部郎官制　宋張　擴　1129- 74- 8

●李景圭宋

奉禮郎李景圭可大理評事制　宋歐陽修　1102-637- 81

●李景先宋

樞密院兵房主事李景先可吏房副承旨（制）　宋蘇　頌　1092-356- 30

●李景和宋

將作監制　宋虞　儔　1154-107- 5

●李景亮唐

翰林待詔李景亮授左司禦率府長史依前待詔制　唐白居易　1080-551- 51

●李景述南唐

舒州司馬李景述可虞部郎中（制）　宋徐　鉉　1085- 62- 8

●李景迪南唐

保定郡公景迪可朝散大夫檢校左僕射賜紫（制）　宋徐　鉉　1085- 61- 8

●李景約宋

催促修造使臣李景約

可轉一官制　宋慕容彥逢　1123-372- 7

●李景貞宋

太常少卿李獻卿遺表男景貞可試與將作監主簿（制）　宋蘇　頌　1092-349- 29

●李景略唐

李佑亡父景略贈太子少傅制　唐白居易　1080-546- 51

●李景達唐

安陸郡公景達檢校司空太府少卿（制）　宋徐　鉉　1085- 61- 8

●李景進南唐

屯田郎中李景進可工部郎中（制）　宋徐　鉉　1085- 60- 9

●李景賢宋

西京左藏庫副使李景賢六思副使制　宋王安石　1105-421- 53

●李景融宋

屯田員外郎李景融等轉官（制）　宋蘇　頌　1092-354- 30

●李景讓唐

授東筦防禦巡官制　唐白居易　1080-561- 52

授李景讓襄州節度使制　唐沈　詢　1337-274-456

●李貽業南唐

太常少卿李貽業可宗正卿（制）　宋徐　鉉　1085- 59- 7

●李無逸唐

鄖國公軌等益州安撫大使詔　不著撰人　426-806-115

●李舜元宋

國子博士李舜元可虞部員外郎（制）　宋蘇　頌　1092-363- 31

●李舜元宋

李舜元爲押審人一十九人走失一十三人特降三官制　宋張　嵲　1131-458- 13

●李舜卿宋

內殿崇班李舜卿可內殿承制（制）　宋蘇　頌　1092-383- 33

●李舜卿宋

李寶曾祖舜卿贈太子少保（制）　宋周必大　1148- 42- 97

●李舜舉宋

等轉官制　宋曾　鞏　1098-553- 21

四庫全書文集篇目分類索引

可文思使充元州刺史制　宋王安禮　1100- 28- 3

●李象之（等）宋

大理寺丞李象之等可太子中舍餘依舊制　宋夏　竦　1087- 52- 1

●李進賢唐

前泗州刺史李進賢授右驍衞將軍並檢校常侍兼御史大夫制　唐白居易　1080-571- 53

●李復圭宋

可太常博士制　宋胡　宿　1088-734- 14

●李復明宋

贈忠州刺史制　宋吳　泳　1176-100- 10

●李義府唐

册李義府司列太常伯文　唐上官儀　426-454- 62

●李義瑾唐

册嗣澤王文　唐蘇　頲　426-247- 38

●李靖臣宋

轉官制　宋曾　鞏　1098-553- 21

●李道復（父）元

李道復考贈韓國忠獻公制　元姚　燧　1201-424- 2

●李椿年宋

除直顯謨閣兩浙路轉運副使制　宋張　擴　1129- 44- 6

度支郎官李椿年救火轉一官制　宋張　擴　1129- 81- 8

垂拱殿成李椿年轉左朝散大夫制　宋張　擴　1129-105- 10

李椿年等復官制　宋劉才邵　1130-458- 4

●李群玉唐

李群玉制詞　唐鄭處約　1083- 3- 附

●李嗣井唐

郕王嗣直安兆大都護等制——開元四年一月二十一日　不著撰人　426-216- 35

●李嗣直唐

封郕王鄂王誥——先天一年八月　不著撰人　426-194- 33

郕王嗣直安北都護等制——開元四年一月二十一日　不著撰人　426-216- 35

●李嗣昇唐

封陝王誥——先天六年九月　不著撰人　426-194- 33

●李嗣英唐

封懷寧郡王制——開元七年一月　不著撰人　426-241- 38

●李嗣業唐

授李嗣業曲沃縣令制　唐薛廷珪　1336-747-415

●李嗣謙唐

立鄂王爲皇太子制　唐不著撰人　426-140- 9

　　　　　　　　　　1337-161-443

册鄂王爲皇太子文　唐不著撰人　426-146- 28

　　　　　　　　　　1337-156-443

封郕王鄂王誥——先天元年八月　不著撰人　426-194- 33

册皇太子制　唐不著撰人　1337-162-443

●李嗣徽宋

秦國莊孝大長公主遺表長男供備庫副使李嗣徽可供備庫使（制）　宋蘇　頌　1092-381- 33

●李虞仲唐

李虞仲並四川判官皆賜緋各檢校省官兼御史制　唐白居易　1080-519- 48

　　　　　　　　　　1336-728-413

　　　　　　　　　　1402- 74- 14

可兵部員外郎制　唐白居易　1080-520- 48

　　　　　　　　　　1336-583-392

　　　　　　　　　　1402- 76- 14

●李虞卿宋

大理寺丞知河南府登封縣李虞卿可太子右贊善大夫制　宋宋　庠　1087-583- 24

可光祿寺丞制　宋宋　庠　1087-597- 26

殿中丞府司錄李虞卿可國子博士制　宋歐陽修　1102-643- 81

●李微之宋

司門員外郎分司李微之可庫部員外郎制　宋鄭　獬　1097-131- 3

●李誠之宋

贈正節侯李誠之勅　宋不著撰人　534-163- 82

●李誠元唐

除朔州刺史制　唐杜　牧　1081-674- 15

●李端卿宋

李端卿等舊官服闕制　宋王安石　1105-410- 52

　　　　　　　　　　1402-114- 20

史部 詔令奏議類：附錄 詔令下（男）七畫

●李端愿宋
可檢校工部尚書越州刺史充本州團練加食邑五百戶實封二百戶實封二百戶制　宋胡　宿　1088-762- 17
除西上閤門使制　宋韓　琦　1089-463- 40
李端愿授武康軍節度知相州加食邑實封制　宋王　珪　1093-263- 37
武康軍節度使李端愿奏醫齊居明可試國子四門助教不拘選限（制）　宋韓　維　1101-666- 17
●李端懿宋
東上閤門使陵州團練使李端懿眉州防禦使制　宋王安石　1105-417- 52
東上閤門使制　宋王安石　1105-420- 53
●李端懿宋
除李端懿寧遠軍節度使知濳州制　宋歐陽修　549- 57-183
　　　　　　　　　　　　1102-708- 89
可華州觀察使加食邑（制）下有脫文　宋胡　宿　1088-762- 17
供備庫副使李誡父皇上任鎮潼軍節度觀察留後贈感德軍節度使兼侍中端懿贈司空兼侍中制　宋王安石　1105-441- 54
●李壽朋宋
開封府推官司封員外郎李壽朋可開封府判官制　宋鄭　獬　1097-151- 5
度支員外郎李壽朋開封府推官制　宋王安石　1105-377- 49
●李壽朋宋
直顯謨閣知太平州制　宋許應龍　1176-464- 5
●李熙明宋
宣德郎新除少府監丞李熙明可司封員外郎制　宋慕容彥逢　1123-337- 4
●李熙政宋
監潁州酒稅李熙政可衛尉寺丞制　宋宋　庠　1087-578- 23
●李熙靖宋

贈五官制　宋汪　藻　1128- 97- 10
宣德郎李熙靖辟廱學錄制　宋翟汝文　1129-205- 3
●李嘉努宋
補承信郎制　宋張　嵲　1131-505- 19
●李嘉謀宋
知襄陽府（制）　宋陳傅良　1150-641- 18
●李鳴復宋
大理少卿李鳴復除大理卿制　宋劉　放　1096-191- 19
●李鳴復宋
大理少卿李鳴復除大理卿制　宋洪咨夔　1175-219- 16
大理卿李鳴復除侍御史制　宋洪咨夔　1175-224- 16
授兼侍讀制　宋吳　泳　1176- 60- 7
授兼侍講制　宋吳　泳　1176- 63- 7
賜李鳴復除參樞口宣　宋吳　泳　1176-116- 12
除參知政事誥　宋許應龍　1176-431- 3
除端明殿學士簽書樞密院事制　宋許應龍　1176-436- 4
除權刑部尚書制　宋許應龍　1176-440- 4
●李圖南宋
顯謨閣待制知明州李圖南除知越州制　宋翟汝文　1129-198- 2
●李僧護宋
李綱曾祖僧護贈少保制　宋汪　藻　1128- 67- 7
●李廣利漢
封李廣利詔　漢　武帝　426-1007- 6
●李廣琛唐
授李廣琛江南防禦使制　唐賈　至　1336-701-409
●李閎之宋
京畿都運轉使司屬官李閎之等循轉官資（制）　宋劉一止　1132-217- 45
●李璋中宋
承務郎李璋中上舍賜第除辟廱錄制　宋翟汝文　1129-205- 3
●李踐方唐
令李踐方充四川宣撫使勅　不著撰人　426-825-117
方可大理寺丞制　唐元　稹　1079-581- 48
●李踐由唐

授李踐由安州別駕等制　唐孫逖　1336-739-414

● 李慕清宋

前趙州軍州事判官李慕清可光祿寺丞（制）　宋田錫　1085-552- 29

● 李餘慶唐

封嗣漢王制　不著撰人　426-245- 38

● 李儀甫宋

李閎父儀甫該慶壽恩封承務郎致仕（制）　宋樓鑰　1152-681- 39

● 李德明宋

遙郡團練使制　宋曾鞏　1098-552- 21

● 李德明宋

（李顯忠）曾祖德明特贈太師（制）　宋周必大　1148- 54- 98

● 李德宣宋

保州司戶參軍李德宣守大理評事致仕制　宋蔡襄　1090-424- 10

● 李德政宋

特授李德政加食邑實封保節功臣制　宋宋祁　1088-274- 31

● 李德芻宋

大理評事李德芻可光祿寺丞（制）　宋蘇頌　1092-383- 33

秘書省校書郎李德芻可集賢校理依舊充校書郎制　宋劉敞　1096-203- 20

● 李德脩唐

除膳部員外郎制　唐白居易　1080-533- 49　1336-582-391

● 李德裕唐

平章事制——太和七年七月　不著撰人　426-329- 48

荊南節度平章事制——會昌六年四月　不著撰人　426-379- 53

袁州長史制　不著撰人　426-410- 57

潮州司馬制　不著撰人　426-413- 58

崖州司戶制——大中二年九月　不著撰人　426-413- 58

册李德裕太尉文殘　不盡撰人　426-449- 61

● 李德璘唐

授李德璘右補闕制　唐錢珝　1336-526-383

● 李遵易宋

李端願父追贈制　宋蘇轍　1112-344- 32

● 李遵易（兄）宋

駙馬都尉李遵易兄加贈太師制　宋宋庠　1087-562- 21

● 李融弘唐

授李融弘文館校書郎充職制　唐劉崇望　1336-733-413

● 李學之宋

大理寺丞李學之可都水監主簿制　宋劉敞　1096-228- 22

● 李舉賢宋

李舉賢可洛州曲周縣令制　宋胡宿　1088-780- 18

● 李興時宋

知融州（制）　宋陳傳良　1150-589- 12

● 李彌大宋

知淮寧府李彌大降兩官制　宋汪藻　1128-112- 12

除官職制　宋翟汝文　1129-204- 3

校書郎李彌大除監察御史制　宋翟汝文　1129-211- 3

尚書吏部侍郎主管左選（制）　宋程俱　1130-242- 24

李彌大戶部尚書（制）　宋程俱　1130-271- 27

● 李彌遜宋

除徽閣歡直學士知漳州（制）　宋劉一止　1132-184- 37

直寶文閣知吉州（制）　宋胡寅　1137-459- 14

● 李翼之宋

除大理司直制　宋張擴　1129- 51- 6

● 李簡能宋

光祿寺丞前知縣州彰明縣李簡能可著作佐郎（制）　宋田錫　1085-542- 28

● 李歸仙唐

兼鎮州右司馬制　唐元稹　1079-585- 48

● 李懷金唐

李懷金等各授官制　唐白居易　1080-556- 52

● 李懷德宋

茨村族軍主李懷德可本族都軍主（制）　宋蘇頌　1092-350- 29

● 李懷德宋

遂州司戶參軍李懷德可特授袁州陽信縣尉充學士院錄事制　宋歐陽修　1102-637- 81

● 李懷寶宋

四庫全書文集篇目分類索引

可贈防禦使制　宋胡　宿　1088-803- 21
● 李懷曦 宋
客省承受李懷曦遂州
　司戶參軍制　宋王安石　1105-453- 55
● 李懷讓 唐
授李懷讓給事中制　唐蘇　頲　1336-508-381
　　　　　　　　　　　　1402- 85- 15
授李懷讓兵部郎中制　唐蘇　頲　1336-570-390
　　　　　　　　　　　　1402- 86- 15
授李懷讓御史中丞制　唐蘇　頲　1336-593-393
　　　　　　　　　　　　1402- 87- 15
● 李繼文 唐
授李繼文隴州防禦使
　制　唐錢　珝　1336-702-409
● 李繼明 宋
可內殿承制制　宋胡　宿　1088-720- 13
● 李繼密 唐
授李繼密山南西道節
　度使（制）　唐不著撰人　1337-291-458
● 李繼敏 宋
樞密院押衙知客李繼
　敏可東明令（制）　宋田　錫　1085-551- 28
● 李繼源 宋
東染院副使李繼源可
　左領軍衛將軍致仕
　誥　宋夏　竦　1087- 76- 3
● 李繼徽 唐
授李繼徽泰州節度使
　制　唐張玄晏　1337-287-457
● 李繼顏 唐
授李繼顏保大軍節度
　使制　唐張玄晏　1337-286-457
● 李襲之 宋
循資制　宋袁　甫　1175-425- 8
● 李顯忠 宋
特授威武軍節度使充
　左金吾衛上將軍餘
　如故制　宋汪應辰　1138-651- 8
除李顯忠加食邑制　宋周麟之　1142- 83- 11
特復太尉餘如故制　宋周必大　1142- 98-102
加食邑五百戶食實封
　二百戶制　宋周必大　1148-109-103
賜李顯忠特復太尉告　宋周必大　1148-232-112
賜李顯忠主管侍衛馬
　軍司公事告　宋周必大　1148-232-112

隋州觀察使李顯忠授
　威武軍節度使充左
　金吾衛上將軍封如
　故制　宋汪應辰　1375- 53- 2
● 李讓夷 唐
授學士李讓夷職方員
　外郎充職制　唐李虞中　1336-531-384
● 邢　几 宋
東頭供奉官邢几可內
　殿崇班（制）　宋沈　遘　1097- 41- 5
● 邢　方 宋
爲與敵接戰陣亡贈兩
　官與一子恩澤制　宋張　嵲　1131-508- 19
● 邢　元 宋
轉官制　宋王　洋　1132-419- 7
● 邢　巨 唐
授邢巨監察御史制　唐孫　逖　1336-607-395
● 邢　乎 宋
朝奉郎邢乎可知衡州
　制　宋劉　敞　1096-210- 21
● 邢　宇 唐
授邢宇司封員外郎制　唐賈　至　1336-577-391
● 邢　至 宋
可比部員外郎制　宋胡　宿　1088-748- 15
● 邢　京 宋
承事郎邢京可司農寺
　承制　宋慕容彥逢　1123-338- 4
● 邢　海 宋
歸順人邢海補承信郎
　制　宋洪咨夔　1175-230- 17
● 邢　浩 宋
知欽州（制）　宋蘇　轍　1112-285- 27
● 邢　倓 宋
責授汝州團練副使英
　州安置制　宋綦崇禮　1134-554- 5
● 邢　恕 宋
知汝州邢恕可知襄州
　制　宋劉　敞　1096-209- 21
校書郎制　宋曾　鞏　1098-545- 20
知汝州（制）　宋蘇　轍　1112-287- 27
知汝州（制）　宋蘇　轍　1112-298- 28
● 邢　倚 宋
將仕郎充洋定一司敎
　令所删定刑官邢倚
　可宣德郎差遣如故

制 宋慕容彥逢 1123-340- 4
● 邢　敏宋
換武翼郎（制） 宋樓　鑰 1152-616- 34
● 邢　順（等）宋
邢順等一十三人爲與
賊接戰陣殁贈承信
郎制 宋張　嵲 1131-492- 18
● 邢　裕宋
可大理寺丞制 宋胡　宿 1088-715- 12
● 邢　煥宋
徽猷閣待制邢煥授正
任觀察使制 宋汪　藻 1128-108- 12
特贈少師追封國公（
制） 宋張　綱 1131- 20- 3
故父邢煥可特追封楚
國公餘如故制 宋張　嵲 1131-474- 16
除邢煥特授慶遠軍節
度使充禮泉觀使封
德清縣開國子食邑
五百戶食實封二百
戶制 宋綦崇禮 1134-564- 6
● 邢　福宋
轉兩官（制） 宋周必大 1148- 50- 97
● 邢　構宋
奏舉人前彬州高亭縣
令邢構等改官（制） 宋蘇　頌 1092-375- 32
● 邢　選宋
補三班借職（制） 宋蘇　轍 1112-288- 27
● 邢　贊宋
龍衞指揮使邢贊可內
殿承制制 宋歐陽修 1102-630- 80
● 邢天從宋
奉使職員轉兩制 宋衞　涇 1169-479- 1
● 邢允迪宋
皇后太祖邢允迪可特
贈太傅制 宋張　嵲 1131-473- 16
● 邢守中宋
到官及二年轉額外翰
林醫痊（制） 宋陳傅良 1150-580- 11
● 邢孝揚宋
除保儀軍承宣使充奉
使大金國報謝副使
制 宋張　擴 1129- 43- 6
除直秘閣（制） 宋張　綱 1131- 20- 3
● 邢宗賢宋

皇后故祖邢宗賢可特
贈太師制 宋張　嵲 1131-473- 16
● 邢念二宋
典記邢念二轉司字制 宋張　擴 1129-105- 10
● 邢從善宋
西京左藏庫副使邢從
善可轉一官制 宋慕容彥逢 1123-377- 7
● 邢舜舉宋
與郡制 宋胡　寅 1137-452- 13
● 邢夢臣宋
可秘書丞制 宋胡　宿 1088-724- 13
都官員外郎邢夢臣可
侍御史（制） 宋劉　敞 1095-653- 30
1350-386- 38
1418-364- 48
● 邢夢臣宋
侍御史邢夢臣可司封
員外郎制 宋王安石 1105-388- 50
● 車　全宋
白身贈承節郎名與一
名進勇副尉（制） 宋周必大 1148- 47- 97
● 克　臣（父）宋
朝議大夫工部侍郎克
臣父可贈左金吾衞
上將軍制 宋劉　攽 1096-225- 22
● 克　恢宋
右龍武軍大將軍克恢
可右屯衞大將軍制 宋蔡　襄 1090-430- 11
● 折可大宋
皇城副使兼閤門通事
舍人折可大特與轉
西上閤門副使制 宋慕容彥逢 1123-367- 6
● 折可名宋
左藏庫使折可名與轉
一官制 宋慕容彥逢 1123-368- 6
● 折可褒宋
西頭供奉官折可褒與
轉三官制 宋慕容彥逢 1123-372- 7
● 折克行宋
轉官制 宋曾　鞏 1098-552- 21
● 折彥野（等）宋
折彥野等贈五資勅 宋許　翰 1123-516- 3
折彥質宋
知福州（制） 宋李彌遜 1130-617- 4
● 折彥質（父）宋

折彥質贈父制　宋胡　寅　1137-461- 14
●折師武宋
蕃官折師武罷恩改西頭供奉官（制）　宋蘇　轍　1112-309- 29
●折御沖宋
東頭供奉官折御沖可崇儀副使加階勳（制）　宋田　錫　1085-555- 29
●折繼祖宋
右侍禁折繼祖可西染院使知福州制　宋胡　宿　1088-773- 18
莊宅使康州刺史折繼祖可本州團練使制　宋鄭　獬　1097-139- 4
●阮　披宋
可衛尉寺丞諸　宋劉　敞　1402-113- 20
●阮　陪宋
洛苑副使阮陪太常博士制　宋曾　鞏　1098-555- 22
●阮　逸宋
奏學人阮逸著作郎制　宋王安石　1105-402- 51
●阮大有宋
內殿崇班阮大有可內殿承制（制）　宋蘇　頌　1092-393- 34
●束　莊宋
可大理寺丞制　宋胡　宿　1088-732- 14
●具　瑗漢
封單超等詔　漢 桓 帝　426-1109- 21
●呂　言宋
前侍御史呂言（等）並可舊官制　宋夏　竦　1087- 58- 1
和州路轉運使工部郎中呂言可邢部郎中餘如故制　宋夏　竦　1087- 65- 2
贈忠翊郎制　宋張　擴　1129-102- 10
呂言爲管押錢糧隨軍應副支散被謝二花賊徒殺傷身死贈兩官與一子進義校尉制　宋張　嵩　1131-494- 18
●呂　佐宋
可衛尉寺丞致仕制　宋胡　宿　1088-798- 20
●呂　京宋
（呂頤浩）祖京贈太子太傅（制）　宋程　俱　1130-246- 25
●呂　定宋

京兆府興平縣尉呂定可鳳翔府左司理參軍制　宋歐陽修　1102-618- 79
●呂　直宋
特贈承節郎與一子父職名更與一名進勇副尉（制）　宋周必大　1148- 49- 97
●呂　協宋
可殿中丞制　宋胡　宿　1088-747- 15
●呂　周唐
授呂周侍御史等制　唐孫　逖　1336-600-394
●呂　祉宋
除正言制　宋汪　藻　1128- 73- 8
轉一官（制）　宋張　綱　1131- 13- 2
權兵部侍郎制　宋胡　寅　1137-442- 13
●呂　拭宋
新除集賢殿修撰知江寧府呂拭可改知鄆州制　宋翟汝文　1129-196- 2
●呂　俊宋
換修武郎（制）　宋樓　鑰　1152-617- 34
●呂　殊宋
除太學錄制　宋洪咨夔　1175-224- 16
特授朝奉郎致仕制　宋許應龍　1176-455- 5
●呂　荀宋
殿中丞知河南府王屋縣事呂荀可國子博士餘如故制　宋夏　竦　1087- 68- 2
●呂　晃唐
魏博軍將呂晃等從弘正到鎭州各加御史大夫賓客制　唐白居易　1080-520- 48
●呂　深宋
淮西強勇軍統制呂深轉武經郎制　宋洪咨夔　1175-238- 18
●呂　規宋
殿中丞制　宋胡　宿　1088-751- 15
●呂　陶宋
殿中侍御史呂陶可左司諫制　宋劉　放　1096-235- 23
京西運副（制）　宋蘇　轍　1112-317- 30
●呂　淙宋
可殿中丞制　宋胡　宿　1088-721- 13
●呂　搞宋
奏前相州永和縣令呂

四庫全書文集篇目分類索引　773

搉可大理寺丞　宋沈　遘　1097- 31- 4
●呂　琦宋
太史局保章正呂琦可
　太史局靈臺郎制　宋慕容彥逢　1123-340- 4
●呂　罕宋
前大理評事呂罕可舊
　官（制）　宋田　錫　1085-546- 28
●呂　開宋
淄州軍事推官依前充
　鎮南軍節度推官制　宋王安石　1105-416- 52
●呂　景宋
侍御史呂景可司封員
　外郎（制）　宋蘇　頌　1092-346- 29
●呂　崇宋
太常丞（制）　宋樓　鑰　1112-659- 37
湖北提舉（制）　宋樓　鑰　1152-704- 41
●呂　溱宋
可右正言制　宋胡　宿　1088-713- 12
翰林學士呂溱可翰林
　侍讀學士知徐州制　宋王　珪　1093-232- 33
給事中集賢院學士呂
　溱可龍圖閣直學士
　知杭州制　宋鄭　獬　1097-147- 4
未復舊官人兵部員外
　郎知池州呂溱吏部
　郎中制　宋王安石　1105-447- 55
●呂　源宋
復直龍圖閣制　宋王　洋　1132-410- 7
復一官制　宋胡　寅　1137-427- 12
落職制　宋胡　寅　1137-468- 14
●呂　靖宋
呂靖等改合入官制　宋張　擴　1129- 77- 8
●呂　搢宋
除司農寺丞制　宋張孝祥　1140-642- 19
●呂　當
（呂頤浩）故父當贈
　太子太師（制）　宋程　俱　1130-247- 25
●呂　誨宋
可著作佐郎制　宋宋　祁　1088-714- 12
右諫議大夫權御史中
　丞呂誨可落御史中
　丞依前官知鄧州（
　制）　宋蘇　頌　1072-360- 31
●呂　福（等）宋
呂福等因功合轉從義

郎已贈兩官欲各更
　贈一官制　宋張　嵲　1131-507- 19
贈兩官思澤兩資制　宋張　嵲　1131-509- 19
●呂　遷宋
國子博士呂遷可虞部
　員外郎制　宋蔡　襄　1090-442- 12
奏舉人杭州觀察推官
　呂遷可大理寺丞制　宋歐陽修　1102-644- 81
　　　　　　　　　　　　1402-113- 20
●呂　衛唐
除左衛將軍制　唐杜　牧　1081-681- 16
●呂　諲唐
平章事制　唐不著撰人　426-300- 45
●呂　整宋
左藏庫使呂整特與轉
　一資內制　宋慕容彥逢　1123-366- 6
●呂　靈宋
呂靈司勳各降一官制　宋汪　藻　1128- 89- 9
●呂　選宋
舒州推官呂選可大理
　寺丞制　宋歐陽修　1102-618- 79
●呂　擢宋
直徽猷閣知建康府制　宋洪　适　1158-374- 19
●呂　嬰宋
右侍禁呂嬰可左清道
　率府副率致仕（制）　宋蘇　頌　1092-368- 31
●呂士昭宋
提舉保甲兼河東提刑
　制　宋汪　藻　1128- 82- 8
●呂士龍宋
可衛尉少卿制　宋胡　宿　1088-755- 16
光祿少卿知滑州呂士
　龍可少府監差遣依
　舊制　宋蔡　襄　1090-441- 12
●呂大圭宋
特授秘閣脩撰知漳州
　誥　宋王應麟　1187-257- 5
●呂大防宋
除呂大防特授太中大
　夫守尚書左僕射兼
　門下侍郎（制）　宋蘇　軾　1108-660-106
　　　　　　　　　　　　1350-370- 36
明堂執政呂大防加恩
　（制）　宋蘇　軾　1108-698-108
中書侍郎（制）　宋蘇　轍　1112-292- 27

史部

詔令奏議類：附錄

詔令下（男）七畫

明堂呂大防加恩制　宋蘇　轍　1112-349- 33
● 呂大忠宋
陝西運副呂大忠知陝
　府制　宋曾　肇　1101-329- 1
　　　　　　　　　1350-410- 40
　　　　　　　　　1402-119- 21
可發運副使（制）　宋蘇　軾　1108-690-108
● 呂大舉宋
呂大舉等各轉一官制　宋張　擴　1129- 77- 8
● 呂大臨宋
太學博士（制）　宋蘇　軾　1108-688-108
　　　　　　　　　1402-117- 21
● 呂大麟宋
知常德府（制）　宋樓　鑰　1152-627- 35
● 呂文德宋
特授少保職任依舊加
　食邑實封制　宋馬廷鸞　1187- 47- 6
依前官職加恩制附口宣　宋馬廷鸞　1187- 55- 7
依前少保寧武保康軍
　節度使京湖安撫制
　置大使屯田大使兼
　四川策應大使兼荊
　鄂州軍州事兼管內
　勸農營田使兼侍衞
　馬車都指揮使霍丘
　郡開國公加食邑七
　百戶食實封三百戶
　（制）　宋王應麟　1187-238- 4
● 呂元吉宋
呂頤浩曾祖元吉贈太
　子太傅（制）　宋程　俱　1130-246- 25
● 呂元規宋
比部員外郎呂元規可
　駕部員外郎制　宋王安石　1105-391- 50
● 呂友直宋
除大理評事制　宋宋　庠　1087-560- 20
除大理評事（制）　宋陳傅良　1150-646- 18
● 呂公垂宋
可右贊善大夫制　宋胡　宿　1088-745- 15
● 呂公善宋
著作佐郎呂公善可秘
　書丞（制）　宋沈　遘　1097- 30- 4
● 呂公弼宋
可兵部員外郎制　宋胡　宿　1088-743- 15
尚書工部郎中充天章

閣待制呂公弼可依
前工部郎中充龍圖
閣直學士高陽關路
都部署兼安撫使兼
　知瀛州制　宋蔡　襄　1090-438- 12
龍圖閣直學士呂公弼
　可權知開封府制　宋王　珪　1093-237- 34
授依前樞密使光祿大
　夫加封邑制　宋王　珪　1093-273- 37
龍圖閣直學士給事中
　呂公弼改工部侍郎
　制　宋王安石　1105-381- 49
　　　　　　　　　1353- 27- 50
除呂公弼樞密使檢校
　太傅制　宋張方平　1350-351- 34
　　　　　　　　　1402- 96- 17
● 呂公著宋
可屯田員外郎制　宋胡　宿　1088-749- 15
都官員外郎呂公著可
　司封員外郎依前崇
　文院檢討制　宋蔡　襄　1090-443- 13
翰林學士兼侍讀學士
　寶文閣學士禮部侍
　郎呂公著可守御史
　中丞（制）　宋蘇　頌　1092-360- 31
可正議大夫充樞密副
　使加食邑制　宋王安禮　1100- 15- 2
可依前正議大夫同知
　樞密院事制　宋王安禮　1100- 33- 3
除呂公著特授守司空
　同平章軍國事（加
　食邑實封餘如故）
　制　宋蘇　軾　1108-659-106
　　　　　　　　　1350-370- 36
　　　　　　　　　1354-206- 26
跛司馬溫公呂申公同
　除內翰告　宋周必大　1402-100- 7
　　　　　　　　　1147-159- 16
除呂公著右僕射制　宋鄧潤甫　1350-369- 36
　　　　　　　　　1354-255- 32
　　　　　　　　　1402-103- 17
賜宰相呂公著乞退不
　允制（二則）　宋蘇　軾　1394-323- 1
● 呂公綽宋
太子中允直集賢院知

鄭州呂公綽可太常丞制　宋宋　庠　1087-576- 23

太常丞直集賢院判三司都理呂公綽可太常博士（制）　宋宋　庠　1087-598- 26

可刑部員外郎制　宋宋　祁　1088-266- 31

龍圖閣直學士尚書刑部郎中知徐州呂公綽可復翰侍讀學士制　宋蔡　襄　1090-441- 12

翰林學士呂公綽可加護軍進封開國關食邑五百戶制　宋蔡　襄　1090-465- 15

職方員外郎呂希道父翰林侍讀學士右司郎中公綽可贈尚書戶部侍郎制　宋鄭　獬　1097-158- 5

● 呂公瑨宋

可屯田員外郎制　宋胡　宿　1088-749- 15

刑部侍郎龍圖閣直學士呂公瑨可權知開封府制　宋劉　敞　1096-236- 23

祠部郎中判三司鹽鐵句院呂公瑨可刑部郎中　宋沈　遘　1097- 44- 5

可給事中知青州制　宋王安禮　1100- 23- 2

江南西路轉運使呂公瑨太常少卿制　宋王安石　1105-382- 49

知秦州（制）　宋蘇　轍　1112-305- 28

● 呂升卿宋

館閣校勘通判鄆州制　宋曾　鞏　1098-559- 22

知（海州）軍（制）　宋蘇　軾　1108-680-107

● 呂本中宋

太常寺少卿（制）　宋李彌遜　1130-621- 4

中書舍人（制）　宋李彌遜　1130-642- 5

除祠部郎官（制）　宋張　綱　1131- 39- 6

元是中書舍人爲臣寮上言職掌外制率寓己私奉聖旨與宮觀遇明堂大禮合行檢舉復秘閣修撰制　宋張　嵲　1131-486- 17

● 呂丕問宋

工部郎官制　宋胡　寅　1137-442- 13

● 呂由庚宋

宣德郎呂由庚可光祿

寺丞制　宋劉　敞　1096-187- 19

太常寺太祝（制）　宋蘇　軾　1108-686-107

　　　　　　　　　　　　1402-117- 21

● 呂用中宋

除直秘閣制　宋張　擴　1129- 56- 7

福建提舉茶事（制）　宋劉一止　1132-221- 46

● 呂用賢宋

可磁州邯鄲縣令制　宋胡　宿　1088-780- 18

● 呂夷簡宋

鎮安軍節度使同中書門下平章事呂夷簡可銀青光祿大夫檢校國子祭酒兼監察御史武騎尉充教練使制　宋宋　庠　1087-587- 24

● 呂企中宋

呂企中除福建路提點刑獄公事（制）　宋周必大　1148- 82-100

● 呂好問宋

除尚書右丞制　宋汪　藻　1128-107- 11

守本官致仕（制）　宋程　俱　1130-221- 22

除尚書右丞（制）　宋孫　覿　1135-265- 26

● 呂仲甫宋

奉議即河北東路提刑呂仲甫可依前官充河北西路提刑（制）　宋王　震　1350-399- 39

● 呂孝廉宋

轉運判官制　宋曾　鞏　1098-554- 22

　　　　　　　　　　　　1350-397- 39

● 呂克禮宋

司農少卿致仕呂士宗男克禮可將仕郎試秘書省校書郎制　宋蔡　襄　1090-419- 10

● 呂希哲宋

除光祿少卿制　宋鄒　浩　1121-300- 16

直秘閣知曹州制　宋鄒　浩　1121-318- 18

　　　　　　　　　　　　1350-413- 40

呂好問父希哲贈太子太傅（制）　宋程　俱　1130-233- 23

● 呂希純宋

秘書丞呂希純可起居舍人制　宋呂　陶　1098- 64- 8

● 呂希常宋

奉使有勞轉一官制　宋張　擴　1129- 80- 8

除司農少卿總領淮東

史部　詔令奏議類：附錄　詔令下（男）七畫

財賦制　宋張　擴　1129-107- 11

●呂希道宋
中散大夫呂希道可知亳州制　宋劉　敞　1096-214- 21

●呂希績宋
朝奉大夫少府少監呂希績可權發遣潁州（制）　宋王　震　1350-399- 39

●呂居簡宋　1402-118- 21
龍圖閣直學士呂居簡可尚書兵部侍郎依前龍圖閣直學士進封開國公加食邑五百戶食實封二百戶（制）　宋韓　維　1101-678- 18

●呂昌宗宋
光祿少卿知單州呂師簡遺表次男昌宗試將作監主簿制　宋王安石　1105-414- 52

●呂昌祐宋
將作監主簿呂昌祐可太常寺太祝（制）　宋沈　遘　1097- 35- 4

●呂昌符宋
宣德郎致仕呂昌符可通直郎致仕制　宋劉　敞　1096-239- 23

●呂昌壽宋
奏舉人試大理評事前權信州軍事推官呂昌壽等改官（制）　宋蘇　頌　1092-372- 32

●呂和卿宋
考功員外郎制　宋曾　鞏　1098-558- 22
知台州制　宋蘇　軾　1108-700-108

●呂延年宋
授太府寺丞制　宋吳　泳　1176- 55- 6

●呂昭序宋
汴堂五院正名驅使官鄭州司戶參軍呂昭序常州宜興縣尉制　宋王安石　1105-453- 55

●呂昭敏宋
朝請大夫尚書省都事呂昭敏可轉一官制　宋慕容彥逢　1123-377- 7

●呂祖儉宋
除太府寺丞（制）　宋陳傅良　1150-649- 18

●呂益柔宋
題謨閣待制知鄭州呂

益柔除知越州制　宋翟汝文　1129-198- 2

●呂夏卿宋
可試秘校充石州軍事推官餘如故制　宋胡　宿　1088-779- 18
祕書丞直秘閣充編修唐書官呂夏卿可太常博士餘如故（制）　宋沈　遘　1097- 62- 6

呂拚父夏卿贈右光祿大夫制　宋鄒　浩　1121-299- 16

●呂師簡宋
右贊善大夫知汝州梁縣呂師簡可殿中丞制　宋宋　庠　1087-593- 25
虞部員外郎呂師簡可比部員外郎制　宋歐陽修　1102-623- 79
　1350-380- 37

●呂師嚴宋
借職呂師嚴可轉一官制　宋慕容彥逢　1123-372- 7

●呂惟和宋
可殿中丞制　宋胡　宿　1088-737- 14

●呂惟簡宋
可司門郎中制　宋胡　宿　1088-746- 15

●呂務簡宋
國子博士通判鄧州呂務簡可尚書水部員外郎制　宋宋　庠　1087-600- 26

●呂崇貴唐
授呂崇貴太府卿制　唐常　袞　1336-621-397

●呂紹興宋
國子博士權大理少卿公事呂紹興可加輕車都尉制　宋宋　庠　1087-592- 25

●呂從貴唐
贈淮西軍大將軍周曾等勅　唐不著撰人　426-480- 65

●呂游問宋
除直顯謨閣知襄陽府填見闕（制）　宋周必大　1148- 78-100

●呂渭孫宋
特轉三官仍令宣撫司更與陞擢授從義郎制　宋衛　涇　1169-471- 1

●呂惠卿宋
責授建寧軍節度副使

四庫全書文集篇目分類索引

（制） 宋蘇 軾 1108-681-107
　　　　　　　　　　1350-404- 40
　　　　　　　　　　1394-322- 1
　　　　　　　　　　1402-124- 23
落職制 宋鄒 浩 1121-313- 17
●呂景初宋
殿中侍御史呂景初可
　上騎都尉制 宋蔡 襄 1090-465- 15
通直郎呂元灣弟奉議
　郎元忠父吏部郎中
　充天章閣待制景初
　可特贈通議大夫制 宋劉 放 1096-241- 23
●呂溫卿宋
知宿州呂溫卿可知湖
　州制 宋劉 放 1096-209- 21
知饒州（制） 宋劉 放 1108-664-106
通直郎河北西路提刑
　呂溫卿可依前官充
　河北東路提刑(制) 宋王 震 1350-399- 39
●呂蒙正宋
除呂蒙正中書侍郎兼
　戶部尚書平章事制 宋李 沆 538-494- 75
　　　　　　(宋太宗) 1350-348- 34
　　　　　　　　　　1394-320- 1
呂文穆公諡詞（跋） 元吳師道 1212-261- 18
●呂僧珍梁
贈呂僧珍詔 梁 武帝 1397-258- 1
　　　　　　　　　　1414-427- 80
●呂廣問宋
除江東提舉（制） 宋周麟之 1142-116- 15
敷文閣待制在京宮觀
　待講制 宋洪 适 1158-387- 21
●呂頤浩宋
戶部侍郎呂頤浩戶部
　尚書制 宋汪 藻 1128-101- 11
　　　　　　　　　　1353- 19- 50
少保尚書左僕射呂頤
　浩加恩制 宋汪 藻 1128-102- 11
罷尚書左僕射同中書
　門下平章事御營使
　特授鎮南軍節度使
　開府儀同三司醴泉
　觀使食邑食實封如
　故任便居住制 宋汪 藻 1128-109- 12
除少傅依前鎮南軍節

度使成國公致仕（
　制） 宋劉一止 1132-202- 41
贈太傅（制） 宋劉一止 1132-211- 43
除呂頤浩特授依前尚
　書左僕射同中書門
　下平章事兼知樞密
　院事都督江淮兩浙
　荊湖諸軍事（制） 宋綦崇禮 1134-567- 7
除呂頤浩特授鎮南軍
　節度使開府儀同三
　司 提舉臨安府洞霄
　宮加食邑食實封如
　故制 宋綦崇禮 1134-568- 7
湖南安撫制置大使制 宋胡 寅 1137- 45- 12
●呂穆仲宋
京東提刑（制） 宋蘇 軾 1108-670-106
●呂聰問宋
除宗正少卿（制） 宋張 綱 1131- 43- 7
除吏部郎官（制） 宋張 綱 1131- 43- 7
●岑 奎宋
除內侍省押班(制) 宋程 俱 1130-258- 26
●岑 謹宋
轉一官（制） 宋周必大 1148- 32- 96
●岑象求宋
知果州（制） 宋蘇 軾 1108-678-107
利州通判（制） 宋蘇 轍 1112-296- 28
除寶文閣待制知鄆州
　制 宋鄒 浩 1121-303- 16
充寶文閣待制致仕制 宋鄒 浩 1121-317- 18
●吳 方唐
授前太常丞吳方太原
　少尹制 唐錢 珝 1336-617-397
●吳 永宋
承制吳永可轉一官制 宋慕容彥逢 1123-373- 7
●吳 本宋
武功大夫溫州刺守吳
　本降一官（制） 宋劉一止 1132-182- 36
●吳 充宋
集賢校理判吏部南曹
　吳充可太常博士制 宋王 珪 1093-234- 33
轉官制 宋王安石 1105-391- 50
●吳 旦宋
可國子監丞致仕制 宋胡 宿 1088-798- 20
●吳 开宋
散官安置制 宋汪 藻 1128-114- 2

四庫全書文集篇目分類索引

史部

詔令奏議類：附錄

詔令下（男）七畫

1128-341- 12

●吳　回（等）宋
內侍吳回等各降兩官制　宋衞　涇　1169-470- 1

●吳　早宋
贈承節郎與一子進勇副尉（制）　宋周必大　1448- 49- 97

●吳　价宋
中大夫都水使者吳价轉官（制）　宋劉安上　1124- 18- 2

●吳　宏宋
降一官敍復（制）　宋周必大　1148- 7- 94

●吳　沛宋
朝奉郎吳沛可知開封府考城縣制　宋劉　攽　1096-189- 19

●吳　沖宋
達州司戶參軍吳沖可奉寧軍節度推官制　宋歐陽修　1102-639- 81

●吳　志宋
侍禁吳志可與轉三官制　宋慕容彥逢　1123-389- 8

●吳　求宋
除大理評事制　宋張　擴　1129- 52- 6

●吳　成宋
書藝局藝學吳成轉一官制　宋慕容彥逢　1123-392- 8

●吳　育宋
右正言直集院吳育可三司戶部判官制　宋宋　庠　1087-580- 23
可復資政殿學士兼翰林侍讀學士知陝州制　宋蔡　襄　1090-438- 12

●吳　材宋
除諫官制　宋鄒　浩　1121-320- 18

●吳　芭宋
特改右宣義郎制　宋張　擴　1129- 90- 9

●吳　伸宋
可屯田員外郎制　宋胡　宿　1088-749- 15

●吳　泳宋
著作郎權司封郎官吳泳除軍器少監兼直舍人院制　宋洪咨夔　1175-221- 16
除起居郎誥　宋許應龍　1176-434- 3
特除吏部侍郎制　宋許應龍　1176-441- 4

●吳　拊宋

轉五官直祕閣賜紫章服制　宋洪　适　1158-406- 24

●吳　青宋
爲收捉叛賊黃先等賊馬轉承節郎又與金人見陣轉成忠郎換給制　宋張　嵲　1131-450- 13

●吳　玠宋
明州觀察使（制）　宋程　俱　1130-243- 24
起復明州觀察使吳玠兼陝西諸路都統制制　宋程　俱　1130-243- 24
　　　　　　　　　　　　　　　　　　1375- 51- 1
都水使者吳玠爲徽猷閣待制河北路都轉運使（制）　宋劉安上　1124- 18- 2
除吳玠特授檢校少師奉寧保靜軍節度使依前川陝宣撫副使進封建安郡開國侯加食邑食實封制　宋綦崇禮　1134-563- 6

●吳　玠（三代）宋
吳玠贈三代制　宋胡　寅　1137-459- 14

●吳　玫宋
吳蓋男吳玫轉一官（制）　宋周必大　1148- 56- 98

●吳　忠宋
轉承信郎制　宋張　擴　1129-102- 10

●吳　芾宋
除祕書省正字制　宋張　擴　1129- 74- 8
給事中吳芾轉左朝議大夫制　宋洪　适　1158-369- 19
吏部侍郎制　宋洪　适　1158-373- 19
徽猷閣直學士知臨安府制　宋洪　适　1158-381- 20
吏部侍郎制　宋洪　适　1158-400- 23

●吳　昇唐
授吳昇太子左贊善大夫制　唐蘇　頲　1336-669-404

●吳　芮漢
封故衡山王吳芮詔　漢　高　祖　426-977- 1
　　　　　　　　　　　　　　　534-160- 82
　　　　　　　　　　　　　　　1396-187- 1

●吳　侑宋
換從義郎（制）　宋樓　鑰　1152-616- 34

●吳 近宋
（吳皇后贈）父制 宋劉才邵 1130-448- 4
●吳 拭宋
集賢殿修撰知鄂州吳拭復龍圖閣待制知河南府制 宋翟汝文 1129-196- 2
●吳 拱宋
加食邑五百戶食實封二百戶制 宋周必大 1148-103-102
賜吳拱除侍衞馬軍都指揮使告 宋周必大 1148-234-112
●吳 奎宋
可起居舍人制 宋胡 宿 1088-743- 15
參知政事吳奎可資政殿學士知青州制 宋鄭 獬 1097-146- 4
●吳 革宋
可廣東轉運判官制 宋蘇 軾 568- 29- 98
　　　　　　　　　　 1108-679-107
江西運判（制） 宋蘇 軾 1112-300- 28
●吳 革宋
除直祕閣（制） 宋張 綱 1131- 21- 3
除直龍圖閣京畿都轉運使兼開封少尹（制） 宋劉一止 1132-186- 37
升職名制 宋胡 寅 1137-426- 12
福建提刑制 宋胡 寅 1137-455- 14
●吳 昱宋
特與除閤門宣贊舍人（制） 宋周必大 1148- 8- 94
●吳 苞齊
徵吳苞詔 齊蕭昭業 1399- 31- 1
●吳 英宋
可著作佐郎制 宋胡 宿 1088-716- 12
●吳 迪宋
可比部員外郎制 宋胡 宿 1088-748- 15
●吳 侃宋
故資政殿大學士知河南府吳育遺表孫男侃將作監主簿制 宋王安石 1105-413- 52
●吳 衍宋
成忠郎私名掌僣奏吳衍該遇皇后歸謝家廟並特轉一官（制） 宋陳傅良 1150-574- 11
●吳 俊宋
轉秉義郎制 宋張 擴 1129-100- 10

●吳 高宋
可撫州長史致仕制 宋胡 宿 1088-799- 20
●吳 益宋
轉右武郎制 宋張 擴 1129-137- 13
除節度使制 宋劉才邵 1130-452- 4
除秀州防禦使制 宋劉才邵 1130-466- 5
除吳益少傅充醴泉觀使依前保康軍節度使進封大寧郡王制 宋史 浩 1141-578- 6
加食邑制 宋周麟之 1142- 81- 11
該覃思轉官（制） 宋樓 鑰 1152-703- 41
轉右朝奉郎制 宋洪 适 1158-409- 24
●吳 珪宋
換武翼郎（制） 宋樓 鑰 1152-616- 34
●吳 挺宋
除主管熙河路經略安撫司公事馬步軍都總管兼知熙州依舊充御前中軍統制（制） 宋樓 鑰 1148- 9- 94
加食邑五百戶食實封二百戶制 宋周必大 1148-121-103
賜吳挺（加食邑食實封告） 宋周必大 1148-233-112
賜吳挺除利州西路安撫使兼知與州告 宋周必大 1148-234-112
太尉定江軍節度使興州駐劄御前諸軍都統制兼知興州吳挺守本官致仕（制） 宋陳傅良 1150-593- 13
特贈少保（制） 宋陳傅良 1150-594- 13
●吳 倫宋
因金人侵犯隴州掩殺金兵及解圍方山原等立功授左武大夫威州刺史制 宋張 嵲 1131-456- 13
●吳 秘宋
可屯田員外郎制 宋胡 宿 1088-742- 15
侍御史知濠州吳秘可降授屯田員外郎制 宋王 珪 1093-283- 38
降授屯田員外郎知濠州吳秘可都官員外郎制 宋王 珪 1093-283- 38
●吳 辰宋
檢校少師吳璘父辰贈

太保制 宋張 擴 1129-124- 12
●吳 堅 宋
中大夫吳堅特授華文
　閣待制福建路計度
　轉運使制 宋馬延鸞 1187- 39- 5
●吳 接 宋
直秘閣制 宋翟汝文 1129-211- 3
●吳 珏 宋
特轉一官（制） 宋陳傅良 1150-602- 14
太府卿淮東總領（制） 宋樓 鑰 1152-681- 39
●吳 拯 宋
轉五官太府寺丞制 宋洪 适 1158-406- 24
駕部郎官制 宋洪 适 1158-409- 24
●吳 授 宋
可金部員外郎制 宋胡 宿 1088-742- 15
可主客員外郎制 宋胡 宿 1088-743- 15
●吳 敏（祖）宋
吳敏封贈二代（制） 宋張 綱 1131- 25- 4
●吳 敏（父）宋
（吳敏）故父（制） 宋張 綱 1131- 25- 4
●吳 從 唐
除蓬州刺史制 唐杜 牧 1081-677- 15
　 1336-717-411
捉獲僞卷冒請轉兩官
　（制） 宋李彌遜 1130-643- 5
●吳 灝 宋
中書主書吳灝等加恩
　制 宋鄭 獬 1097-166- 6
●吳 淵 宋
西頭供奉官（制） 宋蘇 轍 1112-303- 28
●吳 淵 宋
除右文殿修撰知領江
　府制 宋洪咨夔 1175-248- 20
落右文殿修撰制 宋吳 泳 1176- 86- 9
除權兵部侍郎制 宋許應龍 1176-442- 4
除寶章閣學士知太平
　州制 宋許應龍 1176-465- 6
●吳 淵 宋
除戶部侍郎淮東總領
　知鎭江府制 宋許應龍 1176-465- 6
●吳 湊 唐
授吳湊左金吾將軍制 唐常 袞 1336-651-402
●吳 械 宋
奉迎梓宮禮儀使司禮
　官吳械轉左承議郎

制 宋張 擴 1129- 76- 8
●吳 雯 宋
贈安遠軍節度使馬懷
　德遺表門客吳雯試
　將作監主簿不理選
　限制 宋王安石 1105-452- 55
●吳 琚 宋
加食邑實祐制 宋樓 鑰 1152-746- 45
●吳 超 宋
吳超等轉官制 宋胡 寅 1137-457- 14
轉兩官（制） 宋周必大 1148- 50- 97
●吳 琰 宋
保信軍節度使吳琰加
　食邑實封制 宋衞 涇 1169-506- 3
除檢校少保制 宋眞德秀 1174-294- 19
●吳 琳 明
除吏部尚書誥 宋王 禕 1226-256- 12
　 1373-491- 1
●吳 逵 劉宋
潘綜吳逵察孝廉符 劉宋王韶之 1398-715- 12
●吳 援 宋
任武翼郎閤門宣贊舍
　人換右通直郎制 宋張 擴 1129- 89- 9
與轉官（制） 宋周必大 1148- 52- 97
●吳 傅（傳）宋
除兩浙東路提點刑獄
　公事制 宋張 擴 1129- 91- 9
除江東提刑（制） 宋周麟之 1142-138- 17
●吳 給 宋
徽猷閣待制知東平府
　制 宋汪 藻 1128- 79- 8
●吳 勝 宋
轉遙郡團練使（制） 宋周必大 1148- 42- 97
●吳 源 宋
特贈迪功郎制 宋袁 甫 1175-425- 8
●吳 詡 宋
改合入官通判本州制 宋汪 藻 1128- 82- 8
●吳 遂 宋
檢校少師吳璘祖道贈
　少傅制 宋張 擴 1129-124- 12
●吳 感 宋
奏舉人權寧海軍節度
　推官吳感可大理寺
　丞制 宋宋 庠 1087-594- 25
●吳 瑛 宋

可太常寺太祝制　　宋胡　宿　1088-739-14
得簽書本州公事（制）　　宋蘇　頌　1092-395-34

●吳　暐唐
除蓬州刺史制　　唐白居易　1080-553-51
　　　　　　　　　　　　1336-713-410

●吳　舉宋
承議郎吳舉可大理寺丞管江右治獄制　　宋慕容彥逢　1123-338-4

●吳　桌宋
除刑部郎官制　　宋張　擴　1129-74-8
除大理寺丞制　　宋張　擴　1129-86-9

●吳　照宋
贈承節郎與一子進勇副尉（制）　　宋周必大　1148-49-97

●吳　愈宋
落煥章閣待制制　　宋吳　泳　1176-86-9

●吳　億宋
降官制　　宋汪　洋　1132-429-8

●吳　端宋
翰林書藝局藝學吳端可翰林書藝局碑紙待詔制　　宋慕容彥逢　1123-350-5

●吳　澤宋
判太史局吳澤降一官制　　宋陳傳良　1150-597-13
復元官（制）　　宋樓　鑰　1152-690-40

●吳　竑唐
授吳竑諫議大夫制　　唐蘇　頲　1336-511-381
授吳竑著作郎制　　唐蘇　頲　1336-639-400

●吳　悙宋
進書賞轉官制　　宋張孝祥　1140-645-19

●吳　蓋宋
轉閤門宣贊舍人制　　宋張　擴　1129-55-7

●吳　璟宋
樞密副使吳奎奏長男璟守太常寺太祝制　　宋王安石　1105-412-52

除吳蓋開府儀同三司充萬壽觀使依前寧武軍節度使（制）　　宋史　浩　1141-578-6

●吳　璘宋
除吳璘太傅加食邑實封制　　宋洪　适　1158-322-11
判興元府制　　宋洪　适　1158-410-24

●吳　蓋（三代）宋
除太尉封贈三代（制）　　宋周必大　1148-17-95

●吳　績宋
朝奉郎吳績可朝散郎制　　宋慕容彥逢　1123-339-4

●吳　潛宋
江西轉運副使吳潛除太常少卿制　　宋陳舜俞　1096-449-5

●吳　衡宋
追官人吳衡可密州安邱令（制）　　宋田　錫　1085-548-28

江西轉運副使吳潛除太常少卿制　　宋洪咨夔　1175-260-22
除知隆興府制　　宋袁　甫　1175-429-8

●吳　移宋
可太子中舍人制　　宋胡　宿　1088-737-14

授秘閣修撰兼江西路計度運副制　　宋吳　泳　1176-73-8
落秘閣修撰制　　宋吳　泳　1176-85-9
改知平江府制　　宋許應龍　1176-468-6

●吳　謙宋
檢校少師吳璘曾祖謙贈少保制　　宋張　擴　1129-123-12

除權兵部侍郎兼檢正制　　宋許應龍　1176-443-4

●吳　謙宋
特降一官放罷（制）　　宋周必大　1148-51-97

●吳　慶宋
吳慶等並贈承信郎制並係掩殺金兵陣歿　　宋張　嵲　1131-493-18

●吳　懸宋
轉朝奉大夫（制）　　宋程　俱　1130-266-27
敘一官制　　宋王　洋　1132-416-7

●吳　靚宋
檢校尚書水部員外郎充成州團練副使吳靚可依前檢校尚書水部員外郎充定國軍節度行軍司馬不

●吳　環宋
特授少保致仕加食邑食實封（制）　　宋劉　燴　1157-459-10

●吳　薦宋
權貨務監官朝奏大夫吳薦可轉一官制　　宋慕容彥逢　1123-378-7

●吳 總宋
知瀘州（制） 宋樓 鑰 1152-650- 36
該覃思轉官（制） 宋樓 鑰 1152-701- 40
右朝奉大夫制 宋洪 适 1158-396- 22
特授尚書工部侍郎制 宋衞 涇 1169-491- 2
●吳 璣宋
除職事官（制） 宋陳傳良 1150-605- 14
●吳 鑑宋
除司封郎官（制） 宋陳傳良 1150-644- 18
湖南提舉（制） 宋樓 鑰 1152-657- 37
●吳 獵宋
除祕書省正字（制） 宋樓 鑰 1152-635- 35
校書郎（制） 宋樓 鑰 1152-709- 41
●吳 環宋
樞密副使吳奎奏次男環試秘校制 宋王安石 1105-412- 52
●吳 瑰宋
加食邑實封制 宋樓 鑰 1152-745- 45
少傅吳瑰加食邑實封制 宋衞 涇 1169-507- 3
特授少師致仕加食邑制 宋眞德秀 1174-291- 19
●吳 曦宋
特授濠州團練使起復（制） 宋陳傳良 1150-594- 13
●吳 藹宋
以妻父陳思恭陣亡恩澤補承信郎（制） 宋劉一止 1132-174- 34
●吳 權宋
吳洪道父權授保義郎制 宋吳 泳 1176-101- 10
●吳 儔宋
故資政殿大學士知河南府吳育遺表孫男儔守將作監主簿制 宋王安石 1105-413- 52
●吳 獻宋
司農寺主簿制 宋張 擴 1129-145- 13
除淮東提舉（制） 宋周麟之 1142-142- 18
陞郎中制 宋洪 适 1158-373- 19
●吳大帝吳
封吳王策 魏 文 帝 1361-524- 6
　 1412-604- 24
●吳之紀宋
侍禁吳之紀可轉一官制 宋慕容彥逢 1123-372- 7
●吳太元宋

大理寺丞制 宋王安石 1105-403- 51
●吳太玄唐
授吳太玄宋城縣令制 唐蘇 頲 1336-743-415
●吳元瑜宋
文思使吳元瑜可轉一官制 宋慕容彥逢 1123-373- 7
●吳元慶宋
內殿承制閤門祗候吳元慶可供備庫副使制 宋夏 竦 1087- 59- 1
●吳天常宋
前泗州盱胎縣令吳天常可大理寺丞制 宋胡 宿 1088- 59- 12
前泗州盱胎縣令吳天常可睦州司法參軍（制） 宋蘇 頌 1092-348- 29
●吳少陽唐
授吳少陽淮西節度留後制 唐白居易 1080-576- 54
●吳少誠唐
册贈吳少誠司徒文 唐不著撰人 426-461- 63
●吳立禮宋
光祿寺丞吳立禮可著作佐郎（制） 宋蘇 頌 1092-390- 34
●吳本初唐
授吳本初巴州刺史制 唐杜 牧 1336-717-411
●吳世才宋
以父殁於王事合得恩澤一資（制） 宋劉一止 1132-164- 31
●吳世昌宋
轉閤門宣贊舍人制 宋張 擴 1129- 55- 7
●吳世長宋
可檢校水部員外郎充堂後官制 宋胡 宿 1088-752- 15
●吳世榮宋
以父殁於王事合得恩澤一資（制） 宋劉一止 1132-164- 31
●吳守一宋
改官制 宋歐陽修 1102-631- 80
●吳安正唐
沙州專使押衙吳安正等二十九人授制 唐杜 牧 1081-692- 17
●吳安本宋
祕書省正字吳安本可舊官服闋 宋沈 遘 1097- 56- 6

●吳安持宋
太僕少卿制　　　　　　宋曾　鞏　1098-556- 22
知蘇州（制）　　　　　宋蘇　軾　1108-690-108
司農卿（制）　　　　　宋蘇　軾　1112-307- 29
●吳安國宋
可除孝功員外郎制　　　宋綦崇禮　1134-545- 3
●吳安期宋
朝堂正名知班驅使官
　吳安朝特授將仕郎
　制　　　　　　　　　宋王安石　1105-452- 55
●吳安憲宋
都官郎官制　　　　　　宋蘇　轍　1112-301- 28
●吳安操宋
大理寺丞制　　　　　　宋王安石　1105-402- 51
●吳次賓宋
除刑部郎官（制）　　　宋張　綱　1131- 48- 8
●吳有鄰宋
尙書職方員外郎通判
　荊州府吳有鄰可尙
　書屯田郎中制　　　　宋宋　庠　1087-594- 25
除駕部員外郎制　　　　宋韓　琦　1089-463- 40
●吳夷簡宋
刑部員外郎兼侍御史
　知雜事吳夷簡可朝
　奉郎加上輕車都尉
　制　　　　　　　　　宋夏　竦　1087- 64- 2
●吳全節（祖父）元
題吳眞人封贈祖父誥
　詞後　　　　　　　　元吳　澄　1197-573- 58
●吳仲舒宋
轉從義郎制　　　　　　宋張　擴　1129- 99- 10
●吳仲孺唐
授吳仲孺試光祿卿制　　唐賈　至　1336-614-396
●吳良弼宋
轉一官（制）　　　　　宋樓　鑰　1152-617- 34
●吳布祥宋
降一官仍罷邵武軍通
　判（制）　　　　　　宋劉一止　1132-162- 31
●吳宗旦宋
知舒州（制）　　　　　宋樓　鑰　1152-637- 35
●吳宗謹宋
授承信郎制　　　　　　宋劉才邵　1130-461- 5
●吳初本唐
巴州刺史制　　　　　　唐杜　牧　1081-676- 15
●吳武陵宋

獻更化論循兩資（制）宋劉一止　1132-170- 33
除司封郎官（制）　　宋周麟之　1142-151- 19
●吳居厚宋
京東轉運副使制　　　宋曾　鞏　1098-554- 22
　　　　　　　　　　　　　　　1350-397- 39
左光祿大夫守門下侍
　郎吳居厚可資政殿
　學士充太一宮使制　宋慕容彥逢 1123-329- 3
●吳奉雲宋
轉一官（制）　　　　宋蘇　軾　1108-690-108
●吳表臣宋
兼侍講（制）　　　　宋劉一止　1132-196- 40
可除監察御使制　　　宋綦崇禮　1134-537- 2
轉一官致仕（制）　　宋周麟之　1142-156- 20
●吳承倩唐
授吳承倩內侍省常侍
　制　　　　　　　　唐常　袞　1336-763-418
●吳承規宋
河北都轉運使吳鼎臣
　遺表奏親孫男承規
　可試將作監主簿制　宋胡　宿　1088-789- 19
●吳承贊唐
授吳承贊朝散大夫內
　侍省內侍伯判內給
　事制　　　　　　　唐李　磎　1336-764-418
●吳昌喬宋
除監察御史制　　　　宋袁　甫　1175-425- 8
除大理少卿制　　　　宋許應龍　1176-449- 4
●吳明徹陳
追封吳明徹詔　　　　陳 後 主　1399-626- 2
　　　　　　　　　　　　　　　1415-466-102
●吳叔告宋
補承事郎制　　　　　宋袁　甫　1175-434- 9
●吳叔賢宋
將仕鄉吳叔賢可大晟
　府協律郎制　　　　宋慕容彥逢 1123-341- 4
●吳知新宋
特贈一官與一子父職
　名（制）　　　　　宋周必大　1148- 32- 96
●吳知幾宋
前漣水軍判官吳知幾
　可大理寺丞制　　　宋歐陽修　1102-631- 80
●吳秉信宋
除屯田郎官制　　　　宋張　擴　1129- 72- 8
除樞密院檢詳諸房文

四庫全書文集篇目分類索引

史部

詔令奏議類：附錄

詔令下（男）七畫

字制　宋張　擴　1129-148- 14
除右文殿修撰知常州（制）　宋周麟之　1142-102- 13
●吳彦先 宋
可大理寺丞制　宋胡　宿　1088-733- 14
都官郎中集賢校理吳彦先可司封郎中（制）　宋蘇　頌　1092-346- 29
●吳彦璋宋
除太府寺丞（制）　宋劉一止　1132-193- 39
●吳拱申宋
與贈八官（制）　宋周必大　1148- 45- 97
●吳飛英宋
太學博士制　宋洪　适　1158-370- 19
●吳待問宋
太常博士同判揚州吳待問可屯田員外郎餘如故制　宋夏　竦　1087- 67- 2
●吳皇后（曾祖）宋
（吳）皇后贈曾祖制　宋劉才邵　1130-447- 4
●吳皇后（祖）宋
（吳皇后贈）祖制　宋劉才邵　1130-447- 4
●吳振纓 明
廣東道監察御史吳振纓（勅）　明倪元璐　1297- 41- 3
●吳時澤宋
降兩官（制）　宋劉一止　1132-170- 33
●吳師仁宋
試太學正吳師仁可試太學博士制　宋劉　攽　1096-226- 22
可越州司法充杭州教授（制）　宋蘇　轍　1112-289- 27
●吳師顏宋
太史局令吳師顏降一官制　宋張　擴　1129-133- 12
●吳惟寧宋
內殿崇班吳惟寧等可並內殿承制　宋沈　遘　1097- 56- 6
●吳執中宋
追復述古殿學士制　宋許景衡　1127-231- 7
●吳處仕宋
前吉州龍泉縣令監薪州薪口權務吳處仕可睦州建德縣令制　宋宋　庠　1087-561- 21
●吳處厚宋

知漢陽軍（制）　宋蘇　軾　1108-684-107
●吳偉明宋
除直秘閣應天府路提刑（制）　宋劉一止　1132-210- 43
●吳敏新宋
除觀文殿學士知潭州除資政殿學士提舉洞霄官（制）　宋程　俱　1130-262- 26
●吳幾復宋
可加騎都尉制　宋胡　宿　1088-764- 17
前光化軍乾德縣令國子監說書吳幾復可大理寺丞制　宋蔡　襄　1090-485- 12
屯田郎中權發遣三司度支判官吳幾復可都官郎中（制）　宋蘇　頌　1092-345- 29
知梓州吳幾復任制　宋曾　鞏　1098-556- 22
●吳舜龍宋
除大理卿制　宋馬廷鸞　1187- 33- 4
●吳與弼明
徵處士吳與弼勅　明 英 宗　516-727-114
●吳敬存唐
授吳敬存左監門衞將軍制　唐李　磎　1336-653-402
●吳傳規宋
河北都轉運使吳鼎臣遺表奏親孫男侍規可試將作監主簿制　宋胡　宿　1088-789- 19
●吳德仁宋
入內內侍省皇城副使吳德仁可依前入內內侍省皇城副使充殿中省尚舍奉御制　宋慕容彦逢　1123-351- 5
●吳擇仁宋
戶部員外郎吳擇仁可發運使制　宋慕容彦逢　1123-343- 4
●吳應龍宋
除寶謨閣廣西運判兼提舉制　宋劉才邵　1130-469- 5
●吳懷德宋
樞密副使吳奎父太常丞致仕制　宋王安石　1105-424- 53
樞密副使吳奎封贈制二道　宋王安石　1105-436- 54
●吹　忠宋

蕃官左藏庫副使吹忠
　可轉一官制　　　　　宋慕容彥逢 1123-387- 8
● 吹亶勒宋
沙克亶伊實男吹亶勒
　承續制　　　　　　　宋胡　宿　1088-790- 19
●余　山漢
益封去病等　　　　　　漢武帝　　426-1002- 6
●余　中宋
軍器丞（制）　　　　　宋蘇　轍　1112-318- 30
● 余　玠宋
起復宣教郎襄陽府通
　判兼西京制置司機
　宜文字制　　　　　　宋洪咨夔　1175-253- 21
●余　殊宋
封官制　　　　　　　　宋胡　寅　1137-461- 14
● 余　深宋
侍御史余深可除御史
　中丞制　　　　　　　宋慕容彥逢 1123-330- 3
落觀文殿大學士依前
　特進致仕制　　　　　宋許景衡　1127-232- 7
●余　貫宋
前江陵府佐司理參軍
　余貫可大理寺丞制　　宋宋　祁　1088-269- 31
●余　淙宋
司農卿致仕余良瑞遺
　表曾孫淙試將作監
　主簿制　　　　　　　宋王安石　1105-414- 52
●余　景宋
奉議郎余景可通判莫
　州制　　　　　　　　宋劉　放　1096-221- 22
承議郎余景可通判信
　安軍制　　　　　　　宋劉　放　1096-222- 22
● 余　靖宋
可左神武大將軍遙郡
　刺史州鈴轄差遣制　　宋胡　宿　1088-777- 18
可依前尚書工部侍郎
　充集賢院學士依舊
　知桂州充廣南西路
　轉輸經略安撫使制　　宋蔡　襄　1090-447- 13
工部侍郎余靖加食邑
　制　　　　　　　　　宋王　珪　1093-244- 35
秘書監知桂州余靖可
　給事中制　　　　　　宋王　珪　1093-255- 36
尚書左丞余靖制　　　　宋王安石　1105-380- 49
集賢院學士余靖轉官

加勳邑制　　　　　　　宋王安石　1105-381- 49
●余　慶宋
（余端禮）曾祖慶太
　子少保（制）　　　　宋樓　鑰　1152-654- 37
●余　嶸宋
敷文閣直學士知潭州
　余嶸除華文閣學士
　汎海制置使知慶元
　府制　　　　　　　　宋洪咨夔　1175-228- 17
華文閣學士知慶元府
　余嶸明堂恩進封信
　安郡開國侯加食邑
　制　　　　　　　　　宋洪咨夔　1175-235- 18
致仕制　　　　　　　　宋許應龍　1176-456- 5
●余　繪宋
（余端禮）　　　　　　宋樓　鑰　1152-655- 37
●余　齡宋
爲招到賊首夏德等有
　勞轉承信郎制　　　　宋張　嵲　1131-451- 13
● 余　鑄宋
（余端禮）祖鑄太子
　少傅（制）　　　　　宋樓　鑰　1152-655- 37
●余　鑄宋
授權兵部尚書制　　　　宋吳　泳　1176-52- 6
● 余元廣宋
（除）國子監簿制　　　宋洪咨夔　1175-231- 17
除司農寺丞制　　　　　宋袁　甫　1175-430- 8
除著作佐郎誥　　　　　宋許應龍　1176-434- 3
除秘書郎誥　　　　　　宋許應龍　1176-435- 3
● 余天錫宋
除端明殿學士同簽書
　樞密院事制　　　　　宋許應龍　1176-436- 4
除吏部尚書兼給事中
　兼侍讀制　　　　　　宋許應龍　1176-437- 4
除簽書樞密院事制　　　宋許應龍　1176-438- 4
知福州制　　　　　　　宋許應龍　1176-466- 6
● 余永弼宋
知閩州制　　　　　　　宋樓　鑰　1152-677- 39
● 余仲荀宋
監簿余仲荀可太常寺
　太祝制　　　　　　　宋蔡　襄　1090-431- 11
●余良弼宋
除將作監丞（制）　　　宋周麟之　1142-119- 15
余良弼見知靜江府今
　轉一官（制）　　　　宋周必大　1148- 31- 96

史部 詔令奏議類：附錄 詔令下（男）七畫

●余良瑒宋
太子中舍監建州造茶兼買納茶務余良瑒可殿中丞餘如故制　宋夏竦　1087-51-1

●余希旦宋
可知濰州（制）　宋蘇軾　1108-668-106

●余希孟宋
屯田員外郎充殿中侍御史裏行余希孟可殿中侍御史充言事臺官制　宋蔡襄　1090-451-13

●余武康宋
轉一官循入右從事郎（制）　宋周必大　1148-7-94

●余致和宋
揭陽縣令余致和循資制　宋洪适　1158-370-19

●余時言宋
除國子監簿（制）　宋周麟之　1142-136-17

●余清夫宋
授直秘閣制　宋徐元杰　1181-683-6

●余崇龜宋
特授尚書都官郎中制　宋衞涇　1169-467-1

●余堯弼宋
兼崇政殿說書進講左氏傳制　宋王洋　1132-406-7

除端明殿學士簽書樞密院事（制）　宋周麟之　1142-126-16

余堯弼與復端明殿學士貝任宮祠人依舊（制）　宋周必大　1148-7-94

●余賓興宋
太府寺主簿制　宋王洋　1132-408-7

●余端禮宋
轉通奉大夫（制）　宋陳傅良　1150-601-14
吏部尚書（制）　宋樓鑰　1152-643-36
同知樞密院事（制）　宋樓鑰　1152-651-37
參知政事（制）　宋樓鑰　1152-694-40
該覃恩轉官（制）　宋樓鑰　1152-711-41

知樞密院事余端禮特授銀青光祿大夫右丞相加食邑實封制附口宣　宋樓鑰　1152-748-45

●余應求宋
除福建路轉運副使制　宋張擴　1129-48-6

降官制　宋王洋　1132-429-8
江西憲制　宋胡寅　1137-451-13

●伯夷商
封伯夷叔齊詔　元世祖　506-178-91
　　　　　　　　　　　　549-66-183

擬追封伯夷叔齊制　明鄭眞　1234-400-57
追封伯夷叔齊制　元閻復　1367-135-11

●伯奇宋
小首領伯奇軍主制　宋慕容彥逢　1123-355-5

●伯顏元
贈太師開府儀同三司推誠翊運功臣淮陽郡王諡忠武（制）　元袁桷　1203-490-37

●何休宋
降官制　宋王洋　1132-427-8

●何汙宋
入內內侍省西京左藏庫副使何汙可文思副使制　宋慕容彥逢　1123-361-6

●何均宋
贈團練使何宗父均可千牛衞將軍致仕制　宋王珪　1093-288-39

●何勗晉
爲侍中詔　晉武帝　1398-27-2

●何武漢
益封王根等詔　漢哀帝　426-1047-11
策免何武（詔）　漢哀帝　426-1048-11
免御史大夫何武策　漢哀帝　1396-266-4

●何昕宋
內侍何昕除尚衣奉御制　宋翟汝文　1129-221-4

●何岳宋
何岳爲部領義兵有勞轉保義郎換給制　宋張嵲　1131-488-17

●何洵宋
轉一官（制）　宋樓鑰　1152-618-34

●何炳宋
太府少卿何炳除司農卿制　宋洪咨夔　1175-222-16
除集英殿譠知江州制　宋洪咨夔　1175-249-20
授權戶部侍郎兼詳定勅令官制　宋吳泳　1176-52-6

●何述宋
朝請大夫集英殿修撰陝西路制置解鹽使

何述爲徽猷閣待制知永興軍（制） 宋劉安上 1124-16-2

徽猷閣待制知永興軍何述除涇原路經略安撫使知渭州制 宋翟汝文 1129-200-2

●何　若宋

除監察御史制 宋張　擴 1129-46-6

●何　備宋

權工部侍郎制 宋洪　适 1158-388-21

●何　劉宋

龍圖閣直學士何劉可刑部侍郎依前龍圖閣直學士集英殿修撰（制） 宋韓　維 1101-678-18

●何　涉宋

著作佐郎何涉可秘書丞 宋余　靖 1089-101-10

●何　或宋

撫州奏臨川縣臨汝鄉何或一百七歲可本州助教（制） 宋沈　遘 1097-31-4

●何　棸宋

與轉四官兼閤門宣贊舍人制 宋張　嵲 1131-446-12

●何　訢宋

入內文思使何訢可轉一官制 宋慕容彥逢 1123-373-7

入內左藏庫副使何訢可轉兩官制 宋慕容彥逢 1123-375-7

入內左藏庫副使何訢可轉一官制 宋慕容彥逢 1123-376-7

●何　郯宋

知永興軍制 宋王安石 1105-379-49

●何　梁宋

中書侍郎何梁資政殿學士提舉醴泉觀（制） 宋孫　覿 1135-248-24

●何　搢宋

著作制 宋胡　寅 1137-448-13

●何　異宋

右正言（制） 宋樓　鑰 1152-625-35

湖南運判（制） 宋樓　鑰 1152-643-36

●何　常宋

秘書丞何常特授承議郎（制） 宋孫　覿 1135-251-24

●何　薄宋

除左正言（制） 宋周麟之 1142-115-15

●何　曾晉

爲太保詔 晉武帝 1398-26-2

領司徒詔 晉武帝 1398-26-2

進太宰詔 晉武帝 1398-26-2

●何　淵元

何瑋故祖父淵追封易國公謚武宣制 元程鉅夫 1202-22-2

●何　琮宋

除直徽猷閣福建路轉運副使制 宋洪容齋 1175-241-19

除知福州制 宋袁　甫 1175-441-9

●何　琬宋

鴻臚丞（制） 宋蘇　軾 1108-685-107

江西運判（制） 宋蘇　轍 1112-296-28

府界提刑（制） 宋蘇　轍 1112-300-28

工部郎中（制） 宋蘇　轍 1112-322-30

●何　貴宋

何貴制 宋許　翰 1123-504-2

●何　進宋

特贈節度使右金吾衞上將軍制 宋吳　泳 1176-97-10

●何　源明

刑部左侍郎何源誥命 明馮　琦 1402-122-22

●何　瑋元

追封梁國公謚文正制 元程鉅夫 1202-29-3

1375-58-2

●何　戢齊

何詹事爲吏部尚書詔 梁江　淹 1063-735-2

1399-206-9

1415-27-85

●何　遠梁

爲給事黃門侍郎詔 梁武帝 1399-263-1

1414-423-80

●何　慥宋

知潼川府制 宋張　擴 1129-136-13

度支員外郎制 宋胡　寅 1137-441-13

太常少卿制 宋胡　寅 1137-453-13

●何　澔宋

渙章閣學士知泉州（制） 宋樓　鑰 1152-659-37

兩易知明州（制） 宋樓　鑰 1152-661-37

該覃恩轉官（制） 宋樓　鑰 1152-700-40

●何　操宋

788　　　　　　　　　四庫全書文集篇目分類索引

永興軍節度判官何操可太常博士致仕制　宋宋　庠　1087-565- 21

●何　謙宋

循修職郎（制）　宋樓　鑰　1152-610- 34

●何　點梁

徵何點爲侍中詔（二則）　梁 武 帝　1399-262- 1

　　　　　　　　　　　　　1414-423- 80

●何　麒宋

除宗正少卿制　宋張　擴　1129- 51- 6

●何　譚宋

贈兩官與一子父職名制　宋張　嵲　1131-509- 19

●何　攀晉

封西城公策　晉 惠 帝　1398- 50- 3

●何　灌宋

崇儀使何灌可就差提舉河東路保甲兼提點刑獄制　宋慕容彥逢　1123-350- 5

崇儀使威州刺史提舉河東路保甲兼提點刑獄何灌可除西上閤門使依舊遙郡刺史差高陽關路兵馬鈐轄兼知滄州制　宋慕容彥逢　1123-350- 5

●何　瑾宋

試御史中丞何鑄故父瑾可特贈朝請大夫制　宋張　嵲　1131-510- 20

●何　權宋

崇儀使提舉河東路保甲兼提點刑獄何權可遙郡刺史制　宋慕容彥逢　1123-347- 5

●何　鑄宋

監察御史（制）　宋劉一止　1132-209- 43

致仕（制）　宋周麟之　1142-156- 20

●何　麟宋

落職宮觀制　宋劉才邵　1130-474- 5

●何九章宋

何九章爲妻父賈信與董先賊兵鬬敵身死得兩資恩澤內將一資與次男僧奴其僧奴未曾承受間身死乞改正補承信郎換

給（制）　宋張　嵲　1131-505- 19

●何士义唐

可尚書水部員外郎制　唐元　稹　1079-577- 47

可河南縣令制　唐白居易　1080-529- 49

　　　　　　　　　　　　　1336-688-407

●何文贊宋

保義郎何文贊敍舊官（制）　宋孫　覿　1135-259- 25

●何正臣宋

知梓州（制）　宋蘇　轍　1112-288- 27

●何世昌宋

可著作佐郎制　宋胡　宿　1088-716- 12

屯田員外郎何世昌可都官員外郎制　宋王安石　1105-390- 50

●何先明宋

西京左藏庫副使何先明可轉一官制　宋慕容彥逢　1123-387- 8

●何志同宋

轉官制　宋鄒　浩　1121-321- 18

復顯謨閣直學士制　宋許景衡　1127-231- 7

復徽猷閣待制制　宋王　洋　1132-412- 7

復待制制　宋李正民　1133- 6- 1

徽猷閣直學士通議大夫何志同知穎昌府（制）　宋孫　覿　1135-255- 25

●何吾騶明

禮部尚書兼東閣大學士何吾騶（制）　明倪元璐　1297- 33- 3

●何伯祥元

何瑋故父伯祥追封易國公諡忠毅制　元程鉅夫　1202- 22- 2

●何伯熊宋

改官制　宋胡　寅　1137-452- 13

●何宗範宋

江西提刑何宗範可戶部員外郎制　宋慕容彥逢　1123-336- 4

●何知至宋

可度支郎中制　宋胡　宿　1088-756- 16

●何洵直宋

太常博士制　宋曾　鞏　1098-545- 20

司勳郎（制）　宋蘇　轍　1112-310- 29

●何彥良宋

權同知閤門事何彥良特與落權同字除右武大夫（制）　宋劉一止　1132-178- 35

史部

詔令奏議類：附錄

詔令下（男）七畫

● 何彥則 唐
授何彥則侍御史制　　唐李廻秀　1336-599-394

● 何述同 宋
顯謨閣待制提舉醴泉觀何述同爲顯謨閣直學士（制）　　宋劉安上　1124- 19- 2

● 何若沖 宋
都官員外郎何若谷亡兄若沖追贈試大理評事制　　宋王安石　1105-442- 54

● 何若谷 宋
可秘書丞制　　宋胡　宿　1088-724- 13
江浙等路提點鑄錢公事職方員外郎何若谷可刑部郎中　　宋沈　遘　1097- 50- 5

● 何清朝 唐
授何清朝左衞將軍兼分領蕃渾兵應制　　唐李德裕　1079-157- 8

● 何惟慶 宋
朝堂正名班驅使官何惟慶特授將仕郎制　　宋王安石　1105-452- 55

● 何執中 宋
尚書左丞何執中可中書侍郎制　　宋慕容彥逢　1123-328- 3
何執中除門下侍郎制　　宋慕容彥逢　1123-328- 3

● 何處久 宋
除直寶謨閣知鎭江府制　　宋洪咨夔　1175-241- 19
太府卿兼知嘉興府制　　宋洪咨夔　1175-257- 21
除太府卿制　　宋袁　甫　1175-423- 8

● 何處恬 宋
太學正何處恬除太學博士制　　宋洪咨夔　1175-259- 22
除宗正寺簿（制）　　宋袁　甫　1175-433- 9

● 何處厚 宋
復職與郡制　　宋汪　藻　1128- 82- 8

● 何處信 宋
黃壯歆何處信課最各轉一官制　　宋洪咨夔　1175-223- 16
特轉一官制　　宋袁　甫　1175-437- 9

● 何景元 宋
大理評事制　　宋王安石　1105-405- 51

● 何景先 宋
知秦州龍圖閣直學士何中立男景先可特

授將仕郎守將作監丞制　　宋蔡　襄　1090-425- 11
大理評事制　　宋王安石　1105-405- 51

● 何幾先 宋
循右從事郎制　　宋張　擴　1129-130- 12

● 何萬齡 宋
前右正言何萬齡特轉朝奉大夫直寶謨閣致仕制　　宋洪咨夔　1175-247- 20

● 何嗣武 宋
授閣門祗候仍知滁州制　　宋吳　泳　1176- 72- 8

● 何熙志 宋
御史台檢法官制　　宋洪　适　1158-377- 20

● 何夢昇 宋
可國子博士制　　宋胡　宿　1088-737- 14

● 努　特 元
封蒲國公餘如故制　　元程鉅夫　1202- 18- 2

● 狄　流 宋
修武郎狄流換宣教郎係從官薦試換授制　　宋灌汝文　1129-216- 4

● 狄　琮 元
贈榮祿大夫中書平章政事柱國追封冀國公諡貞毅（制）　　元袁　桷　1203-488- 36

● 狄　詢 宋
閣門祗候狄詢內殿崇班依前職制　　宋王安石　1105-423- 53

● 狄　諒 宋
狄諒等降官制　　宋劉才邵　1130-477- 5

● 狄　諮 宋
狄青男諮閣門祗候可閣門通事舍人制　　宋王　珪　1093-238- 34
狄諮降一官（制）　　宋蘇　軾　1108-667-106

● 狄仁傑 唐
內史制——聖曆三年十二月十八日　　唐不著撰人　426-291- 44

● 狄兼謨 唐
授狄兼謨益王傅制　　唐李德裕　1079-131- 4
　　　　　　　　　　1402- 93- 16

● 狄道淳 宋
大將狄道淳轉一官制　　宋慕容彥逢　1123-392- 8

● 巡　訓 宋
左侍禁充學士院待詔巡訓爲三次書寫泛

四庫全書文集篇目分類索引

使國書特與轉一官制　宋慕容彥逢 1123-371- 7

八 畫

磨勘轉官（制）　宋樓 鑰 1152-668- 38
該覃恩轉官（制）　宋樓 鑰 1152-699- 40

●宗 炳劉宋
徵戴顯宗炳詔　劉宋文帝 1398-519- 2

●宗 澤宋
跋汴宗留守兼開封尹宗澤誌後（跋宗忠簡公誌）　明蘇伯衡 538-631- 78
　587-737- 18
　1228-705- 10

宋勅翁　宋 高 宗 1125- 90- 8
宋勅翁　宋 徽 宗 1125- 90- 8
忠簡公諡辯　宋不著撰人 1125- 91- 8

題宗忠簡公家傳遺藏誌勅　明宋 濂 1125- 92- 8

又（題宗忠簡公家傳遺藏誌勅）　明解 縉 1125- 92- 8

又（題宗忠簡公家傳遺藏誌勅）　明胡 翰 1125- 93- 8

又（題宗忠簡公家傳遺藏誌勅）　明蘇伯衡 1125- 93- 8

宗忠簡公告身跋　明不著撰人 1229- 99- 8

●宗 懍梁
宗懍封信安縣侯手詔　梁 元 帝 1399-324- 4

●宗文式宋
除各人宗文式可東岳廟主簿（制）　宋田 錫 1085-547- 28

●宗志聰宋
可左騏驥使加食邑制　宋胡 宿 1088-766- 17

●宗惟明唐
除 檢校大理太僕卿制　唐白居易 1080-560- 52

●宗誠彥宋
武平縣丞宗誠彥平度賊有勞循一次（制）　宋劉一止 1132-174- 34

●京 皐宋
（京鑑）曾祖京皐贈太子太保（制）　宋陳傳良 1150-630- 17

●京 鑑宋
兼侍講（制）　宋陳傳良 1150-592- 13
封開國伯加食邑二百戶（制）　宋陳傳良 1150-617- 15
權刑部尚書（制）　宋樓 鑰 1152-643- 36

●京祖和宋
（京鑑）父京祖和（封贈制）　宋陳傳良 1150-631- 17

●京德用宋
（京鑑）祖京德用贈太子少傅（制）　宋陳傳良 1150-630- 17

●祁 立宋
轉團練使（制）　宋張 綱 1131- 9- 1

●祁 慥宋
押川陝馬特轉敦武郎制　宋張 擴 1129-103- 10

●祁可久宋
殿中丞通判安肅軍祁可久可國子傳士制　宋宋 庠 1087-584- 24

●祁承熯明
（祁彪佳）父（贈大中大夫制）　明倪元璐 1297- 41- 3

●祁咸亨宋
可少府監主簿制　宋胡 宿 1088-741- 14

●祁彪佳明
福建道監察御史祁彪佳（勅）　明倪元璐 1297- 40- 3

●初 焞宋
相度湖南北路採木初燮可湖北路轉判官制　宋慕容彥逢 1123-349- 5

●武 周宋
可檢校水部員外郎制　宋胡 宿 1088-752- 15

●武 赴宋
武赴等降官制　宋劉才邵 1130-476- 5
武赴降官制　宋劉才邵 1130-478- 5

●武 昱宋
西頭供奉官武昱可轉一官制　宋慕容彥逢 1123-375- 7

●武 昭唐
武昭除石州刺史制　唐白居易 1080-547- 51

●武 勗（等）宋
武勗等轉五官并遂郡制　宋程 俱 1130-264- 27

●武 泰宋
晉州醫博士武泰等二人可國子四門助教制　宋鄭 獬 1097-136- 3

●武 斜宋
經武大夫兼閣門宣贊舍人侍衞步軍司統制軍馬武斜依赦書內指揮轉一官(制)　宋劉一止　1132-198- 40

●武 康宋
可太常博士制　宋胡　宿　1088-736- 14

●武 雄宋
贈承節郎與一子進勇副尉（制）　宋周必大　1148- 49- 97

●武 肅宋
前濟州錄事參軍監汾州永利西監武肅可大理寺丞（制）　宋余　靖　1089- 97- 10

●武 義宋
武義爲與翟興軍兵接戰收復陝城轉忠訓郎換給制　宋張　嵲　1131-450- 73

●武 遂宋
西頭供奉官武遂等轉官制　宋曾　鞏　1098-554- 22

●武 戡宋
內藏庫副使武戡可六宅使制　宋王　珪　1093-294- 40

●武三思唐
授武三思鴻臚卿制　唐孫　逖　1336-618-397

●武元衡唐
平章事制——元和二年正月　唐不著撰人　426-307- 46
平章事制——元和八年三月　唐不著撰人　426-310- 46
西川節度平章事制　唐不著撰人　426-375- 53
授武元衡門下侍郎平章事制　唐 憲宗　549- 42-183
除武元衡門下侍郎平章事制　唐白居易　1080-589- 55
　　　　　　　　　　　　　　　　　　1337-212-450
再入相制　玉堂遺範　1337-202-449

●武日宣宋
故廣惠等八州汛海都大捉賊西京左藏庫副使武日宣宜特贈忠州刺史制　宋蔡　襄　1090-422- 10

●武永孚宋
持服人前西京左藏庫副使武永孚可依前官免持服　宋沈　遘　1097- 61- 6

●武世安宋
趙棨奏醫人武世安試國子四門助教不理選限制　宋王安石　1105-451- 55

●武世長宋
樞密院令史武世長內殿承制制　宋蔡　襄　1090-432- 11

●武安寧宋
武安寧走失罪人降兩官制　宋王　洋　1132-428- 8

●武成同宋
武成同特與轉一官（制）　宋周必大　1148- 57- 98

●武宗元宋
可國子博士制　宋胡　宿　1088-737- 14

●武易簡唐
量移梧州司馬制　唐杜　牧　1081-691- 17

●武哀國宋
邊功轉官制　宋許　翰　1123-499- 1

●武道紀宋
承制武道紀可轉一官制　宋慕容彥逢　1123-372- 7

●武儒衡唐
武儒衡等加階制　唐元　稹　1079-593- 49

●武繼隆宋
可皇城使加上騎郎都尉制　宋胡　宿　1088-766- 17
皇城使內侍省內侍押班陵州團練使武繼隆可加食邑三百戶制　宋蔡　襄　1090-466- 15
陵州團練使武繼隆可果州防禦使制　宋王　珪　1093-298- 40

●青哈（青海）元
太保左丞相祖父青哈追封河南王制　元馬祖常　1206-555- 6
　　　　　　　　　　　　　　　　　　1373-241- 17

●青陽炳文宋
青陽炳文年九十一遇慶典恩特封承務郎（制）　宋陳傅良　1150-603- 14

●青貴倫正結宋
轉遙郡刺史制　宋慕容彥逢　1123-347- 5

四庫全書文集篇目分類索引

史部

詔令奏議類：附錄

詔令下（男）八畫

●青貴裕勒葉宋
與皇城使遙郡刺史制　宋慕容彥逢　1123-346- 5
●者　額明
普定府君民知府者額
　誥文　明太祖　1223- 27- 3
●杭　琪明
除戶部尚書誥（命）　明王禕　1226-257- 12
　　　　　　　　　　　　1373-491- 1
　　　　　　　　　　　　1402-121- 22

●孟　子（父）周
追封孟子父制　元張士觀　1367-135- 11
●孟　元宋
可普州刺史制　宋胡　宿　1088-776- 18
隆祐太后祖追贈制　宋汪　藻　1128- 64- 7
●孟　甲宋
孟甲爲游說陝西帥臣
　河北忠義之士贈奉
　議郎與一子思澤制　宋張　嵿　1131-493- 18
●孟　在宋
（孟忠厚）祖在追封
　韓王（制）　宋程　俱　1130-249- 25
●孟　存唐
授成都府力尹制　唐白居易　1080-562- 52
　　　　　　　　　　　　1336-685-406

●孟　均宋
內殿承制孟均可千牛
　衞將軍制　宋歐陽修　1102-642- 81
●孟　怡宋
蕃官慶州荔原堡左惟
　窯族孟怡可元本族
　軍副主（制）　宋蘇　頌　1090-387- 33
●孟　叔漢
封孫程等詔　漢順帝　426-1102- 19
●孟　昶後蜀
封蜀降王孟昶爲秦國
　公制　宋不著撰人　1354-472- 17
●孟　珏宋
孟庾曾祖珏贈太子少
　保（制）　宋程　俱　1130-250- 25
●孟　皆宋
大理寺丞知鉅野縣孟
　皆可太子中舍制　宋歐陽修　1102-628- 80
●孟　英宋
儒林郎前乾寧軍司理
　參軍孟英可試大理

評事（制）　宋蘇　頌　1092-358- 30
●孟　涓（等）宋
孟涓等並合轉承信郎
　制　宋許景衡　1127-231- 7
轉右武大夫（制）　宋孟　涓　1131- 48- 8
●孟　琪宋
江陵府副都統孟琪特
　轉武經郎制　宋洪咨夔　1175-225- 16
轉八官以三官轉橫行
　五官轉遙郡制　宋許應龍　1176-472- 6
●孟　真宋
新授常州司理參軍孟
　之英父眞可承務郎
　致仕制　宋劉　攽　1096-239- 23
●孟　淳宋
（孟庾）父淳贈太子
　太師（制）　宋程　俱　1130-251- 25
●孟　庾宋
除戶部尚書（制）　宋程　俱　1130-220- 22
除參知政事（制）　宋程　俱　1130-240- 24
除知河南府兼充西京
　留守（制）　宋劉一止　1132-204- 42
觀文知紹興府制　宋胡　寅　1137-444- 13
●孟　庾（祖）宋
（孟庾）祖某贈太子
　少傅（制）　宋程　俱　1130-250- 25
●孟庾（父）宋
孟庾故父贈中奉大夫
　（制）　宋程　俱　1130-234- 23
●孟　造宋
奏舉人前撫州司理參
　軍孟造可衞尉寺丞
　制　宋宋　庠　1087-598- 26
●孟　琳宋
授閣門祗候制　宋吳　泳　1176- 72- 8
●孟　逵宋
內庭崇班孟逵與轉一
　官制　宋慕容彥逢　1123-371- 7
●孟　勝宋
轉三班借職制　宋鄒　浩　1121-293- 15
●孟　溫唐
授孟溫太子賓客等制　唐孫　逖　1336-661-403
●孟　詮宋
元係保正因掩殺桑仲
　賊馬立功節次轉成

四庫全書文集篇目分類索引　793

忠郎制　　　　　　　　宋張　嵲　1131-484- 17
●孟　愈宋
加官制　　　　　　　　宋王　洋　1132-418- 7
●孟　獻宋
除藉田令（制）　　　　宋陳傳良　1150-649- 18
●孟　遇宋
轉兩官制　　　　　　　宋周必大　1148- 50- 97
●孟端（等）宋
孟端等七人授承信郎
　（制）　　　　　　　宋陳傳良　1150-576- 11
●孟　綸宋
特授直秘閣荊湖北路
　轉運判官專一措置
　提督修城諾　　　　　宋衛　涇　1169-485- 2
●孟　德宋
轉武翼郎制　　　　　　宋張　擴　1129-104- 10
●孟　緯唐
授孟緯京兆尹制　　　　唐常　袞　1336-678-406
●孟　導宋
特授行軍器監丞制　　　宋衛　涇　1169-471- 1
●孟　隨宋
隆祐太后曾祖追贈制　　宋汪　藻　1128- 63- 7
孟忠厚曾祖隨追封魏
　王（制）　　　　　　宋程　俱　1130-248- 25
●孟　琰唐
除工部郎中 制　　　　　唐杜　牧　1081-667- 14
●孟　點宋
除湖北轉運判官制　　　宋許應龍　1176-471- 6
轉一官制　　　　　　　宋許應龍　1176-474- 6
●孟　濤宋
轉官制　　　　　　　　宋許景衡　1127-230- 7
●孟　簡唐
賜紫金魚袋制　　　　　唐白居易　1080 -592- 55
●孟子周唐
授孟子周太子賓客制　　唐常　袞　1336-661-403
●孟元亨宋
可大理寺丞致仕制　　　宋胡　宿　1088-798- 20
●孟化成宋
十二考人前權資州軍
　事判官孟化成可著
　作佐郎制　　　　　　宋宋　庠　1087-593- 25
●孟化琮宋
太常寺攝樂正孟化琮
　可將仕郎守太常寺
　太樂署副樂正制　　　宋宋　庠　1087-595- 25

●孟玄喆後蜀
授孟玄喆兗州節度制　　宋不著撰人　1354-472- 17
●孟永和宋
轉軍器庫副使兼翰林
　醫官副使（制）　　　宋蘇　轍　1112-294- 27
●孟永寧宋
可新州新興縣主簿充
　林待詔御書院祗候
　制　　　　　　　　　宋胡　宿　1088-782-782
●孟可道宋
可中書守闕主事　　　　宋胡　宿　1088-739- 14
●孟汝嘉宋
刑部郎官制　　　　　　宋汪　藻　1128- 90- 10
●孟忠厚宋
進封東海郡開國侯加
　食邑食實封制　　　　宋汪　藻　1128-102- 11
起復鎮潼童節度使開
　府儀同三司充醴泉
　觀使孟忠厚加恩制　宋汪　藻　1128-102- 11
知建康府制　　　　　　宋張　擴　1129-135- 13
擬孟忠厚加恩制　　　　宋劉才邵　1130-453- 4
知紹興府兼安撫使制　　宋劉才邵　1130-466- 5
除孟忠厚特授依前起
　復鎮潼軍節度使開
　府儀同三司充醴泉
　觀使特封信安郡王
　加食邑食實封制　　　宋綦崇禮　1134-570- 7
加太保致仕（制）　　　宋周麟之　1142-157- 20
贈太傅（制）　　　　　宋周麟之　1142-159- 20
●孟昌齡宋
孟昌齡復官制　　　　　宋許　翰　1123-501- 1
●孟知祥 後蜀
後唐封孟知祥爲蜀王
　策　　　　　　　　　後唐不著撰　1354-469- 16
　　　　　　　　　　　人

●孟彥弼宋
（孟忠厚）文彥弼贈
　太子少師（制）　　　宋程　俱　1130-249- 25
●孟思恭宋
轉閤門宣贊舍人制　　　宋張　擴　1129- 54- 7
故嗣濮王仲湜婿承節
　郎孟思恭可閤門祗
　候免供職（制）　　　宋劉一止　1132-189- 38
特降一官更部供本人
　元係武功大夫吉州

史部

詔令奏議類：附錄

詔令下（男）八畫

史部 詔令奏議類：附錄 詔令下（男）八畫

刺史落階官授文州刺史（制）　宋周必大　1148- 2- 94

●孟皇后（父）宋
隆祐太后父追贈制　宋汪　藻　1128- 64- 7

●孟惟彥宋
降官（制）　宋劉安上　1124- 23- 2

●孟虛舟宋
秘書丞知洪州豐城縣事孟虛舟可太常博士制　宋夏　竦　1087- 66- 2

●孟處義宋
轉一官（制）　宋劉一止　1132-169- 33
除淮南運判（制）　宋周麟之　1142-143- 18

●孟逢原宋
殯宮修奉司屬官孟逢原各於遙郡上轉行一官制　宋張　擴　1129- 76- 8

●孟朝宗宋
可太子中舍人致仕制　宋胡　宿　1088-797- 20

●孟應言宋
中書主事孟應言可堂後官（制）　宋韓　維　1101-656- 16

●孟懷义宋
祇候孟懷义轉猫邊花侍詔制　宋慕容彥逢　1123-351- 5

●邳　漢漢
遺襲勝邳漢策　漢王皇后　1396-275- 5

●奇多遇宋
左藏庫副使奇多遇與轉一官制　宋慕容彥逢　1123-370- 7

●奇林徹元
追封趙王謚康僖制　元柳　貫　1210-286- 7

●奇塔特薩里元
（耀珠封贈）祖父（制）　元趙孟頫　1196-729- 10

●屈　你宋
蕃官慶州柔遠寨柳橋寨屈你可元本族軍副主（制）　宋蘇　頌　1092-387- 33

●屈　移宋
府州靖化保屯毛州族子弟屈移可銀酒監武充本族副都軍主（制）　宋蘇　頌　1092-397- 34

●屈　黃宋

可供備庫副使制　宋王安禮　1100- 13- 2

●屈　蒐宋
蕃官大順城下骨咩族屈蒐可元本族軍副主（制）　宋蘇　頌　1092-387- 33

●屈　德宋
麟州兀羅族子弟屈德可銀酒監武充本族副都軍主（制）　宋蘇　頌　1092-377- 32

●奔巴陵阿袞宋
奔巴陵阿袞轉軍都指揮使制　宋慕容彥逢　1123-355- 5

●阿　星宋
景青宜黨令支團練使阿星刺史制　宋曾　鞏　1098-557- 22

●阿　珠元
贈謚故光祿大夫左丞相都元帥阿珠制　元王　惲　1201- 28- 67
丞相阿珠贈謚制　元閻　復　1367-138- 11
　　　　　　　　　　　　　　1394-323- 1

●阿李達宋
補承信郎制　宋張　擴　1129- 89- 9

●阿里罕元
（章佩丞和和）祖父阿里罕贈推誠宣力功臣光祿大夫中書平章政事柱國追封魏國公（制）　元趙孟頫　1196-730- 10

●阿里庫宋
賜阿里庫加恩制告詔　宋蘇　軾　1108-704-109

●阿里骨宋
西蕃邈川首領阿里骨加食邑制　宋蘇　頌　1350-372- 36

●阿都台(阿勒坦台)(阿勒塔台)元
中書左丞相阿都台追封順昌郡王制　元姚　燧　1201-412- 1
　　　　　　　　　　　　　　1367-141- 11
　　　　　　　　　　　　　　1373- 89- 7

●阿勒坦元
右丞阿勒坦（追）封（特進趙國公）謚（貞孝）制　元馬祖常　1206-558- 6
　　　　　　　　　　　　　　1373-245- 17

四庫全書文集篇目分類索引　795

● 阿勒哈（阿喇罕）元
平章伊蘇岱德爾父阿勒哈追贈曹南王諡忠宣制　元馬祖常　1206-557- 6
● 阿悖官宋
本族副軍主制　宋曾鞏　1098-557- 22
● 阿移爾宋
保安軍順寧寨蕃弓箭手指揮覺默特族右侍禁阿穆爾與轉五官制　宋慕容彥逢　1123-371- 7
● 阿嚕加元
追封魏國公改諡忠節制　元程鉅夫　1202- 17- 2
● 阿嚕圖元
阿嚕圖爲右丞相詔　元王　沂　1208-496- 13
● 阿力海涯元
追封太師郡王（制）　元袁　桷　1203-482- 36
● 阿史那獻唐
授阿史那獻特進制　唐蘇　頲　1336-761-417
● 阿實克岱元
蒙古特穆爾考崇福使阿實克岱追封秦國忠翊公制　元姚　燧　1201-423- 2
● 阿爾布哈元
趙王專故祖父阿爾布哈追封趙王諡武襄制　元程鉅夫　1202- 30- 3
● 阿爾哈雅元
丞相阿爾哈雅贈諡制　元王　構　1367-146- 12
● 阿勒坦薩里元
耀珠封贈曾祖父（制）　元趙孟頫　1196-728- 10
● 阿齊諾延濟勒元
皇太后故曾祖父阿齊諾延濟勒諡忠武制　元程鉅夫　1202- 35- 3
● 阿裕爾巴里巴特喇元
皇太子册文　元閻　復　1367-130- 10
● 邵　才宋
權發遣廣德軍邵才可權知滁州制　宋劉　放　1096-211- 21
● 邵　亢宋
樞密直學士邵亢可樞密副使制　宋鄭　獬　1097-114- 1
尚書祠部員外郎知制誥知諫院兼判司農寺邵亢可依前尚書祠部員外郎知制誥兼太子右庶子（制）　宋韓　維　1101-669- 17
太常丞制　宋王安石　1105-397- 51
● 邵　必宋
左通直郎邵聞禮弟右通直郎敦詩弟右奉議郎約史故父任龍圖閣學士尚書右司郎中贈通議大夫必可贈左正議大夫制　宋呂　陶　1098- 72- 9
薊州廣濟縣令充國子監直講邵必可大理寺丞制　宋歐陽修　1102-642- 81
● 邵　同唐
授太府少卿充吐蕃和好使制　唐元　稹　1079-574- 46
貶連州司馬制　唐白居易　1080-558- 52
● 邵　供（父）宋
封承務郎致仕制　宋虞　儔　1154-123- 5
● 邵　相宋
戶部郎官（制）　宋劉一止　1132-205- 42
● 邵　建宋
宿衞部轄官兵特贈一官（制）　宋陳傅良　1150-641- 18
● 邵　剛宋
太學博士制　宋曾　鞏　1098-545- 20
通判泗州（制）　宋蘇　軾　1108-665-106
　　　　　　　　　　　　1402-116- 21
● 邵　淵宋
手分借職邵淵可轉一官制　宋慕容彥逢　1123-377- 7
● 邵　亶宋
大理評事（制）　宋樓　鑰　1152-660- 37
● 邵　康宋
除秘書丞（制）　宋陳傅良　1140-648- 18
太學博士（制）　宋樓　鑰　1152-653- 37
● 邵　從宋
贈承信郎與一子恩澤制　宋張　嵲　1131-493- 18
● 邵　鄂宋
玉牒黃麾仗成內侍邵鄂轉一官制　宋張　擴　1129-79- 8
● 邵　溥宋

史部
詔令奏議類：附錄
詔令下（男）八畫

史部 詔令奏議類・附錄

詔令下（男）八畫

前戶部侍郎邵溥降一官制　宋汪　藻　1128- 86- 9
落職京東小郡制　宋汪　藻　1128-112- 12
復徽猷閣待制（制）　宋張　綱　1131- 4- 1
瀘南沿邊安撫使兼知瀘州（制）　宋張　綱　1131- 41- 7
徽猷閣待制潼川府路宣撫使邵溥誤收試舉人降一官（制）　宋劉一止　1132-181- 36
磨勘轉左朝議大夫（制）　宋劉一止　1132-213- 44
復秘閣修撰誥　宋王　洋　1132-436- 8
●邵　說唐
授邵說兵部郎中制　唐常　袞　1336-571-390
●邵　薄宋
可責授汝州團練副使峽州安置制　宋秦崇禮　1134-553- 5
●邵　瑋宋
寄班祗候邵瑋轉一官制　宋張　擴　1129- 81- 8
●邵　護宋
爲父陣亡可承信郎制　宋許　翰　1123-492- 1
●邵文炳宋
待制宮觀制　宋虞　儔　1154-111- 5
轉官致仕制　宋虞　儔　1154-123- 5
兼侍講制　宋虞　儔　1154-124- 5
●邵公輸宋
大理評事（制）　宋樓　鑰　1152-660- 37
●邵及之宋
福建運判制　宋洪　适　1158-396- 22
●邵宏淵宋
與除正任觀察使（制）　宋周必大　1148--61- 98
●邵伯溫宋
贈殿撰制　宋胡　寅　1137-448- 13
●邵希直宋
入內西京左藏庫使邵希直可入內文思使制　宋慕容彥逢　1123-361- 6
邵諝父希直特封成州團練使致仕（制）　宋周必大　1148- 53- 98
●邵常政唐
可內侍省內謁者監制　唐元　稹　1079-590- 49
●長孫銓唐
量移遂州司戶制　唐白居易　1080-549- 51
●長孫無忌唐

右僕射制——貞觀元年七月　唐不著撰人　426-289- 44
司空制　唐不著撰人　426-290- 44
司徒制——貞觀十六年七月　唐不著撰人　426-291- 44
開府儀同三司制——貞觀二年一月　唐不著撰人　426-389- 55
册齊國公無忌爲司空文　唐不著撰人　426-447- 61
長孫無忌等九人各封一子郡縣公詔　唐不著撰人　426-447- 65
長孫無忌等十四人並爲刺史封國公令子孫承襲詔　唐不著撰人　426-478- 65
●東　端宋
翰林醫官制　宋曾　鞏　1098-558- 22
●東方辛宋
登州黃縣尉東方辛可密州司士參軍制（誥）　宋歐陽修　1102-618- 79
　　　　1350-379- 37
　　　　1402-112- 20
●東野瑾宋
縣令東野瑾太子中舍致仕制　宋王安石　1105-425- 53
●抹　征宋
阿里骨大首領抹征可特授銀青光祿大夫檢校國子祭酒兼監察御史武騎尉充本族副軍主制　宋劉　放　1096-202- 20
●林　义宋
工部員外郎陞郎中制　宋張　擴　1129- 72- 8
除工部郎官制　宋張　擴　1129- 73- 8
應辦中宮册寶林义轉一官制　宋張　擴　1129- 80- 8
●林　充（等）宋
責官制　宋王　洋　1132-426- 8
●林　旦宋
淮南運副制　宋蘇　軾　1108-701-108
　　　　1112-286- 27
　　　　1350-407- 40
　　　　1418-448- 51
●林　申宋
除宗正寺簿制　宋洪咨夔　1175-231- 17
●林　杞宋

四庫全書文集篇目分類索引　　797

前權清海軍節度掌書記林杞可著作佐郎制　宋宋　庠　1087-578- 23

●林　希宋

知湖州林希可知南京制　宋劉　放　1096-228- 22

林希著作佐郎制　宋曾　鞏　1098-545- 20

林希可中書舍人（制）　宋蘇　軾　1108-699-108

　　　　　　　　　　　　　　1402-125- 23

集賢殿修撰知蘇州（制）　宋蘇　轍　1112-284- 27

知宣州（制）　宋蘇　轍　1112-294- 27

知湖州（制）　宋蘇　轍　1112-316- 30

●林　炎宋

除大理評事（制）　宋洪咨夔　1175-242- 19

除大理評事制　宋袁　甫　1175-423- 8

●林　邵宋

太僕丞（制）　宋蘇　軾　1108-685-107

●林　采宋

特授知平江軍府事兼管內勸農使（制）　宋衞　涇　1169-476- 1

●林　洞宋

林洞年一百零二歲特補右迪功郎致仕制　宋張　擴　1129- 42- 6

●林　沫宋

將作監林沫可司農卿（制）　宋劉　敞　1095-653- 30

　　　　　　　　　　　　　　1350-385- 37

　　　　　　　　　　　　　　1418-363- 48

●林　拓宋

授閣門宣贊舍人制　宋吳　泳　1176- 72- 8

●林　英宋

太常博士林英可屯田員外郎（制）　宋韓　維　1101-665- 17

大理少卿（制）　宋蘇　轍　1112-315- 29

●林　高宋

奏舉人前權筠州軍事推官林高可著作佐郎制　宋宋　庠　1087-578- 23

●林　格宋

林遹父格贈太中大夫（制）　宋程　俱　1130-233- 23

●林　郡宋

開封推官（制）　宋蘇　軾　1108-691-108

●林　栗宋

除太學正（制）　宋周麟之　1142-135- 17

●林　栟宋

右司制　宋虞　儔　1154-108- 5

●林　通宋

轉承節郎制　宋張　擴　1129-101- 10

●林　略宋

除宗正少卿誥　宋許應龍　1176-432- 3

除太府少卿誥　宋許應龍　1176-433- 3

除殿中侍御史制　宋許應龍　1176-448- 4

除侍御史制　宋許應龍　1176-448- 4

●林　術宋

平陽縣尉林術可試祕校知永州祁陽縣事制　宋歐陽修　1102-644- 81

●林　混宋

夷部郎官（制）　宋樓　鑰　1152-638- 35

太府少卿（制）　宋樓　鑰　1152-666- 38

●林　貳宋

補保義郎制　宋劉才邵　1130-460- 5

●林　盛宋

可國子博士制　宋胡　宿　1088-745- 15

●林　景宋

廣東潮州海界有賊船作過本州遣使臣林景部領戰船追捕各得寧息承信郎上轉承節郎制　宋張　嵲　1131-451- 13

●林　幾宋

除起居舍人（制）　宋周麟之　1142- 99- 13

●林　勝宋

轉一官（制）　宋周必大　1148- 32- 96

●林　詢宋

封州司理林詢被蠻賊殺害贈大理寺丞制　宋蔡　襄　1090-433- 11

●林　鼎宋

太常寺太祝林鼎可舊官服闕（制）　宋韓　維　1101-652- 16

●林　嶅宋

閣門舍人（制）　宋樓　鑰　1152-622- 34

●林　管宋

閣門舍人制　宋虞　儔　1154-108- 5

●林　廣宋

步軍都虞侯英州刺史林廣可衞州防禦使馬軍都虞侯制　宋陸　佃　1117-138- 10

● 林　璋 宋
可著作佐郎制　　　　　　宋王安禮　1100- 23- 2
● 林　億 宋
司封郎中制　　　　　　　宋王安石　1105-384- 50
● 林　德 宋
司封郎中充秘閣校理
　判登聞檢院林德可
　太常少卿依前秘閣
　校理差如故（制）　　宋韓　維　1101-665- 17
● 林　梓 宋
循一資（制）　　　　　　宋樓　鑰　1152-685- 39
● 林　遹 宋
除待制宮祠制　　　　　　宋張　守　1127-686- 2
待制知福州制　　　　　　宋李正民　1133- 25- 2
　● 林　嶠（等）宋
勒停追官人林嶠等加
　官（制）　　　　　　　宋田　錫　1085-554- 29
● 林　積 宋
知福州（制）　　　　　　宋蘇　轍　1112-321- 30
● 林　衡 宋
奉聖旨各特先次降一
　官仍令本路提刑司
　取勘具按聞奏制　　　宋張　嵲　1131-469- 15
● 林　勳 宋
除廣南東路轉運判官
　制　　　　　　　　　　宋張　擴　1129- 71- 8
● 林　濰 宋
京西路轉運副使尚書
　主客郎中林濰可加
　勳制　　　　　　　　　宋宋　庠　1087-592- 25
● 林　顏 宋
知濠州林顏可知虔州
　制　　　　　　　　　　宋劉　敞　1096-217- 21
權知泉州（制）　　　　　宋蘇　轍　1112-319- 30
知濠州（制）　　　　　　宋蘇　轍　1112-322- 30
● 林　攄 宋
龍圖閣直學士朝奉大
　夫林攄可開封尹制　　宋慕容彥逢　1123-332- 4
端明殿學士知熙州林
　攄除知永興軍制　　　宋翟汝文　1129-198- 2
端明殿學士正奉大夫
　新知永興軍林攄知
　應天府制　　　　　　　宋翟汝文　1129-199- 2
● 林　獻 宋
可移袁州司馬制　　　　　宋宋　庠　1087-594- 25

● 林　觀 宋
前權知建州節度判官
　林觀可大理寺丞（
　制）　　　　　　　　　宋韓　維　1101-653- 16
● 林子堯（等）宋
林子堯等補保義郎係
　從賊黨出首自新（
　制）　　　　　　　　　宋劉一止　1132-173- 34
● 林大中 宋
磨勘轉官（制）　　　　　宋陳傳良　1150-608- 14
封永康縣開國男食邑
　三百戶（制）　　　　　宋陳傳良　1150-618- 15
直寶文閣（制）　　　　　宋樓　鑰　1152-620- 34
知贛州（制）　　　　　　宋樓　鑰　1152-630- 35
● 林大年 宋
屯田員外郎林大年可
　都官員外郎制　　　　　宋王安石　1105-391- 50
● 林大鼎 宋
兼侍講（制）　　　　　　宋周麟之　1142- 95- 13
又除吏部尚書（制）　　　宋周麟之　1142- 95- 13
除諫議大夫（制）　　　　宋周麟之　1142-102- 13
● 林大聲 宋
戶部郎官林大聲特轉
　一官制　　　　　　　　宋張　擴　1129- 75- 8
● 林文仲 宋
太府寺主簿制　　　　　　宋張　擴　1129-145- 13
● 林孔昭 宋
除大理寺丞制　　　　　　宋衛　涇　1169-469- 1
● 林仁肇 南唐
浙西節度使制　　　　　　宋徐　鉉　1085- 46- 6
● 林安上 宋
復直龍圖閣制　　　　　　宋王　洋　1132-410- 7
可落職與宮觀制　　　　　宋綦崇禮　1134-552- 5
● 林安宅 宋
除廣東運判（制）　　　　宋周麟之　1142-133- 17
● 林光謙 宋
除樞密院編修官依舊
　督府主管機宜文字
　制　　　　　　　　　　宋許應龍　1176-438- 4
● 林孝友 宋
大理寺丞（制）　　　　　宋樓　鑰　1152-646- 36
● 林克從 宋
可國子博士制　　　　　　宋胡　宿　1088-751- 15
● 林克讓 宋
前太常寺太祝林克讓

四庫全書文集篇目分類索引　799

服闋可舊官制　宋宋　庠　1087-586- 24
●林伯成 宋
閤門舍人制　宋虞　儔　1154-108- 5
●林伯順 宋
除武學諭制　宋洪咨夔　1175-259- 22
●林廷皓 南唐
筠州刺史林廷皓責授制　宋徐　鉉　1085- 67- 8
●林叔豹 宋
除秘書省正字（制）　宋程　俱　1130-260- 26
除江東運判（制）　宋劉一止　1132-194- 39
●林季友 宋
吏部郎官（制）　宋樓　鑰　1152-676- 39
●林季仲 宋
檢正諸房公事（制）　宋李彌遜　1130-630- 6
林季仲幸免罪去事落職依舊宮祠該遇大禮赦復直祕閣制　宋張　嵲　1131-486- 17
吏部右選制　宋胡　寅　1137-446- 13
●林宗元 宋
大理寺丞制　宋王安石　1105-402- 51
●林宗偉 宋
架閣林宗偉除太學正臨安府教授制　宋洪咨夔　1175-259- 22
●林宗普 宋
可供備庫副使制　宋胡　宿　1088-770- 17
● 林拱辰 宋
特授行大理寺主簿制　宋衛　涇　1169-465- 1
● 林思問 宋
前秦州清水尉林思問可耀州華原令（制）　宋田　錫　1085-549- 28
● 林思齊 宋
除大理正（制）　宋陳傅良　1150-644- 18
● 林思濟 宋
大理寺丞（制）　宋樓　鑰　1152-677- 39
●林待聘 宋
林待聘司封員外郎（制）　宋程　俱　1130-261- 26
起居郎（制）　宋劉一止　1132-207- 42
除中書舍人（制）　宋劉一止　1132-217- 45
● 林祖洽 宋
司農卿同參計官制　宋衛　涇　1169-483- 2
● 林致和 宋
修造所有勞並補承信郎制　宋許　翰　1123-493- 1

● 林師說 宋
再任（制）　宋李彌遜　1130-640- 5
● 林朝佐 宋
可承節郎制　宋許景衡　1127-230- 7
● 林景衡 宋
權發遣德慶府制　宋吳　泳　1176- 75- 8
● 林億年 宋
除入內內侍省押班（制）　宋陳傅良　1150-584- 12
● 林積仁 宋
廣東運副（制）　宋劉一止　1132-224- 47
落職監當（制）　宋孫　覿　1135-262- 25
● 林禧子（父）宋
林禧子封父承務郎制　宋洪咨夔　1175-229- 17
● 林濟峰 明
西安衞都指揮使葉昇林濟峰誥　明 太 祖　1223- 20- 3
● 林覺祥 宋
轉承節郎制　宋張　擴　1129-101- 10
爲應募戰船防秋轉一官資制　宋張　嵩　1131-441- 12
● 來　歙 漢
贈來歙策　漢光武帝　426-1069- 13
　　　　　　1397- 8- 1
● 來之邵 宋
監察御史來之邵可殿中侍御史制　宋呂　陶　1098- 65- 8
●來伯友 宋
歸順人來伯友修武郎制　宋洪咨夔　1175-225- 16
●來處和 宋
落看班字制　宋虞　儔　1154-120- 5
引班太疾降一官制　宋衛　涇　1169-470- 1
●來處恭 宋
閤門祗候來處恭該應舉人使十次賞各轉一官（制）　宋陳傅良　1150-579- 11
●來慶祥 宋
司天監來慶祥可降授司天監主簿制　宋宋　庠　1087-563- 21
●承　彥 宋
勅封承彥制　宋許　翰　1123-498- 1
●尚　奇（等）宋
贈兩官與一子父職名升遇賽音蒙香唐仲

史部

詔令奏議類：附錄

詔令下（男）八畫

四庫全書文集篇目分類索引

史部

詔令奏議類：附錄

詔令下（男）八畫

來勇安勝都商石有伊克劉彥李輝並贈承信郎各與一子父職名制　宋張　嵲　1131-509- 19

●尚　起宋
陳州錄事參軍尚起可太子中舍致仕　宋沈　遘　1097- 32- 4

●尚　清宋
故右侍禁尚清可授三班借職制　宋慕容彥逢　1123-393- 8

●尚　瑜宋
水部員外郎制　宋翟汝文　1129-207- 3

●尚　頌宋
十二考人前益州節度判官尚頌可殿中丞制　宋宋　庠　1087-578- 23

●尚　鉉宋
轉兩官（制）　宋孫　覿　1135-261- 25

●尚正德宋
大理寺丞尚正德可太子中舍制　宋宋　庠　1087-583- 24

●尚汝貞唐
授尚汝貞涪州刺史制　唐李　磎　1336-721-411

●尚佐均宋
國子博士尚佐均除秘書郎制　宋翟汝文　1129-207- 3

●尚殷美唐
授尚殷美萬歲縣主簿制　唐劉崇望　1336-748-415

●尚惟寅宋
尚惟寅轉敦武郎制　宋張　擴　1129-103-.10

●尚惟賢宋
爲勅令所編修條冊成書係本所供檢文字轉一官制　宋張　嵲　1131-441- 12

●尚從吉宋
圖畫局藝學尚從吉可轉一官制　宋慕容彥逢　1123-392- 8

●尚漢美唐
右神策軍檢校押衙太子賓客尚漢美等敍勳制　唐杜　牧　1081-688- 17

●旺密桑宋
及蕃官左藏庫副使旺密桑與轉一官制　宋慕容彥逢　1123-388- 8

●旺默星宋
蕃官皇城副使旺默星與轉一官制　宋慕容彥逢　1123-388- 8

●旺扎勒圖元
諡武宣制　元程鉅夫　1202- 14- 2

●昌　弼宋
京西路轉運副使昌弼降兩官制　宋汪　藻　1128- 88- 9

●昌義之梁
贈昌義之詔　梁 武 帝　1399-258- 1
　　　　　　　　　　　　1414-427- 80

●明　埒元
封雅克布琳知院祖明埒制　元虞　集　1207-319- 22

●明　衮宋
奏舉人前鼎州龍陽縣令明衮特授大理寺丞制　宋蔡　襄　1090-439- 12

●明　澤宋
換從義郎（制）　宋樓　鑰　1152-616- 34

●明　穆宋
可太子中舍人制　宋胡　宿　1088-736- 14

●明　鎬宋
龍圖閣直學士左司郎中知并州兼并代徑略明鎬可右諫議大夫（制）　宋余　靖　1089- 93- 10

●明太宗明
尊文皇帝文皇后諡號詔　明楊士奇　1239-586- 1

文皇帝尊諡册文　明楊士奇　1239-587- 1

●明仁宗明
尊昭皇帝諡號詔　明楊士奇　1239-599- 1

●明里察元
（中書左丞某）曾祖某贈資善大夫中書右丞追封高昌郡公諡康懿（制）　元袁　桷　1203-483- 36

● 明武宗明
武宗皇帝尊諡詔　明毛　紀　1402- 47- 9

●明懿祖明
懿祖諡册文　明蘇伯衡　1228-552- 2
　　　　　　　　　　　　1373-494- 1

●帕克巴宋
西蕃首領帕克巴可銀

青光祿大夫檢校國子祭酒兼監察御史武騎尉充本族軍主制　宋夏竦　1087-72-2

●固都斯元
丞相托克托故曾祖父固都斯追封某王制　元程鉅夫　1202-27-3

●花　辛宋
轉承信郎制　宋張擴　1129-98-10

●卓　茂漢
封卓茂詔　漢光武帝　426-1063-13
　　　　　　　　　　538-491-75
　　　　　　　　　　1355-62-3
　　　　　　　　　　1360-41-2
　　　　　　　　　　1397-13-1
　　　　　　　　　　1402-26-4

●卓順之宋
西綾錦副使兼翰林醫官副使殿中省尚藥奉御卓順之可軍器庫使制　宋劉敞　1096-190-19
直翰林醫官局等制　宋曾鞏　1098-556-22

●卓裕勒宋
左騏驥副使卓裕勒轉一官制　宋慕容彥逢　1123-367-6

●卓遵國宋
醫官卓遵國可轉一官制　宋慕容彥逢　1123-384-7
軍器庫使兼醫官使卓遵國可轉一官制　宋慕容彥逢　1123-384-7
醫官卓遵國可轉一官制　宋慕容彥逢　1123-385-7

●呼延昌宋
洪州觀察使呼延通故父昌可特贈武義郎制　宋張嵲　1131-513-20

●呼延實宋
歸順人呼延實修武郎制　宋洪咨夔　1175-225-16

●呼延必顯宋
撰呼延告詞加食邑（制）　宋祖士衡　1098-864-15

●呼圖克岱爾元
諸王呼圖克岱爾追封雲安王諡忠武制　元楊載　1208-199-6

●易侯慶齊
河南王吐谷渾易侯度進號詔　齊武帝　1399-26-1

●易致堯宋
循右文林郎制　宋劉才邵　1130-460-5

●易嘉謀宋
補右迪功郎（制）　宋周必大　1148-48-97

●叔　齊商
封伯夷叔齊詔　元世祖　506-178-91
　　　　　　　　　　　549-66-183
擬追封伯夷叔齊制　明鄭眞　1234-400-57
追封伯夷叔齊制　元閻復　1367-135-11

●叔仲會周
改瑕邱伯叔仲會爲寧陽伯（制）　宋劉安上　1124-13-2

●叔梁紇周
追封孔子父叔梁公册文　　1300-60-4
　　　　　清世祖　1300-60-4
加封孔子父母制　元謝端　1367-134-11

●果勒齊元
追諡果勒齊制　元王惲　1201-31-67

●侍其瑋宋
前著作佐郎侍其瑋可舊官服闕（制）　宋蘇頌　1092-347-29

●侍其瑾宋
供備庫使侍其瑾可知邢州制　宋劉敞　1096-211-21

●季　良唐
授秀良等諸州刺史制　唐孫逖　1336-710-410

●季　衍宋
復中大夫直龍圖閣致仕季衍特贈通議大夫制　宋洪咨夔　1175-236-18

●季　陵宋
除中書舍人制　宋張守　1127-685-2
右司員外郎制　宋汪藻　1128-77-8
復徽猷閣待制制　宋王洋　1132-412-7
復待制知溫州制　宋李正民　1133-26-2
除徽猷閣待制知臨安府制　宋綦崇禮　1134-542-3
可落職依舊宮觀制　宋綦崇禮　1134-552-5

●季　翔宋
太學錄制　宋洪适　1158-406-24

●季　説唐
山東道推官制　唐杜牧　1081-683-16

史部　詔令奏議類：附錄　詔令下（男）八畫

●季　鑄宋
除大理卿制　　　　　　　　宋馬廷鸞　1187-33-4
除右文殿修撰依舊知紹興府制　　　　　　　　宋馬廷鸞　1187-39-5
依舊秘閣修撰知紹興府浙東安撫使制　　　　　　　　宋馬廷鸞　1187-40-5
●季南壽宋
除考功郎官（制）　　　　　宋周麟之　1142-118-15
直秘閣宮觀制　　　　　　　宋洪　适　1158-378-20
●和　郁宋
殿中丞新差通判石州和郁可太常博士餘依舊制　　　　　　　　宋夏　竦　1087-60-1
●和　偘宋
江州錄事參軍監鄂州買納茶場和偘可大理評事　　　　　　　　宋沈　遘　1097-33-4
●和拉布哈元
故丞相和拉布哈謚忠獻制　　　　　　　　元程鉅夫　1202-32-3
●和爾果斯元
丞相和爾果斯贈謚制　　　　元閻　復　1367-139-11
●和塔拉都哩默色
（曾祖）元
和塔拉都哩默色承旨曾祖父制　　　　　　　　元蒲道源　1210-694-15
●周　尹宋
著作佐郎周尹可秘書丞（制）　　　　　　　　宋沈　遘　1097-30-附
考功郎中（制）　　　　　　宋蘇　軾　1108-678-107
●周　中宋
奉議周中可轉一官制　　　　宋慕容彥逢　1123-378-7
●周　圭宋
樞密直學士周沆父圭贈尙書右僕射制　　　　　　　　宋鄭　獬　1097-157-5
●周　聿宋
復右奉議郎制　　　　　　　宋張　擴　1129-88-9
復右承議郎制　　　　　　　宋張　擴　1129-141-13
改官（制）　　　　　　　　宋張　綱　1131-24-4
權刑部侍郎（制）　　　　　宋劉一止　1132-185-37
●周　同宋
奏舉人周同大理寺丞制　　　　　　　　宋王安石　1105-402-51
●周　沆宋
前著作佐郎周沈服闋

可舊官制　　　　　　　　　宋宋　庠　1087-586-24
河東轉運使周沆可三司度支副使制　　　　　　　　宋王　珪　1093-297-40
河北轉運使工部郎中天章閣待制周沆可兵部郎中餘依舊（制）　　　　　　　　宋劉　敞　1095-654-30
　　　　　　　　　　　　　　　　　　1350-387-38
　　　　　　　　　　　　　　　　　　1418-364-48
右諫議大夫制　　　　　　　宋王安石　1105-381-49
●周　辛宋
右通直郎權尙書刑部侍郎陝西宣諭使周辛磨勘轉右奉議郎（制）　　　　　　　　宋劉一止　1132-198-40
●周　孝宋
贈兩官與一資恩澤制　　　　宋張　嵲　1131-508-19
●周　孜宋
故戶部侍郎致仕周沆親孫孜可試秘書省校書郎制　　　　　　　　宋鄭　獬　1097-167-6
●周　岐宋
可著作佐郎制　　　　　　　宋胡　宿　1088-715-12
●周　邠宋
通判壽春（制）　　　　　　宋蘇　轍　1112-315-29
●周　坦宋
持授中奉大夫守寶章閣直學士致仕制　　　　　　　　宋馬廷鸞　1187-67-9
●周　林宋
爲勅令所編修在京通用條册成書轉一官制　　　　　　　　宋張　嵲　1131-442-12
●周　昇宋
降成忠郎（制）　　　　　　宋陳傅良　1150-581-12
●周　岳唐
授周岳嶺南西道節度使制　　　　　　　　唐陸　贄　1337-280-457
授周岳湖南節度使制　　　　唐陸　贄　1337-281-457
●周　冠明
（周順昌）祖父（贈某官至三世制）　　　　　　　　明倪元璐　1297-8-1
●周　宣宋
殿前司托試到舊行門周宣武藝與換敦武郎（制）　　　　　　　　宋劉一止　1132-173-34

●周　奕宋
特補摰壹正（制）　　宋陳傳良　1150-577- 11
降授春官正制　　宋吳　泳　1176- 87- 9
●周　美宋
可檢校兵部尚書耀州
　刺史充侍衞親軍步
　軍副都指揮使耀州
　觀察使加食邑五百
　戶實封二百戶制　　宋胡　宿　1088-761- 17
故侍衞親軍馬軍副都
　指揮使周美可贈忠
　武軍節度使制　　宋王　珪　1093-249- 35
●周　咸宋
尚書屯田員外郎通判
　池州周咸可尚書都
　官員外郎制　　宋宋　庠　1087-605- 26
●周　革宋
職方員外郎周革可屯
　田郎制　　宋鄭　獬　1097-130- 3
樞密院編修周革轉官
　制　　宋王安石　1105-394- 51
●周　秘宋
大理寺丞（制）　　宋樓　鑰　1152-664- 38
刑部郎官（制）　　宋樓　鑰　1152-713- 41
●周　昞宋
可大理寺丞制　　宋胡　宿　1088-732- 14
●周　約宋
可著作佐郎制　　宋胡　宿　1088-716- 12
●周　衍宋
（周必大）曾祖故朝
　奉郎贈太師潭國公
　衍加秦國公（制）　宋陳傳良　1150-610- 15
●周　朗劉宋
徙邊詔　　劉宋孝武帝　1398-539- 3
●周　祕宋
周祕知婺州（制）　　宋劉一止　1132-165- 32
●周　墜宋
除大理寺丞制　　宋王　洋　1132-416- 7
●周　時宋
周時變路運判制　　宋洪　适　1158-399- 23
●周　純宋
知號州朱陽縣（制）　宋蘇　純　1112-313- 29
●周　乘宋
大理寺丞吳王宮教授
　周乘可殿中丞制　　宋王　珪　1093-280- 38

●周　秩宋
丞議郎太常丞周秩可
　駕部員外郎制　　宋劉　攽　1096-186- 19
朝散大夫添差監歙州
　鹽酒稅周秩復直龍
　圖閣提舉洞霄宮（
　制）　　宋劉安上　1124- 14- 2
●周　望宋
兵部尚書周望同簽書
　樞密院制　　宋汪　藻　1128-106- 11
給事中周望兵部尚書
　制　　宋汪　藻　1128-106- 11
給事中制　　宋李正民　1133- 11- 1
宣撫使制　　宋李正民　1133- 30- 3
可除中大夫同知樞密
　院事制　　宋綦崇禮　1134-543- 3
可除兩浙宣撫使制　　宋綦崇禮　1134-550- 4
除考功員外郎（制）　宋孫　覿　1135-268- 26
●周　淵宋
循右儒林郎制　　宋張　擴　1129-140- 13
●周　捨梁
贈周捨詔（二則）　　梁　武帝　1399-259- 1
　　　　　　　　　　　　　　　1414-428- 80
●周　陵宋
廣南西路轉運按察使
　全部員外郎周陵可
　司勳員外郎就差充荊
　湖南路轉運按察使制　宋歐陽修　1102-625- 79
荊湖轉運使制　　宋歐陽修　1102-642- 81
●周　常宋
中書舍人兼侍講制　　宋鄒　浩　1121-317- 18
●周　莘宋
入內內侍省內東頭供
　奉官周莘可入內內
　侍省制　　宋慕容彥逢　1123-394- 8
●周　偕宋
可殿中丞制　　宋胡　宿　1088-722- 13
●周　紳宋
戶部員外郎周紳可淮
　南轉運判官制　　宋慕容彥逢　1123-349- 5
●周　曾唐
贈淮西軍大將周會等
　勅　　不著撰人　 426-480- 65
●周　湛宋
可刑部郎中制　　宋胡　宿　1088-757- 16

●周　琮宋
可司天中官正制　　　　　　宋胡　宿　1088-741- 14
●周　登宋
貝州歷亭縣主簿周登
　可國子監丞致仕制　　　宋歐陽修　1102-624- 79
●周　堪漢
徵拜周堪詔　　　　　　　漢 元 帝　426-1032- 9
　　　　　　　　　　　　　　　　　549- 31-183
　　　　　　　　　　　　　　　　 1396-248- 3
左遷周堪張猛詔　　　　　漢 元 帝　1396-248- 3
●周　邊宋
周綰故父贈特進邊特
　贈開府儀同三司（
　制）　　　　　　　　　宋周必大　1148- 16- 95
●周　復宋
可著作佐郎制　　　　　　宋胡　宿　1088-734- 14
●周　訁宋
（周必大）祖故朝散大
　夫贈太師潭國公
　訁封秦國公（制）　　　宋陳傅良　1150-611- 15
●周　載唐
授周載滁州刺史制　　　　唐元　稹　1079-656- 5
　　　　　　　　　　　　　　　　 1336-710-410
●周　枅宋
除大理寺丞制　　　　　　宋張　擴　1129- 86- 9
●周　鼎宋
權刑部侍郎制　　　　　　宋鄒　浩　1121-304- 16
特贈待制制　　　　　　　宋胡　寅　1137-443- 13
●周　葵宋
江東提刑（制）　　　　　宋李彌遜　1130-645- 5
周葵元是起居郎爲臣
　寮上言挾私薦呂廣
　問奉聖旨落職與宮
　祠遇明堂大禮合行
　檢舉復直秘閣制　　　　宋張　嵲　1131-486- 17
太常少卿（制）　　　　　宋劉一止　1132-185- 37
殿中侍御史（制）　　　　宋劉一止　1132-209- 43
起居郎（制）　　　　　　宋劉一止　1132-223- 46
殿中侍御史制　　　　　　宋胡　寅　1137-451- 13
紹興三十二年九月任
　起居郎兼權中書舍
　人兵部侍郎周葵兼
　侍講（制）　　　　　　宋周必大　1148- 1- 94
資政殿學士提舉臨安
　府洞霄宮制　　　　　　宋洪　适　1158-383- 21
封宜興縣子制　　　　　　宋洪　适　1158-408- 24
●周　秩宋
大理評事制　　　　　　　宋袁　甫　1175-423- 8
●周　寧（父）宋
管軍周寧封贈故父勅　　　宋許　翰　1123-516- 3
●周　端宋
可太子中舍人制　　　　　宋胡　宿　1088-722- 13
●周　輔宋
著作佐郎周輔轉秘書
　丞制　　　　　　　　　宋歐陽修　1102-630- 80
●周　搏宋
著作佐郎知蔡州汝陽
　縣事周演父搏可特
　授宋大理評事致仕
　（制）　　　　　　　　宋韓　維　1101-675- 18
●周　愿唐
可衡州刺史制　　　　　　唐白居易　1080-532- 49
　　　　　　　　　　　　　　　　 1336-711-410
●周　綰宋
左中奉大夫權尚書吏
　部侍郎兼史館修撰
　周綰除集英殿修撰
　知溫州制　　　　　　　宋胡　宿　1088-773- 18
除京西路運判兼提舉
　制　　　　　　　　　　宋劉才邵　1130-467- 5
除國子祭酒（制）　　　　宋周麟之　1142-108- 14
除吏部侍郎（制）　　　　宋周麟之　1142-132- 17
●周　綱宋
除監察御史（制）　　　　宋張　綱　1131- 43- 7
檢正（制）　　　　　　　宋劉一止　1132-208- 43
除權吏部侍郎（制）　　　宋劉一止　1132-218- 45
措置收羅轉一官制　　　　宋胡　寅　1137-437- 12
●周　諒宋
補承信郎制　　　　　　　宋張　擴　1129- 98- 10
●周　震宋
特授知大宗正丞制　　　　宋衛　涇　1169-470- 1
●周　踐宋
殿中丞通判沂州周
　踐可國子博士制　　　　宋宋　庠　1087-584- 24
●周　輝宋
降官制　　　　　　　　　宋劉才邵　1130-477- 5
●周　德宋
御前忠佐周德等加恩
　制　　　　　　　　　　宋鄭　獬　1097-166- 6
●周　諸宋

可太子中舍人制　宋胡　宿　1088-737- 14
●周　穎宋
進書轉官制　宋翟汝文　1129-219- 4
檢正制　宋李正民　1133- 18- 2
●周　翰宋
捧日左廂都指揮使嘉州團練使周翰制　宋王安石　1105-417- 52
●周　操宋
除吏部郎官（制）　宋周麟之　1142-118- 15
除太子詹事（制）　宋周必大　1148- 80-100
●周　豫宋
集賢校理周豫太常博士餘如故制　宋王安石　1105-396- 51
●周　濤宋
前著作佐郎周濤光祿寺丞致仕制　宋王安石　1105-424- 53
　　　　　　　　　　1402-114- 20
●周　應宋
可西京八作使制　宋胡　宿　1088-770- 17
●周　燮宋
都官郎中制　宋王安石　1105-386- 50
●周　舉漢
進褒周舉詔　漢桓帝　426-1108- 21
●周　種宋
朝奉大夫直龍圖閣知亳州周種轉一官（制）　宋劉安上　1124- 17- 2
●周　褘宋
除直敷文閣制　宋劉才邵　1130-472- 5
●周　贈宋
贈六官恩澤依舊制　宋張　嵲　1131-508- 19
●周　覺宋
供奉官周覺可轉一官制　宋慕容彥逢　1123-372- 7
●周三畏宋
除刑部侍郎兼詳定一司勅令制　宋張　擴　1129-105- 10
爲勅令所編修在京通用條册成書轉一官制　宋張　嵲　1131-440- 12
大理卿（制）　宋劉一止　1132-209- 43
加官制　宋王　洋　1132-417- 7
●周士樸明
管理新餉戶部右侍郎周士樸（制）　明倪元璐　1297- 34- 3

●周子通宋
周聿故父子通贈右太中大夫制　宋張　擴　1129- 63- 7
●周大老宋
周大老降兩資放罷（制）　宋樓　鑰　1152-615- 34
●周大亨宋
單州文學周大亨密州司馬制　宋王安石　1105-450- 55
●周大象宋
可祕書丞制　宋胡　宿　1088-725- 13
●周文虎宋
特授朝散郎制　宋吳　泳　1176- 66- 7
●周之純宋
朝請郎權發遣宣州周之純可廣東提刑制　宋劉　敞　1096-188- 19
知秀州（制）　宋蘇　軾　1108-693-108
知宣州（制）　宋蘇　轍　1112-316- 30
●周之翰宋
除大宗正丞制　宋張　擴　1129- 95- 9
●周元亨宋
學士院孔目官梓州司戶參軍周元亨成都府溫江縣主簿制　宋王安石　1105-452- 55
●周元植唐
除鳳翔監軍制　唐杜　牧　1081-691- 17
●周少鄰唐
除號州司馬制　唐杜　牧　1081-689- 17
　　　　　　　　　　1336-737-414
●周公彥宋
御史台檢法官制　宋張　擴　1129-141- 13
●周仁軌唐
授周仁軌左羽林大將軍制　唐蘇　頲　1336-647-401
●周仁厚宋
周仁厚與改承務郎（制）　宋程　俱　1130-243- 24
●周必大宋
試中詞學循一資（制）　宋周麟之　1142-114- 15
盜誥　宋不著撰人　1149-316- 3
剏隆興府（制）　宋樓　鑰　1152-665- 38
加食邑實封制附口宣　宋樓　鑰　1152-744- 45
●周永清宋
莊宅副使兼閤門通事舍人周永清可右騏

史部　詔令奏議類：附錄　詔令下（男）八畫

驫副使（制）　宋王安禮　1092-392- 34

周永清可客省副使制　宋蘇　頌　1100- 13- 2

閤門通事舍人周永清可充西染院副使兼閤門通事舍人（制）　宋不著撰人 1101-676- 18

●周可賢 明

（周順昌）父（贈某官制）　明倪元璐　1297- 9- 1

●周世昌 宋

內殿承制周世昌可供備庫副使（制）　宋沈　遘　1097- 38- 4

特降一官（制）　宋周必大　1148- 32- 96

●周世南 宋

可比部員外郎制　宋胡　宿　1088-748- 15

●周世修 宋

特降一官（制）　宋周必大　1148- 32- 96

●周用之 宋

循資制　宋洪　适　1158-401- 23

●周江呈 宋

周江呈試武藝補承信郎制　宋許　翰　1123-493- 1

●周汝霖 宋

降授朝請郎制　宋吳　泳　1176- 84- 9

●周宏正 陳

贈周宏正侍中中書監詔　陳 宣 帝　1399-621- 2

●周宏祚 南唐

撫州刺史周宏祚可池州刺史（制）　宋徐　鉉　1085- 63- 8

● 周良臣 宋

忠翊郎主管進奉周良臣該遇皇后歸謁家廟並特轉一官（制）　宋陳傳良　1150-574- 11

● 周成務 宋

汴堂五院副行首左千牛衞長史周成務金吾衞長史制　宋王安石　1105-453- 55

● 周孝孫 宋

殿中丞周孝孫可加上騎都尉制　宋宋　庠　1087-592- 25

● 周孝稱 宋

轉一官（制）　宋周必大　1148- 32- 96

● 周佐堯 宋

奏舉人前懷州武德縣令周佐堯可大理寺

丞（制）　宋沈　遘　1097- 30- 4

●周邦式 宋

兩浙路提刑周邦式江東路提刑李公年兩易制　宋翟汝文　1129-193- 2

●周利建 宋

（周必大）父（封贈制）　宋陳傳良　1150-611- 15

●周廷堅 宋

承議郎周廷堅可轉一官制　宋慕容彥逢　1123-378- 7

●周宗閔 宋

可衞尉寺丞制　宋胡　宿　1088-728- 14

●周武仲 宋

復官制　宋許景衡　1127-232- 7

刑部尚書周武仲吏部尚書制　宋汪　藻　1128-105- 11

●周延年 宋

特勒停人光祿寺丞周延年光祿寺丞制　宋王安石　1105-448- 55

●周延雋 宋

屯田郎中制　宋王安石　1105-387- 50

●周延儒 明

戶部尚書武英殿大學士周延儒（制）　明倪元璐　1297- 17- 1

●周彥質 宋

除吏部郎官制　宋鄒　浩　1121-304- 16

●周若冰 唐

授周若冰光祿少卿制　唐常　袞　1336-623-398

●周庭侯 宋

周執羔封贈父庭侯贈右朝請大夫制　宋洪　适　1158-372- 19

●周悼（敦）頤 宋

改周悼頤大理寺丞制　宋王　珪　1093-279- 38

追封周敦頤汝南伯並從祀孔子廟廷詔　宋 理 宗　1101-462- 5

　　1402- 45- 8

封周子爲道國公制　元霍希賢　1101-463- 5

　　1367-135- 11

●周惟德 宋

入內西東供奉官勾當御藥院周惟德可內殿承制制　宋宋　庠　1087-589- 25

●周執羔 宋

除吏部郎官制　宋張　擴　1129- 74- 8

四庫全書文集篇目分類索引 807

復秘閣修撰改善知池州（制） 宋周麟之 1142-119- 15
●周莊仲宋
轉左承議郎制 宋張 擴 1129-134- 12
●周敦禮宋
周敦禮等仍授職制 宋許景衡 1127-233- 7
●周閔中宋
三班奉職周閔中可右班殿直制 宋陸 佃 1117-137- 10
●周堯卿宋
奏舉人前桂林錄事參軍周堯卿可著作佐郎制 宋宋 庠 1087-566- 21
●周順昌明
原任吏部文選司員外郎贈太常寺卿周順昌（制） 明倪元璐 1297- 7- 1
贈周順昌誥命 明倪元璐 1402-130- 24
●周舜元宋
太府丞制 宋洪 适 1158-403- 23
●周義起宋
進士周義起充大金通問使屬官特授從事郎制 宋汪 藻 1128- 79- 8
●周道隆宋
醫官周道隆轉一官制 宋慕容彥逢 1123-392- 8
●周瑞旭明
浙江台州府臨海縣知縣周瑞旭（勅） 明倪元璐 1297- 52- 4
●周敬復唐
授周敬復尚書右丞制 唐楊紹復 1336-543-385
●周端友宋
降一官（制） 宋陳傅良 1150-597- 13
復元官（制） 宋樓 鑰 1152-690- 40
●周與齡宋
除凝神殿授經誥 宋許 翰 1123-512- 3
●周慶之宋
虞部員外郎周德延男慶之可試秘書省校書郎制 宋胡 宿 1088-789- 19
●周離等宋
周離等直秘閣轉運判官制 宋李正民 1133- 34- 3
●周懷義唐
除周懷義豐州刺史天德軍使制 唐白居易 1080-586- 55
●周鐵虎陳
贈周鐵虎詔 陳武帝 1399-601- 1
●周懿文宋
散官嶺外安置制 宋汪 藻 1128- 85- 9
●孝閔帝北周
追尊孝閔帝誥 北周武帝 1400- 76- 1
●金 淵宋
除太學博士制 宋洪咨夔 1175-222- 16
●金元弘唐
新羅王子金元弘等授太常寺少卿監丞簿制 唐杜 牧 1081-692- 17
●金安節宋
殿中侍御史（制） 宋李彌遜 1130-619- 4
除大理少卿（制） 宋周麟之 1142-105- 14
●金良忠唐
新羅賀正使金良忠授官歸國制 唐白居易 1080-572- 53
●金君卿宋
可著作佐郎制 宋胡 宿 1088-715- 12
●金彥達宋
轉一官（制） 宋樓 鑰 1152-618- 34
●邱 泳宋
邱泳除利州路提刑（制） 宋陳傅良 1150-643- 18
●邱 幹宋
邱幹循右文林郎制 宋劉才邵 1130-461- 5
●邱 賓宋
邱賓贈二官恩澤五資制 宋張 嵲 1131-508- 19
●岳 元宋
轉翰林書藝局直長充裝界待詔制 宋鄒 浩 1121-316- 18
●岳 申宋
岳飛孫由特與補承信郎（制） 宋周必大 1148- 33- 96
●岳 甫宋
岳飛孫甫特與補承信郎（制） 宋周必大 1148- 33- 96
●岳 飛宋
改賜岳飛謚忠武詔 宋理宗 538-496- 75
欲轉兩官奉旨並依制 宋張 嵲 1131-446- 12
追復原官以禮改葬訪求其後特與錄用（

史部

詔令奏議類：附錄

詔令下（男）八畫

制） 宋周必大 1148-22-95

太師鄂王岳飛改謚忠穆制 宋程珌 1171-226-1

1375-57-2

●岳 紀宋

岳飛孫紀特與補承信郎（制） 宋周必大 1148-33-96

●岳 雲宋

爲與番人接戰大獲勝捷除左武大夫遙郡防禦使制 宋張嵲 1131-477-16

（岳飛）男雲追復左忠武大夫忠州防禦使制 宋周必大 1148-37-96

●岳 雷宋

（岳飛）男雷追復忠訓郎閣門祗侯（制） 宋周必大 1148-37-96

●岳 經宋

岳飛孫經特與補承信郎（制） 宋周必大 1148-33-96

●岳 綱宋

岳飛孫綱特與補承信郎（制） 宋周必大 1148-33-96

●岳 震宋

（岳飛男）震與補保義郎（制） 宋周必大 1148-37-96

●岳 緯宋

岳飛孫緯特與補承信郎（制） 宋周必大 1148-33-96

●岳 霖宋

贈四官（制） 宋樓鑰 1152-622-34

敷文閣待制致仕（制） 宋樓鑰 1152-622-34

●岳 霆宋

（岳飛男）霆復右承信郎與合八差遣（制） 宋周必大 1148-37-96

●岳 靄宋

（岳飛男）靄與補保義郎（制） 宋周必大 1148-37-96

●房 旺宋

在京進納斛斗楚州等第戶房旺可將仕郎守本州助教制 宋胡宿 1088-783-18

●房 殷唐

授房殷兼侍郎御史制 唐錢珝 1336-732-413

●房 琯唐

平章事制——天寶十五年七月十四日 不著撰人 426-299-45

授房琯刑部尚書制 唐賈至 1336-550-386

文部尚書同平章事制 唐賈至 1337-192-448

●房仁寶唐

授房仁寶檢校禮部尚書充職制 唐錢珝 1336-726-412

●房玄齡唐

左右僕射制——貞觀三年二月 不著撰人 426-290-44

司空制——貞觀十六年七月 不著撰人 426-291-44

長孫無忌等九人各封一子郡縣公詔 不著撰人 426-477-65

●房可壯明

南京吏部文選司郎中房可壯（制） 明倪元璐 1297-16-1

●房用和宋

程勘奏延州醫助教房用和國子四門助教不理選限制 宋王安石 1105-451-55

●房次玄唐

除檢校員外郎充度支靈鹽供軍使制 唐杜牧 1081-683-16

●房光義唐

授房光義光祿卿制 唐蘇頲 1336-613-396

●房宗偃唐

授房宗偃膳部員外郎制 唐常袞 1336-582-391

●房恭懿隋

授房恭懿海州刺史詔 隋文帝 1400-220-1

●房從壽宋

二班差使房從壽可三班借職制 宋慕容彥逢 1123-394-8

●房應發宋

轉文林郎制 宋洪咨夔 1175-244-19

●房應龍宋

授閣門祗候仍舊幹辦御前忠佐軍頭引見可制 宋吳泳 1176-73-8

●狄 青宋

可安遠軍節度觀察留後加食邑五百戶制 宋胡宿 1088-761-17

本書承蒙

行政院文化建設委員會補助編輯費用

四庫全書索引叢刊之二

四庫全書文集篇目分類索引

學術文之部（中）

中華文化復興運動推行委員會　主編
四庫全書索引編纂小組

臺灣商務印書館發行

九 畫

●洪 似宋
特授大理寺簿制　　　　　宋衞 涇　1169-465- 1

●洪 炎宋
轉一官致仕（制）　　　　宋張 綱　1131- 17- 3
轉四官（制）　　　　　　宋張 綱　1131- 20- 3

●洪 固宋
洪擬父固贈右金紫光
　祿大夫制　　　　　　　宋張 擴　1129- 60- 7
給事中洪擬明堂大禮
　封贈通奉大夫(制)　　宋程 俱　1130-234- 23

●洪 芻宋
太子舍人洪芻除左諫
　議大夫（制）　　　　　宋孫 覿　1135-244- 24

●洪 皓宋
大金通問使降兩官制　宋汪 藻　1128-112- 12
除徽猷閣直學士提舉
　萬壽觀兼直學士制　　宋劉才邵　1130-464- 5
敬書先忠宣賜謚制書
　後　　　　　　　　　　宋洪 适　1158-657- 62

●洪 造宋
除祕書省正字制　　　　宋張 擴　1129- 75- 8

●洪 勳宋
特授華文閣學士知寧
　國府制　　　　　　　　宋馬廷鸞　1187- 42- 5

●洪 咸宋
大理司直制　　　　　 · 宋洪 适　1158-404- 23

●洪 遵宋
除起居郎（制）　　　　宋周麟之　1142-114- 15
除起居舍人（制）　　　宋周麟之　1142-129- 16

●洪 勳宋
兵部尚書兼直學士兼
　修玉牒官洪勳特授
　通議大夫依前職制　　宋馬廷鸞　1187- 30- 4
該遇明堂大禮加恩制　宋馬廷鸞　1187- 52- 7
端明殿學士通奉大夫
　致仕洪勳特贈光祿
　大夫制　　　　　　　　宋馬廷鸞　1187- 64- 8

●洪 擬宋
給事中洪擬除吏部尚
　書（制）　　　　　　　宋程 俱　1130-238- 24
吏部尚書洪擬除龍圖
　閣待制溫州（制）　　宋程 俱　1130-245- 24
轉一官（制）　　　　　宋張 綱　1131- 24- 4
起居郎制　　　　　　　宋李正民　1133- 19- 2

●洪 邁宋
除祕書省校書郎（制）　宋周麟之　1142-129- 16
轉武翼郎閣門宣贊舍
　人（制）　　　　　　　宋周必大　1148- 27- 96

●洪 熹宋
朝議大夫江西運使知
　隆興府洪熹磨勘轉
　中奉大夫制　　　　　宋馬廷鸞　1187- 42- 5

●洪子輿唐
授洪子輿起居舍人制　唐蘇 頲　1336-524-383

●洪天錫宋
新除祕閣修撰洪天錫
　特授待御史制　　　　宋馬廷鸞　1187- 31- 4

●洪中孚宋
可顯謨閣待制本路都
　轉運使制　　　　　　宋慕容彥逢　1123-343- 4
顯謨閣直學士知成德
　軍洪中孚知永興軍
　（制）　　　　　　　　宋劉安上　1124- 14- 2

●洪邦美宋
爲効用韓政偷盜人民
　阿蔡家錢物並不鈐
　束特降三官制　　　　宋張 嵲　1131-458- 13

●洪咨夔宋
除吏部侍郎兼給事中
　制　　　　　　　　　　宋袁 甫　1175-433- 9
授武中書舍人制　　　　宋吳 泳　1176- 53- 6
授兼侍讀制　　　　　　宋吳 泳　1176- 61- 7
授兼侍講制　　　　　　宋吳 泳　1176- 64- 7
賜洪咨夔內翰口宣　　宋吳 泳　1176-116- 12
除端明殿學士提舉萬
　壽觀兼侍讀諸　　　　宋許應龍　1176-430- 3
除給事中制　　　　　　宋許應龍　1176-449- 4
轉四官致仕制　　　　　宋許應龍　1176-455- 5
洪勳洪熹父謚忠文已
　贈特進咨夔贈少保
　制　　　　　　　　　　宋馬廷鸞　1187- 53- 7
洪勳故父咨夔贈特進
　制　　　　　　　　　　宋馬廷鸞　1187- 64- 8

●洪彥升宋
給事中洪彥升磨勘轉
　官制　　　　　　　　　宋翟汝文　1129-219- 4
侍御史洪彥升除給事
　中制　　　　　　　　　宋劉才邵　1130-473- 5

●洪興祖宋

特贈直敷文閣（制） 宋周麟之 1142-159- 20

●宣 司宋

結局轉官制 宋許 翰 1123-496- 1

●宣 敏唐

加祭酒兼侍御史依前宣歙道兵馬使知防秋事制 唐杜 牧 1081-678- 15

●宣 繢宋

除觀文殿學士依所乞本官致仕制 宋許應龍 1176-455- 5

●姜 才宋

依前右武大夫特授閬州防禦使依舊建康府駐劄御前諸軍都統制誥 宋王應麟 1187-261- 5

●姜 昂唐

授姜昂右司員外郎等制 唐蘇 頲 1336-576-391

●姜 玢宋

大理寺丞知絳州翼城縣姜玢等可太子中舍餘依舊制 宋夏 竦 1087- 53- 1

●姜 皎唐

授姜皎太常卿制 唐蘇 頲 1336-610-396

●姜 湛宋

可太子中舍人致仕制 宋胡 宿 1088-797- 20

●姜 勝宋

換秉義郎（制） 宋樓 鑰 1152-617- 34

●姜 誡宋

兩浙運判制 宋洪 适 1158-401- 23

進職制 宋洪 适 1158-409- 24

●姜 潛宋

權濮州團練推官充吳王宮教授姜潛可大理寺丞差遣如故（制） 宋蘇 頌 1092-362- 31

●姜 閔唐

貶岳州司馬制 唐姚 合 1081-690- 17

●姜 覺宋

降一官制 宋張 擴 1129-133- 12

●姜子厚宋

尚書屯田郎中致仕姜鑄男子厚可試祕書省校書郎（制） 宋蘇 頌 1092-396- 34

●姜文用宋

轉一官資（制） 宋樓 鑰 1152-616- 34

●姜天祐宋

太后親舅女之夫姜天祐可三班借職制 宋慕容彥逢 1123-395- 8

●姜公輔唐

蕭復劉從一姜公輔平章事制——建中四年十月 唐陸 贄 426-302- 45

平章事制 唐陸 贄 1072-627- 7

左庶子制 唐陸 贄 1072-632- 7

●姜立心明

（姜應甲）父（封某官勅） 明倪元璐 1297- 30- 2

●姜正顏宋

虞部員外郎姜正顏可比部員外郎（制） 宋蘇 頌 1092-389- 34

●姜仲謙宋

起復湖北轉運使制 宋李正民 1133- 31- 3

●姜師仲

除監察御史（制） 宋張 綱 1131- 43- 7

刑部郎官（制） 宋劉一止 1132-217- 45

●姜道盛劉宋

贈姜道盛詔 劉宋文帝 1398-517- 2

●姜應甲明

行人司行人姜應甲（勅） 明倪元璐 1297- 30- 2

●計孝似宋

降一官（制） 宋樓 鑰 1152-657- 37

●施 任宋

施炯父任贈左宣奉大夫制 宋張 擴 1129- 69- 7

●施 炯宋

除敷文閣侍制與郡制 宋張 擴 1129- 52- 6

●施 衍宋

爲建築縣寨推恩制 宋許 翰 1123-506- 2

●施 惠宋

東頭供奉官施惠可內殿崇班（制） 宋蘇 頌 1092-393- 34

●施 堪宋

司農寺主簿制 宋張 擴 1129-146- 13

●施 鉅宋

除監察御史（制） 宋周麟之 1142- 97- 13

除知洪州（制） 宋周麟之 1142-117- 15

●施 楠宋

差知雄州（制） 宋洪咨夔 1175-248- 20

● 施 逵 宋
大理寺丞制　　　　　　宋王安石　1105-402- 51
● 施廷臣 宋
監察御史（制）　　　　宋李彌遜　1130-638- 5
● 施昌言 宋
太常博士施昌言可尚
　書屯田員外郎制　　　宋宋 庠　1087-601- 26
可龍圖閣直學士制　　　宋胡 宿　1088-753- 16
龍圖閣直學士施昌言
　可樞密直學士知潭
　州制　　　　　　　　宋王 珪　1093-231- 33
樞密直學士施昌言知
　渭州制　　　　　　　宋王安石　1105-378- 49
● 施庭臣 宋
元係左朝奉郎守起居
　郎所犯因語言狂率
　令吏部與廣南監當
　今該遇明堂赦恩復
　直祕閣宮觀制　　　　宋張 嵲　1131-486- 17
● 施章于 宋
文思副使前行漢陽軍
　錄事參軍兼司法事
　施章于太子中舍致
　仕制　　　　　　　　宋王安石　1105-426- 53
● 施康年 宋
右正言施康年兼侍講
　制　　　　　　　　　宋虞 儔　1154-124- 5
● 施舜顯 宋
江西提舉茶鹽制　　　　宋張 擴　1129-143- 13
● 施德修 宋
應辦中宮州寶施德修
　轉一官制　　　　　　宋張 擴　1129- 80- 8
● 祈 立（等）宋
祈立等轉官制　　　　　宋許景衡　1127-227- 7
● 祈父公 先秦
追封孔子高祖祈父公
　册文　　　　　　　　清 世 宗　1300- 59- 4
● 郎 凡 宋
奏舉人前陝州節推郎
　凡衞尉李丞制　　　　宋王安石　1105-399- 51
● 郎 充 宋
禮部員外郎郎安詩弟
　司農少卿安持故父
　任觀文殿大學士吏
　部尚書贈太師開府

儀同三司追封舒國
　公充可追封魯國公
　餘如故制　　　　　　宋劉 攽　1096-224- 22
● 郎 誠 宋
郎誠以妻父朱弁奉使
　未回恩澤補承信郎
　（制）　　　　　　　宋劉一止　1132-172- 34
● 郎士元 唐
授郎士元等拾遺制　　　唐常 袞　1336-527-383
● 度 正 宋
轉朝議大夫守禮部侍
　郎致仕制　　　　　　宋洪咨夔　1175-257- 21
禮部侍郎致仕度正贈
　通議大夫制　　　　　宋洪咨夔　1175-258- 22
授兼侍讀制　　　　　　宋吳 泳　1176- 59- 7
授試禮部侍郎兼侍讀
　制　　　　　　　　　宋吳 泳　1176- 59- 7
授兼侍講制　　　　　　宋吳 泳　1176- 63- 7
● 封 載 唐
除道州刺史制　　　　　唐杜 牧　1081-677- 15
● 封彥明 宋
樞密院票議賜錢轉一
　官制　　　　　　　　宋衞 涇　1169-478- 1
● 威女篇鼎 宋
東頭洪奉官威女篇鼎
　與轉一官制　　　　　宋慕容彥達　1123-389- 8
● 胡 士 宋
特除寶文閣學士川陝
　宣撫副使諸路並聽
　節制（制）　　　　　宋劉一止　1132-226- 47
● 胡 元 宋
天武右第三軍都指揮
　使昌州刺史胡元可
　武衞將軍致仕（制）　宋蘇 頌　1092-394- 34
拱聖指揮使胡元並可
　內殿承制制　　　　　宋歐陽修　1102-630- 80
　　　　　　　　　　　　　　　　1350-381- 37
　　　　　　　　　　　　　　　　1402-112- 20

● 胡 及 宋
朝奉大夫通判定州胡
　及可權　　　　　　　宋劉 攽　1096-216- 21
朝散郎勾當京東排岸
　司胡及可依前官權
　發遣開封府推宮公
　事（制）　　　　　　宋王 震　1350-399- 39

史部 詔令奏議類：附錄 詔令下（男）九畫

●胡　旦 宋
戶部員外郎充史館修撰胡旦可知制誥（制）　宋田　錫　1085-549- 28
尚書祠部郎中胡旦可銀青光祿大夫行祕書少監致仕誥　宋夏　竦　1087- 76- 3
故祕書監胡旦特贈工部侍郎制　宋蔡　襄　1090-437- 12

●胡　田 宋
特復文思使制　宋鄒　浩　1121-304- 16
知誠州（制）　宋蘇　轍　1112-285- 27
以宮苑副使知誠州改爲軍除爲知軍（制）　宋蘇　轍　1112-318- 30

●胡　存（等）宋
胡存等二十五人爲與賊接戰陣歿贈承信郎制　宋張　嶷　1131-492- 18

●胡　况 宋
都官郎中制　宋王安石　1105-386- 50

●胡　成 宋
特轉遂郡刺史（制）　宋周必大　1148- 63- 98

●胡　杞 宋
循兩資（制）　宋樓　鑰　1152-677- 39

●胡　伸 宋
奉議郎祕書承胡伸可著作郎制　宋慕容彥逢　1123-333- 4

●胡　宗 宋
（胡晉臣）父宗贈少師（制）　宋陳傳良　1150-588- 12

●胡　况 宋
胡直儒父况贈少保（制）　宋程　俱　1130-232- 23

●胡　松 梁
授李居王等制　梁沈　約　1399-390- 7
封李居王等詔　梁沈　約　1415-112- 87

●胡　明 宋
鎭江府後年統制胡明轉武經大夫制　宋洪　适　1158-369- 19

●胡　昉 宋
太常博士知秀州嘉興縣胡昉轉祕書承制　宋歐陽修　1102-626- 80

●胡　昉 宋
胡昉直祕閣知盱眙軍制　宋洪　适　1158-402- 23

●胡　拱 宋
文思副使胡拱可左藏庫副使（制）　宋蘇　頌　1092-365- 31

●胡　昭 宋
爲討捕李朝賊盡靜轉一官制內胡昭係文官選人比類施許制　宋張　嶷　1131-445- 12

●胡　勉 宋
修武郎閤門祗候權長陽知縣胡勉降一官制　宋張　擴　1129-132- 12

●胡　城 宋
轉遂郡刺史制　宋許　翰　1123-494- 1

●胡　宴 宋
尚書屯田郎中和衢州胡宴可尚書都官郎中制　宋宋　庠　1087-573- 23

●胡　珙 宋
崇班胡珙等改官制　宋王安石　1105-422- 53

●胡　紘 宋
知廣州胡紘補猺賊有勞除華文閣待制制　宋虞　儔　1154-117- 5

●胡　寅 宋
駕部員外郎制　宋汪　藻　1128- 78- 8
除起居郎（制）　宋張　綱　1131- 38- 6
轉一官致仕制　宋王　洋　1132-430- 8
直龍圖閣宮觀制　宋李正民　1133- 5- 1

●胡　宿 宋
翰林學士知制誥知審刑院胡宿可兼侍讀學士制　宋王　珪　1093-250- 35
觀文殿學士知府杭州胡宿可贈太子太傅制　宋鄭　獬　1097-157- 5

●胡　宿（三代）宋
樞密副使胡宿封贈三代制六道　宋王安石　1105-435- 54

●胡　淳 宋
太常博士胡淳可屯田員外郎制　宋夏　竦　1087- 57- 1

●胡　清 宋
起復翊衞大夫貴州防禦使御前前軍副統領制　宋張　擴　1129-143- 13

●胡　清 宋

轉右武大夫（制）　宋周必大　1148-42-97
●胡　深宋
轉官制　宋王　洋　1132-421-7
●胡　拔宋
殿中丞制　宋王安石　1105-397-51
●胡　敏宋
三司前行胡敏可許州長史制　宋歐陽修　1102-630-80
●胡　証唐
胡証等加階制　唐顏眞卿　1079-593-49
●胡　琮宋
左司諫（制）　宋樓　鑰　1152-624-35
●胡　挺宋
屯田員外郎胡挺除都官員外郎（制）　宋劉　敞　1095-653-30
　1350-387-38
　1418-364-48
●胡　援宋
刑部郎中（制）　宋曾　鞏　1098-543-20
●胡　楙宋
除兵部郎官（制）　宋周麟之　1142-132-17
●胡　皓唐
授胡皓著作郎（制）　唐蘇　頲　1336-639-400
●胡　豐宋
樞密副使胡宿奏親兄置守祧校制　宋王安石　1105-412-52
●胡　瑗宋
國子監直講胡瑗可太子中允天章閣侍講制　宋王　珪　1093-256-36
殿中丞致仕同詳議大樂胡瑗授光祿寺丞充國子監直講制　宋呂　溱　1375-43-1
●胡　熙宋
與轉一官（制）　宋周必大　1148-4-94
●胡　琰宋
司農少卿（制）　宋樓　鑰　1152-640-36
湖北運判（制）　宋樓　鑰　1152-662-37
●胡　蒙宋
度支郎官（制）　宋程　俱　1130-241-24
●胡　銓宋
保守吉州轉通直郎（制）　宋李彌遜　1130-622-4
●胡　澄宋
邵州獄囚死者二十餘

人守臣胡澄特展二年磨勘（制）　宋陳傳良　1150-593-13
知光州（制）　宋樓　鑰　1152-656-37
●胡　誼宋
右侍禁胡誼與轉五官制　宋慕容彥逢　1123-390-8
●胡　增宋
胡松年父增贈少師制　宋張　擴　1129-62-7
●胡　稷宋
可供備庫副使制　宋胡　宿　1088-769-17
●胡　奮晉
爲冠軍將軍詔　晉武帝　1398-38-2
●胡　愈宋
（胡晉臣）祖變贈少傅（制）　宋陳傳良　1150-588-12
●胡大同宋
轉一官（制）　宋周必大　1148-32-96
●胡大成宋
都大茶馬使制　宋虞　儔　1154-107-5
●胡元琰宋
特轉兩官制　宋袁　甫　1175-438-9
●胡元衡宋
大理正制　宋虞　儔　1154-123-5
●胡永錫宋
衝替人前盆州司法參軍胡永錫可霸州錄事參軍監淄州鹽稅制　宋蔡　襄　1090-451-13
●胡世卿宋
可國子博士制　宋胡　宿　1088-742-15
●胡世將宋
吏部員外郎胡世將除監察御史（制）　宋程　俱　1130-237-24
樞密直學士四川安撫使制置使知成都府（制）　宋李彌遜　1130-640-5
知鎭江府（制）　宋張　綱　1131-4-1
除禮部侍郎（制）　宋張　綱　1131-29-5
除刑部侍郎（制）　宋張　綱　1131-32-5
除徽猷閣直學士知洪州兼安撫制置使（制）　宋張　綱　1131-35-6
兵部侍郎制　宋胡　寅　1137-446-13
●胡安國宋
朝奉大夫胡安國除中

書舍人兼侍講（制） 宋程 俱 1130-257- 26
除給事中制 宋李正民 1130- 10- 1
● 胡交修宋
知台州胡交修守端明殿學士左朝散大夫致仕制 宋張 擴 1129- 40- 6
胡交修顯謨閣待制提舉江州太平觀（制） 宋程 俱 1130-271- 27
除兵部尚書兼權翰林學士（制） 宋劉一止 1132-216- 45
●胡考寧宋
直祕閣制 宋李正民 1133- 7- 1
●胡仲衡宋
除大理評事制 宋宋 庠 1087-560- 20
●胡仲衡宋
除大理評事（制） 宋陳傳良 1150-646- 18
● 胡行修宋
前祕書省校書郎胡行修可舊官服一關（制） 宋蘇 頌 1092-349- 29
● 胡志德宋
蕃官西京左藏庫副使胡志德與轉一官制 宋慕容彥逢 1123-369- 7
●胡宗旦宋
胡交修故父宗旦贈太中大夫（制） 宋程 俱 1130-255- 26
試兵部尚書胡交修故父宗旦可特贈宣奉大夫制 宋張 嶸 1131-496- 18
●胡宗回宋
京東西路提刑胡宗回可京東轉運副使制 宋劉 攽 1096-188- 19
所知青州胡宗回可知開德府制 宋慕容彥逢 1123-345- 5
●胡宗炎宋
將作少監（制） 宋蘇 轍 1112-297- 28
●胡宗哲宋
（知）遂州（制） 宋蘇 轍 1112-290- 27
（知）宿州（制） 宋蘇 轍 1112-299- 28
●胡宗師宋
朝散郎胡宗師可權發遣泉州制 宋劉 攽 1096-218- 21
●胡宗傑宋
入內文思副使胡宗傑可轉一官制 宋慕容彥逢 1123-373- 7

入內內侍省禮賓使及入內內侍省左藏庫副使胡宗傑等並轉一官制 宋慕容彥逢 1123-376- 7
●胡宗愈宋
吏部侍郎胡宗愈可御史中丞制 宋劉 攽 1096-205- 20
　 1350-401- 39
御史中丞胡宗愈中大夫尚書右丞制 宋曾 肇 1101-330- 1
　 1350-410- 40
（可）吏部侍郎（制） 宋蘇 轍 1112-296- 28
●胡宗質宋
衞尉寺丞胡宗質可大理寺丞 宋沈 遘 1097- 61- 6
●胡松年宋
復職制 宋許景衡 1127-232- 7
勅賜上舍及第第二胡松年從事郎制 宋翟汝文 1129-215- 4
除工部尚書（制） 宋張 綱 1131- 12- 2
除吏部尚書（制） 宋張 綱 1131- 32- 5
● 胡直孺宋
通儀大夫胡直孺贈端明殿學士（制） 宋程 俱 1130-258- 26
●胡叔彩宋
新除祕書少監致仕胡旦男叔彩可試將作監主簿制 宋夏 竦 1087- 63- 22
●胡長卿宋
除廣西路轉運判官（制） 宋陳傳良 1150-635- 17
廣西提刑（制） 宋樓 鑰 1152-658- 37
●胡彥國宋
除直祕閣知潼川府（制） 宋周麟之 1142-134- 17
●胡奕修宋
復職（制） 宋劉安上 1124- 21- 2
●胡束之宋
特勒停人守祕校明胡束之守祕校制 宋王安石 1105-450- 55
●胡思聰宋
奏舉人前權郳州軍事判官胡思聰可著作佐郎制 宋宋 庠 1087-589- 25
●胡唐老宋

降兩官制　　　　　　　宋汪　藻　1128- 86- 9
賜諡（制）　　　　　　宋程　俱　1130-244- 24
知鎭江府制　　　　　　宋李正民　1133- 22- 2
可除徽猷閣待制知鎭
　江府充浙西路安撫
　使制　　　　　　　　宋綦崇禮　1134-533- 2
校書郎胡唐老除殿中
　侍御史（制）　　　　宋孫　覿　1135-245- 24
●胡晉臣宋
轉一官（制）　　　　　宋樓　鑰　1152-619- 34
知樞密院事（制）　　　宋樓　鑰　1152-632- 35
致仕（制）　　　　　　宋樓　鑰　1152-652- 37
贈金紫光祿大夫（制）　宋樓　鑰　1152-652- 37
●胡堅常宋
直祕閣知盱眙軍制　　　宋洪　适　1158-404- 23
●胡修己宋
（胡晉臣）曾祖修己
　贈少保（制）　　　　宋陳傅良　1150-587- 12
●胡寅富宋
胡寅富直柔左右史制　　宋李正民　1133- 10- 1
●胡朝宗宋
河東節度推官胡朝宗
　可大理寺丞制　　　　宋鄭　獬　1097-134- 3
●胡開文宋
浙江湖洲府烏程縣知
　縣胡開文（勅）　　　明倪元璐　1297- 31- 2
●胡景修宋
降官（制）　　　　　　宋劉安上　1124- 22- 2
●胡舜臣宋
補借職制　　　　　　　宋鄒　浩　1121-305- 16
●胡舜陟宋
降兩官制　　　　　　　宋汪　藻　1128- 86- 9
徽猷閣待制淮西制置
　使制　　　　　　　　宋汪　藻　1128- 94- 10
買馬及額轉一官（制）　宋李彌遜　1130-633- 5
復集英殿修撰制　　　　宋王　洋　1132-411- 7
知建康府制　　　　　　宋李正民　1133- 21- 2
水軍措置使制　　　　　宋李正民　1133- 29- 3
爲前知廬州日因郡盜
　孫琦攻城守禦有勞
　可特轉一官授朝請
　郎制　　　　　　　　宋綦崇禮　1134-547- 4
殿中侍御史胡舜陟除
　侍御史（制）　　　　宋孫　覿　1135-244- 24
●胡欽若宋

胡欽若贈兩官與一資
　恩澤（制）　　　　　宋周必大　1148- 62- 98
●胡德淵宋
文思使胡德淵可轉兩
　官制　　　　　　　　宋慕容彥逢　1123-390- 8
●按扎爾元
趙世延故祖父按扎爾
　謚武宣制　　　　　　元程鉅夫　1202- 46- 4
　　　　　　　　　　　　　　　　1375- 59- 2
●相里友略唐
相里友略山南東道判
　官制　　　　　　　　唐白居易　1080-523- 48
　　　　　　　　　　　　　　　　1336-725-412
●查　道宋
刑部郎中充龍圖閣待
　制查道可右司郎中
　餘依舊制　　　　　　宋夏　竦　1087- 56- 1
●查　篇宋
除變州路運判制　　　　宋張孝祥　1140-642- 19
●查文徽南唐
水部員外郎判刑部查
　文徽可侍御史知雜
　（制）　　　　　　　宋徐　鉉　1085- 58- 7
知雜御史查文徽可起
　居郎樞密副使（制）　宋徐　鉉　1085- 63- 8
●查中之宋
太子中舍知鬱林州查
　中之可殿中丞制　　　宋宋　庠　1087-577- 23
●查慶之宋
大理寺丞知宣州宣城
　縣事查慶之可太子
　中舍制　　　　　　　宋夏　竦　1087- 66- 2
●柏良器唐
柏耆亡父良器贈太子
　少保制　　　　　　　唐白居易　1080-546- 51
●胄元衡宋
太常博士胄元衡可屯
　田員外郎制　　　　　宋王安石　1105-391- 50
●胄世程宋
前守桂州錄事參軍胄
　世程可太子中允致
　仕　　　　　　　　　宋沈　遘　1097- 48- 5
　　　　　　　　　　　　　　　　1465-453- 2
●耶律均宋
淮東路兵馬提轄耶律

均復山陽有功轉三官授武德大夫兼知淮安州鹽城縣制　宋洪咨夔　1175-264- 22

●耶律鈞元

耶律祭酒考贈淶水郡莊慎公制　元姚　燧　1201-418- 2　1367-143- 11　1373- 90- 7

●耶律古哩宋

耶律古哩致仕（制）　宋陳傅良　1150-595- 13

耶律古哩贈官（制）　宋陳傅良　1150-595- 13

●韋　保宋

等轉資制　宋鄒　浩　1121-319- 18

●南　永宋

東頭供奉官南永可內殿崇班（制）　宋蘇　頌　1092-356- 30

●南　信宋

左侍禁南信可轉三官制　宋慕容彥逢　1123-388- 8

●南　清宋

補承信郎制　宋張　擴　1129- 97- 10

●南　堅宋

贈兩官與恩澤兩資制　宋張　嵲　1131-509- 19

●南景仁宋

可承信郎制　宋許景衡　1127-231- 7

●柯　甲宋

特授行軍器監主簿制　宋衛　涇　1169-472- 1

●柯　柴宋

文林郎新羌州州學教授柯柴可辟廱錄制　宋慕容彥逢　1123-340- 4

●柯慶文宋

除著作佐郎制　宋韓　琦　1089-464- 40

●柳　沖唐

授柳沖兼溫王師制　唐玄宗　549- 36-183

授柳沖兼溫王師制　唐蘇　頲　1336-672-405

●柳　約宋

昨係朝散大夫戶部侍郎所犯因臣察上言罷差提舉江州太平觀後該赦復祕閣修撰係已紋未復舊職今又該明堂赦復敷文閣待制依舊提舉江州太平觀制　宋張　嵲　1131-498- 18

太常少卿制　宋李正民　1133- 17- 2

直龍圖閣知吉州制　宋李正民　1133- 25- 2

●柳　倪宋

爲金人攻圍順昌府城係提舉四壁射殺敵兵甚衆兼自中箭略不退避委是忠勇轉行右武大夫制　宋張　嵲　1131-447- 12

●柳　涉宋

皇城使宜州團練使柳涉可左千牛衛大將軍宜州團練使（制）　宋蘇　頌　1092-381- 33

●柳　渙唐

授柳渙司門郎中制　唐玄宗　549- 36-183

授柳渙給事中制　唐蘇　頲　1336-509-381

授柳渙司門郎中制　唐蘇　頲　1336-574-390

授柳渙左司員外郎制　唐蘇　頲　1336-576-391

●柳　植宋

刑部員外郎直集賢院柳植可三司鹽鐵判官制　宋宋　庠　1087-580- 23

可特授尚書刑部侍郎加上柱國制　宋胡　宿　1088-763- 17

●柳　傑唐

授柳傑等四人官充鄭滑節度推巡制　唐白居易　1080-537- 50　1336-728-412

●柳　溫唐

柳公綽父子溫贈尚書右僕射制　唐白居易　1080-530- 49

●柳　經唐

泗州判官制　唐白居易　1080-546- 51

●柳　說宋

陝州司理參軍柳說等二人可大理寺丞制　宋鄭　獬　1097-133- 3

●柳　瀜宋

光祿寺丞簽署并州軍士判官柳瀜可著作佐郎（制）　宋余　靖　1089- 96- 10

●柳　謙唐

除壽安縣令制　唐杜　牧　1081-686- 16

●柳　瑀唐

密州司戶制——天祐二年十二月　唐不著撰人　426-420- 58

●柳　灝宋

可工部郎中制　宋宋　祁　1088-267- 31

四庫全書文集篇目分類索引 817

●柳三接宋
可大理寺丞制　　　　　　宋宋　祁　1088-266- 31
可太常博士制　　　　　　宋胡　宿　1088-747- 15
●柳子華唐
授柳子華昭應縣令制　　　唐常　袞　1336-690-407
●柳元景劉宋
追贈柳元景令　　　　　　劉宋明帝　1398-544- 4
●柳天經宋
前永州東安縣令柳天
　經可大理寺丞試祕
　校（制）　　　　　　　宋韓　維　1101-664- 17
●柳公綽唐
授柳公綽御史中丞制　　　唐穆宗　　549- 50-183
可吏部侍郎制　　　　　　唐白居易　1080-524- 48
　　　　　　　　　　　　　　　　　1336-557-387
　　　　　　　　　　　　　　　　　1402- 75- 14
罷鹽鐵守本官兵部侍
　郎制　　　　　　　　　唐白居易　1080-541- 50
　　　　　　　　　　　　　　　　　1336-559-388
除柳公綽御史中丞制　　　唐白居易　1080-587- 55
　　　　　　　　　　　　　　　　　1336-595-393
授柳公綽襄州節度使
　制　　　　　　　　　　唐蔣　防　1337-260-455
●柳世隆齊
柳僕射爲南袞州詔　　　　梁江　淹　1063-735- 2
　　　　　　　　　　　　　　　　　1399-207- 9
　　　　　　　　　　　　　　　　　1415- 28- 85
贈柳世隆司空詔　　　　　南齊武帝　1399- 24- 1
●柳仲郢唐
授柳仲郢車川節度使
　制　　　　　　　　　　唐崔　珙　1337-271-456
●柳宗元唐
封柳州靈文廟惠侯敕　　　宋徽宗　　568- 31- 98
加封文惠昭靈侯敕　　　　宋高宗　　568- 32- 98
初封文惠侯告詞　　　　　宋徽宗　1465-454- 2
封文惠昭靈侯告詞　　　　宋高宗　1465-454- 2
●柳庭俊宋
權戶部侍郎柳約父庭
　俊贈光祿大夫（制）　　宋程　俱　1130-255- 26
述古殿學士通議大夫
　柳庭俊贈正奉大夫
　（制）　　　　　　　　宋孫　覿　1135-252- 25
●柳眞公宋
常州司法參軍監汾州
　永利鹽監柳眞公可

大理寺丞制　　　　　　宋鄭　獬　1097-134- 3
●柳師玄唐
柳師玄除衢州長史知
　夏州進奏制　　　　　　唐杜　牧　1081-688- 17
　　　　　　　　　　　　　　　　　1336-737-414
●柳慶遠梁
追贈柳慶遠詔　　　　　　梁武帝　1399-257- 1
　　　　　　　　　　　　　　　　　1414-425- 80
●韋　元劉宋
徵戴顯韋元令　　　　　　劉宋武帝　1398-483- 1
●韋　由唐
授韋由太原縣令等制　　　唐孫　逖　1336-743-415
●韋　弁唐
授絳州長史制　　　　　　唐白居易　1080-518- 48
●韋　序唐
韓韋序左拾遺　　　　　　唐錢　珝　1336-527-383
●韋　汎唐
授韋汎太子贊善大夫
　等制　　　　　　　　　唐孫　逖　1336-670-404
●韋　杭唐
授韋杭太子左庶子制　　　唐蘇　頲　1336-665-404
●韋　玢唐
授韋玢司農少卿制　　　　唐蘇　頲　1336-627-398
●韋　恒唐
授韋恒太常少卿制　　　　唐孫　逖　1336-622-398
●韋　玨宋
補保義郎制　　　　　　　宋張　擴　1129-103- 10
●韋　搢唐
授韋搢大理少卿制　　　　唐常　袞　1336-626-398
●韋　益宋
循修職郎（制）　　　　　宋樓　鑰　1152-610- 34
●韋　琪唐
授韋琪光祿卿制　　　　　唐孫　逖　1336-613-396
●韋　珩唐
韋珩寺可京兆府美原
　等縣令制　　　　　　　唐元　稹　 556-121- 85
　　　　　　　　　　　　　　　　　1079-585- 48
授韋珩等西畿令制　　　　唐元　稹　1336-690-407
　　　　　　　　　　　　　　　　　1402- 71- 13
●韋　陟唐
授韋陟文部尚書制　　　　唐賈　至　1336-552-387
授韋陟吏部侍郎制　　　　唐孫　逖　1336-556-387
授李鸞祠部員外郎等
　制　　　　　　　　　　唐崔　祐　1336-581-391
●韋　陟宋

四庫全書文集篇目分類索引

史部

詔令奏議類：附錄

詔令下（男）九畫

可祕書丞致仕加上輕車都尉制　宋胡　宿　1088-798- 20

●韋　振 唐

授韋振通事舍人制　宋蘇　頲　1336-528-383

●韋　淵 宋

守昭慶軍節度使開府儀同三司平樂郡王致仕制　宋張　擴　1129- 40- 6

落致仕與在京宮觀制　宋張　擴　1129- 82- 8

●韋　訴 宋

換文官制　宋王　洋　1132-409- 7

●韋　堅 唐

眨韋堅爲江夏司馬詔　唐玄　宗　534-161- 82

●韋　晟 宋

韋定男晟補借職制　宋鄒　浩　1121-314- 17

●韋　彪 漢

策韋彪（詔）　漢　和　帝　426-1092- 16

●韋　彪 唐

唐州刺史韋彪授王府長史制　唐白居易　1080-540- 50　1336-712-410

●韋　啓 唐

授韋啓左拾遺制　唐賈　至　1336-526-383

●韋　斌 唐

授韋斌中書舍人制　唐孫　逖　1336-517-382

●韋　湊 唐

授韋湊將作天匠制　宋蘇　頲　1336-631-399

●韋　博 唐

授韋博司勳郎中等制　唐崔　鄴　1336-566-389　1402- 94- 16

授韋博淄青節度使制　唐沈　詢　1337-277-456　1394-316- 1

●韋　覃 唐

授韋覃萬年縣令　唐常　袞　556-115- 85

●韋　琳 宋

報班差錯降一官（制）　宋樓　鑰　1152-614- 34

●韋　溪 唐

授前櫟陽縣尉韋溪左拾遺　唐錢　珝　1336-527-383

●韋　損 唐

授韋損鄆州節度使制　唐沈　詢　1337-274-456

●韋　漸 唐

贈韋審規等父制　唐元　稹　1079-596- 50

韋文恪父漸贈太子少保制　唐白居易　1080-531- 49

●韋　綬 唐

從右丞授禮部尚書制　唐白居易　1080-535- 50

韋綬等賜爵制　唐白居易　1080-572- 53

授韋綬禮部尚書制　唐賈　至　1336-552-387　1402- 65- 13

●韋　鴻 唐

授韋鴻殿中侍御史等制　唐崔　鄴　1336-605-395

●韋　偃 唐

授韋偃司封郎中制　唐賈　至　1336-565-389

●韋　誥 唐

除尚食奉御制　唐杜　牧　1081-686- 16

●韋　誇 唐

授韋誇給事中制　唐常　袞　1336-510-381

●韋　慇 唐

授韋慇等加階制　唐崔　鄴　1336-758-417　1402- 94- 16

授韋慇鄂岳節度使制　唐沈　詢　1337-276-456

●韋　選 唐

除義昌軍推官制　唐杜　牧　1081-686- 16

●韋　濟 唐

授韋濟戶部侍郎制　唐孫　逖　1336-559-388

●韋　覬 唐

可給事中制　唐白居易　1080-525- 48　1336-521-382　1402- 75- 14

●韋　翹 唐

授韋翹司駕部郎中制　唐常　袞　1336-572-390

●韋　瓊 唐

加侍御史充振武軍掌書記制　唐杜　牧　1081-683- 16

●韋　韜 唐

授韋韜光祿卿等制　唐薛廷珪　1336-614-396

●韋　覺 宋

太子中舍知越州餘姚縣事韋覺可殿中丞餘如故制　宋夏　竦　1087- 65- 2

●韋　瓘 唐

可守右補闕同充史館修撰制　唐元　稹　1079-578- 47

●韋　讓 唐

授韋讓等徐滑節度使制　唐李　納　1337-265-455

●韋子華 宋

（宣和皇后）祖贈太

傳（制） 宋汪 藻 1128- 65- 7
韋太后祖子華追封福王制 宋張 擴 1129- 59- 7
（宣和皇后）故祖韋子華贈太師（制） 宋程 俱 1130-252- 25
（韋皇太后贈）祖制 宋劉才邵 1130-446- 4
（韋皇太后封贈）故祖（制） 宋周麟之 1142-161- 20
●韋之晉唐
加韋之晉御史大夫制 唐常 袞 1336-704-409
●韋元珪唐
授韋元珪通事舍人制 唐蘇 頲 1336-528-383
●韋元曾
授韋元曾吏部郎中等制 唐常 袞 1336-564-389
●韋少遊唐
授韋少遊祠部員外郎等制 唐賈 至 1336-581-391
●韋永壽宋
贈八官與恩澤八資於橫行遂郡上分贈合贈中衞大夫遂郡觀察使（制） 宋周必大 1148- 43- 97
●韋弘景唐
賜爵制 唐白居易 1080-542- 50
●韋正貫唐
授韋正貫京兆尹制 唐白居易 556-123- 85
　 1336-680-406
●韋幼章唐
韋幼章除京兆府倉曹制 唐杜 牧 1081-679- 15
●韋安禮（道）宋
宣和皇后父贈太師制 宋汪 藻 1128- 66- 7
（達太后）父安禮追封兖王制 宋張 擴 1129- 59- 7
（宣和皇后）故父韋安禮追封簡王（制） 宋程 俱 1130-253- 25
（韋皇太后贈）父制 宋劉才邵 1130-446- 4
（韋皇太后封贈）故父（制） 宋周麟之 1142-161- 20
●韋有翼唐
除御史中丞制 唐杜 牧 1081-666- 14
　 1336-595-393
授韋有翼劍南東川節度使制 玉堂遺範 1337-248-453

●韋同憲唐
授南鄭令制 唐白居易 1080-518- 48
●韋光業唐
授韋光業高陵縣令制 唐蘇 頲 1336-690-407
●韋行立唐
可處州刺史制 唐元 稹 1079-582- 48
　 1402- 71- 13
●韋見素唐
平章制——天寶十三年八月 唐不著撰人 426-299- 45
拜相制 唐不著撰人 1337-195-448
●韋希仲唐
授韋希仲宗正卿制 唐蘇 頲 1336-612-396
●韋宗立唐
授檢校倉部員外郎知鹽鐵廬壽院制 唐杜 牧 1081-682- 16
●韋抱貞唐
授韋抱貞毫州別駕制 唐蘇 頲 1336-738-414
●韋表記唐
授韋表記泗州別駕制 唐蘇 頲 1336-738-414
●韋承鼎唐
除櫟陽縣令制 唐杜 牧 1081-678- 15
除左贊善大夫制 唐杜 牧 1081-686- 16
●韋知機宋
武義大夫東壁統制韋知機武顯大夫（制） 宋孫 覿 1135-259- 25
●韋彥章宋
補忠翊郎閤門祗候制 宋張 擴 1129- 55- 7
●韋昭度唐
韋昭度平章事制——中和元年七月 唐不著撰人 426-348- 50
蕭遘監修國史等制 唐不著撰人 426-360- 51
●韋退之唐
除戶部員外郎制 唐杜 牧 1081-668- 14
●韋庶度唐
李拭可宗正卿韋庶度可殿中監制 唐元 稹 1079-572- 45
●韋師貞
授前虔王傳賜紫韋師貞光祿卿制 唐錢 翊 1336-614-396
●韋執誼唐
平章事制——永貞一年二月 唐不著撰人 426-305- 46
崔州司馬制 唐不著撰人 426-408- 57
入相制 玉堂遺範 1337-204-449

四庫全書文集篇目分類索引

史部

詔令奏議類：附錄

詔令下（男）九畫

●韋處厚唐
平章事制——寶曆二年二月　唐不著撰人　426-325- 48
擬韋處厚除翰林侍講學士誥　元陸文圭　1194-533- 1
●韋貫之唐
平章事制——元和五年十一月　唐不著撰人　426-311- 46
吏部侍郎制　唐不著撰人　426-394- 55
可工部尚書制　唐白居易　1080-527- 49
　　1336-555-387
除韋貫之平章事制　唐白居易　1080-581- 54
　　1337-212-450
中書舍人韋貫之授禮部侍郎制　唐白居易　1080-584- 55
　　1336-562-388
拜相制　玉堂遺範　1337-199-448
授中書侍郎平章事制　玉堂遺範　1337-208-449
●韋景遠唐
授韋景遠權爲郡長史等制　唐孫　逖　1336-736-414
●韋貽範唐
授韋貽範右同郎中制　唐錢　珝　1336-684-406
●韋順明宋
蕃官皇城使昭州刺史韋順時特與換漢官制　宋慕容彥逢　1123-368- 6
●韋舜臣宋
（宣和皇后）曾祖贈太保（制）　宋汪　藻　1128- 65- 7
韋太后曾祖舜臣追封廣王制　宋張　擴　1129- 58- 7
宣和皇后故曾祖韋舜臣贈太子太傅（制）　宋程　俱　1130-252- 25
（韋）皇太后贈曾祖制　宋劉才邵　1130-445- 4
（韋皇太后）故曾祖冀王韋舜臣追封吳王（制）　宋周麟之　1142-160- 20
●韋嗣立唐
平章事制　唐不著撰人　426-292- 64
授韋嗣立太子賓客制　唐蘇　頲　1336-660-403
除韋嗣立鳳閣侍郎平章事制　唐不著撰人　1337-195-448
授韋嗣立黃門侍郎制　唐 中 宗　1394-314- 1

●韋輔堯宋
奏舉人縣令韋輔克可大理寺丞制　宋宋　祁　1088-269- 31
●韋審規唐
授韋審規等左司戶部郎中等制　唐元　稹　1079-652- 4
　　1336-564-389
可西川節度副使御史中丞制　唐白居易　1080-519- 48
　　1336-728-413
　　1402- 74- 14
●韋興宗宋
授州防禦使依舊知閤門事制　宋吳　泳　1176- 70- 8
授州觀察使依舊知閤門事制　宋吳　泳　1176- 71- 8
●珍　戩元
皇太子册文　元圖克坦公履　1367-126- 10
●奏從事唐
授官制　唐劉崇望　1336-733-413
●契苾通唐
授契苾通振武節度使制　唐沈　詢　1337-275-456
●契苾璋唐
授右威衞上將軍契苾璋威衞上將軍制　唐薛廷珪　1336-642-401
　　1402- 82- 14
●思均坦宋
故右侍禁思均坦可授三班借職制　宋慕容彥逢　1123-393- 8
●若沮沒移宋
蕃官皇城使簡州刺史若沮沒移可遙郡團練使制　宋劉　敞　1096-192- 19
●苗　存宋
可大理寺丞致仕制　宋胡　宿　1088-795- 20
●苗　光漢
封孫程等詔　漢 順 帝　426-1102- 19
●苗　振宋
職方郎中制　宋王安石　1105-386- 50
●苗　授宋
除苗授特授武泰軍節度使殿前副都指揮使勳封食實封如故

四庫全書文集篇目分類索引

制　　宋哲宗　549-63-183
除苗授特授武泰軍節度使殿前副都指揮使　　宋蘇軾　1108-661-106
　　1350-371-36
除苗授保康軍節度知潞州制　　宋蘇轍　1112-348-33
充步軍都虞侯（制）　　宋李清臣　1350-398-39
●苗　發唐
授苗發都官員外郎制　　唐常袞　1336-586-392
●苗　靖宋
責官制　　宋王洋　1132-426-8
●苗　履宋
轉官制　　宋鄒浩　1121-303-16
●苗再成宋
特授拱衞大夫依前和州防禦使帶行帶御器械知眞州誥　　宋王應麟　1187-262-5
●苗仲淵宋
德妃苗氏奏遇南郊乞親佳習進士苗仲淵可將作監主簿（制）　　宋蘇頌　1092-358-30
●苗晉卿唐
侍中制——上元一年五月　　唐不著撰人　426-300-45
●苗貴妃（曾祖）宋
苗貴妃曾祖追贈制　　宋蘇轍　1112-338-32
●苗貴妃（祖）宋
苗貴妃祖追贈制　　宋蘇轍　1112-339-32
●苗繼宗宋
苗貴妃父追贈制　　宋蘇轍　1112-339-32
●苟　得宋
以軍功轉一官（制）　　宋劉一止　1132-169-33
●哈扎爾元
（和台）封贈曾祖父哈扎爾（制）　　元趙孟頫　1196-732-10
●哈喇巴圖爾元
（題）皇帝聖旨特命禮部尚書哈喇巴圖爾充奎章閣捧案官宜令哈喇巴圖爾準此天曆二年五月闕日（跋）　　元虞集　1207-153-10
●冒木碯宋
滿濟冒勒嘻卜楚男冒

木碯承續制　　宋胡宿　1088-790-19
●范　仔宋
入內文思使范仔可轉一官制　　宋慕容彥逢　1123-373-7
●范　存宋
可殿中丞制　　宋胡宿　1088-745-15
●范　同宋
除祠部郎官（制）　　宋張綱　1131-48-8
除檢正（制）　　宋劉一止　1132-222-46
●范　鳳宋
特贈朝奉郎集英殿修撰制　　宋許景衡　1127-235-7
●范　全宋
可檢校工部尚書解州刺史充本州防禦使加食邑百戶　　宋胡宿　1088-762-17
●范　沖宋
荊湖北路轉運副使制　　宋汪藻　1128-75-8
知婺州（制）　　宋李彌遜　1130-644-5
除宗正少卿（制）　　宋張綱　1131-47-8
爲臣寮上言稟傾邪之資肆貪墨之行落職依舊宮觀制　　宋張嵲　1131-478-16
●范　育宋
承議郎直集賢院范育可權發遣鳳翔府制　　宋毛滂　1123-745-5
直龍圖閣知秦州（制）　　宋錢鍄　1350-406-40
●范　旺宋
特轉遂郡刺史（制）　　宋周必大　1148-63-98
●范　昌宋
范宗尹故祖昌可贈太子少傅制　　宋綦崇禮　1134-536-2
●范　洵宋
大理寺主簿制　　宋張擴　1129-145-13
●范　恪宋
起復雲麾將軍宣州管內觀察使侍衞親軍步軍副都指揮使范恪可銀光祿大夫餘並依舊制　　宋蔡襄　1090-441-12
步軍副都指揮使宣州管內觀察使范恪可馬軍副都指揮使　　宋蔡襄　1090-448-13
步軍副都指揮使范恪可加桂國進開國公

822　　　　　　　　　四庫全書文集篇目分類索引

食邑五百戶仍賜忠果雄勇功臣制　宋蔡　襄　1090-466- 15

●范　彥唐

范季睦父彥贈禮部郎中制　唐白居易　1080-531- 49

●范　度宋

范鎭父追贈制　宋蘇　轍　1112-340- 32

●范　旲宋

范宗尹故父旲可贈太子少師制　宋綦崇禮　1134-536- 2

●范　俊宋

轉一官制　宋衞　涇　1169-479- 1

●范　浩宋

贈直徽猷閣制　宋汪　藻　1128- 96- 10

●范　珣宋

考功員外郎制　宋曾　肇　1098-544- 20

●范　振宋

可太子中舍人致仕制　宋胡　宿　1088-797- 20

●范　振宋

考功郎官（制）　宋李彌遜　1130-644- 5

●范　振宋

除江西提刑（制）　宋劉一止　1132-215- 44

●范　致宋

可復舊官除資政殿學士提舉中太一宮制　宋綦崇禮　1134-549- 4

●范　秘宋

轉官制　宋許　翰　1123-498- 1

●范　納宋

罷東京留守司降授承宣使淄州居住制　宋汪　藻　1128- 84- 9

●范　祥宋

陝西轉運使范祥追官知州制　宋蔡　襄　1090-430- 11

●范　袞宋

可守殿中丞制　宋胡　宿　1088-737- 14

前杭州司理參軍范袞可衞尉寺丞充堂後官制　宋歐陽修　1102-620- 79

　　　　　　　　　　1350-379- 37

　　　　　　　　　　1402-112- 20

●范　零宋

除秘書郎制　宋張　擴　1129-144- 13

●范　雲梁

追贈范雲詔　梁　武帝　1399-258- 1

　　　　　　　　　　1414-426- 80

●范　極宋

和州司馬范極可泰州司馬制　宋宋　庠　1087-594- 25

●范　雄宋

起復武功大夫（制）　宋周必大　1148- 9- 94

●范　勝宋

起復制　宋王　洋　1132-432- 8

●范　溫宋

范溫轉武功大夫康州刺史依前閤門宣贊舍人（制）　宋程　俱　1130-265- 27

●范　填宋

除成都府路轉運副使制　宋張　擴　1129- 43- 6

●范　鉞宋

宣德郎范鉞可知太康縣制　宋劉　攽　1096-189- 19

●范　說宋

太常博士集賢校理知臺州范說可尚書祠部員外郎制　宋宋　庠　1087-593- 25

●范　榮宋

忠州防禦使制　宋洪　适　1158-371- 19

●范　墉宋

范純仁祖追贈制　宋蘇　轍　1112-336- 31

●范　蓀宋

除大理寺丞（制）　宋陳傅良　1150-644- 18

太府寺丞主簿（制）　宋樓　鑰　1152-678- 39

●范　綜宋

爲殺敗賊兵授右武大夫依前貴州刺史換給制　宋張　嶸　1131-455- 13

●范　廣宋

贈三官制　宋張　嶸　1131-493- 18

●范　褒宋

殿中丞制　宋王安石　1105-397- 51

●范　德宋

范宗尹故曾祖德贈太子少保制　宋綦崇禮　1134-535- 2

●范　諷宋

龍圖閣學士給事中知兗州范諷可責授武昌軍節度行軍司馬不答署本州公事制　宋宋　庠　1087-557- 20

●范　謂宋

前衢州軍事推官范謂
　可大理寺丞制　　　　　宋夏竦　　1087- 62- 2
●范　詡宋
知密州制　　　　　　　　宋曾鞏　　1098-558- 22
●范　曄劉宋
沈演之范曄拜官詔　　　　劉宋文帝　1398-517- 2
●范　鍾宋
除吏部郎官（制）　　　　宋袁　甫　1175-426- 8
除國子祭酒誥　　　　　　宋許應龍　1176-432- 3
除吏部侍郎制　　　　　　宋許應龍　1176-441- 4
除兵部侍郎制　　　　　　宋許應龍　1176-442- 4
●范　鍔宋
金部郎中范鍔可京東
　轉運副使制　　　　　　宋劉　攽　1096-186- 19
●范　瑋宋
樞密院檢詳（制）　　　　宋李彌遜　1130-624- 4
右司郎官（制）　　　　　宋劉一止　1132-208- 43
●范　鎮宋
尚書金部員外郎直祕
　閣范鎮可依前金部
　員外郎直祕閣充開
　封府推官制　　　　　　宋蔡　襄　1090-449- 13
翰林侍讀學士尚書禮
　部侍郎集賢殿修撰
　范鎮可依前官充翰
　林學士（制）　　　　　宋蘇　頌　1092-344- 29
翰林學士守尚書禮部
　侍郎范鎮可守尚書
　戶部侍郎（制）　　　　宋蘇　頌　1092-352- 30
加修撰制　　　　　　　　宋王安石　1105-376- 49
　　　　　　　　　　　　　　　　　1350-389- 38
　　　　　　　　　　　　　　　　　1418-319- 47
翰林學士知制誥充史
　館修撰范鎮轉官加
　勳邑制　　　　　　　　宋王安石　1105-380- 49
可侍讀太乙宮使（制）　　宋蘇　轍　1112-289- 27
　　　　　　　　　　　　　　　　　1350-408- 40
　　　　　　　　　　　　　　　　　1418-448- 51
跋劉原父制詞草　　　　　宋楊萬里　1161-300-100
禮部郎中知制誥范鎮
　可吏部郎中（制）　　　宋劉　敞　1350-385- 37
　　　　　　　　　　　　　　　　　1418-362- 48
●范　鑄宋
授集英殿修撰制　　　　　宋徐元杰　1181-688- 7
授秘閣修撰依舊宮觀制　　宋徐元杰　1181-689- 7

●范　鑑宋
太子中允充館閣校勘
　范鑑可依前太子中
　允館閣校勘充監察
　御史裏行制　　　　　　宋王安禮　1100- 30- 3
●范子初宋
尚書戶部侍郎知永興
　軍范雍親孫男子初
　可將作監主簿制　　　　宋宋　庠　1087-591- 25
●范子奇宋
提舉西京嵩山崇福宮
　范子奇可知晉州制　　　宋劉　攽　1096-216- 21
朝議大夫充集賢殿修
　撰提舉崇福宮范子
　奇可知鄭州制　　　　　宋劉　攽　1096-216- 21
工部郎中制　　　　　　　宋曾　鞏　1098-543- 20
將作監（制）　　　　　　宋蘇　軾　1108-684-107
司農卿（制）　　　　　　宋蘇　轍　1112-296- 28
河北轉運使制　　　　　　宋蘇　轍　1112-306- 29
●范子淵宋
都水使者制　　　　　　　宋曾　鞏　1098-546- 20
可知兗州（制）　　　　　宋蘇　軾　1108-663-106
知峽州（制）　　　　　　宋蘇　軾　1108-667-106
　　　　　　　　　　　　　　　　　1402-116- 21
●范子諒宋
前河東提刑范子諒可
　開封府推官制　　　　　宋劉　攽　1096-232- 23
知濮州制　　　　　　　　宋曾　鞏　1098-558- 22
●范之才宋
朝奉郎范之才爲倉部
　員外郎（制）　　　　　宋劉安上　1124- 20- 2
倉部員外郎范之才除
　戶部郎官制　　　　　　宋翟汝文　1129-210- 3
●范中模宋
可秘書丞制　　　　　　　宋胡　宿　1088-724- 13
●范正己宋
降兩官罷宣撫處置司
　參議制　　　　　　　　宋胡　寅　1137-427- 12
●范正平宋
贈直秘閣制　　　　　　　宋胡　寅　1137-450- 13
●范正國宋
除湖北路轉運判官制　　　宋張　擴　1129- 70- 8
●范正國宋
江東漕制　　　　　　　　宋胡　寅　1137-429- 12
●范世文宋

將作監主簿范世文可舊官服闕（制） 宋韓　維 1101-652- 16

戶部郎中直龍圖閣知明州范師道遺表第三男世文守將作監主簿制 宋王安石 1105-414- 52

● 范世延 宋

開封府推官范世延降一官制 宋汪　藻 1128- 85- 9

● 范世修 宋

承務郎知鄭州管城縣范世修可轉一官制 宋慕容彥逢 1123-378- 7

● 范世雄 宋

落職宮觀（制） 宋孫　覿 1135-263- 25

● 范用吉 宋

淮西路鈐范用吉授高州刺史節制京西北路軍馬制 宋洪咨夔 1175-225- 16

叙復武翼郎高州刺史制 宋吳　泳 1176- 83- 9

● 范百祿 宋

刑部侍郎（制） 宋蘇　軾 1108-695-108

● 范如圭 宋

除直祕閣江西提舉（制） 宋周麟之 1142-149- 19

● 范仲壬 宋

除武學博士（制） 宋陳傅良 1150-590- 12

● 范仲回 宋

單州團練副使范仲回可騎都尉制 宋胡　宿 1088-764- 17

● 范仲淹 宋

尚書禮部員外郎天章閣待制范仲淹可尚書吏部員外郎權知開封府制 宋宋　庠 1087-566- 22

除參知政事敕 唐不著撰人 1089-810- 2

復除參知政事知諫院敕 唐不著撰人 1089-810- 2

拜資政殿學士知邠州兼陝西四路沿邊安撫使勅 唐不著撰人 1089-811- 2

贈太師楚國公衞國太夫人誌 唐不著撰人 1089-811- 2

追封魏國公誌 唐不著撰人 1089-812- 2

秘書丞范純仁父仲淹

贈吏部尚書（制） 宋劉　敞 1095-661- 30

范純仁父追贈制 宋蘇　轍 1112-337- 31

● 范仲溫 宋

可台州黃巖縣尉制 宋歐陽修 1102-635- 81

1350-381- 37

● 范仲熊 宋

復右承議郎制 宋張　擴 1129- 89- 9

● 范仲輔 宋

著作佐郎（制） 宋樓　鑰 1152-653- 37

著作郎（制） 宋樓　鑰 1152-708- 41

● 范仰之 宋

尚書比部郎中范仰之可駕部郎中（制） 宋蘇　頌 1092-379- 33

● 范成大 宋

轉一官致仕（制） 宋樓　鑰 1152-670- 38

贈五官 宋樓　鑰 1152-671- 38

祕書省正字制 宋洪　适 1108-396- 22

● 范孝思 宋

前趙州錄事參軍范孝思可大理寺丞制 宋蔡　襄 1090-421- 10

● 范伯達 宋

爲失收侵隱總制司錢降一官制 宋張　嶸 1131-469- 15

● 范伯奮 宋

改官（制） 宋張　綱 1131- 24- 4

● 范布朝 唐

京西行營節度使制 唐不著撰人 426-429- 59

授范希朝京西都統制 唐白居易 1080-578- 54

1337-224-451

1402- 74- 14

授范希朝神策軍節度使制 玉堂遺範 1337-234-452

● 范宗尹 宋

除中書舍人制 宋張　守 1127-685- 2

中書舍人范宗尹御史中丞制 宋汪　藻 1128- 72- 8

范宗尹特授觀文殿學士提舉臨安府洞霄宮依前通議大夫食邑食實封如故任便居住制 宋汪　藻 1128-110- 12

落職宮祠制 宋汪　藻 1128-111- 12

除資政殿大學士知溫州（制） 宋張　綱 1131- 48- 8

除參知政事制 宋李正民 1133- 3- 1

除范宗尹特授通議大夫守尚書右僕射同中書門下平章事進封高平郡開國侯加食邑食實封制　宋綦崇禮　1134-562- 6

侍御史范宗尹除諫議大夫（制）　宋孫　覿　1135-243- 24

除集英殿脩撰提舉西京崇福宮（制）　宋孫　覿　1135-250- 24

除右諫議大夫（制）　宋孫　覿　1135-266- 26

●范直方宋

直秘閣參議官制　宋李正民　1133- 7- 1

閤憲制　宋胡　寅　1137-449- 13

樞密院檢詳官制　宋胡　寅　1137-455- 14

●范直言宋

爲臣寮上言落職與遠小監當制　宋張　嶸　1131-478- 16

●范明友漢

封范明友平陵侯詔　漢昭帝　426-1012- 7
　　　　　　　　　　1396-224- 2

●范昇卿宋

故虞部員外郎致仕范堯佐男昇卿可試將作監主簿　宋沈　遘　1097- 32- 4

●范季睦唐

授尚書倉部員外郎制　唐元　稹　1079-578- 47

●范述曾梁

爲太中大夫詔　梁武帝　1399-263- 1
　　　　　　　　　　1414-423- 80

●范柔中宋

特贈直秘閣制　宋胡　寅　1137-440- 13

●范祖禹宋

可著作郎（制）　宋蘇　軾　1108-665-106

●范致虛宋

龍圖閣學士朝散郎知河南府范致虛可特降兩官制　宋慕容彥逢　1123-364- 6

知鼎州制　宋李正民　1133- 26- 2

知鄧州（制）　宋孫　覿　1135-267- 26

●范純仁宋

除范純仁左僕射制敕　宋哲宗　561-257- 39

尚書刑部郎中范純仁可朝散大夫直集賢院仍加上護軍制　宋王安禮　1100- 30- 3

除范純仁制　宋范祖禹　1100-334- 29

賜新除觀文殿大學士中太一宮使范純仁令赴闕供職詔　宋曾　肇　1101-327- 1

拜中大夫同知樞密院事加勳邑誥——元祐元年三月　宋哲宗　1104-815- 0

拜大中大夫守尚書右僕射兼門下中書侍郎誥——元祐三年四月六日　宋哲宗　1104-816- 0

以觀文殿學士出知潁昌府誥——元祐四年六月　宋哲宗　1104-816- 0

以通議大夫尚書右僕射兼中書侍郎再拜右相誥——元祐八年　宋哲宗　1104-817- 0

復以觀文殿大學士加正議大夫出知潁昌府誥——紹聖元年四月　宋哲宗　1104-817- 0

復以觀文殿大學士充太乙宮使召赴闕供職誥——元符三年七月　宋哲宗　1104-817- 0

除范純仁特授大中大夫守尚書右僕射兼中書侍郎制　宋蘇　軾　1108-660-106
　　　　　　　　　　1350-371- 36
　　　　　　　　　　1402-100- 17

明堂執政范純仁加恩（制）　宋蘇　軾　1108-697-108

跋范忠宣公誥　明吳　寬　1255-497- 54

跋范忠宣公誥勅　明王世貞　1281-174-130

忠宣公誥命跋　明范景文　1295-577- 8

除范純仁觀文殿大學士知潁昌府制　宋曾　布　1350-374- 36

●范純粹宋

范仲淹男純粹等四人授守將作監主簿制　宋蔡　襄　1090-425- 11

知慶州范純粹可寶文閣待制再任制　宋劉　攽　1096-227- 22

●范純熙宋

可鄧州節度推官制　宋胡　宿　1088-778- 18

●范純禮宋

四庫全書文集篇目分類索引

史部

詔令奏議類：附錄

詔令下（男）九畫

朝散大夫左司郎中范純禮可太常少卿制　宋劉　攽　1096-238- 23

復天章閣待制樞密都承旨制　宋曾　肇　1101-331- 1

　　　　　　　　　　　　　　　　　　1350-411- 40

可吏部郎中（制）　宋蘇　軾　1108-668-106

　　　　　　　　　　　　　　　　　　1402-116- 21

發運副使（制）　宋蘇　轍　1112-323- 30

●范寅秩宋

湖南轉運判官制　宋王　洋　1132-408- 7

●范惟義唐

授范惟義左拾遺賜緋充職制　唐錢　珝　1336-727-412

●范道卿宋

可著作佐郎制　宋胡　宿　1088-715- 12

●范道興劉宋

追贈范道興等詔　劉宋明帝　1398-558- 4

●范傳正唐

除范傳正宣歙觀察使制　唐白居易　1080-581- 54

　　　　　　　　　　　　　　　　　　1336-697-408

●范傳式唐

可河南府壽安縣令制　唐元　稹　1079-588- 49

●范傳規唐

可陝州安邑縣令制　唐元　稹　1079-584- 48

　　　　　　　　　　　　　　　　　　1336-691-407

●范微之宋

可秘書丞制　宋胡　宿　1088-746- 15

●范臺玫隋

假湘州刺史詔　隋文　帝　1400-201- 1

●范德冲宋

垂拱殿成臨安府屬縣范德冲各轉一官制　宋張　擴　1129- 77- 8

●范贊時宋

范純仁曾祖追贈制　宋蘇　轍　1112-336- 31

●茅　恭宋

轉一官（制）　宋樓　鑰　1152-690- 40

●是　清宋

三班借職是清可轉一官制　宋慕容彥逢　1123-368- 6

●姚　元宋

都虞侯姚元換授制　宋張孝祥　1140-644- 19

●姚　古宋

轉官制　宋鄒　浩　1121-306- 16

引進副使雄州防禦使姚古可使額上轉一

官制　宋慕容彥逢　1123-380- 7

殿前都虞侯懷州防禦使姚古特湟州觀察使侍衞親軍步軍副都指揮使環慶路經略安撫使知慶州制　宋翟汝文　1129-200- 2

●姚　旦宋

轉一官（制）　宋樓　鑰　1152-621- 34

●姚　向唐

姚向並四川判官皆賜緋各檢校省官兼御史制　唐白居易　1080-519- 48

　　　　　　　　　　　　　　　　　　1366-728-413

　　　　　　　　　　　　　　　　　　1402- 74- 14

●姚　仲宋

迎敵僞官并往僞地王武處幹事忠義爲國理宜優賞轉忠訓郎閤門祗侯制　宋張　嶷　1131-452- 13

除龍神衞四廂都指揮使御前諸軍都統制知興元府（制）　宋周麟之　1142-110- 14

罷宮觀降充鄧州防禦使達州居住（制）　宋周必大　1148- 18- 95

●姚　宏宋

轉防禦使再任（制）　宋劉安上　1124- 22- 2

●姚　伸宋

降官制　宋王　洋　1132-428- 8

●姚　明宋

岑欽州沿邊溪洞都巡檢內殿崇班姚明可內殿承制（制）　宋韓　維　1101-665- 17

●姚　兕宋

磨勘轉東上閤門使（制）　宋蘇　轍　1112-291- 27

皇城使忠州團練使姚兕可果州防禦使制　宋陸　佃　1117-138- 10

●姚　侑宋

贈六官恩澤依舊制　宋張　嶷　1131-509- 19

●姚　奕唐

授姚奕太子舍人制　唐蘇　頲　1336-671-404

●姚　珍宋

除福建轉運判官制　宋許應龍　1176-471- 6

●姚　祐宋

通奉大夫吏部侍郎姚

祐降官（制） 宋劉安上 1124-17-2
吏部侍郎姚祐除工部
尚書制 宋翟汝文 1129-214-3
●姚 嘗 宋
特授帶行太府寺丞依
舊知常州諸 宋王應麟 1187-255-5
●姚 珽 宋
國子監丞制 宋洪咨夔 1175-231-17
姚珽除直秘閣權知建
寧府制 宋洪咨夔 1175-249-20
●姚 勗 宋
可太常博士制 宋劉 攽 1096-188-19
起居郎姚勗可中書舍
人仍賜紫金魚袋制 宋呂 陶 1098-64-8
宗正丞（制） 宋蘇 轍 1112-316-30
秘書丞（制） 宋蘇 轍 1112-319-30
●姚 崇 唐
同三品制——先天二
年六月 唐不著撰人 426-292-44
授姚崇兼紫微令制 唐蘇 頲 426-294-44
1336-501-380
都檢校諸軍大使制——
開元二年一月二十
四日 唐蘇 頲 426-368-52
相王府長史制——長
安四年六月 唐不著撰人 426-391-55
授姚元之等兼太子庶
子制 唐蘇 頲 1336-665-404
拜相制 唐不著撰人 1337-193-448
●姚 倞 宋
可大理寺丞制 宋胡 宿 1088-732-14
●姚 孳 宋
江東路轉運副使姚孳
荊湖北路轉運副使
孫漸兩易制 宋翟汝文 1129-194-2
●姚渠（渠）宋
知邕州（制） 宋樓 鑰 1152-686-39
1465-456-2
●姚 閎 唐
授姚閎監察御史等制 唐孫 逖 1336-606-395
●姚 勗 宋
授姚勗右諫議大夫等
制 唐崔 嘏 1336-515-381
●姚 楨 元
翰林承旨姚燧父楨贈

官制 元王 構 1367-149-12
●姚 預 宋
可太常寺太祝制 宋胡 宿 1088-738-14
●姚 愈 宋
除司農寺丞（制） 宋陳傅良 1150-642-18
●姚 稱 宋
守殿中丞姚稱可國子
博士（制） 宋蘇 頌 1092-355-30
●姚渠（渠）宋
知邕州（制） 宋樓 鑰 1152-686-39
1465-456-2
●姚 樞 元
中書左丞姚公制 元王 惲 1201-41-68
姚樞贈榮祿大夫謚文
獻公制 元不著撰人 1366-600-1
翰林承旨姚樞贈謚制 元王 構 1367-148-12
1394-325-1
●姚 穀 宋
樞密直學士知益州張
逸外孫姚穀可試將
作監主簿制 宋宋 庠 1087-591-25
●姚 憲 宋
除權工部侍郎兼臨安
少尹（制） 宋周必大 1148-80-100
●姚 嬐 唐
贈淮西軍大將周曾等
勅 唐不著撰人 426-480-65
●姚 闢 宋
奏舉人姚闢著作佐郎
制 宋王安石 1105-401-51
●姚子才 宋
除工部郎中制 宋袁 甫 1175-429-8
●姚文壽 唐
可冠軍大將軍右監門
衞將軍知內侍省事
制 唐元 稹 1079-589-49
●姚之紹 宋
換給成忠郎制 宋張 擴 1129-96-10
●姚元康 唐
姚元康等授官充推官
掌書記制 唐白居易 1080-552-51
1336-726-412
●姚永寧 宋
招箭班姚永寧可補右
班殿直制 宋慕容彥逢 1123-353-5

四庫全書文集篇目分類索引

史部　詔令奏議類：附錄　詔令下（男）九畫

●姚平仲宋
復吉州團練使所在出榜召赴行在制　宋汪　藻　1128- 92- 10
復吉州團練使所在出牓召赴行在制　宋汪　藻　1128-341- 2

●姚可久宋
可左監門衞大將軍致仕制　宋胡　宿　1088-799- 20

●姚吉甫宋
前守陵州井研縣令姚吉甫可除授山南東道節度推官知廣州清遠縣事制　宋蔡　襄　1090-438- 12

●姚仲孫宋
尚書戶部員外郎兼侍待史知雜事姚仲孫可三司戶部副使制　宋宋　庠　1087-559- 20
起居舍人知諫院姚仲孫可尚書戶部員外郎兼侍御史知雜事制　宋宋　庠　1087-586- 24

●姚成節唐
右神策（武）將軍知軍事制　唐白居易　1080-524- 48
　　　　　　　　　　　　　1336-656-402
　　　　　　　　　　　　　1402- 77- 14

●姚克柔唐
除鳳州刺史制　唐杜　牧　1081-678- 15

●姚布孟明
左春坊左諭德兼翰林院侍講姚希孟（制）　明倪元璐　1297- 12- 1

●姚布得宋
簽書樞密院事姚希得除同知兼參政制　宋馬廷鸞　1187- 25- 3
除兵部尚書兼侍讀制　宋馬廷鸞　1187- 30- 4
該遇明堂大禮加恩制　宋馬廷鸞　1187- 54- 7

●姚宗彥宋
除右司員外郎制　宋翟汝文　1129-208- 3

●姚居簡宋
轉三班借職（制）　宋蘇　軾　1108-680-107

●姚思正宋
轉一官資（制）　宋樓　鑰　1152-616- 34

●姚原道宋
太常博士制　宋王安石　1105-396- 51

●姚舜明宋

降兩官制　宋汪　藻　1128- 86- 9
降授朝奉大夫姚舜明左司郎官吏部員外郎（制）　宋程　俱　1130-240- 24
直龍圖閣江淮荊浙等路發運副使（制）　宋程　俱　1130-270- 27
復舊官（制）　宋張　綱　1131- 36- 6
復一官制　宋王　洋　1132-410- 7

●姚舜輔宋
太史局冬官正姚舜輔除算學博士告詞　宋翟汝文　1129-206- 3

●姚廉仲（等）宋
勒姚廉仲等制　宋許　翰　1123-497- 1

●姚慶長宋
從義郎致仕姚慶長落致仕轉修武郎（制）　宋孫　覿　1135-259- 25

●約爾珠元
常布呼齊故父約爾珠謚忠懿制　元程鉅夫　1202- 49- 4

●香　瑪宋
蕃官供備庫副使香瑪與轉一官制　宋慕容彦逢　1123-388- 8
蕃官供備庫副使香瑪可轉一官制　宋慕容彦逢　1123-390- 8

●香布咊宋
蕃官右武衞將軍兼監察御史柱國香布咊可加上柱國（制）　宋蘇　頌　1092-397- 34

●咎萬壽宋
咎萬壽特授復州團練使知嘉興府兼成都府路安撫使誥　宋王應麟　1187-258- 5

●皇甫来宋
可大理寺丞致仕制　宋胡　宿　1088-798- 20

●皇甫倜宋
與轉三官除閤門宣贊舍人（制）　宋周必大　1148- 35- 96

●皇甫望宋
奏舉人永康軍錄事參軍皇甫可特授大理寺丞制　宋蔡　襄　1090-439- 12

●皇甫僎宋
兵部郎中皇甫泌男僎可將作監主簿制　宋歐陽修　1102-623- 79

●皇甫愉唐

皇甫鎛父儉贈尚書右僕射制 唐白居易 1080-530- 49

●皇甫鉞唐

除右司員外郎制 唐杜 牧 1081-668- 14

●皇甫僎宋

降宮祠制 宋許景衡 1127-234- 7

●皇甫誕隋

追封皇甫誕詔 隋煬帝 1400-242- 2

●皇甫謐晉

徵皇甫謐爲太子中庶子詔 晉武帝 1398- 40- 2

●皇甫翼唐

授皇甫翼等監察御史制 唐韓 休 1336-607-395

授皇甫翼等加階制 唐張九齡 1136-757-417

●皇甫鑄唐

平章事制——元和十年九月 唐不著撰人 426-315- 47

罷判度支制 唐不著撰人 426-363- 52

崔州司戶參軍制 唐不著撰人 426-409- 57

罷判度支制 玉堂遺範 1337-205-449

加恩制 玉堂遺範 1337-205-449

●皇甫文侈唐

授皇甫文侈營繕少監制 唐李 嶠 1336-632-399

●皇甫宗孟宋

尚書屯田員外郎通判明州皇甫宗孟可尚書都官員外郎制 宋宋 庠 1087-584- 24

●重 巽宋

轉一官制 宋周必大 1148- 5- 94

●紇干泉唐

授紇干泉江西觀察使制 唐崔 鄲 1336-699-408

授紇干泉嶺南節度使制 唐沈 詢 1337-271-456

●郅文晏唐

授郅文晏將軍金紫光祿大夫制 唐薛廷珪 1336-767-418

●郅慕清宋

前權相州觀察支使郅慕清可檢校尚書水部員外郎制 宋宋 庠 1087-602- 26

●卻 正晉

爲巴西太守詔 晉武帝 1398- 42- 2

●拜住（拜珠）元

特命右丞相詔 元袁 桷 1203-467- 35

命拜珠爲右丞相詔 元袁 桷 1367-122- 9

贈清忠一德佐運功臣太師開府儀同三司追封東平王謚忠獻（制） 元袁 桷 1203-488- 36

丞相拜珠贈謚制 元袁 桷 1367-156- 12

●种 古宋

种世衡男古可鳳翔府天興縣尉制 宋胡 宿 1088-781- 18

西上閤門使重种古可和鄜州制 宋劉 放 1096-209- 21

●种 淙宋

承信郎閤門祗應种淙轉兩官（制） 宋孫 覿 1135-261- 25

●种 診宋

殿中丞种診可洛苑副使（制） 宋韓 維 1101-663- 17

1418-541- 54

●种 潛宋

轉官換給告身（制） 宋張 綱 1131- 47- 8

●种 諤宋

降官制 宋曾 肇 1098-560- 22

國子博士种諤可左藏庫副使（制） 宋韓 維 1101-663- 17

1418-541- 54

降官制 宋王 洋 1132-426- 8

●种世衡宋

贈號州刺史种世衡可賜成州團練使制 宋胡 宿 1088-803- 21

●种思道宋

謚忠憲制 宋胡 寅 1137-444- 13

●种師中宋

提點刑獄兼保甲制 宋翟汝文 1129-193- 2

湟州觀察使侍衞親軍馬軍都指揮使制 宋翟汝文 1129-200- 2

●种師周（等）宋

种師周等邊功特轉官制 宋許 翰 1123-499- 1

●种師閔宋

左班殿直种師閔與轉三官制 宋慕容彥逢 1123-388- 8

●种師道宋

賜開府儀同三司（制） 宋孫 覿 1135-252- 25

四庫全書文集篇目分類索引

史部

詔令奏議類：附錄

詔令下（男）九畫

●俞　平宋
俞平等授官制　　　　　　　宋許景衡　1127-226- 7
●俞　布宋
俞布等循資制　　　　　　　宋史　浩　1141-585- 6
●俞　朴宋
授權知閤門事兼客省
　四方館事兼幹辦皇
　城司制　　　　　　　　　宋吳　泳　1176- 70- 8
●俞　治宋
沂王夫人俞氏父俞治
　贈潭州觀察使制　　　　　宋吳　泳　1176- 96- 10
●俞　東宋
贈修武郎制　　　　　　　　宋吳　泳　1176-100- 10
●俞　垧宋
知安吉州制　　　　　　　　宋許應龍　1176-466- 6
●俞　括宋
轉承直郎制　　　　　　　　宋袁　甫　1175-435- 9
●俞　建宋
除秘閣修撰致仕制　　　　　宋許應龍　1176-454- 5
●俞　俟宋
知揚州（制）　　　　　　　宋劉一止　1132-204- 42
磨勘轉官（制）　　　　　　宋王　洋　1132-422- 7
●俞　桌宋
祕書省正字俞桌可校
　書郎制　　　　　　　　　宋慕容彦逢　1123-334- 4
翰林學士俞桌爲兵部
　尚書（制）　　　　　　　宋劉安上　1124- 20- 2
●俞　倧宋
補承信郎（制）　　　　　　宋孫　覿　1135-259- 25
●俞　俠宋
循右文林郎制　　　　　　　宋張　擴　1129-139- 13
●俞　溫宋
俞俠父溫贈左銀青光
　祿大夫制　　　　　　　　宋張　擴　1129- 61- 7
●俞　燁宋
特補迪功郎制　　　　　　　宋袁　甫　1175-435- 9
●俞　琰宋
太常博士俞琰可屯田
　員外郎（制）　　　　　　宋韓　維　1101-668- 17
●俞　澈宋
知常德府（制）　　　　　　宋樓　鑰　1152-680- 39
●俞　僎宋
皇城使俞隨男僎回授
　補借職制　　　　　　　　宋慕容彦逢　1123-392- 8
遂郡團練使制　　　　　　　宋李正民　1133- 29- 3

●俞　誇宋
左侍禁（制）　　　　　　　宋蘇　轍　1112-303- 28
●俞　隨宋
知東上閤門事制　　　　　　宋汪　藻　1128- 90- 10
●俞　豐宋
除待制宮觀制　　　　　　　宋虞　儔　1154-110- 5
●俞士龍宋
比部員外郎俞士龍可
　駕部員外郎（制）　　　　宋蘇　頌　1092-371- 32
●俞召虎宋
循古承直郎制　　　　　　　宋張　擴　1129-139- 13
●俞布及宋
可太常寺大祝制　　　　　　宋胡　宿　1088-724- 13
●俞南仲宋
循兩資（制）　　　　　　　宋樓　鑰　1152-610- 34
●俞建部宋
特轉一官制　　　　　　　　宋衛　涇　1169-478- 1
●俞祐甫宋
可換大理評事制　　　　　　宋胡　宿　1088-740- 14
●俞康直宋
駕部員外郎俞康直可
　虞部郎中散官如故
　（制）　　　　　　　　　宋蘇　頌　1092-389- 34
●俞處約(父）宋
俞處約父封承務郎制　　　　宋袁　甫　1175-434- 9
●俞龍潘宋
熟戶俞龍潘可銀青光
　祿大夫檢校國子監
　祭酒兼監察御史武
　騎尉制　　　　　　　　　宋宋　庠　1087-587- 24
●紀　交宋
除淮南轉運判官制　　　　　宋張　擴　1129- 71- 8
●紀　昱宋
左藏庫副使紀昱可權
　知廉州制　　　　　　　　宋劉　攽　1096-216- 21
●紀紹（塔達克）宋
故三班借職紀育男塔
　達克與三班借職制
　仍賜名紹　　　　　　　　宋慕容彦逢　1123-394- 8
●紀　逸漢
封唐林紀逸書　　　　　　　漢王　莽　1396-675- 24
●紀　道宋
轉武翼郎制　　　　　　　　宋張　擴　1129-104- 10
●紀　震宋
故三班借職紀育弟紀

震可三班借職制　宋慕容彥逢　1123-392- 8

●紀　質宋
可侍衞親軍步軍都虞
　候制　宋王　珪　1093-282- 38

●紀　德宋
供備庫使紀德轉儀鸞
　使左邊任使制　宋蔡　襄　1090-437- 12

●紀千鈞唐
授紀千鈞太子舍人等
　制　唐蘇　頲　1336-671-404

●侯　丞唐
可霍丘縣尉制　唐白居易　1080-544- 51
　　　　　　　　1336-748-415

●侯　可宋
守衞尉寺丞侯可可并
　大理寺丞（制）　宋蘇　頌　1092-363- 31

●侯　叔宋
將仕郎侯叔可左班殿
　直制　宋慕容彥逢　1123-353- 5

●侯　信宋
爲河北翊破金人大寨
　等忠義奮發果立奇
　功特轉武義大夫遂
　郡刺史制　宋張　嵲　1131-448- 12

●侯　訢宋
可殿中丞制　宋胡　宿　1088-735- 14

●侯　通宋
可守將監主簿制　宋王安禮　1100- 32- 3

●侯　渭宋
尚書虞部員外郎侯渭
　可尚書比部員外郎
　制　宋宋　庠　1087-583- 24

●侯　淙宋
開封府士曹參軍（制）　宋劉安上　1124- 22- 2

●侯　蒙宋
承議郎試刑部尚書侯
　蒙可朝奉郎試刑部
　尚書制　宋慕容彥逢　1123-328- 3

御史中丞侯蒙可刑部
　尚書制　宋慕容彥逢　1123-328- 3

●侯　綬宋
通直郎試中書舍人侯
　綬可給事中制　宋慕容彥逢　1123-334- 4

●侯　愈宋
元係右朝請大夫江南

西路安撫大使司參
　謀官所犯因措置招
　安建昌軍叛兵事務
　冗并不覺察諸項人
　馬因而作過等事特
　降兩官後該遇明堂
　赦恩敍右朝請大夫
　制　宋張　嵲　1131-501- 19

●侯　瑾宋
可太常博士制　宋胡　宿　1088-735- 14

●侯　璋宋
降官制　宋王　洋　1132-428- 8

●侯　禧宋
可節察推官制　宋宋　祁　1088-266- 31

●侯　臨宋
河北路轉運副使侯臨
　移陝西路（制）　宋劉安上　1124- 14- 2

降授朝請郎新陝西轉
　運副使侯臨加直秘
　閣（制）　宋劉安上　1124- 18- 2

直龍圖閣知慶州侯臨
　知延安府制　宋翟汝文　1129-194- 2

●侯　霸漢
追封侯霸詔　漢光武帝　426-1070-13
封益侯霸詔　漢光武帝　1397- 14- 1

●侯　蘊唐
授侯蘊贊善大夫制　唐劉崇望　1336-738-414

●侯士通宋
賢妃夏氏進封本位官
　吏諸色人合行推恩
　數內代手分克主管
　文字承信郎侯士通
　特與轉一官（制）　宋周必大　1148- 33- 96

●侯子恪唐
南康侯子恪遷授詔　梁沈　約　1336-501-380

●侯文慶宋
翰林畫藝學守金城縣
　主簿侯文慶可翰林
　畫待詔制　宋王　珪　1093-300- 40

●侯元吉宋
供備庫副使侯元吉可
　西京左藏庫副使（
　制）　宋蘇　頌　1092-393- 34

●侯中立宋
結局轉官制　宋許　翰　1123-496- 1

四庫全書文集篇目分類索引

史部

詔令奏議類：附錄

詔令下（男）九畫

●侯公達宋
右承直郎侯公達換給付身（制） 宋劉一止 1132-182- 36
准差齋詔撫諭陝西先與改合入官（制） 宋劉一止 1132-183- 37
暴露賞轉一官（制） 宋劉一止 1132-189- 38
●侯公瑾宋
右侍禁侯公瑾可轉一官制 宋慕容彥逢 1123-388- 8
●侯允恭宋
可祕校致仕制 宋胡　宿 1088-797- 20
●侯仙（山）欽唐
贈淮西軍大將周曾等勅 唐不著撰人 426-480- 65
●侯守權　宋
與轉一官（制） 宋周必大 1148- 3- 94
●侯自成宋
國子博士侯自成可虞部員外郎制 宋夏　竦 1087- 58- 1
●侯君集唐
册侯君集改封陳國公文 唐不著撰人 426-452- 62
●侯克明宋
太子中舍侯克明磨勘改官制 宋歐陽修 1102-637- 81
　 1402-112- 20
●侯希超唐
授侯希超太府少卿制 唐常　袞 1336-627-398
●侯利建宋
京東轉運副使侯建可金部郎中制 宋劉　攽 1096-186- 19
可江東轉運副使（制） 宋蘇　軾 1108-682-107
京東漕（制） 宋蘇　軾 1112-321- 30
●侯宗亮宋
如京副使兼閤門通事舍人侯宗亮可特授西上閤門副使制 宋蔡　襄 1090-421- 10
●侯忠信宋
授左武大夫依舊宮觀制 宋吳　泳 1176- 74- 8
●侯叔獻宋
前權知楚州團練判官侯叔獻可著作郎（制） 宋韓　維 1101-664- 17
●侯延慶宋

朝奉大夫侯延慶除右文殿脩撰與郡（制） 宋程　俱 1130-219- 22
除太常少卿（制） 宋張　綱 1131- 31- 5
除起居舍人（制） 宋張　綱 1131- 36- 6
●侯師正宋
藩官侯師正轉官制 宋鄒　浩 1121-293- 15
●侯舜賢宋
左班殿直侯舜賢可右侍禁制 宋慕容彥逢 1123-354- 5
●俊　胖宋
轉官制 宋王　洋 1132-419- 7
●段　充宋
內殿崇班閤門祗侯段充可內殿承制餘依舊（制） 宋蘇　頌 1092-349- 29
●段　拂宋
除禮部郎官兼玉牒所檢討官制 宋張　擴 1129-142- 13
除給事中（制） 宋周麟之 1142-127- 16
●段　林宋
可霸州司法參軍制 宋胡　宿 1088-783- 18
●段　貞元
留守段貞贈謚制 元王　構 1367-149- 12
●段　高宋
殿中丞段高磨勘改官制 宋歐陽修 1102-635- 81
●段　祐唐
除段祐檢校兵部尚書右神策軍大將軍制 唐白居易 1080-573- 54
●段　斌唐
除檢校大理太僕卿制 唐白居易 1080-560- 52
●段　緯宋
內殿丞制段緯等知州制 宋曾　鞏 1098-552- 21
●段　暉宋
三司鹽鐵副使刑部員外郎段暉可吏部員外郎餘如故制 宋夏　竦 1087- 56- 1
●段　獻宋
右侍禁段獻右清道率府副率致仕制 宋王安石 1105-426- 53
●段文昌唐
平章事制——元和十五年閏正月 唐不著撰人 426-318- 47
授段文昌中書侍郎平

四庫全書文集篇目分類索引

章事制 唐杜元穎 1337-212-450

●段志玄唐

册段志玄改封褒國公文 唐不著撰人 426-452- 62

●段秀實唐

斐晁李晟段秀實配享肅宗德宗廟庭詔 唐不著撰人 426-466- 63

贈謚段秀實詔 唐 德 宗 1402- 51- 10

●段叔獻宋

大理寺丞制 宋王安石 1105-403- 51

●段延憲宋

換給承信郎制 宋張 擴 1129- 97- 10

●段寶玄唐

册段寶玄越州都督文 唐不著撰人 426-453- 62

●段繼隆宋

堂後官兼提點段繼隆所承議郎制 宋陸 佃 1117-137- 10

十 畫

●涂顯行宋

知崇慶府制 宋洪咨夔 1175-250- 20

●宮 受宋

轉武義郎制 宋張 擴 1129-104- 10

●容 誼

入內內侍省官容誼可特轉一官制 宋慕容彥逢 1123-374- 7

●高 立宋

轉遂郡團練使（制） 宋周必大 1148- 28- 96

●高 永宋

可試助教制 宋胡 宿 1088-783- 18

●高 旦宋

著作佐郎制 宋王安石 1105-400- 51

1350-389- 38

1402-114- 20

1418-319- 47

●高 安宋

大理寺丞高安可右贊善大夫（制） 宋韓 維 1101-656- 16

●高 安明

除給事中誥 明王 禕 1226-253- 12

1373-492- 1

1402-121- 22

●高 品宋

高品降忠翊郎放罷（制） 宋樓 鑰 1152-620- 34

●高 岑唐

授高岑殿中侍殿史制 唐賈至(蘇頲） 1336-604-395

●高 伸宋

殿中監高伸轉官(制) 宋劉安上 1124- 19- 2

●高 靖宋

可太常博士制 宋胡 宿 1088-747- 15

●高 定宋

大理寺丞制 宋王安石 1105-402- 51

●高 林宋

高林爲與番兵接戰陣殁贈五官制 宋張 嵲 1131-507- 19

●高 牧宋

可太子洗馬致仕制 宋胡 宿 1088-796- 20

●高 珪宋

垂拱殿成武德郎高珪各轉一官制 宋張 擴 1129- 77- 8

●高 奎宋

除樞密院檢詳諸房文字制 宋許應龍 1176-439- 4

●高 珂宋

轉一官資（制） 宋樓 鑰 1152-616- 34

●高 保宋

轉官制 宋鄒 浩 1121-302- 16

●高 重唐

授高重同州刺史兼防禦使制 唐李虞仲 556-116- 85

1336-702-409

●高 俊宋

補保義郎制 宋張 擴 1129-104- 10

●高 海宋

特轉遂郡刺史（制） 宋周必大 1148- 42- 97

●高 郢唐

鄭珣瑜史部尚書高郢刑部尚書制——永貞元年二月 不著撰人 426-393- 55

贈高郢官制 唐白居易 1080-580- 54

●高 掖宋

蘄州路並運判（制） 宋李彌遜 1130-639- 5

●高 棶宋

轉官制 宋許 翰 1123-498- 1

●高 爽唐

授高爽果州刺史制 唐錢 珝 1336-753-416

授高爽檢校司徒仍封渤海縣男加食邑制 唐錢 珝 1336-755-416

●高 釬唐

史部

詔令奏議類：附錄

詔令下（男）九畫—十畫

834　　　　　　　　　四庫全書文集篇目分類索引

可守起居郎依前充史館修撰制　唐元　稹　1079-577- 47

●高　紳（等）宋

史部　詔令奏議類：附錄　詔令下（男）十畫

追官人高紳等授官（制）　宋田　錫　1085-552- 29

●高　証唐

除均州刺史制　唐杜　牧　1081-670- 14

●高　湜唐

除湖南推官制　唐杜　牧　1081-685- 16

　　　　　　　　　　　　1336-730-413

●高　越南唐

浙西判官高越可檢校水部郎中賜紫（制）　宋徐　鉉　1085- 61- 8

浙西判官高越可水部郎中（制）　宋徐鉉（家鉉翁）　1085- 64- 8

　　　　　　　　　　　　1189-274- 1

●高　闶宋

除國子司業制　宋張　擴　1129- 95- 9

●高　弼南唐

左司郎中高弼可元帥府書記（制）　宋徐　鉉　1085- 65- 8

●高　森宋

轉兩官（制）　宋周必大　1148- 31- 96

●高　貴宋

贈太保中書高貴可銀青光祿大夫檢校國子祭酒兼監察御史武騎尉充敎練使制　宋宋　庠　1087-587- 24

●高　昪宋

嘉州第四將官高昪犯賊罪降一官衝替（制）　宋劉一止　1132-174- 34

●高　暘宋

高暘等轉官制　宋劉才邵　1130-456- 4

●高　義明

衞中所世襲副千戶高義制　明 太 祖　568- 30- 98

●高　靖宋

供備庫副使高靖轉一官制　宋慕容彥逢　1123-370- 7

補保義郎制　宋張　擴　1129- 99- 10

●高　達宋

高達特授少保依前寧江軍節度使左金吾衞上將軍荊湖北路

制置副使兼安撫使馬步軍都總管兼知江陵軍府事兼管內勸農營田使節制本府屯戍軍馬固始郡開國公加食邑食寔封制　宋王應麟　1187-244- 4

●高　遇宋

轉修武郎制　宋張　擴　1129-102- 10

●高　頊唐

授高頊檢校水部員外郎制　唐錢　翊　1336-732-413

●高　端唐

高端等授官制　唐元　稹　1079-589- 49

●高　適唐

授高適諫議大夫制　唐賈　至　1336-512-381

●高　震宋

轉官一資（制）　宋劉一止　1132-163- 31

●高　賦宋

可太常博士制　宋胡　宿　1088-751- 15

●高　銳唐

授官制　唐劉崇望　1336-733-413

●高　衞宋

落職降兩官宮祠制　宋汪　藻　1128- 87- 9

龍圖閣待制與郡（制）　宋程　俱　1130-226- 22

龍圖閣待制知撫州（制）　宋程　俱　1130-239- 24

磨勘轉中大夫（制）　宋程　俱　1130-240- 24

可除顯謨閣待制知處州制　宋綦崇禮　1134-551- 4

可降一官制　宋綦崇禮　1134-555- 5

●高　稼宋

轉官予職制　宋許應龍　1176-474- 6

●高　諸唐

鹽鐵推官監察御史裡行高諸可監察御史制　唐白居易　1080-531- 49

●高　諭宋

參知政事高若訥曾祖諭贈太子太保可贈太保制　宋胡　宿　1088-810- 21

樞密使高若訥曾祖諭贈太傅可贈太師制　宋胡　宿　1088-811- 21

●高　悙宋

安素處士高悙可光祿

四庫全書文集篇目分類索引

寺丞致仕 宋沈 遘 1097- 29- 4
●高 駢唐
除祭酒兼侍御史依前充聯右神策軍兵馬使制 唐杜 牧 1081-688- 17
●高 璩唐
授高璩劍南東川節度使制 玉堂遺範 1337-243-453
●高 鑄宋
高衛父鑄贈銀青光祿大夫（制） 宋程 俱 1130-232- 23
●高 瓊宋
（英宗高皇后）曾祖瓊任忠武軍節度使贈侍中累贈尚書令兼中書令追封韓國公贈太師（制） 宋王安石 1105-428- 53
太皇太后曾祖瓊（追封）魏王制 宋蘇 轍 1112-327- 31
●高 繪宋
國子博士知資州高繪可虞部員外郎餘如故制 宋夏 竦 1087- 67- 2
●高 騰宋
因本案兵級磊成等作亂勒殺淨盡轉一官制 宋許景衡 1127-228- 7
權南豐巡檢高騰因本寨兵卒磊成等作亂勒殺淨盡轉一官（制） 宋劉一止 1132-174- 34
●高 譽宋
循右儒林郎制 宋張 擴 1129-140- 13
●高 變宋
降一官與邊郡（制） 宋樓 鑰 1152-619- 34
知盧州（制） 宋樓 鑰 1152-621- 34
●高三受宋
歸順人高三受補承信郎制 宋洪容齋 1175-230- 17
●高士永宋
知文州（制） 宋蘇 軾 1108-695-108
●高士良宋
可文思副使（制） 宋蘇 軾 1108-672-106
●高士英宋
通直郎太僕侍丞高士英可工部員外郎制 宋劉 放 1096-232- 23
太僕寺丞高士英可府界提點制 宋劉 放 1096-239- 23
●高士侯宋
東頭供奉官高士侯可轉一官制 宋慕容彥逢 1123-388- 8
●高士涑宋
可左班殿直（制） 宋蘇 軾 1108-695-108
●高士廉唐
右僕射制——貞觀十二年七月 不著撰人 426-291- 44
册高士廉改封申國公文 不著撰人 426-451- 62
長孫無忌等九人各封一子郡縣公詔 不著撰人 426-477- 65
●高士瑰宋
除直祕閣（制） 宋張 綱 1131- 51- 8
●高士瞳宋
轉遙郡承宣使差權管客省四方館門公事（制） 宋張 綱 1131- 11- 2
●高士續宋
可左班殿直（制） 宋蘇 軾 1108-695-108
●高子壽宋
可三班借職（制） 宋蘇 軾 1108-687-107
●高文虎宋
除將作監丞（制） 宋陳傅良 1150-590- 12
將作監丞（制） 宋樓 鑰 1152-662- 37
●高元裕唐
除吏部尚書制 唐杜 牧 1081-664- 14
1336-546-386
授高元裕等加階級 唐崔 鄠 1336-757-417
●高中正宋
十二考人前權州團練判官高中正可大理寺丞制 宋宋 庠 1087-575- 23
●高公紀宋
皇太后親甥高公紀達州刺史制 宋曾 鞏 1098-556- 22
（永州）防禦使(制) 宋蘇 軾 1108-685-107
●高公海宋
高公海於橫行上轉一官（制） 宋周麟之 1142-146- 18
●高公純宋
轉官制 宋許 翰 1123-501- 1

史部 詔令奏議類：附錄 詔令下（男）十畫

●高公繪宋
皇太后親甥高公繪通州刺史制　宋曾 鞏　1098-556- 22
（秀州）防禦使（制）　宋蘇 軾　1108-685-107

●高允元宋
內殿承制高允元授供備庫使制　宋蔡 襄　1090-428- 11
西京左藏庫副使高允元可文思副使　宋沈 遘　1097- 45- 5
　1350-396- 39
　1402-118- 21

●高允恭唐
高允恭授尚書戶部郎中判度支案制　唐元 稹　1079-576- 46
　1336-567-389
高允恭授侍御史知雜事制　唐元 稹　1079-576- 46
　1336-598-394

●高守拙宋
待制制　宋李正民　1133- 7- 1

●高安世宋
太子中舍制　宋王安石　1105-400- 51

●高汝士宋
可山南西道節度推官知瀘川縣制　宋胡 宿　1088-780- 18

●高永翼宋
特贈正任防禦使制　宋慕容彥逢　1123-398- 8

●高弘簡唐
授高弘簡司門員外郎判度支　唐崔 嘏　1336-588-392

●高百之
直秘閣制　宋張 嶸　1131-484- 17
除浙東提舉（制）　宋周麟之　1142-101- 13

●高好古宋
爲該建炎元年五月一日覃恩轉進武校尉并因磁州守禦無虞隨宗澤勤王有金人侵犯開德府率先用命殲滅強寇轉承信郎紹興元年終賞轉承節紹興二年終賞保義郎換給制　宋張 嶸　1131-484- 17

●高仲舒唐
授高仲舒都官郎中制　唐蘇 頲　1336-573-390

●高仲謀宋
醫愈高仲謀額外醫痊賜緋魚（制）　宋孫 覿　1135-261- 25

●高仙芝唐
授高仙芝右羽林軍大將軍制　唐蘇 頲　1336-647-401

●高宏圖明
都察院左副都御史高宏圖（制）　明倪元璐　1297- 18- 1

●高良夫宋
可金部員外郎制　宋胡 宿　1088-744- 15
可依前主客員外郎充開封府判官制　宋胡 宿　1088-778- 18
河北都轉運使高良夫可主客郎中盆州路轉運使制　宋王 珪　1093-239- 34
江淮等路都大發運使高良夫可司勳郎中制　宋王 珪　1093-248- 35
殿中丞通判延州高良夫可國子博士制　宋歐陽修　1102-627- 80

●高良佐宋
可太子中舍人制　宋胡 宿　1088-721- 13

●高克明宋
換給秉義郎制　宋張 擴　1129- 99- 10

●高伯振宋
復職制　宋許景衡　1127-232- 7

●高宗周宋
押馬賞轉官（制）　宋陳傅良　1150-646- 18

●高定子宋
除司農卿兼玉牒官兼樞密都承旨制　宋許應龍　1176-438- 4
除軍器監依舊江東轉運副使制　宋許應龍　1176-469- 6

●高居升宋
轉兩官（制）　宋周必大　1148- 31- 96

●高居簡宋
可特贈耀州觀察使制　宋王安禮　1100- 22- 2

●高承恭唐
授高承恭振武麟勝等軍節度使制　玉堂遺範　556-125- 85
　1337-242-453
授高承恭三道節度使制　唐封 敖　1337-261-455

●高承儀宋

軍中起復（制） 宋劉一止 1132-164- 31

●高忠良唐

授高忠良殿中少監制 唐賈 至 1336-632-399

●高昌哥宋

高昌哥補進勇副尉制 宋張 擴 1129- 89- 9

●高昌庸（等）宋

高昌庸等除金部祠部郎官制 宋鄒 浩 1121-318- 18

●高明之宋

軍器庫副使兼醫官副使高明之可轉一官制 宋慕容彥逢 1123-384- 7

●高芳穎

高芳穎等四人各贈刺史制 唐白居易 1080-532- 49

●高彥弘唐

授高彥弘右金吾衞將軍制 唐錢 翔 1336-652-402

●高泰叔宋

降授朝議大夫制 宋吳 泳 1176- 84- 9

●高若訥宋

監察御史裏行高若訥可尚書主客員外郎兼殿中侍御史裏行制 宋宋 庠 1087-587- 24

可特授金紫光祿大夫行尚書戶部侍郎依前參知政事加上護軍進封北海郡開國侯加食邑五百戶食實封如故制 宋胡 宿 1088-760- 17

樞密使檢校太傅高若訥可尚書左丞充觀文殿學士制 宋蔡 襄 1090-433- 11

●高昭慶宋

奏醫人高昭慶可試國子四門助教不理選限（制） 宋沈 遘 1097- 48- 5

●高保衡宋

國子博士高保衡等改官（制） 宋蘇 頌 1092-380- 33

●高師中宋

特轉遙郡刺史（制） 宋周必大 1148- 42- 97

●高師說宋

可著作佐郎制 宋胡 宿 1088-714- 12

逐便人高師說可檢校水部員外郎深州團練使制 宋鄒 獬 1097-139- 4

轉一官資制 宋張 嵲 1131-441- 12

●高師顏宋

制置使司（制） 宋樓 鑰 1152-612- 34

●高崇文唐

劍南西川節度使制 不著撰人 426-436- 60

册贈高崇文司徒文 不著撰人 426-460- 63

●高從政唐

義武軍行營兵馬使高從政等五人破賊可御史大夫中丞侍御史制 唐白居易 1080-559- 52

●高堯舉宋

高堯舉張天材（制） 宋劉安上 1124- 20- 2

●高斯得宋

依前行起居舍人特授兼侍讀諸 宋王應麟 1187-254- 5

●高景雲宋

轉官制 宋許景衡 1127-229- 7

●高舜舉宋

轉官制 宋鄒 浩 1121-319- 18

●高逸休南唐

壽州司馬制 宋徐 鉉 1085- 56- 7

●高慎交宋

職方員外郎知鄂州高慎交可屯田郎中制 宋夏 竦 1087- 66- 2

●高道禮宋

西京左莊庫使高道禮可知安肅軍莊宅使制 宋劉 敞 1096-228- 22

●高榮朝唐

雲州刺史高榮朝除太子賓客河東都押衙制 唐白居易 1080-572- 53

●高審釗宋

參知政事高若訥祖審釗贈太傅制 宋胡 宿 1088-811- 21

樞密使高若訥祖審釗贈太師可特贈中書令制 宋胡 宿 1088-812- 21

●高庸敏宋

著作佐郎制 宋王安石 1105-401- 51

●高遵甫宋

四庫全書文集篇目分類索引

史部

詔令奏議類：附錄

詔令下（男）十畫

崇儀副使高遵甫可北作坊副使制　宋王珪　1093-295-40

（皇太后）父遵甫可追封楚王餘如故制　宋王安禮　1100-25-3

（英宗高皇后）父遵甫皇任北作坊使特贈檢校太傅保信軍節度使（制）　宋王安石　1105-429-53

太皇太后父遵甫（封）唐王制　宋蘇　轍　1112-328-31

●高遵固宋

西京左藏庫副使高遵固可閤門通事舍人制　宋劉　攽　1096-202-20

●高遵易宋

改知全州（制）　宋蘇　轍　1112-322-30　1465-453-2

●高遵望宋

內殿承制高遵望可領右軍衞將軍致仕制　宋王　珪　1093-292-40

●高遵惠宋

員外郎制　宋曾　鞏　1098-543-20

●高遵裕宋

西京左藏庫副使高遵裕可依舊西京左藏庫副使兼通事舍人制　宋胡　宿　1088-767-17

西京左藏庫副使高遵裕可依舊西京左藏庫副使兼通事舍人（制）　宋蘇　頌　1092-355-30

●高器之宋

三班奉職高器之可將仕郎守高郵縣尉制　宋宋　庠　1087-564-21

●高應之宋

國子博士制　宋王安石　1105-397-51

●高懷諄宋

參知政事高若訥父懷諄贈太子太師可贈太師制　宋胡　宿　1088-812-21

樞密使高若訥父懷諄贈太師中書令可贈兼尚書令制　宋胡　宿　1088-813-21

●高繼勳宋

隴州團練使知雄州高繼勳可連州防禦使制　宋夏　竦　1087-70-2

高繼勳除諸司使制　宋韓　琦　1089-463-40

（皇太后）祖繼勳追封荊王餘如故制　宋王安禮　1100-24-3

（英宗高皇后）祖繼勳建雄軍節度使累贈太師中書令可特贈兼尚書令（制）　宋王安石　1105-429-53

太皇太后祖繼勳（追封）楚王制　宋蘇　轍　1112-327-31

●唐　介宋

龍圖閣直學士吏部郎中唐介可樞密直學士知瀛州制　宋鄭　獬　1097-146-4

龍圖閣學士唐介可給事中依前龍圖閣學士加食邑五百戶食實封二百戶（制）　宋韓　維　1101-678-18

●唐　均宋

大理評事唐均可衞尉寺丞餘如故制　宋夏　竦　1087-65-2

●唐　洞宋

可知舒州制　宋劉　攽　1096-217-21

●唐　林漢

封唐林紀逸事　漢王　莽　1396-675-24

●唐　恪（等）宋

勅令所進明堂大饗視朝頒朔布政儀範成書制　宋許　翰　1123-505-2

●唐　述宋

徽猷閣直學士左朝奉郎提舉江州太平規觀唐煇父述封右承議郎致在制　宋張　擴　1129-148-14

●唐　重宋

贈端明殿學士（制）　宋李彌遜　1130-618-4

●唐　倪宋

贈梓州錄參制　宋蘇　轍　1112-332-31

●唐　時宋

轉一官（制）　宋李彌遜　1130-634-5

●唐　恕宋

贈徽猷閣侍制（制）　宋張　綱　1131-30-5

●唐　堯宋

封殿中侍御史制　宋洪　适　1158-382-20

四庫全書文集篇目分類索引　839

●唐　詢宋
內殿崇班唐詢可內殿
　承制　　　　　　　宋劉　敞　1095-652- 30
　　　　　　　　　　　　　　　1350-384- 37

●唐　裕宋
迎護梓宮禮儀使司屬
　官唐裕等二十九員
　各轉一官制　　　　宋張　擴　1129- 78- 8
●唐　詑宋
內殿承制唐詑等並可
　供備庫副使（制）　宋沈　遘　1097- 39- 4
●唐　焯宋
除中書舍人（制）　　宋張　綱　1131- 33- 5
除諫議大夫（制）　　宋張　綱　1131- 35- 6
●唐　軻宋
大理司直制　　　　　宋洪　适　1158-403- 23
●唐　達宋
贈承節郎與一子進勇
　副尉（制）　　　　宋周必大　1148- 49- 97
●唐　閎宋
都官員外郎制　　　　宋洪　适　1158-370- 19
司封員外郎制　　　　宋洪　适　1158-386- 21
國子司業制　　　　　宋洪　适　1158-411- 24
●唐　慶唐
可守萬年縣令制　　　唐元　稹　 556-120- 85
　　　　　　　　　　　　　　　1079-579- 47
　　　　　　　　　　　　　　　1336-686-407
　　　　　　　　　　　　　　　1402- 70- 13

●唐　震宋
特贈華文閣待制詔　　宋王應麟　1187-264- 5
●唐　輝宋
除右史（制）　　　　宋張　綱　1131- 23- 4
●唐　諲宋
屯田員外郎唐諲可都
　官員外郎制　　　　宋王安石　1105-391- 50
●唐　璟宋
任和州通判日金人侵
　犯勢力不加遂至殺
　害贈兩官制　　　　宋張　嵲　1131-507- 19
●唐　璘宋
除江東轉運判官制　　宋袁　甫　1175-436- 9
●唐　衡漢
封單超等詔　　　　　漢桓帝　　 426-1109- 21
●唐　臨唐
册唐臨吏部尚書文　　唐不著撰人　426-453- 62

●唐　邁（等）宋
降官制　　　　　　　宋劉才邵　1130-475- 5
●唐　賁宋
東頭供奉官唐賁可內
　殿崇班　　　　　　宋沈　遘　1097- 42- 5
●唐　顗南唐
大理司直唐顗可監察
　御史（制）　　　　宋徐　鉉　1085- 66- 8
●唐文宗
即位册文　　　　　　唐不著撰人　426- 6- 1
即位册文　　　　　　王言會最　1337-149-442
諡册文　　　　　　　唐李　珏　1341-269-835
●唐文若宋
除起居郎（制）　　　宋周麟之　1142-123- 16
●唐太宗
即位册文　　　　　　唐不著撰人　426- 4- 1
立秦王爲皇太子詔─
　─武德九年六月　　唐不著撰人　426-138- 27
　　　　　　　　　　　　　　　1337-158-443
秦王大尉陝東行臺制
　──武德元年十二
　月　　　　　　　　唐不著撰人　426-210- 35
秦王兼涼州總管制─
　─武德二年五月　　唐不著撰人　426-211- 35
册秦王益州道行臺制
　──武德三年四月　唐不著撰人　426-211- 35
秦王天策上將制──
　武德四年九月　　　唐不著撰人　426-211- 35
秦王領左右十二衞大
　將軍制──武德五
　年十月　　　　　　唐不著撰人　426-212- 35
秦王等兼中書令制─
　─武德八年十一月　唐不著撰人　426-212- 35
册秦王天策上將文　　唐不著撰人　426-228- 37
上聖祖大道玄元皇帝
　號並五聖加諡制　　唐不著撰人　426-592- 78
●唐中宗
上聖祖大道玄元皇帝
　號並五聖加諡制　　唐不著撰人　426-592- 78
唐中宗孝和皇帝諡議
　册文　　　　　　　唐蘇　頲　1341-267-835
●唐中和宋
東頭供奉官唐中和可
　內殿崇班制　　　　宋蔡　襄　1090-433- 11
●唐玄宗

史部

詔令奏議類：附錄

詔令下（男）十畫

史部 詔令奏議類：附錄 詔令下（男）十畫

依王公請上尊號制——先天二年十一月十五日 唐蘇 頲 426- 55- 6

立平王爲皇太子詔 王言會最 426-139- 27 1337-159-443

册平王爲皇太子文 王言會最 426-145- 28 1337-155-443

唐册玄宗明皇帝文 唐賈 魯 1343-459- 31

●*唐世濟明*

兵部右侍郎唐世濟（制） 明倪元璐 1297- 20- 2

●*唐先擇唐*

授唐先擇左金吾衞將軍等制 唐蘇 頲 1336-650-402

●*唐仲友宋*

秘書省正字制 宋洪 适 1158-392- 22

●*唐休璟唐*

授唐休璟太子少師制 唐蘇 頲 1336-659-403

封唐休璟宋國公制 唐蘇 頲 1336-749-416

除唐休璟左庶子同鳳閣鸞臺三品制 唐不著撰人 1337-195-448

●*唐武宗*

仁聖文武章天成功大孝皇帝改名制 唐李德裕 1079-121- 3

●*唐奉一唐*

授唐奉一兵部侍郎制 唐李 嶠 1336-558-388

●*唐宣宗*

即位册文 唐不著撰人 426- 7- 1

●*唐哀宗*

即位册文 唐不著撰人 426- 7- 1

●*唐高宗*

上聖祖大道玄元皇帝號並五聖加謚制 唐不著撰人 426-592- 78

●*唐高祖唐*

上聖祖大道玄元皇帝號並五聖加謚制 唐不著撰人 426-592- 78

（册）唐王以相國摠百揆並九錫詔 王言會最 1337-190-447

少帝册唐王九錫文 唐陳叔達 1400-392- 8

●*唐淑問宋*

知湖州唐淑問任制 宋曾 鞏 1098-556- 22

●*唐朝臣唐*

振武節度使制 唐陸 贄 556-119- 85 1072-641- 9 1337-250-454

●*唐堯封宋*

除太學博士（制） 宋周麟之 1142-116- 15

除軍器監簿（制） 宋周麟之 1142-143- 18

●*唐肅宗*

太上皇加光天文武大聖孝感皇帝册文 唐不著撰人 426- 68- 7

即位册文 唐賈 至 426- 4- 1 1337-147-442 1343-459- 31

●*唐順宗*

即位册文 唐不著撰人 426- 5- 1

即位册文 王言會最 1337-148-442

●*唐義問宋*

勅顧臨直龍圖閣河東轉運使唐義問河北轉運副使制 宋 哲 宗 549- 64-183

河北運副唐義問可河東運副制 宋劉 攽 1096-190- 19

河北西路提刑（制） 宋蘇 軾 1108-670-106

河北轉運副使（制） 宋蘇 軾 1108-684-107

●*唐聖祖*

尊玄元皇帝制 唐不著撰人 426-590- 78

上聖祖大道玄元皇帝號並五聖加謚制 唐不著撰人 426-592- 78

●*唐敬宗*

即位册文 王言會最 426- 6- 1 1337-149-442

立景王爲皇太子詔——長慶二年十二月七日 王言會最 426-142- 27 1337-161-443

册景王爲皇太子文 唐不著撰人 426-149- 28

封汙王等制——長慶元年三月 唐不著撰人 426-196- 33

●*唐睿宗*

上聖祖大道玄元皇帝號並五聖加謚制 唐不著撰人 426-592- 78

受禪制 唐蘇 頲 1394-315- 1

●*唐德宗*

即位册文 唐不著撰人 426- 4- 1

應乾聖壽太上皇册文 唐張弘靖 426- 76- 8

册雍王爲皇太子文 唐潘 炎 426-147- 28

改封雍王制——寶應元年八月 唐不著撰人 426-195- 33

四庫全書文集篇目分類索引

奉節郡王适天下兵馬
　元帥制——寶應元
　年四月十一日　　　唐不著撰人　426-222- 36
即位册文　　　　　　王言會最　1337-148-442
諭册文　　　　　　　唐權德輿　1341-268-835
●唐憲宗
即位册文　　　　　　唐不著撰人　426- 5- 1
册廣陵王爲皇太子文　王言會最　1337-156-443
册立皇太子詔　　　　唐 順 宗　1402- 52- 10
●唐穆宗
册遂王爲皇太子文　　唐不著撰人　426-148- 28
　　　　　　　　　　　　　　　1337-157-443
即位册文　　　　　　王言會最　426- 6- 1
　　　　　　　　　　　　　　　1337-148-442
立遂王爲皇太子制　　玉堂遺範　1337-162-443
●唐懿宗
即位册文　　　　　　唐不著撰人　426- 7- 1
●唐德明皇帝
追尊先天太皇德明皇
　帝制　　　　　　　唐不著撰人　426-591- 78
●唐興聖皇帝
追尊先天太皇興聖皇
　帝制　　　　　　　唐不著撰人　426-591- 78
●祖　或宋
可大理寺丞制　　　　宋胡　宿　1088-734- 14
●祖士衡宋
起居舍人告詞　　　　宋不著撰人　1098-855- 14
●祖大亨宋
係金人侵犯順昌府守
　禦官循兩資制　　　宋張　嵲　1131-454- 13
●祖秀實宋
敘官制　　　　　　　宋胡　寅　1137-428- 12
●祖無頗宋
開封府推官制　　　　宋曾　鞏　1098-552- 21
●祖無擇宋
龍圖閣直學士知鄭州
　祖無擇應奉山陵加
　恩制　　　　　　　宋鄭　獬　1097-117- 1
鄭內翰獬行應奉山陵
　加食邑恩告詞　　　宋鄭　獬　1098-846- 12
●祝　充宋
太常寺祝充服闕可舊
　官制　　　　　　　宋王　珪　1093-291- 40
●祝　扒宋
蕃官德順軍靜邊寨剗

波族都軍主扒令征
　親男祝扒可銀酒監
　武充本族軍主(制)　宋韓　維　1101-679- 18
●祝　廷宋
衛尉少卿制　　　　　宋汪　藻　1128- 75- 8
●祝　居宋
轉一官制　　　　　　宋張　嵲　1131-440- 12
●祝　庶宋
刑部郎（制）　　　　宋蘇　軾　1108-682-107
●祝　康宋
朝奉郎祝康可朝散郎
　制　　　　　　　　宋劉　攽　1096-204- 20
●祝　閔宋
利路運判制　　　　　宋洪　适　1158-403- 23
●祝　德宋
除右侍禁制　　　　　宋鄒　浩　1121-315- 18
●祝　諸宋
屯田郎中祝諸作坊酬獎
　可都官郎中制　　　宋鄭　獬　1097-129- 3
●祝永之宋
奉聖旨特降三官制　　宋張　嵲　1131-458- 13
●祝正辭宋
太常少卿祝正辭可光
　祿卿（制）　　　　宋韓　維　1101-673- 18
●祝次齡宋
爲與海賊戰殁贈兩官
　制　　　　　　　　宋張　嵲　1131-493- 18
●祝卽溫宋
祝懷改次等宣義郎將
　宣郎一官回封父即
　溫（制）　　　　　宋周必大　1148- 80-100
●祝延賞宋
秘書監致仕祝正辭男
　延賞可守將作監主
　簿（制）　　　　　宋蘇　頌　1092-396- 34
●祝師龍宋
降一官（制）　　　　宋劉一止　1132-170- 33
太府寺丞（制）　　　宋劉一止　1132-222- 46
太府寺丞（制）　　　宋劉一止　1132-225- 47
●祝瑞表宋
特降一官更展二年磨
　勘（制）　　　　　宋周必大　1148- 13- 94
●庫楚（祖父）元
庫楚故祖父某追封祈
　連王制　　　　　　元程鉅夫　1202- 41- 4

史部

詔令奏議類：附錄

詔令下（男）十畫

●庫　楚（父）元
庫楚故父某追封祁連王制　元程鉅夫　1202-41-4

●席　平宋
太常少卿席平可光祿卿　宋沈　遘　1097-38-4

●席　旦宋
顯謨閣學士席旦知永興軍制　宋翟汝文　1129-199-2
通直郎顯謨閣待制席旦可戶部侍郎管勾右曹制　宋慕容彥逢　1123-329-3
御史中丞席旦可吏部侍郎制　宋慕容彥逢　1123-329-3

●席　益宋
知河中府席益落職制　宋汪　藻　1128-111-12
徽猷閣待制與郡（制）　宋程　俱　1130-220-22
差知溫州（制）　宋程　俱　1130-221-22
起復知成都府（制）　宋李彌遜　1130-617-4
草上席益特贈五官依條與致仕遺表恩澤詞（制）　宋劉一止　1132-206-42
端明殿學士湖南安撫制置大使制　宋胡　寅　1137-426-12
成都利州梓夔潼川安撫制置大使制　宋胡　寅　1137-452-13

●席　貢宋
贈五官（制）　宋程　俱　1130-263-26
可除徽猷閣學士知遂寧府制　宋綦崇禮　1134-546-4
涇原路經略使席貢降授朝請大夫（制）　宋孫　覿　1135-263-25

●席　震宋
起居郎席震可衞尉少卿制　宋慕容彥逢　1123-331-3

●席　豫唐
授席豫尚書右丞等制　唐徐安貞　1336-542-385

●席汝賢宋
駕部員外郎致仕席夷甫男汝賢可將作監主簿制　宋歐陽修　1102-625-80

●席夷甫宋
駕部員外郎席夷甫可本官致仕致　宋歐陽修　1102-621-79

●席延年宋

行太常寺奉禮郎席延年可行大理評事（制）　宋蘇　頌　1092-357-30

●涉　績宋
尚書駕部員外郎知慈州涉績可尚書虞部郎中制　宋宋　庠　1087-573-23

●家　抑宋
除將作監丞制　宋洪容齋　1175-263-22

●家　演宋
授校書郎兼景獻府教授制　宋吳　泳　1176-67-7

●家　橫宋
除秘書郎制　宋袁　甫　1175-436-9

●家安國宋
朝散郎家安國可轉一官制　宋慕容彥逢　1123-372-7

●家鉉翁宋
依前直華文閣樞密副都承旨特授知臨安府浙西安撫使誥　宋王應麟　1187-256-5

●浪　㗊宋
藩官內殿崇班浪㗊轉兩資制　宋劉　敞　1096-199-20

●凌　唐宋
佐直秘閣京畿提刑再任制　宋凌　唐　1128-77-8

●凌　哲宋
除太常博制　宋張　擴　1129-46-6
權吏部侍郎（制）　宋周麟之　1142-109-14
除敷文閣待制知台州（制）　宋周麟之　1142-112-15

●凌　起宋
可昭化軍節度推官制　宋胡　宿　1088-778-18

●凌　瑜宋
可內殿承制制　宋胡　宿　1088-719-13

●凌　嵩宋
除大理評事制　宋洪容齋　1175-260-22

●凌文晦宋
皇城使帶御器械凌文晦可依前皇使康州刺史差遣如故制　宋慕容彥逢　1123-347-5
莊宅使帶御器械凌文晦可轉皇城使依舊帶御器械制　宋慕容彥逢　1123-358-6

●凌唐佐宋
升職知應天府制　　宋李正民　1130-20-2
贈徽猷閣侍制（制）　　宋張　綱　1131-6-1
●凌景夏宋
除直龍圖閣知信州（制）　　宋周麟之　1142-102-13
就差知襄陽府（制）　　宋周麟之　1142-118-15
復敷文閣直學士制　　宋洪　适　1158-407-24
●凌景陽宋
可聯方員外郎制　　宋胡　宿　1088-744-15
●凌德臣宋
入內內庭承制凌德臣可轉一官制　　宋慕容彥逢　1123-373-7
●兼　錢宋
阿里晉大首領兼錢可特授銀青光祿大夫檢校國子祭酒兼監察御史武騎尉充本族副軍主制　　宋劉　攽　1096-202-20
●秦　文明
除侍儀使誥　　明王　禕　1226-253-12
●秦　中宋
梓州運副（制）　　宋蘇　轍　1112-302-28
●秦　戊宋
借職秦威弟可之班借職制　　宋劉　攽　1096-233-23
●秦　玠宋
尚書刑部郎中判三司都理文憑由司秦玠可兵部郎中（制）　　宋蘇　頌　1092-361-31
太常博士秦玠可屯田員外郎制　　宋王　珪　1093-283-38
秦玠等敘復官制　　宋鄒　浩　1121-308-17
醫官秦玠等降官制　　宋鄒　浩　1121-320-18
●秦　拱宋
醫官秦拱敘復官制　　宋鄒　浩　1121-315-18
●秦　祐宋
除遂郡刺史係掩殺金人功制　　宋張　嵲　1131-448-12
特轉式武大夫（制）　　宋周必大　1148-63-98
●秦　純宋
侍禁秦純可轉一官制　　宋慕容彥逢　1123-372-7
●秦　焴宋
知嚴州（制）　　宋樓　鑰　1152-637-35
●秦　梓宋

兼侍讀制　　宋張　擴　1129-144-13
●秦　通（等）宋
秦通等三十員各贈承信郎制並係與金人見陣陣沒　　宋張　嵲　1131-493-18
●秦　湛宋
修道史制　　宋許　翰　1123-502-1
●秦　琪宋
降官制　　宋王　洋　1132-430-8
●秦　誡宋
改知光州制　　宋衞　涇　1169-487-2
●秦　檜宋
除秦檜特授觀文殿學士提舉江州太平觀依前通奉大夫食邑食實封如故任便居住制　　宋綦崇禮　1134-569-7
監察御史秦檜除左司諫（制）　　宋孫　覿　1135-244-24
右司諫秦檜除御史中丞（制）　　宋孫　覿　1135-253-25
進封文安郡開國侯加食邑食實封制　　宋汪　藻　1128-107-11
降爵易諡敕　　宋周　南　1169-15-2
●秦守一唐
授秦守一京北少尹制　　唐蘇　頲　1336-683-406
授秦守一萬年縣令制　　唐蘇　頲　1336-686-407
●秦仲淹宋
秦太師祖仲淹追封秦國公制　　宋張　擴　1129-114-11
太師（秦檜）祖仲淹追封秦國公制　　宋張　擴　1129-119-11
（秦檜）祖贈太子少傅某贈太子太傅（制）　　宋程　俱　1130-223-22
（秦檜）贈祖制　　宋劉才邵　1130-450-4
●秦伯祥宋
除虞部員外郎（制）　　宋孫　覿　1135-268-26
●秦宗古宋
翰林醫官守勤州富林縣主簿秦宗古可守殿中省尚藥奉御依前充翰林醫官（制）　　宋蘇　頌　1092-394-34
客省承受秦宗古遂州司戶參軍制　　宋王安石　1105-453-55

史部 詔令奏議類：附錄 詔令下（男）十畫

●秦昌時 宋
浙東提鹽制　　宋王　洋　1132-407- 7

●秦昌舜 唐
授秦昌舜等諸州刺史制　　唐孫　逖　1336-709-410

●秦叔寶 唐
長孫無忌等九人各封一子郡縣公詔　　唐不著撰人　426-477- 65

●秦知古 宋
秦太師曾祖知古追封秦國公制　　宋張　擴　1129-114- 11

太師秦檜曾祖知古追封秦國公制　　宋張　擴　1129-119- 11

秦檜封贈曾祖太子少保某贈太子太保（制）　　宋程　俱　1130-222- 22

秦檜贈曾祖制　　宋劉才邵　1130-449- 4

●秦亮世 宋
與遙郡上轉一官制　　宋王　洋　1132-418- 7

●秦敏學 宋
秦太師父敏學追封秦國公制　　宋張　擴　1129-114- 11

太師秦檜父敏學追封秦國公制　　宋張　擴　1129-120- 11

（秦檜）父贈太子少師某贈太子太師（制）　　宋程　俱　1130-223- 22

（秦檜贈）父制　　宋劉才邵　1130-450- 4

●秦肅之 宋
入內內侍省內東頭供奉官熙河路走馬承受公事秦肅之特轉兩官制　　宋慕容彥逢　1123-376- 7

●秦榮先 北周
贈秦榮先滄州刺史詔　　北周明帝　1400- 67- 1

●秦繼起 宋
復左武大夫御前將官制　　宋張　擴　1129- 93- 9

●索 綝 晉
領太尉詔　　晉　愍帝　1398- 53- 3

●索儒臣 宋
太常博士索儒臣可屯田員外郎（制）　　宋韓　維　1101-655- 16

●索隆嘴台 元
贈營國威翼公制　　元姚　燧　1201-409- 1

●索琳密密保默齊 宋
蕃官東頭供奉官索琳密密保默齊與轉一官制　　宋慕容彥逢　1123-389- 8

●馬　千 宋
轉行右武大夫（制）　　宋張　綱　1131- 22- 4

●馬　立 宋
收復宿亳州等處立功並除龍神衞四廂都指揮使制　　宋張　嵲　1131-490- 18

●馬　充 宋
致馬充等以登極恩改承奉郎（制）　　宋蘇　轍　1112-308- 29

●馬　用 宋
畫邊花藝學澄州無虞縣主簿御書院祗候馬用可中嶽廟令　　宋沈　遘　1097- 63- 4

●馬　仙 宋
轉遙郡防禦使（制）　　宋周必大　1148- 28- 96

●馬　吉 宋
隨龍箪官馬吉轉遙刺勒　　宋許　翰　1123-514- 3

●馬　向 宋
刑部郎官制　　宋汪　藻　1128- 90- 10

●馬　先 宋
可殿中丞制　　宋胡　宿　1088-736- 14

●馬　先 宋
西頭供奉官馬先可轉三官制　　宋慕容彥逢　1123-388- 8

●馬　犯 宋
可大理評事制　　宋胡　宿　1088-740- 14

●馬　伸 宋
可比部員外郎制　　宋胡　宿　1088-748- 15

殿中丞馬伸磨勘改官制　　宋歐陽修　1102-620- 79

●馬　忠 宋
藩落軍都指揮使馬忠等換內殿承制(制)　　宋蘇　頌　1092-375- 32

●馬　忠 宋
落龍神衞指揮使降充經制副使制　　宋汪　藻　1128- 84- 9

河北經制使馬忠降兩官制　　宋汪　藻　1128- 87- 9

可充河北路經制使措置節制軍民兵等事

制 宋汪藻 1128-91-10
河北路都統馬忠降一官（制） 宋孫覿 1135-260-75
●馬 坤宋
殿中丞馬坤可國子博士制 宋宋庠 1087-595-25
●馬 珫宋
戶部員外郎制 宋曾鞏 1098-543-20
●馬 房宋
前南儀州推官試大理評事馬房循尉寺丞致仕制 宋王安石 1105-425-53
●馬 宣（子）宋
故右班殿直馬宣男可三班借職制 宋慕容彥逢 1123-393-8
●馬 咸宋
除大理少卿（制） 宋劉安上 1124-14-2
除大理少卿（制） 宋翟汝文 1129-212-3
●馬 琉宋
戶部郎官制 宋蘇轍 1112-301-28
●馬 信宋
轉一官資制 宋張嵲 1131-441-12
●馬 制宋
東頭供奉官馬制可轉一官制 宋慕容彥逢 1123-387-8
●馬 城宋
湖北憲（制） 宋蘇轍 1112-321-30
●馬 倬宋
特除直秘閣（制） 宋周必大 1148-5-94
●馬 純宋
江西運副（制） 宋劉一止 1132-220-46
●馬 逈唐
除蜀州別駕制 唐杜牧 1081-687-16
●馬 殷唐
授馬殷湖南節度使制 唐盧說 1337-292-458
●馬 清宋
供備庫副使馬清可左武衞將軍致仕（制） 宋蘇頌 1092-393-34
●馬 淵宋
朝議大夫馬淵可知沂州制 宋劉攽 1096-210-21
殿中丞分司南京馬淵可國子博士加勸落分司制 宋鄭獬 1097-165-6
●馬 張宋

殿中丞同判汾州馬張可太常博士餘如故制 宋夏竦 1087-66-2
●馬 國漢
封孫程等詔 漢順帝 426-1102-19
●馬 湜宋
監霸州鹽酒稅馬湜可循尉寺丞制 宋宋庠 1087-578-23
●馬 敦晉
贈汧都馬敦策書 晉惠帝 1398-50-3
●馬 琮宋
可大理評事制 宋胡宿 1088-740-14
●馬 貫宋
大司樂制 宋翟汝文 1129-212-3
●馬 尋宋
尚書虞部員外郎馬尋可尚書比部員外郎制 宋宋庠 1087-574-23
●馬 植唐
可試校書郎涇源掌書記制 唐白居易 1080-533-49
1336-729-413
●馬 超蜀漢
封馬超策 蜀漢不著撰人 1354-463-16
封馬超策 蜀漢不著撰人 1381-259-76
●馬 隆晉
宣威將軍詔 晉武帝 1398-38-2
●馬 登宋
審官院令史馬登可遂州司戶參軍充職制 宋歐陽修 1102-619-79
●馬 絳宋
侍御史馬絳可三司戶部判官制 宋宋庠 1087-580-23
●馬 欽宋
拱衞大夫解州防禦使馬欽於遙郡階官上各降一官制 宋張擴 1129-133-12
●馬 欽（父）宋
馬欽贈父制 宋胡寅 1137-461-14
●馬 進宋
轉忠訓郎制 宋張擴 1129-100-10
●馬 實宋
奏舉人前常州司理參軍馬實可著作佐郎（制） 宋余靖 1089-100-10

史部 詔令奏議類：附錄 詔令下（男）十畫

●馬 實元
贈扶風郡莊惠侯制　元姚　燧　1201-422- 2
●馬 總（父）唐
準制追贈亡父請迴贈
　亡祖制　唐白居易　1080-571- 53
●馬 總唐
授馬總檢校刑部尚書
　天平軍節度使制　唐元　稹　1337-253-454
●馬 僑宋
太常博士通判定州馬
　僑可尚書屯田員外
　郎制　宋宋　庠　1087-574- 23
●馬 綖宋
爲措置捍禦金人有功
　轉一官制　宋張　嵲　1131-443- 12
●馬 廣齊
常僧景等封侯詔　梁沈　約　1415-112- 87
●馬 慶（等）宋
供備庫副使馬慶等可
　西京左藏庫副使制　宋王　珪　1093-296- 40
●馬 震宋
太常少卿權判太僕寺
　馬從先父震贈右領
　軍衞大將軍特贈尚
　書工部侍郎制　宋王安石　1105-441- 54
●馬 燧唐
加馬燧實封制　唐不著撰人　426-469- 63
●馬 璟宋
可衞尉寺丞制　宋胡　宿　1088-751- 15
●馬 遹宋
轉一官（制）　宋樓　鑰　1152-679- 39
●馬 興宋
爲忠義首領不忘朝廷
　見團集民社保護鄉
　閭與補承信郎制　宋張　嵲　1131-505- 19
●馬 默宋
可特授朝請郎權開封
　府判官專管勾使院
　公事制　宋王安禮　1100- 31- 3
可司農少卿（制）　宋蘇　軾　1108-663-106
河東運使（制）　宋蘇　軾　1112-296- 28
●馬 錫唐
授馬錫少府少監制　唐常　袞　1336-634-399
●馬 燧唐
副元帥招討河中制　唐陸　贄　426-427- 59

1072-636- 8
1337-221-451
1417-701- 33
册馬燧司徒文　唐不著撰人　426-448- 61
實封制　唐陸　贄　426-470- 63
　　　　　　　　　1072-643- 4
德宗授馬燧渾瑊副元
　帥招討河中制　唐德　宗　549- 41-183
●馬 隱宋
親從都指揮使馬隱落
　權差充皇城四面巡
　檢勅　宋許　翰　1123-515- 3
●馬 曙唐
除右庶子制　唐杜　牧　1081-670- 14
●馬 總唐
加馬總檢校刑部尚書
　仍前天平軍節度使
　制　唐元　稹　1079-564- 43
賜爵一級幷迴授男同
　制　唐白居易　1080-561- 52
●馬 總（祖）唐
馬總准制追贈亡父請
　回贈亡祖制　唐白居易　1402- 92- 16
●馬 瑰宋
太常寺太祝監江州廣
　寧監馬瑰可大理評
　事制　宋宋　庠　1087-560- 20
●馬 熹宋
轉一官制　宋許景衡　1127-228- 7
●馬 擴宋
轉一官制　宋胡　寅　1137-457- 14
●馬 鑑宋
降兩官（制）　宋樓　鑰　1152-610- 34
●馬 賁宋
贈六官恩澤依舊制　宋張　嵲　1131-508- 19
●馬士存宋
贈兩官與一子恩澤（
　制）　宋李彌遜　1130-626- 4
●馬子韶宋
爲押番人一十九人走
　失一十三人特降三
　官制　宋張　嵲　1131-458- 13
●馬大同宋
特復元官致仕（制）　宋陳傳良　1150-648- 18
磨勘轉官（制）　宋樓　鑰　1152-672- 38

四庫全書文集篇目分類索引

該覃思轉官（制）　宋樓　鑰　1152-701- 40

●馬千之 宋
堂後官膳部員外郎馬千之可倉部員外郎充堂後官（制）　宋沈　遘　1097- 45- 5
堂後官右贊善大夫馬千之可殿中丞餘如故　宋沈　遘　1097- 59- 4

●馬文貴 宋
補右迪功郎致仕（制）　宋周必大　1148- 28- 96

●馬文德 宋
前內殿崇班馬文德舊官服闕制　宋王安石　1105-411- 52

●馬之諒 宋
權知淄州（制）　宋蘇　軾　1168-693-168

●馬元慶 唐
授馬元慶河西節度副使制　唐孫　逖　1336-722-412

●馬天驥 宋
資政殿大學士知慶元府沿海制置使馬天驥除觀文殿學士依舊任制　宋馬廷鸞　1187- 40- 5
依前觀文殿學士通奉大夫知慶元府沿海制置使制　宋馬廷鸞　1187- 41- 5

●馬日房 宋
司天監主簿馬日房可司天監丞制　宋宋　庠　1087-562- 21

●馬中民 宋
可大理寺丞充堂後官制　宋胡　宿　1088-731- 14

●馬中庸 宋
可衞尉寺丞制　宋胡　宿　1088-733- 14
比部員外郎馬中庸可駕部員外郎制　宋胡　宿　1088-759- 16
比部員外郎馬中庸可駕部員外郎（制）　宋蘇　頌　1092-348- 29

●馬永錫 宋
泌堂五院副行白馬永錫可左金吾衞長史充泌堂行首制　宋王安禮　1100- 30- 3

●馬守榮 宋
諸司副使（制）　宋田　錫　1085-546- 28

●馬再興 宋
轉一官（制）　宋樓　鑰　1152-679- 39

●馬在貴 南唐
加官制　宋徐　鉉　1085- 51- 6

●馬光祖 宋
觀文殿學士馬光祖依前職特授沿江制置大使兼知建康府兼江東安撫大使兼行宮留守制　宋馬廷鸞　1187- 36- 5
該遇明堂大禮加恩制　宋馬廷鸞　1187- 58- 7

●馬好賢 宋
奏舉人馬好賢大理寺丞制　宋王安石　1105-402- 51

●馬如蛟 明
福建道御史馬如蛟（勅）　明倪元璐　1297- 27- 2

●馬仲旦 宋
可殿中丞制　宋胡　宿　1088-750- 15

●馬仲甫 宋
可屯田員外郎制　宋胡　宿　1088-747- 15
右朝散郎馬玗弟左朝奉郎珺故父通議大夫充天章閣待制特進仲甫可贈司空制　宋呂　陶　1098- 70- 9
淮南江浙荊湖南北路都大發運使右諫議大夫馬仲甫可依前右諫議大夫充天章閣待制高陽關路都總管兼安撫使兼知瀛州軍州事管內勸農使（制）　宋韓　維　1101-669- 17
　　　　　　　　　　　　1418-541- 54

●馬仲謐 宋
循右從政郎制　宋張　擴　1129-138- 13

●馬孝孫 宋
大理寺丞馬孝孫可太子中舍（制）　宋蘇　頌　1092-391- 34

●馬希元 宋
大理寺丞馬希元可太子中舍（制）　宋沈　遘　1097- 34- 4

●馬希言 宋
太府寺主簿制　宋洪　适　1158-404- 23

●馬希崇 南唐

撫州節度使馬希崇除舒州節度使制　宋徐　鉉　1085- 45- 6

●馬宗諒宋
可監丞致仕制　宋胡　宿　1088-797- 20

●馬直方宋
可太子中舍人制　宋胡　宿　1088-736- 14

●馬直溫宋
大理評事馬直溫可衞尉寺丞　宋沈　遘　1097- 42- 5

●馬居方宋
可試秘校知濮州臨濮縣制　宋胡　宿　1088-780- 18

●馬居中宋
除荊湖北路提點刑獄制　宋張　擴　1129- 90- 9

●馬承先漢
封馬賢孫詔　漢　順 帝　1397- 52- 3

●馬承進唐
授馬承進試衞尉卿制　唐賈　至　1336-614-396

●馬昌裔唐
授馬昌裔加官制　唐薛廷珪　1336-768-418

●馬易簡宋
無爲軍錄事參軍馬易簡可太子中舍致仕制　宋劉　敞　1095-657- 30
　　　　　　　　　　1350-383- 37
　　　　　　　　　　1402-113- 20
　　　　　　　　　　1418-361- 48

●馬知良宋
可司天監丞制　宋胡　宿　1088-740- 14

●馬延之宋
提舉江東路茶鹽制　宋張　擴　1129- 94- 9
大理寺丞（制）　宋劉一止　1132-191- 39

●馬皇后（父）明
皇外考妣追封誥　明王　禕　1226-255- 12
　　　　　　　　　　1373-489- 1
　　　　　　　　　　1402-120- 22

●馬者年宋
權貨務賞各轉一官制　宋張　擴　1129- 78- 8
馬者年等轉官制　宋劉才邵　1130-454- 4

●馬師謹宋
與郡制　宋胡　寅　1137-452- 13

●馬執中宋
降授朝奉大夫制　宋吳　泳　1176- 84- 9

●馬從先宋

光祿卿知壽州馬從先可秘書監差遣如故（制）　宋韓　維　1101-665- 17

職方郎中通判太原府馬從先太常少卿制　宋王安石　1105-383- 49

●馬從朗唐
授馬從朗加官階制　唐薛廷珪　1336-767-418

●馬傳正宋
大理寺主簿（制）　宋蘇　軾　1108-693-108

●馬傳慶宋
可太府寺主簿制　宋劉　放　1096-235- 23

●馬蒙卓宋
蕃官馬蒙卓轉官制　宋鄒　浩　1121-309- 17

●馬識遠宋
可除右武大夫知壽春府兼淮南西路安撫史制　宋綦崇禮　1134-541- 3

●馬懷素唐
授馬懷素祕書監制　唐蘇　頲　1336-629-399

●馬懷德宋
可西上閤門副使制　宋胡　宿　1088-767- 17
西上閤門使新差高陽關路鈐轄馬懷德可雄州刺史仍舊西上閤門使制　宋蔡　襄　1090-450- 13

西上閤門使馬懷德可四方館使英州刺史制　宋王　珪　1093-232- 33

引進副使馬懷德可西上閤門使制　宋王　珪　1093-232- 33

●馬觀國宋
充祕閣修撰制　宋劉才邵　1130-471- 5
直顯謨閣添差江東帥司參議制　宋胡　寅　1137-441- 13

●真德秀宋
資政殿學士致仕眞德秀贈銀青光祿大夫制　宋洪咨夔　1175-261- 22

資政殿學士中大夫提舉萬壽兼侍讀眞德秀轉太中大夫守資政殿學士致仕（制）　宋洪咨夔　1175-261- 22
授參知政事制　宋吳　泳　1176- 51- 6

●孫　元宋
追官人孫元等二人可

四庫全書文集篇目分類索引

文學制　　宋鄭　獬　1097-136- 3
● 孫　兀宋
管押餘丁使臣供奉官孫兀特與轉一資內制　　宋慕容彥逢　1123-366- 6
● 孫　丹宋
殿直孫丹可轉一官制　宋慕容彥逢　1123-372- 7
● 孫　升宋
殿中侍御史孫升可權知濟州制　　宋劉　攽　1096-212- 21
監察御史可殿中侍御史（制）　　宋蘇　轍　1112-286- 27
● 孫　永宋
尚書司封員外郎兼太子舍人孫永可尚書工部郎中天章閣待制（制）　　宋韓　維　1101-672- 18
● 孫　丕宋
孫副樞父丕贈太子少師再贈太子少師制　　宋蔡　襄　1090-456- 14
● 孫　用宋
可左藏庫副使制　　宋胡　宿　1088-768- 17
● 孫　宇（等）宋
奏舉人前權知建州節度推官孫宇等改官（制）　　宋蘇　頌　1092-384- 33
● 孫　吉宋
大將孫吉可轉一資制　宋慕容彥逢　1123-366- 6
● 孫　向宋
保州通判（制）　　宋蘇　軾　1108-671-106
● 孫　仲（等）宋
信陽軍義士首領孫仲等補秉義郎制　　宋汪　藻　1128- 82- 8
● 孫　价宋
孫鑄父价明堂恩封官制　　宋洪咨夔　1175-242- 19
● 孫　冲宋
樞密直學士給事中孫冲可樞密副使制　　宋蔡　襄　1090-434- 12
樞密副使孫冲可資政殿學士知杭州制　　宋王　珪　1093-252- 36
樞密直學士知潭州孫冲可給事中制　　宋王　珪　1093-255- 36
● 孫　甫宋
可起居舍人制　　宋胡　宿　1088-712- 12

右正言秘閣校理孫甫可右司諫知鄧州（制）　　宋余　靖　1089- 95- 10
右正言孫甫等加恩　　宋余　靖　1089-104- 11
● 孫　扦宋
可依前禮部郎中知制誥充史館修撰判館事制　　宋胡　宿　1088-711- 12
● 孫　成宋
轉修武郎制　　宋張　擴　1129-102- 10
● 孫　抗宋
祠部郎中制　　宋王安石　1105-385- 50
● 孫　佐宋
殿前司托試到舊行門孫佐武藝與換敦武郎（制）　　宋劉一止　1132-173- 34
● 孫　佑宋
追復直徽猷閣制　　宋張孝祥　1140-643- 19
● 孫　伸宋
換從義郎（制）　　宋樓　鑰　1152-616- 34
● 孫　京宋
西京作坊使知忻州孫京可尚書虞部員外郎（制）　　宋蘇　頌　1092-355- 30
● 孫　注宋
轉官換給告身（制）　　宋張　綱　1131- 47- 8
● 孫　坦宋
開封府界提點諸縣鎮公事祠部員外郎充祕閣校理孫坦可度支員外郎依前充祕閣校理差遣如故（制）　　宋韓　維　1101-661- 17
● 孫　林宋
告發軍姦並補承信郎制　　宋洪咨夔　1175-264- 22
● 孫　昌宋
尚書比部員外郎知澤州孫昌可尚書駕部員外郎制　　宋宋　庠　1087-600- 26
● 孫　固宋
晉州霍邑縣令孫固可大理寺法直官制　　宋蔡　襄　1090-443- 13
觀文殿學士知河南府孫固可知鄭州制　　宋劉　攽　1096-215- 21

史部

詔令奏議類：附錄

詔令下（男）十畫

史部

詔令奏議類：附錄

詔令下（男）十畫

觀文殿學士知鄭州孫固可兼侍讀提舉中太一官制　宋劉　攽　1096-227- 22

可特授依前太中大夫知樞密院事制　宋王安禮　1100- 32- 3

皇太子侍讀尚書兵部員外郎孫固可尚書工部郎中天章閣待制（制）　宋韓　維　1101-672- 18

● 孫　昂宋

可宅副使制　宋胡　宿　1088-768- 17

● 孫　庚宋

太子中允致仕制　宋王安石　1105-423- 53

● 孫　周宋

比部郎中孫周等可轉官制　宋鄭　獬　1097-160- 6

大理寺丞孫周磨勘改官制　宋歐陽修　1102-640- 81

●孫　佖宋

轉一官（制）　宋樓　鑰　1152-637- 95

●孫　近宋

落資政殿學士依舊宮觀制　宋張　擴　1129-144- 13

吏部郎官（制）　宋程　俱　1130-241- 24

除給事中（制）　宋張　綱　1131- 27- 4

爲同提舉勅令所編修條册成書轉一官制　宋張　嵲　1131-441- 12

●孫　宣宋

權吏部侍郎孫逢吉等明堂恩贈父制　宋虞　儔　1154-118- 5

●孫　彥宋

責官制　宋王　洋　1132-427- 8

● 孫　沫宋

前秘書丞充集賢校理孫沫等可並舊官服闕（制）　宋蘇　頌　1092-379- 33

孫乘父洙贈右正議大夫制　宋鄒　浩　1121-319- 18

尚書祠部員外郎知制誥直學士院孫洙可翰林學士知制誥　宋李清臣　1350-398- 39

● 孫　奕宋

澶州通判國子博士孫奕刈到芟草四百萬轉運使乞酬獎與轉

官知通利軍制　宋蔡　襄　1090-437- 12

可福建路轉運副使（制）　宋蘇　軾　1108-682-107

● 孫　奎宋

承議郎孫奎可轉一官制　宋慕容彥逢　1123-378- 7

● 孫　政宋

換給武翼大夫（制）　宋李彌遜　1130-646- 5

● 孫　政宋

歸順人孫政補承信郎制　宋洪容齋　1175-230- 17

● 孫　述宋

通直郎孫述可知開封府長垣縣制　宋劉　攽　1096-190- 19

● 孫　昱宋

虞部員外郎孫昱可比部員外郎（制）　宋蘇　頌　1092-362- 31

太子中舍制　宋王安石　1105-399- 51

● 孫　迪（等）宋

修築黃河堤岸推賞制　宋翟汝文　1129-221- 4

● 孫　泉（等）宋

爲權壽春府鄭綱奏毫州使臣顏林齋到番人歸德府路招諭使誘脅文字要本府投拜本府衆官等同心一意不肯順番死守府城其立功人武翼大夫孫泉等乞推恩奉聖旨並與轉一官制　宋張　嵲　1131-442- 12

● 孫　宋宋

三班借職孫宋可三班奉職制　宋慕容彥逢　1123-353- 5

●孫　恭宋

降官制　宋劉才邵　1130-478- 5

● 孫　珪宋

重傷部三百人折外亡夫二十五人轉四官制　宋許　翰　1123-500- 1

勒孫珪等制　宋許　翰　1123-502- 1

● 孫　珣宋

（孫參政近）祖珣可特贈太子太保（制）　宋劉一止　1132-166- 32

● 孫　錫宋

四庫全書文集篇目分類索引

秘書丞集賢校理孫錫可太常博士（制）　宋余　靖　1089- 94- 10

● 孫　乘 唐

授孫乘大理少卿制　唐薛廷珪　1336-626-398

● 孫　适 宋

廣南轉運使孫抗男适可試祕書校書郎制　宋蔡　襄　1090-448- 13

● 孫　清 宋

左侍禁孫清可太子左清道率府副率致仕制　宋歐陽修　1102-638- 81

● 孫　淮 宋

奏舉人前陳州司理參軍孫淮可大理寺丞制　宋宋　庠　1087-577- 23

● 孫　球 唐

授孫授下邳縣令制　唐劉崇望　1336-745-415

　　　　　　　　　　1402- 83- 14

● 孫　彬 宋

換武翼郎（制）　宋樓　鑰　1152-616- 34

● 孫　通（等）宋

並贈承信郎制並係掩殺金兵陣殁　宋張　嵲　1131-493- 18

● 孫　皓 晉

封歸命侯詔　晉 武 帝　1398- 42- 2

● 孫　偘 唐

判度支兼諸道鹽鐵使制　唐不著撰人　426-367- 52

南州司馬制——乾寧四年八月　唐不著撰人　426-417- 58

● 孫　湜 唐

判戶部制　唐裴庭裕　426-366- 52

授孫湜平章事制　唐楊　鉅　1337-217-450

● 孫　湜 宋

鈞州直製撰應奉文字孫湜可將仕郎守衞州參軍依舊祇應制　宋夏　竦　1087- 70- 2

● 孫　湜 宋

贈節度使制　宋張　擴　1129-148- 14

● 孫　湜 宋

川陝宣司參議制　宋胡　寅　1137-432- 12

● 孫　善 宋

轉遙郡防禦使（制）　宋周必大　1148- 28- 96

● 孫　琪（宋）

可太常寺太祝制　宋胡　宿　1088-738- 14

衞尉寺丞制　宋周必大　1105-399- 51

● 孫　貫 宋

朝散郎孫貫可知邵州制　宋劉　放　1096-208- 21

● 孫　握 唐

授孫握長水縣令賜緋制　唐錢　珝　1336-692-407

● 孫　植 宋

孫副樞祖植贈太子少傅再贈太子太傅制　宋蔡　襄　1090-456- 14

● 孫　登 魏

册孫登爲東中郎封侯策　魏 文 帝　1412-605- 24

● 孫　琬 宋

奏舉人前權復州軍事推官孫琬大理寺丞制　宋王安石　1105-399- 51

● 孫　琦 宋

朝散郎權發遣陝府兩路轉運判官公事孫琦轉一官制　宋慕容彥逢　1123-380- 7

贈五資制　宋許　翰　1123-511- 2

● 孫　琳 宋

度支郎中知都水監丞事孫琳可本官充開封府判官制　宋鄭　獬　1097-151- 5

廟部郎中制　宋王安石　1105-385- 50

● 孫　量 宋

開封府開封縣主簿孫量可保大軍節度掌書記制　宋歐陽修　1102-641- 81

● 孫　華 宋

監保州鹽酒稅務孫華可太子中允制　宋王　珪　1093-280- 38

● 孫　傅 宋

試中宏詞除正字制　宋翟汝文　1129-206- 3

● 孫　程 漢

封孫程等詔　漢 順 帝　426-1102- 19

封中黃門孫程等十九侯詔　漢 順 帝　1397- 49- 3

● 孫　策 漢

領會稽太守詔（二則）　漢 獻 帝　1397- 61- 3

● 孫　逸 宋

大理少卿制　宋胡　寅　1137-441- 13

● 孫　傑 宋

四庫全書文集篇目分類索引

史部

詔令奏議類：附錄

詔令下（男）十畫

可大理寺丞制　宋胡　宿　1088-733- 14

●孫　進宋
通直郎孫進可國子監主簿制　宋劉　放　1096-234- 23

●孫　復宋
可秘書省校書郎國子監直講制　宋仁宗　549- 57-183

國子監直講青州千乘縣主簿孫復可大理評事制　宋歐陽修　1102-638- 81

可秘書省校書郎國子監直講制　宋歐陽修　1102-642- 81

●孫　運宋
前濟州金鄉令孫運可左贊善大夫致仕（制）　宋田　錫　1085-545- 28

●孫　載宋
朝奉郎孫載可通判陝州制　宋劉　放　1096-220- 22

●孫　瑜宋
司勳郎中充祕閣校理孫瑜可太常少卿餘如故　宋沈　遘　1097- 58- 6

●孫　路宋
可陝西運判（制）　宋蘇　軾　1108-686-107

● 孫　傳宋
應辦中宮册寶孫傳各轉一官制　宋張　擴　1129- 80- 8

兵部尚書孫傳除尚書右丞（制）　宋孫　覿　1135-249- 24

尚書右丞孫傳除同知樞密院（制）　宋孫　覿　1135-253- 25

●孫　僅宋
左諫議大夫充集賢院學士孫僅可給事中餘如故制　宋夏　竦　1087- 49- 1

●孫　會唐
授孫會侍御史制　唐常　袞　1336-601-394

●孫　節宋
故荊湖北路駐泊都監孫節可贈忠武軍節度觀察留後制　宋王　珪　1093-249- 35

●孫　賁宋
大理評事制　宋王安石　1105-407- 52

●孫　漸宋

江東路轉運副使姚孳荊湖北路轉運副使孫漸兩易制　宋翟汝文　1129-194- 2

●孫　端宋
可復直龍圖閣制　宋綦崇禮　1134-538- 2

●孫　榮宋
轉承節郎制　宋張　擴　1129-101- 10

●孫　撫宋
手詔順昌府官吏軍民等敵兵犯境王師拒衝惟爾吏民協濟軍事保扞城壘驅逐寇攘眷乃忠勤宜加撫惠數內官員在城守禦者竝與轉一官制　宋張　嵲　1131-444- 12

●孫　廣宋
莊宅副使本路第六將孫廣特與轉兩官係鄜延路制　宋慕容彥逢　1123-377- 7

●孫　諒宋
轉遙郡刺史制　宋洪　适　1158-405- 24

●孫　誼宋
緣有去失將四官作四資制　宋王　洋　1132-424- 7

●孫　慶宋
降授西京作坊使孫慶可轉一官制　宋慕容彥逢　1123-389- 8
降官制　宋王　洋　1132-429- 8

● 孫　璋宋
特與轉一官令吏部添差沿邊兵官一次（制）　宋周必大　1148- 19- 95

●孫　處吳
授孫處大將軍詔　吳大帝　1361-527- 6

●孫　億宋
奉舉人前昭信軍節度推官孫億可大理寺丞　宋余　靖　1089-101- 10

●孫　德宋
降一官展磨勘一年（制）　宋周必大　1148- 64- 98

●孫　範唐
授孫範青州節度使制　唐蔣　伸　1337-268-456

●孫　諮宋
可著作佐郎制　宋胡　宿　1088-717- 12

四庫全書文集篇目分類索引　853

●孫 諤宋
宣議郎（制）　宋蘇 軾　1108-694-108
太學博士（制）　宋蘇 轍　1112-299- 28
國子祭酒制　宋鄒 浩　1121-311- 17
●孫 擇宋
（孫參政近）父故贈
　光祿大夫擇可特贈
　太子太師（制）　宋劉一止　1132-167- 32
●孫 樸宋
承務郎孫樸可承奉郎
　制　宋劉 攽　1096-204- 20
●孫 默宋
復官制　宋汪 藻　1128- 93- 10
●孫 錫宋
尙書度支員外郎孫錫
　可開封推官制　宋蔡 襄　1090-426- 11
提點淮南刑獄公事度
　支員外郎孫錫可司
　封員外郎制　宋王 珪　1093-284- 38
●孫 勰宋
比部員外郎孫勰等轉
　官制　宋鄒 瓣　1097-162- 6
●孫 謙梁
加優秩詔　梁 武 帝　1399-263- 1
●孫 檢宋
主簿孫檢守秘書省校
　書郎致仕制　宋王安石　1105-426- 53
●孫 璃宋
除閤門祗侯（制）　宋周必大　1148- 8- 94
●孫 儲唐
授孫儲秦州節度使制　唐吳 融　1337-293-458
授孫儲邠州節度使制　唐裴廷裕　 556-127- 85
　　　　　　　　　　　1337-294-458

●孫 薰宋
可大理寺丞（制）　宋胡 宿　1088-733- 14
●孫 鎭宋
安撫司屬官左從事郎
　循一資制　宋張 嵲　1131-453- 13
●孫 簡唐
京兆府司錄參軍孫簡
　可檢校禮部員外郎
　荊南節度判官制　唐白居易　1080-569- 53
　　　　　　　　　　　1336-729-413
授孫簡等加階制　唐崔 駰　1336-758-417
●孫 寵漢

封董賢等詔　漢 哀 帝　426-1051- 11
息夫躬免官詔附有司奏　漢 哀 帝　426-1053- 11
　　　　　　　　　　　1396-264- 4
●孫 曙宋
從事郎試太學錄孫曙
　可候今任滿日令再
　任制　宋慕容彥逢　1123-364- 6
●孫 繹宋
爲前權房州司理日將
　俸麥折請杭粟米等
　降一資制　宋張 嵲　1131-455- 13
●孫 寶漢
免孫寶詔　漢 哀 帝　436-1049- 11
●孫 礪宋
太子中舍孫礪並可殿
　中丞制　宋歐陽修　1102-638- 81
●孫 鵷宋
孫副樞曾祖鵷贈太子
　少保再贈太子太保
　制　宋蔡 襄　1090-455- 14
●孫 覺宋
御史中丞孫覺可龍圖
　閣直學士提舉醴泉
　觀依舊兼侍讀制　宋劉 攽　1096-206- 21
奏舉人編校昭文館書
　籍孫覺著作佐郎制　宋王安石　1105-401- 51
可給事中（制）　宋蘇 軾　1108-666-106
除吏部侍郎制　宋蘇 軾　1108-700-108
跋孫華老告身　宋周必大　1147-155- 16
●孫 馨宋
贈五官制　宋汪 藻　1128- 97- 10
●孫 覽宋
新知秦州孫覽可知河
　中府制　宋劉 攽　1096-237- 23
除右司員外郎制　宋蘇 軾　1108-701-108
河北運副除右司郎官
　（制）　宋蘇 轍　1112-288- 27
●孫 覲宋
除戶部尙書制　宋張 守　1127-687- 2
新除中書舍人孫覲可
　待制與郡制　宋汪 藻　1128- 93- 10
知平江府制　宋汪 藻　1128- 94- 10
●孫 鑑宋
轉一官（制）　宋周必大　1148- 28- 96
●孫 覿宋

史部

詔令奏議類：附錄

詔令下（男）十畫

史部 詔令奏議類：附錄 詔令下（男）十畫

監杭州清酒務孫觀可太子中允制　宋王珪　1093-280-38

●孫士龍宋

劉元瑜奏醫人孫士龍試國子四門助教制　宋蔡襄　1090-451-13

●孫之敏宋

知雍丘制　宋蘇轍　1112-320-30

●孫元卿宋

太學正孫元卿除舞學博士制　宋翟汝文　1129-206-3

除武學博士（制）　宋陳傅良　1150-645-18

太學正（制）　宋樓鑰　1152-677-39

●孫公亮宋

衞尉寺丞孫公亮可大理寺丞（制）　宋韓維　1101-675-18

前衞尉寺丞孫公亮舊官服闕制　宋王安石　1105-410-52

●孫永年宋

贈太子少保孫抃遺表孫男永年可守將作監主簿　宋沈遘　1097-46-5

●孫正平宋

除直祕閣制　宋張擴　1129-83-8

●張可度宋

可太子中舍人致仕制　宋胡宿　1088-796-20

●孫可讓唐

授孫可讓內僕局丞制　唐劉崇望　1336-765-418

●孫世詢（等）宋

轉三官制　宋許景衡　1127-228-7

●孫安道宋

贈三官制　宋胡寅　1137-443-13

●孫汝翼宋

除成都府路運副（制）　宋周麟之　1142-99-13

●孫吉甫宋

（孫參政近）曾祖吉甫可特贈太子少保（制）　宋劉一止　1132-166-32

●孫有孚宋

奏舉人前同州支使孫有孚可著作郎制　宋蔡襄　1090-439-12

●孫有慶宋

三司後行孫有慶可曹州司馬制　宋鄭獬　1097-153-5

●孫夷甫宋

屯田員外郎制　宋王安石　1105-447-55

●孫光祖宋

宿衞部轄官兵特贈一官（制）　宋陳傅良　1150-641-18

●孫仲藹宋

除司勳員外郎（制）　宋周麟之　1142-127-16

●孫志雄（等）宋

補借職制　宋鄒浩　1121-314-17

●孫亞夫宋

山南西道節度推官孫亞夫可大理寺丞制　宋鄭獬　1097-135-3

●孫孟宣唐

授孫孟宣朝請大夫內侍省內謁者監等制　唐李磎　1336-765-418

●孫長卿宋

淮南等路都大發運使守少府監孫長卿可右諫議大夫充陝府西路諸州水陸計度都轉運使兼本路營田勸農使（制）　宋沈遘　1097-44-5

可開封府判官制　宋鄭獬　1097-150-5

●孫虎臣宋

特授清遠軍節度使加食邑食實封制　宋王應麟　1187-243-4

特贈太尉誥　宋王應麟　1187-265-5

●孫昌祖宋

轉一官資（制）　宋樓鑰　1152-616-34

●孫昌齡宋

可祕閣校理知福州（制）　宋蘇軾　1108-663-106

知蘇州（制）　宋蘇軾　1108-678-107

●孫知古宋

福州寧德縣令孫知古可太子中舍致仕制　宋歐陽修　1102-626-80

●孫思恭宋

皇太子侍讀尚書祠部員外郎直集賢院孫思恭可尚書刑部員外郎充天章閣待制餘如故（制）　宋韓維　1101-672-18

國子監直講孫思恭著作佐郎制　宋王安石　1105-401-51

●孫昭裔唐

授孫昭裔加官制　唐薛廷珪　1336-768-418

●孫昭諫宋

四庫全書文集篇目分類索引

皇城使孫昭諫可差知
　隴州制　　　　　　　宋劉 攽　1096-215- 21
● 孫祖道宋
殿中丞監眞州權貨務
　孫祖道可國子博士
　制　　　　　　　　　宋宋 庠　1087-598- 26
● 孫祖慶宋
可大理寺丞制　　　　　宋胡 宿　1088-710- 12
● 孫師旅宋
敕賜五經及第孫師旅
　可鄆州須城縣尉制　　宋胡 宿　1088-782- 18
● 孫師望宋
初補進武校尉日因事
　除名勒停至紹興元
　年敕復因隨宣司措
　置邊防事轉一官授
　承信郎三年五月隨
　中軍正將前去興元
　府招誘金人轉承節
　郎又因勤勞訓閱轉
　保義郎五年隨吳璘
　弓門寨與僞賊戰立
　功轉成忠郎除敕復
　進武校尉付身外合
　給今來付身制　　　　宋張 嵲　1131-485- 17
● 孫惟忠宋
可內殿承制制　　　　　宋胡 宿　1088-719- 13
● 孫處厚宋
降官制　　　　　　　　宋王 洋　1132-429- 8
● 孫紹祖（等）宋
孫紹祖等制　　　　　　宋虞 儔　1154-119- 5
● 孫敏修宋
除大理評事制　　　　　宋張 擴　1129- 52- 6
● 孫逢吉宋
封廬陵縣開國男食邑
　三百戶（制）　　　　宋陳傳良　1150-619- 15
祕書少監（制）　　　　宋樓 鑰　1105-660- 37
該覃恩轉官（制）　　　宋樓 鑰　1152-700- 40
● 孫逢吉（父）宋
孫逢吉等明堂恩贈父
　（制）　　　　　　　宋陳傳良　1150-627- 16
● 孫雄飛宋
除館職制　　　　　　　宋胡 寅　1137-450- 13
● 孫道夫宋
除權禮部侍郎（制）　　宋周麟之　1142-121- 16

● 孫慶祖宋
比部員外郎孫慶祖等
　四人轉官制　　　　　宋鄭 獬　1097-160- 6
● 孫履道元
封孫眞人制　　　　　　元吳 澄　1197-836- 90
● 孫履暉唐
授孫履暉太子左贊善
　大夫制　　　　　　　唐常 袞　1336-670-404
● 孫德昭唐
授孫德昭安南都護充
　清江軍節度使制　　　唐吳 融　1337-293-458
　　　　　　　　　　　　　　　　1465-449- 2

● 孫義叟宋
刑部員外郎孫義叟除
　直祕閣知蘄州制　　　宋翟汝文　1129-197- 2
● 孫龜年宋
太常寺太祝孫龜年可
　大理評事（制）　　　宋蘇 頌　1092-391- 34
● 孫穆之宋
東頭供奉官孫穆之可
　內殿崇班（制）　　　宋蘇 頌　1092-367- 31
● 孫應龍宋
權發遣德慶府制　　　　宋吳 泳　1176- 76- 8
● 孫懷用宋
知寧化軍（制）　　　　宋蘇 轍　1112-319- 30
● 孫獻卿宋
德妃沈氏姪孫獻卿可
　試大理評事制　　　　宋王安石　1105-438- 54
　　　　　　　　　　　　　　　　1418-319- 47

● 孫籍圪宋
朝散大夫直龍圖閣提
　舉成都府利州陝西
　等路茶事兼陝西等
　路買馬監牧事孫籍
　圪可與轉一官制　　　宋慕容彥逢　1123-380- 7
● 孫顯忠宋
宿衞部轄官兵特贈一
　官（制）　　　　　　宋陳傳良　1150-641- 18
● 班　超漢
封班超詔　　　　　　　漢 和 帝　 426-1092- 16
　　　　　　　　　　　　　　　　1417-346- 17
封班超定遠侯詔　　　　漢 和 帝　1397- 43- 2
● 班　肅唐
授尚書司封員外郎制　　唐元　稹　1079-577- 47
　　　　　　　　　　　　　　　　1336-577-391

史部

詔令奏議類：附錄

詔令下（男）十畫

● 班景道 明
同知臨洮府事班景道除陝西行省參知政事誥　明宋 濂　1223-255- 1

● 班漢卿宋
翰林醫官班漢卿可尚藥奉御制　宋劉 放　1096-191- 19

● 桂 林宋
敍遂郡防禦使制　宋張 嶸　1131-499- 19

● 桂 諒宋
降一官制　宋張 嶸　1131-472- 15

● 桂彥良明
命桂彥良職王傅（敕）　明太 祖　1223- 55- 7

● 桂萬榮宋
大理寺丞桂萬榮除考功員外郎制　宋洪咨夔　1175-243- 19
考功員外郎桂萬榮除尚右郎官制　宋洪咨夔　1175-245- 19

● 桓 榮漢
封爵桓榮（詔）　漢 明 帝　426-1075- 14
　1397- 22- 1
　1417-337- 17

● 桓彥範唐
封五王制——神龍一年五月十日　唐不著撰人　426-444- 61
桓彥範等配享中宗廟庭詔　唐不著撰人　426-465- 63

● 栢 和齊
封李居王等詔　梁沈 約　1415-112- 87

● 栢 著唐
授尚書兵部員外郎制　唐元 稹　1079-576- 46
　1336-583-392
　1402- 69- 13

授栢著兵部郎中等制　唐李慶中　1336-572-390

● 栢仲宣宋
尚藥御直醫官院栢仲宣可醫官副使　宋沈 遘　1097- 59- 6

● 栢貞節唐
授栢貞節襲忠等州防禦使制　唐常 袞　1336-701-409

● 桓庭昌唐
授栢庭昌憲部員外郎制　唐賈 至　1336-585-392

● 格 節宋
內殿崇班格節與轉一官制　宋慕容彥逢　1123-368- 6

● 格 禧宋
措置有方轉一官（制）　宋李彌遜　1130-645- 5

● 晉 用宋
催促修造使臣晉用可轉一官制　宋慕容彥逢　1123-372- 7

● 晉淑扑 明
吏部文選司主事晉淑扑（勅）　明倪元璐　1297- 28- 2

● 郝 平宋
入內內侍省西染院使郝平可特轉一官制　宋慕容彥逢　1123-375- 7

● 郝 周宋
前宿州臨渙縣令郝周授太子中舍致仕制　宋蔡 襄　1090-421- 10

● 郝 容宋
權發遣均州軍州兼管內安撫京西路兵馬鈐轄均金房達州兵甲事制　宋吳 泳　1176- 76- 8

● 郝 恕宋
漢兒郝恕補承信郎制　宋張 擴　1129- 98- 10

● 郝 逢宋
知岢嵐軍（制）　宋蘇 轍　1112-319- 30

● 郝 珍宋
內殿崇班郝珍轉一官制　宋慕容彥逢　1123-366- 6

● 郝 琳宋
內殿承制郝琳御批故殿前都指揮使郝質孫男琳爲係勳臣之後可特與閤門祗候制　宋慕容彥逢　1123-355- 5

● 郝 義（等）宋
郝義等十人爲收復商號等州並名各與轉兩官制　宋張 嶸　1131-446- 12

● 郝 晟宋
遂郡刺史制　宋胡 寅　1137-444- 13

● 郝 經元
順帝追封郝經制　元 順 帝　549- 67-183

● 郝 榮宋
侍衞親軍馬軍都虞侯郝榮可荊州刺史充安國軍節度觀察留

四庫全書文集篇目分類索引

後加食邑五百戶食實封二百戶制　宋夏竦　1087-68-2

●郝 戢宋

太子中允郝戢可奉寧軍節度推官制　宋鄭獬　1097-153-5

●郝 質宋

除郝質殿前都指揮使安武軍節度使加勳食邑實封制　宋神宗　549-60-183

內藏庫使賀州刺史郝質除闍州團練使龍神衞四廂都指揮使制　宋蔡襄　1090-448-13

授殿前都指揮使安武軍節度使加封邑制　宋王珪　1093-273-37　1350-361-35　1402-99-17

除郝質（制）　宋司馬光　1094-161-16

內殿崇班郝質可內殿承制制　宋歐陽修　1102-629-80　1350-380-37

●郝 隨宋

延福宮使奉國軍節度觀察留後郝隨可依舊知入內內侍省事制　宋慕容彥逢　1123-351-5

●郝 鑒宋

降一官（制）　宋周必大　1148-47-97

●郝 觀宋

郝觀（皇太后殿管勾文字生辰除借職制）　宋蘇轍　1112-298-28

●郝大同宋

可守殿中丞制　宋胡宿　1088-737-14

●郝元規宋

可西京左藏庫副使知辰州制　宋宋祁　1088-265-31

文思使郝元規可右騏驥使（制）　宋沈遘　1097-41-5

●郝中和宋

殿中丞致仕郝中和國子博士致仕制　宋王安石　1105-424-53

●郝致和宋

爲父仲與金人迎敵陣亡特補承信郎後因差充良家子隨軍勤

勞訓閱不易轉承節郎換給制　宋張嵲　1131-451-13

●郝嗣宗宋

原州彭陽縣令郝嗣宗可某州推官制　宋歐陽修　1102-638-81

●哥舒翰唐

隴右河西節度使哥舒翰西平郡王制——天寶十二年七月　唐不著撰人　426-432-60

●鄖 曼宋

通判永寧軍（制）　宋蘇轍　1112-295-28

通判睦州（制）　宋蘇轍　1112-297-28

●袁 甫宋

授起居舍人兼說書兼國史編修實錄檢討官制　宋吳泳　1176-58-7

授起居郎兼權中書舍人依舊兼說書制　宋吳泳　1176-65-7

除中書舍人誥　宋許應龍　1176-433-3

除著作郎誥　宋許應龍　1176-434-3

權吏部侍郎制　宋許應龍　1176-441-4

依舊寶章閣待制知福州福建安撫使制　宋許應龍　1176-460-5

●袁 弄宋

滿三年轉一官（制）　宋樓鑰　1152-664-38

●袁 佐宋

隨龍修武郎閤門祗候兼皇后閤主管進奉袁佐該遇皇后歸謁家廟並特轉一官（制）　宋陳傅良　1150-573-11

●袁 宗宋

鎮安軍節度使同中書門下平章事袁宗可銀青光祿大夫檢校國子祭酒兼監察御史武騎尉充教練使制　宋宋庠　1087-587-24

●袁 栩宋

除大理寺丞制　宋張擴　1129-85-9

除大理評事填見闕（制）　宋劉一止　1132-184-37

●袁 昂梁

贈袁昂詔　梁武帝　1399-259-1　1414-426-80

史部 詔令奏議類：附錄 詔令下（男）十畫

● 袁　易 宋
可比部員外郎制　　宋宋　祁　1088-266- 31

● 袁　政 宋
內殿崇班袁政左監門衞將軍致仕制　　宋王安石　1105-426- 53

● 袁　胄 宋
按撫司奏昭州保明袁胄准敕書特與恩澤授試將作監主簿不理選限本州教授制　　宋蔡　襄　1090-440- 12

● 袁　衍 宋
隨州沂陽縣主簿袁衍可太子洗馬致仕　　宋沈　遘　1097- 31- 4

● 袁　班 宋
轉一官制　　宋張　嵩　1131-440- 12

● 袁　特 南唐
洪州判官袁特可浙西判官（制）　　宋徐　鉉　1085- 62- 8

● 袁　商 宋
太常博士並兼沂諸王府教授制　　宋洪咨夔　1175-255- 21
授朝奉郎制　　宋吳　泳　1176- 66- 7
授朝請郎制　　宋吳　泳　1176- 67- 7

● 袁　淑 劉宋
爲孝武帝贈袁淑詔（二則）　　劉宋顏延之　1398-693- 11
追贈袁淑詔　　劉宋顏延之　1414-111- 67

● 袁　晟 宋
授湖州刺史充殿前指揮使左班都虞候依舊押行門祇應制　　宋吳　泳　1176- 78- 8

● 袁　滋 唐
平章事制——永貞一年七月　　唐不著撰人　426-305- 46
除袁滋襄陽節度使制　　唐白居易　1080-590- 55
　　1337-259-454

● 袁　植 宋
贈直龍圖閣（制）　　宋程　俱　1130-221- 22

● 袁　肅 宋
右司郎中袁肅除太府少卿兼知臨安府制　　宋洪咨夔　1175-219- 16
樞密檢詳袁肅除右司郎中兼權樞密副都承旨制　　宋洪咨夔　1175-219- 16

● 袁　循 唐

除渭南縣令制　　唐杜　牧　1081-679- 15

● 袁　隗 漢
爲太傅詔　　漢 少 帝　1397- 60- 3

● 袁　幹 唐
可封州刺史兼侍御史制　　唐白居易　1080-553- 51

● 袁　說 宋
知博州（制）　　宋蘇　轍　1112-303- 28

● 袁　察 宋
轉承信郎制　　宋衞　涇　1169-466- 1

● 袁　樞 宋
右文殿修撰知江陵府（制）　　宋樓　鑰　1152-696- 40

● 袁　震 宋
循資制　　宋洪　适　1158-404- 23

● 袁　穆 宋
大理寺丞袁穆授殿中丞制　　宋歐陽修　1102-622- 79

● 袁　燮 宋
除太學正（制）　　宋陳傅良　1150-649- 18

● 袁　顗 劉宋
封袁顗徐爰詔　　劉宋前廢帝　1398-541- 3

● 袁士宗 宋
都省正名驅使官袁士宗守蓬州蓬山縣主簿依前充職制　　宋王安石　1105-452- 55

● 袁立儒 宋
奉議郎袁立儒酬賞轉一官制　　宋洪咨夔　1175-222- 16
除大宗正丞制　　宋袁　甫　1175-431- 8

● 袁正功 宋
除直秘閣與郡（制）　　宋張　綱　1131- 50- 8

● 袁申儒 宋
除考功郎官兼檢詳制　　宋袁　甫　1175-426- 8
授秘書省著作佐郎兼權考功郎官制　　宋吳　泳　1176- 54- 6
知寧國府制　　宋許應龍　1176-468- 6

● 袁仲友 宋
前知連州連山縣袁仲友太子洗馬致仕制　　宋王安石　1105-425- 53

● 袁重光 唐
可雅州刺史制　　唐元　稹　1079-581- 48

● 袁庭芝 宋
前殿中丞袁庭芝可舊官服闕（制）　　宋蘇　頌　1092-347- 29

●袁恕己唐
封五王制——神龍一
　年五月十日　　　　唐不著撰人　426-444- 61
●袁惟幾宋
太史局丞袁惟幾可轉
　一官制　　　　　　宋慕容彥逢　1123-384- 7
●袁舜卿宋
秘閣選滿楷書充編修
　院權書庫官袁舜卿
　濰州北海縣尉制　　宋王安石　　1105-454- 55
●袁說友宋
進封開國子加食邑二
　百戶（制）　　　　宋陳傅良　　1150-619- 15
權戶部尚書（制）　　宋樓　鑰　　1152-663- 38
該覃恩轉官（制）　　宋樓　鑰　　1152-699- 40
●袁應老宋
恩賞轉官制　　　　　宋徐元杰　　1181-693- 7
●栗　順宋
遷長史并司馬（制）　宋張　綱　　1131- 21- 3
●耿　乘宋
權兵部侍郎（制）　　宋樓　鑰　　1152-647- 36
落權字（制）　　　　宋樓　鑰　　1152-668- 38
該覃恩轉官（制）　　宋樓　鑰　　1152-699- 40
煥章閣待制知太平州
　（制）　　　　　　宋樓　鑰　　1152-713- 41
●耿　政宋
可東頭供奉官致仕（
　制）　　　　　　　宋蘇　軾　　1108-687-107
●耿　著宋
爲毆打百姓致死特貸
　命追毀除名停配降
　承信郎續爲起發大
　金留務計議使應辦
　一行舟船脚乘同共
　交納官奉聖旨降五
　官與敍係已敍未復
　舊今來該遇紹興十
　年九月十日明堂赦
　文與敍武略大夫制　宋張　嵩　　1131-500- 19
昨自淮陽軍軍前齎奏
　赴行在內殿引對特
　與敍復舊官制　　　宋張　嵩　　1131-503- 19
●耿　榛宋
降右奉議郎制　　　　宋張　擴　　1129-132- 12
●耿　興宋

贈承節郎與一子父職
　名更與一名進勇副
　尉（制）　　　　　宋周必大　　1148- 62- 98
●耿　臨宋
供備庫副使耿臨可轉
　兩官制　　　　　　宋慕容彥逢　1123-390- 8
●耿允恭宋
太常寺攝樂正耿允恭
　可太常寺太樂署副
　樂正制　　　　　　宋王安石　　1105-408- 52
●耿申之宋
勒耿申之等制　　　　宋許　翰　　1123-506- 2
●耿自求宋
鹽課轉官制　　　　　宋許　翰　　1123-494- 1
●耿仲履宋
大理寺丞耿仲履可太
　子中舍　　　　　　宋沈　遘　　1097- 34- 4
●耿廷禧宋
允康邸參謀補子義若
　承務郎（制）　　　宋孫　覿　　1135-251- 24
●耿宗言宋
大將耿宗言可轉一資
　制　　　　　　　　宋慕容彥逢　1123-366- 6
●耿延年宋
兩浙轉運判官（制）　宋樓　鑰　　1152-626- 35
●耿延禧宋
中書舍人耿延禧除龍
　圖閣直學士（制）　宋孫　覿　　1135-249- 24
●耿南仲宋
降授承議郎知衢州耿
　南仲爲禮部員外郎
　兼定王嘉王府侍講
　（制）　　　　　　宋劉安上　　1124- 16- 2
散官南雄州安置制　　宋汪　藻　　1128-113- 12
　　　　　　　　　　　　　　　　1128-342- 2
　　　　　　　　　　　　　　　　1375- 45- 1
●耿南仲（父）宋
耿南仲贈故父勒　　　宋許　翰　　1123-516- 3
●耿茂直宋
太后殿掌牋奏耿茂直
　可特授三班借職制　宋慕容彥逢　1123-393- 8
●耿從政宋
可左領軍衞將軍分司
　南京致仕制　　　　宋胡　宿　　1088-800- 20
●耿棒年宋

補承信郎制 宋張 擴 1129- 97- 10
●耿端彥宋
皇城使鄜延路都監耿端彥特除遂郡刺史制 宋慕容彥逢 1123-348- 5
皇城副使權發遣本路都監新差權發遣保安軍耿端彥特與轉兩官係鄜延路制 宋慕容彥逢 1123-377- 7
●耿維康宋
供奉官耿維康可轉一官制 宋慕容彥逢 1123-372- 7
●捉廝雞宋
阿憐官捉廝雞並本族副軍主制 宋曾 肇 1098-557- 22
●夏 全宋
敍復武功郎特添差京西路馬步軍副總管襄陽府駐箚制 宋吳 泳 1176- 84- 9
●夏 松宋
特贈保康軍節度使諡 宋王應麟 1187-266- 5
●夏 旻宋
職方員外郎夏旻可屯田郎中 宋蘇 頌 1092-389- 34
●夏 協宋
皇后封贈父協太師制 宋洪 适 1158-391- 22
●夏 俊宋
知漣水軍夏俊轉武節郎制 宋洪 适 1158-369- 19
●夏 珙宋
職事修舉特令再任（制） 宋李彌遜 1130-641- 5
●夏 悖宋
補承信郎制 宋張 擴 1129- 97- 10
●夏 爽宋
特降一官罰銅十斤制 宋張 嵲 1131-471- 15
●夏 倪宋
可內殿承制制 宋胡 宿 1088-720- 13
●夏 偉宋
閤門祗候夏偉可閤門通事舍人制 宋王 珪 1093-238- 34
西染院副使兼閤門通事舍人夏偉內園副使依舊閤門通事舍人制 宋王安石 1105-422- 53

●夏 淑宋
戶部尚書夏淑除三司使制 宋宋 庠 1087-558- 20
吏部尚書知亳州夏淑可資政殿大學士 宋余 靖 1089- 93- 10
夏淑制 宋鄭 獬 1097-124- 2
樞密使制 宋鄭 獬 1097-125- 2
罷夏淑制 宋鄭 獬 1097-125- 2
●夏 貴宋
特授兩淮宣撫大使知揚州依前開府儀同三司寧武軍節度使左金吾衞上將軍樞密副使兼侍衞馬軍都指揮使食邑食實封如故制 宋王應麟 1187-242- 4
●夏 復明
（夏原吉）湼恩誥文（第十二則） 明不著撰人 1240-539- 附
●夏 勤漢
爲司徒策文 漢 安 帝 1397- 48- 3
●夏 僎宋
涇原路定戎鹽池提舉措置官夏僎並轉一官制 宋慕容彥逢 1123-379- 7
●夏 震宋
宿衞部轄官兵特贈一官（制） 宋陳傳良 1150-641- 18
特授武信軍節度使殿前都指揮使進封加食邑食實封（制） 宋劉 煇 1157-458- 10
特授武信軍節度使殿前都指揮使進封加食邑制 宋眞德秀 1174-290- 19
1418-741- 63
除太尉依前武信軍節度使致仕進封武陽郡開國侯加食邑制 宋眞德秀 1174-291- 19
●夏 穀宋
皇后封贈祖穀太傅制 宋洪 适 1158-391- 22
●夏 隨宋
除觀察使制 宋韓 琦 1089-462- 40
●夏 儒明
封慶陽伯夏儒誥券文 明王 鏊 1256-318- 18
●夏 鑄宋

四庫全書文集篇目分類索引

刑部郎中夏鑄除大理少卿（制） 宋劉安上 1124-14-2

●夏大中宋

西頭供奉官夏大中可特授宣德郎制 宋慕容彥逢 1123-352-5

閤門看班祗候夏大中可轉一官並罷閤門祗候制 宋慕容彥逢 1123-355-5

●夏元昌宋

故王貽永女婿左藏庫副使夏元昌可文思副使制 宋王珪 1093-242-34

●夏元規宋

內殿崇班夏元規可內殿承制制 宋宋庠 1087-589-25

●夏元幾宋

可西上閤門使依舊果州刺史制 宋王安禮 1100-28-3

●夏元象宋

西京左藏庫副使夏元象可文思副使 宋沈遘 1097-44-5

●夏日宣宋

胡宿奏醫人夏日宣試國子四門助教不理選限制 宋王安石 1105-451-55

●夏日華宋

歐陽修奏醫人夏日華試國子四門助教不理選限制 宋王安石 1105-451-55

●夏允言宋

閤門宣贊舍人夏允言該應舉人使十次賞各轉一官（制） 宋陳傅良 1150-579-11

●夏永壽宋

夏永壽制 宋虞儔 1154-119-5

●夏令古宋

皇后封贈三代曾祖夏令吉太保制 宋洪适 1158-390-22

●夏布政明

（夏原吉）渥恩誥文（第三則） 明不著撰人 1240-537-附

（夏原吉）渥恩誥文（第十則） 明不著撰人 1240-538-附

●夏侯旦宋

捕寇有功循右從事郎

（制） 宋劉一止 1132-170-33

●夏俊申宋

特與補右迪功郎充泗州司戶參軍（制） 宋周必大 1148-3-94

●夏侯圭宋

刑部法直官夏侯圭可大理寺丞制 宋鄭獬 1097-134-3

●夏侯孜唐

平章事制——大中十二年四月 唐不著撰人 426-344-50

平章事制——咸通三年七月 唐不著撰人 426-345-50

集賢殿大學士制——大中十三年八月 唐不著撰人 426-359-51

拜相制 玉堂遺範 1337-204-449

●夏侯尚魏

追贈夏侯尚詔 魏文帝 1412-597-24

●夏侯或宋

尚書主客郎中知潭州夏侯或可尚書金部郎中制 宋宋庠 1087-595-25

●夏侯悖（後）晉

封夏侯悖後詔 晉武帝 1398-41-2

●夏侯溥宋

和州防禦判官夏侯溥可太子中舍致仕制 宋歐陽修 1102-623-79

●夏侯戡宋

前賀州錄事參軍夏侯戡可太子中舍致仕（制） 宋蘇頌 1092-349-29

●夏侯維宋

可衞尉寺丞制 宋胡宿 1088-717-12

●夏侯錫宋

可秘書丞制 宋宋祁 1088-266-31

●夏侯瞳唐

除忠武軍節度副使制 唐杜牧 1081-684-16

授夏侯瞳忠武節度副使充集賢校理制 唐杜牧 1336-635-400

●夏侯覺唐

除鹽鐵巡官制 唐杜牧 1081-686-16

●夏原吉明

（夏原吉）渥恩誥文（第二則） 明不著撰人 1240-537-附

（夏原吉）渥恩誥文（第六則） 明不著撰人 1240-537-附

（夏原吉）賜謚勅文　　　　明不著撰人 1240-540- 附

●夏時敏 明
（夏原吉）混恩誥文
　（第一則）　　　　　　　明不著撰人 1240-537- 附
（夏原吉）混恩誥文
　（第八則）　　　　　　　明不著撰人 1240-539- 附

●夏惟慶 宋
東頭供奉官夏惟慶可
　內殿崇班制　　　　　　宋歐陽修　1102-626- 80

●夏嗣忠 宋
轉官制　　　　　　　　　宋王　洋　1132-423- 7

●夏侯仕戡（等）唐
入回紇使下軍將官吏
　夏侯仕戡等四十人
　授卿監賓客諮議衞
　佐制　　　　　　　　　唐白居易　1080-567- 53

●夏侯延祐 宋
翰林圖畫待詔夏侯延
　祐可廬州巢縣令（
　制）　　　　　　　　　宋田　錫　1085-543- 28

●夏侯道遷 北魏
又賜道遷璽書　　　　　　北魏世宗　 556-111- 85

●桑　衍 宋
前興州軍事推官桑衍
　可秘書省著作佐郎
　制　　　　　　　　　　宋夏　竦　1087- 59- 1

●桑　湜 宋
皇城副使桑湜可西京
　左藏庫使（制）　　　　宋蘇　頌　1092-355- 30
供備庫副使桑湜可文
　思副使（制）　　　　　宋沈　遘　1097- 30- 4

●桑　逵 宋
東頭供奉官桑逵可內
　殿崇班制　　　　　　　宋歐陽修　1102-618- 79
內殿承制桑逵可左監
　門衞將軍致仕制　　　　宋歐陽修　1102-625- 80

●桑宗望 宋
西京左藏庫副使桑宗
　望可文思副使差充
　河北沿邊安撫都監
　（制）　　　　　　　　宋余　靖　1089- 99- 10

●桑彥修 宋
爲金人侵犯華州日殁
　於王事贈承務郎與
　一子下州文學制　　　　宋張　嵲　1131-492- 18

●時　定 宋
供備庫副使時定可西
　京左藏庫副使（制）　　宋韓　維　1101-677- 18

●時　明 宋
西京左藏庫使忠州刺
　史高陽關路駐泊兵
　馬鈐轄時明可文思
　使制　　　　　　　　　宋劉　敞　1095-652- 30
西京左藏庫使忠州刺
　史高陽關路駐泊兵
　馬鈐轄時明可文思
　使（制）　　　　　　　宋劉　敞　1350-384- 37
西京左藏庫使忠州刺
　史高陽關路駐泊兵
　馬鈐轄時明可文思
　使（制）　　　　　　　宋劉　敞　1418-362- 48

●時　宣 宋
采石巡檢時宣訊民致
　死降官制　　　　　　　宋張孝祥　1140-644- 19

●時　彥 宋
著作佐郎時彥可集賢
　校理兵部郎中制　　　　宋呂　陶　1098- 63- 8

●時　恢 宋
可奉議郎制　　　　　　　宋陸　佃　1117-137- 10

●時　愓 宋
使臣時愓可轉一官制　　　宋慕容彥逢 1123-366- 6

●時　貴 宋
降一官更展二年磨勘
　（制）　　　　　　　　宋周必大　1148- 45- 97

●時　微 宋
故駙馬都尉曹司女夫
　進士時微可借職制　　　宋慕容彥逢 1123-392- 8

●時　選 宋
大理寺丞時選可太子
　中舍　　　　　　　　　宋沈　遘　1097- 34- 4

●時士良 宋
中書錄事時士良可中
　書守闔主事　　　　　　宋韓　維　1101-656- 16

●時汝翼 宋
大理評事制　　　　　　　宋虞　儔　1154-107- 5

●時孝悌 宋
轉一官制　　　　　　　　宋許景衡　1127-226- 7

●時道陳 宋
轉官制　　　　　　　　　宋許　翰　1123-494- 1

●晁　朴 唐

四庫全書文集篇目分類索引　863

巡官試正字晁朴可試
　協律郎充推官同制　唐白居易　1080-569- 53
　　　　　　　　　　　　　　　1336-729-413

●晁　迥 宋
翰林學士工部侍郎知
　制誥晁迥可刑部侍
　餘依舊制　　　　　宋夏　竦　1087- 54- 1
●晁　邁 宋
尚書比部員外郎提舉
　袞州仙源縣景靈宮
　晁邁可尚書駕部員
　外郎制　　　　　　宋宋　庠　1087-577- 23
● 晁公武 宋
除監察御史制　　　　宋張孝祥　1140-642- 19
侍御史制　　　　　　宋洪　适　1158-376- 20
權戶部侍郎制　　　　宋洪　适　1158-383- 21
●晁公為 宋
直顯謨閣制　　　　　宋李正民　1133- 4- 1
直秘閣知台州制　　　宋李正民　1133- 24- 2
●晁公遡 宋
開封尹曹揉（制）　　宋孫　覿　1135-255- 25
●晁仲約 宋
屯田員外郎晁仲約可
　都官員外郎制　　　宋王安石　1105-390- 50
●晁仲衍 宋
殿中丞秘閣校理晁仲
　衍可太常博士　　　宋余　靖　1089- 94- 10
●晁仲紘 宋
太常寺奉禮郎監開封
　府陳留縣鹽稅務晁
　仲紘可大理評事制　宋宋　庠　1087-578- 23
●晁仲熙 宋
殿中丞制　　　　　　宋王安石　1105-397- 51
●晁仲綽 宋
職方郎中晁仲綽可太
　常少卿（制）　　　宋韓　維　1101-656- 16
可屯田郎中制　　　　宋王安石　1105-387- 50
●晁宗慤 宋
尚書刑部郎中知制誥
　晁宗慤可起復制　　宋宋　庠　1087-568- 22
虞部員外郎晁仲蔚父
　宗慤可贈尚書左僕
　射制　　　　　　　宋王　珪　1093-233- 33
國子博士晁仲蔚父宗
　慤可贈尚書右僕射

制　　　　　　　　　宋王　珪　1093-233- 33
●晁忠簡 宋
江南西路提點刑獄尚
　書都官員外郎晁宗
　簡可尚書司封員外
　郎制　　　　　　　宋宋　庠　1087-582- 24
●晁（畐）端仁 宋
晁謙之父端仁贈特進
　制　　　　　　　　宋張　擴　1129- 69- 7
●晁端彥 宋
金部員外郎制　　　　宋曾　鞏　1098-544- 20
更部郎（制）　　　　宋蘇　轍　1112-310- 29

●晁謙之 宋
充敷文閣待制知撫州
　制　　　　　　　　宋劉才邵　1130-465- 5
再任福建運判（制）　宋李彌遜　1130-634- 5
檢詳（制）　　　　　宋劉一止　1132-208- 43
除右司郎中（制）　　宋劉一止　1132-217- 45
權戶部侍郎（制）　　宋劉一止　1132-224- 47
磨勘轉官制　　　　　宋王　洋　1132-421- 7
磨勘（制）　　　　　宋周麟之　1142-127- 16

●員　法 宋
爲用妻父陣亡合得下
　班祇應恩澤比類轉
　一官授保義郎換給
　制　　　　　　　　宋張　嵲　1131-484- 17

●員　青 宋
爲保護劉聖七殿神御
　并殺獲辜寇僞大王
　等有勞正補敦武郎
　閤門祇候又幹當年
　終轉武翼郎又訓閱
　不易賞轉武經郎又
　與金人見陣軍前喝
　暴露轉武功郎該磨
　勘轉武經大夫又該
　磨勘曾立戰功貼轉
　武略大夫依舊閤門
　祇候換給制　　　　宋張　嵲　1131-448- 12

●員　素 宋
守鄧州錄事參軍前監
　道州黃富場員素可
　大理評事致仕（制）宋蘇　頌　1092-392- 34
●員延年 宋
爲金人侵犯懷德軍陷

四庫全書文集篇目分類索引

史部

詔令奏議類：附錄

詔令下（男）十畫

沒特贈朝請大夫換給制　宋張　嵲　1131-440- 12

●荀　汸宋
補保義郎制　宋劉才邵　1130-461- 5

●荀　良晉
爲魏郡太守詔　晉 武 帝　1398- 31- 2

●荀　尚唐
授荀尚史館修撰制　唐常　袞　1336-635-400

●荀　易晉
進開府詔　晉 武 帝　1398- 31- 2
守尚書令詔　晉 武 帝　1398- 31- 2

●荀　顗晉
爲司徒詔　晉 武 帝　1398- 30- 2
行太子太傅詔　晉 武 帝　1398- 30- 2

●姑　端宋
轉官制　宋許景衡　1127-227- 7

●姑宗元宋
權寧國軍節度判官茹宗元可大理寺丞致仕制　宋宋　庠　1087-564- 21

●姑法亮齊
封茹法亮詔　齊 武 帝　1399- 26- 1

●晏　殊宋
樞密副使禮部侍郎晏殊可刑部侍郎餘如故制　宋夏　竦　1087- 55- 1
觀文殿大學士兵部尚書晏殊加食邑實封制　宋王　珪　1093-242- 34

●晏　敦宋
復寶文閣直學士知衢州（制）　宋劉一止　1132-199- 40

●晏　勝宋
係涇原將下新立功人比拍事藝特降二等換保義郎制　宋張　鎡　1131-458- 13

●晏　復宋
除吏部郎官（制）　宋張　綱　1131- 32- 5

●晏　詹宋
可殿中丞制　宋胡　宿　1088-722- 13

●晏　融宋
太子右贊善大夫通判吉州晏融可殿中丞制　宋宋　庠　1087-593- 25

●晏成裕宋

度支員外郎充崇文院檢討晏成裕可司封員外郎制　宋王安石　1105-388- 50

●晏孝本宋
大理丞制　宋胡　寅　1137-444- 13

●晏孝純宋
除江西提點刑獄制　宋張　擴　1129- 90- 9
降右朝散大夫制　宋張　擴　1129-151- 14

●晏布伯唐
授晏希伯加官階制　唐薛廷珪　1336-767-418

●晏明遠宋
禮部尚書知亳州晏殊男明遠可秘書省校書郎制　宋宋　庠　1087-591- 25

●晏知止宋
成都運副（制）　宋蘇　轍　1112-302- 28

●晏祇德宋
大理寺丞晏祇德可右贊善大夫（制）　宋蘇　頌　1092-363- 31

●晏崇讓宋
太常博士制　宋王安石　1105-397- 51

●晏敦復宋
除左司（制）　宋張　綱　1131- 49- 8

●晏幾道宋
通判乾寧軍晏幾道可開封府推官制　宋慕容彥逢　1123-349- 5

●骨吐（吐）祿唐
册骨吐祿三姓毗方伽顏判發文　唐不著撰人　426-945-129

●骨舜輔宋
隨金國賀正使充引接儀範回程循修職郎（制）　宋陳傅良　1150-634- 17

●荊　浦唐
授左清道率府率制　唐元　稹　1079-580- 47

●荊大聲宋
判太史局荊大聲降一官（制）　宋陳傅良　1150-597- 13
復元官（制）　宋樓　鑰　1152-690- 40

●荊世顯宋
降授中官正制　宋吳　泳　1176- 87- 9

●党　俊宋
可贈鄂州觀察使制　宋綦崇禮　1134-533- 2

●党待問宋
大名府參軍党待問

可鄆州盧縣簿（
　制）　　　　　　　宋田　錫　　1085-549- 28

●荔　譽宋
換給從義郎制　　　　宋張　擴　　1129- 99- 10

●柴　承宋
換宣義郎監周陵廟
　制　　　　　　　　宋張　擴　　1129- 90- 9

●柴　斌宋
轉官換給（制）　　　宋張　綱　　1131- 46- 8
係武功大夫忠州團練
　使新知辰州特改差
　知唐州岳飛奏斌遷
　延不赴特降三官制　宋張　嵲　　1131-458- 13

●柴　卒宋
擬右宣義郎襲封崇義
　公監周陵廟（制）　宋劉一止　　1132-168- 32

●柴　瑾宋
降官制　　　　　　　宋王　洋　　1132-430- 8

●柴　璋宋
文林郎邵州錄事參軍
　柴璋特降一資（制）宋陳傳良　　1150-593- 13

●柴元謹宋
衛寺丞制　　　　　　宋王安石　　1105-399- 51

●柴天因宋
京東路轉運判官柴天
　因升轉運副使兼知
　青州制　　　　　　宋汪　藻　　1128- 76- 8

●柴宗慶宋
授柴宗慶開府儀同三
　司依前檢校太師同
　中書門下平章事武
　成軍節度使駙馬都
　尉加食邑實封制　　宋宋　庠　　1087-602- 26
駙馬都尉柴宗慶可贈
　中書令制　　　　　宋歐陽修　　1102-628- 80

●柴定官宋
右藏庫副使柴定官可
　轉一官制　　　　　宋慕容彥逢　1123-383- 7

●柴貽坦宋
內殿崇班柴貽坦可內
　殿承制制　　　　　宋歐陽修　　1102-625- 80

●柴貽忠宋
文思副使柴貽忠可左
　藏庫副使制　　　　宋鄭　獬　　1097-141- 4

●柴貽慶宋

江南諸路提刑內殿承
　制柴貽慶可就轉禮
　賓副使制　　　　　宋歐陽修　　1102-622- 79

●柴貽範宋
可閤門通事舍人制　　宋胡　宿　　1088-767- 17

●柴貽憲宋
可左饒衛將軍致仕制　宋胡　宿　　1088-800- 20

●柴餘慶宋
國子博士制　　　　　宋王安石　　1105-397- 51
國子博士制　　　　　宋翟汝文　　1129-205- 3

●特爾格元
諭忠穆制　　　　　　元程鉅夫　　1202- 46- 4

●息夫躬漢
封董賢等詔　　　　　漢　哀　帝　 426-1057- 11
孫寵息夫躬免官詔
　附有司奏一則　　　漢　哀　帝　 426-1053- 11
　　　　　　　　　　　　　　　　 1396-264- 4

●烏行初唐
授衛佐制　　　　　　唐白居易　　1080-563- 52

●烏承玭（父）唐
贈烏胤等父制　　　　唐元　稹　　1079-595- 50

●烏貢（葉）爾元
營國忠勇公制　　　　元姚　燧　　1201-415- 1
　　　　　　　　　　　　　　　　 1367-140- 11
　　　　　　　　　　　　　　　　 1373- 88- 7
　　　　　　　　　　　　　　　　 1402-105- 18

●烏重明唐
烏重明等贈官制　　　唐白居易　　1080-572- 53

●烏重胤唐
加烏重胤檢校司徒制　唐元　稹　　1079-560- 42
授烏重胤山南西道節
　度使制　　　　　　唐元　稹　　1079-657- 5
　　　　　　　　　　　　　　　　 1337-256-454

授烏重胤河陽節度使
　制　　　　　　　　唐不著撰人　1337-231-452

●烏承胤（父）唐
贈烏重胤等父制　　　唐元　稹　　1079-595- 50

●烏爾圖元
封淇陽王制　　　　　元趙孟頫　　1196-735- 10
常布哈齊故祖父烏爾
　圖諭恭敏制　　　　元程鉅夫　　1202- 48- 4

●烏薄利唐
授烏薄利左金吾衛大
　將軍制　　　　　　唐李　嶠　　1336-643-401
封烏薄利歸義縣開國

史部　詔令奏議類：附錄　詔令下（男）十畫

　　子制　　唐李嶠　1336-752-416

●烏蘭哈達元
平章布拉吉達故祖父
　烏蘭哈達諡武毅制　　元程鉅夫　1202- 13- 2

●烏拉堅巴元
封烏拉堅巴制　　元虞　集　1207-320- 22

●鬼　章宋
四蕃大首領鬼章可陪
　戎校尉制　　宋劉　敞　1096-223- 22

●徐　介宋
前光化軍乾德縣令同
　監秦州西溪鎭鹽倉
　徐介可著作佐郎制　　宋蔡　襄　1090-419- 10

●徐　申宋
朝散大夫徐申可大晟
　府樂令制　　宋慕容彥逢　1123-341- 4

●徐　弁宋
可尚書駕部員外郎制　　宋宋　庠　1087-582- 24

●徐　宅宋
承議郎徐宅可轉一官
　制　　宋慕容彥逢　1123-378- 7
荊湖北路提刑徐宅除
　荊湖南路運副制　　宋翟汝文　1129-193- 2

●徐　弁宋
追官人徐弁太常寺奉
　禮郎制　　宋王安石　1105-448- 55

●徐　鳳宋
右承議郎徐鳳等各降
　一官制　　宋張　擴　1129-133- 12

●徐　冶宋
大名府推官徐冶可著
　作佐郎制　　宋歐陽修　1102-644- 81

●徐　沅宋
貴州刺史知順安軍徐
　沅轉團練使制　　宋汪　藻　1128- 75- 8

●徐　罕唐
授徐罕檢校郎中制　　唐薛廷珪　1336-734-413

●徐　成宋
換從義郎（制）　　宋樓　鑰　1152-617- 34

●徐　杞宋
除司勳郎官（制）　　宋張　綱　1131- 26- 4

●徐　防漢
爲太尉策　　漢殤　帝　1397- 44- 2

●徐　位宋
右侍禁徐位可特授西

　　頭供奉官制　　宋慕容彥逢　1123-352- 5

●徐　松宋
轉一官資（制）　　宋樓　鑰　1152-616- 34

●徐　林宋
除權戶部侍郎（制）　　宋周麟之　1142-117- 16
除刑部侍郎（制）　　宋周麟之　1142-123- 16

●徐　昇宋
奉職徐昇可轉一官制　　宋慕容彥逢　1123-372- 7

●徐　昷宋
司門員外鄭昂駕部員
　外郎徐昷兩易制　　宋翟汝文　1129-208- 3

●徐　度宋
除館職制　　宋胡　寅　1137-450- 13
除江東運判（制）　　宋周麟之　1142-142- 18

●徐　枋宋
除廣東路轉運判官（
　制）　　宋陳傳良　1150-638- 17
兼侍講制　　宋衛　涇　1169-481- 2
特授守侍御史兼侍講
　制　　宋衛　涇　1169-482- 2

●徐　爰劉宋
封袁顗徐爰詔　　劉宋前廢帝　1398-541- 3
徙交州詔　　劉宋明帝　1398-559- 4
又除廣州統內詔　　劉宋明帝　1398-560- 4

●徐　浩唐
授徐浩尚書左丞制　　唐賈　至　1336-541-385

●徐　高宋
可大理寺丞制　　宋胡　宿　1088-133- 14

●徐　珣明
（徐光啓）曾祖父（
　追贈光祿大夫制）　　明倪元璐　1297- 33- 3

●徐　起宋
殿中丞前知濰州徐起
　可國子博士制　　宋宋　庠　1087-584- 24
太常少卿新差知兗州
　徐起可光祿卿制　　宋蔡　襄　1090-426- 11

●徐　峻宋
可太常博士制　　宋胡　宿　1088-745- 15

●徐　俯宋
除端明殿學士宮祠（
　制）　　宋張　綱　1131- 45- 7
知信州（制）　　宋劉一止　1132-221- 46

●徐　商唐
授徐商禮部員外郎制　　唐李德裕　1079-130- 4
　　　　　　　　　　　　　　　1336-580-391

| | | 1402-94-16 |
授徐商節度使制 | 玉堂遺範 | 1337-244-453 |

●徐 暘宋
落職追兩官勒停（制） | 宋孫 覿 | 1135-263-25 |

●徐 康宋
提舉浙西茶鹽徐康賞轉一官制 | 宋張 擴 | 1129-81-8 |
謝仉徐康降官制 | 宋張孝祥 | 1140-641-19 |
除浙西提刑（制） | 宋周麟之 | 1142-141-18 |

●徐 陵陳
贈徐陵特進詔 | 陳 後主 | 1399-626-2 |
追贈徐陵詔 | 陳 後主 | 1415-466-102 |

●徐 湜宋
可守秘校致仕制 | 宋胡 宿 | 1088-796-20 |

●徐 雄宋
國子監書庫兼皇后宅敎授徐雄除國子錄制 | 宋洪咨夔 | 1175-249-20 |

●徐 登唐
授醴泉令制 | 唐白居易 | 1080-539-50 |
| | | 1336-691-407 |

●徐 揚宋
玉韞成徐揚循左文林郎制 | 宋張 擴 | 1129-130-12 |

●徐 鈞唐
授徐鈞南海縣令制 | 唐逖 逑 | 1336-744-415 |

●徐 棻唐
授徐棻右神武將軍兼知軍事等制 | 唐錢 珝 | 1336-657-402 |

●徐 傑宋
鎭慶關使徐傑轉防禦使制 | 宋汪 藻 | 1128-94-10 |

●徐 復宋
該遇明堂大禮加恩制 | 宋馬廷鸞 | 1187-58-7 |

●徐 靖宋
承信郎監潭州南嶽廟徐靖該進至尊壽皇聖帝聖政轉一官（制） | 宋陳傅良 | 1150-578-11 |

●徐 摛梁
爲新安太守詔 | 梁 武帝 | 1399-260-1 |

●徐 楷宋
大將軍發運司前行徐楷可三班借職制 | 宋慕容彥逢 | 1123-394-8 |

●徐 瑗宋
試大理評事充保信軍

節推知梓州射洪縣制 | 宋王安石 | 1105-408-52 |

●徐 達明
中書右丞相徐達兼太子少傅封信國公誥 | 明朱 升 | 1375-61-2 |
| | | 1402-126-24 |

●徐 運南唐
太子太傅徐運授太子太保制 | 宋徐 鉉 | 1085-47-6 |

●徐 演唐
授徐演長安縣令制 | 唐常 袞 | 556-115-85 |

●徐 種宋
監察御史徐種郎官制 | 宋翟汝文 | 1129-209-3 |

●徐 說宋
太常博士徐說可屯田員外郎（制） | 宋沈 遘 | 1097-31-4 |

●徐 壽宋
宣義郎徐壽可宣德郎添差福建路轉運使勾當公事制 | 宋劉 放 | 1096-232-23 |

●徐 輔宋
職方員外郎致仕徐仲容男輔試將作監主簿制 | 宋王安石 | 1105-415-52 |

●徐 愿宋
除直秘閣依舊福建提舉制 | 宋袁 甫 | 1175-429-8 |

●徐 嘉宋
知紹興府制 | 宋洪 适 | 1158-375-20 |

●徐 榕宋
跋徐僉書御製後 | 元吳 澄 | 1197-610-62 |

●徐 僑宋
祕書少監徐僑除太常少卿制 | 宋洪咨夔 | 1175-226-17 |
權工部侍郎徐僑除集英殿修撰提舉佑神觀兼侍讀制 | 宋洪咨夔 | 1175-250-20 |
授工部侍郎依舊兼國子祭酒兼侍講制 | 宋吳 泳 | 1176-57-7 |
授兼侍講制 | 宋吳 泳 | 1176-64-7 |

●徐 綰唐
授前司勳員外郎賜緋徐珺兵部員外郎制 | 唐白居易 | 1336-584-392 |

●徐 廣劉宋
封中散大夫詔 | 劉宋武帝 | 1398-488-1 |

●徐 誼宋
除權工部侍郎兼知臨
　安府（制）　　　　　宋陳傅良　1150-649- 18
右司（制）　　　　　　宋樓 鑰　1152-633- 35
左司員外郎（制）　　　宋樓 鑰　1152-659- 37
中書門下省檢正諸房
　公事（制）　　　　　宋樓 鑰　1152-712- 41
●徐 堯宋
任國子博士日奏對失
　儀降官特復朝散郎
　致仕制　　　　　　　宋王 珪（　1093-289- 39
　　　　　　　　　　　　陳傅良）　1150-605- 14
降一官（制）　　　　　宋樓 鑰　1152-619- 34
●徐 稹
國子博士徐稹可虞部
　員外郎（制）　　　　宋蘇 頌　1092-363- 31
●徐 億宋
補右迪功郎致仕（制）宋周必大　1148- 38- 96
●徐 積宋
改官告詞　　　　　　　宋不著撰人　1101-977- 32
賜告詞　　　　　　　　宋不著撰人　1101-978- 32
●徐 績宋
大理寺丞制　　　　　　宋王安石　1105-402- 51
●徐 璜漢
封單超等制　　　　　　漢 桓 帝　426-1109- 21
●徐 衡宋
武功大夫安州團練使
　徐衡提舉京畿保甲
　兼提點刑獄（制）　　宋孫 覿　1135-256- 25
●徐 禧宋
御史中丞制　　　　　　宋曾 鞏　1098-544- 20
給事中制　　　　　　　宋曾 鞏　1098-550- 21
　　　　　　　　　　　　　　　　　1350-397- 39
●徐 總宋
可光祿寺丞（制）　　　宋胡 宿　1088-724- 13
●徐 鍔唐
授徐鍔洛陽縣令制　　　唐孫 逖　1336-689-407
●徐 寵宋
轉兩官資制　　　　　　宋張 嵲　1131-441- 12
●徐 鐸宋
太學博士（制）　　　　宋曾 鞏　1350-397- 39
　　　　　　　　　　　　　　　　　1402-119- 21
●徐 觀宋
轉一官（制）　　　　　宋周必大　1148- 32- 96
●徐人傑宋

江西提舉常平制　　　　宋洪 适　1158-403- 23
●徐三兒宋
補承節郎爲遠來歸正
　委實忠義制　　　　　宋張 嵲　1131-504- 19
●徐士龍宋
授國子博士制　　　　　宋徐元杰　1181-689- 7
●徐子寅宋
廣東提刑（制）　　　　宋樓 鑰　1152-683- 39
●徐大任宋
責官制　　　　　　　　宋王 洋　1132-427- 8
●徐文壁明
定國公徐文壁誥命　　　明馮 琦　1402-122- 22
●徐元杰宋
除校書郎誥　　　　　　宋許應龍　1176-432- 3
●徐元稀齊
常僧景等封侯詔　　　　梁沈 約　1415-111- 87
●徐元德宋
知均州（制）　　　　　宋樓 鑰　1152-653- 37
●徐天民宋
廣東運判（制）　　　　宋劉一止　1132-217- 45
●徐中立宋
供奉官徐中立可轉一
　官制　　　　　　　　宋慕容彥逢　1123-372- 7
●徐公裕宋
太府卿徐公裕等降兩
　官制　　　　　　　　宋汪 藻　1128- 87- 9
左朝議大夫充祕閣修
　撰徐公裕因赦敍元
　降一官（制）　　　　宋劉一止　1132-189- 38
●徐世檝（標）齊
封徐世檝（標）詔（
　制）　　　　　　　　梁沈 約　1336-752-416
　　　　　　　　　　　　　　　　　1399-390- 7
　　　　　　　　　　　　　　　　　1415-112- 87
●徐用文宋
右屯衞將軍致仕徐用
　文可右武衞將軍致
　仕（制）　　　　　　宋蘇 頌　1092-366- 31
●徐安貞唐
授徐安貞中書侍郎制　　唐孫 逖　1336-503-380
●徐西美宋
爲歸州捍禦桑仲等賊
　馬轉忠翊郎又因殺
　王鐵鎗賊馬轉忠訓
　郎換給制　　　　　　宋張 嵲　1131-453- 13

● 徐有功 唐
授徐有功司刑少卿　　　　唐李　嶠　1336-625-398
● 徐光啓 明
禮部尚書兼東閣大學
　士徐光啓（制）　　　　明倪元璐　1297- 32- 3
● 徐仲翔 宋
比部員外郎通判泉州
　徐仲翔可駕部員外
　郎制　　　　　　　　　宋夏　竦　1087- 58- 1
● 徐希覺 宋
特降一官（制）　　　　　宋周必大　1148- 17- 95
● 徐邦憲 宋
降兩官罷與郡指揮制　　　宋衞　涇　1169-476- 1
● 徐宗臣 宋
前行南康軍建昌縣立
　簿徐采臣可大理寺
　丞致仕（制）　　　　　宋韓　維　1101-657- 16
● 徐宗況 宋
兵部員外郎制　　　　　　宋胡　宿　1088-743- 15
● 徐宗說 宋
除權戶部侍郎（制）　　　宋周麟之　1142- 98- 13
● 徐秉哲 宋
左諫議大夫徐秉哲除
　給事中（制）　　　　　宋孫　覿　1135-243- 24
御史中丞徐秉哲可開
　封尹（制）　　　　　　宋孫　覿　1135-246- 24
● 徐彥孚 宋
瀘州通判（制）　　　　　宋蘇　轍　1112-287- 27
朝散大夫試尚書戶部
　侍郎徐彥孚可顯謨
　閣直學士知太原府
　制　　　　　　　　　　宋慕容彥逢　1123-345- 5
● 徐彥伯 唐
授徐彥伯工部侍郎制　　　唐蘇　頲　1336-563-388
● 徐彥忠 宋
　轉遂郡刺史（制）　　　宋張　綱　1131- 35- 6
● 徐彥若 唐
授吏部侍郎徐彥若御
　史中丞制　　　　　　　唐李　磎　1336-596-393
● 徐彥樞 唐
禮部員外郎徐彥樞改
　授戶部員外郎制　　　　唐薛廷珪　1336-578-391
授徐彥樞禮部員外郎
　制　　　　　　　　　　唐薛廷珪　1336-580-391
● 徐晃允 宋

迪功郎徐晃允換會于
　局賞循修職郎制　　　　宋衞　涇　1169-466- 1
● 徐師旦 宋
前絳州防禦推官監晉
　州折博鑄徐師旦可
　大寺丞制　　　　　　　宋蔡　襄　1090-444- 13
太常博士徐師旦等三
　人轉官制　　　　　　　宋鄭　獬　1097-162- 6
● 徐師回 宋
徐師回等改官制　　　　　宋王安石　1105-395- 51
● 徐清叟 宋
太常博士徐清叟除秘
　書郎仍兼崇政殿說
　書制　　　　　　　　　宋洪咨夔　1175-220- 16
軍器少監徐清叟除將
　作監依舊兼司封郎
　官崇政殿說書制　　　　宋洪咨夔　1175-253- 21
授兼侍講制　　　　　　　宋吳　泳　1176- 61- 7
授兼侍講制　　　　　　　宋吳　泳　1176- 63- 7
授軍器少監依舊兼司
　封兼崇政殿說書制　　　宋吳　泳　1176- 65- 7
授朝奉郎制　　　　　　　宋吳　泳　1176- 65- 7
除集英殿修撰知靜江
　府廣西經略安撫使
　制　　　　　　　　　　宋許應龍　1176-459- 5
● 徐鹿卿 宋
九年己酉春正月除禮
　部侍郎誥　　　　　　　宋 理 宗　1178-950- 附
封豐城縣開國男食邑
　三百戶誥　　　　　　　宋 理 宗　1178-951- 附
秋九月疾亟乞謝事旨
　特轉一官進文華閣
　待制致仕誥　　　　　　宋 理 宗　1178-951- 附
授右司制　　　　　　　　宋徐元杰　1181-684- 6
● 徐處仁 宋
奉議郎守殿中侍御史
　徐處仁可左正言制　　　宋慕容彥逢　1123-334- 4
左正言徐處仁可除給
　事中制　　　　　　　　宋慕容彥逢　1123-335- 4
端明殿學士徐處仁知
　穎昌府制　　　　　　　宋翟汝文　1129-199- 2
贈官制　　　　　　　　　宋李正民　1133- 35- 3
● 徐紹齡 宋
國子博士通判南安軍
　徐紹齡可尚書虞部

870 四庫全書文集篇目分類索引

員外郎制 宋宋 庠 1087-577- 23

● 徐善寶宋

太子中舍知揚州天長縣事徐善寶可殿中丞餘如故制 宋夏 竦 1087- 67- 2

● 徐湛之劉宋

封外孫徐湛之詔 劉宋武帝 1398-498- 1

● 徐閎中宋

通直郎編具興復所點檢官徐閎中可衛尉寺丞制 宋慕容彥逢 1123-338- 4

● 徐智发唐

可雲麾將軍右監門衞將軍知內侍省事制 唐元 稹 1079-590- 49

● 徐慎言宋

落職制 宋汪 藻 1128- 89- 9

● 徐羨之劉宋

封佐命功臣徐羨之等詔 劉宋武帝 1398-488- 1

● 徐經孫宋

贈金紫誥 宋不著撰人 1181- 54- 附

● 徐嘉問宋

降右朝請郎制 宋張 擴 1129-132- 37

大理正（制） 宋孫 覿 1135-257- 25

● 徐敷言宋

太常少卿徐敷言除中書舍人制 宋翟汝文 1129-212- 3

● 徐興祖明

光祿卿徐興祖詔 明 太 祖 1223- 23- 3

● 納 喇元

追封蜀國忠武公制 元姚 燧 1201-420- 2

● 納木哩宋

遙郡轉官勅 宋許 翰 1123-514- 3

● 納古衡元

封營國顯公制 元姚 燧 1201-415- 1

● 們色勒喇卜丹元

額卜德哈勒故曾祖父們色勒喇卜丹諡忠懿制 元程鉅夫 1202- 20- 2

● 留 寔宋

（留正）祖寔追封福國公（制） 宋樓 鑰 1152-627- 35

● 留 鑄宋

（留正）父鑄追封魏國公（制） 宋樓 鑰 1152-628- 35

● 留元英宋

權工部侍郎留元英除集英殿修撰知江州制 宋洪咨夔 1175-246- 20

● 留佑賢宋

大理丞誥 宋虞 儔 1154-125- 5

● 留彥雄南唐

追贈留從效父册 宋徐 鉉 1085- 71- 9

● 留張遇宋

授太社令制 宋徐元杰 1181-693- 7

● 留夢炎宋

除吏部右侍郎兼職仍舊制 宋馬廷鸞 1187- 28- 4

特授宣奉大夫右丞相兼樞密使都督諸路軍馬加食邑食實封制 宋王應麟 1187-241- 4

● 留耀卿宋

（留正）曾祖耀卿追封英國公（制） 宋樓 鑰 1152-627- 35

● 翁 合宋

除國子祭酒制 宋馬廷鸞 1187- 34- 4

除國子司業制 宋馬廷鸞 1187- 35- 4

特授試尚書禮部侍郎誥 宋王應麟 1187-253- 5

● 翁 挺宋

少府監丞（制） 宋孫 覿 1135-256- 25

● 翁 爽宋

可和州司馬致仕制 宋胡 宿 1088-799- 20

● 翁 顏宋

贈承信郎與一子守關進勇副尉（制） 宋周必大 1148- 43- 97

● 翁彥升宋

都官員外郎翁彥升等五人轉官制 宋鄭 獬 1097-160- 6

● 翁彥深宋

秘書丞翁彥深除禮部郎官制 宋翟汝文 1129-210- 3

九域志編修官翁彥深除秘書丞制 宋翟汝文 1129-211- 3

進書轉官制 宋翟汝文 1129-219- 4

● 翁彥國宋

落徽猷閣直學士制 宋許景衡 1127-233- 7

翁彥國等特降兩官制 宋許景衡 1127-234- 7

追奪寶文閣學士制 宋汪 藻 1128- 84- 9

四庫全書文集篇目分類索引　871

●翁彥國宋
除寶文閣學士知江寧府兼江南東西路經制使（制）　宋孫　覿　1135-267- 26
●翁喜弟宋
特贈承節郎與一子父職名更與一子進勇副尉（制）　宋周必大　1148- 49- 97
●紐　搆元
元帥紐搆贈諡制　元姚　燧　1373- 88- 7
●郝　昂唐
授郝昂知制誥制　唐常　袞　1336-521-382
●郝　澣宋
除直秘閣制　宋張　擴　1129- 84- 8
●部師孟宋
轉一官（制）　宋樓　鑰　1152-617- 34
●倪　思宋
新知紹興府倪思改知婺州制　宋樓　鑰　526- 5-259
　　　　　　　　　　　　1152-689- 40
訪修至尊壽皇聖帝聖政特轉一官（制）　宋陳傅良　1150-577- 11
復薦舉不當降一官滿一期敍復朝散大夫（制）　宋陳傅良　1150-606- 14
知泉州（制）　宋陳傅良　1150-647- 18
降一官（制）　宋樓　鑰　1152-613- 34
特授試尚書禮部侍郎兼直學士院制　宋衞　涇　1169-490- 2
●倪　俊宋
懷州防禦判官試大理司直倪俊可檢校水部員外郎制　宋歐陽修　1102-628- 80
可著作佐郎制　宋歐陽修　1102-640- 81
●倪　皐宋
倪皐等各轉一官制　宋許景衡　1127-226- 7
●倪　稱宋
太常寺主簿制　宋洪　适　1158-401- 23
●倪　徵唐
授倪徵端州刺史制　唐劉崇望　1336-719-411
●倪元璣明
廣西道監察御史倪元琪（勅）　明倪元璐　1297- 27- 2
●倪祖常宋
授軍器監主簿制　宋吳　泳　1176- 81- 9

●倫　布宋
與右班殿直制　宋慕容彥逢　1123-354- 5
●倫珠卜宋
補左藏庫副使帶本族巡檢制　宋慕容彥逢　1123-350- 5
●師　丹漢
策免師丹（詔）　漢　哀帝　426-1048- 11
封師丹詔　漢　平帝　426-1055- 12
封師丹詔　漢王皇后　1396-273- 5
●師　良唐
授師良太子左贊善大夫制　唐常　袞　1336-670-404
●師仲說宋
可比部員外郎制　宋宋　庠　1087-601- 26
●能　誠宋
階官遙郡各轉兩官（制）　宋周必大　1148- 24- 95
轉兩官合轉成安大夫（制）　宋周必大　1148- 40- 97
●能元皓唐
授能元皓左散騎常侍制　唐常　袞　1336-505-380
●姬　嘉漢
封周子南君詔　漢　武帝　426-1003- 6
　　　　　　　　　　　　538- 490- 75
　　　　　　　　　　　　1396-209- 2
　　　　　　　　　　　　1402- 15- 2
●純　昱宋
左藏庫副使純昱可權知廉州（制）　宋劉　放　1350-401- 39
●奚　概宋
除軍器監丞兼權淮西提刑兼都督府隨軍轉運制　宋許應龍　1176-469- 6
●奚士遜宋
大理評事（制）　宋樓　鑰　1152-660- 37
特授尚書右司郎中制　宋衞　涇　1169-467- 1
●奚承弨唐
授奚承弨鄆曹判官制　唐薛廷珪　1336-734-413
●乘允恭宋
可殿中丞餘如故制　宋夏　竦　1087- 66- 2
●逢汝霖宋
利州路運副（制）　宋劉一止　1132-217- 45
除太府少卿依舊湖廣總領（制）　宋周麟之　1142-152- 19

史部

詔令奏議類：附錄

詔令下（男）十畫

史部 詔令奏議類：附錄 詔令下（男）十一十一畫

● 殷 恒 劉宋
左遷詔　　　　　　　　　　劉宋明帝　1398-559- 4

● 殷 祐唐
可鄭州刺史制　　　　　　　唐白居易　1080-533- 49

● 殷 彭唐
授金州刺史兼侍御史河陰令制　　　　　　唐白居易　1080-518- 48

● 殷承業唐
授殷承業太子左諭德等制　　唐孫 逖　1336-668-404

● 殷彥方唐
授殷彥方王傳等制　　　　　唐孫 逖　1336-673-405

● 殷係宗齊
常僧景等封侯詔　　　　　　梁沈 約　1415-112- 87

● 殷盈孫唐
授前沂王傳賜紫殷盈孫可太子右庶子等制　　　　　　唐錢 珝　1336-667-404

十一畫

● 訶呼約蘇
熟戶訶呼約蘇可本族軍主制　　　　　　宋宋 庠　1087-595- 25

● 淳于長漢
封淳于長等詔　　　　　　　漢 成 帝　426-1043- 10
罷昌陵封王閎淳于長詔　　　漢 成 帝　1396-253- 4

● 淳于佺宋
國子博士通判齊州淳于佺可加上騎都尉制　　　　　　宋宋 庠　1087-592- 25

● 商江（等）宋
贈官制　　　　　　　　　　宋洪 适　1158-373- 19

● 商 泰宋
可大理寺丞制　　　　　　　宋宋 祁　1088-267- 31

● 商 挺元
參政商挺贈謚號　　　　　　元元明善　1367-150- 12

● 商 傅宋
國子監直講商傅光祿寺丞制　宋王安石　1105-398- 51

● 商 瑗宋
前荊門軍當陽縣令商瑗太子中舍致仕制　宋王安石　1105-424- 53

● 商令聞宋
可大理寺丞制　　　　　　　宋胡 宿　1088-728- 14

● 商守拙宋

除直顯謨閣制　　　　　　　宋許景衡　1127-225- 7
大理卿制　　　　　　　　　宋汪 藻　1128- 74- 8
知筠州制　　　　　　　　　宋李正民　1133- 25- 2

● 商體仁宋
可殿中丞制　　　　　　　　宋胡 宿　1088-735- 14

● 密 桑宋
東頭供奉官密桑與轉一官制　宋慕容彥逢　1123-387- 8

● 密 球宋
降兩官遇赦已敘一官今滿再期再敘未復官（制）　　　宋周必大　1148- 11- 94

● 章 沖宋
降一官（制）　　　　　　　宋樓 鑰　1152-613- 34

● 章 炎宋
章悼曾祖炎可贈金紫光祿大夫太子少保制　　　　　　宋王安禮　1100- 18- 2

● 章 估宋
除大理寺丞（制）　　　　　宋周麟之　1142-148- 19

● 章 峴宋
兵部郎中充集賢校理章峴可太常少卿依前充集賢校理（制）　宋韓 維　1101-654- 16

● 章 佺宋
章悼祖佺可贈金紫光祿大夫太保制　　　宋王安禮　1100- 18- 2

● 章 俞宋
都官員外郎章俞可職方員外郎制　　　　宋王安石　1105-390- 50

● 章 复宋
與復龍圖閣學士見任官嗣人依舊（制）　宋周必大　1148- 7- 94

● 章 祐唐
授章祐等加階制　　　　　　唐元 稹　1336-757-417

● 章 夏宋
除端明殿學士簽書樞密院事（制）　　　宋周麟之　1142-102- 13
除御史中丞（制）　　　　　宋周麟之　1142-148- 19

● 章 峴宋
可太常博士制　　　　　　　宋胡 宿　1088-734- 14

● 章 訪宋
章渙追贈父制　　　　　　　宋鄒 浩　1121-312- 17

● 章 參宋
可屯田郎中制　　　　　　　宋胡 宿　1088-758- 16

●章 惇宋
知揚州（制） 宋蘇 轍 1112-287- 27
行遺章惇詔 宋胡 寅 1137-469- 14
●章 森宋
煥章閣直學士（制） 宋樓 鑰 1152-636- 35
改知瀘州（制） 宋樓 鑰 1152-644- 36
依舊知興元府（制） 宋樓 鑰 1152-650- 36
該覃恩轉官（制） 宋樓 鑰 1152-701- 40
●章 著宋
垂拱殿成臨安府屬縣
　章著各轉一官制 宋張 擴 1129- 77- 8
●章 傑宋
除工部郎官（制） 宋張 綱 1131- 46- 7
倉部工部兩易其任（
　制） 宋張 綱 1131- 47- 8
● 章 楶宋
新除吏部郎中章楶可
　知越州制 宋劉 放 1096-214- 21
吏部（郎官制） 宋蘇 轍 1112-301- 28
同知樞密院制 宋鄒 浩 1121-309- 17
　 1350-413- 40
● 章 楶（曾祖）宋
章楶贈曾祖制 宋鄒 浩 1121-311- 17
●章 蒙宋
奏舉人前杭州昌化縣
　令章蒙等改著作佐
　郎（制） 宋蘇 頌 1092-356- 30
● 章 誼宋
端明殿學士建康留守
　（制） 宋李彌遜 1130-645- 5
轉一官（制） 宋張 綱 1131- 24- 4
除龍圖閣學士（制） 宋張 綱 1131- 26- 4
●章 穎宋
該覃恩轉官（制） 宋樓 鑰 1152-700- 40
●章 燁宋
特授行司農寺丞制 宋衛 涇 1169-471- 1
●章 穎宋
太常丞兼國史日曆所
　編類聖政檢討官章
　穎特轉一官（制） 宋陳傅良 1150-578- 11
軍器少監（制） 宋樓 鑰 1152-624- 35
左司諫（制） 宋樓 鑰 1152-642- 36
侍御史（制） 宋樓 鑰 1152-691- 40
● 章 頻宋
章楶追贈祖制 宋鄒 浩 1121-312- 17

● 章 衡宋
朝奉大夫提舉杭州洞
　霄宮章衡可知滁州
　制 宋鄭 獬 1097-147- 4
● 章 綽宋
淮東提刑章綽將兩官
　送吏部與遠小處監
　當制 宋慕容彥逢 1123-365- 6
● 章 勵宋
將作監簿制 宋洪容齋 1175-231- 17
　（袁 甫） 1175-428- 8
● 章 燊宋
大理司直制 宋張 擴 1129- 51- 6
大理寺正制 宋王 洋 1132-417- 7
● 章 藴宋
差充留守司官准備差
　遣先轉一官（制） 宋劉一止 1132-214- 44
● 章 鑑宋
特授端明殿學士同簽
　書樞密院事誥 宋王應麟 1187-250- 5
● 章 顯宋
奉議郎新差簽書鎭海
　軍節度判官廳公事
　章顯可知開封府尉
　氏縣制 宋劉 放 1096-190- 19
● 章仇兼瓊唐
授章仇兼瓊主客員外
　郎制 唐崔 嘏 1336-581-391
● 章友直宋
草澤國子監篆石經章
　友直可試將作監主
　簿不理選限 宋沈 遘 1097- 52- 6
● 章升之宋
特授太府寺丞制 宋衛 涇 1169-472- 1
● 章良能宋
起居舍人制 宋虞 儔 1154-109- 5
特授江南東路轉運判
　官制 宋衛 涇 1169-473- 1
● 章承祖宋
循一資（制） 宋李彌遜 1130-626- 4
● 章延之宋
虞部員外郎章延之等
　四人轉官判 宋鄭 獬 1097-160- 6
● 章望之宋
大理評事章望之可光

史部　詔令奏議類：附錄　詔令下（男）十一畫

祿寺丞致仕（制）　宋蘇　頌　1092-372- 32
● 章得象宋
翰林學士承旨尚書禮
　部侍郎知制誥章得
　象可加階食邑實封
　制　宋宋　庠　1087-588- 25
● 部　呆宋
武功大夫和州防禦使
　殿副都指揮使部呆
　落階官（制）　宋樓　鑰　1152-618- 34
● 許　元宋
江淮等路都大發運使
　許元可充天章閣待
　制制　宋王　珪　1093-299- 40
許宗孟父元贈右正議
　大夫制　宋鄒　浩　1121-297- 15
許元等三人授訓武郎
　（制）　宋陳傅良　1150-576- 11
● 許　尹宋
除直祕閣（制）　宋周麟之　1142-134- 17
● 許　中宋
降直祕閣（制）　宋張　綱　1131- 7- 1
任左朝請大夫直寶文
　閣知靜江府爲收買
　戰馬例皆不堪披帶
　降兩官未敘間又爲
　奏本路管下州軍多
　有待闕官員寄居乞
　依三路沿邊州軍不
　許官員寄居不支俸
　給等事降充直閣又
　因在任罷行後不覺
　察市買於元認逐廳
　舖戶處伊市價買物
　等事先次落職令湖
　南轉運司根勘具案
　聞奏特降三官勒停
　後遇明堂大禮赦本
　官見左朝請郎主管
　台州崇道觀依刑部
　所申與敘一官制　宋張　嵲　1131-500- 19
廣東經略司申海賊詹
　德契虜作過其降授
　右修職郎潮州推官
　許中朝親捕獲詹德

等與敘復右從仕郎
　制　宋張　嵲　1131-502- 19
知桂州制　宋李正民　1133- 25- 2
● 許　介宋
宗正丞（制）　宋樓　鑰　1152-681- 39
● 許　立宋
可國子博士制　宋胡　宿　1088-746- 15
● 許　份宋
轉一官致仕（制）　宋張　綱　1131- 23- 4
贈四官（制）　宋張　綱　1131- 29- 5
● 許　忻宋
吏部郎官（制）　宋劉一止　1132-217- 45
● 許　沅宋
從事郎許沅可依前官
　特授行國子正制　宋衞　涇　1169-469- 1
●許　成宋
書藝局藝學許成轉一
　官制　宋慕容彥逢　1123-392- 8
●許　均宋
許懷德父均可贈太尉
　制　宋王　珪　1093-231- 33
●許　佃宋
入內內侍省官許佃可
　特轉一官制　宋慕容彥逢　1123-374- 7
●許　青宋
爲與烏珠接戰能奮不
　顧死買勇先發奇功
　顯著衆所信服特於
　止法上兩轉遙郡防
　禦使制　宋張　嵲　1131-436- 11
● 許　坦宋
換從義郎（制）　宋樓　鑰　1152-616- 34
●許　明宋
轉成忠郎制　宋張　擴　1129- 96- 10
● 許　秉宋
殿前都指揮使許懷德
　曾祖秉可贈太子太
　保制　宋王　珪　1093-231- 33
●許　官宋
轉官制　宋王　洋　1132-423- 7
●許　恢宋
可國子博士制　宋胡　宿　1088-737- 14
大理寺丞許恢授殿中
　丞制　宋歐陽修　1102-622- 79
●許　制宋

轉官制　　　　　　　　宋王　洋　　1132-419-　7
●許　高宋　　　　　　　　　　　　　1381-260- 26
可閤門宣贊舍人制　　　宋徐景衡　　1127-225-　7
●許　章宋
轉一官（制）　　　　　宋周必大　　1148- 61- 98
●許　琳宋
故工部郎中充天章閣
　待制許元親姪琳可
　試監簿（制）　　　　宋韓　維　　1101-673- 18
●許　將宋
前鄉貢進士許將大理
　評事簽書昭慶軍節
　度判官廳公事制　　　宋王安石　　1105-405- 51
●許　國明
少傅兼太子太傅禮部
　尚書建極殿大學士
　許國并妻誥命　　　　明孫繼皐　　1291-199-　1
●許　登宋
田永年乞將父實爲建
　州軍賊殺死恩澤補
　女夫許登承信郎（
　制）　　　　　　　　宋劉一止　　1132-162- 31
●許　堪宋
特授樞密副都承旨兼
　知鎮江府節制防江
　水步軍兼都大提舉
　兵船司公事制　　　　宋劉才邵　　1130-468-　5
授閤門宣贊舍人差充
　京湖制司計議官兼
　發遣棗陽軍制　　　　宋吳　泳　　1176- 71-　8
權發遣德安府制　　　　宋吳　泳　　1176- 75-　8
轉兩官制　　　　　　　宋許應龍　　1176-474-　6
●許　彌宋
殿中丞致仕許彌可虞
　部員外郎致仕（制）　宋蘇　頌　　1092-363- 31
●許　逵明
贈禮部尚書許逵詔　　　明世　宗　　 538-504- 75
●許　幾宋
中大夫提舉洞霄宮許
　幾責授永州團練使
　袁州安置（制）　　　宋劉安上　　1124- 15-　2
●許　循宋
宋許循右文林郎制　　　宋劉才邵　　1130-460-　5
●許　靖蜀漢
許靖策　　　　　　蜀漢不著撰人　1354-464- 16

●許　棐宋
楚國大長公主遇南郊
　奏駙馬都尉李瑋祖
　宅門客廣文太館進
　士許棐可試將作監
　主簿不理選限（制）　宋蘇　頌　　1092-376- 32
●許　搏宋
改官（制）　　　　　　宋張　綱　　1131- 24-　4
●許　綸宋
授刑部郎中制　　　　　宋吳　泳　　1176- 55-　6
●許　槩宋
（許及之）父槩贈朝
　請郎（制）　　　　　宋樓　鑰　　1152-697- 40
●許　震宋
可試大理評事充威武
　軍節度推官制　　　　宋胡　宿　　1088-779- 18
●許　遵宋
都官員外郎許遵可職
　方員外郎制　　　　　宋王安石　　1105-389- 50
●許　翰宋
復資政殿學士制　　　　宋王　洋　　1132-413-　7
●許　翰（父）宋
冬祀贈故父宣教郎敖　　宋許　翰　　1123-513-　3
●許　衡元
命許衡爲懷孟教授制　　元世　祖　　 538-496- 75
元勸辭　　　　　　　　元成　宗　　1198-440- 13
中書左丞許公制　　　　元王　惲　　1201- 42- 68
　　　　　　　　　　　　　　　　　 1373- 74-　6
左丞許衡贈官制　　　　元姚　燧　　1201-408-　1
　　　　　　　　　　　　　　　　　 1367-140- 11
　　　　　　　　　　　　　　　　　 1373- 73-　6
　　　　　　　　　　　　　　　　　 1394-324-　1
贈榮祿大夫司徒諡文
　正公制　　　　　　　元不著撰人　1366-597-　1
爲懷孟教官制　　　　　元楊　果　　1367-136- 11
　　　　　　　　　　　　　　　　　 1402-105- 18
贈榮祿大夫司徒諡文
　正制　　　　　　　　元不著撰人　1373- 73-　6
●許　濤宋
特降一官更展二年磨
　勘（制）　　　　　　宋周必大　　1148- 13- 94
●許　懋宋
兩浙轉運副使許懋可
　令再任（制）　　　　宋蘇　軾　　 526-　4-259

876　　　　　　　　　四庫全書文集篇目分類索引

		1108-663-106
爲兩浙轉運副使制	宋曾 鞏	526- 4-259
		1098-552- 21
秘書丞制	宋王安石	1105-398- 51
知福州（制）	宋蘇 軾	1108-681-107
右司郎中（制）	宋蘇 軾	1112-320- 30
●許　觀宋		
放罷（制）	宋孫 覿	1135-264- 25
●許　讚明		
少傅吏部尚書文淵閣大學士許讚制	明高 拱	1402-107- 18
●許士廉宋		
大理寺丞知梅州許士廉可特授太子中舍依舊知梅州制	宋蔡 襄	1090-432- 11
●許士臻宋		
內殿承制許士臻可供庫副使（制）	宋蘇 頌	1092-393- 34
●許才良宋		
東頭供奉官許才良可內殿崇班	宋沈 遘	1097- 42- 5
●許大英宋		
又許大英寺理少卿制	宋張 嵲	1131-489- 17
●許上達宋		
可太子洗馬致仕制	宋胡 宿	1088-795- 20
●許元宗宋		
起居舍人許元宗與郡（制）	宋孫 覿	1135-262- 25
知台州（制）	宋胡 寅	1137-436- 12
●許文德宋		
特授闕州觀察使依舊知淮安州淮東安撫副使兼淮東策應副使誥	宋王應麟	1187-260- 5
●許元賓宋		
中書守闕錄事許元賓（可）中書錄事（制）	宋韓 維	1101-656- 16
●許及之宋		
復朝請郎（制）	宋陳傅良	1150-581- 12
大理少卿許及之奉使回特轉一官（制）	宋陳傅良	1150-606- 14
封永嘉縣開國男食邑三百戶（制）	宋陳傅良	1150-620- 15
大理少卿（制）	宋樓 鑰	1152-621- 34
該覃恩轉官（制）	宋樓 鑰	1152-700- 40
權禮部侍郎（制）	宋樓 鑰	1152-686- 39
●許中正宋		
致仕覃恩改朝議大夫（制）	宋蘇 轍	1112-284- 27
●許巨卿宋		
知濮州許巨卿授朝議大夫通判濮州制	宋翟汝文	1129-217- 4
●許世安宋		
左武大夫和州團練使（制）	宋李彌遜	1130-640- 5
除正任防禦使制	宋張 嵲	1131-436- 11
●許安世宋		
都官員外郎制	宋曾 鞏	1098-554- 22
除觀察使制	宋王 洋	1132-407- 7
●許光凝宋		
顯謨閣待制知鄧州許光凝轉朝散大夫制	宋翟汝文	1129-218- 4
●許良輔宋		
爲決打女使戴榮奴身死特降一官制	宋張 嵲	1131-469- 15
●許志雍唐		
可永州司戶並准赦星移制	唐白居易	1080-546- 51
●許孝恭宋		
太史局長許孝恭可太史局丞制	宋劉 敞	1096-193- 19
●許克明宋		
降一官（制）	宋劉一止	1132-171- 33
●許宗壽宋		
衞尉少卿許宗壽可光祿少卿制	宋王 珪	1093-282- 38
●許宗舉（等）宋		
奏舉人前權淮康軍節度推官試秘書省校書郎許宗舉等改官（制）	宋蘇 頌	1092-384- 33
●許孟容唐		
除許孟容河南尹兼常侍制	唐白居易	1080-580- 54
		1336-683-406
●許林宗宋		
前趙州軍事推官許林宗可大理寺丞（制）	宋劉 敞	1095-651- 30
		1350-383- 37

史部　詔令奏議類：附錄

詔令下（男）十一畫

1418-361- 48

● 許季同唐

授許季同祕書監制　　唐白居易　1336-629-399

1402- 76- 14

授許季同刑部郎中制　唐白居易　1336-573-390

前長安縣令許季同除刑部郎中制　　唐白居易　1080-584- 55

可祕書監制　　　　　唐白居易　1080-527- 49

● 許延壽漢

封丙吉等詔　　　　　漢 宣 帝　426-1019- 8

● 許彥先宋

知隋州（制）　　　　宋蘇　軾　1112-299- 28

● 許咸亨宋

可供備庫副使制　　　宋胡　宿　1088-769- 17

● 許國師唐

册許國師左相文　　唐不著撰人　426-455- 62

●許從之唐

授許從之太子右諭德制　　　　唐常　袞　1336-668-404

●許從善宋

循修職郎（制）　　　宋樓　鑰　1152-610- 34

● 許景先唐

授許景先左補闕等制　唐蘇　頲　1336-525-383

●許道真金

致仕制　　　　　　金趙秉文　1190-194- 10

●許敬宗唐

册許敬宗太子太師文　唐不著撰人　426-456- 62

● 許誠言唐

授許誠言檢校太僕卿制　　　　唐賈　至　1336-616-397

●許誠感唐

授許誠感太子司議郎等制　　　唐蘇　頲　1336-668-404

● 許輔虔唐

授許輔虔左羽林將軍制　　　　唐蘇　頲　1336-654-402

● 許德之宋

復官制　　　　　　　宋汪　藻　1128- 93- 10

● 許應龍宋

除禮部郎中制　　　　宋洪咨夔　1175-238- 18

除國子司業兼禮部郎官制　　　宋袁　甫　1175-441- 9

授試國子祭酒依舊兼權直舍人院制　　宋吳　泳　1176- 54- 6

吏部侍郎兼中書舍人

兼權直學士院許應龍兼侍讀制　　宋方大琮　1178-186- 6

● 許懷德宋

除許懷德制　　　　　宋歐陽修　1102-695- 87

● 郭　及宋

殿中丞郭及磨勘改官制　　　　宋歐陽修　1102-618- 79

● 郭　永宋

可光祿少卿制　　　　宋王安石　1105-384- 50

都虞侯郭永遇明堂大禮合該換授忠訓郎（制）　　宋劉一止　1132-172- 34

● 郭　旦宋

可依前祕校知單州成武縣制　　宋胡　宿　1088-780- 18

降左奉議郎制　　　　宋張　擴　1129- 87- 9

● 郭　用宋

郭浩祖用贈太子少傅制　　　　宋張　擴　1129-116- 11

●郭　吉（等）宋

轉五官并遙郡制　　　宋程　俱　1130-264- 27

可特與橫行上轉一官制　　　　宋綦崇禮　1134-534- 2

●郭　宏宋

可大理寺丞制　　　　宋胡　宿　1088-730- 14

●郭　汙宋

閣門祗候（制）　　　宋李彌遜　1130-625- 4

●郭　亨宋

可比部員外郎制　　　宋胡　宿　1088-748- 15

●郭　成宋

郭浩父成贈太師制　　宋張　擴　1129-116- 11

● 郭　拓宋

特授直祕閣制　　　　宋衛　涇　1169-480- 2

●郭　昌宋

節度推官郭昌可西京留守推官制　　宋宋　庠　1087-566- 22

●郭　固宋

試助教郭固可寧州軍事推官制　　宋歐陽修　1102-632- 80

1350-381- 37

●郭　昇宋

可特與除閣門言贊舍人（制）　　宋周必大　1408- 40- 97

●郭　果宋

除宣州觀察（制）　　宋陳傅良　1150-591- 13

四庫全書文集篇目分類索引

史部

詔令奏議類：附錄

詔令下（男）十一畫

加食邑實封制 附口宣　宋樓 鑰　1152-746- 45
●郭　洪明
飛熊衞指揮使司簽事
　郭洪誥　明太祖　1223- 20- 3
●郭　彥宋
供奉官郭彥可轉一官
　制　宋慕容彥逢　1123-391- 8
●郭　思宋
臨汝軍等處差來投進
　表章等兵郭思各轉
　一官仍支賜錢若干
　（制）　宋劉一止　1132-204- 42
●郭　昱宋
循化城守禦將佐等京
　東第六副將供備庫
　副使郭昱特與轉兩
　官同總領河州蕃將
　兵制　宋慕容彥逢　1123-366- 6
●郭　浩宋
除龍神衞四廂都指揮
　使陝西宣諭使（制）　宋劉一止　1132-192- 39
●郭　祐宋
可太常博士制　宋胡　宿　1088-735- 14
●郭　振宋
除宣州觀察使差遣如
　故（制）　宋周必大　1148- 58- 98
捧日天武四廂都指揮
　使制　宋洪　适　1158-386- 21
●郭　剛宋
達州刺史制　宋洪　适　1158-372- 19
●郭　釗（等）唐
轉勳制　唐元　稹　1079-593- 49
●郭　倪宋
殿前都虞侯制　宋虞　儔　1154-107- 5
兼山東京東路招撫使
　制　宋衞　涇　1169-489- 2
●郭　淮魏
賜郭淮詔　魏　志　556-111- 85
●郭　祥宋
皇城使郭祥可知龍州
　制　宋劉　敞　1096-212- 21
●郭　淪宋
潼川府路提刑制　宋胡　寅　1137-438- 12
●郭　淑宋
直祕閣制　宋洪　适　1158-368- 19

●郭　授宋
中書省錄事郭授爲藏
　匿詔書降官制　宋翟汝文　1129-221- 4
●郭　通宋
歸順人郭通補承信郎
　制　宋洪咨夔　1175-230- 17
●郭　晞唐
分郭子儀實封賜諸子
　詔　唐不著撰人　426-470- 63
授郭晞左散騎常侍制　唐常　袞　1336-505-380
●郭　曉宋
可開封府司錄參軍（
　制）　宋蘇　軾　1108-699-108
●郭　逢宋
知階州（制）　宋蘇　軾　1108-689-108
知德順軍（制）　宋蘇　軾　1112-307- 29
●郭　敫唐
授部敫冀王府諮議制　唐元　稹　1079-655- 4
　　　　　　　　　　　1336-674-405

●郭　評宋
可太子中舍人制　宋胡　宿　1088-717- 12
●郭　憲宋
除文思副使制　宋鄒　浩　1121-295- 15
●郭　琪宋
太常博士郭琪可屯田
　員外郎　宋沈　遘　1097- 52- 6
供備庫副使郭琪可西
　京左藏庫副使　宋沈　遘　1097- 55- 6
●郭　貫宋
攝太祝郭貫可正太祝
　（制）　宋田　錫　1085-557- 29
●郭　閎宋
係前知洮州因男從政
　狀昨人馬侵犯糾集
　百姓王德等送臘彈
　結節連熙秦統制關
　師古有外地熙河經
　略慕洧生疑以此拘
　管斬首乞恤念父親
　忠孝乞推恩奉旨於
　武功大夫上特贈遙
　郡防禦使制　宋張　嵲　1131-492- 18
●郭　瑛宋
陝西轉運副使兼制置
　解鹽使制　宋許景衡　1127-225- 7

●郭 逵宋

自致仕起知潞州諾六宅使端州刺史郭逵可果州團練使充龍神四廂都指揮使　宋沈 遘　1097- 61- 6

左武衞上將軍郭逵特贈雄武軍節度使（制）　宋曾 鞏　1101-329- 1

　　1350-409- 40

檢校太保同簽書樞密院事陝西四路緣邊宣撫事兼權判渭州郭逵可特授光祿大夫檢校太傅使持節邠州諸軍事邠州刺史充靜難軍節度觀察留後同簽書樞密院事差遣如故（制）　宋韓 維　1101-678- 18

自致仕起知潞州（制）　宋蘇 轍　1112-288- 27

　　1350-407- 40

　　1418-448- 51

●郭 棣宋

提舉江州太平興國宮郭棣授利州觀察使致仕（制）　宋陳傳良　1150-594- 13

特贈寧遠軍承宣使（制）　宋陳傳良　1150-594- 13

知廬州（制）　宋樓 鑰　1152-614- 34

●郭 貴宋

贈兩官成忠節（制）　宋李彌遜　1130-627- 4

●郭 進宋

補保義郎制　宋張 擴　1129-104- 10

●郭 資明

賜戶部尚書兼太子賓客郭資致仕勅　明仁宗　538-500- 75

●郭 瑗宋

承議郎郭瑗可大理寺丞制　宋慕容彥逢　1123-338- 4

●郭 達宋

右屯衞大將軍知潞州郭達可觀察使知河中府制　宋劉 放　1096-223- 22

●郭 照宋

知青州（制）　宋劉安上　1124- 12- 2

責官制　宋王 洋　1132-426- 8

●郭 暈唐

武寧軍軍將郭暈等五十八人加大夫賓客詹事太常卿殿中監制　唐白居易　1080-555- 52

●郭 曖唐

分郭子儀實封賜諸子詔　唐不著撰人　426-470- 63

●郭 遇（等）宋

授敦武郎制　宋張 擴　1129- 99- 10

●郭 實宋

降兩官放罷制　宋汪 藻　1128- 87- 9

●郭 綱宋

可大理寺丞（制）　宋蘇 頌　1092-364- 31

●郭 毅宋

轉六官（制）　宋周必大　1148- 25- 95

●郭 樞宋

除廣西提刑兼提舉制　宋劉才邵　1130-468- 5

●郭 震宋

縣令郭震太子中允致仕制　宋王安石　1105-426- 52

●郭 模宋

除刑部員外郎制　宋韓 琦　1089-461- 40

●郭 儀宋

該遇皇后歸謁家廟並特轉一官（制）　宋陳傳良　1150-573- 11

●郭 鑄唐

除右諫德制　唐杜 牧　1081-678- 15

●郭 諮宋

北作坊使郭諮可英州刺史制　宋王 珪　1093-287- 39

●郭 諲唐

授郭諲武寧縣令制　唐薛廷珪　1336-747-415

●郭 諶宋

特轉復州團練使令再任（制）　宋陳傳良　1150-574- 11

●郭 璘唐

授郭璘充掌書記制　唐錢 翊　1336-732-413

●郭 興宋

贈三官（制）　宋張 綱　1131- 46- 8

●郭 績宋

郭獻卿男莊宅副使績可轉兩官制　宋慕容彥逢　1123-381- 7

●郭 錫宋

換從義郎（制）　宋樓 鑰　1152-616- 34

史部

詔令奏議類：附錄

詔令下（男）十一畫

四庫全書文集篇目分類索引

史部

詔令奏議類：附錄

詔令下（男）十一畫

● 郭 曙 唐
分郭子儀實封賜諸子詔　　唐不著撰人　426-470- 63

● 郭 曖 唐
分郭子儀實封賜諸子詔　　唐不著撰人　426-470- 63

● 郭 琦 宋
殿直郭琦可轉一官制　　宋慕容彥逢　1123-372- 7

● 郭 曜 唐
授郭曜太子詹事制　　唐常 袞　1336-663-403

● 郭 鎭 宋
降兩官制　　宋汪 藻　1128- 88- 9
加官制　　宋王 洋　1132-417- 7

● 郭 簡 唐
授郭簡右衞制置使右羽林將軍制　　唐錢 珝　1336-655-402

● 郭 瓊 唐
除渠州刺史制　　唐杜 牧　1081-677- 15
　　　　　　　　　　　　1336-717-411

● 郭 曕 唐
授郭曕諸州刺史制　　唐李虞仲　1336-714-410

● 郭 勸 宋
可天章閣待制知延州制　　宋宋 庠　1087-570- 22

● 郭 權 宋
可司勳員外郎制　　宋慕容彥逢　1123-336- 4
可尚書可勳郎中制　　宋慕容彥逢　1123-336- 4

● 郭 灝 宋
可大理寺丞制　　宋胡 宿　1088-716- 12

● 郭士達 宋
可內殿崇班（制）　　宋沈 遘　1097- 50- 5

● 郭士逸 宋
可崇儀副使（制）　　宋沈 遘　1097- 49- 5

● 郭士選 宋
可禮賓副使（制）　　宋沈 遘　1097- 49- 5

● 郭子彥 宋
可大理寺丞（制）　　宋蘇 頌　1092-348- 29

● 郭子儀 唐
東京畿山東河南諸道元帥制　　唐不著撰人　426-423- 59
兵馬副元帥制　　唐賈 至　426-423- 59
　　　　　　　　　　　　1337-221-451
　　　　　　　　　　　　1402- 65- 13
都統諸道兵馬收范陽制　　唐不著撰人　426-424- 59

汾陽郡王知朔方行營制　　唐不著撰人　426-426- 59
中書令制　　唐不著撰人　426-433- 60
號尚父制　　唐不著撰人　426-442- 61
册郭子儀尚父文　　唐不著撰人　426-447- 61
贈郭子儀太師陪葬建陵制　　唐不著撰人　426-464- 63

● 郭文貴 宋
秦國軍節度使郭浩曾祖文貴贈太子少保制　　宋張 擴　1129-116- 11

● 郭文集 宋
可邢州平鄉令（制）　　宋田 錫　1085-547- 28

● 郭元義 宋
可忠州刺史制　　宋胡 宿　1088-775- 18

● 郭元方 宋
可供備庫副使制　　宋王 珪　1093-296- 40

● 郭元亨 宋
郭子儀孫元亨可永興軍助教制　　宋歐陽修　1102-637- 81

● 郭元亨 宋
降右儒林郎制　　宋張 擴　1129-131- 12

● 郭元明 宋
補承信郎制　　宋許景衡　1127-231- 7

● 郭元昇 唐
授郭元昇武衞將軍等制　　唐孫 逖　1336-656-402

● 郭元振 唐
封郭元振爲代國公制　　太平內制　1337-192-448

● 郭元融 唐
授郭元融寧王府諮議制　　唐孫 逖　1336-674-405

● 郭天信 宋
轉官制　　宋鄒 浩　1121-302- 16

● 郭公譽 宋
降一官放罷（制）　　宋陳傳良　1150-583- 12

● 郭允恭 宋
可許州別駕（制）　　宋韓 維　1101-662- 17

● 郭及之 宋
郭仲荀男及之換授右通直郎（制）　　宋劉一止　1132-190- 38

● 郭正己 宋
除大理正制　　宋袁 甫　1175-439- 9
除刑部郎官制　　宋許應龍　1176-445- 4

● 郭右之 宋

可右清道率府率致仕
　（制）　　　　　　　宋蘇　頌　1092-367- 31
● 郭申錫 宋
可三司鹽鐵使制　　　　宋宋　庠　1087-558- 20
可侍御史制　　　　　　宋蔡　襄　1090-427- 11
● 郭安奴 宋
轉尚儀（制）　　　　　宋張　綱　1131-　9-　1
● 郭同玄 唐
授郭同玄興元少尹制　　唐元　稹　1079-655-　5
　　　　　　　　　　　　　　　　1336-685-406
● 郭仲荀 宋
除東京副留守兼節制
　軍馬（制）　　　　　宋劉一止　1132-179- 36
兼營田大使（制）　　　宋劉一止　1132-214- 44
除郭仲荀武泰軍節度
　使依前侍衞親軍步
　軍都指揮使權主管
　殿前司公事制　　　　宋沈與求　1133-156-　4
可責授汝州團練副使
　廣州安置制　　　　　宋綦崇禮　1134-553-　5
宮祠制　　　　　　　　宋胡　寅　1137-433- 12
● 郭仲傳 宋
特降三資放罷（制）　　宋陳傳良　1150-577- 11
● 郭行餘 唐
守秘書省著作郎制　　　唐元　稹　1079-575- 46
● 郭孝友 宋
禮部郎宮（制）　　　　宋張　綱　1131- 21-　3
● 郭佑賢 宋
轉太子中舍制　　　　　宋歐陽修　1102-632- 80
● 郭伯良 宋
降授朝奉大夫制　　　　宋吳　泳　1176- 85-　9
● 郭宗元 唐
除興州刺史制　　　　　唐杜　牧　1081-677- 15
　　　　　　　　　　　　　　　　1336-717-411
● 郭宗禮 宋
可尚書駕部員外郎制　　宋宋　庠　1087-601- 26
● 郭長吉 宋
可殿中丞餘如故制　　　宋夏　竦　1087- 68-　2
可尚書虞部員外郎通
　判西京制　　　　　　宋宋　庠　1087-574- 23
● 郭奉世 宋
除集英殿修撰制　　　　宋許景衡　1127-224-　7
● 郭承宗 宋
可六宅副使制　　　　　宋胡　宿　1088-768- 17
● 郭承祚 宋

可殿中丞制　　　　　　宋宋　祁　1088-266- 31
● 郭承緒 宋
可西京左藏庫副使制　　宋歐陽修　1102-631- 80
　　　　　　　　　　　　　　　　1402-124- 23
● 郭忠紹 宋
可差知岷州制　　　　　宋劉　攽　1096-207- 21
● 郭知章 宋
知海州（制）　　　　　宋蘇　轍　1112-309- 29
授權刑部尚書制　　　　宋鄒　浩　1121-304- 16
題郭知章告身後　　　　宋周必大　1147-187- 18
● 郭彥章（等）宋
郭彥章等轉官制　　　　宋許景衡　1127-228-　7
● 郭茂恂 宋
除工部郎中制　　　　　宋劉　攽　1096-199- 20
可知密州制　　　　　　宋劉　攽　1096-216- 21
● 郭昭著 宋
可尚書屯田郎中制　　　宋宋　庠　1087-574- 23
● 郭昭晦 宋
可供備庫副使(制)　　　宋蘇　頌　1092-367- 31
● 郭禹臣 宋
可轉一官制　　　　　宋慕容彥逢　1123-373-　7
● 郭保嗣 唐
授郭保嗣德王傳依前
　通事舍人等制　　　　唐薛廷珪　1336-674-405
● 郭庭俊 宋
補承信郎制　　　　　　宋張　擴　1129- 99- 10
● 郭時亮 宋
通判海州（制）　　　　宋蘇　轍　1112-306- 29
● 郭虔瓘 唐
郊王嗣直安北大都護
　等制　　　　　　　　唐不著撰人　426-216- 35
加郭虔瓘食實封制　　　唐蘇　頲　426-467- 63
授郭虔瓘等右驍衞大
　將軍等制　　　　　　唐 玄 宗　549- 35-183
封郭虔瓘潞國公制　　　唐 玄 宗　549- 36-183
授郭虔瓘右驍衞大將
　軍等制　　　　　　　唐蘇　頲　1336-644-401
封郭虔瓘潞國公兼食
　邑實封制　　　　　　唐蘇　頲　1336-750-416
　　　　　　　　　　　　　　　　1402- 89- 15
● 郭師中 宋
轉刺史依前武功大夫
　換給告身（制）　　　宋張　綱　1131- 45-　7
● 郭師禹 宋
加食邑實封制附口宣　　宋樓　鑰　1152-744- 45

特授少師封永寧郡王
　加食邑實封制附口宣　宋樓　鑰　1152-746- 45
●郭師偉宋
給付身（制）　宋劉一止　1132-163- 31
●郭惟簡宋
可轉一官制　宋慕容彥逢　1123-392- 8
●郭祥正宋
覃恩轉承議郎（制）　宋蘇　軾　1108-668-106
●郭執中宋
秘閣修撰督府咨謀制　宋胡　寅　1137-440- 13
進階制　宋胡　寅　1137-452- 13
樞密都承旨制　宋胡　寅　1137-457- 14
●郭崇仁宋
可檢校工部尚書加食
　邑二百戶制　宋夏　竦　1087- 53- 1
可落起復授金紫光祿
　大夫餘依舊制　宋夏　竦　1087- 53- 1
●郭曼之（等）宋
郭曼元等並可閤門宣
　贊舍人制　宋許　翰　1123-494- 1
●郭偉依宋
已降指揮再任（制）　宋程　俱　1130-222- 22
●郭敏修宋
都水監丞制　宋汪　藻　1128- 77- 8
●郭敦實宋
可依前試辟雍博士制　宋慕容彥逢　1123-351- 5
●郭堯卿宋
可殿中丞（制）　宋田　錫　1285-551- 28
●郭景倩宋
可三班借職事　宋慕容彥逢　1123-394- 8
●郭虛己唐
授郭虛己太子左庶子
　制　唐蘇　頲　1336-666-404
●郭源中宋
可職方員外郎餘如故
　（制）　宋蘇　頌　1092-371- 32
●郭輔治宋
可兵部員外郎制　宋胡　宿　1088-758- 16
●郭慶基宋
將作監主簿制　宋王安石　1105-448- 55
●郭餘慶宋
應州金城縣主簿制　宋王安石　1105-454- 55
●郭德麟宋
宗正少卿（制）　宋樓　鑰　1152-654- 37
●郭懷慶宋

可右清道率府副率致
　仕（制）　宋蘇　頌　1092-376- 32
●郭獻卿宋
除節度觀察留後制　宋鄒　浩　1121-315- 18
可贈節度使制　宋慕容彥逢　1123-398- 8
●寇　忠宋
陣亡贈承信郎與一子
　恩澤（制）　宋劉一止　1132-172- 34
●寇　批宋
可國子博士制　宋胡　宿　1088-748- 15
●寇　逵宋
起復淮西宣撫司將領
　（制）　宋李彌遜　1130-630- 6
●寇　準宋
贈太傅中書令寇準可
　諡忠敏制　宋宋　庠　1087-596- 25
●寇　寧宋
可太子中舍致仕制　宋宋　庠　1087-565- 21
●寇　諶宋
可大理寺丞制　宋胡　宿　1088-728- 14
可加騎都尉（制）　宋沈　遘　1097- 36- 4
覃恩改朝請大夫（制）　宋蘇　轍　1112-306- 29
●寇仲溫宋
可大理寺丞制　宋宋　郊　1088-267- 31
●寇彥明宋
左班殿直（制）　宋蘇　軾　1108-692-108
●寇彥卿宋
左班殿直（制）　宋蘇　軾　1108-692-108
●梁　弁宋
右司員外郎陞郎中制　宋張　擴　1129- 72- 8
監察御史制　宋胡　寅　1137-443- 13
●梁　吉（等）宋
梁吉等爲與烏珠接戰
　獲捷各轉一官制　宋張　嵲　1131-443- 12
●梁　份宋
奉使回轉一官（制）　宋周麟之　1142-146- 18
●梁　份（父）宋
梁份郊恩封贈故父制　宋王　洋　1132-434- 8
●梁　宏宋
可大理寺丞（制）　宋蘇　頌　1092-391- 34
●梁　抗宋
權貨務賣各轉一官制　宋張　擴　1129- 78- 8
●梁　谷宋
可左贊善大夫制　宋胡　宿　1088-724- 13
●梁　法宋

特授秉義郎制 宋衞涇 1169-467- 1
● 梁 宜 宋
著作佐郎梁宜可舊官（制） 宋田 錫 1285-542- 28
● 梁 青 宋
降一官（制） 宋樓 鑰 1152-681- 39
● 梁 固 宋
梁汝嘉父固贈右通議大夫制 宋張 擴 1129- 60- 7
● 梁 和 宋
可供備庫副使轉出制 宋劉 敞 1096-234- 23
● 梁 周 宋
該進至尊壽皇聖帝聖政轉一官（制） 宋陳傳良 1150-578- 11
● 梁 炫 唐
授梁炫鄆州司馬制 唐孫 逖 1336-741-414
● 梁 彥 宋
贈官（制） 宋張 綱 1131- 18- 3
● 梁 建 宋
梁興父建贈武翼郎制 宋張 擴 1129- 68- 7
● 梁 思 宋
特與轉歸吏部守本官致仕（制） 宋周必大 1148- 7- 94
● 梁 淑 唐
授梁淑中書舍人制 唐孫 逖 1336-517-382
● 梁 堅 宋
可秘書丞制 宋宋 庠 1087-564- 21
可監察御史制 宋宋 祁 1088-267- 31
● 梁 陟 元
追諡故都運梁公通憲先生制 元王 惲 1201- 29- 67
● 梁 偉 宋
爲閤門祗候落看班字（制） 宋劉一止 1132-181- 36
● 梁 造 宋
奏修武縣令梁造可大理寺丞（制） 宋沈 遘 1097- 30- 4
● 梁 善 宋
可轉一官制 宋慕容彥逢 1123-368- 6
● 梁 寔 宋
可文思副使制 宋鄭 獬 1097-141- 4
● 梁 棘 漢
追封梁棘制 漢 和 帝 426-1094-16
制詔三公大鴻臚 漢 和 帝 1397- 43- 2
● 梁 敦 宋

可入內皇城副使制 宋慕容彥逢 1123-358- 6
● 梁 喜 宋
特降兩官（制） 宋劉一止 1132-215- 44
● 梁 構 宋
光祿寺丞致仕制 宋王安石 1105-424- 53
　 1402-114- 20
● 梁 髭 宋
故三班奉職梁權兄梁髭可三班奉職制 宋慕容彥逢 1123-352- 5
● 梁 蒨 宋
可刑部員外郎直史館知襄州制 宋王 珪 1093-269- 37
● 梁 誼 宋
可依前右班殿直閤門祗候制 宋慕容彥逢 1123-354- 5
● 梁 適 宋
賜梁適特授依前行尚書禮部侍郎知鄭州仍改賜功臣制 宋胡 宿 1088-820- 22
授忠武軍節度使知河陽加食邑實封制 宋王 珪 1093-255- 36
除梁適制 宋歐陽修 1102-694- 87
可贈開府儀同三司追封鄆國公制 宋慕容彥逢 1123-397- 8
● 梁 褒 唐
授梁褒監察御史制 唐常 袞 1336-607-395
● 梁 瑋 宋
特與轉兩官係鄰延路制 宋慕容彥逢 1123-377- 7
● 梁 震 宋
爲管句御膳局有勞轉遙團勒 宋許 翰 1123-515- 3
● 梁 德 宋
與轉一官制 宋慕容彥逢 1123-372- 7
● 梁 諝 宋
可供備庫副使轉出（制） 宋蘇 軾 1108-693-108
● 梁 熹 宋
勒封梁熹忠祐侯制 宋理宗 1465-456- 2
● 梁 興 宋
武經郎閤門宣贊舍人制 宋張 嵲 1131-503- 19
● 梁 璀 唐
除范陽內州判司縣尉制 唐白居易 1080-562- 52

史部 詔令奏議類：附錄 詔令下（男）十一畫

●梁　總宋
登極恩轉官（制）　　宋陳傅良　1150-613- 15
進封開國子加食邑二百戶（制）　　宋陳傅良　1150-619- 15
除刑部侍郎（制）　　宋陳傅良　1150-642- 18

●梁　燾宋
可集賢殿修撰知滁州制　　宋劉　邠　1096-218- 21
可右諫議大夫（制）　　宋蘇　軾　1108-696-108
轉朝奉大夫（制）　　宋蘇　轍　1112-310- 29
復資政制　　宋胡　寅　1137-449- 13
資政殿學士同醴泉觀使（制）　　宋呂　陶　1350-412- 40

●梁　顥宋
梁適父顥皇任朝翰林學士右諫議大夫累贈太師中書令可贈兼尚書令餘如故制　　宋蔡　襄　1090-462- 15
梁子美故曾祖顥可贈開府儀同三司追封燕國公制　　宋慕容彥逢　1123-397- 8

●梁　鑄宋
可右清道率府副率致仕（制）　　宋蘇　頌　1092-376- 32

●梁子美宋
可尚書右丞制　　宋慕容彥逢　1123-327- 3
除尚書左丞制　　宋慕容彥逢　1123-327- 3
直龍圖閣權發遣河北路都轉運使梁子美可特落發遣字制　　宋慕容彥逢　1123-367- 6
爲資政殿大學士知太原府（制）　　宋劉安上　1124- 13- 2

●梁子野宋
可左中散大夫行都水使者制　　宋慕容彥逢　1123-339- 4
知定州（制）　　宋劉安上　1124- 12- 2
知河陽府制　　宋翟汝文　1129-195- 2

●梁文度宋
可贈除宰臣梁適祖文度皇任齊州禹兼尚書令餘如故制　　宋蔡　襄　1090-461- 15

●梁升卿唐
授梁升卿等拾遺制　　唐蘇　頲　1336-526-383

●梁用律宋
太常博士制　　宋曾　肇　1098-555- 22

●梁汝永宋
再任（制）　　宋周必大　1148- 79-100

●梁汝嘉宋
轉一官（制）　　宋張　綱　1131- 24- 4
除徽猷閣待制（制）　　宋張　綱　1131- 30- 5
戶部侍郎（制）　　宋劉一止　1132-166- 32
寶文閣直學士提舉江州太平觀（制）　　宋劉一止　1132-225- 47
直秘閣制　　宋李正民　1133- 8- 1
磨勘轉官（制）　　宋周麟之　1142-155- 19

●梁州杰明
陝西長安縣梁州杰（勅）　　明倪元璐　1297- 53- 4

●梁仲敏宋
太府寺丞（制）　　宋李彌遜　1130-630- 4

●梁克家宋
虞允文梁克家拜相御筆跋　　宋周必大　1147-130- 14
轉官除右丞相制　　宋周必大　1148-100-102

●梁邦彥宋
祗應大金人使有勞遙郡上轉一官（制）　　宋劉一止　1132-181- 36

●梁布逸唐
除蔚州刺史制　　唐白居易　1080-547- 51

●梁武帝
封梁公詔　　梁丘　遲　1399-482- 11
九錫策文　　梁丘　遲　1399-483- 11
進梁公爲梁王詔　　梁丘　遲　1399-485- 11

●梁季珫宋
知光州（制）　　宋樓　鑰　1152-644- 36
特授權尚書戶部侍郎兼同詳勅令官制　　宋衞　涇　1169-482- 2

●梁彥回宋
可特授殿中丞制　　宋蔡　襄　1090-444- 13

●梁彥昌宋
可贈太子少師制　　宋慕容彥逢　1123-398- 8

●梁彥通宋
可光祿寺丞（制）　　宋沈　遘　1097- 53- 6

●梁思謙唐
授梁思謙龍州刺史制　　唐薛廷珪　1336-720-411

●梁昭慶宋
可遙郡刺史制　　宋慕容彥逢　1123-346- 5
可轉一官制　　宋慕容彥逢　1123-374- 7

●梁俊彥宋
降一官放罷制　　宋張　擴　1129-151- 14

四庫全書文集篇目分類索引　　885

轉遙郡刺史制　　宋洪　适　1158-407- 24
● 梁師成宋
觀察留後制　　宋翟汝文　1129-223- 4
● 梁師孟宋
可太常寺奉禮郎（制）　　宋沈　遘　1097- 64- 6
● 梁惟一宋
可大將軍致仕制　　宋蔡　襄　1090-431- 11
● 梁惟吉宋
前國子博士梁惟吉服
　闋可舊官制　　宋宋　庠　1087-585- 24
● 梁惟簡宋
可文思副使（制）　　宋蘇　軾　1108-692-108
可皇城副使（制）　　宋蘇　軾　1108-695-108
供備庫使（制）　　宋蘇　轍　1112-285- 27
● 梁康民宋
上轉歸吏部充德壽宮
　差遣（制）　　宋周必大　1148- 12- 94
● 梁國忠唐
敗唐朝國梁國忠公爲
　吏部侍郎加勳告　　宋周必大　1147-170- 17
● 梁從吉宋
可遙郡團練使入內內
　侍省副都知（制）　　宋蘇　軾　1108-693-108
● 梁從政宋
可內殿承旨制　　宋鄭　獬　1097-133- 3
入內都押梁從政降官
　制　　宋鄒　浩　1121-294- 15
延福宮使福州觀察使
　梁從政可觀察留後
　依前延福宮使制　　宋慕容彥逢　1123-342- 11
● 梁揚祖宋
可國子監主簿制　　宋慕容彥逢　1123-341- 4
除寶文閣學士宮觀制　　宋張　擴　1129- 50- 6
爲措置擒捕虔吉州盜
　賊今已盡靜除顯謨
　閣學士制　　宋張　嵲　1131-479- 16
磨勘轉官制　　宋王　洋　1132-422- 7
● 梁舜舉宋
可守輝州司法參軍　　宋沈　遘　1097- 52- 6
● 梁椿選宋
除右正言兼侍講制　　宋馬延鸞　1187- 27- 3
● 梁楊祖宋
復徽猷閣學士（制）　　宋程　俱　1130-224- 22
● 梁榮幹唐
除檢校國子祭酒兼右

神策軍將軍制　　唐杜　牧　1081-681- 16
● 梁嘉曳宋
可轉一官制　　宋慕容彥逢　1123-374- 7
● 梁餘慶宋
可尚書比部員外郎制　　宋宋　庠　1087-601- 26
● 梁澤民宋
直秘閣（制）　　宋李彌遜　1130-634- 5
淮西運判（制）　　宋李彌遜　1130-634- 5
江西運判（制）　　宋劉一止　1132-204- 42
● 梁興朝唐
贈淮西軍大將周曾等
　勳　　唐不著撰人　426-480- 65
● 梁彌頵齊
封宕昌王梁彌頵詔　　齊　武帝　1399- 27- 1
● 梁簡文帝
立晉安王綱爲皇太子
　詔　　梁　武帝　1399-254- 1
　　　　1414-417- 80

● 麻　申宋
特贈武功大夫遙郡刺
　史制　　宋吳　泳　1176- 98- 10
● 麻　溫宋
尚書司封員外郎直集
　賢院麻溫其可開封
　府判官制　　宋宋　祁　1088-266- 31
● 麻士堅宋
轉遙郡團練使制　　宋張　擴　1129- 51- 6
● 麻士龍宋
特贈高州刺史誥　　宋王應麟　1187-266- 5
● 麻永圖宋
可太常寺奉禮郎致仕
　（制）　　宋沈　遘　1097- 55- 6
● 麻布夢宋
可守工部員外郎致仕
　（制）　　宋田　錫　1085-541- 28
● 麻溫故宋
可職方員外郎制　　宋胡　宿　1088-744- 15
可都官郎中制　　宋王　珪　1093-299- 40
● 康　份（等）宋
勸康份等制　　宋許　翰　1123-506- 2
● 康　位宋
可集賢殿修撰河北轉
　運使制　　宋慕容彥逢　1123-343- 4
● 康　厚宋
提點刑獄兼保甲制　　宋翟汝文　1129-193- 2

史部

詔令奏議類：附錄

詔令下（男）十一畫

●康 昞宋
前內殿崇班康昞可舊官服闕（制） 宋蘇 頌 1092-366- 31
●康 弼宋
修龍德太乙宮及紫宸垂拱文德等殿官吏有勞觀使康弼等制 宋許 翰 1123-505- 2
轉一官制 宋許景衡 1127-230- 7
●康 順宋
以軍功轉一官（制） 宋劉一止 1132-169- 33
●康 愿宋
放罷（制） 宋孫 覿 1135-264- 25
●康 遠宋
康執權父遠贈光祿大夫制 宋張 擴 1129- 65- 7
康執權封贈故父制 宋王 洋 1132-433- 8
●康 慶宋
可供備庫使制 宋鄭 獬 1097-142- 4
●康 諲（父）宋
康諲封贈故父制 宋王 洋 1132-433- 8
●康 隨宋
提舉河東路保甲兼提點刑獄（制） 宋孫 覿 1135-256- 25
●康 瑀宋
供備庫副使康瑀舊官服闕制 宋王安石 1105-411- 52
●康 識宋
權發遣鄆州今落權發遣（制） 宋蘇 轍 1112-309- 29
●康太崇唐
贈鄧州刺史制 唐白居易 1080-551- 51
●康日華唐
贈坊州刺史制 唐白居易 1080-528- 49
●康允之宋
進直龍圖閣制 宋汪 藻 1128- 81- 8
除徽猷閣待制制 宋李正民 1133- 6- 1
●康永昌宋
可轉一官制 宋慕容彥逢 1123-381- 7
●康守正宋
授容州觀察使特改添差兩浙西路馬步軍都總管臨安府駐箚不釐務制 宋吳 泳 1176- 82- 9
●康志睦唐
王智興等加官爵制 唐不著撰人 426-439- 60

●康志寧（等）唐
錄功臣子康志寧等各除官職勅 唐不著撰人 426-485- 65
●康孝基宋
可祠部郎中餘如故制 宋夏 竦 1087- 65- 2
●康君立（等）唐
授康君立等諸州刺史制 唐李 溪 1336-721-411
　 1402- 83- 14
●康秀琳唐
贈淮西軍大將周曾等勅 唐不著撰人 426-480- 65
●康廷弼宋
可將軍（制） 宋田 錫 1085-549- 28
●康昇讓唐
可試太子司議郎知欽州事兼充本州鎭遏使制 唐白居易 1080-550- 51
●康季榮唐
授康季榮徐州節度使（制） 唐沈 詢 1337-272-456
●康茂才明
追封功臣蘄州康茂才蘄國公謚武義諭命 明太 祖 534-165- 82
●康師顏宋
可特轉三班借職制 宋慕容彥逢 1123-391- 8
●康執權宋
鴻臚卿（制） 宋孫 覿 1135-254- 25
落致仕知泉州（制） 宋周麟之 1142-107- 14
落致仕與郡（制） 宋周麟之 1142-128- 16
除龍圖閣直學士提舉在外宮觀（制） 宋周麟之 1142-158- 20
●康從固唐
除翼王府司馬制 唐杜 牧 1081-687- 16
　 1336-677-405
●康德輿宋
可西上閤門使制 宋王 珪 1093-288- 39
●康識權宋
發遣鄆州（制） 宋蘇 軾 1108-693-108
●庚 純晉
爲國子祭酒詔 晉武帝 1398- 38- 2
爲河南尹詔 晉武帝 1398- 38- 2
●庚 準唐
授庚準楊炎知制誥制 唐常 袞 1336-521-382
●庚 詵梁

諫貞節詔　　　　　　　　梁武帝　1399-262- 1
　　　　　　　　　　　　　　　　1414-429- 80
徵庾詵庾承先詔　　　　　梁武帝　1399-262- 1
　　　　　　　　　　　　　　　　1414-423- 80
●庾承先梁
徵庾詵庾承先詔　　　　　梁武帝　1399-262- 1
　　　　　　　　　　　　　　　　1414-423- 80
●庾承宣唐
可尚書右丞制　　　　　　　　　　1080-521- 48
　　　　　　　　　　　　　　　　1336-542-385
●庾道蔚唐
守起居舍人充翰林學
　士制　　　　　　　　　唐杜　牧　1081-667- 14
授庾道蔚起居舍人制　　　唐杜　牧　1336-533-384
●庾敬休唐
授庾敬休兵部郎中知
　制誥（制）　　　　　　唐白居易　1080-525- 48
　　　　　　　　　　　　　　　　1336-521-382
　　　　　　　　　　　　　　　　1402- 75- 14
除拾遺監察等制　　　　　唐白居易　1080-581- 54
授庾敬休監察御史等
　制　　　　　　　　　　唐白居易　1336-608-395
●專元
專趙王追封趙王諡簡
　穆制　　　　　　　　　元柳　貫　1210-287- 7
●麥允言宋
可景福殿使制　　　　　　宋胡　宿　1088-764- 17
●麥承信宋
可內殿丞制制　　　　　　宋胡　宿　1088-720- 13
●麥知微宋
右騏驥使麥知微可左
　驍衞將致仕制　　　　　宋鄭　獬　1097-156- 5
●麥鐵杖隋
追贈麥鐵杖詔　　　　　　隋煬帝　1400-245- 2
●梅　灝宋
承議郎充秘閣校理梅
　灝可通判杭州制　　　　宋劉　放　1096-222- 22
●梅永亨
贈兩官與一資恩澤更
　各名守關進義副尉
　制　　　　　　　　　　宋張　嵲　1131-508- 19
●梅思禮明
授大都府副使制　　　　　明蘇伯衡　1228-553- 2
　　　　　　　　　　　　　　　　1402-107- 18
授大都府副使制　　　　　明王　禕　1373-489- 1

●梅執禮宋
中書舍人梅執禮神霄
　宮進書轉一官制　　　　宋許　翰　1123-497- 1
●梅輔臣宋
太常寺奉禮部梅輔臣
　可大理評事制　　　　　宋宋　庠　1087-560- 20
●梅遵祖明
贈梅遵祖誥　　　　　　　明林　弼　1227-145- 18
●梅興祖宋
轉一官制　　　　　　　　宋王　洋　1132-423- 7
●梅落悟孤（等）唐
授入朝奚大首領梅落
　悟孤等二十五人官
　階制　　　　　　　　　唐元　稹　1079-600- 50
●戚　方宋
再加兩官制　　　　　　　宋胡　寅　1137-428- 12
●戚　拱宋
侍衞步軍司後軍統領
　戚拱宿衞部轄官兵
　特贈一官（制）　　　　宋陳傳良　1150-641- 18
●戚　寶宋
戚寶等降官制　　　　　　宋戚　寶　1132-428- 8
●戚可恭宋
換給承信郎制　　　　　　宋張　擴　1129- 98- 10
●戚舜元宋
可比部員外郎（制）　　　宋宋　祁　1088-266- 31
●尉聞詩宋
降兩官（制）　　　　　　宋樓　鑰　1152-619- 34
●尉遲銳唐
可漢州刺史制　　　　　　唐白居易　1080-532- 49
授尉遲銳漢州刺史制　　　唐白居易　1336-711-410
●尉遲敬德唐
長孫無忌等九人各封
　一子郡縣公詔　　　　　唐不著撰人　426-477- 65
●陰　丹漢
封陰興三子詔　　　　　　漢明帝　 426-1075-14
封陰興諸子詔　　　　　　漢明帝　1397- 22- 1
●陰　員漢
封陰興三子詔　　　　　　漢明帝　 426-1075-14
封陰興諸子詔　　　　　　漢明帝　1397- 22- 1
封買復陰興子孫詔　　　　漢章帝　1397- 37- 2
●陰　棠宋
轉承節郎制　　　　　　　宋張　擴　1129-101- 10
●陰　訢漢
追爵陰貴人父詔並

四庫全書文集篇目分類索引

爵其弟　　　　　　　　漢光武帝　426-1069-13
陰貴人父弟爵誄詔　　　漢光武帝　1397- 7- 1

●陰　陸漢
追爵陰貴人父詔並
　爵其弟　　　　　　　漢光武帝　426-1069-13
陰貴人父弟誄詔　　　　漢光武帝　1397- 7- 1

●陰　博漢
封陰興三子詔　　　　　漢 明 帝　426-1075-14
封陰興諸子詔　　　　　漢 明 帝　1397- 22- 1

●陰　慶漢
封陰興三子詔　　　　　漢 明 帝　426-1075-14
封陰興諸子詔　　　　　漢 明 帝　1397- 22- 1

●曹　正宋
可袁州司馬制　　　　　宋胡　宿　1088-777- 18

●曹　旦宋
知南平軍制　　　　　　宋蘇　軾　1108-700-108

●曹　旭宋
貴妃母曹氏曾祖旭可
　贈秘書丞制　　　　　宋胡　宿　1088-803- 21

●曹　伉宋
內殿崇班閤門祗曹伉
　可禮賓副使制　　　　宋王　珪　1093-288- 39

●曹　任宋
供備庫副使曹任可西
　京左藏庫副使　　　　宋沈　遘　1097- 32- 4

●曹　志晉
爲樂平太守詔　　　　　晉 武 帝　1398- 40- 2
爲國子博士詔　　　　　晉 武 帝　1398- 41- 2

●曹　成宋
書藝局藝學曹成轉一
　官制　　　　　　　　宋慕容彥逢　1123-392- 8
轉右武大夫（制）　　　宋張　綱　1131- 11- 2
轉左武大夫遂郡防禦
　使（制）　　　　　　宋張　綱　1131- 14- 2

●曹　汸宋
六宅使曹汸可榮州團
　練使制　　　　　　　宋王　珪　1093-286- 39

●曹　沖魏
追封鄧公策　　　　　　魏 文 帝　1361-511- 2

●曹　玘宋
皇后父贈開府儀同三
　司太師兼中書令曹
　玘可贈尚書令　　　　宋余　靖　1089-108- 11

●曹　芸宋
皇后曾祖太師尚書令

兼中書令追封魯國
　公魯芸可追封魏國
　公　　　　　　　　　宋余　靖　1089-108- 11
皇后曾祖芸制　　　　　宋蔡　襄　1090-453- 14

●曹　芬宋
循文林郎（制）　　　　宋劉一止　1132-169- 33

●曹　易宋
太皇太后遇同天節親
　堂姪內殿崇班曹誨
　男易可太常寺奉禮
　郎　　　　　　　　　宋蘇　頌　1092-392- 34

●曹　玟宋
宣德郎曹玟可通直郎
　制　　　　　　　　　宋劉　敞　1096-231- 23
皇太后親堂姪供奉官
　曹誨男玟可特授將
　仕郎太常奉禮郎（
　制）　　　　　　　　宋韓　維　1101-669- 17

●曹　佺宋
內藏庫使曹佺可皇城
　使制　　　　　　　　宋鄭　獬　1097-139- 4

●曹　俛宋
可檢校工部尚書鄆州
　刺史充天平軍節度
　觀察留後加食邑五
　百戶實封二百戶制　　宋胡　宿　1088-762- 17
除曹俛特授依前檢校
　尚書左僕射充保靜
　軍節度使加食邑制　　宋胡　宿　1088-817- 22
授保平軍節度加食邑
　實封制　　　　　　　宋王　珪　1093-261- 37
授檢校太傅同中書門
　下平章事加食邑實
　封制　　　　　　　　宋王　珪　1093-264- 37
景靈公使昭德軍節度
　使開府儀同三司檢
　校太尉兼侍中上柱
　國金鄉郡國公曹俛
　南郊加食邑制　　　　宋鄭　獬　1097-123- 2
除曹俛保平軍節度使
　加食邑實封制　　　　宋王　珪　1350-360- 35

●曹　佾宋
西頭供奉官曹佾可內
　殿崇班制　　　　　　宋蔡　襄　1090-444- 13

●曹　建宋

轉拱衞大夫（制） 宋周必大 1148-61-98

●曹 茂魏
封聊城王茂昭 魏明帝 1361-517-4

●曹 昱宋
轉官致仕致 宋李正民 1133-41-3

●曹 格（等）宋
曹格等轉官制 宋許景衡 1127-230-7

●曹 起宋
前宿州臨渙縣令曹起可特授單州長史 宋余靖 1089-96-10

●曹 振宋
朝奉大夫曹振可權知恩州制 宋劉放 1096-214-21
前國子博士曹振可舊官服闕（制） 宋韓維 1101-656-16

●曹 修宋
可東染院副使兼閤門通事舍人制 宋胡宿 1088-767-17

●曹 修宋
禮賓使曹修可轉一官制 宋慕容彥逢 1123-390-8

●曹 深宋
爲因差出催發人禮錢物督捕盜賊在路被兇賊謝五軍等殺戮身亡贈兩官與一子進義副尉制 宋張嵲 1131-494-18

●曹 彬宋
皇后祖曹彬制 宋蔡襄 1090-454-14

●曹 晞宋
閤門看班祗侯曹晞可轉一官並罷閤門祗侯制 宋慕容彥逢 1123-355-5

●曹 偕宋
如京使會州刺史帶御器械曹偕可遙團練使落御帶制 宋蔡襄 1090-442-12
故興平郡主趙氏男供備軍使曹偕可如京使制 宋王珪 1093-297-40

●曹 偓宋
內殿承制閤門祗候曹偓可禮賓副使(制) 宋沈遘 1097-59-6

●曹 紋宋
除湖北提舉制 宋張孝祥 1140-642-19

●曹 組宋
曹勛故父祖追封譙國公（制） 宋周必大 1148-36-96

●曹 組宋
武節郎提轄製造御前軍器所曹組職事修舉轉一官制 宋陳傅良 1150-646-18

●曹 優宋
西京左藏庫副使曹優可文思副使（制） 宋韓維 1101-663-17

●曹 滋宋
提轄兵匠曹滋可轉一官曹滋係朝請郎制 宋慕容彥逢 1123-371-7

●曹 評宋
正任防禦使（制） 宋蘇轍 1112-312-29

●曹 渙宋
換武翼郎（制） 宋樓鑰 1152-616-34

●曹 雲宋
奉迎梓宮禮儀使司屬官曹雲等各轉一官制 宋張擴 1129-76-8
充准備差遣（制） 宋曹雲 1132-200-41

●曹 琮宋
衞州團練使充邠寧環慶州路駐泊兵馬部署兼知邠州曹琮可防禦使充秦鳳路部署制 宋宋庠 1087-554-20

●曹 植魏
旣封安鄉侯詔 魏文帝 1412-598-24

●曹 瑛宋
大理寺丞曹瑛磨勘改官制 宋歐陽修 1102-637-81
　　　　　　　　 1402-112-20

●曹 調
皇太后親姪西京左藏庫副使曹談男調可特授將仕郎太常寺奉禮郎（制） 宋韓維 1101-669-17

●曹 勛宋
除容州觀察使充奉使大金國報謝副使制 宋張擴 1129-43-6

●曹 傳宋
內殿崇班曹傳可內殿承制制 宋宋庠 1087-589-25

四庫全書文集篇目分類索引

890

●曹 傑宋
文思副使曹傑可左藏
　庫副使　　　　　　宋沈 遘　1097- 48- 5
●曹 復宋
同中書門下平章事韓
　琦奏親姪女之子曹
　復真定府戶曹　　　宋王安石　1105-412- 52
●曹 詩宋
可特授光州防禦使駐
　馬都尉制　　　　　宋王守禮　1100- 10- 2
●曹 愼宋
文思副使曹愼可除兼
　閤門通事舍人制　　宋蔡容彥達　1123-360- 6
●曹 靖宋
貴妃母曹氏祖靖可贈
　祠部員外郎制　　　宋胡 宿　1088-803- 21
●曹 煜宋
可太常寺奉禮郎制　　宋鄭 獬　1097-136- 3
●曹 淵宋
奉聖旨觀察使曹淵卻
　前祗應有勞特轉兩
　官回授親姪制　　　宋翟汝文　1129-220- 4
●曹 潞宋
轉五官制　　　　　　宋程 俱　1130-264- 27
●曹 瑋宋
降授左衞大將軍容州
　觀察使知萊州制　　宋王安禮　1100- 10- 2
●曹 鼎
曹鼎等邊功轉官制　　宋許 翰　1123-497- 1
●曹 答宋
可太常寺奉禮郎制　　宋鄭 獬　1097-136- 3
●曹 誌宋
內殿崇班曹誌可內殿
　承制（制）　　　　宋沈 遘　1097- 55- 6
●曹 誦宋
前左藏庫副使曹誦可
　舊官服闕（制）　　宋蘇 頌　1092-365- 31
遙團知保州制　　　　宋蘇 轍　1112-300- 28
●曹 彰魏
增封中牟侯彰詔　　　魏 文 帝　1412-594- 24
●曹 調宋
罷大理卿提舉鴻慶宮
　（制）　　　　　　宋劉安上　1124- 13- 2
除光祿卿（制）　　　宋翟汝文　1129-213- 3
●曹 誘宋

轉官制　　　　　　　宋鄭 浩　1121-320- 18
●曹 慶唐
除威遠營使制　　　　宋杜 牧　1081-674- 15
授曹慶威遠營使制　　宋杜 牧　1336-716-411
●曹 確唐
授曹確充翰林學士制　唐沈 詢　1336-532-384
●曹 建宋
宋正丞（制）　　　　宋李彌遜　1130-639- 5
除湖北提刑（制）　　宋劉一止　1132-164- 31
●曹 儀宋
故耀州觀察使曹儀可
　贈節度使制　　　　宋宋 庠　1087-555- 20
●曹 諫宋
經恩敍理追官人前內
　殿承制曹諫可崇班　宋沈 遘　1097- 59- 6
●曹 澤宋
防禦使曹澤等轉官制　宋許 翰　1123-495- 1
降一官放罷（制）　　宋周必大　1148- 5- 94
●曹 瑤唐
日賦將百首曹瑤授魏
　州袞州縣尉制　　　唐白居易　1080-560- 52
魏袞二州所薦曹潘勃
　試詩日終百首授以
　所貢郡縣尉制　　　唐白居易　1336-748-415
●曹 歷宋
供備庫副曹歷可轉兩
　官制　　　　　　　宋蔡容彥達　1123-390- 8
●曹 齬宋
轉一官制　　　　　　宋許應龍　1176-476- 6
再轉一官制　　　　　宋許應龍　1176-476- 6
左司諫曹顒兼侍講制　宋方大琮　1178-186- 6
●曹 績宋
轉左朝奉郎制　　　　宋張 擴　1129-134- 12
●曹 謹宋
可特授供備庫副使制　宋王安禮　1100- 13- 2
●曹 觀宋
故知封州殿中丞曹觀
　宣特贈太常少卿制　宋蔡 襄　1090-422- 10
●曹 識宋
前西京左藏庫副使曹
　識可舊官服闕(制)　宋蘇 頌　1092-365- 31
●曹 曙宋
樞密都承旨曹曙提舉
　崇福宮（制）　　　宋劉安上　1124- 13- 2
●曹 騰漢

四庫全書文集篇目分類索引

褒贈中常侍曹騰制　漢桓帝　1397-58-3
●曹　霈宋
循資制　宋王洋　1132-424-7
●曹于汴明
原任都察院左都御史追贈太子太保曹于汴（制）　明倪元璐　1297-10-1
●曹方叔宋
曹勛曾祖方叔特贈太子太保（制）　宋周必大　1148-35-96
●曹文衡明
總督薊保處軍務兵部右侍郎曹文衡(制)　明倪元璐　1297-35-3
●曹之器宋
曹勛祖之器贈太子太傅（制）　宋周必大　1148-35-96
●曹元賓宋
轉官制　宋歐陽修　1102-640-81
●曹元舉宋
司勳員外郎曹元舉可依前官充三司鹽鐵判官（制）　宋沈遘　1097-61-6
●曹永叔宋
三司度支副使兵部員外郎曹永叔充天章閣待制知福州制　宋蔡襄　1090-426-11
　1350-388-38

●曹宗吉宋
入內內侍省內東頭供奉官曹宗吉可內殿崇班（制）　宋沈遘　1097-39-4
●曹孝慶宋
朝散大夫曹孝慶特授集英殿脩撰知隆興府兼江西轉運使制　宋馬廷鸞　1187-43-5
●曹伯達宋
爲係趙榮帶到一行官屬及焚燬了番人文牓特與補正廸功郎制　宋張嶷　1131-503-19
●曹宗壽宋
可磁州昭德縣主簿制　宋胡宿　1088-783-18
●曹叔遠宋
太中大夫曹叔遠特轉通奉大夫依前煥章

閣待制致仕制　宋洪容齋　1175-242-19
贈光祿大夫制　宋洪容齋　1175-248-20
●曹高參宋
曹高麥等二十三人並轉遙郡刺史（制）　宋周必大　1148-28-96
●曹國彥宋
改正授承節郎（制）　宋劉一止　1132-207-42
●曹偉明宋
自陝西潼路節制司差赴行在陞對特改合入官（制）　宋劉一止　1132-225-47
●曹博文宋
可特授太常寺太祝制　宋胡宿　1088-738-14
●曹嘉謨明
（曹履泰）父（贈文林郎勅）　明倪元璐　1297-37-3
●曹履泰明
吏科給事中曹履泰（勅）　明倪元璐　1297-37-3
●曹顗叔宋
殿中丞曹顗叔等轉官（制）　宋余靖　1089-95-10
充天章閣待制知福州（制）　宋蔡襄　1090-426-11
　1350-388-38

●曹繼明宋
左藏庫副使曹繼明可供備庫使（制）　宋蘇頌　1092-365-31
●屠　滽明
恭題尚書屠公被賜朝覲官勅文後　明吳寬　1255-501-54
●屠思正宋
轉一官（制）　宋樓鑰　1152-673-38
●陸　安宋
轉遙郡刺史（制）　宋樓鑰　1152-664-38
●陸　甫宋
秉義郎陸甫特除閣門祗候（制）　宋劉一止　1132-190-38
●陸　佃宋
朝奉郎試禮部侍郎陸佃可朝散郎制　宋劉攽　1096-204-20
兼侍講制　宋曾鞏　1098-550-21
禮部侍郎制　宋蘇軾　1108-700-108
除尚書右丞制　宋鄒浩　1121-308-17
●陸　佃（曾祖）宋

陸佃贈曾祖制　　　　　　宋鄒　浩　1121-311- 17

●陸　海 唐
授陸海主客員外郎制　　　唐常　袞　1336-582-391

●陸　宰 宋
陸宰復直秘閣（制）　　　宋程　俱　1130-225- 22

●陸　珪 宋
陸佃追贈父制　　　　　　宋鄒　浩　1121-312- 17

●陸　峻 宋
陸峻特授行國子錄制　　　宋衞　涇　1169-466- 1

●陸　釜 宋
石迪功郎陸釜循一資制嵊縣尉比較茶增賞買叔願爲院慶等結集作過措置頗有勞效循一資制　　　　　　宋張　嵲　1131-453- 13

●陸　展 唐
授陸展平章事制　　　　　唐楊　鉅　 426-349- 50
孫僊判度支兼諸直鹽鐵使制　　　　　1337-217-450
　　　　　　　　　　　　不著撰人　 426-367- 52
濮州司戶王溥淄州司戶制——天祐二年五月　　　　　　　　　　　不著撰人　 426-419- 58

授監察陸展守本宮充翰林學士制　　　唐薛廷珪　1336-536-384
授陸展兵部尚書制　　　　唐錢　翔　1336-548-386

●陸　偕 宋
朝奉郎陸偕可比部員外郎制　　　　　宋慕容彥逢　1123-337- 4

●陸　紹 唐
除信州刺史制　　　　　　唐杜　牧　1081-677- 15

●陸　貫 宋
可改宣教郎再任制　　　　宋綦崇禮　1134-547- 4

●陸　喜（等）晉
陸喜等授用詔　　　　　　晉武帝　　1398- 43- 2

●陸　軫 宋
陸佃追贈祖制　　　　　　宋鄒　浩　1121-312- 17

●陸　緯 宋
可著作佐郎制　　　　　　宋胡　宿　1088-716- 12

●陸　真 宋
落職制　　　　　　　　　宋胡　寅　1137-433- 12

●陸　詵 宋
集賢校理通判秦州陸詵可太常丞制　　宋王　珪　1093-276- 37
荊湖南路轉運使祠部員外郎直集賢院陸

詵可刑部員外郎依前職　　宋沈　遘　1097- 36- 4

●陸　鼎 唐
授陸鼎史館知修撰制　　　唐常　袞　1336-635-400

●陸　經 宋
大理寺丞陸經可責授袁州別駕（制）　宋余　靖　1089-100- 10
殿中丞充集賢校理陸經開封府推官制　宋王安石　1105-377- 49

●陸　遜 吳
爲丞相詔　　　　　　　　吳大帝　　1361-527- 6

●陸　操 唐
授陸操太原少尹制　　　　唐孫　逖　1336-684-406

●陸　騰 晉
晉明帝詔　　　　　　　　晉明帝　　1386-701- 上

●陸　徽 劉宋
陸徽卒太祖下詔　　　　　劉宋文帝　1386-702- 上
贈廣州刺史陸徽詔　　　　劉宋文帝　1398-518- 2

●陸　謹 宋
起復制　　　　　　　　　宋王　洋　1132-432- 8

●陸　譽
可著作佐郎制　　　　　　宋胡　宿　1088-722- 13

●陸　濳 唐
賜爵制　　　　　　　　　唐白居易　1080-542- 50

●陸　藻 宋
復舊職制　　　　　　　　宋汪　藻　1128- 93- 10

●陸　蘊 宋
國子祭酒陸蘊除中書舍人制　　　　　宋翟汝文　1129-212- 3

●陸子庚 宋
循一資（制）　　　　　　宋樓　鑰　1152-656- 37

●陸友諒 宋
提舉常平陸友諒降五官制　宋汪　藻　1128-112- 12

●陸仲息 宋
可國子博士制　　　　　　宋宋　祁　1088-266- 31

●陸秀夫 宋
特授淮東提刑兼淮東制置使司參議官誥　宋王應麟　1187-258- 5

●陸長民 宋
吏部郎官（制）　　　　　宋程　俱　1130-241- 24
除右司（制）　　　　　　宋張　綱　1131- 31- 5

●陸彥端 宋
轉歸吏部制　　　　　　　宋樓　鑰　1152-609- 34

●陸思恭 宋

四庫全書文集篇目分類索引　893

右千牛衞長史閣門承受陸思恭可舒州桐城縣主簿（制）　宋沈遘　1097-45-5

●陸若濟宋

可大理寺丞制　宋胡宿　1088-716-12

●陸保兒宋

係北來歸正與補承信郎制　宋張嵲　1131-505-19

●陸康民宋

垂拱殿成臨安府屬縣陸康民各轉一官制　宋張擴　1129-77-8

●陸景初唐

授陸景初大理少卿制　唐蘇頲　1336-625-398

●陸景思宋

集英殿修撰陸景思特授權戶部侍郎淮東總領制　宋馬廷鸞　1187-38-5

●陸景融唐

授陸景融尚書右丞等制　唐孫逖　1336-540-385

授陸景融吏部侍郎制　唐孫逖　1336-556-387

●陸象先唐

益州大都督府長史制　不著撰人　426-375-53

遣陸象先等依前按察制　唐蘇頲　1337-315-461

●陸餘慶唐

授陸餘慶大理卿制　唐蘇頲　1336-618-397

　　　　　　　　　　1402-87-15

●陸德先宋

監察御史制　宋翟汝文　1129-210-3

●都　遇宋

特降一官與宮祠（制）　宋周必大　1148-20-95

與復元官（制）　宋周必大　1148-34-96

●都　潔宋

降一官制　宋張擴　1129-133-12

除吏部郎官（制）　宋周麟之　1142-118-15

除將作少監（制）　宋周麟之　1142-148-19

●都民望宋

除監察御史（制）　宋周麟之　1142-151-19

●都宗范宋

奏舉人歸州巴東縣令都宗范可特授王理寺丞制　宋蔡襄　1090-439-12

●區令輿宋

職方員外郎致仕區令輿可試將作監主簿（制）　宋沈遘　1097-49-5

●區宋臣宋

宜州鄉貢進士區宋臣可本州文學（制）　宋沈遘　1097-65-6

　　　　　　　　　　1465-454-2

●陶　木宋

司農寺丞制　宋洪咨夔　1175-231-17

除著作佐郎兼權右司制　宋袁甫　1175-435-9

茶鹽增羨轉一官制　宋許應龍　1176-475-6

●陶　安宋

翰林學士陶安誥　明朱升　1375-63-2

●陶　定宋

除荊湖南路提點刑獄公事（制）　宋周必大　1148-78-100

●陶　清宋

贈三官恩澤兩資更與一名下班祗應制　宋張嵲　1131-509-19

●陶　祥唐

除福建支使制　唐杜牧　1081-684-16

●陶　祥唐

授陶祥福建支使制　唐杜牧　1336-730-413

●陶　倓宋

押伴衙前陶稱二人推恩制　宋鄭獬　1097-168-7

●陶　弼宋

六宅使知邕州陶弼可左騏驥使令再任（制）　宋蘇頌　1092-372-32

●陶　愷宋

除金部郎官（制）　宋劉一止　1132-195-40

除司農少卿（制）　宋劉一止　1132-214-44

金部郎官制　宋胡寅　1137-442-13

●陶化成宋

前耀州同官尉陶化成可耀州司法　宋田錫　1085-546-28

●陶世延宋

補三班借職（制）　宋蘇轍　1112-288-27

●陶師仲宋

轉左大夫（制）　宋周必大　1148-42-97

●陶崇道明

兵科給事中陶崇道（制）　明倪元璐　1297-16-1

●陶節夫宋

史部　詔令奏議類：附錄

詔令下（男）十一畫

龍圖閣學士左中散大夫新差知太原府陶節夫可知江寧府制　宋慕容彥逢　1123-344-　5

龍圖閣學士知延安府陶節夫可知太原府制　宋慕容彥逢　1123-345-　5

●勒幹斯結（等）宋

置勒幹斯結等制　宋許　翰　1123-502-　1

●連　庠宋

職方員外郎連庠可屯田郎中（制）　宋韓　維　1101-655- 16

●連　環宋

責官制　宋王　洋　1132-426-　8

●連南夫宋

知泉州（制）　宋張　綱　1131-　8-　1

知饒州制　宋李正民　1133- 26-　2

●張　于宋

奏舉人前同知郫陽縣令張于可著作佐郎（制）　宋沈　遘　1097- 63-　6

●張　千宋

贈六官與六資恩澤係於横行遙郡上分贈（制）　宋周必大　1148- 44- 97

●張　元宋

可客省使加食邑三百戶制　宋胡　宿　1088-765- 17

●張　亢宋

指使三班差使張亢等宜並特贈內殿崇班制　宋蔡　襄　1090-423- 10

●張　云宋

應辦中宮册寶張云轉一官制　宋張　擴　1129- 78-　8

●張　友宋

書藝局藝學張友轉一官制　宋慕容彥逢　1123-392-　8

●張　允宋

可國子博士制　宋胡　宿　1088-736- 14

●張　立宋

前眞定府錄事參軍張立可大理寺丞制　宋宋　庠　1087-578- 23

●張　永宋

太醫丞張永可轉一官制　宋慕容彥逢　1123-384-　7

●張　玉宋

內殿崇班張玉可內殿承制制　宋蔡　襄　1090-432- 11

供備副使張玉可特授供備庫副使制　宋蔡　襄　1090-435- 12

●張　玉明

追封張玉爲河間王謚忠武誥　明仁宗　538-499- 75

●張　正宋

可太子中舍人致仕制　宋胡　宿　1088-797- 20

●張　布宋

宗正丞誥　宋虞　儔　1154-125-　5

●張　令宋

入內東頭供奉官張令可轉一官制　宋慕容彥逢　1123-373-　7

●張　白宋

濰州昌邑縣主簿張白授大理寺丞制　宋蔡　襄　1090-428- 11

●張　仙（等）宋

張仙等各轉二官制　宋許景衡　1127-228-　7

贈六官與六資恩澤係於横行遙郡上分贈（制）　宋周必大　1148- 44- 97

●張　用宋

虞部員外郎知蔡州張用可比部員外郎餘如故制　宋夏　竦　1087- 67-　2

●張　守宋

御史中丞張守禮部侍郎制　宋汪　藻　1128-105- 11

知紹興府（制）　宋程　俱　1130-268- 27

資政殿大學士轉一官加食邑知婺州（制）　宋李彌遜　1130-618-　4

瀚林學士制　宋李正民　1133-　4-　1

簽書樞密院制　宋李正民　1133- 29-　3

侍讀醴泉觀使　宋胡　寅　1137-446- 13

●張　宇宋

除直秘閣福建路轉運副使制　宋張　擴　1129- 44-　6

除吏部郎官制　宋張　擴　1129- 73-　8

●張　宇元

（張晏）曾祖宇贈保節功臣銀青榮祿大夫大司徒追封魏國公謚文懿（制）　元袁　桷　1203-495- 37

●張　式 宋
可賓州軍事推官制　　宋胡　宿　1088-778- 18
●張　戎 唐
授張戎等加階制　　　唐薛廷珪　1336-758-417
●張　至 宋
客省使眉州防禦使張
　元遺表孫在至韭並將
　作監主簿制　　　　宋王安石　1105-414- 52
●張　在 宋
客省使眉州防禦使張
　元遺表孫在至韭並
　將作監主簿制　　　宋王安石　1105-414- 52
●張　吉 宋
內殿崇班張吉轉兩官
　制　　　　　　　　宋慕容彥逢　1123-366- 6
故供備庫副使張吉可
　贈三官制　　　　　宋慕容彥逢　1123-389- 8
●張　吉 宋
參政張巖曾祖吉贈太
　子少保制　　　　　宋虞　儔　1154-114- 5
●張　存 宋
張中孚祖存贈太子少
　傅制　　　　　　　宋張　擴　1129-111- 11
張中孚祖存贈少傅制　宋張　擴　1129-117- 11
●張　聿 唐
可衢州刺史制　　　　唐白居易　1080-521- 48
都水使者制　　　　　唐白居易　1080-591- 55
●張　岇 唐
授廬州刺史兼御史中
　丞制　　　　　　　唐白居易　1080-552- 51
●張　佐 宋
張浚故祖佐可特追封
　嘉國公制　　　　　宋張　嵲　1131-437- 11
●張　向 宋
朝散郎張向可光祿寺
　主簿制　　　　　　宋劉　放　1096-228- 22
●張　全 宋
轉保義郎制　　　　　宋張　擴　1129-104- 10
贈拱衛大夫防禦使制　宋洪　适　1158-379- 20
●張　仲 宋
可左班殿直（制）　　宋蘇　軾　1108-680-107
●張　仲 宋
歸順人張仲補承信郎
　制　　　　　　　　宋洪咨夔　1175-230- 17
●張　况 漢
爲關長詔　　　　　　漢光武帝　1397- 14- 1
●張　兌 宋
虞部郎中張兌可比部
　郎中（制）　　　　宋蘇　頌　1092-347- 29
太子中舍通判衡州張
　兌可殿中丞制　　　宋劉　敞　1095-654- 30
　　　　　　　　　　　　　　　1350-383- 37
●張　汶 宋
係權京西南路安撫司
　使喚本路副總管王
　關輯生叛逆汶節次
　掩殺收復房州便宜
　特授武義大夫兼閤
　門宣贊舍人制　　　宋張　嵲　1131-455- 13
●張　戒 宋
樞密使張昇奏親孫男
　戒守秘校制　　　　宋王安石　1105-412- 52
●張　戒 宋
兵部郎官（制）　　　宋李彌遜　1130-633- 5
國子丞制　　　　　　宋胡　寅　1137-430- 12
●張　志 宋
復職制　　　　　　　宋許景衡　1127-232- 7
●張　均 唐
授張均兵部侍郎制　　唐孫　逖　1336-558-388
襲封燕國公制　　　　唐孫　逖　1336-750-416
授張均等加階制　　　唐鄭少微　1336-757-417
●張　杓 宋
知建康府（制）　　　宋陳傅良　1150-640- 18
●張　至 宋
客省使眉州防禦使張
　元遺表孫在至韭並
　將作監主簿制　　　宋王安石　1105-414- 52
●張　犯 宋
太子中舍張犯服除可
　舊制　　　　　　　宋鄭　獬　1097-154- 5
●張　犯 宋
轉官（制）　　　　　宋張　綱　1123- 11- 2
●張　抑 宋
知平江府制　　　　　宋虞　儔　1154-121- 5
降兩官（制）　　　　宋樓　鑰　1152-615- 34
太府少卿湖廣總領（
　制）　　　　　　　宋樓　鑰　1152-634- 35
●張　杞 宋
除秘書少監（制）　　宋周麟之　1142-126- 16
●張　邑 宋

四庫全書文集篇目分類索引

史部

詔令奏議類：附錄

詔令下（男）十一畫

可東染院使制　　宋胡　宿　1088-765- 17

●張　扶宋

前將作監主簿張扶舊官服闕制　　宋王安石　1105-411- 52

●張　孚唐

授張孚給事中制　　唐賈　至　1336-509-381

●張　佑宋

前代州軍事判官張佑可著作佐郎（制）　　宋蘇　頌　1092-390- 34

入內內庭承制張佑轉一官制　　宋慕容彥逢　1123-374- 7

●張　利宋

大理寺丞知缺州滴河縣張利可太子中舍制　　宋宋　庠　1087-582- 24

●張　京宋

奏舉人前渭州司理參軍張京可著作佐郎制　　宋宋　庠　1087-575- 23

●張　忞宋

爲掩殺虔賊減二年磨勘係右迪功郎比類合循一資制　　宋張　嵲　1131-453- 13

●張　祏宋

刑部郎官（制）　　宋程　俱　1130-240- 24

●張　治明

先任太子太保禮部尚書文淵閣大學士張治賜諡文毅誥文　　明歸有光　1289-492- 3

●張　沛唐

授張沛司膳少卿制　　唐李　嶠　1336-623-398

●張　泌宋

太常博士張泌可尚書屯田員外郎制　　宋宋　庠　1087-574- 23

●張　庚宋

充開封推官制　　宋宋　祁　1088-266- 31

可大理寺丞制　　宋胡　宿　1088-733- 14

●張　珊宋

轉一官資制　　宋張　嵲　1131-441- 12

●張　枸宋

徽猷閣學士（制）　　宋樓　鑰　1152-635- 35

磨勘轉官（制）　　宋樓　鑰　1152-646- 36

依舊知襄陽府（制）　　宋樓　鑰　1152-658- 37

該覃恩轉官（制）　　宋樓　鑰　1152-701- 40

●張　玠宋

除廣西提刑（制）　　宋陳傳良　1150-635- 17

●張　拂宋

除祠部郎官制　　宋張　擴　1129- 73- 8

●張　邵宋

除秘閣修撰主管佑神觀制　　宋劉才邵　1130-470- 5

●張　來宋

直龍圖閣知揚州制　　宋鄒　浩　1121-294- 15

除秘書少監制　　宋鄒　浩　1121-294- 15

●張　承宋

婕妤張氏姪孫張承可借職制　　宋慕容彥逢　1123-392- 8

●張　承宋

司農寺丞（制）　　宋李彌遜　1130-637- 5

●張　忠宋

太子右清道率府致仕張忠可落致仕依前官（制）　　宋蘇　頌　1092-383- 33

●張　旺宋

歸順人張旺補承信郎制　　宋洪咨夔　1175-230- 17

告發軍姦並補承信郎制　　宋洪咨夔　1175-264- 22

轉兩官制　　宋許應龍　1176-473- 6

●張　明宋

西京作坊使知洛州張明可左武衞將軍權判左金吾衞仗六軍儀仗公事制　　宋宋　庠　1087-585- 24

虎翼軍都指揮使寧州刺史張明右頌軍衞將軍致仕制　　宋劉　敞　1096-239- 23

●張　明宋

醫官張明轉官致仕制　　宋鄒　浩　1121-321- 18

●張　明宋

爲捉殺虔賊劉宣轉一官更減一年磨勘制　　宋張　嵲　1131-442- 12

●張　固宋

張宣徽父固特贈太子少師制　　宋蔡　襄　1090-459- 14

●張　岩宋

除知樞密院事制　　宋周　南　1169- 17- 2

●張　昇（昇）宋

可集賢殿修撰制　　宋胡　宿　1088-712- 12

可特授尚書工部侍郎

四庫全書文集篇目分類索引　　897

加上柱國制　　宋胡　宿　1088-763- 17
可兵部員外郎充天章閣待制環慶路都部署經略安撫等使兼知蘇州制　　宋胡　宿　1088-771- 18
可依前刑部郎中充龍圖閣直學士知秦州制　　宋蔡　襄　1090-427- 11
授依前檢校太尉同中書門下平章事彰信軍節度使判許州加食邑實封功臣制　　宋王　珪　1093-262- 37
依前同中書門下平章事充彰信軍節度使加封邑功臣制　　宋王　珪　1093-275- 37
授太子太師致仕加封邑制　　宋王　珪　1093-275- 37
可西京左藏庫副使制　　宋王　珪　1093-296- 40
封贈三代制八道　　宋王安石　1105-434- 54
張琬父昇封韓國公制　　宋蘇　轍　1112-345- 32
● 張　昇 明
禮部尚書張昇進太子太保致仕勅文　　明王　鏊　1256-319- 18
● 張　昉 宋
賑濟補承節郎（制）　　宋樓　鑰　1152-683- 39
● 張　易 宋
入內供備庫副使張易可轉一官制　　宋慕容彥逢　1123-373- 7
東頭供奉官張易可轉一官制　　宋慕容彥逢　1123-390- 8
● 張　果 宋
徽猷閣待制張果除眞定府路安撫使兼知成德軍制　　宋翟汝文　1129-199- 2
● 張　果 宋
落致仕西道副都總管（制）　　宋孫　覿　1135-248- 24
● 張　昊 宋
京畿轉運副使張昊可陞充轉運使仍遷一官制　　宋慕容彥逢　1123-367- 6
通直郎提舉婺州路常平等事張昊舉轉一官制　　宋慕容彥逢　1123-378- 7
贈少保制　　宋張　擴　1129- 57- 7

除荊湖南路提點刑獄制　　宋張　擴　1129- 90- 9
● 張　和 宋
西頭供奉官張和可轉一官制　　宋慕容彥逢　1123-391- 8
● 張　肩 唐
授張肩太子司議郎制　　唐蘇　頲　1336-668-404
● 張　岱齊
爲吳郡太守齊高帝賜手敕　　齊 高 帝　1386-703- 上
● 張　服 宋
太子中舍制　　宋王安石　1105-399- 51
● 張　近 宋
朝奉大夫充顯謨閣待制知瀛州張近可朝散大夫依前充顯謨閣待制差遣如故制　　宋慕容彥逢　1123-330- 3
● 張　洪 唐
並山南東道判官同制　　唐白居易　1080-523- 48
授張洪山南東道判官制　　唐白居易　1336-725-412
● 張　宣 宋
與一子進武校尉制　　唐張　嵩　1131-494- 18
● 張　宥 宋
係自效人贈承信郎與一子守關進義副尉制　　宋張　嵩　1131-509- 19
贈六官與六資恩澤係於橫行遙郡上分贈（制）　　宋周必大　1148- 44- 97
● 張　洞 宋
太常博士充秘閣校理張洞開封府推官制　　宋王安石　1105-378- 49
● 張　詢 宋
與轉兩官（制）　　宋周必大　1148- 52- 97
● 張　洽 宋
秘書郎張洽除著作佐郎制　　宋洪咨夔　1175-221- 16
● 張　官 宋
駕部郎中（制）　　宋劉一止　1132-191- 39
司勳郎官（制）　　宋劉一止　1132-222- 46
秘書郎制　　宋胡　寅　1137-438- 12
● 張　津 宋
落權字（制）　　宋周必大　1148- 81-100
● 張　彥 宋

史部

詔令奏議類：附錄

詔令下（男）十一畫

補承信郎制　宋張　擴　1129-98-10
●張　奕宋
知濱州張奕可知趙州制　宋劉　放　1096-229-22
●張　赴宋
可太子中舍人制　宋胡　宿　1088-751-15
再任乾寧軍（制）　宋蘇　軾　1108-691-108
●張　炳宋
除大理少卿制　宋張　擴　1129-47-6
除授直秘閣京畿提刑兼提舉大內不去（制）　宋劉一止　1132-186-37
●張　咸宋
（張浚）父咸贈太子太師（制）　宋程　俱　1130-254-25
（張浚）故父咸可特追封慶國公制　宋張　嵲　1131-437-11
●張　厚宋
張宣徽曾祖厚贈太子少保制　宋蔡　襄　1090-458-14
●張　奎宋
前守汀州上杭縣尉兼主簿張奎可試秘校充春州軍事推官通判春州兼知本州（制）　宋沈　遘　1097-39-4
●張　珂唐
授張珂彰義軍節度使制　唐張玄晏　1337-285-457
●張　既魏
爲凉州詔　魏文帝　1412-599-24
●張　飛蜀漢
漢先主封張飛策　蜀漢不著撰人1354-463-16
　　1381-259-26

●張　軌晉
進封西平公詔　晉愍帝　1398-52-3
●張　埴宋
江西提刑（制）　宋樓　鑰　1152-672-38
●張　政宋
稅戶張政年一百歲可本州助教制　宋鄭　獬　1097-166-6
●張　述宋
司殿中丞制　宋胡　宿　1088-722-13
●張　建宋

降一官（制）　宋周必大　1148-10-94
●張　建晉
爲給事中詔　晉武帝　1398-40-2
●張　柔元
贈蔡國武康公制　元姚　燧　1201-416-1
●張　昱宋
轉兩官閣門祗候知慈州制　宋汪　藻　1128-81-8
●張　岑
循右修職郎制　宋張　擴　1129-138-13
●張　峋宋
京西運判（制）　宋蘇　軾　1108-668-106
戶部員外郎（制）　宋蘇　轍　1112-317-30
戶部員外郎改戶部郎中（制）　宋蘇　轍　1112-325-30
●張　英元
（張晏）祖英贈純德秉義功臣太保儀同三司柱國追封魏國公謚簡懿（制）　元袁　桷　1203-496-37
●張　俣宋
太常丞制　宋王安石　1105-397-51
●張　禹漢
爲太傅策　漢殤帝　1397-44-2
●張　紀宋
侍御史張紀可司封員外郎（制）　宋蘇　頌　1092-345-29
●張　弁宋
尚書司封員外郎知明州張弁可尚書祠部郎中制　宋宋　庠　1087-573-23
●張　修宋
朝奉大夫駕部郎中張修可鴻臚少卿制　宋劉　放　1096-186-19
朝奉郎新差福建運副張修可知宣州制　宋劉　放　1096-188-19
●張　秉宋
供奉官張秉授內殿崇班　宋余　靖　1089-97-10
●張　俊宋
文思使張俊等遷官制　宋曾　鞏　1098-554-22
檢校少保定江昭慶軍節度使江淮路招討使張俊加恩制　宋汪　藻　1128-100-11
檢校少保寧武昭慶軍

節度使制　　　　　　宋汪　藻　1128- 99- 11
轉兩官（制）　　　　宋周必大　1148- 50- 97
加恩麻　　　　　　　宋不著撰人　1353- 20- 50
除張俊兩鎮節度使麻　宋不著撰人　1353- 21- 50
●張　涓宋
轉官制　　　　　　　宋王　洋　1132-421- 7
●張　祐宋
知京師張祐可知隴州制　宋劉　放　1096-212- 21
勾當修內司使臣張祐可轉一官制　宋慕容彥逢　1123-372- 7
●張　祐明
除司天少監誥　　　　明王　禕　1226-254- 12
　　　　　　　　　　　　　　　1373-492- 1

●張　伃宋
陝州制　　　　　　　宋曾　鞏　1098-555- 22
●張　浚宋
除禮部尚書制　　　　宋張　守　1127-686- 2
勒令書成張浚回授計有常特轉右宣教郎制　宋張　擴　1129-134- 12
加食邑實封（制）　　宋程　俱　1130-230- 23
擬張浚加恩例制　　　宋劉才邵　1130-454- 4
張浚等贈保義郎制係掩殺金兵陣殁　宋張　嵲　1131-493- 18
爲前宰相該遇明堂大禮赦恩合行檢舉敍復奉聖旨復觀文殿大學士制　宋張　嵲　1131-499- 19
敍復左宣奉大夫提舉臨安府洞霄宮(制)　宋劉一止　1132-179- 36
復資政殿大學士充福建路安撫大使兼使福州（制）　宋劉一止　1132-188- 38
下主營機宜文字侯回日供職制　宋秦崇禮　1134-545- 3
撫問張浚制　　　　　宋胡　寅　1137-468- 14
除張浚少傅依前觀文殿大學士充江淮東西路宣撫使進封魏國公制　宋史　浩　1141-578- 6
除張浚少師加食邑實封制　宋洪　适　1158-318- 11
●張　珪宋
可虞部員外郎制　　　宋胡　宿　1088-742- 15

●張　珪元
封張蔡國公制　　　　元吳　澄　1197-835- 90
平章張珪封蔡國公制　元吳　澂　1367-155- 12
●張　珣宋
轉兩官（制）　　　　宋周必大　1148- 64- 98
●張　耆宋
除張耆太子太師致仕加食邑實封制　宋宋　祁　1088-271- 31
●張　桔宋
轉一官資（制）　　　宋樓　鑰　1152-616- 34
●張　桐明
南京兵部武庫司主事張正鵠父母幷妻勅命　明孫繼皐　1291-201- 1
●張　格前蜀
署史官詔　　　　　　前蜀不著撰人　1354-468- 16
●張　軒宋
循右修職郎制　　　　宋張　擴　1129-139- 13
●張　犉
國子監丞張犉除秘書監制　宋洪咨夔　1175-232- 17
●張　根宋
江西運副張根起發遠斥斗數多特轉朝散郎制　宋翟汝文　1129-216- 4
●張　夏宋
封寧江侯（制）　　　宋劉安上　1124- 24- 2
●張　時宋
歸順人張時補承信制　宋洪咨夔　1175-230- 17
●張　恩宋
六宅副使張恩可內藏庫副使（制）　宋蘇　頌　1092-373- 32
●張　圓宋
延州甘泉縣令張圓可太子中允致仕(制)　宋蘇　頌　1092-384- 33
●張　恕宋
除工部員外郎制　　　宋鄒　浩　1121-302- 16
將作監丞（制）　　　宋蘇　軾　1350-403- 39
●張　紘唐
張惟素亡祖紘贈戶部郎中制　唐白居易　1080-567- 53
●張　紘宋
（張浚）祖贈太子太傅（制）　宋程　俱　1130-253- 25
●張　釜宋

四庫全書文集篇目分類索引

廣西運判（制）　　宋樓　鑰　1152-648- 36
直秘閣知廣州（制）　　宋樓　鑰　1152-714- 41
提舉張釜廣西運判　　宋樓　鑰　1465-456- 2

●張　果宋
轉秉義郎制　　宋張　擴　1129-100- 10
押馬降官制　　宋王　洋　1132-429- 8

●張　修宋
駕部郎中（制）　　宋蘇　轍　1112-308- 29

●張　倜宋
前湖州觀察推官監臺州黃巖鹽監張倜可著作佐郎制　　宋蔡　襄　1090-419- 10

●張　倚宋
醫官張倚敍復官制　　宋鄒　浩　1121-316- 18

●張　勢宋
可秘書丞制　　宋胡　宿　1088-723- 13
開封府推官祠部員外郎充秘閣校理張勢可度支員外郎餘如故（制）　　宋沈　遘　1097- 33- 4

●張　淳宋
知長垣縣（制）　　宋蘇　轍　1112-310- 29

●張　清宋
故太中大夫魏漢津親女夫張清可三班借職制　　宋慕容彥逢　1123-393- 8

●張　密宋
張俊父密追封魯國公制　　宋張　擴　1129-108- 11
（張俊封贈）父(制)　　宋李彌遜　1130-623- 4

●張　章（等）漢
封誅霍氏有功詔　　漢 宣 帝　1396-230- 3

●張　深宋
都大主管茶馬監牧公事（制）　　宋李彌遜　1130-637- 5

●張　深宋
除直徽猷閣並兼陝西路轉運副使專管熙秦兩路（制）　　宋劉一止　1132-219- 45
除龍圖閣直學士京兆府路安撫使（制）　　宋孫　覿　1135-267- 26

●張　康宋
奏進士張康可試國子四門助教不理選限　　宋沈　遘　1097- 57- 6

●張　球（等）宋

張球等轉一官（制）　　宋李彌遜　1130-634- 5

●張　域宋
轉官制　　宋許　翰　1123-495- 1

●張　基宋
故光祿卿致仕張溫之孫基試將作監主簿制　　宋王安石　1105-414- 52

●張　問宋
秘書監張問除給事中制　　宋劉　放　1096-195- 20
張問秘書監（制）　　宋蘇　軾　1108-684-107

●張　勗宋
承議郎勗可轉一官制　　宋慕容彥逢　1123-386- 7

●張　挺宋
工部郎中張挺可三司戶部副使制　　宋王　珪　1093-297- 40
龍圖閣直學士張挺可尚書工部侍郎依前龍圖閣直學士加食邑五百戶食實封二百戶（制）　　宋韓　維　1101-678- 18

●張　通宋
虞部員外郎致仕張應符男通試將作監主簿制　　宋王安石　1105-415- 52
降官制　　宋王　洋　1132-429- 8

●張　晟宋
除將作監（制）　　宋周麟之　1142-151- 19

●張　崇宋
起復右武大夫康州團練使遊奕軍統領制　　宋張　擴　1121-143- 13
降官制　　宋劉才邵　1130-475- 5
轉右武大夫（制）　　宋張　綱　1131- 49- 8
太學博士（制）　　宋會　瑩　1350-397- 39
除張崇太學博士誥　　宋會　瑩　1402-119- 21

●張　莊宋
朝請郎權發遣轉運副使張莊可除直龍圖閣依前朝請郎制　　宋慕容彥逢　1123-334- 4

●張　莘宋
奉迎兩官主管所官屬張莘等各轉一官制　　宋張　擴　1129- 76- 8

●張　晞宋
右騏驥使張晞特與轉三官制內張晞兩官

四庫全書文集篇目分類索引　901

回授與五服內有官親屬　宋慕容彥逢　1123-370-　7

●張　虞宋
國子司業張虞除祭酒仍兼侍講制　宋洪咨夔　1175-219-16
授兼侍講制　宋吳　泳　1176-　64-　7

●張　彭漢
封張彭鮑吉詔　漢　桓　帝　1397-　57-　3

●張　彪宋
歸順人張彪補承信郎制　宋洪咨夔　1175-230-17

●張　易宋
可兵部郎中制　宋胡　宿　1088-757-16

●張　曼宋
爲隨張浚至川陝道塗萬里備見忠勤轉成忠郎換給制　宋張　嵲　1131-485-17

●張　埊宋
客省使眉州防禦使張允遺表孫在至埊並將作監主簿制　宋王安石　1105-414-52

●張　偕宋
可供備庫副使制　宋王安禮　1100-　13-　2

●張　倬宋
除知臨安府（制）　宋周麟之　1142-124-16

●張　猛漢
左遷周堪張猛詔　漢　元　帝　1396-248-　3

●張　偉唐
張偉等一百九十人除常府侍中丞賓客詹事等制　唐白居易　1080-562-52

●張　偉宋
武德大夫張偉進武功大夫（制）　宋孫　覿　1135-261-25

●張　紳宋
節度推官張紳可大理寺丞制　宋歐陽修　1102-636-81

●張　彩宋
故光祿卿致仕張曠遺表親次孫彩試將作監主簿制　宋王安石　1105-414-52

●張　動（等）宋
張動等落職制　宋許景衡　1127-232-　7

●張　造宋
前同州馮翊縣令張造

可著作佐郎制　宋宋　庠　1087-590-25

●張　敏漢
免司空張敏策　漢　安　帝　1397-　49-　3

●張　敏宋
解州團練使邠寧環慶路駐泊兵馬部署張敏可大將軍致仕制　宋宋　庠　1087-565-21

●張　敏宋
內殿崇班張敏可左監門衞將軍致仕(制)　宋蘇　頌　1092-383-33

●張　淳宋
轉一官制　宋許應龍　1176-475-　6

●張　涓宋
除閤門宣贊舍人制　宋袁　甫　1175-440-　9

●張　詔宋
軍政修舉轉一官(制)　宋樓　鑰　1152-648-36

●張　焯宋
前威勝軍武鄉縣令張焯可著作佐郎(制)　宋蘇　頌　1092-391-34

●張　淵宋
武經郎（制）　宋孫　覿　1135-259-25

●張　愉唐
可岳州刺史制　唐白居易　1080-536-50
授張愉岳州刺史制　唐白居易　1336-712-410

　　　　　　　　　　　　　1402-　78-14

●張　寔晉
授西平公策書　晉　愍　帝　1398-　53-　3

●張　混宋
太子中舍制　宋王安石　1105-400-51

●張　逑宋
轉官（制）　宋劉安上　1124-　22-　2

●張　搢宋
右武大夫梁州防禦使知渭州張搢贈三官四資恩澤制　宋汪　藻　1128-　97-10

●張　賀漢
封內吉等詔　漢　宣　帝　426-1019-　8

●張　琦宋
將作監簿制　宋虞　儔　1154-111-　5

●張　盛宋
前將作監主簿張盛丁憂服闋復舊官制　宋歐陽修　1102-630-80

●張　琬宋
太子少師致仕趙槩奏醫人張琬可試國子

四庫全書文集篇目分類索引

四門助教不理選限（制） 宋蘇 頌 1092-376- 32

●張 琬宋
可衞尉寺丞（制） 宋蘇 軾 1108-683-107
知秀州（制） 宋蘇 轍 1112-325- 30

故淑妃張氏姪張琬可補借職制 宋慕容彥逢 1123-392- 8

●張 琦宋
昨在淮西宣撫司水軍統領爲冒請逃亡事故人錢米事除名勒停送吉陽軍編管今雨遇赦特與敍成忠郎制 宋張 嵲 1131-502- 19

●張 肅宋
十二考人興元府觀察支使張肅可著作佐郎制 宋宋 庠 1087-578- 23

●張 肅宋
可屯田員外郎制 宋胡 宿 1088-758- 16

●張 琰宋
左班殿直張琰可右侍禁制 宋慕容彥逢 1123-354- 5

●張 穀宋
承務郎致仕張穀可承奉郎致仕制 宋劉 放 1096-239- 23

●張 達宋
張中孚父達追封瀛國公制 宋張 擴 1129-112- 11
張中孚父達贈慶國制 宋張 擴 1129-118- 11
爲男中孚奏先達於靖康二年勤王殺敗金兵又隨解潛應援太原奮不顧死遂至戰殁特加贈開府儀同三司儀 宋張 嵲 1131-481- 16

●張 揆宋
張揆可兵部郎中制 宋胡 宿 1088-756- 16

●張 揆宋
文思副使新差權環慶路駐泊岳馬鈐轄張揆可騏驥（制） 宋蔡 襄 1090-448- 13

●張 援南唐
大府卿張援可司農卿兼大理寺事（制） 宋徐 鉉 1085- 60- 8

●張 貴宋
爲管押生擒到番寨中一行人等到行在與轉一官合授忠翊郎制 宋張 嵲 1131-452- 13

●張 著宋
東頭供奉官張著可內殿崇班（制） 宋韓 維 1101-673- 18
開封府少尹（制） 宋孫 覿 1135-258- 25

●張 登魏
以張登爲大官令詔 魏 文 帝 1412-598- 24

●張 華晉
爲度支尚書詔 晉 武 帝 1398- 29- 2
平吳進封張華詔 晉 武 帝 1398- 29- 2
儀同三司詔 晉 惠 帝 1398- 47- 3
爲中書監詔 晉 惠 帝 1398- 47- 3
追復張華爵位詔 晉 惠 帝 1398- 47- 3

●張 順宋
轉右武大夫（制） 宋張 綱 1131- 48- 8
換翊衞大夫制 宋胡 寅 1137-433- 12

●張 順（等）宋
張順等係收復海州與金兵戰亡之人各贈兩官恩澤兩資及銀絹錢米羊麵酒制 宋張 嵲 1131-508- 9

●張 鈞南唐
王崇文劉仁瞻張鈞並本州觀察使制 宋徐 鉉 1085- 56- 7

●張 鈞宋
轉官制 宋鄒 浩 1121-316- 18

●張 絢宋
殿中侍御史（制） 宋李彌遜 1130-639- 5
改官（制） 宋張 綱 1131- 24- 4

●張 絲宋
可太常博士制 宋胡 宿 1088-735- 14

●張 榮宋
授閤門祗候制 宋吳 泳 1176- 72- 8

●張 進宋
贈六官與六資恩澤係於橫行遙郡上分贈（制） 宋周必大 1148- 44- 97
遙郡刺史制 宋洪 适 1158-387- 21

●張 傑宋
殿中丞知平定軍樂平縣張傑可國子博士

四庫全書文集篇目分類索引

　制　　　　　　　　　　宋宋　庠　1087-593- 25
●張　逸宋
尙書兵部郎中天章閣
　侍制張逸可樞密直
　學士知益州制　　　　宋宋　庠　1087-571- 22
●張　溫宋
同楊宏劉錡奏金人轉
　官回授制　　　　　　宋張　嵲　1131-444- 12
●張　靖宋
可大理寺丞制　　　　　宋胡　宿　1088-716- 12
可屯田員外郎制　　　　宋胡　宿　1088-750- 15
●張　詢宋
新差知越州張詢可福
　建轉運副使制　　　　宋劉　攽　1096-189- 19
兩浙提州張詢可知越
　州制　　　　　　　　宋劉　攽　1096-217- 21
浙憲（制）　　　　　　宋蘇　轍　1112-314- 29
●張　滙宋
除太守少卿總領湖廣
　京西財賦制　　　　　宋張　擴　1129- 48- 6
進直徽猷閣制　　　　　宋張　擴　1129- 56- 7
●張　混宋
迪功郎張混改官（制）　宋程　俱　1130-222- 22
知樞密院事川陝宣撫
　使張浚弟迪功郎混
　改官制　　　　　　　宋程　俱　1375- 49- 1
●張　說宋
刑部詳覆官張說可秘
　書省著作佐郎制　　　宋王　珪　1093-285- 39
前太常博士張說舊官
　服闋制　　　　　　　宋王安石　1105-411- 52
●張　遊唐
授張遊侍御史制　　　　唐蘇　頲　1336-600-394
　　　　　　　　　　　　　　　　1402- 87- 15
●張　廉宋
右侍禁張廉可轉一官
　制　　　　　　　　　宋慕容彥逢　1123-374- 7
●張　運宋
知廣州制　　　　　　　宋洪　适　1158-394- 22
張氏先世勒黃後題　　　元吳師道　1212-260- 18
●張　道唐
授前著作佐郎張道右
　拾遺制　　　　　　　唐錢　珝　1336-528-383
●張　道宋
可屯田員外制　　　　　宋胡　宿　1088-749- 15

洗馬致仕張道可加騎
　都尉　　　　　　　　宋沈　遘　1097- 63- 6
●張　瑀宋
歸順人張瑀保義郎制　　宋洪咨夔　1175-225- 16
●張　載宋
理宗追封張載鄠伯並
　從祀孔子廟廷詔　　　宋 理宗　1402- 45- 8
●張　填宋
試將作監主簿張填可
　寧將作監主簿制　　　宋蔡　襄　1090-440- 12
●張　瑞宋
散官安置權主管北外
　承司公制　　　　　　宋汪　藻　1128- 85- 9
特降一資　　　　　　　宋周必大　1148- 21- 95
●張　達宋
轉一官（制）　　　　　宋樓　鑰　1152-617- 34
●張　搏宋
鼎州錄事參軍張搏太
　子中舍致仕制　　　　宋王安石　1105-425- 53
●張　搢宋
西京左藏庫副使張搢
　可莊宅副使制　　　　宋王　珪　1093-295- 40
●張　楷宋
尙書虞部員外郎張楷
　可尙書比部員外郎
　制　　　　　　　　　宋宋　庠　1087-601- 26
●張　當宋
可殿中丞制　　　　　　宋胡　宿　1088-751- 15
●張　鼎宋
太常寺奉禮郎張鼎可
　大理評事　　　　　　宋沈　遘　1097- 44- 5
●張　鼎宋
可除度支員外郎兼權
　戶部員外郎留建康
　府制　　　　　　　　宋綦崇禮　1134-549- 4
●張　暐唐
加張暐食實封制　　　　唐不著撰人　426-467- 63
授張暐鴻臚卿制　　　　唐蘇　頲　1336-618-397
●張　晟宋
侍禁張晟可轉一官制　　宋慕容彥逢　1123-372- 7
●張　遇宋
張中孚曾祖遇贈太子
　少保制　　　　　　　宋張　擴　1129-111- 11
充醴泉觀使張中孚曾
　祖遇贈少保制　　　　宋張　擴　1129-117- 11

●張　嵸宋
秘書正字制　　　　　　　宋胡　寅　1137-434- 12

●張　僅宋
入內西京左藏庫副使
　張僅可轉兩官制　　　宋慕容彥逢　1123-374-　7
內殿從崇班張僅可內
　殿承制（制）　　　　宋王　震　1350-399- 39

●張　經宋
奏舉人昭信軍節度推
　官張經可著作佐郎
　制　　　　　　　　　宋宋　庠　1087-590- 25

●張　節宋
醫官張節可轉一官制　　宋慕容彥逢　1123-384-　7
醫官張倚男節可轉一
　官制　　　　　　　　宋慕容彥逢　1123-385-　7

●張　實宋
歸順人張實補承信郎
　制　　　　　　　　　宋洪容齋　1175-230- 17

●張　演宋
可著作佐郎制　　　　　宋胡　宿　1088-714- 12

●張　漾宋
中書舍人張漾緣省試
　知舉舉人議訓降官
　敍復制　　　　　　　宋翟汝文　1129-215-　3

●張　誠宋
客省使興州防禦使張
　誠可除正任防禦使
　制　　　　　　　　　宋慕容彥逢　1123-358-　6

●張　福宋
贈承節郎與一子文職
　名更與一名進勇副
　尉（制）　　　　　　宋周必大　1148- 62- 98

●張　漸宋
醫官副使張漸可轉一
　官制　　　　　　　　宋慕容彥逢　1123-384-　7

●張　端宋
落致仕依前朝奉郎（
　制）　　　　　　　　宋蘇　轍　1112-293- 27
回授勅　　　　　　　　宋許　翰　1123-514-　3

●張　說宋
轉閤門宣贊舍人制　　　宋張　擴　1129- 55-　7
可特與落階官勘會張
　說見係右武大夫榮
　州刺史（制）　　　　宋周必大　1148-　2- 94

●張　說唐
檢校中書制——先天
　二年七月　　　　　　唐不著撰人　426-293- 44
中書令制——先天二
　年九月十一日　　　　唐不著撰人　426-293- 44
兼中書令制——開元
　十一年二月　　　　　唐不著撰人　426-295- 44
同三品制——開元九
　年九月　　　　　　　唐不著撰人　426-295- 44
中書令制——開元十
　一年四月　　　　　　唐不著撰人　426-297- 45
張說等監修國史勅—
　—先天二年十一月
　二十二日　　　　　　唐蘇　頲　426-353- 51
兼知朔方節度使制　　　唐不著撰人　426-369- 52
停中書令制　　　　　　唐不著撰人　426-391- 55
停燕國中書令制　　　　唐張九齡　1066-110-　7
授張說中書令制　　　　唐蘇　頲　1336-501-380
　　　　　　　　　　　　　　　　　1402- 84- 15
拜中書令制　　　　　　唐蘇　頲　1337-193-448
拜相制　　　　　　　　唐蘇　頲　1337-194-448
拜中書令制　　　　　　唐蘇　頲　1337-194-448
贈賜張說詔　　　　　　唐玄宗　　1402- 50- 10

●張　榮元
加贈推忠宣力正義佐
　命功臣太師開府儀
　同三司上柱國追封
　濟南王仍諡忠襄制　　元楊　載　1208-199-　6

●張　榮宋
特授防禦使（制）　　　宋程　俱　1130-259- 26
轉遼部觀察使（制）　　宋張　綱　1131- 34-　6

●張　輔明
追封張輔爲定興王諡
　忠烈詔　　　　　　　明景帝　　 538-501- 75

●張　熙宋
可著作佐郎制　　　　　宋胡　宿　1088-734- 14

●張　懣宋
朝奉郎開封府參軍張
　懣可工曹參軍制　　　宋慕容彥逢　1123-349-　5

●張　碩宋
可加騎都尉制　　　　　宋胡　宿　1088-764- 17

●張　斆宋
太常博士張斆可依前
　宮充監察御史裏行
　（制）　　　　　　　宋蘇　頌　1092-388- 34

●張　構宋

四庫全書文集篇目分類索引

再知豐州（制） 宋蘇 轍 1112-292- 27

●張 楶宋
右廸功郎張楶前任錢塘尉賣鹽增倍循一資（制） 宋劉一止 1132-189- 38

●張 閣宋
兵部尚書張閣爲翰林學士（制） 宋劉安上 1124- 19- 2
翰林學士知制誥閣守翰林學士知制誥致仕制 宋翟汝文 1129-203- 2

●張 瑤宋
可大理評事制 宋胡 宿 1088-725- 13

●張 蒙宋
爲捕捉群賊易當世立功轉一官制 宋張 嵲 1131-450- 13

●張 侯宋
可禮賓使制 宋胡 宿 1088-765- 17

●張 緒梁
張令爲太常領國子祭酒詔 梁江 淹 1063-735- 2
1339-267- 9
1415- 27- 85

●張 維宋
可秘書丞制 宋胡 宿 1088-723- 13

●張 絳宋
辟雍正張絳再任制 宋翟汝文 1129-205- 3

●張 絳宋
平蠻督餘鉗賞轉儒林郎制 宋洪容齋 1175-250- 20

●張 綱宋
右儒林郎張綱特與改承奉郎（制） 宋劉一止 1132-208- 42
吏部員外郎制 宋李正民 1133- 14- 2
可除吏部員外郎制 宋綦崇禮 1134-539- 3
除資政殿學士知婺州（制） 宋周麟之 1142-105- 14
特轉一官致仕（制） 宋周麟之 1142-157- 20

●張 綸宋
特展三年磨勘（制） 宋周必大 1148- 33- 96

●張 銲宋
除考功郎官（制） 宋張 綱 1131- 43- 7

●張 徹唐
可監察御史制 唐白居易 1080-518- 48
張徹監察御史制 唐白居易 1336-608-395

●張 徹宋
朝奉郎張徹可知沂州制 宋劉 放 1096-211- 21

●張 綾宋
湖南提刑（制） 宋蘇 轍 1112-312- 29

●張 綾宋
大理評事制 宋洪 适 1158-391- 22

●張 諒宋
轉一官資制 宋張 嵲 1131-441- 12

●張 潮宋
可將作監丞制 宋胡 宿 1088-741- 14

●張 澄宋
戶部尚書落權字制 宋張 擴 1129-142- 13
集英殿修撰知臨安府（制） 宋李彌遜 1130-643- 5
知襄陽府制 宋張 嵲 1131-481- 16
除徽猷閣直學士依舊如臨安府（制） 宋劉一止 1132-193- 39
知福州（制） 宋周麟之 1142-100- 13

●張 誼宋
龍圖閣學士知溫州制 宋胡 寅 1137-441- 13

●張 激宋
除尚書右丞制 宋張 守 1127-684- 2

●張 適宋
三司檢法官張適可大理寺丞制 宋王 珪 1093-279- 38

●張 慶宋
張俊祖慶追封相國公制 宋張 擴 1129-108- 11
（張俊封贈）祖(制) 宋李彌遜 1130-623- 4

●張 贊宋
青州奏壽光縣豐城村張贊年一百一歲本州助教制 宋王安石 1105-454- 55

●張 愨宋
諡忠穆（制） 宋程 俱 1130-244- 24
中大夫河北都轉運使張愨磨勘大中大夫（制） 宋孫 覿 1135-258- 25

●張 頵宋
都官員外郎新差權發遣江南西路提點諸州軍刑獄公事張頵可職方員外郎餘如故（制） 宋蘇 頌 1092-370- 32

待制河北都運（制）　宋蘇　轍　1112-326- 30

●張　賢漢

封孫程等詔　漢順帝　426-1102- 19

●張　標唐

授張標湖州錄事參軍制　唐薛廷珪　1336-747-415

●張　瑾宋

故淑妃張氏姪張瑾可補借職制　宋慕容彥逢　1123-392- 8

●張　增唐

授張增鳳翔少尹制　唐常　袞　1336-685-406

●張　整宋

皇城使廣西鈐轄加遙刺再任以交會地界之故　宋蘇　轍　1465-453- 2

●張　閭宋

可大理寺丞制　宋胡　宿　1088-731- 14

張閭等並諸曹員外郎制　宋李正民　1133- 16- 2

●張　鞏宋

知孟州河陰縣事張鞏可虞部員外郎制　宋王　珪　1093-284- 38

司門員外張鞏可開封府推官（制）　宋劉　敞　1095-654- 30
1350-387- 38
1418-365- 48

●張　閱宋

兗國公奏苗賢妃親姍甥婿進士張閱可試將作監主簿　宋沈　遘　1097- 60- 6

宣德郎提點京畿刑獄張閱爲河北路轉運副使（制）　宋劉安上　1124- 19- 2

降官（制）　宋劉安上　1124- 22- 2

●張　翬宋

通直郎河北路運判張翬可轉一官制　宋慕容彥逢　1123-379- 7

●張　震宋

張震除軍器監主簿（制）　宋陳傅良　1150-639- 17

●張　璉唐

授涇州節度使張璉加檢校司徒同平章事制　唐崔　遠　1337-289-458

●張　奭宋

可大理寺丞制　宋胡　宿　1088-717- 12

●張　奭宋

入內內侍省供備庫副使張奭可入內內侍省西京左藏庫副使制　宋慕容彥逢　1123-359- 6

入內供備庫使張夔可轉一官制　宋慕容彥逢　1123-373- 7

●張　奭宋

內侍張奭轉歸吏部守武功大夫致仕制　宋張　擴　1129- 41- 6

●張　敷晉

晉孝武即位詔　晉孝武帝　1386-706-上

●張　敷劉宋

追贈張敷詔　劉宋孝武帝　1398-535- 3

●張　稹宋

太常博士知岳州張稹可屯田員外郎餘如故制　宋夏　竦　1087- 66- 2

●張　銳宋

絳州防禦判官張銳可大理寺丞制　宋歐陽修　1102-620- 29

攝荆南文學張銳守荆南府參軍制　宋王安石　1105-450- 55

●張　範宋

（張巖）父範贈太子少師制　宋虞　儔　1154-115- 5

●張　緯南唐

虞部員外郎史館修撰張緯可句容令（制）　宋徐　鉉　1085- 64- 8

●張　徽宋

復端明殿學士制　宋王　洋　1132-414- 7

●張　徽宋

知江州充江南東路制置使制　宋李正民　1133- 32- 3

●張　諷唐

張諷等四人可兼御史中丞侍御史監察御史制　唐白居易　1080-546- 51

●張　諷宋

可大理評事制　宋胡　宿　1088-739- 14

前太子中舍張諷舊官服闋制　宋王安石　1105-411- 52

●張　諷宋

集慶軍節度使張孜遺

四庫全書文集篇目分類索引　907

男內殿崇班諷等轉官制　宋鄭 獬　1097-161- 6

●張　滶宋

右宣義郎張滶等知吉州萬安縣輕差弓手監欠稅人致阿陳等鎖索遺火燒死事依法寺斷降一官衝替（制）　宋劉一止　1132-189- 38

●張　諶宋

大理寺丞制　宋王安石　1105-403- 51

●張　謂唐

授張謂禮部侍郎制　唐常 袞　1336-562-388

授張謂太子左庶子制　唐常 袞　1336-666-404

●張　澤宋

張宗元父澤贈右奉直大夫制　宋張　擴　1129- 65- 7

●張　澤宋

特授龍圖閣待制誥　宋衛　涇　1169-488- 2

●張　誇宋

除尚書戶都侍郎（制）　宋劉安上　1124- 20- 2

●張　穎宋

張孝純子穎直秘閣制　宋汪　藻　1128- 80- 8

●張　顯宋

降官（制）　宋張　綱　1131- 42- 7

●張　瑤宋

崇班張瑤與轉兩官制　宋慕容彥逢　1123-385- 7

●張　整宋

皇城使漢州刺史廣南西路兵馬鈐轄張整等降官添差監當（制）　宋劉 攽　568- 29- 98

　　1096-235- 23

　　1350-401- 39

　　1465-452- 2

皇城使廣西鈐轄加遙刺再任（制）　宋蘇　轍　1112-311- 29

●張　璃宋

光祿寺丞制　宋王安石　1105-398- 51

●張　棹宋

張浚書寫奏狀張棹授承務郎（制）　宋程　俱　1130-268- 27

●張　勵宋

朝散郎淮南運副張勵可兩浙運副制　宋慕容彥逢　1123-344- 4

●張　遼魏

封張遼李典詔　魏文帝　1361-511- 2

●張　遼（子）魏

封張遼李典子爲關內侯詔　魏文帝　1412-598- 24

●張　毅宋

特降兩官制　宋慕容彥逢　1123-364- 6

●張　隨宋

可太子中舍人致仕制　宋胡　宿　1088-796- 20

●張　默宋

左朝散大夫張致遠父默贈右相請郎制　宋張　擴　1129-140- 13

●張　蕃宋

降一官（制）　宋周必大　1148- 57- 98

●張　嶠宋

張方平祖追贈制　宋蘇　轍　1112-344- 32

●張　怒宋

將作監丞（制）　宋蘇　軾　1108-675-107

●張　學宋

換給付身補右族從侍郎（制）　宋劉一止　1132-169- 33

●張　錫宋

秘書省著作佐郎知蜀州晉源縣事張錫可太子右贊善大夫餘依舊制　宋夏　竦　1087- 52- 1

●張　勳宋

知建州張勳降三官制　宋汪　藻　1128- 89- 9

●張　濤宋

提點坑冶鑄錢（制）　宋樓　鑰　1152-684- 39

中書舍人制　宋虞　儔　1154-109- 5

●張　澗宋

循右承直郎制　宋張　擴　1129-139- 13

●張　濟唐

鄂岳觀察使制——大順二年正月　唐不著撰人　426-416- 58

授張濟將進守右僕射依前充諸道租庸使制　唐錢　珝　1336-762-417

●張　禧宋

前權府州軍事判官張禧可大理寺丞（制）　宋蘇　頌　1092-357- 30

西頭供奉張禧得三級轉三官（制）　宋蘇　軾　1108-665-106

前權府州軍事判官張

四庫全書文集篇目分類索引

史部

詔令奏議類：附錄

詔令下（男）十一畫

禧可大理寺丞制　宋張　擴　1129- 87- 9
太府寺丞制　宋虞　儔　1154-121- 5

●張　濟宋
追復朝奉郎致仕制　宋吳　泳　1176- 88- 9

內殿丞制渭州都監張濟可供備庫副使制　宋鄭　獬　1097-142- 4
●張　績唐

補承信郎制　宋張　擴　1129- 98- 10
授翟州刺史張績等加官制　唐薛廷珪　1336-720-411

●張　澂宋

授閣門宣贊舍人制　宋吳　泳　1176- 71- 8
●張　徵宋

●張　與宋
可試大理評事充節度推官知變州奉節縣制　宋胡　宿　1088-780- 18

可屯田員外郎制　宋胡　宿　1088-750- 15

●張　槭宋
尚書屯田郎中張徵可度支郎中（制）　宋蘇　頌　1092-388- 34

屯田員外郎同判定州張槭可都官員外郎餘如故制　宋夏　竦　1087- 56- 1
●張　滙宋

比部郎官（制）　宋程　俱　1130-240- 24

●張　翼（等）宋
●張　琦宋

張翼等轉五官并遙郡制　宋程　俱　1130-264- 27
朝奉大夫張琦知唐州制　宋劉　敞　1096-218- 21

●張　瑜宋
●張　琦宋

太子中舍人張瑜可殿中丞制　宋胡　宿　1088-759- 16
差知常德府（制）　宋周必大　1148- 83-100

太子中舍張瑜可殿中丞（制）　宋蘇　頌　1092-348- 29
●張　熹宋

大理評事制　宋王安石　1105-405- 51
可兵部郎中制　宋劉　敞　1096-199- 20

●張　璪宋
戶部員外郎加上輕車都尉權三司戶部副使張熹朝散大夫刑部郎中制　宋王安石　1105-385- 50

特與落致仕差充追册皇后攢宮都監（制）　宋周必大　1148- 33- 96
三司戶部副使張熹兵部郎中制　宋王安石　1105-386- 50

●張　璟宋
●張　熹宋

資政殿學士知鄭州張璟可知河南府制　宋劉　敞　1096-237- 23
宣教郎制　宋許景衡　1127-230- 7

明堂執政張璟加恩（制）　宋蘇　軾　1108-697-108
權吏部尚書（制）　宋劉一止　1132-219- 45

（可）光祿大夫資政殿學士知鄭州（制）　宋蘇　轍　1112-285- 27
除端明殿學士依舊知建康府（制）　宋周麟之　1142-119- 15

●張　璨宋
●張　擴宋

入內內侍省左藏庫副使張璨可轉一官制　宋慕容彥逢　1123-376- 7
祠部郎官（制）　宋劉一止　1132-212- 44

東頭供奉官張璨與轉一官制　宋慕容彥逢　1123-385- 7
致仕復敷文閣待制制　宋王　洋　1132-413- 7

●張　環宋
●張　暮唐

可兵部員外郎制　宋胡　宿　1088-743- 15
授張暮端陵丞制　唐李　磎　1336-748-415

●張　薦唐
●張　顗唐

授張薦節度判官（制）　唐李　磎　1336-734-413
授張顗兵部郎中制　唐賈　至　1336-570-390

●張　薦宋
●張　顗宋

殿中丞通判沂州張薦可國子博士制　宋宋　庠　1087-584- 24
下班祇應張顗保義郎（制）　宋孫　覿　1135-259- 25

●張　鎰宋
●張　鎬唐

授張鎬諫議大夫制　唐賈　至　1336-512-381

●張　績宋

除宣德郎制　宋蘇　軾　1108-699-108

四庫全書文集篇目分類索引　　909

秘書省正字（制）　宋蘇　轍　1112-303- 28
●張　譚漢
爲御史大夫詔　漢　元　帝　426-1034- 9
　　　　　　　　　　　1396-246- 3
　　　　　　　　　　　1402- 23- 3

●張　懷宋
（張巖）祖不仕懷贈
　太子少傅制　宋虞　僎　1154-115- 5
●張　寶宋
轉一官制　宋張　嵩　1131-440- 12
●張　闡宋
內張闡兼史院檢討官
　制　宋張　擴　1129-144- 13
除秘書郎制　宋張　擴　1129-144- 13
●張　璪宋
左司郎中知制誥張璪
　可左諫議大夫依前
　職制　宋鄭　獬　1097-154- 5
祠部員外郎秘閣校理
　璪丁憂服闋復舊官
　制　宋歐陽修　1102-619- 79
尚書戶部郎中知制誥
　張璪制　宋王安石　1105-380- 49
●張　獻宋
承議郎張獻可太學博
　士制　宋劉　攽　1096-226- 22
●張　蘊宋
右諫議大夫充天章閣
　待制兼侍讀張蘊第
　京東轉運使兵部員
　外郎集賢校理撿蘊
　尚書司封郎中可特
　贈光祿卿制　宋胡　宿　1088-814- 21
龍圖閣直學士工部侍
　郎張撿父贈司徒（
　制）　宋蘇　頌　1092-408- 35
●張　蘊宋
東上閣門使成州團練
　使張蘊可依前官遙
　郡防禦使制　宋慕容彥逢　1123-358- 6
●張　勸宋
進書轉官制　宋翟汝文　1129-219- 4
●張　鎬唐
授張鎬彰儀軍節度使
　制　宋陸　贄　1337-282-457

●張　籍唐
授張籍秘書郎制　唐元　稹　1079-653- 4
　　　　　　　　　　　1336-638-400
　　　　　　　　　　　1402- 70- 13
可水部員外郎制　唐白居易　1080-529- 49
授張籍水部員外郎制　唐白居易　1336-590-392
　　　　　　　　　　　1402- 76- 14

●張　曁宋
考功員外郎（制）　宋程　俱　1130-272- 27
直秘閣移鼎州制　宋胡　寅　1137-435- 12
●張　懿唐
劉總外祖故瀛州刺史
　盧龍筆兵馬使張懿
　贈工部尚書制　唐白居易　1080-551- 51
●張　纘梁
爲尚書僕射手詔　梁　武　帝　1399-260- 1
●張　續漢
褒張綱詔封其子　漢　順　帝　426-1105-19
拜張綱子續爲郎中詔　漢　順　帝　1397- 52- 3
●張　鐸宋
太學博士制　宋會　鞏　1098-545- 20
●張　鑄宋
刑部郎中張鑄可三司
　鹽鐵判官（制）　宋余　靖　1089- 95- 10
太常少卿張鑄可光祿
　卿致仕制　宋劉　敞　1095-656- 30
　　　　　　　　　　　1350-382- 37
　　　　　　　　　　　1418-361- 48
可光錄卿致仕誥　宋劉　敞　1402-113- 20
●張　鑑宋
大理寺丞監南劍州商
　稅張鑑可殿中丞制　宋宋　庠　1087-582- 24
比部員外郎張鑑可賀
　部員外郎（制）　宋韓　維　1101-654- 16
●張　顯宋
殿直張顯可轉一官制　宋慕容彥逢　1123-372- 7
●張　巖宋
可加食邑五百戶食實
　封二百戶制　宋衞　涇　1169-508- 3
●張　灝宋
樞密院編修官張灝改
　宣教郎制　宋汪　藻　1128- 81- 8
可贈直龍圖閣制　宋綦崇禮　1134-538- 2

●張　觀宋
可尚書左丞制　宋胡　宿　1088-954- 16

史部

詔令奏議類：附錄

詔令下（男）十一畫

太常寺太祝張觀可大理評事制　宋歐陽修　1102-633- 80

●張九成宋

落致仕（制）　宋李彌遜　1130-644- 5

爲臣寮上言落職依舊知邵州制　宋張嵲　1131-483- 17

●張九思元

贈推誠翊亮功臣開府儀同三司太傅上柱國魯國公謚忠獻制　元趙孟頫　1196-734- 10

●張九齡唐

平章事制——開元二十一年十二月　唐徐安貞　426-297- 45

裴耀卿侍中張九齡中書令李林甫同三品制——開元二十二年五月　唐不著撰人　426-298- 45

裴耀卿張九齡尚書左右丞相制　唐不著撰人　426-391- 55

除張九齡中書侍郎同平章事制　唐徐安貞　1337-195-448

除裴耀卿黃門侍郎張九齡中書侍郎同平章事制　唐玄宗　549- 37-183

●唐士文宋

右班殿直閤門班祗候同提點承受張士文可閤門祗候制　宋慕容彥逢　1123-354- 5

●張士元宋

特轉一官令再任（制）　宋周必大　1148- 81-100

●張士昌宋

賢妃苗氏奏親姊永安縣君苗氏男習進士張士昌可試將作監主簿　宋沈遘　1097- 60- 6

●張士明宋

可太子中舍人制　宋胡宿　1088-736- 14

●張士禹宋

殿中省尚藥奉御直翰林醫官院張士禹可殿中省尚藥奉御充翰林醫官副使（制）　宋蘇頌　1092-374- 32

●張士兼宋

賞轉一官（制）　宋周必大　1148- 46- 97

●張士階唐

齊州刺史張士階可祠部郎中制　唐白居易　1080-549- 51

授齊州刺史張士階祠部郎中制　唐白居易　1336-573-390

●張士廉宋

東頭供奉官張士廉可轉三官制　宋慕容彥逢　1123-388- 8

敍官制　宋王洋　1132-415- 7

●張士端宋

沂國公主趙氏奏苗賢妃親姊永安縣君苗氏男張士端試將作監主簿制　宋王安石　1105-438- 54

●張士遜宋

工部郎中張士遜可戶部郎中直昭文館充壽春郡王府官制　宋夏竦　1087- 53- 1

奏舉人前彬州宜章縣尉監溫州大富南監張士遜可大理寺丞制　宋宋庠　1087-593- 25

●張士澄宋

劍南節度推官張士澄等可大理寺丞（制）　宋鄭獬　1097-133- 3

　　　　　　　　　　　　1350-393- 38

通判定州（制）　宋蘇轍　1112-301- 28

●張士燮宋

可都官員外郎制　宋胡宿　1088-747- 15

●張子方宋

可著作佐郎制　宋胡宿　1088-715- 12

●張子元宋

太子中舍張子元可殿中丞制　宋宋庠　1087-576- 23

●張子仁宋

除直顯謨閣（制）　宋周麟之　1142-101- 13

●張子正宋

除直顯謨閣（制）　宋周麟之　1142-101- 13

●張子庚宋

可殿中丞依舊知縣制　宋胡宿　1088-779- 18

大理評事張子庚可大理寺丞制　宋歐陽修　1102-618- 79

●張子厚宋

轉三官遙郡制　宋程俱　1130-265- 27

●張子華宋

軍器監丞（制）　宋李彌遜　1130-637- 5

四庫全書文集篇目分類索引

●張子蓋宋
除張子蓋加食邑制　　宋周麟之　1142-83-11
除淮南東路招撫使（制）　　宋周必大　1138-33-96
檢校少保安德軍德節度便張子蓋守本職致仕制　　宋周必大　1148-53-98
故張子蓋贈太尉制　　宋周必大　1148-54-98
●張子瑾
大理評事知開封府扶溝縣張子瑾可大理寺丞制　　宋蔡　襄　1090-443-13
●張子儀宋
轉右朝奉郎制　　宋張　擴　1129-87-9
●張子顏宋
除直顯謨閣（制）　　宋周麟之　1142-101-13
●張大中宋
東頭供奉官張大中轉兩官制　　宋會　肇　1101-331-1
　　1350-412-40
皇城使張大中可遙郡刺史制　　宋慕容彥逢　1123-346-5
●張大年宋
降一官（制）　　宋周必大　1148-48-97
●張大忠宋
殿直張大忠先降一官送大理寺取勘制　　宋慕容彥逢　1123-366-6
●張大受宋
可殿中丞制　　宋胡　宿　1088-747-15
●張大經宋
該買恩轉官（制）　　宋樓　鑰　1152-703-41
●張大械宋
循右文林郎制　　宋張　擴　1129-139-13
●張上行宋
直秘閣制　　宋李正民　1133-7-1
●張千秋漢
益封張安世詔並封其子　　漢　宣　帝　426-1015-8
●張方平宋
應茂才異等科張方平可秘書省校書郎充知縣制　　宋宋　庠　1087-575-23
可特授給事中進封清河郡開國侯加食邑五百戶制　　宋胡　宿　1088-761-17
端明殿學士兼龍圖閣

直學士張方平可加上輕車都尉食實封二百戶制　　宋蔡　襄　1090-465-15
前戶部尚書參加政事張方平可依前官充觀文殿學士知河南府兼西京留守司（制）　　宋蘇　頌　1092-351-30
戶部尚書張方平可參知政事制　　宋鄭　獬　1097-113-1
致仕告詞　　宋張方平　1104-317-29
●張文用宋
授隨龍武經大夫制　　宋吳　泳　1176-67-7
●張文仲宋
右街司正名孔目官張文仲蓬州蓬山縣主簿依前充職制　　宋王安石　1105-454-55
●張文告宋
可著作佐郎制　　宋胡　宿　1088-733-14
●張文矩宋
張浚封贈曾祖文矩贈太子太保（制）　　宋程　俱　1130-253-25
●張文琇宋
河中府推官張文琇可大理寺丞制　　宋田　錫　1085-552-29
●張文蔚唐
平章事制——天祐二年三月　　唐不著撰人　426-351-50
●張文簡宋
奉職張文簡可逐州長史　　宋沈　遘　1097-60-6
●張之德宋
循資制　　宋王　洋　1132-423-7
●張之諫宋
權涇原路兵馬鈐轄皇城使萬州團練使張之諫可轉兩資西上閤門使制　　宋劉　敞　1096-191-19
知德順軍（制）　　宋蘇　轍　1112-306-29
●張太一宋
可國子監丞致仕制　　宋胡　宿　1088-799-20
●張太沖宋
可司農少卿制　　宋胡　宿　1088-755-16
●張太初宋
可大理寺丞制　　宋胡　宿　1088-729-14

史部

詔令奏議類：附錄

詔令下（男）十一畫

四庫全書文集篇目分類索引

史部

詔令奏議類：附錄

詔令下（男）十一畫

可加輕車都尉制　　宋胡　宿　1088-764- 17
●張太寧宋
大理評事張太寧可大理寺丞　　宋沈　遘　1097- 33- 4
殿中丞張太寧可太常博士制　　宋鄭　獬　1097-136- 3
提舉秦鳳等路常平制　　宋曾　鞏　1098-559- 22
（知）漢州（制）　　宋蘇　轍　1112-290- 27
●張元方宋
著作佐郎張元方可秘書丞　　宋沈　遘　1097- 56- 6
權發遣府界提點（制）　　宋蘇　轍　1112-314- 29
●張元夫唐
可禮部員外郎制　　唐白居易　1080-528- 49
授張元夫禮部員外郎制　　唐白居易　1336-580-391
　　1402- 76- 14
●張元晏唐
授右司郎中張元晏翰林學士制　　唐錢　珝　1336-535-384
●張元福唐
授張元福勝州都督府長史制　　唐李　嶠　1336-735-414
●張天占宋
前權雄州防禦推官張天占可大理寺丞（制）　　宋蘇　頌　1092-357- 30
前權雄州防禦推官張天占可大理寺丞制　　宋張　擴　1129- 87- 9
●張天民宋
轉一官制　　宋張　嵲　1131-440- 12
●張天材宋
高堯舉張天材（制）　　宋劉安上　1124- 20- 2
●張天綱宋
授武翼郎添差隆興府兵馬鈐轄制　　宋吳　泳　1176- 82- 9
●張友直宋
集賢殿修撰知鄧州張友直可天章閣待制知陝州制　　宋王　珪　1093-272- 37
皇后幹辦宅從義郎張友直特轉一官（制）　　宋陳傅良　1150-573- 11
●張友賢宋
開封府曹參軍張友賢可大理寺丞依舊知

法曹參軍公事制　　宋蔡　襄　1090-435- 12
●張及孫宋
特勒停人前守將作監主簿張及孫復舊官制　　宋王安石　1105-448- 55
●張中庸宋
命張中庸爲開封府判官制　　宋仁宗　538-495- 75
可兵部員外郎制　　宋胡　宿　1088-744- 15
可開封府判官制　　宋胡　宿　1088-775- 18
兵部員外郎張中庸可開封判官（制）　　宋劉　敞　1095-654- 20
　　1350-386- 38
●張公及唐
除獻陵令制　　唐杜　牧　1081-679- 15
●張公庠宋
可廣東轉運副使制　　宋蘇　軾　568- 29- 98
　　1108-679-107
奏舉人張公庠著作佐郎制　　宋王安石　1105-401- 51
●張公蓋宋
特降一官放罷永不得與親民差遣（制）　　宋陳傅良　1150-591- 13
●張公濟宋
張公濟等各轉一官制　　宋許景衡　1127-229- 7
倉部郎官制　　宋汪　藻　1128- 77- 8
右司郎中（制）　　宋程　俱　1130-265- 27
除右司員外郎制　　宋李正民　1133- 16- 2
可除中書門下省檢正諸房公事制　　宋綦崇禮　1134-549- 4
●張公舉宋
爲殺敗金兵轉武顯郎制　　宋張　嵲　1131-506- 19
●張仁惠宋
張仁惠等可加輕車都尉制　　宋夏　竦　1087- 64- 2
可尚書膳部郎中制　　宋宋　庠　1087-569- 22
●張仁愿唐
授張仁愿兵部尚書制　　唐蘇　頲　1336-547-386
　　1402- 86- 15
●張仁操宋
追官人張仁操等除官（制）　　宋田　錫　1085-557- 29
●張升卿宋
可叙朝散郎制　　宋劉　攽　1096-204- 22

降一官小郡通判制　宋劉　攽　1096-221- 22
●張允中宋
循從事郎（制）　宋樓　鑰　1152-634- 35
循一資（制）　宋樓　鑰　1152-688- 39
●張允伸唐
授張允伸幽州節度使
　制　唐 宣 宗　503-260-109
授幽州留後張允伸節
　度使制　唐蔣　伸　1337-269-456
●張允恭唐
册張允恭鄜州都督文　唐不著撰人　426-452- 62
●張允修宋
張緯男允修可將作監
　主簿制　宋歐陽修　1102-631- 80
右文林郎制　宋張　擴　1129-139- 13
●張允濟宋
轉一官制　宋衞　涇　1169-478- 1
●張允蹈宋
循左儒林郎制　宋張　擴　1129-139- 13
●張玄晏唐
授殿中張玄晏都官員
　外郎制　唐薛廷珪　1336-587-392
　　　　　1402- 81- 14
●張玄逸唐
授張玄逸右衞將軍制　唐孫　逖　1336-649-402
●張永年宋
（可）中書錄事(制)　宋韓　維　1101-656- 16
●張永年宋
可特授內殿承制制　宋慕容彥逢　1123-354- 5
●張永德宋
可衢州常山縣尉兼主
　簿制　宋胡　宿　1088-783- 18
●張永德宋
可轉一官制　宋慕容彥逢　1123-390- 8
●張永戩宋
可將作監丞制　宋宋　庠　1087-563- 21
可秘書丞（制）　宋歐陽修　1102-627- 80
　　　　　1350-380- 37
●張弘略元
贈蔡國忠毅公制　宋姚　燧　1201-421- 2
●張弘策梁
贈張弘策（詔）　梁 武 帝　1399-256- 1
　　　　　1414-428- 80
●張弘靖唐
拜刑部尚書同中書門

　下平章事制　唐 憲 宗　426-311- 46
　　　　　549- 43-183
拜中書侍郎同平章事
　制　唐 憲 宗　549- 44-183
授張弘靖門下侍郎平
　章事制　唐 穆 宗　549- 49-183
除張弘靖門下侍郎平
　章事制　唐白居易　1080-577- 54
　　　　　1337-211-450
　　　　　1402- 73- 14
拜相制　玉堂遺範　1337-198-448
授張弘靖太原節度使
　制　唐 穆 宗　549- 49-183
　　　　　1337-235-452
●張弘範元
贈齊國忠武公制　元姚　燧　1201-414- 1
●張弘籍梁
追贈張弘籍詔　梁 武 帝　1399-256- 1
　　　　　1414-428- 80
●張正一唐
致仕制　唐白居易　1080-587- 55
●張正己宋
可大理寺丞致仕(制)　宋劉　敞　1095-657- 30
　　　　　1350-386-386
　　　　　1418-363- 48
●張正夫宋
可特轉一官制　宋慕容彥逢　1123-374- 7
●張正甫唐
可同州刺史制　唐白居易　556-122- 85
　　　　　1080-533- 49
蘇州刺史制　唐白居易　1080-587- 55
　　　　　1386-452- 46
●張正度唐
除汾州別駕制　唐杜　牧　1081-687- 16
　　　　　1336-739-414
●張正鶴明
張正鶴父母幷妻勅命　明孫繼皋　1291-201- 1
●張平叔唐
可京兆少尹兼知府事
　制　唐白居易　556-121- 85
　　　　　1080-528- 49
　　　　　1336-684-406
可戶部侍郎判度支制　唐白居易　1080-520- 48
●張平易宋
張方遺表親男平易守

將作監主簿制　宋王安石　1105-414- 52

●張可大宋

授武顯大夫添差淮南西路馬步副總管依舊知壽春府制　宋吳　泳　1176- 77- 8

●張世良宋

中書錄事制　宋王安石　1105-453- 55

●張世忠宋

贈承信郎制　宋張　擴　1129-129- 12

●張世昌宋

轉官制　宋宋　庠　1087-570- 22

●張世昌宋

兩朝佑聖太夫人姪孫張世昌可轉一官制　宋慕容彥逢　1123-381- 7

轉一官（制）　宋周必大　1148- 37- 96

●張世矩宋

再任鎮戎軍（制）　宋蘇　軾　1108-681-107

●張世傑宋

特授保康軍節度使左金吾衞上將軍湖西制置副使知平江府仍舊帶行樞密都承旨揚州駐箚御前諸軍都統行樞督府總統一應軍馬加食邑食寔封制　宋王應麟　1187-243- 4

依前保康軍承宣使樞密副都承旨特授沿江制置副使知江陰軍兼湖西策應使詔　宋王應麟　1187-259- 5

依前保康軍承宣使帶行樞密都承旨特授龍神衞四廂都指揮使諭　宋王應麟　1187-259- 5

●張世傑明

除夏官正諭　明王　禕　1226-254- 12

●張世榮宋

降兩官送吏部與合閥入差遣（制）　宋陳傳良　1150-582- 12

●張四維明

敕大學士張四維贈太師諡文毅諭　明神宗　549- 69-183

少傅兼太子太傅禮部尚書武英殿大學士張四維諭命　明孫繼皐　1291-195- 1

少保兼太子少保禮部尚書武英殿大學士張四維幷妻諭命一道　明孫繼皐　1291-197- 1

●張令衍宋

轉敦武郎制　宋張　擴　1129-102- 10

●張令敏宋

賞循從事郎制　宋衞　涇　1169-467- 1

●張令照宋

降兩資故罷（制）　宋樓　鑰　1152-610- 34

●張用成宋

可太樂署丞制　宋宋　庠　1087-595- 25

●張幼彰唐

除諸衞將軍翰林待詔制　唐杜　牧　1081-682- 16

●張守中宋

前守覇州大城令張守中許州別駕（制）　宋田　錫　1085-543- 28

●張守忠（等）宋

張守忠等降官制　宋劉才邵　1130-475- 5

張守忠等降官制　宋劉才邵　1130-476- 5

●張守明宋

張俊曾祖守明追封號國公制　宋張　擴　1129-108- 14

（張俊封贈）曾祖（制）　宋李彌遜　1130-623- 4

●張守約宋

因黔州團結義軍應副宣撫司使喚依期起發在路無擾轉忠訓郎制　宋張　嵲　1131-452- 13

●張安上宋

權提點兩浙刑獄公事朝請大夫張安可湖北轉運副使制　宋劉　敞　1096-190- 19

新差湖北轉運副張安上可倉部郎中制　宋劉　敞　1096-199- 20

可兩浙提刑（制）　宋蘇　軾　1108-682-107

提刑（制）　宋蘇　軾　1108-682-107

轉歸吏部充德壽宮差遣（制）　宋周必大　1148- 12- 94

●張安仁宋

除入內內侍省都知（制）　宋陳傳良　1150-575- 11

●張安世漢

四庫全書文集篇目分類索引

封張安世詔　漢 昭 帝　426-1013- 7
益封張安世詔　漢 宣 帝　426-1015- 8
封張安世富平侯詔　漢 昭 帝　1396-224- 2
●張安國宋
可衞尉寺丞制　宋胡 宿　1088-734- 14
換給承節郎制　宋李彌遜　1130-627- 4
秉義郎張安國轉從義郎（制）　宋孫 覿　1135-260- 25
●張安雅宋
薊州廣濟縣令張安雅等二人可著作佐郎制　宋鄭 獬　1097-132- 3
●張安道宋
進武校尉張安道差齋文字過界與轉一官（制）　宋劉一止　1132-162- 31
●張安節宋
武平知縣張安節降一官制　宋張 擴　1129-132- 12
●張汝舟宋
除直顯謨閣依舊知明州制　宋李正民　1133- 27- 2
●張汝弼宋
入內左藏庫使張汝弼可左藏庫使制　宋慕容彥逢　1123-359- 6
●張汝賢宋
右司郎中（制）　宋蘇 轍　1112-323- 30
可直龍圖閣發運副使誥　宋蘇 轍　1108-667-106
　　1402-116- 21
●張汝霖宋
太學錄張汝霖工部員外郎制　宋翟汝文　1129-207- 3
●張次元宋
大理評事制　宋王安石　1105-399- 51
●張次立宋
屯田郎中張次立可都官郎中（制）　宋蘇 頌　1092-353- 30
●張存誠宋
轉右朝請郎制　宋張 擴　1129-141- 13
●張同文宋
太子中舍同判信州張同文可殿中丞制　宋夏 竦　1087- 66- 2
●張同之宋
轉一官再任（制）　宋陳傅良　1150-639- 17

●張光奇唐
授張光奇光祿少卿制　唐賈 至　1336-623-398
●張自成宋
先朝鄉貢三傳張自成可奉禮郎致仕制　宋王 珪　1093-292- 40
●張自明宋
衞尉寺丞張自明可左贊善大夫賜緋(制)　宋田 錫　1085-547- 28
●張自牧宋
補從事郎御營使司准備差使制　宋汪 藻　1128- 78- 8
轉兩官直秘閣京東轉運判官制　宋汪 藻　1128- 79- 8
●張自勉唐
賜張自勉實封制——大歷十二年七月　唐不著撰人　426-469- 63
授張自勉開府儀同三司制　唐常 袞　1336-760-417
●張全同宋
軍中起復（制）　宋劉一止　1132-164- 31
●張好問宋
張適父好問可授太子左贊善大夫致仕（制）　宋田 錫　1085-541- 28
●張仲武唐
授張仲武東面招撫迴鶻使制　唐李德裕　1079-125- 3
　　1337-314-461
●張仲宣宋
可太子中舍人制　宋胡 宿　1088-736- 14
●張仲英（等）宋
張仲英等降官（制）　宋劉安上　1124- 17- 2
●張仲迪宋
張氏封贈祖張仲迪贈太中大夫（制）　宋程 俱　1130-267- 27
●張仲容宋
知號州張仲容可知建昌軍制　宋劉 攽　1096-229- 22
合州巴川縣令張仲容等二人可大理寺丞制　宋鄭 獬　1097-135- 3
●張仲剛宋
補承信郎守禦使准備差使（制）　宋孫 覿　1135-260- 25
●張仲卿宋

奏舉人前權蔡州觀察副使張仲卿可大理寺丞制　宋蔡　襄　1090-436- 12

●張仲莊 宋
可太常博士制　宋胡　宿　1088-748- 15

●張仲寧 宋
爲前監小富鎭酒稅務合同場日於本鎭上等井戶處人夫般取宅舍及失覺察公人商友等取乞客人鋪戶井戶等錢事降一官衝替制　宋張　嵩　1131-470- 15

●張仲綱 宋
宣德郎開封府參軍張仲綱可兵曹參軍　宋慕容彥逢　1123-349- 5

●張仲熊 宋
張宿房男將士郎仲熊改合入官（制）　宋孫　覿　1135-256- 25

●張行成 宋
十二考人前權建雄軍節度推官張行成可著作佐郎制　宋宋　庠　1087-577- 23

●張行簡 宋
太子中舍張行簡(等)並可舊官制　宋夏　竦　1087- 53- 1
東頭供奉官張行簡可率府率致仕制　宋歐陽修　1102-623- 79

●張宋卿 宋
秘書郎制　宋洪　适　1158-384- 21

●張良臣 宋
循右從政郎制　宋張　嵩　1129-138- 13

●張成大（等）宋
張成大等爲溫州道火延燒千餘家成大通判權攝郡事罪不可逃知通兵各降一官制　宋張　嵩　1131-472- 15

●張成憲 宋
除金部郎官（制）　宋張　綱　1131- 41- 7

●張孝友 宋
奏舉人前眞州錄事參軍張孝友可大理寺丞制　宋宋　庠　1087-578- 23

●張孝伯 宋

除國子監（制）　宋陳傅良　1150-642- 18
司農寺主簿（制）　宋樓　鑰　1152-646- 36

●張孝忠 宋
右侍禁張孝忠可轉一官制　宋慕容彥逢　1123-374- 7

●張孝芳 宋
瀘州軍變守臣張孝芳被害特贈三官與兩子恩澤（制）　宋陳傅良　1150-577- 11

●張孝思 宋
可降兩官制　宋綦崇禮　1134-556- 5

●張孝祥 宋
初補承事郎授鎭東簽判誥　宋不著撰人　1140-759- 附
除禮部尙書郎誥　宋不著撰人　1140-760- 附
除秘書郎誥　宋不著撰人　1140-760- 附
除著作郎誥　宋不著撰人　1140-760- 附
轉宣教郎誥　宋不著撰人　1140-760- 附
陞顯謨閣直學勅黃　宋不著撰人　1140-761- 附
除秘撰改知潭州權荊南提刑誥　宋不著撰人　1140-761- 附
陞中書舍人直學士院誥　宋不著撰人　1140-761- 附
轉朝散大夫誥　宋不著撰人　1140-761- 附
除起居舍人（制）　宋周麟之　1142-114- 15
除禮部郎官（制）　宋周麟之　1142-118- 15
復集英殿修撰（制）　宋周必大　1148- 30- 96
復集英殿修撰知靜江府制　宋洪　适　1158-405- 23

●張孝曾 宋
夔路提刑（制）　宋樓　鑰　1152-643- 36

●張克家 宋
轉一官資（制）　宋樓　鑰　1152-616- 34

●張克敏 宋
侍禁張克敏可轉一官制　宋慕容彥逢　1123-391- 8

●張見道 宋
張見道等降官制　宋許景衡　1127-234- 7

●張伯昌 宋
朝奉郎張伯昌可轉一官制　宋慕容彥逢　1123-378- 7

●張伯望 宋
爲殺獲虔賊劉宣等轉修武郎制　宋張　嵩　1131-487- 17

●張伯通 宋

可試大理評事充奉寧軍節度推官制　宋胡　宿　1088-779- 18

●張伯禽 唐
授張伯禽等通事舍人制　唐賈　至　1336-529-383

●張伯奮 宋
張宿房男承直郎伯奮改合入官（制）　宋孫　覿　1135-256- 25

●張邦昌 宋
責授昭化軍節度副使潭州安置制　宋汪　藻　1128-108- 12
　　　　　　　　　　　　　　　　　　　1128-241- 2
　　　　　　　　　　　　　　　　　　　1375- 45- 1

知光州制　宋翟汝文　1129-197- 2

●張邦憲 宋
承事郎守光祿寺丞張邦憲可宣義郎光祿寺丞制　宋慕容彦逢　1123-338- 4

●張利一 宋
自眞定總管移知代州（制）　宋蘇　轍　1112-290- 27

●張希一 宋
引進副使張希一可西上閤門使制　宋王　珪　1093-289- 39

●張希甫 宋
可大理評事制　宋胡　宿　1088-739- 14

●張希房 宋
軍器庫副使兼醫官副使張希房可轉一官制　宋慕容彦逢　1123-384- 7

●張希亮 宋
國子監丞（制）　宋劉一止　1132-166- 32

●張廷濟 唐
授張廷濟永清縣令制　宋劉崇望　1336-745-415
　　　　　　　　　　　　　　　　1402- 83- 14

●張攸彦 宋
轉忠訓郎制　宋張　擴　1129-100- 10

●張宗元 宋
知靜江府制　宋張　擴　1129-136- 13
樞密都承旨（制）　宋李彌遜　1130-619- 4
工部員外郎制　宋李正民　1133- 14- 2
可除工部員外郎依舊制　宋綦崇禮　1134-545- 3
轉官制　宋胡　寅　1137-434- 12
知洪州（制）　宋周麟之　1142-100- 13
除將作監（制）　宋周麟之　1142-152- 19
司農少卿制　宋洪　适　1158-367- 19

●張宗臣 宋
御前尚書學究及第張宗臣亳州司法參軍制　宋王安石　1105-446- 55

●張宗臣 宋
大理寺丞制　宋汪　藻　1128- 78- 8

●張宗況 宋
轉一官與幹官差遣（制）　宋陳傳良　1150-647- 18

●張宗訥 宋
內殿崇班張宗訥等並可內殿承制（制）　宋沈　遘　1097- 39- 4

●張宗雅 宋
屯田員外郎張宗雅可都官員外郎　宋沈　遘　1097- 51- 6

●張宗道 宋
虞部員外郎張宗道可比部員外郎（制）　宋蘇　頌　1092-354- 30
龍圖閣直學士吏部郎中權知開封府沈遘奏醫人張宗道可試國子四門助教不在選限（制）　宋韓　維　1101-654- 16

●張宗愈 宋
轉一官與幹官差遣（制）　宋陳傳良　1150-647- 18

●張宗說 宋
奏舉人前權西京留守判官張宗說可大理寺丞　宋沈　遘　1097- 63- 6

●張宗誨 宋
太常少卿張宗誨可四方館使文州刺史知具州制　宋宋　庠　1087-589- 25

●張宗廣 宋
爲捕獲姜貴一十四人謀判轉一官換給制　宋張　嵲　1131-445- 12

●張宗賢 宋
可授崇信軍承宣使制　宋綦崇禮　1134-549- 4

●張宗顏 宋
轉四官遙宣（制）　宋胡　寅　1137-428- 12

●張初平 宋
可大理寺丞寺丞充堂

918　　　　　　　四庫全書文集篇目分類索引

後官制　　　　　　　　　　宋胡　宿　　1088-731- 14

●張亞之 宋
丞議郎張亞之可知開
　封府祥符縣制　　　　　宋劉　放　　1096-190- 19
●張直方 唐
授左驍衞將軍制　　　　　唐杜　牧　　1081-680- 16
貶恩州司戶制　　　　　　唐杜　牧　　1081-689- 17
授張直方左驍衞大將
　軍制　　　　　　　　　唐杜　牧　　1336-645-401
授張直方將軍制　　　　　唐翟　珽　　1336-651-402
●張居詠 南唐
張居詠制　　　　　　　　宋徐　鉉　　1085- 45- 6
●張居翰 唐
授張居翰等加官階制　　　唐薛廷珪　　1336-767-418
●張奉國 唐
授張奉國上將軍皇城
　留守制　　　　　　　　唐元　稹　　1079-653- 4
　　　　　　　　　　　　　　　　　　1336-641-401
　　　　　　　　　　　　　　　　　　1402- 91- 16

●張奉顏 宋
換給武略郎制二首　　　　宋張　擴　　1129-136- 13
●張承衍 宋
左藏庫使張承衍可文
　思使制　　　　　　　　宋鄭　獬　　1097-141- 4
●張承懿 宋
可水部員外郎制　　　　　宋胡　宿　　1088-748- 15
●張忠順 宋
換給敦武郎更轉一官
　制　　　　　　　　　　宋張　嵲　　1131-443- 12
●張昭吉 宋
沿堂五院承引官將任
　郎守京北府別駕張
　昭吉可右千牛衞長
　史充沿堂五院副行
　省制　　　　　　　　　宋宋　庠　　1087-586- 24
●張昌宗 唐
授張昌宗麟臺監制　　　　唐李　嶠　　1336-628-399
●張叔夜 宋
右司員外郎張叔夜罷
　職與監當（制）　　　　宋劉安上　　1124- 15- 2
延康殿學士南道總管
　張叔夜可資政殿學
　（制）　　　　　　　　宋孫　覿　　1135-247- 24
資政殿學士張叔夜簽
　書樞密院（制）　　　　宋孫　覿　　1135-254- 25

●張叔椿 宋
封永嘉縣開國男食邑
　三百戶（制）　　　　　宋陳傳良　　1150-619- 15
權吏部侍郎（制）　　　　宋樓　鑰　　1152-691- 40
該覃恩轉官（制）　　　　宋樓　鑰　　1152-699- 40
●張叔獻 宋
除兩浙路轉運副使制　　　宋張　擴　　1129- 45- 6
進直敷文閣制　　　　　　宋張　擴　　1129- 56- 7
轉右朝散郎制　　　　　　宋張　擴　　1129-105- 10
充敷文閣待制制　　　　　宋劉才邵　　1130-471- 5
除直閣提刑（制）　　　　宋張　綱　　1131- 22- 4
●張昇之 宋
前華州下都縣令張昇
　之可著作佐郎(制)　　　宋蘇　頌　　1092-364- 31
●張知白 宋
給事中參知政事張知
　白可部侍郎加食邑
　五百戶食實封貳百
　戶制　　　　　　　　　宋夏　竦　　1087- 55- 1
●張知至 宋
懷州武陟縣尉張知至
　可光祿寺丞監西京
　洛河抽竹木務制　　　　宋夏　竦　　1087- 70- 2
●張知常 宋
可大理寺丞制　　　　　　宋胡　宿　　1088-716- 12
●張知運 唐
郊王嗣直安北大都護
　等制——開元四年
　正月二十一日　　　　　唐不著撰人　426-216- 35
●張延年 宋
奏舉人前鳳州梁泉縣
　令張延年等改官（
　制）　　　　　　　　　宋蘇　頌　　1092-375- 32
●張延師 唐
册張延師左衞大將軍
　文　　　　　　　　　　唐不著撰人　426-456- 62
●張延壽 漢
益封張安世詔　　　　　　漢宣帝　　　426-1015- 8
●張延賞 唐
中書侍郎平章事制　　　　唐陸　贄　　1072-628- 7
授張延賞河南尹制　　　　唐常　袞　　1336-682-408
●張宣禮 宋
東頭供奉宮張宣禮可
　內殿崇班（制）　　　　宋蘇　頌　　1092-394- 34
●張彥直 宋

（張守）父彥直太保
　制　　　　　　　　宋張　擴　1129- 57- 7
張守故父彥直贈太子
　太保（制）　　　　宋程　俱　1130-248- 25
●張彥明宋
入內供備庫副使張彥
　明可轉一官制　　　宋慕容彥逢　1123-373- 7
●張彥度宋
（張婕妤）父張彥度
　贈武節大夫（制）　宋程　俱　1130-267- 27
●張彥訪宋
故捧日左廂都指揮使
　張元孫彥訪可二班
　奉職職制　　　　　宋劉　放　1096-233- 23
●張彥循宋
歸正官張彥循儒林郎
　制　　　　　　　　宋洪　适　1158-378- 20
●張彥廓宋
西頭供奉官張彥廓可
　轉一官制　　　　　宋慕容彥逢　1123-386- 7
●張美和明
賜翰林編修張美和致
　仕（敕）　　　　　明太祖　1223- 64- 7
●張束之唐
册張束之漢陽郡王文
封五王制——神龍元
　年五月十日　　　　唐不著撰人　426-444- 61
●張建方唐
授張建方起復本官制　唐李　磎　1336-764-418
●張建中宋
內殿崇班制　　　　　宋王安石　1105-423- 53
●張建封唐
褒贈淮西立功將士詔　唐不著撰人　426-482- 65
●張建侯宋
禮賓副使權環慶路黔
　轄張建侯可洛苑副
　使（制）　　　　　宋余　靖　1089-101- 10
●張茂宗宋
六宅副使張茂宗可西
　京作坊使（制）　　宋田　錫　1085-556- 29
●張茂則宋
昭宣使入內內侍省內
　侍副都知利州刺史
　充本州團練使張茂
　則可宣政使餘如故

（制）　　　　　　　宋蘇　頌　1092-353- 30
可特授延福宮使依舊
　入內內侍省都知利
　州管內觀察使制　　宋王安禮　1100- 10- 2
●張茂實宋
可檢校工部尚書處州
　管內觀察使加食邑
　五百戶實封二百戶
　制　　　　　　　　宋胡　宿　1088-762- 17
除張茂實特授依前檢
　校工部尚書充寧遠
　軍節度使勳封食邑
　制　　　　　　　　宋胡　宿　1088-818- 22
步軍副都指揮使觀察
　使張茂實可馬軍副
　都指揮使節度觀察
　留後制　　　　　　宋蔡　襄　1090-423- 10
賜准康軍節度使知曹
　州張茂實加恩告勅
　詔　　　　　　　　宋王　珪　1093-124- 18
侍衞親軍馬軍副都指
　揮使張茂實加勳邑
　制　　　　　　　　宋王　珪　1093-289- 39
●張思正宋
致仕制　　　　　　　宋王　洋　1132-431- 8
●張思正（父）宋
張思正贈父制　　　　宋王　洋　1132-433- 8
●張思忠宋
故右侍禁張安民男思
　忠可三班借職制　　宋慕容彥逢　1123-393- 8
●張思賢宋
故右侍張安民男思賢
　可三班借職制　　　宋慕容彥逢　1123-393- 8
●張若水宋
昭宣使入內內侍副都
　知忠州刺史張若水
　可充陵州團練使仍
　舊昭宣使入內內侍
　省內侍副都知(制)　宋蘇　頌　1092-390- 34
皇城使內侍省內侍押
　班張若水可忠州刺
　史依舊皇城使內侍
　省內侍押班（制）　宋韓　維　1101-676- 18
●張昭文宋
揀選人前永興軍節度

史部　詔令奏議類：附錄　詔令下（男）十一畫

推官知河南府長水縣事張昭文可大理寺丞制　宋宋　祁　1088-270- 31

●張昭度宋

太常寺太祝張昭度等磨勘改官制　宋歐陽修　1102-618- 79

●張昭壽宋

前秦州成紀縣主簿張昭壽可國子監丞致仕制　宋王　珪　1093-289- 39

●張昭遠宋

故左龍武官大將軍昭州防禦使張昭遠可贈觀察使制　宋宋　庠　1087-554- 20

●張昭爽宋

太常寺太祝張昭爽可大理評事（制）　宋韓　維　1101-671- 18

●張禹珪唐

授張禹珪加官制　唐薛廷珪　1336-768-418

●張禹偁宋

入內內侍省供備庫副使張禹偁可轉一官制　宋慕容彥逢　1123-375- 7

入內西京左藏庫副使張禹偁可轉一官制　宋慕容彥逢　1123-375- 7

●張約之劉宋

追贈張約之詔　劉宋文帝　1398-509- 2

●張垂象宋

錄事參軍張垂象可太子中舍致仕制　宋歐陽修　1102-630- 80

●張重光唐

授張重光尚書左丞制　唐常　袞　1336-542-385

●張重政唐

授張重政雲麾將軍詔　唐德宗　549- 42-183

●張保和宋

可右清道率府副率致仕制　宋胡　宿　1088-799- 20

●張保雍宋

大理寺丞同判永興軍張保雍可殿中丞餘依舊制　宋夏　竦　1087- 51- 1

●張保微宋

大理寺丞張保微等改官（制）　宋蘇　頌　1092-383- 33

●張保衡宋

前薊州廣濟縣令張保衡可大理寺丞制　宋宋　祁　1088-269- 31

●張俊彥宋

循資制　宋張孝祥　1140-645- 19

●張唐民宋

奏舉人儀州軍事推官監楚州推司張唐氏可著作佐郎制　宋蔡　襄　1010-437- 12

●張祐正宋

係隨龍祗應勤勞特補承信郎（制）　宋陳傅良　1150-576- 11

●張訓通宋

後官制　宋洪　适　1158-405- 24

●張庭珪唐

授張庭珪黃門侍郎（制）　唐蘇　頲　1336-502-380

●張孫林宋

美人張氏親兄孫林可假承務郎制　宋王安禮　1100- 23- 2

●張起崟宋

依前武功大夫復州團練使特陞除帶御器械知襄州兼襄路安撫副使誥　宋王應麟　1187-258- 5

特授寧遠軍承宣使（龍神衞四廂都指揮使）依舊知襄州兼襄路安撫副使誥　宋王應麟　1187-259- 5

●張致平宋

周聿充陝西路宣諭使乞差張致平充准備差使先次轉一官（制）　宋劉一止　1132-189- 38

●張致遠宋

除監察御史（制）　宋張　綱　1131- 29- 5

致仕轉官制　宋王　洋　1132-421- 7

戶部侍郎制　宋胡　寅　1137-442- 13

●張盈之宋

尚書刑部郎中天章閣待制張盈之可光祿卿致仕制　宋蔡　襄　1090-446- 13

河北都轉運使工部郎中張盈之可兵部郎中充天章閣待制三司戶部副使（制）　宋張方平　1350-382- 37

可光祿卿致仕（制） 宋蔡 襄 1350-388- 38

●張崇亮宋

內殿崇班張崇亮可內殿丞制 宋沈 遘 1097- 29- 4

●張翁歸魏

賜張既子爵詔 魏 文 帝 1361-512- 2

賜張既子翁歸爲關內侯詔 魏 文 帝 1412-598- 24

●張師尹宋

州臨朐縣令張師尹進狀寃太子中舍子壽京東轉運司差勘青柱其子壽奏案中人閒詞議誣朝政制 宋蔡 襄 1090-436- 12

●張師中宋

可太常博士制 宋胡 宿 1088-735- 14

●張師正宋

儀鸞使英州刺史張師正落刺史依舊儀鸞使制 宋王安石 1105-449- 55

●張師古南唐

前山陽縣尉張師古可秘書省校書郎（制） 宋徐 鉉 1085- 65- 8

●張師民宋

錄事參軍張師民可大理寺丞制 宋歐陽修 1102-644- 81

●張師游宋

轉一官制 宋衞 涇 1169-478- 1

●張師皐宋

可虞部員外郎制 宋胡 宿 1088-746- 15

●張師錫宋

尚書虞部員外郎知同州張師錫可尚書比部員外郎制 宋宋 庠 1087-584- 24

前尚書比部員外郎張師錫服闋可舊官制 宋宋 庠 1087-585- 24

●張師顏宋

將作監丞知大寧張師顏可大理寺丞餘依舊制 宋夏 竦 1987- 62- 2

權梓州路提刑都官員外郎張師顏可司封員外郎制 宋王安石 1105-388- 50

武功大夫權主管侍衞馬軍司公事張師顏

落權字（制） 宋陳傳良 1150-585- 12

●張殷衡唐

授官充涇原判官制 唐白居易 1080-549- 51

授張殷衡充涇原判官制 唐白居易 1336-729-413

●張惟一元

昭瑞宮提點張惟一特授全德靖明弘道真人太一宮提點（制） 元袁 桷 1203-498- 37

●張惟吉宋

可果州刺史制 宋胡 宿 1088-774- 18

入內都知張惟吉制 宋蔡 襄 1090-467- 15

故入內內侍省都知張惟吉可贈昭信軍節度觀察留後制 宋王 珪 1093-249- 35

贈昭信軍節度觀察留後張惟吉可贈保順軍節度使制 宋王 珪 1093-250- 35

●張惟志宋

西京左藏庫副使張惟志可文思副使制 宋王 珪 1093-295- 40

●張惟素唐

賜爵制 唐白居易 1080-542- 56

●張惟慶宋

將仕郎守太常寺太樂署副樂正張惟慶可太樂正制 宋宋 庠 1087-595- 25

●張惟諲宋

秘書丞知岳州臨湘縣事張惟諲可太常博士制 宋夏 竦 1087- 66- 2

●張宷古宋

尚書省都事出職改朝奉大夫（制） 宋蘇 轍 1112-312- 29

知登州（制） 宋蘇 轍 1112-322- 30

●張淑妃（曾祖）宋

（張淑妃）曾祖明堂恩贈（制） 宋陳傳良 1150-622- 16

●張淑妃（祖）宋

（張淑妃）祖明堂恩贈（制） 宋陳傳良 1150-622- 16

●張淑妃（父）宋

（張淑妃）父明堂恩贈（制） 宋陳傳良 1150-623- 16

●張康國宋

四庫全書文集篇目分類索引

史部

詔令奏議類：附錄

詔令下（男）十一畫

翰林學士朝散郎知制誥張康國可轉一官制　宋慕容彥逢　1123-381- 7

●張袞臣 宋
奉職張袞臣可逐州長史　宋沈 遘　1097- 60- 6

●張執中 宋
可秘書丞制　宋胡 宿　1088-724- 13

●張崇俊 唐
授張崇俊韓王傅制　唐常 袞　1336-673-405

●張崇敏 宋
界歸明人張崇敏可將軍（制）　宋田 錫　1085-549- 28

●張處林 唐
授張處林加檢校郎中制　唐錢 珝　1336-732-413

●張晞顏 宋
畫學錄張晞顏可將仕郎依前畫學錄御批進過花果三十品筆法頗有可取制　宋慕容彥逢　1123-354- 5

●張夏容 宋
張氏先世勒黃後題　元吳師道　1212-260- 18

●張得臣 宋
西京左藏庫使張得臣可文思使遂郡刺史制　宋慕容彥逢　1123-346- 5

●張紹貞 唐
授張紹貞尚書右丞制　唐孫 逖　1336-541-385

●張從一 宋
西京左藏庫使張從一復西上閤門副使制　宋蔡 襄　1090-445- 13

●張從宜 宋
十二考人前權保大軍節度推官張從宜可著作佐郎制　宋宋 庠　1087-576- 23

●張從革 宋
梓州路轉運使尚書可勳員外郎張從革可尚書主客郎中制　宋宋 庠　1087-569- 22
司勳郎中張從革可衛尉少卿制　宋歐陽修　1102-643- 81

●張捷妤（二代）宋
張婕妤贈二代制　宋胡 寅　1137-462- 14

●張富昌 漢

封李壽等（詔）　漢 武 帝　426-1008- 6
封李壽張富昌詔　漢 武 帝　1396-217- 2

●張敦禮 宋
可節度觀察留後（制）　宋蘇 軾　1108-692-108

●張博濟 唐
授張博濟戶部員外郎制　唐孫 逖　1336-578-391

●張惠紹 梁
贈張惠紹詔　梁 武 帝　1399-258- 1
　　　　　　　　　　　　1414-427- 80

●張堯佐 宋
除張堯佐特授光祿大夫依前檢校太保宣徽南院使淮康軍節度使加食邑實封制　宋胡 宿　1088-817- 22
可閤門宣贊舍人制　宋許景衡　1127-225- 7

●張堯封 宋
美人張氏父堯封贈秘書監可贈工部尚書（制）　宋余 靖　1089-104- 11

●張堯卿 宋
張方平父追贈制　宋蘇 轍　1112-344- 32

●張彭祖 漢
益封張安世詔　漢 宣 帝　426-1015- 8
封丙吉等詔　漢 宣 帝　426-1019- 8
封藩邸功臣詔　漢 宣 帝　1396-232- 3

●張景正 宋
任觀察使（制）　宋李彌遜　1130-625- 4

●張景先 宋
新差京東轉運判官張景先可權發遣河北轉運判官制　宋劉 敞　1096-188- 19
都水丞公事張景先可京東轉運判官制　宋劉 敞　1096-189- 19

●張景昇 唐
授張景昇刑部員外郎制　唐蘇 頲　1336-585-392

●張景純 宋
可國子博士制　宋胡 宿　1088-748- 15

●張景球 唐
授張景球號州司馬兼中丞等制　唐李 磎　1336-653-402

●張景順 唐
授張景順原州都督府別駕制　唐蘇 頲　1336-739-414

四庫全書文集篇目分類索引

●張景溫宋
承議郎張景溫可通判荊南府制　　　　　　宋劉　敞　1096-232- 23

●張景裕唐
授魏州別駕張景裕等四人正授制　　　　　唐錢　珝　1336-740-414

●張景憲宋
淮南轉運副使張景憲金部郎中制　　　　　宋王安石　1105-385- 50

●張貴和宋
十二考人前權副州支使張貴和可大理寺丞制　　　　　宋宋　庠　1087-598- 26

●張貴洪宋
恩賞轉官制　　　　　　宋徐元杰　1181-693- 7

●張貴謀宋
司農寺丞（制）　　　　宋樓　鑰　1152-682- 39

●張萃卿金
前御史大夫張暐贈父萃卿誥　　　　　　　金趙秉文　1190-193- 10

●張無息唐
授張無息蜀州刺史制　　唐薛廷珪　1336-720-411

●張番龍宋
進奉使將軍制　　　　　宋劉　敞　1096-238- 23

●張舜元宋
尚書駕部員外郎知龍州張舜元可尚書虞部郎中制　　　宋宋　庠　1087-584- 24

●張舜民宋
承議郎充秘閣校理權判登聞鼓院張舜民可通判號州（制）　　宋劉　敞　1096-205- 20
　　　　　　　　　　　　　　　　　　　1350-401- 39
監察御史（制）　　　　宋蘇　轍　1112-302- 28

●張舜民宋
奏醫人張舜民可國子四門助教制　　　　　宋鄭　獬　1097-136- 3

●張勝之唐
授張勝之比部員外郎制　唐李虞仲　1336-587-392

●張欽若宋
入內內事省官張欽若可特轉一官制　　　　宋慕容彥逢　1123-374- 7

●張進之宋
特與依例落看班二字

（制）　　　　　　　　宋周必大　1148- 3- 94

●張補之宋
入內內侍省官張補之可特轉一官制　　　　宋慕容彥逢　1123-373- 7

●張慎言宋
秘書丞張慎言可太常博士知房州制　　　　宋夏　竦　1087- 69- 2
太子中舍制　　　　　　宋王安石　1105-399- 51

●張慎修宋
張慎修等改官制　　　　宋王安石　1105-395- 51

●張義方南唐
兵部侍郎張義方可左常侍（制）　　　　　宋徐　鉉　1085- 58- 7
左常侍張義方可勤政殿學士（制）　　　　宋徐　鉉　1085- 58- 7

●張義政宋
禮賓副使張呂父義政可太子清道率府率致仕　　　　　宋余　靖　1089- 98- 10

●張道陵漢
加封漢天師制　　　　　元張伯淳　1194-436- 1

●張道樞唐
授張道樞檢校祠部郎中制　　　　　　　　唐錢　珝　1336-732-413

●張道蔚唐
授張道蔚朔方節度供軍判官制　　　　　　唐劉崇望　1336-733-413

●張嗣成元
申命三十九代天師張嗣成制　　　　　　　元楊　載　1208-200- 6

●張嗣宗宋
故衞尉卿致仕張從革親孫嗣宗可試將作監主簿制　　　宋蔡　襄　1090-444- 13

●張嗣復唐
授張嗣復內局令判內僕局丞制　　　　　　唐劉崇望　1336-765-418

●張敬輿唐
授張敬輿等諸州刺史制　唐孫　逖　1336-709-410

●張鳳翔明
吏部左侍郎張鳳翔（制）　　　　　　　　明倪元璐　1297- 11- 1

●張舜傳宋
知重慶府制　　　　　　宋袁　甫　1175-430- 8

史部

詔令奏議類：附錄

詔令下（男）十一畫

四庫全書文集篇目分類索引

史部 詔令奏議類:附錄 詔令下(男)十一畫

●張誠一宋
責受左武衞將軍分司南京(制) 宋蘇 軾 1108-680-107
●張齊古宋
可大理寺丞制 宋胡 宿 1088-716- 12
虞部郎中張齊古可比部郎中(制) 宋韓 維 1101-677- 18
●張漢彥宋
除戶部員外郎制 宋張 擴 1129-149- 14
●張漢瑜唐
授沁州刺史張漢瑜等加特進封開國男食邑制 唐昭宗撰 549- 56-183
授張漢瑜加特進封開國男食邑制 唐錢 翊 1336-763-417
●張輔之宋
太常少卿直龍圖閣知廣州張田遺表男輔之可試將作監主簿(制) 宋蘇 頌 1092-396- 34
入內內侍省磨勘轉內殿承制 宋蘇 轍 1112-289- 27
●張嘉貞唐
幽州刺史制 唐不著撰人 426-405- 57
封張嘉貞河東縣男制 唐 玄 宗 549- 36-183
封張嘉貞河東縣男制 唐韓 休 1336-754-416
　 1402- 89- 16
●張嘉泰唐
可延州長史制 唐白居易 1080-548- 51
授張嘉泰延州長史制 唐白居易 1336-737-414
●張爾忠明
河南彰德府臨漳縣知縣張爾忠(勅) 明倪元璐 1297- 53- 4
●張維周宋
兩朝佑聖太夫人姪和州防禦使張維周可觀察使制 宋慕容彥逢 1123-346- 5
●張維師宋
奏舉人前同州觀察推官張維師可大理寺丞制 宋宋 祁 1088-270- 31
●張維國宋
西上閤門使張維國可遙郡刺史制 宋慕容彥逢 1123-346- 5
●張實甫(父)宋

張實甫父封承務郎制 宋袁 甫 1175-434- 9
●張毅然宋
轉一官制 宋許應龍 1176-476- 6
●張適道宋
循資制 宋王 洋 1132-424- 7
●張慶隨宋
可中書主事制 宋胡 宿 1088-739- 14
堂後官大理寺丞張慶隨右贊善大夫餘如故制 宋王安石 1105-450- 55
●張德元宋
洪州錄事參軍張德元可太子中舍致仕制 宋歐陽修 1102-638- 81
●張德志宋
可供備庫副使制 宋胡 宿 1088-769- 17
皇城副使知安肅軍兼權兵馬鈐轄張德志可儀鸞使仍落權字制 宋鄭 獬 1097-140- 4
●張德明宋
除閤門祗候與副都監差遣(制) 宋周必大 1148- 37- 96
●張德翁唐
除歸州刺史制 唐杜 牧 1181-678- 15
　 1402- 79- 14
●張德純宋
換給敦武郎制 宋張 擴 1129-107- 10
●張德淳宋
前殿中丞張德淳舊官服闕制 宋王安石 1105-411- 52
●張德淵宋
光祿寺丞張德淵可舊官服闗(制) 宋韓 維 1101-652- 16
●張德普宋
張建陣亡與子德普恩澤補承信郎制 宋張孝祥 1140-645- 19
●張德溫宋
前太常寺太祝張德溫舊官服闗制 宋王安石 1105-410- 52
●張德榮宋
東頭供奉官張德榮可率府率致仕制 宋歐陽修 1102-623- 79
●張德遠宋
除利州路提刑制 宋張孝祥 1140-642- 19
●張德熙宋

四庫全書文集篇目分類索引　925

前觀察支使試大理司直張德熙可檢校水部員外制　宋歐陽修　1102-628-80

邢州觀察支使張德熙可著作佐郎制　宋歐陽修　1102-636-81

●張頤老宋
轉官制　宋王　洋　1132-419-7

●張擇仁宋
可太常博士制　宋胡　宿　1088-745-15

●張擇行（等）宋
禮部員外郎兼侍御史知雜事張擇行等可依前官充天章閣待制知諫院制　宋蔡　襄　1090-451-13

●張擇言宋
張擇言等改官（制）　宋蘇　頌　1092-356-30

●張興世宋
除閤門祗侯（制）　宋周必大　1148-8-94

●張興宗宋
可尚書比部員外郎（制）　宋蘇　頌　1092-389-34

●張遷龍宋
可大理寺丞制　宋蔡　襄　1090-437-12

●張學古宋
可中書主事（制）　宋韓　維　1101-656-16

●張謙牧宋
知嘉定府制　宋袁　甫　1175-430-8

●張應珙宋
起復差充建康府都統制司幹辦公事制　宋吳　泳　1176-83-9

●張應符宋
可殿中丞制　宋胡　宿　1088-736-14

●張應運宋
特轉一官制　宋袁　甫　1175-437-9

●張禮一宋
可西京左藏庫副使制　宋歐陽修　1102-639-81

●張鎭州唐
淮南道安撫詔　唐不著撰人　426-807-115

●張歸一宋
開州開江縣主簿依前充職制　宋王安石　1105-453-55

●張懷則宋
可莊宅副使制　宋宋　庠　1087-556-20

●張懷寶宋
提舉修建宣德樓張懷寶等轉官制　宋許　翰　1123-500-1

●張獻恭唐
授張獻恭御史中丞制　唐常　袞　1336-594-393

●張繼涑宋
可承旨制　宋蔡　襄　1090-429-11
供備庫副使制　宋王安石　1105-422-53

●張繼隆宋
可三班借職制　宋慕容彥逢　1123-394-8

●張繼凝（等）宋
未復舊官供備庫副使張繼凝等復官(制)　宋蘇　頌　1092-382-33

●張朴令狐宋
可銀酒監武充本族都軍主（制）　宋蘇　頌　1092-368-31

●陳　乙宋
前眞州六合縣主簿陳乙可潭州湘陰縣主簿制　宋宋　庠　1087-567-22

●陳　山宋
陳秘書省正字（制）　宋周麟之　1142-149-19

●陳　乞宋
節度使部仲妻任陳乞補承信郎制　宋許　翰　1123-493-1

●陳　元宋
可著作佐郎制　宋胡　宿　1088-715-12

●陳　元宋
爲討捕李朝賊盡靜轉一官制　宋張　嵲　1131-445-12

●陳　予漢
封孫程等詔　漢　順帝　426-1102-19

●陳　及宋
國子博士通判成德軍陳及可尚書虞部員外郎制　宋宋　庠　1087-593-25

●陳　古宋
降授宋少府監沂州陳古可光祿卿（制）　宋韓　維　1101-663-17

●陳　古宋
直秘閣知興元府(制)　宋李彌遜　1130-644-5
除直徽猷閣秦鳳等路提點刑獄（制）　宋劉一止　1132-218-45
知濾州制　宋胡　寅　1137-445-13

●陳　旦宋
昭文館正名守當官陳旦利州司戶參軍依

史部

詔令奏議類：附錄

詔令下（男）十一畫

前充職制　　　　　　　　宋王安石　1105-452-55

●陳　生宋
爲與海賊戰歿贈承信
　郎與一子恩澤制　　　宋張　嵲　1131-493-18

●陳　禾宋
宣德郎辟廱博士陳采
　可監察御史制　　　　宋慕容彥逢　1123-335- 4

●陳　守宋
特授直秘閣荊湖南路
　轉運判官制　　　　　宋衛　涇　1169-484- 2

●陳　式宋
可虞部員外郎制　　　　宋胡　宿　1088-751-15

●陳　朴宋
特贈承務郎仍與一子
　恩澤制　　　　　　　宋虞　儔　1154-119- 5

●陳　圭宋
換武翼郎（制）　　　　宋樓　鑰　1152-616-34

●陳　在宋
奉聖旨特補承信郎制　　宋張　嵲　1131-504-19

●陳　旭宋
可起居舍人制　　　　　宋胡　宿　1088-743-15
河北轉運使陳旭授天
　章閣待制充都轉運
　使制　　　　　　　　宋蔡　襄　1090-441-12

●陳　向宋
度支員外郎制　　　　　宋曾　鞏　1098-544-20
知楚州（制）　　　　　宋蘇　轍　1112-308-29

●陳　甫宋
尚書比部員外郎知巴
　州陳甫可尚書駕部
　員外郎制　　　　　　宋宋　庠　1087-573-23

●陳　扦宋
除都官郎官制　　　　　宋張　擴　1129- 73- 8
爲勅令所編修在京通
　用條册成書轉一官
　制　　　　　　　　　宋張　嵲　1131-442-12

●陳　均宋
通判江州轉一官再任
　制　　　　　　　　　宋許應龍　1176-476- 6

●陳　育宋
宣州涇縣主簿陳育可
　秘書校書郎致仕　　　宋沈　遘　1097- 29- 4

●陳　折宋
差充閤門祗候制　　　　宋吳　泳　1176- 73- 8

●陳　克宋

光祿寺丞陳克致仕制　　宋翟汝文　1129-202- 2

●陳　杞宋
本路提刑（制）　　　　宋樓　鑰　1152-631-35

●陳　京宋
可太常寺太祝制　　　　宋胡　宿　1088-739-14

●陳　直宋
進納陳直可承節郎制　　宋汪　藻　1128- 82- 8

●陳　芝宋
除國子正（制）　　　　宋陳傅良　1150-636-17

●陳　玠宋
轉承信郎（制）　　　　宋周必大　1148- 19-95

●陳　奇宋
太子中允致仕制　　　　宋王安石　1105-423-53

●陳　邵晉
爲給事中詔　　　　　　晉武帝　1398- 40- 2

●陳　東宋
御旨 追贈陳東承事郎　宋不著撰人　1136-329- 6
欽宗省勅賜陳東迪功
　郎同進士出身補太學
　生正錄　　　　　　　宋不著撰人　1136-329- 6
追贈朝奉郎秘閣修撰
　誥　　　　　　　　　宋不著撰人　1136-330- 6
加贈陳東朝請郎誥　　　宋不著撰人　1136-331- 6
顯宋歐陽修謚告身後　　明楊士奇　1238-102- 9

●陳　枚宋
駕部員外郎致仕陳淨
　男枚可試將作監主
　簿制　　　　　　　　宋胡　宿　1088-788-19

●陳　卓宋
回簽書樞密院事陳卓
　除簽書加食邑四百
　戶制　　　　　　　　宋洪咨夔　1175-253-21
授端明殿學士同簽書
　樞密院事制　　　　　宋吳　泳　1176- 51- 6
授正議大夫勅　　　　　宋吳　泳　1176-113-12

●陳　昇宋
樞密直學士陳規故父
　昇可特贈太中大夫
　制　　　　　　　　　宋張　嵲　1131-497-18
陳規贈父制　　　　　　宋胡　寅　1137-461-14

●陳　帝宋
淮西總管陳帝差充蒙
　古國通好使特授武
　略大夫制　　　　　　宋李　翮　1178-187- 6

●陳　旻陳

四庫全書文集篇目分類索引　927

踐阼封諸子侯詔　陳 武 帝　1397-600- 1
●陳　侗宋
知陝州（制）　宋蘇　軾　1108-680-107
直秘閣知梓州（制）　宋蘇　轍　1112-302- 28
●陳　舍宋
可太子中舍人制　宋胡　宿　1088-737- 14
●陳　佺宋
大理寺丞陳佺磨勘改官制　宋歐陽修　1102-636- 81
●陳　佩宋
特勒停人前奉直郎守大理寺丞陳佩可守衞尉寺丞制　宋蔡　襄　1090-446- 13
●陳　炳（等）
陳炳等轉官制　宋劉才邵　1130-454- 4
●陳　宥宋
入內西京左藏庫使陳宥可文思使制　宋慕容彥逢　1123-361- 6
入內左藏庫使榮州刺史陳宥可轉一官制　宋慕容彥逢　1123-373- 7
入內內侍省文思使榮州刺史陳宥可轉一官制　宋慕容彥逢　1123-375- 7
昭宣使上復一官(制)　宋張　綱　1131- 6- 1
復景福殿使制　宋胡　寅　1137-427- 12
●陳　亮宋
承事郎（制）　宋樓　鑰　1152-647- 36
●陳　彥宋
（入內內侍省）武郎陳彥乞轉出歸部致仕依所乞制　宋汪　藻　1128- 95- 10
可贈武翼大夫忠州防禦使制　宋秦崇禮　1134-540- 3
●陳　沫唐
除長安縣尉制　唐杜　牧　1081-686- 16
●陳　拱宋
可昌州刺史制　宋胡　宿　1088-775- 18
●陳　威唐
處士陳威除西川安撫巡官制　唐杜　牧　1081-685- 16
授處士陳威西川安撫巡官制　唐杜　牧　1336-731-413
●陳　相宋
除權吏部侍郎（制）　宋周麟之　1142- 96- 13
除左司郎官（制）　宋周麟之　1142-138- 17

●陳　柄宋
升郎中（制）　宋張　綱　1131- 19- 3
●陳　南宋
官陳東弟南省勘　宋不著撰人　1136-331- 6
●陳　珍宋
轉一官（制）　宋李彌遜　1130-627- 4
●陳　昱宋
大理寺丞（制）　宋劉一止　1132-223- 46
●陳　則宋
眞州推官陳則可大理寺丞制　宋歐陽修　1102-629- 80
●陳　昂宋
除吏部郎官（制）　宋張　綱　1131- 25- 4
●陳　紀宋
特換授迪功郎制　宋袁　甫　1175-435- 9
●陳佺（班）唐
渝州刺史制　唐杜　牧　1081-676- 15
授陳班渝州刺史制　唐杜　牧　1336-717-411
●陳　祐宋
差通判滁州制　宋鄒　浩　1121-304- 16
●陳　祇蜀漢
後主證陳祇詔　蜀漢不著撰人　1354-465- 16
●陳　益宋
可國子博士制　宋胡　宿　1088-748- 15
比部郎中陳益可駕部郎中（制）　宋韓　維　1101-654- 16
●陳　效宋
宣義郎陳效可御史臺主簿制　宋慕容彥逢　1123-340- 4
●陳　烈宋
落致仕福州教授(制)　宋蘇　轍　1112-303- 28
●陳　班唐
授陳班右金吾衞將軍制　唐錢　珝　1336-652-402
●陳　珮唐
授陳珮廣州節度使制　唐陸　辰　1337-280-457
●陳　軒宋
主客郎中（制）　宋蘇　轍　1112-320- 30
●陳　振宋
特授太學博士制　宋衞　涇　1169-466- 1
●陳　殊宋
西頭供奉官陳殊可各轉一官制　宋慕容彥逢　1123-390- 8
●陳　晃陳

史部

詔令奏議類：附錄

詔令下（男）十一畫

四庫全書文集篇目分類索引

踐阼封諸子侯詔　　　　　　陳武帝　1399-600- 1

●陳　峴宋

除福建路轉運判官（制）　　宋周必大　1148- 82-100

磨勘轉正奉大夫（制）　　宋陳傅良　1150-595- 13

薦舉不當降一官滿一期敍復通奉大夫（制）　　宋陳傅良　1150-607- 14

除秘書省正字（制）　　宋陳傅良　1150-645- 18

降一官（制）　　宋樓　鑰　1152-611- 34

太學博士（制）　　宋樓　鑰　1152-682- 39

該覃恩轉官（制）　　宋樓　鑰　1152-702- 41

●陳　晐宋

除沿海制置使兼知慶元府制　　宋許應龍　1176-463- 5

●陳　恕宋

工部侍郎參知政事陳執中父恕太師中書令尚書令榮國公改封許國公　　宋余　靖　1089-107- 11

●陳　紘宋

太常博士陳紘可屯田員外郎（制）　　宋蘇　頌　1092-354- 30

前唐州桐栢縣令陳紘可著作佐郎　　宋沈　遘　1097- 55- 6

可倉部郎中（制）　　宋蘇　轍　1112-286- 27

●陳　邕宋

除秘書省正字（制）　　宋陳傅良　1150-645- 18

武學博士（制）　　宋樓　鑰　1152-681- 39

●陳　庚宋

轉一官（制）　　宋周必大　1148- 32- 96

●陳　俊唐

可試太子舍人知巒州事兼充本州鎭遏使制　　唐白居易　1080-550- 51

●陳　庶宋

循一資（制）　　宋樓　鑰　1152-684- 39

●陳　翊宋

成安郎陳翊該遇皇后歸謁家廟並特轉一官（制）　　宋陳傅良　1150-573- 11

轉一官資（制）　　宋樓　鑰　1152-616- 34

●陳　泮宋

贈四官拱衞大夫遙郡觀察使與兩資恩澤

（制）　　宋程　俱　1130-272- 27

●陳　淵宋

除監察御史（制）　　宋劉一止　1132-203- 41

責官制　　宋王　洋　1132-427- 8

●陳　章（等）宋

陳章等轉官制　　宋王　洋　1132-418- 7

●陳　訢陳

踐阼封諸子侯詔　　陳武帝　1390-600- 1

●陳　淑宋

國子博士陳淑可磨勘改官制　　宋歐陽修　1102-617- 79

●陳　琪宋

承信郎陳琪該遇皇后歸謁家廟並特轉一官（制）　　宋陳傅良　1150-574- 11

●陳　堅宋

太常博士知貴州陳堅可尚書屯田員外郎制　　宋宋　庠　1087-601- 26

●陳　基宋

西和州守陳寅男基死節贈官制　　宋洪咨夔　1175-226- 17

●陳　栩宋

知池州陳栩特轉一官制　　宋張　擴　1129- 80- 8

除起居舍人（制）　　宋張　綱　1131- 40- 7

除太常少卿（制）　　宋張　綱　1131- 44- 7

除福建路轉運副使（制）　　宋劉一止　1132-196- 40

直龍圖閣知泉州制　　宋胡　寅　1137-450- 13

●陳　桷宋

除修撰宮觀制　　宋張　嵲　1131-474- 16

奉旨右朝請大夫參謀官依舊右文殿修撰制　　宋張　嵲　1131-479- 16

●陳　規宋

除徽猷閣待制（制）　　宋程　俱　1130-244- 24

除直龍圖閣知廬州安撫淮西（制）　　宋張　綱　1131- 25- 4

知順昌府（制）　　宋劉一止　1132-198- 40

池守陳規失按降兩官制　　宋胡　寅　1137-432- 12

●陳　瑔宋

陳瑔等除大府寺等丞制　　宋劉才邵　1130-462- 5

四庫全書文集篇目分類索引

●陳　貫宋
三司鹽鐵副使尙書兵
　部員外郎陳貫可尙
　書刑部郎中直昭文
　館知相州制　　　　　　宋宋　庠　1087-570- 22
龍圖閣直學士中散大
　夫陳安石故父任尙
　書刑部郎中直昭文
　館贈司徒貫可贈太
　尉制　　　　　　　　　宋呂　陶　1098- 69- 9
●陳　崇（等）漢
策命統睦侯陳崇等　　　　漢王　莽　1396-668- 24
●陳　偁宋
知泉州陳偁任制　　　　　宋曾　鞏　1098-556- 22
●陳　敏宋
知高郵軍制　　　　　　　宋洪　适　1158-369- 19
●陳　湜宋
可太常丞制　　　　　　　宋胡　宿　1088-726- 14
●陳　敦宋
可補承信郎制　　　　　　宋張　擴　1129- 97- 10
●陳　奭宋
可職方員外郎制　　　　　宋胡　宿　1088-744- 15
●陳　琦宋
換武翼郎（制）　　　　　宋樓　鑰　1152-616- 34
●陳　閎宋
陳曼父閎封承務郎制　　　宋蘇　轍　1112-341- 32
●陳　登宋
除江淮等路都大提點
　坑冶鑄錢公事制　　　　宋許應龍　1176-472- 6
●陳　覃宋
太常博士知廣德軍陳
　覃可屯田員外郎餘
　依舊制　　　　　　　　宋夏　竦　1087- 57- 1
尙書都官郎中監蘇州
　茶鹽務陳覃可尙書
　職方郎中制　　　　　　宋宋　庠　1087-569- 22
●陳　開宋
勾管種牧給納陳開並
　轉一官制　　　　　　　宋慕容彥逢　1123-379- 7
●陳　揚宋
右承直郎陳揚上書可
　採特與改合一官（
　制）　　　　　　　　　宋劉一止　1132-177- 35
●陳　琰宋
可三司度支副使制　　　　宋宋　庠　1087-559- 20

可三司鹽鐵副使制　　　　宋宋　庠　1087-559- 20
可尙書工部郎中制　　　　宋宋　庠　1087-576- 23
●陳　棣宋
除著作佐郎（制）　　　　宋陳傅良　1150-648- 18
●陳　棣宋
秘書丞（制）　　　　　　宋樓　鑰　1152-653- 37
●陳　發宋
武岡縣丞右文林郎循
　一資制　　　　　　　　宋張　嵲　1131-453- 13
●陳　景宋
陳景等尙書省主事令
　史制　　　　　　　　　宋曾　鞏　1098-552- 21
●陳　睦宋
可朝請郎依前史館修
　撰制　　　　　　　　　宋王安禮　1100- 31- 3
●陳　最宋
轉左宣教郎制　　　　　　宋張　擴　1129-134- 12
改左承事郎（制）　　　　宋劉一止　1132-171- 33
●陳　幾宋
復直秘閣知衢州(制)　　　宋周麟之　1142-142- 18
●陳　綽宋
可轉一官制　　　　　　　宋慕容彥逢　1123-386- 7
●陳　勝宋
轉一資（制）　　　　　　宋李彌遜　1130-629- 4
●陳　策宋
（陳駿）祖贈少傅策
　贈太傅（制）　　　　　宋陳傅良　1150-625- 16
（陳駿）祖策太子太
　傅（制）　　　　　　　宋樓　鑰　1152-696- 40
（陳駿）祖策少傅（
　制）　　　　　　　　　宋樓　鑰　1152-709- 41
●陳　進明
（陳盟）父（加贈某
　官勅）　　　　　　　　明倪元璐　1297- 24- 2
●陳　靖宋
轉閤門宣贊舍人制　　　　宋張　擴　1129- 55- 7
上書特補右迪功郎制　　　宋張　擴　1129-137- 13
爲閤門祗候落看班字
　（制）　　　　　　　　宋劉一止　1132-181- 36
加官制　　　　　　　　　宋王　洋　1132-418- 7
轉遂郡承宣使制　　　　　宋張孝祥　1140-641- 19
●陳　詢宋
可辟雍博士制　　　　　　宋慕容彥逢　1123-351- 5
●陳　裕宋
差充皇太后本殿准備

930　　　　　　　　　四庫全書文集篇目分類索引

使換轉官請給依中
　節人例施行（制）　　宋劉一止　1132-180- 36
●陳　詳陳
踐阼封諸子侯詔　　　陳 武 帝　1399-600- 1
●陳　該宋
敦武郎陳該等奉使大
　金國信所轉官制　　宋張　擴　1129- 77- 8
●陳　埴宋
授朝奉郎制　　　　　宋吳　泳　1176- 66- 7
●陳　堮宋
授司農寺丞制　　　　宋吳　泳　1176- 56- 6
直寶文閣江西安撫制
　置使知江州制　　　宋許應龍　1176-464- 5
除資政殿學士致仕制　宋馬廷鸞　1187- 66- 9
●陳　羣魏
以陳羣爲鎮軍司馬懿
　爲撫軍詔　　　　　魏 文 帝　1412-595- 24
●陳　璱唐
授陳璱涼州都督府長
　史制　　　　　　　唐李　嶠　1336-735-414
●陳　楚唐
加陳楚檢校左僕射制　唐元　稹　1079-563- 43
加授陳楚義武軍節度
　使制　　　　　　　唐元　稹　1337-256-454
●陳　睦宋
鴻臚卿（制）　　　　宋曾　鞏　1098-546- 20
●陳　盟明
國子監司業陳盟(勅)　明倪元璐　1297- 23- 2
●陳　嵩宋
陳執中曾祖嵩贈太子
　太傅宜特贈太傅（
　制）　　　　　　　宋余　靖　1089-106- 11
●陳　傳宋
職方員外郎陳傳可屯
　田郎中（制）　　　宋蘇　頌　1092-362- 31
●陳　察宋
除左司郎中制　　　　宋鄒　浩　1121-295- 15
●陳　膏宋
工部郎官（制）　　　宋劉一止　1132-217- 45
陳卓故祖膏朝奉大夫
　特贈太傅制　　　　宋洪咨夔　1175-262- 22
陳卓祖膏贈太子太傅
　制　　　　　　　　宋吳　泳　1176- 95- 10
●陳　漢宋
除直寶文閣知平江府

　制　　　　　　　　宋張孝祥　1140-643- 19
●陳　滁宋
知宜州制　　　　　　宋許應龍　1176-467- 6
●陳　壽晉
爲侍御史詔　　　　　晉 武 帝　1398- 42- 2
●陳　戩宋
差知明州（制）　　　宋程　俱　1130-259- 26
太常少卿制　　　　　宋李正民　1133- 17- 2
●陳　瑢宋
除國子監簿制　　　　宋袁　甫　1175-433- 9
除監察御史制　　　　宋許應龍　1176-447- 4
●陳　嘉宋
陳嘉制　　　　　　　宋虞　儔　1154-119- 5
●陳　暨宋
西和州守陳寅男暨死
　節贈官制　　　　　宋洪咨夔　1175-226- 17
●陳　兢宋
內侍陳兢奉旨爲廉能
　恪特除寧武節度
　觀察留後制　　　　宋翟汝文　1129-222- 4
●陳　遷宋
中山路安撫使制　　　宋許景衡　1127-224- 7
除直龍圖閣知蘇州　　宋翟汝文　1129-194- 2
●陳　葵宋
將作監丞制　　　　　宋胡　寅　1137-456- 14
●陳　廣宋
轉官制　　　　　　　宋許應龍　1176-472- 6
●陳　廖宋
改右宣敎郎制　　　　宋張　擴　1129-134- 12
●陳　確宋
大理寺檢法官制　　　宋王安石　1105-404- 51
●陳　確宋
除監察御史（制）　　宋劉一止　1132-203- 41
●陳　震宋
降一資制　　　　　　宋許應龍　1176-456- 5
●陳　模宋
特授秘書省正字制　　宋衛　涇　1169-467- 1
●陳　履宋
除大理寺丞制　　　　宋張　擴　1129- 94- 9
●陳　輝宋
知廣州制　　　　　　宋洪　适　1158-403- 23
●陳　憲劉宋
撰陳憲詔　　　　　　劉宋文帝　1398-519- 2
●陳　誼陳
踐阼封諸子侯詔　　　陳 武 帝　1399-600- 1

四庫全書文集篇目分類索引

●陳 詡宋
可轉一官制　　　　　　宋慕容彥逢　1123-372- 7
●陳 諫唐
可循州刺史制　　　　　唐元 稹　　1079-583- 48
●陳 襲南唐
陳襲制　　　　　　　　宋徐 鉉　　1085- 54- 7
●陳 機宋
直秘閣制　　　　　　　宋李正民　　1133- 8- 1
●陳 靈宋
可司勳郎官制　　　　　宋慕容彥逢　1123-338- 4
可轉一官制　　　　　　宋慕容彥逢　1123-381- 4
●陳 棠宋
知婺州制　　　　　　　宋劉才邵　　1130-464- 5
致仕制　　　　　　　　宋劉才邵　　1130-473- 5
司勳郎官（制）　　　　宋李彌遜　　1130-644- 5
爲勅令所編修條冊成
　書轉一官制　　　　　宋張 嵲　　1131-440- 21
權刑部侍郎（制）　　　宋劉一止　　1132-207- 42
●陳 樸宋
大理司直（制）　　　　宋樓 鑰　　1152-714- 41
●陳 選宋
可著作佐郎制　　　　　宋宋 庠　　1087-575- 23
●陳 蕃漢
太傅詔　　　　　　　　漢 桓 帝　　426-1110-21
封陳蕃詔　　　　　　　漢 桓 帝　　426-1110-21
參錄尙書事策（二則）　漢 靈 帝　　1397- 59- 3
封陳蕃詔（二則）　　　漢 靈 帝　　1397- 59- 3
●陳 叡宋
轉一官制　　　　　　　宋張 嵲　　1131-440- 12
●陳 墜宋
西和州守陳庚男墜死
　節葬官　　　　　　　宋洪咨夔　　1175-226- 17
●陳 錡宋
兼定王嘉王府記室（
　制）　　　　　　　　宋劉安上　　1124- 17- 2
●陳 錫唐
授陳錫溫州長史制　　　唐錢 翊　　1336-738-414
●陳 鴻唐
授陳鴻員外郎制　　　　唐元 稹　　1079-653- 4
　　　　　　　　　　　　　　　　　1336-589-392
●陳 濟宋
三班借職鄭貴妃位掌
　牋奏陳濟可轉一官
　制　　　　　　　　　宋慕容彥逢　1123-370- 7
●陳 謙宋

收捕絡寇有勞特除直
　煥章閣（制）　　　　宋陳傅良　　1150-635- 17
湖北提舉（制）　　　　宋樓 鑰　　1152-649- 36
變路運判（制）　　　　宋樓 鑰　　1152-683- 39
湖北提刑（制）　　　　宋樓 鑰　　1152-690- 40
●陳 襄陳
踐阼封諸子侯詔　　　陳 武 帝　　1399-600- 1
●陳 騫（等）宋
直秘閣告詞　　　　　　宋宇文价　　1161-700-133
●陳 璠唐
授官制　　　　　　　　唐劉崇望　　1336-733-413
●陳 擬陳
踐阼封諸子侯詔　　　陳 武 帝　　1399-600- 1
●陳 薦宋
可工部郎中依前直集
　賢院太子右諭德制　　宋鄭 獬　　1097-117- 1
　　　　　　　　　　　（韓 維）　1101-670- 17
　　　　　　　　　　　　　　　　　1350-394- 38
可尙書刑部郎中天章
　閣待制（制）　　　　宋韓 維　　1101-672- 18
贈光祿大夫（制）　　　宋蘇 軾　　1108-670-106
●陳 曙宋
改官制　　　　　　　　宋歐陽修　　1102-628- 80
●陳 謨宋
可著作佐郎制　　　　　宋王 珪　　1093-285- 39
●陳 駿宋
轉通奉大夫（制）　　　宋陳傅良　　1150-601- 14
參知政事（制）　　　　宋樓 鑰　　1152-632- 35
知樞密院事（制）　　　宋樓 鑰　　1152-694- 40
該覃恩轉官（制）　　　宋樓 鑰　　1152-710- 41
●陳 鵬宋
運判（制）　　　　　　宋蘇 轍　　1112-317- 30
●陳 繹宋
可度支員外郎依舊充
　職（制）　　　　　　宋蘇 頌　　1092-352- 30
可依舊太中大夫集賢
　院學士充龍圖閣待
　制再任制　　　　　　宋王安禮　　1100- 31- 3
陳彥誠父繹特贈右正
　議大夫制　　　　　　宋鄒 浩　　1121-293- 15
●陳 藻宋
可秘書丞制　　　　　　宋胡 宿　　1088-724- 13
●陳 變宋
除太常少卿（制）　　　宋周麟之　　1142- 98- 13
●陳 敦宋

四庫全書文集篇目分類索引

（陳駿）曾祖贈少保敦贈太保（制）　宋陳傅良　1150-625-16

（陳駿）曾祖敦太子太保（制）　宋樓 鑰　1152-696-40

（陳駿）曾祖敦少保（制）　宋樓 鑰　1152-709-41

●陳 韡宋

除權工部侍郎兼江西安撫使知隆興府制　宋洪咨夔　1175-236-18

除工部尚書依舊沿江制置制　宋袁 甫　1175-432- 9

轉兩官除閣依舊建康府安東安撫使兼沿江制置使兼淮西制置使行宮留守制　宋許應龍　1176-460- 5

授禮部尚書制　宋徐元杰　1181-682- 6

●陳 顥宋

可大理評事致仕制　宋王 珪　1093-238-34

●陳 瑾宋

除右司制　宋鄒 浩　1121-302-16

●陳 鑄宋

可殿中丞制　宋宋 庠　1087-582-24

●陳 儀宋

可國子博士制　宋胡 宿　1088-735-14

●陳 讜宋

（陳駿）父贈少師讜贈太師（制）　宋陳傅良　1150-626-16

（陳駿）父讜太子太師（制）　宋樓 鑰　1152-697-40

（陳駿）父讜少師（制）　宋樓 鑰　1152-710-41

●陳一薦宋

護獻俘有勞轉朝奉郎制　宋洪咨夔　1175-255-21

特轉一官制　宋袁 甫　1175-438- 9

除司農寺丞兼荆湖制署司參議官制　宋許應龍　1176-471- 6

●陳九言唐

授陳九言等起居舍人制　唐孫 逖　1336-524-383

●陳士楚宋

除吏部郎（制）　宋陳傅良　1150-635-17

轉一官（制）　宋樓 鑰　1152-611-34

●陳子淵宋

奉職陳子淵可轉一官

制　宋慕容彥逢　1123-372- 7

●陳子常宋

階官遙郡上各轉行一官（制）　宋周必大　1148- 9-94

●陳于庭明

左都御史陳于庭(制)　明倪元璐　1297-17- 1

●陳大年宋

循文林郎制　宋洪 适　1158-378-20

●陳大獻宋

責官制　宋王 洋　1132-427- 8

●陳大輔宋

降一官（制）　宋劉一止　1132-171-33

●陳大樸宋

平黎蠻賞轉儒林郎制　宋洪咨夔　1175-249-20

●陳山慶唐

授陳山慶監察御史制　唐王敬從（王敬滋）1336-608-395

●陳千期宋

陳子椿父千期明堂恩封官制　宋洪咨夔　1175-242-19

●陳方亮明

大都督僉事陳方亮誥　明太祖　1223-22- 3

●陳方泰陳

南康王曇朗子方泰爲世子詔　陳文帝　1399-611- 1

●陳文帝陳

封長城侯蕭爲臨川王詔　陳武帝　1399-598- 1

●陳文彥宋

降一官（制）　宋周必大　1148-10-94

●陳文孫宋

知高州制　宋洪咨夔　1175-264-22

●陳文壽宋

可內殿承制制　宋胡 宿　1088-719-13

●陳文廣宋

前果州西充尉陳文廣可陳州南頓令(制)　宋田 錫　1085-549-28

●陳文龍宋

特授中大夫同知樞密院事兼權參知政事誥　宋王應龍　1187-251- 5

●陳文顯宋

前廉州刺史陳文顯可起復雲麾將軍(制)　宋田 錫　1085-542-28

●陳之奇宋

前泰州泰興縣令充故
　隴西郡王宅教授陳
　之奇可太子中允致
　仕制　　　　　　　　宋蔡　襄　1090-443- 13

●陳之道宋
爲生擒賊首鄧慶及砍
　到龔富首級及生擒
　次首領共一百九十
　三人轉一官比類合
　於階官上循兩資　　　宋張　嵩　1131-452- 13

●陳之損宋
可右贊善大夫制　　　　宋胡　宿　1088-725- 13

●陳太初宋
兵部尚書陳執中四從
　姪孫太初可試四門
　助教制　　　　　　　宋胡　宿　1088-787- 19
大理寺丞陳太初可太
　子中書（制）　　　　宋韓　維　1101-653- 16

●陳元良宋
尚書學究及第陳元良
　可永康軍司法制　　　宋胡　宿　1088-782- 18

●陳元康北齊
贈陳元康詔　　　　　北齊文宣帝　1400- 14- 1

●陳元凱宋
前大理寺丞陳元凱可
　舊官殿閣（制）　　　宋韓　維　1101-652- 16

●陳元震宋
轉一官（制）　　　　　宋樓　鑰　1152-617- 34

●陳孔碩宋
陳韡父孔碩可特贈光
　祿大夫制　　　　　　宋徐元杰　1181-700- 7

●陳天澤宋
轉一官制　　　　　　　宋許應龍　1176-475- 6

●陳日榮（等）唐
故奉天定難功臣試殿
　中監陳日榮等十二
　人可贈商鄧唐隋等
　州刺史制　　　　　　唐白居易　1080-559- 52

●陳中師唐
除太常少卿制　　　　　唐白居易　1080-548- 51
授陳中師太常少卿制　　唐白居易　1336-622-398

●陳少遊唐
授陳少遊浙江東道團
　練使制　　　　　　　唐常　袞　1336-705-409

●陳公昂宋

管勾都亭西驛所前行
　陳公昂可借職制　　宋慕容彥逢　1123-368- 6

●陳公亮宋
除福建轉運副使(制)　　宋陳傅良　1150-633- 17
江西運副（制）　　　　宋樓　鑰　1152-665- 38

●陳公彥宋
光祿卿陳鑄遺表第四
　男公彥可試秘書省
　校書郎（制）　　　　宋蘇　頌　1092-396- 34

●陳公益宋
權兵部侍郎陳公益磨
　勘轉中大夫制　　　　宋洪容齋　1175-226- 17
授兼侍講制　　　　　　宋吳　泳　1176- 64- 7

●陳公輔宋
敷文閣待制陳公輔轉
　左朝請大夫致仕制　　宋張　擴　1129- 41- 6
勅賜上舍及第第一人
　陳公輔除承事郎制　　宋翟汝文　1129-215- 4

●陳升之宋
可右司諫制　　　　　　宋胡　宿　1088-713- 12
除陳升之禮部尚書同
　中書門下平章事集
　賢殿大學士加食邑
　實封制　　　　　　　宋王　珪　1093-278- 37
　　　　　　　　　　　　　　　　 1350-360- 35
樞密副使陳升之可觀
　文殿學士知越州制　　宋鄭　獬　1097-148- 4
起復同中書門下平章
　事集賢殿大學士制　　宋元　絳　1350-364- 35

●陳允恭宋
可左監門衞將軍致仕
　制　　　　　　　　　宋胡　宿　1088-800- 20

●陳永成宋
明州觀察使陳永成可
　節度觀察留後制　　宋慕容彥逢　1123-342- 4

●陳永錫宋
遷職（制）　　　　　　宋張　綱　1131- 10- 1
特轉行遂郡一官(制)　　宋張　綱　1131- 15- 2
陳永錫等二十七人各
　轉一官（制）　　　　宋劉一止　1132-181- 36

●陳永齡宋
東頭供奉官陳永齡可
　內殿承制（制）　　　宋蘇　頌　1092-367- 31

●陳正由宋
爲臣寮上言特降一官

四庫全書文集篇目分類索引

史部

詔令奏議類：附錄

詔令下（男）十一畫

制 宋張　嵲 1131-470- 15
福建提舉茶事（制） 宋劉一止 1132-217- 45
●陳正同宋
除樞密院檢詳（制） 宋劉一止 1132-217- 45
權刑部侍郎（制） 宋周麟之 1142-107- 14
除敷文閣待制樞密院都承旨（制） 宋周麟之 1142-132- 17
贈四官制 宋洪　适 1158-394- 22
●陳正輔宋
轉官制 宋劉才邵 1130-455- 4
●陳正觀唐
授陳正觀將作少監制 唐蘇　頲 1336-633-399
　 1402- 88- 15
●陳巨卿宋
奏舉人前梓州郪縣主簿陳巨卿衛尉寺丞制 宋王安石 1105-399- 51
●陳世安宋
轉一官資（制） 宋樓　鑰 1152-616- 34
●陳世京宋
奏舉人前汀州上杭縣令陳世京可著作佐郎制 宋蔡　襄 1090-439- 12
●陳世卿宋
可衛尉寺丞制 宋胡　宿 1088-716- 12
虞部員外郎陳世卿等六人轉官制 宋鄭　獬 1097-160- 6
●陳世常宋
太子中舍知明州奉化縣陳世常可殿中丞制 宋宋　庠 1087-576- 23
●陳仕澄宋
承節郎陳仕澄詭詐圖利依斷降一官（制） 宋劉一止 1132-189- 38
●陳仙奇唐
誅李希烈後原淮西將士幷授陳仙奇節度詔 唐陸　贄 1072-596- 3
●陳守忠宋
久在殿陛特與帶行遙郡刺史（制） 宋陳傅良 1150-603- 14
●陳守貴宋
欽慈皇后父陳守貴陽謚榮穆制 宋鄒　浩 1121-321- 18
●陳安仁宋
梓州觀察推官陳安仁等轉京官制 宋鄭　獬 1097-162- 6
●陳安石宋
可光祿寺丞制 宋胡　宿 1088-727- 14
中散大夫天章閣待制知鄧州陳安石可龍圖閣直學士差遣如故制 宋劉　攽 1096-206- 21
知襄州（制） 宋蘇　轍 1112-319- 30
●陳安世宋
大理寺丞陳安世可太子中舍 宋沈　遘 1097- 34- 4
●陳安民宋
朝奉郎行都水監主簿陳安民可都水監丞制 宋劉　攽 1096-236- 23
（都水）簿（制） 宋蘇　轍 1112-291- 27
●陳安期宋
屯田郎中（制） 宋蘇　轍 1112-284- 27
●陳安道宋
屯田員外郎陳安道可都官員外郎制 宋王安石 1105-390- 50
●陳安靜宋
前岢嵐軍嵐谷縣令陳安靜著作佐郎（制） 宋蘇　頌 1092-391- 34
●陳汝玉宋
原州司戶陳汝玉可司天監丞制 宋鄭　獬 1097-136- 3
●陳汝舟宋
循右修職郎制 宋張　擴 1129-139- 13
●陳汝義宋
都官員外郎陳汝義可職方員外郎制 宋王安石 1105-390- 50
●陳汝錫宋
將仕郎試辟雍錄陳汝錫可辟雍博士制 宋慕容彥逢 1123-351- 5
身爲守臣不行寬恤手詔特責授汝州團練副使漳州安置（制） 宋程　俱 1130-269- 27
●陳次升宋
承議郎陳次升可兵部郎中制 宋劉　攽 1096-186- 19
可淮南提刑（制） 宋蘇　軾 1108-698-108
除右諫議大夫制 宋鄒　浩 1101-296- 15
●陳吉甫宋

停官人陳吉甫可陳州商水尉（制）　宋田　錫　1085-548- 28
●陳夷行唐
平章事制——開元二年四月　唐不著撰人　426-335- 49
左僕射制——會昌二年六月　唐不著撰人　426-400- 56
贈陳夷行司徒制　唐李德裕　1079-128- 4
●陳光嗣宋
工部侍郎參知政事陳執中祖光嗣太傅遷太師　宋余　靖　1189-107- 11
●陳自强（曾祖）宋
知院陳自强曾祖少保制　宋虞　儔　1154-116- 5
●陳自强（祖）宋
（陳自强）祖贈少保制　宋虞　儔　1154-116- 5
●陳自强（父）宋
（陳自强）父贈少師制　宋虞　儔　1154-117- 5
●陳向能宋
奉議郎陳向能可承議郎制　宋劉　放　1096-231- 23
●陳仲文（先祖）宋
跋宋官誥　明童　冀　1229-602- 2
●陳仲甫宋
故司農卿陳宗元孫男仲甫可試將作監主簿（制）　宋沈　遘　1097- 54- 6
●陳仲成宋
奏舉人陳仲成大理寺丞制　宋王安石　1105-403- 51
●陳仲侚宋
西京左藏庫副使兼閤門通事舍人陳仲侚可轉兩官　宋慕容彥逢　1123-366- 6
●陳仲倞宋
供備庫副使兼閤門通事舍人陳仲倞可轉兩官制　宋慕容彥逢　1123-366- 6
●陳仲師宋
龐籍外孫陳仲師試將作監主簿制　宋王安石　1105-413- 52
●陳仲堅宋

轉一官（制）　宋樓　鑰　1152-637- 35
　　　　　　　　　　　　1152-687- 39
●陳仲通宋
可衛尉寺丞制　宋胡　宿　1088-728- 14
●陳仲偉宋
供備庫副使兼閤門通事舍人陳仲偉可轉兩官制　宋慕容彥逢　1123-366- 6
●陳仲舒宋
可大理寺丞制　宋胡　宿　1088-732- 14
●陳仲稀宋
供備庫副使陳仲稀可兼通事舍人制　宋慕容彥逢　1123-360- 6
●陳仲誇（等）宋
檢詳告詞　宋吳　燧　1161-700-133
●陳仲穆宋
供備庫副使陳仲穆可兼閤門通事舍人制　宋慕容彥逢　1123-360- 6
●陳良彪宋
除閤門舍人制　宋衛　涇　1169-466- 1
●陳良弼宋
爲元朝寶訓書成及職事修舉可特轉階官二等制　宋許　翰　1123-500- 1
●陳良翰宋
除江東提刑（制）　宋周麟之　1142-117- 15
●陳良驥宋
轉承議郎制　宋洪咨夔　1175-239- 19
●陳志應●
循右從事郎制　宋張　擴　1129-130- 12
轉官制　宋劉才邵　1130-456- 4
●陳孝先宋
故右班殿直陳孝先可贈南作坊副使制　宋王　珪　1093-295- 40
●陳孝廉宋
階官上轉兩官遙郡上轉行兩官（制）　宋周必大　1148- 24- 95
●陳孝慶宋
宿衛部轄官兵特贈一官（制）　宋陳傅良　1150-641- 18
●陳君從唐
授陳君從鄆州節度使塞門行營使制　唐李　納　1337-266-455
●陳君賞唐
陳楚男王府諮議參軍

四庫全書文集篇目分類索引

史部

詔令奏議類：附錄

詔令下（男）十一畫

君賞司定州長史兼御史軍中驅使制　唐白居易　1080-570-53

●陳伯茂陳

封第二子伯茂爲始興王詔附尚書八座奏崇始興王伯茂　陳文帝　1399-612-1

降始興王伯茂溫麻侯令　陳宣太后　1399-630-2

●陳伯疆宋

循資制　宋王洋　1132-424-7

●陳邦光宋

降授從事郎國朝會要檢閱文字陳邦光特授宣義郎除都官員外郎制　宋翟汝文　1129-207-3

尚書右司員外郎陳邦光起居舍人制　宋翟汝文　1129-211-3

除刑部侍郎制　宋李正民　1133-13-1

移知建康府制　宋李正民　1133-20-2

知鎭江府制　宋李正民　1133-21-2

●陳希亮宋

殿中丞陳希亮可太常博士制　宋宋庠　1087-599-26

●陳希烈唐

左相制——天寶六年三月　唐不著撰人　426-298-45

平章事制——天寶五年四月　唐不著撰人　426-298-45

監秘書省圖書制　唐不著撰人　426-354-51

太子太師制　唐不著撰人　426-392-55

拜相制　太平内制　1337-194-448

●陳布點宋

除太學博士（制）　宋陳傳良　1150-636-17

國子正（制）　宋樓鑰　1152-653-37

國子正陳希點太學博士誌　宋虞儔　1154-125-5

●陳秀實（等）宋

朝散大夫告詞　宋葉適　1161-702-133

●陳廷圭宋

轉一官制　宋張嵲　1131-441-12

●陳宗元宋

可司農少卿制　宋胡宿　1088-755-16

●陳宗古宋

內殿承制知襄州陳宗古可供備庫副使　宋余靖　1089-96-10

●陳宗望宋

應天府進士陳宗望可逐州軍助敎（制）　宋蘇頌　1092-386-33

●陳宗閔宋

史官楷書陳宗閔可蘇州常熟縣主簿制　宋宋庠　1087-567-22

●陳宗禮宋

特授權吏部侍郎兼國子祭酒制　宋馬廷鸞　1187-28-4

除殿中侍御史兼侍講制　宋馬廷鸞　1187-31-4

除秘書監制　宋馬廷鸞　1187-33-4

除直龍閣淮西轉運使制　宋馬廷鸞　1187-38-5

●陳宗績宋

國子博士陳宗績可尚書虞部員外郎制　宋宋庠　1087-582-24

●陳宜中宋

除國子錄制　宋馬廷鸞　1187-35-4

特授右丞相依前兼樞密使都督諸路軍馬加食邑食實封制　宋王應麟　1187-240-4

●陳武帝陳

陳公九錫詔　陳徐陵　1064-915-6
　　　　　　　　　　　1415-483-103上

進武帝爲長城公詔　陳徐陵　1064-916-6
　　　　　　　　　　　1399-686-6
　　　　　　　　　　　1415-484-103上

梁禪陳策文　陳徐陵　1064-917-6
　　　　　　　　　　　1415-485-103上

陳公九錫文　陳徐陵　1064-918-6
　　　　　　　　　　　1415-486-103上

册陳王九錫文　陳徐陵　1394-307-1

爲梁封陳武帝初爲陳公詔　陳徐陵　1399-686-6

九錫策文　陳徐陵　1399-687-6

●陳居仁宋

磨勘轉官（制）　宋樓鑰　1152-646-36

該覃恩轉官（制）　宋樓鑰　1152-701-40

知鎭江府（制）　宋樓鑰　1152-714-41

同簽書樞密院事陳卓故父居仁華文閣學士特追封申國公制　宋洪咨夔　1175-263-22

陳卓父居仁贈太師制　宋吳泳　1176-95-10

●陳居仁宋

四庫全書文集篇目分類索引

陳康伯回授封祖居仁
　制　　　　　　　　　宋胡　寅　1137-428- 12
左僕射陳康伯祖居仁
　越國公制　　　　　　宋洪　适　1158-396- 22
●陳尚庭唐
跋陳尚庭告　　　　　　元許有壬　1211-511- 73
　　　　　　　　　　　　　　　　1211-671- 12
●陳昌禹宋
除待制知靜江府(制)　　宋張　綱　1131- 36- 6
除待制知靖江府　　　　宋張　綱　1465-455- 2
●陳昂直宋
徽猷閣知信州制　　　　宋胡　宿　1137-455- 14
●陳易從宋
屯田員外郎監荊南鹽
　麴商稅務陳易從可
　都官員外郎餘如故
　制　　　　　　　　　宋夏　竦　1087- 57- 1
●陳易簡宋
翰林醫官守少府監主
　簿陳易簡可守殿中
　省尚藥奉御依前充
　翰林醫官（制）　　　宋蘇　頌　1092-394- 34
翰林醫官陳易簡等六
　人比舊各減三官牽
　復（制）　　　　　　宋蘇　轍　1112-301- 28
●陳叔度宋
可大理評事制　　　　　宋胡　宿　1088-739- 14
●陳叔陵陳
封始興王詔　　　　　　陳徐　陵　1399-694- 6
●陳知晦宋
蔡州簽判（制）　　　　宋蘇　轍　1112-321- 30
●陳知常宋
可右贊善大夫制　　　　宋胡　宿　1088-725- 13
●陳知新宋
朝散郎陳知新可知華
　州制　　　　　　　　宋劉　放　1096-232- 23
●陳知愚宋
尚書戶部侍郎知廬州
　陳堯佐親孫男知愚
　可將作監主簿制　　　宋宋　庠　1087-591- 25
●陳知質宋
開封少尹陳知質除大
　理少卿制　　　　　　宋翟汝文　1129-212- 3
●陳知德宋
可大理評事制　　　　　宋胡　宿　1088-735- 14

●陳周翰宋
太常寺奉禮郎制　　　　宋王安石　1105-408- 52
●陳秉直宋
特轉兩官（制）　　　　宋周必大　1148- 57- 98
●陳洽益宋
授隨龍右武大夫慶州
　團練使制　　　　　　宋吳　泳　1176- 80- 9
●陳彥文宋
待制陳彥文兵部侍郎
　制　　　　　　　　　宋汪　藻　1128-105- 11
兵部侍郎陳彥文除顯
　謨閣待制河南尹制　　宋翟汝文　1129-192- 2
集賢殿修撰陳彥文除
　兵部侍郎制　　　　　宋翟汝文　1129-213- 3
顯謨閣待制陳彥文除
　戶部侍郎制　　　　　宋翟汝文　1129-214- 3
可先次落職制　　　　　宋綦崇禮　1134-556- 5
●陳彥忠宋
轉一官制　　　　　　　宋胡　寅　1137-452- 13
●陳彥修宋
國子監主簿制　　　　　宋張　擴　1129-146- 13
除開封府少尹制　　　　宋翟汝文　1129-191- 2
●陳彥弼宋
跋陳彥弼誥　　　　　　明蘇伯衡　1228-704- 10
●陳彥達宋
陳彥達等係恭州知州
　爲溫濟編管萬安軍
　到州故縱留滯當職
　官先次各降一官令
　提刑司取勘制　　　　宋張　嵲　1131-471- 15
●陳述古宋
三司鹽鐵副使衛尉少
　卿陳述古可光祿卿
　充河北都轉運使制　　宋鄭　獬　1097-138- 4
三司鹽鐵副使陳述古
　衛尉少卿制　　　　　宋王安石　1105-384- 50
三司鹽鐵副使陳述古
　刑部郎中制　　　　　宋王安石　1105-385- 50
●陳咸晁宋
依前安南國王加恩制　　宋馬延鸞　1187- 62- 8
●陳貞節唐
授陳貞節太常博士制　　唐蘇　頲　1336-637-400
●陳思恭宋
入內內侍省官陳思恭
　可特轉一官制　　　　宋慕容彥逢　1123-373- 7

轉遥郡團練使制　宋李正民　1133-29-3
●陳思溫宋
入內西京左藏庫副使陳思溫可轉一官制　宋蔡容彦逢　1123-372-7
●陳若拙宋
右班殿直陳若拙可轉一官制　宋蔡容彦逢　1123-390-8
●陳昭素宋
追官人前都官員外郎陳昭素都官員外郎制　宋王安石　1105-447-55
●陳禹臣宋
可大理寺丞制　宋胡宿　1088-732-14
●陳保和宋
太子中舍知鄆州平陰縣事陳保和可殿中丞餘如故制　宋夏竦　1087-65-2
●陳俊卿宋
除著作郎（制）　宋周麟之　1142-136-17
●陳唐弼宋
除大理寺丞主管右治獄（制）　宋周必大　1148-82-100
●陳祖言宋
除比部郎官（制）　宋周麟之　1142-149-19
●陳益稷元
加金紫光祿大夫餘如故制　元程鉅夫　1202-44-4
●陳烈落宋
致仕福州教授（制）　宋蘇轍　1350-407-40
●陳者壽宋
特授提舉兩浙西路常平茶鹽公事制　宋衛涇　1169-484-2
●陳晉接宋
除宗學教諭制　宋袁甫　1175-439-9
●陳起宗宋
直徽猷閣都大提舉川陝路茶馬制　宋汪藻　1128-79-8
●陳振孫宋
軍器監簿陳振孫除諸王宮大小學教授（制）　宋洪咨夔　1175-247-20
授國子司業制　宋徐元杰　1181-689-7
●陳時舉宋
除考功郎官制　宋張擴　1129-73-8
●陳剛中宋

特與改合入官（制）　宋程俱　1130-260-26
●陳倚大宋
大理卿（制）　宋樓鑰　1152-629-35
●陳師古宋
尚書屯田郎中知曹州陳師古可尚書都官郎中制　宋宋庠　1087-594-25
●陳師錫宋
秘書省校書郎陳師錫可集賢校理工部郎中制　宋呂陶　1098-63-8
贈諫議大夫（制）　宋李彌遜　1130-633-5
●陳俊卿宋
知泉州制　宋洪适　1158-374-19
●陳惟信宋
文思副使陳惟信左驍衛將軍致仕制　宋王安石　1105-426-53
●陳惟忠宋
以父陣亡恩澤補承信郎（制）　宋劉一止　1132-168-32
●陳康民宋
管勾永興等路常平制　宋曾鞏　1098-559-22
●陳康伯宋
關陞郎中制　宋劉才邵　1130-454-4
可罷尚書左僕射同中書門下平章事兼樞密使特授少保觀文殿大學士判信州進封福國公加食邑實封制　宋王之望　1139-693-3
除參知政事（制）　宋周麟之　1142-105-14
兼侍讀（制）　宋周麟之　1142-110-14
除陳康伯尚書左僕射加食邑實封制　宋洪适　1158-321-11
●陳康義宋
除郎官制　宋袁甫　1175-425-8
●陳康照宋
除司封郎中誥　宋許應龍　1176-433-3
除左司郎中制　宋許應龍　1176-446-4
●陳執方宋
尚書虞部員外郎通判廬州陳執方可尚書比部員外郎制　宋宋庠　1087-574-23
●陳執中宋
除授陳執中行尚書右

四庫全書文集篇目分類索引　939

僕射充觀文殿大學
士依舊判毫州加食
邑食實封餘如故仍
放朝謝制　　　　　　　宋歐陽修　1102-670-84
●陳崇德宋
太常寺奉禮部監濱州
鹽酒稅務陳崇德可
大理評事餘依舊制　　　宋夏竦　　1087-62-2
●陳國瑞宋
直秘閣制　　　　　　　宋李正民　1133-8-1
●陳得一宋
賜號通微處士制　　　　宋胡　寅　1137-458-14
●陳紹宗宋
轉一官（制）　　　　　宋周必大　1148-32-96
●陳紹孫宋
可大理寺丞制　　　　　宋宋　祁　1088-267-31
●陳偉節宋
直秘閣制　　　　　　　宋洪　适　1158-389-21
●陳從古宋
除湖南運判（制）　　　宋周必大　1148-77-100
●陳惠滿唐
授陳惠滿倉部員外郎
等制　　　　　　　　　宋蘇　頲　1336-579-391
●陳隆之宋
利州路轉運判官陳隆
之除直寶章閣權知
汾州兼利州路提刑
兼提舉制　　　　　　　宋洪咨夔　1175-238-18
授朝奉大夫制　　　　　宋吳　泳　1176-76-8
●陳堯佐宋
授陳堯佐判鄭州詔　　　宋仁宗　　538-494-75
●陳堯佐宋
授陳堯佐光祿大夫依
前檢校太傅同中書
門下平章事准康軍
節度使加食邑實封
制　　　　　　　　　　宋宋　庠　1087-603-26
●陳彭年宋
翰林學士給事中知制
誥陳彭年可工部侍
郎餘依舊制　　　　　　宋夏　竦　1087-54-1
●陳揚善宋
知光州（制）　　　　　宋樓　鑰　1152-626-35
●陳景恩宋
特授江南西路轉運判

官制　　　　　　　　　宋衞　涇　1169-473-1
●陳景俊宋
除大理寺丞（制）　　　宋陳傅良　1150-645-18
奉使回轉一官制　　　　宋衞　涇　1169-478-1
特授奉直大夫依前大
理少卿制　　　　　　　宋衞　涇　1169-483-2
●陳傅良宋
經進壽皇聖政轉一官
（制）　　　　　　　　宋樓　鑰　1152-631-35
起居郎（制）　　　　　宋樓　鑰　1152-667-38
秘閣修撰（制）　　　　宋樓　鑰　1152-687-39
中書舍人（制）　　　　宋樓　鑰　1152-693-40
該覃恩轉官（制）　　　宋樓　鑰　1152-699-40
●陳弁淙宋
賑濟補承節郎（制）　　宋樓　鑰　1152-683-39
●陳弁余宋
秘書丞制　　　　　　　宋王安石　1105-398-51
●陳象之宋
可比部員外郎制　　　　宋胡　宿　1088-742-15
●陳靖直宋
元係右中奉大夫利州
路提刑所犯因在任
買販鹽貨等事先次
放罷特降三官後該
遇明堂敍與敘右中
散大夫致仕制　　　　　宋張　嵲　1131-501-19
●陳遊古宋
知沂州（制）　　　　　宋蘇　轍　1112-313-29
●陳道古宋
除大理寺丞制　　　　　宋韓　琦　1089-464-40
●陳損之宋
淮東提舉（制）　　　　宋樓　鑰　1152-631-35
除直秘閣（制）　　　　宋樓　鑰　1152-686-39
●陳過庭宋
尚書右丞陳過庭除中
書侍郎（制）　　　　　宋孫　覿　1135-249-24
●陳敬泰陳
踐阼封諸子侯詔　　　　陳武帝　　1399-600-1
●陳敬雅陳
踐阼封諸子侯詔　　　　陳武帝　　1399-600-1
●陳敬瑄唐
削奪陳敬瑄官爵制　　　唐不著撰人　426-867-120
●陳賓卿宋
太常博士（制）　　　　宋劉一止　1132-193-39
●陳誠之宋

史部

詔令奏議類：附錄

詔令下（男）十一畫

四庫全書文集篇目分類索引

史部

詔令奏議類：附錄

詔令下（男）十一畫

除秘書省正字制　　　　　　宋張　擴　　1129- 75- 8
除校書郎兼吳王府教
　　授制　　　　　　　　　宋張　擴　　1129- 96- 10
降官制　　　　　　　　　　宋張孝祥　　1140-640- 19
除知樞密院事（制）　　　　宋周麟之　　1142-120- 15
除權禮部侍郎（制）　　　　宋周麟之　　1142-125- 16
與復端明殿學士見任
　　官廟人依舊（制）　　　宋周必大　　1148- 7- 94
●陳端夫宋
轉額外翰林醫痊（制）　　　宋周必大　　1148- 39- 96
●陳與義宋
勅賜上舍及第第三陳
　　與義從事郎制　　　　　宋翟汝文　　1129-215- 4
除禮部侍郎（制）　　　　　宋張　綱　　1131- 32- 5
●陳嘉謨宋
同簽書樞密院事陳卓
　　贈三代故曾祖嘉謨
　　特贈太子太保制　　　　宋洪容齋　　1175-261- 22
陳卓曾祖嘉謨贈太子
　　少保制　　　　　　　　宋吳　泳　　1176- 94- 10
●陳遠猷宋
除四川轉運副使(制)　　　　宋劉一止　　1132-210- 43
四川轉運副使陳遠猷
　　除右文殿修撰(制)　　　宋劉一止　　1132-219- 45
●陳夢斗宋
右文殿修撰知鎭江府
　　陳夢斗特授集英殿
　　修撰依舊任制　　　　　宋馬廷鸞　　1187- 42- 5
依舊右文殿修撰知鎭
　　江府制　　　　　　　　宋馬廷鸞　　1187- 42- 5
●陳義大（祖父）宋
書陳義大祖贈告　　　　　　宋牟　巘　　1188-135- 15
●陳慧紀陳
踐阼封諸子侯詔　　　　　　陳　武　帝　1399-600- 1
●陳德之宋
可大理寺丞制　　　　　　　宋宋　祁　　1088-267- 31
●陳德之宋
書藝局藝學陳德之轉
　　一官制　　　　　　　　宋慕容彥逢　1123-392- 8
●陳憲臣宋
屯田員外郎制　　　　　　　宋王安石　　1105-447- 55
●陳憲忠唐
贈陳憲忠衡州刺史制　　　　唐元　稹　　1079-599- 50
●陳興男宋
虎翼右第一軍都指揮

使秀州刺史陳興男
　　可三班借職制　　　　　宋慕容彥逢　1123-394- 8
●陳徽卿宋
屯田郎中陳徽卿可都
　　官郎中（制）　　　　　宋沈　遘　　1097- 56- 6
●陳懷遜宋
內庭承制陳懷遜與轉
　　兩官制　　　　　　　　宋慕容彥逢　1123-370- 7
●陳霸先陳
册陳王九錫文　　　　　　　陳徐　陵　　1337-185-447
●陳鵬飛宋
除太學博士制　　　　　　　宋張　擴　　1129- 49- 6
●陳覺民宋
起復陝西運使制　　　　　　宋翟汝文　　1129-194- 2
●陳繼善南唐
左司郎中陳繼善可工
　　部侍郎（制）　　　　　宋徐　鉉　　1085- 59- 7
●陳巖肖宋
禮部員外郎制　　　　　　　宋洪　适　　1158-385- 21
●將　凌宋
蕃官左藏庫副使將凌
　　可轉一官制　　　　　　宋慕容彥逢　1123-390- 8
●崇　正宋
可供備庫使（制）　　　　　宋余　靖　　1089-101- 10
●崇大年宋
著作郎制　　　　　　　　　宋王安石　　1105-401- 51
●崇翟思宋
太學博士制　　　　　　　　宋曾　鞏　　1098-545- 20
●莊　方宋
知瓊州（制）　　　　　　　宋樓　鑰　　1152-642- 36
●莊　夏宋
除國子監丞制　　　　　　　宋衛　涇　　1159-469- 1
跋宋嘉定十三年直學
　　士院莊夏誥後　　　　　明程敏政　　1252-629- 36
●莊　誦宋
青州壽光縣尉制　　　　　　宋王安石　　1105-453- 55
●莊　轍宋
授宗正寺丞制　　　　　　　宋徐元杰　　1181-687- 7
●莊　徽宋
加直秘閣（制）　　　　　　宋劉安上　　1124- 15- 2
試太府卿制　　　　　　　　宋翟汝文　　1129-213- 3
●莊公岳宋
可鴻臚少卿制　　　　　　　宋呂　陶　　1098- 65- 8
成都提刑（制）　　　　　　宋蘇　轍　　1112-290- 27
　　　　　　　　　　　　　　　　　　　　1350-408- 40

●莊同孫宋
除大理寺丞制　　　　　　宋張　擴　1129-86-9
●婁　勝（等）宋
婁勝等四人授承節郎（制）　　宋陳傳良　1150-576-11
●婁　照宋
放罷（制）　　　　　　宋孫　觌　1135-264-25
●婁天章（八世祖）
敗婁行所敉黃後　　　　元吳　澄　1197-614-63
●婁寅亮宋
除監察御史（制）　　　宋程　俱　1130-259-26
●婁體仁宋
除太學正制　　　　　　宋袁　甫　1175-424-8
●國大同宋
轉從事郎（制）　　　　宋周必大　1148-45-97
循右儒林郎（制）　　　宋周必大　1148-64-98
●國之實宋
醫官國士英男國之實可轉一官制　　宋慕容彥逢　1123-385-7
●國從瑜唐
授國從瑜邢州司馬制　　唐杜　牧　1336-737-414
●崔　平宋
崔平等十二人爲與賊接戰陣殁贈承信郎制　　宋張　嵲　1131-492-18
●崔　全宋
通判延州（制）　　　　宋蘇　轍　1112-291-27
●崔　戎唐
授崔戎西川判官賜緋各檢校省官兼御史制　　唐白居易　1080-519-48
　　　　　　　　　　　　　　　　1336-728-413
　　　　　　　　　　　　　　　　1402-74-14
授崔戎戶部員外郎制　　唐白居易　1080-520-48
　　　　　　　　　　　　　　　　1336-583-392
　　　　　　　　　　　　　　　　1402-76-14
●崔　全宋
延州通判移渭州制　　　　　　　　1112-314-29
●崔　汪唐
授崔汪戶部侍郎知制誥充學士制　　唐薛廷珪　1336-535-384
●崔　汙唐
授崔汙御史中丞制　　　唐蘇　頲　1336-593-393
●崔　炎唐
授崔炎監察御史制　　　唐常　袞　1336-607-395

　　　　　　　　　　　　　　　　1402-90-16
●崔　昇唐
授鼎州司兵參軍崔昇等侍御史制　　唐李　嶠　1336-599-394
●崔　佺宋
秉義郎崔佺等自川陝前來行在投下機密文字各與優異推恩轉兩官（制）　　宋劉一止　1132-203-41
特轉兩官（制）　　　　宋劉一止　1132-205-42
●崔　佑唐
授崔佑給事中制　　　　唐常　袞　1336-510-381
●崔　秀唐
授崔秀太子左庶子制　　唐蘇　頲　1336-666-404
　　　　　　　　　　　　　　　　1402-88-15
●崔　宥唐
授崔宥太子舍人制　　　唐蘇　頲　1336-671-404
●崔　泊唐
授崔泊充節度判官制　　唐錢　翊　1336-732-413
●崔　度宋
蔡州制　　　　　　　　宋曾　鞏　1098-555-22
●崔　咸唐
可洛陽縣令制　　　　　唐白居易　1080-532-49
●崔　郁唐
授崔郁南鄭縣令等制　　唐崔　嘏　1336-745-415
●崔　昭唐
授崔昭右散騎常侍制　　唐常　袞　1336-504-380
授崔昭宣州團練使制　　唐常　袞　1336-705-409
●崔　迪宋
轉一官（制）　　　　　宋周必大　1148-32-96
●崔　胤唐
平章事制　　　　　　　唐不著撰人　426-350-50
武安軍節度平章事制　　唐陸　扆　426-386-54
吏部尚書制　　　　　　唐不著撰人　426-402-56
工部尚書制　　　　　　唐不著撰人　426-418-58
●崔　俞宋
崔嶬遺表親孫男俞將作監主簿制　　宋王安石　1105-413-52
●崔　涓唐
除東川推官制　　　　　唐杜　牧　1081-686-16
　　　　　　　　　　　　　　　　1336-731-413
授崔涓戶部侍郎知制誥充學士制　　唐薛廷珪　1336-535-384
●崔　益唐
授崔益侍御史制　　　　唐常　袞　1336-601-394

四庫全書文集篇目分類索引

史部

詔令奏議類：附錄

詔令下（男）十一畫

● 崔 珙 唐
平章事制　　唐不著撰人　426-337- 49
授崔珙鳳翔節度使制　唐沈 詢　556-124- 85
　　　　　　　　　　　　　1337-277-456

● 崔 珪 唐
授崔珪太子左庶子制　唐蘇 頲　1336-665-404

● 崔 拯 唐
授崔拯成均司業制　　唐李 嶠　1336-640-400

● 崔 或 元
中丞崔或贈謚制　　　元張士觀　1367-153- 12

● 崔 倚 唐
授杜鴻漸崔倚中書舍
　人制　　　　　　　唐賈 至　1336-517-382

● 崔 倫 唐
授崔倫尚書左丞制　　唐常 袞　1336-541-385

● 崔 能 唐
賜爵一級并迴授男同
　制　　　　　　　　唐白居易　1080-561- 52

● 崔 紡 宋
爲上殿特與改合入官
　制　　　　　　　　宋張 嵲　1131-506- 19

● 崔 俊 唐
授崔俊河南尹制　　　唐白居易　1336-682-406

● 崔 殷 唐
授崔殷刑部員外郎制　唐常 袞　1336-585-392

● 崔 庶 宋
衞尉寺丞崔庶可大理
　寺丞（制）　　　　宋韓 維　1101-675- 18
崔嶧男庶可試秘書省
　校書郎制　　　　　宋歐陽修　1102-621- 79

● 崔 清 唐
晉州刺史制　　　　　唐白居易　1080-587- 55

● 崔 琳 唐
授崔琳紫微舍人制　　唐蘇 頲　1336-516-381

● 崔 通 宋
可三班借職制　　　　宋慕容彥逢　1123-393- 8

● 崔 陵 唐
可河南尹制　　　　　唐白居易　1080-544- 51

● 崔 造 唐
太子右庶子制　　　　唐陸 贄　426-392- 55
　　　　　　　　　　　　　　　1072-633- 7
平章事制　　　　　　唐陸 贄　426-303- 45
　　　　　　　　　　　　　　　1072-630- 7
　　　　　　　　　　　　　　　1337-209-449
　　　　　　　　　　　　　　　1402- 90- 16

● 崔 寓 唐
授崔寓給事中制　　　唐賈 至　1336-509-381

● 崔 渙 唐
授崔渙工部尚書制　　唐常 袞　1336-554-387

● 崔 琪 宋
行門崔琪等七名授官
　制（三則）　　　　宋劉 敞　1096-240- 23

● 崔 越 宋
降一官制　　　　　　宋張 嵲　1131-472- 15

● 崔 咸 唐
授崔咸洛陽縣令制　　唐白居易　1336-689-407

● 崔 琯 唐
贈崔琯左僕射制　　　唐李德裕　1079-129- 4
可職方郎中侍御史知
　雜制　　　　　　　唐白居易　1080-533- 49

● 崔 植 唐
平章事制　　　　　　唐不著撰人　426-319- 47
刑部尚書制　　　　　唐不著撰人　426-398- 56
可監察御史制　　　　唐白居易　1080-531- 49

● 崔 植（姪）唐
崔植一子官迴授姪某
　制　　　　　　　　唐白居易　1080-529- 49

● 崔 琳 唐
授崔琳太子少保制　　唐白居易　1336-660-403

● 崔 鄲 唐
授諫議大夫制　　　　唐元 稹　1079-572- 45
　　　　　　　　　　　　　　　1336-514-381

● 崔 復 宋
可比部員外郎（制）　宋蘇 頌　1092-363- 31

● 崔 沼 唐
櫟陽縣尉集賢校書制　唐杜 牧　1081-684- 16
　　　　　　　　　　　　　　　1336-635-400

● 崔 群 唐
平章事制　　　　　　唐不著撰人　426-314- 47
湖南觀察使制　　　　唐不著撰人　426-397- 56
除崔群戶部侍郎制　　唐韓 愈　1073-710- 5
　　　　　　　　　　　　　　　1075-507- 5
可秘書監分司東都制　唐白居易　1080-545- 51
除崔群中書舍人制　　唐白居易　1080-579- 54
　　　　　　　　　　　　　　　1336-518-382
授崔群右僕射兼太常
　卿制　　　　　　　唐李虞仲　1336-611-396
拜相制　　　　　　　玉堂遺範　1337-201-448

● 崔 圓 唐
授崔圓左僕射制　　　唐常 袞　1336-538-385

四庫全書文集篇目分類索引

●崔　蕘 唐

崔蕘等可檢校都官員外郎兼侍御史（充河東判官）制　唐元　稹　1079-586- 48　1336-724-412

●崔　鉉 唐

授崔鉉拜相（平章事）制　唐沈　詢　426-338- 49　1337-214-450

淮南節度平章事制　唐不著撰人　426-380- 53

戶部尚書制　唐不著撰人　426-400- 56

●崔　愈 宋

可國子博士制　宋歐陽修　1102-630- 80

●崔　稜 唐

可守尚書戶部侍郎制　唐元　稹　1079-571- 45

●崔　郾 唐

授崔郾等澤潞支使書記制　唐元　稹　1079-657- 5　1336-726-412

●崔　琯 唐

授崔琯職方郎中御史知雜事制　唐白居易　1336-598-394

●崔　瑤 唐

授崔瑤等起居郎制　唐崔　嘏　1336-524-383

●崔　墉 唐

可河南府曹參軍制　唐白居易　1080-571- 53

●崔　遠 唐

平章事制　唐不著撰人　426-350- 50

右僕射制　唐不著撰人　426-403- 56

萊州刺史制　唐不著撰人　426-419- 58

●崔　銳 唐

授崔銳起居舍人制　唐蘇　頲　1336-524-383

●崔　綸 唐

授崔綸鄠縣令制　唐孫　逖　1336-744-415

●崔　寬 唐

授崔寬侍御史知雜事制　唐常　袞　1336-597-394

●崔　廣（等）宋

崔廣等轉官制　宋許景衡　1127-227- 7

●崔　澄 唐

授崔澄觀察判官制　唐錢　珝　1336-731-413

●崔　鄲 唐

可倉部員外郎判度支案制　唐白居易　1080-551- 51　1336-579-391

●崔　適 唐

崔適等可翊麾校尉守左千牛備身制　唐元　稹　1079-589- 49

●崔　瑾 宋

可換縣尉制　宋歐陽修　1102-626- 80

●崔　蕃 唐

授樓煩監牧使判官校書郎制　唐白居易　1080-561- 52

●崔　鄲 唐

平章事制　唐不著撰人　426-337- 49

●崔　諷 唐

授崔諷鄠縣令制　唐元　稹　1336-744-415

●崔　凝 唐

授中書舍人崔凝守本官充翰林學士制　唐劉崇望　1336-535-384

●崔　融 唐

授崔融著作郎制　唐李　嶠　1336-639-400　1402- 84- 15

●崔　器 唐

授崔器御史中丞制　唐賈　至　1336-593-393

授崔器大理少卿制　唐賈　至　1336-626-398

●崔　嶧 宋

可尚書都官員外郎制　宋宋　庠　1087-582- 24

刑部侍郎致仕制　宋王安石　1105-424- 53　1350-390- 38　1418-320- 47

●崔　縝 唐

授崔縝太子舍人制　唐蘇　頲　1336-671-404

●崔　鴻 唐

可重授貝州刺史制　唐白居易　1080-570- 53

●崔　琫 唐

除刑部尚書制　唐杜　牧　1081-664- 14　1336-550-386

●崔　縱 唐

東都留守制　唐陸　贄　1072-634- 8

●崔　謹 宋

贈承節郎與一子父職名更與一名進勇副尉（制）　宋周必大　1148- 62- 98

●崔　璹 唐

授崔璹給事中等制　唐崔　嘏　1336-511-381

●崔　璵 唐

除兵部侍郎制　唐杜　牧　1081-664- 14　1336-550-386

授崔璵節度使制　玉堂遺範　1337-244-453

●崔 翹唐
授崔翹中書舍人制　唐王 丘　1336-517-382
授崔翹尚書右丞制　唐孫 逖　1336-541-385
授崔翹等諸州刺史制　唐孫 逖　1336-709-410
●崔 鶠宋
可殿中丞制　宋胡 宿　1088-750- 15
●崔 灌（瑾）唐
授崔灌湖南觀察史制　唐常 袞　1336-694-408
●崔 鑫唐
授崔鑫尚書左丞制　唐崔 嘏　1336-543-385
●崔子堅宋
特授中奉大夫制　宋翟汝文　1129-217- 4
●崔子源唐
授崔子源岐王府長史制　唐蘇 頲　1336-676-405
●崔方實唐
可試太子詹事制　唐元 稹　1079-585- 48
●崔之綱宋
補承信郎制　宋張 擴　1129- 97- 10
●崔元式唐
授崔元式太原節度使制　唐武宗（封敕）　549- 52-183
　　　　　　1337-263-455
●崔元略唐
崔元略等加階制　唐元 稹　1079-593- 49
　　　　　　1336-757-417
　　　　　　1402- 71- 13
●崔元備唐
賜爵制　唐白居易　1080-542- 50
●崔日用唐
參知機務制　唐蘇 頲　426-292- 44
授崔日用黃門侍郎制　唐蘇 頲　1336-502-380
●崔中立宋
可太子中舍致仕制　宋鄭 獬　1097-155- 5
●崔中正宋
可國子博士制　宋宋 庠　1087-595- 25
●崔公度宋
可試大理評事充彰德軍節度推官（制）　宋蘇 頌　1092-372- 32
可兵部郎官制　宋劉 攽　1096-182- 19
將作少監（制）　宋蘇 轍　1112-307- 29
知潁州（制）　宋蘇 轍　1112-322- 30
●崔公孺宋
可大理評事制　宋胡 宿　1088-741- 14

●崔行儉唐
可隋州司戶並准敕星移制　唐白居易　1080-546- 51
●崔玄暐唐
封五王制　唐不著撰人　426-444- 61
册崔玄暐博陵郡王文　唐不著撰人　426-444- 61
授崔玄暐庫部員外郎制　唐李 嶠　1336-585-392
●崔弘禮唐
王智興等加官爵制　唐不著撰人　426-439- 60
可鄭州刺史制　唐元 稹　1079-581- 48
授崔弘禮天平軍節度使制　玉堂遺範　1337-236-452
●崔臺符宋
降一官知相州（制）　宋蘇 軾　1108-683-107
●崔夷甫唐
授崔夷甫金部員外郎等制　唐常 袞　1336-579-391
●崔仲安宋
落致仕提舉西京崇福宮制　宋翟汝文　1129-202- 2
●崔仲通宋
轉一官（制）　宋李彌遜　1130-627- 4
●崔邦弼宋
敍復軍賞轉官（制）　宋劉一止　1132-169- 33
轉一官制　宋胡 寅　1137-435- 12
●崔希逸唐
授崔希逸河南尹制　唐孫 逖　1336-681-406
授崔希逸左散騎常侍兼河西節度副大使制　唐不著撰人　1337-231-452
●崔宗旦宋
可大理寺丞制　宋胡 宿　1088-722- 13
●崔居邈唐
授前起居舍人崔居邈左拾遺制　唐錢 珝　1336-527-383
●崔承寵唐
可集州刺史制　唐白居易　1080-570- 53
●崔昌遐唐
授峽州刺史崔昌遐秘書監制　唐薛廷珪　1336-630-399
●崔彥昭唐
報崔彥昭留任詔　唐懿宗　549- 54-183
●崔彥曾唐
除山南西道副使制　唐杜 牧　1081-683- 16

●崔昭明宋
可內殿崇班（制）　　宋沈　遘　1097-33-　4
●崔昭緯唐
授鄉貢進士崔昭緯秘
　書省秘書郎充集賢
　校理制　　　　　　唐薛廷珪　1336-636-400
●崔桌正宋
任觀察使制　　　　　宋洪　适　1158-386-21
●崔惠童唐
授崔惠童衞尉卿等制　唐孫　逖　1336-614-396
●崔貴妃（曾祖）
冬祀赦崔貴妃曾祖贈
　太傅制　　　　　　宋許　翰　1123-506-　2
●崔貴妃（祖）宋
（崔貴妃）祖贈太傅
　制　　　　　　　　宋許　翰　1123-507-　2
（崔貴妃）祖加贈太
　師制　　　　　　　宋許　翰　1123-507-　2
●崔貴妃（父）宋
（崔貴妃）父贈太師
　制　　　　　　　　宋許　翰　1123-507-　2
●崔貽孫後唐
授崔貽孫守兵部員外
　郎判戶部案制　　　唐錢　翊　1336-584-392
●崔象先宋
崔象先等帶御器械制　宋曾　鞏　1098-560-22
　　　　　　　　　　　　　　　1350-397-397
●崔象明宋
可殿中丞制　　　　　宋胡　宿　1088-737-14
●崔慎由唐
平章事制　　　　　　唐不著撰人　426-343-50
監修國史等制　　　　唐不著撰人　426-358-51
東川節度制　　　　　唐不著撰人　426-383-54
●崔義進唐
授崔義進侍御史制　　唐薛廷珪　1336-603-394
　　　　　　　　　　　　　　　1402-82-14
●崔楚臣唐
可兼殿中侍御史制　　唐白居易　1080-545-51
　　　　　　　　　　　　　　　1336-605-395
●崔與之宋
明堂進封南海郡開國
　公加恩制　　　　　宋洪容齋　1175-228-17
除端明殿學士提舉西
　京崇福宮制　　　　宋洪容齋　1175-235-18
除參知政事加食邑四

百戶制　　　　　　　宋洪容齋　1175-260-22
除端明殿學士廣東經
　略制　　　　　　　宋袁　甫　1175-441-　9
特授正議大夫右丞相
　兼樞密使加食邑食
　實封制　　　　　　宋許應龍　1176-453-　5
●崔慧景梁
加侍中詔　　　　　　梁沈　約　1336-500-380
　　　　　　　　　　　　　　　1339-384-　7
　　　　　　　　　　　　　　　1415-109-87
●崔賢妃（曾祖）宋
賢妃崔氏贈曾祖父制　宋翟汝文　1129-226-　4
●崔憲成宋
補保義郎制　　　　　宋張　擴　1129-97-10
●崔憲政宋
補修武郎制　　　　　宋張　擴　1129-97-10
●崔諲之唐
授崔諲之少府監制　　宋蘇　頲　1336-631-399
●崔龜從唐
平章事（拜相）制　　唐崔　珙　426-339-49
　　　　　　　　　　　　　　　1337-214-450
　　　　　　　　　　　　　　　1394-316-　1
授崔龜從嶺南節度使
　制　　　　　　　　唐封　敖　1337-263-455
●崔隱甫唐
授崔隱甫河南尹制　　唐孫　逖
　　　　　　　　　（唐玄宗）　538-493-75
　　　　　　　　　　　　　　　1336-681-406
授崔隱甫洛陽縣令制　唐蘇　頲　1336-689-407
●崔懷忠宋
內殿承制制　　　　　宋王安石　1105-450-55
●常　同宋
御史中丞（制）　　　宋李彌遜　1130-636-　5
除起居郎（制）　　　宋張　綱　1131-48-　8
轉左朝奉大夫（制）　宋劉一止　1132-199-40
●常　仲宋
循資制　　　　　　　宋洪　适　1158-395-22
●常　明宋
秘書省正字（制）　　宋李彌遜　1130-628-　4
●常　益（等）宋
常益等可承信郎制　　宋汪　藻　1128-81-　8
●常　挺宋
授寶章閣學士知漳州
　制　　　　　　　　宋馬廷鸞　1187-46-　6
●常　袞唐

平章事制 唐不著撰人 426-302- 45
●常　崇宋
轉一官（制） 宋樓　鑰 1152-621- 34
●常　景宋
可光祿寺丞（制） 宋蘇　頌 1092-384- 33
●常　資元
常布呼齊故曾祖父資
　追封趙國公諡安穆
　制 元程鉅夫 1202- 48- 4
●常　榦宋
特授端明殿學士提領
　戶部財用諸 宋王應麟 1187-252- 5
●常　潤宋
轉遙郡防禦使（制） 宋周必大 1148- 28- 96
●常士廉宋
乞依孫舜卿例帶行閤
　門祗侯特依所乞（
　制） 宋周必大 1148- 4- 94
●常元亮唐
常元亮等權知橋陵制 唐元　稹 1079-586- 48
●常用之宋
可右清道率府率致仕
　（制） 宋鄭　獬
（韓　維） 1097-133- 3
1101-671- 18
1350-394- 38
●常安民宋
（可）大理寺丞(制） 宋蘇　轍 1112-291- 27
鴻臚丞（制） 宋蘇　轍 1112-297- 28
太常博士（制） 宋蘇　轍 1112-315- 29
常同父安民贈左正議
　大夫制 宋張　擴 1129- 67- 7
●常宗仁宋
可衞寺丞（制） 宋蘇　頌 1092-375- 32
●常得賢宋
換給忠翊郎制 宋張　擴 1129-101- 10
●常遇春明
追封開平王制 明王　禕 1226-251- 12
1373-488- 1
兼太子少保封鄂國公
　誥 明朱　升 1375- 61- 2
追封開平王制 明蘇伯衡 1402-107- 18
●常僧景齊
常僧景等封侯詔 梁沈　約 1336-751-416
1415-111- 87

●茶　丹宋
轉兩官制 宋慕容彥逢 1123-370- 7
●畢　衍宋
權發遣德慶府制 宋吳　泳 1176- 76- 8
●畢　桓（等）宋
畢桓等轉官制 宋許　翰 1123-499- 1
●畢　煥宋
畢煥等並授從義郎制 宋張　擴 1129- 99- 10
●畢　漸宋
移鴻臚少卿制 宋翟汝文 1129-213- 3
●畢　構唐
授畢構戶部尚書制 唐蘇　頲 1336-549-386
授畢構太子詹事制 唐蘇　頲 1336-662-403
授畢構河南尹制 唐蘇　頲 1336-681-406
●畢　誠唐
授畢誠昭義節度使制 唐武　宗 549- 53-183
1337-244-453
除刑部侍郎制 唐杜　牧 1081-665- 14
1336-561-388
授畢誠節度使制 玉堂遺範 1337-245-453
授畢誠邠寧節度使制 唐沈　詢 1337-275-456
●畢仲愈宋
除都官員外郎制 宋翟汝文 1129-207- 3
●畢良史宋
進春秋正辭并通例特
　改右承務郎制 宋張　擴 1129-146- 13
直敷文閣再任制 宋王　洋 1132-409- 7
●畢從盆宋
故大府卿畢世長男試
　將作監主簿從盆可
　授守將作監主簿制 宋蔡　襄 1090-421- 10
●畢從善宋
可殿中丞制 宋夏　竦 1087- 67- 2
●畢懷亮唐
授畢懷亮清流縣令制 唐蘇　頲 1336-743-415
●莫　沖宋
校書郎制 宋洪　适 1158-369- 19
●莫　淵（等）宋
莫淵等軍中過犯降官
　（制） 宋劉一止 1132-184- 37
●莫　將宋
玉駱黃鷹伏成莫將轉
　左朝奉郎制 宋張　擴 1129- 87- 9
復左朝奉郎制 宋張　擴 1129- 87- 9
磨勘轉左朝散郎制 宋張　擴 1129-146- 13

●莫　援宋
莫將父援贈左太中大
　夫制　　　　　　　宋張　擴　1129-63-7

●莫　儔宋
散官安置制　　　　　宋汪　藻　1128-114-12
　　　　　　　　　　　　　　　1128-341-2

●莫　濬宋
再任大理評事（制）　宋周麟之　1142-97-13

●莫仲致宋
降官制　　　　　　　宋王　洋　1132-429-8

●莫君陳宋
刑部郎中制　　　　　宋曾　鞏　1098-558-22

●莫伯虛宋
除刑部郎官（制）　　宋周麟之　1142-136-17

●莫延薦宋
知南丹州公事武騎衞
　制　　　　　　　　宋洪　适　1158-388-21

●莫延廌宋
承信郎制　　　　　　宋洪　适　1158-406-24

●莫藏用唐
授莫藏用比部員外郎
　制　　　　　　　　唐常　袞　1336-587-392

●莫賀咄屯唐
册莫賀咄屯爲順義郎
　文　　　　　　　唐不著撰人　426-944-129

●莫延豐納土宋
蕃官莫延豐納土補承
　節郎制　　　　　　宋許　翰　1123-493-1

●啖　異唐
可滁州長史並准赦量
　移制　　　　　　　唐白居易　1080-546-51

●悉怛謀唐
贈故蕃維州城副使悉
　怛謀制　　　　　　唐李德裕　1079-130-4

●符　薄宋
轉一官（制）　　　　宋樓　鑰　1152-617-34

●符　滁宋
降兩官放罷（制）　　宋樓　鑰　1152-620-34

●符　鎭宋
轉遙郡團練使（制）　宋周必大　1148-28-96
特降一官（制）　　　宋周必大　1148-56-98

●符行中宋
除太府少卿四川總領
　（制）　　　　　　宋周麟之　1142-144-18

●符拱之宋

可大理寺丞制　　　　宋王　珪　1093-279-38
可太常博士（制）　　宋沈　遘　1097-37-4

●符思奭宋
爲偷盜官錢壇離職守
　特降一官制　　　　宋張　嵲　1131-470-15

●魚　澤宋
轉遙防遙團（制）　　宋張　綱　1131-7-1

●魚周物宋
可殿中丞制　　　　　宋胡　宿　1088-722-13

●魚周詢宋
可天章閣待制知成德
　軍（制）　　　　　宋余　靖　1089-94-10
省副魚周詢等並加大
　夫階勳（制）　　　宋余　靖　1089-103-11

●魚朝恩唐
授魚朝恩國子監制　　唐常　袞　1336-631-399

●細　斯宋
沙克置揚摩男細斯承
　續制　　　　　　　宋胡　宿　1088-790-19

●尉　高宋
可大理評事制　　　　宋胡　宿　1088-740-14

●尉大亮宋
可杭州餘杭縣令（制）宋蘇　頌　1092-364-31

●尉仲榮宋
特授秘書省正字制　　宋衞　涇　1169-467-1

●第五琦唐
平章事制　　　　　唐不著撰人　426-300-45
忠州長史制　　　　唐不著撰人　426-406-57
長流夷州制　　　　唐不著撰人　426-406-57
殿中侍御史等制　　　唐賈　至
　　　　　　　　　（蘇　頲）1336-603-395

●逢維翰宋
循一資（制）　　　　宋周必大　1148-45-97

●俟　斯明
職吏部尚書（敕）　　明太祖　　1223-64-7

十二畫

●馮　山唐
（馮濬）故父山贈太
　子少師（制）　　　宋程　俱　1130-256-26

●馮　元宋
故翰林侍講學士尚書
　戶郎侍郎馮元可贈
　本曹尚書制　　　　宋宋　庠　1087-568-22

●馮　平宋
比部員外郎知眉州馮

平轉虞部員外郎制　宋歐陽修　1102-626- 80

●馮　旦宋

三班借職馮旦可秀州華亭縣主簿制　宋宋　庠　1087-567- 22

●馮　田宋

改差知金州兼管內安撫制　宋洪咨夔　1175-260- 22

●馮　式宋

（馮京）父式可追封蜀國公制　宋王安禮　1100- 20- 2

●馮　沅宋

職方郎中馮沅可太常少卿（制）　宋韓　維　1101-657- 16

●馮　沅（子）宋

職方郎中馮沅致仕一子可試校書郎制　宋鄭　獬　1097-137- 3

●馮　況宋

可駕部員外郎制　宋王　珪　1093-286- 39

●馮　沅宋

朝奉郎馮沅宗正寺丞（制）　宋孫　覿　1135-255- 25

●馮　京宋

秘書郎馮京可直集賢院著作郎中制　宋王　珪　1093-238- 34

翰林侍讀學士右正言馮京改翰林學士知制誥權知開封府制　宋鄭　獬　1097-146- 4

翰林侍讀學士右正言馮京改翰林學士知制誥權知開封府制　宋王安石　587-733- 18　1105-376- 49

翰林學士知制誥權知開封府馮京轉官勳邑制　宋王安石　587-733- 18　1105-381- 49

加恩制　宋蘇　轍　1112-352- 33

除馮京彰德軍節度使制　宋蘇　轍　1112-354- 33

●馮　忠宋

轉保義郎制　宋張　擴　1129-105- 10

●馮　炳宋

右贊善大夫馮炳可授殿中丞制　宋蔡　襄　1090-431- 11

●馮　淫宋

轉一官資（制）　宋樓　鑰　1152-616- 34

●馮　浩宋

司封員外郎馮浩可開封府推官制　宋王　珪　1093-281- 38

集賢校理馮浩可司封員外郎制　宋王　珪　1093-284- 38

刑部郎中充集賢校理馮浩可依前官集賢校理充三司度支判官　宋沈　遘　1097- 64- 6

●馮　琪唐

授馮琪山陰縣令制　唐薛廷珪　1336-747-415

●馮　軒唐

除義成軍推官制　唐杜　牧　1081-683- 16　1336-730-413　1402- 79- 14

●馮　振宋

可都官員外郎制　宋胡　宿　1088-757- 16

●馮　偓南唐

可秘書省正字（制）　宋徐　鉉　1085- 62- 8

●馮　紞晉

爲散騎常侍詔　晉武帝　1398- 31- 2

●馮　宿唐

刑部郎中制　唐元　稹　1079-576- 46　1336-566-389　1402- 64- 13

除兵部郎中知制誥制　唐白居易　1080-519- 48

兵部郎中知制誥馮宿可朝散大夫同制　唐白居易　1080-531- 49

●馮　翊宋

大理寺丞制　宋王安石　1105-404- 51

●馮　章宋

內侍馮章轉官制　宋鄒　浩　1121-305- 16

●馮　異（等）漢

詔封二十八將詔　漢安帝　426-1099-18

●馮　紹宋

才人馮氏父贈駕部郎中紹可特贈朝議大夫制　宋劉　放　1096-226- 22

●馮　參漢

立皇太子詔　漢成帝　426-1045-10

●馮　夠宋

降一官（制）　宋張　綱　1131- 9- 1

●馮　景宋

內臣馮景（降一官制）　宋蘇　轍　1112-290- 27

●馮　源宋

四庫全書文集篇目分類索引

洪州觀察推官馮源可永清軍書記（制）　宋田　錫　1085-553- 29
●馮　瑀宋
降官制　宋鄒　浩　1121-319- 18
馮　涇
武安軍節度推官監延州入中倉馮涇可秘書丞　宋余　靖　1089- 98- 10
●馮　諗宋
太子中允通判秦州馮諗可太常丞制　宋歐陽修　1102-627- 80
　　　　　　　　　　　　　　　　　　　　　1402-112- 20
●馮　熙宋
西京左藏庫副使馮熙可左藏庫副使制　宋慕容彥逢　1123-359- 6
供備馮熙與轉一官制　宋慕容彥逢　1123-390- 8
●馮　碧宋
馮京曾祖碧可贈兼尚書令制　宋王安禮　1100- 19- 2
●馮　緒唐
可試太子通事舍人知田州事充左江都知兵馬使制　唐白居易　1080-550- 51
●馮　適宋
前秘書丞馮適服闋可舊官制　宋宋　庠　1087-585- 24
●馮　履宋
特贈直秘閣制　宋吳　泳　1176-100- 10
●馮　禎宋
屯田員外郎馮禎可都官員外郎（制）　宋蘇　頌　1092-348- 29
●馮　紡漢
封馮紡爲楊邑侯詔　漢　昭　帝　1397- 23- 1
●馮　澤宋
尚醞奉御馮澤可改差充尚辰奉御制　宋慕容彥逢　1123-351- 5
●馮　澥宋
馮澥遇建炎元年赦恩轉太中大夫（制）　宋程　俱　1130-270- 27
復資政殿學士制　宋王　洋　1132-413- 7
吏部侍郎馮澥除禮部尚書（制）　宋孫　覿　1135-243- 24
資政殿學士馮澥尚書左丞（制）　宋孫　覿　1135-246- 24
樞密馮澥資政殿學士

太子賓客（制）　宋孫　覿　1135-250- 24
除資政殿學士知潼州府　宋孫　覿　1135-266- 26
●馮　澥（曾祖）宋
馮澥封贈故曾祖某贈太子少保（制）　宋程　俱　1130-256- 26
●馮　賽宋
轉官換給（制）　宋張　綱　1131- 46- 8
●馮　械宋
兼侍講（制）　宋劉一止　1132-197- 40
●馮　翼宋
降官制　宋鄒　浩　1121-320- 18
●馮　翰唐
授馮翰司封員外郎等制　唐崔　嘏　1336-577-391
●馮　寶宋
武經郎馮寶等各轉一官制　宋張　擴　1129- 77- 8
●馮　鐸宋
入內左藏庫永州團練使馮鐸可轉一官制　宋慕容彥逢　1123-374- 7
文思副使馮鐸可轉一官制　宋慕容彥逢　1123-383- 7
●馮　瑾宋
知岷州降授左藏庫使威州刺史馮瑾可轉一官制　宋慕容彥逢　1123-379- 7
●馮十一宋
紅霞帔馮十一轉典字制　宋張　擴　1129-106- 10
●馮大昕宋
因任黔江縣日因珍州夷人騷作過攻圍州城調發本縣義軍應副解圍了當改轉右宣教郎敎　宋張　嵲　1131-453- 13
●馮大鈞宋
朝請大夫行大理寺丞馮大鈞可大理正勅　宋慕容彥逢　1123-322- 3
●馮元飆明
戶科給事中馮元飆（勅）　明倪元璐　1297- 38- 3
●馮天祐宋
內殿崇班馮天祐可左監門衞將軍　宋沈　遘　1097- 38- 4

四庫全書文集篇目分類索引

史部　詔令奏議類：附錄　詔令下（男）十二畫

●馮天錫宋
梓州司戶參軍集賢院年滿孔目宮馮天錫可守婺州金華縣　宋沈　遘　1097- 52- 6

●馮日宣宋
太子中舍知眞定府馮日宣可殿中丞制　宋宋　庠　1087-576- 23

●馮少端
馮少端等湖南軍將授官制　唐杜　牧　1081-689- 17

●馮允中（十一世祖）唐
跋馮君家藏誥　宋朱　熹　1145-707- 82

●馮去疾宋
除武學博士制　宋洪咨夔　1175-256- 21

●馮正巳宋
落職衝替（制）　宋張　綱　1131- 14- 2

●馮正符宋
借職制　宋曾　鞏　1098-556- 22

●馮世寧宋
觀察使馮世寧可節度觀察留後制　宋慕容彥逢　1123-342- 4

●馮安之宋
可衞尉寺丞制　宋胡　宿　1088-727- 14

●馮光嗣唐
授馮光嗣揚州都督府司馬制　唐蘇　頲　1336-741-414

●馮仲堪宋
（馮澥）故祖仲堪贈太子少傅制　宋程　俱　1130-256- 26

●馮行巳宋
詔花使昭州刺史新就差充并代州管內關步軍鈐轄馮行巳可左藏庫使兼知代州制　宋蔡　襄　1090-449- 13

●馮行襲唐
授馮行襲學校太子少保仍封長樂縣開子加食邑制　唐錢　翔　1336-753-416

授馮行襲昭信軍節度使制　唐張玄晏　1337-285-457

●馮伸己宋
新差知貴州東染院使榮州刺史馮伸己可洛苑使制　宋宋　庠　1087-556- 20

●馮宗道宋
可右騏驥使　宋蘇　軾　1108-692-108
遂郡刺史（制）　宋蘇　軾　1112-318- 30

●馮奉世漢
賜馮奉世爵關內侯詔　漢　元　帝　426-1031- 9
　　　　　　　　　　　　1396-249- 3

●馮承用宋
可供備庫使制　宋胡　宿　1088-768- 17
文思使馮承用可忠州刺史制　宋王　珪　1093-287- 39

●馮承紋宋
潁州團練判官馮承紋等并轉官致仕制　宋王　珪　1093-289- 39

●馮易簡宋
可內省內常侍制　宋胡　宿　1088-764- 17
左藏庫副使三陵都監馮易簡可文思副使制　宋鄭　獬　1097-141- 4

●馮延巳南唐
太弟太保馮延巳落起復加特進制　宋徐　鉉　1085- 46- 6
駕部郎中馮延巳兼起居郎（制）　宋徐　鉉　1085- 57- 7

●馮延之（等）宋
權貨務都茶場監管馮延之等推賞轉官（制）　宋劉一止　1132-206- 42

●馮延魯南唐
禮部員外郎馮延魯可中書舍人勤政殿學士（制）　宋徐　鉉　1085- 66- 8
江都少尹制　宋徐　鉉　1085- 53- 7

●馮若愚明
（馮元飇）父（贈正議大夫制）　明倪元璐　1297- 39- 3

●馮禹謨宋
（馮京）祖禹謨可追封崇國公制　宋王安禮　1100- 20- 2

●馮時舉宋
官已足奉聖旨不候引見改宣教郎（制）　宋孫　覿　1135-256- 25

●馮躬厚（等）宋
馮躬厚等禮制局推恩制　宋許　翰　1123-506- 2
太常博士制　宋翟汝文　1129-206- 3

四庫全書文集篇目分類索引

磨勘轉通奉大夫(制)　宋程 俱　1130-246- 25

●馮師忠宋

從事郎試辟廱博士馮師忠可候今任滿日令再任制　宋慕容彥逢　1123-363- 6

●馮惟說宋

除武學博士制　宋慶 僑　1154-124- 5

●馮康國宋

直顯謨閣知襄州(制)　宋李彌遜　1130-644- 5

●馮務本宋

可內殿承制制　宋王安禮　1100- 10- 2

●馮越石宋

前權知雲安軍判官馮越石可著作佐郎(制)　宋蘇 頌　1092-364- 31

●馮博雅宋

尚書比部郎中馮博雅可如京使惠州刺史(制)　宋蘇 頌　1092-379- 33

●馮巽之宋

除刑部郎官制　宋張孝祥　1140-641- 19

●馮義由宋

解圍番賊轉兩官制　宋李彌遜　1130-632- 5

●　宋

可屯田員外郎制　宋胡 宿　1088-748- 15

●馮通根梁

贈馮道根詔　梁 武 帝　1399-258- 1　1414-427- 80

●馮熙載宋

著作郎馮熙載爲膳部員外郎(制)　宋劉安上　1124- 18- 2

除右司員外郎制　宋翟汝文　1129-208- 3

尚書右司員外郎馮熙載除起居郎制　宋翟汝文　1129-211- 3

●馮嘉賓唐

授馮嘉賓左臺監察御史制　宋李 嶠　1336-606-395

●馮維禹宋

西京左藏庫副使馮維禹太子中舍致仕制　宋王安石　1105-426- 53

●馮震武宋

戶部郎官四川總領(制)　宋樓 鑰　1152-682- 31

●馮繼文唐

授馮繼文檢校工部尚

書依前充河西防禦招撫等使制　唐薛廷珪　1336-703-409

●富 言宋

富副樞父言贈太子少師可持贈太子太師　宋余 靖　1089-113- 11

富直柔明堂大禮赦恩封贈會祖追封韓國公言致封魯國公(制)　宋程 俱　1130-226- 22

●富 珫宋

特授中書門下省檢正諸房公事制　宋衡 湜　1169-472- 1

●富 弼宋

除富弼同中書門下平章事判河南府制　宋 仁 宗　538-495- 75

封富弼爲鄭國公制　宋 神 宗　538-496- 75

可資政殿大學士依前給事中制　宋胡 宿　1088-753- 16

除富弼行禮部尚書同中書門下平章事昭文館大學士監修國史兼譯經潤文使加食邑實封功臣散官勳封制　宋胡 宿　1088-816- 22

樞密副使諫議大夫河北宣撫使富弼可加正奉大夫輕車都尉仍賜推忠佐理功臣　宋余 靖　1089-102- 11

觀文殿學士富弼可宣徽南院使判并州制　宋王 珪　1093-246- 35

檢校大師同中書門下平章事鎮海軍節度使授依前判河陽加食邑實封功臣制　宋王 珪　1093-261- 37

授依前同中書門下平章事武寧軍節使判河南兼西京留守仍賜功臣制　宋王 珪　1093-268- 37　1350-359- 35　1418-205- 43

觀文殿大學士富弼除依前尚書左僕射門下侍郎同中書門下平章事昭文館大學士兼譯經潤文使鄭

史部

詔令奏議類：附錄

詔令下（男）十二畫

952　　　　　　　　　四庫全書文集篇目分類索引

國公制　　　　　　　　　宋鄒 獬　1097-112- 1
　　　　　　　　　　　　　　　　　1350-363- 35
贈太師（制）　　　　　　宋蘇 轍　1112-347- 32
（富直柔）祖韓國公
　弼追封魏國公餘如
　故（制）　　　　　　　宋程 俱　1130-226- 22
　　　　　　　　　　　　　　　　　1375- 49- 22
除富弼樞密使制　　　　　宋范 鎭　1350-354- 34
除富弼尚書左僕射充
　觀文殿大學士集禧
　觀使制　　　　　　　　宋呂公著　1350-363- 35
詔允左僕射新除集禧
　觀使富弼判汝州（
　制）　　　　　　　　　宋不著撰人　1353- 26- 50
●富　弼（三代）宋
（封贈）宰相富弼三
　代制六道　　　　　　　宋王安石　1105-431- 54
●富　翊宋
蘇州長洲縣尉富翊潤
　州丹徒縣令制　　　　　宋王安石　1105-416- 52
●富　韜五代
跋吳越國命官墨制　　　　元柳 貫　1210-476- 18
●富之彥宋
循右文林郎制　　　　　　宋張 擴　1129-139- 13
●富令荀宋
富副樞祖令荀贈太子
　少傅可持贈太子太
　傅　　　　　　　　　　宋余 靖　1089-112- 11
●富直柔宋
知泉州富直柔落資政
　殿學士制　　　　　　　宋張 擴　1129- 49- 6
加食邑實封（制）　　　　宋程 俱　1130-230- 23
罷同知樞密院事依前
　中大夫差提舉臨安
　府洞霄宮（制）　　　　宋程 俱　1130-260- 26
知衢州（制）　　　　　　宋李彌遜　1130-642- 5
●富處謙宋
富副樞曾祖處謙贈太
　子太保可贈太子少
　保　　　　　　　　　　宋余 靖　1089-112- 11
●富紹庭宋
除祠部郎官制　　　　　　宋鄒 浩　1121-297- 15
　　　　　　　　　　　　　　　　　1418-585- 56
（富直柔）父紹庭贈
　太子少師（制）　　　　宋程 俱　1130-227- 22

資政殿學士左中大夫
　富直柔故父紹庭可
　特贈太子太傅制　　　　宋張 嶸　1131-515- 20
●富紹榮宋
通直郎富紹榮可奉議
　郎制　　　　　　　　　宋慕容彥逢　1123-340- 4
●富察久安宋
進封開國公加食邑五
　百戶食實封二百戶
　制　　　　　　　　　　宋周必大　1148- 96-102
賜富察久安（大禮畢
　加食邑食封告）　　　　宋周必大　1148-232-112
●游　似宋
權禮部尚書游似陞兼
　侍讀諸　　　　　　　　宋許應龍　1176-430- 3
除權禮部侍郎諸　　　　　宋許應龍　1176-431- 3
除吏部尚書制　　　　　　宋許應龍　1176-439- 4
●游　佀宋
授宗正少卿制　　　　　　宋吳 泳　1176- 55- 6
授兼侍講制　　　　　　　宋吳 泳　1176- 61- 7
●游　奎宋
可祕書丞制　　　　　　　宋胡 宿　1088-735- 14
●游　恭宋
特授武德郎落閣職權
　發遣臨安府兵馬鈐
　轄（制）　　　　　　　宋陳傅良　1150-574- 11
●游　烈宋
奏舉人游烈等著作佐
　郎制　　　　　　　　　宋王安石　1105-401- 51
●游　格宋
游侍祖格已贈太師可
　追封申國公制　　　　　宋徐元杰　1181-694- 7
●游　酢宋
太學錄（制）　　　　　　宋蘇 轍　1112-302- 28
●游　開宋
前鄭州原武縣令游開
　可著作佐郎制　　　　　宋宋 庠　1087-599- 26
●游　損宋
除太府寺丞（制）　　　　宋劉一止　1132-163- 31
金部郎官（制）　　　　　宋劉一止　1132-225- 47
●游　輔宋
起復（制）　　　　　　　宋李彌遜　1130-633- 5
●游　操宋
除監察御史制　　　　　　宋張 擴　1129- 46- 6
除祕書省正字制　　　　　宋張 擴　1129- 75- 8

●游　藝宋
游伯會祖藝已贈太保
　可特贈太傅制　　　　宋徐元杰　1181-694- 7
●游九功宋
直祕閣知溫州游九功
　除司農少卿制　　　　宋洪咨夔　1175-229- 17
●游子驤唐
授游子驤屯田員外郎
　制　　　　　　　　　唐蘇　頲　1336-588-392
授游子驤等侍御史制　　唐蘇　頲　1336-600-394
●游百揆宋
罷大理少卿知耀州（
　制）　　　　　　　　宋劉安上　1124- 13- 2
●游仲鴻宋
游伯父仲鴻謚忠節已
　贈太師追封益國公
　可特追封雍國公制　　宋徐元杰　1181-695- 7
●游李雄宋
換給承信郎制　　　　　宋張　擴　1129- 97- 10
●游思雄宋
改奉議郎陝西運判賜
　緋（制）　　　　　　宋蘇　轍　1112-324- 30
●游師雄宋
故朝奉郎直龍圖閣游
　師雄可特贈集賢殿
　修撰制　　　　　　　宋慕容彥逢　1123-348- 5
●游震甲宋
特轉一官制　　　　　　宋袁　甫　1175-438- 9
●游簡言南唐
左僕射平章事制　　　　宋徐　鉉　1085- 51- 6
●童　參宋
童珏父參年一百二歲
　可承務郎致仕（制）　宋蘇　軾　1108-679-107
　　　　　　　　　　　　　　　　1402-118- 21

●童　湜宋
可特敍內殿崇班（制）　宋蘇　軾　1108-664-106
●童師敏宋
內侍童師敏除尚食奉
　御制　　　　　　　　宋翟汝文　1129-221- 4
●曾　升宋
贈五官與一子恩澤制　　宋汪　藻　1128- 83- 9
●曾　布宋
除曾布銀青光祿大夫
　守尚書右僕射兼門
　下中書侍郎制　　　　宋曾　肇　1101-331- 1

　　　　　　　　　　　　　　　　1350-376- 36
●曾　怡宋
太府寺主簿制　　　　　宋張　擴　1129-145- 13
●曾　夾宋
右司制　　　　　　　　宋虞　儔　1154-108- 5
●曾　阜宋
通判隨州曾阜可通判
　邵州制　　　　　　　宋劉　攽　1096-221- 22
●曾　律宋
淮東提舉茶鹽（制）　　宋劉一止　1132-212- 44
●曾　紆宋
降一官（制）　　　　　宋張　綱　1131- 45- 7
●曾　班宋
可衛尉寺丞制　　　　　宋胡　宿　1088-727- 14
●曾　班宋
復左朝請大夫制　　　　宋張　擴　1129- 89- 9
爲臣察上言金人登泰
　州城知通親往軍前
　和議差官吏根刷金
　銀等事奉旨曾班追
　毀出身以來文字除
　名勒停送雷州編管
　後該遇明堂赦與敍
　左朝散大夫制　　　　宋張　嶸　1131-501- 19
●曾　秘宋
太學博士（制）　　　　宋樓　鑰　1152-653- 37
●曾　統宋
殿中侍御史（制）　　　宋劉一止　1132-184- 37
改除左諫議大夫（制）　宋劉一止　1132-185- 37
●曾　開宋
中書舍人（制）　　　　宋李彌遜　1130-626- 4
刑部侍郎（制）　　　　宋李彌遜　1130-640- 5
禮部侍郎曾開除寶文
　閣待制提舉江州太
　平觀（制）　　　　　宋劉一止　1132-175- 35
●曾　逮宋
浙西提點刑獄制　　　　宋洪　适　1158-380- 20
●曾　順宋
權發遣應天府制　　　　宋吳　泳　1176- 76- 8
●曾　幾宋
廣西運副（制）　　　　宋劉一止　1132-221- 46
除祕書少監（制）　　　宋周麟之　1142-109- 14
除權禮部侍郎（制）　　宋周麟之　1142-136- 17
●曾　集宋
知嚴州（制）　　　　　宋樓　鑰　1152-657- 37

●曾 詢宋
將仕郎充詳定一司勅令所刪定官曾詢可宣德郎差遣如故制 宋慕容彥逢 1123-340- 4
●曾 楷宋
國子博士知瓊州曾楷可虞部員外郎制 宋王 珪 1093-283- 38
●曾 栻宋
除禮部尚書（制） 宋張 綱 1131- 18- 3
轉官（制） 宋張 綱 1131- 47- 8
知潭州（制） 宋劉一止 1132-211- 43
改知信州（制） 宋劉一止 1132-215- 44
可除顯謨閣學士知洪州制 宋綦崇禮 1134-539- 3
●曾 愷宋
湖北兼京西路運副（制） 宋李彌遜 1130-627- 4
知廬州（制） 宋周麟之 1142- 98- 13
●曾 輔宋
賞轉一官（制） 宋周必大 1148- 46- 97
●曾 熙（等）宋
恭淑皇后祔廟翊曾熙等循資制 宋虞 儔 1154-123- 5
●曾 肇宋
轉官除吏部郎中（制） 宋曾 鞏 1098-542- 20
轉官制 宋曾 鞏 1098-553- 21
除（曾肇）大理寺丞集賢校理制 宋不著撰人 1101-396- 4
集賢校理（曾肇）轉朝散郎制 宋不著撰人 1101-396- 4
轉除國史院編修判登聞鼓院吏部郎中制 宋不著撰人 1101-397- 4
轉除集賢院修撰爲中書舍人兼翰林學士制 宋不著撰人 1101-397- 4
轉除翰林院學士兼侍讀知制誥制 宋不著撰人 1101-397- 4
中書舍人（制） 宋蘇 轍 1112-298- 28
磨勘改朝散郎（制） 宋蘇 轍 1112-309- 29
●曾 謂宋
陝西轉運副使制 宋汪 藻 1128- 76- 8
●曾 誕宋
同中書門下平章事曾公亮姪孫誕試祕校制 宋王安石 1105-412- 52
●曾 懋宋
知福州制 宋胡 寅 1137-447- 13
●曾 幽宋
除權禮部侍郎誥 宋許應龍 1176-431- 3
●曾 燊宋
贈官制 宋許景衡 1127-235- 7
●曾 懷宋
前知溫州平陽縣爲在任日召募壯丁金元將蝦乾前去鎭江府本家投下計役過四十八日及差杖直買栗子山藥并差着長於薑戶邊買生薑大理寺勘當徒一年餘徒半年更合罰銅十斤入官勒停放緣犯在赦前特降一官仍依衝替人例制 宋張 嶸 1131-471- 15
●曾 覿宋
轉一官除遂郡刺史（制） 宋周必大 1148- 5- 94
加食邑五百戶食實封三百戶制 宋周必大 1148-102-102
加食邑五百戶食實封三百戶制 宋周必大 1148-108-103
除少保改鎭充醴泉觀使加食邑食實封制 宋周必大 1148-116-103
加食邑七百戶食實封三百戶制 宋周必大 1148-120-103
賜曾覿（加食邑食實封告） 宋周必大 1148-233-112
賜曾覿郊禮加恩告 宋周必大 1148-234-112
賜曾覿授少保告 宋周必大 1148-235-112
●曾三異 宋
除祕閣校勘制 宋袁 甫 1175-441- 9
授承務郎差監潭州南嶽廟制 宋吳 泳 1176- 68- 7
●曾三復 宋
太常少卿（制） 宋樓 鑰 1152-704- 41
●曾三聘 宋
除秘書郎（制） 宋陳傅良 1150-604- 14
太府寺丞（制） 宋樓 鑰 1152-637- 35
祕書郎（制） 宋樓 鑰 1152-672- 38
●曾天麟宋

四庫全書文集篇目分類索引

太常寺丞兼權右司曾天麟除將作少監（制） 宋洪咨夔 1175-243- 19

除都官郎官制 宋許應龍 1176-445- 4

●曾公亮宋

可充史館修撰制 宋胡 宿 1088-711- 12

可加柱國制 宋胡 宿 1088-763- 17

除曾公亮檢校太尉充樞密使制 宋胡 宿 1088-819- 22 1350-352- 34

翰林學士知制誥曾公亮封廬陵郡開國侯加食邑制 宋王 珪 1093-243- 35

授門下侍郎兼吏部尚書依前同中書門下平章事進封英國公加封邑功臣制 宋王 珪 1093-266- 37 1350-358- 35

授尚書左僕射依前同中書門下平章事進封兖國公加封邑制 宋王 珪 1093-267- 37

授依前同中書門下平章事進封魯公加封邑功臣制 宋王 珪 1093-267- 37

授檢校太師守司空兼侍中河陽三城節度使集禧觀使仍賜功臣制 宋王 珪 1093-267- 37

授依前同中書門下平章事昭文館大學士加封邑制 宋王 珪 1093-268- 37

禮部侍郎參知政事曾公亮可加正奉大夫進封開國公食邑五百戶賜推忠佐理功臣（制） 宋劉 敞 1095-652- 30 1350-385- 37 1418-363- 48

加恩制 宋范 鎮 1350-353- 34

●曾用亮宋

除江西轉運判官制 宋袁 甫 1175-436- 9

●曾宏正宋

除廣西運判兼提舉 宋劉才邵 1130-469- 5

●曾孝序宋

通判莫州（序） 宋蘇 轍 1112-325- 30

●曾孝純宋

同中書門下平章事曾公亮親男孝純將作監主簿制 宋王安石 1105-412- 52

●曾孝雍宋

前守將作監主簿曾孝雍可服闕舊官 宋沈 遘 1097- 52- 6

●曾孝寬宋

虞部員外郎曾孝寬可比部員外郎（制） 宋蘇 頌 1092-378- 33

端明殿學士朝散大夫曾孝寬可差知鄂州制 宋慕容彥逢 1123-365- 6

朝議大夫守吏部尚書曾孝寬可資政殿學士知穎昌府制 宋毛 滂 1123-745- 5

●曾孝蘊宋

刑部侍郎曾孝蘊可顯謨閣待制發運使制 宋慕容彥逢 1123-344- 5

●曾宗鎮宋

降一官（制） 宋周必大 1148- 10- 94

●曾易占宋

曾布父追贈制 宋蘇 轍 1112-342- 32

●曾從龍宋

參知政事曾從龍可除樞密使督視江淮軍馬加食邑食實封制 宋洪咨夔 1175-213- 14

資政殿大學士曾從龍明堂加恩制 宋洪咨夔 1175-227- 17

資政殿大學士新知建康府曾從龍除參知政事同提舉編修勅令加食邑實封制 宋洪咨夔 1175-240- 19

參知政事曾從龍除知樞密院事加食邑實封仍兼參知政事制 宋洪咨夔 1175-252- 21

致仕制 宋許應龍 1176-455- 5

●曾穎秀宋

除戶部郎中制 宋袁 甫 1175-428- 8

除倉部郎中制 宋袁 甫 1175-429- 8

●曾穎茂宋

直寶章閣知隆興府兼江西運判制 宋許應龍 1176-470- 6

●渾 瑊唐

副元帥招討河中制 唐陸 贄 426-427- 59

四庫全書文集篇目分類索引

		1072-636- 8
		1337-221-451
		1417-701- 33
侍中制	唐陸　贄	426-435- 60
		1072-629- 7
配享德宗廟庭詔	唐不著撰人	426-466- 63
德宗授馬燧渾瑊副元帥招討河中制	唐 德 宗	549- 41-183
京畿金商節度使制	唐陸　贄	556-117- 85
		1072-639- 9
		1337-249-454

●渾　鑊唐

鄧州刺史渾鑊可朝散大夫制　唐白居易　1080-531- 49

●湯　折宋

除江西運判（制）　宋周麟之　1142-143- 18

●湯　材（等）宋

湯材等轉一官制　宋許景衡　1127-228- 7

●湯　和明

信國公湯和誥　明 太 祖　1223- 21- 3

●湯　漢宋

太常少卿湯漢特授起居郎兼職仍舊制　宋馬廷鸞　1187- 26- 3

起居郎兼權中書舍人湯漢特授權兵部侍郎兼職依舊制　宋馬廷鸞　1187- 30- 4

除太常少卿制　宋馬廷鸞　1187- 34- 4

除秘閣修撰知福州制　宋馬廷鸞　1187- 45- 6

●湯　淺宋

湯淺依舊祕閣修撰改知隆興府制　宋馬廷鸞　1187- 43- 5

●**湯　璹**宋

除太學博士（制）　宋陳傅良　1150-636- 17

國子錄（制）　宋樓　鑰　1152-653- 37

太學錄湯璹太學博士誥　宋虞　儔　1154-125- 5

●湯　嚴宋

湯漢以進書賞轉官回贈本生父嚴特贈奉直大夫制　宋馬廷鸞　1187- 63- 8

●湯允恭宋

除都大提舉四川茶馬（制）　宋周麟之　1142-100- 13

除權兵部侍郎（制）　宋周麟之　1142-133- 17

除權戶部侍郎（制）　宋周麟之　1142-135- 17

●**湯孝本**宋

辟廱博士湯孝本除直祕閣提點洪州玉隆觀制　宋翟汝文　1129-202- 2

●**湯東野**宋

落職宮祠（制）　宋張　綱　1131- 44- 7

徽猷閣直學士知平江府制　宋李正民　1133- 20- 2

除待制依舊知平江府制　宋李正民　1133- 22- 2

降官制　宋李正民　1133- 34- 3

●**湯思退**宋

除湯思退特授左正奉大夫制　宋周麟之　1142- 80- 11

除權禮部侍郎（制）　宋周麟之　1142- 99- 13

除湯思退都督江淮東西路建康府鎮江府江陰軍江池州屯駐軍馬依前特進尚書左僕射同中書門下平章事兼樞密使岐國公加食邑實封制　宋洪　适　1158-319- 11

（除）湯思退罷尚書左僕射同中書門下平章事兼樞密使特授觀文殿大學士提領江州太平興國宮依前特進岐國公制　宋洪　适　1158-320- 11

●湯保衡宋

轉官制　宋劉才邵　1130-455- 4

●湯孫將宋

降左朝請郎制　宋張　擴　1129-140- 13

●湯鵬舉宋

兼侍讀（制）　宋周麟之　1142-103- 14

除知樞密院事（制）　宋周麟之　1142-125- 16

除直顯謨閣差知婺州（制）　宋周麟之　1142-127- 16

●雲茂誠宋

武德郎雲茂誠贈三官（制）　宋孫　覿　1135-261- 25

●博果密元

平章博果密贈謚制　元盧　旦　1394-327- 1

●博爾歡元

額森特穆爾故父博爾歡仍謚武穆制　元程鉅夫　1202- 37- 3

●項　膺宋
循一資（制）　　　　宋周必大　1148-33-96
●項人龍明
浙江金華府金華縣知縣項人龍（勅）　　　　明倪元璐　1297-47-4
●項元輔明
（項人龍）父（封某官勅）　　　　明倪元璐　1297-48-4
●項安世宋
除祕書省正字（制）　　　　宋樓　鑰　1152-635-35
校書郎（制）　　　　宋樓　鑰　1152-709-41
●項里周宋
可太子中舍人制　　　　宋胡　宿　1088-722-13
●項博文宋
除大理寺簿制　　　　宋袁　甫　1175-433-9
●惠　迪宋
國子博士制　　　　宋洪　适　1158-381-20
●惠柔民宋
惠柔民（制）　　　　宋劉安上　1124-20-2
惠柔民等押赴河北京東陝西路監當差遣制　　　　宋汪　藻　1128-85-9
禮部並員外郎制　　　　宋李正民　1133-15-2
●黃　中宋
秘書丞知鬱林州黃中可太常博士制　　　　宋宋　庠　1087-598-26
●黃　中宋
除國子司業（制）　　　　宋周麟之　1142-114-15
●黃　正宋
祕書丞黃正可太常博士制　　　　宋歐陽修　1102-638-81
●黃　由宋
祕書省著作郎黃由特轉一官（制）　　　　宋陳傅良　1150-578-11
除將作監兼嘉王府直講（制）　　　　宋陳傅良　1150-603-14
軍器少監（制）　　　　宋樓　鑰　1152-645-36
將作監（制）　　　　宋樓　鑰　1152-671-38
起居郎（制）　　　　宋樓　鑰　1152-694-40
該覃恩轉官（制）　　　　宋樓　鑰　1152-700-40
知鎭江府制　　　　宋虞　儔　1154-121-5
●黃　式宋
皇城使開州刺史黃式可恩州團練使依舊制　　　　宋慕容彥逢　1123-357-6

●黃　朴宋
校書郎黃朴除著作佐郎仍兼崇政殿說書（制）　　　　宋洪容齋　1175-220-16
改差知泉州制　　　　宋洪容齋　1175-250-20
授承議郎制　　　　宋吳　泳　1176-65-7
●黃　艾宋
將作少監黃艾特轉一官（制）　　　　宋陳傅良　1150-578-11
兼侍講　　　　宋陳傅良　1150-593-13
封莆田縣開國男食邑三百戶（制）　　　　宋陳傅良　1150-619-15
轉一官（制）　　　　宋樓　鑰　1152-611-34
右正言（制）　　　　宋樓　鑰　1152-642-36
左司諫（制）　　　　宋樓　鑰　1152-692-40
該覃恩轉官（制）　　　　宋樓　鑰　1152-700-40
●黃　沈宋
降右迪功郎制　　　　宋張　擴　1129-131-12
●黃　忱宋
四方館使康州防禦使荊湖北路兵馬鈐轄黃忱可引進使依舊遂郡防禦使致仕制　　　　宋慕容彥逢　1123-356-5
●黃　汾宋
太子中舍制　　　　宋王安石　1105-400-51
●黃　勁宋
黃勁等侯服闋日降一官不得與親民差遣（制）　　　　宋陳傅良　1150-582-12
●黃　宜宋
除宗學博士制　　　　宋袁　甫　1175-438-9
●黃　東宋
可成州同谷縣主簿制　　　　宋胡　宿　1088-782-18
●黃　炳宋
鎭安節度判官黃炳可太子中允制　　　　宋宋　祁　1088-267-31
可太常博士制　　　　宋胡　宿　1088-750-15
●黃　炳宋
授祕書省校書郎制　　　　宋徐元杰　1181-688-7
●黃　洽宋
黃洽登極恩轉通奉大夫（制）　　　　宋陳傅良　1150-612-15
●黃　彥宋
入內內侍省西京左藏庫副使黃彥可入內

四庫全書文集篇目分類索引

史部

詔令奏議類：附錄

詔令下（男）十二畫

內侍省文思副使制　宋慕容彥逢　1123-361- 6

承議郎黃彥先降一官送大理取勘制　宋慕容彥逢　1123-366- 6

除京畿轉運判官（制）　宋孫　覿　1135-268- 26

●黃　沬宋

入內西京左藏庫副使黃沬可轉一官制　宋慕容彥逢　1123-375- 7

●黃　度宋

乞祠祿差主管冲右觀（制）　宋陳傅良　1150-632- 17

知婺州（制）　宋陳傅良　1150-646- 18

監察御史（制）　宋樓　鑰　1152-657- 37

●黃　持宋

補三班借職制　宋鄒　浩　1121-315- 18

●黃　思宋

奉議郎監粳米第八界黃思可通判大名府制　宋劉　攽　1096-221- 22

●黃　訓宋

入內東頭供奉官黃訓可轉一官制　宋慕容彥逢　1123-373- 7

●黃　珙宋

武功大夫成州刺史黃珙已復舊官差知筠州制　宋汪　藻　1128- 76- 8

●黃　珪宋

除閤門祗候（制）　宋周必大　1148- 12- 94

●黃　特宋

大理寺丞制　宋袁　甫　1175-423- 8

●黃　淳宋

可殿中丞制　宋胡　宿　1088-751- 15

●黃　章宋

除國子監簿（制）　宋周麟之　1142-117- 15

●黃　裒宋

跌黃檢法告身後　明楊士奇　1238-109- 9

●黃　搷宋

再任（制）　宋樓　鑰　1152-630- 35

●黃　苹宋

職方員外郎制　宋曾　鞏　1098-546- 20

●黃　寔宋

太常博士制　宋曾　鞏　1098-545- 20

●黃　奭宋

供備庫副使黃奭可西京左藏庫副使（制）　宋蘇　頌　1092-382- 33

●黃　譽宋

左班殿直黃譽可依前官兼閤門祗候制　宋慕容彥逢　1123-352- 5

●黃　登明

（黃立言）父（加贈官階制）　明倪元璐　1297- 45- 4

●黃　塏宋

知肇慶府制　宋洪容齋　1175-251- 20

●黃　琛明

駙馬都尉黃琛誥　明太祖　1223- 22- 3

●黃　景宋

職方員外郎黃景可楊王府侍講制　宋劉　攽　1096-225- 22

職方郎官制　宋蘇　轍　1112-301- 28

●黃　萃宋

前恩州清河縣令黃萃可著作佐郎（制）　宋韓　維　1101-655- 16

●黃　順宋

辰州漵浦縣百姓黃順特與右班殿直制　宋慕容彥逢　1123-353- 5

●黃　鈞宋

國子正制　宋洪　适　1158-400- 23

●黃　義宋

換武翼郎（制）　宋樓　鑰　1152-616- 34

●黃　溫宋

轉一官制　宋張　嵲　1131-440- 12

●黃　詡宋

應天府士曹黃詡降一官制　宋汪　藻　1128- 88- 9

●黃　禎宋

知賓州（制）　宋蘇　轍　568- 30- 98

　　　　　　　　　　　　1112-322- 30

　　　　　　　　　　　　1465-453- 2

●黃　概宋

循一資（制）　宋樓　鑰　1152-684- 39

●黃　縣宋

兵部侍郎制　宋李正民　1133- 13- 1

●黃　照宋

屯田員外郎黃照可都官員外郎　宋沈　遘　1097- 47- 5

●黃　福明

恭書黃尚書制書跋　明李時勉　1242-800- 8

●黃　齊宋

禮部員外郎黃齊除吏部員外郎制　宋翟汝文　1129-209- 3

吏部員外郎黃齊除監

察御中制　　　　　　　宋翟汝文　1129-211- 3
校書郎黃齊編修五禮
　新儀成遷秩制　　　宋翟汝文　1129-219- 4
●黃 舉宋
陞郎中制　　　　　　宋衞 涇　1169-477- 1
●黃 璣宋
補承信郎制　　　　　宋張 擴　1129- 97- 10
●黃 壽宋
轉一官資制　　　　　宋張 嵲　1131-441- 12
●黃 裳宋
除給事中兼講（制）　宋陳傅良　1150-581- 12
兼事講（制）　　　　宋陳傅良　1150-604- 14
封普成縣開國男食邑
　三百戶（制）　　　宋陳傅良　1150-617- 15
轉一官（制）　　　　宋樓 鑰　1152-611- 34
給事中（制）　　　　宋樓 鑰　1152-624- 35
磨勘轉官（制）　　　宋樓 鑰　1152-634- 35
顯謨閣待制依舊嘉王
　府翊善（制）　　　宋樓 鑰　1152-647- 35
給事中（制）　　　　宋樓 鑰　1152-693- 40
該覃恩轉官（制）　　宋樓 鑰　1152-699- 40
禮部尚書（制）　　　宋樓 鑰　1152-708- 41
●黃 熟宋
轉一官（制）　　　　宋劉一止　1132-183- 37
●黃 毅宋
換武翼郎（制）　　　宋樓 鑰　1152-616- 34
●黃 履宋
特轉朝請郎（制）　　宋蘇 軾　1108-698-108
磨勘改朝請郎（制）　宋蘇 轍　1112-289- 27
●黃 龍漢
封孫程等詔　　　　　漢 順 帝　426-1102-19
●黃 澤（等）宋
黃澤等降兩官制　　　宋許景衡　1127-234- 7
●黃 諶宋
入內左藏庫副使黃諶
　可轉一官制　　　　宋慕容彥逢　1123-373- 7
●黃 靜宋
廣東路常平盧知原利
　州路常平制　　　　宋翟汝文　1129-192- 2
又朝請郎黃靜福建常
　平制　　　　　　　宋翟汝文　1129-192- 2
●黃 遹宋
知贛州（制）　　　　宋陳傅良　1150-640- 18
本路提刑（制）　　　宋樓 鑰　1152-676- 39
湖南運判（制）　　　宋樓 鑰　1152-709- 41

●黃 積宋
內侍黃積除滑州刺史
　直睿思殿制　　　　宋翟汝文　1129-223- 4
●黃 濤宋
除太學博士制　　　　宋袁 甫　1175-439- 9
●黃 隱宋
朝奉郎守鴻臚少卿黃
　隱可權知泗州制　　宋劉 攽　1096-210- 21
●黃 錡宋
落直徽猷閣制　　　　宋許景衡　1127-233- 7
●黃 鯉宋
循右從事郎制　　　　宋張 擴　1129-130- 12
●黃 瓊漢
封黃瓊尨鄉侯詔　　漢 桓 帝　1397- 57- 3
●黃 輔宋
黃瓣除龍圖閣陞副使
　再辭龍圖改除直顯
　謨閣（制）　　　　宋陳傅良　1150-642- 18
戶部郎中主管右曹（
　制）　　　　　　　宋樓 鑰　1152-635- 35
黃瓣直祐閣兩浙運判
　（制）　　　　　　宋樓 鑰　1152-664- 38
●黃 繹宋
黃繹等六員各轉一官
　制　　　　　　　　宋張 擴　1129- 78- 8
●黃 霸漢
揚州刺史黃霸爲潁川
　太守詔　　　　　　漢 宣 帝　426-1018- 8
　　　　　　　　　　　　　　　1396-232- 3
　　　　　　　　　　　　　　　1402- 19- 3
褒黃霸詔　　　　　　漢 宣 帝　1360- 33- 2
　　　　　　　　　　　　　　　1402- 19- 3
●黃 鑄宋
可屯田員外郎制　　　宋胡 宿　1088-747- 15
●黃 灝宋
除浙西提舉（制）　　宋陳傅良　1150-644- 18
●黃士隆宋
題黃主簿告身後　　　明楊士奇　1238-130- 11
●黃士修唐
安南告捷軍將黃士修
　授銀青光祿大夫試
　殿中監制　　　　　唐白居易　1080-568- 53
●黃子雲宋
降官制　　　　　　　宋劉才邵　1130-477- 5
●黃子遊宋

江西憲制　宋胡　寅　1137-430- 12

可內殿崇班（制）　宋蘇　軾　1108-695-108

●黃大知宋

狀母洪氏年九十一歲乞依明堂赦書推恩封太孺人（制）　宋程　俱　1130-261- 26

●黃自然宋

授直秘閣廣西運判制　宋徐元杰　1181-691- 7

●黃好謙宋

●黃文慶宋

黃裳父贈金紫光祿大夫文慶贈特進二品（制）　宋程　俱　1130-224- 22

戶部員外郎（制）　宋曾　鞏　1098-543- 20

知濮州（制）　宋蘇　轍　1112-308- 29

知潁州（制）　宋蘇　轍　1112-309- 29

●黃仲英宋

●黃元規宋

前秘書省校書郎黃元規丁憂服闋復舊官制　宋歐陽修　1102-626- 80

可國子博士制　宋胡　宿　1088-735- 14

比部員外郎致仕黃仲英可加上護軍　宋沈　遘　1097- 63- 6

●黃行已宋

●黃公度宋

題淳熙贈黃知稼告身　明林　俊　1257-313- 28

轉五官（制）　宋程　俱　1130-265- 27

●黃宋卿宋

●黃仁裕宋

新監明州贍軍酒庫黃仁裕轉一官（制）　宋陳傳良　1150-579- 11

虞部員外郎黃宋卿可比部員外郎（制）　宋蘇　頌　1092-347- 29

●黃孝先宋

●黃仁榮宋

轉右承議郎制　宋張　擴　1129-141- 13

浙西提鹽制　宋王　洋　1132-407- 7

除兩浙路運副制　宋張孝祥　1140-642- 19

奏舉人試秘書省校書郎前宿州司理參軍黃孝先可大理寺丞制　宋宋　祁　1088-270- 31

●黃克柔宋

●黃允文宋

成忠郎掌牋奏黃允文該遇皇后歸謁家廟並特轉一官（制）　宋陳傳良　1150-574- 11

落致仕制　宋胡　寅　1137-431- 12

●黃辰顯宋

轉一官制　宋許應龍　1176-472- 6

●黃允迪宋

轉一官（制）　宋樓　鑰　1152-617- 34

轉一官除軍器監簿今再任制　宋許應龍　1176-474- 6

●黃壯猷宋

●黃立言明

四川遵義軍民府知府黃立言（制）　明倪元璐　1297- 44- 4

何處信課最各轉一官制　宋洪容齋　1175-223- 16

黃壯猷除金部郎官制　宋洪容齋　1175-247- 20

●黃去惑唐

授黃去惑臨安縣主簿制　唐李　磎　1336-748-415

●黃伯思宋

進書轉官制　宋翟汝文　1129-219- 4

●黃布曼宋

●黃世明宋

轉兩官（制）　宋樓　鑰　1152-647- 36

　　　　　　　　　　　　1465-455- 2

入內左藏庫副使黃希曼可轉一官制　宋慕容彥逢　1123-376- 7

入內內侍省供備庫副使黃希曼可轉一官制　宋慕容彥逢　1123-379- 7

●黃邦光宋

●黃仕成宋

武功大夫黃仕成自川陝前來行在投下機密文字各與優異推恩與遂郡刺史（制）　宋劉一止　1132-203- 41

建陽知縣黃邦光起復制　宋汪　藻　1128- 82- 8

●黃孟先宋

●黃汝礪宋

充准備差遣（制）　宋劉一止　1132-200- 41

降授朝奉大夫制　宋吳　泳　1176- 84- 9

●黃光瑞宋

●黃長裕宋

四庫全書文集篇目分類索引　961

試秘書省校書郎知海州海豐縣黃長裕可大理評事（制）　宋蘇　頌　1092-357- 30

●黃昌齡宋

奏舉人前揚州觀察支使黃昌齡可著作佐郎制　宋宋　庠　1087-590- 25

●黃叔敖宋

中書門下檢正制　宋汪　藻　1128- 80- 8

知襄陽府黃叔敖落職降兩官監當制　宋汪　藻　1128-111- 12

除給事中中大夫（制）　宋程　俱　1130-257- 26

兼侍讀（制）　宋程　俱　1130-273- 27

　　　　　　　　　　　　1375- 50- 1

●黃叔溫宋

特授朝奉郡制　宋衞　涇　1169-477- 1

●黃叔傲宋

轉一官（制）　宋張　綱　1131- 51- 8

●黃延年宋

虞部員外郎黃延年可比部員外郎（制）　宋韓　維　1101-654- 16

●黃延慶宋

可右贊善大夫制　宋胡　宿　1088-737- 14

可檢校水部員外郎充堂後官制　宋胡　宿　1088-752- 15

●黃昭盆宋

侍御史黃昭盆可刑部員外郎充三司戶部副使制　宋夏　竦　1087- 51- 1

●黃昭慶宋

與轉歸吏部先次參部出給請受文歷特差主管臺州崇道觀任居住（制）　宋周必大　1148- 12- 94

●黃禹昌宋

尚書都官郎中知處州黃禹昌可尚書職方郎中制　宋宋　庠　1087-574- 23

●黃待聘宋

跋黃子高先諭　元陸文圭　1194-651- 10

再跋黃子高先諭　元陸文圭　1194-652- 10

●黃宴寶宋

可承節郎制　宋許　翰　1123-493- 1

●黃祖舜宋

資政殿學士湖南安撫使黃祖舜轉一官致仕制　宋洪　适　1158-407- 24

贈五官制　宋洪　适　1158-408- 24

●黃唐傳宋

除待制官祠制　宋張　守　1127-686- 2

●黃庭堅宋

著作佐郎（制）　宋蘇　轍　1112-302- 28

●黃庭瞻宋

特與將仕郎仍疾速出給付身制　宋慕容彥逢　1123-340- 4

●黃匪躬宋

垂拱殿成臨安府屬縣黃匪躬各轉一官制　宋張　擴　1129- 77- 8

●黃師參宋

轉一官制　宋許應龍　1176-472- 6

●黃逐先宋

內侍黃逐先降兩官取勘制　宋汪　藻　1128- 89- 9

●黃登書宋

京畿提舉（制）　宋孫　覿　1135-254- 25

●黃景先宋

太廟齋郎黃景先守常州宜興縣主簿制　宋王安石　1105-446- 55

●黃義問宋

除侍御史（制）　宋周麟之　1142-115- 15

●黃達如宋

除監察御史制　宋張　擴　1129- 46- 6

●黃萬石宋

依前資政殿學士特陞江西制置大使兼江西轉運使諸　宋王應麟　1187-255- 5

●黃漢章宋

降授宣敎郎制　宋吳　泳　1176- 85- 9

●黃夢龍宋

特補修職郎差權萬安軍陵水縣主簿兼縣事制　宋吳　泳　1176- 82- 9

●黃潛善宋

除中書侍郎（制）　宋孫　覿　1135-265- 26

●黃裳然宋

除武學諭（制）　宋陳傅良　1150-590- 12

除武學博士（制）　宋陳傅良　1150-638- 17

●黃德裕宋

朝奉郎戶部員外郎黃德裕可戶部郎中制　宋慕容彥逢　1123-336- 4

史部　詔令奏議類：附錄　詔令下（男）十二畫

四庫全書文集篇目分類索引

史部　詔令奏議類：附錄　詔令下（男）十二畫

朝奉郎黃德裕可戶部郎官管勾右曹制　宋慕容彥逢　1123-337- 4

●黃憲章宋

獲賊可承事郎（制）　宋蘇　軾　1108-691-108

●黃積厚宋

等降官制　宋劉才邵　1130-476- 5

都官郎中（制）　宋李彌遜　1130-624- 4

福建運判（制）　宋李彌遜　1130-640- 5

●黃龜年宋

除中書舍人（制）　宋張　綱　1131- 13- 2

除倉部員外郎制　宋李正民　1133- 17- 2

●黃應南宋

御史臺主簿制　宋張　擴　1129-145- 13

差江西提刑（制）　宋周麟之　1142-140- 18

●黃慶基宋

鴻臚丞（制）　宋蘇　轍　1112-317- 30

●費　培宋

大理評事（制）　宋樓　鑰　1152-629- 35

陞郎中制　宋衛　涇　1169-477- 1

●費　琦宋

秘書丞費琦可太常博士（制）　宋蘇　頌　1092-389- 34

●費　景宋

轉一官資制　宋張　嵲　1131-441- 12

●費　樞宋

費樞爲告發結集陳享等勞効改承務郎換給制　宋張　嵲　1131-507- 19

●費士寅宋

除太學博士（制）　宋陳傅良　1150-638- 17

耤田令（制）　宋樓　鑰　1152-653- 37

特授知潼州軍府兼管內勸農使兼提舉潼川府果渠州懷安軍廣安軍兵馬巡檢盜賊公事制　宋衛　涇　1169-494- 2

●費子卿宋

可大理寺丞制　宋胡　宿　1088-731- 14

●費師旦宋

保義郎費師旦該遇皇后歸謁家廟特轉一官（制）　宋陳傅良　1150-574- 11

●費植換宋

給左奉議郎制　宋張　擴　1129- 88- 9

●賀　允宋

轉一官資制　宋張　擴　1131-441- 12

●賀　注宋

轉兩官制　宋許景衡　1127-226- 7

●賀　坦宋

賀允中父坦贈少傅制　宋洪　适　1158-371- 19

●賀　福宋

轉一官（制）　宋周必大　1148- 32- 96

●賀允中宋

倉部郎官（制）　宋劉一止　1132-205- 42

吏部郎官（制）　宋劉一止　1132-217- 45

除給事中（制）　宋周麟之　1142-106- 14

兼侍講（制）　宋周麟之　1142-110- 14

除權吏部尚書（制）　宋周麟之　1142-113- 15

磨勘轉官（制）　宋周麟之　1142-145- 18

資政殿大學士致仕制　宋洪　适　1158-373- 19

●賀世安宋

西頭供奉官賀世安可轉三官制　宋慕容彥逢　1123-388- 8

●賀承恩明

南京戶部福建清吏司員外郎賀納賢父諾命　明朱之俊　1402-136- 25

●賀知章唐

授賀知章起居郎制　唐蘇　頲　1336-523-383

授賀知章太子賓客等制　唐孫　逖　1336-660-403

●賀若岑（等）唐

西川大將賀若岑等十二人授御史中丞殿中監察及諸州司馬制　唐白居易　1080-550- 51

●賀若察唐

授賀若察給事中制　唐常　袞　1336-509-381

●賀皇后（孫姪）宋

覃恩孝惠賀皇后孫姪轉官制　宋王安石　1105-409- 52

●賀納賢明

南京戶部福建清吏司員外郎賀納賢誥命　明朱之俊　1402-135- 25

●賀勝光元

追封秦國公（制）　元吳　澄　1197-836- 90

●賀撫辰宋

賀允中祖撫辰贈太保制　宋洪　适　1158-370- 19

●賀興隆明

參知政事賀興隆褒忠
　誥　　　　　　　　　明太祖　534-164- 82
●賀應機宋
賀允中贈三代曾祖應
　機太子太保制　　　　宋洪　适　1158-370- 19
●賀妻子幹隋
拜賀妻子幹上大將軍
　册書　　　　　　　　隋文帝　1400-218- 1
●賀蘭忠蕭唐
授賀蘭忠蕭鄰王友制　唐白居易　1336-675-405
●盛　允宋
開封府司戶曹事制　　　宋翟汝文　1129-190- 2
●盛　度宋
起居舍人知制誥判昭
　文館盛度可工部郎
　中餘依舊制　　　　　宋夏　竦　1087- 55- 1
●盛　俊宋
換從義郎（制）　　　　宋樓　鑰　1152-616- 34
●盛　章宋
顯謨閣待制知蘇州盛
　章知眞定府制　　　　宋翟汝文　1129-195- 2
磨勘制　　　　　　　　宋翟汝文　1129-218- 4
●盛　僑宋
國子司業（制）　　　　宋蘇　轍　1112-302- 28
●盛次仲宋
祕書省校書郎盛次仲
　可集賢校理依舊制　　宋劉　敞　1096-196- 20
直龍圖閣知鄧州制　　　宋鄒　浩　1121-298- 15
●盛行甫宋
可大理寺丞制　　　　　宋胡　宿　1088-721- 13
●盛昌孫宋
降官制　　　　　　　　宋劉才邵　1130-477- 5
●盛和仲宋
可虞部員外郎制　　　　宋胡　宿　1088-759- 16
國子博士盛和仲可虞
　部員外郎（制）　　　宋蘇　頌　1092-348- 29
●盛南仲宋
知衡州（制）　　　　　宋蘇　轍　1112-284- 27
●盛將之宋
降一資（制）　　　　　宋樓　鑰　1152-614- 34
●盛端友宋
忠訓郎祕書省書庫官
　盛端友該進至尊壽
　皇聖帝聖政轉一官
　（制）　　　　　　　宋陳傅良　1150-578- 11

●雅克布琳（父）元
（封雅克布琳知院）
　父（制）　　　　　　元虞　集　1207-319- 22
●雅克特穆爾元
右丞相封太平王制　　　元虞　集　1207-317- 22
●隋文帝
爲周帝授隋文帝大丞
　相詔　　　　　　　　隋李德林　1400-256- 3
　　　　　　　　　　　　　　　　1416-238-116
大丞相進封隋王詔　　　隋李德林　1400-257- 3
九錫策文　　　　　　　隋李德林　1400-258- 3
　　　　　　　　　　　　　　　　1416-242-116
●隆　觻宋
錫伯中族大首領隆觻
　補皇城副使帶本族
　巡檢　　　　　　　　宋慕容彥逢　1123-350- 5
●隆布盤宋
東頭供奉官隆布盤轉
　一官制　　　　　　　宋慕容彥逢　1123-370- 7
●登　瑀宋
登瑀等修完城都府倉
　庫營廟等畢轉官制　　宋許　翰　1123-500- 1
●堯君素隋
太宗贈堯君素蒲州刺
　史詔　　　　　　　　唐太宗　549- 33-183
●斯多特經宋
河州岷爾族首領斯多
　特經與禮賓副使制　　宋慕容彥逢　1123-362- 6
●斯結斯清宋
沙克罝庸蘇男斯結斯
　清承續制　　　　　　宋胡　宿　1088-790- 19
●開　濟明
刑部尚書開濟誥文　　　明太祖　1223- 29- 3
●肅　均宋
歸順肅均等轉官制　　　宋袁　甫　1175-437- 9
●彭　方宋
秘書丞彭方除著作佐
　郎兼權侍左郎制　　　宋洪容齋　1175-221- 16
●彭　汜宋
供奉官彭汜可轉一官
　制　　　　　　　　　宋慕容彥逢　1123-391- 8
●彭　玘宋
轉一官遙郡刺史(制)　宋張　綱　1131- 6- 1
贈吉州團練使（制）　　宋張　綱　1131- 46- 7
轉遙郡團練使（制）　　宋周必大　1148- 28- 96

964　　　　　　　　　四庫全書文集篇目分類索引

●彭　孚宋
轉修武郎制　　　　　　　　宋張　擴　1129-102- 10
●彭　亞宋
知容州普寧縣事彭亞
　可光祿寺丞致仕制　　　宋王　珪　1093-290- 39
●彭　升宋
貴州刺史制　　　　　　　　宋洪　适　1158-406- 24
●彭　宣漢
策彭宣　　　　　　　　　　漢 哀 帝　426-1049-11
策彭宣（詔）　　　　　　　漢 平 帝　426-1055-12
免左將軍彭宣策　　　　　　漢 哀 帝　1396-264- 4
●彭　保宋
轉官制　　　　　　　　　　宋曾　鞏　1098-552- 21
●彭　孫宋
可依前忠州刺史充六
　宅使制　　　　　　　　　宋王安禮　1100- 13- 2
●彭　乘宋
前秘書丞集賢校理彭
　乘服闋可舊官制　　　　宋宋　庠　1087-585- 24
●彭　通宋
大理寺丞彭通可殿中
　丞制　　　　　　　　　　宋歐陽修　1102-644- 81
●彭　越漢
立楚王梁王詔　　　　　　　漢 高 祖　426-977- 1
改封韓信彭越令　　　　　　漢 高 祖　1396-187- 1
●彭　愷漢
封孫程等詔　　　　　　　　漢 順 帝　426-1102- 19
●彭　鉉宋
知南安軍彭鉉職事修
　舉轉一官制　　　　　　宋洪咨夔　1175-248- 20
除直祕閣知廣州兼廣
　東經略安撫制　　　　　宋袁　甫　1175-442- 9
●彭　演宋
大宗正丞（制）　　　　　　宋樓　鑰　1152-713- 41
特授荊湖南路提點刑
　獄公事兼本路勸農
　提舉河渠公事借紫
　制　　　　　　　　　　　宋衛　涇　1169-485- 2
●彭　愷宋
秘書丞彭愷可太常博
　士（制）　　　　　　　　宋蘇　頌　1092-354- 30
●彭　彥宋
建州敦遣進士彭彥特
　授將仕郎秘書省校
　書郎制　　　　　　　　　宋王安石　1105-445- 55

●彭士方宋
右班殿直彭士方容州
　別駕制　　　　　　　　　宋王安石　1105-450- 55
●彭大雅宋
補從事郎淮西准備差
　遣制　　　　　　　　　　宋許應龍　1176-471- 6
●彭大節宋
補承信郎（制）　　　　　　宋李彌遜　1130-624- 4
●彭文紀宋
可殿中丞制　　　　　　　　宋胡　宿　1088-750- 15
●彭元昭唐
授彭元昭右羽林軍將
　軍制　　　　　　　　　　唐孫　逖　1336-654-402
●彭天麟宋
前知磁州文城縣彭天
　麟可大理寺丞（制）　　宋蘇　頌　1092-364- 31
●彭汝方宋
彭忠毅諡勅跋　　　　　　宋洪咨夔　1175-313- 30
跋彭忠毅諡　　　　　　　宋袁　甫　1175-518- 15
書彭忠毅汝方贈官諡
　後　　　　　　　　　　　宋袁　桷　1203-601- 46
●彭汝霖宋
官監蘇州羅納倉彭汝
　霖可太學博士制　　　　宋劉　放　1090-193- 19
●彭汝礪宋
右史（制）　　　　　　　　宋蘇　轍　1112-313- 29
●彭次雲宋
彭次雲吏部郎中（制）　　宋蘇　轍　1112-301- 28
●彭知政宋
溪洞新州知州彭師政
　可銀酒監武知本州
　軍州事制　　　　　　　宋胡　宿　1088-777- 18
●彭思永宋
可都官員外郎制　　　　　宋胡　宿　1088-747- 15
陝府西路都轉運使兵
　部郎中充天章閣待
　制彭思永可右諫議
　大夫依前充天章閣
　待制充高陽關路都
　部署兼安撫使知瀛
　州　　　　　　　　　　　宋沈　遘　1097- 43- 5
給事中充天章閣待制
　彭思永可依前權御
　史中丞充理檢使（
　制）　　　　　　　　　　宋韓　維　1101-658- 16

●彭師晦宋

富州知州彭師晦可銀酒監武知本州軍州事制　宋胡　宿　1088-777- 18

●彭師鴈宋

溪洞寧州知州彭師鴈可銀酒監武知寧州制　宋胡　宿　1088-777- 18

●彭敏行宋

故翰林學士彭乘男敏行可太祝景行可奉禮制　宋胡　宿　1088-787- 19

●彭景直唐

授彭景直禮部郎中制　宋蘇　頲　1336-568-389

●彭椿年宋

彭椿年除直龍圖閣江東路轉運副使(制)　宋陳傳良　1150-643- 18

除祭酒（制）　宋樓　鑰　1152-639- 36

●彭龜年宋

封清江縣開國男食邑三百戶（制）　宋陳傳良　1150-618- 15

司農寺丞（制）　宋樓　鑰　1152-626- 35

祕書郎（制）　宋樓　鑰　1152-633- 35

起居舍人（制）　宋樓　鑰　1152-668- 38

中書舍人（制）　宋樓　鑰　1152-693- 40

該覃恩轉官（制）　宋樓　鑰　1152-699- 40

兼侍郎（制）　宋樓　鑰　1152-708- 41

●陽　立宋

依前右武大夫特授闕州觀察使依舊知滄州誥　宋王應麟　1187-261- 5

特授翊衞大夫依前闕州觀察使陞帶行帶御器械知滄州誥　宋王應麟　1187-262- 5

●陽　洽唐

授陽洽安邑縣令制　唐蘇　頲　1336-743-415

●陽　城唐

擬唐處士陽城除諫議大夫誥　元陳　櫟　1205-361- 13

擬唐授陽城諫議大夫制　元傅若金　1213-301- 1

●棗處中魏

加棗祗子封爵令　魏太祖　1361-531- 7

●棟智默宋

西頭供奉官棟智默特與轉四官制　宋慕容彥逢　1123-371- 7

●閔　俱宋

爲差赴宣撫使司交領支降耕牛三十二頭管押赴將其牛節次倒死過二十三頭等降兩官（制）　宋張　嵩　1131-457- 13

●閔心鏡明

禮部精膳司主事閔心鏡（勅）　明倪元璐　1297- 29- 2

●閔心鏡（父）明

（閔心鏡）父（贈某官勅）　明倪元璐　1297- 29- 2

●菊　囊宋

菊囊二右班殿直制　宋曾　肇　1098-556- 22

●景　融宋

可太常博士制　宋胡　宿　1088-748- 15

●景延之唐

授景延之大理少卿制　唐常　袞　1336-626-398

●景思齊唐

授官知宣武軍進奏制　唐杜　牧　1081-689- 17

●景思誼宋

奉議郎景思誼授東上閤門使鄜延第一副將制　宋曾　肇　556-129- 85

　　1098-556- 22

●景興宗宋

轉三官換給告身（制）　宋張　綱　1131- 41- 7

元係右中奉大直徽猷閣所犯因知潼川府爲於川陝大軍卷食折伏錢內別作名目侵支使用不行起發事奉聖旨特降一官後該遇明堂赦恩合敍復原降一官制　宋張　嵩　1131-500- 19

●掌　均宋

降一官制　宋張　擴　1129-133- 12

●掌禹錫宋

右通直郎掌世康弟左朝請郎世衡故父任尚書工部侍郎致仕贈開府儀同三司禹錫可贈司徒制　宋呂　陶　1098- 70- 9

●華　表晉

四庫全書文集篇目分類索引

史部　詔令奏議類：附錄

詔令下（男）十二畫

爲太常卿詔　　　　　　　　晉 武 帝　1398- 37- 2
●華　旺宋
除正任防禦使（制）　　　　宋周必大　1148- 43- 97
●華　參宋
可秘書丞制　　　　　　　　宋胡　宿　1088-723- 13
●華　詢宋
光州團練使同提舉集
　禧觀公事向經奏百
　姓醫人華詢可試國
　子四門助教（制）　　　　宋蘇　頌　1092-397- 34
●華　實宋
校書郎華實除監察御
　史制　　　　　　　　　　宋翟汝文　1129-211- 3
●華　爽宋
除國子博士制　　　　　　　宋洪容齋　1175-246- 20
●華　嶠晉
爲散騎常侍詔　　　　　　　晉 武 帝　1398- 37- 2
●華　顯宋
除司農寺丞（制）　　　　　宋周麟之　1142-119- 15
●華　鎭宋
右侍禁華鎭可轉一官
　制　　　　　　　　　　　宋慕容彥逢　1123-374- 7
●單　宣宋
轉一官（制）　　　　　　　宋孫　覿　1135-262- 25
●單　時宋
秘書制　　　　　　　　　　宋洪　适　1158-369- 19
●單　超漢
封單超等爲亭侯詔　　　　　漢 桓 帝　426-1109- 21
　　　　　　　　　　　　　　　　　　　1397- 56- 3
●單　煦宋
可太常博士制　　　　　　　宋宋　祁　1088-736- 14
●單　鼎宋
太常寺太祝制　　　　　　　宋胡　宿　1088-733- 14
●單　暐宋
太常博士單暐可轉兩
　官制　　　　　　　　　　宋慕容彥逢　1123-379- 7
●單　愛宋
差知湖州塡見闕(制)　　　　宋周必大　1148- 79-100
知建寧府（制）　　　　　　宋樓　鑰　1152-646- 36
該覃恩轉官（制）　　　　　宋樓　鑰　1152-701- 40
刑部尚書制　　　　　　　　宋虞　儔　1154-120- 5
●單可度宋
可三班借職出職(制)　　　　宋蘇　軾　1108-679-107
●單孝忠宋
昨權提舉河東常平日

因賊圍太原守禦城
　陷死節報國追贈五
　官與兩子恩澤(制)　　　宋劉一止　1132-200- 41
●郭特寧宋
西京左藏庫副使鄂特
　寧與轉兩官制　　　　　　宋慕容彥逢　1123-367- 6
●喻　陟宋
左朝請郎喻陟可刑部
　郎中制　　　　　　　　　宋呂　陶　1098- 63- 8
●喻　檝宋
除工部郎官（制）　　　　　宋周麟之　1142-149- 19
●喻汝礪宋
蘷州路提刑（制）　　　　　宋李彌遜　1130-637- 5
賀部郎官（制）　　　　　　宋劉一止　1132-222- 46
●莫用和宋
廣南西路鈐轄下捉殺
　故奉職莫用和宜特
　贈內殿承制（制）　　　　宋蔡　襄　1090-423- 10
●傅　卞宋
兵部員外郎天章閣侍
　講知諫院傅卞可寶
　文閣待制制　　　　　　　宋鄭　獬　1097-133- 3
●傅　充宋
太子中舍制　　　　　　　　宋王安石　1105-400- 51
●傅　正宋
傅正可通直郎權發遣
　蘷州路常平等事制　　　　宋王安禮　1100- 33- 3
●傅　共宋
國子博士傅共可虞部
　員外郎（制）　　　　　　宋蘇　頌　1092-389- 34
●傅　同宋
兵部員外郎充寶文閣
　待制知相州傅卞遺
　表次男同守將作監
　主簿令持服（制）　　　　宋蘇　頌　1092-376- 32
●傅　回宋
兵部員外郎充寶文閣
　待制知相州傅卞遺
　表男回守將作監主
　簿令持服（制）　　　　　宋蘇　頌　1092-376- 32
●傅　求宋
陝西路都轉運使兵部
　郎中天章閣待制傅
　求可右諫議大夫制　　　　宋劉　敞　1095-654- 30
　　　　　　　　　　　　　　　　　　　1350-387- 38

四庫全書文集篇目分類索引

1418-364- 48

樞密直學士給事中傳求可持授依前給事中充龍圖閣學士權知開封府（制）　宋韓　維　1101-674- 18

龍圖閣直學士傳求可尚書工部侍郎依前龍圖閣直學士權知開封府加食邑五百戶食實封二百戶（制）　宋韓　維　1101-678- 18

●傳　佺宋

循左儒林郎制　宋張　擴　1129-139- 13

●傳　珏宋

大理寺法直官傳珏可廬州錄事參軍（制）　宋田　錫　1085-547- 28

●傳　宿宋

吏部郎官制　宋汪　藻　1128- 77- 8

●傳　商漢

封傳商詔　漢　哀　帝　426-1051-11

●傳　喜漢

免大司馬傳喜策

　附傳太后詔　漢　哀　帝　426-1050-11

　　　　　　1396-264- 4

免傳喜詔　漢　哀　帝　1396-264- 4

●傳　雲宋

從仕郎傳雲改宣敎仕借工部侍郎充大金通和使制　宋汪　藻　1128- 91- 10

大金通和使傳雲轉五官郎官制　宋汪　藻　1128- 91- 10

●傳　義（等）唐

河東節度行營兵馬使傳義等二十四人並破賊可御史大夫中丞侍御史制　唐白居易　1080-559- 52

●傳　楫宋

龍圖閣待制知亳州制　宋鄒　浩　1121-317- 18

●傳　嘉漢

免傳嘉詔　漢　哀　帝　426-1503- 11

●傳　廣宋

降官（制）　宋孫　覿　1135-264- 25

●傳　頤宋

降一官改罷（制）　宋樓　鑰　1152-610- 34

●傳　愛宋

睦州司法參軍前監溫州在城商稅務傳變可大理寺丞制　宋胡　宿　1088-717- 12

前監溫州在城商稅務傳變可並大理寺丞（制）　宋蘇　頌　1092-348- 29

知鄭州（制）　宋蘇　軾　1108-680-107

可江東提刑（制）　宋蘇　軾　1108-682-107

●傳　顏宋

秘書丞制　宋王安石　1105-398- 51

●傳　甕宋

司農寺丞傳甕除都官郎中制　宋洪咨夔　1175-238- 18

●傳天翼宋

前行汾州團練判官傳天翼可著作佐郎（制）　宋韓　維　1101-667- 17

●傳介子漢

封傳介子義陽侯詔　漢　昭　帝　426-1012- 7

　　　　　　538-490- 75

　　　　　　1396-224- 2

●傳永吉宋

可開州刺史制　宋胡　宿　1088-776- 18

●傳永淳明

巡視兩關河南道監察御史傳永淳（勅）　明倪元璐　1297- 40- 3

●傳良弼唐

可鄭州刺史制　唐白居易　1080-544- 51

●傳肖說（三代）元

跋傳氏所受誥命　元黃　溍　1209-350- 4

●傳伯成宋

除司農寺主簿（制）　宋陳傅良　1150-645- 18

●傳伯壽宋

直煥章閣（制）　宋樓　鑰　1152-679- 39

浙西提刑（制）　宋樓　鑰　1152-709- 41

●傳宜夫宋

聯方員外郎傳宜夫禮部員外郎制　宋翟汝文　1129-209- 3

●傳孟恭唐

除威州刺史制　唐杜　牧　1081-678- 15

●傳昌時宋

忠訓郎至管文字傳昌時該遇皇后歸謁家廟並轉一官（制）　宋陳傅良　1150-574- 11

●傳延嗣宋

史部

詔令奏議類：附錄

詔令下（男）十二畫

四庫全書文集篇目分類索引

知楚州武略大夫楚延嗣降兩官制　宋張　擴　1129-133- 12

●傅宣世宋

轉一官資（制）　宋樓　鑰　1152-616- 34

●傅惟幾宋

可兵部郎中直史館制　宋胡　宿　1088-712- 12

●傅松卿宋

中書門下檢正制　宋汪　藻　1128- 80- 8

除秘書少監（制）　宋程　俱　1130-241- 24

可除直龍圖閣知越州制　宋綦崇禮　1134-551- 4

●傅堯俞

可吏部侍郎（制）　宋蘇　軾　1108-662-106

　　　　　　　　　　　　　　1402-115- 21

（可）御史中丞制　宋蘇　轍　1112-293- 27

●傅貽度宋

朝奉郎傅貽度將作監丞（制）　宋孫　覿　1135-255- 25

●傅嗣延宋

傅嗣延等二十九人使出疆有官人轉官無官人甫授（制）　宋劉一止　1132-176- 35

●傅墨卿宋

主客員外郎制　宋翟汝文　1129-207- 3

●傅德昭唐

授傅德昭羅州刺史制　唐錢　翊　1336-718-411

●焦　用元

贈焦德裕考制　元姚　燧　1201-419- 2

●焦　詔宋

補承信郎（制）　宋孫　覿　1135-262- 25

●焦　盛宋

奏舉人前眞定司錄參軍焦盛可大理寺丞制　宋宋　祁　1088-270- 31

可國子博士制　宋胡　宿　1088-736- 14

●焦　義宋

轉一官制　宋張　嶸　1131-441- 12

爲捕獲到海上翦賊鍾十三人等八名委有功效轉一官於正名目上收復制　宋張　嶸　1131-445- 12

●焦大祐宋

西頭供奉焦大祐可除閤門祗候制　宋慕容彥逢　1123-355- 5

●焦千之宋

將仕郎試秘書省校書郎充國子監直講焦千之可大理寺丞依前充職散官如故（制）　宋蘇　頌　1092-389- 34

●焦文通宋

焦文通等五人爲殺敗金人出等奇功各轉武功大夫除遂郡刺史制　宋張　嶸　1131-447- 12

●焦用誠宋

宮苑副使焦用誠與轉兩官制　宋慕容彥逢　1123-370- 7

●焦安道宋

等降官制　宋劉才邵　1130-476- 5

●焦宗約宋

內殿崇班焦宗約可內殿承制制　宋宋　庠　1087-589- 25

●焦宗慶宋

西東供奉官閤門祗候知順安軍焦宗慶可內殿崇班　宋余　靖　1089-100- 10

●焦敬復唐

授焦敬復左領軍衛將軍制　唐錢　珝　1336-653-402

●焦德裕元

贈桓國忠肅公制　元姚　燧　1201-419- 2

●鈕華國宋

永寧軍判官鈕華國可大理寺丞制　宋鄭　獬　1097-134- 3

●智　誠宋

知宜州（制）　宋蘇　軾　568- 29- 98

　　　　　　　　　　　　　　1108-680-107

●智　誠宋

西京左藏副使智誠可文思副使制　宋陸　佃　1117-137- 10

●程　异唐

程异平章事制——元和十三年九月拜相制　唐不著撰人　426-316- 47

　　　　　　　　　　玉堂遺範　1337-206-449

●程　旬宋

大理評事制　宋胡　宿　1088-739- 14

●程　炎宋

華州鄭縣尉程炎可泗州錄事參軍制　宋歐陽修　1102-618- 79

四庫全書文集篇目分類索引

●程　朴宋
徵猷閣待制程瑀故父朴可特贈朝奉大夫制　宋張　嶸　1131-497- 18

●程　固宋
從事郎充熙河蘭渭路轉運司勾當公事程固可改合入官差遣如故制　宋慕容彥逢　1123-367- 6
膳部員外郎制　宋翟汝文　1129-208- 3

●程　昉宋
西京左藏庫副使程昉可莊宅副使（制）　宋蘇　頌　1092-382- 33

●程　侑宋
武經郎程侑等磨勘轉官制　宋翟汝文　1129-219- 4

●程　佩唐
授程佩思州司馬制　唐薛廷珪　1336-738-414

●程　彥宋
秉義郎程彥贈兩官與兩資恩澤制　宋張　翰　1129- 81- 8

●程　咸晉
爲散騎常侍詔　晉 武 帝　1398- 39- 2

●程　珌宋
敷文閣學士通奉大夫程珌該慶典轉正議大夫制　宋洪咨夔　1175-221- 16
正議大夫程珌磨勘轉正奉大夫（制）　宋洪咨夔　1175-242- 19

●程　柟宋
程瑀父柟贈右奉直大夫制　宋張　擴　1129- 67- 7

●程　厚宋
除直徽猷閣（制）　宋周麟之　1142-101- 13

●程　高宋
蘄州路轉判官（制）　宋蘇　軾　1108-686-107

●程　唐宋
磨勘轉官制　宋許　翰　1123-499- 1
除大理寺丞制　宋張　擴　1129- 86- 9
復閣學士（制）　宋程　俱　1130-269- 27
落職宮觀（制）　宋張　綱　1131- 42- 7

●程　振宋
開封府程振除刑部侍郎（制）　宋孫　覿　1135-246- 24

●程　淳宋

同知程松曾祖任承信郎淳贈太子少保制　宋虞　儔　1154-111- 5

●程　莊宋
虞部員外郎程莊可比部員外郎（制）　宋蘇　頌　1092-371- 32

●程　富唐
書先輔烈侯贈諡後　明程敏政　1252-637- 36

●程　植宋
程植可三班借職制　宋慕容彥逢　1123-392- 8

●程　琳宋
賜北京留守資政殿學士工部尚書程琳幷知相州宣徽南院使保靜軍節度使王德用撫問詔　宋宋　祁　1088-278- 32

●程　逵宋
程克後父逵贈少師制　宋張　擴　1129-110- 11

●程　逸宋
內殿崇班程逸可左監門衞將軍致仕制　宋歐陽修　1102-640- 81

●程　進宋
轉保義郎制　宋張　擴　1129-104- 10

●程　源宋
故崇政殿說書程頤孫源授籍田令制　宋程　珌　1171-226- 1
　　　　　　　　　　　　　　　　　　　　1375- 58- 2

●程　準宋
特授尚書戶部郎中總領浙西江東財賦淮東軍馬錢糧制　宋衞　涇　1169-480- 1

●程　新宋
程相公曾祖新贈太師制　宋蔡　襄　1090-457- 14

●程　說宋
爲先因殺獲虔賊劉宣等轉一官制　宋張　嶸　1131-443- 12

●程　瑀宋
兼資善堂翊善制　宋張　擴　1129- 93- 9
除兵部侍郎兼侍讀制　宋張　擴　1129- 93- 9
太常少卿（制）　宋程　俱　1130-269- 27
給事中（制）　宋程　俱　1130-270- 27
充龍圖閣學士知信州制　宋劉才邵　1130-470- 5
轉一官致仕（制）　宋周麟之　1142-155- 20

●程　截宋

四庫全書文集篇目分類索引

史部

詔令奏議類：附錄

詔令下（男）十二畫

樞密直學士給事中程戡可依前給事中充端明殿學士知益州制　宋蔡　襄　1090-428- 11

端明殿學士給事中程戡可加上護軍食邑五百戶制　宋蔡　襄　1090-465- 15

給事中參知政事程戡可戶部侍郎樞密副使制　宋王　珪　1093-247- 35

端明殿學士給事中程戡可參知政事制　宋王　珪　1093-235- 33

授武安軍節度加食邑實封判延州制　宋王　珪　556-128- 85
　　　　　　　　　　　　　　　　　　　　　　1093-261- 37
　　　　　　　　　　　　　　　　　　　　　　1350-360- 35

檢校太傅宣徽南院使判延州（制）　宋劉　敞　1095-655- 30

●程　戩　宋

殿直程戩可轉一官制　宋慕容彥逢　1123-391- 8

●程　群　唐

授坊州司馬制　唐白居易　1080-523- 48

●程　榮　宋

天武左第三軍都指揮使程榮司蒙州刺史充御前忠佐馬步軍副都軍頭制　宋王安石　1105-417- 52

●程　霈　宋

輸米特補承信郎（制）　宋陳傅良　1150-647- 18

●程　鄰　宋

知荆南府制　宋翟汝文　1129-195- 2

直秘閣權發遣荆南府程鄰特授集賢殿修撰知桂州制　宋翟汝文　1129-197- 2

●程　適　宋

著作佐郎程適授秘書丞制　宋歐陽修　1102-622- 79

●程　頤　宋

追封程頤洛國公詔　元 世 祖　538-496- 75

二程子加封制　元黃　溍　1209-318- 3

追封程頤伊陽伯並從祀孔子廟廷詔　宋 理 宗　1402- 45- 8

●程　頤（子孫）宋

題嶄水程氏所藏南宋錄用伊川先生子孫

諾後　明程敏政　1252-659- 37

●程　遹　宋

大中大大夫致仕琦故父贈吏部尚書遹可特贈特進制　宋劉　攽　1096-224- 22

●程　濟　宋

大理寺程濟可殿中丞制　宋歐陽修　1102-644- 81

●程　臨　宋

知蘄州（制）　宋周麟之　1142-120- 15

●程　邁　宋

左宣義郎制　宋張　擴　1129-131- 12

磨勘轉左朝議大夫（制）　宋劉一止　1132-192- 39

左承務郎程邁差充趙士傅祇謁陵寢屬官先次轉一官（制）　宋劉一止　1132-191- 39

就陞徽猷閣直學士知饒州（制）　宋劉一止　1132-225- 47

除太常少卿　宋李正民　1132- 17- 2

除檢正制　宋李正民　1133- 18- 2

集英殿修撰知福州（制）　宋李正民　1133- 22- 2

●程　德　宋

（程松）祖贈奉直大夫攄贈太子少傅制　宋虞　儔　1154-112- 5

●程　顥　宋

追封程顥豫國公詔　元 世 祖　538-496- 75

二程子加封制　元黃日溍　1209-318- 3

追封程顥河南伯並從祀孔子廟廷詔　宋 理 宗　1402- 45- 8

●程九萬　宋

同知程松父九萬特除集英殿修撰制　宋虞　儔　1154-109- 5

●程大昌　宋

除太學正（制）　宋周麟之　1142-115- 15

龍圖閣直學士提舉南京鴻慶宮（制）　宋樓　鑰　1152-625- 35

除龍圖閣學士致仕（制）　宋樓　鑰　1152-677- 39

●程千秋　宋

起復知岳州（制）　宋張　綱　1131- 45- 7

轉一官制　宋胡　寅　1137-445- 13

●程千載　宋

減二年磨勘循右從事

四庫全書文集篇目分類索引

郎（制） 宋周必大 1148-50-97
●程文季陳
書先太守公及忠壯公夫人長子忠護侯追封三諡後 明程敏政 1252-638-36
程文季降封詔 陳 後 主 1399-626-2
追贈程文季詔 陳 後 主 1415-467-102
●程文度宋
左贊善大夫程文度可監察御史充荊湖轉運使（制） 宋田 錫 1085-548-28
●程之邵宋
知祥符縣（制） 宋蘇 軾 1108-689-108
●程元白宋
程相公父制 宋蔡 襄 1090-458-14

●程元鳳宋
程元鳳特授少保依前觀文殿大學士充醴泉觀使新安郡開國公加食邑食實封仍令所司擇日備禮册命制 宋王應麟 1187-236-4
●程元譚晉
書先太守公及忠壯公夫人長子忠護侯追封三諡後 明程敏政 1252-638-36
●程中行宋
將作監主簿程中行制 宋歐陽修 1102-620-79
●程世顯宋
程克後祖世顯贈太子少傅制 宋張 擴 1129-110-11
●程守瑰宋
參知政事程戡曾祖守瑰贈太子少保（制） 宋劉 敞 1095-658-30
●程仲虎宋
降一官與閑慢差遣（制） 宋樓 鑰 1152-622-34
●程仲乾宋
特贈兩官與一子進武校尉（制） 宋樓 鑰 1152-660-37
●程休文唐
授程休文禮部郎中制 唐賈 至 1336-568-389
●程宏遠宋
太常博士制 宋洪 适 1158-385-21
●程克俊宋

除翰林學士知制誥制 宋張 擴 1129-82-8
除端明殿學士簽書樞密院制 宋張 擴 1129-107-11
起居舍人（制） 宋劉一止 1132-207-42
起居郎（制） 宋劉一止 1132-221-46
中書舍人（制） 宋劉一止 1132-223-46
兵部郎官（制） 宋胡 寅 1137-442-13
守本官職致仕（制） 宋周麟之 1142-156-20
●程伯獻唐
授程伯獻太子詹事等制 唐孫 逖 1336-663-403
●程昔範唐
程昔範可試正字涇源判官制 唐白居易 1080-533-49
　 1336-729-413
●程居吉宋
程克俊曾祖居吉贈太子少保制 宋張 擴 1129-109-11
●程昌言宋
可秘書丞制 宋胡 宿 1088-723-13
●程昌禹（寓）宋
右朝散大夫程克昌叙元降一官（制） 宋劉一止 1132-182-36
朝散郎直龍圖閣程昌禹復朝請郎制 宋王 洋 1132-412-7
直顯謨閣制 宋李正民 1133-4-1
可除直龍圖閣制 宋秦崇禮 1134-537-2
●程叔達宋
監察御史制 宋洪 适 1158-380-20
●程知節唐
册程知節改封盧國公文 唐不著撰人 426-452-62
長孫無忌等九人各封一子郡縣公詔 唐不著撰人 426-477-65
●程思義宋
（參知政事程戡）祖某贈太子少傅（制） 宋劉 敞 1095-659-30
（參知政事程戡）祖太子少傅思義贈太子太傅（制） 宋劉 敞 1095-660-30
●程師回宋
收捕廣賊及提舉脩繕虔州城壁勞績特與轉行右武大夫制 宋張 嵲 1131-447-12
●程修已唐

除諸衛將軍翰林待詔制　唐杜　牧　1081-682-16

●程執恭唐

加程執恭檢校尚書右僕射制　唐白居易　1080-574-54

除程執恭檢校右僕射制　唐白居易　1080-576-54

●程敦厚

兼侍講制　宋張　擴　1129-49-6

除起居舍人制　宋張　擴　1129-54-7

●程博文宋

朝散郎守兵部郎中程博文可太府少卿制　宋劉　敞　1096-186-19

可河北提刑制　宋劉　敞　1096-190-19

南安軍大使庾縣令程博文等可轉官制　宋鄭　獬　1097-159-6

●程博文宋

程博文開封府推官制　宋曾　鞏　1098-552-21

●程溫瑜宋

翰林侍讀學士程琳堂弟溫瑜可試將作監主簿制　宋宋　庠　1087-591-25

●程嗣恭宋

開封府推官制　宋曾　鞏　1098-552-21

●程鉅夫元

書建昌文憲公所受四制後　明程敏夫　1252-649-37

●程懷信唐

程執撫亡父懷信贈太保制　唐白居易　1080-546-51

●程贊明宋

程相公祖贊明贈中書令制　宋蔡　襄　1090-457-14

●程靈洗陳

書先忠壯公贈諡後　明程敏政　1252-636-36

●喬　升唐

可巴州刺史制　唐白居易　1080-557-52

●喬　察宋

秦州觀察支使喬察可靜難軍節度推官知隴城縣事　宋歐陽修　1102-631-80

　　　　　　　　　　　　1350-381-37

●喬　遵宋

轉忠翊郎制　宋張　擴　1129-96-10

●喬永慶宋

詳定編修國信條例所點檢文字喬永慶可轉一官制　宋慕容彥逢　1123-367-6

●喬幼聞宋

特轉一官制　宋袁　甫　1175-437-9

●喬匡舜南唐

洪州掌書記喬匡舜可浙西掌書記賜紫制　宋徐　鉉　1085-63-8

●喬仲福宋

贈正任承宣使（制）　宋李彌遜　1130-625-4

中亮大夫喬仲福階官上轉一官制　宋王　洋　1132-431-8

左武大夫遙郡防禦使制　宋李正民　1133-33-3

●喬行簡宋

宣奉大夫喬行簡特授金紫光祿大夫右丞相兼樞密使加食邑食實封制　宋洪咨夔　1175-212-14

參知政事兼同知樞密院事喬行簡除知樞密院事同提舉編修經武要略力食邑實封制　宋洪咨夔　1175-240-19

特授進左丞相兼樞密使進封蕭國公制　宋吳　泳　1176-50-6

特授觀文殿大學士醴泉觀使兼侍讀制　宋許應龍　1176-436-4

加食邑食實封制　宋許應龍　1176-453-5

●喬伯虎宋

西京左藏庫副使喬伯虎與轉兩官制　宋慕容彥逢　1123-369-7

●喬昌時宋

喬昌時等轉一官（制）　宋周麟之　1142-145-18

●喬祖望唐

册喬師望涼州刺史文　唐不著撰人　426-453-62

●喬執中宋

兩浙運副（制）　宋蘇　軾　1108-682-107

可吏部郎（制）　宋蘇　軾　1108-683-107

可朝請郎尚書吏部郎中（制）　宋蘇　軾　1108-687-107

●喬夢符宋

特授行大宗正丞制　宋衛　涇　1169-471-1

●結斯結宋

魯斯結族蕃官侍禁結

斯結可特與轉一官制　宋慕容彥逢　1123-389- 8

●結斯雞宋
論瓆巴柯族軍主結斯雞柯族副軍主制　宋曾 鞏　1098-557- 22

●結瓆抹宋
蕃官結瓆抹等轉官制　宋鄒 浩　1121-295- 15

●舜 卿宋
舜卿四廂都指揮使制　宋王安禮　1100- 12- 2

●舒元輿唐
舒元輿李訓平章事制——太和九年九月　唐不著撰人　426-333- 49

●舒世亮宋
右侍禁舒世亮可轉一官制　宋慕容彥逢　1123-386- 7

●舒良嗣宋
轉一官資（制）　宋樓 鑰　1152-616- 34

●舒易簡宋
可司天監丞制　宋胡 宿　1088-741- 14

●舒彥舉宋
宣義郎舒彥舉可轉一官制　宋慕容彥逢　1123-371- 7

●舒昭亮宋
屯田員外郎舒昭亮可都官員外郎　宋沈 遘　1097- 37- 4

●舒清國宋
除起居郎（制）　宋張 綱　1131- 17- 3
除直龍圖閣與郡（制）　宋張 綱　1131- 39- 6

●舒通旻宋
青光祿大夫檢校國子監祭酒知溪洞峽州軍州事兼監察御史武騎尉舒通旻可加雲騎尉制　宋宋 庠　1087-587- 24

●稅 洪宋
書令史稅洪出職與敘右迪功郎（制）　宋劉一止　1132-168- 32

●策伊克阿宋
授承信郎制　宋許 翰　1123-493- 1

●策喇卜沁宋
內殿崇班策喇卜沁與轉一官制　宋慕容彥逢　1123-388- 8

●象武感唐
授象武感疊宕等州團練使制　唐常 袞　1336-706-409

●復陸友漢
盆封去病等　漢 武 帝　426-1002- 6

●逐 並漢
策大司馬逐並　漢王 莽　1396-668- 24

●逐 選宋
逐選等轉官制　宋劉才邵　1130-455- 4

十三畫

●寔毋沅宋
可大常博士制　宋胡 宿　1088-736- 14

●源 寂唐
可安王府長史制　唐白居易　1080-557- 52

●源 復唐
授源復等諸州刺史制　唐孫 逖　1336-708-410

●源 護宋
司門郎中知福州源護可兵部部中依前知州（制）　宋田 錫　1085-548- 28

●源咸悌唐
授源咸悌監察御史制　唐常 袞　1336-607-395

●源乾曜唐
拜相制　唐不著撰人　426-193-448
　　　　　　　　　　　1337-198-448

停侍中制——開元十七年六月　唐不著撰人　426-391- 35

授源乾曜等尚書右丞等制　唐蘇 頲　1336-540-385

授源乾曜戶部侍郎制　唐蘇 頲　1336-559-388

●慎 晃宋
奏舉人前南安軍錄事參軍慎晃可大理寺丞制　宋宋 庠　1087-577- 23

●慎 鐸宋
前保信軍節度推官慎鐸可太子中舍致仕（制）　宋沈 遘　1097- 46- 5

●塞普薩宋
定遠塞普薩可充正軍主制　宋王 珪　1093-277- 37

●滑永全宋
百姓滑永全可三班借職制　宋慕容彥逢　1123-393- 8

●溫 生魏
賜溫恢子生爵關內侯詔　魏 文 帝　1412-598- 24

●溫 益宋

四庫全書文集篇目分類索引

新利州路運判溫益可湖南轉運判官制　宋劉　攽　1096-230- 22

●溫　造唐

溫造可起居舍人充鎭州四面宣尉使制　唐白居易　1080-532- 49

　　　　　　　　　　　　　　　　　　1337-314-461

可朝散大夫制　唐白居易　1080-542- 50

　　　　　　　　　　　　　1336-712-410

●溫　會唐

西川判官皆賜緋各檢校省官兼御史制　唐白居易　1080-519- 48

　　　　　　　　　　　　　　　　　　1336-728-413

　　　　　　　　　　　　　　　　　　1402- 74- 14

●溫　嵩宋

內殿承制閤門祗應知融州溫嵩降之官添差充歙州監茶鹽酒稅制　宋劉　攽　1096-235- 23

知歙州制　宋曾　鞏　1098-557- 22

●溫　緒唐

授河中節度判官溫緒水部郎中制　唐薛廷珪　1336-575-390

●溫　璋唐

授溫璋侍御史制　唐崔　嘏　1336-602-394

授溫璋節度使制　玉堂遺範　1337-247-453

●溫　嶠晉

册溫嶠制　晉成帝　549- 32-183

●溫　潘唐

授溫潘湖州防禦判官制　唐薛廷珪　1336-733-413

●溫　羅唐

授溫羅濠州長史制　唐李　磎　1336-740-414

●溫成謹宋

臨汝軍等處差來投進表章等兵溫成謹各轉一官仍支賜錢若干（制）　宋劉一止　1132-204- 42

●溫彥博唐

右僕射制——貞觀十年三月　不著撰人　426-290- 44

●溫俊义宋

朝請郎溫俊义可大理寺丞制　宋劉　攽　1096-238- 23

●溫都爾明

除回回司天少監誥　明王　禕　1226-254- 12

●溫堯卿唐

溫堯卿等授官賜緋充滄景江陵判官制　唐白居易　1080-530- 49

　　　　　　　　　　　　　　　　　　1336-725-412

●溫慎微唐

授溫慎微揚州司馬制　唐蘇　頲　1336-740-414

●溫嗣良宋

大理寺丞溫嗣良可太子右贊善大夫制　宋宋　庠　1087-582- 24

●溫溪心心宋

西蕃首領溫溪心心除化外州團練制　宋蘇　轍　1112-320- 30

●溫成皇后（弟姪）

故追册溫成皇后弟姪授官制　宋蔡　襄　1090-444- 13

●裕勒薩宋

川蕃部裕勒薩獻土地可本族軍主制　宋鄭　獬　1097-168- 7

●裕魯特穆爾明

建昌衛指揮使裕魯特穆爾誥文　明太祖　1223- 27- 3

●雍　規宋

西京左藏庫使雍規可文思使（制）　唐蘇　頲　1092-365- 31

●雍　齒漢

補漢封三十防侯雍齒册文　宋薛季宣　1159-264- 15

●雍子方宋

太常博士祕閣校理雍子方可祠部員外郎制　宋鄭　獬　1097-131- 3

●雍孝聞宋

奉聖旨雍孝聞昨上書致罷刑辟忠誠可嘉特開落過犯換授修武郎閤門宣贊舍人制　宋翟汝文　1129-216- 4

●溪　遵宋

本族副都軍主等制　宋曾　鞏　1098-557- 22

●逵興祖宋

轉一官資（制）　宋樓　鑰　1152-616- 34

●遊　奕宋

轉一官（制）　宋樓　鑰　1152-621- 34

●廉公謹宋

手分借職廉公謹可轉

四庫全書文集篇目分類索引

一官制　　　　　　　　宋慕容彥逢　1123-377- 7
●廉正臣宋
明法及第廉正臣可陝州吳寶縣主簿制　　　　　　宋胡　宿　1088-783- 18
司農少卿制　　　　　　宋曾　鞏　1098-546- 20
●廉布憲元
平章廉希憲贈謚制　　　元元明善　1367-150- 12
●祿　禧宋
興州統制祿禧牧馬賞授武翼郎制　　　　　　宋虞　儔　1154-118- 5
●道德亮宋
殿中丞監臺州商稅道德亮可國子博士制　　宋宋　庠　1087-582- 24
●戴達先宋
校書郎制　　　　　　　宋洪　适　1158-369- 19
●賈　充晉
守尚書令詔　　　　　　晉　武　帝　1398- 32- 2
●賈　至唐
授賈至京兆尹制　　　　唐常　袞　556-114- 85
　　　　　　　　　　　　　　　　1336-679-406

●賈　忱宋
殿中丞賈忱可國子博士（制）　　　　　　宋蘇　頌　1092-363- 31
●賈　忱宋
應奉上尊號册寶了畢轉承直郎（制）　　宋陳傳良　1150-603- 14
●賈　秀宋
文思副使賈秀可右騏驥副使（制）　　　宋蘇　頌　1092-392- 34
●賈　注宋
觀文殿學士尚書右僕射賈昌朝父注贈太師中書令特贈兼尚書令制　　　　　　宋胡　宿　1088-806- 21
●賈　青宋
太府少卿制　　　　　　宋曾　鞏　1098-546- 20
可尚書祠部郎中制　　　宋王安禮　1100- 26- 3
●賈　邳漢
封賈復陰興子孫詔　　　漢　章　帝　1397- 37- 2
●賈　易宋
太常丞賈易可祠部郎中制　　　　　　宋劉　攽　1096-186- 19
兵部員外郎賈易可右司諫制　　　　　　宋劉　攽　1096-235- 23
●賈　俊宋

降承節郎制　　　　　　宋張　擴　1129-132- 12
●賈　真宋
虎翼左第二軍第一指揮軍都指揮使成州刺史賈眞可右領軍衛將軍致仕制　　宋呂　陶　1098- 67- 9
●賈　耽唐
褒贈淮西立功將士詔　　不著撰人　426-482- 65
東都留守制　　　　　　唐陸　贄　1072-634- 8
●章　章宋
可加騎都尉制　　　　　宋胡　宿　1088-764- 17
●賈　祥宋
使賈祥可開州刺史依舊皇城使制　　　　宋慕容彥逢　1123-357- 6
宣政使深州防禦使賈祥可使額上轉行一官制　　　　　　宋慕容彥逢　1123-377- 7
●賈　毓唐
授賈毓太原少尹制　　　唐常　袞　1336-685-406
●賈　渭唐
授鴻臚少卿賜紫賈渭太僕卿制　　　　　唐錢　珝　1336-617-397
●賈　登唐
授賈登中書舍人制　　　唐孫　逖　1336-516-382
●賈　達宋
侍衛親軍馬軍副都指揮使起復雲麾將軍賈達可金紫光祿大夫利州管內觀察使侍衛親軍馬軍副都指揮使（制）　　宋韓　維　1101-668- 17
殿前都虞候利州觀察使賈達依前官充侍衛親軍步兵副指揮使制　　　　　　宋王安石　1105-416- 52
●賈　進宋
賊黨自首補承信郎（制）　　　　　　宋劉一止　1132-174- 34
●賈　義宋
贈兩官各與一子父職名制　　　　　　宋張　嵲　1131-509- 19
●賈　說宋
閤門看班祗侯賈說可轉一官并罷閤門祗侯制　　　　　　宋慕容彥逢　1123-355- 5

史部

詔令奏議類：附錄

詔令下（男）十三畫

●賈 輔元
贈金吾衛上將軍中書左丞武威郡公謚武毅制　元趙孟頫　1196-734-10

●賈 蒙宋
入內內侍省官賈蒙可特轉一官制　宋慕容彥逢　1123-374-7

●賈 璉宋
觀文殿學士尚書右僕射賈昌朝祖璉贈太師可特贈中書令制　宋胡　宿　1088-805-21

●賈 緯宋
觀文殿學士尚書右僕射賈昌朝曾祖緯贈太傅可贈太師制　宋胡　宿　1088-804-21

●賈 餗唐
平章事制——太和九年四月　不著撰人　426-330-48
授賈餗等中書舍人制　唐白居易　1336-518-382

●賈 選宋
前隨州錄事參軍賈選可潭州別駕致仕（制）　宋蘇　頌　1092-350-29

●賈 選宋
該覃恩轉官（制）　宋樓　鑰　1152-703-41
大理評事制　宋洪　适　1158-391-22

●賈 曧唐
賈曧入迴鶻副使授兼御史中丞賜紫金魚袋制　唐白居易　1080-552-51

●賈 黯宋
給事中權御史中丞賈黯可依前官充翰林侍讀學士知陳州（制）　宋韓　維　1101-653-16
翰林學士知制誥賈黯轉官加勳邑制　宋王安石　1105-380-49

●賈 讜宋
致仕轉官制　宋王　洋　1132-420-7
換觀察使制　宋李正民　1133-33-3

●賈子諒宋
知成都府制　宋許應龍　1176-469-6

●賈文備元
贈榮祿大夫平章政事祁國公謚通敏制　元趙孟頫　1196-735-10

●賈太沖宋
奏舉人前韶州樂昌縣令賈太沖可大理寺丞　宋余　靖　1089-99-10

●賈公直宋
范仲淹親外孫賈公直試將作監主簿制　宋蔡　襄　1090-425-11

●賈公述宋
太常寺太祝賈公述可舊官服闋（制）　宋蘇　頌　1092-391-34

●賈在思宋
詹太和水部郎官賈在思主客郎官（制）　宋孫　覿　1135-248-24

●賈守文宋
太子中舍知信州上饒縣事賈守文可殿中丞制　宋夏　竦　1087-66-2

●賈安宅宋
落致仕除吏部侍郎制　宋張　守　1127-686-2

●賈君文宋
降官（制）　宋劉安上　1124-22-2
提點刑獄兼保甲制　宋翟汝文　1129-193-2
河北路提刑兼保甲制　宋翟汝文　1129-193-2

●賈希弼唐
授賈希弼汧源縣令制　唐劉崇望　1336-746-415

●賈似道宋
除軍器監丞制　宋洪咨夔　1175-231-17
特轉奉議郎制　宋洪咨夔　1175-233-18
收換湖會轉官制　宋徐元杰　1181-692-7
依前太傅右丞相兼樞密使加食邑制　宋馬廷鸞　1187-24-3

●賈直清宋
除江西提刑（制）　宋周麟之　1142-138-17

●賈居貞元
賈鈞父居貞謚文正制　元程鉅夫　1202-15-2

●賈昌朝宋
加食邑實封功臣制　宋宋　祁　1088-273-31
除賈昌朝特授依前檢校太師同中書門下平章事山南東道節度使進封許國公加食邑實封制　宋胡　宿　1088-825-23
除賈昌朝行尚書右僕射依前檢校太師兼侍中充景靈宮使充

鎭安軍節度使加食邑實封仍改賜功臣制　宋胡　宿　1088-825- 23

除賈昌朝依前檢校太師同中書門下平章事安國公充山南東道節度使加食邑實封改賜功臣制　宋胡　宿　1088-826- 23

授依前檢校太師行尙書右僕射保平軍節度使判大名府兼北京留守司事加食邑實封制　宋王　珪　1093-237- 34

授依前右僕射檢校太師兼侍中充保平軍節度使許國公加食邑封功臣制　宋王　珪　1093-245- 35

授依前左僕射兼侍中鳳翔節度使進封魏國公加食邑實封制　宋王　珪　1093-264- 37

授依前左僕射觀文殿太學士判尙書都省加封邑制　宋王　珪　1093-265- 37

●賈昌衡宋

知鄧州制　宋曾　鞏　1098-555- 22

　　　　　　　　　　　1418-491- 52

通議大夫賈昌衡正議大夫致仕制　宋曾　肇　1101-329- 1

　　　　　　　　　　　1350-409- 40

●賈叔願宋

爲院慶等結集作過措置頗有勞效循一資制　宋張　嶠　1131-453- 13

●賈和仲宋

轉三官（制）　宋周必大　1148- 50- 97

●賈思誠宋

蘄州路轉運判官制　宋張　擴　1129-143- 13

除都大主管川陝茶馬制　宋張　擴　1129-143- 13

●賈若谷宋

成都運副制　宋胡　寅　1137-438- 12

●賈師由唐

除瓊州刺史制　唐杜　牧　1081-677- 15

　　　　　　　　　　　1336-717-411

●賈師雄宋

勒停人賈師雄可如京使制　宋鄭　獬　1097-140- 4

●賈悖詩宋

直祕閣制　宋李正民　1133- 7- 1

●賈堯民宋

換給右通直郎制　宋張　擴　1129- 89- 9

●賈種民宋

朝奉郎賈種民可知濮州制　宋劉　放　1096-211- 21

知（漢陽）軍（制）　宋蘇　軾　1108-680-107

知通利軍（制）　宋蘇　軾　1108-684-107

●賈德明宋

可樞密承旨帶南班小將軍制　宋胡　宿　1088-764- 17

樞密院賈德明　宋蔡　襄　1090-429- 11

樞密承旨賈德明幷五房副承旨等加勳邑制　宋王　珪　1093-281- 38

可都承旨制　宋慕容彥逢　1123-363- 6

●賈樂卿唐

贈淮西軍大將周曾等勅　不著撰人　426-480- 65

●賈博噪齊元

追謚賈博曜齊制　元王　惲　1201- 30- 67

●賈充堅不花元

恭書賈忠隱王褒贈制　元蘇天爵　1214-334- 28

●頓　淡宋

大理評事制　宋張　擴　1129- 52- 6

●頓　遇宋

陞帶遂郡特轉遂郡刺史（制）　宋周必大　1148- 60- 98

●雷　仲宋

爲殺退金人轉一官制　宋張　嶠　1131-440- 12

●雷　進宋

押駱駝轉官制　宋王　洋　1132-421- 7

●雷　淙宋

直煥章閣知平江府（制）　宋樓　鑰　1152-650- 36

●雷世忠宋

瀘州被害害兵故下班祇應潼川府鈴轄司指使雷世忠贈承信郎（制）　宋陳傳良　1150-577- 11

●雷宋臣宋

太子洗馬制　宋王安石　1105-400- 51

四庫全書文集篇目分類索引

史部

詔令奏議類：附錄

詔令下（男）十三畫

太子中舍制　宋王安石　1105-400- 51

●雷孝友宋

太學博士（制）　宋樓鑰　1152-653- 37

特授權尚書兵部侍郎兼中書舍人制　宋衛涇　1169-489- 2

●雷周詢宋

東頭供奉官雷周詢可內殿崇班（制）　宋韓維　1101-652- 16

●雷周輔宋

內殿承制雷周輔可供備庫副使（制）　宋沈遘　1097- 63- 6

●雷簡夫宋

可大理寺丞制　宋胡宿　1088-730- 14

●塔喇台元

中書右丞相塔喇台追封淇陽王制　元姚燧　1201-408- 1　1373- 90- 7

●塔塔爾元

沙卜珠氏塔塔爾贈蜀國武定公制　元姚燧　1201-411- 1

●塔瑪噶爾（圖）元

太保左丞相曾祖父塔瑪噶爾追封陽翟王制　元馬祖常　1206-555- 6　1373-241- 17

●靳　澤（等）宋

靳澤等授官制　宋許景衡　1127-226- 7

●靳宗永宋

內殿承制制　宋王安石　1105-423- 53

●靳宗臣宋

禮賓副使知沂州靳宗臣可崇儀副使知麟州（制）　宋韓維　1101-677- 18

●靳宗說宋

可西上閤門使英州刺史制　宋胡宿　1088-766- 17

●靳博文宋

夔路提刑制　宋胡寅　1137-444- 13

●楊　千宋

轉忠訓郎制　宋張擴　1129-100- 10

●楊　元宋

內殿崇班制　宋王安石　1105-423- 53

●楊　友宋

循資制　宋洪适　1158-374- 19

●楊　允宋

知筠州楊允降三官制　宋汪藻　1128- 89- 9

●楊　永宋

權郴州軍事判官楊永可右贊善大夫致仕制　宋劉敞　1095-657- 30　1350-386- 37　1418-363- 48

●楊　石宋

加食邑食實封制　宋許應龍　1176-452- 5

●楊　旦宋

轉一官制　宋衛涇　1169-479- 1

●楊　申宋

職方郎中楊申可太常少卿（制）　宋韓維　1101-664- 17

●楊　申宋

轉一官制　宋張嵲　1131-441- 12

●楊　白宋

轉一官制　宋許應龍　1176-475- 6

●楊　吉宋

轉一官制　宋蘇轍　1112-325- 30

●楊　吉宋

虎翼左第二軍都指揮使德州刺史楊吉可除左領軍衛將軍致仕制　宋慕容彥逢　1123-356- 5

●楊　收唐

端州司馬制——咸通八年八月　唐不著撰人　426-415- 58

長流驩州制——咸通十年二月　唐不著撰人　426-415- 58

平章事制——咸通三年三月　唐不著撰人　426-346- 50

加恩制　玉堂遺範　1337-206-449

●楊　全宋

（楊貴妃）祖太子少傅全贈太子太傅制　宋虞儔　1154-114- 5

●楊　先唐

授楊先司農少卿制　唐孫逖　1336-627-398

●楊　宏宋

奏金人轉官回授制　宋張嵲　1131-444- 12

●楊　沇宋

益州觀察推官楊沇可權蜀州軍事推官制　宋宋庠　1087-566- 22

●楊　完宋

朝奉郎行宗正寺主簿

四庫全書文集篇目分類索引

楊完可權知衢州（制）　宋王震　1350-399-39

●楊　沂宋
轉五官幷遂郡制　宋程俱　1130-264-27

●楊　亨宋
轉遂郡刺史（制）　宋周必大　1148-64-98

●楊　序宋
轉拱衞郎（制）　宋周必大　1148-42-97

●楊　汶宋
大理卿制　宋曾肇　1098-546-20
落待制知黃州（制）　宋蘇軾　1108-683-107

●楊　志宋
可都官員外郎制　宋胡宿　1088-747-15

●楊　志宋
武當軍節度使楊政父志贈太子太師制　宋張擴　1129-129-12

●楊　甫宋
奏舉人前忠武節度推官楊甫可大理寺丞　宋沈遘　1097-54-6

●楊　成宋
故左班殿直楊成可贈崇儀副使制　宋宋庠　1087-556-20

●楊　抗宋
右承直郎楊抗特改次等合入官（制）　宋劉一止　1132-177-35

●楊　孜宋
權府推秘書丞秘閣校理楊孜可太常博士　宋余靖　1089-95-10

●楊　谷宋
加恩制　宋吳泳　1176-44-5
賜楊谷加恩口宣　宋吳泳　1176-116-12

●楊　告宋
可右諫議大夫知鄭州制　宋宋祁　1088-265-31

●楊　佐宋
可屯田員外郎制　宋胡宿　1088-742-15

●楊　佐宋
都官郎中楊佐可司封郎中（制）　宋沈遘　1097-41-5
　　　　　　　　　　　　1350-395-38

右通直郎楊元永故父任給事中充天章閣待制佐可贈右正議大夫制　宋呂陶　1098-72-9

●楊　佗漢

封孫程等詔　漢順帝　426-1102-19

●楊　宗宋
三班借職制　宋曾肇　1098-559-22

●楊　京宋
試州折博務楊京可著作佐郎制秘校知秦州瓏城縣監環　宋蔡襄　1090-435-12

●楊　忠宋
殯宮按行使司復按使司楊忠各轉一官制　宋張擴　1129-76-8

●楊　注宋
可試書省校書郎充春州軍事推官權知春州制　宋蔡襄　1090-449-13

●楊　炎唐
崔州司馬制　宋不著撰人　426-408-57
授庚準楊炎知制誥制　唐常袞　1336-521-382

●楊　青宋
轉秉義郎制　宋張擴　1129-100-10

成忠郎楊青軍中失火降一官（制）　宋劉一止　1132-172-34

●楊　坦宋
換武翼郎（郎）　宋樓鑰　1152-616-34

●楊　拙唐
授楊拙庫部郎中制　唐薛廷珪　1336-573-390

●楊　玢唐
授戶部巡官秘諸校書郎楊玢武功縣尉充集賢校理制　唐錢珝　1336-636-400
　　　　　　　　　　　　1402-81-14

●楊　昌（父）宋
楊昌父贈節度使（制）　宋劉安上　1124-23-2

●楊　畏宋
宣德郎宗正丞楊畏可權發遣提舉襄州路刑獄公事制　宋張擴　1129-91-9

●楊　和宋
贈六官與六資恩澤係於橫行遂郡上分贈（制）　宋周必大　1148-44-97

●楊　佶宋
殿中丞知開封府司事參軍楊佶可太常博

史部 詔令奏議類：附錄 詔令下（男）十三畫

士餘依舊制　宋夏竦　1087-60-1
●楊　延宋
可都官員外郎制　宋胡宿　1088-746-15
●楊　汧唐
授楊汧通事舍人制　唐李嶠　1336-528-383
●楊　彥唐
授楊彥奉國縣主簿制　唐劉崇望　1336-748-415
●楊　彥宋
換從義郎（制）　宋樓鑰　1152-676-39
●楊　麻宋
特補成忠郎（制）　宋周必大　1148-11-94
●楊　恢宋
授兵部郎中制　宋吳泳　1176-54-6
除寶章閣待制四川制
　署使兼知利州制　宋許應龍　1176-463-5
除太府少卿兼潼川利
　路制置副使兼利路
　運判兼知利州制　宋許應龍　1176-463-5
●楊　勇隋
廢大子勇詔　隋文帝　1400-209-1
●楊　政（等）宋
大名府驍武第一指揮
　虞侯楊政等七人可
　並左右侍禁制　宋蘇轍　1112-318-30
●楊　政宋
換給右武大夫恭州團
　練使（制）　宋李彌遜　1130-619-4
換給川陝宣撫使補授
　十將至右武大夫恭
　州團練使付貝（制）　宋李彌遜　1130-646-5
●楊　畋宋
可三司戶部判官依前
　直史館制　宋胡宿　1088-755-14
太常博士直史館知光
　化軍楊畋可屯田員
　外郎依前直史館和
　邠州制　宋蔡襄　1090-442-12
吏部員外郎知制誥兼
　侍讀楊畋可依前官
　兼侍讀充龍圖直學
　士知諫院　宋沈遘　1097-63-6
可屯田員外郎直史館
　制　宋歐陽修　1102-643-81
●楊　侁宋
大理評事楊侁可衞丞

制　宋夏竦　1087-65-2
●楊　約唐
授楊約左驍衞將軍制　唐錢珝　1336-653-402
●楊　俊宋
降官制　宋劉才邵　1130-475-5
●楊　逞宋
太府卿四川總領（制）　宋樓鑰　1152-634-35
●楊　祐宋
南劍守臣楊祐特降一
　官仍押送寄居泉州
　拘管（制）　宋陳傳良　1150-599-14
●楊　涉唐
平章事制——天祐二
　年二月　唐不著撰人　426-351-50
●楊　素（子孫）隋
楊素子孫不得任京官
　勅　隋不著撰人　426-803-114
●楊　著宋
大理評事楊著可衞持
　丞（制）　宋蘇頌　1092-383-33
●楊　晉唐
授楊晉洛陽縣令制　唐常袞　1336-689-407
●楊　時宋
待制楊時工部侍郎制　宋汪藻　1128-104-11
　　　　　　　　　　　　　1128-340-2
　　　　　　　　　　　　　1375-47-1
贈四官制　宋胡寅　1137-450-13
●楊　時（父）宋
故楊時贈正議大夫制　宋胡寅　1137-467-14
●楊　棐宋
治平寨楊棐獻土地可
　本族軍主制　宋鄭獬　1097-168-7
●楊　皋宋
轉一官資制　宋張嵲　1131-441-12
●楊　部唐
授楊部支使制　唐李磎　1336-734-413
●楊　俊宋
除都官郎官（制）　宋周麟之　1142-151-19
進封和義郡開國公加
　食邑五百戶食實封
　二百戶制　宋周必大　1148-103-102
賜楊俊（加食邑食實
　封告）　宋周必大　1148-233-112
●楊　淵宋
楊淵除工部員外郎（

四庫全書文集篇目分類索引

制）　　　　　　　　宋孫　覿　　1135-268- 26
●楊　庸 元
教授三氏子孫制　　　元楊　果　　1367-136- 11
●楊　球 宋
皇城副使楊球可轉一
　官制　　　　　　　宋慕容彦逢　1123-372- 7
●楊　授 唐
授前左散騎常侍楊授
　國子祭酒制　　　　唐薛廷珪　　1336-640-400
●楊　晟 宋
轉一官（制）　　　　宋蘇　軾　　1108-690-108
●楊　異 宋
都官員外郎楊異等可
　並職方員外郎　　　宋沈　遘　　1097- 51- 6
●楊　崧 宋
奏學人前權成德軍節
　度推官楊崧可特授
　大理寺丞制　　　　宋蔡　襄　　1090-439- 12
●楊　紹 宋
奉議郎楊紹可通判蘭
　州制　　　　　　　宋劉　敞　　1096-232- 23
●楊　俊 宋
轉官制　　　　　　　宋王　洋　　1132-423- 7
除秘書少監（制）　　宋周麟之　　1142-104- 14
進韻略補特轉一官（
　制）　　　　　　　宋周麟之　　1142-144- 18
●楊　詔 唐
授楊詔嶺南東道節度
　供軍判官　　　　　唐李　磎　　1336-734-413
●楊　詒 宋
轉一官制　　　　　　宋張　嵲　　1131-440- 12
●楊　詠 宋
楊逵曾祖詠贈太子少
　保制　　　　　　　宋王安禮　　1100- 17- 2
●楊　撝 宋
降官（制）　　　　　宋張　綱　　1131- 45- 7
●楊　畏 宋
前著作佐郎楊畏可舊
　官（制）　　　　　宋田　錫　　1085-553- 29
●楊　超 晉
爲騎都尉詔　　　　　晉惠帝　　　1398- 48- 3
●楊　極 宋
可太子舍人制　　　　宋胡　宿　　1088-721- 13
●楊　雄 隋
廣平王雄拜司空册書　隋文帝　　　1400-208- 1

●楊　隆 宋
東頭供奉官楊隆與轉
　一官制　　　　　　宋慕容彦逢　1123-372- 7
●楊　彭 宋
入內供備庫副使楊彭
　可入內西京左藏庫
　副使制　　　　　　宋慕容彦逢　1123-360- 6
入內內殿承制楊彭可
　轉一官制　　　　　宋慕容彦逢　1123-376- 7
●楊　琳 宋
降官（制）　　　　　宋張　綱　　1131- 48- 8
●楊　揆 宋
太子洗馬致仕楊揆可
　殿中丞致仕仍如騎
　都尉（制）　　　　宋韓　維　　1101-655- 16
除權刑部侍郎（制）　宋周麟之　　1142-133- 17
●楊　棟 宋
宣奉大夫楊棟特授資
　政殿學士知建寧府
　制　　　　　　　　宋馬廷鸞　　1187- 45- 6
端明殿學士兼權參知
　政事兼太子賓客楊
　棟宣奉大夫加恩制　宋馬廷鸞　　1187- 47- 6
該遇明堂大禮加恩制　宋馬廷鸞　　1187- 48- 6
●楊　貴（等）宋
楊貴等轉官制　　　　宋洪　适　　1158-409- 24
●楊　貴 宋
內殿崇班楊貴可內殿
　承制（制）　　　　宋王　震　　1350-399- 39
●楊　敞（等）漢
封定策功臣詔　　　　漢宣帝　　　1396-226- 3
●楊　傑 宋
權知潤州朝散郎楊傑
　可兩浙提刑制　　　宋劉　敞　　1096-190- 19
知潤州（制）　　　　宋蘇　轍　　1112-284- 27
●楊　傑 宋
降武翼郎制　　　　　宋張　擴　　1129-131- 12
●楊　進 唐
授楊進毫州長史制　　唐元　稹　　1079-657- 5
　　　　　　　　　　　　　　　　1336-736-414
●楊　進 宋
侍衞親軍馬軍都虞侯
　楊逵父（封贈制）　宋蘇　頌　　1092-408- 35
（楊逵）父進贈左武
　衞上將軍太子太保

制　　　　　　　　　宋王安禮　1100- 17- 2
●楊　隻齊
拜武都王楊集始詔　　　齊 武 帝　1399- 26- 1
●楊　集隋
徒衞王集滕王綸詔　　　隋 煬 帝　1416-181-114
●楊　源宋
轉一官（制）　　　　　宋陳傅良　1150-646- 18
●楊　廉唐
授楊廉陝王傅制　　　　唐蘇　頌　1336-672-405
●楊　慶宋
特補成忠郎（制）　　　宋周必大　1148- 11- 94
●楊　遂宋
可特贈侍中制　　　　　宋王安禮　1100- 26- 3
●楊　椿宋
兼侍講（制）　　　　　宋周麟之　1142-103- 14
除給事中（制）　　　　宋周麟之　1142-119- 15
磨勘轉左朝奉郎（制）　宋周麟之　1142-153- 19
●楊　場唐
授楊場侍御史制　　　　唐蘇　頲　1336-600-394
●楊　萬宋
特轉右武大夫（制）　　宋周必大　1148- 42- 97
●楊　傳宋
丁憂人前寧州司戶參
　軍楊傳可特免持服
　充忠武軍節度推官
　同管勾鄜延路機宜
　文字（制）　　　　　宋蘇　頌　1092-357- 30
●楊　愈宋
奏舉人前權河中府觀
　察判官楊愈可太子
　中允制　　　　　　　宋蔡　襄　1090-436- 12
●楊　經宋
直寶文閣提舉四川茶
　馬（制）　　　　　　宋樓　鑰　1152-656- 37
●楊　察宋
可龍圖閣學士制　　　　宋胡　宿　1088-753- 16
翰林學士知開封府楊
　察可權三司使制　　　宋王　珪　1093-236- 34
翰林學士禮部侍郎知
　制誥楊察知勳邑制　　宋王　珪　1093-243- 35
●楊　禎唐
授楊禎太子右諭德制　　唐蘇　頲　1336-668-404
●楊　福元
楊福贈壽國武莊公制　　元姚　燧　1201-421- 2
●楊　寧宋

利州路轉運使司封郎
　中楊寧可太常少卿
　差遣如故（制）　　　宋韓　維　1101-664- 17
舊城裏左廂居養院提
　轄使臣左班殿直楊
　寧可轉一官制　　　　宋慕容彥逢　1123-371- 7
●楊　漸宋
（楊貴妃）父漸贈太
　子太師制　　　　　　宋慶　儔　1154-114- 5
●楊　端宋
入內文思副使楊端可
　轉一官制　　　　　　宋慕容彥逢　1123-373- 7
●楊　漣明
贈楊漣誥　　　　　　　明 思 宗　 534-171- 82
●楊　愷宋
守監簿楊愷可太祝奉
　禮郎制　　　　　　　宋蔡　襄　1090-431- 11
將作監主簿楊愷可通
　判制　　　　　　　　宋王　珪　1093-269- 37
●楊　榮宋
武當軍節度使楊政祖
　榮贈太子太傅制　　　宋張　擴　1129-128- 12
●楊　輔宋
特授知成都軍府事兼
　管內勸農使充成都
　府路兵馬都鈐轄兼
　本路安撫使制　　　　宋衞　涇　1169-493- 2
●楊　愿宋
除中書舍人誥　　　　　宋慕容彥逢　1123-403- 9
除起居舍人制　　　　　宋張　擴　1129- 54- 7
除給事中制　　　　　　宋劉才邵　1130-472- 5
知建康府（制）　　　　宋周麟之　1142-101- 13
以本官職致仕（制）　　宋周麟之　1142-155- 20
●楊　戩唐
授楊戩華州長史制　　　唐孫　逖　1336-736-414
●楊　綰唐
平章事制——大曆十
　二年四月　　　　　　唐不著撰人　426-302- 45
授楊綰吏部侍郎制　　　唐常　袞　1336-557-387
授楊綰禮部侍郎制　　　唐賈　至　1336-561-388
　　　　　　　　　　　　　　　　　1402- 90- 16
授楊綰太常卿制　　　　唐常　袞　1336-610-396
●楊　綸隋
徒衞王集滕王綸詔　　　隋 煬 帝　1416-181-114
●楊　諒宋

四庫全書文集篇目分類索引

史部

詔令奏議類：附錄

詔令下（男）十三畫

武當年節度使楊政曾祖諒贈太子太保制　宋張　擴　1129-128- 12

●楊　潛唐
可洋州刺史制　唐白居易　1080-523- 48
　　　　　　　　　　　　1336-711-410

●楊　澄唐
授楊澄端州司馬制　唐錢　珝　1336-738-414

●楊　適宋
監進奏院楊適降一官（制）　宋劉一止　1132-189- 38

●楊　毅唐
授官充涇原判原判官制　唐白居易　1080-549- 1
　　　　　　　　　　　　1336-729-413

●楊　震宋
楊所中故父震可特贈少師制　宋張　嵲　1131-460- 14
江淮都督楊存中父震秦國公制　宋洪　适　1158-398- 23

●楊　嶠唐
授楊嶠國子祭酒制　唐蘇　頲　1336-639-400

●楊　賜漢
進贈司空楊賜策　漢　靈　帝　426-1111-22
　　　　　　　　　　　　1397- 60- 3

●楊　億宋
刑部郎中楊紘父億可贈右僕射制　宋王　珪　1093-240- 34

●楊　儀宋
將仕郎守秘書丞楊儀可祠部員外郎制　宋王　珪　1093-286- 39
秘書丞充集賢校理楊儀磨勘改官制　宋歐陽修　1102-635- 81

●楊　德宋
（楊逷）祖德贈太子少傅制　宋王安禮　1100- 17- 2

●楊　德宋
特更與減一年磨勘制　宋慕容彥逢　1123-366- 6
大通城知城供奉官楊德特與轉一資內制　宋慕容彥逢　1123-366- 6

●楊　緯宋
引嫌改知閩州（制）　宋陳傅良　1150-646- 18

●楊　憑唐
臨賀縣尉詔　唐　憲　宗　1465-448- 2

●楊　遹宋
特改右宣敎郎制　宋張　擴　1129-133- 12

●楊　選宋
轉行右武大夫（制）　宋張　綱　1131- 22- 4

●楊　興宋
轉武翼郎兼閤門宣贊舍人制　宋張　嵲　1131-487- 17

●楊　暻明
除中書左丞諭　明王　禕　1226-255- 12
　　　　　　　　　　　　1373-490- 1

●楊　勤宋
爲隨張浚至川陝道塗萬里備見忠勤成忠郎換給制　宋張　嵲　1131-485- 17

●楊　翼宋
歸順人楊翼補承信郎制　宋洪咨夔　1175-230- 17

●楊　琮宋
除籍田令制　宋洪咨夔　1175-233- 18
太府簿制　宋洪咨夔　1175-255- 21

●楊　邁宋
楊邁知蘄州（制）　宋劉一止　1132-223- 46

●楊　邁宋
贈寶文閣學士楊邁特贈龍圖閣學士制　宋洪咨夔　1175-223- 16

●楊　爵明
諭命　明　穆　宗　1276-126-附1
諭命　明　神　宗　1276-126-附1

●楊　種宋
直秘閣制　宋胡　寅　1137-435- 12

●楊　贊宋
可衞尉寺丞致仕制　宋胡　宿　1088-798- 20

●楊　鑑唐
授楊鑑西水縣令制　唐劉崇望　1336-745-415
　　　　　　　　　　　　1402- 83- 14

●楊　簡宋
知饒州樂平縣楊簡除國子博士制　宋夏　㝢　1087- 63- 2

●楊　簡宋
除國子博士（制）　宋陳傅良　1150-635- 17

●楊　繪宋
朝散大夫天章閣侍制楊繪可知杭州制　宋劉　攽　1096-212- 21
楊繪可落分司朝奉大夫提舉江州太平觀制　宋王安禮　1100- 30- 3
知徐州（制）　宋蘇　軾　1108-670-106

1350-402- 39
1418-383- 49

●楊 護唐
授楊護監察御史制　唐常 袞　1336-607-395
●楊 瓚劉宋
追贈楊瓚詔　劉宋少帝　1398-498- 1
●楊 鑽宋
授朝請郎制　宋吳 泳　1176- 71- 8
●楊士奇（等）明
恭書封贈誥命後　明楊 榮　1240-230- 15
●楊大全宋
除宗正寺主簿（制）　宋陳傅良　1150-645- 18
●楊大全宋
楊汝明父大全贈少師制　宋袁 甫　1175-427- 8
●楊大節宋
奉使回程轉官（制）　宋樓 鑰　1152-617- 34
●楊大瀛宋
監察御史（制）　宋樓 鑰　1152-657- 37
●楊文友宋
國子博士楊文友可尚書虞部員外郎制　宋宋 祁　1088-264- 31
●楊文弘劉宋
武都王楊文度兄弟授爵詔　劉宋順帝　1398-568- 4
●楊文仲宋
可大理寺丞制　宋胡 宿　1088-732- 14
●楊文仲宋
特授集英殿修撰知漳州誥　宋王應麟　1187-257- 5
●楊文昌宋
將作監丞制　宋虞 儔　1154-111- 5
●楊文度劉宋
武都王楊文度兄弟授爵詔　劉宋順帝　1398-568- 4
●楊文真宋
楊文翰弟文眞補三班奉職制　宋鄒 浩　1127-311- 17
●楊文廣宋
西京左藏庫副使楊文廣可供備庫使　宋沈 遘　1097- 43- 5
1350-396- 39
1402-118- 21
●楊文德劉宋
又封武都王詔　劉宋文帝　1398-521- 2

●楊文舉宋
殿中丞通判秦州楊文舉可國子博士制　宋宋 庠　1087-584- 24
●楊王休宋
楊王休本路運判(制)　宋樓 鑰　1152-649- 36
●楊元汶唐
京兆府法曹制　唐杜 牧　1081-683- 16
●楊元秀齊
贈仇池公楊元秀詔　齊 明 帝　1399- 37- 2
●楊元卿唐
可涇原節度使制　唐元 稹　1079-506- 44
1337-255-454
●楊日言宋
入內文思使舒州刺史楊日言可轉一官制　宋慕容彥逢　1123-373- 7
●楊日華宋
京西路轉運使尚書度支郎中楊日華可加勳制　宋宋 庠　1087-592- 25
●楊中和宋
殿中丞新差知溫州平陽縣楊中和可太常博士制　宋宋 庠　1087-576- 23
可都官員外郎制　宋胡 宿　1088-746- 15
●楊公度宋
益州路轉運使楊日嚴男公度可試秘書省校書郎制　宋宋 庠　1087-599- 26
●楊玄諒（等）唐
楊玄諒等三十人加官制　唐白居易　1080-553- 51
●楊永慶宋
楊永慶等降官制　宋鄒 浩　1121-301- 16
●楊弘範唐
授楊弘範　唐劉崇望　1336-746-415
●楊正臣宋
新明州昌國縣主簿楊正臣轉一官（制）　宋陳傅良　1150-579- 11
●楊巨源唐
授楊巨源河中少尹制　唐元 稹　1079-655- 5
1336-685-406
●楊令望宋
可太子中舍人致仕制　宋胡 宿　1088-796- 20
●楊令聞宋
潭州錄事參軍錫令聞

四庫全書文集篇目分類索引

可太子中舍致仕制　宋歐陽修　1102-629- 80
●楊守斌宋
楊崇勳祖累贈太師加
　兼中書令制　宋宋　庠　1087-561- 21
●楊守節唐
授楊守節永樂縣令制　唐薛廷珪　1336-746-415
●楊安益宋
振濟有方循一資（制）　宋樓　鑰　1152-653- 37
●楊安國宋
右朝奉郎楊良顯故父
　任翰林侍講學士兼
　給事中贈右銀青光
　祿大夫安國可贈左
　銀青光祿大夫制　宋呂　陶　1098- 71- 9
●楊安國宋
供奉官楊安國可轉一
　官制　宋慕容彥逢　1123-372- 7
●楊安節宋
除名人楊安節可太子
　右清道率府副率致
　仕制　宋宋　庠　1087-565- 21
●楊汝士唐
楊汝士等授右補闕制　唐元　稹　1079-578- 43
楊汝士可殿中侍御史
　內供奉充劍南西川
　節度參謀制　唐白居易　1080-540- 50
●楊汝明宋
明堂恩進封加食邑制　宋洪咨夔　1175-235- 18
特贈四官制　宋袁　甫　1175-427- 8
●楊次山宋
太尉楊次山加食邑實
　封制　宋衞　涇　169-509- 3
特授少保進封永陽郡
　王加食邑制附奏箚　宋眞德秀　1174-288- 19
●楊再思唐
册贈楊再思并州大都
　督文　唐不著撰人　426-460- 58
●楊再興宋
爲與番兵接戰陣殁贈
　五官制　宋張　嵲　1131-507- 19
●楊存中宋
除少傅制　宋王　洋　1132-432- 8
除楊存中少師制　宋周麟之　1142- 78- 11
除楊存中加食邑制　宋周麟之　1142- 81- 11
除楊存中督江淮東西

路加食邑實封制　宋洪　适　1158-320- 11
●楊同懸唐
楊同懸等十人亡母追
　贈郡國夫人制　唐白居易　1080-522- 48
●楊光庭宋
同知樞密院事楊棟曾
　祖已贈太子太保光
　庭特贈少保制　宋馬廷鸞　1187- 48- 6
●楊光凝宋
係左修職郎湖北京西
　宣撫司准備差遣節
　次與烏珠等見陣皆
　獲勝捷合循兩資吳
　師中事同前循左承
　直郎制　宋張　嵲　1131-454- 13
●楊兆瑞明
總督三邊兵部右侍郎
　兼右副御史楊鶴祖
　父（制）　明倪元璐　1297- 20- 2
●楊自周宋
楊自周可大理寺丞制　宋胡　宿　1088-732- 14
●楊全美宋
楊崇勳父累贈太師中
　書令兼尚書令追封
　秦國公制　宋宋　庠　1087-581- 23
●楊先寶宋
溪洞楊先寶可權知古
　城州制　宋歐陽修　1102-641- 81
●楊仲元宋
職方郎中楊仲元可太
　常少卿（制）　宋韓　維　1101-664- 17
●楊仲安宋
衞尉寺楊仲安可大理
　寺丞　宋沈　遘　1097- 43- 5
●楊仲臣宋
太尉保成軍節度使楊
　沂中故曾祖仲臣可
　特贈少保制　宋張　嵲　1131-459- 14
●楊仲昌唐
授楊仲昌吏部員外郎
　制　唐孫　逖　1336-583-392
●楊行審唐
授楊行審靈州長史制　唐孫　逖　1336-736-414
●楊沂中宋
轉官（制）　宋張　綱　1131- 17- 3

史部

詔令奏議類：附錄

詔令下（男）十三畫

史部 詔令奏議類：附錄 詔令下（男）十三畫

奉聖旨特補承信郎制　宋張　嵲　1131-504- 19

●楊志招宋

爲與莫公晟賊衆鬪敵掩殺逐次砍到賊頭三級及殺死賊人不知其數轉忠訓郎制　宋張　嵲　1131-452- 13

●楊志和（等）唐

內侍楊志和等授朝散大夫制　唐白居易　1080-563- 52

●楊志寧宋

轉成忠郎制　宋張　擴　1129- 96- 10

●楊孝直唐

除渭州長史制　唐白居易　1080-548- 51
　　　　　　　　　　　　1336-737-414

●楊似循宋

楊似循從事郎制　宋洪　适　1158-388- 21

●楊布元宋

比部員外郎楊希元可篤部員外郎（制）　宋韓　維　1101-665- 17

●楊希古宋

可大理寺丞制　宋胡　宿　1088-716- 12

●楊邦弼宋

除太學博士制　宋張　擴　1129- 49- 6

除著作郎（制）　宋周麟之　1142-136- 17

除祕書丞（制）　宋周麟之　1142-150- 19

●楊邦憲宋

特授親衞大夫利州觀察使依舊知播州兼御前諸軍都統制誥　宋王應麟　1187-260- 5

●楊邦憲元

播州楊邦憲贈謚制　元王　構　1367-150- 12

●楊宗閔宋

楊沂中故祖宗閔可特贈少傅制　宋張　嵲　1131-460- 14

●楊宗禮宋

內殿承制楊宗禮供備庫副使制　宋王安石　1105-422- 53

●楊於陵唐

賜爵并迴授爵制　唐白居易　1080-522- 48

●楊承襲唐

授楊承襲左千牛衞大將軍制　唐錢　珝　1336-646-401

●楊忠信宋

朝堂正名知班驅使官楊忠信特授將仕郎

制　宋王安石　1105-452- 55

●楊忠輔宋

换太史局丞（制）　宋樓　鑰　1152-616- 34

●楊昌盟宋

邵州溪洞融嶺鎮楊昌盟可銀酒監充武溪洞融嶺鎮勾當（制）　宋韓　維　1101-657- 16

●楊叔儀宋

少府少監守本官致仕（制）　宋蘇　轍　1112-309- 29

●楊知信宋

保慶皇太后叔楊知信可贈兼中書令　宋宋　庠　1087-561- 21

●楊知退唐

除鄆州判官制　唐杜　牧　1081-684- 16

●楊知章宋

（楊棟）租己贈太子太傅知章特贈少傅制　宋馬廷鸞　1187- 49- 6

●楊知權唐

授楊知權袁州司馬制　唐錢　翊　1336-738-414

●楊秉遷宋

楊一變父秉遷明堂恩封承務郎制　宋洪容齋　1175-226- 17

●楊冠俗唐

戶部尚書楊於陵租故奉先縣主簿楊冠俗可贈吏部郎中於陵奏請回贈制　唐白居易　1080-560- 52

●楊彥誠宋

蘷州路轉運使楊文學男彥誠可試秘校制　宋胡　宿　1088-789- 19

●楊垣仲宋

降授朝散郎制　宋吳　泳　1176- 85- 7

●楊南仲宋

可大理寺丞知國子監書學兼篆石經制　宋胡　宿　1088-731- 14

太常博士制　宋王安石　1105-396- 51

●楊政化宋

殿中丞知華州華陰縣事楊政化可國子博士餘如故制　宋夏　竦　1087- 65- 2

●楊茂昌宋

入內西京左藏庫使楊茂昌可轉一官制　宋慕容彥逢　1123-373- 7

●楊茂實宋
景福殿使明州觀察使楊戩親堂姪茂實可供職制　宋慕容彥逢　1123-392-　8

●楊若冲宋
可大理寺丞制　宋胡　宿　1088-734- 14

●楊衍孫宋
授朝請郎制　宋吳　泳　1176- 71-　8

●楊祖烈宋
轉一官（制）　宋樓　鑰　1152-617- 34

●楊恭懿元
楊恭懿贈弘農郡文康公制　元姚　燧　1201-409-　1

●楊時敏宋
補承信郎（制）　宋樓　鑰　1152-685- 39

●楊時發宋
循資制　宋王　洋　1132-424-　7

●楊師中宋
降一資（降）　宋周必大　1148- 18- 95

●楊師謙宋
授朝奉大夫制　宋吳　泳　1176- 67-　7

●楊惟忠宋
檢校少保建武軍節度使楊惟忠加恩制　宋汪　藻　1128-103- 11

●楊康國宋
御史臺檢法官楊康國可監察御史制　宋劉　敞　1096-196- 20
監察御史楊康國可開封府推官制　宋劉　敞　1096-226- 22
特贈徽猷閣待制(制)　宋程　俱　1130-225- 22
　　　　　　　　　　　　　　　1375- 49-　1

●楊晟悼宋
換給事中大夫直徽猷閣（制）　宋李彌遜　1130-633-　5

●楊晟該（等）宋
融州歸明楊晟該等改右班殿直制　宋蘇　轍　1112-309- 29

●楊崇勳宋
授楊崇勳開府儀同三司依前檢校太尉河陽三城節度使加食邑實封制　宋宋　庠　1087-604- 26
左衞上將軍致仕楊崇勳可太子太保致仕　宋余　靖　1089- 94- 10
上將軍致仕楊崇勳加食邑七百戶實封三百戶　宋余　靖　1089-103- 11

●楊國忠唐
右相制——天寶十一年十一月　唐不著撰人　426-299- 45

●楊國寶宋
宣德郎太常博士楊國寶可成都路轉運判官制　宋劉　敞　1096-229- 22

●楊處厚宋
醫官楊處厚轉一官制　宋慕容彥逢　1123-392-　8

●楊逢原宋
奉職楊逢原可右班殿直殿　宋慕容彥逢　1123-353-　5

●楊從先宋
內殿承制楊從先可西京左藏庫副使（制）　宋蘇　頌　1092-393- 34
東頭供奉官楊從先可內殿崇班（制）　宋韓　維　1101-658- 16

●楊從儀宋
轉親衞大夫（制）　宋張　綱　1131- 19-　3
落階官除正任防禦使（制）　宋周必大　1148- 39- 97

●楊雄勳宋
賞各轉一官（制）　宋周必大　1148- 46- 97

●楊景芬宋
河北都轉運使楊偕姪孫景芬可試秘書省校書郎制　宋宋　庠　1087-600- 26

●楊景雄宋
轉古朝請郎（制）　宋周必大　1148- 42- 97

●楊景復唐
可檢校膳部員外郎鄆州觀察判官制　唐白居易　1080-532- 49
　　　　　　　　　　　　　　　1336-729-413

●楊景道宋
故工部侍郎致仕楊偕親孫景道可守將作監主簿制　宋胡　宿　1088-788- 19

●楊舜元宋
楊貴妃曾祖舜元贈太子太保制　宋虞　儔　1154-113-　5

●楊舜卿宋
皇后閣提舉官武功大夫帶御器械楊舜卿

史部 詔令奏議類：附錄 詔令下（男）十三畫

轉觀察使（制）　宋陳傳良　1150-573- 11
除入內內侍者省押班（制）　宋陳傳良　1150-575- 11
除入內內侍省副都知（制）　宋陳傳良　1150-583- 12
武功大夫明州觀察使入內內侍省押班楊舜卿降一官（制）　宋陳傳良　1150-583- 12
復官（制）　宋陳傳良　1150-583- 12
●楊進果宋
楊晟男進果與補右侍禁制　宋慕容彥逢　1123-356- 5
●楊進穩宋
楊晟男進穩與補三班奉職制　宋慕容彥逢　1123-356- 5
●楊復隨唐
授楊復隨給事郎行內侍省奚官局令制　唐劉崇望　1336-766-418
●楊慎矜唐
授楊慎矜諫議大夫制　唐孫　逖　1336-512-381
●楊掞禮宋
監察御史制　宋李正民　1133- 9- 1
●楊敬述唐
授楊敬述右羽林將軍制　唐蘇　頲　1336-654-402
●楊萬里宋
轉朝請郎制　宋綦崇禮　1134-557- 5
楊萬里祕閣修撰（制）　宋樓　鑰　1152-631- 35
太常博士告詞　宋范成大　1161-698-133
吏部員外郎告詞　宋王　信　1161-700-133
吏部郎中告詞　宋王　信　1161-700-133
朝請郎告詞　宋陳居仁　1161-700-133
秘書少監告詞　宋陳居仁　1161-701-133
再復直祕閣告詞　宋葉　翥　1161-701-133
朝議大夫告詞　宋葉　翥　1161-702-133
秘書監告詞　宋羅　點　1161-702-133
中奉大夫告詞　宋莫叔先　1161-702-133
江東運副告詞　宋倪　思　1161-703-133
知贛州告詞　宋黃　裳　1161-703-133
秘閣修撰宮觀告詞　宋樓　鑰　1161-703-133
進封吉水縣開國子食邑五百戶告詞　宋高文虎　1161-704-133
太申大夫告詞　宋高文虎　1161-704-133
通議大夫寶文閣待制致仕告詞　宋高文虎　1161-704-133
吉水縣伯告詞　宋張　濤　1161-705-133
寶謨閣直學士告詞　宋王　容　1161-705-133
廬陵郡候告詞　宋李大異　1161-705-133
贈光祿大夫告詞　宋毛　憲　1161-706-133
寶謨閣學士告詞　宋宇文紹節　1161-706-133
謚文節公告議　宋陳貴誼等　1161-707-133
●楊萬里（等）宋
太常丞告詞　宋林　機　1161-699-133
將作少監告詞　宋王　淮　1161-699-133
左司郎中告詞　宋陳居仁　1161-701-133
●楊萬壽（等）劉宋
贈楊萬壽等詔　劉宋文帝　1398-517- 2
●楊嗣復唐
平章事制——開成三年一月　唐不著撰人　426-336- 49
權知尚書兵部郎中制　唐元　稹　1079-575- 46
　　　　　　　　　　　　1336-571-390
可庫部郎中知制誥制　唐白居易　1080-528- 49
●楊虞仲宋
楊虞仲眞秘閣知蘄州（制）　宋樓　鑰　1152-683- 39
●楊端仲宋
（楊棟）父已贈太子太師端仲特贈少師制　宋馬廷鸞　1187- 49- 6
●楊齊宣唐
授楊齊宣起居郎制　唐孫　逖　1336-523-383
授楊齊宣左補闕制　唐孫　逖　1336-525-383
●楊漢英元
楊漢英贈推忠效順功臣銀青榮祿大夫平章政事柱國封播國公謚忠宣（制）　元袁　桷　1203-487- 36
●楊棠顯宋
除御帶轉歸吏部制　宋衛　涇　1169-476- 1
●楊壽隆宋
轉右文林郎制　宋劉才邵　1130-459- 4
●楊爾昌元
楊爾昌贈壽國安惠公制　元姚　燧　1201-417- 2
●楊鳳孫宋
授中大夫制　宋吳　泳　1176- 71- 8
換授福州觀察使知閤門事制　宋吳　泳　1176- 71- 8
●楊僧嗣劉宋

四庫全書文集篇目分類索引

武都王楊僧嗣加爵詔　劉宋明帝　1398-565- 4
●楊廣香齊
爲沙州刺史詔　齊 高 帝　1399- 12- 1
●楊慶祖宋
循資制　宋張孝祥　1140-645- 19
●楊履正宋
楊履正除軍器監兼四川宣撫判官或都府路轉運判官制　宋許應龍　1176-470- 6
●楊餘懋宋
陵州團練使楊餘懋可果州防禦使制　宋王珪　1093-298- 40
●楊德崇元
贈壽國康懿公制　元姚 燧　1201-417- 2
●楊畿道宋
奉職楊畿道可轉一官制　宋慕容彥逢　1123-391- 8
●楊魯士唐
授楊魯士長安縣令等制　唐崔 嘏　1336-688-407
●楊魯潛唐
授楊魯潛內侍省內府局令制　唐李 磎　1336-766-418
●楊舉直宋
循一資（制）　宋李彌遜　1130-625- 4
●楊蕃孫宋
授朝奉大夫制　宋吳 泳　1176- 71- 8
●楊應詢宋
東上閤門使楊應詢可轉一官制　宋慕容彥逢　1123-388- 8
●楊應誠宋
除樞密副都承旨（制）　宋張 綱　1131- 39- 6
落致仕差充提舉京城四壁檢察諸門兼節制軍馬司參議官（制）　宋劉一止　1132-188- 38
●楊應龍宋
轉一官（制）　宋樓 鑰　1152-618- 34
●楊歸一宋
殿中丞楊歸一可國子博士制　宋宋 庠　1087-583- 24
●楊歸厚唐
授唐州刺史制　唐白居易　1080-540- 50
　　　　　　1336-712-410
授楊歸厚太子右庶子

制　唐李虞仲　1336-666-404
●楊贊禹唐
授長安縣尉直弘文館楊贊禹左拾遺制　唐薛廷珪　1336-528-383
●楊瑰寶宋
知威平（制）　宋蘇 轍　1112-320- 30
●達吉斯元
嘉理故曾祖父達吉斯追封魏國公謚康懿制　元程鉅夫　1202- 16- 2
●達哩岱（台）元
丞相達哩岱追贈淇陽王制　元姚 燧　1367-142- 11
　　　　　　1394-324- 1
●達奚珣唐
授達奚珣中書舍人制　唐孫 逖　1336-516-382
授達奚珣禮部侍郎制　唐孫 逖　1336-556-387
●達爾罕元
丞相達爾罕贈謚制　元王 構　1367-147- 12
●達于只枕（等）唐
授入朝契丹首領達于只枕等二十九人果毅別將制　唐元 稹　1079-600- 50
●達勒達哈元
故知樞密院事達勒達哈謚某制　元程鉅夫　1202- 33- 3
●達爾罕托恰勒元
拜布哈故祖父達爾罕托恰勒謚莊敏制　元程鉅夫　1202- 42- 4
●達爾罕奇吉里元
故中書右丞相達爾罕哈喇哈遜故曾祖父達爾罕奇吉里謚忠武制　元程鉅夫　1202- 33- 3
●達爾罕博囉齊元
達爾罕哈喇哈遜故祖父達爾罕博囉齊謚忠毅制　元程鉅夫　1202- 34- 3
●達爾罕囊嘉岱元
達爾罕哈喇哈遜故父達爾罕囊嘉岱謚忠懿制　元程鉅夫　1202- 34- 3
●達實端多卜元
拜布哈故曾祖父達實端多卜謚安敬制　元程鉅夫　1202- 42- 4

四庫全書文集篇目分類索引

史部

詔令奏議類：附錄

詔令下（男）十三畫

●裘多見宋
應辦中宮册寶裘多見轉一官制　宋張　擴　1129- 78- 8
●楚　拉（等）宋
楚拉等轉官制　宋許　翰　1123-495- 1
●楚　衍宋
司天冬官正楚衍可秋官正制　宋宋　庠　1087-568- 22
●楚　凌宋
轉官勅　宋許　翰　1123-514- 3
●楚　泰宋
可大理寺丞依舊直講制　宋胡　宿　1088-730- 14
●楚　經宋
尚書虞部員外郎通判盆州楚經可尚書比部員外郎制　宋宋　庠　1087-577- 23
●楚　潛宋
可廣西轉運副使制　宋蘇　軾　568- 29- 98
　　　　　　　　　　1108-679-107
●楚用和宋
太子洗馬知陵州軍州事楚用和可殿中丞餘依舊制　宋夏　竦　1087- 51- 1
●楚沙來宋
左藏庫副使楚沙木可轉一官制　宋慕容彥逢　1123-382- 7
●楚建中宋
提刑楚建中可司封員外郎制　宋王安石　1105-388- 50
●楚昭輔宋
故贈侍中楚昭輔贈中書令制　宋夏　竦　1087- 71- 2
●楚繼吾唐
贈楚繼吾等刺史制　唐元　稹　1079-599- 50
●楚繼芳宋
殿中丞楚繼芳可國子博士權御史臺推直官制　宋夏　竦　1087- 67- 2
●萬　及宋
職方員外郎萬及等五人轉官制　宋鄭　獬　1097-161- 6
●萬　汾唐
除施州刺史制　唐杜　牧　1081-670- 14
●萬　格宋
監察御史制　宋李正民　1133- 9- 1
惠柔民禮部萬格祠部並員外郎制　宋李正民　1133- 15- 2
●萬　訛宋
環州石昌鎮熟戸牛家族巡檢奴訛男萬訛可本族都軍主制　宋歐陽修　1102-619- 79
●萬　超宋
轉一官資制　宋張　嵲　1131-441- 12
●萬　稷宋
可著作佐郎制　宋胡　宿　1088-715- 12
●萬　鍾宋
司農卿（制）　宋樓　鑰　1152-652- 37
直龍圖閣守本官致仕（制）　宋樓　鑰　1152-704- 41
權工部侍郎萬鍾中書舍人制　宋虞　儔　1154-109- 5
中書舍人萬鍾兼侍講制　宋虞　儔　1154-125- 5
●萬　鍾（父）宋
中書舍人萬鍾贈父制　宋虞　儔　1154-113- 5
●萬重皓唐
瀛漢州都虞侯萬重皓可坊州司馬制　唐白居易　1080-570- 53
●萬憬皓唐
可端州刺史制　唐元　稹　1079-583- 48
●寇名山宋
右監門衞將軍兼監察御史武騎尉寇名山可加騎都尉（制）　宋蘇　頌　1092-397- 34
●嗇彥澤宋
招箭班殿侍嗇彥澤在班及十五年補承節郎仍舊存留在班祇應制　宋王　珪　1093-281- 38
在班及十五年補承節郎仍舊存留在班祇應（制）　宋陳傅良　1150-576- 11
●董　必宋
朝請郎集賢殿修撰知荊南軍府董必特轉三官制　宋慕容彥逢　1123-377- 7
●董　玉宋
故乾州安遠會昌縣巡撫董玉宜並特贈禮

四庫全書文集篇目分類索引

賓使制　　宋蔡　襄　　1090-422- 10

授董禹左諫議大夫制　唐薛廷珪　　1336-515-381

　　　　　　　　　　　　　　　　　1402- 81- 14

●**董　安**宋

前江寧府觀察推官試大理評事董安太子中舍致仕制　　宋王安石　　1105-425- 53

淑妃董氏遺表父右侍禁安內殿崇班制　　宋王安石　　1105-438- 54

●**董　倪**宋

屯田郎中知筠州董儀亡兄倪可贈試大理評事（制）　　宋韓　維　　1101-667- 17

●**董　江**宋

遂郡刺史制　　宋洪　适　　1158-387- 21

●**董　余**宋

少常制　　宋胡　寅　　1137-449- 13

右司制　　宋胡　寅　　1137-453- 13

●**董　先**宋

除觀察使陝西安撫（制）　　宋張　綱　　1131- 12- 2

●**董　俊**元

（董某）祖後贈翊運效節功臣太傅開府儀同三司上柱國追封壽國公謚忠烈加贈推恩翊運效節功臣依前太傅開府儀同三司上柱國改封趙國公謚忠烈（制）　　元袁　桷　　1203-493- 37

平章董士選贈三代制　　元元明善　　1367-151- 12

●**董　冱**宋

可屯田員外郎制　　宋胡　宿　　1088-746- 15

●**董　珪**唐

跋董氏唐誥　　宋晁補之　　1118-651- 33

●**董　言**宋

忠訓郎董言特降一官仍依衝替人例施行（制）　　宋劉一止　　1132-213- 44

●**董　基**宋

廣西轉運使董詢遺表男基可試祕書省校書郎制　　宋鄭　獬　　1097-167　6

●**董　京**（父）宋

南宮縣令董京父年九十一歲可守祕書省校書郎（制）　　宋蘇　頌　　1092-399- 34

●**董　晉**唐

授董晉殿中侍御史制　　唐賈　至　　549- 38-183

　　　　　　　　　　（蘇　頲）　1336-604-395

●**董　昕**元

（董某）曾祖昕贈光祿大夫司徒趙國公謚宣懿（制）　　元袁　桷　　1203-493- 37

平章董士選贈三代制　　元元明善　　1367-151- 12

●**董　耘**宋

饒守董耘降一官制　　宋胡　寅　　1137-437- 12

●**董　旼**宋

轉兩官（制）　　宋張　綱　　1131- 13- 2

●**董　淵**宋

轉一官（制）　　宋樓　鑰　　1152-637- 35

●**董　柔**宋

知嚴州（制）　　宋李彌遜　　1130-631- 4

●**董　球**宋

特降一官（制）　　宋周必大　　1148- 35- 96

●**董　炳**元

（董某）父炳特贈謚金紫光祿大夫平章政事忠獻公加贈宣忠佐運開濟功臣太尉開府儀同三司上柱國追封趙國公仍謚忠獻（制）　　元袁　桷　　1203-494- 37

●**董　將**宋

刑部制　　宋胡　寅　　1137-448- 13

●**董　厚**宋

文思副使董厚與轉一官制　　宋慕容彥逢　　1123-370- 7

前內殿承制董厚與轉三官制　　宋慕容彥逢　　1123-387- 8

●**董　迪**宋

徽猷閣待制董弁故父迪可特贈正奉大夫制　　宋張　嵲　　1131-497- 18

徽猷閣待制與郡制　　宋李正民　　1133- 19- 2

知信州制　　宋李正民　　1133- 26- 2

贈官制　　宋李正民　　1133- 34- 3

●**董　猛**晉

封武安侯詔　　晉惠帝　　1398- 47- 3

●**董　禹**唐

史部 詔令奏議類：附錄 詔令下（男）十三畫

●董 植宋
武義大夫董植可落致仕制　宋汪 藻　1128- 95- 10
可轉一官制　宋綦崇禮　1134-535- 2
可復康州防禦使制　宋綦崇禮　1134-540- 3
●董 琰宋
供備庫副使董琰等十一人轉官制　宋曾 鞏　1098-551- 21
●董 貴宋
轉官遷團練使（制）　宋張 綱　1131- 11- 2
●董 誡宋
司農少卿制　宋曾 鞏　1098-546- 20
●董 遇宋
轉一官與遙郡刺史（制）　宋周必大　1148- 60- 98
●董 經宋
殿中丞通判秦州董經可國子博士制　宋宋 庠　1087-583- 24
●董 福宋
贈承信郎與一子父職名制　宋張 嵲　1131-494- 18
●董 端唐
跋董氏唐誥　宋晁補之　1118-651- 33
●董 壽宋
可殿中丞制　宋胡 宿　1088-745- 15
比部郎中董壽可篤部郎中（制）　宋韓 維　1101-665- 17
劍州司理參軍董壽可大理寺丞制　宋歐陽修　1102-622- 79
●董 戩宋
賜西蕃邈川首領處置押蕃落等使董戩依前官照例支請俸詔　宋王 珪　1093-124- 18
起復依前保順軍節度使加封邑制　宋王 珪　1093-272- 37
●董 諒宋
循資制　宋王 洋　1132-424- 7
●董 賢漢
封董賢等詔　漢 哀 帝　426-1051-11
册董賢爲大司馬　漢 哀 帝　426-1053-11
罷董賢詔　漢 平 帝　426-1054-12
册董賢　漢 平 帝　426-1054-12
封董賢等列侯詔　漢 哀 帝　1396-263- 4
免董賢册　漢王皇后　1396-274- 5
●董 震宋

轉武節大夫遙郡刺史（制）　宋張 綱　1131- 7- 1
●董 遷宋
除董毗制　宋司馬光　1094-165- 16
●董 禮宋
爲殺董先叛反等人兵等轉成忠郎又因商州與賊對壘出戍捍禦轉忠翊郎換給制　宋張 嵲　1131-453- 13
●董 彝宋
秦州推官董彝可太子中舍致仕制　宋歐陽修　1102-622- 79
●董 寶宋
贈元官於橫行遙郡上分贈與元資恩澤（制）　宋周必大　1048- 45- 97
●董士良宋
轉官制　宋許景衡　1127-229- 7
●董士廉宋
永興軍節度推官董士廉可著作佐郎制　宋歐陽修　1102-628- 80
　1350-380- 37
●董文炳元
左丞董文炳贈謚制　元李 槃　506-178- 91
　1367-137- 11
平章董士選贈三代制　元元明善　1367-151- 12
●董友聞宋
董友聞轉歸吏部（制）　宋樓 鑰　1152-614- 34
●董公彥宋
職方員外郎董公彥可屯田郎中（制）　宋蘇 頌　1092-348- 29
●董公產宋
職方員外郎董公產可屯田郎中制　宋胡 宿　1088-759- 16
●董允仲宋
知西山保州董允仲可檢校戶部尚書制　宋鄭 獬　1097-131- 3
●董正封宋
中大夫直龍圖閣董正封爲集英殿修撰兩浙轉運使（制）　宋劉安上　1124- 15- 2
發運副使集賢殿修撰董正封知蘇州制　宋翟汝文　1129-197- 2
●董有恭宋
授武翼郎制　宋吳 泳　1176- 67- 7

●董自修宋
董洪父自修明堂恩封官制　宋洪容齋　1175-242- 19
●董全珝唐
授董全珝等除諸司副使制　唐李磎　1336-769-418
●董仲尹宋
中書守闕主事董仲尹可中書主事（制）　宋韓　維　1101-656- 16
●董仲言宋
除名人董仲言可團練副使制　宋宋　庠　1087-560- 20
●董仲容宋
太常寺太祝董仲容可大理評事制　宋夏　竦　1087- 62- 2
●董孝忠宋
董孝忠等轉官制　宋鄒　浩　1121-301- 16
●董其昌明
題董其昌自書告身　清　高　宗　1301-393- 18
●董昌齡唐
可許州長史制　唐白居易　1080-505- 51
　　　　　　　　　　　　1336-737-414
●董叔經唐
跋董氏唐誥　宋晁補之　1118-651- 33
●董季舒宋
降兩官制　宋王　洋　1132-428- 8
●董政中宋
轉一官資（制）　宋樓　鑰　1152-616- 34
●董修古宋
供備庫副使董修古可轉一官制　宋慕容彥逢　1123-387- 8
●董惟正宋
文思副使董惟正可左藏庫副使制　宋慕容彥逢　1123-359- 6
左藏庫副使董惟正可授禮賓使制　宋慕容彥逢　1123-362- 6
●董淑妃（父）宋
淑妃董氏遺表父右侍禁安內殿崇班制　宋王安石　1105-438- 54
●董舜臣宋
入內西京左藏庫使董舜臣可入內文思使制　宋慕容彥逢　1123-361- 6
入內文思使董舜臣可轉一官制　宋慕容彥逢　1123-375- 7

董舜臣等各特與轉一官（制）　宋周必大　1148- 42- 97
●董經臣宋
未復舊官人都官員外郎董經臣可職方員外郎（制）　宋蘇　頌　1092-353- 30
●董德元宋
董德元與復端明殿學士貝任宮祠人依舊（制）　宋周必大　1148- 7- 94
●睢文約宋
西頭供奉官睢文約可轉一官制　宋慕容彥逢　1123-372- 7
●嗟　移宋
悉利族軍主嗟移可都軍主制　宋歐陽修　1102-624- 79
　　　　　　　　　　　　1402-124- 23
●嘻沒斯唐
授嘻沒斯可特進行左金吾衞大將軍員外置仍封懷化邑王制　唐李德裕　426-938-128
　　　　　　　　　　　　1079-155- 8
授嘻沒斯檢校工部尚書兼歸義軍使制　唐李德裕　426-939-128
　　　　　　　　　　　　1079-155- 8
●路　彬宋
除刑部郎官（制）　宋周麟之　1142-132- 17
令再任（制）　宋周麟之　1142-138- 17
除直祕閣利路提刑（制）　宋周麟之　1142-144- 18
●路　貫唐
路貫等授桂林判官制　唐白居易　1080-566- 53
　　　　　　　　　　　　1336-726-412
　　　　　　　　　　　　1465-448- 2
●路　隋唐
授學士路隋等中書舍人制　唐李虞中　1336-532-384
●路　廊宋
可虞部郎官（制）　宋孫　覿　1135-247- 24
●路　綸宋
可虞部員外郎制　宋胡　宿　1088-751- 15
殿中丞路綸丁憂服闋復舊官制　宋歐陽修　1102-627- 80
●路　瑾宋
供備庫副使路瑾可轉

兩官制　　　　　　　　宋慕容彥逢　1123-390- 8

●路　諶宋

可試大理評事制　　　　宋胡　宿　　1088-740- 14

太子中舍路諶可殿中丞　宋沈　遘　　1097- 43- 5

●路　隋唐

平章事制——太和二年十一月　　　　不著撰人　　426-326- 48

●路　瑜宋

兩浙提舉學事路瑜可轉兩官制　　　宋慕容彥逢　1123-379- 7

●路　權宋

宣德郎新差權發遣提舉兩浙西路學事路權可禮部員外郎制　　宋慕容彥逢　1123-336- 4

●路允迪宋

除監察御史制　　　　　宋翟汝文　　1129-210- 3

路允迪守本官職致仕（制）　　　　宋程　俱　　1130-261- 26

除知應天府兼充南京留守　宋劉一止　　1132-203- 41

●路表正宋

汝州團練推官前知絳州太平縣事路表正可河南府推官(制)　宋田　錫　　1085-553- 29

●路保衡宋

可著作佐郎制　　　　　宋胡　宿　　1088-715- 12

●路博德漢

益封去病等　　　　　　漢　武帝　　426-1002- 6

●路嗣恭唐

援路嗣恭京兆少尹制　　唐常　袞　　1336-683-406

援路嗣恭洪州觀察使制　唐常　袞　　1336-693-408

●葛　忱宋

授閤門宣贊舍人制　　　宋吳　泳　　1176- 72- 8

●葛　郊宋

明堂加恩加食邑五百戶實封三百戶(制)　宋陳傅良　1150-621- 16

改判隆興府（制）　　　宋樓　鑰　　1152-682- 39

●葛　昌宋

殿中丞知普州葛昌轉國子博士制　　宋歐陽修　　1102-623- 79

●葛　洪宋

資政殿學士葛洪明堂加恩制　　　　宋洪咨夔　　1175-227- 17

除資政殿大學士提舉洞霄宮制　　　宋洪咨夔　　1175-256- 21

特授提學萬壽觀兼侍讀誥　　　　　宋許應龍　　1176-430- 3

●葛　宮宋

太常少卿葛宮可光祿寺卿（制）　　宋沈　遘　　1097- 58- 6

●葛　逢宋

除都官郎官制　　　　　宋袁　甫　　1175-426- 8

●葛　善宋

降官制　　　　　　　　宋王　洋　　1132-429- 8

●葛　源宋

可司封員外郎制　　　　宋胡　宿　　1088-742- 15

●葛　廖宋

題葛廖宋淳熙三年封承務郎致仕誥　元蘇天爵　　1214-357- 30

●葛　葦宋

侍禁葛葦可轉一官制　　宋慕容彥逢　1123-391- 8

●葛　頤宋

晉州襄陵縣尉葛頤單州成武縣令制　宋王安石　　1105-416- 52

●葛　禧宋

可國子博士制　　　　　宋胡　宿　　1088-759- 16

●葛中立宋

轉承信郎制　　　　　　宋張　擴　　1129- 97- 10

●葛立方宋

除吏部侍郎（制）　　　宋周麟之　　1142-123- 16

除考功員外郎（制）　　宋周麟之　　1142-127- 16

奉使回轉一官（制）　　宋周麟之　　1142-146- 18

磨勘轉左朝散大夫（制）　　　　　宋周麟之　　1142-154- 19

父立方封越國公(制)　　宋陳傅良　　1150-586- 12

●葛次仲宋

度支員外郎制　　　　　宋翟汝文　　1129-208- 3

●葛仲良宋

朝請郎知北外都水丞公事葛仲良可轉一官制　　宋慕容彥逢　1123-379- 7

都水監丞葛仲良爲都水使者（制）　宋劉安上　　1124- 18- 2

●葛宗古宋

諸司使副陝西緣邊都監知州葛宗古轉官制　　　宋宋　庠　　1087-569- 22

可內殿承制制　　　　　宋胡　宿　　1088-718- 13

●葛宗晟宋
六宅副使葛宗晟等可
　轉官制　　　　　　宋鄭　獬　1097-163-　6

●葛宗顏宋
轉右承議郎制　　　　宋張　擴　1129-141- 13

●葛書思宋
（葛邲）曾祖益清孝
　追封魏國公書思封
　魯國公（制）　　　宋陳傳良　1150-585- 12

●葛庭機宋
太學生充大晟府製撰
　葛庭機補迪功郎制　宋許　翰　1123-493-　1

●葛從周唐
授葛從周袞州節度使
　制　　　　　　　　唐韓　儀　1337-288-458

●葛勝仲宋
復顯謨閣待制（制）　宋程　俱　1130-224- 22
磨勘轉左正奉大夫（
　制）　　　　　　　宋劉一止　1132-214- 44

（葛邲）祖益文康追
　封楚國公勝仲封齊
　國公（制）　　　　宋陳傳良　1150-586- 12

●葛邏祿唐
葛邏祿葉護開府儀同
　三司制　　　　　　不著撰人　426-938-128

●葉　光宋
充准備差遣（制）　　宋劉一止　1132-200- 41

●葉　份宋
致仕轉官制　　　　　宋王　洋　1132-420-　7
戶部侍郎制　　　　　宋李正民　1133- 12-　1

●葉　均宋
可大理寺丞制　　　　宋蔡　襄　1090-430- 11
朝請大夫直龍圖閣葉
　均可右府卿制　　　宋劉　放　1096-192- 19

●葉　均宋
葉灼男葉均循右文林
　郎（制）　　　　　宋周必大　1148- 47- 97

●葉　劭宋
尚書庫部員外郎葉劭
　爲鴻臚少卿制　　　宋翟汝文　1129-213-　3

●葉　助宋
（葉夢得）故父助贈
　太傅制　　　　　　宋張　擴　1129- 58-　7

●葉　伸宋
兩浙運判葉伸可權發

遣轉運副使制　　　　宋劉　放　1096-189- 19

●葉　劭宋
尚書庫部員外郎葉邵
　爲鴻臚寺少卿(制)　宋劉安上　1124- 19-　2

●葉　來宋
葉煥父某贈少保制　　宋張　擴　1129- 64-　7

●葉　昇明
西安衛都指揮使葉昇
　林濟峰誌　　　　　明太祖　　1223- 20-　3

●葉　俊宋
授郴州團練使充親從
　親事官都指揮使制　宋吳　泳　1176- 80-　9

●葉　紓宋
尚書屯田郎中諸王宮
　記室葉紓可都官郎
　中（制）　　　　　宋蘇　頌　1092-361- 31

●葉　莫宋
宮觀葉莫除權發遣贛
　州提舉南安南雄汀
　州兵甲制　　　　　宋洪咨夔　1175-239- 19
除吏部郎中制　　　　宋袁　甫　1175-438-　9
除右司郎中制　　　　宋許應龍　1176-446-　4

●葉　植宋
改合入官開封府撲（
　制）　　　　　　　宋孫　覿　1135-257- 25

●葉　源宋
承議郎提舉京畿學事
　葉源改兩浙學事（
　制）　　　　　　　宋劉安上　1124- 18-　2

●葉　煥宋
落職宮觀（制）　　　宋張　綱　1131- 15-　2
復集英殿修撰制　　　宋王　洋　1132-411-　7
待制知鎭江府制　　　宋李正民　1133- 21-　2
可落職提舉亳州明道
　宮制　　　　　　　宋秦崇禮　1134-543-　3
降授朝散郎制　　　　宋秦崇禮　1134-543-　3
復待制制　　　　　　宋胡　寅　1137-447- 13

●葉　禎明
誥贈葉禎廣西布政司
　右參議制　　　　　明宣宗　　1465-461-　2

●葉　蕭宋
知姿州（制）　　　　宋樓　鑰　1152-650- 36
知紹興府（制）　　　宋樓　鑰　1152-689- 40
該覃恩轉官（制）　　宋樓　鑰　1152-700- 40

●葉　綱宋

四庫全書文集篇目分類索引

著作佐郎葉綱可秘書丞　宋余靖　1089-99-10

●葉　適宋

寶謨閣待制知建康府兼沿江制置使制　宋張　守　1127-683-2

除太府卿淮東總領（制）　宋陳傳良　1150-645-18

吏部員外郎（制）　宋樓　鑰　1152-665-38

國子司業（制）　宋樓　鑰　1152-692-40

●葉　爽宋

除宗正丞制　宋袁　甫　1175-428-8

●葉　箋宋

兩浙運副制　宋虞　儔　1154-107-5

●葉　默宋

葉默等江東淮南運副制　宋翟汝文　1129-193-2

●葉　衡宋

罷右丞相除知建寧府制　宋周必大　1148-101-102

●葉　濤宋

試太學正葉濤可瀛州防禦使制　宋劉　攽　1090-193-19

太學正（制）　宋蘇　轍　1112-304-28

中書舍人葉濤贈徽猷閣待制制　宋汪　藻　1128-96-10

●葉　顒宋

磨勘制　宋洪　适　1158-410-24

●葉　籈宋

落直寶文閣罷淮南轉運制　宋衛　涇　1169-484-2

特授復直寶文閣權江南西路提點刑獄公事兼本路勸農提舉河渠公事借紫誥　宋衛　涇　1169-485-2

●葉　護唐

回紇葉護司空封忠惠王（制）　不著撰人　426-938-128

●葉大廉（等）宋

中大夫告詞　宋陳傳良　1161-703-133

●葉元英宋

賜釋褐出身（制）　宋陳傳良　1150-640-18

●葉吉特宋

蕃官皇城副使葉吉特可贈三品制　宋慕容彥逢　1123-386-7

●葉宗魯宋

太常寺主簿制　宋虞　儔　1154-120-5

●葉宗諤宋

葉宗諤江西運使（制）　宋李彌遜　1130-619-4

●葉味道宋

太學博士葉味道除祕書郎仍兼崇政殿說書制　宋洪咨夔　1175-220-16

特授朝奉郎致仕制　宋吳　泳　1176-87-9

●葉唐稽宋

宣德郎祕書省正穎州萬縣令充後省刪定官葉唐稽可宣德郎差遣如故制　宋劉　攽　1096-220-22

●葉祖洽宋

鄉貢進士葉祖洽可大理評事簽書奉國軍節度判官廳公事（制）　宋蘇　頌　1092-370-32

兵部郎中葉祖洽可禮部郎中制　宋劉　攽　1096-185-19

朝奉郎兵部員外葉祖洽可兵部郎中制　宋劉　攽　1096-199-20

●葉庭珪宋

除大理寺丞制　宋張　擴　1129-86-9

除太常寺丞制　宋張　擴　1129-94-9

●葉夏卿宋

葉夏卿除直祕閣知饒州（制）　宋程　俱　1130-261-26

●葉時中宋

指使將仕郎葉時中轉一官（制）　宋陳傳良　1150-579-11

●葉康直宋

朝請郎權發遣陝西運副葉康直可朝奉大夫再任（制）　宋王　震　556-129-85　1350-400-39

新知河中府葉康直可知秦州制　宋劉　攽　1096-208-21

陝西轉運副使葉康直可直龍圖閣知河中府事　宋劉　攽　1096-236-23

●葉康彌宋

知劍州（制）　宋蘇　轍　1112-292-27

●葉義問宋

除殿中侍御史（制）　宋周麟之　1142-108-14

●葉溫叟宋
度支郎中（制）　　　　　　宋蘇　轍　　1112-300- 28
●葉夢得宋
知杭州葉夢得復舊職
　制　　　　　　　　　　　宋汪　藻　　 526- 5-259
　　　　　　　　　　　　　　　　　　　 1128- 92- 10
除尚書左丞制　　　　　　　宋張　守　　1127-684- 2
除知洪州制　　　　　　　　宋張　守　　1127-686- 2
知杭州葉夢得落職制　　　　宋汪　藻　　1128-110- 12
落職知杭州（制）　　　　　宋孫　覿　　1135-264- 25
贈官（制）　　　　　　　　宋周麟之　　1142-160- 20
●葉夢得宋
授宗學博士制　　　　　　　宋徐元杰　　1181-689- 7
●葉夢鼎宋
授祕書郎制　　　　　　　　宋徐元杰　　1181-687- 7
同知樞密院事葉夢鼎
　除參知政事制　　　　　　宋馬廷鸞　　1187- 25- 3
參知政事葉夢鼎特授
　資政殿學士知慶元
　軍府事兼沿海制置
　使制　　　　　　　　　　宋馬廷鸞　　1187- 41- 5
該遇明堂大禮加恩制　　　　宋馬廷鸞　　1187- 52- 7
特授充醴泉觀使兼侍
　讀依前少傅觀文殿
　大學士信國公食邑
　食實封如故制　　　　　　宋王應麟　　1187-241- 4
●葉義叟宋
葉夢得故祖義叟追封
　福國公制　　　　　　　　宋張　擴　　1129- 58- 7
●葉應輔宋
太學博士葉應輔除國
　子博士仍兼景獻太
　子府教授制　　　　　　　宋洪咨夔　　1175-222- 16
●葉謙亨宋
除浙西提刑制　　　　　　　宋張孝祥　　1140-642- 19
●敬　羽唐
授敬羽武部員外郎兼
　殿中侍御史制　　　　　　唐賈　至　　1336-583-392
●敬　括唐
授敬括御史大夫制　　　　　唐常　袞　　 549- 40-183
　　　　　　　　　　　　　　　　　　　 1336-592-393
●敬　暉唐
封五王制——神龍元
　年五月十日　　　　　　　不著撰人　　 426-444- 61
授敬暉營繕少監制　　　　　唐李　嶠　　1336-632-399

●敬令琬唐
授敬令琬太僕卿制　　　　　唐賈　至　　1336-616-397
●敬昭道唐
授敬昭道殿中侍御史
　等制　　　　　　　　　　唐賈至（蘇　1336-603-395
　　　　　　　　　　　　　　頲）
●虞　奕宋
承議郎虞奕除監察御
　史制　　　　　　　　　　宋翟汝文　　1129-210- 3
●虞　普宋
直寶章閣知蘄州主管
　安撫司公事兼運判
　制　　　　　　　　　　　宋許應龍　　1176-470- 6
●虞　策宋
特落權字制　　　　　　　　宋鄒　浩　　1121-318- 18
樞密直學士知成都府
　虞策降充龍圖閣直
　學士制　　　　　　　　　宋慕容彥逢　1123-330- 3
●虞　祺宋
虞祺除蘄州路轉運判
　官制　　　　　　　　　　宋張　擴　　1129- 71- 8
虞允文父祺太子太師
　制　　　　　　　　　　　宋洪　适　　1158-399- 23
●虞　肇宋
虞肇知鼎州（制）　　　　　宋蘇　轍　　1112-284- 27
●虞　濬宋
除吏部郎官（制）　　　　　宋張　綱　　1131- 20- 3
除左司（制）　　　　　　　宋張　綱　　1131- 24- 4
除檢正（制）　　　　　　　宋張　綱　　1131- 49- 8
●虞　僑宋
知湖州（制）　　　　　　　宋陳傅良　　1150-647- 18
●虞　衡宋
除大理寺正制　　　　　　　宋洪咨夔　　1175-242- 19
授戶部郎中制　　　　　　　宋吳　泳　　1176- 55- 6
●虞方簡宋
降授通奉大夫制　　　　　　宋吳　泳　　1176- 84- 9
●虞允文宋
特授樞密使加食邑實
　封餘如故制　　　　　　　宋汪應辰　　1138-651- 8
賜新除樞密使虞允文
　誥口宣　　　　　　　　　宋汪應辰　　1138-652- 8
虞允文梁克家拜相御
　筆跋　　　　　　　　　　宋周必大　　1147-130- 14
轉兩官封成國公加食
　邑食實封制　　　　　　　宋周必大　　1148- 97-102

四庫全書文集篇目分類索引

史部

詔令奏議類：附錄

詔令下（男）十三畫

轉官除左丞相制　宋周必大　1148-100-102

賜虞允文慶壽加尊號轉官告　宋周必大　1148-232-112

端明殿學士同簽書樞密院事制　宋洪　适　1158-378- 20

同知樞密院事兼權參知政事制　宋洪　适　1158-402- 23

●虞似良宋

除大理寺丞主管右治獄（制）　宋周必大　1148- 82-100

●虞藏犯唐

除印州刺史制　唐杜　牧　1081-676- 15

　　　　　　　　　　　　1336-716-411

●業秀發（等）宋

業秀發等授考功屯田郎官制　宋徐元杰　1181-684- 6

●鉤光祖宋

利州路運副鉤光祖落職放罷降一官（制）　宋劉一止　1132-218- 45

●詹　文宋

（詹度）父文贈開府儀同三司制　宋許景衡　1127-235- 7

●詹　至宋

進階制　宋胡　寅　1137-452- 13

●詹　庠宋

屯田郎中詹庠可都官郎中制　宋王　珪　1093-299- 40

　　　　　　　　　　　　1350-393- 38

●詹　械宋

軍器主簿（王曦大府主簿）兩易其任制　宋劉才邵　1130-471- 5

●詹大方宋

除監察御史制　宋張　擴　1129- 45- 6

御史台檢法官制　宋張　擴　1129-142- 13

工部尚書制　宋張　嶸　1131-475- 16

●詹中行宋

知無爲軍制　宋曾　鞏　1098-559- 22

●詹公薦宋

湖北常平茶鹽制　宋王　洋　1132-407- 7

●詹如松宋

循左修職郎制　宋張　擴　1129-139- 13

●詹承廣唐

授詹承廣檢校尚書充職制　唐李　磎　1336-734-413

●詹彥迪宋

太常博士詹彥迪服除授舊官制　宋鄭　獬　1097-155- 5

●詹儀之宋

追復中大夫（制）　宋樓　鑰　1152-618- 34

●詹體仁宋

除太常少卿　宋陳傅良　1150-596- 13

太常少卿（制）　宋樓　鑰　1152-661- 37

太府卿（制）　宋樓　鑰　1152-704- 41

直龍圖閣知福州（制）　宋樓　鑰　1152-714- 41

●經諾爾宋

左藏庫副使經諾爾各轉一官制　宋慕容彥逢　1123-367- 6

●節　幹宋

小首領節幹軍主制　宋慕容彥逢　1123-355- 5

魯斯結族蕃官侍禁節幹可特與轉一官制　宋慕容彥逢　1123-389- 8

●鄒　文宋

轉承信郎制　宋張　擴　1129- 97- 10

●鄒　浩宋

可特與追復龍圖閣待制制　宋慕崇禮　1134-532- 2

●鄒　清宋

內殿崇班鄒清與轉兩官制　宋慕容彥逢　1123-372- 7

轉遙郡制　宋許　翰　1123-501- 1

●鄒　淮宋

授翠壺正制　宋吳　泳　1176- 68- 7

●鄒　極宋

江西提刑（制）　宋蘇　轍　1112-300- 28

書鄒次陳所藏先世告身後　元程鉅夫　1202-347- 24

●鄒　軻宋

朝奉大夫新權知無州鄒軻可江南東路轉運判官制　宋劉　攽　1096-230- 22

●鄒子崇宋

勒鄒子崇制　宋許　翰　1123-503- 2

●鄒之才宋

廣南東路轉運使鄒罩男之才可試祕書省校書郎制　宋宋　庠　1087-600- 26

●鄒公銳宋

起復添差東南第二副將制　宋吳　泳　1176- 82- 9

●鄒得龍宋

賜鄒得龍除合書兼參
　政口宣　　　　　　宋吳　泳　1176-115- 12
●鄒應龍宋
徽猷閣學士新知太平
　州鄒應龍明堂加恩
　制　　　　　　　　宋洪咨夔　1175-235- 18
落徽猷閣學士制　　　宋吳　泳　1176- 85- 9
除禮部尚書制　　　　宋許應龍　1176-440- 4
加恩制　　　　　　　宋許應龍　1176-457- 5
●解　元宋
除侍衞親軍馬軍都虞
　侯制　　　　　　　宋張　擴　1129- 56- 7
解元先入京東親率軍
　馬往沂州汶口迎敵
　烏珠見陣掩殺實立
　奇功除龍神衞四廂
　都指揮使制　　　　宋張　嵲　1131-490- 18
●解　青宋
武功大夫解忠故父青
　可特贈武經大夫制　宋張　嵲　1131-515- 20
●解　赴宋
換起武德大夫（制）　宋劉一止　1132-208- 42
●解　琬唐
朔方道後軍大總管制
　——先天二年九月
　二十日　　　　　　唐蘇　頲　426-422- 59
授解琬左散騎常侍制　唐蘇　頲　1336-503-380
●解　潛宋
再任荊南鎮撫使（制）宋張　綱　1131- 16- 3
罷軍職特除正仕承宣
　郎　　　　　　　　宋劉一止　1132-177- 35
●解　德宋
解德等轉官制　　　　宋劉才邵　1130-457- 4
●解人質宋
追官人前承務郎守司
　天監主簿解人質可
　司天監靈臺郎制　　宋蔡　襄　1090-446- 13
●解中立宋
宣徽院通引官行首解
　中立可之班借職制　宋陸　佃　1117-137- 10
●解延運宋
循一資（制）　　　　宋周必大　1148- 47- 97
●解補之宋
奏學人前綿州神泉縣
　令解補之可大理寺

丞　　　　　　　　　宋沈　遘　1097- 31- 4
●解萬年漢
封淳于長等詔　　　　漢 成 帝　426-1043-10
●解賓王宋
解賓王可兵部郎中制　宋胡　宿　1088-744- 15
可開封府判官制　　　宋胡　宿　1088-778- 18
可開封府推官制　　　宋胡　宿　1088-778- 18
太子賓客解賓王可守
　工部侍郎致仕（制）宋蘇　頌　1092-389- 34
太常少卿制　　　　　宋王安石　1105-383- 49
●解賓王宋
朝請郎解補建故父任
　尚書刑部侍郎致仕
　贈金紫光祿大夫賓
　王可贈特進（制）　宋劉　攽　1096-240- 23
●解遵範宋
利州路轉運使解賓王
　男遵範可授試祕書
　省校書郎制　　　　宋蔡　襄　1090-434- 12
●解學龍明
巡撫江西都察院右副
　都御史解學龍（制）明倪元璐　1297- 35- 3
●愛　綬元
盡忠獻制　　　　　　元程鉅夫　1202- 40- 4

十四畫

●褚　式宋
前彰信軍節度判官褚
　式可太子中舍致仕
　制　　　　　　　　宋歐陽修　1102-621- 79
　　　　　　　　　　　　　　　1350-379- 37
●褚　炫齊
褚侍中爲征北長史詔　梁江　淹　1063-736- 2
　　　　　　　　　　　　　　　1399-207- 9
　　　　　　　　　　　　　　　1415- 28- 85
●褚　庶（等）唐
錄褚遂良等孫各除官
　詔　　　　　　　　唐不著撰人　426-488- 65
●褚　淵齊
贈褚淵太宰詔　　　　齊 武 帝　1399- 23- 1
●褚　瑋唐
授褚瑋侍御史制　　　唐蘇　頲　1336-600-394
●褚　籍宋
除工部郎官（制）　　宋周麟之　1142-139- 18
●褚士言宋
奏學人前邢州錄事參

軍褚士言可大理寺丞制　宋蔡　襄　1090-420- 10

●褚廷誨唐

授褚廷誨給事中制　唐孫　逖　1336-509-381

●褚宗誨宋

廣南東路轉運副使制　宋汪　藻　1128- 76- 8

●褚長瑒唐

授褚長瑒祠部員外郎制　唐常　袞　1336-581-391

●褚叔度劉宋

封褚叔度詔　劉宋武帝　1398-488- 1

●褚無量唐

授褚無量右散騎常侍制　唐蘇　頲　1336-503-380

●褚德臻宋

襄州鄧城尉權知穀城縣事褚德臻可穀城令（制）　宋田　錫　1085-551- 28

●福　寬元

沙卜珠氏塔塔爾考贈蔡國武穆公制　元姚　燧　1201-411- 1

●齊　旦宋

除駕部郎官（制）　宋周麟之　1142-101- 13

除樞密院檢詳文字（制）　宋周麟之　1142-138- 17

●齊　抗唐

平章事制——貞元十六年九月　唐權德輿　426-305- 46

修國史制　唐不著撰人　426-354- 51

●齊　恢宋

潁王府翊善守太常少卿直昭文館齊恢可守尚書左司郎中依前直昭文館兼太子左諭德制　宋鄭　獬　1097-117- 1

　　1350-394- 38

潁王府翊善齊恢可守尚書左司郎中依前直昭文館兼太子左諭德（制）　宋韓　維　1101-670- 17

尚書左司郎中直昭文館兼太子左諭德齊恢可右諫議大夫充天章閣待制（制）　宋韓　維　1101-672- 18

權提點成都府路刑獄

齊恢度支郎中制　宋王安石　1105-385- 50

●齊　映唐

齊映平章事制　唐陸　贄　426-303- 45

　　1072-630- 7

　　1337-209-449

　　1402- 90- 16

●齊　悼宋

隰州石樓縣令齊悼可著作郎充大理寺詳斷官制　宋蔡　襄　1090-435- 12

●齊　閔宋

轉三官遙郡制　宋程　俱　1130-264- 27

●齊　貴宋

秦鳳路嵌補廣銳都虞侯齊貴可特授左侍禁制　宋慕容彥逢　1123-353- 5

●齊　萬（等）宋

齊萬等迎敵金兵殺敗賊衆所有陣己人欲贈承信郎制　宋張　嵲　1131-493- 18

●齊　熙唐

齊熙可饒州刺史制　唐元　稹　1079-582- 48

●齊　照唐

饒州刺史齊照可朝散大夫制　唐白居易　1080-531- 49

●齊　煦唐

齊煦等可縣令制　唐元　稹　1079-585- 48

　　1336-744-415

●齊　碩宋

齊碩除大理卿制　宋袁　甫　1175-423- 8

●齊　瀚唐

授齊瀚紫微舍人制　唐蘇　頲　1336-516-382

●齊　遵唐

授齊遵等左龍武將軍制　唐薛廷珪　1336-656-402

●齊二哥宋

補承信郎爲遠來歸正委實忠義制　宋張　嵲　1131-504- 19

●齊之才宋

虔州坑爐火齊之才可承信郎制　宋許　翰　1123-492- 1

●齊仲甫宋

授額外翰林醫官制　宋吳　泳　1176- 68- 7

●齊宗壽宋

三班借職制　宋曾　鞏　1098-555- 22

●齊明帝
蕭冠軍進號征虜詔　　梁江　淹　1063-736- 2
　　　　　　　　　　　　　　　1399-207- 9
　　　　　　　　　　　　　　　1415- 28- 85
齊明皇帝諡册文　　　齊謝　朓　1341-267-835
　　　　　　　　　　　　　　　1399-154- 7
　　　　　　　　　　　　　　　1414-346- 77
●齊和帝
南康王改封宣城王相
　國令　　　　　　齊宣德王太后 1399- 41- 2
●齊高帝
策相國齊公九錫　　　齊王　儉　1399- 60- 3
策命齊王　　　　　齊王儉、檀洲　1399- 64- 3
再命璽書　　　　　齊王儉、檀洲　1399- 64- 3
●齊景甫宋
信州鉛山縣尉齊景甫
　杭州餘杭縣令制　宋王安石　1105-416- 52
●齊文宣帝北齊
齊王九錫册文　　　北齊魏收　1400- 28- 2
　　　　　　　　　　　　　　　1415-670-110
册文　　　　　　　北齊魏收　1400- 30- 2
　　　　　　　　　　　　　　　1415-671-110
●鄒　進宋
贈六官與六賢恩澤係
　於横行遥郡上分贈
　（制）　　　　　宋周必大　1148- 44- 97
●廖　供宋
循資制　　　　　　宋王　洋　1132-423- 7
●廖　侯宋
特授守司農卿兼樞密
　副都承旨制　　　宋衛　涇　1169-483- 2
●廖　剛宋
起居舍人（制）　　宋程　俱　1130-241- 24
權吏部侍郎（制）　宋程　俱　1130-272- 27
兼侍講（制）　　　宋程　俱　1130-273- 27
　　　　　　　　　　　　　　　1375- 50- 1
磨勘轉左朝請郎(制)　宋劉一止　1132-199- 40
先次落職諾　　　　宋王　洋　1132-437- 8
●廖　琮宋
轉兩官（制）　　　宋周必大　1148- 31- 96
●廖　詢宋
可都官郎中制　　　宋胡　宿　1088-757- 16
●廖　顯宋
轉一官（制）　　　宋周必大　1148- 32- 96
●廖正乙宋

秘書省正字（制）　宋蘇　轍　1112-324- 30
●廖正古宋
通判滄州（制）　　宋蘇　轍　1112-324- 30
●廖君玉宋
縣尉廖君玉太常寺奉
　禮郎制　　　　　宋王安石　1105-408- 52
●廖伯先明
題廖氏勅命後　　　明王　直　1241-283- 13
●廖宗禮宋
鎮南軍節度推官前知
　袁州宜春縣廖宗禮
　可大理寺丞制　　宋宋　祁　1088-269- 31
●廖浩然宋
內東頭供奉官廖浩然
　可內殿崇班（制）　宋沈　遘　1097- 35- 4
　　　　　　　　　　　　　　　1350-394- 38
●廖鵬飛（父）宋
右迪功郎廖鵬飛父年
　八十四封右承務郎
　致仕制　　　　　宋張　擴　1129- 70- 7
●漢文帝
擇立代王詔　　　　漢　高　祖　549- 29-183
●漢少帝
廢少帝詔　　　　　漢　呂　后　426-981- 3
●漢少帝
廢少帝策　　　　　漢何皇后　1397- 80- 4
●漢安帝
立皇帝策　　　　　漢鄧太后　426-1098- 18
策命　　　　　　　漢鄧太后　1397- 72- 4
立長安侯祜詔　　　漢鄧太后　1397- 72- 4
●漢更始帝
封更始爲准陽王詔　漢光武帝　426-1062- 13
封更始詔　　　　　漢光武帝　1397- 4- 1
下書（降更使爲長沙
　王）　　　　　　漢劉盆子　1397- 87- 5
●漢宣帝
尊宣帝爲中宗詔　　漢光武帝　426-1071- 13
　　　　　　　　　　　　　　　1397- 7- 1
●滿　存唐
授左衛上將軍滿存特
　進檢校司徒仍復長
　城郡開國公食邑三
　千戶制　　　　　唐錢　翊　1336-642-401
●滿志行宋
提點刑獄兼保甲制　宋翟汝文　1129-193- 2

四庫全書文集篇目分類索引

●榮 咨（等）宋
都水丞榮咨等轉官制　宋許　翰　1123-498- 1
●榮　將宋
特降一官（制）　宋周必大　1148- 11- 94
●榮　輯宋
除禮部郎官制　宋鄒　浩　1121-318- 18
●榮　薿宋
除成都府路轉運判官
　制　宋張　擴　1129- 70- 8
除權戶部侍郎（制）　宋周麟之　1142-124- 16
職事修學轉行一官（
　制）　宋周麟之　1142-127- 16
除權兵部侍郎（制）　宋周麟之　1142-135- 17
●榮咨道宋
通判鎮戎軍（制）　宋蘇　轍　1112-301- 28
●壽　因宋
閣門看班祇候壽因落
　看班字制　宋虞　儔　1154-120- 5
●甄　邯漢
授四輔等詔　漢 平 帝　426-1057- 12
●甄　援宋
特降兩官（制）　宋周必大　1148- 18- 95
●甄　履宋
奏舉人前河南府偃師
　縣主簿兼縣尉事甄
　履可著作佐郎（制）　宋沈　遘　1097- 54- 6
●甄　豐漢
授四輔等詔　漢 平 帝　426-1057- 12
●甄化基宋
殿中丞同判鼎州甄化
　基可國子博士餘如
　故制　宋夏　竦　1087- 66- 2
●輔　達宋
與郡制　宋胡　寅　1137-452- 13
轉階官（制）　宋周必大　1148- 44- 97
●秦　元宋
寶文閣直學士秦密禮
　故父元可特贈銀青
　光祿大夫制　宋張　嵲　1131-514- 20
●秦　同宋
歸順人秦同補承信郎
　制　宋洪咨夔　1175-230- 17
●秦　辛宋
爲奉迎車駕至南京登
　寶位了當坐甲有勞

轉忠訓郎換給制　宋張　嵲　1131-452- 13
爲隨張浚至關陝轉秉
　義郎又因措置軍期
　事務普轉授從義郎
　又因三泉縣捍禦轉
　修武郎換給制　宋張　嵲　1131-487- 17
●秦　恩宋
西頭供奉官閣門祇候
　秦恩可內殿承制制　宋歐陽修　1102-639- 81
●秦　愿宋
可大理寺丞制　宋胡　宿　1088-733- 14
●秦元亨宋
入內東頭供奉官秦元
　亨可內殿崇班（制）　宋沈　遘　1097- 32- 4
故左屯衞大將軍致仕
　秦仲宣遺表男前供
　備庫副使秦元亨可
　西京左藏庫副使（
　制）　宋韓　維　1101-668- 17
●秦史宣宋
可遙郡團練使仍舊禮
　賓使制　宋胡　宿　1088-765- 17
●秦宗禮宋
磨勘授奉議郎依前徽
　猷閣學士（制）　宋程　俱　1130-258- 26
吏部侍郎兼權直學士
　院（制）　宋程　俱　1130-271- 27
除中書舍人制　宋李正民　1133- 18- 2
除行太學正制　宋不著撰人　1134-809-附上
除太學博士制　宋不著撰人　1134-809-附上
除改宣敎郎制　宋不著撰人　1134-809-附上
除祕書省正字制　宋不著撰人　1134-810-附上
除尚書工部員外郎制　宋不著撰人　1134-810-附上
除尚書吏部侍郎制　宋不著撰人　1134-810-附上
給事中可除翰林院學
　士制　宋不著撰人　1134-810-附上
除徽猷閣直學士知漳
　州制　宋不著撰人　1134-811-附上
降授宣敎郎制　宋不著撰人　1134-811-附上
復授通直郎制　宋不著撰人　1134-811-附上
轉奉議郎制　宋不著撰人　1134-812-附上
再除尚書吏部侍郎制　宋不著撰人　1134-812-附上
除尚書兵部侍郎兼直
　學士院制　宋不著撰人　1134-812-附上
再除尚書吏部侍郎制　宋不著撰人　1134-812-附上

四庫全書文集篇目分類索引

除尚書兵部侍郎兼直學士院制　宋不著撰人　1134-812-附上
除翰林學士制　宋不著撰人　1134-813-附上
翰林學士進兼侍讀制　宋不著撰人　1134-813-附上
寶文閣學士除知紹興府制　宋不著撰人　1134-813-附上
轉承議郎制　宋不著撰人　1134-814-附上
轉朝奉郎制　宋不著撰人　1134-814-附上
轉朝散郎制　宋不著撰人　1134-814-附上
轉左朝請郎致仕制　宋不著撰人　1134-815-附上
●俞　善宋
蕃官文思副使爾善轉兩官制　宋慕容彥逢　1123-369-　7
●臧　盾梁
兼領軍詔　梁　武帝　1399-260-　1
●臧　琳宋
轉修武郎制　宋張　擴　1129-102-　10
●臧　遜宋
轉一官制　宋蘇　轍　1112-325-　30
●臧永錫宋
光祿寺丞致仕臧永錫可著作佐郎致仕如騎都尉（制）　宋韓　維　1101-676-　18
●臧希讓唐
使朔方制　唐常　袞　1337-313-461
●臧定國宋
轉西頭供奉官再任縣尉（制）　宋蘇　轍　1112-289-　27
●臧師顏宋
可國子博士制　宋胡　宿　1088-735-　14
●臧論道宋
可殿中丞制　宋胡　宿　1088-722-　13
●戢巴勒宋
矩嘉奇正男戢巴勒承襲制　宋胡　宿　1088-790-　19
●戢藏布（庫）元
封戢藏布制　元虞　集　1207-320-　22
●趙　久宋
太子中舍趙久可殿中丞（制）　宋韓　維　1101-657-　16
●趙　方宋
賜謚忠肅制　宋吳　泳　1176-　92-　10
父太師漢國公謚忠肅方贈潭國公制　宋馬廷鸞　1187-　61-　8
●趙　元宋

內殿承制鎭戍軍巡檢趙元可供備庫副使制　宋鄭　獬　1097-142-　4
內殿承制渭州都監趙元可供備庫副使制　宋鄭　獬　1097-142-　4
●趙　壬宋
循資制　宋洪　适　1158-374-　19
●趙　介宋
循從事郎（制）　宋樓　鑰　1152-617-　34
●趙　及宋
可尚書左司郎中制　宋胡　宿　1088-756-　16
●趙　立宋
可特轉武德大夫兼閣門宣贊舍人充管內安撫使制　宋綦崇禮　1134-541-　3
●趙　永宋
轉敦武郎制　宋張　擴　1129-103-　10
●趙　丙宋
可大理寺丞制　宋胡　宿　1088-730-　14
●趙　丕南唐
御史中丞制　宋徐　鉉　1085-　53-　7
江州判官趙丕可司農卿（制）　宋徐　鉉　1085-　62-　8
●趙　充宋
除蔡王充保平鎭安等軍節度使制　宋曾　肇　1350-375-　36
●趙　全宋
奏學人前京兆府乾祐縣令趙全等改著作（制）　宋蘇　頌　1092-374-　32
●趙　吉宋
與換從義郎上贈三官與恩澤三資（制）　宋周必大　1148-　47-　97
●趙　全宋
宋州寧陵尉趙全可本州左司理（制）　宋田　錫　1085-555-　29
●趙　沂宋
道州軍事推官知長沙縣趙沂可將作監丞（制）　宋田　錫　1085-541-　28
●趙　沂宋
循右承直郎制　宋張　擴　1129-139-　13
●趙　沂宋
除夔路運判（制）　宋周麟之　1142-139-　18
●趙　沐宋

史部

詔令奏議類：附錄

詔令下（男）十四畫

史部

詔令奏議類：附錄

詔令下（男）十四畫

可太子中舍人制　　宋胡　宿　1088-721- 13

●趙　抃宋

龍圖閣直學士知諫院趙抃可右諫議大夫參知政事制　　宋鄭　獬　1097-113- 1

龍圖閣直學士趙抃可尚書戶部郎中依前充龍圖閣直學士加上護軍進封開國侯食邑五百戶（制）　　宋韓　維　1101-679- 18

右司諫趙抃禮部員外郎兼侍御史知雜事制　　宋王安石　1105-376- 49

朝奉大夫司封郎中三司度支副使趙抃刑部郎中制　　宋王安石　1105-385- 50

●趙　抃宋

如京使趙抃可轉一官制　　宋慕容彥逢　1123-370- 7

●趙　均唐

授趙均長安縣令制　　唐錢　翔　1336-688-407

●趙　抗宋

轉右奉議郎制　　宋張　擴　1129- 88- 9

●趙　忻宋

復直祕閣制　　宋王　洋　1132-415- 7

●趙　似宋

除皇弟似守太保依前開府儀同三司蔡王充保平鎮安等軍節度使制　　宋曾　肇　1101-328- 1

皇帝似加恩制　　宋蘇　轍　1112-352- 33

●趙　邦宋

補承信郎（制）　　宋孫　覿　1135-261- 25

●趙　定宋

前泰州軍事判官試大理評事趙定可祕書省著作佐郎制　　宋夏　竦　1087- 59- 1

●趙　定宋

東頭供奉官趙定可率府率致仕（制）　　宋蘇　頌　1092-367- 31

●趙　定宋

虔州雩都縣主簿趙定可大理寺丞致仕　　宋沈　遘　1097- 53- 6

●趙　青宋

轉官勅　　宋許　翰　1123-514- 3

●趙　玠宋

趙玠先任秦州士曹日被賊驅擄自敵中前來歸朝循左儒林郎制　　宋張　嵲　1131-454- 13

●趙　忠宋

經畫偽洪夏軍推賞制　　宋許　翰　1123-503- 2

●趙　忠宋

特與敍承信郎（制）　　宋周必大　1148- 57- 98

●趙　昌唐

除趙昌檢校吏部尚書兼太子賓客制　　唐白居易　1080-574- 54
　　　　　　　　　　　　1336-662-403

●趙　昌宋

可太子中舍人制　　宋胡　宿　1088-745- 15

●趙　昇宋

左侍禁趙昇可清道率府副率致仕　　宋蘇　頌　1092-386- 33

●趙　昇（等）宋

轉官制　　宋許景衡　1127-230- 7

●趙　佶宋

皇弟加恩制　　宋蘇　轍　1112-351- 33

●趙　東宋

可職方員外郎制　　宋胡　宿　1088-758- 16

●趙　玢宋

故巴陵縣公玢追復少保寧武軍節度使濟王食邑四千戶食實封一千五百戶制　　宋吳　泳　1176- 90- 10

●趙　宣宋

贈兩官與一資恩澤制　　宋張　嵲　1131-508- 19

●趙　彥宋

換給左儒林郎制　　宋張　擴　1129-140- 13

●趙　封漢

封孫程等詔　　漢　順　帝　426-1102-19

●趙　述宋

可落致仕與轉防禦使在京宮觀免奉朝請（制）　　宋周必大　1148- 34- 96

●趙　思宋

集英殿修撰（制）　　宋樓　鑰　1152-623- 34

●趙　范宋

權工部尚書知黃州趙范除兩淮制置大使節制巡邊軍馬兼汎

四庫全書文集篇目分類索引　1005

江制置副使制　宋洪咨夔　1175-230- 17
兩淮制置使兼汎江制置副使趙范除江淮制置大使制　宋洪咨夔　1175-246- 20
●趙　禹宋
閤門祗候制　宋洪　适　1158-382- 20
●趙　約宋
趙約等復官制　宋鄒　浩　1121-310- 17
●趙　衍宋
除閤門祗候（制）　宋周必大　1148- 53- 98
●趙　俊（等）宋
以戰功轉官（制）　宋劉一止　1132-171- 33
●趙　涓唐
授趙涓給事中制　唐常　袞　1336-510-381
●趙　祐宋
大理寺丞知威州趙祐可殿中丞制　宋宋　庠　1087-583- 24
●趙　哲宋
提舉兩浙路巡社兼提點刑獄公事制　宋汪　藻　1128- 78- 8
通問副使武功大夫趙哲可達州刺史制　宋汪　藻　1128- 94- 10
●趙　晉明
賜文學趙晉致仕(敕)　明太　祖　1223- 55- 7
●趙　起宋
轉一官（制）　宋張　綱　1131- 41- 7
●趙　軏宋
差亢皇太后本殿准備使換轉官請給依中節人例施行（制）　宋劉一止　1132-180- 36
●趙　神宋
除右曹郎官制　宋許應龍　1176-445- 4
●趙　振宋
第三等（制）　宋周必大　1148- 5- 94
●趙　時宋
殿中丞知端州趙時可國子博士制　宋宋　庠　1087-584- 24
●趙　時宋
泗川兵馬鈴轄趙時奉命有勞轉一官(制)　宋劉一止　1132-173- 34
●趙　峻漢
趙峻李固參錄尚書事策　漢 沖 帝　1397- 54- 3
●趙　峻宋
徽猷閣直學士趙需故

父峻可特贈通議大夫制　宋張　嵲　1131-496- 18
●趙　淳宋
故翰林侍讀學士葉清臣遺表妻兄進士趙淳可試將作監主簿制　宋胡　宿　1088-788- 19
●趙　淳宋
兼京西北路招撫使制　宋衞　涇　1169-489- 2
●趙　清宋
前知梁山軍梁山縣事趙清可著作佐郎　宋蘇　頌　1092-364- 31
●趙　涯宋
除宗正寺簿制　宋袁　甫　1175-428- 8
●趙　密宋
落致仕權殿前司職事制　宋洪　适　1158-368- 19
●趙　章宋
弼翊郎趙章該進至尊壽皇聖帝聖政轉一官（制）　宋陳傅良　1150-578- 11
●趙　淑宋
陝州文學趙淑可華州別駕（制）　宋沈　遘　1097- 34- 4
●趙　庚宋
著作佐郎趙庚可秘書丞　宋沈　遘　1097- 44- 5
●趙　彬宋
（皇）祖太師尚書令兼中書令楚王彬封吳王（制）　宋劉　敞　1095-660- 30
●趙　彬宋
除左正議大夫徽猷閣直學士充環慶路經略安撫使（制）　宋劉一止　1132-195- 40
環慶帥臣趙彬遣敦武郎張允弼進本路圖籍等特與轉兩資（制）　宋劉一止　1132-210- 43
●趙　棣宋
徐王改封冀王制　宋范祖禹　1350-374- 36
●趙　晟宋
贈兩官與一資恩澤（制）　宋周必大　1148- 58- 98
●趙　高宋

史部

詔令奏議類：附錄

詔令下（男）十四畫

摩勘轉朝議大夫（制） 宋蘇 軾 1108-683-107
降授奉議郎趙崇可差
　知徐州制 宋慕容彥逢 1123-365- 6
●趙　野宋
王襄趙野分司制 宋汪 藻 1128-113- 12
散官安置制 宋汪 藻 1128-113- 12
●趙　偲宋
除皇弟偲制 宋范祖禹 1100-331- 29
皇弟偲加恩制 宋蘇 轍 1112-352- 33
除皇弟偲武成軍節度
　使祁國公制 宋鄧潤甫 1350-368- 36
　　　　　　　　　　 1402-102- 17

●趙　偲（子）宋
越王偲第八男乞特賜
　名可除右驍衞將軍
　制 宋許景衡 1127-223- 7
●趙　偕宋
前開封府祥符縣尉趙
　偕可著作佐郎制 宋蔡 襄 1090-421- 10
●趙　僑宋
可淮南轉運使（制） 宋蘇 軾 1108-664-106
●趙　滋宋
可供備庫副使制 宋胡 宿 1088-769- 17
捧日天武四廂都指揮
　使端州防禦使趙滋
　可依前充侍衞親軍
　步軍都虞候制 宋王安石 1105-418- 52
●趙　湜宋
東頭供奉官趙湜可內
　殿崇班（制） 宋蘇 頌 1092-367- 31
●趙　渭宋
轉六官（制） 宋周必大 1148- 25- 95
●趙　普宋
除趙普門下侍郎同中
　書門下平章事集賢
　殿大學士制 宋不著撰人 1350-348- 34
●趙　淙宋
江西提刑（制） 宋李彌遜 1130-630- 4
補官（制） 宋陳傳良 1150-634- 17
江東運副制 宋洪 适 1158-400- 23
●趙　雲宋
轉左武大夫制係掩殺
　金人立功 宋張 嵲 1131-448- 12
敦武郎制 宋張 嵲 1131-503- 19
●趙　琪宋
太常博士趙琪將特授
　尚書屯田員外郎制 宋蔡 襄 1090-427- 11
●趙　貴宋
大理寺丞致仕趙貴可
　太子中舍致仕（制） 宋蘇 頌 1092-391- 34
●趙　賀宋
朝散大夫致仕趙宗諭
　故父任給事中贈司
　空賀可贈司徒制 宋劉 攽 1096-224- 22
●趙　壹宋
太子中舍知漢州綿竹
　縣趙壹可殿中丞制 宋宋 庠 1087-577- 23
●趙　盛宋
新知錢塘縣趙盛除職
　事官（制） 宋陳傳良 1150-605- 14
太社令（制） 宋樓 鑰 1152-683- 39
●趙　雄宋
加食邑一千戶食實封
　四百戶（制） 宋周必大 1148-117-103
少保致仕（制） 宋樓 鑰 1152-671- 38
贈少師（制） 宋樓 鑰 1152-671- 38
●趙　開宋
趙開除直顯謨閣（制） 宋程 俱 1130-243- 24
復右文殿修撰除都大
　主管成都府利州熙
　河蘭廓秦鳳等路茶
　事兼提舉陝西等路
　買馬監牧公事填見
　闘（制） 宋劉一止 1132-186- 37
可除直祕閣制 宋綦崇禮 1134-548- 4
●趙　揚宋
（知）潤州（制） 宋蘇 軾 1108-685-107
　　　　　　　　　　 1350-405- 40
●趙　琳宋
除大理寺丞制 宋洪容齋 1175-258- 22
●趙　達宋
將仕郎趙達可特授左
　班殿直制 宋慕容彥逢 1123-353- 5
●趙　逵宋
除中書舍人（制） 宋周麟之 1142-122- 16
轉一官致仕（制） 宋周麟之 1142-156- 20
●趙　撲宋
起復修武郎御前副將
　制 宋張 擴 1129- 88- 9
●趙　發宋

四庫全書文集篇目分類索引

授國子正制　　　　　　　宋吳　泳　1176- 68- 7
除校書諸　　　　　　　　宋許應龍　1176-432- 3
●趙　既宋
可相州永和縣令制　　　　宋胡　宿　1088-781- 18
●趙　喻宋
國子博士知榮州趙喻
　可虞部員外郎餘如
　故制　　　　　　　　　宋夏　竦　1087- 66- 2
●趙　棠宋
趙葵祖棠追封制　　　　　宋徐元杰　1181-701- 7
祖太師徐國公棠贈荊
　國公制　　　　　　　　宋馬廷鸞　1187- 60- 8
●趙　勝（等）宋
歸正王勝等六人各轉
　一官制　　　　　　　　宋張　擴　1129- 75- 8
●趙　勝宋
特轉某州防禦使除主
　管殿前司公事制　　　　宋吳　泳　1176- 74- 8
●趙　象宋
登仕郎守利州文學趙
　象可利州司馬（制）　　宋蘇　頌　1092-358- 30
●趙　進（等）宋
勒趙進等制　　　　　　　宋許　翰　1123-502- 1
●趙　進宋
轉一官（制）　　　　　　宋樓　鑰　1152-617- 34
●趙　靖宋
特降一官仍衝替制　　　　宋慕容彥逢　1123-366- 6
●趙　裔劉宋
追封外祖趙裔蕭卓詔
　　附有司奏　　　　　　劉宋武帝　1398-487- 1
●趙　齊宋
爲充瀘州都知兵馬使
　年滿補承信郎換給
　制　　　　　　　　　　宋張　嵲　1131-504- 19
●趙　愖宋
立皇太子册文　　　　　　宋洪　适　1158-318- 11
●趙　愷宋
皇子愷加食邑一千戶
　食實封四百戶制　　　　宋周必大　1148- 93-102
皇子魏王食邑八千戶
　食實封四千戶（制）　　宋周必大　1148-108-103
皇子愷除荆南集慶軍
　節度使行江陵尹加
　食邑實封制　　　　　　宋周必大　1148-111-103
皇子魏王愷除永興成

德軍節度使雍州牧
　加食邑食實封制　　　　宋周必大　1148-112-103
皇子魏王愷加食邑一
　千戶食實封四百戶
　制　　　　　　　　　　宋周必大　1148-118-103
賜皇子愷郊祀大禮畢
　加食邑食封告　　　　　宋周必大　1148-232-112
賜皇子魏王愷除永興
　成德軍節度使雍州
　牧告　　　　　　　　　宋周必大　1148-234-112
賜皇子魏王愷除荆南
　集慶軍節度使行江
　陵尹告　　　　　　　　宋周必大　1148-234-112
●趙　淳唐
授趙淳御史等制　　　　　唐崔　嘏　1336-605-395
●趙　搐宋
皇帝搐趁赴朝參除防
　禦使制　　　　　　　　宋衞　涇　1169-487- 2
●趙　椿宋
大理寺丞制　　　　　　　宋胡　寅　1137-436- 12
●趙　幹宋
爲討補兇賊黃文等有
　功轉一官選人比類
　循右從事郎制　　　　　宋張　嵸　1131-455- 13
●趙　達宋
樂寅孫李朴趙達不覺
　察過淮人降官制　　　　宋張孝祥　1140-645- 19
●趙　緊宋
尚書祠部員外郎集賢
　校理同知宗正寺趙
　緊可尚書刑部員外
　郎制　　　　　　　　　宋宋　庠　1087-596- 25
可特授尚書右司郎中
　天水縣開國子加食
　邑五百戶制　　　　　　宋胡　宿　1088-761- 17
觀文殿學士吏部尚書
　趙緊可太子少師致
　仕（制）　　　　　　　宋蘇　頌　1092-345- 29
尚書吏部侍郎參知政
　事趙緊可特授特進
　尚書左丞依前參知
　政事加食邑五百戶
　食實封二百戶仍賜
　推忠協謀同德佐理
　功臣（制）　　　　　　宋韓　維　1101-677- 18

●趙　萬宋
橫行遙郡上各轉行一官制　宋張　擴　1129- 80- 8

●趙　兕宋
內藏庫使慶州界蕃官都巡檢使趙明父故持禁柔遠寨界蕃部巡檢鬼可贈右千牛衞將軍（制）　宋韓　維　1101-652- 16

●趙　鼎宋
衞尉寺丞趙鼎可依前尉寺丞兼宗正寺主簿制　宋夏　竦　1087- 61- 2

●趙　鼎宋
東頭供奉官趙鼎可內殿崇班（制）　宋沈　遘　1097- 41- 5

●趙　鼎宋
除司諫制　宋汪　藻　1128- 73- 8
左司諫趙鼎殿中侍御史制　宋汪　藻　1128- 73- 8
觀文殿大學士太一宮使兼侍講（制）　宋李彌遜　1130-617- 4
加恩（制）　宋張　綱　1131- 42- 7
知泉州（制）　宋劉一止　1132-192- 39
侍御史制　宋李正民　1133- 9- 1
除御史中丞制　宋李正民　1133- 10- 1
可除吏部尚書制　宋綦崇禮　1134-538- 2

●趙　鼎（三代）宋
贈三代制　宋胡　寅　1137-462- 14

●趙　暉宋
內殿崇班趙暉轉一官制　宋慕容彥逢　1123-366- 6

●趙　葵宋
降授中奉大夫依舊兵侍兼淮東制置使制　宋吳　泳　1176- 83- 9
敍復太中大夫依舊兵侍淮東制置使知揚州制　宋吳　泳　1176- 83- 9
除端明殿學士淮東制置大使制　宋許應龍　1176-461- 5
授同知制　宋徐元杰　1181-689- 7
依前少保觀文殿大學士充醴泉觀使加恩制附口宣　宋馬廷鸞　1187- 59- 8
特授少傅依前觀文殿

大學士充醴泉觀使冀國公加食邑食實封仍令所司擇日備禮册命制　宋王應麟　1187-235- 4

●趙　僎宋
未復舊官人光祿寺丞趙僎改大理寺丞制　宋王安石　1105-448- 55

●趙　誠宋
可屯田員外郎制　宋胡　宿　1088-750- 15

●趙　福（等）宋
勒趙福等制　宋許　翰　1123-497- 1

●趙　說宋
趙說（轉一官制）　宋蘇　轍　1112-325- 30

●趙　澈宋
番人侵犯楚州當時與賊鬬敵立功之人循右從事郎制　宋張　嵲　1131-454- 13

●趙　碩宋
除閤門祗候制　宋張　擴　1129- 55- 7

●趙　維宋
可太子中舍人致仕制　宋胡　宿　1088-797- 20

●趙　需宋
除吏部郎官（制）　宋張　綱　1131- 39- 6
知平江府（制）　宋劉一止　1132-205- 42
大諫制　宋胡　寅　1137-445- 13

●趙　翠宋
江西路轉運判官(制)　宋樓　鑰　1152-641- 36
直顯謨閣知隆興府（制）　宋樓　鑰　1152-715- 41

●趙　霆宋
宣德郎尚書庫部員外郎趙霆可工部員外郎制　宋慕容彥逢　1123-336- 4
宣德郎趙霆可庫部員外郎　宋慕容彥逢　1123-337- 4

●趙　稱宋
西京左藏庫副使趙稱可文思副使仍除閤門通事舍人制　宋慕容彥逢　1123-360- 6

●趙　綸宋
除右文殿修撰知慶元府兼沿海制置副使制　宋李正民　1133- 32- 3

●趙　緘宋
除都官郎官制　宋許應龍　1176-444- 4

●趙　諗宋
皇太后遇同天節典入內東頭供奉趙諗可文思副使制　宋陸　佃　1117-137- 10

●趙　諗宋
左藏庫使趙諗可供備庫使（制）　宋王　震　1350-399- 39

●趙　鞗宋
左朝議大夫趙鞗等係張中孚麾下將佐特免墊減復舊官制　宋張　擴　1129- 88- 9

●趙　億宋
奏舉人前青州錄事參軍趙億可大理寺丞　宋沈　遘　1097- 53- 6

●趙　衛宋
除著作佐郎制　宋張　擴　1129-144- 13

●趙　鎰宋
戶部員外郎（制）　宋樓　鑰　1152-626- 35
陞郎中（制）　宋樓　鑰　1152-635- 35
軍器監（制）　宋樓　鑰　1152-666- 38

●趙　澤宋
通判滄州趙澤可權知商州制　宋劉　攽　1096-213- 21

●趙　凝唐
進封南康王制　唐楊　矩　1337-230-451
授趙凝檢校太尉開府制　唐陸　辰　1337-282-457

●趙　憲漢
進太博詔　漢　章　帝　426-1079-15
　　　　　　　　　　　　1397- 37- 2
　　　　　　　　　　　　1417-340- 17

●趙　樽宋
趙弼奏祖趙樽累遇郊祀登極未曾陳乞加贈特贈開府儀同三司（制）　宋陳傳良　1150-592- 13

●趙　橫宋
補秉義郎制　宋張　擴　1129-104- 10

●趙　顥（趙仲格）宋
皇叔故成德荊南等軍節度使守太尉開府儀同三司眞定尹兼江陵君荊王顥可贈太師尚書令荊州徐州牧改封魏王制　宋劉　攽　1096-197- 20

皇弟顥授光祿大夫依前檢校太尉同中書門下平章事充武勝軍節度使進封樂安郡王加封邑制　宋王　珪　1093-271- 37
除皇弟顥（制）　宋司馬光　1094-160- 16
皇子博州防禦使大寧郡公仲格可觀察使封國公仍賜名顥制　宋鄭　獬　1097-112- 1
除皇弟顥制　宋韓　維　1101-643- 15
除皇弟顥保信保靜軍節度使進封嘉王制　宋元　絳　1350-365- 35
　　　　　　　　　　　　1402-101- 17

封荊王顥太傅武寧鎮海節度使制　宋鄧潤甫　1350-367- 36
　　　　　　　　　　　　1402-102- 17

（又封王制）　宋曾　鞏　1418-491- 52

●趙　霆宋
轉官制　宋劉才邵　1130-455- 4

●趙　輻宋
特贈兩官與致仕恩（制）　宋周必大　1148- 62- 98

●趙　璞宋
內殿崇班閣門祗侯趙璞可內殿承制依舊閣門祗候（制）　宋蘇　頌　1092-383- 33

●趙　遹宋
直龍圖閣梓州路運副趙遹除集賢殿修撰本路使制　宋翟汝文　1129-194- 2

●趙　積宋
工部郎中兼侍御史知雜事趙積可依前工部郎中充三司鹽鐵副使制　宋夏　竦　1087- 51- 1

●趙　儒唐
幕職趙儒等加官制　唐薛廷珪　1336-733-413

●趙　移宋
可太子中舍人致仕制　宋胡　宿　1088-797- 20

●趙　鎰宋
除軍器監兼權郎中（制）　宋陳傳良　1150-597- 13

●趙　濟宋
可降一官差唐州酒稅制　宋劉　攽　1096-222- 22

知解州（制） 宋蘇 軾 1108-675-107
落直龍圖閣管勾中岳
　廟（制） 宋蘇 軾 1108-677-107
●趙 濤宋
禮部郎官（制） 宋張 綱 1131- 21- 3
●趙 璉宋
皇弟璉加食邑七百戶
　食實封三百戶制 宋周必大 1148- 94-102
皇弟璉加食邑七百戶
　食實封三百戶制 宋周必大 1148-107-103
皇弟璉除少傅加食邑
　食實封制 宋周必大 1148-115-103
皇弟璉加食邑七百戶
　食實封三百戶制 宋周必大 1148-119-103
賜皇弟璉（大禮畢加
　食邑食封告） 宋周必大 1148-232-112
●趙 點宋
京西轉運判官趙點轉
　一官（制） 宋劉安上 1124- 15- 2
勒停制 宋汪 藻 1128- 85- 9
●趙 嵸宋
贈官制 宋胡 寅 1137-464- 14
●趙 贊唐
授趙贊崖州刺史制 唐錢 翊 1336-718-411
●趙 贊宋
入內內侍省官趙贊可
　特轉一官制 宋慕容彥逢 1123-374- 7
●趙 謹宋
可大理寺丞制 宋胡 宿 1088-728- 14
●趙 謹（等）宋
趙謹等贈五官（制） 宋程 俱 1130-265- 27
●趙 馨宋
知嘉定府（制） 宋陳傅良 1150-634- 17
●趙 瞻宋
提點陝府西路諸州刑
　獄公事司封員外郎
　趙瞻可祠部郎中（
　制） 宋蘇 頌 1092-378- 33
可戶部侍郎（制） 宋蘇 軾 1108-662-106
　 1350-401- 39
　 1402-115- 21
　 1418-383- 49
●趙 疑宋
除大理寺丞制 宋洪容齋 1175-231- 17
●趙 旗宋

循右從事郎制 宋張 擴 1129-130- 12
●趙 燊宋
山南東道節度推官趙
　燊知梓州通泉縣制 宋王 珪 1093-285- 39
●趙 闓唐
授趙闓右拾遺制 唐常 袞 1336-526-383
●趙 顥（趙仲糺）宋
皇子和州防禦使樂安
　郡公仲糺可觀察使
　封國公仍賜名顥制 宋鄭 獬 1097-112- 1
皇弟泰寧鎮海等軍節
　度使檢校太尉中書
　門下平章事岐王顥
　南郊加食邑制 宋鄭 獬 1097-123- 2
徐王改封冀王制 宋范祖禹 1100-369- 33
（封）王制 宋曾 肇 1418-491- 52
●趙 瑀宋
差充皇太后本殿准備
　使換轉官請給依中
　節人例施行（制） 宋劉一止 1132-180- 36
●趙 權宋
皇兄權主奉吳王祭祀
　多才磨勘轉明州觀
　察使制 宋李正民 1133- 34- 3
●趙 續宋
轉承節郎制 宋張 擴 1129-101- 10
●趙 曦宋
皇太子榮王曦加食邑
　實封制 宋衛 涇 1169-505- 3
●趙 蠶唐
授前將作少監趙蠶等
　光祿少卿制 唐薛廷珪 1336-624-398
●趙 觀宋
駕部郎中致仕趙宗閔
　男觀可試秘書省校
　書郎（制） 宋蘇 頌 1092-385- 33
●趙七兒宋
補進勇副尉制 宋張 擴 1129- 89- 9
●趙九言宋
處州錄事參軍趙九言
　太子中舍致仕制 宋王安石 1105-425- 53
●趙士出宋
右監門衛士將軍士出
　令括捐之士編可遙
　郡刺史制 宋劉 敞 1096-185- 19

●趙士宇宋
朝奉大夫趙士宇可轉一官制　宋慕容彥逢　1123-378- 7

●趙士伍宋
贈安慶軍節度使舒國公（制）　宋周必大　1148- 25- 95

●趙士忞宋
環衞宗室士忞換武節郎制　宋張　擴　1129-137- 13

●趙士奇宋
轉官制　宋劉才邵　1130-456- 4

●趙士昇宋
皇兄右千牛衞將軍士昇轉官（制）　宋錢　碪　1350-406- 40

●趙士周宋
宗室士周轉遂郡團練使制　宋張　擴　1129- 51- 6

●趙士洪宋
轉官（制）　宋周麟之　1142-144- 18

●趙士衍宋
除皇叔士衍特授崇慶軍節度使制　宋周麟之　1142- 79- 11
除皇叔士衍加食邑制　宋周麟之　1142- 82- 11

●趙士峴宋
皇叔祖少保士峴贈少師制　宋樓　鑰　1152-648- 36
皇叔祖士峴追封郡王（制）　宋樓　鑰　1152-654- 37

●趙士倞宋
皇姪右千牛衞將軍士倞可右監門衞大將軍（制）　宋王　震　1350-399- 39
　　1402-118- 21

●趙士劭宋
皇兄右武衞大將軍普州刺史士劭可遂郡團練使制　宋劉　攽　1096-182- 19

●趙士棗宋
皇姪前金紫光祿大夫右監門率府率士棗可舊官服闕（制）　宋蘇　頌　1092-373- 32

●趙士㝃宋
皇叔士㝃磨勘轉遂郡團練使制　宋張　擴　1129- 50- 6

●趙士晤宋

轉防禦使（制）　宋張　綱　1131- 9- 1

●趙士崢宋
皇叔士崢贈州防禦使追封濟陽侯制　宋張　擴　1129-147- 14

●趙士咬宋
侍禁趙士咬可轉一官制　宋慕容彥逢　1123-372- 7

●趙士窒宋
贈鎮東軍承宣使追封會稽郡公（制）　宋周必大　1148- 25- 95

●趙士博宋
轉一官（制）　宋張　綱　1131- 16- 3

●趙士瑄宋
磨勘制　宋王　洋　1132-409- 7

●趙士階宋
贈保寧軍承宣使追封東陽郡公（制）　宋周必大　1148- 25- 95

●趙士琛（等）宋
士琛等轉官制　宋許景衡　1127-229- 7

●趙士玟宋
職事修學除直祕閣（制）　宋李彌遜　1130-641- 5

●趙士陳宋
皇兄右武衞大將軍保州刺史士陳可轉一官制　宋慕容彥逢　1123-381- 7

●趙士街宋
皇叔士街磨勘轉正任防禦使制　宋王　洋　1132-425- 8
贈少師追封咸義郡王（制）　宋周必大　1148- 56- 98

●趙士歆宋
皇叔祖士歆加食邑五百戶食實封二百戶制　宋周必大　1148-122-103
加食邑實封制附口宣　宋樓　鑰　1152-744- 45

●趙士劉宋
贈少師追封咸安郡王（制）　宋周必大　1148- 58- 98

●趙士暇宋
可右班殿職（制）　宋蘇　軾　1108-669-106

●趙士嵊宋
轉官（制）　宋周麟之　1142-144- 18
贈開府儀同三司追封和國公（制）　宋周必大　1148- 38- 96

四庫全書文集篇目分類索引

史部

詔令奏議類：附錄

詔令下（男）十四畫

●趙士雋宋
右監門衞大將軍士雋可依前右監門衞大將軍資州刺史制　宋慕容彥逢　1123-347- 5

●趙士淙宋
右千牛衞將軍士淙依例合換武節郎（制）　宋劉一止　1132-175- 35

●趙士赫宋
磨勘轉遙郡刺史制　宋張　擴　1129- 45- 6

●趙士齋宋
可西頭供奉官（制）　宋蘇　軾　1108-664-106

●趙士蒲宋
右監門衞大將軍士蒲令括捐之士編可遙郡刺史制　宋劉　敞　1096-185- 19

●趙士勛宋
皇叔士勛磨勘制　宋胡　寅　1137-433- 12

●趙士慮宋
（趙汝愚）曾祖贈太傅（制）　宋陳傅良　1150-614- 15
（趙汝愚）曾祖贈太師（制）　宋陳傅良　1150-623- 16
（趙汝愚）曾祖士慮贈太子少保（制）　宋樓　鑰　1152-640- 36
（趙汝愚）曾祖士慮太子太保（制）　宋樓　鑰　1152-674- 38
（趙汝愚）曾祖士慮少保（制）　宋樓　鑰　1152-705- 41

●趙士劇宋
磨勘轉正任防禦使制　宋張　擴　1129- 43- 6

●趙士諸宋
皇叔士諸磨勘轉官制　宋張　擴　1129- 77- 8

●趙士樽宋
轉正防禦使（制）　宋張　綱　1131- 16- 3

●趙士顎宋
皇兄故右監門衞大將軍士顎可持贈洛州防禦使追封廣平侯制　宋劉　敞　1095-658- 30

●趙士暢宋
磨勘轉遙郡防禦使制　宋張　擴　1129- 43- 6

●趙士賜宋
轉遙郡刺史（制）　宋張　綱　1131- 16- 3

●趙士觀宋
贈左領軍衞將軍制　宋蘇　轍　1112-332- 31

●趙士顆宋
皇姪右千牛衞將軍士顆可莊宅副使制　宋胡　宿　1088-786- 19

●趙士褒宋
皇叔檢校少保光山軍節度使知大宗正事士褒加恩制　宋汪　藻　1128-100- 11
特起復依前檢校少保光山軍節度使制　宋汪　藻　1128-101- 11
可除知知大宗正事制　宋綦崇禮　1134-551- 4

●趙士霈宋
降一官制　宋張　嵲　1131-472- 15

●趙士籛宋
除皇叔士籛安慶軍節度使加食邑制　宋周麟之　1142- 82- 11

●趙士續宋
磨勘轉右監門衞大將軍（制）　宋蘇　轍　1112-308- 29

●趙子防宋
知恩州趙子防落職降三官制　宋汪　藻　1128- 88- 9

●趙子厚宋
知潼州府趙子厚除直祕閣制　宋張　擴　1129- 84- 8
上舍出身宗室子厚等從事郎制　宋翟汝文　1129-215- 4
依舊直祕閣知饒州（制）　宋周麟之　1142-137- 17

●趙子泰宋
可除司封員外郎制　宋綦崇禮　1134-547- 4

●趙子砥宋
爲敘元降一官制　宋張　嵲　1131-469- 15

●趙子修宋
上舍出身宗室子修等從事郎制　宋翟汝文　1129-215- 4

●趙子淮宋
復職制　宋許景衡　1127-232- 7
復徽猷閣待制制　宋王　洋　1132-413- 7
判西外大宗正司制　宋胡　寅　1137-451- 13
江西運使制　宋胡　寅　1137-454- 13

●趙子畫宋
太常少卿（制）　宋程　俱　1130-239- 24

●趙子崧宋
復集英殿修撰制　宋王　洋　1132-411- 7

●趙子偁宋

四庫全書文集篇目分類索引

特轉朝奉郎秘閣修撰與郡制　宋胡　寅　1137-440- 13

●趙子游宋

轉官制　宋許　翰　1123-498- 1

●趙子湊宋

賜同進士出身右班殿直子湊可換承武郎制　宋劉　敞　1096-205- 20

●趙子溫宋

左奉議郎趙子溫各降一官制　宋張　擴　1129-133- 12

●趙子諒（等）宋

趙子諒等之人可右班殿直制　宋劉　敞　1096-233- 23

●趙子瀟宋

除直祕閣兩浙運副（制）　宋周麟之　1142-125- 16

轉一官（制）　宋周必大　1148- 44- 97

●趙子劇宋

贈威德軍節度使封嘉國公制　宋胡　寅　1137-435- 12

●趙子儀宋

降官制　宋王　洋　1132-428- 8

●趙子嚴宋

廣東運判（制）　宋李　逷　1130-629- 4

●趙大亨宋

文林郎婺州浦江縣丞趙大亨降一官（制）　宋陳傳良　1150-599- 13

●趙久弼宋

皇伯祖鳳翔雄武等軍節度開府儀同三司守太保兼中書令判大宗正事東平郡王久弼起復制　宋鄭　獬　1097-123- 2

●趙不凡宋

淮東提鹽（制）　宋劉一止　1132-217- 45

●趙不忙（等）宋

趙不忙等轉官（制）　宋李彌遜　1130-637- 5

●趙不彪宋

（趙）士鄂男不彪特換右承奉郎（制）　宋周必大　1148- 59- 98

●趙不曲宋

責官制　宋王　洋　1132-426- 8

●趙不求宋

（趙汝愚）祖贈太傳（制）　宋陳傳良　1150-615- 15

（趙汝愚）祖贈申國公（制）　宋陳傳良　1150-624- 16

（趙汝愚）祖不求太子少傳（制）　宋樓　鑰　1152-640- 36

（趙汝愚）祖不求太子太傳（制）　宋樓　鑰　1152-674- 38

（趙汝愚）祖不求少傅（制）　宋樓　鑰　1152-705- 41

●趙不恮宋

皇叔祖士峴男不恮轉一官（制）　宋樓　鑰　1152-618- 34

●趙不屈宋

特降一官（制）　宋周必大　1148- 7- 94

●趙不延宋

皇叔祖太子右監門率府率不延特授千牛衞將軍（制）　宋陳傳良　1150-584- 12

●趙不流宋

職事修舉除集英殿修撰（制）　宋樓　鑰　1152-644- 36

除煥章閣待制（制）　宋樓　鑰　1152-669- 38

換正任承宣使（制）　宋樓　鑰　1152-685- 39

●趙不拮宋

補承信郎（制）　宋周必大　1148- 8- 94

●趙不迹宋

都大提點坑冶鑄錢（制）　宋樓　鑰　1152-626- 35

淮南運判（制）　宋樓　鑰　1152-684- 39

改差知潭州制　宋虞　儔　1154-123- 5

●趙不退宋

轉右奉議郎（制）　宋劉一止　1132-216- 45

●趙不淹宋

換太子右監門率府率（制）　宋樓　鑰　1152-610- 34

●趙不棄宋

工部侍郎制　宋張　嵲　1131-436- 11

知臨安府制　宋張　嵲　1131-481- 16

●趙不諂宋

皇叔祖武德郎主管台州崇道觀不諂特換右監門衞大將軍（制）　宋陳傳良　1150-585- 12

●趙不溢宋

皇姪右千牛衞將軍不

溢可莊宅副使制 宋慕容彥逢 1123-362- 6
降官制 宋張孝祥 1140-643- 19
●趙不羣宋
直秘閣制 宋李正民 1133- 9- 1
知宣州趙不群直龍圖
閣再任制 宋胡 寅 1137-440- 13
除兩浙運副（制） 宋周麟之 1142-147- 19
●趙不愚宋
與轉官（制） 宋周必大 1148- 52- 97
●趙不虞漢
封公孫弘等詔御史 漢 武 帝 426-999- 6
●趙不逼宋
除江西提刑（制） 宋陳傅良 1150-641- 18
江西提舉（制） 宋樓 鑰 1152-688- 39
●趙不逖宋
換右監門衞大將軍濠
州團練使權知大宗
正事（制） 宋陳傅良 1150-640- 18
●趙不壇宋
加恩制 宋吳 泳 1176- 45- 5
●趙不器宋
皇姪不器可右千牛衞
將軍追封越國公制 宋鄒 浩 1121-313- 17
●趙不傭宋
皇叔祖趙不傭可特授
檢校少師加食邑食
實封（制） 宋劉 煇 1157-458- 10
擬不傭建節襲封嗣濮
王制 宋衞 涇 1169-513- 4
皇叔祖嗣濮王不傭可
特授檢校少保加食
邑制 宋眞德秀 1174-287- 19
●趙不遂宋
知西外宗正事 宋樓 鑰 1152-635- 35
●趙不儇宋
皇叔祖右千牛衞將軍
不儇磨勘轉右監門
衞大將軍（制） 宋陳傅良 1150-584- 12
●趙尤緒宋
參知政事趙槩奏孫男
尤緒太常寺太祝制 宋王安石 1105-412- 52
●趙元方唐
除戶部和糴巡官制 唐杜 牧 1081-686- 16
●趙元昊宋
授趙元昊開府儀同三

司依前檢校大師兼
中書令定難軍節度
使西平王加食邑實
封制 宋宋 庠 1087-579- 23
削奪趙元昊官爵并除
蜀籍詔 宋聶冠卿 1375- 42- 1
●趙元緒宋
太子少師致仕趙槩奏
男光祿寺丞元緒可
大理寺丞（制） 宋蘇 頌 1092-357- 30
●趙元儼宋
皇叔荊王元儼可贈徐
兗二州牧追封燕王
加天策上將軍制 宋歐陽修 1102-616- 79
●趙尹甫宋
換授皇弟太子右內率
府副率制 宋吳 泳 1176- 49- 6
●趙友信宋
隨龍成忠郎浙西安撫
兼准備將領主管進
奉趙友信該遇皇后
歸謁家廟並特轉一
官（制） 宋陳傅良 1150-574- 11
●趙日用宋
勅賜同學究出身趙日
用可徐州彭城主簿
（制） 宋田 錫 1085-550- 28
●趙日起宋
除右文殿修撰沿江制
置副使兼知江州江
南西路安撫使制 宋馬廷鸞 1187- 43- 5
●趙公介宋
知舒州（制） 宋陳傅良 1150-634- 17
●趙公悅宋
責官制 宋王 洋 1132-425- 8
●趙公浚宋
宗室趙公浚登科循左
修職郎制 宋張 擴 1129-138- 13
●趙公普宋
降官制 宋劉才邵 1130-476- 5
●趙公晰宋
宗室趙公晰登科循左
修職郎制 宋張 擴 1129-138- 13
●趙公傳宋
宗室趙公傳登科循左

修職郎制　　宋張　擴　1129-138- 13

●趙公庚宋

差知利州（制）　　宋周必大　1148- 83-100

●趙公遂宋

轉一官（制）　　宋樓　鑰　1152-664- 38

●趙公稱宋

知贛州趙公稱復直秘閣制　　宋洪　适　1158-404- 23

●趙公廣宋

追復承議郎（制）　　宋陳傅良　1150-582- 12

●趙公曼宋

補承信郎制　　宋張　擴　1129- 97- 10

●趙仁澤南唐

左監門將軍趙仁澤可寧國軍都虞侯（制）　　宋徐　鉉　1085- 64- 8

●趙允良宋

皇弟鄭州防禦使允良因鄭州升爲泰寧軍可移別州防禦使制　　宋宋　庠　1087-554- 20

除皇弟允良安德軍節度使加食邑實封制　　宋宋　祁　1088-272- 31

除皇弟允良加功臣食邑實封制　　宋宋　祁　1088-273- 31

除皇弟允良特授特進依前檢校司空同中書門下平章事使持節鄭州諸軍事行鄭州刺史華原郡王充奉寧軍節度使鄭州管內觀察庭置河隄等使加食邑一千戶仍賜功臣制　　宋胡　宿　1088-815- 22

●趙允初宋

除皇弟允初特授特進依前檢校尚書右僕射使持節輝州諸軍事行輝州刺史兼御史大夫充感德軍節度使輝州管內觀察處置等使加食邑七百戶仍賜推誠保順翊戴功臣制　　宋胡　宿　1088-815- 22

除皇弟允初授依前檢校尚書右僕射充成德軍節度使加食邑

食實封餘如故制　　宋歐陽修　1102-659- 83

　　　　　　　　　　1350-349- 34

●趙允明宋

故賀州管界巡檢殿直趙允明等並特贈南作坊使制　　宋蔡　襄　1090-422- 10

●趙允迪宋

除皇弟允迪安靜軍節度使加食邑實封制　　宋宋　祁　1088-272- 31

　　　　　　　　　　1350-350- 34

皇弟安靜軍節度使允迪可責授右監門衞大將軍制　　宋歐陽修　1102-643- 81

●趙化基宋

吏部侍郎平章事曾公亮奏句當人趙化基制　　宋王安石　1105-454- 55

●趙允弼宋

除皇兄允弼武康軍節度使加食邑實封制　　宋宋　祁　1088-272- 31

　　　　　　　　　　1350-350- 34

皇兄允弼特授依前檢校尚書右僕射充寧國軍節度使同中書門下平章事北海郡王加食邑一千戶實封三百戶仍賜推誠保順亮節守正翊戴功臣制　　宋胡　宿　1088-814- 22

皇伯允弼授檢校司徒兼中書令改封東平郡王加食邑實封制　　宋王　珪　1093-262- 37

皇伯允弼授依前東平郡王加食邑實封制　　宋王　珪　1093-263- 37

皇伯允弼授依前北海郡王加食邑制　　宋王　珪　1093-270- 37

●趙允寧宋

皇兄故武定軍節度使檢校太保允寧可贈太尉追封信安郡王制　　宋宋　庠　1087-562- 21

●趙允讓宋

除皇兄允讓寧江軍節度使加食邑實封制　　宋宋　祁　1088-272- 31

●趙立之宋

降官制 宋 洋 1132-428- 8

●趙立夫宋

授權戶部侍郎兼同詳定兼知臨安府制 宋吳 泳 1176- 53- 6

授守太府卿兼刪修勅令官兼知臨安府制 宋吳 泳 1176- 75- 8

磨勘轉官制 宋徐元杰 1181-691- 7

●趙必憑宋

除右司制 宋袁 甫 1175-424- 8

除大府寺丞制 宋袁 甫 1175-430- 8

除戶部郎官制 宋袁 甫 1175-439- 9

除左司郎中制 宋許應龍 1176-446- 4

除度支郎官兼權右司制 宋許應龍 1176-447- 4

授煥章閣學士知福州福建路安撫制 宋徐元杰 1181-690- 7

●趙永亨（等）宋

趙永亨等轉官制 宋許 翰 1123-498- 1

●趙永欲宋

可屯田員外郎制 宋胡 宿 1088-758- 16

●趙永寧宋

知永靜軍（制） 宋蘇 軾 1108-694-108

●趙永圖宋

內殿崇班趙永圖可舊官服闕（制） 宋蘇 頌 1092-374- 32

●趙永圖宋

書藝局藝學趙永圖轉一官制 宋慕容彥逢 1123-392- 8

●趙弘亮唐

內常侍趙弘亮加勳制 唐白居易 1080-563- 52

●趙世永宋

皇姪孫左屯衞大將軍登州防禦使世永改隨州防禦使制 宋王安石 1105-395- 51

●趙世法宋

皇叔世法贈官追封制 宋鄒 浩 1121-315- 18

●趙世枚宋

皇叔右武衞大將軍忻州刺史世枚可贈觀察使追封侯（制） 宋劉 敞 1095-658- 30

●趙世芬宋

皇姪孫世芬贈洛州防禦使追封廣平侯制 宋王安石 1105-441- 54

●趙世肤宋

故右武衞大將軍化州刺史世肤可贈安州觀察使追封安陸侯（制） 宋韓 維 1101-658- 16

故右武衞大將軍代州刺史世肤可贈安州觀察使追封陸安侯制 宋韓 滉 1180-861- 20

●趙世延元

趙平章加官封制 宋虞 集 1207-320- 22

●趙世恩宋

楚州防禦使楚國公世恩可贈秦國軍節度使依舊楚國公制 宋劉 攽 1096-200- 20

●趙世清宋

皇兄茂州防禦使申國公世清可特降依前左武衞大將軍鄧州防禦使申國公（制） 宋蘇 頌 1092-390- 34

●趙世設宋

右武衞大將軍吉州防禦使世設可轉一官制 宋慕容彥逢 1123-382- 7

●趙世崇宋

皇姪孫故右屯衞大將軍世崇可贈防禦史追封侯制 宋蔡 襄 1090-429- 11

●趙世符宋

皇兄故金紫光祿大夫右武衞大將軍世符可贈鎮海軍節度觀察留後北海郡公（制） 宋蘇 頌 1092-400- 35

●趙世雄宋

皇伯均州防禦使世雄可觀察使制 宋劉 攽 1096-224- 22

●趙世程宋

皇伯右金吾衞大將軍和州防禦使世程可正任防禦使制 宋劉 攽 1096-183- 19

●趙世勛宋

趙葵曾祖太師冀國公世勛贈豫國公制 宋馬廷鸞 1187- 60- 8

●趙世經宋

皇伯故龍武大將軍滁州團練使世經可贈

洛州防禦使追封廣平侯（制）　宋劉 敞　1095-658- 30

●趙世榮宋

皇伯故右武衞大將軍漢州團練使世榮可特贈密州觀察使追封高密侯（制）　宋劉 敞　1095-657- 30

●趙世儀宋

皇姪世儀可贈鄆州防禦使追封富水侯制　宋鄭 獬　1097-122- 2

●趙世顒宋

皇姪孫右千牛衞將軍世顒可贈右屯衞大將軍　宋沈 遘　1097- 32- 4

●趙世倞宋

皇伯世倞贈奉國軍節度觀察留後追封奉化郡公制　宋蘇 轍　1112-331- 31

●趙世繁宋

贈安武軍留後追封信都郡公制　宋蘇 轍　1112-332- 31

●趙世闡宋

皇伯右金吾衞大將軍蘄州防禦使世闡可正任防禦使制　宋慕容彥逢　1123-359- 6

●趙充夫宋

改知湖州（制）　宋樓 鑰　1152-634- 35

●趙以夫宋

除左司郎中制　宋袁 甫　1175-428- 8

除直煥章閣樞密副都承旨誥　宋許應龍　1176-432- 3

除左曹郎官制　宋許應龍　1176-445- 4

除左曹郎官兼左司制　宋許應龍　1176-446- 4

除右文殿修撰樞密副都承旨知慶元府主管沿海制置使制　宋許應龍　1176-465- 6

除兩浙轉運判官制　宋許應龍　1176-470- 6

授刑部侍郎制　宋徐元杰　1181-683- 6

●趙令夫宋

皇兄（趙）令夫可贈博州防禦使博平侯（制）　宋蘇 軾　1108-695-108

●趙令羽宋

皇姪前右千牛衞將軍令羽可舊官服闕（

制）　宋蘇 頌　1092-380- 33

皇兄令羽磨勘轉遙團（制）　宋蘇 轍　1112-288- 27

●趙令玨宋

正任觀察使襲封安定郡王制　宋胡 寅　1137-431- 12

●趙令京宋

蕃官黨令征攙哥趙令京覃恩改官（制）　宋蘇 轍　1112-325- 30

●趙令衿宋

都官員外郎（制）　宋李彌遜　1130-619- 4

福建提刑（制）　宋劉一止　1132-210- 43

轉承宣使（制）　宋周麟之　1142-145- 18

●趙令㧑宋

以率府率講書授通直郎制　宋蘇 轍　1112-322- 30

宗室令㧑特贈朝請郎制　宋鄒 浩　1121-306- 16

●趙令岊宋

起復黃州制　宋李正民　1133- 24- 2

又直龍圖依前知黃州制　宋李正民　1133- 24- 2

●趙令晏宋

皇姪令晏可依前官加食邑制　宋王安禮　1100- 15- 2

●趙令淘宋

供奉官趙令淘可轉一官制　宋慕容彥逢　1123-391- 8

●趙令琮宋

皇兄右武衞大將軍常州刺史令琮可依前右武衞大將軍遙郡團練使制　宋劉 攽　1096-182- 19

●趙令報宋

除權戶部侍郎（制）　宋周麟之　1142-115- 15

●趙令詪宋

降朝散大夫制　宋張 擴　1129-151- 14

福建運判制　宋王 洋　1132-408- 7

●趙令踈宋

（覃恩特服終喪除右千牛衞將軍制）　宋蘇 轍　1112-314- 29

●趙令磐宋

皇姪曾孫太子右內率府率令磐右千牛衞將軍制　宋王安石　1105-396- 51

●趙令僮宋
皇兄故右金吾衞大將軍單州防禦使令僮可贈安化軍節度觀察留後追封高密郡王制　宋劉 敞　1096-194- 20

●趙令譲宋
皇姪左千牛衞將軍令譲可右監門衞大將軍（制）　宋蘇 頌　1092-369- 32

●趙令騑宋
皇兄故右監門衞大將軍令騑可贈博州防禦使制　宋劉 敞　1096-184- 19

●趙令衍宋
左班殿直令衍可換承奉郎制　宋劉 敞　1096-205- 20

承奉郎趙令衍可南京簽判制　宋劉 敞　1096-234- 23

●趙令鑠宋
祠部郎中制　宋曾 鞏　1098-544- 20

●趙安止宋
宗子安止正任觀察使制　宋許景衡　1127-223- 7

●趙安仁宋
兵部侍郎趙安仁可尚書右丞制　宋夏 竦　1087- 49- 1

●趙安時宋
皇兄安時除節度使制　宋劉才邵　1130-451- 4

皇兄安時用遺表轉一官制　宋胡 寅　1137-436- 12

●趙安期宋
東上閤門使普州刺史趙安期可右領軍衞大將軍致仕制　宋歐陽修　1102-624- 79

●趙汝柄宋
知嚴州制　宋許應龍　1176-466- 6

●趙汝种宋
宗子汝种補承信郎（制）　宋樓 鑰　1152-686- 39

●趙汝擇宋
落閤職制　宋吳 泳　1176- 86- 9

●趙汝章宋
收使射賞轉文林郎（制）　宋陳傅良　1150-604- 14

●趙汝弸宋
補承節郎餘並補承信郎（制）　宋周必大　1148- 58- 98

量試中宗子汝弸等八十一人補官（制）　宋陳傅良　1150-598- 13

●趙汝訓宋
除司農寺丞制　宋洪咨夔　1175-231- 17

除司農寺丞制　宋袁 甫　1175-428- 8

●趙汝勛宋
已改右宣教郎更轉右通直郎（制）　宋周必大　1148- 47- 97

●趙汝棪宋
降授朝散大夫制　宋吳 泳　1176- 85- 9

●趙汝愚宋
轉太中大夫（制）　宋陳傅良　1150-600- 14

兼侍讀（制）　宋樓 鑰　1152-609- 34

同知樞密院事（制）　宋樓 鑰　1152-632- 35

知樞密院事（制）　宋樓 鑰　1152-651- 37

右丞相趙汝愚加食邑實封制附口宣　宋樓 鑰　1152-743- 45

右丞相趙汝愚特授銀青光祿大夫加食邑實封制附口宣　宋樓 鑰　1152-747- 45

（恭題御筆）留正少師判建康府趙汝愚右丞相（制）　宋樓 鑰　1153-143- 69

●趙汝遇宋
除度支郎中制　宋洪咨夔　1175-238- 18

除軍器監丞制　宋袁 甫　1175-439- 9

●趙汝鑒宋
授司農寺丞制　宋徐元杰　1181-687- 7

●趙汝談宋
特授行太社令制　宋衞 涇　1169-465- 1

禮部郎官兼學士院權直趙汝談除祕書少監兼權直學士院制　宋洪咨夔　1175-221- 16

除禮部侍郎兼直學士院制　宋袁 甫　1175-431- 8

授吏部侍郎直學士院兼侍講制　宋吳 泳　1176- 58- 7

授兼侍講制　宋吳 泳　1176- 62- 7

除權刑部尚書制　宋許應龍　1176-440- 4

●趙汝霖宋
特降一官衝替制　宋張 嵲　1131-471- 15

●趙汝攄宋

四庫全書文集篇目分類索引

授州刺史權知德安軍府制　宋吳　泳　1176- 78-　8

●趙汝績宋
授太府寺丞制　宋徐元杰　1181-687-　7

●趙汝諫宋
（除）太府寺簿制　宋洪咨夔　1175-231- 17
樞密院編修官趙汝諫除宗正寺丞仍兼右司制　宋洪咨夔　1175-254- 21
除祕書丞兼右司制　宋袁　甫　1175-431-　8

●趙汝墨宋
宗子汝墨對策中間全寫御題首尾各用一段湊成特降一官推恩補承信郎（制）　宋陳傅良　1150-599- 13

●趙汝騰宋
轉一官制　宋許應龍　1176-473-　6

●趙有奕宋
右驍衞將軍有奕可大將軍遂郡刺史制　宋慕容彥逢　1123-396-　8

●趙有恭宋
皇姪右驍衞將軍有恭可正任觀察使制　宋慕容彥逢　1123-341-　4

●趙有常宋
皇姪右武衞大將軍有常可依前右武衞大將軍遂郡刺史制　宋慕容彥逢　1123-346-　5
故燕王第三男賜各有常可右武衞大將軍制　宋慕容彥逢　1123-396-　8

●趙至忠宋
保靜軍節度判官趙至忠可殿中丞制　宋王　珪　1093-280- 38

●趙至道宋
權兵部尚書趙至道除譯直學士知鎭江府制　宋洪咨夔　1175-243- 19

●趙光裔唐
授趙光裔殿中丞制　唐薛廷珪　1336-603-394
　　　　　　　　　　　　　　1402- 82- 14

●趙多才宋
皇兄沂州防禦使權主奉吳王祭祀多才磨勘轉明州觀察使（制）　宋陳傅良　1150-575- 11

●趙多見宋
多才上遺表親弟多見特授太子右監門率府率（制）　宋陳傅良　1150-584- 12

●趙多助宋
皇弟右監門衞大將軍復卅團練使多助實及一十年該磨勘轉防禦使（制）　宋陳傅良　1150-576- 11
皇弟某州刺史多助轉遂郡團練使（制）　宋樓　鑰　1152-622- 34

●趙多能宋
皇弟右監門衞大將軍成州團練使多能實及一十年該磨勘轉防禦使（制）　宋陳傅良　1150-576- 11
皇弟某卅刺史多能轉遂郡團練使（制）　宋樓　鑰　1152-622- 34

●趙多慶宋
磨勘轉觀察使制　宋衞　涇　1169-486-　2

●趙多謨宋
皇叔祖多謨加食邑食實封制　宋許應龍　1176-451-　5

●趙多識宋
皇叔祖多識追封崇國公制　宋吳　泳　1176- 89- 10

●趙多藝宋
多才上遺表親弟多藝特授太子右監門率府率（制）　宋陳傅良　1150-584- 12

●趙自明宋
換授皇叔太子右內率府副率制　宋吳　泳　1176- 48-　6

●趙全素唐
除福陵令制　唐杜　牧　1081-679- 15

●趙仲江宋
濮安懿王孫右監門衞大將軍仲江左千牛衞將軍仲鄆仲的仲蒝各王韶案此上有脱誤字女封邑號制　宋陸　佃　1117-138- 10

●趙仲并宋
皇叔博州防禦使仲并可特授府州管內觀使制　宋慕容彥逢　1123-341-　4

史部

詔令奏議類：附錄

詔令下（男）十四畫

史部

詔令奏議類：附錄

詔令下（男）十四畫

●趙仲伉宋
皇姪仲伉贈官制　　宋歐陽修　1102-622- 79

●趙仲行宋
皇兄左衞將軍開州刺史仲行贈虔州觀察使南康侯制　　宋鄭　獬　1097-122- 2

●趙仲汾宋
皇叔右武衞大將軍和州防禦使仲汾可正任防禦使制　　宋劉　攽　1096-183- 19

●趙仲林宋
皇姪右武衞大將軍仲林可安州觀察使安睦侯　　宋沈　遘　1097- 47- 5

●趙仲忽宋
皇叔黔州觀察使知西京外宗正事仲忽可觀察留後制　　宋慕容彥逢　1123-342- 4

●趙仲的宋
皇叔右監門衞大將軍仲的可右武衞大將軍遂郡刺史制　　宋劉　攽　1096-185- 19

濮安懿王孫右監門衞大將軍仲江左千牛衞將軍仲鄴仲的仲葳各王韶案此上有脫誤字女封邑號制　　宋陸　佃　1117-138- 10

●趙仲侃宋
右監門衞大將軍仲侃可轉一官制　　宋慕容彥逢　1123-381- 7

●趙仲洽宋
皇伯右金吾衞大將軍開州防禦使仲洽可正任防禦使制　　宋劉　攽　1096-183- 19

●趙仲廸宋
皇兄前右武衞大將軍春州刺史仲廸可舊官服闕（制）　　宋蘇　頌　1092-380- 33

●趙仲革宋
皇伯右金吾衞大將軍舒州防禦使仲革可正任防禦使制　　宋劉　攽　1096-183- 19

●趙仲柔宋
皇叔右武衞大將軍昌州刺史仲柔可特授依前右武衞大將軍貴州團練制　　宋慕容彥逢　1123-357- 6

●趙仲畇宋
皇叔祖鄭州觀察使同知宗正司事仲畇可承宣使制　　宋汪　藻　1128- 72- 8

●趙仲邵宋
皇姪右監門衞大將軍仲邵可依前右監門衞大將軍黃州刺史特封齊安公（制）　　宋韓　維　1101-653- 16
　　　　　　　　　　　　　　1350-393- 38

皇伯（趙）仲邵贈使相（制）　　宋蘇　軾　1108-669-106

●趙仲爰宋
皇叔右武衞大將軍霸州防禦使仲爰可正任防禦使制　　宋劉　攽　1096-183- 19

●趙仲涂宋
皇弟右千牛衞將軍仲涂可贈右屯衞大將軍（制）　　宋蘇　頌　1092-401- 35

●趙仲決宋
轉正任防禦使（制）　　宋蘇　轍　1112-311- 29

●趙仲琪宋
皇叔右武衞大將軍榮州團練使仲琪可特授威州防禦使依前右監門衞大將軍制　　宋慕容彥逢　1123-358- 6

●趙仲眞宋
皇伯右監門衞大將軍邢州團練使仲眞可遂郡禦使制　　宋劉　攽　1096-182- 19

●趙仲峭宋
宗室仲峭可贈安化軍節度使制　　宋陸　佃　1117-138- 10

●趙仲阜宋
皇伯故太保節度觀察留後仲阜可贈開府儀同三司追封榮國公制　　宋慕容彥逢　1123-396- 8

●趙仲康宋
兩朝佑聖太夫人重姪孫仲康可三班借職制　　宋慕容彥逢　1123-392- 8

●趙仲馬 宋
宗室仲馬贈節度觀察
　留後追封郡公制　　宋鄒　浩　1121-298- 15

●趙仲雪 宋
皇叔故右武衞大將軍
　榮州團練使仲雪可
　贈徐州觀察使追封
　彭城侯制　　　　宋呂　陶　1098- 68- 9

●趙仲湜 宋
皇叔祖檢校少傅靖海
　軍節度使開府儀同
　三司嗣濮王仲湜加
　恩制　　　　　　宋汪　藻　1128-101- 11

●趙仲譽 宋
皇姪右監門衞大將軍
　仲譽服闋舊官制　宋王安石　1105-411- 52
磨勘改正任防禦使（
　制）　　　　　　宋蘇　轍　1112-305- 28

●趙仲弭 宋
兩朝佑聖太夫人重姪
　孫仲弭可三班借職
　制　　　　　　　宋慕容彥逢　1123-392- 8

●趙仲覡 宋
皇叔祖保信軍節度使
　宗隱男仲覡等可並
　太子右內率府副率
　制　　　　　　　宋劉　敞　1096-193- 19
　　　　　　　　　　　　　　1350-400- 39

●趙仲華 宋
使皇叔右監門衞大將
　軍昌州刺史仲華可
　特授泰州團練使依
　前右監門衞大將軍
　制　　　　　　　宋慕容彥逢　1123-357- 6

●趙仲郵 宋
皇叔右監門衞大將軍
　舒州團練使仲郵可
　右武衞大將軍遂郡
　防禦使制　　　　宋劉　敞　1096-184- 19
濮安懿王孫右監門尉
　大將軍仲江在千牛
　衞將軍仲郵仲的仲
　葳各王詔案此上有脫
　誤字 女封邑號制　宋陸　佃　1117-138- 10

●趙仲煜 宋

皇伯（趙）仲煜可贈
　保寧軍節度使東陽
　郡王（制）　　　宋蘇　軾　1108-689-108

●趙仲琮 宋
皇叔右監門率府率仲
　琮可右千牛衞將軍
　制　　　　　　　宋劉　敞　1096-184- 19

●趙仲葳 宋
皇叔太子右監門率府
　率仲葳可小將軍制　宋劉　敞　1096-185- 19
濮安懿王孫右監門衞
　大將軍仲江在千牛
　衞將軍仲郵仲的仲
　葳各王詔案此上有脫
　誤字 女封邑號制　宋陸　佃　1117-138- 10

●趙仲舲 宋
遙刺（制）　　　　宋蘇　轍　1112-303- 28

●趙仲瑳 宋
皇叔右監門衞大將軍
　康州刺史仲瑳可特
　授海州團練使依前
　右監門衞大將軍制　宋慕容彥逢　1123-357- 6

●趙仲遠 宋
皇叔右武衞大將軍袁
　州刺史仲遠可遂郡
　團練使制　　　　宋劉　敞　1096-185- 19

●趙仲縮 宋
皇伯故台州防禦使仲
　縮可贈武康軍節度
　使追封崇國公制　宋劉　敞　1096-200- 20

●趙仲維 宋
右監門衞大將軍仲維
　可轉一官制　　　宋慕容彥逢　1123-381- 7

●趙仲爛 宋
皇叔府州管內觀察使
　仲爛可特授昭化軍
　節度觀察留後　　宋慕容彥逢　1123-326- 3

●趙仲論 宋
皇兄前右武衞大將軍
　榮州團練使仲論可
　並舊官服闋（制）宋蘇　頌　1092-365- 31

●趙仲搏 宋
皇叔閬州管內觀察使
　仲搏可特授建武軍
　節度觀察留後制　宋慕容彥逢　1123-326- 3

●趙仲號宋
皇叔（趙）仲號遂郡團練使（制）　宋蘇　軾　1108-698-108

●趙仲銳宋
皇兄仲銳等服闋可舊官制　宋鄭　獬　1097-153- 5

●趙仲諲宋
右千牛衞諲可右監門衞一將軍制　宋劉　攽　1096-185- 19

●趙仲輊宋
降三官制　宋汪　藻　1128- 86- 9

●趙仲邁宋
宗室仲邁贈開府儀同三司（制）　宋劉安上　1124- 21- 2

●趙仲隨宋
皇兄仲隨可贈曹州觀察使追封濟陰侯制　宋王安禮　1100- 23- 2

●趙仲遷宋
可遂郡防禦使（制）　宋蘇　軾　1108-672-106

●趙仲嬰宋
皇伯（趙）仲嬰可贈泰國軍節度使追封申國公（制）　宋蘇　軾　1108-691-108

●趙仲歆宋
皇叔右監門衞大將軍滁州團練仲歆可遂郡防禦使制　宋劉　攽　1096-184- 19

●趙仲偁宋
自外官換環衞制　宋胡　寅　1137-428- 12
轉一官制　宋胡　寅　1137-431- 12
磨勘制　宋胡　寅　1137-433- 12

●趙仲議宋
衢州防禦使仲議可蔡州觀察使制　宋慕容彥逢　1123-341- 4

●趙仲翹宋
皇姪孫故右監門衞大將軍仲翹可贈眉州防禦使追封通義侯　宋沈　遘　1097- 62- 6

●趙仲證宋
皇叔右監門衞大將軍康州刺史仲證可特授依前右監門衞大將軍榮州團練使制　宋慕容彥逢　1123-357- 6

●趙仲顗宋
宗室仲顗贈開府儀同

三司追封崇國公制　宋鄒　浩　1121-305- 16

●趙仲轢宋
皇叔故皇城使榮州團練使仲轢可贈密州觀察使追封高密侯制　宋劉　攽　1096-233- 23

●趙仲馨宋
皇叔右千年衞將軍仲馨可授大將軍制　宋劉　攽　1096-184- 19
右監門衞大將軍仲馨可轉一官制　宋慕容彥逢　1123-380- 7

●趙仲鸞（等）宋
仲鸞等六人磨勘防禦使（制）　宋蘇　轍　1112-306- 29

●趙良規宋
可刑部郎中制　宋胡　宿　1088-757- 16
掌禹錫趙良規並秘書監丞　宋王安石　1105-382- 49

●趙良弼唐
授趙良弼可庫員外郎制　唐賈　至　1336-585-392

●趙良弼宋
自豐州刺史除撫州刺史制　宋胡　宿　1088-774- 18

●趙良弼元
樞密趙良弼贈謚制　元元明善　1367-151- 12

●趙良翰宋
趙良翰可特與換忠訓郎制　宋慕崇禮　1134-557- 5

●趙成之宋
趙成之改合八官（制）　宋李彌遜　1130-635- 5

●趙孝永宋
皇弟孝永正任團練使制　宋鄒　浩　1121-319- 18

●趙孝治宋
荊王子（趙）孝治等七人並遠州團練使（制）　宋蘇　軾　1108-672-108
　　　　　　　　　　　　1350-402- 39
揚王子孝騫等二人荊王子孝治等七人並諸州團練使（制）　宋蘇　軾　1418-383- 49

●趙孝奕宋
皇姪孝奕可並依前官加動制　宋王安禮　1100- 26- 3

●趙孝參宋
皇姪孝參可並依前官加勳制　宋王安禮　1100-26-3

●趙孝詔宋
皇姪詔可並依前官加勳制　宋王安禮　1100-26-3

●趙孝騫宋
楊王子（趙）孝騫等二人並遠州團練使（制）　宋蘇　軾　1108-672-106　1350-402-39

揚王子孝騫等二人荊王子孝治等七人並諸州團練史（制）　宋蘇　軾　1418-383-49

●趙君序宋
杭州於潛縣令趙君序毫州玉成縣令制　宋王安石　1105-416-52

●趙君錫宋
宗正丞制　宋曾　鞏　1098-545-20
（可）太常少卿（制）　宋蘇　轍　1112-285-27

●趙克友宋
皇伯故古龍武大將軍克友可贈華州觀察使華陰侯（制）　宋蘇　頌　1092-401-35

●趙克如宋
宗室金吾衞大將軍代州防禦使克如降兩官勒住朝參制　宋慕容彥逢　1123-365-6

●趙克孝宋
皇兄右驍衞大將軍衞州刺史克孝可依前右驍衞大將軍高州團操使（制）　宋韓　維　1101-675-18

●趙克迁宋
皇叔前右監門率府率克迁可舊官服闔（制）　宋蘇　頌　1092-365-31

●趙克思宋
皇伯祖故保平軍節度觀察留後克思可贈開府儀同三司追封昌國公制　宋劉　攽　1096-201-20

●趙克勤宋
磨勘改正任防禦使（制）　宋蘇　轍　1112-305-28

●趙克眷宋
皇叔前右監門衞大將軍克眷可舊官服闔（制）　宋蘇　頌　1092-365-31

皇叔（趙）克眷可贈曹州觀察使追封濟陰侯（制）　宋蘇　軾　1108-692-108

●趙克愉宋
皇兄右屯衞大將軍克愉可依前右屯軍衞大將軍昭州刺史（制）　宋韓　維　1101-669-17

皇伯祖（趙）克愉可贈忠正軍節度使　宋蘇　軾　1108-666-106

●趙克貴宋
皇弟右監門衞大將軍克貴贈防禦使封侯制　宋鄭　獬　1097-122-2

●趙克溫宋
皇姪克溫可贈洛州防禦使追封廣平侯制　宋鄭　獬　1097-122-2

●趙克楊宋
皇親在監門衞將軍克楊以下可並右領軍衞大將軍　宋沈　遘　1097-36-4

●趙克愛宋
皇叔祖（趙）克愛遙郡團練使（制）　宋蘇　軾　1108-698-108

●趙克暨宋
（趙）克暨可右武衞大將軍彬州刺史制　宋王安禮　1100-28-3

●趙克賢宋
克賢贈奉國軍兩使留後封奉化郡公制　宋蘇　轍　1112-332-31

●趙克舉宋
可遙郡防禦使制　宋蘇　軾　1108-669-106

●趙克慕宋
皇叔前右監門率克慕可舊官服闔（制）　宋蘇　頌　1092-365-31

●趙克顏宋
皇弟右監門衞大將軍克顏可遙郡刺史制　宋鄭　獬　1097-154-5

●趙克報宋
皇叔祖石監門衞七將軍彭州刺史克監可

四庫全書文集篇目分類索引

遙郡團練使制　宋劉　敞　1096-182- 19

●趙克懼宋

宗室克懼復官制　宋曾　鞏　1098-552- 21

●趙克闡宋

皇弟左武衞大將軍建州刺史克闡贈觀察使封侯制　宋鄭　獬　1097-122- 2

●趙似守宋

除皇弟似守太保依前開府儀同三司制　宋曾　鞏　1350-375- 36

●趙伯牛宋

除直秘閣福建路轉運副使制　宋張　擴　1129- 44- 6

湖北提刑制　宋胡　寅　1137-457- 14

●趙伯世宋

東頭供奉官趙伯世左清道率府率致仕制　宋王安石　1105-427- 53

●趙伯圭宋

除安德軍節度使加食邑實封制　宋周必大　1148-105-102

除開府儀同三司充萬壽觀使任便居住進封開國公加食邑食實封制　宋周必大　1148-106-102

加食邑七百戶食實封三百戶制　宋周必大　1148-120-103

賜趙伯圭除開府儀同三司告　宋周必大　1148-233-112

賜趙伯圭除節度使告　宋周必大　1148-233-112

皇伯太師嗣秀王伯圭合得寢岐一十五道（制）　宋陳傳良　1150-574- 11

皇伯祖太師嗣秀王伯圭特授兼中書令加食邑實封制附口宣　宋樓　鑰　1152-747- 45

皇伯祖太師嗣秀王伯圭特授兼中書令加食邑實封制附口宣　宋樓　鑰　1152-748- 45

●趙伯宗宋

趙與權曾祖伯宗追贈制　宋徐元杰　1181-696- 7

●趙伯浩宋

特奏各宗室趙伯浩授承節郎制　宋張　擴　1129-101- 10

●趙伯强宋

承信郎制　宋洪　适　1158-410- 24

●趙伯詔宋

（趙）伯詔可特與補承信郎特添差健康府不釐務兵馬監押請給人從並依正官例支破（制）　宋周必大　1148- 28- 96

●趙伯瑀宋

補承信郎（制）　宋周必大　1148- 39- 96

●趙伯鎭宋

換授承信郎制　劉劉才邵　1130-461- 5

●趙布古宋

中亮大夫趙希古知客省事判　宋翟汝文　1129-201- 2

●趙布丞宋

換授皇叔右監門衞大將門高州刺史提舉佑神觀免奉朝請制　宋吳　泳　1176- 48- 6

授蘄州防禦使仍提舉佑神觀制　宋吳　泳　1176- 48- 6

●趙布言宋

趙與權父希言追贈制　宋徐元杰　1181-696- 7

●趙布塗宋

除將作簿制　宋袁　甫　1175-433- 9

磨勘轉官制　宋徐元杰　1181-693- 7

●趙布杵宋

授度支郎官制　宋徐元杰　1181-684- 6

●趙布裒宋

授南外知宗制　宋徐元杰　1181-688- 7

●趙布窟宋

皇叔希礿贈少師追封咸寧郡王制　宋吳　泳　1176- 90- 10

●趙希壁宋

改知嘉興府制　宋許應龍　1176-468- 6

●趙布映宋

皇伯希瑛贈開府儀同三司杞國公制　宋吳　泳　1176- 89- 10

●趙布微宋

授太社令制　元徐元杰　1181-693- 7

●趙布悙宋

特授昭信軍節度使開府儀同三司進封制　宋眞德秀　1174-293- 19

●趙布誤宋

授州防禦使依前皇叔提舉佑神觀制　宋吳　泳　1176- 48- 6

降授右監門衞大將軍
　薊州防禦使制　　　　宋吳　泳　1176-49-　6
復和州防禦使致仕制　　宋吳　泳　1176-49-　6
●趙布瑋宋
授知南外宗正事制　　　宋吳　泳　1176-47-　6
可改知西外宗正事制　　宋吳　泳　1176-47-　6
●趙布樸宋
授江淮等路都大提點
　制　　　　　　　　　宋徐元杰　1181-689-　7
●趙布錧宋
皇叔希錧追封郡王制　　宋吳　泳　1176-90- 10
●趙布贊宋
朔州觀察使左驍衞大
　將軍趙希贊可泰州
　刺史（制）　　　　　宋田　錫　1085-541- 28
●趙布儼宋
特轉一官制　　　　　　宋袁　甫　1175-438-　9
●趙布還宋
授閤字軍承宣使制　　　宋吳　泳　1176-48-　6
●趙宗元宋
太醫丞趙宗元可轉一
　官制　　　　　　　　宋慕容彥逢　1123-384-　7
太醫丞趙宗元可轉一
　官制　　　　　　　　宋慕容彥逢　1123-390-　8
●趙宗古宋
比部員外郎趙宗古磨
　勘改官制　　　　　　宋歐陽修　1102-620- 79
●趙宗旦宋
除皇伯宗旦制　　　　　宋韓　維　1101-641- 15
●趙宗汧宋
皇姪故左監門衞將軍
　宗汧可贈防禦使追
　封侯制　　　　　　　宋蔡　襄　1090-446- 13
●趙宗治宋
皇弟右領衞大將軍宗
　治可逐州刺史(制)　　宋韓　維　1101-666- 17
●趙宗述宋
皇姪宗述可右屯衞大
　將軍制　　　　　　　宋胡　宿　1088-785- 19
●趙宗祐宋
皇弟右領衞大將軍宗
　祐可逐州刺史(制)　　宋韓　維　1101-666- 17
皇叔祖宗祐加恩制　　　宋蘇　轍　1112-350- 33
●趙宗望宋
刑王孫宗望可遙郡刺

史制　　　　　　　　　宋胡　宿　1088-775- 18
刑王孫右武衞大將軍
　道州團練使宗望舒
　州防禦使餘如故制　　宋王安石　1105-447- 55
●趙宗衮宋
皇伯宗衮可贈武寧軍
　節度使兼侍中追封
　彭城郡王制　　　　　宋王安禮　1100-22-　2
皇兄右驍衞大將軍瓊
　州刺史宗衮可溫州
　團練使（制）　　　　宋韓　維　1101-666- 17
●趙宗晟宋
皇兄右驍衞大將軍連
　州刺史宗晟可光州
　團練使（制）　　　　宋韓　維　1101-666- 17
除皇伯祖（趙）宗晟
　特起復制　　　　　　宋蘇　軾　1108-661-106
　　　　　　　　　　　　　　　　1350-371- 36
●趙宗博宋
皇帝右驍衞大將軍藤
　州刺史宗博可楚州
　團練使（制）　　　　宋韓　維　1101-666- 17
●趙宗蕭宋
皇兄右驍衞大將軍僕
　州防禦使宗蕭可和
　州防禦使（制）　　　宋韓　維　1101-667- 17
●趙宗勝宋
皇弟右領衞大將軍宗
　勝可逐州刺史(制)　　宋韓　維　1101-666- 17
皇伯祖（趙）宗勝贈
　太尉北海郡王(制)　　宋蘇　軾　1108-678-107
●趙宗道宋
光祿寺丞集賢校理趙
　宗道可理寺丞制　　　宋宋　祁　1088-269- 31
皇姪故左屯衞大將軍
　常州團練使宗道可
　贈觀察使追封侯制　　宋蔡　襄　1090-431- 11
●趙宗瑗宋
皇叔祖故昭信軍節度
　使開府儀洞司宗瑗
　可贈太師追封崇王
　制　　　　　　　　　宋劉　放　1096-194- 20
●趙宗楚宋
皇弟右領衞大將軍宗
　楚可逐州刺史(制)　　宋韓　維　1101-666- 17

皇叔祖宗楚加恩制　宋蘇　轍　1112-351- 33
●趙宗鼎宋
皇姪宗鼎可贈邠州觀
　察使追封新平王制　宋胡　宿　1088-801- 21
●趙宗暉宋
皇兄右驍衞大將軍雷
　州刺史宗暉可懷州
　團練使（制）　宋韓　維　1101-666- 17
皇伯祖宗暉加恩制　宋蘇　轍　1112-350- 33
除皇伯宗暉依前淮康
　軍節度使特封濮國
　公加食邑今實封餘
　如故制　宋郭潤甫　1350-367- 36
●趙宗愈宋
皇弟右驍衞大將軍橫
　州刺史宗愈可饒州
　團練使（制）　宋韓　維　1101-666- 17
●趙宗嵓宋
授大宗正丞兼刑部郎
　官制　宋徐元杰　1181-684- 6
●趙宗實宋
皇姪右衞大將軍泰州
　防禦使知宗正寺實
　可岳州刺使充本州
　團練使制　宋王安石　1105-375- 49
皇姪右衞大將軍岳州
　團練使宗實可起復
　舊官泰州防禦使知
　宗正寺制　宋王安石　1105-375- 49
　　　　　　　　　　1350-388- 38
●趙宗粹宋
皇親太子率府宗粹以
　下可並右千牛衞將
　軍　宋沈　遘　1097- 36- 4
●趙宗漢宋
皇子行太子左清道率
　府率宗漢可右驍衞
　大將軍（制）　宋韓　維　1101-667- 17
●趙宗輔宋
皇兄右驍衞大將軍白
　州刺史宗輔可磁州
　團練使（制）　宋韓　維　1101-666- 17
●趙宗綽宋
皇弟右驍衞大將軍漳
　州刺史宗綽可毫州

團練使（制）　宋韓　維　1101-666- 17
●趙宗誼宋
皇兄右驍衞大將軍洛
　州防禦使宗誼可明
　州觀察使（制）　宋韓　維　1101-666- 17
●趙宗楶宋
除漳州府路提刑（制）　宋劉一止　1132-164- 31
●趙宗魯宋
皇姪宗魯可贈徐州觀
　察使追封彭城侯制　宋鄭　獬　1097-122- 2
●趙宗諤宋
皇伯宗諤同中書門下
　平章事制　宋王　珪　1093-277- 37
皇伯宗諤授光祿大夫
　檢校尚書左僕射同
　中書門下平章事賜
　國公集慶軍節度使　宋王　珪　1093-277- 37
除皇伯宗諤（制）　宋司馬光　1094-163- 16
皇伯集慶軍節度使檢
　校尚書左僕射兼御
　史大夫上柱國鄧國
　公宗諤南郊加食邑
　功臣制　宋鄭　獬　1097-121- 2
皇伯宗諤贈太尉韓王
　制　宋曾　鞏　1098-554- 22
除皇兄宗諤保靜軍節
　度使制　宋張方平　1350-351- 34
●趙宗翰宋
皇弟右驍衞大將軍道
　州團練使宗翰可依
　前右驍衞大將軍德
　州防禦使（制）　宋韓　維　1101-667- 17
●趙宗樸宋
皇姪宗樸可貴州刺史
　制　宋胡　宿　1088-785- 19
皇伯宗樸授光祿大夫
　依前檢校尚書左僕
　射同中書門下平章
　事充彰德軍節度使　宋王　珪　1093-274- 37
皇伯章德軍節度使濮
　國公宗樸可檢校左
　僕射同中書門下平
　章事充彰德軍節度
　使濮國公制　宋鄭　獬　1095-121- 2
故宗樸改封惠王（制）　宋張　綱　1131- 51- 8

●趙宗儒宋
太子右庶子制——貞
　元十四年七日　　　唐不著撰人　426-393- 55
太常卿制　　　　　　唐元　稹　1079-568- 44
　　　　　　　　　　　　　　　1336-611-396
可尚書左僕射制　　　唐元　稹　1079-568- 44
●趙宗隱宋
皇弟左驍衞大將軍汀
　州刺史宗隱可隰州
　團練使（制）　　　宋韓　維　1101-666- 17
●趙宗盖宋
皇弟右領衞大將軍宗
　盖可遂州刺史(制)　宋韓　維　1101-666- 17
●趙宗逸宋
皇姪故左監門衞將軍
　宗逸可贈防禦使追
　封侯制　　　　　　宋蔡　襄　1090-446- 13
●趙宗瓊宋
皇弟右驍衞大將軍襲
　州刺史宗瓊可眞州
　團練使（制）　　　宋韓　維　1101-666- 17
●趙宗藝宋
皇姪宗藝可左領衞大
　將軍制　　　　　　宋胡　宿　1088-785- 19
●趙宗懿宋
皇姪宗懿可端州刺史
　制　　　　　　　　宋胡　宿　1088-765- 19
皇兄宿州觀察使宗懿
　可封濟國公制　　　宋鄭　獬　1097-121- 2
皇姪信州團練使懿改
　鄂州防禦使制　　　宋王安石　1105-446- 55
●趙居中宋
賜皇弟居中（加食邑
　食實封告）　　　　宋周必大　1148-233-112
●趙居端宋
皇叔祖多讓父居端贈
　太師制　　　　　　宋吳　泳　1176- 89- 10
●趙居廣宋
皇兄居廣加食邑七百
　戶食實封三百戶制　宋周必大　1148- 94-102
賜皇兄居廣（大禮畢
　加食邑食封告）　　宋周必大　1148-232-112
●趙居禮宋
宗室居禮特補右內率
　府副率制　　　　　宋張　擴　1129-148- 14

●趙孟傳宋
特授華文閣直學士沿
　海制置使知慶元府
　誥　　　　　　　　宋王應麟　1187-256- 5
●趙承亮宋
皇伯祖承亮授檢校工
　部尚書榮國公感德
　軍節度使加封邑制　宋王　珪　1093-276- 37
皇伯祖承亮授依前感
　德軍節度使改封秦
　國公制　　　　　　宋王　珪　1093-276- 37
皇伯祖威德軍節度使
　榮國公承亮加恩制　宋王安石　1105-356- 47
　　　　　　　　　　　　　　　1350-355- 34
除皇伯祖承亮檢校工
　部尚書榮國公威德
　軍節度使加食邑實
　封制　　　　　　　宋王　珪　1350-362- 35
●趙承俊宋
皇弟故右屯衞大將軍
　覇州防禦使承俊贈
　崇信軍節度觀察留
　後追封樂平郡公制　宋王安石　1105-441- 54
●趙承幹宋
皇兄故懷州防禦史承
　幹可贈保靖軍節度
　使追封肅國公制　　宋蔡　襄　1090-429- 11
●趙承掀宋
皇叔故右神武大將軍
　鳳州團練使追封安
　陸侯（制）　　　　宋韓　維　1101-668- 17
●趙承簡宋
皇兄故保康節度觀察
　留後承簡贈彰化軍
　節度追封安定郡王
　制　　　　　　　　宋王安石　1105-440- 54
　　　　　　　　　　　　　　　1350-391- 38
●趙承顯宋
除皇伯祖承顯（制）　宋司馬光　1094-160- 16
●趙尚之宋
可除直秘閣制　　　　宋綦崇禮　1134-548- 4
●趙昌翰
授趙昌翰考功郎中制　唐錢　翊　1336-566-389
　　　　　　　　　　　　　　　1402- 80- 14
●趙明誠宋

轉一官制　宋許景衡　1127-230- 7

●趙昇卿 唐

授趙昇卿駕部員外郎制　唐蘇頲　1336-584-392

授趙昇卿長安縣令制　唐蘇頲　1336-687-407

●趙叐之 宋

（趙）叔頗男叐之可三班借職（制）　宋蘇軾　1108-668-106

●趙叔勻 宋

皇叔右金吾衞大將軍降授眞州團練使叔勻可特授依前右金吾衞大將軍號州防禦使制　宋慕容彥逢　1123-359- 6

●趙叔玟（等）宋

叔玟等三十二人並除右班殿直（制）　宋蘇轍　1112-295- 28

●趙叔近 宋

知秀州趙叔近落職制　宋汪藻　1128- 89- 9

●趙叔封 宋

皇伯故眞州防禦使叔可贈崇信軍節度使追遂國公制　宋劉敞　1096-201- 20

●趙叔兼 宋

皇伯右武衞大將軍深州團練使叔兼防禦使制　宋劉敞　1096-183- 19

●趙叔豹 宋

皇叔故右武衞大將軍漢州刺史叔豹可特贈蠻州觀察使追封雲安侯（制）　宋劉敞　1095-657- 30

●趙叔釗 宋

皇叔太子石內率府副率叔釗可特授太子右監門率府率制　宋呂陶　1098- 65- 8

●趙叔混 宋

宗室叔混贈開府儀同三司（制）　宋劉安上　1124- 21- 2

●趙叔曹 宋

皇叔（趙）叔曹贈洛州防禦使封廣平侯（制）　宋蘇軾　1108-667-106

●趙叔奢 宋

皇叔故右監門衞大將軍叔奢可贈濟州防禦使追封濟陽侯（制）　宋劉敞　1095-658- 30

●趙叔紺 宋

敘官制　宋鄒浩　1121-317- 18

●趙叔姡 宋

皇叔右武衞大將軍舒州團練使叔姡可贈觀察使追封侯制　宋劉敞　1095-658- 30

●趙叔遂 宋

皇叔（趙）叔遂可贈懷州防禦使追封河內侯（制）　宋蘇軾　1108-672-106

●趙叔董 宋

皇弟右監門衞大將軍叔董可依前大將軍蘭州刺史制　宋慕容彥逢　1123-347- 5

●趙叔嫒 宋

皇弟右千牛衞將軍叔嫒可右監門衞大將軍　宋王震　1350-399- 39

1402-118- 21

●趙叔滕 宋

皇叔右武衞大將軍環州刺史叔滕可遂郡團練使制　宋劉敞　1096-184- 19

●趙叔譚 宋

（趙）叔譚先因殺人追官勒停已敘今敘古千牛衞將軍制　宋蘇轍　1112-289- 27

●趙叔諶 宋

皇姪右千牛衞將軍叔諶服除可舊官制　宋鄭獬　1097-154- 5

●趙叔鮑 宋

皇叔故右武衞大將軍惠州團練使叔鮑可贈鄆州觀察使追封東平侯制　宋劉敞　1096-233- 23

●趙叔羅 宋

皇叔右監門衞大將軍叔羅可遂郡刺史制　宋劉敞　1096-185- 19

●趙叔儕 宋

皇叔武衞大將軍磁州刺史叔儕等並可遂郡團練使制　宋劉敞　1096-193- 19

皇叔右金吾衛大將軍降授通州團練使叔儦可特授依前右金吾衛大將軍成州防禦使制　宋慕容彥逢　1123-358- 6

●趙知機 宋

承直郎趙知機可換右職制　宋慕容彥逢　1123-367- 6

●趙彥呐

授權兵部侍郎依舊四川安撫制置使制　宋吳 泳　1176- 53- 6

除煥章閣學士依蕳四川安撫制置使制　宋許應龍　1176-461- 5

●趙彥若 宋

太子中允集賢校里趙彥若可太常丞依前職制　宋鄭 獬　1097-154- 5

轉官制　宋曾 鞏　1098-553- 21

●趙彥城 宋

吏部郎中趙彥城除大理少卿制　宋洪咨夔　1175-220- 16

授權兵部侍郎兼說書制　宋吳 泳　1176- 58- 7

授兼侍講制　宋吳 泳　1176- 62- 7

授試秘書監兼崇政殿說書制　宋吳 泳　1176- 65- 7

除權吏部尚書制　宋許應龍　1176-439- 4

加恩制　宋許應龍　1176-457- 5

●趙彥珖

知容州（制）　宋樓 鑰　1152-656- 37

●趙彥紓 宋

新知西外宗正事趙彥紓乞休致除直秘閣官制　宋洪咨夔　1175-236- 18

●趙彥适 宋

磨勘循一資（制）　宋樓 鑰　1152-619- 34

●趙彥堪 宋

特彥名宗室趙彥堪受承節郎制　宋張 擴　1129-101- 10

●趙彥覃 宋

直秘閣新成都府路提刑趙彥覃除都大坑治制　宋洪咨夔　1175-229- 17

●趙彥軏 宋

趙傳夫弟伉夫父彥軏

贈特進制　宋吳 泳　1176- 97- 10

●趙彥逾 宋

封祥符縣開國男食邑三百戶（制）　宋陳傳良　1150-617- 15

除端明殿學士知建康府依執政恩數(制)　宋陳傳良　1150-631- 17

改除四川安撫制置使兼知成都（制）　宋陳傳良　1150-633- 17

工部尚書（制）　宋樓 鑰　1152-662- 37

該覃恩轉官（制）　宋樓 鑰　1152-699- 40

●趙彥逾（曾祖）宋

趙彥逾曾祖少師崇國公謚清簡加贈太傅（制）　宋陳傳良　1150-636- 17

●趙彥逾（祖）

趙彥逾祖加贈太子太傅（制）　宋陳傳良　1150-637- 17

●趙彥逾（父）宋

趙彥逾父加贈太子少師（制）　宋陳傳良　1150-637- 17

●趙彥衛 宋

降一官（制）　宋樓 鑰　1152-615- 34

●趙彥槪 宋

趙彥槪知實慶府制　宋袁 甫　1175-430- 8

●趙彥操 宋

知廣州（制）　宋樓 鑰　1152-623- 34

除煥章閣待制（制）　宋樓 鑰　1152-669- 38

轉一官致仕　宋樓 鑰　1152-691- 40

●趙彥禮 宋

降一官（制）　宋樓 鑰　1152-688- 39

●趙彥謨 宋

宗子趙彥謨甫承信郎制　宋汪 藻　1128- 80- 8

●趙彥繩 宋

知贛州（制）　宋陳傳良　1150-646- 18

●趙思正 宋

加恩制　宋吳 泳　1176- 45- 5

●趙思忠 宋

特與起復（制）　宋周必大　1148- 52- 97

●趙思明 宋

知永靜軍（制）　宋蘇 軾　1108-683-107

可西上閤門副使(制)　宋蘇 軾　1108-694-108

●趙思道 宋

轉官制　宋許景衡　1127-227- 7

●趙思誠 宋

秘書郎趙思誠可著作郎制 宋慕容彥逢 1123-333- 4

中書舍人（制） 宋李彌遜 1130-626- 4

知泉州（制） 宋李彌遜 1130-638- 5

除中書舍人（制） 宋張 綱 1131- 46- 8

轉一官（制） 宋張 綱 1131- 52- 8

●趙思齊宋

東頭供奉官閤門祗侯趙思齊可內殿崇班依舊閤門祗侯（制） 宋蘇 頌 1092-394- 34

●趙思瑫宋

知德慶府（制） 宋樓 鑰 1152-626- 35

●趙若浚宋

太后山陵復土錢忠表趙若浚轉一官制 宋洪咨夔 1175-229- 17

●趙真長唐

趙眞長等加官制 唐元 稹 1079-583- 48

●趙真卿宋

可大理評事致仕制 宋胡 宿 1088-799- 20

●趙真齡唐

除右散騎常侍制 唐杜 牧 1081-666- 4 1336-506-380

●趙珙夫宋

四川制置司機宜文字趙珙夫除太社令制 宋洪咨夔 1175-264- 22

●趙挺之宋

朝奉郎充集賢校理趙挺之等可監察御史制 宋劉 敞 1096-196- 20

●趙時信（等）宋

合格取應宗子時信等四十二人授官第一名補承節郎餘補承信郎（制） 宋陳傅良 1150-598- 13

●趙時逢宋

大宗正丞制 宋虞 儔 1154-121- 5

特授試將作監制 宋衛 涇 1169-471- 1

●趙時煥宋

授太常寺簿制 宋徐元杰 1181-688- 7

●趙師民宋

龍圖閣直學士趙師民（可）刑部郎中（制） 宋劉 敞 1095-655- 30

●趙師旦宋

故知康州贊善大夫趙師旦宜特贈光祿少卿制 宋蔡 襄 1090-422- 10

●趙師至宋

趙與權祖師至追贈少傅制 宋徐元杰 1181-696- 7

●趙師厚（等）宋

趙師厚等一十人亦補承信郎展二年出官（制） 宋周必大 1148- 58- 98

●趙師禹宋

皇叔師禹除檢校少傅（制） 宋劉 煇 1157-459- 10

皇叔保康軍節度使郎禹加食邑實封制 宋衛 涇 1169-506- 3

皇叔師禹除檢校少傅制 宋眞德秀 1174-294- 19

●趙師垂宋

皇伯檢校少保師垂加食邑實封制 宋衛 涇 1169-505- 3

皇伯師垂特授少保依前定江軍節度使致仕天水郡開國公加食邑令所司擇日備禮册命制 宋眞德秀 1174-291- 19 1418-742- 63

●趙師貢宋

皇叔祖師貢加食邑食實封制 宋許應龍 1176-452- 5

●趙師淵宋

特授行將作監主簿制 宋衛 涇 1169-471- 1

●趙師彭宋

皇伯希瑋父師彭贈和州防禦使制 宋吳 泳 1176- 90- 10

●趙師造宋

降兩官（制） 宋樓 鑰 1152-610- 34

●趙師敏宋

宗室趙師敏特補承信郎制 宋張 擴 1129- 99- 10

轉遙郡刺史誥 宋王 洋 1132-435- 8

●趙師湧宋

忠訓郎趙師湧特降一官仍押送寄居泉州拘管（制） 宋陳傅良 1150-599- 13

●趙師揆宋

皇伯師揆少傅奉國軍

節度使充萬壽觀使嗣秀王食邑五千九百戶實封二千一百戶特授少師依前奉國軍節度使充萬壽觀使嗣秀王加食邑食實封仍令擇日備禮禮册命（制）　宋樓　鑰　1157-460- 10

皇伯嗣秀王師揆加食邑實封制　宋衞　涇　1169-504- 3

皇伯嗣秀王師揆可特授少保加食邑制　宋眞德秀　1174-287- 19

皇伯師揆特授少師依前奉國軍節度使充萬壽觀使嗣秀王加食邑仍令擇日備禮册命制　宋眞德秀　1174-295- 19

●趙師肷宋

宗子師鉱量試不中依近降指揮四十以上特補承信郎展三年出官（制）　宋陳傅良　1150-598- 13

●趙師程宋

大理寺主簿（制）　宋樓　鑰　1152-680- 39

●趙師道宋

宗子趙師道補承信郎制　宋張　擴　1129- 98- 10

●趙師楷宋

授江淮荊浙福建廣南路都大提點坑冶鑄錢公事制　宋吳　泳　1176- 74- 8

直寶章閣廣東經略安撫制　宋許應龍　1176-459- 5

除直秘閣依舊都大提點坑冶鑄錢公事制　宋許應龍　1176-471- 6

●趙師畢（父）宋

趙師畢贈父制　宋虞　儔　1154-112- 5

●趙師說宋

四川宗子師說等十人越赴殿試不及並特補承信郎（制）　宋陳傅良　1150-598- 13

●趙師潚宋

皇叔祖師潚加食邑食實封制　宋許應龍　1176-451- 5

●趙師羲宋

太府少卿淮西總領（制）　宋樓　鑰　1152-679- 39

知江州制　宋周　南　1169-128- 0

知贛州制　宋周　南　1169-128- 0

特試工部尚書知臨安軍府事兼管內勸農使充兩浙西路安撫使馬步軍都總管制　宋衞　涇　1169-491- 2

特授通議大夫制　宋衞　涇　1169-492- 2

●趙師零宋

授知南外宗正事制　宋吳　泳　1176- 47- 6

●趙師彌宋

加恩制　宋吳　泳　1176- 45- 5

嗣秀王師彌特授少師加食邑實封制　宋許應龍　1176-452- 5

●趙師夔宋

特轉一官（制）　宋周必大　1148- 79-100

加食邑實封制附口宣　宋樓　鑰　1152-745- 45

●趙惟鈁宋

皇姪孫惟鈁等三人加官（制）　宋田　錫　1085-556- 29

●趙康直宋

贈待制（制）　宋李彌遜　1130-620- 4

●趙崇健宋

授大理寺正制　宋吳　泳　1176- 55- 6

●趙崇森宋

除大理評事（制）　宋洪咨夔　1175-242- 19

●趙崇㬎宋

太府寺丞制　宋洪咨夔　1175-231- 17

除太宗正丞制　宋袁　甫　1175-431- 8

●趙崇嗣唐

授趙崇嗣南由縣令等制　唐李　嶠　1336-742-415

●趙崇暉宋

除刑部郎官制　宋袁　甫　1175-439- 9

●趙崇嶷宋

除大理評事（制）　宋洪咨夔　1175-242- 19

●趙崇齊宋

轉一官制　宋許應龍　1176-477- 6

●趙崇禧宋

題建昌趙氏官誥後　明王　直　1241-283- 13

●趙從古宋

皇姪右衞大將軍薪防禦使從右登州防禦使制　宋王安石　1105-396- 51

四庫全書文集篇目分類索引

史部 詔令奏議類：附錄 詔令下（男）十四畫

●趙從式 宋
趙皇伯從式制　　宋韓　維　1101-643- 15
●趙從善 宋
皇姪故如京使從善可贈刺史制　　宋宋　庠　1087-591- 25
●趙從義 宋
故左藏庫使趙從義可贈皇城使惠州刺史充本州團練使制　　宋慕容彥逢　1123-356- 6
●趙從質 宋
皇姪故左屯衞大將軍信州團練使從質可贈觀察使追封侯制　　宋蔡　襄　1090-418- 10
●趙善下 宋
賜善下乞依舊在京宮觀免奉朝請任使居住不允詔　　宋眞德秀　1174-300- 19
●趙善仁 宋
特降一官（制）　　宋周必大　1148- 20- 95
●趙善防 宋
賜進士出身宣孝郎趙善防係濮安懿王近屬更轉一官（制）　　宋陳傅良　1150-598- 13
●趙善彥 宋
承議郎當德府通判趙善彥降一官放罷（制）　　宋陳傅良　1150-583- 12
●趙善淵 宋
特奏名宗室趙善淵授承節郎制　　宋張　擴　1129-101- 10
●趙善淑（等）宋
趙善淑等各可補承信郎制　　宋汪　藻　1128- 80- 8
●趙善堅 宋
知紹興府制　　宋虞　儔　1154-122- 5
特授寶謨閣待制制　　宋衞　涇　1169-486- 2
●趙善湘 宋
依舊資政殿大學士知紹興府浙東安撫使制　　宋許應龍　1176-460- 5
●趙善視 宋
降一等放罷（制）　　宋樓　鑰　1152-612- 34
●趙善靈 宋
換授皇叔祖太子右監率府率制　　宋吳　泳　1176- 47- 6

●趙善應 宋
（趙汝愚）父贈溫國公（制）　　宋陳傅良　1150-615- 15
（趙汝愚）父贈國公（制）　　宋陳傅良　1150-624- 16
（趙汝愚）父善應太子少師（制）　　宋樓　鑰　1152-641- 36
（趙汝愚）父善應太子太師（制）　　宋樓　鑰　1152-674- 38
（趙汝愚）父善應少師（制）　　宋樓　鑰　1152-706- 41
●趙善謙 宋
降一資放罷（制）　　宋樓　鑰　1152-614- 34
●趙善禮 宋
廣德縣令趙善禮循資制　　宋洪　适　1158-370- 19
●趙善瀚 宋
知岳州制　　宋洪咨夔　1175-250- 20
●趙善瑾 宋
授州防禦使制　　宋吳　泳　1176- 47- 6
●趙善繼 宋
除直祕閣（制）　　宋周麟之　1142-150- 19
●趙善鑄 宋
特授直祕閣權知襄陽軍府兼管內勸農營田事主管京南西路安撫司公事馬步軍都總管兼提領措置屯田專一措置提督修城制　　宋衞　涇　1169-486- 2
●趙善鋼 宋
轉忠翊郎制　　宋張　擴　1129-102- 10
●趙惠琮 唐
授趙惠琮左監門衞將軍制　　唐孫　逖　1336-653-402
●趙景存（等）宋
蕃官趙景存等轉官制　　宋鄒　浩　1121-314- 17
●趙景韓 宋
平陽縣令趙景韓推恩合循一資（制）　　宋劉一止　1132-162- 31
●趙貴誠 宋
立皇姪貴誠爲皇子詔　　宋程　珌　1375- 56- 2
●趙貴謙 宋
除保康軍節度使制　　宋吳　泳　1176- 42- 5
●趙舜舉 宋

四庫全書文集篇目分類索引

因妻父武功大夫劉奇
　掩殺叛賊陣亡與補
　承信郎制　　　　　　宋張　嵲　　1131-505- 19
●趙進之宋
轉官換給告身　　　　　宋張　綱　　1131- 42- 7
●趙復先宋
趙子森父復先明堂恩
　封官制　　　　　　　宋洪咨夔　　1175-242- 19
●趙慎微宋
可比部員外郎制　　　　宋胡　宿　　1088-745- 15
●趙溫瑜宋
尚書比部員外郎通判
　舒州趙溫瑜可尚書
　駕部員外郎制　　　　宋宋　庠　　1087-590- 25
●趙嗣先宋
翰林醫官趙嗣先可轉
　一官制　　　　　　　宋慕容彥逢　1123-384- 7
翰林醫官趙嗣先可轉
　一官制　　　　　　　宋慕容彥逢　1123-390- 8
●趙嗣宗宋
奏舉人前權知嘉州軍
　事推官趙嗣宗可大
　理寺丞（制）　　　　宋沈　遘　　1097- 41- 5
●趙嗣真宋
太子少師致仕趙緊奏
　親孫大理評事嗣真
　可光祿寺丞（制）　　宋蘇　頌　　1092-357- 30
●趙與可宋
除金部員外郎制　　　　宋馬廷鸞　　1187- 29- 4
●趙與奈宋
換授太子右監門率府
　副率制　　　　　　　宋吳　泳　　1176- 49- 6
●趙與昉宋
宗子與昉補承信郎（
　制）　　　　　　　　宋樓　鑰　　1152-686- 39
●趙與芮宋
將作少監趙與芮除大
　理少卿制　　　　　　宋洪咨夔　　1175-244- 19
除武康軍節度使制　　　宋吳　泳　　1176- 42- 5
換授揚州觀察使提舉
　佑神觀仍奉朝請制　　宋吳　泳　　1176- 50- 6
授武康軍承宣使依舊
　提舉佑神觀制　　　　宋吳　泳　　1176- 50- 6
特授申書令制　　　　　宋馬廷鸞　　1187- 23- 3
特授武康寧江軍節度

使依前太師判太宗
　正事嗣榮王加食邑
　實封制　　　　　　　宋馬廷鸞　　1187- 23- 3
降封平原郡公制　　　　元王　構　　1367-146- 12
　　　　　　　　　　　　　　　　　1402-106- 18
●趙與嵓宋
謨閣待制趙與嵓特授
　尚書戶部侍郎兼知
　臨安府制　　　　　　宋馬廷鸞　　1187- 36- 5
●趙與爽宋
籍田令制　　　　　　　宋洪咨夔　　1175-255- 21
換授吉州刺史提舉佑
　神觀仍奉朝請制　　　宋吳　泳　　1176- 50- 6
●趙與殙宋
授司農寺簿制　　　　　宋徐元杰　　1181-688- 7
●趙與滊宋
換授皇弟太子右監門
　率府率制　　　　　　宋吳　泳　　1176- 49- 6
●趙與禧宋
特贈朝請郎直華文閣
　誥　　　　　　　　　宋王應麟　　1187-265- 5
●趙與悙宋
特授保寧軍節度使制　　宋馬廷鸞　　1187- 24- 3
●趙與憲宋
除都官郎中兼樞密院
　檢詳文字制　　　　　宋洪咨夔　　1175-254- 21
都官兼檢詳趙與憲除
　直寶章閣兩浙路轉
　運判官制　　　　　　宋洪咨夔　　1175-259- 22
●趙與懬（權）宋
起復直寶謨閣淮西提
　刑制　　　　　　　　宋洪咨夔　　1175-243- 19
除戶部侍郎誥　　　　　宋許應龍　　1176-431- 3
權戶部尚書制　　　　　宋許應龍　　1176-439- 4
除戶部尚書制　　　　　宋許應龍　　1176-440- 4
除刑部郎官制　　　　　宋許應龍　　1176-444- 4
授資政殿大學士兼侍
　讀制　　　　　　　　宋徐元杰　　1181-681- 6
●趙夢極宋
太常丞制　　　　　　　宋虞　儔　　1154-121- 5
●趙像之宋
福建提刑（制）　　　　宋樓　鑰　　1152-678- 39
●趙廣文宋
西綾綿副使兼醫官副
　使趙廣文可轉一官

制　　　　　　　　　　宋慕容彥逢　1123-384- 7

●趙頵之宋
降左文林郎制　　　　　宋張　擴　1129-132- 12

●趙鋪馬宋
補進勇副尉制　　　　　宋張　擴　1129- 89- 9

●趙德文宋
除皇叔德文忠武軍節度使加食邑實封制　　宋宋　祁　1088-271- 31

●趙德勝明
贈江西平章政事追封梁國公誌　　　　　　明王　禕　1226-254- 12
　　　　　　　　　　　　　　　　　　　　1373-489- 1
　　　　　　　　　　　　　　　　　　　　1402-120- 22

●趙葳之宋
右武衞大將軍合州刺史葳之可遂郡團練使制　　宋慕容彥逢　1123-357- 6

●趙應言宋
前保慶軍節度推官趙應言可秘書省著作佐郎制　　宋夏　竦　1087- 59- 1

●趙鎬夫宋
（除）司農寺簿制　　宋洪咨夔　1175-231- 17
司農寺簿趙鎬夫除司農寺丞兼提領安邊所制　　宋洪咨夔　1175-247- 20

●趙績之宋
保義郎趙績之等並授承節郎制　　　　　　宋張　擴　1129-101- 10

●趙顯夫宋
宗子顯夫量試不中年四十以上特補承信郎（制）　宋陳傅良　1150-598- 13

●嘉　珲元
特進平章政事嘉珲封魏國公制　　　　　　元程鉅夫　1202- 16- 2

●嘉　珲（父）元
嘉珲父謚毅敏制　　　元程鉅夫　1202- 17- 2

●嘉勒斡宋
補皇城副使帶本族巡檢（制）　　　　　　宋慕容彥逢　1123-350- 5
進補皇城副使奉聖旨特與轉兩官制　　　　宋慕容彥逢　1123-369- 7

●嘉木和爾元
額森特穆爾故曾祖父

嘉木和爾謚武毅制　　元程鉅夫　1202- 36- 3

●嘉勒斯賁宋
授河西節度使食邑實封制　　　　　　　　宋王　珪　1093-230- 33
依前保順河西節度使加食邑實封功臣制　　宋王　珪　1093-231- 33

●翟　易宋
轉一官制　　　　　　宋慕容彥逢　1123-392- 8

●翟　思宋
可殿中侍御史制　　　宋劉　敞　1096-196- 20
可祠部員外郎制　　　宋劉　敞　1096-240- 23
知泉州制　　　　　　宋蘇　軾　1108-693-108
可除國子司業（制）　宋孔武仲　1345-294- 11
太學博士（制）　　　宋曾　鞏　1350-397- 39
　　　　　　　　　　　　　　　　1402-119- 21

●翟　盆宋
翟貴妃封贈父盆太子少師制　　　　　　　宋洪　适　1158-393- 22

●翟　琮宋
守利州觀察使致仕制　宋張　擴　1129- 41- 6
贈承宣使制　　　　　宋張　擴　1129-149- 14
知壽春府（制）　　　宋張　綱　1131- 50- 8

●翟　楷宋
得轉一官資賞今循右從郎（制）　　　　　宋周必大　1148- 50- 97

●翟　璋唐
授翟璋將作少監制　　唐邇　逖　1336-633-399
授翟璋等蘇州刺史制　唐邇　逖　1336-709-410

●翟　興宋
武功大夫遂郡防禦史（制）　　　　　　　宋程　俱　1130-238- 24
贈節度使（制）　　　宋張　綱　1131- 12- 2
翟琮父興可特贈少傅制　　　　　　　　　宋張　嵲　1131-516- 20

●翟　顯宋
翟朝宗故父顯贈保康軍節度使制　　　　　宋吳　泳　1176- 97- 10

●翟文簡宋
贈三官制　　　　　　宋張　嵲　1131-493- 18

●翟世傑宋
翟貴妃封贈曾祖世傑太子少保制　　　　　宋洪　适　1158-392- 22

●翟汝文宋
資政殿大學士制　　　宋張　守　1127-685- 2
降兩官制　　　　　　宋汪　藻　1128- 88- 9

翰林學士（制） 宋程 俱 1130-241- 24
兼侍讀（制） 宋程 俱 1130-259- 26
除翰林學士承旨（制） 宋程 俱 1130-262- 26
落致仕提舉臨安府洞
　霄宮（制） 宋李彌遜 1130-617- 4
●翟延祚南唐
可水部員外郎（制） 宋徐 鉉 1085- 66- 8
●翟思成宋
翟貴妃封贈祖思成太
　子少傅制 宋洪 适 1158-392- 22
●翟師中宋
可轉一官制 宋慕容彥逢 1123-391- 8
●翟敦仁宋
可轉一官制 宋慕容彥逢 1123-378- 7
●翟朝宗宋
降授州團練使制 宋吳 泳 1176- 86- 9
敍復潭州觀察使致仕
　制 宋吳 泳 1176- 88- 9
●幹明善宋
與轉官兩官制 宋慕容彥逢 1123-388- 8
●聞人武子宋
改官（制） 宋張 綱 1131- 27- 4
●摻廣德漢
追封韓千秋摻樂後詔 漢 武 帝 426-1004- 6
　 1396-216- 2
●蒲　白宋
修城轉官制 宋許 翰 1123-500- 1
●蒲　伸宋
蒲宗孟祖伸贈太子少
　傅（制） 宋曾 鞏 1098-549- 21
●蒲　彥宋
爲措置捉殺王關郭守
　忠賊馬收復歸州了
　當等立功轉承節郎
　換給制 宋張 嵲 1131-451- 13
●蒲　述宋
蒲麻勿男述可特授懷
　化郎將制 宋王安禮 1100- 15- 2
●蒲　榮宋
循資制 宋王 洋 1132-424- 7
●蒲　贊宋
湖北運判制 宋劉一止 1132-212- 44
●蒲士隆宋
可孟州司馬（制） 宋蘇 頌 1092-377- 32
●蒲良顯宋

降官制 宋劉才邵 1130-477- 5
●蒲宗孟宋
可知鄆州制 宋劉 攽 1096-217- 21
可知河中府制 宋劉 攽 1096-237- 23
●蒲宗閔宋
知興元府（制） 宋蘇 轍 1112-319- 30
●蒲待聘宋
特降兩資（制） 宋周必大 1148- 18- 95
●蒲師道宋
蒲宗孟父師道贈太子
　太師（制） 宋曾 鞏 1098-550- 21
●蒲畢率（等）宋
蒲畢率等加官制 宋許 翰 1123-503- 2
●蒲澤之宋
除直寶章閣利州路提
　刑兼提舉制 宋劉才邵 1130-468- 5
●蒲顯士宋
蒲宗孟追封曾祖顯士
　贈太子少保（制） 宋曾 鞏 1098-549- 21
●蒲霞辛宋
可保順郎將（制） 宋蘇 轍 1112-299- 28
●蒲察久安宋
進封開國侯加食邑實
　封制 宋洪 适 1158-321- 11
●蓋　平宋
可殿中丞制 宋宋 庠 1087-563- 21
●蓋　成宋
授承信郎制 宋張 嵲 1131-437- 11
轉保義郎制 宋張 嵲 1131-439- 12
●蓋　寓唐
授寧遠軍節度使蓋寓
　左武衞上將軍制 唐錢 珝 549- 55-183
　 1336-642-401
●蓋　閎宋
周聿充陝西路宣諭使
　乞差蓋閎充准備差
　使先次轉一官（制） 宋劉一止 1132-189- 38
●蓋　演宋
可轉一官制 宋慕容彥逢 1123-383- 7
可轉一官制 宋慕容彥逢 1123-384- 7
●蓋又元唐
授蓋又元殿中侍御史
　制 唐常 袞 1336-604-395
●蓋巨源宋
可太子中舍致仕制 宋歐陽修 1102-630- 80

四庫全書文集篇目分類索引

史部

詔令奏議類：附錄

詔令下（男）十四畫

●蓋嘉運唐
授蓋嘉運兼金吾衞將軍制　唐孫逖　1336-651-402

●圖　噶元
太傅圖噶（追）封（廣陽王）諡（清獻）制　元馬祖常　1206-557- 6
　　　　　　　　　　　　　1373-244- 17

●圖固勒布哈元
圖固勒布哈追封永平王諡惠穆制　元許有壬　1211-490- 70

●暢（楊）璀唐
授暢璀諫議大夫制　唐賈　至　1336-513-381

●蒙　山（等）宋
蒙山等邊功轉官制　宋許　翰　1123-496- 1

●蒙光仲（等）宋
安化州殿侍銀青光祿大夫蒙光仲等加安化州三班借差餘如故（制）　宋程　俱　1130-266- 27

蒙光仲等加上柱國（制）　宋張　綱　1131- 50- 8

●蒙光落（等）宋
蒙光落等二百五十人可並銀酒監武（制）　宋韓　維　1101-677- 18

●蒙伽恪宋
與轉一官制　宋慕容彥逢　1123-389- 8

●蒙克隆勒元
元憲宗諡功臣詔　明胡　翰　1229- 33- 3

●滕　甫宋
可給事中充翰林學士知瀛州（制）　宋蘇　頌　1092-346- 29

可右諫議大夫擢御史中丞制　宋鄭　獬　1097-118- 1

服闋可依前太子中允集賢校理三司鹽鐵判官制　宋鄭　獬　1097-151- 5

●滕　康宋
權知三省樞密院事屬從大母往洪州制　宋汪　藻　1128-104- 11
　　　　　　　　　　　　　1128-340- 2

權知三省樞密院制　宋李正民　1133- 28- 3

●滕　康（曾祖）宋
滕康初任執政曾祖封贈制　宋汪　藻　1128- 69- 7

●滕　康（祖）宋
滕康初任執政祖封贈制　宋汪　藻　1128- 69- 7

●滕康（父）宋
滕康初任執政父封贈制　宋汪　藻　1128- 70- 7

●滕　膺宋
直祕閣制　宋李正民　1133- 8- 1

●滕　瑱宋
循資制　宋史　浩　1141-585- 6

●滕元發宋
可知瀛州制　宋劉　攽　1096-217- 21

●滕公輔宋
衢州推官制　宋歐陽修　1102-645- 81

●滕玄錫宋
著作佐郎滕玄錫可舊官（制）　宋田　錫　1085-543- 28

●滕希孟宋
滕宗愈男希孟可試將作監主簿　宋沈　遘　1097- 54- 6

●滕殷晉唐
可試右衞率府長史知濠州事兼充左江都知兵馬使制　唐白居易　1080-550- 51

●滕從免（克）唐
邕州節度使制　唐陸　贄　1337-283-457
　　　　　　　　　　　　　1465-450- 2

●熊　本宋
可知杭州制　宋劉　攽　1096-214- 21
知越州制　宋曾　肇　1101-330- 1
　　　　　　　　　　　　　1350-411- 40

著作佐郎制　宋王安石　1105-400- 51
降授朝散大夫（制）　宋蘇　轍　1112-312- 29

●熊　皋宋
可知秦州制　宋劉　攽　1096-211- 21

●熊　誠宋
與遙郡上轉一官制　宋王　洋　1132-418- 7

●熊　説宋
轉官（制）　宋張孝祥　1140-643- 19

●熊同文宋
屯田郎中知臨江軍熊同文可都官郎中餘如故制　宋夏　竦　1087- 66- 2

●熊自成宋
可國子博士制　宋夏　竦　1087- 63- 2

四庫全書文集篇目分類索引　1037

●熊布鳳明
（熊維典）父（封某
　官勅）　　　　　　明倪元璐　1297- 52-　4
●熊布賢宋
可轉一官制　　　　　宋慕容彥逢　1123-384-　7
●熊彥詩宋
除西京運判（制）　　宋周麟之　1142-104- 14
●熊維典明
直隸徽州績溪縣知縣
　熊維典（勅）　　　明倪元璐　1297- 52-　4
●管　寧魏
徵管寧詔　　　　　　魏明帝　1361-514-　3
●管少顯宋
進封宣國公加食邑實
　封制　　　　　　　宋姚　勉　1184-293- 42
●管思可宋
度支員外郎制　　　　宋李正民　1133- 16-　2
●管師仁宋
除諫官制　　　　　　宋鄒　浩　1121-320- 18
可左朝議大夫依前樞
　密直學士候令任滿
　日令再任制　　　　宋慕容彥逢　1123-363-　6
轉一官制　　　　　　宋慕容彥逢　1123-381-　7
●管朝宗宋
可庫部員外郎制　　　宋胡　宿　1088-743- 15
●僧格實喇元
封誥制　　　　　　　元謝　端　1367-158- 12
●綽　爾宋
授承信郎制　　　　　宋許　翰　1123-493-　1
●僕固懷恩唐
朔方節度使制　　　　唐不著撰人　426-427- 59
●裴　向唐
除裴向同州刺史制　　唐白居易　556-123- 85
　　　　　　　　　　　　　　　1080-589- 55
授裴向左散騎常侍制　唐元　稹　1079-570- 45
　　　　　　　　　　　　　　　1336-505-380
●裴　休唐
平章事制　　　　　　唐不著撰人　426-340- 49
宣武軍節度平章事制　唐不著撰人　426-382- 54
授裴休汴州節度使制　唐沈　詢　538-494- 75
　　　　　　　　　　　　　　　1337-278-456
授裴休宣武節度使制　唐文　宗　549- 51-183
除禮部尚書制　　　　唐杜　牧　549- 53-183
　　　　　　　　　　　　　　　1081-665- 14
　　　　　　　　　　　　　　　1336-553-387

授裴休中書門下平章
　事依前判鹽鐵制　　唐沈　詢　549- 54-183
　　　　　　　　　　　　　　　1337-216-450
授裴休荊南節度使制　玉堂遺範　1337-238-452
●裴　秀晉
爲司空詔　　　　　　晉武帝　1398- 28-　2
　　　　　　　　　　　　　　　1402- 36-　6
●裴　注唐
裴注等可侍御史制　　唐元　稹　1079-579- 47
　　　　　　　　　　　　　　　1336-601-394
可朝散大夫制　　　　唐白居易　1080-531- 49
●裴　炎唐
贈裴炎益州大都督制　唐睿宗　549- 35-183
●裴　武唐
可司農卿制　　　　　唐元　稹　1079-572- 45
　　　　　　　　　　　　　　　1336-620-397
除裴武太府卿制　　　唐白居易　1080-583- 54
　　　　　　　　　　　　　　　1336-621-397
●裴　坦宋
裴度五代孫坦可鄭州
　助教制　　　　　　宋夏　竦　1087- 70-　2
●裴　昇唐
授裴昇新井縣尉制　　唐李　嶠　1336-748-415
●裴　伴唐
授義成軍判官轉官制　唐白居易　1080-572- 53
　　　　　　　　　　　　　　　1336-726-412
●裴　昶唐
授裴昶維州刺史制　　唐錢　珝　1336-718-411
●裴　度唐
平章事制——元和十
　年六月　　　　　　唐不著撰人　426-312- 46
平章事制——長慶三
　年三月　　　　　　唐不著撰人　426-321- 47
平章事制——寶歷二
　年二月　　　　　　唐不著撰人　426-325- 48
中書令制——開成三
　年十二月　　　　　唐不著撰人　426-336- 49
門下侍郎彰義軍節度
　宣慰等使制　　　　唐不著撰人　426-371- 52
河東節度平章事制　　唐不著撰人　426-377- 53
右僕射制——長慶三
　年六月　　　　　　唐不著撰人　426-399- 56
加裴度幽鎮兩道招撫
　使制　　　　　　　唐元　稹　426-430- 59
　　　　　　　　　　　　　　　549- 47-183

史部

詔令奏議類：附錄

詔令下（男）十四畫

1079-558- 42
1337-225-451
1394-317- 1
1402- 66- 13
加裴度鎭州四面招討
　使制　　　　　　唐元　稹　426-431- 59
　　　　　　　　　　　　　506-174- 91
　　　　　　　　　　　　　549- 46-183
　　　　　　　　　　　　1079-559- 42
　　　　　　　　　　　　1337-225-451
　　　　　　　　　　　　1402- 66- 13
平章軍國重事三五日
　一入中書制　　　唐不著撰人　426-443- 61
册裴度司空文　　　唐不著撰人　426-449- 61
拜相制　　　　　　唐 憲 宗　549- 44-183
　　　　　　　　　　　　1337-200-448
授裴度彰義軍節度使
　制　　　　　　　唐令狐楚　549- 45-183
　　　　　　　　　　　　1337-235-452
攝裴度司徒平章軍國
　重事詔　　　　　唐 文 宗　549- 51-183
　　　　　　　　　　　　1402- 51- 10
贈裴度太師制　　　唐元　稹　1079-128- 4
　　　　　　　　　　　　1402- 92- 16
裴度各賜爵并迴授爵制　唐白居易　1080-522- 48
除裴度中書舍人制　唐白居易　1080-579- 54
　　　　　　　　　　　　1336-518-382
●裴　度（子姪婿）唐
裴度賜一子官并授姪
　女婿制　　　　　唐白居易　1080-567- 53
●裴　垍唐
除裴垍中書侍郎同平
　章事制　　　　　唐白居易　426-308- 46
　　　　　　　　　　　　　549- 43-183
　　　　　　　　　　　　1080-573- 54
　　　　　　　　　　　　1337-197-448
贈裴垍官制　　　　唐白居易　1080-580- 54
●裴　迪唐
授裴迪太僕卿國子司
　業制　　　　　　唐薛廷珪　1336-641-401
●裴　信宋
贈三官制　　　　　宋張　嵲　1131-493- 18
●裴　衍宋
轉遙郡刺史（制）　宋張　綱　1131- 14- 2
●裴　胄唐

鄂岳觀察使制　　　唐不著撰人　426-402- 56
●裴　洎唐
授裴洎諸州刺史制　唐李虞仲　1336-714-410
●裴　倩唐
授裴倩度支郎中制　唐常　袞　1336-567-389
　　　　　　　　　　　　1402- 90- 16
授裴倩右武衞將軍制　唐孫　逖　1336-656-402
●裴　耕宋
可殿中丞制　　　　宋胡　宿　1088-736- 14
●裴　淮唐
授裴淮兵部侍郎制　唐蘇　頲　549- 36-183
　　　　　　　　　　　　1336-558-388
●裴　寂唐
裴寂蕭瑀左右僕射制　唐不著撰人　426-289- 44
司空制　　　　　　唐不著撰人　426-289- 44
●裴　通唐
除檢校左散騎常侍兼
　御史大夫充迴鶻市
　祭册立使制　　　唐白居易　1080-536- 50
●裴　冕唐
配享肅宗德宗廟庭詔　唐不著撰人　426-466- 63
●裴　冕（畜孫）唐
錄魏徵等三人畜孫詔　唐不著撰人　426-488- 65
●裴　諗唐
除監察御史裡行桂管
　支使制　　　　　唐杜　牧　1081-685- 16
　　　　　　　　　　　　1336-727-412
　　　　　　　　　　　　1465-449- 2
●裴　堪唐
授工部尚書致仕制　唐元　稹　1079-574- 46
除裴堪江西觀察使制　唐白居易　1080-588- 55
　　　　　　　　　　　　1336-698-408
●裴　景宋
知慈州（制）　　　宋蘇　軾　1108-689-108
●裴　敬唐
授昭義軍判官轉官制　唐白居易　1080-572- 53
　　　　　　　　　　　　1336-726-412
●裴　絢宋
可特轉一官制　　　宋慕容彥逢　1123-375- 7
●裴　溫唐
裴溫等兼監察御史裡
　行充清海軍節度參
　謀制　　　　　　唐元　稹　1079-584- 48
●裴　煜宋
可大理寺丞制　　　宋王　珪　1093-279- 38

四庫全書文集篇目分類索引

●裴　煜（父）宋
可贈尚書都官郎中制　宋鄭　獬　1097-158- 5
●裴　焜唐
授裴焜等諸州刺史制　唐孫　逖　1336-710-410
●裴　達唐
授裴達殿中侍御史制　唐崔　嘏　1336-605-395
●裴　廣唐
授殿中侍御史制　唐白居易　1080-536- 50
　　　　　　　　　　　　　1336-605-395

●裴　訓唐
裴訓等可充河南節度
　判官制　　　　　唐元　稹　1079-586- 48
●裴　愿宋
可大理寺丞制　　　宋宋　祁　1088-269- 31
●裴　綜唐
授裴綜起居郎制　　唐賈　至　549- 38-183
　　　　　　　　　　　　　1336-524-383

●裴　紳唐
授裴紳澠池縣令制　唐錢　珝　1336-732-413
●裴　寬唐
授裴寬戶部尚書制　唐孫　逖　549- 38-183
　　　　　　　　　　　　　1336-549-386
授裴寬御史中丞制　唐張九齡　1336-594-393
授裴寬河南尹等制　唐孫　逖　1336-681-406
●裴　諗唐
除兵部侍郎制　　　唐杜　牧　549- 53-183
　　　　　　　　　　　　　1081-665- 14
　　　　　　　　　　　　　1336-553-387
授裴諗中書舍人制　唐崔　嘏　1336-519-382
授裴諗知制誥制　　唐崔　嘏　1336-522-382
授裴諗司封郎中依前
　充職制　　　　　唐崔　嘏　1336-533-384
●裴　樞唐
裴樞崔遠左右僕射制　唐不著撰人　426-403- 56
登州刺史制　　　　唐不著撰人　426-419- 58
●裴　閱唐
除溫州刺史制　　　唐杜　牧　1081-677- 15
●裴　徹唐
王繹弘文館大學士等
　制　　　　　　　唐不著撰人　426-360- 51
●裴　諝唐
授裴諝考功郎中制　唐賈　至　549- 38-183
　　　　　　　　　　　　　1336-566-389

●裴　寰唐
授裴寰奉先縣令制　唐元　稹　1079-656- 5

　　　　　　　　　　　　　1336-690-407
●裴　薦唐
授裴薦主客員外郎制　唐賈　至　1336-582-391
●裴　費唐
青州司戶制　　　　唐不著撰人　426-420- 58
●裴　識唐
授裴識等加階制　　唐崔　嘏　1336-758-417
　　　　　　　　　　　　　1402- 94- 16
●裴　鐸宋
爲殺獲賊首盧成生擒
　龔利勝等轉一官制　宋張　嵩　1131-442- 12
爲討捕李朝賊盡靜轉
　一官制　　　　　宋張　嵩　1131-445- 12
●裴士林宋
可知同州制　　　　宋劉　敞　1096-211- 21
●裴士章宋
裴士章等職官知縣（
制）　　　　　　　宋蘇　頌　1092-358- 30
●裴士傑宋
可太常寺太祝制　　宋胡　宿　1088-738- 14
●裴士野梁
贈裴子野詔　　　　梁 武 帝　1399-259- 1
　　　　　　　　　　　　　1414-428- 80
●裴元初唐
授裴元初太子賓客制　唐孫　逖　1336-661-403
●裴化麟宋
可左千牛衞將軍權判
　右金吾衞仗公事制　宋宋　庠　1087-585- 24
●裴弘泰唐
可權知貝州刺史依前
　權鹽使制　　　　唐白居易　1080-544- 51
可太府少卿知左藏庫
　出納制　　　　　唐白居易　1080-565- 53
●裴巨卿唐
授裴巨卿國子司業等
　制　　　　　　　唐孫　逖　1336-641-400
●裴令孫宋
裴莊男令孫可將仕郎
　試將作監主簿制　宋夏　竦　1087- 63- 2
●裴光庭唐
弘文館大學士制　　唐不著撰人　426-354- 51
●裴行立唐
贈聘裴行立制　　　唐元　稹　1079-598- 50
●裴良琰宋
轉乘義郎除閤門祗候

四庫全書文集篇目分類索引

制　　　　　　　　　　宋王　洋　1132-409- 7
●裴君士唐
授裴君士太子少詹事　唐蘇　頲　1336-664-403
●裴克諒唐
權知華陰縣令制　　　唐白居易　1080-580- 54
　　　　　　　　　　　　　　　1336-745-415
量留制　　　　　　　　　　　　1080-591- 55
●裴見素宋
可國子博士制　　　　宋胡　宿　1088-751- 15
●裴佑之唐
授裴佑之陝府巡官集
　賢校理制　　　　　唐杜　牧　1336-635-400
●裴廷裕唐
授裴廷裕左散騎常侍
　制　　　　　　　　唐錢　翊　1336-507-380
●裴宗元宋
可醫學博士制　　　　宋慕容彥逢　1123-351- 5
●裴長移梁
封三舍人制　　　　　梁沈　約　1336-752-416
　　　　　　　　　　　　　　　1399-385- 7
　　　　　　　　　　　　　　　1415-112- 87

●裴祐之唐
陝府巡官制　　　　　唐杜　牧　1081-684- 16
●裴思諒唐
授裴思諒等加階制　　唐李　嶠　1336-756-417
●裴度餘唐
除山南東道推官制　　唐杜　牧　1081-685- 16
●裴禹錫宋
可殿中丞致仕（制）　宋韓　維　1101-662- 17
●裴處權唐
除禮部郎中制　　　　唐杜　牧　1081-667- 14
●裴敦復唐
授裴敦復刑部尚書制　唐孫　逖　549- 38-183
　　　　　　　　　　　　　　　1336-550-386
授裴敦復中書舍人制　唐王　丘　549- 38-183
　　　　　　　　　　　　　　　1336-517-382

●裴慶（處）餘唐
授裴慶餘山南東道推
　官制　　　　　　　唐杜　牧　1336-731-413
●裴德融唐
除殿中侍御史制　　　唐杜　牧　1081-668- 14
●裴德輿宋
可大理評事制　　　　宋夏　竦　1087- 62- 2
可英州刺史制　　　　宋王　珪　1093-287- 39
●裴遵度唐

平章事制　　　　　　唐不著撰人　426-301- 45
●裴遵慶唐
授裴遵慶給事中制　　唐賈　至　549- 37-183
　　　　　　　　　　　　　　　1336-509-381
授裴遵慶吏部尚書制　唐常　袞　549- 40-183
　　　　　　　　　　　　　　　1336-544-386

●裴藏之唐
授裴藏之司農少卿制　唐賈　至　1336-627-398
●裴耀卿唐
平章事制　　　　　　唐徐安貞　426-297- 45
授裴耀卿黃門侍郎同
　平章事制　　　　　唐徐安貞　426-298- 45
　　　　　　　　　　　　　　　549- 37-183
　　　　　　　　　　　　　　　1337-195-448

裴耀卿張九齡左右丞
　相制　　　　　　　唐不著撰人　426-391- 55
授裴耀卿檢校考功員
　外郎制　　　　　　唐蘇　頲　549- 35-183
　　　　　　　　　　　　　　　1336-578-391

十五畫

●潔實彌爾元
榮祿大夫宣政院使領
　延慶使贈推誠佐理
　功臣大師開府儀同
　三司上柱國追封齊
　國公謚文忠（制）　元袁　桷　1203-484- 36
●審　矩唐
除陽翟令制　　　　　唐杜　牧　1402- 79- 14
●潘　立宋
都虞侯潘立等換秉義
　郎制　　　　　　　宋張　擴　1129- 99- 10
●潘　旦宋
絳州防禦判官潘旦可
　太子中舍致仕制　　宋鄭　獬　1097-155- 5
●潘　田宋
爲自密州將家遠來歸
　正并供到京東事特
　與補正承節郎制　　宋張　嵲　1131-506- 19
●潘　因宋
刑部員外郎制　　　　宋李正民　1133- 15- 2
●潘　鳳宋
可國子博士制　　　　宋胡　宿　1088-736- 14
轉官知桂州制　　　　宋王安石　1105-379- 49
●潘　行宋
可通判離州制　　　　宋劉　放　1096-221- 22

●潘　兌宋
兵部侍郎潘兌除吏部
　侍郎制　　　　　　宋翟汝文　1129-214-　3

●潘　泳宋
著作佐郎潘泳等磨勘
　改官制　　　　　　宋歐陽修　1102-635- 81

●潘　邵宋
轉閤門宣贊舍人制　　宋張　擴　1129- 55-　7

●潘　林宋
轉一官制　　　　　　宋張　嵲　1131-440- 12

●潘　玘宋
循右儒林郎制　　　　宋劉才邵　1130-458-　4

●潘　迪宋
校尉潘迪忠節（制）　宋孫　覿　1135-258- 25

●潘　淡宋
叙右武大夫濟州防禦
　使制　　　　　　　宋王　洋　1132-425-　8

●潘　翊宋
供備庫副使兼通事舍
　人潘翊可轉一官制　宋慕容彥逢　1123-385-　7

●潘　迥宋
朝請郎刑曹參軍潘迥
　可開封府右司錄　　宋慕容彥逢　1123-349-　5

●潘　羊宋
除樞密院檢詳（制）　宋周麟之　1142-149- 19

●潘　逢宋
特轉東上閤門使依舊
　遂郡刺史制　　　　宋慕容彥逢　1123-345-　5

●潘　渾唐
唐鄭渾告身後題　　　元吳師道　1212-261- 18

●潘　陳宋
潘陳等降官制　　　　宋劉才邵　1130-477-　5

●潘　景宋
直祕閣致仕制　　　　宋洪　适　1158-394- 22

●潘　絑宋
潘正夫故父絑可特進
　封景國公制　　　　宋張　嵲　1131-469- 15

●潘　綜劉宋
潘綜吳逵察孝廉符　　劉宋王韶之　1398-715- 12

●潘　褒宋
轉一官資制　　　　　宋張　嵲　1131-441- 12

●潘　撫宋
承節郎盱胎軍指使潘
　撫降一官放罷（制）　宋陳傳良　1150-582- 12

●潘　槩宋

倉部郎官潘槩除大理
　少卿詔　　　　　　宋程　珌　1171-225-　1
　　　　　　　　　　　　　　　1375- 56-　2

●潘　璋宋
承信郎潘璋可閤門祗
　候制　　　　　　　宋汪　藻　1128- 81-　8

●潘　綬宋
光祿卿潘彭遺表男綬
　可試秘書郎（制）　宋蘇　頌　1092-376- 32

●潘　興宋
贈兩官與恩澤一資更
　與一名守閽進義副
　尉承節郎制　　　　宋張　嵲　1131-509- 19

●潘　臨宋
閤門看班祗候潘臨可
　轉一官並罷閤門祗
　候制　　　　　　　宋慕容彥逢　1123-355-　5

●潘　璜宋
落看班（制）　　　　宋樓　鑰　1152-620- 34

●潘及甫宋
著作郎制　　　　　　宋王安石　1105-401- 51

●潘正夫宋
除潘正夫特授檢校少
　保依前昭化軍節度
　使駙馬都尉充醴泉
　觀使加食邑食實封
　如故制　　　　　　宋綦崇禮　1134-570-　7

●潘用中宋
醫官潘用中可轉一官
　制　　　　　　　　宋慕容彥逢　1123-381-　7

●潘汝楫宋
潘得臣男汝楫補官制　宋張孝祥　1140-645- 19

●潘全合（等）宋
潘全合等轉官（制）　宋劉一止　1132-193- 39

●潘先之宋
摧易副使兼翰林醫官
　副使潘先之可特轉
　一官制　　　　　　宋慕容彥逢　1123-385-　7

●潘良能宋
除祕書省正字制　　　宋張　擴　1129- 75-　8

●潘良貴宋
考功郎官（制）　　　宋程　俱　1130-240- 24
左司員外郎（制）　　宋程　俱　1130-268- 27
秘書少監制　　　　　宋胡　寅　1137-442- 13
起居郎制　　　　　　宋胡　寅　1137-458- 14

四庫全書文集篇目分類索引

●潘良器宋
兵部員外郎（制）　宋曾 鞏　1098-543- 20

●潘孝存宋
潘正夫故祖孝存可特追封濟國公制　宋張 嵲　1131-468- 15

●潘宗盆宋
史館書直官潘宗盆可梓州司戶參軍制　宋歐陽修　1102-635- 81
　　　　　　　　　　　　　　　　　1350-381- 37

●潘長卿宋
落階官制　宋張 擴　1129- 50- 6
轉一官遷團練使（制）　宋張 綱　1131- 42- 7

●潘承允宋
檢校少保潘正夫故曾祖承允可特贈太師制　宋張 嵲　1131-468- 15

●潘明仲宋
將仕郎潘明仲除武學博士制　宋翟汝文　1129-206- 3

●潘祖仁宋
左朝散郎充徽猷閣待制潘良貴故父祖仁可特贈朝奉大夫制　宋張 嵲　1131-517- 20

●潘致堯宋
潘致堯轉五官（制）　宋張 綱　1131- 14- 2

●潘特諫宋
右司郎官（制）　宋劉一止　1132-208- 43

●潘師尹宋
特與依例落看班二字（制）　宋周必大　1148- 3- 94

●潘師旦宋
特與依例落看班二字（制）　宋周必大　1148- 3- 94

●潘務本宋
翰林醫學富州龍平縣主簿潘務本可少府監主簿餘如故（制）　宋蘇 頌　1092-368- 31

●潘處常 南唐
和州司馬潘處常可金部郎中（制）　宋徐 鉉　1085- 60- 8

●潘景珪宋
知湖州（制）　宋樓 鑰　1152-660- 37
大理評事制　宋洪 适　1158-391- 22

●潘溫卿宋
加官制　宋王 洋　1132-418- 7

●潘粹卿宋
落階官制　宋張 擴　1129- 50- 6
轉一官遷團練使（制）　宋張 綱　1131- 42- 7

●潘興祖明
授飛熊衞指揮使誥　明蘇伯衡　1228-554- 2
　　　　　　　　　　　　　　1373-493- 1
　　　　　　　　　　　　　　1402-127- 4

●潘謹素宋
係迎敵金兵掩殺入河大獲勝捷內有陣沒人欲贈遂郡防禦使制　宋張 嵲　1131-492- 18

●潘羅溪宋
除忠州刺史充湟州管界番部都巡檢制　宋慕容彥逢　1123-349- 5

●諸葛京晉
署吏詔　晉 武 帝　1398- 42- 2

●諸葛亮蜀漢
賜諸葛亮武鄉侯詔　蜀漢後主　1361-522- 5
復諸葛丞相策　蜀漢後主　1354-465- 16
　　　　　　　　　　　　1381-261- 26
策丞相亮詔　蜀漢後主　1476- 74- 5

●諸葛寔宋
睦州司理參軍諸葛寔授試祕書校書郎知眞州揚子縣事爲捉賊制　宋蔡 襄　1090-424- 10

●諸葛豐漢
免諸葛豐詔　漢 元 帝　426-1028- 9
　　　　　　　　　　　　1396-247- 3

●諸葛十明宋
諸葛十朋除大理司直制　宋洪咨夔　1175-258- 22

●論 倚唐
論倚可忻州刺史制　唐元 稹　1079-583- 48

●論惟明唐
鄭坊觀察使制　唐陸 贄　556-119- 85
　　　　　　　　　　　　1072-641- 9
　　　　　　　　　　　　1337-250-454

●論惟清唐
授論惟清朔方節度副使制　唐常 袞　1336-722-412

●論誠信唐
授論誠信等開府儀同三司制　唐常 袞　1336-760-417

●論壇巴宋
論壇巴柯族軍主制　宋曾　鞏　1098-557- 22
●鄭　已宋
鄭性之會祖已贈太子
　太保制　宋吳　泳　1176- 93- 10
●鄭　才宋
殿中丞鄭才等三人轉
　官制　宋鄭　獬　1097-162- 6
●鄭　卞宋
權尚書禮部侍郎鄭剛
　中故父卞可特贈奉
　議郎制　宋張　嵲　1131-513- 20
●鄭　立宋
改官臨安府知縣差遣
　制　宋洪　适　1158-412- 24
●鄭　玉宋
太常寺太樂局篇色色
　長鄭玉可太常寺太
　樂局副樂正（制）　宋韓　維　1101-654- 16
●鄭　玉元
宣命　元不著撰人　1217-107- 附
●鄭　丙宋
贈四官（制）　宋樓　鑰　1152-670- 38
湖南提舉常平制　宋汪　适　1158-405- 24
●鄭　旦宋
復州錄事參軍鄭旦太
　子中舍致仕制　宋王安石　1105-425- 53
●鄭　朴宋
除起居郎制　宋張　擴　1129- 96- 10
●鄭　吉漢
封鄭吉詔　漢宣帝　426-1023- 8
封鄭吉爲安遠侯詔　漢宣帝　1396-234- 3
●鄭　光唐
授鄭光河中節度使制　唐蔣　伸　1337-270-456
●鄭　如宋
將仕郎鄭如轉一官（
　制）　宋陳傳良　1150-579- 11
●鄭　先宋
太常博士鄭先可屯田
　員外郎（制）　宋韓　維　1101-655- 16
●鄭　甫宋
鄭藻封會祖甫（制）　宋周必大　1148- 14- 95
●鄭　扞宋
推棸子轉一官制　宋王　洋　1132-419- 7
●鄭　谷唐

授鄂縣鄭谷右拾遺制　唐薛廷珪　1336-528-383
●鄭　何唐
駙馬都尉鄭何除右衛
　將軍制　唐白居易　1080-666- 53
　　　　　　　　　　1336-649-402
●鄭　伸宋
比部員外郎鄭伸可駕
　部員外郎制　宋王安石　1105-389- 50
●鄭　祁唐
授鄭祁殿中丞制　唐薛廷珪　1336-603-394
　　　　　　　　　　1402- 82- 14
●鄭　亞唐
授鄭亞桂府觀察使制　唐崔　蘋　1336-699-408
　　　　　　　　　　1465-448- 2
●鄭　杓唐
可河中府河西主簿制　唐白居易　1080-557- 52
　　　　　　　　　　1336-747-415
●鄭　旺宋
贈承節郎與一子父職
　名更與一名進勇副
　尉（制）　宋周必大　1148- 62- 98
●鄭　昂宋
司門員外郎鄭昂駕部
　員外郎徐玟兩易制　宋翟汝文　1129-208- 3
●鄭　佶宋
都水監丞制　宋蘇　轍　1112-291- 27
●鄭　侑宋
新差知單州鄭侑可知
　懷州制　宋劉　放　1096-213- 21
知單州（制）　宋蘇　轍　1112-320- 30
●鄭　奭宋
大理寺丞通判邕州鄭
　奭可太子中舍制　宋宋　庠　1087-578- 23
●鄭　炳宋
可屯田員外郎制　宋胡　宿　1088-749- 15
●鄭　洛明
總督宣大太子太保兵
　部尚書鄭洛諭命　明馮　琦　1402-133- 25
●鄭　洧唐
授鄭洧徐州節度使制　唐蔣　伸　1337-267-455
授鄭洧昭義節度使制　唐沈　詢　1337-272-456
●鄭　昱明
總督宣大太子太保兵
　部尚書鄭洛父諭命　明馮　琦　1402-135- 25
●鄭　咬唐

四庫全書文集篇目分類索引

史部　詔令奏議類：附錄

詔令下（男）十五畫

平章事制——中和二年二月　唐不著撰人　426-347- 50

門下侍郎平章事依前都統制　唐不著撰人　426-373- 52

太子少傳分司東都制　唐不著撰人　426-401- 56

●鄭　勉 唐

授鄭勉紫微舍人等制　唐蘇　頲　1336-516-382

●鄭　俊 宋

鄭俊等併差出幹事各與轉一資制係楊沂中奏　宋張　嵲　1131-453- 13

●鄭　朗 唐

平章事制——大中十年正月丁巳　唐不著撰人　426-342- 50

監修國史等制——大中十一年三月九日　唐不著撰人　426-357- 51

太子少師制——大中十一年十月　唐不著撰人　426-401- 56

授鄭朗等左諫議大夫制　唐李德裕　1079-131- 4　1402- 78- 14

除鄭朗工部尚書同平章事制　玉堂遺範　1337-207-449

授鄭朗汴州節度使制　唐蔣　伸　1337-270-456

●鄭　益 宋

換官制　宋王　洋　1132-409- 7

●鄭　珒 宋

普康郡主潘氏夫鄭琪轉右承事郎制　宋張　擴　1129-137- 13

●鄭　珪 宋

新授齊州章丘縣尉鄭珪瀛州司戶參軍制　宋王安石　1105-445- 55

●鄭　晉 宋

虔州信豐縣令鄭晉獲盜可大理評事制　宋鄭　獬　1097-135- 3

●鄭　高 宋

除宗正寺丞（制）　宋劉一止　1132-204- 42

●鄭　挺 宋

爲自行在至關陝道途萬里備見忠勞轉承信郎換給制　宋張　嵲　1131-493- 18

●鄭　紓 宋

都員外郎鄭紓可職方員外郎制　宋蔡　襄　1090-431- 11

●鄭　修 宋

著作佐郎兼洪州酒稅鄭修可秘書丞制　宋宋　庠　1087-581- 24

●鄭　寅 宋

工部郎中鄭寅除尚左郎官制　宋洪咨夔　1175-244- 19

授左司郎中兼樞密副都丞旨制　宋吳　泳　1176- 54- 6

除寶章閣致仕制　宋許應龍　1176-456- 5

●鄭　涯 唐

授鄭涯義武軍節度使制　唐穆　宗　506-175- 91

授鄭涯義武軍節度使　玉堂遺範　1337-232-452

授鄭涯山南東道節度使制　玉堂遺範　1337-242-453

●鄭　商 唐

授鄭商郎中賜緋制　唐李　磎　1336-734-413

●鄭　涵 唐

授尚書考功郎中制　唐元　稹　1079-576- 46　1336-566-389　1402- 64- 13

鄭涵等太常博士制　唐白居易　1080-584- 55　1336-637-400

授鄭涵中書舍人等制　唐白居易　1336-518-382

●鄭　祥 宋

贈兩官與一資恩澤（制）　宋周必大　1148- 62- 98

●鄭　液 唐

除通州刺史制　唐杜　牧　1081-676- 15　1336-716-411

●鄭　悰 唐

除大理少卿致仕制　唐杜　牧　1081-679- 15

●鄭　袤 晉

爲司空詔　晉武帝　1398- 36- 2

●鄭　畫 宋

知瓊州制　宋袁　甫　1175-442- 9

●鄭　晦 唐

授鄭晦朝散大夫檢校工部尚書制　唐錢　珝　1336-732-413

●鄭　偕 宋

可太常博士制　宋胡　宿　1088-751- 15

●鄭　紳 宋

可東頭供奉官依舊閣門祗候制　宋鄒　浩　1121-293- 15

福州管內觀察使鄭紳可除德節度觀察留

後制　　　　　　　　　　宋慕容彥逢　1123-342-　4
鄭藻封贈祖（制）　　　　宋周必大　　1148- 14- 95
●鄭　滋　宋
顯謨閣學士宮祠(制)　　宋胡　寅　　1137-430- 12
●鄭　湜　唐
授鄭湜右補闕制　　　　　唐錢　珝　　1336-526-383
●鄭　渾　唐
授鄭渾水部員外郎制　　　唐常　袞　　1336-589-392
●鄭　混　宋
大理少卿（制）　　　　　宋樓　鑰　　1152-687- 39
●鄭　貫　唐
授鄭貫司農卿制　　　　　唐常　袞　　1336-620-397
●鄭　惠　宋
入內鄭惠轉官制　　　　　宋許　翰　　1123-499-　1
●鄭　隆　明
總督宣大太子太保兵
　部尚書鄭洛祖父誥
　命　　　　　　　　　　明馮　琦　　1402-134- 25
●鄭　覃　唐
鄭覃平章事制——太
　和九年十一月　　　　　唐歸　融　　 426-333- 49
可給事中制　　　　　　　唐白居易　　1080-519- 48
　　　　　　　　　　　　　　　　　　1336-510-381
　　　　　　　　　　　　　　　　　　1402- 75- 14
　　　　　　　　　　　　　　　　　　1418- 72- 38
賜爵制　　　　　　　　　唐白居易　　1080-542- 50
●鄭　循　宋
南劍州判官新辟善知
　贛州安遠縣鄭循降
　儒林郎制　　　　　　　宋方大琮　　1178-187-　6
●鄭　綱　唐
鄭綱平章事制——永
　貞一年十二月　　　　　唐不著撰人　 426-306- 46
鄭綱太子賓客制　　　　　唐不著撰人　 426-393- 55
賜爵幷迴授爵制　　　　　唐白居易　　1080-522- 48
可吏部尚書制　　　　　　唐白居易　　1080-539- 50
　　　　　　　　　　　　　　　　　　1336-545-386
除鄭綱太子賓客制　　　　唐白居易　　1080-574- 54
●鄭　絳　宋
借職閣門祗候鄭絳可
　右班借直依前閣門
　祗候制　　　　　　　　宋慕容彥逢　1123-355-　5
●鄭　絳　宋
吏部員外郎鄭絳轉朝
　散郎制　　　　　　　　宋翟汝文　　1129-216-　4

吏部員外郎鄭絳轉朝
　請郎制　　　　　　　　宋翟汝文　　1129-217-　4
●鄭　薄　唐
授鄭薄殿中侍御史等
　制　　　　　　　　　　唐蘇　頲　　1336-603-395
　　　　　　　　　　　　　　　　　　1402- 87- 15
●鄭　詢　宋
可將見任官特與換白
　雲處士賜名守寧（
　制）　　　　　　　　　宋周必大　　1148- 25- 95
●鄭　煜　宋
試大理評事前保信軍
　節推鄭煜可大理寺
　丞　　　　　　　　　　宋沈　遘　　1097- 40-　5
●鄭　雍　宋
尚書祠部員外郎充秘
　閣校理鄭雍可度支
　員外郎（制）　　　　　宋蘇　頌　　1092-370- 32
●鄭　戩　宋
大理寺丞知福州長溪
　縣鄭戩可太子中舍
　制　　　　　　　　　　宋宋　庠　　1087-582- 24
●鄭　群　唐
衢州刺史鄭群可庫部
　郎中制　　　　　　　　唐白居易　　1080-549- 51
　　　　　　　　　　　　　　　　　　1336-573-390
●鄭　愚　唐
授鄭愚嶺南節度使制　　玉堂遺範　　1337-240-453
授鄭愚嶺南節度使制　　唐王　堂　　1465-450-　2
●鄭　嵩　宋
贈祖制　　　　　　　　　宋李正民　　1133- 36-　3
●鄭　鼎　元
追封鄭鼎制　　　　　　　元 順 帝　　 549- 67-183
●鄭　暉　宋
承議郎鄭暉可武德郎
　制　　　　　　　　　　宋翟汝文　　1129-217-　4
●鄭　蛟　宋
左清道率府副率致仕
　鄭蛟可加騎都尉　　　宋沈　遘　　1097- 63-　6
●鄭　僅　宋
可通議大夫制　　　　　　宋翟汝文　　1129-203-　2
●鄭　賓　宋
鄭賓等二十三人並轉
　遙郡刺史（制）　　　　宋周必大　　1148- 28- 96
●鄭　碏　唐

除江西判官制 唐杜 牧 1081-685- 16
　　　　　　　　　　　　1336-731-413

●鄭 毅宋
除中丞制 宋張 守 1127-688- 2
贈七官制 宋汪 藻 1128- 96- 10
●鄭 奬宋
鄭性之祖奬封太子太
　傅制 宋吳 泳 1176- 93- 10
●鄭 稱魏
以鄭稱爲武德傳令 魏文帝 1412-603- 24
●鄭 僑宋
舉淳安令舒光改官不
　當降一官滿一期叙
　復正議大夫（制） 宋陳傳良 1150-607- 14
明堂加恩進封開國子
　加食邑二百戶(制) 宋陳傳良 1150-617- 15
知建康府（制） 宋樓 鑰 1152-644- 36
吏部尚書（制） 宋樓 鑰 1152-679- 39
龍圖閣學士依舊知建
　康府（制） 宋樓 鑰 1152-683- 39
該覃恩轉官（制） 宋樓 鑰 1152-701- 40
吏部尚書（制） 宋樓 鑰 1152-704- 41
●鄭 綬宋
借職閣門祗候可右班
　借職依前閣門祗候
　制 宋慕容彥逢 1123-355- 5
●鄭 潔唐
除侍御史內供奉制 唐杜 牧 1081-668- 14
●鄭 璋宋
左藏庫副使鄭璋可依
　前左藏庫副使閣門
　通事舍人制 宋慕容彥逢 1123-360- 6
●鄭 誨唐
授鄭誨國子司業制 唐蘇 頲 1336-640-400
●鄭 諶宋
入內崇班鄭諶可轉一
　官制 宋慕容彥逢 1123-373- 7
鄭諶差從郭仲荀前去
　東京特與横行上轉
　行一官（制） 宋劉一止 1132-187- 38
奉聖旨內侍鄭諶恬退
　自守不妄干進特除
　和州觀察使制 宋李正民 1133- 33- 3
●鄭 誦宋
虞部員外郎鄭誦可職

方員外郎散官如故
　（制） 宋蘇 頌 1092-389- 34
●鄭 璘唐
授考功員外郎鄭璘充
　史館修撰制 唐薛廷珪 1336-635-400
●鄭 臻明
總督宣大太子太保兵
　部尚書鄭洛曾祖父
　誥命 明馮 琦 1402-134- 25
●鄭 毅宋
左承議郎鄭毅除御史
　臺主簿（制） 宋劉一止 1132-213- 44
●鄭 隨宋
秘書省著作佐郎鄭隨
　可秘書丞制 宋夏 竦 1087- 59- 1
可屯田郎中制 宋王安石 1105-387- 50
●鄭 蕃唐
除義武軍推官制 唐杜 牧 1081-682- 16
●鄭 獬宋
前鄉貢進士鄭獬可將
　作監丞通判陳州制 宋王 珪 1093-254- 36
●鄭 穆宋
國子祭酒集賢校理鄭
　穆可直集賢院充諸
　王府侍講制 宋劉 攽 1096-225- 22
太常博士制 宋王安石 1105-396- 51
●鄭 璩唐
授鄭璩等諸州刺史制 唐薛廷珪 1336-719-411
●鄭 絲唐
授鄭絲監察御史制 唐蘇 頲 1336-606-395
●鄭 瑛宋
應辦中宮册寶鄭瑛轉
　一官制 宋張 擴 1129- 78- 8
除大理寺丞（制） 宋周麟之 1142-148- 19
●鄭 熹宋
都官員外郎勾當法酒
　庫鄭熹可職方員外
　郎 宋沈 遘 1097- 48- 5
●鄭 璋唐
授鄭璋河南縣令制 唐蘇 頲 1336-688-407
　　　　　　　　　　　　1402- 88- 15
●鄭 薰唐
授鄭薰禮部侍郎制 唐鄭處誨 1336-562-388
●鄭 鎭宋
贈父制 宋李正民 1133- 37- 3

四庫全書文集篇目分類索引

●鄭 韜唐
授鄭韜殿中侍御史制　唐崔　嘏　1336-605-395

●鄭 顒宋
屯田員外郎鄭顒可都官員外郎（制）　宋蘇　頌　1092-354- 30

●鄭 譯隋
鄭譯除名詔　隋文帝　1400-213- 1

●鄭 藻宋
除鄭藻加食邑制　宋周麟之　1142- 83- 11
加食邑五百戶食實封二百戶制　宋周必大　1148- 95-102
進封榮國公加食邑五百戶食實封三百戶制　宋周必大　1148-102-102
加食邑五百戶食實封三百戶制　宋周必大　1148-121-103
賜鄭藻（大禮畢加食邑食封告）　宋周必大　1148-232-112
賜鄭藻（加食邑食實封告）　宋周必大　1148-233-112

●鄭 憂宋
可著作佐郎制　宋胡　宿　1088-715- 12

●鄭 嚴唐
授鄭嚴萬年縣令制　唐孫　逖　1336-686-407

●鄭 驤宋
誥威慤（制）　宋程　俱　1130-263- 26

●鄭一倩宋
殿中丞鄭一倩可國子博士（制）　宋韓　維　1101-654- 16

●鄭士彥宋
鄭士彥除吏部員外郎制　宋李正民　1133- 14- 2

●鄭士衡宋
前權知果州團練判官鄭士衡可著作佐郎（制）　宋蘇　頌　1092-390- 34

●鄭子奇宋
西京左藏庫使新差高陽關路走馬承受公事鄭子奇可遙郡刺史制　宋慕容彥逢　1123-347- 5

●鄭子捷宋
前利州司戶鄭子捷可揚州參軍（制）　宋田　錫　1085-552- 29

●鄭子獻唐
授鄭子獻太僕少卿制　唐孫　逖　1336-625-398

●鄭久中宋
中書舍人鄭久中可除給事中制　宋慕容彥逢　1123-334- 4
承議郎試殿中監鄭久中可朝奉郎依前試殿中監制　宋慕容彥逢　1123-338- 4
給事中鄭久中可殿中監制　宋慕容彥逢　1123-339- 4

●鄭斗祥宋
除太學錄制　宋洪咨夔　1175-259- 22

●鄭元亨宋
承信郎（制）　宋孫　覿　1135-260- 25

●鄭公逵唐
可陝州司馬制　唐白居易　1080-558- 52
興州刺史鄭公逵授王府長史制　唐白居易　1080-568- 53
　　　　　　　　　　　　1336-712-410

●鄭公顯宋
改除湖南提舉（制）　宋陳傅良　1150-639- 17
浙西提舉（制）　宋樓　鑰　1152-677- 39

●鄭仁弼唐
授鄭仁弼檢校祠部員外充橫海判官制　唐元　稹　1079-657- 5
　　　　　　　　　　　　1336-724-412

●鄭仁顯宋
鄭樞密封贈曾祖制　宋李正民　1133- 36- 3

●鄭升之宋
正字制　宋洪　适　1158-384- 21

●鄭允中宋
工部尚書鄭允中除禮部尚書制　宋翟汝文　1129-214- 3

●鄭永立宋
茶園班殿侍鄭永立可三班借職制　宋慕容彥逢　1123-394- 8

●鄭永和宋
太樂局院官鄭永和授金城縣主簿制　宋鄭　獬　1097-166- 6

●鄭可度宋
可內殿承制制　宋胡　宿　1088-719- 13

●鄭民先宋
檢校水部員外郎充秀州團練副使鄭民先可依前檢校官充昭慶軍節度行軍司馬

四庫全書文集篇目分類索引

史部

詔令奏議類：附錄

詔令下（男）十五畫

不得簽書公事(制)　宋蘇　頌　1092-395- 34

●鄭民表
大理寺丞制　宋王安石　1105-403- 51

●鄭民彞宋
知杭州錢塘縣鄭民彞可光祿寺丞制　宋王　珪　1093-297- 40

●鄭仙客唐
授鄭仙客長安縣令制　唐李　嶠　1336-687-407

●鄭守仁宋
循一資（制）　宋樓　鑰　1152-686- 39

●鄭守忠宋
授鄭守忠光祿大夫依前檢校戶部尚書寧遠軍節度使殿前副都指揮使加食邑實封制　宋宋　庠　1087-603- 26

●鄭汝永宋
鄭性之父汝永贈太子太師制　宋吳　泳　1176- 94- 10

●鄭汝平宋
前杭州於潛縣令鄭汝平可著作佐郎(制)　宋韓　維　1101-655- 16

●鄭汝諧宋
宗正少卿鄭汝諧奉使回特轉一官（制）　宋陳傅良　1150-578- 11
右文殿修撰知池州（制）　宋樓　鑰　1152-673- 38

●鄭有章宋
鄭有章可比部郎中制　宋胡　宿　1088-758- 16

●鄭有斐宋
鄭有斐可國子監丞致仕制　宋胡　宿　1088-798- 20

●鄭仲熊宋
鄭仲熊與復龍圖閣學士見任宮祠人依舊（制）　宋周必大　1148- 7- 94

●鄭孝友宋
武節郎御前祇應鄭孝友應奉有勞特轉一官（制）　宋陳傅良　1150-576- 11

●鄭孝式唐
授鄭孝式衞尉少卿制　唐蘇　頲　1336-624-398

●鄭作肅宋
除直祕閣（制）　宋張　綱　1131- 30- 5

●鄭伯謙宋

大理寺丞鄭伯謙差知常德府提舉德禮辰沅靖州兵馬制　宋洪咨夔　1175-236- 18

●鄭邦哲宋
上殿人鄭邦哲與循兩資令還任（制）　宋劉一止　1132-213- 44

●鄭宗孟宋
轉官制　宋許景衡　1127-228- 7

●鄭宗道唐
除南鄭縣令制　唐杜　牧　1081-677- 15

●鄭宗勵宋
可大理寺丞制　宋胡　宿　1088-729- 14

●鄭性之宋
左諫議大夫鄭性之明堂加恩制　宋洪咨夔　1175-228- 17

左諫議大夫鄭性之除端明殿學士簽書樞密院事同提舉編修經武要略加食邑食實封　宋洪咨夔　1175-241- 19

簽書樞密院事鄭性之除同知樞密事加食邑四百戶制　宋洪咨夔　1175-252- 21

授兼侍讀制　宋吳　泳　1176- 60- 7

賜鄭性之除參政口宣　宋吳　泳　1176-116- 12

特授觀文殿大學士醴泉觀使兼侍讀制　宋許應龍　1176-437- 4

除資政殿大學士知紹興府浙東安撫使制　宋許應龍　1176-458- 5

●鄭居中宋
翰林學士鄭居中可轉兩官制　宋慕容彥逢　1123-382- 7
除同知樞密院誥　宋慕容彥逢　1123-402- 9

●鄭居簡宋
內侍鄭居簡等宮觀制　宋鄒　浩　1121-302- 16

●鄭東之唐
授鄭東之兼益王府長史制　唐李德裕　1402- 93- 16

●鄭叔青唐
遣鄭叔青往江淮宣慰勑　唐賈　至　1337-312-461

●鄭叔則唐
授鄭叔則吏部員外郎制　唐常　袞　1336-576-391

●鄭叔熊宋

四庫全書文集篇目分類索引　1049

追官勒停人鄭叔熊可試國子四門助教不理選限（制）　宋蘇　頌　1092-377- 32

可特授特進拜左丞相兼樞密使加食邑食實封制　宋洪咨夔　1175-211- 14
加恩制　宋吳　泳　1176- 44- 5

●鄭知白宋
秀州錄事參軍鄭知白可大理寺丞制　宋夏　竦　1087-62- 2

●鄭望之宋
復徽猷閣待制制　宋王　洋　1132-412- 7
吏部侍郎制　宋李正民　1132- 11- 1
工部侍郎制　宋李正民　1133- 13- 1
落致仕召赴行在(制)　宋周麟之　1142-128- 16
上遺表特贈四官(制)　宋周必大　1148- 21- 95

●鄭知剛宋
降官制　宋王　洋　1132-428- 8
除太府寺丞（制）　宋周麟之　1142-140- 18
除浙東提舉（制）　宋周麟之　1142-142- 18
除宗正寺簿（制）　宋周麟之　1142-143- 18

●鄭惟忠唐
授鄭惟忠太子賓客制　唐蘇　頲　1336-660-403

●鄭延昌唐
授翰林學士鄭延昌守本官兼中書舍人制　唐劉崇望　1336-520-382

●鄭惟勸（等）宋
左藏庫副使鄭惟勸等服闋（制）　宋蘇　頌　1092-382- 33

●鄭延樞南唐
右拾遺鄭延樞可清江縣令賜緋（制）　宋徐　鉉　1085- 61- 8

●鄭務先宋
濮州鄄城縣尉鄭務先可冀州棗強縣令　宋沈　遘　1097- 40- 4

●鄭思廉宋
特贈六官與六資恩澤合贈拱衛大夫遂郡團練使（制）　宋周必大　1148- 63- 98

●鄭崇德宋
可太子中舍人致仕制　宋胡　宿　1088-797- 20

●鄭思誠宋
已特降兩官衝替制　宋張　嵲　1131-457- 13

●鄭處晦唐
守職方員外郎兼侍御史知雜事制　唐杜　牧　1081-667- 14
　　　　　　　　　　　　　　　　　　　　1336-598-394
　　　　　　　　　　　　　　　　　　　　1402- 78- 14

●鄭束之唐
授鄭束之兼益王府長史制　唐元　稹　1079-131- 4

●鄭紹叔梁
贈鄭紹叔詔　梁　武　帝　1399-258- 1
　　　　　　　　　　　　　1414-427- 80

●鄭珣瑜唐
吏部尚書高郢刑部尚書制——永貞一年二月　唐不著撰人　426-393- 55

●鄭紹業唐
授鄭紹業工部尚書制　唐劉崇望　1336-555-387

●鄭起潛宋
授太學博士制　宋吳　泳　1176- 68- 7

●鄭從讜唐
鄭從讜河南節度平章事制　唐不著撰人　426-385- 54

●鄭剛中宋
復左朝散郎制　宋張　擴　1129-146- 13
轉官制　宋劉才邵　1130-456- 4
秘書少監（制）　宋劉一止　1132-187- 38
充陝西宣諭司參謀官（制）　宋劉一止　1132-200- 41
題鄭北山追復誥後　明宋　濂　1223-615- 12
鄭北山復官誥跋　明胡　翰　1229- 99- 8

●鄭敦臨宋
（趙）世闊第三女婿鄭敦臨可將作監主簿制　宋王安禮　1100- 32- 3

●鄭修年宋
監登聞檢院鄭修年除直祕閣提點醴泉觀制　宋翟汝文　1129-202- 2

●鄭博雅唐
授鄭博雅膳部郎中制　唐蘇　頲　1336-569-389

●鄭清之宋

●鄭黃庭唐
授兵部郎中鄭黃庭兼侍御史知雜事制　唐錢　珝　1336-598-394

●鄭發先（父）宋
鄭發先封父母制　宋袁　甫　1175-427- 8

●鄭虛心唐

授鄭虛心監察御史制　唐韓　休　1336-607-395

●鄭集成宋

顯謨閣直學士鄭滋故父集成可特贈銀青光祿大夫制　宋張　嵲　1131-517- 20

●鄭畜綽唐

授鄭畜綽渭南縣尉直弘文館制　唐杜　牧　1079-131- 4

●鄭煥宗宋

授武德郎依舊閣門宣贊舍人制　宋吳　泳　1176- 72- 8

●鄭齊之唐

授鄭齊之靈武副使制　唐崔　嶨　1336-723-412

●鄭僑年宋

鄭僑年除浙西提舉茶鹽制　宋張　擴　1129- 48- 6

江東提舉茶鹽　宋劉一止　1132-204- 42

江東運判（制）　宋王　洋　1132-408- 7

●鄭餘慶唐

平章事制——永貞一年八月　唐不著撰人　426-306- 46

太子賓客制——元和一年十二月　唐不著撰人　426-393- 55

柳州司馬制　唐不著撰人　426-408- 57

贈鄭餘慶太保制　唐元　稹　1079-598- 50

除鄭餘慶太子少傅制　唐白居易　1080-588- 55

　　　　　　　　　　　1336-659-403

●鄭餘懃宋

宮苑副使兼閣門通事舍人鄭餘懃可西上閣門副使制　宋鄭　獬　1097-140- 4

●鄭億年宋

除資政殿大學士提舉在外宮觀制　宋張　擴　1129- 48- 6

除提舉醴泉觀兼侍讀制　宋張　擴　1129-142- 13

●鄭德年宋

永佑陵殿宮復按使轉左朝請郎制　宋張　擴　1129-140- 13

●鄭德明宋

吏部流外銓勘留客涿州固安簿鄭德明可陳州項城簿（制）　宋田　錫　1085-546- 28

●鄭凝吉唐

授鄭凝吉京兆少尹制　唐錢　珝　1336-684-406

●鄭翼之宋

鄭藻封贈故父翼之越國公（制）　宋周必大　1148- 15- 95

●鄭繼功宋

強盜希賞本州錄事參軍從政郎鄭繼功符同結錄更不駁正繼功特降兩資放罷（制）　宋陳傅良　1150-605- 14

●摩和納元

鄒王追封趙王謚惠襄制　元柳　貫　1210-287- 7

●廇　模宋

廇模賞轉朝請大夫制　宋洪咨夔　1175-250- 20

廇模轉一官制　宋許應龍　1176-476- 6

●樓　异宋

朝奉大夫樓异除直秘閣制　宋翟汝文　1129-211- 3

跡先大夫徽猷閣直學士告　宋樓　鑰　1153-200- 73

●樓　光宋

宣德郎樓光可轉一官制　宋慕容彥逢　1123-378- 7

●樓　杓宋

除軍器監簿制　宋洪咨夔　1175-248- 20

●樓　炤宋

兵部郎官（制）　宋程　俱　1130-240- 24

除資政殿學士知建康府制　宋劉才邵　1130-462- 5

祕閣修撰知溫州（制）　宋李彌遜　1130-629- 4

除翰林學士（制）　宋劉一止　1132-182- 36

除兼侍讀（制）　宋劉一止　1132-192- 39

磨勘轉左朝奉大夫（制）　宋劉一止　1132-196- 40

除端明殿學士簽書樞密院事（制）　宋劉一止　1132-196- 40

●樓　璹宋

樓鑰明堂恩父贈通奉大夫璹加贈正議大夫（制）　宋陳傅良　1150-626- 16

●樓　璣宋

除淮南運判　宋周麟之　1142-137- 17

●樓　關宋

資政殿學士樓炤曾祖關贈太子太保制　宋張　擴　1129-124- 12

四庫全書文集篇目分類索引

（簽書樞密院事樓炤）曾祖贈職方員外郎關可特贈正奉大夫（制） 宋劉一止 1132-200- 41

●樓 綸宋
除中書舍人（制） 宋陳傅良 1150-597- 13
磨勘轉朝議大夫(制) 宋陳傅良 1150-607- 14
封奉化縣開國男食邑三百戶（制） 宋陳傅良 1150-618- 15
可特落顯謨閣直學士制 宋衞 涇 1169-473- 1

●樓定國宋
資政殿學士樓炤祖定國贈少保制 宋張 擴 1129-124- 12
（簽書樞密院事樓炤）祖贈金紫光祿大夫定國可特贈太子太保（制） 宋劉一止 1132-201- 41

●樓居明宋
樓炤父居明贈太子太保制 宋張 擴 1129- 65- 7
資政殿學士樓炤父居明贈太子少師制 宋張 擴 1129-125- 12
（簽書樞密院事樓炤）父見任右通議大夫致仕居明可特封右通奉大夫致仕（制） 宋劉一止 1132-201- 41

●閔丘沂宋
權吏部侍郎（制） 宋劉一止 1132-206- 42

●閔丘勗宋
可復保寧軍承宣使制 宋慕崇禮 1134-550- 4

●閔丘陟宋
濮州團練副使封州安置制 宋汪 藻 1128-111- 12
復職制 宋胡 寅 1137-429- 12

●閔丘顗宋
敘官制 宋胡 寅 1137-436- 12

●閔丘顗宋
朝奉大夫閔邱顗除宗正少卿（制） 宋劉安上 1124- 12- 2

●閔丘孝終宋
可太子中舍人制 宋胡 宿 1088-736- 14

●翠 衍宋
大理正制 宋洪 适 1158-396- 22

●翠 焴明
河南彰德府安陽縣知縣翠焴（勅） 明倪元璐 1297- 53- 4

●翠 漼宋
欲轉兩官奉旨並依制 宋張 嵲 1131-446- 12

●翠康仁宋
翠康仁等降官制 宋劉才邵 1130-476- 5

●鄧 沖魏
追封鄧公策 魏 文 帝 1412-604- 24

●鄧 志宋
贈承節郎與一子進勇副尉（制） 宋周必大 1148- 49- 97

●鄧 泳宋
除太府丞兼知鄂州制 宋許應龍 1176-462- 5

●鄧 明宋
贈承節郎與一子進勇副尉（制） 宋周必大 1148- 49- 97

●鄧 述宋
勾當修內司使臣鄧述可轉一官制 宋慕容彥逢 1123-372- 7

●鄧 禹漢
策鄧禹爲大司徒 漢光武帝 426-1062-13
爲司徒策 漢光武帝 1397- 8- 1
進太傅策書 漢 明 帝 1397- 22- 1

●鄧 祚宋
除廣西運判（制） 宋周麟之 1142-135- 17

●鄧 朗晉
以鄧朗爲郎中詔 晉 武 帝 1398- 41- 2

●鄧 盆宋
常平鄧盆京西路提舉常平制 宋翟汝文 1129-192- 2

●鄧 根宋
除江東運判（制） 宋周麟之 1142-149- 19

●鄧 彭漢
錄尚書事詔 漢 和 帝 1397- 43- 2
爲太傅輔政詔 漢竇皇后 1397- 71- 4

●鄧 富宋
轉兩官（制） 宋周必大 1148- 31- 96

●鄧 雲宋
鄧雲轉武節郎制 宋洪容齋 1175-244- 19

●鄧 酢宋
特贈一官直秘閣(制) 宋周必大 1148- 31- 96

●鄧 琬劉宋
擢給事黃門侍郎詔 劉宋孝武帝 1398-539- 3

●鄧 愈明

史部　詔令奏議類：附錄　詔令下（男）十五畫

追封寧河王鄧愈誥　明太祖　1223-24-3
御史大夫兼太子諭德鄧愈誥　明朱升　1375-62-2

●鄧　譽宋
供備庫副使鄧譽與轉兩官制　宋慕容彥逢　1123-370-7

●鄧　駒宋
除起居舍人（制）　宋陳傳良　1150-643-18

●鄧　縮宋
待制知青州鄧縮可龍圖閣直學士知永興軍（制）　宋錢�　1350-406-40

●鄧　鎭明
申國公鄧鎭誥文　明太祖　1223-26-3

●鄧　闡宋
鄧闡朝散郎（制）　宋蘇軾　1108-671-106

●鄧　驛宋
江東提刑（制）　宋樓鑰　1152-620-34

●鄧友龍宋
降一官制　宋衞涇　1169-472-1

●鄧守信宋
左騏驥衛內侍省內侍押班鄧守信可加食邑三百戶制　宋蔡襄　1090-466-15

●鄧名世宋
校書郎兼史館校勘（制）　宋李彌遜　1130-630-4

●鄧自勉唐
跋唐誥　明楊士奇　1238-134-11

●鄧宗仁宋
入內內殿崇班鄧宗仁可轉一官制　宋慕容彥達　1123-374-7

●鄧忠臣宋
秘書正字（制）　宋蘇轍　1112-311-29
入內內庭承制鄧忠臣可轉一官制　宋慕容彥逢　1123-373-7

●鄧洵仁宋
翰林學士鄧洵仁可轉一官制　宋慕容彥逢　1123-383-7
除翰林學士承旨誥　宋慕容彥逢　1123-403-9
尚醞奉御制　宋翟汝文　1129-222-4

●鄧洵武宋
轉官制　宋鄒浩　1121-294-15
尚書左丞鄧洵武可尚書左丞制　宋慕容彥逢　1123-327-3

除中書侍郎制　宋慕容彥逢　1123-328-3
資政殿大學士中太一宮使兼侍讀鄧洵武除河南府兼西京留守制　宋翟汝文　1129-196-2

●鄧若水宋
除武學博士誥　宋許應龍　1176-435-3

●鄧保信宋
可右騏驥使加食邑制　宋胡宿　1088-766-17

●鄧惟素宋
可贈供備庫使制　宋胡宿　1088-803-21

●鄧惟賢宋
右侍禁充翰林書藝局祗候睿思殿御前文字庫祗應鄧惟賢特與轉一官依舊帶破見請驛料待詔請給制　宋慕容彥逢　1123-368-6

●鄧紹密宋
知興仁府鄧紹密右文殿修撰制　宋汪藻　1128-79-8

●鄧從訓宋
特授宣政大夫(制)　宋陳傳良　1150-596-13
册寶轉協忠大夫(制)　宋樓鑰　1152-612-34
轉履正大夫（制）　宋樓鑰　1152-617-34

●鄧彭年宋
贈節度使制　宋吳泳　1176-98-10

●鄧溫伯宋
端明殿學士知永興軍鄧溫伯可兵部尚書制　宋呂陶　1098-62-8

●鄧義（義）叔宋
水部郎（制）　宋蘇軾　1108-685-107
可主客郎中（制）　宋蘇軾　1108-691-108
（可）主客郎中（制）　宋蘇轍　1112-286-27

●鄧繼英宋
入內西京左藏庫副使鄧繼英可轉一官制　宋慕容彥逢　1123-373-7

●歐世英宋
秘書丞歐世英可太常博士（制）　宋沈遘　1097-52-6

●歐陽成宋
歐陽成渭州通判移延州（制）　宋蘇轍　1112-314-29

●歐陽炳宋

可太子中舍人(制)　宋胡　宿　1088-736- 14
●歐陽庠宋
轉一官(制)　宋周必大　1148- 32- 96
●歐陽修宋
可龍圖閣直學士制　宋胡　宿　1088-753- 16
服闋人歐陽修可依舊龍圖閣直學士尚書吏部侍郎制　宋蔡　襄　1090-447- 13
觀文殿學士兵部尚書知青州歐陽修可檢校太保充宣徽南院使判太原府（制）　宋蘇　頌　1092-351- 30
歐陽文忠公除吏部侍郎告詞　宋祖無擇　1098-835- 10
初任制詞　宋不著撰人　1103-580-附1
再任制詞　宋不著撰人　1103-580-附1
三任諭夷陵制詞　宋不著撰人　1103-581-附1
四任量移光化軍乾德縣令制詞　宋不著撰人　1103-581-附1
五任復舊官制　宋不著撰人　1103-581-附1
六任兼太子中允制詞　宋不著撰人　1103-581-附1
七任加騎都尉制詞　宋不著撰人　1103-582-附1
八任知諫院制詞　宋不著撰人　1103-582-附1
九任知制誥仍供諫職制詞　宋不著撰人　1103-582-附1
十任充龍圖閣直學士制詞　宋不著撰人　1103-583-附1
十一任迎進階食邑制詞　宋不著撰人　1103-583-附1
十二任諭滁州制詞　宋不著撰人　1103-583-附1
十三任以南郊恩進封伯加食邑制　宋不著撰人　1103-584-附1
十四任知揚州制詞　宋不著撰人　1103-584-附1
十五任轉禮部郎中制　宋不著撰人　1103-584-附1
十六任復龍圖閣直學士制詞　宋不著撰人　1103-585-附1
十七任明堂覃恩轉吏部郎中加輕車都尉制詞　宋不著撰人　1103-585-附1
十八任服闋除舊官制詞　不著撰人　1103-586-附1
十九任修書成遷翰林學士制詞　宋不著撰人　1103-586-附1
二十任兼史館修撰制詞　宋不著撰人　1103-587-附1
二十一任進封侯加食邑制詞　宋不著撰人　1103-587-附1
二十二任轉右諫議大夫制詞　宋不著撰人　1103-587-附1
二十三任知開封府制詞　宋不著撰人　1103-588-附1
二十四任轉給事中同提舉制詞　宋不著撰人　1103-588-附1
二十五任加護軍食實封制詞　宋不著撰人　1103-589-附1
二十六任轉禮部侍郎制詞　宋不著撰人　1103-589-附1
二十七任兼侍讀學士制詞　宋不著撰人　1103-590-附1
二十八任拜樞密副使制詞　宋不著撰人　1103-591-附1
二十九任參知政事制詞　宋不著撰人　1103-591-附1
三十任加柱國制詞　宋不著撰人　1103-591-附1
三十一任進階金紫加食邑制詞　宋不著撰人　1103-592-附1
三十二任轉吏部侍郎制詞　宋不著撰人　1103-592-附1
三十三任進階光祿加上柱國制詞　宋不著撰人　1103-593-附1
三十四任轉尚書左丞制詞　宋不著撰人　1103-593-附1
三十五任公因言求去除觀文殿知亳州制詞　宋不著撰人　1103-593-附1
三十六任轉兵部尚書知青州制詞　宋不著撰人　1103-594-附1
三十七任郊祀恩加食邑制詞　宋不著撰人　1103-594-附1
三十八任除檢校太保判河東路制詞　宋不著撰人　1103-595-附1
三十九任改知蔡州致仕制詞　宋不著撰人　1103-595-附1
公薨贈太子太師制詞　宋不著撰人　1103-595-附1
以子恩贈太尉制詞　宋不著撰人　1103-596-附1
追封袞國公制詞　宋不著撰人　1103-596-附1
諡誄　宋不著撰人　1103-596-附1
跋劉原父制詞草　宋楊萬里　1161-300-100
題歐陽文忠公告　元許有壬　1211-497- 70
題歐陽文忠公告　元許有壬　1211-671- 12

跋歐陽文忠公知諫院誥命　明解　縉　1236-828- 16
題歐陽文忠公誥命後　明楊士奇　1238-102- 9
林學士給事中知制誥歐陽修可禮部侍郎（制）　宋劉　敞　1350-385- 37
　　　　　　　　　　　　　　　　　　1418-362- 48
題歐陽文忠公告　元許有壬　1373-304- 20
館閣校勘歐陽修轉太子中允制　宋聶冠卿　1375- 43- 1
●歐陽修（三代）宋
（封贈）參知政事歐陽修三代制六道　宋王安石　1105-432- 54
●歐陽堅宋
轉一官（制）　宋周必大　1148- 32- 96
●歐陽棐（彬）宋
跋歐陽建寅所藏先世二誥　元王　禮　1220-440- 10
參知政事歐陽修曾祖彬贈太子太保誥命　宋王安石　1350-391- 38
　　　　　　　　　　　　　　　　　　1402-132- 25
●歐陽偃宋
跋歐陽建寅所藏先世二誥　元王　禮　1220-440- 10
參知政事歐陽修祖某贈官（制）　宋王安石　1350-391- 38
參知政事歐陽修祖某誥命　宋王安石　1402-132- 25
●歐陽棐宋
除左司郎中制　宋鄒　浩　1121-302- 16
知蔡州制　宋鄒　浩　1121-319- 18
●歐陽澈宋
（歐陽澈）贈承事郎指揮　宋李　壁　1136-417- 7
（歐陽澈）贈朝奉郎秘閣修撰誥詞　宋李　壁　1136-417- 7
贈朝奉郎秘閣修撰歐陽澈誥辭　宋不著撰人　1136-425- 7
跋宋朝奉郎秘閣修撰（歐陽澈）誥詞　明王　景　1136-425- 7
跋宋朝奉郎秘閣修撰（歐陽澈）誥詞　明胡　儼　1136-426- 7
跋宋朝奉郎秘閣修撰（歐陽澈）誥詞　明王　英　1136-426- 7
跋宋朝奉郎秘閣修撰

（歐陽澈）誥詞　明會　棨　1136-426- 7
題宋歐陽修謚告身後　明楊士奇　1238-102- 9
題宋歐陽澈謚告身後　明楊士奇　1374-222- 47
題宋歐陽澈謚告身後　明楊士奇　1456-396-298
●歐陽辨宋
參知政事歐陽修奏男辨太常寺太祝制　宋王安石　1105-412- 52
●歐陽懋宋
除徽猷閣待制知建康府（制）　宋張　綱　1131- 8- 1
知平江府（制）　宋劉一止　1132-165- 32
●歐陽熹宋
歐陽熹降左宣教郎制　宋張　擴　1129-131- 12
●歐陽觀宋
觀文殿學士兵部尚書知青州歐陽修父（封贈制）　宋蘇　頌　1092-407- 35
參知政事歐陽修父贈官（制）　宋王安石　1350-392- 38
　　　　　　　　　　　　　　　　　　1402-133- 25
●歐陽大椿宋
奉議郎歐陽大椿可轉一官制　宋慕容彥逢　1123-383- 7
●歐陽宗閔宋
奏舉人前鄧州司理參軍歐陽宗閔可衞尉寺丞制　宋宋　庠　1087-598- 26
●歐陽當世宋
除軍器監簿（制）　宋周麟之　1142-140- 18
●樊　安漢
贈中常侍樊安制詔　漢　桓　帝　1397- 58- 3
●樊　辛宋
歸順人僞防禦使樊辛特輔武翼大夫忠州刺史淮西兵馬副都監制　宋洪容齋　1175-237- 18
●樊　氾宋
轉承節郎制　宋張　擴　1129-100- 10
●樊　茂漢
封樊重後詔　漢　桓　帝　1397- 57- 3
●樊　重後漢
封樊重後詔　漢　桓　帝　1397- 57- 3
●樊　俛唐
授樊俛益州司馬制　唐蘇　頲　1336-740-414
●樊　貴宋

四庫全書文集篇目分類索引　1055

轉拱衛大夫制係掩殺
　　金人立功　　　　　宋張　嵲　1131-448- 12
●樊　象唐
授樊象藍田縣令制　　唐孫　逖　1336-690-407
●樊　瑾宋
轉忠翊郎制　　　　　宋張　擴　1129-100- 10
轉官制　　　　　　　宋王　洋　1132-419- 7
●樊　澤唐
褒贈淮西立功將士詔　唐不著撰人　426-482- 65
●樊子蓋隋
進樊子蓋右光祿大夫
　　詔　　　　　　　隋 煬 帝　1400-244- 2
●樊仁遠宋
除武學學諭填復置闘
　（制）　　　　　　宋周必大　1148- 37- 96
●樊功立宋
大理寺法直樊功立可
　光祿寺丞充大理檢
　法官（制）　　　　宋蘇　頌　1092-391- 34
●樊彥端宋
轉行遂郡刺史（制）　宋張　綱　1131- 16- 3
●樊德成宋
內殿承制樊德成可左
　屯衞將軍致仕（制）宋蘇　頌　1092-374- 32
●蔚世長宋
西京左藏庫副使蔚世
　長可文思副使（制）宋蘇　頌　1092-366- 31
●蔚昭敏宋
除蔚昭敏特授節度使
　加食邑制　　　　　宋韓　維　1101-644- 15
●慕　恩宋
慶州肅遠寨蕃官都巡
　檢崇儀使慕恩北作
　坊使制　　　　　　宋王安石　1105-423- 53
●慕容珣唐
授慕容珣吏部郎中等
　制　　　　　　　　唐蘇　頲　1336-564-389
授慕容珣侍御史制　　唐蘇　頲　1336-600-394
●慕容彥逢宋
刑部尚書等容彥逢緣
　省城知舉舉人議訓
　降官敍復制　　　　宋翟汝文　1129-215- 3
朝請大夫試刑部尚書
　慕容彥逢磨勘制　　宋翟汝文　1129-218- 4
●將　元宋

轉一官資制　　　　　宋張　嵲　1131-441- 12
●蔣　介宋
閣門舍人蔣介奉使回
　特轉一官（制）　　宋陳傳良　1150-606- 14
●蔣　伸唐
蔣伸罷判戶部制——
　大中十二年三月　　不著撰人　426-364- 52
授蔣伸節度使制　　　玉堂遺範　1337-245-453
●蔣　洌唐
授蔣洌等監察御史制　唐孫　逖　1336-606-395
●蔣　紛唐
授蔣紛臨留縣令制　　唐錢　珝　1336-732-413
●蔣　帝宋
起居郎制　　　　　　宋洪　适　1158-387- 21
●蔣　迪宋
城南廂安濟坊提轄使
　臣左班殿直蔣迪可
　降一官衝替制　　　宋慕容彥逢　1123-366- 6
●蔣　峴宋
大宗正丞蔣峴除軍器
　少監仍兼權侍左郎
　官制　　　　　　　宋洪容齋　1175-254- 21
除軍器監諮　　　　　宋許應龍　1176-435- 3
除侍御史制　　　　　宋許應龍　1176-448- 4
●蔣　邑唐
授蔣邑濟源縣令制　　唐崔　嘏　1336-691-407
●蔣　祕宋
可太常博士制　　　　宋胡　宿　1088-750- 15
●蔣　堂宋
禮部侍郎致仕制　　　宋胡　宿　1088-795- 20
●蔣　偕宋
可忠州刺史制　　　　宋胡　宿　1088-776- 18
宮苑使韶州團練使蔣
　偕可降授北作坊使
　制　　　　　　　　宋王　珪　1093-235- 33
故廣南東路鈐轄蔣偕
　可贈武信軍觀察留
　後制　　　　　　　宋王　珪　1093-249- 35
●蔣　浣唐
授蔣浣右散騎常侍制　唐常　袞　1336-505-380
授蔣浣工部侍郎制　　唐常　袞　1336-563-388
授蔣浣鴻臚卿制　　　唐常　袞　1336-619-397
●蔣　挺宋
右騏驥副使蔣挺可莊
　宅使制　　　　　　宋王　珪　1093-295- 40

史部

詔令奏議類：附錄

詔令下（男）十五畫

四庫全書文集篇目分類索引

史部

詔令奏議類：附錄

詔令下（男）十五畫

●蔣　獻（等）宋
蔣獻等禮制局討論親耕親蠶典禮重修鹵簿成書推恩制　宋許　翰　1123-504- 2
集賢殿修撰蔣獻除中書舍人制　宋翟汝文　1129-212- 3

●蔣　萬漢
蔣滿父子拜爵詔　漢 宣 帝　1396-237- 3

●蔣　偕宋
虞部員外郎蔣偕可比部員外郎（制）　宋蘇　頌　1092-348- 29

●蔣　誠宋
越州山陰縣丞蔣誠轉宣教郎爲陳獻與農田水利推恩制　宋翟汝文　1129-220- 4

●蔣　滿漢
蔣滿父子拜爵詔　漢 宣 帝　1396-237- 3

●蔣　榮宋
蔣榮十三人授從議郎（制）　宋陳傅良　1150-576- 11

●蔣　蓋宋
降一資放罷（制）　宋樓　鑰　1152-612- 34

●蔣　琛宋
因兄琳被阮德強偷盜去木札又妄論宰牛等官司追理保正押德強到琳住處琳押德強歸家縛打問踵亦爲德強盜本家木札遂打德強有傷經御史臺陳論法寺稱緣犯在赦前合該恩原免奉旨特降一官制　宋張　嵲　1131-472- 15

●蔣　濟魏
復爲東中郎將詔　魏 文 帝　1412-598- 24

●蔣　璨宋
除淮南東路轉運副使制　宋張　擴　1129- 44- 6
淮東運副（制）　宋李彌遜　1130-628- 4
兩浙運副（制）　宋劉一止　1132-204- 42
敍官制　宋王　洋　1132-415- 7
降官制　宋張孝祥　1140-641- 19
除敷文閣待制（制）　宋周麟之　1142-118- 15

●蔣　璨（父）宋

蔣璨贈父右宣奉大夫（制）　宋周必大　1148- 23- 95

●蔣　瓌唐
授蔣瓌檢校僕射制　唐李　磎　1336-721-411

●蔣　觸宋
大理評事（制）　宋樓　鑰　1152-660- 37
可特授大理正制　宋衛　涇　1169-483- 2

●蔣　績宋
大理評事蔣績可衛尉寺丞　宋沈　遘　1097- 42- 5

●蔣文蕭宋
右千牛衛大將軍致仕蔣文蕭可加食邑制　宋夏　竦　1087- 65- 2

●蔣之奇宋
寶文閣待制制　宋曾　肇　1101-330- 1
　　　　　　　　　　　　　1350-410- 40
天章閣待制知潭州（制）　宋蘇　軾　1108-678-107
　　　　　　　　　　　　　1350-404- 40
可集賢殿修撰知廣州（制）　宋蘇　軾　1108-690-108
知樞密院制　宋鄒　浩　1121-308- 17

●蔣之奇（曾祖）宋
蔣之奇贈曾祖制　宋鄒　浩　1121-311- 17

●蔣之奇（祖）宋
蔣之奇追贈祖制　宋鄒　浩　1121-311- 17

●蔣之奇（父）
蔣之奇追贈父制　宋鄒　浩　1121-312- 17

●蔣之器宋
禮部侍郎致仕蔣堂姪之器可試秘書省校書郎制　宋胡　宿　1088-788- 19

●蔣允儀明
太僕寺卿蔣允儀（制）　明倪元璐　1297- 15- 1

●蔣永德宋
入內內侍高班蔣永德等二十人各加恩　宋沈　遘　1097- 48- 5

●蔣巨卿宋
轉一官資（制）　宋樓　鑰　1152-616- 34

●蔣世忠宋
特與轉歸吏部守本官致仕（制）　宋周必大　1148- 7- 94
婉容翟氏進封特與依格合得恩澤親屬蔣世忠特與贈武義大

夫（制） 宋周必大 1148-23-95

●蔣用文明

題蔣氏諾詞後 明王 直 1242-356-36

●蔣安石宋

太常博士蔣安石轉官 宋余 靖 1089-100-10

●蔣汝翼宋

特與補正左左奉議郎依舊通判泗州府（制） 宋劉一止 1132-213-44

●蔣光彥明

（蔣德璟）父（晉某階制） 明倪元璐 1297-22-2

●蔣來曳宋

除武學諭（制） 宋陳傳良 1150-638-17

●蔣重珍宋

著作佐郎蔣重珍除著作郎仍兼崇政殿說書 宋洪咨夔 1175-220-16

著作郎兼權司封郎官蔣重珍除起居舍人兼崇政殿說書制 宋洪咨夔 1175-247-20

蔣重珍除集英殿修撰知安吉州制 宋洪咨夔 1175-249-20

授守起居郎依舊兼說書制 宋吳 泳 1176-58-7

●蔣祖師

蔣祖師等轉官制 宋許景衡 1127-226-7

●蔣捷起宋

復右武大夫忠州刺史制 宋張 擴 1129-45-6

●蔣將明唐

授蔣將明侍御史制 唐常 袞 1336-601-394

●蔣寧祖宋

進書轉官制 宋翟汝文 1129-219-4

●蔣德璟明

翰林院侍講蔣德璟（制） 明倪元璐 1297-21-2

●蔣繼周宋

磨勘轉官（制） 宋樓 鑰 1152-622-34

知太平州（制） 宋樓 鑰 1152-649-36

該覃恩轉官（制） 宋樓 鑰 1152-701-40

●蔡 卞宋

兼崇政殿說書制 宋曾 鞏 1098-550-21

磨勘朝奉郎（制） 宋蘇 轍 1112-292-27

知江寧府（制） 宋蘇 轍 1112-294-27

行遣蔡卞詔 宋胡 寅 1137-469-14

●蔡 立宋

知鄂州（制） 宋蘇 轍 1112-284-27

●蔡 申宋

轉三官制 宋王 洋 1132-419-7

●蔡 抗宋

可加騎都尉制 宋胡 宿 1088-764-17

祠部員外郎充秘閣校理蔡抗可度支員外郎制 宋王安石 1105-389-50

●蔡 扶宋

蔡扶爲游說陝西帥臣河北忠義之士贈奉議郎與一子恩澤制 宋張 嵲 1131-493-18

●蔡 佃宋

承事郎京東西路學事司管勾文字蔡佃可秘書省校書郎制 宋慕容彥逢 1123-333-4

●蔡 仲宋

除待制制 宋許 翰 1123-492-1

●蔡仲（父）宋

蔡仲父贈太師制 宋許 翰 1123-511-2

●蔡 京唐

授蔡京御史等制 唐崔 祐 1336-605-395

授蔡京嶺南西道節度使制 玉堂遺範 1337-245-2

1465-451-453

●蔡 京宋

考功員外郎制 宋曾 鞏 1098-544-20

起居郎制 宋曾 鞏 1098-560-22

降太子少保致仕制 宋張 閣 1350-377-36

1402-104-17

●蔡 青宋

歸順人蔡青補承信郎制 宋洪咨夔 1175-230-17

●蔡 杭宋

樞密直學士兵部郎中秦州蔡杭贈禮部侍郎制 宋鄭 獬 1097-158-5

尚書工部郎中知制誥充史館修撰蔡杭可特授依前尚書工部郎中充龍圖閣直學士集賢殿修撰知定州（制） 宋韓 維 1101-674-18

史部　詔令奏議類：附錄　詔令下（男）十五畫

●蔡　承宋
朝散郎尚書虞部員外郎蔡承可除主客員外郎制　宋慕容彦逢　1123-337- 4

●蔡　竑宋
除戶部員外郎制　宋翟汝文　1129-209- 3
校書郎蔡竑除監察御史制　宋翟汝文　1129-211- 3
進書轉官制　宋翟汝文　1129-219- 4

●蔡　約梁
授蔡約王師制　梁沈　約　1336-672-405
　　　　　　　　　　　　1399-391- 7
　　　　　　　　　　　　1415-114- 87

●蔡　宰宋
降一官（制）　宋劉一止　1132-171- 33

●蔡　城宋
推正平人蔡城等九人陟放賞轉兩資（制）　宋劉一止　1132-180- 36

●蔡　恭宋
三司使給事中蔡襄祖恭贈尚書工部員外郎制　宋鄭　獬　1097-158- 5

●蔡　挺宋
尚書刑部郎中充天章閣待制再任知渭州都總管經略安撫使蔡挺可右諫議大夫依前充天章閣待制令再任（制）　宋蘇　頌　1092-353- 30
蔡滕父挺贈開府儀同三司制　宋蘇　轍　1112-345- 32

●蔡　薄宋
太府寺丞制　宋汪　藻　1128- 77- 8

●蔡　靖宋
澧州慈利縣主簿蔡靖可國子監丞致仕（制）　宋韓　維　1101-657- 16

●蔡　靖宋
禮部侍郎制　宋翟汝文　1129-214- 3

●蔡　豐宋
可監察御史制　宋宋　祁　1088-267- 31

●蔡　準宋
可秘書丞制　宋胡　宿　1088-746- 15
著作郎知秀州嘉興縣蔡準可秘書丞差遣

依舊制　宋蔡　襄　1090-435- 12
職方員外郎蔡準可屯田郎中（制）　宋韓　維　1101-655- 16

●蔡　戡宋
司農少卿（制）　宋樓　鑰　1152-661- 37
司農卿（制）　宋樓　鑰　1152-692- 40
右文殿修撰蔡戡除集英殿修撰知靜江府制　宋虞　儔　1154-111- 5

●蔡　節宋
除司農卿兼檢正制　宋許應龍　1176-443- 4

●蔡　連宋
係湖南安撫使撫幹爲殺降武岡賊唐明有功循三資合授右承直郎制　宋張　嵲　1131-455- 13

●蔡　廉宋
降授朝請大夫制　宋吳　泳　1176- 85- 9

●蔡　說宋
殿中丞制　宋王安石　1105-397- 51

●蔡　潛宋
廣南東路轉運使秘閣校理蔡抗男潛試將作監主簿制　宋王安石　1105-412- 52
除司農簿（制）　宋蘇　軾　1112-314- 29

●蔡　確宋
正誠大夫知鄧州蔡確復觀文殿學士差遣依舊制　宋曾　肇　1101-329- 1
　　　　　　　　　　　　1350-409- 40
蔡確改知安州（制）　宋蘇　轍　1112-305- 28
　　　　　　　　　　　　1350-407- 40

●蔡　穀宋
都官郎中蔡穀除開封少尹制　宋翟汝文　1129-191- 2
都官郎中制　宋翟汝文　1129-209- 3

●蔡　範宋
大宗正丞蔡範除戶部郎中淮西總領制　宋洪咨夔　1175-224- 16

●蔡　興宋
大將軍防禦使蔡興已下至遙郡刺史等並加食邑三百戶　宋余　靖　1089-103- 11

●蔡　興宋
授州團練使提舉宮觀

四庫全書文集篇目分類索引

制　　　　　　　　　　　宋吳　泳　1176- 81- 9
●蔡　綽宋
太常博士制　　　　　　　宋王　洋　1132-409- 7
●蔡　烽宋
河東運判制　　　　　　　宋曾　鞏　1098-551- 21
●蔡　襄宋
知諫院制　　　　　　　　宋宋　祁　1088-268- 31
秘書丞直史館知諫院
　蔡襄可右正言直史
　館知福州　　　　　　　宋余　靖　1089- 92- 10
右正言知制誥蔡襄可
　起居舍人制　　　　　　宋王　珪　1093-255- 36
翰林學士知制誥權三
　司使蔡襄轉官加食
　邑制　　　　　　　　　宋王安石　1105-380- 49
●蔡襄（子）宋
兩制兒男制　　　　　　　宋蔡　襄　1090-469- 15
●蔡　巒宋
秘書省正字蔡巒可起
　居人制　　　　　　　　宋慕容彥逢　1123-333- 4
●蔡　巒宋
起居食人蔡巒可轉兩
　官制　　　　　　　　　宋慕容彥逢　1123-382- 7
●蔡　滕宋
可兩浙運判（制）　　　　宋蘇　軾　1108-663-106
●蔡　顯宋
換武翼郎（制）　　　　　宋樓　鑰　1152-616- 34
●蔡天球宋
前權亮州觀察推官蔡
　天球可著作佐郎　　　　宋沈　遘　1097- 55- 6
●蔡少卿唐
兼監察御史制　　　　　　唐元　稹　1079-586- 48
●蔡必勝宋
除知閤門事（制）　　　　宋陳傅良　1150-606- 14
●蔡幼學宋
校書郎（制）　　　　　　宋樓　鑰　1152-653- 37
著作佐郎（制）　　　　　宋樓　鑰　1152-708- 41
兼侍讀（制）　　　　　　宋樓　鑰　1152-715- 41
請詩終篇轉官（制）　　　宋樓　鑰　1152-715- 41
●蔡安强宋
直秘閣知襄陽府兼安
　撫使制　　　　　　　　宋劉才邵　1130-467- 5
●蔡安道宋
轉額外主事制　　　　　　宋張　擴　1129-105- 10
●蔡年世宋

任太平州通判修復官
　私圩田增收到租米
　七萬九千八百六十
　三石奉聖旨轉一官
　（制）　　　　　　　　宋劉一止　1132-197- 40
●蔡仲舒宋
跋高安蔡輔之家藏其
　五世祖仲舒賜第告　　　元柳　貫　1210-476- 18
●蔡仲龍宋
諸王宮教授蔡仲龍除
　太常博士制　　　　　　宋洪咨夔　1175-234- 18
除大宗正丞兼權屯田
　郎官制　　　　　　　　宋洪咨夔　1175-255- 21
授朝散郎制　　　　　　　宋吳　泳　1176- 66- 7
授朝請郎制　　　　　　　宋吳　泳　1176- 66- 7
授朝奉大夫制　　　　　　宋吳　泳　1176- 67- 7
●蔡法度梁
授蔡法度廷尉制　　　　　梁沈　約　1336-617-397
　　　　　　　　　　　　　　　　　 1399-391- 7
　　　　　　　　　　　　　　　　　 1415-114- 87
●蔡居厚宋
知齊州制　　　　　　　　宋翟汝文　1129-197- 2
●蔡孟容宋
爲乞將生擒賊徒李敦
　仁功賞於階官上轉
　行奉聖旨循修武郎
　制　　　　　　　　　　宋張　嵲　1131-454- 13
●蔡長民宋
爲殺獲馬吉等循右從
　事郎制　　　　　　　　宋張　嵲　1131-454- 13
●蔡延慶宋
龍圖閣直學士蔡延慶
　除工部侍郎制　　　　　宋劉　敞　1096-197- 20
可落翰林學士知制誥
　依前司封員外郎知
　滁州制　　　　　　　　宋王安禮　1100- 29- 3
磨勘轉朝議大夫制　　　　宋蘇　軾　1108-700-108
轉朝議大夫（制）　　　　宋蘇　轍　1112-287- 27
●蔡唐卿宋
閤門祗侯蔡唐卿該應
　舉人使十次賞各轉
　一官（制）　　　　　　宋陳傅良　1150-579- 11
●蔡秦客唐
授蔡秦客金部郎中制　　　唐蘇　廷　1336-568-389
●蔡從陳宋

蔡確父封贈制　宋蘇　轍　1112-342- 32

●蔡黃裳宋
可右贊善致仕制　宋胡　宿　1088-795- 20

●蔡景玄劉宋
還封詔　劉宋明帝　1398-565- 4

●蔡道恭梁
贈蔡道恭詔　梁　武帝　1399-257- 1
　　　　　　　　　　　　1414-426- 80

●蔡經國宋
進書轉官制　宋翟汝文　1129-219- 4

●蔡齊古宋
翰林院藝學殿中丞同正蔡齊古可依前殿中丞同正充翰林院待詔制　宋夏　竦　1087- 52- 1

●蔡興宗劉宋
封王景文蔡興宗詔　劉宋明帝　1398-564- 4

●蔡學幼宋
迪功郎秘書省正字蔡學幼該修進至尊壽星聖帝會要轉一官（制）　宋陳傅良　1150-589- 12

●瞻鍇心宋
包順父瞻鍇心可太子左清道率府副率致仕制　宋王安禮　1100- 22- 2

●黎　初宋
加官制　宋王　洋　1132-418- 7

●黎　珣宋
知南雄州（制）　宋蘇　軾　1108-690-108
　　　　　　　　　　　　　1402-117- 21

●黎　桓宋
授黎桓制　宋不著撰人　594-238- 10

●黎　棻宋
可特降五官授武顯大夫歸吏部制　宋綦崇禮　1134-555- 5

●黎　幹唐
授黎幹京兆少尹制　唐常　袞　1336-684-406

●黎　確宋
龍圖閣待制與郡（制）　宋程　俱　1130-225- 22
龍圖閣待制知漳州（制）　宋程　俱　1130-239- 24

國子司業黎確除殿中侍御史（制）　宋孫　覿　1135-245- 24

●黎　鍾宋

交趾使黎鍾吏外副（制）　宋蘇　轍　1112-311- 29

●黎　譯宋
御史臺主簿制　宋汪　藻　1128- 80- 8

●黎安朝宋
授兩浙轉運判官制　宋徐元杰　1181-691- 7

●黎伯登宋
除直煥章閣主管潼州路安撫制　宋許應龍　1176-459- 5

●黎宗孟宋
黎確父宗孟贈中大夫（制）　宋程　俱　1130-232- 23

●黎持正宋
屯田員外郎黎持正可都官員外郎制　宋胡　宿　1088-759- 16

屯田員外郎黎持正可都官員外郎（制）　宋蘇　頌　1092-348- 29

●黎崇禮宋
懷安軍金堂縣進士黎崇禮年一百三歲遇大禮恩特補迪功郎致仕（制）　宋陳傅良　1150-580- 11

●魯　可宋
封將作丞制　宋洪　适　1158-403- 23

●魯　千宋
除太常丞制　宋衛　涇　1169-469- 1

●魯　和宋
奉旨與補承節郎制　宋張　嵲　1131-506- 19

●魯　彥宋
元係中衛大夫秀州刺史所犯因淮東宣撫使司按發爲封閉門戶致餓死將司韓全并受豪戶孫承事木綿等入已事特旨降橫行遙郡七官勒停今該遇明堂赦恩勘會昨於淮陽軍兩次立功理宜優敘特與敘親大夫秀州刺史制　宋張　嵲　1131-501- 19

●魯　珏宋
轉三官遙郡制　宋程　俱　1130-264- 27

●魯　嘗宋
太常丞制　宋洪　适　1158-403- 23

●魯 冕 唐
授魯冕襄陽郡防禦使制　唐賈 至　1336-701-409
●魯 炳 宋
禮部尚書制　宋李正民　1133- 11- 1
●魯 瓊 宋
左藏庫副使魯瓊可文思使遙郡刺史制　宋慕容彥逢　1123-347- 5
●魯之顒 宋
轉官制　宋衞 涇　1169-479- 1
●魯有立 宋
太常寺太祝監西京麴院魯有立可大理評事制　宋宋 庠　1087-560- 20
大理寺丞魯有立磨勘改官制　宋歐陽修　1102-618- 79
●魯君貺 宋
虞部員外郎魯有立姪君貺可試將作監主簿制　宋王 珪　1093-285- 39
●魯宗道 宋
右諫議大夫參知政事魯宗道可給事中餘如故制　宋夏 竦　1087- 50- 1
●劉 几（凡）宋
可遙郡兼知保州制　宋蔡 襄　1090-449- 13
●劉 义 宋
贈成忠郎制係掩殺金兵陣殁　宋張 嵲　1131-493- 18
●劉 千 宋
降修武郎制　宋張 擴　1129-102- 10
遇明堂大禮合該換授忠訓郎（制）　宋劉一止　1132-172- 34
●劉 方 隋
贈劉方詔　隋 煬 帝　1400-242- 2
贈劉方上柱國盧國公詔　隋 煬 帝　1416-180-114
●劉 元（等）宋
劉元等二十三人爲懷忠守義思慕朝廷前來歸正各與轉一官資制　宋張 嵲　1131-453- 13
●劉 介 宋
可國子監博士（制）　宋沈 遘　1097- 52- 6
●劉 立 宋

劉立等轉官制　宋洪 适　1158-408- 24
●劉 永 宋
可殿中丞制　宋胡 宿　1088-721- 13
●劉 玉 唐
授劉玉新州刺史制　唐錢 翊　1336-718-411
●劉 玉 宋
劉錡故曾祖玉可特贈太子太傅制　宋張 嵲　1131-466- 14
●劉 去 漢
封廣川王去詔　漢 武 帝　1396-213- 2
●劉 丞 宋
換宣教郎制　宋翟汝文　1129-215- 4
●劉 平 漢
封眞定泗水王詔　漢 武 帝　426-1004- 6
封常山憲王子平商詔　漢 武 帝　1396-213- 2
●劉 平 宋
轉一官（制）　宋周必大　1148- 50- 97
●劉 旦 漢
封燕王策　漢 武 帝　426-1002- 6
　1360- 62- 3
　1396-218- 2
　1417-177- 10

●劉 甲 宋
知興元軍府兼管內勸農營田使充利州東路安撫使馬步軍都總管制　宋衞 涇　1169-494- 2
●劉 用 宋
可南作坊副使知瀘州制　宋王 珪　1093-287- 39
●劉 亦 宋
先降一官送大理寺取勘制　宋慕容彥逢　1123-366- 6
●劉 安 宋
劉安等中書省主事令史制　宋曾 鞏　1098-557- 22
●劉 沖（等）宋
劉沖等加官制　宋王 洋　1132-417- 7
●劉 決 宋
可借職制　宋慕容彥逢　1123-393- 8
●劉 次 漢
增濟北王次封戶詔　漢梁太后　426-1108-21
　1397- 75- 4
●劉 式 宋
差充留守司官准備差

四庫全書文集篇目分類索引

史部

詔令奏議類：附錄

詔令下（男）十五畫

遷先轉一官（制）　宋劉一止　1132-214- 44

●劉　吉 宋

可內殿承制制　宋胡　宿　1088-718- 13

可右領軍衛將軍致仕制　宋胡　宿　1088-800- 20

●劉　异 宋

可京兆府鄠縣令（制）　宋田　錫　1085-555- 29

●劉　光 宋

爲擒獲契丹千戶耶律溫等轉一官合武略大夫兼閤門宣贊舍人制　宋張　嵲　1131-448- 12

●劉　全 宋

劉全等轉囚官制　宋程　俱　1130-264- 27

轉兩官（制）　宋周必大　1148- 50- 97

●劉　宏 漢

立鮮濟亭侯宏詔　漢寶皇后　1397- 79- 4

●劉　宏 宋

可三司檢法官制　宋胡　宿　1088-759- 16

●劉　言 宋

可內殿崇班制　宋蘇　轍　1112-325- 30

●劉　沅 宋

可依前給事中充龍圖閣學士知開封府制　宋胡　宿　1088-772- 18

可龍圖閣學士給事中知永興府制　宋胡　宿　1088-772- 18

贈太師中書令兼尚書令劉沅可追封兗國公餘如故制　宋王安禮　1100- 30- 3

除劉沅特授行工部尚書充觀文殿大學士知應天府加食邑實封仍改賜功臣餘如故制　宋歐陽修　1102-675- 85

追封秦國公（制）　宋蘇　轍　1112-347- 32

跋劉楚公沅拜相告　宋周必大　1147-159- 16

題劉丞相沅拜相制　宋周必大　1147-178- 18

題劉丞相沅追封兗國公制　宋周必大　1147-178- 18

●劉　汸 唐

授劉汸招撫回撫使制　唐李德裕　1079-125- 3　1337-314-461

●劉　忱 宋

可屯田郎中（制）　宋韓　維　1101-653- 16

●劉　戒 宋

可轉一官制　宋慕容彥逢　1123-378- 7

●劉　志 漢

立鑫吾侯志詔　漢梁皇后　1397- 75- 4

●劉　成（等）宋

劉成等十五人修武郎（制）　宋陳傅良　1150-576- 11

●劉　犯 宋

轉一官資制　宋張　嵲　1131-441- 12

該遇皇后歸謁家廟特轉一官（制）　宋陳傅良　1150-574- 11

●劉　杞 宋

可都官員外郎制　宋胡　宿　1088-745- 15

●劉　岑 宋

知鎭江府（制）　宋李彌遜　1130-638- 5

除刑部侍郎（制）　宋張　綱　1131- 29- 5

除吏部侍郎（制）　宋張　綱　1131- 33- 5

爲臣寮上言先次落職與宮觀令於鄰近建昌軍聽候指揮制　宋張　嵲　1131-478- 16

可降兩官差制　宋慕崇禮　1134-557- 5

改除敷文閣待制依舊宮觀（制）　宋周必大　1148- 39- 97

●劉　孚 明

題給事劉孚所受制策　明王　直　1242-366- 36

●劉　何 宋

可集賢殿修撰差遣依舊制　宋慕容彥逢　1123-348- 5

●劉　法 宋

轉遙郡刺史制　宋慕容彥逢　1123-367- 6

散官安置（制）　宋劉安上　1124- 22- 2

●劉　況 宋

宣德郎致仕劉公轉通直郎誥跋　元劉　壎　1195-394- 7

●劉　定 宋

降一官（制）　宋蘇　軾　1108-667-106

●劉　炎 宋

可殿中丞制　宋胡　宿　1088-717- 12

●劉　青 宋

劉青贈忠翊郎制係掩殺金兵陣殁　宋張　嵲　1131-493- 18

●劉　直 宋

可大理寺丞制　宋宋　祁　1088-270- 31

●劉　協 漢

廢少帝立陳留王策　漢何皇后　1397- 80- 4

●劉　芮 宋

湖北提點刑獄制 宋洪 适 1158-405- 24
●劉 忠宋
轉皇城使制 宋鄒 浩 1121-300- 16
●劉 忠元
劉正父忠追封清國公謚簡穆制 元程鉅夫 1202- 19- 2
●劉 忠明
賜大學士劉忠致仕勅 明武宗 538-502- 75
●劉 芥宋
贈武功大夫某州刺史制 宋吳 泳 1176- 99- 10
●劉 卓宋
除起居郎（制） 宋周麟之 1142-107- 14
●劉 昉宋
知潭州湖南安撫使制 宋劉才邵 1130-465- 5
除祠部郎官（制） 宋劉一止 1132-195- 40
除禮部郎官（制） 宋劉一止 1132-212- 44
宗正丞制 宋胡 寅 1137-441- 13
●劉 易宋
轉遙郡防禦使（制） 元周必大 1148- 28- 96
●劉 旻唐
授雅州刺史制 唐白居易 1080-540- 50
1336-712-410
●劉 制宋
可大理評事致仕制 宋胡 宿 1088-795- 20
●劉 攽宋
中書舍人（制） 宋蘇 轍 1112-299- 28
秘書少監（制） 宋錢 勰 1350-406-140
●劉 牧宋
可職方員外郎制 宋王安石 1105-390- 50
劉婕妤弟劉牧可轉一官制 宋慕容彥逢 1123-384- 7
●劉 延漢
貶阜陵王延詔 漢章帝 426-1080-15
1397- 36- 2
復阜陵王延封爵詔 漢章帝 426-1090-15
1397- 36- 2
●劉 欣漢
立太子詔 漢成帝 426-1045-10
1360- 41- 2
1396-254- 4
1402- 24- 3
●劉 洪宋
知丹州劉洪轉遙刺勅 宋許 翰 1123-515- 3
●劉 炳宋
都官員外郎新差通判南安軍劉炳可職方員外郎差遣如故（制） 宋蘇 頌 1092-363- 31
可屯田員外郎（制） 宋韓 維 1101-655- 16
●劉 炳宋
可殿中少監制 宋慕容彥逢 1123-339- 4
可免試除中書舍人誥 宋慕容彥逢 1123-403- 9
●劉 炳宋
戶部尚書劉炳磨勘制 宋翟汝文 1129-218- 4
●劉 炳宋
特授行尚書兵部員外郎制 宋衛 涇 1169-468- 1
●劉 炳宋
除諸王宮大小學教授制 宋洪咨夔 1175-233- 18
除金部郎中制 宋袁 甫 1175-439- 9
●劉 洽唐
兵馬都統制 唐不著撰人 426-429- 59
檢校司空充諸道兵馬都統制 唐陸 贄 1072-638- 9
1337-224-451
●劉 恂宋
劉錡故祖恂可特贈太子太師制 宋張 嵲 1131-466- 14
●劉 庠宋
可著作佐郎（制） 宋沈 遘 1097- 53- 6
贈太中大夫（制） 宋蘇 軾 1108-671-106
●劉 洸宋
爲隨張浚至關陝普轉一官制 宋張 嵲 1131-442- 12
●劉 彥宋
贈承信郎與一子父職名制 宋張 嵲 1131-509- 19
●劉 度宋
除太學博士（制） 宋周麟之 1142-152- 19
●劉 珏宋
吏部侍郎制 宋汪 藻 1128- 73- 8
吏部尚書制 宋汪 藻 1128-105- 11
吏部侍郎制 宋李正民 1133- 12- 1
權知三省樞密院使制 宋李正民 1133- 28- 3
可落職提舉江州太平觀制 宋綦崇禮 1134-552- 5
落職宮觀（制） 宋孫 覿 1135-262- 25
●劉 拯宋

御批劉拯操蘊姦邪詖
　泊朝廷已行之命言
　涉不遜在理豈容可
　落職差知薪州制　宋慕容彥逢　1123-364- 3
●劉　皆宋
可太子中舍致仕制　宋歐陽修　1102-638- 81
●劉　胥漢
封廣陵王策　漢武帝　426-1002- 6
　　　　　　　　　　1360- 62- 3
　　　　　　　　　　1396-218- 2
　　　　　　　　　　1417-177- 10
●劉　述宋
可屯田員外郎制　宋胡　宿　1088-747- 15
陞郎中制　宋虞　儔　1154-110- 5
●劉　昱宋
可戶部郎官制　宋劉　敞　1096-183- 19
●劉　迪宋
轉忠翊郎制　宋張　擴　1129-101- 10
各與轉一官（制）　宋周必大　1148- 4- 94
●劉　約唐
劉總弟約等五人並除
　刺史賜紫（制）　唐白居易　1080-538- 50
授樣州刺史制　唐白居易　1080-542- 50
●劉　信宋
爲前來歸正供說事宜
　忠義可嘉特補承信
　郎制　宋張　嵩　1131-504- 19
●劉　衍宋
宣贊舍人制　宋許景衡　1127-225- 7
●劉　弁宋
特降一資（制）　宋周必大　1148- 21- 95
●劉　侯宋
廣東提舉（制）　宋樓　鑰　1152-651- 36
●劉　悟唐
授劉悟幽州節度使制　唐文宗　503-259-109
授劉悟昭義軍節度使
　（制）　唐穆宗　506-175- 91
　　　　　　　　　　549- 48-183
授劉悟檢校司空幽州
　節度使制　唐元　稹　1079-562- 43
　　　　　　　　　　1337-252-454
　　　　　　　　　　1394-318- 1
　　　　　　　　　　1402- 91- 16
可依前昭義軍節度使制　唐元　稹　1079-563- 43
　　　　　　　　　　1337-252-454

授劉悟滑州節度使制　唐不著撰人　1337-232-452
●劉　唐宋
知相州制　宋鄒　浩　1121-319- 18
●劉　宰宋
除太常寺丞制　宋洪咨夔　1175-245- 19
除將作少監制　宋洪咨夔　1175-256- 21
●劉　怦唐
除左驍將軍制　唐白居易　1080-561- 52
　　　　　　　　　　1336-652-402
●劉　素宋
劉參政父素贈太子少
　師再贈太子太師制　宋蔡　襄　1090-455- 14
●劉　玨宋
磨勘轉左朝散郎（制）　宋周必大　1148- 52- 97
●劉　真宋
降官制　宋王　洋　1132-430- 8
●劉　珪宋
轉兩官制　宋許景衡　1127-226- 7
●劉　起宋
西京左藏庫副使制　宋王安石　1105-448- 55
●劉　振宋
可轉一官制　宋慕容彥逢　1123-389- 8
●劉　晏唐
平章事制　唐不著撰人　426-301- 45
授劉晏吏部尚書制　唐常　袞　1336-544-386
●劉　晏宋
直龍圖閣制　宋李正民　1133- 5- 1
●劉　晃漢
貶齊王晃利侯剛詔　漢章帝　1397- 36- 2
●劉　剛漢
貶齊王晃利侯剛詔　漢章帝　1397- 36- 2
●劉　劍宋
爲措置捍禦金人有功
　轉一官制　宋張　嵩　1131-443- 12
●劉　能宋
可御前忠佐馬步軍副
　都領依前合州刺史
　制　宋胡　宿　1088-775- 18
●劉　純宋
可試將作監主簿制　宋歐陽修　1102-635- 81
●劉　殷漢
封扶崇公劉殷書　漢王　莽　1396-670- 24
●劉　寅宋
可蒲城令（制）　宋田　錫　1085-542- 28
可大理寺丞制　宋胡　宿　1088-716- 12

四庫全書文集篇目分類索引　1065

●劉　訥宋
可太常博士餘如故制　宋夏　竦　1087-67-2
●劉　商漢
封常山憲王子平商詔　漢武帝　426-1004-6
　　　　　　　　　　　　　1396-213-2
●劉　淵宋
可試國子四門助教制　宋胡　宿　1088-737-14
●劉　淵宋
可入內左藏庫使制　宋慕容彥逢　1123-359-6
可特授文思使制　宋慕容彥逢　1123-361-6
●劉　章漢
封三王詔　　　　漢文帝　1396-195-1
　　　　　　　　　　　　1402-7-1

●劉　章宋
除權工部侍郎（制）　宋周麟之　1142-131-17
●劉　深宋
轉成忠郎制　　　宋張　擴　1129-96-10
轉拱衞大夫制係掩殺
　金人立功　　　宋張　嵩　1131-448-12
●劉　深元
劉廣曾祖深贈昭文館
　大學士資德大夫追
　封邢國公謚康穆加
　上護軍（制）　元袁　桷　1203-477-36
●劉　淑宋
（知）蘇州（制）　宋蘇　轍　1112-299-28
贈官制　　　　　宋洪　适　1158-405-24
●劉　珵宋
可知滑州制　　　宋劉　放　1096-207-21
戶部郎中制　　　宋曾　鞏　1098-543-20
知滑州（制）　　宋蘇　軾　1108-690-108
●劉　基明
賜誠意伯劉基還鄉（
　勅）　　　　　明太祖　1223-46-6
御史中丞誥　　　明不著撰人　1225-470-20
弘文館學士誥　　明不著撰人　1225-471-20
誠意伯誥　　　　明不著撰人　1225-471-20
襲封誠意伯誥券　明不著撰人　1225-473-20
資善大夫都察院左都
　御史兼吏部尚書臣
　詹徽宣奉贈諡太師
　文成誥　　　　　　　　1225-474-20
太史令劉基詔　　明朱　升　1375-63-2
　　　　　　　　　　　　1402-121-2
●劉　勔劉宋

贈劉勔詔　　　劉宋後廢帝　1398-567-4
●劉　敞宋
可屯田員外郎（制）　宋王　珪　1093-283-38
●劉　崧明
職禮部侍郎（勅）　明太祖　1223-63-7
賜吏部尚書劉崧等致
　仕（勅）　　　明太祖　1223-64-7
題劉崧官誥後　　明陳　謨　1232-700-9
●劉　冕宋
宣特贈左贊善大夫制　宋蔡　襄　1090-423-10
●劉　偫宋
可大理寺丞制　　宋胡　宿　1088-732-14
●劉　參宋
除直秘閣知鄭州（制）　宋孫　覿　1135-269-26
●劉　敏宋
知辰州（制）　　宋蘇　轍　1112-304-28
可依前官閣門祗候制　宋慕容彥逢　1123-355-5
劉婕妤弟劉敏可轉一
　官制　　　　宋慕容彥逢　1123-384-7
●劉　滋唐
平章事制　　　　唐陸　贄　426-303-45
　　　　　　　　　　　　1072-630-7
　　　　　　　　　　　　1337-209-449
　　　　　　　　　　　　1402-90-16

●劉　斌宋
可皇城使（制）　宋蘇　頌　1092-369-32
●劉　渥宋
左藏庫使杜公才兩姨
　弟劉渥回授補借職
　制　　　　　宋慕容彥逢　1123-392-8
●劉　渼宋
可著作佐郎制　　宋宋　庠　1087-575-23
可三司鹽鐵判官（制）　宋余　靖　1089-95-10
知廣州制　　　　宋王　珪　1093-252-36
●劉　渼宋
左班殿直劉渼可轉一
　官制　　　　宋慕容彥逢　1123-390-8
●劉　淙宋
可檢校司空充陝州觀
　察使加食邑五百戶
　食實封二百戶（制）　宋韓　維　1101-679-18
●劉　淙（父）宋
西澗父贈官勅（三則）　宋仁宗　1345-559-0
●劉　搞宋
可通判定州制　　宋劉　放　1096-222-22

史部

詔令奏議類：附錄

詔令下（男）十五畫

四庫全書文集篇目分類索引

●劉 閎 漢
封齊王策　　　　　　　漢 武 帝　426-1002- 6
　　　　　　　　　　　　　　　　1355- 72- 3
　　　　　　　　　　　　　　　　1360- 62- 3
　　　　　　　　　　　　　　　　1396-217- 2
　　　　　　　　　　　　　　　　1417-177- 10
●劉 閎 宋
可閤門祗候制　　　　　宋慕容彥逢　1123-355- 5
●劉 巽 宋
可主客員外郎知濟州
　仍賜紫制　　　　　　宋胡 宿　1088-773- 18
●劉 賀 漢
封海昏侯詔　　　　　　漢 宣 帝　426-1019- 8
　　　　　　　　　　　　　　　　1355- 52- 2
　　　　　　　　　　　　　　　　1360- 32- 2
　　　　　　　　　　　　　　　　1396-237- 3
●劉 珵 宋
知恩州（制）　　　　　宋蘇 軾　1108-667-106
●劉 植（等）宋
劉植等轉一官制　　　　宋許 翰　1123-499- 1
●劉 極 宋
可淮南轉運判官制　　　宋劉 敞　1096-230- 22
●劉 雄 宋
轉一官制　　　　　　　宋慕容彥逢　1123-379- 7
●劉 間 宋
修建秘書省有道德院
　管勾文字轉一官制　　宋許 翰　1123-500- 1
●劉 登 宋
禮部郎官制　　　　　　宋胡 寅　1137-446- 13
●劉 琦 宋
轉承節郎制　　　　　　宋張 擴　1129-101- 10
●劉 堯 宋
可逐州軍助教（制）　　宋蘇 頌　1092-386- 33
●劉 肅 元
（劉賾）祖肅贈推忠
　贊治功臣金紫光祿
　大夫大司徒追封邢
　國公諡文獻加贈上
　柱國（制）　　　　　元袁 桷　1203-477- 36
●劉 陽（劉 莊）漢
立東海王陽爲皇太子
　詔　　　　　　　　　漢光武帝　426-1071-13
　　　　　　　　　　　　　　　　1397- 6- 1

●劉 琢 唐
平章事制　　　　　　　唐不著撰人　426-344- 50

蕭鄰監修國史等制　　　唐不著撰人　426-358- 51
●劉 逵 宋
可轉一官制　　　　　　宋慕容彥逢　1123-381- 7
●劉 景 宋
可殿中丞制　　　　　　宋宋 庠　1087-563- 21
可衛尉寺丞制　　　　　宋胡 宿　1088-728- 14
●劉 景（男）宋
故內殿崇班劉景男可
　奉職（制）　　　　　宋王 震　1350-400- 39
●劉 敞 宋
轉官制　　　　　　　　宋王安石　1105-391- 50
●劉 萇 漢
貶樂成王萇詔　　　　　漢 安 帝　426-1101-18
　　　　　　　　　　　　　　　　1397- 48- 3
●劉 最 宋
可大理寺丞（制）　　　宋蘇 頌　1092-364- 31
●劉 幾 宋
可光祿寺丞制　　　　　宋蔡 襄　1090-443- 13
●劉 智 晉
爲國子祭酒詔　　　　　晉 武 帝　1398- 38- 2
●劉 皓 宋
於遙郡上轉行一官制　　宋張 擴　1129- 76- 8
●劉 絢 宋
（可）太常博士（
　制）　　　　　　　　宋蘇 轍　1112-286- 27
●劉 舒 宋
可虞部員外郎（制）　　宋沈 遘　1097- 45- 5
●劉 勝 宋
換給左武大夫達州刺
　史制　　　　　　　　宋張 擴　1129- 45- 6
●劉 進 宋
贈承節郎與一子父職
　名更與一名進勇副
　尉（制）　　　　　　宋周必大　1148- 62- 98
●劉 棐 宋
復官制　　　　　　　　宋李正民　1133- 40- 3
除禮部員外郎制　　　　宋綦崇禮　1134-548- 4
●劉 復 宋
可陳州西華縣主簿制　　宋胡 宿　1088-783- 18
●劉 復 宋
曹曇妹婿劉復特與三
　班奉職制　　　　　　宋鄒 浩　1121-298- 15
●劉 義 宋
換給成忠郎制　　　　　宋張 擴　1129- 96- 10
補保義郎制　　　　　　宋張 擴　1129-104- 10

●劉 溫宋
太常博士制 宋王安石 1105-397- 51
●劉 靖魏
遷廬江太守詔 魏文帝 1412-599- 24
●劉 宣宋
劉宣等轉一官（制） 宋李彌遜 1130-646- 5
●劉 歆漢
封劉歆王惲等（詔） 漢平帝 426-1057-12
●劉 歆宋
特與轉兩資安強寨守
　禦將佐等秦鳳第三
　將制 宋慕容彥逢 1123-366- 6
●劉 煥宋
可起居郎制 宋慕容彥逢 1123-333- 4
可秘書郎制 宋慕容彥逢 1123-334- 4
●劉 道宋
勾當修內司使臣劉道
　可轉一官制 宋慕容彥逢 1123-372- 7
●劉 賈漢
封劉賈詔 漢高帝 1402- 4- 1
●劉 損宋
可江東路轉運判官制 宋慕容彥逢 1123-349- 5
●劉 瑀唐
封劉瑀彭城縣開國男
　制 唐李嶠 1336-754-416
●劉 瑜宋
贈承信郎與一子進義
　副尉（制） 宋周必大 1148- 58- 98
●劉 瑗唐
授劉瑗國子祭酒等制 唐孫逖 1336-639-400
●劉 察宋
可試大理評事充忠武
　將軍節度推官知邢
　州堯山縣制 宋胡宿 1088-779- 18
可秘書省正字制 宋劉敞 1096-194- 20
●劉 煦宋
劉參政祖煦贈太子少
　傅再贈太子太傅制 宋蔡襄 1090-454- 14
●劉 鼎宋
可晉州汾西簿（制） 宋田錫 1085-548- 28
張昇奏亡母劉氏親姪
　劉鼎可將侍郎試作
　監主簿（制） 宋韓維 1101-663- 17
換給保義郎制 宋張擴 1129-104- 10
●劉 蜆唐

壽州巡官制 唐杜牧 1081-684- 16
　 1336-730-413
●劉 頌晉
守廷尉詔 晉武帝 1398- 38- 2
●劉 僅宋
排轉制 宋胡寅 1137-429- 12
●劉 誠宋
可轉一官制 宋慕容彥逢 1123-366- 6
●劉 誨宋
直顯謨閣知楚州制 宋汪藻 1128- 90- 10
●劉 福宋
劉福等轉官制 宋張擴 1129- 81- 8
白身贈承節郎各與一
　名進勇副尉（制） 宋周必大 1148- 47- 97
●劉 濟宋
爲措置捍禦金人有功
　轉一官制 宋張嵲 1131-443- 12
●劉 端宋
轉兩官（制） 宋周必大 1148- 50- 97
●劉 禕劉宋
降廬江王禕詔 劉宋明帝 1398-549- 4
●劉 榮宋
爲殺敗金兵循一資通
　五資補成忠郎換給
　制 宋張嵲 1131-506- 19

●劉 輔宋
可文思副使（制） 宋蘇頌 1092-366- 31
●劉 愿宋
可大理寺丞制 宋宋庠 1087-575- 23
●劉 碩宋
可太子洗馬致仕制 宋宋庠 1087-565- 21
●劉 頊唐
可河中府河西縣令制 唐元稹 556-121- 85
　 1079-589- 49
　 1336-744-415

●劉 嘉漢
太后封劉嘉詔 漢王政君 1396-666- 23
●劉 榕宋
除直龍圖閣制 宋李正民 1133- 5- 1
●劉 聚元
劉正故祖父聚追封清
　國公諡昭懿制 元程鉅夫 1202- 19- 2
●劉 敉宋
屯田員外郎劉公敉黃

四庫全書文集篇目分類索引

後跋 元劉 壎 1195-394- 7

邢國公（制） 元袁 桷 1203-478- 36

●劉 蒼漢

東平王蒼爲驃騎將軍詔 漢明帝 1397- 21- 1

●劉 瑾宋

可朝奉郎復天章閣待制制 宋王安禮 1100- 21- 2

●劉 蒙宋

御史臺主簿制 宋曾 鞏 1098-545- 20

●劉 紹宋

贈特進制 宋汪 藻 1128- 96- 10

降五官制 宋汪 藻 1128-112- 12

1128-342- 2

●劉 肇漢

1375- 46- 1

廢太子慶立皇子肇詔 漢章帝 1397- 33- 2

劉子羽贈父韐少師（制） 宋李彌遜 1130-646- 5

●劉 肇宋

●劉 摰宋

轉一官（制） 宋樓 鑰 1152-621- 34

可尚書左丞進封開國伯加食邑實封制 宋劉 敞 1096-220- 22

●劉 綱宋

禮部郎中制 宋曾 鞏 1098-543- 20

特除遂郡刺史（制） 宋李彌遜 1130-636- 5

御史中丞劉摰可兼侍讀（制） 宋蘇 軾 1108-691-108

責官制 宋王 洋 1132-426- 8

1350-405- 40

●劉 綱（遠祖）宋

（可）右丞制 宋蘇 轍 1112-293- 27

跋劉氏家藏誥命後 明方孝孺 1235-542- 18

1350-408- 40

●劉 廣宋

1418-449- 51

爲殺敗金人出等奇功轉武功大夫除遂郡團練使制 宋張 嵲 1131-447- 12

劉忠肅尚書右丞告跋 宋洪咨夔 1175-316- 30

降一官展磨勘一年（制） 宋周必大 1148- 64- 98

●劉 摰（父）宋

●劉 誼宋

追贈制 宋蘇 轍 1112-337- 31

可特授通直郎權發遣兩浙路常平等事制 宋王安禮 1100- 33- 3

●劉 震宋

可轉一官制 宋慕容彥逢 1123-374- 7

知韶州（制） 宋蘇 軾 1108-681-107

●劉 霆宋

●劉 淑宋

知陳留縣（制） 宋蘇 軾 1108-689-108

除都官郎官（制） 宋周麟之 1142-101- 13

●劉 爽宋

●劉 毅晉

閤門祗候（制） 宋蘇 軾 1108-669-106

爲國子祭酒詔 晉武帝 1398- 37- 2

●劉 敦宋

●劉 適宋

可職上轉制 宋慕容彥逢 1123-384- 7

可尚書屯田員外郎制 宋宋 庠 1087-602- 26

●劉 嶠宋

●劉 慶漢

樞密院檢詳（制） 宋程 俱 1130-265- 27

廢太子慶立皇子肇詔 漢章帝 426-1083-15

少府少監（制） 宋孫 覿 1135-256- 25

1397- 33- 2

●劉 俊漢

●劉 慶宋

增封東海王臻兄弟制詔 漢順帝 1397- 51- 3

閤門承授文林郎守右金吾衞長史劉慶可特授守中書主事依前充職散官如故制 宋蔡 襄 1090-445- 13

●劉 德宋

換忠翊郎制 宋張 擴 1129-101- 10

●劉 懋宋

●劉 緬（等）宋

致仕合換武節郎制 宋許景衡 1127-231- 7

水部郎中劉緬四人改官制 宋鄭 獬 1097-130- 3

●劉 懋元

●劉 銳宋

（劉廣）父懋加榮祿大夫大司徒桂國封

降五官（制） 宋孫 覿 1135-264- 25

特轉親衞大夫（制） 宋周必大 1148- 63- 98

●劉 範宋
起居舍人制　　　　　　宋李正民　1133- 19- 2
●劉 緯宋
可尚書水部員外郎制　　宋宋 庠　1087-605- 26
●劉 澤宋
可光州司理判官（制）　宋田 錫　1085-550- 28
轉一官（制）　　　　　宋周必大　1148- 59- 98
●劉 機宋
可光祿寺丞制　　　　　宋王 珪　1093-297- 40
●劉 橫宋
補承信郎制　　　　　　宋張 擴　1129- 98- 10
●劉 穎宋
直顯謨閣江東轉運判
　官（制）　　　　　　宋陳傅良　1150-640- 18
知平江府（制）　　　　宋陳傅良　1150-641- 18
●劉 臻漢
增東海王臻食邑詔　　　漢 順 帝　426-1103-19
增封東海王臻呂弟制
　詔　　　　　　　　　漢 順 帝　1397- 51- 3
●劉 璞宋
降右宣義郎制　　　　　宋張 擴　1129-131- 12
●劉 選宋
可轉一官制　　　　　　宋慕容彥逢　1123-385- 7
換武翼郎（制）　　　　宋樓 鑰　1152-616- 34
●劉 豫宋
可特授三班借職制　　　宋慕容彥逢　1123-393- 8
●劉 興宋
可補承信郎制　　　　　宋張 擴　1129- 97- 10
●劉 錡宋
除閤門宣贊舍人制　　　宋許景衡　1127-225- 7
奏金人轉官回授制　　　宋張 嵲　1131-444- 12
奉旨與補承節郎制　　　宋張 嵲　1131-506- 19
除劉錡加食邑制　　　　宋周麟之　1142- 83- 11
上遺表贈開府儀同三
　司（制）　　　　　　宋周必大　1148- 24- 95
守本宮致仕（制）　　　宋周必大　1148- 24- 95
●劉 錫宋
可虞部員外郎制　　　　宋胡 宿　1088-751- 15
●劉 錫宋
可龍神衞四廂都指揮
　使制　　　　　　　　宋汪 藻　1128- 90- 10
復捧日天武四廂都指
　揮使明州觀察使權
　主管殿前司公事（
　制）　　　　　　　　宋張 綱　1131- 38- 6
知鼎州（制）　　　　　宋劉一止　1132-176- 35
致仕制　　　　　　　　宋王 洋　1132-430- 8
可除捧日天武四廂都
　指揮使制　　　　　　宋綦崇禮　1134-544- 3
●劉 勸漢
封楚王囂子詔　　　　　漢 成 帝　426-1039-10
●劉 賽宋
可太常少卿直昭文館
　知廣州制　　　　　　宋宋 庠　1087-570- 22
可尚書兵部郎中制　　　宋宋 庠　1087-595- 25
●劉 膺宋
劉參男膺可太常寺太
　祝制　　　　　　　　宋王 珪　1093-299- 40
●劉 濟宋
可大理寺丞制　　　　　宋胡 宿　1088-733- 14
●劉 襄漢
創梁王襄詔　　　　　　漢 武 帝　426-999- 6
●劉 燧宋
可特授拱衞大夫依舊
　和州防禦使致仕制　　宋吳 泳　1176- 87- 9
●劉 懋宋
乞致仕依所乞（制）　　宋周必大　1148- 20- 95
加食邑五百戶食實封
　二百戶制　　　　　　宋周必大　1148- 95-102
加食邑五百戶食實封
　二百戶制　　　　　　宋周必大　1148-104-102
加食邑五百戶食實封
　二百戶制　　　　　　宋周必大　1148-109-103
加食邑五百戶食實封
　二百戶制　　　　　　宋周必大　1148-122-103
賜劉懋（大禮畢加食
　邑實食封告）　　　　宋周必大　1148-232-112
賜劉懋（加食邑實食
　封告）　　　　　　　宋周必大　1148-233-112
●劉 澈宋
特起復授端明殿學士
　知慶元府沿海制置
　使誥　　　　　　　　宋王應麟　1187-252- 5
●劉 嬰漢
策命孺子嬰　　　　　　漢王 莽　1396-667- 24
●劉 嶸宋
除太常博士制　　　　　宋張 擴　1129- 47- 6
除司勳郎官（制）　　　宋周麟之　1142-151- 19
除福建提舉（制）　　　宋周麟之　1142-151- 19
●劉 績宋

除閤門宣贊舍人（制）　宋周必大　1148- 60- 98
●劉　總唐
贈劉總太尉册文　唐白居易　426-461- 63
　　　　　　　　　　　　　1080-543- 51
授劉總守司徒兼侍中
　天平軍節度使制　唐元　稹　1079-559- 42
　　　　　　　　　　　　　1337-250-454
許劉總出家制　唐元　稹　1079-560- 42
●劉　總（子姪）唐
劉總男及姪六人除贊
　善洗馬衞佐賜緋同
　制　唐白居易　1080-538- 50
●劉　鍾宋
贈團練使制　宋李正民　1133- 29- 3
●劉　縱唐
授秘書郎制　唐白居易　1080-522- 48
授劉縱秘書郎制　唐杜　牧　1336-638-400
●劉　熹宋
工部侍郎參知政事劉
　某親孫男熹可守秘
　校制　宋胡　宿　1088-786- 19
●劉　翹劉宋
受禪追尊皇考爲孝穆
　皇帝策　劉宋武帝　1398-483- 1
●劉　礎宋
降一官（制）　宋樓　鑰　1152-613- 34
授劉礎鄜坊節度使制　唐封　敖　1337-262-455
●劉　瞻唐
荊南節度平章事制　唐不著撰人　426-384- 54
●劉　達宋
轉一官（制）　宋周必大　1148- 45- 97
●劉　雜宋
可大理寺丞制　宋胡　宿　1088-730- 14
●劉　勛明
湖廣武昌府江夏縣知
　縣劉勛（勅）　明倪元璐　1297- 48- 4
●劉　鐙宋
劉仲武乞以管軍恩例
　與男鐙閤職制　宋許　翰　1123-502- 1
　劉　繹唐
授劉繹虞部員外郎制　唐孫　逖　1336-589-392
●劉　寶宋
轉遙防遙團（制）　宋張　綱　1131- 7- 1
除正任防禦使制　宋張　嵲　1131-436- 11
可特授安慶軍節度使

依前捧日天武四廂
　都指揮使充鎭江都
　統制兼准東路招撫
　使節制本路軍馬食
　邑實封如故制　宋王之望　1139-694- 3
除劉寶加食邑制　宋周麟之　1142- 84- 11
特封保義郎致仕（制）　宋周必大　1148- 3- 94
落節度使制　宋洪　适　1158-381- 20
●劉　璣宋
令再任（制）　宋周麟之　1142-138- 17
●劉　覺（等）宋
劉覺等轉員外郎制　宋王安石　1105-391- 50
●劉　辯宋
前大理寺丞劉辯舊官
　服闋制　宋王安石　1105-410- 52
●劉　熠明
（劉基）父永嘉郡公
　誌　明不著撰人　1225-472- 20
●劉　變宋
可戶部侍郎致仕制　宋王　珪　1093-236- 34
●劉　囂漢
封楚王囂子詔　漢成帝　1355- 61- 3
●劉　續漢
立建平侯續詔　漢梁皇后　1397- 74- 4
●劉　鑑宋
轉官制　宋鄒　浩　1121-297- 15
●劉　顯宋
可內殿承制制　宋歐陽修　1102-628- 80
以艾評戰殁補承信郎
　制　宋洪咨夔　1175-244- 19
●劉　觀宋
中書舍人劉觀給事中
　制　宋汪　藻　1128- 73- 8
復官制　宋劉才邵　1130-457- 4
知濾州（制）　宋劉一止　1132-206- 42
與轉一官致仕（制）　宋周必大　1148- 4- 94
上遺表特贈四官（制）　宋周必大　1148- 4- 94
●劉一止宋
除監察御史（制）　宋程　俱　1130-227- 24
除祠部郎官（制）　宋張　綱　1131- 39- 6
元是給事中爲臣寮上
　言挾私薦呂廣問奉
　聖旨落職與宮祠該
　遇明堂大禮赦合檢
　舉復秘閣修撰制　宋張　嵲　1131-498- 18

（劉一止）除監察御史紹興元年十月六日程俱行（告詞）　宋程　俱　1132-290- 55

（劉一止）除起居郎紹興二年七月十五日陳與義行（告詞）　宋陳與義　1132-290- 55

（劉一止）除宮祠紹興二年八月三十日下陳與義行（告詞）　宋陳與義　1132-290- 55

（劉一止）除祠部員外郎奉祠溫州紹興四年四月七日下張綱行（告詞）　宋張　綱　1132-290- 55

（劉一止）除浙東提刑紹興四年十一月一日下王居正行（告詞）　宋王居正　1132-291- 55

（劉一止）除直顯謨閣紹興五年閏二月二十四日下周綱行（告詞）　宋周　綱　1132-291- 55

（劉一止）除秘書少監紹興八年九月二十一日下呂本中行（告詞）　宋呂本中　1132-291- 55

（劉一止）再除起居郎紹興八年十一月二十七日下勾龍如淵行（告詞）　宋勾龍如淵　1132-292- 55

（劉一止）除中書舍人紹興九年正月五日下蘇符行（告詞）　宋蘇　符　1132-292- 55

（劉一止）除兼侍講紹興九年二月二十四日下李誼行（告詞）　宋李　誼　1132-292- 55

（劉一止）除給事中紹興九年九月十四日下林待聘行（告詞）　宋林待聘　1132-292- 55

（劉一止）罷給事中宮祠紹興九年十二月二十九日下程克俊行　宋程克俊　1132-293- 55

（劉一止）復秘閣修撰紹興十年十二月二十八日下張嵲行（告詞）　宋張　嵲　1132-293- 55

（劉一止）落修撰宮祠紹興十五年十二月八日下段拂行（告詞）　宋段　拂　1132-293- 55

（劉一止）再除秘閣修撰致仕紹興二十二年七月十四日下周麟之行（告詞）　宋周麟之　1132-294- 55

（劉一止）除敷文閣待制紹興二十二年十月八日下周麟之行（告詞）　宋周麟之　1132-294- 55

（劉一止）落致召赴行在紹興二十五年十二月二十三日下五綸行（告詞）　宋王　綸　1132-294- 55

（劉一止）除敷文閣直學士紹興二十六年四月十八日下王綸行（告詞）　宋王　綸　1132-294- 55

（劉一止）贈四官朝散大夫紹興三十一年三月二十八日下楊邦弼行（告詞）　宋楊邦弼　1132-295- 55

除敷文閣待制（制）　宋周麟之　1142- 97- 13

●劉三哥 宋

補進勇副尉制　宋張　擴　1129- 89- 9

●劉三榮 宋

除太府寺丞（制）　宋陳傳良　1150-639- 17

●劉三傑 宋

將作監主簿（制）　宋樓　鑰　1152-638- 35

●劉士劭 宋

衛尉寺丞劉士劭可大理寺丞（制）　宋蘇　頌　1092-363- 31

將作監主簿劉士郡可舊官服闕　宋沈　遘　1097- 56- 6

●劉士彥 宋

衛尉寺丞劉士彥可大理寺（制）　宋蘇　頌　1092-391- 34

將作監主簿劉士彥可舊官服闕　宋沈　遘　1097- 56- 6

知泗州制　宋曾　鞏　1098-558- 22

四庫全書文集篇目分類索引

史部

詔令奏議類：附錄

詔令下（男）十五畫

可福建轉運判官　　宋蘇　軾　1108-682-107

●劉士涇 唐

授太僕卿制　　唐元　稹　1079-574- 46

　　　　　　　　　　　1336-616-397

　　　　　　　　　　　1402- 69- 13

●劉士通（等）宋

劉士通等轉兩資制　　宋許景衡　1127-230- 7

●劉士達 宋

武德大夫劉士達降三官（制）　　宋孫　覿　1135-261- 25

●劉士燮 宋

將作監主簿劉士燮服闋除可舊官制　　宋鄭　獬　1097-154- 5

●劉子羽 宋

復徵歙閣待制制　　宋張　擴　1129- 51- 6

散官白州安置（制）　　宋張　綱　1131- 41- 7

●劉子房 劉宋

徙松滋侯子房詔　　劉宋明帝　1398-556- 4

●劉子雅 宋

給事中參知政事劉某親孫男子雅可守秘校制　　宋胡　宿　1088-786- 19

●劉子進 宋

降官制　　宋劉才邵　1130-476- 5

●劉子澄 宋

淮西安撫使機宜兼通判廬州劉子澄除軍器監簿兼淮西安撫司參議官制　　宋洪咨議　1175-231- 17

●劉子翼 宋

廣東運判（制）　　宋李彌遜　1130-645- 5

降一官（制）　　宋劉一止　1132-171- 33

●劉子駿 宋

桐州安陽縣尉劉子駿可知蘇州錄事參軍（制）　　宋蘇　頌　1092-395- 34

●劉子鸞 劉宋

追贈新安王子鸞等詔　　劉宋明帝　1398-556- 4

●劉才邵 宋

應辦中宮册寶劉才邵轉一官制　　宋張　擴　1129- 80- 8

除秘書丞（制）　　宋劉一止　1132-213- 44

●劉大中 宋

參知政事劉大中除資政殿學士知處州制　　宋翟汝文　1129-187- 1

秘書劉大中尚書吏部員外郎（制）　　宋程　俱　1130-266- 27

禮部尚書（制）　　宋李彌遜　1130-632- 5

除監察御史（制）　　宋張　綱　1131- 18- 3

除右司諫（制）　　宋張　綱　1131- 28- 5

落職依舊宮祠（制）　　宋劉一止　1132-172- 34

中書舍人制　　宋胡　寅　1137-436- 12

吏部侍郎制　　宋胡　寅　1137-438- 12

回授祖一官制　　宋胡　寅　1137-456- 14

●劉大辯 宋

大府寺主簿制　　宋洪　适　1158-372- 19

●劉山陽 梁

封左興盛等制　　梁沈　約　1399-391- 7

　　　　　　　　　　　1415-113- 87

●劉文正 宋

大理寺丞劉文正可太子中舍制　　宋宋　庠　1087-583- 24

●劉文昇 宋

爲劉錡申發機速文字遣發官兵奏捷幹事並專委本官承接捍幹辦及解發俘獲番賊之類亦只是本官獨力應辦委是別無不了奉聖旨轉兩官制　　宋張　嵲　1131-445- 12

●劉文舜 宋

可特授左武大夫遙郡團練使制　　宋綦崇禮　1134-550- 4

●劉文裕 宋

故容州觀察使劉文裕可贈寧遠軍節度使（制）　　宋田　錫　1085-550- 28

●劉文潤 宋

禮賓使英州刺史劉文潤可洛苑使制　　宋蔡　襄　1090-445- 13

●劉之才 宋

轉三官制　　宋許景衡　1127-228- 7

●劉太公 漢

尊太公曰太上皇詔　　漢 高 祖　 426-979- 1

　　　　　　　　　　　1360- 6- 1

　　　　　　　　　　　1396-189- 1

●劉元規 宋

御前五經及第劉元規通利軍司法參軍制　　宋王安石　1105-445- 55

●劉元瑜宋
天章閣待制知潭州劉元瑜知桂州制　宋王珪　1093-252-36
●劉元瑜宋
戶部郎中天章閣待制劉元瑜可左司郎中制　宋鄭獬　1097-129-3
秘書丞劉元瑜磨勘改官制　宋歐陽修　1102-620-79
●劉元鼎唐
太子詹事劉元鼎可大理卿兼御史大夫充西番盟會使制　唐白居易　1080-527-49
●劉友俊宋
西頭供奉官劉友俊右清道率府率致仕制　宋王安石　1105-426-53
●劉公卞宋
轉一官制　宋張　嵲　1131-440-12
●劉公臣宋
奏舉人劉公臣大理寺丞制　宋王安石　1105-403-51
●劉公亮宋
告命跋　明胡　翰　1229-99-8
●劉公彥宋
束上閤門事制　宋汪　藻　1128-90-10
差同管客省四方館閤門公事（制）　宋程　俱　1130-219-22
●劉公達宋
轉一官（制）　宋李彌遜　1130-633-5
爲將帶人馬前去山東以來招撫探得符離鎭南有番人下寨便却裹私到回特降三官制　宋張　嵲　1131-458-13
●劉公輔宋
左藏庫副使閤門通事舍人劉公輔可轉二官制　宋慕容彥逢　1123-391-8
●劉公懋宋
前將佐監主簿劉公懋可舊官服闋（制）　宋沈　遘　1097-30-4
●劉仁用宋
可內殿承制制　宋胡　宿　1088-718-13
●劉仁恭唐
授劉仁恭彭城郡王制　唐韓　儀　1337-229-451

●劉仁瞻南唐
王崇文劉仁瞻張鈞並本觀察使制　宋徐　鉉　1085-56-7
衞王劉仁瞻改封越王册　宋徐　鉉　1085-70-9
●劉允中宋
少府監劉允中可司農卿制　宋鄭　獬　1097-132-3
●劉允濟宋
可供備庫副使制　宋胡　宿　1088-769-17
●劉玄佐唐
褒贈淮西立功將士詔　唐不著撰人　426-482-65
●劉立言宋
尚書屯田員外郎黃汴河催綱劉立言可尚書都官員外郎制　宋宋　庠　1087-600-26
●劉立德宋
可屯田郎中制　宋胡　宿　1088-758-16
●劉立禮宋
尚書度支員外郎秘閣校理劉立禮可開封府推官制　宋宋　庠　1087-567-22
●劉永世宋
可果州刺史充本州團練使制　宋胡　宿　1088-776-18
故果州團練使劉永世可贈汝州防禦使制　宋王　珪　1093-298-40
●劉永年宋
可寧州刺史制　宋胡　宿　1088-774-18
邠州防禦使知代州劉永年可鄜延路副總管制　宋鄭　獬　1097-128-2
可邕州觀察使充步軍都指揮使制　宋王安禮　1100-12-2
單州團練使劉永年可齊州防禦使知代州制　宋王安石　1105-417-52
充殿前都虞侯（制）　宋李清臣　1350-398-39
●劉永年宋
劉光世故祖永年可特追封越國公制　宋張　嵲　1131-462-14
●劉永叔宋
復秉義郎制　宋劉才邵　1130-461-5
●劉永和宋
洪奉官劉永和可武騎

四庫全書文集篇目分類索引

史部

詔令奏議類：附錄

詔令下（男）十五畫

尉唐州長史　宋田　錫　1085-546- 28

●劉永保宋

崇使劉永保可六宅使制　宋王　珪　1093-294- 40

●劉永恭宋

崇儀副使劉永恭可潁州團練副使（制）　宋田　錫　1085-546- 28

●劉永清宋

皇后姪女婿故西染院使劉永清可贈諸司使遂郡刺史制　宋胡　宿　1088-804- 21

供備庫副使劉永清可西京左藏庫副史（制）　宋蘇　頌　1092-382- 33

萬載縣尉劉永清可蔡州眞陽縣令（制）　宋蘇　頌　1092-395- 34

●劉永德宋

如京副使劉永德可濠州團練副使（制）　宋田　錫　1085-546- 28

皇城使河東第六將開德府駐箚劉永德可轉一官制　宋慕容彥逢　1123-379- 7

●劉永錫宋

刑部試到詳覆官縣令劉永錫可大理寺丞制　宋宋　祁　1088-269- 31

●劉正夫宋

左司諫劉正夫可起居郎制　宋慕容彥逢　1123-333- 4

禮部侍郎劉正夫可轉兩官制　宋慕容彥逢　1123-382- 7

●劉正顏宋

西頭供奉官劉正顏可清率致仕制　宋鄭　獬　1097-156- 5

●劉巨川宋

秘書省正字劉巨川可太常寺太祝（制）　宋田　錫　1085-554- 29

●劉可久宋

可試國子四門助教制　宋胡　宿　1088-738- 14

●劉世昭宋

可殿中丞制　宋胡　宿　1088-759- 16

●劉世寧宋

太子中舍劉世寧可殿中丞制　宋宋　庠　1087-583- 24

降一官（制）　宋周必大　1148- 11- 94

●劉充中宋

可虞部員外郎制　宋胡　宿　1088-751- 15

●劉令璩唐

前幽州押衙瀛州刺史劉令璩除工部尚書致仕制　唐白居易　1080-561- 52

●劉守誠明

廣東惠州府博羅縣知縣知縣劉守誠（勅）　明倪元璐　1297- 51- 4

●劉安上宋

給事中劉安上除徽猷閣待制知壽州制　宋翟汝文　1129-198- 2

●劉安仁宋

隰州司理參軍劉安仁可光祿寺丞充大理寺詳斷官（制）　宋沈　遘　1097- 62- 6

●劉安世宋

儒林郎行秀州華亭縣尉劉安世可守越州上虞縣令　宋蘇　頌　1092-385- 33

允劉安世可右正言制　宋劉　攽　1096-231- 23

●劉安國宋

內殿承制閣門祗候劉安國可閣門通事舍人制　宋慕容彥逢　1123-360- 6

內崇班閣門祗候殿中省尚贊奉御劉安國可轉一官制　宋慕容彥逢　1123-386- 7

●劉汝言宋

劉汝言可大理寺丞制　宋胡　宿　1088-732- 14

●劉汝翼宋

前廣州司法參軍劉汝翼特授漳州錄事參軍監陳州南頓縣酒稅制　宋蔡　襄　1090-426- 11

●劉在中宋

劉參軍黃牒跋尾　明宋　濂　518-244-143

　　　　　　　　　　　　1223-680- 14

●劉有方宋

宣政使嘉州刺史內侍省右班副都知劉有方可遂郡團練使制　宋劉　攽　1096-192- 19

可昭宣使（制）　宋蘇　軾　1108-678- 10

劉有方可內侍省右班副都知（制）　宋蘇　軾　1108-693-108

●劉光世宋

除太尉淮南制置使制　宋張　守　1127-683-　2

寧武軍節度使開府儀同三司充兩浙西路安撫大使劉光世加恩制　宋汪　藻　1128-103-11

除太傅守和衆輔國功臣護國鎭安保靜軍節度使揚國公致仕制　宋張　擴　1129-40-　6

贈太師制　宋張　擴　1129-148-14

除劉光世特授開府儀同三司集慶君節度使依前充兩浙西路安撫大使馬步軍都總管兼知鎭江軍府事兼管內勸農使加食邑食實封制　宋綦崇禮　1134-558-　6

除劉光世特起復寧武軍節度使開府儀同三司依前充兩浙西路安撫大使馬步軍都總管兼知鎭江軍府事淮南東路宣撫使兼營田使食邑食實封如故制　宋綦崇禮　1134-559-　6

除劉光世特授寧武國軍節度使依前起復開府儀同三司充兩浙西路安撫大使馬步軍都總管兼知鎭江軍府事淮南東路宣撫史兼營田使加食邑食實封制　宋綦崇禮　1134-560-　6

除劉光世特起復檢校太傅寧武寧國軍節度使開府儀同三司充江南東路宣撫史彭城郡開國公食邑五千三百戶食實封二千四百戶依舊建康府置司制　宋綦崇禮　1134-561-　6

除劉光世特授檢校太傅依前起復寧武寧國軍節度使開府儀同三司充江南東路宣撫使建康府置司加食邑食實封如故制　宋綦崇禮　1134-561-　6

●劉光世（三代）宋

劉光世贈三代制　宋胡　寅　1137-464-14

●劉光祖宋

入內西京左藏庫副使劉光祖可轉一官制　宋慕容彥逢　1123-376-　7

除起居郎（制）　宋陳傅良　1150-643-18

知蘄州（制）　宋樓　鑰　1152-641-36

司農少卿（制）　宋樓　鑰　1152-693-40

●劉光輔宋

敍官制　宋王　洋　1132-415-　7

●劉光遠宋

爲金人逼近順昌府奮不辭難協贊軍務提舉四壁別無疏虞橫行上轉一官制　宋張　嵲　1131-443-12

●劉全禮唐

授劉全禮等士人並除內侍省府局丞置同正等制　唐杜　牧　1336-766-418

　　　　　　　　　　　1402-80-14

●劉如玉唐

授太子舍人劉如玉等右史制　唐李　嶠　1336-524-383

●劉仲武宋

劉仲武特轉四方館使遂郡刺史升權本路鈐轄制　宋慕容彥逢　1123-345-　5

龍神衞四廂都指揮使開州防禦使劉仲武知熙州兼熙阿蘇湟路經略安撫使制　宋翟汝文　1129-200-　2

劉錡故父仲武可特封英國公制　宋張　嵲　1131-466-14

●劉仲章宋

直講劉仲章大理寺丞制　宋王安石　1105-402-51

●劉仲質（等）明

華蓋殿大學士劉仲質誥文　明太祖　1223-28-　3

●劉良弼（等）宋

劉良弼等轉三官制　宋許景衡　1127-227-　7

四庫全書文集篇目分類索引

史部

詔令奏議類：附錄

詔令下（男）十五畫

●劉志宇 明
（劉勤）父（贈文林郎勅）　明倪元璐　1297- 49- 4

●劉孝忠 宋
可太子中舍人制　宋胡　宿　1088-717- 12

●劉孝傑 宋
係金人侵犯順昌府守禦官循兩資制　宋張　嵿　1131-454- 13

●劉孝榮 宋
判太史局劉孝榮降一官（制）　宋陳傳良　1150-597- 13
復元官（制）　宋樓　鑰　1152-690- 40

●劉克莊 宋
除樞密院編修兼權侍右郎官制　宋洪咨夔　1175-255- 21
該遇明堂大禮加恩制　宋馬廷鸞　1187- 61- 8
特授煥章閣學士致仕制　宋馬廷鸞　1187- 66- 9

●劉克遜 宋
授工部郎官制　宋徐元杰　1187-684- 6

●劉秀之 劉宋
追贈劉秀之詔　劉宋孝武帝　1398-539- 3

●劉伯山 陳
封鄱陽王伯山策附尚書八座奏封鄱陽郡王伯山　陳 文 帝　1399-612- 1

●劉伯正 宋
除左司諫制　宋許應龍　1176-449- 4

●劉伯英 唐
册劉伯英左監門衞大將軍文　唐不著撰人　426-455- 62

●劉伯英 宋
湖南提鹽並兼常平制　宋王　洋　1132-407- 7

●劉伯容 宋
閣門宣贊舍人制　宋翟汝文　1129-201- 2

●劉伯芻 唐
除劉伯芻號州刺史制　唐白居易　1080-586- 55

●劉邦鳳 宋
劉邦鳳除廣西提刑兼提舉制　宋劉才邵　1130-468- 5

●劉廷美 宋
授秉義郎開州刺史充京西路兵鈐制　宋吳　泳　1176- 78- 8

●劉廷溫 唐
授劉廷溫華原縣令制　唐薛廷珪　1336-746-415

●劉宗元 宋
劉宗元等轉保章正制　宋劉才邵　1130-464- 5

●劉宗旦 宋
縣尉劉宗旦授錄事參軍監酒制　宋蔡　襄　1090-427- 11

●劉宗彥 宋
內殿崇班劉宗彥可轉一官制　宋慕容彥逢　1123-386- 7

●劉宗傑 宋
朝散郎致仕劉宗傑可落致仕比部郎中制　宋劉　攽　1096-199- 20

●劉宗道 宋
磁州司戶參軍劉宗道可大理寺丞致仕制　宋宋　庠　1087-564- 21
京畿路提刑兼保甲制　宋翟汝文　1129-200- 2

●劉宗諒 宋
殿中丞知白州劉宗諒可國子博士制　宋夏　竦　1087- 66- 2

●劉宜孫 宋
西京左藏庫副使劉宜孫服除可舊官制　宋鄭　獬　1097-141- 4
進士劉宜孫充大金通問使屬官特授從事郎制　宋汪　藻　1128- 79- 8

●劉宜添 宋
掌閽劉宜添轉典字制　宋張　擴　1129-106- 10

●劉性之 宋
劉性之制　宋虞　儔　1154-119- 5

●劉亞夫 宋
復職與郡制　宋汪　藻　1128- 82- 8

●劉直溫 宋
殿中丞前知封州劉直溫可國子博士制　宋宋　庠　1087-577- 23

●劉居海 宋
贈官與一子恩澤（制）　宋劉一止　1132-170- 33

●劉孟容 宋
除秘書省正事（制）　宋陳傳良　1150-648- 18

●劉奉世 宋
吏部員外郎制　宋曾　鞏　1098-543- 20
起居郎（制）　宋蘇　轍　1112-297- 28
　　　　　　　　　　　　1350-407- 40
大中大夫提舉毫州明道宮劉奉世除端明殿學士致仕制　宋翟汝文　1129-202- 2

●劉屈釐 漢

四庫全書文集篇目分類索引

劉屈氂爲左丞相封澎侯詔　漢武帝　426-1008- 6
　　　　　　　　　　　1396-217- 2
　　　　　　　　　　　1402- 62- 12

●劉長年宋
大理寺丞劉長年可太子中舍（制）　宋沈遘　1097- 54- 6

●劉長源宋
除湖南路提點刑獄制　宋張　擴　1129- 91- 9

●劉承緒宋
左藏庫副使劉承緒可禮賓使充嘉州刺史制　宋慕容彥逢　1123-348- 5

●劉承衡宋
友遙郡觀察使（制）　宋李彌遜　1130-625- 4

●劉忠正宋
太常博士知眉州劉忠正可屯田員外郎餘依舊制　宋夏竦　1087- 57- 1

●劉忠信宋
可太子中舍人致仕制　宋胡　宿　1088-796- 20

●劉昌祚宋
除劉昌祚武康軍節度殿前副都指揮使制　宋蘇　轍　1112-349- 33
加恩制　宋蘇　轍　1112-353- 33
　　　　　　　　　　　1350-372- 36

●劉昌孫宋
文思副使劉昌孫可左驍衞將軍致仕（制）　宋蘇　頌　1092-373- 32

●劉明恕宋
堂後官主客員外郎提點五房公事劉明恕可朝請大夫加輕車都尉制　宋夏竦　1087- 64- 2

●劉易簡宋
可大理寺丞制　宋胡　宿　1088-733- 14

●劉叔寶宋
轉官制　宋王安石　1105-392- 50

●劉知柔唐
授劉知柔尚書右丞制　唐蘇　頌　1336-540-385
　　　　　　　　　　　1402- 85- 15
授劉知柔工部尚書制　唐蘇　頌　1336-554-387

●劉秉忠（劉侃）元
贈太保劉秉忠謚制　元世祖　506-180- 91
拜光祿大夫太保參領

中書省事制　元不著撰人　1191-691- 6
贈儀同三司太傅諡文貞制　元不著撰人　1191-691- 6
贈趙國文正公制　元姚　燧　1201-409- 1
太保劉秉忠贈謚制　元李　孽　1367-137- 11

●劉延年宋
湖北漕劉延年直秘閣制　宋胡　寅　1137-440- 13
轉官制　宋胡　寅　1137-447- 13

●劉延孫劉宋
贈劉延孫詔　劉宋孝武帝　1398-537- 3
封劉延孫顏竣詔　劉宋孝武帝　1398-537- 3

●劉延壽宋
皇城使嶽州刺史劉延壽特與換漢官制　宋慕容彥逢　1123-368- 6
知延安府劉延壽轉官制　宋許　翰　1123-496- 1

●劉延慶宋
劉光世故父延慶可特追封楚國公制　宋張　嵲　1131-462- 14

●劉洪道宋
除直顯謨閣制　宋李正民　1133- 4- 1
直龍圖閣制　宋李正民　1133- 6- 1
除待制制　宋李正民　1133- 6- 1
知明州制　宋李正民　1133- 22- 2
知楚州制　宋李正民　1133- 26- 2

●劉彥貞南唐
楚州刺史劉彥貞可本州觀察使（制）　宋徐　鉉　1085- 58- 7

●劉彥適宋
降官（制）　宋張　綱　1131- 42- 7

●劉彥勤宋
勒劉彥勤制　宋許　翰　1123-498- 1

●劉思謙唐
授劉思謙驍衞大將軍制　唐錢　珝　1336-645-401

●劉幽求唐
授劉幽求左僕射制　唐蘇　頲　426-293- 44
　　　　　　　　　　　1336-537-385
　　　　　　　　　　　1337-193-448
　　　　　　　　　　　1402- 85- 15
授劉幽求同中書門下三品制　唐蘇　頲　426-293- 44
　　　　　　　　　　　1336-502-380

蘇瓌劉幽求配享睿宗

廟庭詔　　　　　　　　唐不著撰人　426-465-63

加劉幽求食實封制一
　一先天二年八月十
　五日　　　　　　　唐不著撰人　426-467-63

●劉約行唐
尚書司門員外郎制　　唐元　稹　1079-575-46

●劉重遇唐
授劉重遇加階官制　　唐薛廷珪　1336-767-418

●劉保勳宋
故諫議大夫劉保勳可
　贈工部侍郎（制）　宋田　錫　1085-554-29

●劉唐老宋
奉議郎權判登聞鼓院
　劉唐老可右常博士
　制　　　　　　　　宋劉　攽　1096-188-11

●劉益謙唐
授劉益謙加官制　　　唐薛廷珪　1336-766-418

●劉庭槐明
（劉基）祖永嘉郡公
　誥　　　　　　　　明不著撰人　1225-471-20

●劉泰倫唐
可起復謁者宜制　　　唐白居易　1080-559-52
　　　　　　　　　　　　　　　1336-765-418

●劉泰清唐
授劉泰清左武衞將軍
　制　　　　　　　　唐元　稹　1079-654- 4
　　　　　　　　　　　　　　　1336-656-402

●劉栖楚唐
加劉栖楚御史大夫制　唐李虞仲　1336-592-393

●劉師中宋
特降一官（制）　　　宋周必大　1148- 21-95

●劉師旦宋
殿中丞制　　　　　　宋王安石　1105-400-51

●劉師老唐
可尚書右司郎中制　　唐元　稹　1079-575-46
右司郎中劉師老可守
　本官充盟會副使制　唐白居易　1080-527-49

●劉師勇宋
劉師勇特授左武大夫
　依前濠州團練使帶
　御器械平江府駐箚
　御前諸軍統制誥　　宋王應麟　1187-262- 5

●劉保樞宋
（劉沅）祖保樞追封
　燕國公錄如故制　　宋王安禮　1100- 30- 3

●劉康祖劉宋
贈劉康祖詔　　　　　劉宋文帝　1398-517- 2

●劉務誠宋
三班奉職（制）　　　宋蘇　轍　1112-318-30

●劉崇文唐
授劉崇文左羽林大將
　軍知軍事等制　　　唐錢　珝　1336-648-401

●劉崇之宋
除太府寺丞（制）　　宋陳傅良　1150-604-14
太府寺丞（制）　　　宋樓　鑰　1152-672-38

●劉崇俊南唐
起復制　　　　　　　宋徐　鉉　1085- 52- 7

●劉崇望唐
册贈劉崇望司空文　　唐不著撰人　426-463-63
授劉崇望吏部尚書制　唐錢　珝　1336-546-386
授劉崇望兵部尚書制　唐薛廷珪　1336-548-386
授劉崇望車川節度使
　制　　　　　　　　唐吳　融　1337-294-458

●劉崇彝唐
授劉崇彝都官郎中制　唐薛廷珪　1336-574-390

●劉處宏唐
授劉處宏通議大夫內
　侍省監充客省副使
　制　　　　　　　　唐薛廷珪　1336-763-418

●劉國端宋
該覃恩轉官（制）　　宋樓　鑰　1152-703-41

●劉紹能宋
和衆輔國功臣太保護
　國鎭安保靜軍節度
　使劉光世故曾祖紹
　能可特追封國公制　宋張　嵲　1131-461-14

●劉從一唐
平章事制　　　　　　唐陸　贄　426-302-45
　　　　　　　　　　　　　　　1072-627- 7
門下中書侍郎平章事
　制　　　　　　　　唐陸　贄　1072-630- 7
　　　　　　　　　　　　　　　1337-209-449

●劉從效南唐
泉州節度使劉從效校
　校太師制　　　　　宋徐　鉉　1085- 48- 6

●劉從周唐
除劉從周官制　　　　唐白居易　1080-587-55
　　　　　　　　　　　　　　　1336-526-383

●劉善明齊
贈劉善明詔　　　　　齊 高 帝　1399- 11- 1

四庫全書文集篇目分類索引

●劉敦常宋
降一官（制） 宋劉一止 1132-170- 33
●劉敦義宋
除武學博士填貝闕（制） 宋周必大 1148- 37- 96
●劉惠通唐
授謂者監制 唐元 稹 1079-600- 50
　 1336-764-418
　 1402- 72- 13

●劉堯仁宋
右承奉郎直秘閣劉堯仁轉一官制 宋張 擴 1129- 79- 8
除直秘閣制 宋張 擴 1129- 83- 8
●劉堯佐宋
右承事郎直秘閣劉堯佐轉一官制 宋張 擴 1129- 79- 8
除直秘閣制 宋張 擴 1129- 83- 8
加官制 宋王 洋 1132-418- 7
●劉彭年宋
贈遂郡刺史制 宋張 擴 1129-149- 14
●劉景洪 宋
劉參政曾祖景洪贈太子少保再贈太子少保制 宋蔡 襄 1090-454- 14
●劉景宣宋
西京左藏庫副使兼閣門通事舍人殿中省尚輦奉御兼勾當祐候庫劉景宣可侯今任滿日特令再任制 宋慕容彥逢 1123-363- 6
●劉景真宋
降右承事郎制 宋張 擴 1129-131- 12
倉部郎官（制） 宋劉一止 1132-217- 45
淮西運判（制） 宋劉一止 1132-224- 47
●劉景純 宋
故龍圖閣學士禮部侍郎劉筠從孫景純可將作監主簿制 宋胡 宿 1088-787- 19
●劉景溫
太醫丞直醫官劉景溫可轉一官制 宋慕容彥逢 1123-384- 7
●劉貽孫（等）宋
西上閣門使劉貽孫等加勳邑制 宋王 珪 1093-296- 40
●劉無極宋

除知大宗正丞（制） 宋劉一止 1132-214- 44
●劉智隨劉宋
封第父子智隨爲武陵王詔 劉宋明帝 1398-557- 4
●劉舜文宋
防禦使制 宋李正民 1133- 33- 3
●劉舜臣宋
未復舊宮人劉舜臣禮賓副使制 宋王安石 1105-450- 55
●劉舜卿宋
加遂郡團練馬軍都虞候（制） 宋蘇 轍 1112-324- 30
●劉象與宋
內殿崇班劉象與可左監門衛將軍致仕 宋沈 遘 1097- 28- 4
●劉義恭劉宋
江夏王義恭錄尚書事詔 劉宋前廢帝 1398-541- 3
●劉義貞劉宋
追崇廬陵王義眞詔 劉宋文帝 1398-508- 2
追復廬陵王義眞封詔 劉宋文帝 1398-508- 8
●劉溫潤 宋
崇儀副使劉溫潤可禮賓使制 宋王 珪 1093-288- 39
禮賓使劉溫潤等可英州刺史制 宋王 珪 1093-292- 40
●劉煇叔宋
劉煇叔政績轉一官依舊知建昌軍制 宋洪容齋 1175-256- 21
●劉煒叔宋
除倉部員外郎制 宋許應龍 1176-444- 4
知泉州制 宋許應龍 1176-467- 6
轉一官制 宋許應龍 1176-475- 6
●劉源長唐
授劉源長檢校刑部郎中制 唐錢 珝 1336-732-413
●劉道規劉宋
追崇臨川王道規詔 劉宋文帝 1398-508- 2
●劉道錫劉宋
進官詔 劉宋文帝 1398-517- 2
●劉載達明
（劉守誠）父（贈某官勅） 明倪元璐 1297- 51- 4
●劉辟疆漢
封三王詔 漢 文 帝 1396-195- 1

四庫全書文集篇目分類索引

1402- 7- 1

大理寺主簿（制） 宋樓 鑰 1152-684- 39

●劉辟疆 宋
朝奉郎劉辟疆可轉一官制 宋慕容彥逢 1123-386- 7

●劉義叟 宋
可試秘校制 宋胡 宿 1088-779- 18

●劉當時 宋
太僕簿（制） 宋蘇 轍 1112-312- 29

●劉遵考 劉宋
封族弟遵考爲營浦侯詔 劉宋武帝 1398-487- 1

●劉嗣立 宋
進書賞轉官制 宋張孝祥 1140-645- 19

●劉興居 漢
封三王詔 漢 文 帝 1396-195- 1
1402- 7- 1

●劉誠之 宋
除太常博士（制） 宋陳傅良 1150-648- 18

●劉穆之 劉宋
追封劉穆之王鎮惡詔 劉宋武帝 1398-487- 1

太常寺主簿（制） 宋樓 鑰 1152-684- 39

●劉鴻訓 明
東閣大學士禮部尚書劉鴻訓（制） 明倪元璐 1297- 19- 2

●劉誠信 唐
右龍武軍大將軍劉誠信等三十三人敍階制 唐姚 合 1081-688- 17

●劉應起 宋
授監察御史制 宋徐元杰 1181-682- 6
授秘書省著作郎兼侍佐郎官制 宋徐元杰 1181-684- 6

●劉寧止 宋
直龍圖閣同提領水軍制 宋汪 藻 1128- 90- 10

●劉彌正 宋
特授朝散郎差遣如故制 宋衛 涇 1169-466- 1

復舊職（制） 宋程 俱 1130-222- 22
落權字（制） 宋李彌遜 1130-624- 4
可降一官制 宋綦崇禮 1134-556- 5

●劉懷懿 宋
內殿承制劉懷懿可供備庫副使又自副使改右衞將軍致仕 宋余 靖 1089- 99- 10

●劉端友 宋
知遂寧府制 宋許應龍 1176-469- 6

●劉繼明 唐
授劉繼明驍衞將軍加階制 唐李 磎 1336-768-418

●劉輔之 宋
贈二官恩澤五資制 宋張 嵲 1131-508- 19

●劉繼祖 明
進贈義惠侯劉繼祖諭 明 太 祖 1223- 24- 3

●劉維清 宋
密州莒縣令劉維清可太子中舍致仕制 宋宋 庠 1087-565- 21

●劉襲禮 宋
可太常博士制 宋胡 宿 1088-751- 15

●劉潛南 唐
授劉潛南五州防遏使高州刺史制 唐錢 翊 1336-718-411

●劉體微 唐
授劉體微等諸州刺史制 唐孫 逖 1336-709-410

●劉震孫 宋
改知安吉州制 宋許應龍 1176-467- 6

●衞 玄 隋
進右光祿大夫詔 隋 煬 帝 1400-245- 2
1416-180-114

●劉餘慶 宋
虞部員外郎知慈州劉餘慶可比部員外郎餘如故制 宋夏 竦 1087- 67- 2

●衞 伉 漢
益封衞青（詔） 漢 武 帝 426-999- 6

●劉儀鳳 宋
磨勘制 宋洪 适 1158-410- 24

●衞 青 漢
益封衞青詔 漢 武 帝 426-998- 6
益封衞青（詔） 漢 武 帝 426-999- 6

●劉德之 宋
太子中舍劉德之可殿中丞制 宋宋 庠 1087-582- 24

●衞 朴 宋
東頭供奉官衞朴可轉

●劉德仁 元
加封眞人（制） 元柳 貫 1210-290- 7

●劉德秀 宋

四庫全書文集篇目分類索引

一官制　　　　　　　　宋慕容彥逢　1123-385- 7

●衛　沫宋

除著作郎誥　　　　　　宋許應龍　1176-434- 3

除秘書郎誥　　　　　　宋許應龍　1176-435- 3

●衛逕（經）宋

浙東提舉（制）　　　　宋樓　鑰　1152-631- 35

●衛　振宋

爲父靖招收李忠賊馬陣亡補承信郎制　　宋張　嵲　1131-504- 19

●衛　博宋

轉兩官循左儒林郎（制）　　宋周必大　1148- 50- 97

●衛　登漢

益封衛青（詔）　　　　漢 武 帝　426-999- 6

●衛　悻（暉）唐

授衛悻校書郎制　　　　唐常　袞　1336-638-400

●衛　經宋

衛百揆父經補保義郎致仕（制）　　宋周必大　1148- 57- 98

●衛　樸宋

降授朝請郎制　　　　　宋吳　泳　1176- 86- 9

●衛　閎宋

垂拱殿成臨安府屬縣衛閎各轉一官制　　宋張　擴　1129- 77- 8

轉左承議郎制　　　　　宋張　擴　1129-141- 13

●衛　瓘晉

爲青州刺史詔　　　　　晉 武 帝　1398- 29- 2

●衛　觀宋

定武軍節度推官衛觀可大理寺丞（制）　　宋劉　敞　1095-652- 30

　　　　　　　　　　　　　　　　1350-384- 37

　　　　　　　　　　　　　　　　1402-113- 20

　　　　　　　　　　　　　　　　1418-362- 48

●衛不疑漢

益封衛青（詔）　　　　漢 武 帝　426-999- 6

●衛元珪唐

授衛元珪蜀王府諮議制　　唐常　袞　1336-674-405

●衛中行唐

授衛中行陝州觀察使制　　唐元　稹　1079-656- 5

　　　　　　　　　　　　　　　　1336-696-408

●衛仲達宋

秘閣修撰（制）　　　　宋王　洋　1132-412- 7

●衛克明宋

前文思副使衛克明可舊官服闕（制）　　宋蘇　頌　1092-366- 31

●衛茂實宋

永祐陵贊宮鈴轄階官遞郡上各轉一官制　　宋張　擴　1129- 78- 8

●衛康祖宋

轉保義郎制　　　　　　宋張　擴　1129-103- 10

●衛紹則唐

義武軍奏事官虞侯衛紹則可檢校秘書宜職如故制　　唐白居易　1080-553- 51

●衛進之宋

中書守當官鄆州司戶參軍衛進之青州司戶參軍制　　宋王安石　1105-453- 55

●衛膚敏宋

諫議大夫衛膚敏中書舍人制　　宋汪　藻　1128- 73- 8

●衛謙先宋

可入內內侍省供備庫副使制　　宋王安禮　1100- 13- 2

●僕宗旦宋

右監門衛將軍兼侍御史驍騎尉僕宗旦可加騎都尉（制）　　宋蘇　頌　1092-397- 34

中武將軍僕宗旦可右千牛衛將軍　　宋沈　遘　1097- 49- 5

●僕應卿宋

可三班借職充歸州巡檢制　　宋劉　攽　1096-240- 23

●樂　永宋

可試國子四門助教制　　宋胡　宿　1088-738- 14

●樂　忱宋

武節大夫中州防禦使樂忱落致仕（制）　　宋孫　覿　1135-257- 25

●樂　育宋

贈兩官與一資恩澤更各名守關進義副尉制　　宋張　嵲　1131-508- 19

●樂　溫宋

司門部中致仕樂安國男溫可試秘校郎制　　宋胡　宿　1088-788- 19

●樂　僎宋

侍禁樂僎可轉一官制　宋慕容彥逢　1123-372- 7

●樂　輝宋

1082　　　　　　　　四庫全書文集篇目分類索引

南劍州沙縣民兵首領樂輝親獲兇賊余勝等七人特與轉一官（制）　宋劉一止　1132-176- 35

● 樂天錫 宋
右侍禁樂天賜可率府致仕制　宋歐陽修　1102-622- 79

● 樂寅孫 宋
不覺察過准人降官制　宋張孝祥　1140-645- 19

● 樂許國 宋
可水部郎中制　宋胡　宿　1088-759- 16
前司門員外郎樂許國丁憂服闋復舊官制　宋歐陽修　1102-627- 80

● 樂富國 宋
奏舉人前權興州軍事推官樂富國可大理寺丞制　宋宋　祁　1088-268- 31

● 樂瑬正 唐
權知朔州刺史樂瑬正授兼御史中丞制　唐白居易　1080-571- 53

十六畫

● 龍　安（等）宋
龍安等轉官制　宋許景衡　1127-229- 7

● 龍　興 宋
舒州錄事參軍龍興太子中舍致仕制　宋王安石　1105-425- 53

● 龍以岳 宋
西南蕃附進蕃王龍以岳十九人推恩制　宋鄭　獬　1097-168- 7

● 龍以烈 宋
親進部轄龍以烈三十一人推恩制　宋鄭　獬　1097-168- 7

● 龍昌期 宋
龍昌期等授試國子四門助教制　宋韓　琦　1089-462- 40

● 龍叔漢 宋
使屬轉官制　宋衛　涇　1169-479- 1

● 諳爾根薩里 元
（耀珠封贈）父（制）　元趙孟頫　1196-729- 10

● 賴師貞 唐
除懷州長史制　唐杜　牧　1081-689- 17
授賴師貞懷州長史制　唐杜　牧　1336-737-414

● 燕　介 宋
中散大夫燕介可知棣州制　宋劉　敞　1096-209- 21

● 燕　度 宋
戶部副使太常少卿燕度可右諫議大夫知潭州（制）　宋鄭　獬　534-163- 82
　　　　　　　　　　　　　　　　　　1097-149- 4
　　　　　　　　　　　　　　　　　　1350-393- 38

● 燕　倉 漢
封杜延年等詔　漢昭帝　426-1011- 7
封杜延年燕倉任宮王壽爲列侯詔　漢昭帝　1396-223- 2

● 燕　逵 宋
充馬軍都虞侯（制）　宋李清臣　1350-398- 39

● 燕　達 宋
可依前官充馬軍副都指揮使制　宋王安禮　1100- 12- 2
除燕達武康軍節度使充殿前副都指揮使勳封如故制　宋李清臣　1350-366- 35

● 燕　褒 宋
除大理評事制　宋韓　琦　1089-464- 40

● 燕仲舉 宋
可衛尉寺丞制　宋胡　宿　1088-728- 14

● 燕仰之 宋
大理寺丞制　宋張　擴　1129- 86- 9
降右宣義郎制　宋張　擴　1129-132- 12
大理評事（制）　宋李彌遜　1130-626- 4

● 燕若古 宋
大理正燕若古可國子監丞制　宋劉　敞　1096-227- 22
知瀛州（制）　宋蘇　軾　1108-694-108

● 燕若濟 宋
知東明縣（制）　宋蘇　轍　1112-308- 29

● 橫　行 宋
換官制　宋王　洋　1132-410- 7

● 霍　千 宋
特贈承節郎與一子父職名更與一名進勇副尉（制）　宋周必大　1148- 49- 97

● 霍　光 漢
益封霍光詔　漢宣帝　426-1075- 8

● 霍　亨（等）宋
奏舉人前閩州錄事參軍霍亨等改官（制）　宋蘇　頌　1092-384- 33

● 霍　青 宋
換給修武郎制　宋張　擴　1129-132- 10

四庫全書文集篇目分類索引　　1083

●霍　雲 漢
封霍雲詔　　　　　　　漢 宣 帝　426-1016- 8
　　　　　　　　　　　　　　　549- 30-183
封霍光兄孫雲詔　　　　　　　1396-228- 3
●霍　肅 宋
入內內侍省文思副使
　霍肅可入內內侍省
　左藏庫副使制　　　宋慕容彥逢　1123-361- 6
●霍　轉 宋
循右從事郎制　　　　宋張　擴　1129-130- 12
●霍　鉄 唐
授霍鉄絳州翼城尉制　唐薛廷珪　1336-733-413
●霍　興 宋
贈承信郎（制）　　　宋李彌遜　1130-626- 4
●霍　鑫 宋
總領荊湘財用轉一官
　（制）　　　　　　宋李彌遜　1130-628- 4
爲壇離職守及收饋送
　特落職令吏部與監
　當差遣其饋送歸還　宋張　嵩　1131-479- 16
除直寶文閣知潭州（
　制）　　　　　　　宋周麟之　1142-104- 14
●霍去病 漢
益封霍去病（詔二則）漢 武 帝　426-1001- 6
渾邪王降益封去病（
　詔）　　　　　　　漢 武 帝　426-1001- 6
益封去病等　　　　　漢 武 帝　426-1002- 6
益封霍去病制　　　　漢 武 帝　549- 30-183
又益封霍去病制　　　漢 武 帝　549- 30-183
封霍去病爲冠軍侯詔　漢 武 帝　1396-214- 2
益封霍去病及諸將詔　漢 武 帝　1396-215- 2
封驃騎將軍詔　　　　漢 武 帝　1402- 14- 2
益封驃騎詔　　　　　漢 武 帝　1402- 15- 2
●霍安國 宋
知懷州霍安國贈延康
　殿學士制　　　　　宋汪　藻　1128- 95- 10
　　　　　　　　　　　　　　　1128-342- 2
　　　　　　　　　　　　　　　1375- 46- 1
●霍汝翼 宋
轉歸吏部除帶御器械
　（制）　　　　　　宋陳傳良　1150-576- 11
該進至尊壽皇聖帝聖
　政特轉成州團練使
　（制）　　　　　　宋陳傳良　1150-578- 11
復元官轉觀察使（制）宋樓　鑰　1152-687- 39

●霍保安 宋
可樞密承旨南班制　　宋胡　宿　1088-764- 17
●霍唐臣 宋
知濠州（制）　　　　宋蘇　轍　1112-310- 29
●霍寬夫 宋
供職實及二年與落看
　班二字（制）　　　宋蘇　轍　1150-577- 11
●霍端友 宋
吏部侍郎制　　　　　宋翟汝文　1129-214- 3
●駱　怡 唐
駱怡等復職制　　　　唐元　稹　1079-584- 48
●駱　峻 唐
授駱峻太子司議郎梧
　州刺史賜緋魚袋兼
　改名玄休制　　　　唐白居易　1080-538- 50
●歷支特勒 唐
授歷支特勒以下官制　唐李德裕　1079-156- 8
●閔　木 宋
太學博士（制）　　　宋蘇　轍　1112-304- 28
●閔　立 宋
換秉義郎制　　　　　宋張　擴　1129-101- 10
●閔　旦 宋
江州彭澤主簿閔旦可
　守國子監丞致仕制　宋蔡　襄　1090-422- 10
●閔　安 宋
內侍省押班閔安轉團
　使制　　　　　　　宋鄒　浩　1121-296- 15
內侍閔安轉官制　　　宋鄒　浩　1121-319- 18
入內閔安轉官制　　　宋鄒　浩　1121-321- 18
●閔　仲 宋
持轉右武大夫忠州刺
　史（制）　　　　　宋陳傳良　1150-591- 13
●閔　亮 宋
閔亮等承節郎（制）　宋李彌遜　1130-622- 4
●閔　革 宋
殿中丞閔革轉官（制）宋余　靖　1089-100- 10
●閔　政 宋
閔政制　　　　　　　宋許　翰　1123-503- 2
●閔　度 南唐
可江寧府參軍（制）　宋徐　鉉　1085- 62- 8
●閔　皐 宋
可特與補吉州防禦使
　所有借宣州觀察使
　候再立功日申朝廷
　取旨施行制　　　　宋綦崇禮　1134-540- 2

●閻 挺宋
降一官制 宋洪 适 1158-374- 19

●閻 琪宋
爲擒獲順昌人張宓轉拱衞大夫果州團練使陞充永興軍路兵馬都監權知耀州兼管內安撫依前統領忠義軍馬換給制 宋張 嵩 1131-485- 17

●閻 復元
贈光祿大夫大司徒上柱國追封永國公謚文康（制） 元袁 桷 1203-476- 36

●閻 祺宋
秘書丞閻祺可太常博士（制） 宋韓 維 1101-654- 16

●閻 詢宋
可開封府推官制 宋胡 宿 1088-778- 18
特贈金紫光祿大夫制 宋鄒 浩 1121-309- 17

●閻 達宋
轉保義郎制 宋劉才邵 1130-461- 5

●閻 鼎宋
前通判台州閻鼎可尚書都官員外郎制 宋宋 庠 1087-600- 26

●閻 維宋
轉承信郎（制） 宋孫 覿 1135-260- 25

●閻 瑾宋
正任防禦使制 宋汪 藻 1128- 94- 10

●閻 德宋
階官遙郡上降一官令本司自效（制） 宋周必大 1148- 10- 94
敍復原官中亮大夫宣州觀察使（制） 宋周必大 1148- 28- 96

●閻 誌宋
右侍禁閤門祗候閻誌可閤門通事舍人制 宋慕容彥逢 1123-360- 6

●閻 詡宋
可大理寺丞制 宋胡 宿 1088-732- 14

●閻 駿宋
宣德郎閻駿可轉一官制 宋慕容彥逢 1123-371- 7
朝請大夫閻駿除應天少尹制 宋翟汝文 1129-191- 2

●閻士良宋
崇義使閻士良可康州

刺史制 宋王 珪 1093-238- 34

●閻文寶宋
供備副使監亳州茶鹽稅制 宋歐陽修 1102-645- 81

●閻立本唐
册閻立本工部尚書文 唐不著撰人 426-453- 62

●閻巨源唐
除閻巨源充邠寧節度使制 唐白居易 556-122- 85
　 1080-575- 54
授閻巨源邠寧節度使制 唐白居易 1337-257-454

●閻世雄宋
轉遙郡刺史（制） 宋樓 鑰 1152-685- 39

●閻丘梓宋
除大理評事（制） 宋洪咨夔 1175-242- 19

●閻守勤（等）宋
內侍閻守勤等轉官制 宋鄒 浩 1121-313- 17

●閻安中宋
國子司業制 宋洪 适 1158-385- 21
中書舍人制 宋洪 适 1158-409- 24

●閻仲卿宋
職方員外郎閻仲卿可屯田郎中知耀州制 宋夏 竦 1087- 56- 1

●閻伯瑀唐
授閻伯瑀刑部侍郎等制 唐常 袞 1336-560-388

●閻居常南唐
屯田郎中閻居常兼起居舍人（制） 宋徐 鉉 1085- 57- 7
給事中閻居常可金紫檢校司空充廬州節度副使（制） 宋徐 鉉 1085- 64- 8

●閻祖德宋
入內文思副使閻祖德可轉一官制 宋慕容彥逢 1123-373- 7

●閻溫仁宋
大理寺丞閻溫仁可太子中舍 宋沈 遘 1097- 44- 5

●閻蒼舒宋
除煥章閣直學士提舉江州太平興國官（制） 宋陳傅良 1150-637- 17

●隨龍康盆宋
特轉團練使監御轝院

四庫全書文集篇目分類索引

制　　　　　　　　　　　宋汪　藻　1128- 75-　8
●冀　尚宋
可天子中舍人制　　　　　宋胡　宿　1088-745- 15
●冀　德宋
西京左藏庫副使冀德
　可文思使制　　　　　　宋鄭　獬　1097-141-　4
●冀彥明宋
復閤門宣贊舍人添差
　兩浙西路兵馬副都
　監制　　　　　　　　　宋張　擴　1129- 89-　9
●默特博宋
東頭供奉官默特博與
　轉一官制　　　　　　　宋慕容彥逢　1123-386-　7
●默實勒奇多伊宋
皇城使默實勒奇多伊
　與轉一官制　　　　　　宋慕容彥逢　1123-389-　8
●興劉宋
倭王世子興授爵詔　　　　劉宋孝武帝　1398-540-　3
●盧　台唐
陝西府院官盧台可兼
　侍御史制　　　　　　　唐白居易　1080-558- 52
●盧　成宋
可度支員外郎制　　　　　宋胡　宿　1088-742- 15
●盧　均（等）唐
盧均等三人授通事舍
　人制　　　　　　　　　唐元　稹　1079-580- 47
●盧　告唐
除左拾遺制　　　　　　　唐杜　牧　1081-669- 14
授盧告左拾遺等制　　　　唐杜　牧　1336-527-383
●盧　攸唐
授盧攸河南縣令等制　　　唐崔　嶠　1336-688-407
●盧　宗宋
太常博士盧宗可屯田
　員外郎制　　　　　　　宋夏　竦　1087- 58-　1
●盧　玘唐
授盧玘國子司業制　　　　唐薛廷珪　1336-641-401
●盧　岫唐
授盧岫常州別駕温羅
　濠州長史制　　　　　　唐李　磎　1336-740-414
●盧　昂唐
量移號州司戶制　　　　　唐白居易　1080-549- 51
可監察御史裡行知轉
　運永豐院制　　　　　　唐白居易　1080-567- 53
●盧　侗宋
前守惠州歸善縣主簿

充國子監直講盧侗
　可儒尉寺丞（制）　　　宋蘇　頌　1092-372- 32
●盧　秉宋
龍圖閣直學士朝奉大
　夫提舉南京鴻慶官
　盧秉可落龍圖閣直
　學士依前朝奉大夫
　充寶文閣待制差遣
　依舊制　　　　　　　　宋劉　攽　1096-222- 22
龍圖閣直學士朝奉大
　夫盧秉可知荊南府
　制　　　　　　　　　　宋劉　攽　1096-237- 23
可依前官充集賢殿修
　撰差權江淮等路發
　運使制　　　　　　　　宋王安禮　1100- 12-　2
●盧　洪宋
都官員外郎致仕盧器
　男洪可試將作監主
　簿制　　　　　　　　　宋胡　宿　1088-788- 19
●盧　咸宋
殿中丞盧咸可太常博
　士制　　　　　　　　　宋歐陽修　1102-638- 81
●盧　奎宋
令再任（制）　　　　　　宋周麟之　1142-138- 17
除湖北運判（制）　　　　宋周麟之　1142-150- 19
●盧　革宋
著作佐郎盧革等磨勘
　改官制　　　　　　　　宋歐陽修　1102-635- 81
●盧　政宋
供備副使盧政可特授
　供備庫副使制　　　　　宋蔡　襄　1090-435- 12
　贈司空（制）　　　　　宋蘇　轍　1112-347- 32
●盧　浮晉
爲博士詔　　　　　　　　晉 武 帝　1398- 36-　2
●盧　益宋
盧益等復職制　　　　　　宋許景衡　1127-232-　7
除尚書左丞制　　　　　　宋張　守　1127-684-　2
知東平府盧益落職宮
　觀制　　　　　　　　　宋汪　藻　1128- 83-　9
徽猷閣待制盧益轉朝
　議大夫（制）　　　　　宋孫　覿　1135-258- 25
●盧　朔唐
授盧朔萊州長史等制　　　唐孫　逖　1336-736-414
●盧　城宋
贈承郎與一子父職制　　　宋張　嵲　1131-509- 19

●盧　倩 宋
前蓬州伏虞令盧倩可華州鄭令（制）　宋田　錫　1085-542- 28
●盧　航 宋
右正言盧航除殿中少監制　宋慕容彥逢　1123-339- 4
●盧　商 唐
可劍南西川雲南安撫判官朝散大夫行開州開江縣令制　唐白居易　1080-540- 50
授盧商東川節度使制　唐封　敖　1337-264-455
●盧　惟 唐
授盧惟等通事舍人制　唐孫　逖　1336-529-383
●盧　訴 宋
眞定府眞定縣主簿盧訴可太學錄制　宋劉　攽　1096-193- 19
●盧　捷 唐
授盧捷深州長史制　唐元　稹　1079-658- 5
●盧　就 唐
授盧就等侍御史制　唐崔　嘏　1336-602-394
●盧　詠 宋
可殿中丞制　宋胡　宿　1088-721- 13
●盧　械 宋
武岡知縣右文林郎循一資制　宋張　嵲　1131-453- 13
●盧　韶 唐
授盧韶新政縣令制　唐劉崇望　1336-745-415
　　　　　　　　　　　　1402- 83- 14
●盧　衆 唐
盧衆等除御史評事制　唐白居易　1080-562- 52
●盧　鈞 唐
授盧鈞太原節度使制　唐武　宗　549- 52-183
進河東節度使盧鈞左僕射詔　唐武　宗　549- 54-183
授盧鈞太原節度使制　唐沈　詢　1337-274-456
●盧　絢 唐
授盧絢御史中丞制　唐張九齡　1336-594-393
●盧　欽 晉
侍中盧欽追贈詔　晉武　帝　1398- 36- 2
●盧　策 宋
朝散郎盧策可荊湖西路轉運判官制　宋劉　攽　1096-230- 22
●盧　復 宋
除耤田令制　宋袁　甫　1175-429- 8
●盧　詢 唐
授盧詢太子詹事制　唐孫　逖　1336-663-403
●盧　載 唐
可協律郎天平軍巡官制　唐白居易　1080-532- 49
授盧載協律郎天平軍巡官制　唐白居易　1336-729-413
●盧　戡 唐
授盧戡桂州副使制　唐崔　嘏　1336-723-412
授盧戡桂府副使制　唐白居易　1465-448- 2
●盧　獲 唐
授盧獲深州長史制　唐元　稹　1336-736-414
●盧　訥 宋
承議郎盧訥可通判德順軍制　宋劉　攽　1096-231- 23
●盧　搏 唐
除盧州刺史制　唐杜　牧　1081-674- 15
●盧　蒙 唐
知汴州院官侍御史盧蒙可檢校倉部員外郎制　唐白居易　1080-557- 52
●盧　賓 唐
除融州刺史制　唐杜　牧　1081-679- 15
●盧　潘 唐
除殿中侍御史制　唐杜　牧　1081-669- 14
授盧潘殿中侍御史制　唐杜　牧　1336-602-394
●盧　萼 唐
授盧萼監察裡行宣州判官制　唐元　稹　1079-657- 5
　　　　　　　　　　　　1336-725-412
●盧　穎 唐
除監察御史制　唐杜　牧　1081-669- 14
●盧　翰 唐
太子賓客制——貞元二年正月　唐陸　贄　426-392- 55
　　　　　　　　　　　　1072-633- 7
門下中書侍郎平章事制　唐陸　贄　1072-630- 7
授盧翰門下中書侍郎平章事制　唐陸　贄　1337-209-449
●盧　擇 唐
授司勳員外郎盧擇充史館修撰制　唐薛廷珪　1336-635-400
●盧　邁 唐
太子賓客制——貞元十三年九月　唐不著撰人　426-392- 55

四庫全書文集篇目分類索引　1087

●盧　贊宋
供奉官盧贊可轉一官制　宋慕容彥逢　1123-372-　7
●盧　璋宋
應辦中宮册寶盧璋轉一官制　宋張　擴　1129- 78-　8
爲捉殺虔賊增吉垣九轉一官制　宋張　嵲　1131-442- 12
●盧　蟾唐
授盧蟾富平縣令制　唐薛廷珪　1336-747-415
●盧　籍（藉）唐
除河東副使制　唐杜　牧　1081-685- 16
　　　　　　　　　　　　1336-730-413
●盧　懿唐
授盧懿吏部郎中制　唐崔　嘏　1336-565-389
　　　　　　　　　　　　1402- 94- 16
●盧士宗宋
直龍圖閣盧士宗可天章閣待制兼侍講制　宋王　珪　1093-282- 38
●盧士宏宋
虞部員外郎盧士宏丁憂服闋服舊官制　宋歐陽修　1102-619- 79
●盧士玫唐
授盧士玫權知京北尹制　唐元　稹　556-120- 85
權知京北尹制　唐元　稹　1079-573- 46
京北尹盧士玫除檢校左散騎常侍兼中丞瀛漢二州觀察等使制　唐白居易　1080-555- 52
除盧士玫等官制　唐白居易　1080-587- 55
授盧士玫起居郎制　唐白居易　1336-526-383
授盧士玫權知京北尹制　唐常　袞　1336-679-406
授盧士玫瀛州觀察使制　唐白居易　1336-697-408
授盧士玫權知京北尹制　唐元　稹　1402- 70- 13
●盧文玫唐
授盧文玫起居郎制　唐白居易　1336-526-383
●盧元輔唐
除杭州刺史制　唐白居易　526-　3-259
杭州刺史制　唐白居易　1080-592- 55
授盧元輔吏部郎中制　唐白居易　1336-565-389
●盧元勳唐

除隟州刺史制　唐白居易　1080-548- 51
●盧中民宋
中書省錄事盧中民爲藏匿詔書降官制　宋翟汝文　1129-221-　4
●盧玄卿唐
襃贈淮西立功將士詔　唐不著撰人　426-482- 65
●盧弘正唐
授盧弘正加三品階制　唐崔　嘏　1336-758-417
授盧弘正等徐滑節度使制　唐李　納　1337-265-455
●盧弘宣唐
授盧弘宣易定節度使制　唐封　敖　1337-264-455
●盧正己唐
授盧正己工部尚書河南尹東都留守制　唐賈　至　1336-554-387
●盧世延宋
陞通事舍人制　宋鄒　浩　1121-296- 15
●盧守勤宋
致仕制　宋歐陽修　1102-640- 81
●盧光啓唐
授秘書少監賜紫盧光啓守中書舍人制　唐錢　珝　1336-519-382
授盧光啓等遂王友制　唐薛廷珪　1336-675-405
授盧光啓守中書舍人制　唐錢　珝　1402- 80- 14
●盧宏宣唐
授盧宏宣工部尚書制　唐崔　嘏　1336-555-387
●盧君佐宋
禮部侍郎致仕盧士宗孫盧君佐可將仕郎試秘書省校書郎（制）　宋蘇　頌　1092-396- 34
●盧君傑宋
禮部侍郎致仕盧士宗孫君傑可將仕郎試秘書省校書郎（制）　宋蘇　頌　1092-396- 34
●盧克用宋
可中書錄事制　宋胡　宿　1088-739- 14
●盧壯父宋
特進兩資制　宋許應龍　1176-473-　6
●盧法原宋
除端明殿學士川陝宣撫副使（制）　宋張　綱　1131- 37-　6
可除戶部尚書制　宋綦崇禮　1134-544-　3

贈五官制　　　　　　　　宋胡　寅　1137-466- 14

拜相制　　　　　　　　　唐不著撰人　1337-193-448

●盧知原宋

可除右文殿脩撰制　　　　宋綦崇禮　1134-546- 3

●盧顯忠宋

盧州慎縣尉盧顯忠可盧州合淝令（制）　　宋田　錫　1085-550- 28

●盧知獻唐

授盧知獻兵部侍郎制　　唐薛廷珪　1336-559-388

●蕭　全（祖）元

書蕭氏官諜後　　　　　元虞　集　1207-162- 10

●盧彥德宋

改江東提刑（制）　　　宋陳傳良　1150-642- 18

●蕭　宏（等）梁

本路運判（制）　　　　宋樓　鑰　1152-657- 37

封授臨川等五王詔　　　梁沈　約　1337-163-444

　　　　　　　　　　　　　　　　　1399-388- 7

●虞南金宋

贈臨川王宏詔　　　　　梁　武 帝　1399-255- 1

國子監博士知濱州盧南金可尚書虞部員外郎制　　宋宋　庠　1087-574- 23

　　　　　　　　　　　　　　　　　1414-429- 80

免臨川王宏詔　　　　　梁　武 帝　1399-255- 1

封臨川等三王詔　　　　梁任　昉　1399-361- 6

封授臨川等五王詔　　　梁沈　約　1415-110- 87

●盧思恭宋

删修勅令供檢文字轉官制　　宋衞　涇　1169-477- 1

●蕭　孜唐

除著作佐郎制　　　　　唐杜　牧　1081-684- 16

●盧昭用宋

授蕭孜著作郎充集賢校理制　　唐杜　牧　1336-635-400

供備庫副使盧昭用可西京左藏庫副使（制）　　宋王　震　1350-399- 39

●蕭　注宋

禮賓副使蕭注可西上閤門副使制　　宋王　珪　1093-232- 33

●盧昭序宋

禮賓副使蕭注可禮賓使制　　宋王　珪　1093-232- 33

故崇儀使康州刺史內侍押班盧昭序贈正刺史制　　宋王安石　1105-442- 54

檢校水部員外郎充秦州團練副使不簽書本州公事蕭注依前檢校水部員外郎充奉寧軍節度副使不簽書本州公事制　　宋王安石　1105-449- 55

●盧昭度宋

責授團練副使制　　　　宋王安石　1105-449- 55

可供備庫副使制　　　　宋胡　宿　1088-769- 17

●蕭　育漢

●盧待舉宋

爲南郡太守策　　　　　漢　哀 帝　1396-266- 4

可大理寺丞制　　　　　宋胡　宿　1088-731- 14

●蕭　玠宋

●盧虛舟唐

屯田員外郎同判池州蕭玠可都官員外郎餘如故制　　宋夏　竦　1087- 67- 2

授盧虛舟殿中侍御史等制　　唐賈至（蘇頲）　1336-604-395

●蕭　直唐

授蕭直給事中制　　　　唐常　袞　1336-510-381

●盧審矩唐

除陽翟縣令制　　　　　唐杜　牧　1081-678- 15

●蕭　卓劉宋

追封外祖趙裔蕭卓詔

●盧德誠宋

　　附有司奏　　　　　劉宋武帝　1398-487- 1

醫官副使盧德誠可轉一官制　　宋慕容彥逢　1123-383- 7

●蕭　固宋

奏舉人前楚州團練推官蕭固可大理寺丞制　　宋宋　祁　1088-268- 31

●盧藏用唐

授盧藏用檢校吏部侍郎制　　唐蘇　頲　1336-556-387

　　　　　　　　　　　　　　　　　1402- 86- 15

●盧懷慎唐

平章事制——開元元年十二月　　唐不著撰人　426-294- 44

檢校黃門監制——開元三年正月十九日　　唐不著撰人　426-294- 44

去官養疾勅　　　　　　唐不著撰人　426-404- 57

四庫全書文集篇目分類索引

追官人前司封員外郎
　蕭固司封員外郎制　宋王安石　1105-447- 55
●蕭　昕唐
授蕭昕祕書監等制　唐賈　至　1336-629-399
●蕭　秀梁
封授臨川等五王詔　梁沈　約　1399-388- 7
　　　　　　　　　　　　　　1415-110- 87
●蕭　恢梁
贈鄱陽王恢詔　　　梁 武 帝　1399-255- 1
　　　　　　　　　　　　　　1414-430- 80
封授臨川等五王詔　梁沈　約　1399-388- 7
　　　　　　　　　　　　　　1415-110- 87
●蕭　映宋
職方員外郎蕭映可屯
　田郎中　　　　　宋沈　遘　1097- 43- 5
●蕭　俛唐
中書令制——元和十
　五年閏一月　　　唐不著撰人　426-318- 47
右僕射制——長慶一
　年一月　　　　　唐不著撰人　426-398- 56
蕭俛等加勳制　　　唐元　稹　1079-591- 49
蕭俛等加封爵制　　唐元　稹　1079-592- 49
除吏部尚書制　　　唐白居易　1080-529- 49
除蕭俛起居舍人制　唐白居易　1080-579- 54
除蕭俛起居舍人充職
　制　　　　　　　唐白居易　1336-530-384
授蕭俛除吏部尚書制　唐白居易　1336-545-386
授蕭俛門下侍郎平章
　制　　　　　　　唐不著撰人　1337-213-450
●蕭　俛（從弟）唐
蕭俛一子迴授三從弟
　制　　　　　　　唐白居易　1080-551- 51
●蕭　紀梁
授武陵王揚州刺史詔　梁 武 帝　1414-424- 80
●蕭　保宋
敍官轉官制　　　　宋劉才邵　1130-455- 4
●蕭　祐唐
授蕭祐兵部郎中制　唐元　稹　1079-652- 4
　　　　　　　　　　　　　　1336-571-390
●蕭　恭宋
東頭供奉官蕭恭可轉
　一官制　　　　　宋慕容彥逢　1123-374- 7
●蕭　晉唐
授蕭晉太府少卿制　唐賈　至　1336-627-398
●蕭　振宋

浙西提刑（制）　　宋李彌遜　1130-635- 5
兼侍讀（制）　　　宋劉一止　1132-192- 39
職事修學轉四官（制）宋周麟之　1142-128- 16
轉一官致仕（制）　宋周麟之　1142-157- 20
上遺表特贈四官（制）宋周麟之　1142-158- 20
●蕭　岷唐
除太常博士制　　　唐杜　牧　1081-669- 14
授蕭岷太常博士制　唐杜　牧　1336-637-400
●蕭　倫宋
都水監主簿制　　　宋王　藻　1128- 80- 8
●蕭　偉梁
贈南平王偉詔　　　梁 武 帝　1399-255- 1
　　　　　　　　　　　　　　1414-430- 80
封授臨川等五王詔　梁沈　約　1399-388- 7
　　　　　　　　　　　　　　1415-110- 87
●蕭　渤宋
比部員外郎知濰州蕭
　渤可駕部員外郎制　宋鄭　獬　1097-131- 3
●蕭　景梁
監揚州詔　　　　　梁 武 帝　1399-256- 1
●蕭　華唐
平章事制——上元二
　年二月　　　　　唐不著撰人　426-300- 45
蕭宗勉蕭華同平章事
　制　　　　　　　唐 蕭 宗　549- 39-183
●蕭　復唐
平章事制——建中四
　年十月　　　　　唐陸　贄　426-302- 45
平章事制　　　　　唐陸　贄　1072-627- 7
●蕭　復宋
承議郎吏部員外郎蕭
　復降官（制）　　宋劉安上　1124- 17- 2
●蕭　寅唐
授蕭寅充翰林學士制　唐崔　瑶　1336-532-384
●蕭　瑀唐
左右僕射制——武德
　六年四月　　　　唐不著撰人　426-289- 44
●蕭　睦唐
授蕭睦鳳州刺史制　唐元　稹　1079-656- 5
授蕭睦祠部員外郎制　唐李虞仲　1336-581-391
授蕭睦鳳州刺史制　唐元　稹　1336-710-410
●蕭　嵩唐
集賢院學士修國史勅　唐不著撰人　426-353- 51
授蕭嵩太子舍人制　唐蘇　頲　1336-671-404
●蕭　業梁

爲武帝追封丞相長沙王詔　　　　　　梁任　昉　1415-245- 91

●蕭　誠 唐
授蕭誠太子左贊善大夫制　　　　　　唐孫　逖　1336-669-404
授蕭誠弘農郡別駕制　　　　　　　　唐孫　逖　1336-739-414

●蕭　程 宋
追官勒停人屯田員外郎蕭程可萊州別駕制　　　　　　　　　　　宋胡　宿　1088-777- 18

●蕭　嘉 漢
詔封蕭何後　　　　　　　　　　　　漢 景 帝　 426-991- 5
封蕭何孫嘉爲列侯制詔　　　　　　　漢 景 帝　1396-203- 1

●蕭　遘 唐
平章事制——中和一年一月　　　　　唐不著撰人　426-347- 50
監修國史等制　　　　　　　　　　　唐不著撰人　426-360- 51
王鐸弘文館大學士等制　　　　　　　唐不著撰人　426-360- 51
判度支制　　　　　　　　　　　　　唐樂朋龜　 426-365- 52
罷判度支制　　　　　　　　　　　　唐不著撰人　426-365- 52

●蕭　暢 梁
追封衡陽王詔　　　　　　　　　　　梁任　昉　1399-360- 6
追封汝陽王桂陽王詔　　　　　　　　梁任　昉　1415-245- 91

●蕭　諒 唐
授蕭諒御史中丞制　　　　　　　　　唐孫　逖　1336-593-393

●蕭　慶 漢
封蕭何後　　　　　　　　　　　　　漢 武 帝　 426-1001- 6

●蕭　敷 梁
武帝追封永陽王詔　　　　　　　　　梁任　昉　1399-360- 6

●蕭　德 宋
德順軍副知客蕭德等進奉登極加恩制　宋鄭　獬　1097-166- 6

●蕭　憺 梁
始興王憺諡忠武册　　　　　　　　　梁 武 帝　1399-263- 1
封授臨川等五王詔　　　　　　　　　梁沈　約　1399-388- 7
　　　　　　　　　　　　　　　　　　　　　　　1415-110- 87
諡始興王册　　　　　　　　　　　　梁 武 帝　1414-442- 80

●蕭　融 梁
追封桂陽王詔　　　　　　　　　　　梁任　昉　1399-360- 6
追封汝陽王桂陽王詔　　　　　　　　梁任　昉　1415-245- 91

●蕭　機 梁
安成王機諡詔　　　　　　　　　　　梁 武 帝　1399-255- 1

●蕭　穎 梁

追封蕭穎胄詔　　　　　　　　　　　梁 武 帝　1399-257- 1

●蕭　蕃 唐
除羅州刺史制　　　　　　　　　　　唐杜　牧　1081-677- 15
授蕭蕃羅州刺史制　　　　　　　　　唐杜　牧　1336-717-411

●蕭　鄴 唐
平章事制——大中十一年七月　　　　唐不著撰人　426-343- 50
監修國史等制——大中十二年二月十八日　　　　　　　　　　　唐不著撰人　426-358- 51
崔慎由監修國史等制——大中十一年十月十七日　　　　　　　　唐不著撰人　426-358- 51
荊南節度平章事制——大中十三年十一月　　　　　　　　　　　唐不著撰人　426-383- 54
授蕭鄴翰林學士制　　　　　　　　　唐崔　嘏　1336-533-384
授蕭鄴監察御史制　　　　　　　　　唐崔　嘏　1336-608-395

●蕭　燧 宋
轉一官致仕（制）　　　　　　　　　宋樓　鑰　1152-642- 36
贈金紫光祿大夫（制）　　　　　　　宋樓　鑰　1152-642- 36

●蕭　疑 齊
豫章王疑贈錫詔　　　　　　　　　　齊 武 帝　1399- 22- 1
增封豫章王疑邑戶詔　　　　　　　　齊 武 帝　1399- 22- 1

●蕭　璿 唐
授蕭璿京兆尹制　　　　　　　　　　唐蘇　頲　 556-113- 85
　　　　　　　　　　　　　　　　　　　　　　　1336-678-406

●蕭　籍 唐
義武軍行軍司馬御史中丞蕭籍可朝散大夫制　　　　　　　　　唐白居易　1080-531- 49

●蕭　懿 梁
追封丞相長沙王詔　　　　　　　　　梁任　昉　1399-360- 6

●蕭　儼 南唐
水部郎中判刑部蕭儼可嗣部郎中賜紫（制）　　　　　　　　　宋徐　鉉　1085- 59- 7

●蕭一中 宋
贈節度使（制）　　　　　　　　　　宋周必大　1148- 41- 97

●蕭一中（親屬）宋
蕭一中親屬補官制　　　　　　　　　宋史　浩　1141-585- 6

●蕭士元 宋
知隰州（制）　　　　　　　　　　　宋蘇　軾　1108-694-108
（知）石州（制）　　　　　　　　　宋蘇　轍　1112-307- 29

●蕭子良 齊

追崇竟陵王子良詔　齊鬱林王　1399-31-1
臨川王子晉南康侯子
　恪遷授詔　梁沈　約　1399-384-7
　　　　　　　　　　　1415-110-87

●蕭子晉齊
臨川王子晉南康侯子
　恪遷授詔　梁沈　約　1415-110-87
●蕭子顯梁
贈蕭子顯詔　梁　武　帝　1399-260-1
　　　　　　　　　　　1414-428-80

●蕭大封梁
封蕭大封大圜等詔　北周武帝　1400-77-1
●蕭大圜（晉熙王）梁
封蕭大封大圜等詔　北周武帝　1400-77-1
●蕭汝礪宋
可著作佐郎制　宋胡　宿　1088-715-12
●蕭仲預唐
授蕭仲預鄧王友制　唐白居易　1336-675-405
●蕭伯游梁
永陽王伯游拜會稽太
　守詔　梁　武　帝　1399-255-1
爲武帝追封永陽王詔　梁任　昉　1415-245-91
●蕭定基（曹祖）五代
跋蕭氏祖長官告　宋周必大　1147-512-48
●蕭承之劉宋
拜龍驤將軍詔　劉宋文帝　1398-520-2
●蕭重侃唐
授蕭重侃左僕射詔　梁沈　約　1336-537-385
　　　　　　　　　　　1399-385-7

●蕭望之漢
策蕭望之　漢　宣　帝　426-1022-8
賜蕭望之爵邑詔　漢　元　帝　426-1028-9
　　　　　　　　　　　1355-55-2
　　　　　　　　　　　1360-36-2
　　　　　　　　　　　1402-21-3
賜爵詔　漢　元　帝　1396-240-3
●蕭國鎭宋
奉議郎蕭國鎭可降授
　宣議郎制　宋陸　佃　1117-138-10
●蕭惠休齊
授蕭重侃左僕射詔　梁沈　約　1336-537-385
授蕭惠休右僕射詔　梁沈　約　1415-109-87
●蕭惠開劉宋
更授御史中丞詔　劉宋孝武帝　1398-539-3
●蕭景先齊

贈蕭景先侍中詔　齊　武　帝　1399-25-1
●蕭顗胄齊
追封蕭顗胄詔　齊　武　帝　1414-426-80
●蕭叡明齊
贈蕭叡明詔　齊　武　帝　1399-26-1
●蕭隱之唐
授蕭隱之御史中丞制　唐孫　逖　1336-594-393
●蕭鷗巴宋
加食邑實封制　宋樓　鑰　1152-746-45
●錢　式宋
三班借職（制）　宋蘇　轍　1112-301-28
●錢　忱宋
深州防禦使駙馬都尉
　錢景臻男忱可莊宅
　副使制　宋宋　庠　1087-556-20
錢端禮封贈父忱慶國
　公制　宋洪　适　1158-395-22
●錢　折宋
改官（制）　宋張　綱　1131-19-3
除刑部郎官（制）　宋張　綱　1131-28-5
●錢　卽宋
責授永州團練副使永
　州安置錢即復太中
　大夫徵猷閣待制知
　永興軍（制）　宋劉安上　1124-15-2
太中大夫徵猷閣待制
　知永興軍錢即改興
　仁府（制）　宋劉安上　1124-16-2
●錢　昂宋
左朝議大夫直龍圖閣
　權發遣慶州錢昂可
　權發遣延安府制　宋慕容彥逢　1123-344-5
●錢　郎宋
徵猷閣待制知興仁府
　錢郎奉行新法有勞
　可通議大夫制　宋翟汝文　1129-218-4
●錢　春明
戶部侍郎錢春（制）　明倪元璐　1297-11-1
●錢　相宋
除右正言制　宋許應龍　1176-447-4
●錢　括宋
可都官員外郎制　宋胡　宿　1088-746-15
●錢　庫宋
第二等功轉一官（制）　宋周必大　1148-33-96
●錢　袞宋

太常博士制 宋王安石 1105-396- 51

●錢 珝 唐
授膳部郎中知制誥錢珝守中書舍人制 唐薛廷珪 1336-520-382
授前京兆府參軍錢珝藍田縣尉充集賢校理制 唐薛廷珪 1336-636-400

●錢 訪 宋
前明州錄事參軍錢訪可大理寺丞制 宋宋 庠 1087-578- 23

●錢 暐 宋
可東上閤門使加上騎都尉制 宋胡 宿 1088-766- 17
衢州防禦使錢暐覇州防禦使制 宋王安石 1105-417- 52

●錢 參 宋
光祿寺丞錢參可大理寺丞（制） 宋韓 維 1101-680- 18

●錢 逷 宋
降兩資（制） 宋樓 鑰 1152-613- 34

●錢 恤 宋
授如京副使制 宋鄒 浩 1121-305- 16

●錢 愷 宋
汝州防禦使知客省事錢愷除樞密都承旨制 宋翟汝文 1129-201- 2

●錢 越 宋
服闋推恩制 宋翟汝文 1129-221- 4

●錢 琦 唐
除滄景支使制 唐杜 牧 1081-686- 16

●錢 堪 宋
轉一官（制） 宋李彌遜 1130-631- 4

●錢 毅 宋
除度支郎官制 宋鄒 浩 1121-309- 17

●錢 撫 宋
前光祿寺丞錢撫服闋可舊官制 宋宋 庠 1087-586- 24

●錢 暄 宋
監在京都鹽院錢暄比部郎中制 宋王安石 1105-386- 50

●錢 愷 宋
降授舒州觀察使宮觀制 宋張孝祥 1140-641- 19

●錢 煜 宋
轉一官（制） 宋樓 鑰 1152-683- 39

●錢 蓋 宋
承務郎大理評事錢蓋可承奉郎制 宋劉 敞 1096-204- 20
陝西五路制置使錢蓋降授朝奉郎（制） 宋孫 覿 1135-262- 25

●錢 暄 宋
光祿卿（制） 宋曾 鞏 1098-546- 20
（錢忱）故祖（制） 宋周麟之 1142-162- 20
錢端禮封贈曾祖暄秦國公制 宋洪 适 1158-395- 22

●錢 葉 宋
兵部郎官（制） 宋劉一止 1132-205- 42
都司制 宋胡 寅 1137-448- 13

●錢 晼 宋
知眞州（制） 宋蘇 轍 1112-307- 29

●錢 稔 宋
大理少卿（制） 宋程 俱 1130-239- 24

●錢 適 宋
供備庫副使錢適可左武衞將軍致仕（制） 宋沈 遘 1097- 47- 5
工部尚書兼侍讀錢適可樞密直學士知穎昌府制 宋慕容彥逢 1123-345- 5

●錢 觀 宋
龍圖閣待制權戶部尚書錢協可龍圖閣直學士權知開封府制 宋呂 陶 1098- 66- 8

●錢 觀 宋
可給事中（制） 宋蘇 軾 1108-696-108

●錢 爽（等）宋
降官制 宋劉才邵 1130-477- 5

●錢 遹 宋
落職差知滁州制 宋衞 涇 1169-487- 2

●錢 徽 唐
授錢徽司封郎中知制誥制 唐白居易 1336-522-382

●錢 豐 宋
贈官制 宋王 藻 1128- 83- 8

●錢 曜 宋
都水監丞錢曜可水部郎中制 宋劉 敞 1096-186- 19

●錢 鏐 吳越
授錢鏐潤州節度使制 唐鄭 璘 1337-290-458
册封吳越國文 後唐莊宗 1418-154- 41

●錢 藻 宋

四庫全書文集篇目分類索引

國子監直講編校集賢
　院書籍錢藻大理寺
　丞制　　　　　　　　宋王安石　1105-403- 51

●錢一寵明
陝西西安府華州蒲城
　縣知縣錢一寵（勅）　明倪元璐　1297- 51- 4

●錢子善宋
可並特授守司天監主
　簿制　　　　　　　　宋王安禮　1100- 32- 3

●錢子穆宋
可左監衞將軍致仕制　宋胡　宿　1088-800- 20

●錢之望宋
復直寶文閣（制）　　宋樓　鑰　1152-612- 34
奉使回程轉一官（制）宋樓　鑰　1152-617- 34

●錢公紀宋
刑部法直官前台州仙
　居縣尉兼主簿錢公
　紀可大理寺丞充刑
　部檢法官制　　　　　宋蔡　襄　1090-439- 12

●錢公輔宋
太常博士充集賢校理
　同修起居注判三司
　度支句院錢公輔可
　祠部員外郎制　　　　宋王安石　1105-389- 50

●錢公鎮宋
號州號略縣令錢公鎮
　可大理寺丞（制）　宋蘇　頌　1092-390- 34

●錢守吉宋
南作坊副使錢守吉可
　供備庫使制　　　　　宋夏　竦　1087- 60- 1

●錢布傑宋
太史局冬官正錢希傑
　轉一官制　　　　　　宋張　擴　1129- 78- 8

●錢廷玉宋
轉一官（制）　　　　宋樓　鑰　1152-617- 34
除太常博士制　　　　宋衞　涇　1169-465- 1

●錢廷瑞宋
轉官制　　　　　　　宋衞　涇　1169-479- 1

●錢宗俊宋
承信郎制　　　　　　宋洪　适　1158-378- 20

●錢長卿宋
比部郎（制）　　　　宋蘇　軾　1108-685-107
刑部員外郎（制）　　宋蘇　轍　1112-317- 30

●錢景臻宋
（錢忱）故父（制）　宋周麟之　1142-162- 20

●錢忠表宋
太后山陵復土錢忠表
　趙若浚轉一官制　　宋洪容齋　1175-229- 17

●錢昌符宋
西京左藏庫副使錢昌
　符可左驍衞將軍致
　仕（制）　　　　　宋蘇　頌　1092-393- 34

●錢明逸宋
可依前兵部員外郎充
　龍圖閣學士知蔡州
　制　　　　　　　　　宋胡　宿　1088-772- 18

●錢易直宋
太學博士制　　　　　宋虞　儔　1154-125- 5

●錢果卿宋
將作監丞制　　　　　宋袁　甫　1175-423- 8

●錢周材宋
除著作佐郎制　　　　宋張　擴　1129-144- 13
除集英殿修撰（制）　宋周麟之　1142- 97- 13

●錢延年宋
太常博士集賢校理錢
　延年可尚書祠部員
　外郎制　　　　　　　宋宋　庠　1087-598- 26

●錢彥遠宋
可起居舍人直集賢院
　知諫院制　　　　　宋胡　宿　1088-712- 12
錢鄞父追贈制　　　　宋蘇　轍　1112-341- 32

●錢時敏宋
除兵部郎官制　　　　宋張　擴　1129- 72- 8
應辦中宮册寶錢時敏
　轉一官制　　　　　宋張　擴　1129- 81- 8

●錢師回宋
可供備庫副使制　　　宋胡　宿　1088-770- 17
左藏庫副使錢師回可
　特授皇城副使制　　宋蔡　襄　1090-438- 12

●錢師孟宋
知橫州制　　　　　　宋蘇　轍　 568- 30- 98
　　　　　　　　　　　　　　　 1112-322- 30
　　　　　　　　　　　　　　　 1465-453- 2

●錢惟演宋
給事中錢惟演可工部
　侍郎制　　　　　　宋夏　竦　1087- 54- 1
（錢忱）故曾祖（制）宋周麟之　1142-162- 20

●錢雲駿宋
授官制　　　　　　　宋王　洋　1132-408- 7

●錢肅之宋

四庫全書文集篇目分類索引

史部

詔令奏議類：附錄

詔令下（男）十六畫

轉官制　　宋王　洋　1132-423- 7

●錢景振宋
西頭供奉官錢景振可依前西頭供奉官閤門祗候制　　宋慕容彥逢　1123-352- 5

●錢景寬宋
右侍禁錢景寬可轉一官制　　宋慕容彥逢　1123-374- 7

●錢景臻宋
錢忱父景臻追封衞國公（制）　　宋張　綱　1131- 6- 1
錢端禮封贈祖景臻大寧郡王制　　宋洪　适　1158-395- 22

●錢智周宋
大理寺丞充三門發運判官錢智周可太子中舍餘依舊制　　宋夏　竦　1087- 53- 1

●錢象祖宋
吏部員外部（制）　　宋樓　鑰　1152-637- 35
陞郡中（制）　　宋樓　鑰　1152-658- 37
樞密院檢詳（制）　　宋樓　鑰　1152-672- 38
右司（制）　　宋樓　鑰　1152-712- 41
特授少保可食邑一千戶實封四百戶所司擇日備禮册命（制）　　宋劉　煇　1157-457- 10
特授知紹興軍府事兼管內勸農使充兩浙東路安撫使馬步軍都總管填見闕誥　　宋衞　涇　1169-490- 2
特授少保加食邑令所司擇日備禮册命麻制　　宋眞德秀　1174-286- 19

●錢雷震宋
起復修職郎差充淮南運司準遣制　　宋許應龍　1176-471- 6

●錢端忠宋
改江東運副（制）　　宋樓　鑰　1152-637- 35

●錢端禮宋
兵部尚書都督府參贊軍事制　　宋洪　适　1158-367- 19
提舉德壽宮制　　宋洪　适　1158-379- 20
參知政事兼權知樞密院事制　　宋洪　适　1158-401- 23

●錢集權宋
發遣容州勅　　宋吳　泳　1176-113- 12

●犛　埒元
元帥犛埒贈諡制　　元姚　燧　1367-141- 11

●獨孤陀隋
贈獨孤陀詔（二則）　　隋煬帝　1400-246- 2
追贈獨孤陀詔（二則）　　隋煬帝　1416-180-114

●獨孤郁唐
守本官知制誥制　　唐白居易　1080-579- 54
授獨孤郁守本官知制誥制　　唐白居易　1336-521-382
授獨孤郁轉司勳郎中知制誥制　　唐白居易　1336-522-382

●獨孤信隋
追贈獨孤羅父信官爵詔　　隋高祖　549- 32-183
追贈獨孤信詔　　隋文帝　1400-221- 1

●獨孤逞唐
可監察御史壽州團練副使制　　唐白居易　1080-533- 49
授獨孤逞監察御史壽州團練副使制　　唐白居易　1336-729-413

●獨孤朗唐
可尚書都官員外郎制　　唐元　稹　1079-578- 47

●獨孤損唐
靜海軍節度平章事制　　唐不著撰人　426-388- 54
授中書舍人獨孤損御史中丞制　　唐薛廷珪　1336-596-393

●獨孤操唐
可衞佐並依前知院事同制　　唐白居易　1080-558- 52

●獨孤遲唐
授獨孤遲守左拾遺制　　唐錢　珝　1336-527-383

●獨孤用和宋
青州奏壽光縣豐城材獨孤用和年一百零一歲本州助教制　　宋王安石　1105-454- 55

●獨孤問俗唐
授獨孤問俗鄂岳等州團練使制　　唐常　袞　1336-706-409

●錦濟勒元
太保左丞相父錦濟勒追封鄭王制　　元馬祖常　1206-555- 6

●鮑　吉漢
封張彪鮑吉詔　　漢桓帝　1397- 57- 3

●鮑　信宋
宿衞部轄官兵特贈一

官（制） 宋陳傳良 1150-641- 18

●鮑　璞宋
除直敷文閣知鎭江府
　制 宋張　擴 1129-135- 13

●鮑　勛魏
誅鮑勛詔 魏文帝 1412-599- 24

●鮑　義宋
歸順人鮑義補承信郎
　制 宋洪咨夔 1175-230- 17

●鮑　濤南唐
吉州判官鮑濤可虔州
　判官（制） 宋徐　鉉 1085- 63- 8

●鮑廷祖宋
轉一官（制） 宋劉一止 1132-169- 33

●鮑恭叔宋
降兩官（制） 宋樓　鑰 1152-690- 40

●鮑耆年宋
京東運判（制） 宋蘇　軾 1108-668-106

●鮑朝賓宋
宣議郎（制） 宋蘇　軾 1108-694-108

●衡嗣興宋
補承信郎（制） 宋李彌遜 1130-635- 5

●鄒　唐宋
可懷州防禦推官制 宋胡　宿 1088-778- 18

●錫　津元
丞相錫津贈謚制 元閻　復 1367-138- 11

●錫哩特元
嘉珲故祖父錫哩特追
　封魏國公謚貞獻制 元程鉅夫 1202- 17- 2

●穆　介宋
可華州長史致仕制 宋胡　宿 1088-799- 20

●穆　沃宋
攻討轉官制 宋許　翰 1123-497- 1

●穆　春宋
轉遙郡團練使（制） 宋周必大 1148- 28- 96

●穆　衍宋
可金部員外郎（制） 宋蘇　軾 1108-686-107

●穆　珣宋
司封郎中制 宋曾　鞏 1098-544- 20
知廬州（制） 宋蘇　軾 1108-685-107
　 1350-405- 40

●穆　遂宋
西京左藏庫副使穆遂
　文思副使制 宋王安石 1105-421- 52

●穆　徹元

（知台封贈）祖父穆
　徹（制） 元趙孟頫 1196-732- 10

●穆呼哩元
封廣平王制 元程鉅夫 1202- 41- 4

穆思齊宋
除大理寺丞制 宋韓　琦 1089-464- 40

●穆爾呼察元
特穆岱爾故父穆爾呼
　察謚忠貞制 元程鉅夫 1202- 32- 3

●穆呼哩烏齊爾巴咱
　爾羅丹元
額卜德呼勒故祖父穆
　呼哩烏齊爾巴咱爾
　羅丹謚明襄制 元程鉅夫 1202- 21- 2

十七畫

●賽　音宋
蕃官文思副使賽音與
　轉一官制 宋慕容彥逢 1123-388- 8

●賽典赤贍思丁元
追謚賽平章制 元王　惲 1201- 29- 67

●鴻　選齊
封李居王等詔 梁沈　約 1415-112- 87

●謝　才宋
謝才等補承信郎制 宋王　藻 1128- 81- 8
爲掩殺桑仲賊馬轉忠
　訓郎掩殺李成賊馬
　轉秉義郎換給制 宋張　嵲 1131-451- 13

●謝　伋宋
除祠部郎官溫州主管
　神御（制） 宋張　綱 1131- 45- 7
降官制 宋張孝祥 1140-641- 19

●謝　辛宋
辟知叙州慶符縣謝辛
　討捕叛夷有勞身死
　特贈（制） 宋陳傳良 1150-633- 17

●謝　予宋
降官制 宋劉才邵 1130-477- 5

●謝　青（等）宋
謝青等四人爲與賊接
　戰陣殁並贈承信郎
　制 宋張　嵲 1131-492- 18

●謝　荃宋
除國子錄（制） 宋周麟之 1142-115- 15

●謝　亮宋
主客郎官制 宋汪　藻 1128- 77- 8

●謝 彥宋
除直祕閣提點醴泉觀制　宋翟汝文　1129-202- 2

●謝 厦宋
除大理少卿制　宋馬廷鸞　1187- 34- 4

●謝 衍宋
比部員外郎謝衍磨勘改官制　宋歐陽修　1102-620- 79

●謝 卓宋
可三班借職（制）　宋蘇 軾　1108-669-106

●謝 郭宋
奏舉人前應天府推官謝郭可著作佐郎制　宋宋 庠　1087-590- 25

●謝 淵宋
少保謝淵加食邑實封制　宋衞 涇　1169-509- 3

●謝 堂宋
特授華文閣待制提舉佑神觀免奉朝請制　宋馬廷鸞　1187- 68- 9

●謝 惜宋
轉官制　宋鄒 浩　1121-316- 18

●謝 琮宋
內侍謝琮遠小監當（制）　宋孫 覿　1135-264- 25

●謝 棻宋
謝棻制　宋虞 儔　1154-119- 5

●謝 愈宋
河東都轉運使龍圖閣直學士何鄒奏梓州醫博士謝愈試國子四門助教不理選限制　宋王安石　1105-452- 55

●謝 微宋
太常博士通判福州謝微可尚書屯田員外郎制　宋宋 庠　1087-584- 24

●謝 榮宋
龍衞右廂都指揮使謝榮進封開國公加勳邑制　宋王 珪　1093-287- 39

●謝 維宋
右僕射兼門下侍郎平章事曾公亮奏醫人謝維可試國子四門助教不理選限（制）　宋蘇 頌　1092-376- 32

●謝 綬明
贈太子少保南京禮部尚書謝綬誥文　明王 鏊　1256-318- 18

●謝 詡宋
該覃恩轉官（制）　宋樓 鑰　1152-702- 41

●謝 興宋
勝捷都虞侯謝興換從義郎制　宋張孝祥　1140-644- 19

●謝 瞳唐
授謝瞳兼御史中丞制　唐劉崇望　1336-719-411

●謝 暐宋
開封府兵曹參軍謝暐可大理寺丞制　宋歐陽修　1102-619- 79

●謝 鴻宋
都官員外郎謝鴻知瓊州可職方員外郎制　宋鄭 獬　1097-131- 3

●謝 顗宋
可屯田員外郎制　宋胡 宿　1088-747- 15

●謝 儀宋
轉一官（制）　宋樓 鑰　1152-684- 39

●謝方叔宋
授左司諫制　宋徐元杰　1181-684- 6
授太常少卿制　宋徐元杰　1181-685- 6
特授進依前觀文殿大學士惠國公致加食邑食實封制　宋王應麟　1187-236- 4
特贈少師誥　宋王應麟　1187-263- 5

●謝文瓘宋
除給事中制　宋鄒 浩　1121-308- 17
　　　　　　　　　　　　1418-585- 56
贈徽猷閣待制與兩資恩澤（制）　宋程 俱　1130-245- 24

●謝元振宋
可守國子監丞致仕制　宋胡 宿　1088-795- 20

●謝中美宋
通仕郎撰歷所參議官謝中美可宣德郎制　宋慕容彥逢　1123-352- 5

●謝少連宋
書宋謝少連贈官誥後　明楊士奇　1238-126- 11

●謝匡策南唐
加特進階增食邑　宋徐 鉉　1085- 49- 6

●謝克家宋
落職宮祠制　宋汪 藻　1128-111- 12
降充龍圖閣待制制　宋汪 藻　1128-111- 12
差知泉州（制）　宋程 俱　1130-245- 24

四庫全書文集篇目分類索引　　1097

知平江府（制）　宋張　綱　1131- 8- 1
移郡（制）　宋張　綱　1131- 23- 4
兵部尚書制　宋李正民　1133- 11- 1
徽猷閣學士知泉州制　宋李正民　1133- 24- 2
除吏部侍郎（制）　宋孫　覿　1135-242- 23
吏部侍郎謝克家兼太子詹事（制）　宋孫　覿　1135-253- 25

●謝宗孟宋
奏學人前大名府留守推官試大理評事謝宗孟等改著作佐郎大理寺丞（制）　宋蘇　頌　1092-374- 32

●謝枋得宋
特授秘書省著作郎兼權司封郎誥　宋王應麟　1187-255- 5

●謝采伯宋
度支郎中謝采伯除軍器監制　宋洪咨夔　1175-233- 18
換授蘄州防禦使提舉佑神觀免奉朝請制　宋吳　泳　1176- 70- 8
授州觀察使仍舊提舉佑神觀免奉朝請制　宋吳　泳　1176- 70- 8

●謝延年宋
太常少卿試仕謝檢孫延可試監主簿（制）　宋蘇　頌　1092-377- 32

●謝奕昌宋
保寧軍節度使制　宋吳　泳　1176- 43- 5
加恩制　宋吳　泳　1176- 46- 5
授閤門事兼客省四方館事制　宋吳　泳　1176- 69- 8
換授和州防禦使帶御器械兼幹辦皇城司制　宋吳　泳　1176- 69- 8
賜謝奕昌除節鉞口宣　宋吳　泳　1176-115- 12
資政殿大學士謝堂該父奕昌特贈太師追封魏王　宋王應麟　1187-267- 5

●謝奕禮宋
軍器監丞謝奕禮除大宗正丞兼權兵部郎官制　宋洪咨夔　1175-233- 18
保康軍節度使制　宋吳　泳　1176- 43- 5
授知閤門事兼客省四方館事制　宋吳　泳　1176- 69- 8
換授眉州防禦使帶御

器械兼幹辦皇城司制　宋吳　泳　1176- 69- 8
賜謝奕禮除節鉞口宣　宋吳　泳　1176-115- 12

●謝禹珪宋
內殿崇班謝禹珪可內殿承制制　宋蔡　襄　1090-445- 13

●謝祖信宋
太常少卿（制）　宋劉一止　1132-183- 37
改常殿中侍御史（制）　宋劉一止　1132-184- 37
權吏部侍郎（制）　宋劉一止　1132-198- 40
除徽猷閣待制知潭州（制）　宋劉一止　1132-215- 44

●謝卿材宋
可陝西轉運使（制）　宋蘇　軾　556-129- 85
　　1108-690-108
　　1350-405- 40

可直祕閣福建轉運使（制）　宋蘇　軾　1108-664-106
河北轉運使（制）　宋蘇　軾　1112-292- 27

●謝悳德宋
上書改官與升擢差遣（制）　宋胡　寅　1137-451- 13

●謝深甫宋
封臨海縣開國男食邑事三百戶（制）　宋陳傅良　1150-618- 15
磨勘轉官（制）　宋樓　鑰　1152-634- 95
落權字（制）　宋樓　鑰　1152-669- 38
該覃恩轉官（制）　宋樓　鑰　1152-699- 40
資政殿大學士謝堂該明堂恩封贈曾祖深甫特贈大師進封魯王誥　宋王應麟　1187-266- 5

●謝渠伯宋
資政殿大學士謝堂該祖渠伯特贈太師追封魏王　宋王應麟　1187-266- 5

●謝雲行宋
禮賓副使謝雲行可六宅副使制　宋王　珪　1093-294- 40

●謝景初宋
屯田員外郎謝景初可都官員外郎制　宋王安石　1105-390- 50

●謝景祕宋
可大理寺丞制　宋胡　宿　1088-730- 14

●謝景溫宋

史部

詔令奏議類：附錄

詔令下（男）十七畫

寶文閣直學士正議大夫謝景溫可知鄂州制　宋劉　敞　1096-208- 21

寶文閣直學士知蔡州謝景溫可知穎昌府制　宋劉　敞　1096-236- 23

寶文閣直學士知揚州謝景溫可權刑部尚書制　宋劉　敞　1096-237- 23

●謝源明宋
直煥章閣知溫州（制）　宋樓　鑰　1152-678- 39

●謝頤素宋
可職方員外郎制　宋胡　宿　1088-745- 15

●謝應期宋
客省承受謝應期等加恩制　宋鄭　獬　1097-166- 6

●謝變昌宋
少師保寧軍節度使衞國公致仕謝變昌特贈太保追封淮海郡王制　宋馬廷鸞　1187- 63- 8

●謝變禮宋
加食邑食實封制　宋許應龍　1176-453- 5

●謝邁格宋
蕃官謝邁格等制　宋許　翰　1123-503- 2

●謝獻子宋
權知安慶府兼淮西提刑兼提舉制　宋劉才邵　1130-469- 5

●謝靈運劉宋
徒謝靈運廣州詔　劉宋文帝　1398-518- 2

●應　常宋
循右修職郎制　宋張　擴　1129-138- 13

●應　繇宋
除太學博士兼在文府教授制　宋洪咨夔　1175-246- 20
除著作郎制　宋袁　甫　1175-435- 9
除著作郎誥　宋許應龍　1176-434- 3

●應安道宋
宣奉郎應安道可轉一官制　宋慕容彥逢　1123-378- 7
徽猷閣直學士應安道轉官制　宋許　翰　1123-501- 1
除淮東路常平制　宋翟汝文　1129-192- 2

●應孟明宋
左司（制）　宋樓　鑰　1152-633- 35

中書門下省檢正（制）　宋樓　鑰　1152-659- 37
太府卿（制）　宋樓　鑰　1152-712- 41

●應隨龍宋
賀登寶位應隨龍官吏并諸色祇應人軍兵等各特與轉四官資（制）　宋周必大　1148- 11- 94

●營　樊宋
補承信郎（制）　宋周必大　1148- 64- 98

●濟濟哩元
太保左丞相封贈父制　元馬祖常　1373-241- 17

●寰　義明
（御製）賜少師吏部尚書寰義勅　明 仁 宗　561-258- 39

●寰仲恭宋
書藝局藝學寰仲恭轉一官制　宋慕容彥逢　1123-392- 8

●寰序辰宋
朝奉大夫保信軍簽判寰序辰可差權通判滁州制　宋劉　敞　1096-222- 22
左朝議大夫寰序辰可轉一官制　宋慕容彥逢　1123-380- 7

●寰周輔宋
朝請大夫新差知邵州寰周輔可差知廬州制　宋劉　敞　1096-207- 21

●戴　杰宋
授武學諭制　宋吳　泳　1176- 67- 7

●戴　青宋
降一官制　宋洪　适　1158-369- 19

●戴　規宋
特贈三官與兩資恩澤更與一名守關進義副尉（制）　宋周必大　1148- 50- 97

●戴　溪宋
除太學錄（制）　宋陳傳良　1150-636- 17
特授尚書兵部員外郎制　宋衞　涇　1169-468- 1

●戴　道宋
轉一官制　宋張　嵲　1131-440- 12

●戴　融宋
殿中丞戴融可太常博士餘如故制　宋夏　竦　1087- 67- 2

●戴　勤宋

四庫全書文集篇目分類索引

轉一官資（制） 宋樓 鑰 1152-616- 34

●戴 翼宋
太常博士前知富順監戴翼可尚書屯田員外郎制 宋宋 庠 1087-593- 25

●戴 謹宋
（戴皇）故父謹特贈武顯大夫（制） 宋周必大 1148- 29- 96

●戴 顯劉宋
徵戴顯韋元令 劉宋武帝 1398-483- 1
徵戴顯宗炳詔 劉宋文帝 1398-519- 2

●戴法興劉宋
復戴法興封爵詔（二則） 劉宋明帝 1398-559- 4

●韓木沁扎實錫喇卜宋
策進奉人大首領都軍主制 宋慕容彥逢 1123-355- 5

●檀 倖宋
復職制 宋許景衡 1127-232- 7
復徽猷閣待制（制） 宋張 綱 1131- 5- 1

●鞠承之宋
朝散郎鞠承之可權發遣兩浙運判官 宋劉 敞 1096-189- 19
可秦州通判（制） 宋蘇 軾 1108-679-107
秦州通判移永興制 宋蘇 轍 1112-314- 29

●鞠真卿宋
太常寺祝充集賢校書鞠眞卿服闋可舊官制 宋王 珪 1093-291- 40
集賢校理鞠眞卿可光祿寺丞依舊充集賢校理知壽州制 宋王安石 1105-379- 49

●韓 川宋
監察御史韓川可殿中侍御史制 宋劉 敞 1096-195- 20
左司諫韓川可太常少卿制 宋劉 敞 1096-238- 23

●韓 元宋
贈二官恩澤五資制 宋張 嵲 1131-508- 19

●韓 弘唐
中書令制——元和十四年八月三日 唐不著撰人 426-317- 47
中書令制——長慶二年十月 唐不著撰人 426-323- 48
河中節度兼中書令制 唐不著撰人 426-327- 53

授韓弘河中節度使制 唐李 紳 549- 45-183
　 1337-260-455
賜一子官并授甥女婿制 唐白居易 1080-567- 53
授韓弘許國公實封制 唐白居易 1080-578- 54
授韓弘宣武軍節度使 玉堂遺範 1337-234-452

●韓 古宋
都官員外郎制 宋李正民 1133- 15- 2

●韓 右宋
可除金部員外郎留建康府制 宋慕崇禮 1134-549- 4

●韓 禾宋
行司農少卿兼國史兼侍讀制 宋馬廷鸞 1187- 34- 4
除國子司業制 宋馬廷鸞 1187- 35- 4

●韓 伋唐
授韓伋檢校工部員外郎制 唐錢 珝 1336-732-413

●韓 休唐
除韓休黃門侍郎平章事 唐張九齡 426-297- 45
　 1337-196-448
　 1402- 90- 16
授韓休起居郎制 唐蘇 頲 1336-523-383
　 1402- 85- 15

●韓 材宋
起復制 宋王 洋 1132-432- 8

●韓 伯晉
爲領軍詔 晉武帝 1398- 39- 2

●韓 京宋
除觀察使制 宋劉才邵 1130-465- 5
轉左武大夫（制） 宋張 嵲 1131- 36- 6

●韓 治宋
韓肖胄父治贈光祿大夫（制） 宋程 俱 1130-233- 23
資政殿學士韓肖胄故父治可特贈少師制 宋張 嵲 1131-510- 20

●韓 治宋
贈官制 宋胡 寅 1137-461- 14

●韓 武宋
三班奉職武右侍禁制 宋慕容彥逢 1123-354- 5

●韓 松宋
可太子中舍人致仕制 宋胡 宿 1088-797- 20

●韓 松宋
皇后親甥女夫通直郎

四庫全書文集篇目分類索引

史部

詔令奏議類：附錄

詔令下（男）十七畫

充點檢贈軍激賞酒庫所幹辦公事韓松特轉一官（制） 宋陳傅良 1150-573- 11

●韓 玠宋
通判河南（制） 宋蘇 轍 1112-299- 28

●韓 昌宋
可大理寺丞制 宋胡 宿 1088-733- 14

●韓 果宋
轉歸吏部（制） 宋樓 鑰 1152-615- 34

●韓 周宋
渭州新寨東頭供奉官韓周授內殿崇班制 宋蔡 襄 1090-427- 11

●韓 伙唐
浙東判官試大理評事韓伙可殿中侍御史制 唐白居易 1080-569- 53

●韓 洪唐
授韓洪山南東道防禦使等制 唐賈 至 1336-700-409

●韓 恬宋
同中書門下平章事韓琦奏親姪孫恬守秘校制 宋王安石 1105-412- 52

●韓 亮宋
轉官制 宋許應龍 1176-472- 6

●韓 庠宋
得功人內殿承制韓庠加四級每級轉一官制 宋慕容彥逢 1123-372- 7

●韓 彥宋
直祕閣（制） 宋李彌遜 1130-631- 4

●韓 奕宋
書藝局藝學韓奕轉一官制 宋慕容彥逢 1123-392- 8

●韓 持宋
朝請郎試光祿卿韓持可戶部侍郎管勾右曹制 宋慕容彥逢 1123-330- 3
衞尉少卿韓持可光祿卿制 宋慕容彥逢 1123-331- 3
贈五官制 宋汪 藻 1128- 97- 10
朝請大夫韓持知衢州制 宋翟汝文 1129-197- 2

●韓 括宋
知肇慶府制 宋許應龍 1176-649- 6

●韓 珉宋
江東運判（制） 宋劉一止 1132-209- 43

●韓 建唐
授韓建華州節度使制 唐楊 矩 556-126- 85
　 1337-295-458
授韓建昌黎郡王制 唐韓 儀 1337-228-451

●韓 昱宋
特轉武功郎制 宋洪咨夔 1175-227- 17

●韓 昭宋
敘復右中大夫（制） 宋劉一止 1132-170- 33

●韓 則宋
醴泉觀使韓世忠曾祖則追封營國公制 宋張 擴 1129-126- 12

●韓 盈宋
敦遣韓盈可試校書郎知縣制 宋鄭 獬 1097-137- 3

●韓 信漢
立楚王梁王詔 漢 高 祖 426-977- 1
改封韓信彭越令 漢 高 祖 1396-187- 1

●韓 俊宋
供職滿十年轉一官（制） 宋樓 鑰 1152-631- 35

●韓 海宋
爲生擒賊首王念一等千里招復歸業江西安撫大使司保明申與轉一官制 宋張 嵲 1131-443- 12

●韓 容宋
監在魏院韓容轉朝奉郎制 宋翟汝文 1129-216- 4

●韓 晉宋
遼州平城縣令韓晉可大理寺丞充本寺詳斷官 宋沈 遘 1097- 62- 6

●韓 栝宋
（韓皇后）祖韓栝贈太傅（制） 宋陳傅良 1150-609- 15

●韓 忞宋
除知閤門事兼客省四方館事（制） 宋周必大 1148- 1- 94

●韓 皋唐
授韓皋尚書左僕射制 唐元 稹 1079-568- 64
　 1336-540-385
　 1402- 68- 13
吏部尚書制 唐元 稹 1079-568- 44

除韓皋東都留守制　　　　唐白居易　1080-584- 55
●韓　章宋
轉一官（制）　　　　　　宋周必大　1148- 50- 97
●韓　祥宋
朝請大夫尚書省都事
　韓祥可轉一官制　　　　宋慕容彥逢　1123-377- 7
●韓　球宋
書藝局藝學韓球轉一
　官制　　　　　　　　　宋慕容彥逢　1123-392- 8
●韓　球宋
光祿寺丞韓球磨勘通
　直郎制　　　　　　　　宋翟汝文　1129-218- 4
●韓　球宋
度支員外郎制　　　　　　宋李正民　1133- 16- 2
●韓　琇宋
韓賣父琇贈祕書少監
　特贈給事中制　　　　　宋鄭　獬　1097-157- 5
●韓　通宋
贈中書令　　　　　　　　宋劉　敞　 549- 56-183
　　　　　　　　　　　　　　　　　1095-657- 30
　　　　　　　　　　　　　　　　　1350-378- 37
●韓　鉞宋
溫州永嘉縣尉韓鉞可
　萊州即墨縣令制　　　　宋蔡　襄　1090-424- 10
●韓　偓唐
授司勳郎中兼侍御史
　知雜事賜緋魚韓偓
　本官充翰林學士制　　　唐錢　珝　1336-534-384
●韓　敏宋
特贈三官與三資恩澤
　（制）　　　　　　　　宋周必大　1148- 62- 98
●韓　湜唐
授韓湜節度掌書記制　　　唐錢　珝　1336-731-413
●韓　琦宋
除韓琦京兆尹再任判
　大名府制　　　　　　　宋元　絳　 506-177- 91
　　　　　　　　　　　　　　　　　1350-365- 35
　　　　　　　　　　　　　　　　　1402-102- 17
授依前同中書門下平
　章事進封魏國公加
　封邑功臣制　　　　　　宋王　珪　 538-495- 75
　　　　　　　　　　　　　　　　　1093-269- 37
賜判永興軍韓琦詔　　　　宋王安石　 556-128- 85
太常丞韓琦可開封府
　推官制　　　　　　　　宋宋　庠　1087-566- 22

太常博士直集賢院韓
　琦可右司諫供職制　　　宋宋　庠　1087-579- 23
除韓琦特授依前工部
　尚書同中書門下平
　章事集賢殿大學士
　加食邑實封改賜功
　臣制　　　　　　　　　宋胡　宿　1088-821- 23
除韓琦依前工部尚書
　同中書門下平章事
　集賢殿大學士加食
　邑實封仍賜功臣制　　　宋胡　宿　1088-822- 23
除韓琦特授特進依前
　檢校太保充武康軍
　節度使加食邑制　　　　宋胡　宿　1088-822- 23
授依前同中書門下平
　章事進封儀國公加
　食邑實封制　　　　　　宋王　珪　1093-242- 35
　　　　　　　　　　　　　　　　　1350-357- 35
授門下侍郎兼兵部尚
　書依前同中書門下
　平章事進衞國公加
　封邑制　　　　　　　　宋王　珪　1093-269- 37
　　　　　　　　　　　　　　　　　1350-358- 35
殿中侍御史韓琦可左
　司諫制　　　　　　　　宋劉　敞　1096-235- 23
除韓琦制　　　　　　　　宋鄭　獬　1097-125- 2
韓琦制　　　　　　　　　宋曾　鞏　1098-564- 23
除韓琦制　　　　　　　　宋韓　維　1101-642- 15
韓琦加恩制　　　　　　　宋王安石　1105-355- 47
　　　　　　　　　　　　　　　　　1350-355- 34
除韓琦守司徒兼侍中
　鎮安武勝等軍節度
　使制　　　　　　　　　宋張方平　1350-351- 34
●韓　貴宋
轉四官（制）　　　　　　宋周必大　1148- 50- 97
●韓　皋唐
授尚書奉御制　　　　　　唐白居易　1080-562- 52
●韓　絳宋
可三司戶部判官制　　　　宋胡　宿　1088-755- 16
可右正言依舊直集賢
　院同修起居注赴諫
　院供職制　　　　　　　宋蔡　襄　1090-424- 10
諫官韓絳轉官修起居
　注制　　　　　　　　　宋蔡　襄　1090-450- 13
授金紫光祿大夫同中

書門下平章事昭文
　館大學士加封邑功
　臣制　　　　　　　　宋王珪　　1093-266- 37
故鎮江軍節度使檢校
　太尉守司空開府儀
　同三司致仕康國公
　韓絳可持贈太傅餘
　如故制　　　　　　　宋劉　敞　　1096-207- 21
三司使吏部侍郎韓絳
　可樞密副使制　　　　宋鄭　獬　　1097-114- 1
觀文殿大學士制　　　　宋王安禮　　1100- 14- 2
除康公再相制　　　　　宋韓　維　　1101-644- 15
除韓絳觀文殿大學士
　知許州制　　　　　　宋元　絳　　1350-365- 35
●韓　進宋
轉二官制　　　　　　　宋蘇　轍　　1112-325- 30
●韓　進宋
衡門韓進等並授武翼
　郎制　　　　　　　　宋張　擴　　1129- 99- 10
●韓　補宋
授宗正寺簿制　　　　　宋徐元杰　　1181-688- 7
●韓　裕宋
兵部員外郎制　　　　　宋李正民　　1133- 14- 2
●韓　煜宋
大理寺丞制　　　　　　宋王安石　　1105-403- 51
●韓　混唐
檢校左僕射平章事制　　唐陸　贄　　1072-631- 7
加檢校右僕射制　　　　唐陸　贄　　1072-642- 9
度支鹽鐵轉運使制　　　唐陸　贄　　1072-643- 9
授韓混戶部侍郎制　　　唐孫　逖　　1336-560-388
授韓混吏部郎中制　　　唐蘇　頲　　1336-564-389
●韓　道宋
沂州沂水縣主簿韓道
　可大理評事制　　　　宋歐陽修　　1102-631- 80
●韓　楚宋
韓京祖楚贈保義郎制　　宋張　擴　　1129- 66- 7
●韓　愈唐
比部郎中史館修撰制　　唐白居易　　1080-591- 55
　　　　　　　　　　　　　　　　　1336-634-400
　　　　　　　　　　　　　　　　　1402- 77- 14
●韓　筠宋
宣德郎新差權開封府
　祥符縣韓筠可監察
　御史制　　　　　　　宋慕容彥逢　1123-335- 4
●韓　賓唐

除戶部郎中制　　　　　唐杜　牧　　1081-667- 14
●韓　察（等）唐
可明通等州刺史制　　　唐元　稹　　1079-582- 48
　　　　　　　　　　　　　　　　　1336-710-410
●韓　誠宋
轉武顯大夫遙郡防禦
　使制　　　　　　　　宋張　擴　　1129- 43- 6
●韓　湛唐
褒贈淮西立功將士詔　　唐不著撰人　426-482- 65
●韓　說漢
封公孫敖等詔御史　　　漢 武 帝　　426-999- 6
●韓　緒宋
轉二官制　　　　　　　宋蘇　轍　　1112-325- 30
●韓　維宋
資政殿大學士太子少
　傅致仕韓維可太子
　少師致仕制　　　　　宋呂　陶　　1098- 67- 9
知潁昌府韓維再任制　　宋曾　肇　　1098-557- 22
明堂執政韓維加恩（
　制）　　　　　　　　宋蘇　軾　　1101-766- 附
　　　　　　　　　　　　　　　　　1108-697-108
守本官資政殿學士知
　鄧州制　　　　　　　宋蘇　轍　　1112-318- 30
●韓　廣宋
醴泉觀使韓世忠祖廣
　追封代國公制　　　　宋張　擴　　1129-126- 12
●韓　澄宋
吏部郎官制　　　　　　宋汪　藻　　1128- 77- 8
●韓　慶宋
開封府捉事使臣韓慶
　可轉一官制　　　　　宋慕容彥逢　1123-370- 7
●韓　慶宋
醴泉觀使韓世忠父慶
　追封唐國公制　　　　宋張　擴　　1129-126- 12
●韓　標宋
可著作佐郎制　　　　　宋胡　宿　　1088-733- 14
●韓　駒宋
轉一官致仕制　　　　　宋胡　寅　　1137-439- 13
●韓　震宋
祕書丞韓震可太常博
　士（制）　　　　　　宋沈　遘　　1097- 29- 4
●韓　億宋
韓絳父億贈開府儀同
　三司太師中書令尚
　書令上柱國可追封

周國公餘如故（制） 宋蘇 頌 1092-405- 35
韓億父億冀國公（制） 宋蘇 軾 1108-676-107
　　　　　　　　　　　　　 1350-403- 39
　　　　　　　　　　　　　 1418-384- 49

府韓贊應奉山陵加
　恩制 宋鄭 獬 1097-117- 1
龍圖閣直學士右諫大
　夫韓贊可給事中制 宋鄭 獬 1097-157- 5

●韓　義宋
太常博士充秘閣校理
　韓義可祠部員外郎
　餘如故制 宋夏 竦 1087- 57- 1

●韓　釋宋
前天平軍節度推官知
　遂州遂寧縣事韓釋
　可大理寺丞（制） 宋蘇 頌 1092-357- 30
可職方員外郎制 宋王安石 1105-390- 50

●韓　澤宋
可山南東道節度推官
　知廣安軍新明縣制 宋胡 宿 1088-780- 18

●韓　鐸宋
試大理評事充天平軍
　節度推官知遂州遂
　寧縣制 宋王安石 1105-407- 52

●韓　遵唐
册贈韓遵太尉文 唐不著撰人 426-463- 63

前天平軍節度推官知
　道州道寧縣事韓釋
　可大理寺丞制 宋張 擴 1129- 87- 9

●韓　璩宋
廣西提刑制 宋胡 寅 1137-457- 14

●韓　權宋
左修職郎潮州司理韓
　權及推正平人蔡城
　等九人陳放賞轉兩
　資（制） 宋劉一止 1132-180- 36

●韓　霖宋
敍復修武郎（制） 宋周必大 1148- 64- 98
敍復成州團練使制 宋虞 儔 1154-106- 5

●韓　鑑宋
除祥符縣主簿制 宋韓 琦 1089-463- 40

●韓　遍宋
措置有方轉一官（制） 宋李彌遜 1130-645- 5

●韓　儀宋
可都官員外郎制 宋胡 宿 1088-759- 16
加職制 宋李正民 1133- 41- 3

●韓　縝宋
可依前太中大夫同知
　樞密院事制 宋王安禮 1100- 33- 3
屯田員外郎韓縝改殿
　中侍御史制 宋王安石 1105-377- 49

●韓大用宋
皇后親姪女之子從事
　郎韓大用循兩資（
　制） 宋陳傅良 1150-573- 11

●韓　跎宋
降授朝請郎制 宋翟汝文 1129-217- 4

●韓大有宋
皇后親屬韓大有將轉
　承信郎（制） 宋陳傅良 1150-573- 11

●韓　績（等）宋
著作佐郎韓績等可並
　秘書丞制 宋王 珪 1093-279- 38

●韓大任宋
皇后親姪女之子從事
　部韓大任循兩資（
　制） 宋陳傅良 1150-573- 11

●韓　濬宋
京東路轉運使尙書刑
　部員外郎直史館韓
　濬可尙書兵部員外
　郎制 宋宋 庠 1087-605- 26

●韓大倫宋
除中書門下省檢正諸
　房文字制 宋許應龍 1176-439- 4
除金部員外郎制 宋許應龍 1176-444- 4

●韓　璣宋
右朝散郎行司農寺主
　簿韓祇祖弟左朝散
　郎行都水監主簿祇
　德故父任正議大夫
　致仕贈右光祿大夫
　璣可贈右銀青光祿
　大夫制 宋呂 陶 1098- 71- 9

●韓小胄宋
（韓皇后）曾祖韓小
　胄贈太師（制） 宋陳傅良 1150-609- 15

●韓　贊宋
龍圖閣直學士知河南

●韓之美宋

史部 詔令奏議類：附錄 詔令下（男）十七畫

轉一官（制） 宋張　綱 1131- 29- 5
係湖北京西宣撫司幹辦公事累與烏珠等見大陣獲捷轉右朝議大夫依前直秘閣制 宋張　嵲 1131-446- 12

●韓元吉宋
除度支郎中制 宋張孝祥 1140-641- 19

●韓中立宋
大將韓中立轉一官制 宋慕容彥逢 1123-392- 8

●韓公武唐
授左驍衞上將軍制 唐白居易 1080-552- 51
　 1336-642-401

●韓公彥宋
可光祿寺丞 宋胡　宿 1088-724- 13

●韓公裔宋
除韓公裔加食邑制 宋周麟之 1142- 84- 11

●韓公裔（曾祖）宋
韓公裔封贈曾祖（制） 宋周必大 1148- 14- 95

●韓公裔（祖）宋
韓公裔封贈祖（制） 宋周必大 1148- 14- 95

●韓公裔（父）宋
韓公裔封贈父（制） 宋周必大 1148- 15- 95

●韓永文宋
內侍省內常侍韓永文可內殿崇班 宋沈　遘 1097- 31- 4

●韓正彥宋
司農少卿韓正彥可知滄州制 宋劉　攽 1096-212- 21
倉部郎中制 宋曾　鞏 1098-544- 20

●韓世良宋
特與轉行左武大夫遙郡防禦使（制） 宋劉一止 1132-177- 35

●韓世忠宋
起復檢校少師武成感德軍節度使制 宋汪　藻 1128- 98- 11
檢校少師武成感德軍節度使充神武左軍都統制韓世忠加恩制 宋汪　藻 1128- 99- 11
　 1353- 19- 50
除兩鎭節度使制 宋汪　藻 1128- 99- 11
　 1128-343- 2
　 1353- 21- 50
　 1375- 47- 1

擬韓世忠加恩制 宋劉才邵 1130-453- 4
奉旨右朝請大夫參謀官依舊右文殿修撰制 宋張　嵲 1131-479- 16
保明苗傅劉正彥賊兵見陣賞功人第一等武功大夫何順等可轉三官制 宋綦崇禮 1134-534- 2
可除西路制置使依舊鎭江府駐箚制 宋綦崇禮 1134-534- 2
除韓世忠特授太尉依前武成感德軍節度使神武左軍都統制福建江西荊湖南北路宣撫副使加食邑食實封制 宋綦崇禮 1134-565- 7
除韓世忠特授開府儀同三司依前武成感德軍節度使神武左軍都統制充淮南東西路宣撫使加食邑食實封制 宋綦崇禮 1134-566- 7

●韓世榮宋
轉歸吏部在京宮觀（制） 宋樓　鑰 1152-611- 34

●韓申範（等）宋
加恩制 宋許應龍 1176-458- 5

●韓守允宋
內殿崇班韓守允可左監門衞將軍致仕制 宋歐陽修 1102-641- 81

●韓孝直宋
登仕郎守祁州深澤縣令韓孝直可守河中府河西縣令（制） 宋蘇　頌 1092-385- 33

●韓克從唐
可守太子通事舍人制 唐元　稹 1079-585- 48

●韓肖胄宋
除簽書樞密院事（制） 宋張　綱 1131- 12- 2
知溫州（制） 宋張　綱 1131- 30- 5
左司員外郎制 宋李正民 1131- 16- 2

●韓同卿宋
（韓皇后）父韓同卿授揚州觀察使（制） 宋陳傅良 1150-610- 15

●韓見素宋
內殿崇班韓見素可內

殿承制（制） 宋蘇 頌 1092-366- 31

●韓伯莊宋
御前三禮及第韓伯莊海州東海縣尉兼主簿制 宋王安石 1105-446- 55

●韓仲卿唐
贈韓愈等父制 唐元 稹 1079-596- 50

●韓仲通宋
除大理寺正制 宋劉才邵 1130-463- 5
大理卿制 宋張 嵲 1131-488- 17
大理寺丞再任制 宋胡 寅 1137-452- 13
除權刑部侍郎（制） 宋周麟之 1142-126- 16
進茶鹽法轉官（制） 宋周麟之 1142-154- 19
復敷文閣道學士（制） 宋周必大 1148- 19- 95

●韓似同唐
授韓似同可殿中侍御史（制） 唐白居易 1336-729-413

●韓侂胄宋
特授閤門舍人（制） 宋陳傅良 1150-574- 11
特與落階官臣寮繳奏特與轉行右武大夫（制） 宋陳傅良 1150-575- 11

●韓廷圭宋
降兩資（制） 宋樓 鑰 1152-618- 34

●韓休卿宋
知融州制 宋許應龍 1176-467- 6

●韓宗文宋
大理寺主簿制 宋曾 肇 1098-551- 21
光祿丞（制） 宋蘇 轍 1112-310- 29

●韓宗古宋
朝奉郎韓宗古可知曹州制 宋劉 攽 1096-215- 21
司封（郎官制） 宋蘇 轍 1112-301- 28

●韓宗本宋
太府寺主簿韓宗本可大理寺主簿制 宋劉 攽 1096-235- 23

●韓宗哲宋
承議郎通判鎮戎軍韓宗哲可通判大名府制 宋劉 攽 1096-231- 23

●韓宗師宋
朝散大夫韓宗師可衛尉少卿制 宋劉 攽 1096-191- 19
朝散大夫衛尉少卿韓宗師可直祕閣提舉

鳳翔府太平宮制 宋劉 攽 1096-228- 22

●韓宗道宋
光祿寺丞韓宗道可著作佐郎（制） 宋沈 遘 1097- 41- 5
寶文閣待制權知開封府韓宗道可戶部侍郎制 宋呂 陶 1098- 61- 8
太府少卿（制） 宋蘇 轍 1112-323- 30

●韓宗顏宋
永祐陵殯宮用過地段特贈將仕郎制 宋張 擴 1129- 89- 9

●韓坤範唐
授韓坤範等加恩制 唐李 磎 1336-768-418

●韓忠彥宋
特轉朝請郎（制） 宋蘇 軾 1108-698-108
樞密直學士知定州（制） 宋蘇 轍 1112-304- 28

●韓忠嗣宋
知麟州韓忠嗣降兩官放罷制 宋汪 藻 1128- 89- 9

●韓季重唐
梁州奏事官衛推試原王友韓季重可兼監察御史充職制 唐白居易 1080-553- 51

●韓延年漢
追封韓千秋撫樂後詔 漢 武 帝 426-1004- 6
　 1396-216- 2

●韓彥古宋
將作監丞制 宋洪 适 1158-368- 19
太府寺丞制 宋洪 适 1158-398- 23
轉官制 宋洪 适 1158-409- 24
直徽猷閣知嚴州制 宋洪 适 1158-412- 24

●韓彥直宋
除淮東提舉制 宋張孝祥 1140-642- 19
致仕（制） 宋陳傅良 1150-632- 17
磨勘轉官（制） 宋樓 鑰 1152-666- 38
該覃恩轉官（制） 宋樓 鑰 1152-702- 41

●韓思永宋
可落職與宮觀制 宋綦崇禮 1134-553- 5

●韓信甫宋
特授直秘閣制 宋衛 涇 1169-480- 2

●韓保樞宋
尚書吏部侍郎參知政事韓絳祖保樞贈太師中書令尚書令可

四庫全書文集篇目分類索引

史部

詔令奏議類：附錄

詔令下（男）十七畫

追封燕國公餘如故（制）　宋蘇　頌　1092-404- 35

（韓縝）祖保樞可追封冀國公餘如故制　宋王安禮　1100- 18- 2

韓維曾祖保樞魯國公（制）　宋蘇　軾　1108-676-107

●韓晉卿宋

朝請大夫韓晉卿可光祿少卿制　宋劉　敞　1096-210- 24

權兩浙轉運使韓晉卿可知徐州制　宋劉　敞　1096-213- 21

少卿制　宋曾　鞏　1098-546- 20

刑部郎中制　宋曾　鞏　1098-558- 22

●韓處均宋

尚書吏部侍郎參知政事韓絳曾祖處均贈金紫光祿大夫太師中書令可特贈兼尚書令餘如故（制）　宋蘇　頌　1092-403- 35

韓縝曾祖處均可追封燕國公餘如故制　宋王安禮　1100- 18- 2

韓維曾祖處均燕國公（制）　宋蘇　軾　1108-675-107

　　　　1402-125- 23

●韓敦立宋

可通判齊州（制）　宋蘇　軾　1108-683-107

●韓敦信宋

除官職制　宋翟汝文　1129-204- 3

●韓朝宗唐

貶韓朝宗洪州刺史制　唐張九齡　1006-110- 7

授韓朝宗等諸州刺史制　唐孫　逖　1336-708-410

●韓景修宋

廣南西路轉運使尚書都官員外郎韓琚男景修可試秘書省校書郎制　宋宋　庠　1087-600- 26

●韓順之宋

加官制　宋王　洋　1132-417- 7

●韓粹彥宋

韓粹彥等轉官制　宋鄒　浩　1121-318- 18

徽猷閣待制知興仁府韓粹彥知定州（制）　宋劉安上　1124- 16- 2

●韓熙載南唐

虞部員外郎史館修撰

韓熙載可太常博士（制）　宋徐　鉉　1085- 64- 8

●韓嘉言宋

德州錄事參軍韓嘉言可光祿寺丞（制）　宋沈　遘　1097- 30- 4

●韓愿胄宋

循資制　宋洪　适　1158-403- 23

●韓龜範唐

授韓龜範加官制　唐李　磎　1336-769-418

●韓穆平宋

充准備差遣（制）　宋劉一止　1132-200- 41

●韓膺胄宋

除直祕閣與外任（制）　宋張　綱　1131- 28- 5

江東憲制　宋胡　寅　1137-430- 12

●韓勵已宋

追官人韓勵已可青州臨淄簿（制）　宋田　錫　1085-547- 28

●韓顯忠宋

捕鹽賞轉一官制　宋衛　涇　1169-478- 1

●薛　乞宋

原州之安寨白家族都虞侯薛乞可銀酒監武充本族副軍主（制）　宋蘇　頌　1092-368- 31

●薛　平唐

賜爵一級并迴授男同制　唐白居易　1080-561- 52

除薛平鄭滑節度制　唐白居易　1080-586- 55

　　　　1337-258-454

●薛　戎唐

贈左散騎常侍制　唐白居易　1080-557- 52

●薛　向宋

權陝西轉運副使金部員外郎薛向可司勳員外郎　宋沈　遘　1097- 58- 6

●薛　求宋

可勳郎中制　宋王安石　1105-384- 50

●薛　伍唐

鄜坊觀察使制　唐白居易　556-123- 85

　　　　1080-591- 55

　　　　1336-698-408

●薛　放唐

從工部侍郎授刑部侍郎制　唐白居易　1080-535- 50

授薛放刑部侍郎制　唐賈　至　1336-552-387

1402- 65- 13

●薛　昂宋
朝奉郎大司成兼侍講
　薛昂可轉一官制　　宋慕容彥逢　1123-383- 7
●薛　宣漢
免丞相薛宣册　　　　漢 成 帝　426-1043- 10
　　　　　　　　　　　　　　　1396-256- 4

●薛　拱宋
承節郎薛拱該遇皇后
　歸謁家廟並特轉一
　官（制）　　　　　宋陳傅良　1150-574- 11

●薛　奎唐
除秦州刺史制　　　　唐杜　牧　1081-675- 15
●薛　昭宋
右通直郎延安府通判
　因割河南故地了差
　人齊容目與都統制
　李顯忠言拜赦意欲
　早爲歸附委是忠義
　特轉右承議郎制　　宋張　嵩　1131-487- 17
●薛　恩宋
轉三官（制）　　　　宋周必大　1148- 50- 97
●薛　倈宋
左承議郎薛倈各降一
　官制　　　　　　　宋張　擴　1129-133- 12
●薛　邕唐
授薛邕吏部侍郎制　　唐 代 宗　549- 40-183
　　　　　　　　　　　　　　　1336-556-387

●薛　斜宋
大理寺丞知蘇州長洲
　縣薛斜可太子中舍
　制　　　　　　　　宋宋　庠　1087-578- 23
●薛　涼唐
除鄧州刺史制　　　　唐杜　牧　1081-676- 15
　　　　　　　　　　　　　　　1336-716-411

●薛　訥唐
白衣攝左羽林將軍擊
　吐蕃制——開元二
　年八月　　　　　　唐 玄 宗　426-423- 59
　　　　　　　　　　　　　　　549- 35-183

朔方道大總管制——
　開元三年十月十四
　日　　　　　　　　唐蘇　頲　426-423- 59
除名爲庶人制——開

元二年七月　　　　　唐不著撰人　426-440- 60
●薛　紹宋
再任淮東總領制　　　宋虞　儔　1154-119- 5
●薛　紳宋
刑部員外郎集賢校理
　薛紳轉官（制）　　宋余　靖　1089-100- 10
●薛　途唐
除淩陽尉充集賢校理
　制　　　　　　　　唐杜　牧　1081-684- 16
　　　　　　　　　　　　　　　1336-635-400

●薛　從唐
可右清道率府倉曹制　唐白居易　1080-559- 52
●薛　登宋
降兩官（制）　　　　宋陳傅良　1150-634- 17
●薛　弼宋
責官制　　　　　　　宋王　洋　1132-426- 8
湖南漕薛弼直秘閣制　宋胡　寅　1137-440- 13
轉官制　　　　　　　宋胡　寅　1137-447- 13
●薛　道宋
爲措置牛十八人等賊
　馬有功轉成節郎又
　措置趙常賊馬轉保
　義郎換給制　　　　宋張　嵩　1131-450- 13
●薛　瑄明
贈薛瑄禮部尚書諡文
　清制　　　　　　　明 憲 宗　549- 68-183
●薛　端宋
可守太子中舍人制　　宋胡　宿　1088-736- 14
●薛　鳳宋
國子正制　　　　　　宋洪　适　1158-406- 74
●薛　綸宋
虞部員外郎知博州薛
　綸轉司門員外郎制　宋歐陽修　1102-634- 81
●薛　綸宋
爲差往汴黃河探報金
　人動息與轉一官制　宋張　嵩　1131-443- 12
●薛　慶宋
武功大夫忠州刺史制　宋李正民　1133- 22- 2
●薛　稷唐
授薛稷諫議大夫制　　唐蘇　頲　549- 34-138
　　　　　　　　　　　　　　　1336-511-381
　　　　　　　　　　　　　　　1402- 85- 15
授薛稷中書侍郎制　　唐蘇　頲　549- 35-183
　　　　　　　　　　　　　　　1336-503-380

●薛　愷唐

四庫全書文集篇目分類索引

薛伯高父愷贈尚書司
　封郎中制　　　　　　唐白居易　1080-530- 49
● 薛　璟 宋
轉官制　　　　　　　　宋王　洋　1132-419- 7
● 薛　興（等）宋
大閱挽弓應格
　轉官制　　　　　　　宋張　擴　1129- 75- 8
● 薛　瑶 唐
授薛瑶新鄭縣令制　　　唐劉崇望　1336-746-415
● 薛　鍔 唐
可河中少尹制　　　　　唐白居易　1080-532- 49
　　　　　　　　　　　　　　　　1336-711-410
● 薛　讓 宋
東頭供奉官薛讓可內
　殿崇班制　　　　　　宋蔡　襄　1090-422- 10
● 薛之縱 唐
魏博軍將薛之縱等十
　四人各授官爵詔　　　唐白居易　1080-522- 48
● 薛元嗣 齊
常僧景等封侯詔　　　　梁沈　約　1415-111- 87
● 薛元賞 唐
可華原縣令制　　　　　唐白居易　1080-556- 52
　　　　　　　　　　　　　　　　1336-745-415
授薛元賞昭義軍節度
　使制　　　　　　　　唐李　納　1337-265-455
● 薛中孚 宋
可殿中丞制　　　　　　宋宋　庠　1087-563- 21
● 薛公幹 唐
授泗州刺史制　　　　　唐白居易　1080-541- 50
　　　　　　　　　　　　　　　　1336-713-410
● 薛安期 宋
可盆州司戶制　　　　　宋胡　宿　1088-784- 18
● 薛安靖 宋
故右侍禁王卞女夫薛
　安靖可三班借職制　　宋慕容彥逢　1123-394- 8
● 薛安靖 宋
奏對可采除閤門宣贊
　舍人（制）　　　　　宋孫　覿　1135-261- 25
● 薛百誠 唐
除御史中丞制　　　　　唐白居易　 549- 50-183
　　　　　　　　　　　　　　　　1080-584- 55
　　　　　　　　　　　　　　　　1336-594-393
● 薛仲孺 宋
大理寺丞薛仲孺可太
　子右贊善大夫制　　　宋歐陽修　 549- 56-183

　　　　　　　　　　　　　　　　1102-636- 81
駕部員外郎薛仲孺可
　虞部郎中制　　　　　宋王安石　1105-388- 50
● 薛仲簡 宋
可屯田員外郎制　　　　宋胡　宿　1088-750- 15
秘書丞薛仲簡可磨勘
　改官制　　　　　　　宋歐陽修　1102-617- 79
● 薛良朋 宋
直顯謨閣浙西轉運副
　使制　　　　　　　　宋洪　适　1158-381- 20
知臨安府制　　　　　　宋洪　适　1158-400- 23
進職制　　　　　　　　宋洪　适　1158-409- 24
● 薛伯高 唐
授薛伯高少府少監制　　唐常　袞　1336-634-399
● 薛廷望 唐
除美原尉直弘文館制　　唐杜　牧　1081-684- 16
● 薛廷傑 唐
桂管支使制　　　　　　唐杜　牧　1081-685- 16
　　　　　　　　　　　　　　　　1336-730-413
● 薛廷範 唐
授薛廷範淮南使制　　　唐崔　嘏　1336-723-412
● 薛昌族 唐
授薛昌族等王府長史
　制　　　　　　　　　唐元　稹　1079-655- 4
　　　　　　　　　　　　　　　　1336-676-405
● 薛昌朝 唐
授薛昌朝緒王傅制　　　唐元　稹　1079-654- 4
　　　　　　　　　　　　　　　　1336-673-405
　　　　　　　　　　　　　　　　1402- 70- 13
● 薛昌孫 宋
太子中舍制　　　　　　宋王安石　1105-400- 51
● 薛昌裔 宋
衞尉寺丞薛昌裔可大
　理寺丞（制）　　　　宋沈　遘　1097- 43- 5
● 薛叔似 宋
除權戶部侍郎（制）　　宋陳傅良　1150-643- 18
祕書監（制）　　　　　宋樓　鑰　1152-661- 37
● 薛房儒 宋
資政殿學士尚書戶部
　侍郎薛奎親甥男房
　　儒可將作監主簿制　宋宋　庠　1087-591- 25
● 薛思齊 宋
除左侍禁制　　　　　　宋鄒　浩　1121-310- 17
● 薛昭緯 唐
授前兵部侍郎薛昭緯

四庫全書文集篇目分類索引

　御史中丞制　　　　　　唐錢　珝　　549- 55-183
　　　　　　　　　　　　　　　　　　1336-595-393

●薛兼適*唐*
授薛兼適左補闕制　　　　唐常　袞　　1336-525-383
●薛訥若*唐*
授薛訥若右羽林軍大
　將軍制　　　　　　　　唐薛廷珪　　1336-647-401
●薛常翰*唐*
可邢州刺史本州團練
　使制　　　　　　　　　唐白居易　　1080-509- 53
●薛敏政*宋*
和康佑夫人薛氏親姪
　薛敏政可三班借職
　制　　　　　　　　　　宋慕容彥逢　1123-394- 8
●薛景仙*唐*
授薛景佩少府監制　　　　唐賈　至　　1336-618-397
●薛貽應*宋*
殿中丞薛昭應可國子
　博士制　　　　　　　　宋宋　庠　　1087-595- 25
●薛貽應*宋*
比部員外郎知綿州薛
　貽應轉駕部員外郎
　制　　　　　　　　　　宋歐陽修　　1102-634- 81
●薛穎士*宋*
少傅致仕李若谷遺表
　奏泉州進士薛穎士
　可試國子四門助教
　制　　　　　　　　　　宋胡　宿　　1088-786- 19
●薛孤吳仁*唐*
册薛孤吳仁右金吾衞
　大將軍文　　　　　　　唐上官儀　　 426-456- 62
●鍾　武*宋*
授武經郎武致仕制　　　　宋吳　泳　　1176- 87- 9
●鍾　浚*宋*
前知涪州樂溫縣事鍾
　浚可秘書省著作佐
　郎（制）　　　　　　　宋蘇　頌　　1092-384- 33
將作少監制　　　　　　　宋曾　鞏　　1098-551- 21
●鍾　傳（鍾傅）*宋*
龍圖閣直學士知太原
　府鍾傳可知延安府
　制　　　　　　　　　　宋慕容彥逢　1123-344- 5
●鍾　震*宋*
授兼侍讀制　　　　　　　宋吳　泳　　1176- 59- 7
●鍾　褐*宋*

轉忠訓郎制　　　　　　　宋張　擴　　1129-100- 10
●鍾　寶（等）*宋*
授承信郎制　　　　　　　宋許　翰　　1123-493- 1
●鍾文拯*宋*
前資州內江令鍾文拯
　可黃州黃陂令（制）　　宋田　錫　　1085-545- 28
●鍾正甫*宋*
除刑部員外郎制　　　　　宋鄒　浩　　1121-316- 18
●鍾世明*宋*
復直徽猷閣知廬州制　　　宋洪　适　　1158-401- 23
●鍾安老*宋*
泉州同安縣尉鍾安老
　符同結錄更不駁正
　繼功特降兩資放罷
　（制）　　　　　　　　宋陳傳良　　1150-605- 14
●鍾仲仁*宋*
右侍禁權邵州臨口寨
　鍾仲仁降兩官制　　　　宋劉　敞　　1096-235- 23
●鍾志大*宋*
降官制　　　　　　　　　宋王　洋　　1132-430- 8
●鍾庭光*唐*
授鍾庭光開府儀同三
　司制　　　　　　　　　唐常　袞　　1336-759-417
●鍾將之*宋*
鍾震弟霖父將之贈宣
　奉大夫制　　　　　　　宋吳　泳　　1176- 99- 10
●鍾離松*宋*
轉右承事郎制　　　　　　宋張　擴　　1129-137- 13
●鍾懷德*宋*
可內殿崇班制　　　　　　宋歐陽修　　1102-626- 80
●鍾離咸亨*宋*
將仕郎鍾離咸亨以昨
　充計議使屬官循一
　資合入修職郎（制）　　宋劉一止　　1132-177- 35
●鍾離景伯*宋*
少府少監（制）　　　　　宋蘇　軾　　1108-687-107
少府少監鍾離景伯可
　知壽州制　　　　　　　宋劉　敞　　1096-217- 21
●儲孝任*唐*
授儲孝任等加階制　　　　唐李　嶠　　1336-756-417
●儲秉直*宋*
責官制　　　　　　　　　宋王　洋　　1132-426- 8
●鮮于至*宋*
鮮于侁父追贈制　　　　　宋蘇　轍　　1112-340- 32
書鮮于子駿父母贈告

後　　　　　　　　　　　宋蘇　轍　1112-758- 21

資政殿學士宮祠制　　宋李正民　1133- 3- 1

●鮮于光宋
授降朝請郎制　　　　宋吳　泳　1176- 84- 9

●顏　和宋
翰林傳寫待詔承務郎守少府府監丞顏和可河中府榮河縣太寧廟公（制）　　宋蘇　頌　1092-358- 30

●鮮于亨宋
可秘書丞制　　　　　宋宋　祁　1088-267- 31

●顏　峴唐
可守右贊善大夫制　　唐元　稹　1079-580- 47

●鮮于侁宋
可太常少卿（制）　　宋蘇　軾　1108-665-106

　　　　　　　　　　　　　　　1350-402- 39

大理卿（制）　　　　宋蘇　軾　1108-684-107

可左諫議大夫（制）　宋蘇　軾　1108-696-108

●顏　竣劉宋
封劉延孫顏竣詔　　　劉宋孝武帝　1098-537- 3

●顏　械宋
除秘書省正字（制）　宋樓　鑰　1152-635- 35
校書郎（制）　　　　宋樓　鑰　1152-709- 41

●鮮于輸宋
除直秘閣永興軍路提刑（制）　　宋劉一止　1132-218- 45

●顏　復宋
禮部郎（制）　　　　宋蘇　轍　1112-310- 29

●鮮于師中宋
朝奉郎集賢校理鮮于師中可知鳳翔府制　宋劉　敞　1096-228- 22

顏岐初任執政父復封贈制　　宋汪　藻　1128- 69- 7

●顏　溫唐
授顏溫鳳翔文學制　　唐李　磎　1336-748-415

●鮮于參典宋
上殿鮮于參典改合入官（制）　　宋劉一止　1132-220- 46

●顏　殘宋
敘復通直郎知瓊州樂會縣制　　宋吳　泳　1176- 84- 9

●繆夢達宋
特轉武德郎制　　　　宋袁　甫　1175-435- 9

●顏　桀劉宋
擢中書侍郎詔　　　　劉宋明帝　1398-558- 4

權發遣瓊州瓊管安撫制　　宋吳　泳　1176- 76- 8

●顏　蒹唐
授前合州刺史顏蒹右補闕制　　唐錢　珝　1336-526-383

權發遣宣州兼廣西兵馬都監制　　宋吳　泳　1176- 77- 8

●顏太初宋
顏岐初任執政祖太初封贈制　　宋汪　藻　1128- 68- 7

十八畫

●額里根元
平章伊蘇岱爾祖父額里根追封曹南王諡桓毅制　　元馬祖常　1206-556- 6

●顏仲昌宋
顏岐初任執政曾祖仲昌封贈制　　宋汪　藻　1128- 68- 7

平章伊蘇德爾封贈祖父制　　元馬祖常　1373-243- 17

●顏孝恭宋
轉遂郡團練使（制）　宋張　綱　1131- 13- 2

●額布勒津元
（章佩丞和和）父額布勒津贈推忠協恭佐理功臣太保金紫光祿大夫上柱國追封魏國公（制）　　元趙孟頫　1196-731- 10

●顏似賢宋
台州司士參軍顏似賢可婺州蘭溪縣尉制　宋王　珪　1093-298- 40

●顏信之宋
獻俘有勞轉保義郎制　宋洪咨夔　1175-255- 21

●額駙策凌清
武功（諡）——雍正九年十月甲寅　　清 世宗　412-167- 11

●顏者仲宋
除樞密副都承旨制　　宋袁　甫　1175-431- 8
特轉一官制　　　　　宋袁　甫　1175-438- 9

●顏　岐宋
左中大夫提舉亳州明道宮顏岐復資政殿學士誥　　宋王　洋　1132-435- 8

●顏師古宋
知泉州（制）　　　　宋樓　鑰　1152-630- 35

●顏師伯劉宋
紹封顏師伯詔　　　　　　劉宋明帝　1398-558- 4
●顏師與宋
顏魯公遠孫師與補右
　迪功郎（制）　　　　　宋劉一止　1132-172- 34
●顏師魯宋
轉一官致仕（制）　　　　宋樓　鑰　1152-666- 38
贈四官（制）　　　　　　宋樓　鑰　1152-666- 38
●顏頤仲宋
兩浙轉運判官顏頤仲
　除戶部郎官兼知臨
　安府制　　　　　　　　宋洪咨夔　1175-259- 22
授直秘閣兩浙運副制　　　宋吳　泳　1176- 73- 8
除太府少卿誥　　　　　　宋許應龍　1176-433- 3
轉一官制　　　　　　　　宋許應龍　1176-476- 6
授秘閣修撰知溫州制　　　宋徐元杰　1181-690- 7
●聶　用宋
成州團練使聶用可千
　牛衞大將軍賀州團
　練使制　　　　　　　　宋王　珪　1093-286- 39
●聶　有宋
太常丞誥　　　　　　　　宋虞　儔　1154-125- 5
●聶　通宋
三班奉職聶通可轉一
　官制　　　　　　　　　宋慕容彥逢　1123-368- 6
●聶　克宋
可大理寺丞制　　　　　　宋胡　宿　1088-716- 12
●聶　開宋
陳州觀察支使聶開可
　著作佐郎　　　　　　　宋余　靖　1089- 97- 10
●聶　達宋
天武右第一軍都指揮
　使通判刺史聶達可
　左屯衞將軍致仕制　　　宋劉　敞　1096-239- 23
●聶　榮宋
換從義郎（制）　　　　　宋樓　鑰　1152-616- 34
●聶　醇宋
太學博士聶醇郎官制　　　宋翟汝文　1129-209- 3
●聶子述宋
明堂恩進封加食邑制　　　宋洪咨夔　1175-235- 18
●聶平仲宋
可太常寺太祝制　　　　　宋胡　宿　1088-738- 14
●聶世卿宋
可都官員外郎制　　　　　宋胡　宿　1088-748- 15
●聶師道五代吳

書問政先生諸後　　　　　宋黃庭堅　1113-266- 25
●聶德一宋
監河陽清酒務聶德一
　可太子中舍制　　　　　宋宋　庠　1087-583- 24
前鎭北軍節度推官知
　蘇州吳縣聶德一可
　大理寺丞制　　　　　　宋宋　祁　1088-269- 31
●豐　誼宋
除吏部郎官（制）　　　　宋陳傳良　1150-629- 16
●豐　稷宋
殿中侍御史豐稷可右
　司諫制　　　　　　　　宋劉　敞　1096-235- 39
　　　　　　　　　　　　　　　　　1350-400- 23
吏部員外郎制　　　　　　宋曾　鞏　1098-558- 22
工部員外郎（制）　　　　宋蘇　轍　1112-315- 29
殿中侍御史（制）　　　　宋蘇　轍　1112-320- 30
通直郎著作佐郎豐稷
　可權發遣提舉利州
　路刑獄公事制　　　　　宋張　擴　1129- 91- 9
通直郎著作佐郎豐稷
　可權發遣提舉利州
　路刑獄公事（制）　　　宋王　震　1350-399- 39
●藏　布宋
蕃官藏布轉兩官制　　　　宋許　翰　1123-495- 1
●藍　珪宋
轉兩官制　　　　　　　　宋張　擴　1129- 77- 8
轉內侍省押班（制）　　　宋張　綱　1131- 49- 8
●藍元用宋
洛苑使英州團練使內
　侍省內侍右班副都
　知藍元用可眉州防
　禦使罷副都知制　　　　宋歐陽修　1102-639- 81
●藍元震宋
供備庫副使藍元震可
　文思副使制　　　　　　宋王　珪　1093-295- 40
●藍公佐宋
除宣州觀察使借保信
　軍節度使提舉萬壽
　觀充副使（制）　　　　宋劉一止　1132-176- 35
●藍安石宋
入內皇城使通州刺史
　藍安石可通州團練
　使依舊入內皇城使
　制　　　　　　　　　　宋慕容彥逢　1123-357- 6
藍公佐父安石贈少傅

制 宋張 擴 1129- 68- 7
藍公佐父安石特贈節
度使（制） 宋劉一止 1132-177- 35
●藍安民宋
內殿崇班閤門祇候藍
安民可閤門通事舍
人制 宋慕容彥逢 1123-360- 6
都壕塞履正大夫藍安
民修置積水轉官制 宋許 翰 1123-495- 1
●藍安道宋
轉成忠郎制 宋張 擴 1129- 96- 10
●藍宗禮宋
特降一官（制） 宋周必大 1148- 20- 95
●藍師稷宋
忠訓郎閤門看班祇候
藍師稷換授右承務
郎（制） 宋劉一止 1132-177- 35
●藍師變宋
除閤門宣贊舍人(制) 宋劉一止 1132-181- 36
●藍惟信宋
內侍省內殿崇班藍惟
信可轉一官制 宋慕容彥逢 1123-374- 7
●藍從義宋
奉聖旨內侍藍從義廉
退畏義特除觀察留
後制 宋翟汝文 1129-222- 4
●藍舜卿宋
高郵軍錄事參軍前監
黃州岐亭鎭茶酒稅
藍舜卿可太子洗馬
致仕（制） 宋韓 維 1101-656- 16
●薩 里元
追封徐國公謚忠肅制 元程鉅文 1202- 26- 3
●瞿汝說明
（瞿式耜）父（進某
階制） 明倪元璐 1097- 25- 2
●瞿式耜明
戶科給事中瞿式耜（
勅） 明倪元璐 1297- 25- 2
●翟志行宋
見今官上收使（制） 宋周必大 1148- 7- 94
●魏 成宋
歸順人魏成補承信郎
制 宋洪咨夔 1175-230- 17
●魏 扶唐

平章事制——太和三
年四月 唐不著撰人 426-338- 49
授魏扶拜相制 唐沈 詢 1337-214-450
●魏 矼宋
除殿中侍御史（制） 宋張 綱 1131- 50- 8
●魏 昌宋
轉一官（制） 宋樓 鑰 1152-660- 37
承信郎制 宋洪 适 1158-402- 23
●魏 明唐
授魏明彭王府長史制 唐蘇 頲 1336-676-405
●魏 昂宋
台州寧海縣令魏昂可
試大理評事充山南
東道節推知南劍州
劍浦縣（制） 宋沈 遘 1097- 34- 4
1350-394- 38
承信郎制 宋洪 适 1158-402- 23
●魏 亮宋
永清彰德等軍節度使
駙馬都尉魏咸信男
亮加階勳如京副使
（制） 宋田 錫 1085-552- 29
●魏 郊宋
武功大夫忠州刺史制 宋洪 适 1158-382- 20
●魏 彥宋
轉官制 宋洪 适 1158-405- 24
●魏 玨宋
歸順人魏玨保義郎制 宋洪咨夔 1175-225- 16
●魏 珍宋
轉一官（制） 宋張 綱 1131- 41- 7
●魏 俊宋
右武大夫魏俊換給付
身（制） 宋劉一止 1132-198- 40
●魏 者宋
可大理寺丞制 宋胡 宿 1088-730- 14
●魏 哲唐
授魏哲等諸州刺史制 唐孫 逖 1336-710-410
●魏 峻宋
除太社令制 宋洪咨夔 1175-233- 18
除宗正寺簿制 宋洪咨夔 1175-255- 21
●魏 紓宋
司農卿致仕魏琰男太
廟齋郎紓守將作監
主簿制 宋王安石 1105-415- 52
●魏 章宋

四庫全書文集篇目分類索引

奉議郎管勾機宜文字
　魏章可團練使制　　宋劉　敞　1096-192- 19
● 魏　康 宋
堂後官膳部員外郎魏
　康可如京使（制）　宋韓　維　1101-655- 16
● 魏　莊（等）宋
前殿中丞魏莊等服闋
　可舊官制　　　　　宋宋　庠　1087-586- 24
● 魏　猛 漢
封孫程等詔　　　　　漢 順 帝　426-1102- 19
● 魏　瑛 宋
國子博士魏瑛可尚書
　虞部員外郎制　　　宋宋　祁　1088-265- 31
● 魏　貫 宋
中書錄事守成都府別
　駕魏貫中書錄事制　宋王安石　1105-453- 55
● 魏　綱 宋
大理評事制　　　　　宋王安石　1105-404- 51
● 魏　舒 晉
爲僕射領選曹詔　　　晉 武 帝　1098- 32- 2
● 魏　勝 宋
轉右武大夫忠州團練
　使知楚州制　　　　宋洪　适　1158-369- 19
贈節度使制　　　　　宋洪　适　1158-379- 20
● 魏　當 宋
宣德郎魏當可轉一官
　制　　　　　　　　宋慕容彥逢　1123-377- 7
● 魏　葵 宋
轉保義郎制　　　　　宋張　擴　1129-102- 10
● 魏　經 宋
爲城破戰死贈武翼郎
　閣門宣贊舍人兩資
　恩澤制　　　　　　宋張　嶠　1131-508- 19
● 魏　絳 宋
大理寺丞魏絳可太子
　中舍　　　　　　　宋沈　遘　1097- 34- 4
● 魏　璋 宋
叙奉議郎熙河機宜制　宋蘇　轍　1112-315- 29
● 魏　樞 宋
右奉議郎致仕制　　　宋張　擴　1129- 55- 7
● 魏　徵 唐
特進制——貞觀十六
　年　　　　　　　　唐不著撰人　426-390- 55
● 魏　徵（等畜孫）唐
錄魏徵等三人畜孫詔　唐不著撰人　426-488- 65

● 魏　憲 宋
特授太中大夫（制）　宋程　俱　1130-266- 27
● 魏　慤 唐
授魏慤太子司議郎制　唐蘇　頲　1336-667-404
● 魏　默 宋
中書錄事魏默可中書
　守闕主事（制）　　宋韓　維　1101-656- 16
● 魏　謨 唐
拜相制　　　　　　　唐沈　詢　1337-215-450
● 魏　暮 唐
平章事制——大中五
　年十月　　　　　　唐不著撰人　426-340- 49
監修國史等制——大
　中九年七月七日　　唐不著撰人　426-356- 51
西川節度平章事制—
　—大中十一年二月　唐不著撰人　426-382- 54
● 魏　寵 宋
殿中丞魏寵可國子博
　士（制）　　　　　宋韓　維　1101-653- 16
● 魏　續 宋
可太常寺太祝制　　　宋胡　宿　1088-738- 14
● 魏　瑾 宋
太子中舍新差通判灣
　州魏瑾可殿中丞餘
　如故制　　　　　　宋夏　竦　1087- 68- 2
工部侍郎魏瑾加食邑
　制　　　　　　　　宋王　珪　1093-244- 35
● 魏　觀 明
除太常卿誥　　　　　明王　禕　1226-257- 12
　　　　　　　　　　　　　　　1373-491- 1
● 魏了翁 宋
權知嘉定府兼管內勸
　農事兼沿邊都巡使
　借紫制　　　　　　宋衞　涇　1169-485- 2
華文閣待制知瀘州魏
　了翁用明堂恩進封
　蒲江縣開國男加食
　邑制　　　　　　　宋洪咨夔　1175-233- 18
除權禮部尚書兼直學
　士院兼侍讀制　　　宋洪咨夔　1175-251- 21
除端明殿學士簽書樞
　密院事荊湖軍馬制　宋袁　甫　1175-440- 9
授兼侍讀制　　　　　宋吳　泳　1176- 60- 7
加恩制　　　　　　　宋許應龍　1176-458- 5
知紹興府制　　　　　宋許應龍　1176-467- 6

四庫全書文集篇目分類索引

史部

詔令奏議類：附錄

詔令下（男）十八畫

應轉官制　　宋許應龍　1176-475- 6

● 魏大中 明
原任吏科都給事中贈太常寺卿魏大中（制）　　明倪元璐　1297- 10- 1
贈魏大中誥命　　明倪元璐　1402-129- 24

● 魏文帝
嗣位魏王詔　　漢 獻 帝　1397- 64- 3
册詔魏王（四則）　　漢 獻 帝　1397- 65- 3

● 魏中庸 唐
除亳州刺史制　　唐杜　牧　1081-674- 15
授魏中庸亳州刺史制　　唐杜　牧　1336-716-411

● 魏中庸 宋
承務郎致仕魏中庸可承奉郎致仕制　　宋劉　敞　1096-239- 23

● 魏少遊 唐
授京兆府尹魏少遊加御史大夫制　　唐常　袞　1336-679-406
加江西魏少遊刑部尚書制　　唐常　袞　1336-695-408
授魏少遊洪吉等州團練使制　　唐常　袞　1336-706-409

● 魏公旦 宋
供備庫副使魏公旦可知嵐州制　　宋劉　敞　1096-213- 21

● 魏允中 宋
岷州都監供備副使魏允中可轉一官制　　宋慕容彥逢　1123-379- 7

● 魏玄通 唐
除深王府司馬制　　唐白居易　1080-548- 51

● 魏永昇 宋
換給武翼郎（制）　　宋李彌遜　1130-635- 5

● 魏平仲 宋
太常博士前知蘄州巫山縣魏平仲可尚書屯田員外郎制　　宋宋　庠　1087-602- 26

● 魏安行 宋
大理寺丞（制）　　宋李彌遜　1130-625- 4
除尚書戶部員外郎制　　宋綦崇禮　1134-539- 3
改官制　　宋胡　寅　1137-434- 12
特展二年磨勘（制）　　宋周必大　1148- 33- 96

● 魏吉甫 宋
大理評事制　　宋洪　适　1158-407- 24

● 魏存謀 宋
忠訓郎魏存謀要打劫

降五官（制）　　宋劉一止　1132-172- 34

● 魏良臣 宋
轉官制　　宋劉才邵　1130-456- 4
罷吏部侍郎制　　宋劉才邵　1130-474- 5
除刑部郎官（制）　　宋張　綱　1131- 25- 4
吏部郎中（制）　　宋劉一止　1132-165- 32
右司郎官（制）　　宋劉一止　1132-208- 43
知宣州（制）　　宋周麟之　1142-121- 16
特與轉一官本官已身亡（制）　　宋周必大　1148- 4- 94
轉一官致仕（制）　　宋周必大　1148- 10- 94
上遺表贈五官（制）　　宋周必大　1148- 10- 94

● 魏良忠 宋
承直郎知叙州慶符縣魏良忠降一官放罷（制）　　宋陳傳良　1150-599- 13

● 魏成德 宋
故內殿承制魏成德可追復供備庫副使制　　宋宋　庠　1087-555- 20

● 魏伯玉 唐
封魏伯玉陽成郡王制　　唐不著撰人　426-445- 61

● 魏伯成 宋
供備庫副使魏伯成可轉一官制　　宋慕容彥逢　1123-378- 7

● 魏伯誠 宋
中書省額外守闕主事魏伯誠可西頭供奉官出職制　　宋慕容彥逢　1123-352- 5

● 魏武帝
册魏公九錫文　　漢潘　易　1329-619- 35
　　　　　　　　　　　　　1330-831- 35
封魏公爲魏王詔　　漢 獻 帝　1361-507- 1
拜曹操鎮東將軍襲費亭侯詔　　漢 獻 帝　1397- 62- 3
迎魏公操爲魏王詔　　漢 獻 帝　1397- 63- 3
册魏公九錫文　　漢潘　易　1397-551- 26
漢愍帝册魏公九錫文　　漢潘　易　1402-151- 28

● 魏知古 唐
褒魏知古手制　　唐 睿 宗　1417-598- 29

● 魏彥朴 宋
降文林郎制　　宋張　擴　1129-139- 13

● 魏咸信 宋
故保平軍節度使同中書門下平章事駙馬都尉魏咸信可贈中

書令制　　　　　　　　　宋夏　竦　1087- 71- 2

● 魏昭永 宋
朝堂知班引贊官遊擊
　將軍守金吾衞長史
　魏昭永恩州錄事參
　軍制　　　　　　　　宋王安石　1105-452- 55

● 魏昭昕 宋
東上閤門使梧州刺史
　魏昭昕可四方館使
　制　　　　　　　　　宋宋　庠　1087-555- 20
可東上閤門使制　　　　宋宋　庠　1087-557- 20
鄆州防禦使魏昭昕可
　復觀察使　　　　　　宋余　靖　1089- 94- 10
除防禦使制　　　　　　宋韓　琦　1089-462- 40

● 魏師遜 宋
除殿中侍御史（制）　　宋周麟之　1142- 96- 13
除侍御史（制）　　　　宋周麟之　1142- 99- 13
與復龍圖閣學士見任
　宮祠人依舊（制）　　宋周必大　1148- 7- 94

● 魏挾之 宋
魏國錄贈告後記　　　　宋朱　熹　1145-668- 80

● 魏處訥 唐
錄魏徵等三人裔孫詔　　唐不著撰人　426-488- 65

● 魏國良 宋
廣州觀察推官魏國良
　殁於王事贈通直郎
　制　　　　　　　　　宋洪咨夔　1175-225- 16

● 魏國惠 宋
內殿崇班魏國惠可三
　班借職制　　　　　　宋慕容彥逢　1123-394- 8

● 魏堯臣 宋
特補右迪功郎制　　　　宋張　擴　1129-137- 13
魏堯臣等起復補官（
　制）　　　　　　　　宋劉一止　1132-171- 33

● 魏舜臣 宋
內殿承制魏舜臣可轉
　一官制　　　　　　　宋慕容彥逢　1123-391- 8

● 魏欽緒 宋
賞比類循三資（制）　　宋周必大　1148- 49- 97

● 魏義通 唐
前河陽節度使魏義通
　授右龍武軍統軍制　　唐白居易　1080-571- 53

● 魏嘉言 宋
承信郎魏嘉言該遇皇
　后歸謁家廟並特轉

一官（制）　　　　　　宋陳傅良　1150-574- 11

● 魏應臣 宋
前者作佐郎魏應臣可
　舊官服闋　　　　　　宋沈　遘　1097- 30- 4

● 魏應城 宋
魏憲贈父制　　　　　　宋李正民　1133- 35- 3

● 魏陳留王
封魏帝常道鄉公奐爲
　陳留王詔　　　　　　晉武帝　　1398- 21- 2

● 歸　登 唐
右常侍制　　　　　　　唐白居易　1080-590- 55
授歸登右散騎常侍制　　唐白居易　1336-506-380
　　　　　　　　　　　　　　　　1394-317- 1

● 歸　融 唐
贈左僕射制　　　　　　唐杜　牧　1081-671- 14

● 魏惟永 宋
東谷塞外戶族蕃官軍
　主歸惟永可本族副
　都軍主並銀酒監武
　（制）　　　　　　　宋韓　維　1101-676- 18

十九畫

● 譙　周 晉
爲散騎常侍詔　　　　　晉武帝　　1398- 42- 2

● 譙令雜 宋
奉使回特轉一官（制）　宋陳傅良　1150-579- 11
加食邑實封制　　　　　宋衞　涇　1169-506- 3
加食邑制　　　　　　　宋眞德秀　1174-294- 19

● 譙令憲 宋
轉一官（制）　　　　　宋陳傅良　1150-579- 11
轉一官（制）　　　　　宋樓　鑰　1152-617- 34
太府寺丞制　　　　　　宋虞　儔　1154-120- 5
特授樞密院檢詳諸房
　文字制　　　　　　　宋衞　涇　1169-472- 1

● 譙得遇 宋
降一官制　　　　　　　宋衞　涇　1169-472- 1

● 龐　宏 宋
爲殺叛賊桑仲等賊馬
　轉忠翊郎又因殺捕
　叛賊李忠等轉從義
　郎又因捍禦桑仲轉
　脩武郎換給制　　　　宋張　嵲　1131-453- 13

● 龐　從 唐
授龐從武寧平難軍節
　度使改名師古制　　　唐張玄晏　1337-284-457

● 龐　琳（等）宋

四庫全書文集篇目分類索引

歸正制　　　　　　　　　　宋李彌遜　1130-635- 5

● 龐 援 宋

特贈朝奉大夫直秘閣制　　　宋袁 甫　1175-428- 8

● 龐 荃 宋

可太子右贊善制　　　　　　宋王 珪　1093-285- 39

● 龐 德 魏

賜龐德詔策　　　　　　　　魏 文 帝　1361-511- 2

　　　　　　　　　　　　　　　　　　1412-604- 24

● 龐 籍 宋

可尚書刑部員外郎福建路轉運使制　　宋宋 庠　1087-553- 20

除龐籍特授檢校太傅昭德軍節度使永興軍一路兵馬都部署安撫使兼知永興軍加食邑食(實)封制　　宋胡 宿　1088-828- 23

除龐籍依前尚書戶部侍郎知鄆州仍改賜推誠保德翊戴功臣散官勳封食邑實封制　　　　　　　　宋胡 宿　1088-828- 23

可觀文殿大學士制　　　　　宋蔡 襄　1090-440- 12

● 龐文進 宋

龐籍祖贈太師文進可特追封榮國公制　宋王 珪　1093-258- 36

● 龐元直 宋

龐元英將屯田員外郎回授弟元直光祿寺丞制　　宋鄭 獬　1097-135- 3

● 龐元英 宋

龐籍遺表男太常博士元英可屯田員外郎制　　　宋王安石　1105-412- 52

鴻臚少卿（制）　　　　　　宋蘇 轍　1112-324- 30

● 龐元常 宋

龐籍遺表男內殿崇班元常大理寺丞制　宋王安石　1105-412- 52

● 龐元魯 宋

龐籍男元魯可試秘書省校書郎制　　　宋宋 庠　1087-599- 26

● 龐令格 宋

龐籍父贈太師令格可特追封徐國公制　宋王 珪　1093-258- 36

● 龐仲先 宋

贈三官與恩澤四資制　　　　宋張 嶷　1131-509- 19

● 龐秀之（等）宋

封龐秀之等詔　　　　　　　劉宋武帝　1398-538- 3

● 龐希道 宋

復翰林醫學（制）　　　　　宋蘇 轍　1112-304- 28

● 龐保孫 宋

龐籍遺表孫保孫將作監主簿制　　　　宋王安石　1105-413- 52

● 龐恭孫 宋

知成都府制　　　　　　　　宋翟汝文　1129-195- 2

● 龐寅孫 宋

龐籍遺表孫寅孫將作監主簿制　　　　宋王安石　1105-413- 52

朝請郎同管勾成都府等路茶事兼提舉陝西等路買馬公事龐寅孫可依前官除直秘閣差遣依舊制　　宋慕容彥逢　1123-350- 5

轉一官制　　　　　　　　　宋慕容彥逢　1123-379- 7

轉官（制）　　　　　　　　宋劉安上　1124- 21- 2

● 龐夢得 宋

可少府監主簿依前充翰林醫學（制）　宋韓 維　1101-675- 18

● 譚 金（等）劉宋

封譚金等詔　　　　　　　　劉宋前廢帝　1398-541- 3

● 譚 雍 宋

可國子博士制　　　　　　　宋夏 竦　1087- 67- 2

● 譚可旬 明

（譚尚烱）父（贈爲文林郎勅）　　　明倪元璐　1297- 50- 4

● 譚世勣 宋

贈延康殿學士制　　　　　　宋汪 藻　1128- 95- 10

除禮部侍郎（制）　　　　　宋孫 覿　1135-242- 24

● 譚仲衍 宋

可著作佐郎（制）　　　　　宋蘇 頌　1092-348- 29

● 譚尚烱 明

湖南荊州府石首縣知縣譚尚烱（勅）　明倪元璐　1297- 49- 4

● 譚知柔 宋

徐大理少卿（制）　　　　　宋劉一止　1132-216- 45

● 譚知默 宋

除太府寺丞制　　　　　　　宋張 擴　1129- 94- 9

● 譚敏修 宋

爲與王關賊馬關敵獲功於進義副尉上轉

四庫全書文集篇目分類索引

四資授承信郎制　宋張　嵲　1131-452- 13

●譚嘉言宋
可尚書比部員外郎制　宋宋　庠　1087-590- 25

●譚嘉震宋
可依舊內園使昭州刺
　史制　宋胡　宿　1088-775- 18

●譚德潤宋
可文思副使（制）　宋韓　維　1101-663- 17
供備庫副使制　宋王安石　1105-422- 53

●麴玄福唐
授高昌首領守蒲類縣
　主簿制　唐李　嶠　1336-747-415

●關　羽蜀漢
荊門軍玉泉寺壯穆義
　勇武安英濟王特封
　忠壯義勇武安英烈
　王　宋王應麟　1187-268- 5

●關　注宋
除太學正制　宋張　擴　1129- 47- 6

●關　詠宋
可屯田郎中制　宋胡　宿　1088-758- 16

●關　寶宋
轉一官（制）　宋周必大　1148- 47- 97

●關者孫宋
國子錄制　宋洪　适　1158-400- 23

●關師古宋
守侍衞親軍馬軍都虞
　侯雄武軍承宣使致
　仕制　宋張　擴　1129- 42- 6
除熙河蘭廓路安撫制
　置使馬步軍總管依
　前統制熙秦兩路軍
　馬專一招撫熙秦（
　制）　宋張　綱　1131- 38- 6

●羅　宇宋
廉訪使者羅宇轉官制　宋許　翰　1123-496- 1

●羅　彥宋
羅彥等爲與番兵接戰
　陣殁贈五官制　宋張　嵲　1131-507- 19
依舊蒙贈五官制　宋張　嵲　1131-509- 19

●羅　保宋
蕃官羅保與轉一官制　宋慕容彥逢　1123-369- 7

●羅　起宋
（羅點）曾祖起太子
　少保（制）　宋樓　鑰　1152-706- 41

●羅　倫明
褒崇羅倫勅　明 孝 宗　516-727-114

●羅　紋宋
轉一官（制）　宋周必大　1148- 32- 96

●羅　通（等）宋
降官制　宋劉才邵　1130-477- 5

●羅　晟宋
授朝奉大夫制　宋吳　泳　1176- 74- 8

●羅　崖宋
羅佑親男崖可本族副
　都軍主制　宋胡　宿　1088-790- 19

●羅　俯宋
贈官換給制　宋張　嵲　1131-498- 18

●羅　榮宋
左千牛衞大將軍羅榮
　可依前宮充綏州團
　練使（制）　宋蘇　頌　1092-381- 33

●羅　琢宋
（羅點）祖琢太子少
　傅（制）　宋樓　鑰　1152-707- 41

●羅　統宋
轉秉義郎制　宋張　嵲　1129-100- 10

●羅　愷宋
可屯田員外郎（制）　宋韓　維　1101-661- 17

●羅　萬宋
降一官（制）　宋劉一止　1132-189- 38

●羅　適宋
可府界提刑制　宋劉　敞　1096-232- 23
知開封府縣　宋蘇　軾　1108-689-108

●羅　整宋
可梓州司戶參軍依舊
　供職制　宋胡　宿　1088-784- 18

●羅　舉宋
羅汝楫贈父制　宋劉才邵　1130-448- 4
羅汝楫封父制　宋王　洋　1132-433- 8

●羅　點宋
落權字（制）　宋樓　鑰　1152-668- 38
覃思轉官（制）　宋樓　鑰　1152-698- 40

●羅　讓唐
授羅讓工部員外郎制　唐元　稹　1079-653- 4
　　　　　　　　　　　　　1336-588-392

●羅卜藏（等）清
武功（諭）　清 世 宗　412-168- 11

●羅弘信唐
授羅弘信長沙郡王制　唐韓　儀　1337-229-451

史部

詔令奏議類：附錄

詔令下（男）十九畫

四庫全書文集篇目分類索引

●羅汝楫宋
兼侍講制　　宋張　擴　1129- 50- 6
除御史中丞制　　宋張　擴　1129- 93- 9
兼侍讀制　　宋劉才邵　1130-463- 5
郊祀轉官加食邑制　　宋王　洋　1132-420- 7

●羅孝芬宋
提舉湖南茶鹽（制）　　宋李彌遜　1130-639- 5
除祕書丞（制）　　宋周麟之　1142-106- 14
除直祕閣湖北運判（制）　　宋周麟之　1142-141- 18

●羅克開宋
除軍器監丞（制）　　宋陳傳良　1150-642- 18
國子監主簿（制）　　宋樓　鑰　1152-659- 37

●羅紹威唐
授羅紹威檢校司徒進封開國侯制　　唐錢　珝　1336-751-416

●羅朝俊宋
羅點父朝俊覃恩贈中散大夫（制）　　宋樓　鑰　1152-696- 40
（羅點）父朝峻太子少師（制）　　宋樓　鑰　1152-707- 41

●羅無咎宋
轉承節郎使　　宋張　擴　1129-101- 10

●羅萬成宋
蕃官文思使羅萬成與轉三官內一官回授與五服內有官親屬制　　宋慕容彥逢　1123-369- 7

●羅羅岱元
諸王羅羅岱追封保寧王謚昭義制　　元楊　載　1208-200- 6

●邊　順宋
復萊州防禦使制　　宋王　洋　1132-425- 8
可特授依前武大夫榮州防禦使制　　宋綦崇禮　1134-540- 3

●邊　寧宋
換武翼郎（制）　　宋樓　鑰　1152-616- 34

●邊　調宋
開封府推官邊調可開封府判官制　　宋宋　庠　1087-566- 22

●邊　寶宋
歸順人邊寶補承信郎制　　宋洪咨夔　1175-230- 17

●邊士寧宋
尚書都省額外正名年

滿令邊士寧青州盆都縣都尉制　　宋王安石　1105-454- 55

二十畫

●寶　哥（祖）元
（宗正府寶哥）祖某特贈推誠保運翊亮功臣開府儀同三司太尉上柱國追封恒山郡王謚忠靖（制）　　元袁　桷　1203-491- 37

●寶　卞宋
太常丞集賢校理寶卞充開封推官制　　宋鄭　獬　1097-153- 5

●寶　平宋
可比部員外郎制　　宋胡　宿　1088-748- 15

●寶　回唐
授寶回鳳翔節度副使制　　唐錢　珝　1336-731-413

●寶　彤宋
可秘書丞制　　宋胡　宿　1088-724- 13

●寶　彬宋
特贈兩官與一資恩澤（制）　　宋周必大　1148- 32- 96

●寶　紹唐
授寶紹山南東道防禦使等制　　唐賈　至　1336-700-409

●寶　景漢
封寶憲等詔　　漢　和　帝　426-1092- 16

●寶　瑛宋
皇后閤祗侯使臣寶瑛可轉一官制　　宋慕容彥逢　1123-391- 8

●寶　綱宋
職方員外郎寶綱可屯田郎中制　　宋王安石　1105-387- 50

●寶　誕唐
罷寶誕詔　　唐　太　宗　1402- 41- 7

●寶　敷宋
潼川運副制　　宋洪　适　1158-406- 24

●寶　憲漢
封寶憲等詔　　漢　和　帝　426-1092- 16
封寶憲詔　　漢　和　帝　1397- 42- 2

●寶　融漢
封寶融詔　　漢光武帝　1397- 13- 1

●寶　隨宋
秘書丞寶隨可本官致仕制　　宋歐陽修　1102-636- 81

●寶 默元
太子少傳寶公制 元王 惲 1201- 30- 67
贈榮祿大夫司徒諡文
　正公制 元不著撰人 1366-599- 1
●寶 篤漢
封寶憲等詔 漢 和 帝 426-1092- 16
●寶 鈞唐
授寶鈞太僕卿等制 唐孫 逖 1336-616-377
●寶 璜漢
封寶憲等詔 漢 和 帝 426-1092- 16
●寶元泰唐
授寶元泰太子洗馬制 唐蘇 頲 1336-670-404
●寶元德唐
册寶元德司元太常伯
　文 唐上官儀 426-455- 62
●寶弘餘唐
授寶弘餘加官依前台
　州刺史（制） 唐杜 牧 1336-715-411
　 1402- 79- 14
●寶世隆宋
東頭供奉官寶世隆可
　率府率致仕（制） 宋蘇 頌 1092-356- 30
●寶安國宋
皇后宅門客寶安國轉
　保義郎制 宋張 擴 1129-104- 10
●寶汝礪宋
光祿卿知楚州寶彰男
　太廟齋郎汝礪可試
　秘書省校書郎（制） 宋蘇 頌 1092-396- 34
●寶如意漢
封公孫敖等詔御史 漢 武 帝 426-999- 6
●寶易直唐
平章事制——長慶四
　年五月 唐不著撰人 426-324- 48
給事中制 唐白居易 1080-591- 55
授寶易直給事中制 唐白居易 1336-511-381
●寶叔向唐
寶倖父叔向贈工部尚
　書制 唐白居易 1080-530- 49
●寶處約宋
殿中丞同判單州寶處
　約可國子博士餘如
　故制 宋夏 竦 1087- 68- 2
●寶舜卿宋
四廂都指揮使制 宋王安石 1105-421- 53

●寶慈遜唐
授寶慈遜岐山縣令制 唐蘇 頲 1336-743-415
●黨中立宋
補承信郎（制） 宋孫 覿 1135-259- 25
●黨中和宋
補承信郎（制） 宋孫 覿 1135-259- 25
●黨中道宋
補承信郎（制） 宋孫 覿 1135-259- 25
●黨令征攪哥宋
蕃官黨令征攪哥覃恩
　改官（制） 宋蘇 轍 1112-325- 30
●蘭 泰宋
右侍禁蘭泰可轉一官
　制 宋慕容彥逢 1123-386- 7
●蘭 森宋
文林郎階州將利縣令
　蘭森特降一資（制） 宋陳傅良 1150-582- 12
●蘭康伯宋
奉聖旨各特先次降一
　官仍令本路提刑司
　取勘具按聞奏制 宋張 嵲 1131-469- 15
●蘇 大宋
任太學正（制） 宋樓 鑰 1152-635- 35
●蘇 卞宋
贈兩官制 宋張 嵲 1131-493- 18
●蘇 有宋
可大理寺丞制 宋胡 宿 1088-729- 14
●蘇 汾唐
授蘇汾坊州長史制 唐錢 珝 1336-738-414
●蘇 注宋
朝散郎蘇注可司封郎
　中制 宋劉 敞 1096-186- 19
●蘇 汶宋
利州運判（制） 宋蘇 轍 1112-290- 27
　 1350-408- 40
●蘇 泳宋
屯田郎中蘇泳等改官
　（制） 宋蘇 頌 1092-371- 32
●蘇 佑宋
勒蘇佑等制 宋許 翰 1123-506- 2
●蘇 恪宋
廣東轉運使制 宋李正民 1133- 31- 3
●蘇 亮宋
太史局天文院學生蘇
　亮可轉兩官制 宋慕容彥逢 1123-381- 7

●蘇　威 隋
除名詔　　　　　　　　　隋 煬 帝　1400-245- 2
拜蘇威開府儀同三司
　手詔　　　　　　　　　隋 煬 帝　1400-245- 2
加蘇威開府儀同三司
　詔　　　　　　　　　　隋 煬 帝　1416-180-114
●蘇　括 宋
循右文林郎制　　　　　　宋張　擴　1129-139- 13
●蘇　晰 宋
（可）邵州司戶（制）　　宋蘇　轍　1112-289- 27
●蘇　咬 宋
勒停人前秘書丞蘇咬
　可復舊官制　　　　　　宋蘇　獬　1097-154- 5
●蘇　信 宋
西京左藏庫副使蘇信
　可文思副使（制）　　　宋蘇　頌　1092-365- 31
●蘇　海 元
丞相特穆岱爾故曾祖
　父蘇海諡武烈制　　　　元程鉅夫　1202- 30- 3
●蘇　涓 宋
右贊善大夫蘇涓可殿
　中丞（制）　　　　　　宋沈　遘　1097- 56- 6
●蘇　洌 唐
知渭橋院官蘇洌損員
　外郎依前聯制　　　　　唐白居易　1080-568- 53
●蘇　桓 宋
秘書少監蘇桓編修五
　禮新成遷秩制　　　　　宋翟汝文　1129-219- 4
●蘇　峴 宋
太常寺主簿制　　　　　　宋洪　适　1158-370- 19
●蘇　宋 宋
權利州路轉運使度支
　員外郎蘇宋可兵部
　員外郎制　　　　　　　宋王安石　1105-389- 50
●蘇　球 宋
供備庫副使蘇球可轉
　一官制　　　　　　　　宋慕容彥逢　1123-374- 7
●蘇　莊 唐
授蘇莊除鄧州刺史制　　　唐杜　牧　1336-715-411
除鄧州刺史制　　　　　　唐杜　牧　1402- 79- 14
●蘇　符 宋
蘇軾孫從事郎符改宣
　教郎制　　　　　　　　宋汪　藻　1128- 95- 10
　　　　　　　　　　　　　　　　　　1128-340- 2
中書舍人蘇符磨勘轉

官（制）　　　　　　　　宋劉一止　1132-165- 32
除給事中（制）　　　　　宋劉一止　1132-183- 37
禮部侍郎（制）　　　　　宋劉一止　1132-225- 47
司勳郎官制　　　　　　　宋胡　寅　1137-446- 13
贈官（制）　　　　　　　宋周麟之　1142-158- 20
故端明殿學士蘇軾孫
　符改宣教郎制　　　　　宋汪　藻　1375- 47- 1
蘇軾孫從事郎符改宣
　教郎誥　　　　　　　　宋汪　藻　1402-123- 23
●蘇　紳 宋
應賢良方正科太常博
　士蘇紳可尚書祠部
　員外郎充通判制　　　　宋宋　庠　1087-575- 23
●蘇　械 宋
考功員外郎制　　　　　　宋翟汝文　1129-208- 3
尚書考功員外郎蘇械
　釐司業制　　　　　　　宋翟汝文　1129-210- 3
●蘇　貫 宋
節度推官蘇貫可某州
　推官制　　　　　　　　宋宋　庠　1087-567- 22
●蘇　盛 宋
可太子中舍人制　　　　　宋胡　宿　1088-722- 13
●蘇　絢 宋
右殿直蘇絢可轉一官
　制　　　　　　　　　　宋慕容彥逢　1123-374- 7
●蘇　欽 宋
除利州路運判（制）　　　宋周麟之　1142-143- 18
●蘇　逢 宋
大理寺丞蘇逢磨勘改
　官制　　　　　　　　　宋歐陽修　1102-640- 81
●蘇　進 宋
轉遂郡防禦使（制）　　　宋周必大　1148- 28- 96
●蘇　軾 宋
賜翰林學士蘇軾詔　　　　宋劉　攽　1096-219- 22
大理寺丞蘇軾可殿中
　丞制　　　　　　　　　宋鄭　獬　1097-126- 2
跋忠宣公守尚書右僕
　射兼中書侍郎誥　　　　宋任希夷等　1104-818- 附
應才識兼茂明於體用
　科守河南府福昌縣
　主簿蘇軾大理評事
　制　　　　　　　　　　宋王安石　1105-404- 51
宋贈蘇文忠公太師勒
　文　　　　　　　　　　宋不著撰人　1107- 5- 附
宋孝宗贈韓文忠公太

師勑　　　　　　　宋 孝 宗　1110- 65- 附
朝奉郎蘇軾可守禮部
　郎中（制）　　　宋王 震　1350-398- 39
宋贈蘇軾爲太師（勑）宋不著撰人　1381-267- 26
可守禮部郎中誥　　宋王 震　1402-118- 21
●蘇　楷宋
轉官制　　　　　　宋王 洋　1132-423- 7
●蘇　頌宋
屯田郎中李昊卿可都
　官郎中（制）　　　　　　1092-362- 31
吏部尚書蘇頌等可並
　兼侍讀制　　　　宋劉 攽　1096-194- 20
刑部尚書（制）　　宋蘇 軾　1108-686-107
●蘇　解宋
朝請郎淮南西路提刑
　蘇解可江南東路轉
　運副使制　　　　宋劉 軾　1096-188- 19
●蘇　彰唐
授蘇彰屯田員外郎制　唐崔 駢　1336-589-392
●蘇　滌唐
除左丞制　　　　　唐杜 牧　1081-664- 14
授蘇滌左丞制　　　唐杜 牧　1336-550-386
●蘇　睿宋
太學博士蘇睿可候今
　任滿日令再任制　宋慕容彥逢　1123-363- 6
●蘇　澄宋
可權蔡州支使制　　宋胡 宿　1088-782- 18
●蘇　徵唐
授蘇徵太子右贊善大
　夫制　　　　　　唐蘇 頲　1336-669-404
●蘇　練宋
故保慈夫人本位官承
　節郎代手分蘇練特
　與轉兩官　　　　宋劉一止　1132-222- 46
●蘇　遲宋
徽猷閣待制蘇遲轉左
　中大夫致仕制　　宋張 擴　1129- 41- 6
可除中書門下省檢正
　諸房公事制　　　宋綦崇禮　1134-549- 4
除右司郎官（制）　宋孫 覿　1135-268- 26
●蘇　默宋
蕃官西京左藏庫使蘇
　默可轉兩官制　　宋慕容彥逢　1123-390- 8
●蘇　曄宋
奉使回轉官（制）　宋周麟之　1142-144- 18

●蘇　頲唐
平章事制　　　　　唐不著撰人　426-295- 44
修國史勑　　　　　唐不著撰人　426-353- 51
拜相制　　　　　　唐不著撰人　1337-193-448
●蘇　濬宋
未復舊官人內殿崇班
　蘇濬可內殿承制（
　制）　　　　　　宋蘇 頌　1092-394- 34
●蘇　轍宋
前權大名府推官蘇轍
　可西京留守推官（
　制）　　　　　　宋蘇 頌　1092-355- 30
應才識兼茂明於體用
　科新授河南府澠池
　縣主簿蘇轍可試秘
　校充商州軍事推官　宋沈 遘　1097- 44- 5
太中大夫致仕蘇轍追
　復端明殿學士贈宣
　奉大夫（制）　　宋劉安上　1124- 18- 2
蘇子由告身跋　　　明李東陽　1250-778- 74
　　　　　　　　　　　　　　1456-402-299
●蘇　簡宋
除直秘閣知廣州（制）宋周麟之　1142-123- 11
●蘇　繫（等）唐
錄蘇環孫繫等各除官
　詔　　　　　　　唐不著撰人　426-488- 65
●蘇　緄宋
立辨中宮册寶蘇緄各
　轉一官制　　　　宋張 擴　1129- 80- 8
●蘇　瓌唐
蘇瓌劉幽求配享睿宗
　廟庭詔　　　　　唐不著撰人　426-465- 63
●蘇　攜宋
除宗正少卿（制）　宋張 綱　1131- 31- 5
除檢正（制）　　　宋張 綱　1131- 43- 7
除太常少卿（制）　宋劉一止　1132-218- 45
●蘇　顯宋
可虞部員外郎制　　宋胡 宿　1088-751- 15
●蘇子元宋
可權知新州（制）　宋蘇 軾　1108-683-107
●蘇子震宋
進義副尉蘇子震承信
　郎（制）　　　　宋孫 覿　1135-259- 25
●蘇文建唐
授蘇文建邠州節度使

四庫全書文集篇目分類索引

制　　唐崔　遠　1337-290-458

●蘇永堅宋
轉一官（制）　宋周必大　1148- 23- 95

●蘇世能宋
加官制　　宋王　洋　1132-418- 7

●蘇布台元
平章布拉吉達故曾祖父蘇布台諡忠定制　元程鉅夫　1202- 13- 2

●蘇安世宋
前大理寺丞蘇安世服闕可舊官制　宋宋　庠　1087-586- 24

●蘇安靜宋
供備庫使蘇安靜可忠州刺史制　宋王　珪　1093-292- 40
西京左藏庫副使蘇安靜可供備庫使制　宋王　珪　1093-296- 40

●蘇兆男（等）唐
贈僕射蘇兆男三人妻兄一人並被蔡州誅戮各贈太子贊善大夫制　唐白居易　1080-555- 52

●蘇良冶宋
太常寺主簿制　宋汪　藻　1128- 80- 8

●蘇良翰宋
爲任成都府廣都縣尉捕獲賊徒陳亨等奉便宜改次等合入官授右承務郎換節制　宋張　嵲　1131-455- 13

●蘇利涉宋
入內內侍省供奉蘇利涉等可如京使遙郡刺史制　宋鄭　獬　1097-152- 5

●蘇迎喜宋
轉司寶（制）　宋張　綱　1131- 9- 1

●蘇惟和宋
殿中省尚藥奉御直翰林院蘇惟和可翰林醫官副使（制）　宋蘇　頌　1092-382- 33

●蘇惟簡宋
前開封府開封縣主簿蘇惟簡可大理寺丞（制）　宋韓　維　1101-653- 16

●蘇崇道宋
太常寺太樂局土絃琴色色長蘇崇道可太

常寺太樂局副樂正（制）　宋韓　維　1101-654- 16

●蘇紹榮宋
崇儀使蘇紹榮可六宅使制　宋王　珪　1093-294- 40

●蘇黃中宋
著作佐郎蘇黃中等磨勘改官制　宋歐陽修　1102-642- 81

●蘇維岳宋
可太子中舍人致仕制　宋胡　宿　1088-798- 20

●蘇德祥宋
密州別駕蘇德祥可殿中丞分司西京（制）　宋田　錫　1085-543- 28

●蘇爾呼圖克元
額森特穆爾故祖父蘇爾呼圖克諡忠定制　元程鉅夫　1202- 36- 3

●嚴　尤漢
策免大司馬嚴尤　漢王　莽　1396-668- 24

●嚴　抑宋
除秘書丞兼史院檢討官制　宋張　擴　1129- 94- 9

●嚴　綬唐
可太子少傅制　唐白居易　1080-557- 52
授嚴綬可太子少傅制　唐白居易　1336-659-403

●嚴　穎宋
都官郎中知邢州嚴穎可職方郎中餘如故制　宋夏　竦　1087- 65- 2

●嚴　績唐
右僕嚴績除司空兼門下侍郎平章事制　宋徐　鉉　1085- 48- 6

●嚴　謨唐
可桂管觀察使制　唐白居易　568- 27- 98
　　1080-547- 51
　　1336-696-408

●嚴正誨唐　　1465-448- 2
授嚴正誨博州司馬制　唐孫　逖　1336-741-414

●嚴忠濟元
詔罷車平路管民總管兼行軍萬戶嚴忠濟　元王　惲　1201- 27- 67

●嚴慶孫宋
可殿中丞制　宋胡　宿　1088-759- 16

●饒　岳宋
贈承節郎與一子進勇副尉（制）　宋周必大　1148- 49- 97

●饒伯達宋
可除直秘閣制　　　　宋慕崇禮　1134-548- 4
●饒應龍宋
除監察御史制　　　　宋馬廷鸞　1187- 32- 4

二十一畫

灌 嬰（等）漢
文帝封誅諸呂功臣詔　漢文帝　1402- 5- 1
●嚲 尾宋
馬藏族蕃官副都軍主
　嚲尾可本族都軍主
　（制）　　　　　　宋韓　維　1101-676- 18
●蘭 整宋
平海軍承宣使充兩浙
　東路馬步年副都總
　管致仕致　　　　　宋張　擴　1129- 42- 6
復官制　　　　　　　宋李正民　1133- 41- 3
●蘭日政宋
左藏庫副使蘭日政可
　轉一官制　　　宋慕容彥逢　1123-384- 7
顧 元宋
駕部員外郎顧元六人
　轉官制　　　　　　宋鄭　獬　1097-163- 6
●顧 佐明
賜都御史顧佐致仕勅　明英宗　538-500- 75
●顧 協梁
賜顧協詔　　　　　　梁武帝　1386-706- 上
　　　　　　　　　　　　　　　1399-259- 1
　　　　　　　　　　　　　　　1414-428- 80
●顧 湘唐
除涇原營田判官制　　唐杜　牧　1081-686- 16
●顧 裕吳
顧雍子裕襲爵詔　吳不著撰人　1386-702- 上
●顧 寧宋
補承信郎制　　　　　宋張　擴　1129- 99- 10
●顧 臨宋
直龍圖閣河東轉運使
　（制）　　　　　　宋蘇　軾　549- 64-183
　　　　　　　　　　　　　　　1108-684-107
給事中顧臨可刑部待
　郎制　　　　　　　宋劉　攽　1096-197- 20
（可）給事中（制）　宋蘇　轍　1112-296- 28
再授給事中（制）　　宋蘇　轍　1112-325- 30
●顧允忠明
（顧賜疇）父（加授
　儒林郎勅）　　　倪明元璐　1297- 14- 1

●顧立守宋
勅賜同進士出身顧立
　守漢陽軍司理參軍
　制　　　　　　宋王安石　1105-445- 55
●顧周卿宋
題顧拙軒諡命後　　明宋　濂　1223-615- 12
●顧彥回南唐
潤州丹徒令顧彥回可
　浙西推官（制）　宋徐　鉉　1085- 63- 8
●顧錫疇明
右春坊右贊善兼翰林
　院簡討顧錫疇（制）明倪元璐　1297- 13- 1
●續 著宋
成都路提刑（制）　宋樓　鑰　1152-649- 36
●續 儔宋
除潼川府路運判（制）宋周麟之　1142-141- 18
●續 環宋
乞將昨解罷御藥院恩
　澤內轉一官（制）宋周必大　1148- 7- 94
●鐸撤四宋
蕃官鐸撤四轉官制　宋鄭　浩　1121-310- 17

二十二畫

●龔 宥宋
臨汝軍等處差來投進
　表章等兵龔宥各轉
　一官仍支賜錢若干
　（制）　　　　宋劉一止　1132-204- 42
●龔 原宋
國子監丞（制）　　宋蘇　敏　1112-303- 28
除集賢殿修撰知揚州
　制　　　　　　　宋鄭　浩　1121-296- 15
●龔 紋宋
左迪功郎龔總父紋封
　右承事郎制　　宋洪　适　1158-404- 23
●龔 勝漢
遺龔勝郭漢策　　漢王皇后　1096-275- 5
●龔 淳宋
國子正制　　　　　宋洪　适　1158-403- 23
●龔 道宋
應辦中宮册寶龔道各
　轉一官制　　　　宋張　擴　1129- 78- 8
●龔 塗宋
可除直徽省畜閣（制）宋周必大　1148- 78-100
●龔 廣宋
轉一官（制）　　　宋孫　覿　1135-262- 25

四庫全書文集篇目分類索引

史部　詔令奏議類：附錄　詔令下（男）二十二—二十五畫，不知姓名

● 龔立本 明
浙江嘉興府崇德縣知縣龔立本（勅）　明倪元璐　1297- 47- 4

● 龔茂良 宋
太常少卿制　宋洪　适　1158-368- 19

● 龔待問 宋
軍事推官龔待問可桂州觀察推官制　宋歐陽修　568- 28- 98
　　　　　　　　　　　　1102-635- 81

● 龔鼎臣 宋
可秘書丞制　宋胡　宿　1088-725- 13
禮部員外郎御史知雜事龔鼎臣可吏部郎中制　宋鄭　獬　1097-129- 3

● 龔頤正 宋
秘書丞誥　宋虞　儔　1154-125- 5

● 權　審 唐
除戶部員外郎制　唐杜　牧　1081-668- 14
　　　　　　　　　　　　1336-578-391

● 權安節 宋
除利州路轉運判官（制）　宋陳傅良　1150-638- 17

● 權邦彥 宋
復舊職知江州兼制置使制　宋汪　藻　1128- 92- 10
復舊職知江州兼制置使制　宋汪　藻　1128-340- 2
起復依舊知江州制　宋李正民　1133- 23- 2

● 權德輿 唐
平章事制　唐不著撰人　426-309- 46
　　　　　　　　　　　　1337-202-449
禮部尚書制　唐不著撰人　426-394- 55

● 囊嘉特 元
（和台封贈）父囊嘉特（制）　元趙孟頫　1196-733- 10

二十三畫

● 欒　大 漢
封地士將軍欒大詔　漢武帝　426-1003- 4
　　　　　　　　　　　　1396-217- 2
　　　　　　　　　　　　1402- 16- 2

二十五畫

● 觀音寶 元
御史觀音寶贈謚制　元李　端　1367-158- 12

不知姓名

● 宗　室
封燕王策　漢武帝　1355- 72- 3
封廣陵王策　漢武帝　1355- 72- 3
改封南昌公爲侯詔　梁武帝　1410-430- 80
封安興等三王詔　梁任　昉　1399-361- 6
封建安等三王詔　梁任　昉　1399-361- 6
封臨川安興建安三王詔　梁任　昉　1415-245- 91
封始興王詔　陳徐　陵　1064-917- 6
　　　　　　　　　　　　1415-485-103上
擬册邪王文　唐劉禹錫　556-528- 94
渤海王子加官制　唐白居易　1080-562- 52
保寧王制　宋徐　鉉　1085- 44- 6
南昌王制　宋徐　鉉　1085- 44- 6
紀國公封鄧王加司空制　宋徐　鉉　1085- 46- 6
信王改封江王加中書令制　宋徐　鉉　1085- 49- 6
鄭王加元帥江寧尹制　宋徐　鉉　1085- 50- 6
魏王宣州大都督制　宋徐　鉉　1085- 55- 7
蔣莊武帝册　宋徐　鉉　1085- 69- 9
封保寧王册　宋徐　鉉　1085- 69- 9
追封安王册　宋徐　鉉　1085- 70- 9
追封豐王册　宋徐　鉉　1085- 70- 9
授荊王依前守太師尚書令兼中書令行荊州揚州牧荊南淮南節度大使加食邑實封功臣制　宋宋　庠　1087-604- 26
奉聖旨特封昭順王制　宋蔡　襄　1090-418- 10
贈第八皇子制　宋會　瑩　1098-563- 23
皇兄某贈蔡州觀察使追封汝南侯（制）　宋蘇　軾　1108-664-106
皇叔某贈婺州觀察使追封東陽侯（制）　宋蘇　軾　1108-664-106
皇弟故荊南武寧等軍節度管內觀察處置等使守太師開府儀同三司荊州牧兼徐州牧蔡王贈太師尚書令兼中書令加冀州牧改封韓王可特追封楚王餘如故制　宋慕容彥逢　1123-395- 8
皇兄故河東山南西道節度觀察處置橋道

四庫全書文集篇目分類索引　1125

等使守太師開府儀
　同三司太原牧兼興
　元牧陳王賜入朝不
　趨詔書不名贈尚書
　令加徐州牧改封燕
　王可特加贈侍中追
　封吳王餘如故制　　　　宋慕容彥逢　1123-395-　8
皇兄故河東山南西道
　節度使觀察使守太
　師開府儀同三司太
　原牧兼興元牧陳王
　賜入朝不趨詔書不
　名可贈尚書令兼中
　書令加徐州牧改封
　燕王制　　　　　　　　宋慕容彥逢　1123-395-　8
皇子除檢校少保節度
　使郡王制　　　　　　　宋李　綱　　1402-104- 17
普安郡王加食邑制　　　　宋周麟之　　1142- 81- 11
皇弟加食邑五百戶食
　實封二百戶制　　　　　宋周必大　　1148-104-102
皇弟加食邑五百戶食
　實封二百戶制　　　　　宋周必大　　1148-109-103
徽州績溪縣英濟王第
　九男封侯制　　　　　　宋虞　儔　　1154-106-　5
前一日朝饗太廟帝后
　册文附別廟册文　　　　宋洪　适　　1158-317- 11
追諡先太子册文　　　　　元王　惲　　1201- 26- 67
封營都王制　　　　　　　元虞　集　　1207-317- 22
封營國公制　　　　　　　元虞　集　　1207-317- 22
封寧朔王制　　　　　　　元虞　集　　1207-318- 22
封遼陽王制　　　　　　　元虞　集　　1207-319- 22
擬漢景帝立河間王策　　　元傅若金　　1213-301-　1
永昌等侯誥文　　　　　　明太　祖　　1223- 25-　3
代詹學士封靖西王制　　　明蘇伯衡　　1228-553-　2
書漢三王策文後　　　　　明方孝孺　　1235-524- 18
上兩宮尊號封諸王詔　　　明楊士奇　　1239-610-　1
代詹學士封靖西王制　　　明王　禕　　1373-488-　1
册皇太子制　　　　　　　王言會最　　1402- 64- 13
追遵先天太皇德明興
　聖皇帝等制　　　　　　不著撰人　　 426-591- 78
●其　他
請諡手詔　　　　　　　　梁武　帝　　1399-260-　1
劉領軍封侯詔　　　　　　梁沈　約　　1336-751-416
　　　　　　　　　　　　　　　　　　　1415-111- 87
初封諸功臣詔　　　　　　梁任　昉　　1399-361-　6

諸使牧淄青紇錄將士
　等授官爵勳制　　　　　唐元　稹　　1079-593- 49
神策軍及諸道將士某
　等一千九百人各賜
　上柱國勳制　　　　　　唐白居易　　1080-530- 49
夏州軍將二人授侍御
　史制　　　　　　　　　唐白居易　　1080-560- 52
　　　　　　　　　　　　　　　　　　　1402- 92- 16
商州壽州將士等賜勳
　制　　　　　　　　　　唐白居易　　1080-563- 52
贈陣亡軍將等刺史制　　　唐白居易　　1080-567- 53
諸道軍將等授官制　　　　唐白居易　　1080-567- 53
羽林龍武等軍將士各
　加改轉制　　　　　　　唐白居易　　1080-572- 53
除常侍制　　　　　　　　唐白居易　　1080-582- 54
除某官王某魏博節度
　使制　　　　　　　　　唐白居易　　1080-586- 55
除某節度留後起復制　　　唐白居易　　1080-586- 55
授王某魏博節度使制　　　唐白居易　　1337-258-454
支某除鄆王傳制　　　　　唐杜　牧　　1081-679- 15
黔中道朝賀胖柯大酋
　長等十六人授官制　　　唐杜　牧　　1081-693- 17
契丹賀正使大酋領等
　授官制　　　　　　　　唐杜　牧　　1081-693- 17
册太原節度使守大師
　兼中書令晉王制　　　　唐錢　翊　　1337-226-451
翰林書畫琴阮醫藥等
　待詔加恩（制）　　　　宋田　錫　　1085-557- 29
董某可光祿寺丞制　　　　宋胡　宿　　1088-227- 14
王相公贈官（制）　　　　宋余　靖　　1089-106- 11
兵部員外郎知制誥胡
　某可依前兵部員外
　郎充翰林侍讀學士
　仍舊判銓制　　　　　　宋蔡　襄　　1090-420- 10
兵部員外郎知制誥何
　某可依前兵部員外
　郎充龍圖閣直學士
　知秦州制　　　　　　　宋蔡　襄　　1090-420- 10
張端明父制　　　　　　　宋蔡　襄　　1090-463- 15
王尚書制　　　　　　　　宋蔡　襄　　1090-464- 15
王觀文制　　　　　　　　宋蔡　襄　　1090-464- 15
金吾上將軍除邊鎮節
　度使制　　　　　　　　宋王　珪　　1093-273- 37
皇伯右監門衞大將軍
　榮州團練使仲某可

史部

詔令奏議類：附錄

詔令下（男）不知姓名

四庫全書文集篇目分類索引

史部

詔令奏議類：附錄

詔令下（男）不知姓名

敍復遂郡團練使制	宋劉 攽	1096-182- 19
文某可兵部郎中制	宋劉 攽	1096-199- 20
商州盧某可知台州制	宋劉 攽	1096-212- 21
知制誥石某可加階封食邑制	宋劉 攽	1096-223- 23
知制誥吳某可加勳封食邑制	宋劉 攽	1096-223- 22
張知均州制	宋曾 肇	1098-560- 22
藍田縣主簿權充府學教授 闕二字 可華州蒲城主簿就差管勾永興府學制	宋歐陽修	1102-645- 81
安化中下州北退鎮竈人一百十人並銀酒監武制	宋王安石	1105-454- 55
荊王楊王所乞推恩八人制	宋蘇 軾	1108-665-106
秦晉國安仁保祐夫人張氏父封贈制	宋蘇 轍	1112-343- 32
秦晉國安仁保祐夫人張氏祖追贈制	宋蘇 轍	1112-343- 32
宣政使金州觀察使李某可宣慶使依前金州觀察使制	宋蔡容彥達	1123-341- 4
蕃官男爲父陣亡補承信郎制	宋許 翰	1123-493- 1
路某轉官（制）	宋劉安上	1124- 22- 2
將校降官（制）	宋劉安上	1124- 23- 2
徽宗皇帝册寶轉左朝奉郎制	宋張 擴	1129- 87- 9
內侍五人直睿思殿制	宋翟汝文	1129-223- 4
秦某與緋章服除直秘閣與郡（制）	宋程 俱	1130-221- 22
名闕特贈兩官制	宋張 嵲	1131-507- 19
擬除趙參政制	宋王之道	1132-663- 19
少府少監鮮于可左司員外郎（制）	宋孫 覿	1135-247- 24
某人追復待制制	宋胡 寅	1137-434- 12
孟某贈直秘閣制	宋胡 寅	1337-458- 14
德壽宮官官闕諸色人等可令所屬照應已降敕文各轉兩官資推恩施行（制）	宋周必大	1148- 3- 94
立功官兵三千八百二十九人敍內第一等		
（制）	宋周必大	1148- 5- 94
侍衞親從官僚等合轉官外特與各轉兩官（制）	宋周必大	1148- 9- 14
立皇太子潘邸民吏等特與轉兩官資登寶位應隨龍官更幷諸色祇應人軍兵等各特與轉四官資(制)	宋周必大	1148- 11- 94
前執政某人改除端明殿學士依舊宮祠（制）	宋周必大	1148- 23- 95
隨龍醫官轉兩官(制)	宋周必大	1148- 24- 95
(趙）士膴贈昭代軍承宣使追封安康郡公（制）	宋周必大	1148- 25- 95
李顯忠保明采石立功人名得轉四官依旨揮將一官與遂郡上轉行（制）	宋周必大	1148- 28- 96
報登寶位使副下三節人轉官（制）	宋周必大	1148- 35- 96
吳闕賞轉兩官（制）	宋周必大	1148- 61- 98
收復秦州擁上城人各轉兩官（制）	宋周必大	1148- 61- 98
前執政子右承直郎某特降一資勅令隨侍（制）	宋周必大	1148- 63- 98
前執政某人落職贛州居住（制）	宋周必大	1148- 63- 98
盱胎軍通判闕四字 降一官（制）	宋陳傅良	1150-596- 13
張某知宣州（制）	宋陳傅良	1150-604- 14
曾某知嚴州（制）	宋陳傅良	1150-607- 14
趙某除江西提舉(制)	宋陳傅良	1150-641- 18
信王孫換南班授太子右內率府副率制	宋度 傯	1150-108- 5
高郵軍立功人轉官制	宋洪 适	1150-408- 24
敗蕭武寧告詞	宋楊萬里	1161-304-101
正議大夫知樞密院事章某知汝州	宋錢 鑐	1350-406- 40
授賀某宣諭大理國制	元王 惲	1201- 27- 67
追諡司徒韋公制	元王 惲	1201- 28- 67
左丞相某加太尉除如故制二首	元程鉅夫	1202- 14- 2

仁廟御書除官贊　　　　　元袁　桷　1203-229- 17

太尉平章政事某特授太子太傅（制）　　　　　元袁　桷　1203-483- 36

遙授平章政事某特封秦國公（制）　　　　　元袁　桷　1203-483- 36

資德大夫同知宣政院事贈存誠秉德功臣太傅開府儀同三司上柱國追封齊國公謚忠穆（制）　　　　　元袁　桷　1203-485- 36

監察御史（沙某）祖某贈太傅開府儀同三司上柱國追封某國公謚武敏（制）　　　　　元袁　桷　1203-486- 36

參知政事賈某贈官（制）　　　　　元袁　桷　1203-1192- 37

書錢王板授某官長洲縣　　　　　元袁　桷　1203-607- 46

太師右丞相封贈三代制　　　　　元馬祖常　1206-553- 6

題安福戴氏所藏先世告身後　　　　　明楊士奇　1238-125- 11

跋王氏紹興赦牒　　　　　明吳　寬　1255-470- 51

三朝恩命跋（跋）宋先司諫公告身眞蹟（二則）　　　　　明王世貞　1281-175-130

置東宮官屬詔　　　　　不著撰人　1354-468- 16

（女）

二　畫

●丁　氏（宋沾繼妻、宋權母）明

（宋權）生母（封太孺人勅）　　　　　明倪元璐　1297- 37- 3

●丁　氏（宋庠曾祖母）宋

集賢相會祖母丁氏可追封魏國太夫人制　　　　　宋胡　宿　1088-807- 21

●丁　氏（祁元振母）宋

試監簿祁元振亡母丁氏追封昭德縣太君制　　　　　宋王安石　1105-439- 54

●丁　氏(胡宗愈妻)宋

尚書右丞胡宗愈妻福昌縣君丁氏封同安

郡夫人制　　　　　宋劉　攽　1096-200- 20

●丁　姬（哀帝母）漢

封定陶后丁姬詔　　　　　漢 哀 帝　1402- 24- 3

●刁　氏(魏績母）宋

朝散大夫致仕魏績弟朝請郎紳等故母新安郡君刁氏可榮國夫人制　　　　　宋劉　攽　1096-203- 20

朝散大夫致仕魏績弟朝請郎紳等故母渤海縣太君刁氏可崇國太夫人制　　　　　宋劉　攽　1096-203- 20

●八察忽脫鄰(妻)元

（中書左丞某）祖母追封齊國夫人（制）　　　　　元袁　桷　1203-484- 36

三　畫

●于　氏(周聿妻)宋

（周聿）故妻于氏贈碩人制　　　　　宋張　擴　1129- 63- 7

●于　氏（魏勝中妻）宋

魏勝中妻于氏特封安人（制）　　　　　宋周必大　1148- 25- 95

●于　璋（妻）元

于璋妻某氏追封薊國夫人（制）　　　　　元袁　桷　1203-496- 37

●于淑妃唐

良姊楊氏爲貴妃詔　　　　　唐不著撰人　426-124- 25

●于德妃唐

良姊楊氏等爲貴妃詔　　　　　唐不著撰人　426-124- 25

●大都格元

永平王妻大都格加封永平王太夫人制　　　　　元許有壬　1211-490- 70

●上官氏（唐中宗婕妤）

起復上官氏爲婕妤制　　　　　唐不著撰人　426-122- 25

四　畫

●卞皇后(魏武帝后)

立卞王后策　　　　　魏 武 帝　1412-566- 23

●方　氏(常同妻)宋

（常同）妻方氏封碩人制　　　　　宋張　擴　1129- 67- 7

●方　氏（劉克莊母）宋

劉克莊母方氏贈魯國夫人制　　　　　宋馬廷鸞　1187- 62- 8

●方　氏宋

四庫全書文集篇目分類索引

史部

詔令奏議類：附錄

詔令下（女）四畫

安化郡夫人方氏轉國夫人（制）　宋樓　鑰　1152-685- 39

●文　氏(史劍妻)宋
樞密使劍南西川節度使守司空兼侍中文彥博奏汾州介休縣草澤史劍妻文氏追封永嘉縣君　宋蘇　頌　1092-409- 35

●文　氏(成偉妻)宋
禮部尚書同中書門下平章事文彥博妹信安軍判官成偉妻可封永康縣君制　宋胡　宿　1088-792- 19

●文　氏（韓治妻、韓肖胄母）宋
贈雍國夫人制　宋張　擴　1129- 56- 7
贈和義郡夫人（制）　宋程　俱　1130-233- 23
文氏特封國號（制）　宋張　綱　1131- 15- 2
文氏可特贈冀國夫人制　宋張　嵲　1131-510- 20

●文　氏（韓治繼妻、韓肖胄繼母）宋
封越國夫人制　宋張　擴　1129- 56- 7
贈齊安郡夫人（制）　宋程　俱　1130-233- 23
可特封鎭國夫人制　宋張　嵲　1131-510- 20

●文　氏(韓肖胄妻)宋
贈碩人（制）　宋程　俱　1130-233- 23

●文　氏（韓皇后曾祖母）宋
贈闗國夫人（制）　宋陳傳良　1150-609- 15

●文彥博女（龐元直妻）宋
同中書門下平章事文彥博女大理評事龐元直妻特封安福縣君制　宋王安石　1105-439- 54

●王　氏(唐文宗淑妃)
婕妤王氏等爲淑妃制　唐不著撰人　426-125- 25

●王　氏(文銳妻)宋
吏部侍郎同中書門下平章事文彥博祖母王氏可追封越國太夫人制　宋胡　宿　1088-809- 21
（文彥博）祖母王氏可追封周國太夫人

制　宋王安禮　1100- 21- 2

文彥博祖母追封泰國太夫人王氏可特追封吳國太夫人　宋韓　維　1101-659- 16

●王　氏(牛仙客妻)唐
封牛仙客妻王氏嬴國夫人制　唐孫　逖　1336-770-419

●王　氏(田況祖母)宋
可追封太原郡太君制　宋王　珪　1093-256- 36

●王　氏（安日華妻、安燾母）宋
封贈制　宋蘇　軾　1112-334- 31

●王　氏(向敏中妻)宋
皇太后曾祖母王氏（追封）陳國夫人制　宋蘇　轍　1112-330- 31

●王　氏（宋庠曾祖母）宋
集賢相宋庠曾祖母王氏可追封齊國太夫人制　宋胡　宿　1088-807- 21

●王　氏(宋庠母)宋
集賢相宋庠母王氏可追封越國太夫人制　宋胡　宿　1088-808- 21

●王　氏(宋庠母)宋
集賢相宋庠母王氏可追封秦國太夫人制　宋胡　宿　1088-808- 21

●王　氏（宋授外祖母）宋
參知政事宋授外祖母追封郡夫人制　宋宋　庠　1087-608- 26

●王　氏(杜洪妻)唐
杜洪妻晉國夫人進封秦國夫人制　唐錢　珝　1336-772-419

●王　氏（李翊妻、李謙母）宋
（李謙）本生前母王氏贈孺人（制）　宋樓　鑰　1152-656- 37

●王　氏(李逢吉母)唐
追封李逢吉等母制　唐元　稹　1079-597- 50

●王　氏(李道復母)元
李道復母王氏贈韓國夫人制　元姚　燧　1201-424- 2

●王　氏(李德隆母)宋
左班殿直李德隆母王

氏可追封永安縣君制　宋歐陽修　1102-634- 81

●王　氏(呂好問妻)宋
（呂好問）故妻王氏贈東萊郡夫人(制)　宋程　俱　1130-234- 23

●王　氏(吳敏祖母)宋
吳敏封贈二代（制）　宋張　綱　1131- 25- 4

●王　氏(吳安度母)宋
朝請郎吳安度等故母廣陵郡太夫人王氏可贈榮國太夫人（制）　宋劉　放　1350-400- 39

●王　氏（吳懷德妻、吳奎母）宋
樞密副使吳奎封贈制二道　宋王安石　1105-436- 54

●王　氏(伯都母)元
伯都母王氏封泰安王夫人制　元程鉅夫　1202- 45- 4

●王　氏（向均妻、何宗母）宋
（何宗）母太原縣君王氏可封太原郡君制　宋王　珪　1093-288- 39

●王　氏(孟在妻)宋
（孟忠厚）祖母王氏贈韓豫國夫人(制)　宋程　俱　1130-249- 25

●王　氏(孟玨妻)宋
（孟庾）曾祖母王氏贈高平郡夫人(制)　宋程　俱　1130-250- 25

●王　氏(孟忠厚妻)宋
封楚國夫人（制）　宋程　俱　1130-250- 25
孟忠厚妻王氏封秦國夫人（制）　宋張　綱　1131- 10- 2

●王　氏（周子通妻、周聿故母）宋
（周聿）故母王氏贈碩人制　宋張　擴　1129- 63- 7

●王　氏（周子通妻、周聿前母）宋
（周聿）前母王氏贈碩人制　宋張　擴　1129- 63- 7

●王　氏（胡晉臣祖母）宋
贈永國夫人（制）　宋陳傅良　1150-588- 12

●王　氏(胡晉臣母)宋
贈惠國夫人（制）　宋陳傅良　1150-589- 12

●王　氏(苗深母)唐
苗深母琅琊郡太君王氏封琅琊郡太夫人制　唐劉崇望　1336-773-419

●王　氏(苗純仁妻)宋
尚書右僕射兼中書侍郎范純仁妻燕國夫人王氏可封魏國夫人制　宋呂　陶　1098- 76- 9

●王　氏（高世則祖母）宋
高世則故祖母王氏可特贈韓國夫人制　宋張　嵲　1131-494- 18

●王　氏（高若訥曾祖母）宋
參知政事高若訥曾祖母王氏可追封祁國太夫人制　宋胡　宿　1088-811- 21
樞密使高若訥曾祖母冀國太夫人王氏可追封晉國太夫人制　宋胡　宿　1088-811- 21

●王　氏(高繼勳妻)宋
（皇太后）祖母王氏可追封荊國太夫人制　宋王安禮　1100- 24- 3
（英宗高皇后）祖母金城縣太君王氏追封成國夫人（制）　宋王安石　1105-429- 53

●王　氏（秦檜妻）宋
秦太師妻王氏封魏國夫人制　宋張　擴　1129-115- 11
太師秦檜妻王氏封魏國夫人制　宋張　擴　1129-120- 11
（秦檜）妻信安郡夫人王氏封鎮國夫人（制）　宋程　俱　1130-224- 22
（秦檜贈）妻制　宋劉才邵　1130-451- 4

●王　氏(秦知古妻)宋
秦太師曾祖母王氏贈秦國夫人制　宋張　擴　1129-114- 11
太師秦檜曾祖母王氏贈秦國夫人制　宋張　擴　1129-119- 11
（秦檜）曾祖母永嘉

郡夫人王氏贈崇國夫人（制）　宋程　俱　1130-223- 22

（秦檜贈）曾祖母制　宋劉才邵　1130-449- 4

● 王　氏(秦敏學妻、秦檜母)宋

秦太師故母王氏特追封秦魏國夫人制　宋張　擴　1129-115- 11

秦太師故母王氏贈秦國夫人制（二則）　宋張　擴　1129-115- 11

（秦檜）母和義郡夫人王氏贈榮國夫人（制）　宋程　俱　1130-224- 22

● 王　氏(馬良母)宋

馬良母王氏封瑞人制　宋方大琮　1178-187- 6

● 王　氏(孫懷用母)宋

皇城副使孫懷用母仙源縣太君王氏可贈崇國太夫人制　宋劉　敞　1096-233- 23

● 王　氏（晁宗慤妻、晁仲蔚母）宋

晁仲蔚母王氏可追封懷德郡太夫人制　宋王　珪　1093-233- 33

● 王　氏(郭文貴妻)宋

郭浩曾祖母王氏贈永嘉郡夫人制　宋張　擴　1129-116- 11

● 王　氏（曹勛妻)宋

曹勛故妻王氏特贈瑯琊郡夫人（制）　宋周必大　1148- 36- 96

● 王　氏(曹組妻、曹勛母)宋

曹勛所生母王氏特贈瑯琊郡夫人（制）　宋周必大　1148- 36- 96

● 王　氏(張佐妻)宋

（張浚）祖母王氏贈太寧郡夫人（制）　宋程　俱　1130-254- 25

（張浚）故祖母王氏可特贈陳國夫人制　宋張　嵲　1131-437- 11

● 王　氏(張遇妻)宋

張中孚曾祖母王氏贈定襄郡夫人制　宋張　擴　1129-111- 11

張中孚曾祖母王氏贈成國夫人制　宋張　擴　1129-117- 11

● 王　氏(張適妻)宋

太常丞張適妻封邑號（制）　宋田　錫　1085-541- 28

● 王　氏(張中孚妻)宋

張中孚妻王氏封平原郡夫人制　宋張　擴　1129-112- 11

張中孚故妻王氏贈韶國夫人制　宋張　擴　1129-118- 11

● 王　氏(張四維妻)明

少保兼太子太保禮部尚書武英殿大學士張四維并妻誥命一道　明孫繼皋　1291-197- 1

● 王　氏(張知白妻)宋

給事參知政事張知白妻太原郡君王氏可進封瑯琊郡夫人制　宋夏　竦　1087- 74- 3

● 王　氏（張彥直妻、張守母）宋

（張守）母王氏贈豫國夫人制　宋張　擴　1129- 57- 7

（張守）故母王氏贈文安郡夫人（制）　宋程　俱　1130-248- 25

● 王　氏(張景宗母)宋

左騏驥使入內都知澄州刺史張景宗母追封瑯琊縣太君王氏可追封馮翊縣太君制　宋夏　竦　1087- 75- 3

● 王　氏（陳恕妻、陳執中母）宋

工部侍郎參知政事陳執中母王氏贈鄂國太夫人　宋余　靖　1089-107- 11

● 王　氏（陳瓘妻、陳駿母）宋

（陳駿）母信國夫人王氏贈福國夫人（制）　宋陳傳良　1150-626- 16

（陳駿）母王氏濟陽郡夫人（制）　宋樓　鑰　1152-697- 40

（陳駿）母王氏信國夫人（制）　宋樓　鑰　1152-710- 41

● 王　氏(陳安石妻)宋

陳安石故妻太原郡君王氏可贈京兆郡君制　宋呂　陶　1098- 69- 9

陳安石妻安康郡君王

四庫全書文集篇目分類索引

氏可封普安郡君制　宋呂　陶　1098-69-9

●王　氏（陳居仁妻、陳卓嫡母）

同簽書樞密院事陳卓故嫡母王氏特贈燕國夫人（制）　宋洪咨夔　1175-263-22

陳卓嫡母王氏贈鎮國夫人制　宋吳　泳　1176-96-10

●王　氏（崔賢妃繼母）宋

賢妃崔氏贈繼母王氏制　宋翟汝文　1129-227-4

●王氏（馮山妻、馮澥母）宋

（馮澥）故母王氏贈普安郡夫人（制）　宋程　俱　1130-257-26

●王　氏（富直柔妻）宋

（富直柔）故妻王氏贈太寧郡夫人（制）　宋程　俱　1130-227-22

●王　氏（賀坦妻、賀允中母）宋

賀允中母王氏贈賀國夫人制　宋洪　适　1158-371-19

●王　氏（賀撫辰妻）宋

賀允中祖母王氏贈蔡國夫人制　宋洪　适　1158-371-19

●王　氏（程戡母）宋

追封某國太夫人（制）　宋劉　敞　1095-660-30

●王　氏（程世顯妻）宋

程克俊祖母王氏贈昌元郡夫人制　宋張　擴　1129-110-11

●王　氏（楊安國妻、楊良顯嫡母）宋

楊良顯故嫡母中山縣君王氏可贈泰寧郡太夫人制　宋呂　陶　1098-71-9

●王　氏（楊安國妻、楊良顯繼母）宋

楊良顯故繼母太原郡太君王氏可贈太原郡太夫人制　宋呂　陶　1098-72-9

●王　氏（楊崇勳母）宋

彰德軍節度觀察留後楊崇勳之母京兆郡

太君王氏可特追封廣陵郡太君制　宋夏　竦　1087-75-3

●王　氏（楊舜元妻）宋

（楊貴妃）曾祖母王氏贈大寧郡夫人制　宋虞　儔　1154-113-5

●王　氏（董炳妻）元

（董某）繼母王氏追封趙國夫人（制）　元袁　桷　1203-495-37

●王　氏（葛郯妻）宋

（葛郯）妻王氏封信國夫人（制）　宋陳傅良　1150-587-12

●王　氏（詹度妻）宋

（詹度）故妻王氏特贈太原郡夫人制　宋許景衡　1127-236-7

●王　氏（趙允良乳母）宋

皇弟安德軍節度使華原郡王允良乳母王氏可封丞壽縣君制　宋胡　宿　1088-793-19

●王　氏（趙令圖母）宋

左羽林大將軍令圖故母同安郡君王氏可追封南康郡夫人（制）　宋蘇　頌　1092-403-35

●王　氏（趙仲容母）宋

宗室仲容所生母王氏可封縣太尹制　宋陸　佃　1117-139-10

●王　氏（趙伯宗妻）宋

趙與權會祖母王氏追贈制　宋徐元杰　1181-696-7

●王　氏（趙宗惠妻、趙仲奭母）宋

宗室仲奭所生母王氏等封郡縣太君制　宋鄒　浩　1121-295-15

●王　氏（趙承操妻）宋

宗室承操新婦王氏進封國夫人制　宋曾　肇　1098-552-21

皇伯祖承操新婦王氏可延安郡夫人制　宋王安禮　1100-27-3

●王　氏（趙德勝妻）明

追封梁國夫人誥　明王　禕　1226-255-12

●王　氏（嘉瑋母）元

嘉瑋故母王氏追封魏國夫人制　元程鉅夫　1202-18-2

●王　氏（唐睿宗賢

妃）唐
睿宗貴妃豆盧氏等食實封制　唐不著撰人　426-123- 25

● 王　氏（滕康曾祖母）宋
滕康初任執政曾祖母王氏封贈制　宋汪　藻　1128- 69- 7

● 王　氏（潘承允妻）宋
潘正夫故曾祖母王氏可特贈荊國夫人制　宋張　嵲　1131-468- 15

● 王　氏（鄭成之妻）宋
鄭成之故妻王氏贈越國夫人制　宋許景衡　1127-236- 7

● 王　氏（劉玉妻）宋
劉錡故曾祖母王氏可特贈大寧郡夫人制　宋張　嵲　1131-466- 14

● 王　氏（劉恂妻）宋
劉錡故祖母王氏可特贈通義郡夫人制　宋張　嵲　1131-466- 14

● 王　氏（劉立之妻、劉敞母）宋
劉敞母追贈制　宋蘇　轍　1112-345- 32

● 王　氏（劉仲武妻、劉錡母）宋
劉錡故母王氏可特贈越國夫人制　宋張　鎡　1131-467- 14

● 王　氏（韓億妻、韓絳母）宋
尚書吏部侍郎參知政事韓絳母追封平陽郡太夫人王氏可追封榮國太夫人（制）　宋蘇　頌　1092-405- 35

（韓縝）母王氏可並追封宛國太夫人制　宋王安禮　1100- 19- 2

韓維母王氏冀（秦）國太夫人（制）　宋蘇　軾　1108-677-107
　　　　　　　　　　　　　　　　　　1350-403- 39

● 王　氏（韓肖胄妻）宋
（韓肖胄）故妻王氏贈碩人（制）　宋程　俱　1130-233- 23

● 王　氏（韓皇后曾祖母）宋
贈魯國夫人（制）　宋陳傳良　1150-609- 15

● 王　氏宋
御侍長安縣君王氏進

封掌寶落御侍制　宋宋　庠　1087-606- 26

● 王　氏宋
太皇太后殿王氏可典計（制）　宋蘇　頌　1092-395- 34

● 王　氏宋
神宗皇帝御侍五人等守永裕陵廻內王氏與掌閤夫人制　宋劉　裕　1096-234- 23

● 王　氏宋
宮正王氏可贈郡夫人制　宋呂　陶　1098- 75- 9

● 王　氏宋
淮康軍節度使同中書門下平章事（缺名）母王氏可追封濮國夫人制　宋王安禮　1100- 25- 3

● 王　氏宋
荊王新婦王氏潭國夫人（制）　宋蘇　軾　1108-671-808

● 王　氏宋
內人王氏授仙韶使制　宋鄒　浩　1121-301- 16

● 王　氏宋
內人王氏封郡夫人制　宋鄒　浩　1121-303- 16

● 王　氏宋
宮人王氏可特授掌言制　宋慕容彥逢　1123-401- 9

● 王　氏宋
掌設王氏轉國夫人制　宋汪　藻　1128- 71- 7

● 王　氏宋
宮人王氏贈蔡鄆兩國夫人制　宋翟汝文　1129-225- 4

● 王　氏宋
王氏封和義夫人（制）　宋程　俱　1130-242- 24

● 王　氏宋
王氏特贈和義郡夫人制　宋袁　甫　1175-426- 8

● 王　氏宋
王氏封碩人制　宋吳　泳　1176-100- 10

● 王　沂（妻）元
王思廉之祖姑贈恒山郡夫人制　元姚　燧　1201-419- 2

● 王　明（妻）宋
新除右諫議大夫參知政事王安石封贈曾祖母（制）　宋蘇　頌　1092-406- 35

中大夫尚書右丞王安

四庫全書文集篇目分類索引

禮曾祖母某氏可追封韓國太夫人制　宋陸　佃　1117-139-10

●王　炳（妻）元
王思廉之姑贈恒山郡夫人制　元姚　燧　1201-410-1

●王　昛（妻）元
高麗國王封母制　元姚　燧　1367-144-11
　　　　　　　　　　　　　1373-91-7

●王　益（妻）宋
中大夫守尚書右丞王安禮母某氏可追封魯國太夫人制　宋陸　佃　1117-140-10

●王　益（妻）宋
中大夫守尚書右丞王安禮母某氏可追封魏國太夫人制　宋陸　佃　1117-140-10

●王　珪（曾祖母）宋
左僕射門下侍郎王珪追封曾祖母制　宋曾　鞏　1093-456-附2

●王　珪（祖母）宋
左僕射門下侍郎王珪追封祖母制　宋曾　鞏　1093-456-附2

●王　珪（母）宋
左僕射門下侍郎王珪追封母制　宋曾　鞏　1093-456-附2

●王　珪（妻）宋
左僕射門下侍郎王珪追封妻制　宋曾　鞏　1093-456-附2

●王　滋（祖母）宋
王滋將隨鴈恩賞回封祖母制　宋胡　寅　1137-433-12

●王　雲（金宣宗后）
明惠皇后諡册　金趙秉文　1190-252-18

●王　綱（妻）宋
贈（王參政）故妻制　宋李正民　1133-40-3

●王　綱（妻）宋
封（王參政）妻制　宋李正民　1133-40-3

●王　潛（母）唐
追封王潛母齊國大長公主制　唐元　稹　1079-597-50

●王　曦（三代）宋
大禮封贈（王曦）三代制　宋許　翰　1123-508-2

●王八兒宋
紅霞帔王八兒轉掌字

制　宋張　擴　1129-106-10

●王才人唐
王氏爲才人制　唐不著撰人　426-125-25

●王才人宋
宮人王氏除才人制　宋翟汝文　1129-225-4

●王大娘宋
崇奉几筵內人掌字邢念二轉典字紅霞帔王大娘轉掌字（制）　宋劉一止　1132-197-40

●王世融（妻）宋
贈（王綃）曾祖母制　宋李世民　1133-38-3

●王用之（妻）宋
中大夫守尚書右丞王安禮祖母某氏可追封燕國夫人制　宋陸　佃　1117-139-10

●王守道（妻）元
王守道妻封壽國夫人制　元姚　燧　1201-418-2

●王安安宋
宮人王安安轉郡夫人（制）　宋樓　鑰　1152-630-35

●王安禮（妻）宋
中大夫守尚書右丞王安禮妻某氏可進封魏郡夫人制　宋陸　佃　1117-140-10

●王宗孟（母）宋
封壽昌縣太君制　宋蘇　轍　1112-295-28

●王居白（女）宋
待制王居白女可封長安縣君制　宋蔡　襄　1090-469-15

●王承衍（妹）宋
永清軍節度使駙馬都尉王承衍妹王氏封琅琊縣君（制）　宋田　錫　1085-540-28

●王受奴宋
紫霞帔王受奴轉掌字制　宋張　擴　1129-106-10

●王政君（漢元帝后、王禁女）漢
尊元后爲新室文母詔　漢王　莽　1396-669-24

●王皇后（唐玄宗后）
册皇后文　唐不著撰人　1337-179-446

●王皇后（唐德宗后）
册淑妃王氏爲皇后文　唐陸　贄　1072-614-6
　　　　　　　　　　　　　1337-179-446

四庫全書文集篇目分類索引

史部　詔令奏議類：附錄　詔令下（女）四畫

● 王皇后（唐玄宗后）
廢王皇后制　　唐張九齡　1066-110- 7

● 王皇后（宋徽宗后）
皇后册文　　宋李清臣　1350-333- 32

● 王皇后（母）劉宋
追贈文帝王皇后母平樂郡君詔（二則）　　劉宋孝武帝　1398-535- 3

● 王惜奴宋
紅霞岐王惜奴轉典字制　　宋張　擴　1129-106- 10

● 王堯臣（姑）宋
樞密副使王堯臣親姑王氏可封壽安縣太君制　　宋王　珪　1093-258- 36

● 王貽永（女）宋
故王貽永二女縣君王氏等可進封郡君制　　宋王　珪　1093-240- 34

● 王舜臣（妻）宋
王舜臣贈妻制　　宋王　洋　1132-435- 8

● 五　氏（許樞繼妻、許及之繼母）宋
（許及之）繼母五氏封太令人（制）　　宋樓　鑰　1152-698- 40

● 亓官氏（孔丘妻）周
封宣聖夫人制　　元虞　集　1367-135- 11

● 元　氏（唐代宗妳婆）
贈妳婆元氏潁川郡太夫人制　　唐不著撰人　426-125- 25

● 元　氏（唐李憲妃）
册諡恭皇后文　　唐不著撰人　426-130- 26

● 元大章（母）宋
歸州巴東縣令元大章母年九十一歲封長壽縣（制）　　宋蘇　頌　1092-399- 34

● 元世祖（后）元
皇太后玉册文　　元王　惲　1201- 26- 67

● 元成宗（后）元
皇太后尊號玉册文　　元姚　燧　1201-406- 10
　　1367-130- 10
　　1373- 87- 7

● 元皇后（北周宣帝后）
元后爲天元太皇后册　　北周宣帝　1400- 81- 2

● 扎拉展氏（博爾歡妻、額森特穆爾母）元

額森特穆爾母扎拉展氏封泰安王夫人制　　元程鉅夫　1202- 37- 3

● 札拉爾氏（阿都台妻）元
阿都台妻札拉爾氏追贈順昌郡夫人制　　元姚　燧　1201-413- 1
　　1367-142- 11
　　1373- 89- 7

● 巴　圖（母）元
巴圖母某氏封泰安王太夫人制　　元程鉅夫　1202- 44- 4

● 巴約特氏元
册中宮詔　　元蘇天爵　1214-281- 24

● 巴特瑪氏（們色勒喇卜丹妻）元
額卜德噶故曾祖母巴特瑪氏追封吉國夫人制　　元程鉅夫　1202- 20- 2

● 孔　氏（潘時美母）宋
潘時美嫡母孔氏年九十一歲封孺人（制）　　宋樓　鑰　1152-611- 34

● 尹　氏（王永妻）宋
左僕射門下侍郎王珪追封曾祖母尹氏燕國太夫人（制）　　宋曾　鞏　1098-547- 21
（王珪）曾祖母追封韓國太夫人尹氏可追封吳國太夫人制　　宋王安禮　1100- 16- 2

● 尹　氏（王德妻）宋
御前統制王德妻尹氏封永嘉郡夫人制　　宋張　擴　1129-138- 12

● 尹　氏（李宗壽妻）宋
李清臣曾祖母尹氏追贈制　　宋蘇　轍　1112-334- 31

● 尹才人唐
許氏等美人制　　唐不著撰人　426-124- 25

● 尹皇后（宋太宗后）
淑德皇后册文　　宋歐陽修　1102-696- 87

● 仇　氏（孟子母）周
追封孟子母制　　元張士觀　1367-135- 11

● 仇　氏（王貴妻、王堯臣母）宋
王堯臣母仇氏可追封南陽郡太夫人制　　宋王　珪　1093-257- 36

● 仇　氏（李昱妻、

李偘母）元
母仇氏贈冀寧郡夫人（制）　元袁　桷　1203-480- 36
母仇氏追封冀寧郡夫人（制）　元柳　貫　1210-289- 7
●仇　氏(張存妻)宋
張中孚祖母仇氏贈文郡夫人制　宋張　擴　1129-112- 11
張中孚祖母仇氏贈永國夫人制　宋張　擴　1129-118- 11
●牛　氏(王勝繼母)宋
王勝繼母牛氏可特封太碩人制　宋張　嵲　1131-514- 20
●牛　氏(李易妻)宋
（李易）妻牛氏封令人制　宋張　擴　1129- 69- 7
●牛　氏（福寬妻、塔塔爾母）元
沙卜珠氏塔塔爾姑贈牛氏蔡國夫人制　元姚　燧　1201-411- 1
●毛　氏(李謹母)宋
左侍禁李謹母毛氏特封制　宋鄒　浩　1121-317- 18
●毛　氏(張柔妻)元
贈蔡國夫人制　元姚　燧　1201-416- 1
●毛　氏宋
特封國夫人制　宋吳　泳　1176- 91- 10

五　畫

●立　氏(王珪妻)宋
左僕射門下侍郎王珪祖母立氏追封魏國太夫人（制）　宋曾　鞏　1098-548- 21
●弘吉剌皇后（元順宗后）
皇太后加上尊號玉册文　元程鉅夫　1202- 7- 1
●弘吉剌皇后（元裕宗后）
皇太后册文　元陳　儼　1367-127- 10
●甘　氏宋
桂州甘氏年九十可封太孺人制　宋汪　藻　1128-71- 7
●石　氏(王克忠妻)宋
故引進使果州團練使

王克忠妻上黨縣君石氏可進封武威郡君制　宋胡　宿　1088-791- 19
●石　氏(何澣母)宋
該慶壽恩封齊安郡太夫人（制）　宋樓　鑰　1152-680- 39
●石　氏(周聿妻)宋
（周聿）妻石氏封碩人制　宋張　擴　1129- 63- 7
●石　氏(張守明妻)宋
張俊曾祖母石氏贈鄧國夫人制　宋張　擴　1129-108- 11
●石　氏(趙希遹妻)宋
皇叔希遹故妻石氏贈碩人制　宋吳　泳　1176- 91- 10
●石　氏(鄭剛中妻)宋
可特封令人制　宋張　嵲　1131-513- 20
●石元孫（母）宋
帥臣石元孫追封母制　宋宋　庠　1087-606- 26
●石元孫（妻）宋
高化石元孫妻進封郡君制　宋宋　庠　1087-608- 26
●司　氏宋
宮人司氏除司服制　宋翟汝文　1129-226- 4
●司馬皇后（司馬消難女、北周靜帝后）
司馬氏爲皇后册　北周靜帝　1400- 83- 2
●布雅木齊氏（拜布哈妻）元
封延國夫人制　元程鉅夫　1202- 44- 4
●田　氏（吐突士暉妻）唐
封吐突士暉妻雁門郡夫人制　唐杜　牧　1336-774-419
●田　氏(沈倫妻)宋
德妃沈氏祖母追封秦國太夫人田氏（制）　宋余　靖　1089-109- 11
●田　氏(張慶妻)宋
張俊祖母田氏贈兗國夫人制　宋張　擴　1129-108- 11
●田　氏（張澤妻、張宗元母）宋
贈碩人制　宋張　擴　1129- 65- 7
●田　氏（陳孔碩妻

四庫全書文集篇目分類索引

史部

詔令奏議類：附錄

詔令下（女）五畫

、陳韡母）宋
陳韡母淑人田氏可特贈永嘉郡夫人制　宋徐元杰　1181-701- 7
●田氏(程守環妻)宋
（參知政事程戡）曾祖母某氏追封郡太夫人（制）　宋劉　敞　1095-659- 30
（參知政事程戡）曾祖母平原郡太夫人田氏追封某國夫人（制）　宋劉　敞　1095-659- 30
●田　氏(楊漢英妻)元
加播國太夫人（制）　元袁　桷　1203-487- 36
●田　氏(錫哩特妻)元
嘉瑀故祖母田氏追封魏國夫人制　元程鉅夫　1202- 17- 2
●田　布（母）唐
田布亡母追封國郡太夫人制　唐白居易　1080-540- 50
●田擇交（女）唐
册蜀王妃文　唐陸　贄　426-261- 40
　　　　　　　　　　　　1072-616- 6

●田冕晃和爾布哈（祖母）元
思州軍民宣撫使田冕晃和爾布哈祖母追贈制　元馬祖常　1206-553- 6
●田冕晃和爾布哈（母）元
思州軍民宣撫使田冕晃和爾布哈母追贈制　元馬祖常　1206-553- 6
●冉　氏(特爾格妻)元
特爾格故妻冉氏追封秦國夫人制　元程鉅夫　1202- 47- 4
●申　氏（文泊妻、文彥博母）宋
文彥博亡母吳國太夫人申氏可持追封秦國太夫人（制）　宋韓　維　1101-660- 16
●申　氏(王溥妻)宋
樞密王太尉母追封丹陽郡太夫人申氏可追封國太夫人　宋余　靖　1089-111- 11
●申　氏（孟淳妻、

孟庚母）宋
（孟庚）故母申氏贈淑人（制）　宋程　俱　1130-234- 23
（孟庚）母申氏贈永嘉郡夫人（制）　宋程　俱　1130-251- 25
●史　氏(李中妻)宋
（李壁）祖母碩人史氏贈德陽郡夫人（制）　宋衞　涇　1169-474- 1
●史　氏（李高妻、李光母）宋
可特贈文安郡夫人制　宋張　嵲　1131-512- 20
●史　氏(唐武宗才人)
吳氏等封詔儀制　唐不著撰人　426-125- 25
●史　氏(俞侯妻)宋
（俞侯）故妻史氏贈碩人制　宋張　擴　1129- 61- 7
●史　氏(楊大全妻、楊汝明母）宋
楊汝明母史氏贈漢國夫人制　宋袁　甫　1175-427- 8
●史　氏（楊端仲妻、楊棟母）宋
（楊棟）母瑯琊郡夫人史氏贈通國夫人制　宋馬廷鸞　1187- 50- 6
●丘　氏(王叔妻)宋
（王次翁）故祖母丘氏可特贈博平郡夫人制　宋張　嵲　1131-465- 14
●丘　氏（王贄妻）宋
（王珪）祖母丘氏可追封秦國太夫人制　宋王安禮　1100- 16- 2
●丘　氏（梅遵祖妻、梅殷母）明
封梅殷母丘氏誥　明林　弼　1227-146- 18
●丘　氏(張鳳翔妻)明
贈淑人制　明倪元璐　1297- 11- 1
●丘　氏(傅瑤妻)唐
封傅瑤妻丘氏吳興縣君制　唐錢　珝　1336-771-419
●白　氏(李令珣妻）宋
李迪祖母白氏追封閟國太夫人制　宋韓　琦　1089-465- 40
●白　氏(按扎爾妻)元

趙世延故祖母白氏追
　封秦國夫人制　　　元程鉅夫　1202-46-4
●白　氏(劉紹能妻)宋
（劉光世）故曾祖母
　白氏可特贈吳國夫
　人制　　　　　　　宋張　嵲　1131-462-14
●白　氏(韓世忠妻)宋
醴泉觀使韓世忠故妻
　白氏贈譚國夫人制　宋張　擴　1129-127-12
●包　氏(何琮母)宋
何琮母包氏贈令人制　宋袁　甫　1175-426-8
●包　氏(趙令結妻)宋
權洮州趙令結妻包氏
　封令人制　　　　　宋洪　适　1158-408-24
●印　氏(李祥妻)宋
（李回）曾祖母印氏
　贈武陵郡夫人　　　宋程　俱　1130-228-23

六　畫

●安　氏(王志母)宋
右班殿直王志母安氏
　可封長縣太君制　　宋呂　陶　1098-75-9
●安　燾(曾祖母）宋
安燾曾祖母追贈制　　宋蘇　轍　1112-332-31
●安　燾（妻）宋
安燾妻封贈制　　　　宋蘇　轍　1112-334-31
●安濟諾延（妻）宋
皇姪濟寧王妃制　　　元王　惲　1201-27-67
●江　氏(程摠妻)宋
（程松）祖母宜人江
　氏贈信安郡夫人　　宋慶　僎　1154-112-5
●江　氏(葉煥母)宋
（葉煥）繼母江氏贈
　廣國夫人制　　　　宋張　擴　1129-64-7
●江　氏(潘孝存妻)宋
（潘正夫）故祖母江
　氏可特贈秦國夫人
　制　　　　　　　　宋張　嵲　1131-469-15
●汝　氏(馮仲堪妻)宋
（馮澥）故祖母汝氏
　贈德陽郡夫人（制）宋程　俱　1130-256-26
●宇文氏(張浚妻)宋
特封盆國夫人制　　　宋張　嵲　1131-439-11
●羊　祜（妻）晉
封羊祜夫人策　　　　晉武帝　　1398-28-2
●朴　氏(李昡妻)明

封朝鮮國王妃朴氏誥
　文　　　　　　　　明歸有光　1289-493-3
●托　多(阿勒哈妻、
　蘇岱爾母）元
平章伊蘇岱爾母托多
　追封曹南王夫人制　元馬祖常　1206-557-17
　　　　　　　　　　　　　　　1373-243-6
●托里氏（布哈移爾
　妻、拜布哈母）元
拜布哈故母托里氏追
　封居延王夫人制　　元程鉅夫　1202-44-4
●托克托齊爾（移徹
　妻）元
（和台封贈）祖母托
　克托齊爾（制）　　元趙孟頫　1196-733-10
●托遜哈納氏（達爾
　罕囊嘉岱妻、達爾
　罕哈喇哈遜母）元
達爾罕哈喇哈遜故母
　托遜哈納氏追封順
　德王夫人制　　　　元程鉅夫　1202-35-3
●吐突士煜（妻）唐
吐突士煜妻封邑號制　唐杜　牧　1081-692-17
●伏　氏（郭屯蒙古
　岱妻）元
封奉元郡夫人制　　　元蒲道源　1210-693-15
●伏壽得（伏完女、
　漢獻帝后）
廢伏皇后策　　　　　漢獻帝　　426-1112-23
　　　　　　　　　　　　　　　1397-66-3
●任　氏(李由直母)宋
開州文學李由直母任
　氏年九十六封太孺
　人制　　　　　　　宋張　擴　1129-83-8
●任　氏(梁適妻)宋
故祖母越國太夫人任
　氏可贈曹國太夫人
　制　　　　　　　　宋慕容彥逢　1123-397-8
●任　氏（張咸妻、
　張浚母）宋
（張浚）前母任氏贈
　蘄春郡夫人（制）　宋程　俱　1130-254-25
（張浚）故前母任氏
　可特贈潭國夫人制　宋張　嵲　1131-438-11
●任　氏(楊諒妻)宋

四庫全書文集篇目分類索引

武當軍節度使楊政曾祖母任氏贈河陽郡夫人制　宋張　擴　1129-128- 12

●任　氏(趙宗實母)宋
宜州刺史宗實故所生母任氏可追封縣君制　宋胡　宿　1088-804- 21

●任　氏(趙居端妻、趙多謨母)宋
皇叔祖多謨母任氏魏國夫人制　宋吳　泳　1176- 89- 10

●任　氏宋
內人任氏等並封掌字制　宋鄒　浩　1121-303- 16

●任嘉奴宋
轉掌字（制）　宋劉一止　1132-197- 40

●向　氏(王遂妻)宋
王之望曾祖母向氏始興郡夫人制　宋洪　适　1158-376- 20

●向　氏(王璩母)宋
王璩繼母向氏封秦國太夫人制　宋王　洋　1132-435- 8

●向　氏(劉光世妻)宋
可特封秦國夫人制　宋張　嵲　1131-463- 14

●向　氏(等)宋
向氏等並進封次國夫人制　宋鄒　浩　1121-301- 16

●向皇后(宋神宗后)
皇后册文　宋王安石　1105-341- 45
　　　　　　　　　　1350-330- 32

●全　氏(高繼勳妻)宋
太皇太后祖母全氏（追封）秦國夫人制　宋蘇　轍　1112-328- 31

●全皇后（宋度宗后、全昭孫女）宋
皇太子妃全氏立爲皇后制　宋馬廷鸞　1187- 22- 3

●伊埒(阿爾布哈妻)元
趙王專故祖母伊埒追封皇祖姑趙國大長公主制　元程鉅夫　1202- 30- 3

●伊蘇埒（囊嘉特妻、和台母）元
（和台封贈）母伊蘇埒（制）　元趙孟頫　1196-734- 10

●伊蘇袞氏(蘇海妻)元
特穆岱爾故曾祖母伊蘇袞氏追封歸德王夫人制　元程鉅夫　1202- 31- 3

●朱　氏（王超妻、王德用母）宋
王德用母朱氏追封榮國太夫人宜特追封吳國太夫人制　宋蔡　襄　1090-460- 14

●朱　氏(王臨母)宋
屯田員外郎王廣淵弟太常博士臨亡母嘉興縣太君朱氏追封眞定縣太君制　宋鄭　獬　1097-171- 7

●朱　氏（王揚英祖母）宋
王揚英祖母朱氏特贈孺人制　宋張　擴　1129- 83- 8

●朱　氏（姜立心繼妻、姜應甲母）明
（姜應甲）生母（封太孺人勅）　明倪元璐　1297- 31- 2

●朱　氏（范宗尹曾祖母）宋
追贈制　宋綦崇禮　1134-535- 2

●朱　氏(康鑑母)明
封康鑑母朱氏誥　明太　祖　1223- 25- 3

●朱　氏(陳策妻)宋
（陳駿）祖母崇國夫人朱氏贈福國夫人（制）　宋陳傅良　1150-625- 16

（陳駿）祖母朱氏博平郡夫人（制）　宋樓　鑰　1152-697- 40

（陳駿）祖母朱氏崇國夫人（制）　宋樓　鑰　1152-710- 41

●朱　氏（馮式妻、馮京母）宋
（馮京）母朱氏可追封冀國太夫人制　宋王安禮　1100- 20- 2

●朱　氏（游仲鴻妻、游侶母）宋
游侶母益國夫人朱氏可特贈雍國夫人制　宋徐元杰　1181-695- 7

●朱　氏（程遠妻、程克俊母）宋

程克俊母朱氏封永嘉郡夫人制　宋張　擴　1129-110- 11

● 朱　氏(程克俊妻)宋
程克俊妻朱氏封和義郡夫人制　宋張　擴　1129-111- 11

● 朱　氏(程居吉妻)宋
程克俊曾祖母朱氏贈新興郡夫人制　宋張　擴　1129-109- 11

● 朱　氏(楊行密妻)五代
楊行密妻朱氏進封燕國夫人制　唐薛廷珪　1336-773-419

● 朱　氏（楊端仲妻、楊棟母）宋
（楊棟）母博平郡夫人朱氏贈義國夫人制　宋馬廷鸞　1187- 50- 6

● 朱　氏(趙世勛妻)
曾祖母吳國夫人朱氏贈豫國夫人制　宋馬廷鸞　1187- 60- 8

● 朱　氏(趙宗諤母)宋
集慶軍節度使（趙）宗諤所生母朱氏可追封永嘉郡太夫人制　宋鄭　獬　1097-172- 7

● 朱　氏(趙叔聘母)宋
皇叔右武衞大將軍德州刺史叔聘等所生母朱氏可贈崇仁縣太君制　宋呂　陶　1098- 75- 9

● 朱　氏(蒲仲妻)宋
中大夫尚書左丞蒲宗孟繼祖母朱氏封閩中郡太夫人制　宋曾　鞏　1098-549- 21

● 朱　氏(滕康妻)宋
滕康妻朱氏封贈制　宋汪　藻　1128- 70- 7

● 朱　氏（蔣德璟繼妻）明
封安人制　明倪元璐　1297- 22- 2

● 朱　氏宋
集賢相母朱氏可追封燕國太夫人制　宋胡　宿　1088-808- 21

● 朱　氏（母）宋
朱氏母追封洛陽縣太君制　宋王　珪　1093-253- 36

● 朱　氏宋

仙韶副使朱氏可特授掌樂同管勾仙韶公事制　宋王安禮　1100- 26- 3

● 朱　氏宋
宮人朱氏可掌珍制　宋鄒　浩　1121-316- 18

● 朱　氏宋
宮人朱氏除建國夫人充司服制　宋翟汝文　1129-226- 4

● 朱　熹（母）宋
朱熹明堂恩贈母（制）　宋陳傅良　1150-627- 16

● 朱皇后（北周宣帝后）
朱后爲天太皇后册　北周宣帝　1400- 81- 2

● 朱倩奴宋
轉掌綜（制）　宋張　綱　1131- 9- 1

● 朱賢妃宋
昭容朱氏進位賢妃制　宋王安禮　1100- 28- 3

● 朱德妃宋
賢妃朱氏進位德妃制　宋王安禮　1100- 29- 3

七　畫

● 汪　氏(陳青妻)宋
同簽書樞密院事陳卓故祖母汪氏特贈崇國夫人（制）　宋洪咨夔　1175-262- 22

陳卓祖母汪氏贈魯郡夫人制　宋吳　泳　1176- 95- 10

● 汪　氏(樓鑰母)宋
太碩人汪氏遇慶典恩特封太淑人（制）　宋陳傅良　1150-602- 14

● 汪　氏宋
跋汪氏推恩誥　元袁　桷　1203-620- 47

● 汪　穀（妻）宋
（汪藻）贈故母制　宋王　洋　1132-434- 8

● 汪皇后（明景帝后）
景皇后尊謚勅　明王　鏊　1256-320- 18

● 完顏氏(阿里罕妻)元
（章佩丞和和）祖母完顏氏追封魏國夫人（制）　元趙孟頫　1196-731- 10

● 沈　氏(王越祖母)宋
王越祖母沈氏封長壽縣太君制　宋鄒　浩　1121-305- 16

● 沈　氏(江瑛妻)宋
（江萬里）曾祖母齊郡夫人沈氏贈清源

四庫全書文集篇目分類索引

史部

詔令奏議類：附錄

詔令下（女）七畫

郡夫人制　宋馬廷鸞　1187-56-7

●沈　氏（洪遂母）宋
洪邁弟朝散大夫新知陝州遂登極恩母沈氏加贈魏國夫人（制）　宋陳傅良　1150-614-15

●沈　氏（夏執中母）宋
夏執中所生母郡夫人沈氏贈崇國夫人（制）　宋陳傅良　1150-608-14

●沈　氏（程瑀妻）宋
封碩人制　宋張　擴　1129-68-7
可特封令人制　宋張　嵲　1131-498-18

●沈　氏（葛郯妻）宋
（葛郯）故妻沈氏贈成國夫人（制）　宋陳傅良　1150-587-12

●沈貴妃宋
德妃沈氏進封貴妃制　宋王　珪　1093-234-33

●沙正議（嫡母）元
（沙正議）嫡母封贈（制）　元袁　桷　1203-486-36

●沙正議（生母）元
（沙正議）生母封贈（制）　元袁　桷　1203-487-36

●沙喇氏（愛綾妻）元
愛綾故妻沙喇氏追封拂林王夫人制　元程鉅夫　1202-41-4

●宋　氏（文崇遠妻）宋
吏部侍郎同中書門下平章事文彥博曾祖母宋氏可追封魏國太夫人制　宋胡　宿　1088-808-21
（文彥博）曾祖母宋氏可追封燕國太夫人制　宋王安禮　1100-21-2
文彥博曾祖母追封越國太夫人宋氏可特追封韓國太夫人（制）　宋韓　維　1101-659-16

●宋　氏（王化基妻、王舉正母）宋
可追封曹國太夫人制　宋王　珪　1093-230-33

●宋　氏（王重瞻妻）宋
王淵曾祖母宋氏贈同安郡夫人制　宋張　擴　1129-112-11

●宋　氏（州位妻、州祕母）宋
母宋氏贈碩人制　宋張　擴　1129-60-7

●宋　氏（向敏中妻）宋
皇太后曾祖母宋氏（追封）楚國夫人制　宋蘇　轍　1112-330-31

●宋　氏（何宗妻）宋
（何宗）妻河南縣君宋氏可封河南郡君制　宋王　珪　1093-288-39

●宋　氏（呼延通妻）宋
可特封碩人制　宋張　嵲　1131-514-20

●宋　氏（韋安禮（韋安道）妻、韋皇后母）宋
（韋太后）母宋氏贈陳曹國夫人制　宋張　擴　1129-59-7
（宣和皇后）故母宋氏贈魏國夫人（制）　宋程　俱　1130-253-25
（韋皇太后）故母（制）　宋周麟之　1142-161-20

●宋　氏（姚樞妻）元
追封吳興郡夫人制　元不著撰人　1366-600-1

●宋　氏（孫彥卿母）宋
鄆州東阿縣尉孫彥卿母宋氏封壽縣太君制　宋劉　敞　1096-197-20

●宋　氏（孫朝隱母）宋
左迪功郎孫朝隱母宋氏年九十一特封太孺人制　宋張　擴　1129-82-8

●宋　氏（梁子美妻）宋
文安郡君宋氏可封文安郡夫人制　宋慕容彥逢　1123-398-8

●宋　氏（張榮妻）元
（張榮）妻宋氏進封濟南王夫人制　元揭傒斯　1208-199-6

●宋　氏（楊知章妻）宋
（楊棟）祖母和政郡夫人宋氏贈惠國夫人制　宋馬廷鸞　1187-49-6

●宋　氏（葛從周母）唐
葛從周母廣平郡太君宋氏進封廣平郡太夫人制　唐錢　珝　1336-773-419

●宋　氏(趙顥乳母)宋
雍王顥乳母宋氏贈郡君制　宋曾　鞏　1098-558- 22
●宋　氏(趙伯圭妻)宋
皇伯嗣秀王伯圭故妻秦國夫人宋氏追封兩國夫人（制）　宋樓　鑰　1152-625- 35
●宋　氏（趙宗誨繼母）宋
集慶軍節度使同中書門下平章事（趙）宗誨繼母宋氏可追封崇國太夫人制　宋鄭　獬　1097-171- 7
●宋　氏齊
滅降宋氏第秩詔　齊 高 帝　1399- 9- 1
●宋　氏宋
尙服廣平郡夫人宋氏可進封祁國夫人制　宋王　珪　1093-280- 38
●宋　氏宋
內人宋氏可贈柔惠恭穆夫人制　宋翟汝文　1129-224- 4
●宋　氏宋
典綜（制）　宋程　俱　1130-242- 24
●宋　氏宋
皇伯太師嗣秀王伯圭特換封瑞人賜親屬內欲將一名與故妻秦國夫人妹宋氏封瑞人（制）　宋陳傳良　1150-574- 11
●宋　庠（孫女）宋
同中書門下平章事宋庠親孫女特封永寧縣君制　宋王安石　1105-439- 54
●宋七娘宋
宋七娘轉司衣（制）　宋張　綱　1131- 9- 1
●宋叔康（妻）唐
宋叔康妻封邑號制　唐杜　牧　1081-691- 17
●宋皇后(靈帝后)漢
立宋皇后制詔　漢 靈 帝　1397- 59- 3
●宋神宗女（周國長公主）宋
皇長女封延禧公主制　宋鄭　獬　1097-169- 7
●汶　氏(盧拱母)宋
三班借職盧拱母汶氏可封永安縣太君制　宋呂　陶　1098- 75- 9

●成　氏(陳敦妻)宋
（陳駿）曾祖母滕國夫人成氏贈福國夫人（制）　宋陳傳良　1150-625- 16
（陳駿）曾祖母成氏河南郡夫人（制）　宋樓　鑰　1152-696- 40
（陳駿）曾祖母成氏滕國夫人（制）　宋樓　鑰　1152-709- 41
●成　氏（陳讓妻、陳駿母）宋
（陳駿）母杞國夫人成氏贈福國夫人（制）　宋陳傳良　1150-626- 16
（陳駿）前母成氏文安郡夫人（制）　宋樓　鑰　1152-697- 40
（陳駿）前母成氏杞國夫人（制）　宋樓　鑰　1152-710- 41
●李兒台旭真皇后（元太祖后）
（尊）太皇太后詔　元張伯淳　1194-435- 1
●豆盧氏（唐睿宗貴妃）唐
睿宗貴妃豆盧氏等食實封制　唐不著撰人　426-123- 25
●杜　氏(同繹妻、周宗旦伯母）宋
朝散大夫司農少卿同宗旦故伯母長安縣君杜氏可贈昭德縣君制　宋劉　放　1096-241- 23
●杜　氏(章子華妻)宋
（章太后）祖母杜氏贈鎭國夫人制　宋張　擴　1129- 59- 7
（宣和皇后）故祖母杜氏贈秦國夫人（制）　宋程　俱　1130-252- 25
（韋皇太后）故祖母（制）　宋周麟之　1142-161- 20
●杜　氏(曹詩母)宋
曹詩所生母杜氏可特封安康郡太君制　宋王安禮　1100- 27- 3
●杜　氏(陳寅妻)宋
西和州守陳寅妻安人杜氏死節贈官制　宋洪咨夔　1175-226- 17
●杜　氏(馮仲堪妻)宋

（馮澥）故祖母杜氏贈咸安郡夫人（制） 宋程 俱 1130-256- 26

●杜 氏（游格妻）宋

游伯祖母潭國夫人杜氏特贈楊國夫人制 宋徐元杰 1181-695- 7

●杜 氏（翟顗妻、翟朝宗嫡母）宋

翟朝宗嫡母杜氏贈信安郡夫人制 宋吳 泳 1176- 98- 10

●杜 氏宋

太皇太后殿典言杜氏可司正（制） 宋蘇 頌 1092-395- 34

●杜 範（妻）宋

杜範妻追贈制 宋徐元杰 1181-700- 7

●杜友宣（妻）宋

杜範母追贈制 宋徐元杰 1181-700- 7

●杜永修（妻）宋

杜範祖母追贈制 宋徐元杰 1181-700- 7

●杜廷臣（妻）宋

杜範曾祖母追贈制（二則） 宋徐元杰 1181-699- 7

●李 氏（万俟湜妻、万俟尙母）宋

万俟尙前母李氏贈平原郡夫人制 宋張 擴 1129-123- 12

●李 氏（王善妻）元

王桓故祖母李氏追封冀國夫人制 元程鉅夫 1202- 39- 4

●李 氏（王曾妻）宋

左諫議大夫參知政事王曾妻江夏郡君李氏可進封隴西郡夫人制 宋夏 竦 1087- 74- 3

●李 氏（王達妻、王德母）宋

御前統制王德母李氏封信安郡夫人制 宋張 擴 1129-128- 12

●李 氏（王增妻）元

王桓故曾祖母李氏追封冀國夫人制 元程鉅夫 1202- 38- 4

●李 氏（王璠母）唐

追封王璠等母制 唐元 稹 1079-597- 50

●李 氏（王代怒妻、王拱辰母）宋

王拱辰母李氏可追封

延安郡太君制 宋王 珪 1093-234- 33

●李 氏（王宗勝妻）宋

贈故尉北海郡王宗勝妻平昌郡夫人李氏可進封小國夫人制 宋劉 放 1096-202- 20

●李 氏（王慶端妻、王桓母）元

王桓故母李氏仍封冀國夫人制 元程鉅夫 1202- 40- 4

●李 氏（元明善妻）元

封清河郡夫人（制） 元袁 桷 1203-482- 36

●李 氏（安燾祖母）宋

安燾祖母李氏追贈制 宋蘇 轍 1112-333- 31

●李 氏（向經妻）宋

皇太后母李氏（追封）豫國夫人制 宋蘇 轍 1112-331- 31

●李 氏（向宗明妻、向子諲母）宋

可特贈碩人制 宋張 嵲 1131-516- 20

●李 氏（邢允迪妻）宋

皇后故曾祖母李氏可特贈蜀國夫人制 宋張 嵲 1131-473- 16

●李 氏（呂元吉妻）宋

（呂頤浩）曾祖母李氏贈兖國夫人（制） 宋程 俱 1130-246- 25

●李 氏（吳謙妻）宋

檢校少師吳璘曾祖母李氏贈溫國夫人制 宋張 擴 1129-123- 12

●李 氏（孟彥弼妻、孟忠厚母）宋

（孟忠厚）母李氏贈吳越國夫人（制） 宋程 俱 1130-250- 25

●李 氏（阿史那昕妻）唐

册交河公主文 唐不著撰人 426-281- 42

●李 氏（岳飛妻）宋

故岳飛妻李氏特與復楚國夫人（制） 宋周必大 1148- 36- 96

●李 氏（施坰妻）宋

（施坰）故妻李氏贈令人制 宋張 擴 1129- 69- 7

●李 氏（胡增妻、胡松年母）宋

（胡松年）前母李氏

贈秦國夫人制　　宋張　擴　1129-63-　7

● 李　氏（范旦前妻、范宗尹前母）宋

范宗尹故前母李氏追贈制　　宋綦崇禮　1134-536-　2

● 李　氏（范旦妻、范宗尹母）宋

范宗尹故母李氏制　　宋綦崇禮　1134-536-　2

● 李　氏（高衛妻）宋

（高衛）故妻李氏贈碩人（制）　　宋程　俱　1130-232-　23

● 李　氏（高瓊妻）宋

（英宗高皇后）曾祖母潘原縣太君追封滕國太夫人（制）　　宋王安石　1105-428-　53

（英宗高皇后）曾祖母隴西郡夫人李氏追封舒國夫人（制）　　宋王安石　1105-428-　53

太皇太后曾祖母李氏（追封）燕國夫人制　　宋蘇　轍　1112-327-　31

太皇太后曾祖母李氏（追封）韓國夫人制　　宋蘇　轍　1112-327-　31

● 李　氏（高遵甫妻）宋

（皇太后）母李氏可進封楚國太夫人制　　宋王安禮　1100-25-　3

（英宗高皇后）母樂壽縣君李氏進封均國夫人（制）　　宋王安石　1105-430-　53

太皇太后李氏（封）秦漢國夫人制　　宋蘇　轍　1112-329-　31

● 李　氏（高繼勳母）宋

皇太后曾祖母李氏可追封秦國太夫人制　　宋王安禮　1100-24-　3

（皇太后）曾祖母李氏可追封秦國太夫人制　　宋王安禮　1100-24-　3

● 李　氏（馬煥妻）宋

皇后親姊馬煥妻安化郡夫人李氏封信國夫人（制）　　宋陳傳良　1150-572-　11

● 李　氏（孫擇妻、孫近母）宋

（孫參政近）母金城郡夫人李氏可特贈博平郡夫人（制）　　宋劉一止　1132-167-　32

● 李　氏（孫逢吉妻）宋

孫逢吉明堂恩妻恭人李氏封令人（制）　　宋陳傳良　1150-628-　16

● 李　氏（夏復妻）明

（夏原吉）渥恩誥文（十三）　　明夏原吉　1240-539-　附

● 李　氏（烏頁爾妻）元

烏頁爾妻李氏贈營國夫人制　　元姚　燧　1201-415-　1

● 李　氏（張逵妻、張中孚母）宋

張中孚故母李氏贈瀛國夫人制　　宋張　擴　1129-112-　11

張中孚母李氏贈鄧國夫人制　　宋張　擴　1129-118-　11

● 李　氏（張彥度妻、張婕好母）宋

（張婕好）故母李氏贈淑人（制）　　宋程　俱　1130-268-　27

● 李　氏（陳恕妻、陳執中母）宋

工部侍郎參知政事陳執中母李氏贈崇國太夫人　　宋余　靖　1089-107-　11

● 李　氏（陳貫妻、陳安石母）宋

陳安石故母蔡國太夫人李氏可贈魏國太夫人制　　宋呂　陶　1098-69-　9

● 李　氏（陳良能母）宋

年九十以上特封太孺人（制）　　宋劉一止　1132-216-　45

● 李　氏（莫將妻）宋

（莫將）故妻李氏贈碩人制（二則）　　宋張　擴　1129-64-　7

● 李　氏（馮紹妻）宋

才人馮氏母崇德縣君李氏可特贈仙居縣太君制　　宋劉　攽　1096-226-　22

● 李　氏（馮碧妻）宋

（馮京）曾祖母李氏可追封兖國太夫人制　　宋王安禮　1100-19-　2

1144　　　　　　　　四庫全書文集篇目分類索引

史部　詔令奏議類：附錄　詔令下（女）七畫

●李　氏(游格妻)宋
游倍祖母邵國夫人李氏贈徐國夫人制　宋徐元杰　1181-694- 7

●李　氏(賈鈞母)元
賈鈞故母李氏追封定國夫人制　元程鉅夫　1202- 15- 2

●李　氏（賈鈞母）元
賈鈞故母李氏追封定國夫人制　元程鉅夫　1202- 15- 2

●李　氏(董弇妻)宋
（董弇）故妻李氏可贈令人制　宋張　嵲　1131-497- 18

●李　氏(董昕妻)元
（董某）曾祖母李氏追贈趙國夫人（制）　元袁　桷　1203-493- 37

●李　氏(董俊妻)元
（董某）祖母李氏特贈壽國夫人改贈趙國夫人（制）　元袁　桷　1203-494- 37

●李　氏(趙葵妻)宋
德國夫人李氏贈鄧國夫人制　宋馬廷鸞　1187- 61- 8

●李　氏(趙世采母)宋
世采母李氏（追封）安康郡太君制　宋蘇　轍　1112-343- 32

●李　氏(趙世膺母)宋
皇叔嘉州防禦使世膺所生母永安縣太君李氏可封咸安郡太君制　宋慕容彥逢　1123-396- 8

●李　氏(趙仲隱母)宋
皇叔恩州防禦使仲隱所生崇德縣太君李氏可安康郡太君制　宋劉　攽　1096-198- 20

●李　氏(趙克修母)宋
右領軍衛將軍克修所生母李氏可封南陽縣太君制　宋胡　宿　1088-793- 19

●李　氏(趙從式母)宋
磁州防禦使（趙）從式從所生母南陽縣太君李氏可永嘉郡君　宋沈　遘　1097- 47- 5

●李　氏（趙善應妻、趙汝愚母）宋

（趙汝愚）母李氏贈闕二字夫人（制）　宋陳傅良　1150-616- 15

（趙汝愚）母李氏贈冀國夫人（制）　宋陳傅良　1150-624- 16

（趙汝愚）母李氏贈安化郡夫人（制）　宋樓　鑰　1152-641- 36

（趙汝愚）母李氏饒陽郡夫人（制）　宋樓　鑰　1152-675- 38

（趙汝愚）母李氏申國夫人（制）　宋樓　鑰　1152-706- 41

●李　氏(鄭紳妻)宋
封贈鄭藻祖母李氏漢國夫人（制）　宋周必大　1148- 15- 95

●李　氏（鄭集成妻、鄭滋母）宋
鄭滋故母李氏可特贈蘄春郡夫人制　宋張　嵲　1131-518- 20

●李　氏(歐陽僜妻)宋
參知政事歐陽修祖母某氏誥命　宋王安石　1402-132- 25

●李　氏(劉廌母)元
（劉廌）母李氏追封邢國夫人（制）　元袁　桷　1203-478- 36

●李　氏（劉總外祖母）唐
劉總外祖母李氏贈趙國夫人制　唐白居易　1080-551- 51

●李　氏(劉永年妻)宋
（劉光世）故祖母李氏可特贈唐國夫人制　宋張　嵲　1131-462- 14

●李　氏（劉彥貞外祖母）南唐
（劉彥貞）外祖母追封某國夫人（制）　宋徐　鉉　1085- 58- 7

●李　氏(霍漢臣妻)宋
皇后親姊霍漢臣妻平涼郡夫人李氏封成國夫人（制）　宋陳傅良　1150-572- 11

●李　氏(閻復妻)元
贈永國夫人（制）　元袁　桷　1203-477- 36

●李　氏(韓松妻)宋
皇后親甥女韓松妻安人李氏特封恭人（制）　宋陳傅良　1150-572- 11

四庫全書文集篇目分類索引

● 李　氏(韓琦祖母)宋
韓琦祖母李氏可追封
　安平郡太夫人制　　宋王珪　1093-259- 36
● 李　氏(韓楚妻)宋
（韓京）繼祖母李氏
　贈安人制　　　　　宋張　擴　1129- 66-　7
● 李　氏(韓處均妻)宋
尙書吏部侍郎參知政
　事韓絳曾祖母追封
　秦國夫人李氏可追
　封秦國太夫人（制）宋蘇　頌　1092-404- 35
（韓縝）曾祖母李氏
　可追封燕國太夫人
　制　　　　　　　　宋王安禮　1100- 18-　2
韓維曾祖母李氏燕國
　太夫人（制）　　　宋蘇　軾　1108-676-107
● 李　氏宋
掌絲李氏進封典言制　宋宋　庠　1087-606- 26
● 李　氏宋
太皇太后殿李氏可典
　記（制）　　　　　宋蘇　頌　1092-395- 34
● 李　氏宋
神宗皇帝御侍五人等
　守永裕陵廻內李氏
　與掌飾大人制　　　宋劉　放　1096-234- 23
● 李　氏宋
追封京兆郡李太君制　宋鄭　獬　1097-173-　7
● 李　氏宋
仁壽郡太君李氏可追
　封嘉興郡太君制　　宋鄭　獬　1097-173-　7
● 李　氏宋
故董淑妃養女御侍李
　氏仁和縣君依舊御
　侍制　　　　　　　宋王安石　1105-438- 54
● 李　氏（等）宋
李氏等並贈縣太君制　宋鄒　浩　1121-310- 17
● 李　氏宋
掌簿李氏知尙書內省
　公事制　　　　　　宋鄒　浩　1121-314- 17
● 李　氏宋
淑國夫人李氏陞添四
　字封柔和恭順制　　宋張　擴　1129- 53-　7
● 李　氏宋
南昌郡夫人李氏轉國
　夫人制　　　　　　宋張　擴　1129- 54-　7

● 李　氏宋
神宗皇帝朝宮人李氏
　特除溫國夫人制　　宋翟汝文　1129-225-　4
● 李　氏宋
宮人李氏除和國夫人
　充司儀制　　　　　宋翟汝文　1129-226-　4
● 李　氏宋
皇后親姊闕士廉妻彭
　原郡李氏封崇國夫
　人（制）　　　　　宋陳傅良　1150-572- 11
● 李　氏宋
恭王夫人李氏定國夫
　人制　　　　　　　宋洪　适　1158-384- 21
● 李旦女（仙源縣主）唐
封仙源縣主制　　　　唐不著撰人　426-287- 43
● 李旦女（淮陽縣主）唐
封壽昌縣主制　　　　唐不著撰人　426-286- 43
● 李旦女（壽光縣主）唐
封壽昌縣主制　　　　唐不著撰人　426-286- 43
● 李旦女(壽昌縣主)唐
封壽昌縣主制　　　　唐不著撰人　426-286- 43
● 李　佑（母）唐
李佑亡母追封國郡太
　夫人制　　　　　　唐白居易　1080-540- 50
● 李結女唐
封安吉縣主制——開
　元二年十二月二十
　八日　　　　　　　唐蘇　頲　426-287- 43
● 李　道（母）宋
李道封贈故母（制）　宋周必大　1148- 16- 95
● 李　道（妻）宋
李道封贈妻（制）　　宋周必大　1148- 16- 95
● 李業女(安定郡主)唐
封安定郡主制　　　　唐孫　逖　426-286- 43
● 李業女(新平郡主)唐
封新平郡主制　　　　唐孫　逖　426-286- 43
● 李業女(襄樂縣主)唐
加襄樂縣主等實封制　唐孫　逖　426-287- 43
● 李　懋（妻）元
（李個）祖母某氏贈
　冀寧郡夫人（制）　元袁　桷　1203-479- 36
● 李才人宋
李氏可才人制　　　　宋夏　竦　1087- 72-　3
● 李守禮女唐

封華亭縣主制　　唐不著撰人　426-287- 43

● 李孝友（女）宋

皇后親姪孫女李孝友女孺人李氏特封安人制　　宋陳傳良　1150-572- 11

● 李性傳（曾祖母）宋

李性傳曾祖母追贈永嘉郡夫人制　　宋徐元杰　1181-697- 7

● 李性傳（祖母）宋

李性傳祖母追贈制　　宋徐元杰　1181-698- 7

● 李性傳（母）宋

李性傳母追贈制　　宋徐元杰　1181-698- 7

● 李性傳（妻）宋

追贈制（二則）　　宋徐元杰　1181-698- 7

● 李洪用（祖母）宋

李洪用循資回封祖母制　　宋胡　寅　1137-436- 12

● 李皇后（北周武帝后）

天元聖皇太后册　　北周宣帝　1400- 80- 2

● 李進進宋

李進進轉通義郡夫人（制）　　宋樓　鑰　1152-669- 38

● 李道復（妻）元

李道復妻贈韓國夫人制　　元姚　燧　1201-424- 2

李道復妻封韓國夫人制　　元姚　燧　1201-425- 2

● 李瑋育（母）宋

李瑋育母可仁壽郡太夫人制　　宋王安禮　1100- 27- 3

● 邢　氏（龐令格妻、龐籍母）宋

龐籍母邢氏可特追封齊國太夫人制　　宋王　珪　1093-259- 36

● 邢　氏宋

后姊邢氏加封郡夫人（制）　　宋張　綱　1131- 20- 3

● 邢　氏宋

后妹邢氏封安人（制）　　宋張　綱　1131- 21- 3

● 邢念二宋

崇奉几筵內人掌字邢念二轉典字（制）　　宋劉一止　1132-197- 40

● 邢賢妃宋

邢氏進邢賢妃制　　宋孫　洙　1350-364- 35　1402-103- 17

● 克　臣（母）宋

朝議大夫工部侍郎克臣母可贈普寧郡太夫人制　　宋劉　放　1096-225- 22

● 克呼展氏（博爾歡妻、額森特穆爾母）元

額森特穆爾故母克呼展氏加追封泰安王夫人制　　元程鉅夫　1202- 37- 3

● 克呼氏和斯納蘇（伊蘇妻）元

蒙克特穆爾祖姑克呼氏和斯納蘇贈秦國夫人制　　元姚　燧　1201-422- 2

● 折　氏（郭浩妻）宋

郭浩故妻折氏贈咸安郡夫人制　　宋張　擴　1129-117- 11

● 阮　氏（沈介母）宋

兵部尚書沈介所生母阮氏贈碩人制　　宋洪　适　1158-397- 22

● 阮　氏（洪咨夔妻、洪勳洪熹母）宋

吳郡夫人阮氏贈吉國夫人制　　宋馬廷鸞　1187- 53- 7

特贈吳郡夫人制　　宋馬廷鸞　1187- 64- 8

● 呂　氏（突厥可汗夫人）唐

封突厥可汗夫人呂氏孫氏等制　　唐不著撰人　426-940-128

● 呂　氏（胡直儒妻）宋

（胡直儒）故妻呂氏贈淑人（制）　　宋程　俱　1130-233- 23

● 呂　氏（許樞妻、許及之母）宋

（許及之）故母呂氏贈令人（制）　　宋樓　鑰　1152-698- 40

● 呂六六宋

紅霞帔呂六六轉掌記（制）　　宋張　綱　1131- 51- 8

● 吳　氏（王异妻）宋

（王次翁）故曾祖母吳氏可特贈榮國夫人制　　宋張　嵲　1131-464- 14

● 吳　氏（王益妻、王安石母）宋

四庫全書文集篇目分類索引

新除右諫議大夫參知政事王安石母封贈（制二則） 宋蘇 頌 1092-407- 35

●吳 氏(王承宗母)唐

封齊國太夫人制 唐元 稹 1079-594- 49

●吳 氏（田潤妻、田忠良母）元

田忠良故母吳氏追封趙國夫人制 元程鉅夫 1202- 25- 2

●吳 氏(向傳亮妻)宋

皇太后祖母吳氏（追封）越國夫人制 宋蘇 轍 1112-330- 31

●吳 氏(沈繼宗妻)宋

德妃沈氏母追封福昌縣太君吳氏宜特追封 宋余 靖 1089-110- 11

●吳 氏（李琮妻、李回母）宋

（李回）嫡母吳氏贈秦國夫人（制） 宋程 俱 1130-229- 23

●吳 氏（李愛、李綱母）宋

用登極恩封贈制 宋汪 藻 1128- 66- 7

已封郡夫人進封國夫人制 宋汪 藻 1128- 68- 7

●吳 氏(李繼捧母)宋

耀州節度李繼捧母漢陽郡夫人吳氏可進封南陽郡太夫人（制） 宋田 錫 1085-555- 29

●吳 氏(呂定母)宋

保義郎呂定母吳氏年九十二特封太孺人制 宋張 擴 1129- 83- 8

●吳 氏（何璉妻、何鑄母）宋

可特封太碩人制 宋張 嶸 1131-511- 20

●吳 氏（唐武宗昭儀）

吳氏等封昭儀制 唐不著撰人 426-125- 25

●吳 氏（周庭俊妻、周執羔母）宋

宜人吳氏贈令人制 宋洪 适 1158-372- 19

●吳 氏（周順昌妻）明

贈淑人制 明倪元璐 1297- 8- 1

周順昌妻誥命 明繆昌期 1402-129- 4

●吳 氏(胡宿妻)宋

樞密副使胡宿亡妻崇仁縣君吳氏追封蘭陵郡夫人制 宋王安石 1105-437- 54

●吳 氏(黃棠母)宋

（黃棠）母永寧郡夫人吳氏贈高密郡夫人（制） 宋程 俱 1130-224- 22

●吳 氏(程贊明妻)宋

程相公祖母制 宋蔡 襄 1090-458- 14

●吳 氏(廖鵬飛母)宋

右迪功郎廖鵬飛母吳氏年八十二封孺人制 宋張 擴 1129- 70- 7

●吳 氏(趙宗樸母)宋

皇叔彰德軍節度使左僕射同中書門下平章事宗樸故育母樂安郡太君吳氏追封永嘉郡夫人（制） 宋蘇 頌 1092-400- 35

●吳 氏（樓關妻）宋

資政殿學士樓炤曾祖母吳氏贈瑯琊郡夫人制 宋張 擴 1129-124- 12

（簽書樞密院事樓炤）曾祖母永昌縣太君吳氏可特贈恩平郡夫人（制） 宋劉一止 1132-200- 41

●吳 氏(錢繆妻)吳越

燕國夫人吳氏進封晉國夫人制 唐錢 翊 1336-772-419

1402- 81- 14

●吳 氏（謝奕昌妻、謝堂母）宋

資政殿大學士謝堂母吳氏特贈齊魏國夫人 宋王應麟 1187-267- 5

●吳 氏宋

皇太后殿吳氏可掌籍（制） 宋蘇 頌 1092-394- 34

●吳 氏宋

太皇太后殿典言吳氏可司設（制） 宋蘇 頌 1092-395- 34

史部

詔令奏議類：附錄

詔令下（女）七畫

四庫全書文集篇目分類索引

史部

詔令奏議類：附錄

詔令下（女）七－八畫

● 吳 氏 宋
太皇太后殿吳氏可典贊（制） 宋蘇 頌 1092-395- 34
● 吳 氏 宋
故尚書吳氏可贈安定郡夫人制 宋劉 攽 1096-234- 23
● 吳 氏 宋
典言吳氏轉國夫人制 宋汪 藻 1128- 71- 7
● 吳 氏 宋
宣和皇后姪女母吳氏封恭人制 宋汪 藻 1128- 71- 7
● 吳 氏 宋
宮正吳氏封郡夫人制 宋張 擴 1129- 54- 7
● 吳 氏 宋
皇后姑吳氏封恭人制 宋張 擴 1129-150- 14
● 吳 氏 宋
皇后姐吳氏二人封淑人制 宋張 擴 1129-150- 14
● 吳 氏 宋
皇后妹吳氏二人封淑人制 宋張 擴 1129-150- 14
● 吳 氏 宋
隨龍慶國柔懿淑美保慈夫人吳氏上遺表特贈柔懿淑美端靖肅恭保慈夫人（制） 宋劉一止 1132-222- 46
● 吳 氏 宋
吳氏特贈秦魏國夫人（制） 宋周必大 1148- 19- 95
● 吳 近（妻）宋
（吳皇后贈）母制 宋劉才邵 1130-448- 4
● 吳皇后（宋高宗后）
皇帝加上壽聖太上皇后玉册文 宋周必大 1148- 87-101
加上太上皇帝太上皇后尊號詔 宋周必大 1148-124-104
加上太上皇帝太上皇后尊號詔 宋周必大 1148-125-104
代梁丞相作壽聖齊明廣慈備德太上皇后册文 宋楊萬里 1161-274- 97
● 吳皇后（曾祖母）宋
（吳皇后贈）曾祖母制 宋劉才邵 1130-447- 4
● 吳皇后（祖母）宋

（吳皇后贈）祖母制 宋劉才邵 1130-447- 4
● 余 氏(王銍妻)宋
（王銍）故妻余氏可特贈令人制 宋張 嵲 1131-512- 20
● 余 氏(王銍妻)宋
（王銍）妻余氏可特封令人制 宋張 嵲 1131-512- 20
● 余 氏（王仁恕妻、王銍母）宋
可特封太令人制 宋張 嵲 1131-511- 20
● 余佑之（祖母）宋
余佑之將轉一官换封祖母制 宋胡 寅 1137-432- 12
● 伯蘇氏（阿珠妻、布琳濟達母）元
（贈）太尉并國公夫人某氏制 元王 惲 1201- 28- 67
● 何 氏（梁固妻、梁汝嘉母）宋
贈淑人制 宋張 擴 1129- 60- 7
● 何 氏（詹文妻、詹度母）宋
（詹度）母何氏特贈榮國夫人制 宋許景衡 1127-236- 7
● 何 氏(趙世智母)宋
世智母何氏（追封）永昌郡太君制 宋蘇 轍 1112-343- 32
● 何 氏(劉聚妻)元
劉正故祖母何氏追封清國夫人制 元程鉅夫 1202- 19- 2
● 何皇后(唐昭宗后)
册淑妃爲皇后文 唐錢 珝 1337-179-446
册淑妃何氏爲皇后文 唐楊 鉅 1337-180-446
● 彤 氏(王遷妻)宋
王之望贈祖母彤氏永嘉郡夫人制 宋洪 适 1158-376- 20

八 畫

● 宗 氏(薩里妻)元
薩里妻宗氏封徐國太夫人制 元程鉅夫 1202- 27- 3
● 宗 旦（等妻）宋
防禦使宗旦等新婦可并封郡縣君制 宋胡 宿 1088-792- 19
● 京 鐄(曾祖母）宋
（京鐄）曾祖母闕氏

贈郡夫人（制） 宋陳傅良 1150-630- 17
●京 鑑（祖母）宋
（京鑑）祖母（封贈制） 宋陳傅良 1150-630- 17
●武 氏（唐睿宗賢妃）
皇帝良娣董氏等貴妃誥 唐不著撰人 426-123- 25
●武 氏宋
同知尚書省事御侍永樂縣君武氏進封典寶落御侍制 宋宋 庠 1087-606- 26
●武 曌（唐高宗后）
上聖祖大道玄元歸號并五聖加諡制 唐不著撰人 426-592- 78
●武才人宋
武氏進封才人制 宋樓 鑰 1152-679- 39
●拓跋氏（李永奈妻、李顯忠母）宋
特贈楚國夫人（制） 宋周必大 1148- 55- 98
●孟 元（妻）宋
隆祐太后祖母追贈制 宋汪 藻 1128- 64- 7
●孟 氏（晏殊妻）宋
樞密副史禮部侍郎晏殊妻江夏郡君孟氏可進封鉅鹿郡夫人制 宋夏 竦 1087- 73- 3
●孟 氏（烏爾圖妻）元
常布呼齊故祖母孟氏追封趙國夫人制 元程鉅夫 1202- 48- 4
●孟 氏（張中孚妻）宋
張中孚妻孟氏封景國夫人制 宋張 擴 1129-118- 11
●孟 氏（解忠妻）宋
解忠妻孟氏可特封碩人制 宋張 嵲 1131-516- 20
●孟 隨（妻）宋
隆祐太后曾祖母追贈制 宋汪 藻 1128- 63- 7
●孟皇后（宋哲宗后）
立皇后孟氏制 宋 哲 宗 538-496- 75
立皇后册文 宋蘇 頌 1092-232- 15
立皇后孟氏制 宋梁 燾 1350-374- 36
復元祐皇后制 宋蔡 京 1350-376- 36
復元祐皇后孟氏制 宋蔡 京 1402-103- 17

●孟皇后（母）宋
隆祐太后封贈制 宋汪 藻 1128- 65- 7
●析 氏（李言妻）宋
（李顯忠）故祖母析氏特贈魏國夫人（制） 宋周必大 1148-545- 98
●奇塔特薩里（妻）元
（耀珠封贈）祖母（制） 元趙孟頫 1196-729- 10
●阿 濃（黃光倩母）宋
右江溪洞田州知州黃光倩母阿儂可封宣化郡君制 宋胡 宿 1088-793- 19
●阿里哈（囊嘉特妻、和台母）元
（和台封贈）故母阿里哈（制） 元趙孟頫 1196-733- 10
●阿力海涯（妻）元
（阿力海涯）妻某氏贈國夫人（制） 元袁 桷 1203-482- 36
●阿穆爾氏（額布勒津妻、和和母）元
追封魏國夫人（制） 元趙孟頫 1196-732- 10
●阿史那皇后（北周武帝后）
尊天元上皇太后册 北周宣帝 1400- 80- 2
●阿勒坦薩里（妻）元
（耀珠封贈）曾祖母（制） 元趙孟頫 1196-728- 10
●阿老罕布濟克（巴雅爾罕妻）元
趙王專故曾祖母阿老罕布濟克追封趙國大長公主制 元程鉅夫 1202- 30- 3
●阿喇特納巴拉元
阿喇特納巴拉追封趙王公主（制） 元柳 貫 1210-288- 7
●阿齊諾延濟勒（妻）元
皇太后故曾祖母某氏追封魯忠武王妃制 元程鉅夫 1202- 35- 3
●阿爾台呼塔噶氏（布哈穆爾妻、拜布哈母）元
拜布哈故母阿爾台呼塔噶氏追封居延王

1150　　　　　　　四庫全書文集篇目分類索引

夫人制　　　　　　　　元程鉅夫　1202- 43- 4

● 阿實克呼都克棻 元

阿實克呼都克棻封趙王公主（制）　　　　元柳　貫　1210-287- 7

● 邵　氏（李琮妻、李回母）宋

（李回）繼母邵氏贈秦國夫人（制）　　宋程　俱　1130-230- 23

● 邵　氏（程俊母）宋

中亮大夫康州防禦使程俊母邵氏特封恭人制　　　　　　宋張　擴　1129- 82- 8

● 邵　氏（瞿式耜妻）明

封孺人勅　　　　　　明倪元璐　1297- 25- 2

● 長孫皇后（唐太宗后）

上聖祖大道玄元皇帝號幷五聖加謚制　　唐不著撰人　426-592- 78

● 林卒氏（包順妻）宋

可長道縣君制　　　　宋王安禮　1100- 22- 2

● 林　氏（周宏妻）宋

內侍省高班周宏妻林氏可封福昌縣君制　宋王　珪　1093-241- 34

● 林　氏（俞溫妻、俞侯母）宋

（俞侯）母林氏封孺人制　　　　　　　宋張　擴　1129- 61- 7

● 林　氏（陳卓妻）宋

同簽書樞密院事陳卓故妻林氏贈大寧郡夫人　　　　　宋洪咨夔　1175-263- 22

陳卓妻林氏贈信安郡夫人制　　　　　　宋吳　泳　1176- 96- 10

● 林　氏（陳昉母）宋

陳昉初除尚書母齊國夫人林氏贈魯國夫人制　　　　　宋馬廷鸞　1187- 65- 8

● 林　氏（陳昉妻）宋

故妻令人林氏贈淑人制　　　　　　　　宋馬廷鸞　1187- 65- 8

● 林　氏（趙師至妻）宋

趙與懽祖母林氏追贈制　　　　　　　　宋徐元杰　1181-696- 7

● 林　氏（樓炤妻）宋

資政殿學士樓炤故妻

林氏贈通郡夫人制　　宋張　擴　1129-125- 12

（簽書樞密院事樓炤）妻淑人林氏可特贈宜春郡夫人（制）　宋劉一止　1132-202- 41

● 林　氏（劉克莊繼母）宋

繼母林氏贈魏國夫人制　　　　　　　　宋馬廷鸞　1187- 62- 8

● 林　氏（劉克莊妻）宋

妻碩人林氏贈淑人制　宋馬廷鸞　1187- 62- 8

● 林　氏 宋

皇帝乳母林氏可進封秦晉國永壽佑聖夫人制　　　　　宋王　珪　1093-249- 35

● 林禧子（母）宋

林禧子封母孺人制　　宋洪咨夔　1175-229- 17

● 來　氏（王克存妻）宋

（王綸）故祖母來氏贈淮安郡夫人（制）　宋程　俱　1130-235- 23

贈（王參政）祖母來氏制　　　　　　　宋李正民　1133- 39- 3

● 旺扎勒氏（托歡母）宋

托歡母旺扎勒氏封順德王太夫人制　　　元程鉅夫　1202- 35- 3

● 旺扎勒圖（妻）元

旺扎勒圖妻某氏追封林國夫人制　　　　元程鉅夫　1202- 15- 2

● 旺扎勒台氏（庫楚妻）元

庫楚妻旺扎勒台氏封應國夫人制　　　　元程鉅夫　1202- 45- 4

● 旺扎勒岱爾氏（達爾罕博囉齊妻）元

達爾罕哈喇哈遜故祖母旺扎勒岱爾氏追封順德王夫人制　　元程鉅夫　1202- 34- 3

● 明　埒（妻）元

（封雅克布琳知院）祖母（制）　　　　元虞　集　1207-319- 22

● 明里察（妻）元

（中書左丞某）曾祖母追封高昌郡夫人（制）　　　　元袁　桷　1203-483- 36

● 明懿祖（妻）

懿祖姚諡册文　　　　　明蘇伯衡　1228-553- 2
　　　　　　　　　　　　　　　　1393-494- 1
● 花　氏宋
太皇太后殿氏可典珍
　（制）　　　　　　　宋蘇　頌　1092-395- 34
● 花　氏宋
宮人花氏除司服制　　　宋翟汝文　1129-226- 4
● 呼巴氏（穆呼哩烏
　爾巴咱爾羅丹妻）元
額卜德呼勒故祖母呼
　氏追封吉國夫人制　　元程鉅夫　1202- 21- 2
● 呼喇章（青海妻）元
太保左丞相封贈祖母
　制　　　　　　　　　元馬祖常　1393-242- 17
● 呼喇濟（青哈妻）元
太保左丞相祖母呼喇
　濟追封河南王夫人
　制　　　　　　　　　元馬祖常　1206-555- 6
● 呼圖克章（塔瑪噶
　爾（圖）妻）元
太保左丞相曾祖母呼
　圖克章追封陽翟王
　夫人制　　　　　　　元馬祺常　1206-555- 6
　　　　　　　　　　　　　　　　1373-241- 17
● 周　氏（李繼捧祖
　母）宋
耀州節度李繼捧祖母
　河西周氏可特進西
　河郡太夫人（制）　　宋田　錫　1085-555- 29
● 侍其氏（葛郛曾祖
　母）宋
（葛郛）曾祖母侍其
　氏贈冀國夫人（制）　宋陳傅良　1150-585- 12
● 和　氏（趙士香祖
　母）宋
右監門衞大將軍士香
　故父所生母和氏可
　安吉縣太君制　　　　宋劉　敞　1096-197- 20
● 和拉布哈（妻）元
和拉布哈故妻某氏追
　封歸德王夫人制　　　元程鉅夫　1202- 32- 3
● 和斯德濟德呼氏（
　達實端多卜妻）元
拜布哈曾祖母和斯德
　濟德呼氏　　　　　　元程鉅夫　1202- 42- 4

● 和塔拉奇爾默色元
封降高麗國王公主制　　元張伯淳　1194-435- 1
● 和塔拉都哩默色（
　曾祖母）元
和承旨曾祖母制　　　　元蒲道源　1210-694- 15
● 周　氏（王勝母）宋
王勝故母周氏可特贈
　碩人制　　　　　　　宋張　嵩　1131-514- 20
● 周　氏（李齊妻、
　李周前母）宋
李周故前母仙遊縣太
　君周氏可贈安定郡
　太君制　　　　　　　宋呂　陶　1098- 73- 9
● 周　氏（李士明妻）宋
李清臣祖母追贈制　　　宋蘇　轍　1112-335- 31
● 周　氏（李宗壽妻）宋
李清臣曾祖母周氏追
　贈制　　　　　　　　宋蘇　轍　1112-334- 31
● 周　氏（李顯忠妻）宋
（李顯忠）妻周氏特
　封安康郡夫人（制）　宋周必大　1148- 56- 98
● 周　氏（高世則妻）宋
妻周氏封鄆國夫人制　　宋張　擴　1129- 55- 7
高世則妻周氏可特封
　福國夫人制　　　　　宋張　嵩　1131-495- 18
● 周　氏（孫丕妻）宋
孫副樞母追封河南郡
　太夫人周氏再追封
　江陵郡太夫人制　　　宋蔡　襄　1090-456- 14
● 周　氏（孫植妻）宋
孫副樞祖母追封汝南
　郡太夫人周氏再追
　封河間太夫人制　　　宋蔡　襄　1090-456- 14
● 周　氏（張正鶄妻）明
南京兵部武庫司主事
　張正鶄父母幷妻敕
　命　　　　　　　　　明孫繼皐　1291-201- 1
● 周　氏（賀納賢妻）明
南京戶部福建清吏司
　員外郎賀納賢妻誥
　命　　　　　　　　　明朱之俊　1402-136- 25
● 周　氏（詹文母）宋
詹度祖母周氏特贈建
　安郡夫人制　　　　　宋許景衡　1127-235- 7
● 周　氏（鄧忠臣母）宋

四庫全書文集篇目分類索引

史部

詔令奏議類：附錄

詔令下（女）八─九畫

忠臣母周氏封縣太君制　宋曾　鞏　1098-551- 21

●周　氏（劉廣祖母）漢

贈沛王廣祖母詔　漢 順 帝　1397- 52- 3

●周　氏（韓保樞妻）宋

尚書吏部侍郎參知政事韓絳祖母追封魯國太夫人　宋蘇　頌　1092-404- 35

（韓縝）祖母周氏可並追封冀國太夫人　宋王安禮　1100- 19- 3

韓維祖母周氏（魯國太夫人制）　宋蘇　軾　1108-676-107

●周　氏南唐

追封許國太子妃册　宋徐　鉉　1085- 69- 9

●周　氏宋

貴妃乳母周氏可特封長安縣君制　宋胡　宿　1088-794- 19

●周　氏宋

御侍周氏進封延安郡君制　宋王　珪　1093-280- 38

●周　寧（母）宋

管軍周寧母贈碩人制　宋許　翰　1123-511- 2

●周　寧（繼母）宋

（管軍周寧封贈）繼母勅　宋許　翰　1123-517- 3

●周　寧（妻）宋

（管軍周寧封贈）故妻勅　宋許　翰　1123-517- 3

●周　寧（妻）宋

（管軍周寧封贈）妻勅　宋許　翰　1123-517- 3

●周　綸（母）宋

著作佐郎周綸母年九十一封縣君（制）　宋蘇　頌　1092-399- 34

●周士樸（妻）明

（周士樸）妻（封爲淑人制）　明倪元璐　1297- 34- 3

● 周必大（祖母）宋

（周必大）祖母（封贈制）　宋陳傅良　1150-611- 15

● 周必大（母）宋

（周必大）母（封贈制）　宋陳傅良　1150-612- 15

● 周宣帝后（天元四皇后）北周

天元四皇后加太册　北周宣帝　1400- 81- 2

●周宣帝后（天中太皇后）北周

又立天中太皇后册　北周宣帝　1400- 81- 2

●周貴人漢

賜周貴人策（二則）　漢鄧　綏　1397- 71- 4

●金　氏（王序妻）宋

王序故妻金氏（制）　宋張　綱　1131- 22- 4

●金　氏（王栩妻）元高麗

高麗國王封贈祖父母制　元王　構　1367-145- 12

●金　氏（程栩妻、程瑀母）宋

（程瑀）母金氏贈碩人制　宋張　擴　1129- 68- 7

●岳　氏（張逵妻、張中孚前母）宋

張中孚前母岳氏贈華國夫人制　宋張　擴　1129-112- 11

張中孚前母岳氏贈楚國夫人制　宋張　擴　1129-118- 11

●岳不惜宋

崇奉几筵內人掌字邢念二轉典字紅霞帔岳不惜轉掌字（制）　宋劉一止　1132-197- 40

●房　氏（宋叔康妻）唐

封宋叔康妻房氏河東郡夫人制　唐杜　牧　1336-774-419

●房　氏（解忠妻）宋

解忠故妻房氏可特贈碩人制　宋張　嵲　1131-516- 20

九　畫

●洪　氏（留寔妻）宋

（留正）祖母洪氏贈商國夫人（制）　宋樓　鑰　1152-628- 35

●洪　氏（許及之妻）宋

（許及之）故妻洪氏贈令人（制）　宋樓　鑰　1152-698- 40

●宣　氏（陳騤妻、陳戩孫母）宋

陳騤子戩孫遇慶典恩乞進封其母（制）　宋陳傅良　1150-602- 14

（陳騤）妻闕氏封闕（制）　宋陳傅良　1150-626- 16

四庫全書文集篇目分類索引

史部　詔令奏議類：附錄　詔令下（女）九畫

（陳駿）妻宣氏封魯郡夫人（制）　宋樓　鑰　1152-697- 40

（陳駿）妻宣氏封魏郡夫人（制）　宋樓　鑰　1152-710- 41

●姜　氏（李長祺妻、李清母）明
（李清）母（封爲太孺人勅）　明倪元璐　1297- 46- 4

●姜　氏（呂頤浩妻）宋
（呂頤浩）故妻姜氏贈衞國夫人（制）　宋程　俱　1130-247- 25

●計　氏（張咸妻、張浚母）宋
（張浚）母計氏封淮安郡夫人（制）　宋程　俱　1130-254- 25

（張浚）母計氏可特封鎭國夫人制　宋張　嵲　1131-438- 11

張浚母計氏改封蜀國太夫人制　宋胡　寅　1137-452- 13

●施　氏（王中正妻）宋
贈鎭南軍節度使王中正妻吳興郡君施氏可特進封渤海郡夫人制　宋夏　竦　1087- 73- 3

●施　氏（陳昉母）宋
生母令人施氏贈淑人（制）　宋馬廷鸞　1187- 65- 8

●施　氏（潘祖仁妻、潘良貴母）宋
潘良貴故母施氏可特贈令人制　宋張　嵲　1131-517- 20

●施　氏（瞿汝說妻、瞿式耜母）明
（瞿式耜）母（贈爲恭人制）　明倪元璐　1297-26- 2

●郎　氏（樓定國妻）宋
（簽書樞密院事樓炤）祖母華原郡夫人郎氏特贈永寧郡夫人（制）　宋劉一止　1132-201- 41

●威喇章（哈扎爾妻）元
（和台封贈）曾祖母威喇章（制）　元趙孟頫　1196-732- 10

●胡　氏（王存妻）宋
王存妻胡氏（封）齊安郡夫人（制）　宋蘇　轍　1112-347- 32

●胡　氏（王汝舟祖母）宋
王汝舟祖母胡氏封嘉興縣太君制　宋蘇　軾　1112-346- 32

●胡　氏（布拉吉達妻）元
追封河南王夫人制　元馬祖常　1206-552- 6

●胡　氏（宋庠妻）宋
集賢相宋庠妻淮陽郡夫人胡氏可成國夫人制　宋胡　宿　1088-790- 19

宋觀文妻制　宋蔡　襄　1090-463- 15

●胡　氏（姜立心妻、姜應甲母）明
（姜應甲）嫡母（追贈孺人勅）　明倪元璐　1297- 31- 2

●胡　氏（柳庭俊妻、柳約母）宋
工部侍郎柳庭俊妻封碩人制　宋許　翰　1123-511- 2

（柳約）母胡氏封齊安郡夫人（制）　宋程　俱　1130-255- 26

●胡　氏（莫援妻、莫將母）宋
（莫將）母胡氏贈碩人制　宋張　擴　1129- 64- 7

●胡　氏（馮瑀謀妻）宋
（馮京）祖母胡氏可追封魯國太夫人制　宋王安禮　1100- 20- 2

●胡　氏（賀承恩妻、賀納賢母）明
南京戶部福建吏司員外郎賀納賢母誥命　明朱之俊　1402-136- 25

●胡　氏（程世顯妻）宋
程克俊祖母胡氏贈齊安郡夫人制　宋張　擴　1129-110- 11

●胡　氏（賈璉妻）宋
觀文殿學士尚書右僕射賈昌朝祖母胡氏可追封魏國太夫人制　宋胡　宿　1088-806- 21

●胡　氏（趙方妻、趙葵母）宋
雍國夫人胡氏贈潭國

四庫全書文集篇目分類索引

夫人制　　　　　　　　　宋馬廷鸞　1187- 61- 8

● 胡　氏(韓琦母)宋
韓琦母胡氏可追封河東郡太夫人制　　　　　　　宋王珪　1093-259- 36

● 胡　氏宋
胡氏封郡夫人（制）　　宋樓鑰　1152-685- 39

● 胡　況（妻）宋
（胡直儒）故母贈淑人（制）　　　　　　　　　宋程俱　1130-233- 23

● 胡皇后(明仁宗后)
上皇太后尊號册立皇后詔　　　　　　　　　　　明楊士奇　1239-600- 1

● 胥　氏宋
仙韶副使胥氏可充樂使管勾仙韶公事　　　　　　宋孔武仲　1345-294- 11

● 匽皇后(漢桓帝母)漢
尊匽貴人爲孝崇皇后詔　　　　　　　　　　　　漢 桓 帝　1397- 56- 3

● 耶律氏(蕭顗妻)宋
（蕭中一）男武翼大夫顗妻耶律氏封安人（制）　宋周必大　1148- 42- 97

● 耶律氏(蕭中一妻)宋
蕭中一妻耶律氏封郡夫人（制）　　　　　　　　宋周必大　1148- 41- 97

● 耶律氏(蕭中一妻)宋
（蕭中一）小妻耶律氏封安人（制）　　　　　　宋周必大　1148- 41- 97

● 耶律氏(蕭存德母)宋
蕭鷗巴奏孫秉義郎存德乞將磨勘轉官回授母淑人耶律氏封郡夫人（制）　　宋樓鑰　1152-617- 34

● 南　氏(楊政妻)宋
武當年節度使楊政妻南氏封同安郡夫人制　　　　宋張　擴　1129-129- 12

● 柳　氏（王暶妻）元
高麗國王封曾祖母（制）　　　　　　　　　　　元姚　燧　1367-143- 11
　　　　　　　　　　　　　　　　　　　　　　　　　　　　1373- 91- 7

● 柳　氏宋
柳氏可追封華原郡夫人制　　　　　　　　　　　宋王安禮　1100- 26- 3

● 韋　氏（太訓妻）元
太訓之妻韋氏封韓國夫人制　　　　　　　　　　元姚　燧　1201-412- 1

● 韋氏等(孔戣等母)唐
追封孔戣等母制　　　　唐元　稹　1079-596- 50

● 韋　氏(李翱妻)唐
李翱妻韋氏封魏國夫人制　　　　　　　　　　　唐元　稹　1079-595- 50
　　　　　　　　　　　　　　　　　　　　　　　　　　　　1336-770-419

● 韋　氏(馬總祖母)唐
馬總亡祖母韋氏贈夫人制　　　　　　　　　　　唐白居易　1080-566- 53

● 韋　氏(魯蘇妻)唐
封東光公主制　　　　　唐不著撰人　426-280- 42

● 韋　氏唐
册皇太子韋妃文　　　　唐不著撰人　426-176- 31

● 韋　氏宋
慶王夫人韋氏華國夫人制　　　　　　　　　　　宋洪　适　1158-384- 21

● 韋　挺（女）唐
册齊王韋妃文　　　　　唐不著撰人　426-257- 40

● 韋　釜（女）唐
册陳王韋妃文　　　　　唐不著撰人　426-260- 40

● 韋十娘宋
皇太后姪女韋十娘封郡夫人制　　　　　　　　　宋張　擴　1129- 92- 9

● 韋才人宋
平昌郡君韋氏可才人制　　　　　　　　　　　　宋慕容彥逢　1123-402- 9

● 韋太后（曾祖母）宋
（韋太后贈）曾祖母制　　　　　　　　　　　　宋劉才邵　1130-446- 4

● 韋太后（祖母）宋
（韋太后贈）祖母制　　宋劉才邵　1130-446- 4

● 韋安道（妻）宋
宣和皇后母封福國夫人制　　　　　　　　　　　宋汪　藻　1128- 66- 7
（韋太后贈）母制　　　宋劉才邵　1130-446- 4

● 韋昭訓（女）唐
册壽王韋妃文　　　　　唐不著撰人　426-260- 40

● 韋皇后（唐穆宗后）唐
宣懿皇太后祔太廟制　　唐元　稹　1079-121- 3

● 韋賢妃（曾祖母）宋
宣和皇后曾祖母贈越國夫人制　　　　　　　　　宋汪　藻　1128- 65- 7

● 韋賢妃（祖母）宋
宣和皇后祖母贈徐國夫人制　宋汪　藻　1128- 65- 7

● 弭　氏（元貢妻、元明善母）元
（元明善）母弭氏贈清河郡夫人（制）　元袁　桷　1203-482- 36

● 苗　氏(宋仁宗妃)宋
賢妃苗氏進封德妃制　宋王　珪　1093-275- 37
　　　　　　　　　　　　　　1350-362- 35
　　　　　　　　　　　　　　1402- 98- 17

● 苗　氏 宋
御侍苗氏進封郡君依前御侍制　宋宋　庠　1087-608- 26

● 咱納克布氏（伊卜德嚕羅丹妻、額卜德哈勒母）元
額卜德哈勒母咱納克布氏封吉國太夫人制　元程鉅夫　1202- 22- 2

● 哈塔錦氏（阿都台妻）元
阿都台妻哈塔錦氏封順昌郡王太夫人制　元姚　燧　1201-413- 1

● 范　氏(王惟忠妻)宋
入內都知王惟忠亡妻范氏追封郡君制　宋宋　庠　1087-608- 26

● 范　氏(林遹妻)宋
（林遹）妻范氏贈碩人（制）　宋程　俱　1130-233- 23

● 范　氏（郭成妻、郭浩母）宋
郭浩故母范氏贈漢國夫人制　宋張　擴　1129-117- 11

● 范　氏（康遠妻、康執權母）宋
（康執權）母范氏贈永嘉郡夫人制　宋張　擴　1129- 65- 7
（康執權）贈故母制　宋王　洋　1132-434- 8

● 范　氏(楊逵妻)宋
侍衞親君馬軍都虞侯楊逵妻（封贈制）　宋蘇　頌　1092-409- 35
（楊逵）妻范氏可進封普寧郡夫人制　宋王安禮　1100- 18- 2

● 范　氏(趙家敏母)宋

右千牛衞大將軍文州刺史宗敏所生母范氏可并封縣太君制　宋胡　宿　1088-793- 19

● 范　氏（樓居明妻、樓炤母）宋
（樓炤）母范氏贈薪郡夫人制　宋張　擴　1129- 66- 7
資政殿學士樓炤母范氏贈高平郡夫人制　宋張　擴　1129-125- 12
（簽書樞密院事樓炤）母碩人范氏可特贈碩人（制）　宋劉一止　1132-201- 41

● 范　墫（妻）宋
范純仁祖母追贈制（二則）　宋蘇　轍　1112-336- 31

● 范世文（母）宋
范世文母封郡太君制　宋鄒　浩　1121-316- 18

● 范仲淹（妻）宋
范純仁母追贈制　宋蘇　轍　1112-337- 31

● 范宗尹（祖母）宋
范宗尹故祖母追贈制　宋綦崇禮　1134-536- 2

● 范贊時（妻）宋
范純仁曾祖母追贈制　宋蘇　轍　1112-336- 31

● 茅　氏（韓世忠妻）宋
醴泉觀使韓世忠妻茅氏封蘇回夫人制　宋張　擴　1129-127- 12

● 姚　氏(李禹妻)宋
（李回）祖母姚氏贈太寧郡夫人（制）　宋程　俱　1130-229- 23

● 姚　氏（李齊妻、李周母）宋
李周故繼母仙居縣太君姚氏可贈襄陽郡太君制　宋呂　陶　1098- 74- 9

● 姚　氏（胡宗旦妻、胡交脩母）宋
（胡交脩）故母姚氏贈碩人（制）　宋程　俱　1130-255- 26

● 姚　氏(張守妻)宋
（張守）妻姚氏封安定郡夫人制　宋張　擴　1129- 57- 7
（張守）妻姚氏封太寧郡夫人（制）　宋程　俱　1130-248- 25

● 姚　氏（馮元驁繼母）明

（馮元懿）繼母（仍贈爲淑人制）　明倪元璐　1297- 39- 3

●姚　氏(程居吉妻)宋
程克俊曾祖母姚氏贈威寧郡夫人制　宋張　擴　1129-109- 11

●姚　氏宋
故永嘉縣君姚氏可贈榮國太夫人制　宋劉　攽　1096-224- 22

●姚布孟（繼妻）明
（姚希孟）繼妻（贈宜人制）　明倪元璐　1297- 13- 1

●皇甫氏(王克存妻)宋
（王綯）故祖母皇甫氏贈饒陽郡夫人（制）　宋程　俱　1130-235- 23

（王參政）贈祖母皇甫氏制　宋李正民　1133- 39- 3

●皇甫氏(司馬炫妻)宋
司馬光祖母皇甫氏溫國太夫人（制）　宋蘇　軾　1108-674-107

●拜　住（妻）元
（拜住）妻某氏封東平王夫人（制）　元袁　桷　1203-488- 36

●俞　氏(秦仲淹妻)宋
（秦檜）祖母普安郡夫人俞氏贈嘉國夫人（制）　宋程　俱　1130-223- 22

（秦檜贈）祖母制　宋劉才邵　1130-450- 4

●俞　氏（陳居仁妻、陳卓母）宋
同簽書樞密院事陳卓故生母俞氏特贈和政郡夫人（制）　宋洪咨夔　1175-263- 22

陳卓所生母俞氏贈新安郡夫人制　宋吳　泳　1176- 96- 10

●俞　氏（母）宋
俞氏母追封趙郡太君制　宋王　珪　1093-253- 36

●侯　氏(万俟禼妻)宋
万俟禼妻侯氏封同安郡夫人制　宋張　擴　1129-123- 12

●侯　氏（万俟湜妻、万俟禼母）宋
万俟禼故母侯氏贈通義郡夫人制　宋張　擴　1129-123- 12

●侯　氏(邢宗賢妻)宋
皇后故祖母侯氏可特贈韓國夫人制　宋張　嵩　1131-473- 16

●侯　氏(張守祖母)宋
（張守）祖母侯氏贈榮國夫人制　宋張　擴　1129- 57- 7

●侯　氏(常資妻)元
常布呼齊故曾祖母侯氏追封趙國夫人制　元程鉅夫　1202- 48- 4

●侯　氏(賀應機妻)宋
賀允中曾祖母侯氏贈文安郡夫人制　宋洪　适　1158-370- 19

●侯　氏（程珣妻）宋
大中大夫致仕程珣妻壽安縣君侯氏可特贈上谷郡君制　宋劉　攽　1091-241- 23

●侯　氏(楊政妻)宋
武當年節度使楊政故妻侯氏贈通義郡夫人制　宋張　擴　1129-129- 12

●侯　氏宋
祁國長公主乳母侯氏可封壽光縣君（制）　宋蘇　頌　1092-403- 35

●侯九娘宋
紅霞帔侯九娘轉尚字制　宋張　擴　1129-105- 10

●侯莫陳超（女）唐
册永王侯莫陳妃文　唐不著撰人　426-259- 40

●段　氏(吳敏祖母)宋
吳敏封贈二代（制）　宋張　綱　1131- 25- 4

●段　氏(章舜臣妻)宋
（韋太后）曾祖母段氏贈秦國夫人制　宋張　擴　1129- 59- 7

（宣和皇后）故曾祖母段氏贈徐國夫人（制）　宋程　俱　1130-252- 25

（皇太后）故曾祖母冀國夫人段氏贈魏國夫人（制）　宋周麟之　1142-160- 20

●段　氏(趙元偲妻、趙允弼母)宋
（趙允弼）母沛國太夫人段氏可追封衞國太夫人制　宋鄭　獬　1097-170- 7

段　氏(趙彥軾妻、趙傳夫母)宋
曾傳夫母段氏贈定襄郡夫人制　宋吳　泳　1176-97-10
●段才人唐
午氏等爲美人制　唐不著撰人　426-124-25

十　畫

●高　氏(王綱妻)宋
(王綱)故妻高氏贈濟陽郡夫人(制)　宋程　俱　1130-236-23
●高　氏(王磐妻)元
王磐妻高氏追封太原郡夫人制　元不著撰人　1366-599-1
●高　氏(元海妻)元
(元明善)祖母高氏追封清河郡夫人(制)　元袁　桷　1203-481-36
●高　氏(李虎母)宋
李虎母高氏特封咸安郡夫人制　宋吳　泳　1176-98-10
●高　氏(李守慶妻)宋
皇太后姑故右侍禁李守慶妻高氏可特封延安郡夫人制　宋蘇　頌　1092-402-35
●高　氏(陸辰妻)唐
垂辰妻渤海郡夫人高氏進封燕國夫人制　唐錢　珝　1336-771-419
●高　氏(張巖妻)宋
(張巖)妻令人高氏封齊安郡夫人制　宋虞　儔　1154-116-5
●高　氏(陳宗古妻)宋
參知政事高若內姊陳宗古妻可封文安縣君制　宋胡　宿　1088-791-19
●高　氏(陳維孫母)宋
朝請郎陳維孫故母仁壽太君高氏可贈廣陵君太夫人制　宋劉　攽　1096-200-20
●高　氏(趙士盇妻)宋
皇兄右千牛衛將軍士盇妻高氏等可封永康縣君等制　宋呂　陶　1098-77-9
●高　氏(趙令典妻)宋
皇太后妹皇姪故鄆州觀察使令典妻高氏

封常樂郡君(制)　宋蘇　頌　1092-402-35
●高　氏(趙多才妻)宋
皇兄故吳王府閤奉利州觀察使多才上遺表妻令人高氏特封碩人(制)　宋陳傅良　1150-584-12
●高　氏(趙叔莊妻)宋
武泰軍節度使叔莊妻高氏贈福國夫人制　宋翟汝文　1129-228-4
●高　氏(錢端禮妻)宋
和政郡夫人制　宋洪　适　1158-395-22
●高　氏(韓廣妻)宋
醴泉觀察使韓世忠祖母高氏贈雍回夫人制　宋張　擴　1129-126-12
●高　氏(聶宣仲妻)宋
皇太后妹右班殿直聶宣仲妻高氏封平恩郡君制　宋蘇　頌　1092-402-35
●高　氏(宋庠母)宋
集賢相宋庠母高氏可追封漢國太夫人制　宋胡　宿　1088-808-21
●高　氏宋
后弟婦高氏封安人(制)　宋張　綱　1131-21-3
●高　氏宋
彭原郡夫人高氏轉國夫人(制)　宋樓　鑰　1152-685-39
●高皇后(宋英宗后)
大行太皇太后諡册文
附進諡册筠子　宋蘇　轍　1112-704-14
立皇后高氏制　宋范　鎮　1250-353-34
●唐玄宗女(太華公主)
封太華公主制　唐不著撰人　426-268-41
●唐玄宗女(永寧公主)
封永寧公主制　唐不著撰人　426-267-41
●唐玄宗女(高陽公主)
封高陽公主制　唐不著撰人　426-268-41
●唐玄宗女(唐昌公主)
封唐昌公主等制　唐不著撰人　426-267-41
●唐玄宗女(常山公

主）
封唐昌公主等制　唐不著撰人　426-267- 41
●唐玄宗女（寧親公主）
封唐昌公主等制　唐不著撰人　426-267- 41
●唐玄宗女（壽光公主）
封壽光公主制　唐不著撰人　426-268- 41
●唐玄宗女（廣寧公主）
封廣寧公主制　唐不著撰人　426-268- 41
●唐玄宗女（樂成公主）
封壽光公主制　唐不著撰人　426-268- 41
●唐玄宗女（臨晉公主）
封臨晉公主制　唐不著撰人　426-267- 41
●唐古氏(阿勒坦妻)元
可封趙國夫人制　元馬祖常　1206-558- 6
右丞阿勒坦封誥制　元馬祖常　1373-245- 17
●唐代宗女（文安長公主）
封永陽長公主制　唐不著撰人　426-268- 41
●唐代宗女（永陽長公主）
封永陽長公主制　唐不著撰人　426-268- 41
●唐代宗女（晉寧長公主）
封永陽長公主制　唐不著撰人　426-268- 41
●唐代宗女（崇徽公主）
册崇徽公主文　唐常　袞　426-282- 42
●唐代宗女（華陽公主）
册華陽公主文　唐常　袞　426-273- 41
●唐代宗女
册和回紇公主文　唐不著撰人　426-281- 42
●唐武宗女（永福公主）
封萬壽公主制　唐不著撰人　426-270- 41
●唐武宗女（西華公主）
封萬壽公主制　唐不著撰人　426-270- 41
●唐武宗女（和義公主）

封萬壽公主制　唐不著撰人　426-270- 41
●唐武宗女（萬壽公主）
封萬壽公主制　唐不著撰人　426-270- 41
●唐武宗女（廣德公主）
封萬壽公主制　唐不著撰人　426-270- 41
●唐武宗女（饒安公主）
封萬壽公主制　唐不著撰人　426-270- 41
●唐昭宗女
册盆昌公主文　唐薛廷珪　426-273- 41
●唐德宗女（西河公主）
封永陽長公主制　唐不著撰人　426-268- 41
●唐德宗女（邵陽公主）
封永陽長公主制　唐不著撰人　426-268- 41
●唐德宗女（東陽公主）
封永陽長公主制　唐不著撰人　426-268- 41
●唐德宗女（思平公主）
封永陽長公主制　唐不著撰人　426-268- 41
●唐德宗女（晉安公主）
封永陽長公主制　唐不著撰人　426-268- 41
●唐德宗女（陽安公主）
封永陽長公主制　唐不著撰人　426-268- 41
●唐德宗女（漢陽公主）
封永陽長公主制　唐不著撰人　426-268- 41
●唐德宗女（潯陽公主）
封永陽長公主制　唐不著撰人　426-268- 41
●唐德宗女（襄陽公主）
封永陽長公主制　唐不著撰人　426-268- 41
●唐德宗女（臨汝公主）
封永陽長公主制　唐不著撰人　426-268- 41
●唐憲宗女
封太和長公主制　唐不著撰人　426-270- 41
●唐古珍氏（蘇爾呼

四庫全書文集篇目分類索引

史部

詔令奏議類：附錄

詔令下（女）十畫

圖克妻）元
額森特穆爾故祖母唐古珍氏追封泰安王夫人制　元程鉅夫　1202-36-3

●庫　楚（祖母）元
追封祁連王夫人制　元程鉅夫　1202-41-4

●庫　楚（母）元
追封祁連王夫人制　元程鉅夫　1202-42-4

●庫庫楊（阿勒哈妻、伊蘇岱爾母）元
追封曹南王夫人制　元馬祖常　1206-557-6

●秦　氏宋
宮人秦氏除司儀制　宋翟汝文　1129-226-4

●秦敏學妻（秦檜前母）宋
（秦檜贈）前母制　宋劉才邵　1130-450-4

●秦敏學妻（秦檜母）
（秦檜贈）母制　宋劉才邵　1130-451-4

●索　氏(石雄妻)唐
封石雄妻索氏涼國夫人制　唐崔　鄘　1336-771-419

●馬　氏(王璧母)宋
贈慶國夫人制　宋王　洋　1132-435-8

●馬　氏（高若訥祖母）宋
可追封魏國太夫人制　宋胡　宿　1088-812-21
追封扶風郡太夫人馬氏可追封潁國太夫人制　宋胡　宿　1088-812-21

●馬　氏（約爾珠妻、常布呼齊母）
封信都王太夫人制　元程鉅夫　1202-49-4

●馬　氏(劉永年妻)宋
劉光世故祖母馬氏可特贈韓國夫人制　宋張　嵲　1131-462-14

●馬　氏(韓楚妻)宋
（韓京）祖母馬氏贈安人制　宋張　擴　1129-66-7

●馬　總（母）唐
追封國郡太夫人制　唐白居易　1080-540-50

●馬皇后（母）明
皇外考妣追封誥　明王　禕　1226-255-12
　　　　　　　　　　　　　1373-489-1
　　　　　　　　　　　　　1402-120-22

●孫　氏（李琮妻、李回繼母）宋
贈秦國夫人（制）　宋程　俱　1130-230-23

●孫　氏(李謙妻)元
追封魯國夫人（制）　元袁　桷　1203-481-36

●孫　氏（李公彥妻、李擢母）宋
贈太寧郡夫人制　宋張　擴　1129-66-7

●孫　氏(李清臣妻)宋
封贈制　宋蘇　轍　1112-335-31

●孫　氏(夏穀妻)宋
皇后封贈祖母孫氏蔡國夫人制　宋洪　适　1158-391-22

●孫　氏(張仲迪妻)宋
（張婕妤）祖母孫氏贈淑人（制）　宋程　俱　1130-267-27

●孫　氏(陳嗣妻)宋
陳執中祖母孫氏贈安國太夫人（制）　宋余　靖　1089-107-11

●孫　氏（常安民妻、常同母）宋
贈碩人制　宋張　擴　1129-67-7

●孫　氏(楊棟妻)宋
（楊棟）故妻文安郡夫人孫氏特贈吳興郡夫人制　宋馬廷鸞　1187-50-6

●孫　氏(楊棟妻)宋
（楊棟）今妻通義郡夫人孫氏特封同安郡夫人制　宋馬廷鸞　1187-50-6

●孫　氏（楊漸妻、楊貴妃前母）宋
贈潯陽郡夫人制　宋虞　儔　1154-114-5

●孫　氏(趙克鄩母)宋
可特封安福縣君制　宋王安禮　1100-27-3

●孫　氏（趙宗晟、宗綽母）宋
可贈越國太夫人制　宋劉　放　1096-203-20
封康國太夫人（制）　宋蘇　軾　1108-666-106
　　　　　　　　　　　　　1402-125-23

●孫　氏(翟世傑妻)宋
翟貴妃封贈曾祖母孫氏齊安郡夫人制　宋洪　适　1108-392-22

●孫　氏(潘孝存妻)宋
潘正夫故祖母孫氏可

特贈周國夫人制　宋張　嵲　1131-468- 15

● 孫　氏（劉忠妻、劉正母）元
追封清國夫人制　元程鉅夫　1202- 20- 2

● 孫　氏（劉恂妻）宋
劉錡故祖母孫氏可特贈濮陽郡夫人制　宋張　嵲　1131-466- 14

● 孫　氏（劉澤妻）元
贈某國夫人（制）　元袁　桷　1203-492- 37

● 孫　氏（劉勸妻）明
（劉勸）妻（封爲孺人勅）　明倪元璐　1297- 49- 4

● 孫　氏（蘇唐卿母）宋
萬年縣君制　宋王安石　1105-439- 54

● 孫　氏（突厥可汗夫人）唐
封突厥可汗夫人呂氏孫氏等制　唐不著撰人　426-940-128

● 孫　汴（岳母）宋
樞密副使孫汴妻母制　宋蔡　襄　1090-468- 15

● 孫　汴（妻）宋
可進封郡夫人制　宋蔡　襄　1090-469- 15

● 孫　鸂（妻）宋
孫副樞曾祖母追封太山郡太夫人闕氏再追封太原郡太夫人制　宋蔡　襄　1090-456- 14

● 晉　氏（戴皋妻）宋
特封碩人（制）　宋周必大　1148- 29- 96

● 郝　氏（范宗尹前母）宋
追贈制　宋綦崇禮　1134-536- 2

● 郝　氏（韓則妻）宋
醴泉觀使韓世忠曾祖母郝氏贈充國夫人制　宋張　擴　1129-126- 12

● 珠勒根氏（郭屯達格妻）元
追封奉元郡夫人制　元蒲道源　1210-693- 15

● 袁　氏（苗貴妃祖母）宋
追贈制　宋蘇　轍　1112-339- 32

● 袁　氏（常安民妻、常同繼母）宋
（常同）故繼母袁氏

贈碩人制　宋張　擴　1129- 67- 7

● 袁　氏（楊德妻）宋
（楊逷）祖母袁氏追封齊安郡太夫人制　宋王安禮　1100- 17- 2

● 栗　氏（賈昌朝曾祖母）宋
可追封燕國太夫人制　宋胡　宿　1088-805- 21
可封韓國太夫人制　宋蔡　襄　1090-461- 14

● 耿　氏（文洎妻、文彥博嫡母）宋
可追封秦國太夫人制　宋胡　宿　1088-810- 21
文彥博嫡母追封魏國太夫人耿氏可特追封周國太夫人（制）　宋韓　維　1101-660- 16

● 耿　氏（呂京妻）宋
（呂頤浩）故祖母耿氏贈徐國夫人（制）　宋程　俱　1130-247- 25

● 耿　氏（趙允弼母）宋
追封楚國太夫人制　宋鄭　獬　1097-170- 7

● 耿　氏（趙宗瑗母）宋
可同安縣太君（制）　宋沈　遘　1097- 47- 5

● 耿南仲（母）宋
（耿南仲）贈故母勅　宋許　翰　1123-516- 3

● 夏守賚（妻）宋
進封郡夫人制　宋夏　竦　1087- 74- 3

● 夏侯氏（吳敏母）宋
（吳敏）故母夏侯氏（制）　宋張　綱　1131- 26- 4

● 晁　氏（唐武宗昭儀）
吳氏等封昭儀制　唐不著撰人　426-125- 25

● 晁　氏（葉助妻、葉夢得母）宋
贈鎭國夫人制　宋張　擴　1129- 58- 7

● 晁　氏（趙汝愚祖母）宋
贈闕國夫人（制）　宋陳傅良　1150-615- 15
贈吳國夫人（制）　宋陳傅良　1150-624- 16
贈咸寧郡夫人（制）　宋樓　鑰　1152-640- 36
濟陽郡夫人（制）　宋樓　鑰　1152-674- 38
濮國夫人（制）　宋樓　鑰　1152-705- 41

● 晏　氏（李壺妻）宋
晏寧親姊故節度推官李壺妻晏氏可特封靖安縣君（制）　宋韓　維　1101-673- 18

●晏殊女（富弼妻、富紹庭母）宋

富紹庭母封贈制　　宋蘇　轍　1112-345- 32

富直柔祖母晏氏贈魏國夫人制　　宋程　俱　1130-227- 22

　　　　　　　　　　　　1375- 50- 1

●党　氏（李周妻）宋

可贈直寧縣君制　　宋呂　陶　1098- 74- 9

●党　氏（李齊妻、李周前母）宋

李周故前母仙源縣太君党氏可贈馮翊郡太君制　　宋呂　陶　1098- 73- 9

●柴宗慶（女）宋

柴宗慶第三女可封郡君制　　宋歐陽修　1102-639- 81

●烏重胤（母）唐

追封國郡太夫人制　　唐白居易　1080-540- 50

●烏哩津氏（烏蘇哈達妻）元

平章布拉吉達故祖母烏哩津氏追封河南府王夫人制　　元程鉅夫　1202- 14- 2

●烏爾袞默色氏（阿里罕妻）元

（章佩丞和和）祖母烏爾袞默色氏追封魏國夫人（制）　　元趙孟頫　1196-731- 10

●倶　氏（王淵妻）宋

封大寧郡夫人制　　宋張　擴　1129-113- 11

●徐　氏（江元秉母）宋

封孺人制　　宋方大琮　1178-187- 6

●徐　氏（李庭芝妻）宋

妻宜人徐氏特贈碩人制　　宋馬廷鸞　1187- 55- 7

特封水國夫人（制）　　宋王應麟　1187-267- 5

●徐　氏（余慶妻）宋

（余端禮）曾祖母徐氏齊安郡夫人（制）　　宋樓　鑰　1152-654- 37

●徐　氏（京鑑母）宋

封贈制　　宋陳傅良　1150-631- 17

●徐　氏（孟庾妻）宋

封叔人（制）　　宋程　俱　1130-234- 23

封普安郡夫人（制）　　宋程　俱　1130-251- 25

●徐　氏（留正妻）宋

贈秦國夫人（制）　　宋樓　鑰　1152-628- 35

●徐　氏（常布呼齊妻）

封趙國夫人制　　元程鉅夫　1202- 49- 4

●徐　氏（程淳妻）宋

（程松）曾祖母徐氏齊安郡夫人制　　宋虞　儔　1154-111- 5

●徐　氏（趙汝愚妻）宋

贈鄱陽郡夫人（制）　　宋樓　鑰　1152-641- 36

通義郡夫人（制）　　宋樓　鑰　1152-675- 38

安定郡夫人（制）　　宋樓　鑰　1152-706- 41

●徐　氏宋

贈鎭江軍節度追封丹陽郡王守節乳母徐氏可封高平縣君制　　宋胡　宿　1088-794- 19

●徐皇后（明成祖后）明

尊文皇帝文皇后諡號詔　　明楊士奇　1239-586- 1

文皇后尊諡册文　　明楊士奇　1239-587- 1

上皇太后尊號册立皇后詔　　明楊士奇　1239-600- 1

●翁　氏宋

尚服翁氏進封安定郡夫人制　　宋王　珪　1073-280- 38

●翁吉喇特珍氏（嘉木和爾妻）元

額森特穆爾故曾祖母翁吉喇特珍氏追封泰安王夫人制　　元程鉅夫　1202- 36- 3

●翁吉喇特皇后（元仁宗后）

皇后玉册文　　元程鉅夫　1202- 7- 1

●翁吉喇特皇后（元英宗后）

皇后册寶文　　元虞　集　1207-306- 21

皇后祔廟册文　　元虞　集　1207-306- 21

●姬　嘉漢

封周子南君詔　　漢　武　帝　1417-178- 10

●殷　氏（宋孝武帝妃）劉宋

孝武帝殷貴妃諡册文　　劉宋謝莊　1398-769- 14

　　　　　　　　　　　　1414-228- 72

●納古爾（妻）元

封營國夫人制　　元姚　燧　1201-415- 1

十一畫

●商氏（商周祚女、祁彪佳妻）明
（祁彪佳）妻（封仍需人勅）　明倪元璐　1297-40-3

●章氏（莫將妻）宋
封碩人制　宋張　擴　1129-64-7

●章　氏宋
宮人章氏除英國夫人司儀制　宋翟汝文　1129-226-4

●章　棨（曾祖母）宋
章棨贈曾祖母制　宋鄒　浩　1121-311-17

●章　棨（祖母）宋
章棨追贈祖母制　宋鄒　浩　1121-312-17

●章皇后（世祖后）清
徽號詔——康熙二十年　清聖祖　570-306-29之1

●許氏（王臨母）宋
屯田員外郎王廣淵弟太常博士臨繼母福昌縣太君許氏進封永安縣太君制　宋鄭　獬　1097-171-7

●許氏（李偘妻）元
封冀寧郡夫人（制）　元袁　桷　1203-480-36

●許氏（周夢若母）宋
封孺人制　宋洪　适　1158-406-24

●許氏（趙從信母）宋
大將軍從信故所生母許氏追封平原縣君制　宋王安石　1105-438-54

●許　氏宋
聽宣許氏進封典言制　宋宋　庠　1087-606-26

●許　氏宋
掌醯許氏進封司記制　宋宋　庠　1087-606-26

●許　氏宋
齊國夫人許氏進封晉國夫人制　宋宋　庠　1087-606-26

●許　氏宋
皇帝乳母許氏可追封吳越國肅成賢穆夫人制　宋王　珪　1093-248-35

●許　氏宋
皇后親嫂碩人許氏特封郡夫人（制）　宋樓　鑰　1152-620-34

●許美人唐
許氏等爲美人制　唐不著撰人　426-124-25

●郭氏（文銳妻）宋
吏部侍郎同中書門下平章事文彥博祖母郭氏可追封沂國太夫人制　宋胡　宿　1088-809-21

（文彥博）祖母郭氏可追封越國太夫人制　宋王安禮　1100-21-2

文彥博祖母追封魯國太夫人郭氏可特追封陳國太夫人　宋韓　維　1101-660-16

●郭氏（王永妻）宋
御前統制王德曾祖母郭氏贈高平郡夫人制　宋張　擴　1129-127-12

●郭氏（王從政妻）宋
故東頭供奉官閤門祗侯王從政妻郭氏可縣君制　宋蔡　襄　1090-443-13

●郭氏（李回妻）宋
封同安郡夫人（制）　宋程　俱　1130-230-23

●郭氏（李周妻）宋
李周故妻郭氏可贈眞定縣君制　宋呂　陶　1098-74-9

●郭氏（李執妻）元
李道復曾祖姑郭氏贈韓國夫人制　元姚　燧　1201-423-2

●郭氏（李壁曾祖母）宋
（李壁）曾祖母恭人郭氏贈隴西郡夫人（制）　宋衞　涇　1169-474-1

●郭氏（邢允迪妻）宋
皇后故曾祖母郭氏可持贈秦國夫人制　宋張　嵲　1131-473-16

●郭氏（何伯祥妻、何瑋母）元
何瑋故母郭氏追封易國夫人制　元程鉅夫　1202-23-2

●郭氏（孟庾祖母）宋
贈齊安郡夫人（制）　宋程　俱　1130-251-25

●郭氏（周衍妻）宋
（周必大）曾祖母郭氏贈秦國夫人（制）　宋陳傅良　1150-611-15

●郭氏（高世則祖母）宋
感德軍節度使高世則

故祖母郭氏可特贈陳國夫人制　宋張　嶸　1131-494- 18

●郭氏(高繼勳妻)宋
(皇太后)祖母郭氏可追封荆國太夫人制　宋王安禮　1100- 24- 3

(英宗高皇后)祖母太原郡太夫人郭氏追封鄆國太夫人(制)　宋王安石　1105-429- 53

太皇太后祖母郭氏(追封)豫國夫人制　宋蘇　轍　1112-328- 31

●郭氏(陳中母)宋
年九十二可特封孺人制　宋綦崇禮　1134-557- 5

●郭氏(陳澤母)宋
陳澤乞封母郭氏太孺人制　宋翟汝文　1129-228- 4

●郭氏(葛世良母)宋
左班殿直葛世良母郭氏可封長安縣太君制　宋呂　陶　1098- 76- 9

●郭氏(趙士会妻)宋
保慶軍承宣使士会故妻郭氏可特贈碩人制　宋張　嶸　1131-495- 18

●郭氏(趙士会妻)宋
士会故妻郭氏可特贈碩人制　宋張　嶸　1131-495- 18

●郭氏(趙士瞻母)宋
宗室士瞻所生母郭氏封縣太君制　宋鄒　浩　1121-295- 15

●郭氏(趙宗惠妻)宋
皇伯宗惠新婦郭氏進封郡夫人制　宋曾　鞏　1098-555- 22

●郭氏(樓定國妻)宋
資政殿學士樓炤祖母郭氏贈申國夫人制　宋張　擴　1129-125- 12

●郭氏(韓保樞妻)宋
尚書吏部侍郎參知政事韓絳祖母追封魯國夫人郭氏可追封魯國太夫人(制)　宋蘇　頌　1092-404- 35

(韓縝)祖母郭氏可追封冀國太夫人制　宋王安禮　1100- 19- 2

韓維祖母郭氏(魯國太夫人制)　宋蘇　軾　1108-676-107

●郭　氏 宋
故宮正紀國夫人郭氏追封尚宮制　宋宋　庠　1087-606- 26

●郭　氏 宋
普安郡王妻郭氏封郡夫人制　宋劉才邵　1130-452- 4

●郭皇后(光武帝后)漢
廢郭皇后立陰貴人詔　漢光武帝　426-1070-13

●梁氏(向敏中妻)宋　1397- 8- 1
皇太后曾祖母梁氏(追封)魏國夫人制　宋蘇　轍　1112-329- 31

●梁氏(岑守素母)宋
入內內侍省押班岑守素母進封郡太君制　宋宋　庠　1087-607- 26

●梁氏(唐武宗美人)
吳氏等封昭儀制　唐不著撰人　426-125- 25

●梁氏(洪鼎妻)宋
禮部尚書中書門下平章事梁適姊故度支員外郎直史館洪鼎妻保定縣君梁氏可安康郡君制　宋蔡　襄　1090-468- 15

●梁氏(溫果母)宋
翰林醫學守應州金城縣主簿溫果母梁氏可特封長壽縣太君(制)　宋蘇　頌　1092-377- 32

●梁氏(達吉斯妻)元
嘉瑀故曾祖母梁氏追封魏國夫人制　元程鉅夫　1202- 16- 2

●梁氏(劉庭槐妻)明
(劉基)祖母永嘉郡夫人梁氏誌　明不著撰人　1225-472- 20

●梁氏(韓世宗妻)宋
醴泉觀使韓世忠故妻梁氏贈邠國夫人制　宋張　擴　1129-127- 12

●梁　份(母)宋
(梁份)贈故母制　宋王　洋　1132-434- 8

●梁　國(妻)宋
太子太傅梁適妻封兖國夫人制　宋鄭　獬　1097-169- 7

●梁從順(梁嬌娘)宋
司寶梁嬌娘賜名從順

轉郡夫人知尚書內省事（制） 宋張　綱 1131-51-8
●康氏(胡晉臣妻)宋
封安定郡夫人（制） 宋陳傳良 1150-589-12
●康氏(高繼勳妻)宋
（皇太后）祖母康氏可追封荊國太夫人制 宋王安禮 1100-24-3
（英宗高皇后）祖母會稽縣君康氏追封祁國太夫人（制） 宋王安石 1105-429-53
太皇太后祖母康氏（追封）魯國夫人制 宋蘇　轍 1112-328-31
●康氏（錢忱妻）宋
封安定郡夫人（制） 宋張　綱 1131-7-1
●康　諝（母）宋
（康諝）贈故母制 宋王　洋 1132-433-8
●康　諝（妻）宋
（康諝）贈妻制 宋王　洋 1132-433-8
●强氏（王綱妻）宋
（王綱）妻强氏封問安郡夫人（制） 宋程　俱 1130-236-23
●强氏(秦敏學妻)宋
秦太師前母强氏贈秦國夫人制 宋張　擴 1129-115-11
太師秦檜前母强氏贈秦國夫人制 宋張　擴 1129-120-11
●尉遲皇后（周宣帝后）北周
尉遲后爲天左太皇后册 北周宣帝 1400-81-2
●陰氏（漢光武帝貴人）
廢郭皇后立陰貴人詔 漢光武帝 1397-8-1
●曹氏(田嗣叔妻)元
田忠良故曾祖母曹氏追封趙國夫人制 元程鉅夫 1202-24-2
●曹氏(沈昭遠妻)宋
封碩人制 宋張　擴 1129-62-7
●曹氏（吳敏妻）宋
（吳敏）妻曹氏(制) 宋張　綱 1131-26-4
●曹氏（唐武宗武威郡夫人）
吳氏等封昭儀制 唐不著撰人 426-125-25
●曹氏(高遵甫妻)宋

（皇太后）母曹氏可追封楚國太夫人制 宋王安禮 1100-25-3
（英宗高皇后）母鉅鹿郡君曹氏特追封沂國太夫人（制） 宋王安石 1105-429-53
太皇太后母曹氏（追封）吳國夫人制 宋蘇　轍 1112-328-31
●曹氏（程戡妻）宋
（參知政事程戡）妻曹氏追封安定郡夫人（制） 宋劉　敞 1095-659-30
●曹氏(趙士籛妻)宋
士籛故妻令人曹氏特贈永嘉郡夫人(制) 宋周必大 1148-2-94
●曹氏（趙叔皮妻）
皇兄右千牛衞將軍叔皮妻曹氏可封永嘉郡君（制） 宋蘇　頌 1092-403-35
●曹　彬（妻）宋
皇后祖母制 宋蔡　襄 1090-454-14
●曹詵女(趙克顏妻)宋
太皇太后姪孫曹詵女皇叔克顏妻曹氏封同安郡君（制） 宋蘇　頌 1092-403-35
●曹　諭（母）宋
封曹諭母制 宋曾　鞏 1098-560-22
●曹文衡（妻）明
（曹文衡）妻（封爲淑人制） 明倪元璐 1297-35-3
●曹賢妃宋
故貴儀曹氏可追封賢妃制 宋胡　宿 1088-804-21
●陸　佃（曾祖母）宋
陸佃贈曾祖母制 宋鄒　浩 1121-311-17
●陸　佃（祖母）宋
陸佃追贈祖母制 宋鄒　浩 1121-312-17
●陸　佃（妻）宋
陸佃追贈妻制 宋鄒　浩 1121-312-17
●陸充容唐
良姊楊氏等爲貴妃詔 唐不著撰人 426-124-25
●連氏（趙彥軾妻、趙傳夫母）宋
贈秦寧郡夫人制 宋吳　泳 1176-97-10
●張氏（王發妻、王綱母）宋

（王絢）故母張氏贈太寧郡夫人（制） 宋程 俱 1130-236- 23

贈（王參政）母制 宋李正民 1133- 39- 3

●張氏（王勝妻）宋
王勝故妻張氏可特贈碩人制 宋張 嵲 1131-515- 20

●張氏（王褘妻、王次翁母）宋
王次翁故母張氏贈茂國夫人制 宋張 擴 1129-122- 12

王次翁故母張氏可特贈饒陽郡夫人制 宋張 嵲 1131-465- 14

●張氏（王綱妻、王之望母）宋
碩人張氏清河郡夫人制 宋洪 适 1158-377- 20

●張氏（王震母）宋
左朝散郎充龍圖閣待制王震故母金華縣太君張氏可贈汝南郡太夫人制 宋呂 陶 1098- 75- 9

●張氏（王文煥妻、王肇坤母）明
（王肇坤）母（封爲安人勅） 明倪元璐 1297- 43- 3

●張氏（王之望妻）宋
王之望妻令人張氏咸安郡夫人制 宋洪 适 1158-377- 20

●張氏（王克基妻）宋
故引進使陵州團練使王克基妻張氏可封清河郡君制 宋胡 宿 1088-791- 19

●張氏（王肇坤繼妻）明
（王肇坤）繼妻（封爲安人勅） 明倪元璐 1297- 42- 3

●張氏等（王懷誼等妻）宋
王宋忠諸婦制 宋蔡 襄 1090-450- 13

●張氏（司馬光妻）宋
司馬光故妻張氏溫國夫人（制） 宋蘇 軾 1108-675-107

●張氏（安日華妻、安燾母）宋
安燾母張氏追贈制 宋蘇 轍 1112-333- 31

●張氏（向經妻）宋

皇太后母張氏（追封）冀國夫人制 宋蘇 轍 1112-331- 31

●張氏（向敏中妻）宋
皇太后曾祖母張氏（追封）魯國夫人制 宋蘇 轍 1112- 32- 3

●張氏（完顏伯母）元
封冀國母張氏淑惠夫人制 元張伯淳 1194-436- 1

●張氏（宋沾妻、宋權母）明
（宋權）嫡母（贈孺人勅） 明倪元璐 1297- 37- 3

●張氏（李俊寃后）唐
齊王諲承天皇帝制 唐不著撰人 426-128- 26

●張氏（李綱妻）宋
李綱妻張氏用登極恩封贈制 宋汪 藻 1128- 67- 7

李綱妻張氏已封郡夫人進封國夫人制 宋汪 藻 1128- 68- 7

●張氏（李賢良娣）唐
册章懷太子張良娣文 唐沈佺期 426-177- 31

●張氏（李壁妻）宋
（李壁）妻張氏封宜睿郡夫人（制） 宋衞 涇 1169-475- 1

●張氏（李懋妻）元
（李個）祖母張氏贈冀寧郡夫人（制） 元袁 桷 1203-479- 36

（李個）祖母張氏追封冀寧郡夫人（制） 元柳 貫 1210-289- 7

●張氏（李遹妻、李及之母）宋
通議大夫致仕李及之故母華原郡太君張氏可持贈榮國太夫人制 宋劉 攽 1096-224- 22

●張氏（李唐臣妻、李庭芝母）宋
（李庭芝）母張氏贈碩人制 宋馬廷鸞 1187- 55- 7

●張氏（呂布哲妻、呂好問母）宋
（呂好問）故母張氏贈文安郡夫人（制） 宋程 俱 1130-233- 23

●張氏（何瑋妻）元
何瑋故妻張氏追封梁

四庫全書文集篇目分類索引

史部　詔令奏議類：附錄

詔令下（女）十一畫

國夫人制　元程鉅夫　1202-29-3

●張氏（何鑄妻）宋
可特封碩人制　宋張　嵲　1131-511-20

●張氏（狄琮妻）元
贈冀國夫人（制）　元袁　桷　1203-409-36

●張氏（唐武宗婕妤）
吳氏等封昭儀制　唐不著撰人　426-125-25

●張氏（孟隨妻）宋
（孟忠厚）曾祖母張氏贈秦魏國夫人（制）　宋程　俱　1130-249-25

●張氏（周可賢妻、周順昌母）明
（周順昌）母（贈淑人制）　明倪元璐　1297-9-1

●張氏（洪勗妻）宋
故妻張氏贈淑人制　宋馬廷鸞　1187-64-8

●張氏（胡修己妻）宋
（胡晉臣）曾祖母贈安南國夫人（制）　宋陳傅良　1150-588-12

●張氏（范宗尹妻）宋
可封和義郡夫人制　宋綦崇禮　1134-537-2

●張氏（孫丕妻）宋
孫副樞母追封清河郡太夫人張氏再追封京北郡太夫人制　宋蔡　襄　1090-457-14

●張氏（孫向母）宋
宣義郎致仕孫向母張氏可封長壽縣太君制　宋呂　陶　1098-76-9

●張氏（孫琳妻）宋
（孫參政近）祖母張氏可特贈德陽郡夫人（制）　宋劉一止　1132-167-32

●張氏（孫吉甫妻）宋
（孫參政近）曾祖母張氏可特贈昌元郡夫人（制）　宋劉一止　1132-166-32

●張氏（夏令吉妻）宋
皇后封贈曾祖母張氏衛國夫人制　宋洪　适　1158-390-22

●張氏（特爾格妻）元
封秦國夫人制　元程鉅夫　1202-47-4

●張氏（烏重胤妻）唐
封烏重胤妻張氏鄧國

夫人制　唐元　稹　1079-657-5
　　　　　　　　1336-770-419

封鄧國夫人制　唐白居易　1080-563-52

●張氏（章惇妻）宋
可嘉興郡夫人制　宋王安禮　1100-19-2

●張氏（郭浩妻）宋
郭浩故妻張氏贈和義郡夫人制　宋張　擴　1129-117-11

●張氏（梁彥昌妻）宋
故母東平郡太君張氏可贈清河郡太夫人制　宋慕容彥逢　1123-398-8

●張氏（曹芸妻）宋
皇后曾祖母追封陳國太夫人張氏可國太夫人（制）　宋余　靖　1089-108-11

皇后曾祖母魯國太夫人（制）　宋蔡　襄　1090-453-14

●張氏（曹佾妻）宋
景靈宮使保平軍節度使同中書門下平章事曹佾妻普安郡夫人張氏可進封崇國夫人（制）　宋韓　維　1101-663-17

●張氏（陳革母）宋
陳革等母張氏封室人制　宋翟汝文　1129-228-4

●張氏（崔賢妃母）宋
賢妃崔氏贈母張氏制　宋翟汝文　1129-227-4

●張氏（崔賢妃繼母）宋
賢妃崔氏贈繼母張氏制　宋翟汝文　1129-227-4

●張氏（曾統妻）宋
徽猷閣待制曾統故妻張氏可特贈令人制　宋張　嵲　1131-496-18

●張氏（程遹妻、程珦母）宋
大中大夫致仕程珦故母孝感縣太君張氏可特贈廣平郡太夫人制　宋劉　敞　1096-224-22

●張氏（楊佐妻、楊元永母）宋
楊元永故母高陽郡君張氏贈譙郡太君制　宋呂　陶　1098-72-9

●張氏（楊漸妻、楊貴妃母）宋
（楊貴妃）母張氏贈安康郡夫人制　宋虞　儔　1154-114- 5

●張氏（楊震妻、楊沂中母）宋
楊沂中故母張氏可特贈永國夫人制　宋張　嵲　1131-461-14

●張氏(董淑妃養女)宋
故董淑妃養女御侍張氏安福縣君依舊御侍制　宋王安石　1105-438-54

●張氏(葛鄰祖母)宋
（葛鄰）祖母張氏贈夏國夫人（制）　宋陳傳良　1150-586-12

●張氏(葛從周妻)唐
葛從周妻清河縣君張氏進封清河郡君制　唐錢　珝　1336-775-419

●張氏(趙士衡妻)宋
士衡故妻令人張氏贈清河郡夫人（制）　宋周必大　1148- 2-94

●張氏等(趙世福妻)宋
宗室世福新婦張氏等敍封制　宋鄒　浩　1121-298-15

●張氏(趙令鑠母)宋
皇兄惠州防禦使令鑠母金城縣君張氏可普寧郡太君制　宋劉　攽　1096-198-20

●張氏(趙仲僕妻)宋
皇叔興州防禦使仲僕妻崇仁縣君張氏可封長樂郡君制　宋呂　陶　1098-76- 9

●張氏(趙宗望妻)宋
皇姪宗望故新婦張氏可追封永嘉郡太夫人制　宋王　珪　1093-240-34

●張氏（趙宗景母）宋
皇叔祖感德軍節度使宗景故母襄陽郡太君張氏可特贈泰寧郡太夫人制　宋呂　陶　1098-74- 9

●張氏（趙叔果母）宋
皇伯濮州防禦使叔果所生母仙源縣太君張氏可贈永嘉郡太

君制　宋劉　攽　1096-233-23

●張氏(翟思成妻)宋
翟貴妃封贈祖母張氏和義郡夫人制　宋洪　适　1158-393-22

●張氏(滕康祖母)宋
滕康初任執政祖母張氏封贈制　宋汪　藻　1128-70- 7

●張氏（滕康妻）宋
滕康初任執政故妻張氏封贈制　宋汪　藻　1128-70- 7

●張氏（鄭臻妻）明
總督宣大太子太保兵部尚書鄭洛會祖母誥命　明馮　琦　1402-134-25

●張氏(蔣德景妻)明
（蔣德璟）妻（贈安人制）　明倪元璐　1297-22- 2

●張氏（劉煦妻）宋
劉參政祖母追封安定郡太夫人張氏再追封康國太夫人制　宋蔡　襄　1090-455-14

●張氏(錢惟演妻)宋
保大軍節度使錢惟演妻清河郡夫人張氏可追封鄆國夫人制　宋夏　竦　1087-72- 3

●張氏（韓維妻）宋
同安郡夫人（制）　宋蘇　軾　1108-677-107

●張　氏宋
皇叔荊王亡妻張氏可追封魏國夫人制　宋宋　庠　1087-605-26

●張　氏宋
典簿張氏進封宮正勾當大內公事制　宋宋　庠　1087-606-26

●張　氏宋
德妃位聽宣夫人張氏可封賞膳制　宋胡　宿　1088-794-20

●張　氏宋
貴妃大姑張氏可特授典正制　宋胡　宿　1088-794-19

●張　氏宋
貴妃第八妹張氏可封清河郡君制　宋胡　宿　1088-794-19

●張　氏宋
德妃亡姪亡妻張氏可特進封郡君制　宋胡　宿　1088-804-21

史部　詔令奏議類：附錄　詔令下（女）十一畫

●張　氏宋
太皇太后殿張氏可典綜（制）　宋蘇　頌　1092-395- 34

●張　氏宋
御侍張氏進封延安郡君制　宋王　珪　1093-280- 38

●張　氏宋
宮正張氏進封安定郡夫人制　宋王　珪　1093-280- 38

●張　氏（等）宋
太皇太后殿張氏等四人進職制　宋劉　放　1096-227- 22

●張　氏宋
仙韶副使張氏可掌樂依舊仙韶副使　宋沈　遘　1097- 46- 5

●張　氏宋
追封樂安郡張太君制　宋鄭　獬　1097-173- 7

●張　氏宋
聽宣張氏司言制　宋王安石　1105-438- 54

●張　氏宋
內人張氏可特封典贊　宋蘇　軾　1108-692-108

●張　氏宋
內人張氏可特封典贊（制）　宋蘇　軾　1108-692-108

●張　氏宋
秦晉國安仁保祐夫人張氏特封吳楚國安仁賢壽夫人（制）　宋蘇　轍　1112-313- 29

●張　氏（祖母）宋
秦晉國安仁保祐夫人張氏祖母追贈制　宋蘇　轍　1112-343- 32

●張　氏（母）宋
秦晉國安仁保祐夫人張氏母追贈制　宋蘇　轍　1112-343- 32

●張　氏（等）宋
內人張氏等並封郡夫人制　宋鄒　浩　1121-297- 15

●張　氏宋
內人張氏追贈儀國夫人制　宋鄒　浩　1121-301- 16

●張　氏宋
內人張氏封典字制　宋鄒　浩　1121-303- 16

●張　氏宋
宮人掌記張氏可封大寧郡夫人制　宋慕容彥逢　1123-399- 8

●張　氏宋
宮正張氏可同知尚書內省公事制　宋慕容彥逢　1123-401- 9

●張　氏宋
皇后姪張氏封孺人制　宋張　擴　1129- 83- 8

●張　氏宋
張氏可封孺人（制）　宋孫　覿　1135-248- 24

●張　氏宋
婉容翟氏進封親屬張氏與封淑人（制）　宋周必大　1148- 23- 95

●張　氏宋
宮人張氏封郡夫人（制）　宋樓　鑰　1152-681- 39

●張　氏宋
張氏封郡夫人（制）　宋樓　鑰　1152-685- 39

●張　氏元
追封張氏奉國夫人　元吳　澄　1197-837- 90

●張　固（妻）宋
張宣徽母制　宋蔡　襄　1090-459- 14

●張　昇（母）宋
樞密使張昇所生母（贈封制）　宋王安石　1350-392- 38

●張　厚（妻）宋
張宣徽曾祖母制　宋蔡　襄　1090-458- 14

●張　俊（曾祖母）宋
（張俊封贈）曾祖姑（制）　宋李彌遜　1130-623- 4

●張　俊（祖母）宋
（張俊封贈）祖姑（制）　宋李彌遜　1130-623- 4

●張　俊（母）宋
（張俊封贈）母（制）　宋李彌遜　1130-623- 4

●張值母（等）唐
張值李翱等二十人亡母進贈郡縣夫人制　唐白居易　1080-548- 51

●張子蓋（妻）宋
封國夫人制　宋洪　适　1158-399- 23

●張才人宋
仁壽郡君張氏可才人（制）　宋蘇　頌　1092-381- 33

●張方平女（蔡天申妻）宋
可封壽昌縣君制　宋胡　宿　1088-792- 19

●張去盈（妻）唐
常芬公主食實封制一

四庫全書文集篇目分類索引

一開元十九年　　　　　　唐不著撰人　426-279-42
●張弘範（妻）元
封齊國夫人制　　　　　　元姚　燧　1201-414-　1
●張正鵠（母）明
南京兵部武庫司主事
　張正鵠父母幷妻敕
　命　　　　　　　　　　明孫繼皐　1291-201-　1
●張安仁（女）唐
册凉王張妃文　　　　　　唐不著撰人　426-260-40
●張同之（母）宋
淮西提舉張同之磨勘
　合轉一官乞回授封
　母（制）　　　　　　　宋陳傅良　1150-634-17
●張金奴宋
宮正張金奴轉郡夫人
　制　　　　　　　　　　宋張　嵲　1131-488-17
●張皇后（明成祖后）
册立皇后皇太子封宗
　室諸王詔　　　　　　　宋楊士奇　1239-588-　1
●張真奴宋
紅霞帔張真奴轉典字
　制　　　　　　　　　　宋張　擴　1129-106-10
●張淑妃（曾祖母）宋
明堂恩贈（制）　　　　　宋陳傅良　1150-622-16
●張淑妃（祖母）宋
明堂恩贈（制）　　　　　宋陳傅良　1150-623-16
●張淑妃（母）宋
明堂恩贈（制）　　　　　宋陳傅良　1150-623-16
●張淑椿（母）宋
（張淑椿）明堂恩贈
　母（制）　　　　　　　宋陳傅良　1150-627-16
●張淑椿（妻）宋
（張淑椿明堂恩贈）
　妻（制）　　　　　　　宋陳傅良　1150-628-16
●張貴妃宋
除婉容張氏封貴妃制　　　宋宋　祁　1088-270-31
●張頑兒宋
紅霞帔張頑兒轉郡夫
　人制　　　　　　　　　宋張　擴　1129-92-　9
●張賢妃宋
婉儀張氏贈賢妃制　　　　宋張　擴　1129-150-14
●陳氏(田子成妻)元
田忠良故祖母陳氏追
　封趙國夫人制　　　　　元程鉅夫　1202-25-　2
●陳氏（江華妻）宋

母普寧郡夫人陳氏贈
　永寧郡夫人制　　　　　宋馬廷鸞　1187-57-　7
●陳氏（汪穀妻、汪
　藻母）宋
（汪藻）前母陳氏贈
　淑人（制）　　　　　　宋程　俱　1130-231-23
●陳氏（沈千妻、沈
　昭遠母）宋
（沈昭遠）故母陳氏
　贈碩人制　　　　　　　宋張　擴　1129-62-　7
●陳氏（李京妻、李
　清臣母）宋
封贈制　　　　　　　　　宋蘇　轍　1112-335-31
●陳氏（李翊妻、李
　謙母）宋
（李謙）本生母陳氏
　贈孺人（制）　　　　　宋樓　鑰　1152-656-37
●陳氏（李清妻）明
（李清）妻（封爲孺
　人勅）　　　　　　　　明倪元璐　1297-46-　4
●陳氏(李騰芳繼妻)明
贈夫人誥命　　　　　　　明繆昌期　1402-129-24
●陳氏(呂元淳母)宋
通直郎呂元淳母仙源
　縣君陳氏可特贈穎
　川郡太君制　　　　　　宋劉　放　1096-241-23
●陳氏（吳權妻、吳
　洪道母）宋
封孺人制　　　　　　　　宋吳　泳　1176-101-10
●陳氏（林格妻、林
　遹母）宋
（林遹）故母陳氏贈
　碩人（制）　　　　　　宋程　俱　1130-233-23
●陳氏（俞侯妻）宋
（俞侯）故妻陳氏贈
　碩人制　　　　　　　　宋張　擴　1129-61-　7
●陳氏（章炎妻）宋
章悼曾祖母陳氏可追
　封穎川郡太夫人制　　　宋王安禮　1100-18-　2
●陳氏（崔賢妃曾祖
　母）宋
賢妃崔氏贈曾祖母陳
　氏制　　　　　　　　　宋翟汝文　1129-221-　4
●陳氏(傅宗道母)宋
封孺人制　　　　　　　　宋吳　泳　1176-100-10

四庫全書文集篇目分類索引

●陳氏(楊德崇妻)元
贈壽國夫人制　　元姚　燧　1201-417- 2
●陳氏（葉煥母）宋
（葉煥）故母陳氏贈
　慶國夫人制　　宋張　擴　1129- 64- 7
●陳氏(趙仲窒母）宋
皇叔右千牛衞將軍仲
　窒所生母陳氏可封
　長安縣太君制　宋慕容彥逢　1123-396- 8
●陳氏(趙仲微妻)宋
皇叔右千牛衞將軍仲
　微新婦陳氏可封壽
　安縣君制　　　宋呂　陶　1098- 77- 9
●陳氏(趙仲勸妻)宋
右監門衞大將軍仲勸
　新婦陳氏封邑制　宋王安石　1105-440- 54
●陳氏（趙希言妻、
　趙與懽母）宋
贈制　　　　　　宋徐元杰　1181-697- 7
●陳氏（蒲仲妻）宋
中大夫尚書左丞蒲宗
　孟祖母陳氏追封蜀
　郡太夫人（制）　宋曾　鞏　1098-549- 21
●陳氏(蒲宗孟妻)宋
中大夫尚書左丞蒲宗
　孟妻陳氏封河東郡
　夫人（制）　　宋曾　鞏　1098-550- 21
●陳氏(蒲師道妻)宋
中大夫尚書左丞蒲宗
　孟母陳氏追封潁川
　郡太夫人（制）　宋曾　鞏　1098-550- 21
●陳氏(滕康曾祖母)宋
滕康初任執政曾祖母
　陳氏封贈制　　宋汪　藻　1128- 69- 7
●陳氏(潘孝存妻)宋
潘正夫故祖母陳氏可
　特贈唐國夫人制　宋張　嵲　1131-468- 15
●陳氏（鄭巳妻）宋
鄭性之曾祖母陳氏贈
　太寧郡夫人制　宋吳　泳　1176- 93- 10
●陳氏（鄭洛妻）明
總督宣大太子太保兵
　部尚書鄭洛妻誥命　明馮　琦　1402-133- 25
●陳氏（鄭奬妻）宋
鄭性之祖母陳氏贈文

安郡夫人制　　　宋吳　泳　1176- 93- 10
●陳氏（蔣光彥妻、
　蔣德景母）明
（蔣德景）母（加封
　爲太恭人制）　明倪元璐　1297- 22- 2
●陳氏(龐籍祖母)宋
特追封秦國太夫人制　宋王　珪　1093-258- 36
●陳氏（羅起妻）宋
（羅點）曾祖母陳氏
　臨川郡夫人（制）　宋樓　鑰　1152-706- 41
●陳氏（羅點妻）宋
封咸安郡夫人（制）　宋樓　鑰　1152-707- 41
●陳　氏宋
宮人陳氏除司儀制　宋翟汝文　1129-225- 4
●陳　氏宋
封郡夫人制　　　宋張　嵲　1131-488- 17
●陳　氏宋
故保慈夫人親屬故男
　新婦陳氏封孺人(
　制）　　　　　宋劉一止　1132-222- 46
●陳　氏宋
可封孺人（制）　宋孫　覿　1135-248- 24
●陳氏宋
故妻陳氏令人制　宋洪　适　1158-385- 21
●陳　僑（母）宋
某氏封太孺人（制）　宋周必大　1148- 12- 94
●陳自强（曾祖母）宋
贈祁國夫人制　　宋慶　儔　1154-116- 5
●陳自强（祖母）宋
贈申國夫人制　　宋慶　儔　1154-116- 5
●陳自强（母）宋
贈成國夫人制　　宋慶　儔　1154-117- 5
●陳自强（妻）宋
贈榮陽郡夫人制　宋慶　儔　1154-117- 5
●陳昭儀唐
良姊楊氏等爲貴妃詔　唐不著撰人　426-124- 25
●陳皇后(漢武帝后）
廢陳皇后策　　　漢　武帝　1396-217- 2
●陳皇后(周宣帝后)北周
陳后皇爲天在太皇后
　册　　　　　　北周宣帝　1400- 81- 2
●陳執中（姊）宋
吏部尚書陳執中姊陳
　氏可封安康郡太君
　制　　　　　　宋王　珪　1093-254- 36

●陳榮奴宋
崇奉几筵內人掌字邢念二轉典字紅霞帔陳榮奴轉掌字(制)　宋劉一止　1132-197-40

●陳翠奴宋
紅霞帔陳翠奴轉典字制　宋張　擴　1129-106-10

●陳慶惜宋
崇奉几筵內人掌字邢念二轉典字紅霞帔陳慶惜轉掌字(制)　宋劉一止　1132-197-40

●莊氏（汪藻妻）宋
封淑人（制）　宋程　俱　1130-231-23

●婁　氏明
追贈義惠侯夫人婁氏誥　明太祖　1223-24-3

●崔氏（包繶妻）宋
包拯男太常寺太祝繶之妻崔氏可特封永嘉郡君（制）　宋蘇　軾　1108-663-106

●崔氏（李遜母）唐
追封李遜等母制　唐元　稹　1079-597-50

●崔氏(孫德威母)唐
孫德威母博陵崔氏封博陵縣太君制　唐劉崇望　1336-775-419

●崔氏（賈緯妻）宋
觀文殿學士尚書右僕射賈昌朝曾祖母崔氏可追封秦國太夫人制　宋胡　宿　1088-805-21

●崔氏(楊於陵祖母)唐
楊於陵母亡祖母崔氏等贈郡夫人制　唐白居易　1080-558-52

●崔氏(趙承翰妻)宋
皇伯祖承翰新妻崔氏可進封仁壽郡夫人制　宋王安禮　1100-27-3

●崔氏（盧說妻）唐
盧說妻博陵郡君崔氏進封博陵郡夫人制　唐錢　珝　1336-775-419

●崔氏（韓琦妻）宋
可進封樂安郡夫人制　宋王　珪　1093-260-36

●崔　珣（女）唐
册廣平王崔妃文　唐不著撰人　426-260-40

●崔弘道女（唐太宗

才人）
册崔弘道女爲才人文　唐不著撰人　426-122-25

●崔承寵（女）唐
册濟王崔妃文　唐不著撰人　426-259-40

●崔修儀唐
良娣楊氏等爲貴妃詔　唐不著撰人　426-124-25

●崔貴妃（曾祖母）宋
贈燕國夫人制　宋許　翰　1123-507-2

●崔貴妃（祖母）宋
贈楚國夫人制　宋許　翰　1123-507-2

●崔貴妃（母）宋
（崔貴妃）嫡母贈魏國夫人制　宋許　翰　1123-508-2

●崔貴妃（繼母）宋
封魯國太夫人制　宋許　翰　1123-508-2

●常氏（王溥妻）宋
樞密王太尉母追封齊國太夫人常氏可追封國太夫人　宋余　靖　1089-111-11

●常氏（李琮妻、李回母）宋
（李回）所生母常氏贈文安郡夫人(制)　宋程　俱　1130-230-23

●常氏（張宇妻）元
（張晏）曾祖母常氏追封魏國夫人(制)　宋袁　桷　1203-495-37

●常氏（滕康母）宋
滕康初任執政母常氏封贈制　宋汪　藻　1128-70-7

●野氏(李德明妻)宋
（李顯忠）故曾祖母野氏特贈秦國夫人（制）　宋周必大　1148-54-98

●野薛淫（妻）元
（中書左丞某）母追封齊國夫人（制）　元袁　桷　1203-484-36

●畢氏（王方妻）宋
王德用曾祖母畢氏追封韓國太夫人特追封魯國太夫人制　宋蔡　襄　1090-459-14

●畢氏（程松妻）宋
（程松）妻令人畢氏贈宜春郡夫人制　宋虞　儔　1154-112-5

●莫氏（沈介母）宋
兵部尚書沈介故母莫

四庫全書文集篇目分類索引

史部

詔令奏議類：附錄

詔令下（女）十一—十二畫

氏贈碩人制　宋洪　适　1158-397-22

●符燕燕宋
轉永寧郡夫人（制）　宋樓　鑰　1152-669-38

●巢氏（江璞妻）宋
祖母信安郡夫人巢氏
　贈安康郡夫人制　宋馬延鸞　1187-57-7

十二畫

●馮氏（苗貴妃曾祖母）宋
苗貴妃曾祖母追贈制　宋蘇　轍　1112-338-32

●馮氏（姚布孟妻）明
（姚希孟）妻（加贈
　宜人制）　明倪元璐　1297-13-1

●馮氏（曹玘妻）宋
皇后母贈吳國太夫人
　馮氏可國太夫人　宋余　靖　1089-109-11

●馮氏（項元輔妻、
　項人龍母）明
（項人龍）母（封爲
　孺人勅）　明倪元璐　1297-49-4

●馮氏（劉悟妻）唐
封劉悟妻馮氏長樂郡
　夫人制　唐白居易　1080-560-52
　　　　　1336-774-419

●馮氏（劉志宗妻、
　劉勳母）明
（劉勳）母（封爲孺
　人勅）　明倪元璐　1297-49-4

●馮氏（韓皇后祖母）宋
（韓皇后）祖母令人
　馮氏贈關國夫人（
　制）　宋陳傳良　1150-609-15

●馮氏（鍾震妻）宋
馮氏封碩人制　宋吳　泳　1176-99-10

●馮　氏宋
皇太后殿馮氏可典贊
　（制）　宋蘇　頌　1092-394-34

●馮　氏宋
馮氏封太孺人制　宋胡　寅　1137-461-14

●馮　經（母）宋
右迪功郎馮經母年一
　百零四歲封太孺人
　制　宋張　擴　1129-83-8

●馮世寧（祖母）宋
內侍馮世寧祖母特贈

郡太君制　宋鄒　浩　1121-320-18

●馮貴人漢
賜馮貴人策（二則）　漢鄧　綏　1397-71-4

●寗氏（張中彥妻）宋
龍神衞四廂都指揮使
　張中彥妻寗氏可特
　封碩人制　宋張　嵲　1131-495-18

●富氏（田況妻）宋
三司使田況妻富氏追
　封樂安郡君制　宋王　珪　1093-257-36

●富氏（馮京妻）宋
（馮京）亡妻追封安
　化郡夫人可追封文
　安郡夫人制　宋王安禮　1100-20-2
（馮京）亡妻追封普
　安郡夫人富氏可追
　封延安郡夫人制　宋王安禮　1100-20-2

●富氏（馮京妻）
（馮京）妻進封大寧
　郡夫人富氏可特封
　延安郡夫人制　宋王安禮　1100-20-2

●富氏（劉基妻）明
（劉基）妻永嘉郡夫
　人富氏誥　明不著撰人　1225-472-20

●富氏（劉嫡妻）明
（劉基）母永嘉郡夫
　人富氏誥　明不著撰人　1225-472-20

●富察氏（李懋妻）元
（李個）祖母富察氏
　追封冀寧郡夫人（
　制）　元柳　貫　1210-289-7

●富察氏（楊爾昌妻）元
贈壽國夫人制　元姚　燧　1201-417-2

●富察久安（女）宋
故太傅富察久安女碩
　人乞用父遺表恩澤
　封郡夫人（制）　宋樓　鑰　1152-621-34

●曾氏（劉景洪妻）宋
劉參政曾祖母追封清
　河郡太夫人曾氏再
　追封榮國太夫人制　宋蔡　襄　1090-454-14

●博爾濟吉特（清太
　宗后）
徽號詔——康熙二十
　年　清聖祖　570-306-29之1

●越氏（張紘妻）宋
（張浚）祖母越氏贈
　武陵郡夫人（制）　　宋程　俱　1130-254- 25

●黃氏（王文妻）宋
王之望祖母黃氏昌元
　郡夫人制　　　　　　宋洪　适　1158-376- 20

●黃氏(江萬里妻)宋
妻通義郡夫人黃氏贈
　南康郡夫人制　　　　宋馬廷鸞　1187- 57- 7

●黃氏（任斯年祖母）宋
奉議郎任斯年祖母黃
　氏封永壽君制　　　　宋蘇　轍　1112-345- 32

●黃氏（李廛妻）宋
李綱祖母黃氏已贈郡
　夫人贈國夫人制　　　宋汪　藻　1128- 67- 7

●黃氏(胡修己妻)宋
（胡晉臣）曾祖母黃
　氏贈崇國夫人(制)　宋陳傅良　1150-588- 12

●黃氏（陳嵩妻）宋
工部侍郎參知政事陳
　執中曾祖母黃氏贈
　鄆國太夫人　　　　　宋余　靖　1089-106- 11

工部侍郎參知政事陳
　執中曾祖母黃氏追
　封德陽郡太夫人　　　宋余　靖　1089-106- 11

●黃氏(陳嘉謨妻)宋
同簽書樞密院事陳卓
　曾祖母黃氏贈文安
　郡夫人（制）　　　　宋洪咨夔　1175-262- 22

陳卓曾祖姑黃氏贈上
　饒郡夫人制　　　　　宋吳　泳　1176- 94- 10

●黃氏（鄭汝永妻、
　鄭性之母）宋

鄭性之母黃氏贈和政
　郡夫人制　　　　　　宋吳　泳　1176- 94- 10

●黃氏(劉紹能妻)宋
劉光世故曾祖母黃氏
　可特贈鄆國夫人制　　宋張　嵲　1131-461- 14

●黃氏（羅點妻）
（羅點）妻黃氏永嘉
　郡夫人（制）　　　　宋樓　鑰　1152-707- 41

●黃立言（妻）明
（黃立言）妻（封爲
　恭人制）　　　　　　明倪元璐　1297- 45- 4

●黃古臺氏（蘇布臺

妻）元
平章布拉吉達故曾祖
　母黃古臺氏封河南
　郡王夫人制　　　　　元程鉅夫　1202- 13- 2

●賀氏（張存妻）宋
張中孚祖母賀氏贈同
　安郡夫人制　　　　　宋張　擴　1129-111- 11

張中孚祖母賀氏贈魏
　國夫人制　　　　　　宋張　擴　1129-118- 11

●賀氏（韓慶妻、韓
　世忠母）宋
醴泉觀使韓世忠母賀
　氏贈楊國夫人制　　　宋張　擴　1129-126- 12

●捏古真元
追封捏古真秦國夫人
　（制）　　　　　　　元吳　澄　1197-837- 90

●盛氏（王臨妻）宋
故朝議大夫充寶文閣
　待制王臨妻天興縣
　君盛氏可封仁壽縣
　君制　　　　　　　　宋劉　敞　1096-198- 20

屯田員外郎王廣淵弟
　太常博士臨妻太和
　縣君盛氏進封天興
　縣君制　　　　　　　宋鄭　獬　1097-171- 7

●盛氏（杜衍母）宋
御史中丞杜衍亡母追
　封京兆郡太君制　　　宋宋　庠　1087-607- 26

●盛氏（鄭下妻、鄭
　剛中母）宋
鄭剛中故母盛氏可特
　贈令人制　　　　　　宋張　嵲　1131-513- 20

●彭氏（吳嶽母）宋
右通直郎監登聞鼓院
　吳嶽母彭氏特封淑
　人制　　　　　　　　宋張　擴　1129-150- 14

●彭氏(趙宗瑗妻)宋
皇叔祖昭信軍節度使
　開府儀同三司漢東
　郡王宗瑗故新婦嘉
　興縣尹彭氏可贈英
　國夫人制　　　　　　宋劉　敞　1096-202- 20

●彭氏（戴僅妻、戴
　皐母）宋
（戴皐）故母彭氏特

贈碩人（制） 宋周必大 1148-29-96

●楊珠奇納（錦濟勒妻）元

太保左丞相母楊珠奇納追封鄭王夫人制 元馬祖常 1206-556-6

●楊珠濟農（濟濟哩妻）元

太保左丞相追封母制 元馬祖常 1373-242-17

●喀爾沁氏（達爾罕奇吉里妻）元

達爾罕哈喇哈遜故曾祖母喀爾沁氏追封順德王夫人制 元程鉅夫 1202-33-3

●華氏（沈升妻）宋

德妃沈氏曾祖母追封燕國太夫人華氏宜封國太夫人 宋余靖 1089-109-11

●單 氏宋

皇后姨單氏封恭人制 宋張 擴 1129-150-14

●喻氏（年子才妻）宋

妻恭人喻氏贈令人制 宋馬廷鸞 1187-54-7

●喻氏（秦仲海妻）宋

秦太師祖母喻氏贈秦國夫人制 宋張 擴 1129-114-11

太師秦檜祖母喻氏贈秦國夫人制 宋張 擴 1129-119-11

●傅氏（余鑄妻）宋

（余端禮）示目母傅氏高平郡夫人（制） 宋樓 鑰 1152-655-37

●傅氏（崔賢妃祖母）宋

賢妃崔氏贈祖母傅氏制 宋翟汝文 1129-227-4

●焦廣年（祖母）宋

武功郎焦廣年祖母封太孺人 宋孫 覿 1135-260-25

●鈕赫氏（耶律鑄妻）元

丞相耶律鑄妻鈕赫氏封懿寧王夫人制 元蘇天爵 1214-280-24

●程氏（項人龍妻）明

（項人龍）妻（封爲孺人勅） 明倪元璐 1297-48-4

●程世顯（妻）宋

程克俊祖母贈縉雲郡夫人制 宋張 擴 1129-110-11

●程氏（楊光庭妻）宋

（楊棟）曾祖母歷陽郡夫人程氏特贈和國夫人制 宋馬廷鸞 1187-48-6

又（楊棟）曾祖母歷陽郡夫人程氏贈和國夫人制 宋馬廷鸞 1187-49-6

●程氏（楊志妻、楊政母）宋

武當軍節度使楊政母程氏贈高密郡夫人制 宋張 擴 1129-129-12

●程氏（韓鎮妻）宋

（韓縝）妻程氏可永嘉郡夫人制 宋王安禮 1100-19-2

●喬氏（梁建妻、梁興母）宋

（梁興）母喬氏贈恭人制 宋張 擴 1129-68-7

●喬 氏宋

宮人典言喬氏可尚儀制 宋慕容彥逢 1123-402-9

十三畫

●溫 厚（母）宋

溫厚母年九十封太孺人制 宋胡 寅 1137-426-12

●雍氏（楊澥曾祖母）宋

（馮澥）故曾祖母雍氏贈咸寧郡夫人（制） 宋程 俱 1130-256-26

●雍氏（楊仲臣妻）宋

楊沂中故曾祖母雍氏可特贈康國夫人制 宋張 嵲 1131-460-14

●雍 氏宋

故保慈夫人親屬孫女雍氏封孺人（制） 宋劉一止 1132-222-46

●廉布憲（母）元

廉希憲母某氏贈某國夫人 元袁 桷 1203-491-37

●賈氏（太訓母）元

太訓之姑賈氏贈韓國夫人之制 元姚 燧 1201-412-1

●賈氏（王建福妻）宋

樞密王太尉曾祖母追封魏國太夫人賈氏可追封國太夫人（

四庫全書文集篇目分類索引 1175

制） 宋余 靖 1089-110- 11
●賈氏(宋庠祖母)宋
集賢相宋庠祖 母賈氏
可特追封楚國太夫
人制 宋胡 宿 1088-807- 21
●賈氏(楊宗閔妻)宋
楊沂中故祖母賈氏可
特贈豐國夫人制 宋張 嵲 1131-460- 14
●賈氏（寶默妻）元
（太子少傅寶公）夫
人賈氏誄辭 元王 惲 1201- 30- 67
寶默妻賈氏封扶風郡
夫人制 元不著撰人 1366-599- 1
●賈 氏宋
皇后乳母賈氏可封遂
寧郡君制 宋鄭 獬 1097-171- 7
●賈 祥（母）宋
遼山縣令賈祥母年九
十一歲封縣君制 宋蘇 頌 1092-399- 34
●雷氏(李士衡妻)宋
工部侍郎李士衡妻安
吉縣君雷氏可進封
馮翊郡君制 宋夏 竦 1087- 74- 3
●雷氏（楊榮妻）宋
武當軍節度使楊政祖
母雷氏贈武陵郡夫
人制 宋張 擴 1129-128- 12
●塔本（布色妻）元
平章伊蘇岱爾曾祖母
塔本追封曹南王夫
人制 元馬祖常 1206-556- 6
平章伊蘇德爾封贈曾
祖母制 元馬祖常 1373-243- 17
●達勒達哈（妻）元
達勒達哈故妻某氏追
封某夫人制 元程鉅夫 1202- 33- 3
●楊氏(万俟琰妻)宋
万俟禼曾祖母楊氏贈
蘄春郡夫人制 宋張 擴 1129-122- 12
●楊氏（王勝妻）宋
王勝故妻楊氏可特贈
碩人制 宋張 嵲 1131-515- 20
●楊氏(王仕榮妻)宋
王淵祖母楊氏贈文安
郡夫人制 宋張 擴 1129-113- 11

●楊氏（沈岱妻、沈
維柄母）明
（沈維柄）母（贈恭
人制） 明倪元璐 1297- 15- 1
●楊氏（李燾妻、李
壁母）宋
（李壁）母楊氏擬贈
秦國夫人（制） 宋衞 涇 1169-475- 1
●楊氏（何伯祥妻、
何瑋母）元
何瑋故母楊氏追封易
國夫人制 元程鉅夫 1202- 23- 2
●楊氏(宋度宗淑妃)
楊淑妃制 宋王應麟 1187-239- 4
●楊氏（胡宗旦妻、
胡交修繼母）宋
（胡交修）繼母楊氏
封太碩人（制） 宋程 俱 1130-255- 26
●楊氏（范宗尹曾祖
母）宋
范宗尹故曾祖母楊氏
追贈制 宋綦崇禮 1134-535- 2
●楊氏(高世則母)宋
高世則母楊氏贈秦國
夫人制 宋張 擴 1129- 55- 7
高世則故母楊氏可特
贈鄧國夫人制 宋張 嵲 1131-494- 18
●楊氏(明神宗宜妃)
宜妃册文 明孫繼皐 1291-194- 1
●楊氏（馬仲甫妻、
馬玕母）宋
馬玕等故母樂平郡太
夫人楊氏可贈崇國
太夫人制 宋呂 陶 1098- 70- 9
●楊氏（馬仲甫妻、
馬玕繼母）宋
馬玕等故繼母安康郡
太夫人楊氏可贈康
國太夫人制 宋呂 陶 1098- 70- 9
●楊氏（章倓妻）宋
章惇祖母楊氏可追封
建安郡太夫人制 宋王安禮 1100- 19- 2
●楊氏（張懷妻）宋
（張巖）祖母楊氏贈
宜春郡夫人制 宋虞 儔 1154-115- 5

史部

詔令奏議類：附錄

詔令下（女）十三畫

史部　詔令奏議類：附錄　詔令下（女）十三畫

●楊氏(張文矩妻)宋
（張浚）曾祖母楊氏贈高密郡夫人(制)　宋程　俱　1130-253- 25

●楊氏(賀應機妻)宋
賀允中曾祖母楊氏贈同安郡夫人制　宋洪　适　1158-370- 19

●楊氏(賀蘭琬母)唐
進封賀蘭琬母楊氏弘農郡夫人制　唐蘇　頲　1336-774-419

●楊氏（賀屯妻）元
鄂屯妻楊氏封奉元郡夫人制　元蒲道源　1210-694- 15

●楊氏（趙棠妻）宋
祖母燕國夫人楊氏贈荊國夫人制　宋馬廷鸞　1187- 60- 8

●楊氏(趙仲瑎母)宋
皇叔右千牛衞將軍仲瑎所生母楊氏可封瑞安縣太后制　宋慕容彥逢　1123-396- 8

●楊氏等(趙宗績妻)宋
左領軍衞大將軍宗績新婦楊氏等人可並封郡君制　宋蔡　襄　1090-436- 12

●楊氏(唐睿宗淑妃)
皇帝良娣董氏等貴妃誥　不著撰人　426-123- 25

●楊氏(劉延慶妻)宋
劉光世故所生母楊氏可特贈鄧國夫人制　宋張　嵲　1131-463- 14

●楊　氏唐
册桂陽郡王楊妃文　不著撰人　426-257- 40

●楊　氏宋
皇太后殿楊氏可掌記（制）　宋蘇　頌　1092-394- 34

●楊　氏（等）宋
太皇太后殿楊氏等夫人進職制　宋劉　敞　1096-227- 22

●楊　氏宋
宮人掌綵楊氏可司樂制　宋慕容彥逢　1123-402- 9

●楊　昌（母）宋
（楊昌）母某氏贈郡夫人（制）　宋劉安上　1124- 23- 2

●楊　昌（妻）宋
（楊昌）妻某氏封郡

君（制）　宋劉安上　1124- 24- 2

●楊　造（母）唐
楊造等亡母追贈太君制　唐白居易　1080-548- 51

●楊一娘(楊從信)宋
楊一娘賜名從信特除知内尚書省事(制)　宋程　俱　1130-262- 26

●楊二奴宋
紅霞帔楊二奴轉掌閤（制）　宋張　綱　1131- 51- 8

●楊元琰女(李瑀妃)唐
册壽王楊妃文　不著撰人　426-258- 40
度壽王妃爲女道勅　不著撰人　426-261- 40

●楊皇后（隋文帝女、宣帝后)北周
楊后爲天元太皇后册　北周宣帝　1400- 81- 2

●楊恭道女（唐太宗婕妤）
册楊恭道女爲婕妤文　不著撰人　426-122- 25

●楊貴妃（等）唐
良姊楊氏等爲貴妃詔　不著撰人　426-124- 25

●萬氏（俞溫妻、俞侯母）宋
（俞侯）故母萬氏贈文安郡夫人制　宋張　擴　1129- 61- 7

●萬鍾（生母）宋
（中書舍人萬鍾）贈所生母制　宋虞　儔　1154-113- 5

●萬鍾（母）宋
（中書舍人萬鍾）贈母制　宋虞　儔　1154-113- 5

●董氏（包拯妻）宋
樞密副使給事中包拯妻仁壽郡君董氏可進封永康郡夫人　宋沈　遘　1097- 61- 6

●董氏（湯嚴妻）宋
母董氏特贈碩人制　宋馬廷鸞　1187- 64- 8

●董氏(程靈洗妻)陳
書先太守公及忠壯公夫人長子忠護侯追封三誥後　明程敏政　1252-638- 36

●董氏（楊震妻、楊沂中母）宋
楊沂中故母董氏可特

贈淑國夫人制　　宋張　嵲　1131-461- 14
● 董氏(唐睿宗貴妃)
皇帝良姊董氏等貴妃誥　　不著撰人　426-123- 25
● 董氏(趙叔過母)宋
皇叔右監門衞大將軍叔過故所生母董氏可縣太君制　　宋劉　敞　1096-196- 20
● 董　氏宋
太皇太后殿董氏可典設（制）　　宋蘇　頌　1092-395- 34
● 董　炳（繼室）元
（董某）繼母某氏追封趙國夫人（制）　　元袁　桷　1203-495- 37
● 董婉儀宋
故充媛董氏贈婉儀制　　宋王安石　1105-437- 54
● 路氏（王玄妻）宋
王德用祖母路氏追封陳國太夫人宜特追封某國太夫人制　　宋蔡　襄　1090-460- 14
● 路氏(蕭中一妾)宋
（蕭中一）妾路氏封安人（制）　　宋周必大　1148- 41- 97
● 葛氏(鄭隆妻）明
總督宣大太子太保兵部尚書鄭洛祖母誥命　　明馮　琦　1402-135- 25
● 葛氏(樓定國妻)宋
資政殿學士樓炤祖母葛氏贈華國夫人制　　宋張　擴　1129-125- 12
（簽書樞密院事樓炤）祖母宜人葛氏可特贈德陽郡夫人(制)　　宋劉一止　1132-201- 41
● 葛氏（劉延慶妻、劉光世母）宋
劉光世故嫡母葛氏可特贈鎮國夫人制　　宋張　嵲　1131-463- 14
● 葛　氏宋
葛氏封宜人制　　宋吳　泳　1176- 99- 10
● 葉氏（王肇坤妻）明
（王肇坤）妻（贈爲安人勅）　　明倪元璐　1297- 42- 3
● 葉氏（江瑛妻）宋
（江萬里）曾祖母恩平郡夫人葉氏贈曾

安定郡夫人制　　宋馬廷鸞　1187- 56- 7
● 葉氏(余端禮妻)宋
（余端禮）妻葉氏信安郡夫人（制）　　宋樓　鑰　1152-655- 37
● 葉氏（何伯祥妻、何瑋母）元
何瑋母葉氏封易國太夫人制　　元程鉅夫　1202- 23- 2
● 葉氏（周綰母）宋
周綰故母葉氏特贈榮國夫人（制）　　宋周必大　1148- 16- 95
● 葉氏（晁（龜）端仁妻、晁（龜）謙之母）宋
（晁謙之）故嫡母葉氏贈濟陽郡夫人制　　宋張　擴　1129- 70- 7
● 葉氏(梁汝嘉妻)宋
（梁汝嘉）妻葉氏封淑人制　　宋張　擴　1129- 60- 7
● 葉　氏明
慶陽伯夫人葉氏誥文　　明王　鏊　1256-318- 18
● 敬氏（許衡妻）元
許衡妻敬氏追封高陽郡夫人制　　元不著撰人　1366-598- 1
許衡妻敬氏封魏國夫人制　　元鄧文原　1367-155- 12
● 虞氏（余繪妻、余端禮母）宋
（余端禮）母虞氏咸寧郡夫人（制）　　宋樓　鑰　1152-655- 37
● 詹氏（李周妻）宋
李周故妻詹氏可贈永寧縣君制　　宋呂　陶　1098- 74- 9
● 鄒氏(梁適曾祖母)宋
昭德軍節度使梁適曾祖母陳國太夫人鄒氏可追封楚國太夫人制　　宋鄭　獬　1097-169- 7
● 鄒氏（劉錡妻）宋
劉錡妻鄒氏可特封信安郡夫人制　　宋張　嵲　1131-467- 14
● 解氏（楊全妻）宋
（楊貴妃）祖母解氏贈文安郡夫人制　　宋虞　儔　1154-114- 5
● 鄔氏(馮元驥妻）明

1178　　　　　　　　四庫全書文集篇目分類索引

（馮元飈）妻（封爲
　孺人勅）　　　　　　明倪元璐　1297- 38- 3

十四畫

●齊氏(安燾祖母)宋
安燾祖母齊氏追贈制　　宋蘇　轍　1112-333- 31
●齊氏（吳遂妻）宋
檢校少師吳璘祖母齊
　氏贈潤國夫人制　　　宋張　擴　1129-124- 12
●齊氏（程新妻）宋
程相公會祖母制　　　　宋蔡　襄　1090-457- 14
●廖氏（李証妻）宋
李僑母廖氏贈孺人(
　制）　　　　　　　　宋樓　鑰　1152-658- 27
●廖氏（李僧護妻）
李綱曾祖母廖氏已贈
　郡夫人贈國夫人制　　宋汪　藻　1128- 67- 7
●廖氏(夏時敏妻)明
（夏原吉）渥恩誥文
　（九）　　　　　　　明仁宗　　1240-538-附
●廖氏（劉廣妻）元
（劉廣）妻廖氏封刑
　國夫人（制）　　　　元袁　桷　1203-478- 36
●臧氏（楊逵妻、楊
　逵母）宋
侍衞親軍馬都虞侯楊
　逵母（封贈制）　　　宋蘇　頌　1092-409- 35
（楊逵）母臧氏可進
　封安康郡太夫人制　　宋王安禮　1100- 18- 2
●趙氏（万俟敏妻）
万俟高祖母趙氏贈榮
　國夫人制　　　　　　宋張　擴　1129-122- 12
●趙氏（王寂妻）宋
參知政事王次翁祖母
　贈成果夫人制　　　　宋張　擴　1129-121- 12
（王次翁）故祖母趙
　氏可特贈蘄春郡夫
　人制　　　　　　　　宋張　嵲　1131-464- 14
●趙氏（王藴母）唐
王藴母趙氏進封楚國
　夫人制　　　　　　　唐李　磎　1336-773-419
　　　　　　　　　　　　　　　　1402- 83- 14
●趙氏（王瑛妻）宋
王璩故妻令人趙氏贈
　碩人制　　　　　　　宋王　洋　1132-435- 8
●趙氏（王代忽妻、

王拱辰母）宋
王拱辰母趙氏可追封
　永安郡太君制　　　　宋王　珪　1093-234- 33
●趙氏(王次翁妻)宋
王次翁故妻趙氏贈安
　康郡夫人制　　　　　宋張　擴　1129-122- 12
（王次翁）故妻趙氏
　可特贈同安郡夫人
　制　　　　　　　　　宋張　嵲　1131-465- 14
●趙氏（汪藻妻）宋
（汪藻）故妻趙氏贈
　淑人（制）　　　　　宋程　俱　1130-231- 23
●趙氏(李孝友妻)宋
皇后親姪婦李孝友妻
　安人趙氏特封恭人
　（制）　　　　　　　宋陳傅良　1150-572- 11
●趙氏（李遵勗妻、
　李端愿母）宋
李端愿母追贈制　　　　宋蘇　轍　1112-344- 32
●趙氏(刑遵旣等妻)宋
宗女殿直刑遵旣等妻
　趙氏可縣君制　　　　宋王　珪　1093-240- 34
●趙氏（吳奎妻）宋
樞密副使吳奎亡妻趙
　氏追封信都郡夫人
　制　　　　　　　　　宋王安石　1105-437- 54
●趙氏（吳蓋妻）宋
吳蓋妻趙氏特封通義
　郡夫人（制）　　　　宋周必大　1148- 17- 95
吳蓋妻趙氏越國夫人
　制　　　　　　　　　宋洪　适　1158-393- 22
●趙氏（周演母）宋
可追封靈壽縣君(制)　宋韓　維　1101-675- 18
●趙氏（俞侯妻）宋
（俞侯）妻趙氏封碩
　人制　　　　　　　　宋張　擴　1129- 61- 7
●高鑄(高鑄前妻、
　　高衞前母）宋
（高衞）故前母趙氏
　贈淮安郡夫人(制)　宋程　俱　1130-232- 23
●趙氏（高鑄妻、高
　　衞母）宋
（高衞）故母趙氏贈
　同安郡夫人（制）　　宋程　俱　1130-232- 23
●趙氏（席貢母）宋

席貢母趙氏特贈燕國夫人制　宋許景衡　1127-236-　7

● 趙氏(袁務成母)宋
左班殿直袁務成母趙氏可特封長縣太君制　宋呂　陶　1098-76-　9

● 趙氏（夏協妻）宋
皇后封贈母趙氏福國夫人制　宋洪　适　1158-391-22

● 趙氏（郭用妻）
郭浩祖母贈齊安郡夫人制　宋張　擴　1129-116-11

● 趙氏（郭成妻、趙浩前母）宋
趙浩前母趙氏贈蜀國夫人制　宋張　擴　1129-117-11

● 趙氏（張佺妻）宋
（張浚）故祖母趙氏可特贈越國夫人制　宋張　嵲　1131-437-11

● 趙氏（張成妻、張浚前母）宋
（張浚）前母趙氏贈通義郡夫人（制）　宋程　俱　1130-254-25

（張浚）故前母趙氏可特贈楚國夫人制　宋張　嵲　1131-438-11

● 趙氏(張弘範母)元
張弘範母贈齊國太夫人制　元姚　燧　1201-414-　1

● 趙氏(張守誠妻)宋
張守誠妻趙氏封郡立制　宋鄒　浩　1121-296-15

● 趙氏（張彥度妻、張婕妤繼母）宋
（張婕妤）故繼母趙氏贈淑人（制）　宋程　俱　1130-268-27

● 趙氏（馮澥妻）宋
（馮澥）故妻趙氏贈南昌郡夫人（制）　宋程　俱　1130-257-26

● 趙氏(富令荀妻)宋
富副樞密祖母追封金城郡太夫人趙氏可追封南陽郡太夫人　宋余　靖　1089-113-11

● 趙氏（楊漸妻、楊貴妃母）宋
（楊貴妃）前母趙氏

贈永寧郡夫人制　宋虞　儔　1154-114-　5

● 趙氏(楊沂中妻)宋
（楊沂中）故妻趙氏可特贈清源郡夫人制　宋張　嵲　1131-461-14

● 趙氏（董炳妻）元
（董某）母趙氏追封趙國夫人（制）　元袁　桷　1203-494-37

● 趙氏（秦元妻、秦宓禮母）宋
秦宓禮故母趙氏可特贈文安郡夫人制　宋張　嵲　1131-514-20

● 趙氏(潘孝存妻)宋
（潘正夫）故祖母趙氏可特贈雍國夫人制　宋張　嵲　1131-469-15

● 趙氏(劉復亨妻)元
劉復亨妻趙氏贈某國夫人（制）　元袁　桷　1203-492-37

● 趙氏（鮮于至、鮮于侁母）宋
鮮于侁母追贈制　宋蘇　轍　1112-341-32

● 趙　氏宋
故永嘉郡夫人趙氏可追封蕭國夫人(制)　宋蘇　頌　1092-402-35

● 趙　氏宋
皇太妃乳母趙氏可封掌贊夫人制　宋劉　放　1096-202-20

● 趙　氏宋
皇伯滕王第十六女封縣主制　宋曾　鞏　1098-553-21

● 趙　氏宋
皇故第十三女追封楚國公主制　宋王安石　1105-437-54

● 趙　氏宋
故尚宮趙氏可特贈郡君（制）　宋蘇　軾　1108-692-108

● 趙　氏宋
安康郡王趙氏可封兩郡王制　宋慕容彥逢　1123-396-　8

● 趙　氏宋
皇后弟妻趙氏封恭人制　宋張　擴　1129-150-14

● 趙　氏宋
宗女趙氏封永康郡夫

四庫全書文集篇目分類索引

人制　　　　　　　　　　宋翟汝文　1129-226- 4

●趙　氏宋
趙氏改封東平郡主制　宋吳　泳　1176- 91- 10

●趙　氏宋
趙氏改封文安郡主制　宋吳　泳　1176- 91- 10

●趙　氏宋
趙氏贈安人制　　　　宋吳　泳　1176-100- 10

●趙　佾（女）宋
故燕王第二女可封郡主制　　　　　宋慕容彥逢　1123-396- 8

●趙　昉（女）宋
楊王第三女封安定郡主（制）　　　宋蘇　轍　1112-348- 32

●趙　偲（女）宋
越王偲第十二女可宗姬制　　　　　宋許景衡　1127-223- 7

●趙　棠（妻）宋
趙蔡祖母追贈制（二則）　　　　　宋徐元杰　1181-701- 3

●趙　葵（妻）宋
趙葵妻追贈制　　　　宋徐元杰　1181-702- 7

●趙　顗（母）宋
贈魏郡太君制　　　　宋劉　攽　1096-198- 20

●趙士岷（女）宋
士岷女三人並封縣子（制）　　　　宋樓　鑰　1152-654- 37

●趙允升（女）宋
平陽郡王允升第二十二女趙氏可某縣主制　　　　　　　　　宋歐陽修　1102-629- 80

●趙允初女（梁鑄妻）宋
節度使允初長女殿直梁鑄妻特封嘉興郡君制　　　　　　　　宋王安石　1105-440- 54

●趙允迪女（錢隆穆妻）宋
贈太尉追封永嘉郡王允迪錢隆穆妻可特封郡君制　　　　　　宋蔡　襄　1090-433- 11

●趙允寧（女）宋
贈太尉允寧女趙氏封縣君　　　　　宋余　靖　1089-104- 11

●趙世永女（徐鎮妻）宋
右屯衞大將軍登州防禦使刑國公世永第

三女左班殿直徐鎮妻特封金城縣君制　宋王安石　1105-440- 54

●趙世延（祖母）元
趙世延贈曾祖母曾氏雲中郡夫人（制）　元袁　桷　1203-492- 37

●趙世榮（妻）宋
千牛衞將軍（趙）世榮等妻可封縣君制　宋鄭　獬　1097-172- 7

●趙令攄（等母）唐
皇兄令攄等所生母贈縣太君制　　　宋蘇　轍　1112-346- 32

●趙汝愚（曾祖母）宋
（趙汝愚）曾祖母闕氏贈申國夫人（制）　宋陳傳良　1150-615- 15
（趙汝愚）曾祖母闕氏贈陳國夫人（制）　宋陳傳良　1150-623- 16

●趙汝愚（妻）宋
（趙汝愚）妻闕氏贈衞國夫人（制）　宋陳傳良　1150-616- 15
（趙汝愚）妻闕氏贈益國夫人（制）　宋陳傳良　1150-624- 16

●趙仲諭（等妻）宋
右千牛衞將軍仲諭等新婦一十人可並封縣君制　　　　　　　宋蔡　襄　1090-436- 12

●趙仲翹（妻）宋
皇后新仲翹新婦宜特封鉅鹿郡君制　宋蔡　襄　1090-432- 11

●趙仲鸞（等妻）宋
皇后右武衞大將軍渭州防禦使仲鸞等十人故新婦可並贈縣君制　　　　　　　　　宋劉　攽　1096-198- 20

●趙克孝（妻）宋
皇姪右監門衞將軍克孝妻某氏可封某氏可封仁和縣君（制）　宋劉　敞　1095-658- 30
　　　　　　　　　　　　　　　　　　1350-384- 37

●趙克洵女（宋犯妻）宋
右屯衞大將軍茂州刺史克洵第二女右班殿直宋犯妻等並特封縣君制　　　　　　　宋王安石　1105-440- 54

●趙宗達（妻）宋
皇太后姪皇伯文州防

禦使宗逵妻封咸寧郡夫人（制）
宋蘇　頌　1092-402- 25

● 趙宗瑗（女）宋

右驍衞大將軍襄州刺史（趙）宗瑗長女可永嘉縣君
宋沈　遘　1097- 48- 5

● 趙宗説女（楚奎妻）宋

宗説第十八女右班殿直楚奎妻永泰縣君制
宋王安石　1105-440- 54

● 趙承亮（女）宋

磁州防禦使承亮等女可並封縣君制
宋胡　宿　1088-792- 19

● 趙承裕（女）宋

定武軍節度使承裕第六女遂寧縣君趙氏可進封長樂郡君制
宋胡　宿　1088-792- 19

● 趙彥逾（曾祖母）宋

趙彥逾曾祖崇國夫人關氏加贈關國夫人（制）
宋陳傳良　1150-636- 17

● 趙彥逾（祖母）宋

趙彥逾祖母淑人關氏贈關二字郡夫人（制）
宋陳傳良　1150-637- 17

● 趙彥逾（妻）宋

趙彥逾妻人關氏贈關郡夫人（制）
宋陳傳良　1150-637- 17

● 趙飛燕 漢

廢趙飛燕詔
漢王皇后　1396-271- 5

● 趙皇后（漢哀帝后）

眨趙后詔（二則）
漢　平　帝　426-1054-12

● 趙皇后（唐中宗后）

上聖祖大道玄元皇帝號並五聖加諡制
唐不著撰人　426-592- 78

● 趙師晏（母）宋

（趙師晏）贈母制
宋慶　儔　1154-112- 5

● 趙從約（女）宋

韓國公（趙）從約女封縣君制
宋鄭　獬　1097-171- 7

● 趙與懽（妻）宋

趙與懽妻追贈制
宋徐元杰　1181-697- 7

● 聞人氏（趙多謨妻）

皇淑祖多謨妻聞人氏封齊安郡夫人制
宋吳　泳　1176- 89- 10

● 蒲氏（游伯妻）宋

游伯妻南康郡夫人蒲氏贈安定郡夫人制
宋徐元杰　1181-695- 7

● 蒲氏（韓億妻）宋

尚書吏部侍郎參知政事韓絳母追封普安郡夫人蒲氏可追封崇國太夫人（制）
宋蘇　頌　1092-405- 35

（韓縝）母蒲氏可並追封兗國太夫人制
宋王安禮　1100- 19- 2

韓維母蒲氏冀國太夫人（制）
宋蘇　軾　1108-677-107

韓維母蒲氏贈秦國太夫人（制）
宋蘇　軾　1350-403- 39

● 蓋　氏 宋

保慶皇太后叔母蓋氏追封榮國太夫人制
宋宋　庠　1087-605- 26

● 蒙氏（李永奇妻）宋

（李顯忠）繼母蒙氏特贈楚國夫人（制）
宋周必大　1148- 55- 98

● 滕氏（常同妻）宋

（常同）故妻滕氏贈碩人制
宋張　擴　1129- 67- 7

● 熊氏（刑煥妻）宋

（皇后）故母熊氏可特贈魏國夫人制）
宋張　嶸　1131-474- 16

● 熊布鳳妻（熊維典母）明

（熊維典）母（封爲庶人勅）
明倪元璐　1297- 52- 4

● 熊維典（妻）明

（熊維典）妻（封爲庶人勅）
明倪元璐　1297- 52- 4

● 綽斯滿（達哩岱妻）元

綽斯滿公主封王夫人制
元姚　燧　1367-143- 11

● 裴氏（苗繼宗妻）宋

苗貴妃母追贈制
宋蘇　轍　1112-339- 32

十五畫

● 潘氏（李斌妻）宋

皇后親姪婦李斌妻安人潘氏特封恭人（制）
宋陳傳良　1150-572- 11

● 潘氏（李在欽妻）

李迪曾祖母潘氏追封

四庫全書文集篇目分類索引

史部

詔令奏議類：附錄

詔令下（女）十五畫

魯國太夫人制　宋韓　琦　1089-464-40

●潘氏(許及之妻)宋

封令人（制）　宋樓　鑰　1152-698-40

●潘氏(鄭性之妻)宋

贈平原郡夫人制　宋吳　泳　1176-94-10

●潘太初（等母）宋

監察御史潘太初閬母封太君制　宋田　錫　1085-542-28

●鄭氏（王珪妻）宋

左僕射門下侍郎王珪妻鄭氏追封楚國夫人（制）　宋曾　鞏　1098-548-21

（王珪）亡妻鄭氏可特追封越國夫人制　宋王安禮　1100-17-2

●鄭氏等（田弘正等母）唐

贈田弘正等母制　唐元　稹　1079-596-50

●鄭氏（姚崇妻）唐

封姚崇妻鄭國夫人制　唐蘇　頲　1336-770-49

　　　　　　　　　　　　1402-89-15

●鄭氏等(高銳等母)唐

高銳等十一人亡母鄭氏等太君制　唐白居易　1080-524-48

●鄭氏(夏原吉妻)明

（夏原吉）渥恩誥文（五）　明成祖　1240-537-附

（夏原吉）渥恩誥文（七）　明仁宗　1240-538-附

●鄭氏（留鑄妻、留正母）宋

（留正）前母鄭氏贈齊國夫人（制）　宋樓　鑰　1152-628-35

●鄭氏（張範妻、張巖母）宋

（張巖）母鄭氏贈永嘉郡夫人制　宋虞　儔　1154-115-5

●鄭氏（陳孔碩妻、陳韡母）宋

陳韡繼母淑人鄭氏可特贈永陽郡夫人制　宋徐元杰　1181-701-7

●鄭氏（彭睿妻）宋

保順軍節度使彭睿妻滎陽郡君鄭氏可進封彭城郡夫人制　宋夏　竦　1087-73-3

建雄軍節度觀察留後

彭睿妻北海郡君鄭氏可進封滎陽郡君制　宋夏　竦　1087-74-3

●鄭氏(趙士会妻)宋

士会故妻鄭氏可特贈碩人制　宋張　嵲　1131-495-18

●鄭氏(趙布瑋妻)宋

皇伯希瑋妻鄭氏特封郡夫人制　宋吳　泳　1176-91-10

●鄭氏(趙宗紳妻)宋

皇叔祖保靜軍節度使開府儀同三司建安郡王宗紳故新婦平昌郡君鄭氏可贈榮國夫人制　宋劉　敞　1096-202-20

●鄭氏（趙從謂母）

左金吾衞大將軍舒州團練使穎國公從謂所生母鄭氏可并封縣太君制　宋胡　宿　1088-793-19

●鄭氏(滕康祖母)宋

滕康初任執政祖母鄭氏封贈制　宋汪　藻　1128-70-7

●鄭氏（歐陽觀妻、歐陽修母）宋

觀文殿學士兵部尚書知青州歐陽修母鄭氏（封贈制）　宋蘇　頌　1092-407-35

參知政事歐陽修母贈封制　宋王安石　1105-433-54

　　　　　　　　　　　　1350-392-38

　　　　　　　　　　　　1402-133-25

●鄭氏(劉賡祖母)元

（劉賡）祖母鄭氏贈邢國夫人（制）　元袁　桷　1203-477-36

●鄭　綱（母）唐

鄭綱亡母追封國郡太夫人制　唐白居易　1080-540-50

●鄭　嵩（妻）宋

贈祖母制　宋李正民　1133-37-3

●鄭　毅（妻）宋

封妻制　宋李正民　1133-37-3

●鄭鎭妻(鄭毅母)宋

贈母制　宋李正民　1133-37-3

●鄭才人 唐

鄭氏爲才人制 唐不著撰人 426-125- 25
●鄭才人唐
鄭氏封才人制 唐元 稹 1079-594- 49
●鄭仁顯（妻）宋
贈曾祖母制 宋李正民 1133- 36- 3
●鄭守忠（母）宋
帥臣鄭守忠追封母制 宋宋 庠 1087-606- 26
●鄭守忠（妻）宋
帥臣鄭守忠進封郡君制 宋宋 庠 1087-608- 26
●鄭念八宋
紅霞帔鄭念八轉尚書制 宋張 擴 1129-105- 10
●鄭美人宋
才人鄭氏特進封美人制 宋鄭 浩 1121-314- 17
●鄭博古（女）唐
册榮王鄭妃文 唐不著撰人 426-258- 40
●鄭發先（母）宋
鄭發先封父母制 宋袁 甫 1175-427- 8
●鄭餘慶（等母）唐
鄭餘慶等十人亡母追贈郡國夫人制 唐白居易 1080-522- 48
●屬氏（呂嘉母）宋
封孺人制 宋方大琮 1178-187- 6
●翠氏（岳雲妻）宋
（岳）雲妻翠氏與復恭人（制） 宋周必大 1148- 37- 96
●鄧氏（河淵妻）元
何瑋故祖母鄧氏追封易國夫人制 元程鉅夫 1202- 22- 2
●鄧氏（洪固妻、洪擬母）宋
（洪擬）母鄧氏贈永寧郡夫人制 宋張 擴 1129- 61- 7
●鄧氏（洪擬妻）宋
（洪擬）妻鄧氏封令人（制） 宋程 俱 1130-234- 23
●鄧氏(賀允中妻)宋
賀允中永嘉郡夫人鄧氏贈吳政郡夫人制 宋洪 适 1158-371- 19
●鄧氏（鍾震妻）宋
鍾震妻鄧氏贈碩人制 宋吳 泳 1176- 99- 10
●鄧氏（羅琮妻）宋
（羅點）祖母鄧氏新

興郡夫人（制） 宋樓 鑰 1152-707- 41
●歐陽氏（樓居明妻、樓炤母）
（樓炤）母歐陽氏贈武陵郡夫人制 宋張 擴 1129- 66- 7
資政殿學士樓炤母歐（陽）氏贈始與郡夫人制 宋張 擴 1129-125- 12
（簽書樞密院事樓炤）母碩人歐陽氏可特贈碩人（制） 宋劉一止 1132-202- 41
●歐陽修（女）宋
參知政事歐陽修女樂壽縣君制 宋王安石 1105-439- 54
●歐陽僡（妻）宋
參知政事歐陽修祖母贈封（制） 宋王安石 1105-433- 54
　 1350-392- 38
●歐陽國瑞（母）宋
跋歐陽國瑞母氏錫誥 宋朱 熹 1145-686- 81
●樊氏(陳彭年妻)宋
刑部侍郎參知政事陳彭年妻南陽郡君樊氏可進封南陽夫人制 宋夏 竦 1087- 74- 3
●樊氏（董炳妻）元
（董某）所生母楚氏追封趙國夫人(制） 元袁 桷 1203-495- 37
●樊氏（葛郯母）宋
（葛郯）母樊氏贈陳國夫人（制） 宋陳傅良 1150-587- 12
●樊 氏宋
皇太后殿樊氏可典賓（制） 宋蘇 頌 1092-394- 34
●慕容氏(李鬱于妻)唐
封燕郡王公主制——開元十年 唐不著撰人 426-279- 42
●慕姬儀宋
婕妤慕氏轉婉儀制 宋張 擴 1129- 85- 9
●慕婕妤宋
慕氏轉婕妤（制） 宋張 綱 1131- 9- 1
●蔣氏（李孝友妻、李易母）宋
（李易）母蔣氏贈令人制 宋張 擴 1129- 69- 7

●蔣氏（邵必妻、邵聞母）宋
邵聞禮等故母通義郡太君蔣氏贈永寧郡太君制　宋呂　陶　1098-72-9

●蔣　氏宋
聽宣蔣氏司言制　宋　石　1105-438-54

●蔣之奇（曾祖母）宋
蔣之奇贈曾祖母制　宋鄒　浩　1121-311-17

●蔣之奇（祖母）宋
蔣之奇追贈祖母制　宋鄒　浩　1121-312-17

●蔣之奇（等母）
蔣之奇等追贈母制　宋鄒　浩　1121-312-17

●蔣之奇（妻）宋
蔣之奇追贈妻制　宋鄒　浩　1121-312-17

●蔡氏（邵必妻、邵聞禮繼母）宋
邵聞禮等故繼母和義郡太君蔡氏可贈遂寧郡大君制　宋呂　陶　1098-73-9

●蔡氏（陳青妻）宋
同簽書樞密院事陳卓故祖母蔡氏特贈安國夫人制　宋洪咨夔　1175-262-22

陳卓祖母蔡氏贈魏郡夫人制　宋吳　泳　1176-95-10

●蔡氏（游藝妻）宋
游伯曾祖母蔡氏衞國夫人可特贈鄧國夫人制　宋徐元杰　1181-694-7

●蔡　氏宋
兩朝佑聖郡太夫人親嫂同安郡太君蔡氏可封郡太夫人制　宋慕容彥逢　1123-399-8

●蔡佚陳妻(蔡確母)宋
蔡確母追贈制　宋蘇　轍　1112-343-32

●輝和爾氏(圖嚕妻)元
太傅圖嚕妻輝和爾氏可封廣陽王夫人制　元馬祖常　1206-558-6
　　　　　　　　　　　　1373-244-17

●輝和爾通郭囉氏（特爾格妻）元
特爾格故妻輝和爾通郭囉氏追封秦國夫人制　元程鉅夫　1202-47-4

●黎氏（馮澥妻）宋
（馮澥）故妻黎氏贈安岳郡夫人（制）　宋程　俱　1130-257-26

●黎　確（妻）宋
（黎確）故妻贈淑人（制）　宋程　俱　1130-232-23

●黎　確（妻）宋
（黎確）妻封淑人（制）　宋程　俱　1130-232-23

●黎宗孟（妻）宋
（黎確）故母贈淑人（制）　宋程　俱　1130-232-23

●德斯穆爾公主（塔喇臺妻）元
（塔喇臺）妻德斯穆爾公主封王夫人制　元姚　燧　1373-90-7

●魯氏(呂公著妻)宋
呂公著妻魯氏贈國夫人（制）　宋蘇　軾　1108-672-106
　　　　　　　　　　　　1350-402-39
　　　　　　　　　　　　1402-117-21

●劉氏(唐文宗賢妃)唐
婕好王氏等爲淑妃制　唐不著撰人　426-125-25

●劉氏（王昇妻）宋
參知政事（王次翁）曾祖母劉氏贈福國夫人制　宋張　擴　1129-121-11

王次翁故曾祖母劉氏可特贈崇國夫人制　宋張　嶠　1131-464-14

●劉氏（王茂妻）宋
王庶故母劉氏可特贈大寧郡夫人制　宋張　嶠　1131-517-20

●劉氏（王桓妻）元
王桓妻劉氏封冀國夫人制　元程鉅夫　1202-40-4

●劉氏（田照鄰母）
太常少卿田照鄰母彭城縣太君劉氏封仁壽郡太君　宋蘇　頌　1092-399-34

●劉氏（任紳母）宋
任紳乞以所轉左奉議郎一官封母劉氏與封孺人（制）　宋劉一止　1132-213-44

●劉氏(任中正母)宋

四庫全書集篇目分類索引

樞密副使工部侍郎任中正母萬年縣太君劉氏可進封太原郡太夫人制　宋夏　竦　1087-73-3

● 劉氏(宋惠國母)宋

朝散大夫宋惠國弟朝奉郎輔國弟朝奉郎奉國弟朝奉郎服國故母豫章郡太君劉氏可贈榮國太夫人制　宋劉　敞　1096-241-23

● 劉氏（李齊妻、李周母）宋

李周故繼母壽安縣太君劉氏可贈彭城郡太君制　宋呂　陶　1098-74-9

● 劉氏(李茂貞妻)後唐

李茂貞妻秦國夫人劉氏進封岐國夫人制　唐錢　珝　1336-772-419

● 劉氏（折繼宣母）宋

文思使知府州折繼宣母進封郡太君制　宋宋　庠　1087-607-26

● 劉氏（吳庶妻、吳璘母）宋

檢校太師吳璘母劉氏贈慶國夫人制　宋張　擴　1129-124-12

● 劉氏（狄琮妻）元

（狄琮）妻劉氏贈冀國夫人（制）　元袁　桷　1203-489-36

● 劉氏（郡元母）宋

丁憂人邵元亡母劉氏可追封孝感縣太君制　宋王　珪　1093-253-36

● 劉氏（呼延昌妻、呼延通母）宋

呼延通母劉氏可特贈太碩人制　宋張　嵲　1131-513-20

● 劉氏（周庭俊妻、周執羔母）宋

周執羔繼母宜人劉氏贈令人制　宋洪　适　1158-372-19

● 劉氏（俞治妻）宋

沂王夫人母劉氏贈惠國夫人制　宋吳　泳　1176-96-10

● 劉氏(真宗乳母）宋

真宗皇帝乳母劉氏可追封齊魯國肅明賢順夫人制　宋王　珪　1093-248-35

● 劉氏（明神宗妃）

昭妃册文　明孫　鑛　1291-194-1

● 劉氏(夏希政妻)明

（夏原吉）渥恩誥文（四）　明 成 祖　1240-537-附

（夏原吉）渥恩誥文（十一）　明 仁 宗　1240-539-附

● 劉氏（留鑄妻、留正母）宋

（留正）母劉氏贈魏國夫人（制）　宋樓　鑰　1152-628-35

● 劉氏（張英妻）

（張晏）祖母劉氏追封魏國夫人（制）　元袁　桷　1203-496-37

● 劉氏(張宗元妻)宋

（張宗元）妻劉氏封碩人制　宋張　擴　1129-65-7

● 劉氏(張茂實妻)宋

濟州防禦使張茂實妻劉氏可封彭城郡君制　宋胡　宿　1088-791-19

● 劉氏(富處謙妻)宋

富副樞曾祖母追封彭城郡太夫人劉氏可追封陳留郡太夫人　宋余　靖　1089-112-11

● 劉氏（富紹庭妻、富直柔母）宋

（富直柔）母劉氏贈城郡夫人（制）　宋程　俱　1130-227-22

富直柔故母劉氏可特贈普寧郡夫人制　宋張　嵲　1131-515-20

● 劉氏（黃登妻、黃立言母）明

（黃立言）母（贈恭人制）　明倪元璐　1297-45-4

● 劉氏（彭睿母）宋

建雄軍節度觀察留後彭睿亡母河間郡太君劉氏可特追封宣城郡太原制　宋夏　竦　1087-75-3

● 劉氏（鄂屯蒙古岱妻）元

四庫全書文集篇目分類索引

史部 詔令奏議類：附錄 詔令下（女）十五畫

鄂屯蒙古岱妻劉氏封奉元郡夫人制　元蒲道元　1210-693- 15

● 劉氏（程思義妻）宋（參知政事程戩）祖母彭城郡太夫人劉氏追封某　宋劉 敞　1095-660- 30

● 劉氏（楊詠妻）宋（楊）遂曾祖母劉氏追封昌代郡太夫人制　宋王安禮　1100- 17- 2

● 劉氏（楊兆瑞妻）明（楊鶴）祖母（追贈淑人制）　明倪元璐　1297- 21- 2

● 劉氏（楊宗閔妻）宋 楊沂中故祖母劉氏可特贈惠國夫人制　宋張 嵲　1131-460- 14

● 劉氏（葉義更妻）宋（葉夢得）祖母韓氏贈韓國夫人制　宋張 擴　1129- 58- 7

● 劉氏（詹文母）宋 詹度祖母劉氏特贈建康郡夫人制　宋許景衡　1127-235- 7

● 劉氏（詹度妻）宋（詹度）妻劉氏可彭城郡夫人制　宋許景衡　1127-236- 7

● 劉氏（趙子春妻）宋（趙）子春新婦劉氏可特封長樂縣君制　宋王安禮　1100- 28- 3

● 劉氏等（趙令襄等妻）宗室令襄等新婦劉氏等可縣君制　宋王 珪　1093-241- 34

● 劉氏（趙宗漢母）宋 濮安懿王子宗漢所生母劉氏可特封安康郡太夫人制　宋王安禮　1100- 27- 3

● 劉氏（趙宗諤母）宋 集慶軍節度使同中書門下平章事（趙）宗諤適母劉氏追國祁國太夫人制　宋鄭 獬　1097-170- 7

● 劉氏（趙宗翰妻）宋 左監門衞將將軍宗翰所生母劉氏可進封縣太君制　宋胡 宿　1088-793- 19

● 趙氏（趙德彝妻）宋 故信都郡王德彝妻東平郡夫人劉氏可追封蕭國夫人制　宋夏 竦　1087- 72- 3

● 劉氏（翟盆妻）宋 翟貴妃封贈母劉氏威寧郡夫人制　宋洪 适　1158-393- 22

● 劉氏（鄭昱妻、鄭洛母）明 總督宣大太子太保兵部尚書鄭洛母誥命　明馮 琦　1402-135- 25

● 劉氏（鄭藻曾祖母）宋 鄭藻封贈曾祖母劉氏楚國夫人（制）　宋周必大　1148- 14- 95

● 劉氏（歐陽棐妻）宋（歐陽修）曾祖母劉氏追封榮國太夫人誥命　宋王安石　1105-432- 54
　　　　1350-391- 38
　　　　1402-132- 25

● 劉氏（龐籍妻）平章事龐籍妻彭城郡夫人劉氏可進封彭國夫人制　宋胡 宿　1088-790- 19

● 劉氏（譚尚烱妻）明（譚尚烱）妻（封孺人勅）　明倪元璐　1297- 50- 4

● 劉氏（龔鑒母）宋 龔鑒乞回罩恩轉官與所生母劉氏特封太孺人（制）　宋周必大　1148- 32- 96

● 劉　氏宋 太皇太后殿劉氏可典正（制）　宋蘇 頌　1092-395- 34

● 劉　氏宋 神宗皇帝御侍五人等守永裕陵迴內夫人劉氏與掌賓夫人制　宋劉 攽　1096-234- 23

● 劉　氏宋 仙韶副使劉氏可掌樂依舊山韶副使　宋沈 遘　1097- 46- 5

● 劉　氏宋 內人劉氏等並封國夫人制　宋鄒 浩　1121-297- 15

● 劉　氏（等）宋

四庫全書文集篇目分類索引

劉氏等並進封郡夫人制　宋鄒 浩　1121-301- 16

● 劉 氏宋
婉容翟氏進封親屬劉氏與孺人（制）　宋周必大　1148- 23- 95

● 劉 悟（母）
劉悟亡悟追封國郡太夫人制　唐白居易　1080-540- 50

● 劉翹妻(武帝母)劉宋
追尊皇妣爲穆皇后策　劉宋武帝　1398-484- 1

● 劉一娘宋
劉一娘轉司字制　宋張 擴　1129-105- 10

● 劉十娘宋
紅霞帔劉十娘轉典字制　宋張 擴　1129-106- 10

● 劉才人宋
宮人劉氏除才人奉聖旨係明達皇后養女制　宋翟汝文　1129-225- 4

● 劉伴兒宋
崇奉几筵內掌字刑念二轉典字紅霞帔劉伴兒轉掌字（制）　宋劉一止　1132-197- 40

● 劉咸德（女）唐
册號王劉妃文　唐不著撰人　426-257- 40

● 劉皇后(唐睿宗后)
聖祖大道玄元皇帝號並五聖加謚制　唐不著撰人　426-592- 78

● 劉婉容宋
婕妤劉氏可特授婉容制　宋慕容彥逢　1123-402- 9

● 衞氏（呂頤浩妻）宋
（呂頤浩）故妻衞氏贈蔡國夫人（制）　宋程 俱　1130-247- 25

● 衞氏(梁適祖母)宋
梁適祖母燕國太夫人衞氏可追封楚國太夫人制　宋鄭 獬　1097-169- 7

● 衞氏(梁文度妻)宋
梁適祖母追封榮國太夫人衞氏可追封關國夫人制　宋蔡 襄　1090-461- 15

● 樂氏（張浚妻）宋
（張浚）妻樂氏封同安郡夫人（制）　宋程 俱　1130-254- 25

張浚故妻樂氏贈武陵郡夫人（制）　宋程 俱　1130-268- 27

（張浚）故妻樂氏可特贈冀國夫人制　宋張 嵲　1131-438- 11

十六畫

● 龍左氏（等）宋
龍左氏等十一人進職制　宋劉 敞　1096-227- 22

● 諶氏(夏執中妻)宋
贈寧國夫人制　宋陳傳良　1150-608- 14

● 誇爾根薩里妻（耀珠母）元
（耀珠封贈）母在堂（制）　元趙孟頫　1196-730- 10

● 燕氏（王懷信妻、王淵母）宋
贈通義郡夫人制　宋張 擴　1129-113- 11

● 燕 氏宋
宮人燕氏除鄶國夫人制　宋翟汝文　1129-225- 4

● 霍氏(趙承翊母)宋
可并封縣太君制　宋胡 宿　1088-793- 19

● 霍皇后(漢宣帝后)
廢霍后策　漢 宣 帝　1396-238- 3

● 閻氏(高若納母)宋
追封河南郡太夫人閻氏可進封鄲國太夫人制　宋胡 宿　1088-813- 21

雍國太夫人閻氏可追封秦國太夫人制　宋胡 宿　1088-813 21

● 閻氏（梁顥妻、梁適母）宋
追封安國太夫人閻氏可追封關國太夫人制　宋蔡 襄　1090-462- 15

（梁子美）故曾祖母唐國太夫人閻氏可贈冀國太夫人制　宋慕容彥逢　1123-397- 8

● 閻氏(趙允弼母)宋
越國太夫人閻氏可追封魯國太夫人制　宋鄭 獬　1097-170- 7

● 閻充儀唐
良姊楊氏等爲貴妃詔　唐不著撰人　426-124- 25

● 冀氏（劉廉妻）元
追贈邢國夫人（制）　元袁 桷　1203-478- 36

•盧氏（李僧護妻）宋
李綱曾祖母盧氏已贈郡夫人贈國夫人制 宋汪　藻 1128-67-7
•盧氏（崔玄暐妻）唐
册爲博陵郡王妃 唐不著撰人 426-446-61
•盧　氏宋
安康郡太君盧氏進封太寧郡太君制 宋鄭　獬 1097-173-7
•盧季融女（李瑝妃）唐
册信王盧妃文 唐不著撰人 426-259-40
•蕭　氏宋
宮人掌闈蕭氏可封司言制 宋慕容彥逢 1123-401-9
•蕭鏗女（唐太宗美人）
册蕭鏗女爲美人文 唐不著撰人 426-122-25
•蕭鑠女（唐太宗美人）
册蕭鑠女爲美人文 唐不著撰人 426-122-25
•蕭皇后（隋煬帝后）
立蕭皇后詔 隋煬帝 1400-233-2
•錢氏（唐武宗長城郡夫人）
吳氏等封昭儀制 唐不著撰人 426-125-25
•錢氏（胡增妻、胡松年母）宋
贈魯國夫人制 宋張　擴 1129-63-7
•錢氏（范愿妻）宋
可封永寧縣君（制） 宋蘇　頌 1092-399-34
•錢氏（趙令襄母）宋
可追封仁和縣君制 宋王安石 1105-438-54
•錢　氏宋
可封壽安縣君制 宋胡　宿 1088-794-19
•錢　氏宋
皇后弟妻錢氏封碩人制 宋張　擴 1129-150-14
•錢　氏宋
宮人錢氏奉聖旨久列嬪御特除魏國夫人制 宋翟汝文 1129-225-4
•錢　氏宋
鄧王夫人錢氏廣國夫人制 宋洪　适 1158-384-21
•錢　忱（曾祖母）宋
（錢忱）故曾祖母（制） 宋周麟之 1142-162-20
•錢　忱（祖母）宋
（錢忱）故祖母（制） 宋周麟之 1142-162-20
•錢　忱（妻）宋
（錢忱）故妻（制） 宋周麟之 1142-163-20
•錢　晦（母）宋
防禦使錢晦母制 宋蔡　襄 1090-468-15
•錢彥遠妻（錢勰母）宋
追贈制 宋蘇　轍 1112-341-32
•錢婕妤宋
美人錢氏追贈婕妤制 宋鄒　浩 1121-299-16
•獨狐穎女（唐代宗貴妃）
册爲貴妃文 唐不著撰人 426-124-25
•獨狐禮女（李璬妃）唐
册潁王獨狐妃文 唐孫　逖 426-258-40
•鮑氏（孫近妻）宋
可特封永嘉郡夫人（制） 宋劉一止 1132-167-32
•鮑倬兒宋
紅霞帔鮑倬兒轉掌字制 宋張　擴 1129-106-10
•錫令結牟宋
契丹僞公主錫令結牟封公主（制） 宋曾　鞏 1350-411-40
•穆嚕（額里根妻）元
平章伊蘇岱爾祖母穆嚕追贈曹南王夫人制 元馬祖常 1206-557-6
1373-243-17

十七畫

•鴻吉哩皇后（元世祖后）
（立）皇后詔 元張伯淳 1194-435-1
•鴻吉哩皇后（元世祖后）
皇后册文——至元十年 元王　磐 1367-126-10
•鴻吉哩皇后（元世祖后）
皇后册文——皇慶二年 元程鉅夫 1367-128-10
•鴻吉哩皇后（元世祖后）
皇后册文 元袁　桷 1367-132-10

四庫全書文集篇目分類索引　　1189

●鴻和納里罕氏（薩里妻）元
追封徐國夫人制　　元程鉅夫　1202-27-3
●賽典赤(贈思丁妻)元
賽平章國夫人誄　　元王　惲　1201-29-67
●謝氏（王用之妻）宋
王安石祖母封贈(制)　　宋蘇　頌　1092-406-35
●謝氏（張密妻、張俊母）宋
贈魏國夫人制　　宋張　擴　1129-109-11
●謝氏(葉義夋妻)宋
（葉夢得）祖母贈周國夫人制　　宋張　擴　1129-58-7
●謝皇后(宋孝宗后)
立皇后謝氏制　　宋周必大　1148-105-102
●戴氏（王仲華母）宋
封太君（制）　　宋田　錫　1085-542-28
●檀氏(楊仲臣妻)宋
楊沂中故曾祖母檀氏可特贈崇國夫人制　　宋張　嶸　1131-459-14
●韓氏（王克存妻）宋
（王綱）故祖母韓氏贈文安郡夫人(制)　　宋程　俱　1130-235-23
（王綱）贈祖母韓氏制　　宋李正民　1133-39-3
●韓氏（王忠立妻、王德祖母）
贈恩平郡夫人制　　宋張　擴　1129-127-12
●韓氏（李昱妻、李倜母）元
贈冀寧郡夫人（制）　　元袁　桷　1203-480-36
●韓氏(李清臣妻)宋
封贈制　　宋蘇　轍　1112-335-31
●韓氏(吳敏祖母)宋
（吳敏）祖母韓氏（制）　　宋張　綱　1131-26-4
●韓氏（周冠妻）明
（周順昌）祖母（贈淑人制）　　明倪元璐　1297-9-1
●韓氏（富言妻、富弼母）宋
封華原郡太夫人制　　宋蔡　襄　1090-463-15
（富直柔）曾祖母韓氏贈魯國夫人(制)　　宋程　俱　1130-226-22
●韓氏(鄭億年妻)宋

贈咸安郡夫人制　　宋張　擴　1129-92-9
●韓　氏宋
內人韓氏封司言制　　宋鄒　浩　1121-317-18
●韓　氏宋
宮人掌珍韓氏可典記制　　宋慕容彥逢　1123-402-9
●韓　愈（等母）唐
韓愈等二十九人母追贈國郡太夫人制　　唐白居易　1080-537-50
●韓才人宋
宮正韓氏封才人制　　宋張　擴　1129-83-8
●韓公裔（曾祖母）宋
韓公裔封贈曾祖母（制）　　宋周必大　1148-14-95
●韓公裔（祖母）宋
韓公裔封贈祖母制　　宋周必大　1148-15-95
●韓公裔（母）宋
韓公裔封贈故母(制)　　宋周必大　1148-15-95
●韓公裔（妻）宋
韓公裔封贈妻（制）　　宋周必大　1148-15-95
●韓皇后（母）宋
贈闈國夫人（制）　　宋陳傅良　1150-610-15
●薛氏（王準妻、王珪母）宋
追封漢國太夫人(制)　　宋曾　鞏　1098-548-21
可追封兗國太夫人制　　宋王安禮　1100-17-2
●薛氏(王拱辰妻)宋
追封樂安郡君制　　宋王　珪　1093-257-36
●薛氏(司馬政妻)宋
司馬光曾祖母薛氏溫國太夫人（制）　　宋蘇　軾　1108-673-107
●薛氏（張吉妻）宋
（張巖）曾祖母薛氏贈信安郡夫人制　　宋虞　儔　1154-115-5
●薛氏（解青妻、解忠母）宋
可特贈碩人制　　宋張　嶸　1131-516-20
●薛氏(歐陽修妻)宋
（封贈制）　　宋蘇　頌　1092-408-35
●薛氏（劉錡妻）宋
可特贈安化郡夫人制　　宋張　嶸　1131-467-14
●薛氏（劉仲武妻、劉錡母）宋
可特贈韓國夫人制　　宋張　嶸　1131-467-14
●薛　氏宋

內人薛氏等並封典字制　宋鄰　浩　1121-297-15

●薛　氏宋
燕國靜恭思懿淑慎夫人薛氏改封越國幷加莊穆二字（制）　宋劉安上　1124-23-2

●薛　平（母）唐
追封國郡太夫人制　唐白居易　1080-540-50

●薛絡女（李瑛妃）唐
皇太子納妃制　唐不著撰人　426-195-31

●薛嶷女（李琬妃）唐
册榮王薛妃文　唐不著撰人　426-259-40

●薛伯高（等母）唐
薛伯高等亡母追贈郡夫人制　唐白居易　1080-565-53
　　　　　　　　　　　　　1402-92-16

●鍾氏（宋庠母）宋
可追封晉國太夫人制　宋胡　宿　1088-808-21

●鍾皇后（唐元宗后）南唐
光穆后諡册　宋徐　鉉　1085-68-9

●鍾離氏（馬仲甫妻、馬玕前母）
齊安郡太夫人鍾離氏可贈榮國太夫人制　宋呂　陶　1098-70-9

●鮮于氏（胡晉臣母）宋
贈信國夫人（制）　宋陳傅良　1150-589-12

●鮮于氏（蒲穎士妻）宋
蒲宗孟曾祖母鮮于氏追封大寧郡太夫人（制）　宋曾　鞏　1098-549-21

●鮮于佚（母）宋
書鮮于子駿父母贈告後　宋蘇　軾　1112-758-21

●繆氏（羅朝峻妻、羅點母）宋
遇慶恩特封齊安郡太夫人（制）　宋陳傅良　1150-601-14
封通義郡夫人（制）　宋樓　鑰　1152-707-41

十八畫

●顏森氏（布拉吉達妻）元
特穆岱爾故祖母顏森氏追封歸德夫人制　元程鉅夫　1202-31-3

●顏森諾郭蘇德呼氏（達爾罕托恰勒妻）元

拜布哈祖母追封居延王夫人制　元程鉅夫　1202-43-4

●顏氏（叔梁紇妻、孔子母）周
加封孔子父母制　元謝　端　1367-134-11

●顏氏（劉素妻、劉參政母）宋
追封瑯琊郡太夫人顏氏再追封沛國太夫人制　宋蔡　襄　1090-455-14

●鄭　氏宋
清河郡夫人鄭氏轉國夫人（制）　宋樓　鑰　1152-685-39

●聶氏（司馬池妻、司馬光母）宋
溫國太夫人（制）　宋蘇　軾　1108-674-107

●聶氏（翟興妻、翟琮母）宋
可特封越國太夫人制　宋張　嵲　1131-517-20

●藍氏（常愍春妻）明
開平王夫人制　明王　禕　1226-251-12

●魏氏（王貽正妻）宋
王太尉嫂追封鉅鹿郡太夫人魏氏可追封郡太夫人（制）　宋余　靖　1089-112-11

●魏氏（向蔚妻）宋
（向伯奮）祖母魏氏（制）　宋程　俱　1130-262-26

●魏氏（呂當妻、呂頤浩母）宋
贈鄆國夫人（制）　宋程　俱　1130-247-25

●魏氏（呂元忠母）宋
永康郡君可封安福縣太君制　宋劉　攽　1096-241-23

●魏氏（柳約妻）宋
贈碩人（制）　宋程　俱　1130-256-26

●魏氏（高世則妻）宋
贈楚國夫人制　宋張　擴　1129-55-7
可特贈衞國夫人制　宋張　嵲　1131-495-18

●魏氏（張俊妻）宋
封鎭國夫人制　宋張　擴　1129-109-11

●魏　憲（母）宋
贈母制　宋李正民　1133-35-3

●魏　憲（妻）宋
封妻制　宋李正民　1133-36-3

●魏修容宋
婕妤魏氏轉修容制　　宋張　擴　1129- 85- 9
●魏婕妤宋
轉婕妤（制）　　　　宋張　綱　1131- 9- 1

十九畫

●龐　籍（女）宋
第七女壽安縣君制　　宋王安石　1105-440- 54
●龐籍女(陳琪妻)宋
龐籍遺表長女安康郡
　君制　　　　　　　宋王安石　1105-439- 54
●龐籍女(趙彥若妻)宋
（龐籍）第五女德安
　縣君制　　　　　　宋王安石　1105-439- 54
　　　　　　　　　　　　　　　1402-115- 20
●譚氏(趙士籛妻)宋
信安郡夫人（制）　　宋周必大　1148- 2- 94
●羅氏(唐武宗才人)
吳氏等封昭儀制　　　唐不著撰人　426-125- 25
●羅氏（章愉妻、章
　惇母）宋
可追封吳興郡夫人制　宋王安禮　1100- 19- 2
●羅氏（陳慥母）宋
陳慥乞回覃恩轉官與
　母羅氏特封太子孺
　人（制）　　　　　宋周必大　1148- 32- 96
●羅氏(趙匡凝妻)唐
豫章郡君可進封燕國
　夫人制　　　　　　唐錢　翊　1336-772-419
●羅氏（韓國華妻、
　韓琦母）
可追封文安郡太夫人
　制　　　　　　　　宋王　珪　1093-259- 36
●羅舉妻(羅汝楫母)宋
（羅汝楫）贈母制　　宋劉才邵　1130-448- 4
●羅弘信（妻）唐
封羅弘信妻越國夫人
　某氏進封燕國夫人
　制　　　　　　　　唐錢　翊　1336-771-419
●羅汝楫（妻）宋
（羅汝楫）贈故妻制　宋劉才邵　1130-449- 4
●羅汝楫（妻）宋
（羅汝楫）贈妻制　　宋劉才邵　1130-449- 4
●藥氏(留耀卿妻)宋
（留正）曾祖母藥氏
　贈周國夫人（制）　宋樓　鑰　1152-627- 35

二十畫

●竇梵女（李倓妃）唐
册柩王竇妃文　　　　唐陸　贄　426-261- 40
　　　　　　　　　　　　　　　1072-616- 6
●竇布城女(李琮妃)唐
靖德太子諭奉天皇帝
　制　　　　　　　　唐不著撰人　426-128- 26
皇子納妃制　　　　　唐不著撰人　426-195- 31
●竇皇后(唐高祖后)
上聖祖大道玄元皇帝
　號并五聖加諡制　　唐不著撰人　426-592- 78
●竇氏（張昷母）宋
封縣君（制）　　　　宋余　靖　1089- 98- 10
●竇皇后(唐睿宗后)
上聖祖大道玄元皇帝
　號并五聖加諡制　　唐不著撰人　426-592- 78
●竇氏（藍安石妻、
　藍公佐母）宋
贈魏國夫人制　　　　宋張　擴　1129- 68- 7
●竇　淳（等母）唐
封竇淳等母邑號制　　唐崔　駢　1336-776-419
●竇　哥（祖母）元
追封恆山郡王夫人（
　制）　　　　　　　元袁　桷　1203-491- 37
●蘇氏(胡晉臣母)宋
贈和國夫人（制）　　宋陳傳良　1150-589- 12
●蘇氏(張文蔚母)後梁
扶風郡太夫人蘇氏封
　馮翊郡太夫人制　　唐劉崇望　1336-773-419
●蘇氏（韓維妻）宋
永嘉郡夫人（制）　　宋蘇　軾　1108-677-107
　　　　　　　　　　　　　　　1402-117- 21
●蘇　氏宋
掌衣蘇氏典寶（制）　宋程　俱　1130-242- 24
●蘇　氏宋
封郡夫人（制）　　　宋樓　鑰　1152-685- 39
●蘇　豐（女）唐
納爲皇太子妃詔　　　唐不著撰人　426-175- 31
册皇太子蘇妃文　　　唐不著撰人　426-176- 31
●蘇爾臺氏（穆爾呼
　察妻、特穆岱爾母）
追封歸德王夫人制　　元程鉅夫　1202- 32- 3
●嚴氏（王祚妻）宋
王太尉祖母追封陳國
　太夫人嚴氏可追封

國太夫人（制） 宋余 靖 1089-111- 11

●饒氏（李廣妻）宋

李綱祖母饒氏已贈郡夫人贈國夫人制 宋汪 藻 1128- 67- 7

二十一畫

●顧氏（馮若愚妻、馮元飈母）明

（贈仍淑人制） 明倪元璐 1297- 39- 3

●雞忙氏（瞻鐸心妻、包順母）宋

皇城使包順母雞忙氏可狄道縣君制 宋王安禮 1100- 22- 2

二十二畫

●龔氏（李僧護妻）宋

李綱曾祖母龔氏已贈郡夫人贈國夫人制 宋汪 藻 1128- 67- 7

●龔氏（胡沆妻、胡直儒繼母）宋

贈徐國夫人（制） 宋程 俱 1130-233- 23

●龔氏（趙士慮妻）宋

（趙汝愚）曾祖母龔氏贈高平郡夫人（制） 宋樓 鑰 1152-640- 36

文安郡夫人（制） 宋樓 鑰 1152-674- 38

崇國夫人（制） 宋樓 鑰 1152-705- 41

●歡臺氏（托克托母）元

封康國太夫人制 元程鉅夫 1202- 28- 3

不知姓名

●宗 室

尊帝太太后等詔 漢 哀 帝 426-1049-11

尊帝太太后等詔 漢 哀 帝 426-1049-11

陳文帝登祚皇太后詔 陳徐 陵 1064-916- 6

1415-485-103上

册嘉誠公主文 唐陸 贄 1072-615- 6

1337-182-446

第七女封公主制 唐元 稹 1079-594- 49

1337-184-446

1402- 91- 16

封太和長公主制 唐白居易 1080-566- 53

1337-184-446

封皇第二女常芬公主等制 唐蘇 頲 426-266- 41

1337-183-446

封高都公主等制 唐孫 逖 426-267- 41

1337-183-446

封平昌公主制 唐孫 逖 426-267- 41

1337-183-446

封十二妹等四人長公主制 唐白居易 426-269- 41

1337-184-446

1402- 75- 14

封盛唐公主制 唐蔣 伸 426-271- 41

1337-184-446

册信成公主文 唐孫 逖 426-271- 41

1337-180-446

册昌樂公主文 唐孫 逖 426-271- 41

1337-181-446

册高都公主文 唐孫 逖 426-272- 41

1337-181-446

册永寧公主文 唐孫 逖 426-272- 41

1337-181-446

封永寧公主制 唐孫 逖 1337-183-446

封全城公主文 唐沈佺期 426-281- 42

贈同昌公主衛國公制 唐沈 既 426-283- 42

册盆昌公主文 唐薛廷珪 1337-182-446

趙國夫人一品制 唐不著撰人 426-123- 25

册元妃某氏第爲貴妃文 唐不著撰人 426-123- 25

封長寧公主等制 唐不著撰人 426-266- 41

封大長公主制 唐不著撰人 426-268- 41

封眞寧公主等制 唐不著撰人 426-269- 41

封永昌公主制 唐不著撰人 426-269- 41

1337-183-446

封定安大長公主制——會昌三年二月二十五日 唐不著撰人 426-270- 41

封延慶公主等制 唐不著撰人 426-270- 41

册建平公主文 唐不著撰人 426-272- 41

册臨晉公主文 唐不著撰人 426-272- 41

1337-181-446

册眞陽公主文 唐不著撰人 426-273- 41

宣城公主加實封制 唐不著撰人 426-278- 42

太平公主加實封制 唐不著撰人 426-278- 42

長寧安樂公主加實封制 唐不著撰人 426-278- 42

長寧安樂公主加實封制 唐不著撰人 426-278- 42

鎭國太平公主加實封制 唐不著撰人 426-278- 42

四庫全書文集篇目分類索引　1193

封和義公主制　　　　　唐不著撰人　426-280- 42
封寧國公主制——乾
　元元年六月　　　　　唐不著撰人　426-280- 42
追封華陽公主制——
　大歷九年四月　　　　唐不著撰人　426-282- 42
邵國大長公主別館安
　置勅——貞元三年　　唐不著撰人　426-282- 42
追封玉虛公主制　　　　唐不著撰人　426-283- 42
追封齊國大長公主制　　唐不著撰人　426-283- 42
封永年縣主制　　　　　唐不著撰人　426-287- 42
册新羅王太妃文　　　　唐不著撰人　426-946-129
上太后尊號制　　　　宋徐　鉉　1085- 46- 6
封寶壽公主制　　　　宋宋　祁　1088-271- 31
長安縣君可封仁壽郡
　君制　　　　　　　宋胡　宿　1088-792- 19
樂壽縣主可進封郡主　宋余　靖　1089- 99- 10
興平郡主等（加恩制）　宋余　靖　1089-105- 11
故楚國大長公主可追
　封秦國大長公主謚
　莊孝（制）　　　　宋蘇　頌　1092-401- 35
寶壽公主進封順國長
　公主制　　　　　　宋王　珪　1093-245- 35
皇第二女封寶慶公主
　制　　　　　　　　宋王　珪　1093-245- 35
皇長女封德寧公主制　宋王　珪　1093-262- 37
寶安公主進封舒國長
　公主制　　　　　　宋王　珪　1093-264- 37
皇長女德寧公主進封
　徐國公主制　　　　宋王　珪　1093-270- 37
　　　　　　　　　　　　　　　1350-362- 35
　　　　　　　　　　　　　　　1402- 98- 17
順國長公主進封冀國
　大長公主制　　　　宋王　珪　1093-271- 37
皇長女徐國公主進封
　陳國長公主制　　　宋王　珪　1093-271- 37
邠國長公主進封衞國
　長公主制　　　　　宋司馬光　1094-164- 16
　　　　　　　　　　　　　　　1350-353- 34
　　　　　　　　　　　　　　　1402- 96- 17

契丹僞公主錫令結牟
　封夫人制　　　　　宋曾　肇　1101-331- 1
皇太后册文　　　　　宋韓　維　1101-638- 15
尊皇太后册文　　　　宋歐陽修　1102-156- 19
皇第十女封慶壽公主
　制　　　　　　　　宋歐陽修　1102-706- 88

　　　　　　　　　　　　　　　1402- 97- 17
封皇弟九女福安公主
　制　　　　　　　　宋歐陽修　1102-706- 88
　　　　　　　　　　　　　　　1350-349- 34

（封贈）皇太后三代
　制九道　　　　　　宋王安石　1105-427- 53
越國賢惠長公主追封
　大長公主制　　　　宋蘇　轍　1112-331- 31
皇太后謚册文　　　　宋張　耒　1115-271- 31
濮安懿王孫右監門尉
　大將軍仲江左千牛
　衞將軍仲鄆仲的仲
　葳各王韶案此上有
　脫誤字　女封邑號制　宋陸　佃　1117-138- 10
恭福帝姬追封隋國公
　主制　　　　　　　宋汪　藻　1128- 71- 7
太上皇后贈三代制　　宋胡　寅　1137-466- 14
追謚安穆皇后册文　　宋史　浩　1141-577- 6
兗國公主降沂國公主
　制　　　　　　　　宋范　鎭　1350-354- 34
臺州城隍封誥　　　　宋姜　容　1356-708- 11
昭憲元聖皇后謚册文　元袁　桷　1203-466- 35
皇后册文　　　　　　元袁　桷　1203-467- 35
忽答的迷失公主追贈
　某國大長公主（制）　元袁　桷　1203-491- 37
皇太后册文　　　　　元虞　集　1207-307- 21
鄆安大長公主詞頭　　元虞　集　1207-316- 22
封宣聖夫人制　　　　元虞　集　1207-316- 22
營都王夫人（制）　　元虞　集　1207-317- 22
營國公夫人（制）　　元虞　集　1207-318- 22
封寧朔王夫人（制）　元虞　集　1207-318- 22
追封慶元伯伯夫人制　明　孝　宗　1465-462- 2
上兩宮尊號封諸王詔　明楊士奇　1239-610- 1
● 其　他
內中齊國夫人扶風高
　陽郡夫人并封婕妤
　樂安郡新秦郡廣陵
　郡太丘郡雲安郡五
　夫人并加封秦晉楚
　越燕國夫人制　　　唐錢　珝　1336-771-419
貴妃妹宜特封清河郡
　君制　　　　　　　宋蔡　襄　1090-432- 11
程相公母制　　　　　宋蔡　襄　1090-458- 14
燕國太夫人某氏可特
　封周國太夫人制　　宋劉　放　1096-225- 22

策凌結夫人制　　宋許　翰　1123-503- 2
跋趙宰母夫人錫誥　　宋朱　熹　1145-686- 81
永壽縣太君告詞跋尾　宋孔武仲　1345-378- 17
（領延慶使某）妻封齊國太夫人制　　元袁　桷　1203-485- 36
（資德大夫同知宣政院事某）妻追封秦國夫人（制）　　元袁　桷　1203-485- 36
監察御史（沙某）祖母某氏追封某國夫人（制）　　元袁　桷　1203-486- 36

釋道神仙

曇崇爲周國三藏詔　　北周武帝　1401-466- 35
法藏爲陟山古寺主勅　北周宣帝　1401-467- 35
曇遷爲禪定寺主勅　　隋 文 帝　1401-552- 38
燉煌郡僧正慧苑除臨壇大德制　　唐杜　牧　1081-693- 17
封華嶽爲金天王制——先天二年八月二日　　唐蘇　頲　426-561- 74
册東海神爲廣德王文　唐不著撰人　426-561- 74
封靈潤公勅　　宋 哲 宗　549- 66-183
封靜江府海陽山靈澤廟敕　　宋 孝 宗　568- 32- 98
封五龍勅附跋　　宋 光 宗　1385-419- 16
封昭州龍平縣靈濟廟五侯敕　　宋 寧 宗　568- 32- 98
封融縣梁熹吳輔爲神敕　　宋 理 宗　568- 33- 98
加封昭州靈濟廟五侯敕　　宋 理 宗　568- 33- 98
勅封吳輔顯義侯制　　宋 理 宗　568- 33- 98
　　1465-465- 2
初封文惠侯告詞　　宋薛　昂　1077-292- 1
加封文惠昭靈侯告詞　宋王剛中　1077-292- 1
昊天上帝册文　　宋王　珪　1093- 65- 9
赤帝册文　　宋王　珪　1093- 65- 9
白帝册文　　宋王　珪　1093- 65- 9
梅福封壽春眞人制　　宋曾　鞏　1098-556- 22
封岳州昭烈靈妃誥　　宋王安禮　1100- 34- 3
後苑土地封顯應侯制　宋鄒　浩　1121- 29- 15
皮場土地封靈貺侯制　宋鄒　浩　1121-303- 16
在內城隍土地封昭貺侯制　　宋鄒　浩　1121-310- 17
濱州齊將段干朋封善應侯制　　宋鄒　浩　1121-316- 81
臨江軍清江縣閣皂山景德觀葛仙翁壇封沖應眞人制　　宋慕容彥逢　1123-399- 8
耀州華原縣五臺縣眞人廟封妙應眞人制　　宋慕容彥逢　1123-399- 8
光州孫叔敖廟祈禱感應擬遺愛侯廣信軍遂城縣班妃廟祈禱感應擬文惠夫人制　　宋慕容彥逢　1123-400- 8
呂仙翁封妙通眞人制　宋許　翰　1123-503- 2
廬山靈顯感應公勅　　宋許　翰　1123-512- 3
武勝軍普潤廟嘉顯侯祈雨有應封崇應公勅　　宋許　翰　1123-512- 3
長源侯（制）　　宋劉安上　1124- 24- 2
大洪山僧守珍補承節郎制　　宋汪　藻　1128- 82- 8
筠州利貺廟神封忠顯靈應侯制　　宋張　擴　1129- 53- 7
常州武進縣嘉山善利廟龍封二字侯制　　宋張　擴　1129- 53- 7
邛州眞濟廟神封昭應侯制　　宋張　擴　1129- 53- 7
潼州府顯濟威惠公加普應二字制　　宋張　擴　1129- 95- 9
漳州威惠廟神英烈忠澤顯佑公加康庇二字制　　宋張　擴　1129- 95- 9
常州晉陵縣横山潛衆廟龍册封二字夫人制　　宋張　擴　1129- 95- 9
顯濟廟加封靈信昭應侯制　　宋劉才邵　1130-478- 5
衡州茶陵縣廣澤公封明靈廣澤公（制）　　宋李彌遜　1130-627- 4
孚濟侯加封嘉顯孚濟侯（制）　　宋張　綱　1131- 13- 2
顯應侯加封普惠侯（制）　　宋張　綱　1131- 50- 8
正顯廟封侯制　　宋張　嵲　1131-489- 17
恭州壁山普澤廟神封威濟侯（制）　　宋劉一止　1132-175- 35
三廟封夫人制　　宋王　洋　1132-406- 7
崑山縣靜濟侯加靜濟

四庫全書文集篇目分類索引

永應侯制　　宋胡　寅　1137-431-12

懷安軍惠應廟昭佑侯可封昭佑靈濟侯制　　宋張孝祥　1140-644-19

佐神安仲吉可封通濟侯制　　宋張孝祥　1140-644-19

昭佑侯子靈助侯可封靈助順成侯制　　宋張孝祥　1140-644-19

贛州寧都縣孚惠廟神特封靈應侯（制）　　宋周必大　1148-8-94

光州城西威惠廟中尊威惠顯應侯加封英格威惠顯應侯東位昭惠順應侯加封武格昭惠順應侯西位孚惠靈應侯加封忠格孚惠靈應侯(制)　　宋周必大　1148-9-94

靜江府義寧縣惠寧廟義寧侯加封義寧靈澤侯（制）　　宋周必大　1148-20-95

漳州廣佑廟顯應普惠侯加封顯應普惠靈澤侯（制）　　宋周必大　1148-20-95

靜江府臨桂縣靈懿廟開天御道娘孃封昭惠夫人（制）　　宋周必大　1148-26-96

威州高瑀山康祐廟寧應侯加封孚惠寧應侯（制）　　宋周必大　1148-26-96

詳州威顯廟惠應豐澤侯加封惠應豐澤靈昭侯（制）　　宋周必大　1148-26-96

郴州蘇仙觀仲素眞人禱雨靈應加號仲素普應眞人（制）　　宋周必大　1148-27-96

靜江府清惠廟廣慈顯佑恭懿夫人加封孚應廣慈顯佑恭懿夫人（制）　　宋周必大　1148-27-96

灃州彭山英澤廟廣澤顯烈公加封廣澤顯烈順濟公（制）　　宋周必大　1148-29-96

德順軍東北三十里隴千北山亂石秋神嘉潤公加封顯應嘉潤公（制）　　宋周必大　1148-30-96

和州烏江縣西楚霸王先準勅賜英惠廟特封靈祐巫（制）　　宋周必大　1148-30-96

廬州焦湖德濟廟靈應助順妃加封孚顯靈應助順妃（制）　　宋周必大　1148-30-96

鳳州梁泉縣嘉陵谷善濟侯加封英顯善濟侯（制）　　宋周必大　1148-48-97

昌化軍寧濟廟僞漢封永清福夫人今改封顯應夫人（制）　　宋周必大　1148-48-97

光化軍鄧侯德懷廟特封助順文終侯(制)　　宋周必大　1148-57-98

舒州宿松縣小孤山惠濟廟聖母加封助順安濟夫人（制）　　宋周必大　1148-59-98

泉州同安縣廣利廟靜應威顯侯加封靜應威顯昭護侯贊佑夫人加去攢佑敷惠夫人（制）　　宋周必大　1148-59-98

浙江潮神順濟廟善利侯祈禱感應特加忠靖二字（制）　　宋陳傅良　1150-579-11

沈揆奏五龍靈濟廟乞加封第一位龍封東靈侯（制）　　宋陳傅良　1150-580-11

沈揆奏五龍靈濟廟乞加封第二位龍王封西侯（制）　　宋陳傅良　1150-580-11

沈揆奏五龍靈濟廟乞加封第三位龍王封中侯（制）　　宋陳傅良　1150-580-11

沈揆奏五龍靈濟廟乞加封第四位龍王封南平侯（制）　　宋陳傅良　1150-580-11

沈揆奏五龍靈濟廟乞加封第五位龍王北寧侯（制）　　宋陳傅良　1150-580-11

沖妙眞人祈禱感應加封沖妙靈應眞人（制）　　宋陳傅良　1150-595-13

靈威廟善利侯祈禱感應加封善利敷濟侯

史部

詔令奏議類：附錄

詔令下（女）釋道神仙

（制）　宋陳傅良　1150-596-13

陳山龍王顯濟廟神母慶善夫人加薦福二字（制）　宋陳傅良　1150-598-13

泉州同安縣靈護廟神封威惠侯（制）　宋樓　鑰　1152-612-34

隆興府佳山孚應廟神封惠濟侯（制）　宋樓　鑰　1152-613-34

文州靈惠豐安侯加封嘉應制　宋樓　鑰　1152-614-34

靈惠昭應崇福善利夫人封靈惠妃（制）　宋樓　鑰　1152-615-34

某神加封制　宋虞　儔　1154-110-5

某神父母加封制　宋虞　儔　1154-110-5

龍井惠澤廟加封制　宋虞　儔　1154-110-5

皇地祇册文　宋洪　适　1158-318-11

黎州漢源縣武威廟英勇靈濟普應公加封顯惠二字制　宋衞　涇　1169-495-2

佐神贊利忠惠協應昭績侯加封翼惠公制　宋衞　涇　1169-495-2

盱胎軍陡山廟龍王賜威濟廟封忠佑侯制　宋衞　涇　1169-495-2

靈佑瑞澤王加廣濟二字制　宋衞　涇　1169-495-2

鄞縣靈護廟顯佑順澤王加康濟二字制　宋衞　涇　1169-495-2

神子紹休侯加善助二字（制）　宋衞　涇　1169-496-2

廣安軍岳池縣靈濟廟昭應孚惠利澤侯加忠靖二字誥　宋衞　涇　1169-496-2

神父嚴德威遠顯慶侯加昭靈二字誥　宋衞　涇　1169-496-2

神子昭烈侯加善佑二字（制）　宋衞　涇　1169-496-2

神妻封協惠夫人制　宋衞　涇　1169-496-2

池州青陽縣協濟廟封惠顯靈應昭澤普濟公制　宋吳　泳　1176-102-11

臨安府餘杭縣洞霄宮龍神封靈澤公祠制　宋吳　泳　1176-102-11

忠州功顯廟神封廣祐靈濟公制　宋吳　泳　1176-102-11

邛州依政縣惠顯廟神封博濟靈應孚佑公制　宋吳　泳　1176-103-11

潼川府通泉縣孚惠廟神封應濟普惠靈潤公制　宋吳　泳　1176-103-11

順慶府西充縣利應廟神封忠顯公制　宋吳　泳　1176-103-11

兩佐神封翼惠公助順公制　宋吳　泳　1176-103-11

威州康佑廟神封顯佑靈澤孚烈威濟公制　宋吳　泳　1176-103-11

雅州嚴道縣順應廟神封忠烈公制　宋吳　泳　1176-104-11

臨安府昌化縣靈惠廟百文神封顯應侯城隍神封順應侯柳湘神封靈應侯制　宋吳　泳　1176-104-11

南康軍都昌縣英佑廟神封威烈惠利侯制　宋吳　泳　1176-104-11

建寧府甌寧縣靈佑廟神封孚濟昭應廣利嘉惠侯廣惠利澤顯應侯制　宋吳　泳　1176-104-11

徽州英烈廟錢器封惠顯侯惠濟侯制　宋吳　泳　1176-104-11

施州永福縣嘉惠侯封靈應惠侯制　宋吳　泳　1176-105-11

建寧府建安縣神應廟神封昭惠顯應靈助侯昭佑顯濟靈貢侯制　宋吳　泳　1176-105-11

處州麗水縣協應廟神封顯應周澤惠濟昭佑侯顯濟嘉昭利澤孚佑侯制　宋吳　泳　1176-105-11

龍山眞聖觀靈感大權尊聖招寶七郎封助靈侯制　宋吳　泳　1176-105-11

沖佑觀護法神封協濟侯制　宋吳　泳　1176-105-11

西和州武顯廟神封靈佑孚惠廣應侯制　宋吳　泳　1176-106-11

臨安府浙江順濟廟神封靈佑顯應公神次子封助寧順佑侯制　宋吳　泳　1176-106-11

四庫全書文集篇目分類索引

南劒州尤溪縣惠澤廟神封孚應靈順侯制　宋吳　泳　1176-106- 11

眉州彭山縣英惠廟神封嘉應侯制　宋吳　泳　1176-106- 11

佐神封英惠贊烈協應侯制　宋吳　泳　1176-106- 11

太學士地特賜顯通廟額封正顯侯制　宋吳　泳　1176-106- 11

饒州德興縣恩惠廟神封文昭清孝正烈侯制　宋吳　泳　1176-107- 11

神次子李兵部道傳封文惠侯制　宋吳　泳　1176-107- 11

忠佑廟神封英濟忠應靈惠侯制　宋吳　泳　1176-107- 11

慶元府鄞縣賀成廟神封靈濟侯制　宋吳　泳　1176-107- 11

安吉州歸安縣善利廟神封威濟侯制　宋吳　泳　1176-107- 11

龍州江油縣牛心山顯濟廟神封顯應忠惠王制　宋吳　泳　1176-108- 11

靜江府義寧縣惠寧廟神封英濟王制　宋吳　泳　1176-108- 11

衡州茶陵縣福清廟神封孚佑昭應英惠王制　宋吳　泳　1176-108- 11

信州貴谿縣自鳴山孚惠廟神封威德英濟忠惠聖烈王制　宋吳　泳　1176-108- 11

成都府永懷廟神封忠烈廣福仁佑文惠王制　宋吳　泳　1176-108- 11

佐神封靈佑王制　宋吳　泳　1176-108- 11

撫州崇仁縣梅仙封靈虛妙隱眞人欒仙靈紀妙濟眞人鄧仙靈一妙應眞人葉仙靈白妙通眞人制　宋吳　泳　1176-109- 11

永康軍青城縣沖妙觀何中仙封靈惠眞人制　宋吳　泳　1176-109- 11

隆州井研縣宅眞觀蔡眞人封仁格眞人制　宋吳　泳　1176-109- 11

沖后觀仙女胡氏封普應眞人李氏慈應眞人魚氏順應眞人魚氏助應眞人制　宋吳　泳　1176-110- 11

沖佑觀眞人封沖妙孚惠眞人仙人張湛顯應眞人孫綽靈眞人孫綽靈眞人趙元奇妙應眞人彭令昭沖應眞人劉景嘉應眞人顧思遠靜應眞人馬鳴生惠應眞人制　宋吳　泳　1176-110- 11

隆興府靖安縣管下利澤昭應普安王特封利澤昭應普安清祐王　宋王應麟　1187-268- 5

封長白山敕　金 世 宗　503-257-109

封混同江敕　金 世 宗　503-258-109

道陵眞妃制　金趙秉文　1190-194- 10

加封鹽池神詔　元 世 祖　549- 66-183

加封五鎭詔　元 成 宗　503-258-109

加封桑乾河神制　元 成 宗　549- 67-183

加封許眞君制　元張伯淳　1194-436- 1

贈張宗師師祖制　元張伯淳　1194-437- 1

贈祁眞人制　元張伯淳　1194-437- 1

封天師（張嗣或）制　元吳　澄　1197-836- 90

封仙姑（胡靜）制　元吳　澄　1197-836- 90

張氏第三代系師封正一系師太清昭化廣德眞君制　元程鉅夫　1202- 18- 2

張氏第二代嗣師封正一嗣師太清渟教妙道眞君制　元程鉅夫　1202- 18- 2

福德聖仁忠衞康濟王加封福德聖仁忠衞康濟順康王制　元程鉅夫　1202- 45- 4

仰山顯德仁聖忠佑靈濟王加封顯德仁聖忠佑靈濟廣濟王制　元程鉅夫　1202- 45- 4

仰山慧慈靈感昭應大通禪師加封慧慈靈感昭應大通正覺禪師制　元程鉅夫　1202- 45- 4

加賜普庵禪師塔名制　元程鉅夫　1202- 49- 4

茅山第三峰三茅君特加封三官保命微妙

史部

詔令奏議類：附錄

詔令下（女）釋道神仙

四庫全書文集篇目分類索引

史部

詔令奏議類：附錄

奏議上二畫

篇目	作者	索引號
沖慧仁祐神應眞君（制）	元袁 桷	1203-497- 37
茅山第二峰二茅君特加封定籙右禁至道沖靜德祐妙應眞君（制）	元袁 桷	1203-497- 37
茅山第一峰大茅君特加封東嶽上卿司命太立妙道沖虛聖祐眞應眞君（制）	元袁 桷	1203-497- 37
特進上卿玄教大宗師（制）	元袁 桷	1203-497- 37
昭應宮提點王氏金蓮特贈淵靜立素眞人（制）	元袁 桷	1203-498- 37
三十七代仙姑馮淑眞特封靖明眞素大人（制）	元袁 桷	1203-498- 37
長春宮提點常某授玄門演道大宗師掌教眞人營領諸路道教所商議集賢院道教所商議集賢院道教事（制）	元袁 桷	1203-498- 37
廣誠靈妙演法眞人江南諸路女冠諸宮觀都提點邵靈端特追封宗師（制）	元袁 桷	1203-499- 37
五雷宗師沖靖先生留用光特加封五雷宗師沖靖至德昭應眞人（制）	元袁 桷	1203-499- 37
沖靖靈妙凝眞法師立元萬壽宮提點盧行盆襲封眞人（制）	元袁 桷	1203-499- 37
通妙葆眞先生高士易如剛特加封通妙葆眞文教眞人（制）	元袁 桷	1203-499- 37
臨江路閣皂山萬壽宮住持四十六代傳籙嗣教宗師楊伯晉晉陞加太玄崇德翊教眞人（制）	元袁 桷	1203-500- 37
毛穎達封眞人（制）	元袁 桷	1203-500- 37
吳饒公制書跋	元袁 桷	1203-639- 48
封張眞君制	元虞 集	1207-320- 22
封蔣山寶公和尙制	元虞 集	1207-320- 22
天道教十一祖張眞人制	元虞 集	1207-321- 22
江州路聖治太平宮幾天採訪使應元保運妙代助順眞君加封誥詞	元柳 貫	1210-290- 7
東嶽泰山加封大生制	元柳 貫	1210-290- 7
興國路九宮山太平護國眞牧妙應普興眞君加封誥詞	元柳 貫	1210-291- 7
定西嶽華山神號詔	明太祖	556-130- 85
眞人張宇初誥文	明太祖	1223- 26- 3
加封廣惠顯靈昭濟聖母誥	明王禕	1226-256- 12
擬加封梓潼帝君制	明鄭 眞	1234-399- 57
封張眞人彥頗誥文	明王鏊	1256-317- 18
擬上天帝尊號表（二則）	明王立道	1277-735- 1
書先忠壯公封王宣命後	明程敏政	1456-405-299

3.奏議上（作者式）

二 畫

●丁 忠 吳
征伐（疏） 439-497-228

●丁 度 宋
上仁宗論契丹請絕元昊進貢事（疏） 432-711-135
律歷（疏）論鄧保信等所造鐘律得失 440-867-280
禦邊（疏） 442-129-325
禦邊（疏）——論契丹請絕元昊進貢事上疏 442-129-325

●丁 恭 漢
賞罰（疏）——論封鄧禹吳漢 438-355-187

●丁 潭 晉
禮樂（疏）——上疏求行終喪禮 436-407-121
用人（疏） 436-607-130

●丁 謂 宋
上眞宗乞禁銷金（疏） 432-198- 98
法令（疏） 439- 51-210

●丁 鴻 漢
災祥（疏） 441-264-296
論日食爲竇氏封事 1360-218- 12

上章帝奏　　　　　　　　　　　1397-174- 8
日食上和帝封事　　　　　　　　1397-175- 8
舉孝廉奏　　　　　　　　　　　1397-176- 8
論日食爲寶氏封事　　　　　　　1403-590-142

●丁　騭 宋
上哲宗乞講筵開陳祖宗故事（疏）431-131- 12
上哲宗論寄祿官宜分左右（疏）　431-834- 69
法祖（疏）　　　　　　　　　　435- 10- 69
法令（疏）——奏請下御史臺體
　訪小人造作誣議疏　　　　　　439-113-212
請禁絕登科進士論財娶妻（疏）　1350-649- 61
請下御史臺體訪小人造作誣議（
　疏）　　　　　　　　　　　　1350-649- 61

●丁思孔 清
恢復武昌進城駐箚疏　　　　　　534-419- 93
宣德仁盡節疏　　　　　　　　　534-420- 93
柯永昇葉映榴殉難盡節並降調丁
　泉司抗僞棄家疏　　　　　　　534-420- 93

●丁思觀 五代
諫楚王馬希範書　　　　　　　　1418-167- 41

●刁　柔 北齊
喪禮（疏）　　　　　　　　　　436-430-122

●刁　衎 宋
治道（疏）　　　　　　　　　　433-716- 29
慎刑（疏）　　　　　　　　　　439-193-216

●刁　雍 北魏
禮樂（疏）　　　　　　　　　　436-325- 附
水利（疏）　　　　　　　　　　440-141-249
漕運（疏）　　　　　　　　　　440-408-261
禦邊（疏）　　　　　　　　　　442- 24-320
鑿艾山渠表　　　　　　　　　　558-583- 45
河西修城表　　　　　　　　　　558-584- 45
運屯穀付沃野表　　　　　　　　558-584- 45

●卜　式 漢
治道（疏）　　　　　　　　　　433-591- 24
仁民（疏）　　　　　　　　　　436- 54-105
請從討南粵書 附武帝封卜式詔　　1396-423- 11

●卜　商 周
聖學（疏）　　　　　　　　　　433-130- 6

三　畫

●士文伯 周
災祥（疏）　　　　　　　　　　441-233-295

●士伍尊 漢
請復丙吉後爵邑書　　　　　　　1396-488- 14
請復丙吉後爵邑書　　　　　　　1402-450- 69

●士貞子 漢
用人（疏）春晉桓子　　　　　　436-579-129
諫討荀林父　　　　　　　　　　1402-293- 53

●子　罕 周
賞罰（疏）　　　　　　　　　　438-351-187

●子　革 周
戒佚欲（疏）　　　　　　　　　438-496-193

●子　韋 周
災祥（疏）　　　　　　　　　　441-234-295

●子　魚 周
征伐（疏）　　　　　　　　　　439-449-226

●子　嬰 秦
進諫二世書　　　　　　　　　　1417-159- 9

●于　邵 唐
爲京兆第五尹請車駕迴西京表　　556-187- 87
爲柳州鄭郎中謝上表　　　　　　568- 36- 98
中書門下請上尊號第一二三表　　1338-165-555
請册皇太子表二首　　　　　　　1338-190-557
賀郭子儀破吐蕃表　　　　　　　1338-277-567
賀破賊表　　　　　　　　　　　1338-280-567
爲商州吳仲孺中丞讓起復表　　　1338-402-579
爲楊相求退表　　　　　　　　　1338-410-581
爲福建李中丞謝上表　　　　　　1338-448-585
爲柳州鄭郎中謝上表　　　　　　1338-448-585
武州刺史謝上表　　　　　　　　1338-450-585
爲張監謝天長節答賜表　　　　　1338-492-590
爲崔鄭公謝赦追赴京表　　　　　1338-493-590
謝思寫眞表　　　　　　　　　　1338-493-590
爲崔僕射謝恩賜表　　　　　　　1338-493-590
爲許卿謝堂弟叔冀授青州節度使
　表　　　　　　　　　　　　　1338-501-591
爲崔僕射謝許弟寬宣慰表　　　　1338-502-591
爲崔僕射謝弟除給事中表　　　　1338-502-591
謝賜銀器及疋帛等表　　　　　　1338-528-594
爲田僕射蒙謝制使問表　　　　　1338-554-597
中書門下請聽政表（三則）　　　1338-566-599
勸釋服聽政表（三則）　　　　　1338-567-599
爲京兆第五尹請車駕迴西京表　　1338-583-600
爲崔僕射陳情表　　　　　　　　1338-591-601
代高尚書陳情表　　　　　　　　1338-591-601
爲趙侍郎陳情表　　　　　　　　1338-592-601
爲衞尉許卿請留男表　　　　　　1338-641-608
爲人請合祧表　　　　　　　　　1338-641-608
爲崔僕射請弟寬當元載累表　　　1338-642-608
爲劍南西川崔僕射再請入朝表　　1338-650-609

史部　詔令奏議類：附錄　奏議上三畫

進畫松竹圖表　　　　　　　　1338-690-613
爲吳王請罪表　　　　　　　　1338-747-619
論潘炎表　　　　　　　　　　1338-748-619
代謝賜人糧馬料狀　　　　　　1339- 29-632
謝恩賜甘子狀　　　　　　　　1339- 31-632
謝恩賜春衣狀　　　　　　　　1339- 33-633
謝借馬狀　　　　　　　　　　1339- 37-633
爲薛岌謝賜宅狀　　　　　　　1339- 39-634
代謝賜未崇宅幷賜酒食錦綵器物
　等狀　　　　　　　　　　　1339- 39-634
謝內園果栽幷令府縣供花藥狀　1339- 40-634
代人作昭應獵謝賜弓箭狀　　　1339- 40-634
賀破渭北黨項狀　　　　　　　1339- 55-637
賀斬逆賊僕固瑒狀　　　　　　1339- 56-637
賀生擒高玉狀　　　　　　　　1339- 56-637
賀破高玉賊狀　　　　　　　　1339- 56-637
進打獵口味狀　　　　　　　　1339- 75-640
降誕日進馬及織成紅綿地衣狀　1339- 76-641
奏投降回鶻大首領大將軍安達于
　等狀　　　　　　　　　　　1339- 89-643
奏誅逆人等狀　　　　　　　　1339- 93-643
請孫守亮代男行營事狀　　　　1339- 99-644

● 于　昭 唐

爲崔僕射遺高正平論邊事表　　1338-707-615

● 于　準 清

請定兵糧本折規則疏　　　　　572-237- 35
請展徵收以疏民力疏　　　　　572-237- 35
苗民久入版圖請開上進之途疏　572-238- 35

● 于　謙 明

題爲陳言事　　　　　　　　　444- 38- 34
議講和疏　　　　　　　　　　444-119- 37
爲壇調官軍事（疏）　　　　　444-122- 37
爲建言事（疏）　　　　　　　444-123- 37
爲邊務事（疏）　　　　　　　444-126- 37
糾都督僉事張軏縱疏　　　　　444-130- 37
糾都督楊俊不法事（疏）　　　444-131- 37
爲邊務事（疏）　　　　　　　444-133- 38
爲預定安邊事（疏）　　　　　444-135- 38
爲緊急軍情事（疏）　　　　　444-136- 38
爲邊務事（疏）　　　　　　　444-137- 38
爲糾劾事（疏）　　　　　　　444-139- 38
爲邊計事（疏）　　　　　　　444-139- 38
爲擒獲敵人事（疏）　　　　　444-143- 38
覆安邊固國強兵禦寇事（疏）　444-144- 38
爲軍務事（疏二則）　　　　　444-150- 38

爲陳言邊務事（疏）　　　　　444-153- 38
爲急廢軍政事（疏）　　　　　444-154- 38
爲邊務事（疏）　　　　　　　444-155- 39
爲被擄走回人口事（疏）　　　444-156- 39
陳邊務疏　　　　　　　　　　444-158- 39
爲整飭邊備事（疏）　　　　　444-158- 39
爲來歸人馬事（疏）　　　　　444-160- 39
預備邊務事（疏）　　　　　　444-165- 39
建置五團營疏　　　　　　　　444-167- 39
處置三團營疏　　　　　　　　444-169- 39
爲軍務事（疏）　　　　　　　444-170- 39
覆湖廣奏免調成廣西事（疏）　444-170- 39
奏乞聖旨榜文以安反側事
　　　　　　　　　　　　　　444-173- 39
覆都御史王來與簽都李匡計奏平
　苗疏　　　　　　　　　　　444-175- 39
爲病故官員事（疏）　　　　　444-184- 39
爲邊患事（疏）　　　　　　　444-185- 39
題乞恩事　　　　　　　　　　444-190- 39
覆楊寧陳邊計疏議　　　　　　445- 45- 2
勸許貴請講和疏　　　　　　　445- 48- 2
請釋恩克特穆爾還北疏　　　　445- 53- 3
勸郭亨等縱民壯脫逃疏　　　　445- 54- 3
勸衞穎等怠廢軍政疏　　　　　445- 55- -3
請置五團營疏　　　　　　　　445- 60- 3
覆大同守禦疏　　　　　　　　549-134-186
北伐類奏議（二十五則）　　　1244- 3- 1
南征類奏議（三十五則）　　　1244- 55- 3
雜行類奏議（八十一則）　　　1244-159- 5
議和蕃不便疏　　　　　　　　1403-172-107
糾避事武臣疏　　　　　　　　1403-173-107
奏免徵大同稅糧疏　　　　　　1403-174-107
論宣山賊疏　　　　　　　　　1465-492- 5
議相機撫捕蠻夺疏　　　　　　1465-493- 5
議總督兩廣軍務疏　　　　　　1465-493- 5
議王翱總督軍務疏　　　　　　1465-494- 5
議處廣西夺情疏　　　　　　　1465-494- 5

● 于　翼 北周

宗室（疏）——辭往河東取宇文
　護子訓之任　　　　　　　　435-178- 76
經國（疏）　　　　　　　　　435-272- 80
征伐（疏）　　　　　　　　　439-523-229

● 于　謹 北周

君德（疏）　　　　　　　　　433- 7- 1
賞罰（疏）　　　　　　　　　438-359-187
求言（疏）　　　　　　　　　438-643-199

● 于玉立 明

陳時政闕失疏　445-513- 31

● 于公異 唐

西平王李晟收西京露布　556-224- 87
代崔冀公賀登極表　1338-152-553
賀聖躬瘳復表（二則）　1338-301-569
爲崔冀公請赴山陵表　1338-314-571
代李令公謝手詔爲製東渭橋碑文表　1338-511-592
李令公乞朝覲南郊表　1338-623-606
皇帝違和請朝覲表　1338-624-606
代人行在起居表　1338-655-609
奏投降吐蕃表　1338-709-615
爲王尚書奏洛州事宜幷進翻城副將李澄表　1338-709-615
李令公賀聖躬瘳復狀　1339- 46-635
代李令公進歲節口味一十事狀　1339- 71-640
端午進馬狀　1339- 71-640
進貢扶風縣平地穿得金盞二枚幷甕子一枚狀　1339- 83-642
西平王李晟收西京露布　1339-150-648
破朱泚露布　1343-445- 30
西平王破朱泚露布　1402-223- 44
收西京露布　1417-739- 34

● 于仲文 隋

獄中上隋高祖書　1339-367-673
獄中上文帝書　1400-291- 4

● 于休烈 唐

郊廟（疏）　433-413- 17
四裔（疏）　442-547-341
請不賜吐蕃書籍疏　1339-569-694
論金城公主請文籍疏　1361-859- 7

● 于志寧 唐

災祥（疏）　441-314-298
論李弘泰疏　1339-594-697

● 于成龍 清

請鑄宣屬衝壓地糧疏　506-254- 94
請緩徵災邑房課疏　506-255- 94
條陳粵西事宜　568-401-114
初任直轄請陛見疏　1318-665- 5
報災傷請鑄錢糧疏　1318-666- 5
請增驛站工料疏　1318-667- 5
請鑄宣屬衝壓地糧疏　1318-668- 5
請禁訂告以正名義疏　1318-669- 5
急救口北饑民疏　1318-671- 5
再爲口北饑民題請急賑疏　1318-672- 5
謝賜書經解義疏　1318-674- 5
再請陛見疏　1318-674- 5
陛見恭謝疏　1318-675- 5
題報鑄賑宣屬米石疏　1318-676- 5
再爲驛站請增工料疏　1318-677- 5
眞屬被災州縣請停徵疏　1718-678- 5
請免河間災民估買房地疏　1318-681- 5
請寬盜案處分以惜人才疏　1318-682- 5
請緩徵災邑房課疏　1318-685- 5
報賑宣屬饑民疏　1318-685- 5
報賑濟事竣回署疏　1318-688- 5
雄縣蒙賜謝恩疏　1318-689- 5
請更定宣屬文武儀注疏　1318-689- 5
請全鑄災邑錢糧疏　1318-691- 5
酌派驛站銀兩疏　1318-691- 5
酌議運送砲位疏　1318-694- 5
再議運送砲位疏　1318-695- 5
酌議運米脚價口糧疏　1318-696- 5
議改防汛營制疏　1318-697- 5
請假歸葬疏　1318-698- 5
請護印務疏　1318-700- 5
請帶郎筆帖式疏　1318-701- 5
恭報交代幷舉賢員疏　1318-701- 5
優陞謝恩疏　1318-716- 6
請暫停江蘇舉劾疏　1318-717- 6
請給民欠漕項疏　1318-717- 6
請補江寧知府疏　1318-719- 6
留徵六太三營宮兵疏　1318-720- 6
補無標額兵疏　1318-721- 6
請寬裁兵疏　1318-722- 6
再陳請鑄漕欠疏　1318-723- 6
題留鎭江知府疏　1318-725- 6
特薦江蘇藩司疏　1318-726- 5
乞休疏　1318-728- 6

● 于定國 漢

楊惲罪奏　1396-459- 13

● 于宣敏 隋

封建（疏）　436- 40-104
請分封巴蜀疏　1400-269- 3

● 于敏中 清

遵旨會查奉天各屬應修城垣議　503-625-129

● 上官均 宋

上徽宗論治天下在好學廣門（疏）　431- 69- 5
上哲宗論寬猛二道（疏）　431- 92- 8

上徽宗論太學生不當以言事殿舉（疏） 431-220- 19

上哲宗乞聽言考實（疏） 431-239- 21

上哲宗論宰相不當關決細務（疏） 431-571- 47

上哲宗乞令戶部太府檢察內藏諸庫（疏） 431-713- 58

上哲宗乞十科外增撥煩一科（疏二則） 431-826- 68

上哲宗乞清入仕之源（疏） 431-844- 70

上哲宗乞舉官限三日關報御史臺（疏） 431-861- 71

上哲宗乞定州縣考課之法（疏） 431-869- 72

上哲宗乞講求內外久任之法（疏） 431-880- 73

上哲宗乞復義倉（疏） 432-313-107

上徽宗乞罷河北權鹽（疏） 432-331-108

上哲宗論棄地非便（疏）附貼黃 432-785-140

聖學（疏）——論治天下在好學廣問 433-183- 8

治道（疏）——論寬猛二道 434-121- 39

論宰相不當關決細務（疏） 436-817-139

建官（疏） 437-442-161

選舉（疏三則） 437-610-167

考課（疏）二則 437-724-172

聽言（疏）——乞聽言考實疏 438-797-204

聽言（疏） 438-811-205

荒政（疏）——乞復義倉疏 440- 64-245

理財（疏） 440-616-269

理財（疏）——論榷鹽 440-618-270

禦邊（疏）——論棄地非便疏附貼黃 442-305-332

乞開言路箚子 1359-187- 24

●上官儀 唐

勸封禪表 1338-179-556

爲朝臣賀涼州瑞石表 1338-249-564

爲于侍中請赴山陵表 1338-314-571

爲太僕卿劉弘基請致仕表 1338-601-603

盧岐州請致仕表 1338-602-603

代劉幽州請致仕表 1338-602-603

爲殿中監趙元楷請致仕表 1338-603-603

爲房州刺史請朝觀表 1338-622-606

爲李祕書上祖集表 1338-658-610

勸封禪表 1394-361- 2

●山 濤 晉

謝武帝表 附武帝手詔 1398-148- 8

去退疏 附武帝詔報 1398-148- 8

讓拜司徒表 附武帝詔報 1398-149- 8

答武帝表 1398-149- 8

山公啓事（四十則）附武帝詔答四則 1398-149- 8

論郄詵除服表奏山濤答詔 附尚書令衛瓘論郄詵不應除服表郄詵自理表 1398-154- 8

啓事附詔答 1398-155- 8

山公啓事（六則） 1404-202-178

●山 簡 晉

選舉（疏） 437-496-163

令朝臣各舉所知疏 1398-155- 8

四 畫

●卞 壼 晉

法令（疏 二則） 439- 21-208

●卞 粹 晉

禮樂（疏） 436-406-121

●卞三元 清

借發倉米賑饑疏 572-214- 35

●六 格 清

諭行旗務奏議——雍正十二年十月二十五日 413-586- 12

●方 回 元

論賈似道十罪可斬書 1375-115- 6

刑部侍郎周公端朝諡忠文議 1375-340- 26

●方 岳 宋

皇帝御正殿賀表 1182-321- 17

趙忠肅賜諡謝表 1182-321- 17

除刑部尚書謝表 1182-321- 17

除端明殿學士淮東制置大使謝表 1182-322- 17

督視辭免樞密使表（二則） 1182-322- 17

辭免兼知建康府表 1182-323- 17

除樞密史兼知政事督視軍馬謝表 1182-323- 17

辭免宰執恩例奏（二則） 1182-324- 17

御書賜常武詩謝表 1182-324- 17

樞使督視兼知建康府到任謝表 1182-325- 17

趙龍學落宮觀謝表 1182-325- 17

辭免起復知州表 1182-326- 17

辭免太府寺丞（表） 1182-326- 17

謝放罪表 1182-327- 17

天基聖節表 1182-327- 17

謝賜歷日表 1182-327- 17

進銀狀 1182-328- 17

賜衣帶謝表 1182-328- 17

賜衣帶鞍馬謝表 1182-328- 17

辭免左丞相表 1182-328- 17

謝表　1182-329- 17
辭免提舉國史會要玉牒要略（疏）　1182-329- 17
辭免進書銀絹（表二則）　1182-329- 17
辭免生日性飯（表二則）　1182-330- 17
謝表　1182-330- 17
辭免除職予祠侍讀奏（二則）　1182-330- 17
謝表　1182-331- 17
御書太學及崇化堂武學及立武堂牌謝表　1182-331- 17
御書宗學牌進墨本表　1182-332- 17
御札訓諭知舉以下謝表　1182-332- 17
代景獻邸夫人封號謝表　1182-332- 17
代景獻邸冬至賀表　1182-333- 17
南康君到任謝表　1182-333- 17
天基聖節賀表　1182-333- 17
邵武到任謝表　1182-334- 17
代范丞相（疏二則）　1182-335- 18
代趙同知（疏）　1182-336- 18
代范丞相（疏）附貼黃　1182-336- 18
代趙參政丙祠（疏二則）　1182-343- 18
南康軍薦知都昌縣許子良（疏）　1182-344- 18
薦余劉米巨公（疏）　1182-345- 18
輪對第一箚子　1182-346- 18
輪對第二箚子附貼黃二則　1182-348- 18
跋李君蜀議　1182-601- 38
代范丞相（鍾）論時政十事疏　1375-108- 6
南康軍到任謝表　1375-532- 41
代趙直閣范謝父忠肅公賜諡　1375-532- 41
代太府趙寺丞葵辭免恩命表　1375-533- 41
代范丞相鍾罷政謝表　1375-533- 41
御札訓諭知舉以下謝表　1375-533- 41
除刑部尚書謝表　1394-453- 4
● 方　苞 清
書韓退之學生代齋郎議後　1326-753- 3
又書學生代齋郎議後　1326-754- 3
● 方　儲 漢
對策（旱災）　1397-147- 7
● 方大琮 宋
諫院奏議 端平三年七月分第一箚　1178-146- 1
諫院奏議（七月分）第二箚　1178-150- 1
諫院奏議（八月分第一箚）附貼黃　1178-152- 1
諫院奏議（八月分）第二箚附貼黃　1178-154- 1
諫院奏議九月分第一箚附貼黃　1178-156- 1
直前箚子二則 端平三年上　1178-158- 2
直前箚子 嘉熙元年上　1178-160- 2

繳奏董琳差知滁州錄黃　1178-163- 3
繳奏戶部侍郎權兵部尚書兼知臨安府浙西安撫使趙與權奏火災乞創奪竄斥奉聖旨依累降指揮不得再有陳請錄黃　1178-163- 3
繳奏御筆李子道鄒雲從應詔論事文理可采並特補將侍郎錄黃　1178-165- 3
進故事（七則）　1178-168- 4
與浦城北尉林韓孫奏狀　1178-178- 4
按通判興化軍江叔豫通判福州陳過知同安縣謝奕恭附貼黃　1178-179- 4
與知潮州劉克遜知循州趙彥斑知梅州楊應已知肇慶府林士變奏狀　1178-180- 4
舉知博羅縣王旦奏狀　1178-181- 4
舉連州教授周梅叟乞旌擢奏狀　1178-182- 4
舉知河源縣凤子與狀　1178-183- 4
辭免御筆除右正言申省狀　1178-184- 5
辭免御筆除起居舍人申省狀　1178-185- 5
辭免兼國史院編修官實錄院檢討官申省狀　1178-185- 5
辭免寶章閣直學士仍任申省狀　1178-185- 5
辭免差知隆興府奏狀　1178-185- 5
謝秘撰福建運判到任表　1178-188- 7
漕使謝到任表　1178-188- 7
賀皇帝表（立皇子祈國公）　1178-189- 7
慰皇帝表　1178-189- 7
謝封爵邑表　1178-190- 7
謝賜衣帶表　1178-190- 7
● 方日乾 明
題爲撫恤屯田官軍事　443-395- 21
釐革巡捕奏　443-398- 21
奏興利補弊以裨屯政事　443-399- 21
● 方仁和 宋
車駕巡幸起居表　1352- 87- 附
● 方弘靜 明
謝賞疏　1465-582- 8
● 方良永 明
劾朱寧疏　445-229- 14
劾朱寧疏　1260- 80- 1
浙藩乞修疏（三則）　1260- 82- 1
起用巡撫乞終養疏（二則）　1260- 84- 1
繳勅疏　1260- 85- 1
辭月米疏　1260- 86- 1
謝月米疏　1260- 86- 1

再起巡撫乞休疏（二則） 1260-87- 1
●方孝孺明
讀陳全甫上宋孝宗四書 1235-139- 4
代董學士表 1235-252- 9
箋 1235-255- 9
啓（五則） 1235-256- 9
啓（二則） 1235-258- 9
●方逢辰宋
辭兼直舍人院奏 1187-502- 1
辭起居舍人奏 1187-503- 1
上宋理宗書 1187-507- 2
上理宗書 1418-775- 64
●方逢時明
論諸達貢市事疏 445-468- 29
●方震孺明
備述三朝之艱危疏 1403-399-119
●方獻夫明
議大禮疏 445-275- 17
●文　立晉
上武帝辭職表附武帝詔報 1398-415- 18
敍用蜀大臣後表 1398-415- 18
辭散騎常侍疏附武帝詔報 1398-416- 18
●文　同宋
學校（疏）——乞置府學教授狀 436-241-114
兵制（疏） 439-319-220
弭盜（疏） 441-799-318
李兌尚書論議 1096-680- 21
賀斬儂智高表 1096-713- 27
賀聖體康復表 1096-713- 27
賀乾元節表 1096-714- 27
賀恭謝禮畢表 1096-714- 27
賀明堂禮畢表 1096-714- 27
賀同天節表二則 1096-715- 27
賀正旦表 1096-716- 27
賀冬至表 1096-716- 27
代楊侍讀謝官表 1096-716- 27
謝就差知興元府表 1096-717- 28
興元府謝上任表 1096-718- 28
詳州謝到任表 1096-718- 28
陵州謝上任表 1096-719- 28
謝復官表 1096-719- 28
謝轉官表 1096-720- 28
謝賜歷日表（三則） 1096-720- 28
代林大卿謝轉官表 1096-721- 28
代夏宮苑邵州上任表 1096-722- 28
謝轉官表 1096-722- 28
奏爲乞修洋州城幷添兵狀 1096-751- 34
奏爲乞改陵州州名狀 1096-752- 34
奏爲乞置興元府府學教授狀 1096-753- 34
奏爲乞修興元府城及添兵狀 1096-754- 34
奏爲乞差知洋州一次狀 1096-755- 34
奏爲乞免陵州幷納柴狀 1096-756- 34
奏爲乞差京朝官知幷研縣事 1096-758- 34
奏爲乞鑄陵州團練使印狀 1096-759- 34
謝就差知興元府表 1394-422- 4
●文天祥宋
聖學（疏） 433-236- 9
治道（疏） 434-764- 64
經國（疏）二則 435-787-101
去邪（疏論董宋臣） 438-340-186
去邪（疏）——乞斬呂師孟疏 438-343-186
知贛州到任謝表 516-741-114
己未上皇帝書略 518-142-140
己未上皇帝書 1184-411- 3
癸亥上皇帝書 1184-422- 3
輪對劄子 1184-425- 3
門謝表 1184-429- 4
湖南提刑到任謝皇帝表 1184-429- 4
皇太子生日賀皇帝表 1184-430- 4
皇子進封左衛上將軍嘉國公賀皇
　帝表 1184-431- 4
皇女進封同壽公主賀皇帝表 1184-432- 4
知贛州到任謝皇帝表 1184-432- 4
壽崇節兵馬鈐轄司賀皇帝表 1184-434- 4
乾會節本州賀皇帝表 1184-435- 4
乾會節鈐司賀皇帝表 1184-435- 4
皇子賜名本州賀皇帝表 1184-436- 4
皇子賜名鈐司賀皇帝表 1184-437- 4
皇帝登寶位本州賀皇帝表 1184-437- 4
皇帝登寶位鈐司賀皇帝表 1184-438- 4
謝皇帝登極赦文表 1184-438- 4
太皇太后加尊號本州賀皇帝表 1184-439- 4
太皇太后加尊號鈐司賀皇帝表 1184-439- 4
皇太后加尊號本州賀皇帝表 1184-440- 4
皇太后加尊號鈐司賀皇帝表 1184-441- 4
大行皇帝升遐本州慰皇帝表 1184-441- 4
大行皇帝升遐鈐司慰皇帝表 1184-442- 4
百日慰皇帝表 1184-442- 4
期年慰皇帝表（二則） 1184-443- 4
再期慰皇帝表 1184-443- 4

四庫全書文集篇目分類索引

禪祭慰皇帝表　　　　　　　1184-444- 4
賀皇帝聽政表　　　　　　　1184-444- 4
天瑞節本州賀皇帝表　　　　1184-445- 4
天瑞節鈐司賀皇帝表　　　　1184-445- 4
大行皇帝諡號本州慰皇帝表　1184-446- 4
大行皇帝諡號鈐司慰皇帝表　1184-447- 4
冬至節本州慰皇帝表　　　　1184-447- 4
啓殯慰皇帝表　　　　　　　1184-448- 4
發引慰皇帝表　　　　　　　1184-448- 4
耐廟慰皇帝表　　　　　　　1184-449- 4
正旦慰皇帝表　　　　　　　1184-449- 4
改元賀皇帝表　　　　　　　1184-450- 4
曆日謝皇帝表　　　　　　　1184-450- 4
已未上皇帝書　　　　　　　1402-577- 83
大行皇帝升遐鈐司慰皇帝表　1403-555-138
皇太后加尊號鈐司賀皇帝表　1403-555-138
皇女進封同壽公主賀皇帝表　1403-555-138
幹會節贛州賀皇帝表　　　　1403-556-138
應日謝皇帝表　　　　　　　1403-556-138

● 文彥博宋

上神宗論五帝親事之說　　　431- 31- 2
上哲宗進無逸圖（疏）　　　431- 71- 6
上仁宗論治必有爲而後無爲（疏）　431- 82- 8
上仁宗答詔論呈變（疏）附舉行十
　　二條事件　　　　　　　431-449- 40
上哲宗乞中外官久任（疏）附貼黃　431-880- 73
上哲宗乞復賜臣寮儒行中庸及文
　　武七條（疏）附貼黃　　431-891- 75
上神宗論近歲刑獄枝蔓（疏）　432-209- 99
上神宗論青苗（疏）　　　　432-411-114
上神宗論市易（疏二則）　　432-447-116
上哲宗論役法合從民便令轉運司
　　定奪（疏）　　　　　　432-483-119
上仁宗請嚴軍法（疏）　　　432-498-120
上神宗論兵制不宜遽有更易（疏）　432-513-121
上仁宗乞河東依陝西例點強壯（
　　疏）　　　　　　　　　432-533-123
上神宗論馬監不可廢（疏）附貼黃　432-566-125
上神宗論關中事宜（疏）附貼黃　432-752-138
上神宗論進築河州（疏）　　432-802-141
上仁宗論討戎瀘小夷不必自秦鳳
　　興師（疏）　　　　　　432-833-143
聖學（疏）——進尚書孝經解　433-158- 7
聖學（疏）——進尚書二典儀筠
　　子　　　　　　　　　　433-160- 7

聖學（疏）——進漢唐故事疏　433-162- 7
治道（疏）——進無爲而治論　433-843- 34
治道（疏）　　　　　　　　434- 98- 39
治道（疏）——進故事　　　434-189- 42
務農（疏）　　　　　　　　436-189-110
用人（疏）三則　　　　　　436-732-135
用人（疏）　　　　　　　　436-793-138
乞中外官久任（疏）附貼黃　436-795-138
建官（疏）　　　　　　　　437-445-161
選舉（疏二則）　　　　　　437-598-167
勤政（疏）——進無逸圖奏　438-442-190
節儉（疏）　　　　　　　　438-478-192
聽言（疏）——乞繼上奏封細陳
　　事理疏　　　　　　　　438-748-202
慎刑疏——奏乞恤刑疏　　　439-210-216
赦宥（疏）——論赦事疏　　439-256-218
兵制（疏）　　　　　　　　439-275-219
兵制（疏）——奏論兵政　　439-313-220
征伐（疏）——論西事奏　　439-571-231
任將（疏）　　　　　　　　439-721-237
任將（疏）——奏令邊帥練兵約
　　束諸將　　　　　　　　439-722-237
馬政（疏）——論監牧　　　439-836-242
馬政（疏）——論保馬　　　439-837-242
荒政（疏）　　　　　　　　440- 63-245
水利（疏）　　　　　　　　440-159-250
水利（疏）　　　　　　　　440-162-250
賦役（疏）　　　　　　　　440-324-257
理財（疏）——乞罷青苗奏　440-551-267
理財（疏）——論市易奏二則　440-552-267
理財（疏）——乞以昔之三司使之
　　任悉歸戶部　　　　　　440-572-268
災祥（疏）　　　　　　　　441-387-300
營繕（疏）　　　　　　　　441-742-316
營繕（疏）二則　　　　　　441-746-316
禦邊（疏）——論討戎瀘小夷不必
　　自秦鳳興師　　　　　　442-207-328
禦邊（疏）　　　　　　　　442-226-329
禦邊（疏）——論進築河州　442-241-330
禦邊（疏）　　　　　　　　442-242-330
禦邊（疏）　　　　　　　　442-265-331
禦邊（疏）　　　　　　　　442-266-331
囚裔（疏）　　　　　　　　442-620-344
進尚書孝經解筠子　　　　　549-108-185
請繼上奏封細陳事理疏　　　549-110-185

進無爲而治論　550-66-211
乞罷修太乙宮　587-682-14
謝奏陳濬河等事不當特放罪表　1100-654-10
謝男貽慶換授文資及章服表　1100-654-10
奏爲修開先殿乞循制度事（疏）　1100-671-14
乞令審官院選差汎邊州郡知縣事（疏）　1100-672-14
奏乞主帥便行軍令後奏（疏）　1100-673-14
乞河東依陝西例點強壯（疏）　1100-674-14
御前箚子　1100-674-14
答奏　1100-675-14
乞復昭化縣驛程（疏）　1100-675-14
乞選差川陝州郡知州（疏）　1100-675-14
乞諸州供錢撥充交子務（疏）　1100-676-14
乞罷將校舉留（疏）　1100-676-14
乞封示兩制等議汎使事文字(疏)　1100-676-14
乞差嘉眉盆利屯兵救應淸井監更不差秦州兵（疏）　1100-677-15
乞下田況選擇官兵使臣撿兵赴瀘州仍令桼梓州路官指踪事(疏)　1100-678-15
慶曆四年秦鳳所發兵到遂州只爲求處兵官不能平心撫馭事分彼我以致軍情怨憤乞早罷兵招安夷人（疏）　1100-678-15
乞親平貝州（疏二則）附御書批答詔　1100-679-15
繳納貝州宣勅（疏）　1100-679-15
乞繼上奏封細陳事理（疏）　1100-680-15
乞知縣縣令不得閑慢公事差出（疏）　1100-681-16
答御札手詔（疏）前附仁宗皇帝賜手詔　1100-682-16
乞令團結秦鳳涇原番部（疏）　1100-686-17
乞指揮諸路帥開報事宜（疏）　1100-686-17
乞令邊帥練兵約束諸將（疏）　1100-687-17
奏西界事（疏）　1100-687-17
乞差譯語官（疏）　1100-687-17
奏陝西鐵錢事（疏）　1100-688-17
奏理正衙前事（疏）　1100-688-17
奏陝西衙前押木枝綱（疏）　1100-688-17
奏永興軍衙前理欠陪備（疏）　1100-689-17
奏王安論親事官張貴事（疏）　1100-689-17
乞合諸路擇機宜官（疏）　1100-690-18
條奏薛向利害（疏）附御批綏州邊事　1100-690-18
奏令陝西沿邊牌送降到番部於宥州（疏）　1100-692-18
論夏國册命（疏）　1100-692-18
奏減廣南東西路成兵（疏）　1100-693-18
奏雄州邊事（疏）　1100-693-18
奏乞劉忱早過界（疏）　1100-694-18
論修復延州北金明寨（疏）　1100-694-18
供取索英宗遺事（疏）　1100-695-19
乞戒勵諸路將帥（疏）　1100-695-19
乞禁止漢人與西人私相交易(疏)　1100-696-19
奏陝西保毅軍利害（疏）　1100-696-19
奏西夏誓詔事（疏二則）　1100-697-19
乞別定盆利鈴轄司畫一條貫(疏)　1100-698-19
論用人（疏）　1100-698-19
言青苗錢（疏）　1100-701-20
言市易（疏二則）　1100-702-20
言洮河（疏）　1100-703-20
奏降羌事（疏）　1100-703-20
言修中太一宮（疏）　1100-704-20
論本朝兵政（疏）　1100-704-20
論臺官言西府事（七則）　1100-706-21
奏西府記事（疏）　1100-707-21
論監牧事（疏）附貼黃二則　1100-707-21
對聖問（疏）　1100-708-21
論保馬（疏）　1100-710-22
赴阿陽陛辭日面奏　1100-711-22
乞令諸路帥臣與副總管同議邊事（疏）　1100-711-22
乞免夫役（疏二則）　1100-711-22
乞罷河北預頓車牛（疏）　1100-712-22
乞免人戶析變醞鹽錢（疏）　1100-713-22
乞體探西北遣使相過事（疏）　1100-713-22
乞嚴誡河北安撫司探報事宜(疏)　1100-713-22
論修樓櫓事（疏）　1100-713-22
答奏前附神宗諮訪詔　1100-714-22
言運河疏（二則）　1100-717-23
不保明潛河（疏三則）　1100-719-23
奏黃河水勢（疏）　1100-720-23
再奏運河利害（疏）　1100-721-23
奏黃河曹村決溢利害乞擇水官（疏）　1100-722-24
奏定奪所勾人吏事（疏）　1100-722-24
乞恤刑（疏）　1100-723-24
論赦事（疏）　1100-723-24
進史論（疏）　1100-724-24

四庫全書文集篇目分類索引

論西事（疏三則） 1100-725- 25
謝答詔（疏二則）前附答詔 1100-727- 25
奏西京災傷事（疏） 1100-728- 25
奏西京漕河事（疏） 1100-728- 25
上殿謝箚子 1100-729- 25
論西邊事（疏） 1100-729- 26
繳進元豐答詔（疏） 1100-730- 26
論役法（疏三則） 1100-731- 26
論監牧（疏二則） 1100-733- 27
論取士（疏） 1100-734- 27
奏尚書省六曹行遣迂滯書（疏） 1100-734- 27
答奏（二則） 1100-734- 27
奏吏部三類法（疏）附御批 1100-737- 27
進漢唐故事（十一則） 1100-738- 28
奏乞立制度使（疏） 1100-743- 28
乞兵部廟軍密院置籍（疏） 1100-744- 29
奏戶部事（疏） 1100-744- 29
奏除改舊制（疏） 1100-744- 29
奏夏國事（疏） 1100-745- 29
進無逸圖（疏） 1100-745- 29
奏吏戶刑部官久任（疏） 1100-746- 29
奏踈決刑獄（疏） 1100-746- 29
奏中外官久任事（疏） 1100-746- 29
奏監司舉官事（疏） 1100-747- 29
奏坊監草地令百姓出租（疏） 1100-747- 29
奏鬼章事（疏二則） 1100-747- 29
奏知州通判理任（疏） 1100-748- 29
奏黃河事（疏） 1100-749- 30
奏賜儒行中庸篇并七條事（疏） 1100-749- 30
進故事十門（疏） 1100-751- 30
奏勸恤民隱事（疏） 1100-751- 30
奏久旱乞不追擾事 1100-751- 30
奏西邊事（疏） 1100-751- 30
進尚書孝經解（表） 1100-753- 31
奏孝經圖事（疏） 1100-755- 31
又進尚書二典義箚子 1100-755- 31
乞罷男機宜（疏） 1100-758- 32
乞差使臣（疏） 1100-758- 32
乞張熙恩澤（疏） 1100-758- 32
乞郭宣恩澤（疏） 1100-758- 32
乞門客張度恩澤（疏） 1100-758- 32
請假箚子 1100-759- 32
謝男貽慶換授文資及章服表 1100-759- 32
陳乞堂弟（大同）西京差遣（疏） 1100-759- 32
奏程珣葬事（疏） 1100-759- 32

奏孫男扶掖（疏） 1100-759- 32
奏富相公墓乞與免納馬價錢（疏） 1100-760- 32
乞罷重任箚子（二十三則）前附
　御書批答 1100-761- 33
乞政仕箚子（十則） 1100-766- 34
劉御藥囘附口奏 1100-768- 34
隨表箚子（二十一則） 1100-768- 34
辭免公使錢 1100-773- 35
答詔箚子（二則）前附中書箚子 1100-773- 35
答詔箚子（三則）附中書箚子兩
　篇御批一篇手詔兩篇 1100-773- 35
乞免移判永興軍（箚子二則） 1100-775- 35
免兩鎭箚子（三則） 1100-775- 35
免節使請受歷頭（疏） 1100-777- 36
繳納文榜（疏） 1100-777- 36
辭免男恩命（疏五則） 1100-777- 36
免明堂禮畢賜物（疏五則） 1100-779- 36
免賜銀合（疏） 1100-780- 36
免差人內都知管勾墓事（疏） 1100-780- 36
免致仕奏薦恩澤（疏二則） 1100-780- 36
謝賜銀（疏） 1100-781- 36
再辭致仕恩澤（疏） 1100-781- 36
免賜公使錢（二則）附河南府申
　狀 1100-782- 37
又辭免公使錢（箚子） 1100-783- 37
進獎諭詔箚子 1100-783- 37
答詔箚子前附許免公使錢詔允詔 1100-783- 37
辭免男恩命（疏十二則） 1100-784- 37
奏狀前附賜馬詔書 1100-786- 37
奏狀（前附賜到答詔熙河蘭岷路
　經略安撫使司公文） 1100-787- 37
舉李綬（疏） 1100-788- 38
舉陳湜（疏） 1100-788- 38
舉馮諝任允孚（疏） 1100-789- 38
舉邵叔元（疏） 1100-789- 38
舉曹弱（疏） 1100-789- 38
舉張度（疏） 1100-789- 38
舉孟辨（疏） 1100-790- 38
舉楊宗禮（疏） 1100-790- 38
舉錢長卿等（疏） 1100-790- 38
舉李瑞卿等（疏） 1100-790- 38
舉劉庠（疏） 1100-790- 38
舉范純仁（疏） 1100-791- 38
舉王大方（疏） 1100-791- 38
舉徐保甲（疏） 1100-791- 38

四庫全書文集篇目分類索引

史部

詔令奏議類：附錄

奏議上 四畫

舉呂公懋（疏）	1100-791- 38	論賀正使不當卻疏	1149-518- 2
舉蘇液（疏）	1100-791- 38	●太子晉周	
舉張利一（疏）	1100-791- 38	水利（疏）	440-135-249
舉李師錫（疏）	1100-791- 38	太子晉諫壅川	1355- 95- 4
舉蘇轍（疏）	1100-792- 38	諫壅川	1377-131- 3
舉高惟幾（疏）	1100-792- 38	諫壅川	1402-286- 52
舉楊文舉（疏）	1100-793- 39	●太史克周	
舉田瑜（疏）	1100-793- 39	去郊（疏）	438- 1-173
舉李九言（疏）	1100-793- 39	●王 仁漢	
舉張撲等（疏）	1100-793- 39	諫立趙健仔疏	1396-519- 16
舉蓋平等（疏）	1100-794- 39	●王 介宋	
舉張宗益（疏）	1100-794- 39	法令（疏）	439-153-214
舉趙士宏（疏）	1100-794- 39	災祥（疏）	441-603-310
舉姚復（疏）	1100-794- 39	●王 允漢	
舉楊逵（疏）	1100-794- 39	行孝經奏附獻帝詔	1397-528- 26
舉張拯（疏）	1100-795- 39	固奏 行孝經	1397-528- 26
舉劉航（疏）	1100-795- 39	●王 弘劉宋	
舉魏沂（疏）	1100-795- 39	宗室（疏）	435-174- 76
舉任逸（疏）	1100-795- 39	去邪（疏）——奏彈謝靈運	438- 12-173
舉賈青（疏二則）	1100-795- 39	賦役（疏）	440-246-254
舉范祖禹（疏）	1100-796- 39	彈謝靈運奏附武帝爲宋公令報	1398-620- 7
舉富紹庭（疏）	1100-796- 39	上文帝辭封表	1398-620- 7
舉孔文仲等（疏）	1100-796- 39	上文請遜位啓	1398-621- 7
舉胡宗炎（疏）	1100-797- 39	辭總錄揚州表兩則附文帝詔報兩	
舉溫俊乂（疏）	1100-797- 40	則	1398-622- 7
舉宋匡躬（疏）	1100-797- 40	謝賜河上梨表	1398-623- 7
舉王欽臣（疏二則）	1100-798- 40	廣陵前浦開表	1398-623- 7
舉楚建中等（疏二則）	1100-798- 40	議民役奏	1398-626- 7
舉杜沂等（疏）	1100-799- 40	●王 朴後周	
舉唐義問（疏）	1100-799- 40	樂疏	436-548-127
舉張守約（疏）	1100-799- 40	征伐（疏）——獻平邊策	439-544-229
舉邢左臣（疏）	1100-800- 40	律歷（疏）	440-860-280
舉包綬（疏）	1100-800- 40	平邊策	1418-157- 41
舉張雲卿（疏）	1100-800- 40	平邊策	1476-173- 10
舉尹復湊（疏）	1100-800- 40	●王 吉漢	
請繼上奏封細陳事理（疏）	1350-478- 45	治道（疏）——言得失疏	433-592- 24
論軍前行法疏	1403-103-101	禮樂（疏）	436-336-118
奏減廣南東西路戍兵	1465-486- 4	言得失疏	1355-204- 7
●文翔鳳明		諫昌邑王疏	1360- 88- 5
關防議	556-214- 87	言得失疏	1360- 92- 5
●尤 袤宋		上得失疏	1396-442- 12
居德（疏）	433- 74- 4	條奏（二則）	1396-443- 12
諡號（議）——高宗廟號議	440-923-282	諫昌邑王疏	1403- 16- 88
災祥（疏）	441-517-306	言得失疏	1403- 17- 88
大行太上皇帝廟號疏（二則）	1149-517- 2	上言得失疏	1417-266- 14

上得失疏　　　　　　　　　　　1476- 48- 3
●王　存宋
上哲宗論韓維不當罷門下侍郎疏　431-579- 47
上哲宗乞明論明黨所在（疏）　　431-908- 76
上神宗乞收百官轉對封寧留中探
　擇（疏）　　　　　　　　　　431-916- 77
上哲宗乞別詳定制科考格（疏）　432- 26- 82
上神宗乞崇用忠實仁厚之吏（疏）432-444-116
上哲宗乞依舊教畿內保甲（疏）　432-557-124
乞崇用忠實仁厚之吏（疏）　　　436-773-137
論韓維不當罷門下侍郎（疏）　　436-820-139
知人（疏）——乞明論朋黨所在
　狀　　　　　　　　　　　　　437-315-155
選舉（疏）　　　　　　　　　　437-614-167
兵制（疏）——論范純仁奏畿內
　保甲乞今後更不教閱　　　　　439-333-221
●王　同宋
水利（疏）　　　　　　　　　　440-230-253
●王　旭元
賀正表　　　　　　　　　　　1202-825- 10
長蘆運司賀正表　　　　　　　1202-825- 10
擬人辭翰林學士表　　　　　　1202-826- 10
天壽節賀表　　　　　　　　　1202-826- 10
●王　沈晉
賀正表　　　　　　　　　　　1398- 91- 5
●王　劭隋
請變火表　　　　　　　　　　1400-342- 6
上文帝言符命表（二則）　　　1400-342- 6
請正漢王諡罪書　　　　　　　1400-346- 6
人上玉文奏　　　　　　　　　1400-346- 6
文獻皇后崩奏　　　　　　　　1401-585- 40
●王　邑漢
上乞骸疏附王莽報書　　　　　1396-684- 24
●王　沿宋
屯田（疏）　　　　　　　　　 440-385-760
●王　炎宋
饒州到任謝表　　　　　　　　 516-737-114
湖州到任謝表　　　　　　　　 526- 11-259
申宰執狀　　　　　　　　　　 526- 34-260
今上皇帝表（四則）　　　　　1155-538- 11
皇帝表　　　　　　　　　　　1155-543- 11
賀登極表　　　　　　　　　　1155-543- 11
賀郊祀表（二則）　　　　　　1155-544- 11
賀天申聖節表（四則）　　　　1155-544- 11
賀會慶聖節表（二則）　　　　1155-545- 11
賀正（二則）　　　　　　　　1155-545- 11
進賀瑞芝詩表　　　　　　　　1155-546- 11
進易解表　　　　　　　　　　1155-546- 11
賀生皇子表　　　　　　　　　1155-547- 11
進日曆表　　　　　　　　　　1155-548- 11
請皇帝御正殿復常膳表（三則）1155-548- 11
賀重明節表　　　　　　　　　1155-550- 12
賀瑞慶節表　　　　　　　　　1155-550- 12
賀郊祀赦表　　　　　　　　　1155-550- 12
謝曆日表（四則）　　　　　　1155-550- 12
謝侍讀表　　　　　　　　　　1155-552- 12
謝除制帥表　　　　　　　　　1155-552- 12
謝冬衣表　　　　　　　　　　1155-552- 12
謝加食邑表　　　　　　　　　1155-553- 12
謝賜衣帶鞍馬表　　　　　　　1155-553- 12
饒州到任謝表　　　　　　　　1155-553- 12
慰皇帝表　　　　　　　　　　1155-554- 12
請聽政表（三則）　　　　　　1155-555- 12
請御正殿表（三則）　　　　　1155-556- 12
請聽政表（五則）　　　　　　1155-557- 12
請御殿表（五則）　　　　　　1155-558- 12
謝到任表　　　　　　　　　　1155-560- 12
謝除經略表　　　　　　　　　1155-560- 12
謝生日賜物表　　　　　　　　1155-561- 12
賀正表牋二道　　　　　　　　1155-561- 12
湖州到任謝表　　　　　　　　1155-563- 13
賀立皇太子表　　　　　　　　1155-563- 13
賀改元表　　　　　　　　　　1155-564- 13
慰皇帝小祥表　　　　　　　　1155-565- 13
賀太子遷東宮表　　　　　　　1155-565- 13
賀講和表　　　　　　　　　　1155-565- 13
進東都紀年表　　　　　　　　1155-566- 13
龍圖閣學士贈特進程公大昌覆諡
　文簡議　　　　　　　　　　1375-339- 26
進易解表　　　　　　　　　　1375-529- 40
●王　杰清
御製詩五集告成奏表　　　　　1309- 1- 附
●王　直明
賀壽星表　　　　　　　　　　1241-269- 12
賀麒麟表　　　　　　　　　　1241-270- 12
進（宣宗章皇帝）實錄表　　　1241-270- 12
賀新殿成表　　　　　　　　　1241-271- 12
題楊少傅陳情副本後　　　　　1241-277- 12
進實錄表　　　　　　　　　　1373-553- 5
賀新殿成表　　　　　　　　　1373-554- 5

四庫全書文集篇目分類索引

●王　洪 明
慶賀醴泉出神樂觀表　　　　　　1237-438- 1
●王　炳 宋
建宮（疏）　　　　　　　　　　437-391-159
●王　涌 明
題扶正抑邪以崇祀典事　　　　　443-642- 29
●王　洽 晉
王洽爲吳國內史在郡上表云　　　1386-697- 附
●王　音 漢
災祥（疏）　　　　　　　　　　441-251-295
雜雌奏　　　　　　　　　　　　1396-493- 15
雜雌對　　　　　　　　　　　　1396-493- 15
雜雌對　　　　　　　　　　　　1403-620-145
●王　昶 魏
陳治略五事　　　　　　　　　　1361-543- 10
●王　洋 宋
賀册皇太后禮成表　　　　　　　1132-438- 9
到邵武軍任謝表　　　　　　　　1132-438- 9
辭免兼侍講表　　　　　　　　　1132-439- 9
侍講謝表　　　　　　　　　　　1132-439- 9
代宰臣以下賀瑞木表　　　　　　1132-439- 9
代謝幸太學表　　　　　　　　　1132-440- 9
代張帥謝除待制表　　　　　　　1132-440- 9
代謝轉官表　　　　　　　　　　1132-441- 9
代謝賜對衣金帶表　　　　　　　1132-441- 9
代王帥謝賜對衣金帶表　　　　　1132-441- 9
乞擢用宗室狀　　　　　　　　　1132-441- 9
繳駮郝漸除直秘閣狀　　　　　　1132-443- 9
遏敵之策　　　　　　　　　　　1132-459- 10
弭盜之術（策）　　　　　　　　1132-460- 10
●王　計 唐
代王僕射諫伐淮西表　　　　　　1338-720-616
●王　恢 漢
征伐（疏）　　　　　　　　　　439-466-226
擊匈奴議　　　　　　　　　　　1396-421- 11
●王　度 後趙
中書著作郎王度奏　　　　　　　1400-554- 9
●王　勃 唐
上九成宮頌表　　　　　　　　　1065-111- 8
上拜南郊頌表　　　　　　　　　1065-111- 8
爲原州趙長史請爲亡父度人表　　1065-112- 8
　　　　　　　　　　　　　　　1338-635-607
上九成宮頌表　　　　　　　　　1338-659-610
上拜南郊表　　　　　　　　　　1338-659-610
上百里昌言疏　　　　　　　　　1339-606-698

進九成宮頌表　　　　　　　　　1394-366- 2
●王　述 晉
乞歸老疏　　　　　　　　　　　549-102-185
●王　思 明
諫獵虎疏　　　　　　　　　　　443-168- 10
●王　信 宋
治道（疏）——論士大夫趨向之
　弊　　　　　　　　　　　　　434-330- 47
謝宮祠表二則　　　　　　　　　1352-240-6下
●王　衍 晉
降表　　　　　　　　　　　　　1354-490- 18
謝表 附有司奏王衍　　　　　　 1398-157- 8
●王　紀 明
劾惡瑞屠官剝民疏　　　　　　　445-583- 35
特請鑄賑疏　　　　　　　　　　445-585- 35
●王　奐 齊
四畜（疏）　　　　　　　　　　442-517-340
上高帝辭南蠻校尉表　　　　　　1399- 97- 4
●王　宮 晉
請諡劉毅疏　　　　　　　　　　1398-164- 8
●王　朗 魏
治道（疏）——勸育民省刑疏　　433-602- 25
儲嗣（疏）　　　　　　　　　　435- 51- 71
仁民（疏）　　　　　　　　　　436- 54-105
戒侈欲（疏）　　　　　　　　　438-504-193
營繕（疏）　　　　　　　　　　441-714-315
請太祖節省奏　　　　　　　　　1361-540- 10
諫獵疏　　　　　　　　　　　　1361-562- 14
又諫東征疏　　　　　　　　　　1361-562- 14
又言修營宮室疏　　　　　　　　1361-562- 14
又言屢失皇子疏　　　　　　　　1361-563- 14
勸文帝育民省刑（疏）　　　　　1361-647- 32
節省奏　　　　　　　　　　　　1417-430- 21
●王　祐 宋
用人（疏）　　　　　　　　　　436-655-132
●王　素 宋
災祥（疏）　　　　　　　　　　441-380-300
●王　珪 唐
治道（疏）　　　　　　　　　　433-654- 27
治道（疏）　　　　　　　　　　433-660- 27
內治（疏）　　　　　　　　　　435-123- 74
仁民（疏）　　　　　　　　　　436- 59-105
務農（疏）　　　　　　　　　　436-175-110
禮樂（疏）　　　　　　　　　　436-349-119
知人（疏）　　　　　　　　　　437-285-154

戒佚欲（疏） 438-512-193
求言（疏） 438-643-199
聽言（疏）——論祖孝孫以樂律 授宮中 438-703-201
慎刑（疏）——慎選公良奸僞自 息 439-179-215
崇儒（疏） 440-714-274
● 王 珪宋
上神宗論涼陰合行郊禮（疏） 432- 59- 85
上英宗議乞依先朝封贈期親骨屬 故事（疏） 432-100- 89
上英宗議合稱皇伯（疏） 432-101- 89
郊廟（疏） 433-435- 18
郊廟（疏） 433-458- 19
郊廟（疏）——議眞宗配天之祭 於禮不當 433-467- 19
郊廟（疏）——議仁宗祔廟當以 何人配享 433-467- 19
郊廟（疏）——准中書批送下太 常禮院狀 433-467- 19
郊廟（疏）——議行郊廟之禮其 服冕等飾事者皆不可廢 433-475- 20
宗室（疏） 435-194- 77
乞依先朝封贈期親骨屬故事奏 436-458-123
喪禮（疏） 436-459-123
樂疏 436-561-128
舉王安國狀 436-710-134
薦孫侄林希劄子 436-710-134
薦丘與權劄子 436-710-134
薦李徵之劄子 436-711-134
薦李庠劄子 436-711-134
選舉（疏二則） 437-551-165
諡號（議）——漢安殤王尊號議 440-899-282
諡號（議）——上仁宗諡號議 440-909-282
諡號（議）——仁宗諡號議 440-909-282
四裔（疏）——乞令摩正不得還 熙州劄子 442-615-344
謝賜譯經院開堂御燕奏狀二道 1093- 44- 7
謝賜上已御燕奏狀 1093- 44- 7
謝賜入伏早下奏狀 1093- 45- 7
謝賜年節御燕奏狀二道 1093- 45- 7
謝賜喜雪御燕奏狀 1093- 45- 7
免修起居注奏狀 1093- 45- 7
謝宣召入院奏狀 1093- 45- 7
謝赦設奏狀 1093- 46- 7

南郊乞蛭仲隣恩澤奏狀 1093- 46- 7
謝賜錫慶院乾元節齋筵奏狀 1093- 46- 7
免兼侍讀學士奏狀 1093- 47- 7
除翰林學士舉官自代奏狀 1093- 47- 7
舉人免解奏狀 1093- 47- 7
議貢舉庠序奏狀 1093- 47- 7
進士諸科名額奏狀 1093- 48- 7
諸科問經義奏狀 1093- 48- 7
舉王安國奏狀 1093- 48- 7
除兼端明殿學士舉官自代奏狀 1093- 49- 7
免兼端明殿學士第一二三奏狀 1093- 49- 7
依御批受翰林承旨奏狀 1093- 50- 7
除翰林學士承旨舉官自代奏狀 1093- 50- 7
謝賜對衣金帶鞍轡馬奏狀三道 1093- 50- 7
奉太皇太后靈駕到陵下奏皇帝狀 1093- 51- 7
謝史院賜筆墨奏狀 1093- 51- 7
謝史院賜器幣奏狀 1093- 52- 7
陵名奏狀 1093- 52- 7
進郊慶成詩引狀二道 1093- 52- 7
乞奏爲今登歌之樂闕一音劄子 1093- 53- 8
辭待讀學士劄子 1093- 53- 8
預免脩國史恩例劄子 1093- 54- 8
再免修國史恩（例）劄子 1093- 54- 8
論蘇頌等封還李定辭頭劄子 1093- 54- 8
薦邱與權劄子 1093- 54- 8
薦鄭叔熊劄子 1093- 55- 8
請對天章閣劄子 1093- 55- 8
請對劄子 1093- 55- 8
乞外任劄子 1093- 55- 8
乞京東西一州劄子 1093- 55- 8
乞知青州劄子 1093- 56- 8
免學士院潤筆劄子 1093- 56- 8
免撰高衛王康王碑潤筆劄子 1093- 56- 8
謝撰高衛王康王碑潤筆劄子 1093- 56- 8
薦李徵之劄子 1093- 56- 8
薦康衛劄子 1093- 57- 8
薦李庠劄子 1093- 57- 8
薦孫侄林希劄子 1093- 57- 8
御殿名劄子 1093- 57- 8
道殿名劄子 1093- 58- 8
後殿名劄子 1093- 58- 8
神御殿名劄子 1093- 58- 8
兩宮寢殿名劄子 1093- 58- 8
寢殿名劄子 1093- 59- 8
乞移皇地祇及感生帝齋宮劄子 1093- 59- 8

1212　　　　　　　四庫全書文集篇目分類索引

史部

詔令奏議類：附錄

奏議上四畫

奏乞李束之致仕增倬箚子	1093- 59- 8	乞退第一二三表	1093-310- 42
乞施行審官院勅箚子	1093- 59- 8	再乞退表	1093-311- 42
免禮部侍郎箚子	1093- 60- 8	謝南郊加恩表	1093-312- 42
乞續修國朝會要箚子	1093- 60- 8	辭免尚書左僕射第一二表	1093-312- 43
辭免遺賜箚子	1093- 60- 8	謝尚書左僕射表	1093-313- 43
免山陵使箚子	1093- 60- 8	免門下侍郎監修國史第一二表	1093-313- 43
校勘老子道德經箚子	1093- 61- 8	謝門下侍郎監修國史表	1093-314- 43
奏爲乞百寮早赴起居箚子	1093- 61- 8	謝皇帝撫問第一二三表	1093-315- 43
乞令密章不得還熙州箚子	1093- 61- 8	請皇帝去杖經表	1093-316- 43
進提舉司條式箚子	1093- 62- 8	靈賀發引慰皇帝表	1093-317- 43
奏交趾事跡箚子	1093- 62- 8	免參知政事表	1093-317- 44
乞罷勘箭箚子	1093- 63- 8	謝參知政事表	1093-318- 44
謝宣召赴集英殿乾元節御燕勅記	1093- 63- 8	謝賜生日表二十二道	1093-318- 44
謝賜生日禮物勅記	1093- 63- 8	謝兼端明殿學士表	1093-323- 44
謝賜年節御宴勅記二道	1093- 63- 8	賀皇帝痊復表	1093-324- 44
謝宣召赴紫陽宸殿御燕勅記	1093- 63- 8	謝賜修實錄獎諭手詔表	1093-324- 44
謝宣召赴集英殿春燕勅記	1093- 63- 8	賀同天節表	1093-324- 44
中書謝春宴勅記	1093- 64- 8	代叔父光祿卿乞致仕表	1093-325- 44
謝賜上巳瓊林苑御宴勅記	1093- 64- 8	進國朝會要表	1093-325- 44
謝參知政事勅記	1093- 64- 8	仁宗諡號議	1093-326- 45
賀皇子延安郡王生燕勅記	1093- 64- 8	廟祭與忌日同請不去樂及加牲香議	1093-328- 45
皇后曹氏賀明堂禮成表	1093- 68- 10		
婕妤俞氏等賀明堂禮成表	1093- 68- 10	濮安懿王典禮議	1093-329- 45
沂國公主等賀明堂禮成表	1093- 69- 10	濮安懿王合稱皇伯議	1093-330- 45
皇后向氏賀南郊禮成表	1093- 72- 10	斷范亦顏論追尊濮安懿王是非議	1093-331- 45
皇后高氏賀南郊禮成表	1093- 72- 10	請權罷膰享議	1093-332- 45
貴妃沈氏賀南郊禮成表	1093- 72- 10	諡號當先告天議	1093-332- 45
越國長公主等賀南郊禮成表	1093- 72- 10	服除朔行郊廟議	1093-333- 45
楚國大長公主等賀南郊禮成表	1093- 72- 10	眞宗零祀配議	1093-333- 45
乾元節內中御侍已下賀詞	1093-114- 16	仁宗配享議	1093-334- 45
內中御侍已下賀皇帝冬節詞三道	1093-114- 16	太祖配享議	1093-334- 45
內中御侍已下賀南郊禮畢詞	1093-115- 16	陵寢議	1093-334- 45
進所業表	1093-301- 41	謝進士及第啓	1093-336- 46
賀加上眞宗皇帝徽號表	1093-302- 41	謝南郊加恩表	1350-705- 67
賀册貴妃張氏表	1093-302- 41	請皇帝罷謝太廟表	1350-705- 67
賀明堂禮成表	1093-303- 41	謝賜生日禮物生餼表	1350-705- 67
謝賜入伏早下表三道	1093-303- 41	謝賜生日禮物表	1350-706- 67
掩皇堂慰皇帝表	1093-304- 41	謝賜生日禮物表	1382-321-上之1
賀壽星見表	1093-305- 41	宋仁宗諡號議	1403-722-157
賀老人星見表	1093-305- 41	●王 軌明	
賀冬至表四道	1093-306- 42	重開通惠河疏	444-409- 49
賀正旦表二道	1093-307- 42	●王 晏齊	
賀南郊禮成表	1093-308- 42	啓武帝附武帝答	1399-109- 4
寒食節慰皇帝表	1093-308- 42	故太子耐廟奏	1399-110- 4
請皇帝罷謝太廟第一二三表	1093-308- 42	●王度休唐	

四庫全書文集篇目分類索引

脩進繼天誕聖樂表　1338-691-613
進嶺南王館市舶使院圖表　1338-692-613
●王 恕明
申明律例奏狀　427-456- 1
處置地方奏狀　427-459- 1
查勘失機官員功罪奏狀　427-463- 1
繳撫治流民勅諭奏狀　427-471- 1
陞左副都御史謝恩奏狀　427-472- 1
區畫未完税糧奏狀　427-472- 1
蝗生境內請避位因勸上去奢崇儉奏狀　427-473- 1
激勸賢能奏狀　427-474- 1
代書辦吏買儀等冠帶奏狀　427-475- 1
言吏部不覆請給誥命未當奏狀　427-475- 1
陞南京刑部左侍郎謝恩奏狀　427-476- 1
彗見地震乞休致奏狀　427-477- 2
聞父喪復請給誥命奏狀　427-478- 2
蒙賜誥命謝恩奏狀　427-479- 2
蒙賜葬祭謝恩奏狀　427-479- 2
論報管河工程及乞禁馬快船附搭私貨奏狀　427-479- 2
言開河事宜幷乞先修舊塘水閘奏狀　427-480- 2
乞罷巡河管泉等項官員奏狀　427-482- 2
言詔令不可失信奏狀　427-483- 2
言運船前進回淮陽修理河塘壩座奏狀　427-484- 2
言管河官應否淘設奏狀　427-485- 2
言襄河一帶災異奏狀　427-486- 2
山東得雨河道疏通奏狀　427-487- 2
改南京戶部左侍郎謝恩奏狀　427-488- 2
處置運糧餘丁月糧奏狀　427-488- 2
申明茶法奏狀　427-489- 2
欲令兩淮山東長蘆三運司將鹽引紙每張納鈔一貫奏狀　427-491- 2
欲令公侯附馬伯具印信文書關支祿米奏狀　427-492- 2
改左副都御史巡撫雲南謝恩奏狀　427-492- 2
欲帶男承祿隨侍奏狀　427-493- 3
處置邊務奏狀　427-493- 3
奏解犯人及參鎭守官奏狀　427-495- 3
參鎭守官跟隨人員擾害夷方奏狀　427-501- 3
乞嚴賞罰以禁盜賊奏狀　427-503- 3
陞右都御史謝恩疏　427-504- 3
乞却鎭守官進貢禽鳥奏狀　427-504- 3

駕帖不可無印信疏　427-507- 3
參提奪占南甸田地軍職奏狀　427-508- 3
請勘貴州會兵撫捕羅雄州賊人奏狀　427-510- 3
改南京都御史參機務謝恩疏　427-517- 3
回報守備太監黃賜到任奏狀　427-518- 4
覆議定襄伯乞增操江官軍奏狀　427-518- 4
南京長安右門外木廠內失火參工部官奏狀　427-519- 4
太廟內樹木被風吹倒奏狀　427-520- 4
覆奏南京六科陳言弭災事奏狀　427-520- 4
駁議聽選官王璠建言江北五衞免赴京操奏狀　427-522- 4
關過內府銅錢給賞日本國使臣事畢奏狀　427-523- 4
奏解詐偽犯人奏狀　427-523- 4
參奏南京經紀私與番使織造違禁紵絲奏狀　427-524- 4
乞留騎操馬匹奏狀　427-531- 4
地震請停任奏狀　427-532- 5
議事奏狀　427-532- 5
奏報灾傷因言織造進貢勞民傷財奏狀　427-536- 5
乞暫停燒輥奏狀　427-537- 5
乞照舊令南京各衞官軍燒輥幷要清查沿江一帶蘆場奏狀　427-539- 5
蒙賜誥命謝恩奏狀　427-541- 5
乞休致奏狀（二則）　427-542- 5
言應天等府糧草灾傷幷成熟數目奏狀　427-543- 5
乞休致奏狀　427-544- 5
乞取回買玩好王太監奏狀　427-545- 5
奏繳賑濟過軍民戶口文册奏狀　427-546- 5
陳言聖學疏　427-547- 5
乞休致奏狀　427-549- 5
論中使擾人因乞休致奏狀　427-550- 5
論中使科擾民所得物件奏狀　427-551- 5
糾劾奸人撥置中使擾亂地方奏狀　427-554- 5
申救常州府知府孫仁奏狀　427-557- 5
陳言制治保邦奏狀　427-558- 5
陳言治安奏狀　427-559- 5
敷陳言訓奏疏　427-560- 5
論錄事邵義傳奉旨陞通判奏狀　427-562- 5
京師地震自陳休致奏疏　427-563- 5
轉南京兵部尚書參政機務謝恩疏　427-565- 6

四庫全書文集篇目分類索引

史部

詔令奏議類：附錄

奏議上四畫

督修孝陵查算工料數目奏狀	427-565-	6
論撥船事宜奏狀	427-566-	6
陳言山陝救荒奏狀	427-567-	6
救林俊張敷奏狀	427-569-	6
定奪修城營葬工料奏狀	427-571-	6
同南京吏部等衙門應詔陳言奏狀	427-573-	6
乞休致奏狀	427-579-	6
加陞太子少保謝恩疏	427-579-	6
督修孝陵工完奏狀	427-580-	6
將順上意匡輔時政疏	427-581-	6
孝陵工完受賞謝恩疏	427-582-	6
老疾不能赴召奏狀	427-583-	7
辭吏部尚書奏狀	427-583-	7
辭太子太保奏狀	427-584-	7
議左監丞郭鑄建言選法奏狀	427-584-	7
覆給事中韓鼎公選法奏狀	427-585-	7
論致仕爲民丁憂官吏類引奏狀	427-586-	7
調用南京堂上官奏狀	427-586-	7
議都御史邊鎬保治奏狀	427-587-	7
議郎中李諒以進士舉人知縣相兼選御史奏狀	427-589-	7
議尚書余子俊均選法奏狀	427-590-	7
論王府保舉官員奏狀	427-591-	7
議僉事林准願就教職以便養親奏狀	427-592-	7
議按察使雍泰犯罪乞從輕宥免奏狀	427-592-	7
選用新舊進士兼懲規避奏狀	427-593-	7
疏通選法奏狀	427-594-	7
乞休致奏狀（二則）	427-594-	7
議左都御史馬文升陳言禡盜治道奏狀	427-596-	8
嚴考察以勵庶官奏狀	427-599-	8
論釋貧禮奏狀	427-600-	8
論吏典丁憂奏狀	427-601-	8
再論釋貧禮奏狀	427-602-	8
議知府王衡陳言停止納財充吏奏狀	427-603-	8
議評事魯永清均官審錄奏狀	427-605-	8
議右給事中王珣陳言時務奏狀	427-606-	8
調除官員奏狀	427-607-	8
議給經歷張敷誥命奏狀	427-607-	8
議封贈繼母奏狀	427-609-	9
議丁憂起復官補任奏狀	427-610-	9
乞命官署管印信奏狀	427-610-	9
議給事中林廷玉陳言翊治奏狀	427-611-	9
陳言輔治奏狀	427-613-	9
覆大理寺右寺丞楊澄鑒別大臣奏狀	427-615-	9
議郎中陸容陳言杜倖門奏狀	427-615-	9
論推堪任刑部侍郎官員宜簡用奏狀	427-616-	9
論用人勿拘出身衙門奏狀	427-617-	9
議魯府鎮國將軍陳言便民奏狀	427-618-	9
論奪情起復不可爲例奏狀	427-619-	9
扶持治道奏狀	427-621-	9
乞休致奏狀（二則）	427-622-	10
議太常寺缺官供祀奏狀	427-623-	10
議封見在繼母奏狀	427-624-	10
議陞臨清縣爲州奏狀	427-625-	10
議徵王乞陞鈞州爲府奏狀	427-626-	10
會議償運糧儲行移奏狀	427-626-	10
論知州劉棨有犯比依妖言律過重奏狀	427-629-	10
乞休致奏狀（二則）	427-630-	10
乞給假奏狀	427-631-	10
定奪欽天監官奔喪奏狀	427-631-	10
議何鼎陳言重官爵奏狀	427-633-	10
修省陳言奏狀	427-635-	11
議不當加陞按察使陶魯奏狀	427-637-	11
論御醫蔣宗儒妄奏復職奏狀	427-639-	11
議布政使徐恪裁革承奉司吏奏狀	427-640-	11
論不可內外異法奏狀	427-641-	11
再論不可內外異法奏狀	427-642-	11
論傳奉官不可授職奏狀	427-643-	11
乞休致奏狀	427-644-	11
議南京吏部尚書王倪等修省奏狀	427-645-	11
議知府言芳陞用科道官奏狀	427-650-	12
議知州趙源乞開陞衙門奏狀	427-652-	12
議修蘆溝河官不當陞職奏狀	427-652-	12
復運使周暢等選任運司官奏狀	427-653-	12
乞休致奏狀（二則）	427-654-	12
議郡王禁奸革弊奏狀	427-657-	12
議給事中盧亨修明治道奏狀	427-658-	12
議侍讀曾彥久任隆治奏狀	427-659-	12
論工完乞恩奏狀（三則）	427-661-	12
乞恩休致奏狀（二則）	427-663-	13
議給事中韓鼎等脩人事以消天變奏狀	427-665-	13
議給事中韓鼎陳言奏狀	427-667-	13

四庫全書文集篇目分類索引

史部

詔令奏議類：附錄

奏議上四畫

議太醫院缺官奏狀	427-668- 13
乞休致奏狀（二則）	427-670- 13
選用教官奏狀	427-671- 13
議傳奉官陞職奏狀	427-672- 13
議選用王府醫官奏狀	427-673- 13
處置選用進士奏狀	427-674- 13
議保用典樂奏狀	427-674- 13
論奪情非令典奏狀	427-675- 13
議在京三品官病故請給誥命奏狀	427-676- 14
扶持公道奏狀	427-677- 14
乞休致奏狀	427-678- 14
論御醫王玉不當陞倖奏狀	427-679- 14
論嚴考課以定黜陟奏狀	427-681- 14
定奪兩廣朝覲官奏狀	427-682- 14
乞休致奏狀	427-683- 14
激勸賢勞官奏狀	427-684- 14
議大學士丘濬建言奏狀	427-685- 14
議經歷高祿陞官奏狀	427-686- 14
議御史徐璉簡賢能以養人材奏狀	427-687- 14
議進士石存禮除官奏狀	427-688- 14
議御史馮玘圖治奏狀	427-688- 14
議致仕尚書胡拱辰請給誥命奏狀	427-690- 15
議都御史高崧乞全體統奏狀	427-690- 15
議給事中王綸汰冗官以除民蠹奏狀	427-691- 15
論太監黃瓚乞留弟在京辦事奏狀	427-692- 15
乞貸御史李興處死奏狀	427-692- 15
乞休致奏狀（二則）	427-693- 15
議給事中王欽拾補治道奏狀	427-695- 15
引疾乞休致奏狀（二則）	427-698- 15
乞休致奏狀（二則）	427-699- 15
乞取回王太監疏	443- 72- 5
覆給事中韓鼎公選法奏狀	443-279- 16
議都御史邊鎬保治奏狀	443-280- 16
論王府保舉官員奏狀	443-282- 16
議僉事林准願就教職以便養親奏狀	443-282- 16
選用新舊進士兼懲規避奏狀	443-283- 16
議左都御史馬文升陳言禆益治道奏狀	443-283- 16
議戶部給事中王珣陳言時務奏狀	443-286- 16
議給事中林廷玉陳言翊奏狀	443-287- 16
陳言輔治奏狀	443-290- 16
覆大理寺右寺丞楊澄鑒別大臣奏狀	443-291- 16
議太常寺缺官供祀奏狀	443-292- 16
議徵王乞陞鈞州爲府奏狀	443-293- 16
會議償運糧儲行移奏狀	443-293- 16
脩省陳言奏狀	443-296- 17
議南京吏部尚書王倪等備奏狀	443-299- 17
議知府言芳陞用科道官奏狀	443-303- 17
議知州趙源乞開陞衙門奏狀	443-304- 17
議脩盧溝河官不當陞職奏狀	443-305- 17
覆運使周畛等選任運司官奏狀	443-306- 17
再論工完乞恩奏狀	443-307- 17
議太醫院缺官奏狀	443-309- 17
議傳奉官陞職奏狀	443-310- 17
議選用王府醫官奏狀	443-311- 17
議置選用進士奏狀	443-312- 17
議保用典樂奏狀	443-313- 17
扶持公道奏狀	443-314- 17
論御醫王玉不當陞倖奏狀	443-315- 17
議經歷高祿陞官奏狀	443-316- 17
議進士石存禮除官奏狀	443-317- 17
議御史馮玘圖治奏狀	443-318- 17
議都御史高崧乞全體統奏狀	443-319- 17
議給事中王欽拾遺公道奏狀	443-319- 17
議封贈繼母奏	443-351- 19
議封見在繼母奏狀	443-352- 19
議知府王衡陳言停止納財	443-353- 19
議布政使裁革承奉司吏奏狀	443-355- 19
論起復奪情不可爲例奏狀	443-356- 19
定奪欽天監官奔喪奏狀	443-357- 19
議給事中盧亨脩明治道奏狀	443-358- 19
議魯府鎮國將軍陳言便民奏狀	443-359- 19
嚴考察以厲庶官奏狀	443-361- 19
題律例事宜	444-346- 45
訟劉緊罪狀	444-357- 46
論不可內外異法奏狀	444-358- 46
再論不可內外異法奏狀	444-359- 46
乞趁時搬運通州倉糧狀	444-449- 51
議開河修塘狀	444-450- 51
嚴賞罰以禁盜賊疏	445- 76- 4
論鳳帖無印信疏	445- 77- 4
乞取回中官王敬疏	445- 80- 5
陳治安疏	445- 81- 5
制治保邦疏	445- 82- 5
論山陝救荒疏	445- 84- 5
論濫陞內官奏	445- 91- 5
論內外不可異法奏	445-116- 7

四庫全書文集篇目分類索引

再論內外不可異法奏　　　　　　445-117- 7
蝗災自劾疏　　　　　　　　　　538-519- 76
薦（史鑑）疏　　　　　　　　　1259-692- 首
● 王　紘 北齊
征伐疏——選九州中男強弩據要
　　險之地　　　　　　　　　　439-522-229
上言後王　　　　　　　　　　　1400- 54- 3
兩廣剿賊安民疏　　　　　　　　1465-499- 附
● 王　庶 宋
經國（疏）　　　　　　　　　　435-512- 89
● 王　涯 唐
禦邊（疏）　　　　　　　　　　442- 49-321
論用兵書　　　　　　　　　　　506-189- 92
● 王　章 漢
災祥（疏）　　　　　　　　　　441-252-295
日蝕對　　　　　　　　　　　　1396-514- 16
薦馮野王封事 附尚書劾奏王章　　1396-515- 16
● 王　寂 金
謝帶勞表 附補遺　　　　　　　　1190- 40- 5
● 王　啓明
乞罷進貢疏　　　　　　　　　　517- 22-115
● 王　基 魏
征伐疏——論伐吳進趣之宜　　　439-492-227
營繕（疏）　　　　　　　　　　441-719-315
伐吳對　　　　　　　　　　　　1361-664- 35
● 王　接 晉
加賞褚紹議　　　　　　　　　　1398-447- 20
● 王　陶 宋
上仁宗論旣擇宗子知宗正寺不可
　復翻豫遲疑（疏）　　　　　　431-346- 31
上仁宗論公主非時入宮（疏）　　432-570-126
儲嗣（疏）　　　　　　　　　　435-101- 73
宿衛（疏）——論公主非時入宮　439-438-225
● 王　接 清
恭纂萬壽盛典初集告成進表　　　653- 1- 附
● 王　陵 漢
外戚（疏）　　　　　　　　　　441-114-288
● 王　冕 宋
漳州進珠表　　　　　　　　　　1350-695- 65
代高麗王謝賜燕樂表　　　　　　1382-328- 附
● 王　曉 唐
四畜（疏）　　　　　　　　　　442-546-341
賀拜南郊表（二則）　　　　　　1338-154-553
賀饗太廟拜南郊表　　　　　　　1338-155-553
謝追赴大禮表　　　　　　　　　1338-491-590

● 王　猛 前秦
辭丞相疏　　　　　　　　　　　541-344- 35之4
● 王　偉 梁
爲侯景降梁表　　　　　　　　　1399-583- 14
奉武帝啓附武帝報侯景（書）　　1399-584- 14
啓武帝（三則）附武帝報侯景（二則）　1399-585- 14
又上武帝表　　　　　　　　　　1399-586- 14
奉東魏主啓　　　　　　　　　　1399-589- 14
啓武帝附武帝與諸軍手書　　　　1399-589- 14
又啓武帝　　　　　　　　　　　1399-589- 14
● 王　紳 明
辭蜀府書　　　　　　　　　　　1234-780- 9
● 王　健明
題覆進樂律疏　　　　　　　　　1453-500- 56
● 王　尊 漢
去邪（疏）　　　　　　　　　　438- 5-173
勸丞相衡等奏　　　　　　　　　1355-306- 11
勸丞相匡衡等奏　　　　　　　　1360-111- 6
勸丞相衡等奏　　　　　　　　　1377-218- 10
勸臣相匡衡等奏 附勸王尊奏　　　1396-505- 15
行縣遷上奏 附御史大夫忠奏　　　1396-505- 15
勸丞相匡衡等（疏）　　　　　　1403-569-140
勸匡衡張譚奏　　　　　　　　　1417-300- 15
● 王　渭 唐
爲族兄瑗謝守度支向書表　　　　1338-506-591
● 王　普 宋
郊廟（疏）——論明堂未合禮者
　　十一事　　　　　　　　　　433-529- 22
● 王　曾 宋
上眞宗乞罷營玉清昭應宮（疏）　432-587-128
營繕（疏）——乞罷營玉清昭應
　　宮疏　　　　　　　　　　　441-734-315
上眞宗乞罷營玉清昭應宮　　　　587-671- 14
諫作玉清昭應宮（疏）　　　　　1350-439- 43
● 王　淳 晉
上武帝諫遣齊王攸之藩書　　　　1398-139- 7
郡國計更方俗之宜奏　　　　　　1398-139- 7
爲裴楷請奏　　　　　　　　　　1398-140- 7
昌喪婚娶奏 附吳商裴頠議及惠帝詔
　　報各一　　　　　　　　　　1398-140- 7
薦周馥表　　　　　　　　　　　1398-141- 7
請賜戰將鼓吹表　　　　　　　　1398-141- 7
乞醫表　　　　　　　　　　　　1398-141- 7
立水碓表　　　　　　　　　　　1398-141- 7
爲裴楷請奏　　　　　　　　　　1403-427-122

●王 惲元
治道（疏）——上政事書　　　　434-825- 66
選舉（疏）　　　　　　　　　437-697-170
上世祖皇帝論政事書　　　　1200-439- 35
追呈世祖皇帝實錄表　　　　1201- 31- 67
聖壽節賀表　　　　　　　　1201- 32- 67
甲午賀正表　　　　　　　　1201- 32- 67
擬中書省賀河清表　　　　　1201- 38- 68
擬聞捷賀表　　　　　　　　1201- 38- 68
中書省賀正慶八十表　　　　1201- 39- 68
中書省賀尊號皇帝壽八十表（二
　則）　　　　　　　　　　1201- 39- 68
聖壽節（賀）表　　　　　　1201- 40- 68
翰林院壽聖節賀表　　　　　1201- 40- 68
謝授翰林學士表　　　　　　1201- 40- 68
登寶位賀表　　　　　　　　1201- 41- 68
老人星致語　　　　　　　　1201- 41- 68
請上尊號奏章　　　　　　　1201- 42- 68
聖壽節賀表（二則）　　　　1201- 43- 68
兩宮正位稱賀表　　　　　　1201- 44- 68
聖壽節御史臺賀表　　　　　1201- 44- 68
聖壽節賀表　　　　　　　　1201- 44- 68
御史臺賀正旦表　　　　　　1201- 45- 68
正旦賀表　　　　　　　　　1201- 45- 68
史都督讓總管表　　　　　　1201- 45- 68
聖壽節望闕祝文　　　　　　1201- 46- 68
十六年賀正旦表　　　　　　1201- 46- 68
聖壽節賀表　　　　　　　　1201- 47- 68
進瑞芝表　　　　　　　　　1201- 47- 68
甲申歲正旦賀表　　　　　　1201- 47- 68
聖壽節賀表　　　　　　　　1201- 48- 68
千秋節賀牋　　　　　　　　1201- 48- 68
進呈承華事略箋　　　　　　1201-144- 78
（進）元貞守成事鑑（表）　1201-157- 79
郊祀圓丘配享祖宗事狀　　　1201-322- 92
進實錄表　　　　　　　　　1367-198- 16
論政事書　　　　　　　　　1373-372- 24
進實錄表　　　　　　　　　1382-413- 附
進（世祖皇帝）實錄表　　　1394-456- 4
●王 敦晉
用人（疏）　　　　　　　　 436-606-130
用人（疏）　　　　　　　　 436-606-130
●王 琪宋
荒政（疏）——請復置義倉　　440- 14-243
●王 閎漢

寵幸（疏）　　　　　　　　 441-157-290
諫寵董賢書（二則）　　　　1396-596- 20
●王 瑀唐
去邪（疏）　　　　　　　　 438- 26-174
●王 超唐
代李相賀登極表（二則）　　1338-154-553
●王 植齊
法令(疏）　　　　　　　　　439- 27-209
上武帝撰定律章表　　　　　1399-142- 6
●王 雄隋
安德王雄等慶舍利感應表并詔答　1401-541- 38
●王 雅晉
用人（疏）　　　　　　　　 436-605-130
●王 珉劉宋
上言從孫佺襲封表　　　　　1398-840- 17
●王 肅漢
聽言（疏）　　　　　　　　 438-699-201
法令（疏）　　　　　　　　 439- 11-208
●王 肅魏
用人（疏）　　　　　　　　 436-601-130
征伐（疏）——論曹眞征蜀　　439-490-227
國史（疏）——司馬遷著史記論　440-760-276
諡號（議）——乞使漢廢帝山陽
　公稱皇以配其諡　　　　　440-882-281
營繕（疏）　　　　　　　　 441-717-315
諫征蜀疏　　　　　　　　　1361-564- 15
陳政本疏　　　　　　　　　1361-564- 15
諫修營宮室疏　　　　　　　1361-565- 15
對明帝帝欲不諦　　　　　　1361-655- 33
又對史遷隱切對　　　　　　1361-655- 33
●王 肅北魏
災祥（疏）　　　　　　　　 441-308-298
●王 雯宋
兵制（疏）　　　　　　　　 439-318-220
●王 象魏
薦楊俊（疏）　　　　　　　 436-597-130
薦楊俊（表）　　　　　　　1361-636- 29
●王 義隋
上煬帝陳成敗書　　　　　　1400-372- 7
●王 慈齊
諡號（議）——朝堂譯榜非古舊
　制議　　　　　　　　　　 440-883-281
上論朝堂譯榜表附博士李搉議太
　常丞王個之議議曹郎任昉議　1399- 96- 4
●王 椿北魏

災祥（疏） 441-311-298
●王 達明
讀李斯書 李斯上始皇逐客書 1374-218- 47
●王 萬宋
敬天（疏） 433-334- 13
●王 筠梁
爲王儀同瑩初讓表 1399-571- 14
爲第六叔讓重除吏部尙書表 1399-571- 14
爲從兄讓侍中表 1399-572- 14
上太極殿表 1399-572- 14
爲第六叔讓重除吏部尙書表 1415-327- 95
爲從兄讓侍中表 1415-327- 95
爲王儀同瑩初讓表 1415-327- 95
上太極殿表 1415-327- 95
●王 韶宋
禦邊（疏） 442-230-329
四裔（疏）——上平戎策三篇 442-614-344
●王 禕明
法天順人疏 443- 4- 1
代國史院進后妃功臣列傳表 1226-258- 12
代佛郎國進天馬表 1226-258- 12
（擬）張良辭高帝（書） 1226-274- 13
（擬）張湯議肉刑 1226-278- 13
跋克金露布 1226-351- 17
擬晉文公請王狩 1410-851-778
●王 彰劉宋
戒伏欲（疏） 438-506-193
●王 嘉漢
用人（疏） 436-586-129
寵幸（疏） 441-155-290
寵幸（疏） 441-155-290
災祥（疏） 441-256-295
論應天之道（疏） 1355-227- 8
論董賢封事 1355-247- 9
再論董賢封事 1355-249- 9
薦公孫光等（疏） 1355-296- 10
薦公孫光等疏 1360-130- 7
論董賢封事 1360-213- 12
再論董賢封事 1360-214- 12
薦公孫光等疏 1377-176- 5
論董賢封事 1377-195- 8
再論董賢封事 1377-196- 8
上哀帝請選賢材疏 1396-567- 19
諫封董賢等封事 1396-568- 19
論董賢封事（二則） 1396-569- 19

薦廷尉梁相等封事
　附哀帝責問王嘉龔勝丞相王嘉罪
　議等三則 1396-571- 19
擇賢疏 1403- 29- 90
日食論董賢封事 1403-586-142
再論董賢封事 1403-588-142
應天對 1403-628-146
請重二千石疏 1417-312- 16
遣將行邊對 1417-313- 16
日食論董賢奏 1417-313- 16
再論董賢奏 1417-315- 16
●王 蒼漢
諫起陵邑疏 1403- 37-91
●王 鉷唐
讓起復表（二則） 1338-393-579
●王 鳳漢
辭謝成帝書附成帝書 1396-491- 15
再乞骸骨疏附成帝書 1396-492- 15
爲東平王求諸子太史公書對 1396-492- 15
薦辛慶忌奏 1396-493- 15
東平求子史對 1403-620-145
●王 紹秦
丞相王紹御史大夫馮劭廷尉李斯
　等奏附秦王報 1396-146- 11
請立諸子奏附李斯議始皇報 1396-163- 12
●王 維唐
謝賜中和節御製詩序表 549- 81-184
賀古樂器表 1071-197- 16
賀玄元皇帝見眞容表 1071-200- 16
賀神兵助取石堡城表 1071-201- 16
門下起赦書表 1071-203- 16
謝除太子中允表 1071-204- 16
謝集賢學士表 1071-205- 16
謝御書集賢院額表 1071-206- 16
爲薛使君謝婺州刺史表 1071-209- 17
爲崔常侍謝賜物表 1071-211- 17
爲畫人謝賜表 1071-212- 17
爲曹將軍謝寫眞表 1071-213- 17
爲幹和尙進註仁王經表 1071-214- 17
爲舜闍黎謝御題大通天大和尙塔
　額表 1071-217- 17
爲僧等請上佛殿梁表 1071-219- 17
責躬薦弟表 1071-220- 17
請施莊爲寺表 1071-222- 17
奉敕詳帝皇龜鏡圖狀帝皇龜鏡圖

四庫全書文集篇目分類索引　　1219

兩卷令簡擇詣進狀　　1071-224- 18
請廻前任司職田粟施貧人粥狀　　1071-226- 18
謝弟縝新授左散騎常侍狀
　　附肅宗答詔　　1071-226- 18
兵部起請露布文　　1071-227- 18
代陳司徒謝勅賜麟德殿宴百僚詩
　　序表　　1338-512-592
謝賜中和節御製詩序表　　1338-513-592
責躬薦弟表　　1338-674-611
爲薛使君謝婺州刺史表　　1394-380- 3
爲畫人謝賜表　　1394-381- 3
爲曹將軍謝寫眞表　　1394-382- 3
責躬薦弟表　　1403-477-128
請施莊爲寺表　　1403-478-128
請廻前任司職田粟施貧人粥狀　　1404- 1-159
● 王　紳 唐
代路冀公賀改元赦表　　1338-204-559
● 王　誼 隋
減功臣地奏　　1400-270- 3
● 王　褒 漢
用人（疏）　　436-584-129
● 王　褒 北周
上新定鐘表　　1400-111- 3
上祥瑞表　　1400-112- 3
百僚請立皇太子表　　1400-122- 3
百寮請立皇太子表　　1416-146-113
上祥瑞表　　1416-147-113
上新定鐘表　　1416-147-113
● 王　霆 宋
經國（疏）　　435-785-100
● 王　賞 宋
郊廟（疏）　　433-531- 22
● 王　儉 齊
郊廟（疏）——郊殷之禮議　　433-355- 14
郊廟（疏）　　433-357- 14
郊廟（疏）　　433-358- 15
學校（疏）　　436-215-113
喪禮（疏）　　436-418-122
諫高帝起宣陽門表　　1399- 66- 3
上高帝固請解選表　　1399- 67- 3
上武帝求解選表　　1399- 67- 3
讓左僕射表　　1399- 68- 3
拜儀同三司章　　1399- 68- 3
議分南豫啓　　1399- 80- 3
諫壞宋明帝紫極殿以材柱起宣陽

門表　　1414-280- 75
請解僕射表（二則）　　1414-280- 75
求解尚書表　　1414-280- 75
郊殷議　　1414-281- 75
二郊明堂議　　1414-283- 75
日蝕不廢社祠議　　1414-283- 75
南郡王昭業冠議　　1414-284- 75
公府長史朝服議（二則）　　1414-284- 75
帝后諡議　　1414-285- 75
冕旒議　　1414-286- 75
皇后遷耐祭奠議　　1414-286- 75
奠墓設虞議　　1414-286- 75
皇太子妃服議　　1414-286- 75
太子妃建銘旌議　　1414-286- 75
太子迎車鸞議　　1414-286- 75
太子妃旒翟議　　1414-287- 75
穆妃朔望設祭議　　1414-287- 75
穆妃詳議　　1414-287- 75
答格淵難　　1414-288- 75
答王逸問　　1414-288- 75
君母服議　　1414-289- 75
入學釋奠議　　1414-289- 75
褚淵拜錄議　　1414-290- 75
司空掾屬爲褚淵服議　　1414-290- 75
司徒府史爲褚淵服議　　1414-290- 75
史條例議　　1414-290- 75
諫閽親奉蒸嘗奏　　1414-291- 75
先郊後春啓　　1414-292- 75
拜儀同三司章　　1414-293- 75
● 王　質 宋
經國（疏）　　435-656- 95
經國（疏）一論厤易相國事　　435-662- 95
經國（疏）　　435-662- 95
經國（疏）一上固本論　　435-665- 95
仁民（疏）　　436-126-108
用人（疏）一論使材二疏(二則)　　437- 70-145
用人（疏）一馭臣勿窮恩上疏　　437- 73-145
選舉（疏）一舉賢能二論　　437-679-170
慎微（疏）一言勿開隙奏　　438-583-196
征伐（疏）　　439-652-234
理財（疏）——論州郡財賦殿最
　　賞罰箴子　　440-668-272
弭盜（疏）——上鎭盜論　　441-820-319
論和戰守疏　　1149-347- 1
上皇帝書（二則）　　1149-348- 1

史部

詔令奏議類：附錄

奏議上四畫

論廟謀疏　1149-356- 2
論舉能疏　1149-358- 2
論馭臣疏　1149-361- 2
論固本疏　1149-364- 3
論鎭盜疏　1149-367- 3
論州郡財賦殿最賞罰箚子　1149-370- 3
論吏民箚子　1149-371- 3
謝賜御書經解表　1149-373- 4
代張江州謝到任表　1149-373- 4
天申節賀表　1149-374- 4
會慶節賀表　1149-374- 4
代張魏公謝表　1149-374- 4
代慰安恭皇后祔廟表　1149-374- 4
代虞丞相冬雷待罪表　1149-375- 4
代虞樞密謝賜臘藥表　1149-375- 4
代賀皇帝加上太上尊號表　1149-375- 4
●王 磐元
建官（疏二則）　437-481-162
崇儒（疏）　440-735-274
●王 綸宋
諡號（議）　440-891-281
●王 緯唐
代路尚書賀登極表　1338-152-553
代路冀公謝旌節等表　1338-478-588
●王 憲明
襲替犯堂疏　444- 1- 32
爲建言邊情嚴設備以安地方事（疏）　444-246- 41
計處清軍事宜（疏）　444-322- 44
請忠烈廟南公祀典疏略　572-188- 34
●王 導晉
學校（疏）　436-209-113
用人（疏）　436-607-130
謹名器（疏）　438-589-197
國史（疏）——乞立史官　440-761-276
褒贈（周札疏）　441- 4-283
●王 諫唐
爲郭令公出上都赴奉天行營勅賜錦戰袍並口脂等謝表　1338-541-596
劉相請女婿潘炎罷元帥判官陳情表　1338-594-602
爲部令公請授四節度大使及五府大都督表　1338-642-608
安西請衣賜表　1338-643-608
爲郭令公出上都赴奉天行營勅賜

錦戰袍并口脂等謝表　1403-523-134
劉相請女婿潘炎罷元帥判官陳情表　1403-523-134
●王 融齊
征伐（疏）——論帝欲北伐使毛惠秀畫漢武北伐圖事　439-505-228
征伐（疏）——論討伐王奐事　439-507-228
四裔（疏）　442-517-340
求自試啓　1394-465- 5
上武帝啓求自試　1399- 98- 4
上武帝論給虜書疏附武帝答　1399- 98- 4
上武帝陳北伐疏（二則）　1399- 99- 4
拜秘書丞謝表　1399-101- 4
爲王儉讓國子祭酒表（三則）　1399-101- 4
謝勅賜御裘等啓　1399-101- 4
謝勅賜未啓　1399-101- 4
求自効啓　1404-206-178
上北伐圖疏　1414-306- 76
議給虜書疏　1414-307- 76
請習校部曲疏　1414-309- 76
拜秘書丞謝表　1414-309- 76
爲王儉讓國子祭酒表　1414-309- 76
獄中據答表　1414-310- 76
求自試啓　1414-312- 76
謝勅賜御裘等啓　1414-313- 76
謝勅賜米啓　1414-313- 76
●王 燕清
請添設學校以弘教化疏　572-233- 35
勸民開墾荒田疏　572-234- 35
苗蠻規撫處分當因地制宜疏　572-236- 35
●王 樵明
山東乞休疏　1285- 98- 1
認罪回話疏　1285- 99- 1
擬全諫臣以安大臣疏　1285- 99- 1
星變自陳疏　1285-100- 1
引年疏（二則）　1285-100- 1
陳言機事疏　1285-101- 1
自陳疏　1285-103- 1
欽恤疏　1285-104- 1
考駁差滿屬官事（疏）　1285-112- 1
審錄重囚疏（二則）　1285-115- 1
勘覆誠意伯劉世延事情疏　1285-122- 1
謝恩疏　1285-129- 1
四乞休疏　1285-129- 1
建請安儲（疏）　1285-373- 13

●王 瑛 明
從衆論以塞禍源疏　　　　　　1403-292-112

●王 橫 漢
治河議附桓譚爲甄豐言治河議　1396-685- 24

●王 翰 明
題杜士賢上理宗書後　　　　　1233-266- 4

●王 隨 宋
理財（疏）——上通（鹽）商五
　利疏　　　　　　　　　　　 440-463-263

●王 叡 北魏
治道（疏）　　　　　　　　　 433-639- 26

●王 績 明
（乞納夏良勝等勸諫巡狩事奏） 1269-1036-附

●王 縉 唐
進王維集表　　　　　　　　　 549- 82-184
王縉進王右丞集表（附仁宗批答） 1071- 4-附
進王維集表　　　　　　　　　1338-667-611
進王維集表　　　　　　　　　1403-522-134

●王 翱 明
撫輯兩廣猺獞疏　　　　　　　1465-495- 5

●王 濬 晉
征伐（疏）　　　　　　　　　 439-498-228
上武帝請伐吳疏　　　　　　　1398-142- 7
上武帝自理書　　　　　　　　1398-142- 7
復表　　　　　　　　　　　　1398-143- 7

●王 濟 晉
任將（疏）　　　　　　　　　 439-693-236
太常郭奕論景議
　附劉訥等議及武帝詔答　　　1398-141- 7

●王 襄 宋
上欽宗論彗星（疏）　　　　　 431-542- 45
災祥（疏）——論彗星疏　　　 441-494-305

●王 曙 宋
災祥（疏）　　　　　　　　　 441-342-299

●王 邁 宋
乙未六月上封事　　　　　　　1178-466- 2
乙未閏七月輪對第一箚子　　　1178-470- 2
（乙未閏七月輪對）第二箚子附
　貼黃　　　　　　　　　　　1178-474- 2
丙申九月封事　　　　　　　　1178-477- 2

●王 鍇 前蜀
奏記王建興用文教　　　　　　1354-500- 19
奏記王建興用文教　　　　　　1381-292- 28

●王 謐 劉宋
舉用楊頭等表　　　　　　　　1398-774- 14

●王 簡 宋
謝除禮部尚書表　　　　　　　1352-136-3 下

●王 鏊 明
謝存問疏　　　　　　　　　　 443-177- 11
制科議　　　　　　　　　　　 445-163- 10
講學親政疏　　　　　　　　　 445-270- 17
代禮部上景皇后尊號議　　　　1256-320- 18
　上邊議八事　　　　　　　　1256-322- 19
時事疏　　　　　　　　　　　1256-327- 19
辭免內閣（疏）二則　　　　　1256-330- 19
辭免戶部尚書兼文淵閣大學士（
　疏）　　　　　　　　　　　1256-331- 19
蔭子入監（疏）　　　　　　　1256-331- 19
辭免少傅兼太子太傅（疏）　　1256-332- 19
乞歸（疏）三則　　　　　　　1256-332- 19
謝准乞歸（疏）　　　　　　　1256-334- 19
辭朝（疏）　　　　　　　　　1256-334- 19
謝賜銀幣鞍馬（疏）　　　　　1256-334- 19
論保國公朱暉功次（疏）　　　1256-334- 19
論言官得罪（疏）　　　　　　1256-335- 19
謝存問疏　　　　　　　　　　1256-336- 20
講學篇（疏）　　　　　　　　1256-337- 20
親政篇（疏）　　　　　　　　1256-338- 20
辭免恩蔭疏　　　　　　　　　1256-340- 20
尊號議　　　　　　　　　　　1256-492- 33
擬蕩平群盜露布　　　　　　　1256-504- 34
賀平孝豐賊文　　　　　　　　1256-505- 34
謝存問獻講學親政疏　　　　　1403-218-109
謝存問獻講學親政疏　　　　　1453-418- 50

●王 瓊 明
正德三年漕例奏一二　　　　　 443-414- 22
爲北兵入境驚擾人民事（疏）　 444-245- 41
大舉入境乞兵救援疏　　　　　 445-226- 14
亟易鎭巡官以保重地疏　　　　 445-226- 14
請究失事邊臣疏　　　　　　　 445-227- 14
禦敵安邊疏　　　　　　　　　 445-228- 14
豫防邊患疏　　　　　　　　　 445-228- 14
審大計以重本兵疏　　　　　　 445-236- 14
邊情疏　　　　　　　　　　　 445-238- 14
革冗員以安邊方疏　　　　　　 445-240- 15
傳奉疏　　　　　　　　　　　 445-241- 15
武舉議　　　　　　　　　　　 445-247- 15
聲息等事疏　　　　　　　　　 445-249- 15
給衣禦寒疏　　　　　　　　　 445-250- 15
防邊患疏　　　　　　　　　　 445-256- 16

邊軍缺食乞早議處疏　445-259- 16
爲地方事疏　517- 23-115
征勦機宜疏　517- 24-115
申明賞罰以勵人心疏　517- 25-115
●王 曙 宋
上仁宗論劉永年再除防禦使(疏)　431-377- 34
君德（疏）　433- 26- 1
郊廟（疏）——議仁宗配祭　433-469- 19
外戚（疏）　441-140-289
請依王珪仁宗配明堂奏議　1093-457-附2
●王 蘋 宋
寅冬上殿箚子（三則）　1136- 70- 2
應詔論事奏狀　1136- 71- 2
卯三月二十四日面對箚子(二則)　1136- 73- 2
五月七日面對箚子（二則）　1136- 74- 2
九月一日面對箚子（二則）　1136- 75- 2
●王 鶚 元
國史（疏）——乞置局纂就實錄
　附修遼金二史　440-804-277
●王 愈 宋
治道（疏）　434-758- 63
●王 顯 齊
上齊職儀啓　1399-108- 4
●王 鑒 晉
征伐（疏）——勸帝親征杜弢　439-499-228
勸親征疏　1360-198- 11
●王 權 唐
郊廟（疏）　433-422- 17
●王 覿 唐
諫李多祚充夾侍表　1338-786-624
●王 覿 宋
上徽宗論好問不可不擇其人遍言
　不可不察其實（疏）　431-240- 21
上哲宗論安反側不必降詔（疏）
　附貼黃　431-255- 22
上哲宗論旱爲不肅之罰（疏）　431-506- 43
上哲宗論隔截諫官直舍（疏）
　附貼黃　431-657- 53
上哲宗乞監司久任（疏）　431-881- 73
上哲宗論封樁錢（疏）　432-305-107
法祖（疏）　435- 13- 69
學校（疏）——乞太學冬季補試
　疏　436-252-115
進退執政事（疏）　436-838-140
差除召試事（疏）　436-839-140

留安薰疏　436-841-140
轉對箚子　436-841-140
上殿箚子　436-863-141
薦用丁隲（疏）　436-864-141
建官（疏）二則　437-458-161
選舉（疏）三則 附貼黃一則　437-627-168
去邪（疏）——乞責降蔡確疏
　附貼黃　438-178-179
去邪（疏）——乞行寢罷疏
　附貼黃　438-178-179
去邪（疏）——論執政張璪疏　430-179-179
去邪（疏）——論蔡確韓縝等居
　中閣上附貼黃　438-181-179
去邪（疏）——乞誅呂惠卿疏　438-182-179
去邪（疏）——乞行（章惇）竄
　疏　438-183-179
去邪（疏）——乞出林希外任事
　疏　438-183-179
去邪（疏）——乞與王振遠小差
　遣侯勅旨事疏　438-184-179
賞罰（疏）　438-392-188
慎微（疏）　438-574-196
聽言（疏）三則　438-801-204
法令（疏）——論降詔書以安反
　側附貼黃二則　439-102-212
荒政（疏）——乞稍貴京師常平
　倉米疏附貼黃　440- 65-245
荒政（疏）　440- 66-245
荒政（疏）－（奏）爲河北流民
　乞指揮賑濟疏附貼黃　440- 66-245
水利（疏）　440-169-250
賦役（疏）——乞添差詳定役法
　官疏　440-343-258
賦役（疏）－（奏）乞重定差役
　人戶等第疏附貼黃　440-343-258
理財（疏）——乞立監司久任之
　法　440-575-268
理財（疏）——論封樁事　440-576-268
理財（疏）——論封樁事附貼黃　440-576-268
理財（疏）——乞罷散青苗錢斂
　行舊常平倉法　440-577-268
理財（疏）——論財用疏　440-578-268
理財（疏）——乞上供封樁之物
　皆付之轉運司　440-579-268
國史（疏）——辭免修史上奏　440-782-276

四庫全書文集篇目分類索引　1223

諡號（議）——上欽聖憲肅皇后
　　論議　　　　　　　　　　440-917-282
災祥（疏）　　　　　　　　　441-455-303
災祥（疏）　　　　　　　　　441-472-304
災祥（疏）　　　　　　　　　441-483-304
請留安燾（疏）　　　　　　1350-648- 61
　●王　瓚元
同文貞公論議　　　　　　　1206-814- 15
　●王　顯宋
征伐疏　　　　　　　　　　　439-556-230
禦邊（疏）　　　　　　　　　442- 86-323
　●王十朋宋
治道（對策）——以權爲對　　434-345- 48
治道（疏）二則　　　　　　　434-412- 51
法祖（疏）——孝宗受禪事　　435- 17- 69
儲嗣（疏）　　　　　　　　　435-112- 73
經國（疏）三則　　　　　　　435-575- 92
經國（疏）——論用兵事宜箚子　435-579- 92
仁民（疏）　　　　　　　　　436-115-107
山陵（疏）　　　　　　　　　436-494-125
用人（疏）——輪對箚子　　　437- 29-143
用人（疏四則）　　　　　　　437- 82-145
知人（疏）——除知湖州上疏　437-361-157
建官（疏）　　　　　　　　　437-475-162
去邪（疏）——論史浩兩則　　438-281-184
去邪（疏）——論史正志兩則　438-284-184
去邪（疏）——論林安宅箚子兩
　　則　　　　　　　　　　　438-298-184
賞罰（疏）——乞審核李顯忠等
　　功罪　　　　　　　　　　438-422-189
勤政（疏）　　　　　　　　　438-444-190
節儉（疏二則）　　　　　　　438-485-192
慎微（疏）　　　　　　　　　438-581-196
謹名器（疏）　　　　　　　　438-629-198
征伐（疏）　　　　　　　　　439-651-234
任將（疏）　　　　　　　　　439-794-240
馬政（疏二則）　　　　　　　439-842-242
災祥（疏）　　　　　　　　　441-528-306
弭盜（疏）　　　　　　　　　441-823-319
禦邊（疏）　　　　　　　　　442-414-336
饒州到任謝表　　　　　　　　516-734-114
湖州到任謝表　　　　　　　　526- 10-259
興都提舉論災傷賑濟箚子　　　526- 36-260
定奪餘姚縣和買箚子　　　　　526- 37-260
輪對箚子三首　　　　　　　1151- 63- 1

上殿箚子三首　　　　　　　1151- 67- 1
應詔陳幹事　　　　　　　　1151- 70- 1
論左右史四事與起居郎胡銓同上
　（奏議）　　　　　　　　1151- 74- 1
除侍御史上殿箚子　　　　　1151- 77- 2
論史浩箚子　　　　　　　　1151- 78- 2
再論史浩箚子　　　　　　　1151- 80- 2
論進取利害箚子　　　　　　1151- 81- 2
論史正志箚子　　　　　　　1151- 82- 2
再論史正志箚子　　　　　　1151- 83- 2
論廣海二寇箚子　　　　　　1151- 84- 2
論韓仲通僉良弼箚子　　　　1151- 84- 2
論內庭節省箚子　　　　　　1151- 85- 2
論宿州退帥箚子　　　　　　1151- 86- 2
論休假箚子　　　　　　　　1151- 86- 2
論林安宅箚子附貼黃　　　　1151- 87- 2
再論林安宅箚子　　　　　　1151- 88- 2
論用兵事宜箚子　　　　　　1151- 89- 3
乞審核李顯宗等功罪箚子　　1151- 91- 3
論龍大淵撫諭兩淮箚子　　　1151- 92- 3
自劾箚子　　　　　　　　　1151- 92- 3
蘷州論馬綱狀　　　　　　　1151- 93- 3
再論馬綱狀　　　　　　　　1151- 95- 3
除知湖州上殿箚子三首　　　1151- 96- 3
除太子詹事上殿箚子三首　　1151-100- 3
應詔舉官狀　　　　　　　　1151-101- 3
舉張杙自代狀　　　　　　　1151-102- 3
代越帥王尚書待罪狀　　　　1151-102- 附
又代上郊祀天晴箚子　　　　1151-103- 4
又代上箚子　　　　　　　　1151-103- 4
又代上箚子　　　　　　　　1151-104- 4
又箚子　　　　　　　　　　1151-104- 4
又代上五箚　　　　　　　　1151-105- 4
繳箚　　　　　　　　　　　1151-107- 4
代王尚書辟陸宰狀　　　　　1151-107- 4
又代上箚子二篇　　　　　　1151-108- 4
饒州到任謝表　　　　　　　1151-523- 21
蘷州到任謝表　　　　　　　1151-523- 21
除敷文閣待制謝表　　　　　1151-524- 21
湖州到任謝表　　　　　　　1151-524- 21
泉州到任謝表　　　　　　　1151-524- 21
除敷文閣直學士謝表　　　　1151-525- 21
除太子詹事賜衣帶謝表　　　1151-525- 21
慰皇后上仙表　　　　　　　1151-525- 21
辭起居舍人狀　　　　　　　1151-526- 21

史部

詔令奏議類：附錄

奏議上四畫

辭免兼侍講狀　　　　　　　　1151-526- 21
辭免權吏部侍郎狀　　　　　　1151-527- 21
謝除御史中丞表　　　　　　　1352-153- 附
謝除待制表　　　　　　　　　1352-161- 附
池州到任謝上表　　　　　　　1352-220- 附
謝賜衣金帶表　　　　　　　　1352-256- 附
除太子詹事上殿箚子　　　　　1404-176-174
　上殿箚子　　　　　　　　　1418-621- 57
●王又旦 清
請立花縣疏　　　　　　　　　564-869- 62
●王士俊 清
請增設關帝五經博士疏　　　　534-445- 93
請上江下江各州縣南漕抵兌疏　534-446- 93
河南通志進表　　　　　　　　535- 1- 附
爲欽奉上諭事（疏）　　　　　538-556- 76
爲要地需員彈壓詳情設復移駐以
　靖地方以收實效事（疏）　　538-557-76
爲恭請復設縣治以利民生以彰教
　養事（疏）　　　　　　　　538-559- 76
爲通籌豫省府州情形敬抒未議等
　事（疏）　　　　　　　　　538-560- 76
●王子俊 宋
光廟登極賀皇帝表　　　　　　1151- 2- 0
光廟登極賀肆赦表　　　　　　1151- 3- 0
册后賀皇帝文　　　　　　　　1151- 4- 0
重明聖節賀皇帝（表）
　　代楊待制作　　　　　　　1151- 5- 0
重明聖節賀皇帝（表）　　　　1151- 5- 0
皇子降生賀皇帝（表）　　　　1151- 6- 0
孝宗大祥慰皇帝（表）　　　　1151- 7- 0
賀郊祀禮成（表）　　　　　　1151- 8- 0
賀郊祀肆赦（表）　　　　　　1151- 8- 0
賀册皇太子（表）　　　　　　1151- 9- 0
代進光宗御集（表）　　　　　1151- 9- 0
代進重修七司令表　　　　　　1151- 9- 0
代湖北憲謝到任（表）　　　　1151- 10- 0
代謝賜歷日（表）　　　　　　1151- 10- 0
知成都謝到任（表）　　　　　1151- 10- 0
謝安邊所結局轉官（表）　　　1151- 11- 0
謝宗祀禮成加封邑（表）　　　1151- 11- 0
謝加龍圖制因任（表）　　　　1151- 12- 0
謝平蠻轉官（表）　　　　　　1151- 12- 0
謝加直學士再任（表）　　　　1151- 13- 0
●王方慶 唐
郊廟（疏）——上明堂告朔議　　433-400- 16

兵制疏——論應不違時令依時講
　武檢校　　　　　　　　　　439-272- 19
明堂告朔議　　　　　　　　　1340-420-762
諫孟春講武疏　　　　　　　　1343-398- 27
明堂告朔議　　　　　　　　　1343-574- 40
●王文用 元
巡幸（疏）——諫巡狩賽音布拉
　克　　　　　　　　　　　　441-113-287
●王之宷 明
上復灕疏　　　　　　　　　　445-614- 36
●王之望 宋
經國（疏）　　　　　　　　　435-696- 96
知人（疏）　　　　　　　　　437-360-157
賞罰（疏）　　　　　　　　　438-423-189
征伐（疏）　　　　　　　　　439-654-234
任將疏二則　　　　　　　　　439-791-240
經籍（疏）——乞悉取近地所刊
　彙經疏義并經典釋文付國子監
　印數百部頒行天下　　　　　440-757-275
禦邊（疏）——論兩淮鎭成要害
　（二則）　　　　　　　　　442-405-336
賀皇太后回鸞成書表　　　　　1139-705- 4
荊門軍謝到任表　　　　　　　1139-705- 4
潼川運判到任謝表　　　　　　1139-706- 4
潼川提刑謝到任表　　　　　　1139-706- 4
茶馬司進馬狀　　　　　　　　1139-706- 4
茶馬司合進銀馬狀　　　　　　1139-707- 4
皇太后聖筭八十賀皇帝表　　　1139-707- 4
皇太后升遐慰皇帝表　　　　　1139-707- 4
謝授太府少卿四川總領到任表　1139-707- 4
謝授太府卿表　　　　　　　　1139-708- 4
賀降赦恢復州軍車賀親征至建康
　府表　　　　　　　　　　　1139-708- 4
天申節賀表　　　　　　　　　1139-708- 4
賀皇帝登寶位表　　　　　　　1139-709- 4
茶馬司賀皇帝登寶位表　　　　1139-710- 4
謝權戶部侍郎充川陝宣諭表　　1139-710- 4
謝授戶部侍郎參贊軍事表　　　1139-710- 4
謝吏部侍郎表　　　　　　　　1139-711- 4
辭免參知政事表　　　　　　　1139-711- 4
謝除參知政事表　　　　　　　1139-711- 4
謝除端明殿學士表　　　　　　1139-713- 4
謝賜臘藥表（二則）　　　　　1139-713- 4
謝賜歷日表（二則）　　　　　1139-714- 4
謝水災免降官表　　　　　　　1139-714- 4

謝遺漏放罪表　　　　　　　　　　1139-715- 4
代梁尚書賀皇后受册表　　　　　　1139-715- 4
代賀皇后受册表　　　　　　　　　1139-715- 4
代台州王守謝獻助獎諭表　　　　　1139-716- 附
代賀元會表　　　　　　　　　　　1139-716- 4
代謝御書表　　　　　　　　　　　1139-716- 4
代誅叛卒謝放罪表　　　　　　　　1139-717- 4
乞禁約舉人文體奏議　　　　　　　1139-718- 5
看詳楊朴禮部韻括遺狀　　　　　　1139-719- 5
看詳羅棐恭改正漢書次序文字狀　　1139-719- 5
乞展免耕墾閒田稅租狀　　　　　　1139-721- 5
荊門軍替回論禁約公人下鄉奏議　　1139-721- 5
論潭衡郴州桂陽軍賊盜箚子　　　　1139-721- 5
乞分成奏箚　　　　　　　　　　　1139-722- 5
湖南提舉司論差役奏議　　　　　　1139-722- 5
湖南提舉司論河渡奏議　　　　　　1139-723- 5
論潼川路措置經界奏議　　　　　　1139-724- 5
改正安岳縣經界狀　　　　　　　　1139-727- 5
潼川路放稅利害狀　　　　　　　　1139-728- 5
論賑濟災傷去處狀　　　　　　　　1139-729-- 5
論賑濟狀　　　　　　　　　　　　1139-729- 5
謝因吳侍郎傳道太上皇帝聖語狀　　1139-730- 5
論造弓箭衣甲奏議　　　　　　　　1139-731- 6
又論虞允文乞造衣甲狀　　　　　　1139-732- 6
繳奏虞宣諭所遺房漢珪招到長安
　忠義人赴宣諭司奏箚　　　　　　1139-733- 6
論諸軍見攻德順獨王彥未到狀　　　1139-734- 6
乞遣重臣入蜀鎮撫奏箚　　　　　　1139-735- 6
論調護吳璘王彥奏箚　　　　　　　1139-736- 6
乞宮祠箚子　　　　　　　　　　　1139-736- 6
再乞宮祠箚子　　　　　　　　　　1139-737- 6
乞關牒赫舍哩志寧箚子　　　　　　1139-737- 6
辭免兼權直學士院奏箚　　　　　　1139-738- 6
論集議通和惟求其當奏議　　　　　1139-738- 6
乞熟議和守奏議　　　　　　　　　1139-738- 6
乞宮觀箚子　　　　　　　　　　　1139-740- 6
上殿再乞宮觀箚子（二則）　　　　1139-740- 6
辭免淮西宣諭使奏箚　　　　　　　1139-741- 6
再辭免（淮西宣諭使）奏箚　　　　1139-741- 6
乞以親王爲江淮元帥奏議　　　　　1139-742- 6
再論江淮乞置元帥箚　　　　　　　1139-743- 6
乞與錢端禮同對奏議　　　　　　　1139-744- 6
乞修城壁壕塹關隘箚　　　　　　　1139-744- 6
措置淮西漕運儲積奏議　　　　　　1139-745- 7
乞沿淮創置斥堠烽火奏議　　　　　1139-746- 7

乞招撫司與江東帥司措置建康樓
　船奏議　　　　　　　　　　　　1139-746- 7
論兩淮鎮戍要害奏議　　　　　　　1139-747- 7
論差撥蕭琦人馬及韓玉不赴新任
　箚子　　　　　　　　　　　　　1139-748- 7
論和議奏議　　　　　　　　　　　1139-750- 7
初除左諫議大夫上殿奏議　　　　　1139-751- 7
論恩榜任子革弊奏議　　　　　　　1139-752- 7
乞勞師奏箚　　　　　　　　　　　1139-755- 7
勞師乞差辟官屬奏箚　　　　　　　1139-755- 7
乞追寢職名宮觀守本官致仕奏議　　1139-755- 7
溫州遺火乞賜降黜奏議　　　　　　1139-755- 7
溫州水灾放罪自劾奏箚　　　　　　1139-757- 7
條奏溫州水灾後措置事件奏議　　　1139-757- 7
謝除參知政事表　　　　　　　　　1352-134-3下

● 王之棟 明

請罷潛河疏　　　　　　　　　　　506-205- 93

● 王之道 宋

用人（疏）——論擇守令以結民
　心　　　　　　　　　　　　　　437- 11-142
賞罰（疏）——論賞罰不當疏　　　438-402-188
丘制（疏）　　　　　　　　　　　439-362-222
征伐（疏）　　　　　　　　　　　439-637-233
任將（疏）　　　　　　　　　　　439-755-238
擬范相免明堂陪位謝表　　　　　　1132-664- 19
擬辛相賀明堂禮成表　　　　　　　1132-664- 19
代趙聖用鎮撫謝放罪表　　　　　　1132-665- 19
代奏德久峽州到任謝表　　　　　　1132-666- 19
信陽到任謝表　　　　　　　　　　1132-666- 19
代買漕茂德賀表　　　　　　　　　1132-666- 19
代王亦顏江東轉運判官謝表　　　　1132-667- 19
提舉湖北常平茶鹽到任謝表　　　　1132-667- 19
湖南運判謝到任表　　　　　　　　1132-668- 19
擬沈必先尚書鎮江到任謝表　　　　1132-668- 19
代葉少蘊左丞謝建康府安撫幷廬
　壽宣撫使表　　　　　　　　　　1132-688- 19
擬張德遠謝大資宮觀表　　　　　　1132-669- 19
擬張德遠落大資依舊宮觀表　　　　1132-670- 19
擬買明叔復顯謨閣待制表　　　　　1132-670- 19
代和州天申節賀表　　　　　　　　1132-671- 19
擬辛侍御遷中丞謝表　　　　　　　1132-671- 19
擬沈必先除吏部尚書謝表　　　　　1132-671- 19
擬翟謝除內翰表　　　　　　　　　1132-672- 19
擬趙元鎮參政辭新除第一表　　　　1132-672- 19
擬趙元鎮參政辭新除第二表　　　　1132-673- 19

擬趙元鎭謝新除表　　　　　　　　1132-673- 19
乞罷無額上供錢減年賞箇子　　　　1132-685- 21
論賞罰不當箇子　　　　　　　　　1132-692- 22
論收復當自陝西始奏議　　　　　　1132-694- 22

●王之誥明
陝邊防秋事宜疏　　　　　　　　　534-374- 91

●王之樞清
歷代紀事年表進呈表　　　　　　　387- 22- 附

●王元規陳
郊壇增修丈尺議　　　　　　　　　1399-716- 7

●王元渤宋
理財（疏）——論生財之法疏　　　440-643-270
弭盜（疏）——論弭盜之術　　　　441-814-318
四裔（疏）——論遏敵之策　　　　442-706-348

●王元翰明
直陳天下受病疏　　　　　　　　　570-352-29 之3
陳瀕患孔殷維桑慮切疏　　　　　　570-354-29 之3

●王日藻清
請餝堡夫課程疏　　　　　　　　　538-540- 76

●王化基宋
禦邊（疏）　　　　　　　　　　　442- 51-322

●王及善唐
去邪（疏）——（論）來俊臣依
　勢貪汙　　　　　　　　　　　　438- 23-174

●王玄謨劉宋
請分道攻魏疏　　　　　　　　　　1398-736- 13
論彭城表　　　　　　　　　　　　1398-736- 13

●王立道明
擬宗廟成群臣賀表　　　　　　　　1277-731- 1
擬宋王堯臣謝賜禮記中庸篇表　　　1277-732- 1
擬進重書八廟寶訓實錄表　　　　　1277-732- 1
擬皇史宬成儒臣賀表　　　　　　　1277-733- 1
擬皇上於重華殿等各置經書備覽
　賜輔臣詩謝表　　　　　　　　　1277-734- 1
擬駕幸無逸殿命輔臣進講御颷風
　停賜從官以上宴謝表　　　　　　1277-736- 1
明職守疏　　　　　　　　　　　　1277-813- 5
定貢法疏　　　　　　　　　　　　1277-814- 5
乞省親疏　　　　　　　　　　　　1277-816- 5
告養病第一、二、三疏　　　　　　1277-816- 5
書孔明出師表後　　　　　　　　　1277-828- 6
擬宋范祖禹進三經要語表　　　　　1277-863- 8
擬進燕享九奏樂章表　　　　　　　1277-864- 8
擬輔臣謝賜夏日同遊詩表　　　　　1277-885- 附
擬賜衍聖公孔彥縉宅神於京師謝

　表　　　　　　　　　　　　　　1277-886- 附
擬重修大明會典進呈表　　　　　　1277-888- 附

●王世貞明
應詔陳言疏　　　　　　　　　　　445-441- 27
爲原傑顧佐請諡疏　　　　　　　　549-147-186
應詔陳言疏　　　　　　　　　　　1280-672-106
地方水患懇乞天恩大賜蠲恤以培
　國本以寬民命疏　　　　　　　　1280-678-106
議處清軍事宜以實營伍以蘇民困
　疏　　　　　　　　　　　　　　1280-680-106
議處本鎭軍餉以資邊用改添實力
　以固地方疏　　　　　　　　　　1280-681-106
申明地方職守事宜疏　　　　　　　1280-684-106
地震疏　　　　　　　　　　　　　1280-688-107
乞恩表揚勳德舊臣以示激勸疏　　　1280-689-107
乞賜忠臣祠額以勵士風疏　　　　　1280-690-107
議處缺官以裨更治疏　　　　　　　1280-691-107
議處添兵減餉事宜以固江防疏　　　1280-693-107
懇乞容令休致疏　　　　　　　　　1280-696-107
申明謁陵事體疏　　　　　　　　　1280-698-107
患病日久懇放生還疏　　　　　　　1280-699-107
薦舉賢能方面官員疏　　　　　　　1280-699-107
薦舉地方人才疏　　　　　　　　　1280-700-107
薦舉遷謫官員疏　　　　　　　　　1280-701-107
申明地方職守事宜疏　　　　　　　1280-702-108
諮訪將材以備錄用疏　　　　　　　1280-703-108
保留給由賢能官員疏　　　　　　　1280-706-108
糾劾貪縱有司官員疏　　　　　　　1280-706-108
議處有司官員疏　　　　　　　　　1280-708-108
貪官虐民疏　　　　　　　　　　　1280-709-108
查參縱肆宗室騷擾地方疏　　　　　1280-710-108
糾劾貪肆縣官議處賢能州佐疏　　　1280-711-108
舉劾有司官員疏　　　　　　　　　1280-713-108
懇乞天恩俯念先臣微功極寃特賜
　昭雪以明德意以伸公論疏　　　　1280-718-109
患病不能赴任懇乞天恩仍舊致仕
　疏　　　　　　　　　　　　　　1280-721-109
中途病患日深不能赴任乞恩放歸
　田里疏　　　　　　　　　　　　1280-721-109
患病不能赴任乞恩致仕疏　　　　　1280-722-109
聞母病危乞放歸田里疏　　　　　　1280-723-109
自陳不職乞賜罷黜以昭考察疏　　　1280-723-109
患病不痊乞恩致仕疏　　　　　　　1280-724-109
保留賢能儒官疏　　　　　　　　　1280-724-109
擬唐中書侍郎顏師左右進王會圖

四庫全書文集篇目分類索引

表　　　　　　　　　　　　　　1280-725-109
擬宋以歌器論賜宰臣王曾等謝表　1280-726-109
戲爲獅猫彈事　　　　　　　　　1280-775-113
爲南京五城房差疏　　　　　　　1284- 78-142
議處聽用船隻以供大典疏　　　　1284- 80-142
爲議處禁役工食疏　　　　　　　1284- 82-142
爲地方疏　　　　　　　　　　　1284- 83-142
乞恩勘辯誣讒仍正罪創斥以明心
　迹以伸言路疏　　　　　　　　1284- 84-142
爲懇乞天恩辯明考滿事情仍賜罷
　斥以伸言路疏　　　　　　　　1284- 87-142
爲光復孔廟舊典訂定從祀諸儒以
　昭聖化以慰衆心疏　　　　　　1284- 90-143
爲申飭部規倣及時務少有獻納以
　効裨補疏　　　　　　　　　　1284- 91-143
會劾司禮監張鯨疏　　　　　　　1284- 96-143
披誠獻言仰裨聖德聖政疏　　　　1284- 97-143
郵典事疏　　　　　　　　　　　1284- 98-143
衰病不能趨任懇乞天恩特准致仕
　以保餘生疏　　　　　　　　　1284-100-144
舊疾轉劇再乞天恩賜容仍守田里
　冀存餘生疏　　　　　　　　　1284-101-144
衰病不能赴任懇乞天恩賜保田里
　疏　　　　　　　　　　　　　1284-102-144
衰病侵尋情事茶苦懇乞天恩放歸
　田里以安餘生疏　　　　　　　1284-102-144
再乞天恩賜歸田里以明心迹以保
　晚節疏　　　　　　　　　　　1284-103-144
爲新舊疾病大作不能供事曠職負
　恩乞賜罷斥歸里疏　　　　　　1284-104-144
爲患病轉篤懇乞天恩特賜俞允生
　還故里疏　　　　　　　　　　1284-105-144
恭謝天恩疏　　　　　　　　　　1284-105-144
爲到任謝恩疏　　　　　　　　　1284-106-144
乞恩俯念先臣功行推申部議特賜
　郵典以光泉壤疏　　　　　　　1284-107-144
援例陳情乞推聖澤以光泉壤疏　　1284-109-144
俯念先臣勛榮忠盡酌採公議特賜
　贈諡祭葬以伸國是以懇泉路疏　1284-110-144
慰 乞天恩比例錄功以光聖治以勵
　人心事疏　　　　　　　　　　1284-111-144
題辯疏後　　　　　　　　　　　1284-316-160
爲韓雍孫乞恩比例錄功疏　　　　1465-574- 8
●王守仁明
乞宥言官去權奸以章聖德疏　　　 443-160- 9

陳言邊務疏　　　　　　　　　　 444-255- 42
陳邊務疏　　　　　　　　　　　 445-158- 9
申明賞罰疏　　　　　　　　　　 445-250- 15
江西捷音疏　　　　　　　　　　 445-258- 16
水災自劾疏　　　　　　　　　　 445-264- 16
乞寬免稅糧疏　　　　　　　　　 445-265- 16
辭封爵乞普恩賞疏　　　　　　　 445-279- 17
罷兵行撫疏　　　　　　　　　　 445-342- 21
飛報寧王謀反疏　　　　　　　　 517- 26-116
江西捷音疏　　　　　　　　　　 517- 28-116
擒獲宸濠捷音疏　　　　　　　　 517- 30-116
計處地方疏　　　　　　　　　　 517- 34-116
申明賞罰以厲人心疏　　　　　　 517- 36-116
再訴疏通鹽法疏　　　　　　　　 517- 39-116
議南贛商稅疏　　　　　　　　　 517- 41-116
立崇義縣治疏　　　　　　　　　 517- 42-116
議夾勦方略疏　　　　　　　　　 517- 44-116
乞寬免稅糧急救民困以弭災變疏　 517- 45-116
　水災自劾疏　　　　　　　　　 517- 48-116
勦平安義叛黨疏　　　　　　　　 517- 49-116
辭封爵普恩賞以彰國典疏　　　　 517- 53-116
赴任謝恩遂陳膚見疏　　　　　　 568- 62-100
罷兵行撫疏　　　　　　　　　　 568- 65-100
處置平復地方以圖久安疏　　　　 568- 71-100
征勦稔惡猺賊疏　　　　　　　　 568- 79-100
八寨斷藤峽捷音疏　　　　　　　 568- 81-100
處置八寨以圖永安疏　　　　　　 568- 83-100
答守道留兵防守議　　　　　　　 568-122-102
陳言邊務疏　　　　　　　　　　1265-227- 9
乞養病疏　　　　　　　　　　　1265-232- 9
乞宥言官去權姦以章聖德疏　　　1265-232- 9
自劾乞休疏　　　　　　　　　　1265-233- 9
乞養病疏　　　　　　　　　　　1265-233- 9
諫迎佛疏　　　　　　　　　　　1265-234- 9
辭新任乞以舊職致仕疏　　　　　1265-237- 9
謝恩疏　　　　　　　　　　　　1265-238- 9
給由疏　　　　　　　　　　　　1265-238- 9
參失事官員疏　　　　　　　　　1265-239- 9
閩廣捷音疏　　　　　　　　　　1265-241- 9
申明賞罰以厲人心疏　　　　　　1265-245- 9
攻治盜賊二策疏　　　　　　　　1265-249- 9
類奏擒斬功次疏　　　　　　　　1265-250- 9
添設平和縣治疏　　　　　　　　1265-252- 9
疏通鹽法疏　　　　　　　　　　1265-254- 9
議夾剿兵糧疏　　　　　　　　　1265-258- 10

1228　　　　　　　　四庫全書文集篇目分類索引

南贛擒斬功次疏	1265-261- 10
議夾剿方略疏	1265-263- 10
換勅謝恩疏	1265-265- 10
交收旗牌疏	1265-266- 10
議南贛商稅疏	1265-267- 10
陞賞謝恩疏	1265-268- 10
橫水桶岡捷音疏	1265-269- 10
立崇義縣治疏	1265-279- 10
乞休致疏	1265-281- 11
移置驛傳疏	1265-282- 11
洄頭捷音疏	1265-283- 11
添設和平縣治疏	1265-293- 11
三省夾勦捷音疏	1265-297- 11
辭免陞蔭乞以原職致仕疏	1265-300- 11
再議崇義縣治疏	1265-302- 11
再議平和縣治疏	1265-305- 11
再請疏通鹽法疏	1265-308- 11
陞陰謝恩疏	1265-311- 11
乞放歸田里疏	1265-311- 11
飛報寧王謀反疏	1265-314- 12
再報謀反疏	1265-316- 12
乞便道省葬疏	1265-316- 12
奏聞宸濠僞造檄榜疏	1265-317- 12
留用官員疏	1265-318- 12
江西捷音疏	1265-318- 12
擒獲宸濠捷音疏	1265-320- 12
奏聞益王助軍餉疏	1265-326- 12
旱災疏	1265-327- 12
請止親征疏	1265-327- 12
奏留朝覲官疏	1265-328- 12
奏聞淮王助軍餉疏	1265-329- 12
恤重刑以實軍伍疏	1265-330- 12
處置官員署印疏	1265-331- 12
二乞便道省葬疏	1265-332- 12
處置從逆官員疏	1265-333- 12
處置府縣從逆官員疏	1265-335- 12
收復九江南康參失事官員疏	1265-336- 12
乞寬免枉糧急救民困以弭災變疏	1265-343- 13
計處地方疏	1265-345- 13
水災自劾疏	1265-347- 13
重上江西捷音疏	1265-348- 13
四乞省葬疏	1265-351- 13
開豁軍前用過錢糧疏	1265-353- 13
徵收秋糧稽遲待罪疏	1265-355- 13
巡撫地方疏	1265-358- 13

勸平安義叛黨疏	1265-359- 13
乞便道歸省疏	1265-363- 13
辭封爵普恩賞以彰國典疏	1265-364- 13
再辭封爵普恩賞以彰國典疏	1265-366- 13
辭免重任乞恩養病疏	1265-371- 14
赴任謝恩遂陳膚見疏	1265-372- 14
辭巡撫兼任舉能自代疏	1265-376- 14
奏報田州思恩平復疏	1265-377- 14
地方緊急用人疏	1265-384- 14
地方急缺官員疏	1265-385- 14
處置平復地方以圖久安疏	1265-386- 14
征勦稔惡猺賊疏	1265-397- 15
舉能撫治疏	1265-399- 15
邊方缺官薦才贊理疏	1265-401- 15
八寨斷藤峽捷音疏	1265-403- 15
處置八寨斷藤峽以圖永安疏	1265-412- 15
查明岑邦相疏	1265-420- 15
獎勵賞齎謝恩疏	1265-421- 15
乞恩暫容回籍就醫養病疏	1265-422- 15
自劾不職以明聖治事疏	1265-746- 28
乞恩表揚先德疏	1265-747- 28
辯誅遺奸正大法以清朝列疏	1265-749- 28
陳言邊務疏	1403-250-111
諫迎佛疏	1403-255-111
乞寬免稅糧急救民困以弭災變疏	1403-257-111
洄頭捷音疏	1403-260-111
擒獲宸濠捷音疏	1403-269-111
處置平復地方以圖久安疏	1403-274-111
自劾疏	1403-276-111
再辭封爵普恩賞以彰國典疏	1403-278-111
諫迎佛疏	1453-411- 50
再辭封爵普恩賞以彰國典疏	1453-413- 50
處置平復地方以圖久安疏	1453-417- 50
赴任謝恩遂陳膚見疏	1465-519- 6
奏覆田州思恩平復疏	1465-522- 6
處置平復地方以圖久安疏	1465-528- 6
征勦稔惡猺賊疏	1465-538- 7
處置八寨斷藤峽以圖永安疏	1465-540- 7

●王守信 宋

弭盜（疏）	441-768-317

●王安中 宋

治道（疏）	434-255- 44
務農（疏）——請行藉田禮箚子	436-190-110
論知縣關官箚子	436-873-141
建官（疏）	437-464-162

四庫全書文集篇目分類索引　1229

賞罰（疏）	438-395-188
理財（疏）——論妄興坑治疏	440-626-270
請行耤田禮箚子	1127- 42- 3
再薦臺屬箚子	1127- 43- 3
論臣寮奏乞推爵箚子	1127- 43- 3
論妄興坑治箚子	1127- 44- 3
賀皇后受册禮畢箚子	1127- 45- 3
大獲勝捷箚子	1127- 46- 3
辭免右丞箚子	1127- 46- 3
辭免左丞箚子	1127- 47- 3
辭免迎授箚子	1127- 47- 3
辭免垂拱殿賜宴箚子	1127- 47- 3
辭免檢校少師箚子	1127- 47- 3
謝陳乞換階官宮祠不允箚子	1127- 48- 3
辭免轉官回授箚子（三則）	1127- 48- 3
轉太中大夫辭免箚子（二則）	1127- 49- 3
辭免大名帥箚子	1127- 50- 3
謝除大資政再任大名府箚子	1127- 50- 3
待罪乞外任箚子	1127- 50- 3
謝賜酒果等箚子	1127- 51- 3
謝賜茶合箚子	1127- 51- 3
辭宣賜象簡對衣金帶鞍馬箚子	1127- 52- 3
奏傳墨卿被旨就觀韓君文人內傳箚子	1127- 52- 3
謝賜玉嬰神變經箚子	1127- 52- 3
辭免中書舍人奏狀	1127- 54- 3
辭免同修國史奏狀	1127- 54- 3
辭免翰林學士奏狀	1127- 54- 3
辭免翰林學士承旨奏狀	1127- 54- 3
辭免御史中承奏狀	1127- 55- 3
舉汪伯彦自代奏狀	1127- 55- 3
舉何栗自代奏狀	1127- 55- 3
舉權邦彦自代奏狀	1127- 55- 3
舉顏岐自代奏狀	1127- 55- 3
論修北嶽廟奏狀	1127- 56- 3
中書樞密到狀	1127- 56- 3
謝賜御製酒樽待表狀	1127- 56- 3
謝賜御待狀	1127- 57- 3
謝喜雪御筵奏狀幷勞記	1127- 57- 3
謝除中書舍人表	1127- 58- 4
謝除御史中丞表	1127- 59- 4
謝除翰林學士承旨幷宣召表	1127- 59- 4
謝除顯謨閣待制表	1127- 60- 4
謝除翰林學士幷宣召表	1127- 60- 4
辭免右丞表	1127- 61- 4
謝除右丞表	1127- 61- 4
辭免左丞表	1127- 62- 4
謝除左丞表	1127- 62- 4
帥燕到任表	1127- 63- 4
辭免大名帥表	1127- 64- 4
謝知大名府表	1127- 64- 4
謝除大資再任知大名府表	1127- 65- 4
謝除檢校少保表	1127- 65- 4
辭免檢校少師表	1127- 66- 4
謝除檢校少師表	1127- 66- 4
謝除檢校少傳表	1127- 67- 4
又謝除檢校少傳表	1127- 67- 4
乞外任不允謝表	1127- 68- 4
再乞外任不允謝表	1127- 68- 4
謝乞外任詔書不允表	1127- 68- 4
謝賜詔書不允表	1127- 69- 4
謝乞宮祠不允賜詔表	1127- 69- 4
謝降官表	1127- 70- 4
謝復官表	1127- 70- 4
謝落職宮祠表	1127- 70- 4
謝差提舉崇福宮表	1127- 70- 4
寶章閣學士提舉西京嵩山崇福宮謝表	1127- 71- 4
（代）謝魏王追封表	1127- 71- 4
（代）謝韓魏王私錄宣付史館表	1127- 72- 4
（代）開德府謝上表	1127- 72- 4
大名帥謝表	1127- 73- 4
（代）陝漕謝上表	1127- 73- 4
代張漕謝復官表	1127- 73- 4
（代）謝再復官表	1127- 74- 4
（代）謝降官表（三則）	1127- 74- 4
謝降官表	1127- 75- 4
謝大觀改元赦表	1127- 75- 4
謝星文赦表	1127- 75- 4
謝八寶赦表	1127- 76- 4
謝八寶轉官表	1127- 76- 4
謝轉官表	1127- 76- 4
謝賜御詩表	1127- 77- 4
謝賜歷日表（四則）	1127- 77- 4
謝賜詔書銀合茶藥表	1127- 78- 4
謝賜詔書銀茶合表	1127- 78- 4
謝入伏早下表	1127- 78- 4
謝賜對衣金帶鞍馬等表（三則）	1127- 79- 4
謝賜生日羊酒麵表（二則）	1127- 79- 4
謝賜器甲表	1127- 80- 4

史部

詔令奏議類：附錄

奏議上四畫

謝賜臘藥表　1127-80-4
賀淵聖皇帝登寶位表　1127-81-4
賀受八寶表　1127-81-4
賀立皇后表　1127-81-4
賀宣示御書明堂太室字幷圖樣表　1127-82-4
謝賜御書千字文表　1127-82-4
進御書手詔碑本表　1127-83-4
謝賜御書神符表　1127-83-4
謝宣賜御筆書明堂等字表　1127-84-4
賀燕樂成表　1127-84-4
大名奏教成新樂表　1127-84-4
賀流星出柳星表　1127-85-4
賀火星避心星表　1127-85-4
賀日食不及分表　1127-85-4
賀日有戴承氣表　1127-86-4
代周提舉作賀冬至朝會受玄圭表（二則）　1127-86-4
又謝賜玄圭集議册表　1127-86-4
賀上元開封獄空及路不拾遺表　1127-87-4
賀大理寺去年並無斷過大辟表　1127-87-4
賀三山天成賀功橋成表　1127-88-4
賀正旦朔御大慶殿朝會表　1127-89-5
天寧節賀表（二則）　1127-89-5
賀夏祭禮成表　1127-90-5
賀瀘南再捷表幷劄記　1127-90-5
賀湖北路奏捷表　1127-91-5
賀環慶路奏捷表　1127-91-5
賀瀘南奏捷表　1127-91-5
賀三山新河行流表　1127-92-5
賀河平表　1127-92-5
奏賀乾寧軍黃河清表　1127-92-5
賀隆德殿芝草表　1127-93-5
賀宣和殿玉芝表　1127-93-5
又賀中書省玉芝表　1127-93-5
賀五色雲表（二則）　1127-94-5
賀開封府甘露表　1127-94-5
賀太常寺甘露表　1127-95-5
賀延福宮竹上甘露表　1127-95-5
賀甘露翔鶴表　1127-95-5
賀帝耤成表　1127-95-5
賀開封瑞應治效表　1127-96-5
賀開封府翔鶴表　1127-96-5
賀寶籙宮翔鶴表　1127-97-5
賀翔鶴竹木表　1127-97-5
賀連理木表　1127-97-5
賀朱草表　1127-97-5
賀河中府蟾蜍背生芝草表　1127-98-5
賀平定軍白兔表　1127-98-5
賀白兔野蠶成繭表　1127-99-5
賀紅鹽表　1127-99-5
賀石中有明字表　1127-99-5
賀芝草瑞穀並生表　1127-100-5
又賀瑞穀芝草表　1127-100-5
賀鎮海軍等祥瑞表　1127-100-5
賀深州等處衆瑞表　1127-101-5
賀汝州等祥瑞表　1127-101-5
賀麟州等祥瑞表　1127-101-5
賀汝州等祥瑞表　1127-102-5
賀中山府慶雲等衆瑞表　1127-102-5
賀日暈慶雲幷泰寧軍等祥瑞表　1127-102-5
賀荊南等處祥瑞表　1127-103-5
賀眞定等處衆瑞表　1127-103-5
賀雙桃衆瑞表　1127-103-5
賀台州嘉禾一秤二米表　1127-104-5
賀河南府嘉禾芝草同本表　1127-104-5
賀斷州芝草表　1127-104-5
賀亳州太清宮紫芝表　1127-105-5
賀湟州瑞金表　1127-105-5
賀越州瑞金表　1127-105-5
賀潭州瑞金表　1127-106-5
賀辰州收到楠木表　1127-106-5
賀仙井監宣聖座生芝草表　1127-106-5
賀醫學芝草表　1127-107-5
謝除翰林學士表　1352-148-4
謝賜對衣金帶幷金魚袋銀鞍轡馬表　1352-257-7

●王安石 宋

上神宗乞追還陳習誤罰昭示信令（疏）　431-245-22
上神宗論孫覺令吏人書寫章疏（疏）　431-640-52
上仁宗論舍人不得申請除改文字（疏）　431-690-56
上神宗議僖祖祧遷（疏）　432-83-87
上神宗論本朝百年無事（疏）　432-332-109
上神宗合戒耳目之欲而自強以赴功（疏）　432-334-109
君德（疏）　433-29-2
治道（疏）　433-817-33
治道（疏）一上時政疏　433-830-33

四庫全書文集篇目分類索引

治道（疏）一論舍人院可否申請除改文字 433-831- 33
治道（疏） 433-862- 34
治道（疏）二則 433-873- 35
知人（疏）一論孫覺令吏人書寫章疏 437-300- 154
聽言（疏） 438-760- 203
赦宥（疏）一論降赦不足以弭灾 439-256- 218
賦役（疏） 440-295- 256
理財（疏） 440-486- 264
理財（疏） 440-495- 264
理財（疏） 440-501- 265
上仁宗皇帝言事書 1105-281- 39
上時政疏 1105-294- 39
進戒疏 1105-295- 39
乞免就試狀 1105-297- 40
辭集賢校理狀四（則） 1105-297- 40
辭同修起居注狀七（則） 1105-299- 40
再辭同修起居狀五（則） 1105-302- 40
辭赴闘狀三（則） 1105-304- 40
辭知江寧府狀 1105-305- 40
舉陳樞充錢穀職司狀 1105-305- 40
舉錢公輔自代狀 1105-305- 40
舉呂公著自代狀 1105-305- 40
舉謝卿材充升擢任使狀 1105-305- 40
舉屯田員外郎劉彝狀 1105-306- 40
勸舉兵官未有人堪充狀 1105-306- 40
舉渭州兵馬都監蓋傳等充邊上任使狀 1105-306- 40
舉古渭寨都監殺充充兵官任使狀 1105-306- 40
擬上殿箚子 1105-308- 41
上五事箚子 1105-310- 41
議入廟箚子 1105-311- 41
言尊號箚子 1105-312- 41
論罷春燕箚子 1105-312- 41
論館職箚子二（則） 1105-312- 41
李朝百年無事箚子 1105-314- 41
相度牧馬所舉薛向箚子 1105-317- 42
論許舉留守令勅箚子 1105-318- 42
乞朝陵箚子 1105-319- 42
乞免修實錄箚子 1105-319- 42
乞改科條制箚子 1105-319- 42
廟議箚子 1105-319- 42
議服箚子 1105-320- 42
議南郊三聖並侑箚子 1105-320- 42
議郊祀壇制箚子 1105-321- 42
議郊廟太牢箚子 1105-321- 42
議皇地示神州地示不合燎熯事箚子 1105-322- 42
進鄧侯遺事箚子 1105-322- 42
辭男雱說書箚子 1105-323- 43
辭男雱授龍圖箚子三道 1105-324- 43
進字說箚子 1105-324- 43
乞改三經義誤字箚子二道 1105-325- 43
論改詩義箚子 1105-327- 43
答手詔言改經義事箚子 1105-327- 43
改撰詩義序箚子 1105-328- 43
乞以所居園屋爲僧寺并乞賜額箚子 1105-328- 43
乞將田割入蔣山常住箚子 1105-328- 43
謝宣醫箚子 1105-328- 43
乞解機務箚子（六則） 1105-329- 44
謝手詔慰撫箚子 1105-332- 44
謝手詔訓諭箚子 1105-332- 44
答手詔封還乞罷政事表箚子 1105-332- 44
答手詔令就職箚子 1105-333- 44
答手詔留居京師箚子 1105-333- 44
辭僕射箚子（三則） 1105-333- 44
乞宮觀箚子五道 1105-334- 44
求退箚子 1105-336- 44
已除觀使乞免使相箚子（四則） 1105-336- 44
宣諭蘇子元箚子 1105-338- 44
馮翊郡君連氏等賀皇帝南郊禮畢表 1105-357- 47
德妃苗氏上賀皇帝南郊禮畢表 1105-357- 47
百寮賀復熙河路表 1105-456- 56
賜玉帶謝表 1105-456- 56
詔進所著文字謝表 1105-456- 56
進熙寧編勅表 1105-457- 56
賜元豐勅令格式表 1105-457- 56
賜弟安國及第謝表 1105-457- 56
除弟安國館職謝表 1105-458- 56
除雱中允崇正殿說書謝表 1105-458- 56
除雱正言待制謝表 1105-459- 56
進字說表 1105-459- 56
進洪範（傳）表 1105-460- 56
進修南郊勅式表 1105-460- 56
除知制誥謝表 1105-461- 56
知制誥知江寧府謝上表 1105-461- 56
除翰林學士謝表 1105-462- 56

四庫全書文集篇目分類索引

史部

詔令奏議類：附錄

奏議上四畫

賜衣帶等謝表	1105-462- 56
勑設謝表	1105-462- 56
辭免參知政事表	1105-463- 57
除參知政事謝表	1105-463- 57
辭免平章事監修國史表（二則）	1105-464- 57
除平章事監修國史謝表	1105-465- 57
遷入東府賜御筵謝表	1105-465- 57
觀文殿學士知江寧府謝上表	1105-466- 57
辭免除平章事昭文館大學士表（二則）	1105-466- 57
除平章事昭文館大學士謝表	1105-467- 57
辭左僕射表（二則）	1105-467- 57
除左僕射謝表	1105-468- 57
辭免使相判江寧府表（二則）	1105-469- 57
除集禧觀使乞免使相表	1105-469- 57
封舒國公謝表	1105-472- 58
除依前左僕射觀文殿大學士集禧觀使謝表	1105-472- 58
朱炎傳聖旨令視府事謝表	1105-472- 58
差弟安上傳旨令授勑命不須辭免謝表	1105-473- 58
孫珪傳宣許罷節鉞謝表	1105-473- 58
封荊國公謝表	1105-473- 58
賀貴妃進位表	1105-473- 58
賀生皇子表六道	1105-474- 58
賀魏國大長公主禮成表	1105-475- 58
賀冀國大長公主出降表	1105-475- 58
賀魯國大長公主出降表	1105-476- 58
賀康復表	1105-476- 58
賀南郊禮畢肆赦表二道	1105-476- 58
賀明堂禮畢肆赦表	1105-477- 58
賀冬表八道	1105-478- 59
賀正表五道	1105-479- 59
辭免南郊陪位表	1105-480- 59
辭免明堂陪位表	1105-480- 59
詔免南郊陪位謝表	1105-480- 59
詔免明堂陪位謝表	1105-481- 59
加食邑謝表二道	1105-481- 59
賜生日禮物謝表五道	1105-481- 59
給蔡卞假傳宣撫問謝表	1105-483- 59
甘師顏傳宣撫問并賜藥謝表	1105-483- 59
李舜舉賜詔書藥物謝表	1105-483- 59
中使撫問謝表（二則）	1105-483- 59
賜湯藥謝表	1105-484- 59
中使傳宣撫問并賜湯藥及撫慰安國弟亡謝表	1105-484- 59
李友詢傳宣撫問及賜湯藥謝表	1105-484- 59
賜衣服銀絹等謝表	1105-485- 59
中使宣醫謝表	1105-485- 59
差張譓醫男雩謝表	1105-485- 59
賜曆日謝表（二則）	1105-485- 59
兩府待旱表	1105-486- 60
請皇帝御正殿復常膳表二道	1105-487- 60
乞罷政事表三道	1105-487- 60
乞出表二道	1105-489- 60
乞退表四（道）	1105-489- 60
乞宮觀表四道	1105-491- 60
手詔令視事謝表	1105-492- 60
添差男菊句當江寧府糧料院謝表	1105-493- 60
詔以所居園屋爲僧寺及贈來額謝表	1105-493- 60
依所乞私田充蔣山太平興國寺常住謝表	1105-493- 60
辭免司空表二道	1105-493- 60
乞致仕表	1105-494- 60
賀册仁宗英宗徽號禮成表	1105-496- 61
賀景靈宮奉安列聖御容表	1105-496- 61
賀哲宗皇帝登極表	1105-497- 61
賀升祔禮成表	1105-497- 61
英宗山陵禮畢慰皇帝表	1105-497- 61
英宗祔廟禮畢慰皇帝表	1105-497- 61
慈聖光獻皇后昇遐慰皇帝表	1105-498- 61
慈聖光獻皇后啓殯及復土返虞慰皇帝表（二則）	1105-498- 61
慈聖光獻皇后神主祔廟尉皇帝表	1105-498- 61
慈聖光獻皇后禫祥除慰皇帝表	1105-498- 61
正旦奉慰表	1105-499- 61
魯國大長公主薨慰表	1105-499- 61
八皇子薨慰皇帝表	1105-499- 61
八皇子葬慰皇帝表	1105-499- 61
謝宰相劄記	1105-499- 61
謝翰林學士劄記	1105-499- 61
知常州謝上表	1105-499- 61
南郊進奉表	1105-500- 61
代鄆州韓資政謝表	1105-500- 61
代王魯公乞致仕表（三則）	1105-500- 61
代人賀壽星表	1105-501- 61
代人上明州到任表	1105-501- 61
代王魯公德用乞罷樞密使表（三則）	1105-502- 61

四庫全書文集篇目分類索引

郊宗議	1105-503- 62
答聖問廢歌事	1105-504- 62
看詳雜議	1105-505- 62
詳定十二事議	1105-509- 62
上皇帝萬言書	1346-166- 11
論本朝百年無事（疏）	1350-543- 51
論孫覺令吏人寫章疏箚子	1350-545- 51
賀册皇妃表	1350-694- 65
賀生皇子表（四則）	1350-694- 65
謝知制誥表	1350-696- 66
江寧府謝上表	1350-697- 66
謝翰林學士表	1350-697- 66
謝賜對衣鞍馬表	1350-697- 66
謝賜弟安國及第表	1350-698- 66
進修南郊式表	1350-698- 66
謝男雱除中允說書表	1350-698- 66
乞皇帝御正殿復常膳表	1350-699- 66
謝東府賜御筵表	1350-700- 66
乞罷政事表	1350-700- 66
乞退表（二則）	1350-700- 66
賀周德妃及魏國大長公主禮成表	1350-701- 66
賀冬表	1350-701- 66
乞宮觀表	1350-701- 66
賀赦表	1350-702- 66
賀正表	1350-702- 66
賀朱炎傳聖旨令視事表	1350-702- 66
謝加南郊恩表	1350-702- 66
賀景靈宮奉安列聖御容表	1350-703- 66
賀南郊禮畢表	1350-703- 66
辭南郊陪位表	1350-703- 66
謝免南郊陪位表	1350-703- 66
辭明堂陪位表	1350-703- 66
謝加食邑表	1350-704- 66
賀誕皇子表	1352- 34- 1中
賀誕皇子表（三則）	1352- 35- 1中
賀册貴妃表	1352- 42- 1中
賀魯國大公主出降表	1352- 44- 1中
賀明堂禮成表	1352- 45- 1中
賀南郊赦表	1352- 48- 1下
賀六會表	1352- 51- 1下
賀冬表（二則）	1352- 55- 1下
慰山陵禮畢表	1352-107- 3上
辭免僕射表	1352-116- 3上
辭免參知政事表	1352-117- 3上
辭免進封郡王表	1352-119- 3中
辭免司空表	1352-120- 3中
辭免使相表（二則）	1352-120- 3中
辭免南郊陪位表	1352-128- 3中
謝除右僕射表	1352-130- 3下
謝除參知政事表	1352-135- 3下
謝除昭文相公表	1352-135- 3下
謝除知制誥表	1352-146- 4上
謝除翰林學士表	1352-148- 4上
謝除資政殿大學士表	1352-155- 4中
謝除男正言待制表	1352-161- 4中
謝特授儀同封舒國公表	1352-165- 4下
謝特進封荊國公表	1352-165- 4下
謝加食邑表	1352-165- 4下
謝除知江寧表	1352-175- 5上
謝南郊加恩表	1352-227- 6中
謝賜弟安國及第表	1352-229- 6中
謝弟安國得館職表	1352-230- 6中
謝傳宣撫問賜藥表	1352-247- 6下
謝遣中使撫問表	1352-249- 6下
謝賜玉帶表	1352-257- 7上
謝賜對衣鞍馬表	1352-258- 7上
謝賜湯藥表	1352-260- 7上
謝賜生日表	1352-261- 7上
乞出表（二則）	1352-266- 7中
乞宮觀表	1352-271- 7中
上仁宗皇帝言事書	1353- 38- 52
晉征虜將軍征討大都督破符堅露布	1353-586- 91
論本朝百年無事箚子	1356-395- 19
進戒疏	1356-397- 19
議郊祀壇制箚子	1376-351- 16
賀南郊禮畢肆赦表（二則）	1377-202- 9
請皇帝御正殿復常膳表（二則）	1377-203- 9
乞罷政事第二表	1377-205- 9
乞退第一二表	1377-207- 9
謝朱炎傳聖旨令視事表	1377-208- 9
謝男雱除中允說書表	1377-211- 9
謝賜對衣鞍馬表	1377-212- 9
論館職箚子（二則）	1377-335- 15
上五事箚子	1377-347- 16
議南郊三聖並侑箚子	1377-351- 16
議郊廟太牢箚子	1377-351- 16
議服箚子	1377-357- 16
議入廟箚子	1377-357- 16
相度牧馬所舉醉向箚子	1377-395- 17

史部

詔令奏議類：附錄

奏議上四畫

1234　　　　　　　　四庫全書文集篇目分類索引

謝賜玉帶表	1382-324-上之2
除左僕射謝表	1382-325-上之2
進修南郊式表	1382-325-上之2
生皇子賀皇帝表	1382-326-上之2
賀生皇子表（二則）	1382-326-上之2
謝知制誥表	1382-326-上之2
謝賜對衣鞍馬表	1382-327-上之2
乞罷政事表	1382-327-上之2
謝朱炎傳聖旨令視事表	1382-327-上之2
賀册皇妃表	1382-327-上之2
漳州進珠表	1382-328-上之2
上仁宗皇帝言事書	1384- 4- 81
本朝百年無事劄子	1384- 18- 82
上五事劄子	1384- 20- 82
論館職劄子	1384- 21- 82
相度牧馬所舉薛向劄子	1384- 23- 82
進戒疏	1384- 24- 82
上時政疏	1384- 24- 82
辭集賢校理狀	1384- 26- 82
除參知政事謝表	1384- 27- 83
除平章事監修國史謝表	1384- 27- 83
觀文殿學士知江寧府謝上表	1384- 28- 83
除平章事昭文館大學士謝表	1384- 28- 83
辭免使相判江寧府表	1384- 29- 83
朱炎傳聖旨令視府事謝表	1384- 29- 83
差弟安上傳旨令授勅命不須辭免謝表	1384- 30- 83
賀南郊禮畢肆赦表	1384- 30- 83
賀正表	1384- 30- 83
賜生日禮物謝表	1384- 30- 83
甘師顏傳宣撫問并賜藥謝表	1384- 31- 83
李舜舉賜詔書藥物謝表	1384- 31- 83
中使撫問謝表	1384- 31- 83
中使宣醫謝表	1384- 32- 83
請皇帝御正殿復常膳表一二	1384- 32- 83
乞罷政事表一二	1384- 33- 83
乞出表一二	1384- 33- 83
乞退表一二三	1384- 34- 83
乞宮觀表一二三	1384- 35- 83
手詔令視事謝表	1384- 36- 83
詔以所居園屋爲僧寺及賜寺額謝表	1384- 37- 83
依所乞私田充蔣山太平興國寺常住謝表	1384- 37- 83
百寮賀復熙河路表	1384- 37- 83
除夔正言待制謝表	1384- 38- 83
進字說表	1384- 38- 83
除知制誥謝表	1384- 39- 83
除翰林學士謝表	1384- 39- 83
百寮賀復熙河路表	1394-413- 3
防夔中允崇政殿說書謝表	1394-413- 3
除平章事監修國史謝表	1394-414- 3
手詔令視事謝表	1394-415- 3
除平章事昭文館大學士謝表	1394-416- 3
遷入東府賜御筵謝表	1394-416- 3
差弟安上傳旨令授勅命不須辭免謝表	1394-417- 3
賀生皇子表（二則）	1394-417- 3
賀南郊禮畢肆赦表	1394-418- 3
代王魯公乞致仕表	1394-418- 3
賜曆日謝表	1394-419- 3
謝朱炎傳聖旨令視事表	1394-419- 3
乞退第三表	1394-419- 3
上仁宗皇帝言事書	1402-505- 76
進戒疏	1403-141- 104
賀南郊禮畢肆赦表	1403-541- 136
乞罷政事第二表	1403-541- 136
乞退第三表	1403-542- 136
手詔令視事謝表	1403-542- 136
謝朱炎傳聖旨令視事表	1403-543- 136
謝男雱除中允說書表	1403-543- 136
上時政疏	1418-320- 47
論館職箚子	1418-321- 47

● 王安國 宋

聖學（疏）——上師友策	433-150- 6
學士（策）	1351-185- 104
學士（策）	1404-390- 196

● 王安禮 宋

郊廟（疏）論明堂配帝箚子三則	433-495- 20
儲嗣（疏）——諫改卜民墓事	435-107- 73
慎刑疏——論蘇軾下御史獄	439-211- 216
征伐（疏）——諫伐夏	439-570- 230
災祥（疏）	441-449- 303
論明堂配帝箚子（三則）	1100- 35- 4
論河東將校功賞箚子（二則）附貼黃	1100- 37- 4
進策題箚子	1100- 38- 4
義勇成邊事宜箚子	1100- 41- 4
言時政箚子	1100- 41- 4
慧星退舍乞御正殿表（二則）	1100- 43- 5

史部
詔令奏議類：附錄

奏議上四畫

四庫全書文集篇目分類索引

明堂禮成賀皇帝表　　　　　　1100-43-　5
謝加恩表　　　　　　　　　　1100-44-　5
謝明堂加恩表　　　　　　　　1100-44-　5
辭免明堂加封表　　　　　　　1100-44-　5
謝刑公配饗表　　　　　　　　1100-44-　5
謝知制誥表　　　　　　　　　1100-45-　5
謝賜茶藥撫問表　　　　　　　1100-45-　5
謝賜湯藥撫問表　　　　　　　1100-45-　5
謝覃恩轉官表　　　　　　　　1100-46-　5
謝生日錫賜表（二則）　　　　1100-46-　5
請皇帝御正殿聽政表　　　　　1100-47-　5
英宗皇帝附廟禮畢賀表　　　　1100-47-　5
喜雪御筵謝表　　　　　　　　1100-47-　5
辭免右丞表　　　　　　　　　1100-48-　5
謝右丞表　　　　　　　　　　1100-48-　5
辭免左丞表　　　　　　　　　1100-48-　5
謝左丞表　　　　　　　　　　1100-48-　5
上皇帝尊號表　　　　　　　　1100-49-　5
政府待罪表　　　　　　　　　1100-50-　5
政府乞退表（三則）　　　　　1100-50-　5
舒州謝上表　　　　　　　　　1100-51-　5
宣州謝上表　　　　　　　　　1100-52-　5
青州謝上表　　　　　　　　　1100-52-　5
江寧府謝上表　　　　　　　　1100-52-　5
揚州謝上表　　　　　　　　　1100-53-　5
蔡州謝上表　　　　　　　　　1100-53-　5
辭免翰林學士狀（三則）　　　1100-53-　5
辭免獄空轉官奏狀　　　　　　1100-54-　5
辭免直舍人院奏狀　　　　　　1100-54-　5
秋宴劳記　　　　　　　　　　1100-55-　5
●王同祖明
還宮疏　　　　　　　　　　　1453-507-　56
●王仲丘唐
效廟（疏）——議合貞觀顯慶
　　二禮　　　　　　　　　　433-406-　17
●王仲周唐
代杜司徒謝妻封邑表　　　　　1338-506-　591
代王尚書謝——子官狀二首　　1339-　8-　629
端午進馬狀四首　　　　　　　1339-72-　640
降誕日進器物狀（四則）　　　1339-78-　641
奏度女道士無名尼等狀　　　　1339-88-　643
奏姚季立妻充女道士狀　　　　1339-88-　643
●王仲舒唐
昭陵寢宮議　　　　　　　　　556-208-　87
湖南觀察使謝上表　　　　　　1338-442-　584

爲荊南節度使謝恩表　　　　　1338-443-　584
昭陵寢宮議　　　　　　　　　1340-495-　770
●王仲巖宋
謝賜御篆碑額表　　　　　　　1093-494-　10
謝給還賜第表　　　　　　　　1093-494-　10
進家集表　　　　　　　　　　1093-494-　10
進家集表　　　　　　　　　　1352-102-　2下
辭免起復太宰表　　　　　　　1352-128-　3中
謝起復知越州表　　　　　　　1352-238-　6中
謝詔書獎諭表　　　　　　　　1352-244-　6下
謝賜御篆碑額表　　　　　　　1352-252-　7上
謝給還賜第表　　　　　　　　1352-259-　7上
謝許受嘉王書送表　　　　　　1352-259-　7上
●王行先唐
爲李尚書謝恩表　　　　　　　1338-490-　590
爲王大夫奏元誼防秋表　　　　1338-710-　615
爲趙侍郎論兵表　　　　　　　1338-710-　615
●王休仁劉宋
禮樂（疏）　　　　　　　　　436-339-　118
●王志愔唐
法令（疏）　　　　　　　　　439-42-　209
●王求禮唐
災祥（疏）　　　　　　　　　441-314-　298
●王孝通唐
上緝古算經表　　　　　　　　797-305-　附
●王伯大宋
聽言（疏）　　　　　　　　　438-863-　207
●王布聃
獻銅瑞劒表　　　　　　　　　1399-441-　9
●王廷相明
題爲星變事　　　　　　　　　443-200-　11
乞留聖駕南巡疏　　　　　　　443-201-　11
天變自陳疏　　　　　　　　　443-203-　11
修學圜營事宜疏　　　　　　　444-277-　42
論治盜（疏）　　　　　　　　444-310-　43
請辨馮恩罪狀疏　　　　　　　444-380-　47
遵憲綱考察御史疏　　　　　　444-487-　53
再擬憲綱未盡事宜疏　　　　　444-491-　53
定擬巡按及按察司造册疏　　　444-495-　53
遵憲綱考察御史疏　　　　　　445-356-　22
治礦盜議　　　　　　　　　　541-531-35之12
●王延秀劉宋
祀明堂應告太廟議　　　　　　1398-835-　16
●王延業北魏
郊廟（疏）—議太上秦公廟制　433-372-　15

史部 詔令奏議類：附錄 奏議上四畫

●王宗茂 明
勸嚴崇疏 534-364- 91

●王宗望 宋
諸司公學奏乞異寵（徐積） 1101-975- 32

●王宗載 明
興都事宜疏 534-355- 91

●王祀之 劉宋
效廟（疏） 433-352- 14

●王坦之 晉
君德（疏） 433- 7- 1

●王居正 宋
節儉（疏）——論省費 438-484- 192

●王居安 宋
用人（疏） 437-142- 148
去邪（疏）——論韓侂冑以預聞內禪之功取權 438-280- 184

●王承祐 明
題貴州會試分卷事例疏 572-225- 35

●王明廣 北周
敍請興佛法事書 并對 1401-503- 36

●王叔英 明
資治策疏 1453-375- 47

●王彥威 唐
喪禮（疏） 436-441- 122
諡號（議）——憲宗皇帝廟號不宜稱祖議 440-889- 281
贈太保于頔諡號 1341-334- 841

●王拱辰 宋
聖學（疏） 433-139- 6
賀皇長子封公表 1350-691- 65
賀皇長子封公表 1382-322- 上之1

●王茂元 唐
四裔(疏)——吐蕃交馬事宜狀 442-559- 341
奏舉韓涼等四人充判官狀 436-651- 131

●王思政 北周
請西都關中奏 556-137- 86

●王思誠 元
災祥（疏） 441-705- 314

●王思遠 齊
上明帝固讓吏部郎表 1399-110- 4

●王禹偁 宋
上眞宗論黃州虎鬪雞鳴冬雷之異（疏） 431-410- 37
上眞宗乞江湖諸郡置本城守捉兵士（疏） 432-526- 122

上太宗答詔論邊事（疏） 432-609- 129
上眞宗論國軍大政五事（疏） 432-857- 145
經國（疏）——論軍國大政疏 435-297- 81
荒政（疏） 440- 11- 243
災祥（疏） 441-330- 298
禦邊（疏）——上禦戎十事狀 442- 52- 322
錄海人書附後序 1086-135- 14
爲宰臣上尊號表 1086-205- 21
爲宰臣謝御書錢樣表 1086-206- 21
謝賜御製消遙咏秘密詮表 1086-206- 21
爲宰臣謝賜御製歌詩表 1086-206- 21
爲宰臣謝新雕三史表 1086-207- 20
謝賜御草書詩表 1086-207- 21
謝御製重午詩表 1086-208- 21
陳情表 1086-208- 21
謝免和御製元日除夜詩表 1086-208- 21
賀正表 1086-209- 21
謝歷日表 1086-209- 21
進端拱箴表 1086-210- 21
謝賜御製月詩表 1086-210- 21
謝賜御書字樣錢表 1086-211- 21
單州謝上表 1086-211- 21
進乾明節祝聖詩表 1086-212- 21
謝衣襖表 1086-213- 21
滁州謝上表 1086-213- 21
謝加朝散大夫表 1086-214- 21
謝賜聖惠方表 1086-215- 21
賀南郊大赦表 1086-216- 22
賀册皇太子表 1086-217- 22
謝落起復表 1086-218- 22
賀皇帝嗣位表 1086-218- 22
謝轉刑部郎中表 1086-218- 22
賀册皇太后表 1086-219- 22
賀册皇后表 1086-219- 22
慰上大行皇帝諡號廟號表 1086-219- 22
乞賜終南山人種放孝贈表 1086-220- 22
黃州謝上表 1086-220- 22
謝加上柱國表 1086-221- 22
謝宣賜表 1086-222- 22
起居表 1086-222- 22
賀收復盆州表 1086-222- 22
賀勝捷表 1086-223- 22
揚州謝上表 1086-224- 22
請撰大行皇帝實錄表 1086-224- 22
謝弟禹圭授試銜表 1086-225- 22

四庫全書文集篇目分類索引　1237

賀聖駕還京表	1086-226- 22
謝加朝請大夫表	1086-226- 22
賀册尊號表	1086-229- 23
謝降御筵表	1086-229- 23
賀雨表	1086-229- 23
賀雪表	1086-230- 23
賀龍圖閣大禮表	1086-230- 23
賀御樓肆赦表	1086-231- 23
慰公主薨表	1086-231- 23
乞歸私第養疾表	1086-231- 23
爲乾明節不任拜起陳情表	1086-232- 23
乞差官通攝謁廟大禮使表	1086-232- 23
求致仕第一二三四表	1086-232- 23
讓西京留守表	1086-235- 23
（讓西京留守）第二三四表	1086-235- 23
謝降御筵并宰臣就第傳宣不允陳讓留守乞候病愈日赴任表	1086-237- 23
謝許肩輿八內表	1086-237- 23
謝宣差長男送赴西京表	1086-237- 23
謝宣旨令次男西京侍疾表	1086-238- 23
西京謝上表	1086-239- 24
謝聖惠方表	1086-239- 24
謝手詔別錄賜生辰國信表	1086-240- 24
謝傳宣撫問表	1086-240- 24
爲壽寧節不任朝覲奉事狀	1086-240- 24
奏姪男表	1086-241- 24
謝賜姪男大理評事表	1086-241- 24
繳連壽寧節功德疏表	1086-241- 24
代呂相公辭起復第二表	1086-241- 24
代王侍郎讓官表	1086-242- 24
代呂相公讓右僕射表	1086-242- 24
爲宰臣以慧星見求退表	1086-243- 24
又謝恩表	1086-243- 24
爲兵部向侍郎謝恩表	1086-244- 24
爲溫侍郎謝禮部尚書表	1086-244- 24
爲兵部張相公謝官表	1086-245- 24
爲史館李相公讓官表	1086-245- 24
（爲史館李相公讓官）第二表	1086-246- 24
代伯益上夏啓書	1346-124- 7
應詔言事（疏）	1350-426- 42
滁州謝上表	1350-669- 63
黃州謝上表	1350-670- 63
賀皇帝登極表	1352- 16- 1
賀立皇太子表	1352- 37- 1
賀南郊赦表	1352- 48- 1

賀雨表	1352- 73- 2
賀雪表	1352- 73- 2
賀聖駕還京表	1352- 77- 2
請加皇帝尊號表	1352- 92- 2
代伯益上夏啓書	1353-588- 91
（王禹偁爲長洲令入朝又上疏	1386-699- 附
黃州謝上表	1394-400- 3
黃州謝上表	1403-533-136
請諸邑嚴守備疏	1418-191- 43
●王祖光宋	
廣南提舉到任謝表	1352-201- 5中
●王盆柔宋	
考課（疏）	437-721-172
●王家屏明	
謝予告疏	549-162-187
謝存問疏	549-162-187
正士人巾履疏	550-180-215
請罷第一二三疏	1403-337-115
●王庭珪宋	
上皇帝書反對與金人和議力主北伐收復失土	1134-211- 26
●王起元清	
條陳墾荒陞科定限等事——康熙二十六年	568-370-113
●王師旦唐	
選舉（疏）	437-500-163
●王師愈宋	
聖學（疏）	433-195- 8
治道（疏）二則	434-410- 51
法祖（疏）二則	435- 20- 69
儲嗣（疏）	435-111- 73
經國（疏）二則	435-650- 94
風俗(疏)——論士大夫習俗疏	436-310-117
用人（疏）——論養人才	437- 85-145
用人（疏）	437- 86-145
用人（疏）——論作邑之難	437- 86-145
選舉（疏）	437-672-170
賞罰（疏）	438-424-189
聽言（疏）——論聽言之要疏	438-845-206
法令（疏）——乞禁止師巫疏	439-147-214
兵制（疏）	439-407-224
征伐（疏）	439-649-234
任將（疏）	439-799-240
荒政（疏）——論和糴之弊疏	440-103-247
荒政（疏）——借米賑濟窮子	440-104-247

史部

詔令奏議類：附錄

奏議上四畫

賦役（疏） 440-350-258
漕運（疏）——論信州米綱疏 440-420-261
漕運（疏）——論綱運之弊疏 440-421-261
漕運（疏）——論潭州貼雇綱
　船之弊疏 440-422-261
理財（疏） 440-675-272
災祥（疏） 441-543-307
●王卿月宋
瀘州到任謝表 1352-212- 5下
●王淮之劉宋
禮樂（疏） 436-410-121
喪禮奏 1398-714- 12
●王祥昌明
題爲培養聖壽有道萬年疏 561-450- 43
●王基獻宋
建官（疏）——獻澄清略言時
　事有五其一復尚書省 437-394-159
●王崇之明
陳言邊務事（疏） 444-206- 40
●王崇古明
言邊事疏 445-458- 28
言宜許諸達貢市疏 445-459- 28
●王彪之晉
考課（疏） 437-704-171
省官議 1403-669-150
●王國寧明
抛荒疏 538-529- 76
●王得春明
浙江巡撫奏復封爵疏 1266-243- 38
●王逸之齊
奏彈兼中丞袁象附武帝詔 1399-108- 4
●王淹之宋
上徵宗論應天以實疏 431-524- 44
聽言（疏） 438-810-205
●王雲鳳明
面奏武宗皇帝七款疏 549-140-186
●王朝用明
應詔陳言疏 443-454- 23
●王堯臣宋
上仁宗乞用涇原路熟戶（疏） 432-559-125
謚號（議）一章獻章懿二后祔
　眞宗廟序於章穆后之次議 440-891-281
●王景文劉宋
求解揚州表 1398-837- 17
●王欽若宋

郊廟（疏）二則 433-432- 18
●王義山元
度宗謚册（奏） 1193-127- 20
乙亥三月上殿輪對（二則） 1193-128- 20
代江西運司賀乾會節表 1193-134- 21
代賀壽崇節表 1193-134- 21
代衡州守賀度宗登位表 1193-135- 21
代湖南憲司謝登位赦表 1193-135- 21
代永州冬至節慰表 1193-136- 21
代賀壽崇節表 1193-136- 21
代賀乾會節表 1193-136- 21
代湖南倉司謝賜曆日表 1193-136- 21
代湖南倉司賀明堂慶成表 1193-137- 21
湖南憲司謝明堂赦表 1193-137- 21
代衡州聖節進銀表 1193-137- 21
代永州進明堂銀狀 1193-138- 21
●王義方唐
去邪（疏） 438- 23-174
彈李義府疏 1343-418- 28
彈李義府（疏） 1403-577-141
●王新命清
請除荒疏 517-123-118
●王敬弘劉宋
薦王弘之郭希林奏（二則） 1398-713- 12
上言丁役奏 1398-713- 12
辭徵太子少傅表（二則） 1398-713- 12
又辭左光祿大夫開府表 1398-714- 12
●王韶之劉宋
駁贖罪啓 1398-715- 12
駁員外散騎侍郎王寔之請假事 1398-715- 12
●王漸逵明
乞創立以存根本疏 1453-483- 55
●王齊輿宋
鄂州謝到任表 1352-211- 5下
●王壽衍元
進文獻通考表 610- 6- 附
●王僧虔齊
樂疏 436-531-127
慎刑疏 439-175-215
論舞幷三調哥表附順帝詔報 1399- 86- 4
上宋順帝論樂表 1399- 87- 4
上齊高帝言郡縣獄表 1399- 88- 4
答高帝論書啓 1399- 88- 4
上古來能書人名啓 1399- 88- 4
啓（二則） 1399- 91- 4

●王僧達劉宋

求徐州啓　1398-783- 15

請解職表　1398-784- 15

●王僧綽劉宋

儲嗣（疏）　435- 59- 71

●王僧孺梁

爲韋雍州致仕表　1394-350- 2

謝除吏部郎啓　1399-496- 11

謝賜干陀利所獻檳榔啓　1399-497- 11

謝賜歷表　1399-497- 11

吏部郎表　1399-497- 11

爲臨川王讓太尉表　1399-497- 11

爲南平王讓儀同表　1399-497- 11

爲南平王妃拜改封表　1399-497- 11

爲韋雍州致仕表　1399-497- 11

爲韋雍州致仕表　1403-510- 附

吏部郎表　1415-280- 92

爲臨川王讓太尉表　1415-280- 92

爲南平王讓儀同表　1415-280- 92

爲韋雍州致仕表　1415-280- 92

爲南平王妃拜改封表　1415-281- 92

謝歷表　1415-281- 92

遂詣南司辭府牋　1415-281- 92

●王德淵元

中書省進賀元旦表　1366-601- 2

●王澤洪清

請罷湖口關復九江關疏　534-478- 94

●王凝之晉

去邪（疏）——論范甯功過　438- 12-173

●王舉正宋

上仁宗論張堯佐除四使不當（疏）　431-372- 34

上仁宗論張堯佐再除宣徽使（疏）　431-374- 34

郊廟（疏）　433-457- 19

外戚（疏）二則　441-136-289

●王應麟宋

君德（疏）　433-120- 5

災祥（疏）　441-686-313

代皇子謝賜御書孝經十六句表　1187-211- 3

代侍講說書官爲經筵進講孟子終篇謝賜金帶牙簡同侍講修注官謝賜祕書省御筵及鞍馬香茶進詩表　1187-212- 3

代宰臣以下賀奉安光宗皇帝寧宗皇帝寬訓寧宗皇帝經武要領今上皇帝玉牒自歷會要禮成表　1187-213- 3

宰臣以下賀明堂禮成表　1187-213- 3

宰臣以下請度宗聽政（第一至第七）表　1187-214- 3

請御正殿（第一至第三）表　1187-216- 3

請上乾會聖節名（第一至第四）表　1187-217- 3

理宗靈駕發引慰皇帝表　1187-219- 3

靈駕至攢宮安寧慰皇帝表　1187-219- 3

謝賜御製牧民訓表　1187-220- 3

謝賜御製牧民銘表　1187-220- 3

賀皇太子賜名進封建國名表　1187-221- 3

進御製石刻摹本表　1187-221- 3

進功德疏謝獎諭表　1187-221- 3

代賀改元寶祐表　1187-221- 3

代賀皇子忠王行冠禮表　1187-222- 3

擬國史院進光宗寧宗寶訓表　1187-222- 3

代先君謝賜御書竹林汶古傳忠六字表　1187-223- 3

代先君謝賜御製周易徹章詩表　1187-223- 3

代進放生池御札摹本奏　1187-224- 3

代賀皇子加兩鎮公主進封昇國表　1187-224- 3

代知學謝賜御札表　1187-224- 3

擬賀郊祀禮成進詩表　1187-225- 3

代饒禮侍謝太中大夫表　1187-225- 3

代玉牒洪兵書謝成轉通議大夫表　1187-225- 3

代洪兵書謝表　1187-226- 3

代謝華文學士知寧國表　1187-226- 3

冬至賀表　1187-227- 3

晉前鋒都督平兗青州露布　1187-227- 3

唐劍南西川節度使同中書門下平章事破吐蕃露布　1187-228- 3

●王樵之劉宋

皇太后出行副車議　1398-827- 16

●王謙中宋

謝除禮部尚書表　1382-367- 1

●王錫爵明

論邊事疏　445-499- 31

請止開礦疏　445-501- 31

備陳邊事疏　445-502- 31

請召對疏　445-514- 32

定國論一政體疏　445-515- 32

催發章奏疏　445-518- 32

請御門宣捷疏　445-519- 32

請發宸翰免口傳疏　445-520- 32

請減免織造錢糧疏　445-521- 32

再請召對疏　445-523- 32
請視朝建儲疏　1403-341-116
催發閣中密奏疏　1403-343-116
定國論一政體疏　1403-344-116
申請舉行泰交用人原奏疏　1403-347-116
問安勸諫疏　1403-350-116
六疏外密奏　1403-433-122
請册立密揭（表五則）　1404-228-183
請寬督辦廣西香草疏　1465-583- 8

●王獻之晉

明謝安忠勤疏　1413-701- 60

●王繼文清

恭報克復雲南省城疏　570-359-29之4
請修河壩疏　570-360-29之4
請豁免加增鹽課疏　570-397-29之4
籌請屯荒減則貼墾疏　570-398-29之4
預撥貴州兵餉疏　572-230- 35
普安等處仍食川鹽疏　572-231- 35

●王巖叟宋

上哲宗論爲君難四事（疏）　431- 41- 3
上哲宗論治道貴清靜儉約（疏）　431- 42- 3
上哲宗論洪範三德（疏）　431- 46- 3
上哲宗論求賢當去六蔽（疏）　431-176- 16
上哲宗乞審於進賢果於去姦（疏）附貼黃　431-177- 16
上哲宗乞用君子保泰道（疏）　431-184- 16
上哲宗乞早施行四方所言疾苦事（疏）　431-213- 19
上哲宗乞養誠心以來諫（疏）　431-214- 19
上哲宗論安反側不必降詔（疏二則）附貼黃　431-251- 22
上哲宗乞早安存遭火災宗室（疏）　431-356- 32
上哲宗應詔論宗室二事　431-356- 32
上哲宗論月食（疏）附貼黃　431-512- 44
上哲宗論擇相不可不謹（疏）附貼黃　431-570- 47
上哲宗論劉摯蘇轍（疏）附貼黃　431-586- 48
上哲宗乞令臺諫專對（疏）　431-654- 53
上哲宗論隔截諫官直舍（疏）附貼黃　431-606- 53
上哲宗論張舜民罷言職（疏三則）附貼黃　431-663- 54
上哲宗繳駮安壽除知樞密院（疏）附貼黃　431-694- 56
上哲宗論安燾勅命不送給事中書讀（疏）附貼黃　431-695- 56
上哲宗再辭書讀乞差官權給事中（疏）附貼黃　431-699- 56
上哲宗再論安燾除命（疏）　431-700- 57
上哲宗乞依治平故事詔執政學館職（疏二則）　431-723- 59
上哲宗論不可以走馬——言輕易元帥（疏）附貼黃　431-799- 65
上哲宗乞罷三舍法（疏）　431-944- 79
上哲宗乞用薦舉之士爲學官乞罷試法（疏）附貼黃　431-945- 79
上哲宗乞常平不分立三等（疏）附貼黃　432-311-107
上哲宗論河北權鹽之害（疏）附貼黃　432-329-108
上哲宗論河北權鹽之害（疏）　432-330-108
上神宗論王安石（疏）　432-444-116
上哲宗乞罷青苗免役保甲（疏）附貼黃　432-467-118
上哲宗乞罷青苗（疏）　432-478-118
上哲宗論保甲之害（疏）　432-547-124
上哲宗乞保甲併用冬教（疏）　432-551-124
上哲宗乞廢罷保甲一司（疏）　432-553-124
上哲宗合安集保甲破產人物（疏）　432-554-124
上哲宗乞詔大臣早決河議（疏）　432-580-127
上哲宗論西人請地（疏）　432-776-139
聖學（疏）　433-176- 7
治道（疏）——論治道貴清靜儉約奏　434-111- 39
內治（疏）　435-148- 75
宗室（疏）二則　435-199- 77
仁民（疏）　436- 74-106
仁民（疏）——乞安集保甲破產人戶狀　436- 75-106
學校（疏）——乞罷三舍法狀　436-246-114
學校（疏）——乞罷試法疏　436-247-114
用人（疏）　436-784-137
繳駮安燾除知樞密院（疏）　436-785-137
論安燾敕命不送給中書讀（疏）附貼黃　436-785-137
再辭書讀乞差官權給事中（疏）附貼黃　436-786-137
用人（疏）　436-787-137
論擇相不可不謹（疏）附貼黃　436-788-137
乞審於賢果於去姦（疏）附貼黃　436-789-137

四庫全書文集篇目分類索引

乞用君子保泰道（疏）　436-790-137
論劉摯蘇轍（疏）附貼黃　436-791-137
求賢（疏）——乞依治平故事詔執政學館職　437-262-153
求賢（疏）——論求賢當去六蔽　437-263-153
建官（疏）二則　437-457-161
選舉（疏）　437-637-168
去邪（疏）——論王安石疏　438- 90-176
去邪（疏）——請詔執政裁抑三省人吏傲倖疏　438- 93-176
去邪（疏）——論逐蔡確　438-189-180
聽言（疏）——乞養誠心以來諫諍狀　438-779-203
聽言（疏）——論安反側不必降詔狀　438-780-203
聽言（疏）——乞令臺諫專對疏　438-780-203
聽言（疏）——論張舜民罷言職狀三則　438-781-203
聽言（疏）——請廣言路參用四方之士疏　438-783-203
法令(疏)——論降詔書附貼黃二則　439- 98-212
赦宥（疏）——上請儲祥宮成將肆赦　439-259-218
兵制（疏）　439-327-221
兵制（疏）——乞廢罷保甲法　439-328-221
兵制（疏）——論保甲之害　439-329-221
兵制(疏)——乞保甲併用冬教奏　439-331-221
任將（疏）——論不可以走馬一言輕易元帥狀附貼黃　439-741-238
荒政（疏）——乞常平不分立三等疏　440- 47-245
荒政（疏）——請依舊法賑濟免河北貸糧出息疏　440- 48-245
水利（疏）——乞詔大臣早決河議奏　440-171-250
賦役(疏)——乞免第四等第五等保丁冬教及罷畿內保甲上奏　440-318-257
賦役（疏）——乞罷青苗免役保甲上奏附貼黃　440-318-257
理財（疏）——論河北榷鹽之害疏附貼黃　440-610-269
理財（疏）——乞罷青苗奏　440-612-269
理財（疏）——請詔有司講究商賈利病奏　440-612-269
禮臣（疏）　441- 75-286

四裔（疏）——論西人請地狀　442-644-345
請詔有司講究商賈利病（疏）　1350-642- 60
請廣言路參用四方之士（疏）　1350-642- 60
請詔執政裁抑三省人吏儈倖(疏)　1350-642- 60
請依舊法賑濟免河北貸糧出息（疏）　1350-643- 60
請罷三舍法（疏）　1350-644- 60
請罷試中斷案人入寺（疏）　1350-644- 60
用君子保泰道劄子　1359-183- 24
留劉摯蘇轍劄子　1359-184- 24

● 五十九元

兵制（疏）——宜連選擇驍勇守京師　439-429-224

● 元　杰宋
聖學（疏）　433-219- 9

● 元　固唐
爲鄭相請朝覲表　1338-627-606

● 元　結唐
治道（疏）——上時議三篇　433-682- 28
讓容州表　568- 34- 98
再讓容州表　568- 35- 98
時議三篇（表）　1071-553- 8
爲董江夏自陳表　1071-568- 10
辭監察御史表　1071-568- 10
爲呂荊南謝病表　1071-569- 10
請節度使表　1071-569- 10
乞免官歸養表　1071-569- 10
謝上表　1071-570- 10
再謝上表　1071-570- 10
廣德二年賀赦表　1071-571- 10
永泰元年賀赦表　1071-571- 10
學處士張季秀狀　1071-574- 10
讓客州表　1071-582- 12
賀廣德二年大赦表　1338-203-559
賀永泰改元大赦表　1338-203-559
讓容州表　1338-361-576
再讓容州表　1338-361-576
爲董江夏乞退表　1338-408-580
時議三篇 并表　1343-634- 44
時議　1361-820- 3
道州到任謝上表　1403-479-129
道州再謝上表　1403-479-129
謝容州表　1403-480-129
舉處士張季秀狀　1401- 1-159
請給將士父母糧狀　1404- 2-159

四庫全書文集篇目分類索引

辭容州表　　　　　　　　　　　　1417-684- 32　　爲蕭相讓官表　　　　　　　　　1079-523- 34
讓容州表　　　　　　　　　　　　1465-464- 3　　爲蕭相謝追贈祖父祖姑亡父表　　1079-524- 34
再讓容州表　　　　　　　　　　　1465-464- 3　　錢貨議狀　　　　　　　　　　　1079-525- 34
　●元　絳宋　　　　　　　　　　　　　　　　　　兩省供奉官諫駕幸溫湯狀　　　　1079-527- 34
崇儒（疏）——乞追諡孔子帝號　　　　　　　　　　辨日旁瑞氣狀　　　　　　　　　1079-528- 35
　　及孟軻揚雄加以爵號　　　　　440-717-274　　謝准朱書撰田弘正碑文狀　　　　1079-529- 35
越州謝上表　　　　　　　　　　　1394-436- 4　　謝恩賜告身衣服并借馬狀　　　　1079-529- 35
越州謝上表　　　　　　　　　　　1350-706- 67　　謝賜設狀　　　　　　　　　　　1079-529- 35
謝致仕表　　　　　　　　　　　　1350-707- 67　　謝御札狀　　　　　　　　　　　1079-529- 35
　●元　載唐　　　　　　　　　　　　　　　　　　進田弘正碑文狀　　　　　　　　1079-530- 35
禦邊（疏）　　　　　　　　　　　442- 35-321　　進詩狀　　　　　　　　　　　　1079-530- 35
四裔（疏）　　　　　　　　　　　442-550-341　　進西北邊圖經狀　　　　　　　　1079-530- 35
　●元　禎唐　　　　　　　　　　　　　　　　　　進西北邊圖狀　　　　　　　　　1079-531- 35
進田弘正碑文狀　　　　　　　　　506-188- 92　　進雙雞等狀　　　　　　　　　　1079-531- 35
　●元　端北魏　　　　　　　　　　　　　　　　　進馬狀　　　　　　　　　　　　1079-532- 36
郊廟（疏）　　　　　　　　　　　433-371- 15　　爲蕭相謝告身狀　　　　　　　　1079-533- 36
　●元　壽隋　　　　　　　　　　　　　　　　　　爲令孤相國謝賜金石凌紅雪狀　　1079-533- 36
勸開府蕭摩訶奏　　　　　　　　　1400-355- 7　　爲蕭相國謝太夫人國號誥身狀　　1079-533- 36
　●元　遙北魏　　　　　　　　　　　　　　　　　爲令孤相國謝回一子官與弟狀　　1079-533- 36
宗室（疏）　　　　　　　　　　　435-178- 76　　賀降誕日德音狀　　　　　　　　1079-534- 36
　●元　稹唐　　　　　　　　　　　　　　　　　　中書省議賦稅及鑄錢等狀　　　　1079-534- 36
郊廟（疏）　　　　　　　　　　　433-422- 17　　中書省議學縣令狀　　　　　　　1079-535- 36
治道（疏）——舉才識兼茂明於　　　　　　　　　　彈奏劍南東川節度使狀　　　　　1079-537- 37
　　體用對策　　　　　　　　　　433-689- 28　　彈奏山南西道兩稅外章狀　　　　1079-537- 37
儲嗣（疏）——請選重師保慎簡　　　　　　　　　　同州奏均田（狀）　　　　　　　1079-545- 38
　　宮寮　　　　　　　　　　　　435- 75- 72　　論當州朝邑等三縣代納夏陽韓城
賞罰（疏）　　　　　　　　　　　438-363-187　　　兩縣率錢狀　　　　　　　　　1079-547- 39
聽言（疏）　　　　　　　　　　　438-731-202　　浙東論罷進海味狀　　　　　　　1079-548- 39
聽言（疏）　　　　　　　　　　　438-732-202　　論裴延齡表（二則）　　　　　　1079-646- 2
征伐疏——論劉闢之罪　　　　　　439-534-229　　錢重物輕議　　　　　　　　　　1079-647- 2
理財（疏）——上錢貨議狀　　　　440-451-263　　賀誅吳元濟表　　　　　　　　　1338-288-568
禦邊（疏）——論西戎表　　　　　442- 48-321　　賀汴州誅李介表　　　　　　　　1338-289-568
諫駕幸溫湯狀　　　　　　　　　　556-203- 87　　論追制表　　　　　　　　　　　1338-296-625
論教本書　　　　　　　　　　　　1079-500- 29　　賀聖體平復御紫宸殿受朝賀表　　1338-301-569
獻事表　　　　　　　　　　　　　1079-514- 32　　爲蕭相公讓官表　　　　　　　　1338-345-574
論追制表　　　　　　　　　　　　1079-516- 33　　同州刺史謝上表　　　　　　　　1338-471-587
論諫職表　　　　　　　　　　　　1079-517- 33　　代李中丞謝官表　　　　　　　　1338-488-589
論討賊表　　　　　　　　　　　　1079-518- 33　　爲寧王謝亡兄贈太子太師表　　　1338-547-597
論西戎表　　　　　　　　　　　　1079-519- 33　　謝贈亡妻鄭國夫人表　　　　　　1338-548-597
同州刺史謝上表　　　　　　　　　1079-519- 33　　謝贈姊隨西郡夫人表　　　　　　1338-548-597
賀汴州誅李芬表　　　　　　　　　1079-521- 33　　論西川討賊表　　　　　　　　　1338-716-616
賀聖體平復御紫宸殿受朝賀表　　　1079-522- 34　　論討西戎表　　　　　　　　　　1338-717-616
代李中丞謝官表　　　　　　　　　1079-522- 34　　獻事表　　　　　　　　　　　　1338-769-622
爲嚴司空謝招討使表　　　　　　　1079-523- 34　　論諫職表　　　　　　　　　　　1338-771-622
賀誅吳元濟表　　　　　　　　　　1079-523- 34　　論裴延齡表（二則）　　　　　　1338-794-625

四庫全書文集篇目分類索引　1243

謝恩賜告身衣服幷借馬狀　1339- 3-628
爲蕭相謝告身狀　1339- 3-628
爲令狐相國謝迴一子官與弟狀　1339- 7-629
爲蕭相謝賜太夫人國號告身狀　1339- 10-629
謝御札狀　1339- 16-630
爲令狐相公謝賜金石凌紅雪狀　1339- 19-630
謝賜設狀　1339- 27-632
謝準朱書撰田弘正碑文狀　1339- 41-634
賀降誕日德音狀　1339- 46-635
辯日旁瑞氣狀　1339- 49-636
進田弘正碑文狀　1339- 79-641
進詩狀　1339- 80-641
進西北邊圖經狀　1339- 81-641
進馬狀　1339- 84-642
同州進雙鷄等狀　1339- 86-642
彈劍南東川節度觀察處置等使嚴礪文　1339-156-649
論教本書　1339-389-676
遷廟議　1340-434-763
學縣宰議　1340-459-765
錢貨議　1340-486-769
錢重物輕議　1340-487-769
論教本書　1343-369- 26
論輔導太子書　1361-834- 4
諫靜疏　1361-867- 7
論教本書　1402-482- 73
論陳職表　1403-491-129
賀誅吳元濟表　1403-527-135
薦平泉處士韋楚狀　1404-119-169
同州進雙鷄等狀　1404-119-169
獻事表　1418- 72- 38
論諫職表　1418- 75- 38
●元　懌 北魏
喪禮（疏）　436-429-122
謹名器（疏）　438-590-197
●元　錫 唐
蘇州刺史謝上表　1338-468-587
福州刺史謝上表　1338-468-587
衢州刺史謝上表　1338-468-587
宣州刺史謝上表　1338-469-587
●元永貞 元
效廟（疏）——上眞定玉華宮罷遣太常禮樂議　433-553- 22
眞定玉華宮罷遣太常禮樂議　1367-195- 15
●元目辰 北魏

征伐（疏）——論蟻蟻犯塞　439-511- 228
●元好問 金
秦王擒寶建德降王世充露布　1191-173- 15
擬賀登寶位表　1191-174- 15
擬御史大夫讓樞密使表　1191-175- 15
●元行中 唐
父在爲母及舅姨嫂叔服議　1340-473- 767
●元展成 清
苗疆積貯疏　572-259- 35
●元萬頃 唐
郊丘明堂等嚴配議　1340-418- 762
●孔　子 周
君德（疏）　433- 2- 1
治道（疏）　433-556- 23
治道（疏）二則　433-560- 23
仁民（疏）——問政　436- 52- 105
知人（疏）　437-277- 154
征伐（疏）　439-445- 226
●孔　光 漢
災祥（疏）　441-259- 295
日蝕對　1355-226- 8
日蝕對　1360-320- 18
請定選毁議奏 附彭宣等議——則劉敬武帝廟不宜毁議等二則　1396-575- 19
請遣傳選奏　1396-577- 19
日蝕對　1396-577- 19
學尚書令成公敞奏　1396-578- 19
請徙董賢家屬奏　1396-578- 19
勸紅陽侯王立奏　1396-579- 19
勸張由史立奏　1396-579- 19
●孔　侃 周
聽言（疏）　438-690-201
●孔　坦 晉
選舉（疏）　437-497-163
●孔　衍 漢
上成帝辯明家語書　1396-520- 16
上書辯明家語　1417-310- 16
●孔　撝 唐
奏加嶺南州縣官課料錢狀　1339- 91-643
●孔　戣 唐
謝致仕表　1338-611-604
謝賜手詔兼神刀藥全狀　1339- 18-630
謝借馬狀　1339- 37-633
賀册尊號狀　1339- 45-635
爲崔大夫賀册皇太子狀　1339- 45-635

史部

詔令奏議類：附錄

奏議上四畫

●孔　僅等漢
理財（疏）　　　　　　　　　　440-428-262
鹽鐵議奏附公卿請筭緡錢奏　　1396-422- 11
●孔　臧漢
學校（疏）　　　　　　　　　　436-208-113
●孔　僖漢
法令（疏）　　　　　　　　　　439- 7-208
崇儒（疏）　　　　　　　　　　440-714-274
上誹訕書　　　　　　　　　　1360-260- 15
上章帝自訟書　　　　　　　　1397-167- 8
上誹誘書　　　　　　　　　　1402-465- 71
上章帝自訟書　　　　　　　　1417-365- 18
自訟疏　　　　　　　　　　　1476- 72- 4
●孔　璋唐
慎刑（疏）——告李邕賍貸枉法
　　下獄事　　　　　　　　　　439-189- 35
請替李邕死表　　　　　　　　1338-744-619
救李邕書　　　　　　　　　　1361-832- 4
請代李邕死疏　　　　　　　　1403- 89- 99
請替李邕死表　　　　　　　　1403-471-128
請代李邕死表　　　　　　　　1417-671- 32
●孔　緯唐
近習（疏）　　　　　　　　　　441-175-291
●孔　融漢
用人（疏）　　　　　　　　　　436-594-129
論薦處士禰衡（疏）　　　　　　436-594-129
慎微（疏）——論劉表事　　　　438-559-196
慎刑（疏）——止復肉刑　　　　439-171-215
薦禰衡表　　　　　　　　　　541-325-35之3
薦禰衡表　　　　　　　　　　1063-233- 附
論劉表疏　　　　　　　　　　1063-233- 附
薦謝該書　　　　　　　　　　1063-234- 附
褒厚老臣表　　　　　　　　　1063-234- 附
復王畿古制書　　　　　　　　1063-234- 附
上三府所辟稱故吏事　　　　　1063-235- 附
奏馬賢事　　　　　　　　　　1063-235- 附
東海王祭禮對　　　　　　　　1063-236- 附
薦禰衡表　　　　　　　　　　1329-637- 37
復肉刑議　　　　　　　　　　1360-300- 17
馬日碑加禮議　　　　　　　　1397-497- 24
論荊州牧劉表疏　　　　　　　1397-497- 24
奏宜准古王畿制疏　　　　　　1397-498- 24
薦謝該書　　　　　　　　　　1397-498- 24
薦禰衡表　　　　　　　　　　1397-499- 24
南陽東海王時祭對　　　　　　1397-499- 24

上三府所辟稱故吏事　　　　　1397-500- 24
奏馬賢事　　　　　　　　　　1397-500- 24
諫宣官女寵書　　　　　　　　1402-469- 71
薦謝該書　　　　　　　　　　1402-470- 71
薦禰衡表　　　　　　　　　　1403-442-125
復肉刑議　　　　　　　　　　1403-665-150
薦禰衡表　　　　　　　　　　1412-509- 21
崇國防疏　　　　　　　　　　1412-510- 21
薦謝該上書　　　　　　　　　1412-510- 21
上漢帝書　　　　　　　　　　1412-511- 21
馬日碑不宜加禮議　　　　　　1412-517- 21
肉刑議　　　　　　　　　　　1412-517- 21
●孔　豐漢
上章帝疏　　　　　　　　　　1397-167- 8
●孔　顗齊
理財（疏）　　　　　　　　　　440-435-262
上高帝鑄錢均貨議　　　　　　1399-118- 5
鑄錢均貨議　　　　　　　　　1417-533- 26
●孔　嚴晉
災祥（疏）　　　　　　　　　　441-301-297
●孔文仲宋
治道（疏）　　　　　　　　　　434-207- 42
論王安禮詐疾不赴成都（疏）　1345-193- 2
乞詔諸路州縣極言新法利害(疏)　1345-193- 2
●孔玄義唐
郊丘明堂等嚴配議　　　　　　1340-416-762
●孔平仲宋
饒州居住謝表　　　　　　　　　516-734-114
賀坤成節表（二則）　　　　　1345-520- 29
江淮提點謝到任表　　　　　　1345-520- 29
衡州謝到任表　　　　　　　　1345-520- 29
饒州居住謝表　　　　　　　　1345-521- 29
叙復朝奉大夫謝表　　　　　　1345-521- 29
謝崇寧曆日表　　　　　　　　1345-521- 29
永興提刑謝表　　　　　　　　1345-521- 29
謝恤刑表（二則）　　　　　　1345-522- 29
賀受尊號表　　　　　　　　　1345-522- 29
謝宮觀表　　　　　　　　　　1345-522- 29
進南郊銀表　　　　　　　　　1345-523- 29
謝皇帝表　　　　　　　　　　1345-523- 29
代都水謝表　　　　　　　　　1345-523- 29
代熊伯通滁州謝表　　　　　　1345-524- 29
代廣州謝上表　　　　　　　　1345-524- 29
代謝曆日表　　　　　　　　　1345-525- 29
代謝到任表　　　　　　　　　1345-525- 29

代謝職表　　　　　　　　　　1345-526- 29
代賀聖節表　　　　　　　　　1345-526- 29
進否泰說　　　　　　　　　　1345-526- 29
●孔武仲宋
上哲宗乞輪侍從官進對（疏）　431-600- 49
求言（疏）——乞輪侍從官進對
　疏　　　　　　　　　　　　438-671-200
謝賜御等詩表　　　　　　　　1345-295- 11
謝經筵賜宴表　　　　　　　　1345-295- 11
謝歷日表　　　　　　　　　　1345-296- 11
貢物表　　　　　　　　　　　1345-296- 11
進鬱金香草狀　　　　　　　　1345-296- 11
進水晶葛粉白蜜狀　　　　　　1345-296- 11
慰皇帝表　　　　　　　　　　1345-297- 11
代賀登極銀表　　　　　　　　1345-297- 11
代丞相謝歷日表　　　　　　　1345-298- 11
代賀建置塞舖畢工表　　　　　1345-298- 11
代人復舊官謝表　　　　　　　1345-298- 11
代到任謝皇帝表　　　　　　　1345-299- 11
進銀狀　　　　　　　　　　　1345-300- 11
代謝到任表　　　　　　　　　1345-300- 11
代免加恩狀　　　　　　　　　1345-300- 11
謝加恩表　　　　　　　　　　1345-301- 11
代乞致仕第二表　　　　　　　1345-301- 11
（代乞致仕）第三表　　　　　1345-301- 11
代謝上表　　　　　　　　　　1345-301- 11
代得郡謝表　　　　　　　　　1345-302- 11
代越州謝上表　　　　　　　　1345-302- 11
代信守到任謝表　　　　　　　1345-302- 11
辭免國子司業（疏）　　　　　1345-303- 11
辭免侍講（疏）　　　　　　　1345-303- 11
辭免中書舍人（疏）　　　　　1345-303- 11
舉自代（疏）　　　　　　　　1345-303- 11
代論湖南酒禁奏狀　　　　　　1345-303- 11
上哲宗乞轉侍從官進對　　　　1345-304- 11
●孔秀彥漢
災祥（疏）　　　　　　　　　441-266-296
●孔思迪元
法令（疏）——論大臣就刑者其
　婦得守節　　　　　　　　　439-164-214
●孔琇之齊
薦王文殊表　　　　　　　　　1399-149- 6
上武帝乞贈父書　　　　　　　1399-150- 6
●孔宙子劉宋
陳高祖損益奏　　　　　　　　1398-634- 7

●孔淵之劉宋
張江陵及妻罵母議　　　　　　1398-776- 14
●孔琳之劉宋
理財（疏）　　　　　　　　　440-431-262
廢錢用穀帛議　　　　　　　　1398-629- 7
復肉刑議　　　　　　　　　　1398-631- 7
別議四條　　　　　　　　　　1398-631- 7
勸尚書令徐羨之奏附武帝詔報　1398-632- 7
●孔雅珪齊
去邪（疏）——（論王融欲立子良）438- 17-173
法令（疏）　　　　　　　　　439- 27- 29
四裔（疏）　　　　　　　　　442-518-340
謝除宮僚表　　　　　　　　　1394-342- 2
上武帝論刑律表　　　　　　　1399-142- 6
上明帝請和虜表　　　　　　　1399-144- 6
薦杜京產表　　　　　　　　　1399-145- 6
爲王敬則讓司空表　　　　　　1399-145- 6
讓詹事表　　　　　　　　　　1399-146- 6
奏彈王融附王融對辭　　　　　1399-146- 6
奏彈王奐　　　　　　　　　　1399-147- 6
上新定法律表　　　　　　　　1414-383- 79
陳通和之策表　　　　　　　　1414-384- 79
讓詹事表　　　　　　　　　　1414-386- 79
爲王敬則讓司空表　　　　　　1414-386- 79
薦杜京產表　　　　　　　　　1414-386- 79
奏王奐罪　　　　　　　　　　1414-387- 79
奏王融罪　　　　　　　　　　1414-387- 79
上撰定律章表　　　　　　　　1417-535- 26
●孔毓圻清
幸魯盛典進表　　　　　　　　652- 4- 附
●孔毓琦清
請改設同知巡檢疏　　　　　　564-874- 62
請改連州爲直隸州及廣東理猺同
　知疏　　　　　　　　　　　564-875- 62
西林縣建學設官疏——雍正元年　568-375-113
土龍州改設土巡檢疏——雍正四
　年　　　　　　　　　　　　568-381-113
●孔熙先劉宋
獄中上文帝書　　　　　　　　1398-747- 13
●孔穎達唐
君德（疏）　　　　　　　　　433- 12- 1
郊廟（疏）——上明堂議　　　433-390- 16
明堂議　　　　　　　　　　　1343-571- 40
●孔默之劉宋
法令（疏）　　　　　　　　　439- 24-209

舉良吏奏 1398-733- 13
●尹　文周
治道（疏） 433-558- 23
●尹　洙宋
上仁宗論用人太察之弊（疏） 431-138- 13
上仁宗論公論朋黨繫於上意(疏) 431-902- 76
治道（疏） 433-832- 33
用人（疏） 436-709-134
乞坐范天章貶狀 1090-103- 18
論命令恩寵賜與三事疏 1090-103- 18
論朝政宣務大體疏 1090-105- 18
論朋黨疏 1090-106- 18
進貞觀十二事表 1090-107- 18
論城水洛利害表 1090-107- 18
乞便殿延對兩府大臣議邊事(疏) 1090-109- 19
乞講求開寶以前用兵故事（疏） 1090-109- 19
論諸將益兵（疏二則） 1090-110- 19
論遣使不當強而使之（疏） 1090-110- 19
乞減省寨柵（疏） 1090-111- 19
乞計置邊事特出睿斷（疏） 1090-111- 19
乞帥臣自募僚從（疏） 1090-111- 19
乞省寨柵騎軍（疏） 1090-112- 19
乞募土兵（疏） 1090-112- 19
乞鬻民爵以給募兵之用（疏） 1090-112- 19
乞半年一次詣闕奏事二首 1090-113- 19
奏軍前事宜狀 1090-114- 20
論金明寨狀 1090-114- 20
奏閱習短兵狀 1090-114- 20
奏論戶等狀 1090-115- 20
奏爲乞令環慶路與涇原路相應廣
　發兵馬遷制賊勢事 1090-115- 20
奏爲近差赴鄜延路行營其兵馬乞
　移撥往環慶路事 1090-115- 20
奏爲已發環慶路計置行軍次第乞
　朝庭特降指揮 1090-116- 20
奏爲到慶州聞賊馬寇涇原路牒劉
　政同起發赴鎮戎軍策應事 1090-117- 20
奏爲擅易慶州兵救援涇原路事 1090-117- 20
奏爲金湯一帶族帳可取狀 1090-118- 20
奉詔體量本路將佐狀 1090-118- 21
奉詔及四路司指揮分擊本路兵馬
　弓箭手把截賊馬來路狀 1090-118- 21
論雪部狄青回易公使錢狀 1090-119- 21
奉詔令劉滬董士廉卻且往水洛城
　勾當狀 1090-119- 21
乞與鄭戩下御史臺對照水洛城事
　狀 1090-120- 21
論雪石畧狀 1090-122- 21
奉詔分析董士廉奏臣不公事狀 1090-123- 22
覆奏監察御史李京箚子狀 1090-124- 22
軍制（奏狀） 1090-125- 22
鬻爵法（奏狀） 1090-126- 22
議攻守（疏） 1090-129- 23
用屬國（疏） 1090-129- 23
按地圖（疏） 1090-130- 23
制兵師（疏） 1090-130- 23
（進策）紋燕 1404-385-196
兵制（進策） 1404-386-196
諫時政疏 1418-198- 43
●尹　敏漢
上光武論六診疏 1397-146- 7
●尹　焞宋
四裔（疏） 442-710-348
諫講和割子 1136- 3- 1
滄州被召辭免狀（十九則） 1136- 5- 1
辭免除秘書郎箚子（三則） 1136- 11- 1
辭免除秘書少監狀（五則） 1136- 12- 1
辭免兼史館日曆狀 1136- 13- 1
再乞歸田里箚子 1136- 14- 2
辭免直徽猷閣職名狀 1136- 14- 2
辭免賜緋章服狀 1136- 15- 2
辭免太常少卿第二狀 1136- 15- 2
辭免除禮部侍郎箚子（五則） 1136- 15- 2
再乞歸田里箚子（二則） 1136- 16- 2
辭免除徽猷閣待制箚子（三則） 1136- 17- 2
授內宮觀再乞歸箚子 1136- 18- 2
乞辭免謝箚子 1136- 19- 2
辭免除次對職名箚子 1136- 19- 2
乞致仕箚子 1136- 19- 2
遺表 1136- 19- 2
進論語狀 1136- 21- 3
●尹　逸周
治道（疏） 433-555- 23
●尹　源宋
治道（疏） 433-841- 34
●尹繼善清
雲南通志表 569- 1- 附
籌酌普思元新善後事宜疏 570-448-29之6
●夫　差周
告勞于周 1396-170- 13

●內史過 周
論晉君臣（諫）　　　　　　　　1355- 92- 4
●中　期 周
諫秦昭王輕韓魏　　　　　　　　1402-299- 53
●少禽子 周
征伐（疏）　　　　　　　　　　439-453- 226
●毋將隆 漢
寵幸（疏）　　　　　　　　　　441-157- 290
毋將隆收還武庫兵器奏　　　　　1355-290- 10
收還武庫兵器奏　　　　　　　　1360-132- 7
收還武庫兵器奏　　　　　　　　1377-220- 10
請收武庫兵奏　　　　　　　　　1396-596- 20
收還武庫兵器奏　　　　　　　　1403-423- 121
諫賜武庫兵器奏　　　　　　　　1417-315- 16
●公子他 周
征伐（疏）　　　　　　　　　　439-460- 226
●公子高 秦
上二世請死書　　　　　　　　　1396-153- 12
●公叔座 周
賞罰（疏）　　　　　　　　　　438-351- 187
●公孫弘 漢
治道（疏）　　　　　　　　　　433-587- 24
上邪吏疏 附武帝答書　　　　　　1396-360- 8
答武帝册書　　　　　　　　　　1396-360- 8
禁民挾弓弩奏　　　　　　　　　1396-360- 8
吾丘壽王禁民挾弓弩對　　　　　1396-360- 8
請廣興學官奏　　　　　　　　　1396-361- 8
請徙汧黔爲右內史奏　　　　　　1396-362- 8
乞骸骨疏（二則）附武帝詔二則　1396-362- 8
請廣賢才議　　　　　　　　　　1403-650- 149
●公孫臣 漢
論漢應土德書 附張蒼奏一則文帝詔
　一則　　　　　　　　　　　　1396-331- 6
●公孫淵 魏
上孫權表　　　　　　　　　　　503-279- 111
上魏帝第一至第四表　　　　　　503-280- 111
令官屬上魏帝表　　　　　　　　503-282- 111
●公孫瓚 漢
去邪（疏）一奏論袁紹罪狀　　　438- 9- 173
上袁紹罪狀表　　　　　　　　　1361-539- 10
上袁紹罪狀表（二則）　　　　　1397-531- 26
罪袁紹疏　　　　　　　　　　　1403- 49- 93
●公乘興 漢
用人（疏）　　　　　　　　　　436-585- 129
訟王尊書　　　　　　　　　　　556-132- 86

訟王尊書　　　　　　　　　　　1355-303- 10
訟王尊書　　　　　　　　　　　1360-244- 14
訟王尊書　　　　　　　　　　　1377-232- 12
訟王尊書　　　　　　　　　　　1396-506- 15
訟王尊書　　　　　　　　　　　1402-449- 69
訟王尊書　　　　　　　　　　　1417-301- 15
●公子成父 周
災祥（疏）　　　　　　　　　　441-235- 295
●公山不狃 周
征伐（疏）　　　　　　　　　　439-453- 226
●牛　弘 隋
郊廟（疏）——請依古制修立明
　堂議　　　　　　　　　　　　433-381- 16
禮樂（疏）　　　　　　　　　　436-348- 119
樂疏（三則）　　　　　　　　　436-539- 127
經籍（疏）—請開獻書之路疏　　440-745- 275
請開獻書之路表　　　　　　　　1400-276- 4
議修立明堂奏　　　　　　　　　1400-278- 4
定禮儀奏　　　　　　　　　　　1400-282- 4
請修緝雅樂奏 附文帝制　　　　　1400-282- 4
議律呂還相爲宮奏　　　　　　　1400-283- 4
同姚察許善心何妥虞世基等議定
　新樂宮調奏　　　　　　　　　1400-285- 4
定新樂成奏　　　　　　　　　　1400-287- 4
請開獻書表　　　　　　　　　　1403-464- 127
請開獻書表　　　　　　　　　　1416-258- 117
定樂奏　　　　　　　　　　　　1416-260- 117
樂定奏　　　　　　　　　　　　1416-261- 117
定典禮奏　　　　　　　　　　　1416-261- 117
明堂議　　　　　　　　　　　　1416-262- 117
詳定樂議（二則）　　　　　　　1416-266- 117
同律度量議　　　　　　　　　　1416-268- 117
請開獻書之路表　　　　　　　　1417-583- 28
●牛　鈕 等，隋
日講易經解義進呈疏　　　　　　37-202- 附
●牛　叢 唐
謹名器（疏）　　　　　　　　　438-600- 197
●牛　贊 周
兵制（疏）——論破原陽以爲騎邑　439-269- 219
●牛大年 宋
敬天（疏）　　　　　　　　　　433-334- 13
風俗（疏）　　　　　　　　　　436-313- 117
●牛僧孺 唐
法令（疏）　　　　　　　　　　439- 46- 209
奏黃州錄事參軍張紹棄妻狀　　　1339- 93- 643

●毛 注 宋

上徽宗答詔論慧星四事（疏） 431-535- 45

治道（疏）——采當世之急務奏 434-242- 43

去邪（疏）——論逐蔡京 438-198-180

理財（疏） 440-624-270

災祥（疏） 441-483-304

●毛 孟晉

陳求寧州刺史 1398-454- 20

●毛 玠魏

對鍾繇詰辭（狀） 1403-644-148

●毛 晃宋

進增修五註禮部韻略表 237-335- 附

●毛 敏宋

賀天申節表 1352- 28- 1上

賀天申節表（二則） 1352- 29- 1上

慰冬表 1352-107- 3上

謝除資政殿大學士表 1352-155- 4中

●毛 堪明

議卹錄名臣疏 570-345-29之3

●毛 愷明

禁刑獄之濫疏 1403-321-114

●毛 淳宋

進恢復河湟賦表 1123-746- 5

代人謝御製詩表 1123-747- 5

代人謝殿監賜對衣金帶表 1123-747- 5

代宋漕司謝上表 1123-748- 5

進連理木表 1123-748- 5

●毛 碩金

賦役（疏） 440-376-259

●毛 澄明

題定禮儀以——典章事 443-506- 25

大禮議 445-278- 17

●毛奇齡清

進樂書疏——康熙三十一年五月十五日 220-198- 1

奏爲恭進韻書事 1320- 29- 5

奏爲恭進樂書事 1320- 31- 5

奏爲恭進聖孝合錄事 1320- 33- 5

增定樂章議 1320- 46- 7

擬喪制以日易月議 1320- 50- 7

●允 祁清

恭謝天恩事奏 1452-786- 34

●允 祥清

上諭內閣卷首 奏議附上諭 414- 3- 附

敬陳水利疏 506-224- 94

請設營田專官事宜疏 506-227- 94

請磁州改歸廣平疏 506-229- 94

敬陳畿輔西南水利疏 506-230- 94

請設河道官員疏 506-235- 94

敬陳京東水利疏 506-237- 94

請定考核之例以專責成疏 506-240- 94

（畿輔水利）各工告竣情形疏 506-241- 94

恭進營田瑞稻疏 506-245- 94

●允 禍清

欽定大清令典進表 619- 5- 附

●允 祿清

（御製）律呂正義後編表 215-226- 附

世宗憲皇帝上諭八旗表 413- 3- 附

請禁福陵風水禁地後諸小道車輛

　私行繞走議 503-618-129

福陵前隄工議 503-619-129

（進皇朝禮器圖式表） 656- 2- 附

御覽經史講義奏議 722-125- 附

欽定協紀辨方書奏議 811-126- 附

五 畫

●玄 伯北魏

任將（疏） 439-694-236

●主父偃漢

封建（疏）——令諸侯得推恩分

　子弟以地 436- 33-104

四愁（疏） 442-498-340

論伐匈奴書 1355-272- 10

論伐匈奴書 1360-232- 13

諫伐匈奴書 1377-252- 12

諫伐匈奴書 1402-439- 69

諫伐匈奴書 1396-409- 10

說武帝分封（疏） 1396-410- 10

說武帝徙豪桀茂陵（疏） 1396-410- 10

諫伐匈奴書 1417-242- 13

●必嚕阿嚕岱金

擇義軍爲三等疏 550-179-215

●永 瑢清

（欽定歷代職官表進表） 601- 14- 附

●丙 吉漢

用人（疏） 436-583-129

奏記霍光 1377-223- 10

●弘 恭漢

請治蕭望之奏

　附元帝制詔與有司劾奏 1396-472- 14

建白蕭望之罪奏 1396-472- 14

●弘 晌清

頒賜奉天文武大臣御製薩爾滸書
　事清漢合壁謝恩奏　　　　　503-631-130
●弘　謝晉
褒贈（卞壺卞珍卞盱疏）　　　441- 5-283
●弘　畫清
（進）勅校刻十三經告竣（表）　7-287- 附
奉勅校刻二十一史告竣進表　　243- 9- 附
進御纂醫宗金鑑表　　　　　　780- 8- 附
●甘　茂周
征伐（疏）　　　　　　　　　439-454-226
●甘文焜清
題禁協夫疏　　　　　　　　　572-218- 35
●甘汝來清
酌通邊缺調補陞轉疏　　　　　568-382-113
●甘延壽漢
四裔（疏）　　　　　　　　　442-502-340
上訟郅支單于疏附匡衡等議二則　1396-502- 15
●左　雄漢
寵幸（疏）　　　　　　　　　441-159-290
寵幸（疏）　　　　　　　　　441-159-290
守長數易疏　　　　　　　　　1360-170- 9
論封阿母梁冀疏　　　　　　　1360-174- 9
上順帝陳吏事疏　　　　　　　1397-248- 12
論寇賊疏　　　　　　　　　　1397-250- 12
上言孝廉限年　　　　　　　　1397-250- 12
諫封爵封事（三則）　　　　　1397-250- 12
上言撲罰九卿（疏）　　　　　1397-251- 12
陳吏事疏　　　　　　　　　　1403- 43- 92
上順帝陳吏事疏　　　　　　　1417-388- 19
●左　鼎明
論時政疏　　　　　　　　　　445- 62- 3
●左　贊明
請建祠表墓疏　　　　　　　　517- 19-115
●左光斗明
仁義兼盡疏　　　　　　　　　445-603- 36
請移宮疏　　　　　　　　　　445-603- 36
糾傳楫疏　　　　　　　　　　445-627- 37
足餉無過屯田疏　　　　　　　506-209- 93
請開屯學疏　　　　　　　　　506-213- 93
枚慨已不平主爵不宜再誤疏　　1403-397-119
●石　介宋
仁民（疏）　　　　　　　　　436- 73-106
代鄆州通判李屯田薦士建中表　1090-329- 20
●石　珤明
進實錄表　　　　　　　　　　1259-559- 5

乞恩祭掃疏　　　　　　　　　1259-560- 5
陳情疏　　　　　　　　　　　1259-562- 5
懇乞曲全終始疏　　　　　　　1259-563- 5
自劾不職疏　　　　　　　　　1259-563- 5
●石　倫金
賞罰（疏）——論持嘉烏勒墻　438-431-189
●石　崇晉
賞罰（疏）　　　　　　　　　438-357-187
理兄統表　　　　　　　　　　1398- 83- 5
議封賞奏　　　　　　　　　　1398- 84- 5
●石　瑁金
郊廟（疏）——議郊祀配享　　433-548- 22
理財（疏）——議籌錢　　　　440-707-273
國史（疏）——論朝奏屏人議事
　記注官不避事　　　　　　　440-804-277
●石　琳清
連州設立寨城疏　　　　　　　564-870- 62
進呈編輯（國課）全書疏　　　570-392-29之4
●石　碏周
宗室（疏）　　　　　　　　　435-162- 76
諫寵州吁　　　　　　　　　　1355- 98- 4
諫寵州吁　　　　　　　　　　1377-128- 3
諫寵州吁　　　　　　　　　　1402-290- 53
●石　林宋
賀元會表　　　　　　　　　　1352- 53- 1
駕車駕幸太學表　　　　　　　1352- 62- 1
聖節進絹表　　　　　　　　　1352-103- 2
●石　慶漢
乞骸骨書附武帝報書　　　　　1396-419- 11
●石　鑒晉
舉劉毅奏　　　　　　　　　　1398-163- 8
●石　顯漢
選舉（疏）　　　　　　　　　437-487-163
●石文晟清
請減屯糧疏　　　　　　　　　570-398-29之4
請廣中式解額疏　　　　　　　570-401-29之4
●石公弼宋
上徽宗請復還史館之職（疏）　431-731- 60
上徽宗論監司不得人而走馬奏事
　（疏）　　　　　　　　　　431-819- 67
上徽宗論道士燒煉丹砂（疏）　432- 57- 84
去邪（疏）——（禁帶毒藥硫黃
　入會通門）　　　　　　　　438-197-180
聽言（疏）　　　　　　　　　438-816-205
國史（疏）　　　　　　　　　440-776-276

●石抹世勣金
仁民（疏） 436-162-109
●司馬義晉
臨收上表 1398- 67- 4
●司馬光宋
進資治通鑑表 304- 2- 附
進稽古錄表 312-396- 附
上仁宗論人君之大德有三（疏） 431- 9- 1
上仁宗論致治之道有三（疏） 431- 10- 1
上仁宗五規（疏） 431- 11- 1
上神宗論人君修心治國之要三（疏） 431- 17- 1
上哲宗論人君修心治國之要三（疏） 431- 33- 2
上英宗論政要在擇人賞善罰惡（疏） 431- 83- 8
上仁宗論人君之職不當詳查細務（疏） 431- 84- 8
上神宗論體要（疏） 431- 86- 8
上英宗論謹始數事（疏） 431- 96- 9
上英宗論兩宮當相時爲安（疏） 431- 97- 9
上英宗乞益致孝謹（疏） 431- 99- 9
上英宗乞奉養始終如禮（疏） 431-102- 9
上英宗乞謹奉養勤聽斷(疏二則） 431-103- 9
上英宗論治身莫先於孝治國莫先於公（疏） 431-107- 10
上英宗乞因降逐任守忠諭皇太后閤陳謝（疏） 431-111- 10
上仁宗論乞惡罷燕飲安神養氣（疏） 431-118- 11
上神宗乞施行封事（疏） 431-203- 18
上哲宗乞下求言詔書 431-207- 18
上哲宗論宋彭年等言事獲罪乞速下求言之詔（疏） 431-208- 18
上哲宗乞刪去求言詔書中六事（疏） 431-209- 18
上哲宗論民封事乞降出施行(疏） 431-213- 19
上哲宗論看詳臣民封事乞留備規戒或議施行（疏） 431-214- 19
上英宗乞裁決幾務（疏） 431-233- 21
上神宗論政府言職選相攻毀乞斷以大公至正之道（疏） 431-235- 21
上哲宗乞精察群臣之言決以聖意（疏） 431-238- 21
上仁宗論謹習（疏） 431-272- 24
上英宗乞不受尊號（疏） 431-283- 25
上英宗乞不受尊號更下詔書深自咎責（疏） 431-283- 25
上神宗乞斷以聖意勿受尊號之請（疏） 431-284- 25
上英宗論後宮等級（疏） 431-319- 29
上仁宗乞謹擇儲貳或典宿衞尹京邑以鎮安人心（疏） 431-330- 30
上仁宗論根本未建（疏） 431-334- 30
上仁宗乞早定至策（疏） 431-336- 30
上仁宗乞檢會至和中三狀早賜施行（疏二則） 431-343- 31
上仁宗乞遣近上內臣召皇姪就職（疏） 431-348- 31
上仁宗乞早令皇子入內（疏） 431-348- 31
上仁宗論召還袞國公主宅內臣（疏） 431-363- 33
上仁宗論袞國公主入居禁中(疏） 431-364- 33
上仁宗論張堯佐除四使不當(疏） 431-373- 34
上仁宗論妃不可同皇后皆贈三代（疏） 431-378- 34
上英宗論未可推恩后族（疏） 431-378- 34
上仁宗論日食遇陰雲不見乞不稱賀（疏） 431-464- 41
上神宗乞訪四方雨水（疏） 431-478- 42
上哲宗乞合兩省爲一（疏） 431-572- 47
上英宗乞詔侍從直宿以備訪問（疏） 431-597- 49
上英宗乞詔侍從直宿以備訪問（疏） 431-598- 49
上英宗乞詔侍從直宿以備訪問（疏） 431-599- 49
上英宗乞開講筵不可以寒暑爲辭（疏） 431-608- 50
上英宗論既開講筵未宜遽罷(疏） 431-608- 50
上神宗論擇言事官當以三事爲先（疏） 431-640- 52
上神宗論不當復翰下舍人院須令草李定詞頭（疏）附貼黃 431-648- 52
上哲宗論戶部錢穀宜歸（疏） 431-711- 58
上哲宗乞六曹長官專達（疏） 431-712- 58
上英宗乞委件讀官提舉皇太子左右之人（疏） 431-737- 60
上仁宗論押班須年五十（疏） 431-751- 61
上仁宗論御藥院劉保信等與授外

任不得閤理官資（疏） 431-754- 62
上英宗論張茂則年未及五十不可爲押班（疏） 431-755- 62
上英宗論任守忠十罪（疏） 431-755- 62
上英宗乞御藥院等處親加選擢（疏） 431-756- 62
上神宗論御藥院高居簡(疏三則) 431-760- 62
上神宗論御藥院王中正乞盡罷寄資令補外官（疏） 431-761- 62
上神宗再論王中正及不當令內臣采訪外事（疏） 431-762- 62
上哲宗乞罷將官（疏） 431-787- 64
上哲宗乞罷提舉官（疏） 431-818- 67
上仁宗論不宜給麥允言鹵簿(疏) 431-838- 69
上英宗論兩府遷官（疏） 431-838- 69
上英宗論近臣濫恩（疏） 431-839- 69
上神宗論王廣淵章服職名（疏） 431-840- 69
上神宗論郭昭選除閤職（疏） 431-841- 69
上英宗乞以臣寮所舉官置簿親加選擇（疏） 431-857- 71
上哲宗乞以十科舉人（疏） 431-860- 71
上英宗乞罷進奏補外親（疏） 431-888- 74
上神宗辭免樞密副使恩命（疏三則）附貼黃 431-898- 75
上英宗乞令朝臣轉對（疏） 431-914- 77
上神宗答詔論學校貢舉之法(疏) 431-935- 78
上仁宗乞舉孝廉及更立明經格式（疏） 432- 2- 80
上哲宗乞置經明行修科（疏） 432- 13- 81
上仁宗論制策當取直言（疏） 432- 24- 82
上仁宗乞施行制策所言（疏） 432- 25- 82
上神宗論近歲士人習高奇之論誦老莊之言（疏） 432- 35- 83
上仁宗乞罷寺觀賜額（疏） 432- 46- 84
上英宗論明堂配侑（疏） 432- 81- 86
上仁宗論壽星觀御容（疏） 432- 95- 88
上英宗乞行禮官所奏典故（疏） 432-106- 89
上英宗論濮安懿王稱安懿皇(疏) 432-109- 89
（爲濮議）上英宗乞留呂海等（疏） 432-115- 90
上英宗乞召還傅堯俞等下詔更不稱親（疏） 432-120- 90
（爲濮議）上英宗乞早賜責降疏 432-121- 90
上英宗論後殿起居（疏） 432-136- 92
上神宗乞宰臣押班一依舊制(疏) 432-136- 92
上仁宗乞罷上元連日游幸（疏） 432-142- 92
上仁宗論董充媛賜謚册禮（疏） 432-151- 93
上英宗乞撤去福寧殿前尼女(疏) 432-152- 93
上英宗論遣奠盡哀（疏） 432-152- 93
上英宗乞親行虞祭（疏） 432-152- 93
上英宗乞親行虞祭（疏） 432-153- 93
上仁宗論夏竦不當謚文正（疏二則） 432-165- 95
上仁宗乞發遣親事官吳清等照證公事（疏） 432-211- 99
上仁宗論不可赦赦（疏） 432-217- 100
上神宗辭賜金（疏） 432-219- 100
上神宗乞聽辛臣辭免郊賜（疏） 432-220- 100
上仁宗乞減冗雜節用度（疏） 432-234- 101
上仁宗論理財三事乞置總計使（疏） 432-235- 102
上仁宗論勸農莫如重穀（疏） 432-283- 105
上英宗論灾傷除盜（疏） 432-290- 106
上神宗乞選河北監司賑濟飢民（疏） 432-291- 106
上哲宗乞趁時收糴常平斛斗(疏) 432-310- 107
上神宗乞罷條例司常平使者(疏) 432-373- 111
上神宗乞自擇臺諫（疏） 432-418- 114
上神宗乞免永興軍路青苗免役錢（疏） 432-426- 115
上神宗論王安石（疏） 432-427- 115
上神宗應詔言朝政闕失（疏） 432-451- 117
上哲宗論新法便民者存之病民者去之（疏） 432-461- 117
上哲宗論呂公著所陳利害（疏） 432-465- 117
上哲宗乞省覽農民封事（疏） 432-466- 118
上哲宗乞議革新法之不便者(疏) 432-469- 118
上哲宗乞罷免役（疏） 432-474- 118
上哲宗約束州縣抑配青苗錢(疏) 432-479- 118
上英宗乞罷招軍（疏） 432-510- 121
上神宗論揀禁軍（疏） 432-511- 121
上英宗乞罷刺陝西義勇(疏五則) 432-539- 123
上神宗乞不令陝西義勇戍邊及刺充正軍（疏） 432-546- 123
上哲宗乞盡罷諸處保甲（疏） 432-549- 124
上仁宗論夜間宮門（疏） 432-571- 126
上英宗乞罷修感慈塔（疏） 432-593- 128
上英宗論禁中修造（疏） 432-594- 128
上英宗乞戒邊城濶略細故（疏） 432-723- 136
上英宗乞留意邊事（疏） 432-724- 136

史部

詔令奏議類：附錄

奏議上五畫

上神宗論納橫山非便（疏） 432-728-136
上神宗論中國當守信義不可輕議用兵（疏） 432-742-137
上神宗諫西師（疏） 432-743-137
上哲宗乞還西夏元寨（疏） 432-758-138
君德（疏）——陳論三德劄子 433- 19- 1
君德（疏）——乞簡省細務不必盡關聖賢箚子 433- 21- 1
君德（疏） 433- 22- 1
君德（疏） 433- 27- 2
聖學（疏）三則 433-139- 6
聖學（疏）——乞經筵訪問疏 433-140- 6
聖學（疏）——上孝經指解 433-149- 6
孝親（疏）——古者仁君嗣位必踰年然後改元 433-247- 10
孝親（疏）——上兩宮疏 433-248- 10
孝親（疏）——當奉事皇太后孝謹 433-249- 10
孝親（疏）——奉養皇太后孝謹如禮 433-250- 10
孝親（疏）——乞加意奉養射親萬歲 433-251- 10
孝親（疏）——以事濮王之禮事皇太后 433-252- 10
孝親（疏）——朝夕與中官侍養皇太后左右膳羞藥餌躬親進獻 433-253- 10
郊廟（疏）——論壽星觀御容狀 433-458- 19
郊廟（疏）——論明堂配侑疏 433-463- 19
郊廟（疏）——乞改郊禮箚子 433-464- 19
郊廟（疏）——議祧遷狀 433-470- 19
治道（疏）——進五規狀（保業等五則） 433-795- 32
治道（疏）——論致治之道任官信賞必罰三者 433-801- 32
治道（疏） 433-849- 34
治道（疏）二則 433-851- 34
治道（疏）——上體要疏 434- 1- 36
治道（疏）——進修心治國之要箚子 434-117- 39
治道（疏） 434-119- 39
法祖（疏） 435- 5- 69
法祖（疏）——請更張新法 435- 6- 69
儲嗣（疏）——請建儲副狀 435- 83- 72
儲嗣（疏）二則 435- 85- 72
儲嗣（疏）——乞建儲上箚子 435- 88- 72
儲嗣（疏）——請早令皇子入內 435- 88- 72
儲嗣（疏） 435-105- 73
內治（疏）二則 435-137- 74
內治（疏）——乞放宮人箚子二則 435-138- 74
宗室（疏）——乞召皇姪就職奏 435-187- 76
仁民（疏）——乞罷散青苗錢白箚子 436- 75-106
務農（疏）——論勸農箚子二篇 436-185-110
務農（疏） 436-187-110
學校（疏） 436-233-114
風俗（疏）——謹習疏 436-287-116
禮樂（疏）——上論後殿起居箚子 436-365-119
禮樂（疏）——論階級箚子 436-366-119
禮樂（疏）——言濮王典禮箚子 436-366-119
禮樂（疏）——議濮安王合行典禮狀 436-367-119
禮樂（疏）——論濮安懿王稱安懿皇疏 436-368-119
禮樂（疏）---乞宰臣押班一依舊制疏 436-369-119
論董充媛賜謚册禮疏 436-455-123
乞遣告哀使箚子 436-456-123
乞撤去福寧殿前尼女箚子 436-457-123
遣奠箚子 436-457-123
喪禮（疏） 436-458-123
言山陵擇地箚子 436-487-125
用人（疏） 436-722-135
論御藥院劉保信等與授外任不得閒理官資狀 436-722-135
用人（疏） 436-723-135
論擇言事官當以三事爲先（疏） 436-735-135
再舉諫官箚子 436-735-135
論不當復箚下舍人院須令草李定詞頭（疏）附貼黃 436-736-135
薦范祖禹狀 436-736-135
乞令監司州縣各舉按所部官吏白箚子 436-795-138
建官（疏）四則 437-434-161
選舉（疏）——論舉選狀 437-536-164
選舉（疏）——制策等第狀 437-538-164
選舉（疏二則） 437-563-165
選舉（疏） 437-572-166
選舉（疏）——論貢舉狀 437-573-166

四庫全書文集篇目分類索引　1253

選舉（疏）　437-577-166
選舉（疏）　437-599-167
選舉（疏）——正科場箚子　437-600-167
選舉（疏二則）　437-604-167
考課（疏）——乞分十二等以進退群臣上殿箚子　437-719-172
考課（疏）——論兩府遷官狀　437-721-172
去邪（疏）——論王逵　438- 59-175
去邪（疏）——論張田狀　438- 59-175
去邪（疏）——又論張田狀　438- 59-175
去邪（疏）——論程戡　438- 70-176
去邪（疏）——（論程戡）　438- 70-176
去邪（疏）——論陳述古　438- 71-176
去邪（疏）——論皮公弼　438- 71-176
去邪（疏）——論王廣淵　438- 72-176
去邪（疏）——論王廣淵二則　438- 77-176
去邪（疏）——論郭昭選除閣職狀　438- 78-176
去邪（疏）——論王安石疏　438- 78-176
去邪（疏）——論王安石疏　438- 79-176
去邪（疏）——（論王安石不定劉琦錢顗貶謫不當）　438- 97-177
賞罰（疏）——言兩府遷官疏兩則　438-380-188
賞罰（疏）——乞罷近臣恩命上殿疏　438-381-188
賞罰（疏）——辭賜金箚子　438-384-188
賞罰（疏）——論王廣淵章服職名疏　438-385-188
節儉（疏）二則　438-466-191
節儉（疏）——奏乞制國用　438-467-191
節儉（疏）二則　438-469-191
節儉（疏）——乞節用箚子　438-471-191
節儉（疏）　438-474-192
戒佚欲（疏）三則　438-525-194
慎微（疏）——論臣寮上殿屏人箚子　438-571-196
謹名器（疏）——論麥允言給鹵簿狀　438-605-197
謹名器（疏）——論王廣淵箚子　438-609-197
求言（疏）——乞延訪羣臣上殿箚子共五篇　438-654-199
求言疏——乞降封事簽帖箚子　438-663-199
求言疏——乞開言路箚子　438-664-199
求言（疏）　438-666-199

聽言（疏）——論張堯佐狀　438-750-202
聽言（疏）二則　438-754-202
聽言（疏）二則　438-758-203
聽言（疏）——自擇臺諫箚子　438-759-203
聽言（疏）三則　438-768-203
法令（疏）　439- 71-210
法令（疏）——論有犯惡逆不令長官自勘疏　439- 75-211
法令(疏)——乞罷刺陝西義勇狀　439- 75-211
法令（疏）——議謀殺已傷案問欲舉而自首狀　439- 81-211
法令(疏)——乞不帖例貸配箚子　439- 90-211
法令（疏）——乞令六曹刪減條貫箚子　439- 91-211
慎刑疏　439-197-216
赦宥（疏）——論赦及疏決狀　439-253-218
赦宥（疏）——論赦箚子　439-254-218
赦宥（疏）　439-257-218
兵制（疏）——論揀兵疏　439-294-220
兵制（疏）——乞罷刺陝西義勇事五則　439-303-220
兵制（疏）——言招軍箚子　439-309-220
兵制（疏）——乞不令陝西義勇戍邊及刺充正兵箚子　439-312-220
兵制（疏）——乞留諸州屯兵箚子　439-312-220
兵制（疏）——乞不揀退軍置准南箚子　439-312-220
兵制（疏）——乞罷將官上狀二則　439-321-221
征伐（疏）——諫西征疏　439-564-230
征伐（疏）——請革弊箚子　439-579-231
任將（疏）——論張方平狀三則　439-719-237
任將（疏）——論趙滋二則　439-733-237
任將（疏）——言程戡施昌言箚子　439-734-237
荒政（疏）——論荒政箚子　440- 23-244
荒政（疏）——言蓄積箚子　440- 28-244
荒政（疏）——言錢糧箚子　440- 29-244
荒政（疏）——乞訪四方雨水疏　440- 32-244
荒政（疏）——乞選河北監司賑濟饑民疏　440- 32-244
荒政（疏）——論賑濟箚子　440- 45-245
荒政（疏）——乞趁時收羅常平斛斗箚子　440- 46-245

史部

詔令奏議類：附錄

奏議上五畫

水利（疏） 440-156-249
水利（疏）——乞優賞宋昌言箚子 440-159-250
賦役（疏）——論衙前箚子 440-282-255
賦役（疏）——乞免永興軍路苗役錢箚子 440-284-255
賦役（疏）——乞去新法之病民傷國者疏 440-308-256
賦役（疏）——乞罷免役錢狀 440-311-256
賦役（疏）——乞罷免役錢依舊差役疏 440-312-256
賦役（疏）——乞不改更罷役錢勅箚子 440-314-256
賦役（疏）——乞申明役法箚子 440-315-256
賦役（疏）——乞再申明役法箚子 440-316-256
賦役（疏）——乞申敕州縣依前勅差役箚子 440-317-256
理財（疏）——論財利（疏） 440-486-264
理財（疏三則） 440-495-264
理財（疏）——乞罷條例司常平使疏 440-538-266
理財（疏）——論錢穀宜歸一疏 440-615-269
經籍（疏）——乞印行荀子揚子法言狀 440-749-275
國史（疏）——乞令校定資治通鑑所寫稿古錄箚子 440-773-276
謚號（議）——乞改故贈中書令夏竦謚議二首 440-897-281
謚號（議）——乞英宗辭受尊號二則 440-908-282
謚號（議）——乞神宗辭受尊號 440-911-282
謚號（議）——乞罷充媛董氏議謚及策禮事 440-916-282
褒贈（疏）——上論后妃封贈箚子 441-18-283
褒贈——乞罷進奏補外親箚子 441-18-283
褒贈（疏）——乞矜恤陳洙遺孤狀 441-19-283
褒贈（劉忠疏） 441-26-284
禮臣（疏三則） 441-58-285
禮臣（疏） 441-74-286
外戚（疏） 441-137-289
外戚（疏）——論李瑋知衞州狀 441-138-289
外戚（疏） 441-140-289

近習（疏） 441-184-292
近習（疏）——論押班須年五十疏 441-184-292
近習（疏）——論張茂則箚子 441-189-292
近習（疏）——論任守忠疏三則 441-189-292
近習（疏）——論內侍差遣（疏） 441-191-292
近習（疏）——論御藥院王中正乞盡罷寄資令補外官狀 441-192-292
近習（疏）——又論王中正及不當令內臣采訪外事狀 441-193-292
近習（疏）——論高居簡狀三則 441-193-292
災祥（疏）——論日食遇陰雲不見乞不稱賀狀 441-395-301
災祥（疏）——乞體量京西陝西災傷疏 441-396-301
災祥（疏）——乞車駕早出祈雨箚子 441-396-301
災祥（疏）——應詔言朝政闕失狀 441-432-302
營繕（疏） 441-743-316
營繕（疏）——論修造箚子 441-744-316
弭盜（疏）——論兩浙不宜添置弓手狀 441-785-317
弭盜（疏）——論除盜箚子 441-787-318
弭盜（疏）——乞罷保甲招置長名弓手狀 441-800-318
禦邊（疏）——言備邊箚子 442-223-329
備邊疏——乞戒邊城濶略細故上疏 442-224-329
禦邊（疏）——乞留意邊事上疏 442-225-329
禦邊（疏）——乞留諸州屯兵箚子 442-241-330
四裔（疏）——論環州事宜狀 442-603-343
四裔（疏）——論夏國入弔箚子 442-603-343
四裔（疏）——橫山箚子 442-609-343
四裔（疏）——論納橫山非便 442-609-343
四裔（疏）——論召陝西邊臣箚子 442-615-344
四裔（疏）——論西夏箚子 442-636-345
四裔（疏）——乞未禁西市先赦西人箚子 442-639-345
四裔（疏）——乞先赦西人箚子 442-640-345
四裔（疏）——乞撫納西人箚子 442-642-345
進瞻彼南山詩表 549-91-184
進古文孝經指解表 549-92-184

四庫全書文集篇目分類索引

進通志表	549-93- 184
謝賜資治通鑑序表	549-93- 184
謝提舉崇福宮表	549-94- 184
進資治通鑑表	549-94- 184
乞令校資治通鑑所寫稀古錄劄子	549-110- 185
論復置豐州劄子	556-147- 86
言陳述古劄子	556-147- 86
乞罷刺陝西義勇第四劄子	556-148- 86
諫征西疏	556-150- 86
知永興軍謝上表	556-196- 87
論屈野河西修堡狀	556-204- 87
乞罷修腹內城壁樓櫓及器械狀	556-206- 87
乞罷修壽星觀（疏）	587-680- 14
乞罷脩感慈塔（疏）	587-680- 14
乞停寢京城不急脩造（疏）	587-681- 14
言濮王典禮當如王珪議劄子	1093-459- 附
爲龐相公讓明堂加恩第一第二表	1094-169- 17
爲龐相公讓明堂禮成轉官表	1094-170- 17
爲文相公謝賜神道碑文表	1094-170- 17
爲文相公求退第二表	1094-171- 17
爲龐相公讓官表	1094-171- 17
爲龐相公再讓宰相表	1094-172- 17
爲龐相公謝官表	1094-172- 17
爲文相公許州謝上表	1094-173- 17
爲滑州張龍圖賀章獻章懿皇后祔廟表	1094-173- 17
謝中冬衣襖表	1094-174- 17
進交阯獻奇獸賦表	1094-174- 17
進瞻彼南山詩表	1094-174- 17
進古文孝經指解表	1094-175- 17
進通志表	1094-176- 17
謝二股河北流已閉賜獎諭勅書并對衣金帶鞍轡馬表	1094-176- 17
賀皇子降生表	1094-177- 17
賀皇子昕建節表	1094-177- 17
謝賜資治通鑑序表	1094-177- 17
知永興軍謝上表	1094-178- 17
遺表	1094-178- 17
慰太皇太后上仙表	1094-181- 17
謝提舉崇福宮表	1094-181- 17
進資治通鑑表	1094-182- 17
賀立皇太子表	1094-183- 17
謝宣諭表	1094-183- 17
謝門下侍郎表	1094-184- 17
上皇帝謝賜生日禮物表	1094-184- 17
上皇帝辭免正議大夫表	1094-185- 17
上皇帝謝轉正議大夫表	1094-185- 17
謝起居減拜表	1094-186- 17
奏彈王安石表	1094-187- 17
謝賜銀絹表	1094-187- 17
論兩浙不宜添置弓手狀	1094-189- 18
爲孫太博乞免廣南轉運判官狀	1094-190- 18
論屈野河西修堡狀	1094-191- 18
論屈野河西修堡第二狀	1094-192- 18
論麥允言給鹵簿狀	1094-193- 18
乞印行筍子揚子法言狀	1094-193- 18
修築皇地祇壇狀	1094-193- 18
論劉平招魂葬狀	1094-194- 18
論張堯佐除宣徽使狀	1094-194- 18
論夏竦謚狀	1094-195- 18
論夏竦謚第一狀	1094-196- 18
論周琰事乞不坐馮浩狀	1094-197- 18
奉乞移高禖壇狀	1094-197- 18
請建儲副或進用宗室第一二三狀	1094-198- 19
乞號州第一二三狀	1094-202- 19
辭修起居注第一至第五狀	1094-203- 19
日食遇陰雲不見乞不稱賀狀	1094-207- 20
陳三德上殿劄子	1094-207- 20
言御臣上殿劄子	1094-208- 20
言揀兵上殿劄子	1094-209- 20
論赦及疏決狀	1094-211- 20
薦鄭揚庭劄子	1094-212- 20
薦劉巒劄子	1094-212- 20
論舉選狀	1094-212- 20
論移張叔詹知蔡州不當狀	1094-214- 20
進五規狀 保業惜時遠謀重微務實	1094-215- 21
乞分十二等以進退羣臣上殿劄子	1094-221- 21
乞施行制策劄子	1094-223- 21
乞建儲上殿劄子	1094-224- 22
乞建儲上殿第二劄子	1094-224- 22
論荒政上殿劄子	1094-224- 22
論勸農上殿劄子	1094-225- 22
論臣寮上殿屏人劄子	1094-225- 22
論制策等第狀	1094-226- 22
乞免北使狀	1094-226- 22
（乞免北使）第二狀	1094-226- 22
論燕飲狀	1094-227- 22
論兩府遷官狀	1094-227- 22
論夜開宮門狀	1094-227- 22
乞矜恤陳洪遺孤狀	1094-228- 22

史部

詔令奏議類：附錄

奏議上五畫

四庫全書文集篇目分類索引

史部

詔令奏議類：附錄

奏議上五畫

論環州事宜狀	1094-228-	22
論蘇安靜狀	1094-229-	22
論張方平狀	1094-229-	22
論張方平第二三狀	1094-229-	22
論公主宅內臣狀	1094-231-	23
乞懲勸均稅官吏狀	1094-232-	23
論以公使酒食遺人刑名狀	1094-232-	23
論諸科試官狀	1094-233-	23
論上元令婦人相撲狀	1094-233-	23
言張田狀	1094-234-	23
言張田第二狀	1094-234-	23
論李瑋知衢州狀	1094-235-	23
論皇城司巡察視事官劄子	1094-235-	23
論復置豐州劄子	1094-236-	23
論上元遊幸劄子	1094-236-	23
論正家上殿劄子	1094-236-	23
乞優老上殿劄子	1094-237-	23
辭知制誥狀	1094-239-	24
辭知制誥第二至第九狀	1094-240-	24
除待制舉官自代狀	1094-245-	24
上殿謝官劄子	1094-245-	24
上謹習疏	1094-245-	24
論因差遣例除監司劄子	1094-250-	25
論財利疏	1094-250-	25
乞施行制國用疏上殿劄子	1094-258-	26
乞召皇姪就職上殿劄子	1094-259-	26
論覃恩劄子	1094-259-	26
請早令皇子入內劄子	1094-259-	26
乞直講不限年及出身劄子	1094-260-	26
乞復夏倚差遣劄子	1094-260-	26
乞推恩老臣劄子	1094-261-	26
論董淑妃諡議策禮劄子	1094-261-	26
論寺額劄子	1094-262-	26
言賈黯劄子	1094-262-	26
言王逵劄子	1094-262-	26
言王逵第二劄子	1094-263-	26
言陳烈劄子	1094-263-	26
論赦劄子	1094-264-	26
言壽星觀御容劄子	1094-264-	26
論儀鸞失火劄子	1094-265-	26
論后妃封贈劄子	1094-266-	27
乞以假日入問聖禮劄子	1094-267-	27
乞遣告哀使劄子	1094-267-	27
言遺賜劄子	1094-270-	27
言遺賜第二劄子	1094-270-	27
上皇帝疏	1094-271-	27
言山陵擇地劄子	1094-272-	27
論御藥寄資劄子	1094-274-	28
乞令皇子伴讀官提舉皇子左右人劄子	1094-274-	28
上兩宮疏	1094-275-	28
論夏國入弔劄子	1094-276-	28
論進賀表恩澤劄子	1094-277-	28
乞簡省細務不必盡關聖覽上殿劄子	1094-277-	28
乞裁決械務上殿劄子	1094-278-	28
乞體量京西陝西災傷劄子	1094-278-	28
言趙滋劄子	1094-278-	28
言趙滋第二劄子	1094-279-	28
乞撤去福寧殿前尼女劄子	1094-279-	28
言遣奠劄子	1094-280-	28
論後殿起居劄子	1094-280-	28
論皇地祇劄子	1094-280-	28
論虞祭劄子	1094-281-	28
論虞祭第二劄子	1094-281-	28
言醫官劄子	1094-282-	29
言醫官第二劄子	1094-282-	29
言張茂則劄子	1094-283-	29
乞放宮人劄子	1094-284-	29
上皇帝疏	1094-285-	29
乞開講筵劄子	1094-286-	29
言程戡劄子	1094-286-	29
言程戡第二劄子	1094-287-	29
言後宮等級劄子	1094-287-	29
乞延訪群臣上殿劄子	1094-288-	30
乞延訪群臣第二三四劄子	1094-289-	30
言奉養上殿劄子	1094-291-	30
言奉養上殿第二三四劄子	1094-291-	30
言永昭陵建寺劄子	1094-294-	30
乞車駕早出祈雨劄子	1094-295-	30
乞今後有犯惡逆不令長官自劾劄子	1094-295-	30
貢院定奪科場不用詩賦狀	1094-296-	30
言爲治所先上殿劄子	1094-298-	31
論皇太后取索劄子	1094-300-	31
乞后族不推恩劄子	1094-301-	31
言兩府遷官劄子	1094-303-	31
言兩府遷官第二劄子	1094-304-	31
乞罷修感慈塔劄子	1094-304-	31
乞罷近臣恩命上殿劄子	1094-305-	31

四庫全書文集篇目分類索引　1257

陳治要上殿箚子	1094-306-	32	乞經筵訪問上殿箚子	1094-346-	37
言程戡施昌言箚子	1094-307-	32	乞令選人試經義上殿箚子	1094-347-	37
言任守忠箚子	1094-307-	32	論追尊濮安懿王爲安懿皇箚子	1094-347-	37
言任守忠第二第三箚子	1094-307-	32	留呂誨等箚子	1094-348-	37
言內侍差遣上殿箚子	1094-309-	32	留傅堯俞等箚子	1094-348-	37
言講筵箚子	1094-313-	33	乞與傅堯俞等同責降上殿箚子	1094-349-	37
乞講尚書箚子	1094-313-	33	乞責降第二三四箚子	1094-349-	37
言除盜箚子	1094-313-	33	請不受尊號箚子	1094-350-	37
言備邊箚子	1094-314-	33	議祧遷狀	1094-351-	37
言蓄積箚子	1094-315-	33	辭翰林學士第一第二狀	1094-352-	37
言階級箚子	1094-316-	33	辭免翰林學士上殿箚子	1094-352-	37
言舉官上殿箚子	1094-317-	33	乞王陶只除舊職箚子	1094-353-	37
言陳述古箚子	1094-317-	33	留呂奎箚子	1094-354-	38
言皮公弼箚子	1094-318-	33	初除中丞上殿箚子	1094-355-	38
言皮公弼第二箚子	1094-319-	33	乞罷詳定宰臣押班箚子	1094-355-	38
言王廣淵箚子	1094-319-	33	留韓維呂景箚子	1094-356-	38
言王廣淵第二箚子	1094-320-	33	乞御殿箚子	1094-356-	38
乞罷陝西義勇箚子	1094-321-	34	論宰臣押班箚子	1094-357-	38
乞罷陝西義勇第二上殿箚子	1094-322-	34	乞訪四方雨水箚子	1094-357-	38
乞罷刺陝西義勇第三四箚子	1094-323-	34	乞簡省舉御史條約上殿箚子	1094-358-	38
乞罷刺陝西義勇第五上殿箚子	1094-326-	34	上聽斷書	1094-358-	38
乞罷刺陝西義勇第六箚子	1094-327-	34	乞更不責降王陶箚子	1094-359-	38
乞降黜第一狀	1094-328-	34	言王廣淵箚子	1094-360-	38
乞降黜第二三四狀（闕）	1094-328-	34	言王廣淵第二三箚子	1094-360-	38
乞降黜第五狀	1094-328-	34	言郭昭選箚子附貼黃	1094-361-	38
乞降黜上殿箚子	1094-329-	34	言賑贍流民箚子	1094-363-	39
言招軍箚子	1094-329-	35	言施行封事上殿箚子	1094-364-	39
言錢糧上殿箚子	1094-330-	35	言高居簡箚子	1094-365-	39
言西邊上殿箚子	1094-331-	35	言高居簡第二箚子	1094-365-	39
論修造箚子	1094-333-	35	言高居簡第三上殿箚子	1094-366-	39
爲宰相韓琦等議濮安懿王合行典			言高居簡第四箚子	1094-366-	39
禮狀	1094-334-	35	言高居簡第五上殿箚子	1094-367-	39
與翰林學士王珪等議濮安懿王典			言王中正箚子	1094-367-	39
禮狀	1094-334-	35	言王中正第二三箚子	1094-368-	39
言孫長卿箚子	1094-335-	35	言石梓箚子	1094-369-	39
言孫長卿第二箚子	1094-335-	35	辭賜金箚子	1094-369-	39
言北邊上殿箚子	1094-336-	35	辭賜金第二箚子	1094-370-	39
上皇帝疏	1094-337-	36	議謀殺已傷案問欲舉而自首狀	1094-371-	40
乞節用上殿箚子	1094-341-	36	議貢舉狀	1094-373-	40
乞令朝臣轉對箚子	1094-341-	36	論衙前箚子	1094-378-	41
乞不受尊號箚子	1094-342-	36	言橫山箚子	1094-379-	41
言濮王典禮箚子	1094-342-	36	論橫山疏	1094-379-	41
乞改郊禮箚子	1094-343-	36	言橫山上殿箚子	1094-383-	41
辭龍圖閣直學士狀	1094-344-	36	論不得言赦前事上殿箚子	1094-383-	41
辭龍圖閣直學士第二三狀	1094-344-	36	言張方平箚子	1094-383-	41

史部

詔令奏議類：附錄

奏議上五畫

史部

詔令奏議類：附錄

奏議上五畫

言張方平第二劄子	1094-383- 41	乞以除拜先後立班第二劄子	1094-440- 46
除兼侍讀學士乞先次上殿劄子	1094-384- 41	請更張新法劄子	1094-441- 47
乞免翰林學士劄子	1094-384- 41	乞改求諫詔書劄子	1094-442- 47
辭免館伴劄子	1094-385- 42	辭門下侍郎劄子	1094-443- 47
辭免裁減國用劄子	1094-386- 42	辭門下侍郎第二劄子	1094-443- 47
請不受尊號劄子附手詔批答	1094-386- 42	乞申明求諫詔書劄子	1094-444- 47
乞聽宇臣等辭免郊賜劄子	1094-387- 42	看閱呂公著所陳利害劄子	1094-445- 47
舉諫官劄子	1094-389- 42	乞罷保甲劄子	1094-445- 47
論召陝西邊臣劄子	1094-389- 42	乞罷免役錢狀	1094-447- 47
論風俗劄子	1094-390- 42	乞罷將官狀	1094-449- 48
論貴降劉述等劄子	1094-390- 42	乞降臣民奏狀劄子	1094-451- 48
再舉諫官劄子	1094-391- 42	乞降封事簽帖劄子	1094-452- 48
乞優賞宋昌言劄子	1094-391- 42	乞省覽農民封事劄子	1094-452- 48
再乞資蔭人試經義劄子	1094-392- 42	與呂公著同舉程頤劄子	1094-453- 48
乞不揀退軍置淮南劄子	1094-393- 42	乞裁斷政事劄子	1094-453- 48
邇英奏對	1094-393- 42	議可劄子	1094-454- 48
上體要疏	1094-396- 43	進孝經指解劄子	1094-457- 49
辭樞密副使劄子	1094-401- 43	辭轉官劄子	1094-458- 49
辭樞密副使第二三四劄子	1094-402- 43	辭轉官第二至第五劄子	1094-458- 49
辭樞密副使第五劄子附貼黃	1094-403- 43	請革弊劄子	1094-459- 49
辭樞密副使第六劄子	1094-404- 43	乞罷免役錢依舊差役劄子	1094-461- 49
乞罷條例司常平使疏	1094-405- 44	辭免醫官劄子	1094-463- 49
請自擇臺諫劄子	1094-409- 44	辭放正謝劄子	1094-464- 49
論李定劄子附貼黃	1094-409- 44	審內批指揮劄子	1094-464- 49
乞免永興軍路苗役錢劄子	1094-410- 44	辭放正謝第二三劄子	1094-464- 49
乞不令陝西義勇戍邊及刺充正兵劄子	1094-411- 44	論西夏劄子	1094-465- 50
乞留諸州屯兵劄子	1094-411- 44	乞未禁私市先赦西人劄子	1094-469- 50
謀西征疏	1094-412- 45	乞先赦西人第二劄子	1094-469- 50
應詔言朝政闕失狀	1094-414- 45	乞不改更罷役錢敕劄子	1094-470- 50
薦范祖禹狀	1094-420- 45	乞罷提舉官劄子	1094-471- 50
再乞西京留臺狀	1094-420- 45	論錢穀宜歸一劄子	1094-473- 51
乞奔神宗皇帝喪狀	1094-421- 45	乞申敕州縣依前赦差役劄子	1094-474- 51
乞不添屯軍馬	1094-424- 45	隨乞宮觀表辭位劄子	1094-475- 51
奏乞兵官與趙瑜同訓練駐泊兵士狀	1094-426- 45	辭位第二劄子	1094-475- 51
乞開言路劄子	1094-428- 46	爲病未任入謝劄子	1094-476- 51
進修心治國之要劄子狀	1094-429- 46	辭左僕射第一二三劄子	1094-476- 51
乞去新法之病民傷國者疏	1094-431- 46	乞黃庭堅同校資治通鑑劄子	1094-477- 51
乞罷保甲狀	1094-434- 46	乞令校定資治通鑑所寫稿古錄劄子	1094-478- 52
乞開言路狀	1094-436- 46	論賑濟劄子	1094-479- 52
謝御前劄子催赴闕狀	1094-437- 46	乞撫納西人劄子	1094-480- 52
奏乞所欠青苗錢許重疊倚閣狀	1094-438- 46	辭接續支俸劄子	1094-481- 52
奏爲乞不將米折青苗錢狀	1094-439- 46	乞罷將官劄子	1094-481- 52
乞以除拜先後立班劄子	1094-440- 46	舉張舜民等充館閣劄子	1094-483- 53
		辭三日一至都堂劄子	1094-483- 53

四庫全書文集篇目分類索引

辭入對小殿箚子	1094-484- 53	永興謝上表	1350-691- 65
辭男康章服箚子	1094-485- 53	進資治通鑑表	1350-691- 65
乞與諸位往來商量公事箚子	1094-485- 53	濮安懿王典禮儀	1351-200- 105
乞進呈文字箚子	1094-485- 53	進稽古論表	1352-101- 2下
乞進呈文字第二三四箚子	1094-486- 53	慰國哀上皇帝表	1352-105- 3上
乞赴延和殿起居箚子	1094-487- 53	謝除門下侍郎表	1352-150- 4上
乞官劉恕一子箚子	1094-487- 53	乞宮觀表	1352-271- 7中
乞不拒絕西人請地箚子	1094-488- 53	上皇帝直言書	1353- 50- 52
乞以十科舉士箚子	1094-489- 54	謹習疏	1354-126- 17
起請科場箚子	1094-490- 54	保業（疏）	1354-130- 17
謝免北使朝見日起居狀	1094-494- 54	上資治通鑑表	1359-179- 23
申明役法箚子	1094-495- 55	永興謝上表	1382-334- 2
乞罷保甲招置長名弓手箚子	1094-497- 55	進資治通鑑表	1394-420- 4
乞先行經明行修科箚子	1094-501- 56	永興謝上表	1394-421- 4
所舉孫準有罪自劾箚子	1094-501- 56	上謹習疏	1403-111- 102
所舉孫準有罪自劾第二箚子	1094-501- 56	上體要疏	1403-115- 102
後殿常起居乞拜箚子	1094-501- 56	乞罷保甲疏	1403-120- 102
辭大禮使箚子	1094-502- 56	論北邊事宜疏	1403-122- 102
論監司守資格任舉主箚子	1094-502- 56	論青苗錢疏	1403-123- 102
薦王大臨箚子	1094-502- 56	奏彈王安石	1403-578- 141
乞官陳洙一子箚子	1094-502- 56	濮安懿王典禮議	1403-684- 152
辭明堂宿衞箚子	1094-503- 56	論夏悚盜第一狀	1404- 52- 163
辭提舉修實錄箚子	1094-503- 56	請建儲副或進用宗室第一狀	1404- 53- 163
乞合兩省爲一箚子	1094-506- 57	請建儲副或進用宗室第二狀	1404- 55- 163
乞令六朝長官專達箚子	1094-508- 57	請建儲副或進用宗室第三狀	1404- 56- 163
祧廟議	1094-606- 66	論皇城司巡察親事官箚子	1404-122- 170
配天議	1094-606- 66	論正家上殿箚子	1404-123- 170
宗室襲封議	1094-608- 66	乞簡省細務不必盡關聖覽上殿箚子	1404-124- 170
李僕射諡文恭議穆	1094-608- 66		
奉召同修書箚子	1345-560- 附	辭賜金第二箚子	1404-124- 170
乞官劉恕一子箚子	1345-561 附	乞改求諫詔書箚子	1404-126- 170
五規并進狀	1346- 71 5	乞省覽農民封事箚子	1404-126- 170
上皇帝直言書	1346- 77- 5	乞罷刺陝西義勇第二上殿箚子	1404-127- 170
上體要疏	1346- 83- 5	乞聽宰臣等辭免郊賜箚子	1404-129- 170
論皇城司巡察親事官（疏）	1350-507- 48	上殿論御臣箚子	1418-224- 44
請令皇子伴讀提舉左右人（疏）	1350-508- 48	請定儲貳疏	1418-224- 44
論後宮等級（疏）	1350-509- 48	上英宗疏	1418-227- 44
貢院乞逐路取人（疏）	1350-509- 48	論治身先孝治國先公疏	1418-228- 44
進五規狀（保業惜時遠謀重微務實）	1350-511- 48	上英宗言時政闕失疏	1418-230- 44
論治身治國所先（疏）	1350-518- 49	仁宗配明堂議	1418-232- 44
論階級（疏）	1350-520- 49	崇奉濮安懿王典禮議	1418-233- 44
論北邊事宜（疏）	1350-521- 49	應詔論體要（疏）	1418-234- 44
上體要疏	1350-522- 49	辭職疏	1418-239- 44
應詔言朝政闕失（疏）	1350-528- 50	乞省覽農民封事箚子	1418-239- 44
		論皇城司巡察親事官箚子	1418-240- 44

史部　詔令奏議類：附錄　奏議上五畫

四庫全書文集篇目分類索引

五規（疏）并序　　　　　　　　　1418-241- 44
進資治通鑑表　　　　　　　　　　1476-210- 12
●司馬岡晉
儲嗣（疏）——請立清河王覃爲
　　太子　　　　　　　　　　　　435- 59- 71
褒贈（解系疏）　　　　　　　　　441- 4-283
請令清河王覃爲皇太子表　　　　　1398- 65- 4
理淮南王允表　　　　　　　　　　1398- 65- 4
理張華等奏　　　　　　　　　　　1398- 65- 4
理解系等奏　　　　　　　　　　　1398- 66- 4
八坐解系等議　　　　　　　　　　1398- 66- 4
罪王豹奏　　　　　　　　　　　　1398- 66- 4
●司馬孚晉
禮樂（疏）　　　　　　　　　　　436-400-121
禮樂（疏）　　　　　　　　　　　436-400-121
諡號（議）——上明帝議皇后銘
　　旌不宜書魏書姓　　　　　　　440-881-281
請治枋口表　　　　　　　　　　　538-506- 16
請造沁水石門表　　　　　　　　　1398- 60- 4
上武帝除喪復常奏（二則）附武
　　帝詔答二則　　　　　　　　　1398- 61- 4
●司馬伷晉
薦山簡表　　　　　　　　　　　　1398- 62- 4
●司馬攸晉
務農（疏）　　　　　　　　　　　436-172-110
藩國自除長吏議（奏）　　　　　　1398- 62- 4
務農重本議奏　　　　　　　　　　1398- 62- 4
●司馬芝魏
務農（疏）　　　　　　　　　　　436-169-110
●司馬亮晉
日蝕上言附武帝詔報　　　　　　　1398- 64- 4
●司馬貞唐
孝經老子注易傳議　　　　　　　　1340-468-766
●司馬侯（女叔齊）周
司馬侯論三不殉（諫）　　　　　　1355-109- 4
論魯侯不知禮（諫）　　　　　　　1355-109- 4
論三殉　　　　　　　　　　　　　1377-148- 4
●司馬師魏
聖學（疏）——遵先王下問之義　　433-132- 6
●司馬彪晉
駁祀六宗表　　　　　　　　　　　1398-157- 8
●司馬越晉
上惠帝表（二則）　　　　　　　　1398- 70- 4
●司馬康宋
荒政（疏）　　　　　　　　　　　440- 70-245

●司馬歆晉
上言張昌賊狀　　　　　　　　　　1398- 77- 4
●司馬楙晉
王昌前母服議奏附謝衡等議二十四
　　則及武帝制　　　　　　　　　1398- 71- 4
尚書八座議（奏）　　　　　　　　1398- 74- 4
●司馬談漢
后土祠議　　　　　　　　　　　　1396-400- 10
立泰時壇奏　　　　　　　　　　　1396-400- 10
●司馬錯周
征伐（疏）　　　　　　　　　　　439-454-226
●司馬顒晉
宗室（疏）　　　　　　　　　　　435-170- 76
奏討齊王冏表　　　　　　　　　　1398- 68- 4
●司馬子魚周
論用人于社（諫）　　　　　　　　1355-101- 4
論用人于社（諫）　　　　　　　　1377-147- 4
●司馬子瑞北齊
奏彈畢義雲　　　　　　　　　　　1400- 45- 3
●司馬子慕周
戒伐欲（疏）　　　　　　　　　　438-497-193
●司馬王接晉
褒贈（稽紹疏）　　　　　　　　　441- 4-283
●司馬相如漢
戒伐欲（疏）　　　　　　　　　　438-500-193
諭巴蜀檄　　　　　　　　　　　　561-536- 45
上書諫獵　　　　　　　　　　　　1329-681- 39
　　　　　　　　　　　　　　　　1331- 61- 39
諫獵書　　　　　　　　　　　　　1355-229- 8
諫獵書　　　　　　　　　　　　　1377-231- 12
諫獵疏　　　　　　　　　　　　　1396-388- 9
封禪書　　　　　　　　　　　　　1396-389- 9
上諫獵書　　　　　　　　　　　　1402-436- 68
封禪書　　　　　　　　　　　　　1404-408-198
諫獵書　　　　　　　　　　　　　1412- 33- 2
諫獵疏　　　　　　　　　　　　　1417-241- 13
●司馬楚之北魏
征伐（疏）——論劉義隆侵邊事　　439-510-228
●司馬興之劉宋
郊廟（疏）　　　　　　　　　　　433-355- 14
禮樂（疏）　　　　　　　　　　　436-416-121
●司馬燮之劉宋
禮樂（疏）　　　　　　　　　　　436-416-121
●召　公周
求言（疏）　　　　　　　　　　　438-642-199

諫監諍　1355- 88- 4
諫監諍　1377-127- 3
諫監諍　1402-282- 52
●平　當漢
郊廟（疏）——奏復太上皇寢廟
　園　433-337- 14
請復太上皇寢廟園書　1396-561- 19
請興雅樂議　1396-562- 19
治河奏　1396-562- 19
雅樂議　1403-655-149
●平　憲漢
羌豪願內屬奏　1396-682- 24
王莽置西海郡正十二州奏　1396-682- 24
●布呼密元
學校（疏）　436-272-115
征伐（疏）　439-683-235
災祥（疏）　441-695-314
●皮日休唐
崇儒（疏）　440-715-274
經籍（疏）——請爲孟子科狀　440-749-275
請韓文公從祀疏　538-513- 76
請孟子爲學科書　1343-375-26上
請韓文公配饗書　1343-375-26上
●田　仁漢
刺舉三河太守書　1396-424- 11
●田　羽漢
薦法眞奏　1397-263- 12
●田　況漢
弭盜（疏）　441-764-317
上言盜賊（疏）　1396-684- 24
●田　況宋
上仁宗乞諫官綴兩省班次（疏）　431-627- 51
上仁宗乞汰冗兵（疏）　432-501-120
上仁宗論攻策七不可（疏）　432-657-132
上仁宗兵策十四事（疏）　432-659-132
上仁宗乞訪問執政專以寇患而急
　（疏）　432-691-134
君德（疏）　433- 20- 1
建官（疏）　437-403-159
征伐疏　439-557-230
理財（疏）——獻內帑策　440-498-265
災祥（疏）　441-376-300
禦邊（疏）——上兵策十四事疏　442-133-325
禦邊（疏）——乞訪問執政專以
　敵患爲急（疏）　442-139-325

●田　肯漢
經國（疏）　435-230- 78
●田　叔漢
宗室（疏）　435-163- 76
知人（疏）　437-279-154
●田　秋明
請開貴州鄉科疏　572-191- 34
請預籌流民疏　572-193- 34
●田　差周
節儉（疏）　438-452-191
●田　蚡漢
水利（疏）　440-137-249
●田　淳後蜀
諫用兵疏　1354-490- 18
諫用兵疏　1381-279- 27
言朝政得失疏　1418-165- 41
●田　畫宋
謝賜元祐新編勅表　1352-254- 7上
●田　雯清
請建學疏　572-223- 35
●田　琛金
務農（疏）　436-194-111
●田　錫宋
上眞宗進經史子集要語（疏）　431- 71- 6
上眞宗乞早健儲闈（疏）　431-327- 30
上太宗應詔論火災（疏）　431-400- 37
上太宗論旱災（疏）　431-405- 37
上眞宗乞詢求將相（疏）　431-784- 64
上眞宗論制科當依漢制取人（疏）　432- 22- 82
上眞宗乞賑給河北饑民（疏）　432-288-106
上眞宗論輕於用兵（疏）　432-498-120
上眞宗論點集強壯（疏）　432-532-123
上眞宗論揀選強壯失信（疏）　432-532-123
上太宗論邊事（疏）　432-599-129
上太宗答詔論邊事（疏）　432-605-129
上太宗論軍國要機朝廷大體（疏）　432-850-145
上太宗條奏事宜（疏）　432-853-145
君德（疏）——進經史子集要語　433- 16- 1
治道（疏）　433-711- 29
儲嗣（疏）　435- 79- 72
經國（疏）——論軍國要機朝廷
　大體疏　435-294- 81
禮樂（疏）——請復鄉飲禮疏　436-328-118
知人（疏）——乞詢求將相狀　437-291-154
選舉（疏）　437-520-164

1262　　　　　　　　四庫全書文集篇目分類索引

征伐（疏）——論輕用兵	439-554-230
荒政（疏）	440- 13-243
災祥（疏）——論火災疏	441-320-298
災祥（疏）——論旱災疏	441-322-298
災祥（疏）	441-331-298
禦邊（疏）	442- 60-322
四裔（疏）——論邊事	442-565-342
上太宗應詔論火災 附詔一首	1085-358- 1
上太宗答詔論邊事	1085-360- 1
上太宗論軍國要機朝廷大體	1085-365- 1
上太宗條奏事宜	1085-368- 1
上眞宗乞早建儲闈	1085-371- 1
上眞宗進經史子集要語	1085-372- 1
上眞宗論制科當依漢制取人	1085-372- 1
上眞宗乞賑給河北饑民	1085-373- 1
上眞宗論輕於用兵	1085-374- 1
上眞宗論點集強壯	1085-374- 1
上眞宗論揀選強壯失信	1085-375- 1
上眞宗乞詢求將相	1085-376- 1
請復鄉飲禮書	1085-377- 2
請修藉田書	1085-379- 2
進籍田頌表	1085-497- 23
謝御製和祝聖壽詩表	1085-497- 23
進文集表	1085-498- 23
進河清頌表	1085-499- 23
賀德音表（二則）	1085-499- 23
賀正表	1085-500- 23
賀冬表（二則）	1085-500- 23
進乾明節祝聖壽詩表	1085-501- 23
謝勑書獎諭上章表	1085-501- 23
謝除右補闕（表）	1085-502- 23
賀曹彬奏勝捷表	1085-502- 23
賀潘美奏勝捷表	1085-503- 23
賀容懷意奏勝捷表	1085-503- 23
賀潘吉奏勝捷表	1085-504- 23
賀李規奏勝捷表	1085-504- 23
賀張明奏勝捷表	1085-504- 23
賀簡昌壽奏勝捷表	1085-505- 23
賀張冲奏勝捷表	1085-505- 23
賀盧漢賓奏勝捷表	1085-506- 23
賀田重進奏捷表（三則）	1085-507- 24
賀南郊表（二則）	1085-508- 24
謝轉起居舍人表	1085-509- 24
陳州謝恩表	1085-509- 24
海州謝恩表	1085-510- 24
謝量移單州表	1085-510- 24
謝特授工部員外郎表	1085-511- 24
代李給事惟清讓密地表	1085-512- 24
賀傅潛等奏勝捷表	1085-512- 24
賀册尊號表	1085-513- 24
賀大赦表	1085-514- 25
謝加勳表	1085-514- 25
行在起居表	1085-514- 25
賀聖駕還京表	1085-515- 25
賀德音表	1085-515- 25
賀老人星表	1085-515- 25
賀赦復盆州表	1085-516- 25
賀殺下王均表	1085-516- 25
遺表	1085-517- 25
謝知制誥箋記	1085-517- 25
謝工部員外郎箋記	1085-517- 25
謝直集賢院箋記	1085-518- 25
謝復戸部郎中箋記	1085-518- 25
謝改更部郎中依前直館箋記	1085-518- 25
謝改賜章服箋記	1085-518- 25
謝覃恩箋記（二則）	1085-519- 25
謝充彭城郡王生辰使箋記	1085-519- 25
謝兼侍御史知雜事箋記	1085-519- 25
謝改諫議大夫箋記	1085-519- 25
謝邠刑（狀六則）	1085-520- 26
謝賜冬衣（狀六則）	1085-522- 26
賀德音（狀二則）	1085-523- 26
謝賜曆日（狀五則）	1085-524- 26
進賀聖節（狀四則）	1085-525- 26
代宰相謝社日宣賜（狀）	1085-525- 26
謝除姪男昌裔漣水主簿（狀）	1085-526- 26
謝加朝散大夫階（狀）	1085-526- 26
謝賜御製雪詩（狀）	1085-526- 26
進瑞雪歌（狀）	1085-527- 26
進瑞麥（狀）	1085-527- 26
進賀南郊（狀）	1085-527- 26
進應制詩（狀）	1085-528- 27
謝賜九經書（狀）	1085-528- 27
乞住漣水軍寄居（狀）	1085-528- 27
謝許漣水寄居（狀）	1085-529- 27
謝姪男昌裔加階（狀）	1085-529- 27
乞直館（狀）	1085-529- 27
奏魏廷式封駁（狀）	1085-529- 27
泰州謝上（狀）	1085-530- 27
泰州乞替（狀）	1085-531- 27

史部　詔令奏議類：附錄　奏議上五畫

謝得替（狀） 1085-532- 27
謝賜御製社日詩（狀） 1085-532- 27
謝賜御製重陽詩（狀） 1085-532- 27
進撰述文字草本（狀） 1085-533- 27
謝內降筠子獎諭（狀） 1085-533- 27
奏乞不差出（狀） 1085-534- 27
奏蔭長男慶遠（狀） 1085-535- 27
謝傳宣（狀） 1085-535- 27
知雜後謝傳宣（狀） 1085-536- 27
謝宣賜弟亡孝贈（狀） 1085-536- 27
謝聖旨許諫事（狀） 1085-537- 27
轉諫官後謝傳宣（狀） 1085-538- 27
謝兼史職（狀） 1085-538- 27
告假謝傳宣撫問（狀） 1085-538- 27
奉蔭次男慶餘（狀） 1085-538- 27
論軍國機要朝廷大體（疏） 1350-418- 41
論邊事（疏） 1350-421- 41
論邊事疏 1418-189- 43
上太宗疏 1418-190- 43
● 田 檝（等）金
水利（疏） 440-242-253
● 田 讓 周
用人（疏） 436-579-129
● 田子方 周
禮臣（疏） 441- 41-285
● 田大益 明
陳礦稅六害疏 445-553- 33
● 田千秋 漢
去邪（疏） 438- 3-173
● 田六善 清
請定銓部條例疏 549-171-187
請免山西買牛疏 549-172-187
● 田文鏡 清
爲欽奉上諭疏 538-540- 76
請增營汛官兵以資防禦疏 538-541- 76
備陳私鹽私茶之積弊疏 538-541- 76
爲欽奉上諭疏 538-543- 76
請嚴府州交代之例事（疏） 538-543- 76
爲請旨疏 538-544- 76
爲敬陳出借倉穀之積習不可不除伏乞睿鑒事 538-544- 76
詳請題明豫省丁糧按地輸納以均賦役疏 538-545- 76
爲敬陳耀借倉穀之法以佉貧民實霑聖恩事 538-545- 76

請停城鄉分絹之例聽捕協絹之條以專責成以靖盜源疏 538-546- 76
爲遵旨具奏事（疏） 538-549- 76
備陳鹽政仰祈睿鑒以杜商弊以甦民困疏 538-549- 76
爲條陳州縣捕犯奪犯解犯等弊仰祈睿鑒敕部定例以肅功令事（疏） 538-551- 76
爲謹陳隨地辦糧等事（疏） 538-553- 76
爲遵旨查議事（疏） 538-554- 76
爲營馬賠補已久兵丁苦累難支等事（疏） 538-555- 76
爲請循舊站以重驛遞事（疏） 538-556- 76
● 田弘正 唐
受節鉞上表 1403-526-135
謝賜節鉞表 1418- 89- 38
● 田再思 唐
喪禮（疏）——服母齊衰三年議 436-434-122
● 田延年 漢
沒入富人財奏 1396-434- 11
● 田從典 清
請禁濫調疏 549-180-187
請定行取新例疏 549-181-187
乞休致疏 549-182-187
● 由 余 周
節儉（疏） 438-451-191
● 北宮文子 周
知人（疏） 437-278-154
論威儀（諫） 1355-108- 4
● 申 公 漢
治道（疏） 433-587- 24
● 申 佑 劉宋
選換諸郡守表 附文帝詔 1398-736- 13
● 申 咸（等）漢
爲師丹上書 附尚書奏與哀帝策 1396-574- 19
● 申 紹 晉
經國（疏） 435-263- 79
● 申包胥 周
諫許越成 1402-298- 53
● 申叔時 周
論縣陳（諫） 1355-104- 4
諫縣陳（諫） 1402-293- 53
● 申屠剛 漢
外戚（疏） 441-120-288
● 申屠嘉 漢

史部 詔令奏議類：附錄 奏議上五畫

篇目	編號
郊廟（疏）	433-335- 14
寵幸（疏）	441-154-290
文帝廟樂議	1403-650-149
●申無宇周	
對楚子（諫）	1355-111- 4
論城陳蔡不羹（諫）	1355-112- 4
論城陳蔡不羹（諫）	1377-150- 4
諫楚子	1402-294- 53
●史　丹漢	
儲嗣（疏）	435- 49- 71
●史　老周	
聽言（疏）	438-691-201
●史　浩宋	
君德（疏）	433- 71- 4
治道（疏）	434-384- 50
經國（疏二則）	435-618- 93
用人（疏二則）	437- 65-144
慎微（疏）	438-583-196
聽言（疏）——論褒賞諫官箚子	438-839-206
聽言（疏）——之免臺諫侍從當日條具箚子	438-839-206
聽言（疏）	438-839-206
法令（疏）	439-146-214
兵制（疏）	439-395-223
征伐（疏）——條具弊事奏	439-647-234
征伐（疏）——論用兵劄子	439-648-234
征伐（疏）	439-648-234
任將（疏）	439-803-240
褒贈（疏）	441- 34-284
四裔（疏）——請安反側箚子	442-718-348
大祀禮成後謝恩表	1141-575- 6
謝賜御書聖主得賢臣頌英傑論表	1141-575- 6
知紹興府謝到任表	1141-576- 6
謝除知福州兼改鎭崇信軍節度使表	1141-576- 6
保舉豐護充知縣箚子	1141-586- 7
輪對箚子	1141-587- 7
請安反側箚子	1141-587- 7
除中書舍人舉自代狀附	1141-587- 7
薦潛邸舊臣箚子	1141-587- 7
論未可用兵山東箚子附貼黃	1141-588- 7
再論山東箚子	1141-589- 7
乞罷蕭鷓巴入內打毬箚子	1141-589- 7
論歸正人箚子	1141-590- 7
（論歸正人）第二箚子	1141-591- 7

篇目	編號
論未可北伐箚子	1141-592- 7
乞免臺諫侍從當日條具箚子	1141-593- 7
（乞免臺諫侍從當日條具）第二箚子	1141-593- 7
回奏條具弊事箚子	1141-594- 8
論用兵箚子	1141-595- 8
回奏令條具時務箚子	1141-595- 8
論降詔視師箚子	1141-596- 8
福州乞置官莊贍養生子之家箚子附貼黃	1141-596- 8
進陳正言四經解箚子附貼黃	1141-598- 8
經筵薦石墩等箚子	1141-598- 8
論閱武箚子	1141-599- 8
論鎭江都統兼知揚州箚子	1141-599- 8
論褒賞諫官箚子	1141-600- 8
乞置看詳一司箚子	1141-601- 8
車駕朝德壽宮乞以問對聖訓宣付史館箚子	1141-601- 8
經筵論進讀寶訓箚子	1141-602- 8
陛辭薦薛叔似等箚子	1141-603- 9
臨陛辭日進內修八事箚子	1141-604- 9
論停減德壽宮官吏兵卒箚子	1141-607- 9
光宗皇宗初卽位進封事	1141-607- 9
回奏宣示御製原道辨附貼黃	1141-610- 10
論朋黨記所得聖語（疏）	1141-612- 10
回奏宣示御製策士聖訓	1141-614- 10
進呈故事	1141-617- 11
代林侍郎賀乾龍節表	1141-622- 12
賀天申節表	1141-622- 12
賀會慶節表	1141-624- 12
正旦賀皇帝表	1141-627- 12
冬至賀皇帝表	1141-628- 12
代宰臣等賀雪表	1141-630- 13
賀郊祀大禮慶成表	1141-630- 13
賀明堂大禮慶成表	1141-630- 13
賀改元表	1141-631- 13
册皇后賀皇帝表	1141-631- 13
皇后受册禮畢賀皇帝表	1141-632- 13
皇孫生賀皇帝表	1141-632- 13
立皇太子賀皇帝表	1141-633- 13
皇太子受册禮畢賀皇帝表	1141-633- 13
加上太上皇帝太上皇后尊號賀皇帝表	1141-634- 13
太上皇帝太上皇后慶壽禮成賀皇帝表	1141-634- 13

四庫全書文集篇目分類索引

册皇后賀皇帝表	1141-635- 13
皇后受册禮畢賀皇帝表	1141-636- 13
太上皇后慶壽禮成賀皇帝表	1141-636- 13
太上皇帝慶壽禮成賀皇帝表	1141-637- 13
高宗皇帝加徽號上皇帝表	1141-637- 13
代人謝除知明州表	1141-638- 14
代司業謝誠諫表	1141-639- 14
代叔父謝除諫議大夫表	1141-639- 14
代叔父謝簽書樞密院事表	1141-639- 14
代叔父謝兼權參知政事表	1141-640- 14
代叔父罷政宮觀表	1141-640- 14
代辛臣等謝賜喜雪宴表	1141-640- 14
謝除中書舍人表	1141-641- 14
謝兼侍讀表	1141-641- 14
謝除翰林學士表	1141-641- 14
除翰林學士謝宣召表	1141-642- 14
除翰林學士謝對衣金帶鞍馬表	1141-642- 14
謝除參知政事表	1141-642- 14
謝除右僕射表	1141-643- 14
郊祀大禮謝加食邑表	1141-643- 14
代叔父再辭簽書樞密院事表	1141-644- 15
代叔父辭兼權參知政事表	1141-644- 15
辭參知政事表	1141-645- 15
辭右僕射表（二則）	1141-645- 15
辭知福州表	1141-646- 15
辭開府儀同三司表	1141-646- 15
辭郊祀大禮加食邑表	1141-646- 15
辭少保醴泉觀使侍讀表	1141-647- 15
再乞休致表	1141-647- 15
辭右丞相表（二則）	1141-648- 15
乞解罷機政表（三則）	1141-648- 15
進玉牒再辭加食邑拜轉官回授表（二則）	1141-650- 15
經修會要再辭轉官表	1141-650- 15
經修會要辭轉官回授表	1141-651- 15
辭少傅表（二則）	1141-651- 15
三朝寶訓終篇辭轉官回授表	1141-652- 15
謝除開府儀同三司表	1141-653- 16
乞休致不允謝表	1141-654- 16
謝除少保醴泉觀使侍讀表	1141-654- 16
謝除右丞相表	1141-655- 16
生日謝賜牲餼表	1141-656- 16
進玉牒謝加食邑轉官回授表	1141-657- 16
謝親屬差除表	1141-657- 16
謝賜第表	1141-658- 16

三朝寶訓終篇謝轉官回授表	1141-659- 16
正說終篇謝轉官回授表	1141-659- 16
進四朝正史志謝推恩回授表	1141-659- 16
巧歸不允謝表	1141-660- 16
謝除少師表	1141-660- 16
辭免明堂大禮陪祠表	1141-662- 17
明堂大禮謝加食邑表	1141-662- 17
生日謝賜金器香茶表	1141-662- 17
謝除太保表	1141-663- 17
除太保謝詔許入謝表	1141-664- 17
謝賜御書明良慶會閣牌表	1141-665- 17
年八十謝賜慶壽儀表	1141-665- 17
謝除太傅表	1141-666- 17
進論語口義表	1141-667- 17
謝賜玉帶表	1141-667- 17
謝再賜御書舊學二大字表	1141-668- 17
明堂大禮謝加食邑表	1141-668- 17
除太師謝表	1141-669- 17
正說終篇再辭轉官表（二則）	1141-670- 18
正說終篇辭轉官回授表	1141-670- 18
進四朝正史志再辭推恩回授表	1141-671- 18
辭少師表（二則）	1141-671- 18
乞免明堂大禮陪辭表	1141-672- 17
重乞休致表（二則）	1141-672- 17
辭太保表（二則）	1141-673- 18
乞免郊祀大禮陪祠表	1141-673- 18
辭太傅表（二則）	1141-674- 18
辭太師表（二則）	1141-674- 18
謝壽皇賜生日金并香茶表	1141-675- 18
太上皇帝升遐慰表	1141-676- 18
太上皇帝大祥慰表	1141-677- 18
太上皇帝靈駕發引慰表	1141-677- 18
普安郡王辭免除使相封建王表	1141-692- 21
又謝（普安郡王辭免除使相封建王）表	1141-693- 21
普安郡王謝賜玉帶表	1141-693- 21
又謝面賜玉帶表	1141-693- 21
又謝賜鞍馬表	1141-693- 21
建王辭免明堂大禮加恩筠子（三則）并謝表一	1141-694- 21
建王謝移鎭加恩表	1141-695- 21
建王免出征先行筠子	1141-695- 21
建王辭免升儲筠子（三則）并謝表一	1141-697- 21
繳得旨令點李翊復性書筠子	1141-755- 29

史部

詔令奏議類：附錄

奏議上五畫

史部

詔令奏議類：附錄

奏議上五畫

賀淮寇廣賊秦功箚子　1141-755- 29
辭免初除參知政事賜銀絹第三箚子　1141-756- 29
辭免除知成都府第二箚子（二則）　1141-756- 29
辭免改除知紹興府箚子　1141-758- 29
辭免知福州箚子　1141-758- 29
辭免郊祀大禮加食邑箚子　1141-758- 29
乞休致箚子　1141-759- 29
乞休致第二箚子　1141-759- 29
（乞休致）第三箚子　1141-759- 29
再辭免少保觀使侍讀箚子　1141-760- 29
辭免少保册命箚子　1141-760- 29
辭免右丞相箚子　1141-760- 29
辭免提舉編修玉牒國史院會要所勅令所箚子　1141-760- 29
乞解罷機政箚子（二則）　1141-761- 29
鸞幸祠書省同政府辭免推恩箚子　1141-762- 29
辭免玉牒所進書轉官箚子　1141-762- 29
乞解罷機政箚子（二則）　1141-762- 29
辭免宣賜後洋街宅子一所并花園箚子　1141-764- 30
謝正月二十一日所進故事宣付史館箚子　1141-764- 30
罷政乞遇月上休見客一次箚子　1141-765- 30
謝得旨就禁中排當箚子　1141-765- 30
辭免三朝寶訓終篇轉官箚子　1141-766- 30
經筵乞歸鄉里第二箚子　1141-766- 30
再乞歸鄉里箚子　1141-766- 30
又乞歸田里第三箚子　1141-767- 30
辭免判建康府第三箚子　1141-768- 30
謝免判建康府再乞歸田里箚子（二則）　1141-768- 30
又上乞歸田里箚子　1141-768- 30
辭免少師魯國公箚子　1141-770- 30
再辭免明堂大禮陪祠箚子　1141-771- 30
再上辭免箚子　1141-771- 30
又上乞致仕箚子　1141-772- 30
辭免入謝都城外御筵及對御賜宴第二三箚子　1141-772- 30
再乞朝辭箚子　1141-774- 31
宣引乞服巾褐箚子　1141-774- 31
辭免朝辭畢令宰執宴餞箚子　1141-774- 31
謝賜詔書御箚令赴慶壽立班箚子　1141-775- 31
辭免入覲都城外御筵及對御賜宴箚子　1141-775- 31

辭免太傅箚子　1141-775- 31
辭免賜玉帶箚子　1141-776- 31
再辭免服繫玉帶箚子　1141-776- 31
跋陳忠肅公謝表稿　1141-816- 36
跋楊廷秀秘監張魏公配享議　1141-817- 36
●史　起周
水利（疏）　440-136-249
●史　弼漢
宗室（疏）——上渤海王惔險辟行止封事　435-165- 76
論渤海王惔封事　1397-350- 16
●史　敞漢
用人（疏）　436-591-129
薦胡廣爲陳留郡書　1397-255- 12
●史　鰌周
治道（疏）　433-560- 23
●史天澤元
治道（疏）——對治國安民之道　434-799- 65
●史玄璨唐
郊廟（疏）　433-394- 16
禘祫議　1340-440-764
●史孟麟明
國本疏　1453-547- 60
●史真翁宋
生日謝禮物表　1382-384- 2
狀元謝及第表　1382-385- 2
侍講說書官爲經筵進講孟子終篇謝賜金帶牙簡同侍讀修史官謝賜御筵及鞍馬香茶進詩表　1382-385- 2
●史惟良元
災祥（疏）　411-705-314
●史堯弼宋
代柳觀察謝御書表　1165-681- 3
代張觀察賀皇帝幸學表　1165-681- 3
●史嵩之宋
賦役（疏）　440-369-259
●史彌遠宋
征伐（疏）——論韓侂胄建開邊之議　439-666-235
●令狐茂漢
救太子據書　1396-427- 11
訟太子書　1402-443- 69
●令狐峘唐
喪禮（疏）　436-439-122
山陵（疏）　436-484-124

四庫全書文集篇目分類索引　1267

● 令狐楚 唐

奏舉杜勝等狀　436-652-131
爲太原鄭尚書謝賜旌節等表　549- 89-184
奏太原府資望及官吏選數狀　549-207-188
奏百姓王士吴割股狀　549-207-188
奏榆次縣馮秀誠割股奉母狀　549-207-188
賀表人星見表　556-188- 87
薦昭州刺史張悰狀　568-119-102
代鄭尚書賀登極表　1338-152-553
賀南郊表　1338-155-553
爲桂府王琳中丞賀南郊表　1338-156-553
賀皇太子知軍國崧　1338-193-557
賀赦表（二則）　1338-200-558
賀册太子赦表　1338-207-559
爲監軍賀赦表　1338-207-559
中書門下賀赦表　1338-207-559
賀德音表　1338-208-559
代鄭尚書賀册太后禮畢赦表　1338-214-560
賀老人星見表　1338-218-561
賀白鹿表　1338-263-565
中書門下賀白野鷄表　1338-263-565
爲百官賀白鳥表　1338-264-565
賀劒南奏破吐蕃表　1338-280-567
賀靈武破吐蕃表　1338-283-567
賀修八陵畢表　1338-315-571
奉慰過山陵表　1338-316-571
爲福建閣常侍奉慰德宗山陵表　1338-316-571
代太原李僕射慰義章公主墓表　1338-320-571
賀順宗諡議表　1338-321-571
讓中書侍郎表　1338-346-575
爲鄭僕尚書謝河東節度使表　1338-443-584
河陽節度使謝上表　1338-445-584
謝除宣歙觀察使表　1338-446-584
爲昭義王大夫謝知節度觀察等留
　後表　1338-446-584
爲道州許使君謝上表　1338-465-586
衡州刺史謝上表　1338-465-586
爲石州刺史謝上表　1338-466-586
爲桂府王中丞謝加朝議大夫表　1338-482-589
爲太原鄭尚書謝賜旌節等表　1338-482-589
爲太原李少尹謝上表　1338-483-589
代李僕射謝男賜緋魚袋表　1338-503-591
謝春衣幷端午衣物表　1338-515-593
謝勅書賜春衣幷尺表　1338-515-593
謝春衣表　1338-516-593

謝賜冬衣表　1338-518-593
謝賜衣甲及藥物等表　1338-525-594
謝勅書賜臘日口脂等表　1338-545-596
謝賜男絹等物幷贈亡妻晉國夫人
　表　1338-548-597
爲樓煩監楊大夫請朝覲表（三則）1338-627-606
代河南裴尹請拜掃表　1338-653-609
爲羽林李景略將軍迎射雁歌表　1338-671-611
進異馬駒表　1338-684-612
爲人作謝子恩賜狀五首　1339- 8-629
爲人作謝子恩賜狀　1339- 10-629
爲人作謝防秋廻賜將士等物狀　1339- 11-629
爲人作謝賜行營將士疋段幷設科
　等物狀　1339- 11-629
爲人謝賜行營將士楮子及弓弩狀　1339- 12-629
爲人謝賜天德防秋將士綿絹表　1339- 12-629
爲人謝賜將軍官告狀　1339- 12-629
爲人謝宣慰狀　1339- 14-630
謝勅書手詔慰問狀　1339- 15-630
謝口勅慰問狀　1339- 15-630
謝宣慰狀　1339- 15-630
謝勅書手詔慰問狀　1339- 15-630
謝宣慰諸州軍鎭等狀　1339- 16-630
爲崔仲孫弟謝手詔狀　1339- 16-630
爲人謝問疾兼賜醫藥等狀　1339- 18-630
爲人謝詔書問疾兼賜藥方等狀　1339- 18-630
爲人謝問疾狀　1339- 19-630
爲人謝端午賜物等狀　1339- 21-631
爲人謝賜口脂等幷曆日狀　1339- 24-631
謝賜臘日口脂紅雪紫曆日等狀　1339- 24-631
爲人謝賜男歲節料幷口脂臘脂等
　狀　1339- 25-631
謝賜春衣牙尺狀二首　1339- 34-633
謝賜冬衣狀三首　1339- 34-633
謝賜毯價絹狀　1339- 41-634
謝宣行哀册文狀　1339- 41-634
謝賜僧尼告身幷華嚴院額狀　1339- 43-634
爲五臺山僧謝賜袈裟等二首　1339- 43-634
爲鄭尚書賀册皇太子狀　1339- 46-635
賀韓僕射充招討使狀　1339- 56-637
賀破賊兼優卹將士狀　1339- 57-637
賀行營破賊狀　1339- 57-637
薦昭州刺史張悰狀　1339- 62-638
薦劉孟倫狀　1339- 62-638
奏薛芳充支使狀　1339- 62-638

史部

詔令奏議類：附錄

奏議上五畫

四庫全書文集篇目分類索引

史部

詔令奏議類：附錄

奏議上 五畫

元日進馬并鞍韉狀二首　1339- 70-640
端午進鞍馬等狀三首　1339- 72-640
又進銀器物并行鞋等狀　1339- 73-640
賀冬至進馬鞍弓劒香囊等狀二首　1339- 74-640
又進鞍馬器械等狀　1339- 74-640
又進銀器睡孟等狀　1339- 74-640
降誕日進銀器物及零陵香等狀　1339- 77-641
降誕日進鞍馬等狀（四則）　1339- 77-641
降誕日爲楊大夫奏修功德并進馬狀　1339- 78-641
進憲宗哀册文狀　1339- 81-641
進金花銀櫻桃籠等狀　1339- 82-642
進白蕉狀　1339- 83-642
進異馬駒狀　1339- 84-642
爲太原李說尚書進白兔狀(二則)　1339- 85-642
進異鷹狀　1339- 86-642
奏太原府資望及官吏選數狀　1339- 90-643
奏教習長鎗及弓弩狀　1339- 90-643
奏排比第二般差撥兵馬狀　1339- 90-643
奏教當道兵馬狀　1339- 90-643
奏差兵馬赴許州救援并謝宣慰狀　1339- 91-643
奏百姓王士昊割股狀　1339- 92-643
奏檢次縣馮秀誠割股奉母狀　1339- 92-643
奏貶晉陽縣主簿姜鉉狀　1339- 93-643
請行軍司馬及少尹狀　1339-100-644
爲桂州王琪中丞賀赦表　1343-349- 25
進異馬駒表　1394-384- 3
爲羽林李景略將軍進射雁歌表　1394-385- 3
進異物駒表　1403-525-135
賀破賊兼優郵將士狀　1404-118-169
薦昭州刺史張愻狀　1465-477- 4
爲桂府王中丞謝加朝議大夫表　1465-465- 3

● 令狐熙 隋

請解任表　1400-290- 4

● 令狐綯 唐

用人（疏）　436-651-131
薦處士李群玉狀　1083- 3- 附

● 令狐德棻 唐

治道（疏）——論王任德霸任刑　433-666- 27
國史（疏）——乞爲北周隋各爲一正史　440-765-276

● 丘 悅 唐

去邪（疏）——論李昭德　438- 24-174

● 丘 眾 晉

表　1398-447- 20

● 丘 遲 梁

爲范雲謝示毛龜啓　1399-479- 11
爲范衞軍讓梁臺侍中表　1399-480- 11
爲范尚書拜表　1399-481- 11
爲何尚書重讓侍中領驍騎表　1399-481- 11
爲柳僕射讓光祿表　1399-481- 11
爲王博士讓表　1399-481- 11
爲王博士謝表　1415-234- 90
爲范尚書拜表　1415-235- 90
爲范衞軍讓梁臺侍中表　1415-235- 90
爲何尚書重讓侍中領驍騎表　1415-235- 90
爲柳僕射讓光祿表　1415-235- 90
爲范雲謝示毛龜啓　1415-235- 90

● 丘 濬 明

論簡侍從之臣一二三（疏）　443-269- 15
定職官之品（疏）　443-336- 18
公銓選之法一二（疏）　443-337- 18
擇民之長一二三（疏）　443-341- 18
嚴考課之法（疏）　443-362- 19
制民之產一二（疏）　443-377- 20
漕輓之宜一（疏）　443-406- 22
漕運議　443-407- 22
屯營之田（疏）　443-410- 22
市糴之令（疏）　443-462- 24
銅楮之幣一二（疏）　443-463- 24
山澤之利（疏）　443-466- 24
憫民之窮一二三（疏）　443-481- 24
恤民之患一二（疏）　443-482- 24
總論禮樂之道（疏）　443-485- 25
禮儀之節（疏）　443-486- 25
王朝之禮一二（疏）　443-489- 25
設學校以立教一至六（疏）　443-518- 26
圖籍之儲（疏）　443-539- 26
清入仕之路（疏）　443-550- 26
一道德以同俗一二（疏）　443-555- 27
嚴旌別以示勸（疏）　443-568- 27
郡國之禮一二（疏）　443-572- 27
家鄉之禮一二三（疏）　443-573- 27
總論祭祀之禮（疏）　443-582- 28
郊祀天地之禮一二（疏）　443-583- 28
宗廟饗祀之禮（疏）　443-592- 28
國家常祀之禮（疏）　443-629- 29
內外群祀之禮（疏）　443-641- 29
國家常祀之禮（疏）　443-641- 29
釋奠先師之禮（疏）　443-654- 30

四庫全書文集篇目分類索引

歷象之法（疏）	443-655- 30
舉贈諡以勸忠（疏）	443-663- 30
譯言待賓之禮（疏）	443-672- 31
賞功之格一至四（疏）	444- 19- 33
宮禁之衞一二（疏）	444- 37- 34
牧馬之政一至四（疏）	444-107- 36
修攘制禦之策	444-113- 36
內夏外域之限一二（疏）	444-252- 41
軍伍之制一二（疏）	444-273- 42
戰陳之法（疏）	444-282- 42
簡閱之教（疏）	444-283- 42
京輔之屯一（疏）	444-285- 42
郡國之守（疏）	444-286- 42
守邊固圉之略（疏）	444-296- 43
列屯遣戍之制一二（疏）	444-299- 43
遏盜之機一至七（疏）	444-303- 43
器械之利一二三（疏）	444-333- 44
定律令之制一至四（疏）	444-342- 45
制刑獄之具一二（疏）	444-383- 47
明流贖之意（疏）	444-384- 47
慎眚災之赦（疏）	444-385- 47
明復讎之義（疏）	444-385- 47
戒濫縱之失（疏）	444-388- 47
除民之害（疏）	444-466- 51
重臺諫之任（疏）	444-481- 53
重臺諫之任一二（疏）	444-499- 53
定職官之品（疏）	444-499- 53
簡侍從之臣（疏）	444-503- 53
進大學衍義補奏	445- 85- 5
漕運議	445- 86- 5
進大學衍義補表	712- 6- 附
進大學衍義補奏	1248-125- 7
入閣辭任奏（三則）	1248-126- 7
壬子再乞休奏	1248-130- 7
乞儲養賢才奏	1248-131- 7
欲擇大學衍義補中要務上獻表	1248-132- 7
論釐革時政奏	1248-134- 7
請訪求遺書奏	1248-144- 7
請昧爽視朝奏	1248-149- 7
乞免撰玉樞北斗二經序文奏	1248-150- 7
乞嚴禁自宮人犯奏	1248-151- 7
乞免李興死彭程成邊奏	1248-153- 7
奏再乞免李興死彭程充軍	1248-154- 7
進大學衍義補表	1248-155- 8
代衍聖公孔弘緒謝表	1248-157- 8

擬進大明一統志表 1248-158- 8
擬賀耕籍田表 1248-159- 8
進呈憲宗純皇帝實錄表 1248-159- 8
入閣謝恩表 1248-161- 8
請建儲表（三則） 1248-161- 8
擬進大明一統志表 1453-575- 66
兩廣事宜議 1466-670- 56
● 丘景先 *劉宋*
祭霍山議 1398-831- 16
● 白 昂 *明*
奏行問刑條例疏 444-341- 45
● 白 起 *周*
諫秦昭王伐趙 1402-299- 53
● 白 濬 *清*
恭謝鵝湖書院御書扁聯疏 517-124-118
恭請湖口關開武曲港奏摺 517-125-118
題請江西鄉試廣額疏 517-126-118
恭報修築土橋隄工疏 517-127-118
豫章書院敬懸御書扁額爲紳士題
　謝疏 517-128-118
● 白如梅 *清*
請墾荒地逃丁錢糧疏 549-178-187
請會勘備餉第二三疏 556-162- 86
密陳防邊要務疏 556-164- 86
覆查黃甫川烟稅疏 556-165- 86
● 白色純 *清*
密陳逆寇疏 517-109-118
● 白居易 *唐*
內治（疏） 435-125- 74
論王鍔欲除官事宜狀 436-642-131
論元稹左降狀 436-643-131
太原事三件（疏） 436-644-131
又論嚴綬狀 436-645-131
論孟元陽狀 436-645-131
戒侈欲（疏）——獻續虞人箴 438-520-194
聽言（疏） 438-729-202
謹名器（疏）——論不可任李錡
　平章事 438-600-197
征伐（疏）——請罷恒州兵事宜
　狀 439-535-229
征伐（疏）——上狀論行營五事 439-540-229
任將（疏）——論吐突承璀職名
　（二則） 439-707-236
任將（疏）——論孫璹狀 439-708-236
任將（疏）——論張奉國狀 439-708-236

史部

詔令奏議類：附錄

奏議上五畫

史部

詔令奏議類：附錄

奏議上五畫

荒政（疏） 440- 11-243

理財（疏）——論和糴狀 440-450-263

諡號（議）——請上（穆宗）尊號疏 440-889-281

近習（疏） 441-173-291

杭州刺史謝表 526- 7-259

忠州刺史謝表 549- 88-184

杭州刺史謝上表 549- 88-184

蘇州刺史謝上表 549- 89-184

倉廪之實（策） 550-240-217

三月三日謝恩賜曲江宴樂狀 556-203- 87

論罷運穀而收脚價和糴粟以折稅錢議 556-216- 87

初授拾遺獻書 1080-626- 58

論制科人狀——近日內外官除改及制科人等事宜 1080-627- 58

論于頔裴均欲入朝事宜狀 1080-628- 58

論和糴狀——今年和糴折糴利害事宜 1080-630- 58

論太原事狀三件 1080-631- 58

奏請加德音中節目——緣今時旱請更減放江淮旱損州縣百姓今年租稅 1080-631- 58

奏請加德音中節目——請揀放後宮內人 1080-632- 58

論于頔所進歌舞人事宜狀 1080-632- 58

論魏徵舊宅狀——李師道奏請出私財收贖魏徵舊宅事宜 1080-633- 58

論王鍔欲除官事宜狀 1080-633- 58

論裴均進奉銀器狀 1080-633- 58

論孫璹張奉國狀 1080-635- 59

奏所聞狀——向外所聞事宜 1080-636- 59

奏閱鄉禁囚狀——號州閱鄉湖城等縣禁囚事宜 1080-637- 59

論承璀職名狀——承璀充請軍行營招討處置使 1080-637- 59

論元稹第三狀——監察御史元稹貶江陵府士曹參軍 1080-638- 59

請罷兵第二三狀——請罷恒州兵事宜 1080-639- 59

論嚴綬狀——奉宣令依中書狀撰制除嚴綬江陵節度使 1080-642- 59

論孟元陽狀——奉宣令依中書狀撰制除孟元陽右羽林軍統軍仍封趙國公食邑三千戶 1080-642- 59

謝官狀——新授將仕郎守左拾遺翰林學士臣白居易（新授朝議郎守尚書庫部員外郎翰林學士雲騎尉臣崔群） 1080-643- 59

奏陳情狀——翰林學士將仕郎守左拾遺臣白居易 1080-643- 59

謝官狀——新授京兆府戶曹參軍翰林學士白居易 1080-643- 59

謝蒙恩賜設狀 1080-644- 59

謝恩賜衣服狀 1080-644- 59

三月三日謝恩賜曲江宴會狀 1080-644- 59

九月九日謝恩賜宴曲江會狀 1080-644- 59

臘日謝恩賜口蠟狀 1080-645- 59

中和日謝恩賜尺狀 1080-645- 59

謝清明日賜新火狀 1080-645- 59

謝恩賜冰狀 1080-645- 59

謝賜新曆日狀 1080-646- 59

謝恩賜茶果等狀 1080-646- 59

謝賜設及匹帛狀 1080-646- 59

社日謝賜酒餅狀 1080-646- 59

論重考科目人狀——今年吏部應送科目及平判人所試文書等 1080-647- 60

舉人自代狀——中書省朝議郎權知尚書兵部郎中騎都尉楊嗣復 1080-647- 60

論重考試迎士事宜狀 1080-647- 60

讓絹狀——恩賜田布與臣人事絹五百匹 1080-648- 60

論左降獨孤朗等狀 1080-649- 60

論行營狀———請專委李光顏東面討逐委裴度四面臨境招諭事 1080-649- 60

論行營狀———請抽揀魏博澤潞易定滄州四道兵馬分付光顏事 1080-650- 60

論行營狀———請勒魏博等四道兵馬卻守本界事 1080-650- 60

論行營狀———請省行營糧料事 1080-651- 60

論行營狀———請因朱克融授節後連討王庭湊事 1080-651- 60

論姚文秀打殺妻狀 1080-652- 60

爲宰相賀赦表 1080-653- 61

爲宰相請上尊號第二表 1080-654- 61

爲宰相讓官表 1080-654- 61

爲宰相賀雨表 1080-655- 61

爲宰相賀殺賊表 1080-655- 61

賀雲生不見日蝕表 1080-656- 61

爲崔相陳情表 1080-656- 61

忠州刺史謝上表	1080-657- 61	中和日謝恩賜尺狀	1404-120-169
賀平淄青表	1080-657- 61	初授拾遺獻書	1418- 71- 38
賀上尊號後大赦天下表	1080-657- 61	●白公子張周	
杭州刺史謝上表	1080-658- 61	諫靈王	1355-121- 5
爲宰相謝恩賜酒脯餅果狀	1080-658- 61	諫靈王	1377-133- 3
爲宰相謝恩賜吐蕃信物銀器錦綵		諫靈王	1402-295- 53
等狀	1080-658- 61	●包　恢宋	
爲段相謝恩賜設及酒脯等狀	1080-659- 61	奏平荻浦寇割子	1178-705- 1
爲段相謝借飛龍馬狀	1080-659- 61	●包　拯宋	
爲段相謝手詔及金刀狀	1080-659- 61	請建太子（疏）	427- 84- 1
爲宰相謝官表	1080-659- 61	進魏鄭公三疏箚子	427- 85- 1
蘇州刺史謝上表	1080-748- 68	七事（疏）	427- 86- 1
薦李宴韋楚狀	1080-754- 68	論委任大臣（疏）	427- 88- 1
代宰相請上尊號第二表	1338-161-554	論大臣形迹事（疏）	427- 89- 1
賀平淄青表	1338-288-568	謹天誠（疏）	427- 90- 1
爲宰相賀殺賊表	1338-288-568	論赦恩不及下（疏）	427- 91- 1
代人讓宰相表	1338-340-574	上殿箚子	427- 92- 1
代人謝平章事表	1338-426-582	論冗官財用等（疏）	427- 92- 1
忠州刺史謝上表	1338-469-587	晏殊罷相後上（疏）	427- 94- 2
杭州刺史謝上表	1338-470-587	論日食（疏）	427- 94- 2
蘇州刺史謝上表	1338-470-587	論地震（疏）	427- 95- 2
爲崔相陳情表	1338-596-602	論星變（疏）	427- 95- 2
論請不用奸臣表	1338-798-625	論臺官言事（疏）	427- 96- 2
謝官告狀二首	1339- 2-628	論百官致仕（疏）	427- 96- 2
中和節謝賜尺狀	1339- 21-631	請兩制官祀九宮貴神（疏）	427- 97- 2
清明謝賜火狀	1339- 21-631	論內臣事（疏）	427- 97- 2
臘日謝賜口脂狀	1339- 25-631	論詔令數易改（疏）	427- 97- 2
謝賜設狀	1339- 26-632	請論王明（疏）	427- 98- 2
謝賜設及疋帛狀	1339- 26-632	論李用和捉獲張海乞依賞格酬獎	
九月九日謝恩賜曲江宴會狀	1339- 27-632	（疏）	427- 98- 2
三月三日謝恩賜曲江宴樂狀	1339- 27-632	請後封駁（疏）	427- 99- 2
爲宰相謝恩賜酒脯餅果等狀	1339- 28-632	論取士（疏）	427- 99- 2
謝賜茶果等狀	1339- 31-632	請先用舉到官（疏）	427-101- 2
謝恩賜衣服狀	1339- 32-633	請依舊封彌謄錄考校舉人（疏）	427-101- 2
爲段相公謝借飛龍馬狀	1339- 38-633	請依舊考試奏蔭子弟（疏）	427-102- 2
謝賜冰狀	1339- 40-634	請選諫議大夫（疏）	427-103- 3
爲宰相臣謝恩賜吐蕃信物銀器錦		請復御史裏行（疏）	427-103- 3
綵等狀	1339- 40-634	請選用提轉長吏官（疏）	427-104- 3
薦李晏韋楚狀	1339- 63-638	請令審官院以黜陟狀定差遣先後	
初授拾遺獻書	1339-392-676	（疏）	427-105- 3
晉論恭世子議	1341-335-841	請選河北知州（疏）	427-105- 3
蘇州刺史謝上表	1386-447- 46	請選廣南知州（疏）	427-106- 3
中和日謝恩賜尺狀	1394-460- 5	請選利州路轉運使（疏）	427-106- 3
爲宰相謝官表	1403-492-129	再請選運提刑（疏）	427-107- 3
謝清明日賜新火狀	1404-119-169	請置發運判官（疏）	427-107- 3

史部

詔令奏議類：附錄

奏議上五畫

史部

詔令奏議類：附錄

奏議上五畫

請召還孫甫張環（疏）	427-108-	3
論河北帥臣（疏二則）	427-108-	3
請除范祥陝西轉運使（疏）	427-109-	3
再舉范祥（疏）	427-109-	3
請錄用楊紘等（疏）	427-109-	3
請選人知虔州（疏）	427-110-	3
請選差河北令錄（疏）	427-110-	3
請廣南添差職官（疏二則）	427-110-	3
乞不用臧吏（疏）	427-111-	3
乞不遣楊景宗知磁州（疏）	427-111-	3
請選內外計臣（疏二則）	427-112-	3
請罷巡驛內官（疏）	427-113-	3
乞罷河北提舉修造軍器使臣(疏)	427-113-	3
請不用苛虐之人充監司(疏二則)	427-114-	4
請絕內降（疏）	427-115-	4
請明堂覃恩（疏）	427-115-	4
請令江淮發運使滿任（疏）	427-116-	4
論先舉三路知縣不得令監當(疏)	427-116-	4
論縣令輕授（疏）	427-117-	4
奏許懷德上殿陳乞（疏）	427-117-	4
應修造使臣乞依宣命不得乞轉官（疏）	427-118-	4
請令提刑親案罪人（疏）	427-118-	4
乞斷韋貴（疏二則）	427-118-	4
請重坐舉邊吏者（疏）	427-119-	4
論疏決（疏）	427-120-	4
論內降（疏）	427-120-	4
請重斷張可久（疏）	427-120-	4
乞斷向綬（疏二則）	427-121-	4
請法外斷魏兼疏	427-121-	4
請賦吏該恩未得敍用（疏）	427-122-	4
請差京東安撫（疏）	427-123-	5
請速除京東盜賊（疏）	427-123-	5
請斷銷金等事（疏）	427-124-	5
請開封府司錄左右軍巡官屬不得請謁并追贓事（疏）	427-124-	5
請絕三番索取（疏）	427-125-	5
請罷天下公用回易等（疏）	427-125-	5
論妖人冷清等事（疏二則）	427-125-	5
請安置鹿皮道者（疏）	427-126-	5
彈宋庠（疏）	427-127-	5
再彈張堯佐（疏三則）	427-128-	6
中書劄子第一二道	427-129-	6
論李昭亮（疏二則）	427-130-	6
論丁度孫甫事乞辨明（疏）	427-131-	6
彈郭承祐（疏二則）	427-132-	6
彈李淑（疏二則）	427-133-	6
彈張若谷（疏）	427-134-	6
彈王逵（疏七則）	427-134-	6
請勘閤士良（疏）	427-138-	6
請罷知雄州劉兼濟（疏）	427-138-	6
論李綬冒國親事（疏）	427-138-	6
請追任弁官（疏）	427-139-	6
論閤士良轉官（疏）	427-139-	6
請罷王渙權貨務（疏）	427-140-	6
請留吳奎依舊供職（疏）	427-140-	6
論歷代并本朝戶口（疏）	427-141-	7
直勾衛前請限二年一替（疏）	427-142-	7
請差災傷路分安撫（疏）	427-142-	7
再請差京東安撫（疏）	427-143-	7
請罷天下科率（疏）	427-143-	7
請免江淮兩漕折變（疏四則）	427-144-	7
請免陳州添折見錢（疏）	427-146-	7
請救濟江淮飢民（疏）	427-147-	7
請支義倉米賑給百姓（疏）	427-147-	7
論江西和買絹（疏）	427-148-	7
論放欠（疏）	427-148-	7
請權罷陝西州軍科率（疏）	427-148-	7
請將邢洛州牧馬地與人戶依舊耕佃（疏二則）	427-149-	7
請放高陽一路欠負（疏）	427-151-	7
請免治邊人戶折變（疏）	427-151-	7
接送北使三番（疏）	427-151-	7
論修商胡口（疏）	427-152-	7
請出內庫錢帛往逐路糴糧草（疏）	427-152-	7
領陝西潘日上殿（疏）	427-153-	7
乞開落登州治戶姓名（疏）	427-153-	7
請罷同州韓城縣鐵冶務人戶(疏)	427-154-	7
論瀛州公用（疏）	427-154-	7
請罷里正只差衙前（疏）	427-155-	7
請不修上清宮（疏）	427-157-	8
請修蔡河堰并斗門（疏）	427-158-	8
論茶法（疏二則）	427-158-	8
言陝西鹽法（疏二則）	427-159-	8
請留禁軍不差出招置士兵（疏）	427-161-	8
請那移河北兵馬事（疏二則）	427-162-	8
論宣毅軍（疏）	427-163-	8
請移冀州就糧兵士歸本州（疏）	427-164-	8
請移冀博深三州兵馬（疏）	427-164-	8
請移配河北作過兵士往向南州軍		

四庫全書文集篇目分類索引　1273

（疏）　427-166- 9
進張田邊說狀附賜張田勅書　427-166- 9
論邊將（疏二則）　427-167- 9
請選雄州官吏（疏）　427-168- 9
論契丹事宜（疏三則）　427-168- 9
論吳賊事宜（疏）　427-171- 9
論楊守素（疏）　427-171- 9
論保州事（疏）　427-172- 9
乞河北添羅糧草（疏）　427-173- 9
再請移那河北兵馬及罷公用回易（疏）　427-173- 9
請擇探候人（疏）　427-174- 9
論蠶賊事（疏二則）　427-175- 9
奉詔河北置斛斗日上殿（疏）　427-176- 10
請支撥汴河糧綱往河北（疏）　427-176- 10
請於懷衞羅米修御河船運（疏）　427-177- 10
請河北及時計置斛斗（疏）　427-178- 10
請添河北入中糧草（疏）　427-178- 10
求外任（疏七則）　427-179- 10
上仁宗論辛執進賢當去刑迹(疏）　431-141- 13
上仁宗乞止絕內降（疏）　431-259- 23
上仁宗乞表異親賢鞏固王室(疏）　431-340- 31
上仁宗論李綬冒國親事（疏）　431-366- 33
上仁宗論張堯佐除四使不當(疏）　431-371- 34
上仁宗論張堯佐再除宣徽使(疏）　431-374- 34
上仁宗論張堯佐再除宣徽使(疏）　431-375- 34
上仁宗論旱災得雨（疏）　431-449- 40
上仁宗論內臣權任稍過乞加裁抑（疏）　431-742- 61
上仁宗乞監司不用苛細矯激之人（疏）　431-814- 67
上仁宗乞非歷縣令不得爲長吏（疏）　431-823- 68
上仁宗論明堂覃恩太濫（疏）　431-837- 69
上仁宗乞因明堂赦書大施曠蕩之澤（疏）　432-267-104
上仁宗乞面釋通欠人（疏）　432-268-104
上仁宗論陝西鹽法乞仍舊通商（疏）　432-328-108
上仁宗乞那移河北兵馬以蘇民力（疏）　432-503-120
上仁宗論河北訓練鄉兵代禁旅戍邊（疏）　432-537-123
上仁宗要務七事（疏）　432-903-148
治道（疏）——條上七事　433-844- 34

儲嗣（疏二則）　435- 97- 73
內治（疏）　435-134- 74
仁民（疏二則）　436- 67-105
仁民（疏）——論歷代並本朝戶口疏　436- 68-105
仁民（疏）——罷天下科率疏　436- 69-105
祭禮（疏）　436-519-126
論縣令輕授疏　436-686-133
請不用苛虐之人充監司二箚子　436-687-133
引王旦等故事論奏　436-688-133
請復封駁疏　436-689-133
請先用舉到官疏　436-689-133
論委任大臣疏　436-689-133
論大臣形迹事疏　436-690-133
彈宋庠疏　436-691-133
請選諫議大夫疏　436-692-133
請選用提轉長吏官（疏）　436-692-133
請選河北知州疏　436-693-133
請選廣南知州疏　436-694-133
請選利州轉運使疏　436-694-133
再請選轉運提刑疏　436-695-133
請置發運判官疏　436-695-133
請復韓贊等臺官疏　436-696-133
論河北帥臣疏　436-696-133
建官（疏）　437-421-160
選舉（疏）——取士疏　437-545-165
去邪（疏）——論張堯佐疏　438- 66-175
去邪（疏）——論李淑疏　438- 67-175
去邪（疏）——論郭承祐疏　438- 68-175
去邪（疏）——請安置鹿皮道者疏　438- 68-175
賞罰（疏）——論明堂覃恩疏　438-372-187
賞罰（疏）——依賞格酬獎李用和疏　438-372-187
聽言（疏）——進魏鄭公三疏箚子　438-754-202
聽言（疏）——論臺官言事狀　438-754-202
法令疏——內降盡由請託請止絕（疏）　439- 66-210
法令（疏）——論詔令數改易疏　439- 66-210
法令（疏）——乞不用贓吏狀　439- 67-210
慎刑疏——請令提刑親按罪人疏　439-196-216
兵制（疏）——請那移河北兵馬疏　439-285-219
兵制（疏）——請添河北入中糧

史部

詔令奏議類：附錄

奏議上五——六畫

草疏　439-287-219
任將（疏）——論邊將　439-731-237
荒政（疏）——請救濟江淮饑民疏　440- 21-243
荒政（疏）——請支義倉米賑給百姓疏　440- 21-243
荒政（疏）——請免江淮兩浙折變疏　440- 21-243
荒政（疏）——請差灾傷路分安撫疏　440- 22-243
理財（疏）——請選內外計臣疏　440-484-264
理財（疏）——言陝西鹽法疏　440-484-264
褒贈（王明疏）　441- 21-284
禮臣（疏）　441- 62-285
外戚（疏三則）　441-135-289
近習（疏）——論內臣奏　441-184-292
災祥（疏）——戒興作疏　441-343-299
災祥（疏）——論日食疏　441-343-299
災祥（疏）——論星變疏　441-344-299
災祥（疏）——謹天誡疏　441-344-299
災祥（疏）——論地震疏　441-345-299
弭盜（疏）　441-784-317
弭盜（疏）——請速除京東盜賊疏　441-784-317
禦邊（疏）——進張田邊說疏　442-208-328
禦邊（疏）——論契丹事宜疏（二則）　442-209-328
禦邊（疏）——乞河北添羅糧草上疏　442-210-328
禦邊（疏）——請移那河北兵馬及罷公用回易疏　442-211-328
禦邊（疏）——請擇探候人疏　442-212-328
論李昭亮箚子　506-284- 95
論保州事箚子　506-285- 95
請權罷陝西州軍科率（疏）　556-142- 86
請罷同州韓城治戶（疏）　556-143- 86
論夏人納鹽易茶（疏）　556-143- 86
上仁宗請勿脩上清宮　587-676- 14
論宋庠（疏）　1350-480- 46
請罷天下科率（疏）　1418-207- 43
論委任大臣（疏）　1418-208- 43
●瓜爾佳士常元
賀正旦牋　1382-416- 3
●瓜爾佳實倫金
乞分精兵復太原疏　549-128-186
三月復上言乞速賞軍士疏　549-129-186
●瓜爾佳德新金
請復把胡魯陝西行省（疏）　556-154- 86

六 畫

●安　丙宋
任將（疏）　439-790-240
●安　童元
選舉（疏）　437-697-170
●安　燾宋
理財（疏）　440-630-270
四裔（疏）　442-621-344
●安布范明
請斥奸獎忠疏　445-526- 32
●安堯臣宋
四裔（疏）——論燕雲之事　442-675-347
●江　式北魏
經籍（疏）——撰集古來字書求而以許愼說文爲主以次類編糾爲一部　440-742-275
●江　夏（等）劉宋
封禪（疏）　441-224-294
●江　致宋
乞斬蔡京等六賊疏　1375- 67- 3
乞復用李綱种師道疏　1375- 67- 3
●江　淹梁
拜中書郎謝表　1063-737- 2
　1415- 30- 85
拜正員外郎表　1063-738- 2
　1415- 30- 85
爲建平王慶明帝疾和禮上表　1063-738- 2
　1415- 30- 85
建平王慶安城王拜封表　1063-738- 2
　1415- 30- 85
建平王之南徐州刺史辭闕表　1063-738- 2
　1415- 31- 85
建平王讓右將軍荊州刺史表　1063-738- 2
　1415- 31- 85
爲蕭驃騎讓封第二三表　1063-739- 2
　1415- 31- 85
爲蕭驃騎錄尚書事到省表　1063-740- 2
　1415- 32- 85
爲蕭驃騎讓豫司二州表　1063-740- 2
　1415- 33- 85
爲蕭驃騎上頓表　1063-741- 2

四庫全書文集篇目分類索引

	1415- 33- 85	蕭相國讓進爵爲王表	1063-751- 2
爲蕭驃騎謝慰勞表	1063-741- 2		1415- 43- 85
	1415- 33- 85	爲蕭相國拜齊王表	1063-752- 2
爲蕭驃騎慶平賊表	1063-741- 2		1415- 44- 85
	1415- 34- 85	爲齊王謝冕旒諸法物表	1063-752- 2
爲蕭驃騎解嚴輸黃鉞表	1063-741- 2		1415- 44- 85
	1415- 34- 85	爲齊王讓禪表	1063-753- 2
爲蕭驃騎讓油幢表	1063-742- 2		1415- 44- 85
	1415- 34- 85	爲始安王拜征虜將軍南兗州刺史	
爲蕭驃騎謝甲仗入殿表	1063-742- 2	章	1063-753- 2
	1415- 34- 85		1415- 45- 85
爲蕭驃騎讓太尉增封第二三表	1063-742- 2	爲始安王拜征虜將軍丹陽尹章	1063-753- 2
	1415- 35- 85		1415- 45- 85
爲蕭太尉上便宜表	1063-743- 2	爲建平王拜右衞將軍荊州刺史章	1063-753- 2
	1415- 35- 85		1415- 45- 85
爲蕭讓太傅揚州牧表	1063-744- 2	爲建平王慶少帝登祚章	1063-754- 2
	1415- 37- 85		1415- 45- 85
爲蕭重讓揚州表	1063-745- 2	爲建平王慶王太后正位章	1063-754- 2
	1415- 37- 85		1415- 46- 85
爲蕭三讓揚州表	1063-745- 2	爲建平王慶江皇后正位章	1063-754- 2
	1415- 38- 85		1415- 46- 85
爲蕭拜太尉揚州牧表	1063-746- 2	爲蕭領軍拜侍中刺史章	1063-754- 2
	1415- 47- 85		1415- 46- 85
爲蕭太傅謝侍中敦勸表	1063-747- 2	爲蕭拜相國齊公十郡九錫章	1063-755- 2
	1415- 38- 85		1415- 47- 85
爲蕭重讓尚書敦勸表	1063-747- 2	爲建平王慶改號啓	1063-758- 3
	1415- 39- 85		1415- 50- 85
爲蕭太傅謝追贈父祖表	1063-748- 2	爲建平王讓鎭南徐州刺史啓	1063-758- 2
	1415- 40- 85		1415- 50- 85
爲蕭讓劍履殊禮表	1063-748- 2	爲建平王謝賜石硯等啓	1063-758- 3
	1415- 40- 85		1415- 50- 85
爲蕭太傅讓前部羽葆鼓吹表	1063-748- 2	爲建平王謝玉環刀等啓	1063-758- 3
	1415- 40- 85		1415- 50- 85
爲蕭太傅謝輿駕親幸表	1063-749- 2	爲蕭領軍讓司空幷敦勸啓	1063-758- 3
	1415- 41- 85		1415- 50- 85
謝開府辟召表	1063-749- 2	爲蕭太尉子姪拜領軍江州兗州豫	
	1415- 41- 85	州淮南黃門謝啓	1063-759- 3
爲蕭上銅鐘芝草衆瑞表	1063-749- 2		1415- 51- 85
	1415- 41- 85	代蕭侍中敦勸表	1394-343- 2
爲太傅蕭讓相國齊公十郡九錫表	1063-750- 2	爲建平王慶改號啓	1399-182- 8
	1415- 42- 85	爲建平王慶鎭南徐州刺史啓	1399-183- 8
爲蕭讓九錫第二表	1063-750- 2	爲建平王謝賜石硯等啓	1399-183- 8
	1415- 42- 85	爲建平王謝賜玉環刀等啓	1399-183- 8
爲蕭謝百僚敦勸表	1063-751- 2	蕭領軍讓司空幷敦勸啓	1399-183- 8
	1415- 43- 85	蕭太尉子姪爲領軍江州兗州豫州	

史部

詔令奏議類：附錄

奏議上六畫

1276　　　　　　　四庫全書文集篇目分類索引

淮南黃門謝表　　　　　　　　1399-184-　8　　爲蕭拜太尉揚州牧章　　　　1403-438-124
拜正員外郎表　　　　　　　　1399-184-　8　　建平王讓右將軍荊州刺史表　1403-509-132
拜中書郎表　　　　　　　　　1399-184-　8　　蕭驃騎後謝被侍中慰勞表　1403-509-132
建平王讓右將軍荊州刺史表　1399-185-　8　　蕭被尚書敦勸重讓表　　　　1403-509-132
建平王慶明帝疾和禮上表　　1399-185-　8　　　●江　淹晉
建平王慶安城王拜封表　　　1399-186-　8　　山陵（疏）　　　　　　　　436-482-124
建平王之南徐州刺史辭闕表　1399-186-　8　　營繕（疏）　　　　　　　　441-721-315
蕭驃騎讓封第二三表　　　　1399-186-　8　　　●江　統晉
蕭驃騎錄尚書事到省表　　　1399-187-　8　　四裔（疏）——徙戎論　　　442-513-340
蕭驃騎謝甲仗入殿表　　　　1399-188-　8　　論叔父春爲宜春令疏　　　　1398-427- 19
蕭驃騎讓豫司二州表　　　　1399-188-　8　　　●江　奧劉宋
蕭驃騎上頓表　　　　　　　1399-188-　8　　法令（疏）　　　　　　　　439- 24-209
蕭驃騎謝被侍中慰勞表　　1399-188-　8　　　●江　謐劉宋
蕭驃騎慶平賊表　　　　　　1399-189-　8　　又秦孫復　　　　　　　　　1398-841- 17
蕭驃騎解嚴輸黃鉞表　　　　1399-189-　8　　　●江　彪晉
蕭驃騎讓太尉增封第三表　　1399-189-　8　　諡號（議）——上哀帝議尊崇章
蕭驃騎讓太尉增封表　　　　1399-190-　8　　　　皇太妃之不當　　　　　　440-882-281
蕭驃騎讓油幢表　　　　　　1399-190-　8　　　●江　總陳
蕭太尉上便宜表　　　　　　1399-190-　8　　爲陳六宮謝表　　　　　　　1394-360-　2
讓太傅揚州牧表　　　　　　1399-191-　8　　爲陳六宮謝章　　　　　　　1394-459-　5
蕭重讓揚州表　　　　　　　1399-192-　8　　陳六宮謝表　　　　　　　　1399-728-　8
後讓太傅揚州牧表　　　　　1399-193-　8　　六宮謝表　　　　　　　　　1399-728-　8
蕭被侍中敦勸表　　　　　　1399-193-　8　　太保蕭公謝儀同表　　　　　1399-728-　8
蕭被尚書敦勸重讓表　　　　1399-194-　8　　爲沈尚書君理讓右僕射領吏部表　1399-729-　8
蕭讓劍履殊禮表　　　　　　1399-194-　8　　爲衡陽王讓吳郡表　　　　　1399-729-　8
蕭拜太尉揚州牧表　　　　　1399-195-　8　　讓尚書令表　　　　　　　　1399-729-　8
蕭太傅謝追贈父祖表　　　　1399-195-　8　　讓尚書僕射表　　　　　　　1399-729-　8
蕭太傅辭與駕親幸表　　　　1399-195-　8　　讓吏部尚書奏　　　　　　　1399-729-　8
蕭讓前部羽葆鼓吹表　　　　1399-196-　8　　謝赦給鼓吹表　　　　　　　1399-730-　8
謝開府辟召表　　　　　　　1399-196-　8　　除尚書令斷表後啓　　　　　1399-730-　8
蕭山銅鐘芝草衆瑞表　　　　1399-196-　8　　上毛龜啓　　　　　　　　　1399-730-　8
蕭讓太傅相國齊公十郡九錫表（　　　　　　　　爲陳六宮謝章　　　　　　　1403-439-124
　　二則）附被百寮敦勸受表　1399-197-　8　　讓尚書令表　　　　　　　　1415-581-105
蕭拜相國齊公十郡九錫章　　1399-198-　8　　讓尚書僕射表　　　　　　　1415-582-105
蕭相國讓進爵爲王第二表　　1399-199-　8　　讓吏部尚書表　　　　　　　1415-582-105
蕭相國拜齊王表　　　　　　1399-199-　8　　爲沈君理讓僕射領吏部表　　1415-582-105
齊王謝晃旌諸法物表　　　　1399-200-　8　　爲衡陽王讓吳郡表　　　　　1415-582-105
齊王讓禪表　　　　　　　　1399-200-　8　　爲蕭太保謝儀同表　　　　　1415-582-105
始安王拜征虜將軍丹陽尹章　1399-201-　9　　謝赦給鼓吹表　　　　　　　1415-583-105
始安王拜征虜將軍南兗州刺史章　1399-201-　9　　爲陳六宮謝表　　　　　　　1415-583-105
建平王慶少帝登阼章　　　　1399-202-　9　　爲陳六宮謝章　　　　　　　1415-583-105
建平王拜右衞將軍荊州刺史章　1399-202-　9　　上毛龜啓　　　　　　　　　1415-583-105
蕭領軍拜侍中刺史章　　　　1399-202-　9　　除尚書令斷表後啓　　　　　1415-583-105
建平王散五刑聘隱逸赦　　　1399-203-　9　　　●江　繁清
爲蕭領軍拜侍中刺史章　　　1403-438-124　　請均鹽引疏　　　　　　　　534-475- 94

史部　詔令奏議類：附錄　奏議上六書

●江文蔚 後唐

對伏彈馮延巳魏岑文　1418-160- 41

●江公望 宋

上徽宗乞通下情防太察（疏）　431- 94- 8

上徽宗論訛物害治（疏）　431-123- 11

上徽宗諫獵（疏）　431-124- 11

上徽宗乞爲政取人無熙豐元祐之間（疏）　431-192- 17

上徽宗乞養直臣以素（疏）　431-221- 19

上徽宗乞不根治蔡王之獄（疏）　431-358- 32

上徽宗乞謹擇左右近習之人（疏）　431-775- 63

上徽宗乞以田疇墾廢多寡爲守令進退之法（疏）　431-873- 72

上徽宗乞因日食命百官轉對（疏）　431-922- 77

君德（疏）——乞攬權斷　433- 43- 2

君德（疏）——進心說　433- 44- 2

君德（疏）　433- 48- 2

聖學（疏）　433-184- 8

治道（疏二則）　434-251- 44

宗室（疏）　435-202- 77

務農（疏）　436-189-110

乞用元祐人材（疏）　436-875-141

知人（疏）——薦人材上疏　437-344-156

知人（疏）——論哲宗紹述上疏　437-345-156

選擇（疏）　437-646-168

去邪（疏）　438-200-180

戒伏欲（疏二則）　438-533-194

聽言（疏）——乞容納直言疏　438-815-205

法令疏——乞依赦文放免負割子　439-118-213

賦役（疏）　440-345-258

國史（疏）——論修神宗皇帝實錄　440-781-276

近習（疏）——乞遠便嬖疏　441-207-293

災祥（疏）——乞因日食命百官轉對狀　441-483-304

論蔡王府獄（疏）　1350-663- 62

論遷察（疏）　1350-664- 62

論遷察（疏）　1418-567- 55

●江休復 宋

上仁宗乞因裕享大慶恩恤先后之家（疏）　431-375- 34

外戚（疏）　441-139-289

●江禹緒 明

請鑄柏縣災荒疏　538-531- 76

●宇文价 宋

從祀高宗廟庭省筠（子）　1131-336- 8

謝除知遂寧府表　1352-177- 5上

●宇文忻 北周

征伐（疏）——論齊後主親征帝欲旋師　439-523-229

●宇文述 隋

弭盜（疏）　441-766-317

處分房陵諸子疏　1400-367- 7

請誅斛斯政奏　1400-367- 7

●宇文泰 北周

上魏孝武帝表附孝武帝詔報　1400- 58- 1

又上魏孝武帝表（二則）　1400- 59- 1

又上討侯莫陳悅表　1400- 59- 1

●宇文孜 北周

征伐（疏）——詔伐齊將出河陽　439-523-229

●宇文愷 隋

郊廟（疏）——復明堂古制議　433-386- 16

上煬帝明堂議表　1400-362- 7

與閻毗議皇太子乘金輅奏　1400-366- 7

明堂議　1403-698-153

●宇文慶 隋

奏文帝表附文帝詔報　1400-288- 4

●宇文憲 北周

上武帝助軍費表　1400- 88- 2

●宇文之邵 宋

治道（疏）　433-869- 35

上皇帝書　1350-562- 53

應詔上疏　1418-376- 48

●宇文孝伯 北周

嗣儲（疏）　435- 61- 71

宗室（疏）　435-178- 76

●宇文昌齡 宋

郊廟（疏）——議郊祀合祭　433-496- 20

●宇文虛中 宋

四裔（疏）　442-675-347

●宇文粹中 宋

上徽宗論起居注書祥瑞不應經典（疏）　431-733- 60

郊廟（疏）——議改衣服制度　433-523- 21

節儉（疏）　438-480-192

國史（疏）　440-778-276

●羊　希 劉宋

勸謝洸奏　1398-739- 13

●羊　祜 晉

經國（疏）　435-249- 79

讓開府表　534-349- 90
讓開府表　541-328-35之3
讓開府表　1329-646- 37
　　　　　1331- 14- 37
讓台司表　1398- 86- 5
上武帝請伐吳疏　1398- 87- 5
讓封南城侯奏　1398- 88- 5
上平吳疏　1403- 64- 95
讓開府表　1403-454-127
讓開府表　1417-463- 23
上平吳疏　1417-463- 23
讓開府表　1476- 91- 6
●羊　深 西魏
學校（疏）　436-222-113
●羊　衜 吳
儲嗣（疏）　435- 52- 71
上兩宮不和疏　1361-612- 23
●羊士諤 唐
代閣中丞謝銀青光祿大夫表　1338-480-588
代人行在起居表　1338-656-609
●羊玄保 劉宋
法令（疏）　439- 27-209
陳更民亡叛制非宜奏　1398-739- 13
●羊舌肸（叔向）周
用人（疏）　436-579-129
營繕（疏二則）　441-711-315
●考仲子 周
禮樂（疏）　436-322-118
●匡　衡 漢
君德（疏）　433- 4- 1
郊廟（疏二則）　433-338- 14
治道（疏）　433-594- 24
災祥（疏）　441-240-295
上政治得失疏　541-341-35之4
上政治得失疏　1355-205- 7
論治性正家疏　1355-207- 7
戒妃匹勸經學疏　1355-208- 7
上政治得失疏　1360-105- 6
論治性正家疏　1360-106- 6
戒妃匹勸經學疏　1360-110- 6
上元帝政治得失疏　1396-494- 15
論治性正家疏　1396-495- 15
封殷後議奏　1396-496- 15
上成帝戒妃匹勸經學疏　1396-496- 15
追論成湯奏　1396-497- 15

上成帝毀廟奏　1396-499- 15
議郊祀奏 附王商等五十人議　1396-499- 15
郊祀再議　1396-500- 15
甘泉泰時壇議　1396-500- 15
五時議 附劉向神寶舊時對　1396-501- 15
上政治得失疏　1403- 19- 89
戒妃匹勸學疏　1403- 21- 89
論治性正家疏　1403- 22- 89
郊祀議　1403-654-149
甘泉泰時壇議　1403-654-149
封殷後議　1403-655-149
政治得失疏　1417-278- 14
治性正家疏　1417-279- 14
戒妃匹勸經學疏　1417-280- 14
●托克托 元
進遼史表　289- 2- 附
聖學（疏）　433-242- 9
賞罰（疏）　438-433-189
巡幸（疏）——諫畋保安州　441-111-287
●托克托移爾 元
經國（疏）——請擇精銳守河北　435-812-101
●匹師慶 周
營繕（疏）　441-710-315
●同　恕 元
賀正旦表　1206-661- 1
賀登寶位表　1206-662- 1
天壽節賀表　1206-663- 1
賀改元表　1206-664- 1
●曲沃負 周
上哀王書　1396-134- 10
●多爾濟 元
聽言疏　438-878-207
●伏　甚 漢
征伐（疏）——論彭寵反帝欲親
　征　439-473-227
諫征漁陽疏　1360-133- 7
諫光武親征漁陽疏　1397-123- 7
●伏　隆 漢
再使上書　1397-124- 7
●伍　被 漢
淮南王對　1360-365- 18
●伍　尊 漢
禮臣（疏）　441- 43-285
●伍　福 明
臨川郡公吳澄從祀孔廟議　517-145-119

四庫全書文集篇目分類索引

●伍 舉 周
禮樂（疏） 436-332-118
戒伐欲（疏） 438-496-193
營繕（疏） 441-710-315
論章華之臺（疏） 1355-120- 5
　 1377-150- 4
　 1402-316- 56

●伍子胥 周
戒伐欲（疏） 438-499-193
征伐（疏三則） 439-451-226
征伐（疏）——夫差欲伐齊 439-454-226
諫吳王許越成 1355-116- 4
諫伐齊 1355-117- 4
諫吳王許越成 1355-135- 3
諫伐齊 1377-136- 3
諫許越成 1402-297- 53
諫伐齊 1402-298- 53

●伍承載 明
恤軍救民疏 517- 93-117

●伍袁萃 明
早定大計疏 1403-362-117

●任 昉 梁
去邪（疏）——免范縝所居官 438- 17-173
賞罰（疏）——論免臣景宗所居
　宮 438-357-187
褒贈（疏）——代范雲作表求立
　太宰竟陵王子良碑 441- 12-283
爲蕭揚州薦士表 541-329-35之3
爲齊明帝讓宣城郡公第一表 1329-662- 38
　 1331- 37- 38
爲范尚書讓吏部封侯第一表 1329-664- 38
　 1331- 39- 38
爲蕭揚州作薦士表 1329-667- 38
　 1331- 44- 38
爲褚諮議蓁讓代兄襲封表 1329-669- 38
　 1331- 47- 38
爲范始興作求立太宰碑表 1329-670- 38
　 1331- 48- 38
奉答敕示七夕詩啓一首 1329-687- 39
　 1331- 69- 39
爲卞彬謝脩卞忠貞墓啓一首 1329-688- 39
　 1331- 70- 39
奏彈曹景宗一首 1329-690- 40
　 1331- 72- 40
奏彈劉整一首 1329-692- 40

　 1331- 75- 40
百辟勸進今上牋一首 1329-706- 40
　 1331- 93- 40
爲齊明帝讓宣城郡公第一表 1394-344- 2
爲范尚書讓吏部侯封第一表 1394-345- 2
爲范始興作求立太宰碑表 1394-346- 2
爲蕭揚州作薦士表 1394-347- 2
爲皇太子求一日一朝表 1394-348- 2
爲彈曹景宗 1394-462- 5
求爲劉瓛立館啓 1394-468- 5
爲卞彬謝脩卞忠貞墓啓 1394-469- 5
爲王金紫謝齊武帝示皇太子律序
　啓 1399-365- 6
爲卞彬謝脩卞忠貞墓啓 1399-366- 6
爲齊明帝讓宣城郡公第一表 1399-367- 6
爲范尚書讓吏部封侯第一表 1399-367- 6
爲蕭揚州作薦士表 1399-369- 6
爲褚諮議蓁讓代兄襲封表(二則) 1399-369- 6
爲范始興作求立太宰碑表 1399-370- 6
爲皇太子求一日一入朝表 1399-371- 6
爲吏部謝表 1399-371- 6
爲王思遠讓侍中表 1399-371- 6
爲梁公請刊改律令表 1399-371- 6
爲蕭侍中拜襲封表 1399-372- 6
奏彈曹景宗 1399-372- 6
奏彈劉整 1399-373- 6
奏彈范縝 1399-374- 6
奏彈蕭穎達 1399-375- 6
請祀郊廟備六代樂奏 1399-376- 6
齊明帝諡議 1399-379- 6
爲齊明皇帝讓宣城郡公第一表 1403-505-132
爲范尚書讓吏部封侯第一表 1403-505-132
爲蕭揚州作薦士表 1403-507-132
爲褚諮議蓁讓代兄襲封表 1403-507-132
爲范始興作求立太宰碑表 1403-507-132
求爲劉瓛立館表 1403-508-132
奏彈曹景宗 1403-575-141
奏彈劉整 1403-576-141
奏彈范縝 1403-576-141
齊明帝諡議 1403-721-157
爲卞彬謝脩卞忠貞墓啓 1404-209-178
百辟勸進今上牋 1404-225-181
爲齊明帝讓宣城郡公表 1415-249- 91
爲范尚書讓吏部侯表 1415-250- 91
爲褚諮議蓁讓代兄襲封表(三則) 1415-251- 91

史部

詔令奏議類：附錄

奏議上六畫

四庫全書文集篇目分類索引

史部

詔令奏議類：附錄

奏議上六畫

爲王思遠讓侍中表　1415-252- 91
爲皇太子求一日一入朝表　1415-252- 91
請祀郊廟備六代樂表　1415-253- 91
爲范始興求爲太宰立碑表　1415-253- 91
爲梁公請刊改律令表　1415-254- 91
爲蕭揚州作薦士表　1415-254- 91
爲蕭侍中拜襲封表　1415-254- 91
爲吏部謝表　1415-255- 91
奏彈曹景宗　1415-255- 91
奏彈劉整　1415-256- 91
奏彈范縝　1415-258- 91
奏彈蕭穎達　1415-258- 91
求爲劉瓛立館啓　1415-259- 91
奉敕示七夕詩啓　1415-259- 91
爲王金紫謝齊武帝示太子律序啓　1415-260- 91
爲卞彬謝修卞忠貞墓啓　1415-260- 91
齊明帝諡議　1415-266- 91
爲卞彬謝修卞忠貞墓啓　1417-547- 26
●任　義漢
災祥（疏）　441-302-297
●任　退齊
奏彈劉祥　1399-135- 6
●任　隨宋
上眞宗乞以賞罰責諫臣舉職(疏)　431-619- 51
聽言（疏）——乞以賞罰責諫臣舉職疏　438-737-202
●任　環明
陳情疏　549-150-186
謝恩表　1278-592- 2
陳情疏　1278-592- 2
●任士林元
題劉忠公諫草後　1196-573- 7
石刻天台瀑布寺謝表　1196-588- 10
●任士憑明
題請會議復爵疏　1266-245- 38
●任文薦宋
謝除刑部侍郎表　1352-141- 3下
●任孝恭梁
爲羊侍中讓表　1399-574- 14
●任伯雨宋
上徽宗乞今後內降所屬無得輒受（疏）　431-269- 23
上徽宗論赤氣之異（疏二則）附貼黃　431-527- 44
上徽宗論建火星觀以禳赤氣(疏)　431-530- 45

上徽宗論月暈圍昴畢（疏）　431-531- 45
上徽宗論張庭堅送吏部（疏）附貼黃　431-683- 55
上徽宗論郝隨特許復官（疏）　431-776- 63
上徽宗論西北帥不可用武人(疏)　431-801- 65
上徽宗請嚴宮禁之法（疏）　432-571-126
上徽宗論湟鄯（疏）附貼黃　432-806-141
郊廟（疏）——修建景靈西宮筍子（二則）　433-524- 21
內治（疏）　435-158- 75
守成（疏）　436- 7-102
仁民（疏）　436- 95-107
禮樂（疏）　436-467-124
用人（疏）　436-862-140
上言章惇狀 附貼黃　436-877-141
去邪（疏）——論國是　438-205-181
去邪（疏）——言蔡京（四則）　438-206-181
去邪（疏）——論蔡卞疏(五則)　438-213-181
去邪（疏）——擊章惇疏（六則）附貼黃　438-220-181
去邪（疏）——論章惇蔡卞疏　438-225-181
去邪（疏）——論郝隨特許復官狀　438-227-181
賞罰（疏）——論司馬光等復官事　438-396-188
慎微（疏）——乞慎密幾事筍子　438-574-196
慎微（疏）——奏宜幾察出入狀　438-575-196
慎微（疏）——綱防內庭狀　438-575-196
聽言（疏）——乞留龔夫狀　438-814-205
聽言（疏）　438-815-205
法公（疏）——乞下詔禁絕干求內降疏（二則）　439-114-212
任將（疏）　439-750-238
水利（疏）——論黃河狀　440-223-253
理財（疏）附貼黃　440-629-270
災祥（疏）附貼黃　441-480-304
災祥（疏二則）　441-481-304
禦邊（疏）——議鄜鄜都事宜策（二則）　442-320-333
禦邊（疏）——論月暈圍昴畢附貼黃　442-322-333
修河堤疏　538-518- 76
上徽宗上建火星觀以禳赤氣　587-683- 14
論章惇蔡卞（疏）　1350-655- 61
論求言之詔未及舊弼（疏）　1350-656- 61

又論章悼狀　　　　　　　　　　1404-102-167
●任伯起宋
治道（疏）　　　　　　　　　　434-655- 59
謹名器（疏三則）　　　　　　　438-633-198
●白　季周
用人（疏）　　　　　　　　　　436-578-129
請用冀缺（諫）　　　　　　　　1355-102- 4
●全　州宋
禦邊（疏）　　　　　　　　　　442-417-336
●年遐齡清
湖北匠班銀兩請歸併地丁帶徵疏　534-421- 93
●危　素元
太平十策序　　　　　　　　　　518- 32-136
●仲　并宋
薊州任滿陞對第一二箚子　　　　1137-819- 4
天申節賀表　　　　　　　　　　1137-833- 5
薊州到任謝表　　　　　　　　　1137-834- 5
代謝郊祀加食邑三百戶表　　　　1137-835- 5
代謝郊祀加恩表　　　　　　　　1137-835- 5
代辭免郊祀加恩表　　　　　　　1137-835- 5
代謝給事中表　　　　　　　　　1137-836- 5
代鎮江守臣到任謝表　　　　　　1137-836- 5
代平江守臣到任謝表　　　　　　1137-837- 5
代郡守到任謝表　　　　　　　　1137-837- 5
代淮郡守臣到任謝表　　　　　　1137-838- 5
代謝賜御書石刻表　　　　　　　1137-839- 6
代謝賜御書御製文宣王及七十二
　子贊表　　　　　　　　　　　1137-839- 6
代平江守謝賜府第表　　　　　　1137-840- 6
代淮西守臣到任謝表　　　　　　1137-840- 6
代南安軍守臣到任謝表　　　　　1137-841- 6
代建康守謝降詔不允再乞致仕表　1137-841- 6
代謝給假還鄉表　　　　　　　　1137-842- 6
代辭免轉官表　　　　　　　　　1137-842- 6
代服闋欲赴朝見表　　　　　　　1137-842- 6
代郡守謝傳宣表　　　　　　　　1137-843- 6
代建康守臣除在京宮觀侍讀謝表　1137-843- 6
代建康守進職眞除謝表　　　　　1137-844- 6
代謝落職表　　　　　　　　　　1137-844- 6
●仲　連周
求賢疏　　　　　　　　　　　　437-256-153
●仲　淹宋
上徽宗論宗子有文行才術者乞加
　旌別（疏）　　　　　　　　　431-359- 32
宗室（疏）　　　　　　　　　　435-204- 77

●仲山父周
諫立少　　　　　　　　　　　　1355- 90- 4
　　　　　　　　　　　　　　　1377-126- 2
　　　　　　　　　　　　　　　1402-284- 52
●仲長統漢
治道（疏）　　　　　　　　　　433-598- 24
●牟　濚宋
君德（疏）　　　　　　　　　　433-124- 5
聖學（疏）　　　　　　　　　　433-225- 9
聖學（疏）　　　　　　　　　　433-234- 9
聖學（疏二則）　　　　　　　　433-235- 9
治道（疏）　　　　　　　　　　434-777- 64
治道（疏）　　　　　　　　　　434-782- 64
治道（疏）——進故事　　　　　434-784- 64
仁民（疏）　　　　　　　　　　436-158-109
求賢（疏）——進王岩叟上哲宗
　論求賢當去六蔽故事　　　　　437-274-153
選擇（疏）　　　　　　　　　　437-695-170
災祥（疏）——進故事　　　　　441-692-314
●牟　嶷宋
咸淳辛未十二月初一日轉對箚子　1188- 63- 8
乾會節進銀狀　　　　　　　　　1188- 65- 8
賀乾會節表　　　　　　　　　　1188- 68- 8
浙東提刑到任謝表　　　　　　　1188- 68- 8
謝告奏　　　　　　　　　　　　1188- 69- 8
賀明堂慶成表　　　　　　　　　1188- 69- 8
謝赦表　　　　　　　　　　　　1188- 70- 8
賀乾會節表　　　　　　　　　　1188- 70- 8
●牟子才宋
君德（疏）　　　　　　　　　　433-119- 5
聖學（疏二則）　　　　　　　　433-219- 9
治道（疏七則）　　　　　　　　434-719-612
經國（疏）　　　　　　　　　　435-781-100
知人（疏）　　　　　　　　　　437-373-158
知人（疏）——輪對論君子小人
　聚散箚子　　　　　　　　　　437-375-158
用人（疏）——進對直前奏箚　　437-221-151
用人（疏）——乞留察院徐經孫
　奏狀　　　　　　　　　　　　437-224-151
用人（疏）——繳黃蛻狀　　　　437-225-151
用人（疏）——奏趙汝騰徐霖不
　當遷逐狀　　　　　　　　　　437-228-152
用人（疏）——爲趙汝騰辨葉大
　有劾章狀　　　　　　　　　　437-230-152
用人（疏）——論救高斯得徐霖

李伯玉狀附貼黃　　　　　　　　437-235-152
用人（疏）——乞留徐霖狀　　　437-237-152
用人（疏）——延和殿面對第一
　箚子　　　　　　　　　　　　437-238-152
去邪（疏）　　　　　　　　　　438-321-185
聽言（疏）——因輪對上奏　　　438-868-207
任將（疏）　　　　　　　　　　439-822-241
謚號（議）　　　　　　　　　　440-929-282
巡幸（疏二則）附貼黃　　　　　441-102-287
寵幸（疏）——繳吳子聰閤門事
　（二則）　　　　　　　　　　441-164-290
近習（疏）——論董宋臣不當除
　押班奏　　　　　　　　　　　441-217-293
近習（疏）——爲給事中繳李忠
　輔奏　　　　　　　　　　　　441-217-293
災祥（疏二則）　　　　　　　　441-613-310
災祥（疏四則）　　　　　　　　441-629-311
災祥（疏）——繳進輪對疏　　　441-643-311
災祥（疏）　　　　　　　　　　441-647-312
災祥（疏）——上火災封事　　　441-653-312
災祥（疏二則）　　　　　　　　441-658-312
災祥（疏）——論雷雨變異疏　　441-664-312
（艾軒）論議　　　　　　　　1142-661- 10
論聚散箚子　　　　　　　　　1404-194-175
聚散箚子　　　　　　　　　　1418-772- 64
論人才聚散箚子　　　　　　　1476-255- 14
　●朱　巳周
說魏安釐王親秦策　　　　　　1396-181- 13
　●朱　石明
進河清頌表　　　　　　　　　1228- 31- 2
　●朱　弁宋
上朱昭等忠義奏疏　　　　　　1375- 77- 4
　●朱　朴唐
都邑（疏）一議遷都　　　　　 436- 16-103
　●朱　昇栾
喪禮（疏）　　　　　　　　　 436-419-122
寧國臨城公入學議　　　　　　1399-464- 10
　●朱　京宋
用人（疏）　　　　　　　　　 436-754-136
　●朱　松宋
上皇帝疏一首　　　　　　　　1133-491- 7
論時事箚子（八則）　　　　　1133-493- 7
代人箚子　　　　　　　　　　1133-500- 7
代賀冬表　　　　　　　　　　1133-532- 11
代謝獎諭表　　　　　　　　　1133-532- 11

代賀天申節表　　　　　　　　1133-532- 11
代進銀狀　　　　　　　　　　1133-533- 11
代謝賜對衣金帶表　　　　　　1133-533- 11
代進哲宗皇帝實錄表　　　　　1133-533- 11
論時事箚子　　　　　　　　　1375- 82- 4
　●朱　勃漢
任將（疏）　　　　　　　　　 439-690-236
禮臣（疏）　　　　　　　　　 441- 45-285
訟馬援書　　　　　　　　　　1360-258- 15
訟馬援書　　　　　　　　　　1397-102- 5
救狄道策　　　　　　　　　　1397-103- 5
訟馬援書　　　　　　　　　　1402-464- 71
追訟馬援書　　　　　　　　　1417-353- 18
　●朱　則晉
上書　　　　　　　　　　　　1398-396- 17
　●朱　浮漢
學校（疏）　　　　　　　　　 436-208-113
用人（疏）　　　　　　　　　 436-588-129
災祥（疏）　　　　　　　　　 441-260-296
日食論守令數易疏　　　　　　1360-139- 8
論權歸刺舉之吏疏　　　　　　1360-140- 8
廣博士選疏　　　　　　　　　1360-142- 8
上光武請救二郡青并附光武詔報未浮　1397-150- 7
論牧守易代疏（二則）　　　　1397-150- 7
請廣太學博士書　　　　　　　1397-152- 7
乘與綬奏　　　　　　　　　　1397-152- 7
百官綬奏　　　　　　　　　　1397-152- 7
日食疏　　　　　　　　　　　1403- 33- 91
請委任三公疏　　　　　　　　1403- 34- 91
日食疏　　　　　　　　　　　1417-362- 18
　●朱　筮明
豁免屯糧賠累疏　　　　　　　 558-597- 45
　●朱　瀚明
請舉大禮以安人心疏　　　　　 445-324- 20
大禮疏　　　　　　　　　　　1273-440- 1
　●朱　寓漢
劾單安徐盛奏　　　　　　　　1397-358- 16
　●朱　善明
婚姻議　　　　　　　　　　　 443-406- 22
　●朱　雲漢
聽言（疏）　　　　　　　　　 438-697-201
　●朱　博漢
建官（疏）　　　　　　　　　 437-382-159
復置御史大夫奏　　　　　　　1355-305- 11
復刺史奏　　　　　　　　　　1355-306- 11

四庫全書文集篇目分類索引

復刺史奏　　　　　　　　　　1360-129- 7
復置御史大夫奏　　　　　　　1360-129- 7
置御史大夫奏　　　　　　　　1377-222- 10
刺史奏　　　　　　　　　　　1377-223- 10
論孔光傳喜封事　　　　　　　1396-566- 19
讓食邑書　　　　　　　　　　1396-567- 19
又論傅喜何武奏附彭宣等議二則　1396-567- 19
劾師丹奏　　　　　　　　　　1396-567- 19
復置御史大夫奏　　　　　　　1403-423-121
復刺史奏　　　　　　　　　　1403-423-121

● 朱　載清
恩免南昌浮糧謝表　　　　　　516-743-114
蠲免額徵錢糧謝表　　　　　　516-743-114
● 朱　瑄明
奏立州治疏　　　　　　　　　1385-245- 10
● 朱　暉漢
理財（疏）　　　　　　　　　440-429-262
駁張林奏附章帝詔　　　　　　1397-168- 8
● 朱　輔漢
四裔（疏）　　　　　　　　　442-507-140
上白狼王歌詩疏　　　　　　　1392-157- 8
● 朱　熠宋
理財（疏）　　　　　　　　　440-705-273
● 朱　震宋
漢上易傳表　　　　　　　　　11- 5- 附
喪禮（疏）　　　　　　　　　436-471-124
馬政（疏）　　　　　　　　　439-838-242
● 朱　模明
乙巳年賀千秋節表　　　　　　1373-541- 5
乙巳年千秋節賀牋　　　　　　1375-536- 41
● 朱　憲（等）宋
嶺南道行營擒劉銀露布　　　　1351-712-150
● 朱　諤宋
法令（疏）　　　　　　　　　439-116-213
● 朱　熹宋
君德（疏）　　　　　　　　　433- 65- 3
君德（疏）　　　　　　　　　433- 88- 4
聖學（疏）　　　　　　　　　433-192- 8
聖學（疏）　　　　　　　　　433-199- 8
聖學（疏）附貼黃一則　　　　433-201- 8
聖學（疏）　　　　　　　　　433-203- 8
孝親（疏）　　　　　　　　　433-311- 12
郊廟（疏）——議奉安四祖之禮
　　附貼黃　　　　　　　　　433-542- 22
郊廟（疏）——議祧廟箚子　　433-544- 22

治道（疏三則）　　　　　　　434-460- 53
治道（疏二則）　　　　　　　434-493- 54
治道（疏）——上封事　　　　434-496- 54
治道（疏）　　　　　　　　　434-624- 58
經國（疏）——論國計戰守和三
　　者利害得失　　　　　　　435-653- 95
經國（疏）　　　　　　　　　435-655- 95
仁民（疏）　　　　　　　　　436-122-108
仁民（疏）　　　　　　　　　436-145-109
田制（疏）——條奏經界狀　　436-201-112
學校（疏二則）——乞賜白鹿洞
　　書院勅額及乞以太上皇帝御書
　　石經并版本九經注疏給賜本洞　436-267-115
禮樂（疏）——乞修三禮箚子　436-330-118
乞討論喪服箚子　　　　　　　436-475-124
山陵疏　　　　　　　　　　　436-496-125
用人（疏）——薦潘燾韓越蔡戚
　　方銓狀　　　　　　　　　437-123-147
用人（疏）——薦龍溪縣令翁德
　　廣狀　　　　　　　　　　437-124-147
去邪（疏）　　　　　　　　　438-273-183
去邪（疏）——奏唐中友違法僭
　　限催稅（二則）　　　　　438-274-183
慎刑疏　　　　　　　　　　　439-228-217
荒政（疏）　　　　　　　　　440- 85-246
荒政（疏）附貼黃　　　　　　440- 86-246
荒政（疏）　　　　　　　　　440- 91-246
荒政（疏）　　　　　　　　　440- 92-246
賦役（疏）——奏議役利害疏　440-353-258
賦役（疏）　　　　　　　　　440-354-258
理財（疏）　　　　　　　　　440-646-271
理財（疏）——奏鹽酒課及差役
　　利害狀　　　　　　　　　440-650-271
褒贈（高登疏）　　　　　　　441- 38-284
褒贈（疏）——奏爲潭州創立晉
　　焦王承及紹興死事臣廟乞賜勅
　　額疏　　　　　　　　　　441- 39-284
災祥（疏）　　　　　　　　　441-531-307
災祥（疏）——乞修德政以弭天
　　變狀　　　　　　　　　　441-531-307
災祥（疏）——上災異箚子　　441-603-310
南康軍到任謝表　　　　　　　516-735-114
白鹿書院奏　　　　　　　　　517- 6-115
乞支錢米修築石隄箚子　　　　517- 7-115
論都昌創寨箚子　　　　　　　517- 7-115

史部

詔令奏議類：附錄

奏議上六畫

1284　　　　　　　　四庫全書文集篇目分類索引

論南康移治利害箚子	517- 9-115	議祧廟箚子	1143-273- 15
論木炭錢利害箚子	517- 10-115	進擬（祧廟）詔意	1143-273- 15
延和殿奏箚六	517- 11-115	山陵議狀	1143-274- 15
延和殿奏箚七	517- 11-115	乞蠲減星子縣税錢第二狀	1143-278- 16
乞加封陶威公狀	517-136-119	奏南康軍旱傷狀	1143-279- 16
辭免直祕閣狀	517-138-119	乞放免租税及撥錢米充軍糧賑濟	
乞蠲減星子縣税錢第二狀	517-139-119	狀	1143-279- 16
乞放免租税及撥錢米充軍糧賑濟		再奏南康軍旱傷狀	1143-280- 16
狀	517-140-119	乞截留米綱充軍糧賑耀賑給狀	
乞截留米綱充軍糧賑耀賑給狀	517-141-119	附貼黃	1143-281- 16
浙東提舉到任謝表	526- 12-259	奏推廣御筆指揮二事狀	1143-282- 16
奏鹽課狀	526- 35-260	奏借兌上供官錢糴米并乞權行倚	
漳州經界議	530-473- 69	閣夏税錢帛狀	1143-284- 16
乞褒錄高登疏	530-456- 69	乞撥賜檢放合納苗米充軍糧狀	1143-285- 16
乞褒錄高東溪忠義狀	1136-454- 附	奉勸諭到賑濟人戶狀	1143-286- 16
壬午應詔封事	1143-166- 11	繳納南康任滿合奏稟事件狀	
庚子應詔封事附貼黃	1143-174- 11	附貼黃	1143-286- 16
繳進奏疏狀	1143-180- 11	阿馬奏案內小貼子	1143-293- 16
戊申封事	1143-180- 11	奏紹興府都監賈祐之不抄箚飢民	
己酉擬上封事	1143-199- 12	狀	1143-294- 16
甲寅擬上封事	1143-207- 12	乞借撥官會給降度牒及推賞獻助	
乙卯擬上封事文不錄	1143-209- 12	人狀	1143-294- 16
癸未垂拱奏箚一	1143-210- 13	奏救荒事宜狀	1143-296- 16
垂拱奏箚二	1143-211- 13	奏紹興府指使密克勤偷盜官米狀	1143-298- 16
垂拱奏箚三	1143-213- 13	奏巡歷合奏聞陳乞事件狀	1143-299- 16
辛丑延和奏箚一二三附貼黃	1143-214- 13	奏上戶朱熙績不伏賑糶狀	1143-300- 16
延和奏箚四至七	1143-222- 13	奏巡歷婺衢救荒事件狀	1143-301- 16
戊申延和奏箚一	1143-227- 14	奏衢州守臣李嶧不留意荒政狀	1143-303- 17
延和奏箚二附貼黃	1143-228- 14	奏請畫一事件狀	1143-304- 17
延和奏箚三至五	1143-229- 14	奏張大聲孫孜檢放旱傷不實狀	1143-305- 17
甲寅行宮便殿奏箚一	1143-234- 14	乞賜鍛劍狀	1143-305- 17
行宮便殿奏箚二三	1143-235- 14	乞給降官會等事仍將山陰等縣下	
行宮便殿奏箚四附貼黃	1143-238- 14	戶夏税秋苗丁錢並行住催狀	1143-306- 17
行宮便殿奏箚五	1143-239- 14	乞將山陰等縣下戶夏税和買役錢	
乞進德箚子附貼黃	1143-239- 14	展限起催狀	1143-308- 17
乞差官看詳封事箚子	1143-241- 14	乞住催被災州縣積年舊欠狀	1143-308- 17
乞瑞慶節不受賀箚子附貼黃	1143-242- 14	乞推賞獻助人狀	1143-309- 17
經筵留身面陳四事箚子附貼黃	1143-242- 14	奏衢州官吏擅支常平義倉米狀	1143-310- 17
論災異箚子	1143-246- 14	奏蝗蟲傷稼狀附簽黃	1143-311- 17
乞令看詳封事官面奏箚子	1143-247- 14	御筆回奏狀附御筆簽黃	1143-312- 17
乞討論喪服箚子	1143-247- 14	乞修德政以弭天變狀	1143-313- 17
書奏藁後	1143-248- 14	再奏衢州官吏擅借支常平義倉米	
乞修三禮箚子	1143-248- 14	狀	1143-314- 17
祧廟議狀并圖附小貼子	1143-266- 15	奏救荒畫一事件狀附簽黃	1143-315- 17
面奏祧廟箚子并圖附貼黃	1143-272- 15	乞留婺州通判趙善堅措置賑濟狀	1143-318- 17

史部

詔令奏議類：附錄

奏議上六畫

四庫全書文集篇目分類索引

乞將合該鑄閣夏稅人戶前期輸納
　者理折今年新稅狀　1143-319- 17
奏巡歷沿路災傷事理狀　1143-320- 17
奏知寧海縣王辟綱不職狀　1143-322- 17
奏救荒事宜畫一狀附貼黃簽黃　1143-322- 17
奏明州乞給降官會及本司乞再給
　官會度牒狀　1143-326- 17
奏台州免納丁絹狀　1143-328- 18
再乞給降錢物及減放住催水利等
　狀　1143-329- 18
乞降旨令婺州撥還所借常平米狀　1143-331- 18
奏巡歷至台州奉行事件狀附貼黃小
　貼子　1143-331- 18
奏均減紹興府和買狀附貼黃小貼子　1143-334- 18
奏鹽酒課及差役利害狀　1143-338- 18
奏義役利害狀　1143-340- 18
按知台州唐仲友第一狀附貼黃外封
　內封　1143-341- 18
按唐仲友第二至五狀附貼黃　1143-342- 18
乞罷黜狀附貼黃　1143-366- 19
又乞罷黜狀附貼黃　1143-368- 19
按唐仲友第六狀附貼黃　1143-368- 19
乞鑄減漳州上供經總制額等錢狀
　附貼黃　1143-374- 19
條奏經界狀附貼黃　1143-378- 19
又奏乞戒約州縣妄科經總制錢及
　除豁虛額錢數狀附簽黃　1143-383- 19
乞褒錄高登狀附貼黃　1143-384- 19
按黃发狀　1143-385- 19
薦知龍溪縣翁德廣狀　1143-386- 19
劾將官陸景任狀　1143-387- 19
同監司薦潘熹韓逸蔡咸方銓狀　1143-388- 19
舉潘友恭自代狀　1143-389- 19
乞潭州謙王等廟額狀附貼黃　1143-389- 19
申南康旱乞放租稅及應副軍糧
　狀　1143-393- 20
申南康旱傷乞倚閣夏稅狀　1143-394- 20
乞支錢米修築石隄筒子　1143-398- 20
乞禁止遏糴狀　1143-422- 21
乞賑耀賑濟合行五事狀　1143-422- 21
謝改官宮觀奏狀　1143-451- 22
辭免進職奏狀一　1143-460- 22
辭免江西提刑奏狀　1143-461- 22
辭免江東提刑奏狀一附貼黃　1143-462- 22
辭免江東提刑奏狀二　1143-462- 22

辭免進職奏狀二　1143-463- 22
辭免江東提刑奏狀三附貼黃　1143-463- 22
辭免召命奏狀　1143-472- 22
辭免崇政殿說書奏狀　1143-473- 22
自劾本州地震及患脚氣不能祗赴
　錫宴妨廢職務乞賜罷黜奏狀　1143-479- 23
辭免煥章閣待制侍講奏狀一二　1143-488- 23
辭免煥章閣待制侍講乞且帶元官
　職詣闕奏狀三　1143-490- 23
辭免待制侍講面奏筒子　1143-491- 23
謝御筆以次對係銜供職奏狀　1143-492- 23
辭免兼實錄院同修撰奏狀一二　1143-493- 23
謝御筆與宮觀奏狀　1143-493- 23
辭免兩次除授職各及知江陵府奏
　狀附貼黃　1143-494- 23
乞追還煥章閣待制奏狀二附貼黃　1143-496- 23
乞追還待制職名奏狀三　1143-497- 23
乞追還待制職名及守本官致仕奏
　狀四附貼黃　1143-498- 23
乞追還待制職名并自劾不合妄議
　永阜殯陵事奏狀五　1143-499- 23
乞追還待制職名奏狀六附貼黃　1143-501- 23
跋朱給事奏筒　1145-672- 81
記參政龔公陟辭奏薨後　1145-710- 82
再跋參政龔公陟辭奏薨　1145-711- 82
跋王端明奏稿　1145-716- 82
跋朱奉使奏狀　1145-720- 83
跋王荊公進鄰侯遺事奏稿　1145-721- 83
再跋王荊公進鄰侯遺事奏薨　1145-735- 83
南康軍到任謝表　1146- 11- 85
浙東提舉到任謝表　1146- 11- 85
謝依所乞仍舊直寶文閣及賜詔書
　獎諭表　1146- 12- 85
漳州到任謝表　1146- 12- 85
除祕閣修撰謝表　1146- 13- 85
潭州到任謝表　1146- 13- 85
謝除待制侍講修撰實錄表　1146- 14- 85
辭免待制仍舊充祕閣修撰提舉南
　京鴻慶宮謝表　1146- 15- 85
落職罷宮祠謝表　1146- 15- 85
落祕閣修撰依前宮謝表　1146- 16- 85
致仕謝表　1146- 17- 85
天申節賀表　1146- 17- 85
會慶節賀表　1146- 17- 85
奏乞推賞賑濟上戶　1146-671- 7

史部

詔令奏議類：附錄

奏議上六畫

賀會慶節表　1352- 25-1上
賀天申節表　1352- 25-1上
壬午應詔封事　1359-386- 56
庚子應詔封事 附貼黃　1359-394- 57
戊申封事　1359-400- 58
己酉擬上封事　1359-417- 59
乞賜晉太尉陶桓公廟額狀　1375- 93- 5
奏均減紹興府和買狀　1375- 95- 5
辭免江東運副奏狀　1375-526- 40
落職罷宮祠謝表　1375-526- 40
落祕閣修撰依前官謝表　1375-527- 40
浙東提舉到任謝表　1382-398-下之2
南康軍到任謝表　1382-399-下之2
潭州到任謝表　1382-399-下之2
致仕謝表　1382-400-下之2
落祕閣修撰依前官謝表　1382-401-下之2
落職罷宮祠謝表　1382-401-下之2
辭免待制仍舊充祕閣修撰提舉南
　　京鴻慶宮謝表　1382-402-下之2
謝除待制侍講修撰實錄表　1382-403-下之2
除祕閣修撰謝表　1382-403-下之2
漳州到任謝表　1382-404-下之2
謝依所乞仍舊直寶文閣及賜詔書
　　獎諭表　1382-404-下之2
代宰臣以下賀太上皇太上皇后尊
　　號禮成表　1382-405-下之2
代提舉國史進神宗哲宗徽宗皇帝
　　國史表　1382-405-下之2
壬午應詔封事　1418-650- 59
辛丑延和奏箚二　1418-655- 59
戊申封事　1418-658- 59
甲寅行宮便殿奏箚二　1418-672- 59
辭免知靖江府第一二狀　1465-489- 4
上寧宗疏　1476-228- 13
●朱　據 吳
儲嗣（疏）　435- 53- 71
●朱　穆 漢
近習（疏二則）　441-167-291
論宦官選士人疏　1360-184- 10
上桓帝論宦官疏　1397-339- 16
●朱　寵 漢
追訟鄧騭書　1397-238- 11
●朱子奢 唐
郊廟（疏）——上立廟議　433-389- 16
慎刑疏　439-181-215

諫將殺樊陽尉魏禮臣表　1338-726-617
諫欲觀起居紀錄表　1338-782-623
立廟議　1343-563- 39
●朱台符 宋
上眞宗應詔論慧星旱災（疏）　431-406- 37
災祥（疏）——論彗星旱災疏　441-326-298
禦邊（疏）　442- 65-322
●朱安國 宋
慶上皇壽七十賀皇帝表　1352- 23-1上
●朱光庭 宋
上哲宗乞召講官詢訪以進聖學（
　　疏）　431- 79- 7
上哲宗乞以善利二者別邪正之臣
　　（疏）　431-179- 16
上哲宗乞於求言詔書內除去限百
　　日指揮（疏）附貼黃　431-215- 19
上哲宗論安反側不必降詔（疏）
　　附貼黃　431-249- 22
上哲宗論司馬光竇當謹於命相（
　　疏）　431-574- 47
上哲宗論職事官帶職（疏）附貼黃　431-605- 49
上哲宗乞今後凡有政令除改才到
　　門下並令給事中卽時關報臺諫
　　（疏）附貼黃　431-656- 53
上哲宗論張舜民罷言職（疏）　431-664- 54
上哲宗再論安燾除命（疏）　431-700- 57
上哲宗乞察守令能否（疏）　431-828- 68
上哲宗乞令臺諫先次上殿（疏）
　　附貼黃　431-924- 77
上哲宗乞擇名師主太學（疏）　431-943- 79
上哲宗乞戒學者遵守正道（疏）　432- 37- 83
上哲宗乞戒約士大夫傳異端之學
　　（疏二則）　432- 48- 84
上哲宗論配帝及從祀之神（疏）　432- 76- 86
上哲宗乞定子思封爵（疏）附貼黃　432-130- 91
上哲宗乞詳議五禮以教民（疏）
　　附貼黃　432-175- 96
上哲宗乞罷大理獄（疏）　432-214- 99
上哲宗乞拘收保甲兵器及募充弓
　　手（疏）　432-554-124
上哲宗論回河（疏）附貼黃　432-579-127
聖學（疏）——乞召講官詢訪以
　　進聖學奏　433-172- 7
郊廟（疏）——論配帝及從祀之
　　神　433-501- 21

學校（疏）——乞擇名師主太學
　狀　436-246-114
禮樂（疏）附貼黃　436-378-120
論司馬光薦當謹於命相（疏）　436-815-139
論楊畏除御史不當狀（五則）　436-816-139
知人（疏）——乞以善利二者別
　邪正之臣　437-329-155
建官（疏）　437-440-161
選舉（疏）　437-641-168
聽言（疏四則）　438-785-204
聽言（疏）——言張舜民罷言職
　疏　438-787-204
法令（疏）——論降詔書　439-101-212
慎刑疏——奏乞罷大理獄疏　439-212-216
兵制（疏）　439-326-221
水利（疏）　440-169-250
崇儒（疏）　440-724-274
崇儒（疏）——乞定子思封爵疏　440-725-274
請戒約傳習異端（疏）　1350-646- 60
請用經術取士（疏）　1350-647- 60
●朱吾弼明
勸晉瑞誕重臣疏　445-553- 33
●朱炳如明
摘陳初政疏　534-400- 92
●朱晞顏宋
廣西運判到任謝表　1352-192-5中
靖州謝賜歷日表　1375-528- 40
靜江府謝賜手詔墨本表　1375-528- 40
靖江府謝賜手詔墨本表　1465-474- 3
●朱買臣（等）後梁
都邑（疏）——還都建康　436- 12-103
●朱載堉明
讓國正倫疏（二則）　538-524- 76
議正倫齒疏　538-526- 76
上聖壽萬年曆表（二則）　786-451- 首
●朱敬則唐
治道（疏）——論塞告密羅織之
　源　433-676- 27
去邪（疏）　438- 24-174
論刑獄表　1338-729-617
諫除濫刑疏　1343-415- 28
羅織獄諫　1361-890- 9
諫除濫刑疏　1403- 83- 98
●朱膺之劉宋
王僧喪禪服議附有司奏　1398-816- 16

議南郊廟祠儀奏附王祀之議及有司奏 1398-816- 16
●朱瑩元明
請發帑金疏　445-613- 36
蘭地善後機宜疏　445-621- 37
簡兵屯守疏　445-644- 38
陳黔省情形用兵機宜疏　445-657- 39
督黔善後事宜疏　445-665- 39
陳黔蜀連界扼要情形疏　445-668- 39
●伊　尹商
用人（疏）　436-576-129
建官（疏二則）　437-381-159
●伊　陟商
災祥（疏）　441-233-295
●伊喇履金
聽言（疏）　438-877-207
●伊徹察喇元
征伐（疏）　439-686-235
●伊將特穆爾元
諡號（議）——諫仁宗不宜稱太
　上皇之號　440-932-282

七　畫

●汪　思明
慎出命以示大順疏　1453-433- 51
●汪　俊明
慶成筵宴雖遇災傷不免事例（疏）　443-714- 31
大禮議　445-279- 17
●汪　琬清
理財當審盈紲之勢積久宜酌通久
　之規等事題本覆稿　1315-206- 1
請申嚴就撥餉之制以無悮軍需事
　題本覆稿　1315-207- 1
●汪　循明
論裁革中官疏　443-150- 9
●汪　鋐明
遵奉欽依條陳時政疏　443-205- 11
奏爲嚴檢防以祛宿弊事　443-323- 17
奏爲陳愚悃以隆聖治事　443-508- 25
欽遵聖訓嚴禁奢侈事（疏）　443-558- 27
奏陳愚見以弭邊患事　444-288- 43
再陳愚見以弭邊患事（疏）　444-289- 43
題爲重邊防以蘇民命事　444-291- 43
應詔陳言以弭災異事　444-370- 47
題爲計處淨身以圖善後事　444-376- 47
題爲反獄事　444-379- 47
奏爲興水利以救民患事　444-417- 49

欽遵勅諭申明憲綱事（疏） 444-482- 53
●汪 藻宋
選舉（疏） 437-658-169
去邪（疏）——論趙士琰降兩官
　蘇遲別與差遣 438-271-183
賞罰（疏）——乞重罰臧吏箚子 438-408-189
賞罰（疏）——論王革宋晦等不
　當復職 438-409-189
法令疏 439-130-213
征伐（疏）——乞分張俊軍馬策
　應狀 439-635-233
任將（疏二則） 439-768-239
屯田（疏） 440-391-260
國史（疏）——乞修日曆疏 440-786-277
國史（疏） 440-787-277
褒贈（顏眞卿疏） 441- 33-284
汪藻奏——論建康 489-413- 35
到任謝表 489-425- 36
行在越州條具時政 1128- 6- 1
撫州奏乞罷打造戰船等事 1128- 10- 1
奏論諸將無功狀 1128- 12- 1
奏論呂源除兩浙轉運使姜仲謙除
　轉運副使不當狀 1128- 16- 1
論淮南屯田 1128- 18- 2
論僑寓州郡箚子 1128- 19- 2
奏論趙士琰高郵軍再任不當狀 1128- 19- 2
奏論邢煥孟忠厚除授不當狀 1128- 20- 2
奏論宋晦落職不當行詞狀 1128- 21- 2
奏論金人留建康乞分張浚軍馬策
　應狀 1128- 22- 2
論蘇良冶轉官不當狀 1128- 24- 2
乞徵勸均稅狀 1128- 24- 2
乞修日曆狀附貼黃 1128- 24- 2
湖州奏乞修魯公祠并賜額狀 1128- 26- 2
書局轉官辭免官箚子 1128- 26- 2
羣臣上皇帝勸發第一表 1128- 27- 3
上皇帝勸進表 1128- 28- 3
羣臣賀皇帝登寶位表 1128- 28- 3
車駕移蹕臨安府賀表 1128- 28- 3
車駕移蹕建康府起居表 1128- 29- 3
車駕親征起居表 1128- 29- 3
皇太后還闕賀表 1128- 29- 3
星變百官請皇帝御正殿表 1128- 30- 3
星異請御正殿表 1128- 30- 3
星變請御正殿表 1128- 30- 3
宰臣進三省通用格式表 1128- 31- 3
元命日百官乞詣寶籙宮行香表 1128- 31- 3
賀建築隆兌州城寨表 1128- 32- 3
賀諸州祥瑞表 1128- 32- 3
賀赤烏白鵲表 1128- 32- 3
賀黃河經夏雨不泛溢表 1128- 33- 3
賀解池生紅鹽及鹽寶自生表 1128- 33- 3
賀濬南班師表 1128- 33- 3
江西提舉司賀冬表 1128- 34- 3
紹興十五年元會賀表 1128- 35- 3
奉上宣和皇太后册寶賀表 1128- 36- 4
册皇后表 1128- 36- 4
皇子賀北郊禮成表（六則） 1128- 37- 4
劉相公賀明堂禮成表 1128- 38- 4
皇子北郊青城起居表（六則） 1128- 39- 4
徽宗皇帝梓宮還闕慰表 1128- 41- 4
顯肅皇后梓宮還闕慰表 1128- 42- 4
懿節皇后梓宮還闕慰表 1128- 42- 4
謝進書賜銀合茶藥表 1128- 42- 5
謝進書特授左中大夫表 1128- 42- 5
謝除顯謨閣學士表 1128- 43- 5
謝紛帶表 1128- 43- 5
謝加食邑表 1128- 44- 5
謝授新安郡侯表 1128- 44- 5
謝除中書舍人表 1128- 44- 5
謝除兵部侍郎表 1128- 45- 5
謝除兼侍講表 1128- 45- 5
謝除翰林學士表 1128- 45- 5
謝除龍圖閣直學士知湖州表 1128- 46- 5
謝撫州到任表 1128- 46- 5
謝徽州到任表 1128- 47- 5
謝泉州到任表 1128- 47- 5
謝除江東提刑表 1128- 47- 5
謝鎭江府到任表 1128- 48- 5
謝宣州到任表 1128- 48- 5
謝乞宮祠降詔不允表 1128- 48- 5
謝罷中書舍人除集英殿修撰宮祠
　表 1128- 49- 5
謝提舉江州太平觀表 1128- 49- 5
謝再任宮觀表 1128- 50- 5
謝罷知鎭江府除宮觀表 1128- 50- 5
謝謫永州居住表 1128- 50- 5
謝永州再任宮祠表（三則） 1128- 50- 5
謝擅減均糶米數放罪表 1128- 51- 5
宰相星變待罪表（二則） 1128- 52- 6

四庫全書文集篇目分類索引

代唐恪相公辭免觀文殿大學士表 1128- 53- 6
代何㮚辭免左僕射表（二則） 1128- 53- 6
代汪伯彥樞密辭免表 1128- 54- 6
代汪樞密辭免覃恩轉官表 1128- 54- 6
宰臣謝星變放罪表 1128- 55- 6
行在百官謝許乘轝表 1128- 55- 6
代王樞密謝知建康府表 1128- 55- 6
代陸藻侍郎謝龍圖閣直學士表 1128- 56- 6
代嘉王謝及第表 1128- 56- 6
代嘉王等謝車駕臨幸賜第表 1128- 57- 6
代劉正夫相公謝落致仕移鎭表 1128- 57- 6
代劉相公謝給展省先塋表 1128- 58- 6
代汪樞密謝賜窆禮表 1128- 58- 6
代汪樞密謝子自北歸不令入城降詔奬諭表 1128- 58- 6
代汪樞密謝覃恩轉官表 1128- 59- 6
代薛左丞謝除門下侍郎表 1128- 59- 6
代薛昂門下謝本省書成回授二子轉官表 1128- 59- 6
代陳過庭中書謝生日賜羊酒米麵表 1128- 60- 6
代何㮚中書謝生日賜羊酒米麵表 1128- 60- 6
代江西運使侯大夫謝鹽課增羨賜金紫表 1128- 60- 6
代開封程振大尹謝上表 1128- 61- 6
代明州趙修選謝到任表 1128- 61- 6
代鎭江府趙修撰謝到任表 1128- 61- 6
代河北羅使程戶部謝到任表 1128- 62- 6
代江東提舉監香楮大夫謝到任表 1128- 62- 6
恭上隆祐皇太后謚議 1128-148- 17
大行隆祐皇太后謚議 1128-338- 1
賀赤烏白鵲表 1128-344- 3
羣臣上皇帝勸發第一表 或作張邦昌作 1128-344- 3
謝除兼侍講表 1128-345- 3
謝進書特授左中大夫表 1128-345- 3
謝授新安郡侯表 1128-345- 3
謝泉州到任表 1128-346- 3
皇太后還闕賀表 1128-346- 3
謝謫永州居住表 1128-346- 3
奏論趙士瑗高郵軍再任不當狀 1128-347- 4
奏論宋晦落職不當行詞狀 1128-348- 4
奏論金人留建康乞分張俊軍馬策應狀 1128-350- 4
奏論諸將無功狀 1128-351- 4

乞修日曆奏狀 1128-355- 4
行在越州條具時政疏 1128-357- 5
賀皇帝登極表 1352- 15- 1上
賀天申節表 1352- 28- 1上
賀立皇太子表（五則） 1352- 36- 1中
賀册皇后表 1352- 42- 1中
賀北郊禮成表 1352- 44- 1中
賀明堂禮成表 1352- 45- 1中
賀元會表 1352- 53- 1下
賀冬表（三則） 1352- 55- 1下
賀明堂及萬歲山祥光表 1352- 73- 2上
賀斬變離不表 1352- 75- 2上
賀收復涿易二州表 1352- 76- 2上
賀瀘南班師表 1352- 77- 2上
賀西師捷奏表 1352- 78- 2上
北郊青城起居表 1352- 86- 2中
車駕親征起居表 1352- 87- 2中
請皇帝御正殿表 1352- 95- 2下
辭免樞密表 1352-117- 3上
辭免節度使表 1352-125- 3中
辭免覃恩轉階表 1352-127- 3中
謝除樞密表 1352-132- 3下
謝除兵部侍郎表 1352-140- 3下
謝除翰林學士表 1352-149- 4上
謝除右文殿修撰表 1352-157- 4中
謝除龍圖閣直學士表 1352-158- 4中
謝除龍圖（閣）直學士表 1352-158- 4中
謝除顯謨閣學士表 1352-159- 4中
謝除侍讀表 1352-164- 4下
謝除太子賓客表 1352-165- 4下
謝除開封尹表 1352-169- 4下
謝除江東提刑表 1352-172- 4下
代謝除提舉表 1352-173- 4下
謝除知鎭江表 1352-176- 5上
曲江提刑到任謝表 1352-194- 5中
淮東提舉到任謝表 1352-197- 5中
河北羅使到任謝表 1352-202- 5下
謝轉官表（二則） 1352-222- 6上
　 1352-225- 6上
謝轉官回授表 1352-226- 6上
謝南郊加恩表 1352-228- 6中
謝狀元及第表 1352-229- 6中
謝謫定州通判表 1352-234- 6中
乞避位待罪表 1352-269- 7中
遺表 1352-279- 7下

史部

詔令奏議類：附錄

奏議上 七畫

論追奪冒進人不當敍復狀 1375- 73- 3
乞修日曆狀 1375- 74- 3
謝罷符寶郎通判宣州表 1375-522- 40
謝進書特授左中大夫表 1375-522- 40
謝封新安郡侯表 1375-523- 40
泉州到任謝表 1375-523- 40
謝除翰林學士表 1382-393-下2
賀赤烏白鵲表 1382-393-下2
群臣上皇帝勸進第一表 1382-394-下2
謝除兼侍講表 1382-394-下2
謝進書特授左中大夫表 1382-395-下2
謝授新安郡侯表 1382-395-下2
謝泉州到任表 1382-395-下2
皇太后還闕賀表 1382-396-下2
謝諭永州居住表 1382-396-下2
謝除樞密使表 1382-396-下2
代辭節度使表 1382-397-下2
代汪樞密辭免表（二則） 1382-397-下2
謝授新安郡侯表 1403-551-138
謝泉州到任表 1403-551-138
賀赤烏白雀表 1403-552-138
●汪大猷 宋
遺表 1375-525- 40
●汪文輝 明
陳四事疏 445-462- 29
●汪由敦 清
恭進盛京通志表 503-605-128
郊壇儀注議 1328-735- 4
頒詔儀注議 1328-737- 4
孝賢皇后升示付大禮議 1328-738- 4
恭進大禮記注表 1328-741- 5
恭進聖京通志表 1328-743- 5
恭進平定金川方略表 1328-745- 5
恭進通鑑綱目三編表 1328-746- 5
恭進皇清文穎表 1328-747- 5
書徐在川疏草後贈徐謙齋 1328-850- 15
●汪承霈 清
恭謝御賜詩文（三則） 1328-387- 附
●汪雄圖 宋
代峽州守臣謝賜曆日表 1375-531- 41
●汪聖錫 宋
賀郡王冠禮表 1352- 43-1中
●汪夢斗 宋
曾子子思子全書進表 703-459- 附
進墨本表〈進曾子子思子全書〉 1175-584- 0

●汪德輪 宋
房州到任謝表 1352-210-5下
●汪應元 宋
論經界（疏） 1375-114- 6
●汪應辰 宋
君德（疏二則） 433- 61- 3
君德（疏）——進故事 433- 62- 3
聖學（疏） 433-193- 8
治道（疏） 434-354- 48
治道（疏）——進故事 434-356- 48
經國（疏） 435-566- 91
經國（疏）——應詔言事 435-566- 91
經國（疏）——論國用士風軍政
　疏 435-649- 94
仁民（疏） 436-104-107
仁民（疏）——論愛民六事箚子 436-119-108
仁民（疏）——論養民疏 436-121-108
風俗（疏）——論士大夫悼尚節
　義箚子 436-302-117
用人（疏）——進杜黃裳李德裕
　告君故事 437- 50-144
節儉（疏） 438-484-192
法令（疏） 439-150-214
慎刑（疏）——論刑部理寺讞決
　當分職箚子 439-227-217
巡幸（疏） 441-101-287
災祥（疏）——論災異箚子 441-529-306
禦邊（疏）——進故事 442-381-335
四裔（疏）——轉對論自治箚子 442-730-349
輪對論和議異議疏 1138-588- 1
應詔言弭災防盜事（疏） 1138-589- 1
論軍中功賞不實（疏） 1138-595- 1
應詔陳言兵食事宜（疏） 1138-597- 2
論敵情當爲備海道未可進（疏） 1138-603- 2
措置海道回奏 1138-604- 2
論士大夫敦尚節義（疏） 1138-606- 3
論講讀官進見希闊（疏） 1138-607- 3
論總管鈐轄與帥守不相統臨(疏) 1138-607- 3
論添差員缺（疏三則） 1138-609- 3
御箚問蜀中旱歉畫一回奏 1138-613- 4
再奏蜀旱歉 1138-616- 4
第三次奏賑濟旱歉 1138-616- 4
御箚再問蜀中旱歉（疏） 1138-617- 4
謝御札（疏二則） 1138-620- 4
奉手詔奏邊事 1138-620- 4

奏邊事　　　　　　　　　　　1138-621- 4
乞蠲差興元帥臣（疏）　　　　1138-621- 4
奏已分地界　　　　　　　　　1138-621- 4
論薦舉攻限疏　　　　　　　　1138-622- 5
論罷戶長改差甲頭疏　　　　　1138-623- 5
論愛民六事疏　　　　　　　　1138-624- 5
論欽宗配饗功臣疏附貼黃　　　1138-625- 5
論金使名犯眞宗舊諱疏附貼黃　1138-626- 5
同諸師請定寺觀納贖剩錢期限疏　1138-627- 5
論勘合錢比舊增重疏　　　　　1138-627- 5
論左藏南庫事（疏）　　　　　1138-629- 5
除敷文閣待制舉朱熹自代狀　　1138-630- 6
授端明殿學士舉查篇自代狀　　1138-630- 6
薦尤袤箚子　　　　　　　　　1138-630- 6
薦聞人阜民狀　　　　　　　　1138-630- 6
薦鄭樵狀　　　　　　　　　　1138-630- 6
薦于靚治狀　　　　　　　　　1138-631- 6
薦何耕充文章典雅科狀　　　　1138-631- 6
薦蜀中人材箚子　　　　　　　1138-631- 6
薦張行成箚子　　　　　　　　1138-632- 6
薦吳搢箚子　　　　　　　　　1138-633- 6
薦吳洵充郡守箚子　　　　　　1138-633- 6
薦李繁知邛州箚子　　　　　　1138-634- 6
薦時紫芝歷學箚子　　　　　　1138-634- 6
應詔薦將帥辭免權宣撫箚子　　1138-634- 6
辭免戶部侍郎奏狀（二則）　　1138-635- 6
辭免兼侍講奏狀　　　　　　　1138-636- 6
辭免四川安撫制置使奏狀(二則)　1138-636- 6
謝權吏部侍郎表　　　　　　　1138-638- 6
謝戶部侍郎表　　　　　　　　1138-638- 6
謝兼侍講表　　　　　　　　　1138-639- 6
謝授敷文閣直學士四川安撫制置
　使表　　　　　　　　　　　1138-639- 6
謝除端明殿學士知平江府表　　1138-640- 6
平江府謝到任表　　　　　　　1138-640- 6
跋劉忠肅公陸公奏藁　　　　　1138-684- 10
跋蔡京乞焚毀元祐時政記奏藁　1138-686- 10
題司馬溫公奏議　　　　　　　1138-686- 11
謝轉官表　　　　　　　　　　1352-226- 6上
申奏許浦水軍坐下省箚　　　　1358-630- 2
除敷文閣待制舉朱熹自代狀　　1375- 84- 4
論士大夫敦尚節義箚子　　　　1375- 84- 4
論講讀官進見希闊箚子　　　　1375- 85- 4
進故事　　　　　　　　　　　1375-504- 39
●完顏昂金

君德（疏）　　　　　　　　　433-125- 5
●完顏仲德金
賞罰（疏）　　　　　　　　　438-432-189
營繕（疏）　　　　　　　　　441-760-316
●完顏伯嘉金
去邪（疏）——論畜察阿里巴斯　438-344-186
聽言（疏）——論穆延和囉羅言
　事怍旨　　　　　　　　　　438-877-207
災祥（疏）　　　　　　　　　441-695-314
●完顏宗磐（等）金
諡號（議）——上廟號諡議　　440-930-282
●完顏蘇埒金
治道（疏）　　　　　　　　　434-790- 65
治道（疏）　　　　　　　　　434-790- 65
●完顏蘇嚕宋
用人（疏）　　　　　　　　　437-246-152
用人（疏）　　　　　　　　　437-247-152
●完顏蘇蘭金
儲嗣（疏）——請更選師保贊論
　之官　　　　　　　　　　　435-115- 73
●牟　順漢
奏李膺等黨人書（二則）　　　1397-358- 16
●沈　沖齊
去邪（疏）——奏江謐前後罪狀　438- 16-173
江謐罪奏　　　　　　　　　　1399-128- 6
●沈　彤清
水西府君諫疏後記　　　　　　1328-341- 7
●沈　亮劉宋
救饑議　　　　　　　　　　　1398-737- 13
發家罪近村民議　　　　　　　1398-737- 13
啓太祖附詔答　　　　　　　　1398-737- 13
陳太祖附詔報　　　　　　　　1398-738- 13
●沈　括宋
進南郊式表　　　　　　　　　1117-264- 1
謝知制誥表　　　　　　　　　1117-265- 1
奉勅謀奉元歷序進表　　　　　1117-265- 1
熙寧九年謝早出表　　　　　　1117-265- 1
熙寧十年謝早出表　　　　　　1117-266- 1
除翰林學士謝宣召表　　　　　1117-266- 1
除翰林學士箋記表　　　　　　1117-266- 1
除翰林學士謝勅設表　　　　　1117-267- 1
除翰林學士謝賜對衣鞍轡馬表　1117-267- 1
謝復起居舍人充龍圖閣待制表　1117-268- 2
延州謝到任表　　　　　　　　1117-268- 2
謝加恩表　　　　　　　　　　1117-269- 2

四庫全書文集篇目分類索引

史部 詔令奏議類：附錄 奏議上七畫

謝賜歷日表	1117-270- 2
謝賜衣襖表	1117-270- 2
慰耐廟表	1117-270- 2
謝傳宣獎諭表	1117-271- 2
謝賜夏藥表	1117-272- 3
賀捷表	1117-272- 3
謝賜戎服表	1117-272- 3
謝轉龍圖閣直學士表	1117-273- 3
謝賜夏藥表	1117-273- 3
謝將士曲珍已下授官表	1117-274- 3
謝賜對衣表	1117-274- 3
隨州謝表	1117-275- 3
謝諭授秀州團練副使表（二則）	1117-275- 4
秀州謝表（二則）	1117-276- 4
進守令圖表（二則）	1117-277- 4
謝進守全圖賜絹表（二則）	1117-278- 4
謝分南京表	1117-279- 4

● 沈　約 梁

樂疏	436-532-127
奏彈王源	1329-695- 40
奏彈王源	1331- 78- 40
爲柳世隆讓封公表	1394-343- 2
爲晉安王謝南兗州章	1394-459- 5
修竹彈甘蕉文	1394-463- 5
謝賜新曆表	1399-393- 7
爲皇太子初謝表	1399-393- 7
致仕表	1399-393- 7
爲始興王讓儀同表	1399-393- 7
拜尚書令到都上表	1399-393- 7
讓僕射表	1399-393- 7
爲褚炫讓吏部尚書表	1399-393- 7
讓五兵尚書表	1399-394- 7
謝封建昌侯表	1399-394- 7
爲柳世隆讓封公表	1399-394- 7
爲南郡讓中軍表	1399-394- 7
謝母封建昌國太夫人表	1399-394- 7
爲長城公主謝表	1399-395- 7
薦劉祭表	1399-395- 7
注制旨連珠表	1399-395- 7
爲充州柳世隆上舊宮表	1399-395- 7
上建闈表	1399-395- 7
爲柳世隆上銅表	1399-395- 7
謝立皇太子賜絹表	1399-396- 7
到著作省表	1399-396- 7
舉胡元秀表	1399-396- 7
上撰進宋書表	1399-396- 7
爲晉安王謝南充州章	1399-397- 7
爲安陸王謝荊州章	1399-397- 7
爲六宮拜章	1399-397- 7
奏彈王源	1399-398- 7
彈祕書郎蕭遙昌	1399-399- 7
彈御史孔稚題省壁悖慢事	1399-399- 7
彈孔稚珪違制啓假事	1399-399- 7
彈奉朝請王希聃違假	1399-399- 7
奏彈太子中舍人王僧佑	1399-399- 7
上言黃籍奏	1399-399- 7
論察舉疏	1399-401- 7
賀齊明帝登阼啓	1399-404- 7
謝女出門宮賜絹綺燭啓	1399-404- 7
謝賜紡調絹等啓	1399-405- 7
謝敕賜絹葛啓	1399-405- 7
謝敕賜冰啓	1399-405- 7
謝賜交州檳榔千口啓	1399-405- 7
爲皇太子謝賜御所射雉啓	1399-405- 7
爲東宮謝敕賜孟嘗君劒啓	1399-405- 7
齊武帝諡議	1399-408- 8
齊明帝諡議	1399-409- 8
德皇后諡議	1399-409- 8
臨終勸加篤信表	1401-302- 25
爲安陸王謝荊州章	1403-439-124
爲柳世隆讓封公表	1403-510-132
讓僕射表	1403-510-132
奏彈王源	1403-574-141
齊武帝諡議	1403-720-157
修定樂書疏	1415-115- 87
論譜籍疏	1415-115- 87
議乘輿升殿疏	1415-115- 87
上宋書表	1415-116- 87
上注制旨連珠表	1415-117- 87
爲柳世隆上銅表	1415-117- 87
上建闈表	1415-117- 87
爲柳兗州世隆上舊宮表	1415-117- 87
舉胡元秀表	1415-117- 87
薦劉祭表	1415-117- 87
爲柳世隆讓封公表	1415-118- 87
爲褚炫讓吏部尚書表	1415-118- 87
爲南郡王讓中軍表	1415-118- 87
爲始興王讓儀同表	1415-119- 87
讓僕射表	1415-119- 87
讓五兵尚書表	1415-119- 87

四庫全書文集篇目分類索引　　　　　　　　　　　　1293

爲皇太子謝表	1415-119- 87	爲周儀同失律後復官讓表	1399-647- 3
爲長城公主謝表	1415-119- 87	爲周弘正讓太常表	1399-647- 3
謝封建昌侯表	1415-119- 87	思鄉疏	1403-412-120
謝母封建昌國太夫人表	1415-119- 87	經通天臺奏武帝表	1403-514-133
到著作省謝表	1415-120- 87	勸進梁元帝第三表	1403-514-133
拜尚書令到都謝表	1415-120- 87	爲王僧辯勸進梁元帝初二三表	1415-558-104
謝立皇太子賜絹表	1415-120- 87	爲百官勸進陳武帝表	1415-561-104
謝賜新曆表	1415-120- 87	爲陳太傅讓表	1415-562-104
致仕表	1415-120- 87	經通天台奏漢武帝表	1415-562-104
臨終遺表	1415-120- 87	陳情表	1415-562-104
爲安陸王謝荊州章	1415-121- 87	爲周弘正讓太常表	1415-563-104
爲晉安王謝南兗州章	1415-121- 87	爲周儀同失律後復官表	1415-563-104
爲六宮拜章	1415-121- 87	請歸養表	1417-552- 26
奏彈王源	1415-121- 87	●沈　淵（等）奉	
奏彈孔稚珪違制啓假事	1415-122- 87	薦沈騏士表	1399-129- 6
奏彈奉朝請王希聃違假	1415-122- 87	●沈　畸宋	
奏彈御史孔㝡題省壁悖慢事	1415-123- 87	兵制（疏）——論藩帥之兵可用	439-361-222
奏彈秘書郎蕭遙昌	1415-123- 87	●沈　說（等）宋	
奏彈王僧佑	1415-123- 87	祖開補官省箋	1166-777- 下
脩竹彈甘蕉文	1415-123- 87	●沈　畸宋	
賀齊明帝登祚啓	1415-124- 87	理財（疏）——奏論當十夾錫錢	
謝賜甘露啓	1415-124- 87	最爲劌當略	440-623-270
謝勅賜冰啓	1415-124- 87	●沈　遘宋	
謝賜紝綱絹等啓	1415-124- 87	賀正表三首	1097- 65- 7
謝勅賜絹葛啓	1415-125- 87	賀冬表二首	1097- 66- 7
爲柳世隆謝賜樂游胡桃啓	1415-126- 87	謝春服表	1097- 66- 7
爲東宮謝勅賜孟嘗君劍啓	1415-126- 87	謝冬服表	1097- 66- 7
爲皇太子謝賜御所射雉啓	1415-126- 87	中書賀壽星見表	1097- 66- 7
齊武帝詔議	1415-155- 87	中書謝譯經御筵表	1097- 67- 7
齊明帝詔議	1415-156- 87	賀即位表	1097- 67- 7
梁德皇后詔議	1415-157- 87	慰國哀表	1097- 67- 7
●沈　炯陳		越州謝上表	1097- 68- 7
陳情表	1338-585-601	謝賜曆日表	1097- 68- 7
●沈　筌清		謝改官表	1097- 68- 7
遵旨條陳疏	538-533- 76	謝上表	1097- 69- 7
●沈　炯陳		代人進新修祿令表	1097- 69- 7
勸進梁元帝表	1338-576-600	代人奏請更定科場約束狀	1097- 70- 7
代王僧辯勸進梁元帝表	1394-356- 2	免龍圖閣學士狀	1097- 70- 7
代王僧辯又奉勸進表	1394-358- 2	免翰林學士狀	1097- 71- 7
經通天臺奏漢武帝表	1394-359- 2	中書謝傳宣入伏早出狀	1097- 71- 7
奏漢武帝表	1399-642- 3	中書謝譯經院御筵狀	1097- 71- 7
爲王僧辯奉梁元帝勸進表（三則）	1399-642- 3	舉邵亢自代	1079- 71- 7
爲百官勸進陳武帝表	1399-646- 3	（舉吳充）自代	1097- 72- 7
上陳文帝陳情表附文帝詔答	1399-646- 3	（舉韓維）自代	1097- 72- 7
爲陳太傅讓表	1399-647- 3	（舉吳充）自代	1097- 72- 7

史部　詔令奏議類：附錄　奏議上七畫

（舉邵必）自代　　　　　　　　　　1097- 72- 7
進奉銀二千兩狀　　　　　　　　　　1097- 72- 7
進挽歌辭狀　　　　　　　　　　　　1097- 72- 7
劄記　　　　　　　　　　　　　　　1097- 72- 7
中書謝春宴劄記　　　　　　　　　　1097- 72- 7
陳乞筠子第一二三四　　　　　　　　1097- 72- 7
上殿筠子　　　　　　　　　　　　　1097- 74- 7
乞移鄂州筠子　　　　　　　　　　　1097- 75- 7
上殿筠子　　　　　　　　　　　　　1097- 75- 7
開封府乞增屬官筠子　　　　　　　　1097- 75- 7
上殿薦馮京筠子　　　　　　　　　　1097- 78- 8
舍人院連署奏乞召張璪還職狀　　　　1097- 79- 8
薦胡宗愈呂惠卿筠子　　　　　　　　1097- 79- 8
薦呂惠卿孫佖常秩狀　　　　　　　　1097- 79- 8
上殿薦王回孫佖常秩筠子　　　　　　1097- 79- 8
薦孫佖狀　　　　　　　　　　　　　1097- 79- 8
乞舉府界知縣筠子　　　　　　　　　1097- 80- 8
乞罷府事筠子第一二三　　　　　　　1097- 80- 8
贈昭信軍節度使遂國公宗顏諡昭
　裕　　　　　　　　　　　　　　　1097- 93- 9
贈司空兼侍中晏殊諡元獻　　　　　　1097- 93- 9
贈某官藍元用諡榮格　　　　　　　　1097- 93- 9
贈中書令程琳諡文簡　　　　　　　　1097- 93- 9
●沈　憲齊
分置二豫啓　　　　　　　　　　　　1399-129- 6
●沈　遼宋
代乞致仕表　　　　　　　　　　　　1117-631- 10
●沈　鯉明
請復建文年號立景泰實錄奏　　　　　445-480- 30
請正文體疏　　　　　　　　　　　　445-485- 30
乞免發私宅擬票疏　　　　　　　　　445-555- 33
請罷礦稅疏　　　　　　　　　　　　445-557- 33
時政疏　　　　　　　　　　　　　　445-571- 34
議政北嶽疏　　　　　　　　　　　　549-163-187
請復建文年號立景泰實錄疏　　　　　1288-210- 1
乞停取麒麟疏　　　　　　　　　　　1288-212- 1
議孔廟從祀疏　　　　　　　　　　　1288-212- 1
諡法疏　　　　　　　　　　　　　　1288-215- 1
請建儲第二疏　　　　　　　　　　　1288-216- 1
請並封恭妃疏　　　　　　　　　　　1288-217- 1
乞宥議禮諸臣疏　　　　　　　　　　1288-217- 1
正文體疏　　　　　　　　　　　　　1288-218- 1
論戚畹鄭承憲乞邸典第二疏　　　　　1288-220- 2
議秦王服內乞封疏　　　　　　　　　1288-221- 2
議秦府進封第二三疏　　　　　　　　1288-221- 2

復秦府進封第四疏　　　　　　　　　1288-224- 2
議慶成王乞封繼妃疏　　　　　　　　1288-224- 2
廟享事宜疏　　　　　　　　　　　　1288-225- 2
壽宮相視疏　　　　　　　　　　　　1288-229- 2
議改北嶽疏　　　　　　　　　　　　1288-229- 2
學政條陳疏　　　　　　　　　　　　1288-232- 3
因災陳言疏　　　　　　　　　　　　1288-241- 3
典禮疏　　　　　　　　　　　　　　1288-245- 4
請罷礦稅疏　　　　　　　　　　　　1288-268- 5
乞免逮咸陽知縣宋時際第三疏　　　　1288-270- 5
乞處分楊榮疏　　　　　　　　　　　1288-271- 5
乞聽言納諫疏　　　　　　　　　　　1288-272- 5
考審自陳不職疏　　　　　　　　　　1288-273- 5
時政疏　　　　　　　　　　　　　　1288-274- 5
請釋詔獄官犯疏　　　　　　　　　　1288-276- 5
乞免發私宅擬票疏　　　　　　　　　1288-276- 5
辭軍功加恩疏　　　　　　　　　　　1288-277- 5
乞休第二三七疏　　　　　　　　　　1288-278- 5
抵家謝恩疏　　　　　　　　　　　　1288-282- 5
病危遺疏　　　　　　　　　　　　　1288-283- 5
用人議　　　　　　　　　　　　　　1288-311- 8
行政議　　　　　　　　　　　　　　1288-312- 8
修省大指揭（表）　　　　　　　　　1404-237-183
讓改北岳疏　　　　　　　　　　　　1453-542- 60
●沈　諒明
早正奸臣誤國以決征伐大策疏　　　　1403-319-114
●沈一貫明
乞禁止倭人貢市疏　　　　　　　　　445-523- 32
言倭患既平兵勿輕動奏　　　　　　　445-548- 33
論孫朝魏允貞事奏　　　　　　　　　445-554- 33
閩廣善後事宜議　　　　　　　　　　530-476- 69
修省實政揭（表）　　　　　　　　　1404-235-183
●沈文通宋
越州謝上表　　　　　　　　　　　　1300-706- 67
●沈不害陳
上陳高祖置學書　　　　　　　　　　1339-524-690
上高祖請置學書　　　　　　　　　　1394-578- 8
上文帝請立國學書附文帝詔答　　　　1399-713- 7
●沈作碣宋
福建運判到任謝上表　　　　　　　　1352-190- 51
●沈伯儀唐
郊廟（疏）——議明堂大享事　　　　433-397- 16
郊丘明堂等嚴配議　　　　　　　　　1340-417-762
●沈亞之唐
西邊患對　　　　　　　　　　　　　1403-645-148

●沈佺期 唐

安興公主詮議文　　　　　　　　426-284- 42

●沈既濟 唐

建官（疏）　　　　　　　　　　437-388-159

選舉（疏）　　　　　　　　　　437-508-163

國史（疏）——乞省國史天后紀

　合中宗紀中　　　　　　　　　440-766-276

諫天后不宜稱帝奏　　　　　　1403-428-122

論行辟召之法疏　　　　　　　1417-738- 34

●沈清臣 宋

太上皇加尊號賀皇帝表　　　　1352- 21-1 上

慶上皇壽賀皇帝表　　　　　　1352- 24-1 上

賀誕皇嫡孫表　　　　　　　　1352- 36-1 中

●沈演之 劉宋

薦劉眞道劉道錫表　　　　　　1398-740- 13

上白鳩頌表　　　　　　　　　1398-741- 13

●沈與求 宋

代高麗國王王楷表（二則）　　1133-168- 5

冬至御侍已下賀皇帝詞語　　　1133-169- 5

代賀元會表（二則）　　　　　1133-169- 5

代謝賜身表　　　　　　　　　1133-170- 5

代賀收復杭州表　　　　　　　1133-170- 5

代賀南郊禮成表（三則）　　　1133-171- 5

代謝轉官表一首　　　　　　　1133-171- 5

代賀天寧節表　　　　　　　　1133-172- 5

代賀明堂宗祀禮成表　　　　　1133-172- 5

爲吏部魏侍郎謝表　　　　　　1133-173- 5

代謝侍講表　　　　　　　　　1133-173- 5

爲魏侍郎謝得宮觀表　　　　　1133-174- 5

爲顏左丞謝賜生日生飯表　　　1133-174- 5

爲顏左丞謝賜生日生飯劄記　　1133-174- 5

謝除御史中丞表　　　　　　　1133-175- 6

謝賜對衣金帶鞍轡表　　　　　1133-175- 6

謝除吏部尚書兼權翰林學士表　1133-175- 6

謝兼侍讀表　　　　　　　　　1133-176- 6

謝除職名宮觀表　　　　　　　1133-176- 6

賀冬至節表　　　　　　　　　1133-177- 6

謝知鎭江府到任表　　　　　　1133-177- 6

謝除吏部尚書表　　　　　　　1133-177- 6

謝除兼侍讀表　　　　　　　　1133-178- 6

辭免除參知政事表　　　　　　1133-178- 6

謝除參知政事表　　　　　　　1133-179- 6

謝賜生日羊酒等表　　　　　　1133-179- 6

謝賜牙簡金帶表　　　　　　　1133-179- 6

謝賜生日禮物表　　　　　　　1133-180- 6

謝賜御書車攻詩表　　　　　　1133-180- 6

謝屬從轉官表　　　　　　　　1133-180- 6

解免屬從轉官表　　　　　　　1133-180- 6

謝除職名宮觀表　　　　　　　1133-181- 6

車駕巡幸平江府起居表　　　　1133-181- 6

轉官許回授與兄謝表　　　　　1133-182- 6

辭免除同知樞密院事表　　　　1133-182- 6

謝賜生日禮物表　　　　　　　1133-183- 6

謝除同知樞密院事表　　　　　1133-183- 6

辭免除知樞密院事表　　　　　1133-183- 6

謝知樞密院事表　　　　　　　1133-184- 6

殿中侍御史乞宮觀箚子　　　　1133-185- 7

辭免除侍御史箚子　　　　　　1133-186- 7

辭免除御史奏狀　　　　　　　1133-186- 7

侍御史乞宮觀箚子　　　　　　1133-186- 7

辭免除御史中丞奏狀　　　　　1133-187- 7

除御史中丞舉左司員外郎潘良貴

　自代狀　　　　　　　　　　1133-187- 7

辭免除吏部尚書奏狀　　　　　1133-187- 7

辭免兼權翰林學士奏狀　　　　1133-188- 7

除吏部尚書舉左朝奉大夫直龍圖

　閣辛炳自代狀　　　　　　　1133-188- 7

辭免侍讀奏狀　　　　　　　　1133-189- 7

乞罷除龍圖閣學士荊湖南路安撫

　使兼知潭州奏狀　　　　　　1133-189- 7

除龍圖閣學士舉左奉議郎莫仲珪

　自代狀　　　　　　　　　　1133-190- 7

辭免再除吏部尚書奏狀　　　　1133-190- 7

辭免吏部第二狀　　　　　　　1133-190- 7

除尚書赴闕奏知狀　　　　　　1133-191- 7

辭免侍讀奏狀　　　　　　　　1133-191- 7

除吏部尚書舉度支郎中李元瀹自

　代狀　　　　　　　　　　　1133-191- 7

辭免除兼翰林學士箚子　　　　1133-191- 7

辭免除參知政事箚子　　　　　1133-192- 7

辭免賜金帶箚子　　　　　　　1133-192- 7

辭免轉官箚子　　　　　　　　1133-193- 7

辭免支賜箚子　　　　　　　　1133-193- 7

與左相等爲亢旱乞罷政箚子　　1133-193- 7

再與左相等乞罷政箚子　　　　1133-193- 7

乞外任宮觀箚子　　　　　　　1133-194- 7

謝賜鍍金銀鞍轡奏知箚子　　　1133-194- 7

謝賜御書車攻詩箚子　　　　　1133-194- 7

乞出箚子　　　　　　　　　　1133-195- 7

乞出第二三箚子　　　　　　　1133-195- 7

辭免賜生日禮物劄子　1133-196- 7
乞出第四至八劄子　1133-196- 7
辭免除資政殿學士知明州劄子　1133-198- 8
辭免除資政殿學士知明州第二劄子附貼黃　1133-198- 8
辭免除資政殿學士知明州第三劄子　1133-199- 8
辭免轉官上宰相劄子　1133-199- 8
辭免勑令所修書成轉官第一二劄子　1133-200- 8
辭免勑令所修書成轉官第三劄子　1133-201- 8
乞回受勑令所修書成轉官與兄監獄劄子　1133-201- 8
辭免除在京宮觀侍讀第一二劄子　1133-202- 8
爲病未及朝見奏知劄子　1133-202- 8
辭免除同知樞密院事劄子　1133-203- 8
辭免除知樞密院事劄子　1133-203- 8
●沈慶之劉宋
征伐（疏）　439-503-228
理財（疏）　440-434-262
●沈德潛清
進西湖志纂（表）　586-339- 首
●沈僩炳明
請鑄貢金疏　570-347-29之3
●沈懷文劉宋
都邑（疏）　436- 12-103
建官（疏）　437-384-159
省錄尚書議　1398-801- 15
減省皇子邸舍奏　1398-801- 15
●辛　毗魏
征伐（疏）——論袁譚請求和　439-486-227
征伐（疏）　439-489-227
荒政（疏）　440- 2-243
營繕（疏）　441-713-315
上百姓勞役疏　1361-590- 19
諫文帝徙冀州士家　1361-625- 26
諫伐吳　1361-625- 26
又諫明帝平北芒　1361-625- 26
●辛　雄北魏
治道（疏）——論愛民之道有六　433-643- 26
用人（疏）　436-615-130
賞罰（疏）　438-358-187
聽言（疏）——論元匡諫言　438-701-201
法令（疏）　439- 32-209
●辛次膺宋

四裔（疏）　442-716-348
●辛自修（等）明
請恤典贈諡疏　1266-228- 38
●辛武賢漢
請擊罕开奏　1396-452- 13
●辛棄疾宋
經國（疏）——進美芹十論　435-623- 94
理財（疏）　440-679-272
弭盜（疏）　441-828-319
禦邊（疏）——論阻江爲險須藉兩淮上疏　442-411-336
禦邊（疏）——論判襄上流爲東南重地上疏　442-413-336
論守淮宜立三鎭疏　1403-157-106
（進策）察情　1404-400-197
（進策）詳戰　1404-401-197
●辛替否唐
營繕（疏二則）　441-729-315
諫中宗置公主府官疏　1339-607-698
諫造玉眞二觀疏　1343-401- 27
論濫爵營寺疏　1361-854- 6
論斜封營觀疏　1361-855- 6
陳時政疏　1403- 86- 98
●辛慶忌漢
聽言（疏）——論劉輔直言下獄　.438-697-201
救劉輔書　1396-520- 16
救劉輔書　1402-453- 70
●宋　本元
賀正旦表　1367-205- 17
賀正旦表　1382-418- 3
●宋　白宋
上太宗論省去尊號只稱帝字(疏)　431-281- 25
諡號（議）——上太宗省尊號議　440-890-281
●宋　祁宋
上仁宗論星變地震火災（疏）　431-420- 38
上仁宗應詔論地震春雷之異（疏）（二則）　431-424- 38
上仁宗議上帝五帝同異（疏）　432- 72- 86
上仁宗議樂（疏）　432-179- 96
上仁宗論三冗三費（疏）　432-227-101
上仁宗乞邊兵三月後減半就糧內郡（疏）　432-501-120
上仁宗乞收還牧地罷民間馬禁（疏）附貼黃　432-565-125
上仁宗論河北及嶺南事宜（疏）　432-718-136

四庫全書文集篇目分類索引

上仁宗論河北根本在鎭定（疏） 432-719-136
郊廟（疏）——議明堂路寢 433-438- 18
郊廟（疏）——議五室奏 433-440- 18
郊廟（疏）——議規蔡邕明堂奏 433-442- 18
郊廟（疏）——議上帝五帝 433-445- 18
郊廟（疏） 433-450- 19
治道（疏） 433-834- 33
儲嗣（遺疏） 435- 98- 73
經國（疏） 435-309- 81
務農（疏） 436-186-110
禮樂（疏） 436-357-119
論郭稹不應爲嫁母持服狀 436-456-123
論國忌疏 436-515-126
禮樂疏 436-552-128
樂疏——乞減編磬事奏 436-556-128
論引武舞所執九器各有所用奏 436-556-128
論太樂署雷鼓靈鼓路鼓備而不擊
　及無三鼗奏 436-558-128
論太樂署有春牘之名而無春牘之
　器奏 436-558-128
論竽及巢笙和笙奏 436-559-128
論精選太常樂工及募能知音者備
　太常官屬奏 436-559-128
用人（疏） 436-659-132
薦張定方（疏） 436-661-132
考課（疏） 437-715-171
去邪（疏）——劾李孝友 438- 66-175
賞罰（疏）——乞專刑賞狀 438-375-187
節儉（疏） 438-467-191
慎微（疏） 438-570-196
兵制疏——請復唐駙幕奏 439-296-220
馬政（疏三則） 439-832-242
荒政（疏二則） 440- 27-244
水利（疏）——乞開治淳河奏 440-158-250
理財（疏）——論三冗三費奏 440-464-263
經籍（疏）——代人乞存殁臣僚
　納家集狀 440-750-275
國史（疏）——乞宰相監修唐書
　疏 440-771-276
律歷（疏）——論以尺定律奏 440-873-280
災祥（疏） 441-356-299
弭盜（疏） 441-783-317
禦邊（疏）——議減邊兵 442-193-328
禦邊（疏）——論蠻夷利害箚子 442-194-328
禦邊（疏）——上便宜奏 442-196-328

禦邊（疏）——進禦敵論表 442-197-328
四裔（疏）——議西人箚子 442-602-343
孫奭諫議 541-520-35之12
誡五代篇（疏） 1088-207- 25
選郡牧篇（疏） 1088-209- 25
本風俗篇（疏） 1088-211- 25
絕禁忌篇（疏） 1088-213- 25
孝治篇（疏） 1088-214- 25
誡虛名篇（疏） 1088-216- 25
論以尺定律（疏） 1088-218- 26
禮院議祖宗配侑（疏） 1088-220- 26
奏乞減編磬事（疏） 1088-221- 26
論太樂置雷鼓靈鼓路鼓備而不擊
　及無三鼗（疏） 1088-222- 26
論太樂署有春牘之名而無春牘之
　器（疏） 1088-222- 26
論竽及巢笙和笙（疏） 1088-223- 26
論引武舞所執九器各有所用（疏）1088-223- 26
郭正不應爲嫁母持服狀 1088-224- 26
上三冗三費疏 1088-224- 26
請下罪已詔幷求直言疏 1088-227- 27
議樂疏 1088-228- 27
論乞別撰郊廟歌曲明述祖宗積累
　之業（疏） 1088-231- 27
論精選太常樂工及募能知音者備
　太常官屬（疏） 1088-232- 27
乞禁便俗字 1088-233- 27
論國忌（疏） 1088-234- 27
乞置太廟神御庫 1088-234- 27
乞開治淳河 1088-236- 28
言三路邊防七事 1088-236- 28
減邊兵議 1088-238- 28
乞專刑賞狀 1088-239- 28
乞知州轉運使三年理一任箚子 1088-240- 28
乞減稅箚子 1088-241- 28
乞修復陂塘古跡箚子 1088-241- 28
乞損豪強優力農箚子 1088-242- 28
乞停開溝汕箚子 1088-243- 28
乞復符節官箚子 1088-243- 28
請募民入米京師箚子 1088-243- 28
讓轉左丞箚子 1088-244- 28
直言對（疏） 1088-245- 29
論群牧制置使（疏） 1088-248- 29
論復河北廣平兩監潭州兩監(疏） 1088-248- 29
又論京東西淮北州軍民間養馬法

史部

詔令奏議類：附錄

奏議上七畫

史部 詔令奏議類:附錄 奏議上七畫

（疏）	1088-249- 29
論養馬箚子	1088-249- 29
又乞養馬箚子	1088-250- 29
論買馬箚子	1088-250- 29
又論養馬箚子	1088-251- 29
議西人箚子	1088-251- 29
乞宰相監修唐書疏	1088-252- 29
請復唐駙幕之制	1088-252- 29
論復監地必有群臣以百姓稅地爲言（疏）	1088-253-29
上便宜箚子	1088-253- 29
繳進升耐慶成詩狀	1088-255- 30
南郊乞異姓恩澤狀	1088-256- 30
南郊陳乞男彥國恩澤狀	1088-256- 30
乾元節乞男定國等恩澤狀四首	1088-256- 30
讓翰林學士狀	1088-257- 30
再讓翰林學士狀	1088-257- 30
審刑院斷絕公案奏狀	1088-258- 30
謝對衣金腰帶鞍轡馬狀（四則）	1088-258- 30
定州謝對衣金帶鞍馬狀	1088-259- 30
讓赦設狀	1088-259- 30
謝班次狀	1088-260- 30
謝傳宣撫問狀	1088-260- 30
謝宣召入院狀	1088-260- 30
授知制誥舉歐陽修自代狀	1088-261- 30
授兼龍圖閣學士舉施昌言自代狀	1088-261- 30
舉楊安國自代狀	1088-261- 30
修撰舉趙師民自代狀	1088-261- 30
授諫議舉魚周詢自代狀	1088-261- 30
授翰林學士舉高若訥自代狀	1088-261- 30
再授翰林學士舉官自代狀	1088-261- 30
授兼侍讀學士舉張錫自代狀	1088-262- 30
授待制舉賈昌朝自代狀	1088-262- 30
薦劉綽狀	1088-262- 30
薦張定方乞收試狀	1088-262- 30
乞知亳州狀	1088-263- 30
乞解鄭州還京求醫狀	1088-263- 30
定太常寺進案到鐘磬一部表	1088-310- 36
進耕田頌表	1088-311- 36
賀乾元節表五首	1088-311- 36
賀壽星見表	1088-313- 36
賀冬節表	1088-313- 36
賀生皇子表	1088-313- 36
賀南郊禮畢表	1088-314- 36
定州賀南郊禮畢表	1088-314- 36
賀日蝕日降雨表	1088-315- 36
定州賀聖體康復表	1088-315- 36
代中書乞降御製詩付編修所表	1088-316- 36
代進新稻雙竹詩表	1088-316- 36
謝改待制表	1088-317- 37
謝賜金紫表	1088-318- 37
壽州謝上任表	1088-318- 37
謝書目成加階勳表	1088-319- 37
謝加階幷爵邑表	1088-319- 37
除陳州謝上任表	1088-320- 37
上謝替赴闕表	1088-320- 37
上謝知制誥表	1088-321- 37
上謝轉吏部郎中表	1088-322- 37
上謝龍圖閣直學士表	1088-322- 37
上謝宣召入院表	1088-323- 37
上謝兼侍讀學士表	1088-323- 37
授龍圖閣謝恩表	1088-324- 37
上謝復侍讀學士表	1088-324- 37
讓恩表	1088-326- 38
謝覃恩轉給事中表	1088-327- 38
謝復兼龍圖閣學士表	1088-327- 38
亳州謝上表	1088-328- 38
定州到任謝表	1088-328- 38
謝加端明表	1088-329- 38
益州謝上表	1088-330- 38
謝龍圖表	1088-330- 38
鄭州謝到任表	1088-331- 38
謝加常山郡開國公表	1088-331- 38
謝轉工部尚書表	1088-332- 38
讓加承旨表	1088-332- 38
代章集賢讓拜相第二表	1088-333- 39
代楊太尉讓加節度使第一表	1088-333- 39
代楊太尉謝加節度使表	1088-334- 39
代楊太尉讓樞密使第一二表	1088-336- 39
代楊太尉謝樞密使表	1088-337- 39
代楊樞密謝加恩第一表	1088-338- 39
代宋資政謝大學士表	1088-339- 39
代謝加恩表	1088-340- 39
代孫侍郎謝加龍圖閣學士表二首	1088-340- 39
代鄭公授知制誥謝表	1088-342- 39
代中書謝表	1088-343- 40
代中書謝不允降官表	1088-343- 40
代宰相謝傳宣入伏月令午正歸私第表	1088-344- 40
代石太尉謝令安州照管表	1088-344- 40

四庫全書文集篇目分類索引

代晏尚書亳州謝上表　1088-346- 40
代加大資知相州謝表　1088-347- 40
代張屯田兗州謝上表　1088-347- 40
代轉戶侍充職知廬州謝表　1088-348- 40
代知兗州謝表　1088-348- 40
代謝加勳表　1088-349- 40
代薛資政謝許住京養疾表　1088-349- 40
代李副樞生日謝賜羊酒米麵表　1088-350- 40
代鄭公謝生日賜牲餼表　1088-350- 40
代集賢相公謝生日賜物表二首　1088-350- 40
代生日謝賜羊酒米麵等表　1088-351- 40
代參政生日詔書賜牲餼謝表　1088-351- 40
代參政謝賜神武祕略表　1088-352- 41
代謝進五箴獎諭表　1088-352- 41
代謝起復表　1088-353- 41
代謝落起復幷加上柱國食邑表　1088-353- 41
代樞密院謝傳宣入伏後午正歸私第表　1088-354- 41
代謝夏藥表　1088-354- 41
代謝衣襴表　1088-354- 41
代昭文爲飛蝗乞罷免第一表　1088-355- 41
代中書爲飛蝗乞降官第一表　1088-355- 41
代乞自試表　1088-356- 41
代人乞出表　1088-357- 41
代人陳情表　1088-357- 41
又代陳情乞尋醫表　1088-358- 41
代鄭公乞外任第一表　1088-359- 41
（代鄭公乞外任）第二表　1088-360- 41
代石資政乞外任表　1088-360- 41
代陳州章相公乞致仕第一表　1088-361- 41
代南郊乞姪男恩澤表　1088-362- 41
蠶夷利害議　1088-376- 43
馳道議　1088-378- 43
論養牧馬使臣議　1088-378- 43
勸李孝友議　1088-378- 43
贈尚書右僕射孫爽謚議　1088-379- 43
請復唐駙幕之制（疏）　1350-494- 47
請下罪已詔求直言（疏）　1350-495- 47
賀南郊大赦表　1350-685- 64
賀生皇子表　1350-685- 64
代人乞出表　1350-685- 64
謝衣襴表　1350-687- 65
謝換龍閣表　1350-687- 65
謝加端明表　1350-687- 65
代陳州章相公乞致仕第一表　1350-688- 65

祖宗配侑議　1351-196-105
郭稹不應爲嫁母持服議　1351-197-105
贈尚書右僕射孫爽謚議　1351-543-135
賀乾元節表　1352- 26-1上
賀乾元節表　1352- 27-1上
賀乾元節表　1352- 30-1上
賀正月旦至十二月旦表（十三則）1352- 59-1下
懸鄂王蕃表　1352-108-3上
謝除樞密表（二則）　1352-131-3下
謝除安撫表　1352-167-4下
提點坑冶到仕謝表　1352-203-5下
謝功賞轉官表　1352-221-6上
謝任子表　1352-231-6中
乞恩澤表　1352-277-7下
賀南郊大赦表　1382-316-上之1
代人乞出表　1382-317-上之1
謝衣襴表　1382-318-上之1
代陳州章相公乞致仕第一表　1382-318-上之1
賀生皇子表　1382-319-上之1
賀南郊大赦表　1394-403- 3
謝衣襴表　1403-537-136
祖宗配侑表　1403-682-152
言災異疏　1418-201- 43

● 宋　昌漢
迎立代王議　1403-649-149

● 宋　庠宋
上仁宗論編敕當任達識大儒(疏)　432-195- 98
都邑（疏）——論封畿　436- 18-103
禮樂（疏）——論入閣儀奏　436-357-119
禮樂（疏）——乞御前殿朔日立伏群臣朝服奏　436-358-119
禮樂（疏）——論車駕儀衛奏　436-358-119
乞禁止祠壇側近葬埋狀　436-516-126
乞於御苑空地內種植奉祠祭狀　436-516-126
上家廟疏　436-517-126
用人（疏）　436-669-132
建官（疏）　437-412-160
選舉（疏）　437-548-165
去邪（疏）　438- 65-175
法令（疏）　439- 55-210
兵制（疏）——論立法定制應從河北路始（疏）　439-297-220
兵制（疏）—— 再論河北強壯久失訓練事　439-299-220
國史（疏）——乞刪修唐書及五

1300 四庫全書文集篇目分類索引

史部

詔令奏議類：附錄

奏議上七畫

代史疏	440-772-276
災祥（疏）	441-386-300
禦邊（疏三則）	442-188-327
謝郊祀加恩表	1087-541- 19
謝南郊加恩表	1087-542- 19
謝崇文總目加恩表	1087-542- 19
謝降詔答謝立御書梵字碑表	1087-542- 19
進觀御書梵字詩謝降詔答謝表	1087-543- 19
謝詔赴闕表	1087-543- 19
謝宣召入學士院表	1087-543- 19
河陽謝到任表	1087-544- 19
揚州謝到任表	1087-544- 19
鄆州謝到任表	1087-545- 19
進國陽大報頌表	1087-546- 19
傳法院乞降御集編入經藏表	1087-546- 19
謝加職移知鄆州表	1087-547- 19
代楊鄆州謝上表	1087-547- 19
謝轉給事中表	1087-548- 19
謝賜撫問表	1087-548- 19
中書謝傳宣表	1087-548- 19
賀册封兗國公主表	1087-549- 19
再入參乞罷免重任表	1087-549- 19
乞致仕表	1087-550- 19
乞致仕表	1087-551- 19
再乞致仕表	1087-551- 19
乞罷樞相表	1087-552- 19
乞罷相表	1087-552- 19
賢良等科廷試設次箚子	1087-642- 31
封巒箚子	1087-642- 31
乞御前殿朔日立伏暑臣朝服箚子	1087-644- 31
乞于御苑空地內種植奉祠祭箚子	1087-644- 31
乞差當直兵士箚子	1087-645- 31
乞毁棄元昊僞儐文移箚子	1087-646- 31
論鑄除雜稅箚子	1087-646- 31
答內降手詔	1087-650- 32
資政殿答手詔	1087-651- 32
崇政殿與樞密院同答手詔	1087-653- 32
答手詔	1087-656- 32
乞許汝州狀	1087-676- 35
●宋　咸宋	
進重廣注揚子法言原表	696-272- 附
●宋　軌北齊	
諫設棒奏	1400- 47- 3
●宋　昭宋	
上徽宗論女眞決先敗盟（疏）	432-815-142

四裔（疏）——論女眞決心敗盟	
上疏 附貼黃（二則）	442-676-347
●宋　琪宋	
郊廟（疏）	433-431- 18
禦邊（疏）	442- 55-322
禦邊（疏）——言邊事	442- 58-322
論復幽燕疏	506-187- 92
上復幽薊十策	506-286- 96
言邊事（疏）	556-139- 86
論邊事疏	558-584- 45
●宋　意漢	
宗室（疏）	435-164- 76
四裔（疏）	442-510-340
待諸王過恩疏	1360-156- 8
南單于請兵不可許疏	1360-157- 8
諫章帝宜令諸王歸國疏	1397-164- 8
論南單于請兵書	1397-164- 8
●宋　肇清	
江西巡撫到任疏	1323-368- 32
謝恩疏	1323-368- 32
撥協楚餉疏	1323-369- 32
支給行糧疏	1323-369- 32
擒訣叛逆疏	1323-371- 32
發兵防守疏	1323-373- 32
預備軍需疏	1323-374- 32
題補遊擊疏	1323-377- 32
條議買稅疏	1323-377- 32
條議採買竹木疏	1323-379- 32
請給解犯口糧疏	1323-380- 32
請緩徵兵糧疏	1323-381- 32
特科貪淫監司疏	1323-382- 32
賠造漕船寬限疏	1323-383- 33
請察道府錢糧疏	1323-384- 33
更正全書疏	1323-384- 33
寧州等州縣衞秋災請蠲疏	1323-388- 33
災田請緩徵疏	1323-389- 33
再請緩徵兵米疏	1323-390- 33
請給漕糧脚耗疏	1323-390- 33
請免兵米折解疏	1323-391- 33
再請給漕糧脚耗疏	1323-392- 33
條議解送旗員疏	1323-392- 33
南昌等府積欠請分年帶徵疏	1323-393- 33
三請給漕糧脚耗疏	1323-395- 33
保薦營官疏	1323-396- 33
四請給漕糧脚耗疏	1323-397- 33

四庫全書文集篇目分類索引

江寧巡撫到任疏	1323-399- 34
請蠲邳州商稅疏	1323-400- 34
酌議運船飯米疏	1323-401- 34
興化秋災請蠲疏	1323-402- 34
題明截留兵米疏	1323-402- 34
鹽城秋災請蠲疏	1323-403- 34
沐陽水災請蠲疏	1323-404- 34
謝恩疏	1323-404- 34
淮揚涸田請停徵疏	1323-405- 34
六合水災請蠲疏	1323-406- 34
請移蠲漕糧疏	1323-406- 34
沐陽等四州縣水災請蠲疏	1323-408- 34
興化水災請蠲疏	1323-408- 34
六合通賦緩徵疏	1323-409- 34
高郵等四州縣水災請蠲疏	1323-410- 34
長洲等五縣幷蘇州衞水災請蠲疏	1323-410- 34
長洲等五縣請賑疏	1323-411- 34
崇明水災請蠲賑疏	1323-411- 34
淮揚徐三屬賑濟疏	1323-412- 34
山陽等七州縣幷淮河二衞水災請全蠲疏	1323-413- 34
海州等五州縣水災請全蠲疏	1323-415- 34
邳州等六州縣水災請全蠲疏	1323-416- 34
沛縣幷徐州衞水災請全蠲疏	1323-417- 34
沐陽水災請全蠲疏	1323-418- 34
賑畢題報疏	1323-419- 34
請復賑濟事例疏	1323-420- 34
上元等三縣水災請蠲賑疏	1323-421- 34
崑山請清丈疏	1323-422- 35
再請復賑濟事例疏	1323-423- 35
勘明淮揚二屬積淹田地疏	1323-424- 35
淮揚徐三屬請賑疏	1323-425- 35
海邳等十九州縣幷淮河徐三衞水災請全蠲	1323-426- 35
謝恩疏	1323-428- 35
再陳淮揚二屬積淹田地請全蠲疏	1323-429- 35
淮揚徐三屬再請接賑疏	1323-430- 35
三十五年賑濟題報疏	1323-431- 35
請蠲災田丁銀疏	1323-432- 35
山陽等七州縣幷淮安衞水災請蠲疏	1323-433- 35
斜參旗棍疏	1323-434- 35
海州幷大河衞水災請蠲疏	1323-434- 35
鹽城水災請蠲疏	1323-435- 35
淮揚徐三屬災田溢完銀米請流抵疏	1323-435- 35
淮揚二屬請賑疏	1323-437- 35
審明旗棍分別定罪疏	1323-438- 35
高郵等五州縣秋災請全蠲疏	1323-439- 35
鹽城等四州縣幷淮河二衞秋災請全蠲疏	1323-440- 35
謝恩疏	1323-442- 36
請蠲漕項疏	1323-443- 36
淮揚二屬賑濟疏	1323-444- 36
三十六年賑濟題報疏	1323-446- 36
淮揚徐三屬秋災情形疏	1323-447- 36
亟請賑濟疏	1323-448- 36
請蠲學田錢糧疏	1323-449- 36
賑畢謝恩疏	1323-450- 36
續賑報竣疏	1323-451- 36
請蠲蘆課學租疏	1323-452- 36
請帶徵漕項疏	1323-453- 36
淮揚請賑疏	1323-454- 36
淮屬夏災請蠲疏	1323-455- 36
三十七年賑濟題報疏	1323-455- 36
淮揚徐三屬再請接賑疏	1323-456- 36
淮揚徐三屬秋災請蠲疏（二則）	1323-457- 36
續賑淮揚二屬疏	1323-458- 36
桃源水災請蠲疏	1323-459- 36
三十八年賑濟題報疏	1323-460- 36
三十九年賑濟題報疏	1323-460- 36
酌議催科處分疏	1323-461- 36
徐睢通賦請分年帶徵疏	1323-462- 36
謝恩疏	1323-463- 37
崑山文畢題報疏	1323-465- 37
請白糧減存米隨漕帶運疏	1323-465- 37
徐睢通賦再請分年帶徵疏	1323-466- 37
陳明淮揚版荒田地荒	1323-467- 37
邳州等八州縣幷徐州衞夏災請賑蠲疏	1323-468- 37
請蠲山陽淹田疏	1323-468- 37
特參酷虐縣令疏	1323-469- 37
淮徐二屬請賑疏	1323-470- 37
淮徐二屬秋災請蠲疏	1323-471- 37
請寬涸田起徵疏	1323-472- 37
請蠲積淹田賦疏	1323-473- 37
薦士摺	1323-473- 37
謝恩疏	1323-474- 37
酌議經徵接徵處分疏	1323-475- 37
請蠲沿海坍田錢糧疏	1323-476- 37

史部

詔令奏議類：附錄

奏議上七畫

江淮揚三屬秋災請蠲賑疏　1323-477- 37
睢沭二縣秋災請蠲賑疏　1323-479- 37
海州等四州縣秋災請蠲賑疏　1323-479- 37
蕭縣秋災請蠲賑疏　1323-480- 37
自陳老病乞致仕摺　1323-480- 37
謝恩疏　1323-481- 37
賑畢題報疏　1323-483- 37
恭報交印日期疏　1323-484- 37
乞休疏　1323-484- 37
謝恩疏　1323-485- 37

●宋 綬 宋

上仁宗乞勿以治平自怠（疏）　431-229- 20
上仁宗乞約先天制度前殿取旨（疏）　432-136- 92
君德（疏）　433- 20- 1
治道（疏）　433-833- 33
去邪（疏）　438- 69-175
慎微（疏）　438-567-196
營繕（疏）　441-743-316

●宋 濂 明

進大明律表　444-337- 45
景定諫疏序　526-153-263
進大明律表　1223-236- 1
進元史表　1223-237- 1
致仕謝恩表　1223-238- 1
致仕謝恩箋　1223-239- 1
題太平策後　1223-619- 12
補范少伯辭越王書　1224-465- 28
進大明律表　1373-543- 5
進元史表　1373-544- 5
進大明律表　1403-494-130
進元史表　1403-558-139
進元史表　1453-578- 66

●宋 璟 唐

外戚（疏）　441-129-288
災祥（疏）　441-318-298
三月三日爲百官謝賜宴表　1338-535-595
謝觀內宴表　1338-536-595
告老友乞致仕表　*1338-606-604
三月三日爲百官謝賜宴表　1394-378- 2
封還詔書奏　1417-656- 31

●宋 聚 元

天壽節賀表（三則）　1212-467- 11
皇后册寶禮成賀皇帝表　1212-468- 11
災異封事　1212-485- 13

●宋之問 唐

爲楊許州讓右羽林將軍表　1338-358-576
爲皇甫懷州讓官表　1338-358-576
爲田歸道讓殿中監表　1338-376-577
爲梁王武三思妃讓封表　1338-386-578
爲定王武攸暨請降王位表（二則）　1338-406-580
爲東都僧等請留駕表　1338-620-605
爲洛下諸僧請法事迎秀禪師表　1338-620-605
爲文武百僚等請造神武頌碑表　1338-638-607
爲長安馬明府亡母請邑號狀　1339- 96-644

●宋光葆 前蜀

上蜀主表　1354-488- 18

●宋武帝 劉宋

平桓元上安帝乞正封賞奏　1398-476- 1
州郡請準土斷表　1398-476- 1
平長安上渾儀表　1398-477- 1
請褒贈王鎮惡表　1398-477- 1
請追封孟龍符表　1398-477- 1
請加贈孫季高表　1398-477- 1
沈田子長安戰功表 附晉安帝詔報　1398-478- 1
嵩岳降瑞表　1398-478- 1

●宋務光 唐

災祥（疏）　441-314-298
大水上書　1361-829- 4

●宋務先 唐

諫開拓聖善寺表　1338-759-621

●宋敏求 宋

上神宗繳李定詞頭　431-642- 52
上英宗乞如兩制禮官所議　432-101- 89
繳李定詞頭　436-763-136
諡號（議）——濮安懿王尊號議　440-900-282
謝龍圖閣直學士表　1350-710- 67

●宋景業 北齊

上言齊文宣　1400- 28- 2

●宋禎漢 明

防緝都門却盜疏　445-619- 36
請斥魏忠賢疏　445-637- 38
極言濫舉縱貪疏　445-638- 38
修政恤民疏　445-640- 38

●汶 黔 漢

治道（疏）　433-589- 24
求賢（疏）　437-259-153
荒政（疏）　440- 1-243
四裔（疏）　442-500-340

●成 淹 北魏

褒贈（慕容白曜疏） 441- 12-283
●杜　甫 唐
進三大禮賦表 1333-444- 54
進封西嶽賦表 1338-663-610
奉謝口勅放三司推問狀 1339- 4-628
天寶十三載進三大禮賦表 1343- 25- 3
蘷州謝上表爲柏都督 1381-274- 27
自陳疏 1403- 91- 99
天寶十三載進三大禮賦表 1403-475-128
●杜　佑 唐
禮樂（疏）——三朝行禮樂制議 436-327-118
建官（疏） 437-387-159
禦邊（疏） 442- 49-321
省官議 1340-453-765
尚書省官議 1340-455-765
僕射議 1340-457-765
省官議 1361-821- 3
論討蕃疏 1361-866- 7
●杜　林 漢
郊廟（疏） 433-342- 14
法令疏 439- 6-208
災祥（疏） 441-261-296
勿增科禁奏 1360-145- 8
上光武議郊祭疏 1397-131- 7
上光武論水災疏 1397-132- 7
薦鄭興奏 1397-133- 7
論刑法奏 1397-133- 7
論增科禁疏 1417-359- 18
●杜　牧 唐
進撰江西韋大夫遺愛碑文表 516-730-114
謝許受江西送撰章丹碑綵絹等狀 517-133-119
黃州刺史謝上表 534-351- 90
黃州刺史謝上表 1081-645- 12
進撰故江西韋大夫遺愛碑文表 1081-646- 12
爲中書門下請追尊號表 1081-647- 12
賀生擒衡草賊鄧裴表 1081-648- 12
謝賜御札提舉邊將表 1081-648- 12
謝賜新絲表 1081-648- 12
壽昌節宴謝賜音樂狀 1081-649- 12
（壽昌節宴）又謝賜茶酒狀 1081-649- 12
代裴相公讓平章事表 1081-649- 12
又代謝賜批答表 1081-649- 12
又謝賜告身鞍馬狀 1081-650- 12
論閣內延英奏對書時政記狀 1081-650- 12
謝許受江西送綵絹等狀 1081-650- 12
內宴請上壽酒 1081-650- 12
宴畢殿前謝辭 1081-651- 12
謝賜物狀 1081-651- 12
代人舉周敬復自代狀 1081-651- 12
代人舉蔣係狀 1081-651- 12
賀平党項表 1338-289-568
賀生擒衡州草賊鄧裴表 1338-291-568
爲榮陽公賀幽州破奚寇表 1338-291-568
代裴相公讓平章事表 1338-341-574
黃州刺史謝上表 1338-472-587
代裴相公謝賜批答表 1338-565-598
爲中書門下請追尊號表 1338-646-608
進撰江西韋大夫遺愛碑文表 1338-672-611
代裴相公謝告身鞍馬狀 1339- 4-628
壽昌節謝酒食狀 1339- 20-631
謝許受江西送撰章丹碑綵絹等狀 1339- 42-634
代人舉周敬復自代狀 1339- 64-638
代人舉蔣係自代狀 1339- 64-639
罪言 1361-893- 10
賀平党項表 1394-397- 3
賀平党項表 1403-527-135
謝賜告身鞍馬狀 1404-120-169
●杜　挺明
議以楚衞屬貴州疏 572-191- 34
●杜　衍 宋
上仁宗乞迤召中書樞密院臣僚坐
　論治道（疏） 431-550- 46
上仁宗乞詳定常平制度（疏） 432-306-107
求言（疏） 438-649-199
荒政(疏)——乞詳定常平制度疏 440- 14-243
禮臣（疏） 441- 56-285
●杜　真 漢
奏舉孝廉事 1397-564- 27
●杜　恕 魏
務農（疏） 436-169-110
用人（疏） 436-598-130
考課（疏） 437-701-171
請刺史勿領兵疏 1361-570- 16
考內外衆官疏 1361-571- 16
上言事疏 1361-573- 16
論刺史不宜領兵疏 1403- 57- 94
極諫疏 1403- 58- 94
諫考課疏 1417-436- 21
諫用廉昭疏 1417-436- 21
●杜　惊 唐

四裔（疏） 442-559-341
●杜 淹唐
樂疏 436-546-127
聽言（疏） 438-702-201
●杜 崇（等）漢
言南單于安國奏附公卿議 1397-192- 9
●杜 喬漢
謹名器（疏） 438-587-197
外戚（疏） 441-126-288
論封梁冀書 1360-264- 15
上桓帝論封爵書 1397-323- 15
●杜 欽漢
治道（疏）——白虎殿對策 433-596- 24
災祥（疏） 441-250-295
四裔（疏） 442-502-340
杜欽訟馮奉世疏 1355-301- 10
訟馮奉世疏 1360-109- 6
訟馮奉世疏 1377-173- 5
日蝕地震對 1396-540- 18
白虎殿對策附成帝策 1396-541- 18
訟馮奉世前功疏 1396-542- 18
訟馮奉世疏 1403- 28- 90
論閽賓使疏 1403- 28- 90
日食地震對 1403-621-146
訟馮奉世疏 1417-298- 15
●杜 詩漢
薦陽都侯伏湛（疏） 436-588-129
慎微（疏） 438-558-196
任將（疏） 439-691-236
薦伏湛疏 541-342-35之4
薦伏湛疏 1360-133- 7
降避功臣疏 1360-142- 8
用虎符疏 1360-143- 8
上光武辭郡疏 1397-129- 7
請立虎符疏 1397-130- 7
薦伏湛疏 1397-130- 7
●杜 預晉
考課（疏） 437-703-171
法令（疏） 439- 12-208
征伐（疏）——論滅吳之計 439-498-228
征伐（疏） 439-499-228
任將疏 439-694-236
荒政（疏） 440- 3-243
水利（疏） 440-140-249
律令注解奏 1398-124- 7
黜陟課法略（疏） 1398-124- 7
陳伐吳至計表（二則） 1398-125- 7
舉賢良方正表 1398-126- 7
皇太子釋服議 1398-126- 7
皇太子諒闇終制奏 1398-127- 7
論水利疏（二則）
　附平吳後有司又奏 1398-130- 7
秦川軍事（奏） 1398-132- 7
奏事（二則） 1398-132- 7
祥祅議 1398-132- 7
論水利疏 1403- 65- 95
上律令注解奏 1403-427-122
上律令注解奏 1413-105- 37
上黜陟課法略 1413-105- 37
秦川軍事（奏） 1413-106- 37
奏事（四則） 1413-106- 37
論水利疏（二則） 1413-107- 37
陳伐吳至計表 1413-109- 37
再上伐吳表 1413-109- 37
請署羊祜辟士表 1413-109- 37
舉賢良方正表（三則） 1413-109- 37
皇太子服制議 1413-110- 37
皇太子諒闇終制奏（二則） 1413-111- 37
祥祅議 1413-113- 37
考課略（疏） 1417-465- 23
●杜 業漢
說成帝紹封功臣奏 1396-587- 20
論河間獻王奏 1396-588- 20
勸翟方進書 1396-588- 20
言王氏薦朱博書 1396-589- 20
言王氏書 1402-457- 70
錄功臣後奏 1403-424-121
●杜 範宋
災祥（疏二則） 441-689-314
治道（疏）——言今日之病莫大
　於賄賂交結之風 434-450- 52
治道（疏） 434-706- 61
治道（疏）——入覲受賜御書上
　五事疏 434-706- 61
治道（疏）——上十二事條當今
　利病與政事可行者 434-707- 61
去邪（疏） 438-281-184
聽言（疏）——因講筵上奏 438-869-207
軍器監承輸對策一箚 附貼黃 1175-640- 5
軍器監承輸對策二箚 附貼黃 1175-643- 5

入臺奏劄　　　　　　　　　　　1175-646- 5
國論王威人才劄子　　　　　　　1175-646- 5
邊事奏劄附貼黃二則　　　　　　1175-649- 6
留徐殿院劄子　　　　　　　　　1175-651- 6
三留徐殿院劄子　　　　　　　　1175-652- 6
論襄陽失守劄子附貼黃　　　　　1175-652- 6
端平三年三月奉事第一二劄　　　1175-654- 6
乞招用邊頭土豪劄子　　　　　　1175-658- 7
端平三年五月奏事第一二劄　　　1175-659- 7
論重臺職劄子附貼黃　　　　　　1175-661- 7
太常少卿轉對劄子附貼黃　　　　1175-664- 7
上邊面事宜　　　　　　　　　　1175-666- 7
殿院奏事第一劄　　　　　　　　1175-668- 8
殿院奏事第二劄附貼黃　　　　　1175-669- 8
論災異劄子　　　　　　　　　　1175-672- 8
便民五事奏劄　　　　　　　　　1175-673- 8
薦通判尹煥翁逢龍劄　　　　　　1175-678- 9
嘉熙四年被召入見第一劄　　　　1175-679- 9
嘉熙四年被召入見第二劄附貼黃　1175-683- 9
嘉熙四年被召入見第三劄　　　　1175-685- 9
吏部侍郎已見第一劄附貼黃　　　1175-688-10
吏部侍郎已見第二劄　　　　　　1175-691-10
七月已見劄子　　　　　　　　　1175-692-10
八月已見劄子附貼黃　　　　　　1175-693-10
上已見三事　　　　　　　　　　1175-696-11
論和糴權鹽劄子　　　　　　　　1175-698-11
論聽言劄子　　　　　　　　　　1175-699-11
辛丑知貢舉竣事與同知貢舉錢侍
　郎曹侍郎上殿劄子　　　　　　1175-700-11
辛丑四月直前奏劄附貼黃　　　　1175-701-11
經筵已見奏劄　　　　　　　　　1175-706-12
經筵已見奏劄附貼黃　　　　　　1175-707-12
簽書直前奏第一二劄　　　　　　1175-709-12
相位五事奏劄附貼黃　　　　　　1175-712-13
相位條具十二事　　　　　　　　1175-716-13
繳還內降劄子（二則）　　　　　1175-720-13
奏堂除積弊劄子附御筆　　　　　1175-722-14
謝御筆戒諭劄子　　　　　　　　1175-724-14
奏上小劄附御筆　　　　　　　　1175-724-14
又奏（小劄）　　　　　　　　　1175-725-14
三月初四日未時奏附御筆　　　　1175-725-14
三月初六日申時奏附御筆　　　　1175-726-14
三月初七日未時奏附御筆　　　　1175-727-14
三月十二日已時奏附御筆　　　　1175-728-14
四月初三日酉時奏附御筆　　　　1175-728-14

四月十六日申時奏附御筆二則　　1175-729-14
囘奏　　　　　　　　　　　　　1175-729-14
囘奏附十四日御筆　　　　　　　1175-730-14
同左相奏附御筆及擬內批　　　　1175-730-14
同左相囘奏　　　　　　　　　　1175-730-14
歐倪文節遺奏　　　　　　　　　1175-742-17
●杜　鄴漢
災祥（疏）　　　　　　　　　　 441-258-295
上日食對　　　　　　　　　　　1355-225- 8
上日食對　　　　　　　　　　　1360-318-18
行禱祠西王母對　　　　　　　　1396-590-20
日食對　　　　　　　　　　　　1396-591-20
日食對　　　　　　　　　　　　1403-631-146
●杜　篤漢
上論都賦奏　　　　　　　　　　1397-147- 7
●杜　襲魏
征伐（疏）——論欲伐許攸事　　 439-486-227
●杜之偉陳
上高祖求解著作啓　　　　　　　1399-639- 3
●杜正倫唐
君德（疏）　　　　　　　　　　 433- 11- 1
儲嗣（疏）　　　　　　　　　　 435- 64- 71
彈張瑾將軍等文　　　　　　　　1339-154-649
彈李子和將軍文　　　　　　　　1339-155-649
●杜光庭前蜀
代陶福太保修濬口化門額表　　　1084-587- 1
謝新殿修金籙道場表　　　　　　1084-587- 1
謝恩除戶部侍郎兼加階爵表　　　1084-588- 1
謝恩奉宣每遇朝賀不隨二敎獨引
　對表　　　　　　　　　　　　1084-588- 1
謝獨引令宣付編入國史表　　　　1084-589- 1
賀黃雲表　　　　　　　　　　　1084-589- 1
賀雅州進白鸚表　　　　　　　　1084-590- 1
賀天貞軍進嘉禾表　　　　　　　1084-591- 1
請駕不巡幸軍前表及第二上表　　1084-591- 1
謝恩賜興聖觀弘一大師張潛修造
　表　　　　　　　　　　　　　1084-592- 1
謝恩宣賜衍殿點鐘表　　　　　　1084-593- 1
謝恩賜玉局化老君表　　　　　　1084-593- 1
賀收龍州表　　　　　　　　　　1084-594- 1
壽春進章眞人像表　　　　　　　1084-594- 1
黃萬祐鄧百經賜紫衣師號謝恩表　1084-594- 1
詔與黃萬祐相見謝表　　　　　　1084-595- 2
奏於龍興觀醮玉局割子　　　　　1084-595- 2
皇帝爲太子生日設齋表　　　　　1084-596- 2

史部 詔令奏議類：附錄 奏議上 七畫

詣老君殿修黃籙齋表	1084-596- 2
宣示解泰邊垂謝恩表	1084-597- 2
謝宣賜天賜觀莊表	1084-597- 2
謝恩令僧行眞修丈人觀表	1084-597- 2
宣爲太子修生日道場散齋表	1084-598- 2
謝允上尊號表	1084-598- 2
代人請歸姓表	1084-599- 2
賀太陽合虧不虧表	1084-599- 2
謝恩宣示修丈人觀殿功畢表	1084-600- 2
宣醮丈人觀新殿安土地迴龍恩表	1084-600- 2
賀獲神劍進詩表	1084-600- 2
賀誅劉知俊表	1084-601- 2
賀鶴鳴化枯樹再生表	1084-601- 2
賀西域胡僧朝見表	1084-602- 2
壽春節進元始天尊幀幷功德疏表	1084-602- 2
謝恩賜陽平山呂延昌紫衣表	1084-602- 2
宣進天竺僧二十韻詩表	1084-603- 3
謝手詔表	1084-604- 3
慰中祥大祥禫制表	1084-604- 3
慰釋服表	1084-604- 3
慰册廟號表	1084-605- 3
慰啓攢表	1084-605- 3
慰耐廟禮畢表	1084-605- 3
慰封陵表	1084-605- 3
慰發引表	1084-605- 3
賀登極後聽政表	1084-605- 3
謝宣賜道場錢表	1084-606- 3
賀聖體漸痊愈表	1084-606- 3
賀疾愈表	1084-606- 3
賀嗣位表	1084-606- 3
賀德音表	1084-607- 3
賀封資王忠王表	1084-607- 3
賀新起天錫殿表	1084-607- 3
又賀德音表	1084-608- 3
謝批答表	1084-608- 3
慰山陵畢表	1084-608- 3
請不赴山陵表	1084-609- 3
賀江神移堰牋	1354-489- 18
賀江神移堰牋	1381-279- 27

●杜如晦 唐

| 選舉（疏） | 437-499-163 |
| 求言（疏） | 438-644-199 |

●杜周士 唐

| 代孔大夫乞朝覲表 | 1338-629-606 |
| 崔中丞請朝覲表 | 1338-630-606 |

●杜宣猷 唐

| 懿宗先太后諡議 | 1341-313-840 |

●杜思淵 宋

| 水利（疏） | 440-143-249 |

●杜黃裳 唐

| 用人（疏） | 436-645-131 |

●杜景佺 唐

| 災祥（疏） | 441-314-298 |

●李　義 唐

| 仁民（疏） | 436- 61-105 |

●李　丹 唐

| 爲崔中丞進白鼠表 | 1338-683-612 |
| 爲崔中丞進白鼠表 | 1403-493-129 |

●李　石 唐

君德（疏）	433- 15- 1
治道（疏）——言治道之本	433-708- 28
治道（疏）	433-710- 29

●李　石 宋

仁民（疏二則）	436-109-107
務農（疏）——勸農	436-192-111
學校（疏）——乞立六經博士於太學	436-256-115
兵制（疏）——論教閱軍兵箚子	439-376-223
理財（疏）	440-644-270
論荊鄂兩軍戰守勝勢疏	1149-593- 7
重名節疏	1149-594- 7
革冗員疏	1149-594- 7
營田疏	1149-595- 7
武備疏	1149-595- 7
學校箚子	1149-596- 7
賑濟箚子	1149-597- 7
賀冬至表	1149-600- 7
會慶節賀表	1149-600- 7
天申節賀表	1149-601- 7
黎州賀冬至表	1149-601- 7
謝歷日表（二則）	1149-601- 7
眉州謝歷日表（二則）	1149-602- 7
黎州到任謝表	1149-602- 7
淵聖皇帝慰表	1149-602- 7
進易疏論語說狀	1149-603- 7

●李　平 北魏

| 巡幸（疏）——諫幸鄴 | 441- 93-287 |

●李　充（等）隋

| 四裔（疏） | 442-525-340 |

●李　充（等）唐

封禪（疏） 441-222-294
●李　冉 唐
舉前池州刺史張嚴白代表 1338-675-611
●李　白 唐
爲吳王謝責赴行在遲滯表 1066-396- 25
　 1066-725- 26
　 1067-460- 26
爲宋中丞請都金陵表 1066-397- 25
　 1066-725- 26
　 1067-461- 26
爲宋中丞自薦表 1066-398- 25
　 1066-726- 26
　 1067-464- 26
●李　朴 宋
上徽宗人君之要道三（疏） 431- 50- 4
治道（疏） 434-233- 43
●李　朴 明
劾三黨疏 445-581- 34
●李　至 宋
上太宗諫親征（疏） 432-600-129
上太宗乞懷柔北狄（疏） 432-613-130
祭禮（疏） 436-511-126
法令（疏）——王去榮罪當死詔
　貸死以流人案 439- 42-209
征伐（疏）——諫親征 439-548-230
四裔（疏）——乞懷柔北人 442-567-342
四裔（疏） 442-568-342
●李　耳 周
災祥（疏） 441-233-295
●李　光 宋
上徽宗乞關衆正之路開不諱之門
　（疏） 431-222- 19
上欽宗論貶逐臺諫乞不施行日下
　出門指揮（疏） 431-686- 55
上欽宗論王氏及元佑之學（疏） 432- 40- 83
郊廟（疏）——論明節皇后不當
　立忌狀 433-528- 22
治道（箚子） 434-303- 46
法祖（疏）——乞討論祖宗故事
　箚子 435- 14- 69
仁民（疏）——論百姓失業箚子 436-101-107
仁民（疏）——乞遣臺諫按察民
　病以應天災箚子 436-105-107
仁民（疏）——乞按察諸路財賦
　箚子 436-106-107

仁民（疏）——乞觸二浙積欠箚
　子 436-106-107
奏引對人乞先經三省箚子 436-889-141
乞假借臺諫委任大臣箚子 436-889-141
用人（疏）——乞委官節錄封事
　箚子 437- 18-142
用人（疏）——乞增選臺諫狀 437- 18-142
知人（疏）——論王氏及元佑之
　學 437-346-156
知人（疏）——乞辨君子小人箚
　子 437-356-156
建官（疏） 437-465-162
選舉（疏）——乞薦舉武臣狀 437-651-169
去邪（疏）——論王雲等(二則) 438-232-182
去邪（疏）——論曾紘等箚子 438-234-182
去邪（疏）——論朱勔等箚子 438-235-182
去邪（疏）——論朱勔箚子 438-235-182
去邪（疏）——論鄧雍（二則） 438-236-182
去邪（疏）——論李會李擢箚子 438-236-182
去邪（疏）——論楊逵呂齊箚子 438-237-182
去邪（疏）——論王子獻等（二
　則） 438-237-182
去邪（疏）——繳馮澥旁朝堂疏
　（論王安石） 438-239-182
去邪（疏）——論胡直孺(二則) 438-240-182
去邪（疏）——論燕瑛胡直孺（
　二則） 438-241-182
去邪（疏）——論孫覿箚子 438-269-183
賞罰（疏）——論衞仲達等 438-396-188
謹名器（疏三則） 438-624-198
求言（疏）——乞開言路箚子 438-677-200
聽言（疏）——乞擇臺省官節錄
　封事箚子 438-821-205
法令（疏）——乞罷用例酌情指
　揮箚子 439-120-213
慎刑疏——奏乞令大暑慮囚狀 439-225-217
慎刑（疏）——奏治火灾狀 439-226-217
兵制（疏）——乞修京城守禦之
　備箚子 439-379-223
兵制（疏）——論專爲邊河之防
　而弛都城守禦之具 439-379-223
征伐（疏）——乞車駕親征箚子 439-615-233
征伐（疏）——論守禦大計狀 439-616-233
征伐疏——進裴度平蔡故事 439-617-233
任將（疏）——進高祖與韓信論

將故事論任將狀　　　　　　　　　439-767-239
荒政（疏）——進姚崇言按察使
　故事論邛民狀　　　　　　　　　440- 82-246
水利（疏）——乞廢東南湖田箚
　子　　　　　　　　　　　　　　440-231-253
理財（疏）——論制國用疏　　　　440-632-270
理財（疏）　　　　　　　　　　　440-635-270
理財（疏）——乞廢常平主管官
　罷發運司疏　　　　　　　　　　440-636-270
近習（疏）——乞不用內臣管軍
　箚子　　　　　　　　　　　　　441-211-293
近習（疏）——論梁師成箚子　　　441-211-293
災祥（疏）——論彗星箚子　　　　441-500-305
弭盜（疏）——進襲逐故事論早
　荒狀　　　　　　　　　　　　　441-818-319
禦邊（疏）——乞措置防江箚子　　442-370-335
乞開言路箚子　　　　　　　　　1128-508- 8
論百姓失業箚子　　　　　　　　1128-509- 8
辭免除右司諫狀　　　　　　　　1128-509- 8
論梁師成箚子　　　　　　　　　1128-509- 8
言蔡京章疏不繫階分析狀　　　　1128-510- 8
論內臣梁永箚子　　　　　　　　1128-510- 8
乞罷李彥辟官箚子　　　　　　　1128-511- 8
論鄧雍箚子　　　　　　　　　　1128-511- 8
論鄧雍第二箚子　　　　　　　　1128-511- 8
乞追究王蕃召姚古箚子　　　　　1128-512- 8
論吳鏜箚子　　　　　　　　　　1128-512- 8
論曾紆等箚子　　　　　　　　　1128-512- 8
乞奉迎上皇箚子　　　　　　　　1128-513- 8
論內臣鄧珙等狀　　　　　　　　1128-514- 8
論宋喚箚子　　　　　　　　　　1128-514- 8
論明節皇后不當立忌狀　　　　　1128-515- 8
論制國用箚子　　　　　　　　　1128-515- 8
論三鎭親王箚子　　　　　　　　1128-516- 8
論土豪乞依戰功補授箚子　　　　1128-516- 8
解免除侍御史箚子　　　　　　　1128-517- 8
再辭免侍御史箚子　　　　　　　1128-517- 8
論體究姚古等箚子　　　　　　　1128-517- 8
論行宮冒賞箚子　　　　　　　　1128-518- 8
論王氏及元祐之學（箚子）　　　1128-518- 8
論蔡攸欲潛入都城箚子　　　　　1128-520- 9
議太上皇后還宮之儀狀　　　　　1128-520- 9
論在京擅離官守人一等科罪箚子　1128-520- 9
論劉延慶等箚子　　　　　　　　1128-521- 9
乞用河東土豪援太原箚子　　　　1128-522- 9

再乞起河東民兵狀　　　　　　　1128-523- 9
論胡直孺箚子　　　　　　　　　1128-523- 9
論胡直孺第二箚子　　　　　　　1128-523- 9
論燕瑛胡直孺箚子　　　　　　　1128-524- 9
再論燕瑛胡直孺箚子　　　　　　1128-525- 9
論燕瑛胡直孺第三箚子　　　　　1128-525- 9
論王子獻等箚子　　　　　　　　1128-525- 9
再論王子獻等箚子　　　　　　　1128-526- 9
論王雲等箚子　　　　　　　　　1128-527- 9
論王子久箚子　　　　　　　　　1128-527- 9
乞假借臺諫委任大臣箚子　　　　1128-528- 9
乞擇臺省官節錄封事箚子　　　　1128-529- 9
論貶逐臺諫乞不施行日下出門指
　揮狀　　　　　　　　　　　　　1128-530- 9
乞戒在位揚職奉法箚子　　　　　1128-530- 9
論國是箚子　　　　　　　　　　1128-531- 10
引對人乞先經三司箚子　　　　　1128-532- 10
論李會李擢箚子　　　　　　　　1128-532- 10
乞出第一二箚子　　　　　　　　1128-533- 10
再乞出第一二狀　　　　　　　　1128-534- 10
論彗（星）箚子　　　　　　　　1128-534- 10
論治道箚子　　　　　　　　　　1128-535- 10
乞廢常平主管官罷發運司箚子　　1128-536- 10
乞免放散民兵狀　　　　　　　　1128-536- 10
乞罷王淵焦師叔狀　　　　　　　1128-536- 10
乞進兵狀　　　　　　　　　　　1128-537- 10
乞與宣州官吏推賞狀　　　　　　1128-538- 10
乞令漕臣應副岳飛錢糧等狀　　　1128-538- 10
乞與土豪鮑琢補官狀　　　　　　1128-538- 10
乞回避曾紆狀　　　　　　　　　1128-539- 10
乞留吳錫狀附小帖二則　　　　　1128-539- 10
辭免吏部侍郎狀　　　　　　　　1128-540- 11
乞車駕親征箚子　　　　　　　　1128-540- 11
乞追罷守臣遷避詔書箚子　　　　1128-541- 11
乞戒約苟敛狀　　　　　　　　　1128-542- 11
論移蹕措置事宜箚子　　　　　　1128-542- 11
乞裁減營繕行宮狀　　　　　　　1128-543- 11
乞免住罷行宮營繕狀　　　　　　1128-543- 11
乞罷營繕添支狀　　　　　　　　1128-543- 11
乞蠲二浙積欠箚子　　　　　　　1128-544- 11
進裴度平蔡州故事論主斷　　　　1128-545- 11
進德宗稅間架故事論聚斂　　　　1128-545- 11
論招降盜賊箚子　　　　　　　　1128-546- 11
乞降空名官告狀　　　　　　　　1128-547- 11
乞廢東南湖田箚子　　　　　　　1128-547- 11

論孫覿箚子　　　　　　　　　1128-547- 11
畫一申請狀　　　　　　　　　1128-548- 11
乞差文臣屯兵廬州狀 附貼黃　1128-549- 11
乞差胡舜陟往淮西狀　　　　　1128-550- 11
論火災狀　　　　　　　　　　1128-550- 11
乞委官節錄封事箚子　　　　　1128-550- 11
辭免知湖州狀　　　　　　　　1128-551- 12
乞薦舉武臣狀　　　　　　　　1128-552- 12
應詔薦舉武臣狀　　　　　　　1128-552- 12
乞補外狀　　　　　　　　　　1128-553- 12
乞宮觀狀　　　　　　　　　　1128-553- 12
再乞宮觀狀　　　　　　　　　1128-553- 12
辭免知台州狀　　　　　　　　1128-554- 12
論守禦大計狀　　　　　　　　1128-554- 12
乞宮觀狀　　　　　　　　　　1128-555- 12
乞增選臺諫狀　　　　　　　　1128-556- 12
再乞宮觀狀　　　　　　　　　1128-557- 12
論諸路月樁之弊箚子附小貼子　1128-558- 12
辭免江西安撫大使狀　　　　　1128-558- 12
乞今漕司撥還本司錢物狀　　　1128-558- 12
劾武登狀　　　　　　　　　　1128-559- 12
應詔論盜賊事宜狀　　　　　　1128-559- 12
辭免除吏部尚書狀　　　　　　1128-560- 12
辭免參知政事箚子　　　　　　1128-561- 12
乞令諸路提刑司大暑慮囚狀　　1128-561- 12
乞宮觀箚子以亢旱求罷　　　　1128-561- 12
乞罷政箚子（五則）　　　　　1128-562- 12
辭免除職與郡箚子 附小貼子二則　1128-563- 12
車駕親征進起居表　　　　　　1128-565- 13
謝除徽猷閣待制表　　　　　　1128-565- 13
謝知臨安府到任表　　　　　　1128-566- 13
除宮祠謝表　　　　　　　　　1128-566- 13
除吏部尚書謝表　　　　　　　1128-567- 13
賜對衣金帶鞍馬謝表　　　　　1128-567- 13
謝知建康府到任表　　　　　　1128-568- 13
復兩官謝表　　　　　　　　　1128-568- 13
除顯謨閣直學士謝表　　　　　1128-569- 13
謝知平江府到任表　　　　　　1128-569- 13
孟傳賜進士及第謝表　　　　　1128-570- 13
辭免除參知政事表　　　　　　1128-570- 13
除參知政事謝表　　　　　　　1128-571- 13
瓊州安置謝表　　　　　　　　1128-571- 13
移昌化軍安置謝表　　　　　　1128-572- 13
量移郴州安置謝表　　　　　　1128-572- 13
●李　舟 唐

謝勅書賜臘日口脂等表（二則）　1338-543-596
爲崔大夫陳情表　　　　　　　1338-595-602
爲崔大夫請入奏表二首　　　　1338-649-609
●李　先 北魏
征伐（疏）——論討姚興　　　439-508-228
經籍（疏）——奏對天下何書最
　　善如何備集問　　　　　　440-741-275
●李　沖 北魏
選舉（疏）　　　　　　　　　437-498-163
征伐（疏）　　　　　　　　　439-512-228
禮邊（疏）　　　　　　　　　442- 24-320
●李　育 宋
郊廟（疏）——議袞冕之飾　　433-464- 19
郊廟（疏）——南郊太廟文武二
　　舞各用六十四人議　　　　433-465- 19
●李　克 周
知人（疏）　　　　　　　　　437-278-154
賞罰（疏）　　　　　　　　　438-351-187
法令（疏）——論刑罰之源　　439- 1-208
征伐（疏）　　　　　　　　　439-448-226
●李　佋 唐
知人（疏）　　　　　　　　　437-286-154
四裔（疏）　　　　　　　　　442-553-341
●李　泓（等）漢
律曆（疏）　　　　　　　　　440-807-278
●李　京 宋
上仁宗論定襄地震孟夏雷未發聲
　　（疏）　　　　　　　　　431-444- 39
災祥（疏）　　　　　　　　　441-383-300
●李　治元
治道（疏）　　　　　　　　　434-797-65
知人（疏）　　　　　　　　　437-378-158
災祥（疏）　　　　　　　　　441-695-314
車駕班師賀表　　　　　　　　1367-197- 16
　　　　　　　　　　　　　　1382-411-下之3
●李　汯 唐
君德（疏）　　　　　　　　　433- 14- 1
孝親（疏）——天子而念宿嫌示
　　天下不廣　　　　　　　　433-246- 10
儲嗣（疏二則）　　　　　　　435- 75- 72
知人（疏二則）　　　　　　　437-285-154
知人（疏）　　　　　　　　　437-286-154
建官（疏）——請復所滅州縣官　437-388-159
兵制（疏）——議復府兵　　　439-273-219
征伐（疏）——論破安祿山之期　439-534-229

四庫全書文集篇目分類索引

史部

詔令奏議類：附錄

奏議上七畫

賦役（疏） 440-270-255
屯田（疏）——對府兵之策 440-383-260
漕運（疏） 440-409-261
理財（疏） 440-447-262
褒贈（疏） 441- 16-283
四裔（疏） 442-552-341
●李　孟元
用人（疏）——論用人之方 437-254-152
●李　邴宋
經國（疏）——條上戰陣守備措
　畫綏懷各五事 435-505- 88
●李　固漢
禮樂（疏） 436-398-121
征伐（疏）——論日南象林傲外
　蠻夷區憐數千人反事 439-478-227
災祥（疏） 441-269-296
選將作大匠陳事疏 1397-318- 15
救种暠等疏 1397-318- 15
救日南議 1397-319- 15
沖帝山陵議 1397-319- 15
薦楊淮（疏） 1397-319- 15
陳事疏 1403- 41- 92
災異策對 1417-395- 20
陳事疏 1417-396- 20
●李　昉宋
上太宗諫北征（疏） 432-597-129
征伐（疏）——諫北征 439-548-230
●李　昊宋
上皇太子稱呼疏 1354-491- 18
●李　昶元
君德（疏） 433-126- 5
●李　恢蜀漢
代鄧方對 1361-667- 36
●李　珏唐
治道（疏）——論爲國者如治身 433-710- 29
水利（疏） 440-236-253
賦役（疏） 440-270-255
●李　咸漢
竇太后宜祔葬宣陵書（二則） 1397-388- 18
●李　奎明
褒崇忠節（謝枋得）疏 517- 15-115
褒崇忠節奏疏 1184-912- 5
●李　苗北魏
征伐疏 439-520-229
征伐疏——論龍賊爲亂 439-521-229

●李　弸宋
鹽法議 568-121-102
●李　英宋
考課（疏） 437-731-172
●李　英金
謹名器（疏）——論王格爾 438-638-198
●李　迪宋
任將（疏） 439-711-236
荒政（疏） 440- 13-243
巡幸（疏） 441-100-287
●李　俞宋
進春秋集義表 155-178- 附
●李　重晉
治道（疏） 433-609- 25
選舉（疏） 437-494-163
選舉（疏）——陳九品 437-495-163
選舉（疏） 437-496-163
陳九品重疏 1398-191- 9
條制奴婢限數奏 1398-192- 9
介登庶秩居官駁奏 1398-192- 9
論霍原舉寒素奏 1398-192- 9
薦處士朱沖疏 1398-193- 9
內外階級議 1398-193- 9
●李　垂宋
水利（疏）——言疏河利害 440-147-249
●李　胤晉
求言（疏） 438-643-199
請延訪皐公奏 1398- 92- 5
●李　邵漢
郊廟（疏）——祭六宗議 433-344- 14
災祥（疏） 441-265-296
上安常復祀六宗奏 1397-237- 11
日蝕上書 1397-237- 11
上天變疏 1397-238- 11
請旌劉貫直言疏 1403- 94- 99
●李　浩宋
風俗（疏）——論俗不美者八 436-309-117
●李　素唐
法令（疏） 439- 36-209
●李　峴唐
慎刑（疏）——論李希烈等待罪
　議者將悉抵死 439-190-215
●李　邕唐
去邪（疏） 438- 25-174
賀加天寶尊號表 1066- 13- 2

四庫全書文集篇目分類索引

賀感夢聖祖表　　　　　　　1066- 14- 2
賀新殿鐘鳴表　　　　　　　1066- 14- 2
賀章仇兼瓊克捷表　　　　　1066- 15- 2
淄州刺史謝上表　　　　　　1066- 15- 2
爲濠州刺史王弼謝上表　　　1066- 15- 2
謝賜遊曲江宴表　　　　　　1066- 16- 2
謝入朝表　　　　　　　　　1066- 16- 2
謝書上考表　　　　　　　　1066- 16- 2
謝勅書及綵綾表二首　　　　1066- 17- 2
謝賜慰喻表　　　　　　　　1066- 17- 2
辭官歸滑州表　　　　　　　1066- 18- 2
進喜雪詩表　　　　　　　　1066- 19- 2
進文馬表　　　　　　　　　1066- 19- 2
諫鄭普思以才技得幸疏　　　1066- 19- 2
謝恩命遣高將軍出餞狀　　　1066- 20- 2
賀章仇兼瓊克捷表　　　　　1338-269-566
賀加天寶尊號表　　　　　　1338-294-569
賀新殿鐘鳴表　　　　　　　1338-304-570
賀感夢聖祖表　　　　　　　1338-305-570
辭官歸滑州表　　　　　　　1338-407-580
爲濠州刺史王弼謝上表　　　1338-448-585
淄州刺史謝上表　　　　　　1338-449-585
謝入朝表　　　　　　　　　1338-491-590
謝書上考表　　　　　　　　1338-492-590
謝勅書及綵綾表（二則）　　1338-527-594
謝賜遊曲江宴表　　　　　　1338-535-595
謝恩慰喻表　　　　　　　　1338-559-598
辭上滑州刺史陳情表　　　　1338-590-601
進喜雪詩表　　　　　　　　1338-663-610
進文馬表　　　　　　　　　1338-683-612
謝恩命遣高將軍出餞狀　　　1339- 26-632
謝書上考表　　　　　　　　1394-379- 3
謝入朝表　　　　　　　　　1394-380- 3
論才技鄭普思疏　　　　　　1403- 89- 99
辭上滑州刺史陳情表　　　　1403-522-134

●李　密 晉
陳情表　　　　　　　　　　561-297- 40
　　　　　　　　　　　　　1329-648- 37
　　　　　　　　　　　　　1331- 16- 37
　　　　　　　　　　　　　1359-171- 22
　　　　　　　　　　　　　1377-203- 9
　　　　　　　　　　　　　1398-416- 18
舉壽良表　　　　　　　　　1398-417- 18
陳情表　　　　　　　　　　1403-455-127
　　　　　　　　　　　　　1417-479- 23

●李　訢 北魏
學校（疏）——上疏求立學校　436-217-113

●李　祥 宋
淮東提舉到任謝表　　　　　1352-199-5中

●李　淑 漢
諫更始書　　　　　　　　　1397- 87- 5

●李　淑 宋
選舉（疏）——故事對　　　437-553-165

●李　崇 北魏
學校（疏）　　　　　　　　436-221-113
營繕（疏）　　　　　　　　441-724-315

●李　堂 明
馬政議　　　　　　　　　　444-113- 36

●李　常 宋
上神宗論修身配天始於至誠無息
　（疏）　　　　　　　　　431- 30- 2
上哲宗論內降乞有司執奏（疏）431-267- 23
上神宗論差提舉常平官勅不由封
　駁司（疏）　　　　　　　431-694- 56
上神宗論青苗（疏二則）　　432-363-110
上神宗論王廣淵和買抑配取息（
　疏）　　　　　　　　　　432-365-111
上神宗論王廣廉青苗取息（疏）432-366-111
上青苗論青苗（疏）　　　　432-394-113
上神宗乞不分析青苗虛認二分之
　息（疏）　　　　　　　　432-409-114
上神宗論王安石（疏）　　　432-414-114
上哲宗乞因災異講求差雇二法（
　疏）　　　　　　　　　　432-483-119
上哲宗七事（疏）　　　　　432-926-150
君德（疏）　　　　　　　　433- 29- 2
治道（疏）——上奏七事　　434-122- 39
薦顧臨（疏）　　　　　　　436-812-138
建官（疏）　　　　　　　　437-424-160
法令（疏）——論內降乞有司執
　奏（疏）　　　　　　　　439-105-212
理財（疏）——論青苗疏　　440-510-265
理財（疏）——論青苗第二狀　440-511-265
理財（疏）——論王廣淵和買抑
　配取息奏　　　　　　　　440-513-265
理財（疏）——論青苗奏　　440-513-265
理財（疏）　　　　　　　　440-517-265
災祥（疏）　　　　　　　　441-458-303

●李　彪 北魏
治道（疏）——上封事七條　433-634- 26

四庫全書文集篇目分類索引

喪禮（疏） 433-419-122
荒政（疏） 440- 6-243
國史（疏） 440-762-276
●李 絨 清
請賜祭廣西從前殉難諸臣疏 568-376-113
議覆廣西兵米易穀疏 568-378-113
請展廣西案件限期疏 568-379-113
請設直隸二州疏 568-380-113
●李 善 唐
上文選註表 1329- 4- 附
　 1330- 6- 附
●李 渤 唐
治道（疏） 433-694- 28
仁民（疏） 436- 62-105
勸政（疏） 438-436-190
奏桂管常平義倉狀 568-114-102
論清舜廟狀 568-114-102
上封事表 1338-765-662
桂州舉前客管經略使嚴公素自代
　狀 1339- 60-638
奏摺管常平義倉狀 1339- 91-643
諫晏朝疏 1403- 92- 99
奏桂管常平義倉狀 1465-479- 4
桂州舉前客管經略使嚴公素自代
　狀 1465-479- 4
●李 雲 漢
論賞功立后書 1360-268- 15
露布上桓帝書 1397-348- 16
●李 琮 宋
上神宗論京東盜賊（疏） 432-847-144
●李 尋 漢
災祥（疏） 441-253-295
災異對 1355-221- 8
　 1360-315- 18
　 1377-121- 2
論治河議 1396-584- 20
鼓妖對 1396-584- 20
災異對 1396-584- 20
　 1403-628-146
　 1417-316- 16
●李 巽 唐
駁尚書左僕射鄭珣瑜議（三則） 1341-327-841
●李 斯 秦
封建（疏） 436- 29-104
用人（疏） 436-580-129

去邪（疏）——言趙高之短 438- 3-173
法令（疏） 439- 2-208
諫逐客書 556-471- 93
上秦始皇書一首 1329-673- 39
　 1331- 51- 39
上秦始皇逐客書 1354- 4- 1
諫秦王書 1355-176- 6
上秦皇書 1359-118- 15
請立梁王疏 1359-425- 60
論趙高書 1360-224- 13
諫秦王書 1378-232- 47
上秦王論韓非書 1396-157- 12
上秦王諫逐客書 1396-159- 12
上始皇帝籀除詩書百家書 1396-160- 12
上治驪山陵書附始皇報丞相李斯 1396-161- 12
上二世行督責書 1396-161- 12
上二世言趙高書 1396-162- 12
獄中上二世書 1396-163- 12
上秦王諫逐客書 1402-421- 67
說二世行督責之術書 1402-422- 67
獄中上書 1402-424- 67
焚詩書百家議 1403-648-149
群臣上帝號議 1403-649-149
群臣論封建議 1403-649-149
諫逐客書 1417-159- 9
●李 搢 唐
謝賜光宅坊宅書 1338-484-589
●李 絳 唐
治道（疏）一誡憲宗事於觀樂 433-694- 28
儲嗣（疏）——請册命皇太子 435- 78- 72
內治（疏） 435-125- 74
經國（疏）——使魏博歸國必不
　須興師動衆 435-290- 80
仁民（疏） 436- 62-105
學校（疏） 436-228-113
用人（疏） 436-646-131
用人（疏二則） 436-648-131
求賢（疏） 437-260-153
知人（疏） 437-287-154
知人（疏二則） 437-288-154
賞罰（疏）——論承璀 438-364-187
賞罰（疏） 438-364-187
賞罰（疏）——論魏博（二則） 438-364-187
戒佚欲（疏二則） 438-518-194
謹名器（疏）——論烏重衡事 438-599-197

四庫全書文集篇目分類索引

聽言（疏） 438-731-202
聽言（疏） 438-735-202
聽言（疏二則） 438-736-202
征伐疏——論蕃寇爲忠 439-536-229
任將（疏） 439-706-236
任將（疏） 439-709-236
理財（疏） 440-449-263
理財（疏） 440-450-263
外戚（疏） 441-130-288
寵幸（疏） 441-163-290
近習（疏） 441-173-291
近習（疏） 441-174-291
禦邊（疏） 442- 46-321
禦邊（疏） 442- 47-321
禦邊（疏）——因延英論及邊事 442- 47-321
四裔（疏） 442-554-341
四裔（疏） 442-555-341
論劉從諫求爲留後疏 549-106-185
請崇國學疏 1343-395- 27
　 1417-743- 34
論裴均進銀器狀 1414- 745-34

●李　復宋
治道（疏） 434-250- 44
治道（疏）——論虛名實敝 434-250- 44
田制（疏）——限田箚子 436-200-112
學校（疏）——取十一箚子 436-254-115
禮樂（疏） 436-375-120
議樂疏 436-572-128
法令（疏）——論謹謹權量箚子 439-117-213
法令（疏）——論刑法箚子 439-117-213
兵制（疏）——奏乞罷造戰車箚子 439-346-222
　子
水利（疏）——乞開黃河中灘箚子 440-230-253
　子
理財（疏）——乞置權場疏 440-626-270
理財（疏）——論錢鈔法疏 440-626-270
褒贈孫路（疏） 441- 28-284
禦邊（疏）——乞置弓箭手堡箚子 442-330-333
　子
論治道（疏） 1121- 2- 1
議禮（疏） 1121- 3- 1
議樂（疏） 1121- 3- 1
論虛名實弊（疏） 1121- 4- 1
論取士（疏） 1121- 5- 1
乞置權場（疏） 1121- 5- 1

乞置弓箭手堡（疏） 1121- 6- 1
乞罷造戰車（疏） 1121- 6- 1
乞罷造船（疏） 1121- 7- 1
守坐臺鋪議（疏） 1121- 8- 1
乞於阿密鄂特置峰臺疏附小貼子 1121- 8- 1
乞與孫路贈官及例外推恩狀 1121- 9- 1
相度河北西山水利害申尚書省狀 1121- 9- 1
乞開黃河中灘（疏） 1121- 10- 1
河東鹽法議 1121- 10- 1
賀安九鼎表 1121- 11- 2
謝復任表 1121- 11- 2
賀幸太學辟雍表 1121- 12- 2
賀皇太子登寶位表 1121- 12- 2
賀南郊表 1121- 12- 2
賀元會表 1121- 12- 2
賀五星循軌表 1121- 13- 2
賀破蕃賊表 1121- 13- -2
謝直秘閣表 1121- 13- 2
謝賞功表 1121- 13- 2
謝冀州到任表 1121- 14- 2
謝蘄州到任表 1121- 14- 2
謝賜茶藥表 1121- 15- 2
謝熙河路轉運使到任表 1121- 15- 2
謝京西轉運副使到任表 1121- 15- 2
代人京兆謝上表 1121- 16- 2

●李　薦宋
聖學（疏） 433-177- 7
選舉（疏） 437-634-168
兵制（疏）——上奇正論 439-335-221
征伐（疏）——上慎兵論 439-581-231
任將（疏二則） 439-745-238
兵法奇正論（疏） 1115-781- 6
浮圖論（疏） 1115-783- 6
聖學論（疏） 1115-786- 6
慎兵論（疏） 1115-788- 6
將材論（疏） 1115-790- 6
將心論（疏） 1115-792- 6
薦舉論（疏） 1115-795- 6
聖學論（疏） 1361-284- 45
薦舉論（疏） 1361-286- 45
浮圖論（疏） 1361-288- 45
慎兵論（疏） 1361-291- 45
將材論（疏） 1361-294- 46
將心論（疏） 1361-296- 46
奇正論（疏） 1361-299- 46

●李　詢 隋
啓高祖　　　　　　　　　　　　　　1400-268- 3
●李　新 宋
治道（疏）　　　　　　　　　　　　434-220- 43
務農（疏）——乞戒飭郡守勸農
　不以其實箚子　　　　　　　　　　436-191-111
學校（疏）　　　　　　　　　　　　436-253-115
禮樂（疏）——乞州郡講習五禮
　新儀奏　　　　　　　　　　　　　436-383-120
選舉（疏）——乞令部使者薦進
　人才箚子　　　　　　　　　　　　437-646-168
兵制（疏）——論今州郡軍器因
　循不修治　　　　　　　　　　　　439-347-222
禦邊（疏）——乞罷招安將箚子　442-330-333
皇帝卽位賀表　　　　　　　　　　1124-493- 12
賀河清表　　　　　　　　　　　　1124-493- 12
天寧節賀表　　　　　　　　　　　1124-493- 12
皇太后同聽政賀表　　　　　　　　1124-493- 12
賀皇帝生辰表（二則）　　　　　　1124-494- 12
賀八寶表　　　　　　　　　　　　1124-494- 12
賀八寶赦文表　　　　　　　　　　1124-494- 12
八寶轉官謝表　　　　　　　　　　1124-495- 12
賀九寶表　　　　　　　　　　　　1124-495- 12
代謝職名陞使表　　　　　　　　　1124-496- 12
代興元知府到任表　　　　　　　　1124-496- 12
謝賜大晟樂表　　　　　　　　　　1124-496- 12
賀正旦表　　　　　　　　　　　　1124-497- 12
賀錫元圭表　　　　　　　　　　　1124-497- 12
錫元圭賀表　　　　　　　　　　　1124-498- 12
乞州郡講習五禮新儀箚子　　　　　1124-499- 13
乞遂寧府遇闕守臣以監司兼權箚
　子　　　　　　　　　　　　　　1124-500- 13
乞禁州縣學濫進之弊箚子　　　　　1124-500- 13
乞戒飭郡守勸農不以其實箚子　　　1124-500- 13
乞詔州郡置架閣軍器庫箚子　　　　1124-501- 13
乞令部使者薦進人才箚子　　　　　1124-501- 13
進潼川府修城圖狀　　　　　　　　1124-502- 13
又進修圖節略狀　　　　　　　　　1124-503- 13
上皇帝萬言書　　　　　　　　　　1124-548- 19
●李　遂 明
議撥種馬應用疏　　　　　　　　　445-412- 26
議設狼山副總兵疏　　　　　　　　445-413- 26
●李　椿 宋
治道（疏三則）　　　　　　　　　434-432- 52
治道（疏）　　　　　　　　　　　434-435- 52

經國（疏）　　　　　　　　　　　435-697- 96
仁民（疏）　　　　　　　　　　　436-125-108
風俗（疏三則）　　　　　　　　　436-305-117
用人（疏二則）　　　　　　　　　437- 75-145
用人（疏）——乞擢用北人　　　　437- 77-145
用人（疏二則）　　　　　　　　　437- 77-145
選舉（疏三則）　　　　　　　　　437-681-170
賞罰（疏）　　　　　　　　　　　438-424-189
節儉（疏）　　　　　　　　　　　438-487-192
慎刑（疏）　　　　　　　　　　　439-230-217
兵制（疏）　　　　　　　　　　　439-406-224
征伐（疏）　　　　　　　　　　　439-651-234
荒政（疏）——奏常平義倉疏　　　440-107-247
賦役（疏）　　　　　　　　　　　440-355-258
賦役（疏）　　　　　　　　　　　440-356-258
賦役（疏）　　　　　　　　　　　440-357-258
理財（疏）——奏減茶引價錢疏　　440-659-271
理財（疏）——奏折錢之弊流　　　440-660-271
理財（疏）——奏二稅輸本色別
　定祿令疏　　　　　　　　　　　440-661-271
理財（疏）　　　　　　　　　　　440-661-271
理財（疏）——奏措置支遣米斛
　疏　　　　　　　　　　　　　　440-662-271
理財（疏）——論茶法之弊　　　　440-662-271
理財（疏二則）　　　　　　　　　440-663-271
近習（疏）——乞裁抑中貴奏　　　441-213-293
弭盜（疏二則）　　　　　　　　　441-824-319
禦邊（疏）——奏邊備利害狀　　　442-418-336
四裔（疏二則）　　　　　　　　　442-738-349
●李　瑒 北魏
論沙門奏　　　　　　　　　　　　1401-436- 32
●李　愈 金
巡幸（疏）——諫莘長樂川　　　　441-110-287
●李　誠 宋
進新修營造法式序　　　　　　　　673-401- 附
●李　韶 宋
用人（疏二則）　　　　　　　　　437-154-148
去邪（疏）——論去姦臣如史嵩
　之　　　　　　　　　　　　　　438-321-185
勤政（疏）　　　　　　　　　　　438-447-190
●李　禕 唐
請頒示御製西嶽碑文表　　　　　　556-185- 87
●李壽長 漢
上贍察長吏奏　　　　　　　　　　1397-564- 27
●李　愿 宋

祭禮（疏） 436-523-126
●李　綱漢
上高宗封事 1403-594-143
●李　綱唐
謹名器（疏）——論舞工安叱奴 438-591-197
聽言（疏） 438-702-201
論時事表 1338-762-622
諫高祖拜舞人安叱奴爲散騎常侍疏闕 1339-571-695
諫高祖不以伶人爲近侍疏 1343-415- 28
諫高祖不以伶人爲近侍疏 1403- 72- 97
論時事表 1403-467-128
●李　綱宋
上徽宗論水災（疏二則）附貼黃 431-536- 45
上欽宗乞廷議守禦四事（疏） 432-823-142
君德（疏） 433- 51- 3
治道（疏）——上本政論 434-303- 46
治道（疏二則） 434-258- 44
治道（疏） 434-265- 45
法祖（疏）——乞深考祖宗之法箚子 435- 14- 69
經國（疏） 435-318- 82
經國（疏）——請堅守都城以待勤王之師 435-320- 82
經國（疏）——請用師抗金 435-320- 82
經國（疏）——議國是（五則） 435-377- 84
經國（疏）——議遣使于金奏 435-384- 84
經國（疏） 435-385- 84
經國（疏） 435-397- 85
經國（疏）——論車駕不宜輕動疏 435-398- 85
經國（疏）——論和戰箚子 435-401- 85
經國（疏）——論中興之功奏 435-402- 85
經國（疏）——論使事奏 435-403- 85
經國（疏）——論襄陽形勝箚子 435-409- 85
仁民（疏）——寬民力箚子 436-101-107
風俗（疏）——論用人材以激士風箚子 436-300-116
用人（疏） 437- 15-142
用人（疏）——具奏力辭 437- 15-142
知人（疏） 437-349-156
知人（疏）——論朋黨箚子 437-350-156
選舉（疏） 437-649-169
考課（疏） 437-728-172
去邪（疏） 438-242-182
去邪（疏）——論張邦昌罪 438-247-182
賞罰（疏） 438-397-188
賞罰（疏）——論張邦昌 438-397-188
賞罰（疏）——論童貫賞罰不當 438-398-188
賞罰（疏二則） 438-399-188
法令（疏） 439-116-213
赦宥（疏）——議赦令疏 439-260-218
赦宥（疏）——論皇子生故事當肆赦 439-260-218
兵制（疏）——論應修軍政 439-347-222
兵制（疏）——論不可遣罷防秋人兵箚子 439-348-222
兵制（疏）——乞用方鎮制之優者 439-350-222
兵制（疏四則） 439-351-222
兵制（疏）——請募民爲義勇軍 439-356-222
兵制（疏）——論陝西應行保甲 439-356-222
兵制（疏）——乞造船募水軍疏 439-357-222
兵制（疏）——乞造兵車 439-357-222
征伐（疏） 439-584-231
征伐（疏四則） 439-607-232
任將（疏） 439-759-238
馬政（疏） 439-838-242
理財（疏）——論理財以義疏 440-625-270
理財（疏）——論財用疏 440-635-270
災祥（疏）——論水災狀 441-489-305
災祥（疏）——論水災便宜六事狀附貼黃 441-490-305
災祥（疏） 441-492-305
災祥（疏）——應詔條陳八事狀 441-509-306
災祥（疏） 441-514-306
禦邊（疏）——乞脩塘濼箚子 442-332-333
禦邊（疏）——論守禦箚子 442-332-333
禦邊（疏）——論備邊禦敵八事上疏 442-333-333
禦邊（疏）——乞無罷防秋人兵狀 442-334-333
禦邊（疏） 442-340-334
禦邊（疏）——乞汰淮漢修築城壘箚子 442-341-334
禦邊（疏） 442-342-334
四裔（疏二則） 442-682-347
四裔（疏）——上封事 442-695-348
四裔（疏）——論金人失信箚子 442-699-348
奏（論建康） 489-412- 35

史部

詔令奏議類：附錄

奏議上七畫

車駕幸建康府李綱起居表	489-426- 36
論賑濟箚子	517- 3-115
乞差軍馬箚子	517- 4-115
乞差兵會合措置度寇奏狀	517-134-119
論福建海寇箚子	530-456- 69
論都城積水疏	538-515- 76
乞令韓世忠不拘路分前去廣東招捕曹成奏狀附小帖子	568-115-102
乞令韓世忠相度入廣西招捕曹成奏狀附小帖子	568-117-102
乞本司自備錢本前去廣西出產鹽地分計置煎鹽奏狀	568-119-102
起居孝慈淵聖皇帝表本	1125-795- 33
辭免監察御史兼殿中侍御史奏狀	1125-836- 39
比部員外郎輪對箚子（五則）	1125-836- 39
辭免除起居郎奏狀	1125-840- 40
赴講筵侍立後時待罪奏狀	1125-840- 40
謝放罪表	1125-840- 40
論水災事乞對奏狀	1125-841- 40
論水便宜六事奏狀附貼黃二則	1125-841- 40
論水事待罪奏狀	1125-844- 40
謝監沙縣稅務到任謝表	1125-844- 40
謝復官表	1125-845- 40
謝知秀州表	1125-846- 40
上道君太上皇帝封事	1125-847- 41
召赴文字庫祗候引對箚子	1125-853- 41
上淵聖皇帝實封言事奏狀	1125-856- 42
論禦寇用兵箚子	1125-858- 42
辭免兵部侍郎奏狀	1125-862- 43
論募兵箚子	1125-862- 43
論用兵箚子附御筆	1125-863- 43
辭免知樞密院事箚子	1125-863- 43
辭表知樞密院事表	1125-865- 43
乞議不可割三鎭箚子	1125-866- 43
奏知朝見道君太上皇帝箚子	1125-871- 44
乞納玉帶箚子附御筆	1125-872- 44
乞罷知樞密院事除外任宮觀第一二三箚子各附御筆一則	1125-874- 45
乞免赴祥曦殿從駕箚子附御筆	1125-876- 45
乞免赴祥曦殿從駕第四五箚子各附御筆一則	1125-876- 45
繳進第五次乞罷文字箚子附親筆手詔御筆及親筆宣諭赴院供職	1125-877- 45
謝乞出不允降親筆手詔表	1125-878- 45
論守禦箚子	1125-879- 46
備邊禦敵八事事	1125-880- 46
乞修塘濼箚子	1125-881- 46
乞修邊備添置參謀編修官箚子附御筆	1125-882- 46
乞措置三鎭箚子附御筆	1125-882- 46
辭免轉太中大夫表	1125-883- 46
再乞罷知樞密院守本官致仕箚子附御筆	1125-883- 46
再乞罷知樞密院守本官致仕第二三箚子各附御筆一則	1125-884- 46
三乞罷知樞密院事箚子附御筆	1125-885- 46
三乞罷知樞密院事第二箚子附御筆	1125-885- 46
辭免河北河東路宣撫使第一至八箚子各附御筆一則第二箚又附親筆宣諭請行第八箚又附親筆宣諭節賜裴度傳	1125-886- 47
謝賜裴度傳箚子附御筆	1125-889- 47
謝賜裴度傳第二箚子附御筆	1125-890- 47
乞罷宣撫使待罪箚子附御筆	1125-890- 47
乞罷宣撫使罪第二至五箚子第二三四箚附御筆各一則第五箚子附親筆宣諭三則	1125-891- 47
論宣撫職事第一至四箚子前附親筆宣諭不須與三省議後附親筆宣諭三則	1125-895- 48
謝賜御筵表	1125-897- 48
謝降賜玉束帶等表	1125-898- 48
謝賜鞍馬表	1125-898- 48
謝瓊林苑賜御筵表附親筆宣諭及親筆手詔	1125-898- 48
謝宣撫河北河東降親筆手詔表	1125-899- 48
乞深考祖宗之法箚子附親筆宣諭	1125-900- 48
論不可遽罷防秋人兵第一二箚子	1125-900- 48
乞罷宣撫使第一二箚子	1125-903- 49
乞罷宣撫使表第三至七箚子	1125-904- 49
再乞罷宣撫使表第八九箚子	1125-906- 49
辭免除觀文殿學士知揚州箚子	1125-908- 49
乞聚實宣撫司見在軍兵財物箚子	1125-908- 49
奏知防守酸棗門并乞分遣執政官分巡四壁守禦箚子附御筆	1125-910- 50
奏知酸棗門守禦捍退賊馬箚子附御筆	1125-911- 50
奏知再遣王師古等兵會合何灌兵出戰箚子附御筆	1125-911- 50
乞給賞將士箚子附御筆	1125-911- 50

四庫全書文集篇目分類索引

奏知已遣王師古出援張搗勾引召募人馬筠子附御筆 1125-912- 50
奏知造橋利害筠子附御筆 1125-912- 50
奏知种師道等兵馬筠子附御筆 1125-912- 50
乞种師道聽節制筠子附御筆 1125-912- 50
奏知城上守禦器具有未備處筠子附御筆 1125-913- 50
乞措置防護汴河斗門及引水入壕筠子附御筆 1125-913- 50
乞內外兵馬并聽節制筠子附御筆及親筆宣諭 1125-913- 50
乞中軍人馬於殿前班教場教閱筠子附御筆 1125-914- 50
奏知放入何灌人馬許孝烈等駐泊去處筠子附御筆 1125-914- 50
奏知將捉到活人等押赴种師道筠子附御筆 1125-914- 50
奏知定廟禁軍食錢筠子附御筆 1125-914- 50
奏知所統五軍分隸無復移易筠子附御筆 1125-915- 50
奏知感寒在假服藥筠子附御筆 1125-915- 50
乞用暖轎至閤門筠子附御筆一則及親筆宣諭三則 1125-915- 50
乞免策應姚平仲筠子附御筆 1125-915- 50
乞种師道同出城策應筠子附御筆 1125-916- 50
乞應付長入祗候人馬筠子附御筆及親筆宣諭 1125-916- 50
罷尚書右丞待罪附御筆 1125-916- 50
乞黜責梁方平許佃筠子附御筆 1125-918- 51
乞差孟揆幹當舟船筠子附御筆 1125-918- 51
奏知范瓊下軍馬前去懷澤州防托筠子附御筆 1125-918- 51
繳進根刷到遞角筠子附御筆 1125-919- 51
奏知四路出兵控扼河津筠子附御筆 1125-919- 51
乞立定支破諸色人食錢筠子附御筆 1125-919- 51
奏知支錢放散城上保甲筠子附御筆 1125-920- 51
乞於殿前衛置宣撫司筠子附御筆 1125-920- 51
奏知收到梁方平獨脚旗筠子附御筆 1125-921- 51
奏知募到使臣侯章去大金軍中見肅王筠子附御筆 1125-921- 51
進呈撫諭河北及獎諭徐處仁詔筠子附御筆 1125-921- 51
奏請畫一筠子附御筆三則 1125-921- 51
奏知种師中在太原府南石橋下寨筠子附御筆 1125-922- 51
奏知种師中已到眞定應援太原筠子附御筆 1125-922- 51
乞嚴止絕諸軍浮言扇惑筠子附御筆 1125-923- 51
乞委三衙揀禁軍筠子附御筆 1125-923- 51
快行親從官待罪筠子附御筆 1125-923- 51
奏知喩意吳敏筠子附御筆 1125-923- 51
奏知發夏國詔書筠子附御筆 1125-924- 51
奏知姚古節制不明乞差解潛抵替筠子附御筆 1125-924- 51
乞罷守禦使司第一二三筠子附御筆 1125-924- 51
乞賜武漢英等器甲袍帶筠子附御筆 1125-925- 51
乞催教車戰使臣教頭筠子附御筆 1125-925- 51
奏知种師中見在榆次縣下寨筠子 1125-925- 51
乞使副差武臣一員筠子附御筆 1125-927- 52
論兵食等事筠子附御筆 1125-927- 52
乞免簽樞密院常程文字筠子附御筆 1125-927- 52
乞拈馬筠子附御筆 1125-928- 52
乞差曲奇充統制官筠子附御筆 1125-928- 52
再乞曲奇筠子附御筆 1125-928- 52
乞置承受官筠子附御筆 1125-929- 52
乞令承受官王褒隨軍筠子附御筆 1125-929- 52
乞辟劉筠充統制官筠子附御筆 1125-929- 52
乞令李邈權帥眞定筠子附御筆 1125-929- 52
再乞免簽書常程文字筠子附御筆 1125-929- 52
繳進秦元圖册及奏知解潛議事筠子附御筆 1125-930- 52
奏知看詳秦元圖并乞差察視親事官筠子附御筆 1125-930- 52
乞支降見錢筠子附御筆 1125-930- 52
乞治逃避士卒筠子附御筆 1125-930- 52
奏知應副解潛等銀筠子附御筆 1125-931- 52
奏知賞罰董有林冀景等筠子附御筆 1125-931- 52
乞令張灝同折可求節制汾晉人馬筠子附御筆 1125-931- 52
再乞令張灝折可求節制筠子附御筆 1125-932- 52

史部

詔令奏議類：附錄

奏議上七畫

四庫全書文集篇目分類索引

史部

詔令奏議類：附錄

奏議上七畫

乞招捕勝捷軍箚子附御筆 1125-932- 52
乞差种師道巡邊箚子附御筆 1125-932- 52
乞立收復忻代賞格箚子附御筆 1125-932- 52
乞殿前馬軍司摘馬箚子附御筆 1125-933- 52
繳進劉韐申狀箚子附御筆 1125-935- 53
奏知約束解潛等會合箚子附御筆 1125-935- 53
繳進通信林牙書詞箚子附御筆 1125-935- 53
論郭仲荀箚子附御筆 1125-936- 53
奏知行遣親事官箚子附御筆 1125-936- 53
乞修復塘濼舊制箚子附御筆 1125-936- 53
乞令張愨專一應副糧草箚子附御筆二則 1125-937- 53
發回親事官箚子附御筆 1125-937- 53
奏知買瓊等功狀箚子附御筆 1125-937- 53
乞在外宮觀箚子附御筆 1125-937- 53
奏知施行大臣擬進文字箚子附御筆 1125-938- 53
繳進太原敵寨圖箚子附御筆 1125-938- 53
乞遣使箚子 1125-938- 53
再請宮觀箚子附御筆 1125-938- 53
奏知督責張灝箚子附御筆二則及宣諭二則 1125-939- 53
奏乞起發弓弩手箚子附御筆 1125-940- 53
乞致仕宮觀箚子 1125-940- 53
乞按河東地圖箚子附御筆 1125-942- 54
乞保明拒守立功等事箚子附御筆 1125-942- 54
乞待罪箚子附御筆 1125-943- 54
乞差范世雄充判官箚子附御筆 1125-943- 54
奏知令折彥質控扼守備事箚子附御筆 1125-944- 54
乞於懷州置司箚子附御筆 1125-944- 54
奏知發去生兵等事箚子附御筆 1125-944- 54
奏知掩襲南北關敵馬箚子附御筆 1125-945- 54
再乞差范世雄充判官箚子附御筆 1125-945- 54
奏知令劉韐等度事勢進兵箚子附御筆 1125-945- 54
乞優贈陣亡孫逢等箚子附御筆 1125-946- 54
繳進折彥質等諸目箚子附御筆 1125-946- 54
待罪第二箚子附御筆 1125-946- 54
乞留熙河蕃僧軍前使喚箚子附御筆 1125-947- 54
奏知進兵次第箚子附御筆 1125-947- 54
乞賞血戰戮累潰人箚子附御筆 1125-948- 54
奏知劉韐欲由壽陽兵箚子附御筆 1125-948- 54
乞降祏襖箚子附御筆 1125-948- 54

乞差王元充都統制箚子附御筆 1125-949- 55
奏知折可求兵馬衝散箚子附御筆 1125-950- 55
奏知催解潛整軍與范世雄會合箚子附御筆 1125-950- 55
乞正冀景等軍法箚子附御筆 1125-950- 55
乞選代職許歸田里箚子附御筆 1125-951- 55
奏知王淵等顧望不進箚子附御筆 1125-951- 55
論督責王淵軍深入事箚子附御筆 1125-951- 55
乞韓世忠等箚子附御筆 1125-952- 55
奏乞差有風力人知濟州附御筆 1125-952- 55
乞保全王以寧箚子附御筆 1125-953- 55
乞不推賞王以寧箚子附御筆 1125-953- 55
乞督劉韐進兵箚子附御筆 1125-953- 55
收復文水縣乞指揮劉韐等進兵箚子附御筆 1125-954- 55
奏知金國遣使箚子附御筆 1125-954- 55
繳進詹度乞差人兵箚子附御筆 1125-954- 55
乞留解潛折彥質箚子附御筆 1125-954- 55
奏知范世雄進兵箚子附御筆 1125-955- 55
乞更措置河北人兵箚子附御筆 1125-955- 55
奏乞降獎諭下張換狀附御筆 1125-955- 55
奏劾張灝兵退卻及待罪箚子附御筆 1125-955- 55
奏知候种師道到交割箚子附御筆 1125-956- 55
賀皇帝登寶位表 1125-957- 56
上皇帝封皇 1125-957- 56
辭免領開封府事奏狀 1125-962- 57
辭免領開封府事表 1125-962- 57
節制湖南勤王人兵赴行在奏狀 1125-963- 57
乞將江寧府作過周德下脅從軍兵分隸京東州軍奏狀 1125-964- 57
辭免尚書右僕射第一表 1125-964- 57
辭免尚書右僕射第一箚子 1125-965- 57
謝賜茶藥表 1125-966- 57
辭免御筵奏狀 1125-966- 57
議國是 1125-967- 58
議巡幸 1125-969- 58
議赦令 1125-970- 58
議僭逆 1125-971- 58
議僞命 1125-972- 58
議戰 1125-974- 59
議守 1125-975- 59
議本政 1125-976- 59
議責成 1125-977- 59
議修德 1125-977- 59

四庫全書文集篇目分類索引

辭免尚書右僕射第二表　1125-978-60
辭免尚書右僕射第二劄子　1125-979-60
謝除尚書右僕射表　1125-979-60
謝賜御書表前附御書　1125-980-60
辭免正奉大夫第一表　1125-981-60
辭免轉正奉大夫第二表　1125-981-60
謝轉正奉大夫表　1125-982-60
謝賜御馬表　1125-982-60
乞於河北西路置招撫司河東路置經制司劄子　1125-983-61
乞募兵劄子　1125-985-61
乞括買馬劄子　1125-986-61
乞於沿河沿江沿淮置帥府要郡劄子　1125-987-61
乞修軍政劄子附擬團結新軍指揮　1125-990-62
乞置賞功司劄子　1125-993-62
乞令諸路郡縣增修城壁器械劄子　1125-994-62
乞教車戰劄子　1125-994-62
乞造戰船募水軍劄子附擬水軍號　1125-996-62
乞省官吏裁廉祿劄子　1125-997-62
議巡幸第一二劄子　1125-998-63
乞減上供之數留州縣養兵禁加耗以寬民力劄子　1125-1001-63
乞修茶鹽之法以三分之一與州縣劄子　1125-1002-63
乞劃刷官田做弓箭刀弩手法給地養兵劄子　1125-1002-63
乞籍陝西保甲京東西弓箭社免支移折變團結教閱劄子　1125-1003-63
論君子小人劄子　1125-1004-63
乞罷尚書左僕射第一劄子及表　1126-1-64
乞罷第二劄子及表　1126-3-64
乞罷第三劄子及表　1126-4-64
謝罷相除觀文殿大學士提舉杭州洞霄宮表　1126-5-64
謝落職依舊宮祠鄂州居住表　1126-5-64
賀天申節表附天申節功德疏　1126-6-64
謝移澧州居住表　1126-6-64
謝復銀青光祿大夫表　1126-7-64
謝除提舉臨安府洞霄宮表　1126-7-64
大行隆祐太后崩慰表　1126-7-64
辭免荊湖廣南路宣撫使奏狀　1126-8-65
辯誣奏狀　1126-9-65
謝差中使傳宣撫問降賜茶藥表　1126-10-65
已受告命再辭免奏狀　1126-11-65

論宣撫兩司職事乞降處分奏狀　1125-11-65
乞撥還陳照等人兵奏狀　1126-12-65
乞差撥諸項人兵奏狀　1126-13-65
乞將福建等路宣撫司錢糧通融支用奏狀　1126-14-65
乞令福建等路宣撫司差撥兵將會合討捕曹成奏狀　1126-15-65
乞不許諸處抽差韓京等軍馬奏狀　1126-15-65
具荊湖南北路已見利害奏狀　1126-16-66
乞存留陳昌禹依舊知鼎州奏狀　1126-19-66
乞措置捕招度州鹽賊奏狀　1126-20-66
乞令韓世忠不拘路分前去廣東招捕曹成奏狀附小貼子　1126-20-66
乞令韓世忠相度入廣西招捕曹成奏狀附小貼子　1126-22-66
賀天申節表附功德疏　1126-25-67
乞以江西錢糧應副荊湖贍軍奏狀　1126-26-67
乞降旨林遹刷下錢米存留本路支用奏狀　1126-26-67
乞差內使一員承受發來文字奏狀　1126-27-67
將帶軍馬之任奏狀　1126-27-67
再乞差使臣齎旗牓招撫曹成及論招捕盜賊奏狀附小貼子　1126-27-67
乞依近降指揮乞兵二萬人措置招捕曹成奏狀附小貼子　1126-30-67
乞撥顏孝恭軍馬付本司使喚奏狀　1126-31-67
乞差撥兵將前去廣東招捕曹成奏狀附小貼子　1126-32-67
乞令韓世忠統率兵將前去廣東招捕曹成奏狀附小貼子　1126-34-68
經遇邵武軍乞往祖瑩展省奏狀附小貼子　1126-36-68
乞差辛企宗等軍馬奏狀附小貼子　1126-36-68
乞令韓世忠摘那軍馬量帶輕齎前去招捕曹成奏狀　1126-38-68
再乞差辛企宗等軍馬奏狀　1126-39-68
乞令岳飛且在潭州駐劄仍乞撥還韓京等軍馬奏狀附小劄子　1126-40-68
乞差楊惟忠下胡友毛佐軍馬奏狀附小貼子　1126-44-69
乞令福建等路宣撫司通融應副錢糧奏狀　1126-45-69
乞催江東安撫大使司差那兵將會合捉殺姚達奏狀　1126-46-69
乞且於衢州駐劄候福建等路宣撫

史部

詔令奏議類：附錄

奏議上七畫

司班師前去之任奏狀附小貼子　1126- 47- 69
乞撥還韓京等及胡友等兩項軍馬奏狀附小貼子　1126- 48- 69
開具錢糧兵馬盜賊人數乞指揮施行奏狀　1126- 50- 70
再乞撥還韓京等軍馬奏狀　1126- 58- 71
乞除任仕安閣門宣贊舍人奏狀闕　1126- 58- 71
到湖南界首謝表　1126- 59- 71
乞差使臣管押呂直等軍馬依舊付本司使喚奏狀　1126- 59- 71
乞下本路及諸路轉運司科敷錢米於田畝上均借奏狀　1126- 61- 71
開具本司差到任安等兵馬人數留韓京等軍馬奏狀附小帖子　1126- 63- 72
奏知段恩招誘本司軍兵逃走奏狀　1126- 66- 72
乞正李宏擅殺馬友典刑奏狀　附小貼子　1126- 67- 72
乞令許中收買戰馬奏狀　1126- 68- 72
張忠彥不肯赴本司公參乞依舊歸江西任奏狀　1126- 69- 72
乞本司自備錢本前去廣西出產鹽地分計置煎鹽奏狀　1126- 70- 72
彈壓遣發董吱降到王方曹成人馬經過衡州出界奏狀　1126- 71- 73
收降到馬友下潰兵步諒等奏狀　附小貼子　1126- 72- 73
乞發遣水軍吳全等付本司招捉楊么奏狀　1126- 73- 73
乞將鼎州依虔州等處例帶提舉鼎澧等州兵馬賊盜公事奏狀　1126- 75- 73
乞差楊晟悙充湖北路提刑奏狀　附小貼子　1126- 75- 73
乞下鎮撫使令有寇盜侵犯鄰鎮合兵迅相應援奏狀　1126- 76- 73
招降到安鎭等人兵奏狀　1126- 77- 73
招降到王進等人兵奏狀　1126- 79- 74
按發張撲等在任取受不法奏狀　1126- 81- 74
乞宮祠奏狀　1126- 81- 74
推勘張撲等不法奏狀　1126- 82- 74
吳錫申捉到李寶等奏狀　1126- 83- 74
獲到王俊下兵并奪到馬奏狀　1126- 84- 74
湖南無潰兵作過奏狀　1126- 84- 74
乞取益陽縣財賦還潭州奏狀　1126- 86- 75
討殺本路作過潰兵了當見措置楊么等賊奏狀　1126- 87- 75

楊么占據洞庭係湖北路本司已遣軍馬把截奏狀　1126- 90- 75
已撥益陽財賦應副鼎州來年財賦取自指揮奏狀　1126- 91- 75
乞降度牒撥還兩浙安撫大使司贍軍鹽錢奏狀　1126- 93- 76
乞差羅選要部兵捍禦猺賊奏狀　1126- 94- 76
乞專責江西漕臣吳革應副錢糧奏狀　1126- 95- 76
相度歸明官任滿輪易奏狀　1126- 96- 76
乞全州免聽廣西節制奏狀　1126- 97- 76
宮祠謝表　1126- 98- 76
上天申節賀表附功德疏　1126- 99- 76
明堂賀表　1126- 99- 76
陳捍禦賊馬奏狀　1126-100- 77
謝表附獎諭詔書　1126-102- 77
謝詢問利害表附詢問邊防利害詔書　1126-103- 77
奉詔條具邊防利害奏狀　1126-104- 78
謝復觀文殿大學士表　1126-116- 79
謝再任宮祠表　1126-116- 79
謝親筆表及劄子附親筆詔書　1126-117- 79
辭免江西安撫制置大使兼知洪州奏狀　1126-118- 79
辭免第二奏狀　1126-119- 79
辭免第三奏狀前附親筆詔諭　1126-121- 80
辭免劄子　1126-121- 80
謝親筆詔諭表　1126-122- 80
繳進十議劄子　1126-123- 80
受告命乞赴行在奏事奏狀　1126-123- 80
乞降旨閣門到日先次引見上殿奏狀　1126-124- 80
到國門奏狀　1126-124- 80
再乞上殿劄子　1126-124- 80
謝遣中使賜銀合茶藥表　1126-124- 80
論中興劄子　1126-125- 81
論金人失信劄子　1126-126- 81
論襄陽形勝劄子　1126-128- 81
論和戰劄子　1126-128- 81
論朋黨劄子　1126-130- 81
論財用劄子　1126-131- 81
論營田劄子　1126-132- 81
論賑濟劄子　1126-133- 82
論江西軍馬劄子　1126-133- 82
論江西錢糧劄子　1126-134- 82
論虔州盜賊劄子　1126-134- 82

論福建海寇箚子　1126-135- 82
乞宮祠箚子　1126-135- 82
論常平箚子　1126-136- 82
議迎還兩宮箚子　1126-136- 82
辯余堵事箚子　1126-137- 82
進奉迎錄箚子附奉迎錄　1126-139- 83
進道君所賜玉帶牙簡奏狀
　　附小貼子　1126-146- 84
謝賜金帶等表　1126-147- 84
謝賜玉鶻馬表　1126-147- 84
論進兵箚子附貼黃　1126-147- 84
進道君御畫并淵聖所賜玉帶奏狀　1126-152- 84
進道君御畫及淵聖所賜玉帶箚子　1126-153- 84
謝到任表　1126-153- 85
遼棗賑濟奏狀附親筆賑濟詔書　1126-154- 85
謝賜親筆賑濟詔書表　1126-155- 85
乞於戶帖錢內支十萬貫充營田本
　錢奏狀附小貼子　1126-155- 85
乞於江東浙西州軍支米三萬石應
　付本路賑濟奏狀　1126-156- 85
乞蠲免災傷路分人戶四年積欠箚
　子及存留李山彈壓奏狀附小貼子　1126-157- 85
乞差兵將討捕虔吉盜賊　1126-157- 85
乞將丘賓下存留洪州軍兵充親兵
　奏狀附小貼子　1126-158- 85
乞依呂頤浩例於鄰路撥米賑濟奏
　狀　1126-158- 85
畫一措置賑濟歷并繳奏狀　1126-159- 86
錄白畫一繳奏狀附小貼子二則　1126-161- 86
乞將贍給丘賓軍錢糧充申世景支
　遣奏狀　1126-162- 86
乞將本路災傷州縣合起折帛錢依
　條限催納奏狀　1126-163- 86
乞催起岳飛軍馬箚子　1126-164- 86
措置招軍畫一奏狀　1126-165- 87
謝賜銀合茶藥表　1126-169- 87
謝還賜玉帶牙簡等表　1126-169- 87
乞兵於舒蘄黃州駐箚奏狀
　　附小貼子　1126-169- 87
乞移總管虔州措置捉殺盜賊奏狀　1126-171- 88
乞下都督行府催促捉遣兵奏狀
　　附小貼子　1126-171- 88
論賑濟箚子　1126-172- 88
乞差軍馬箚子　1126-173- 88
乞宮觀奏狀　1126-174- 88
乞宮觀箚子　1126-174- 88
催差軍馬箚子　1126-175- 88
乞截留王彥軍馬奏狀附小貼子三則　1126-175- 88
應詔條陳八事奏狀　1126-177- 89
車駕巡幸江上起居表　1126-182- 89
乞降詔諸帥持重用兵箚子　1126-182- 89
關題　1126-183- 90
乞下虔吉州守臣不得占留兵將奏
　狀　1126-184- 90
乞撥那軍馬奏狀附貼黃二則　1126-184- 90
乞罷江西帥仍乞宮祠或致仕箚子
　　附貼黃　1126-186- 90
繳進斬州探報箚子附斬州探報　1126-187- 90
論擊賊箚子　1126-188- 91
再乞罷帥箚子　1126-189- 91
乞差發軍馬箚子　1126-189- 91
奏陳防秋利害箚子　1126-190- 91
進道君皇帝御書碑本奏狀　1126-191- 91
進皇帝御筆詔書奏狀　1126-191- 91
乞下淮西宣撫司差軍馬前去光州
　駐箚奏狀附小貼子　1126-191- 91
乞施行虔州占客將兵奏狀
　　附小貼子　1126-192- 91
乞令岳飛兵前來江州仍許聽本司
　節制奏狀附小貼子　1126-193- 91
乞發韓京等軍馬奏狀　1126-194- 91
謝獎諭表 附獎諭防秋利害詔書　1126-197- 92
再陳己見箚子　1126-197- 92
乞降旨岳飛遵依聖旨差兵屯成江
　州奏狀附小貼子　1126-198- 92
施行招軍奏狀　1126-198- 92
乞遣兵收復光州奏狀　1126-199- 92
乞遣兵策應岳飛奏狀　1126-200- 92
乞蠲免淮衣紬絹奏狀　1126-201- 92
乞將戶帖錢分作二分隨秋稅起催
　給賣奏狀　1126-202- 92
乞施行虔州不發將兵奏狀
　　附小貼子　1126-202- 92
乞輪差將兵赴帥司駐箚奏狀　1126-204- 93
奏陳生擒僞齊賊衆箚子　1126-204- 93
謝獎諭表附獎諭賑濟詔書　1126-205- 93
乞宮觀奏狀　1126-206- 93
再乞宮觀奏狀附不允宮觀詔書　1126-206- 93
同運司乞兵捕虔賊奏狀　1126-207- 93
乞沿淮漢修築城壘箚子　1126-207- 93

四庫全書文集篇目分類索引

史部

詔令奏議類：附錄

奏議上七畫

乞納級計功推賞箚子	1126-208- 93
乞用瓦木蓋置營房箚子	1126-209- 93
道君太上皇帝升遐慰表附小貼子	1126-210- 94
寧德皇后上仙慰表	1126-210- 94
乞推廣孝思益修軍政箚子	1126-211- 94
車駕巡幸建康起居表	1126-212- 94
論建中興之功箚子	1126-213- 94
論舉直言極諫之士箚子	1126-214- 94
乞不必遠召將帥箚子	1126-215- 94
乞差兵會合措置度寇奏狀	1126-215- 94
乞差趙不華等充招捉盜賊官奏狀附小貼子	1126-218- 95
乞就都督府發遣得力統制官部押三二千人前來使喚奏狀	1126-219- 95
差官體究周十隆等受招安及令李貴差人入寨告諭奏狀附小貼子	1126-220- 95
辭免轉金紫光祿大夫奏狀	1126-222- 95
周十隆不從招撫李貴進兵殺散乞差岳飛下兵就糧討捕奏狀附小貼子	1126-222- 95
同諸司乞兵應副本路急闕使喚奏狀	1126-225- 96
再辭免轉官奏狀	1126-227- 96
准省箚催諸州軍起發大軍米奏狀	1126-227- 96
謝賜夏藥并銀合茶藥表	1126-230- 96
謝轉金紫光祿大夫表	1126-230- 96
應副新虔州張翬錢糧在職待罪奏狀附貼黃	1126-231- 97
乞屯兵江州防秋奏狀	1126-232- 97
措置本路盜賊奏狀	1126-233- 97
乞戒約捕賊亂行祈級希求功賞等奏狀	1126-234- 97
約束統兵官招捕盜賊奏狀	1126-235- 97
乞將上供錢米應副李貴軍馬奏狀	1126-236- 97
條具利害奏狀	1126-237- 98
本路關雨乞罷免奏狀	1126-240- 98
乞宮觀箚子	1126-240- 98
乞益修政事箚子	1126-241- 98
乞詳酌見糶晚米奏狀	1126-242- 98
論淮西軍變箚子附小貼子	1126-243- 99
乞黜責或宮祠奏狀	1126-246- 99
繳奏修舉過職事乞宮祠狀	1126-247- 99
謝獎諭表附奏陳淮西事宜獎諭詔書	1126-247- 99
奏陳利害箚子附小貼子	1126-248-100
乞宮觀奏狀附小貼子	1126-250-100
奏陳車駕不宜輕動箚子	1126-251-100
乞令湖北京西宣撫司差兵控制拒江奏狀	1126-254-100
進御書草聖千文贊箚子	1126-254-100
條具防冬利害事件奏狀附貼黃二則	1126-255-101
乞施行余應求張翬捕盜功效奏狀	1126-259-101
乞施行修城官吏奏狀	1126-260-101
謝提舉臨安府洞霄宮表	1126-261-101
論使事箚子	1126-262-102
辭免知潭州奏狀	1126-268-102
辭免知潭州兼荆湖南路安撫大使奏狀	1126-268-102
辭免第三奏狀附允詔	1126-269-102
謝免荆湖南路安撫大使兼知潭州依舊宮祠表	1126-270-102
上三策疏	1403-153-105
陳捍禦賊馬奏狀	1404-103-167
奉詔條具邊防利害奏狀	1404-104-167
議巡幸第一二箚子	1404-164-174
議國是箚子	1404-167-174
論朋黨箚子	1404-170-174
乞教車戰箚子	1404-171-174
答詔問攻戰守備借置綏懷之方	1418-606- 57
●李　徹 唐	
請封西嶽表	556-185- 87
●李　綜 宋	
慎刑疏	439-204-216
●李　毅 晉	
陳謝疏	1398-454- 20
●李　賢 明	
上中興正本策	443-231- 13
上鑑古錄	443-238- 13
乞重用老成	443-238- 13
論輔養君德	443-239- 13
論諸勅狀	443-350- 19
上禦敵疏	444-249- 41
論散處邊人疏	444-251- 41
進明一統志表	472- 4- 附
論諸勅狀	1244-484- 1
論太學狀	1244-485- 1
上中興正本策（十策）附太子太傅兼禮部尚書胡淡等覆奏	1244-487- 1
上禦邊事（疏）	1244-496- 2
上禦邊事保國事（疏）附少保兼兵部尚書于謙覆奏	1244-497- 2

四庫全書文集篇目分類索引　1323

辭免吏部尚書兼翰林院學士(疏)　1244-499- 2
謝除吏部尚書兼翰林院學士(疏)　1244-500- 2
辭第宅（疏）　1244-500- 2
三年考滿謝賜寶鈔羊酒（疏）　1224-500- 2
上鑑古錄（疏）　1224-501- 2
上狀自劾因災變　1244-501- 2
辭加太子少保（疏）　1244-501- 2
六年考滿謝賜寶鈔羊酒（疏）　1244-502- 2
乞消天變（疏）　1244-502- 2
乞退閒（疏）　1244-502- 2
乞重用老成（疏）　1244-503- 2
代襲封衍聖公孔弘緒謝表　1244-503- 2
弭災自劾（疏）　1244-504- 2
繳進兩廣事宜（疏）　1244-505- 2
論輔養君德（疏）　1244-505- 2
奏災變（疏）　1244-505- 2
乞終制（疏）　1244-506- 2
再乞終制（疏）　1244-506- 2
三乞終制（疏）　1244-506- 2
四乞終制（疏）　1244-507- 2
讀包公奏議　1374-237- 49
論散處邊人疏　1403-180-107
論太學疏　1453-387- 48
●李　嶠唐
治道（疏）　433-677- 27
用人（疏）　436-627-131
選舉（疏）　437-505-163
考課（疏）　437-709-171
爲格州刺史崔元將獻綠毛龜表　526- 6-259
謝撰攀龍臺碑蒙賜物表　549- 78-184
爲鳳閣侍郎李元素進冬槐表　556-182- 87
上應天神龍皇帝册文　1337-149-442
朝集使等上尊號表　1338-157-554
爲百寮賀雪表　1338-221-561
爲定王賀雪表　1338-221-561
爲納言姚璹等賀雪表　1338-222-561
百寮賀日抱戴慶雲見表　1338-230-562
百寮賀戡逐人王慈徵後慶雲見表　1338-231-562
爲納言姚璹等賀瑞桃表　1338-240-563
爲百寮賀瑞筍表　1338-246-563
爲納言姚璹等賀瑞石龜表　1338-250-564
爲納言姚璹等賀瑞石表　1338-251-564
百寮賀瑞石表　1338-251-564
賀天尊瑞石及雨表　1338-252-564
賀麟跡表　1338-260-565

爲納言姚璹等賀破契丹表　1338-267-566
爲杭州崔使君賀尊號表　1338-294-569
爲雍州父老賀鸞鶴停辛洛邑表　1338-297-569
爲何舍人賀梁王處見御書雜文表　1338-298-569
爲秋官員外郎李敬仁賀聖朔新牙
　更生表　1338-300-569
代百寮慰七廟追崇先祖表　1338-313-571
爲魏王讓知政事第二表　1338-323-572
爲王及善讓內史第二表　1338-323-572
爲王方慶讓鳳閣侍郎表（二則）　1338-324-572
爲楊執柔讓同鳳閣鸞臺平章事表　1338-325-572
讓知政事表　1338-325-572
讓鸞臺侍郎表　1338-327-572
爲張令讓麟臺監封國公表　1338-327-572
爲第二舅讓江州刺史表　1338-359-576
爲臨川王嗣宗讓陝州刺史表　1338-360-576
爲寶孝諶讓潤州刺史表　1338-360-576
爲李景諶讓天官尚書表　1338-369-577
讓地官尚書表　1338-370-577
爲歐陽通讓夏官尚書表　1338-370-577
爲楊執柔讓夏官尚書表　1338-371-577
爲歐陽通讓司禮卿第二表　1338-371-577
爲司禮武卿讓官表　1338-372-577
爲崔神基讓司賓卿表　1338-372-577
爲宗楚客讓營繕太監表　1338-374-577
爲王遺怨讓殿中少監表　1338-374-577
爲第十舅讓殿中監兼伙內閑廐表　1338-375-577
讓麟臺少監表　1338-375-577
讓成均祭酒表　1338-376-577
自內史再讓成均祭酒表　1338-377-577
爲定王讓官封表　1338-381-578
爲定王讓兼知司禮寺事表　1338-382-578
爲臨川王讓千牛將軍表　1338-382-578
爲安平王讓揚州都督府長史表　1338-383-578
爲道士馮道力讓官封表　1338-387-578
代公主讓起新宅表　1338-389-578
爲公主辭家人畜產官給料表　1338-390-578
爲裴駙馬讓官與父表　1338-391-578
爲建昌王辭奪禮表　1338-392-578
爲左相宗楚客謝知政事表　1338-421-582
謝加授通議大夫表　1338-476-588
代群官謝恩表　1338-490-590
爲魏王武承嗣謝男授官表　1338-498-591
爲王華暢謝兄官表　1338-498-591
謝撰懿德太子哀策文降勅褒揚表　1338-508-592

史部

詔令奏議類：附錄

奏議上 七畫

1324　　　　　　　　四庫全書文集篇目分類索引

謝撰攀龍臺碑蒙賜物表　　　　1338-509-592
爲納言姚璹等謝勅賜飛白書表　1338-509-592
謝加賜防閤品子課及全祿表　　1338-520-593
爲第五舅謝加賜防閤品子課及全
　祿表　　　　　　　　　　　1338-520-593
爲御史大夫裴師德謝賜雜綵表　1338-526-594
爲定王謝賜錦表　　　　　　　1338-526-594
謝端午賜衣表　　　　　　　　1338-531-595
謝端午賜物表　　　　　　　　1338-531-595
謝臘日賜臘脂口脂表　　　　　1338-539-596
百官請不從靈駕表　　　　　　1338-580-600
在神都留守請車駕還洛表　　　1338-581-600
爲水潦災異陳情表　　　　　　1338-587-601
自叙表　　　　　　　　　　　1338-597-602
爲王左相請致仕表　　　　　　1338-604-603
謝恩勅許致仕表　　　　　　　1338-611-604
皇太子請加相王封邑表　　　　1338-617-605
爲太平公主請住山陵轉一切經表　1138-618-605
爲魏國北寺西寺請迎寺額表　　1338-619-605
爲太平公主辭欲起新宅表闕　　1338-619-605
爲獨孤氏請陪昭陵合葬母表　　1338-636-607
爲某官等請預陪告廟獻捷表　　1338-637-607
爲汴州司馬唐授衣請預齋會表　1338-637-607
爲朝集使絳州刺史孔禎等進大醮
　詩表　　　　　　　　　　　1338-660-610
爲鳳閣侍郎王方慶進書法表　　1338-660-610
爲鳳閣侍郎王方慶進南齊臨軒圖
　表　　　　　　　　　　　　1338-660-610
爲杭州刺史崔元將獻綠毛龜表　1338-678-612
爲司農卿宗晉卿進赤鸊山鵝表　1338-678-612
爲鳳閣李侍郎進瑞牛一頭額上有
　萬字蒙賜馬一匹表　　　　　1338-679-612
爲鳳閣侍郎李元素進冬櫻表　　1338-679-612
爲絳州刺史孔禎等上獻食表　　1338-693-613
爲納言姚璹等上禮食表　　　　1338-693-613
爲定王上禮食表　　　　　　　1338-693-613
爲魏王梁王賀賊帥李盡滅死及新
　殿成上禮食表　　　　　　　1338-694-613
爲百僚請加王慈徵等罪罰表　　1338-732-618
百僚賀恩制逆人親屬不爲累表　1338-733-618
謝譙讓狀　　　　　　　　　　1339-　4-628
論巡察風俗疏　　　　　　　　1339-597-697
爲楊瀦疏　　　　　　　　　　1339-598-697
請每十州分置御史巡案疏　　　1343-396- 27
爲王方慶讓鳳閣侍郎表　　　　1394-368-　2

爲百僚賀雪表　　　　　　　　1394-369-　2
在神都留守請車駕還洛表　　　1394-370-　2
讓鸞臺侍郎表　　　　　　　　1394-371-　2
爲水潦災異陳情表　　　　　　1394-371-　2
爲納言姚璹等謝勅賜飛白書表　1394-372-　2
爲李景諶讓天官尚書表　　　　1394-373-　2
謝臘日賜臘脂口脂表　　　　　1394-373-　2
爲王及善讓內史第二表　　　　1394-374-　2
爲臨川王讓千牛將軍表　　　　1394-375-　2
爲公主辭家人畜產官給料表　　1394-375-　2
代公主讓起新宅表　　　　　　1394-376-　2
諫造大像疏　　　　　　　　　1403- 88- 98
代公主讓起新宅表　　　　　　1403-519-134
爲歐陽通讓司禮卿第二表　　　1403-520-134
●李　盤明
行均平以蘇民困議　　　　　　 568-131-102
●李　衛清
恭慶景陵瑞芝疏　　　　　　　 506-262- 94
請留四路捕盜同知所轄兵丁疏　 506-263- 94
敬陳地方控制事宜疏　　　　　 506-266- 94
敬請欽定萬年鞏固章程疏　　　 506-268- 94
相形勢以正經界疏　　　　　　 506-270- 94
欽頒硃批諭旨恭謝天恩疏　　　 506-271- 94
請定經界疏　　　　　　　　　 506-273- 94
恭慶景陵瑞芝四見疏　　　　　 506-274- 94
恭謝欽頒聖祖仁皇帝御製文集疏　506-276- 94
●李　緯唐
用人疏　　　　　　　　　　　 436-648-131
●李　憲唐
儲嗣（疏）　　　　　　　　　 435- 74- 72
樂疏　　　　　　　　　　　　 436-547-127
●李　諮宋
上眞宗論舉官當精擇舉主乃得其
　人（疏）　　　　　　　　　 431-853- 71
選擇（疏）　　　　　　　　　 437-520-164
●李　膺漢
赦宥（疏）　　　　　　　　　 439-241-218
近習（疏）　　　　　　　　　 441-168-291
●李　諤隋
風俗（疏）　　　　　　　　　 436-282-116
上隋高祖革文華書　　　　　　1339-431-679
論妓妾改嫁書　　　　　　　　1339-489-686
上隋高祖革文華書　　　　　　1394-580-　8
上文帝論風俗書　　　　　　　1400-356-　7
（上文帝）論文體書　　　　　1400-356-　7

四庫全書文集篇目分類索引

（上文帝）論當官矜伐奏　　　　1400-357- 7
論文體書　　　　　　　　　　　　1417-584- 28
論文體書　　　　　　　　　　　　1476- 97- 6
●李　顒明
條陳禦倭事宜疏　　　　　　　　445-509- 31
條陳海防疏　　　　　　　　　　445-545- 33
條陳河漕先務疏　　　　　　　　445-562- 33
●李　翰唐
褒贈（疏）——張巡功狀表　　　441- 14-283
進張巡中丞傳表　　　　　　　　538-508- 76
　　　　　　　　　　　　　　　1343-358- 25
　　　　　　　　　　　　　　　1403-475-128
　　　　　　　　　　　　　　　1417-694- 32
●李　遼晉
學校（疏）　　　　　　　　　　436-214-113
●李　皐唐
郊廟（疏）——議陵廟日時朔
　祭　　　　　　　　　　　　　433-423- 17
治道（疏）——條疏興復太平大
　略方事　　　　　　　　　　　433-695- 28
國史（疏）　　　　　　　　　　440-767-276
論事疏表　　　　　　　　　　　1078-143- 9
疏用忠正　　　　　　　　　　　1078-144- 9
疏屏姦佞　　　　　　　　　　　1078-145- 9
疏改稅法　　　　　　　　　　　1078-145- 9
疏絕進獻　　　　　　　　　　　1078-146- 9
疏厚邊兵　　　　　　　　　　　1078-147- 9
百官行狀奏　　　　　　　　　　1078-148- 10
陵廟日時朔祭議　　　　　　　　1078-149- 10
代李尚書進畫馬屏風狀　　　　　1339- 80-641
條復太平大略　　　　　　　　　1361-897- 10
陵廟日時朔祭議　　　　　　　　1403-680-151
代李尚書進畫馬屏風狀　　　　　1404-118-169
論事疏——用忠正　　　　　　　1418- 79- 38
論事疏——屏姦佞　　　　　　　1418- 79- 38
論事疏——改稅法　　　　　　　1418- 80- 38
論事疏——絕進獻　　　　　　　1418- 81- 38
百官行狀奏　　　　　　　　　　1447-410- 20
●李　穆隋
上文帝請移都表　　　　　　　　1400-267- 3
●李　戴明
疏通鹽法疏　　　　　　　　　　538-528- 70
●李　覯宋
明堂定制圖序　　　　　　　　　1095-107- 15
謝授官表　　　　　　　　　　　1095-216- 26

（進策）富國　　　　　　　　　1404-404-197
（進策）安民　　　　　　　　　1404-405-197
（進策）國用　　　　　　　　　1404-406-197
●李　黔唐
設險議　　　　　　　　　　　　1340-492-769
改恭太子諡議　　　　　　　　　1341-336-841
●李　燾宋
進續資治通鑑長編原表　　　　　1314- 36- 附
進續資治通鑑長編表　　　　　　1359-180- 23
●李　遜宋
上眞宗乞追寢章疏不得留中詔書
　（疏）　　　　　　　　　　　431-196- 18
聽言（疏）　　　　　　　　　　438-737-202
●李　燮漢
求加禮种岱疏　　　　　　　　　1397-323- 15
論安平王續奏　　　　　　　　　1397-323- 15
●李　藩唐
禮樂疏　　　　　　　　　　　　436-508-125
●李　蘭清
詳請停清查什軍運漕議　　　　　517-163-119
●李　嚴後唐
劈記　　　　　　　　　　　　　1354-489- 18
聘蜀劈記　　　　　　　　　　　1418-156- 41
●李　覺宋
上太宗論自古馬皆生於中國(疏)　432-563-125
馬政（疏）　　　　　　　　　　439-830-242
●李　觀唐
學校（疏）——請修太學疏　　　436-226-113
請修太學書　　　　　　　　　　1078-304- 2
請修太學疏　　　　　　　　　　1343-371-26上
●李三才明
議開汴河疏　　　　　　　　　　1453-544- 60
●李士正清
請設花縣疏　　　　　　　　　　564-867- 62
●李士瞻元
平山東露布　　　　　　　　　　1214-482- 5
●李大同宋
災祥（疏）　　　　　　　　　　441-691-314
●李大性宋
用人（疏）　　　　　　　　　　437-110-146
禦邊（疏）　　　　　　　　　　442-416-336
●李大亮（等）唐
戒伏欲（疏）　　　　　　　　　438-510-193
四裔（疏）　　　　　　　　　　442-532-341
●李大臨宋

史部

詔令奏議類：附錄

奏議上七畫

上仁宗論水災乞速定副貳之位（疏） 431-333- 30
上神宗繳李定詞頭（二則） 431-643- 52
儲嗣（疏） 435- 91- 73
繳李定詞頭奏（二則） 436-763-136
●李心傳 宋
災祥（疏） 441-605-310
●李之芳 清
請郵典疏 549-172-187
●李之純 宋
上哲宗論邊帥厤易（疏） 431-882- 73
任將疏 439-742-238
●李之紹 元
賀聖節表 1367-204- 17
　 1382-414-下之3
●李之儀 宋
代人賀德音表 1120-446- 13
代人賀正表 1120-446- 13
代人賀聖節表 1120-446- 13
代范忠宣公遺表 1120-446- 13
跋荊公薦醫生德餘奏章 1120-585- 41
跋荊公補成良臣充太醫生奏草後 1120-585- 41
代范忠宣公遺表 1350-739- 71
　 1382-357-下之1
　 1394-443- 4
　 1418-587- 56
●李元紘 唐
廢職田議并序 1340-488-769
●李元凱（等）北魏
喪禮（疏） 436-429-122
●李元禮 元
巡幸（疏）——諫幸五臺疏 441-112-287
諫幸五臺疏 1367-186- 15
●李日宣 明
請諡先賢疏略 517- 92- 74
●李化龍 明
議開汴河疏 445-565- 34
邊旨備陳河工疏 445-569- 34
請開汴河酌濬故道疏 541-347-35之4
開汴河後經理河渠疏 541-347-35之4
平播疏 561-451- 43
敬陳播地善後事宜疏 561-454- 43
平播疏 572-195- 34
播地善後事宜疏 572-201- 34
●李及秀 清

酌汰河夫疏 538-533- 76
●李正民 宋
天申節賀表 1133- 43- 4
賀冬至表 1133- 43- 4
賀正旦表 1133- 43- 4
賀大朝會表 1133- 44- 4
知吉州到任謝表 1133- 44- 4
知湖州到任謝表 1133- 45- 4
知洪州到任謝表 1133- 45- 4
知溫州到任謝表 1133- 45- 4
知婺州到任謝表 1133- 46- 4
給事中謝表 1133- 46- 4
謝轉官表（二則） 1133- 47- 4
禮部侍郎謝表 1133- 48- 4
吏部侍郎謝表 1133- 49- 4
謝宮祠表 1133- 49- 4
辭免中書舍人狀 1133- 50- 4
中書舍人謝狀 1133- 50- 4
辭免給事中狀 1133- 50- 4
辭免吏部侍郎狀 1133- 50- 4
辭免禮部侍郎狀 1133- 51- 4
辭免徽猷閣待制奏狀 1133- 51- 4
辭免筠州恩命第一狀 1133- 51- 4
辭免筠州恩命第二狀 1133- 51- 4
辭免淮寧府恩命狀 1133- 52- 4
舉孫傳自代狀 1133- 52- 4
舉楊正權自代狀 1133- 52- 4
舉蔡居中自代狀 1133- 52- 4
舉薛嘉言自代狀 1133- 52- 4
舉楊願自代狀 1133- 52- 4
應詔舉官狀 1133- 52- 4
應詔薦士狀 1133- 53- 4
舉胡銓應十科薦士狀 1133- 53- 4
建康上殿乞置史官箚子 1133- 53- 4
江西使回越州上殿箚子 1133- 54- 4
江西使回越州上殿第二箚子 1133- 54- 4
論時事箚子 1133- 54- 4
●李世勣 唐
征伐（疏）——論伐高麗白巖城請降 439-529-229
●李充信（等）北周
上言鄴國公廣表附武帝詔答 1400- 97- 2
●李安世 北魏
田制（疏） 436-198-112
●李安期 唐

選舉（疏） 437-500-163
●李安道 前蜀
災祥（疏）——上災異疏 441-320-298
●李吉甫 唐
睿聖文武皇帝册文 426- 69- 7
建官（疏） 437-389-159
賞罰（疏） 438-364-187
征伐（疏）——論彰義節度使吳
　元濟匿父喪自領軍務 439-537-229
饒州刺史謝上表 516-730-114
賀赦表六首 1066- 52- 附
賀赦表（六則） 1338-196-558
讓平章事表（二則） 1338-336-573
忠州刺史謝上表 1338-451-585
柳州刺史謝上表 1338-452-585
饒州刺史謝上表 1338-453-585
柳州刺史謝上表 1465-466- 3
●李百藥 唐
封建（疏）——駁世封事 436- 41-104
封建論（疏）并序 1340-220-741
　 1361-815- 3
　 1417-633- 30
●李光地 清
請開河間府水田疏 506-257- 94
覆馬廠疏 506-258- 94
覆漳河分流疏 506-259- 94
請興直隸水利疏 506-260- 94
廣平縣不可築堤疏 506-261- 94
御纂性理精義進表 719-590- 附
御纂朱子全書表 720- 4- 附
進讀書筆錄及論說序記雜文序 1324-668- 10
進易論序 1324-670- 10
進大司樂釋義及樂律論辨序 1324-670- 10
（進）諸史提要序 1324-672- 10
進朱子全書表 1324-874- 25
進性理精義表 1324-876- 25
擬清文鑑書成刊行謝表 1324-877- 25
擬平定朔漠方略告成刊布謝表 1324-879- 25
蠲丸疏 1324-882- 26
覆平糶倉米疏 1324-883- 26
請借倉拯濟賓皇疏 1324-883- 26
條陳清查錢糧虧空疏 1324-883- 26
請定倉穀春糶秋糴之例疏 1324-885- 26
請開河間府水田疏 1324-885- 26
條議學校科場疏 1324-886- 26
覆馬廠疏 1324-891- 26
請嚴定承審虧空處分疏 1324-892- 26
報河工完竣疏 1324-893- 26
請裁河兵疏 1324-894- 26
請嚴定承審命案處分疏 1324-896- 27
覆廣平縣不可築堤疏 1324-897- 27
覆漳河分流疏 1324-898- 27
請興直隸水利疏 1324-899- 27
覆糶積貯米石疏 1324-900- 27
覆虧空霉爛米穀例疏 1324-901- 27
清汰河工冗員疏 1324-902- 27
請發倉賑借仍酌行平糶疏 1324-903- 27
覆社倉疏 1324-904- 27
辭大學士不允恭謝疏 1324-905- 27
萬壽六十謝恩疏 1324-906- 27
進方略疏 1324-907- 27
恭請調護聖躬疏 1324-907- 27
覆發示朱子全書目錄及首卷箚子 1324-909- 28
進朱子全書首卷并請改定書名箚
　子 1324-910- 28
進朱子全書第三册并請改祭祀神
　示目箚子 1324-911- 28
條奏朱子全書目錄次第箚子 1324-912- 28
請發朱子全書磨對箚子 1324-913- 28
進校完朱子全書箚子 1324-914- 28
覆朱子全書刪節幾條箚子 1324-916- 28
覆發示圖象第一至四箚子 1324-917- 28
進周易啓蒙并請定書名箚子 1324-927- 29
進啓蒙附論箚子 1324-928- 29
覆發示陰陽動靜圖箚子 1324-929- 29
覆發閱周易要義箚子 1324-929- 29
奏明周易折中承修大指箚子 1324-930- 29
謝周易折中列銜改承修爲總裁箚
　子 1324-930- 29
進性理精義凡例箚子 1324-930- 29
覆催性理精義箚子 1324-931- 29
進性理精義學類箚子 1324-932- 29
進性理精義治道類箚子 1324-932- 29
覆填寫經世聲音圖滿文箚子 1324-933- 29
覆樂律數表箚子 1324-934- 29
命魏廷珍等寄示學習樂律所得覆
　奏箚子 1324-936- 29
覆發閱韻譜式樣箚子 1324-937- 29
覆發閱王蘭生所纂韻書箚子 1324-938- 29
覆發閱程宗舜皇極總數箚子 1324-941- 29

四庫全書文集篇目分類索引

史部

詔令奏議類：附錄

奏議上七畫

覆駁諸聲韻學箚子	1324-941- 29	請復內簾監試疏	561-661- 47
進樂律琴律圖箚子	1324-942- 29	楚民寓蜀疏	561-661- 47
辛卯乞休箚子	1324-943- 30	楚省五縣南糧疏	561-662- 47
乞休奉御批恭覆箚子	1324-945- 30	●李仲略 金	
御製朱子全書序文發示恭謝箚子	1324-946- 30	治道（疏）	434-788- 65
御製周易折中序文發示恭謝箚子	1324-947- 30	●李行修 唐	
御製性理精義序文發示恭謝箚子	1324-948- 30	經籍（疏）——請隆詩之教	440-747-275
御製論詩發示覆奏箚子	1324-948- 30	請置詩學博士書	1343-373-26上
御製論詩發示覆奏箚子	1324-949- 30	請置詩學博士書	1402-485- 73
御製記詩發示覆奏箚子	1324-950- 30	●李君球（求）唐	
賜御書調息箑扇恭謝箚子	1324-951- 30	征伐（疏）——論帝欲親征高麗	439-530-229
賜示輓將軍吳英詩覆奏箚子	1324-951- 30	諫伐高麗疏	503-209-111
奏明開捐議稿未敢畫題箚子	1324-952- 30	諫高宗將伐高麗疏	1339-564-694
覆江南督撫互參及科場兩案箚子	1324-952- 30	●李邦華 明	
賜熱河菜蔬恭謝箚子	1324-953- 30	爲鄒元標請卹疏	516- 99-117
報雨澤箚子	1324-953- 30	●李廷忠 宋	
賜茶品恭謝箚子	1324-953- 30	瑞慶節賀表（五則）	1169-337- 14
賜草荔恭謝箚子	1324-954- 30	冬至節賀表（二則）	1169-340- 14
賜玉泉山水恭謝箚子	1324-954- 30	正旦節賀表（四則）	1169-341- 14
賜佳果恭謝箚子	1324-955- 30	改元嘉泰賀表（二則）	1169-343- 14
乙未乞休箚子	1324-956- 31	明堂禮成賀表	1169-343- 14
乞休得溫綸恭謝箚子	1324-957- 31	太后加尊號賀皇帝表	1169-344- 14
陛辭回京奏謝箚子	1324-958- 31	太后加尊號賀皇帝表	1169-346- 14
賜食物紅稻恭謝箚子	1324-959- 31	賀皇帝加太皇太后尊號表	1169-347- 14
報到家日期箚子	1324-960- 31	册皇后賀皇帝表	1169-348- 14
萬壽節恭賀箚子	1324-960- 31	賀皇帝御正殿表（二則）	1169-350- 14
萬壽節進書箚子	1324-961- 31	●李宗勉 宋	
旨催還朝乞展限箚子	1324-961- 31	經國（疏）——率合臺上奏	435-785-100
報明途中患病箚子	1324-962- 31	戒逸欲（疏）	438-546-195
請赴熱河箚子	1324-963- 31	聽言（疏）	438-863-207
賜示輿地全圖覆奏箚子	1324-964- 31	●李宗訥（等）宋	
丁酉熱河乞休箚子	1324-964- 31	郊廟（疏）	433-431- 18
丁酉湯山乞休箚子	1324-965- 31	●李宗諤 宋	
戊戌四月乞休箚子	1324-966- 31	禦邊（疏）	442- 65-322
進朱子全書表	1449-457- 2	論兩省與臺司非統攝（疏）	1350-431- 42
進易論序	1449-649- 15	●李抱玉 唐	
進大司樂釋義及樂律論辨序	1449-651- 15	任將（疏）	439-699-236
御製論詩發示覆奏箚子	1449-845- 28	讓山南西道副元帥及山南節度使表	556-186- 87
●李光贊 宋		●李東陽 明	
上太祖諫伐河東乞班師（疏）	432-497-120	辭謝錄——奉手勅直隸山東河南江西等處盜賊平定內閣官運籌定議致有成功（六則）	428-849- 5
征伐（疏）	439-547-230	自劾疏	443-153- 9
●李光復 清		論時政疏	443-154- 9
敬陳管見疏	561-659- 47		
打箭爐設鎮疏	561-659- 47		
河防疆界疏	561-660- 47		

李東陽年譜錄保治疏——進災異陳
　言揭帖　　　　　　　　　　443-156- 9
附錄李東陽年譜保治疏——諫法令
　太嚴人不堪命　　　　　　　443-158- 9
李東陽年譜錄內閣（疏二則）　443-252- 14
急皇儲疏　　　　　　　　　　443-253- 14
諫調邊軍入衞（疏）　　　　　443-253- 14
陳政令十失疏　　　　　　　　445-189- 11
議邊軍入衞疏　　　　　　　　445-210- 13
擬楊文懿公諡議　　　　　　　1250-411- 38
擬進憲宗純皇帝實錄表　　　　1250-417- 38
應詔陳言奏弘治六年四月二十七
　日節該欽勅諭　　　　　　　1250-420- 39
辭免起復纂修奏本　　　　　　1250-428- 39
代襲封衍聖公謝表　　　　　　1250-723- 69
重建闕里廟成謝表　　　　　　1250-724- 69
代衍聖公賀登極表　　　　　　1250-724- 69
初開經筵謝宴賓表　　　　　　1250-725- 69
進歷代通鑑纂要表　　　　　　1250-725- 69
重建大明會典表　　　　　　　1250-726- 69
進孝宗皇帝實錄表　　　　　　1250-727- 69
請書刻御製碑題本　　　　　　1250-1022-96
復命題本　　　　　　　　　　1250-1032-96
通達下情題本　　　　　　　　1250-1033-96
代襲封衍聖公謝恩表　　　　　1250-1038-96
代衍聖公謝修廟遣祭表　　　　1250-1039-96
求退錄（疏十九則）　　　　　1250-1058-99
論時政十失疏　　　　　　　　1403-198-108
重進大明會典表　　　　　　　1403-562-139
初開經筵謝宴賓表　　　　　　1403-563-139
進歷代通鑑纂要表　　　　　　1453-576- 66
重進大明會典表　　　　　　　1453-577- 66
　●李林甫唐
任將（疏）　　　　　　　　　439-698-236
　●李承勛明
題禁革宿弊以強守衞事　　　　444- 30- 34
題申明禁約以嚴守衞事　　　　444- 34- 34
陳八事以足兵食疏　　　　　　445-337- 21
論知人安民疏　　　　　　　　445-345- 21
　●李固遠漢
用人（疏）　　　　　　　　　436-592-129
　●李秉鈞金
褒贈（祁宰疏）　　　　　　　441- 40-284
　●李流謙宋
天申節賀表（四則）　　　　　1133-665- 9

會慶節賀表（三則）　　　　　1133-666- 9
賀改元表　　　　　　　　　　1133-667- 9
謝宣賜曆日表　　　　　　　　1133-667- 9
賀冬至表（二則）　　　　　　1133-667- 9
謝賜茶藥表　　　　　　　　　1133-668- 9
　●李彥顒宋
聽言（疏）　　　　　　　　　438-826-205
　●李東之宋
上仁宗論官冗四弊（疏）　　　431-843- 70
　●李建元明
進本草綱目疏　　　　　　　　772- 8-附
　●李茂貞唐
請贈邠故鳳翔節度使鄭畋表　　556-188- 87
　●李若水宋
禦邊（疏）——乞拯救河東河北　442-337-333
使還上道箚子（三則）　　　　1124-660- 1
駁不當爲高俅舉掛箚子　　　　1124-662- 1
再論高俅箚子　　　　　　　　1124-663- 1
賀册立皇后表　　　　　　　　1124-664- 1
　●李若愚明
請誅魏黨許顯純等七錦衣疏　　534-388- 92
請補楚中三忠貞諡典疏　　　　534-390- 92
請復建文廟諡併錄諸死節臣疏　534-392- 92
楚二社稷臣疏　　　　　　　　534-394- 92
　●李昭玘宋
治道（疏三則）　　　　　　　434-200- 42
論治吏進策（二則）　　　　　436-856-140
知人（疏）　　　　　　　　　437-333-155
建官（疏）　　　　　　　　　437-455-161
選舉（疏）　　　　　　　　　437-637-168
賀皇帝即位表　　　　　　　　1122-314- 12
進奉賀皇帝登寶位上絹表　　　1122-314- 12
謝告諭表　　　　　　　　　　1122-315- 12
進貢綾表　　　　　　　　　　1122-315- 12
賀興龍節表　　　　　　　　　1122-315- 12
慰皇帝表　　　　　　　　　　1122-316- 12
賀玉璽表　　　　　　　　　　1122-316- 12
賀元符改元表　　　　　　　　1122-316- 12
賀皇帝即位表　　　　　　　　1122-317- 13
賀生皇太子表　　　　　　　　1122-317- 13
謝永興路提刑到任表　　　　　1122-318- 13
謝京東西路提刑到任表　　　　1122-319- 13
謝移京東東路提刑到任表　　　1122-319- 13
知滄州謝上表　　　　　　　　1122-320- 13
謝落秘閣校理表　　　　　　　1122-320- 13

四庫全書文集篇目分類索引

史部 詔令奏議類：附錄 奏議上七畫

謝降授承議郎表	1122-321- 13
謝復官表	1122-321- 13
謝出籍表	1122-322- 13
謝八寶赦轉官表	1122-322- 13
代人賀元圭表	1122-323- 14
代濟州命官學生道僧耆老請皇帝封泰山乞車駕經幸本州表（三則）	1122-324- 14
代賀平瀘賊表	1122-327- 14
代知徐州馬大夫謝上表	1122-327- 14
（進）政錄（疏）	1122-382- 26
賀皇帝登極表	1352- 17-1上
賀興龍節表	1352- 26-1上
賀誕皇子表	1352- 34-1中
賀改元表	1352- 50-1下
賀玉璽表	1352- 69-2上
賀皇帝登極進絹表	1352-103-2下
永興提刑到任謝表	1352-194-5中
京東西路提刑到任表	1352-195-5中
京東東路提刑到任謝表	1352-196-5中
謝諭知滄州表	1352-234-6中
謝降官表	1352-235-6中
謝出籍表	1352-236-6中
謝復官表	1352-237-6中
進保伍策疏	1403-147-105
進保伍之策疏	1418-601- 56
●李昭德唐	
儲嗣（疏）——諫立武承嗣爲太子事	435- 73- 72
●李昴英宋	
端明丙申召除太傅賜金奏劄	1181-151- 6
嘉熙戊戌衘命勉諭崔相回朝奏劄	1181-153- 6
嘉熙己亥著作郎奏劄（二則）	1181-155- 6
淳祐丙午侍右郎官赴闕奏劄（二則）	1181-157- 7
淳祐丙午十月朔奏劄	1181-161- 7
除正言上殿奏疏	1181-163- 8
論史丞相疏附貼黃	1181-165- 8
列奏史丞相疏	1181-166- 8
再論史丞相疏	1181-167- 8
論帝屬貴臣不趨早朝奏劄	1181-168- 8
淳佑丙午十二月正言奏劄	1181-170- 9
論陳樞密疏	1181-171- 9
論趙京尹疏	1181-172- 9
繳奏劄子	1181-173- 9

寶祐甲寅宗正卿上殿奏劄	1181-173- 9
乞罷幸西太乙劄子關全文	1181-176- 9
乞行御史洪天錫劾閽寺之言疏關全文	1181-176- 9
再疏乞與洪天錫俱貶關全文	1181-176- 9
●李重貴宋	
四裔（疏）	442-568-342
●李皇后（後漢高祖后）	
賞罰（疏）	438-365-187
●李神通唐	
賞罰（疏）	438-359-187
●李時勉明	
上仁宗奏疏	445- 36- 2
車駕幸太學謝表	1242-774- 7
陳情乞致仕表	1242-775- 7
封事	1242-788- 8
題少傅先生啓本錄副卷後	1242-801- 8
●李時華明	
增設縣學疏	572-193- 34
●李淳風唐	
律曆（疏）——論渾天儀	440-828-279
律曆（疏）	440-828-279
●李清臣宋	
上神宗乞罷追帝孔子（疏）	432-127- 91
崇儒（疏）——議追諡孔子帝號及孟軻揚雄加以爵號	440-717-274
災祥（疏）	441-409-301
策旨	1346-291- 20
法原策	1346-292- 20
勢原策	1346-294- 20
議刑策上下	1346-296- 20
議兵策上中下	1346-298- 20
議戎策上下	1346-303- 20
議官策上中下	1346-307- 21
重計策	1346-311- 21
實備策	1346-312- 21
明責策	1346-314- 21
勸吏策	1346-316- 21
固本策	1346-317- 22
厚俗策	1346-319- 22
廣助策	1346-320- 22
養材策	1346-322- 22
審分策	1346-324- 22
慎柄策	1346-325- 22
解蔽策	1346-327- 22

四庫全書文集篇目分類索引　1331

辨邪策　1346-328- 22
謝賜郕刑詔表　1350-727- 69
免加右光祿大夫表　1350-727- 69
勢原（策）　1351-190-104
議官　1351-218-106
歐陽文忠公諭議　1351-545-135
法原（疏）　1354-224- 28
勢原（疏）　1354-226- 28
議兵策上中　1354-228- 28
謝賜恤刑詔表　1394-441- 4
歐陽文忠公諭議　1403-718-156
（進策）明責　1404-392-196
策旨　1418-549- 54
勢原（疏）　1418-551- 54
議官（疏）　1418-553- 54
固本（疏）　1418-555- 54
● 李商隱唐
爲滎陽公賀幽州破奚寇表　496-790-117
爲安平公賀破奚契丹表　503-287-111
爲滎陽公賀幽州破奚寇表　506-279- 95
爲滎陽公桂州謝上表　568- 37- 98
爲汝南公華州賀赦表　1082-239- 1
爲京兆公陝州賀南郊赦表　1082-241- 1
爲汝南公以妖星見賀德音表　1082-243- 1
爲汝南公賀彗星不見表　1082-245- 1
爲滎陽公賀老人星見表　1082-247- 1
爲成魏州賀瑞雪慶雲日抱戴表　1082-248- 1
爲柳州鄭郎中謝上表　1082-249- 1
爲安平公謝除兗海觀察使表　1082-250- 1
爲安平公兗州謝上表　1082-252- 1
爲濮陽公陳許謝上表　1082-254- 1
爲濮陽公陳情表　1082-256- 1
爲滎陽公桂州謝上表　1082-259- 1
爲懷州李中丞謝上表　1082-261- 1
爲滎陽公賀幽州破奚寇表　1082-263- 2
爲河南盧尹賀上尊號表　1082-266- 2
代安平公華州賀聖躬痊復表　1082-269- 2
爲汝南公賀元日御正殿受朝賀表　1082-269- 2
爲濮陽公論皇太子表　1082-271- 2
代僕射濮陽公遺表　1082-273- 2
代彭陽公遺表　1082-276- 2
代安平公遺表　1082-280- 2
代王侍御瓘謝宣弔并聘贈表　1082-281- 2
爲令狐博士緒補闕綯謝宣祭表　1082-283- 2
爲侍郎汝南公華州謝加階狀　1082-284- 3

爲濮陽公謝罰俸狀　1082-285- 3
爲滎陽公謝除盧副使等官狀　1082-285- 3
爲安平公謝端午賜物狀　1082-286- 3
爲滎陽公端午謝賜物狀　1082-286- 3
爲中丞滎陽公赴桂州長樂驛謝敕設狀　1082-287- 3
爲滎陽公謝賜冬衣狀　1082-288- 3
爲濮陽公涇原謝冬衣狀　1082-289- 3
爲中丞滎陽公謝借飛龍馬送至府界狀　1082-290- 3
爲大夫安平公華州進賀皇躬痊復物狀　1082-290- 3
爲濮陽公陳許舉人（崔鑫）自代狀　1082-291- 3
爲懷州刺史舉人自代狀　1082-292- 3
爲尚書渤海公舉人（周墀崔龜從）自代狀　1082-293- 3
爲滎陽公舉王克明等充縣令主簿狀　1082-295- 5
爲滎陽公桂州舉人（裴休）自代狀　1082-295- 3
爲鹽州刺史奏舉李孚判官狀　1082-296- 3
爲濮陽公陳許奏韓琮等四人（韓琮殷環裴遷夏侯曈）充判官狀　1082-298- 3
爲安平公兗州奏杜勝等四人（杜勝趙晢李蕃盧涇）充判官狀　1082-299- 3
爲滎陽公進賀正銀狀　1082-300- 3
爲滎陽公赴桂州在道進賀端午銀狀　1082-300- 3
爲安平公赴兗海在道進賀端午馬狀　1082-301- 3
爲滎陽公進賀冬銀等狀　1082-301- 3
爲滎陽公奏請不敕錄將士狀　1082-302- 3
爲楊贊善奏請冬都洒掃狀　1082-303- 3
爲閑廐使奏判官韓勳改名狀　1082-303- 3
爲汝南公華州賀赦表　1338-214-560
爲京兆公陝州賀南郊赦表　1338-215-560
爲汝南公以妖星見賀德音表　1338-215-560
賀老人星見表　1338-219-561
爲汝南公賀慧星不見復正殿表　1338-219-561
爲成魏州賀瑞雪慶雲日抱戴表　1338-220-561
爲河南盧尹賀上尊號表　1338-295-569
代安平公華州賀聖躬痊復表　1338-302-569
爲王侍御瓘謝宣弔并聘贈表　1338-320-571

史部

詔令奏議類：附錄

奏議上七畫

1332　　　　　　　　　四庫全書文集篇目分類索引

史部　詔令奏議類：附錄　奏議上七畫

篇目	索引號
爲令狐博士緒補闕絢謝宣祭表	1338-321-571
爲安平公謝除充海觀察使表	1338-447-584
爲安平公充州謝上表	1338-458-586
爲濮陽公陳許謝上表	1338-459-586
爲滎陽公桂州謝上表	1338-466-587
爲懷州李中丞謝上表	1338-467-587
爲濮陽公陳情表	1338-596-602
爲濮陽公論皇太子表	1338-799-625
代僕射濮陽公遺表	1338-806-626
代彭陽公遺表	1338-807-626
代安平公遺表	1338-809-626
爲侍郎汝南公華州謝加階狀	1339- 4-628
爲濮陽公謝罰俸狀	1339- 5-628
爲滎陽公謝除盧副使等官狀	1339- 11-629
爲安平公謝端午賜物狀	1339- 21-631
爲滎陽公端午謝賜物狀	1339- 22-631
爲中丞滎陽公赴桂州長樂驛謝勅設狀	1339- 27-632
爲滎陽公謝賜冬衣狀	1339- 35-633
爲濮陽公涇源謝冬衣狀	1339- 36-633
爲中丞滎陽公謝借飛龍馬送至府界狀	1339- 38-633
爲大夫安平公華州進賀皇躬痊復物狀	1339- 46-635
爲薦濮陽公陳許舉人自代狀	1339- 64-639
爲懷州刺史舉人自代狀	1339- 65-639
爲尚書渤海公舉人自代狀	1339- 65-639
爲尚書渤海公舉人自代狀	1339- 66-639
爲滎陽公舉王克明等充縣令主簿狀	1339- 66-639
爲滎陽公桂州舉人自代狀	1339- 66-639
爲鹽州刺史奏舉李孚判官狀	1339- 67-639
爲濮陽公陳奏韓琮等四人充判官狀	1339- 67-639
爲安平公充州奏杜勝等四人充判官狀	1339- 68-639
爲滎陽公進賀正銀狀	1339- 71-640
爲滎陽公赴桂州在道進賀端午銀狀	1339- 73-640
爲安平公赴充海在道進賀端午馬狀	1339- 73-640
爲滎陽公進賀冬銀等狀	1339- 75-640
爲滎陽公奏請不敍錄將士狀	1339-100-644
爲楊贊善奏請東都洒掃狀	1339-100-644
爲閑廏使奏判官韓勵改名狀	1339-101-644
爲汝南公賀元日御正殿受朝賀表	1394-386- 3
爲滎陽公賀老人星見表	1394-386- 3
爲滎陽公賀幽州破奚寇表	1394-387- 3
爲滎陽公桂州謝上表	1394-388- 3
爲濮陽公陳許謝上表	1394-388- 3
爲濮陽公陳情表	1394-389- 3
代僕射濮陽公遺表	1394-390- 3
爲濮陽公涇源謝冬衣狀	1394-461- 5
爲中丞滎陽公謝借飛龍馬送至府界狀	1394-461- 5
爲濮陽公論皇太子表	1403-529-135
爲濮陽公陳許謝上表	1403-530-135
爲濮陽公陳情表	1403-530-135
爲滎陽公賀幽州破奚寇表	1403-531-135
執奏裴景仙獄表	1403-532-135
爲薦濮陽公陳許舉人自代狀	1404-120-169
爲中丞滎陽公謝借飛龍馬送至府界狀	1404-120-169
謝賜冬衣狀	1404-121-169
爲滎陽公桂州謝上表	1465-467- 3
爲柳州鄭郎中謝上表	1465-467- 3
爲中丞滎陽公赴桂州長樂驛謝勅設狀	1465-479- 4
爲滎陽公端午謝賜物狀	1465-480- 4
爲滎陽公桂州謝賜冬衣狀	1465-480- 4
爲滎陽公桂州舉王克明等充縣令主簿狀	1465-481- 4
爲滎陽公桂州舉人自代狀	1465-481- 4
爲滎陽公赴桂州在道換進賀端午銀狀	1465-481- 4
爲滎陽公桂州進賀冬銀等狀	1465-481- 4
爲滎陽公桂州奏請不敍錄將士狀	1465-482- 4

● 李惟清 宋

任將（疏） 　　　　　　　　　　　　439-709-236

● 李專美 後唐

賞罰（疏）——辭謝賞疏 　　　　　　438-364-187

● 李乾祐 唐

法令（疏）——裴仁軌私役門卒當斬案 　439- 39-209

● 李逢吉 唐

文武大聖廣孝皇帝册文 　　　　　　　426- 73- 8

● 李善感 唐

營繕（疏） 　　　　　　　　　　　　441-729-315

● 李曾伯 宋

四庫全書文集篇目分類索引

征伐（疏） 439-673-235
任將（疏） 439-818-241
災祥（疏） 441-612-310
禦邊（疏）——上禦邊五事附貼黃 442-446-338
禦邊（疏）——荊閫回奏四事箚子 442-453-338
禦邊（疏）——奉詔言邊事附貼黃 442-457-338
代蜀總賀皇帝登極（表） 1179-165- 1
代賀郊祀慶成（表） 1179-166- 1
代賀紹定改元（表） 1179-166- 1
代賀壽慶節（表） 1179-167- 1
代荊閫賀天基聖節（表） 1179-167- 1
代賀皇帝御正殿（表） 1179-167- 1
代賀誕皇子（表） 1179-167- 1
代襄閫賀誕皇子（表） 1179-168- 1
江東漕賀誕皇子（表） 1179-168- 1
淮西憲賀天基聖節（表） 1179-168- 1
廣西漕賀天基聖節（表） 1179-169- 1
廣西漕賀正（表） 1179-169- 1
荊閫賀收復襄樊（表） 1179-169- 1
荊閫進僞祖詮寶（表） 1179-170- 1
代蜀總謝到任（表） 1179-170- 2
代謝郊祀肆赦（表） 1179-171- 2
代謝明堂肆赦（表） 1179-172- 2
代荊閫謝加煥章閣因任（表） 1179-172- 2
淮西憲謝到任（表） 1179-173- 2
淮西總謝到任表 1179-174- 2
江東漕謝詔書建督府宣諭（表） 1179-174- 2
淮閫謝宸翰獎諭（表） 1179-175- 2
淮閫謝宸翰獎諭（表） 1179-175- 2
淮閫謝詔書獎諭（表） 1179-176- 2
謝臣寮上言降一官（表） 1179-176- 2
謝再降官表 1179-177- 2
謝廣西經略使到任（表） 1179-178- 3
謝兼廣西漕（表） 1179-179- 3
謝京湖制置使到任（表） 1179-179- 3
謝兼湖廣總領并京湖屯田使（表） 1179-180- 3
謝轉正議大夫（表） 1179-180- 3
謝除寶文閣學士京湖制置大使（表） 1179-180- 3
謝除龍圖閣學士依舊職（表） 1179-181- 3
謝轉正奉大夫（表） 1179-181- 3
謝男杓除藉田令兼制機（表） 1179-182- 3
淮西憲謝賜曆日（表） 1179-182- 3
淮閫謝賜曆日（表） 1179-182- 3
桂閫謝賜曆日（表） 1179-182- 3
桂漕謝賜曆日（表） 1179-183- 3
荊閫謝賜曆日（表二則） 1179-183- 3
江東漕謝彗星降赦（表） 1179-183- 3
荊閫謝宣賜夏藥（表） 1179-183- 3
荊閫謝宣賜臘藥（表） 1179-184- 3
荊閫謝宣賜夏藥（表） 1179-184- 3
赴荊閫謝宣賜金器縀羅香茶（表） 1179-184- 3
謝特賜香茶縀金花（表） 1179-185- 3
謝特賜銀絹（表） 1179-185- 3
謝宣賜香茶（表） 1179-185- 3
謝宣賜臘藥（表） 1179-186- 3
辭免除待制并賜金帶奏（五則） 1179-327- 16
淮閫乞祠奏（二則） 1179-329- 16
辭免除寶章閣直學士奏（五則） 1179-330- 16
辭免權兵部尚書奏（五則） 1179-332- 16
兩淮制使乞祠奏（三則） 1179-334- 16
乞給假尋醫奏 1179-335- 16
乞龍黜奏 1179-336- 16
辭免除煥章閣學士奏 1179-337- 16
辭免除刑部尚書奏（三則） 1179-337- 16
辭免知靜江府兼廣西經略奏（三則） 1179-338- 16
辭免徵歙閣學士奏（三則） 1179-339- 16
辭免平黎轉官奏 1179-340- 16
辭免寶文閣學士京湖制置大使奏（六則） 1179-340- 16
辭免除龍圖閣學士奏（三則） 1179-343- 16
乞休致奏（二則） 1179-344- 16
除淮閫內引奏箚附貼黃（二則） 1179-346- 17
淮閫奉詔言邊奏事附貼黃 1179-350- 17
淮閫薦代奏 1179-354- 17
特薦陳通判等二十員奏 1179-354- 17
淳祐丙午正旦日蝕應詔奏 1179-356- 17
謝御筆令飭戰禦等事奏 1179-357- 17
謝御筆戒諭兵將等事奏 1179-357- 17
乞區處修浚泗州西城奏 1179-358- 17
奏壽城賞 1179-359- 17
帥廣條陳五事奏附貼黃 1179-360- 17
謝宣諭將命往任荊閫奏 1179-368- 18
荊閫回奏四事 1179-369- 18
手奏荊閫事宜 1179-373- 18
手奏回謝御札戒諭荊閫事宜 1179-375- 18
回奏宣諭經理 1179-378- 18
回奏經理事宜 1179-378- 18

史部 詔令奏議類：附錄 奏議上七畫

篇目	編號
出師經理襄樊奏	1179-380-18
奏以鄂州分司併歸節制	1179-382-19
奏總所科降和糴利害	1179-384-19
奏廢罷茶局科助	1179-386-19
奏乞免今年和糴	1179-387-19
奏湖南運司合支水脚	1179-388-19
奏襄樊經久五事附貼黃	1179-389-19
備襄陽分司王制幹兵册取鄧奏	1179-393-19
賀寶祐改元（表三則）	1179-504- 1
謝宣賜曆日（表）	1179-504- 1
賀立皇子（表二則）	1179-505- 1
賀册瑞國公主（表）	1179-505- 1
謝宣賜夏藥（表二則）	1179-505- 1
謝宣賜臘藥（表）	1179-506- 1
謝特賜銀絹（表二則）	1179-506- 1
謝宣賜香茶（表）	1179-507- 1
謝轉宣奉大夫（表）	1179-507- 1
謝兼蘄州路策應大使（表）	1179-507- 1
謝除端明殿學士（表）	1179-508- 1
賀襄樊告捷（表）	1179-508- 1
謝詔書獎諭（表）	1179-509- 1
謝宣賜臘藥（表）	1179-509- 1
謝宣賜香茶（表）	1179-510- 1
乞免兼湖廣領奏	1179-517- 3
乞休致奏（二則）	1179-517- 3
三乞休致并薦代奏附貼黃並手奏	1179-518- 3
辭免端明殿學士奏（三則）	1179-520- 3
乞休致奏（五則）	1179-522- 3
奉詔舉帥材二人（奏）	1179-527- 4
乞預備蜀奏附貼黃	1179-528- 4
回御筆手奏	1179-529- 4
襄陽獲捷手奏	1179-529- 4
答宸翰手奏	1179-530- 4
謝宣諭奏	1179-531- 4
乞於下流趲兵援蜀奏	1179-531- 4
催區處援蜀兵奏	1179-532- 4
恭稟宣諭援蜀奏附貼黃	1179-533- 4
回庚牌手奏	1179-535- 4
回御筆手奏	1179-536- 4
謝撫諭四川官吏軍民（表）	1179-568- 1
謝資政殿學士四川宣撫使（表）	1179-569- 1
謝賜劳帶鞍馬（表）	1179-569- 1
謝賜銀絹（表）	1179-570- 1
謝宣賜香茶（表）	1179-570- 1
謝賜臘藥（表）	1179-570- 1
謝轉光祿大夫表	1179-570- 1
謝賜銀絹（表）	1179-571- 1
出蜀宣賜謝表	1179-571- 1
辭閫帥得祠謝表	1179-571- 1
謝賜銀絹（表）	1179-572- 1
湖南安撫大使到任謝表	1179-572- 1
兼節制廣南謝表	1179-573- 1
賜帥湘贐儀謝表	1179-573- 1
謝賜香茶（表）	1179-573- 1
謝賜夏藥（表）	1179-574- 1
謝賜臘藥（表）	1179-574- 1
廣南制置大使到任謝表	1179-574- 1
兼廣西轉運使謝表	1179-575- 1
謝賜銀絹（表）	1179-575- 1
謝賜香茶（表）	1179-576- 1
謝賜夏藥（表）	1179-576- 1
降詔撫諭謝表	1179-576- 1
賜香茶謝表	1179-577- 1
開慶改元賀表	1179-577- 1
景定改元賀表	1179-578- 1
已未春病謝賜雄烏參附鍾乳陽起石（表）	1179-578- 1
謝賜臘藥表	1179-579- 1
子被凶人誣告蒙恩免遠行謝表	1179-579- 1
謝賜銀絹（表）	1179-580- 1
辭免新除資政殿學士節制四川邊面（奏二則）	1179-593- 3
辭免資政（奏五則）	1179-594- 3
乞留蜀帥手奏	1179-598- 3
乞早除荊閫奏	1179-599- 3
回奏御筆節制四川邊面附貼黃	1179-599- 3
御筆批答回奏	1179-600- 3
已領節制司職事手奏	1179-601- 3
照已撥科降付四川制總司奏	1179-602- 3
乞貼科四川制總司秋糴本錢奏	1179-603- 3
乞休致奏（三則）	1179-604- 3
回御筆奏	1179-606- 3
蜀邊利害奏	1179-607- 3
辭免轉官奏	1179-608- 3
回乞休致奏（二則）	1179-609- 3
回御筆奏	1179-611- 3
邊報事宜乞加備奏	1179-611- 3
乞調重兵應援奏附貼黃	1179-612- 3
回宸翰撫諭將士奏附貼黃	1179-614- 3
救蜀楮密奏	1179-615- 3

四庫全書文集篇目分類索引

回宣諭并問救楮繳密奏附貼黃二則 1179-617- 3
回宸翰勉留奏附貼黃 1179-618- 3
奏爲徐提刑申呂馬帥事 1179-620- 3
辭免召赴行在（奏） 1179-622- 4
辭免除資政殿大學士福帥（奏三則） 1179-622- 4
辭免湖南安撫大使奏（三則） 1179-623- 4
辭免兼節制廣南奏 1179-625- 4
辭免兼廣南制置大使奏（二則） 1179-625- 4
辭免兼廣西運使奏（二則） 1179-627- 4
乞免兼漕事奏（二則） 1179-628- 4
乞休致奏（二則） 1179-629- 4
辭免除觀文殿學士奏（五則） 1179-630- 4
以病乞休致 1179-632- 4
辭免召命奏附貼黃 1179-632- 4
起離靜江奏附貼黃 1179-633- 4
歸里謝宣諭奏 1179-634- 4
又謝宣賜金器（奏） 1179-635- 4
回宣諭令調兵援廣與徐經略商確（奏） 1179-636- 5
繳徐經略親書奏 1179-637- 5
乞宣借總管錢萬等奏附貼黃 1179-637- 5
回宣諭手奏 1179-638- 5
繳印經略來翁手奏附貼黃 1179-639- 5
回洪漕乞修潭州城奏 1179-640- 5
回宣諭兼節制奏 1179-641- 5
回申軍馬錢糧通融事（書） 1179-642- 5
回宣諭令勉諭呂鎮撫及七甲兵等事奏 1179-642- 5
回宣諭趣行令雄飛於緊要處置司奏附貼黃 1179-643- 5
回宣諭令勇於戎途奏 1179-643- 5
回宣諭除劉雄飛三郡鎮撫奏 1179-645- 5
繳印經略書遣官往安南奏 1179-645- 5
繳印經略書安南奏附貼黃 1179-645- 5
潭州攢剩米撥充修城并廣西軍券食奏 1179-646- 5
至衡州奏東安縣塞丁事 1179-647- 5
備廣西經司報安南事奏 1179-647- 5
至永州奏安南及東安事 1179-648- 5
戊午回宣諭不必候再辭回降啓行 1179-648- 5
至靜江回宣諭（奏）附貼黃繳呂安撫書 1179-649- 5
辭免新除恩命并開陳五條奏 1179-650- 5
回宣諭勉印帥往邕奏 1179-653- 5
回宣諭關閣長二月六日兩次聖旨奏附貼黃 1179-654- 5
回奏計約糧餉 1179-656- 5
回奏宣諭呂鎮撫事 1179-656- 5
回宣諭印漕免入邕等事奏附貼黃 1179-657- 5
安南求援奏 1179-658- 5
條具廣南備禦事宜奏 1179-659- 5
再條具（廣南）備禦事宜奏 1179-663- 5
回宣諭奏附貼黃 1179-667- 6
回奏宣諭 1179-670- 6
回奏宣諭安南事附貼黃 1179-671- 6
奏錢糧事 1179-673- 6
奏乞調兵船成欽仍行海運之策 1179-674- 6
回宣諭奏 1179-675- 6
回奏兩次宣諭附貼黃二則 1179-676- 6
回奏宣諭（二則） 1179-678- 6
乞數奏申狀附貼黃並小貼子 1179-679- 6
繳安南國章表奏狀 1179-680- 6
回奏宣諭（二則） 1179-681- 6
乞科降成兵券錢奏 1179-683- 6
回奏宣諭附貼黃（二則） 1179-684- 6
回宣諭兵糧奏 1179-687- 6
回奏宣諭（二則） 1179-688- 6
回奏宣諭附貼黃 1179-691- 6
條具邊事奏附貼黃 1179-693- 7
奏節次調軍赴邕欽宜融捍禦附貼黃 1179-695- 7
奏已椿管銀兩 1179-697- 7
回奏宣諭（三則） 1179-698- 7
回宣諭團結奏附貼黃 1179-701- 7
奏備邊及漕司券錢事 1179-704- 7
奏劉鎮撫申乞與男瀾換文資事 1179-705- 7
繳奏劉鎮撫書及陪人公牒事 1179-706- 7
謝男除衡州奏 1179-707- 7
奏邊面及南丹州事 1179-707- 7
回奏宣諭 1179-708- 7
奏爲邊事 1179-709- 7
奏爲邊報（二則）附貼黃二則 1179-709- 7
回奏宣諭附貼黃 1179-710- 7
回宣諭奏（二則）附貼黃 1179-711- 7
奏爲邊報附貼黃 1179-713- 7
奏爲邊報 1179-714- 7
回宣諭奏 1179-715- 7
奏爲邊報及安南饋送事附貼黃 1179-716- 7
回宣諭奏（二則） 1179-716- 7
再辭免漕寄（奏） 1179-718- 7

回宣諭奏（二則） 1179-719- 7
奏邊報并繳劉鎭撫書 1179-721- 7
回宣諭及繳劉雄飛兩書（奏） 1179-722- 7
回兩次宣諭及繳劉鎭撫書（奏）
　附貼黃 1179-723- 7
回宣諭奏附貼黃 1179-724- 7
奏邊報及乞兵 1179-725- 7
奏邊報乞催調兵附貼黃 1179-725- 7
奏邊報繳劉鎭撫書 1179-726- 7
回宣諭奏（二則）附貼黃二則 1179-727- 8
回兩次宣諭奏附貼黃 1179-729- 8
回宣諭奏附貼黃 1179-730- 8
奏邊防俘獲事 1179-731- 8
回宣諭奏 1179-732- 8
奏賓象州守臣事附貼黃 1179-733- 8
回奏十二月十一日宣諭 1179-733- 8
回宣諭奏（二則）附貼黃 1179-734- 8
奏乞敕復朱制參元官事附貼黃 1179-738- 8
回奏宣諭附貼黃 1179-738- 8
回宣諭奏 1179-741- 8
回奏宣諭（二則）附貼黃 1179-741- 8
回奏御筆 1179-744- 8
回宣諭奏（二則） 1179-745- 8
回奏宣諭 1179-748- 8
回宣諭奏 1179-748- 8
回宣諭奏（二則） 1179-750- 9
回奏庚遞宣諭（三則）附貼黃 1179-753- 9
繳城圖奏 1179-757- 9
回奏庚遞宣諭（五則）附貼黃 1179-758- 9
回奏宣諭 1179-764- 9
奏邊事及催調軍馬附貼黃 1179-766- 9
奏催調軍及辭免觀文殿學士附貼黃 1179-767- 9
以湘帥申押回飛虎統領程俊及分
　界運米二事（表）附貼黃 1179-768- 9
奏邊事已動附貼黃 1179-769- 9
回宣諭奏（二則）附貼黃 1179-770- 9
回宣諭奏 1179-772- 9
奏邊事已急 1179-772- 9
回宣諭奏 1179-772- 9
回庚遞宣諭奏附貼黃 1179-773- 9
奏邊事附貼黃 1179-774- 9
回庚遞宣諭奏 1179-776- 9
奏乞合江淮荆楚兵及浙右鹽丁民
　船水陸控扼 1179-777- 9
奏調兵等事 1179-777- 9

奏節次調兵自効事 1179-779- 9
奏繳邕州捷旗附小貼子二則 1179-781- 9
奏調軍得捷 1179-782- 9
奏合湘嶺脈絡貫通仍乞投劾早賜
　區處 1179-783- 9
奏本司調兵付劉鎭撫往湖南會合
　附貼黃 1179-784- 9
奏乞預飭邊防事附小貼子二則 1179-785- 9
奏劉鎭撫衡山之捷附貼黃 1179-786- 9
乞與守城將士優加推恩奏 1179-788- 9
楊議郎忠諒跋 1179-824- 12
●李朝隱唐
法令（疏）——裴景仙丐贓五千
　匹亡命當誅 439- 42-209
讓揚州長史起復表（三則） 1338-394-579
執奏裴景仙獄表（二則） 1338-740-619
●李彭年唐
論刑法不便表（二則） 1338-742-619
●李發甲清
請用奏摺並借賑摺子 534-439- 93
賑濟齊飢疏 570-402-29之4
●李舜臣明
謝賜御著大狩龍飛錄奏 1273-747- 10
●李道安前蜀
上災異疏 1354-488- 18
　 1381-279- 27
●李道裕唐
知人（疏） 437-284-154
慎刑疏——論張亮反形未具不當
　誅 439-181-215
●李道傳宋
荒政（疏） 440-121-248
●李群玉唐
進詩表 附口宣 1083- 2- 附
●李嗣眞唐
慎刑疏——論王弘義素酷無行
　事 439-188-215
●李實秀清
條陳養馬所夫疏 538-538- 76
●李夢陽
應詔上書藳 443-124- 8
上孝宗皇帝書稿秘錄附 1262-347- 39
代勸宦官狀疏秘錄附 1262-356- 40
擬處置鹽法事宜狀 1262-358- 40
請表節義本 1262-360- 40

四庫全書文集篇目分類索引　　1337

乞休致本　　1262-362- 40
端本策序　　1262-467- 50
上孝宗皇帝書　　1402-597- 85
● 李鳴復 宋
治道（疏三則）　　434-628- 58
治道（疏五則）　　434-699- 61
儲嗣（疏）　　435-114- 73
經國（疏）　　435-730- 98
經國（疏）　　435-744- 99
經國（疏）——擬輪對箚子　　435-747- 99
經國（疏）——輪對狀　　435-750- 99
經國（疏）——論天變可畏人事當修疏附貼黃　　435-753- 99
經國（疏三則）　　435-755- 99
經國（疏）——論執政無定見侍從多私情奏　　435-760- 99
經國（疏）　　435-761- 99
仁民（疏）附貼黃　　436-159-109
用人（疏）——論擢任二府之臣當責其實　　437-142-148
用人（疏四則）　　437-197-150
建官（疏）　　437-480-162
選舉（疏）附貼黃　　437-693-170
賞罰（疏二則）　　438-428-189
聽言（疏）　　438-873-207
任將（疏）附貼黃　　439-812-241
理財（疏）　　440-684-272
理財（疏）——上制國用奏　　440-700-273
理財（疏）——論理內之道當以節財爲急奏　　440-702-273
災祥（疏）　　441-583-309
禦邊（疏）　　442-461-338
禦邊（疏）——論今日當議備邊之實附貼黃　　442-462-338
禦邊（疏）——論和議不足恃當以守備爲急附貼黃　　442-463-338
禦邊（疏）——乞宣引兩督視使各陳己見附貼黃　　442-465-338
禦邊（疏）——乞嚴爲廣西之備　　442-466-338
禦邊（疏）附貼黃四則　　442-468-339
四裔（疏）——論敵使引見不必臨軒附貼黃　　442-751-350
● 李廣利 漢
上言攻宛書附武帝封李廣利海西侯詔　　1396-421- 11
● 李蔭祖 清

流民轉徙疏　　506-250- 94
築堤禦患疏　　506-250- 94
● 李德裕 唐
仁聖文武至神大孝皇帝册文　　426- 74- 8
君德（疏）　　433- 14- 1
郊廟（疏）——請尊憲章武孝皇帝爲不遷廟狀　　433-424- 17
內治（疏）　　435-125- 74
仁民（疏）　　436- 63-105
禮樂（疏）　　436-354-119
山陵（疏）　　436-486-124
論九宮貴神壇狀（二則）　　436-508-125
用人（疏）——進戒帝辨邪正專委任而後朝廷治　　437-289-154
用人（疏）——論侍講奏孔子門徒事狀　　437-290-154
建官（疏）——請增諫議大夫等品秩狀　　437-389-159
建官（疏）——請復中書舍人故事狀　　437-390-159
去邪（疏）　　438- 38-174
去邪（疏）——論上用趙歸眞爲道門教授　　438- 38-174
去邪（疏）——（論）郭誼如何處之　　438- 38-174
節儉（疏二則）　　438-459-191
戒侈欲（疏）　　438-520-194
戒侈欲（疏）　　438-521-194
慎微（疏）　　438-567-196
聽言（疏）——論殷侑鄭覃經術　　438-736-202
聽言（疏）　　438-736-202
法令（疏）　　439- 46-209
征伐（疏）——論以兵爲戒乃可保成功　　439-543-229
國史（疏二則）　　440-768-276
四裔（疏）　　442-555-341
四裔（疏）　　442-556-341
四裔（疏）——請遣使訪問太和公主狀　　442-557-341
四裔（疏）——請田牟請許党項羌復回鶻嘑沒斯部落狀　　442-557-341
四裔（疏二則）　　442-558-341
進幽州紀聖功碑文狀　　506-189- 92
請淮南等五道置遊奕船狀　　517-132-119
論河陽事宜疏　　538-513- 76

史部

詔令奏議類：附錄

奏議上七畫

史部

詔令奏議類：附錄

奏議上七畫

篇目	編號
薦李源表	549-86-184
論維州事狀	561-539-45
上尊號玉册文	1079-112-1
上尊號玉册文	1079-113-1
進所撰點憂斯書狀二	1079-142-6
進所撰點憂斯可汗書狀	1079-142-6
請尊憲宗章武孝皇帝爲不遷廟狀	1079-170-10
宰相再議添徽號狀	1079-172-10
宣懿皇后祔陵廟狀（三則）	1079-172-10
請立昭武廟狀	1079-173-10
奉宣今日以後百官不得於京城置廟狀	1079-173-10
論侍講奏孔子門徒事狀	1079-174-10
論朝廷事體狀	1079-175-10
請增諫議大夫等品秩狀	1079-176-11
（請增）御史中丞（等品秩狀）	1079-176-11
論時政記事狀	1079-177-11
（修改）起居注	1079-177-11
修史體例（舊革故事狀）	1079-177-11
論九宮貴神壇狀	1079-178-11
論九宮貴神合是大祠狀	1079-178-11
論冬至歲朝賀（狀）	1079-179-11
請復中書舍人故事	1079-179-11
請改單于大都護狀	1079-179-11
公主上表（舊革故事）狀	1079-180-11
（論）故中書令郝處俊（褒贈狀）	1079-181-12
（論）故文昌右相岑長倩（褒贈狀）	1079-181-12
（論）故御史大夫同鳳閣鸞臺平章事格輔元（褒贈狀）	1079-181-12
（論）故右衞將軍李安靖（褒贈狀）	1079-182-12
（論）故贈越州都督徐有功（褒贈狀）	1079-182-12
（論）故循州司馬杜元穎（褒贈狀）	1079-182-12
第二狀奉宣令更商量奏來者	1079-182-12
論太和五年八月將故維州城歸降准詔卻執送本蕃就戮人吐蕃城副使悉怛謀狀	1079-183-12
論救楊嗣復李珏陳夷直（三則）	1079-184-12
張仲武寄回鶻生口駝馬狀	1079-185-12
（論）前試宣州溧水縣尉胡震（狀）	1079-186-12
論河東等道比遠官加給俸料狀	1079-186-12
請淮南等五道置遊奕船狀	1079-186-12
論兩京及諸道悲田坊（狀）	1079-187-12
論田牟請許党項歸復回鶻沒斯部落事狀	1079-188-13
請密詔塞上事宜狀	1079-188-13
請賜回鶻嗢沒斯等物詔	1079-189-13
請於太原添兵備狀	1079-189-13
請遣使訪問太和公主狀	1079-190-13
論幽州事宜狀	1079-190-13
請令符徹與幽州大將（狀）	1079-191-13
條疏太原以北邊備事宜（狀）	1079-191-13
天德討逐回鶻事	1079-192-13
論嗢沒斯特勒等狀	1079-193-13
論嗢沒斯下將士二千六百一十八人	1079-193-13
論天德軍捉到回鶻生口等狀	1079-193-13
請賜嗢沒斯槍旗狀	1079-193-13
論嗢沒斯家口等狀	1079-193-13
論太原及振武軍鎮及退渾党項等部落牙市牛馬駱駝等狀	1079-194-13
奉宣嗢沒斯所請落下馬價絹便賜與可汗穩便否奏來者	1079-194-13
論回鶻事宜狀	1079-195-14
請發陳許徐汝襄陽等兵狀	1079-195-14
論回鶻石誠直狀	1079-195-14
論振武以北事宜狀	1079-195-14
驅逐回鶻事宜狀附議狀二則	1079-196-14
請發鎮州馬軍狀	1079-198-14
請市蕃馬狀	1079-199-14
請葛苾通等分領沙陀退渾馬軍共六千人狀	1079-199-14
李思忠下蕃騎狀	1079-199-14
河東奏請留沙陀馬軍狀	1079-199-14
請何清朝等分領李思忠下蕃兵狀	1079-200-14
請賜劉汙詔狀	1079-200-14
請發河中馬軍五百騎赴振武狀	1079-200-14
李思忠請進軍於保大柵屯集狀	1079-200-14
論譯語人狀	1079-202-15
請更發兵山外邀截回鶻狀	1079-202-15
殄滅回鶻事宜狀	1079-203-15
李靖傳事狀	1079-203-15
討襲回鶻事宜狀	1079-203-15
論昭義三軍請劉稹勾當軍務狀	1079-204-15
李彥佐冀城駐軍事宜狀	1079-204-15
請賜澤潞四面節度使狀	1079-205-15

四庫全書文集篇目分類索引

幽州鎮魏使狀　1079-205- 15
請賜弘敬詔狀　1079-205- 15
論彥佐劉汚下諸道客軍狀　1079-205- 15
論陳許兵馬狀　1079-206- 15
論河陽事宜狀及第二狀　1079-206- 15
奉宣王宰欲令直抵磁州得否宜商量奏來者　1079-206- 15
請賜仲武詔狀　1079-207- 15
請授王宰兼行營諸軍政攻討使狀　1079-207- 15
論石雄請添兵狀　1079-207- 15
請問薄仲榮賊中事宜狀　1079-208- 15
請問生口取賊計策狀　1079-208- 15
請諸道進軍狀　1079-208- 15
論劉稹送款與李石狀　1079-209- 15
請遣使至天井冀氏宣慰狀　1079-210- 16
奏晉州刺史李丕狀　1079-210- 16
李克勤請官軍一千二百人自引路取涉縣斷賊山東三州道路狀　1079-210- 16
魏城入賊路狀　1079-211- 16
天井冀氏行營狀　1079-211- 16
請准兵部依開元二年軍功格置跳盪及第一第二功狀　1079-212- 16
奉宣石雄所進文書欲勘問宜商量奏來狀　1079-213- 16
論赤頭赤心健兒等狀　1079-213- 16
諭堯山縣狀　1079-213- 16
奏磁邢州諸鎮縣兵馬狀　1079-213- 16
潞磁等四川縣令錄事參軍狀　1079-214- 16
論邢州狀　1079-214- 16
巡邊使劉濛狀　1079-214- 16
昭義軍事宜狀　1079-215- 16
請先降使至党項屯集處狀　1079-215- 16
論鹽州屯集党項狀　1079-215- 16
論遊幸狀（二則）　1079-216- 17
討襲回鶻事宜狀　1079-217- 17
論幽州事宜狀　1079-217- 17
論田群狀　1079-217- 17
論劉稹狀太原狀附　1079-218- 17
論鎮州奏事官高廸陳意見二事狀　1079-218- 17
請令鎮州魏博深入下營要分賊勢狀　1079-219- 17
任晩李丕與臣狀共三道　1079-219- 17
續得高文端賊中事宜四狀　1079-220- 17
天井冀氏事宜狀　1079-221- 17
洛州事宜狀　1079-221- 17

回鶻事宜狀　1079-222- 17
振武節度使李忠順與臣狀一道　1079-222- 17
潞州事宜狀　1079-222- 17
論昭義軍事宜狀　1079-223- 17
進上尊號玉册文狀（二則）　1079-225- 18
進眞容讚狀　1079-226- 18
進幽州紀聖功碑狀　1079-226- 18
進點曼斯朝貢傳圖狀　1079-226- 18
進侍宴詩一首狀　1079-226- 18
進新舊文十卷狀　1079-226- 18
進瑞橘賦狀　1079-227- 18
進西南備邊錄狀　1079-227- 18
讓官表　1079-227- 18
讓太尉第二三表　1079-228- 18
讓官表　1079-229- 18
讓司空後舉太常卿王起自代狀　1079-230- 18
加司徒請停册禮狀　1079-230- 18
請改封衞國公狀　1079-230- 18
爲星變陳乞狀　1079-231- 18
張仲武與臣書四紙　1079-231- 18
再讓仲武寄物狀　1079-231- 18
謝宣示盟沒斯等冠帶詔圖狀　1079-232- 19
謝恩賜王元逵與臣贊皇縣圖及三祖碑文狀　1079-232- 19
謝恩賜進異域歸忠傳兩卷序中改奉勅撰　1079-233- 19
謝宣示進點曼斯朝貢圖深愧于懷狀　1079-233- 19
謝贈故蕃維州城副使悉怛謀官狀　1079-233- 19
謝恩所進瑞橘賦宣付史館狀　1079-233- 19
謝賜讓官批答狀　1079-234- 19
謝恩不許讓官表狀（二則）　1079-234- 19
謝恩加特進階改封衞國公狀　1079-235- 19
謝恩加特進階狀　1079-235- 19
會昌五年十二月三日宰相對後就宅宣示謝恩不許讓官表狀　1079-235- 19
謝賜錦綵銀器狀　1079-236- 19
謝恩賜錦綵銀器狀　1079-236- 19
會昌二年六月二十九日就宅宣并謝恩問疾狀　1079-236- 19
謝恩問疾狀　1079-237- 19
賀慶毀諸寺德音表　1079-238- 20
諫敬宗搜坊道士疏　1079-270- 5
駙馬不許至要官私第狀　1079-270- 5
代高平公進書畫二狀　1079-271- 5

史部

詔令奏議類：附錄

奏議上七畫

進玄宗馬射圖狀　　　　　　　　　1079-271- 5　紹興五年被召上殿箚子三道　　　1130-587- 1
奏銀粧具狀　　　　　　　　　　　1079-271- 5　紹興七年自廬陵以左司召上殿箚
奏縑綾狀　　　　　　　　　　　　1079-272- 5　　子三道　　　　　　　　　　　　1130-588- 1
亳州聖水狀　　　　　　　　　　　1079-273- 5　乞許內外職事官言事箚子　　　　1130-590- 1
王智興度僧尼狀　　　　　　　　　1079-273- 5　乞薦舉武臣箚子　　　　　　　　1130-591- 1
會昌二年上尊號玉册文　　　　　　1337-151-442　紹興七年歲旱乞寬恤箚子二道　　1130-591- 1
會昌五年上尊號玉册文　　　　　　1337-152-442　乞募士人守禦箚子　　　　　　　1130-591- 1
進幽州紀聖功碑文狀　　　　　　　1337- 79-641　乞募武臣及諸將諸軍子弟爲衞箚
進新舊文十卷狀　　　　　　　　　1339- 80-641　　子附小帖子　　　　　　　　　　1130-592- 1
唐武宗昭肅皇帝會昌二年上尊號　　　　　　　　乞治東南兵畫一箚子　　　　　　1130-592- 1
　玉册文　　　　　　　　　　　　1343-461- 31　乞增重禁衞畫一箚子　　　　　　1130-593- 1
唐武宗昭肅皇帝會昌五年上尊號　　　　　　　　答聖旨條具當行事件箚子　　　　1130-594- 1
　玉册文　　　　　　　　　　　　1343-462- 31　車駕南還舟行乞不乘馬箚子　　　1130-595- 1
上藥餌疏　　　　　　　　　　　　1403- 93- 99　再乞增禁衞箚子　　　　　　　　1130-595- 1
論失維州奏　　　　　　　　　　　1403-428-122　乞罷月椿錢箚子　　　　　　　　1130-596- 1
論太和五年八月將故維州城歸降　　　　　　　　東南募兵畫一狀附小帖子三則　　1130-596- 1
　准詔却執送本蕃就戮人吐蕃城　　　　　　　　戶部侍郎轉對箚子　　　　　　　1130-601- 2
　副使悉怛謀狀　　　　　　　　　1404- 50-162　乞置使積粟箚子　　　　　　　　1130-602- 2
論侍講奏孔子門徒事狀　　　　　　1418-117- 39　乞置使積粟畫一（箚子）　　　　1130-603- 2
議禮法等大事　　　　　　　　　　1418-118- 39　答和議奏　　　　　　　　　　　1130-605- 2
論維州事狀　　　　　　　　　　　1418-119- 39　再論不當先事致屈箚子　　　　　1130-607- 1
● 李應昇明　　　　　　　　　　　　　　　　　乞罷莫將送伴使狀　　　　　　　1130-608- 2
罪瑞巧於護身明主不宜分過疏　　　1403-401-119　應詔薦郡守監司狀　　　　　　　1130-608- 2
● 李懋檜明　　　　　　　　　　　　　　　　　繳王殊敘官狀　　　　　　　　　1130-610- 3
請嚴詆曠職之罰疏　　　　　　　　445-491- 30　繳翰林司修蓋營寨指揮狀附小帖子 1130-610- 3
● 李彌遜宋　　　　　　　　　　　　　　　　　繳劉光世免差科狀　　　　　　　1130-611- 3
治道（疏）　　　　　　　　　　　434-353- 48　納陞朝官其色役聽免（狀）　　　1130-612- 3
經國（疏四則）　　　　　　　　　435-509- 89　繳王氏改封郡主狀　　　　　　　1130-612- 3
去邪（疏）——論罷莫將　　　　　438-272-183　繳王問改正復官狀　　　　　　　1130-612- 3
求言（疏）——乞許內外職事官　　　　　　　　繳賈安宅奏薦狀　　　　　　　　1130-612- 3
　言事箚子　　　　　　　　　　　438-681-200　戶部乞禁銅器箚子　　　　　　　1130-613- 3
戒逸欲（疏）　　　　　　　　　　438-539-195　辭免中書舍人狀　　　　　　　　1130-613- 3
慎刑疏　　　　　　　　　　　　　439-226-217　辭免戶部侍郎狀（二則）　　　　1130-614- 3
兵制（疏）　　　　　　　　　　　439-377-223　戊午八月乞罷戶部侍郎箚子（二
宿衞（疏）——再乞增禁衞　　　　439-441-225　　則）　　　　　　　　　　　　　1130-614- 3
任將（疏）　　　　　　　　　　　439-777-239　已未正月乞出第一箚子（二則）　1130-615- 3
荒政（疏）——乞寬恤箚子　　　　440- 71-246　辭免徽猷閣直學士狀　　　　　　1130-616- 3
賦役（疏）　　　　　　　　　　　440-348-258　漳州乞宮觀狀　　　　　　　　　1130-616- 3
理財（疏）　　　　　　　　　　　440-633-270　謝賜歷日表　　　　　　　　　　1130-647- 6
理財（疏）——乞置使積粟疏　　　440-634-270　謝中書舍人表　　　　　　　　　1130-647- 6
禦邊（疏）——乞募士人守禦箚　　　　　　　　謝戶部侍郎表　　　　　　　　　1130-647- 6
　子　　　　　　　　　　　　　　442-371-335　漳州謝表　　　　　　　　　　　1130-648- 6
四裔（疏）——論和議不當先事　　　　　　　　謝宮觀表　　　　　　　　　　　1130-648- 6
　致屈箚子　　　　　　　　　　　442-712-348　謝轉官表　　　　　　　　　　　1130-649- 6
四裔（疏）——答和議箚子　　　　442-712-348　賀太后册禮成表　　　　　　　　1130-649- 6

謝落徵猷閣直學士表　　　　　　1130-649- 6
謝宮觀表（二則）　　　　　　　1130-649- 6
代人乞致仕表　　　　　　　　　1130-650- 6

●李贊元清

請甦運草之累改爲折色疏　　　　534-448- 93
請荊安各屬堤塍彼此協修疏　　　534-450- 93

●李鵬鳴清

請本色入由單疏　　　　　　　　556-161- 86

●李繼和宋

禦邊（疏）　　　　　　　　　　442- 82-323

●李繼隆宋

征伐（疏）——論常將親伐契丹　439-553-230

●李呼喇濟附元

禦邊（疏）　　　　　　　　　　442-495-339

●吾丘壽王漢

弭盜（疏）　　　　　　　　　　441-762-317
議禁民挾弓弩對　　　　　　　　1355-289- 10
議禁民挾弓弩對　　　　　　　　1360-304-108
得寶鼎對　　　　　　　　　　　1360-305- 18
議禁民挾弓弩對　　　　　　　　1377-119- 2
禁民挾弓弩對　　　　　　　　　1403-616-145

●邢　邵漢

請置學疏　　　　　　　　　　　506-184- 92

●邢　邵北齊

爲文襄皇帝讓尙書令表（二則）　1400- 41- 3
爲彭城王韶讓侍中表　　　　　　1400- 41- 3
爲李衞軍以國子祭酒讓東平王表　1400- 41- 3
爲潘司徒樂讓表　　　　　　　　1400- 41- 3
爲司空侯景讓表　　　　　　　　1400- 41- 3
賀老人星表　　　　　　　　　　1400- 41- 3
百官賀平石頭表　　　　　　　　1400- 42- 3
文宣帝詒議　　　　　　　　　　1400- 43- 3
百官賀平石頭表　　　　　　　　1415-656-109
賀老人星表　　　　　　　　　　1415-656-109
爲文襄讓尙書令表（二則）　　　1415-656-109
爲李衞軍以國子祭酒讓東平王表　1415-657-109
爲彭城王韶讓侍中表　　　　　　1415-657-109
爲潘司徒樂讓表　　　　　　　　1415-657-109
爲司空景讓表　　　　　　　　　1415-657-109
請置學及修立明堂奏　　　　　　1415-657-109
文宣帝詒議　　　　　　　　　　1415-663-109
請建明堂太學疏　　　　　　　　1417-571- 28

●邢　恕宋

上神宗答詔論彗星上三說九宜（疏）　　　　　　　　　　　　　　431-498- 43

上哲宗五事（疏）　　　　　　　432-917-149
治道（疏）　　　　　　　　　　434-103- 39
災祥（疏）　　　　　　　　　　441-444-303

●邢　巒北魏

節儉（疏）　　　　　　　　　　438-457-191
征伐（疏二則）　　　　　　　　439-517-229
再上伐梁表　　　　　　　　　　1417-568- 27

●邢子才北齊

禮樂（疏）　　　　　　　　　　436-345-118

●邢文韋唐

上東宮請減膳疏　　　　　　　　1339-606-698

●邢文偉唐

樂疏　　　　　　　　　　　　　436-547-127

●邢公濟元

謝除憲職表　　　　　　　　　　1382-418- 3

●邢基祇羅迴齊

奉高帝表　　　　　　　　　　　1399-224- 10

●車　胤晉

禮樂（疏）　　　　　　　　　　436-409-121

●阮　种晉

治道（疏）　　　　　　　　　　433-612- 25

●束　皙晉

務農（疏）　　　　　　　　　　436-173-110
廣農議　　　　　　　　　　　　1398-259- 12
高禖壇石議　　　　　　　　　　1398-260- 12
風伯雨師不得避諱議（二則）　　1398-261- 12
薦王璞奏　　　　　　　　　　　1398-261- 12
廣農議　　　　　　　　　　　　1413-251- 43
高禖壇石議　　　　　　　　　　1413-252- 43
婚姻以時議　　　　　　　　　　1413-252- 43
風伯雨師不得避諱議（二則）　　1413-253- 43

●扶令育劉宋

宗室（疏）　　　　　　　　　　435-174- 76
訟彭城王義康表　　　　　　　　1398-742- 13

●佛　倫清

再請通翰雜項錢糧（疏）　　　　556-173- 86

●里　克周

儲嗣（疏）——諫使太子申生伐東山皋落氏事　　　　　　　　　　435- 46- 71

●里　革周

戒侈欲（疏）　　　　　　　　　438-494-193
諫夏濫淵　　　　　　　　　　　1355-119- 5
　　　　　　　　　　　　　　　1377-128- 3
　　　　　　　　　　　　　　　1402-293- 53

●呂　午宋

奏爲定規模以一人心據要害以飭武備（疏）附貼黃　427-390- 0
奏爲財賦八事（疏）　427-393- 0
奏爲興起天下之治在於和平士大夫之心（疏）附貼黃　427-395- 0
奏爲持權在得其道及申明措置官會見錢（疏）附貼黃　427-398- 0
奏爲乞委金陵應接合肥尤以財用爲急及徽州免納銀子（疏）附貼黃　427-400- 0
奏爲應天莫切于至忱至忱莫切於自反（疏）附貼黃　427-402- 0
論臣下當同心協議疏　1375- 99- 5
論權綱不可下移奏狀　1375-100- 5
●呂　布 漢
上獻帝書　1397-547- 26
●呂　向 唐
慎微（疏）——奏不令突厥入伏馳射疏　438-566-196
諫不許突厥入伏馳射表　1338-755-620
諫玄宗不令突厥入伏馳射疏　1343-400- 27
諫玄宗不令突厥入伏馳射疏　1403- 90- 99
●呂　坤 明
陳天下安危疏　445-541- 33
停止砂鍋潞紬疏　549-167-187
直陳天下安危聖躬禍福疏　1403-371-117
特薦輔臣以贊聖治疏　1403-411-120
憂危疏　1453-531- 58
●呂　尚 周
尹德（疏）　433- 2- 1
治道（疏）——論賢君治國　433-555- 23
仁民（疏二則）　436- 51-105
仁民（疏）　436- 52-105
用人（疏二則）　436-576-129
法令（疏）　439- 1-208
●呂　祖 宋
謝除兵部侍郎表　1352-140-3下
●呂　柟 明
戶部尚書韓公謚忠定議　549-247-190
●呂　强 漢
選舉（疏）　437-488-163
理財（疏）　440-431-262
寵幸（疏）　441-161-290
近習（疏）　441-170-291
近習（疏）　441-171-291

論宦官樂女等事疏　1360-195- 11
論導行費疏　1360-197- 11
上靈帝陳事疏　1397-399- 18
諫貢獻疏　1397-400- 18
●呂　陶 宋
上哲宗乞差知州先舉主後資任（疏）附貼黃　431-828- 68
上哲宗乞優待文彥博而勿煩以事（疏）　431-848- 70
上神宗論蜀中置場買茶不便（疏）　432-319-108
上哲宗論蔡確等觀望不肯協心改法（疏）　432-426-118
上哲宗請以蘭州二寨封其酋長（疏）附貼黃　432-764-138
上哲宗乞徙瀘州戍兵歸內郡（疏）附貼黃　432-834-143
治道（疏）——貴始上下究治上下有序　434-179- 41
宗室（疏）　435-208- 77
仁民（疏五則）　436- 86-106
乞不用教伶宦爲舞郎疏　436-571-128
乞差梁彥通充監司任使（疏）　436-842-140
上明任翁子　436-842-140
議宦策　436-845-140
乞戒飭謝景溫翁子　436-850-140
知人（疏）——乞罷言職事　437-323-155
知人（疏）——乞罷京西路轉運副使除一小郡　437-326-155
選舉（疏二則）　437-625-168
去邪（疏）——論蔡確等觀望不肯協心改法疏　438-105-177
去邪（疏）——乞早賜聖斷罷免韓縝張璪事疏　438-107-177
去邪（疏）——乞罷國子司業黃隱職任疏附貼黃　438-110-177
去邪（疏）——乞察小人邪妄之言疏　438-111-177
謹名器（疏）——論除安燾知樞密院事　438-612-198
謹名器（疏）——論曾肇除中書舍人（二則）　438-613-198
聽言（疏）——辯朱光庭彈蘇軾策題事疏　438-800-204
法令疏——論安燾之命未送給事

四庫全書文集篇目分類索引　1343

中書讀施行　439-110-212
法令疏——乞應赦文放欠官司不施行者許民庶實封論奏疏　439-111-212
法令疏——乞早降私使役人條法事疏　439-111-212
慎刑疏——議防制之宜疏　439-215-216
慎刑疏——論推勘聽斷尤宜詳慎　439-217-216
兵制（疏）——論冗兵應去　439-338-221
兵制（疏）——論兵多而雜不如少而精　439-340-221
兵制（疏）——論兵精而不驕則武備完　439-341-221
兵制（疏）——論制兵之急務在慎功賞精補擢　439-343-221
兵制（疏）　439-344-221
賦役（疏）——論保甲二弊疏　440-325-257
賦役（疏）　440-326-257
賦役（疏）——乞下有司別定坊郭之法以寬民力疏　440-326-257
理財（疏）——奏乞罷榷名山等三處茶以廣德澤亦不關備邊之費疏　440-581-268
理財（疏）——乞放坊場欠錢事疏　440-582-268
理財（疏）——奏爲天下欠坊場錢爲害最大乞行蠲放疏　440-584-268
理財（疏）——乞詔有司再行裁定六曹人吏庶節冗費狀　440-585-268
理財（疏）——乞相度逐界坊場放免欠錢疏　440-585-269
理財（疏）——言朝廷欲寬力役立法召募之失　440-598-269
理財（疏）——條陳茶禁不通之不便事　440-598-269
經籍（疏）——奏舉廣安軍鄉貢進士王乘所撰春秋統解及序引等篇（二則）　440-751-275
褒贈（劉庠疏）　441- 27-284
禮臣（疏）　441- 79-286
營繕（疏）　441-754-316
禦邊（疏）——上慮邊五疏　442-270-331
禦邊（疏）——乞徙瀘州戍兵歸內郡　442-277-331
四裔（疏）——乞早定蘭會議上

疏　442-645-345
奏乞放免寬剩役錢狀附貼黃二則　1098- 4- 1
奏爲役錢乞椿二分準備支用狀附貼黃　1098- 4- 1
奏具置場買茶旋行出賣遠方不便事狀附貼黃二則　1098- 5- 1
奏爲茶園戶暗折三分價錢令客旅納官充息乞檢會前奏早賜改更事狀附貼黃　1098- 9- 1
奏爲官場買茶虧損園戶致有詞訴喧鬧事狀附貼黃　1098- 10- 1
奏爲乞復置糾察在京刑獄司並審刑院狀附貼黃六則　1098- 16- 2
奏乞降詔舉郡守狀附貼黃三則　1098- 18- 2
奏乞放坊場欠錢狀附貼黃二則　1098- 20- 2
奏乞相度逐界坊場放免欠錢狀附貼黃三則　1098- 22- 2
奏乞寬保甲等第并欠傷免冬教事狀附貼黃二則　1098- 23- 2
奏爲緜連先知彭州日三次論奏權買川茶不便并條述今來利害事狀　1098- 24- 3
奏乞罷榷名山等三處茶以廣德澤亦不關備邊之費狀附貼黃　1098- 28- 3
奏乞罷京東河北路除放大方茶狀附貼黃　1092- 29- 3
奏乞權罷俵散青苗一年以寬民力狀附貼黃二則　1098- 30- 3
奏乞罷軍器冗作狀　1098- 31- 4
請罷國子司業黃隱職任狀　1098- 32- 4
奏使回奏十事狀附貼黃　1098- 33- 4
奏乞罷開樂宴狀附貼黃　1098- 40- 5
奏乞蠲放開封諸縣熙寧中殘欠常平錢狀附貼黃二則　1098- 40- 5
辭免起居舍人狀　1098- 41- 5
奏乞罷郭茂恂工部郎中狀附貼黃　1098- 41- 5
奏乞進擢奉議郎杜敏求狀　1098- 42- 5
奏舉任伯雨充學官狀附貼黃　1098- 42- 5
奏乞察小人邪妄之言狀　1098- 42- 5
乞別給致仕狀　1098- 44- 5
辭免殿中侍御史箚子　1098- 45- 5
上殿箚子附貼黃　1098- 45- 5
又上殿箚子　1098- 46- 5
奏使至河北箚子附貼黃　1098- 46- 5
奏使契丹回上殿箚子　1098- 47- 5

史部

詔令奏議類：附錄

奏議上七畫

史部

詔令奏議類：附錄

奏議上七畫

又奉使契丹回上殿箚子	1098-48-5
辭免殿中侍御史表	1098-48-6
辭免左司諫表	1098-48-6
進郊祀禮成詩表	1098-49-6
謝梓州路轉運副使表（二則）	1098-49-6
謝成都府路轉運副使表（二則）	1098-50-6
辭免中書舍人表	1098-50-6
謝中書舍人表（二則）	1098-51-6
謝入伏早出表（二則）	1098-51-6
坤成節賀表	1098-52-6
又坤成節賀表	1098-52-6
辭免給事中表	1098-52-6
謝給事中表	1098-53-6
謝知陳州到任表	1098-54-7
謝知河陽州到任表	1098-55-7
謝知潞州到任表	1098-55-7
謝改職名表	1098-55-7
謝知梓州到任表	1098-56-7
謝責分司表	1098-56-7
謝責降南嶽廟表	1098-56-7
謝知卬州表	1098-57-7
謝授再知梓州表	1098-57-7
謝知梓州到任表	1098-58-7
乞致仕表	1098-59-7
謝致仕表	1098-59-7
究治（策）上下	1098-158-20
明任（策）上下	1098-161-20
議官（策）上中下	1098-164-20
謝罷國子司業黃隱職任（疏）	1350-650-61

● 呂　溫 唐

代伊僕射謝男宥授安州刺史表	534-350-90
論請舜廟議	534-520-97
謝授左拾遺表	549-83-184
道州刺史謝上表	549-83-184
衡州刺史謝上表	549-84-184
代論伐劍南更發兵表	1077-623-4
代李侍郎賀德政表	1077-624-4
代國子陸博士進集註春秋表	1077-625-4
代齊賈二相賀遷二祖表	1077-626-4
謝拾遺表附御答	1077-626-4
謝章服表	1077-627-4
代孔侍郎薦中賀順宗登極表	1077-627-4
代文武百寮上尊號第三表	1077-628-4
代文武百寮謝宣示元和觀象曆表	1077-628-4
代文武百寮賀放浙西租賦表	1077-628-4

代文武百寮謝許遊宴表	1077-629-4
代文武百寮進農書表	1077-630-4
代杜司徒謝上表	1077-630-4
代杜司徒賀赦表	1077-631-4
代李侍郎賀收西川表	1077-632-5
代李侍郎謝內庫錢充軍資表	1077-633-5
代賀瑞雪表	1077-634-5
代賀生擒李錡表	1077-634-5
代武相公謝槍旗器甲鞍馬表	1077-635-5
代武相公謝借飛龍馬表	1077-635-5
代張侍郎起居表	1077-636-5
代伊僕射謝男宥授安州刺史表	1077-636-5
道州刺史謝上表	1077-636-5
賀册皇太子表	1077-637-5
衡州刺史謝上表	1077-637-5
代鄭南海謝上表	1077-637-5
代都監使奏吐蕃事宜狀	1077-638-5
代伊僕射奏請女正度狀	1077-638-5
代鄭相公謝賜戟狀	1077-639-5
代鄭相公請刪定施六典開元禮狀	1077-639-5
代孔侍郎薦中賀順宗登極表	1338-153-553
代百官請上尊號第三表	1338-163-554
賀册皇太子表	1338-192-557
代杜司徒賀大赦表	1338-206-559
代李侍郎賀收成都表	1338-285-568
代李尚書賀生擒李錡表	1338-287-568
代百寮賀放浙西租賦表	1338-308-570
代李侍郎賀德政表	1338-310-570
代齊賈二相賀遷獻懿二祖表	1338-312-571
代杜司徒讓平章事表	1338-339-574
代武相公謝槍旗器甲鞍馬表	1338-434-583
代武相公謝借飛龍馬表	1338-434-583
代鄭相公謝賜戟表闕	1338-434-583
道州刺史謝上表	1338-455-585
衡州刺史謝上表	1338-455-585
代鄭南海謝上表	1338-458-586
謝授右拾遺表	1338-485-589
代李侍郎謝用內庫錢充軍資表	1338-496-590
代伊僕射謝男宥授安州刺史表	1338-505-591
代百僚謝許遊宴表	1338-537-595
代張侍郎起居表	1338-656-609
代國子陸博士進集注春秋表	1338-670-611
代百寮進農書表	1338-671-611
爲信安王進寫聖容眞圖表	1338-691-613
代李侍郎論兵表	1338-712-615

代鄭相公謝賜戟狀　1339- 2-628
代李中丞薦道州刺史呂溫狀　1339- 61-638
代伊僕射奏請女正度狀　1339- 88-643
代鄭相公請刪定施行六典開元禮狀　1339- 98-644
功臣怨死議　1340-482-768
代李侍郎賀收成都府表　1354-486- 18
代李侍郎賀收成都府表　1381-276- 27
代百寮進農書表　1394-396- 3
代李侍郎論兵表　1403-484-129
功臣怨死議　1403-679-151
功臣怨死議　1418- 89- 38
●呂　擕宋
用人（疏）　437- 42-143
謝表　1131-337- 8
●呂　頌唐
賀南郊大赦表　1338-205-559
黔州刺史謝上表　1338-455-585
謝賜春衣及牙尺表　1338-514-593
謝賜冬衣表（二則）　1338-516-593
謝端午賜衣及器物等表　1338-532-595
謝勅書賜臘日口脂等表（四則）　1338-541-596
爲張侍郎乞入覲表　1338-622-606
再請入覲表　1338-623-606
降誕日進光明砂等狀（二則）　1339- 76-641
●呂　會晉
任喬產子奏　1398-463- 20
●呂　誨宋
上英宗乞上奉慈闈以全孝德（疏）　431-100- 9
上英宗乞親決政事而內盡子道（疏）　431-105- 9
上英宗乞詔中外戚上封事（疏）　431-202- 18
上神宗乞罷十閣之制（疏）　431-320- 29
上仁宗乞檢會前後臣僚奏議早爲定斷（疏）　431-345- 31
上英宗乞早立淮陽郡王爲皇太子（疏）　431-349- 31
上英宗應詔論水災（疏）　431-464- 41
上英宗乞察言責實時有懲勸（疏）　431-635- 52
上英宗乞親擇御史（疏）　431-636- 52
上英宗乞添置言事官（疏）　431-636- 52
上神宗論臺諫闕員宜速選用（疏）　431-649- 53
上英宗論淮陽王當且設師友未宜建置僚屬翊善王陶等宜先正職任（疏）　431-738- 60

上仁宗乞罷內臣暗轉官例（疏二則）　431-749- 61
上英宗論差中官爲陝西鈐轄（疏）　431-757- 62
上神宗乞令兩省官歲各舉五人以備器使（疏）　431-857- 71
上英宗乞中外臣出入更任（疏）　431-876- 73
上神宗乞致仕（疏）　431-885- 74
上英宗乞復知州人上殿（疏）　431-923- 77
上仁宗乞薦舉行實之士（疏）　432- 2- 80
上仁宗乞檢束醫官（疏）　432- 56- 84
上英宗乞罷郊宮無益工作（疏）　432- 58- 85
上神宗論青城勞費乞建齋宮（疏）　432- 59- 85
上英宗論不當罷集議乞別降詔以王珪等議爲定（疏）　432-104- 89
上英宗乞令樞府大臣同定典禮是非（疏）　432-107- 89
（爲濮議）上英宗乞正宰執懷邪詖誤之罪（疏）　432-108- 89
（爲濮議）上英宗再論宰執懷邪之罪（疏）　432-108- 89
（爲濮議）上英宗以言不行居家待罪（疏）　432-109- 89
（爲濮議）上英宗乞追罷園廟指揮（疏）　432-111- 89
（爲濮議）上英宗黜責歐陽修（疏）　432-112- 89
上英宗乞罷稱親（疏）　432-113- 90
上仁宗乞禁止臣寮上封章告人之罪（疏）　432-202- 98
上神宗論重辟數多（疏）　432-207- 99
上英宗乞今後奉宸諸庫宜謹出入（疏）　432-302-107
上英宗乞會計內庫出入裁損過當（疏）　432-302-107
上神宗論王安石姦詐十事（疏二則）　432-335-109
上神宗論新法（疏）　432-421-115
上英宗請重造蕃部兵帳（疏）　432-559-125
上仁宗論公主非時入宮（疏）　432-570-126
上英宗論修內司乞添文臣一員（疏）　432-594-128
上仁宗論邊備弛廢（疏）　432-721-136
孝親（疏）——乞奉慈闈以全孝德　433-246- 10
郊廟（疏）——乞罷郊宮無益工

作　　　　　　　　　　　　　　433-466- 19
郊廟（疏）——論青城勞費乞建
　齋宮　　　　　　　　　　　433-474- 20
儲嗣（疏二則）　　　　　　　435- 99- 73
儲嗣（疏）　　　　　　　　　435-103- 73
內治（疏）　　　　　　　　　435-147- 75
乞中外之臣出入更任（疏）　　436-716-135
乞親擇御史（疏）　　　　　　436-717-135
用人（疏）　　　　　　　　　436-717-135
乞添置言事官（疏）　　　　　436-717-135
論王安石姦詐十事第二狀　　　436-752-136
選舉（疏）　　　　　　　　　437-535-164
選舉（疏）　　　　　　　　　437-581-166
選舉（疏）——知鄧州上奏　　437-582-166
去邪（疏）——論王安石奸詐十
　事狀　　　　　　　　　　　438- 84-176
賞罰（疏）——請罷韓琦等轉官
　疏　　　　　　　　　　　　438-383-188
勤政（疏）——乞親決政事疏　438-440-190
節儉（疏）　　　　　　　　　438-471-191
求言（疏）——乞詔中外咸上封
　事疏　　　　　　　　　　　438-657-199
法令（疏）——乞禁止臣寮上封
　章告人之罪狀　　　　　　　439- 71-210
法令（疏）——論重辟數多狀　439- 83-211
宿衞（疏）——論公主非時入宮　439-438-225
任將（疏）——論差中官爲陝西
　鈐轄狀　　　　　　　　　　439-735-237
理財（疏）——乞罷制置條例之
　司廢諸路提舉之職　　　　　440-545-267
謚號（議）——濮安懿王尊號議
　（二則）　　　　　　　　　440-901-282
謚號（議）——濮安懿王尊號議
　（二則）　　　　　　　　　440-905-282
近習（疏）　　　　　　　　　441-182-292
近習（疏）　　　　　　　　　441-183-292
近習（疏）　　　　　　　　　441-192-292
災祥（疏）　　　　　　　　　441-404-301
營繕（疏）　　　　　　　　　441-745-316
禦邊（疏）——論邊備弛廢上疏　442-218-329
四裔（疏）——請重造蕃部兵帳　442-603-343
再駁王珪仁宗配明堂奏議　　1093-458-附2
乞允王珪濮議箚奏　　　　　1093-459-附2
論錢穀宜歸一（疏）　　　　1350-533- 50
請罷韓琦等轉官（疏）　　　1350-535- 50

請諸路安撫舉辟士人（疏）　1350-535- 50
論選部（疏）　　　　　　　1350-535- 50
論王安石（疏）　　　　　　1350-536- 50
薊州謝上表　　　　　　　　1350-693- 65
奏乞致仕表　　　　　　　　1350-693- 65
奏乞致仕表　　　　　　　　1394-424- 4
論王安石疏　　　　　　　　1403-139-104
奏乞致仕表　　　　　　　　1403-549-137
論選部（疏）　　　　　　　1418-376- 48
奏乞致仕表　　　　　　　　1418-376- 48
● 呂　端宋
理財（疏）　　　　　　　　 440-461-263
● 呂　蓋漢
效太尉張酺奏附和常免張酺策　1397-174- 8
● 呂　蒙吳
征伐（疏）——論朱光屯皖大開
　稻田　　　　　　　　　　 439-494-228
● 呂大防宋
上英宗論優待大臣以禮不必過於
　虛飾（疏）　　　　　　　 431-149- 14
上神宗論御臣之要（疏）　　 431-168- 15
上英宗應詔論水災（疏）　　 431-466- 41
上神宗論華州山變（疏）附貼黃　431-488- 42
上神宗答詔論彗星上三說九宜（
　疏）　　　　　　　　　　 431-494- 43
上哲宗論韓維不當罷門下侍郎（
　疏）　　　　　　　　　　 431-578- 47
上英宗乞選置穎王府官屬（疏）431-738- 60
上英宗乞如兩制禮官所議（疏）432-102- 89
上英宗乞行禮官所奏典故（疏）432-106- 89
上神宗請定婚嫁喪祭之禮（疏）432-174- 96
上哲宗答詔論西事（疏）　　 432-763-138
治道（疏）　　　　　　　　 433-856- 34
法祖（疏）　　　　　　　　 435- 6- 69
禮樂（疏）——請定婚嫁喪祭之
　禮　　　　　　　　　　　 436-374-120
論御臣之要（疏）　　　　　 436-758-136
論韓維不當罷門下侍郎（疏） 436-820-139
建官（疏）　　　　　　　　 437-449-161
謚號（議）——濮安懿王尊號議
　（二則）　　　　　　　　 440-903-282
禮臣（疏）　　　　　　　　 441- 64-286
災祥（疏）——應詔論水災疏　441-405-301
災祥（疏）　　　　　　　　 441-430-302
災祥（疏）　　　　　　　　 441-439-303

禦邊（疏）——答詔諭西事疏　442-266-331
薦張載奏狀　556-207- 87
請置經略副使判官參謀（疏）　1350-557- 52
論祖宗大法（疏）　1418-546- 54
●呂大忠宋
上神宗論養兵（疏）　432-517-121
兵制疏　439-314-220
●呂大鈞宋
上神宗答詔論彗星上三說九宜（疏）　431-503- 43
宿衞（疏）——論選小臣宿衞　439-439-225
災祥（疏）　441-442-303
世守邊郡議　1351-215-106
世守邊郡議　1403-683-152
選小臣宿衞議　1418-547- 54
●呂大臨宋
上哲宗論選舉六事（疏）　432- 7- 80
選舉（疏）——論選舉六事疏　437-605-167
●呂元泰唐
治道（疏）——上言時政書　433-677- 27
諫坊邑渾脫疏　1403- 90- 99
●呂元鈞宋
治道（疏）　434- 87- 38
●呂公弼宋
上神宗論肉刑（疏）　432-208- 99
用人（疏）　436-716-135
慎刑疏　439-204-216
●呂公著宋
上神宗論人君在至誠至仁（疏）　431- 32- 2
上哲宗論修德爲治之要十事（疏）　431- 35- 3
上神宗論推擇太精群材難進（疏）　431-166- 15
上神宗論臧否人物宜謹密（疏）　431-166- 15
上神宗乞廣收人才（疏）　431-171- 15
上神宗乞選用前日議論之人不終遺棄（疏）　431-172- 15
上英宗應詔論水災（疏）　431-477- 42
上神宗論淫雨地震（疏）　431-481- 42
上神宗答詔論慧星　431-491- 42
上哲宗乞三省事同上奏稟（疏）　431-566- 47
上哲宗論韓維不當罷門下侍郎（疏）　431-577- 47
上神宗論舉臺官不必校資序　431-637- 52
上哲宗乞選置臺諫罷御史察案（疏）　431-651- 53
上神宗論司馬光告勅不由封駁司（疏）　431-693- 56
上神宗乞增館閣之選（疏）　431-723- 59
上神宗論除監司條制（疏）　431-816- 67
上神宗乞寬假長民之官（疏）　431-825- 68
上神宗乞致仕官給四分俸錢（疏）　431-883- 74
上神宗答詔論學校貢舉之法（疏）　431-932- 78
上仁宗論三聖並侑（疏）　432- 79- 86
上仁宗議四后廟饗（疏）　432- 92- 88
上英宗論濮安懿王稱親（疏）　432-110- 89
上英宗論廻避濮王名諱（疏）　432-114- 90
上仁宗論濮王在殯乞罷上元燕游（疏）　432-151- 92
上仁宗乞改溫成廟爲祠殿（疏）　432-164- 94
上神宗論江西重折苗錢（疏）　432-267-104
上神宗乞罷制置三司條例司（疏二則）　432-349-110
上神宗乞罷提舉官吏及住散青苗錢（疏）　432-372-111
上神宗再論青苗錢（疏）　432-372-111
上神宗乞罷提舉常平倉官吏（疏）　432-379-112
上神宗論青苗（疏）　432-398-113
上神宗論不宜輕失人心（疏）　432-402-113
上神宗論新法乞外任（疏）　432-402-113
上哲宗論更張新法當須有術（疏）　432-464-117
上神宗乞罷招正兵益講民兵府衞之法（疏）　432-545-123
君德（疏）　433- 33- 2
郊廟（疏）——議四后廟饗　433-452- 19
郊廟（疏）——論三聖並侑　433-452- 19
治道（疏）——論及釋老　434- 98- 39
治道（疏）——奏修德爲治之要十事　434-112- 39
仁民（疏）　436- 72-106
祭禮（疏）　436-515-126
論舉臺官不必校資序　436-729-135
論臧否人物宜謹密（疏）　436-729-135
乞廣牧人才（疏）　436-731-135
論韓維不當罷門下侍郎（疏）　436-819-139
知人（疏）——乞選用前日議論之人不終遺棄　437-313-154
建官（疏三則）　437-423-160
建官（疏）　437-453-161
選舉（疏二則）　437-578-166
選舉（疏）——乞寬假長民官狀　437-581-166
戒佚欲（疏）　438-523-194

聽言（疏） 438-770-203
兵制（疏） 439-311-220
理財（疏）——乞罷提舉官吏及住散青苗錢奏 440-528-266
理財（疏）——又乞罷提舉官吏及住散青苗錢奏 440-529-266
理財（疏）——乞罷提舉常平倉官吏奏 440-529-266
理財（疏）——論青苗奏 440-530-266
理財（疏） 440-609-269
禮臣（疏） 441- 66-286
災祥（疏） 441-409-301
災祥（疏）——論淫雨地震疏 441-413-302
災祥（疏）——論彗星疏 441-414-302
請令文武致仕官依外任官給俸錢（疏） 1350-546- 51
論臧否人物宜謹密（疏） 1350-547- 51
請廣收人才（疏） 1350-547- 51
論李定言程顥顧臨不當（疏） 1350-548- 51
進十事（疏） 1350-549- 52
論韓維不當責降（疏） 1350-554- 52
定州謝上表 1350-707- 67
定州謝表 1382-335- 52
定州謝上表 1394-437- 4
請令文武致仕官依外任官給俸錢（制） 1418-545- 54

●呂公綽 宋
郊廟疏 433-437- 18
祭禮（疏） 436-515-126

●呂本中 宋
征伐（疏） 439-623-233

●呂安國 齊
啓置東平郡 1399-128- 6

●呂吉甫 宋
建寧軍節度使謝表 1382-398-下之2

●呂好問 宋
上欽宗論彗星（疏） 431-541- 45
上欽宗論雜科監司不可不盡罷（疏）附貼黃 431-820- 67
上欽宗乞擇監司郡守按察贓吏（疏） 431-821- 67
上欽宗乞褒贈江公望等（疏） 432-173- 95
上欽宗論紹述（疏）附貼黃 432-494-119
上欽宗乞罷青苗（疏）附貼黃 432-495-119
聽言（疏） 438-820-205

理財（疏）——乞罷青苗奏 440-630-270
褒贈（江公望等疏） 441- 29-284
災祥（疏） 441-494-305
乞褒贈江公望張庭堅等疏 1381-282- 27

●呂希純 宋
上哲宗論司馬光薨乞罷紫宸殿稱賀（疏） 432-156- 93
內治（疏） 435-155- 75
喪禮（疏）——論司馬光薨乞罷紫宸殿稱賀疏 436-464-123
代賀景靈宮奉安御容禮畢表 1350-729- 69

●呂奉天 宋
律歷（疏） 440-863-280

●呂延祚 唐
進五臣集注文選表 1330- 7- 附

●呂祖儉 宋
聖學（疏） 433-198- 8
孝親（疏） 433-271- 11
孝親（疏） 433-274- 11
孝親（疏） 433-321- 12
經國（疏） 435-703- 97
風俗（疏） 436-310-117
聽言（疏） 438-853-206
禮臣（疏） 441- 88-286
近習（疏） 441-215-293
禦邊（疏） 442-420-337

●呂祖謙 宋
用人（疏） 437-110-146
代舅曾使君知筠州謝表 516-736-114
爲張嚴州乞免丁錢奏狀 526- 31-260
代倉部知池州謝表 1150- 13- 2
代叔父知南安軍謝表 1150- 13- 2
代舅曾史君知筠州謝表 1150- 14- 2
代舅曾史君知廣德軍謝表 1150- 15- 2
代倉部知吉州謝表 1150- 15- 2
爲張嚴州作謝免丁錢表 1150- 15- 2
爲虞丞相作辭册寶進封增邑表 1150- 16- 2
爲梁參政作辭册寶轉官表（二則） 1150- 16- 2
爲虞丞相作辭郊恩表 1150- 17- 2
爲梁參政作辭郊恩表 1150- 17- 2
爲宰臣作端誠殿賀南郊禮成筵記 1150- 17- 2
爲芮直講作慶王辭增邑表 1150- 17- 2
爲梁參政作乞解罷政事表二首 1150- 18- 2
爲汪尚書作知平江府謝表 1150- 19- 2
爲韓尚書作知建寧府謝表 1150- 19- 2

四庫全書文集篇目分類索引　1349

禮部代宰臣以下進三祖下第六世
　仙源類譜仁宗皇帝玉牒畢賀表　1150-20-2
代宰臣以下賀車駕幸秘書省表　1150-21-2
代宰臣以下謝賜冬衣表　1150-21-2
代宰臣以下冬至賀表　1150-21-2
代宰臣以下賀雪表　1150-22-2
代宰臣以下謝賜喜雪宴表　1150-22-2
進所編文海賜銀絹謝表　1150-23-2
爲張嚴州作乞免丁錢奏狀　1150-24-3
乾道六年輪對箚子二首　1150-27-3
淳熙四年輪對箚子二首　1150-29-3
爲人作論旱箚子　1150-414-5
爲虞丞相謝生日賜生鑞表　1150-416-5
仙源類譜賀主上表　1352-42-1中
賀冬表　1352-54-1下
鸞車鸞幸秘書省表　1352-61-1下
賀雪表（二則）　1352-74-2上
進哲宗徽宗寶訓表　1352-96-2下
進建炎紹興詔旨表　1352-97-2下
謝除直秘閣兼賞賜表　1352-161-4中
平江到任謝表　1352-206-5下
筠州到任謝表　1352-207-5下
吉州到任謝表　宋呂祖謙　1352-207-5下
南安軍到任謝表　宋呂祖謙　1352-208-5下
池州到任謝表　宋呂祖謙　1352-208-5下
建寧到任謝表　1352-208-5下
黃州到任謝表　1352-209-5下
廣德到任謝表　宋呂祖謙　1352-209-5下
南安軍到任謝表　宋呂祖謙　1352-209-5下
謝任子表　1352-231-6中
謝賜喜雪宴表　1352-260-7上
進三朝國史表　1382-378-下之1
宰臣以下賀車駕幸秘書省表　1382-378-下之1
知黃州謝表　1382-379-下之1
代宰臣賀雪表　1403-554-138

●呂惠卿宋
理財（疏）　440-495-264
禦邊疏——論呂惠卿違侵擾外界
　旨疏（三則）附貼黃二則　442-307-332
建寧軍節度使謝表　1350-721-68
賀元日大朝會表　1350-721-68
建寧軍節度使謝表　1394-441-4
建寧軍節度使謝表　1403-550-137

●呂景初宋
兵制（疏）——論兵冗用度乏　439-300-220

●呂蒙正宋
仁民（疏）　436-63-105
征伐疏　439-553-230

●呂維祺明
請免河南糧疏　538-521-76
敬陳表章疏　538-522-76

●呂頤浩宋
經國（疏）　435-527-90
經國（疏）——條陳今日備禦十
　策　435-528-90
經國（疏）——陳攻守措畫緩懷
　十事附貼黃　435-536-90
經國（疏二則）　435-544-90
用人（疏）——論黜浮薄之士　437-37-143
聽言（疏）　438-831-205
馬政（疏）　439-839-242
上邊事備禦十策　1131-259-1
上邊事善後十策附貼黃二則　1131-267-2
除右僕射乞復元祐臣僚恩數箚子
　附貼黃　1131-277-3
辭免男職名箚子（二則）　1131-278-3
辭免赴都堂治事箚子　1131-279-3
任江東安撫制置大使日乞宮觀箚
　（子）　1131-279-3
辭免知池州乞宮觀箚（子）　1131-280-3
辭免少保左僕射箚（子）　1131-280-3
任左僕射乞宮觀箚子（二則）　1131-281-3
乞免給降空名告敕箚子　1131-281-3
辭免觀文殿大學士箚子　1131-281-3
條具兼提舉修國史箚子附貼黃　1131-281-3
擬進郭子儀李晟列傳箚子　1131-282-3
辭免男抗恩命箚子（二則）　1131-282-3
陳乞抗旱待罪箚子　1131-283-3
辭免知潭州箚子（三則）　1131-283-3
辭免少保箚子　1131-284-3
乞宮觀箚子（四則）　1131-285-3
乞致仕箚子　1131-286-3
辭免少保兼行宮留守箚子　1131-286-3
辭免知臨安府乞宮觀箚（子）附
　貼黃　1131-286-3
辭免大禮進封成國公兼加恩箚子　1131-287-3
辭免除少傅兩鎮建康府箚子　1131-287-3
辭免少傅兩鎮箚（四則）　1131-288-3
辭免陝西箚子（二則）　1131-290-3
辭免赴召乞納節致仕箚子　1131-291-3

史部

詔令奏議類：附錄

奏議上七畫

致仕辭闕筠子　　　　　　　　　　1131-291- 3
謝特轉朝奉郎表　　　　　　　　　1131-292- 4
謝特轉朝散郎表　　　　　　　　　1131-292- 4
謝直秘閣表　　　　　　　　　　　1131-293- 4
謝河北轉運副使表　　　　　　　　1131-293- 4
天申節賀表　　　　　　　　　　　1131-294- 4
生日謝賜羊酒米麵表　　　　　　　1131-294- 4
辭免少保左僕射表（二則）　　　　1131-294- 4
謝左僕射表　　　　　　　　　　　1131-295- 4
任左僕射乞宮觀表　　　　　　　　1131-295- 4
謝兼湖南路營田大使表　　　　　　1131-296- 4
謝除男抗擢職名并姪挺改官表　　　1131-296- 4
謝除依前特進尚書左僕射都督江
　淮兩浙荊湖軍事表　　　　　　　1131-297- 4
謝特進觀文殿大學士提舉洞霄宮
　表　　　　　　　　　　　　　　　1131-297- 4
潭州乞宮觀表　　　　　　　　　　1131-298- 4
謝賜御筆并乞宮觀表（二則）　　　1131-298- 4
謝傳宣撫問賜茶藥表　　　　　　　1131-299- 4
辭免除依前特進尚書左僕射都督
　江淮兩浙荊湖諸軍事加食邑表
　（二則）　　　　　　　　　　　　1131-300- 4
謝封成國公加食邑表　　　　　　　1131-300- 4
乞留直筆兼管內侍省事狀　　　　　1131-302- 5
論乞移蹕平江府狀　　　　　　　　1131-303- 5
論邊防機事狀　　　　　　　　　　1131-304- 5
再論邊防機事狀　　　　　　　　　1131-304- 5
論乞定駐蹕之地狀　　　　　　　　1131-305- 5
論車駕乘馬事狀　　　　　　　　　1131-306- 5
論黜浮薄之士狀　　　　　　　　　1131-306- 5
論乞於邕州置買馬司狀　　　　　　1131-307- 5
乞依舊宮觀狀　　　　　　　　　　1131-308- 5
●岑　義唐
爲敬暉等論武氏宜削去王爵表　　　1343-362- 25
●岑文本唐
聖學（疏）　　　　　　　　　　　 433-135- 6
用人（疏）　　　　　　　　　　　 436-621-131
賞罰（疏）——論侯君集復朝　　　 438-360-187
崇儒（疏）　　　　　　　　　　　 440-715-274
災祥（疏）　　　　　　　　　　　 441-313-298
論攝養表　　　　　　　　　　　　1338-778-623
爲侯君集疏　　　　　　　　　　　1339-592-697
定宗廟議　　　　　　　　　　　　1340-426-763
諫太宗勤政改過書　　　　　　　　1343-368-26上
上太宗勤政疏　　　　　　　　　　1417-637- 30

●岑用賓明
辨明功罰疏　　　　　　　　　　　1266-229- 38
鑒亮建言臣工以昭聖德疏　　　　　1453-492- 55
●岑象求宋
上哲宗論佛老（疏）　　　　　　　 432- 50- 84
●步　驟吳
經國（疏）　　　　　　　　　　　 435-238- 78
用人（疏）　　　　　　　　　　　 436-603-130
慎刑疏——論呂壹典校文書多所
　糾舉　　　　　　　　　　　　　 439-174-215
災祥（疏）　　　　　　　　　　　 441-295-297
上獎勸疏　　　　　　　　　　　　1361-601- 21
又上中書多糾舉疏　　　　　　　　1361-602- 21
●吳　及宋
上仁宗乞擇親賢優以封爵使入侍
　禁中（疏）　　　　　　　　　　 431-340- 31
上仁宗乞禁止輦宮童幼（疏）　　　 431-747- 61
儲嗣（疏）　　　　　　　　　　　 435- 96- 73
荒政（疏）　　　　　　　　　　　 440- 20-243
災祥（疏）　　　　　　　　　　　 441-395-301
論宦官養子（疏）　　　　　　　　1350-479- 46
諫宦官養子（疏）　　　　　　　　1403- 99-100
●吳　玄明
題爲強宗毆人立斃乞賜究懲以嚴
　宗禁事疏　　　　　　　　　　　1465-604- 9
●吳　充宋
屯田（疏）　　　　　　　　　　　 440-390-260
●吳　仲明
修理運河疏　　　　　　　　　　　 506-199- 93
●吳　沈明
進千家姓表　　　　　　　　　　　1373-546- 5
　　　　　　　　　　　　　　　　 1403-496-130
●吳　良漢
救徐匡奏　　　　　　　　　　　　1397-158- 8
●吳　均梁
揚州建安王讓知司徒表　　　　　　1399-565- 14
爲建安讓加司徒表　　　　　　　　1415-441-101
●吳　育宋
上仁宗論制科之設不專因災異宜
　隨科舉下詔（疏）　　　　　　　 432- 23- 82
上仁宗乞禁匿名文字（疏）　　　　 432-201- 98
上仁宗乞今後詳審庶事毋輕置詔
　獄（疏）　　　　　　　　　　　 432-210- 99
上仁宗論建立基本以銷未萌之患
　（疏）　　　　　　　　　　　　 432-631-131

上仁宗論元昊不足以臣禮責(疏) 432-632-131
經國(疏)——論建立基本以銷未萌之患疏 435-309- 81
用人(疏) 436-711-134
選舉(疏) 437-531-164
法令(疏)——乞禁匿名文字狀 439- 58-210
慎刑疏——乞今後毋輕置詔獄疏 439-197-216
征伐(疏)——論討趙天昊 439-560-230
四裔(疏)——論元昊不足以臣禮責 442-601-343
論詔獄(疏) 1350-543- 51
駁唐詢請停賢良茂才二科疏 1418-210- 43
● 吳 伸 宋
經國(疏四則) 435-462- 87
用人(疏)——論大臣非奉書 437- 12-142
● 吳 泳 宋
君德(疏) 433- 91- 4
治道(疏) 434-648- 59
用人(疏) 437-141-148
災祥(疏) 441-586-309
進御故實——建紹乾道陰雨五事 1176-132- 15
進御故實——建紹諸臣議秋防 1176-134- 15
進御故實——紹興乾淳經理荊襄淮蜀事宜 1176-135- 15
進御故實——紹興吳玠守蜀關二事 1176-136- 15
進御故實——高宗諭世忠修好光世 1176-138- 15
進御故實——高宗孝宗降罪已赦詔四事 1176-139- 15
進御故實——紹興淳熙預儲蜀帥 1176-140- 15
進御故實——孝宗與洪邁論呂蒙正所言君子小人之失 1176-141- 15
進御故實——孝宗施行王弗等所進故事 1176-143- 15
進御故實——乾道初郊雷變 1176-144- 15
進御故實——乾淳講論會子五事 1176-145- 15
明堂皇后賀表 1176-147- 16
（明堂）貴妃賀表 1176-147- 16
（明堂）美人賀表 1176-147- 16
明堂慶成賀表（二則） 1176-148- 16
天基節賀表（十則） 1176-148- 16
元正賀表（四則） 1176-151- 16
冬至賀表 1176-151- 16
淳祐改元賀表 1176-152- 16
進奉御書石刻表 1176-152- 16
賜御書宗濂精舍額謝表 1176-153- 16
知隆興府到任謝表 1176-153- 16
除寶章閣直學士知寧國府到任謝表 1176-154- 16
知溫州到任謝表 1176-155- 16
除寶章閣學士知溫州謝表 1176-156- 16
提舉玉隆萬壽宮謝表（二則） 1176-156- 16
除權吏部侍郎賜紫服謝表 1176-157- 16
賜隆興歷日謝表 1176-158- 16
賜寧國府歷日謝表 1176-158- 16
賜溫州歷日謝表 1176-158- 16
論郡縣人心疏 1176-159- 17
論保淮事宜疏 1176-160- 17
論臣不用密啓疏 1176-162- 17
論大閱疏 1176-163- 17
論命樞臣督視軍馬疏 1176-164- 17
論元祐建中嘉定及今日更化疏 1176-164- 17
奏乞宣諭兩相協心治事疏 1176-167- 17
論蜀事四失三憂及保蜀三策箚子 1176-168- 18
論恢復和戰事宜箚子 1176-171- 18
論天命人心國勢箚子附聖語口奏 1176-173- 18
論曉事之臣與辦事之臣箚子附聖語口奏 1176-176- 18
論今日未及於孝宗者六事箚子 1176-179- 19
論中原機會不可易言乞先內修政事箚子附貼黃聖語口奏 1176-185- 19
和戰集議箚子 1176-189- 20
論不可厭近名好直之風箚子 1176-190- 20
論壞蜀四證及救蜀五策箚子 1176-192- 20
繳閣門宣贊舍人許堪充荊湖制司參議官兼知襄陽軍錄黃 1176-199- 21
繳王夢龍落待制李日邁知寧國府詞頭 1176-200- 21
繳李知孝宮觀梁成大罷黜詞頭附貼黃 1176-201- 21
繳袁韶宮觀錄黃 1176-202- 21
繳薛極贈官詞頭 1176-203- 21
繳陳宗仁林介落閣降官詞頭 1176-204- 21
繳全子才降一官錄黃 1176-205- 21
再繳李知孝梁成大各更特降兩官錄黃 1176-206- 21
繳許俊贈檢校少保詞頭 1176-207- 21
繳汪縉降官詞頭附貼黃 1176-208- 21

繳虞一飛獄案　　　　　　　　1176-209- 21
進奉御書石刻狀　　　　　　　1176-211- 22
繳進明堂御札奏狀　　　　　　1176-211- 22
繳進嘉紹本議狀　　　　　　　1176-211- 22
奏寬民五事狀　　　　　　　　1176-212- 22
奏乞留殿院徐清叟狀　　　　　1176-216- 22
直前奏事丐歸田里狀　　　　　1176-217- 22
繳奏趙汝談指摘告詞狀　　　　1176-217- 22
與馬光祖互奏狀　　　　　　　1176-219- 23
辭免除權刑部尚書狀（二則）　1176-223- 23
辭免（兼權中書舍人）第四狀　1176-226- 23
辭免知泉州狀（二則）　　　　1176-227- 23
辭免除權吏部侍郎狀　　　　　1176-228- 23
辭免除寶章閣學士知溫州狀　　1176-230- 24
辭免起居舍人兼權吏侍兼直學士
　院狀　　　　　　　　　　　1176-231- 24
辭免除寶章閣學士知寧國府狀　1176-232- 24
辭免知隆興府狀　　　　　　　1176-233- 24
已見奏事丐祠狀　　　　　　　1176-234- 24
（知寧國府丐祠）第六狀　　　1176-237- 24
知溫州丐祠奏狀（二則）　　　1176-239- 24
知隆興府丐祠狀　　　　　　　1176-240- 24
●吳　玠宋
水利（疏）　　　　　　　　　440-224-253
●吳　帝宋
代廬州守進秩謝表　　　　　　1138-583- 10
●吳　奎宋
上仁宗乞謹守杜絕內降詔（疏）431-259- 23
上仁宗乞立太祖太宗之曾孫（疏）431-333- 30
上仁宗論福康公主選尚依五禮之
　名存其物數（疏）　　　　　431-361- 33
上仁宗論水災（疏）　　　　　431-454- 40
上仁宗論以禮法待君子（疏）　431-882- 74
上仁宗論衞士之變乞責降楊懷敏
　（疏）　　　　　　　　　　432-522-122
儲嗣（疏）　　　　　　　　　435- 90- 73
禮樂（疏）——婚禮疏　　　　436-396-121
法令（疏）——論下詔杜絕內降　439- 68-210
宿衞（疏）——論衞士之變乞責
　降楊懷敏疏　　　　　　　　439-434-225
禮臣（疏）　　　　　　　　　441- 57-285
災祥（疏）　　　　　　　　　441-390-300
●吳　起周
君德（疏二則）　　　　　　　433- 3- 1
治道（疏）　　　　　　　　　433-560- 23

●吳　蛭明
邊地有司減俸行取疏　　　　　556-158- 86
●吳　淑宋
經籍（疏）——乞令諸路轉運使
　每十年各畫本路圖一上職方　440-749-275
進注事類賦狀　　　　　　　　892-804- 附
●吳　璸清
請復督撫巡歷地方疏　　　　　549-173-187
請覆巡撫道員管兵疏　　　　　549-174-187
●吳　琚宋
謝除知襄陽府表　　　　　　　1352-180- 5上
●吳　萊元
論倭（疏）　　　　　　　　　1209- 85- 5
●吳　煥明
劾孫之獬請存要典疏　　　　　445-651- 39
嚴行彰癉以息群夢疏　　　　　445-653- 39
請撫卹三秦疏　　　　　　　　445-660- 39
●吳　寬明
賜進士及第後率諸同年謝恩表　1255-417- 46
●吳　漢漢
赦宥（疏）　　　　　　　　　439-241-218
劾朱祐奏　　　　　　　　　　1397- 93- 5
●吳　兢唐
宗室（疏）　　　　　　　　　435-184- 76
爲桓侍郎讓侍中表　　　　　　1338-332-573
讓奪禮表（三則）　　　　　　1338-397-579
諫畋獵表　　　　　　　　　　1338-752-620
勸聽諫疏　　　　　　　　　　1361-857- 7
●吳　綺清
擬上以董其昌字帖賜內院諸臣謝
　表　　　　　　　　　　　　1314-206- 1
擬浙江大兵平大蘭山土寇舟山逆
　賊捷報露布　　　　　　　　1314-411- 11
●吳　潛宋
災祥（疏）　　　　　　　　　441-603-310
乞裒萬頃幸元龍遺澤表　　　　516-740-114
乞裒萬頃幸元龍遺澤表　　　　1169-456- 附
以變生同氣丐祠（表）　　　　1178-430- 4
再乞祠（表）　　　　　　　　1178-430- 4
乞休致（表）　　　　　　　　1178-430- 4
以兩考乞休致（表）　　　　　1178-430- 4
再乞休致（表）　　　　　　　1178-431- 4
乞休歸（表）　　　　　　　　1178-431- 4
循州上謝恩（表）　　　　　　1178-432- 4
●吳　澄元

郊廟（疏）——議太廟昭穆之次　433-553- 22
跋文信公封事　1197-555- 56
題致堂胡公奏藁後　1197-562- 57
謝賜禮幣表　1197-837- 90
擬賀正表　1197-838- 90
賀正牋　1197-838- 90
擬賀登極表　1197-838- 90
擬皇慶賀正表牋（二則）　1197-839- 90
謝賜禮物表　1367-200- 16
謝賜禮物表　1382-415-下之3
●吳　徹 宋
論恢復大計（奏）　1142-210- 1
論邕州化外諸國（奏）　1142-211- 1
論二廣官吏（奏）　1142-212- 1
論治民理財（奏）　1142-213- 1
論文臣當習武事（奏）　1142-214- 1
論選人改官（奏）　1142-215- 1
論大臣近臣（奏）　1142-216- 1
論乞委漕臣同帥臣措置汰邊（奏）　1142-217- 2
論廣西治道賊（奏）　1142-217- 2
論廣西帥臣兼知漕計（奏）　1142-218- 2
論配隸當屯駐大軍（奏）　1142-219- 2
論募兵（奏）　1142-219- 2
代賀隆興改元表　1142-227- 4
謝賜曆日表　1142-227- 4
論恢復狀　1375- 96- 5
論大臣近臣狀　1375- 97- 5
論廣西帥臣兼知漕計　1465-490- 4
●吳　縝 宋
進新唐糾謬原表　276-623- 附
●吳　瀚 明
題爲任情方命妨悮邊機事　444-219- 40
●吳　競 唐
聽言（疏）　438-712-201
災祥（疏）　441-318-298
●吳　儼 明
請回鑾疏　445-252- 15
恭賀登極表　1259-394- 3
奏請回鑾疏　1259-395- 3
●吳一鵬 明
大禮疏　445-324- 20
●吳大忠 宋
上神宗乞立制度禁侈靡（疏）　432-202- 98
荒政（疏）　440- 39-244
●吳文華 明

會勸權瑞申救言官疏　530-467- 69
酌議世宜以安民庶以固地方疏　568-107-101
●吳少微 唐
爲并州長史張仁亹進九鼎銘表　549- 82-184
代張仁亹賀中宗登極表　1338-151-553
爲桓彥範謝男授官表　1338-499-591
爲任虛白陳情表　1338-588-601
爲并州長史張仁亹進九鼎銘表　1338-686-613
　　1343-360- 25
●吳仁度 明
薦舉疏　549-155-186
●吳永叔 宋
知隆興府到任謝表　1382-386-下之2
●吳正治 清
請停議增玉田等處駐防兵丁疏　534-465- 94
●吳世忠 明
謹題爲公贈誶以彰勸懲事　1249-549- 0
●吳百朋 明
平下歷疏　517- 69-117
●吳全節 元
進龍虎山志表　516-741-114
●吳昌裔 宋
治道（疏二則）　434-709- 61
經國（疏）——論蜀變四事狀　435-767-100
經國（疏）——論蜀事催王逵入
　蜀狀　435-771-100
經國（疏）——論今日病勢六事
　狀附貼黃　435-772-100
經國（疏）——論朝廷重輕狀　435-774-100
經國（疏）——論救蜀四事疏附
　貼黃　435-776-100
用人（疏）——論宰相不當指臺
　臣爲朋比　437-202-150
用人（疏）——乞留徐清叟疏（
　三則）　437-203-150
用人（疏）——論楊恭等疏附貼
　黃論陳允迪等　437-205-150
用人（疏）——論史宅之上疏　437-206-150
知人（疏）——論君子小人　437-370-158
去邪（疏）——論史嵩之疏　438-331-185
去邪（疏）——論鄭清之疏　438-332-185
去邪（疏）——論趙汝棓兄弟疏
　附貼黃　438-333-185
去邪（疏）——論四都司疏　438-334-185
去邪（疏）——論王定等狀　438-336-185

去邪（疏）——論趙汝遇等狀　438-336-185
去邪（疏）——論安癸仲疏　438-337-185
賞罰（疏）——論李煒狀　438-431-189
賞罰（疏）——論項容孫轉官加職未當狀　438-431-189
任將（疏）——論趙范失襄陽疏附貼黃二則　439-814-241
任將（疏）——論趙范召命不當疏　439-815-241
任將（疏）——論安癸仲疏附貼黃　439-816-241
災祥（疏）　441-606-310
災祥（疏）——論四陰之證狀　441-607-310
禦邊（疏）——論邊防事宜疏附貼黃　442-482-339
禦邊（疏）——論三邊備禦狀　442-484-339
禦邊（疏）——論三邊防秋狀附貼黃　442-485-339
禦邊（疏）附貼黃　442-488-339
禦邊（疏）——論湖北蜀西具備奏　442-492-339
●吳則禮 宋
謝賜茶幷竹絲方盝表　1122-464- 5
號州謝上表　1122-464- 5
●吳桂芳 明
恢復古田縣治議處善後疏　1465-575- 8
議復衡永行鹽地方疏　1465-576- 8
●吳師道 元
賀建儲表　1212-125- 11
國子監賀親祀禮成表　1212-125- 11
賀聖節表　1212-125- 11
●吳執中 宋
上徽宗論鄭居中除同知樞密院事（疏）　431-391- 35
上徽宗論任職治事不當——論功取賞（疏）　432-193- 97
外戚（疏）　441-149-289
●吳理布 清
諭行旗務奏議——雍正元年十月六日　413-487- 1
●吳詠緤 宋
郊廟（疏）——進明堂御箚狀　433-545- 22
●吳資深 元
進曾祖徵竹洲文集表　1375-535- 41
●吳裕中 明
劾次輔丁紹軾疏　534-373- 91

●吳道南 明
請罷湖口稅疏　517- 82-117
●吳與弼 明
辭左春坊左諭德第一至四策　1251-508- 8
陳計事　1251-510- 8
謝恩表　1251-514- 8
●吳興祚 清
議除藩下苛政疏　564-865- 62
●吳嚴夫 宋
慕容彥逢諡議　1123-485- 附
●佟國器 清
請清查民田荒熟疏　517-108-118
●佟鳳彩 清
條陳民困疏　538-538- 76
舖兵工食疏　572-215- 35
添設驛遞疏　572-216- 35
●余　靖 宋
上仁宗乞平時蓄養賢俊（疏）　431-138- 13
上仁宗論范仲淹不當以言獲罪（疏）　431-197- 18
上仁宗論張堯佐不當與府界提點（疏）　431-368- 34
上仁宗乞侍從與聞邊事（疏）　431-595- 49
上仁宗宣敕並送封駁司審省（疏）　431-690- 56
上仁宗乞韓琦兼領大帥鎮秦州（疏）　431-791- 65
上仁宗論狄青不可獨當一路（疏）　431-794- 65
上仁宗乞罷迎開寶寺塔舍利（疏）　432- 43- 84
上仁宗乞納后之禮稍緩其期（疏）　432-145- 93
上仁宗論皇子服罷開宴用樂（疏）　432-149- 93
上仁宗議李照所定樂（疏）　432-178- 96
上仁宗論兩稅折納見錢（疏）　432-266-104
上仁宗乞寬租賦防盜賊（疏）　432-289-106
上仁宗論借支常平本錢（疏）　432-308-107
上仁宗論河北榷鹽（疏）　432-327-108
上仁宗論馬政脩之由人不在於地（疏）　432-564-125
上仁宗乞罷修京城（疏）　432-574-126
上仁宗論元昊請和當令權在我（疏）　432-683-134
上仁宗論契丹請絕元昊進貢事（疏）　432-711-135
上仁宗論元昊所上誓書（疏）　432-714-135
上仁宗論禦盜之策莫先安民（疏）　432-840-144

四庫全書文集篇目分類索引

郊廟（疏）	433-438- 18	謝分司表	1089-138- 14
內治（疏）	435-130- 74	謝轉光祿少卿表	1089-139- 14
經國（疏）	435-311- 81	謝南班第一二狀	1089-140- 14
喪禮（疏）	436-452-123	謝轉衛尉卿表	1089-141- 14
樂疏——議李照所定樂	436-550-127	虔州謝上表	1089-141- 14
求賢（疏）	437-261-153	桂州謝上表	1089-142- 14
求言（疏）	438-651-199	乞解職行服狀（二則）	1089-142- 14
聽言（疏）——論范仲淹不當以言獲罪疏	438-742-202	免轉給事中狀	1089-144- 15
法令（疏）——乞宣敕並送封駁司審省筒子	439- 65-210	免轉工部侍郎狀（二則）	1089-145- 15
馬政（疏）	439-831-242	謝轉工部侍郎表	1089-146- 15
荒政（疏）——論借支常平本錢疏	440- 17-243	謝加勳封表	1089-146- 15
荒政（疏）——乞寬租賦防盜賊疏	440- 18-243	免充集賢學士表	1089-146- 15
賦役（疏）——論兩稅折納見錢疏	440-277-255	謝充集賢學士表	1089-147- 15
理財（疏）——河北榷鹽疏	440-468-263	免戶部侍郎狀	1089-148- 15
外戚（疏）	441-132-289	謝轉戶部侍郎表	1089-148- 15
弭盜（疏）——論禦盜之策莫先安民疏	441-776-317	潭州謝上表	1089-149- 15
禦邊（疏）——論元昊請和當令權在我疏	442-161-326	青州謝上表	1089-149- 15
禦邊（疏）——乞韓琦兼領大帥鎮秦州狀	442-162-326	謝加護軍食邑表	1089-150- 15
禦邊（疏）——論狄青不可獨當一路狀	442-163-326	免轉吏部侍郎狀	1089-150- 15
禦邊（疏）——論契丹請絕元昊貢獻事上疏	442-164-326	免轉尚書左丞知廣州狀并答詔	1089-150- 15
禦邊（疏）——論元昊所上誓書上疏	442-166-326	再免知廣州表	1089-151- 15
四裔（疏）	442-601-343	廣州謝上表	1089-152- 15
奏薦李觀	517- 2-115	謝加勳邑表	1089-153- 15
上仁宗乞罷修京城	587-669- 14	謝轉工部尚書表	1089-153- 15
上仁宗乞罷迎開寶寺塔舍利	587-677- 14	謝賷支請受表	1089-154- 16
乞外任狀	1089-135- 14	乞不請支賜添支狀	1089-155- 16
再乞外任狀	1089-135- 14	乞不請中冬翠錦衣襖狀	1089-155- 16
免知制誥狀	1089-136- 14	回納詔賜冬服狀	1089-155- 16
免判銓狀	1089-136- 14	謝賜絹狀	1089-155- 16
免知諫院狀	1089-136- 14	謝賜銀狀	1089-156- 16
免史館修撰狀	1089-136- 14	代富樞密辭職表	1089-156- 16
免史館修撰第二狀	1089-137- 14	代狄宣撫賀捷表	1089-156- 16
吉州謝上表	1089-137- 14	進平蠻記表	1089-157- 16
乞分司狀	1089-138- 14	賀生擒儂智高母表	1089-158- 16
		賀誅儂智高母表	1089-159- 16
		賀曲赦表	1089-159- 16
		賀德音表	1089-160- 16
		賀南郊赦表	1089-160- 16
		賀祫享赦表	1089-160- 16
		謝恤刑表	1089-161- 16
		謝賜曆日表	1089-161- 16
		謝傳宣撫問表（二則）	1089-161- 16
		慰溫成皇后張氏薨表	1089-162- 16
		葛懷敏諡議	1089-175- 18
		薦章一首	1095-338- 1

論常平倉（疏） 1350-496- 47 | 上欽宗論中人預軍政之漸（疏） 431-778- 63
桂州謝上表 1465-468- 3 | 上欽宗乞罷隨軍承受（疏） 431-778- 63
代狄宣撫賀捷表 1465-468- 3 | 上欽宗論朋黨宜辨之於早疏 431-912- 76
謝轉給事中表 1465-469- 3 | 上欽宗乞將相勿爭私念早定和戰
謝轉工部侍郎表 1465-469- 3 | 　之計（疏） 432-818-142
謝加勳封表 1465-470- 3 | 上欽宗條畫利害（疏） 432-935-150
免充集賢學士表 1465-470- 3 | 治道（疏）——條畫利害疏 434-275- 45
謝充集賢學士表 1465-470- 3 | 風俗（疏）——論風俗由大臣倡
謝轉戶部侍郎表 1465-471- 3 | 　導疏 436-299-116
進平蠻記表 1465-471- 3 | 論將相當同心協謀疏 436-879-141
賀生擒儂智高母表 1465-472- 3 | 論用人太易（疏） 436-880-141
賀誅儂智高母表 1465-473- 3 | 知人（疏）——論朋黨宜辨之於
賀曲赦表 1465-473- 3 | 　早狀 437-347-156
乞解職行服狀（二則） 1465-482- 4 | 慎微（疏）——中人預軍政之漸
免轉給事中狀 1465-483- 4 | 　狀 438-577-196
免轉工部侍郎狀 1465-484- 4 | 聽言（疏） 438-821-205
免戶部侍郎狀 1465-484- 4 | 法令（疏） 439-119-213
乞不請中冬翠錦衣襖狀 1465-484- 4 | 四畏（疏）——乞將相勿爭私念
回納詔賜冬服狀 1465-485- 4 | 　早定和戰之計 442-684-347
謝賜銀狀 1465-485- 4 | ●余懋學 明
●余 闕 元 | 陳十蠹疏 445-484- 30
湖廣省正旦賀表 1214-422- 6 | ●余繼登 明
正旦賀箋 1214-422- 6 | 修史疏一二 1291-766- 1
聖節賀表 1214-422- 6 | 捐俸以資賑濟疏 1291-768- 1
●余子俊 明 | 捐俸助工疏 1291-769- 1
申明舊例事（疏） 444- 39- 34 | 火災疏一二 1291-769- 1
軍務事（疏） 444-195- 40 | 水災自陳疏 1291-772- 1
嚴捕盜賊事（疏） 444-196- 40 | 患病疏一二 1291-773- 1
災異陳言事（疏） 444-197- 40 | 恭慰疏 1291-774- 1
緊急聲息事（疏） 444-203- 40 | 自陳疏 1291-774- 1
請嚴捕近京盜賊疏 445-111- 6 | 謝羊酒鈔錠疏 1291-775- 1
外夷侵占地方疏 1455-503- 5 | 覆諫法疏 1291-775- 1
土官阻留貢物疏 1465-505- 5 | 請補禮卿疏一二 1291-779- 1
●余文煒 明 | 考察自陳疏 1291-780- 1
請速靖水蘭疏 561-457- 43 | 覆雷火疏 1291-780- 1
●余天錫 宋 | 皇長子婚禮疏一至九 1291-782- 1
用人（疏） 437-139-148 | 辭尚書疏 1291-788- 1
●余端禮 宋 | 請朝賀疏 1291-790- 2
征伐疏 439-649-234 | 年終彙奏災異疏 1291-791- 2
●余應求 宋 | 止礦稅疏 1291-794- 2
上欽宗論用人太易疏 431-195- 17 | 覆楊止蕃疏 1291-796- 2
上欽宗乞官陳東還吳若舊識（疏） 431-223- 19 | 陝西山異疏 1291-801- 2
上欽宗論御筆中旨（疏） 431-270- 23 | 皇長子大禮公疏 1291-803- 2
上欽宗論風俗由大臣倡導（疏） 431-279- 24 | 黑龍王廟復命疏 1291-803- 2
上欽宗論將相當同心協謀（疏） 431-593- 48 | 册立疏 1291-804- 2

四庫全書文集篇目分類索引 1357

火災修省疏	1291-805- 2	諫成帝微行（疏）	1396-555- 18
告病疏一二	1291-807- 2	說遠方士（疏）	1396-555- 18
辭印務疏	1291-808- 2	訟陳湯疏	1396-556- 18
告病疏四五	1291-808- 2	舉薛宣疏	1396-556- 18
辭僞疏	1291-809- 2	請加鄭寬中葬禮疏	1396-557- 18
告病疏	1291-809- 2	請勿治梁王疏	1396-557- 18
●谷 永 漢		受伊邪莫演降議	1396-558- 18
宗室（疏）	435-163- 76	河決議	1396-558- 18
禮樂（疏）	436-500-125	上元帝書	1402-452- 70
薦用薛宣疏	436-585-129	論神怪書	1402-452- 70
賞罰（疏）——奏陳湯下獄死事	438-354-187	諫立趙皇后書	1402-453- 70
褒贈（鄭寬中疏）	441- 2-283	救陳湯疏	1403- 27- 90
災祥（疏四則）	441-243-295	論梁王淫亂疏	1403- 27- 90
日食地震對	1355-217- 8	日食地震對	1403-622-146
諫微行宴飲（疏）	1355-231- 8	黑龍見對	1403-624-146
論微行宴飲（疏）	1355-234- 8	微行宴飲對	1403-625-146
論梁王淫亂疏	1355-240- 8	受伊邪莫演議	1403-655-149
受伊邪莫演降議	1355-278- 10	祭祀方術奏	1417-303- 15
舉薛宣疏	1355-295- 10	訟陳湯疏	1417-304- 15
上救陳湯疏	1355-300- 10	●谷 吉 漢	
救劉輔書（疏）	1355-302- 10	上元帝請使鄧支書	1396-489- 14
論神怪（奏）	1355-310- 11	●谷那律唐	
請加鄭寬中葬禮疏	1355-322- 11	戒佚欲（疏）	438-514-193
上救陳湯疏	1360-113- 6	●但 望 漢	
舉薛宣疏	1360-113- 6	請分巴郡疏	1397-345- 16
言黑龍見東萊疏	1360-116- 6	●伯 宗周	
距絕方士疏	1360-119- 7	征伐（疏）	439-446-226
論梁王淫亂疏	1360-120- 7	論伐狄（疏）	1355-104- 4
論微行宴飲疏	1360-121- 7		1377-147- 4
請加鄭寬中葬禮疏	1360-132- 7		
論救劉輔書	1360-244- 14	●何 力（等）唐	
受伊邪莫演降議	1360-285- 16	四裔（疏）	442-536-341
日食地震對	1360-313- 18	●何 充 晉	
論神怪（疏）	1377-160- 4	儲嗣（疏）——議立康帝事	435- 59- 71
上救陳湯疏	1377-173- 5	用人（疏）	436-610-130
論梁王淫亂疏	1377-176- 5	奏沙門不應盡敬表	1400-441- 3
受伊邪莫演降議	1377-185- 7	沙門不應盡敬表	1400-442- 3
救劉輔書	1377-233- 12	重奏沙門不應盡敬表	1400-443- 3
日食地震對附五行志谷永對	1396-546- 18	●何 矣陏	
復上災異疏	1396-548- 18	（用人）八事疏	436-617-130
日食對（二則）	1396-549- 18	樂疏	436-544-127
星殞對	1396-550- 18	諫文帝八事書	1400-327- 6
黑龍見對	1396-550- 18	考定鍾律表	1400-329- 6
災異尤數對	1396-552- 18	●何 宣明	
門牡亡對	1396-554- 18	題踏勘南直隸牧馬草場	444- 47- 35
		●何 武 漢	

史部 詔令奏議類：附錄 奏議上七畫

郊廟（疏） 433-339- 14
用人（疏） 436-587-129
任將（疏） 439-689-236
薦辛慶忌封事 1355-295- 10
言傅喜書 1355-296- 10
請建三公官（疏） 1355-305- 11
請建三公官（疏） 1360-126- 7
薦辛慶忌封事 1360-212- 12
論傅喜書 1360-250- 14
言傅喜書 1377-239- 12
薦辛慶忌封事 1396-564- 19
請建三公官奏附朱博復置御史大夫奏 1396-564- 19
請置州牧奏附朱博請復刺史奏 1396-565- 19
論內史奏 1396-565- 19
論傅喜書 1396-566- 19
言傅喜書 1402-462- 70
薦辛慶忌封事 1403-586-142
●何　晏 魏
近習（疏） 441-171-291
●何　郑 宋
上仁宗諫獵（疏） 431-117- 11
上仁宗論誠與疑乃治亂興亡之本（疏） 431-169- 13
上仁宗論后族戚里非次改官（疏） 431-369- 34
上仁宗論連姻臣寮更不得除授典掌侍衞及樞要之任（疏） 431-369- 34
上仁宗論張堯佐不可進處二府（疏） 431-370- 34
上仁宗論宰相擇賢才而久其任（疏） 431-555- 46
上仁宗乞許兩制兩省上章論事（疏） 431-595- 46
上仁宗乞罷王守忠兩使留後俸料（疏） 431-742- 61
上仁宗論王守忠預紫宸殿上宴（疏） 431-743- 61
上仁宗論不宜貸何誠用（疏） 431-744- 61
上仁宗乞不許內外臣寮奏舉近上內臣（疏） 431-745- 61
上仁宗論內臣有過犯曾經落職之人更不許充入內內侍省都知等職次（疏） 431-745- 61
上仁宗論兩府遷官（疏）附貼黃 431-836- 69
上英宗論重名器（疏） 431-840- 69
上仁宗乞臣寮奏蔭親屬以年月遠

近爲限（疏） 431-887- 74
上仁宗乞專責守宰捕蝗（疏） 432-289-106
上仁宗論衞士之變乞黜責皇城司及當直臣寮（疏） 432-520-122
上仁宗論衞士之變乞責降楊懷敏（疏） 432-520-122
上仁宗論禁中內臣坐甲（疏） 432-522-122
上仁宗乞揀放保捷指揮（疏） 432-538-123
上仁宗乞罷修寶相寺（疏） 432-591-128
論誠與疑乃治亂興亡之本（疏） 436-706-134
論宰相擇賢材而久其任（疏） 436-707-134
知人（疏） 437-344-156
選舉（疏） 437-532-164
賞罰（疏） 438-370-187
節儉（疏） 438-465-191
戒伏欲（疏） 438-523-194
謹名器（疏）——論王守忠等不可預坐及任官事（二則） 438-603-197
謹名器（疏）——論兩府遷官疏 438-605-197
謹名器（疏） 438-607-197
求言（疏）——乞許兩制兩省上章論事疏 438-651-199
法令（疏） 439- 67-210
兵制（疏） 439-287-219
宿衞（疏） 439-432-225
宿衞（疏）——論衞士之變乞點責皇城司及當直臣寮疏 439-433-220
宿衞（疏）——論衞士之變乞責降楊懷敏疏 439-433-225
外戚（疏三則） 441-133-289
善繼（疏） 441-738-316
上仁宗乞罷修寶相寺 587-679- 14
●何　敬 漢
聽言（疏）——論鄧壽 438-698-201
外戚（疏） 441-123-288
諫爲竇景起第疏 1360-159- 9
論竇氏封事 1360-216- 12
諫伐匈奴疏 1397-181- 9
理鄧壽疏 1397-181- 9
爲尚書復論竇氏封事 1397-182- 9
族竄壽奏 1397-183- 9
理鄧壽疏 1403- 38- 91
論竇氏封事 1403-588-142
諫用竇氏疏 1417-366- 18
●何　偃 劉宋

征伐（疏）——論帝欲更北伐　439-503-228
北伐議　1398-723- 12
臨軒儀議　1398-723- 12
●何　曾 晉
用人（疏）　436-597-130
任將疏　439-693-236
請置軍副表　1361-537- 9
上魏明帝論宰牧疏　1398- 79- 5
上明帝論伐遼疏　1398- 79- 5
●何　進 漢
請王允書　1397-397- 18
薦董扶表　1397-398- 18
請永樂太后遷宮奏　1397-398- 18
●何　塘 明
史職議　1266-467- 1
戰船議　1266-468- 1
織造議　1266-470- 1
民財虛空之弊議　1266-472- 1
東昌同知乞致仕狀　1266-478- 1
東昌再乞致仕狀　1266-479- 1
禮部再乞致仕狀　1266-480- 1
禮部致仕謝恩疏　1266-480- 1
禮部三乞致仕狀　1266-480- 1
辭免掌都察院狀　1266-481- 1
恭上皇考獻皇帝徽號賀表　1266-482- 1
●何　澄（等）梁
晉李太后服制議　1360-301- 17
●何　澤 後唐
戒伏欲（疏）　438-521-194
●何　蘷 魏
用人（疏）　436-596-130
賦役（疏）　440-245-254
●何文偉 唐
郊廟（疏）　433-395- 16
●何天衢 宋
郊廟（疏）　433-524- 21
●何可及 明
題復漕臣科臣疏　570-356-29之3
●何志同 宋
祭禮（疏）　436-523-126
●何佟之 齊
郊廟（疏）　433-361- 15
郊廟（疏）——議景懿后遷登新
　廟車服之儀　433-362- 15
郊廟（疏）　433-363- 15

郊廟（疏）——議祀祭郊廟奏樂　433-365- 15
禮樂（疏）　436-504-125
禮樂（疏）　436-505-125
南北郊用牲奏（二則）附劉繪議　1399-453- 10
樂歌奏附周捨議　1399-460- 10
祀祭議　1403-671-150
●何孟春 明
建言疏　429- 4- 1
省營繕疏　429- 5- 1
應詔萬言疏　429- 10- 1
恤邊疏　429- 26- 1
時政疏　429- 29- 2
正祀疏　429- 34- 2
馬政疏　429- 37- 2
馬政第二疏　429- 47- 2
地方疏　429- 56- 2
乞恩分齡疏　429- 62- 3
計錢鈔疏　429- 65- 3
表清節疏　429- 66- 3
推行馬政疏　429- 67- 3
軍務疏　429- 73- 3
請還駕疏　429- 75- 3
議馬政疏　429- 76- 3
議國課疏　429- 92- 4
保襲祖爵疏　429- 94- 4
地方疏　429- 95- 4
乞恩會捕疏　429-101- 4
急救生靈疏　429-104- 4
強賊激變疏　429-110- 5
貪官科害疏　429-128- 5
貪官害民疏　429-130- 5
貪官違法疏　429-133- 5
申戒邊官疏　429-135- 6
地震疏　429-138- 6
積年草賊疏　429-139- 6
禁科擾疏　429-146- 6
議國課疏　429-147- 6
治食疏　429-151- 6
議剿草賊疏　429-152- 6
地方疏　429-163- 7
防禦疏　429-171- 7
乞復學校疏　429-173- 7
陳言疏　429-175- 7
公折俸疏　429-178- 7
辭俸廕疏　429-180- 7

四庫全書文集篇目分類索引

史部 詔令奏議類：附錄 奏議上七畫

開銀場第二疏　429-181- 7
裁革冗員疏　429-182- 7
陳革內官疏　429-189- 8
處置地方疏　429-192- 8
乞明典禮疏　429-199- 8
開禁疏　429-202- 8
祠祀疏　429-206- 8
邊務疏　429-209- 8
設官疏　429-210- 8
便利官民疏　429-214- 8
辭免改任疏　429-217- 9
陳言疏　429-218- 9
辭賞疏　429-219- 9
亟伸公義疏　429-221- 9
救災防患疏　429-223- 9
乞隆聖孝疏　429-229- 9
辨斥忠邪疏　429-231- 10
回話疏　429-259- 10
認罪疏　429-260- 10
自効免任疏　429-261- 10
陝西馬政三（疏）　444-101- 36
應詔陳言疏　445-148- 9
復永昌府治疏　570-330-29之3
建言疏　1403-291-112

● 何承天 劉宋

禮樂（疏）　436-411-121
律曆（疏）——上元嘉曆法表　440-813-278
律曆（疏）——上元嘉曆法表　440-813-278
禦邊（疏）——上安邊論凡陳四事　442- 21-320
孔逭奏御議　1398-661- 9
丁況等久喪不葬議　1398-661- 9
上文帝安邊論表　1398-662- 9
上白鳩頌表　1398-665- 9
上元嘉新曆表附文帝詔錢樂之嚴粲奏皮延宗難及有司奏四則　1398-666- 9
議海鹽公主母服奏　1398-669- 9
上曆新法表　1414- 4- 63
孔逭名議　1414- 6- 63
丁況等久喪不葬議　1414- 6- 63
請改漏刻奏　1414- 7- 63
議公主服母奏　1414- 7- 63
上安邊論有表　1414- 8- 63

● 何承矩 漢

屯田水利疏　506-188- 92

● 何承矩 宋

上太宗論塘泊屯田之利（疏）　432-284-105
屯田（疏）　440-384-260
禦邊（疏）　442- 64-322
禦邊（疏二則）　442- 70-322
四裔（疏）　442-569-342

● 何尚之 劉宋

去邪（疏）——具陳庾炳之得失　438- 12-173
慎微（疏）　438-560-196
慎刑疏——論竺超民陸展兄弟從誅事　439-175-215
理財（疏）　440-432-262
諫文帝行幸表　1398-718- 12
密陳庾炳之得失奏（五則）　1398-719- 12
竺超民陸展兄弟從誅奏　1398-722- 12
分置郢州所居議　1398-722- 12
陳庾炳之得失（疏）　1417-515- 25
出庾炳之爲丹陽尹答（疏）　1417-516- 25

● 何叔度 劉宋

王睦告子王延祖議　1398-718- 12

● 何洵直 宋

郊廟（疏）——議元豐所服大裘　433-507- 21

● 何景明 明

應詔陳治安疏　445-222- 13
應詔陳言治安疏　1267-281- 32

● 何喬新 明

陳修省疏　444-349- 45
奏議集略——題爲隱匿賊情等事　1249-480- 32
奏議集略——題爲神補治道事附計開　1249-511- 32
奏議集略——題爲霸占蘆洲等事　1249-516- 33
奏議集略——題爲修省事附計開　1249-518- 33
奏議集略——題爲陳言慎刑以弭災變事　1249-522- 33
奏議集略——奏爲乞恩致仕事　1249-524- 34
奏議集略——奏爲陳情乞恩休致事　1249-525- 34
奏議集略——奏爲辭免陞職事　1249-525- 34
奏議集略——奏爲乞恩致仕事（二則）　1249-525- 34
奏議集略——奏爲致政以弭災變事　1249-526- 34
奏議集略——奏爲乞恩辭免掌印事　1249-527- 34
奏議集略——奏爲懇乞休致事　1249-527- 34

●何譚之 齊
郊廟（疏） 433-361- 15
功臣配饗議 1399-162- 7
救見災豫防後患議 1403-692-152
●狄 山 漢
四裔（疏） 442-501-340
●狄 青 宋
論御南蠻奏 1465-485- 4
●狄仁傑 唐
儲嗣（疏） 435- 73- 72
去邪（疏） 438- 23-174
去邪（疏）——論韋元機王本立 438- 23-174
法令疏——論李孝協死則絕嗣 439- 40-209
慎刑疏——論范懷義坐誤斧昭陵
　柏罪不當死 439-181-215
赦宥（疏）——曲赦趙定間人民
　受脅從突厥事 439-244-218
禦邊（疏） 442- 33-321
乞免民租疏 517- 1-115
言陳勒等調弊疏 1339-565-694
言河朔人庶疏 1339-566-694
諫造大像疏 1343-400- 27
請罷百姓西戎疏勒等四鎮疏 1343-398- 27
論河朔人庶疏 1403- 82- 98
請赦河北諸州疏 1417-642- 31
諫造大像疏 1417-643- 31
請罷百姓戍四鎮疏 1417-644- 31

八 畫

●宗 訢（等）漢
律歷（疏） 440-809-278
●宗 敍 金
禦邊（疏） 442-494-339
●宗 澤 宋
君德（疏） 433- 52- 3
經國（疏） 435-410- 85
經國（疏）——乞回鑾疏（十一
　則） 435-411- 85
經國（疏七則） 435-420- 86
用人（疏）——條畫四事劄子 437- 4-142
賞罰（疏） 438-400-188
聽言（疏） 438-825-205
征伐（疏） 439-592-232
理財（疏）——乞將宣和三年以
　前稅鹽地分並依舊法 440-633-270
四裔（疏） 442-694-348

四裔（疏）——給公據與契丹漢
　兒及本朝被虜之民（疏） 442-694-348
條畫四事劄子 1125- 6- 1
奏乞過河措置事宜劄子 1125- 8- 1
奏乞依舊拘留敵使疏 1125- 9- 1
條畫五事疏 1125- 10- 1
再奏乞修寶籙宮疏 1125- 11- 1
乞都長安疏 1125- 12- 1
奏給公據與契丹漢兒及被擄之民
　疏 1125- 12- 1
乞回鑾疏 1125- 13- 1
再乞回鑾疏 1125- 13- 1
乞回鑾疏（十則） 1125- 14- 1
乞回鑾并罷習水戰疏 1125- 22- 1
乞回鑾疏（二則） 1125- 23- 1
遺少尹范世延機幕宗穎詒維揚奏
　請回鑾疏 1125- 24- 1
乞回鑾疏 1125- 25- 1
奏乞回鑾仍以六月進兵渡河疏 1125- 26- 1
上乞毋割地與金人疏 1125- 27- 1
賀康王即位表 1125- 29- 2
聞車駕將還闕賀表 1125- 30- 2
聞車駕議還闕賀表 1125- 30- 2
乞回鑾表（四則） 1125- 30- 2
遺表 1125- 33- 2
謝親札令縱遣敵使表 1125- 34- 2
除京城留守兼開封尹謝賜對衣金
　帶表 1125- 34- 2
謝降詔奬諭表 1125- 35- 2
謝中使傳宣撫諭表 1125- 35- 2
謝收捕開封府稱御前收買珠玉仍
　出榜告諭都人表 1125- 35- 2
謝除資政殿學士進階朝奉大夫表 1125- 36- 2
謝賜對衣鞍馬表 1125- 37- 2
謝傳宣撫諭并賜茶藥表 1125- 37- 2
建炎元年奏 1403-431-122
遺表 1403-552-138
●宗元饒 陳
劾奏蔡景歷 1399-723- 7
劾奏合州刺史陳哀 1399-723- 7
●法 正 蜀漢
請取漢中（疏） 556-136- 86
●法 敏（等）清
山東通志表 539- 3- 附
●京 房 漢

考課（疏） 437-699-171
去邪（疏） 438- 4-173
考功課吏對 1396-485- 14
上元帝封事（三則） 1396-485- 14
●京 鑜宋
四路安撫到任謝表 1352-184-5上
●祁 奭周
選舉（疏） 437-487-163
●武三思唐
賀老人星見表 1338-217-561
●武元衡唐
寒食謝新火及春衣表 549- 84-184
謝賜新火及新茶表 549- 84-184
賀甘露表 1338-237-562
賀連理棠樹合歡瓜白兔表 1338-247-563
寒食謝新火及春衣表 1338-515-593
謝賜新火及新茶表 1338-523-594
●武平一唐
內治（疏） 435-124- 74
樂疏 436-547-127
災祥（疏） 441-315-298
請抑損外戚權寵幷乞佐外郡表 1343-363- 25
●武安君周
征伐（疏） 439-460-226
諫秦昭王言伐趙之不可 1337-137- 3
●拓跋休（等）北魏
喪禮（疏） 436-420-122
●拓跋子北魏
樂疏 436-534-127
四裔（疏） 442-523-340
●拓跋英北魏
學校（疏） 436-219-113
征伐（疏） 439-516-229
●拓跋或北魏
郊廟（疏）——諫遷文穆皇帝后
　神主於太廟 433-378- 15
謚號（議）——面諫孝莊帝追尊
　兄彭城王爲孝宣皇帝之不當 440-885-281
●拓跋雲北魏
儲嗣（疏）——諫欲禪位京兆王
　事 435- 61- 71
●拓跋雍（元雍）北魏
考課（疏） 437-705-171
理財（疏） 440-440-262
●拓跋詳北魏

去邪（疏）——（論）甄深以朋
　黨被召 438- 18-173
定律令奏 1417-560- 27
●拓跋暉（元暉）北魏
考課（疏） 437-706-171
禦邊（疏） 442- 30-321
論御史巡行疏 1417-561- 27
●拓跋澄（元澄）北魏
治道（疏） 433-631- 26
治道（疏） 433-642- 26
經國（疏） 435-271- 80
都邑（疏） 436- 12-103
慎刑（疏） 439-177-215
任將（疏） 439-695-236
理財（疏） 440-439-262
條制營寺奏 1401-431- 32
諫高祖幸豫州 1417-560- 27
請修繕國學奏 1417-560- 27
●拓跋繼北魏
郊廟（疏） 433-376- 15
慎刑（疏）——論尚書檢柙杖大
　小違制之由科其罪失詔 439-177-215
●拓跋興宗唐
請致仕侍親表（三則） 1338-607-604
●孟 昶後蜀
降表 1354-491- 18
●孟 康魏
薦崔林（疏） 436-601-130
●孟 揆宋
水利（疏） 440-225-253
●孟 祺元
賀平宋表 1367-197- 16
　 1382-412-下之3
　 1394-454- 4
●孟 達魏
薦王雄（疏） 436-602-130
辭先主表 1354-480- 18
辭先主表 1361-548- 11
薦王雄（表） 1361-636- 29
辭先主表 1381-269- 27
　 1403-447-126
●孟昌齡宋
水利（疏） 440-225-253
●孟昭圖唐
近習（疏） 441-175-291

●辛寅遜 後蜀
諫孟昶書　　　　　　　　　　　1354-502- 19
　　　　　　　　　　　　　　　1381-294- 28
諫擊毬疏　　　　　　　　　　　1418-164- 41
●邢　原 魏
禮樂（疏）　　　　　　　　　　436-398-121
●奇爾薩 金
征伐疏　　　　　　　　　　　　439-676-235
●屈　建 周
儲嗣（疏）——言世子之位不定
　　則必多亂　　　　　　　　　435- 47- 71
●屈　晃 吳
儲嗣（疏）　　　　　　　　　　435- 52- 71
●邵　元 宋
上英宗乞下太常禮院修撰顏王聘
　　納儀範（疏）　　　　　　　431-297- 27
禮樂（疏）——乞下太常禮院修
　　撰顏王聘納儀範　　　　　　436-396-121
●邵　必 宋
郊廟（疏）　　　　　　　　　　433-438- 18
喪禮（疏）　　　　　　　　　　436-453-123
淮南部使者邵必奏（舉王令）狀　1106-572- 附
●邵　博 宋
上論王珪追貶書　　　　　　　　1093-459-附2
賀皇帝登極表　　　　　　　　　1352- 17- 1上
賀天申節表　　　　　　　　　　1352- 28- 1上
賀乾龍節表　　　　　　　　　　1352- 29- 1上
賀天寧節表　　　　　　　　　　1352- 30- 1上
進歲貢綾并藥物表　　　　　　　1352-104- 2下
進馬表　　　　　　　　　　　　1352-105- 2下
辭免吏部侍郎表　　　　　　　　1352-124- 3中
謝除男工部侍郎表　　　　　　　1352-141- 3下
謝除提刑表　　　　　　　　　　1352-171- 4下
謝功賞轉官表　　　　　　　　　1352-221- 6上
謝轉官表　　　　　　　　　　　1352-224- 6上
乞出表　　　　　　　　　　　　1352-268- 7中
●邵　溥 宋
賀皇子冠禮表　　　　　　　　　1352- 43- 1中
請車駕西祀表　　　　　　　　　1352- 89- 2中
●邵　說 唐
爲郭子儀讓華州及奉天縣請立生
　　祠堂及碑第四表　　　　　　556-186- 87
爲郭令公賀南郊大禮表　　　　　1338-155-553
讓吏部侍郎表（二則）　　　　　1338-377-577
爲郭子儀讓華州及奉天縣請立生

祠堂及碑表（四則）　　　　　1338-387-578
代郭子儀謝副元帥河中節度使表　1338-441-584
代郭子儀謝兼河東節度使表　　　1338-441-584
代侯中庄謝封表　　　　　　　　1338-475-588
謝兄除補闕表　　　　　　　　　1338-475-588
爲王仲昇謝加兵馬使表　　　　　1338-475-588
爲郭公謝一子三品官表　　　　　1338-503-591
爲文武百僚謝示鏡圖表　　　　　1338-510-592
謝賜新曆日及口脂面藥等表　　　1338-540-596
謝墨詔賜曆日口脂表　　　　　　1338-540-596
爲郭令公謝臘日賜香藥表　　　　1338-541-596
代郭令公請雪裴僕射表　　　　　1338-641-608
代郭令公請雪安思順表　　　　　1338-746-619
●邵　曄 吳
臨已辨郭誕寃遺奏　　　　　　　1403-427-121
●邵　寶 明
國朝運法五變議　　　　　　　　443-411- 22
舉糾漕運官狀　　　　　　　　　445-206- 13
表崇道學大儒墓祀疏　　　　　　1101-487- 6
擬祀先儒狀　　　　　　　　　　1258-489- 6
會議狀附計開　　　　　　　　　1258-489- 6
申明僉運事宜狀　　　　　　　　1258-498- 6
糾舉運官狀　　　　　　　　　　1258-499- 6
建言漕事狀　　　　　　　　　　1258-500- 6
乞終養疏（七則）　　　　　　　1258-505- 7
●阿　桂 清
進皇清開國方略表　　　　　　　341- 14- 附
平定兩金川方略（表）　　　　　360- 3- 附
欽定盛京通志表　　　　　　　　501- 21- 附
八旬萬壽盛典進表　　　　　　　660- 1- 附
●阿賈克布哈 元
戒逸欲（疏）　　　　　　　　　438-555-195
●長孫平 隋
君德（疏）　　　　　　　　　　433- 7- 1
荒政（疏）——請置義倉　　　　440- 6-243
上立義倉書　　　　　　　　　　1400-270- 3
諫誅郢紹　　　　　　　　　　　1400-271- 3
●長孫晟 隋
四裔（疏二則）　　　　　　　　442-525-340
四裔（疏）　　　　　　　　　　442-526-340
上文帝論突厥書（二則）　　　　1400-271- 3
請徙染干奏　　　　　　　　　　1400-272- 3
請招附都藍部下奏　　　　　　　1400-272- 3
請北代表　　　　　　　　　　　1400-272- 3
●長孫嵩（等）北魏

四庫全書文集篇目分類索引

四畜（疏） 442-520-340
●長孫稚 北魏
理財（疏） 440-441-262
●長孫皇后（唐太宗后）
慎刑疏 439-181-215
●長孫紹遠 北周
啓明帝 附明帝詔答 1400- 95- 2
裴正上論樂書 1400- 95- 2
奏武帝 1400- 95- 2
遺表 1400- 95- 2
●長孫無忌 唐
郊廟（疏）——上太宗皇帝配天
　議 433-393- 16
儲嗣（疏） 435- 71- 72
知人（疏） 437-284-154
聽言（疏） 438-706-201
巡幸（疏） 441- 94-287
請罷功臣襲封表 1338-633-607
先代帝王及先聖先師議 1340-436-764
昊天上帝及五帝異同議 1340-437-764
論配坐議 1340-438-764
晁服議 1340-461-766
唐太宗皇帝配天議 1343-558- 39
●東方朔 漢
節儉（疏） 438-452-191
寵幸（疏） 441-154-290
營繕（疏） 441-712-315
化民有道對 541-443-35之8
諫除上林苑（疏） 556-131- 86
諫除上林苑（疏） 1355-227- 8
化民有道對 1355-228- 8
諫起上林苑（疏） 1360- 86- 5
化民有道對 1360-308- 18
化民有道對 1377-119- 2
諫除上林苑（疏） 1377-139- 3
初上武帝書 1396-391- 9
諫起上林苑（疏） 1396-391- 9
化民有道對 1396-392- 9
臨終諫天子（疏） 1396-397- 9
諫起上林苑疏 1403- 15- 88
勸董偃罪狀 1403-568-140
化民有道對 1403-615-145
劇武帝對 1403-615-145
諫起上林苑疏 1412- 78- 4
應詔上書 1412- 79- 4

諫起上林苑書 1417-243- 13
化民有道對 1417-244- 13
●林　旦 宋
上哲宗論安反側不必降詔（疏）
　附貼黃 431-249- 22
求言（疏） 438-669-200
法令（疏）——論降詔書 439-100-212
●林　布 宋
上神宗論孟子配饗（疏）附貼黃 432-128- 91
崇儒（疏）——乞自今春秋釋奠
　以鄒國公孟子配享文宣王設位
　於兖國公顏子之次 440-719-274
開封府群見致辭 587-733- 18
開封府覃見致辭（表） 1350-723- 69
尚書禮部元會奏天下祥瑞表 1350-723- 69
尚書省謝車駕臨幸表 1350-724- 69
亳州謝賜郵刑詔書表 1350-725- 69
謝天章閣待制表 1350-725- 69
謝賜資治通鑑表 1350-726- 69
尚書省謝車駕臨幸表 1382-357-下之1
尚書省謝車駕臨幸表 1394-442- 4
●林　俊 明
扶植國本疏 443- 73- 5
乞正谷大用罪 443-384- 21
諫寧府用琉璃瓦疏 443-505- 25
題乞恩褒異舊臣事 443-661- 30
奏正法守疏 444-360- 46
正法守再疏 444-361- 46
乞恩回話疏 444-362- 46
題謹聖治疏 444-363- 46
覆辨明寬抑疏 444-364- 46
題侵欺錢糧事 444-364- 46
題平大法事 444-366- 47
題訪獲事 444-368- 47
重惜事體以正朝廷疏 444-369- 47
諫寧府用琉璃瓦疏 445-123- 7
災異陳言疏 445-165- 10
舉大禮以成大孝疏 445-283- 18
請親大臣疏 445-284- 18
請勤學疏 445-285- 18
節財用疏 445-286- 18
議禮疏 445-287- 18
錄名德以重士風疏 445-306- 19
正法守疏 445-307- 19
陳愚悃疏 445-329- 20

四庫全書文集篇目分類索引

史部

詔令奏議類：附錄

奏議上 八畫

請復常平疏	517- 20-115
請急除逆宦劉瑾以禦大亂疏	530-458- 69
題爲乞恩褒異舊臣事	1249-547- 0
扶植國本疏	1257-325- 1
全大體以召大和疏	1257-328- 1
陳言疏	1257-329- 1
災異陳言疏	1257-333- 1
養病疏	1257-334- 1
辭免就任疏	1257-335- 1
謝恩疏	1257-335- 1
侍養疏	1257-336- 1
再乞侍養疏	1257-336- 1
災異陳言疏	1257-337- 1
錄正人以端國本疏	1257-338- 1
薦賢自代疏	1257-339- 1
災異疏	1257-340- 1
懇乞休致疏	1257-341- 1
申乞休致疏	1257-342- 1
勘都御史韓邦問疏	1257-343- 1
勘知府王璋李復貞疏	1257-343- 1
定祿米疏	1257-344- 1
處置缺少糧料疏	1257-345- 1
地方災異疏	1257-347- 1
褒異舊臣疏	1257-348- 1
撫處王武等疏	1257-350- 2
正事體以別嫌疑疏	1257-352- 2
災患疏	1257-352- 2
查報擒獲盜賊爲各官開俸疏	1257-353- 2
更調官員疏	1257-354- 2
復州治疏	1257-354- 2
論寧府用琉璃瓦疏	1257-355- 2
巡撫謝恩疏	1257-357- 2
進繳巡視敕書關防疏	1257-357- 2
水患疏	1257-357- 2
請復常平疏	1257-359- 2
均平稅糧鹽鈔疏	1257-361- 2
均平丁糧徭役疏	1257-364- 2
守制乞免關勘合疏	1257-367- 2
回話疏	1257-368- 2
申明處置地方疏	1257-369- 2
辭免再起江西巡撫疏	1257-370- 2
預處地方容令致仕疏	1257-372- 3
通江捷音疏	1257-373- 3
參駁楊友謀復官職衞門疏節略	1257-376- 3
致仕疏	1257-381- 3
奪獲流賊印刀疏	1257-381- 3
災異處置地方疏	1257-385- 3
江津捷音疏	1257-387- 3
急除大逆以禦大亂疏	1257-391- 4
慶幸討賊永綏福祚疏	1257-395- 4
回話疏	1257-397- 4
藍鄢等捷音疏	1257-398- 4
辭免陞賞賊平曲容致仕疏	1257-404- 4
大垻捷音疏	1257-405- 4
更賢討賊疏	1257-411- 4
再辭陞賞疏	1257-412- 4
辭免起用第一至四疏	1257-414- 5
議禮疏	1257-417- 5
請親大臣疏	1257-422- 5
請勤學疏	1257-424- 6
止司禮監奏補應役人匠疏	1257-425- 6
正違禁番貨貪緣給主疏	1257-426- 6
舉大禮以成大孝疏	1257-428- 6
奏乞致仕第一二疏	1257-429- 5
節財用以謹天戒疏	1257-430- 6
論御史楊百之陰右張儀疏	1257-431- 6
關異端疏	1257-431- 6
錄名德以重士風疏	1257-433- 6
杜私嫌以公大法疏	1257-433- 6
乞寢內降以正法守疏	1257-434- 6
再乞寢內降以正法守疏	1257-435- 6
回話疏	1257-436- 6
奏乞致仕第三四疏	1257-438- 7
患病定奪印信疏	1257-439- 7
奏乞致仕第五疏	1257-440- 7
定奪印信俸給疏	1257-440- 7
奏乞致仕第六疏	1257-441- 7
謝恩疏	1257-441- 7
奏乞致仕第七八疏	1257-442- 7
辭免致仕湛恩疏	1257-443- 7
辯李夢陽獄疏	1257-444- 7
按張龍疏	1257-445- 7
正廖鵬等獄疏	1257-446- 7
論內臣犯法當付法司推讞疏	1257-446- 7
平大法疏	1257-447- 7
論盜內府財物不當輕貸疏	1257-448- 7
辯王元愷等獄疏	1257-449- 7
陳愚悃以附餘忠疏附錄霽天威養 聖德疏	1257-504- 6
効遺直以畢餘忠疏	1257-507- 6

四庫全書文集篇目分類索引

扶植國本疏　1403-225-110
急除大逆權宦以禦大亂疏　1403-227-110
慶幸討竄宦賊疏　1403-231-110
●林　栗 宋
治道（疏二則）　434-430- 51
儲嗣（疏）——皇子不可議論時
　　政疏　435-113- 73
經國（疏）——上封事　435-701- 96
祭禮（疏）　436-524-126
明州到任謝表　1352-216-6上
奏破施州譚汝翼狀　1381-281- 27
●林　逢唐
宰臣等請聽政表（四則）　1338-571-599
●林　富明
覆（留兵防守）議　508-123-102
議上思田等處事宜疏　1465-547- 7
奏報剿平諸巢疏　1465-554- 7
●林　弼明
梅恩祖謝恩表　1227-146- 18
●林　揚明
奏蠲虛稅疏　530-457- 69
●林　熙宋
兵制（疏）　439-275-219
●林　潤明
黜貪臣以消民怨疏　445-418- 26
●林大中宋
郊廟（疏）　433-545- 22
用人（疏）　437-136-147
災祥（疏）　441-553-308
●林大鼐宋
選舉（疏）　437-648-169
●林文俊明
進二十史表　1271-674- 1
謝重幸學表　1271-675- 1
祀禮疏　1271-688- 2
進瑞雪詩疏　1271-690- 2
災異自陳疏　1271-690- 2
請遣官奉安先師疏　1271-691- 2
考察自陳疏　1271-691- 2
進二十史疏　1271-692- 2
修造疏　1271-694- 2
進瑞應白兔頌疏　1271-695- 2
進瑞鹿賦疏　1271-695- 2
考察自劾疏　1271-696- 2
請暫免視朝疏　1271-697- 2

奉慰疏　1271-697- 2
問安疏　1271-697- 2
謝恩疏　1271-698- 2
因災自劾疏　1271-698- 2
謝恩疏　1271-698- 2
聖駕臨幸太學謝表　1403-565-139
聖駕臨幸太學謝表　1453-580- 66
●林之奇宋
皇帝賀正表　1140-399- 4
賀改元表　1140-399- 4
實錄院進神宗皇帝寶訓表　1140-399- 4
天申節賀表　1140-400- 4
夫申節賀皇帝表　1140-400- 4
賀皇帝表　1140-401- 4
代陳左相到任表　1140-401- 4
代恩平郡王謝加食邑表　1140-402- 4
又賀今上皇帝表　1140-403- 4
任福建市舶謝上表　1140-403- 4
賀今上表　1140-403- 4
論爲君之道莫先於仁義（疏）　1140-404- 5
乞損文弊歸於忠實　1140-405- 5
乞崇儒術黜異端　1140-406- 5
乞選求實才以備煩使　1140-407- 5
損益三說（疏）　1140-408- 5
●林汝蕭明
劾魏忠賢疏　530-468- 69
●林次齡宋
肇慶府到任謝表　1352-212-5下
●林光朝宋
治道（疏二則）　434-368- 49
用人（疏）　437- 47-144
用人（疏）——繳奏謝廓然賜出
　　身除殿中侍御史詞頭狀　437- 48-144
聽言（疏）　438-842-206
兵制（疏）　439-412-224
理財（疏）——奏廣南兩路鹽事
　　利害狀　440-664-271
國史（疏）——論修四朝（神哲
　　徽欽宗）國史　440-793-277
四裔（疏）——陞辭筠子　442-731-349
四裔（疏）——輪對筠子　442-732-349
丁亥登對筠子　1142-564- 2
繳奏沈瀛除知梧州詞頭　1142-565- 2
繳奏謝廓然賜出身除殿中侍御史
　　詞頭　1142-565- 2

四庫全書文集篇目分類索引

乙丑擬上殿箚子　　　　　　1142-566- 2
禮部代宰臣已下謝冬衣表　　1142-567- 2
謝雪宴表　　　　　　　　　1142-568- 2
皇太子尹京謝賜歷日表　　　1142-568- 2
廣西憲到任謝表　　　　　　1142-568- 2
西易廣東憲到任謝表　　　　1142-569- 2
辭免中書舍人表狀　　　　　1142-569- 2
幸學詔書記事　　　　　　　1142-606- 5
●林布逸宋
丁卯賀郊祀表　　　　　　　1185-691- 14
丁卯賀聖節（二則）　　　　1185-692- 14
賀生皇子表　　　　　　　　1185-692- 14
代後村遺表　　　　　　　　1185-701- 14
●林季仲宋
知婺州謝上表　　　　　　　1140-330- 3
論軍費箚子　　　　　　　　1140-331- 3
迄遴選諸將賓佐狀　　　　　1140-331- 3
乞戒敕諸將狀　　　　　　　1140-332- 3
乞進退大臣以禮狀　　　　　1140-333- 3
論守令狀　　　　　　　　　1140-333- 3
乞察臺臣奏對狀　　　　　　1140-334- 3
論用人狀　　　　　　　　　1140-335- 3
論役法狀　　　　　　　　　1140-336- 3
論薦對狀　　　　　　　　　1140-336- 3
●林喬相明
請廣額疏　　　　　　　　　572-195- 34
●林巒友明
上用人誤國疏　　　　　　　530-463- 69
●朱　和隋
上文帝表　　　　　　　　　1400-347- 6
●朱　保清
恭進平定金川方略表　　　　356- 6- 附
欽定大清通禮奏表　　　　　655- 3- 附
●朱　歷漢
廢太子議　　　　　　　　　1397-241- 11
●朱　敬漢
經國（疏）　　　　　　　　435-233- 78
征伐（疏）——益選兵馬儲積資
　糧　　　　　　　　　　　439-474-227
請擊公孫述書　　　　　　　1397- 95- 5
臨終上表　　　　　　　　　1397- 96- 5
●朱　濟唐
治道（疏）——省徭役爲馭下所
　宜　　　　　　　　　　　433-667- 27
內治（疏）——諫欲立武后爲后

事　　　　　　　　　　　　435-123- 74
仁民（疏）　　　　　　　　436- 61-105
●朱知德明
辭官疏　　　　　　　　　　561-445- 43
●承　暉金
弭盜（疏）　　　　　　　　441-840-319
●芮良夫周
理財（疏）　　　　　　　　440-425-262
諫專利　　　　　　　　　　1355- 89- 4
　　　　　　　　　　　　　1377-128- 3
　　　　　　　　　　　　　1402-283- 52
●尚　文元
水利（疏）　　　　　　　　440-243-253
●昌　衡宋
災祥（疏）　　　　　　　　441-478-304
●明　蒙宋
糴邊（疏）　　　　　　　　442-346-334
論諸州監砦奏　　　　　　　1465-487- 4
請罷嶺南西路平觀二州奏　　1465-487- 4
●明山賓梁
薦朱异（疏）　　　　　　　1399-461- 10
●明太祖明
建言格式序　　　　　　　　1223-157- 15
●昂吉兒元
征伐（疏）　　　　　　　　439-683-235
●叔孫生漢
郊廟（疏）　　　　　　　　433-335- 14
●叔孫通漢
儲嗣（疏）——諫易太子事　435- 47- 71
禮樂（疏）　　　　　　　　436-335-118
●叔仲昭伯（等）周
諫襄公如楚欲還　　　　　　1402-294- 53
●季　布漢
用人（疏）　　　　　　　　436-583-129
四裔（疏）　　　　　　　　442-498-340
●季　梁周
征伐（疏）　　　　　　　　439-448-226
諫迫楚師　　　　　　　　　1402-291- 53
諫魏王攻邯鄲　　　　　　　1402-301- 53
●季　陵宋
治道（疏）——言事有可深慮者
　四尚可恃者一　　　　　　434-299- 46
用人（疏）——范宗尹嘗仕僞楚　437- 43-143
兵制疏　　　　　　　　　　439-361-222
災祥（疏）　　　　　　　　441-501-305

●季 鎡宋
田制（疏） 436-205-112
●季文子周
論出莒僕（諫） 1355-102- 4
　 1377-146- 4
●季武子周
禮樂（疏）——冠禮疏 436-395-121
●季孫宿周
予襄公璽書（二則） 1396- 58- 5
●和 洽魏
慎刑（疏）——毛玠誣毀武帝事 439-172-215
時風不至對 1361-663- 35
選用議 1403-666-150
●和 坤清
（欽定）大清一統志表 474- 4- 附
進（熱河志）表 495- 2- 附
請定三陵青椿四至地界議 503-626-129
●和 海漢
論黨禁奏 1397-387- 18
●和 峴宋
祭禮（疏） 436-511-126
律歷（疏） 440-862-280
●周 尹宋
上神宗論遣李憲措置邊事（疏二則）附貼黃 431-764- 62
上神宗乞重使者之任（疏） 431-809- 66
乞重使者之任狀 436-778-137
近習（疏）——論遣李憲措置邊事狀（二則） 441-196-292
●周 用明
乞專官分守地方疏 517- 68-117
●周 孚宋
天申節表（二則） 1154-625- 15
會慶節表（二則） 1154-625- 15
賀赦書表 1154-626- 15
謝歷日表 1154-626- 15
賀今上皇帝表 1154-627- 15
賀皇帝表 1154-628- 15
賀今上皇帝表 1154-628- 15
賀皇帝表 1154-629- 16
賀皇帝表 1154-631- 16
賀南郊表 1154-631- 16
代趙漕謝轉副使表 1154-631- 16
會慶節表 1154-631- 16
謝賜歷日表 1154-632- 16

代趙漕除總領謝表 1154-632- 16
代解寺丞新到任謝表 1154-632- 16
●周 怡明
爲督撫大臣岡上不忠乞賜諭責以振風記紀事疏 429-560- 0
懇祈天鑒非常變異詔求直言疏 429-561- 0
亟罷不職大臣以重禦戎根本事（疏） 429-563- 0
乞辨姦儉輔臣以防微杜漸事（疏） 429-568- 0
請從言官亟出匪人以崇治體事疏 429-571- 0
乞慎簡秩卿以表式官僚以敬交神明事疏 429-573- 0
乞諭諸臣以重新命以責安攘實效事疏 429-574- 0
爲慎選久任遴明旨惜賢才以裨治理事疏 429-577- 0
乞賜天語責大臣不和以敦國體疏 429-578- 0
爲懇乞天恩認罪回話疏 429-581- 0
報天恩疏 429-582- 0
患病乞回籍休養疏 429-586- 0
劾李如圭張瓚疏 445-375- 24
請敕貴大臣不和疏 445-377- 24
勸嚴嵩疏 445-379- 24
●周 林宋
經國（疏） 435-554- 91
賞罰（疏） 438-417-189
慎刑（疏）——奏推司不得與法司議事劄子 439-222-217
慎刑（疏）——奏疑獄劄子 439-223-217
●周 南宋
治道（對策） 434-583- 56
兵制（疏）——進兵論 439-413-224
征伐（疏） 439-657-234
弭盜（疏）——代池陽太守上裕民五事疏 441-836-319
代淮南運使謝上表 1169- 19- 2
代和州謝上表 1169- 19- 2
代郭帥到任謝表 1169- 20- 2
代某官辭免第三次知臨安府表 1169- 20- 2
代執政重明節賀表 1169- 21- 2
乞經理邊事劄子 1169- 21- 2
代人上殿劄子 1169- 23- 2
代人上殿論州郡事劄子 1169- 25- 2
代監司乞行下浙西廣糴劄子 1169- 26- 2
庚戌廷對策 1169- 82- 7

四庫全書文集篇目分類索引 1369

●周 紆漢
去邪（疏） 438- 6-173
論夏陽侯寶瑗疏 1397-184- 9
●周 祇劉宋
諫高祖書 1398-627- 7
●周 朗劉宋
治道（疏） 433-622- 25
（上）諫言書 1398-795- 15
上孝武帝書 1401- 48- 15
●周 矩唐
慎刑疏 439-182-215
爲索元禮首案制獄疏 1339-597-697
●周 殷劉宋
啓孝武帝 1398-781- 14
●周 處晉
刑李忽議奏 1398-301- 13
●周 常宋
君德（疏） 433- 42- 2
山陵（疏） 436-492-125
●周 紹周
儲嗣（疏）——言立傳之道六 435- 46- 71
●周 敍明
正統十四年九月十六日啓疏 1375-579- 7
　　　　　　　　　　　　 1404-210-179
●周 琦明
條陳地方利病疏 1465-508- 5
●周 景漢
建官（疏） 437-382-159
議徵楊秉韋著疏 1397-336- 16
●周 瑜吳
經國（疏） 435-237- 78
經國（疏）——責孫權質任子事 435-237- 78
任將（疏） 439-693-236
論不送質議 1403-666-150
論拒曹操議 1403-667-150
●周 嵩晉
用人（疏） 436-608-130
●周 顗宋
謝除提刑表 1352-171-4下
●周 墀唐
褒贈韋丹（疏） 441- 16-283
●周 魴吳
誘曹休密表 1361-553- 12
●周 燦明
請兵籌餉疏 517- 96-117

請改折南漕二糧疏 517- 97-117
請止惠王住廣信疏 517- 98-117
●周 舉漢
災祥（疏二則） 441-278-296
北鄉侯尊諡對附順常詔問 1397-324- 15
永和六年災異對 1397-325- 15
殤帝廟次議 1397-325- 15
爲朱侯論熒惑變異書 1397-325- 15
●周 馥晉
禮臣（疏二則） 441- 48-285
上懷帝請遷都書 1398-462- 20
●周 璽明
論貢舉疏 429-264- 0
論罷興作疏 429-266- 0
論釋無辜事 429-267- 0
論重名器疏 429-268- 0
論欺罔疏 429-269- 0
論運法疏 429-271- 0
論治化疏 429-272- 0
論興革疏 429-274- 0
論誅太監李興伐木石疏 429-281- 0
論正失罰疏 429-283- 0
論內侍劉瑾等奸邪疏 429-284- 0
論誅大逆疏 429-286- 0
論罷興作疏 445-145- 8
論重名器疏 445-146- 8
論欺罔疏 445-166- 10
論誅太監李興伐木石疏 445-196- 12
論正失罰疏 445-197- 12
論內侍劉瑾等奸邪疏 445-199- 12
論誅大逆疏 445-204- 12
●周山文（等）劉宋
禮樂（疏） 436-417-121
●周太玄唐
彈義成軍節度使李聽疏 1343-418- 28
●周公環宋
水利（疏） 440-231-253
●周必大宋
聖學（疏） 433-187- 8
聖學（疏） 433-193- 8
孝親 433-314- 12
敬天（疏） 433-331- 13
郊廟（疏）——上明堂議 433-541- 22
郊廟（疏）——論明堂筠子 433-541- 22
郊廟（疏）——議明堂大禮狀 433-541- 22

史部 詔令奏議類：附錄

奏議上八畫

史部

詔令奏議類：附錄

奏議上八畫

郊廟（疏）	433-542- 22
治道（疏三則）	434-365- 49
法祖（疏）	435- 18- 69
宗室（疏）	435-206- 77
仁民（疏）	436-122-108
風俗（疏）	436-303-117
用人（疏）	437- 32-143
用人（疏）	437- 32-143
用人（疏）	437- 51-144
用人（疏）——論人才	437- 52-144
用人（疏）——論久任	437- 52-144
用人（疏）	437- 53-144
用人（疏）——論用人二弊	437- 53-144
用人（疏）	437- 54-144
用人（疏）——論任官疏	437-131-147
求賢（疏）	437-263-153
知人（疏）——論漢儒	437-362-157
選舉（疏）五則	437-660-169
考課（疏）	437-730-172
賞罰（疏）——論邵宏淵等	438-418-189
節儉（疏）	438-490-192
謹名器（疏二則）	438-631-198
求言（疏）	438-679-200
求言（疏）	438-684-200
聽言（疏）——論聽言責實疏	438-834-206
赦宥（疏）——乞因久雨親札同赦邸民箚子	439-262-218
赦宥（疏）——論詳議明堂赦宥疏	439-262-218
兵制（疏二則）	439-380-223
任將（疏二則）	439-777-239
荒政（疏）——論和糴疏	440-106-247
理財（疏）	440-658-271
國史（疏）——論史事箚子	440-794-277
謚號（議）——請上太上皇帝尊號曰太上德壽皇帝太上皇后尊號曰太上德壽皇后議	440-921-282
禮臣（疏）	441- 86-286
災祥（疏）	441-530-307
營繕（疏）	441-759-316
添駐贛州軍馬議	517-144-119
跋王禹玉謝翰林學士承旨表本	1093-491-附10
跋王禹玉立英宗爲太子詔草及當日請對奏稿	1093-492-附10
跋蕭御史薦宗室世跡奏狀藁	1147-151- 16
跋胡邦衡辭工侍幷御批降詔眞本	1147-157- 16
又跋王禹玉謝翰林學士承旨表本	1147-166- 17
又跋王禹玉立英宗爲皇子詔草及當日請對奏藁	1147-166- 17
跋趙霈張致遠魏矼奏箚	1147-170- 17
跋陳與義費庸張擴被召省箚	1147-171- 17
跋蘇氏藏太宗御筆及謝表	1147-177- 18
跋東坡代張文定公上書	1147-177- 18
題陳去非謝御書等帖	1147-178- 18
題宋元憲公表藁	1147-179- 18
跋壽皇御批魏柏講和時奉使奏箚	1147-201- 19
高宗御批錢伯言奏跋	1147-203- 19
題新安吏部朱公喬弔稿	1147-489- 46
跋范丞相覺民謝罷政表稿	1147-495- 46
跋胡忠簡公論和議稿	1147-501- 47
跋宋運判晰奏稿	1147-513- 48
題嘉祐賀老人星見表批答	1147-525- 49
盧帥靖康勸王跋語	1147-532- 50
跋胡邦衡奏箚稿	1147-535- 50
跋梁仲謨尚書奏稿	1147-537- 50
跋黃通老尚書奏稿	1147-538- 50
謝賜曆日表（四則）	1147-835- 82
賀重修皇太母回鸞事實表	1147-836- 82
賀皇太后慶八十表（二則）	1147-836- 82
皇太后服藥赦書表（二則）	1147-837- 82
皇太后升遐慰表（四則）	1147-837- 82
慰冬表（三則）	1147-838- 82
慰元正表	1147-839- 82
顯仁皇太后發引慰表（二則）	1147-839- 82
殯宮禮畢慰（二則）	1147-839- 82
祔廟禮畢慰表（二則）	1147-840- 82
賀冬至表	1147-840- 82
賀郊禮表（二則）	1147-840- 82
謝郊赦表（二則）	1147-841- 82
天中節賀表（四則）	1147-841- 82
謝御製書損齋記表（三則）	1147-842- 82
廣德軍謝上表	1147-843- 82
謝除直秘閣知揚州表	1147-844- 82
信陽軍謝上表	1147-844- 82
謝除太府少卿表	1147-845- 82
張端明謝乞致仕降第二詔不允仍赴行在奏事表	1147-845- 82
漢州謝上表	1147-845- 82
汪端明遺表	1147-846- 82
天申節進銀一千五百兩奏狀二首	1147-846- 82

大兄奏箚　1147-846-82
王監簿庭珪辭召命狀　1147-847-82
吏部趙尙書雄論侍從隨赦加恩箚子　1147-847-82
駁前餘杭縣知縣蔣安定改正罪名狀　1148-65-99
論婉容翟氏位官吏礙止法人轉行狀　1148-66-99
繳李觀鄭孝禮轉官詞頭狀　1148-67-99
繳王篆用減年轉官狀　1148-67-99
繳王夫人位手分狀　1148-68-99
繳駁蔡仍敘官狀　1148-68-99
繳曹岷等轉官狀　1148-69-99
繳別廟用樂狀　1148--69-99
繳高堯容轉官不當狀　1148-70-99
繳張宏特支請給奏狀　1148-71-99
請早開講奏　1148-72-99
繳道童度牒狀　1148-72-99
繳駁龍大淵會覲差遣狀　1148-73-99
同金給事待罪狀　1148-75-99
再同給事乞罷黜狀　1148-75-99
乞宮觀奏　1148-75-99
繳曹粕詞頭奏狀　1148-83-100
辭兼中書舍人箚子　1148-84-100
進皇太子制草奏　1148-98-102
論（王炎）轉官奏　1148-99-102
論合充宮觀使奏　1148-106-102
乞改正魏王鎭牧奏（二則）　1148-113-103
史浩轉官候旨選日鎖院奏　1148-115-103
繳進詔草箚子　1148-128-104
謝御書箚子附進謝御書古詩　1148-130-104
論文海命名箚子　1148-132-104
繳進文鑑序箚子　1148-132-104
（乞依典故御製明堂大禮樂章）奏箚（二則）　1148-328-119
奏殿試策問題空箚子　1148-340-121
奏改正策問內忌字箚子　1148-340-121
辭免察官奏狀　1148-345-122
辭免起居郎奏狀　1148-345-122
奏乞罷兼職狀　1148-346-122
乞宮觀奏狀　1148-346-122
辭免秘書少監兼權直學士院奏狀　1148-348-122
草晁公武詔書不當待罪奏狀　1148-348-122
求外箚子　1148-348-122
乞宮觀奏狀　1148-349-122
辭免權禮部侍郎奏狀　1148-349-122
辭免陞同修國史實錄院同修撰奏狀　1148-350-122
謝禮部侍郎表　1148-350-122
舉自代奏狀　1148-351-122
辭免兼侍講奏狀　1148-351-122
謝侍講表　1148-351-122
辭免書吳璘碑奏狀　1148-352-122
乞免兼中書舍人箚子　1148-352-122
謝宮觀表　1148-352-122
謝宮觀表　1148-354-122
謝右文殿修撰表　1148-354-122
到闕上殿乞郡或奉祠箚子　1148-355-122
除待制辭免奏狀　1148-355-122
謝待制侍講表　1148-356-122
舉楊萬里自代狀　1148-356-122
丐外箚子　1148-356-122
辭免兼直學士奏狀　1148-357-122
辭免兵部侍郎奏狀附不允詔　1148-357-122
辭免兼侍講奏狀附不允詔　1148-358-122
謝兵部侍郎兼直學士院表　1148-358-122
舉劉清之自代狀　1148-359-122
謝侍講表　1148-360-123
辭免兼詹事奏狀附不允詔　1148-361-123
祭社祝文待罪箚子　1148-362-123
謝宣諭箚子　1148-362-123
辭免轉官奏狀附不允詔　1148-362-123
辭免書韓世忠神道碑箚子　1148-363-123
繳書神道碑箚子　1148-363-123
辭免潤筆箚子附謝箚　1148-363-123
辭免陞兼侍讀奏狀附不允詔　1148-363-123
謝侍讀表　1148-364-123
辭免吏部侍郎奏狀附不允詔　1148-364-123
謝吏部侍郎表　1148-365-123
舉自代奏狀　1148-366-123
請外箚子　1148-366-123
辭轉官奏狀附不允詔　1148-367-123
辭免翰林學士奏狀附不允詔　1148-368-123
謝宣召入院表前附宣召節次口宣　1148-369-123
（授翰林學士知制誥）謝表　1148-370-123
舉自代奏　1148-370-123
謝衣帶鞍馬表　1148-370-123
辭免兼修國史奏狀附不允詔　1148-371-124
舉李墊賢良不應格待罪箚子　1148-372-124
乞郡箚子附不允詔　1148-372-124

再乞外任劄子附奏謝劄子　1148-373-124
再乞去劄子附不允詔　1148-374-124
第三乞外劄子　1148-375-124
第四乞在外宮觀劄子附不允詔奏謝
　劄子　1148-375-124
謝免轉官劄子附不允詔　1148-376-124
乞宮觀劄子附不允詔奏謝劄子　1148-377-124
辭免禮書兼翰林苑奏狀附不允詔謝
　表　1148-378-124
舉自代奏狀　1148-380-124
謝御書劄子　1148-380-124
謝賜新茶奏狀　1148-381-124
辭免日曆轉官奏狀　1148-381-124
丐外祠劄子附不允詔　1148-381-124
再乞外祠劄子附奏謝劄子　1148-382-124
辭免東宮轉官奏狀附不允詔　1148-383-124
乞宮觀第一劄子附不允詔　1148-384-124
乞宮觀第二劄子附奏謝劄子　1148-384-124
會慶節賀劄　1148-386-124
辭免吏部尚書兼翰林學士承旨奏
　狀附不允詔　1148-386-124
再辭免兼翰林學士承旨奏狀
　附不允詔　1148-386-124
第三辭免兼翰林學士承旨劄子
　附謝表　1148-387-124
舉自代奏狀　1148-388-125
同講筵官辭免進讀三朝寶訓終篇
　轉官奏狀附不允詔　1148-389-125
進謝恩詩表　1148-391-125
同侍從慰皇子魏王薨奏　1148-391-125
乞宮祠劄子附不允詔　1148-392-125
再乞宮祠劄子附奏謝劄子　1148-392-125
辭免參知政事劄子附不允詔　1148-393-125
辭免參知政事表附批答及批答口宣　1148-394-125
謝參知政事表附謝太上皇帝表謝東
　宮牋　1148-395-125
辭免正謝賜衣帶鞍馬劄子　1148-396-125
辭免兼勸局劄子附不允詔　1148-396-125
（生日）謝表前附生日詔　1148-397-125
旱災待罪劄子附不允詔　1148-397-125
乞罷黜表（二則）附御筆　1148-398-125
（四朝史志書成轉官）辭免劄子
　附不允詔　1148-400-126
（四朝史志書成轉官）再辭表附
　批答謝轉官表謝太上皇帝表謝東宮牋　1148-401-126

再乞罷黜劄子附不允詔　1148-403-126
同趙相以下以霖雨待罪劄子
　附不允詔　1148-403-126
乞罷政表附不允詔　1148-404-126
乞通進司收接文字奏　1148-405-126
（生日）謝表前附賜生日詔書　1148-405-126
乞序位李彥穎下劄子（二則）　1148-406-126
辭免知樞密院事劄子附不允詔　1148-406-126
辭免知樞密院事表附批答口宣謝表
　謝太上皇帝表謝東宮牋　1148-407-126
謝明堂加恩表　1148-409-126
乞與王嘉賓換關劄子　1148-410-126
同施樞密以旱災乞罷黜劄子
　附不允詔　1148-411-127
同二府乞罷黜劄子附不允詔　1148-412-127
旱災乞黜表（二則）附御劄不允
　奏謝劄子　1148-412-127
預辭生日性饌奏附御批生日詔謝表　1148-413-127
爲二兄乞再任宮祠劄子　1148-414-127
辭免樞密使劄子附不允詔　1148-415-127
辭免樞密使表附批答　1148-416-127
辭免樞密第二表附批答謝表謝太上
　皇帝表　1148-416-127
（生日）謝表前附生日詔　1148-418-127
賀東宮生辰劄子　1148-419-127
乞令宰臣兼樞密使劄子　1148-420-127
（生日）謝表前附生日詔　1148-420-127
問聖體劄子　1148-420-127
郊祀禮成謝加食邑表附謝太上皇帝
　表謝東宮牋　1148-421-127
免赴正旦入賀劄子　1148-422-127
賀正旦表　1148-422-128
德壽宮慶壽趁赴不及劄子　1148-422-128
請假十日劄子　1148-423-128
謝宣醫劄子　1148-423-128
謝賜藥方劄子　1148-423-128
辭免慶壽轉官加恩劄子附不允詔　1148-423-128
辭轉官加恩表附批答　1148-424-128
辭轉官加恩第二表附批答謝表謝太
　上皇帝表謝東宮牋　1148-424-128
（生日）謝表前附生日詔　1148-427-128
求祠第一劄子　1148-427-128
（求祠）第二三劄子附不允詔　1148-427-128
辭免進書減磨勘劄子　1148-428-128

四庫全書文集篇目分類索引　1373

辭免右丞相劄子附不允詔　1148-429-128
辭免右丞相劄子附東宮劄子　1148-429-128
辭右丞相表附批答　1148-430-128
（辭右丞相）第二辭表附批答謝
　表謝太上皇帝表　1148-431-128
辭免兼職劄子附不允詔　1148-433-128
因陳賈論王謙待罪劄子附不允詔　1148-433-128
夏旱乞罷政劄子附不允詔　1148-433-128
（夏旱乞罷政）第二劄子　1148-434-128
乞罷政表附不允詔　1148-434-128
再同王丞相黃參政乞貶降劄子　1148-435-128
再乞罷政劄子　1148-435-128
辭免生日牲饌劄子　1148-435-128
同王丞相黃參乞減倖劄子　1148-436-128
辭免復倖劄子附不允詔　1148-436-128
辭免誥册寶行禮支賜銀絹劄子　1148-437-129
攝太傅持節前導太上梓官量帶激
　賞庫官會稿設劄子　1148-437-129
光堯梓宮發引慰皇帝表　1148-437-129
光堯梓宮到思陵攢宮安寧奏狀　1148-438-129
三月二十四日奏（問起居）　1148-438-129
三月二十七日奏（問起居）　1148-439-129
永思陵掩攢慰皇帝表　1148-439-129
乞導從虜主還行在奏　1148-439-129
謝傳宣撫問并賜銀合茶藥狀　1148-440-129
未敢乞對劄子　1148-440-129
辭免德壽宮銀絹劄子　1148-440-129
求去劄子　1148-440-129
辭免提舉編修玉牒劄子附不允詔　1148-441-129
再辭免（提舉編修玉牒）劄子　1148-441-129
明堂禮成同宮僚賀東宮劄子　1148-442-129
謝封濟國公表附謝東宮牋　1148-442-129
辭免加恩正謝日攛賜劄子　1148-442-129
乞去劄子　1148-443-129
辭免左丞相劄子附不允詔　1148-443-129
（辭免左丞相）第二劄子附東宮
　劄子　1148-444-129
乞去劄子（四則）附不允詔一則　1148-444-129
辭免左丞相表附批答　1148-446-129
（辭免左丞相）第二辭表附批答
　謝表謝東宮牋　1148-447-129
辭免兼職劄子附不允詔　1148-448-129
辭免少保劄子附不允詔　1148-449-130
辭免表附批答　1148-450-130
再辭免表附批答　1148-450-130

再辭免劄子附不允詔　1148-451-130
第三辭劄子附不允詔　1148-452-130
第四辭劄子附辭免册命劄子允詔　1148-452-130
乞序位在嘉王之下　1148-453-130
謝除少保表　1148-453-130
謝重華宮表　1148-454-130
辭免講堂轉官回授劄子附不允詔　1148-454-130
辭免轉官公據劄子附不允詔　1148-454-130
辭免親饗禮儀使支賜劄子　1148-455-130
乞去劄子　1148-455-130
乞去奏狀附御批　1148-456-130
再乞去劄子　1148-456-130
再乞去奏狀　1148-456-130
辭免除職判潭州劄子附不允詔　1148-457-130
（除職判潭州）再辭表　1148-458-130
同日奏劄　1148-458-130
重華宮奏劄　1148-459-130
乞以元官奉祠并免謝辭劄子　1148-459-130
謝除醴泉觀使表　1148-459-130
重明節賀表　1148-460-130
重華宮會慶節賀表　1148-460-130
冬至節賀表　1148-461-130
年節賀表　1148-462-131
重明節賀表　1148-463-131
重華宮會慶節賀表　1148-463-131
冬至節賀表　1148-463-131
辭免判隆興府劄子附貼黃不允詔　1148-464-131
年節賀表　1148-464-131
再辭免判隆興府第二劄子附允詔　1148-465-131
重明節賀表　1148-466-131
重華宮會慶節賀表　1148-466-131
辭免除觀文殿大學士判潭州劄子
　附不允詔　1148-466-131
再辭免劄子附不允詔　1148-467-131
三辭免劄子　1148-468-131
冬至節賀表　1148-468-131
郊祀禮成賀表　1148-468-131
潭州謝上表　1148-469-131
郊祀謝赦表　1148-469-131
郊祀禮成謝加食邑表　1148-469-131
（高宗加上謚號）賀皇帝表　1148-470-131
（賜銀合膃藥）謝表前附勅書　1148-471-131
（賜曆日）謝表前附賜紹熙三年曆
　日宣　1148-471-131
年節賀表　1148-471-131

史部

詔令奏議類：附錄

奏議上八畫

問聖體箚子	1148-472-131	賀韓皇后册禮表	1148-492-133
賀御殿箚子	1148-472-131	慰慈福上仙表	1148-492-133
辭免復觀文殿大學士箚子附不允詔	1148-472-131	賀瑞慶節表	1148-493-133
辭免復觀文殿大學士表附不允詔		謝郊祀禮成加恩表	1148-493-133
謝表	1148-472-131	謝慶禮支賜奏狀	1148-493-133
（賜銀合夏藥）謝表前附勅書	1148-474-131	賀生皇子表	1148-494-133
降郡公謝表	1148-474-131	慰太上皇后上僊表	1148-494-133
會慶節進銀奏狀	1148-475-131	慰太上皇帝上僊表	1148-494-133
冬至節賀表	1148-475-131	謝明堂禮成加恩表	1148-495-133
丐祠箚子附不允詔	1148-475-131	慰韓皇后上僊表	1148-495-133
（賜銀合臈藥）謝表前附勅書	1148-476-131	謝降官表	1148-495-133
謝賜紹熙四年曆日表	1148-476-131	賀太皇太后加上尊號表	1148-496-133
年節賀表	1148-477-132	賀皇帝表	1148-496-133
誕皇孫賀重華宮表	1148-477-132	賀立楊皇后表	1148-496-133
（誕皇孫）賀皇帝表	1148-478-132	謝復少傅表	1148-497-133
乞宮祠奏（二則）	1148-478-132	賀瑞慶節表	1148-497-133
（賜銀合夏藥）謝表附勅書	1148-479-132	謝郊祀禮成加恩表	1148-497-133
謝復益國公表	1148-479-132	賀瑞慶節表	1148-498-133
乞宮祠奏狀附不允詔	1148-480-132	論荆襄兩淮利害（箚子）	1148-499-134
辭免隆興府奏狀附不允詔	1148-480-132	論州縣行直聽（箚子）	1148-500-134
慈福慶壽賀表	1148-481-132	太上尊號議附再同臺諫申尚書省狀	1148-500-134
（賜銀合臈藥）謝表前附勅書	1148-481-132	舉官狀	1148-501-134
再辭判隆興府奏狀	1148-482-132	修具弊事	1148-502-134
謝醴泉觀使表	1148-482-132	同翰苑給舍議北事狀	1148-505-134
重華上僊慰皇帝表	1148-482-132	論六事箚子	1148-506-134
皇帝登寶位賀表	1148-483-132	論選人關陞後致仕日箚子	1148-507-134
重明節賀表	1148-484-132	論名實賞罰（箚子）	1148-507-134
瑞慶節賀表	1148-484-132	乞元參官依常制（箚子）	1148-508-134
冬至節賀表	1148-484-132	同侍從臺諫議權罷舉主改官狀	1148-508-134
明堂禮成賀表	1148-485-132	論諸路帥臣將副（箚子）	1148-509-135
辭免覃恩轉官奏狀附不允詔	1148-485-132	論人（箚子）	1148-510-135
覃恩辭免轉少傅表附不允詔	1148-486-132	論知縣倅（箚子）	1148-510-135
謝差官賜告奏狀附又手箚	1148-486-132	論縣尉獲賊賞（箚子）	1148-511-135
再辭免覃轉表附不允詔	1148-487-132	論漢儒（箚子）	1148-511-135
乞將覃轉回授（表）	1148-488-132	論聽言責實	1148-512-135
謝明堂禮成加恩表	1148-488-132	論四事（箚子）	1148-512-135
乞致仕表附不允詔	1148-489-133	論治效（箚子）	1148-514-136
（乞致仕）第二表附不允詔	1148-489-133	論人才（箚子）	1148-514-136
（乞致仕）第三表	1148-490-133	論科舉代筆（箚子）	1148-515-136
謝致仕表	1148-491-133	答選德殿聖問奏	1148-515-136
辭免册命奏狀	1148-491-133	論薦舉（箚子）	1148-518-136
孝宗小祥起居表	1148-491-133	論發解考校之弊（箚子）	1148-518-136
賀重明節表	1148-491-133	論時令不正（箚子）	1148-519-136
賀生皇子表	1148-492-133	乞優恤二浙（箚子）	1148-519-136
賀三宮册寶禮成表	1148-492-133	論久任（箚子）	1148-521-137

四庫全書文集篇目分類索引

論歸正人就食諸道（筠子） 1148-522-137
論章服等差（筠子） 1148-522-137
乞依舊存留部關知州軍（筠子） 1148-523-137
論久任邊帥（筠子） 1148-524-137
論軍政（筠子） 1148-524-137
乞改正宣諭聖詔誤字（筠子） 1148-525-137
論任官理財訓兵三事（筠子） 1148-525-137
論馬政（筠子） 1148-528-137
論平茶賊利害（筠子） 1148-529-138
論選人舉狀（筠子） 1148-530-138
同王內翰薦李塾試賢良筠子 1148-530-138
乞儲人才（筠子） 1148-530-138
論架閣庫文字（筠子） 1148-531-138
論添註贛州軍馬（筠子） 1148-532-138
論軍士紀律（筠子） 1148-532-138
論用人二弊（筠子） 1148-533-139
乞詔御藥院關報閣門陞對班次（筠子） 1148-534-139
選擇監司郡守議 1148-534-139
明堂議 1148-535-139
乞立下班祇應遷轉法（筠子） 1148-536-139
乞申嚴謀入溪洞人法（筠子） 1148-537-139
乞取唐仲友尤袤書目筠子 1148-537-139
論先廟後郊筠子 1148-537-139
論開講札子 1148-538-139
乞因久雨親札同赦郵民札子 1148-538-139
薦監司郡守狀 1148-539-139
論任怨（筠子） 1148-539-139
論軍士磨甲（筠子） 1148-540-139
乞逐旋引見改官人（筠子） 1148-540-139
論荊南江陵府號差互（筠子） 1148-540-139
論縣尉捕盜賞格（筠子） 1148-541-139
乞申飭監司精選所部官（筠子） 1148-541-139
繳進李塾詞業狀 1148-542-139
論四維（筠子） 1148-543-140
論州縣官有公罪乞隨事賞罰（筠子） 1148-544-140
乞觶會稽殯宮舊額苗稅（筠子） 1148-545-140
申審放行前宰執舉改官員數筠子 1148-545-140
自敘（筠子） 1148-546-140
乞裁節土木之費（筠子） 1148-546-140
乞申嚴薦舉連坐之法（筠子） 1148-547-140
論官吏躐等數易之弊（筠子） 1148-547-140
乞觶減月樁經捴制錢一年（筠子） 1148-548-140
乞收恤揀汰軍人家屬（筠子） 1148-548-140

論陰雨筠子 1148-548-140
乞詔有司祈雪筠子 1148-549-140
乞州縣選勸賢之後上之國學（筠子） 1148-549-141
乞翰苑御書（筠子） 1148-550-141
乞展限修史（筠子） 1148-550-141
又奏翰苑名稱筠子 1148-550-141
薦林永叔筠子 1148-551-141
薦察官筠子 1148-551-141
論優恤軍士守臣便民五事（筠子） 1148-551-141
論監司帥守接送修費（筠子） 1148-552-141
論犒軍（筠子） 1148-553-141
論監司奏陳所部利害 1148-553-141
論兩進民兵（筠子） 1148-554-141
論孟享拜跪（筠子） 1148-554-141
乞今出令所修諸路諸州未盡賞格（筠子） 1148-555-141
論選人改官立額（筠子 1148-555-141
論文臣轉官書年甲（筠子） 1148-556-141
論史事筠子 1148-556-141
論軍民相毆筠子 1148-556-141
論杜太后家子孫（筠子） 1148-557-141
論解試試官（筠子） 1148-557-141
論臨安府牲牢價錢（筠子） 1148-558-141
論宗官（筠子） 1148-559-142
論明堂筠子 1148-559-142
禮部大常寺議明堂大禮狀 1148-559-142
論安定郡王襲封人（筠子） 1148-560-142
論黜陟郡守（筠子） 1148-561-142
論詳議明堂赦書（筠子） 1148-562-142
論郊賚（筠子） 1148-562-142
論宗室同名（筠子） 1148-563-142
乞廣西二事入赦筠子 1148-563-142
論明堂太廟拜跪筠子 1148-564-142
乞因明堂晴霽警戒（筠子） 1148-565-142
論依字（筠子） 1148-565-142
論差宗室作敎官試官（筠子） 1148-566-143
論戰功王照誤超轉兩資（筠子） 1148-567-143
乞修架閣庫（筠子） 1148-567-143
論刑寺截會奏薦人用片紙回報（筠子） 1148-567-143
論劉洪道贈官（筠子） 1148-568-143
乞指定親民官職筠子 1148-568-143
乞考初元之政（筠子） 1148-569-143
論措置營運（筠子） 1148-570-143

史部

詔令奏議類：附錄

奏議上八畫

史部

詔令奏議類：附錄

奏議上 八畫

論選擇東宮人才爲蜀中監司（笥子） 1148-570-143
論延璽奏薦（笥子） 1148-571-143
論步軍司多差撥將佐往潭州飛虎軍（笥子） 1148-571-143
論著庭不必備官（笥子） 1148-572-143
論宗室省額及臨安奏命官公事批付三省（笥子） 1148-573-143
乞免閩浙收買軍器所牛皮（笥子） 1148-574-144
同趙相王樞因四朝史志成書乞與李燾推恩（笥子） 1148-574-144
論殿宗室換官恩科推恩（笥子） 1148-575-144
論吳飛英赴官遷延（笥子） 1148-576-144
論檢舉諸軍磨勘（笥子） 1148-576-144
乞且令黔州開具思州人所買內地田土（笥子） 1148-576-144
論和糴（笥子） 1148-577-144
論川廣守臣奏事（笥子） 1148-578-144
論四川通判闕歸堂（笥子） 1148-578-144
乞差侍從充社稷九宮壇初獻官（笥子） 1148-578-144
論舒濠守臣奏 1148-579-144
論屯田事合同進呈（笥子） 1148-579-144
乞今四川制置司通知馬政（笥子） 1148-580-144
催薦士降旨（笥子） 1148-580-145
論密白鎭江大敎指揮未穩（笥子） 1148-581-145
論蕭燧吳回轉官（笥子） 1148-581-145
論密院經除文臣帥（笥子） 1148-581-145
論密院經史四川經總制錢（笥子） 1148-582-145
乞錢米修潭州外城笥子 1148-582-145
同諸司列薦陳自修蘇森奏狀 1148-582-145
求言詔回奏前附求言詔 1148-583-145
開元錄回奏 1148-588-146
奏知王濬 1148-588-146
張氏論孟傳御筆回奏前附御筆 1148-589-146
提舉常平御筆回奏前附御筆 1148-589-146
押潘璋往本軍御筆回奏前附御筆 1148-590-146
改配羅允踈回奏 1148-590-146
繳招兵指揮 1148-590-146
四川軍額文字回奏 1148-591-146
奏通經術之士 1148-591-146
鎭江等處軍額回奏 1148-591-146
奏翟安道步帥指揮 1148-591-146
吳珪等轉官回奏 1148-591-146
王惟孝添差回奏 1148-591-146

移飛虎軍御筆回奏 1148-592-146
飛虎軍軍額回奏 1148-592-146
斷配強盜人數回奏 1148-592-146
奏池州副都統郝政施爲未善 1148-592-146
宋亮等差除御筆回奏前附御筆後 附同日回奏 1148-593-146
宣示袁樞奏笥回奏 1148-594-146
獎諭御筆回奏前附御筆 1148-594-146
付下郝政文字回奏 1148-594-146
陳昱差遣回奏 1148-594-146
宣示吳挺御扎回奏 1148-594-146
報行看班祇候御筆回奏前附御筆 1148-595-146
審張詔差除（疏） 1148-595-146
宣示吳挺奏狀回奏 1148-595-146
乞與江州副都統趙永寧轉官（疏） 1148-595-146
殿步帥推恩回奏 1148-596-146
擇代雷世方回奏 1148-596-146
擇鎭江帥御筆回奏前附御筆後附同日口奏 1148-596-146
乞與鎭江都統翟安道轉官 附同日口奏 1148-597-146
擬韓寶轉遙團指揮附同日口奏 1148-597-146
郭鈞差除御筆回奏前附御筆 1148-598-146
劉允中添差回奏 1148-598-146
張薦敍官回奏 1148-598-146
奏知館伴傳旨事 1148-598-146
徐賀差遣回奏 1148-598-146
鎭江衣絹御筆回奏前附御筆 1148-598-146
劉國瑞文字回奏 1148-599-146
議鄂州軍帥御筆回奏前附御筆後 附同日口奏 1148-599-146
宣示蜀帥親扎御筆錄白親扎回奏 1148-600-146
繳進廣西文字御筆回奏前附御筆後 附同日口奏 1148-601-146
付下蔡戡文字回奏 1148-601-147
移義勝軍御筆回奏前附御筆 1148-601-147
繳義勝軍指揮奏 1148-602-147
郭隸笥子回奏 1148-603-147
問金陵統制相爭御筆回奏前附御筆後附錄白指揮 1148-603-147
繳彭昺書草奏附與彭昺書草付下彭昺書草回奏 1148-603-147
繳趙汝誼容目奏附與趙汝誼容目 1148-604-147
張國珍轉官回奏 1148-604-147
問陳侃御筆回奏附御筆 1148-604-147

黎州馬政奏　1148-605-147
移書王卿月等奏　1148-605-147
又欲作書與牛僎王希呂奏附回奏　1148-606-147
繳王卿月等書草附王卿月江溥書草
　牛僎同前不用棋飲却添此段王希呂
　郭鈞雷世賢（書草）回奏　1148-606-147
御批付王蘭奏筠回奏　1148-607-147
李彥穎文字回奏　1148-607-147
雷世賢筠子回奏　1148-607-147
王希呂筠子回奏　1148-607-147
審權步帥（疏）　1148-608-147
論除鎭江都統（疏）　1148-608-147
諸軍衞兵御筆回奏前附御筆　1148-608-147
夏俊弩樣回奏　1148-609-147
李隸別具到闕回奏　1148-609-147
郭鈞彭杲文字回奏　1148-609-147
具王卿月所奏及探金中事宜御筆
　回奏前附御筆　1148-609-147
察劉瑞仁御筆回奏前附御筆　1148-609-147
時佐探報回奏　1148-609-147
奏金星已過曆度　1148-610-147
權收刺殿司子弟御筆回奏前附御筆　1148-610-147
張子習差遣回奏　1148-610-147
蕭哲伯陳乞回奏　1148-610-147
興州具奏　1148-610-147
付下蜀中三帥筠子并錄白御筆回
　奏前附錄白付吳挺御筆興元彭杲奏
　錄白付彭杲御筆金州傳鈞奏錄白傳
　鈞御筆　1148-612-147
郭鈞等文字回奏　1148-613-147
折價文字回奏　1148-613-147
鎭江多槳船回奏　1148-613-147
薛直繳進文字回奏　1148-614-148
延璽殺降御筆回奏前附御筆　1148-614-148
批付朱安國御筆回奏前附御筆　1148-614-148
乞與金陵副都統閣仲賜帶并初除
　諸路都副統制未陞朝者陞朝武
　臣郡守未陞朝許繫紅鞓附貼黃　1148-615-148
擬都副統制陞朝武臣紅鞓指揮回
　奏　1148-616-148
鄭興裔揚帥御筆回奏前附御筆　1148-616-148
繳進蜀中指揮御批回奏前附御批　1148-616-148
論鎭江財賦（疏）　1148-617-148
付下吳挺書草回奏　1148-618-148
付下翟安道文字回奏　1148-618-148
論奏嵩田世雄兩易交割（疏）　1148-618-148
奏留正欲與田世雄轉官　1148-619-148
宣示田世卿等御筆回奏前附錄白
　親筠付郭鈞錄白親筠付田世卿御筆　1148-619-148
達實契丹與兵御筆回奏前附付閣
　仲御筠及御筆　1148-620-148
繳二十一日御筆奏　1148-620-148
宣示付吳挺御筆付留正御筆回奏
　前附御筆　1148-620-148
付趙汝誼筠子回奏前附筠子　1148-621-148
許浦海船置舵師回奏　1148-621-148
旰眙傳聞御筆回奏前附御筆　1148-622-148
付下榮茂宗進狀回奏　1148-622-148
王德探事御筆回奏前附御筆　1148-622-148
審問王德奏　1148-622-148
于嫗間探奏　1148-622-148
付下吳挺筠子回奏　1148-623-148
黃政告身回奏　1148-623-148
習右射御筆回奏前附御筆　1148-623-148
繳留正書奏　1148-623-148
付下留正書回奏　1148-623-148
同兩參回奏附付趙汝愚御筆汝愚奏筠　1148-623-148
統制推恩等御筆回奏前附御筆　1148-624-148
延璽敍官張德元轉官御筆回奏
　前附御筆　1148-624-148
擇人替盛雄飛御筆回奏前附御筆　1148-625-148
張元政左翼軍統領奏　1148-625-148
問慶允恭御筆回奏前附御筆　1148-625-148
衞官請給御筆回奏前附御筆　1148-626-149
楊應龍差遣回奏　1148-626-149
胡斌居住回奏　1148-627-149
蔡必勝接送伴御筆回奏前附御筆　1148-627-149
繳鄂州文字奏　1148-627-149
施行鄂軍御筆回奏前附御筆　1148-627-149
繳進郊祀差官回奏　1148-628-149
宣示郭杲御筆回奏前附御筆　1148-628-149
宣示郭杲札子回奏　1148-628-149
軍中賣酒利害御筆回奏前附御筆　1148-628-149
韓侂胄文字回奏　1148-629-149
彥逾奏賈偉事御筆回奏前附御筆　1148-629-149
乞與雷世賢轉官（疏）　1148-630-149
論權止賀正人使（疏）　1148-630-149
繳內外軍馬分屯更成等籍（疏）　1148-630-149
密院使臣御筆回奏前附御筆　1148-631-149
隆興初軍前幹事入奏　1148-631-149

四庫全書文集篇目分類索引

史部　詔令奏議類：附錄　奏議上八畫

謝謝（射射）文字回奏　1148-631-149
雷與祖文字回奏　1148-631-149
總管堵墻御筆回奏（三則）又御批前奏前附御筆　1148-631-149
堵墻條法御筆回奏前附御筆　1148-632-149
體究鄂軍過當御筆回奏前附御筆　1148-633-149
賈偉行遣當否回奏　1148-633-149
宣示郭呆御翰回奏　1148-633-149
結約夏國御筆回奏前附御筆　1148-633-149
鎭江海船置深水舵回奏　1148-634-149
簽出陞差籍回奏　1148-634-149
殿步帥推恩御筆回奏附擬批指御筆　1148-634-149
韓侂等差遣御筆回奏前附御筆　1148-634-149
黃保躬轉官回奏　1148-635-149
諸軍馬軍敎閱牧放御筆回奏附御筆　1148-635-149
論臨安乞與巡檢推賞附當日御批　1148-635-149
奏謝獎諭　1148-635-149
問金孫年月回奏　1148-636-149
李邦玉請給回奏　1148-636-149
淮南北結集人御筆回奏前附御筆　1148-636-149
王處久復統領御筆金國事勢御筆回奏前附御筆二則　1148-636-149
繳進敵中事宜等奏　1148-636-149
張世興節鉞回奏　1148-637-149
王晟添差回奏　1148-637-149
致仕祿格御筆回奏附御筆同日回奏　1148-638-150
審劉超除目（疏）附貼黃　1148-639-150
論戶部借絹（疏）附回奏擬春衣支價錢指揮　1148-639-150
荊南修城搞設御筆回奏前附御筆　1148-640-150
總所搞設錢數奏　1148-640-150
劉漢臣事節御筆回奏前附御筆　1148-641-150
取見劉漢臣案奏　1148-641-150
太乙宮燒香御筆避殿減膳內批回奏前附御筆內批　1148-641-150
零祀御筆回奏關前附御筆　1148-642-150
罷樞密院御筆回奏（四則）附御批初擬指揮再擬指揮御筆　1148-642-150
陳賈母亡賻贈御筆回奏前附御筆　1148-643-150
高宗服藥乞御後殿附同日御筆七日御筆回奏　1148-644-150
奏孫紹遠差除賑糶減價三事附記一篇　1148-644-150
三省乞改懿節皇后謚（疏）　1148-645-150
乞改送伴牒盛字　1148-646-150
中使傳旨縵服素幘引班回奏附貼黃　1148-647-150
乞付出禮官討論服制（疏）附御批記一則　1148-647-150
資善堂稱呼御筆回奏前附御筆　1148-649-150
沈清臣被責因依御筆回奏前附御筆　1148-649-150
皇太子初開議事堂乞特御殿（疏）　1148-650-150
乞宣諭接伴商量金使弔祭稱呼（疏）附貼黃　1148-651-151
薛叔似等差除當否御筆回奏附御筆　1148-652-151
薄黷妄奏汝愚者御筆回奏前附御筆　1148-652-151
未欲易服御殿御筆回奏前附御筆　1148-652-151
布素終制御筆回奏前附御筆　1148-653-151
改進薦同日御筆中使傳旨又指揮回奏　1148-653-151
乞禮官儀內殿侍從以下朝見奏前附改進京御筆　1148-654-151
繳奏　1148-655-151
王相判郡御筆回奏前附御筆　1148-655-151
王淮鎭院奏　1148-655-151
德壽殿私名推恩御筆回奏前附御筆　1148-655-151
宣示遺補內批回奏前附內批　1148-655-151
宇文价知紹興御筆回奏前附御筆　1148-656-151
檢會罷勸令所回奏　1148-656-151
職事官理任格法御筆回奏前附御筆　1148-656-151
椿積米數文字回奏附貼黃　1148-656-151
改服細布文武金帶趙善悉差除鄂州兵帳御筆回奏前附御筆　1148-656-151
管軍等許繫金帶御筆回奏前附御筆　1148-657-151
曹官差除御筆回奏前附御筆　1148-657-151
熟議北使執禮御筆回奏（二則）前附御筆　1148-658-151
催具詳度北使執禮御筆回奏附御筆　1148-658-151
不應差遣回奏　1148-659-151
進擬金陵守回奏　1148-659-151
僱主殺所雇人回奏　1148-659-151
金帶指揮御筆回奏前附御筆　1148-659-151
趙汝應放罷內批回奏附內批　1148-659-151
支封椿銀回奏　1148-659-151
回東宮翰子附張澈應孟明御筆　1148-660-151
乞作書與趙師罩與劉超商量楚州城壁（疏）　1148-660-151
高宗小祥乞展日視事（疏）附回奏二則　1148-660-151
乞羅點正除太常少卿（疏）　1148-661-151
乞六部長貳堂白翰子　1148-661-151

四庫全書文集篇目分類索引　1379

陸游除郎並朝士薦人御筆回奏
　　附御筆　　　　　　　　　1148-662-152
繳薦士奏 附貼黃二則　　　　1148-663-152
付下元進薦士回奏　　　　　　1148-663-152
留用光合出敕回奏　　　　　　1148-664-152
臣僚奏札御筆付下臣僚札草本回
　　奏附御筆草本　　　　　　1148-664-152
支椿管象牙回奏　　　　　　　1148-665-152
韓同卿別與差遣御筆回奏前附御筆 1148-665-152
韓同卿添差參議回奏　　　　　1148-665-152
商議稱呼及吳環落階官御筆回奏
　　前附御筆　　　　　　　　1148-665-152
詳議林植懇託內批回奏前附內批 1148-666-152
增印會子內批回奏前附內批　　1148-666-152
學士添員御筆回奏前附御筆　　1148-666-152
擬袁樞指揮回奏　　　　　　　1148-667-152
付下袁樞狀回奏　　　　　　　1148-667-152
依條行謝修見勘公事回奏　　　1148-667-152
郭師禹建節回奏　　　　　　　1148-667-152
催印會子回奏　　　　　　　　1148-667-152
敵中機會趙思除侍從御筆回奏
　　前附御筆　　　　　　　　1148-667-152
封椿庫支銀回奏　　　　　　　1148-667-152
不流依例除職內批回奏前附內批 1148-667-152
印造會子付內藏庫回奏　　　　1148-668-152
光宗即位論赦條賞給期限（疏）1148-668-152
支封椿庫會子回奏　　　　　　1148-668-152
支封椿庫銀回奏　　　　　　　1148-668-152
乞付下趙不慢改名札子奏附回奏 1148-668-152
乞差中使賜金國人使御筵（疏）1148-669-152
奏北牌遣留字附回奏　　　　　1148-669-152
奏館伴武臣姓名（疏）　　　　1148-669-152
乞點定皇子封王國奏　　　　　1148-669-152
祭金國文添年號回奏　　　　　1148-670-152
取賀正國書回奏　　　　　　　1148-670-152
付下國書回奏　　　　　　　　1148-670-152
擬浙漕除目奏　　　　　　　　1148-670-152
翊善典故御筆回奏前附御筆　　1148-670-152
擬薛叔似許及之批旨奏劄附批旨 1148-670-152
臺諫員數回奏　　　　　　　　1148-671-152
換國書一句回奏　　　　　　　1148-671-152
乞修今上起居注劄子　　　　　1148-672-153
經筵故事（二十四則）　　　　1148-680-155
辭免皇孫封國公皇孫女封郡主奏 1148-751-162
謝主上表　　　　　　　　　　1148-751-162

明堂禮畢稱賀勞勞記　　　　　1148-753-162
肆赦詔稱賀勞勞記　　　　　　1148-753-162
郊祀端誠殿賀禮畢勞勞記　　　1148-753-162
辭免左丞相進封許國公表（二則）1352-112-3 上
謝宮祠表　　　　　　　　　　1352-239-6 下
謝除吏部尚書兼翰林承旨表　　1382-368-下之1
謝除禮部尚書兼翰林學士表　　1382-368-下之1
中書舍人謝除翰林學士表　　　1382-369-下之1
謝除太府少卿表　　　　　　　1382-369-下之1
謝吏部侍郎表　　　　　　　　1382-370-下之1
謝除禮部侍郎表　　　　　　　1382-370-下之1
太上皇帝上僊慰皇帝表　　　　1382-371-下之1
孝宗登遐慰皇帝表　　　　　　1382-371-下之1
皇太后升遐慰皇帝表　　　　　1382-371-下之1
皇太后升遐慰皇帝表　　　　　1382-372-下之1
皇后上僊慰皇帝表　　　　　　1382-372-下之1
孝宗梓宮啓攢慰皇帝表　　　　1382-372-下之1
顯仁太后發引慰皇帝表　　　　1382-372-下之1
寧宗發引慰皇帝表　　　　　　1382-372-下之1
太皇太后掩殯慰皇帝表（二則）1382-373-下之1
寧宗掩殯慰皇帝表　　　　　　1382-373-下之1
太皇太后掩殯慰皇帝表　　　　1382-374-下之1
太皇太后祔廟慰皇帝表　　　　1382-374-下之1
寧宗祔廟慰皇帝表（二則）　　1382-374-下之1
慰皇帝表　　　　　　　　　　1382-375-下之1
元正慰表　　　　　　　　　　1382-375-下之1
冬至慰表（三則）　　　　　　1382-375-下之1
謝除禮部尚書兼翰林院學士表　1394-447-　4

● 周必正 宋
江東提舉到任謝表　　　　　　1352-200-5 中
● 周弘正 陳
請梁武帝釋乾坤二繫啓 附梁武帝
　　詔答周弘正　　　　　　　1399-634-　3
謝梁元帝賚春秋糊屏風啓　　　1399-635-　3
謝梁元帝賚玉門棗啓　　　　　1399-635-　3
謝勅賚紫鮮啓　　　　　　　　1399-635-　3
謝勅賚烏紗帽等啓　　　　　　1399-635-　3

● 周弘讓 陳
宋齊故事奏　　　　　　　　　1399-637-　3

● 周行己 宋
治道（疏）　　　　　　　　　 434-243- 44
慎微（疏）——論察朋比壅隔之
　　弊　　　　　　　　　　　 438-577-196
法令（疏）——論增修法度　　 439-118-213
上皇帝書（二則）　　　　　　1123-602-　1

代郭守賀嘉禾表　1123-609- 1
代郭守謝復職表　1123-609- 1
●周行先 唐
爲陝州盧中丞請朝覲表　1338-625-606
請朝覲表　1338-629-606
●周表臣 宋
上神宗論灾異不必肆赦（疏）　432-218-100
赦宥（疏）——論灾異不必肆赦疏　439-255-218
●周真一 宋
進古文龍虎經注疏奏箚　1061-537- 附
●周起元 明
題爲僕臣利口飾辯大垂名教事疏　430-260- 上
題爲差船屯擁糧艘滯礙乞速完封典以快輿情以通新運事疏　430-261- 上
題爲銓臣茸旨擅權戀位修怨謹循職掌糾參以肅朝政並祈勅令停推三臣以俟論定以存台綱事疏　430-262- 上
題爲漕屬災重乞速定本折以便新漕事疏　430-263- 上
題爲政柄旁落近習蔽明乞攬乾剛以新盛治事疏　430-264- 上
題爲稅監剝民揩價牣（牣）殺生命事疏　430-266- 上
題爲時政最急乞速俞用以舒輿情事疏　430-267- 上
題爲蜀方物力已竭藩國請求宜裁懇乞軫民瘼收明旨事疏　430-267- 上
題爲銓部職在知人官評要於核實事疏　430-269- 上
題爲摘陳漕河喫緊要務以裨國計事疏　430-270- 上
題爲河道淤潰宜防河工疏築當飭事疏　430-271- 上
奏爲凤疾日增主恩難報乞速賜允放以延殘喘以無慊地方事疏　430-274- 下
題爲織造舊例當循濫需宜節仰冀聖明俯念時詘稍寬物力事疏　430-275- 下
題爲只遞派增太濫地方匱乏難支伏乞聖明查照舊額特允減派以昭節儉以杜浮估事疏　430-277- 下
題爲匠役自有定籍局匠自有定制宜聽有司之核實難憑織監之濫陳乞慎明旨以一政體以安人心事疏　430-278- 下
題爲料銀濫取難徇府佐被誣非罪仰乞聖明酌定數以節歲支并燭虛詞以絕熒聽事疏　430-279- 下
題爲仰懇天恩宥負累之屬吏以恢聖度罷不稱之微臣以定官評事疏　430-282- 下
題爲微臣荷恩有愧屬吏重糢可矜謹因監疏欵閱再申料額之原無減與舊制之必宜遵事疏　430-284- 下
題爲亟興水利以備潦泱以救歲荒以裕國用事疏　430-285- 下
題爲地震再告人事可虞懇乞聖明亟修實政以圖消弭事疏　430-287- 下
題爲留宮災以示警懇乞明主警以弭災事疏　430-288- 下
題爲地震屢告人事可虞懇祈聖明亟修實政慨賜德音以回天變以固根本事疏　430-288- 下
題爲災荒舊通難完地方調停宜亟懇賜酌量題豁以蘇民困以收人心事疏　430-290- 下
題爲恭報地方異常水災事疏　430-291- 下
題爲水患連月不退撫屬無地不下災窮民無食無居萬懇聖慈急勘急賑急觿急折事疏　430-292- 下
題爲水災牛載不消小民觳食堪憫乞照堪報特普弘仁事疏　430-294- 下
題爲乞速分別改折以救危急以便徵輸事疏　430-295- 下
題爲遵照部疏再陳均平之議以安荒民以速漕運事疏　430-296- 下
題爲布征勉盈分數勞吏應宥參罰事疏　430-298- 下
題爲錢糧會計久稽印信簿單不給謹具題責成監司郡邑以振積玩以釐宿弊事疏　430-300- 下
乞振朝綱疏　445-574- 34
乞裁藩邸求請疏　445-579- 34
劾稅監高宷疏　445-580- 34
劾趙煥疏　445-583- 35
再劾監織中涓李實疏　445-628- 37
請興江南水利疏　445-630- 37
請修省以弭災疏　445-631- 37
水災請觿賑疏　445-632- 37
參稅璫高宷疏　530-467- 69

●周斯盛明
發粟救荒疏　　　　　　　　　503-295-111
●周紫芝宋
乞旌表蘇庠箚子　　　　　　1141-343- 49
乞增太學員額箚子　　　　　1141-343- 49
乞禁戢殺子箚子　　　　　　1141-344- 49
爲守臣賀平睦賊表　　　　　1141-374- 53
爲守臣明堂大禮起居表　　　1141-374- 53
爲守臣謝明堂赦書表　　　　1141-375- 53
爲守臣賀淵聖皇帝登極表　　1141-375- 53
爲人皇帝親征起居表　　　　1141-375- 53
爲守臣賀皇太后還宮表　　　1141-376- 53
爲建康府到任謝表　　　　　1141-376- 53
爲人勸上皇帝尊號表　　　　1141-377- 53
進常平免役法表　　　　　　1141-377- 53
興國軍到任謝表　　　　　　1141-378- 53
謝賜曆日表　　　　　　　　1141-378- 53
上皇帝（書）　　　　　　　1141-404- 57
●周懋相明
條議兵食疏　　　　　　　　570-338-29之3
●周遠景劉宋
殷祭用孟秋議　　　　　　　1398-818- 16
●周麟之宋
聖學（疏）　　　　　　　　433-190- 8
治道（疏）——論賞罰名實狀　434-302- 46
法祖（疏）　　　　　　　　435- 16- 69
經國（疏）——論守應之策　　435-561- 91
選舉（疏）　　　　　　　　437-650-169
求言（疏）　　　　　　　　438-682-200
法令（疏）——論禁小報狀　　439-128-213
國史（疏）　　　　　　　　440-789-277
國史（疏）——乞凡與奏對備錄
　所聞授之國史　　　　　　440-790-277
國史（疏）——論禁傳寫先朝實
　錄疏　　　　　　　　　　440-790-277
禦邊（疏）——上封事　　　　442-382-335
論乞修神宗以後寶訓　　　　1142- 18- 3
論乞製造靈芝旗　　　　　　1142- 18- 3
論禁小報　　　　　　　　　1142- 18- 3
論戒守令遵守成法　　　　　1142- 19- 3
論臣僚奏對令備錄聖訓詳盡　1142- 20- 3
論命令必經兩省　　　　　　1142- 20- 3
論禁傳寫先朝實錄　　　　　1142- 21- 3
論變文格　　　　　　　　　1142- 21- 3
論乞進讀本注音切　　　　　1142- 22- 3
論乞與四川進士父母年高者先次
　補官續行照驗　　　　　　1142- 23- 3
論守應之策　　　　　　　　1142- 23- 3
論革續降之弊　　　　　　　1142- 26- 4
論定歸正人補官之法　　　　1142- 27- 4
論放行從軍人磨勘　　　　　1142- 27- 4
論乞置巡綽私渡軍　　　　　1142- 28- 4
論華泉司弊箚子　　　　　　1142- 28- 4
論乞告降下諸州就付老人　　1142- 29- 4
論賞罰名實　　　　　　　　1142- 30- 4
（上）封事　　　　　　　　1142- 30- 4
除起居舍人辭免箚子　　　　1142- 34- 5
辭免差兼實錄院同修撰箚子　1142- 34- 5
辭免同修國史箚子　　　　　1142- 35- 5
辭免除兵部侍郎直學士院箚子　1142- 35- 5
辭免除給事中箚子　　　　　1142- 35- 5
乞宸翰箚子　　　　　　　　1142- 36- 5
乞以御書上石箚子　　　　　1142- 36- 5
辭免除同知樞密院事箚子　　1142- 36- 5
初除乞減支賜銀絹箚子　　　1142- 37- 5
乞在外宮觀箚子（四則）　　1142- 37- 5
輪當轉對奏狀　　　　　　　1142- 38- 5
繳進郊祀慶成詩狀　　　　　1142- 38- 5
辭免翰林學士知制誥奏狀　　1142- 39- 5
辭免修國史奏狀　　　　　　1142- 39- 5
謝宣召入學士院奏狀　　　　1142- 39- 5
辭免兼侍讀奏狀　　　　　　1142- 40- 5
謝賜御書奏狀　　　　　　　1142- 40- 5
繳進封事奏狀　　　　　　　1142- 41- 5
進茶鹽法表　　　　　　　　1142- 41- 6
請皇帝御正殿第一二三表　　1142- 41- 6
賀表　　　　　　　　　　　1142- 42- 6
賀正表　　　　　　　　　　1142- 43- 6
謝除中書舍人表　　　　　　1142- 43- 6
謝除兵部侍郎表　　　　　　1142- 43- 6
進徽宗實錄表　　　　　　　1142- 44- 6
謝除給事中表　　　　　　　1142- 45- 6
謝賜對衣金帶鞍馬表　　　　1142- 45- 6
謝除翰林學士表　　　　　　1142- 45- 6
謝兼侍讀表　　　　　　　　1142- 46- 6
辭免同知樞密院事表　　　　1142- 46- 6
除同知樞密院事謝表　　　　1142- 47- 6
謝賜生餼表　　　　　　　　1142- 48- 7
到筠州謝表　　　　　　　　1142- 48- 7
賀殺獲敵主完顏亮表　　　　1142- 49- 7

車駕巡幸視師起居表　　　　　　1142- 49- 7　　議引河沁二水流　　　　　　　444-439- 50
賀車駕巡幸視師回鑾表　　　　　1142- 50- 7　　●肥　義周
天中節賀表　　　　　　　　　　1142- 50- 7　　禮樂（疏）　　　　　　　　　436-332-118
賀立皇太子表　　　　　　　　　1142- 50- 7　　●邱　樁明
賀皇帝登極表　　　　　　　　　1142- 51- 7　　陳吏治積弊八事疏　　　　　　445-479- 30
賀今上皇帝上太上皇帝尊號表　　1142- 51- 7　　●岳　珂宋
會慶節賀表　　　　　　　　　　1142- 52- 7　　籲天辨誣疏　　　　　　　　　538-515- 76
會慶節賀表　　　　　　　　　　1142- 53- 7　　●岳　飛宋
歸常州謝任使居住表　　　　　　1142- 53- 7　　經國（疏）　　　　　　　　　435-512- 89
今上皇帝賀表　　　　　　　　　1142- 54- 7　　南京上高宗書略　　　　　　　1136-460- 0
上尊號表　　　　　　　　　　　1142- 54- 7　　乞復襄陽劄　　　　　　　　　1136-460- 0
皇后賀皇帝郊祀禮成表　　　　　1142- 91- 12　　乞出師劄（二則）　　　　　　1136-461- 0
●岑　犯周　　　　　　　　　　　　　　　　　辭鎭南軍承宣使第三奏　　　　1136-462- 0
聽言（疏）　　　　　　　　　　438-693-201　　乞侍親疾劄　　　　　　　　　1136-463- 0
●金　鉉明　　　　　　　　　　　　　　　　　辭開府劄子貼黃　　　　　　　1136-463- 0
糾內臣懻諷疏　　　　　　　　　1453-571- 65　　辭開府第四劄子　　　　　　　1136-463- 0
●金　鉄清　　　　　　　　　　　　　　　　　乞止班師詔奏略　　　　　　　1136-464- 0
恭進廣西通志表　　　　　　　　565- 1- 表　　辭宣撫副使劄子　　　　　　　1136-464- 0
請移駐丞佐等官疏　　　　　　　568-385-113　　乞終制劄子　　　　　　　　　1136-464- 0
歸順土州請設流官疏　　　　　　568-393-113　　辭男雲轉三官第二劄子　　　　1136-465- 0
題覆四府人籍考試疏　　　　　　568-394-113　　辭男雲特轉恩命第四劄子　　　1136-465- 0
直隸賓州改隸思恩府疏　　　　　568-399-113　　辭少保第三劄子　　　　　　　1136-465- 0
●金幼孜明　　　　　　　　　　　　　　　　　辭少保第五劄子　　　　　　　1136-466- 0
書楊少傳陳情題本副錄後　　　　1240-866- 10　　辭男雲特轉恩命劄子　　　　　1136-466- 0
百官賀册立皇太子表　　　　　　1240-882- 10　　乞叙立王次翁下第二劄子　　　1136-466- 0
賀嘉禾表　　　　　　　　　　　1240-883- 10　　乞解樞柄第三劄子　　　　　　1136-466- 0
賀平寇表　　　　　　　　　　　1240-883- 10　　辭除兩鎭乞在外宮觀第二劄子　1136-467- 0
謝追封三代表爲安遠柳升作　　　1240-884- 10　　謝講和赦表　　　　　　　　　1136-468- 0
追封謝表爲應城伯孫享作　　　　1240-884- 10　　賀講和表　　　　　　　　　1352- 74-2 上
●金安節宋　　　　　　　　　　　　　　　　　謝講和赦表　　　　　　　　　1394-446- 4
選舉（疏）　　　　　　　　　　437-649-169　　論恢復疏　　　　　　　　　　1403-155-105
論兩淮利害　　　　　　　　　　1375- 83- 4　　謝講和赦表　　　　　　　　　1403-553-138
謝轉一官致仕賜對衣金帶鞍馬表　1375-525- 40　　論恢復疏　　　　　　　　　　1476-226- 12
●金君卿宋　　　　　　　　　　　　　　　　　●岳　濬清
治道（疏）　　　　　　　　　　434- 81- 38　　恭賀瑞麟表　　　　　　　　541-335-35之3
禮樂（疏）　　　　　　　　　　436-375-120　　再賀瑞麟表　　　　　　　　541-336-35之3
選舉（疏）　　　　　　　　　　437-558-165　　請停設安山湖水櫃疏　　　　541-355-35之4
慎刑疏　　　　　　　　　　　　439-211-216　　請德州哨馬營建壩挑河疏　　541-357-35之4
災祥（疏）　　　　　　　　　　441-393-301　　●岳鍾琪清
謝廣東運使表　　　　　　　　　1095-375- 下　　請減丁銀疏　　　　　　　　　556-176- 86
謝再任廣東運使表　　　　　　　1095-375- 下　　●兒　寬漢
江西提刑落權字謝表　　　　　　1095-376- 下　　禮樂（疏）　　　　　　　　　436-335-118
仁宗朝言貢舉便宜事奏狀　　　　1095-376- 下　　封禪（疏）　　　　　　　　　441-221-294
仁宗朝言災異事奏狀　　　　　　1095-378- 下　　封禪對　　　　　　　　　　　1396-420- 11
●金景輝明　　　　　　　　　　　　　　　　　上武帝壽（疏）　　　　　　　1396-420- 11

四庫全書文集篇目分類索引　1383

上改正朔議　1396-420- 11
正朔服色議　1403-650-149
●房　庶宋
律歷（疏）　440-869-280
●房玄齡唐
君德（疏）　433- 13- 1
治道（疏）　433-655- 27
治道（疏）——論理國要道在公
　　平正直　433-655- 27
治道（疏二則）　433-655- 27
守成（疏二則）　436- 3-102
守成（疏）　436- 4-102
務農（疏）　436-175-110
風俗（疏）　436-284-116
用人（疏）　436-619-131
山陵（疏）　436-484-124
用人（疏）　436-619-131
知人（疏）　437-284-154
法令疏——論黨仁弘案　439- 39-209
法令（疏）——房彊以弟謀反當
　　從坐案　439- 39-209
慎刑疏——除斷趾法　439-179-215
征伐（疏）　439-527-229
征伐（疏）——重伐高麗　439-528-229
國史（疏）——對國史何因不令
　　帝王親見問　440-766-276
褒贈（楊震疏）　441- 14-283
封禪（疏）　441-229-394
四裔（疏）　442-535-341
四裔（疏）　442-537-341
諫伐高麗疏　541-344-35之4
遺表　1338-803-626
爲王尚書遺表　1338-805-626
權文公遺表　1338-806-626
諫伐高麗表　1361-868- 8
諫伐高麗疏　1403- 81- 97
　　1417-618- 30
諫發高麗遺疏　1476-100- 6
●延札天澤金
水利（疏）　440-242-253

九　畫

●洪　适宋
荒政（疏）——奏旱災翁子　440- 81-246
災祥（疏）　441-526-306
代宰臣以下謝進徽宗實錄賜宴表　1158-415- 25

代宰臣賀收復河南州縣表　1158-415- 25
代宰臣賀正旦雪表　1158-415- 25
代皇子謝明堂加恩表　1158-416- 25
代普安郡王謝賜第表　1158-416- 25
代邊將謝賜春衣表　1158-417- 25
代狀元以下謝賜中庸篇表　1158-417- 25
唐定襄道行軍大總管破突厥露布　1158-421- 26
唐京畿渭北鄜坊商華兵馬副元帥
　　復京師露布　1158-422- 26
唐淮西行營宣慰處置使克蔡州露
　　布　1158-423- 26
唐伊麗道行軍大總管擒西突厥沙
　　鉢羅可汗露布　1158-424- 26
唐京城東北西行營都統復京師露
　　布　1158-425- 26
唐天下兵馬元帥復東京露布　1158-425- 26
代宰臣以下謝進徽宗皇帝實錄賜
　　獎諭詔表　1158-430- 27
代嗣大理國王修貢表　1158-431- 27
晉征虜將軍征討大都督破符堅露
　　布　1158-431- 27
唐關內兵馬副元帥復京師露布　1158-432- 27
謝賜先臣謚忠宣表　1158-479- 35
代程樞賀南郊禮成表　1158-480- 35
代程樞密賀車駕幸祕書省表　1158-480- 35
代人起居太母回鸞表　1158-481- 35
代宰臣進六曹寺監軍務通用法表　1158-481- 35
代張建康謝賜御製孔子七十二賢
　　像贊表　1158-481- 35
代賀冬至表六　1158-482- 35
代賀正旦表四　1158-483- 35
代賀元會表　1158-484- 35
代天申節賀表二　1158-484- 35
代天申節貢銀狀　1158-484- 35
代謝賜歷日表二　1158-484- 35
代張提舉謝立祖廟表　1158-485- 36
代陳饒州謝到任表　1158-486- 36
代魏吉州謝上表　1158-486- 36
代辰州守謝到任表　1158-487- 36
代福州守謝到任表　1158-487- 36
代雷州守謝到任表　1158-488- 36
代謝赦文　1158-488- 36
荊門謝到任表　1158-488- 36
賀郊祀表　1158-489- 36
謝赦表　1158-489- 36

四庫全書文集篇目分類索引

史部

詔令奏議類：附錄

奏議上九畫

賀皇帝慶皇太后八十表	1158-489- 36	謝賜衣帶鞍馬表	1158-504- 38
代賀皇帝表	1158-490- 36	辭免簽書樞密院表	1158-505- 39
賀天申節表	1158-490- 36	謝表	1158-505- 39
天申節貢銀狀	1158-491- 36	德壽宮謝表	1158-505- 39
謝賜紹興二十九年曆日表	1158-491- 36	謝賜生日生餼表	1158-506- 39
謝賜御製損齋記表	1158-492- 37	辭免參知政事表	1158-506- 39
知徽州謝到任表	1158-493- 37	謝表	1158-506- 39
謝赦表	1158-493- 37	德壽宮謝表	1158-507- 39
大行皇太后上仙慰表	1158-493- 37	辭免除右僕射兼樞密使第二三表	1158-507- 39
顯仁皇太后祔廟慰表	1158-493- 37	謝（免除右僕射兼樞密使）表	1158-508- 39
謝賜紹興三十年曆日表	1158-494- 37	謝公詞表	1158-508- 39
賀立皇子建王表	1158-494- 37	紹興府謝到任表	1158-509- 39
謝賜御書手詔表	1158-494- 37	朝永祐陵表	1158-509- 39
謝賜紹興三十一年日曆表	1158-494- 37	諸后攢宮表	1158-509- 39
提舉浙西常平謝到任表	1158-495- 37	謝賜銀合臘藥表	1158-510- 39
代朱丞相第三辭免表	1158-495- 37	謝賜曆日表二	1158-510- 39
江東常平謝到任表	1158-495- 37	謝賜夏藥表	1158-510- 39
欽宗皇帝升遐慰表	1158-496- 37	安恭皇后上僊慰表	1158-510- 39
賀明堂禮成表	1158-496- 37	謝郊祀禮成加恩表	1158-511- 40
明堂貢銀狀	1158-496- 37	謝賜銀合臘藥表	1158-511- 40
謝赦表	1158-496- 37	謝提舉臨安府洞霄宮表	1158-512- 40
賀誅完顏亮表	1158-497- 37	賀天申節表	1158-512- 40
車駕視師起居表	1158-497- 37	賀郊祀禮成表	1158-512- 40
謝賜紹興三十二年曆日表	1158-497- 37	賀（皇帝）太上皇帝加尊號表	1158-513- 40
提刑司謝賜曆日表	1158-497- 37	兩宮加尊號賀皇帝表	1158-513- 40
車駕回臨安起居表	1158-498- 37	（立皇太子）賀皇帝表	1158-513- 40
欽宗皇帝祔廟慰表	1158-498- 37	謝郊祀加恩表	1158-514- 40
欽宗皇帝小祥慰表	1158-498- 37	會慶節賀表	1158-514- 40
顯仁皇后大祥慰表	1158-498- 37	天申節賀表	1158-514- 40
戶部員外郎淮東總領供職謝表	1158-499- 38	謝加恩表	1158-514- 40
太上皇帝內禪賀表	1158-499- 38	賀皇帝表	1158-515- 40
皇帝登寶位賀表	1158-499- 38	太上慶七十賀皇帝表	1158-515- 40
登寶位貢銀狀	1158-499- 38	謝慶壽加恩表	1158-516- 40
謝登極赦書表	1158-500- 38	賀會慶節表	1158-516- 40
賀皇帝上太上尊號表	1158-500- 38	賀立皇后表	1158-516- 40
賀會慶節表	1158-500- 38	謝加恩表	1158-517- 40
謝賜隆興元年曆日表	1158-500- 38	賀明堂表	1158-517- 40
賀天申節表	1158-501- 38	遺表	1158-517- 40
又（欽宗大祥）慰皇帝表	1158-501- 38	論人戶差役箚子附貼黃	1158-518- 41
賀會慶節表	1158-501- 38	乞勿繫大獄千證人箚子	1158-518- 41
賀立皇后表	1158-501- 38	乞許逃業子孫贖產箚子	1158-519- 41
謝除司農少卿表	1158-502- 38	乞罷諸路抵當庫箚子	1158-520- 41
謝賜隆興二年曆日表	1158-503- 38	乞添總領江浙財賦字箚子	1158-520- 41
謝中書舍人表	1158-503- 38	乞令漕臣備辦饋運舟船箚子	1158-521- 41
謝宣召入學士院表	1158-503- 38	過江催發米綱箚子	1158-521- 41

四庫全書文集篇目分類索引

過江措置津運劄子　1158-522- 41
支解圍軍兵糧設劄子　1158-523- 41
招安海賊劄子（三則）　1158-524- 42
會計軍儲劄子　1158-526- 42
戍兵請給驅磨阻滯劄子　1158-526- 42
論招軍之弊劄子　1158-527- 42
論東人來歸事宜劄子　1158-528- 42
納供軍綱目劄子　1158-528- 42
轉對劄子　1158-528- 42
禮部論王振服色劄子　1158-529- 42
同周操殿院乞對劄子　1158-530- 43
討論環衞官劄子　1158-530- 43
有撰述文字乞奏對劄子　1158-533- 43
乞改定樂章劄子　1158-533- 43
乞進昨德壽宮劄子　1158-533- 43
論郊回用樂劄子　1158-534- 43
乞減樂員劄子　1158-534- 43
乞刺壯健乞句人劄子　1158-534- 43
乞措置海道劄子　1158-535- 43
乞降親征詔書劄子　1158-535- 43
進視師詔劄子　1158-535- 43
請祠劄子　1158-535- 43
辭免兼直院劄子（二則）　1158-535- 43
乞龍中書舍人劄子　1158-537- 44
論邊事劄子　1158-537- 44
改定德音貼黃　1158-538- 44
論國書劄子　1158-538- 44
辭兼中書舍人劄子　1158-538- 44
辭免簽書樞密院劄子　1158-538- 44
辭免賜衣帶劄子　1158-539- 44
乞贈高祖劄子附貼黃　1158-539- 44
乞寢贈典劄子　1158-539- 44
乞罷第一二劄子　1158-539- 44
辭免參知政事劄子　1158-540- 44
論湖北軍需劄子　1158-541- 44
進太子册文劄子　1158-541- 44
納密院寨關劄子　1158-541- 44
辭免兼同知樞密院劄子　1158-542- 44
辭免撰太子册文賜銀絹劄子　1158-542- 44
辭免撰太子册禮支賜銀絹四百八
　十匹兩第一二劄子　1158-542- 44
辭免提舉玉牒劄子　1158-542- 44
乞出第一二三劄子　1158-543- 45
辭免除右僕射兼樞密使劄子　1158-544- 45
乞薦舉監司郡守劄子　1158-545- 45

以霖雨乞罷政第一二劄子　1158-545- 45
再乞罷任劄子　1158-546- 45
辭免觀文殿學士第一二劄子　1158-546- 45
辭免知紹興府第一二劄子　1158-547- 45
除紹興第一至四手劄子　1158-547- 45
到任手劄子　1158-548- 45
請祠劄子　1158-549- 46
秀王夫人覃慰劄子　1158-549- 46
慰莊文皇太子奏劄　1158-549- 46
請祠第一二劄子　1158-549- 46
自勉劄子　1158-550- 46
奏水潦劄子　1158-551- 46
再奏被水人戶劄子　1158-551- 46
試驗揀汰人劄子　1158-552- 46
再請祠劄子　1158-552- 46
謝宮觀劄子　1158-552- 46
奏旱災劄子附貼黃　1158-553- 46
劾管珍奏劄　1158-554- 46
繳太史局轉官劄子　1158-555- 47
繳侯進詞頭劄子　1158-556- 47
繳王之望結局轉官劄子　1158-556- 47
繳李迴差遣劄子　1158-557- 47
繳王若鈍用居廣恩例劄子　1158-557- 47
繳巫仅召命劄子　1158-557- 47
繳汪汝嘉等差遣劄子　1158-558- 47
繳趙密恩數劄子　1158-558- 47
繳莫汲編修官劄子　1158-559- 47
繳余堯弼職名劄子　1158-559- 47
繳莫汲計議官劄子　1158-560- 47
繳張訓通復官劄子　1158-561- 48
繳秦塤宮觀劄子　1158-561- 48
繳潘粹卿恩澤劄子　1158-562- 48
繳梁俊彥推賞劄子　1158-562- 48
繳沈介不允詔劄子附貼黃　1158-563- 48
繳薛良朋等賑濟賞劄子　1158-563- 48
繳王彥宣借人劄子　1158-564- 48
再繳韓彥古劄子附貼黃　1158-565- 48
繳馬監官轉官劄子　1158-565- 48
荊門軍奏便民五事狀　1158-567- 49
荊門應詔奏寬恤四事狀　1158-572- 49
謝宣示御書臨帖狀　1158-574- 50
徽州除浙西提舉赴闕奏方庚狀　1158-574- 50
乞進賀誅敵將表奏狀　1158-575- 50
條陳恢復事宜奏　1158-575- 50
太祖皇帝御書奏狀　1158-576- 50

史部

詔令奏議類：附錄

奏議上九畫

水災應詔奏狀　　　　　　　　1158-576- 50　　赦宥（疏）　　　　　　　　　439-261-218
辭免中書舍人奏狀　　　　　　1158-578- 50　　兵制（疏）——乞精選間諜箚子　439-365-222
舉自代奏狀　　　　　　　　　1158-578- 50　　兵制（疏）——乞存留揀中禁軍
辭免奉使轉官奏狀　　　　　　1158-579- 50　　　箚子　　　　　　　　　　　439-399-224
辭免除翰林學士奏狀　　　　　1158-579- 50　　兵制（疏）——論軍士展倖箚子　439-400-224
舉自代奏狀　　　　　　　　　1158-579- 50　　征伐（疏）——論制敵定計箚子　439-650-234
謝除敷文閣直學士表　　　　　1352-158-4 中　　任將（疏）——薦劉汜狀　　　　439-760-238
●洪　皓宋　　　　　　　　　　　　　　　　　任將（疏）——薦李寶狀　　　　439-760-238
知饒州謝表　　　　　　　　　516-734-114　　任將（疏）——薦劉澤奏狀　　　439-760-238
乞不發遣趙彬等家屬箚子　　　1133-415- 4　　任將（疏）——論選擇將帥箚子　439-798-240
辭免直學士院狀　　　　　　　1133-416- 4　　馬政（疏）——論買馬博易箚子　439-839-242
進金國文具錄箚子　　　　　　1133-416- 4　　荒政（疏二則）　　　　　　　　440-100-247
又跋金國文具錄箚子　　　　　1133-420- 4　　荒政（疏）——乞倚閣饒州南康
●洪　適宋　　　　　　　　　　　　　　　　　　軍夏稅箚子　　　　　　　　440-101-247
郊廟（疏）　　　　　　　　　433-536- 22　　荒政（疏）——奏饒州南康軍旱
●洪　遵宋　　　　　　　　　　　　　　　　　　災箚子　　　　　　　　　　440-101-247
法祖（疏）　　　　　　　　　435- 22- 69　　荒政（疏）——奏張運助饒州賑
守成（疏）——進故事　　　　　436- 7-102　　　濟箚子　　　　　　　　　　440-102-247
仁民（疏）——乞放免崑山縣隱　　　　　　　　荒政（疏）——奏收養童幼箚子　440-102-247
　戶田賦箚子　　　　　　　　436-130-108　　荒政（疏）——奏乞借椿管錢收
田制（疏）——論限田箚子　　　436-201-112　　　糴浙西米箚子　　　　　　　440-103-247
用人（疏）——薦王珏奏狀　　　437- 32-143　　荒政（疏）——奏乞借江西米箚
用人（疏）——薦用林珀　　　　437- 33-143　　　子　　　　　　　　　　　　440-103-247
用人（疏）——薦胡璉　　　　　437- 34-143　　賦役（疏）——論被水人戶折科
用人（疏）——舉監司郡守　　　437- 64-144　　　疏　　　　　　　　　　　　440-347-258
用人（疏）——薦梁公永程渭老　　　　　　　　經籍（疏）——乞訪遺書箚子　　440-754-275
　箚子　　　　　　　　　　　437- 64-144　　國史（疏）——乞經筵編聖語狀　440-784-277
用人（疏）——舉邵宏淵箚子　　437- 65-144　　國史（疏）——乞修起居注箚子　440-785-277
用人（疏）——舉趙撙郭剛箚子　437- 65-144　　國史（疏）——乞修續會要箚子　440-785-277
選舉（疏二則）　　　　　　　437-659-169　　褒贈（張俊疏）　　　　　　　　441- 31-284
賞罰（疏）——經筵進故事　　　438-405-188　　災祥（疏）——論禜雨思所當戒
賞罰（疏）——乞皇太后慶八十　　　　　　　　　箚子　　　　　　　　　　　441-507-305
　增恩數箚子　　　　　　　　438-406-188　　災祥（疏）——乞禁奏祥瑞疏　　441-508-305
賞罰（疏）——論李文會　　　　438-406-188　　禦邊（疏）——論采石水軍箚子　442-405-336
賞罰（疏）　　　　　　　　　438-419-189　　●洪　擬宋
節儉（疏）——經筵進故事　　　438-482-192　　災祥（疏）　　　　　　　　　　441-505-305
節儉（疏）——進故事　　　　　438-483-192　　●洪　邁宋
戒逸欲（疏）——經筵進故事　　438-540-195　　減貢金箚子　　　　　　　　　　517- 5-115
戒逸欲（疏）——進故事（尚書　　　　　　　　重華宮投進箚子附貼黃　　　　1349- 3- 附
　無逸圖）　　　　　　　　　438-540-195　　謝除知太平州表　　　　　　　1352-179-5 上
謹名器（疏）——乞塞僥倖箚子　438-630-198　　謝上表　　　　　　　　　　1382-365-下之1
求言（疏）——乞修注官經筵奏　　　　　　　　饒州謝上表　　　　　　　　1382-365-下之1
　事箚子　　　　　　　　　　438-681-200　　建康謝上表　　　　　　　　1382-366-下之1
求言（疏）——經筵進故事　　　438-681-200　　●洪　熹（等）宋
聽言（疏）——進故事　　　　　438-830-205　　郊廟（疏）　　　　　　　　　　433-547- 22

●洪天錫宋
去邪（疏）——勸董宋臣謝堂厲
　文翁　　　　　　　　　　438-339-186
●洪中孚宋
論伐遼箚子　　　　　　　1375- 65- 3
●洪咨夔宋
治道（疏）　　　　　　　　434-763- 64
用人（疏）　　　　　　　　437-181-150
（進）故事（二十一則）　　1175-166- 7
范丞相謝表跋　　　　　　1175-316- 30
●洪彥昇宋
法令（疏）　　　　　　　　439-119-213
●洪朝選明
條山東疏　　　　　　　　　530-466- 69
●洪芹俞宋
君德（疏）　　　　　　　　433-123- 5
聖學（疏）　　　　　　　　433-230- 9
經國（疏）——進故事　　　435-742- 98
仁民（疏）——進故事疏　　436-157-109
用人（疏）——進故事　　　437-221-151
求賢（疏）——進漢武帝順帝故
　事　　　　　　　　　　　437-269-153
選舉（疏）　　　　　　　　437-694-170
賞罰（疏）附貼黃　　　　　438-426-189
勤政（疏）——進故事　　　438-450-190
謹名器（疏）——進故事　　438-636-198
聽言（疏）——進故事　　　438-870-207
征伐（疏）——進故事奏（二則）439-671-235
任將（疏）——進故事　　　439-819-241
賦役（疏）——進履畝而稅故事　440-375-259
理財（疏）——不奉令行青苗法
　自勸疏　　　　　　　　　440-597-269
理財（疏）——進故事　　　440-705-273
災祥（疏）——進故事　　　441-687-313
●姜　咸元
征伐（疏）　　　　　　　　439-682-235
●姜士昌明
請召還言事諸臣疏　　　　　445-572- 34
●施　琅清
請留臺灣疏　　　　　　　　530-471- 69
●施師點宋
謝轉官表　　　　　　　1352-223-6上
●施閏章清
擬平滇黔露布　　　　　　1313-301- 25
●施敬本唐

封禪（疏）　　　　　　　　441-230-294
●郎　茂隋
勸宇文愷于仲文奏　　　　1400-367- 7
●郎　顗漢
災祥（疏）　　　　　　　　441-270-296
弭災數事疏　　　　　　　1360-172- 9
乞徵黃瓊李固并消弭書　　1360-261- 15
上順帝論災異章　　　　　1397-255- 12
對尚書七事　　　　　　　1397-256- 12
對臺詰前附臺詰郎顗　　　1397-259- 12
薦黃瓊李固並陳消災之術四事書　1397-260- 12
上弭災書　　　　　　　　1402-466- 71
上災異章　　　　　　　　1403-435-123
條對七事　　　　　　　　1403-608-144
對臺詰辭　　　　　　　　1403-644-148
上災異封事　　　　　　　1417-390- 19
●郎廷佐清
請議鑄餉疏　　　　　　　　517-107-118
●度　正宋
郊廟（疏）——論宗廟之制　433-546- 22
重明節賀表　　　　　　　1170-181- 5
瑞慶節賀表　　　　　　　1170-181- 5
謝磨勘表　　　　　　　　1170-181- 5
謝宣賜歷日表　　　　　　1170-182- 5
懷安到任謝表　　　　　　1170-182- 5
重慶到任謝表　　　　　　1170-183- 5
代吳侍郎謝到任表　　　　1170-184- 5
進奉銀絹狀　　　　　　　1170-185- 5
進金鐵狀　　　　　　　　1170-185- 5
進上皇太子文集狀　　　　1170-185- 5
權攝憲舉晏亞夫遺逸奏狀　1170-185- 5
條奏便民五事　　　　　　1170-187- 6
重慶府到任條奏便民五事　1170-192- 6
●封　軌北魏
郊廟（疏）——議明堂制度　433-365- 15
●封　倫唐
四裔（疏）　　　　　　　　442-531-341
●封　裕前燕
上慕容皝書　　　　　　　　496-791-117
●封德彝唐
封建（疏）　　　　　　　　436- 41-104
樂疏　　　　　　　　　　　436-546-127
用人疏　　　　　　　　　　436-620-131
選舉（疏）　　　　　　　　437-499-163
●垣崇祖劉宋

乞假名號啓（明帝）　1398-841- 17
●胡　宏宋
經國（疏）　435-508- 89
上光堯皇帝書　1137-103- 2
題孫判監奏稿　1137-172- 3
●胡　松明
陳邊務疏　445-396- 25
爲請專勅嚴經略疏　517- 86-117
爲請設江防守備以重上流疏　517- 88-117
核屯成疏　549-148-186
●胡　直明
書大司馬許默齋公錄襄毅公草書後　1287-434- 18
謝欽賞疏　1287-489- 20
祈行久任疏　1287-490- 20
乞休疏　1287-491- 20
●胡　宣明
救荒疏　538-521- 76
●胡　建漢
斬監御史奏附武帝報胡建制　1396-423- 11
●胡　寅宋
治道（疏三則）　434-335- 48
經國（疏）——進萬言書箚子　435-428- 86
經國（疏二則）　435-444- 86
學校（疏）　436-255-115
喪禮（疏）　436-468-124
用人（疏二則）　437- 28-143
建官（疏四則）　437-468-162
去邪（疏）——論朱勝非疏　438-251-182
去邪（疏）——繳劉個復秘閣修撰疏　438-257-183
去邪（疏）——繳許宜卿爲桃源令疏　438-258-183
去邪（疏）——論吳开莫儔徐秉哲疏　438-258-183
去邪（疏）——繳傳雩用赦量移疏　438-259-183
賞罰（疏）　438-417-189
謹名器（疏）——論馮益見任昭宣使　438-628-198
求言（疏）　438-680-200
法令（疏二則）　439-121-213
崇儒（疏）　440-729-274
褒贈（范正國疏）　441- 34-284
災祥（疏）　441-517-306

除中書舍人謝表　1137-347- 6
除集英殿修撰知邵州謝表　1137-348- 6
除徵猷閣待制謝表　1137-348- 6
嚴州到任謝表　1137-349- 6
駕幸建康問起居表　1137-349- 6
永州到任謝表　1137-349- 6
代家君除寶文閣直學士賜銀絹謝表　1137-350- 6
代先公遺表　1137-350- 6
賜先公銀絹謝表　1137-351- 6
辭免賜田蒙降詔允謝表　1137-351- 6
辭徵猷閣直學士知永州恩命蒙降詔不允謝表　1137-352- 6
永州到任謝表　1137-352- 6
乞宮祠降詔不允謝表　1137-353- 6
除提舉江州太平觀謝表　1137-353- 6
册立皇后賀表　1137-354- 6
致仕謝表　1137-354- 6
進先公文集表　1137-354- 6
落職謝表　1137-355- 6
散官安置謝表　1137-355- 6
自便謝表　1137-356- 6
復官職謝表　1137-357- 6
代劉待制遺表　1137-357- 6
代向直閣復職除湖北憲謝表　1137-358- 6
代范漕移湖北漕謝表　1137-358- 6
辭免起居郎奏狀　1137-385- 9
辭免起居郎奏狀及第二狀　1137-385- 9
辭免再除起居郎奏狀及第二狀　1137-386- 9
應詔薦監司郡守奏狀　1137-386- 9
舉王蘋自代奏狀　1137-388- 9
中書舍人乞出奏狀及第二狀　1137-388- 9
待罪狀　1137-389- 9
辭免徵猷閣待制奏狀及第二三狀　1137-389- 9
乞宮觀奏狀　1137-390- 9
辭免徵猷閣待制奏狀　1137-390- 9
永州辭免召命奏狀第二三四狀　1137-391- 9
辭免禮部侍郎兼侍講奏狀　1137-392- 9
辭免徵猷閣直學士知永州奏狀及第二狀　1137-392- 9
進萬言書箚子　1137-395- 10
謝御札促召家君箚子附御札　1137-397- 10
乙卯上殿箚子　1137-398- 10
輪對箚子（十三則）　1137-399- 10

轉對箚子　　　　　　　　　　　1137-405- 10
論遣使箚子 附貼黃　　　　　　1137-410- 11
再論遣使箚子　　　　　　　　　1137-412- 11
論衡州修城箚子 附貼黃　　　　1137-415- 11
論湖南漕不歸司箚子　　　　　　1137-415- 11
請行三年喪箚子　　　　　　　　1137-416- 11
乞回避呂頤浩張守呂祉箚子
　　附貼黃　　　　　　　　　　1137-419- 11
戊午上殿箚子　　　　　　　　　1137-420- 11
乞宮觀箚子　　　　　　　　　　1137-421- 11
辭免直學士院箚子　　　　　　　1137-422- 11
乞春秋傳序箚子　　　　　　　　1137-422- 11
議服箚子　　　　　　　　　　　1137-422- 11
宮祠箚子（二則）　　　　　　　1137-424- 11
繳傳霈用赦量移（疏）　　　　　1137-469- 15
繳湖南勘劉式翻異（疏）　　　　1137-470- 15
繳程千秋乞不以有無拘礙奏辟縣
　　令（疏）　　　　　　　　　1137-471- 15
繳宣諭官明豪乞封龍母五子（疏）1137-471- 15
繳岑朝殺妹該赦（疏）　　　　　1137-472- 15
繳吳开逐便（疏）附貼黃　　　　1137-472- 15
繳內侍馮益轉官（疏）　　　　　1137-473- 15
繳資善堂畫一內未有先聖（疏）　1137-473- 15
繳劉個復祕閣修撰（疏）　　　　1137-474- 15
繳韶倈宋普根括田產減年（疏）　1137-474- 15
繳都督府辟范希苟充廣西經撫庫
　　官（疏）　　　　　　　　　1137-475- 15
繳戶部乞拘收湖南應副岳飛錢糧
　　（疏）　　　　　　　　　　1137-476- 15
繳湖北漕司辟許宜卿爲桃源令（
　　疏）　　　　　　　　　　　1137-476- 15
繳馮躬厚特補蔭（疏）　　　　　1137-477- 15
繳郭東知台州（疏）　　　　　　1137-477- 15
繳劉嶽潼川府提刑（疏）　　　　1137-478- 15
繳范正國除廣西提刑（疏）　　　1137-478- 15
繳王義叔黃願李膺復職（疏）　　1137-479- 15
繳朱勝非從吉宮祠（疏）　　　　1137-480- 15
再論朱勝非（疏）　　　　　　　1137-480- 15
上皇帝萬言書　　　　　　　　　1137-486- 16
進先公文集序　　　　　　　　　1137-542- 19
進先公文定公文集表　　　　　　1352-102-2 下
遺表　　　　　　　　　　　　　1352-280-7 下
上皇帝萬言書　　　　　　　　　1354-266- 33
論遣使箚子　　　　　　　　　　1354-279- 34
再論遣使箚子　　　　　　　　　1354-281- 34

論遣使箚子　　　　　　　　　　1359-210- 29
再論遣使箚子　　　　　　　　　1359-212- 29
請持三年之服疏　　　　　　　　1403-158-106
進萬言書箚子　　　　　　　　　1404-173-174
再論遣使箚子　　　　　　　　　1404-174-174
● 胡　宿宋
上仁宗乞罷禱祠立副君（疏）　　431-342- 31
上仁宗論兖國公主議行明禮（疏）431-362- 33
上仁宗論臺官事有旨詰責（疏）　431-628- 51
上仁宗論葛懷敏復內侍名職（疏）431-746- 61
上仁宗論修火祀（疏）　　　　　432-131- 91
郊廟（疏）　　　　　　　　　　433-454- 19
儲嗣（疏）　　　　　　　　　　435- 98- 73
內治（疏）　　　　　　　　　　435-136- 74
祭禮（疏）　　　　　　　　　　436-513-126
論祀九宮貴神奏　　　　　　　　436-514-126
論太湖登在祀典狀　　　　　　　436-514-126
乞留三御史（疏）　　　　　　　436-713-134
建官（疏）　　　　　　　　　　437-418-160
選舉（疏三則）　　　　　　　　437-557-165
聽言（疏）　　　　　　　　　　438-751-202
聽言（疏）——乞廢言責實時有
　　懲勸疏　　　　　　　　　　438-756-202
征伐（疏）——論征蠻奏　　　　439-561-230
褒贈（疏）——乞爲晉太傅謝安
　　置守家禁樵採表　　　　　　441- 19-283
近習（疏）　　　　　　　　　　441-180-292
災祥（疏）　　　　　　　　　　441-383-300
禦邊（疏）——論河北備邊事宜
　　合分滄隸爲一路　　　　　　442-220-329
禦邊（疏）——論邊界守約束　　442-221-329
禦邊（疏）——論邊事　　　　　442-222-329
論郊丘定配（奏）　　　　　　1088-666- 7
論詳定官制（奏）　　　　　　1088-667- 7
論龍上元放燈（奏）　　　　　1088-669- 7
論人使詣塔燒香（奏）　　　　1088-669- 7
論臣僚進對密陳機事即時外傳乞
　　賜防閑（奏）　　　　　　1088-669- 7
論楊懷敏不當除內侍都知（奏）1088-670- 7
乞楊安國改官（奏）　　　　　1088-670- 7
論差三館都監不合辟（奏）　　1088-671- 7
繳進李康侯廣律判辭（奏）　　1088-671- 7
論殿試攷校（奏）　　　　　　1088-671- 7
論換巡尉（奏）　　　　　　　1088-672- 7
論弓手替換（奏）　　　　　　1088-672- 7

1390　　　　　　　　四庫全書文集篇目分類索引

史部

詔令奏議類：附錄

奏議上九畫

論北界點集事宜（奏）	1088-673- 7
論詰責言官言事涉後宮之親(奏)	1088-673- 7
論兗國公主議行册禮（奏）	1088-673- 7
論太湖登在祀典（奏）	1088-674- 7
論伐鼓于社當在正陽之月（奏）	1088-674- 7
同劉敞孫抃論四后配食（奏）	1088-675- 7
論征蠻	1088-676- 8
乞留三御史箚子	1088-677- 8
乞慎選省府推判官提點刑獄	1088-677- 8
論除授宿衞帥臣	1088-678- 8
論河北邊備事宜	1088-678- 8
論邊界守約束	1088-678- 8
論西夏事宜	1088-679- 8
論邊事	1088-680- 8
辭免尚書禮部侍郎箚子	1088-681- 8
舉臺官狀	1088-681- 8
乞楊開充大理少卿狀	1088-682- 8
兼侍讀學士舉官自代狀	1088-682- 8
論增經術取士額狀	1088-682- 8
代中書密院傳法院罷堂奏狀	1088-683- 8
奉使北朝先狀	1088-683- 8
代中書詔定大樂名議	1088-683- 8
代中書密院覆議大樂名狀	1088-685- 8
中書賀南郊祥瑞表	1088-686- 9
代中書樞密院賀司天臺奏壽星見表	1088-687- 9
賀奉安三聖御容表	1088-687- 9
代僕射寇相讓恩第一二表	1088-688- 9
代宋狀元謝及第表	1088-689- 9
湖州到任表	1088-690- 9
蘇州到任表	1088-690- 9
兩浙運使謝上表	1088-691- 9
代趙漕謝轉運副使表	1088-692- 9
改左司郎中表	1088-692- 9
轉官乞回贈祖父母表	1088-693- 9
代中書樞密院陳乞御製明堂樂章表	1088-694-10
代中書樞密院乞乾元節用樂第一二表	1088-695-10
湖州乞爲太傅謝安置守家禁樵採表	1088-696-10
代中書謝詔書止絕內降表	1088-697-10
代中書樞密院謝瑞竹圖表	1088-697-10
代中書謝改官表	1088-698-10
謝赦設表	1088-699-10
辭免翰林侍讀學士表	1088-699-10
謝翰林侍讀學士表	1088-699-10
授侍讀學士舉官自代表	1088-700-10
謝宣召入院充學士表	1088-700-10
舉呂溱王洙自代表	1088-701-10
代中書謝爲伏日早歸第表	1088-701-10
代中書樞密院謝譯經院賜御筵表	1088-701-10
代中書樞密院傳法院罷堂賜宴表	1088-701-10
代中書樞密院謝題明堂御書後書名表	1088-701-10
代中書樞密院謝賜御篆明堂飛白明堂之門表	1088-702-10
代謝御筵詩表	1088-702-10
代中書樞密院謝賜三朝寶字訓鑒圖表	1088-703-11
代中書樞密院謝許御製樂章表	1088-703-11
中書乞賜御製表	1088-704-11
中書謝宣赴清景殿觀御書賜宴表	1088-704-11
謝賜衣服鞍轡馬表	1088-705-11
又謝賜衣服鞍轡馬表	1088-705-11
謝兼侍讀學士表	1088-705-11
乞贈李昭述官聘邠其家表	1088-706-11
辭免端明殿學士翰林學士兼侍讀表	1088-706-11
謝兼端明殿學士表	1088-707-11
謝授左諫議大夫充樞密副使表	1088-707-11
謝傳宣入伏早出表	1088-707-11
謝羊酒表（二則）	1088-708-11
乞解罷樞密院表	1088-708-11
代中書樞密院謝賜飲福大宴劄記	1088-709-11
謝兼侍讀劄記	1088-709-11
中書樞密院謝春宴劄記秋宴劄記	1088-710-11
代中書謝秋宴劄記	1088-710-11

● 胡　通元

| 請陝西兼食韋紅鹽疏 | 556-155-86 |

● 胡　綜吳

| 禮樂（疏） | 436-399-121 |

● 胡　銓宋

君德（疏）	433- 52- 3
君德（疏）——論持勝疏	433- 53- 3
郊廟（疏）——論卜郊疏	433-536-22
治道（疏）	434-280-46
治道（疏二則）	434-361-49
經國（疏）——論符離之敗疏	435-449-87
經國（疏）	435-607-93

經國（疏）——進故事　435-608- 93
經國（疏）——乞規恢遠圖疏　435-608- 93
都邑（疏）——上建都疏　436- 27-103
仁民（疏三則）　436-102-107
禮樂（疏）——上講筵禮序　436-386-120
禮樂（疏）——論爲國以禮疏　436-389-120
用人（疏）——論臣察陳乞子弟
　　差遣疏　437- 1-142
用人（疏）　437- 46-144
知人（疏）——論禮及知人疏　437-363-157
建官（疏）　437-476-162
謹名器（疏）——進故事　438-630-198
求言（疏）　438-678-200
聽言（疏）——論賣直疏　438-824-205
聽言（疏）　438-825-205
聽言（疏）——論從諫疏　438-833-206
征伐（疏二則）　439-605-232
征伐（疏）——進故事　439-643-234
任將（疏）　439-790-240
荒政（疏）　440- 83-246
荒政（疏）附貼黃　440- 84-246
國史（疏）——論左右史四弊疏　440-790-277
災祥（疏二則）　441-518-306
强盜（疏）　441-810-318
四裔（疏）　442-714-348
四裔（疏二則）　442-725-349
四裔（疏）——論復讎疏（二則）　442-729-349
遺表　516-735-114
上高宗封事（疏）　1137- 19- 2
上孝宗封事（疏）　1137- 21- 2
上孝宗論撰賀金國啓　1137- 23- 2
上孝宗論兵法書　1137- 23- 2
辭免寶文閣待制狀　1137- 24- 2
辭免兵部侍郎狀　1137- 24- 2
辭免宗正少卿乞賜罷黜狀　1137- 25- 2
遺表　1137- 25- 2
上高宗封事　1354-284- 35
紹興戊午論和議封事　1359-382- 55
上高宗封事　1359-585- 4
上高宗封事　1403-592-143
● 胡　廣漢
內治（疏）——諫上探籌定后選
　　事　435-120- 74
選舉（疏）　437-488-163
探籌立后疏　1360-170- 9

駁左雄察舉議　1360-295- 17
上順帝諫立后疏　1397-252- 12
駁尚書令左雄察舉限年書　1397-252- 12
駁左雄察舉議　1403-701-154
● 胡　廣明
進五經四書性理大全表　1373-550- 5
　　1403-495-130
進書表 進所修輯六經之書　1453-574- 66
● 胡　翰明
宋故部侍郎朱仲文奏藳跋　1229-100- 8
● 胡　濟晉
薦伍朝表　1398-460- 20
● 胡　騰漢
上言桓帝（疏）　1397-357- 16
薦孟嘗書　1397-357- 16
上諫　1397-357- 16
● 胡　儼明
觴幸太學謝恩表　1373-553- 5
● 胡世寧明
陳言時政邊備疏　428-560- 1
應詔陳言疏　428-571- 1
乞全恩信以處降賊疏　428-578- 2
昧死陳言地方利害疏　428-580- 2
申明職掌以安地方疏　428-583- 2
略陳治要以獻愚忠疏　428-589- 3
奉詔推舉幽隱忠賢以備起用疏　428-591- 3
舉用賢才以安地方疏　428-593- 3
急處重邊以安全蜀疏　428-594- 3
定册籍以均賦役疏　428-601- 3
舉用恬退幽抑官員疏　428-604- 3
舉勁方面官員疏　428-605- 3
薦舉賢能官員疏　428-605- 3
舉用將材及舉勁武職官員疏　428-606- 3
陳情乞恩照例請給先世誥命疏　428-607- 4
病瘝陳言畢獻餘忠疏　428-608- 4
重陵寢斥邪佞以安宗社疏　428-610- 4
陳言治道急務以效愚忠疏　428-613- 4
弱病不能趨詔乞休致疏　428-621- 4
陳情乞調閑散疏　428-623- 5
乞定孝思早發宸斷以安世饗疏　428-624- 5
陳言邊務情弊疏　428-625- 5
保養聖躬疏　428-633- 5
忠益疏附計開講義三章（大學書經易
　　經）　428-635- 5
乞恩辭免陞俸疏　428-643- 6

四庫全書文集篇目分類索引

史部

詔令奏議類：附錄

奏議上九畫

陳情再乞天恩懇辭陞俸疏 428-644- 6
因劾認罪乞恩罷黜疏 428-645- 6
乞回成命以全聖德而保治安疏 428-646- 6
因疾讓賢乞恩改任以圖報疏 428-647- 6
申明職掌以賜成命以盡臣節疏 428-649- 6
會議疏 428-651- 6
病弱不能朝參懇乞休致疏 428-657- 6
重民牧以安民生以固國本疏 428-658- 6
應詔自陳不職以弭災異疏 428-659- 6
謝恩疏 428-659- 6
乞憐民困議 428-660- 6
病弱不堪重任懇辭恩命疏 428-665- 7
陳言治河通運以濟國儲而救民生疏 428-666- 7
乞恩辭免加官以昭公道疏 428-670- 7
陳情再乞天恩懇辭加官疏 428-671- 7
建言疏 428-672- 7
申明職掌以清刑訟疏 428-675- 7
省繁文復舊規以便勸政疏 428-679- 7
懇乞天恩休致疏 428-681- 8
老病乞恩休致疏 428-682- 8
病弱乞恩容令退避疏 428-683- 8
慎封爵以重親親疏 428-683- 8
應制陳言以弭災變疏 428-685- 8
顧大體以平刑政疏 428-686- 8
災異陳言自求罷黜疏 428-688- 8
久病廢事乞休疏 428-692- 8
遵祖瀆以處外夷疏 428-693- 8
用賢疏 428-696- 8
妄言誤國乞恩認罪疏 428-697- 8
敷揚聖製疏 428-698- 8
存節義以回士風疏 428-702- 8
懇辭恩命乞休疏 428-705- 9
昧死陳情再辭恩命乞休疏 428-706- 9
盡瀝愚忠以求採擇疏 428-707- 9
申明鄙見以求聖斷疏 428-716- 9
推明詔旨以薦賢才疏 428-717- 9
請明別具便覽疏 428-718- 9
撫處夷情以安地方疏 428-719- 9
遵明旨陳民隱以救災荒議 428-722- 9
回人入境官軍擊斬退去隨遞番文討要羈留夷使疏 428-726- 10
病瀝餘忠疏 428-736- 10
盡瀝餘忠以求採擇疏 428-739- 10
實陳病勢早乞代任疏 428-742- 10

再陳病勢懇乞天恩代任以免誤國疏 428-743- 10
謝恩疏 428-744- 10
病亟陳情懇辭恩命疏 428-744- 10
病久無奈乞恩認罪降黜疏 428-745- 10
地方利害疏 445-211- 13
請戒諭寧藩疏 445-212- 13
論議禮諸臣黜陟疏 445-322- 20
乞停工匠等陞賞疏 445-327- 20
執中行政疏 445-334- 21
覆張經請慎差遣疏 445-344- 21
守令定例疏 1403-238-110
兵部十事疏 1403-240-110

●胡安國宋

進春秋傳表 162-173- 附
上欽宗論君道本於民（疏） 431- 60- 4
上欽宗論聖學以正心爲要（疏） 431- 70- 5
上欽宗論四道置帥疏 431-802- 65
君德（疏） 433- 49- 2
聖學（疏） 433-184- 8
治道（疏） 434-279- 45
治道（疏）——上時政論 434-306- 47
徽葉夢得落職宮觀詞頭奏 436-887-141
知人（疏）——上殿箚子 437-348-156
去邪（疏）——繳王安中隨州安置晁說之許景衡落職宮觀詞頭疏 438-245-182
去邪（疏）——繳王仍等錄黃疏 438-246-182
宿衞（疏）——論親兵專掌宿衞 439-440-225
任將（疏）——論四道置帥狀 439-751-238
崇儒（疏）——論伊川學狀 440-727-274
謚號（疏） 440-919-282
二程夫子從祀疏 538-518- 76
謝除中書舍人表 1352-145-4 上
謝除湖南學士表 1352-174-4 下
謝除右文殿修撰知通州表 1352-178-5 上
謝罷給事中表 1352-232-6 中
謝落致仕表 1352-237-6 中
謝宮觀表 1352-241-6 下
謝許侍養表 1352-242-6 下
進春秋傳表 1359-177- 23
乞封爵邵張二程列從祀箚 1359-191- 25

●胡交修宋

弭盜（疏） 441-818-319

●胡宗愈宋

論朋黨之弊（疏）　436-851-140
建官（疏）　437-459-161
宿衞（疏）——論內卒盜皇城器物　439-439-225
●胡直孺（等）宋
郊廟（疏）——議國朝配祀　433-529- 22
●胡祇遹元
賀正表　1196-252- 14
賀聖壽表五通　1196-253- 14
賀尊號表　1196-254- 14
賀冬至表　1196-255- 14
賀平江南表　1196-255- 14
●胡庭直宋
禦邊（疏）　442-369-335
●胡舜陟宋
上欽宗乞監察御史言事（疏）　431-686- 55
上欽宗論高麗人使所過州縣之擾（疏）　432-813-141
上欽宗乞救中山（疏）　432-824-142
上欽宗論反正六事（疏）　432-944-150
治道（疏）——論反正六事　434-279- 45
儲嗣（疏）　435-108- 73
求言（疏）——乞御史言事疏　438-678-200
禦邊（疏）——乞救中山上疏　442-338-333
四裔（疏）——論高麗人使所過州縣之擾狀　442-693-347
論反正六事疏　1375- 68- 3
乞救中山狀　1375- 69- 3
●胡諧之齊
上高帝解職表　1399-119- 5
●相　威元
用人（疏）　437-248-152
●查　籥宋
論勘合錢比舊增重狀　1375- 85- 4
●查郎阿清
改設水利通判疏　556-177- 86
甘肅通志進呈表　557- 1- 附
●查繼培清
請躉浮糧疏　517-120-118
●胥　鼎金
治道（疏）——言多親細務非帝王體　434-796- 65
仁民（疏）　436-161-109
兵制（疏三則）　439-427-224
征伐疏　439-676-235

征伐（疏）——論圖們和通瑪帶兵西征之不便　439-677-235
征伐（疏）——論分兵伐宋　439-677-235
征伐（疏）——乞喻帥臣伐宋所得城邑姑勿焚掠　439-678-235
荒政（疏）——乞立法賑救在京貧民　440-132-248
禦邊（疏）　442-494-339
禦邊（疏）　442-494-339
伐宋上書　550- 37-210
●耶律楚材元
宗室（疏）　435-208- 77
用人（疏）　437-248-152
戒逸欲（疏）　438-552-195
法令疏　439-162-214
征伐（疏）　439-680-235
崇儒（疏）　440-734-274
災祥（疏）　441-695-314
進西征庚午元曆表　1191-563- 8
●耶律希亮元
慎刑疏　439-237-217
●耶律實嗎逮
去邪（疏）——論耶律伊遜事　438-343-186
●柯　潛明
及第謝恩表　1246-483- 上
辭日侍經筵疏　1246-487- 上
代貨翰林院編修章懋等疏　1246-488- 上
陳情疏　1246-489- 上
●柳　仄唐
請誅程元振疏　1343-419- 28
　1403- 91- 99
●柳　虬北周
國史（疏）——乞諸史官記注者請皆當朝顯言其狀而非密書善惡以足懲勸　440-765-276
上周太祖書　550- 16-209
上周太祖書　1339-525-690
上文帝論史疏　1400- 94- 2
●柳　昂隋
學校（疏）　436-223-113
勸學行禮疏　549-105-185
請勸學行禮表附文帝詔　1400-273- 3
●柳　武隋
治道（疏）　433-651- 26
用人（疏二則）　436-618-130

賞罰（疏） 438-359-187
上周武帝論賞功表 1400-357- 7
論武將任刺史表 1400-352- 7
劾應州刺史唐君明奏 1400-353- 7
諫文帝親細務疏 1400-353- 7
請禁絕角抵戲奏 1400-354- 7
● 柳 貫 元
進南郊鹵簿圖表 1210-291- 7
國子監賀太室慶成表 1210-292- 7
大駕北還起居表 1210-292- 7
御史臺賀正表 1210-292- 7
監修國史賀正表 1210-292- 7
宣徽院賀正表 1210-293- 7
泰定甲子賀聖節表 1210-293- 7
徐鳳謚文莊（議） 1210-303- 8
濟古爾台謚忠肅（議） 1210-303- 8
郭昂謚文毅（議） 1210-304- 8
錫都謚孝恭（議） 1210-304- 8
李佃謚章肅（議） 1210-305- 8
鄭阿爾薩蘭謚敬敏（議） 1210-305- 8
嚴度謚貞憲（議） 1210-306- 8
王暐謚文靖（議） 1210-306- 8
李謙謚端憲（議） 1210-307- 8
陳思濟謚文肅（議） 1210-307- 8
孟淳謚康靖（議） 1210-308- 8
李榮謚成肅（議） 1210-309- 8
張士觀謚文懿（議） 1210-309- 8
巴圖謚元獻（議） 1210-310- 8
劉二巴圖爾謚武宣（議） 1210-210- 8
邁珠謚文簡（議） 1210-311- 8
元明善謚文敏（議） 1210-311- 8
董士選謚忠宣（議 1210-312- 8
姚燧謚文（議） 1210-313- 8
王仁謚正肅（議） 1210-313- 8
程鉅夫謚文憲（議） 1210-314- 8
阿里伯謚忠節（議） 1210-315- 8
劉敏謚孝靖（議） 1210-315- 8
王侯謚憲肅（議） 1210-316- 8
杜思敬謚文定（議） 1210-316- 8
姚文公謚議 1367-631- 48
姚文公謚議 1373-204- 14
● 柳 莊 隋
法令（疏）——犯罪人依法合流
　而上處以大辟疏 439- 36-209
刑法奏 1400-354- 7

● 柳 冕 唐
禮樂（疏）——乞代且推明朝覲 436-354-119
青帥乞覲表 549- 85-184
　 1338-624-606
● 柳 渾 唐
用人（疏） 436-642-131
法令（疏） 439- 45-209
四裔（疏） 442-554-341
● 柳 琾 隋
議增房內樂鍾磐奏 1400-315- 5
● 柳 開 宋
治道（疏） 433-715- 29
知邠州上陳情表 1085-309- 10
上言時政表 1085-310- 10
乞駕幸表 1085-312- 10
奏事宜表 1085-314- 10
代王昭君謝漢帝疏 1085-258- 3
● 柳 澤 唐
治道（疏） 433-679- 27
戒伏欲（疏） 438-515-193
謹名器（疏） 438-592-197
上睿宗論時政書 550- 22-209
論時政書 1339-383-675
論時政書 1343-366- 26
言事書 1361-831- 4
言復斜封官疏 1361-862- 7
● 柳 霞 北周
翊後梁主譽 1400-106- 3
● 柳公綽 唐
去邪（疏） 438- 37-174
戒伏欲（疏）——奏太醫箴 438-519-194
● 柳公權 唐
治道（疏） 433-699- 28
節儉（疏） 438-460-191
聽言（疏） 438-736-202
● 柳世隆 齊
論土斷條格奏 1399-111- 5
● 柳仲郢 唐
謹名器（疏）——論任劉集爲場
　官 438-600-197
● 柳宗元 唐
務農疏——進農疏狀 436-175-110
法令（疏）——駁復仇議狀 439- 43-209
進瑞瓜頌表 526- 7-259
代永州韋刺史謝上表 534-350- 90

四庫全書文集篇目分類索引

獻平淮西雅表	538-507- 76
柳州刺史謝上表	549- 87-184
代柳公綽謝上任表	549- 88-184
左常侍柳渾諡議	549-245-190
柳州刺史謝上表	568- 37- 98
代裴中丞奏管管黃家賊事宜狀	568-112-102
爲南承嗣請從軍狀	572-283- 37
獻平淮夷雅表	1076- 2- 1
駁復讎議	1076- 40- 4
諡議	1076- 74- 8
禮部爲百官上尊號表第二表	1076-325- 37
（禮部）賀册尊號表	1076-327- 37
爲京兆府請復尊號表（三則）	1076-327- 37
爲耆老等請復尊號表（二則）	1076-329- 37
禮部爲文武百寮請聽政表（四則）	1076-330- 37
賀踐阼表	1076-331- 37
禮部賀改永貞元年表	1076-332- 37
禮部太上皇詔宣令皇帝即位賀表	1076-332- 37
禮部賀立皇太子表	1076-332- 37
禮部賀皇太子册禮畢德音表	1076-333- 37
爲王京兆皇帝即位禮畢賀表	1076-333- 37
代韋中丞賀元和大赦表	1076-333- 37
禮部賀册太上皇后賀表	1076-334- 37
禮部賀册太上皇后册畢賀表	1076-334- 37
御史臺賀嘉禾表	1076-334- 37
禮部賀嘉禾及芝草表	1076-335- 37
京兆府賀嘉瓜白兔連理棠樹等表	1076-335- 37
禮部賀甘露表	1076-335- 37
禮部賀白龍并青蓮花合懽蓮子黃瓜等表	1076-336- 37
禮部賀白鵲表	1076-336- 37
禮部賀嘉瓜表	1076-337- 37
爲王京兆賀嘉蓮表	1076-337- 37
爲王京兆賀雨表（四則）	1076-337- 37
賀親自祈雨有應表	1076-339- 37
爲裴中丞賀克東平赦表	1076-340- 38
柳州賀破東平表	1076-340- 38
代裴中丞賀分淄青爲三道節度表	1076-341- 38
爲韋侍郎賀布衣寶群除右拾遺表	1076-341- 38
爲樊左丞讓官表	1076-342- 38
爲王戶部薦李諒表	1076-343- 38
爲王戶部陳情表	1076-343- 38
代裴中丞謝討黃少卿賊表	1076-343- 38
爲裴中丞舉人自代伏黃賊表	1076-344- 38
爲崔中丞請朝覲表	1076-344- 38
代柳公綽謝上任表	1076-345- 38
代李翱襄州謝上任表	1076-345- 38
代節使謝遷鎮表	1076-346- 38
爲劉同州謝上表	1076-346- 38
代裴行立謝移鎮表	1076-347- 38
代韋永州謝上表	1076-347- 38
謝除柳州刺史表	1076-348- 38
柳州謝上表	1076-348- 38
代廣南節度使舉裴中丞自代表	1076-348- 38
奏薦從事表	1076-349- 38
代廣南節使謝出鎮表	1076-348- 38
爲楊湖南謝設表	1076-349- 38
爲武中丞謝賜櫻桃表	1076-350- 38
謝賜時服表	1076-350- 38
謝賜端午綾帛衣服表	1076-350- 38
爲廣南鄭相公奏百姓產三男狀	1076-351- 39
爲薛中丞浙東奏五色雲狀	1076-351- 39
爲裴中丞奏管管黃家賊事宜狀	1076-352- 39
讓監察御史狀	1076-352- 39
爲京兆府昭應等九縣訴夏苗旱損狀	1076-352- 39
爲南承嗣請從軍狀	1076-353- 39
進農書狀	1076-353- 39
代人進瓷器狀	1076-354- 39
柳州舉監察御史柳漢自代狀	1076-354- 39
爲文武百官請復尊號（六則）	1076-453- 下
爲崔中丞賀平李懷光表	1076-459- 下
爲裴令公舉裴冕表	1076-460- 下
爲武中丞謝賜新茶表	1076-460- 下
爲裴中丞賀破東平表	1076-460- 下
賀赦表	1076-461- 下
獻平淮夷雅表	1076-473- 1
駁復讎議	1076-504- 4
諡議	1076-534- 8
禮部爲百官上尊號表第二表	1076-764- 37
禮部賀州尊號表	1076-765- 37
爲京兆府請復尊號表（三則）	1076-765- 37
爲耆老等請復尊號表（二則）	1076-767- 37
禮部爲文武百寮請聽政表（四則）	1076-768- 37
賀踐阼表	1076-769- 37
禮部賀改永貞元年表	1076-770- 37
禮部太上皇詔宣令皇帝即位賀表	1076-770- 37
禮部賀立皇太子表	1076-770- 37
禮部賀皇太子册禮畢德音表	1076-771- 37
爲王京兆皇帝即位禮畢賀表	1076-771- 37

代韋中丞賀元和大赦表　1076-771- 37　　爲南承嗣請從軍狀　1076-788- 39
禮部賀册太上皇后賀表　1076-772- 37　　進農書狀　1076-789- 39
禮部賀太上皇后册畢賀表　1076-772- 37　　代人進瓷器狀　1076-789- 39
御史臺賀嘉禾表　1076-772- 37　　柳州舉監察御史柳漢自代狀　1076-789- 39
禮部賀嘉禾及芝草表　1076-773- 37　　爲文武百官請復尊號（六則）　1076-878- 下
京兆府賀嘉瓜白兔連理棠樹等表　1076-773- 37　　爲崔中丞賀平李懷光表　1076-884- 下
禮部賀甘露表　1076-773- 37　　爲裴令公舉裴冕表　1076-885- 下
禮部賀白龍并青蓮花合懽蓮子黃　　　　爲武中丞謝賜新茶表　1076-885- 下
　瓜等表　1076-774- 37　　爲裴中丞賀破東平表　1076-885- 下
禮部賀白鵲表　1076-774- 37　　賀赦表　1076-886- 下
禮部賀嘉瓜表　1076-775- 37　　獻平淮夷雅表　1077- 15- 1
爲王京兆賀嘉蓮表　1076-775- 37　　駁後儀議　1077- 57- 4
爲王京兆賀雨表（四則）　1076-775- 37　　謚議　1077- 93- 8
賀親自祈雨有應　1076-776- 37　　爲文武百官請復尊號（六則）　1077-262- 2
爲裴中丞賀克東平赦表　1076-777- 38　　爲崔中丞賀平李懷光表　1077-269- 2
柳州賀破東平表　1076-778- 38　　爲裴令公舉裴冕表　1077-269- 2
代裴中丞賀分淄青爲三道節度表　1076-778- 38　　爲武中丞謝賜新茶表　1077-270- 2
爲韋侍郎賀布衣寶群除右拾遺表　1076-779- 38　　爲裴中丞賀破東平表　1077-270- 2
爲樊左丞讓官表　1076-779- 38　　賀赦表　1077-271- 2
爲王戶部薦李諒表　1076-779- 38　　唐貞符解　1336-363-359
爲王戶部陳情表　1076-779- 38　　賀極表　1338-153-553
代裴中丞謝討黃少卿賊表　1076-780- 38　　京兆府請復尊號表（二則）　1338-174-555
爲裴中丞舉人自代伐黃賊表　1079-781- 38　　代京兆府耆老請復尊號表（二則）　1338-175-555
爲崔中丞請朝觀表　1079-781- 38　　禮部爲百官上尊號表（二則）　1338-176-555
代柳公綽謝上任表　1079-781- 38　　賀册太上皇后及德妃表　1338-188-557
代李憩襄州謝上任表　1079-782- 38　　百寮賀册皇太子表　1338-192-557
代節使謝遷鎮表　1076-782- 38　　禮部賀改永貞元年表　1338-194-558
爲劉同州謝上表　1076-782- 38　　賀上尊號後大赦表　1338-195-558
代裴行立謝移鎮表　1076-783- 38　　爲宰相賀赦表　1338-195-558
代韋永州謝上表　1076-783- 38　　代韋中丞賀元和大赦表　1338-205-559
謝除柳州刺史表　1076-784- 38　　禮部賀册皇太子禮畢赦表　1338-206-559
柳州謝上表　1076-784- 38　　爲潤州太守賀赦表　1338-211-560
代廣南節度使舉裴中丞自代表　1076-785- 38　　爲吉州太守賀赦表　1338-211-560
奏薦從事表　1076-785- 38　　蘇州賀赦表　1338-212-560
代廣南節使謝出鎮表　1076-785- 38　　代鄂州太守賀赦表　1338-212-560
爲楊湖南謝設表　1076-785- 38　　爲李諒議賀赦表　1338-213-560
爲武中丞謝賜櫻桃表　1076-786- 38　　中書門下賀神龍寺渠中瑞蓮表　1338-245-563
謝賜時服表　1076-786- 38　　柳州刺史謝上表　1338-454-585
謝賜端午綾帛衣服表　1076-786- 38　　代永州章刺史謝上表　1338-454-585
爲廣南鄭相公奏百姓產三男狀　1076-787- 39　　代武中丞謝新茶表　1338-523-594
爲薛中丞浙東奏五色雲狀　1076-787- 39　　爲武中丞謝櫻桃表　1338-525-594
爲裴中丞奏邕管黃家賊事宜狀　1076-788- 39　　爲楊中丞謝設表　1338-536-595
讓監察御史狀　1076-788- 39　　禮部爲文武百官請聽政表（二則）　1338-573-599
爲京兆府昭應等九縣訴夏苗旱損　　　　爲王戶部叔文陳情表　1338-595-602
　狀　1076-788- 39　　進平淮夷雅篇表　1338-669-611

爲王戶部薦李諒表 1338-675-611
進農書狀 1339- 79-641
代人進瓷器狀 1339- 84-642
代裴中丞奏邕管黃家賊事宜狀 1339- 89-643
爲南承嗣請從軍狀 1339- 99-644
復讎議并序 1340-479-768
晉文公問守原議 1340-495-770
左常侍柳渾諡議 1341-327-841
獻平淮西雅（表） 1343-292- 20
駁復讎議 1343-581- 40
貞符 1343-677- 48
駁復讎議 1355-294- 10
駁復讎議 1377-189- 7
禮部爲百官上尊號表 1382-295-上之1
禮部賀册尊號表 1382-296-上之1
爲京兆府請復尊號第三表 1382-296-上之1
爲耆老等請復尊號第二表 1382-297-上之1
禮部爲文武百寮請聽政第二表 1382-297-上之1
（禮部爲文武百寮請聽政）又
　第二三表 1382-298-上之1
賀踐阼表 1382-298-上之1
禮部賀永貞元年表 1382-299-上之1
禮部太上皇詔宣令皇帝卽位賀表 1382-299-上之1
禮部賀立皇太子表 1382-299-上之1
禮部賀皇太子册禮畢德音表 1382-300-上之1
爲王京兆皇帝卽位禮畢賀表 1382-300-上之1
代韋中丞賀元和大赦表 1382-300-上之1
禮部賀册太上皇后賀表 1382-301-上之1
禮部賀太上皇后册畢賀表 1382-301-上之1
御史臺嘉禾表 1382-301-上之1
禮部賀嘉禾及芝草表 1382-302-上之1
京兆府賀嘉瓜白兔連理棠樹等表 1382-302-上之1
禮部賀甘露表 1382-302-上之1
禮部賀白龍并青蓮花合懽蓮子
　黃瓜等表 1382-303-上之1
禮部賀白鵲表 1382-303-上之1
禮部賀嘉瓜表 1382-303-上之1
爲王京兆賀嘉蓮表 1382-304-上之1
爲王京兆賀雨表（四則） 1382-304-上之1
賀親自祈雨有應表五 1382-305-上之1
爲裴中丞賀克東平赦表 1382-305-上之1
柳州賀破東平表 1382-306-上之1
代裴中丞賀分淄青爲三道節度表 1382-306-上之1
爲韋侍郎賀布衣寶群除右拾遺表 1382-307-上之1
爲樊左丞讓官表 1382-307-上之1
爲王戶部薦李諒表 1382-307-上之1
代裴中丞謝討黃少卿賊表 1382-308-上之1
爲裴中丞舉人自代伐黃賊表 1382-308-上之1
爲崔中丞請朝覲表 1382-308-上之1
代李愬襄州謝上表 1382-309-上之1
代韋永州謝上表 1382-309-上之1
柳州謝上表 1382-309-上之1
代廣南節度使舉裴中丞自代表 1382-310-上之1
奉薦從事表 1382-310-上之1
代節度使謝出鎭表 1382-310-上之1
爲楊湖南謝設表 1382-310-上之1
爲武中丞謝賜櫻桃表 1382-311-上之1
謝賜時服表 1382-311-上之1
謝賜端午綾帛衣服表 1382-311-上之1
爲文武百寮請復尊號第二三表 1382-311-上之1
爲裴令公舉裴冕表 1382-313-上之1
爲裴中丞賀破東平表 1382-314-上之1
賀赦表 1382-314-上之1
駁復讎議 1383-297- 24
準詔言事上書 1383-333- 29
爲王京兆賀雨表 1394-393- 3
爲王京兆賀雨第三表 1394-393- 3
代永州韋刺史謝上表 1394-393- 3
爲武中丞謝賜櫻桃表 1394-394- 3
爲裴中丞賀破東平表 1394-394- 3
爲武中丞謝賜新茶表 1394-395- 3
爲南承嗣上中書門下乞兩河效用
　狀 1394-461- 5
代人進瓷器狀 1394-462- 5
進平淮夷雅篇表 1403-491-129
禮部賀嘉禾及芝草表 1403-524-135
駁復讎議 1403-702-154
貞符（奏） 1404-415-198
獻平淮夷雅表 1418- 44- 37
駁復讎議 1418- 45- 37
駁復讎議 1447-371- 17
爲裴中丞奏邕管黃家賊事宜狀 1465-478- 4
柳州舉監察御史自代狀 1465-479- 4
謝除柳州刺史表 1465-466- 3
代廣南節度使舉裴中丞自代表 1465-466- 3
代裴中丞謝討黃少卿賊表 1465-466- 3
● 鄥　都 漢
慎徵（疏） 438-557-196
● 敦　悻 漢
內治（疏） 435-120- 74

戒佚欲（疏） 438-501-193
請王莽歸漢神器書 1397-120- 6
上光武諫獵書 1397-120- 6
諫廢郭皇后（疏） 1397-121- 6
●韋 彤（等）唐
郊廟（疏） 433-421- 17
●韋 奕唐
駁贈工部尚書馬暢謚議 1341-325-841
●韋 述唐
郊廟（疏）——議宗廟加邊豆 433-408- 17
禮臣（疏） 441- 55-285
●韋 挺唐
風俗（疏） 436-283-116
聽言（疏） 438-707-201
●韋 彪漢
用人（疏） 436-589-129
選舉（疏） 437-487-163
貢舉先才行狀議 1360-290- 17
上章帝貢舉議 1397-165- 8
盛夏多寒疏 1397-165- 8
置官選職疏 1417-365- 18
貢舉議 1476- 63- 4
●韋 湊唐
郊廟（疏）——上義宗廟號書 433-410- 17
謚號（議）——太子重俊加謚節
　愍暨李多祚贈官議 440-885-281
駁義宗廟號書 1343-383-26下
●韋 琳後梁
戲作組表 1394-360- 2
●韋 皋唐
以南詔兵破吐蕃露布 494-197- 8
破吐蕃露布 570-541-29之9
謝政刑箋表附批答 1354-485- 18
謝政刑箋表附批答 1381-276- 27
破吐蕃露布 1381-581- 43
劍南西川節度使同中書門下平章
　事破吐蕃露布 1402-225- 44
●韋 溫唐
建官（疏） 437-389-159
●韋 綬唐
災祥（疏） 441-319-298
●韋 澳唐
去邪（疏） 438- 39-174
近習（疏） 441-174-291
●韋 縝（等）唐

喪禮（疏） 436-437-122
●韋 曜吳
獄中上書 1361-619- 25
●韋 驤宋
利州路轉運判官謝上表（二則） 1097-522- 8
賀擒獲鬼章上皇帝表 1097-523- 8
福建運判謝上表 1097-524- 8
謝恤刑詔書表 1097-525- 8
代虞學士遺表 1097-525- 8
代楊侍郎謝授寶文閣待制知廬州
　上皇帝表 1097-526- 8
（代楊侍郎）知廬州到任謝皇帝
　表 1097-527- 8
賀坤成節表 1097-528- 8
變路提刑謝上表 1097-528- 8
謝賜曆日表（三則） 1097-529- 8
謝中使傳宣撫問表（二則） 1097-530- 8
謝恤刑勅書表（二則） 1097-530- 8
賀興龍節表（三則） 1097-531- 8
謝轉官加勳表 1097-532- 8
賀受玉璽表 1097-533- 8
明州謝上表 1097-533- 8
賀生皇子表 1097-534- 8
賀册立皇后表 1097-534- 8
賀收青唐邈川表 1097-534- 8
賀皇帝登極表 1097-535- 8
謝傳宣告諭表 1097-535- 8
謝轉朝議表 1097-536- 8
賀生皇子表 1097-536- 8
賀天寧節表 1097-536- 8
謝賜曆日表 1097-537- 8
慰表 1097-537- 8
謝致仕表 1097-537- 8
賀天寧表 1097-538- 8
代陳少卿賀福康公主進封兗國表 1097-538- 8
賀苗淑妃進封賢妃表 1097-538- 8
代劉兵部賀兗國公主出降表 1097-539- 8
又代陳少卿（賀兗國公主出降）
　表 1097-539- 8
代陳少卿謝宣賜曆日表 1097-539- 8
代潘郎中遺表 1097-540- 8
代張郎中謝轉官表 1097-540- 8
代章郎中賀郊赦表 1097-541- 8
謝傳宣撫問表 1097-541- 8
謝宣賜曆日表 1097-541- 8

賀興龍節表　　　　　　　　　　1097-541- 8
進興龍節銀表（三則）　　　　　1097-578- 10
進奉坤成節銀狀　　　　　　　　1097-578- 10
進天寧節銀絹狀（二則）　　　　1097-579- 10
代楊侍郎使北表奏書狀　　　　　1097-579- 10
代鴻臚陳卿使北表　　　　　　　1097-582- 10
代儀尉陳少卿使北表奏啓狀　　　1097-584- 10
進奉郊禮羅　　　　　　　　　　1097-588- 10
進賀皇帝登寶位銀狀　　　　　　1097-597- 11
●韋元甫唐
謝加銀青光祿大夫表　　　　　　1338-477-588
謝恩表（二則）　　　　　　　　1338-494-590
爲百官謝放朝表　　　　　　　　1338-494-590
爲京兆尹捉賊不獲謝恩表　　　　1338-494-590
●韋玄成漢
郊廟（疏）——議罷郡國廟　　　433-336- 14
勸陳威奏　　　　　　　　　　　1396-473- 14
毀郡國廟議　　　　　　　　　　1403-653-149
●韋孝寬北周
征伐（疏）——陳疏三策　　　　439-522-229
上武帝陳平齊三策疏　　　　　　1400-100- 3
●韋見素唐
任將疏　　　　　　　　　　　　439-698-236
●韋承慶唐
用人（疏）　　　　　　　　　　436-627-131
●韋叔夏唐
明堂大饗議　　　　　　　　　　1340-418-762
●韋乾度唐
駁左散騎常侍房式證議（二則）　1341-331-841
●韋處厚唐
用人（疏）　　　　　　　　　　436-650-131
●韋雲起唐
征伐（疏）　　　　　　　　　　439-525-229
外戚（疏）　　　　　　　　　　441-128-288
奏煬帝疏　　　　　　　　　　　1400-371- 1
勸虞世基裴藴奏　　　　　　　　1400-371- 7
●韋嗣立唐
用人（疏）　　　　　　　　　　436-628-131
慎刑疏　　　　　　　　　　　　439-187-215
荒政（疏）　　　　　　　　　　440- 7-243
代裴度論准西事宜表　　　　　　1338-718-616
諫濫官疏　　　　　　　　　　　1339-590-696
論刑罰多濫疏　　　　　　　　　1339-595-697
請崇學校疏　　　　　　　　　　1343-394- 27
請減去濫食封邑疏　　　　　　　1343-408- 28

論職官多濫疏　　　　　　　　　1343-408- 28
論刑法多濫疏　　　　　　　　　1343-416- 28
諫營寺建官疏　　　　　　　　　1361-853- 6
●符　融前秦
災祥（疏）　　　　　　　　　　441-303-297
●荀　晞晉
上討東海王越表　　　　　　　　1398-461- 20
復上懷帝表　　　　　　　　　　1398-462- 20
●昭文相（等）宋
災祥（疏）　　　　　　　　　　441-430-302
●昭蘇和哩元
征伐（疏）　　　　　　　　　　439-681-235
●范　升漢
經籍（疏）——議不宜爲費氏易
　左氏春秋立博士　　　　　　　440-738-275
禮臣（疏二則）　　　　　　　　441- 44-285
爲祭遵請諡疏　　　　　　　　　538-510- 76
駁立左氏春秋博士疏　　　　　　549-101-185
讓博士疏　　　　　　　　　　　549-101-185
追稱祭遵請諡疏　　　　　　　　1360-144- 8
上光武讓博士書　　　　　　　　1397-143- 7
駁立費氏易左氏春秋書　　　　　1397-143- 7
追稱祭遵疏　　　　　　　　　　1397-144- 7
毀周黨奏二首附光武詔三則　　　1397-144- 7
爲祭遵請諡疏　　　　　　　　　1403- 37- 91
●范　同宋
風俗（疏）　　　　　　　　　　436-302-117
●范　汪晉
征伐（疏）　　　　　　　　　　439-501-228
●范　育宋
上哲宗論禦戎之要（疏）　　　　432-782-139
囚窟（疏）——論禦戎之要　　　442-666-346
●范　成唐
爲晉公讓中書令表　　　　　　　1338-333-573
●范　浚宋
策略　　　　　　　　　　　　　1140- 94- 11
應天（疏）　　　　　　　　　　1140- 96- 11
遠圖（疏）　　　　　　　　　　1140- 97- 11
任相（疏）　　　　　　　　　　1140- 99- 11
更化（疏）　　　　　　　　　　1140-100- 11
廟議（疏）上下　　　　　　　　1140-102- 12
用奇（疏）　　　　　　　　　　1140-105- 12
揆策（疏）上下　　　　　　　　1140-106- 12
巡幸（疏）　　　　　　　　　　1140-109- 13
形勢（疏）上下　　　　　　　　1140-110- 13

用人（疏） 1140-113- 13
朋黨（疏） 1140-114- 13
封建（疏） 1140-116- 14
御將（疏） 1140-118- 14
賞功（疏） 1140-119- 14
勸武（疏） 1140-120- 14
募兵（疏） 1140-122- 14
節費（疏） 1140-124- 15
議錢（疏） 1140-125- 15
平糶（疏） 1140-127- 15
實惠（疏） 1140-128- 15
除盜（疏） 1140-129- 15

● 范 泰劉宋

經國（疏）——極諫少帝之愆失 435-265- 79
學校（疏） 436-214-113
理財（疏） 440-432-262
災祥（疏）——表賀元正幷陳旱災 441-304-297
災祥（疏二則） 441-305-297
建國學表 1398-708- 12
諫市銅造錢奏 1398-709- 12
極諫少帝封事 1398-710- 12
賀元正幷陳旱灾表 1398-710- 12
復請贈廬陵王表 1398-711- 12
旱蝗上表 1398-711- 12
旱灾疾疫又上表 1398-712- 12
論沙門踊食表三則附文帝詔答一則 1400-622- 12

● 范 望晉

法令（疏）——正廣死刑 439- 22-208

● 范 逵周

獻安釐王書 1396-134- 10

● 范 雲梁

爲柳司空讓尚書令書（二則） 1399-419- 9
除始興郡表 1399-419- 9
謝示璧表 1399-420- 9

● 范 甯晉

治道（疏）——陳時政書 433-620- 25
仁民（疏） 436- 57-105
賦役（疏） 440-245-254
陳時政（疏） 1360-201- 11

● 范 滂漢

去邪（疏） 438- 8-173

● 范 雎周

治道（疏） 433-559- 23
經國（疏二則） 435-226- 78

去邪（疏） 438- 3-173
征伐（疏） 439-459-226
獻秦昭王書（二則） 1396-155- 12
獻秦昭王書 1402-418- 67

● 范 質宋

上太祖諫伐河東（疏） 432-496-120
征伐（疏）——諫伐河東 439-546-230
乾德上尊號册文 1350-328- 32

● 范 頵晉

上陳壽三國志表 1398-422- 18

● 范 曄劉宋

言彭城王義康奏 1398-743- 13

● 范 鎮梁

讓裴子野國子博士表 1399-420- 9

● 范 濟明

陳八事疏 445- 38- 2

● 范 鎮宋

上仁宗論不宜下行有司事（疏） 431- 83- 8
上仁宗論傳宣與內臣轉官二府不
　執奏乞正其罪（疏） 431-259- 23
上仁宗論法令數愛（疏） 431-260- 23
上仁宗乞參考祖宗故事以定大計
　（疏二則） 431-328- 30
上仁宗論水災乞速定副貳之位（
　疏） 431-332- 30
上仁宗論彗出主兵乞速定大議（
　疏二則） 431-335- 30
上仁宗辭侍御史知雜事乞定大議
　（疏） 431-338- 30
上仁宗乞宗子以次補外（疏） 431-352- 32
上仁宗論駙馬李瑋指使門客（疏） 431-375- 34
上仁宗論水旱乞裁節國用（疏） 431-455- 40
上仁宗論黑氣蔽日及風雨寒暑變
　異（疏） 431-456- 40
上仁宗論水旱之本（疏） 431-457- 40
上仁宗之中書樞密院通知兵民財
　利（疏） 431-559- 46
上仁宗乞罷百官郊迎宰相仍許私
　第見客（疏） 431-561- 46
上仁宗乞簿上臺諫章奏（疏） 431-629- 51
上仁宗論石全斌等護葬妄冀恩澤
　（疏） 431-748- 61
上神宗乞致仕（疏） 431-884- 74
上仁宗論蔭補旁親之濫（疏） 431-888- 74
上仁宗乞罷修幷州神御殿（疏） 432- 94- 88

四庫全書文集篇目分類索引

上英宗乞如兩制禮官所儀（疏）　432-103- 89
上仁宗論溫成皇后護葬官妄冀改
　遷（疏）　432-161- 94
上仁宗論溫成壙中不當以錦繡珠
　翠金玉備焚瘞（疏）　432-162- 94
上仁宗乞復用舊藥（疏）　432-183- 96
上仁宗論開封府公事不經糾察司
　引問（疏）　432-205- 99
上仁宗論不可妄赦（疏）　432-216-100
上神宗論新法（疏二則）　432-368-111
上神宗封還罷司馬光副樞筠子　432-376-111
上神宗論新法（疏）　432-382-112
上仁宗論益兵困民（疏三則）　432-504-120
治道（疏）　433-786- 32
治道（疏）　434- 7- 36
儲嗣（疏十則）　435- 92- 73
宗室（疏）　435-187- 76
山陵（疏二則）　436-488-125
議廢慈廟狀　436-520-126
樂疏（二則）　436-560-128
建官（疏）　437-411-160
選舉（疏）——議取士狀　437-552-165
賞罰（疏二則）　438-378-187
求言（疏）　438-652-199
法令（疏）——乞明正中書樞密
　大臣之罪　439- 68-210
法令（疏）——論法令數變狀　439- 68-210
法令（疏）——論陳執中失實狀　439- 68-210
慎刑疏　439-202-216
赦宥（疏）　439-255-218
兵制（疏）——罷招兵　439-288-219
兵制（疏）——論益兵奏　439-290-219
兵制疏——論河北河東兵　439-291-219
任將（疏）　439-730-237
荒政（疏）——論民力困敝筠子　440- 25-244
荒政（疏）——奏流民乞立經制
　狀　440- 25-244
理財（疏）——奏乞二府通主兵
　民財利筠子　440-484-264
理財（疏）——乞罷青苗之舉歸
　農田水利於州縣追還使者奏　440-536-266
理財（疏）——乞罷青苗錢歸農
　田水利差役於州縣而召還使者
　奏二首　440-536-266
律歷（疏二則）　440-869-280

諡號（議）——濮安懿王尊號議　440-899-282
禮臣（疏）　441- 57-285
外威（疏）　441-139-289
近習（疏）　441-181-292
災祥（疏二則）　441-392-301
營繕（疏）——乞罷修并州神御
　殿奏　441-741-316
論陳執中（疏）　1350-505- 48
請建儲（疏）　1350-506- 48
謝翰林侍讀學士表　1350-709- 67
謝致仕表　1350-710- 67
論建儲疏　1403-126-103
論陳執中（疏）　1403-127-103
請裁冗官冗兵疏　1418-250- 44
再陳官冗兵多疏　1418-251- 44
● 范　鑫周
征伐（疏）　439-451-226
辭越王勾踐書　1396-111- 8
● 范永譽明
進大樂律呂元聲書　443-486- 25
● 范弘之晉
謝石諡議　1476- 92- 6
● 范百祿宋
上哲宗論黃帝堯舜養生禔身之道
　（疏）　431- 68- 5
上哲宗分別邪正條目（疏）　431-180- 16
上神宗乞以守長考之上中下而別
　其善惡（疏）　431-867- 72
上哲宗乞審議轉對之制（疏）　431-918- 77
上哲宗乞循祖宗故事視學（疏）
　附貼黃　431-946- 79
上哲宗乞別修改奏讞不當免駁勘
　條（疏）　432-196- 98
聖學（疏）——論黃帝堯舜養生
　禔身之道　433-174- 7
知人（疏）——分別邪正條目　437-321-155
建官（疏二則）　437-413-160
考課（疏）　437-721-172
聽言（疏）——乞審議轉對之制
　狀　438-806-204
法令疏　439-104-212
水利（疏）　440-185-251
崇儒（疏）——乞循祖宗故事視
　學狀　440-719-274
災祥（疏）　441-409-301

對制科策　　　　　　　　　　　　1418-252- 44

●范仲淹 宋

苕手詔條陳十事　　　　　　　　　427- 4- 上

再進前所陳十事　　　　　　　　　427- 13- 上

奏乞下審官院等處官員陳訴定奪進呈　　　　　　　　　　　　　　　427- 14- 上

奏乞定奪在京百司差遣等第　　　　427- 14- 上

奏乞官差看詳投進利見文字　　　　427- 15- 上

奏乞救濟陝西飢民　　　　　　　　427- 15- 上

奏乞罷陝西近襄州軍營田　　　　　427- 15- 上

奏乞擇臣僚令舉差知州通判　　　　427- 16- 上

奏乞將先減省諸州公用錢郡令依舊　　　　　　　　　　　　　　　427- 16- 上

奏乞差官陝西祈雨　　　　　　　　427- 17- 上

奏爲災異後合行疏決刑獄等六事　　427- 17- 上

答手詔五事　　　　　　　　　　　427- 18- 上

奏乞重定三班審官院流內銓條貫　　427- 19- 上

奏議尹洙轉官　　　　　　　　　　427- 19- 上

續奏乞於職官令祿中舉充京官知縣　　　　　　　　　　　　　　　427- 19- 上

奏爲赦後乞除放祖宗朝欠負　　　　427- 19- 上

奏乞指揮國子監保明武學生經略部署司講說兵書　　　　　　　　　427- 20- 上

奏爲置官專管每年上供軍須雜物　　427- 20- 上

奏乞兩府兼判　　　　　　　　　　427- 21- 上

再奏乞兩府兼判　　　　　　　　　427- 23- 上

進呈周朝三公六卿漢朝宰臣兼判事　　　　　　　　　　　　　　　427- 24- 上

奏起令兩府詳議百官起請條貫如何經久即令施行等事　　　　　　　427- 27- 上

奏議葬荊王　　　　　　　　　　　427- 28- 上

奏議許懷等差遣　　　　　　　　　427- 28- 上

奏重定臣僚奏薦子弟親戚恩澤事　　427- 29- 上

奏重定職田頃畝　　　　　　　　　427- 31- 上

奏重定臣僚轉官及差遣體例　　　　427- 32- 上

奏乞於陝西河東沿邊行贖法　　　　427- 33- 上

奏災異後合行四事　　　　　　　　427- 35- 上

奏贖法等三事　　　　　　　　　　427- 37- 上

奏陝西河北和守攻備四策（五則）　427- 39- 下

奏陝西河北畫一利害事　　　　　　427- 45- 下

奏元昊求和所爭疆界乞更不問　　　427- 45- 下

奏爲陝西四路入中糧草及支移二稅　　　　　　　　　　　　　　　427- 46- 下

奏論陝西兵馬利害　　　　　　　　427- 46- 下

奏乞陝西主帥帶押蕃部使　　　　　427- 47- 下

奏乞宣諭大臣定河東捍禦策　　　　427- 47- 下

奏乞拒契丹所請絕元昊和約　　　　427- 48- 下

奏爲契丹請絕元昊進貢利害　　　　427- 49- 下

奏乞將邊任官員三年滿日乞特轉一資　　　　　　　　　　　　　　427- 50- 下

奏乞重定戰功賞格　　　　　　　　427- 50- 下

奏乞編錄緣邊部署司條貫宣勅事　　427- 50- 下

奏乞差新轉京官人充沿邊知縣事　　427- 51- 下

奏乞免關中支移二稅卻乞移次邊入中斛斗　　　　　　　　　　　　427- 51- 下

奏乞許陝西四路經略司回易錢帛　　427- 51- 下

奏策試方略等人各與緣邊差遣事　　427- 51- 下

奏乞減武臣充提刑及令樞密院三班選人進呈　　　　　　　　　　　427- 52- 下

奏乞揀選往邊上屯駐兵士　　　　　427- 52- 下

奏乞揀沿邊年高病患軍賀　　　　　427- 53- 下

奏乞於散直等處揀有武勇心力人　　427- 54- 下

奏爲薦胡瑗李覯充學官　　　　　　427- 54- 下

奏邊上得力材武將佐等第姓名事　　427- 54- 下

再奏乞蔣偕轉官知原州　　　　　　427- 55- 下

奏舉雷簡夫充邊上通判　　　　　　427- 56- 下

奏舉姚嗣宗充學官　　　　　　　　427- 56- 下

奏馬懷德乞轉閤門祗候青澗城都監　　　　　　　　　　　　　　　427- 56- 下

奏乞酬獎張信　　　　　　　　　　427- 56- 下

奏乞差宣撫副使　　　　　　　　　427- 57- 下

再奏乞召試前所舉舘職王益柔章岷蘇舜欽等　　　　　　　　　　　427- 57- 下

奏殿直王貴等　　　　　　　　　　427- 57- 下

奏杜曾張洎　　　　　　　　　　　427- 57- 下

奏張去惑許元　　　　　　　　　　427- 58- 下

奏杜杞等充舘職　　　　　　　　　427- 58- 下

奏雪滕宗諒張亢　　　　　　　　　427- 59- 下

再辯滕宗諒張亢　　　　　　　　　427- 61- 下

再奏雪張亢　　　　　　　　　　　427- 63- 下

奏辯陳留移橋　　　　　　　　　　427- 64- 下

奏爲劉滬董士廉修永洛城乞委魚周詢等勘鞫　　　　　　　　　　　427- 66- 下

奏葛宗古　　　　　　　　　　　　427- 67- 下

奏乞罷參知政事知邊郡　　　　　　427- 67- 下

奏乞互換巡邊　　　　　　　　　　427- 67- 下

奏乞免參知政事錫賚　　　　　　　427- 68- 下

再奏乞免錫賚　　　　　　　　　　427- 68- 下

奏避蔡禀嫌　　　　　　　　　　　427- 68- 下

奏乞在京并諸道醫學教授生徒　　　427- 68- 下

四庫全書文集篇目分類索引

奏乞選差河北州縣官員　427- 69- 下
奏乞召募兵士捉殺張海等賊人事　427- 70- 下
奏乞指揮管設捉賊兵士　427- 70- 下
奏乞發兵往荊南捉賊　427- 71- 下
奏乞差人部送吳遵路家屬　427- 71- 下
上仁宗封進草子乞抑奢侈（疏）　431-117- 11
上仁宗論灾異後合行四事（疏）　431-442- 39
上仁宗乞責臣寮舉智勇之人（疏）　431-784- 64
上仁宗論轉運得人許自擇知州（疏）　431-811- 67
上仁宗乞選邊上有智勇人與講說兵書（疏）　432- 33- 82
上仁宗乞選醫師教授生徒（疏）　432- 56- 84
上仁宗乞早葬荊王盡節浮費（疏）　432-150- 93
上仁宗論駕馭諸將賞罰當謹（疏）　432-189- 97
上仁宗乞令陝西主帥並帶押蕃部使（疏）　432-559-125
上仁宗論修建北京（疏）　432-572-126
上仁宗乞嚴邊城實關內（疏）　432-647-132
上仁宗論夏賊未宜進討（疏）　432-654-132
仁宗乞先修諸寨未宜進行（疏）　432-655-132
上仁宗攻守二策　432-670-133
上仁宗再議攻守（策）　432-673-133
上仁宗論元昊請和不可許者三大可防者三（疏）　432-678-133
上仁宗和守攻備囚策　432-692-134
上仁宗時務十一事（疏）　432-868-146
上仁宗答詔條陳十事（疏）　432-879-147
治道（疏）　433-723- 29
治道（疏）——答詔條陳十事疏　433-728- 29
內治（疏）　435-125- 74
內治（疏二則）　435-126- 74
經國（疏）——答手詔五事疏　435-315- 81
都邑（疏）——論修建北京狀　436- 16-103
仁民（疏）　436- 66-105
風俗（疏）　436-286-116
禮樂（疏）　436-356-119
議葬荊王疏　436-453-123
用人（疏二則）　436-662-132
乞擇臣僚令舉差知通判疏　436-662-132
乞於職官令錄中舉充京官知縣疏　436-663-132
舉胡瑗李覯狀　436-663-132
舉雷簡夫狀　436-663-132
奏乞酬獎張信狀　436-664-132
奏舉許元張去惑狀　436-664-132

舉杜杞充餽職狀　436-664-132
用人（疏）　436-665-132
奏乞許元張去惑下三司相度任使疏　436-666-132
奏葛宗古疏　436-666-132
知人（疏）——辯滕宗諒張亢疏　437-292-154
知人（疏）——雪張亢疏　437-293-154
賞罰（疏）——論許懷德責降郭承祐遷轉皆不當　438-376-187
賞罰（疏）——乞重言戰功賞格疏　438-377-187
法令（疏）奏贖法疏　439- 65-210
赦宥（疏）——奏爲赦後乞放祖宗朝欠負疏　439-254-218
兵制（疏）　439-296-220
任將疏　439-727-237
任將（疏）——奏乞減武臣充提刑及今樞密院三班選人進呈疏　439-728-237
任將疏　439-728-237
任將（疏）——奏陝西主帥帶押蕃使疏　439-729-237
荒政（疏）——（奏）乞差官陝西祈雨疏　440- 19-243
水利（疏）　440-148-249
屯田（疏）——（奏）乞罷陝西近襄州軍屯田疏　440-388-260
漕運（疏）——奏乞免關中支移二稅乞於次邊入中斛斗疏　440-417-261
理財（疏）——奏陝西入中糧草等事疏　440-482-264
理財（疏）——奏乞許陝西四路經略司回易錢帛疏　440-483-264
理財（疏）——請將先減省諸州公用錢却令依舊奏　440-483-264
禮臣（疏）　441- 61-285
災祥（疏）——奏災異後合行四事疏　441-380-300
災祥（疏）——奏乞災異後合行疏決刑獄等六事疏　441-382-300
弭盜（疏）——乞召募兵士捉殺張海等賊疏　441-783-317
禦邊（疏）——乞嚴邊城實關內　442-107-324
禦邊（疏）——論夏賊未宜進對疏　442-108-324
禦邊（疏）——上攻守二策疏　442-109-324

史部

詔令奏議類：附錄

奏議上九畫

史部 詔令奏議類:附錄 奏議上九畫

篇目	編號
禦邊（疏）——再議攻守	442-112-324
禦邊（疏）	442-113-324
禦邊（疏）——論元昊請和不可許者三可防者三上疏	442-113-324
禦邊（疏）——乞揀選往邊上屯駐兵士疏	442-117-324
禦邊（疏）——乞散直等處揀有武勇心力人疏	442-118-324
禦邊（疏）——奏陝西河北攻守疏	442-118-324
禦邊（疏）——元昊求和爭疆界乞更不問疏	442-124-324
禦邊（疏）——乞宣諭大臣定河東捍禦策疏	442-124-324
禦邊（疏）——爲契丹請絕元昊進貢利害疏	442-125-324
禦邊（疏）——奏乞罷參知政事知邊郡疏	442-126-324
薦李觀疏	517- 2-115
薦胡瑗充學官疏	526- 14-259
知鄧州謝表	538-509- 76
知青州謝表	541-331-35之3
論西事劄子	556-141- 86
乞救濟陝西饑民（疏）	556-141- 86
延州謝上表	556-190- 87
耀州謝上表	556-191- 87
讓觀察使第一表	556-192- 87
謝許讓觀察使守舊官表	556-195- 87
謝授知邠州表	556-196- 87
陳乞邠州狀	556-203- 87
議攻（疏）	556-209- 87
議守（疏）	556-210- 87
陝西守策	556-217- 87
陝西攻策	556-218- 87
論西事劄子	558-587- 45
上仁宗論修固京城	587-667- 14
上攻守二策狀	1089-605- 5
答竊議	1089-608- 5
奏上時務書	1089-625- 7
代胡侍郎乞朝見表	1089-723- 15
睦州謝上表	1089-723- 15
蘇州謝就除禮部員外郎充天章閣待制表	1089-724- 15
饒州謝上表	1089-725- 15
潤州謝上表	1089-725- 15
延州謝上表	1089-726- 15
謝降官知耀州表	1089-727- 15
耀州謝上表	1089-727- 15
乞小郡表	1089-728- 15
代胡侍郎奏乞餘杭州學名額表	1089-729- 15
謝觀察使第一二三表	1089-731- 16
謝許讓觀察使守舊官表	1089-736- 16
謝傳宣表	1089-737- 16
讓樞密直學士右諫議大夫表	1089-737- 16
謝授知邠州表	1089-739- 16
邠州謝上表	1089-740- 16
謝轉給事中移知鄧州表	1089-740- 17
謝在中書日行遣公事不當放罪表	1089-741- 17
鄧州謝上表	1089-741- 17
謝依所乞依舊知鄧州表	1089-742- 17
杭州謝上表	1089-742- 17
謝賜鳳茶表	1089-742- 17
謝轉禮部侍郎表	1089-743- 17
乞召杜衍等備明堂老更表	1089-743- 17
青州謝上表	1089-744- 17
遺表	1089-744- 17
代人奏乞王洙充南京講書狀	1089-746- 18
求追贈考妣狀	1089-746- 18
奏致仕分司官乞與折支金俸狀	1089-747- 18
舉歐陽修充經略掌書記狀	1089-747- 18
舉張方平充經略掌書記狀	1089-748- 18
舉彭乘自代狀	1089-748- 18
舉許渤簽署陝府判官軍狀	1089-748- 18
舉滕宗諒狀	1089-748- 18
舉丘良孫應制科狀	1089-748- 18
舉張昇自代狀	1089-749- 18
舉張伯玉應制科狀	1089-749- 18
舉張問孫復狀	1089-749- 18
除樞密副使召赴闕陳讓第一二三四五狀	1089-749- 18
陳乞邠州狀	1089-753- 19
陳乞鄧州狀	1089-753- 19
舉李宗易向約堪任清要狀	1089-754- 19
舉張諷李厚充青州職官狀	1089-754- 19
薦李覯并錄進禮論等狀	1089-755- 19
進故朱宋所撰春秋文字及乞推恩與弟寔狀	1089-755- 19
陳乞潁毫一郡狀	1089-756- 19
論西京事宜劄子	1089-756- 19
論復併縣劄子	1089-757- 19

乞修京城箚子　　　　　　　　1089-758- 19
乞召還王洙及就遷職任事箚子　1089-761- 19
論西事箚子　　　　　　　　　1089-795- 4
論職田不可罷　　　　　　　　1089-797- 1
奏減郡邑以平差役　　　　　　1089-797- 1
封進草子乞抑奢侈　　　　　　1089-798- 1
奏乞督責管軍臣寮舉智勇之人　1089-798- 1
論夏賊未宜進討　　　　　　　1089-799- 1
乞先修諸寨未宜進討　　　　　1089-800- 1
再議攻守疏　　　　　　　　　1089-801- 1
答詔諭以文彥博巡原對徙　　　1089-803- 1
論元昊請和不可許三大可防者三　1089-803- 1
論轉運得人許自擇知州　　　　1089-807- 1
奏乞出內帑物帛收贖陷蕃漢戶箚
　子　　　　　　　　　　　　1089-808- 1
薦章二首　　　　　　　　　　1095-337- 1
上皇帝時務書　　　　　　　　1346- 95- 6
答手詔條陳十事（疏）　　　　1350-444- 43
辨滕宗諒張元（疏）　　　　　1350-454- 44
請將先減省諸州公用錢却令依舊
　（疏）　　　　　　　　　　1350-455- 44
議許懷德等差遣（疏）　　　　1350-456- 44
睦州謝上表　　　　　　　　　1350-675- 63
城口開江按舊指揮（箚）　　　1358-629- 2
蘇州謝就除禮部員外郎充天章閣
　待制表　　　　　　　　　　1386-450- 46
論元昊請和疏　　　　　　　　1403-104-101
睦州謝上表　　　　　　　　　1403-534-136
上時務書　　　　　　　　　　1418-214- 43
推委臣下論（疏）　　　　　　1418-217- 43
●范良彥 明
條陳河工疏　　　　　　　　　538-530- 76
●范成大 宋
經國（疏）　　　　　　　　　435-701- 96
仁民（疏二則）　　　　　　　436-123-108
知人（疏）——論知人箚子　　437-359-157
去邪（疏）——論宋昚　　　　438-279-183
去邪（疏）　　　　　　　　　438-279-183
勤政（疏）　　　　　　　　　438-443-190
慎刑（疏三則）　　　　　　　439-229-217
赦宥（疏）　　　　　　　　　439-263-218
兵制（疏二則）　　　　　　　439-397-223
任將（疏）　　　　　　　　　439-798-240
理財（疏）——論透漏銅錢箚子　440-674-272
國史（疏）　　　　　　　　　440-794-277

國史（疏）——論三朝（神哲徽
　宗）國史箚子　　　　　　　440-794-277
國史（疏）——論記注聖語箚子　440-795-277
國史（疏）——論侍立箚子　　440-796-277
禦邊（疏）——論文州邊事箚子　442-414-336
●范宗尹 宋
上欽宗乞革欺罔之風　　　　　431-280- 24
去邪（疏）——乞革欺罔之風　438-232-182
●范承勳 清
請移援協駐防疏　　　　　　　570-388-29之4
土夷歸誠懇請授職疏　　　　　570-389-29之4
軍糧餉免萬姓歡呼疏　　　　　570-391-29之4
改設州縣疏　　　　　　　　　572-221- 35
●范承謨 清
請紓東南大困疏　　　　　　　526- 23-259
請買穀平糶疏　　　　　　　　526- 25-259
請緩征漕折疏　　　　　　　　526- 25-259
請釐正白糧耗米疏　　　　　　526- 26-259
請紓東南大困疏　　　　　　　1314- 24- 2
請案土地以除積弊疏　　　　　1314- 26- 2
請踏勘荒田疏　　　　　　　　1314- 27- 2
請買穀平糶疏　　　　　　　　1314- 28- 2
請開事例救荒疏　　　　　　　1314- 28- 2
請改折漕糧疏　　　　　　　　1314- 30- 2
請緩征漕折疏　　　　　　　　1314- 32- 2
請改解南北絲斤疏　　　　　　1314- 33- 2
緩征議　　　　　　　　　　　1314- 33- 2
請釐正白糧耗米疏　　　　　　1314- 35- 2
彙報蝗災引咎請賑疏　　　　　1314- 36- 2
請帶徵白糧疏　　　　　　　　1314- 37- 2
請改折漕糧疏　　　　　　　　1314- 38- 2
再請留浙援納銀兩賑饑疏　　　1314- 39- 2
請解任調理疏　　　　　　　　1314- 40- 2
請早離任調理疏　　　　　　　1314- 41- 2
辭總督福建疏　　　　　　　　1314- 42- 2
請陛見疏　　　　　　　　　　1314- 43- 2
檢舉疏　　　　　　　　　　　1314- 43- 2
條陳閩省利害疏　　　　　　　1314- 54- 3
請興兵屯疏　　　　　　　　　1314- 56- 3
上封事疏　　　　　　　　　　1314- 58- 3
●范延壽 漢
上言　　　　　　　　　　　　1397-564- 27
●范祖禹 宋
上哲宗論學本於正心（疏）　　431- 63- 5
上哲宗乞置無逸孝經圖（疏）　431- 72- 6

四庫全書文集篇目分類索引

史部

詔令奏議類：附錄

奏議上九畫

上哲宗進經書要言以備聖禮(疏) 431- 73- 6
上哲宗乞常觀圖史（疏） 431- 73- 6
上哲宗乞法仁宗五事（疏） 431-132- 12
上哲宗乞專法仁宗（疏） 431-132- 12
上哲宗論大臣以兼容小人爲寬漸致邪正不分（疏） 431-179- 16
上哲宗論爲君難不可不求言(疏） 431-216- 19
上哲宗論納后儀制（疏）附貼黃 431-302- 27
上哲宗進家人卦解義（疏） 431-303- 27
上哲宗乞進德愛身（疏） 431-321- 29
上宣仁皇后乞保護聖體(疏二則） 431-323- 29
上哲宗乞罷韓忠彥政事(疏二則） 431-380- 35
上哲宗論畏天（疏） 431-513- 44
上哲宗論日食（疏） 431-514- 44
上哲宗論呂大防劉摯 431-582- 48
上哲宗論差道士校黃本道書（疏） 431-725- 59
上哲宗論自古及今用內臣之害（疏） 431-772- 63
上哲宗論曹誦不可權馬軍司(疏） 431-781- 64
上哲宗請於監司中養才以備將帥（疏） 431-800- 65
上哲宗乞聽文彥博以太師就第留備訪問（疏） 431-852- 70
上哲宗乞行考課監司郡守之法（疏） 431-871- 72
上哲宗論親祀明堂宜極誠敬(疏） 432- 76- 86
上哲宗論喪服儉葬（疏） 432-153- 93
上哲宗論除喪不可特置一宴(疏） 432-156- 93
上哲宗乞遵祖宗舊制降詔恤刑（疏） 432-209- 99
上哲宗乞用中典勿尚嚴刑爲威（疏） 432-210- 99
上哲宗乞不限人數收養貧民（疏）附貼黃 432-270-104
上哲宗乞留意農政（疏） 432-283-105
上哲宗封還臣寮論浙西賑濟事（疏） 432-297-106
上哲宗乞以封椿錢賜戶部及諸路轉運司（疏）附貼黃 432-303-107
上哲宗再論封椿錢（疏） 432-304-107
上哲宗乞出內庫錦爲常平糴本（疏） 432-313-107
上哲宗乞罷修京城（疏） 432-575-126
上哲宗論回河（疏）附貼黃 432-583-127
上哲宗乞除盜賊重法（疏） 432-848-144

君德——上宣仁皇后乞先正君心疏 433- 40- 2
聖學（疏）——進經書要言奏 433-166- 7
聖學（疏）——進古文孝經說 433-167- 7
聖學（疏）——進勸學疏 433-167- 7
聖學（疏）——乞置無逸孝經圖奏 433-169- 7
聖學（疏）——進尚書說命講議 433-169- 7
聖學（疏）——乞常觀圖史奏 433-169- 7
孝親（疏）——宜先誠意正心推廣聖孝 433-257- 10
敬天（疏） 433-325- 13
郊廟（疏）——上明堂箚子 433-508- 21
郊廟（疏）——議合祭狀 433-509- 21
治道（疏）——進故事（四則） 434-190- 42
治道（疏） 434-199- 42
法祖（疏）——欲帝法仁宗五事奏 435- 11- 69
法祖（疏） 435- 11- 69
內治（疏） 435-152- 75
仁民（疏）——乞鸞車所過不毀民屋箚子 436- 85-106
務農（疏）——論農事疏 436-188-110
風俗（疏）——上雍孝箚子 436-296-116
禮樂（疏）——乞看詳陳祥道禮書箚子 436-383-120
禮樂（疏）附貼黃——論納后儀制狀 436-396-121
喪禮（疏二則） 436-461-123
山陵（疏） 436-491-125
論呂大防劉摯疏 436-824-139
舉張咸賢良箚子 436-825-139
舉學官箚子 436-825-139
薦曾孝純箚子 436-826-139
薦韓維等狀 436-826-139
再封還解鹽置使狀附貼黃 436-828-139
條上四事狀 436-829-139
爲翰林學士上疏 436-833-139
薦講讀官箚子 436-834-139
薦講官箚子附貼黃 436-835-139
爲著作郎奏 436-836-139
論執政關官奏 436-836-139
薦陳祥道禮官箚子 436-836-139
知人（疏）——辨邪正箚子 437-320-155
去邪（疏）——論邪正 438-113-177

四庫全書文集篇目分類索引

去邪（疏）——論召內臣　438-114-177
去邪（疏二則）　438-114-177
去邪（疏）——論李之純蔡京　438-115-177
戒佚欲（疏二則）　438-529-194
慎刑疏——乞復降詔恤刑狀　439-212-216
慎刑疏——乞疏決箚子　439-212-216
慎刑疏——乞寬刑疏　439-213-216
慎刑疏——又論郵刑疏　439-214-216
赦宥（疏）——乞除賊盜重法狀　439-259-218
任將（疏）——論曹誦箚子　439-743-238
荒政（疏）——乞不限人數收養貧民箚子　440- 48-245
荒政（疏）——論常平箚子（二則）　440- 50-245
荒政（疏）——論浙西賑濟事狀　440- 52-245
荒政（疏）——上恤民箚子　440- 55-245
水利（疏）——論回河狀　440-189-251
水利（疏）——乞罷回河箚子　440-193-251
水利（疏）——又乞罷回河箚子　440-194-251
水利（疏）——又乞罷河役狀　440-195-251
理財（疏）——封還解鹽專置使狀　440-572-268
理財（疏）——論封樁箚子附貼黃　440-573-268
理財（疏）——再論封樁箚子　440-574-268
崇儒（疏）——乞改正先聖冠服奏　440-725-274
經籍（疏）——乞不允秘書省所請以道士校道書　440-752-275
諡號（議）——高太皇太后諡議　440-917-282
褒贈（疏）——乞優恤司馬康家箚子　441- 27-284
禮臣（疏）　441- 75-286
禮臣（疏）——乞留文彥博箚子　441- 76-286
禮臣（疏）附貼黃　441- 77-286
外戚（疏）　441-142-289
近習（疏）——論宦官箚子　441-201-292
災祥（疏）——上畏天箚子　441-464-304
營繕（疏二則）　441-752-316
營繕（疏）——乞不遷開封府狀　441-753-316
弭盜（疏）　441-803-318
上哲宗乞罷修京城　587-669- 14
進唐鑑原表　685-470- 附
辭免兼侍講狀（二則）　1100-111- 4
實錄院乞避親狀　1100-111- 4
乞給假至穎昌狀　1100-111- 4

謝賜銀狀　1100-112- 4
奏知狀　1100-112- 4
奏爲將到臣叔祖鎭謝恩表狀　1100-112- 4
謝講論語畢賜燕表　1100-112- 4
又謝賜御書詩表　1100-112- 4
謝開實錄院賜燕表　1100-113- 4
謝開實錄院賜銀絹表　1100-113- 4
謝開實錄院賜硯墨筆紙表　1100-114- 4
辭免除起居舍人狀（四則）　1100-114- 4
請假往穎川狀　1100-116- 4
辭免召試中書舍人狀（二則）　1100-116- 4
辭免除中書舍人狀（二則）　1100-116- 4
辭免除諫議大夫狀　1100-117- 4
謝諫議表　1100-118- 4
舉自代狀　1100-118- 4
乞避親狀　1100-120- 5
上殿乞避親箚子　1100-120- 5
辭免中書舍人狀　1100-120- 5
辭免給事中狀（三則）　1100-121- 5
謝給事中表　1100-122- 5
講筵乞避親狀（三則）　1100-123- 5
乞避親狀　1100-123- 5
乞免館伴狀　1100-123- 5
乞郡狀（三則）　1100-123- 5
乞解給事中狀（二則）　1100-124- 5
辭禮部侍郎狀　1100-125- 5
謝禮部侍郎表　1100-126- 5
舉自代狀　1100-126- 5
謝講尚書徹就東宮賜燕表　1100-126- 5
進神宗皇帝實錄表　1100-127- 5
乞梓州表　1100-127- 5
乞梓州箚子（二則）　1100-128- 5
辭免翰林學士狀（四則）　1100-128- 5
辭免翰林侍講學士狀　1100-130- 5
謝翰林侍講學士表　1100-130- 5
劄記（二則）　1100-131- 6
謝賜對衣金帶鞍馬表　1100-132- 6
進神宗皇帝御筆文字表　1100-132- 6
辭賜茶合狀（二則）　1100-133- 6
辭免翰林學士兼侍講學士狀（二則）　1100-133- 6
謝宣召入院表　1100-134- 6
劄記（二則）　1100-135- 6
謝賜對衣金帶鞍馬表　1100-135- 6
舉自代狀　1100-136- 6

史部

詔令奏議類：附錄

奏議上九畫

謝勑設表	1100-136- 6	賀升許州爲潁昌府幷德音表	1100-159- 9
乞郡翁字（四則）	1100-136- 6	謝傳宣撫問表	1100-160- 9
謝除龍圖閣學士知陝州表	1100-137- 6	謝山陵禮畢表	1100-160- 9
謝對衣金帶鞍馬表	1100-137- 6	耐葬禮畢謝表	1100-160- 9
劄記	1100-138- 6	謝宣賜銀絹表	1100-161- 9
陝州謝到任表	1100-138- 6	皇后賜絹謝皇帝表	1100-161- 9
國史院取索實錄草沓狀附貼黃	1100-138- 6	謝德音表	1100-162- 9
開封府界居住報應國史院取會文字狀	1100-139- 6	慰蜀國長公主薨表	1100-162- 9
永州謝表	1100-139- 6	賀明堂禮畢表	1100-162- 9
賀州謝表	1100-140- 6	謝傳宣撫問賜藥差醫官表	1100-163- 9
代王君貺宣徽北京謝上表	1100-141- 7	辭觀文殿學士正議大夫表	1100-163- 9
謝敕書獎諭賜銀絹表	1100-141- 7	辭觀文殿學士正議大夫表	1100-164- 9
謝再任崇福宮表	1100-141- 7	（代）謝加開府判大名表	1100-164- 9
慰山陵禮畢表	1100-142- 7	辭免恩命表	1100-165- 9
謝四任崇福宮表	1100-142- 7	再免恩命表	1100-166- 9
辭免轉正議大夫表	1100-143- 7	謝表	1100-166- 9
謝表	1100-143- 7	北京謝上表	1100-166- 9
謝起居減拜表	1100-144- 7	求退表（三則）	1100-168- 10
辭免除右僕射表	1100-144- 7	再求退表（三則）	1100-169- 10
謝表	1100-146- 7	賀皇帝表	1100-170- 10
謝優禮表	1100-147- 7	賀太陽不虧表	1100-171- 10
遺表	1100-147- 7	謝賜六典表	1100-171- 10
爲司馬公休謝賜銀修碑樓表	1100-148- 7	慰坏殿槦表	1100-171- 10
爲司馬植謝賜錢營葬表	1100-148- 7	慰發引表	1100-172- 10
慰太皇太后梓宮發引表	1100-150- 8	留司慰發引表	1100-172- 10
慰梓宮掩皇堂表	1100-150- 8	慰掩皇堂表	1100-173- 10
慰耐廟表	1100-150- 8	又留司慰表	1100-173- 10
賀同天節表	1100-150- 8	慰祔廟表	1100-173- 10
乞免赴明堂大禮陪位表	1100-151- 8	又留司慰表	1100-174- 10
謝詔書允所乞表	1100-151- 8	留司賀同天節表	1100-174- 10
賀明堂禮畢表	1100-151- 8	留司百官謝賜冬衣表	1100-174- 10
辭免轉司徒表	1100-152- 8	留司賀明堂禮畢表	1100-175- 11
謝明堂加恩表	1100-152- 8	西京謝上表	1100-175- 11
謝轉司徒表	1100-152- 8	謝加食邑實封表	1100-176- 11
謝男受閤門祗候表	1100-153- 8	謝男安道授承事郎表	1100-176- 11
辭免册命表	1100-153- 8	請賜待序表	1100-176- 11
慰慈聖光獻太皇太后大祥表	1100-153- 8	進御製待碑狀	1100-177- 11
遺表	1100-154- 8	留司慰太皇太后小祥表	1100-177- 11
代范堯夫辭給事中兼侍講表	1100-154- 8	乞致仕第一表	1100-177- 11
代楊中散遺表	1100-155- 8	謝遣中使賜詔不允表	1100-177- 11
代唐通直提點利州路刑獄謝上表	1100-155- 8	乞致仕第二表	1100-177- 11
代楚待制謝再任崇福宮表	1100-156- 8	謝遣中使賜詔不允表	1100-178- 11
代忠文公遺表	1100-156- 8	乞致仕第三表	1100-178- 11
代呂正獻公遺表	1100-157- 8	謝遣中使賜詔不允斷來章表	1100-178- 11
		第四翁子謝遣中使賜詔不允斷來	

四庫全書文集篇目分類索引

章表　　　　　　　　　　　　1100-178- 11
慰慈聖光獻太皇太后大祥表　　1100-179- 11
又留司慰表　　　　　　　　　1100-179- 11
謝賜生日禮物表　　　　　　　1100-179- 11
賀鄜延路奏米脂川大捷表　　　1100-179- 11
賀瀘州奏破蕩乞第巢穴班師表　1100-180- 11
再乞致仕第一表　　　　　　　1100-180- 11
謝遣中使賜詔不允表　　　　　1100-180- 11
乞致仕第二表　　　　　　　　1100-180- 11
謝遣中使賜詔不允斷來章表　　1100-181- 11
乞致仕第三表　　　　　　　　1100-181- 11
謝遣中使賜詔不允斷來章表　　1100-181- 11
第四劄子　　　　　　　　　　1100-181- 11
謝四遣中使賜詔不允表　　　　1100-182- 11
賀生皇子表　　　　　　　　　1100-182- 11
謝男及甥授吏部員外郎表　　　1100-182- 11
賀皇子進封延安郡王表　　　　1100-182- 11
賀皇姪姪復曲赦畿內表　　　　1100-183- 11
謝賜生日禮物表　　　　　　　1100-183- 11
賀生皇子表　　　　　　　　　1100-183- 11
謝獎諭表　　　　　　　　　　1100-183- 11
賀景靈宮奉安祖宗神御禮畢表　1100-184- 11
元豐六年賀正表　　　　　　　1100-185- 12
謝賜元豐六年曆日表　　　　　1100-185- 12
賀魏國長公主出降表　　　　　1100-185- 12
乞致仕第一表　　　　　　　　1100-185- 12
謝遣中使賜詔不允表　　　　　1100-186- 12
（乞致仕）第二表　　　　　　1100-186- 12
謝遣中使賜詔不允表　　　　　1100-186- 12
（乞致仕）第三表　　　　　　1100-186- 12
謝遣中使賜詔不允斷來章表　　1100-187- 12
（乞致仕表）第四劄子　　　　1100-187- 12
賀皇子佗授山南東道節度使封儀
　國公表　　　　　　　　　　1100-187- 12
賀上仁宗英宗皇帝徽號表　　　1100-187- 12
賀四后升祔表　　　　　　　　1100-188- 12
賀冬至表　　　　　　　　　　1100-188- 12
賀皇子佶授鎭寧軍節度使封寧國
　公表　　　　　　　　　　　1100-188- 12
賀南郊禮畢表　　　　　　　　1100-188- 12
謝賜生日禮物表　　　　　　　1100-189- 12
謝男及甥賜緋表　　　　　　　1100-189- 12
賀正表　　　　　　　　　　　1100-189- 12
辭免轉太師充兩鎭節度使致仕表
　（三則）　　　　　　　　　1100-189- 12

謝辭免兩鎭節度使批答不允表　1100-191- 12
辭免册命表　　　　　　　　　1100-191- 12
謝授守太師致仕表　　　　　　1100-191- 12
謝遣男吏部員外郎及甥賜誥命并
　傳聖旨宣諭表　　　　　　　1100-192- 12
謝遣使賜詔許入覲表　　　　　1100-192- 12
劄記　　　　　　　　　　　　1100-192- 12
謝男貽慶等轉官表　　　　　　1100-192- 12
論喪服儉葬疏　　　　　　　　1100-193- 13
（進攻事）唐鑑二篇——太宗　1100-195- 13
（進故事）唐鑑二篇——高宗　1100-196- 13
再論喪服疏附貼黃　　　　　　1100-196- 13
進唐鑑表　　　　　　　　　　1100-198- 13
乞罷開樂宴劄子附貼黃　　　　1100-201- 14
論農事劄子　　　　　　　　　1100-201- 14
乞留無逸孝經圖劄子附貼黃　　1100-202- 14
乞不限人數收養貧民劄子附貼黃　1100-203- 14
進經書要言劄子　　　　　　　1100-204- 14
進古文孝經說劄子　　　　　　1100-205- 14
勸學劄子　　　　　　　　　　1100-205- 14
薦講官劄子附貼黃　　　　　　1100-207- 14
進尚書說命講義劄子　　　　　1100-207- 14
點論語劄子附貼黃　　　　　　1100-208- 15
正始劄子　　　　　　　　　　1100-208- 15
乞再貶蔡確劄子　　　　　　　1100-209- 15
論執政關官劄子　　　　　　　1100-209- 15
乞差實錄檢討官劄子附貼黃　　1100-209- 15
乞寬刑劄子　　　　　　　　　1100-209- 15
上殿劄子（二則）——辨邪正　1100-210- 15
上殿劄子（二則）——論城濠　1100-211- 15
論李之純蔡京劄子　　　　　　1100-212- 15
論執政關官劄子　　　　　　　1100-212- 15
再論城濠劄子　　　　　　　　1100-213- 15
論封椿劄子附貼黃　　　　　　1100-213- 15
論常平劄子　　　　　　　　　1100-214- 15
再論封椿劄子　　　　　　　　1100-215- 15
再論常平劄子　　　　　　　　1100-216- 15
乞罷韓忠彥劄子（二則）　　　1100-218- 16
論樞密院關官劄子　　　　　　1100-218- 16
明堂劄子　　　　　　　　　　1100-220- 16
上殿論法度劄子　　　　　　　1100-221- 16
論回河狀　　　　　　　　　　1100-221- 16
乞罷回河劄子　　　　　　　　1100-226- 17
又乞罷回河劄子附貼黃　　　　1100-227- 17
乞罷河役狀　　　　　　　　　1100-228- 17

四庫全書文集篇目分類索引

史部

詔令奏議類：附錄

奏議上九畫

論大使臣持服狀附貼黃	1100-235- 18	舉魏釗箚子	1100-280- 23
乞夏國人使只從密院指揮狀	1100-236- 18	論求言箚子	1100-280- 23
乞進德愛身疏	1100-236- 18	議合祭狀（二則）	1100-281- 23
謝宣諭箚子附貼黃	1100-240- 18	進合祭故事箚子	1100-283- 23
乞留文彥博箚子	1100-241- 18	乞節講禮記箚子	1100-285- 24
薦士箚子（四則）	1100-242- 19	再薦章元弼箚子	1100-285- 24
進無逸講義箚子	1100-244- 19	乞除賊盜重法狀附貼黃	1100-286- 24
傳宣進講義箚子	1100-244- 19	薦鮮于之武箚子	1100-286- 24
乞疏決箚子附貼黃	1100-244- 19	薦張康國箚子	1100-286- 24
論支錢和雇修河人夫狀	1100-245- 19	薦王周道箚子	1100-287- 24
乞優恤蔡延慶家箚子	1100-246- 19	進郊祀慶成詩狀——詩附	1100-287- 24
乞車賀所過不毀民屋箚子	1100-246- 19	邇英留對箚子	1100-288- 24
乞車駕不出箚子附貼黃	1100-246- 19	薦陳祥道儀禮解箚子	1100-289- 24
邇英留對箚子	1100-247- 19	進仁皇訓典箚子	1100-289- 24
乞復降詔恤刑狀	1100-247- 19	乞賜故修書官資治通鑑箚子	1100-289- 24
編孟子節解箚子	1100-247- 19	薦榮輯箚子	1100-290- 24
乞免館伴狀	1100-247- 19	薦常安民箚子	1100-290- 24
乞司馬康給俸箚子	1100-248- 19	畏天箚子	1100-290- 24
舉張咸賢良箚子	1100-248- 19	進紀草箚子	1100-291- 24
舉學官箚子	1100-248- 19	舉學官狀	1100-292- 24
乞優恤司馬康家箚子	1100-248- 19	救疾疫箚子附貼黃	1100-292- 24
乞照管司馬家并留使臣箚子	1100-249- 19	乞免節讀漢唐史箚子	1100-293- 25
進無逸講義箚子	1100-249- 19	薦張雲卿箚子	1100-293- 25
乞看詳陳祥道禮書箚子	1100-249- 19	辭押賜箚子	1100-293- 25
薦曾孝純箚子	1100-250- 19	薦龔史尚顏箚子	1100-293- 25
封還解鹽專置使狀	1100-254- 20	薦馮山張舉箚子	1100-293- 25
封還臣寮論浙西賑濟事狀	1100-255- 20	薦曾孝純文居中箚子	1100-294- 25
再封還解鹽置使狀附貼黃（二則）	1100-260- 21	聽政箚子（二則）附貼黃	1100-294- 25
封還納后儀制狀	1100-261- 21	議謚狀	1100-299- 25
乞進帝學箚子	1100-262- 21	旌孝箚子	1100-299- 25
進帝學箚子	1100-262- 21	舉學官箚子	1100-300- 25
乞復邇英閣記注箚子	1100-263- 21	論召內臣箚子	1100-300- 25
奏乞罷瀘州梓變路鈴轄司狀附貼黃	1100-263- 21	論邪正箚子	1100-301- 26
封還差道士陳景元校道書事狀	1100-265- 21	論宜官箚子	1100-302- 26
論宋用臣敘官狀附貼黃	1100-266- 21	論曹誦箚子	1100-305- 26
舉監察御使狀	1100-266- 21	辭潤筆箚子	1100-305- 26
薦章元弼箚子	1100-266- 21	論宣押知舉官箚子	1100-306- 26
進幸學故事箚子	1100-268- 22	論點檢試卷官箚子	1100-306- 26
乞改正先聖冠服箚子	1100-269- 22	乞試院差官治雜事箚子	1100-306- 26
轉對條上四事狀	1100-269- 22	上殿論試院事箚子	1100-307- 26
乞不遷開封府狀	1100-275- 22	畏天箚子	1100-307- 26
邇英閣奏對箚子	1100-276- 23	恤民箚子	1100-307- 26
薦陳祥道禮官箚子	1100-276- 23	薦講讀官箚子（二則）	1100-308- 26
薦張舉箚子	1100-277- 23	朝辭論郵刑箚子	1100-309- 26
進家人卦解義箚子	1100-277- 23	進故事（二十一則）	1100-310- 27

四庫全書文集篇目分類索引　1411

皇后謝賜御筵表本　1100-364- 33
皇后謝皇帝傳宣撫問表本　1100-365- 33
論農事（疏）　1350-629- 59
論明堂（疏）　1350-630- 59
論聽政（疏）　1350-633- 59
論宦官（疏）　1350-636- 59
謝翰林侍讀學士表　1350-722- 68
進唐鑑表　1359-182- 23
乞復召伊川還經筵箚子　1359-190- 25
論宦官疏　1403-133-103
論聽政疏　1403-136-103
論封樁箚子　1418-561- 55
封還臣寮論浙西賑濟事狀　1418-562- 55
封還差道士陳景元校道書事狀　1418-564- 55
遺英留對箚子　1418-566- 55
第二箚子　1418-566- 55
賀州安置謝表　1465-474- 3
論聽政（奏）　1476-211- 12
● 范師道 宋
上仁宗論女御以御寶白制除才子（疏）　431-318- 29
內治（疏）　435-135- 74
寵幸（疏）　441-163-290
● 范純仁 宋
上神宗論求治不可太急（疏）　431- 26- 2
上神宗論親決庶政（疏）　431- 86- 8
上哲宗繳進明道詔書（疏）附貼黃　431-112- 10
上神宗論責君子太重獎小人太深（疏）　431-165- 15
上哲宗乞詔內外百官條陳本聯及所經歷利害（疏）　431-212- 19
上神宗論富弼入相久謝病不出（疏）　431-562- 46
上哲宗論韓維不當罷門下侍郎（疏）　431-578- 47
上哲宗論選用股肱須極天下精選（疏）　431-587- 48
上神宗乞降詔督責侍從論朝廷闕失（疏）　431-599- 49
上哲宗乞寬王覿之罪（疏二則）附貼黃　431-676- 55
上哲宗論除呂公著文字不經書讀（疏）　431-694- 56
上哲宗論告命不經門下辭同知樞密院（疏）附貼黃　431-706- 57

上神宗乞令孫永依舊知秦州以責後效（疏）附貼黃　431-796- 65
上神宗乞詔內外之臣各舉所知（疏）　431-858- 71
上哲宗進歐陽修朋黨論（疏）　431-907- 76
上哲宗論不宜分辨黨人有傷仁化（疏）　431-909- 76
上英宗乞降詔令臣寮各上封事及依次轉對（疏）　431-914- 77
上神宗乞設特舉之科分路考校取人（疏）　432- 7- 80
（爲濮議）上英宗言母后不宜自出詔令（疏）　432-112- 90
上英宗乞減江淮諸路鹽價（疏）　432-329-108
上神宗乞罷均輸（疏）　432-340-109
上神宗論新法乞責降（疏）　432-341-109
上神宗論新法乞早行責降（疏）　432-341-109
上神宗論劉琦等責降（疏）附貼黃　432-345-109
上神宗乞追還劉琦等責降（疏）　432-347-109
上哲宗論愛民當如父母愛子（疏）　432-488-119
上哲宗乞保甲併用冬教（疏）　432-552-124
上哲宗乞揀閱保甲（疏）　432-552-124
上哲宗論蕃官久例在漢官之下（疏）　432-561-125
上哲宗論回河（疏）附貼黃　432-580-127
上哲宗論回河（疏）　432-585-127
上神宗論小人妄陳邊事（疏）　432-741-137
上哲宗繳進後漢光武詔書（疏）　432-757-138
上哲宗答詔論西事（疏）附貼黃　432-761-138
郊廟（疏）——奏乞壽聖節上壽不用樂狀　433-469- 19
治道（疏）——乞任群臣疏　434- 76- 38
治道（疏）——乞清心簡事遵德委賢狀　434- 77- 38
內治（疏）——論太皇太后册禮疏　435-157- 75
內治（疏）　435-143- 74
宗室（疏）——論濮王稱親未當狀　435-195- 77
宗室（疏）——乞定濮安懿王稱號狀（三則）　435-196- 77
仁民（疏）——陳青苗等法疏　436- 85-106
奏乞於郊赦前復錢公輔官狀（二則）　436-724-135
奏乞詔還呂誨疏　436-754-136

史部

詔令奏議類：附錄

奏議上九畫

四庫全書文集篇目分類索引

論孫永且令依舊知秦州狀　436-754-136
論劉琦等不當責降（二則）附貼黃　436-756-136
用人（疏）　436-801-138
論韓維不當與外任疏　436-802-138
論大臣輔政不當顧慮形迹（疏）
　　附貼黃　436-802-138
用人（疏）　436-804-138
論用人（疏）　436-804-138
論擇臺諫疏　436-804-138
奉舉彭汝礪（疏）　436-804-138
知人（疏）——論不宜分辨黨人
　　有傷仁仕狀　437-329-155
知人（疏）——繳奏歐陽修朋黨
　　論疏　437-330-155
建官（疏）　437-433-160
建官（疏）　437-444-161
選舉（疏）——論貢舉疏　437-587-166
選舉（疏）——論薦舉疏　437-588-166
去邪（疏）——乞罪執政邪議尊
　　崇漢邸疏　438- 75-176
去邪（疏）——乞責首啓濮邸邪
　　議之臣疏　438- 76-176
去邪（疏）——乞罪邪議尊崇濮
　　邸疏　438- 77-176
去邪（疏）——論新法乞責降狀　438- 80-176
去邪（疏）——論薛向疏（三則）　438- 81-176
去邪（疏）——論王安石疏　438- 82-176
去邪（疏）——彈吳安持李偉疏　438- 83-176
去邪（疏）——乞戒約妄陳邊事
　　疏　438- 83-176
賞罰（疏）——論呂誨薛向疏　438-386-188
戒佚欲（疏）　438-526-194
慎微（疏）——奏言王安石　438-574-196
慎微（疏）——乞將章辟光所奏
　　宣示臺官疏　438-514-196
謹名器（疏）　438-608-197
求言（疏）——乞詔臣寮上封章
　　陳闕失疏（二則）　438-657-199
求言（疏）——乞詔近侍陳朝庭
　　闕失疏　438-659-199
求言（疏）——乞詔內外官條陳
　　利害狀　438-660-199
求言（疏）——乞看詳臣庶所上
　　封章疏　438-675-200
聽言（疏）——乞寬王覿之罪疏　438-805-204

聽言（疏）——論王覿乞從文彥
　　博等所言疏　438-806-204
法令（疏）——論朱宿梁二不當
　　貸命　439-108-212
慎刑（疏）——論誅蔡確當與師
　　臣商量疏　439-215-216
兵制（疏）　439-310-220
兵制（疏二則）　439-326-221
水利（疏）——論回河乞付有司
　　熟議疏　440-172-250
水利（疏）——再論回河畫一疏　440-172-250
水利（疏）——論回河利害疏　440-173-250
理財（疏）——乞減江淮諸路鹽
　　價疏　440-497-264
理財（疏）——論均輸法之失　440-600-269
理財（疏）——論發運均輸狀　440-600-269
理財（疏）——乞詔御史覺察轉
　　運使刻剝爲政狀　440-601-269
災祥（疏）——論消復陰沴疏　441-463-304
禦邊（疏）——乞戒飭邊臣馳備
　　狀　442-251-330
禦邊（疏）——條列陝西利害疏　442-252-330
禦邊（疏）——繳進後漢光武詔
　　書狀　442-256-330
禦邊（疏）——條對手詔所問邊
　　計狀　442-257-330
禦邊（疏）——畫夏國疆界三策　442-259-330
禦邊（疏）——乞棄廢棄塞地與
　　西夏疏　442-259-330
禦邊（疏）——乞早分畫西夏地
　　界疏　442-260-330
禦邊（疏）——乞戒邊將不得生
　　事疏　442-261-330
禦邊（疏）——乞以棄地易被虜
　　之人疏（二則）附貼黃　442-262-331
四裔（疏）——乞早遣夏國封册
　　使臣疏　442-609-343
四裔（疏）——乞誅果莊狀　442-647-345
四裔（疏）——論不當許阿里庫
　　與果莊相見疏　442-649-345
四裔（疏）——論不當授果莊陪
　　戎校尉疏　442-649-345
舉彭汝礪疏　517- 3-115
論黃河疏　538-513- 76
條列陝西利害疏　556-152- 86

四庫全書文集篇目分類索引

安州通判到任表	1104-596- 6
信陽軍謝上表	1104-597- 6
謝換朝散大夫直集賢院表	1104-597- 6
同天節進功德疏表（二則）	1104-598- 6
慰皇帝表	1104-598- 6
進南郊絹表	1104-598- 6
河中府謝上表	1104-598- 6
慶州謝上表（二則）	1104-599- 6
辭免天章閣待制表（二則）	1104-599- 6
賀立皇太子表	1104-600- 6
謝給事中表（二則）	1104-600- 6
謝對衣金帶表（二則）	1104-601- 6
謝賜萬年縣君冠帔表（二則）	1104-602- 6
賀獲果莊表（二則）	1104-602- 6
謝賜御書表（二則）	1104-603- 6
進節尚書論語表	1104-604- 6
潁昌府謝上表	1104-604- 6
謝賜詔書表	1104-605- 6
隨州乞致仕表	1104-605- 6
永州謝表	1104-605- 6
謝復觀文殿大學士充中太一宮使表	1104-606- 6
謝賜詔書銀合茶藥表	1104-606- 6
謝賜銀絹宣醫表	1104-607- 7
謝歸潁昌私第表	1104-608- 7
謝賜國醫高章章服并批語表	1104-608- 7
乞致仕表	1104-608- 7
遺表	1104-609- 7
辭免給事中兼侍講狀	1104-610- 7
謝牽復右正議大夫提舉崇福宮狀	1104-610- 7
謝復觀文殿大學士充太一宮使乞免供職狀	1104-610- 7
辭免吏部尚書第一劄子第二劄子	1104-611- 7
辭免樞密第一劄子第二劄子第三劄子	1104-612- 7
辭免密賜劄子	1104-613- 7
求退劄子	1104-613- 7
辭免右相第一劄子第二劄子	1104-613- 7
辭免大行太皇太后賻賜劄子（二則）	1104-614- 7
乞眨一小郡或閒局差遣劄子（三則）	1104-614- 7
乞罷相劄子（二則）	1104-615- 7
乞宮觀劄子（二則）附小貼子	1104-616- 7
乞宮觀第三劄子	1104-617- 7
乞國醫高章服色劄子	1104-617- 7
進尚書解	1104-629- 9
奏乞壽聖節不用樂	1104-735- 上
奏乞於郊赦前復錢公輔官	1104-735- 上
再奏乞復錢公輔官	1104-736- 上
奏乞權罷秋宴	1104-736- 上
奏乞慎除授以革僥倖	1104-736- 上
奏乞詔臣寮上封章陳闕事	1104-737- 上
再奏乞降詔臣寮各上封章及依次轉對	1104-737- 上
奏濮安懿王稱號乞依兩制所議（三則）	1104-737- 上
奏減江淮諸路鹽價	1104-739- 上
奏論濮王稱親未當	1104-739- 上
奏論執政爲崇濮王邪議	1104-740- 上
再奏論執政邪議	1104-741- 上
再奏乞責首啓邪議之臣	1104-742- 上
論皇太后追尊濮王詔令（議）	1104-742- 上
論陝西沿邊冗費（議）	1104-743- 上
奏乞早遣夏國封册使臣	1104-743- 上
奏乞詔侍從陳朝廷闕失	1104-743- 上
論求治不可太急（議）	1104-744- 上
論親決庶政（議）	1104-745- 上
奏設特舉之科分路考校取人	1104-745- 上
奏乞詔內外之臣各舉所知	1104-746- 上
論擇臺諫（疏）	1104-747- 上
奏乞增補諫官	1104-747- 上
再奏乞增補諫官	1104-747- 上
奏乞戒妄陳邊事	1104-747- 上
奏乞戒飭邊臣弛備	1104-748- 上
條列陝西利害（議）	1104-748- 上
奏乞令孫永依舊知秦州附貼黃	1104-751- 上
論富弼入相久謝病不出（議）附貼黃	1104-751- 上
奏乞將章辟光所奏宣示臺官	1104-753- 上
論新法乞責降（議二則）	1104-753- 上
奏乞詔還呂誨	1104-754- 上
奏論責君子太重獎小人太深	1104-754- 上
奏論薛向	1104-755- 上
再論薛向（議）	1104-756- 上
又論薛向（議）	1104-756- 上
奏乞罷均輸	1104-757- 上
論劉琦等不當責降（議二則）附貼黃	1104-758- 上
奏乞詔御史覺察諸路申轉運使	1104-760- 上

史部

詔令奏議類：附錄

奏議上九畫

四庫全書文集篇目分類索引

史部

詔令奏議類：附錄

奏議上九畫

繳進後漢光武詔書附後漢光武詔書	1104-761- 上	上哲宗乞不許蕃官自改漢姓（疏）	432-561-125
論蕃官久例在漢官之下（議）	1104-762- 上	上徽宗乞令蕃官不得換授漢官差遣（疏）	432-562-125
奏乞詔內外臣條陳利害	1104-762- 下	上神宗論西師不可再舉（疏）附貼黃	432-755-138
奏乞保甲並用冬教	1104-763- 下	上哲宗乞以棄地易被虜之人（疏二則）附貼黃	432-767-139
奏乞揀閱保甲	1104-764- 下	上哲宗乞不妄動以觀成敗之變（疏）	432-777-139
答詔論西事（議）附貼黃	1104-764- 下	上哲宗論息兵失於欲速（疏）	432-787-140
畫夏國議界三策（議）	1104-766- 下	上徽宗論進築非便（疏）	432-793-140
乞早分畫西夏地界（議）	1104-767- 下	征伐（疏）——論西師不可再舉疏	439-571-231
論消復陰診（議）	1104-768- 下	禦邊（疏）——論進築非便上疏	442-318-333
論告命不經門下辭同知樞密院（議）附貼黃	1104-768- 下	四裔（疏）——乞不妄動以觀成敗之變	442-650-345
繳奏歐陽修朋黨論	1104-769- 下	四裔（疏）——論息兵失於欲速疏	442-653-345
論大臣輔政不當顧慮形迹（議）附貼黃	1104-770- 下	四裔（疏）——乞令蕃官不得換授漢官差遣	442-672-347
論韓維不當罷門下侍郎（議）	1104-771- 下	論西事當改圖（議）	1104-790- 0
奏乞寬王覿之罪附貼黃	1104-771- 下	論熙延與夏國所畫封疆事（議）	1104-791- 0
又論王覿乞從文彥博等所言（議）	1104-772- 下	奏乞修明元頖戰守約束	1104-792- 0
奏舉彭汝礪	1104-773- 下	奏乞那差將兵附貼黃	1104-793- 0
奏乞看詳臣庶所下封事	1104-773- 下	奏蕃官李忠傑等事	1104-793- 0
奏乞誅果莊	1104-774- 下	奏牽制西夏事附貼黃	1104-794- 0
論不當授果莊陪戎校尉（議）	1104-775- 下	奏分兵守汝遷	1104-795- 0
論不當許鄂特凌古來使與果莊相見（議）	1104-776- 下	奏乞不許蕃官私自改姓	1104-796- 0
論朱宿梁二不賀貸命（議）	1104-776- 下	論交換生口事（議）	1104-796- 0
論誅蔡確當與師臣商量（議）	1104-779- 下	論治平兵馬與今不同（議）	1104-797- 0
論不宜分辨黨人有傷仁化（議）	1104-779- 下	奏乞訪問州縣闘食去處	1104-797- 0
論回河（議）附貼黃	1104-780- 下	奏乞勞賞曲珍	1104-797- 0
再論回河畫一（議）	1104-781- 下	奏論西師不可再舉附貼黃	1104-797- 0
又論回河利害（議）	1104-782- 下	乞以棄地易被虜之人（議二則）附貼黃	1104-799- 0
論精選股肱（議）	1104-783- 下	答詔論邊情乞不妄動以觀成敗之變（議）	1104-802- 0
奏陳青苗等法	1104-783- 下	論息兵失於欲速（議）	1104-804- 0
奏乞戒邊將	1104-784- 下	乞令藩官不得換授漢官差遣（議）	1104-806- 0
奏彈吳安持李偉	1104-784- 下	議進築非便	1104-808- 0
奏乞棄廢寨與西夏	1104-785- 下	● 范純禮 宋	
論除呂公著文字不經書讀（議）	1104-788- 附	用人（疏）	436-878-141
繳進明道詔書附貼黃及明道詔書	1104-789- 附	慎刑疏	439-220-217
論章惇（疏）	1350-558- 52	議南郊合祭	1104-790- 0
論黃河（疏）	1350-559- 52	奏請察議論之臣	1104-790- 0
請寬蔡確貶責（疏）	1350-559- 52		
請放呂大防等逐便（疏）	1350-560- 52		
乞不推治黨人翁子	1359-186- 24		
遺表	1403-548-137		
論發運均輸狀	1418-548- 54		
奏陳青苗等法疏	1418-549- 54		
● 范純粹 宋			

●范景文 明

矢心入告嚴社請託疏 445-643- 38
直抉吏治病源疏 445-656- 39
革大戶行召募疏 445-663- 39
撫賊未可輕信疏 445-679- 40
議論當存人材可惜疏 445-680- 40
起廢緣繇疏 1295-441- 1
考選科道職名疏 1295-442- 1
郵用建儲被廢諸臣緣繇疏 1295-442- 1
起原任戶部主事鹿善繼疏 1295-443- 1
陞原任御史劉光復疏 1295-443- 1
鴻臚正卿改用甲科疏 1295-444- 1
救吏科給事中周朝瑞免降疏 1295-444- 1
總催大僚考選疏 1295-445- 1
催大僚疏 1295-446- 1
催起廢疏 1295-446- 1
總催考選疏 1295-447- 1
催丙辰一案考選疏 1295-447- 1
催癸丑一案考選疏 1295-448- 1
催補京堂疏 1295-448- 1
總催兩案考選疏 1295-449- 1
總催兩案考選疏 1295-449- 1
總催三法司疏 1295-450- 1
催司官疏 1295-450- 1
催吏科疏 1295-451- 1
催太僕寺少卿疏 1295-451- 1
催大理寺疏 1295-451- 1
矢心入告嚴社請託疏 1295-452- 1
覆楚省學道歸併疏 1295-453- 1
請廣添註京堂疏 1295-454- 1
覆調有司疏 1295-455- 1
議裁冗員疏 1295-455- 1
覆大梁道臣疏 1295-455- 1
撫豫報伐疏 1295-459- 2
直抉吏治病源疏 1295-460- 2
處置援兵疏 1295-461- 2
慶賀元旦疏 1295-462- 2
恭謝皇賞疏 1295-463- 2
再謝皇賞疏 1295-463- 2
援兵經過處置當預疏 1295-463- 2
辭免新命疏 1295-464- 2
革大戶行召慕疏 1295-465- 2
直陳除害安民諸疑疏 1295-467- 2
備陳中州地方情形疏 1295-468- 2
剔舊營積弊疏 1295-470- 3
請罷免疏 1295-474- 3
汰營將局官疏 1295-474- 3
更定經制疏 1295-475- 3
屆畢祈雨疏 1295-475- 3
奉旨回奏疏 1295-476- 3
奉旨再奏疏 1295-477- 3
議建敵臺疏 1295-478- 3
議留道臣疏 1295-479- 3
郊祀届畢疏 1295-480- 3
駁覆兵馬錢糧兼陳掛號疏 1295-480- 3
恭報公費繕器疏 1295-482- 4
慶賀萬壽疏 1295-483- 4
請告初疏 1295-483- 4
請告再疏 1295-484- 4
請告三疏 1295-485- 4
請告四疏 1295-485- 4
恭謝天恩疏 1295-486- 4
留銀修城疏 1295-487- 4
請郵疏（二則） 1295-488- 4
辭南憲疏 1295-489- 4
飭屬疏附五箴 1295-490- 4
撫賊未可輕信叛形業已漸漳疏 1295-492- 4
議論當存人材可惜疏 1295-493- 4
議論當存復疏 1295-495- 4
革職謝恩疏 1295-496- 4
遺疏 1295-496- 4
姚給諫奏疏序 1295-501- 5

●范端臣 宋

謝賜御書孟子表 1352-251-7 上

●苑 咸 唐

謝只除補闕表 1338-500-591
爲李卿謝三品狀 1339- 1-628
爲晉公謝兄林宗爲太僕卿狀 1339- 7-629
爲晉公李林甫謝賜兄衣服狀 1339- 7-629
爲晉公謝男五品官狀 1339- 8-629
爲晉公謝臘日賜藥等狀 1339- 17-630
謝賜藥金盞等物狀 1339- 17-630
謝賜藥金狀 1339- 17-630
爲晉公謝賜鹿肉狀 1339- 30-632
爲晉公謝賜魚狀 1339- 30-632
爲晉公謝賜蟹狀 1339- 30-632
爲晉公謝賜車鼇蛤蜊等狀（二則） 1339- 30-632

●茅 蕉 周

聽言（疏） 438-694-201

●英 廉（等）清

四庫全書文集篇目分類索引

進（欽定日下舊聞考）表　　　　　497- 2- 附
　●是　儀吳
封建（疏）　　　　　　　　　　　436- 37-104
　●姚　信吳
風俗（疏）——乞旌表鬱生以勵
　　婦節　　　　　　　　　　　　436-278-116
上張白妻鬱生貞節表　　　　　　1386-708- 上
　●姚　勉宋
丙辰封事　　　　　　　　　　　1184- 4- 1
庚申封事　　　　　　　　　　　1184- 9- 2
擬上封事　　　　　　　　　　　1184- 14- 3
庚申輪對第一二劄附貼黃　　　　1184- 18- 4
賜第謝表　　　　　　　　　　　1184- 27- 5
賜聞喜宴謝表　　　　　　　　　1184- 28- 5
賜御製詩謝表　　　　　　　　　1184- 28- 5
賜謝花表　　　　　　　　　　　1184- 28- 5
賜冰謝表　　　　　　　　　　　1184- 28- 5
東宮受册賀皇帝表　　　　　　　1184- 29- 5
謝皇帝賜馬表　　　　　　　　　1184- 29- 5
沂邸賀皇帝肅清江上表　　　　　1184- 29- 5
沂邸賀皇帝東宮正位表　　　　　1184- 30- 5
沂邸賀皇帝太子入宮表　　　　　1184- 30- 5
皇太子侍立參決謝皇帝表　　　　1184- 30- 5
皇太子謝皇帝令百官詣東宮表　　1184- 30- 5
皇太子辭皇帝賜扇表　　　　　　1184- 31- 5
　●姚　班唐
儲嗣（疏）——諫節愍太子失道
　　（四則）　　　　　　　　　　435- 72- 72
　●姚　崇唐
治道（疏）——上十事奏　　　　　433-681- 27
慎刑疏　　　　　　　　　　　　439-188-215
巡幸（疏）　　　　　　　　　　441- 96-287
災祥（疏）　　　　　　　　　　441-317-298
災祥（疏）　　　　　　　　　　441-318-298
　●姚　貫周
用人（疏）　　　　　　　　　　436-579-129
　●姚　嵩後秦
上後秦主姚興佛義表附詔答　　　1400-558- 9
重上後秦主姚興表附詔答　　　　1400-560- 9
謝後秦主姚興珠像表　　　　　　1400-561- 9
　●姚　銑宋
遷移鄂州謝表　　　　　　　　　541-330-35之3
　●姚　察陳
陳讓終喪表附後主詔答　　　　　1399-725- 7
　●姚　樞元

治道（疏）　　　　　　　　　　434-797- 65
治道（疏）　　　　　　　　　　434-798- 65
征伐疏　　　　　　　　　　　　439-681-235
　●姚　燧元
皇帝尊號玉册文　　　　　　　1367-129- 10
皇帝尊號玉册文　　　　　　　1373- 86- 7
　●姚　鎭明
請討田州府土官岑猛疏　　　　　1465-518- 5
　●姚　夔明
弭災修德疏　　　　　　　　　　443- 69- 5
題表勸忠賢事　　　　　　　　　443-660- 30
題封諡事　　　　　　　　　　　443-660- 30
題陵廟疏　　　　　　　　　　　443-622- 29
　●姚希得宋
治道（疏）——言外觀形狀似若
　　清明之朝內察脈息有類危亡之
　　證　　　　　　　　　　　　　434-780- 64
聽言（疏）　　　　　　　　　　438-876-207
　●姚南仲唐
山陵（疏）　　　　　　　　　　436-484-124
　●姚思廉唐
巡幸（疏）——諫幸九成宮　　　441- 93-287
　●姚登孫元
賀建儲表　　　　　　　　　　1367-204- 17
賀元旦表　　　　　　　　　　1367-204- 17
賀正旦表　　　　　　　　　　1382-420-下之3
　●姚綬虞清
重農積粟疏　　　　　　　　　　534-469- 94
請免江西通稅疏　　　　　　　　534-470- 94
請禁僕隸投營疏　　　　　　　　534-473- 94
請褒恤周悼頤疏　　　　　　　　534-474- 94
再請復優免廩糧以培士氣疏　　　534-475- 94
　●香　居周
營繕（疏）　　　　　　　　　　441-712-315
　●谷　隆蜀漢
褒贈（疏）——乞立諸葛亮廟表　441- 2-283
　●皇甫冉唐
謝賜冬衣表（三則）　　　　　1338-517-593
　●皇甫涍明
請立東宮第一二三表　　　　　1276-665- 26
請立東宮再上表　　　　　　　1276-669- 26
　●皇甫規漢
征伐（疏）——西羌反上疏自效　439-480-227
寵幸（疏）——舉賢良方正對策　441-160-290
災祥（疏）　　　　　　　　　　441-284-296

求自效疏　　　　　　　　1360-182- 10　　周國公主下嫁禮成賀皇帝表　　1189-102- 13
自訟疏　　　　　　　　　1360-183- 10　　謝知鎮江府兼淮東總領到任表　1189-102- 13
上順帝求自效疏　　　　　1397-329- 15　　知鎮江府到任謝表　　　　　　1189-103- 13
上桓帝論羌事求自効疏　　1397-329- 15　　　●俞獻卿宋
自訟疏　　　　　　　　　1397-329- 15　　理財（疏）　　　　　　　　　440-462-263
薦中郎將張奐自代疏　　　1397-330- 15　　　●紀　瞻齊
請坐黨人奏　　　　　　　1397-330- 15　　用人（疏）　　　　　　　　　436-609-130
　●皇甫湜唐　　　　　　　　　　　　　　　●爰　延漢
論進奉書　　　　　　　　1078- 85- 4　　君德（疏）　　　　　　　　　433- 5- 1
　　　　　　　　　　　　1339-392-676　　災祥（疏）　　　　　　　　　441-280-296
　　　　　　　　　　　　1343-383-26下　　論倖臣鄧萬封事　　　　　　　1360-219- 12
　　　　　　　　　　　　1418- 91- 38　　上桓帝論客星經帝坐封事　　　1397-350- 16
　●皇甫憬唐　　　　　　　　　　　　　　論辛臣鄧萬封事　　　　　　　1403-590-142
諫不置勸農判官疏　　　　1339-602-697　　　●侯　摯金
　●皇甫謐晉　　　　　　　　　　　　　　治道（疏）——上章言九事　　434-790- 65
辭聘書（疏）　　　　　　1398-247- 12　　仁民（疏）　　　　　　　　　436-162-109
　●郄　崇唐　　　　　　　　　　　　　　兵制（疏）　　　　　　　　　439-428-224
君德（疏）　　　　　　　 433- 13- 1　　荒政（疏）　　　　　　　　　440-132-248
　●郄　詵晉　　　　　　　　　　　　　　禦邊（疏）　　　　　　　　　442-495-339
治道（疏）　　　　　　　 433-609- 25　　　●侯　應漢
　●拜　珠元　　　　　　　　　　　　　　禦邊（疏）　　　　　　　　　442- 11-320
仁民（疏）　　　　　　　 436-164-109　　罷邊備議　　　　　　　　　　1355-288- 10
聽言（疏二則）　　　　　 438-881-207　　　　　　　　　　　　　　　1360-284- 16
　●俞　亮清　　　　　　　　　　　　　　　　　　　　　　　　　　　1377-184- 7
告急請兵疏　　　　　　　 556-171- 86　　　　　　　　　　　　　　　1396-489- 14
　●俞　桌宋　　　　　　　　　　　　　　　　　　　　　　　　　　　1403-652-149
郊廟（疏）　　　　　　　 433-523- 21　　　●侯　霸漢
學校（疏）　　　　　　　 436-255-115　　李通辭職議　　　　　　　　　1397-124- 7
　●俞　諫明　　　　　　　　　　　　　　劾朱浮奏　　　　　　　　　1397-125- 7
嘉靖元年漕例奏　　　　　 443-421- 22　　　●侯震暘明
嘉靖二年漕例奏　　　　　 443-422- 22　　敬剖和同之旨以銷結習疏　　　445-604- 36
　●俞德隣宋　　　　　　　　　　　　　　諫令客氏再入疏　　　　　　　445-606- 36
賀郊祀慶成表　　　　　　1189- 97- 13　　門軍法紀全弛疏　　　　　　　445-608- 36
謝郊禮慶成肆赦表　　　　1189- 97- 13　　禁廷人命疏　　　　　　　　　445-610- 36
謝賜新曆表　　　　　　　1189- 98- 13　　　●段　灼晉
謝賜曆日表　　　　　　　1189- 98- 13　　經國（疏）　　　　　　　　　435-243- 79
賀生皇子表　　　　　　　1189- 98- 13　　封建（疏）　　　　　　　　　436- 37-104
謝生皇子肆赦表　　　　　1189- 99- 13　　賞罰（疏）　　　　　　　　　438-356-187
誕皇孫賀皇帝表　　　　　1189- 99- 13　　褒贈（疏）——追理鄧艾疏　　441- 2-283
聖節進賀禮物表　　　　　1189- 99- 13　　理鄧艾疏幷詔　　　　　　　　1361-586- 18
蝗不爲災謝御筆獎諭表　　1189-100- 13　　追理鄧艾疏　　　　　　　　　1398-237- 11
慧星肆赦謝表　　　　　　1189-100- 13　　陳時宜書　　　　　　　　　　1398-238- 11
明堂禮成加食邑謝表　　　1189-100- 13　　又陳伐蜀功賞奏　　　　　　　1398-239- 11
謝賜臘藥表　　　　　　　1189-101- 13　　假還上表　　　　　　　　　　1398-240- 11
册皇太子妃賀皇帝表　　　1189-101- 13　　追理鄧艾疏　　　　　　　　　1403- 66- 95

●段　恭 漢
用人（疏）　　　　　　　　　　436-591-129
理廱參疏　　　　　　　　　　1397-251- 12
●段　規 周
征伐（疏）　　　　　　　　　　439-446-226
●段　熲 漢
征伐（疏）——論移兵討東羌　　439-480-227
征伐（疏）　　　　　　　　　　439-481-227
上言討先零東羌　　　　　　　　558-582- 45
自任擊羌疏　　　　　　　　　1360-194- 11
上桓帝詔問羌事奏　　　　　　1397-370- 17
上靈帝言東羌奏　　　　　　　1397-370- 17
●段文振 隋
四畜（疏）　　　　　　　　　　442-526-340
上煬帝論突厥表　　　　　　　1400-367- 7
論征遼表　　　　　　　　　　1400-367- 7
●段少連 宋
上仁宗論廢郭皇后（疏）　　　　431-307- 28
上仁宗論廢后有大不可者（疏）　431-307- 28
內治（疏二則）　　　　　　　　435-127- 74
●段同泰 唐
廢隱太子等四廟議　　　　　　1340-430-763
●段孝直 漢
上訟寃表　　　　　　　　　　1396-645- 22
●段秀實 唐
宿衛（疏）　　　　　　　　　　439-431-225
●後兼常平 宋
代福淮東舉茶事謝上表　　　　1382-366-下之1
國史院進三朝正史帝紀表　　　1382-367-下之1

十　畫

●海　瑞 明
諫修齋建醮疏　　　　　　　　　445-435- 27
興國縣八議　　　　　　　　　　517-151-119
久安疏　　　　　　　　　　　1286- 2- 1
治安疏　　　　　　　　　　　1286- 5- 1
乞終養疏　　　　　　　　　　1286- 9- 1
自陳不職疏　　　　　　　　　1286- 10- 1
改折祿米倉糧疏　　　　　　　1286- 10- 1
開吳淞江疏　　　　　　　　　1286- 11- 1
開白茆河疏　　　　　　　　　1286- 12- 1
處補練兵銀疏　　　　　　　　1286- 13- 1
革募兵疏　　　　　　　　　　1286- 15- 1
被論自陳不職疏　　　　　　　1286- 16- 1
告養病疏　　　　　　　　　　1286- 19- 1
乞治黨邪言官疏　　　　　　　1286- 21- 1

直言天下第一事疏　　　　　　1403-306-113
治安疏　　　　　　　　　　　1453-510- 56
●宮之奇 周
經國（疏）——晉侯假虞道伐號
　事　　　　　　　　　　　　　435-212- 78
諫假道　　　　　　　　　　　1355-100- 4
　　　　　　　　　　　　　　1377-130- 3
　　　　　　　　　　　　　　1402-292- 53
●宮夢仁 清
奏進書（讀書紀數略）摺　　　1033- 6- 附
奏緣式（讀書紀數略）摺　　　1033- 8- 附
●涓　勳 漢
論丞相宣奏　　　　　　　　　1355-307- 11
　　　　　　　　　　　　　　1377-319- 10
勸丞相薛宣奏　　　　　　　　1396-509- 16
論宰相薛宣　　　　　　　　　1403-570-140
●浩虛舟 唐
爲崔大夫賀破吐蕃表　　　　　1338-276-567
●高　允 北魏
務農（疏）　　　　　　　　　　436-174-110
學校（疏）　　　　　　　　　　436-216-113
風俗（疏）　　　　　　　　　　436-281-116
戒伏欲（疏）　　　　　　　　　438-507-193
營繕（疏）　　　　　　　　　　441-724-315
進天文要略表　　　　　　　　1415-629-107
郡國建學表　　　　　　　　　1415-629-107
矯頹俗疏　　　　　　　　　　1415-630-107
諫起宮室疏　　　　　　　　　1415-631-107
●高　拱 明
議處安攘大計疏　　　　　　　　445-450- 28
議處邊方激勸疏　　　　　　　　445-452- 28
議處邊方有司疏　　　　　　　　445-453- 28
辨大寃以正法疏　　　　　　　　445-454- 28
議處本兵司屬疏　　　　　　　　445-456- 28
議處科目人才疏　　　　　　　　445-460- 29
議處馬政鹽政疏　　　　　　　　445-462- 29
議錄卻賄三臣疏　　　　　　　　445-463- 29
議處廣東舉劾疏　　　　　　　　445-465- 29
弭盜疏　　　　　　　　　　　　445-466- 29
辨名分疏　　　　　　　　　　　445-467- 29
議處本兵邊方督撫兵備疏　　　1403-300-113
議處邊方有司疏　　　　　　　1403-302-113
議廣西按察司改併道分疏　　　1465-582- 8
●高　柔 魏
仁民（疏）　　　　　　　　　　436- 54-105

四庫全書文集篇目分類索引　　1419

仁民（疏）　　　　　　　　　　436- 55-105
用人（疏二則）　　　　　　　　436-597-130
戒伏欲（疏）　　　　　　　　　438-505-193
法令（疏）　　　　　　　　　　439- 11-208
慎刑（疏）　　　　　　　　　　439-131-215
慎刑（疏）——論公孫晃及妻子
　叛逆事　　　　　　　　　　　439-173-215
崇儒（疏）　　　　　　　　　　440-714-274
上妖言疏　　　　　　　　　　　1361-587- 18
又請咨訪三公疏　　　　　　　　1361-587- 18
又請優待博士疏　　　　　　　　1361-587- 18
又請罷修宮室放出嬪御疏　　　　1361-587- 18
又請弛殺禁地鹿疏　　　　　　　1361-588- 18
●高　祐 北魏
選舉（疏）　　　　　　　　　　437-497-163
國史（疏）——議史官宜依司馬
　遷班固大體令事類相從紀傳區
　別表志殊貫　　　　　　　　　440-761-276
弭盜（疏）　　　　　　　　　　441-766-317
●高　晉（等）清
恭進欽定南巡盛典表　　　　　　658- 6-首上
淮南巡盛典前編表　　　　　　　658- 9-首上
●高　起（等）漢
用人（疏）　　　　　　　　　　436-582-129
●高　郢 唐
營繕（疏）　　　　　　　　　　441-733-315
爲盧相公謝恩幷請罷官養疾表　　1338-433-583
謝太常卿幷舉官百代表　　　　　1338-486-589
謝再除太常卿充禮儀使表　　　　1338-486-589
謝賜錦綵綾銀器等表　　　　　　1338-529-594
請致仕表（三則）　　　　　　　1338-609-604
爲蕭少師謝致仕表　　　　　　　1338-612-604
諫造章敬寺書　　　　　　　　　1343-384-26下
再上諫書　　　　　　　　　　　1343-385-26下
諫營章敬寺書　　　　　　　　　1361-833- 4
復上言　　　　　　　　　　　　1361-892- 10
請致仕表　　　　　　　　　　　1403-519-134
●高　啓 明
擬唐平蜀露布　　　　　　　　　1230-311- 5
　　　　　　　　　　　　　　　1410-856-779
●高　推 明
新餉苦累難支疏　　　　　　　　445-615- 36
極言捕務不修疏　　　　　　　　445-635- 38
●高　馮 唐
上五事　　　　　　　　　　　　1361-901- 10

●高　登 宋
上淵聖皇帝第一至五書　　　　　1136-430- 上
上皇帝書——紹興八年　　　　　1136-436- 上
上書乞納官贖罪歸葬親　　　　　1136-437- 上
●高　肇 北魏
征伐（疏）——論伐蜀　　　　　439-517-229
尚書令高肇奏　　　　　　　　　1401-430- 32
尚書令高肇奏附宣武帝詔報　　　1401-431- 32
●高　鳴 元
建官（疏）　　　　　　　　　　437-481-162
●高　澄 東魏
理財疏　　　　　　　　　　　　440-441-262
●高　適 唐
賦役（疏）　　　　　　　　　　440-252-254
進王氏端詩表　　　　　　　　　541-330-35之3
爲東平薛太守進王氏瑞詩表　　　1071-420- 10
謝封丘縣尉表　　　　　　　　　1071-421- 10
謝上彭州刺史表　　　　　　　　1071-421- 10
謝上劍南節度使表　　　　　　　1071-422- 10
賀安祿山死表　　　　　　　　　1071-422- 10
謝上淮南節度使表　　　　　　　1071-422- 10
賀收城表　　　　　　　　　　　1071-423- 10
賀斬逆賊徐知道表　　　　　　　1071-423- 10
請入奏表　　　　　　　　　　　1071-424- 10
爲東平薛太守進王氏瑞詩表　　　1343-357- 25
後漢賊臣董卓廟議　　　　　　　1403-699-153
●高　熲 隋
征伐（疏）——論取陳之策　　　439-523-229
諸州計戶徵稅奏　　　　　　　　1400-287- 4
諫收散樂奏　　　　　　　　　　1400-287- 4
●高　閭 齊
用人（疏）　　　　　　　　　　436-612-130
法令（疏）　　　　　　　　　　439- 29-209
征伐疏（二則）　　　　　　　　439-512-228
荒政（疏）　　　　　　　　　　440- 4-243
禦邊（疏）　　　　　　　　　　442- 25-320
上安邊表　　　　　　　　　　　549- 75-184
上應詔陳時宜表　　　　　　　　549- 76-184
●高　勱 隋
征伐（疏）——上取陳五策　　　439-524-229
上取陳五策表　　　　　　　　　1400-288- 4
●高　賜 漢
論劉嘉趙世奏　　　　　　　　　1397-399- 18
●高　儀 明
請諳典疏　　　　　　　　　　　1276-128-附1

●高 駢唐
請築羅城禦南詔表 570-535-29之9
又築羅城成表 570-536-29之9
請築羅城表 1354-486- 18
又（請築羅城）表 1354-487- 18
請築羅城表 1381-277- 27
又（請築羅城）表 1381-277- 27
●高 錫宋
祭禮（疏） 436-510-126
用人（疏） 436-653-131
●高 輿清
（御定）佩文齋詠物詩選告成進
　呈表 1432- 2- 附
●高 巍明
抑末技疏 549-132-186
●高 歡北齊
出師表 1338-696- 64
上魏節閔帝出師表 1400- 3- 1
上魏孝武帝表 1400- 4- 1
又自理表 1400- 4- 1
●高力士唐
用人（疏） 436-628-131
巡幸（疏） 441- 96-287
●高士奇清
恭進大清鑑歌鼓吹樂章表 1449-459- 2
●高孔休宋
象州到任謝上表 1352-204-5下
●高汝礪金
經國（疏）——論徒軍戶議不宜
　行 435-801-101
經國（疏）——論以買苗不合而
　分界州縣之非計 435-802-101
用人（疏） 437-247-152
聽言（疏） 438-877-207
賦役（疏）——言歲閱民田徵租
　之非 440-376-259
理財（疏）——論如何處穀價之
　騰踊 440-707-273
理財（疏） 400-707-273
理財（疏） 440-708-273
●高克正明
折呂宋採金議 594-256- 11
●高邦佐明
告養親疏 549-169-187
●高定子宋

慎微（疏） 438-586-196
●高其倬清
敬陳鄧橫善後等事疏——雍正十
　年 568-396-113
請題免白土軍丁銀疏 570-405-29之5
籌酌魯魁善後疏 570-406-29之5
委員赴昭辦理開墾疏 570-444-29之6
●高叔嗣明
乞終養疏 1273-629- 6
乞養疾疏 1273-630- 6
●高季輔唐
禮樂（疏） 436-349-119
求言（疏） 438-645-199
●高恭之南北朝
請復置廷尉司直流 503-289-111
請改鑄疏 503-290-111
●高堂隆魏
治道（疏） 433-603- 25
樂疏 436-531-127
戒伏欲（疏） 438-505-193
慎微（疏） 438-559-196
災祥（疏四則） 441-293-297
營繕（疏） 441-715-315
諫治殿取鐘疏 1361-592- 19
又言星孛大辰疏 1361-592- 19
又言用法深重疏 1361-593- 19
言百役繁興疏 1361-593- 20
又疾篤口占疏 1361-595- 20
諫明帝饗會 1361-626- 26
對崇華殿災 1361-663- 35
又對鵲巢凌霄闘 1361-664- 35
諫興役疏 1403- 56- 94
　 1417-433- 21
●高馮列唐
治道（疏） 433-666- 27
●高斯得宋
聖學（疏） 433-234- 9
郊廟（疏） 433-547- 22
治道（疏二則） 434-742- 63
仁民（疏二則） 436-160-109
祭禮（疏） 436-526-126
用人（疏）——進故事 437-207-151
用人（疏二則） 437-243-152
知人（疏） 437-367-158
去邪（疏）——劾奏趙善瀚沈墜

四庫全書文集篇目分類索引

等　　　　　　　　　　　　438-324-185
去邪（疏）——論楊畏　　　438-324-185
戒逸欲（疏）　　　　　　　438-549-195
聽言（疏）　　　　　　　　438-864-207
聽言（疏）　　　　　　　　438-876-207
慎刑疏　　　　　　　　　　439-232-217
兵制（疏）　　　　　　　　439-426-224
征伐（疏）——進故事　　　439-675-235
任將（疏）　　　　　　　　439-824-241
荒政（疏）　　　　　　　　440-130-248
災祥（疏）　　　　　　　　441-667-313
災祥（疏）——進故事　　　441-671-313
災祥（疏三則）　　　　　　441-672-313
災祥（疏）——進故事　　　481-691-314
輪對奏箚　　　　　　　　　1182- 4- 1
秋八月壬午大閱疏　　　　　1182- 5- 1
上言學校（疏）　　　　　　1182- 6- 1
應詔上封事　　　　　　　　1182- 6- 1
直前奏事　　　　　　　　　1182- 10- 1
輪對奏箚　　　　　　　　　1182- 14- 1
留趙給事奏箚　　　　　　　1182- 16- 1
輪對奏箚　　　　　　　　　1182- 17- 1
慧星應詔封事　　　　　　　1182- 20- 1
奏乞下詔趣諸路勤王之師狀　1182- 23- 1
經筵故事　　　　　　　　　1182- 25- 2
● 高智耀 元
崇儒（疏）　　　　　　　　440-734-274
● 高道悅 北魏
巡幸（疏）——諫水路幸鄴　441- 92-287
● 高道穆 北魏
法令（疏）　　　　　　　　439- 33-209
慎刑疏　　　　　　　　　　439-178-215
理財（疏）　　　　　　　　440-441-262
● 高熊徵 清
奧西三大政條陳　　　　　　568-414-114
廣西行鹽議　　　　　　　　568-416-114
● 高謙之 北魏
法祖（疏）　　　　　　　　435- 3- 69
理財（疏）——求鑄二銖錢表　440-438-262
請甄絡役禁請託疏　　　　　503-288-111
請復縣令面陳舊制疏　　　　1417-569- 27
● 高攀龍 明
勸王錫爵疏　　　　　　　　445-526- 32
崇正學關異說疏　　　　　　1292-440- 7
今日第一要務疏　　　　　　1292-443- 7

聖明亟垂耼恤疏　　　　　　1292-446- 7
破格用人疏　　　　　　　　1292-448- 7
釋群疑銷隱禍疏　　　　　　1292-449- 7
恭陳聖明務學之要疏　　　　1292-450- 7
辭免重任疏　　　　　　　　1292-452- 7
糾勸貪汚御史（疏）　　　　1292-452- 7
申嚴憲約責成州縣疏　　　　1292-453- 7
自請罷斥疏　　　　　　　　1292-460- 7
遺疏　　　　　　　　　　　1292-460- 7
● 高繼申 宋
法令疏　　　　　　　　　　439- 49-210
● 唐　介 宋
治道（疏）　　　　　　　　433-786- 32
法祖（疏）　　　　　　　　435- 5- 69
用人（疏）　　　　　　　　436-734-135
潭州通判謝上表　　　　　　1350-693- 65
　　　　　　　　　　　　　1403-534-136
● 唐　羌 漢
詔獄龍眼荔支書 附和帝詔報　1397-192- 9
● 唐　庚 宋
賀天寧節表　　　　　　　　1124-355- 6
謝曆日表　　　　　　　　　1124-355- 6
賀立皇后表　　　　　　　　1124-356- 6
賀降皇子表　　　　　　　　1124-356- 6
到任謝上表　　　　　　　　1124-356- 6
賀進築表（二則）　　　　　1124-357- 6
慰國邸表　　　　　　　　　1124-357- 6
惠州謝復官表　　　　　　　1124-383- 11
賀天寧節表　　　　　　　　1352- 30- 1上
賀誕皇子表　　　　　　　　1352- 35- 1中
謝除成都轉運表　　　　　　1352-170- 4下
賀進築表　　　　　　　　　1394-445- 4
● 唐　炯 宋
去邪（疏）——論王安石　　438- 93-176
● 唐　林 漢
禮臣（疏）　　　　　　　　441- 43-285
請復師丹爵邑疏　　　　　　1396-575- 19
● 唐　胄 明
遵成憲以昭典禮疏　　　　　443-618- 28
諫討安南疏　　　　　　　　445-362- 23
昭典禮疏　　　　　　　　　445-366- 23
請斥添祀疏　　　　　　　　1453-469- 54
● 唐　重 宋
經國（疏）——高宗即位應詔上
　疏　　　　　　　　　　　435-375- 84

史部

詔令奏議類：附錄

奏議上十畫

乞選親賢爲京兆牧（疏） 556-154- 86

●唐 紹唐

郊廟（疏）——議請以正冬至日
　祀圜丘 433-399- 16
風俗（疏） 436-285-116
喪禮（疏） 436-434-122
請以正冬至日祀圜丘議 1343-557- 39

●唐 皋明

崇一德以享天心疏 1403-248-110

●唐 瑀宋

用人（疏）——召對緝熙殿首疏 437-141-148

●唐 蒙漢

四裔（疏） 442-499-340
上武帝通夜郎書 1396-391- 9

●唐 儉唐

戒伏欲（疏） 438-509-193

●唐 龍明

償運糧儲疏 443-426- 22
停差燒造太監疏 445-257- 16
請還宸濠所占民田疏 445-263- 16
請均田役疏 445-268- 16
議江西軍功疏 517- 55-116
乞表異忠義官員疏 517- 56-116
補遺典以昭忠義疏 517- 57-116
題請主洞官疏 517- 58-116

●唐 臨唐

慎刑疏——論蕭齡之受賂當死等 439-181-215

●唐子元唐

南郊先燎後祭議——開元年中 1340-409-761

●唐文若宋

禮臣（疏） 441- 85-286

●唐文鳳明

進軌範錄疏 1242-648- 10

●唐太宗

經國（疏） 435-273- 80
四裔（疏） 442-530-341

●唐仲友宋

治道（疏四則） 434-439- 52
治道（疏）——代人上書 434-581- 56
荒政（疏）——台州入奏箚子 440-108-247
賦役（疏） 440-351-258
理財（疏二則） 440-666-271

●唐休璟唐

禦邊（疏） 442- 30-321
諫罷豐州書 550- 19-209

●唐桂芳明

擬弘文館學士虞世南等上治道表 1226-900- 7

●唐淑問宋

聖學（疏） 433-142- 6

●唐順之明

禮部左侍郎薛瑄從祀奏議 549-250-190
故禮部左侍郎薛瑄從祀奏議 1276-189- 1
禮部左侍郎薛瑄從祀奏議 1403-690-150

●祖 納晉

法令（疏） 439- 16-208
諫趙王倫疏 1398-440- 19

●祖 珽北齊

議定舊樂書 1400- 53- 3
上修文殿御覽奏 1400- 53- 3
上武成帝傳位東宮書 1400- 53- 3

●祖 朝周

上獻公書 1396- 74- 6

●祖 暅梁

論歷奏（二則） 1399-474- 10

●祖 瑩北魏

樂疏 436-535-127

●祖冲之劉宋

律歷（疏） 440-816-278
上新曆表 1398-802- 15
辨戴法興曆難議 1398-805- 15

●祖無擇宋

上仁宗論孔宗願襲文宣公（疏） 432-126- 91
崇儒（疏）——言孔宗願生而賜
　諡之不當 440-717-274
袁州謝到任表 516-732-114
謝到任表 1098-840- 10

●庫勒納（等）清

日講書經解義進呈疏 65- 2- 附

●庫車乘間元

災祥（疏） 441-705-314

●庫狄履溫唐

讓起復表 1338-394-579

●席 書明

秦急簡要以活饑民事 443-478- 24
爲科舉主席事（疏） 443-711- 31
議大禮疏 445-305- 19

●祝允明明

跋重勒宋太學生陳公少陽書草石
　刻後 1260-720- 25

●祝世昌清

四庫全書文集篇目分類索引　1423

鑛荒疏　549-176-187
●祝欽明（等）唐
禮樂（疏）　436-508-125
●家鉉翁宋
書蔣象山諫草後　1189-333- 4
●凌　相明
遼東馬政（疏）　444-104- 36
●凌　哲宋
法令（疏）　439-119-213
●凌　策宋
玉局祥光出現表　1354-492- 18
●秦　秀晉
賞罰（疏）——論王濬　438-356-187
何曾諡議　549-237-190
賈充諡議　549-238-190
何曾諡繆醜公議　1398-236- 11
賈充諡荒公議　1398-237- 11
論王睿平吳功奏　1398-237- 11
晉太宰何曾諡議　1403-708-155
晉賈充諡議　1403-708-155
●秦　紘明
議泗城州土官岑應罪狀疏　1465-507- 5
●秦　檜宋
禦邊（疏）——論邊機三事狀　442-337-333
秦檜乞追取御筆詞頭箚子　1134-821-附中
謝賜御書傳神贊表　1352-252- 7上
代宰臣以下賀日有五色雲表　1382-407-下之2
●秦　觀宋
治道（疏）——學賢良方正進策
　有序（三十則）　434-126- 40
安都（疏）　587-728- 18
進策（三十則）　1115-481- 12
進晁錯論　1115-521- 19
進韋元成論　1115-522- 19
進石慶論　1115-523- 19
進張安世論　1115-524- 19
進李陵論　1115-526- 20
進司馬遷論　1115-527- 20
進李固論　1115-528- 20
進陳寔論　1115-529- 20
進袁紹論　1115-530- 21
進魯肅論　1115-531- 21
進諸葛亮論　1115-532- 21
進臧洪論　1115-533- 21
進王導論　1115-534- 21

進崔浩論　1115-535- 21
進王儉論　1115-537- 22
進韓愈論　1115-538- 22
進李泌論　1115-539- 22
進白敏中論　1115-540- 22
進李訓論　1115-541- 22
進王朴論　1115-542- 22
代賀坤成節表　1115-561- 26
代賀興龍節表　1115-561- 26
代賀明堂禮畢表　1115-562- 26
辭史官表　1115-563- 26
代薪守謝上表　1115-563- 26
代程給事乞致仕表　1115-564- 26
代王承事乞回授一官表　1115-564- 26
代謝勑書獎諭表　1115-566- 27
代謝加勳封表　1115-566- 27
代賀元會表　1115-567- 27
代工部文侍郎謝表　1115-567- 27
代中書舍人謝表　1115-567- 27
代中書舍人謝上表　1115-568- 27
代南京謝上表　1115-568- 27
代中書舍人謝上表　1115-569- 27
代謝歷日表　1115-569- 27
代蔡州進瑞麥圖狀　1115-624- 36
鍾繇（賀捷表跋）　1115-612- 35
進南郊慶成詩并表　1115-653- 1
代蘄州守謝上表　1115-672- 5
代程給事乞祝聖表　1115-672- 5
賀興龍節表　1352- 27- 15
賀坤成節表　1352- 31-1上
賀元會表　1352- 51-1下
辭免史官表　1352-124-3中
謝除工部侍郎表　1352-141-3下
謝南郊加恩表　1352-228-6中
晁錯論（疏）　1354-248- 31
進策（三十則）　1361-154- 23
代程給事乞致仕表　1382-363-下之1
代謝除工部侍郎表　1382-392-下之2
代中書舍人謝表　1382-406-下之2
代中書舍人謝上表　1382-406-下之2
代賀元會表　1382-407-下之2
（進策）盜賊　1404-393-196
（進策）任臣　1404-395-196
法律下（疏）　1418-578- 55
●秦長卿元

史部
詔令奏議類：附錄
奏議上十畫

去邪（疏）——論阿哈瑪特專政　438-348-186

●索　絳晉

山陵（疏）　436-482-124

●馬　防漢

樂疏　436-531-127

樂事奏　1397-160- 8

●馬　伸宋

去邪（疏）——速罷黃潛善汪伯彥　438-246-182

●馬　昂明

題憑駒多驪陟　444- 47- 35

●馬　周唐

孝親（疏）——幸九成宮示還期以開衆惑　433-244- 10

治道（疏）　433-664- 27

內治（疏）——諫止城陽公主畫婚事　435-121- 74

宗室（疏）　435-181- 76

用人（疏）　436-622-131

謹名器（疏）　438-592-197

初除監察御史論奉親享廟襲封樂工等疏　1339-580-695

請崇節儉及制諸王疏　1339-582-695

請崇節儉及制諸王疏　1343-391- 27

上疏（二則）　1361-837- 5

上言時政疏　1403- 77- 97

論時政疏　1403- 79- 97

論奉親享廟襲封樂工等疏　1417-636- 30

　　1476-106- 7

●馬　宮漢

避位上書附太后賜馬宮策　1396-601- 20

●馬　訪漢

郊廟（疏）　433-344- 14

●馬總（馬總）唐

爲戴中丞謝賜中和節詩序表　1338-511-592

鄭滑李僕射乞朝覲表　1338-626-606

●馬　援漢

君德（疏）　433- 5- 1

征伐（疏）——隗囂發兵拒漢　439-474-227

四裔（疏）　442-505-340

上銅馬式表　1360-405- 24

上光武陳封隗囂疏　1397- 98- 5

上言塗城事（疏）　1397- 99- 5

上正印文奏　1397- 99- 5

上銅表式表　1397- 99- 5

征尋陽山賊山書　1397-100- 5

請置封溪望海二縣奏　1397-100- 5

平交趾勃太守蘇定奏　1397-100- 5

鑄錢書　1397-100- 5

上銅馬式表　1403-441-125

●馬　總唐

南海舉給事中穆質自代狀　1339- 60-638

●馬　廖漢

節儉（疏）　438-454-191

上長樂宮勸成德政疏　1397-160- 8

●馬　遵宋

上仁宗論欲用忠賢當去左右之私言（疏）　431-144- 13

上仁宗論內降指揮臺官勘張懷恩等事（疏二則）　431-260- 23

上仁宗論宗室爵秩祿廩乞守舊制（疏）　431-352- 32

上仁宗論安危之幾在於命相（疏）　431-558- 46

上仁宗論諫爭乃大臣之任（疏）　431-558- 46

上仁宗論兩省兩制官不得與兩府大臣相見及臺諫往來大臣非休假不得接見賓客（疏）　431-561- 46

上仁宗論宰相逐諫官乞與辨明（疏二則）　431-630- 51

上仁宗乞加禮杜衍等　431-848- 70

上仁宗論皇門禁（疏）　432-569-126

上仁宗論內東門使臣藏使挾女口闈入禁庭（疏二則）　432-570-126

上仁宗議開浚汴河（疏）　432-578-127

宗室（疏）　435-187- 76

論安危之機在於命相（疏）　436-713-134

論宰相逐諫官乞與辨明疏（二則）　436-714-134

知人（疏）——論欲用忠賢當去左右之私言　437-299-154

聽言（疏）　438-752-202

法令疏——差臺官勘張懷恩李仲昌修倒不公事　439- 69-210

法令（疏）　439- 70-210

宿衞（疏）——論皇門禁上奏　439-437-225

宿衞（疏）——論內東門使臣藏挾女口闈入禁庭狀（二則）　439-438-225

水利（疏）——議開浚汴河奏　440-155-249

禮臣（疏）　441- 58-285

●馬　默宋

郊廟（疏）——止創仁宗神御殿　433-467- 19

治道（疏）——陳十事疏　433-869- 35
●馬　融 漢
用人（疏）　436-591-129
征伐（疏）——西羌反上疏乞自
　效　439-479-227
災祥（疏）　441-266-296
上安帝請龐參等書　1397-283- 13
上論日蝕疏　1397-283- 13
上順帝乞自効書　1397-284- 13
爲梁冀誕奏太尉李固書　1397-285- 13
上安帝請龐參等書　1412-371- 16
上論日蝕疏　1412-371- 16
上順帝乞自効疏　1412-372- 16
爲梁冀誕奏太尉李固書　1412-376- 16
●馬　嚴 漢
災祥（疏）　441-263-296
論日食封事　1360-215- 12
上光武進女拔庭書　1397-159- 8
日食上章帝封事　1397-159- 8
●馬　顯（等）北周
上景寅元曆表　1400-109- 3
●馬大同 宋
福帥到任謝表　1352-185- 5上
●馬文升 明
正心謹始以隆繼述事（疏）　427-706- 1
全聖德以隆治道事（疏）　427-708- 1
法乾健以勤聖政事（疏）　427-710- 1
豫教皇儲以隆國本事（疏）　427-711- 1
恭請皇太子御經以隆睿學事（疏）　427-712- 1
巡撫事（疏）　427-713- 2
講明律意以重民事（疏）　427-722- 2
思患預防事（疏）　427-725- 3
陳言振肅風紀禪益治道事（疏）　427-726- 3
撫卹南都軍民事（疏）　427-737- 3
迴避讎害大臣事　427-740- 4
蘇民困以弭災異事（疏）　427-741- 4
申明舊章以正罰俸事（疏）　427-743- 4
勤恤小民以固邦本事（疏）　427-743- 4
大祀犧牲事（疏）　427-746- 4
乞恩終制事（疏二則）　427-747- 4
豫祈雨澤以冀豐年事（疏）　427-749- 5
潔淨皇城門禁以壯國威事（疏）　427-750- 5
釐正祀典事（疏）　427-751- 5
慎守防備以防不虞事（疏）　427-752- 5
祛除邪術以崇正道事（疏）　427-754- 5
申明律意以弭盜賊事（疏）　427-754- 5
添巡撫以保安地方事（疏）　427-756- 5
災異事（疏）　427-758- 6
陳言明職掌清理刑獄事（疏）　427-763- 6
選輔導豫防閑以保全宗室事（疏）　427-767- 6
陳情乞恩休致事（疏）　427-769- 6
修飭武備以防不虞事（疏）　427-770- 7
禁伐邊山林以資保障事（疏）　427-776- 7
刊印武書以作養將材事（疏）　427-778- 7
陳情乞恩罷歸田里以弭天變事（
　疏）　427-780- 8
懇乞天恩容令休致以保晚節事（
　疏）　427-781- 8
復乞天恩憐憫衰疾容令休致以全
　晚節事（疏）　427-781- 8
賞勞官軍激勵銳氣事（疏）　427-782- 8
成造堅甲利兵以防邊患事（疏）　427-783- 8
乞恩憐憫衰老容令休致事（疏）　427-784- 8
釐正選法事（疏）　427-785- 8
再乞天恩容令休致以避賢路事（
　疏）　427-786- 8
處置銀兩以濟邊餉事（疏）　427-787- 9
地震非常事（疏）　427-788- 9
傳奉事（謹飭內政防天災疏）　427-790- 9
暫且停止奉送神像以蘇民困事（
　疏）　427-794- 9
豫防邊患以保重地事（疏）　427-795- 9
賑恤飢民以固邦本事（疏）　427-797- 10
申明舊章以厚風化事（疏）　427-798- 10
陳情衰老乞恩休致事（疏）　427-799- 10
因災變思患豫防以保固南都事（
　疏）　427-427-800
作養人材以備任使事（疏）　427-802- 10
乞恩優容言官事（疏）　427-804- 10
恤民以固邦本事（疏）　427-805- 11
傳奉事（廣求讜言疏）　427-805- 11
追究庸醫用藥非宜明正其罪事（
　疏）　427-819- 12
釐正封贈事（疏）　427-819- 12
重明詔信老臣以慎初政事（疏）　427-820- 12
題振肅風紀禰益治道事　443- 79- 6
奏止奉送神像疏　443-119- 7
地震陳言疏　443-120- 7
恤民以固邦本疏　443-122- 7
災異陳言疏　443-325- 18

四庫全書文集篇目分類索引

史部

詔令奏議類：附錄

奏議上十畫

重明詔信老成以慎初政疏 443-329- 18
保全宗室疏 443-499- 25
釐正祀典疏 443-630- 29
題驛遞過關米糧事 444- 40- 34
爲建言民情事（疏） 444- 42- 34
題覆興學馬政事 444- 48- 35
題覆整飭馬政事 444- 48- 35
題覆振學馬政事 444- 50- 35
會議寄養馬疋 444- 50- 35
題踏勘北直隸牧馬草場 444- 50- 35
題覆詔陳言馬政事 444- 51- 35
題爲思患預防事 444- 52- 35
爲敵情事（疏） 444-212- 40
照例改撥官軍備禦事（疏） 444-217- 40
乞恩陳情絕嫌以全骨肉事（疏） 444-220- 40
題刊邱武書以作養將材疏 444-332- 44
講明律意疏 444-338- 45
申明刑罰疏 444-340- 45
講明律意疏 445- 93- 5
請勤政事疏 445- 95- 5
陳治道疏 445- 97- 6
防邊患疏 445-107- 6
恤民弭災疏 445-112- 6
正罰俸疏 445-113- 7
恤民弭災再奏疏 445-117- 7
清理刑獄疏 445-119- 7
請豫教太子疏 445-127- 7
申明律意疏 445-129- 7
請添巡撫疏 445-131- 7
陳災異疏 445-133- 8
修飭武備疏 445-138- 8
論傳奉疏 445-164- 10
巡撫事宜疏 445-170- 10
請釐正祀典疏 549-136-186
預防外夷奸謀疏 1403-195-108
●馬天驥宋
（艾軒）覆謚議 1142-663- 10
●馬光祖宋
進建康志表 488- 3- 首
馬光祖到任謝表 489-431- 36
馬光祖謝賜大使印表 489-432- 36
馬光祖謝授資政殿大學士表 489-432- 36
馬光祖謝授觀文殿學士表 489-433- 36
●馬廷鸞宋
除國子監司業辭免奏狀 1187- 3- 1

兼右諫德辭免奏狀 1187- 3- 1
除兼翰林權直辭免奏狀 1187- 3- 1
除權直學士院辭免奏狀 1187- 4- 1
元旦除起居舍人辭免奏狀 1187- 4- 1
除中書舍人辭免奏狀 1187- 4- 1
除中書舍人再辭免奏狀 1187- 5- 1
隨龍轉四官辭免奏狀 1187- 5- 1
除權禮部尚書辭免奏狀 1187- 5- 1
兼侍讀辭免奏狀 1187- 6- 1
除端明殿學士簽書樞密院事辭免奏狀 1187- 6- 1
中書舍人謝上表 1187- 7- 1
謝御賜詩表 1187- 7- 1
進和御製詩表 1187- 8- 1
除禮部侍郎謝上表 1187- 8- 1
進先皇御製宸翰表 1187- 9- 1
同知樞密院事兼參政謝上表 1187- 9- 1
提舉官進上經武要略表 1187- 10- 1
謝除觀文殿大學士提舉臨安府洞霄宮表 1187- 10- 1
賀皇帝登寶位表 1187- 11- 2
●馬祖常元
賀元旦表 1206-559- 6
正旦賀興聖宮表 1206-559- 6
賀建儲表（二則） 1206-559- 6
監修國史賀正表（二則） 1206-560- 6
賀建儲表 1206-560- 6
賀建儲箋 1206-561- 6
賀立后建儲表 1206-561- 6
請慎簡宮寮疏 1206-563- 7
請量移流量（疏） 1206-567- 7
辨王左丞等（疏） 1206-568- 7
彈大都路總管范完澤（疏） 1206-568- 7
彈中書參議博囉等官（疏） 1206-568- 7
論執弓矢禁例（疏） 1206-568- 7
論加恩典（疏） 1206-569- 7
舉翰林侍制袁桷等（疏） 1206-570- 7
建白十五事（疏） 1366-187- 15
賀元旦表 1373-245- 17
正旦賀興聖宮表 1373-246- 17
賀建儲表 1373-246- 17
賀春宮箋 1373-246- 17
監修國史賀正表 1373-246- 17
賀立后建儲表 1373-246- 17
●馬得臣

戒逸欲（疏） 438-551-195
●馬從謙明
請終喪制疏 1453-487- 5
●馬景夷宋
理財（疏） 440-618-270
●馬經綸明
請寬言路疏 445-528- 32
優容言官疏 1403-384-118
●馬嘉植明
奸回誤國請正憲典疏 445-682- 40
國勢陡危廟算未定疏 445-683- 40
●馬鳴起明
諫客氏六不便疏 530-469- 69
●馬懋才明
備陳災變疏（節） 556-156- 86
●馬懷素唐
法令（疏） 439- 41-209
●貢 禹漢
治道（疏） 433-593- 24
節儉（疏二則） 438-453-191
理財（疏） 440-429-262
論節儉（疏） 1355-230- 8
論賦等鑄錢及贖罪之弊（疏） 1355-264- 9
論節儉奏（疏） 1360- 98- 5
論賦算鑄錢及贖罪之弊（疏） 1360-100- 5
論節儉（疏） 1377-159- 4
上循古節儉疏 1396-473- 14
乞骸骨疏附元帝詔 1396-475- 14
言賦等書 1396-475- 14
言錢幣書 1396-475- 14
言風俗書 1396-476- 14
言錢幣書 1402-447- 69
言風俗書 1402-447- 69
諫節儉疏 1403- 18- 89
賦算鑄錢及贖罪之弊議 1403-658-149
循古節儉奏 1417-281- 14
言錢幣書 1417-283- 14
言風俗書 1417-283- 14
●真德秀宋
君德（疏） 433- 97- 5
君德（疏） 433- 99- 5
聖學（疏） 433-226- 9
治道（疏） 434-650- 59
治道（疏） 434-686- 61
經國（疏二則） 435-709- 97

經國（疏）——上便民奏 435-719- 97
經國（疏） 435-763-100
風俗（疏） 436-313-117
用人（疏）——薦知信州丁瀚等
　狀 437-155-148
用人（疏）——薦供彥華等狀 437-155-148
用人（疏）——薦本路十知縣政
　績狀 437-156-148
用人（疏） 437-157-148
用人（疏三則） 437-181-150
用人（疏）——謝獎廉吏奏筒 437-185-150
用人（疏）——伸雪葉莫誣枉乞
　加錄用狀 437-365-158
建官（疏） 437-476-162
選舉（疏） 437-689-170
去邪（疏） 438-288-184
去邪（疏）——奏罷林珏新任 438-289-184
去邪（疏）——乞將韓楚卿罷免
　狀 438-290-184
去邪（疏）——乞將謝湯中罷斥 438-290-184
去邪（疏）——乞將李仁任罷黜
　馮梓送部與嶽祠狀 438-291-184
去邪（疏）——乞將張忠恕罷黜
　狀附貼黃 438-292-184
去邪（疏）——奏錢象求狀 438-295-184
去邪（疏）——乞將陳廣壽罷新
　命狀 438-297-184
戒逸欲（疏） 438-547-195
聽言（疏二則） 438-856-206
法令（疏三則） 439-153-214
征伐（疏二則）附貼黃 439-667-235
荒政（疏）——奏乞蠲閣夏稅秋
　苗疏 440-114-248
荒政（疏）——乞撥米賑濟筠子 440-117-248
荒政（疏）——乞給降錢會下本
　路災傷州郡下戶收糴麥種疏 440-118-248
荒政（疏）——奏置惠民倉狀 440-119-248
荒政（疏）——奏置十二縣社倉
　狀 440-120-248
賦役（疏）——奏乞倚閣第四第
　五等人戶夏稅疏 440-363-259
理財（疏）——奏復潭州酒稅狀
　附貼黃 440-680-272
國史（疏） 440-799-277

史部

詔令奏議類：附錄

奏議上十畫

褒贈（疏） 441- 39-284
災祥（疏）三則 441-592-309
災祥（疏） 441-604-310
禦邊（疏）——上殿奏劄 442-427-337
禦邊（疏）——直前奏劄附貼黃 442-429-337
禦邊（疏）——使還上殿劄子 442-430-337
禦邊（疏）——奏論邊事狀附貼黃 442-433-337
四裔（疏） 442-740-350
四裔（疏）——應詔上封事 442-747-350
大學衍義劄子 704-500- 附
戊辰四月上殿奏劄（三則） 1174- 23- 2
己巳四月上殿奏劄（二則） 1174- 27- 2
庚午六月十五日輪對奏劄（二則） 1174- 30- 2
辛未十二月上殿奏劄（三則） 1174- 32- 2
八月一日輪對奏劄 1174- 35- 2
癸酉五月二十二日入直奏事（二則） 1174- 36- 2
輪對劄子 1174- 40- 3
直前奏劄（二則） 1174- 41- 3
使還上殿劄子 1174- 46- 3
直前奏事劄子附貼黃 1174- 49- 3
直前奏劄 1174- 56- 4
除江東漕十一月二十二日朝辭奏事劄子（二則） 1174- 58- 4
召除禮侍上殿奏劄（三則）附貼黃 1174- 61- 4
論初政囚事（疏）附貼黃 1174- 70- 4
奏謝獎廉吏狀 1174- 76- 5
（進）故事——高宗日曆 1174- 76- 5
（進）故事——通鑑唐德宗紀 1174- 77- 5
（進）故事——元祐元年司馬光等言 1174- 78- 5
（進）故事——漢宣帝地節四年九月 1174- 79- 5
（進）故事——慶曆三年 1174- 80- 5
江東奏論邊事狀附貼黃 1174- 81- 5
奏乞放宣城縣零苗附小貼子 1174- 87- 6
奏乞爲江寧縣城南廂居民代輸和買狀 1174- 88- 6
奏乞蠲閣夏稅秋苗附小貼子 1174- 89- 6
奏乞撥米賑濟 1174- 93- 6
奏乞分州措置荒政等事附小貼子 1174- 98- 6
奏乞倚閣第四第五等人戶夏稅乞給降錢會下本路災傷郡下戶收糴麥種附貼黃 1174-104- 7
奏爲不合差廣德軍教授措置荒政

自劾狀 1174-113- 7
（爲不合差廣德軍教授措置荒政向勸）第二奏乞待罪 1174-114- 7
江西奏便民五事狀附貼黃二則 1174-139- 9
潭州奏復稅酒狀附貼黃 1174-144- 9
奏乞將武岡軍簽判葉莫褒賞狀 1174-153- 10
奏置惠民倉狀 1174-156- 10
奏置十二縣社倉狀 1174-161- 10
江東漕謝到仕表 1174-164- 10
爲賑濟無罪可待謝表 1174-164- 10
禮部侍郎謝表 474-166- 10
再辭免新除狀 1174-172- 11
辭免修史狀 1174-173- 11
乞宮祠狀 1174-176- 11
奏乞將知太平州當塗縣謝湯中罷斥主簿王長民鐫降狀附小貼子 1174-180- 12
奏乞將知寧國府南陵縣丞李仁任罷黜廣德軍廣德縣丞馮先送部與嶽祠狀 1174-182- 12
奏乞將知寧國府張忠恕亟賜罷黜附貼黃 1174-182- 12
因明堂赦薦趙監嶽蕃（疏） 1174-186- 12
薦洪運管等官狀 1174-187- 12
奏乞將新知寧國府陳廣壽寢罷新命附小貼子 1174-187- 12
按奏寧國府司戶錢象求 1174-189- 12
薦本路十知縣政績狀 1174-190- 12
薦知信州丁瀚等狀 1174-192- 12
奏乞將新知徽州林談寢罷新任 1174-193- 12
奏乞將太平州通判韓楚卿罷免 1174-194- 12
由將前知建康府溧陽縣王棠鐫降事（疏） 1174-195- 12
甲午二月應詔上封事 1174-198- 13
召除戶書內引劄子（四則）附貼黃二則 1174-202- 13
十一月癸亥後殿奏己見劄子（二則）附貼黃 1174-213- 14
十二月奏己見劄子 1174-217- 14
乙未正月丙辰經筵奏己見劄子（二則）附貼黃 1174-219- 14
進故事——國語吳王 1174-221- 14
進故事——孝宗皇帝聖政 1174-224- 14
賀天基聖節表（二則） 1174-238- 16
復官謝皇帝表 1174-238- 16
再知泉州謝表 1174-239- 16

四庫全書文集篇目分類索引

謝職名表　　　　　　　　　　　1174-240- 16
知福州謝表　　　　　　　　　　1174-240- 16
謝除戶部尚書表　　　　　　　　1174-240- 16
進大學衍義表　　　　　　　　　1174-241- 16
謝宣召入院表前附宣召口宣　　　1174-242- 16
謝除翰林學士表　　　　　　　　1174-243- 16
謝賜衣帶鞍馬表　　　　　　　　1174-243- 16
辭免知福州安撫奏狀　　　　　　1174-243- 16
辭免除戶部尚書狀（二則）　　　1174-244- 16
辭免翰林學士知制誥兼侍讀狀（
　　二則）　　　　　　　　　　1174-245- 16
辭免兼修史狀　　　　　　　　　1174-246- 16
奉申雪葉莫誕枉乞知錄用狀　　1174-248- 17
福州舉自代狀　　　　　　　　　1174-250- 17
應詔薦士狀　　　　　　　　　　1174-250- 17
除戶書學自代狀　　　　　　　　1174-250- 17
除翰林學士學自代狀　　　　　　1174-250- 17
奉舉浦城知縣陳昉表　　　　　　1174-251- 17
辟林司戶充浦城北尉狀　　　　　1174-251- 17
知泉州謝表　　　　　　　　　　1174-256- 17
平海寇謝轉官表　　　　　　　　1174-257- 17
賀今上皇帝即位表　　　　　　　1174-257- 17
奏乞獎擢潭州通判張國均永州通
　　判魏必狀　　　　　　　　　1174-258- 17
奏舉潭州官屬狀　　　　　　　　1174-258- 17
按奏武岡知軍司馬邊狀附小貼子　1174-260- 17
薦賢能才識之士狀　　　　　　　1174-260- 17
進大學衍義表　　　　　　　　　1359-179- 23
召除禮侍上殿箚子　　　　　　　1359-204- 27
論遣兆使事箚子　　　　　　　　1359-214- 30
論金元箚子　　　　　　　　　　1359-216- 30
謝復官表　　　　　　　　　　　1382-387-下之2
進大學衍義表　　　　　　　　　1382-387-下之2
謝宣召入院表　　　　　　　　　1382-388-下之2
進仙源類譜表　　　　　　　　　1382-389-下之2
知泉州謝表　　　　　　　　　　1382-389-下之2
謝除禮部侍郎兼直院侍讀表　　1382-390-下之2
謝除戶部表　　　　　　　　　　1382-390-下之2
江東漕謝到任表　　　　　　　　1382-391-下之2
再知泉州謝表　　　　　　　　　1382-392-下之2
進大學衍義表　　　　　　　　　1394-449- 4
權戶書謝表　　　　　　　　　　1394-450- 4
江東漕到任謝任　　　　　　　　1394-451- 4
以奉祠再除知泉州到任謝表　　　1394-452- 4
謝宣召入學士院備顧問表　　　　1394-452- 4

謝宣召入院表　　　　　　　　　1403-554-138
直前奏事箚子　　　　　　　　　1404-183-175
直前奏箚　　　　　　　　　　　1404-188-175
庚午六月十五日輪對奏箚二　　　1404-189-175
辛未十二月上殿奏箚一二　　　　1404-190-175
十二月奏己見箚子　　　　　　　1404-192-175
（進）故事　　　　　　　　　　1404-425-201
（進）故事　　　　　　　　　　1404-428-201
（進）故事　　　　　　　　　　1404-429-201
上殿奏箚　　　　　　　　　　　1418-744- 63
庚午六月十五日輪對奏箚二　　　1418-745- 63
直前奏箚（二則）　　　　　　　1418-745- 63
召除禮侍上殿奏箚　　　　　　　1418-751- 63
直前奏箚　　　　　　　　　　　1476-248- 14

● 孫　尹晉
用人（疏）　　　　　　　　　　436-604-130
論劉毅爲青州大中正表　　　　　1398-163- 8

● 孫　升宋
上哲宗乞令臺諫專對（疏）　　　431-653- 53
上哲宗論不當於耳目之官置黨附
　　之疑（疏）附貼黃　　　　　431-659- 53
上哲宗乞明降召用裴綸爲御史因
　　依（疏）　　　　　　　　　431-681- 55
上哲宗乞議經歷付受官吏之罪以
　　正紀綱（疏）　　　　　　　431-704- 57
上哲宗論安燾除命大臣宜以朝廷
　　法度紀綱爲意（疏）　　　　431-705- 57
上哲宗論給事中張問（疏）　　　431-707- 57
上哲宗乞詔大臣首薦名士（疏）　431-725- 59
上哲宗乞依天聖舊制引對臣寮（
　　疏）　　　　　　　　　　　431-926- 77
上哲宗乞禁士大夫參請（疏）　　432- 47- 84
治道（疏）　　　　　　　　　　434-164- 41
風俗（疏）　　　　　　　　　　436-296-116
乞明降召用裴綸爲御史（疏）　　436-837-139
選舉（疏）　　　　　　　　　　437-617-167
謹名器（疏）——論除安燾知樞
　　密院事　　　　　　　　　　438-610-198
謹名器（疏）　　　　　　　　　438-611-198
求言（疏）　　　　　　　　　　438-668-200
聽言（疏）　　　　　　　　　　438-771-203
聽言（疏）——乞令臺諫專對疏　438-771-203
聽言（疏）——乞依舊制引對臣
　　寮疏　　　　　　　　　　　438-772-203

● 孫　存明

申明冠禮疏　1453-522- 57

● 孫　臣周

諫魏王割地講秦　1402-301- 53

● 孫　汴宋

上仁宗乞免上封事人李安世罪（疏）　431-196- 18

上仁宗乞每旦親政按學綱目（疏）　431-227- 20

上仁宗乞詔令先定議而後行（疏）　431-244- 22

上仁宗論宮禁五事（疏）　431-314- 29

上仁宗乞止絕宮人出入（疏）　431-317- 29

上仁宗論久陰（疏）　431-439- 39

上仁宗論宰相不進賢者爲將來之資（疏）　431-551- 46

上仁宗乞行諫臣之言（疏）　431-624- 51

上仁宗論都知押班不可升於閤門引進之上乞收回先降筠子更不施行（疏）　431-741- 61

上仁宗乞定文武蔭子弟人數（疏）　431-886- 74

上仁宗論許申妄薦狂人（疏）　432- 55- 84

上仁宗乞納后之禮稍緩其期（疏）　432-146- 93

上仁宗乞權住豫王葬禮（疏）　432-147- 93

上仁宗乞權住豫王葬禮（疏）　432-148- 93

上仁宗論張貴妃喪禮過制（疏）　432-158- 94

上仁宗乞免讀溫成哀册（疏）　432-160- 94

上仁宗乞罷修萬春閣（疏）　432-590-128

上仁宗論范仲淹答元昊書（疏）　432-665-133

內治（疏）二則　435-130- 74

禮樂（疏）——婚禮疏　436-395-121

喪禮（疏）——乞權住豫王葬禮奏　436-446-123

喪禮（疏）　436-447-123

喪禮（疏）——論張貴妃喪禮過制疏　436-449-123

論宰相不進賢者爲將來之資（疏）　436-697-134

選舉（疏）——乞定蔭補　437-524-164

去邪（疏）——（論）許申妄薦狂人　438- 39-174

去邪（疏）——論夷簡不當任相　438- 40-174

勤政（疏）　438-438-190

聽言（疏）——乞免上封事人罪疏　438-741-202

聽言（疏）——乞行諫臣之言疏　438-742-202

法令疏——乞詔令先定議而後行狀　439- 59-210

近習（疏）　441-175-291

災祥（疏）　441-371-300

營繕（疏）——乞罷修萬春閣奏　441-738-316

禦邊（疏）——論范仲淹答元昊書上奏　442-126-324

論治本（疏）　1350-539- 51

請罪不管兵節使公用（疏）　1350-542- 51

服闋謝復官表　1350-689- 65

● 孫　甫宋

上仁宗論赤雪地震之異（疏二則）　431-440- 39

災祥（疏）——論赤雪地震疏　441-377-300

災祥（疏）　441-378-300

● 孫　抃宋

上仁宗論王守忠不當除節度使（疏）　431-746- 61

上仁宗論章疏多留中不降出（疏）　431-201- 18

上英宗論明堂配侑（疏）　432- 81- 86

上仁宗論張貴妃追册皇后（疏）　432-159- 94

上仁宗論溫成護葬宜威損正禮（疏）　432-160- 94

上仁宗論爲六后立小忌（疏）　432-161- 94

上仁宗論增置土兵（疏）　432-531-122

郊廟（疏）——論明堂配侑　433-461- 19

禮樂（疏）　436-359-119

論溫成護葬宜減損正禮疏　436-454-123

論張貴妃進册皇后疏　436-454-123

乞改差以次臣僚監護溫成皇后葬事疏　436-455-123

用人（疏）　436-712-134

聽言（疏）——論章疏多留中不降出狀　438-753-202

慎刑疏　439-200-216

兵制（疏）　439-288-219

近習（疏）　441-181-292

乞允王珪仁宗配明堂奏議　1093-458-附2

● 孫　佑宋

薦（王蘋）上殿箚子　1136- 68- 1

● 孫　何宋

上眞宗乞參用儒將（疏）　431-782- 64

上眞宗論資蔭人與知州流外人注縣令（疏）　431-822- 68

上眞宗請申明太學議（疏）　431-928- 78

上眞宗請復設制科（疏）　432- 21- 82

上眞宗論禦戎畫一利害（疏）　432-615-130

喪禮（疏）　436-443-123

選舉（疏二則）　437-518-164

謹名器（疏） 438-601-197
任將（疏） 439-709-236
禦邊（疏）——論禦戎畫一利害 442- 67-322
禦邊（疏） 442- 69-322
論官制（疏） 1350-441- 43
● 孫　武 劉宋
郊廟（疏） 433-353- 14
禮樂（疏） 436-414-121
● 孫　固 宋
上神宗議僖祖祧遷（疏） 432- 85- 87
上哲宗乞錄用石介之後（疏）附
　　貼黃 432-173- 95
郊廟（疏）——議僖祖祧遷 433-475- 20
論王安石可相否（疏） 436-754-136
褒贈（石介疏） 441- 27-284
禦邊（疏） 442-256-330
● 孫　和 吳
戒博奕（疏） 1361-634- 28
薦范粲表 1398-446- 20
● 孫　沫 宋
郊廟（疏）——論承事宗廟之禮
　　及四時之祭有未合古制者 433-494- 20
選舉（疏） 437-567-165
資格（策） 1351-172-103
嚴宗廟（策） 1351-174-103
擇使（策） 1351-176-103
資格（進策） 1404-387-196
（進策）嚴宗廟 1404-388-196
● 孫　建 漢
論陳良武仲等家屬奏（二則）附
　　王莽賜諸劉姓王 1396-682- 24
● 孫　冕 宋
理財（疏） 440-462-263
● 孫　紹 北魏
治道（疏） 433-641- 26
● 孫　逖 唐
爲宰相賀檀州界破奚賊表 506-279- 95
爲宰相賀雪表 1338-222-561
爲宰相賀雨表（二則） 1338-226-562
爲宰相賀平原郡鑄尊容鑪上有紫
　　雲等瑞表 1338-232-562
爲宰相賀開元觀鑄聖容慶雲見表 1338-232-562
爲宰相賀會昌山慶雲見表 1338-233-562
爲宰相賀賽龍潭有瑞雲表 1338-233-562
爲宰相賀中岳合煉藥自成兼有瑞
　　雲見表 1338-233-562
爲宰相賀太原府聖容樣至有慶雲
　　見表 1338-234-562
爲宰相賀李樹凌冬結實表 1338-241-563
爲宰相賀合鍊院產芝草表 1338-243-563
爲宰相賀武威郡石化爲麪表 1338-253-564
爲宰相賀檀州界破奚賊表 1338-269-566
爲宰相賀破吐蕃幷慶雲見表 1338-269-566
爲宰相賀九姓斬送突厥首表 1338-270-566
爲宰相賀匈奴來降表 1338-270-566
爲宰相賀隴右破吐蕃表 1338-271-566
爲宰相賀趙郡鑄天尊及佛有諸瑞
　　表 1338-303-570
爲宰相賀開元寺鑄釋迦牟尼佛白
　　光等瑞表 1338-303-570
爲宰相賀宮人夢玄元皇帝應見表 1338-304-570
爲宰相謝至尊爲蒼生祈福表 1338-432-583
爲李右相謝上上考表 1338-432-583
爲宰相謝賜竹扇表 1338-432-583
爲宰相謝賜果實等表 1338-525-594
爲宰相謝賜永穆公主池亭遊宴表 1338-536-595
爲宰相請不停千秋節宴會表 1338-640-608
● 孫　登 吳
經國（疏）——臨終上疏 435-239- 78
臨終上疏 1361-611- 23
● 孫　堪 宋
封禪（疏） 441-230-294
● 孫　程 漢
近習（疏） 441-167-291
● 孫　策 漢
克黃祖表 1403-443-125
● 孫　資 魏
知人（疏） 437-279-154
征伐（疏）——論諸葛亮出在南
　　鄭可因大發兵就討之 439-490-227
討蜀對 1361-658- 34
伐吳對 1361-658- 34
又對明帝萬年後計 1361-658- 34
● 孫　禁 漢
開篇馬河議 1396-522- 16
● 孫　瑞 漢
奏事 1397-522- 25
● 孫　楚 晉
諫武帝賀龍貝奏 1398-223- 11
九品奏 1398-224- 11

四庫全書文集篇目分類索引

史部

詔令奏議類：附錄

奏議上十畫

龍見上疏	1413-220- 41	懲凶惡以安人心疏	429-292- 上
九品疏	1413-220- 41	自劾不職乞賜罷點以消災變疏	429-293- 上
取士疏	1413-220- 41	分餉疏	429-294- 上
●孫 毓晉		亟黜貪汚憲臣以勵在位疏	429-296- 上
賀封諸侯王表	1398-294- 13	分舉錯以隆治道疏	429-297- 上
文獻皇后議（論議）	1398-298- 13	公糾劾以嚴考察疏	429-297- 上
●孫 福漢		崇廉恥以正士風疏	429-299- 上
上言劉茂（疏）	1397-146- 7	大本急務竭愚衷以圖報稱疏	429-300- 上
●孫 綽晉		守衞牌面疏	429-303- 上
都邑（疏）	436- 10-103	任老成以圖治安疏	429-304- 上
諫移都洛陽疏	538-511- 76	戒不虞以保宗社疏	429-305- 上
	1403- 69- 96	時政疏	429-306- 上
	1413-706- 61	守衞疏	429-308- 上
	1417-506- 24	請旋聖駕定國本以消天變以安人心疏	429-308- 上
●孫 霄晉		馨陳愚衷懇請聖駕還京疏	429-309- 上
禮樂（疏）	436-407-121	急除姦惡以安宗社以謝天下人心疏	429-310- 上
●孫 奭宋			
上眞宗論群臣數奏祥瑞（疏）	431-395- 36	亟黜姦貪撫臣以伸公論疏	429-312- 上
上眞宗論天書	431-395- 36	嚴操備以固江防疏	429-313- 上
郊廟（疏）	433-434- 18	慎郊祀以保天命疏	429-315- 上
祭禮（疏）	436-512-126	選任憲臣管理操江疏	429-315- 上
巡幸（疏）——諫幸祀汾陰	441- 98-287	戒巡幸以安人心懲循默以服公議疏	429-316- 上
巡幸（疏）	441- 99-287		
災祥（疏二則）	441-334-298	公選任以杜貪緣疏	429-317- 上
諫幸汾陰（疏）	1350-436- 42	斷大義除大逆以安宗社疏	429-319- 下
論天書（疏）	1350-438- 43	恤人言以安人心疏	429-320- 下
諫幸汾陰疏	1403- 97-100	專委任責成功以安地方疏	429-321- 下
再諫祀汾陰疏	1403- 98-100	辨忠邪核功罪以公勸懲疏	429-322- 下
諫祀汾陰疏	1418-195- 43	崇獎忠勤以勵人心疏	429-323- 下
再諫祀汾陰疏	1418-196- 43	公糾劾以嚴考察疏	429-324- 下
論天書（疏）	1418-197- 43	急獻俘馘以彰天討以修大祀疏	429-326- 下
●孫 覿宋		戒不虞以保聖躬疏	429-327- 下
賦役（疏）	440-342-258	披瀝愚衷懇乞回鑾疏	429-328- 下
●孫 樵唐		乞罷衰老不職憲臣以崇國體以厚土風疏	429-329- 下
迎春奏	1083- 81- 6		
復佛寺奏	1083- 81- 6	再瀝愚衷懇乞回鑾疏	429-329- 下
	1343-386-26下	計處京儲以足國用疏	429-331- 下
	1403-430-122	釐鳳弊以正版籍疏	429-332- 下
迎春奏	1403-430-122	查處久諳官員以廣聖恩疏	429-334- 下
復佛寺奏	1418-138- 40	端本始以興至治疏	429-335- 下
●孫 翁劉宋		辨忠邪公舉劾以遵明詔疏	429-337- 下
減米課表	1398-801- 15	謹天戒以修人事疏	429-339- 下
●孫 懋明		懇乞勉留大臣以光輔新政疏	429-342- 下
崇綱常以隆治道疏	429-290- 上	陳言疏	429-343- 下
重委任以存國體以安人心疏	429-291- 上		

四庫全書文集篇目分類索引　1433

公糾勸以嚴考察疏　429-344-　下
十分貧乏鋪行無力辦納重大紙張乞憐比例區處以便官民疏　429-345-　下
謝恩疏　429-348-　下
引年乞恩休致疏　429-349-　下
自劾不職乞賜罷黜疏　445-246-　15
勸太監史宣疏　445-246-　15
勸朱彬疏　445-253-　15
謹天戒以修人事疏　445-288-　18
遵祖訓以端政本疏　1403-237-110
●孫　復　劉宋
江夏王女服議　1398-841-　17
●孫　禮　魏
歸平原地界疏　1361-589-　19
●孫　膑　周
征伐疏　439-450-226
●孫　寶　漢
救鄭崇書附哀帝免孫寶詔　1396-595-　20
●孫　覺　宋
上神宗論人主當不爲血氣所變（疏）　431-　25-　2
上神宗論人主有高世之資求治之意在成之以學（疏）　431-　61-　5
上神宗論所急者近効所勤者小數（疏）　431-　85-　8
上神宗論知人在務學（疏）　431-155-　14
上神宗論人主不宜有輕群臣之心（疏）　431-156-　14
上神宗論君臣相疑之弊（疏）　431-157-　14
上神宗論任賢使能之異（疏）　431-158-　14
上神宗論果於用善斷於去惡（疏）　431-160-　15
上神宗論不當召對小臣詢兩府臺閣人物（疏）　431-167-　15
上神宗乞以無災懼（疏）　431-487-　42
上神宗論諫官貶秩不當再舉其職（疏）　431-637-　52
上哲宗乞依六典備置諫官（疏）　431-653-　53
上哲宗乞收還給事中新命且在諫職（疏）　431-655-　53
上哲宗乞議經歷付受官吏之罪以正紀綱（疏）　431-704-　57
上神宗乞定著內臣員數年未及四十不得入諸閣閣（疏）　431-763-　62
上哲宗論帥臣當使便宜行事（疏）附貼黃　431-798-　65
上神宗論不必每事遣使（疏）　431-808-　66
上哲宗乞令臺諫先次上殿（疏）附貼黃　431-924-　77
上神宗論取士之弊宜有改更（疏）　432-　4-　0
上神宗論罷司馬光樞密范鎮封駁司不當（狀）　432-377-110
上神宗論條例司畫一申明青苗事（疏）　432-390-112
上神宗論青苗（疏）　432-399-113
上神宗辭免體量府界青苗錢（疏）　432-400-113
上神宗論自治以勝夷狄之患（疏）　432-739-137
上神宗論治邊之略（疏）　432-739-137
上哲宗乞棄蘭州（疏）　432-775-139
上哲宗乞熙河選將如折氏世家（疏）　432-804-141
君德（疏）　433-　28-　2
聖學（疏）　433-142-　6
治道（疏）——論所急者近効所勤者小數　433-876-　35
論人主不宜有輕群臣之心（疏）　436-737-135
論君臣相疑之弊（疏）　436-738-135
論任賢使能之異（疏）　436-739-135
論果於用善斷於去惡（疏）　436-741-135
論諫官貶秩不當再舉其職（疏）　436-742-135
論不必每事遣使狀　436-744-135
論罷司馬光樞密范鎮封駁司不當（疏）　436-744-135
乞收還給事中新命且在諫職（疏）　436-818-139
知人（疏）　437-301-154
知人（疏）　437-302-154
知人（疏）——論不當召對小臣詢兩府臺閣人物　437-302-154
選舉（疏）　437-570-166
謹名器（疏）——論除安燾知樞密院事　438-612-198
聽言（疏）　438-787-204
聽言（疏）——乞令臺諫先次上殿疏　438-788-204
任將（疏）——乞熙河選將如折氏世守狀　439-740-238
任將（疏）——論帥臣當使便宜行事狀　附貼黃　439-741-238
理財（疏）　440-530-266
理財（疏）——辭免體量府界青苗錢疏　440-531-266

史部

詔令奏議類：附錄

奏議上十畫

理財（疏） 440-532-266
近習（疏）——乞定著內臣員數
　年未四十不得入諸閤閣狀 441-196-292
災祥（疏） 441-429-302
禦邊（疏）——論自治以勝敵國
　之患上疏 442-238-329
禦邊（疏）——論治邊之略上疏 442-239-329
禦邊（疏）——乞棄蘭州 442-268-331
諫行青苗法疏 1418-378- 48
●孫 辯晉
請復寧州奏 1398-454- 20
●孫 鐸金
法令疏 439-162-214
●孫 覿宋
聖學（疏） 433-186- 8
去邪（疏）——論李綱陳東 438-268-183
理財（疏）——乞復常平疏 440-641-270
囚裔（疏）——和戎箚子 442-704-348
囚裔（疏）——論和戎箚子 442-705-348
罷臺察提點襲慶府景靈宮謝表 1135- 83- 8
和州上謝表 1135- 83- 8
辭免召識中書舍人狀 1135- 83- 8
辭免除中書舍人狀 1135- 84- 8
謝中書舍人表 1135- 84- 8
謝侍講表 1135- 85- 8
乞出第一二狀 1135- 85- 8
謝徽猷閣待制知袁州表 1135- 86- 8
辭免再除中書舍人狀 1135- 87- 8
辭免顯謨閣待制知平江府狀 1135- 89- 8
知平江府謝表 1135- 89- 8
辭免除中書舍人第一狀 1135- 90- 8
辭免除給事中第二狀 1135- 90- 8
謝給事中表 1135- 90- 8
辭免吏部侍郎狀 1135- 91- 9
謝吏部侍郎兼權直學士院表 1135- 91- 9
辭免戶部尚書狀 1135- 92- 9
謝戶部尚書表 1135- 92- 9
乞宮祠狀 1135- 93- 9
乞郡狀 1135- 93- 9
謝龍圖閣學士知溫州表 1135- 93- 9
謝賜對衣金帶表 1135- 94- 9
龍圖閣學士再知平江府謝表 1135- 94- 9
提舉南京鴻慶宮謝表 1135- 95- 9
辭免除龍圖閣待制知臨安府狀 1135- 95- 9
辭免（除龍圖閣待制知臨安府）
　第二狀 1135- 95- 9
知臨安府謝表 1135- 96- 9
臨安府乞宮觀第一二狀 1135- 96- 9
謝復宮表 1135- 97- 9
復左朝奉郎謝表 1135- 98- 9
乞宮祠狀 1135- 98- 9
謝復右文殿修撰提舉江州太平興
　國宮表 1135- 99- 9
乞致仕狀 1135- 99- 9
辭免待制狀 1135-100- 9
謝敷文閣待制致仕表 1135-100- 9
落職謝表 1135-100- 9
謝敷文閣待制表 1135-100- 9
賀太上皇帝傳寶位表 1135-101- 9
賀今上皇帝登極表 1135-101- 9
上皇帝書（三則） 1135-102- 10
侍御史論太學諸生伏闕箚子 1135-270- 27
中書舍人上殿箚子 1135-271- 27
崇政殿集衆官議合不合棄三鎭 1135-272- 27
中書舍後省論胡舜陟不合令分析
　狀 1135-273- 27
講筵乞讀范祖禹唐鑑箚子 1135-274- 27
給事中上殿乞復常平箚子 1135-277- 27
賀皇帝登極表 1352- 18- 1
賀北郊禮成肆赦表 1352- 44- 1中
賀北郊地祇示現表 1352- 45- 1中
賀明堂赦表 1352- 49- 1下
皇子謝賜御書孝經十六句表 1382-329-上之2
知平江府謝表 1352-450- 46
龍圖閣學士再知平江府謝表 1386-451- 46
辭顯謨閣待制知平江府狀 1386-451- 46
●孫伏伽唐
儲嗣（疏）——上言三事 435- 62- 71
戒佚欲（疏） 438-508-193
戒佚欲（疏） 438-509-193
聽言（疏）——上言三事 438-701-201
慎刑（疏）——論御史劾奏賈崇
　以所部有犯十惡者 439-180-215
赦宥疏 439-243-218
諫大赦後遷配王世充寶建德黨與
　表 1338-727-617
諫馬射表 1338-751-620
上三事（疏） 1361-900- 10
●孫何次宋
建官（疏）——眞宗咸平二年舉

入閣故事…　　　　　　　　　　437-396-159

●孫承恩 明

進正始第十一箋　　　　　　　1271- 58- 1

鑒古韻語（進書奏）　　　　　1271- 63- 2

賀萬壽表　　　　　　　　　　1271- 88- 4

又賀萬壽表　　　　　　　　　1271- 89- 4

賀冬至表　　　　　　　　　　1271- 89- 4

賀正旦表　　　　　　　　　　1271- 90- 4

又賀正旦表（二則）　　　　　1271- 90- 4

賀建慈慶慈寧兩宮表　　　　　1271- 91- 4

賀醴泉表　　　　　　　　　　1271- 92- 4

賀白鹿表　　　　　　　　　　1271- 92- 4

賀靈雨表　　　　　　　　　　1271- 93- 4

賀擒虜賊表　　　　　　　　　1271- 93- 4

擬謝賜御製重華等殿置經書備覽詩表　　　　　　　　　　　　1271- 94- 4

致仕後賀聖節表　　　　　　　1271- 95- 4

請皇太子出閣讀書疏　　　　　1271- 96- 5

請二王出閣講讀疏　　　　　　1271- 97- 5

請王王講讀第二疏　　　　　　1271- 98- 5

請册立東宮疏　　　　　　　　1271- 99- 5

請册立東宮第三疏　　　　　　1271- 99- 5

遣永明殿上香謝恩疏　　　　　1271-100- 5

陽慶進香謝賜銀幣疏　　　　　1271-101- 5

請九門施藥疏　　　　　　　　1271-101- 5

謝賜藥疏　　　　　　　　　　1271-101- 5

再遣施藥事完復命疏　　　　　1271-102- 5

施藥復命謝賜銀幣寶鈔疏　　　1271-102- 5

施藥事完復謝賜銀幣疏　　　　1271-103- 5

請給藥九邊將士疏　　　　　　1271-103- 5

顯陵興工祭告題知疏　　　　　1271-105- 6

顯陵工完祭告題知疏　　　　　1271-105- 6

祭顯陵事畢回京謝賜銀幣疏　　1271-105- 6

顯陵工完謝賜銀幣疏　　　　　1271-106- 6

景命進香謝恩疏　　　　　　　1271-106- 6

陽慶進文字謝賜銀幣疏　　　　1271-106- 6

景惠殿工成祭告謝賜疏　　　　1271-106- 6

歲終例賞謝恩疏　　　　　　　1271-107- 6

辭免光祿寺日給膳羞疏　　　　1271-107- 6

仙慶進香謝恩疏　　　　　　　1271-108- 6

復謝賜藥疏　　　　　　　　　1271-108- 6

賀永僖仙宮安扁疏　　　　　　1271-108- 6

祈雪進香謝賞疏　　　　　　　1271-109- 6

賀瑞雪疏　　　　　　　　　　1271-109- 6

元旦賜酒飯謝恩疏　　　　　　1271-109- 6

遣祭永禧殿謝賜表裏疏　　　　1271-110- 6

大告大典進香謝賞疏　　　　　1271-110- 6

乾光殿更扁祭告奉先殿謝賜祭品疏　　　　　　　　　　　　1271-110- 6

給假疏　　　　　　　　　　　1271-110- 6

考滿謝賜羊酒疏　　　　　　　1271-111- 6

謝賜紅柿疏　　　　　　　　　1271-111- 6

謝賜香菰飲疏　　　　　　　　1271-111- 6

謝賜鮮柿疏　　　　　　　　　1271-111- 6

考察自陳乞休疏　　　　　　　1271-111- 6

請老致仕疏　　　　　　　　　1271-112- 6

乞休第二疏　　　　　　　　　1271-113- 6

乞休辭閣疏　　　　　　　　　1271-113- 6

致仕後聖節進香疏　　　　　　1271-113- 6

●孫原貞 明

災異論事（疏）　　　　　　　 443- 51- 4

軍民利病奏　　　　　　　　　 443- 56- 4

請修屯政撫逃民疏　　　　　　 445- 62- 3

●孫惠蔚 北魏

郊廟（疏）　　　　　　　　　 433-366- 15

經籍（疏）　　　　　　　　　 440-742-275

請收校典籍表　　　　　　　　1417-565- 27

●孫景邑（等）北魏

喪禮（疏）　　　　　　　　　 436-427-122

●孫慎行 明

綱常大分宜明疏　　　　　　　1403-390-118

劾方從哲疏　　　　　　　　　1453-550- 61

●孫傳庭 明

疆事十可商疏　　　　　　　　1296-199- 1

報甘兵抵鳳併請責成疏　　　　1296-202- 1

糾參婪臟刑官疏　　　　　　　1296-204- 1

恭報官兵兩戰獲捷疏　　　　　1296-206- 1

降處陳謝併瀝下忱疏　　　　　1296-209- 1

奏報賑過饑民并發牛種銀兩數目疏　　　　　　　　　　　　　1296-210- 1

報寶鷄剿撫捷功疏　　　　　　1296-212- 1

恭報司務廳練兵併請關防馬匹疏　1296-219- 1

報降丁掘獲窖銀疏　　　　　　1296-221- 1

清屯第三疏　　　　　　　　　1296-222- 1

題被災地方觶緩錢糧疏　　　　1296-224- 1

題按臣錢守廉郵典疏　　　　　1296-227- 1

務鎮商雒派防汛地疏　　　　　1296-228- 1

辭加級銀幣疏　　　　　　　　1296-232- 1

議疆漢中錢糧疏　　　　　　　1296-233- 1

奏報甘兵廩餉疏　　　　　　　1296-234- 1

1436　　　　　　　　　四庫全書文集篇目分類索引

剖明站銀斟酌哀濟疏	1296-237-	2
報流寇自蜀返秦疏	1296-241-	2
酌議量鑄民運錢糧疏	1296-243-	2
恭報東西寇警併陳剿禦情形疏	1296-244-	2
復級謝恩疏	1296-245-	2
題潼關設險合兵疏	1296-247-	2
報合水捷功疏	1296-249-	2
報寇孳率衆投撫疏	1296-255-	2
報澄城捷功疏	1296-256-	2
報官兵迎剿獲捷疏	1296-263-	2
報三水捷功疏	1296-266-	2
報漢中官兵獲捷疏	1296-278-	3
糾參貪橫監司疏	1296-278-	3
報收發甘兵晉兵日期疏	1296-279-	3
議濬漢江淺灘疏	1296-284-	3
恭報過賊投降疏	1296-284-	3
辭剿餉借兵鹽本疏	1296-286-	3
題覆華陰議修磚城疏	1296-288-	3
題犯官任錡等詔緐疏	1296-288-	3
題覆扶風協濟平屬站銀疏	1296-289-	3
題紫陽縣官老病疏	1296-289-	3
糾參規避疏	1296-290-	3
議留道臣疏	1296-290-	3
題犯官林慶瑞招緐疏	1296-291-	3
題出關善後疏	1296-291-	3
題樻貳疏	1296-294-	3
密奏疏	1296-295-	3
督師謝恩疏	1296-295-	3
辭保督併謝降級疏	1296-297-	3
附請陞見原疏	1296-298-	3
官兵苦戰斬獲疏	1296-299-	3
恭聽處分兼瀝血忱疏	1296-301-	3
趣赴保任謝恩疏	1296-304-	3
請斥疏	1296-305-	3
再請斥革疏	1296-307-	3
奏繳督師符驗關防兼報撫秦存積銀兩疏	1296-309-	3
奏請查結疏	1296-310-	3

● 孫夢觀 宋

庚子輪對第一箚聽言	1181- 64-	1
（庚子輪對）第二箚分別試	1181- 65-	1
丙午輪對第一箚結人心附貼黃謹邊報	1181- 66-	1
（丙午輪對）第二箚通鹽楮	1181- 67-	1
戊申輪對論寬厚之弊	1181- 68-	1
戊申輪對第一箚論消沮之弊	1181- 70-	1
（戊申輪對）第二箚論聽訟	1181- 71-	1
壬子輪對改元	1181- 72-	1
癸丑輪對第一箚論事勢無可恃	1181- 73-	1
（癸丑輪對）第二箚論州縣財計	1181- 74-	1
癸丑後省奏箚乞召還李伯玉	1181- 75-	1
甲寅後省奏箚論蕭泰來	1181- 76-	1
丙辰直前奏箚更代	1181- 77-	1
丙辰後省奏箚（四則）論常挺張濟之張萊孫周坦蕭泰來	1181- 79-	1
（進）故事——仁宗皇帝聖訓先盡大臣之論	1181- 82-	2
（進）故事——高宗皇帝詔籍記臧吏姓名	1181- 83-	2
（進）故事——司馬光謂衆言紛紛乃朝廷好事王安石謂公議爲流俗	1181- 84-	2
（進）故事——仁宗皇帝罷左藏月進助縣官	1181- 85-	2
（進）故事——呂蒙正言罷左藏月進助縣官	1181- 86-	2
（進）故事——孝宗皇帝抑儉倖	1181- 87-	2
（進）故事——漢賈山言人主威勢	1181- 88-	2
（進）故事——眞宗皇帝戒舉人它途進取	1181- 89-	2
（進）故事——唐杜正倫謹言語	1181- 90-	2
（進）故事——孔子對季康子問盜	1181- 91-	2
（進）故事——富弼願不以同異爲喜怒不以喜怒爲用捨	1181- 92-	2
（進）故事——歐陽修言朝廷有憂敵之色無憂敵之心	1181- 93-	2
（進）故事——趙簡子使尹鐸保障	1181- 95-	2
（進）故事——歐陽修乞重斷邊將臧汙	1181- 95-	2
（進）故事——漢李尋言王道公正修明則百川理	1181- 96-	2
（進）故事——董仲舒乞限民名田	1181- 97-	2
（進）故事——唐高鍇中詞科知貢舉	1181- 98-	2
（進）故事——吳育言西北邊事甫定未可恃以爲安	1181- 98-	2

史部　詔令奏議類：附錄　奏議上十畫

四庫全書文集篇目分類索引　　1437

●孫應時宋
慈福太后加上尊號賀皇帝表　　1166-524-　1
皇孫生賀皇帝表　　1166-524-　1
代史魏公賀皇孫出閣表　　1166-525-　1
賀光宗皇帝登極代司馬通判僉進
　文正公奏箚表　　1166-526-　1
重明節賀表（三則）　　1166-526-　1
代邱制帥謝賜曆日表　　1166-527-　1
代請龍圖閣學士左通議大夫致仕
　胡沂謚狀　　1166-528-　1
●孫黔之（等）劉宋
禮樂（疏）　　436-414-121
●孫繼皐明
丁丑進士謝恩表　　1291-204-　1
庚辰進士謝恩表　　1291-205-　1
擬駕幸文淵閣謝表　　1291-205-　1
擬唐（貞觀二年）以御製金鏡述
　頒示侍臣謝表　　1291-206-　1
擬宋（天聖元年）王曾銓錄古先
　聖賢六十事繪圖以獻上降詔褒
　美命禁署月進二十軸仍鏤板印
　賜近臣謝表　　1291-207-　1
擬輔臣以所撰大寶箴註進講賜銀
　八寶謝表　　1291-208-　1
廷對策　　1291-209-　1
乞恩疏　　1291-213-　2
乞發推擬奏章疏　　1291-214-　2
乞行攀送梓宮疏　　1291-215-　2
籲救欽降六科十三道公疏　　1291-216-　2
自陳疏　　1291-217-　2
催點家宰疏　　1291-219-　2
再催家宰疏　　1291-220-　2
催發選郎疏　　1291-220-　2
催發河南巡撫疏　　1291-221-　2
歸疏　　1291-221-　2
考滿疏　　1291-223-　2
假印冒官疏　　1291-224-　2
歸辭疏　　1291-227-　2
辭印疏　　1291-228-　2
題明會議疏　　1291-228-　2
辭疏　　1291-229-　2
辭印疏　　1291-229-　2
再辭印疏　　1291-230-　2
辭疏（三則）　　1291-230-　2
乞行攀送梓宮疏　　1453-524-　57

●班　宏唐
又請改所上尊號加奉道字表　　1076-458-　下
　　1076-884-　下
　　1077-268-　2
●班　伯漢
戒伐欲（疏）　　438-501-193
●班　固漢
四裔（疏）　　442-509-340
北單于和親議　　1360-289-　17
第五倫薦謝夷吾文　　1386-696-　上
爲司徒第五倫薦謝夷吾表　　1397-196-　10
北單于和親議　　1397-197-　10
爲第五倫薦謝夷吾表　　1403-441-125
北單于和親議　　1403-660-150
典引（疏）　　1404-412-198
爲第五倫薦謝夷吾表　　1412-266-　11
匈奴和親議　　1412-269-　11
●班　勇漢
四裔（疏）　　442-512-340
置西域副校尉議　　1360-292-　17
　　1397-236-　11
　　1403-662-150

●班　昭漢
外戚（疏）　　441-125-288
上書請兄超　　558-581-　45
上和帝請徵兄超還書　　1397-567-　27
爲兄上書　　1402-466-　71
●班　彪漢
儲嗣（疏）——請博選名儒以爲
　太子太傅東宮及諸王國備置官
　屬　　435-　51-　71
禡邊（疏二則）　　442-　12-320
四裔（疏）　　442-506-340
乞優答北匈奴奏　　1360-147-　8
論東宮師保書　　1360-259-　15
請置太子諸王官屬書　　1397-116-　6
上言涼州降羌（疏）　　1397-116-　6
上言置烏桓校尉　　1397-117-　6
奏答北匈奴書　　1397-117-　6
太學奏　　1397-118-　6
議答北匈奴疏　　1403-410-120
請置太子諸王官屬疏　　1417-354-　18
乞優答北匈奴奏　　1417-354-　18
議答北匈奴疏　　1476-　65-　4
●班　超漢

史部

詔令奏議類：附錄

奏議上十畫

四裔（疏） 442-508-340
上書請兵 558-580- 45
請兵疏 1360-154- 8
年老求歸疏 1360-161- 9
上章帝請兵疏 1397-176- 8
上言烏孫 1397-177- 8
上和帝請歸疏 1397-177- 8
請兵疏 1403- 38- 91
乞歸疏 1403- 39- 91
●班倢伃漢
內治（疏二則） 435-119- 74
●桂 萼明
爲修省事（疏） 443-182- 11
議大禮疏 445-306- 19
論廣西峒蠻事宜疏 1465-555- 7
●桂彥良明
上太平治要十二策 443- 4- 1
太平十二策 445- 24- 1
●桓 沖晉
內治（疏）——勸納王蘊女爲后 435-121- 74
褒贈（吉坦疏） 441- 7-283
禦邊（疏） 442- 19-320
請追贈魏興太守吉坦（疏） 556-137- 86
●桓 階魏
征伐（疏）——論太祖欲親征 439-486-227
●桓 溫晉
經國（疏） 435-262- 79
用人（疏） 436-610-130
薦謝元彥表 1329-659- 38
 1331- 32- 38
薦謝秀（表） 1361-640- 30
薦謝元彥表 1394-338- 2
乞郵錄王濬後表 1394-339- 2
薦謝元彥表 1403-502-131
●桓 範魏
薦徐宣（疏） 436-602-130
薦管寧表 541-326-35之3
薦徐宣（表） 1361-639- 30
●桓 譚漢
治道（疏） 433-596- 24
圖讖（疏）——極言圖讖非經 440-757-275
論時政所宜疏 1360-137- 7
言信讖麟賞疏 1360-149- 8
上光武陳時政所宜疏 1397-127- 7
論信讖酌賞疏 1397-128- 7

論時政所宜疏 1403- 35- 91
上時政疏 1417-357- 18
復上時政疏 1417-358- 18
●桓彥範唐
去邪（疏）——論張昌宗 438- 24-174
去邪（疏）——論僧慧範託浮屠
　誑惑 438- 25-174
謹名器（疏）——論任葉靖能鄭
　普思 438-592-197
諫韋后豫政疏 1403- 85- 98
●晉文帝晉
讓兄師諡武公表 1398- 8- 1
請討諸葛誕表 1398- 8- 1
王禮葬高貴鄕公 1398- 8- 1
罪成濟奏 1398- 8- 1
●晉明帝晉
啓元帝 1332-652- 10
●晉宣帝晉
去邪（疏）——劾曹爽 438- 10-173
征伐疏 439-485-227
除九品州大中正議 1398- 3- 1
曹羲九品議 1398- 3- 1
劾曹爽奏 1398- 3- 1
上魏帝辭讓丞相書 1398- 4- 1
秋潦奏 1398- 4- 1
論曹爽罪奏 1403-426-121
●晉景帝晉
廢魏帝爲齊王奏 1398- 5- 1
徵立高貴鄕公奏 1398- 6- 1
訓於天子（奏） 1398- 7- 1
上書訓於天子（奏） 1398- 7- 1
●郝 浴清
備述全粵情實疏——康熙二十一
　年 568-365-113
敬陳調劑粵西戎務四策疏——康
　熙二十二年 568-366-113
再陳粵西省城情形疏——康熙二
　十二年 568-369-113
●郝 敬明
劾礦使陳增疏 445-549- 33
劾內官陳增再請停開礦疏 534-362- 91
●郝 經元
治道（疏）——上立政議 434-799- 65
治道（疏） 434-803- 65
經國（疏）——上東師議 435-803-101

四庫全書文集篇目分類索引

經國（疏）——議不宜遽進攻宋　435-807-101
經國（疏）——陳便宜新政　435-810-101
禦邊（疏）——備禦奏目　442-495-339
罪言疏　549-129-186
東師議　1192-352- 32
班師議　1192-356- 32
立政議　1192-359- 32
河東罪言（疏）　1192-363- 32
便宜新政（疏）　1192-364- 32
備禦奏目　1192-366- 32
班師議　1367-170- 13
立政議　1367-173- 14
● 郝玉麟 清
（福建通志進表）　527- 5- 附
進（廣東通志）表　562- 1- 附
公同議覆疏　564-877- 62
請添設巡道疏　564-878- 62
議改營制十三條事宜疏　564-880- 62
● 郝處俊 唐
內治（疏）——諫止遜位武后事　435-124- 74
宗室（疏）——二王分黨角勝事　435-185- 76
禮樂（疏）　436-326-118
● 郝 經 宋
水利（疏）　440-164-250
水利（疏）　440-168-250
● 袁 充 隋
奏日景漸長表　1400-340- 6
上言文帝本命表　1400-341- 6
冬至日長奏　1400-341- 6
陳嘉瑞表　1400-341- 6
● 袁 安 漢
四裔（疏）　442-509-340
四裔（疏）　442-510-340
論北單于不當立封事　1360-217- 12
還北虜生口議附章帝詔報　1397-170- 8
諫立北單于奏　1397-170- 8
封事　1397-171- 8
論北單于不當王封事　1403-589-142
● 袁 甫 宋
君德（疏）　433-105- 5
君德（疏）——上直前箚子　433-107- 5
君德（疏）——上內引箚子（二則）　433-109- 5
君德（疏）　433-114- 5
治道（疏）——言邊事之病不在

外而在內　434-679- 60
治道（疏）——奏便民五事狀　434-679- 60
治道（疏）　434-707- 61
經國（疏）　435-729- 98
仁民（疏）——奏便民五事狀　436-149-109
用人（疏）　437-147-148
用人（疏）——直前奏事箚子附聖語　437-187-150
用人（疏）　437-191-150
用人（疏）——經筵進講故事　437-193-150
求賢（疏）——進故事　437-267-153
求賢（疏）　437-268-153
戒逸欲（疏）　438-546-195
聽言（疏）　438-871-207
兵制（疏）——奏乞團結民兵箚子　439-425-224
任將（疏）——經筵進講論李允則疏　439-751-238
荒政（疏）——論流民箚子　440-127-248
荒政（疏）　440-129-248
賦役（疏）——論履畝箚子　440-370-259
賦役（疏）　440-371-259
賦役（疏）　440-373-259
理財（疏）——論會子疏附貼黃　440-695-273
災祥（疏三則）　441-577-309
災祥（疏）　441-680-313
禦邊（疏二則）　442-472-339
禦邊（疏）——乞降招撫諭西蜀箚子　442-476-339
禦邊（疏）——備邊四事箚子　442-476-339
經筵進講故事（八則）　1175-339- 1
正字上殿箚子　1175-348- 2
入對箚子　1175-350- 2
輪對箚子　1175-351- 2
知徽州奏便民五事狀　1175-353- 2
知衢州事奏便民五事狀　1175-361- 3
應詔封事　1175-367- 3
戊戌風變擬應詔封事　1175-370- 4
秘書少監上殿第一二箚子　1175-376- 4
右史直前奏事箚子一二　1175-382- 5
論史宅之奏　1175-387- 5
中書舍人直前奏事箚子　1175-389- 5
論履畝箚子　1175-393- 6
再論履畝箚子（二則）　1175-394- 6
陳時事疏　1175-398- 6

四庫全書文集篇目分類索引

史部

詔令奏議類：附錄

奏議上十畫

是日上不視事繳進前奏事劄子　1175-400- 6
乞降招撫諭四蜀劄子　1175-402- 6
奏備邊四事劄子　1175-403- 6
經筵進講李允則疏　1175-404- 6
中書舍人內引劄子一二　1175-406- 7
奏乞團結民兵劄子　1175-411- 7
論流民劄子　1175-412- 7
論會子劄子附貼黃　1175-414- 7
兵部侍郎內引劄子　1175-419- 7
謝次對宮祠表　1175-443- 10
辭免吏部侍郎狀（二則）　1175-452- 10
再辭免權兵部尚書狀　1175-453- 10
●袁　劭漢
法令（疏）　439- 9-208
●袁　昂梁
謝高祖啓　1394-465- 5
謝高祖啓附高祖答　1399-435- 9
遺疏　1399-438- 9
上武帝古今書評啓　1404-207-178
●袁　象齊
奏彈謝超宗　1399-133- 6
●袁　高唐
去邪（疏）——論盧杞　438- 27-174
●袁　盎漢
內治（疏）　435-119- 74
宗室（疏）　435-162- 76
戒伏欲（疏）　438-500-193
禮臣（疏）　441- 42-285
近習（疏）　441-166-291
●袁　豹劉宋
大田議　1403-670-150
●袁　淳明
議減水夫　517-150-119
●袁　淑劉宋
禦邊（疏）　442- 19-320
禦敵議　1398-751- 13
賀表　1398-754- 13
禦虜議　1414-194- 70
謝中丞章　1414-196- 70
賀表　1414-198- 70
●袁　桷元
郊廟（疏）——進南郊十議　433-553- 22
國史（疏）——上修遼金宋史搜
　訪遺逸條列事狀　440-804-277
試進士策問（二則）　1203-468- 35

進五朝實錄表　1203-501- 38
賀册皇太子表二則　1203-501- 38
賀正旦表　1203-501- 38
賀武宗皇帝登極表　1203-502- 38
賀聖節表二則　1203-502- 38
賀皇太后册寶禮成表（二則）　1203-503- 38
賀聖節表　1203-503- 38
史局謝錫宴表　1203-503- 38
賀正旦表（二則）　1203-504- 38
全德泰寧福慶皇太后尊號册寶禮
　成賀皇帝表　1203-504- 38
賀册皇太子表　1203-505- 38
賀正旦表（二則）　1203-506- 38
進仁宗皇帝實錄表（二則）　1203-506- 38
賀正旦表　1203-507- 38
賀聖節表　1203-508- 38
（擬）涼州牧白羽乞致仕表 附
　答詔　1203-589- 44
跋東坡黃州謝表　1203-612- 46
跋鄭太宰奏撰樂章　1203-616- 47
進實錄表　1367-201- 16
●袁　紹漢
征伐疏——公孫瓚屯樂河　439-483-227
上獻帝自理書　1397-537- 26
上獻帝書　1402-471- 71
●袁　渙魏
經籍（疏）——乞大收篇籍以明
　先聖之教　440-740-275
諫太祖訓民以義　1361-624- 26
●袁　著漢
外戚（疏）　441-126-288
勸梁冀書　1397-341- 16
●袁　樞宋
用人（疏）　437-111-146
●袁　燮宋
君德（疏）　433- 86- 4
君德（疏）　433- 87- 4
敬天（疏）　433-331- 13
治道（疏）——上便民劄子　434-665- 60
治道（疏）——代武岡林守進治
　要劄子　434-665- 60
治道（疏 四則）　434-658- 60
經國（疏）——論蜀奏　435-723- 97
仁民（疏）——便民劄子　436-144-109
用人（疏）——輪對劄子（二則）　437-144-148

建官（疏） 437-477-162
選舉（疏）——便民策 437-690-170
求言（疏） 438-685-200
兵制（疏）——上便民策 439-413-224
兵制（疏）——上輪對箚子 439-414-224
兵制（疏） 439-415-224
征伐（疏） 439-661-235
征伐（疏）——上便民策 439-662-235
荒政（疏） 440-123-248
賦役（疏）——上便民箚子 440-367-259
賦役（疏） 440-367-259
理財（疏）——上便民疏 440-692-273
理財（疏） 440-692-273
理財（疏）——上便民疏 440-693-273
災祥（疏二則） 441-600-310
弭盜（疏）——上便民箚子 441-837-319
禦邊（疏）——輪對箚子 442-438-337
禦邊（疏） 442-439-337
禦邊（疏） 442-441-337
四裔（疏）——上已見箚子 442-742-350
都官郎官上殿箚子 1157- 4- 1
輪對陳人君法天箚子 1157- 5- 1
輪對陳人君用人箚子 1157- 8- 1
輪對陳人君宜納諫箚子 1157- 9- 1
輪對陳人君宜勤於好問箚子 1157- 10- 1
輪對陳人君宜崇大節箚子 1157- 12- 1
輪對陳人君宜結人心箚子 1157- 13- 1
輪對陳人君宜達民隱箚子 1157- 14- 1
輪對建隆三年詔陳時政闕失箚子 1157- 15- 2
輪對乾德三年內庫金帛用度箚子 1157- 16- 2
輪對咸平元年彗出營室北箚子 1157- 18- 2
輪對熙寧三年太白晝見箚子 1157- 18- 2
輪對紹興十一年高宗料敵箚子 1157- 20- 2
代武岡林守進治要箚子 1157- 20- 2
論立國宜正本箚子 1157- 28- 3
論國家宜明政刑箚子 1157- 30- 3
論修戰守箚子 1157- 32- 3
論弭盜徵宜戒逸豫箚子 1157- 34- 3
論弭盜徵宜開言路箚子 1157- 35- 3
論蜀箚子（二則） 1157- 37- 4
論邊備箚子（二則） 1157- 40- 4
辭免專一編類孝宗寶訓狀 1157- 44- 5
乞歸田里第一狀 1157- 45- 5
乞歸田里第二奏 1157- 45- 5
辭免除權禮部侍郎狀 1157- 47- 5

再乞歸田里第一二奏 1157- 47- 5
辭免正除禮部狀 1157- 47- 5
再辭（正除禮部）狀 1157- 48- 5
又乞歸田里第一二奏 1157- 49- 5
權大安軍楊震仲諫節毅諫議 1157- 84- 7
跋中丞陸公奏藁 1157- 93- 8
跋李丞相論和議藁 1157- 94- 8
● 袁　翻 北魏
郊廟（疏） 433-367- 15
選舉（疏） 437-498-163
諡號（議）——故侍中甄琛宜諡
　孝穆議 440-884-281
禦邊（疏） 442- 27-321
禦邊（疏） 442- 28-321
甄琛諡文穆議 1403-709-155
● 袁　瑀 晉
學校（疏） 436-212-113
● 袁利貞 唐
禮樂（疏） 436-326-118
● 袁洪愈明
崇眞儒疏 1403-321-114
● 袁說友 宋
君德（疏） 433- 91- 4
聖學（疏） 433-193- 8
聖學（疏） 433-205- 9
聖學（疏） 433-208- 9
孝親（疏）——太后不可不還大
　內獨居北宮 433-265- 10
孝親（疏） 433-269- 10
孝親（疏）——乞過宮奏 433-295- 12
孝親（疏九則） 433-296- 12
治道（疏二則） 434-395- 50
治道（疏）——上足以收人心而
　慰衆望者六事 434-617- 58
經國（疏）——上規恢三事奏 435-667- 95
經國（疏） 435-668- 95
禮樂（疏） 436-390-120
用人（疏）——論實才 437- 62-144
用人（疏） 437-150-148
建官（疏） 437-475-162
選舉（疏三則）附貼黃 二則 437-664-169
選舉（疏） 437-687-170
節儉（疏） 438-485-192
節儉（疏） 438-489-192
求言（疏）——乞來忠言疏 438-685-200

四庫全書文集篇目分類索引

史部

詔令奏議類：附錄

奏議上十畫

聽言（疏）	438-838-206
兵制（疏）——論軍屯事體之利害	439-391-223
兵制（疏）	439-393-223
兵制（疏）	439-416-224
任將（疏）	439-793-240
荒政（疏）——乞收糴淮麥疏	440-124-248
荒政（疏）——乞增糴常平米疏	440-125-248
賦役（疏）	440-352-258
理財（疏）——上寬恤茶商疏	440-670-272
理財（疏）	440-683-272
崇儒（疏）——乞留朱熹狀	440-733-274
諡號（議）——擬大行至尊壽皇聖帝諡號議（宋孝宗）	440-927-282
災祥（疏）	441-547-307
災祥（疏）	441-571-308
禦邊（疏）——論楚州屯戍	442-442-337
論選舉當求可行	1154-224- 8
論養士大夫氣節	1154-226- 8
論臺諫當伸其氣	1154-227- 8
論臣職當先民事	1154-230- 8
論淮守當任武臣	1154-232- 8
論銓曹當革其弊	1154-234- 8
論簾試中銓人	1154-237- 8
論蜀將當慮其變	1154-238- 8
論學將疏	1154-241- 9
給降度牒下蜀路提舉司補糴常平米疏	1154-242- 9
增糴常平倉米疏	1154-243- 9
補糴蜀路十五州創糴七州廣惠倉米疏	1154-244- 9
又申乞禁止上流州郡遏糴疏	1154-246- 9
沿江備糴疏	1154-247- 9
搞賞酒庫疏	1154-247- 9
紓役疏	1154-248- 9
論刑獄當重疏	1154-249- 9
論苗賦當平疏	1154-251- 9
論差稅當究其原疏	1154-253- 9
寬恤土卒疏	1154-255- 9
天府措置拘鎖人筒子	1154-259- 10
推排筒子	1154-259- 10
寬恤茶商筒子	1154-260- 10
禁戢銷金筒子	1154-260- 10
辭免知潭州筒子	1154-261- 10
再辭免潭州筒子	1154-261- 10
知平江府丐祠筒子	1154-262- 10
知臨安府乞在外待闕差遣筒子	1154-262- 10
辭免知隆興府筒子	1154-263- 10
代人辭免除兵部尚書筒子	1154-264- 10
代人再辭免（除兵部尚書）筒子	1154-264- 10
日閱兩朝聖政（疏）	1154-275- 11
講高宗聖政寶訓（疏）	1154-276- 11
進講故事——唐文宗嘗顧鄭覃日試論我猶漢何等主	1154-277- 11
進講故事——賈昌朝奏伏見西夏僭狂	1154-278- 11
進講故事——漢文帝既聞廉頗李牧爲人	1154-280- 11
進講故事——慶歷元年十一月仁宗皇帝日人臣雖以才適用要當以德行爲本	1154-282- 11
君道狀	1154-283- 12
學材狀	1154-284- 12
舉逸隱狀	1154-285- 12
舉遺逸實材狀	1154-286- 12
用人狀	1154-287- 12
歷郡守者始除監司狀	1154-289- 12
倚閣臨安府苗稅殘零狀	1154-289- 12
重閩廣奏狀	1154-290- 12
乞解罷參知政事丐祠狀	1154-291- 12
再乞解罷（參知政事丐祠）狀	1154-292- 12
又四川制置使乞祠狀	1154-292- 12
又吏部尚書丐祠狀	1154-293- 12
辭免攢宮覆按使轉官狀	1154-293- 12
再辭免（攢宮覆按使轉官）狀	1154-294- 12
辭免兼修玉牒官狀	1154-294- 12
戶部尚書乞補外狀	1154-294- 12
（戶部尚書）再乞補外狀	1154-295- 12
辭免權戶部尚書狀	1154-296- 12
皇帝登位六事狀	1154-297- 13
過宮後再入奏狀	1154-300- 13
又奏乞過宮狀	1154-301- 13
獨衘入奏乞過宮視疾狀	1154-303- 13
得聖語令與部中官商量同衆從官入奏狀	1154-305- 13
同衆從官乞過宮上壽狀	1154-306- 13
獨衘自入奏乞過宮狀	1154-308- 13
同衆從官待罪狀	1154-309- 13
獨衘再入奏乞過宮狀	1154-309- 13
又入奏（乞過宮）狀	1154-311- 13

四庫全書文集篇目分類索引

同衆從官宣引入對狀 1154-313- 13
謝知池州表 1154-316- 14
謝知衢州表 1154-317- 14
謝提學浙東茶鹽表 1154-317- 14
謝提點浙西刑獄表 1154-318- 14
謝直顯謨閣知臨安府表 1154-318- 14
辭免除太府少卿兼知臨安府表 1154-319- 14
辭免知鎮江府表 1154-319- 14
謝除權戶部侍郎表 1154-320- 14
辭免權戶部侍郎表 1154-320- 14
謝除戶部侍郎并賜金帶表 1154-321- 14
辭免除戶部侍郎表 1154-321- 14
謝除權戶部尚書表 1154-322- 14
辭免進呈徽宗皇帝玉牒孝宗皇帝光宗皇帝實錄轉兩官表 1154-322- 14
謝抹荒轉官表 1154-323- 14
謝覆按使轉官表 1154-323- 14
謝除華文閣學士四川制置使表 1154-324- 14
辭免除寶文閣學士再任四川制置使表 1154-324- 14
辭免除華文閣學士四川安撫制置使表 1154-325- 14
謝四川制置使知成都府到仕表 1154-325- 14
辭免賑濟有勞除徽猷閣學士表 1154-326- 14
請救荒進徽猷閣學士表 1154-326- 14
謝除吏部尚書狀 1154-327- 15
謝寶文閣學士再任四川制置使表 1154-328- 15
謝寶文閣學宮觀表 1154-328- 15
謝知紹興府表 1154-329- 15
謝兼侍講表（二則） 1154-329- 15
辭免兼侍講表（二則） 1154-330- 15
辭免兼侍讀表 1154-331- 15
辭免兼修國史兼實錄修撰表 1154-331- 15
辭免同知樞密院事表 1154-332- 15
再辭免同知樞密院事表 1154-332- 15
辭免提學勸令表 1154-332- 15
謝賜御書漢文翁襲逐故事表 1154-333- 15
進御書墨本表 1154-333- 15
辭免召赴行在表（二則） 1154-334- 15
再辭免召赴行在表 1154-335- 15
代人謝除兵部尚書表 1154-336- 15
代王江陰謝改知饒州表 1154-336- 15
代人謝知婺州表 1154-337- 15
謝除知洪州到任表 1154-337- 15
辭免除吏部尚書啓（二則） 1154-338- 15

辭免除資政殿學士與郡啓 1154-339- 15
再辭免除資政殿學士與郡啓 1154-339- 15
跋鄧文簡公諫伐燕雲奏 1154-379- 19
浙東提舉到任謝表 1352-200- 5中

● 袁廓宇清

重修石鼓書院疏 534-462- 94

● 耿 育漢

儲嗣（疏） 435- 50- 71
賞罰（疏）——上書言便宜因訟陳湯 438-354-187
耿育上訟陳湯書 1355-301- 10
上訟陳湯書 1360-250- 14
 1377-256- 12
訟甘延壽陳湯書 1396-597- 20
褒廣先帝疏 1396-598- 20
訟陳湯書 1402-453- 70
請寬趙氏疏 1403- 30- 90
訟陳湯書 1417-311- 16

● 耿 秉漢

征伐（疏）——上言請擊匈奴 439-475-227
征伐（疏）——朔部大亂至南單于將并北庭 439-476-227
謝除轉運副使表 1352-170- 4下

● 耿 弇漢

征伐（疏） 439-473-227
請還洛陽書附光武報耿弇詔 1397- 94- 5

● 耿 恭漢

薦寶固奏 1397-166- 8

● 耿 國漢

四裔（疏） 442-505-340

● 耿 滕晉

密上流民表 1398-453- 20

● 耿向定明

請從祀疏 1266-231- 38

● 耿壽昌漢

漕運（疏） 440-408-261
請羅奏附蕭望之奏 1396-460- 13

● 夏 言明

斟酌臨雍舊典乞賜宸斷疏 429-412- 1
紀錄重幸太學以昭文明疏 429-413- 1
改便科學以順人情疏 429-414- 1
請復歲貢舊法以通利人才疏 429-416- 1
涵育人才以恢弘治道疏 429-418- 1
正文體重程式簡考官以收眞才疏 429-420- 1
弘文教慎遺才以光聖治疏 429-422- 1

史部

詔令奏議類：附錄

奏議上十畫

四庫全書文集篇目分類索引

史部

詔令奏議類：附錄

奏議上十畫

議處歲貢事宜以惜人才疏	429-423-	1
議處寄勞以省勞費疏	429-426-	1
明封爵以懲挾詐以杜紛擾疏	429-426-	1
議處違法宗室以絕屬階疏	429-431-	1
懲抗違以彰國法疏	429-433-	1
定親王繼封併行查勘疏	429-434-	1
請勅內官令勘宗室隱情以正欺罔疏	429-435-	1
優處姿婦以仁宗室疏	429-436-	1
警除道肅朝儀以申舊規疏	429-437-	1
明職掌以杜侵越疏	429-438-	1
乞審定綸音以防壅蔽疏	429-440-	1
條陳事宜以重修省疏	429-442-	1
議處節孝以彰風化疏	429-447-	1
定擬郊廟粢盛疏	429-449-	2
計處西苑事宜以重粢盛疏	429-451-	2
時享太廟奉安神主疏	429-453-	2
定擬泰神殿禮儀疏	429-454-	2
遣官代祀奏定禮儀疏	429-456-	2
議處零壇事宜疏	429-450-	2
禦邪說以正典禮疏	429-460-	2
酌古典學望祀以祈聖嗣疏	429-461-	2
專祀先賢以崇功德疏	429-463-	2
從實修省以弭星變疏	429-464-	2
恤邊難立義塚以廣仁恩疏	429-465-	2
重獻瑞兔乞免稱賀疏	429-466-	2
明設科條以處積弊疏	429-467-	2
乞宥言官以勵臣節疏	429-468-	2
慎重恩典以杜濫請疏	429-469-	2
參懲詐昌以杜奸萌疏	429-470-	2
爲重陵寢以培國脈請聖斷以息群議疏	429-473-	3
參酌古今慎處廟制乞賜明斷疏	429-475-	3
折浮義以慎廟制疏	429-484-	3
計度廟制以重謀始疏	429-500-	3
乞憐查照舊規以甦民困以安地方疏	429-502-	4
西海遣人求貢納款	429-505-	4
遠夷進貢疏	429-506-	4
欽奉宣諭夷情疏	429-512-	4
夷情疏（三則）	429-514-	4
請給敕書疏	429-520-	4
零壇禮儀疏	429-521-	4
雨澤疏	429-524-	4
修省疏	429-525-	4
公務疏（二則）	429-526-	4
慶皇朝彰聖德以贊中興之世以昭治化之隆少攄圖報疏	429-528-	4
祭祀日期疏	429-530-	4
陳情比例懇乞天恩賜復封號恭承祭祀慶賀以便稱呼以竭愨衷疏	429-530-	4
科學疏	429-533-	5
蒙逝疏（二則）	429-534-	5
親王至鎮欲要赴闕疏	429-536-	5
禮儀疏	429-537-	5
欽奉聖諭疏	429-538-	5
懇乞天恩憐念宗室緣坐已殁延及妻子久禁高牆等疏	429-538-	5
大封册文疏	429-540-	5
類奏災異疏（二則）	429-541-	5
欽奉勅諭疏	429-544-	5
欽奉聖諭疏	429-547-	5
祭祀疏（二則）	429-549-	5
正體統以尊朝廷疏	429-550-	5
遵舊制以便出入疏	429-553-	5
崇祀先賢以昭聖化以慰民心疏	429-534-	5
祭祀疏	429-556-	5
遵祖訓以端政本疏	429-276-	17
請實邊儲以固人心疏	445-277-	17
勘處倭寇事情疏	445-303-	19
郊禮疏	445-347-	22
謝特恩賜建忠禮書院瓊恩堂寶澤樓表	516-742-114
請處置青羊山脅從居民疏	549-149-186
除邪妄以彰聖化疏	1403-300-113
	1453-449- 53
申議天地分祭疏	1453-450- 53
申議郊祀二祖並配疏	1453-457- 53

●夏　諒宋

上仁宗乞斷祈巫（疏）	432-199- 98
郊廟（疏）	433-434- 18
治道（疏）	433-723- 29
學校（疏）——請興學校疏	436-234-114
請斷祈巫狀	436-519-126
用人（疏）	436-700-134
建官（疏三則）	437-400-159
建官（疏）——議職官疏	437-402-159
選舉（疏）——論制貢舉（疏）	437-523-164
去邪（疏）	438- 65-175
謹名器（疏二則）	438-601-197

四庫全書文集篇目分類索引

法令（疏二則） 439- 51-210
法令（疏）——議刑書狀 439- 53-210
法令（疏） 439- 54-210
赦宥（疏） 439-251-218
兵制（疏）——論兵攻 439-292-220
任將（疏二則） 439-732-237
賦役（疏）——上均賦歛奏 440-278-255
理財（疏）——議國用疏 440-466-263
理財（疏）——上量支費疏 440-467-263
理財（疏）——上平筴權疏 440-468-263
禦邊（疏）——陳邊事十第狀 442- 97-323
禦邊（疏）——論復塞坦進策 442-103-323
禦邊（疏）——謹邊防奏策 442-104-323
四裔（疏） 442-570-342
賀老人星表 1087- 81- 4
賀昭應宮成表 1087- 81- 4
聖駕離京次日上表（十七則） 1087- 82- 4
賀五色雲見表 1087- 86- 4
賀奉祀太清宮禮畢表 1087- 87- 4
賀尊皇太后表 1087- 87- 4
乾元節賀表（二則） 1087- 87- 4
賀立皇后表 1087- 88- 4
賀皇子慶誕表 1087- 88- 4
賀皇太子授官表 1087- 88- 4
留司官吏賀表 1087- 89- 4
謝加承奉郎表 1087- 89- 5
謝直集賢院表 1087- 89- 5
謝賜昭應宮判官兼賜章服表 1087- 90- 5
謝知制誥表 1087- 91- 5
謝授戶部員外郎表 1087- 92- 5
謝授禮部郎中諸宮觀充職表 1087- 93- 5
洪州到任謝上表 1087- 93- 5
辭起復知制誥表 1087- 94- 5
謝起復知制誥表 1087- 94- 5
潁州到任謝上表 1087- 96- 5
青州到任謝上表 1087- 96- 5
辭刑部尚書表 1087- 97- 5
謝授刑部尚書表 1087- 97- 5
南京到任謝上表 1087- 98- 5
辭戶部尚書表 1087- 99- 6
謝授戶部尚書表 1087- 99- 6
謝授三司使表 1087-100- 6
永興謝上表 1087-101- 6
辭忠武軍節度使表 1087-101- 6
謝授忠武軍節度使表 1087-102- 6
涇州謝上表 1087-102- 6
永興再任謝上表 1087-103- 6
謝授宣徽使表 1087-104- 6
宣徽使乞換文資表 1087-104- 6
再乞換文資表 1087-105- 6
蔡州到任謝上表 1087-106- 6
乞守舊官表 1087-106- 6
謝詔書不允辭宣徽使表 1087-107- 6
許州到任謝上表 1087-107- 6
亳州到任謝上表 1087-108- 6
河中府到任謝上表 1087-108- 6
辭資政殿大學士表 1087-110- 7
謝授資政殿大學士表 1087-111- 7
河南府到任謝上表 1087-112- 7
孟州到任謝上表 1087-112- 7
辭兼侍中表 1087-113- 7
謝授兼侍中表 1087-113- 7
謝男安期加職表 1087-114- 7
謝天慶節御筵表 1087-115- 8
謝賜御製眞遊頌表 1087-115- 8
謝賜御製眞遊殿頌表 1087-115- 8
謝賜御製文表 1087-116- 8
謝和禦製詩表 1087-116- 8
謝宣召觀聖像表 1087-117- 8
謝賜御製册府元龜序表 1087-117- 8
謝宣赴龍圖閣觀芝草慈烏表 1087-118- 8
謝賜大醮詩表 1087-118- 8
謝批答允賜御書表 1087-119- 8
謝賜御書表 1087-119- 8
謝賜生日羊酒米麵表 1087-120- 8
謝賜衣著銀器表 1087-120- 8
樞密院謝宣召宴游表 1087-121- 8
謝賜御書并御寶表 1087-122- 8
進和御製豐年歌表 1087-122- 9
和水清木連理表 1087-122- 9
進和御製占城國貢師 1087-123- 9
進河清賦引表 1087-123- 9
上景德五頌大中祥符頌引表 1087-124- 9
進王中正神道碑表 1087-125- 9
進謝恩物引表 1087-125- 9
乞與修眞宗實錄表 1087-126- 9
乞御製君臣事迹序表 1087-127- 9
乞降御製御書於昭應宮表 1087-127- 9
乞依諫官抗議表 1087-128- 9
明堂乞朝觀陪祀表 1087-128- 9

史部

詔令奏議類：附錄

奏議上十畫

代謝生辰禮物表　1087-129- 9
代辭兼中書令表　1087-129- 9
代謝兼中書令表　1087-129- 9
上謝恩物引表　1087-130- 9
代賀水清木連理表　1087-130- 9
接駕謝撫問表（二則）　1087-131- 9
謝進奉回詔表　1087-131- 9
楚王謝恩表　1087-131- 9
代王文正相公辭司空表（二則）　1087-133- 9
代寇相公謝恩表（二則）　1087-134- 10
代寇相公辭官表　1087-135- 10
代寇相公謝詔允百官國學觀先皇御書表　1087-135- 10
代寇相公謝賜還京謁表　1087-136- 10
謝宣示綿州進彰明縣崇仙觀栢木文彩像道士七星儀形表　1087-137- 10
代寇相公進和御製升耐詩表　1087-137- 10
代丁相公賀元德皇后耐廟禮畢表　1087-137- 10
代集賢相公辭官表（二則）　1087-138- 10
代樞密相公辭官第一表　1087-139- 10
代東樞相公辭加恩第二表　1087-140- 10
謝加恩表　1087-140- 10
代東樞相公謝授官表　1087-141- 10
代東樞謝賜宴并御詩表　1087-142- 10
代東樞相公謝生辰禮衣器幣鞍馬表　1087-143- 10
謝賜地宅表　1087-143- 10
代宰相謝加食邑表　1087-144- 11
代僕射相公謝宣揚賜藥表　1087-144- 11
謝賜藥表　1087-145- 11
代僕射相公加恩第二表　1087-145- 11
中書乞免和御製述懷詩表　1087-146- 11
樞密院乞免和御製述懷　1087-146- 11
宮使乞降御製御書表　1087-147- 11
謝賜御製寵行詩表　1087-147- 11
謝御製和詩表　1087-148- 11
謝表　1087-148- 11
謝所撰內藏庫記刻於御製碑陰表　1087-149- 11
代人生日謝恩表　1087-149- 11
代人進禮成宴詩表　1087-150- 11
代人謝弟端授官表　1087-150- 11
代人陳乞爲父修神道碑表　1087-150- 11
謝恩劄記　1087-151- 11
議職官（進策）　1087-160- 13
慎爵祿（進策）　1087-161- 13
議選調（進策）　1087-162- 13
遏權要（進策）　1087-163- 13
退巧宦（進策）　1087-163- 13
制流外（進策）　1087-164- 13
議國用（進策）　1087-164- 13
去冗制（進策）　1087-165- 13
省錫賚（進策）　1087-165- 13
均賦斂（進策）　1087-166- 13
順時令（進策）　1087-167- 13
禁淫祀（進策）　1087-167- 13
賤商賈（進策）　1087-167- 13
論將帥（進策）　1087-168- 13
計北寇（進策）　1087-168- 13
復塞垣（進策）　1087-169- 13
禁官寺（進策）　1087-170- 13
陳邊事十策附募士兵奏　1087-171- 14
擇牧守奏　1087-178- 14
擇令佐奏　1087-179- 15
去貪吏奏　1087-179- 15
厚文德奏　1087-180- 15
議貢舉奏　1087-181- 15
平笞權奏　1087-182- 15
抑僥釋奏　1087-182- 15
總大綱奏　1087-183- 15
謹邊防奏　1087-183- 15
洪州請斷祅巫奏　1087-184- 15
上章聖皇帝乞應制舉書　1087-185- 15
降聖節進奉狀　1087-186- 15
進瑞稻圖狀　1087-186- 16
再進瑞稻圖狀　1087-187- 16
謝宣召入院狀　1087-187- 16
謝賜御書詩狀　1087-187- 16
謝賜馬狀　1087-188- 16
乞脩南京大內狀　1087-188- 16
王相公謝賜手詔狀　1087-189- 16
洪州請斷妖巫（疏）　1350-443- 43
謝直集賢院表　1350-673- 63
賀皇帝册尊號表　1352- 22- 1上
謝直集賢院表　1382-315-上之1
　　1394-404- 3
　　1403-536-136

● 夏良勝明

論用兵十二便宜狀　444-260- 42
采納愚忠以全政體疏　444-263- 42
勘處倭寇事情以伸國威以弭後患

四庫全書文集篇目分類索引

疏　　　　　　　　　　　444-265- 42
請設文武重臣勘除兇悖以宣國威
　以靖地方疏　　　　　　444-270- 42
兌軍議　　　　　　　　　517-146-119
里甲議　　　　　　　　　517-147-119
論用兵十二便宜狀　　　　1269-812- 6
代舉遺才狀章　　　　　　1269-816- 6
代覆宰臣辭賞狀草　　　　1269-817- 6
代論累功封伯奏草　　　　1269-818- 6
論諸老辭蔭子狀　　　　　1269-820- 6
代論優禮者舊狀草　　　　1269-820- 6
議覆推陞司務狀草　　　　1269-821- 6
議覆遠方選法狀章　　　　1269-822- 6
議處軍功咨草　　　　　　1269-824- 6
議處軍功奏狀草　　　　　1269-826- 6
議處納銀事例奏草　　　　1269-828- 6
議處聽選人員冠帶奏草　　1269-829- 6
議覆旌留憲臣奏草　　　　1269-831- 6
諫西征疏　　　　　　　　1269-957- 11
諫南巡疏　　　　　　　　1269-960- 12
聖節議禮奏狀　　　　　　1269-1005- 14
覆議考察拾遺奏狀　　　　1269-1010- 14
●夏侯孜 唐
唐懿宗元昭皇太后諡册文　1343-478- 32
●夏侯忠 魏
薦劉邵表　　　　　　　　1403-452-126
●夏侯詳 梁
圍郢城議　　　　　　　　1399-438- 9
●夏侯獻 魏
論公孫淵表　　　　　　　503-279-111
請令驃弘使公孫淵表　　　1361-536- 9
●夏原吉 明
進太祖高皇帝實錄表　　　1240-483- 1
治水疏（見明紀）　　　　1240-558- 附
●夏侯道遷 北魏
由南歸魏自陳表　　　　　556-181- 87
●破六韓常 北齊
啓世宗　　　　　　　　　1400- 20- 2
●桑弘羊 梁
屯田（疏）　　　　　　　440-381-260
請田輪臺奏附武帝罷田輪臺詔　1396-425- 11
●桑維翰 後晉
賞罰（疏）　　　　　　　438-365-187
四裔（疏）　　　　　　　442-560-341
●晁　錯 漢

治道（疏）　　　　　　　433-573- 23
儲嗣（疏）——乞賜皇太子聖人
　之術數　　　　　　　　435- 48- 71
宗室（疏）——請削吳　　435-162- 76
務農（疏）　　　　　　　436-167-110
征伐（疏）　　　　　　　439-462-226
禦邊（疏）——言守邊塞急務　442- 1-320
論貴粟（疏）　　　　　　1355-253- 9
言兵事書　　　　　　　　1355-282- 10
又上守邊備塞事（書）　　1355-283- 10
又上募民徙塞下事（疏）　1355-285- 10
論貴粟（疏）　　　　　　1360- 84- 5
言兵事書　　　　　　　　1360-225- 13
上守邊備塞書　　　　　　1360-227- 13
募民徙塞下書　　　　　　1360-228- 13
論貴粟（疏）　　　　　　1377-156- 4
言兵事書　　　　　　　　1377-248- 12
上守邊備塞事（疏）　　　1377-250- 12
上募民徙塞下事（疏）　　1377-251- 12
請敎皇太子書　　　　　　1396-333- 7
言兵事書附文帝答書　　　1396-334- 7
復言守邊備塞勸農力本當也急務
　二事（疏）　　　　　　1396-335- 7
復言募民徙塞下事（疏）　1396-337- 7
說文帝貴粟奏　　　　　　1396-337- 7
入粟免租奏　　　　　　　1396-339- 7
說景帝削吳（疏）　　　　1396-342- 7
言兵事書　　　　　　　　1402-425- 68
上守邊備書　　　　　　　1402-426- 68
募民徙塞下書　　　　　　1402-427- 68
說上削吳書　　　　　　　1402-428- 68
論貴粟疏　　　　　　　　1403- 14- 88
上言兵事書　　　　　　　1417-214- 12
請募民實塞奏　　　　　　1417-216- 12
請立邊民什伍法奏　　　　1417-217- 12
重農貴粟奏　　　　　　　1417-218- 12
請入粟郡縣奏　　　　　　1417-220- 12
●晁公遡 宋
眉州到任謝表　　　　　　1139- 77- 15
（上）今上皇帝賀立皇太子表　1139- 78- 15
（上）今上皇帝賀册皇太子禮成
　表　　　　　　　　　　1139- 79- 15
會慶節賀表（三則）　　　1139- 80- 15
提刑司（賀表）　　　　　1139- 80- 15
常平司（賀表）　　　　　1139- 81- 15

提刑司大禮進賀表	1139- 81- 15	足疾乞外任狀	1118-835- 53
常平司大禮進賀表	1139- 81- 15	辭免國史編修官狀	1118-835- 53
謝賜曆日表（二則）	1139- 81- 15	再辭國史編修官狀	1118-835- 53
貢赦金狀（二則）	1139- 83- 16	再辭免國史編修官狀	1118-835- 53
貢銀絹狀（二則）	1139- 83- 16	奏舉趙元緒狀	1118-836- 53
提刑司進銀絹狀	1139- 84- 16	賀皇帝登寶位表	1118-840- 54
常平司進銀絹狀	1139- 84- 16	代蘇翰林爲皇弟諸王賀冬至表	1118-841- 54
●晁詠之 宋		代蘇翰林爲皇弟諸王賀元日表	1118-842- 54
賀皇帝登極表	1352- 15-1上	代蘇翰林爲皇弟諸王賀冬至表	1118-842- 54
賀天寧節表	1352- 28-1上	代北京留守王太尉元旦賀表	1118-843- 54
賀誕皇子表	1352- 33-1中	齊州賀興龍節表	1118-844- 54
賀立皇太子表	1352- 36-1中	齊州進奉功德疏表	1118-844- 54
賀册皇后表	1352- 40-1中	齊州進興龍節銀絹表	1118-844- 54
賀元圭表	1352- 68-2上	代張恕單州賀受璽表	1118-844- 54
賀收祥册表	1352- 76-2上	四月朔日蝕禮部請皇帝御正殿第	
謝除直秘閣表	1352-160-4中	一表	1118-845- 54
謝提刑落發遣字表	1352-172-4下	四月朔日蝕禮部請皇帝御正殿第	
潭帥到任謝上表	1352-183-5上	二表	1118-845- 54
延安帥到任謝上表	1352-183-5上	進罪言表	1118-845- 54
開封府尹到任謝表	1352-186-5上	謝賜校定資治通鑑表	1118-846- 54
關中漕到任謝表	1352-188-5中	哲宗實錄開院謝賜銀絹表	1118-846- 54
陝西運判到任謝表	1352-189-5中	哲宗實錄開院謝賜筆硯紙墨表	1118-847- 54
運判到任謝上表	1352-189-5中	代范祖禹等實錄開院謝賜物表（	
制置解鹽到任謝表	1352-202-5下	四則）	1118-847- 54
濟州到任謝上表	1352-203-5下	代范右丞謝賜生日禮物表	1118-848- 54
商州到任謝表	1352-218-6上	齊州謝賜曆日表	1118-848- 54
謝八寶赦轉官表	1352-222-6上	河中府謝曆日表	1118-848- 54
謝轉官表	1352-223-6上	謝賜春衣表	1118-849- 54
謝降官表	1352-232-6中	代北京留守謝冬衣表	1118-849- 54
謝宮觀表（二則）	1352-241-6下	齊州謝到任表	1118-851- 55
謝賜御筆表	1352-253-7上	南京謝到任表	1118-851- 55
謝賜曆日表	1352-255-7上	亳州謝到任表	1118-852- 55
謝賜衣襴表	1352-257-7上	信州謝到任表	1118-852- 55
謝賜功德院表	1352-259-7上	河中府謝到任表	1118-853- 55
乞致仕表	1352-275-7上	湖州謝到任表	1118-853- 55
遺表	1352-279-7上	謝得請南京鴻慶宮表	1118-854- 55
●晁補之 宋		謝得請江州太平觀表	1118-854- 55
奏舉趙元緒狀	436-764-136	泗州謝上表	1118-855- 55
征伐（疏）	439-573-231	代河北提刑王朝散謝上表	1118-855- 55
四裔（疏）——論北事	442-622-344	代朔漕竇侍郎謝獎諭表	1118-856- 55
湖州到任謝表	526- 10-259	代朔漕李楚老謝諭表	1118-856- 55
上皇帝論北事書	1118-561- 24	代朔漕竇周輔除侍郎表	1118-857- 55
上皇帝安南罪言	1118-576- 25	代漕守韓太中授官表	1118-857- 55
辭免著作佐郎狀	1118-834- 53	代劉中書謝加勳封表	1118-858- 55
辭免實錄檢討官狀	1118-835- 53	代劉門下謝表	1118-858- 55

四庫全書文集篇目分類索引　1449

代韓太中乞致仕表　1118-859- 55
代司馬康子植謝應副葬事表　1118-860- 55
賀皇帝登極表　1352- 17- 1上
賀興龍節表　1352- 30- 1上
賀坤成節表　1352- 31- 1上
賀冬表（二則）　1352- 55- 1下
請皇帝御正殿表　1352- 95- 2下
謝除戶部侍郎表　1352-138- 3下
謝除門下侍郎表　1352-149- 4上
謝明堂加恩表　1352-228- 6中
謝謫南京通判表　1352-233- 6中
謝謫兖州通判表　1352-233- 6中
謝復官表　1352-236- 6中
謝復職表　1352-237- 6中
謝宮觀表　1352-242- 6下
謝獎諭表　1352-248- 6下
上皇帝論北事書　1361-448- 65
上皇帝安南罪言　1361-462- 66
謝賜春衣表　1394-442- 4
●晁說之宋
聖學（疏）　433-185- 5
弘道（疏）　434-274- 45
經國（疏）——上書陳論重地　435-320- 82
守成（疏）　436- 7-102
去邪（疏）　438-242-182
征伐（疏）——出狩議　439-587-231
四裔（疏）　442-685-347
元符三年應詔封事　1118- 2- 1
靖康元年應詔封事　1118- 28- 2
朔問（二則）　1118- 36- 2
負薪對　1118- 44- 3
達言　1118- 54- 3
重地（議）　1118- 56- 3
繳進出狩議狀　1118- 58- 3
出狩議　1118- 59- 3
靖康初上殿箚子（三則）　1118- 63- 3
論神廟配享箚子　1118- 64- 3
奏審覆皇太子所讀孝經論語爾雅
　箚子　1118- 66- 3
舉邵伯溫自代狀　1118- 66- 3
謝罷中書舍人表　1118- 67- 3
辭免徽猷閣侍制兼侍讀狀　1118- 67- 3
跋夏均父萬言書後　1118-353- 18
元符三年應詔封事　1418-588- 56
●員半千唐

兵制（疏）——論兵家有三陣　439-272-219
陳情表　1338-587-601
三陣對　1476-108- 7
●員興宗宋
聖學（疏）——乞精講義疏　433-194- 8
風俗（疏）——上風俗議　436-308-117
用人（疏）——議冗員　437-106-146
賞罰（疏）——王嚴爵賞狀　438-419-189
賞罰（疏）——議功賞狀　438-420-189
兵制（疏）——上殿輪對乞廣招
　募箚子　439-387-223
兵制（疏）——乞恤義士箚子　439-388-223
兵制（疏）——議軍實奏　439-389-223
馬政（疏）——議國馬　439-845-242
賦役（疏）——議征稅奏　440-357-258
漕運（疏）　440-418-261
理財（疏）——議虛額疏　440-670-272
理財（疏）——議節財奏　440-672-272
四裔（疏）——上殿輪對箚子　442-736-349
上皇帝書　1158- 28- 5
嚴爵賞箚子　1158- 30- 5
廣招募箚子　1158- 31- 5
恤義士箚子　1158- 32- 5
恤歸附箚子　1158- 34- 5
察敵情輪對箚子　1158- 34- 5
請侍讀疏　1158- 36- 6
風俗議（疏）　1158- 37- 6
議虛額疏　1158- 39- 6
議冗員疏　1158- 40- 6
議功賞疏　1158- 43- 7
議國馬疏　1158- 44- 7
議征稅疏　1158- 45- 7
議守令疏　1158- 47- 7
議節財疏　1158- 49- 7
議軍實疏　1158- 51- 7
賀太上皇禪位表　1158- 53- 8
代賀皇上即位表　1158- 54- 8
擬虞丞相謝轉官表　1158- 54- 8
擬丞相轉官表　1158- 54- 8
●荀　子周
兵制（疏）——論兵要　439-266-219
●荀　虎北魏
賦役（疏）　440-248-254
屯田（疏）　440-383-260
●荀　悅漢

四庫全書文集篇目分類索引

治道（疏） 433-600- 24
國史（疏） 440-760-276
● 荀 或 魏
論治道 1361-682- 39
● 荀 爽 漢
禮樂（疏） 436-336-118
對策 1397-354- 16
學至孝策對 1403-632-146
陳便宜策 1476- 68- 4
● 荀 崧 晉
學校（疏） 436-210-113
請置博士疏 1417-500- 24
● 荀 易 晉
建官（疏） 437-383-159
條牒問列和諸律意狀奏 1398- 94- 5
議遣王公王國奏 1398- 96- 5
有吏議 1398- 96- 5
增置文法對 1398- 97- 5
薦三公保傅表 1398- 97- 5
答問三公表 1398- 97- 5
讓豫州大中正表 1398- 97- 5
讓樂事表 1398- 98- 5
辭尚書令表 1398- 98- 5
省吏議 1403-667-150
條牒問列和諸律意狀奏 1413-123- 38
辭尚書令表 1413-125- 38
讓豫州大中正表 1413-125- 38
讓樂事表 1413-125- 38
答問三公表 1413-125- 38
薦三公保傅表 1413-126- 38
議遣王公之國對 1413-126- 38
讓增制文法對 1413-126- 38
省吏議 1413-126- 38
甲乙議 1413-127- 38
● 荀 濟 梁
上武帝訟釋書 1401-334- 27
● 荀 顗 晉
聖學（疏）——講述禮典 433-134- 6
議故吏服舊主表附何楨會瓌議 1398- 92- 5
昌邑侯滿瑋庶妹服議（奏） 1398- 92- 5
上論法議 1398- 93- 5
● 荀赤松 劉宋
劾顏延之奏 1398-707- 11
● 荀 伯子 劉宋
褒贈（疏） 441- 7-283

上安帝論先朝封爵表附衛瑾及陳茂
　先自陳表（二則） 1398-655- 9
論陳笛零隨王信次表 1398-656- 9
論何尚之奏 1398-657- 9
● 荀萬秋 劉宋
籍田儀注奏 1398-829- 16
永陽侯傍親殤服議 1398-829- 16
● 晏 殊 宋
天聖上殿箚子 1087- 32- 0
進兩制三館牡丹歌詩狀 1087- 33- 0
　 1350-674- 63
侍讀學士等請宮中視學表 1350-674- 63
辭陞儲表（二則） 1352-111- 35
進兩制三館牡丹詩歌表 1394-401- 3
● 晏 嬰 周
治道（疏二則） 433-556- 23
仁民（疏二則） 436- 52-105
仁民（疏） 436- 53-105
風俗（疏） 436-277-116
禮樂（疏） 436-331-118
禮樂（疏） 436-499-125
用人（疏二則） 436-578-129
戒侈欲（疏二則） 438-498-193
聽言（疏） 438-690-201
聽言（疏二則） 438-691-201
災祥（疏二則） 441-233-295
諫誅祝文 1355-113- 4
論梁丘據（諫） 1355-114- 4
論禮可爲國（諫） 1355-114- 4
論禳雪（諫） 1355-115- 4
諫誅祝史 1377-134- 3
論梁丘據 1377-151- 4
諫誅祝史 1402-296- 53
諫禳慧 1402-297- 53
● 柴 望 宋
進丙丁龜鑑表 1187-486- 2
　 1364-886- 1
● 柴中行 宋
君德（疏） 433- 96- 4
聽言（疏） 438-862-207
● 柴成務 宋
上太宗論封駁故事（疏） 431-689- 56
上太宗乞河北緣邊營置屯田（疏） 432-285-105
建官（疏） 437-391-159
屯田（疏） 440-385-260

●特穆爾布哈元
河東陝西分界食鹽疏　549-131-186
論鹽法　556-154- 86
鹽法疏　558-590- 45
●息夫躬漢
訐公卿大臣疏　1396-599- 20
計以烏孫詐單于奏　1396-599- 20
建應變異疏附王嘉對元帝應變問哀
　帝舉明習兵法詔　1396-599- 20
●烏斯道明
奉蔻隱升雋詔書徵辟赴京謝表　1232-243- 4
●烏庫哩德升金
儲嗣（疏）　435-115- 73
●烏蘇克錫克金
水利（疏）　440-243-253
●烏克遜良楨元
聖學（疏）　433-242- 9
風俗（疏）　436-321-117
●徐　市秦
上求僊書　1396-164- 12
●徐　本（等）清
（進）大清律例（表）　672-388- 附
●徐　宏劉宋
東平冲王耐廟議奏附有司奏徐宏議　1398-814- 16
●徐　防漢
選舉（疏）　437-488-163
經籍（疏）——乞博士及甲乙策
　試宜重章句以悟後學　440-740-275
五經章句取士疏　1360-160- 9
論五經章句疏　1397-187- 9
試論語奏　1397-188- 9
五經章句疏　1417-367- 18
●徐　恪明
論河患疏　538-519- 76
●徐　郁明
前明（徐郁上表乞）褒崇聖優恤
　子孫附明英宗詔　1101-463- 5
●徐　勉梁
風俗（疏）　436-280-116
禮樂（疏）——上修五禮表　436-340-118
上武帝論喪禮疏　1399-420- 9
上修五禮表附武帝詔報二則　1399-421- 9
●徐　爰劉宋
禮樂（疏）　436-415-121
禮樂（疏）　436-415-121

禮樂（疏）　436-415-121
理財（疏）　440-433-262
禘敦議　1398-818- 16
立南郊位議　1398-820- 16
曹虔季立世子議　1398-821- 16
安陸夫人廟祭議　1398-821- 16
晉陵孝王祭議奏附顏僧道庾蔚議（
　二則）　1398-822- 16
齊敬王子羽廟祭議　1398-823- 16
修宋史表附孝武帝詔報　1398-823- 16
●徐　恭晉
禮樂（疏）　436-409-121
●徐　堅唐
慎刑（疏）　439-188-215
論刑獄表　1338-731-617
●徐　問明
修學武備疏　445-353- 22
●徐　陵陳
勸進梁元帝表　1064-804- 1
　1415-492-103上
讓五兵尚書表　1064-808- 1
　1415-494-103上
讓散騎常侍表　1064-809- 1
　1415-494-103上
讓左僕射初表　1064-810- 1
　1415-494-103上
讓右僕射初表　1064-810- 1
　1415-495-103上
爲王儀同致仕表　1064-810- 1
　1415-495-103上
爲始興王讓琅邪二郡太守表　1064-811- 1
　1415-495-103上
謝敕賜祀三皇五帝餘饌啓　1064-816- 1
　1415-497-103上
謝賚廩啓　1064-816- 1
　1415-497-103上
謝賚蛤啓　1064-817- 1
　1415-498-103上
勸進梁元帝表　1338-575-600
勸進元帝表　1394-355- 2
安成王讓錄尚書表後啓　1399-681- 5
謝勅賜祀三皇五帝餘撰啓　1399-681- 5
謝勅賚燭盤賞答齊國移文啓　1399-682- 5
謝賚廩啓　1399-682- 5
勸進梁元帝表　1399-682- 5

讓左僕射初表　1399-684- 5　　　　牒文　223-382-15下
又讓右僕射初表　1399-684- 5　　　上太宗論麟（疏）　431-392- 36
讓五兵尚書表　1399-684- 5　　　　法令（疏）　439- 50-210
讓散騎常侍表　1399-684- 5　　　　律曆（疏）——論改正朔易車旗
爲王儀同致仕表　1399-685- 5　　　　服色之不當　440-863-280
爲始興王讓琅邪二郡太守表　1399-685- 5　　昭惠后諡議　1085- 72- 9
讓左僕射初表　1403-464-127　　　百官奏請行聖尊后册禮表　1085-151- 20
勸進梁元帝表　1403-512-133　　　賀德音表　1085-151- 20
安成王讓錄尚書表後啓　1404-214-180　　謝昭撰元宗實錄表　1085-152- 20
奉使鄢都上梁元帝表　1417-549- 26　　謝賜莊田表　1085-153- 20
●徐　渭明　　　　　　　　　　　　薦處士陳禹狀　1085-157- 20
代胡宗憲進白鹿表　526- 13-259　　重修說文序　1085-177- 23
代學使請復新建伯封爵疏（王守　　　●徐　福漢
　仁）　526- 14-259　　　　　　　上言霍氏疏　1396-449- 12
代胡宗憲進白鹿表（二則）　1403-567-139　　人爲徐生上書　1396-449- 12
●徐　惠唐　　　　　　　　　　　　●徐　僑宋
營繕（疏）　441-728-315　　　　　治道（疏）——言陛下之貧　434-759- 63
●徐　閎劉宋　　　　　　　　　　　●徐　廣劉宋
議祠祀薦牲奏附徐道娛等議（二則）　1398-733- 13　　禮樂（疏）　436-410-121
●徐　溥明　　　　　　　　　　　　獻高祖書　1398-629- 7
題內降疏　443-251- 14　　　　　　告老表　1398-629- 7
請視朝疏　445-143- 8　　　　　　●徐　瑋宋
題爲救荒事　1248-525- 1　　　　　祭禮（疏）　436-523-126
奏爲乞恩祭埽事　1248-526- 1　　　●徐　範宋
奏爲乞恩辭免陞用事　1248-526- 1　　治道（疏）　434-648- 59
奏爲乞恩辭免陞職事　1248-526- 1　　●徐　樂漢
奏爲乞恩辭免加陞事　1248-527- 1　　慎微（疏）　438-557-196
題爲諮救事　1248-527- 1　　　　　論土崩瓦解書　1360-235- 13
奏爲乞恩休致事　1248-528- 1　　　上武帝言世務書　1396-410- 10
奏爲乞恩請命保守義田事　1248-528- 1　　論土崩瓦解書　1402-442- 69
題前日欽蒙發下揭帖一紙內閣欽　　上言世務書　1417-240- 13
　天監致仕監正李華令臣等擬旨　　●徐　瑛漢
　著復職管事　1248-529- 1　　　　白言日蝕（疏）　1397-348- 16
奏爲乞恩休致事　1248-530- 1　　　●徐　霖宋
奏爲乞恩罷歸以弭災異事　1248-530- 1　　去邪（疏）——論史嵩之姦深之
奏爲乞恩休致事（一）　1248-531- 1　　　狀　438-339-186
奏爲乞恩休致事（二）　1248-531- 1　　●徐　蕃明
奏爲乞恩休致事　1248-532- 1　　　陝西馬政（疏）四　444-102- 36
奏爲謝恩事　1248-533- 1　　　　　●徐　積宋
奏命撰三清樂章奏　1248-534- 1　　代慎郎中遺表　1101-949- 30
奏爲視朝事　1248-534- 1　　　　　●徐　鑒劉宋
奏爲修纂事　1248-535- 1　　　　　陳三事表　1398-730- 13
奏爲考選庶吉士事　1248-535- 1　　●徐　瓊明
●徐　鉉宋　　　　　　　　　　　　申明舊例以正體統事（疏）　443-677- 31
奉旨校定說文解字狀附中書門下　　●徐　逸晉

四庫全書文集篇目分類索引　1453

郊廟（疏）　433-348- 14
宗室（疏）　435-172- 76
禮樂（疏）　436-409-121
●徐一夔 明
代杭州衞徐都指揮使謝賜公田米
　表　1229-228- 6
代兩浙李運使謝恩表　1229-228- 6
代尹都指揮使謝賜醫藥表　1229-383- 14
代某官謝陞除表　1229-383- 14
●徐元杰 宋
君德（疏）　433-115- 5
君德（疏）　433-118- 5
治道（疏）　434-756- 63
風俗（疏三則）　436-315-117
喪禮（疏）　436-476-124
用人（疏）——進故事　437-209-151
用人（疏）——應詔薦士　437-211-151
求賢（疏）　437-271-153
去邪（疏）——奏繳胡泓新除宗
　正少卿指揮疏（二則）　438-326-185
去邪（疏）——繳錢相召卦行在
　指揮疏　438-328-185
去邪（疏）——繳鄧泳乞祠不允
　指揮疏　438-328-185
去邪（疏）——繳趙汝遷改差知
　邵武軍指揮疏　438-329-185
去邪（疏）——繳蕭郊理還元斷
　明指揮疏　438-329-185
去邪（疏）——繳趙逢龍江東提
　舉王傑知雷州指揮　438-330-185
勤政（疏）　438-447-190
節儉（疏）——進故事　438-491-192
謹名器（疏）——論趙希壁繳奏
　李曾伯　438-635-198
聽言（疏）——進故事　438-866-207
法令（疏）——進故事疏　439-160-214
任將（疏）——進故事　439-821-241
災祥（疏）——進故事　441-609-310
災祥（疏）　441-611-310
甲辰六月二十五日上進故事——
　論時事　1181-629- 2
七月三十日上進故事——前漢揚
　雄將作大匠箴曰…　1181-631- 2
乙巳正月十五日上進故事——高
　宗皇帝聖政建炎四年正月庚申

上日…　1181-633- 2
三月二十日上進故事（唐杜如晦
　傳如晦長於斷房玄齡善於謀兩
　人深相知故能同心濟謀以佐佑
　……）　1181-634- 2
四月一日上進故事（唐德宗時陸
　贄論淮西事宜狀曰…）　1181-636- 2
嘉熙戊戌輪對箚子（二則）　1181-638- 2
淳祐甲辰上殿箚子（二則）　1181-643- 3
甲辰冬輪對箚子（二則）　1181-647- 3
請御書古貺西窗明遠書院箚子　1181-650- 3
乞贈恤故侍御史劉漢弼箚子　1181-651- 4
繳錢相召赴行在指揮（箚子）　1181-651- 4
繳鄧泳乞祠不允指揮（箚子）　1181-652- 4
繳汝遷改差知邵武軍指揮（箚子）　1181-652- 4
繳蕭郊理還元斷明指揮（箚子）　1181-653- 4
繳趙逢龍江東提舉王傑知雷州指
　揮（箚子）　1181-653- 4
繳李曾伯淮東制帥指揮（箚子）　1181-654- 4
繳胡泓新除宗正少卿指揮（箚子
　二則）　1181-655- 4
代宰臣進孝宗光宗御集表　1181-657- 4
代宰臣進寧宗實錄表　1181-658- 4
進和御製詩表　1181-659- 4
謝賜御書表　1181-659- 4
兼侍講謝表　1181-660- 4
南劍到任謝表　1181-660- 4
轉對狀　1181-671- 6
應詔薦士狀　1181-673- 6
兼中書辭免奏狀（二則）　1181-676- 6
兼侍講辭免奏狀（二則）　1181-677- 6
御筆除起居舍人辭免狀（二則）　1181-678- 6
題諫藁後　1181-753- 10
●徐天麟 宋
進東漢會要表　609-451- 附
●徐必達 明
請革解納白糧積弊疏　445-576- 34
●徐世隆 元
征伐（疏）　439-681-235
東昌路賀平宋表　1367-196- 16
　　　　　　　　1382-412-下之3
●徐有功 唐
論天官秋官及理甄忒失表　1338-784-624
●徐孝嗣 齊
郊廟（疏）——議嗣君即位應廟

見不　　　　　　　　　　　　433-363- 15
禮樂（疏）　　　　　　　　　436-340-118
屯田（疏）——表立屯田　　　440-382-260
奏劾蕭元蔚等　　　　　　　1399-166- 7
上明帝立屯田表　　　　　　1399-166- 7
●徐君敷陳
勸南康嗣王方泰奏　　　　　1399-722- 7
勸武陵王伯禮奏　　　　　　1399-723- 7
●徐宗仁宋
賞罰（疏）——論丁大全等人未罰　　　　　　　　　　　　　438-430-189
●徐明善元
眞文忠公薦介軒董先生奏檢（跋）1202-600- 下
●徐清叟宋
治道（疏）　　　　　　　　　434-648- 59
●徐鹿卿宋
十一月視印於南康境上閏十二月到司謝表　　　　　　　　　516-738-114
戊午賜御書味書閣遺安堂六大字謝表　　　　　　　　　　　516-739-114
奏乞科撥羅本賑濟飢民箚子　517- 12-115
四年丁酉六月輪對第一箚附貼黃及第二箚　　　　　　　　1178-808- 1
都城災應詔上封事　　　　　1178-814- 1
五月視朝轉對箚子　　　　　1178-817- 1
奏乞科撥羅本賑濟饑民箚　　1178-819- 1
壬子聚講癸丑論政府制國用并乞釐正檢正官名箚　　　　　1178-820- 1
九月朔有旨令伺候內引壬子入國門是日內引奏箚及第二三四箚　1178-823- 1
丁丑上殿奏事第一二箚　　　1178-831- 1
上殿奏事第一二箚附貼黃　　1178-836- 1
正月丙寅直前奏事箚子　　　1178-842- 1
劾知太平州岳珂在任不法疏　1178-844- 1
奏已見箚子第二箚　　　　　1178-846- 1
經筵奏已見（箚子）　　　　1178-849- 2
己巳進故事（箚子）　　　　1178-851- 2
三月壬辰進故事（箚子）　　1178-852- 2
己卯進故事（箚子）　　　　1178-853- 2
壬寅進故事（箚子）　　　　1178-854- 2
丁酉進故事（箚子）　　　　1178-855- 2
丙辰進故事（箚子）　　　　1178-856- 2
己亥進故事（箚子）　　　　1178-857- 2
同日進故事（箚子）　　　　1178-858- 2
八月朔視朝轉對狀　　　　　1178-859- 2
乙巳召赴行在辭免狀　　　　1178-871- 2
三月以磨勘轉承議郎夏四月到任表　　　　　　　　　　　1178-880- 3
冬十月甲戌到任謝表　　　　1178-881- 3
戊午賜御書味書閣遺安堂六大字謝表　　　　　　　　　　1178-882- 3
五日到任除右文殿修撰知平江府兼淮浙發運副使謝表　　　1178-883- 3
戊申磨勘轉朝散大夫謝表　　1178-883- 3
供兵部侍郎職謝表　　　　　1178-884- 3
供禮部侍郎職謝表　　　　　1178-884- 3
庚寅宰執宣賜御製忠邪辯謝表　1178-885- 3
丙申除直秘閣依舊浙東提刑兼權浙東提舉謝表　　　　　　1178-885- 3
遺表　　　　　　　　　　　1178-886- 3
●徐乾學清
進呈御選古文淵鑒表　　　　1449-454- 2
恭進大清令典表　　　　　　1449-455- 2
昊天與聖人皆有四府其道何如（對）　　　　　　　　　　1449-887- 31
●徐國相清
覆提督移駐常德疏　　　　　534-403- 93
●徐湛之劉宋
上范曄謀逆表附文帝詔報　　1398-747- 13
自理表　　　　　　　　　　1398-748- 13
●徐羨之　宋
郊廟（疏）　　　　　　　　　433-350- 14
禮樂（疏二則）　　　　　　　436-410-121
法令（疏）　　　　　　　　　439- 23-208
母周蘩男刑議（上）　　　　1398-635- 8
請武皇帝敬皇后配享奏　　　1398-635- 8
廢廬陵王義眞奏　　　　　　1398-636- 8
上少帝乞屏退表　　　　　　1398-636- 8
上文帝歸政表（三則）　　　1398-637- 8
翠龜表　　　　　　　　　　1398-638- 8
●徐道娘　宋
郊廟（疏）　　　　　　　　　433-350- 14
禮樂（疏）　　　　　　　　　436-338-118
議讀秋令服慣表附荀萬秋議及有司奏　　　　　　　　　　1398-731- 13
上太廟丞嘗儀注議附江遵等議(三則)　1398-731- 13
殷祠丞祀議　　　　　　　　1398-732- 13
●徐經孫宋
陳綱紀疏　　　　　　　　　1181- 2- 1
陳政事四條（疏）　　　　　1181- 3- 1

陳納善政疏　1181- 7- 1
又言苗稅斛面事（疏）　1181- 8- 1
勸陸德輿疏　1181- 9- 1
勸張鎭張知復疏　1181- 10- 1
勸李宜之趙時廷疏　1181- 10- 1
勸趙時煥馬夢炎疏　1181- 11- 1
勸厲文翁疏　1181- 12- 1
勸趙邦永蔡榮鄧淳疏　1181- 13- 1
勸楊華石珍疏　1181- 14- 1
繳呂開先復官疏　1181- 14- 1
辭免新除監察御史兼崇政殿說書疏　1181- 15- 1
勸董宋臣疏（二則）　1181- 15- 1
引年疏（五則）　1181- 17- 1
致仕表（二則）　1181- 20- 1
遺表　1181- 21- 1
九月初十日進講　1181- 22- 2
　●徐榮叟宋
治道（疏）——論民之怨　434-742- 63
　●徐賢妃（唐太宗妃）
諫太宗息兵罷役疏　1343-397- 27
諫太宗息兵罷役疏　1403- 72- 97
諫息兵罷役疏　1417-617- 30
　●徐學謨明
乞休第一疏　1453-537- 59
　●留　正宋
儲嗣（疏）　435-113- 73
　●翁彥國宋
上徽宗乞今後非有大勳業者不賜第（疏）　432-223-100
賞罰（疏）　438-393-188
　●晏敦復宋
去邪（疏）——（論罷斥龍如淵莫將）　438-272-183
災祥（疏）　441-517-306
　●翁萬達明
復河套議　445-391- 24
藤峽善後議　568-124-102
　●倪　朴宋
擬上高宗皇帝書　1152- 2- 0
　●倪　岳明
災異陳言疏　443- 93- 7
題傳倅事　443-497- 25
題科舉事　443-544- 36
廟制疏　443-593- 28

正祀典疏　443-631- 29
題照例查處給度事　443-669- 30
止貢使疏　443-673- 31
止取番僧疏　443-676- 31
請卻賽瑪爾堪進獅子疏　445-109- 6
覆張九功正祀典疏議　445-126- 7
（奏議）禮儀　1251-104- 11
（奏議）祀典（三則）　1251-106- 11
（奏議）災異（六則）　1251-129- 12
（奏議）朝覲　1251-144- 13
（奏議）止夷貢　1251-145- 13
（奏議）止番僧　1251-148- 13
（奏議）止給度　1251-149- 13
奏議（科舉）　1251-152- 13
辭職疏（二則）　1251-154- 13
論西北備邊事宜狀一　1251-155- 13
（奏論）會議　1251-165- 14
定西侯蔣驥謝恩表　1251-190- 15
襄城伯李瀚襲封謝表　1251-190- 15
覆正祀典疏　1453-400- 49
　●倪　思宋
內治（疏）　435-159- 75
　●倪　謙明
請建皇儲表　1245-329- 12
册立皇太子賀表　1245-330- 12
書王亞卿救災奏疏蘗後　1245-489- 25
　●倪元璐明
請燬要典疏　445-647- 39
辯楊維垣訐東林疏　445-649- 39
乞停遺部科催餉疏　445-684- 40
首論國是疏　1297-233- 1
駁楊侍御疏　1297-235- 1
請燬要典疏　1297-239- 1
救四黨臣疏　1297-241- 2
讓官黃劉疏　1297-242- 2
乞歸省疏（五則）　1297-244- 2
制實八策疏　1297-248- 3
制虛八策疏　1297-249- 3
回奏用間疏　1297-251- 3
駁張少宰疏　1297-252- 3
議薦回奏疏　1297-254- 3
寇禍陳言疏　1297-257- 4
六乞歸省疏　1297-259- 4
七乞歸省疏　1297-259- 4
議復積分疏　1297-260- 5

雍務急切疏　1297-264- 5
省愆陳言疏　1297-266- 5
恭候聖安疏　1297-268- 5
被薦求罷疏　1297-268- 5
恭承召對疏　1297-270- 6
禦寇機宜書　1297-270- 6
淮鎭切諫疏　1297-271- 6
奏請祖制疏　1297-272- 6
義社倉書疏　1297-273- 6
求治大諫疏　1297-274- 7
司餉兼衞疏　1297-275- 7
慎察司餉疏　1297-276- 7
薦舉襄計疏　1297-277- 7
并餉裁餉疏　1297-278- 7
停遣部科疏　1297-279- 7
天津截漕疏　1297-280- 7
惠恤車戶疏　1297-281- 7
餉部事宜疏　1297-283- 8
辭講專部疏　1297-284- 8
宥罪錫類疏　1297-285- 8
覆奏併餉疏　1297-286- 8
臚陳生節疏　1297-293- 9
扣折漕運疏　1297-297- 9
雜折事宜疏　1297-298- 9
鼓鑄大計疏　1297-299- 9
督撫制置兵財疏　1297-300- 9
救秦急策疏　1297-302- 10
門稅積弊疏　1297-302- 10
申請封典疏　1297-303- 10
鹽政改官疏　1297-304- 10
釐飭漕欠積弊疏　1297-305- 10
請停開採疏　1297-306- 10
鈔法難于遵行事（疏）　1297-307- 10
屯鹽合一疏　1297-309- 11
防守措置要略疏　1297-310- 11
請免軍籍疏　1297-311- 11
鈔法窒礙疏　1297-312- 11
請撤桑穀中官疏　1297-313- 11
閣部最要事宜疏　1297-313- 11
啓沃奏謝疏　1297-315- 11
奉議輸捐疏　1297-316- 11
飢軍索餉疏　1297-317- 11
請停催餉疏　1297-318- 11
殄寇大謀疏　1297-319- 12
議恤車戶疏　1297-321- 12

守禦退援疏　1297-321- 12
辨東林疏　1403-405-119
公議自存私書當毀疏　1403-413-120
●倪若水 唐
戒侈欲（疏）　438-515-193
諫江南採捕諸鳥表　1338-754-620
●倪國建 清
奏爲進呈書籍事（欽定康濟錄）
　附上諭　663-225- 附
●倪斯蕙 明
保蜀援黔疏　561-458- 43
●師　丹 漢
守成（疏）　436- 1-102
諡號（議）——定陶共皇太后共
　皇后諡議　440-879-281
外戚（疏）　441-118-288
論封拜丁傅書　1355-246- 9
爲共皇立廟議　1355-318- 11
論封拜丁傅書　1360-246- 14
爲共皇立廟議　1360-288- 16
爲共皇立廟議　1377-187- 7
論封拜丁傅書　1377-238- 12
上哀帝書　1396-572- 19
建言井田議　1396-573- 19
勸董宏奏　1396-573- 19
共皇立廟議　1396-573- 19
論封拜丁傅書　1402-462- 70
爲共皇立廟議　1403-656-149
定陶共皇立廟議　1417-316- 16
諫京師立共皇廟疏　1476- 50- 3
●師　經 周
聽言（疏）　438-693-201
●師　曠 周
聖學（疏）　433-130- 6
治道（疏）——論人君之道　433-558- 23
治道（疏）——論五墨墨　433-559- 23
災祥（疏）　441-233-295
論衞人出君（諫）　1355-107- 4
　1377-147- 4
●師安石 金
經國（疏）——上章言備禦二事　435-803-101
●逢　同 周
經國（疏）　435-226- 78
●逢行珪 唐
進鶡子表　848- 4- 附

●殷 札 吳
征伐（疏）　　　　　　　　　　439-497-228
●殷 彤 漢
上言嚴宣附章帝詔　　　　　　　1397-168- 8
●殷 奎 明
崑山縣謝免秋糧上位表　　　　　1232-451- 5
（賀）聖節表（二則）　　　　　1232-452- 5
賀冬至上位表　　　　　　　　　1232-452- 5
（賀）聖節表　　　　　　　　　1232-453- 5
●殷 茂 晉
學校（疏）　　　　　　　　　　436-213-113
●殷 褒 晉
薦朱倫表　　　　　　　　　　　1398-170- 8
●殷 融 晉
褒贈（刁協疏）　　　　　　　　441- 8-283
●殷 瀟 齊
牒請二豫分置　　　　　　　　　1399-130- 6
●殷仲文 晉
解尚書表　　　　　　　　　　　1329-660- 38
　　　　　　　　　　　　　　　1331- 34- 38
●殷仲堪 晉
用人（疏）　　　　　　　　　　436-605-130
禦邊（疏）　　　　　　　　　　442- 18-320
●殷景仁 劉宋
固讓侍中表附少帝詔報　　　　　1398-715- 12
推恩蘇氏議　　　　　　　　　　1398-716- 12
●徒單鑑 金
治道（疏）　　　　　　　　　　434-789- 65
●徒克坦克寧 金
儲嗣（疏）——請立金源郡爲皇
　太孫　　　　　　　　　　　　435-114- 73

十一畫

●寇 準 宋
上眞宗議瀷淵事宜（疏）　　　　432-627-130
儲嗣（疏）　　　　　　　　　　435- 79- 72
征伐疏——議瀷淵事宜狀　　　　439-554-230
四裔（疏）　　　　　　　　　　442-565-342
論瀷淵事宜（疏）　　　　　　　1350-435- 42
●寇 榮 漢
上桓帝自訟書　　　　　　　　　1397-346- 16
●淳于俊 曹魏
聖學（疏）——論易　　　　　　433-132- 6
●淳于越 秦
封建（疏）　　　　　　　　　　436- 29-104
●淳于髡 周

求賢（疏）　　　　　　　　　　437-256-153
征伐（疏）　　　　　　　　　　439-450-226
●淳于緹縈 漢
慎刑（疏）——代父受刑　　　　439-166-215
上文帝請贖父刑書　　　　　　　1396-640- 22
●清高宗 清
書魏鄭公十思疏後　　　　　　　1300-350- 8
書朱子戊申封事後　　　　　　　1300-351- 8
讀楊漣劾魏忠賢二十四大罪疏　　1300-356- 9
擬程明道請修學校尊師儒取十一
　箭子　　　　　　　　　　　　1300-357- 9
擬上頌聖祖仁皇帝御算易書詩春
　秋講說朱子全書性理精義等書
　謝表　　　　　　　　　　　　1300-360- 10
擬關里文廟告成賀表　　　　　　1300-361- 10
題張廷玉三老五更議　　　　　　1301-398- 18
書程頤論經筵箴子後　　　　　　1301-402- 19
●商 倚 宋
上徽宗乞戒朋黨之弊（疏）　　　431-911- 76
●商 輅 明
辭免學士疏　　　　　　　　　　427-418- 0
招撫流移疏　　　　　　　　　　427-418- 0
邊務疏　　　　　　　　　　　　427-418- 0
減省官員疏　　　　　　　　　　427-422- 0
缺官疏　　　　　　　　　　　　427-423- 0
用賢疏　　　　　　　　　　　　427-423- 0
留用賢才疏　　　　　　　　　　427-424- 0
止盜疏　　　　　　　　　　　　427-425- 0
謝恩乞恩疏　　　　　　　　　　427-425- 0
政務疏　　　　　　　　　　　　427-426- 0
乞恩黜罷疏　　　　　　　　　　427-430- 0
乞休疏　　　　　　　　　　　　427-431- 0
陵廟疏　　　　　　　　　　　　427-432- 0
乞罷職疏　　　　　　　　　　　427-433- 0
乞恩辨誣職疏　　　　　　　　　427-433- 0
乞恩辭職疏　　　　　　　　　　427-434- 0
乞恩罷職疏　　　　　　　　　　427-435- 0
乞恩優容言官疏　　　　　　　　427-435- 0
辭免陞官疏　　　　　　　　　　427-436- 0
賑恤疏　　　　　　　　　　　　427-436- 0
修德弭災疏　　　　　　　　　　427-437- 0
弭盜疏　　　　　　　　　　　　427-400- 0
謝賜銀兩表裏疏　　　　　　　　427-440- 0
乞加講官劉珝學士銜疏　　　　　427-440- 0
辭免陞職疏　　　　　　　　　　427-440- 0

謝賜綵段疏　427-441- 0
國本疏　427-441- 0
災異疏　427-441- 0
公務疏　427-442- 0
修德弭災疏　427-443- 0
修政弭災疏　427-447- 0
乞恩休致疏　427-450- 0
休致辭職疏　427-451- 0
題修德弭災事　443-239- 13
題修德政弭災異事　443-242- 13
題國本事　443-246- 13
革西廠疏　443-247- 13
題減省官員事（疏）　443-277- 16
題用賢事（疏）　443-278- 16
題招撫流移墳實京畿事　443-477- 24
題陵廟疏　443-621- 29
政務疏　445- 69- 4
邊務疏　1403-188-108
修省疏　1403-191-108
請革西廠疏　1403-193-108
　　1453-384- 48
●商　鞅 秦
法令疏　439- 2-208
來民（疏）　556-214- 87
變法議　1403-647-149
●粘本盛 清
釐正桓山祀典疏　549-177-187
●章　沖（等）宋
水利（疏）　440-233-253
●章　華 陳
諫陳後主書　1339-377-675
極諫後主書　1399-724- 7
●章　綸 明
陳言修德弭災　1373-595- 8
養聖身方勤論聖悼孝義疏　1403-181-107
●章　誼 宋
郊廟（疏）——論明堂大禮配饗
　事狀　433-532- 22
郊廟（疏）——論明堂饗禮疏　433-534- 22
治道（疏三則）　434-326- 47
宗室（疏）　435-205- 77
經國（疏六則）　435-555- 91
都邑（疏）——乞於臨安駐蹕　436- 26-103
務農（疏）　436-191-111
乞從隆祐太后遺詔服喪制奏（二

則）　436-471-124
乞減罷總護頓遞二使給賜奏　436-473-124
用人（疏）——乞謹選執政大臣　437- 20-143
用人（疏）——乞參稽衆論選擇
　大臣　437- 21-143
用人（疏）——乞重宰相之責　437- 21-143
用人（疏）——論大臣敉乞引去　437- 22-143
用人（疏）——乞重監司之選　437- 23-143
用人（疏）——論劉綱合還鎭或
　鎭或隸將帥　437- 23-143
用人（疏）——論徽州知通棄城
　乞獎擢汪希旦　437- 24-143
建官（疏）　437-470-162
選舉（疏六則）　437-653-169
去邪（疏）——（論韓世忠所上
　筩子）　438-260-183
去邪（疏）——論臧吏罪狀疏　438-260-183
去邪（疏二則）　438-261-183
去邪（疏）　438-262-183
去邪（疏）——彈浦城縣丞不法
　疏　438-263-183
去邪（疏）——乞天台知縣申本
　州守臣受路事疏　438-263-183
賞罰（疏）——乞加旌擢張琮李
　着狀　438-411-189
賞罰（疏）——乞嚴棄城之罰狀　438-411-189
賞罰（疏）——論濫賞色目狀　438-412-189
求言（疏）——乞詳延多士論天
　下利害疏　438- 80-200
聽言（疏）——論沈長卿等上書
　事　438-828-205
聽言（疏）——乞貸進士吳木以
　開言路狀　438-829-205
聽言（疏）　438-829-205
聽言（疏）——論吳木陳戩事　438-830-205
法令（疏三則）　439-124-213
法令（疏）——論修紹興勅令格
　式　439-126-213
兵制（疏）——獻戰守四策　439-365-222
兵制（疏五則）　439-366-222
兵制（疏）——論民兵　439-369-222
征伐（疏）——乞親征奏　439-618-233
征伐（疏）——乞息兵愛民奏　439-618-233
征伐（疏）——乞遣將助張俊掃
　角李成　439-619-233

征伐（疏三則） 439-619-233
任將（疏六則） 439-762-239
賦役（疏）——乞委通判均平稅役奏 440-347-258
屯田（疏） 440-391-260
理財（疏） 440-637-270
理財（疏）——論發運常平官制因革疏 440-638-270
理財（疏）——乞建使名糾察諸路財計疏 440-638-270
理財（疏）——論財賦疏 440-639-270
褒贈（疏）——論桑成死事疏 441- 31-284
弭盜（疏三則） 441-812-318
禦邊（疏）——乞守臣措置土豪狀 442-349-334
禦邊（疏）——乞令張浚措置防秋然後班師 442-349-334
禦邊（疏）——論守江之策 442-350-334
禦邊（疏）——具舟師爲守江之備附小貼子 442-350-334
禦邊（疏）——論舟師水戰之利 442-351-334
●章 閣元
賦役（疏）——乞行經理之法 440-380-259
●章 懋明
諫元宵燈火疏 443- 67- 5
陳言治道要務疏 443-145- 9
代題議處鹽法利弊事 443-450- 23
國子監革弊事宜奏 443-525- 26
諫元宵燈火疏 1254- 3- 1
辭免陞任祭酒疏 1254- 5- 1
再辭祭酒疏 1254- 6- 1
謝恩疏 1254- 7- 1
奉修舉學政疏 1254- 7- 1
乞放歸田疏 1254- 9- 1
舉本監弊政疏 1254- 9- 1
力求去位疏 1254- 13- 1
乞昭例休致疏 1254- 14- 1
乞放歸田疏 1254- 15- 1
陳言治道要務疏 1254- 15- 1
乞恩致仕疏 1254- 20- 1
乞恩養病疏 1254- 20- 1
懇乞休致疏 1254- 21- 1
辭太常卿疏 1254- 22- 1
辭陞侍郎疏 1254- 23- 1
謝存問恩疏 1254- 24- 1

辭陞尚書疏 1254- 25- 1
議處鹽法事宜奏狀 1254- 25- 1
●章才 邵宋
禦邊（疏） 442-416-336
●章仇子陀北齊
上後主表 1401-463- 34
●許 古金
經國（疏） 435-799-101
征伐（疏二則） 439-679-235
禮臣（疏） 441- 89-286
●許 冰漢
上靈帝書 1397-397- 18
●許 沖漢
進說文解字上安帝書 1397-289- 13
●許 亨陳
郊廟（疏） 433-380- 16
南北郊祭五祀奏 1399-716- 7
又除星位奏附文帝制報 1399-716- 7
又祀天三獻奏 1399-716- 7
●許 忻宋
四裔（疏）——極論和議不便 442-708-348
●許 奕宋
災祥（疏） 441-575-308
●許 約元
建言王事（疏） 1367-191- 15
●許 貢漢
表孫策于漢帝云 1386-697- 上
請召還孫策表 1397-549- 26
●許 商漢
駮孫禁開篤馬河議 1396-522- 16
●許 寂前蜀
上王建求賢書 1354-497- 19
 1381-290- 28
●許 將宋
上哲宗乞議皇地祇親祠之禮(疏) 432- 62- 85
郊廟（疏）——乞議皇地祇親祠之禮 433-510- 21
兵制（疏） 439-320-220
●許 開宋
賀皇帝登極表 1352- 15- 1上
重華宮上尊號皇帝表 1352- 22- 1上
慈福宮上尊號賀今上皇帝表 1352- 22- 1上
賀册皇后表 1352- 40- 1中
賀登極肆赦表 1352- 50- 1下
賀皇帝登極進銀表 1352-103- 2下

史部 詔令奏議類：附錄 奏議上十一畫

●許 綰 周

聽言（疏） 438-694-201

●許 翰 宋

上徽宗論學校誘傷事 431-222- 19
上欽定論御筆手詔不由三省而下者取旨方行（疏） 431-271-230
上欽宗論卜天下安危在置相得失（疏） 431-592- 48
上徽宗論西師賞功之濫（疏） 432-193- 97
上欽宗乞復用種師道（疏） 432-820-142
上欽宗論決戰乃任用老將（疏） 432-821-142
仁民（疏）——乞加恩死事者疏 436- 99-107
風俗（疏） 436-301-116
論相（疏） 436-881-141
用人（疏） 436-882-141
建官（疏） 437-465-162
去邪（疏二則）——論盛章何訴各落職 438-198-180
去邪（疏）——論趙畿不應與轉官事 438-199-180
去邪（疏）——論逐李邦彥 438-244-182
賞罰（疏） 438-393-188
賞罰（疏）——論吳敏疏 438-404-188
聽言（疏二則） 438-816-205
法令（疏） 439-120-213
兵制（疏）——請詔各郡縣民自守城郭 439-350-222
征伐（疏） 439-584-231
征伐（疏）——論戰 439-585-231
征伐（疏）——論三鎭疏 439-586-231
任將（疏三則） 439-753-238
近習（疏） 441-210-293
災祥（疏二則） 441-485-304
賀郊禮表 1123-519- 3
代謝賜曆日表 1123-519- 3
代謝曆日表 1123-519- 3
賀今上皇帝即位表 1123-519- 3
謝修哲宗寶訓成書轉官表回授 1123-520- 3
賀獲方賊表 1123-520- 3
謝除待制表 1123-520- 3
謝除資政殿學士宮祠表 1123-521- 3
謝再任宮祠表（二則） 1123-521- 3
毫州到任謝追錄表 1123-522- 3
謝賜金帶表 1123-523- 4
代賀五星循軌表 1123-523- 4
代賀五星循度表 1123-524- 4
賀撫定燕山府表 1123-524- 4
代賀復滄州表 1123-524- 4
代賀平湖南北表二首 1123-525- 4
謝轉官加食邑表 1123-525- 4
天申節賀疏 1123-525- 4
天寧節進疏 1123-526- 4
論配享箚子 1123-526- 4
論御筆手詔不由三省而下者取旨方行箚子 1123-526- 4
辭免尚書右丞箚子 1123-526- 4
薦士箚子 1123-527- 4
再論乞用種師道箚子 1123-527- 4
乞出第一箚子 1123-527- 4
繳趙畿詞頭箚子 1123-528- 4
論吳敏箚子 1123-529- 4
繳盛章箚子 1123-530- 4
論李邦彥箚子 1123-530- 4
論釋氏箚子 1123-531- 4
論建官箚子 1123-532- 4
因時立政疏 1123-533- 5
賞戰士疏 1123-534- 5
河北戎政疏 1123-534- 5
乞加恩死事疏 1123-535- 5
慎用人材疏 1123-535- 5
辨忠邪疏 1123-536- 5
用大臣以勵風俗疏 1123-537- 5
乞復用種師道疏 1123-537- 5
論用相（疏） 1123-539- 6
論戰（疏） 1123-540- 6
論三鎭（疏） 1123-541- 6
論用將（疏） 1123-542- 6
論學校誘傷（疏） 1123-543- 6
論宦官（疏） 1123-544- 6
明堂時令議 1123-545- 6
天寧節謝御筵奏狀 1123-548- 7
辭免試中書舍人狀（二則） 1123-549- 7
辭免徵歛閣待制奏狀 1123-549- 7
舉自代狀二首 1123-549- 7
論用兵箚子 1404-172-174

●許 衡 元

聖學（疏） 433-240- 9
治道（疏二則） 434-806- 66
用人（疏）——論生民利害上疏 437-253-152
建官（疏二則） 437-481-162

理財（疏） 440-712-273
時務五事（疏） 1198-392- 7
對御 1198-402- 7
時務五事（疏） 1367-160- 13
　 1373- 24- 1
奏對 1373- 34- 1
上治道疏 1476-259- 14
●許 懋梁
封禪（議） 441-227-294
　 1399-474- 10
●許士廉明
革中書省對 443- 19- 1
●許月卿宋
進百官箴表 1375-534- 41
●許永偉明
請觶上蔡災荒疏 538-531- 76
●許令瑸漢
明堂議 1396-421- 11
●許有壬元
賀天壽節表 1211-490- 70
册皇太子賀皇帝表 1211-490- 70
賀登寶位表 1211-491- 70
賀改元表 1211-491- 70
賀正旦表 1211-491- 70
承召病不能赴謝表 1211-492- 70
擬韓堅降授後謝表 1211-493- 70
跋首科貼黃 1211-510- 72
●許光疑宋
水利（疏）——言吳中水利 440-224-253
●許孚遠明
請計處倭酋疏 594-260- 11
●許作梅清
謹陳河工利害疏 538-535- 76
預議漕法疏 538-535- 76
謹陳河患疏 538-536- 76
議杜河患疏 538-536- 76
●許孟容唐
去邪（疏） 438- 37-174
災祥（疏） 441-319-298
德宗諡議 1341-310-840
●許相卿明
論內侍納銀贖死（封事） 1272-155- 3
論內侍義男蔭官（封事） 1272-156- 3
論政權（封事） 1272-157- 3
論朝觀考察（封事） 1272-159- 3

論罰言者（封事） 1272-160- 3
乞恩送幼子（封事） 1272-161- 3
乞恩養病（封事） 1272-162- 3
乞恩致仕報籍（封事） 1272-162- 3
●許皇后（漢成帝后）
上成帝疏附成帝報許后書 1396-275- 5
●許善心隋
郊廟（疏）——遵周法營立七廟
　議 433-384- 16
宇文述役兵議 1400-324- 5
●許景衡宋
君德（疏）——乞修德箴子 433- 50- 2
聖學（疏）——進唐鑑十事奏 433-185- 8
聖學（疏） 433-186- 8
治道（疏） 434-302- 46
仁民（疏）——乞寬邛東南疏 436-117-107
奏罷宮定宋中孚參部箴子 436-878-141
用人（疏）——乞除尚書省長貳
　與并除樞密二臣箴子 437- 2-142
用人（疏）——論宗澤箴子 437- 2-142
用人（疏）——論黃潛厚除戸部
　尚書箴子 437- 3-142
用人（疏）——乞令黃潛厚回避
　第二箴子 437- 3-142
用人（疏）——乞差張瑰知和州
　箴子 437- 4-142
建官（疏二則） 437-463-162
建官（疏二則） 437-467-162
選舉（疏） 437-644-168
去邪（疏）——論罷童貫宣撫河
　東疏 438-199-180
去邪（疏）——奏劉喜張士英強
　勒人投軍 438-200-180
去邪（疏）——罷黜張公庠箴子 438-249-182
去邪（疏）——論王安中自便箴
　子 438-249-182
去邪（疏）——乞罷詹度赴行在
　箴子 438-250-182
賞罰（疏）——論賞楊惟忠事 438-394-186
賞罰（疏）——乞獎錄翟汝文箴
　子 438-416-189
眞微（疏）——乞罷錢伯言知杭
　州疏 438-580-196
謹名器（疏） 438-623-198
求言（疏）——乞復轉對箴子 438-679-200

史部

詔令奏議類：附錄

奏議上十一畫

聽言（疏）——論李光程瑀言事落職　438-822-205

荒政（疏）——論賑濟差官疏　440- 71-246

荒政（疏）——乞和糴米箚子　440- 71-246

巡幸（疏）　441-101-287

營繕（疏）　441-755-316

弭盜（疏）——奏乞措置杭州軍賊疏　441-808-318

弭盜（疏）——論捉殺鎭江賊箚子　441-808-318

弭盜（疏）——又奏乞捉軍賊疏　441-809-318

弭盜（疏）——又論捉殺杭州鎭江軍賊箚子　441-809-318

弭盜（疏）——又奏乞不招安建州軍賊箚子（二則）　441-810-318

禦邊（疏）——乞救援順安軍疏　442-342-334

禦邊（疏）——乞備江岸把扼箚子　442-342-334

代賀紫芝表　1127-237- 7

天寧節賀表　1127-237- 8

代賀宗祀表　1127-237- 8

代賀降西蕃王子表　1127-237- 8

代賀環慶捷奏西蕃僞王子降表　1127-238- 8

賀河清表　1127-238- 8

代人除蜀漕表　1127-238- 8

謝御史中丞表　1127-239- 8

辭免右丞表　1127-239- 8

謝右丞表　1127-240- 8

謝賜物表（二則）　1127-240- 8

代謝賜曆日表　1127-241- 8

婺州代謝賜曆日表　1127-241- 8

謝賜對衣金帶等物表　1127-241- 8

代人謝表　1127-242- 8

論宗澤箚子　1127-243- 9

論部仲荀畫一箚子　1127-244- 9

論罷童貫宣撫河東箚子　1127-245- 9

論王安中自便箚子　1127-245- 9

論揚州駐蹕事宜箚子　1127-246- 9

論般取東京縑帛箚子　1127-246- 9

論後軍行船失序箚子　1127-246- 9

乞罷張公庠箚子　1127-247- 9

奏免賜楊惟忠田宅箚子　1127-247- 9

奏罷辟張愨等爲諸州通判箚子　1127-248- 9

辭給事中箚子　1127-248- 9

辭免右丞箚子　1127-248- 9

辭免御史右丞箚子　1127-249- 9

薦張守箚子　1127-249- 9

乞除尚書省長貳與並除樞密貳臣箚子　1127-249- 9

上十事箚子　1127-250- 9

乞速遣李芘福建提刑箚子　1127-251- 10

乞速措置捉殺建州賊箚子　1127-251- 10

乞捉殺浙西軍賊箚子　1127-251- 10

再乞捉殺鎭江軍賊箚子　1127-251- 10

論捉殺鎭江賊箚子　1127-252- 10

再乞捉殺杭州軍賊箚子　1127-252- 10

論捉殺杭州鎭江軍賊箚子　1127-253- 10

乞寬恤東南箚子　1127-253- 10

乞救援順安箚子　1127-254- 10

奏核劉喜張士英強勒人投軍箚子　1127-254- 10

奏核令盟箚子　1127-255- 10

乞措置杭州軍賊箚子　1127-255- 10

乞招捉杭州軍賊箚子　1127-256- 10

論杭州賊箚子　1127-256- 10

乞不招安建州軍賊箚子　1127-257- 10

論罷李景雲等除寺監丞簿箚子　1127-258- 10

論常朝官不到箚子　1127-258- 10

乞選差鄧州守臣箚子　1127-259- 10

上修德箚子　1127-259- 11

乞令江寧府修城營繕箚子　1127-260- 11

乞罷汪叔詹知太平州事箚子　1127-260- 11

乞罷招降建州軍賊箚子　1127-260- 11

乞置揚州城外巡檢箚子　1127-261- 11

乞消日講讀箚子　1127-261- 11

乞別定屬從臣僚箚子　1127-261- 11

乞放京西路夏稅箚子　1127-261- 11

乞令宰執入內殿侍藥箚子　1127-262- 11

乞展省試箚子　1127-262- 11

乞罷後苑工匠箚子　1127-262- 11

乞根究法運司出榜箚子　1127-263- 11

乞復轉對箚子　1127-263- 11

乞備兩京糧草箚子（二則）　1127-264- 11

乞催促修汴河箚子　1127-264- 11

乞罷詹度赴行在箚子　1127-264- 11

乞差張瑰知和州箚子　1127-265- 11

乞應副兩浙漕司箚子　1127-265- 11

乞罷錢伯言知杭州箚子　1127-266- 11

論救李光程瑀疏　1127-266- 11

辭給事中狀　1127-267- 11

● 許敬宗 唐

四庫全書文集篇目分類索引

儲嗣（疏）	435-72-72
賀洪州慶雲見表	516-728-114
勸封禪表	1338-178-556
賀洪州慶雲見表	1338-229-562
賀杭州等龍見幷慶雲朱草表	1338-257-565
賀隋州等龍見表	1338-258-565
賀常州龍見表	1338-258-565
賀富平縣龍見表	1338-259-565
百官賀朔旦冬至表	1338-306-570
爲汝南公賀元日御正殿受朝賀表	1338-307-570
謝勉書表	1338-558-598
爲工部尚書段綸請致仕表	1338-603-603
論廢宮官屬表	1338-728-617
代御史王師旦彈苣國公唐儉文	1339-156-649
定宗廟樂議	1340-410-761
●許應龍宋	
君德（疏）	433-120-5
君德（疏）	433-122-5
聖學（疏）	433-233-9
治道（疏四則）	434-634-58
風俗（疏）	436-319-117
風俗（疏）——進抑奔競故事	436-321-117
用人（疏）——論量能授官第二箚子	437-140-148
用人（疏）——論量材進故事	437-215-151
用人（疏）——論用人進故事	437-217-151
用人（疏）——進故事論久任	437-218-151
用人（疏）——進故事論均內外	437-219-151
用人（疏）——進故事論名實	437-220-151
求賢（疏）	437-271-153
知人（疏）——破朋黨進故事	437-372-158
建官（疏）——進故事	437-479-162
選舉（疏）	437-689-170
賞罰（疏）	438-426-189
法令（疏）	439-156-214
法令（疏）	439-158-214
兵制（疏）——進故事二則	439-419-224
征伐（疏）——進故事	439-672-235
災祥（疏）——進故事二則	441-687-313
弭盜（疏）	441-838-319
禦邊（疏二則）	442-424-337
禦邊（疏）——進故事（二則）	442-478-339
論君德人心箚子	1176-478-7
論堂然之理箚子	1176-480-7
論終始如一箚子	1176-481-7
論量能授官箚子	1176-482-7
論薦舉箚子	1176-483-7
論用人箚子	1176-484-7
論久任箚子	1176-486-7
論法例箚子	1176-487-7
破朋黨箚子	1176-488-7
謹命令箚子	1176-489-7
論賞罰箚子	1176-490-8
論講讀箚子	1176-492-8
論將帥箚子	1176-493-8
均內外箚子	1176-494-8
汰宂官箚子	1176-494-8
二十五日面對箚子	1176-496-8
論寇盜箚子	1176-498-8
轉對箚子	1176-499-8
論保治箚子	1176-501-8
稱提利窖箚子	1176-502-8
辭免吏部侍郎奏狀	1176-505-9
辭免除權兵部尚書奏狀	1176-505-9
辭免兼侍講奏狀	1176-506-9
第三巧廁奏狀	1176-506-9
請皇帝上壽表（三則）	1176-506-9
賀皇帝正旦表	1176-507-9
賀皇帝冬至表	1176-507-9
賀雪表	1176-508-9
瑞慶節賀表	1176-508-9
乾會節賀表（二則）	1176-508-9
天基節賀表（二則）	1176-509-9
明堂禮成賀表	1176-509-9
謝進讀三朝寶訓徽章轉官表	1176-509-9
復旰胎泗州賀表	1176-510-9
潮州到任謝表	1176-510-9
代謝到任表	1176-511-9
謝賜宸翰表	1176-511-9
謝除授武試禮部尚書仍賜衣帶鞍馬表	1176-512-9
代期集所謝試賜御詩表	1176-512-9
●郭　僎漢	
用人（疏）	436-588-129
●郭　侃元	
征伐（疏）——陳平宗之策	439-681-235
●郭　咸後漢	
征伐疏	439-544-229
●郭　祚北魏	
用人（疏）	436-612-130

1464　　　　　　四庫全書文集篇目分類索引

法令（疏）	439- 31-209	據實奏陳疏	430-819- 5
征伐（疏）——論蕭衍狂悖事	439-511-228	請調沅州鎮移駐筸疏	534-404- 93
●郭 祚漢		●郭 弄漢	
論赦亡命封事	1397-170- 8	囚裔（疏）	442-502-340
●郭 琇清		論通康居（疏）	1355-278- 10
特參河臣疏	430-733- 1		1360-125- 7
特糾大臣疏	430-734- 1		1377-160- 4
特參近臣疏	430-738- 1	罷康居議	1396-521- 16
詳定全書疏	430-740- 1	●郭 欽晉	
剖明心跡疏	430-742- 1	勸鮑宣奏	1396-581- 19
奏報起程疏	430-744- 2	●郭 欽漢	
恭請陛見疏	430-745- 2	四裔（疏）	442-516-340
據詳題參疏	430-746- 2	上武帝徙戎疏	1398-423- 19
據詳補參	430-748- 2	●郭 隗周	
改折兵糧疏	430-751- 2	求賢（疏）	437-258-153
奏請均賦疏	430-752- 2	●郭 瑜唐	
會參汗吏疏	430-755- 2	聖學（疏）	433-136- 6
再請陛見疏	430-762- 2	●郭 嘉魏	
移鎮彈壓疏	430-763- 2	討袁本初對	1361-656- 34
辨明寃誣疏	430-767- 3	●郭 龍遼	
條陳三事疏	430-770- 3	戒逸欲（疏）	438-550-195
再請均賦疏	430-772- 3	●郭 璞晉	
三請均賦疏	430-774- 3	赦宥（疏）	439-242-218
請禁八弊疏	430-775- 3	災祥（疏）	441-298-297
授餉鎮案疏	430-779- 3	奏去任谷疏	1403- 71- 96
肅清學政疏	430-781- 3	平刑疏	1403- 71- 96
穀米轉移疏	430-784- 3	省刑疏	1413-545- 56
保題標員疏	430-785- 3	日有黑氣疏	1413-546- 56
移員弭盜疏	430-786- 3	皇孫生請布澤疏	1413-547- 56
具陳科弊疏	430-788- 3	平刑疏	1413-548- 56
特參鎮臣疏	430-791- 3	彈任谷疏	1413-548- 56
衰病告休疏	430-795- 4	禁荻疏	1413-549- 56
謝恩受印疏	430-797- 4	辭尚書表	1413-549- 56
保授郡丞疏	430-798- 4	●郭子章明	
保補道員疏	430-799- 4	開平越新疆疏	572-207- 34
請遵成例疏	430-801- 4	題設府州縣疏略	572-209- 34
遵旨回奏疏（李錦虧空案）	430-802- 4	題設新貴黃平等學疏	572-209- 34
再疏告休疏	430-805- 4	●郭子儀唐	
原情具題疏（官斌叩閽案）	430-806- 4	都邑（疏）	436- 15-103
奉勅薦賢疏	430-808- 4	禦邊（疏）	442- 35-321
再疏奏謝疏	430-810- 4	諫移都洛陽疏	538-512- 76
糾參州牧疏	430-811- 5	請蒐澤河南河北江淮鎮兵疏	538-513- 76
三疏告休疏	430-812- 5	謝河東節度表	549- 81-184
奏明祈罷疏	430-814- 5	謝副元帥河中節度使表	549- 82-184
明白回奏（治地方）疏	430-815- 5	請車駕還京（疏）	556-137- 86

史部

詔令奏議類：附錄

奏議上十一畫

辭太尉疏　1417-679- 32
請乘輿還京師疏　1417-680- 32
辭太尉疏　1476-112- 7
●郭文振 金
治道（疏）　434-796- 65
薦胥鼎疏　549-128-186
●郭元振 唐
四裔（疏二則）　442-544-341
囚裔（疏）　442-545-341
●郭元釪 清
（御訂）全金詩增補中州集奏摺　1445- 2- 附
●郭正域 明
直陳楚藩行勘始末疏　534-370- 91
●郭守敬 元
律曆（疏二則）　440-875-280
●郭知章 宋
賞罰（疏）　438-391-188
●郭祖深 梁
上武帝封事（表）　1401-332- 27
●郭師禹 宋
辯免節度使表　1352-125-3中
●郭惟賢 明
酌議兩省班軍疏　1465-604- 9
●郭崇韜 後唐
征伐（疏）——論梁人入寇　439-543-229
營繕（疏）　441-734-315
●郭造卿 明
擬乞正孤竹觶封疏　1453-540- 59
●郭應聘 明
府江善後疏　1465-583- 8
懷遠善後疏　1465-584- 8
●梁　材 明
題鹽法議　443-442- 23
題鈔關禁革事宜　443-468- 24
●梁　松 漢
祭配林議　1397-137- 7
列漢九世封禪奏　1397-137- 7
議封禪特立石檢疏　1397-137- 7
論馬防等奏　1397-137- 7
●梁　毗 隋
寵幸（疏）　441-162-290
奏楊素書　1339-606-698
劾劉昉奏　1400-355- 7
劾左僕射楊素封事　1400-355- 7
●梁　寅 明

跋宋人露布文　1374-210- 46
●梁　商 漢
慎刑（疏）——論張達案多所牽
　連　439-170-215
禦邊（疏）　442- 14-320
辭國士疏　1397-244- 12
議屯騎校尉書　1397-244- 12
辭子不疑爲步兵校尉書　1397-244- 12
上順帝寬獄疏　1397-245- 12
論招降羌胡表　1397-245- 12
●梁　統 漢
法令（疏）　439- 5-208
上光武論宜重刑書（二則）　1397-125- 7
對尚書狀（二則）　1397-126- 7
●梁　肅 唐
西伯受命稱王議　556-208- 87
代太常答蘇端駁 楊綰諡議　1341-323-840
唐丞相諡文貞楊綰諡議代太常荅
　蘇端駁議　1343-583- 41
●梁　肅 金
法令（疏）　439-162-214
●梁　鼎 宋
考課（疏）　437-714-171
水利（疏）——言鄭白渠利害　440-144-249
●梁　睿 隋
請略定南寧州疏　494-188- 8
請略定南寧州疏　570-325-29之2
請略定南寧疏（二則）　1400-268- 3
奏備邊患書　1400-269- 3
●梁　嫕 漢
上和帝訟梁貴人書　1397-567- 27
●梁　冀 漢
步兵校尉讓書　1397-245- 12
誄李固章　1403-437-123
●梁　襄 金
巡幸（疏）——諫幸金蓮川　441-107-287
●梁　儲 明
勸止臨幸疏　445-225- 14
請罷遣中官疏　445-233- 14
請罷中官奏討鹽引等疏　445-234- 14
乞致仕疏　1256-530- 1
問安疏　1256-531- 1
請停工疏　1256-531- 1
勸止臨幸疏　1256-531- 1
議邊務疏　1256-532- 1

四庫全書文集篇目分類索引

史部 詔令奏議類：附錄 奏議上十一畫

請明勅中官疏	1256-534- 1	上哲宗論守治至難附貼黃	431-231- 20
修書籍疏	1256-534- 1	上哲宗論華山摧（疏）附貼黃	431-505- 43
留遠人疏	1256-535- 1	上哲宗論日食（疏）	431-511- 44
請重大祀疏	1256-535- 1	上哲宗乞五事論相之得失（疏）	431-568- 47
請定大本疏	1256-536- 1	上哲宗論宰相以禮去者可以復用	
請罷遣中官疏	1256-537- 1	（疏）	431-585- 48
求異求免疏	1256-539- 1	上哲宗論張舜民罷言職（疏）	431-665- 54
請補缺官疏	1256-540- 1	上哲宗論張舜民罷言職（疏）	431-670- 54
議邊務疏（七則）	1256-540- 1	上哲宗乞終始從諫（疏）	431-678- 55
議處代府疏	1256-542- 1	上哲宗論顧臨不當補外（疏）	431-707- 57
請罷中官鹽引等疏	1256-543- 1	上哲宗論陳衍採訪外事（疏）	431-771- 63
勸止遊豫以重大祀疏	1256-545- 2	上哲宗乞除放倚閣稅賦（疏）	
作養人材疏	1256-546- 2	附貼黃	432-269-104
修書籍疏	1256-547- 2	上哲宗乞罷修京城（疏）附貼黃	432-576-126
作養人材疏	1256-547- 2	上哲宗乞開舊日汴口（疏）	432-586-127
災傷求免疏	1256-547- 2	上哲宗論政事之要五（疏）	
請回鑾疏（四則）	1256-548- 2	附貼黃二則	432-932-150
求免疏	1256-549- 2	聖學（疏）——論進學之時不可	
問安疏	1256-550- 2	失	433-172- 7
請視朝疏	1256-550- 2	治道（疏二則）	434-167- 41
宗社大計疏一	1256-550- 2	治道（疏）——論政事之要五疏	
修書籍疏	1256-551- 2	附貼黃	434-167- 41
諭勅官疏	1256-551- 2	治道（疏）——論四者歸心之道	
宗社大計疏二	1256-552- 2	奏	434-170- 41
請廻鑾疏一二	1256-552- 2	守成（疏）	436- 4-102
請用人隨侍疏	1256-553- 2	仁民（疏）	436- 95-106
請廻鑾疏三四	1256-553- 2	乞五事論相之得失（疏）	436-796-138
議處國計併請廻鑾疏五	1256-554- 2	乞親賢疎佞堅其始終（疏）	436-798-138
宗社大計併請廻鑾疏六	1256-555- 2	用人（疏）	436-799-138
請廻鑾疏七八	1256-555- 2	論宰相以禮去者可以復用（疏）	436-799-138
勸止巡幸併求免疏	1256-557- 2	用人（疏）	436-799-138
辭免恩命疏	1256-557- 2	知人（疏）——論爲政之要在辨	
請廻鑾疏	1256-559- 3	邪正之實附貼黃二則	437-321-155
請郊祀疏	1256-560- 3	聽言（疏）——論張舜民罷言職	
議郊祀再疏	1256-561- 3	疏	438-795-204
議郊祀三疏	1256-561- 3	聽言（疏）	438-795-204
乞致仕疏	1256-562- 3	聽言（疏）——乞終始從諫疏	438-796-204
乞休疏	1256-562- 3	法令（疏）	439-107-212
辭免恩廕疏	1256-563- 3	荒政（疏）	440- 56-245
● 梁　燾 宋		水利（疏）	440-186-251
上哲宗論四者歸心之道（疏）	431- 48- 3	禮臣（疏）	441- 67-286
上哲宗論進學之時不可失（疏）	431- 65- 5	近習（疏）——論陳衍採訪外事	
上哲宗乞親賢疎堅其始終(疏)	431-178- 16	狀	441-200-292
上哲宗論爲政之要在辨邪正之實		災祥（疏二則）	441-452-303
（疏）附貼黃	431-186- 17	營繕（疏）	441-755-316

論呂大防乞以旱罷（疏） 1350-639- 60
● 梁 顥 宋
選舉（疏） 437-517-164
禦邊（疏） 442- 66-322
● 梁元帝 梁
薦鮑幾表 1338-673-611
薦顧協表 1338-673-611
薦鮑幾表 1394-350- 2
謝勑賜第啟 1394-468- 5
慶東耕啟 1399-314- 4
上穀充軍糧啟 1399-314- 4
謝赦賜第啟 1399-314- 4
謝上畫蒙赦褒賞啟 1399-315- 4
謝赦賜褲啟 1399-315- 4
謝賓車螫蛤蜊啟 1399-315- 4
薦鮑幾表 1399-317- 4
薦顧協表 1399-317- 4
請於州立學校表 1399-318- 4
上忠臣傳表 1399-318- 4
遷荊州輸江州節表 1399-318- 4
高祖武皇帝諡議 1399-327- 4
謝勑送齊王瑞像還啟 1401-215- 22
薦鮑幾表 1414-652- 84
請於州置學校表 1414-653- 84
薦顧協表 1414-653- 84
上忠臣傳表 1414-653- 84
遷荊州輸江州節表 1414-654- 84
慶東耕啟 1414-654- 84
慶南郊啟 1414-654- 84
謝勑送齊王瑞像還啟 1414-654- 84
謝上畫蒙勑褒賞啟 1414-655- 84
謝勑賜第故 1414-655- 84
上穀充軍糧啟 1414-656- 84
高祖武皇帝諡議 1414-665- 84
● 梁成大 宋
知人（疏）——轉對 437-365-158
● 梁武帝 梁
謝徵補謝朏何胤表 1394-349- 2
請補謝朏何胤表 1399-235- 1
上言選舉表 1399-236- 1
申飭選人表 1414-447- 80
請徵補謝朏何胤表 1414-448- 80
輔政上銓序表 1417-540- 26
● 梁彥光 隋
請復爲相州（奏） 1400-360- 7

● 梁國治（等）清
欽定音韻述微進表 240-855-附
進（欽定國子監志）表 600- 9-附
御製詩四集奏摺 1307- 1-附
● 梁詩正（等）清
（上西清古鑑表） 840-404-附
錢錄序 844- 2-附
● 梁簡文帝 梁
王規爲吳郡太守簡文帝爲作謝章 1386-697- 上
上昭明太子集別傳等表 1394-349- 2
謝勑賓貂坐褥席啟 1394-466- 5
謝賓扇啟 1394-467- 5
賀洛陽平啟 1399-279- 2
啟囚徒配役事啟 1399-279- 2
謝郡陵王禁錮啟 1399-279- 2
謝赦賓中庸講疏啟 1399-280- 2
謝赦示苦旱詩啟 1399-280- 2
謝賓碧慮某子屏風啟 1399-280- 2
謝賓扇啟 1399-280- 2
謝赦賓織竹火籠啟 1399-280- 2
謝赦賓貂坐褥席啟 1399-281- 2
謝赦賓方諸劒等啟 1399-281- 2
謝赦賓善勝刀啟 1399-281- 2
謝赦賜玉佩啟 1399-281- 2
謝赦賓魏國獻錦等啟 1399-281- 2
謝赦賓長生米啟 1399-281- 2
謝赦賓益州天門冬啟 1399-281- 2
謝赦賓城邊橘啟 1399-281- 2
謝赦賓河南荇啟 1399-282- 2
謝赦賓大菽啟 1399-282- 2
謝赦賓廣州堰等啟 1399-282- 2
讓驃騎揚州刺史表 1399-283- 2
在州贏疾自解表 1399-283- 2
謝爲皇太子表 1399-283- 2
拜皇太子臨軒竟謝表 1399-283- 2
爲武陵王讓揚州表 1399-284- 2
爲南康王會理讓湘州表 1399-284- 2
爲長子大器讓宣城王表 1399-284- 2
爲子大心讓當陽公表 1399-284- 2
爲子大款讓石城公表 1399-284- 2
爲寧國臨城二公入學表 1399-284- 2
上昭明太子集別傳等表 1399-284- 2
請右將軍朱异奉述制旨易義表 1399-285- 2
請尙書左丞賀琛奉述制旨毛詩義
　表 1399-285- 2

四庫全書文集篇目分類索引

史部

詔令奏議類：附錄

奏議上十一畫

謝賜新曆表（二則）	1399-285- 2	爲子大心讓當陽公表	1414-533-82上
讓鼓吹表	1399-285- 2	爲子大款讓石城公表	1414-533-82上
上白兔表	1399-286- 2	懲囚徒疏	1414-533-82上
爲南平王拜大司馬章	1399-286- 2	爲南平王拜大司馬章	1414-533-82上
爲王規拜吳郡太守章	1399-286- 2	爲王規拜吳郡太守章	1414-533-82上
請條置徒作疏附武帝手勅	1399-286- 2	賀洛陽平啟	1414-533-82上
上大法頌表附武帝勅答	1401-182- 21	上武帝菩提樹頌啟	1414-534-82上
上菩提樹頌啟附武帝手勅	1401-187- 21	謝勅賚中庸講疏啟	1414-535-82上
請武帝御講啟附武帝答勅	1401-190- 21	謝勅示若旱詩啟	1414-535-82上
重請御講啟附武帝重答勅	1401-191- 21	謝賚扇啟	1414-535-82上
又請御講啟附武帝又答勅	1401-191- 21	謝勅碧慮某子屏風啟	1414-535-82上
謝上降爲開講啟	1401-192- 21	謝勅賜五佩啟	1414-535-82上
奉請上開講啟附武帝答勅	1401-192- 21	謝勅賚魏國獻錦等啟	1414-536-82上
重謝上降爲開講啟	1401-193- 21	謝勅賚善勝威勝刀故	1414-536-82上
上爲開講日參奉啟附武帝答勅	1401-193- 21	謝勅賚方諸劍等啟	1414-536-82上
謝勅參迎佛啟	1401-194- 21	謝賚貂坐褥席故	1414-536-82上
答勅聽從舍利入殿禮拜啟	1401-194- 21	謝勅賚織竹火籠啟	1414-536-82上
謝勅使入光嚴殿禮拜啟	1401-194- 21	謝勅賚廣州堝啟	1414-536-82上
謝勅爲建涅槃懺啟	1401-194- 21	謝勅賚大菘啟	1414-536-82上
謝勅使監善覺寺起剎啟	1401-194- 21	謝勅賚長生米啟	1414-536-82上
謝御幸善覺寺看剎啟附武帝勅答	1401-194- 21	謝勅賚城邊橘啟	1414-536-82上
謝勅賚錢并白檀香亮法會啟	1401-195- 21	謝勅賚益州天門冬啟	1414-537-82上
謝勅賚苦行像并佛跡等啟	1401-195- 21	謝勅賚河南荼啟	1414-537-82上
謝勅賚銅供造善覺寺塔露盤啟	1401-195- 21	請武帝御講啟	1414-537-82上
奉阿育王寺錢啟	1401-196- 21	重請御講啟	1414-538-82上
謝勅講錢啟	1401-196- 21	又請御講啟	1414-538-82上
謝賜放生錢啟	1401-196- 21	奉請上開講啟	1414-538-82上
謝勅賚柏利柱并銅萬斤啟	1401-196- 21	謝上降爲開講啟（二則）	1414-539-82上
謝勅賚納袈裟啟（四則）	1401-196- 21	謝開講般若經啟	1414-540-82上
上昭明太子集別傳表	1403-511-132	謝勅使監善覺寺起剎啟	1414-540-82上
謝立爲皇太子表	1414-529-82上	謝御幸善覺寺看剎啟	1414-540-82上
拜皇太子臨軒竟謝表	1414-530-82上	謝勅賚銅供造善覺寺塔露盤啟	1414-540-82上
謝賜新曆表（二則）	1414-530-82上	謝勅賚柏利柱并銅萬斤啟	1414-540-82上
上昭明太子集別傳表	1414-530-82上	謝勅賚錢并白檀香充法會啟	1414-541-82上
上大法頌表	1414-530-82上	謝勅賚苦行像并佛跡啟	1414-541-82上
上南郊頌表	1414-531-82上	奉阿育王寺錢啟	1414-541-82上
上白兔表	1414-531-82上	謝勅賜解講錢啟	1414-541-82上
請朱异奉述制旨易義表	1414-531-82上	謝賜錢啟	1414-542-82上
請賀琛奉述毛詩義表	1414-531-82上	謝賚納袈裟啟（四則）	1414-542-82上
爲寧國臨城二公請入學表	1414-531-82上	謝勅聽從舍利入殿禮拜啟	1414-543-82上
讓鼓吹表	1414-532-82上	謝勅使入光嚴殿禮拜啟	1414-543-82上
讓驃騎揚州刺史表	1414-532-82上	謝勅爲建涅槃懺啟	1414-543-82上
在州贏疾自解表	1414-532-82上	謝勅參迎佛啟	1414-543-82上
爲武陵王讓揚州表	1414-532-82上	請賀琛奉述毛詩義表	1417-541- 26
爲長子大器讓宣城王表	1414-532-82上	● 康　相漢	

災祥（疏） 441-302-297
●康　海明
題唐漁石雲南兩疏後 1266-382- 5
●康　澄後唐
治道（疏）——言時事疏 433-710- 29
上六愷五畏書 1402-488- 73
●康　識宋
屯田（疏） 440-391-260
●康里山元
建官（疏） 437-486-162
●康延孝後唐
征伐（疏） 439-543-229
●庚　冰晉
治道（疏） 433-618- 25
●庚　亮晉
外戚（疏）——讓官表 441-127-288
外戚（疏） 441-128-288
讓中書令表 1329-657- 38
　 1331- 29- 38
　 1403-457-127
讓中書監表 1417-499- 24
●庚　信北周
賀平鄴都表 538-506- 76
賀傳位皇太子表 1064-142- 6
賀平鄴都表 1064-143- 6
賀新樂表 1064-144- 6
功臣不死王事請門襲封表 1064-146- 6
爲杞公讓宗師驃騎表 1064-147- 6
爲閣將軍乞致仕表 1064-148- 6
代人乞致仕表 1064-150- 6
爲進陽公進玉律秤尺斗升表 1064-151- 6
進象經賦表 1064-153- 6
齊王進蒼烏表 1064-153- 6
齊王進白兔表 1064-154- 6
齊王進赤雀表 1064-155- 6
謝周明帝賜絲布等啓 1064-157- 6
賀平鄴都表 1064-534- 7
賀新樂表 1064-536- 7
爲閣大將軍乞致仕表 1064-539- 7
代人乞致仕表 1064-541- 7
齊王進白兔表 1064-542- 7
齊王進蒼烏表 1064-542- 7
齊王進赤雀表 1064-543- 7
爲晉陽公進玉律秤尺斗升表 1064-544- 7
進象經賦表 1064-546- 7
賀傳位於皇太子表 1064-547- 7
爲杞公讓宗師驃騎表 1064-549- 7
功臣不死王事請門襲封表 1064-550- 7
謝明皇帝賜絲布等啓 1064-559- 8
賀傳位於皇太子表 1338-189-557
賀平鄴都表 1338-367-566
賀新樂表 1338-296-569
爲杞公讓宗師表 1338-381-578
爲閣大將軍乞致仕表 1338-600-603
代人乞致仕表 1338-601-603
進象經賦表 1338-658-610
齊王進白兔表 1338-677-612
齊王進蒼烏表 1338-677-612
齊王進赤雀表 1338-678-612
爲晉陽公進玉律秤尺斗升表 1338-686-613
謝明皇帝賜絲布等啓 1339-197-655
賀平鄴都表 1394-351- 2
賀新樂表 1394-352- 2
齊王進白兔表 1394-352- 2
齊王進赤雀表 1394-353- 2
齊王進蒼烏表 1394-353- 2
爲晉陽公進玉律秤尺斗升表 1394-354- 2
爲閣大將軍乞致仕表 1394-354- 2
謝明帝賜絲布等啓 1394-475- 5
賀平鄴都表 1400-119- 4
賀新樂表 1400-120- 4
爲閣大將軍乞致仕表 1400-121- 4
代人乞致仕表 1400-121- 4
齊王進白兔表 1400-122- 4
齊王進蒼烏表 1400-122- 4
齊王進赤雀表 1400-123- 4
爲晉陽公進玉律秤尺斗升表 1400-123- 4
進象經賦表 1400-124- 4
賀傳位於皇太子表 1400-124- 4
爲杞公讓宗師表 1400-124- 4
功臣不死王事請門襲封表 1400-125- 4
謝周明帝賜絲布等啓 1400-126- 4
賀平鄴都表 1403-515-133
爲閣大將軍乞致仕表 1403-516-133
進象經賦表 1403-516-133
齊王進蒼烏表 1403-517-133
謝明皇帝賜絲布等啓 1404-214-180
賀傳位皇太子表 1416-17-111上
賀平鄴都表 1416-18-111上
賀新樂表 1416-18-111上

請功臣襲封表　　　　　　　　　1416-19-111上
爲杞公讓宗師驃騎表　　　　　　1416-20-111上
爲閣大將軍乞致仕表　　　　　　1416-20-111上
代人乞致仕表　　　　　　　　　1416-21-111上
爲晉陽公進玉律秤尺斗升表　　　1416-22-111上
進象經賦表　　　　　　　　　　1416-22-111上
齊王進蒼烏表　　　　　　　　　1416-22-111上
齊王進白兔表　　　　　　　　　1416-23-111上
齊王進赤雀表　　　　　　　　　1416-23-111上
謝周明帝賜絲布等啟　　　　　　1416-24-111上
賀平鄴都表　　　　　　　　　　1417-580- 28
功臣不死王事請門襲封表　　　　1417-581- 28
●庚　純晉
自勗表附武帝詔（二則）及何會等議
　（四則）　　　　　　　　　　1398-232- 11
●庚　旉晉
宗室（疏）——諫齊王攸就國下
　禮官議崇錫之物事　　　　　　435-171- 76
諫齊王攸就國表附未整等奏則及武
　帝詔　　　　　　　　　　　　1398-235- 11
●庚　義晉
治道（疏）　　　　　　　　　　433-620- 25
●庚　質隋
征伐（疏）——論高麗可伐否（
　二則）　　　　　　　　　　　439-525-229
●庚果之齊
臨終上武帝表　　　　　　　　　1399-130- 6
●庚季才隋
都邑（疏）　　　　　　　　　　436- 13-103
遷都奏　　　　　　　　　　　　1400-346- 6
上言受命期日　　　　　　　　　1400-347- 6
●庚肩吾梁
謝曆月啟　　　　　　　　　　　1399-548- 13
爲武陵王拜儀同章　　　　　　　1399-551- 13
爲寧國公讓中書表　　　　　　　1399-552- 13
爲南康王讓丹陽尹表　　　　　　1399-552- 13
謝東宮賜宅啟　　　　　　　　　1404-213-180
爲寧國公讓中書表　　　　　　　1415-388- 99
爲南康王讓丹陽尹表　　　　　　1415-388- 99
爲武陵王拜儀同章　　　　　　　1415-389- 99
●庚蔚之劉宋
晉陵王子雲臨祭議　　　　　　　1398-826- 16
四孤議　　　　　　　　　　　　1398-827- 16
●庚曼隆齊
郊廟（疏）　　　　　　　　　　433-361- 15

論郊壇立宮室啟附國子助教徐景
　嵩等議 四則　　　　　　　　　1399-163- 7
論封國啟　　　　　　　　　　　1399-164- 7
●庚徽之劉宋
去邪（疏）——奏顏竣罪狀　　　438- 15-113
劾顏竣奏附孝武帝詔答 二則　　　1398-792- 15
●執失思力唐
戒侈欲（疏）　　　　　　　　　438-510-193
●梅　詢宋
公民（疏）　　　　　　　　　　436- 69-105
●梅　福漢
聽言（疏）　　　　　　　　　　438-695-201
褒贈（疏）　　　　　　　　　　441- 1-283
論王氏書　　　　　　　　　　　1355-244- 9
請封孔子後書　　　　　　　　　1355-320- 11
論王氏書　　　　　　　　　　　1360-251- 14
請封孔子後書　　　　　　　　　1360-253- 14
論王氏書　　　　　　　　　　　1377-234- 12
論王氏書　　　　　　　　　　　1396-516- 16
請封孔子後書　　　　　　　　　1396-518- 16
論王氏書　　　　　　　　　　　1402-454- 70
請孔子爲殷後書　　　　　　　　1402-456- 70
言王氏書　　　　　　　　　　　1417-304- 15
請封孔子世爲殷後書　　　　　　1417-307- 15
●梅　摯宋
災祥（疏）　　　　　　　　　　441-386-300
●戚　綸宋
上眞宗論受天書（疏）　　　　　431-394- 36
●强　平前秦
災祥（疏）　　　　　　　　　　441-304-297
●强　至宋
代轉對箚子　　　　　　　　　　1091-127- 13
代唐公乞錄用魏鄭公裔孫箚子　　1091-131- 13
代孫待制乞郡箚子　　　　　　　1091-131- 13
代乞徐州箚子　　　　　　　　　1091-131- 13
代乞刑相箚子　　　　　　　　　1091-132- 13
代謝宣賜箚子　　　　　　　　　1091-132- 13
謝刷蕩箚子　　　　　　　　　　1091-133- 13
賀乾元節表　　　　　　　　　　1091-133- 14
代泗州盧郎中謝到任表　　　　　1091-133- 14
賀明堂禮畢表　　　　　　　　　1091-134- 14
代泗州盧郎中明堂大禮陳乞次子
　恩澤表　　　　　　　　　　　1091-134- 14
代謝進職表　　　　　　　　　　1091-134- 14
代馬察院謝表　　　　　　　　　1091-135- 14

四庫全書文集篇目分類索引

代泗州陳郎中待罪表　1091-135- 14
代待罪表　1091-136- 14
代王禹玉內翰謝兼侍讀學士表　1091-136- 14
代賀冬表　1091-136- 14
代包孝肅公謝樞密副使表　1091-136- 14
謝生饌表　1091-137- 14
代沂國公主明堂禮畢賀皇帝表　1091-137- 14
代婕妤俞氏才人朱氏賀表　1091-138- 14
代曾魯公辭加恩表（一）　1091-138- 14
（代曾魯公辭加恩）第二表　1091-138- 14
代魯公謝生日禮物表　1091-139- 14
代賀皇帝登極表　1091-139- 14
代謝加恩轉官表　1091-139- 14
壽聖節賀表　1091-140- 14
代趙都運壽聖節進奉功德疏表　1091-140- 14
代元給事壽聖節進功德疏表　1091-140- 14
代韓魏公賀淮陽郡王進封穎王表　1091-140- 14
代王君貺尚書北京謝上表　1091-141- 14
代謝傳宣撫問表　1091-141- 14
代王尚書謝傳宣撫問表　1091-142- 14
代謝添公使錢一千貫文表　1091-142- 14
代賀南郊表　1091-143- 15
代賀南郊禮畢表　1091-143- 15
代元厚之給事賀南郊禮畢表　1091-143- 15
代沈兵部賀南郊禮畢表　1091-144- 15
代賀皇帝爲皇太后受册表(三則)　1091-145- 15
代賀皇帝爲中宮受册表（二則）　1091-145- 15
代賀皇帝爲中宮受册表　1091-146- 15
代王尚書謝加食邑實封表　1091-146- 15
代元給事謝加勳并食邑表　1091-147- 15
代賀穎王納妃表　1091-147- 15
代賀皇帝登位表　1091-147- 15
代賀皇帝爲大皇太后皇太后受册表　1091-148- 15
代賀皇帝爲皇后受册表　1091-148- 15
代元給事同天節進奉功德疏表　1091-148- 15
代漕使謝上表（二則）　1091-148- 15
代韓魏公謝賜生日禮物表　1091-149- 15
代魏公謝傳宣撫問表　1091-150- 15
代魏公謝賜藥物表　1091-150- 15
代魏公謝生日禮物表　1091-150- 15
代謝生饌表　1091-151- 15
代謝賜詔允相州表　1091-151- 15
代謝中使齎詔令赴闕朝見表　1091-151- 15
代魏公謝傳宣撫問并賜湯藥表　1091-152- 15

代謝賜詔及湯藥表　1091-152- 15
代謝加功臣食邑表　1091-152- 15
代魏公謝遣使齎詔撫問及授大名判府兼河北安撫使表　1091-153- 15
代魏公北京謝上表　1091-154- 16
代謝遣使齎詔賜藥表　1091-155- 16
代魏公謝都江知傳宣撫問並賜龍茶表　1091-155- 16
代魏公謝賜生日禮物表　1091-155- 16
代謝歷日表　1091-155- 16
代賀正表　1091-156- 16
賀同天節表　1091-156- 16
代謝詔書撫問表　1091-156- 16
代謝詔書賜湯藥撫問表　1091-156- 16
代魏公謝進仁宗實錄賜詔獎諭表　1091-157- 16
代謝生日禮物表　1091-157- 16
代魏公謝歷日表（二則）　1091-157- 16
賀同天節表　1091-158- 16
代劉希道待制謝上表　1091-158- 16
代謝賜生日禮物表　1091-158- 16
代魯公謝男授龍圖閣直學士表　1091-159- 16
代魏公賀明堂大禮畢表　1091-159- 16
代謝加功臣食邑實封表　1091-159- 16
賀同天節表　1091-160- 16
代百官謝御筵并傳宣表　1091-160- 16
代魏公納節表（五則）　1091-160- 16
代謝再任表　1091-162- 16
代張景元龍圖知成都府謝上表　1091-162- 16
代人謝知成都府表　1091-163- 16
代謝進和御詩獎諭表　1091-163- 16
代都運趙待制謝上表　1091-164- 16
代謝進和御詩獎諭表　1350-712- 67
代都運趙待制謝上表　1350-712- 67
代謝再任表　1350-712- 67
代謝進和御詩獎諭表　1382-420-下之3

● 强幾聖宋
治道（疏）　434-100- 39
四裔（疏）——論邊事筠子　442-618-344

● 曹　充漢
禮樂（疏）　436-323-118
上明帝言禮樂疏（二則附明帝下詔）　1397-158- 8

● 曹　安北魏
征伐（疏）　439-511-228

● 曹　志晉

四庫全書文集篇目分類索引

史部

詔令奏議類：附錄

奏議上十一畫

宗室（疏）	435-172- 76	諫伐遼東表	1360-407- 24
齊王攸之國議	1398-229- 11	朝京都疏	1361-575- 17
肉刑議	1398-229- 11	又求自試疏	1361-576- 17
●曹 囧 魏		又求存問親戚疏	1361-578- 17
封建（疏）	436- 33-104	又求審舉之義疏	1361-580- 17
上六代論書	1402-475- 72	上大發國士稚弱書	1361-583- 18
●曹 寅（等）清		上文帝書	1402-473- 72
御定全唐詩進書表	1423- 5-附	封二子爲公謝恩章	1403-438-124
●曹 彬 宋		求自試表	1403-448-126
平李煜露布	489-422- 36	求通親親表	1403-450-126
昇州行營擒李煜露布	1351-713-150	諫伐遼東表	1403-451-126
●曹 參 漢		求自試表	1412-653- 26
守成（疏）	436- 1-102	求通親親表	1412-655- 26
●曹 植 魏		陳審舉表	1412-656- 26
宗室（疏）	435-166- 76	諫取諸國士息表	1412-658- 26
宗室（疏）——勸止大發士息及取諸國士事	435-167- 76	諫伐遼東表	1412-659- 26
宗室（疏）——求通親親上表	435-169- 76	慶文帝受禪表	1412-660- 26
選舉（疏）——陳審舉之義疏	437-489-163	慶受禪上禮表	1412-660- 26
改封陳王謝恩章	1063-298- 8	龍見賀表	1412-660- 26
封二子爲公謝恩章	1063-298- 8	初封安鄉侯表	1412-660- 26
初封安鄉侯表	1063-298- 8	封甄城王謝表	1412-660- 26
謝妻改封陳妃表	1063-298- 8	轉封東阿王謝表	1412-661- 26
請招降江東表	1063-298- 8	謝妻改封陳妃表	1412-661- 26
求自試表	1063-299- 8	謝入覲表（二則）	1412-661- 26
陳審舉表	1063-301- 8	謝周覲表	1412-661- 26
請用賢表	1063-302- 8	謝明帝賜食表	1412-662- 26
謝賜奉表	1063-303- 8	謝賜奉表	1412-662- 26
諫伐遼東表	1063-303- 8	謝鼓吹表	1412-662- 26
獻璧表	1063-303- 8	答明帝詔表	1412-662- 26
獻文帝馬表	1063-303- 8	上責躬詩表	1412-662- 26
獻牛表	1063-303- 8	上卞太后誄表	1412-662- 26
謝鼓吹表	1063-304- 8	上先帝賜鎧表	1412-663- 26
求通親親表	1063-304- 8	冬至獻襪履表	1412-663- 26
慶文帝受禪表（二則）	1063-305- 8	獻璧表	1412-663- 26
上卞太后誄表	1063-305- 8	獻馬表	1412-663- 26
上責躬詩表	1063-306- 8	獻牛表	1412-663- 26
龍見賀表	1063-307- 8	請招降江東表	1412-663- 26
冬至獻襪履表	1063-307- 8	請用賢表	1412-664- 26
上先帝賜鎧表	1063-307- 8	望恩表	1412-664- 26
上責躬應詔詩表	1329-341- 20	請祭先王表	1412-664- 26
求自試表	1329-640- 37	請赴元正表	1412-664- 26
	1331- 5- 37	作車帳表	1412-664- 26
求通親親表	1329-644- 37	乞田表	1412-664- 26
	1331- 11- 37	獵表	1412-664- 26
		歐冶表	1412-644- 26

上銀鞍表　　　　　　　　　　　1412-664- 26
謝賜穀表　　　　　　　　　　　1412-665- 26
改封陳王謝章　　　　　　　　　1412-665- 26
封二子爲公謝恩章　　　　　　　1412-655- 26
上責躬應詔詩（表）附應詔詩　　1412-709- 27
求存問親戚疏　　　　　　　　　1417-424- 21
陳審舉疏　　　　　　　　　　　1417-426- 21
求存問親戚疏　　　　　　　　　1476- 86- 5
●曹　勛宋
敬天（疏）——論畏天書　　　　433-327- 13
經國（疏）——論和戰箚子　　　435-558- 91
仁民（疏）——上保民疏　　　　436-113-107
戒逸欲（疏）　　　　　　　　　438-541-195
賞罰（疏）　　　　　　　　　　438-416-189
兵制（疏）——乞建民兵之法　　439-374-223
征伐（疏）——議淮上事宜狀　　439-635-233
褒贈（疏）　　　　　　　　　　441- 34-284
外戚（疏）　　　　　　　　　　441-151-289
上皇帝書十四事　　　　　　　　1129-463- 23
論和戰（箚子）　　　　　　　　1129-474- 25
論畏天（箚子）　　　　　　　　1129-476- 25
論保民（箚子）　　　　　　　　1129-479- 25
進前十事箚子　　　　　　　　　1129-482- 26
進後十事箚子　　　　　　　　　1129-485- 26
謝宣示晉唐法帖並御書臨本（箚
　子）　　　　　　　　　　　　1129-488- 27
進太上乞罷朝陵（箚子）　　　　1129-488- 27
諫止洞霄等處燒香（箚子）　　　1129-488- 27
乞以鄧王爲臨安牧箚子　　　　　1129-490- 27
乞免差軍兵挽奉使紅（箚子）　　1129-490- 27
跋岸老所藏陳司諫諫後疏　　　　1129-523- 32
●曹　輔宋
上欽宗論不斷之過（疏）　　　　431-241- 21
治道（疏）　　　　　　　　　　434-273- 45
巡幸（疏）——諫微服出遊　　　441-100-287
●曹　鳳漢
禦邊（疏）　　　　　　　　　　442- 12-320
請建復西海郡縣（疏）　　　　　558-581- 45
上言西戎（疏）　　　　　　　　1397-191- 9
●曹　誼宋
饒州到任謝表　　　　　　　　　1352-218-6上
●曹　褒漢
禮樂（疏）　　　　　　　　　　436-323-118
禮樂（疏）　　　　　　　　　　436-336-118
上章帝請定漢禮疏　　　　　　　1397-158- 8

●曹　確唐
謹名器（疏）——論任李可及爲
　威衞將軍　　　　　　　　　　438-600-197
●曹　劇周
征伐（疏）——論戰　　　　　　439-445-226
巡幸（疏）——諫莊公如齊觀社　441- 91-287
諫觀社　　　　　　　　　　　　1402-291- 53
●曹　義魏
薦司馬懿（疏）　　　　　　　　436-602-130
●曹　鸞漢
訟黨人疏　　　　　　　　　　　1397-387- 18
●曹子純明
建言時政　　　　　　　　　　　1375-123- 17
●曹子汴明
擬史臣欽承上命重錄太祖高皇帝
　御製文集進呈表　　　　　　　1293-793- 10
●曹元用元
災祥（疏）　　　　　　　　　　441-699-314
●曹彥約宋
聖學（疏）　　　　　　　　　　433-227- 9
聖學（疏二則）　　　　　　　　433-229- 9
治道（疏）　　　　　　　　　　434-640- 59
治道（疏二則）　　　　　　　　434-689- 61
宗室（疏）——上封事　　　　　435-208- 77
用人（疏）　　　　　　　　　　437-151-148
選舉（疏）　　　　　　　　　　437-691-170
聽言（疏）　　　　　　　　　　438-875-207
兵制（疏）　　　　　　　　　　439-424-224
任將（疏）　　　　　　　　　　439-808-241
理財（疏）　　　　　　　　　　440-686-272
禦邊（疏）　　　　　　　　　　442-444-338
代判帥彭侍郎冬至賀皇帝表　　　1167- 46- 4
賀皇帝卽位表　　　　　　　　　1167- 47- 4
賀皇帝登寶位表　　　　　　　　1167- 47- 4
除直秘閣知漳州謝表　　　　　　1167- 47- 4
皇太后册寶禮成賀皇帝表　　　　1167- 48- 4
賀皇帝立后表　　　　　　　　　1167- 49- 4
瑞慶節賀表二首　　　　　　　　1167- 49- 4
賀皇帝御正殿表　　　　　　　　1167- 49- 4
壽慶節賀表　　　　　　　　　　1167- 50- 4
謝朝辭內引奏宣賜奏　　　　　　1167- 50- 4
謝撰攀龍臺碑蒙賜表　　　　　　1167- 51- 4
寶謨閣直學士提舉佑神觀兼侍讀
　謝皇帝表　　　　　　　　　　1167- 51- 4
明堂禮成賀皇帝表　　　　　　　1167- 52- 4

辭免除職與郡恩命表　　　　　　1167- 53- 4　　　　　　　　　　　　　1377-133- 3
賀皇帝生嫡孫表　　　　　　　　1167- 53- 4　　　　　　　　　　　　　1402-295- 53
賀皇孫降誕表　　　　　　　　　1167- 54- 4
禮部侍郎謝皇帝表　　　　　　　1167- 54- 4　●習　隆 蜀漢
兼侍讀謝表　　　　　　　　　　1167- 55- 4　乞立諸葛亮廟表　　　　　　　　1361-547- 11
謝改知隆興府到任表　　　　　　1167- 56- 4　立諸葛亮廟表　　　　　　　　　1403-448-126
應求言詔上封事　　　　　　　　1167- 58- 5　●陸　沖 宋
應求言詔書上封書　　　　　　　1167- 62- 5　青田義門謝恩表　　　　　　　　 516-738-114
辭免召赴行在狀　　　　　　　　1167- 97- 8　　●陸　抗 吳
再辭免召赴行在狀　　　　　　　1167- 98- 8　經國（疏）　　　　　　　　　　 435-242- 78
辭免兵部侍郎狀　　　　　　　　1167- 98- 8　慎刑（疏）——論薛瑩徵下獄事　 439-174-215
辭免同修國史兼實錄院同修撰狀　1167- 99- 8　征伐（疏）　　　　　　　　　　 439-498-228
辭免寶謨閣直學士提舉祠神觀兼　　　　　　　近習（疏）　　　　　　　　　　 441-172-291
　侍讀狀　　　　　　　　　　　1176- 99- 8　上政令多關疏　　　　　　　　　1361-609- 23
再辭免寶謨閣直學士提舉祠神觀　　　　　　　又上閹官預政疏　　　　　　　　1361-610- 23
　兼侍讀狀　　　　　　　　　　1176-100- 8　又乞宥薛瑩疏　　　　　　　　　1361-610- 23
辭免經筵徹章轉官狀　　　　　　1176-100- 8　又上百姓疲弊疏　　　　　　　　1361-610- 23
應詔薦季衍等狀　　　　　　　　1167-101- 8　又疾病上疏　　　　　　　　　　1403-611- 23
舉李熺自代狀　　　　　　　　　1167-102- 8　論西陵宜備疏　　　　　　　　　1403- 60- 94
應詔舉廉狀　　　　　　　　　　1167-102- 8　●陸　佃 宋
舉度正自代狀　　　　　　　　　1167-103- 8　郊廟（疏）——議郊廟奉祀冕服　 433-488- 20
應詔舉將帥狀　　　　　　　　　1167-103- 8　郊廟（疏）——上昭穆議　　　　 433-489- 20
奉舉柴中行李熺吳柔勝狀　　　　1167-105- 8　郊廟（疏）——上廟祭議　　　　 433-490- 20
舉曹闔自代狀　　　　　　　　　1167-105- 8　郊廟（疏）——上先灌議　　　　 433-491- 20
舉張治自代狀　　　　　　　　　1167-106- 8　郊廟（疏）——廟制議　　　　　 433-516- 21
舉吳淵自代狀　　　　　　　　　1167-106- 8　治道（疏）　　　　　　　　　　 434-220- 43
代辭免除禮部尚書兼給事中恩命　　　　　　　用人（疏）　　　　　　　　　　 634-874-141
　狀　　　　　　　　　　　　　1167-106- 8　知人（疏）——蔡州召還上殿箚
代薦人狀　　　　　　　　　　　1167-107- 8　　子　　　　　　　　　　　　　 437-337-155
新知灃州朝辭上殿箚子　　　　　1167-118- 10　乞添川浙福建江南等路進士解名
兵部侍郎上殿箚子　　　　　　　1167-119- 10　　箚子　　　　　　　　　　　　1117- 86- 4
內引朝辭箚子第一二三　　　　　1167-120- 10　乞立武舉解額箚子　　　　　　　1117- 87- 4
改知成都擬上殿箚子　　　　　　1167-124- 10　乞潁州第一二三箚子　　　　　　1117- 87- 4
跋陵陽表使君桂廷對策　　　　　1167-204- 10　乞明州箚子　　　　　　　　　　1117- 88- 4
●曹思文 齊　　　　　　　　　　　　　　　　辭免吏部侍郎箚子　　　　　　　1117- 88- 4
學校（疏）　　　　　　　　　　 436-216-113　蔡州召還上殿箚子二首　　　　　1117- 88- 4
上諫廢學表　　　　　　　　　　1399-165- 7　舉臺諫官箚子　　　　　　　　　1117- 89- 4
●曹望之 金　　　　　　　　　　　　　　　　辭免修哲宗皇帝實錄箚子　　　　1117- 89- 4
治道（疏）——上書論便宜事　　 434-788- 65　又尋准尚書省箚子　　　　　　　1117- 90- 4
●曹習古 明　　　　　　　　　　　　　　　　辭免奉使大遼箚子　　　　　　　1117- 90- 4
清軍奏　　　　　　　　　　　　 444-331- 44　辭免資善堂修定說文成書賜銀絹
●曹學程 明　　　　　　　　　　　　　　　　　狀　　　　　　　　　　　　　　1117- 90- 4
諫封倭疏　　　　　　　　　　　 568-109-101　辭免集賢校理狀　　　　　　　　1117- 90- 4
●屠　翙 周　　　　　　　　　　　　　　　　元豐轉對狀　　　　　　　　　　1117- 90- 4
諫晉侯　　　　　　　　　　　　1355-112- 4　赴江寧府過闕乞朝見狀　　　　　1117- 92- 4
　　　　　　　　　　　　　　　　　　　　　　赴江寧府乞給假迎侍狀　　　　　1117- 92- 4

四庫全書文集篇目分類索引　　1475

赴蔡州過關乞朝見狀	1117-92- 4	毫州謝上表	1117-125- 8
舉進士王昇狀	1117-92- 4	謝賜崇寧二年曆日表	1117-126- 8
元豐大裘議	1117-93- 5	●陸　果　梁	
廟制議	1117-102- 6	彈張穆（表）	1399-507- 11
昭穆議	1117-107- 6	●陸　冲　宋	
元符祧廟議	1117-109- 6	江西提刑到任謝上表	1352-196-5中
廟祭議	1117-109- 6	●陸　深　明	
謝資善堂修定說文書成賜銀絹表	1117-111- 7	賀景雲表	1268-161- 26
謝中書舍人表	1117-112- 7	聖駕巡幸承天恭視顯陵禮成賀表	1268-161- 26
辭免給事中表	1117-112- 7	大駕迴鑾賀表	1268-162- 26
謝給事中表	1117-112- 7	擬論取回都督僉事許泰軍中家人	
謝賜對衣金帶表	1117-113- 7	狀	1268-164- 27
謝入伏早出表	1117-113- 7	擬處置鹽法事宜狀	1268-165- 27
謝加天章閣待制表	1117-113- 7	稽古禮以崇祀典事（狀）	1268-166- 27
謝轉左朝請郎表	1117-114- 7	乞恩認罪以全大體事（狀）	1268-167- 27
潁州謝上表	1117-114- 7	陳愚見以禆聖學事（狀）	1268-167- 27
鄧州謝上表	1117-115- 7	貪酷官員枉法人命重傷憲體等事	
謝賜元祐七年曆日表	1117-115- 7	（狀）	1268-168- 27
謝郊祀加恩表	1117-115- 7	衰病不職乞恩致仕事（狀）	1268-170- 27
江寧府謝上表	1117-116- 7	正名法袪弊以光治體事（奏）	1268-172- 28
謝賜元祐八年曆日表	1117-116- 7	乞恩分罪以全大體事（狀）	1268-174- 28
謝落龍圖閣待制表	1117-116- 7	紀天瑞以頌聖德事（狀）	1268-175- 28
謝特許任知州差遣表	1117-117- 7	謝恩事（狀）	1268-175- 28
泰州謝上表	1117-117- 7	奉尉事（狀）	1268-175- 28
謝賜紹聖三年曆日表	1117-118- 7	謝賜川扇（狀）	1268-175- 28
海州謝上表	1117-118- 8	紀瑞雪以頌聖德事	1268-176- 28
賀受玉璽表	1117-118- 8	乞恩追贈前田事（狀）	1268-176- 28
謝復集賢殿修撰表	1117-119- 8	乞恩比例改給誥命追贈前母事（	
蔡州謝上表	1117-119- 8	狀）	1268-177- 28
負城西安州表	1117-120- 8	乞恩養病事（狀）	1268-177- 28
賀册皇后表	1117-120- 8	衰病乞休事（狀）	1268-177- 28
賀受青唐表	1117-120- 8	自陳不職乞賜罷黜以彰聖德(狀)	1268-178- 28
賀徽宗皇帝登寶位表	1117-121- 8	自陳不職乞恩罷黜以消災變事（	
謝吏部侍郎表	1117-121- 8	狀）	1268-178- 28
謝權吏部尚書表	1117-122- 8	自陳不職乞賜罷黜以弭災變事（	
謝充欽聖憲肅皇太后欽慈皇太后		狀）	1268-179- 28
山園陵禮儀使放罪表	1117-122- 8	薛文清公從祀孔廟議	1268-211- 34
謝試吏部尚書表	1117-123- 8	●陸　康　漢	
辭免尚書右丞表	1117-123- 8	賦役（疏）	440-245-254
謝尚書右丞表	1117-123- 8	歛田畝錢疏	1360-198- 11
辭免尚書左丞表	1117-124- 8	諫鑄銅人歛錢書	1397-394- 18
謝尚書左丞表	1117-124- 8	●陸　崑　明	
謝賜生日禮物表	1117-124- 8	劾太監馬永成等疏	445-202- 12
辭免冬祀加恩表	1117-125- 8	●陸　貳　明	
謝冬祀加恩表	1117-125- 8	原漕河議	443-413- 22

史部

詔令奏議類：附錄

奏議上十一畫

●陸　倕 梁

為豫章王慶太子出宮表　1399-505- 11
為王光祿轉太常讓表　1399-505- 11
為張續謝兄尚書諡靖子表　1399-505- 11
拜吏部郎表　1399-505- 11
除詹事免讓表　1399-505- 11
授尋陽太守章　1399-506- 11
遷吏部郎啟　1399-507- 11
謝敕使行江州事啟　1399-507- 11
為息續謝敕賜朝服啟　1399-507- 11
為張侍中謝啟　1399-507- 11
為豫章王慶太子出宮表　1415-302- 93
除詹事表　1415-302- 93
拜吏部郎表　1415-302- 93
為王光祿轉太常讓表　1415-302- 93
為張續謝兄尚書諡靖子表　1415-303- 93
授瀋陽太守章　1415-303- 93
為息續謝勅賜朝服啟　1415-304- 93
遷吏部郎啟　1415-304- 93
謝勅使行江州事啟　1415-304- 93

●陸　游 宋

治道（疏二則）　434-358- 49
用人（疏）——論選用西北士大
　夫箚子　437-111-146
用人（疏）——論作起士氣箚子　437-112-146
戒逸欲（疏）　438-544-195
賦役（疏）　440-351-258
國史（疏）　440-797-277
禦邊（疏）　442-415-336
奏筠州反坐百姓陳彥通訴人吏冒
　役狀　517-135-119
嚴州謝到任表　526- 11-259
天申節賀表　1163-313- 1
會慶節賀表（二則）　1163-313- 1
瑞慶節賀表　1163-314- 1
光宗册寶賀表　1163-314- 1
皇帝御正殿賀表　1163-314- 1
皇太子受册賀表　1163-315- 1
賀明堂表　1163-315- 1
謝明堂赦表　1163-315- 1
謝赦表　1163-315- 1
謝賜曆日表（二則）　1163-316- 1
福建到任謝表　1163-316- 1
江西到任謝表　1163-316- 1
嚴州到任謝表　1163-317- 1
除寶謨閣待制謝表　1163-317- 1
轉太中丈夫謝表　1163-318- 1
謝致仕表　1163-318- 1
落職謝表　1163-319- 1
逆曦授首稱賀表　1163-319- 1
丞相率文武百僚請建重明節表（
　三則）　1163-322- 2
賀皇帝表　1163-323- 2
文武百僚謝春衣表　1163-324- 2
文武百僚謝冬衣表　1163-325- 2
丞相率文武百僚賀皇帝冬至表　1163-326- 2
丞相率文武百僚請皇帝聽樂表　1163-326- 2
丞相率文武百僚上皇帝賀三殿受
　册表　1163-327- 2
丞相率文武百僚賀皇帝正旦表　1163-328- 2
論選用西北士大夫箚子　1163-329- 3
代乞分兵取山東箚子　1163-329- 3
上殿箚子（三則）　1163-330- 3
擬上殿箚子　1163-332- 3
上殿箚子（七則）　1163-335- 4
除修史上殿箚子　1163-340- 4
乞致仕箚子（三則）　1163-341- 4
條對狀　1163-344- 5
奏筠州反坐百姓陳彥通訴人吏冒
　役狀　1163-347- 5
除寶謨閣待制舉曾鼎自代狀　1163-348- 5
辭免轉太中大夫狀　1163-348- 5
薦舉人材狀　1163-348- 5
跋歐陽文忠公疏草　1163-532- 29
跋東坡諫疏草　1163-532- 29
跋東坡代張文定上疏草　1163-533- 29
跋曾文清公奏議稿　1163-542- 30
跋周侍郎奏稿　1163-544- 30
（跋）先楚公奏檢　1163-551- 31
福建到任謝表　1394-448- 4
江西到任謝表　1394-448- 4
丞相率文武百僚賀壽皇正旦表　1394-449- 4
嚴州到任謝表　1394-449- 4
天申節賀表　1403-554-138

●陸　凱 吳

治道（疏）　433-604- 25
法祖（疏）　435- 1- 69
仁民（疏）　436- 56-105
節儉（疏）　438-456-191
聽言（疏）　438-700-201

四庫全書文集篇目分類索引　1477

營繕（疏）　441-720-315
切諫孫皓將亡表　1361-553- 12
陳移都武昌疏（二則）　1361-613- 24
復上吳主皓疏　1403- 62- 94
●陸　貢漢
治道（疏）　433-561- 23
●陸　瑁吳
征伐疏——論公孫淵巧詐反覆帝欲親征　439-496-228
諫（征公孫淵二則）　1361-628- 27
●陸　祭明
處置邊防疏　1274-635- 5
法祖宗復舊制以端治本疏　1274-637- 5
去積弊以振作人材疏附計開　1274-639- 5
劾太監閻洪疏　1274-644- 5
陳馬房事宜疏附計開　1274-646- 5
舉遺賢以禰理代疏　1274-652- 5
乞霽天威以明大獄疏　1274-653- 5
劾張桂諸臣疏　1274-654- 5
乞致仕疏　1274-657- 5
擬上備邊狀　1274-678- 7
劾張桂諸臣疏　1453-495- 56
●陸　遜吳
儲嗣（疏）——陳太子正統宜有磐石之固　435- 53- 71
經國（疏）　435-239- 78
仁民（疏）　436- 56-105
用人（疏）　436-603-130
求賢（疏）　437-259-153
征伐（疏）——論遣偏師取夷州及珠崖事　439-495-228
征伐（疏）——論公孫淵背盟　439-495-228
屯田（疏）　440-382-260
上仕進未得所疏　1361-608- 22
又上擊劉備疏　1361-608- 22
陳時事疏　1361-609- 23
又上取珠崖疏　1361-609- 23
諫（征公孫淵）　1361-628- 27
●陸　澄齊
禮樂（疏）　436-412-121
上齊高帝自理表 附尚書令褚淵奏高帝詔　1399-119- 5
●陸　澄明
辯忠議以定國是疏　1266-202- 38
●陸　徵劉宋

舉龔顗表　1398-734- 13
●陸　機晉
用人（疏二則）　436-606-130
薦賀循表　526- 6-259
謝平原內史表　541-326-35之3
謝平原內史表　1329-649- 37
　　1331- 17- 37
謝平原內史表　1394-337- 2
薦賀循郭訥疏　1398-324- 15
與趙王倫薦戴淵疏（二則）　1398-325- 15
薦張暢表附惠帝詔報　1398-325- 15
謝平原內史表　1398-325- 15
詣吳王宴表　1398-326- 15
大田議（奏）　1398-344- 15
謝平原內史表　1403-498-131
謝平原內史表　1413-377- 48
薦賀循郭訥表　1413-378- 48
見原後謝表　1413-378- 48
薦張暢表　1413-379- 48
大田議　1413-391- 48
●陸　徵劉宋
刺史廣州薦從事朱萬嗣表　1394-340- 2
薦士表　1398-734- 13
廣州薦士表　1403-503-131
●陸　贄唐
治道（疏）　433-684- 28
經國（疏）——論收河中後請罷兵狀　435-286- 80
經國（疏）——論關中事宜奏　435-275- 80
經國（疏）——請撫循李楚琳疏　435-279- 80
經國（疏）——論從賊中赴行在官狀　435-280- 80
經國（疏）——論敘遷幸之由狀　435-282- 80
薦表高等狀　436-633-131
論替換李楚琳狀　436-633-131
論蕭復狀　436-634-131
議汴州逐劉士寧事狀　436-635-131
論朝官缺員及刺史等改轉倫序狀　436-635-131
論除裴延齡度支使狀奏　436-641-131
論齊映齊抗官狀　436-642-131
知人（疏）——奉天論解蕭復狀　437-286-154
選舉（疏）　437-509-163
去邪（疏）——論用裴延齡　438- 27-174
賞罰（疏）　438-361-187
賞罰（疏）——論進苗粲官　438-361-187

戒侈欲（疏） 438-516-194
謹名器（疏） 438-593-197
謹名器（疏） 438-595-197
謹名器（疏）——論李萬榮授官 438-596-197
求言（疏） 438-646-199
聽言（疏四則） 438-714-201
慎刑（疏）——奏商量處置寶參狀三則 439-190-215
赦宥（疏）——論左降官准赦量移事狀三則 439-245-218
赦宥（疏）——論赦書事狀 439-247-218
赦宥（疏）——請宥趙貴先罪狀 439-248-218
任將（疏） 439-699-236
任將（疏）——論兩河及淮西利害狀（四則） 439-700-236
荒政（疏）——請遣使臣宣撫諸道遭水州縣狀 440- 8-243
荒政（疏）——論淮西管內水損處請同諸道遣宣慰使狀 440- 9-243
荒政（疏）——請依京兆所請折納事狀 440- 10-243
賦役（疏）——論兩稅法之弊須有釐革 440-253-254
賦役（疏）——論度支令京兆府折稅市草事狀 440-268-255
漕運（疏）——奏請減京東水運收脚價於緣邊州鎭儲蓄軍糧事宜狀 440-409-261
理財（疏） 440-445-262
理財（疏） 440-447-262
諡號（議）——上德宗尊號議（二則） 440-887-281
褒贈（疏） 441- 15-283
巡幸（疏） 441- 97-287
禦邊（疏）——論緣邊守備事宜狀 442- 36-321
禦邊（疏）——請邊城貯備米粟等狀 442- 44-321
囚裔（疏）——賀吐蕃尚結贊抽軍迴歸狀 442-550-341
收河中請罷兵狀 549-202-188
鸞駕還宮闘論發日狀（節） 556-138- 86
論關中事宜狀 556-198- 87
請依京兆所請折納狀 556-201- 87
論度支令京兆府折稅市草事狀 556-201- 87
論兩河及淮西利害狀 1072-654- 11
論關中事宜狀 1072-659- 11
論敍遷幸之由狀 1072-662- 12
奉天論奏當今所切務狀 1072-666- 12
奉天論前所苫奏未施行狀 1072-667- 12
奉天請數對群臣兼許令論事狀 1072-671- 13
奉天論尊號加字狀 1072-678- 13
重論尊號狀 1072-678- 13
奉天論赦書事條狀 1072-679- 13
奉天論擬與翰林學士改轉狀 1072-681- 14
奉天請罷瓊林大盈二庫狀 1072-682- 14
奉天論解蕭復狀 1072-684- 14
奉天薦袁高等狀 1072-686- 14
奉天論李晟所管兵馬狀 1072-686- 14
奉天奏李建徵楊惠元兩節度兵馬狀 1072-687- 14
鶉幸梁州論進獻瓜果人擬官狀 1072-688- 14
又論進瓜果人擬官狀 1072-689- 14
興元論解姜公輔狀 1072-690- 15
又苫論姜公輔狀 1072-693- 15
興元論請優獎曲環所領將士狀 1072-695- 15
興元論解蕭復狀 1072-696- 15
又苫論蕭復狀 1072-697- 15
興元論續從賊中赴行在官等狀 1072-697- 15
興元賀吐蕃尚結贊抽軍迴歸狀 1072-700- 16
興元奏請許渾瑊李晟等諸軍兵馬自取機便狀 1072-703- 16
興元請撫循李楚琳狀 1072-704- 16
興元論中官及朝官賜名定難功臣狀 1072-705- 16
興元論賜渾瑊詔書爲取散失內人等議狀 1072-707- 16
鸞駕將還宮闘論發日狀 1072-709- 16
請釋趙貴先罪狀 1072-710- 16
論替換李楚琳狀 1072-711- 16
收河中後請罷兵狀 1072-713- 16
請許臺省長官舉薦屬吏狀 1072-718- 17
請遣使臣宣撫諸道遭水州縣狀 1072-724- 17
論淮西管內水損處請同諸道遣宣慰使狀 1072-725- 17
謝密旨因論所宣事狀 1072-726- 17
論嶺南請於安南置市舶中使狀 1072-732- 18
論宣令除裴延齡度支使狀 1072-733- 18
論齊映齊抗官狀 1072-734- 18
請減京東水運收脚價於緣邊州鎭

儲蓄軍糧事宜狀　1072-734- 18
論緣邊守備事宜狀　1072-741- 19
商量處置寶參事體狀　1072-750- 19
奏議寶參等官狀　1072-751- 19
請不簿錄寶參莊宅狀　1072-752- 19
請還田緒所寄撰碑文馬絹狀　1072-753- 20
請依京兆所請折納事狀　1072-754- 20
議汴州逐劉士寧事狀　1072-754- 20
請不與李萬榮汴州節度使狀　1072-755- 20
論度支令京兆府折稅市章事狀　1072-757- 20
論左降官准赦合量移事狀　1072-759- 20
再奏量移官狀　1072-760- 20
三進量移官狀　1072-761- 20
請邊城貯備米粟等狀　1072-762- 20
論裴延齡姦蠹書一則　1072-764- 21
論朝官闕員及刺史等改轉倫序狀　1072-774- 21
均節賦稅恤百姓等六條　1072-780- 22
論遺號狀第二首　1343-422- 29
論赦書狀　1343-422- 29
請許臺省長官舉薦屬狀　1343-424- 29
請不置瓊林大盈二庫狀　1343-429- 29
初收城論詔渾瑊取裏頭內人等狀　1343-430- 29
駕幸梁州在路論百姓進瓜果請賜
　帛不與官（二則）　1343-432- 29
論渾瑊李晟等諸軍兵馬不要指授
　方略狀　1343-435-30上
收河中後請罷兵狀　1343-436-30上
初收城後請不誅鳳翔軍將趙貴先
　狀　1343-440-30上
論請不替鳳翔節度使李楚琳狀　1343-441-30上
奉天論延訪朝臣表　1343-350- 25
論進瓜果人擬官狀　1359-430- 61
請釐革賦稅弊疏　1361-864- 7
關中事宜狀　1361-873- 8
論敍遷幸之由　1361-876- 8
請對群臣論事狀　1361-878- 9
論尊號狀　1361-881- 9
論赦書事條狀　1361-882- 9
請罷瓊林大盈二庫狀　1361-882- 9
論進瓜果人擬官狀　1361-883- 9
論賜渾瑊詔書取散失內人等狀　1361-884- 9
請許臺省長官薦屬吏狀　1361-885- 9
論緣邊守備事宜狀　1361-886- 9
奉天論延訪朝臣表　1403-480-129
論敍遷幸之繇狀　1404- 5-160
奉天論前所答奏未施行狀　1404- 8-160
奉天請數對群臣兼許令論事狀　1404- 12-160
奉天論赦書事條狀　1404- 18-160
奉天請許臺省長官舉薦屬吏狀　1404- 19-160
奉天奏李建徴楊惠元兩節度兵馬
　狀　1404- 24-160
奉天請不置瓊林大盈二庫狀　1404- 25-160
與元訪續從賊中赴行在官等狀　1404- 28-161
與元初收城論詔渾瑊取裏頭內人
　等狀　1404- 31-161
與元奏請論渾瑊李晟等諸軍兵馬
　不要指授方略狀　1404- 32-161
駕幸梁州在路論百姓進瓜果請賜
　不與官第二狀　1404- 34-161
與元論解姜公輔狀　1404- 35-161
與元論解蕭復狀　1404- 38-161
論請不替鳳翔節度使李琳狀　1404- 39-161
論嶺南請於安南置市舶中使狀　1404- 40-161
請還田緒所寄撰碑文馬絹狀　1404- 40-161
請依京兆所請折納事狀　1404- 41-161
論治亂之略疏　1417-703- 33
論徵稅疏　1417-705- 33
論納諫疏　1417-705- 33
論關中事宜狀　1417-707- 33
論前所答奏未施行狀　1417-710- 33
請罷瓊林大盈庫狀　1417-714- 33
論兩稅以布帛爲額狀　1417-716- 33
請罷兵狀　1417-719- 33
論前所答奏未施行狀　1476-118- 7
請數對群臣兼許令論事狀　1476-119- 7
謝密旨狀因論所宣事狀　1476-121- 7

● 陸　穩 明

剗除山寇事宜（疏）　517- 62-116
邊方災患懇免加派錢糧以安人心
　疏　517- 63-116

● 陸九淵 宋

治道（疏四則）　434-384- 50
刪定官輪對箚子（五則）　1156-415- 18
荊門到任謝表　1156-417- 18
刪定官輪對箚子　1404-177-174

● 陸子真 劉宋

薦關康之奏　1398-781- 14

● 陸文圭 元

賀即位表天曆二年八月　1194-533- 1
賀正表　1194-533- 1

四庫全書文集篇目分類索引

萬戶府賀正表　　　　　　　　　　1194-534- 1
擬行省進鄉試合格進士花名表　　　1194-534- 1
擬謝賜進士及第表　　　　　　　　1194-534- 1
代謝進士及第錫燕表二首　　　　　1194-535- 1
●陸行儉 唐
代淄青諫伐淮西表　　　　　　　　1338-720-616
●陸長愈 宋
崇儒（疏）——乞今後春秋釋奠
　以鄒國公孟子配享文宣王設位
　於袞國公顏子之次　　　　　　　440-718-274
●陸知命 隋
請使高麗表　　　　　　　　　　　1400-358- 7
●陸隴其 清
敬陳畿輔民情疏　　　　　　　　　506-256- 94
畿輔民情疏　　　　　　　　　　　1325-194- 1
諭奪情疏　　　　　　　　　　　　1325-195- 1
請速停保舉永閉先用疏　　　　　　1325-196- 1
編審人丁議　　　　　　　　　　　1325-197- 1
請豁免舊欠議　　　　　　　　　　1325-198- 1
捐納保舉議　　　　　　　　　　　1325-198- 1
復議捐納保舉　　　　　　　　　　1325-199- 1
●區　博 漢
諫王莽行井田附王莽下書　　　　　1396-683- 24
●都　絜 宋
登對進書（易變體義）箚子　　　　11-631- 附
●疏　廣 漢
儲嗣（疏）——對許舜監護太子
　家事　　　　　　　　　　　　　435- 49- 71
●陶　青 漢
効晁錯奏　　　　　　　　　　　　1396-343- 7
●陶　侃 晉
辭位歸國表　　　　　　　　　　　516-727-114
●陶　穀 後漢
聽言（疏）　　　　　　　　　　　438-737-202
●陶　璜 晉
禦邊（疏）　　　　　　　　　　　442- 17-320
止減州郡兵疏　　　　　　　　　　568- 43- 99
論交州不宜減兵奏　　　　　　　　1398-146- 7
交州論輸珠表　　　　　　　　　　1398-146- 7
●陶　謙 漢
征伐（疏）　　　　　　　　　　　439-484-227
上太祖未可罷兵書　　　　　　　　1361-555- 13
上獻帝論罷兵書（二則）　　　　　1397-531- 26
●陶弘景 梁
解官表　　　　　　　　　　　　　1394-348- 2

解官表附齊武帝詔答　　　　　　　1399-429- 9
解官表　　　　　　　　　　　　　1403-510-132
與梁武帝論書啟　　　　　　　　　1404-208-178
解官表　　　　　　　　　　　　　1415-213- 89
與武帝論書啟五首　　　　　　　　1415-213- 89
進周氏冥通記啟　　　　　　　　　1415-216- 89
●陶丘一 魏
薦管寧疏　　　　　　　　　　　　541-343-35之4
　　　　　　　　　　　　　　　　1361-638- 30
●張　亢 宋
上仁宗論邊機軍政所疑十事(疏)　　432-666-133
禦邊（疏）　　　　　　　　　　　442-130-325
禦邊（疏）——論邊機軍政所疑
　十事上疏　　　　　　　　　　　442-132-325
●張　文 漢
災祥（疏）——上論災異疏　　　　441-287-297
上言災異疏　　　　　　　　　　　1397-398- 18
●張氏(苻堅妾) 前秦
征伐（疏）——論苻堅將入寇江
　左　　　　　　　　　　　　　　439-507-228
諫伐晉書　　　　　　　　　　　　1402-477- 72
●張氏（楊繼盛妻）明
乞代夫死疏　　　　　　　　　　　506-222- 93
　　　　　　　　　　　　　　　　1278-629- 1
籲天乞恩願代夫死疏　　　　　　　1403-325-114
●張氏（沈束妻）明
懇乞天恩客令身代夫囚疏　　　　　1403-326-114
●張　汜 漢
上言脩河（疏）　　　　　　　　　1397-147- 7
●張　永 劉宋
將士休假議　　　　　　　　　　　1398-774- 14
●張　本 明
條例事奏　　　　　　　　　　　　444-317- 44
●張　守 宋
君德（疏三則）　　　　　　　　　433- 57- 3
治道（疏二則）　　　　　　　　　434-332- 48
宗室（疏）——乞安養宗室奏　　　435-205- 77
經國（疏）——應詔論事箚子　　　435-546- 90
經國（疏）——乞詔大臣講求政
　事箚子　　　　　　　　　　　　435-548- 90
經國（疏）——論遣使箚子　　　　435-548- 90
仁民（疏二則）　　　　　　　　　436-117-107
用人（疏）——論差李公彥李正
　民權官不當箚子　　　　　　　　437- 35-143
用人（疏）——增置教授（狀二

四庫全書文集篇目分類索引

　則）　　　　　　　　　　　　437- 36-143
去邪（疏）　　　　　　　　　　438-267-183
賞罰（疏三則）　　　　　　　　438-412-189
慎微（疏）——論諸將請私箚子　438-580-196
聽言（疏）——論聽言箚子　　　438-826-205
聽言（疏）——乞賞直言箚子　　438-827-205
聽言（疏二則）　　　　　　　　438-828-205
慎刑疏——乞踈決獄囚箚子　　　439-226-217
兵制（疏）　　　　　　　　　　439-374-223
兵制疏——乞以田募兵箚子　　　439-374-223
兵制（疏）——論當今軍政　　　439-375-223
兵制（疏）——論教閱軍兵箚子　439-376-223
征伐（疏）——乞措置捕戮李成
　箚子　　　　　　　　　　　　439-629-233
荒政（疏）——乞放兩浙米紅箚
　子　　　　　　　　　　　　　440- 80-246
賦役（疏）　　　　　　　　　　440-348-258
禮臣（疏）　　　　　　　　　　441- 86-286
災祥（疏）——論災異所自箚子　441-501-305
弭盜（疏）　　　　　　　　　　441-811-318
弭盜（疏）——乞措置丁家洲箚
　子　　　　　　　　　　　　　441-811-318
禦邊（疏）——論守禦箚子　　　442-372-335
禦邊（疏）——論守禦箚子　　　442-373-335
禦邊（疏）——應詔論備禦箚子　442-374-335
禦邊（疏）——論守禦箚子　　　442-375-335
禦邊（疏）——乞以大河州軍爲
　藩鎮箚子　　　　　　　　　　442-376-335
禦邊（疏）——應詔論防秋利害
　箚子　　　　　　　　　　　　442-377-335
禦邊（疏）——論大臣當講究防
　秋箚子　　　　　　　　　　　442-378-335
代皇子賀冬表十道　　　　　　1127-688- 2
代皇子賀正表十道　　　　　　1127-689- 2
天申節賀表　　　　　　　　　1127-691- 2
賀册皇后禮成表　　　　　　　1127-691- 2
代皇子賀親蠶禮成表五道　　　1127-691- 2
代皇子賀北郊禮成表五道　　　1127-692- 2
代皇子北郊齋宮起居表五道　　1127-693- 2
代皇子賀明堂禮成表五道　　　1127-693- 2
賀明堂禮成表　　　　　　　　1127-694- 2
代皇子明堂致齋起居表五道　　1127-694- 2
謝宣諭詔書表　　　　　　　　1127-696- 3
應詔論事詔書表　　　　　　　1127-696- 3
謝南郊大禮加食邑表　　　　　1127-697- 3

謝加食邑表　　　　　　　　　1127-697- 3
謝明堂加食邑表　　　　　　　1127-698- 3
謝中使傳宣撫問兼賜夏藥表　　1127-698- 3
謝中使傳宣撫問賜臘藥表　　　1127-698- 3
謝宮觀表　　　　　　　　　　1127-699- 3
謝提舉臨安府洞需宮任便居住表　1127-699- 3
謝除知紹興府到任表　　　　　1127-700- 3
謝宮祠表　　　　　　　　　　1127-700- 3
謝乞宮祠賜詔不允表　　　　　1127-701- 3
謝再乞宮祠賜詔不允表　　　　1127-701- 3
謝乞宮祠賜詔不允表　　　　　1127-701- 3
謝乞宮祠詔不允表　　　　　　1127-702- 3
謝除知福州到任表　　　　　　1127-702- 3
謝走失編管人放罪表　　　　　1127-703- 3
代徐州太守謝上表　　　　　　1127-703- 3
代人謝禮部侍郎表　　　　　　1127-704- 3
謝除禮部侍郎表　　　　　　　1127-704- 3
代謝撫問表　　　　　　　　　1127-705- 3
謝傳宣撫問表（二則）　　　　1127-705- 3
謝中使傳宣撫問表　　　　　　1127-706- 3
賀金人退遁表　　　　　　　　1127-706- 3
謝生日禮物表　　　　　　　　1127-707- 3
代李憲賀檢法廳生芝草表　　　1127-707- 3
代內相謝入伏早出表　　　　　1127-708- 4
謝除御史中丞表　　　　　　　1127-708- 4
代提刑謝賜茶表　　　　　　　1127-709- 4
代太守謝賜茶表　　　　　　　1127-709- 4
謝除提舉萬壽觀兼侍讀表　　　1127-710- 4
謝除知建康府到任表　　　　　1127-710- 4
謝除知平江府到任表　　　　　1127-711- 4
謝除知紹興府到任表　　　　　1127-711- 4
代內相謝侍讀表　　　　　　　1127-712- 4
代大理寺卿斷絕奏棄表　　　　1127-712- 4
經筵上殿時務箚子　　　　　　1127-716- 5
應詔論事箚子　　　　　　　　1127-719- 5
乞吏部破格差注箚子　　　　　1127-721- 5
乞裁損買翎毛箚子附貼黃　　　1127-721- 5
乞安養宗室箚子　　　　　　　1127-722- 5
論禁軍逃亡箚子　　　　　　　1127-723- 5
論防秋士士大夫求去箚子　　　1127-723- 5
又乞疾速講求防秋事務箚子　　1127-724- 5
又論大臣當講究防秋箚子　　　1127-724- 5
又論江北知州防秋箚子　　　　1127-725- 5
又應詔論防秋利害箚子　　　　1127-726- 5
乞疏決獄囚箚子　　　　　　　1127-727- 5

1482　　　　　　　　　四庫全書文集篇目分類索引

論盜發本路監司帥臣不卽捕治箚
　　子　　　　　　　　　　　1127-727- 5
論淮西科率箚子　　　　　　　1127-728- 5
又論淮西科率箚子　　　　　　1127-729- 5
又論軍期科率箚子　　　　　　1127-730- 5
乞詔大臣講求政事之大者箚子　1127-731- 6
乞戒諭諸將箚子　　　　　　　1127-732- 6
諫車駕親征箚子　　　　　　　1127-733- 6
乞訪復徽稱箚子　　　　　　　1127-733- 6
論守禦箚子（二則）　　　　　1127-733- 6
再論守禦幷乞預措置六宮百司府
　　庫箚子　　　　　　　　　1127-735- 6
應詔論備禦箚子　　　　　　　1127-736- 6
乞以大河州軍爲藩鎭箚子　　　1127-737- 6
上殿論三奉使箚子　　　　　　1127-738- 6
進編類建炎時政記箚子　　　　1127-739- 6
乞支軍糧箚子　　　　　　　　1127-739- 6
乞除餉上供充軍糧箚子　　　　1127-739- 6
論大食故臨國進奉箚子　　　　1127-740- 6
論幸蜀箚子　　　　　　　　　1127-741- 7
乞捕飛蝗箚子　　　　　　　　1127-742- 7
措置魔賊箚子　　　　　　　　1127-742- 7
論措置度賊箚子附貼黃　　　　1127-743- 7
措置江西善後箚子附小貼子二則貼
　　黃一則　　　　　　　　　1127-744- 7
論措置民兵利害箚子　　　　　1127-747- 7
乞屯兵江州箚子　　　　　　　1127-747- 7
論諸軍效用使臣箚子　　　　　1127-748- 7
乞修德箚子　　　　　　　　　1127-748- 7
論修德箚子　　　　　　　　　1127-749- 7
薦胡世將箚子　　　　　　　　1127-750- 7
薦張觷等箚子　　　　　　　　1127-750- 7
薦本路人材箚子　　　　　　　1127-750- 7
論薦舉揚州守臣箚子　　　　　1127-751- 7
薦王庭秀等箚子　　　　　　　1127-752- 7
薦余良弼等箚子　　　　　　　1127-752- 7
乞措置丁家洲箚子　　　　　　1127-752- 7
辭免御史中丞箚子　　　　　　1127-754- 8
辭免禮部侍郎箚子（二則）　　1127-754- 8
乞罷政事箚子（二則）　　　　1127-755- 8
再乞罷政事箚子（五則）　　　1127-755- 8
乞罷政事箚子　　　　　　　　1127-756- 8
吳木上書乞罷政事箚子　　　　1127-757- 8
乞罷政事箚子（二則）　　　　1127-757- 8
辭免參知政事箚子　　　　　　1127-757- 8

上殿辭免箚子　　　　　　　　1127-758- 8
辭免提舉萬壽觀兼侍讀箚子（二
　　則）　　　　　　　　　　1127-758- 8
再辭免幷乞宮觀箚子　　　　　1127-759- 8
乞破格宮觀箚子　　　　　　　1127-759- 8
論除侍讀箚子　　　　　　　　1127-760- 8
辭免除資政殿大學士箚子　　　1127-760- 8
辭免進職第二箚子　　　　　　1127-760- 8
辭免除資政殿學士箚子　　　　1127-761- 8
乞罷中司箚子（三則）　　　　1127-761- 8
辭免翰林學士箚子（二則）　　1127-762- 8
辭免知平江府箚子　　　　　　1127-763- 8
辭免知建康府箚子（二則）　　1127-764- 8
辭免知紹興府箚子（二則）
　　附貼黃　　　　　　　　　1127-764- 8
辭免轉官及知婺州箚子　　　　1127-765- 8
辭免除資政殿大學士轉兩官加食
　　邑婺州箚子附貼黃　　　　1127-765- 8
辭免除知洪州箚子　　　　　　1127-766- 8
辭免知福州箚子附貼黃　　　　1127-766- 8
乞張銳改除一郡箚子　　　　　1127-767- 8
乞錄用曾紆箚子　　　　　　　1127-767- 8
乞落丁騭致仕箚子　　　　　　1127-767- 8
移曄吳門乞上殿箚子　　　　　1127-767- 8
乞令范瓊討苗傅劉正彥箚子
　　附貼黃　　　　　　　　　1127-767- 8
乞赴闕奏事箚子　　　　　　　1127-768- 8
乞措置捕殺李成箚子（二則）　1127-768- 8
論增置教授狀（二則）　　　　1127-772- 9
乞付告事人下御史臺狀　　　　1127-774- 9
論資考關陞狀　　　　　　　　1127-774- 9
辭免萬壽觀申都省狀（二則）　1127-775- 9
論置翰林圖畫局待罪奏狀　　　1127-775- 9
辨正薛昌宋違御筆罪名狀　　　1127-776- 9
再乞罷言職求外狀　　　　　　1127-777- 9
跪章政平刺血上表乞父北還表後　1127-789-10
賀天申節表　　　　　　　　　1352- 26-1上
賀天寧節表　　　　　　　　　1352- 27-1上
賀天申節表　　　　　　　　　1352- 29-1上
賀册皇太后表　　　　　　　　1352- 39-1中
賀明堂禮成表　　　　　　　　1352- 46-1中
賀恤刑表　　　　　　　　　　1352- 65-2上
賀九鼎成表　　　　　　　　　1352- 68-2上
謝除樞密表　　　　　　　　　1352-131-3下
謝除禮部侍郎表　　　　　　　1352-139-3下

史部

詔令奏議類：附錄

奏議上十一畫

四庫全書文集篇目分類索引

謝除翰林學士表　1352-147-4上
謝除御史中丞表　1352-152-4中
謝除資政殿大學士表　1352-154-4中
越帥到任謝上表　1352-183-5上
閩帥到任謝上表　1352-185-5上
平江到任謝上表　1352-204-5下
謝轉官表　1352-225-6上
謝宮觀表　1352-242-6下
謝乞宮祠不允賜詔慰勞表　1352-243-6下
謝乞宮祠不允賜詔表　1352-243-6下
謝詔書宣諭表　1352-244-6下
謝詔書獎諭表　1352-245-6下
謝傳宣撫問表　1352-245-6下
謝獎諭表　1352-249-6下
謝赦書表　1352-249-6下
謝賜對衣帶金帶鞍馬表　1352-258-7上
謝賜紹興府宮賜本府充治所表　1352-258-7上
●張　戒漢
治河議　1396-685- 24
●張　吉明
星變求言疏　1257-593- 1
甄別善惡疏　1257-595- 1
陳言地方疏　1257-596- 1
上時務疏　1257-598- 1
再上時務疏　1257-598- 1
乞恩養病再疏　1257-602- 1
辨釋誣枉疏　1257-604- 1
乞恩休致疏　1257-605- 1
辨明地方用事小官寃枉疏　1465-511- 5
乞恩養病疏　1465-513- 5
乞恩養病再疏　1465-515- 5
●張　羽明
劾劉瑾疏　1264-276- 下
地震疏　1264-281- 下
再題地震（疏）　1264-285- 下
奏捷（疏）　1264-287- 下
守保定有疾乞休（疏二則）　1264-291- 下
副汴桌乞恩休致（疏）　1264-293- 下
河南左轄乞休（疏二則）　1264-294- 下
●張　匡漢
日蝕論王商對附史丹奏成帝詔　1396-513- 16
●張　老北齊
請定律令書　1400- 47- 3
●張　任明
到任謝恩疏　1465-586- 9

各道職掌疏　1465-586- 9
捷報兩省官兵剿平山寇疏　1465-588- 9
恭謝恩賞疏　1265-592- 9
十寨捷音敍功疏　1465-593- 9
十寨善後疏　1465-598- 9
●張　未宋
進大禮慶成賦表　1115-266- 31
代文潞公辭免明堂陪位表　1115-267- 31
代文潞公辭免明堂加恩表第二表　1115-267- 31
謝得請表　1115-268- 31
代張文定辭免明堂陪位表　1115-268- 31
代范相讓官表　1115-269- 31
謝宣賜曆日表　1115-269- 31
謝欽恤刑表　1115-269- 31
謝明堂赦書表　1115-270- 31
黃州謝到任表　1115-270- 31
黃州安置謝表　1115-270- 31
辭免起居舍人狀　1115-271- 31
任起居舍人乞郡狀　1115-271- 31
辭免丞相表　1352-113-3上
辭免起居舍人表　1352-124-3中
辭免明堂陪位表　1352-128-3中
謝諭黃州監酒表　1352-232-6中
遠慮策　1354-244- 30
至誠篇（議）上下　1361- 73- 11
衣冠篇（議）　1361- 77- 11
遠慮篇（議）上下　1361- 78- 12
慎微篇（議）上下　1361- 82- 12
用民篇（議）　1361- 86- 13
廣才篇（議）　1361- 88- 13
擇將篇（議）上下　1361- 91- 13
審戰篇（議）　1361- 95- 13
力政篇（議）　1361- 96- 13
代文潞公謝太皇太后表　1382-376-下1
謝除權吏部尚書表　1382-376-下1
代謝吏部侍郎表　1382-376-下1
謝除參知政事表　1382-377-下1
謝簽書樞密院事表　1382-377-下1
●張　沂明
劾廠監張鯨疏　445-491- 30
●張　良漢
賞罰（疏）　438-351-187
賞罰（疏）　438-352-187
戒伏欲（疏）　438-500-193
征伐（疏）　439-460-226

●張　位 明
史職疏　1453-525- 57
建輔城定兵制疏　1453-526- 57
●張　佀 宋
上太宗乞復左右史之職（疏）　431-727- 60
國史（疏）——乞復左右史之職
　疏　440-769-276
●張　侠 漢
儲嗣（疏）——誼用天下賢才傅
　太子　435- 51- 71
●張　巡 唐
謝金吾將軍表　538-508- 76
●張　宏 宋
禦邊（疏）　442-422-337
●張　玘 宋
律歷（疏）　440-863-280
●張　林 漢
理財（疏）　440-429-262
上言均輸　1397-168- 8
●張　岳 明
諫征安南疏　445-367- 23
論征安南疏　568- 99-101
報柳州捷音疏　568-101-101
報連山賀縣捷音疏　568-104-101
請令大臣侍疾疏　1272-286- 1
諫南巡疏　1272-287- 1
乞恩褒卹故大理寺丞黃翠疏　1272-289- 1
論征安南疏　1272-290- 1
安南來降謝欽賞疏　1272-292- 1
郎陽到任謝恩疏　1272-293- 2
平黎謝欽賞疏　1272-293- 2
江西到任謝恩疏　1272-294- 2
處置災傷第一二疏　1272-294- 2
請存問尚書羅欽順疏　1272-299- 2
江省人材疏　1272-300- 2
兩廣到任謝恩疏　1272-301- 3
報封川捷音疏　1272-302- 3
賀太廟成頒赦疏　1272-306- 3
謝陞賞疏　1272-307- 3
報柳州捷音疏　1272-307- 3
留任兩廣謝恩疏　1272-314- 3
陞賞謝恩疏　1272-314- 3
報連山賀縣捷音疏　1272-315- 3
兩廣人材疏　1272-318- 3
至湖廣謝恩疏　1272-320- 4
領總督勅書題知疏　1272-321- 4
謝陞職賜金幣疏　1272-322- 4
論湖貴苗情幷征剿事宜疏　1272-322- 4
乞辭免疊賞疏　1272-327- 4
極陳地方苗患幷論征剿撫守利害
　疏　1272-327- 4
謝賜銀幣疏　1272-330- 4
奉勅切責謝恩疏　1272-331- 4
保留參將石邦憲疏　1272-332- 4
乞立存活被虜人口賞格疏　1272-335- 5
大征苗賊功次疏　1272-336- 5
苗賊突劫思州疏　1272-338- 5
截獲苗賊疏　1272-341- 5
擒獲首惡龍許保疏　1272-343- 5
謝恩疏　1272-345- 5
參究主苗酉陽宣撫冉玄疏　1272-346- 5
報過撫剿殘苗疏　1272-349- 5
斬獲首惡吳黑苗地方事寧完報疏　1272-354- 5
兩廣到任謝恩疏　1465-560- 8
報柳州捷音疏　1465-560- 8
陞賞謝恩疏　1465-565- 8
報連山賀縣捷音（疏）　1465-565- 8
留任兩廣謝恩疏　1465-568- 8
●張　洞 宋
上仁宗議四后祔饗（疏）　432- 93- 88
郊廟（疏）——議四后廟饗　433-456- 19
●張　泊 宋
上太宗論入閤圖（疏）　432-134- 92
上太宗乞罷權山行放法（疏）　432-315-108
禮樂（疏）　436-354-119
建官（疏）　437-394-159
水利（疏）——言汴水疏鑿之由　440-145-249
理財（疏）——乞罷權山行放法
　奏　440-457-263
●張　既 魏
稱毋丘興表　1361-637- 29
●張　勇 清
奏爲恭謝天恩事 附陝西總督孟喬芳
　草原題疏　430-304- 1
題爲飛報生擒逆首恢復肅州併陳
　善後事宜事　430-306- 1
奏爲欽奉勅諭恭謝天恩事　430-308- 1
奏爲敬竭愚忠懇調繁劇上報國恩
　下盡臣職事（疏）附山陝總督金
　礪題疏　430-309- 1

四庫全書文集篇目分類索引　1485

題爲欽奉上傳事　430-311-　1
奏爲恭謝天恩事　430-314-　1
奏爲恭謝天恩事　430-315-　1
奏爲恭報微臣到任日期叩謝天恩
　事附經略洪承疇薦疏　430-315-　1
奏爲恭謝天恩事　430-317-　1
題爲特請舊員隨往新任查缺補授
　以固重地事　430-318-　1
奏爲遵例目陳仰祈睿鑒事　430-319-　1
題爲欽奉上諭雲南提督張勇仍調
　回甘肅鎮守事　430-321-　2
題爲密陳衝邊情形請增兵馬以固
　嚴疆事　430-322-　2
題爲備陳防禦機宜以作未雨綢繆
　之計事　430-324-　2
題爲邊氣未靖要地需兵乞速題請
　增設以資戰守事　430-326-　2
題爲海彝潛謀不軌密探已確請發
　大兵用彰天討永靖邊氛事　430-327-　2
題爲及時修築以重邊防量撤守兵
　以固內地事　430-329-　2
奏爲遵旨自陳事　430-331-　2
奏爲恭謝天恩事　430-332-　2
奏爲微臣發病日深恐惧嚴疆重寄
　懇乞聖恩別簡重臣以資彈壓事　430-333-　2
題爲彝情巨測堪虞邊地之拒防最
　極請速增兵以固疆圉事　430-334-　2
題爲欽奉上諭雲南作亂固守地方
　事　430-335-　2
題爲叛賊差送逆書特疏舉首事　430-337-　2
奏爲恭謝天恩事（二則）　430-338-　2
題爲密報賊勢披猖彝情狡詐請乞
　補官給餉勦通道路以資戰守以
　便恢復事　430-340-　2
題爲密首僞諭僞翁僞印式事　430-342-　2
題爲殺敗蘭州逆賊恭報捷音事　430-343-　2
奏爲恭謝天恩事　430-343-　2
題爲恭報驅逐海彝殺敗逆賊恢復
　河洮二州事　430-344-　2
題爲征剿須用騎兵營員尤宜遴補
　籲請俞旨以資戰守事　430-347-　3
奏爲恭謝天恩事　430-349-　3
題爲稟報追撫狃民歸土事　430-350-　3
題爲恭報彝目出邊并調兵剿賊情
　形仰祈睿鑑事　430-350-　3

題爲密陳邊地情形請添兵馬以資
　固守事附兵部題爲恭繳上諭事　430-352-　3
題爲飛報大敗鞏昌賊衆並請優恤
　陣亡將并事　430-353-　3
題爲密陳三路進兵以收全勝事　430-354-　3
題爲敬抒管見條陳安邊之策以備
　採納事　430-356-　3
題爲恭報恢復鞏昌郡城事　430-358-　3
題爲土官戰功足錄懇齡前怎以勵
　後效事　430-359-　3
題爲密報緊急彝情事　430-360-　3
題爲鞏郡恢復請增官兵以資固防
　事　430-361-　3
題爲行間效力歷著戰功特請各部
　復職以廣皇仁事　430-362-　3
題爲飛報恢復岷州并有功人員仰
　祈睿鑒事　430-363-　3
題爲稟報狃民歸業事　430-364-　3
奏爲恭謝天恩事　430-364-　3
題爲地方已經恢復酌駐重臣官兵
　并要地添設總兵以固封疆以資
　勦防事　430-366-　3
題爲鞏郡恢復請增官兵以資固防
　事　430-367-　3
題爲咨繳僞翁事　430-368-　3
題爲欽奉上諭秦省最爲緊要綏定
　地方勦除賊寇事　430-369-　3
題爲酌移糧餉募兵征勦以靖逆氛
　事　430-371-　3
題爲舉首逆書事　430-373-　4
題爲請補營將以資征勦事　430-374-　4
題爲稟報陣亡官員事　430-375-　4
題爲飛報勦撫逆賊事　430-375-　4
題爲趙良棟發往陝西　430-376-　4
題爲寧鎮先變撤兵回秦固守秦州　430-378-　4
題爲詳陳進勦逆賊機宜事　430-380-　4
題爲遵旨酌行調遣并報抵鞏日期
　事　430-381-　4
題爲塘報殺敗逆賊事　430-381-　4
題爲委員監造軍器并請移駐地方
　事　430-382-　4
題爲塘報殺敗逆賊事　430-383-　4
題爲舉首逆書事　430-385-　4
題爲飛報殺敗侵犯通渭逆賊事　430-385-　4
題爲飛報大敗逆賊事　430-387-　4

史部

詔令奏議類：附錄

奏議上十一畫

1486　　　　　　　　　　四庫全書文集篇目分類索引

史部　詔令奏議類：附錄　奏議上十一畫

題爲衝鋒拔險大敗逆賊飛報捷音事　430-388- 4

奏爲恭謝天恩事　430-390- 4

題爲夾勦逆賊大獲全勝事　430-390- 4

題爲塘報大敗逆賊事　430-392- 4

奏爲微臣病勢日微懇乞亟簡賢能以資彈壓事　430-393- 4

題爲急請鎮臣統練新兵以資分防事　430-395- 4

題爲照額設兵并補守備以資防禦事　430-397- 5

題爲恭報暫停召募以省兵餉事　430-398- 5

奏爲恭謝天恩事　430-399- 5

題爲彙報傷亡官兵乞循例卹賞事　430-401- 5

題爲軍需孔亟彈力損貲以報國恩事　430-402- 5

奏爲臣病已危特舉賢能懇允代任無悮嚴疆事　430-404- 5

奏爲恭謝天恩事（三則）　430-405- 5

題爲兵分五路進取漢興以圖大舉入川事　430-408- 5

題爲官兵齊集漢興秦省轉運莫繼宜駐商州西和隂口爲進取漢興事　430-409- 5

題爲各請就近題補邊堡守備以資防禦事　430-410- 5

題爲衝邊極需能員循例就近請補以衞疆圉事　430-411- 5

題爲極邊需員最亟特舉才能補授以重邊防事　430-412- 5

題爲嚴疆亟需才能將備請乞就近題補以固邊疆事　430-413- 5

題爲循例保舉補授將并以重嚴疆事　430-414- 5

題爲邊堡重地特舉能員以固疆圉事　430-415- 5

題爲彝情叵測邊地兵單請暫設總鎮以重控制事　430-416- 5

題爲秦省勦撫方殷重臣不便久離仰祈迅勅還陝以安民心以濟軍務事　430-417- 5

題爲岷州地隣賊境特舉能員以鞏封疆事　430-418- 5

題爲嚴疆急需能員擬補將備以資邊防事　430-419- 5

題爲邊地亟需能員謹循例保舉以固嚴疆　430-420- 5

請就近題補將備以勵邊才以收實效事　430-421- 5

奏爲恭謝天恩事（疏）　430-423- 6

題爲欽遵勅諭留秦敬陳進勦形勢事　430-424- 6

題爲保舉才能補授邊營員缺以資固圉事　430-425- 6

題爲邊患正殷防禦尤亟請復舊制以固邊疆事　430-426- 6

題爲請調秦省綠旗官兵進定滇黔事　430-427- 6

題爲邊營必資能員請就近擢補事　430-428- 6

題爲哨探彝情事　430-429- 6

題爲稟報彝情事　430-431- 6

奏爲臣病危篤仰祈亟簡賢能以重閫寄事　430-431- 6

題爲海彝充斥邊外防禦必當先籌請撤提臣回訊以固疆圉事　430-432- 6

題爲懸念戰功題請議敘以恤勤勞以示鼓勵事　430-433- 6

題爲請錄陣亡戰將之子以慰忠魂以勵後效事　430-435- 6

奏爲懇憐病勢危篤極簡賢能允臣解任事　430-436- 6

奏爲遵例自陳廢病曠職仰祈罷黜以重大典事　430-437- 6

題爲請命提鎮次第入覲以重閫寄事　430-438- 6

奏爲恭謝天恩事　430-439- 6

奏爲臣病危篤已無生機竊請僉旨迅賜解任事　430-440- 6

奏爲恭謝天恩事　430-441- 6

題爲報明微臣到甘日期事　430-443- 6

奏爲微臣病勢已危泣辭解任亟簡賢能以資控制事　430-443- 6

奏爲泣陳臣命之將終懸念邊疆之爲重仰祈睿鑑俯納愚忠事
　　附甘寧巡撫葉原題疏　430-444- 6

● 張　述唐

代韓僕射辭官表（二則）　1338-418-581

爲鄭滑李僕射辭官表　1338-419-581

代韓僕射謀伐淮西表　1338-719-616

● 張　述宋

上仁宗乞遴擇宗親試以職務（疏
　二則）　　　　　　　　431-327- 30
上仁宗乞擇藝祖太宗子孫立爲皇
　子（疏）　　　　　　　431-341- 31
儲嗣（疏三則）　　　　　435- 80- 72
●張　茂魏
上錄奪士女書　　　　　1361-556- 13
諫明帝書　　　　　　　1402-474- 72
●張　昭吳
戒伏欲（疏）　　　　　　438-506-193
●張　昭宋
治道（疏）　　　　　　　433-711- 29
儲嗣（疏）——諫皇子競尚奢侈
　事　　　　　　　　　　435- 78- 72
用人（疏二則）　　　　　436-653-131
戒伏欲（疏）　　　　　　438-522-194
●張　英清
進呈類函表　　　　　　　982- 2- 附
恭進易經參解表　　　　1319-636- 39
謝御賜書籍表　　　　　1319-637- 39
恭謝特擢翰林院學士兼禮部侍郎
　（表）　　　　　　　1391-639- 39
恩賜宮紗謝表　　　　　1319-640- 39
恩賜羊酒食物謝表　　　1319-642- 39
請假歸葬疏　　　　　　1319-643- 39
歲終彙進講章疏　　　　1319-645- 39
題請萬壽朝賀章　　　　1319-646- 39
懇思休致疏　　　　　　1319-647- 39
題爲聖謨廣運事（疏）　1319-648- 39
請恩乞休事（疏）　　　1319-652- 39
爲恭謝天恩事（疏）　　1319-653- 39
爲恭請聖躬萬安事（疏）1319-654- 39
恭進參解易經序　　　　1319-657- 40
恭進書經衷論序　　　　1319-658- 40
恭進易經參解表　　　　1449-439- 1
恩賜宮紗謝表　　　　　1449-441- 1
恩賜羊酒食物謝表　　　1449-442- 1
●張　禹漢
奏事　　　　　　　　　1397-224- 11
●張　奐漢
災祥（疏）　　　　　　　441-285-297
乞改葬寶武陳蕃疏　　　1360-191- 11
上靈帝言災應疏　　　　1397-381- 18
●張　浩金
選舉（疏）　　　　　　　437-695-170

●張　浚宋
君德（疏）　　　　　　　433- 51- 3
聖學（疏）　　　　　　　433-191- 8
敬天（疏）　　　　　　　433-327- 13
治道（疏）　　　　　　　434-295- 46
治道（疏）——奏時政七弊　434-296- 46
治道（疏）　　　　　　　434-360- 49
儲嗣（疏二則）　　　　　435-110- 73
內治（疏）　　　　　　　435-159- 75
經國（疏）　　　　　　　435-490- 88
經國（疏）——論當時事勢　435-491- 88
經國（疏）——論車駕進止利害　435-491- 88
經國（疏）——論脩德以圖恢復
　疏　　　　　　　　　　435-493- 88
經國（疏）　　　　　　　435-494- 88
經國（疏）——論和戰利害疏二
　則　　　　　　　　　　435-496- 88
經國（疏）——奏恢復事宜　435-500- 88
經國（疏）——論歸正人利害疏　435-501- 88
經國（疏）——論招納歸正人利
　害疏　　　　　　　　　435-501- 88
經國（疏）——論泗州事宜疏　435-502- 88
經國（疏）——論撫恤淮漢兵民
　及經理陝西河東事宜疏　435-503- 88
經國（疏）——上經理淮甸疏　435-503- 88
經國（疏）——論蕭宇等約降及
　恢復事宜疏　　　　　　435-504- 88
經國（疏）——奏恢復事宜　435-505- 88
經國（疏）——論和戰利害疏　435-606- 93
經國（疏）——楚州回奏　435-705- 97
仁民（疏）——議姑息狀　436-105-107
論終行喪禮事（疏）　　　436-470-124
論易月之制（疏）　　　　436-471-124
用人（疏）——議任事　　437- 7-142
用人（疏）　　　　　　　437- 7-142
用人（疏）——條具四事　437- 8-142
用人（疏）　　　　　　　437- 8-142
用人（疏）——議皇極之道　437- 9-142
用人（疏）——議進退人才（二
　則）　　　　　　　　　437- 9-142
用人疏　　　　　　　　　437- 10-142
用人疏——議彈擊　　　　437- 11-142
用人（疏）——次平江奏論人才　437- 45-144
知人（疏）——論君子小人之辨　437-351-156
知人（疏）——謝賜御書否泰卦

因陳卦義　　　　　　　　　　　437-352-156
知人（疏）——乞別邪正　　　　437-352-156
知人（疏）　　　　　　　　　　437-353-156
選舉（疏）　　　　　　　　　　437-649-169
賞罰（疏）——論功賞利害狀　　438-415-189
節儉（疏）　　　　　　　　　　438-482-192
戒逸欲（疏三則）　　　　　　　438-537-195
慎微（疏三則）　　　　　　　　438-579-196
謹名器（疏）　　　　　　　　　438-626-198
聽言（疏）　　　　　　　　　　438-823-205
聽言（疏）——議聽言之難　　　438-823-205
慎刑（疏）——上議刑罰狀　　　439-222-217
兵制（疏）——奏乞申嚴私役禁
　軍之法　　　　　　　　　　　439-363-222
兵制（疏）——論諸軍當結純鎗
　純弓純弩隊　　　　　　　　　439-364-222
兵制（疏）——議練兵　　　　　439-364-222
宿衞（疏）——議撫邛侍衞之人　439-440-225
征伐（疏）——論自治之策二則　439-593-232
征伐（疏）——辯和議利害　　　439-595-232
征伐（疏）——議行師奏　　　　439-596-232
征伐（疏）——論江淮形勢　　　439-596-232
征伐（疏）——奏楊沂中破劉猊
　疏　　　　　　　　　　　　　439-597-232
征伐（疏）——論邊事利害疏　　439-597-232
征伐（疏）——論戰守利害（疏）439-598-232
征伐（疏）——議間諜　　　　　439-598-232
征伐（疏）——論用兵　　　　　439-598-232
征伐（疏）——進王朴平邊策故
　事　　　　　　　　　　　　　439-598-232
征伐疏——進王朴練兵策　　　　439-600-232
征伐（疏）——論戰守利害疏　　439-600-232
征伐（疏）　　　　　　　　　　439-638-234
征伐疏——奏邊事　　　　　　　439-640-234
征伐（疏）——奏川陝事宜　　　439-640-234
征伐（疏）——論東西牽制　　　439-640-234
征伐（疏）——奏敵勢及海道進
　取等事疏　　　　　　　　　　439-641-234
征伐（疏）——論牽制事宜　　　439-641-234
任將（疏）——議堅忍立事六則
　附貼黃　　　　　　　　　　　439-756-238
禮臣（疏三則）　　　　　　　　441- 81-286
災祥（疏）——乞修德選賢以消
　天變疏　　　　　　　　　　　441-504-305
災祥（疏）　　　　　　　　　　441-504-305

弭盜（疏）　　　　　　　　　　441-808-318
禦邊（疏）——論敵情及備禦利
　害　　　　　　　　　　　　　442-346-334
禦邊（疏）——論戰守利害　　　422-347-334
禦邊（疏）——回奏楚泗等處守
　禦事宜箚子　　　　　　　　　442-386-335
辭免都督江淮軍馬表　　　　　　1352-126-3中
謝除都督江淮軍馬表　　　　　　1352-169-4下
辭免都督江淮軍馬表　　　　　　1403-553-138
● 張　俊晉
爲吳令謝詢求爲諸孫置守塚人表　1329-656- 38
　　　　　　　　　　　　　　　1331- 27- 38
代吳令謝詢求爲諸孫置守塚人表　1386-217- 37
爲吳令謝詢求爲諸孫置守家人表　1398-396- 17
　　　　　　　　　　　　　　　1403-499-131
　　　　　　　　　　　　　　　1417-482- 23
● 張　栻宋
謝太師加贈表　　　　　　　　　1167-485- 8
嚴州到任謝表　　　　　　　　　1167-486- 8
靜江到任謝表　　　　　　　　　1167-486- 8
江陵到任謝表　　　　　　　　　1167-487- 8
進職因任謝表　　　　　　　　　1167-487- 8
謝除秘閣修撰表　　　　　　　　1167-487- 8
謝侍講表　　　　　　　　　　　1167-488- 8
謝賜冬衣表　　　　　　　　　　1167-488- 8
賀郊祀表　　　　　　　　　　　1167-488- 8
賀冬至表　　　　　　　　　　　1167-488- 8
遺奏　　　　　　　　　　　　　1167-489- 8
題李光論馮瓘箚子附御批　　　　1167-694- 33
跋許右丞許吏部奏議　　　　　　1167-702- 34
跋溫公瀚座銘藁　　　　　　　　1167-703- 34
賀冬表　　　　　　　　　　　　1352- 54-1下
謝除秘閣修撰表　　　　　　　　1352-160-4中
謝進職因任表　　　　　　　　　1352-162-4中
謝除侍講表　　　　　　　　　　1352-163-4下
嚴州到任謝表　　　　　　　　　1352-205-5下
江陵到任謝表　　　　　　　　　1352-206-5下
謝太師加贈表　　　　　　　　　1352-230-6中
題司馬文正公薦士篇　　　　　　1353-813-110
入見孝宗奏　　　　　　　　　　1418-721- 62
靖江到任謝表　　　　　　　　　1465-474- 3
知靖江府奏議　　　　　　　　　1465-489- 4
● 張　原明
時政疏　　　　　　　　　　　　429-354- 1
止殷通等乞陞職世襲疏　　　　　429-364- 2

四庫全書文集篇目分類索引

請起大學士石珤疏　429-365- 2
寢趙雲陞命疏　429-366- 2
弭盜疏　429-369- 2
修德弭變疏　429-370- 2
選近習疏　429-373- 2
請逐太監蕭敬疏　429-374- 2
再乞亟黜逆黨蕭敬疏　429-375- 2
辭免陞俸疏　429-377- 2
再辭俸疏　429-377- 2
清吏治疏　429-379- 3
論朝臣不宜詰辯疏　429-380- 3
論錦衣衞朱宸等罪狀　429-381- 3
伸國法疏　429-382- 3
正國體疏　429-384- 3
寢楊倫職命疏　429-385- 3
褒祀王端毅公疏　429-386- 3
袪異端疏　429-387- 3
乞禁濫舉將官疏　429-390- 3
論王邦奇等七次奏辯罪狀　429-392- 3
永福長公主禮制疏　429-394- 3
停國戚張鶴齡等恩典疏　429-395- 3
停司禮監請乞疏　429-397- 3
論國戚張延齡等罪狀　429-398- 3
停止織造疏　429-399- 3
勘地方賊情疏　429-400- 3
勘邊官失事疏　429-402- 3
乞養病疏　429-403- 4
留吏部尚書喬宇疏　429-403- 4
在告極論朝事疏　429-403- 4
殘惡將臣疏　429-405- 5
巡撫憲臣貪暴不職疏　429-406- 5
早辨奸佞以正人心疏　429-407- 5
時政疏　445-213- 13
止殷通等乞陞職世襲疏　445-291- 18
寢趙雲陞命疏　445-292- 18
弭盜疏　445-294- 18
修德弭變疏　445-296- 18
選近習疏　445-298- 18
請逐太監蕭敬疏　445-299- 18
再乞亟黜逆黨蕭敬疏　445-301- 18
論錦衣衞朱宸等疏　445-308- 19
寢楊倫職命疏　445-310- 19
袪異端疏　445-311- 19
論王邦奇等七次奏辯疏　445-314- 19
停國戚張鶴齡等恩典疏　445-317- 20

停司禮監請乞疏　445-319- 20
論國戚張延齡等罪狀疏　445-320- 20
停止織造疏　445-321- 20
勘地方賊情疏　445-325- 20
在告極論朝事疏　445-326- 20
●張　珪（等）元
災祥（疏）　441-699-314
●張　耕明
建定南縣疏　517- 75-117
三大政論嚴嵩疏　568-106-101
●張　根宋
君德（疏）　433- 43- 2
●張　紘吳
征伐（疏）——諫帝率輕騎將往突敵　439-494-228
諫吳主突敵（二則）　1361-627- 27
●張　倫北魏
四裔（疏）　442-521-340
●張　倫明
救荒弭患疏　558-596- 45
●張　純漢
郊廟（疏）　433-342- 14
封禪（疏）　441-221-294
定宗廟昭穆奏　1360-146- 8
定祧祔奏　1360-147- 8
富平侯張純等請命錫奏　1396-660- 23
論宗廟奏附光武詔二則　1397-134- 7
論祧祔奏　1397-134- 7
請封禪奏　1397-135- 7
定宗廟昭穆疏　1403- 36- 91
正昭穆疏　1417-359- 18
●張　袞北魏
經國（疏二則）　435-266- 80
●張　處宋
進月令解表　116-538-附
治道（疏）——言人主當以靜制天下之動　434-649- 59
災祥（疏）　441-575-308
●張　猛（等）漢
禮臣（疏）　441- 43-285
●張　敏漢
法令（疏）　439- 8-208
駁爲父報仇議　1360-291- 17
駁輕侮法議（二則）　1397-188- 9
爲父報仇議　1403-661-150

●張　渭 唐

爲封大夫謝勅賜衣及綾縑表　　　　1338-528-594

●張　淵 宋

興化軍到任謝表　　　　　　　　　1352-219-6上

●張　湯 漢

漕運（疏）　　　　　　　　　　　440-407-261

上武帝謝罪書　　　　　　　　　　1396-419- 11

●張　詠 漢

爲陳崇稱安漢公功德奏　　　　　　1396-662- 23

爲劉嘉追罪劉崇奏　　　　　　　　1396-665- 23

●張　詠 宋

到任謝表　　　　　　　　　　　　489-423- 36

通判相州求養親表　　　　　　　　1085-626- 9

荊湖轉運蒙恩獎諭謝表　　　　　　1085-627- 9

奏鄭元祐事蒙恩獎諭（謝）表　　　1085-627- 9

讓起復表　　　　　　　　　　　　1085-628- 9

謝起復表　　　　　　　　　　　　1085-628- 9

賀西川賊平表　　　　　　　　　　1085-629- 9

杭州蒙恩獎諭謝表　　　　　　　　1085-629- 9

謝除吏部侍郎表　　　　　　　　　1085-630- 9

賀聖駕幸澶州還京表　　　　　　　1085-630- 9

謝恤刑表　　　　　　　　　　　　1085-630- 9

益州謝降詔書獎諭表　　　　　　　1085-631- 9

昇州到任謝表　　　　　　　　　　1085-632- 9

益州謝傳旨獎諭表　　　　　　　　1085-632- 9

賀東封禮畢表　　　　　　　　　　1085-634- 10

甘露賀表　　　　　　　　　　　　1085-635- 10

謝賜御製御書封禪銘贊記副本表　　1085-635- 10

昇州謝傳宣撫問表　　　　　　　　1085-636- 10

謝加階封表　　　　　　　　　　　1085-636- 10

昇州又謝傳宣撫問表　　　　　　　1085-637- 10

謝加工部尚書再任表　　　　　　　1085-637- 10

進文字表　　　　　　　　　　　　1085-638- 10

賀祀后土禮畢大赦表　　　　　　　1085-639- 10

謝除禮部尚書表　　　　　　　　　1085-639- 10

辭赴陳州表　　　　　　　　　　　1085-640- 10

謝封贈表　　　　　　　　　　　　1085-640- 10

謝加階食邑表　　　　　　　　　　1085-640- 10

陳州到任謝表　　　　　　　　　　1085-642- 10

奏鄭元祐事自陳狀　　　　　　　　1085-644- 11

著作佐郎求充幕職狀　　　　　　　1085-644- 11

申堂自陳狀　　　　　　　　　　　1085-645- 11

西川回乞持服狀　　　　　　　　　1085-646- 11

廣都縣馮某毆母待罪狀　　　　　　1085-646- 11

謝賜曆日狀　　　　　　　　　　　1085-646- 11

謝傳宣撫問失火及安撫人戶事狀　　1085-647- 11

昇州謝就差江東安撫使狀　　　　　1085-647- 11

再任益州謝傳宣撫問狀　　　　　　1085-647- 11

昇州謝恩撫問狀　　　　　　　　　1085-648- 11

謝進文字賜詔獎諭狀　　　　　　　1085-648- 11

陳州謝傳宣撫問狀　　　　　　　　1085-649- 11

病瘡乞任使狀　　　　　　　　　　1085-649- 11

謝賜衣襴狀　　　　　　　　　　　1085-649- 11

杭州蒙恩獎諭謝表　　　　　　　　1394-401- 3

昇州又謝傳宣撫問表　　　　　　　1394-402- 3

●張　揖 魏

廣雅表　　　　　　　　　　　　　221-427-附

●張　棟 明

因事陳言疏　　　　　　　　　　　517- 88-117

陳邊事疏　　　　　　　　　　　　1403-355-117

●張　華 晉

上壽時舉歌詩表　　　　　　　　　1398-116- 6

薦成公綏表　　　　　　　　　　　1398-116- 6

晉文王諭議　　　　　　　　　　　1398-116- 6

廢黜武悼楊太后議（奏）附皋公
　　有司奏（二則）及王晃等議　　1398-116- 6

上壽食舉歌詩表　　　　　　　　　12113-194- 40

薦成公綏表　　　　　　　　　　　1413-194- 40

封禪議　　　　　　　　　　　　　1413-195- 40

晉文王諭議　　　　　　　　　　　1413-195- 40

廢黜武悼楊太后議　　　　　　　　1413-195- 40

●張　敞 漢

內治（疏）——諫王太后數出遊
　　獵事　　　　　　　　　　　　435-119- 74

法令（疏）　　　　　　　　　　　439- 3-208

外戚（疏）　　　　　　　　　　　441-115-288

弭盜（疏）　　　　　　　　　　　441-763-317

論霍氏（疏）　　　　　　　　　　1355-241- 9

論霍氏封事　　　　　　　　　　　1360-203- 12

諫膠東王太后書　　　　　　　　　1360-241- 13

論霍氏（疏）　　　　　　　　　　1377-158- 4

（上書皇帝）諫昌邑王書　　　　　1396-444- 12

言霍氏封事　　　　　　　　　　　1396-444- 12

自請治盜賊書　　　　　　　　　　1396-445- 12

論黃霸請訪長吏奏　　　　　　　　1396-445- 12

入穀贖罪書附蕭望之等議（三則）　1396-446- 12

諫信方士疏　　　　　　　　　　　1396-447- 12

上寶鼎議　　　　　　　　　　　　1396-448- 12

詣公車上書　　　　　　　　　　　1396-448- 12

自請治盜賊書　　　　　　　　　　1402-446- 69

四庫全書文集篇目分類索引

請勒長吏奏	1403-421-121	賀與金國和表	1131-528- 21
劾黃覇	1403-569-140	賀皇后受册表	1131-528- 21
論霍氏封事	1403-579-142	擬進神宗實錄表	1131-528- 21
條奏故昌邑王居處	1403-607-144	天申節宰臣以下謝賜御宴表	1131-529- 22
上霍氏封事	1417-274- 14	慰水固陵復土表	1131-530- 22
劾黃覇奏	1417-275- 14	賜御書樂毅論春秋左氏傳謝表	1131-530- 22
自請治盜賊書	1417-276- 14	錫御書毛詩謝表	1131-530- 22
上王暢奏記	1476- 67- 4	代盧尚書謝靖康覃恩表	1131-530- 22
●張　鈞 漢		謝除敷文閣待制表	1131-531- 22
寵幸（疏）	441-162-290	代紹興十七年賜曆日表	1131-531- 22
近習（疏）	441-171-291	代謝紹興十八年曆日表	1131-531- 22
乞斬十常侍書	1360-270- 15	代謝賜曆日表	1131-532- 22
虎見奏	1397-391- 18	謝郊恩表	1131-532- 22
論十常侍疏	1397-391- 18	謝曆日表（二則）	1131-532- 22
●張　皓 漢		擬留守司請回鑾表	1131-533- 22
諫安帝廢太子疏	1397-241- 11	除中書舍人兼學士院謝表	1131-533- 22
諫順帝繫考趙騰書	1397-241- 11	代王帥謝除數學表	1131-533- 22
●張　阜 唐		代劉寶學謝表	1131-534- 22
慎微（疏）	438-567-196	轉左朝散謝表	1131-534- 22
●張　欽明		代王侍郎謝表	1131-535- 22
閉關第一二三疏	506-197- 93	貢銀絹表	1131-535- 22
●張　溫 漢		謝侍講表	1131-535- 22
任將疏	439-692-236	代謝樞密院表	1131-536- 22
諫徵朱儁疏	1397-397- 18	謝除中書舍人表	1131-536- 22
●張　溫吳		代房州謝表	1131-537- 22
使蜀對大帝	1386-703- 上	代劉鎮江謝上表	1131-537- 22
●張　靖（等）晉		代人謝資政殿學士提舉萬壽觀兼	
禮樂（疏）	436-402-121	侍讀表	1131-538- 22
●張　照 清		衢州謝到任表	1131-539- 23
回奏樂律箚子	1449-847- 28	慰終制表（二則）	1131-540- 23
回奏丹陛樂導引樂用鼓起音箚子	1449-854- 28	代劉寶學彥修謝安置表	1131-540- 23
●張　暐 金		上皇帝書	1131-541- 23
用人（疏）	437-245-152	代參政乞宮觀第一箚（四則）	1131-542- 23
●張　虞 晉		除福建漕上殿箚子（二則）	1131-544- 23
褒贈許孜（疏）	441- 6-283	辭免起居舍人箚子	1131-548- 23
●張　嵲 宋		辭免兼實錄院檢討官箚子	1131-548- 23
治道（疏）	434-304- 46	辭免除中書舍人箚子	1131-550- 24
用人（疏）	437- 20-143	論敬天（疏）	1131-550- 24
災祥（疏）	441-509-306	論和戰守（疏）	1131-551- 24
禦邊（疏）	442-351-334	論攻取（疏）	1131-552- 24
賀稱尊號表	1131-526- 21	論御將（疏）	1131-553- 24
藉田禮成表	1131-526- 21	論遵守舊法（疏）	1131-554- 24
賀正表（四則）	1131-526- 21	論和糴（疏二則）	1131-556- 24
房州貢生辰禮物表	1131-527- 21	論士風（疏）	1131-558- 25
天申節賀表	1131-527- 21	進故事（一）——論西漢楊僕	1131-559- 25

史部　詔令奏議類：附錄　奏議上十一畫

史部 詔令奏議類:附錄 奏議上十一畫

進故事(二)——論東漢張敏 1131-559- 25
進故事(三)——論唐李回 1131-560- 25
上疏論地震 1131-561- 25
爲王之道降官受命詞繳奏狀 1131-561- 25
爲趙巖天充殿前司軍效用事繳奏狀 1131-562- 25
爲張俊乞賞繳奏狀 1131-562- 25
爲崔紡改官繳奏狀 1131-563- 25
爲耿著敍復舊官繳奏狀 1131-564- 25
爲林大受劉嘉成等斷案事繳奏狀 1131-564- 25
爲鄭克持衝替繳奏狀 1131-565- 25
爲王德田師中除正任承宣使繳奏狀 1131-566- 25
代劉待制辭免除寶文閣直學士狀 1131-566- 25
代宰臣乞罷免狀(三則) 1131-567- 26
八月一日視朝轉對奏狀 1131-568- 26

●張 寧 明

石彪失儀彈文 443-496- 25
劾輔臣壞科目疏 443-546- 26
增解額疏 443-547- 26
題公差事 443-578- 27
奏止齋醮進香疏 443-666- 30
加封孔子議 1247-188- 1
乞進講大學衍義表 1247-189- 1
齋醮進香表 1247-190- 1
奏劾禮部攙越行人司差遣 1247-191- 1
鄉試時劾奏少保戶部尚書大學士陳循少保吏部尚書大學士王文 1247-193- 1
乞省買辦(疏) 1247-193- 2
各處鄉試乞增取舉人(疏) 1247-195- 2
代孔克煦乞免本族田組奏 1247-196- 2
舉王竑李秉奏 1247-196- 2
乞除論帶俸軍職(疏) 1247-198- 2
災異乞修省疏 1247-198- 2
乞復王徽等官職題本 1247-199- 2
彈章——石彪 1247-200- 2
彈章——某等放縱禁密之地 1247-201- 2
彈章——某等不閑於禮教 1247-201- 2
彈章——某怠惰情滋 1247-202- 2
彈章——某等不循禮義者 1247-202- 2
彈章——某官等忘其戒謹安於故常 1247-203- 2
彈章——某等昏迷自恣侮慢弗恭 1247-203- 2
彈章——某等昏迷自恣攙忽不恭 1247-204- 2
彈章——各官無檢束 1247-205- 2
乞定名次題本 1247-349- 12

遼東復奏題本 1247-350- 12
朝鮮國回還復命題本 1247-350- 12
齋醮進香疏 1453-398- 49

●張 說 唐

戒伏欲(疏) 438-515-193
律歷(疏) 440-830-279
禮臣(疏) 441- 55-285
禦邊(疏) 442- 34-321
幽州論戍事表 506-278- 95
荊南謝上表 534-349- 90
爲留守作慶山醴泉表 556-183- 87
賀昭陵徵應狀 556-197- 87
請封太山表并批答 1065-757- 13
請八月五日爲千秋節表并勅旨 1065-758- 13
請置屯田表 1065-758- 13
禮儀使賀五陵祥瑞表并答制 1065-759- 13
集賢院賀太陽不虧表并答制 1065-759- 13
賀大衍曆表 1065-759- 13
賀示曆書表 1065-759- 13
賀祈雨感應表 1065-760- 13
讓兵部尚書平章事表 1065-760- 13
讓封燕國公表 1065-761- 13
讓中書侍郎表 1065-761- 13
讓右丞相表(二則) 1065-761- 13
讓中書令表 1065-762- 13
讓平章事表 1065-762- 13
讓起復除黃門侍郎第一二三表 1065-763- 13
謝觀唐昌公主花燭表 1065-764- 13
諫內宴至夜表 1065-764- 14
進鬥羊表 1065-765- 14
進佛像表 1065-765- 14
進渾儀表 1065-765- 14
幽州論戍事表 1065-766- 14
并州論邊事表 1065-767- 14
百官請不從靈駕表 1065-767- 14
爲留守奏慶山醴泉 1065-768- 14
爲留守作瑞禾杏表 1065-769- 14
爲留守作賀崿山(表) 1065-769- 14
爲留守奏羊乳鸞表 1065-770- 14
爲留守奏嘉禾(表) 1065-770- 14
爲請邊道大總管建安王奏失利(表) 1065-771- 14
爲建安王謝賜衣及藥(表) 1065-771- 14
爲建安王讓羽林衞大將軍兼檢校司賓卿(表) 1065-772- 14

四庫全書文集篇目分類索引

爲薛稷讓官表	1065-772- 14
爲郭振讓官表	1065-772- 14
爲僧普潤辭公封（表）	1065-773- 14
諫道暑三陽宮（表）	1065-773- 14
諫澆寒戲疏	1065-774- 15
論神兵軍大總管功狀	1065-774- 15
賀彩雲見狀	1065-776- 15
賀破吐蕃狀	1065-776- 15
謝賜撰鄭國夫人碑羅絹狀	1065-776- 15
集賢院謝示道經狀	1065-776- 15
謝賜御書大通禪師碑額	1065-776- 15
進大衍曆表	1065-781- 16
爲河南郡王武懿宗平冀州賊契丹等露布	1065-788- 17
請許王公百官封太山表	1338-183-556
賀祈雨感應表	1338-224-561
賀大衍曆表	1338-308-570
賀示曆書表	1338-308-570
讓兵部尚書平章事表	1338-333-573
讓封燕國公表	1338-334-573
讓中書侍郎表	1338-334-573
讓右丞相表（二則）	1338-335-573
讓中書令表	1338-335-573
讓平章事表	1338-335-573
爲建安王讓羽林大將軍兼司賓卿表	1338-383-578
爲僧普潤辭公封表	1338-386-578
讓起復除黃門侍郎表（三則）	1338-396-576
岳州刺史謝上表	1338-449-585
荊南謝上表	1338-449-585
謝觀唐昌公主火燭表	1338-491-590
謝賜碑額表	1338-510-592
謝脩史表	1338-510-592
謝衣藥表	1338-523-594
謝賜藥表	1338-524-594
爲田神玉謝端午物表	1338-531-595
謝京城車亭子宴送表	1338-535-595
謝賜鍾馗及曆日表	1338-545-596
謝問表	1338-559-598
諫則天幸三陽宮表	1338-582-600
爲留守作奏慶山醴泉表	1338-679-612
爲留守奏羊乳驪表	1338-680-612
爲留守奏嘉禾表	1338-681-612
進麟羊表	1338-681-612
進佛像表	1338-688-613

進渾儀表	1338-689-613
爲清邊大捴管建安王奏失利表	1338-705-614
幽州論戎事表	1338-705-614
并州論邊事表	1338-706-614
請置屯田表	1338-723-616
諫內宴至夜表	1338-755-620
謝賜藥狀	1339- 16-630
謝賜撰鄭國夫人碑羅絹狀	1339- 41-634
集賢院謝示道經狀	1339- 42-634
謝賜御書大通禪師碑額狀	1339- 42-634
賀彩雲見狀	1339- 48-636
賀破吐蕃狀	1339- 55-637
爲河南郡王武懿宗平冀州賊契丹等露布	1339-135-646
論神兵大捴管功狀	1343-443-30上
進渾儀表	1343-356- 25
讓右丞相表	1394-376- 2
進麟牛表	1394-377- 2
爲河南郡王武懿宗平冀州賊契丹等露布	1394-620- 9
勸還三陽宮疏	1403- 87- 98
陳則天幸三陽宮表	1403-468-128
進渾儀表	1403-469-128
讓右丞相表	1403-518-134
進麟羊表	1403-518-134
上東宮請講學啟	1404-209-179
大唐封禪文	1404-414-198

● 張　廉 宋

喪禮（疏）	436-445-123

● 張　澈 宋

湖州到任謝上表	1352-205-5下

● 張　酺 漢

外戚（疏）	441-124-288
論薦太子師傅疏	1397-173- 8
辭東郡疏附章帝詔報	1397-173- 8
理寶氏疏	1397-173- 8
上言諸州詣京都奏事	1397-174- 8

● 張　輔明

平南獻俘露布	594-242- 10

● 張　戩 宋

上神宗乞察官依諫官例登對(疏)	431-923- 77
上神宗論新法（疏）	432-399-113
上神宗論新法不敢赴臺供職(疏)	432-413-114
聽言（疏）——乞察官依諫官例登對狀	438-763-203

理財（疏） 440-537-266
●張 閶 宋
水利（疏）——論修錢塘江 440-224-253
●張 髭晉
論三宗疏 1398-158- 8
●張 遜 宋
福建市舶到任謝表 1352-202-5下
●張 嶺 明
參靖江王府內官疏 1465-516-文5
●張 蒼漢
劾淮南王長奏附文帝制三則奏二則 1396-295- 6
●張 綱 漢
去邪（疏） 438- 7-173
近習（疏） 441-166-191
江東提刑謝到任表 1131- 52- 9
肆赦謝表 1131- 53- 9
進天申節銀狀 1131- 53- 9
除給事中謝表 1131- 53- 9
罷給書中提舉宮觀謝表 1131- 54- 9
揚楚兵退賀表 1131- 54- 9
除徽猷閣待制謝表 1131- 55- 9
紹興六年車駕巡幸起居表 1131- 55- 9
紹興六年冬至賀表 1131- 55- 9
紹興七年元正賀表 1131- 56- 9
徽宗皇帝升遐慰表 1131- 56- 9
紹興七年再任宮觀謝表 1131- 56- 9
紹興七年車駕駐驛建康起居表 1131- 57- 9
丁父憂服闋從吉再任宮觀謝表 1131- 57- 9
紹興十年明堂禮成賀表 1131- 57- 9
奉上皇太后册寶賀表 1131- 58- 10
磨勘轉左朝散大夫謝表 1131- 58- 10
紹興十二年再任宮觀謝表 1131- 59- 10
懿節皇后上僊慰表 1131- 59- 10
皇太后還闕賀表 1131- 60- 10
紹興十三年册立皇后賀表 1131- 60- 10
紹書十三年郊祀禮成賀表 1131- 60- 10
紹興十四年再任宮觀謝表 1131- 61- 10
磨勘轉左朝請大夫謝表 1131- 61- 10
紹興十五年正旦大朝會賀表 1131- 62- 10
紹興十六年郊祀禮成賀表 1131- 62- 10
丁母憂服闋從吉再任宮觀謝表 1131- 62- 10
紹興十九年郊祀禮成賀表 1131- 63- 10
磨勘轉左朝議大夫謝表 1131- 63- 10
紹興二十一年再任宮觀謝表 1131- 65- 11
紹興二十二年郊祀禮成賀表 1131- 66- 11
除吏部侍郎謝表 1131- 66- 11
除兼侍講謝表 1131- 67- 11
除參知政事辭免表 1131- 67- 11
除參知政事謝表 1131- 67- 11
賜生日生餼謝表 1131- 68- 11
除資政殿學士知婺州謝表 1131- 68- 11
知婺州謝表 1131- 69- 11
進士貢羅狀 1131- 69- 11
賜曆日謝表 1131- 69- 11
再致仕謝表 1131- 70- 11
紹興二十八年郊祀禮成賀表 1131- 70- 11
皇太后慶壽賀表 1131- 71- 11
紹興二十九年加恩謝表 1131- 72- 12
顯仁皇后上僊慰表 1131- 72- 12
欽宗皇帝升遐慰表 1131- 72- 12
紹興三十一年明堂禮成賀表 1131- 72- 12
紹興三十二年加恩謝表 1131- 73- 12
皇帝登寶位賀位 1131- 74- 12
車駕巡幸起居表 1131- 74- 12
乾道元年郊祀禮成賀表 1131- 75- 12
辭免召赴行在恩命謝表 1131- 75- 12
乾道元年加恩謝表 1131- 76- 12
又賀皇帝表 1131- 77- 12
遺表 1131- 77- 12
論獄囚瘦死箚子 1131- 85- 14
乞欠任箚子 1131- 85- 14
乞令帥守條列利害箚子 1131- 86- 14
乞嚴邊備箚子 1131- 86- 14
乞詔大臣兼領史事箚子 1131- 87- 14
論買牛筋角箚子 1131- 87- 14
論士豪獄久不決箚子 1131- 88- 14
論淮南官冗箚子 1131- 89- 14
論諸蕃箚子 1131- 89- 14
乞舉將帥箚子 1131- 91- 15
乞修戰船箚子 1131- 92- 15
論三衙兵少箚子 1131- 92- 15
論黨籍之家推恩江灜箚子 1131- 93- 15
論公道箚子 1131- 93- 15
論宋令害民箚子 1131- 94- 15
乞除民事一條箚子 1131- 94- 15
乞重監司箚子 1131- 95- 15
乞審聽察箚子 1131- 95- 15
辭免除參知政事箚子 1131- 96- 15
辭免再賜新衣金帶鞍馬箚子 1131- 96- 15
乞罷政第一至四箚子 1131- 97- 16

四庫全書文集篇目分類索引 1495

辭免資政殿學士知婺州箚子　1131-97-16
投進恩賜御書墨本箚子　1131-97-16
乞修心治國箚子　1131-99-16
辭免起居舍人狀　1131-99-16
辭免中書舍人狀　1131-100-16
除中書舍人舉魏良臣自代狀　1131-100-16
乞宮觀第一至四狀　1131-100-16
駁陳鑄吳說差遣指揮狀　1131-103-17
駁陳伯彊恩澤指揮（狀）　1131-103-17
繳薛昂復官恩澤詞頭（狀）　1131-104-17
駁張公裕廟宇指揮狀　1131-104-17
駁錢稔與郡指揮狀　1131-105-17
乞宮觀第一二狀　1131-105-17
駁汪若海差遣指揮狀　1131-106-17
駁祁彥質請改指揮狀附貼黃　1131-106-17
待罪狀　1131-108-18
駁程俱差遣指揮狀　1131-109-18
繳趙令應轉行太中大夫詞頭狀　1131-109-18
乞宮觀第一二狀　1131-110-18
辭免給事中狀　1131-111-18
再辭給事中乞宮觀狀　1131-111-18
除給事中舉凌哲自代狀　1131-111-18
看詳元祐黨人狀　1131-112-18
駁郭彥參放罷指揮狀　1131-113-19
辭免徵歛閣待制狀　1131-114-19
除往制舉李益自代狀　1131-115-19
乞致仕狀　1131-115-19
辭免召赴行在恩命狀　1131-115-19
辭免吏部侍郎狀　1131-115-19
除侍郎舉葛鄰自代狀　1131-116-19
辭免兼侍講狀　1131-116-19
駁李紹祖差遣指揮狀　1131-116-19
轉對狀　1131-116-19
乞放婺州見欠內庫綾羅狀　1131-117-19
乞再致仕第一狀　1131-118-19
乞再致仕第二狀　1131-118-19
進大行皇太后挽詞狀　1131-118-19
辭免召赴行在恩命狀　1131-119-19
進故事一至六　1131-120-20
進故事一至四　1131-126-21
進故事一至五　1131-132-22
進故事一至四　1131-138-23
論中官養子襲爵書　1360-265-15
上順帝諫寵宦官書　1397-251-12
勸梁氏奏　1397-252-12

●張　裒晉
法令（疏）　439-12-208
●張　璁明
議大禮疏　445-274-17
●張　頡宋
故左宣奉大夫顯謨閣待制贈特進
　葛公諡文康覆議　1127-666-24
●張　儀周
經國（疏）　435-223-78
說韓王　1377-314-14
說楚王　1377-315-14
說魏王　1377-316-14
說齊王　1377-317-14
說趙王　1377-318-14
說燕王　1377-318-14
●張　儉漢
勸侯覽奏　1397-365-17
●張　謂唐
進寶應長寧樂表　1338-668-611
進婆羅樹枝狀　1339-83-642
進白鷹狀　1339-86-642
　　1404-118-169
●張　濯明
謹奏爲錄遺功以勵人心事　1249-550-0
●張　奮漢
禮樂（疏）　436-323-118
災祥（疏）　441-265-296
上辭封書　1397-185-9
上和帝論灾旱表　1397-185-9
請定禮樂疏　1397-185-9
復上論禮樂疏　1397-185-9
●張　聚晉
注律要（表）　1398-186-9
註律表　1403-460-127
●張　衡漢
圖讖（疏）——極言圖緯虛妄非
　聖人法　440-758-275
災祥（疏）　441-268-296
上安帝論疫災疏　1397-267-13
上順帝陳事疏　1397-268-13
請禁圖讖疏　1397-268-13
論舉孝廉疏　1397-269-13
論貢舉疏　1397-269-13
水災對策　1397-270-13
日蝕上表　1397-270-13

史部

詔令奏議類：附錄

奏議上十一畫

1496　　　　　　　四庫全書文集篇目分類索引

史部

詔令奏議類：附錄

奏議上十一畫

請專事東觀疏表	1397-270- 13	代賀元會表	1129-156- 14
求合正三史表	1397-270- 13	代處州謝賜大晟樂表	1129-156- 14
條上司馬遷班固二史	1397-270- 13	謝轉官表	1129-156- 14
諫圖緯疏	1403- 44- 92	謝賜曆日表（二則）	1129-156- 14
大疫上疏	1412-335- 14	廣德軍到任謝表	1129-157- 14
陳事疏	1412-336- 14	提舉兩浙市舶到任謝表	1129-157- 14
駁圖識疏	1412-337- 14	謝除中書舍人表	1129-157- 14
論貢舉疏	1412-337- 14	謝罷中書舍人表	1129-158- 14
論舉孝廉疏	1412-338- 14	代謝中書舍人兼侍講表	1129-158- 14
火灾對策	1412-338- 14	謝提舉江州太平觀表	1129-158- 14
求合正三史表	1412-338- 14	夏祭進銀絹表	1129-159- 14
日蝕上表	1412-228- 14	天寧節賀表（二則）	1129-159- 14
請專事東觀收檢遺文表	1412-338- 14	天寧節進銀絹表	1129-159- 14
曆議	1412-343- 14	天申節賀表	1129-159- 14
●張　濟 唐		●張　鎬 唐	
經國（疏）	435-293- 80	知人（疏）	437-285-154
●張　璠 漢		●張　鑑 唐	
陳制虜三策	1397-234- 11	法令（疏）——趙綰爲奴告下御	
●張　璪 宋		史勸治	439- 44-209
上神宗論夏至祭地遺家宰攝事（		●張　瀚 明	
疏）	432- 61- 85	會議軍堡征剿古田疏	1465-577-文8
郊廟（疏）——論夏至祭地遺家		議復梧鎭班軍疏	1465-579-文8
宰攝事	433-487- 20	●張　鵬 明	
學校（疏）	436-245-114	爲地方事（疏）	444-211- 40
●張　綖 宋		●張　騫 漢	
河南運判到任謝表	1352-193-5中	四裔（疏二則）	442-500-340
●張　練 明		●張　闡 宋	
鹽法議	556-211- 87	屯田（疏）	440-395-260
●張　熹 宋		●張　耆 宋	
孝親（疏）	433-265- 10	御邊（疏）	442-352-334
治道（疏略）	434-299- 46	●張　權 唐	
去邪（疏）	438-273-183	賀老人星見表	1338-219-561
●張　擴 宋		●張　鑄 宋	
代賀撫定燕城表	1129-152- 14	賦役（疏）	440-270-255
謝再任興國宮表	1129-152- 14	賦役（疏）	440-271-255
謝賜上尊號不允詔州表	1129-152- 14	●張　鑑 宋	
移河北連副謝表	1129-153- 14	賦役（疏）	440-271-255
代除樞密謝表	1129-153- 14	●張　瓚 明	
代吳樞密辭免表	1129-153- 14	題添鎭守推將官疏	443-194- 11
謝耕藉詔表	1129-154- 14	陳邊務疏	444-329- 44
代京畿監司稱賀欽宗皇帝即位表	1129-154- 14	●張　觀 宋	
徽宗皇帝上僊慰表	1129-154- 14	上太宗乞體貌大臣簡略細務(疏）	431- 81- 8
代黃侍御謝除直秘閣表	1129-155- 14	節儉（疏）	438-460-191
代京東西路提刑謝除直秘閣表	1129-155- 14	賦役（疏）	440-271-255
代處州謝賜大成殿額幷監書表	1129-155- 14	●張　纘 梁	

四庫全書文集篇目分類索引

讓吏部尚書表　1399-579- 14
讓尚書僕射表　1399-579- 14
謝東宮賓園啟　1404-214-180
●張九成 宋
君德（疏）　433- 54- 3
●張九幹 宋
仁民（疏）　436- 97-107
●張九齡 唐
郊廟（疏）　433-402- 16
儲嗣（疏）　435- 74- 72
儲嗣（疏）——諫欲廢太子事　435- 75- 72
用人（疏）　436-629-131
去邪（疏）——論安祿山　438- 27-174
謹各器（疏）——論任張守珪牛仙客　438-593-197
理財（疏）　440-443-262
巡幸（疏）　441- 95-287
禦邊（疏）　442- 35-321
四裔（疏）——賀奚契丹並自離貳廓清有期狀　442-547-341
四裔（疏）——賀誅奚賊可突于狀　442-547-341
四裔（疏）——賀破突厥狀　442-548-341
四裔（疏）——賀東北累捷狀　442-548-341
四裔（疏）——賀依聖料赤山北無賊及突厥要重人死狀　442-548-341
四裔（疏）——賀突厥小可汗必是傷死狀　442-549-341
四裔（疏）——賀聖料突厥必有亡徵其兆今見狀　442-549-341
四裔（疏）——賀蓋嘉運破賊狀　442-549-341
賀依聖料赤山北無賊及突厥要重人死狀　496-788-117
賀奚契丹並自離貳廓清有期狀　496-789-117
賀誅奚寇可突于狀　496-789-117
駁宋慶禮諫議　496-789-117
讓起復中書侍郎同平章事表附御批　1066-149- 13
進千秋節金鏡錄表　1066-149- 13
荊州謝上表　1066-150- 13
賀赦表　1066-150- 13
賀册皇太子表　1066-151- 13
洪州進白鹿表　1066-151- 13
爲兵部尚書王晙謝平章事表　1066-151- 13
爲何給事進亡父所著書表　1066-152- 13

爲信安王獻聖眞圖表　1066-152- 13
論教皇太子狀　1066-153- 13
論內勘別宅婦女事狀　1066-153- 13
論東北軍未可輕動狀　1066-153- 13
薛王有疾上憂變容髮請宣付史館（疏）附御批　1066-154- 13
薛王蒙上損膳請復膳狀附御批　1066-154- 13
請御注道德經及疏施行狀附御批　1066-154- 13
請東北將吏刊石紀功德狀附御批　1066-155- 13
請御注經內外傳授狀附御批　1066-156- 13
西幸改期請宣付史館狀附御批　1066-156- 13
上爲寧王寫一切經請宣付史館狀附御批　1066-157- 13
賀張待賓奏剋捷狀附御批　1066-157- 13
賀北庭解圍仍有殺獲狀附御批　1066-158- 14
賀奚契丹並自離貳廓清有期狀附御批　1066-158- 14
賀誅奚賊可突于狀附御批　1066-158- 14
賀破突厥狀附御批　1066-159- 14
賀東北累捷狀附御批　1066-159- 14
賀依聖料赤山比無賊及突厥要重人死狀附御批　1066-160- 14
賀突厥小可汗必是傷死狀　1066-160- 14
賀聖料突厥必有亡徵其兆今見狀　1066-160- 14
賀蓋嘉運破賊狀附御批　1066-161- 14
賀賊蘇祿遁走狀附御批　1066-161- 14
賀雪狀附御批　1066-161- 14
賀待講編賜衣物狀附御批　1066-161- 14
賀雨狀附御批　1066-162- 14
賀雨晴狀附御批　1066-162- 14
賀雨狀附御批　1066-162- 14
賀雪狀附御批　1066-163- 14
賀祈雨有應狀附御批　1066-163- 14
賀太陽不虧狀附御批　1066-163- 14
賀祥雲見狀附御批　1066-164- 14
賀麥登狀附御批　1066-164- 14
賀衢州進古銅器表　1066-165- 14
賀御製開元文字音義狀附御批　1066-165- 15
賀論三教狀附御批　1066-165- 15
賀御注金剛經狀附御批　1066-166- 15
賀皇太子製碑狀附御批　1066-166- 15
賀上仙公主靈應狀附御批　1066-167- 15
賀昭陵徵應狀附御批　1066-167- 15
謝加章綬狀附御批　1066-168- 15
謝工部侍郎集賢院學士狀附御批　1066-168- 15

史部

詔令奏議類：附錄

奏議上十一畫

1498　　　　　　　　四庫全書文集篇目分類索引

史部

詔令奏議類：附錄

奏議上十一畫

謝知制誥狀附御批	1066-168- 15
謝兩弟移官就養移附御批	1066-168- 15
謝中書侍郎狀附御批	1066-169- 15
謝勅賜麥麵狀附御批	1066-169- 15
謝賜食狀附御批	1066-169- 15
謝賜藥狀附御批	1066-170- 15
謝賜尺詩狀附御批	1066-170- 15
謝蒙太子書頌	1066-170- 15
謝兩弟授官狀附御批	1066-170- 15
謝賜衣物狀附御批	1066-171- 15
讓賜蕃口狀	1066-171- 15
觀御製喜雪篇陳成狀附御批	1066-171- 15
謝賜御書喜雪篇狀附御批	1066-172- 15
讓賜宅狀附御批	1066-172- 15
讓兩弟起復授官狀附御批	1066-172- 15
謝赴祥除狀附御批	1066-173- 15
進龍池聖德頌狀附御批	1066-173- 15
謝弟授官狀附御批	1066-174- 15
上封事書	1066-177- 16
賀册皇太子表	1338-191-557
賀祥雲見表	1338-232-562
讓起復表	1338-392-579
爲兵部王尚書謝加門下三品表	1338-422-582
代宰相謝加銀青幷郡公表	1338-423-582
謝賜香藥面脂表	1338-540-596
進千秋金鏡錄表	1338-667-611
謝兩弟移官就養狀	1339- 6-629
讓兩弟起復授官狀	1339- 6-629
謝兩弟授官狀	1339- 6-629
謝勅賜藥狀	1339- 17-630
謝賜食狀	1339- 28-632
謝賜大麥麵狀	1339- 29-632
謝侍講遍賜衣物狀	1339- 32-633
謝賜衣服及絹狀	1339- 32-633
謝賜衣物狀	1339- 32-633
謝賜馬狀	1339- 37-633
讓勅賜蕃口狀	1339- 40-634
謝賜尺詩狀	1339- 41-634
賀論三教狀	1339- 47-635
賀祥雲見狀	1339- 48-636
賀上仙公主靈應狀	1339- 48-636
賀昭陵徵應狀	1339- 49-636
賀太陽不虧狀	1339- 50-636
賀祈雨有應狀	1339- 51-636
賀雨晴狀	1339- 51-636
賀麥登狀	1339- 51-636
賀剋捷狀	1339- 53-637
賀誅賊狀	1339- 53-637
賀退賊狀	1339- 53-637
賀破突厥狀	1339- 54-637
賀東北累捷狀	1339- 54-637
賀賊自誅滅狀	1339- 54-637
賀衢州進古銅器狀	1339- 83-642
上封事書	1339-386-676
駁工部尚書宋慶禮謚議	1341-314-840
重守令疏	1361-860- 7
又言選士疏	1361-861- 7
謝賜香藥面脂表	1394-377- 2
	1403-521-134
觀御製喜雪篇陳誠狀	1404-118-169
請重守令慎選舉疏	1417-663- 31
●張士弘（等）元	
賞罰（疏）	438-434-189
●張子仁宋	
用人（疏）——繳奏張子仁除節度使狀（二則）	437-117-147
●張大經宋	
災祥（疏）	441-505-305
●張方平宋	
上神宗乞審察是非取其至當（疏）	431-236- 21
上仁宗論中使傳宣諸司煩數(疏）	431-244- 22
上神宗乞早定國本（疏）	431-350- 31
上仁宗答詔論地震春雷之異(疏）	431-430- 39
上仁宗論地震（疏）	431-444- 39
上英宗論星變（疏）	431-478- 42
上仁宗乞省樞密院歸於中書(疏）	431-551- 46
上仁宗乞延召大臣從容論議(疏）	431-554- 46
上仁宗乞令中書樞密院依舊聚廳議事（疏）	431-555- 46
上英宗乞知制誥詳擇人材（疏）	431-692- 56
上英宗乞推擇潁王府翊善（疏）	431-739- 60
上仁宗乞都知押班奏蔭一仍舊制	431-742- 61
上仁宗乞擇人分捄禁衞（疏）	431-780- 64
上英宗論呼官過禮（疏）	431-848- 70
上仁宗論彼此立則朋黨（疏）	431-906- 76
上神宗論讞祠廟（疏）	432-732- 91
上神宗論監司官所在多起刑獄（疏）	432-212- 99
上仁宗論民力大困起於兵多(疏）	432-231-101
上仁宗乞裁減內外費用（疏）	432-233-101

上神宗論國計（疏） 432-243-102
上仁宗乞弛茶禁（疏） 432-318-108
上仁宗論河北權鹽（疏） 432-327-108
上神宗論變更舊制（疏） 432-366-111
上神宗論新法疏 432-432-115
上神宗諫用兵（疏） 432-513-121
上仁宗論京師衞兵單寡（疏） 432-519-122
上仁宗論州郡武備（疏） 432-529-122
上仁宗論刺四路弓手充保捷宣毅（疏二則） 432-534-123
上神宗論併廢汴河（疏） 432-578-127
上仁宗乞因郊霈肆赦招懷西賊（疏） 432-668-133
上神宗論交趾備禦九事（疏） 432-827-143
上仁宗答詔條畫時務（疏） 432-895-148
聖學（疏） 433-141- 6
郊廟（疏）——論郊廟三事疏 433-436- 18
郊廟（疏）——議僖祖祧遷 433-481- 20
治道（疏） 433-745- 30
治道（疏）——論古今治亂之變在上下之勢離合 433-754- 30
治道（疏）——論立政之本在信命令等四則 433-755- 30
治道（疏）——論政繫於廟堂 433-762- 31
治道（疏）——論修身齊家治國之道 433-763- 31
治道（疏）——論明賞罰辨欺誕通謀議 433-764- 31
治道（疏）——西陲禦備賦用對策 433-767- 31
治道（疏） 433-865- 35
　 434- 78- 38
法祖（疏） 435- 5- 69
儲嗣（疏二則） 435-107- 73
內治（疏） 435-135- 74
宗室（疏三則） 435-189- 77
經國（疏）——論藩鎮疏 435-315- 81
仁民（疏） 436- 75-106
學校（疏二則） 436-234-114
學校（疏）——奏請州學名額及公田狀 436-237-114
風俗（疏）——上僭俗論 436-291-116
風俗（疏） 436-293-116
禮樂（疏） 436-360-119
禮樂（疏）——上車服論 436-362-119
論廟事疏 436-520-126
雅樂論（疏） 436-562-128
請郊祀用新樂事疏 436-564-128
乞令中書樞密院依舊聚廳議事（疏） 436-701-134
論請通中書樞密院事（疏） 436-701-134
用人（疏） 436-702-134
請令二府各舉將帥（疏） 436-702-134
官人論（疏） 436-703-134
用人體要論（疏） 436-704-134
論進用臺諫官事體（疏） 436-716-135
建官（疏二則） 437-416-160
建官（疏） 437-423-160
選舉（疏）——選舉論 437-538-164
選舉（疏）——孝廉論 437-540-164
選舉（疏）——選格論 437-541-164
選舉（疏）——川嶺舉人便宜論 437-542-164
選舉（疏）——知貢舉上筠子 437-543-164
考課（疏）——上論考功之法狀（二則） 437-716-172
賞罰（疏）——主柄論 438-373-187
賞罰（疏）——論不孝之刑 438-374-187
節儉（疏） 438-464-191
節儉（疏）——論減省財用事 438-464-191
法令（疏）——論中使傳宣諸司煩數狀 439- 72-210
法令（疏）——上刑法論 439- 73-210
法令疏 439- 74-210
法令（疏）——請減刺配刑名筠子 439- 77-211
法令疏——請刪定勅令筠子 439- 78-211
慎刑疏（二則） 439-198-216
慎刑疏 439-205-216
兵制（疏三則） 439-276-219
兵制（疏）——上兵器論 439-280-219
兵制論——上民兵論 439-281-219
兵制（疏） 439-283-219
宿衞（疏）——論京師衞兵單寡 439-431-225
宿衞（疏）——奏乞擇人分總禁衞狀 439-431-225
任將（疏二則） 439-717-237
荒政（疏）——上倉廩論 440- 24-244
賦役（疏二則） 440-279-255
賦役（疏）——請減省河北徭役疏 440-282-255

史部

詔令奏議類：附錄

奏議上十一畫

賦役（疏）——請募役疏	440-296-256
賦役（疏）——論免役錢疏	440-297-256
屯田（疏）	440-388-260
漕運（疏）	440-417-261
理財（疏）——論河北榷鹽奏	440-471-263
理財（疏）——論民力大困起於兵多奏	440-471-263
理財（疏）——上食貨論	440-474-264
理財（疏）——上食貨輕重論	440-476-264
理財（疏）——論國用疏	440-478-264
理財（疏）——論校會邦計事疏	440-479-264
理財（疏）——再論校會邦計事疏	440-480-264
理財（疏）——乞弛茶禁疏	440-480-264
理財（疏）——論國計事疏	440-603-269
理財（疏）——論錢禁	440-605-269
褒贈（陳執中疏）	441- 22-284
禮臣（疏）	441- 65-286
禮臣（疏）	441- 68-286
近習（疏）	441-176-291
近習（疏）——上宦者論	441-176-291
災祥（疏）	441-358-299
災祥（疏）——請因郊廟致誠以謝災異疏	441-364-299
災祥（疏）	441-364-299
災祥（疏）	441-409-301
災祥（疏）	441-449-303
弭盜（疏）	441-781-317
禦邊（疏）——上平戎十策及表	442- 88-323
禦邊（疏）——請延召近臣防議邊事上疏	442- 94-323
禦邊（疏）——請罷陝西招討經略司事	442- 95-323
禦邊（疏）——請省陝西兵馬及諸冗費事	442- 96-323
禦邊（疏）	442-238-329
四裔（疏）	442-571-342
四裔（疏）——請因郊禧肆赦招懷西賊筠子	442-572-342
四裔（疏）——議西北邊事	442-574-342
四裔（疏）	442-574-342
汴河論	538-580- 77
政體論（疏）	1104- 53- 6
主柄論（疏）	1104- 61- 7
選舉論（疏）	1104- 68- 8
凡資任子弟隸名國子監立格試業補用論（疏）	1104- 69- 8
官人論（疏）	1104- 75- 9
宗室論（疏）	1104- 83- 10
禮樂論（疏）	1104- 86- 11
刑法論（疏）	1104- 96- 12
武備論（疏）	1104-103- 13
食貨論（疏）	1104-110- 14
食貨論（疏）	1104-118- 15
對手詔一道（策）	1104-144- 18
再對御禮一道（策）	1104-149- 18
上疏一道	1104-165- 19
平戎十策及表	1104-171- 19
議西北邊事	1104-177- 19
再上議事	1104-178- 19
陳政事三條（疏）	1104-179- 20
論請通中書樞密院事（疏）	1104-181- 20
請不罷兩府聚廳商量公事疏	1104-182- 20
請令兩府聚廳商量公事（疏）	1104-182- 20
請乘間召大臣論事箚子	1104-183- 20
論治道先後（疏）	1104-183- 20
貢院請誠勸天下舉人文章（疏）	1104-184- 20
論中書議事（疏）	1104-185- 20
論小臣妄投封章訕上事（疏）	1104-185- 20
請推捕荆南嘲詠長吏人事（疏）	1104-186- 20
請赦前事（疏）	1104-186- 20
請因郊廟致誠以謝災異事（疏）	1104-186- 20
論郊廟三事（疏）	1104-187- 20
（奏）郊禧赦書事目	1104-188- 20
奏請赦書軍節	1104-190- 20
請因郊禧肆赦招懷西賊筠子	1104-191- 20
請罷陝西招討經略司事（疏）	1104-195- 21
論除渭州路招討使事（疏）	1104-196- 21
論高繼宣知并州并代路經略安撫等使事（疏）	1104-197- 21
論種世衡管勾營田不宜差知環州事（疏）	1104-197- 21
論雄州杜惟序事（疏）	1104-198- 21
論四路將率追兵不赴事（疏）	1104-198- 21
論選差北使文武官（疏）	1104-199- 21
論廣信軍諜人事（疏）	1104-200- 21
論京師衞兵事（疏）	1104-200- 21
論州郡武備事二道（疏）	1104-201- 21
請申勅諸道兵甲司專督盜賊事（疏）	1104-202- 21

論京東西河北百姓傳習妖教事（疏） 1104-203- 21
論天下州縣新添置弓手事宜(疏) 1104-203- 21
睦州奏請州學名額及公田 1104-206- 21
論遣使往陝西河東等募强壯充兵（疏） 1104-207- 22
論弓手强壯充軍不便事（疏） 1104-208- 22
論點選河北强壯事（疏） 1104-210- 22
請選湖南安撫職司長吏等事(疏) 1104-210- 22
請監防郊祀人事（疏） 1104-211- 22
請延召近臣訪議邊事（疏） 1104-211- 22
論西北將率事（疏） 1104-212- 22
請委夏竦經置河東事（疏） 1104-212- 22
請令二府各舉將率事（疏） 1104-213- 22
請選擇河北路邊守臣事（疏） 1104-213- 22
請朝庭先圖議待契丹人使事(疏) 1104-214- 22
請省緣邊騎兵事（疏） 1104-214- 22
論地震請備寇盜事（疏） 1104-215- 22
秦州奏嗊斯囉事（二則） 1104-216- 22
奏夏州事宜 1104-220- 23
論國計出納事（疏） 1104-221- 23
再上國計事（疏） 1104-222- 23
請節省財用事（疏） 1104-224- 23
論減省財用事（疏） 1104-224- 23
請校會邦計事（疏） 1104-225- 23
再奏請（邦計事）箚子 1104-225- 23
請別差官議財計事（疏） 1104-226- 23
奏財計未便合商量條件 1104-226- 23
請省陝西兵馬及諸冗費事（疏） 1104-226- 23
請減省河北徭役事（疏） 1104-227- 23
請選河北河東陝西轉運使事(疏) 1104-228- 23
論京師軍儲事（疏） 1104-228- 23
論國計事（疏） 1104-234- 24
請裁減賜賚事（疏） 1104-236- 24
論時政要務（疏） 1104-237- 24
論治道大體（疏） 1104-238- 24
論消復災異（疏） 1104-238- 24
請郊祀用新樂事（疏） 1104-239- 24
論君前臣名事（疏） 1104-240- 24
論宗室賜名事（疏） 1104-241- 24
論王府官屬事（疏） 1104-241- 24
請慎用兩制資序事（疏） 1104-242- 24
論進用臺諫官事體（疏） 1104-242- 24
請致仕官免舉官連坐事（疏） 1104-242- 24
請刪定勅令（疏） 1104-243- 24
請減刺配刑名（疏） 1104-243- 24
請節錄唐書紀傳進卿（疏） 1104-244- 24
論同天節錫宴（疏） 1104-245- 24
論變更舊制事（疏） 1104-245- 24
論水害修隄防事（疏） 1104-246- 24
論京東饑饉請行賑救事（疏） 1104-246- 24
許州潁州舉人父老僧道詣闕進奏以皇帝自忠武軍節度使潁王即位乞恩澤事令兩制定歸一處（疏） 1104-246- 24
論除兵官事（疏） 1104-247- 24
論補軍職（疏） 1104-247- 24
奏陳執中碑文 1104-249- 25
奏請修南京內殿門闕事 1104-250- 25
論諸思例除省府官事（疏） 1104-251- 25
請議吏員事（疏） 1104-251- 25
請裁減資任恩例（疏） 1104-252- 25
請止中使宣諭司（疏） 1104-252- 25
請立醫官定員（疏） 1104-253- 25
論楊崇勳除致仕官（疏） 1104-253- 25
論許懷德遷（疏） 1104-253- 25
論責降御史（疏） 1104-254- 25
論王告除大理（疏） 1104-254- 25
論劉渙移郡（疏） 1104-255- 25
論王整改官（疏） 1104-255- 25
論席平推獄（疏） 1104-255- 25
論內臣奏廕子弟（疏） 1104-256- 25
陳州奏賦率數附貼黃 1104-256- 25
陳州奏監司官多起刑獄 1104-257- 25
乞量修南京舊內事 1104-258- 25
乞滑州埽岸物料從三司支撥 1104-259- 25
乞比試醫人事 1104-259- 25
乞免枷鎖退貨背埽分物事人 1104-260- 25
論併廢汴河箚子 1104-260- 25
論免役錢箚子 1104-261- 25
乞立皇子箚子 1104-263- 25
論討嶺南利害九事（疏） 1104-264- 26
論祠廟事（疏） 1104-271- 26
論蘇內翰（疏） 1104-272- 26
論手實狀（疏） 1104-273- 26
論錢禁銅法事（疏） 1104-273- 26
論率錢募役事（疏） 1104-275- 26
論汴河利害事（疏） 1104-279- 27
論新法（疏） 1104-280- 27
論募役（疏） 1104-281- 27

1502　　　　　　　　　四庫全書文集篇目分類索引

論高麗使人相見儀式事（疏）　1104-282- 27　　上殿辭免箚子　　　　　　　1104-302- 28
請防禁高麗三節人事（疏）　　1104-282- 27　　秦州謝上表　　　　　　　　1104-302- 28
請祥定盜賊條法事（疏）　　　1104-283- 27　　乞罷禁林就閑曹箚子　　　　1104-303- 28
論諸路州軍關報邊事（疏）　　1104-284- 27　　免起復除參知政事第一二表附詔　1104-303- 28
賀皇帝加尊號表　　　　　　　1104-284- 28　　（免起復除參知政事）第三表
光獻皇后上仙慰表　　　　　　1104-285- 28　　　附隨第三表箚子　　　　　1104-305- 28
光獻皇后靈駕赴山陵慰表　　　1104-285- 28　　謝許終喪表附詔書　　　　　1104-307- 29
先帝上昇慰表（三則）　　　　1104-285- 28　　免倅箚子（二則）　　　　　1104-308- 29
皇帝登極賀表　　　　　　　　1104-285- 28　　免知陳州降詔不允謝表　　　1104-308- 29
賀聖躬痊復表　　　　　　　　1104-287- 28　　陳州謝上表　　　　　　　　1104-309- 29
賀册貴妃表　　　　　　　　　1104-287- 28　　辭免宣徽使箚子　　　　　　1104-309- 29
代中書壽星見表　　　　　　　1104-288- 28　　辭免宣徽使欲乞近京一郡箚子　1104-309- 29
謝賜御飛白書表　　　　　　　1104-288- 28　　辭免中太一宮使箚子　　　　1104-310- 29
謝賜御書表　　　　　　　　　1104-288- 28　　謝除中太一宮使表　　　　　1104-310- 29
進慶曆編勅表　　　　　　　　1104-289- 28　　免中太一宮使乞外任箚子　　1104-310- 29
謝賜熙寧編勅表　　　　　　　1104-290- 28　　辭免判永興軍箚子　　　　　1104-311- 29
滑州謝賜新曆日表　　　　　　1104-290- 28　　陳乞外任箚子　　　　　　　1104-311- 29
南京謝賜曆日表　　　　　　　1104-290- 28　　再陳乞外任箚子　　　　　　1104-311- 29
秦州謝賜曆日表　　　　　　　1104-291- 28　　乞致仕第一表（三則）附詔三則　1104-312- 29
讓除諫官表　　　　　　　　　1104-291- 28　　乞致仕箚子　　　　　　　　1104-314- 29
謝除知制誥表　　　　　　　　1104-291- 28　　乞致仕第二箚子　　　　　　1104-314- 29
西垣陳乞外捕狀　　　　　　　1104-292- 28　　辭免東太一宮使箚子　　　　1104-315- 29
謝宣召入院充學士表　　　　　1104-292- 28　　謝東太一官使表　　　　　　1104-315- 29
滁州謝上表　　　　　　　　　1104-293- 28　　再陳乞致仕表附詔　　　　　1104-315- 29
江寧府謝上表　　　　　　　　1104-293- 28　　（再陳乞致仕）第二表附詔　1104-316- 29
服除再授端明殿學士兼龍圖學士　　　　　　　　（再陳乞致仕）第三表　　　1104-316- 29
　給事中謝恩表　　　　　　　1104-294- 28　　謝致仕表　　　　　　　　　1104-318- 29
除尚書禮部侍郎知滑州讓遷官表　1104-294- 28　　免宣徽使表（三則）　　　　1104-318- 29
知滑州乞免轉官箚子　　　　　1104-295- 28　　免宣徽使箚子　　　　　　　1104-319- 29
謝遷禮部侍郎領輔郡表　　　　1104-295- 28　　謝免除宣徽使表　　　　　　1104-320- 29
免知益州表　　　　　　　　　1104-295- 28　　授太子太保謝表（二則）　　1104-320- 29
免知益州箚子　　　　　　　　1104-296- 28　　遺表　　　　　　　　　　　1104-320- 29
上殿再免知益州箚子　　　　　1104-296- 28　　免南郊陪祠表　　　　　　　1104-321- 29
益州謝上表　　　　　　　　　1104-297- 28　　免南郊陪祠箚子　　　　　　1104-321- 29
益州謝詔書獎諭表　　　　　　1104-297- 28　　謝免南郊陪祠表　　　　　　1104-322- 29
謝除三司使表　　　　　　　　1104-298- 28　　免郊陪位表　　　　　　　　1104-322- 29
乞免三司使不允謝苕詔書　　　1104-298- 28　　賀南郊禮畢表　　　　　　　1104-322- 29
謝兼翰林侍讀學士表　　　　　1104-299- 28　　謝加恩表　　　　　　　　　1104-322- 29
南京謝上表　　　　　　　　　1104-299- 28　　免明堂陪位表（二則）　　　1104-323- 29
辭免知秦州奏狀　　　　　　　1104-300- 28　　免明堂陪位表　　　　　　　1104-323- 29
謝賜手詔第一表　　　　　　　1104-300- 28　　謝男某差遣表　　　　　　　1104-324- 29
辭免（知秦州）第二狀　　　　1104-301- 28　　薦龔懋應詔表　　　　　　　1104-324- 29
謝賜手詔第二表　　　　　　　1104-301- 28　　代人自外郡除待制表　　　　1104-325- 29
辭免（知秦州）第三狀　　　　1104-301- 28　　遷禮部侍郎知滑州舉官自代狀　1104-326- 30
謝賜手詔第三表　　　　　　　1104-302- 28　　服除再授端明殿學士兼龍圖閣學

士給事中舉官自代（狀） 1104-326- 30
除知制誥舉官自代狀 1104-326- 30
除翰林學士舉官自代狀 1104-327- 30
除知諫院舉官自代狀 1104-327- 30
除三司使舉官自代狀 1104-327- 30
舉李大臨蘇軾充諫官（狀） 1104-327- 30
舉威舜賓館閣檢討（狀） 1104-327- 30
舉朱宗充館閣職名（狀） 1104-328- 30
准勅舉省府推判官（狀） 1104-328- 30
准勅舉提點刑獄朝臣（狀） 1104-329- 30
准勅舉清要官（狀） 1104-329- 30
准勅舉可升擢任使文資官（狀） 1104-329- 30
准宣舉提點刑獄使臣（狀） 1104-329- 30
准宣舉提點刑獄使臣（狀） 1104-330- 30
准宣保舉行陣將領（狀） 1104-330- 30
薦舉孫復（狀） 1104-330- 30
准勅保舉知縣縣令（狀） 1104-330- 30
舉呂昌齡充三司判官（狀） 1104-330- 30
准勅保舉京官（狀） 1104-331- 30
請應天府致仕官王渙朱貫給俸筒子 1104-331- 30
舉王稷臣臺閣（狀） 1104-331- 30
舉范隱之（狀） 1104-331- 30
薦舉邵炳（狀） 1104-332- 30
薦龔懋許平（狀） 1104-332- 30
舉知渭州龍圖（狀） 1104-332- 30
舉知秀州杜充郎中（狀） 1104-332- 30
舉知諸城趙昶寺丞（狀） 1104-332- 30
舉陳州崔度助教（狀） 1104-333- 30
舉御史（狀） 1104-333- 30
舉劉時中（狀） 1104-333- 30
奏御史裏行（狀） 1104-333- 30
准勅舉堪任陞擢官（狀） 1104-334- 30
奏差竹員盆州鈴轄馮文顯盆州都監（狀） 1104-334- 30
奏張顗知嘉州（狀） 1104-335- 30
舉李大臨（狀） 1104-335- 30
舉葉紓館閣檢討經筵講讀（狀） 1104-335- 30
舉朱從道（狀） 1104-335- 30
除翰林學士謝賜對衣腰帶鞍轡馬狀 1104-336- 30
兼侍讀學士知秦州謝賜對衣腰帶鞍轡馬狀 1104-336- 30
服除再授端明殿學士龍圖閣直學士給事中謝賜對衣腰帶鞍轡馬

狀 1104-337- 30
誕節任子狀 1104-337- 30
除翰林學士勞記 1104-337- 30
除三司使勞記 1104-337- 30
兼侍讀學士知秦州勞記 1104-337- 30
遷禮部侍郎知滑州勞記 1104-338- 30
服除授衣前端明殿學士龍圖閣學士給事中勞記 1104-338- 30
太廟祧僖祖議 1104-377- 34
故鎭海軍節度使夏公諡議狀 1104-377- 34
故寧江軍節度使鄭公諡議狀 1104-378- 34
謝告詞 1104-390- 35
論國計（疏） 1350-497- 47
論免役錢（疏） 1350-499- 47
乞致仕表 1350-689- 65
論屯田（疏） 1418-202- 43
● 張文成 唐
陳情表 1338-589-601
　 1403-521-134
● 張文瓘 唐
仁民（疏） 436- 61-105
征伐（疏）——諫上欲討新羅 439-530-229
● 張之翰 元
傳國璽表 1204-462- 13
賀登極表 1204-462- 13
改元元貞賀表 1204-462- 13
● 張不耀 唐
請代父死表 1338-738-618
● 張元幹 宋
代謝御書卿大夫章表 1136-646- 8
代知湖州謝表 1136-646- 8
● 張元禎 明
勸行王道奏 443-134- 8
添進日講并東宮性理等書 443-140- 8
● 張公瑾 唐
囚盜（疏）——條可取狀 442-531-341
● 張允隨 清
酌籌滇省糧賦疏 570-446-29之6
● 張玄素 唐
治道（疏）——論政 433-654- 27
營繕（疏） 441-724-315
諫治洛陽宮疏 1403- 81- 97
請罷修乾元殿疏 1417-632- 30
● 張永明 明
劾嚴嵩疏 445-373- 23

1504　　　　　　　　　四庫全書文集篇目分類索引

旱災陳言疏　　　　　　　445-381- 24　　請修平定朔漠方略疏　　　　1322-415- 2

姦邪大臣背恩附黨疏　　1277-306- 1　　恭謝天恩疏　　　　　　　　1322-417- 3

貪汚匪人久玷清班疏　　1277-308- 1　　謝恩疏　　　　　　　　　　1322-418- 3

乞黜不職撫臣疏　　　　1277-309- 1　　恭謝天恩疏　　　　　　　　1322-419- 3

東宮禮儀疏　　　　　　1277-310- 1　　謝恩疏（六則）　　　　　　1322-420- 3

重濬江疏　　　　　　　1277-312- 1　　謝恩公疏　　　　　　　　　1322-426- 3

旱災疏　　　　　　　　1277-315- 1　　禘祭議　　　　　　　　　　1322-427- 3

乞黜淫肆大臣疏　　　　1277-318- 1　　覆五經博士議　　　　　　　1322-429- 3

申明飲禁疏　　　　　　1277-319- 1　　建述聖廟議　　　　　　　　1322-429- 3

乞黜不法大臣疏　　　　1277-321- 1　　臣部恭請睿裁修禦製文集議　1322-430- 3

修理册庫疏　　　　　　1277-322- 2　　停止封禪等議　　　　　　　1322-431- 3

慎簡儒臣疏　　　　　　1277-323- 2　　纂修國史議　　　　　　　　1322-433- 3

慎考察疏　　　　　　　1277-324- 2　　●張可前 清

欽奉聖諭疏　　　　　　1277-326- 2　　請彙輯聖政成編疏　　　　　534-468- 94

慎擇本兵疏　　　　　　1277-328- 2　　●張四維 明

議處舖行疏　　　　　　1277-330- 2　　乞申飭史職疏　　　　　　　549-163-187

陳情終養疏　　　　　　1277-335- 2　　●張白澤 北魏

欽奉聖諭疏　　　　　　1277-336- 2　　法令（疏）　　　　　　　　439- 29-209

乞優假言官疏　　　　　1277-338- 2　　慎刑疏——懷州民伊祁苟初謀反

乞停額外加徵疏　　　　1277-341- 3　　　　事　　　　　　　　　　　439-176-215

乞停額外加徵第二疏　　1277-346- 3　　●張汝霖 金

擒獲巨寇疏　　　　　　1277-352- 3　　勤政（疏）　　　　　　　　438-450-190

乞處補祿糧疏　　　　　1277-354- 3　　法令疏——論民間收藏制文恐因

預杜河患疏　　　　　　1277-362- 4　　　　而滋訟乞禁之　　　　　　439-162-214

將材推用疏　　　　　　1277-368- 4　　●張次宗 唐

申明禮儀疏　　　　　　1277-369- 4　　謝賜端午衣物狀　　　　　　1339- 22-631

劾羅良疏附禮部覆疏　　1277-370- 4　　謝賜冬衣狀二首　　　　　　1339- 36-633

劾黃廷聘疏　　　　　　1277-372- 4　　薦前漢州刺史薛元賞狀　　　1339- 69-639

辭左都御史疏　　　　　1277-373- 4　　薦前淮南節度掌書記殿中御史李

辭刑部尚書疏　　　　　1277-374- 4　　　　騊狀　　　　　　　　　　1339- 69-639

謝恩疏（三則）　　　　1277-374- 4　　薦前澧州刺史崔雲狀　　　　1339- 69-639

乞休致疏（二則）　　　1277-376- 4　　薦觀察判官陸暢請章服狀　　1339- 69-639

●張玉書 清　　　　　　　　　　　　　　請立前節度使李德裕德政碑文狀　1339-101-644

進太宗文皇帝實錄表　　1322-400- 1　　●張光庭 唐

擬上命開館纂修世祖章皇帝實錄　　　　　宰相等上尊號表（三則）　　549- 79-184

　　群臣謝表　　　　　1322-402- 1　　●張光晟 唐

請復國學積分之法疏　　1322-405- 2　　囚裔（疏）　　　　　　　　442-550-341

請行選拔疏　　　　　　1322-406- 2　　●張全忠 宋

請開言路疏　　　　　　1322-408- 2　　謝賜戒石銘表　　　　　　　1352-254-7上

請核兵餉疏　　　　　　1322-409- 2　　●張仲芳 唐

請杜設法名色疏　　　　1322-409- 2　　駁贈司徒李吉甫諡議　　　　1341-333-841

請編次樂律算數書疏　　1322-410- 2　　●張仲素 唐

喀爾喀內附請上尊號疏　1322-412- 2　　賀嘉禾表　　　　　　　　　1338-244-563

再上尊號疏　　　　　　1322-413- 2　　賀西內嘉蓮表　　　　　　　1338-246-563

請停止本年秋審疏　　　1322-414- 2　　賀東川麟見表　　　　　　　1338-261-565

史部

詔令奏議類：附錄

奏議上十一畫

四庫全書文集篇目分類索引　　1505

賀蔡州破賊表　　1338-283-567
賀破賊表　　1338-286-568
賀捉獲劉闢等表　　1338-286-568
●張行成唐
災祥（疏）　　441-314-298
●張行信金
儲嗣（疏）——請立皇嗣以係天
　下之望　　435-114- 73
經國（疏）——上書言四事　　435-801-101
用人（疏）　　437-247-152
任將（疏）　　439-825-241
馬政（疏）　　439-847-242
●張成季宋
謝八寶赦轉官表　　1352-222-6上
●張孝芳宋
浙西提舉到任謝表　　1352-198-5中
●張孝祥宋
君德（疏）　　433- 57- 3
治道（疏）　　434-326- 47
治道（疏）　　434-426- 51
經國（疏）——論謀國欲一奏　　435-700- 96
經國（疏）　　534-700- 96
乞更定太常樂章箚子　　436-574-128
用人（疏）——論涵養人才箚子　　437- 38-143
用人（疏）——論用才之路欲廣
　箚子　　437-112-146
賞罰（疏）　　438-422-189
慎微（疏）　　438-581-196
法令疏——論王公衰復仇議　　439-129-213
征伐（疏）——進故事　　439-633-233
馬政（疏）　　439-842-242
水利（疏）　　440-232-253
國史（疏）——論作時政記　　440-783-277
禦邊（疏）——論衞卒成荊州箚
　子　　442-410-336
論總攬權綱以盡更化箚子　　1140-623- 16
乞改正遷謫士大夫罪名箚子　　1140-624- 16
論涵養人才箚子　　1140-624- 16
請刪定列聖圖書箚子　　1140-625- 16
乞不施行官員限三年起離僧寺寄
　居箚子　　1140-625- 16
論先備箚子　　1140-626- 16
乞更定太常樂章箚子　　1140-626- 16
乞修日歷箚子　　1140-627- 16
論王公衰復讎議　　1140-627- 16

進故事　　1140-628- 17
又（進故事）　　1140-629- 17
論薦劉澤奏　　1140-629- 17
繳駁成閔按劾部將奏附小貼　　1140-630- 17
論衞卒成荊州箚子附貼黃　　1140-630- 17
論治體箚子附畫一利害　　1140-631- 17
乞不催兩浙積欠箚子　　1140-632- 17
論謀國欲一箚子　　1140-633- 17
論先盡自治以爲恢復箚子　　1140-634- 18
論用才之路欲廣箚子
　附赴建康畫一利害　　1140-634- 18
論蕭琦第宅及水災賑濟箚子　　1140-635- 18
乞擇近臣令行荊襄參酌去取牧馬
　專置司奏狀　　1140-636- 18
辭免除起居舍人奏狀　　1140-637- 18
再除中書舍人辭免奏狀　　1140-637- 18
辭免參贊軍事兼知健康府奏狀　　1140-637- 18
辭免知靜江府奏狀　　1140-637- 18
辭免復待制奏狀　　1140-638- 18
辭免知潭州奏狀　　1140-638- 18
辭免知荊南奏狀　　1140-638- 18
賀今上皇帝登極表　　1140-646- 20
賀立皇后表　　1140-646- 20
代總得居士賀天中節表　　1140-646- 20
代方務德賀回鑾表　　1140-647- 20
謝曆日表（二則）　　1140-647- 20
賀元正節表　　1140-647- 20
代百官賀冬至節表　　1140-648- 20
代百官進玉牒成書表　　1140-648- 20
賀冬至節表　　1140-648- 20
代百官賀日蝕陰雲不見表　　1140-648- 20
進發寶位銀表　　1140-649- 20
代百官謝賜時服表　　1140-649- 20
進奉貢葛奏狀　　1140-649- 20
謝除中書舍人表　　1140-649- 20
中書舍人直學士院謝表　　1140-650- 20
撫州到任謝表　　1140-650- 20
平江府到任謝表　　1140-650- 20
潭州謝復次對表　　1140-651- 20
代方務德廬州到任謝表　　1140-651- 20
遺表（二則）　　1352-281-7下
●張君房宋
律歷（疏）　　440-865-280
●張孚敬明
請平濠州議　　549-248-190

正典禮疏　1403-294-112
廟議疏　1403-295-112
重制誥疏　1403-296-112
救張延齡疏　1403-297-112
正典禮疏　1453-423- 51
廟議疏　1453-425- 51
重制誥疏　1453-426- 51
釐正孔廟從祀疏　1453-426- 51
孔子祀典或問（疏）　1453-431- 51
●張伯淳元
成宗卽位翰林院賀表　1194-437- 1
大德改元賀表（二則）　1194-438- 1
大德四年賀正表　1194-438- 1
●張邦奇明
進歷代通鑑纂要素　1403-564-139
處置經費議　1403-696-152
進歷代通鑑纂要表　1453-579- 66
●張邦俊明
請從祀諡法疏（節）　556-155- 86
●張廷玉清
頒賜八體篆書御製盛京賦群臣合
　詞謝恩奏　503-629-130
詞林典故進表　599-424- 附
皇清文穎進表　1449- 2- 附
恭進明史表　1449-462- 2
翰林院落成謝恩疏　1449-843- 28
●張廷珪唐
仁民（疏）　436- 61-105
務農（疏）　436-175-110
去邪（疏）——（論周利貞）　438- 26-174
戒佚欲（疏）　438-515-193
征伐（疏）——論襲回紇不可　439-533-229
赦宥（疏）——誅張易之並治其
　黨與　439-245-218
賦役（疏）　440-252-254
災祥（疏）　441-316-298
請河北遭旱澇州準式折免表　1338-654-609
論萊州置監牧和市牛羊奴婢表　1338-724-616
請寬宥與張易之往還人表　1338-738-618
諫停市犬馬表　1338-754-620
諫白馬坂營大像表（二則）　1338-756-621
論別宅婦女入宮表（二則）　1338-787-624
論關中儉疏　1339-605-698
請勤政崇儉約疏　1343-393- 27
大旱疏　1361-859- 7

●張居正明
進承天大誌表　534-353- 90
請戒諭群臣疏　534-360- 91
進帝鑑圖說疏　534-361- 91
陳六事疏　1403-327-115
論邊事疏　1403-334-115
論決重囚疏　1403-335-115
請戒諭群臣疏　1403-336-115
進承天大誌表　1403-566-139
時政切要疏　1453-514- 57
明制體以重王言疏　1453-521- 57
●張忠恕宋
治道（疏）——上封事陳八事　434-685- 61
●張尚瑗清
贛州名宦鄉賢祠議　517-158-119
敬陳奉天邊地情形疏　503-612-129
●張叔夜宋
上徽宗論士氣不振節義不立(疏)　431-279- 24
上徽宗論先書空黃（疏）　431-710- 57
風俗（疏）——論士風不振箚子　436-299-116
●張知白宋
上眞宗論周伯星現（疏）　431-392- 26
上眞宗論重內輕外（疏）　431-875- 73
上眞宗論時政（疏）　432-865-146
治道（疏）　433-720- 29
建官（疏）　437-399-159
災祥（疏）　441-332-298
●張束之唐
禦邊（疏）　442- 31-321
請罷姚州疏　494-191- 8
奏省罷姚州疏　570-326-29之2
請罷姚州屯成表　1338-697-614
請罷兵成姚州書　1343-388-26下
請罷姚州屯成表　1403-472-128
請罷兵成姚州書　1417-654- 21
●張胄玄隋
駁劉焯稽極歷奏　1400-340- 6
●張約之劉宋
宗室（疏）——諫廢廬陵王義眞
　室　435-172- 76
諫廢廬陵王義眞疏　1398-648- 8
●張庭堅宋
孝親（疏）——世之論孝必曰紹
　復神考然後謂孝　433-260- 10
●張起巖元

聽言（疏） 430-881-207
●張師顏宋
上神宗議僖祖祧遷（疏） 432- 88- 87
郊廟（疏）——議僖祖祧遷 433-478- 20
●張商英宋
理財（疏） 440-623-270
鄂州謝上表 1350-736- 70
　 1382-363-下之1
謝改州表 1382-364-下之1
●張啓元明
請罷湖口新廠疏 517- 80-117
●張普惠北魏
郊廟（疏） 433-378- 15
治道（疏）——論時政得失疏 433-642- 26
封建（疏） 436- 39-104
用人（疏） 436-614-130
戒侈欲（疏） 438-508-193
謹名器（疏）——（論贈胡國珍
　相國等） 438-591-197
賦役（疏） 440-248-254
四裔（疏） 442-522-340
諫孝明帝崇佛疏 1401-437- 32
●張朝瑞清
南端二府已未懸荒田升科鑑轉疏 517-110-118
敬陳南昌浮糧疏 517-111-118
題報照額鑒浮曉諭士民疏 517-118-118
●張雄飛元
聽言（疏） 430-880-207
儲嗣（疏）——對方今所急 435-116- 73
赦宥（疏）——册上尊號議大赦
　天下 439-264-218
●張堯佐宋
用人（疏） 436-712-134
●張智琮隋
請寺名啟 1401-571- 39
●張舜民宋
上哲宗乞留范純仁（疏）附貼黃 431-587- 48
上哲宗請內外臣寮各舉堪任將帥
　者（疏）附貼黃 431-789- 64
上哲宗乞追贈張載（疏） 432-172- 95
上哲宗乞罷中慤造孝（疏）附貼黃 432-595-128
上徽宗論進築非便（疏） 432-795-140
上徽宗論河北備邊五事（疏） 432-797-140
乞留范純仁（疏）附貼黃 436-851-140
任將（疏）——請內外臣寮各舉

　堪任將帥狀附貼黃 439-743-238
崇儒（疏）——乞追贈張載疏 440-723-274
營繕（疏）——乞罷中慤造寺奏 441-748-316
禦邊（疏）——論進築非便上疏 442-325-333
禦邊（疏）——論河北備邊五事
　狀 442-327-333
謝賜資治通鑑表 549- 96-184
乞追贈張載疏 556-153- 86
代謝衣襴表 1117- 36- 6
賀受玉璽表 1117- 36- 6
投進使遼錄長城賦筒子 1117- 37- 6
謝諫議大夫表 1350-726- 69
進御筆表 1352-100-2下
謝諫議大夫表 1394-440- 4
●張義方南唐
上南唐烈祖疏 1418-160- 41
●張萬公金
災祥（疏） 441-694-314
●張齊賢唐
郊廟（疏） 433-395- 16
郊廟（疏）——議不可以涼武昭
　王爲始祖 433-398- 16
明堂告朔議 1340-422-762
七廟議 1340-427-763
●張齊賢宋
上太宗論幽燕未下當先固根本（
　疏） 432-598-129
上眞宗論陝西事宜（疏） 432-622-130
上眞宗乞進兵解靈州之危（疏） 432-624-130
征伐（疏）——乞進兵解靈州之
　危 439-553-230
禦邊（疏）——論陝西事宜 442- 75-323
禦邊（疏） 442- 77-323
囚裔（疏） 442-564-342
諫北征筒子 549-107-185
上備邊疏 558-586- 45
上靈州事宜疏 558-586- 45
上經制西邊疏 558-587- 45
諫北征（疏） 1350-442- 41
論安邊疏 1403- 96-100
　 1418-188- 43
●張壽王漢
上言黃帝調曆書附勁一則 1396-433- 11
●張廣泗清
恭進貴州通志表 571- 1-附

進嘉禾疏　572-249- 35
瑞穀靈芝疏　572-252- 35
設立苗疆義學疏　572-254- 35
改徵米石摺　572-256- 35
考試分棚疏　572-257- 35
議覆苗疆善後事宜疏　572-261- 36
苗疆告竣撤兵疏　572-265- 36
條陳驛困並禁派擾疏　572-275- 36
請免折色兵糧疏　572-280- 36
●張養浩元
戒逸欲（疏）　438-555- 95
經筵餘旨——進表　1192-475- 1
經筵餘旨——君德篇第一　1192-475- 1
經筵餘旨——君道篇第二　1192-476- 1
經筵餘旨——君體篇第三　1192-477- 1
經筵餘旨——君威篇第四　1192-477- 1
經筵餘旨——君治篇第五　1192-477- 1
諫燈山疏　1192-478- 1
西臺上王者無私疏　1192-479- 1
時政書　1192-480- 2
辭聘侍親表　1192-493- 2
擬唐河東節度使李克用破黃巢露布　1192-543- 8
●張德輝元
聖學（疏）　433-240- 9
仁民（疏）　436-162-109
崇儒（疏）——對孔子廟食之禮何如問　440-735-274
●張學顏明
請止內操疏　506-221- 93
●張縉彥清
條議修防河工疏　538-537- 76
●張蘊古唐
君德（疏）　433- 11- 1
●張釋之宋
山陵（疏）　436-478-124
用人（疏）　436-583-129
法令（疏）　439- 2-208
●陳　元漢
經籍（疏）——議宜立左氏傳博士　440-737-275
禮臣（疏）　441- 46-285
論左氏春秋疏　541-339-35之4
請立左氏學疏　568- 41- 99
諫令司隸校尉督察三公疏　568- 42- 99

乞立左博士疏　1360-134- 7
論司隸督察三公疏　1360-136- 7
奏駁范升論左氏疏　1397-145- 7
諫督察三公疏　1397-146- 7
乞立左傳博士疏　1403- 34- 91
請立左氏疏　1417-361- 18
●陳　平漢
用人（疏）　436-581-129
征伐（疏）　439-461-226
●陳　充宋
上眞宗乞恭勤守治（疏）　431-226- 20
勤政（疏）　438-437-190
●陳　并宋
上哲宗答詔論彗星陳四說（疏）　431-515- 44
災祥（疏）　441-465-304
●陳　光明
洪武戊申賀卽位表　1375-537- 41
●陳　沈陳
上文帝請封衡陽王昌表　1399-630- 2
●陳　京唐
禮臣（疏）　441- 55-285
●陳　宓宋
治道（疏）——上封事　434-657- 60
治道（疏）——言人主之德　434-657- 60
●陳　武漢
請征南越朝鮮議附文帝詔報　1396-297- 6
●陳　協宋
諫議　1135-767- 15
●陳　東宋
上欽宗乞復李綱舊職（疏）　431-588- 48
乞復李綱舊職（疏）　436-884-141
登聞檢院上欽宗皇帝書　1136-285- 1
登聞檢院再上欽宗皇帝書　1136-289- 1
登聞檢院三上欽宗皇帝書　1136-290- 1
伏闕上欽宗皇帝書　1136-294- 2
辭誥命上欽宗皇帝書　1136-298- 2
上高宗皇帝第一二三書　1136-304- 3
乞復李綱舊職疏　1403-154-105
●陳　承（等）宋
鍼灸資生經原表　742-230-附
●陳　忠漢
禮樂（疏）　436-397-121
戒佚欲（疏）——劾奏陳禪　438-501-193
聽言（疏）　438-699-201
征伐（疏）——高句驪王死因其

四庫全書文集篇目分類索引

喪發兵擊之　　　　　　　　439-478-227
禮臣（疏）　　　　　　　　441- 47-285
災祥（疏）　　　　　　　　441-267-296
弭盜（疏）　　　　　　　　441-764-317
禦邊（疏）　　　　　　　　442- 13-320
代高句驪議　　　　　　　　503-279-111
增立捕盜法疏　　　　　　　1360-165- 9
大臣行三年喪疏　　　　　　1360-166- 9
論水災爲伯榮疏　　　　　　1360-167- 9
任尚書權重疏　　　　　　　1360-168- 9
乞救燉煌議　　　　　　　　1360-292- 17
豫通帝意疏　　　　　　　　1397-229- 17
論郡縣盜賊疏　　　　　　　1397-229- 17
議喪服疏　　　　　　　　　1397-230- 17
論妖變疏　　　　　　　　　1397-231- 17
論三府任輕疏　　　　　　　1397-232- 17
尚書郎奏　　　　　　　　　1397-232- 17
薦劉愷疏　　　　　　　　　1397-232- 17
劾陳禪奏　　　　　　　　　1397-233- 17
薦周興疏　　　　　　　　　1397-233- 17
太官宜著兩梁冠奏　　　　　1397-233- 17
議曆奏　　　　　　　　　　1397-233- 17
請置燉煌校尉疏　　　　　　1397-235- 17
言中使疏　　　　　　　　　1403- 41- 92
大臣行三年喪疏　　　　　　1403- 42- 92
論喪服疏　　　　　　　　　1417-384- 19
容諫疏　　　　　　　　　　1417-385- 19
言中使疏　　　　　　　　　1417-386- 19
論喪服疏　　　　　　　　　1476- 66- 4
●陳　洪宋
進納地表　　　　　　　　　530-450- 69
●陳　亮宋
治道（對策）　　　　　　　434-603- 57
經國（疏）——上五論　　　435-581- 92
經國（疏四則）　　　　　　435-589- 92
上孝宗皇帝第一二三書　　　1171-499- 1
戊申再上孝宗皇帝書　　　　1171-510- 1
中興五論序（奏議）　　　　1171-575- 2
中興論（奏議）　　　　　　1171-516- 2
論開誠之道（奏議）　　　　1171-519- 2
論執要之道（奏議）　　　　1171-520- 2
論勵臣之道（奏議）　　　　1171-521- 2
論正體之道（奏議）　　　　1171-522- 2
皇帝正謝表　　　　　　　　1171-657- 17
重華宮正謝表　　　　　　　1171-658- 17

詣闕上書　　　　　　　　　1402-567- 17
又詣闕上書　　　　　　　　1402-573- 82
●陳　沫宋
上仁宗乞鑒東漢之禍豫立皇子（疏）　　　　　　　　　　431-344- 31
儲嗣　　　　　　　　　　　435-100- 73
●陳　述明
薦吳與弼疏　　　　　　　　517- 18-115
●陳　祐宋
上徽宗論不可去元祐之黨（疏）　431-911- 76
知人（疏）　　　　　　　　437-338-156
●陳　祐元
治道（疏）　　　　　　　　434-815- 66
三本書（疏）　　　　　　　1367-176- 14
●陳　旅元
賀册皇后表　　　　　　　　1213-173- 13
元日表　　　　　　　　　　1213-173- 13
翰林國史院元日表　　　　　1213-173- 13
（賀）聖節表　　　　　　　1213-173- 13
擬中書省元日賀興聖宮表　　1213-173- 13
●陳　泰明
處置福建地方疏　　　　　　530-460- 69
●陳　軒宋
求言（疏）　　　　　　　　438-672-200
●陳　晃（等）漢
律曆（疏）　　　　　　　　440-811-278
●陳　恕（等）宋
理財（疏）　　　　　　　　440-461-263
理財（疏）　　　　　　　　440-462-263
●陳　球漢
寶太后配祔議　　　　　　　1397-389- 18
●陳　球（等）漢
山陵（疏）　　　　　　　　436-481-124
寶太后配祔議　　　　　　　1397-389- 18
●陳　堅（等）宋
節儉（疏）　　　　　　　　438-492-192
●陳　規金
治道（疏）——條陳八事　　434-792- 65
●陳　副漢
去邪（疏）　　　　　　　　438- 6-173
●陳　崇漢
劾陳遵奏　　　　　　　　　1355-309- 11
　　　　　　　　　　　　　1377-220- 10
　　　　　　　　　　　　　1396-602- 20
　　　　　　　　　　　　　1403-573-140

史部

詔令奏議類：附錄

奏議上十一畫

●陳　貫 宋
禦邊（疏）——上形勢選將練兵
　論三篇　　　　　　　　　　　442- 82-323
●陳　造 宋
用才箚子　　　　　　　　　　1166-355- 28
廣言箚子　　　　　　　　　　1166-356- 28
正綱紀箚子　　　　　　　　　1166-358- 28
荒政箚子　　　　　　　　　　1166-360- 28
重獄官箚子　　　　　　　　　1166-360- 28
寬州縣箚子　　　　　　　　　1166-361- 28
薦舉箚子　　　　　　　　　　1166-361- 28
常平箚子　　　　　　　　　　1166-363- 28
太上皇帝壽七十加尊號賀皇帝表　1166-449- 36
壽皇聖帝加尊號賀皇帝表　　　1166-450- 36
賀皇帝表　　　　　　　　　　1166-451- 36
賀會慶聖節表（七則）　　　　1166-452- 36
賀明堂禮成表　　　　　　　　1166-454- 36
賀正旦表　　　　　　　　　　1166-454- 36
賀改元表　　　　　　　　　　1166-455- 36
謝賜曆日表（五則）　　　　　1166-455- 36
謝明堂赦表　　　　　　　　　1166-456- 36
進布表　　　　　　　　　　　1166-457- 36
聖節進貢表　　　　　　　　　1166-457- 36
高宗皇帝升遐慰皇帝表　　　　1166-457- 36
祔廟慰皇帝表（二則）　　　　1166-458- 36
小祥慰皇帝表（三則）　　　　1166-458- 36
高宗大祥起居皇帝表　　　　　1166-460- 36
高宗大祥慰皇帝表　　　　　　1166-461- 36
正旦慰皇帝表　　　　　　　　1166-461- 36
慰皇帝正旦表　　　　　　　　1166-462- 36
卒哭慰皇帝表　　　　　　　　1166-462- 36
發引慰皇帝表　　　　　　　　1166-462- 36
冬節慰皇帝表（二則）　　　　1166-462- 36
代趙提刑遺表　　　　　　　　1166-463- 36
●陳　敏 宋
經國（疏）——議守清河口事　　435-702- 96
●陳　詁 宋
祭禮（疏）　　　　　　　　　436-512-126
●陳　善 明
請疏西湖議　　　　　　　　　586-548- 11
●陳　淵 宋
君德（疏）　　　　　　　　　433- 54- 3
君德（疏）　　　　　　　　　433- 55- 3
聖學（疏）　　　　　　　　　433-188- 8
治道（疏）　　　　　　　　　434-330- 47

宗室（疏）——論用宗子奏　　435-204- 77
經國（疏）　　　　　　　　　435-554- 91
用人（疏）——論用有德　　　437- 30-143
用人（疏）——論用老成　　　437- 31-143
賞罰（疏）　　　　　　　　　438-403-188
賞罰（疏）——論鄭億年狀　　438-403-188
節儉（疏）　　　　　　　　　438-481-192
謹名器（疏）——論莫將來除徽
　猷閣待制（兩則）　　　　　438-626-198
求言（疏四則）　　　　　　　438-682-200
法令（疏二則）　　　　　　　439-126-213
宿衞（疏）——論衞兵　　　　439-441-225
征伐（疏）——論用兵必先修政　439-634-233
賦役（疏）——論薄歛　　　　440-347-258
理財（疏）——乞米麥之稅權與
　除免　　　　　　　　　　　440-642-270
崇儒（疏二則）　　　　　　　440-729-274
經籍（疏）——論程頤王安石學
　術同異　　　　　　　　　　440-756-275
禮臣（疏）——經筵進故事　　441- 83-286
禮臣（疏）——上論宰執不和奏
　狀　　　　　　　　　　　　441- 84-286
弭盜（疏）　　　　　　　　　441-817-319
代漕使謝轉副使　　　　　　　1139-365- 12
代黃兵部謝賜曆日　　　　　　1139-365- 12
代漕使貢金器　　　　　　　　1139-365- 12
代常平賀表　　　　　　　　　1139-366- 12
代耿提刑賀天寧節　　　　　　1139-366- 12
代廖用中謝除本路提刑　　　　1139-366- 12
代廖用中謝除吏部侍郎兼侍讀　1139-367- 12
代廖用中謝除給事表　　　　　1139-367- 12
代廖用中尚書遺表　　　　　　1139-368- 12
代龜山先生楊侍郎遺表　　　　1139-369- 12
謝宮祠表　　　　　　　　　　1139-369- 12
再謝宮祠表　　　　　　　　　1139-370- 12
代宰相辭免兼修國史表　　　　1139-370- 12
代宰相謝除兼修國史表　　　　1139-370- 12
十二月上殿箚子　　　　　　　1139-371- 12
又上殿箚子（二則）　　　　　1139-372- 12
論放稅箚子　　　　　　　　　1139-374- 12
論莫將除徵猷閣待制奏狀(二則)　1139-375- 12
論宰執不知奏狀　　　　　　　1139-376- 12
論鄭億年除資政奏狀　　　　　1139-377- 12
代江西帥李丞相薦蕭茂德奏狀　1139-378- 12
辭免監察御史奏狀　　　　　　1139-381- 13

四庫全書文集篇目分類索引

辭免右正言奏狀　1139-382- 13
再辭免（右正言）奏狀　1139-382- 13
再辭崇政殿說書奏狀　1139-383- 13
壬子八月十八日上殿箚子　1139-383- 13
又上殿箚子　1139-384- 13
紹興九年十一月上殿箚子　1139-385- 13
又上殿箚子　1139-387- 13
紹興十年正月上殿箚子　1139-388- 13
又上殿箚子　1139-389- 13
正月十五日進入箚子　1139-390- 13
論考實（疏）　1139-393- 14
論用宗子（疏）　1139-394- 14
論除盜賊（疏）　1139-395- 14
衞兵（疏）　1139-396- 14
薄歛（疏）　1139-397- 14
用老成（疏）　1139-397- 14
用有德（疏）　1139-397- 14
馭實（疏）　1139-398- 14
聖學（疏）　1139-398- 14
求諫（疏四則）　1139-399- 14
閱寇（疏二則）　1139-400- 14
用兵必先修政事（疏）　1139-402- 14
學者以孔孟爲師（疏）　1139-403- 14
仁政得民心（疏）　1139-403- 14
論心過（疏）　1139-404- 14
經筵進故事　1139-405- 14
進寫龜山先生論語解（表）　1139-406- 14
上皇帝　1139-407- 14
●陳　湯漢
請釋更士疏附劉更生疏　1396-502- 15
上初陵封事附有司請罷昌陵議與成帝罷昌陵詔　1396-503- 15
●陳　雅漢
諫用閹宦用事疏　1397-391- 18
●陳　軧周
經國（疏）　435-223- 78
●陳　琳晉
去邪（疏）　438- 39-174
●陳　琳漢
爲袁紹上漢帝書　1412-725- 28
諫召外兵　1476- 71- 4
●陳　著宋
跋史獨善奏議　1185-225- 47
代湖南帥趙德修必普謝除直寶謨閣表　1185-262- 53

立太子妃代前人賀皇帝表　1185-263- 53
公主下嫁代前人賀皇帝表　1185-263- 53
代資政殿學士提舉洞霄宮王伯晦煩辭免太學士知慶元府得旨謝皇帝表　1185-263- 53
理宗原廟章熙殿成代前人上皇帝起居表　1185-264- 53
●陳　循明
釋罪後謝恩表　1373-554- 5
●陳　義宋
禦邊（疏）　442-417-336
●陳　靖宋
上眞宗乞置東宮師保（疏）　431-736- 60
上太宗乞天下官屬三年替移一年一考（疏）　431-864- 72
上眞宗論江南二稅外公征錢物（疏）　432-262-104
上太宗聚人議　432-274-105
上太宗乞從京東西起首勸課(疏)　432-276-105
上眞宗論盛梁所奏（疏）　432-281-105
儲嗣（疏）　435- 79- 72
仁民（疏）　436- 64-105
務農（疏）——議均田法(二則)　436-176-110
務農（疏）——勸課疏　436-179-110
務農（疏）　436-183-110
田制（疏）　436-199-112
禮樂（疏）　436-356-119
考課（疏）　437-712-171
賦役（疏）——論江南二稅外汎征錢物疏　440
　　440-271-255
勸農疏　1418-194- 43
●陳　塤宋
治道（疏）——上封事　434-685- 61
●陳　羣魏
治道（疏）　433-603- 25
禮樂（疏）　436-398-121
謹名器（疏）——（論追封武宣卞太后父母）　438-589-197
慎刑疏——論復肉刑　439-171-215
營繕（疏）　441-714-315
上追封皇太后父母奏　1361-537- 9
薦管寧（表）　1361-638- 30
肉刑對　1361-662- 35
●陳　暄陳
徵智顗奏　1401-399- 30

●陳　壽 晉
奉詔進諸葛亮集表　　　　　　541-327-35之3
進諸葛氏集表　　　　　　　　1354-484- 18
　　　　　　　　　　　　　　1361-546- 11
　　　　　　　　　　　　　　1381-273- 27
　　　　　　　　　　　　　　1398-418- 18
進諸葛亮集表　　　　　　　　1403-456-127
定諸葛亮故事表　　　　　　　1417-479- 23
上諸葛亮文集表　　　　　　　1476- 83- 5
●陳　棨 宋
經國（疏二則）　　　　　　　 435-551- 91
●陳　銓 明
題爲分辨小過以全大臣名節事　1249-545- 0
●陳　模（謨）宋
進東宮備覽表　　　　　　　　 709-292- 附
●陳　諫 唐
勸聽政表（三則）　　　　　　1338-569-599
●陳　顯 晉
選舉（疏）——陳時務　　　　 437-497-163
●陳　蕃 漢
用人（疏）　　　　　　　　　 436-592-129
戒侈欲（疏）　　　　　　　　 438-502-193
謹各器（疏）　　　　　　　　 438-588-197
聽言（疏）——論李雲言事下獄　438-699-201
巡幸（疏）——諫幸廣城校獵　 441- 92-287
近習（疏）　　　　　　　　　 441-169-291
近習（疏）　　　　　　　　　 441-169-291
近習（疏）　　　　　　　　　 441-170-291
災祥（疏）　　　　　　　　　 441-280-296
弭盜（疏）　　　　　　　　　 441-765-317
薦徐稺等疏　　　　　　　　　 517- 1-115
救李膺疏　　　　　　　　　　 538-511- 76
薦五處士疏　　　　　　　　　1360-181- 10
論封賞濫內寵盛疏　　　　　　1360-181- 10
諫幸廣城校獵疏　　　　　　　1360-184- 10
陳請劉瑀等爲宦官所陷疏　　　1360-185- 10
陳李膺黨事疏　　　　　　　　1360-188- 10
請誅宦官疏　　　　　　　　　1360-190- 11
上桓帝駁討賊舉孝廉茂才疏　　1397-359- 17
薦徐稺等疏　　　　　　　　　1397-359- 17
救李雲書　　　　　　　　　　1397-360- 17
諫封賞踰制內寵猥盛疏　　　　1397-360- 17
諫校獵疏　　　　　　　　　　1397-360- 17
讓太尉疏　　　　　　　　　　1397-361- 17
火灾疏　　　　　　　　　　　1397-361- 17

諫請劉瑀等疏　　　　　　　　1397-361- 17
極諫黨事疏　　　　　　　　　1397-362- 17
讓封疏　　　　　　　　　　　1397-363- 17
論誅宦官疏　　　　　　　　　1397-363- 17
上書　　　　　　　　　　　　1397-363- 17
諫幸廣城校獵疏　　　　　　　1403- 47- 93
救李膺等疏　　　　　　　　　1403- 48- 93
除姦疏　　　　　　　　　　　1403- 48- 93
諫封賞內寵疏　　　　　　　　1417-398- 20
●陳　龜 漢
禦邊（疏）　　　　　　　　　 442- 14-320
乞擇沿邊牧守疏　　　　　　　1360-177- 10
論并涼邊事疏　　　　　　　　1397-343- 16
●陳　錫 明
謹奏爲（何喬新）照例乞恩補廕
　事　　　　　　　　　　　　1249-557- 0
●陳　襄 宋
上神宗論人君在知道得賢務修法
　度疏　　　　　　　　　　　 431- 27- 2
上神宗論誠明之學（疏）　　　 431- 62- 5
上神宗論大臣皆以利進（疏）　 431-563- 46
上神宗論人君聽納不當以諫臣爲
　暴己取名（疏）　　　　　　 431-641- 52
上神宗辭直舍人院天章閣侍講（
　疏）　　　　　　　　　　　 431-900- 75
上仁宗乞止絕臣寮陳乞創寺觀度
　僧道（疏）　　　　　　　　 432- 45- 84
上神宗論天地合祭爲非禮（疏） 432- 60- 85
上神宗乞罷均輸（疏）　　　　 432-338-109
上神宗乞罷制置三司條例司（疏） 432-350-110
上神宗論青苗（疏）　　　　　 432-367-111
上神宗論青苗（疏）　　　　　 432-410-114
上神宗論青苗（疏）　　　　　 432-419-114
上神宗論冗兵（疏）　　　　　 432-512-121
聖學（疏）——進誠明說　　　 433-143- 6
郊廟（疏）——論天地合祭爲非
　禮　　　　　　　　　　　　 433-484- 20
郊廟（疏）——議禘祫不廢時祭　433-485- 20
郊廟（疏）——上祭天用樂奏　 433-485- 20
治道（疏）——被召除修起居注
　上殿箚子　　　　　　　　　 433-880- 35
學校（疏）　　　　　　　　　 436-245-114
祭禮（疏）　　　　　　　　　 436-521-126
乞留陳經不對移任滿狀奏　　　 436-723-135
薦吳師仁箚子　　　　　　　　 436-766-136

論大臣皆以利進（疏）　436-766-136
乞召還范純仁狀　436-767-136
依赦文舉陳烈狀　436-767-136
彈李南公除京西運判不當狀　436-768-136
乞選擇縣令箚子　436-768-136
建官（疏五則）　437-430-160
選舉（疏）　437-588-166
去邪（疏）——彈李定狀　438- 99-177
去邪（疏）——彈王子韶狀　438-100-177
去邪（疏）——彈李定狀　438- 99-177
去邪（疏）——彈劉邠王介狀　438-100-177
去邪（疏）——彈宋守約狀　438-100-177
謹各器（疏）——乞恩例箚子　438-608-197
聽言（疏二則）　438-761-203
聽言（疏）——乞免劉述等言事罪狀　438-763-203
慎刑（疏）——乞疏放秀越二獄于繫人狀　439-210-216
赦宥（疏）——乞原免張堯夫等狀　439-257-218
兵制（疏）——論汰冗兵箚子　439-311-220
荒政（疏）——乞拋降和糶小麥價錢狀　440- 31-244
荒政疏——乞振卹大名等州被水灾之民箚子　440- 44-244
賦役（疏）——論役法狀　440-296-256
理財（疏）——論三司條例乞行均輸法箚子　440-523-266
理財（疏）——論青苗不便乞住支第一狀　440-524-266
理財（疏）——論青苗第二狀　440-525-266
理財（疏）——論青苗第三狀　440-525-266
理財（疏）——論青苗錢第四狀　440-526-266
理財（疏）——論青苗第五狀　440-528-266
禦邊（疏）——奉使契丹回上殿箚子　442-229-329
薦直講陳烈不次任用箚子　530-451- 67
陳州謝到任表　1093-508- 3
進郊祀慶成詩表　1093-508- 3
代崇國夫人等賀明堂禮畢表　1093-508- 3
論役法狀　1093-508- 3
代內省宮正以下賀明堂禮畢表　1093-509- 3
代修儀琬容等賀明堂禮畢表　1093-509- 3
乞均排等出役錢狀　1093-510- 3
論散青苗不便乞住支狀　1093-511- 3
論青苗錢第二狀第三狀第四狀第五狀　1093-512- 3
秘閣校理修起居注舉自代狀　1093-516- 4
辭修起居注知諫院狀　1093-516- 4
辭修起居注知諫院第二三四狀　1093-516- 4
修起居注舉自代狀　1093-517- 4
侍御史知雜事舉自代狀　1093-517- 4
辭中書候試知制誥狀　1093-517- 4
辭中書召試知制誥狀　1093-518- 4
辭召試知制誥申中書省狀　1093-518- 4
辭直舍人院狀　1093-518- 4
辭判吏部流內銓勅內名銜狀　1093-519- 4
辭兼天章閣侍講狀　1093-519- 4
辭直舍人院兼判吏部流內銓兼天章閣侍講狀　1093-520- 4
辭修起居注狀　1093-521- 4
擇日祗受修起居注勅命狀　1093-521- 4
辭監護襄沖孝王葬畢宣賜狀　1093-522- 5
依赦文舉陳烈狀（有序）　1093-522- 5
赴召修注上殿箚子　1093-523- 5
進誠明說箚子　1093-526- 5
乞免御史劉述等言事罪狀　1093-527- 5
乞召還范純仁狀　1093-527- 5
論韓維充御史中丞與韓絳領制置司妨礙狀　1093-528- 5
論除韓絳參知政事乞罷制置司狀　1093-528- 5
彈李南公除京西運判不當狀　1093-529- 5
乞免解舉人推恩狀　1093-529- 5
乞原免張堯夫等檢斷不當狀　1093-530- 5
乞止絕臣僚陳乞創造寺觀度僧道狀　1093-531- 5
乞定審官條例狀　1093-532- 5
乞疏放秀越二獄干繫人狀　1093-533- 6
論祖無擇下獄狀　1093-534- 6
知河陽縣乞拋降和糶小麥價錢狀　1093-534- 6
理會考校進士卷子狀　1093-535- 6
選差京朝官知縣狀　1093-535- 6
知常州乞留陳經不對移任滿狀　1093-537- 6
乞均差衙前等第狀　1093-538- 6
彈監察御史裏行王子韶狀　1093-539- 6
彈秀州軍事判官李定狀　1093-539- 6
彈步軍副指揮使宋守約狀　1093-539- 6
彈宋守約第二三狀　1093-540- 6
彈劉邠王介狀　1093-541- 6
治平四年八月奉使回上殿箚子　1093-541- 7

論樂箚子 1093-542- 7
祭天用樂箚子 1093-543- 7
乞升陸佃優等倡名箚子 1093-544- 7
舉彭汝礪箚子 1093-545- 7
知杭州薦吳師仁箚子 1093-545- 7
選擇縣令箚子 1093-545- 7
理會吏部資序箚子 1093-546- 7
論流內銓奏辟官屬箚子 1093-547- 7
論李常待罪不報及呂公著落職箚
　子 1093-547- 7
知諫院進箚子 1093-548- 8
乞正臺諫官箚子 1093-549- 8
乞賑恤大名等州被水災之民箚子 1093-549- 8
論冗兵箚子 1093-549- 8
乞止絕權貴非次陳乞恩例箚子 1093-550- 8
論三司條例乞行均輸法箚子 1093-550- 8
論王安石箚子 1093-551- 8
議學校貢舉箚子 1093-553- 8
論差除勅不由封駁司箚子 1093-554- 8
南北郊議 1351-202-105
　 1403-688-152

● 陳 蕃 宋
上神宗論合祭宜循舊典（疏） 432- 62- 85
郊廟（疏）——議天地合祭 433-487- 20
● 陳 矯 魏
知人（疏） 437-280-154
● 陳 謨 明
韶州衛賀表 1232-565- 3
韶州府賀表 1232-565- 3
江西省賀正表 1232-566- 3
韶州衛賀表 1232-566- 3
● 陳 寵 漢
法令（疏） 439- 7-208
法令疏 439- 9-208
慎刑（疏）——論改前世苛俗（
　疏） 439-168-215
改前世苛俗疏 1360-151- 8
除律令條法疏 1360-159- 9
斷獄不盡三冬議 1360-289- 17
上章帝請改苛俗疏 1397-171- 8
論斷獄盡冬疏 1397-172- 8
上和帝律令奏 1397-172- 8
● 陳 駿 宋
治道（疏）——紹熙二年春有雷
　雪詔陳時政得失奏 434-602- 57

● 陳 樵 元
書孔明出師表後 1205-197- 3
賀立太子表 1205-356- 13
賀瑞芝表 1205-356- 13
書孔明出師表後 1375-308- 24
● 陳 黯 唐
代河皇父老奏 1336-386-362
● 陳 瓘 宋
上徽宗乞讀資治通鑑（疏） 431- 75- 6
上徽宗乞觀無逸及漢文宣唐太宗
　事（疏） 431- 76- 6
上徽宗論求言之詔未及舊弼（疏） 431-217- 19
上徽宗乞罷王師約樞密都承旨（
　疏二則） 431-382- 35
上徽宗論向宗良兄弟交通賓客（
　疏） 431-383- 35
上徽宗論蔡京交結外戚（疏） 431-388- 35
上徽宗論星變（疏）并附貼黃 431-524- 44
上徽宗乞留襲夫（疏）附貼黃 431-682- 55
上徽宗乞別行删修紹聖神宗實錄
　（疏） 431-729- 60
上徽宗論哲宗實錄不當止差蔡京
　兼修（疏） 431-730- 60
上徽宗論景靈西宮（疏） 432- 98- 88
上徽宗進國用須知（疏） 432-257-103
上徽宗論紹述（疏） 432-492-119
上徽宗論國是（疏） 432-492-119
上徽宗乞以四次改更前事爲鑒（
　疏） 432-493-119
君德（疏）——乞觀無逸及漢唐
　事…… 433- 42- 2
君德（疏） 433- 42- 2
聖學（疏） 433-181- 8
聖學（疏） 433-182- 8
孝親（疏）——善繼人之志善述
　人之事者天子之孝也 433-260- 10
郊廟（疏）——修建景靈西宮狀
　附貼黃 433-526- 21
治道（疏） 434-242- 44
治道（疏）——進故事奏 434-243- 44
法祖（疏） 435- 13- 69
仁民（疏附貼黃）——乞遣使陝
　西河北河東京西奉行優恤德音
　奏狀 436- 95-107
乞憫恤山陵夫人疏 436-492-125

論紹述（疏） 436-867-141
乞罷王師約樞密都承旨（疏二則） 436-868-141
論立賢無方（疏） 436-869-141
論用人惟已（疏） 436-869-141
乞罷溫益給事中（疏） 436-869-141
用人（疏）——進故事 436-870-141
知人（疏） 437-344-156
求言（疏）——論求言之詔未及舊弊翕子 438-677-200
慎微（疏） 438-576-196
慎微（疏）——思患預防奏 438-576-196
去邪（疏）——論章悖罪大責輕乞行流竄狀 438-227-181
去邪（疏）——言邪怨得罪先朝乞原情言罪狀 438-228-181
慎刑疏——進故事疏 439-220-217
慎刑疏——言改正訴理事乞正看詳官竄序辰安悖典刑奏狀 439-220-217
理財（疏）——進國用須知疏 440-619-270
國史（疏）——論王安石日錄之失乞詔史臣別行刪修神宗實錄 440-773-276
國史（疏）——論哲宗實錄不當止差蔡京兼修狀 440-774-276
國史（疏） 440-775-276
禮臣（疏） 441- 80-286
外戚（疏） 441-144-289
災祥（疏）——論熒惑在房心之間狀 附貼黃 441-476-304
災祥（疏）——進仁祖故事 441-478-304
災祥（疏）——論衢州進瑞麥狀 441-478-304
論蔡京疏 530-454- 69
論國是（疏） 1350-657- 61
論瑤華不當遷復何大正不當遷賞（疏） 1350-657- 61
論蔡京（疏） 1350-659- 62
通州自便謝表 1350-740- 71
進四明尊堯集表 1350-741- 71
台州羈管謝表 1350-743- 71
謝復官表 1352-236-6 中
進四明尊堯集表 1352- 97-2 下
台州羈管謝表 1356-684- 8
通州自便謝表 1382-359-下之1
台州羈管謝表 1382-360-下之1
代賀明堂禮畢表 1382-361-下之1
代倉部知池州謝表 1382-361-下之1

代倉部知吉州謝表 1382-362-下之1
代叔父知南安軍謝表 1382-362-下之1
代舅曹史君知筠州謝表 1382-362-下之1
論蔡京疏 1403-149-105

● 陳子良 唐

爲奚御史彈尚書某人入朝不敬文 1339-155-649

● 陳子壯 明

請贈官三孝廉疏 1453-569- 65

● 陳子昂 唐

治道（疏）——諫政理書 433-667- 27
治道（疏）——陳三事利害 433-670- 27
治道（疏）——答制問事八條疏 433-671- 27
經國（疏）——上軍國機要疏 435-273- 80
都邑（疏） 436- 13-103
學校（疏） 436-224-113
禮樂（疏）——勸武后興明堂 436-351-119
軍國利害疏 436-624-131
論牧宰疏 436-625-131
慎微（疏）——論人機疏 438-564-196
法令（疏）——上復仇議狀 439- 40-209
慎刑（疏） 439-183-215
慎刑（疏）——上諫刑書 439-184-215
征伐疏——諫雅州討生羌書 439-530-229
征伐（疏）——諫曹仁師出軍 439-532-229
理財（疏） 440-442-262
四裔（疏） 442-538-341
四裔（疏） 442-540-341
四裔（疏）——論突厥表 442-541-341
軍國機宜疏 503-291-111
對利害三事 561-538- 45
諫雅州討生羌書 561-538- 45
爲義興公求拜掃表 1065-548- 3
爲將軍程處弼辭流表 1065-549- 3
爲宗舍人謝贈物表（三則） 1065-550- 3
爲將軍程處弼謝放流表 1065-551- 3
爲人陳情表 1065-552- 3
謝免罪表 1065-552- 3
爲豐國夫人慶皇太子誕表 1065-553- 3
爲喬補闕慶武成殿表 1065-553- 3
爲程處弼慶拜洛表 1065-554- 3
爲人請子弟出家表 1065-554- 3
爲陳御史上奉和秋景觀競渡詩表 1065-555- 3
爲朝官及岳牧賀慈竹再生表 1065-556- 3
爲赤縣父老勸封禪表 1065-556- 3
爲永昌父老勸追尊中山王表 1065-557- 3

史部 詔令奏議類:附錄 奏議上十一畫

爲百官謝追尊魏國大王表　1065-557- 3
爲建安王獻食表　1065-558- 3
爲李卿讓本官表　1065-558- 4
爲陳舍人讓官表　1065-559- 4
爲司刑袁卿讓官表　1065-559- 4
爲張著作謝父官表　1065-560- 4
爲資州鄭使君讓官表　1065-560- 4
爲武奉御謝表　1065-560-44
爲王美暢謝兄官表　1065-561- 4
爲金吾將軍陳令英請免官表　1065-561- 4
爲副大總管屯營大將軍謝表（二則）　1065-562- 4
謝衣表　1065-563- 4
爲建安王賀破賊表　1065-563- 4
爲河內王等論軍功表　1065-564- 4
爲建安王謝借馬表　1065-564- 4
奏白鼠表　1065-565- 4
爲僧謝講表　1065-565- 4
謝藥表　1065-565- 4
爲喬補闕論突厥表　1065-565- 4
上大周受命頌表　1065-595- 7
復讎議狀　1065-601- 7
答制問事（八則）　1065-612- 8
上蜀川安危事（三則）　1065-617- 8
上蜀中軍事　1065-618- 8
上益國事　1065-619- 8
上軍國機要事　1065-619- 8
上軍國利害事（三則）　1065-622- 8
上西蕃邊州安危事（三則）　1065-625- 8
諫靈駕入京書　1065-628- 9
諫雅州討生羌書　1065-630- 9
諫刑書　1065-632- 9
諫政理書　1065-634- 9
諫用刑書　1065-637- 9
申宗人寃獄書　1065-640- 9
諫曹仁師出軍書　1065-642- 9
代赤縣父老勸封禪表　1338-183-556
爲朝官及岳牧賀慈竹再生表　1338-247-563
爲建安王賀破賊表　1338-268-566
爲鄭資州讓官表　1338-359-576
爲司刑袁卿讓官表　1338-373-577
爲司農李卿讓官表　1338-373-577
爲金吾將軍陳令英請免官表　1338-403-580
謝賜冬衣表　1338-516-593
爲宗舍人謝聘贈表　1338-551-597

初七謝恩表　1338-552-597
遷耐謝恩表　1338-552-597
爲義興公求拜掃表　1338-552-597
爲義興公陳請終喪第二三表（二則）　1338-553-597
爲人陳情表　1338-586-601
爲人請子弟出家表　1338-619-605
進神鳳頌表　1338-661-610
爲陳御史進奉和秋景觀競渡詩表　1338-661-610
爲建安郡王獻食表　1338-695-613
爲喬補闕論突厥表　1338-698-614
爲將軍程處弼謝放流表（二則）　1338-734-618
爲副大總管營大將軍蘇弘暉謝罪表（二則）　1338-736-618
謝免罪表　1338-737-618
爲人謝放父罪表　1338-737-618
諫刑書（二則）　1339-370-674
申宗人寃獄書　1339-375-674
諫靈駕入京書　1339-377-675
諫政理書　1339-380-675
諫曹仁師出軍書　1339-465-683
諫雅州討生羌書　1339-467-684
復讎議 幷序　1340-479-768
諫靈駕入京書　1343-380-26下
諫襲吐蕃書　1361-825- 4
勸興明堂太學疏　1361-848- 6
奏八科　1361-887- 9
對三事　1361-889- 9
爲陳御史進奉和秋景觀競渡詩表　1394-367- 2
諫曹仁師出軍書　1402-480- 73
諫雅州討生羌書　1402-481- 73
爲建安王獻食表　1403-521-134
對利害三事　1403-636-147
答制問事　1403-637-147
對利害三事　1417-647- 31
諫雅州討生羌書　1417-648- 31

● 陳大科明

五山善後疏　1465-602- 9

● 陳文建齊

兼太史令將作匠陳文建奏符命　1399- 65- 3

● 陳文蔚宋

進書編表　1171- 44- 6
辭免恩命箚子　1171- 45- 6

● 陳元光唐

請建州縣表　530-450- 69

●陳元晉 宋
乞差甲省催科箚子　　　　　　　1176-770- 1
乞換雪都武尉箚子　　　　　　　1176-771- 1
代奏事箚子　　　　　　　　　　1176-771- 1
代奏箚　　　　　　　　　　　　1176-773- 1
賀皇帝表　　　　　　　　　　　1176-774- 1
賀皇帝册后表　　　　　　　　　1176-775- 1
賀誕皇孫表　　　　　　　　　　1176-776- 1
明堂慶成表（二則）　　　　　　1176-776- 1
鈴轄司賀壽表　　　　　　　　　1176-777- 1
瑞慶節提刑賀表　　　　　　　　1176-777- 1
贛州賀表　　　　　　　　　　　1176-777- 1
謝轉官表　　　　　　　　　　　1176-777- 1
廣東經略到任謝表　　　　　　　1176-778- 1
廣州謝賜歷日表　　　　　　　　1176-778- 1
南安知軍到任謝表　　　　　　　1176-778- 1

●陳元達 前趙
聽言（疏）　　　　　　　　　　438-700-201
營繕（疏）　　　　　　　　　　441-722-315

●陳元龍 清
御定歷代賦彙告成進呈表　　　　1419- 2- 附

●陳元祥 元
征伐疏——上章論征西南夷事　　439-684-235
弭盜（疏）　　　　　　　　　　441-840-319
諫伐西南夷疏　　　　　　　　　570-328-29之3
論盧世榮姦邪狀　　　　　　　　1367-181- 14

●陳公輔 宋
上欽宗論致太平在得民心（疏）　431- 58- 4
上欽宗乞迎奉上皇篤其孝心（疏
　二則）　　　　　　　　　　　431-113- 10
上欽宗乞官陳東（疏）　　　　　431-223- 19
上欽宗論陰盛（疏）　　　　　　431-540- 45
上欽宗論宦人蠹惑人主（疏）　　431-779- 63
上欽宗論不當因孟享游宴（疏）　432-144- 92
上欽宗乞戒大臣究心邊事（疏）　432-824-142
上欽宗條畫十二事（疏）　　　　432-939-150
孝親（疏）——迎奉上皇備加禮
　數　　　　　　　　　　　　　433-261- 10
孝親（疏）——唯順於父母然後
　可以解憂　　　　　　　　　　433-262- 10
治道（疏）——條畫十二事上奏　434-268- 45
仁民（疏）——論致太平在得民
　心疏　　　　　　　　　　　　436- 99-107
去邪（疏）　　　　　　　　　　438-270-183
戒佚欲（疏）　　　　　　　　　438-536-194

聽言（疏）　　　　　　　　　　438-819-205
近習（疏）——論宦人蠹惑人主
　狀　　　　　　　　　　　　　441-209-293
災祥（疏）　　　　　　　　　　441-493-305
禦邊（疏）——乞戒大臣究心邊
　事上疏　　　　　　　　　　　442-336-333

●陳升之 宋
上仁宗論轉運使選用責任考課三
　法（疏）　　　　　　　　　　431-815- 67
考課（疏）　　　　　　　　　　437-719-172
理財（疏）　　　　　　　　　　440-501-265

●陳弘謀 清
社倉條奏　　　　　　　　　　　570-460-29之6

●陳世倌 清
石塘工成謝表　　　　　　　　　583-661- 19

●陳用賓 明
陳言開採疏　　　　　　　　　　570-335-29之3
罷採寶井疏　　　　　　　　　　570-337-29之3

●陳次升 宋
上神宗論轉運使選用責任考課三
　法狀　　　　　　　　　　　　427-322- 1
上哲宗論江湖關鹽（疏）　　　　427-323- 1
上哲宗乞保甲地土不及二十畝者
　免冬教（疏）　　　　　　　　427-323- 1
上哲宗論知人（疏）　　　　　　427-324- 1
上哲宗論理財（疏）　　　　　　427-325- 1
上哲宗論五路舉人省試（疏）　　427-325- 1
上哲宗乞寢賜孟在宅狀　　　　　427-325- 1
上哲宗幸金明池乞不乘船（疏）　427-326- 1
上哲宗論造船費用（疏）　　　　427-326- 1
上哲宗論治道（疏）　　　　　　427-327- 1
上哲宗奏禁中遺火（疏）　　　　427-328- 1
上哲宗論赦赈當取信天下箚子　　427-328- 1
上哲宗乞罷編元祐章疏　　　　　427-329- 1
上哲宗論內治（疏）　　　　　　427-329- 1
上哲宗論選舉（疏）　　　　　　427-330- 1
上哲宗論免補試人狀　　　　　　427-330- 1
上哲宗乞催補試狀　　　　　　　427-330- 1
上哲宗改正鄒浩太學博士狀　　　427-331- 1
上哲宗留正言孫諤疏　　　　　　427-331- 1
上哲宗奏陝西旱乞行賑濟（疏）　427-331- 1
上哲宗論宗景以妾爲妻狀　　　　427-332- 1
上哲宗奏乞開陳毫溝河箚子　　　427-332- 1
上哲宗論牧馬（疏）　　　　　　427-332- 1
上哲宗乞罷言職狀　　　　　　　427-333- 1

1518　　　　　　　　四庫全書文集篇目分類索引

史部

詔令奏議類：附錄

奏議上十一畫

上哲宗論人和（疏）	427-333- 1
上哲宗奏星變（疏）	427-334- 1
上哲宗奏因災變求直言疏	427-334- 1
上哲宗議役法（疏）	427-335- 1
上哲宗乞立限疏決疏	427-335- 1
上哲宗論皇城司獄疏	427-335- 1
上哲宗論西戎（疏）	427-336- 1
上徽宗乞罷侍御史狀	427-336- 2
上徽宗論修神宗實錄（疏四則）	427-337- 2
上徽宗論修神宗實錄（疏四則）	427-337- 2
上徽宗論西蕃市馬（疏）	427-338- 2
上徽宗論常平司錢物（疏）	427-339- 2
上徽宗乞皇太妃持心喪狀	427-339- 2
上徽宗論豫戒六事（疏）	427-340- 2
上徽宗論修復常平狀	427-345- 2
上徽宗論中都費用狀	427-346- 2
上徽宗論收湟州狀	427-346- 2
上徽宗乞調太妃園寢狀	427-346- 2
上徽宗乞靈鶴發引賣熟食狀	427-347- 2
上徽宗乞爲河西軟堰狀	427-347- 2
上徽宗乞備邊賞有功狀	427-347- 2
上徽宗乞修戰船狀	427-348- 2
上徽宗乞寬陳瓘罪狀	427-348- 2
上徽宗乞致齋日不作樂箋子	427-350- 3
上徽宗論選舉第一二三（狀）	427-350- 3
上徽宗謹名器（疏四則）	427-351- 3
上徽宗奏論盜發保州倉（疏）	427-353- 3
上徽宗奏論盜法第一二（狀）	427-354- 3
上徽宗奏論京師強盜（疏）	427-355- 3
上徽宗奏論永安縣強盜（疏）	427-355- 3
上徽宗奏論陝西群盜（疏）	427-355- 3
上徽宗乞罷修興德院狀	427-356- 3
奏彈錢遹第一二三（狀）	427-356- 3
奏彈曾布（疏九則）	427-357- 3
奏彈鄧洵武（疏二則）	427-360- 3
彈蔡京第一二三（狀）	427-361- 3
奏彈呂希哲第一二（疏）	427-363- 4
奏彈王古呂希哲	427-364- 4
奏彈李祥（疏）	427-364- 4
奏彈呂希哲李祥	427-365- 4
奏彈劉逵	427-365- 4
奏彈賈種民	427-365- 4
奏彈梁子美	427-366- 4
奏彈范純禮	427-367- 4
奏彈宗粹附小帖	427-367- 4
奏彈陳祐	427-368- 4
奏彈內侍裴彥臣第一至四（疏）	427-368- 4
奏彈內侍裴誼第一二（疏）	427-370- 4
奏彈內侍張第一至八（狀）	427-370- 4
奏彈內侍李僎第一至四（疏）	427-372- 4
奏彈內侍王道	427-375- 5
奏彈內侍梁從政	427-375- 5
奏彈內侍郝隨	427-376- 5
奏彈內侍劉瑗（二則）	427-376- 5
上徽宗論豫戒六事（疏）	431- 52- 4
上哲宗論龍船買用（疏）	431-123- 11
上哲宗論赦榜當取信天下（疏）	431-257- 22
上哲宗乞寢罷編排元祐臣寮章疏指揮（疏）	431-257- 22
上哲宗論瑤華之獄不當付閹官之手（疏）	431-311- 28
上哲宗論宗景以妾爲妻（疏）	431-358- 32
上徽宗論除授臺諫三省不得進擬（疏）	431-683- 5
上徽宗論神宗實錄多用王安石日錄（疏）	431-731- 60
上哲宗乞罷額外封樁（疏）	432-303-107
上哲宗乞保甲地土不及二十畝者免冬教（疏）	432-558-124
上徽宗論西蕃市馬（疏）	432-567-125
治道（疏二則）	434-174- 41
治道（疏）——進戒豫六事奏	434-236- 43
內治（疏）	435-157- 75
宗室（疏）——論宗景以妾爲妻上奏	435-202- 77
知人（疏）	437-332-155
建官（疏）	437-461-161
選舉（疏）	437-634-168
選舉（疏三則）	437-644-168
去邪（疏）——奏彈曾布疏（三則）	437-201-180
去邪（疏）——奏彈蔡京疏（二則）	437-203-180
去邪（疏）——（彈蔡卞疏）	438-204-180
節儉（疏）	438-478-192
謹名器（疏五則）	438-621-198
聽言（疏）——乞留正言孫諤疏	438-805-204
聽言（疏）——論陳瓘言事不當得罪	438-814-205
法令（疏）——論赦榜當取信天	

下筋子　　　　　　　　　　　　439-107-212
法令（疏）——乞罷編元祐章疏　439-108-212
慎刑（疏）——奏乞立限疏決疏　439-214-216
慎刑（疏）——論皇城司獄疏　　439-215-216
兵制（疏）——論所招兵士務要
　強壯使官吏知畏守禦有備　　439-334-221
馬政（疏）　　　　　　　　　　439-837-242
水利（疏）——奏乞開陳毫溝河
　狀　　　　　　　　　　　　　440-207-252
賦役（疏）　　　　　　　　　　440-342-258
理財（疏）　　　　　　　　　　440-617-269
理財（疏）——論中都費用奏　　440-628-270
理財（疏）——論收湟州奏　　　440-628-270
理財（疏）——乞嚴勒宰臣不得
　輕易支費常平司錢物　　　　440-628-270
國史（疏）——論史院修神宗實
　錄多用王安石家日錄之不當　440-779-276
國史（疏）——論神宗實錄筋子
　（三則）　　　　　　　　　　440-779-276
國史（疏）——論鄧詢武(不宜同
　修正史）狀（二則）　　　　440-780-276
巡幸（疏）——諫幸金明池　　　441-100-287
外戚（疏）　　　　　　　　　　441-144-289
近習（疏）——彈裴彥臣疏(二則）441-204-293
近習（疏）——論劉瑗疏（二則）441-204-293
近習（疏）——論內侍李僯疏（
　二則）　　　　　　　　　　　441-206-293
災祥（疏二則）　　　　　　　　441-473-304
禦邊（疏）——論西戎　　　　　442-312-333
四裔（疏）——論西蕃市馬　　　442-672-347
● 陳光道宋
福建運判到任謝表　　　　　　1357-191-5 中
● 陳仲微宋
經國（疏）　　　　　　　　　　435-732- 98
● 陳仲儒北魏
請依京房立準以調八音奏　　　436-533-127
● 陳汶輝明
奏薄征下壤疏　　　　　　　　530-458- 69
● 陳良祐宋
經國（疏）　　　　　　　　　　435-699- 96
外戚（疏）　　　　　　　　　　441-152-289
● 陳良翰宋
治道（疏略）　　　　　　　　　434-410- 51
● 陳求魯宋
仁民（疏）　　　　　　　　　　436-157-109

理財（疏）　　　　　　　　　　440-704-273
● 陳廷敬清
日講四書解義進呈疏　　　　　　208- 2- 附
歲終彙進講義疏　　　　　　　1316-445- 30
進呈刊完日講四書解義疏　　　1316-446- 30
歲終講義循例題明兼陳愚悃疏　1316-447- 30
遵例自陳疏　　　　　　　　　1316-449- 30
歲終講義循例題明疏　　　　　1316-450- 30
制錢銷毀滋弊疏　　　　　　　1316-451- 30
勸廉祛弊詳議定制疏　　　　　1316-452- 30
請嚴考試親民之官以收吏治實效
　疏　　　　　　　　　　　　1316-455- 31
請嚴督撫之責成疏　　　　　　1316-455- 31
請議水旱疏　　　　　　　　　1316-457- 31
撫臣虧飽負國據實糾參疏　　　1316-458- 31
府瀝懇誠祈准回籍以安愚分疏　1316-460- 31
直陳言官建白疏　　　　　　　1316-460- 31
雲南蕩平賀皇上表　　　　　　1316-463- 32
進鑑古籍覽表　　　　　　　　1316-464- 32
恭進聖德萬壽詩表　　　　　　1316-465- 32
昊天與聖人皆有四府其道何如（
　對）　　　　　　　　　　　1316-477- 32
　　　　　　　　　　　　　　1449-885- 31
恭進聖德萬壽詩表　　　　　　1449-444- 1
恭進聖武雅表　　　　　　　　1449-447- 1
獻平滇雅表　　　　　　　　　1449-450- 1
恭進御書點翰堂法帖表　　　　1449-451- 2
歲終彙進講義疏　　　　　　　1449-838- 28
進呈刊完日講四書解義疏　　　1449-839- 28
● 陳宗禮宋
治道（疏）　　　　　　　　　　434-762- 64
慎徵（疏）　　　　　　　　　　438-586-196
● 陳居仁宋
用人（疏）——入對論文武並用
　長久之術　　　　　　　　　437-110-146
● 陳長方宋
聖學（疏）　　　　　　　　　　433-189- 8
災祥（疏）——代人上殿筋子　　441-516-306
四裔（疏）——代人上殿筋子　　442-707-348
上殿筋子　　　　　　　　　　1139-625- 1
代謝宮祠表　　　　　　　　　1139-626- 1
代放罪謝表　　　　　　　　　1139-627- 1
● 陳叔文隋
上隋文帝表　　　　　　　　　1399-631- 2
● 陳叔達唐

宗室（疏） 435-184- 76
●陳洪謨明
題覆禁革事宜以振舉馬政事 444- 89- 36
●陳貞節唐
郊廟（疏） 433-402- 16
郊廟（疏二則） 433-404- 17
明堂議 1340-415-762
太廟遷祧議 1340-431-763
論肅明皇后請別立廟議 1340-432-763
●陳思謙元
守成（疏） 436- 8-102
建官（疏） 437-486-162
馬政（疏） 439-849-242
請遼東置畜牧司疏 503-293-111
●陳俊卿宋
戒逸欲（疏） 438-544-195
屯田（疏） 440-395-260
●陳祐甫宋
水利（疏） 440-160-250
●陳祖仁元
去邪（疏）——論保布哈托歡（三則） 438-348-186
營繕（疏） 441-761-316
●陳眞晟明
奏正風教疏 530-462- 69
●陳耆卿宋
治道（疏）——代上殿箚子 434-649- 59
法令（疏） 439-157-214
兵制（疏） 439-418-224
水利（疏） 440-241-253
賦役（疏） 440-365-259
賦役（疏） 440-366-259
理財（疏二則） 440-690-273
瑞慶節賀表 1178- 34- 4
代謝賜曆日表 1178- 35- 4
奏請罪健訟疏 1178- 35- 4
奏請急水利疏 1178- 36- 4
奏請正簿書疏 1178- 37- 4
代上請乞輸錢箚子 1178- 37- 4
代上請用人聽言箚子 1178- 38- 4
代上請研覈郡縣兵箚子 1178- 39- 4
●陳致雍南唐
郊廟（疏）——祖宗配郊位議 433-428- 18
風俗（疏） 436-285-116
樂疏 436-548-127

節儉（疏） 438-460-191
●陳時明明
容直言霽嚴譴以廣聖聰疏 1453-436- 52
●陳師道宋
代乞郡箚子 1114-613- 10
論國子賣書狀 1114-614- 10
代謝西川提點刑獄表 1114-653- 15
代賀興龍節表 1114-654- 15
代謝賜曆日表 1114-654- 15
代謝夔路提點刑獄表 1114-654- 15
代謝賜恤刑表 1114-654- 15
代謝曆日表 1114-655- 15
代賀正表 1114-655- 15
代賀安西川表 1114-655- 15
代賀生皇子表（二則） 1114-656- 15
代賀册皇后表（二則） 1114-656- 15
西川提刑到任謝表 1352-193-5 中
●陳師錫宋
上徽宗論宣取畫圖（疏） 431- 76- 6
上徽宗論任賢去邪在於果斷（疏） 431-191- 17
上徽宗論幸潛宮觀芝草（疏） 431-399- 36
聖學（疏） 433-181- 8
用人（疏） 436-765-136
論任賢去邪在於果斷（疏） 436-864-141
去邪（疏） 438-189-180
去邪（疏）——論蔡京 438-190-180
災祥（疏） 441-476-304
●陳執中宋
上仁宗論西邊事宜（疏） 432-646-132
禦邊（疏） 442-104-323
四裔（疏）——論西邊事宜 442-590-343
攻守方略疏 556-140- 86
●陳從信宋
漕運（疏） 440-416-261
●陳朝老宋
去邪（疏）——論何執中 438-197-180
●陳堯臣宋
上徽宗乞重惜憲臺之權（疏） 431-684- 55
聽言（疏）——乞重惜憲臺之權疏 438-812-205
●陳堯叟宋
請廣植麻苧折代桑棗疏 568- 43- 99
勸諭部民廣植麻苧疏 1465-486- 4
●陳彭年宋
上眞宗答詔五事（疏） 432-861-145

君德（疏） 433- 16- 1
郊廟（疏） 433-433- 18
治道（疏）——答詔五事 433-717- 29
崇儒（疏） 440-716-274
● 陳貴誼宋
聽言（疏）——因轉對上言 438-856-206
● 陳傅良宋
君德（疏） 433- 74- 4
君德（疏） 433- 75- 4
君德（疏） 433- 77- 4
君德（疏） 433- 78- 4
君德（疏） 433- 90- 4
孝親（疏）——上封事 433-276- 11
孝親（疏三則） 433-278- 11
治道（疏） 434-451- 52
治道（疏）——知桂陽軍擬奏事
　　箚子 434-458- 52
治道（疏） 434-648- 59
法祖（疏二則） 435- 23- 69
經國（疏）——擬奏事箚子 435-695- 96
仁民（疏） 436-142-109
仁民（疏） 436-144-109
用人（疏）——薦宋文仲等狀 437-114-147
用人（疏）——繳奏給事中黃裳
　　改除兵部侍郎狀 437-115-147
用人（疏） 437-116-147
用人（疏）——繳奏朱熹宮觀狀
　　附貼黃 437-139-148
法令（疏）——論鄂大爲案 439-151-214
兵制（疏） 439-381-223
任將（疏）——繳奏率逢原除都
　　統制狀 439-806-240
賦役（疏） 440-360-259
賦役（疏） 440-369-259
理財（疏） 440-675-272
國史（疏）——論史官箚子 440-798-277
褒贈傳察（疏） 441- 36-284
褒贈宗澤（疏） 441- 36-284
褒贈隻寅亮（疏） 441- 36-284
禮臣（疏） 441- 87-286
赴桂陽軍擬奏事箚子第一至四 1150-650- 19
桂陽軍乞畫一狀 1150-655- 19
湖南提舉刺列郡太守狀 1150-660- 20
湖南提舉薦士狀 1150-661- 20
吏部員外郎初對箚子第一二三 1150-663- 20

轉對箚子 1150-666- 20
轉對論役法箚子 1150-667- 21
封事（箚子） 1150-670- 21
繳奏劉煒與監司差遣狀 1150-672- 21
繳奏刑部大理寺鄂大爲斷案狀
　　附貼黃 1150-672- 21
直前箚子 1150-674- 21
繳奏內侍張安仁轉官第一二狀 1150-676- 22
內引箚子 1150-678- 22
繳奏給事中黃裳改除兵部侍郎第
　　一二狀 1150-680- 22
論史官箚子 1150-682- 22
繳奏陳源除入內侍押班狀 1150-683- 22
繳奏白身彭壽補官狀 1150-683- 22
繳奏閣門承受趙銓乞將轉官回授
　　封贈狀 1150-684- 22
繳奏張子仁除節度使第一二狀 1150-685- 23
繳奏傅昌朝轉官狀 1150-688- 23
直前箚子 1150-689- 23
乞補外狀附貼黃 1150-691- 23
乞祠祿歸展墓焚黃狀 1150-691- 23
繳奏南班多慶轉官（狀） 1150-691- 23
繳奏安定郡王子濤賜宅狀 1150-692- 23
繳奏刑部大理寺易大明阿王斷案
　　狀 1150-692- 23
繳奏傅昌朝轉官狀 1150-693- 23
繳奏藍嗣祖轉官狀 1150-693- 23
繳奏率逢原除都統制第一二狀 1150-694- 24
內引箚子 1150-695- 24
再內引箚子 1150-697- 24
奏乞褒錄傳察宗澤隻寅亮子孫箚
　　子 1150-697- 24
繳奏册寶官吏推恩狀附貼黃 1150-698- 24
繳奏孫拱之轉官狀 1150-699- 24
繳奏册寶承受官免減一員外 1150-699- 24
再繳奏孫拱之轉官及册寶承受官
　　免減一員狀附貼黃 1150-700- 24
繳奏饒州奏勘程廷高斷案狀 1150-701- 24
入奏箚子 1150-701- 24
乞祠省狀 1150-702- 24
乞對狀 1150-702- 24
直前箚子 1150-704- 25
乞致仕狀 1150-705- 25
再乞對箚子 1150-705- 25
直前箚子 1150-705- 25

1522　　　　　　　四庫全書文集篇目分類索引

奏事箚子	1150-708- 25	謝中書舍人（表）	1150-752- 31
奏事乞休致箚子	1150-710- 25	選德殿記代周子克內翰撰進（表）	1150-801- 39
辭免再除起居郎狀	1150-711- 26	奉詔擬進御製至尊壽皇聖帝聖政	
辭免中書舍人狀（二則）	1150-711- 26	序	1150-801- 40
辭免兼侍講狀	1150-712- 26	歐景元憲公表奏	1150-826- 41
辭免兼直學士狀	1150-713- 26	歐蘇黃門論章子厚疏	1150-828- 42
中書舍人供職後初對箚子	1150-714- 26	論人心可畏疏	1403-165-106
（中書舍人供職後）第二（箚子）	1150-714- 26	●陳瓘余宋	
請對第一二箚子	1150-715- 26	太平有爲策	1096-409- 1
乞放身丁錢箚子	1150-717- 26	上言災異書	1096-436- 4
繳奏羅良臣供給免折酒狀	1150-719- 27	上英宗皇帝書（三則）	1096-437- 4
繳奏謝淵請合支本色狀	1150-719- 27	上神宗皇帝言天變書	1096-445- 4
繳奏朱熹宮觀狀附貼黃	1150-720- 27	奉行青苗新法自劾奏狀	1096-447- 5
繳奏紫霄宮全科斂等事狀	1150-721- 27	進治說序	1096-453- 6
繳奏陳峴知贛州狀	1150-721- 27	（進）說御	1096-453- 6
辭免實錄院同修撰第一狀	1150-722- 27	（進）說用	1096-455- 6
（辭免實錄院同修撰）第二狀		（進）說變	1096-456- 6
附貼黃	1150-722- 27	（進）說應	1096-457- 6
應詔薦宗室趙師處趙師淵狀	1150-723- 27	（進）說敎	1096-458- 6
右史進故事	1150-725- 28	（進）說政	1096-460- 6
資善堂進故事	1150-725- 28	（進）說義	1096-462- 6
廷對策	1150-733- 29	（進）說禮	1096-463- 6
桂陽軍謝到任（表）	1150-740- 30	（進）說樂	1096-464- 6
高宗小祥慰皇帝（表）	1150-741- 30	（進）說智	1096-465- 6
賀登極（表）	1150-741- 30	（進）說信	1096-466- 6
謝登極赦（表）	1150-741- 30	（進）說體	1096-467- 6
皇太后移御慈福宮賀皇帝（表）	1150-742- 30	（進）說實	1096-468- 6
立后賀皇帝（表）	1150-742- 30	（進）說聽	1096-469- 6
皇帝登寶位進奉銀（表）	1150-743- 30	（進）說斷	1096-471- 6
謝賜曆日（表）	1150-743- 30	（進）說祭	1096-473- 7
紹熙改元賀皇帝（表）	1150-743- 30	（進）說兵	1096-474- 7
至尊壽皇聖帝册寶賀皇帝（表）	1150-744- 30	（進）說河	1096-475- 7
壽聖皇太后册寶賀皇帝（表）	1150-745- 30	（進）說勢	1096-476- 7
壽成皇后册寶賀皇帝（表）	1150-747- 31	（進）說任	1096-477- 7
皇后册寶賀皇帝（表）	1150-748- 31	（進）說使	1096-479- 7
湖南提舉謝到任（表）	1150-749- 31	（進）說進	1096-480- 7
提舉司謝賜曆日（表）	1150-750- 31	（進）說副	1096-481- 7
湖南轉運判官謝到任（表）	1150-750- 31	（進）說士	1096-482- 7
湖南提舉賀慶節（表）	1150-750- 31	（進）說農	1096-483- 7
湖南提舉賀重明節（表）	1150-750- 31	（進）說工	1096-485- 7
重明節進奉銀（表）	1150-751- 31	（進）說田	1096-486- 7
丙辰賀瑞慶節（表）	1150-751- 31	（進）說諫	1096-487- 7
丁巳賀瑞慶（表）	1150-751- 31	（進）說宥	1096-488- 7
戊午賀瑞慶節（表）	1150-751- 31	（進）說禁	1096-489- 7
己未賀瑞慶節（表）	1150-751- 31	（進）說戒	1096-490- 7

● 陳損之 宋
水利（疏） 440-235-253
● 陳與義 宋
（進法帖音釋刊誤表） 812-416- 附
● 陳過庭 宋
上欽宗乞改正宣仁皇后誣史（疏） 431-735- 60
孝親（疏）——明宣仁皇后保佑
　社稷之功 433-264- 10
● 陳誠之 宋
謝狀元以下賜周官表 1352-250-7上
● 陳獻章 明
乞終養疏 1246- 2- 1
謝恩疏 1246- 4- 1
● 莊 辛 周
戒侈欲（疏） 438-497-193
論幸臣之國 1377-152- 4
● 莊 助 漢
征伐（疏） 439-463-226
● 莊 芷 漢
告淮南王安陰事書 1396-424- 11
● 莊 㬢 明
奏議 1254-348- 10
培養聖德疏 1403-201-108
● 莊 夏 宋
災祥（疏）——上封事 441-575-308
● 陸 弘 漢
言禮代書 1396-434- 11
● 婁 敬 漢
說高祖都關中（疏） 1355-312- 11
定都關中對 1360-302- 18
說高祖都關中 1377-325- 14
　 1402-403- 65

● 婁 機 宋
故資政殿大學士左正議大夫張公
　諡議 1127-849- 15
● 婁子幹 隋
弭盜（疏） 441-766-317
● 婁寅亮 宋
儲嗣（疏） 435-110- 73
● 崔 光 北魏
禮樂（疏） 436-345-118
慎刑（疏）——論元愉妾李氏有
　孕乞停李獄 439-178-215
災祥（疏三則） 441-309-298
諫靈太后登永寧寺九層浮圖表 1401-434- 32

答詔問四足翼雞表 1403-462-127
答詔示禿鶖表 1403-463-127
災異表 1417-566- 27
答宣武帝雞異表 1417-566- 27
● 崔 沔 唐
郊廟（疏）——議宗廟加籩豆 433-407- 17
喪禮（疏） 436-438-122
爲安國相王讓東宮第三表 1338-384-578
代宣王詣讓皇太子表 1338-385-578
爲崔日知謝洛州長史表 1338-476-588
代河南裴尹謝墨勅賜衣物表 1338-560-598
謝恩慰喻表 1338-560-598
加籩豆增服紀議 開元二十三年 1340-441-764
宗廟加籩豆議 1343-564- 39
　 1403-673-151

● 崔 位 唐
爲李尙書讓兼左僕射表（二則） 1338-330-572
代李僕射謝加營田使表 1338-485-589
爲李僕射賀聖製政刑箴表 1338-511-592
● 崔 杼 周
征伐（疏） 439-450-226
● 崔 亮 北魏
郊廟（疏） 433-370- 15
理財（疏） 440-440-262
● 崔 浩 北魏
儲嗣（疏） 435- 60- 71
經國（疏二則） 435-267- 80
經國（疏）——議擊蠕蠕事 435-268- 79
封建（疏） 436- 39-104
征伐（疏）——論明元帝聞劉裕
　死欲取洛陽 439-508-228
征伐疏——論劉義隆叛事 439-509-228
征伐（疏）——論河西王沮渠牧
　犍內有貳意世祖將討焉 439-509-228
征伐（疏）——論擊薛永宗 439-510-228
荒政（疏） 440- 3-243
律歷（疏）——上五寅元曆表 440-826-278
律歷（疏）——上五寅元曆表 440-826-278
禦邊（疏） 442- 24-320
四裔（疏） 442-520-340
● 崔 戎 元
去邪（疏）——論盧世榮 438-345-186
上和帝白父寃書（二則）
　附和帝詔報崔偉 1399-170- 7
● 崔 植 唐

治道（疏）——論貞觀開元治道
　最盛何致而然　433-699- 28
節儉（疏）　438-458-191
● 崔 鄲唐
戒佚欲（疏）　438-519-194
● 崔 廈唐
駁郭知運議　549-240-190
駁議郭知運　1341-316-840
　1343-589- 41
　1403-716-156
● 崔 楷漢
冀定水患疏　506-185- 92
● 崔 群唐
元和聖文神武法天應道皇帝册文　426- 70- 7
用人（疏二則）　436-646-131
● 崔 瑗漢
上言孝廉疏　1397-306- 14
● 崔 敬元
宗室（疏）——諫徙太后於東安
　州放文宗子於高麗事　435-211- 77
賞罰（疏）　438-432-189
巡幸（疏）——諫幸上都
諫巡幸疏　503-293-111
● 崔 鉉唐
弭盜（疏）　441-768-317
● 崔 銑明
奏乞養疾疏　1267-416- 2
甲申陳言急務疏　1267-469- 4
自陳疏　1267-643- 12
沈諫議奏狀跋　1267-652- 12
災異自陳不職疏　1267-664- 12
患病乞休奏　1267-670- 12
● 崔 融唐
賦役（疏）　440-249-254
禦邊（疏）　442- 31-321
爲太子請以家令寺地給貧人表　556-182- 87
代宰相上尊號表　1338-158-554
代百官請上尊號第二表　1338-162-554
賀封禪表　1338-182-556
代家奉御賀明堂成表　1338-183-556
代百官賀明堂成上禮表　1338-184-556
賀赦表　1338-195-558
爲西京百官賀老君見表　1338-217-561
爲百官賀雨請復膳表　1338-223-561
爲泾州李刺史賀慶雲見表　1338-231-562
爲皇太子賀甘露表　1338-235-562
爲百官賀斷獄甘露降表　1338-235-562
賀萬年縣甘露表　1338-237-562
皇太子賀芝草表　1338-242-563
皇太子賀天后芝草表　1338-242-563
皇太子賀嘉麥表　1338-244-563
爲百官賀千葉瑞蓮表　1338-245-563
代皇太子賀石龜負圖表　1338-250-564
爲泾州李使君賀慶山表　1338-253-564
爲許智仁奏懷州黃河清表　1338-254-564
賀秦州河清表　1338-254-564
皇太子賀白龍見表　1338-260-565
爲魏州成使君賀白狼表　1338-261-565
爲韋右相賀平賊表　1338-268-566
爲裴尚書慰山陵事畢上表　1338-314-571
爲宗監請停政事表　1338-404-580
爲王起避譚辭澧陽縣令表　1338-405-580
爲朝集使于思言等請封中岳表　1338-579-600
爲溫給事請致仕歸侍表　1338-604-603
爲盧從願請替東都留守表　1338-638-607
進洛圖頌表　1338-659-610
皇太子上食表　1338-695-613
爲韋將軍請上禮食表　1338-695-613
皇太子請停幸東都表　1338-614-605
皇太子請家令寺地給貧人表　1338-614-605
皇太子請放罪囚表　1338-615-605
皇太子請復膳表　1338-615-605
皇太子請起居表　1338-616-605
皇太子請給庶人衣服表　1338-616-605
皇太子請修書表　1338-616-605
請不稅關市疏　1339-599-697
拔四鎮議　1340-489-769
斷屠議　1340-482-768
吏部兵部選人議　1340-448-765
諫稅關市疏　1343-403- 27
皇太子請脩書表　1394-363- 2
爲皇太子賀甘露表　1394-364- 2
爲百官賀雨請復膳表　1394-364- 2
代家奉御賀明堂成表　1394-365- 2
皇太子賀嘉麥表　1394-365- 2
皇太子賀芝草表　1394-365- 2
皇太子請家令寺地給貧人表　1403-518-134
諫稅關市疏　1417-652- 31
● 崔 駰漢
上四巡頌表　1397-220- 10

四庫全書文集篇目分類索引　1525

章帝諫議　1397-222- 10
上四巡頌表　1412-290- 12
章帝諫議　1412-291- 12
● 崔　器唐
將軍王去榮殺人議并序　1340-478-768
● 崔　鴻北魏
考課（疏）　437-706-171
● 崔　魏唐
再請封西嶽表　556-184- 87
● 崔　鷗宋
上欽宗論王氏及元祐之學（疏）　432- 39- 83
去邪（疏）　438-229-182
去邪（疏）——論馮澥狀　438-230-182
災祥（疏）　441-478-304
論馮澥（疏二則）　1350-665- 62
進瑞木嘉禾表　1352-104-2下
進琴表　1352-104-2下
謝賜曆日表　1352-255-7上
論馮澥疏　1403-152-105
● 崔　暹北魏
法令（疏）　439- 31-209
● 崔元翰唐
爲百官賀舒州甘露表　1338-237-562
● 崔元翰唐
爲文武百官請復尊號第一至六表　1338-167-555
河東副元帥馬司徒請罷節度表（二則）　1338-411-581
爲河東副元帥馬司徒謝實封表　1338-482-589
● 崔日用唐
去邪（疏）——論薛稷　438- 26-174
● 崔仁師唐
慎刑疏——請不改反逆緣坐刑名疏　439-182-215
請不改反逆緣坐刑名疏　1343-417- 28
● 崔玄伯北魏
赦宥（疏）　439-243-218
● 崔玄亮唐
法令（疏）　439- 46-209
● 崔正言宋
青州到任謝表　1352-220-6上
● 崔安潛唐
囚裔（疏）　442-560-341
● 崔仲方隋
征伐（疏）——上書論取陳之策　439-524-229
論取陳策書　1400-289- 4

● 崔行先唐
爲昭義王大夫謝賜改名表　1338-484-589
爲王大夫謝中使招撫狀　1339- 14-630
爲昭義李相公謝賜臘日口脂狀　1339- 23-631
臘日謝賜口脂紅雪等狀　1339- 24-631
爲王大夫謝恩賜口脂歷日狀　1339- 24-631
謝恩賜春衣狀（二則）　1339- 33-633
謝賜貞元寺額狀　1339- 43-634
爲昭儀李相公賀雲南蠻歸附狀　1339- 55-637
奏差赴唐州行營軍馬狀　1339- 89-643
● 崔祐甫唐
經國（疏）——論淄青李正已斷表獻錢實詐　435-290- 80
喪禮（疏）　436-439-122
用人（疏）　436-632-131
災祥（疏）　441-318-298
奏貓鼠議　1340-494-770
貓鼠議　1343-597- 42
　1403-675-151
● 崔祖思齊
治道（疏）——啓陳政事　433-628- 26
上太祖陳政事啓（八則）　1399-113- 5
上太祖陳政事啓（三則）　1404-205-178
● 崔神慶唐
慎徵（疏）　438-564-196
● 崔敦詩宋
治道（疏）　434-425- 51
仁民（疏）——論州郡搪克疏　436-127-108
仁民（疏）——論鑄放丁錢米夏稅疏　436-129-108
學校（疏）——論南康軍奏請白鹿洞書院額疏　436-268-115
風俗（疏）　436-307-117
用人（疏）——乞以公道用人疏　437- 63-144
聽言（疏）——論聽言疏　438-837-206
任將（疏二則）　439-795-240
荒政（疏）——經筵附進救災五事狀　440-105-247
理財（疏）——奏乞究和糴之弊疏　440-669-272
● 崔敦禮宋
法令（疏）——代江東帥論法制不可輕立疏　439-148-214
法令（疏）——代陳丞相乞住白翎施行事疏　439-149-214

史部

詔令奏議類：附錄

奏議上十一畫

理財（疏）——代人上殿論郡縣
　財用筒子　　　　　　　　　　440-669-272
●崔與之 宋
用人（疏）　　　　　　　　　　437-187-150
災祥（疏）　　　　　　　　　　441-605-310
●崔維雅 清
講讀聖諭以宏敎化事宜（議）　　568-411-114
粵屬新荒無徵亟請豁除以甦民累
　以固邦本議　　　　　　　　　568-412-114
●崔德符 宋
知人（疏）——上乞辨忠邪書　　437-340-156
●常　安 清
魚鱗石塘工成謝表　　　　　　　583-660- 19
●常　同 宋
去邪（疏）——論朋黨　　　　　438-250-182
國史（疏）——論神哲二史　　　440-784-277
●常　秩（等）宋
崇儒（疏）——乞追諡孔子帝號
　及乞於孔子廟庭建立孟軻揚雄
　像貌加以爵號　　　　　　　　440-717-274
●常　袞 唐
仁民（疏）　　　　　　　　　　436- 62-105
用人（疏）　　　　　　　　　　436-632-131
節儉（疏）　　　　　　　　　　438-458-191
李採訪請鶴停金牛一日表　　　　556-186- 87
賀册皇太后表　　　　　　　　 1338-187-557
中書門下請册貴妃表　　　　　 1338-189-557
代宗讓皇太子表　　　　　　　 1338-191-557
中書門下賀雪表　　　　　　　 1338-222-561
中書門下賀雨第一至三表　　　 1338-224-561
中書門下賀日當蝕不蝕表　　　 1338-228-562
賀歲除日太陽不虧表　　　　　 1338-228-561
中書門下賀慶雲見表　　　　　 1338-234-562
中書門下賀太原紫雲見表　　　 1338-234-562
爲宰相賀連理木表　　　　　　 1338-241-563
中書門下賀芝草嘉禾表　　　　 1338-243-563
中書門下賀芝草表　　　　　　 1338-244-563
中書門下賀醴泉表　　　　　　 1338-256-564
中書門下賀文丹國獻白象表　　 1338-262-565
賀白鼠表　　　　　　　　　　 1338-262-565
李採訪賀收西京表　　　　　　 1338-271-566
賀劒南破西蕃表　　　　　　　 1338-277-567
賀破山南賊表　　　　　　　　 1338-278-567
爲崔中丞賀討田承嗣表　　　　 1338-278-567
賀張獻恭破賊表　　　　　　　 1338-279-567

賀收涇州表　　　　　　　　　 1338-279-567
賀納諒表　　　　　　　　　　 1338-299-569
賀聖躬痊復表　　　　　　　　 1338-300-569
百官賀佛放光表　　　　　　　 1338-305-570
中書門下賀抑情復膳表　　　　 1338-309-570
爲代宗告謝九廟表　　　　　　 1338-313-571
久旱陳讓相表　　　　　　　　 1338-337-573
代裴相公讓河南等道副元帥表　 1338-363-576
謝讓加銀青福建觀察使表　　　 1338-363-576
代杜相公讓劒南元帥表　　　　 1338-364-576
代杜相公讓河南等道副元帥表（
　二則）　　　　　　　　　　 1338-365-576
代裴相公讓將相封爵表（二則） 1338-366-576
謝門下侍郎平章事表（二則）　 1338-423-582
代嚴大夫謝黃門侍郎表　　　　 1338-424-582
爲福州刺史謝上表　　　　　　 1338-451-585
潮州刺史謝上表　　　　　　　 1338-452-585
謝除考功郎中知制誥表　　　　 1338-477-588
謝賜緋表　　　　　　　　　　 1338-477-588
謝銀青光祿大夫河內郡開國公第
　二表　　　　　　　　　　　 1338-478-588
爲李大夫謝恩表　　　　　　　 1338-492-590
謝妻封弘農郡夫人表　　　　　 1338-503-591
謝兄授太子僕表　　　　　　　 1338-504-591
謝兄授祕書省著作郎表　　　　 1338-504-591
爲李大夫謝御製詩表　　　　　 1338-513-592
謝進橙子賜茶表　　　　　　　 1338-526-594
謝內宴賜錦綵器物等表　　　　 1338-528-594
謝端午賜衣及器物等表（二則） 1338-532-595
謝冬至賜羊酒等表（二則）　　 1338-534-595
謝社日賜羊酒等表　　　　　　 1338-534-595
謝賜宴表　　　　　　　　　　 1338-536-595
謝勅書賜臘日口脂等表（四則） 1338-542-596
謝賜官表　　　　　　　　　　 1338-547-597
李採訪請鶴停金牛一日表　　　 1338-583-600
爲河南魏尹謝官陳情表　　　　 1338-593-602
代崔公授秘書監致仕謝表　　　 1338-612-604
請入湯表　　　　　　　　　　 1338-640-608
中書門下請進膳表　　　　　　 1338-652-609
謝勅書手詔狀　　　　　　　　 1339- 14-630
社日謝賜羊酒海味及茶等狀　　 1339- 22-631
重九謝賜籃酒等狀　　　　　　 1339- 23-631
謝每日賜食狀　　　　　　　　 1339- 28-632
謝米麵羊酒等狀　　　　　　　 1339- 29-632
謝賜鹿狀　　　　　　　　　　 1339- 29-632

四庫全書文集篇目分類索引

謝賜甘蔗芋等狀　　　　　　1339- 31-632
謝恩賜春衣狀　　　　　　　1339- 33-633
謝賜馬狀　　　　　　　　　1339- 37-633
進貞懿皇后哀册文狀　　　　1339- 81-641
李採訪賀收西京表　　　　　1394-383- 3
中書門下賀雪表　　　　　　1394-384- 3
代宗讓皇太子表　　　　　　1403-523-134
●常　麗漢
河間王德諫獻奏　　　　　　1396-424- 11
●常安民宋
上哲宗奏爲种誼生擒果莊賞未稱
　功（疏）　　　　　　　　432-191- 97
上哲宗論大臣唱紹述之說（疏）　432-491-119
知人（疏）——論大臣唱紹述之
　說　　　　　　　　　　　437-335-155
去邪（疏）——（論蔡京）　438-189-180
賞罰（疏）——奏种誼擒鬼章賞
　未稱功疏　　　　　　　　438-388-188
●常居敬明
查理漕河疏　　　　　　　　541-348-35之4
●畢士安宋
國史（疏）　　　　　　　　440-770-276
●畢自嚴明
金吾遠速廢弁疏　　　　　　445-602- 36
地震陳言疏　　　　　　　　445-622- 37
地震頻仍疏　　　　　　　　445-623- 37
舊餉告匱疏　　　　　　　　445-650- 39
議主客兵餉疏　　　　　　　445-658- 39
鑄錢糧疏　　　　　　　　　445-671- 39
奉差中途疏　　　　　　　　1293-497- 5
嵩祝陞辭疏　　　　　　　　1293-498- 5
防海方新疏　　　　　　　　1293-499- 5
到任疏　　　　　　　　　　1293-500- 5
錢糧不繼疏　　　　　　　　1293-501- 5
金吾遠速廢弁疏　　　　　　1293-502- 5
騎角最重疏　　　　　　　　1293-502- 5
瀛海災傷疏　　　　　　　　1293-504- 5
辭督餉疏　　　　　　　　　1293-505- 5
發兵會剿疏　　　　　　　　1293-506- 5
補發津兵疏　　　　　　　　1293-508- 5
撫津事竣疏　　　　　　　　1293-510- 5
恭謝天恩疏　　　　　　　　1293-512- 5
廉將茹苦疏　　　　　　　　1293-513- 5
朝鮮情形疏　　　　　　　　1293-515- 5
患病祈休疏　　　　　　　　1293-519- 5

懸賞難承疏　　　　　　　　1293-520- 5
兵餉重任疏　　　　　　　　1293-522- 5
津庫已匱疏　　　　　　　　1293-523- 5
到任謝恩疏　　　　　　　　1293-525- 5
地震陳言疏　　　　　　　　1293-526- 5
積弊沈劇疏　　　　　　　　1293-528- 5
地震頻仍疏　　　　　　　　1293-529- 5
截漕賈戾疏　　　　　　　　1293-531- 5
辭留憲疏　　　　　　　　　1293-533- 5
辭留計疏　　　　　　　　　1293-534- 5
到任恭謝疏　　　　　　　　1293-535- 5
請還楚斌疏　　　　　　　　1293-535- 5
請留漕折疏　　　　　　　　1293-537- 5
懇恩休致書　　　　　　　　1293-538- 5
起大司農初辭疏　　　　　　1293-540- 6
中途再辭疏　　　　　　　　1293-541- 6
寧遠兵變待罪疏　　　　　　1293-542- 6
遼餉不敷疏　　　　　　　　1293-544- 6
舊餉告匱疏　　　　　　　　1293-545- 6
遼變原因缺餉疏　　　　　　1293-547- 6
覆議屯田疏　　　　　　　　1293-549- 6
覆議鹽政疏　　　　　　　　1293-551- 6
清查九邊軍餉疏　　　　　　1293-555- 6
清查遼左軍餉疏　　　　　　1293-557- 6
申筋差規疏　　　　　　　　1293-558- 6
遍例自陳疏　　　　　　　　1293-560- 6
辭免太子少保新銜疏　　　　1293-560- 6
題報發過邊餉疏　　　　　　1293-561- 6
請會議邊餉疏　　　　　　　1293-563- 6
題議主客兵餉疏　　　　　　1293-564- 6
初次乞休疏　　　　　　　　1293-565- 6
詳陳節欠疏　　　　　　　　1293-566- 6
再乞休致疏　　　　　　　　1293-567- 6
三懇休致疏　　　　　　　　1293-568- 6
祭告社稷復命疏　　　　　　1293-569- 6
奏辯求罷疏　　　　　　　　1293-569- 6
題報薊密兵餉疏　　　　　　1293-571- 6
四懇休致疏　　　　　　　　1293-572- 6
五懇休致疏　　　　　　　　1293-573- 6
六懇休致疏　　　　　　　　1293-574- 6
會議邊餉疏　　　　　　　　1293-575- 6
轉餉畫一疏　　　　　　　　1293-576- 6
七懇休致疏　　　　　　　　1293-577- 6
遼餉出入定額疏　　　　　　1293-578- 6
庫貯將竭疏　　　　　　　　1293-581- 7

四庫全書文集篇目分類索引

史部

詔令奏議類：附錄

奏議上十一畫

欽奉上傳疏	1293-582- 7	治道（疏）	434-206- 42
再議收買疏	1293-584- 7	封建（疏）	436- 48-104
司計岡褐疏	1293-584- 7	田制（疏）	436-199-112
再疏投劾疏	1293-585- 7	學校（疏）	436-251-114
比例陳情疏	1293-587- 7	風俗（疏）——乞理會河東土俗	
三懇天恩疏	1293-588- 7	埋葬箚子	436-297-116
酌議徵解疏	1293-589- 7	用人（疏）	436-859-140
請罪自陳疏	1293-591- 7	論人材（疏）	436-860-140
四懇罷斥疏	1293-592- 7	知人（疏）	437-336-155
辯敍賓疏	1293-593- 7	建官（疏三則）	437-445-161
召對認罪疏	1293-594- 7	選舉（疏）附貼黃	437-629-168
開報軍興錢糧疏	1293-594- 7	兵制（疏）	439-334-221
歲篇更新疏	1293-596- 7	賦役（疏）	440-340-258
微臣衰病疏	1293-597- 7	賦役（疏）——論役局疏	440-341-258
藺别十欵疏	1293-598- 7	理財（疏）——論財用	440-587-268
兵餉日增疏	1293-598- 7	理財（疏）	440-588-268
恒暘示儆疏	1293-601- 7	崇儒（疏）——奏黜異端疏	440-726-274
因旱陳言疏	1293-601- 7	經籍（疏）	440-753-275
題觳錢糧疏	1293-602- 7	諡號（議）	440-915-282
衰病難支疏	1293-604- 7	弭盜（疏二則）	441-806-318
再懇休致疏	1293-605- 7	禦邊（疏）——論禦戎	442-313-333
微臣衰朽疏	1293-606- 7	禦邊（疏）——論西夏利害	442-314-333
衰病不堪疏	1293-607- 7	禦邊（疏）——論河外清野利害	
國計不容重誤疏	1293-608- 7	奏狀	442-315-333
新餉出入大數疏	1293-610- 7	囚裔（疏）——論復境土	442-669-346
舊餉出入大數疏	1293-611- 7	囚裔（疏）——論棄熙河蘭會	442-670-346
痰暈陡發疏	1293-614- 7	理會科場奏狀附貼黃	1122- 3- 1
積疴難痊疏	1293-615- 7	耀州理會賑濟奏狀	1122- 8- 1
臣病實深疏	1293-615- 7	乞置京城廟巡檢箚子	1122- 11- 1
眞衰眞病疏	1293-616- 7	代劉摯乞外任箚子	1122- 11- 1
臣病轉深疏	1293-617- 7	留司文武百官賀夏祭禮成表	1122- 12- 2
病已垂危疏	1293-618- 7	謝賜曆日表	1122- 12- 2
臣病千眞疏	1293-619- 7	河東提刑謝到任表	1122- 13- 2
沈痼轉劇疏	1293-619- 7	秦鳳提刑到任謝表	1122- 13- 2
病勢委頓疏	1293-620- 7	永興提刑謝到任表	1122- 14- 2
沈病難痊疏	1293-621- 7	謝落權字表	1122- 14- 2
目病不痊疏	1293-622- 7	耀州謝到任表	1122- 15- 2
目昏失明疏	1293-623- 7	耀州謝免勘表	1122- 15- 2
朦且萬難疏	1293-624- 7	鄜州謝到任表	1122- 15- 2
● 畢仲游 宋		京東運副謝到任表	1122- 16- 2
上哲宗論官制之失蔭補之濫（疏）	431-832- 69	淮南運使到任謝表	1122- 16- 2
上哲宗乞由縣令然後居寺監由郡		謝率復監嵩山中嶽廟表	1122- 17- 2
守然後至臺省（疏）	431-877- 73	謝除宮觀表	1122- 17- 2
郊廟（疏）——上明堂奏	433-521- 21	謝提舉崇福宮表	1122- 18- 2
治道（疏）——併州縣	434-205- 42	謝提舉鴻慶宮表	1122- 18- 2

四庫全書文集篇目分類索引

代司馬溫公上太皇太后謝賜生日
　禮物表　　　　　　　　　　1122- 18- 2
代傳欽之謝御史中丞表　　　　1122- 19- 2
代樞密辭免明堂加恩表　　　　1122- 19- 2
代宰相請皇帝聽政第三四五表　1122- 20- 2
代人謝復直集賢院表　　　　　1122- 21- 2
代人謝覃恩轉官表　　　　　　1122- 21- 2
代人謝恩命表（二則）　　　　1122- 22- 2
代人謝復職表　　　　　　　　1122- 23- 2
代人謝進職表　　　　　　　　1122- 23- 2
代人范忠宣謝除給事中表　　　1122- 24- 3
代范忠宣謝給事中兼侍講表　　1122- 25- 3
代范忠宣辭登庸第一二三表　　1122- 26- 3
代范忠宣謝登庸表　　　　　　1122- 28- 3
代范忠宣辭免明堂加恩表　　　1122- 29- 3
代范忠宣謝明堂加恩表　　　　1122- 30- 3
代范忠宣謝加恩表　　　　　　1122- 30- 3
代范忠宣辭免明堂加恩表　　　1122- 31- 3
代范忠宣坤成節進功德表　　　1122- 32- 3
代范忠宣再進功德表（三則）　1122- 32- 3
代范忠宣賀平河外三州表　　　1122- 33- 3
代范忠宣謝賜姪萬年縣君冠帔表　1122- 33- 3
代范忠宣謝賜生日禮物表　　　1122- 34- 3
代范忠宣謝并州到任表　　　　1122- 34- 3
代范忠宣謝賜醫官章服表　　　1122- 34- 3
代范右丞謝再出知潁昌表　　　1122- 35- 3
代范右丞謝潁昌到任表　　　　1122- 35- 3
　●莫敎子華周
用人（疏）　　　　　　　　　437-256-153
　●符　載唐
爲杜相公賀恩賜淮粟帛表　　　1338-309-570
謝賜冬衣表　　　　　　　　　1338-519-593
謝賜藥方表　　　　　　　　　1338-524-594
謝手詔表（二則）　　　　　　1338-563-598
請朝觀表　　　　　　　　　　1338-629-606
廬州進嘉禾表　　　　　　　　1338-683-612
　●祭　仲周
宗室（疏）　　　　　　　　　435-161- 76
　●祭公謀父周
征伐（疏）——止征犬戎　　　439-444-226
諫征犬戎　　　　　　　　　　1355- 87- 4
　　　　　　　　　　　　　　1377-126- 3
　　　　　　　　　　　　　　1402-282- 52
　●魚周詢宋
上仁宗答詔條畫時務（疏二則）432-900-148

治道（疏）——答詔條畫時務疏
　（二則）　　　　　　　　　433-777- 31
西睡禦備策　　　　　　　　　556-219- 87
　●絃　章周
用人（疏）　　　　　　　　　436-578-129
　●終　軍漢
白麟奇木對　　　　　　　　　1396-413- 10
詰徐偃（疏）　　　　　　　　1396-414- 10
請使匈奴（疏）　　　　　　　1396-415- 10
白麟奇木對　　　　　　　　　1403-617-145
　●虞　蒙宋
上太祖乞委宰執抄錄言動送付史
　館（疏）　　　　　　　　　431-727- 60
國史（疏）——乞委宰執抄錄言
　動送付史館疏　　　　　　　440-769-276
　●斛斯徵北周
馳鄭譯新樂奏　　　　　　　　1400-108- 3
　●第五倫漢
治道（疏）　　　　　　　　　433-597- 24
薦用鉅鹿太守謝夷吾疏　　　　436-589-129
外戚（疏）　　　　　　　　　441-122-288
抑損后族權疏　　　　　　　　1360-153- 8
論馬防出征疏　　　　　　　　1360-153- 8
勸成風德疏　　　　　　　　　1360-155- 8
論竇氏貴橫疏　　　　　　　　1360-156- 8
上章帝抑損后族號　　　　　　1397-161- 8
諫馬防西征疏　　　　　　　　1397-161- 8
勸成風德疏　　　　　　　　　1397-161- 8
論外戚竇氏疏　　　　　　　　1397-162- 8
論竇氏疏　　　　　　　　　　1403- 40- 92
　　　　　　　　　　　　　　1417-363- 18
勸成風德疏　　　　　　　　　1417-364- 18
　●豚　尹周
征伐（疏）　　　　　　　　　439-449-226
　●逢　滑周
論與吳　　　　　　　　　　　1355-116- 4

十二畫

●馮　山宋
治道（疏）　　　　　　　　　434- 68- 38
賦役（疏）——議免役狀　　　440-299-256
　●馮光（等）漢
律曆（疏）　　　　　　　　　440-810-276
　●馮　宗唐
郊廟（疏）——上大享議　　　433-398- 16
大享議　　　　　　　　　　　1343-573- 40

●馮　京宋
河陽謝上表　　　　　　　　　　534-352- 90
　　　　　　　　　　　　　　　1350-708- 67

●馮　衍漢
自陳疏　　　　　　　　　　　　549-100-185
上光武自陳疏　　　　　　　　　1397-111- 6
自陳疏　　　　　　　　　　　　1412-246- 10
●馮　涓前蜀
爲蜀王建草斬陳敬瑄田令孜表　　1354-488- 18
上王建疏　　　　　　　　　　　1354-488- 18
僞蜀王建草斬陳敬瑄田令孜表　　1381-278- 27
上王建疏　　　　　　　　　　　1381-278- 27
諫蜀主廈興兵旅疏　　　　　　　1418-164- 41
●馮　唐漢
任將（疏）　　　　　　　　　　439-688-236
馮唐論魏尚（疏）　　　　　　　1355-298- 10
●馮　宿唐
爲裴相公謝淮西節度使表　　　　1338-444-584
爲馬摠尚書謝除彰義軍節度使表　1338-444-584
●馮　堅明
言九事疏　　　　　　　　　　　445- 31- 1
●馮　異漢
守成（疏）　　　　　　　　　　436- 2-102
任將（疏）　　　　　　　　　　439-690-236
謝光武書附光武詔報馮異　　　　1397- 93- 5
●馮　逸漢
水利（疏）　　　　　　　　　　440-137-249
浚屯氏河奏　　　　　　　　　　1396-522- 16
●馮　琦明
修省弭災疏　　　　　　　　　　445-552- 33
速賜考選以光聖治疏　　　　　　1403-364-117
亟圖拯救以收人心疏　　　　　　1403-366-117
遺疏　　　　　　　　　　　　　1403-368-117
●馮　道後唐
君德（疏）　　　　　　　　　　433- 15- 1
仁民（疏）　　　　　　　　　　436- 63-105
務農（疏）　　　　　　　　　　436-176-110
戒伏欲（疏）　　　　　　　　　438-522-194
慎微（疏）　　　　　　　　　　438-567-196
●馮　緄漢
上桓帝疏附尚書朱穆駁奏　　　　1397-348- 16
●馮　審唐
謝獎諭表　　　　　　　　　　　1338-495-590
謝追赴闕庭表　　　　　　　　　1338-496-590
●馮　澥宋

上徽宗論湟廓西寧三州（疏）　　432-808-141
四裔（疏）——論湟廓西寧三州
　疏　　　　　　　　　　　　　442-673-347
●馮　檝宋
上徽宗論沿邊納土三害（疏）　　432-835-143
禦邊（疏）——論沿邊納土三害
　上疏　　　　　　　　　　　　442-329-333
●馮奉世漢
征伐（疏）　　　　　　　　　　439-472-227
●馮晉卿明
題表吳氏節烈疏　　　　　　　　572-211- 34
●馮時行宋
賀皇帝登極表　　　　　　　　　1352- 18-1 上
●馮從吾明
陳明議開講學疏　　　　　　　　506-220- 93
論劾險佞科臣疏　　　　　　　　1293-314- 18
請修朝政疏　　　　　　　　　　1293-316- 18
請告疏　　　　　　　　　　　　1293-318- 18
●馮當可宋
治道（疏）　　　　　　　　　　434-345- 48
經國（疏）　　　　　　　　　　435-562- 91
用人（疏）——論守令銓選　　　437- 43-143
禦邊（疏）　　　　　　　　　　442-369-335
●富　辰周
內治（疏）——諫勿以翟女爲后　435-118- 74
宗室（疏）——諫止以狄伐鄭　　435-161- 76
諫以狄伐鄭　　　　　　　　　　1355- 91- 4
諫以翟女爲后　　　　　　　　　1355- 92- 4
諫以狄伐鄭　　　　　　　　　　1377-130- 3
諫以翟女爲后　　　　　　　　　1377-131- 3
諫以狄伐鄭（二則）　　　　　　1402-284- 52
諫以翟女爲后　　　　　　　　　1402-285- 52
●富　弼宋
上仁宗乞編類三朝故典（疏）　　431-128- 12
上仁宗乞令韓琦范仲淹更任內外
　事（疏）　　　　　　　　　　431-134- 13
上神宗論採聽既多當辨君子小人
　（疏）　　　　　　　　　　　431-150- 14
上神宗論除拜大臣當密（疏）　　431-152- 14
上神宗論內外大小臣不和由君子
　小人並處（疏）　　　　　　　431-161- 15
上神宗論自古治亂在用訖佞諫直
　之人（疏）　　　　　　　　　431-173- 15
上仁宗論廢嫡后逐諫臣（疏）　　431-309- 28
上仁宗乞令宗室幹當在京諸司（

四庫全書文集篇目分類索引

疏）　431-351- 32
上神宗論災變而非時數（疏）
　附貼黃　431-482- 42
上神宗答詔論彗星（疏）
　附手簡子　431-489- 42
上仁宗乞令宰相兼樞密使（疏）　431-551- 46
上仁宗薦張晁之等九人可充轉運
　使副（疏）　431-811- 67
上英宗乞罷樞密使（疏）　431-892- 75
上神宗敍述前後辭免恩命以辯讒
　誣（疏）　431-893- 75
上仁宗乞革科舉之法令牧守監司
　舉士（疏）　432- 1- 80
上仁宗論武舉武學（疏）　432- 28- 82
上仁宗乞詔陝西等路奏舉才武（
　疏）　432- 31- 82
上仁宗乞親行裕饗大禮（疏）　432- 83- 87
上仁宗論正旦日蝕請罷宴（疏）　432-138- 92
上神宗論久旱罷聽樂上壽（疏）　432-138- 92
上神宗論誕日罷燕雨澤之應（疏）　432-139- 92
上神宗論誕日罷燕雨澤之應（疏）　432-140- 92
上仁宗乞撥河北逃田爲屯田（疏
　）附貼黃　432-286-105
上神宗論河北流民到京西乞分給
　田土（疏）　432-293-106
上神宗論亳州青苗獄乞獨降責（
　疏）　432-429-115
上仁宗論創兵當澄其冗弛邊當得
　其要（疏）　432-499-120
上仁宗乞東南諸郡募兵以防寇盜
　（疏）　432-527-122
上仁宗論西夏八事（疏）　432-632-131
上仁宗不可待西使太過（疏）　432-684-134
上仁宗河北守禦十三策　432-698-135
上仁宗論契丹不寇河東（疏）　432-710-135
上仁宗論元昊所上誓書（疏）　432-713-135
上仁宗論河北七事（疏）　432-714-135
上神宗諫西師（疏）　432-742-137
上神宗答詔問北邊事宜（疏）　432-749-137
上神宗論蠻獠侵犯乞詔諸道以寬
　民爲務（疏）　432-827-143
上仁宗乞選任轉運守令以除盜賊
　（疏）　432-836-144
上仁宗乞諸道置兵以備寇盜（疏）　432-839-144
上仁宗乞探訪京東狂謀之事（疏）

附貼黃　432-841-144
上神宗論時政（疏）　432-915-149
君德（疏）　433- 29- 2
郊廟（疏）——乞親行裕饗大禮　433-452- 19
治道（疏）　434- 74- 38
治道（疏）——遺奏　434- 76- 38
宗室（疏二則）　435-185- 76
內治（疏）——論范仲淹以諫廢
　后被貶事　435-126- 74
乞令宰相兼樞密使（疏）　436-667-132
乞韓琦范仲淹更任內外事（疏）　436-667-132
薦張晁之等可充轉運使副狀　436-668-132
薦張晁之等可充轉運使副狀　436-668-132
論採聽既多當辨君子小人（疏）　436-725-135
論除拜大臣當密（疏）　436-727-135
知人（疏）——論辨邪正　437-307-154
選舉（疏二則）　437-521-164
法令（疏）　439- 64-210
兵制疏　439-273-219
征伐（疏）——諫西師奏　439-563-230
任將（疏）　439-713-237
荒政（疏）——論河北流民到京
　西乞分給田土簡子　440- 34-244
屯田（疏）　440-387-260
理財（疏）——乞罷青苗錢　440-550-267
災祥（疏）　441-369-300
災祥（疏四則）　441-421-302
災祥（疏）——應詔論慧星疏　441-428-302
災祥（疏）　441-429-302
弭盜（疏）——乞諸道置兵以備
　寇盜疏　441-777-317
弭盜（疏）——乞探訪京東狂謀
　之士疏　441-778-317
弭盜（疏）——乞選任轉運守令
　以除盜賊疏　441-779-317
禦邊（疏）——論創兵當澄其冗
　弛邊當得其要　442-169-327
禦邊（疏）——上河北守禦十三
　策疏　442-171-327
禦邊（疏）——論契丹不寇河東
　上疏　442-183-327
禦邊（疏）——論元昊所上誓書
　上疏　442-184-327
禦邊（疏）——論河北七事上疏　442-184-327
禦邊（疏）——答詔問北邊事宜

上疏 442-242-330
禦邊（疏）——論蠻獠侵犯乞召
　諸道以寬民爲務疏 442-244-330
四裔（疏） 442-578-342
四裔（疏）——論不可待西使太
　過疏 442-589-342
論河北流民疏 538-514- 76
薦陳襄召試館職奏狀 1093-716- 25
辭樞密副使（疏） 1350-467- 45
論河北流民（疏） 1350-469- 45
論辨邪正（疏） 1350-471- 45
辭起復表 1350-677- 64
辭起復表 1382-321-上之1
賀平河外三州表 1382-322-上之1
辭定策遷官奏 1418-222- 44
● 富嘉謨 唐
爲并州長吏張仁宣謝賜長男官表 549- 78-184
爲建安王賀赦表 1338-203-559
爲并州長史張仁宣謝賜長男官表 1338-499-591
鶴幸長安起居表 1338-655-609
● 游 酢 宋
上徽宗論士風之壞（疏） 431-278- 24
風俗（疏）——論士風之壞疏 436-298-116
論士風奏疏 1121-696- 4
　 1350-655- 61
● 游子遠 前趙
征伐（疏）——論劉曜將親討渠
　知 439-507-228
營繕（疏） 441-723-315
● 游仲鴻 宋
用人（疏） 437-136-147
● 游明根 北魏
知人（疏） 437-280-154
● 曾 丰 宋
代但大夫自廣東憲除廣西漕又易
　廣東漕到任謝表 1156-105- 10
代廣東漕賀會慶節表 1156-106- 10
代廣東常平賀會慶節表 1156-106- 10
廣東漕移廣西謝上表 1156-106- 10
知德慶府到任謝表 1156-106- 10
● 曾 布 宋
法令（疏）——論肉刑 439- 87-211
賀皇帝登極表 1352- 16-1 上
賀立皇太子表 1352- 36-1 中
賀皇太子進封表 1352- 38-1 中

賀册皇后表（二則） 1352- 41-1 中
賀南郊赦表 1352- 47-1 下
賀安南班師表 1352- 75-2 上
賀安南捷奏表 1352- 76-2 上
● 曾 協 宋
獻楮田賦表 1140-257- 3
永州到任謝表 1140-258- 3
代謝賜御書表 1140-258- 3
代王楚州謝到任表 1140-259- 3
● 曾 旼 宋
郊廟（疏） 433-514- 21
● 曾 開 宋
經國（疏） 435-550- 90
● 曾 幾 宋
征伐（疏）——論金人犯塞上欲
　浮海避之 439-636-233
● 曾 筠 清
勅修浙江通志進表 519- 1- 附
● 曾 銑 明
請復河套疏 445-383- 24
重論復河套疏 445-393- 25
勘定三城疏 503-294-111
● 曾 肇 宋
上哲宗論君道在立己知人（疏） 431- 43- 3
上哲宗乞選端良博古之士以參諫
　議（疏） 431- 79- 7
上徽宗論君子之道直而難合小人
　之言遜而易入（疏） 431-188- 17
上徽宗論惟材是用無係一偏（疏） 431-189- 17
上徽宗乞罷編類元祐臣僚章疏（
　疏） 431-217- 19
上徽宗乞法英宗旌賞直言（疏） 431-219- 19
上哲宗進仁宗朝戒飭內降詔書事
　迹乞禁止請謁（疏） 431-263- 23
上徽宗論內降指揮不可直付有司
　（疏） 431-268- 23
上徽宗乞法仁宗下詔禁絕干求內
　降（疏） 431-269- 23
上徽宗論日食赤氣之異（疏） 431-534- 45
上哲宗論韓維不當罷門下侍郎（
　疏） 431-579- 47
上哲宗繳王覿外任詞頭（疏）
　附貼黃 431-677- 55
上徽宗論中書舍人不當書門下錄
　黃（疏） 431-708- 57

四庫全書文集篇目分類索引

上徽宗論龔原罷給事中（疏） 431-709- 57
上哲宗乞復轉對（疏） 431-917- 77
上哲宗乞詔天下皆得直言及百官次對（疏） 431-919- 77
上徽宗乞修轉對之制詔百官民庶極言時政（疏） 431-921- 77
上徽宗論減罷監司守臣上殿（疏） 431-927- 77
上哲宗論經明行修科宜罷投牒乞試糊名謄錄之制（疏） 432- 16- 81
上哲宗乞分祭（疏） 432- 64- 85
上哲宗乞分祭（疏） 432- 65- 85
上哲宗議明堂祀上帝及五帝（疏） 432- 77- 86
上哲宗論元旱乞罷春謗（疏） 432-141- 92
君德（疏）——論君道在立己知人 433- 37- 2
聖學（疏）——乞選端良博古之士以參諷議 433-175- 7
郊廟（疏）——上奏乞分祭 433-511- 21
郊廟（疏）——議設皇地祇位於南郊 433-512- 21
郊廟（疏）——議明堂祀上帝奏 433-513- 21
論惟材是用無係一偏（疏） 436-865-141
論減罷監司守臣上殿狀 437-866-141
知人（疏） 437-338-156
建官（疏） 437-451-161
選舉（疏） 437-612-167
謹各器（疏）——乞禁止請謁奏 438-620-198
求言（疏）——乞詔天下皆得直言及百官次對狀 438-672-200
求言（疏）——乞修轉對之制詔百官民庶極言時政狀 438-675-200
聽言（疏）——乞復轉對狀 438-774-203
聽言（疏）——（論王覿諫言） 438-775-203
聽言（疏） 438-776-203
聽言（疏）——乞旌賞直言疏 438-809-205
法令（疏）——論內降指揮不可直付有司疏 439-113-212
法令（疏）——乞下詔禁絕干求內降疏 439-114-212
水利（疏） 440-184-251
外戚（疏） 441-141-289
災祥（疏） 441-462-303
災祥（疏）——論日食赤氣之變疏 441-482-304
曾肇到任謝表 489-425- 36

南京謝上表 1101-332- 1
謝史成受朝奉郎表 1101-332- 1
陳州謝上表 1101-333- 1
南京謝上表 1101-334- 1
徐州謝上表 1101-335- 1
賀元祐四年明堂禮成肆赦表 1101-335- 1
賀上傳國寶表 1101-336- 1
賀册皇后表 1101-336- 1
宣州謝上表 1101-336- 1
上哲宗皇帝乞復轉對（疏） 1101-338- 7
上哲宗皇帝論經明行修科宜罷投牒乞試糊名謄錄之制（疏） 1101-340- 2
上哲宗皇帝論韓維不當罷門下侍郎（疏） 1101-344- 2
上哲宗皇帝繳王覿外任詞頭（疏）附貼黃 1101-345- 2
上哲宗皇帝進仁宗朝戒飭內降詔書事跡乞禁止請謁（疏）附詔 1101-346- 2
書八則 1101-346- 2
上哲宗論元旱乞罷春燕（疏） 1101-349- 2
分祭郊社議 1101-349- 2
上哲宗皇帝乞分祭（疏）附詔書 1101-350- 2
上哲宗皇帝乞分祭（疏） 1101-351- 2
上哲宗皇帝議明堂祀上帝及五帝 1101-353- 2
上哲宗皇帝論選忠良博古之士置諸左右（疏） 1101-354- 2
薦徐積爲太學官狀 1101-355- 2
薦章處厚呂南公秦觀狀 1101-356- 2
上哲宗皇帝乞詔天下皆得直言及百官次對 1101-356- 2
上徽宗皇帝乞修轉對之制詔百官民庶極言時政（疏） 1101-357- 2
上徽宗皇帝論減罷監司守臣上殿（疏） 1101-358- 2
上徽宗皇帝論中書舍人不當書門下錄黃（疏） 1101-360- 2
上徽宗皇帝論龔原罷給事中（疏） 1101-360- 2
上徽宗皇帝論內降指揮不可直付有司（疏） 1101-361- 2
上徽宗皇帝乞法仁宗下詔禁絕干求內降（疏） 1101-362- 2
上徽宗論日食赤氣之異（疏） 1101-363- 2
論選忠良博古之士置諸左右（疏） 1350-653- 61
論內批直付有司（疏） 1350-654- 61
謝史成進朝奉郎表 1350-731- 70

史部 詔令奏議類：附錄 奏議上十二畫

陳州謝上表　1350-732- 70
賀元祐四年明堂禮成賜赦表　1350-733- 70
南京謝上表　1350-733- 70
徐州謝上表　1350-734- 70
南京謝上表　1350-734- 70
賀册皇后表　1350-735- 70
賀上傳國寶表　1350-735- 70
宣州謝上表　1350-735- 70
謝史成受朝奉郎表　1382-379-下之1
陳州謝上表　1382-380-下之1
賀元祐四年明堂禮成肆赦表　1382-381-下之1
南京謝上表　1382-382-下之1
徐州謝上表　1382-382-下之1
賀册皇后表　1382-383-下之1
賀上傳國寶表　1382-383-下之1
南京謝上表　1394-439- 4
賀上傳國寶表　1394-439- 4
論選忠良博古之士置諸左右（疏）　1418-534- 53

● 曾 鞏 宋

上徽宗乞觀貞觀政要陸贄奏議（疏）　431- 74- 6
上神宗乞葆葆寅畏以保祖宗基業（疏）　431-128- 12
上神宗乞六部長貳自舉屬寮（疏）　431-859- 71
上神宗乞明法度以養天下之財（疏）　432-255-103
君德（疏）　433- 30- 2
聖學（疏）　433-144- 6
聖學（疏）　433-147- 6
聖學（疏）　433-181- 8
用人（疏）　433-784-137
建官（疏四則）　437-425-160
選舉（疏）——請令長貳自舉屬官　437-589-166
選舉（疏）——請令州縣特舉士　437-591-166
求言（疏）——乞復轉對疏　438-673-200
兵制疏　439-315-220
荒政（疏）——上救災議　440- 67-245
理財（疏）　440-606-269
理財（疏）　440-608-269
弭盜（疏）　441-797-318
四裔（疏）——乞存恤外國請著爲令　442-621-344
洪州謝到任表　516-732-114
進太祖皇帝總序狀　1098-442- 10
謝中書舍人表　1098-591- 27

齊州謝到任表　1098-592- 27
襄州到任表　1098-592- 27
洪州謝到任表　1098-593- 27
福州謝到任表　1098-593- 27
明州謝到任表　1098-594- 27
亳州謝到任表　1098-595- 27
賀熙寧四年明堂禮畢大赦表　1098-596- 27
賀熙寧十年南郊禮畢大赦表　1098-596- 27
賀元豐三年明堂禮畢大赦表　1098-597- 27
賀克伏交趾表　1098-598- 27
慰慈聖光獻皇太后上仙表　1098-598- 27
謝賜唐六典表　1098-598- 27
謝熙寧五年曆日表　1098-599- 28
謝熙寧六年曆日表　1098-599- 28
謝熙寧七年曆日表　1098-599- 28
謝熙寧八年曆日表　1098-599- 28
謝熙寧十年曆日表　1098-600- 28
謝元豐元年曆日表　1098-600- 28
謝元豐三年曆日表　1098-600- 28
進奉熙寧八年同天節功德疏表　1098-600- 28
英宗實錄院謝賜御筵表　1098-601- 28
代皇太子免延安郡王第一表　1098-601- 28
代皇太子免延安郡王第二表　1098-601- 28
代皇子延安郡王謝表　1098-602- 28
代宋敏求絳州謝到任表　1098-603- 28
代翰林侍讀學士錢藻遺表　1098-604- 28
代太平州知州謝到任表　1098-604- 28
代太平州知州謝賜欽恤刑獄勅書表　1098-604- 28

熙寧轉對疏　1098-606- 29
自福州召判太常寺上殿箚子　1098-609- 29
移滄洲過闕上殿箚子　1098-612- 30
請令長貳自舉屬官箚子　1098-615- 30
請令州縣特舉士箚子　1098-617- 30
請西北擇將東南益兵（箚子）　1098-618- 30
議經費（箚子）　1098-620- 30
請減五路城堡（箚子）附貼黃　1098-621- 30
再議經費（箚子）　1098-623- 31
請改官制前預選官習行逐司事務（箚子）　1098-624- 31
請改官制前預令諸司次比整齊架閣版籍等事（箚子）　1098-625- 31
請以近更官制如周官六典爲書（箚子）　1098-626- 31
史館申請三（箚子）　1098-627- 31

四庫全書文集篇目分類索引

請訪問高麗世次（箚子）附高麗
　世次　　　　　　　　　　　1098-628- 31
論中書錄黃畫黃舍人不書檢（箚
　子）　　　　　　　　　　　1098-631- 32
請給中書舍人印及合與不合通簽
　中書外省事（箚子）附貼黃　1098-632- 32
議邊防給賜士卒只支頭子（箚子）1098-633- 32
申明保甲巡警盜賊（箚子）　　1098-633- 32
存恤外國人請著爲令（箚子）　1098-635- 32
請減軍士營教（箚子）　　　　1098-636- 32
代曾侍中辭轉官箚子　　　　　1098-636- 32
代曾侍中乞退箚子　　　　　　1098-637- 32
英宗實錄院申請（箚子）　　　1098-637- 32
進奉熙寧四年明堂絹狀　　　　1098-640- 33
進奉熙寧七年南郊銀絹狀　　　1098-640- 33
進奉熙寧七年同天節銀絹狀　　1098-640- 33
進奉熙寧八年同天節銀絹狀　　1098-641- 33
襄州乞宣洪二郡狀　　　　　　1098-641- 33
奉乞回避呂叔卿（狀）　　　　1098-641- 33
奏乞與潘興嗣子推恩狀　　　　1098-641- 33
奏乞復吳中復差遣狀　　　　　1098-642- 33
辭直龍圖閣知福州狀　　　　　1098-642- 33
福州舉知泉州陳楶久不磨勘特與
　轉官狀　　　　　　　　　　1098-642- 33
福州奏乞在京主判閒慢曹局或近
　京一便郡狀　　　　　　　　1098-643- 33
移明州乞至京迎侍赴任狀　　　1098-643- 33
明州奏乞回避朱明之狀　　　　1098-644- 33
進奉元豐元年同天節功德疏狀　1098-644- 33
進奉元豐元年同天節銀狀　　　1098-644- 33
進奉元豐元年同天節銀絹狀　　1098-645- 33
移知毫州乞至京迎侍赴任狀　　1098-645- 33
乞賜唐六典狀　　　　　　　　1098-646- 34
授滄州乞朝見狀　　　　　　　1098-647- 34
乞登對狀　　　　　　　　　　1098-647- 34
乞出知潁州狀　　　　　　　　1098-648- 34
再乞登對狀　　　　　　　　　1098-649- 34
申中書乞不看詳會要狀　　　　1098-650- 34
辭中書舍人狀　　　　　　　　1098-651- 34
授中書舍人舉劉敞自代狀　　　1098-652- 34
福州擬貢荔枝狀并荔枝錄　　　1098-653- 35
明州擬辭高麗送遺狀　　　　　1098-655- 35
擬辭免修五朝國史狀　　　　　1098-657- 35
賀熙寧十年南郊禮畢大赦表　　1350-708- 67
謝元豐元年曆日表　　　　　　1350-709- 67

賀明堂禮成肆赦表　　　　　　1350- 46-1 中
賀明堂赦表　　　　　　　　　1352- 49-1 下
聖節進銀表　　　　　　　　　1352-103-2 下
慰國哀上皇帝表　　　　　　　1352-106-3 上
謝除中書舍人表　　　　　　　1352-143-4 上
代皇子謝封延安郡王表　　　　1352-166-4 下
遺表　　　　　　　　　　　　1352-278-7 下
移滄州過闕上殿奏疏　　　　　1354-218- 27
熙寧轉對疏　　　　　　　　　1356-398- 19
移滄州過闕上殿（疏）　　　　1356-401- 19
移滄州過闕上殿箚子　　　　　1359-201- 27
謝元豐元年歷日表　　　　　　1377-212- 9
移滄州過闕上殿箚子　　　　　1377-328- 15
熙寧轉對疏　　　　　　　　　1384-192- 97
移滄州過闕上殿疏　　　　　　1384-195- 97
議經費箚子　　　　　　　　　1384-199- 97
請減五路城堡箚子　　　　　　1384-200- 97
明州擬辭高麗送遺狀　　　　　1384-201- 97
請令州縣特舉士箚子　　　　　1384-203- 97
賀熙寧十年南郊禮畢大赦表　　1394-412- 3
熙寧轉對疏　　　　　　　　　1418-494- 52
自福州召判太常寺上殿箚子　　1418-497- 52
移滄州過闕上殿箚子　　　　　1418-499- 52
熙寧轉對疏　　　　　　　　　1447-944- 57

● 曾三聘宋

孝親（疏）　　　　　　　　　 433-319- 12

● 曾公亮宋

新唐書進表　　　　　　　　　 272- 42- 附
上神宗乞不宣取瑞木（疏）　　 431-399- 36
上仁宗答詔條畫時務（疏）　　 432-888-147
治道（疏）——答詔條畫時務面
　奉御箚　　　　　　　　　　 433-780- 31
知人（疏）　　　　　　　　　 437-300-154
理財（疏）　　　　　　　　　 440-501-265
進新唐書表　　　　　　　　　1359-182- 23

● 曾孝寬宋

上神宗論軍器監事不必謀及殿前
　馬步軍司（疏）　　　　　　 431-717- 58
營繕（疏）——論軍器監事不必
　謀及殿前馬步軍司奏　　　　 441-747-316

● 曾從龍宋

用人（疏）——兵部員外郎左司
　郎中起居舍人兼太子右諭德曾
　從龍使金還轉官疏言……　　 437-141-148
聽言（疏）　　　　　　　　　 438-862-207

●湛若水明
奏豫戒游逸以謹君德事 443-181- 11
（進格物通）表 716- 9- 首
上下一心同濟聖治疏 1403-299-113
●湯 斌清
陳史法以襄文治疏 1312-441- 2
睢沐二邑秋災情形疏 1312-442- 2
積年未完之漕項己荷分徵五載壓
欠之正賦更祈觿緩以廣皇仁以
甦民困疏 1312-444- 2
泰州災復加災亟叩觿恤疏 1312-446- 2
郡守因公降調士民控籲迫切代陳
輿情疏 1312-448- 2
恭謝天恩疏 1312-449- 2
懇憐積苦大沛觿恤以存要地疏 1312-449- 2
續報揚屬異常水災疏 1312-452- 2
淮揚水患非常亟請賑恤疏 1312-453- 2
飢民望賑甚迫先動帑買米疏 1312-454- 2
詳陳蘇松通賦難清之由疏 1312-456- 2
謹陳調劑驛困之法以杜耗費以清
款項疏 1312-459- 2
米色難期純一謹請紅白兼收以郵
災黎疏 1312-461- 2
請旨行取疏 1312-462- 2
丁額科則獨重包賠苦累實深顧懇
亟觿以安子遺疏 1312-464- 2
詳陳蘆課辦銅之觿疏 1312-465- 2
恭謝天恩疏 1312-466- 2
請錄先賢後裔疏 1312-467- 2
毀淫祠以正人心疏 1312-468- 2
粵西平露布 1449-903- 32
●湯 漢宋
君德（疏） 433-124- 5
治道（疏） 434-763- 64
去邪（疏）——論斥董宋臣 438-325-185
災祥（疏） 441-678-313
●湯兆京明
劾內監路辱大臣疏 445-564- 33
●湯顯祖明
論輔臣植私黨阻言路疏 445-502- 31
●庾 峻晉
風俗（疏） 436-279-116
論宜敦禮讓表 1398-230- 11
1417-469- 23
●傅 濟清

兵糧請照舊斗支給疏 556-174- 86
●博迪約蘇元
節儉（疏） 438-493-192
●博囉穆爾金
征伐（疏）——論朝議欲取會州 439-679-235
●項 忠明
題處置地方事 443-503- 25
●項安世宋
孝親（疏） 433-270- 11
用人（疏） 437-137-148
節儉（疏） 438-490-192
●黃 序宋
荒政（疏） 440-123-248
●黃 佐明
兩廣鹽利疏 568- 96-101
1465-556- 7
●黃 洽宋
用人（疏） 437-109-146
辭免資政殿大學士知隆興表 1352-126-3 中
●黃度（等）宋
水利（疏） 440-236-253
●黃 香漢
辭東郡疏 1397-185- 9
樂成王袞罪議 1397-186- 9
●黃 唐宋
南康軍到任謝表 1352-216-6 上
●黃 琬漢
論樊稜許相奏 1397-528- 26
駁遷都遷 1397-528- 26
●黃 溍元
翰林國史院賀正旦表 1209-308- 3
國子監賀正旦表（二則） 1209-308- 3
國子監賀聖節表（二則） 1209-308- 3
國子監賀册太皇太后表 1209-309- 3
國子監賀册皇后表 1209-309- 3
中書省正旦表 1209-309- 3
中書省賀聖節表 1209-310- 3
跋南豐曾公諡文定覆議 1209-357- 4
跋右丞葉公上書副本 1209-358- 4
●黃 廉宋
上哲宗論蜀茶（疏） 432-325-108
用人（疏） 436-766-136
理財（疏）——論搉茶之法實有
害於川陝之民 440-572-268
●黃 歇周

四庫全書文集篇目分類索引　1537

征伐（疏）　439-455-226
說秦昭王　1377-322- 14
●黃　福明
賀交阯平定表　568- 39- 98
賀交趾平定表　1373-549- 5
●黃　裳宋
治道（疏）——應詔封事　434-760- 63
兵制（疏）——上結保伍奏　439-421-224
兵制（疏）——修軍政奏　439-422-224
兵制（疏）　439-423-224
馬政疏　439-847-242
荒政（疏）　440-126-208
荒政（疏）　440-127-248
賦役（疏二則）　440-368-259
漕運（疏）　440-423-261
漢陽條奏便民五事　1168-264- 24
安慶府擬奏便民五事　1168-268- 25
擬應詔封事　1168-270- 25
代撫州陳守奏事（簡子二則）　1168-273- 25
●黃　裳宋
孝親（疏）　433-270- 11
戒逸欲（疏）　438-545-195
慎微（疏）　438-585-196
聽言（疏）　438-845-206
謝賜詩表　1120-179- 25
謝賜燕表　1120-180- 25
論性表　1120-181- 26
辭免太常少卿表　1120-182- 26
謝除兵部侍郎表　1120-182- 26
謝除正任兵部侍郎表　1120-182- 26
謝除禮部侍郎表　1120-183- 26
議北郊表　1120-183- 26
乞外郡第三表　1120-184- 26
謝除潁昌府表　1120-185- 26
謝除知青州表　1120-185- 26
謝賜歷日表　1120-185- 26
謝賜神宗皇帝御集表　1120-186- 26
賀元旦表　1120-186- 26
太后受册賀皇帝表　1120-186- 26
賀復滄州表　1120-187- 27
賀五星循軌表　1120-187- 27
賀德音表（二則）　1120-188- 27
賀復鄆州表　1120-188- 27
謝除知廬州表　1120-189- 27
謝除知鄂州表　1120-189- 27
謝宮觀表　1120-189- 27
謝贖金表　1120-190- 27
賀廣西路奏溪洞納土表　1120-190- 27
賀日月交不蝕表　1120-190- 27
謝轉朝奉大夫表　1120-190- 27
謝再任宮觀表　1120-191- 27
皇后受册賀皇帝表　1120-191- 27
賀天寧節表　1120-191- 27
謝除知福州表　1120-191- 27
謝賜貢舉勅令表　1120-192- 28
謝賜曆日表（二則）　1120-192- 28
謝賜五禮新儀表　1120-193- 28
貴妃受册賀皇帝表　1120-193- 28
賀燕樂表　1120-194- 28
賀天寧節表（二則）　1120-194- 28
賀陽德觀瑞竹表　1120-195- 28
賀嘉瑞殿雙蓮表　1120-195- 28
謝賜元圭批答表　1120-195- 28
皇太子受册賀皇帝表　1120-196- 28
賀諸州軍祥瑞表　1120-196- 28
天寧節進引銀表　1120-196- 28
謝除龍圖閣學士表　1120-197- 28
●黃　絡明
論刑獄疏　444-504- 53
　445-330- 21
明軍功以勵忠勤疏　1266-205- 38
●黃　翠明
論時政疏　443-171- 10
陳急務疏　445-260- 16
●黃　履宋
上神宗乞特燕宗室以齒（疏）　431-356- 32
上神宗乞爲皇太子立傳（疏）　431-739- 60
郊廟（疏）——議天地合祭是非　433-497- 20
郊廟（疏）——北郊議　433-514- 21
儲嗣（疏）　435-107- 73
宗室（疏）——乞特燕宗室以齒
　奏議　435-198- 77
聽言（疏）　438-768-203
●黃　翻漢
上言　1397-397- 18
●黃　瓊漢
務農（疏）　436-169-110
去邪（疏）　438- 7-173
賞罰（疏）——論褒梁冀　438-355-187
災祥（疏）　441-279-196

史部

詔令奏議類：附錄

奏議上十二畫

史部

詔令奏議類：附錄

奏議上十二畫

宦官縱恣疏　1360-179- 10
梁冀封爵議　1360-296- 17
上順帝論災異疏　1397-326- 15
永建二年大旱疏　1397-326- 15
請行籍田禮奏　1397-327- 15
褒崇大將軍梁冀議　1397-327- 15
疾篤上桓帝極諫疏　1397-327- 15
宦官縱恣疏　1403- 46- 93

●黃　輔宋
用人（疏）——輪對　437-111-146

●黃　霸漢
呼韓單于朝位議
　　附蕭望之議宣帝詔　1396-441- 12

●黃元驥清
田州陸運民夫事宜議　568-407-114
再陳輓運之法議　568-409-114

●黃公度宋
上殿箚子　1139-585- 下
（上殿）第二箚子　1139-585- 下
邢孝揚覆諡議　1139-586- 下
代謝御書表　1139-588- 下
代賀册皇后表　1139-588- 下

●黃次山宋
兵制（疏）——言校旗大閱之法
　（二則）　439-371-223
諡號（議）——請上徽宗尊諡廟
　號　440-920-282
災祥（疏）　441-509-306
四裔（疏）　442-707-348

●黃仲昭明
諫花燈疏　530-463- 69
諫元宵烟火詩疏　1254-368- 1
乞恩養病疏　1254-370- 1
乞恩致仕疏　1254-371- 1
進階謝恩疏　1254-371- 1

●黃洪憲清
擬聖駕再祀山陵盡鑾昌平州今年
　田租守臣謝表　506-282- 95

●黃彥平宋
賀明堂大禮表　1132-773- 3
紹興七年請皇帝御正殿表（三則）1132-773- 3
紹興七年請皇帝聽政表　1132-774- 3
九月十五日面對箚子　1132-778- 3
災異箚子　1132-779- 3
擬上道君太上皇帝諡法奏　1132-780- 3

●黃庭堅宋
代宣州黨皇城遺表　568- 38- 98
代孫莘老謝御史中丞表（二則）　1113-192- 20
代李野夫毫州謝上表（二則）　1113-193- 20
代李公擇遺表（二則）　1113-193- 20
代宣州黨皇城遺表　1113-194- 20
謝黔州安置表　1113-194- 20
修神宗實錄乞外任奏狀　1113-195- 20
戒辭免恩命奏狀　1113-195- 20
再辭免恩命奏狀　1113-196- 20
代文潞公賀元會表　1113-582- 5
代賀生皇子表　1113-582- 5
代謝賜曆日表　1113-583- 5
代韓康公大名謝表　1113-583- 5
代呂大忠河北運判謝上表　1113-583- 5
代叔父陝西都運謝上表　1113-584- 5
辭免實錄檢討狀　1113-584- 5
辭免轉官狀　1113-584- 5
乞回授恩命　1113-585- 5
乞奏補姪樸狀　1113-585- 5
乞外任狀　1113-585- 5
服闋辭免史院編修狀（二則）　1113-585- 5
謝除御史中丞表　1352-152-4 中
亳州到任謝任　1352-219-6 上
乞外任表　1352-264-7 中
遺表　1352-278-7 下
代司馬丞相進稽古錄表　1394-435- 4

●黃淳耀明
擬上念歲寢獄繁頌詔中外悉鑄十
　二年以前未完錢糧特諭輔臣會
　同三法司官清理淹禁務稱好生
　至意群臣謝表　1297-742- 8

●黃道周明
請勿用小人疏　445-673- 40
遵旨具陳疏　445-674- 40
彈陶（奏議）　1410-839-776
救錢閣學疏　1453-555- 63
易數疏　1453-558- 64
黃石齋先生召對　1453-560- 64

●黃葆光宋
君德（疏）　433- 43- 2
災祥（疏）　441-488-304
江西提舉到任謝表　1352-197-5 中
去邪（疏）——劾秦檜專主和議　438-273-183

●黃應龍宋

聖學（疏） 433-238- 9
治道（對策） 434-747- 63
● 黃體行 明
應詔陳言疏 1403-222-109
● 栾 潛 魏
內治（疏）——諫止立郭貴嬪爲
　后 435-121- 74
營繕（疏） 441-718-315
栾潛上息役睦親疏 1361-596- 20
● 費 詩 蜀漢
君德（疏） 433- 5- 1
諫劉先主不稱尊號疏 1354-479- 18
● 費長房 隋
上開皇三寶錄表 1401-591- 40
● 賀 邵 吳
君德（疏） 433- 6- 1
賀邵上政事日弊疏 1361-617- 24
● 賀 琛 梁
啓陳四事奏附武帝敕責賀琛 1399-468- 10
● 賀 循 晉
郊廟（疏） 433-347- 14
● 賀 欽 明
應天以實疏 1254-698- 8
自劾疏 1254-699- 8
辭職陳言疏 1254-700- 8
● 賀 瑒 梁
東宮宴會奏樂議 1399-473- 10
● 賀知章 唐
封禪（疏） 441-230-294
● 賀婁子幹 隋
禦邊（疏） 442- 30-321
論處龐西書 1400-288- 4
● 賀蘭進明 唐
用人（疏） 436-631-131
● 雅爾圖 清
爲奏明撥調漕運等事（疏） 538-561- 76
爲奏明購辦豆石節省盈餘等事（
　疏） 538-562- 76
● 盛度（等）宋
理財（疏）——上通鹽商五利疏 440-463-263
● 盛 梁 宋
上眞宗乞授陳靖勸農使諭民耕田
　曠土（疏） 432-280-105
務農（疏）——乞授陳靖勸農使
　諭民耕田曠土疏 436-182-110

● 威 訥 明
擬聖駕再祀山陵盡鑄昌平州今年
　田租守臣謝表 506-281- 95
● 隋煬帝
請定清廟歌辭奏 1400-230- 2
● 彭 宣 漢
上乞骸骨書附太后罷彭宣策 1396-592- 20
● 彭 韶 明
陳政治終始疏 443- 70- 5
薦舉陳獻章疏 443-333- 18
題乞恩分豁土地事 443-382- 21
題折收俸糧事 443-429- 22
淮鹽場圖詩疏略 443-453- 23
王府喪禮議 443-501- 25
乞分豁土田疏 445- 72- 4
陳京衞官職因差騷擾疏 445- 76- 4
陳政治終始疏 445- 83- 5
進鹽場圖册疏 445-114- 6
星變應詔疏 530-464- 69
奏議——爲乞恩分豁土地等事 1247- 2- 1
奏議——爲陳言事 1247- 4- 1
奏議——爲薦舉事 1247- 5- 1
奏議——爲陳言進貢事 1247- 6- 1
奏議——爲乞恩事 1247- 8- 1
奏議——爲邊方大體事附計開 1247- 9- 1
奏議——爲薦舉師儒事 1247- 11- 1
奏議——爲折收俸糧事 1247- 12- 1
奏議——爲陳言政治終始事 1247- 13- 1
奏議——爲進呈鹽場圖册事
　附計開 1247- 14- 1
● 彭 澤 明
題覆救偏補弊以期裕馬政事 444- 71- 36
議處牧放馬疋疏 444- 86- 36
● 彭 鵬 清
薦黃志璋等疏 568-371-113
甄薦粵西屬吏疏 568-373-113
● 彭汝礪 宋
上哲宗論人主盡道在修身修身在
　正學（疏） 431- 66- 5
上哲宗論人主學問在擇人（疏） 431- 78- 7
上哲宗論人主務學在親師友（疏） 431- 78- 7
上神宗論聽言之道未至者三（疏） 431-203- 18
上神宗論近歲用言好同惡異（疏） 431-206- 18
上哲宗論成於憂勤失於怠忽（疏） 431-230- 20
上哲宗論太平百年所當戒懼（疏） 431-230- 20

史部

詔令奏議類：附錄

奏議上十二畫

上神宗論以質厚德禮示人回天下之俗（疏）　431-276- 24

上哲宗論罷黜韓嘉彥（疏）　431-365- 33

上仁宗乞詳定祖免親婚姻條貫（疏）　431-367- 33

上哲宗論近臣不當以直言罷制（疏）　431-601- 49

上神宗論臺諫言事不當問得之何人（疏）　431-651- 53

上哲宗乞責吏部薦拔才能（疏）　431-716- 58

上神宗論遣李憲措置邊事（疏）　431-768- 63

上神宗論安撫領使如古之州伯（疏）　431-797- 65

上神宗論遣使之煩（疏）　431-809- 66

上神宗論守令許保明再任（疏）　431-879- 73

上神宗論上舍當罷糊名之法（疏）　431-941- 79

上神宗論饑疫乞罷元放燈（疏）　432-143- 92

上神宗論詔獄（疏）　432-213- 99

聖學（疏二則）　433-170- 7

聖學（疏）——論人主盡道在修身修身在正學奏　433-171- 7

郊廟（疏）——上南北郊合祭議　433-493- 20

治道（疏三則）　434- 79- 38

內治（疏）　435-148- 75

宗室（疏）　435-200- 77

仁民（疏）　436- 72-106

學校（疏）——論三舍疏　436-240-114

風俗（疏）　436-293-116

論守令許保明再任（疏）　436-779-137

用人（疏）　436-779-137

乞選任大臣諫官狀　436-779-137

用人（疏）　436-780-137

論縣令狀奏 附貼黃　436-781-137

論遣使狀　436-783-137

用人（疏）　436-859-140

知人（疏）——論列樂士宣等　437-312-154

知人（疏）——論列樂士宣狀　437-313-154

選舉（疏）附貼黃　437-622-167

賞罰（疏）——（論王孝先）　438-385-188

勤政（疏）　438-441-190

勤政（疏）　438-442-190

戒佚欲（疏）　438-528-194

聽言（疏）——論近歲用言好同惡異疏　438-764-203

聽言（疏）——論言事不當問所得疏　438-765-203

聽言（疏）——論聽言未至疏　438-766-203

聽言（疏）——論曾肇議禮被黜事　438-807-204

法令疏　439- 89-211

法令（疏）——論刑名不當取決執政狀　439- 90-211

法令疏——乞懸法示人狀　439- 90-211

慎刑疏　439-206-216

慎刑疏——言熙河路結釁事　439-207-216

慎刑疏——論張全爲殺死阿蘇合處死者　439-208-216

赦宥（疏）　439-258-218

荒政（疏）附貼黃　440- 39-244

理財（疏）——論市易之失　440-605-269

外戚（疏）　441-142-289

近習（疏）　441-200-292

災祥（疏）　441-451-303

弭盜（疏）　441-795-318

● 彭思永 宋

上英宗乞罷濮王稱親（疏）　432-121- 90

● 彭孫遹 清

進兩朝國史表　1317-264- 35

歲終講義表（二則）　1317-265- 35

進御覽通鑑綱目表　1317-267- 35

賜御書太極圖說唐詩謝表　1317-268- 35

歲終進易經講義表　1317-269- 35

明史立道學忠義二傳奏　1317-269- 35

方略告成序　1317-271- 35

● 彭景直 唐

郊廟（疏）　433-400- 16

● 彭龜年 宋

君德（疏）——論剛斷得失疏　433- 79- 4

君德（疏）——愛身寡欲務學三事疏　433- 80- 4

君德（疏）　433- 82- 4

君德——人主當理情性疏　433- 84- 4

聖學（疏）　433-197- 8

聖學（疏二則）　433-198- 8

孝親（疏）——乞車駕過重華宮疏　433-282- 11

孝親（疏五則）　433-285- 11

孝親（疏二則）　433-320- 12

治道（疏）——上論正始之道疏　434-597- 57

治道（疏）——上論車駕過宮慰

四庫全書文集篇目分類索引　1541

　期視朝爽節章奏壅滯疏　434-598- 57
治道（疏）——上論人主用心立
　德用人聽言四事疏　434-600- 57
內治（疏）　435-159- 75
仁民（疏附貼黃）——乞權住湖
　北和糴疏　436-148-109
用人（疏）——乞留侍御史劉光
　祖以伸臺諫上疏　437-119-147
用人（疏）——論續降指揮之弊
　上疏　437-120-147
建官（疏二則）　437-478-162
選舉（疏）——上審村辨官疏　437-683-170
去邪（疏）——論韓侂冑干預政
　事疏　438-286-184
戒逸欲（疏）　438-544-195
聽言（疏）——論聽言以講學明
　理爲本疏　438-845-206
聽言（疏）——論群臣進言早賜
　處分疏　438-847-206
聽言（疏）——論優遷臺諫沮抑
　忠直之弊疏　438-849-206
荒政（疏）——論蘇秀等州水災
　疏附貼黃　440-110-247
荒政（疏）——論淮浙旱濟乞通
　米商仍免總領司糴買疏　440-111-247
賦役（疏）——乞蠲積欠以安縣
　令疏　440-360-259
賦役（疏二則）　440-361-259
理財（疏）——論湖北京西楮弊
　疏　440-678-272
理財（疏）——乞寢罷賣田指揮
　疏　440-678-272
崇儒（疏）——論復經筵坐講疏　440-731-274
崇儒（疏）——論經筵講讀不當
　以官職雜壓爲序疏　440-732-274
國史（疏）——乞申飭奏事臣僚
　錄所得聖語報記注官疏　440-799-277
國史（疏）　440-799-277
褒贈（胡晉臣疏）　441- 37-284
災祥（疏）——論雷雪之異疏　441-553-308
災祥（疏二則）　441-560-308
災祥（疏）　441-572-308
禦邊（疏）——論邊防事宜疏　442-420-337
乞留侍御史劉光租疏　1155-760- 1
乞寢罷版行時文疏　1155-761- 1

論雷雪之異爲陰盛侵陽之證疏　1155-763- 1
繳進宣取續資治通鑑長編奏　1155-770- 1
論優遷臺諫沮抑忠直之弊疏　1155-770- 1
論聽言宜辨是非邪正而講學明理
　爲本疏　1155-772- 2
乞復祖宗舊制重經筵親儒士置夜
　直之員疏　1155-773- 2
論愛身寡欲學三事疏　1155-775- 2
論續降指揮之弊疏　1155-777- 2
論車駕過宮衍期視朝爽節章奏壅
　塞疏　1155-777- 2
論群臣進言當酌是非早賜處分疏　1155-779- 2
乞議知院胡晉臣郵典罷曠書會謚
　疏　1155-781- 2
乞車駕過重華宮疏　1155-782- 2
論小人疑間兩宮乞車駕過宮面質
　疏　1155-786- 2
論陳源間諜兩宮巫宜斥逐車駕往
　朝重華以息誘騰疏　1155-788- 3
進內治聖鑒疏　1155-790- 3
論人主當動循天道疏　1155-792- 3
乞申飭奏事臣僚錄所得聖語報記
　注官疏　1155-793- 3
因禱雨論車駕不過重華宮無以消
　弭災告疏　1155-793- 3
論剛斷得失疏　1155-794- 3
論幸執陳乞過宮當賜聽納疏　1155-797- 3
論車駕久不過宮無以舉記注職守
　疏　1155-799- 4
明堂大禮議　1155-801- 4
請御殿施行畫一疏　1155-802- 4
辭免中書舍人箚子　1155-803- 4
再辭免中書舍人箚子　1155-803- 4
三辭免中書舍人箚子　1155-804- 4
乞入內朝見奏事箚子　1155-804- 4
論人主用心立德用人聽言四事疏　1155-805- 4
論人主當理性情疏　1155-807- 4
論人主求言問學當務實疏　1155-808- 4
辭免吏部侍郎箚子　1155-808- 4
再辭免吏部箚子　1155-809- 4
論經筵講讀不當以官職雜壓爲序
　奏　1155-810- 4
論車駕過宮編類章疏等事奏　1155-810- 4
乞進忠議遠邪伐奏附貼黃　1155-811- 4
應詔論雷雨爲災奏　1155-812- 5

史部

詔令奏議類：附錄

奏議上十二畫

再辭免侍讀箚子 1155-815- 5
三辭免侍讀箚子附貼黃 1155-815- 5
論車駕移御南內于義不安者二于
　國不安者一奏附貼黃 1155-816- 5
論准東浙西遞角違期奏 1155-817- 5
論准浙旱瀕乞通米商仍免總領司
　羅買奏附貼黃 1155-818- 5
論朱熹以諫移御而去乞同罷斥疏 1155-819- 5
論韓侂冑干預政事疏 1155-819- 5
論復經筵坐講疏 1155-821- 5
論定監司奏 1155-822- 5
論正始之道疏 1155-823- 6
審材辨官疏 1155-825- 6
乞詔求直言疏 1155-826- 6
議紹興和買疏 1155-826- 6
乞寢罷賣田指揮疏 1155-828- 6
論差官賣官田及教閱士軍弓手疏 1155-829- 6
江陵條奏邊備疏附貼黃 1155-829- 6
乞權住湖北和糴疏 附貼黃 1155-831- 6
奏辰沅州水災箚子 1155-832- 6
乞復湖北主簿省罷稅官疏 1155-833- 6
論湖北京西楮幣疏 1155-833- 6
同李臺法辭免再辟申省狀 1155-835- 7
進故事 1155-847- 8
恭書潛邸賜所賜所題梁薰奏語後
　跋 1155-860- 10
成聖性傷急疏 1418-643- 58
● 揚　雄 漢
四愁（疏） 442-503-340
諫不受單于朝書 1063-105- 4
　 1355-279- 10
　 1360-254- 14
　 1377-254- 12
　 1396-603- 21
　 1402-458- 70
諫不受單于朝書 1412-200- 8
　 1417-322- 16
● 揚筆碩望 陳
爲拘那羅陀奏 1401-423- 31
● 陽　枋 宋
謝賜憲書表 1183-254- 1
冬至表 1183-254- 1
代王敬伯使君謝到任表 1183-255- 1
天基節表（二則） 1183-255- 1
正旦表 1183-255- 1

● 陽　固 魏
治道（疏）——上諫言表 433-640- 26
● 陽　虎 周
去邪（疏） 438- 2-173
● 陽　城 唐
去邪（疏）——論延齡罪 438- 37-174
● 陽　球 漢
謹名器（疏）——奏罷鴻都文學 438-588-197
奏罷鴻都文學疏 1397-389- 18
劾中常侍王甫太尉段熲奏 1397-390- 18
● 閔　珪 明
論撫講岑應疏 1465-507- 5
● 閔洪學 明
請滇路奧蜀並開疏 570-348-29之3
條滇黔事宜併莊田照舊歸有司疏 570-349-29之3
● 華　岳 宋
去邪（疏）——論韓侂冑當國 438-319-185
開禧元年四月二十七日上皇帝書 1176-627- 1
● 華　歆 魏
經國（疏） 435-237- 78
薦鄭小同表 1361-537- 9
征蜀疏 1361-561- 14
● 華　嶠 晉
戒侈欲（疏） 438-506-193
蠶禮奏 1398-166- 8
諫武帝表 附武帝手詔 1398-166- 8
謝秘書監表 附華嶠集序 1398-166- 8
請保慎表 1403-456-127
● 華　鎭 宋
封建（疏） 436- 45-104
賀興隆節表（四則） 1119-590- 27
代湖南監司賀正表（二則） 1119-591- 27
代汾州知州董左司謝到任表 1119-592- 27
代湖南諸監司奏乞故知兖州程博
　文致仕恩澤表 1119-592- 27
漳州謝賜政和三年紀元曆日表 1119-593- 27
● 華　譚 晉
治道（疏） 433-614- 25
● 華　覈 吳
經國（疏） 435-240- 78
務農（疏） 436-171-110
薦陸胤疏 436-603-130
用人（疏） 436-604-130
節儉（疏） 438-456-191
國史（疏）——乞赦韋曜一等之

罪　　　　　　　　　　　　440-760-276
國史（疏）——乞赦薛瑩罪使得
　完撰吳書　　　　　　　440-760-276
善繢（疏）　　　　　　　441-721-315
表薦陸胤　　　　　　　1358-749- 6
表薦陸棑　　　　　　　1358-750- 6
薦陸胤表　　　　　　　1361-554- 12
上魏并蜀表　　　　　　1361-554- 12
薦薛瑩修史疏　　　　　1361-606- 22
救韋曜疏　　　　　　　1361-620- 25
又乞赦樓玄疏　　　　　1361-620- 25
又上世俗滋修疏　　　　1361-621- 25
諫營新宮興工妨農　　　1361-629- 27
草文　　　　　　　　　1361-777- 59
薦交州刺史陸胤表　　　1386-701- 上
薦陸棑表　　　　　　　1386-701- 上
● 華　翰明
進禮記集註奏箋　　　　1453-497- 56
● 華允誠明
三大可惜四大可憂疏　　　445-674- 40
三大可惜三大可憂疏　　1403-404-119
直諫三大可惜四大可憂疏　1453-567- 65
● 華初成宋
進雲溪集原書表　　　　1119-341- 附
● 單　鍔宋
吳中水利書　　　　　　440-214-252
● 單穆公周
樂（疏）　　　　　　　436-529-127
理財（疏）　　　　　　440-425-262
諫鑄大錢　　　　　　　1355- 97- 4
　　　　　　　　　　　1377-134- 3
　　　　　　　　　　　1402-287- 52
諫鑄無射大林　　　　　1402-288- 52
● 單襄公周
言陳必之（諫）　　　　1355- 94- 4
● 鄂　海清
查勘渭河并募江南船工水手疏　556-175- 86
● 鄂千秋漢
賞罰（疏）——論曹參　　438-352-187
● 鄂爾泰清
黔粵劃江分界疏——雍正五年　568-383-113
鎮安陸流府疏——雍正七年　568-388-113
直隸西隆州改屬泗城疏——雍正
　七年　　　　　　　　568-390-113
撥官兵移駐泗城疏——雍正七年　568-391-113

湖廣交界添設弁兵會哨疏——雍
　正八年　　　　　　　568-392-113
耕耤田謝恩疏　　　　　570-411-29之5
請添設東川府流官疏　　570-411-29之5
請添設維西營制疏　　　570-413-29之5
請設烏蒙府文員疏　　　570-415-29之5
恭報慶雲疏　　　　　　570-417-29之5
請添設普洱流官營制疏　570-419-29之5
報南掌國進貢疏　　　　570-422-29之5
平烏蒙謝恩疏　　　　　570-425-29之5
賜書謝恩疏　　　　　　570-427-29之5
請添設烏鎮弁兵疏　　　570-429-29之5
修濬海口六河疏　　　　570-434-29之6
興修水利疏　　　　　　570-439-29之6
請開上游驛站疏　　　　572-241- 35
請開下游改站疏　　　　572-243- 35
撫剿生苗情形疏　　　　572-245- 35
慶雲疏　　　　　　　　572-246- 35
全定古州苗疆疏　　　　572-248- 35
● 喻汝礪宋
經國（疏）——上裕蜀策　435-572- 91
經國（疏）——上恢復策　435-573- 91
任將（疏）　　　　　　439-768-239
褒贈（疏）　　　　　　441- 29-284
四裔（疏）——論和好　　442-716-348
● 喻良能宋
進經筵徹章詩表　　　　1151-804- 4
賀皇帝登極表　　　　　1151-805- 4
會慶節賀表（五則）　　1151-805- 4
天申節賀表（三則）　　1151-805- 4
謝賜夏藥表　　　　　　1151-807- 4
代平江魏丞相謝賜銀合夏藥表　1151-807- 4
吏部進新修七司條令表　1151-807- 4
代江東漕臣賀皇帝降謚皇孫表　1151-807- 4
代平江守臣賀淳熙改元表　1151-808- 4
代浙西倉使賀淳熙改元表　1151-808- 4
代平江守臣謝上表　　　1151-808- 4
代平江守臣謝賜御書戒飭手詔碑
　本表　　　　　　　　1151-809- 4
代浙西倉使謝御書戒飭手詔碑本
　表　　　　　　　　　1151-809- 4
代謝賜曆日表（三則）　1151-809- 4
代陳丞相郊恩加食邑實封表　1151-810- 4
代建康陳丞相乞致仕表　1151-810- 4
進重删定呂祖謙所編文鑑簡子　1151-812- 5

代乞罷總司市易箚子　　　　　　1151-812- 5　　恭篹御製盛京賦奏　　　　　　503-628-130
論立法制箚子　　　　　　　　　1151-813- 5　　　●傅　亮劉宋
奏論教化箚子　　　　　　　　　1151-814- 5　　爲宋公主洛陽謁五陵表　　　　538-506- 76
代陳丞相乞住龍白箚施行箚子　　1151-815- 5　　　　　　　　　　　　　　1329-661- 38
代江東師臣元旱乞米賑耀箚子　　1151-816- 5　　　　　　　　　　　　　　1331- 35- 38
代江東諸司論淮東不當和糴箚子　1151-817- 5　　爲宋公求加贈劉前軍表　　　1329-561- 38
代論私鹽妄通平人之弊箚子　　　1151-817- 5　　　　　　　　　　　　　　1331- 36- 38
免遷移城下填塚箚子　　　　　　1151-817- 5　　爲宋公主洛陽謁五陵表　　　1398-638- 8
代論大囚到官先供大情然後送獄　　　　　　　　　爲宋公求加贈劉前軍表　　　1398-639- 8
　箚子　　　　　　　　　　　　1151-817- 5　　爲劉毅軍敗自解表　　　　　1398-639- 8
代平江守臣乞截撥牙契錢修城箚　　　　　　　　　讓尚書僕射表　　　　　　　1398-640- 8
　子　　　　　　　　　　　　　1151-818- 5　　尚書八座封諸皇弟皇子奏　　1398-640- 8
代論起發官物雇舟之數箚子　　　1151-819- 5　　爲宋公至洛陽謁五陵表　　1403-460-127
又代論納稅不銷之弊箚子　　　　1151-820- 5　　　　　　　　　　　　　　1414- 38- 64
代論過界盜賊箚子　　　　　　　1151-820- 5　　爲宋公求加贈劉前軍表　　　1414- 39- 64
代陳丞相論淮岸跳河及彼界來歸　　　　　　　　　爲劉毅軍敗自解表　　　　　1414- 39- 64
　人箚子　　　　　　　　　　　1151-820- 5　　讓尚書僕射表　　　　　　　1414- 40- 64
　●喻思恂明　　　　　　　　　　　　　　　　　尚書八座封諸皇弟皇子奏　　1414- 40- 64
勸權瑫魏忠賢疏　　　　　　　　561-447- 43　　爲宋公至洛陽謁五陵表　　1417-515- 25
　●傅　玄晉　　　　　　　　　　　　　　　　　●傅　奕唐
治道（疏）　　　　　　　　　　433-607- 25　　治道（疏）　　　　　　　　　433-653- 27
災祥（疏）　　　　　　　　　　441-296-297　　去邪（疏）　　　　　　　　　438- 23-174
上武帝敦風節流附武帝詔報　　　1398-195- 10　　請變隋法疏　　　　　　　　1403- 77- 97
上興學親農疏附武帝詔報　　　　1398-196- 10　　請除釋教疏　　　　　　　　1417-616- 30
上便宜五事疏附詔報　　　　　　1398-197- 10　　●傅　咸晉
諸官病奏　　　　　　　　　　　1398-198- 10　　務農（疏）　　　　　　　　　436-172-110
賀老人星表（二則）　　　　　　1398-199- 10　　風俗（疏）　　　　　　　　　436-279-116
正朔議　　　　　　　　　　　　1398-199- 10　　禮樂（疏）　　　　　　　　　436-405-121
五祀議　　　　　　　　　　　　1398-199- 10　　禮樂（疏）　　　　　　　　　436-501-125
陳時務疏　　　　　　　　　　　1413-153- 39　　用人（疏）　　　　　　　　　436-606-130
水旱上便宜五事（疏）　　　　　1413-154- 39　　節儉（疏）　　　　　　　　　438-456-191
舉清遠疏附武帝詔報　　　　　　1413-155- 39　　上武帝省官重農奏　　　　　1398-207- 10
賀老人星表二首　　　　　　　　1413-156- 39　　論世俗奢修書　　　　　　　1398-207- 10
諸官病奏　　　　　　　　　　　1413-156- 39　　請貶荀愷奏　　　　　　　　1398-208- 10
正朔議　　　　　　　　　　　　1413-156- 39　　上惠帝論補內官書　　　　　1398-208- 10
五祀議　　　　　　　　　　　　1413-156- 39　　勸夏侯承奏　　　　　　　　1398-208- 10
　●傅　休（等）劉宋　　　　　　　　　　　　　勸夏侯駿事（奏）　　　　　1398-209- 10
禮樂（疏）　　　　　　　　　　436-413-121　　上自陳表附惠帝詔報　　　　1398-209- 10
　●傅　亨元　　　　　　　　　　　　　　　　　勸王戎奏（二則）附惠帝詔報　1398-209- 10
諭議　　　　　　　　　　　　1209-470-7下　　上論勸王戎事　　　　　　　1398-209- 10
　●傅　恆清　　　　　　　　　　　　　　　　　特進執璧奏　　　　　　　　1398-210- 10
進御批歷代通鑑輯覽表　　　　　335- 9- 附　　奏事　　　　　　　　　　　1398-210- 10
進平定準噶爾方略表　　　　　　357- 2- 附　　請立二社表（二則）附武帝詔　1398-210- 10
（欽定皇輿西域圖志進表）　　　500- 5- 附　　遷尚書左丞表　　　　　　　1398-212- 10
清釐奉天流民以培風俗議　　　　503-624-129　　理李含表（二則）　　　　　1398-212- 10

涼州表　　　　　　　　　　　1398-214- 10
應詔陳言疏　　　　　　　　　1413-330- 46
駁改社表　　　　　　　　　　1413-330- 46
重論立社表　　　　　　　　　1413-332- 46
兼司隸表　　　　　　　　　　1413-332- 46
左丞表　　　　　　　　　　　1413-332- 46
理李含表（二則）　　　　　　1413-332- 46
涼州表　　　　　　　　　　　1413-334- 46
請貶苟愷表　　　　　　　　　1413-334- 46
劾夏侯承奏　　　　　　　　　1413-334- 46
劾夏侯駿事　　　　　　　　　1413-334- 46
劾王戎奏　　　　　　　　　　1413-334- 46
劾王戎等奏　　　　　　　　　1413-334- 46
特進執璧奏　　　　　　　　　1413-334- 46
奏事（二則）　　　　　　　　1413-335- 46
禁奢上書　　　　　　　　　　1413-335- 46
陳選舉上書　　　　　　　　　1413-335- 46
明司隸職掌上書　　　　　　　1413-336- 46
陳世俗奢侈書　　　　　　　　1417-477- 23
上論劾王戎事　　　　　　　　1417-478- 23
● 傅　郁 劉宋
太子親祠與宮中有故不舉祭議奏
　　附有司奏司馬興之議　　　1398-828- 16
● 傅　泰清
請免定弓虛稅疏　　　　　　　564-892- 62
● 傅　敏清
修築黃潭等隄并保固事宜疏　　534-406- 93
● 傅　隆劉宋
禮樂（疏）　　　　　　　　　436-339-118
法令（疏）　　　　　　　　　439- 27-209
徙黃初妻趙議　　　　　　　　1398-716- 12
諸王樂舞人數議　　　　　　　1398-717- 12
禮論表　　　　　　　　　　　1398-717- 12
● 傅　幹魏
言征孫權疏　　　　　　　　　1361-556- 13
● 傅　察宋
擬請東封表　　　　　　　　　1124-712-　上
擬代宰相已下賀藉田禮成表　　1124-713-　上
代余帥賀南郊禮畢表　　　　　1124-714-　上
代余帥賀册皇后表　　　　　　1124-714-　上
代都憲賀册皇后表　　　　　　1124-714-　上
代沈和仲賀册皇太子禮畢表　　1124-714-　上
擬代宰相以下賀朱草表　　　　1124-715-　上
代周文翰賀河清表　　　　　　1124-715-　上
代沈和仲賀永橋成表　　　　　1124-716-　上

擬代宰相以下謝賜郊祀慶成詩表　1124-716-　上
擬謝賜大晟樂府記并古鐘頌表　1124-717-　上
代周文翰謝賜大晟樂表　　　　1124-717-　上
代鮑欽止謝橋成德音表　　　　1124-717-　上
代謝翰林院三伏早出表　　　　1124-718-　上
代余帥謝傅宣撫問表（二則）　1124-718-　上
代梁帥謝將諭表　　　　　　　1124-719-　上
代少尹謝獄空獎諭表　　　　　1124-719-　上
代辭免尚書左丞表　　　　　　1124-719-　上
代尚書左丞謝表　　　　　　　1124-720-　上
代都憲謝准南運使表　　　　　1124-720-　上
代尚書左丞謝轉官表　　　　　1124-721-　上
代閣彥昇謝轉官表　　　　　　1124-721-　上
代鮑欽止謝降官表　　　　　　1124-722-　上
代發運使謝賜金帶表　　　　　1124-722-　上
代外任謝日曆表　　　　　　　1124-722-　上
代謝生日禮物表　　　　　　　1124-723-　上
又代謝生日禮物表（三則）　　1124-723-　上
● 傅　據魏
征伐疏——論請征吳表　　　　439-492-227
伐吳對　　　　　　　　　　　1361-661- 35
● 傅　緯陳
獄中上陳後主書　　　　　　　1339-367-673
獄中上後主書　　　　　　　　1399-724-　7
　　　　　　　　　　　　　　1402-479- 72
● 傅　燮漢
去邪（疏）　　　　　　　　　438-　9-173
近習（疏）　　　　　　　　　441-171-291
禦邊（疏）　　　　　　　　　442- 15-320
論先去宦官後盜賊疏　　　　　1360-193- 11
乞勿棄涼州議　　　　　　　　1360-299- 17
上靈帝論宦官疏　　　　　　　1397-391- 18
涼州不宜棄對　　　　　　　　1397-392- 18
請誅中官疏　　　　　　　　　1403- 47- 92
　　　　　　　　　　　　　　1417-402- 20
劾中官疏　　　　　　　　　　1476- 67-　4
● 傅以漸清
進易經通注表　　　　　　　　37-　2-　附
● 傅希摯明
開汴河疏　　　　　　　　　　541-346-35之4
● 傅季友晉
褒贈（疏）——代宋國公劉裕作
　　求加劉穆之表　　　　　　441-　8-283
● 傅若金元
天曆改元湖廣省賀表　　　　　1213-302-　1

擬唐宋璟進無逸圖表　1213-302- 1
皇太后受册賀皇帝表　1213-303- 1
天壽節隆祥使司賀表　1213-303- 1
留守司賀元統改元表　1213-303- 1
●傅崧卿宋
郊廟（疏）　433-531- 22
●傅朝佑明
劾溫體仁六大罪疏　445-677- 40
●傅堯俞宋
上英宗乞講奉養隆顯皇太后之禮（疏）　431-106- 10
上英宗乞伸威斷（疏）　431-235- 21
上仁宗乞止絕內降凡進用悉與大臣議其可否（疏）　431-263- 23
上英宗乞淮陽郡王出閣（疏）　431-349- 31
上英宗論皇第二子恩意禮秩當與潁王差遠（疏）　431-352- 32
上仁宗論主婚無過被譖隸臣有罪得過（疏）　431-364- 33
上仁宗論劉永年再除防禦使（疏二則）　431-376- 34
上哲宗論韓忠彥爲左丞以其弟嘉彥尚主未當（疏）　431-380- 35
上哲宗論張舜民罷言職（疏二則）　431-662- 54
上哲宗論張舜民罷言職（疏二則）附貼黃　431-667- 54
上哲宗論張舜民罷言職（疏二則）附貼黃　431-669- 54
上仁宗論朱穎士干求內降乞行勘責（疏）　431-751- 61
上仁宗論李允恭不合薦孫永昌（疏）　431-751- 61
上仁宗再論朱穎士李允恭（疏）　431-752- 61
上仁宗論趙繼寵不合越次幹當天章閣（疏）　431-753- 62
上仁宗再論李允恭趙繼寵（疏二則）　431-753- 62
上英宗論差中官爲陝西鈴轄（疏）　431-758- 62
上仁宗乞諸司長官舉察屬（疏）　431-856- 71
上哲宗論殿試宜依神宗故事用策一（疏）附貼黃　431- 20- 81
（爲濮議）上英宗辭侍御史恩命乞與呂誨同貶（疏）　432-117- 90
上仁宗乞發遣親事官吳親等照證之事（狀）　432-211- 99

上仁宗論內臣私取珠子呈內人（疏）　432-301-107
上英宗十事（疏）　432-912-149
君德（疏）　433- 25- 1
君德（疏）　433- 37- 2
孝親（疏）——宜順適慈顏務致優侍……　433-256- 10
孝親（疏）——宜錄皇太后勤勞少推恩例……　433-256- 10
孝親（疏）——當益加禮意務盡皇太后歡心　433-257- 10
郊廟（疏）——乞減節南郊費用疏　433-469- 19
郊廟（疏）——陞辭上殿箚子　433-498- 21
治道（疏）——陳十事奏　433-863- 35
儲嗣（疏）——言皇太子立有司關供饋　435-103- 73
儲嗣（疏）　435-106- 73
內治（疏）　435-143- 74
內治（疏）　435-147- 75
宗室（疏二則）　435-193- 77
仁民（疏）——論河北差夫狀　436- 71-106
乞減昭陵用度疏　436-489-125
彈孫朴（奏）　436-712-134
乞停薛向新命（疏）　436-713-134
再論徐綬（疏）　436-724-135
用人（疏）　436-793-138
選舉（疏）　437-548-165
選舉（疏）附貼黃　437-616-167
去邪（疏）——論王臨疏　438- 73-176
去邪（疏）——論薛向疏　438- 74-176
去邪（疏）——再論薛向　438- 74-176
去邪（疏）——又論薛向疏　438- 74-176
去邪（疏）——彈安燾疏　438-187-180
去邪（疏）——論蔡確疏（二則）附貼黃　438-187-180
去邪（疏）　438-188-180
勤政（疏）　438-441-190
諫各器（疏）——論劉永年除齊州防禦使（二則）　438-606-197
求言（疏）　438-658-199
聽言（疏）——論張舜民以言事罷職疏（六則）　438-791-204
聽言（疏）——論胡夢昱坐論事　438-869-207
法令疏——論審刑院大理等處歟

岡事狀（二則） 439- 79-211
慎刑疏 439-203-216
任將（疏二則） 439-738-238
水利（疏二則） 440-205-252
水利（疏）——論河事狀 440-206-252
賦役（疏）——乞罷均稅奏 440-279-255
賦役（疏）——議坊郭等第出助
　役錢奏 440-306-256
賦役（疏） 440-342-258
理財（疏） 440-496-264
禮臣（疏） 441- 61-285
近習（疏） 441-185-292
近習（疏）——彈李允恭不合補
　孫永言爲入內黃門奏 441-185-292
近習（疏二則） 441-185-292
近習（疏二則） 441-186-292
近習（疏二則） 441-187-292
近習（疏）——再乞追李永言恩
　命奏 441-187-292
近習（疏）——再乞追李永言恩
　命奏 441-187-292
近習（疏三則） 441-188-292
近習（疏三則） 441-188-292
災祥（疏三則） 441-410-301
災祥（疏） 441-463-304
營繕（疏） 441-745-316
禦邊（疏）——乞備邊 442-228-329
禦邊（疏）——乞差人經度西事 442-228-329
禦邊（疏）——乞罷內臣招安熟
　戶 442-229-329
四裔（疏） 442-656-346
論責任守忠乞一切不問餘人（疏） 1350-565- 53
論蔡確既貶請寬心和氣（疏） 1350-566- 53
● 鈕祜祿全 周 金
謹名器（疏） 438-638-198
● 鈕祜祿重山 元
戒逸欲（疏） 438-552-195
● 番　係 漢
漕運（疏） 440-407-261
渠田議 1396-425- 11
● 程　包 漢
征伐（疏）——巴郡板楯復叛寇
　掠三蜀及漢中諸郡 439-483-227
征板楯蠻對 1397-395- 18
● 程　昉（等）宋

水利（疏） 440-160-250
● 程　戩 齊
法令（疏） 439- 11-208
● 程　咸 晉
出適女從坐議 1398- 82- 5
● 程　珌 宋
擬上殿箚子 1171-227- 2
乙亥輪對箚子（二則） 1171-228- 2
丙子輪對箚子（二則） 1171-229- 2
初開講筵箚子 1171-233- 2
甲申上殿箚子（二則） 1171-234- 2
輪對箚子（五則） 1171-236- 2
代上殿箚子（四則） 1171-241- 2
高宗皇帝寶訓徽章乞宣付史館箚
　子 1171-244- 2
辭免除秘書丞兼權右司 1171-244- 2
辭免除起居舍人（箚子） 1171-245- 2
辭免兼侍讀（上）皇帝表 1171-245- 2
辭免除刑部尚書（表） 1171-246- 2
辭免除翰林學士（表） 1171-246- 2
戊子乞祠箚子 1171-247- 2
戊子內引箚子 1171-247- 2
辭免除敷文閣學士與宮觀（箚子） 1171-248- 2
辭免除寶文閣學士依舊宮觀（箚
　子） 1171-248- 2
乞休致箚子 1171-248- 2
繳進耕織圖箚子 1171-248- 2
再乞祠箚子（二則） 1171-249- 2
再辭免知福州（箚子） 1171-250- 2
辭免知贛州（箚子） 1171-250- 2
辭免陞修國史實錄院修撰（箚子） 1171-250- 2
賀皇帝表 1171-251- 3
浙西謝表 1171-252- 3
讀高宗皇帝寶訓徽章繳進經筵官
　詩表 1171-252- 3
謝除吏部侍郎表 1171-252- 3
謝除禮部侍郎兼直學士院（表） 1171-253- 3
代浙東提刑謝表 1171-253- 3
代岳州到任謝表 1171-254- 3
賀明堂大禮告成表 1171-254- 3
賀元正節表 1171-254- 3
慰皇帝表 1171-255- 3
謝歴日表 1171-255- 3
謝敷文閣學士提舉隆興府玉隆萬
　壽宮表 1171-255- 3

四庫全書文集篇目分類索引

史部

詔令奏議類：附錄

奏議上十二畫

代賀皇帝表	1171-256- 3
代賀平蜀表	1171-256- 3
代母舅黃寺丞處州謝表	1171-256- 3
代總領到任謝表	1171-257- 3
謝除禮部尚書表	1171-257- 3
建寧府到謝表	1171-258- 3
仁文哲武恭孝皇帝諡議廟號	1171-259- 4
祧廟議	1171-260- 4
進故事	1171-262- 4
初開講筵劄子	1375- 98- 5
代賀平吳曦表	1375-531- 41

●程　信 明

論城守疏	1373-582- 7
陳言中興固本十事	1373-583- 7
奏緊急軍情事	1375-129- 7
陳言中興固本十事	1375-131- 7
乞恩歸老奏	1375-537- 41
南京參贊機務謝恩奏	1375-538- 41

●程　珌 宋

| 上英宗應詔論水災（疏） | 431-469- 41 |
| 災祥（疏） | 441-397-301 |

●程　振 宋

| 四裔（疏） | 442-684-347 |

●程　迥 宋

| 法令（疏） | 439-147-214 |

●程　俱 宋

進麟臺故事申省原狀	595-305- 首
麟臺故事後序	595-339- 末
題陳襄薦士狀草幷手詔及本傳	1130-168- 16
禮部賀陰雲不見日蝕表	1130-199- 20
謝冬衣表	1130-200- 20
賀甘露表	1130-200- 20
賀收復涿易二州表	1130-200- 20
賀直河河引回河勢表	1130-200- 20
賀管押常勝軍郭藥師進嘉禾表	1130-201- 20
賀駕幸秘書省太學表	1130-202- 20
謝賜御書御畫幷宣召觀書畫表	1130-202- 20
秀州謝上表	1130-203- 20
秀州賀天申節表	1130-204- 20
進新修紹興勅令格式表	1130-204- 20
中書舍人謝表	1130-205- 20
提舉江州太平觀謝表	1130-205- 20
集英殿修撰謝表	1130-206- 20
徽猷閣待制謝表	1130-207- 20
太上皇帝升遐慰表	1130-208- 20

寧德皇后上仙慰表	1130-208- 20
衢州發天申節表附疏	1130-209- 20
辭免開府儀同三司表	1130-209- 20
代宣和殿學士表	1130-209- 20
進故事（兩朝寶訓）	1130-276- 28
進故事（三朝寶訓）	1130-277- 28
進故事（春秋三氏傳）	1130-279- 28
進故事（史記齊世家）	1130-279- 28
進故事（唐書韓休傳）	1130-280- 28
進故事（唐書張九齡傳）	1130-281- 28
四月二十二日車駕經由秀州賜對劄子附貼黃（四則）	1130-352- 36
十月五日車駕經由上殿劄子（三則）	1130-364- 37
乞免秀州和買絹奏狀（表）	1130-366- 37
辟官奏狀	1130-369- 37
紹興元年三月四日上殿劄子（三則）	1130-371- 38
論事劄子	1130-377- 38
辭免召試中書舍人狀	1130-382- 39
辭免除中書舍人狀	1130-382- 39
舉自代狀	1130-383- 39
繳詞頭狀	1130-383- 39
繳李處勸再任詞頭奏狀	1130-383- 39
繳宋晩詞頭奏狀	1130-384- 39
轉對狀	1130-384- 39
辭免權侍講狀	1130-386- 39
十月十三日上殿（疏）附貼黃	1130-386- 39
繳詞頭奏狀附貼黃	1130-387- 39
劄子	1130-388- 39
應詔薦士狀	1130-390- 39
乞住講月分不支職食錢奏狀	1130-393- 40
繳蘇易轉行橫行奏狀	1130-394- 40
繳任源管押成都府等路內藏庫金銀疋帛等奏狀	1130-396- 40
正月二十九日上殿劄子（二則）	1130-397- 40
繳錄黃奏狀	1130-398- 40
二月二十日實封奏（二則）附貼黃	1130-399- 40
進故事二	1375-502- 39
秀州謝上表	1375-524- 40
除徽猷閣待制謝表	1375-524- 40

●程　寀 金

| 治道（疏） | 434-788- 65 |
| 內治（疏） | 435-160- 75 |

四庫全書文集篇目分類索引　1549

戒逸欲（疏）　438-551-195
諡號（議）——太祖武元皇帝諡議　440-930-282
巡幸（疏）　441-106-287
●程　通明
陳情乞祖還鄉表　1235-727- 1
封建策（二則）　1235-728- 1
●程　富明
奏甘肅邊務六條　1375-127- 7
●程　琳宋
兵制（疏）——論兵在精不在衆　439-273-219
●程　瑀宋
上欽宗乞內中置籍錄臺諫章疏（疏）　431-686- 55
聽言（疏）——乞籍錄臺諫章疏狀　438-817-205
論蔡攸罪狀　1375- 70- 3
乞內中置籍錄臺諫章奏疏　1375- 71- 3
●程　頤宋
上哲宗三學看詳條制（疏）　431-944- 79
上哲宗論除喪不可特置一燕（疏）　432-156- 93
聖學（疏）　433-151- 6
聖學（疏）　433-155- 6
聖學（疏）　433-156- 6
聖學（疏）——乞遇六參日許講讀官上殿奏　433-157- 6
治道（疏）　433-836- 33
禮樂（疏）——論濮王典禮疏　436-371-120
喪禮（疏）　436-465-123
山陵（疏）　436-490-125
崇儒（疏）　440-720-274
災祥（疏）——代呂公著應詔疏　441-416-302
爲太中上皇帝應詔書　1345-630- 6
代太中上皇帝書　1345-637- 6
代彭中丞論濮王稱親疏　1345-639- 6
代呂晦叔應詔王疏　1345-641- 6
代富弼上神宗皇帝疏稿　1345-644- 6
上仁宗皇帝書　1345-645- 6
辭免西京國子監教授表　1345-650- 7
再辭免（西京國子監教授）表　1345-650- 7
辭免館職狀　1345-651- 7
乞再上殿論經筵事劄子附貼黃二則　1345-651- 7
論經筵第一劄子 附貼黃　1345-651- 7
（論經筵）第二劄子附貼黃　1345-652- 7

（論經筵）第三劄子附貼黃二則　1345-653- 7
辭免崇政殿說書表　1345-653- 7
再辭免（崇政殿說書）狀　1345-654- 7
乞六參日上殿劄子　1345-654- 7
辭免判登聞鼓院奏狀 附貼黃　1345-658- 7
再辭免（判登聞鼓院）狀　1345-659- 7
論冬至稱賀劄子附貼黃　1345-659- 7
乞就寬涼處講讀奏狀附貼黃二則　1345-660- 7
論開樂御宴奏狀　1345-663- 7
乞歸田里第一狀 附貼黃　1345-663- 7
（乞歸田里）第二三狀　1345-664- 7
乞致仕第一二狀　1345-665- 7
辭免服除直秘閣判西京國子監狀　1345-666- 7
再辭免（服除直秘閣判西京國子監）表附貼黃二則　1345-666- 7
謝管勾崇福宮狀　1345-667- 7
辭免再除直秘閣判監狀（二則）　1345-668- 7
謝復官表　1345-669- 7
代彭思永論濮王典禮（疏）　1350-620- 58
論經筵事（疏三則）　1350-622- 58
論開樂御宴（疏）　1350-624- 58
論經筵第一二劄子　1354-211- 26
論經筵第一二劄子　1359-189- 25
上仁宗皇帝書　1402-518- 77
論經筵第一二三劄子　1404-161-173
論經筵劄子　1476-206- 12
●程　曉魏
建官（疏）　437-382-159
言校事放橫疏　1361-566- 15
白罷校事疏　1417-440- 12
●程　駿北魏
謹名器（疏）　438-590-197
征伐（疏）　439-515-229
●程　顥宋
上神宗論王霸之辨在審其初（疏）　431- 29- 2
上神宗論君道之大在稽古正學（疏）　431- 63- 5
上神宗論不當遣張載按獄（疏）　431-167- 15
上神宗請修學校以爲王化之本（疏）　431-930- 78
上神宗論新法（疏）　432-799-113
上神宗論新法乞降責（疏）　432-413-114
上神宗辭提刑（疏）　432-414-114
上神宗十事（疏）　432-913-149
聖學（疏）　433-143- 6

治道（疏） 433-883- 35　　求賢（疏） 437-275-153
學校（疏） 436-238-114　　考課（疏） 437-731-172
求賢（疏）——論養賢上疏 437-262-153　　去邪（疏）——論僧格爲相 438-347-186
理財（疏）——乞罷預俵青苗錢　　弭盜（疏） 441-840-319
　利息及汰去提舉官奏（二則） 440-542-266　　奏民間利病疏 517- 14-115
論王霸之辨（疏） 1345-595- 2　　順宗皇帝上尊諡册文 1202- 6- 1
論遣張戡按獄（疏） 1345-596- 2　　天壽節中書省賀表 1202- 50- 4
論君道（上殿箚子） 1345-597- 2　　翰林院陞從一品謝表 1202- 50- 4
請修學校尊師儒取士箚子 1345-597- 2　　進三朝實錄表 1202- 50- 4
諫新法疏 1345-599- 2　　興聖宮元旦中書省賀表 1202- 50- 4
再上疏 1345-600- 2　　中宮元旦中書省賀牋 1202- 50- 4
辭西京提刑奏狀 1345-600- 2　　夷治五事（奏議） 1202-115- 10
論十事箚子 1345-601- 2　　民間利病（奏議） 1202-117- 10
論養賢箚子 1345-603- 2　　議安南（奏議） 1202-121- 10
謝潼州簽判表 1345-604- 2　　論學校（奏議） 1202-121- 10
論君道（疏） 1350-566- 53　　論好人（奏議） 1202-122- 10
論王霸（疏） 1350-567- 53　　論公選（奏議） 1202-123- 10
論十事（疏） 1350-568- 52　　論時相（奏議） 1202-123- 10
論新法（疏） 1350-570- 53　　論行省（奏議） 1202-124- 10
謝潼州僉判表 1350-711- 67　　議災異（奏議） 1202-124- 10
上殿論君道箚子 1359-195- 26　　進三朝實錄表 1367-199- 16
請修學校尊師儒取士箚子 1359-196- 26　　翰林國史院陞從一品謝表 1367-200- 16
謝潼州簽判表 1382-356-下之1　　論求才奏狀 1375-119- 6
論王霸疏 1403-128-103　　論災異五事 1375-120- 6
論十事疏 1403-129-103
論君道（疏） 1418-291- 46　　● 程敏政 明
論王霸（疏） 1418-291- 46　　考正祀典疏 443-648- 30
論十事（疏） 1418-292- 46　　龜山先生從祀議 443-653- 30
論新法（疏） 1418-295- 46　　奏乞省親 1252-169- 30
上仁宗皇帝書 1418-297- 46　　奏乞終制 1252-169- 10
代彭思永論濮王典禮（疏） 1418-301- 46　　奏考正祀典 1252-169- 10
論經筵第一二箚子 1418-307- 46　　擬武成王廟配享名將議 1252-176- 10
上殿箚子 1476-202- 12　　代衍聖公謝修闕里廟庭表 1252-177- 10
請修學校尊師儒取士箚子 1476-203- 12　　謝賜鮮果（表） 1252-177- 10
● 程元鳳 宋　　敬題先公薦朱揮使奏草後 1252-658- 37
慎刑（疏）——論讞不時報囚多　　擬酈食其上漢王書 1253-244- 53
　瘐死 439-231-217　　考正孔廟從祀疏 1403-207-109
乞振紀綱疏 1375-102- 5　　考正孔廟從祀疏 1453-388- 48
論救災疏 1375-103- 5
請罷詣西太乙宮疏 1375-106- 5　　● 程啓充 明
● 程宏圖 宋　　訟胡世寧疏 445-231- 14
請罷和議決意用兵疏 1375- 88- 4　　● 程端學 元
● 程鉅夫 元　　代右丞相監修國史賀正表 1212-357- 5
治道（疏） 434-822- 66　　翰林院賀正表 1212-357- 5
學校（疏） 436-273-115　　國子監賀正表 1212-357- 5
　　● 程鳴鳳 宋
　　賜武舉第一謝恩表 1375-534- 41

四庫全書文集篇目分類索引　　1551

● 程維瑛 明
請勿加餉疏　　　　　　　　　534-369- 91
● 喬　宇 明
陳愚見以廣聰疏　　　　　　　549-138-186
● 喬行簡 宋
宋進書原筠狀（融堂書解）　　 59-462- 附
經國（疏）　　　　　　　　　435-766-100
近習（疏）　　　　　　　　　441-216-293
● 喬若雯 明
巨姦始禍疏　　　　　　　　　506-216- 93
● 喬豫和 苞 前趙
營繕（疏）　　　　　　　　　441-723-315
● 舒元輿 唐
選舉（疏）　　　　　　　　　437-515-163
上論貢士書　　　　　　　　 1343-376-26上
　　　　　　　　　　　　　 1402-486- 73
　　　　　　　　　　　　　 1418- 94- 38

● 舒赫德 清
頒賜御製薩爾滸書事石刻羣臣合
　詞謝恩奏　　　　　　　　　503-630-130
● 崧　紹 晉
慎微（疏）　　　　　　　　　438-560-196
太尉陳準諡駮　　　　　　　 1398-410- 18
司空張華復爵駮（議）　　　 1398-410- 18
上惠帝反正疏　　　　　　　 1398-411- 18
　　　　　　　　　　　　　 1403- 68- 95

● 御　孫 周
禮樂（疏）　　　　　　　　　436-331-118
● 策　丹 元
用人（疏）　　　　　　　　　437-254-152
諡號（議）——上文宗太皇太后
　尊號議　　　　　　　　　　440-932-282
● 逵中立 明
論公用舍疏　　　　　　　　　430-250- 0
論罷太和山織造疏　　　　　　430-251- 0
論東倭疏　　　　　　　　　　430-253- 0
論修史用人疏　　　　　　　　430-254- 0
論拔淹滯停例金疏　　　　　　430-256- 0
論會推閣臣疏　　　　　　　　430-257- 0
論公用舍疏　　　　　　　　　445-496- 31
論修史用人疏　　　　　　　　445-498- 31
請容直臣以勸百僚疏　　　　　445-508- 31

十三畫

● 源　恭 北魏
學校（疏）　　　　　　　　　436-220-113

● 源　師 隋
法令疏　　　　　　　　　　　439- 36-209
● 源　賀 北魏
慎刑疏——勸宥諸死刑徒充北蕃
　諸戍　　　　　　　　　　　439-176-215
慎刑疏——論斷獄多濫　　　　439-176-215
● 源　懷 北魏
仁民（疏）　　　　　　　　　436- 58-105
法令（疏）　　　　　　　　　439- 30-209
征伐疏　　　　　　　　　　　439-516-229
● 源乾曜 唐
禮樂（疏）　　　　　　　　　436-353-119
● 甯子先 劉宋
用人（疏）　　　　　　　　　436-610-130
● 溫氏（李邕妻）唐
爲夫謝罪表　　　　　　　　 1338-745-619
救夫李邕疏　　　　　　　　 1403 -89- 99
● 溫　純 明
懇乞聖明覽本顧問疏　　　　　445-446- 28
乞慎重贈典疏　　　　　　　　445-447- 28
請宥革除緣坐外親疏　　　　　445-482- 30
請停礦稅疏　　　　　　　　　445-487- 30
乞矜廉吏被誣疏　　　　　　　445-488- 30
修實政圖疏　　　　　　　　 1288-384- 30
懇乞聖明亟圖覽本顧問之要以隆
　交泰疏　　　　　　　　　 1288-388- 1
慎選將領以重營務疏　　　　 1288-390- 1
定廟謨筋邊防疏　　　　　　 1288-391- 1
賊勢猖獗據城殺擄官民乞賜究處
　失事官員并議勸滅事宜以遠布
　國威疏　　　　　　　　　 1288-391- 1
警報日急再乞勅邊臣嚴防禦以慎
　固疆圉疏　　　　　　　　 1288-392- 1
邊腹多故亟處人事宜以專責成疏 1288-394- 1
將臣輕率失律撫臣謀慮太疏致損
　軍兵乞賜嚴究并圖善後事宜以
　振軍威疏　　　　　　　　 1288-396- 1
敵人進邊乞嚴飭當事臣工亟圖防
　禦以保萬全疏　　　　　　 1288-398- 1
敵患可憂營務久廢乞重事權以專
　責成疏　　　　　　　　　 1288-399- 1
看詳章奏廣賊滋蔓奏詞各異功罪
　欠明懇乞聖明大奮乾斷正法紀
　破欺罔以亟救遠方生靈疏 1288-401- 1
將官賂敵出邊地方難保無虞乞賜

史部

詔令奏議類：附錄

奏議上十三畫

究勘以懲玩弊振國威疏 1288-403- 1
仰遵成命糾正冒襲以彰法紀疏 1288-406- 2
秋防届期事可慮乞賜大加振飭肅兵威以預圖安攘疏 1288-407- 2
鄒許督臣餽送無名乞賜懲究以正頺風疏 1288-410- 2
敵人謀犯乞賜嚴飭內外當事諸臣大加防禦以保萬全疏 1288-411- 2
邊報日急再陳防禦事宜以保萬全疏 1288-413- 2
營制屢更統帥不一懇乞聖明亟賜裁定以正事權疏 1288-415- 2
懇乞聖明遵祖制慎贈典以重名器疏 1288-416- 2
屢據邊報乞賜嚴飭邊臣大加逐勦以戒不虞并議處降人以全國體疏 1288-417- 2
恪遵明旨查正公用銀兩疏 1288-419- 2
清查公用器皿酌處成造以節財用疏 1288-421- 2
重宴賜以撫遠人疏 1288-422- 2
懇乞聖明勉留大臣以正人心以全國體疏 1288-422- 2
自陳乞斥以弼天變疏 1288-423- 2
忠臣已褒外親未宥懇乞聖恩推廣明詔大慰忠靈以培聖代綱常疏 1288-425- 3
議留緊要將官以重海防疏 1288-428- 3
乞賜議處佐貳首領官員以風厲吏治疏 1288-429- 3
懇乞天恩俯賜議處漕糧以蘇運務以整民困疏 1288-430- 3
地方異常水災疏 1288-432- 3
府官不簡物議昭彰乞賜議處以肅史治疏 1288-434- 3
縣官駑下太陋致招訐訟乞賜議處以飭史治疏 1288-435- 3
懇乞聖明久任賢能府正官員以安民生疏 1288-436- 3
司農告匱年甚一年敬遵明詔陳末議以備採擇疏 1288-437- 3
府佐貪穢究駁已眞懇乞聖明亟賜罷斥肅吏治以阜民生疏 1288-438- 3
段解限迫工料難湊乞賜議留例銀酌定限期以便織造疏 1288-441- 3
酌議調補縣令以安民生疏 1288-442- 3
地方異常災傷疏 1288-443- 3
糾劾方面官員以備考察疏 1288-444- 3
糾劾有司官員以備考察疏 1288-445- 3
仰承德意敬進芻蕘懇乞聖明采納以隆泰運疏 1288-451- 4
大臣病故疏 1288-453- 4
欽奉聖諭并陳末議以廣德意以消災診疏 1288-454- 4
淺船積缺數多地方米價甚賤懇乞天恩俯賜破格從輕暫改漕糧以濟國運以便民疏 1288-456- 4
恪遵恩詔改正虛糧懇乞聖明薄賜申飭以昭嚴威以宣實惠以固萬年邦本疏 1288-457- 4
邊海要郡懇乞聖明久任賢能府正官員以安民生疏 1288-459- 4
大臣病故疏 1288-460- 4
遵奉欽依奏報京堂官員病痊乞賜及時錄用疏 1288-461- 4
災異頻仍墾乞聖明敦政體飭武備以除隱憂以圖消弭疏 1288-462- 4
海潮突變衝坍石塘墾乞及時修築以保安生靈疏 1288-463- 4
自陳不職乞賜罷斥以公考察疏 1288-465- 4
遵旨奏報大臣病痊乞賜及時錄用疏 1288-466- 4
俯竭愚衷敬陳末議以求少裨治理疏 1288-466- 4
懇乞俯憐民運繁苦議免關稅以蘇積困疏 1288-472- 4
薦舉方面官員疏 1288-474- 4
舉劾有司官員以肅吏治疏 1288-474- 4
薦舉地方人材以備錄用疏 1288-477- 4
薦舉教職官員疏 1288-478- 4
薦舉佐貳首領官員疏 1288-479- 4
舉劾武職官員以昭勸懲疏 1288-479- 4
乞恩辭免陞任以安愚分疏 1288-482- 5
請停新增供應疏 1288-483- 5
糾監督主事疏 1288-484- 5
因母久病驚悸成疾乞賜放歸以便侍養調理疏 1288-485- 5
遵例陳情爲母請乞卹典疏 1288-485- 5
爲親老身病乞恩賜免重任以便侍親調理疏 1288-486- 5
再辭南吏部尚書疏 1288-487- 5

四庫全書文集篇目分類索引

考察已竣聞言自愧懇乞聖明斥以
　重大典疏　　　　　　1288-485- 5
乞宥督臣疏　　　　　　1288-488- 5
遵例懇乞天恩准令開壙以光泉壤
　疏　　　　　　　　　1288-489- 5
庸病不堪重任懇乞天恩俯賜別簡
　以重風紀疏　　　　　1288-489- 5
舊病未愈新疾復增再乞天恩准令
　在籍調理以免久虛重任疏
　　　　　　　　　　　1288-490- 5
中途疾劇趨命難前懇乞聖明准令
　回籍以延殘喘疏　　　1288-491- 5
宸居鼎建願捐微俸以助大工疏
　　　　　　　　　　　1288-491- 5
礦稅釀禍已深重地用兵尤急懇乞
　聖明速允停止以遏亂萌以保鴻
　業疏　　　　　　　　1288-492- 5
邊聖諭循職學摘陳修省要務懇乞
　聖明嚴勅中外憲臣實心舉行以
　回天意以保治安疏　　1288-493- 5
臺臣急缺勢難久待懇乞俯允就近
　先選以濟目前差用疏　1288-497- 5
遠臣被逮遭難可矜懇乞寬宥以光
　聖德併乞亟停礦稅以保治安疏
　　　　　　　　　　　1288-498- 5
臺臣久缺懇乞聖明盞俞考選以肅
　朝綱以振風紀疏　　　1288-500- 5
臺差關係匪輕憲臣接代久匱懇乞
　聖明早允考選以復成規以肅風
　紀疏　　　　　　　　1288-501- 5
詳陳臺臣缺乏之實懇乞聖明速俞
　考選以濟然眉以保治安疏
　　　　　　　　　　　1288-502- 5
臺差懸缺日多考選萬分難緩懇乞
　聖明盞賜特允以重風紀疏
　　　　　　　　　　　1288-503- 5
輸命頌行已逮天心孚佑有徵懇乞
　聖明確行前諭以承穹眷以保聖
　躬以安宗社疏　　　　1288-504- 5
積奸隱弊盡國損軍乞勅覆究以肅
　法紀以重邊儲疏　　　1288-506- 5
敵人猖獗天討難容懇乞聖明亟定
　廟謨以肅法紀以固疆圉疏
　　　　　　　　　　　1288-507- 5
西蜀危急難支海內動搖可慮懇乞
　聖明亟停礦稅以固邦本以銷亂
　形疏　　　　　　　　1288-509- 5
考選未奉輸音差委益苦缺之懇乞
　聖明亟賜允行以通窮極以濟時
　艱疏　　　　　　　　1288-510- 5
臺臣缺太多差用萬分不足懇乞聖

明速賜考選以全國體疏　1288-511- 5
吉典方新皇仁宜博懇乞聖慈矜有
　罪犯以萃和氣以培國疏
　　　　　　　　　　　1288-511- 5
臺差曲處無計各官苦候經年懇乞
　聖明速賜考選以濟急用以全國
　體疏　　　　　　　　1288-512- 5
大禮届期舉行難緩懇乞聖斷及春
　允舉以昭大信疏　　　1288-514- 6
亟勅正法以平衆怨以解陷危疏
　　　　　　　　　　　1283-515- 6
遵奉聖諭詳陳弼變切務懇祈聖明
　速停礦稅速楚使釋被逮諸臣以
　遏亂萌疏　　　　　　1288-517- 6
仰體聖明宥過至意懇乞恩憐被逮
　微臣以光聖德疏　　　1288-518- 6
天變非常不畏可駭聖恩倒施衆望
　益孤懇乞皇上亟推喜慶之恩力
　修挽回之政以收人心以保泰運
　疏　　　　　　　　　1288-519- 6
慶典在即懇乞聖明寬逮繫併停礦
　稅以召和氣以延聖壽無疆疏
　　　　　　　　　　　1288-520- 6
自陳不職乞鑒罷斥以公考察疏
　　　　　　　　　　　1288-522- 6
外臺關繫匪仰懇聖明亟點撫臣以
　實封疆以資彈壓疏　　1288-523- 6
懇乞聖明亟定國是以一衆志以保
　治安疏　　　　　　　1288-523- 6
乞處貪橫併乞賜歸以重風紀疏
　　　　　　　　　　　1288-526- 6
衰疾難勝重任再懇聖恩俯允歸籍
　疏　　　　　　　　　1288-527- 6
衰疾日增臺務日曠懇乞聖明亟賜
　允歸疏　　　　　　　1288-528- 6
衰病增劇懇乞聖恩早允歸籍疏
　　　　　　　　　　　1288-528- 6
衰病難廖五懇聖恩早允歸籍疏
　　　　　　　　　　　1288-529- 6
久病職六懇聖恩賜允歸籍疏
　　　　　　　　　　　1288-529- 6
久病遵例陳情七懇聖恩賜允歸籍
　併乞允辭印俸疏　　　1288-530- 6
病曠日久瀆冒非宜允歸籍併允
　辭印俸疏　　　　　　1288-530- 6
久病曠職懇乞聖明俯允歸籍併乞
　允辭印俸疏　　　　　1288-531- 6
病劇難痊十懇聖明俯允歸籍疏
　　　　　　　　　　　1288-531- 6
病廢曠官日久十一懇祈聖恩憐允
　歸籍疏　　　　　　　1288-531- 6
久病曠廢十二懇祈聖恩憐允歸田
　疏　　　　　　　　　1288-532- 6
久病久曠十三懇祈聖恩憐准解任

疏　　　　　　　　　　　　　　1288-533- 6
久病久曠十四懇祈聖恩憐准解任
　疏　　　　　　　　　　　　　1288-533- 6
久病久曠十五懇祈聖恩憐准解任
　疏　　　　　　　　　　　　　1288-534- 6
病篤難更強支十六懇祈聖恩憐准
　歸籍疏　　　　　　　　　　　1288-534- 6
屢奉聖諭惶悚不寧久苦劇懇乞聖
　恩憐允休致以便生還疏　　　　1288-535- 6
奏爲病劇目昏十八懇祈聖明憐允
　歸籍以息風波以全風紀疏　　　1288-536- 6
病勢陡危十九懇乞聖恩憐允歸籍
　以冀萬一生還疏　　　　　　　1288-536- 6
久病屢犯屢篤二十懇乞聖恩憐允
　歸籍疏　　　　　　　　　　　1288-537- 6
奏爲乞恩辭免特陞以安愚分疏　　1288-537- 6
天心仁愛有加聖諭虔誠特至懇乞
　乾斷亟圖急務以保泰運疏　　　1283-538- 6
國禍日亟天聽日高謹合疏力懇銷
　弭疏　　　　　　　　　　　　1288-539- 6
慶典舉行在即從憲臣乞人懇祈聖
　明裁酌點用以光大典疏　　　　1288-541- 6
恭陳慎刑始末伏乞聖明鑒察以重
　刑辟疏　　　　　　　　　　　1288-542- 6
申嚴舉刺之典以徹官邪以飭吏治
　疏　　　　　　　　　　　　　1288-542- 6
爲衰病憔悴憲紀祈恩憐允歸疏　　1288-543- 6
爲久病屢醫不效懇乞憐允歸籍疏　1288-544- 6
爲病勢日篤臺紀日瘝懇祈聖恩憐
　允歸籍疏　　　　　　　　　　1288-545- 6
京察自陳疏　　　　　　　　　　1288-545- 6
衰病不職懇乞聖恩速賜罷歸疏　　1288-546- 6
再乞休致疏　　　　　　　　　　1288-547- 6
人言再至義難姑留三乞聖恩早賜
　罷斥以杜禍端疏　　　　　　　1288-548- 6
四乞罷斥疏　　　　　　　　　　1288-549- 6
五乞休致疏　　　　　　　　　　1288-549- 6
六乞休致併辭印務疏　　　　　　1288-550- 6
七懇罷斥併乞允委署印疏　　　　1288-550- 6
天心仁愛有加罪臣循省應罷八祈
　聖明大加挽回先斥臣歸以昭修
　省疏　　　　　　　　　　　　1288-551- 6
感時悚懼濡滯非宜九懇聖恩蠲賜
　罷歸以安愚分疏　　　　　　　1288-552- 6
罪臣濡滯增羞十懇聖恩亟賜罷歸

以定國事疏　　　　　　　　　1288-552- 6
總憲歸田辭朝疏　　　　　　　1288-553- 6
● 溫　羡 晉
張華議復官駁　　　　　　　　1398-414- 18
● 溫　達（等）清
進平定朔漠方略表　　　　　　354-427- 附
● 溫　嶠 晉
治道（疏）——奏軍國要務　　433-617- 25
● 溫子昇 北魏
西河王謝太尉表　　　　　　　1394-360- 2
魏帝納后群臣上禮文表　　　　1415-644-108
西河王謝太尉表　　　　　　　1415-644-108
爲司徒高敖曹謝表　　　　　　1415-644-108
爲臨淮王謝封開府尙書令表　　1415-644-108
爲南陽王讓尙書表　　　　　　1415-644-108
爲上黨王穆讓太宰表　　　　　1415-645-108
爲廣陵王讓吏部尙書表　　　　1415-645-108
爲安豐王延明讓國子祭酒表　　1415-645-108
爲廣陽王北征請大將表　　　　1415-645-108
爲廣陽王淵上書（二則）　　　1415-645-108
● 溫仲舒 宋
仁民（疏）　　　　　　　　　436- 63-105
● 溫彥博（等）唐
四裔（疏）　　　　　　　　　442-529-341
四裔（疏）　　　　　　　　　442-532-341
與魏徵論突厥議　　　　　　　1340-488-769
● 新垣平 漢
立祠上帝奏　　　　　　　　　1396-332- 6
周鼎奏　　　　　　　　　　　1396-332- 6
● 詳袞蕭德呼勒遼
征伐疏　　　　　　　　　　　439-676-235
● 遂　殷 晉
祖母降服表 附尙書奏　　　　　1398-294- 13
● 賈　山 漢
治道（疏）——至言　　　　　433-561- 23
至言（疏）　　　　　　　　　1355-180- 7
　　　　　　　　　　　　　　1360- 65- 4
　　　　　　　　　　　　　　1377-153- 4
　　　　　　　　　　　　　　1396-328- 6
諫除鑄錢令對　　　　　　　　1396-331- 6
至言（疏）　　　　　　　　　1402-605- 86
　　　　　　　　　　　　　　1417-190- 11
● 賈　充 晉
論征吳表（二則）　　　　　　1398- 91- 5
● 賈　至 唐

四庫全書文集篇目分類索引　1555

爲韋相讓幽公表　1338-331-572
汝州刺史謝上表　1338-450-585
論王去榮打殺本部縣令表　1338-747-619
貢舉議 幷序　1340-450-765
議楊綰條奏貢舉疏　1343-413- 28
　　　　　　　　　1359-428- 60
爲韋相讓幽公表　1403-522-134
議楊綰條奏貢舉疏　1417-682- 32
●賈　易 宋
上哲宗論天下大勢可畏者五（疏）　432-930-150
治道（疏）——論天下大勢可畏
　　者五　434-165- 41
●賈　耽 唐
用人（疏）　436-632-131
●賈　曾 唐
郊廟（疏）　433-401- 16
論郊祭合設皇地祇表　1343-360- 25
　　　　　　　　　1403-474-128
●賈　詠 明
題禮儀事　443-494- 25
奏均選擢以勸庶官事　443-537- 26
●賈　逵 漢
宗室（疏）——劉愷讓爵事　435-164- 76
經籍（疏）——具條左氏傳大義
　　長於二傳者奏　440-739-275
上劉愷遜弟書　1360-261- 15
條奏左氏傳大義書　1397-211- 10
薦劉愷疏 附和帝詔　1397-212- 10
●賈　詡 魏
征伐（疏）——論取天下吳蜀何
　　先　439-487-227
又伐吳蜀對　1361-654- 33
●賈　銓 金
慎刑（疏）　439-233-217
●賈　誼 漢
治道（疏）——陳政事疏　433-564- 23
封建（疏）　436- 30-104
封建（疏）　436- 31-104
務農（疏）　436-166-110
理財（疏）　440-427-262
政事書　1354- 10- 2
請立梁王疏　1354- 22- 3
陳政事疏　1355-184- 7
請封建子弟疏　1355-236- 8
論積貯（疏）　1355-252- 9

陳政事疏　1360- 69- 4
諫放民私鑄疏　1360- 80- 4
論積貯書　1360- 81- 4
請封建子弟疏　1360- 82- 4
陳政事疏　1377-162- 5
請封建子弟疏　1377-170- 5
論積貯疏　1377-171- 5
陳政事疏 附數寧藩傷等十一則　1396-297- 6
請封建子弟疏 附益壞　1396-317- 6
諫立淮南王疏 附淮難　1396-319- 6
論重積貯（疏）附無蓄　1396-320- 6
諫放民私鑄（疏）附鑄錢銅布　1396-322- 6
過秦論上中下　1396-324- 6
論政事疏　1403- 2- 87
論積貯疏　1403- 11- 87
請封建子弟疏　1403- 11- 87
諫封淮南四子疏　1403- 12- 87
諫放民私鑄疏　1403- 13- 87
論時政疏　1412- 7- 1
論積貯疏　1412- 16- 1
上都輸疏　1412- 16- 1
諫鑄錢疏　1412- 17- 1
請封建子弟疏　1412- 18- 1
諫立淮南諸子疏　1412- 18- 1
陳政事疏　1417-193- 11
請積貯奏　1417-203- 11
封建子弟疏　1417-204- 11
諫封淮南四子疏　1417-205- 11
諫民私鑄錢　1417-206- 11
治安策　1476- 26- 2
●賈　錬 唐
敬宗論議　1341-311-840
●賈　黯 宋
上仁宗乞立民社義倉　432-308-107
選舉（疏）　437-569-165
荒政（疏）——乞立民社義倉疏　440- 19-243
●賈　讓 漢
水利（疏）　440-138-249
論治河三策疏　506-182- 92
論治河奏　1355-322- 11
　　　　　1360-126- 7
　　　　　1377-221- 10
治河三策奏　1396-562- 19
治河奏　1403-424-121
　　　　1417-327- 16

●賈言忠唐
征伐（疏）　　　　　　　　　　439-530-229
●賈昌朝宋
上仁宗論張着等乞免衘謝辭（疏）　431-922- 77
上仁宗乞減省冗費（疏）　　　　432-225-101
上仁宗備邊六事（疏）　　　　　432-675-133
君德（疏）　　　　　　　　　　433- 21- 1
節儉（疏）　　　　　　　　　　438-462-191
任將（疏）　　　　　　　　　　439-712-236
禮臣（疏）　　　　　　　　　　441- 63-285
禦邊（疏）——上備邊六事　　　442- 85-323
禦邊（疏）——上備邊六事　　　442-166-326
論邊事（疏）　　　　　　　　1350-475- 45
論邊事疏　　　　　　　　　　1403- 99-100
●賈南風（晉惠帝后）
太子遹葬禮表　　　　　　　　1398- 59- 4
●賈思伯北魏
郊廟（疏）——議建明堂　　　　433-375- 15
●賈捐之漢
征伐（疏）——論珠厓反發兵擊
　之事　　　　　　　　　　　　439-470-227
罷珠崖對　　　　　　　　　　1355-276- 10
罷朱厓對　　　　　　　　　　1360-311- 18
罷珠厓對　　　　　　　　　　1377-120- 2
罷珠厓對附元帝詔　　　　　　1396-477- 14
薦石顯奏　　　　　　　　　　1396-479- 14
薦楊與奏附王禁石顯奏　　　　1396-480- 14
罷珠厓對　　　　　　　　　　1403-618-145
請棄珠厓對　　　　　　　　　1417-276- 14
●賈虛己唐
外戚（疏）　　　　　　　　　　441-129-288
●賈漢復清
更正驛路疏　　　　　　　　　　538-531- 76
秦地折正宜仍舊額疏　　　　　　556-166- 86
請豁邠州包賠地糧疏　　　　　　556-167- 86
遵諭陳言疏　　　　　　　　　　556-167- 86
請支兵丁加牛疏　　　　　　　　556-168- 86
請分轄以肅郵驛疏　　　　　　　556-169- 86
請豁拖欠銀疏　　　　　　　　　556-170- 86
請豁廢藩民欠雜疏　　　　　　　556-170- 86
●賈隱林唐
君德（疏）　　　　　　　　　　433- 14- 1
●隗　囂漢
謝光武疏　　　　　　　　　　1397- 90- 5
●雷　淙宋

廣東運判到任謝上表　　　　　1352-192-5 中
●雷　觀宋
上欽宗乞擇相（疏）　　　　　　431-590- 48
乞擇相（疏）　　　　　　　　　436-885-141
●靳　輔清
恭報到任疏　　　　　　　　　　430-452- 1
河道敝壞已極疏　　　　　　　　430-453- 1
經理河工第一至八疏　　　　　　430-456- 1
敬陳經理（河工）第一至七疏　　430-481- 2
江南大修疏　　　　　　　　　　430-498- 2
指陳河道疏　　　　　　　　　　430-499- 2
經理（河工）三疏未盡事宜疏　　430-501- 2
經理（河工）七疏未盡事宜疏　　430-502- 2
再陳（經理河工）一疏未盡事
　宜疏　　　　　　　　　　　　430-505- 2
酌改運口疏　　　　　　　　　　430-509- 2
題明經理（河口）第一疏未盡
　事宜疏　　　　　　　　　　　430-512- 3
特陳歲修（河口）疏　　　　　　430-515- 3
特請大修（歸仁堤）疏　　　　　430-517- 3
恭報合龍（清水潭）疏　　　　　430-521- 3
恭報完工（改運口）疏　　　　　430-522- 3
恭報合龍（翟家壩九河）疏　　　430-524- 3
再陳（經理河工）未盡事宜疏　　430-526- 3
請留漕濟工疏（二則）　　　　　430-527- 3
請修運河疏　　　　　　　　　　430-532- 3
因河命官疏　　　　　　　　　　430-536- 3
恭報水漲疏　　　　　　　　　　430-537- 3
經理（河道）未竣工程疏　　　　430-541- 3
築壩挑河疏　　　　　　　　　　430-546- 3
挑河避險疏　　　　　　　　　　430-547- 3
請借錢糧疏　　　　　　　　　　430-550- 4
題明放水日期疏　　　　　　　　430-551- 4
酌改河員以重責任疏　　　　　　430-552- 4
報明挑完早河日期疏　　　　　　430-553- 4
再報湖漲情形疏　　　　　　　　430-553- 4
恭報楊家莊合龍疏　　　　　　　430-555- 4
謹陳歲修（治河）疏　　　　　　430-556- 4
恭報大工（黃河）水勢疏　　　　430-558- 4
恭請欽差閱（河）工疏　　　　　430-561- 4
詳陳膽說（河工）疏　　　　　　430-563- 4
恭報進京疏并料理緊要工程事　　430-569- 4
請帑修蕭渡工疏　　　　　　　　430-570- 4
恭報回（治河）工疏　　　　　　430-572- 4
加修善後（治河）工程疏　　　　430-573- 4

請添河員疏 430-576- 4
謹請加修（江南河道）疏 430-587- 4
恭報兩河險工官員（職掌）疏 430-582- 4
恭報蕭渡合龍疏 430-591- 5
全河歸胡（錢糧）疏 430-592- 5
請加堤岸疏 430-596- 5
置造汛船土車疏 430-597- 5
減糧增兵疏 430-599- 5
購辦柳束（以保全河事）疏 430-601- 5
課程堡失疏 430-604- 5
衞河水勢疏 430-605- 5
大挑月河（錢糧）疏 430-607- 5
恭謝天恩疏 430-609- 5
（陳河工）善後事宜（請錢糧）疏 430-612- 5
欽奉上諭（河南工程）事疏 430-614- 5
兩河水勢疏 430-615- 5
欽奉上諭（蘭儀等處添官）疏 430-617- 5
欽奉上諭（條陳下河）疏 430-619- 6
再報兩河水勢疏 430-625- 6
請免（開堡夫）課程疏 430-628- 6
請循（河工）定例疏 430-631- 6
霪霖漲漫疏 430-633- 6
恭謝天恩疏 430-637- 6
恭報卦京疏 430-639- 6
欽奉上諭（下河田畝積水）事疏 430-639- 6
分添縣治疏 430-647- 6
挑（河）築未盡疏 430-649- 6
欽奉上諭（修河南堤岸工程）事疏 430-651- 6
恭謝天恩疏 430-651- 6
中河已竣疏 430-653- 7
霪霖漫漲疏 430-654- 7
衞河水勢疏 430-656- 7
天心之仁愛已極疏 430-657- 7
遵諭敬陳（修省宜堅）第一疏 430-659- 7
遵諭敬陳（乾斷宜勇）第二疏 430-660- 7
遵諭敬陳（苛駁宜禁）第三疏 430-662- 7
遵諭敬陳（專差宜減）第四疏 430-665- 7
遵諭敬陳（酌價免賠）第五疏 430-666- 7
遵諭敬陳（緩征養民）第六疏 430-667- 7
生財裕餉第一疏——開水甲 430-672- 7
生財裕餉第二疏——開洋 430-672- 7
生財裕餉第三疏——毀銅器 430-684- 7
條奏應生應節疏——理財日節 430-686- 7
恭謝復任（疏） 430-689- 8
運米未盡疏 430-690- 8
酌調河員疏——職掌 430-692- 8
恭報開運疏 430-693- 8
恭報回空疏 430-695- 8
重堤預給夫食疏 430-696- 8
弁員並有河工之責疏 430-699- 8
義友竭忠疏 430-701- 8
兩河再造疏 430-704- 8
河工守成疏 430-707- 8
疾病日甚（乞休）疏 430-710- 8
遺奏（舉人治河工） 430-711- 8
減差節省驛站錢糧疏 430-713- 8
節省錢糧疏 430-719- 8
題明宋鑛案（疏） 430-726- 8
● 新學顏明
講求財用疏——選兵鑄錢積穀 1453-472- 54
● 楊 秀 隋
幽逼自陳表 1400-250- 2
● 楊 炎 唐
任將（疏） 439-699-236
賦役（疏）——請置兩稅法 440-253-254
● 楊 芳明
賦役議 568-129-102
鹽法議 568-130-102
● 楊 阜 魏
治道（疏）——議政治之不便於民者 433-603- 25
征伐疏——論曹眞伐蜀遇雨不進 439-492-227
災祥（疏） 441-295-297
營繕（疏） 441-719-315
諫治宮室弋獵疏 1361-590- 19
又上伐蜀遇雨不進疏 1361-591- 19
又上營洛陽宮殿疏 1361-591- 19
諫明帝營作宮室疏 1417-433- 21
● 楊 秉 漢
去邪（疏）——論宦官爲禍 438- 7-123
謹名器（疏） 438-588-197
寵幸（疏）——奏中常侍侯覽貝瑗 441-160-290
近習（疏） 441-168-291
風變諫微行疏 1360-176- 10
論桓帝微行書 1397-334- 16
論吏職奏 1397-334- 16
計吏留拜奏 1397-335- 16

史部 詔令奏議類：附錄 奏議上十三畫

諫南巡除拜疏　1397-335- 16
勸益州刺史侯參奏　1397-335- 16
勸中常侍侯覽及具瑗奏　1397-335- 16
諫微行疏　1403- 41- 92
● 楊　宣 漢
言王氏封事　1396-595- 20
● 楊　炯 唐
禮樂（疏）——公卿已下冕服議　436-350-119
爲劉少傅等謝敕書慰勞表　1065-231- 5
　　1338-558-598
公卿以下冕服議——儀鳳二年　1340-462-766
公卿以下冕服議　1343-577- 40
● 楊　咸 宋
英州到任謝表　1352-215-6 上
● 楊　勇 隋
仁民（疏）　436- 58-105
諫徙民書　1400-248- 2
● 楊　昱 北魏
儲嗣（疏）　435- 61- 71
● 楊　畏 宋
選舉（疏）　437-618-167
● 楊　畋 宋
上仁宗論李珣劉永年無功除授（疏）　431-376- 34
外戚（疏）　441-140-289
災祥（疏）　441-395-301
● 楊　素 隋
陳謝表　1400-243- 2
勸郢國公王誼奏　1400-275- 4
滕王綸罪議　1400-275- 4
衞王集罪議 附煬帝詔　1400-276- 4
● 楊　珧 晉
封建（疏）　436- 38-104
自由表　1398-228- 11
● 楊　桓 元
進授時歷經歷議表　1367-198- 16
進授時歷經議表　1382-413- 下
進授時歷經歷議表　1394-455- 4
● 楊　時 宋
上欽宗論父子天性宜一於誠（疏）　431-113- 10
上欽宗論用人太易（疏）　431-194- 17
上欽宗論宣仁誣誹未明瑤華位號未復（疏）　431-295- 26
上欽宗乞改正宣仁皇后誹史（疏）　431-734- 60
上欽宗論不可復近奄人（疏）（

二則）　431-776- 63
上欽宗乞分別邪正消除黨與（疏）　431-912- 76
上欽宗論王安石學術之謬（疏）　432- 38- 83
上欽宗乞罷茶鹽推法（疏）　432-325-108
上欽宗論要害三鎭（疏）　432-819-142
孝親（疏）——父子之恩天性也　433-263- 10
孝親（疏）——天下之本在國國之本在家　433-264- 10
法祖（疏）　435- 13- 69
論用人太易（疏）　436-883-141
知人（疏）——乞分別邪正消除黨與狀　437-346-156
去邪（疏）——論王安石學術之繆　438-231-182
任將疏　439-752-238
理財（疏）——乞罷茶鹽權法奏　440-630-270
近習（疏）——論不可復近奄人狀　441-207-293
近習（疏二則）　441-208-293
禦邊（疏）——論要害三鎭　442-331-333
代虔守薦陽孝本狀　517-134-119
上淵聖皇帝（疏）　1125-105- 1
上欽宗皇帝（疏）一至七　1125-110- 1
辭免遹英殿說書（疏）　1125-117- 2
乞上殿（疏）　1125-117- 2
辭免諫議大夫（疏）　1125-117- 2
舉呂好問自代（疏）　1125-118- 2
辭免諫侍講（疏）一至四　1125-118- 2
乞致仕（疏）　1125-119- 2
辭免給事中（疏）一至三　1125-119- 2
辭免徽猷閣直學士（疏）一至三　1125-120- 2
辭免召赴行在（疏）　1125-120- 2
辭免工部侍郎（疏）　1125-121- 2
舉曾統自代（疏）　1125-121- 2
乞宮祠（疏）一至五　1125-121- 2
辭免龍圖閣直學士（疏）　1125-122- 2
乞致仕（疏）　1125-122- 2
代虔守薦楊孝本（疏）　1125-123- 2
謝除遹英殿說書　1125-123- 3
謝除諫議大夫兼侍講　1125-123- 3
謝賜詔乞致仕不允（疏）　1125-124- 3
謝除待制（疏）　1125-124- 3
賀皇帝即位（表）　1125-125- 3
賀復辟（表）　1125-125- 3
謝除工部侍郎（疏）　1125-125- 3

四庫全書文集篇目分類索引

謝賜詔乞出不允（疏） 1125-126- 3
謝除侍講（疏） 1125-126- 3
謝除龍圖閣直學士（疏） 1125-126- 3
謝轉官致仕（疏） 1125-127- 3
賀正旦（表） 1125-127- 3
貢物（表） 1125-127- 3
賀收復（表） 1125-128- 3
論時事（疏） 1125-128- 4
論金人侵邊（疏）一至二 1125-134- 4
乞宮觀（疏） 1125-136- 4
論王安石邪說疏 1418-312- 46
●楊　倫 漢
去邪（疏）——論任嘉貪穢 438- 6-173
論犯贓并坐舉主書 1360-267- 5
論贓吏任嘉書 1397-263- 12
自上書附順帝詔 1397-263- 12
●楊　紋 宋
謝除知忠州表 1352-176-5上
●楊　終 漢
法祖（疏）——罷邊屯 435- 1- 69
災祥（疏） 441-263-296
大旱上章帝書（二則） 1397-162- 8
請論定五經奏 1397-163- 8
●楊　偉 魏
律曆（疏） 440-812-278
●楊　博 明
條上定策備邊疏 445-416- 26
議分布西北防秋兵馬疏 445-418- 26
條上經略薊鎭善後疏 445-419- 26
選練州縣民壯疏 445-434- 27
右衞路通乘時以圖後效疏 549-153-186
查處屯田計安地方疏 558-593- 45
修築緊要城堡以弭外患疏 558-595- 45
請郵典疏 1276-127-附1
條陳邊計疏 1403-288-112
●楊　雄 隋
讓封親王表 1400-248- 2
●楊　琦 漢
上獻帝封事 1397-530- 26
●楊　覃 宋
慎刑疏 439-194-216
●楊　棟 宋
請諡羅李二先生狀 1135-765- 15
●楊　喬 漢
用人（疏） 436-592-129

●楊　傑 宋
郊廟（疏）——上褚祐合正位序
　議 433-499- 21
郊廟（疏）——請四皇后廟升附
　狀 433-499- 21
大樂七事（疏） 436-565-128
堂上鐘磬議 436-568-128
奏請太廟殿上鐘磬狀 436-568-128
潤州到任謝皇帝表 1099-737- 11
兩浙提刑謝皇帝表 1099-737- 11
謝修南朝正史及賜筆墨表代王相
　公 1099-738- 11
禮部賀冬至上皇帝表 1099-738- 11
禮部謝春衣表 1099-739- 11
禮部謝冬衣表 1099-739- 11
白溝謝御筵奏狀 1099-739- 11
新城謝撫問表 1099-739- 11
中京謝皮褥表 1099-739- 11
謝館宴奏狀 1099-739- 11
謝簽賜酒食奏狀 1099-739- 11
謝王餞奏狀 1099-740- 11
謝射弓御筵奏狀 1099-740- 11
謝餞送御筵奏狀 1099-740- 11
奏請四皇后廟升附狀 1099-773- 15
褚祐合正位序議 1099-774- 15
明堂配上帝議 1099-775- 15
奏請罷文德殿常朝官狀 1099-775- 15
上辛祈穀議 1099-776- 15
奏請太廟殿上鐘磬狀 1099-776- 15
堂上鐘磬議 1099-777- 15
上言大樂七事 1099-777- 15
申明誣告官員罪犯 1099-780- 15
●楊　淳 明
預備倉奏 443-223- 12
請豫備倉儲疏 445- 33- 2
會議復爵疏 1266-246- 38
再議世襲大典（疏） 1266-247- 38
●楊　慎 明
丁丑封事 1270- 11- 2
●楊　廉 明
奏爲黃册事 443-403- 21
●楊　載 元
進至大聖德頌表 1208-200- 6
天壽節監修國史府賀表 1208-202- 6
天壽節代蒙古國子監賀表 1208-202- 6

史部

詔令奏議類：附錄

奏議上十三畫

1560　　　　　　　　四庫全書文集篇目分類索引

上再即位奎章閣賀表　　　　　　1208-202- 6　　諫論河母起第及樊豐等書　　　1397-240- 11
奎章閣賀正表　　　　　　　　　1208-203- 6　　地震復論周豐等疏　　　　　　1397-240- 11
册皇太子奎章閣賀表　　　　　　1208-203- 6　　救趙騰疏　　　　　　　　　　1397-241- 11
聖節賀表　　　　　　　　　　　1208-203- 6　　諫內寵疏　　　　　　　　　　1403- 43- 92
奎章閣賀表　　　　　　　　　　1208-204- 6　　　●楊　賜 漢
藝文監賀表（二則）　　　　　　1208-204- 6　　戒伏欲（疏）　　　　　　　　 438-503-193
　●楊　椿 北魏　　　　　　　　　　　　　　　災祥（疏）二則　　　　　　　 441-286-297
孝親（疏）　　　　　　　　　　 433-244- 10　　營繕（疏）　　　　　　　　　 441-713-315
四裔（疏）　　　　　　　　　　 442-521-340　　論青蛇封事　　　　　　　　　1360-221- 12
　●楊　瑒 唐　　　　　　　　　　　　　　　　論虹蜺降嘉德殿書　　　　　　1360-269- 15
學校（疏）　　　　　　　　　　 436-225-113　　上靈帝論青蛇災異疏　　　　　1397-378- 18
選舉（疏）　　　　　　　　　　 437-505-163　　手書密諫靈帝疏　　　　　　　1397-379- 18
　●楊　寧 明　　　　　　　　　　　　　　　　蜺妖對奏　　　　　　　　　　1397-379- 18
論邊計事　　　　　　　　　　　1375-125- 7　　諫造畢圭靈琨苑疏　　　　　　1397-380- 18
　●楊　漣 明　　　　　　　　　　　　　　　　　●楊　億 宋
劾魏忠賢二十四大罪疏　　　　　 445-624- 37　　上眞宗論棄靈州爲便（疏）　　 432-624-130
述移宮始末疏　　　　　　　　　 534-377- 92　　仁民（疏）　　　　　　　　　 436- 64-105
慎操威福疏　　　　　　　　　　 534-380- 92　　薦韓永錫（疏）　　　　　　　 436-658-132
參魏忠賢二十四大罪疏　　　　　 534-382- 92　　建官（疏）　　　　　　　　　 437-396-159
二十四大罪疏　　　　　　　　　1403-395-119　　荒政（疏）　　　　　　　　　 440- 12-243
　●楊　榮 明　　　　　　　　　　　　　　　　禦邊（疏）——議靈州棄守之事　 442- 78-323
陞授謝表　　　　　　　　　　　1240-119- 8　　代陳州李相公陳情表（另第三表） 549- 90-184
駕幸文淵閣謝表　　　　　　　　1240-119- 8　　謝降詔不允所請表　　　　　　 549- 91-184
　　　　　　　　　　　　　　　1373-552- 5　　知處州謝到任表　　　　　　　1086-499- 12
　●楊　輔 宋　　　　　　　　　　　　　　　　謝賜曆日表　　　　　　　　　1086-500- 12
謝除茶馬表　　　　　　　　　　1352-174- 4下　賀再熟稻表　　　　　　　　　1086-500- 12
　●楊　僎 明　　　　　　　　　　　　　　　　賀册尊號表　　　　　　　　　1086-501- 12
表忠義以維持世道疏　　　　　　1403-282-112　　謝加勳表　　　　　　　　　　1086-502- 12
　●楊　綰 唐　　　　　　　　　　　　　　　　謝賜曆日表　　　　　　　　　1086-502- 12
建官（疏）　　　　　　　　　　 437-387-159　　謝賜衣表　　　　　　　　　　1086-503- 12
選舉（疏）——條奏貢舉疏（二　　　　　　　　　賀劍門破賊表　　　　　　　　1086-504- 13
　則）　　　　　　　　　　　　 437-505-163　　謝賜詔書欽恤刑獄表　　　　　1086-505- 13
條奏貢舉疏　　　　　　　　　　1343-412- 28　　進承天節頌表　　　　　　　　1086-505- 13
　　　　　　　　　　　　　　　1417-681- 32　　代人乞太宗御書表　　　　　　1086-505- 13
　　　　　　　　　　　　　　　1476-113- 7　　代中書乞罷免表（二則）　　　1086-506- 13
　●楊　震 漢　　　　　　　　　　　　　　　　代樞密陳諫議讓表　　　　　　1086-508- 13
聽言（疏）——論趙騰上書指陳　　　　　　　　　代樞密馮諫議讓表　　　　　　1086-509- 13
　得失　　　　　　　　　　　　 438-698-201　　代史館相公讓加門下侍郎表　　1086-509- 13
寵幸（疏三則）　　　　　　　　 441-158-290　　代參政王侍郎讓恩命表　　　　1086-510- 13
災祥（疏）　　　　　　　　　　 441-268-296　　謝知制誥表　　　　　　　　　1086-510- 13
論乳母王聖放恣疏　　　　　　　1360-164- 9　　代參政王諫議陳情表　　　　　1086-511- 13
爲阿母修第疏　　　　　　　　　1360-169- 9　　代中書爲靈州陷設待罪表　　　1086-513- 13
救趙騰疏　　　　　　　　　　　1360-170- 9　　謝表　　　　　　　　　　　　1086-513- 13
諫安帝內寵書　　　　　　　　　1397-239- 11　　代參政王侍郎謝爲陳乞不允表　1086-514- 13
復論劉瑰襲封書　　　　　　　　1397-240- 11　　代王氏爲公主出降進財表　　　1086-515- 13

代開封溫尚書求解知府表 1086-515- 13
請加尊號第四五表 1086-516- 13
代集賢向相公待罪表 1086-517- 13
代騎馬王都尉謝賜宅表 1086-519- 14
代僕射李相公待罪表 1086-519- 14
代僕射李相公謝降詔慰諭表 1086-519- 14
代陳州李相公陳情表 1086-520- 14
（代陳州李相公陳情）第三表 1086-520- 14
謝降詔不允所請表 1086-521- 14
求解職領郡表 1086-251- 14
再乞解職表 1086-522- 14
代鴻臚陳少卿謝知制誥表 1086-524- 14
百官請聽政第三表 1086-524- 14
代寇相公讓恩命第一二三表 1086-525- 14
代中書密院待罪表附答詔 1086-527- 14
代中書密院謝降詔表 1086-528- 14
代三司劉密學謝表 1086-529- 14
代中書密院請舉樂第三表 1086-529- 14
謝弟倚特賜進士第二等及第表 1086-531- 14
請舉樂第二表 1086-531- 14
代集賢寇相公謝賜生辰禮物表 1086-533- 15
景德二年上尊號第一表 1086-533- 15
代資政王侍郎謝降詔獎諭表 1086-535- 15
代中書相公讓恩命第一二表 1086-535- 15
謝表 1086-536- 15
代資政侍郎讓表 1086-537- 15
代參政馮侍郎讓表 1086-538- 15
代參政馮侍郎謝表 1086-539- 15
代刑部寇相公謝表 1086-539- 15
代宰相賀瑞星表 1086-540- 15
代宰相賀太陽不虧表 1086-541- 15
百官請舉樂第一表 1086-542- 15
代宰相謝賜御札許士庶遊宴及休假放朝表 1086-543- 15
奏舉韓永錫狀 1086-543- 15
論龍泉縣三處酒坊乞減額狀 1086-544- 15
奏雨狀 1086-545- 15
奏乞改白龍縣依舊爲松陽縣狀 1086-546- 15
進奉南郊禮物狀 1086-546- 15
奏乞依淳化二年七月勅命施行狀 1086-547- 15
進奉承天節禮物表 1086-548- 16
論郊祀加勳制書錯誤表 1086-548- 16
大駕還京進奉狀 1086-548- 16
奏舉李翔狀 1086-549- 16
代樞密陳諫議乞停妻封邑狀 1086-549- 16
考制策畢學士院賜宴謝狀 1086-550- 16
中書謝社日賜御筵狀 1086-550- 16
閣下進和聖製社日詩狀 1086-550- 16
代門下李相公承天節設齋奏狀 1086-550- 16
議靈州事宜狀 1086-551- 16
代門下李相公謝冬至日就第賜宴狀 1086-555- 16
代僕射呂相公寒食日謝賜御筵狀 1086-555- 16
又謝賜詩狀 1086-555- 16
考試貢舉人畢謝賜宴狀 1086-556- 16
代宰相謝賜新印三國志狀 1086-556- 16
代諸同官陳乞狀 1086-556- 16
次對奏狀 1086-557- 16
代宰相賀商州進嘉禾狀 1086-560- 16
代僕射呂相公冬至謝就第賜宴狀 1086-560- 16
閣下謝賜御製南郊詩狀 1086-561- 16
代僕射李相公承天節進經疏狀 1086-562- 17
代人次對奏狀 1086-562- 17
代司空相公謝撫問狀 1086-563- 17
代侍講邢侍郎陳乞狀 1086-564- 17
代宰相謝春社日賜御筵狀 1086-564- 17
代宰相謝賜御製社日詩狀 1086-564- 17
代司空相公寒食日謝賜御筵狀 1086-565- 17
代司空相公乞免聘贈狀 1086-565- 17
代宰相謝賜新印道德經狀 1086-565- 17
進洞霄宮碑狀 1086-565- 17
陳乞奏狀 1086-566- 17
代駙馬王都尉乞書史狀 1086-566- 17
代僕射李相公謝歲節賜御筵狀 1086-567- 17
代人轉對論太學狀 1086-567- 17
代中書請聽政狀 1086-568- 17
代王寺丞爲弟乞應舉狀 1086-568- 17
代許州李相公陳乞狀 1086-569- 17
代中書乞免和御詩狀 1086-569- 17
兩制謝賜御詩狀 1086-570- 17
代集賢寇相公謝就宅賜宴狀 1086-570- 17
代參政王侍郎陳乞狀 1086-570- 17
代宰相春社日賜御筵狀 1086-571- 17
南郊奏覃狀 1086-571- 17
納南郊所加恩命乞廻授親覃狀 1086-571- 17
承天節奏親弟化狀 1086-572- 17
再乞外任狀 1086-573- 18
承天節奏親弟侄狀 1086-573- 18
代集賢寇相公謝賜晉書狀 1086-574- 18
代中書賀宣示合穗麥狀 1086-574- 18

1562　　　　　　　　　四庫全書文集篇目分類索引

謝宣召赴龍圖閣宴會及觀御書狀　1086-574- 18
謝批答狀　　　　　　　　　　　　1086-575- 18
代中書謝賜聖製乾坤寶典序狀　　1086-575- 18
謝賜批答狀　　　　　　　　　　　1086-576- 18
謝中使傳宣撫問狀　　　　　　　　1086-576- 18
代中書乞免和御製南郊詩狀　　　　1086-577- 18
代中書謝寒食賜御筵狀　　　　　　1086-577- 18
謝鸞幸編修所狀　　　　　　　　　1086-578- 18
次對狀　　　　　　　　　　　　　1086-578- 18
封駁銓司主事王太冲狀　　　　　　1086-579- 18
代中書請依詔頒行畫龍祈雨法狀　1086-579- 18
代中書謝秋社日賜御筵狀　　　　　1086-580- 18
進襄王周王誌文狀　　　　　　　　1086-580- 18
進邠州靈應公廟記狀　　　　　　　1086-580- 18
代宰相謝賜重陽日瓊林苑宴狀　　1086-580- 18
論靈州事宜（疏）　　　　　　　　1350-432- 42
謝賜衣表　　　　　　　　　　　　1350-671- 63
汝州謝上表　　　　　　　　　　　1350-671- 63
請加薦號表（二則）　　　　　　　1352- 93- 2下
進承天節頌表　　　　　　　　　　1352-100- 2下
謝除參知政事表　　　　　　　　　1352-133- 3下
謝賜衣表　　　　　　　　　　　　1382-315-上之1
鸞幸河北起居表　　　　　　　　　1382-319-上之1
汝州謝上表　　　　　　　　　　　1382-320-上之1
謝賜衣表　　　　　　　　　　　　1394-399- 3
鸞幸河北起居表　　　　　　　　　1394-399- 3
●楊　憑　唐
賀老人星見表　　　　　　　　　　1338-218-561
●楊　爵　明
請弭災變以安黎庶奏　　　　　　　445-352- 22
請順人心以隆治道疏　　　　　　　445-369- 23
固邦本疏　　　　　　　　　　　　1276- 2- 1
隆治道疏　　　　　　　　　　　　1276- 4- 1
獄中諫書　　　　　　　　　　　　1276- 7- 1
慰人心以隆治道疏　　　　　　　　1453-444- 52
●楊　簡　宋
治道（疏）三則　　　　　　　　　434-675- 60
用人（疏）三則　　　　　　　　　437-146-148
征伐（疏）——論當今急務　　　　439-666-235
任將（疏）　　　　　　　　　　　439-810-241
荒政（疏）　　　　　　　　　　　440-112-247
●楊　譚　唐
桂州破西原賊露布　　　　　　　　568-348-112
扶風郡賀慶雲見表　　　　　　　　1338-231-562
進孝烏頌表　　　　　　　　　　　1338-662-610

兵部奏劍南節度破西山賊露布　　　1339-146-648
兵部奏桂州破西原賊露布　　　　　1339-148-648
兵部奏桂州破西原賊露布　　　　　1466-751- 61
●楊　繪　宋
上神宗乞放內人景氏　　　　　　　431-320- 29
上神宗乞酌古今之宜限服紀之禮
　（疏）　　　　　　　　　　　　431-354- 32
上仁宗論向傳範除知鄆州（疏）　　431-379- 34
上神宗論諫官當人主自擇（疏）　　431-650- 53
上神宗論不當差王中正等往外幹
　事（疏）　　　　　　　　　　　431-763- 62
上神宗論舊臣多求退（疏）　　　　431-885- 74
上神宗乞因轉對召訪以事閱其能
　否（疏）　　　　　　　　　　　431-915- 77
上神宗論王安石之文有異志（疏）　432- 36- 83
上神宗論王安石（疏）　　　　　　432-430-115
上神宗論助役（疏）　　　　　　　432-436-116
上神宗論种諤擅入西界（疏）　　　432-735-137
上神宗論李憲討交趾（疏）　　　　432-826-143
內治（疏）　　　　　　　　　　　435-144- 74
宗室（疏）　　　　　　　　　　　435-197- 77
論舊臣多求退（疏）　　　　　　　436-774-137
論諫官當人主自擇（疏）　　　　　436-775-137
知人（疏二則）　　　　　　　　　437-303-154
慎微（疏）——論王安石　　　　　438-572-196
賦役（疏）——論助役疏　　　　　440-284-255
賦役（疏）——言助役之利弊　　　440-335-257
外戚（疏）　　　　　　　　　　　441-140-289
近習（疏）——論不當差王中正
　等往外幹事狀　　　　　　　　　441-195-292
禦邊（疏）——論种諤擅入西界
　上疏　　　　　　　　　　　　　442-234-329
禦邊（疏）——論李憲討交趾上
　疏　　　　　　　　　　　　　　442-255-330
●楊　鶴　明
永寬商竈疏　　　　　　　　　　　526- 20-259
●楊一清　明
爲修舉馬政事（疏）　　　　　　　428- 2- 1
爲黜罷不職官員以修馬政事（疏）　428- 5- 1
爲起送別用官員事（疏）　　　　　428- 7- 1
爲修舉馬政事（疏）附計開　　　　428- 8- 1
爲遵成命重卿寺官員以修馬政事
　（疏）　　　　　　　　　　　　428- 14- 1
爲遵復舊制量添官員以脩馬政事
　（疏）　　　　　　　　　　　　428- 16- 1

四庫全書文集篇目分類索引　1563

爲處置馬營城堡事（疏）	428- 18-	1	爲地方事（疏）附計開	428-144-	6
爲稽考官軍騎操馬匹事（疏）	428- 24-	1	爲地震事（疏）	428-146-	6
爲改調官員以修馬政事（疏）	428- 28-	1	爲旱災事（疏）	428-147-	6
爲正卿寺體統以修邦政事（疏）	428- 30-	2	爲旱災事（疏）	428-148-	6
爲議處茶馬以便官軍給領事（疏）	428- 35-	2	爲地震事（疏）	428-150-	6
爲禁約侵佔牧馬草場事（疏）	428- 38-	2	爲處置災傷流移事（疏）	428-151-	6
爲乞改提學官員以修學政事（疏）	428- 40-	2	爲慶賀事（疏）	428-152-	6
爲舉用官員修舉馬政事（疏）	428- 41-	2	爲考選軍政官員事（疏）	428-153-	6
爲改任官員以便行事事（疏）	428- 42-	2	爲分理誣枉事（疏）	428-154-	6
爲薦舉賢能官員事（疏）	428- 43-	2	爲邊務事（疏）	428-157-	6
爲添設馬苑營堡以便收牧事（疏）	428- 43-	2	爲敵人擁衆大舉入境事（疏）	428-160-	6
爲防禦邊敵保障官馬事（疏）	428- 50-	2	爲謝恩事（疏）	428-164-	6
爲處置各邊馬匹事（疏）	428- 52-	2	爲災異自劾乞恩罷黜以回天意事（疏）	428-164-	6
爲處置馬營城堡事（疏）	428- 57-	2			
爲修舉馬政事（疏）	428- 59-	2	爲謝恩事（疏）	428-166-	6
爲修復茶馬舊制以撫馭番衆安靖地方事（疏）附計開	428- 61-	3	爲乞恩認罪罷黜以謝地方事（疏）	428-166-	6
爲修復茶馬舊制以撫馭邊人安靖地方事（疏）附計開	428- 70-	3	爲陳情乞恩辭免總制重任事（疏）	428-169-	7
爲申明事例禁約越境販茶通番事（疏）	428- 75-	3	爲乞恩認罪辭免重任事（疏）	428-170-	7
爲將官濫給驛傳與販茶違法等事（疏）	428- 79-	3	爲處置招募士兵事（疏）	428-173-	7
爲修舉馬政事（疏）	428- 82-	3	爲急缺兵備官員事（疏）	428-183-	7
爲邊務事（疏）	428- 87-	4	爲易置要害地方守臣事	428-185-	7
爲才不稱任乞恩辭免巡撫事（疏）	428- 88-	4	爲邊務事（疏）	428-187-	7
爲公與將材以備擢用事（疏）	428- 90-	4	爲經理要害邊附保固疆場事（疏）附計開	428-189-	7
爲計處官軍保障地方官馬事（疏）	428- 91-	4	爲預防邊患事（疏）	428-209-	8
爲預處邊儲以備緊急供餉事（疏）	428- 95-	4	爲薦賢爲國事（議）	428-212-	8
爲更替守備官員以保障地方事（疏）	428- 99-	4	爲乞恩停免進貢紅花以恤邊兵事（疏）	428-214-	8
爲推舉領軍官員事（疏）	428-100-	4	爲應詔陳言原情宥罪保全將官等事（疏）	428-216-	8
爲經略緊要地方邊務事（疏）	428-102-	4	爲急缺領軍官員事（疏）	428-219-	8
爲存留守城官軍以防邊患事（疏）	428-106-	4	爲分布邊兵預防敵患事（疏）	428-224-	8
爲使功不如使過事（疏）	428-110-	4	爲預計兵機事（疏）	428-227-	8
爲謹服用以崇聖德事（疏）	428-113-	4	爲邊明詔更置將官以甦久疲邊人事（疏）	428-230-	8
爲易置主將以保固地方事（疏）	428-116-	5	爲急缺領軍官員事（疏）	428-233-	8
爲慎固地方以遏邊人事（疏）	428-119-	5	爲激勸士兵事（疏）	428-236-	9
爲傳報聲息預防邊患事（疏）	428-122-	5	爲經理要害邊防保固疆場事（疏）	428-237-	9
爲急缺領軍官員事（疏）	428-124-	5	爲乞取醫士治療病疾事（疏）	428-240-	9
爲預防邊患以保固地方事（疏）	428-126-	5	爲預處儲蓄以安邊固本事（疏）	428-241-	9
爲預防邊患事（疏）	428-131-	5	爲經理要害邊防保固疆場事（疏）	428-246-	9
爲急處救荒事（疏）	428-133-	5	爲器使將才以脩戍務事（疏）	428-248-	9
爲地方事（疏）附計開	428-136-	6	爲經理要害邊防保固疆場事（疏）	428-249-	9
爲地方事（疏）附計開	428-140-	6	爲邊明詔更置將官以甦久疲邊人事（疏）	428-252-	9

史部

詔令奏議類：附錄

奏議上十三畫

史部 詔令奏議類:附錄 奏議上十三畫

爲衰病乞恩休致事（疏） 428-253- 9
爲謝恩事（疏） 428-255- 9
爲經理要害邊防保固疆場事（疏） 428-255- 9
爲邊務事（疏） 428-264- 10
爲衆官反逆殺死鎭巡大臣等事（疏） 428-265- 10
爲擒獲同謀叛賊撫諭軍民以靖邊境等事（疏） 428-266- 10
爲謝恩事（疏） 428-267- 10
爲遵奉勅諭起解反逆賊寇事（疏） 428-268- 10
爲災傷事（疏） 428-278- 10
爲更易立將以撫安人心保障地方事（疏） 428-279- 10
爲撥補軍伍以實邊備事（疏） 428-280- 10
爲分別將官功過事（疏） 428-281- 10
爲議處宗藩以防患將來事（疏） 428-285- 10
爲遵奉勅諭起解後獲反逆賊寇事（疏） 428-286- 10
爲薄恩典以恤邊軍事（疏） 428-288- 10
爲旌死節以勵人臣事（疏） 428-289- 10
爲十分緊急缺乏糧料馬草事（疏） 428-290- 10
爲改調管糧官員事（疏） 428-293- 10
爲缺官催辦錢糧刑名等事（疏） 428-294- 10
調兵征剿犯邊敵衆事（疏） 428-295- 10
爲謝恩事（疏） 428-300- 10
爲衰病不能供職乞恩放回休致事（疏） 428-301- 10
爲易置守備官員事（疏） 428-301- 10
爲處置邊儲事（疏） 428-302- 10
爲交收符驗關防事（疏） 428-306- 10
爲謝恩事（疏） 428-307- 10
爲推訪將材以備任用事（疏） 428-308- 10
爲薦舉賢能官員事（疏） 428-308- 10
爲陳情乞恩辭免欽取陞任容令休致事（疏） 428-309- 10
爲患病事（疏） 428-310- 10
爲懇乞天恩辭免加官陞任事（疏） 428-310- 10
爲老病衰殘乞恩辭免新命事（疏） 428-312- 11
爲再陳懇惱乞容照舊休致事（疏） 428-313- 11
爲謝恩事（疏） 428-315- 11
爲軍務事（疏） 428-316- 11
爲急處邊儲以防敵患以安地方事（疏） 428-317- 11
爲整理邊務以備敵患事（疏） 428-322- 11
爲急缺邊方兵備官員事（疏） 428-326- 11
爲急處巡撫官員以安地方事（疏） 428-328- 11
爲急缺方面官員事（疏） 428-329- 11
爲軍務事（疏） 428-329- 11
爲處置拖欠邊儲事（疏） 428-330- 11
爲易置重鎭立將以保固邊方事（疏） 428-333- 11
爲增解額以疏人材以均政體事（疏） 428-335- 11
爲急缺都司掌印僉書官員事（疏） 428-337- 11
爲調度邊兵預防敵患事（疏） 428-338- 11
爲擢用繁難府分正官以從民便事（疏） 428-342- 11
爲哨報回賊聲息事（疏） 428-343- 11
爲被擄走回人口供報回賊聲息事（疏） 428-346- 12
爲斬獲犯邊回賊首級事（疏） 428-349- 12
爲整理邊務以備敵患事（疏） 428-351- 12
爲欽奉事（疏） 428-357- 12
爲查報邊情事（疏） 428-358- 12
爲回賊出沒事（疏） 428-362- 12
爲敵衆出沒計處用兵機宜事（疏） 428-364- 12
爲乞留方面賢能官員共濟時艱事（疏） 428-366- 12
爲急缺管糧方面官員事（疏） 428-366- 12
爲斬獲犯邊敵衆首級事（疏） 428-368- 12
爲套中走回男子供報緊急敵情事（疏） 428-370- 12
爲斬獲犯邊回鹵首級事（疏） 428-374- 13
爲敵衆出沒事（疏） 428-378- 13
爲傳報回賊聲息事（疏） 428-381- 13
爲問革姦官謀求掌印賣放邊軍等事（疏） 428-387- 13
爲舉用賢才以裨政化事（疏） 428-391- 13
爲急缺邊方都司官員事（疏） 428-392- 13
爲急缺邊方都司官員事（疏） 428-392- 13
爲易置邊方將官事（疏） 428-393- 13
爲申明勅諭陳言邊務以禦寇患事（疏） 428-394- 13
爲敵衆聲息事（疏） 428-400- 13
爲套中走回人口供報敵情事（疏） 428-406- 14
爲聲息事（疏） 428-410- 14
爲乞留守備官員以慰邊人事（疏） 428-413- 14
爲傳報邊情事（疏） 428-416- 14
爲敵衆聲息事（疏） 428-417- 14
爲擢用繁難府分正官以從民便事

四庫全書文集篇目分類索引

（疏） 428-421- 14
爲緊急聲息事（疏） 428-422- 14
爲急缺方面官員事（疏） 428-427- 14
爲緊急聲息事（疏） 428-429- 14
爲整理邊務以備敵患事（疏） 428-434- 14
爲敵衆入境官軍斬獲首級奪獲敵馬等事（疏） 428-436- 15
爲地方賊情事（疏）（二則） 428-454- 15
爲更易極邊地方將官事（議） 428-473- 16
爲禁約妖人邪術扇惑愚民貽患地方事（疏） 428-474- 16
爲反獄事（疏） 428-475- 16
爲懇乞養病事（疏） 428-478- 16
爲患病將官懇乞休致事（疏） 428-480- 16
爲查探聲息事（疏） 428-481- 16
爲大舉敵衆出沒事（疏） 428-484- 16
爲邊敵聲息事（疏） 428-488- 16
爲舉劾有司官員事（疏） 428-489- 16
爲旌舉方面官員事（疏） 428-490- 16
爲老病不堪重任乞恩辭免新命事（疏） 428-491- 16
爲諮訪芻策以裨邊務事（疏） 428-492- 16
爲整理邊務以備寇患事（疏） 428-498- 17
爲再乞天恩辭免新命容令休致事（疏） 428-503- 17
爲舉用將官事（疏） 428-505- 17
爲公舉將材以備任用事（疏） 428-506- 17
爲舉劾分守將官事（疏） 428-507- 17
爲傳報回賊聲息事（疏） 428-507- 17
爲甄拔人材以備任用事（疏） 428-509- 17
爲薦舉監牧官員事（疏） 428-510- 17
爲缺官委用事（疏） 428-510- 17
爲舉用邊方官員事（疏） 428-511- 17
爲整理邊務以備敵患事（疏） 428-512- 17
爲捉獲奸細攜引大勢回賊犯邊等事（疏） 428-514- 17
爲處置屬番以安邊徼以杜後患事（疏） 428-532- 18
爲整理邊務以備敵患事（疏） 428-542- 18
爲邊務事（疏） 428-547- 18
爲比例列銜支俸以便行移事（疏） 428-548- 18
爲軍務事（疏） 428-549- 18
爲薦舉舊任官員以慰人望事（疏） 428-550- 18
爲獻愚忠以答聖眷事（疏） 428-551- 18
題爲宥小臣以全大體事（疏） 443-165 -10

題爲急大本以圖治安以盡修省事（疏） 443-165- 10
陝西馬政（疏）一二 444- 98- 36
豫處邊儲以備兵餉疏 445-185- 11
經理要害邊防疏 445-187- 11
豫處兵機疏 445-188- 11
器使將才以修戎務疏 445-202- 12
請復茶馬舊例疏 558-591- 45
修舉屯政疏 1403-211-109

● 楊一鵬明

直陳朝政疏 534-398- 92

● 楊士奇明

經國（疏） 435-373- 84
文章正宗對 443-219- 12
詩法對 443-219- 12
詔初即位事宜（疏） 443-220- 12
開經筵疏 443-222- 12
吳文正公祀議 443-647- 30
正旦日食對 443-655- 30
請贈諡黃福（疏） 443-659- 30
朝觀官領馬對 444- 46- 35
論兵備疏 444-315- 44
元儒吳澄從祀議 445- 41- 2
辨方政被誣疏 549-132-186
兩朝實錄成史館上表 1238-270- 23
經筵謝表 1238-271- 23
吳文正公從祀議 1238-272- 23
賀白鵲表 1239-272- 44
爲公侯謝賜勅諭表 1239-272- 44
賜爲善陰隲百官謝表 1239-272- 44
賀嘉穀表 1239-273- 44
甘露表 1239-273- 44
論初即位事宜 1239-645- 3
論激勸 1239-649- 3
（論）辨方政被誣 1239-649- 3
論北京軍官俸糧 1239-650- 3
論勾補南北邊軍 1239-650- 3
論旌褒景東知府陶瑀等 1239-651- 3
論荒政 1239-652- 3
論計議除授方面等官 1239-653- 3
論遣將征勦麓川 1239-655- 3
論因旱恤刑 1239-656- 3
論褒諡 1239-657- 3
陳情致事 1239-658- 3
陳情推封 1239-658- 3

為鄉人訴告事（疏）　　　　　　1239-659- 3　　駁太師燕國公張說諡議　　　　1341-314-840
論國子監碑書題事　　　　　　　1239-659- 3　　●楊廷和明
謝賜璽書問病　　　　　　　　　1239-660- 3　　自劾不職乞賜罷黜以答天譴疏　428-754- 1
兩朝實錄成史館上表　　　　　　1373-551- 5　　請遵祖訓以光聖德疏　　　　　428-755- 1
經筵謝表　　　　　　　　　　　1373-552- 5　　請宣布捷音并候旨決囚疏　　　428-756- 1
陳問安啓　　　　　　　　　　　1373-577- 7　　請處決重囚疏　　　　　　　　428-756- 1
請開經筵疏　　　　　　　　　　1373-577- 7　　請大祀看牲疏　　　　　　　　428-757- 1
議吳文正公從祀　　　　　　　　1373-578- 7　　自劾不職乞賜罷歸田里疏　　　428-757- 1
胡忠簡公封事稿　　　　　　　　1374-222- 47　 請廻鑾看牲疏（二則）　　　　428-758- 1
兩朝實錄成史館上表　　　　　　1403-561-139　 論緊急賊情疏　　　　　　　　428-759- 1
陳問安啓　　　　　　　　　　　1404-210-179　 請慎重郊廟元旦等項大禮以慰神
跋胡忠簡公封事藁　　　　　　　1406-489-370　 　人疏　　　　　　　　　　　　428-759- 1
除授方面疏　　　　　　　　　　1453-378- 48　 請駕還京疏　　　　　　　　　428-760- 1
●楊大全宋　　　　　　　　　　　　　　　　　 請聖駕還京以安宗社以慰人心疏 428-760- 1
聽言（疏）　　　　　　　　　　438-850-206　 止侍郎馮清奏捷疏　　　　　　428-761- 1
●楊文仲宋　　　　　　　　　　　　　　　　　 止遊幸疏　　　　　　　　　　428-761- 1
聖學（疏）　　　　　　　　　　433-231- 9　　 請上尊號疏　　　　　　　　　428-762- 1
●楊文郁元　　　　　　　　　　　　　　　　　 議處江西事情疏　　　　　　　428-762- 1
賀册后表　　　　　　　　　　　1367-203- 17　 議鎮守官勅書疏（三則）　　　428-763- 1
賀册后表　　　　　　　　　　　1382-419-下之3 會議江西事情疏　　　　　　　428-764- 1
賀千秋箋　　　　　　　　　　　1382-419-下之3 止親征疏（二則）　　　　　　428-764- 1
●楊文乾清　　　　　　　　　　　　　　　　　 論居守疏　　　　　　　　　　428-765- 1
請郵忠疏　　　　　　　　　　　564-877- 62　　止取空頭勅疏　　　　　　　　428-765- 1
●楊天民明　　　　　　　　　　　　　　　　　 請降詔疏　　　　　　　　　　428-765- 1
復建文年號疏　　　　　　　　　549-166-187　 改擬詔草第二疏　　　　　　　428-766- 1
●楊日昇清　　　　　　　　　　　　　　　　　 改擬詔草第三疏除去罪己之言　428-766- 1
請改折新邑糧米議　　　　　　　517-162-119　 進勘合字疏　　　　　　　　　428-766- 1
●楊允恭宋　　　　　　　　　　　　　　　　　 請繫回南征軍馬疏　　　　　　428-766- 1
漕運（疏）　　　　　　　　　　440-416-261　 請聖駕疏　　　　　　　　　　428-767- 1
理財（疏）——訓峽鐵錢之弊　　440-462-263　 請大祀疏　　　　　　　　　　428-768- 1
（謝）御賜道州書院額（表）　　1101-464- 5　　請聖駕回京（疏四則）　　　　428-768- 1
●楊守陳明　　　　　　　　　　　　　　　　　 請免禁殺豬疏　　　　　　　　428-771- 1
題禮儀事　　　　　　　　　　　443-595- 28　　請班師疏（二則）　　　　　　428-772- 1
請講學聽政疏　　　　　　　　　445- 91- 5　　 請擇日郊祀疏　　　　　　　　428-773- 1
●楊守隨明　　　　　　　　　　　　　　　　　 議處反賊疏（二則）　　　　　428-774- 1
劾劉瑾疏　　　　　　　　　　　1403-285-112　 請免設蘭州涼州分守官疏　　　428-775- 1
●楊守謙明　　　　　　　　　　　　　　　　　 問安疏　　　　　　　　　　　428-775- 1
議曾銑復河套疏　　　　　　　　445-395- 25　　選醫疏　　　　　　　　　　　428-775- 1
●楊名時明　　　　　　　　　　　　　　　　　 請免獻俘疏　　　　　　　　　428-776- 1
昧死陳言以效愚忠疏　　　　　　1453-442- 52　 請免妖言人犯連坐疏　　　　　428-766- 1
●楊仲昌唐　　　　　　　　　　　　　　　　　 請免兩廣奏捷陞賞疏　　　　　428-776- 1
郊廟（疏）——議宗廟加籩豆　　433-409- 17　　請以江西賊平詔告天下疏　　　428-777- 1
加籩豆增服紀議　　　　　　　　1340-443-764　 請安置犯人家屬於高墻疏　　　428-777- 1
同前議（宗廟加籩豆議）　　　　1343-566- 39　 請慎重調理疏　　　　　　　　428-778- 1
●楊伯成唐　　　　　　　　　　　　　　　　　 請崇聖學以隆聖治疏　　　　　428-778- 2

請拆毀石經山祠字疏　428-779- 2
請正大獄疏　428-779- 2
請發留中章奏疏　428-780- 2
請拆毀保安等寺疏　428-781- 2
請慎命令以保新政疏　428-781- 2
請慎始修德以隆治代疏附慎始修德事目　428-782- 2
請經筵日講疏　428-784- 2
請節省供應疏　428-784- 2
論大婚諭諫疏（二則）　428-785- 2
論宣諭順天府官疏　428-786- 2
文華後殿致詞　428-786- 2
請免齋醮疏　428-787- 2
請給賞進貢人疏　428-787- 2
請免提問查勘草塲官疏　428-788- 2
請保和聖躬疏　428-788- 2
請齋戒禱雨疏　428-789- 2
請講學勤政疏　428-789- 2
論修省勅諭疏　428-790- 2
請慎選左右速停齋醮疏　428-790- 2
請一法令以息羣議疏　428-792- 2
論修蓋皇親第宅疏　428-793- 2
請速問谷大用疏　428-793- 2
請賑濟災傷疏　428-794- 2
請處決重囚疏　428-795- 2
請停止織造疏（二則）　428-795- 2
辭謝錄爲謝恩事　428-843- 5
辭謝錄——奉勅旨特命爾內閣辦事……　428-844- 5
辭謝錄——奉手勅戶部尚書兼文淵閣大學士楊廷和陞少保兼太子太保尚書大學士……　428-844- 5
辭謝錄——奉綸音……　428-845- 5
辭謝錄——奉手勅皇考實錄修完……　428-845- 5
辭謝錄——爲乞恩省親事　428-846- 5
辭謝錄——爲謝恩事　428-847- 5
辭謝錄——爲陳情乞恩懇祈休致事　428-847- 5
辭謝錄——奉手勅寧夏叛逆事情內閣輔導重臣運籌合議大功既成宜加恩典　428-848- 5
辭謝錄——臣等伏見皇上昨以乾清官被災既下令羣臣同加修省……　428-852- 6
辭謝錄——臣以凡庸……　428-853- 6
辭謝錄——臣父見年七十九歲…　428-853- 6
辭謝錄——爲懇切陳情乞恩給假事（二則）　428-854- 6
辭謝錄——爲陳情乞恩守制事　428-855- 6
辭謝錄——爲謝恩事　428-855- 6
辭謝錄——爲再陳情惶懇乞天恩事　428-855- 6
辭謝錄——爲懇切乞恩憐念哀苦事　428-856- 6
辭謝錄——爲感激天恩懇乞終制事（二則）　428-856- 6
辭謝錄——臣于正德十年三月一日丁先臣之憂回家守制　428-858- 6
辭謝錄——爲謝恩事　428-859- 6
辭謝錄——爲陳情懇乞聖恩早賜放歸田里事　428-860- 7
辭謝錄——爲激切陳情懇乞聖恩早賜生還事　428-861- 7
辭謝錄——爲辭免恩賞事　428-861- 7
辭謝錄——爲衰病日深伏枕陳情懇請聖恩早放生還事　428-862- 7
辭謝錄——爲衰病迫切懇乞天恩早放生還事　428-862- 7
辭謝錄——爲衰病陳情懇乞天恩早放歸田以全生命事　428-863- 7
辭謝錄——爲病苦陳情懇乞天恩早放生還事　428-864- 7
辭謝錄——爲懇切陳情辭免恩廕賞賜事　428-865- 7
辭謝錄——爲激切陳情懇乞天恩放回致仕事　428-866- 7
辭謝錄——爲衰病陳情懇乞天恩早放生還事　428-866- 7
辭謝錄——爲辭免恩命事　428-867- 7
辭謝錄——爲回話認罪事節　428-867- 7
辭謝錄——爲衰病陳情懇乞天恩放回致仕事　428-867- 7
辭謝錄——爲懇陳愚惷辭免恩命事　428-868- 7
辭謝錄——爲自劾不職請賜罷黜以彰新政事　428-869- 7
辭謝錄——爲去疾陳情懇乞天恩休致事　428-870- 7
辭謝錄——爲懇乞天恩俯憐誠愷

容令休致事 428-870- 7
辭謝錄——爲衰病陳情懇乞天恩休致事 428-871- 7
辭謝錄——爲自劾不職請罷黜以正綱常昭典禮事 428-871- 7
辭謝錄——爲懇切陳情辭免恩命事（五則）附兵部爲乞允興情議處恩廕事 428-873- 8
辭謝錄——爲衰病陳情乞恩休致事 428-878- 8
辭謝錄——爲乞恩放歸田里以全名節事 428-879- 8
辭謝錄——爲辯白欺罔懇乞休致以全名節事 428-880- 8
辭謝錄——爲懇乞天恩放歸田里以全晚節事 428-886- 8
辭謝錄——爲懇乞天恩以宥狂妄事 428-887- 8
辭謝錄——爲辭恩事 428-888- 8
辭謝錄——爲乞恩休致以全晚節事 428-888- 8
辭謝錄——爲謝恩事 428-889- 8
辭謝錄——爲衰病陳情懇乞天恩放歸田里事 428-889- 8
辭謝錄——爲謝恩事（二則） 428-890- 8
辭謝錄——爲辭免恩命事 428-891- 8
辭謝錄——爲懇切隱情辭免恩命事 428-891- 8
辭謝錄——爲懇切陳情辭免恩命事 428-892- 8
辭謝錄——爲謝恩事 428-892- 8
辭謝錄——爲懇切陳情固辭恩命事 428-893- 8
辭謝錄——爲懇切陳情乞恩休致事 428-893- 8
辭謝錄——爲懇切陳情乞恩放歸田里事 428-894- 8
辭謝錄——爲謝恩事（二則） 428-895- 8
乞停差官織造疏 443-268- 14
請遵祖訓以光聖德疏 445-224- 14
止微行疏 445-255- 16
請崇典禮親政務疏 445-255- 16
請正大獄疏 445-267- 16
請正綱常昭典禮疏 445-273- 17
憫念窮民亟停差官織造疏 1403-216-109
速請齋醮以光聖德疏 1403-217-109
● 楊於陵 唐
山陵（疏） 436-485-124
賀册皇太后表 1338-187-557
爲崔冀公賀赦表 1338-194-558
賀鳥蠻叛將楊惠琳表 1338-284-568
賀收劒門表 1338-284-568
謝潘侍郎到宣慰表 1338-563-598
謝恩宣慰並賜手詔表 1338-564-598
謝手詔許受吐蕃信物表 1338-564-598
謝勅書宣慰表 1338-565-598
爲判官郭彥郎中謝手詔表 1338-565-598
● 楊孟瑛 明
請開西湖奏議 586-546- 11
● 楊東明 明
請視朝疏 445-528- 32
請慎終保治疏 445-556- 33
請明功罪以勵人心疏 445-559- 33
饑民圖說疏 538-527- 76
● 楊尚希 隋
建官（疏） 437-385-159
省州郡表 1400-270- 3
● 楊冠卿 宋
賀皇帝尊號表 1165-429- 1
代賀皇帝尊號表 1165-429- 1
賀皇帝表 1165-429- 1
天申節賀表 1165-430- 1
天申節謝賜香表 1165-430- 1
代天申節滿散謝賜香表 1165-431- 1
會慶節賀表 1165-431- 1
會慶節謝賜香表 1165-431- 1
代會慶節滿散謝賜香表 1165-431- 1
太上皇帝壽八十緘進慶聖壽雅歌表 1165-432- 1
慶壽禮成肆赦賀皇帝表 1165-433- 1
紹熙改元代賀皇帝表 1165-433- 1
代都統司重明節賀表 1165-433- 1
代馬軍行司重明節賀表 1165-434- 1
代重明節謝賜香表 1165-434- 1
代謝賜對衣金帶表 1165-434- 1
代謝落階官表 1165-434- 1
代謝除淵西總管表 1165-435- 1
代騎帥謝皇帝表 1165-435- 2
代母封內郡夫人謝表 1165-436- 2
代謝修奉使回敘復永州防禦使表 1165-436- 2

四庫全書文集篇目分類索引　1569

代謝改除到任表　1165-436- 2
代兵帥謝到任表　1165-436- 2
代池州守謝到任表　1165-437- 2
代兵帥謝到任表　1165-437- 2
代邊帥謝賜銀和夏藥表　1165-438- 2
代邊帥謝賜銀和蠟藥表　1165-438- 2
●楊相如唐
戒伏欲（疏）　438-514-193
●楊昭俊後晉
去邪（疏）　438- 39-174
●楊泰之宋
聽言（疏）　438-862-207
●楊素蘊清
敬陳畿南三累疏　506-246- 94
延屬丁銘疏　556-170- 86
●楊恭懿元
律曆（疏）　440-877-280
●楊寅秋明
史探疏　1291-598- 1
勘黟嶺海商船遭餉疏　1291-603- 1
●楊衒之東魏
上魏主述釋書　1401-440- 32
●楊雲翼金
君德（疏）　433-126- 5
聽言（疏）　438-878-207
征伐（疏）　439-680-235
議簡卒理財　1201-333- 93
●楊朝晟唐
禦邊（疏）　442- 46-321
●楊棟朝明
首參魏瑾疏　570-355-29之3
●楊復光唐
收復京城奏捷露布　556-226- 87
●楊場廷唐
去邪（疏）　438- 26-174
●楊萬里宋
君德（疏）　433- 63- 3
郊廟（疏）——駁配饗不當疏　433-538- 22
治道（疏三則）　434-398- 50
經國（疏）　435-609- 93
經國（疏）——論國勢　435-611- 93
仁民（疏）——民政疏（二則）　436-131-108
用人（疏）——進千慮策論相（二則）　437- 89-146
用人（疏）——千慮策論冗官（二則）　437- 92-146
用人（疏）——千慮策論人才（三則）　437- 96-146
用人（疏）　437-102-146
用人（疏）——乞留張杕黜韓玉　437-103-146
用人（疏）——留劉光祖　437-105-146
選舉（疏二則）　437-673-170
法令疏　439-132-213
法令疏——論馭吏之難莫難於禁
　　臧吏四則　439-136-213
兵制（疏二則）　439-408-224
任將（疏）　439-800-240
賦役（疏）　440-359-259
屯田（疏）　440-400-260
近習（疏）　441-215-293
災祥（疏二則）　441-532-307
知筠州謝到任表　516-736-114
歐忠簡胡公先生諡草　1137- 86- 附
謝賜御書表　1160-490- 46
代賀立皇太子表　1160-490- 46
代賀會慶節表　1160-490- 46
代福建憲何德獻謝到任表　1160-490- 46
代宰相賀雪表　1160-491- 46
知常州謝到任表　1160-491- 46
謝降官表　1160-491- 46
廣東提舉謝到任表　1160-492- 46
謝除直秘閣表　1160-492- 46
知筠州謝到任表　1160-493- 46
賀紹熙皇帝登極表　1160-493- 46
賀皇帝奉上壽皇壽成尊號表　1160-494- 46
賀紹熙皇帝册立皇后表　1160-494- 46
謝復直秘閣表　1160-495- 47
謝宮察轉兩官表　1160-495- 47
進和御製進士復詩狀表　1160-496- 47
謝御寶封回自勤狀表　1160-496- 47
江東運副謝到任表　1160-496- 47
辭免贛州得祠進職謝表　1160-497- 47
謝除特授煥章閣待制表　1160-497- 47
賀郊祀大禮赦書表　1160-498- 47
謝郊祀大禮進封開國子食邑表　1160-498- 47
謝致仕轉通議大夫除寶文閣待制表　1160-498- 47
謝明堂大禮進封開國伯食邑表　1160-499- 47
謝除寶謨直學士表　1160-499- 47
謝賜衣帶表　1160-499- 47

史部

詔令奏議類：附錄

奏議上十三畫

史部

詔令奏議類：附錄

奏議上十三畫

謝郊祀大禮進封盧陵郡侯加食邑表　1160-500- 47
謝以長男蕃官係陞朝議遇郊祀大禮封歛通奉大夫表　1160-500- 47
謝除寶謨閣學士表　1160-500- 47
除寶謨閣學士謝賜衣帶鞍馬表　1160-501- 47
遺表　1160-501- 47
上壽皇乞留張杙黜韓玉書　1160-574- 62
上壽皇論天變地震書　1160-576- 62
旱嘆應詔上疏　1160-581- 62
上壽皇論東宮參決書　1160-586- 62
駮配饗不當疏附貼黃　1160-588- 62
上皇帝留劉光祖書　1160-591- 62
壬辰輪對第一二箚子　1160-661- 69
癸巳輪對第一二箚子　1160-662- 69
得臨漳陞辭第一二箚子　1160-664- 69
甲辰以尚左郎官召還上殿第一二三箚子　1160-664- 69
乙巳輪對第一二三箚子　1160-667- 69
論吏部恩澤之敝箚子　1160-670- 69
論吏部酬賞之敝箚子　1160-671- 69
論吏部差注之敝箚子　1160-672- 69
己酉自筠州赴行在奏事十月初三日上殿第一二三箚子　1160-673- 69
輪對箚子附貼黃　1160-675- 69
祕書省自効狀　1160-679- 70
奏報狀　1160-679- 70
辭免著廷轉官箚子　1160-679- 70
薦劉起晦章變充館學之任奏狀　1160-680- 70
薦舉吳師尹廖俊徐之著毛密鮑信叔政績奏狀　1160-681- 70
薦舉徐木袁采朱元之求揚祖政績奏狀　1160-682- 70
薦舉王自中曾集徐元德政績奏狀　1160-683- 70
薦舉眉州布衣程俊應賢良方正科奏狀　1160-684- 70
乞罷江南州軍鐵會子奏議附貼黃　1161- 2- 71
陳乞引年致仕奏狀　1161- 2- 71
再陳乞引年致仕奏狀　1161- 2- 71
辭免轉一官仍除寶文閣待制致仕奏狀　1161- 3- 71
辭免除寶謨直學士奏狀　1161- 3- 71
辭免召赴行在奏狀（二則）　1161- 3- 71
辭免除寶謨直學士奏狀　1161- 4- 71
君道（疏上中下）　1161-142- 88
國勢（疏上中下）　1161-149- 88
沿原（疏上中下）　1161-156- 88
人才（疏上中下）　1161-162- 89
論相（疏上下）　1161-168- 89
論將（疏上下）　1161-171- 89
論兵（疏上下）　1161-174- 89
馭吏（疏上中下）　1161-178- 89
選法（疏上下）　1161-183- 90
刑法（疏上下）　1161-186- 90
冗官（疏上下）　1161-190- 90
民政（疏上中下）　1161-194- 90
光堯太上皇帝諡議　1161-275- 97
葉恭簡公諡議　1161-277- 97
節使趙忠果諡議　1161-277- 97
東宮勸讀錄——（讀）陸宣公奏議（五則）　1161-424-113
乙巳論對第一箚子　1359-206- 28
乙酉奏事上殿第一二箚子　1359-207- 28
廣東提舉到任謝表　1382-410 2下
知福州謝表　1382-410-2下
地震上書　1402-575- 83
請罷毬馬疏　1403-159-106
論神威疏　1403-160-106
請勿議和疏　1403-162-106
論宿將疏　1403-164-106
論神威疏　1418-623- 57
論選法在吏不在官（疏）　1418-625- 57
●楊嗣昌明
請協剿流寇疏　534-401- 92
●楊嗣復唐
用人（疏）　436-651-131
●楊虞卿唐
求言（疏）　438-648-199
●楊徽之宋
學校（疏）　436-230-114
●楊難當劉宋
奉文帝謝罪表附文帝詔報　1398-872- 18
●楊繼盛明
請罷馬市疏　445-397- 25
請誅賊臣疏　445-403- 25
請罷馬市疏　506-201- 93
　1278-616- 1
請誅賊臣疏　1278-621- 1
乞誅賊臣疏　1403-311-114
乞誅奸險巧佞賊臣疏　1453-463- 54

●楊多爾濟元
聽言（疏）——論納琳怦旨事　438-881-207
●達奚震北周
律歷（疏）　440-826-278
議調鍾律尺奏　1400-109- 3
●裘　衍明
懇狀　517-142-119
●萬　觀明
奏故官房屋事　443-577- 27
●萬一篤宋
宋進書原翰狀（融堂書解）　59-462- 附
●萬士和明
條陳南糧缺乏事宜疏略　517- 86-117
●督　隆蜀漢
乞立諸葛亮廟表　1354-482- 18
　　　　　　　　1381-272- 27

●董　卓漢
辭徵書（三則）　1397-527- 26
請誅宦官表　1397-528- 26
●董　宣漢
法令（疏）　439- 5-208
●董　昭金
風俗（疏）——陳末流之弊　436-278-116
征伐（疏）——論屯兵入潛中安
　屯作浮橋事　439-488-227
攻江陵疏　1361-567- 15
陳末流之弊疏　1361-567- 15
　　　　　　　　1417-429- 21

●董　峻（等）北齊
非宋景業天保歷議　1400- 54- 3
●董　尋魏
營繕（疏）　441-717-315
河東上書　550- 12-209
上移露盤書　1361-557- 13
●董　萊宋
郊廟（疏）　433-530- 22
●董　鈞漢
駁拜三老議　1397-159- 8
●董　煟宋
救荒活民書原序　662-234- 附
●董　槐宋
治道（疏）——言害政者三　434-763- 64
●董　遹漢
征伐（疏）　439-460-226
●董　翼明

孔廟缺典疏　561-445- 43
再議孔廟缺典疏　561-446- 43
●董文忠元
崇儒（疏）　440-734-274
●董仲舒漢
治道（疏）——賢良對策　433-577- 24
賦役（疏）　440-244-254
災祥（疏）　441-235-295
郊祀對　541-442-35之8
乞種麥限田章　556-132- 86
郊祀對　1332-662- 11
火災對　1355-211- 8
論限民名田（疏）　1355-255- 9
　　　　　　　　1360- 88- 5
火災對　1360-309- 18
對江都王論三仁（疏）　1360-321- 18
論限民名田（疏）　1377-158- 4
論種麥（疏）　1396-373- 8
高廟園災對　1396-374- 8
郊祀對　1396-375- 8
論限民名田疏　1403- 16- 88
郊祀對　1403-613-145
廟殿火灾對　1403-614-145
雨雹對　1403-642-148
乞種麥限田章　1412- 54- 3
高廟園災對　1412- 56- 3
雨雹對　1412- 57- 3
郊祀對　1412- 58- 3
限民名田奏　1417-233- 12
●董行父宋
律歷（疏）　440-866-280
●董重琰宋
知人（疏）——入對上五事　437-370-158
●董師中（等）金
巡幸（疏）——諫幸景明宮　441-109-287
●董傳策明
論嚴嵩欺君誤國疏　445-414- 26
●董應舉明
嚴海禁疏　530-470- 69
●路　隋唐
用人（疏二則）　436-651-131
●路　粹漢
奏孔融狀　1397-507- 24
●路思令北魏
任將疏　439-695-236

1572　　　　　　　　四庫全書文集篇目分類索引

●路博德 漢
上言擊匈奴奏附武帝詔路博德詔李
　　陵（二則）　　　　　　　　1396-422- 11
●路溫舒 漢
慎刑（疏）——宜尚德緩刑(疏)　439-167-215
上尚德緩刑書　　　　　　　　1355-291- 10
　　　　　　　　　　　　　　1360-239- 13
　　　　　　　　　　　　　　1377-260- 12
　　　　　　　　　　　　　　1396-450- 12
　　　　　　　　　　　　　　1402-444- 69
　　　　　　　　　　　　　　1417-266- 14
　　　　　　　　　　　　　　1476- 37- 2
●路瓊之 劉宋
乞贈父道慶衣　　　　　　　　1398-776- 14
●葛　行 宋
辭免樞密表　　　　　　　　　1352-117- 3上
謝賜戒百銘表　　　　　　　　1352-254- 7上
謝喜雪賜宴表　　　　　　　　1352-261- 7上
●葛　昕 明
壽宮營建事宜疏附計開　　　　1296-380- 1
議酌開納濟工疏　　　　　　　1296-385- 1
請罷開礦峒疏　　　　　　　　1296-386- 1
議恤運車疏　　　　　　　　　1296-387- 1
酌派文石疏　　　　　　　　　1296-388- 1
議取官木以濟工用疏　　　　　1296-389- 1
請罷助工之令疏　　　　　　　1296-390- 1
請贈大料運價疏　　　　　　　1296-391- 1
請廣鼓鑄以佐大工疏　　　　　1296-392- 1
議處協濟大工疏　　　　　　　1296-392- 1
覆留開納銀兩以佐荒政疏　　　1296-395- 1
請減蘆課疏　　　　　　　　　1296-396- 1
請免新增紅蘿大炭疏　　　　　1296-397- 1
請減歲增紅蘿大炭疏　　　　　1296-398- 1
請更大炭山塲疏　　　　　　　1296-400- 1
請正肅王葬價疏　　　　　　　1296-402- 1
請正德王葬價疏　　　　　　　1296-402- 1
請復靖江王見恤原例疏　　　　1296-403- 1
請增宗正葬價疏　　　　　　　1296-404- 1
請慎戚畹郵典疏　　　　　　　1296-405- 1
請告疏　　　　　　　　　　　1296-405- 1
請乞祖母恩見郵疏　　　　　　1296-406- 1
●葛　洪 宋
任將（疏）　　　　　　　　　439-811-241
●葛　鴉 明
論劾貪暴大臣疏　　　　　　　443-185- 11

●葛守禮 明
奏三氏學廩米疏　　　　　　　541-345-35之4
禁酷刑以全民命疏　　　　　　549-151-186
●葛勝仲 宋
學校（疏）——進養士圖籍箚子　436-250-114
禮樂（疏）　　　　　　　　　436-384-120
禮樂（疏）——元圭縫篪絢組議　436-385-120
太常祠祀儀制箚子　　　　　　436-522-126
進養士圖籍箚子　　　　　　　1127-399- 1
乞以學書上御府并藏辟廱箚子　1127-399- 1
辭免太子右諭德箚子　　　　　1127-400- 1
辭免大司成箚子　　　　　　　1127-401- 1
賀皇帝元會御大慶殿表　　　　1127-401- 1
賀孝慈淵聖皇帝登寶位表　　　1127-402- 1
賀今上皇帝登寶位表　　　　　1127-402- 1
賀册元符太后表　　　　　　　1127-402- 1
賀立皇后表　　　　　　　　　1127-403- 1
代慰欽成太皇后祔廟表　　　　1127-403- 1
代慰欽聖太后祔廟表（二則）　1127-403- 1
代慰欽慈太皇后祔廟表　　　　1127-403- 1
徽宗皇帝顯肅皇后懿節皇后梓宮
　　還闕表　　　　　　　　　1127-403- 1
慰隆祐皇太后上仙表　　　　　1127-404- 1
慰懿節皇后上仙表　　　　　　1127-404- 1
代慰聖瑞太妃薨表　　　　　　1127-404- 1
賀正旦表（三則）　　　　　　1127-404- 1
天申節賀表　　　　　　　　　1127-405- 1
賀明堂大禮表　　　　　　　　1127-405- 1
天寧節賀表　　　　　　　　　1127-405- 1
天寧節進銀絹表　　　　　　　1127-406- 1
天寧節進折銀錢表　　　　　　1127-406- 1
進奉天寧節功德疏謝詔書表　　1127-406- 1
賀燕樂表　　　　　　　　　　1127-406- 1
賀日戴承氣表（二則）　　　　1127-406- 1
賀日蝕不及分表　　　　　　　1127-407- 1
賀日蝕陰雲不見表　　　　　　1127-407- 1
賀慶雲表　　　　　　　　　　1127-407- 1
賀收復湟州表　　　　　　　　1127-408- 1
賀收復燕山府表　　　　　　　1127-408- 1
賀湟州芝草表　　　　　　　　1127-409- 1
賀瑞石表（二則）　　　　　　1127-409- 1
賀水晶大花金碼碯興發表　　　1127-410- 1
進奉生擒陸賊渠魁馬謝詔書表　1127-410- 1
謝收復燕雲進馬賜詔書表　　　1127-410- 1
謝特賜先考清孝表　　　　　　1127-411- 2

四庫全書文集篇目分類索引　1573

謝降詔不允乞對任表　1127-411- 2
休寧知縣謝上表　1127-412- 2
大司成謝上表　1127-412- 2
謝江州太平觀表　1127-412- 2
謝復右文殿修撰表　1127-413- 2
汝州到任謝表　1127-413- 2
謝改寶豐縣名表　1127-414- 2
爲轍奏儀曹馬俊公事放罪謝表　1127-414- 2
謝除顯謨閣待制表　1127-414- 2
湖州謝任表　1127-415- 2
鄧州謝上表　1127-415- 2
再任湖州謝表　1127-415- 2
謝除顯謨閣待制表　1127-416- 2
謝賜曆日表（五則）　1127-416- 2
代皇子辭官表　1127-417- 2
代皇子再辭官表　1127-418- 2
代皇子謝授官表　1127-418- 2
代謝賜名表　1127-418- 2
代嗣濮王謝升等表　1127-418- 2
代謝宣詔再入翰林表　1127-419- 2
代謝不允乞外表　1127-419- 2
代辭官表　1127-420- 2
代謝授官表　1127-420- 2
代謝朝參減拜表　1127-420- 2
代謝赦設表　1127-421- 2
代兗州謝上表　1127-421- 2
代沂州謝上表　1127-421- 2
代謝賜御書千字表　1127-422- 2
代謝對衣金帶馬表　1127-422- 2
跋河中守章公援刺血上表乞又內
　從帖　1127-502- 10
●葉　李元
學校（疏）　436-274-115
征伐（疏）　439-681-235
●葉　忠明
（乞宥夏良勝等出位僭言罪奏）　1269-1037-附
●葉　威明
劾朱勇等疏　445- 42- 2
審察敵情疏　445- 49- 2
賞功罰罪疏　445- 50- 2
京畿民情疏　445- 51- 2
刻宮聚等疏　445- 56- 3
禦敵安邊疏　445- 57- 3
勸陳循疏　445- 58- 3
陳災異疏　445- 59- 3

勸內官弓勝疏　445- 63- 3
兩廣軍事疏　445- 64- 3
捷音疏　1465-496- 5
地方事疏　1465-497- 5
●葉　適宋
治道（疏）——論君德一二等　434-504- 54
治道（疏）——應詔論官法三事
　士學二事兵權二事外國四事　434-533- 55
治道（疏）——上法度總論三及
　論用人資格等　434-555- 55
治道（疏）——條陳六事　434-575- 56
經國（疏）　435-670- 96
經國（疏）——上始論　435-675- 96
經國（疏）——上親征論　435-678- 96
經國（疏）——上息虛論　435-678- 96
經國（疏）——上實謀論　435-679- 96
經國（疏）——論紀綱　435-681- 96
經國（疏）——上終論　435-686- 96
經國（疏四則）　435-706- 97
用人（疏二則）　437-138-148
兵制（疏）——上兵總論　439-382-223
兵制疏——論四大兵之患（二則）　439-384-223
兵制（疏）——論廂軍　439-386-223
荒政（疏）　440-112-247
理財（疏）——上財總論　440-652-271
理財（疏）　440-653-271
葉適議　489-414- 35
到任謝表　489-430- 36
上孝宗皇帝劄子　1164- 36- 1
上光宗皇帝劄子　1164- 41- 1
上寧宗皇帝箚子（三則）　1164- 47- 1
上寧宗皇帝箚子（三則）　1164- 49- 1
辯兵部郎官朱元晦狀　1164- 57- 2
淮西論鐵錢五事狀　1164- 60- 2
薪州到任謝表　1164- 64- 2
除淮西提舉謝表　1164- 64- 2
除太府卿淮東總領謝表　1164- 65- 2
謝除華文閣待制提舉西京嵩山崇
　福宮表　1164- 65- 2
謝除寶謨閣直學士提舉鳳翔府上
　清太平宮表　1164- 66- 2
湖南運判到任謝表　1164- 66- 2
除祕閣修撰謝表　1164- 66- 2
除吏部侍郎謝表　1164- 67- 2
除工部侍郎謝表　1164- 67- 2

史部

詔令奏議類：附錄

奏議上十三畫

四庫全書文集篇目分類索引

史部 詔令奏議類：附錄 奏議上十三畫

除知建康到任謝表	1164- 68- 2	●葉 鑄明	
代薛端明上遺表	1164- 68- 2	申明鹽法舊例疏	517- 17-115
受玉寶賀表	1164- 69- 2	●葉方藹清	
法度總論（疏）	1164- 69- 3	恭進孝經衍義表	718- 3- 附
法度總論二	1164- 72- 3	●葉向高明	
法度總論三	1164- 74- 3	乞休第二疏	445-574- 34
（論）資格（疏）	1164- 75- 3	寮僚征去揭	445-576- 34
（論）銓選（疏）	1164- 77- 3	乞休第六十一疏	445-582- 35
薦舉（疏）	1164- 78- 3	請止礦稅疏	530-470- 69
任子（疏）	1164- 79- 3	●葉伯巨明	
（論）科舉（疏）	1164- 80- 3	應求直言詔上書	445- 18- 1
（論）學校（疏）	1164- 81- 3	●葉居升明	
（論）制科（疏）	1164- 82- 3	上高皇帝封事	443- 12- 1
（論）宏詞（疏）	1164- 83- 3	萬言書	1373-565- 6
（論）役法（疏）	1164- 84- 3	上太祖高皇帝書	1402-589- 84
（論）新書（疏）	1164- 86- 3	上萬言書疏	1453-364- 47
（論）吏胥（疏）	1164- 87- 3	●葉春及明	
（論）監司（疏）	1164- 88- 3	上書疏	1286-230- 1
始論（疏）一二	1164- 90- 4	端治本（疏五則）	1286-231- 1
取燕（疏）一二三	1164- 92- 4	正士習（疏五則）	1286-240- 1
論親征（疏）	1164- 95- 4	糾官邪（疏六則）	1286-250- 2
（論）待時（疏）	1164- 95- 4	安民生（疏六則）	1286-262- 2
（論）實謀（疏）	1164- 96- 4	足國用（疏三則）	1286-272- 2
財總論一二	1164- 98- 4	●葉真壽明	
（論）治勢（疏）	1164-104- 4	請贖父罪書	1375-124- 7
（論）財計上	1164-106- 4	●葉清臣宋	
外論一（疏）一二	1164-108- 4	上仁宗論日食（疏）	431-438- 39
紀綱一（疏）一至四	1164-112- 5	風俗（疏）	436-291-116
終論一（疏）一至七	1164-117- 5	理財（疏）	440-464-263
兵總論（疏）一	1164-126- 5	理財（疏）——請商州置監鑄大	
兵論（疏）二	1164-128- 5	錢以一當十承旨丁度奏	440-494-264
四屯駐兵（疏）	1164-129- 5	災祥（疏二則）	441-354-299
廂禁軍弓手士兵（疏）	1164-130- 5	禦邊（疏）	442-213-328
故昭度軍承宣使知大宗正事贈開		●葉夢得宋	
府儀同三司崇國趙公謚宣簡議	1164-464- 26	上徽宗論明黨之患本於重內輕外	
故贈右諫議大夫龔公謚節肅議	1164-464- 26	（疏）	431-878- 73
黃端明謚簡肅議	1164-464- 26	君德（疏）	433- 43- 2
李丞相綱謚忠定議	1164-466- 26	治道（疏）	434-351- 48
奏薦滕賢良	1164-485- 27	經國（疏二則）	435-450- 87
進故事	1164-511- 29	都邑（疏）	436- 21-103
進論四篇——外論（四則）	1362-231- 15	都邑（疏）——宮室議	436- 22-103
上孝宗皇帝劄子	1404-178-175	都邑（疏）——營茸行宮制度劃	
（進策）治勢	1404-397-197	一劄子	436- 25-103
（進策）財計	1404-398-197	仁民（疏）——乞禁罷獻納借貸	
上寧宗皇帝劄子	1418-732- 62	指揮狀	436-110-107

用人（疏） 436-872-141
選舉（疏） 437-642-168
賞罰（疏）——論招捕倪後慶各
　官功賞狀 438-417-189
赦宥（疏） 439-259-218
兵制疏 439-377-223
兵制（疏）——陳待敵之計三 439-378-223
征伐（疏） 439-623-233
征伐（疏）——乞下劉錡等討賊
　奏 439-625-233
征伐（疏）——論漢高帝破秦項
　三策劄子 439-626-233
征伐（疏）——乞休兵養銳奏 439-628-233
征伐（疏）——乞下諸大帥臨陣
　審度敵情無落姦便奏 439-629-233
荒政（疏）——（奏）乞復置常
　平使者播告中外劄子 440- 72-246
荒政（疏）——（奏）乞免嚴州
　遂安等三縣二稅和買狀 440- 72-246
荒政（疏）——（奏）乞江北無
　遏糴劄子 440- 73-246
荒政（疏）——（奏）乞措置江
　浙夏旱狀 440- 74-246
理財（疏） 440-640-270
營繕（疏二則） 441-756-316
禦邊（疏）——乞講民兵水軍二
　事 442-352-334
禦邊（疏）——乞措置漣海州縣
　防秋狀 442-354-334
禦邊（疏）——論防江利害劄子 442-355-334
禦邊（疏）——論舉行保社分守
　地方子 442-357-334
禦邊（疏）——乞下三大將措置
　捍禦劄子 442-358-334
禦邊（疏）——措畫防江人事狀
　附貼黃 442-360-334
禦邊（疏）——乞徙敵人必經由
　州泉居民劄子 442-367-334
四裔（疏）——論金人劄子 442-700-348
四裔（疏）——乞差人至高麗探
　報金人事宜狀附貼黃 442-702-348
到任謝表 489-427- 36
謝奏陳金人退敗降詔獎諭表 489-427- 36
謝軍寨遺欠放罪表 489-427- 36
辭免資政殿大學士表 489-428- 36

謝資政殿大學士表 489-428- 36
辭免觀文殿學士仍再任（表） 489-428- 36
謝觀文殿學士表 489-429- 36
謝再任表 489-429- 36
賀大朝會表 489-429- 36
謝到任表 1129-625- 5
謝傳宣撫問賜茶藥表 1129-626- 5
謝乞宮觀不允降詔表 1129-626- 5
賀天申節表 1129-626- 5
謝左大中大夫表 1129-626- 5
賀天申節表 1129-627- 5
謝資政殿大學士表 1129-627- 5
賀明堂禮畢降赦表 1129-627- 5
賀皇太后册寶禮成（表） 1129-628- 5
謝大禮加封食邑表 1129-628- 5
謝奏陳金師退敗降詔獎諭表 1129-628- 5
謝軍寨遺火赦罪表 1129-629- 5
賀天申節表 1129-629- 5
謝傳宣撫問賜茶藥表 1129-629- 5
謝再任表 1129-630- 5
謝觀文殿學士表 1129-630- 5
謝居民遺火待罪令安職表 1129-630- 5
賀天申遺表 1129-631- 5
賀大朝會表 1129-631- 5
辭免初除劄子 1129-632- 6
謝傳宣撫問賜茶藥劄 1129-632- 6
辭免左大中大夫劄子 1129-633- 6
辭免資政殿大學士第一劄子第二
　劄子附貼黃 1129-633- 6
奏淮西宣撫使殺敗金人劄子 1129-634- 6
謝傳宣撫問賜茶藥劄子 1129-635- 6
辭免觀文殿學士劄子 1129-635- 6
奏居民遺火待罪劄子 1129-635- 6
再奏居民遺火待罪劄子 1129-636- 6
乞宮觀劄子 1129-636- 6
　 1129-636- 6
再乞宮觀劄子 1129-636- 6
辭免初除第一二三狀 1129-637- 6
乞晉卞將軍廟額狀 1129-638- 6
第一次乞宮觀第一二狀 1129-638- 6
第二次乞宮觀第一二三狀 1129-639- 6
辭免左大中大夫狀 1129-641- 7
辭免資政殿大學士狀 1129-641- 7
辭免加封食邑狀 1129-642- 7
第三次乞宮觀第一二三狀 1129-642- 7

辭免觀文殿學士再任狀　　　　　　1129-643-　7
●敬　翔後梁
征伐（疏）　　　　　　　　　　　439-543-229
●敬　暉唐
請降諸武封爵表　　　　　　　　　1361-869-　8
●敬　讓唐
請致仕侍親表　　　　　　　　　　1336-607-604
●虞　卿周
征伐（疏二則）　　　　　　　　　439-447-226
●虞　惊齊
上明帝解職表　　　　　　　　　　1339-150-　6
●虞　集元
聖學（疏）　　　　　　　　　　　433-242-　9
學校（疏）　　　　　　　　　　　436-275-115
荒政（疏）　　　　　　　　　　　440-133-248
屯田（疏）　　　　　　　　　　　440-405-260
書趙學士簡經筵奏議後　　　　　　1207-175- 11
奏開奎章閣疏　　　　　　　　　　1207-180- 12
經筵謝宣表　　　　　　　　　　　1207-180- 12
中書省慶親祀禮成表　　　　　　　1207-181- 12
國子監賀親祀告成表　　　　　　　1207-181- 12
即位太傅府賀表　　　　　　　　　1207-181- 12
中書省賀元正表　　　　　　　　　1207-182- 12
翰林國史院賀天壽聖節表　　　　　1207-182- 12
上尊號翰林國史院稱賀表　　　　　1207-182- 12
賀册皇后表　　　　　　　　　　　1207-182- 12
賀登極表　　　　　　　　　　　　1207-183- 12
代中書平章政事張珪辭職表　　　　1207-184- 12
講畢奏特加薊城董氏封贈表　　　　1207-185- 12
中書平章政事趙璧（論議）　　　　1207-186- 12
兩淮轉運副使潘琚（論議）　　　　1207-186- 12
中書平章政事何榮祖（論議）　　　1207-187- 12
陳文靖公論議　　　　　　　　　　1207-188- 12
謝恩表　　　　　　　　　　　　　1207-577- 40
謝箋　　　　　　　　　　　　　　1207-578- 40
賀登極表　　　　　　　　　　　　1367-201- 16
經筵官進職謝恩表　　　　　　　　1367-201- 16
賀正旦表　　　　　　　　　　　　1367-205- 17
賀聖節表　　　　　　　　　　　　1367-205- 17
賀親祀太廟表　　　　　　　　　　1367-205- 17
何忠肅公論議　　　　　　　　　　1367-630- 48
陳文靖公論議　　　　　　　　　　1367-631- 48
賀登極表　　　　　　　　　　　　1382-416-下之3
經筵官進職謝恩表　　　　　　　　1382-416-下之3
賀正旦箋　　　　　　　　　　　　1382-417-下之3

賀聖節表　　　　　　　　　　　　1382-417-下之3
經筵官進職謝恩表　　　　　　　　1394-457-　4
●虞　翻漢
屯田（疏）　　　　　　　　　　　440-382-260
近習（疏）　　　　　　　　　　　441-167-291
議復三郡（疏）　　　　　　　　　556-136- 86
上疏請復三郡　　　　　　　　　　558-582- 45
上順帝自訟書　　　　　　　　　　1397-247- 12
劾中常侍張防奏　　　　　　　　　1397-247- 12
諫止義錢疏　　　　　　　　　　　1397-247- 12
上言臺郎（疏）　　　　　　　　　1397-247- 12
薦左雄疏　　　　　　　　　　　　1397-247- 12
請復隴西三郡疏　　　　　　　　　1397-247- 12
諫增賦南蠻奏　　　　　　　　　　1397-248- 12
請復三郡疏　　　　　　　　　　　1417-388- 19
●虞　預晉
災祥（疏）　　　　　　　　　　　441-300-297
●虞　儔宋
聖學（疏）　　　　　　　　　　　433-208-　9
治道（疏）　　　　　　　　　　　434-427- 51
治道（疏）——乞申勸百司勤職
　守毋事奔競狀　　　　　　　　　434-429- 51
經國（疏）——上殿劄子　　　　　435-734- 98
務農（疏）——力田劄子　　　　　436-193-111
學校（疏）　　　　　　　　　　　436-269-115
祭禮（疏）　　　　　　　　　　　436-524-126
用人（疏）——輪對劄子（二則）　437-131-147
選舉（疏）　　　　　　　　　　　437-676-170
選舉（疏）　　　　　　　　　　　437-688-170
去邪（疏）——論諸路監司守臣　　438-285-184
慎刑（疏）　　　　　　　　　　　439-231-217
兵制（疏）　　　　　　　　　　　439-419-224
賦役（疏）　　　　　　　　　　　440-349-258
理財（疏）　　　　　　　　　　　440-676-272
災祥（疏）　　　　　　　　　　　441-563-308
災祥（疏）——應詔上封事　　　　441-564-308
輪對劄子　　　　　　　　　　　　1154-127-　6
論用人聽言劄子　　　　　　　　　1154-128-　6
被召上殿劄子　　　　　　　　　　1154-129-　6
輪對劄子　　　　　　　　　　　　1154-130-　6
上時政闕失劄子　　　　　　　　　1154-131-　6
乞宣示殿試考官務求切直之論劄
　子　　　　　　　　　　　　　　1154-134-　6
請復軍士運糧舊制劄子　　　　　　1154-135-　6
使北回上殿劄子　　　　　　　　　1154-135-　6

乞申勑百司勤職守毋事奔競筠子　1154-136-6
己見筠子　1154-137-6
論郡縣學筠子　1154-138-6
●虞　翻吳
經籍（疏）——議易注　440-740-275
經籍（疏）——奏鄭玄解尚書違失事目　440-741-275
上易注二奏　1361-549-12
又上書注奏　1361-550-12
上吳主書　1361-607-22
●虞　譚晉
郊廟（疏）——武悼楊皇后配食武帝議　433-346-14
●虞　鑐梁
奏彈伏暅　1399-477-10
●虞　翃梁
論書表　1399-559-13
●虞允文宋
君德（疏）　433-69-3
治道（疏）　434-301-46
治道（疏）　434-407-51
治道（疏）——論唐太宗德仁功利之說　434-408-51
經國（疏）　435-507-89
經國（疏二則）　435-620-93
用人（疏）——還吏部侍郎汪應辰除知衢州詞頭疏　437-31-143
用人（疏）——論用人久任利害疏　437-48-144
用人（疏）　437-49-144
選舉（疏二則）　437-657-169
去邪（疏）　438-271-183
賞罰（疏）　438-404-188
法令疏——論金州之弊乞加威令於諸將狀　439-143-214
兵制（疏）　439-362-222
兵制（疏三則）　439-400-224
兵制疏——奏三衙兵虛冗之數　439-402-224
兵制（疏三則）　439-403-224
征伐（疏）　439-630-233
征伐（疏）——論江上事宜奏　439-631-233
征伐（疏）　439-632-233
征伐（疏）　439-644-234
征伐（疏）——論今日事機可戰奏　439-644-234
征伐（疏）——應詔論進討勝勢兵糧將帥奏　439-645-234
任將（疏）　439-778-239
任將（疏）——奏論蜀中大將（二則）　439-779-239
任將（疏）——薦李獲等人　439-781-239
任將（疏）——奏論差東路兵帥　439-782-239
任將（疏）——奏論蜀大將非材乞別選用疏（三則）　439-783-239
任將（疏六則）　439-786-240
馬政（疏）　439-841-242
賦役（疏）——奏論四川差科科約之弊　440-346-258
屯田（疏）　440-394-260
災祥（疏）——奏西蜀草木之妖措置水旱盜賊之備疏　441-542-307
禦邊（疏）——論唐鄧不可棄兩軍守禦之策　442-391-336
禦邊（疏）——論措置唐鄧一帶爲必守計　442-392-336
禦邊（疏）——論親臨唐鄧措置修城之役　442-393-336
禦邊（疏）——論唐鄧州必不可棄　442-394-336
禦邊（疏）——論固守唐鄧州方略　442-395-336
禦邊（疏）——論固守唐鄧兵勢糧運　442-396-336
禦邊（疏）——論荆鄂兩軍分成唐州積糧免差夫運　442-398-336
禦邊（疏）——論收復鄖州分兵守險　442-399-336
禦邊（疏）——論襄陽一面爲必守之備　442-399-336
禦邊（疏）——乞措置清河口防托中糧戰船　442-400-336
禦邊（疏）——論德順守戰之利不可　442-401-336
禦邊（疏）——論秦隴軍馬糧不可棄新復之地　442-402-336
禦邊（疏）——奏陝西事宜狀　442-403-336
禦邊（疏）——論敵政衰亡宜盆自治（二則）　442-404-336
四裔（疏）——論敵逐衰弱合和四州不可棄　442-720-349

四裔（疏）——論不當棄四川地與敵和　442-721-349

四裔（疏）——論敵中情僞不可棄四州之地　442-723-349

四裔（疏）——論召回信使當殿議中外戰守之備并安集歸正流民　442-723-349

四裔（疏）——論敵中衰弊令兩軍習拒馬法　442-724-349

四裔（疏）　442-725-349

興復關中疏　1403-156-106

● 虞世南唐

山陵（疏）　436-482-124

戒伏欲（疏）　438-509-193

災祥（疏二則）　441-311-298

諫山陵制度過厚表　1338-773-623

諫太宗畋獵疏　1339-562-694

諫山陵厚葬書　1343-379-26下

● 虞世基隋

禮樂（疏）　436-348-119

袁冕奏　1400-316- 5

● 虞玩之齊

上宋後廢帝陳時事表　1339-115- 5

上高帝言黃籍表　1399-116- 5

告退表　1399-117- 5

● 虞通之宋

讓婚表　1394-341- 2

● 詹　英明

陳言征麓川狀略　570-329-29之3

● 詹仰庇明

請賜蔡清諡疏　530-465- 69

● 詹爾選明

諫令錢士升回籍疏　445-678- 40

輔臣以去明心國事因嫌滋誤疏　1403-408-119

輔臣以去明心疏　1453-553- 62

● 鄒　忌周

求言（疏）　438-642-199

● 鄒　浩宋

上徽宗論帝王爲學之本（疏）　431- 68- 5

上徽宗乞至誠終始納諫（疏）　431-218- 19

上徽宗論太學生不當以言殿舉（疏）　431-219- 19

上欽宗乞先恤公議而後謹獨斷（疏）　431-241- 21

上哲宗乞追停賢妃劉氏册禮別選

賢族（疏）　431-311- 28

上徽宗論士大夫交結向族子弟（疏）　431-381- 35

上徽宗論天象乞申勅太史無有諱避（疏）　431-527- 44

上徽宗乞如神考故事詔侍從言事（疏）　431-602- 49

聖學（疏）　433-180- 8

敬天（疏）　433-326- 13

內治（疏）　435-155- 75

用人（疏）　436-863-141

選舉（疏）　437-639-168

求言（疏）——乞如神考故事詔侍從言事疏　438-676-200

聽言（疏）——乞至誠終始訥諫疏　438-810-205

聽言（疏）——論太學生不當以言事殿舉疏　438-811-205

外戚（疏）　441-148-289

災祥（疏）　441-464-304

復袁州監酒謝上表　516-732-114

敍復宣義郎謝表　1121-322- 19

敍復宣德郎謝表　1121-322- 19

復官袁州監酒稅謝上表　1121-322- 19

中書賀日食以雲陰不見表　1121-323- 19

中書舍人謝表　1121-324- 19

吏部侍郎謝表　1121-324- 19

改除兵部侍郎謝表　1121-324- 19

改除越州謝表　1121-325- 19

知江寧府謝表　1121-325- 19

責授衡州別駕永州安置謝表　1121-326- 19

復敍許居常州謝表　1121-326- 19

謝特復直龍圖閣表　1121-327- 19

劄記　1121-327- 19

辭免除右正言狀　1121-328- 20

辭免依前除右正言狀（三則）　1121-328- 20

乞改除合人差遣狀　1121-329- 20

乞給假歸常州迎侍狀　1121-330- 20

辭免起居舍人狀（二則）　1121-330- 20

辭免中書舍人狀（二則）　1121-330- 20

舉李潛自代狀　1121-331- 20

薦郭照陳彥默奏狀　1121-331- 20

辭免同修國史奏狀（三則）　1121-331- 20

辭免吏部侍郎奏狀　1121-332- 20

舉董丕自代狀　1121-332- 20

四庫全書文集篇目分類索引

薦盛瑜陳彥默狀　　　　　　1121-332- 20　　大庾西上封事　　　　　　　443- 7- 1
舉張景脩自代狀　　　　　　1121-333- 20　　論韓國公寃事（疏）　　　　444-353- 46
薦張舉狀　　　　　　　　　1121-333- 20　　大庾西室封事　　　　　　　445- 27- 1
薦陽孝本狀　　　　　　　　1121-333- 20　　賀平交趾表　　　　　　　　568- 38- 98
乞外補奏狀（二則）　　　　1121-333- 20　　大庾西封事　　　　　　　1236-598- 1
除知江寧府辭免職名狀　　　1121-334- 20　　太平十策　　　　　　　　1236-603- 1
雪廖正一奏狀　　　　　　　1121-334- 20　　代王國用論韓國公寃事狀　1236-607- 1
上哲宗皇帝書　　　　　　　1121-335- 21　　論袁泰奸點狀　　　　　　1236-608- 1
諫哲宗立劉后疏　　　　　　1121-350- 23　　進實錄表　　　　　　　　1236-609- 1
論宰相章惇疏三首　　　　　1121-352- 23　　　　　　　　　　　　　1373-547- 5
諫立后（疏）　　　　　　　1350-651- 61　　洪武戊辰四月上皇帝封事　1373-556- 6
謝復官表　　　　　　　　　1350-739- 71　　代虞部郎中王國用論韓國公寃事
　　　　　　　　　　　　　1394-445- 4　　　狀　　　　　　　　　　　1373-561- 6
諫立后疏　　　　　　　　　1403-145-105　　進高皇帝實錄表　　　　　1403-559-139
上哲宗皇帝書　　　　　　　1418-585- 56　　洪武戊辰四月大庾西上封事　1403-598-143
●鄒　智明　　　　　　　　　　　　　　　　代郎中王國用論韓國公寃事狀　1404-116-168
陳時事疏　　　　　　　　　 445- 89- 5　　大庾西上封事　　　　　　1453-370- 47
弘治丁未應詔封事　　　　　1259-434- 1
弘治庚申拾遺（疏）　　　　1259-437- 1　　　　　　十四畫
欽崇天道疏　　　　　　　　1403-204-109
應詔上封事　　　　　　　　1403-603-143　　●實默愛實金
應詔封事疏　　　　　　　　 453-397- 49　　近習（疏）　　　　　　　 441-218-293
●鄒　緝明　　　　　　　　　　　　　　　　●褚　亮唐
三殿災請修時政疏　　　　　 445- 35- 2　　聖製故司空魏徵挽歌詞表　1338-658-610
奉天殿災上疏　　　　　　　1373-572- 6　　上諫獵表　　　　　　　　1338-750-620
　　　　　　　　　　　　　1403-167-107　　奏宗廟議　　　　　　　　1400-370- 7
　　　　　　　　　　　　　1453-380- 48　　●褚　淵齊
　　　　　　　　　　　　　　　　　　　　　上高帝藏榮緒晉史啓附高帝答褚淵　1399- 65- 3
●鄒文盛明　　　　　　　　　　　　　　　　上武帝遜位啓　　　　　　1399- 66- 3
敍捷疏　　　　　　　　　　 572-189- 34　　謝賜玉佩啓　　　　　　　1399- 66- 3
●鄒元標明　　　　　　　　　　　　　　　　●褚无量唐
謹陳共學之原疏　　　　　　 506-218- 93　　巡幸（疏）　　　　　　　 441- 95-287
吏治民瘼疏　　　　　　　　 572-194- 34　　論太廟屋壞請修德表　　　1338-788-624
乞斥輔臣回籍守制疏　　　　1403-381-118　　皇后不合祭南郊議中宗景龍三年　1340-405-761
●鄒志寬宋　　　　　　　　　　　　　　　　●褚少孫漢
謝吏部侍郎表　　　　　　1382-358-下之1　　三王世家（疏）　　　　　1408-657-550
謝復官表　　　　　　　　　1382-359-下之1　●褚遂良唐
●鄒智欽明　　　　　　　　　　　　　　　　諸嗣（疏）　　　　　　　 435- 70- 72
崇天道疏　　　　　　　　　 561-441- 43　　儲嗣（疏）——諫帝愛庶子不宜
回天變疏　　　　　　　　　 561-443- 43　　　過嫡子　　　　　　　　　 435- 71- 72
●解　光漢　　　　　　　　　　　　　　　　儲嗣（疏）　　　　　　　 435- 71- 72
外戚（疏）　　　　　　　　 441-118-288　　內治（疏）——諫廢王皇后事　435-123- 74
劾王根王況奏　　　　　　　1396-592- 20　　宗室（疏）——諫幼小皇子多授
劾趙昭儀奏　　　　　　　　1396-593- 20　　　以都督刺史事　　　　　　 435-182- 76
　　　　　　　　　　　　　1403-571-140　　宗室（疏）——言當今國家之急　435-182- 76
●解　縉明　　　　　　　　　　　　　　　　宗室（疏）——諫日給魏王泰府
　　　　　　　　　　　　　　　　　　　　　　料物逾於皇太子事　　　　 435-182- 76

史部

詔令奏議類：附錄

奏議上十四畫

節儉（疏） 438-458-191
聽言（疏） 438-706-201
征伐（疏）——諫帝欲親征遼東 439-527-229
征伐（疏）——諫帝欲親征高麗 439-527-229
國史（疏）——對起居記問 440-765-276
禮臣（疏二則） 441- 54-285
四裔（疏二則） 442-536-341
諫親征高麗疏 503-290-111
請省自披讀表 1338-633-607
請廢在官諸司捉錢令史表 1338-634-607
請千牛不簡嫡庶表 1339-635-607
請更不窮逐寶智純表 1338-728-617
諫不夜飲表 1338-755-620
諫五品以上妻犯姦不沒官表（二則） 1338-779-623
請宮中眼花浪見不得輒奏表 1338-780-623
諫東宮物少於魏府長表 1338-780-623
諫太宗親征高麗疏 1339-563-694
唐太宗於寢殿側置太子院諫疏 1339-580-695
諫廻易納利充官俸疏 1339-599-697
請復高昌疏——對起居記問 1417-638- 30
永陵工程告竣疏 503-613-129
福陵工程告竣疏 503-615-129
●福隆安清
（進皇朝禮器圖式表） 656- 6- 附
●寧 戚周
用人（疏） 436-577-129
●齊 映唐
賀破吐蕃表 1338-280-567
爲肅復讓宰相表（三則） 1338-337-573
臥疾辭官表 1338-412-581
出官後自敍表 1338-599-602
請修義食表 1338-723-616
論御史台誣誘表 1338-748-619
河南府論被誘表 1338-749-619
進封章表 1338-764-622
爲趙相公謝馬狀 1339- 38-633
處州請隨例行香狀 1339- 97-644
●齊 唐宋
上仁宗論麒麟（疏） 431-398- 36
災祥（疏）——論麒麟疏 441-394-301
●齊 澣唐
寵幸（疏） 441-163-290
●齊高帝
上宋順帝請誅黃回表附順帝詔報 1399- 7- 1

●齊履謙元
災祥（疏） 441-695-314
●廖 剛宋
君德（疏） 433- 56- 3
聖學（疏） 433-187- 8
郊廟（疏） 433-535- 22
治道（疏） 434-352- 48
儲嗣（疏） 435-108- 13
經國（疏） 435-552- 91
學校（疏） 436-255-115
用人（疏）——論縣令箚子 437- 26-143
用人（疏）——論除中丞中殿箚子 437- 26-143
用人（疏）——論朋黨箚子 437- 27-143
選舉（疏） 437-659-169
去邪（疏）——乞禁妖教疏 438-269-183
賞罰（疏）——論賜圩田箚子（韓世忠） 438-415-189
節儉（疏） 438-483-192
兵制（疏） 439-373-223
荒政（疏）——乞禁遏糴奏狀 440- 78-246
荒政（疏）——乞預備賑濟箚子 440- 79-246
屯田（疏三則） 440-392-260
理財（疏）——奏乞宰相兼制國用疏 440-641-270
外戚（疏） 441-151-289
災祥（疏）——論救旱箚子 441-505-315
災祥（疏） 441-506-305
營繕（疏） 441-758-316
四裔（疏） 442-705-348
除吏部郎官上殿箚子 1142-305- 1
論巡幸箚子（二則） 1142-305- 1
納尚書省招撫箚子 1142-308- 1
論聖學箚子 1142-308- 1
論遣使箚子 1142-309- 1
論屯田箚子 1142-310- 1
乞採舉人程文箚子 1142-310- 1
論講筵箚子 1142-310- 1
論縣令箚子 1142-311- 1
乞罷造海船箚子 1142-311- 1
論救旱箚子 1142-312- 1
論監司賞罰箚子 1142-312- 1
乞禁焚紙箚子 1142-312- 1
乞用兵箚子 1142-313- 1
乞減造軍器箚子 1142-314- 1

論功賞箚子	1142-314-	1	賀天申節表	1142-345-	3
御製戒石銘箚子	1142-314-	1	明堂大禮進馬表	1142-345-	3
論王氏學箚子	1142-315-	1	謝明堂赦表	1142-346-	3
投省論和買銀箚子	1142-315-	1	冬至大朝會表	1142-346-	3
漳州被召上殿箚子	1142-322-	2	車駕巡幸建康起居表	1142-346-	3
除中丞上殿箚子	1142-322-	2	元會表	1142-347-	3
論道治箚子	1142-323-	2	太上道君皇帝升遐慰表	1142-347-	3
論圖治箚子	1142-323-	2	寧德皇后上僊慰表	1142-347-	3
乞選汰兵卒箚子	1142-324-	2	明堂大禮畢進馬表	1142-347-	3
乞鑄二廣常賦箚子	1142-324-	2	冬至慰表	1142-348-	3
乞宰相兼制國用箚子	1142-324-	2	賀冬至表	1142-348-	3
乞預備賑濟箚子	1142-325-	2	謝御史中丞表	1142-349-	4
消旱曝箚子	1142-325-	2	謝工部尚書表	1142-349-	4
論朋黨箚子	1142-326-	2	謝兼侍講表	1142-350-	4
論薦舉箚子	1142-327-	2	謝提舉明道宮表	1142-350-	4
乞約束邊將箚子	1142-328-	2	謝降官表	1142-350-	4
乞罷修條法箚子	1142-329-	2	賀皇太后回鑾表	1142-351-	4
論遣使箚子	1142-329-	2	慰梓宮到闕表	1142-351-	4
乞宣布德意箚子	1142-330-	2	謝復朝奉大夫表	1142-352-	4
論屯田箚子	1142-330-	2	謝致仕表	1142-352-	4
論選任箚子	1142-331-	2	遺表	1142-353-	4
乞戒約招軍箚子	1142-332-	2	代謝賜元圭御製批答幷議狀表	1142-354-	4
乞禁妖教箚子	1142-332-	2	代賀正表	1142-354-	4
乞禁奉邪神箚子	1142-333-	2	代賀皇子冠表	1142-354-	4
論造軍器箚子	1142-333-	2	代謝賜燕樂表	1142-354-	4
論科舉箚子	1142-333-	2	代賀夏祭德音赦表	1142-355-	4
論遷轉箚子	1142-334-	2	代進連理木圖表	1142-355-	4
論賜造宅錢箚子（二則）	1142-335-	2	代賀立皇太子表	1142-355-	4
論賜圩田箚子（二則）	1142-336-	2	代寫賜日曆表	1142-356-	4
論預借酒息錢箚子	1142-337-	2	代進獻白龜賀表	1142-356-	4
論州縣妄費箚子	1142-338-	2	代謝賜曆日表	1142-357-	4
論戚里除授箚子	1142-338-	2	代嘉王賀冬表	1142-357-	4
興化軍到任謝表	1142-340-	3	代謝赦表	1142-357-	4
天寧節賀表	1142-340-	3	轉對言州縣廢格德音奏狀	1142-359-	5
謝主管杭州洞霄宮表	1142-341-	3	轉對論屯田奏狀	1142-359-	5
除福建路提刑謝表	1142-341-	3	乞將磨勘合轉一官回授故祖父奏狀	1142-361-	5
除吏部侍郎謝表	1142-342-	3	漳州到任條具民間利病五事奏狀	1142-362-	5
兼侍講謝表	1142-342-	3	應詔奏狀	1142-365-	5
除給事中謝表	1142-343-	3	轉對乞禁遏糴奏狀	1142-367-	5
給事中賜對衣金帶謝表	1142-343-	3	元年十一月二十六日進故事	1142-368-	6
除刑部侍郎謝表	1142-344-	3	（元年）十二月四日進故事	1142-369-	6
除徽猷閣直學士知漳州謝表	1142-344-	3	（元年）十二月十一日進故事	1142-370-	6
漳州到任謝表	1142-344-	3	（元年十二月）十六日進故事	1142-371-	6
冬至大朝會表	1142-345-	3	（元年十二月）二十四日進故事	1142-372-	6
元會表	1142-345-	3			

二年五月十三日進故事 1142-373- 6
五年五月初一日進故事 1142-373- 6
（五年）五月二十二日進故事 1142-374- 6
（五年）九月十四日進故事 1142-375- 6
（五年）六月初三日進故事 1142-375- 6
（五年）十一月二十五日進故事 1142-376- 6
六年正月二十五日進故事 1142-377- 6
九年五月初七日進故事 1142-377- 6
（九年）八月初三日進故事 1142-378- 6
（九年）九月二十三日進故事 1142-379- 6
十年二月二十九日進故事 1142-380- 6
辭免兼侍講（狀） 1142-381- 7
辭免徽猷閣直學士（狀） 1142-381- 7
辭免御史中丞（狀） 1142-382- 7
辭免工部尚書（狀） 1142-382- 7
起居舍人乞出（狀） 1142-382- 7
刑部侍郎乞出（狀三則） 1142-383- 7
漳州乞致仕（狀） 1142-384- 7
被召命乞致仕（狀） 1142-384- 7
御史中丞乞致仕（狀二則） 1142-385- 7
工部尚書乞致仕（狀二則） 1142-386- 7
提舉亳州明道宮乞致仕（狀） 1142-387- 7
天寧節進奉銀絹狀 1142-432- 11
進銀狀 1142-432- 11
●廖行之　宋
代林昌化謝到任表 1167-330- 4
代知衡州劉寺簿清之奏狀 1167-330- 4
●廖道南明
參酌古今慎處廟制乞賜明斷疏 443-608- 28
稽古樂以禰盛典疏 1403-283-112
●漢哀帝
謝成帝立爲皇太子書 1396-259- 4
●蜀漢昭烈帝
宗室疏 435-165- 76
　 1354-479- 18
上漢帝表 1361-545- 11
　 1381-269- 27
　 1403-442-125
爲漢中王上言獻帝 1417-445- 22
●滿　昌漢
四裔（疏） 442-505-340
劾奏使者 1396-683- 24
●滿　寵魏
征伐（疏） 439-491-227
●滿中行宋

上神宗乞釐正文德正衙之制（疏） 432-137- 92
禮樂（疏） 436-377-120
●赫舍哩良弼金
聽言（疏） 438-877-207
荒政（疏） 440-132-248
●甄　邯漢
劾金欽奏 1396-601- 20
●甄　琛北魏
理財（疏） 440-436-262
弭盜（疏） 441-766-317
請馳鹽禁表 549- 77-184
　 1417-567- 27
●秦崇禮宋
治道（疏二則） 434-300- 46
法祖（疏二則） 435- 15- 69
用人（疏）——舉仇念充監司狀 437- 4-142
用人（疏）——爲兵部侍郎面對
　第二劄子 437- 5-142
用人（疏）——講筵殿進呈劄子 437- 5-142
用人（疏）——論朋比劄子 437- 6-142
用人（疏）——乞漕司官通共應
　副財用劄子 437- 6-142
用人（疏）——面對第二劄子 437- 7-142
法令（疏） 439-129-213
征伐（疏）——論進討固守利害 439-606-232
謚號（議）——請改昭慈獻烈皇
　后謚號 440-921-282
禮臣（疏） 441- 80-286
大駕駐蹕建康府集宗禮起居表 489-426- 36
進御故實（序文） 1134-652- 20
（進御故實）論唐房玄齡創業守
　文對 1134-652- 20
（進御故實）論衞文公晉悼公事 1134-653- 20
（進御故實）論唐貞觀開元循吏
　之治 1134-654- 20
（進御故實）論王霸從光武渡滹
　沱河事 1134-655- 20
（進御故實）論仁宗御書 1134-657- 20
（進御故實）論唐裴諝問權酷利
　對 1134-658- 20
（進御故實）論漢陳平降漢事 1134-659- 21
（進御故實）論趙盾弑韓厥事 1134-660- 21
（進御故實）論王汾免解不降等
　事 1134-661- 21
（進御故實）論唐李絳仇士良語 1134-662- 21

（進御故實）論唐李元素按令狐運獄事　1134-663- 21
（進御故實）論仁宗知人之明　1134-665- 22
（進御故實）論唐李絳任賢對　1134-666- 22
（進御故實）論左傳長杓之戰　1134-667- 22
（進御故實）論齊晏嬰和與同之對　1134-668- 22
（進御故實）論唐文宗用人　1134-669- 22
（進御故實）論德宗不能用陸贄　1134-670- 22
正旦御侍以下賀皇帝詞語本　1134-671- 23
冬至御侍以下賀皇帝詞語本　1134-671- 23
賀淮南履獲大捷賊馬退遁表　1134-672- 23
賀瑞禾表　1134-672- 23
天中節賀表（二則）　1134-673- 23
正旦遙拜淵聖皇帝表　1134-674- 23
上淵聖皇帝表　1134-674- 23
慰太上皇寧德皇后凶訃表　1134-674- 23
慰大行皇后凶訃表　1134-675- 23
慰隆祐皇后遺誥表　1134-675- 23
慰昭慈獻烈皇太后陞祔禮畢表　1134-675- 23
慰大行昭慈獻烈皇太后園陵表　1134-675- 23
謝除中書舍人表　1134-676- 24
謝除吏部侍郎表　1134-677- 24
謝降官表　1134-677- 24
謝復官表　1134-678- 24
謝兼侍讀表　1134-678- 24
謝轉官並加恩表（四則）　1134-679- 24
謝乞宮觀不允詔　1134-679- 24
謝放罪表　1134-681- 24
代呂頤浩辭免尚書右僕射表　1134-682- 25
代呂頤浩謝尚書右僕射表　1134-682- 25
代呂頤浩爲熒惑犯太微乞罷政表　1134-683- 25
代頤浩謝賜御書蘭亭表　1134-683- 25
代李邴辭免尚書左丞表　1134-684- 25
代李邴謝尚書左丞表　1134-684- 25
代李邴謝賜生日羊酒米麪表　1134-685- 25
代王復謝成都利州路幹轄界首交割表　1134-685- 25
代王復謝除徽猷閣直學士表　1134-685- 25
代鄭望之謝除戶部侍郎奏　1134-686- 25
代范宗尹辭免參知政事表　1134-687- 26
代賈公正謝淮東提舉茶鹽到任表　1134-688- 26
代林積謝知平陽軍到任表　1134-688- 26
代鄭毅謝除御史中丞表　1134-689- 26
代鄭毅謝依同知樞密院恩表數　1134-689- 26
代李邦彥謝先少師賜諭宣簡表　1134-689- 26
代李邦彥謝起復表　1134-690- 26
代謝江東轉運使表　1134-691- 26
代宰執賀順州進枸杞表　1134-691- 26
代宰執賀壽嶽生芝草雙竹表　1134-692- 27
代宰執賀後苑太清樓前生芝草表　1134-693- 27
代宰執賀良嶽春門生芝草表　1134-693- 27
代宰執賀尚書省生芝草表　1134-694- 27
代宰執賀平契丹表　1134-694- 27
代宰執賀熙州甘露表　1134-695- 27
代宰執賀燕山甘露表　1134-696- 27
代前任宰執謝賜臘藥口脂表　1134-696- 27
代宰執賀八月一日霈雲不見日蝕表　1134-696- 27
代百官賀冬至表附劳記　1134-697- 27
乙申飭百官箚子　1134-698- 28
面對第一二箚子　1134-699- 28
面對箚子一二　1134-700- 28
乞討論納節換官箚子　1134-701- 28
遵用舊法箚子　1134-701- 28
乞召臣僚降詔箚子　1134-702- 28
（進）李邴分門內外制集箚子　1134-703- 28
論保奏功賞箚子　1134-703- 28
修神宗哲宗兩朝實錄劃一申請箚子（三則）　1134-703- 28
薦案官箚子　1134-705- 28
除兩淛東路安撫使上殿陳乞箚子　1134-705- 28
辭免起居郎奏狀　1134-706- 29
辭免召試中書舍人奏狀　1134-706- 29
辭免中書舍人奏狀　1134-707- 29
辭免兼史館修撰奏狀　1134-707- 29
辭免翰林學士奏狀　1134-707- 29
辭免兼侍讀奏狀　1134-708- 29
待罪奏狀　1134-708- 29
乞宮觀奏狀　1134-708- 29
再乞宮觀奏狀　1134-709- 29
乞再任宮觀奏狀　1134-709- 29
天寧節謝賜御筵奏狀　1134-710- 29
舉仇念充監司奏狀　1134-710- 29
舉賀允中落致仕奏狀　1134-710- 29
代李邴辭免翰林學士奏狀　1134-711- 29
代宰執謝賜喜雪御筵奏狀　1134-711- 29
進歷代兵籌類要表　1134-759- 37

● 蔡卞珍之齋

自請封牘　1399-150- 6

●臧 旻漢
用人（疏） 436-593-129
訁第五種書 1397-346- 16
●臧宮（等）漢
征伐疏——匈奴飢疫自相分爭 439-475-227
請擊匈奴書附光武報詔 1397- 94- 5
●臧 鳳明
正德十四年潞例奏 443-419- 22
正德十六年潞例奏 443-420- 22
●臧 質劉宋
舉兵上孝武帝表 1398-771- 14
●臧 焘晉
郊廟（疏） 433-348- 14
論號（議）——孝武帝庶祖母宣
　太后配食議 440-883-281
●臧文仲周
征伐（疏） 439-445-226
臧文仲諫畢郢 1355-102- 4
諫焚巫厘 1402-292- 53
諫不備郢 1402-292- 57
●臧哀伯周
禮樂（疏） 436-331-118
諫納郜鼎 1355- 99- 4
　 1377-129- 3
　 1402-290- 53
●臧僖伯周
戒侈欲（疏） 438-494-193
諫觀魚 1355- 98- 4
　 1377-129- 3
　 1402-290- 53
●趙 休晉
諫用三楊書 1398-228- 11
●趙 抃宋
上仁宗乞不罪王起上言虛妄（疏） 431-207- 18
上仁宗論內降指揮差臺官勘張懷
　恩等事（疏） 431-261- 23
上仁宗論天下之本貴於前定（疏） 431-329- 30
上仁宗論宗室濫賞（疏） 431-352- 32
上仁宗論呂溱等補外（疏） 431-597- 49
上仁宗乞命臣僚等講無隱諱（疏） 431-607- 50
上仁宗論帶御器械須得老成謹畏
　之人（疏） 431-749- 61
上仁宗論道士傳授符籙惑衆（疏） 432- 45- 84
上仁宗論董吉燒煉（疏） 432- 57- 84
上仁宗論奉宸庫估賣物色（疏） 432-301-107
上神宗乞罷條例司及提舉官（疏） 432-403-113
聖學（疏） 433-139- 6
治道（疏）——上言制置條例司
　建使者四十輩騷動天下疏 434- 78- 38
儲嗣（疏） 435- 82- 72
宗室（疏）——論宗室濫賞疏 435-187- 76
學校（疏）——乞給還太學田士
　房緡狀 436-230-114
乞勿令歐陽脩等去職（疏） 436-715-134
知人（疏）——論邪正君子小人 437-297-154
選舉（疏） 437-535-164
去邪（疏）——論道士傳授符錄
　惑衆 438- 46-175
去邪（疏）——論追寢王拱辰宣
　徽使新命 438- 46-175
去邪（疏）——論李淑 438- 47-175
去邪（疏）——論陳執中 438- 47-175
去邪（疏）——乞罷陳執中狀 438- 48-175
去邪（疏）——再論陳執中狀 438- 50-175
去邪（疏）——乞罷陳旭除命 438- 51-175
去邪（疏）——再論陳旭乞黜守
　遠藩 438- 52-175
去邪（疏）——三乞黜陳旭 438- 53-175
去邪（疏）——四乞屏黜陳旭 438- 54-175
去邪（疏）——論陳旭自乞遠貶 438- 54-175
去邪（疏）——論陳旭乞待罪 438- 55-175
去邪（疏）——乞速行退罷陳旭 438- 56-175
去邪（疏）——論燒煉之術爲禍 438- 58-175
求言（疏） 438-152-199
慎微（疏）——論文彥博程戡 438-570-196
謹名器（疏） 438-606-197
法令疏——論內降指揮疏 439- 70-210
慎刑疏——乞釋傳卞罪狀 439-202-216
任將（疏） 439-733-237
水利（疏） 440-155-249
理財（疏）——論奉宸庫估賣物
　色疏 440-485-264
理財（疏）——乞罷諸路提舉官 440-537-266
近習（疏） 441-182-292
災祥（疏） 441-391-301
禦邊（疏）——論契丹遣使無名 442-218-329
知虔州到任謝上表 516-731-114
奏疏論邪正居子小人 1094-825- 6
奏狀辨楊察罷三司使 1094-826- 6
奏狀論置水遞鋪不便 1094-827- 6

四庫全書文集篇目分類索引　　1585

奏箚乞放泗州酒坊錢	1094-827-	6	奏狀乞宣王拱辰語錄付御史臺	1094-844-	7
奏狀論北使到闕	1094-828-	6	奏狀乞賑拯流移之民	1094-844-	7
奏狀乞緝提匿名文字人	1094-828-	6	奏狀乞不罪王起	1094-844-	7
奏狀乞改差以次臣僚監護溫成皇后葬事	1094-829-	6	奏箚再乞罷免陳執中相位	1094-845-	7
奏狀乞不許虜使傳今上聖容	1094-829-	6	奏狀論久旱乞行零祀	1094-845-	7
奏疏論契丹遣使無名	1094-829-	6	奏狀乞浙郡	1094-845-	7
奏狀乞勘斷道士王守和授籙惑衆	1094-830-	6	奏狀乞移司勘結三司人吏犯贓	1094-846-	7
奏狀論禮院定奪申明用空頭印紙	1094-830-	6	奏狀乞取問王拱辰進納贓珠	1094-846-	7
奏狀乞差馬遵充發運使	1094-831-	6	奏狀乞檢會前狀乞浙郡	1094-847-	7
奏狀乞減省益州路民間科買	1094-831-	6	奏狀乞旱賜浙郡指揮	1094-848-	7
奏箚乞差填殿帥	1094-832-	6	奏狀引詔書再論陳執中	1094-848-	7
奏箚論湯夏不合權開封府判官	1094-832-	6	奏狀乞早罷免陳執中	1094-849-	7
奏狀論除吳充知高郵軍不當	1094-832-	6	奏狀乞勿令歐陽修等去職	1094-849-	7
奏狀論薛向酬獎僥倖	1094-832-	6	奏狀論皇親非次轉官	1094-850-	7
奏狀乞寢罷百全彬陳乞入內副都知等事	1094-833-	6	奏狀乞奪免王拱辰宣徽使	1094-850-	7
奏狀乞下淮南路應入戶買撲酒坊課利許令只納見錢	1094-833-	6	奏箚乞早賜奪免王拱辰宣徽使	1094-850-	7
奏狀論宰臣從人捶殺婦人乞下開封府勘鞫	1094-834-	6	奏狀再乞追還王拱辰宣徽使新命	1094-851-	7
奏狀乞罷孫惟忠充高陽關兵馬鈐轄	1094-834-	6	奏狀再乞追寢王拱辰宣徽使新命	1094-852-	7
奏箚乞止絕高齊等出入權要之門	1094-834-	6	奏狀乞罷內臣閣土良帶御器械	1094-852-	7
奏箚乞牽復陸經舊職	1094-834-	6	奏狀再乞追奪王拱辰宣徽使	1094-853-	7
奏狀論三路選差	1094-835-	6	奏狀再乞寢罷酬獎監修開先殿官員	1094-853-	7
奏狀論宰臣陳執中家杖殺女使	1094-835-	6	奏狀乞寢罷內臣修築汴堤	1094-853-	7
奏狀乞勘鞫潭州官員分買客人珠子	1094-836-	6	奏狀乞罷蕭汝礪詳議官	1094-854-	7
奏狀乞罷周豫召試館職	1094-836-	6	奏狀乞令供奉官周永正認姓追奪官資	1094-854-	7
奏狀乞差替齊廓勘劾宰臣陳執中家杖殺女使	1094-836-	6	奏狀乞定奪李熙輔該與不該牽復	1094-855-	7
奏疏論災異乞擇相	1094-836-	6	奏狀乞寢罷李克忠充國信副使	1094-855-	7
奏狀乞一就推究陳執中家女使海棠非理致命	1094-837-	6	奏狀乞改差青鄆二州安撫使	1094-856-	7
奏狀乞下陳執中發遣干連人	1094-837-	6	奏狀乞立定規除宣徽使并節度使	1094-856-	7
奏狀乞正陳執中之罪	1094-838-	6	奏狀乞釋傅卞罪	1094-857-	7
奏疏乞罷免陳執中	1094-838-	6	奏狀論王德用男納馬慶長馬	1094-857-	7
奏箚乞省覽彈陳執中疏	1094-841-	6	奏狀論俞希孟別與差遣	1094-857-	7
奏狀乞禁斷李清等經社	1094-841-	6	奏狀乞替馬慶長接伴副使速正典刑	1094-858-	7
奏狀論范鎮營抹陳執中	1094-841-	6	奏狀乞檢會牽復方龜年官資	1094-858-	7
奏狀論王拱辰等入國狂醉乞行黜降	1094-842-	7	奏狀乞罷免王德用	1094-859-	7
奏狀論王拱辰入國辱命乞行黜降	1094-842-	7	奏狀乞移勘丘岳李先受贓等事	1094-860-	7
奏疏論兩府庇蓋王拱辰	1094-843-	7	奏狀乞別路差官取徐仲謀	1094-860-	7
			奏狀乞裁減停罷修造寺院宮觀	1094-861-	8
			奏狀乞寢罷奉宸庫估賣物色	1094-861-	8
			奏狀乞勘鞫王威融納馬慶長馬	1094-862-	8
			奏箚論王德用乞正其罪	1094-862-	8
			奏箚乞許文彥博程戡避親	1094-862-	8
			奏狀乞寢罷或錢延年待制之命	1094-863-	8

史部

詔令奏議類：附錄

奏議上十四畫

奏狀乞併甲磨勘選人	1094-863- 8	奏劄乞檢會張席奏狀相度解鹽	1094-876- 9
奏狀乞頒下減省奏薦恩澤	1094-863- 8	奏狀論陝西官員占留禁軍有妨教閱	1094-876- 9
奏狀乞發遣荊南舉留王達諸色人歸本貫	1094-863- 8	奏狀乞斥逐燒煉兵士董吉	1094-876- 9
奏狀乞寢李淑充翰林學士指揮	1094-864- 8	奏狀乞勘劾蕭注	1094-877- 9
奏狀再論李淑	1094-864- 8	奏狀論宋庠乞罷免樞密使	1094-877- 9
奏狀再乞追罷李淑	1094-864- 8	奏劄再論宋庠	1094-877- 9
奏狀再乞寢李淑恩命	1094-864- 8	奏劄乞檢詳前奏罷免宋庠	1094-877- 9
奏狀乞侯今冬六塔河隄並無疏虞方許酬賞	1094-865- 8	奏狀乞追寢劉保信等恩命	1094-878- 9
奏狀乞貶黜李仲昌張懷恩等	1094-865- 8	奏狀乞移勘韓鐸	1094-878- 9
奏狀乞牽復李士勸舊官	1094-865- 8	奏狀乞廢罷鹽運司	1094-878- 9
奏狀再乞罷免王德用	1094-866- 8	奏狀乞檢會前奏追奪到保信等恩命	1094-878- 9
奏狀乞正德用罪名貶黜	1094-866- 8	奏劄論經筵及御製宸翰	1094-879- 9
奏狀乞官員身故孤遺骨肉依在日資序撥船乘載	1094-866- 8	奏狀乞追奪鄭戩所授京官	1094-879- 9
奏劄乞依自來體例令臺諫官上殿附貼黃	1094-867- 8	奏狀論揀選廂禁軍	1094-880- 9
奏疏言皇嗣未立	1094-867- 8	奏狀乞抽回河北陝西等路均稅官	1094-880- 9
奏狀乞依刑部定奪除落葛閎陸經罪名	1094-868- 8	奏狀乞罷陳旭樞密副使	1094-880- 9
奏劄再乞指揮中書許令臺諫官依例上殿	1094-868- 8	奏狀同唐介王陶論陳旭乞寢罷除命	1094-880- 9
奏狀論李仲昌等乞改正嚴科	1094-868- 8	奏劄論陳旭乞黜守遠藩	1094-881- 9
奏狀乞依近降指揮試舉人	1094-869- 8	奏劄乞黜陳旭次革交結權倖之風	1094-882- 9
奏狀論句獻府界積水騷擾	1094-869- 8	奏劄乞早賜宸斷屏黜陳旭	1094-883- 9
奏狀乞追攝晏思晦勘斷	1094-870- 8	奏狀論陳旭乞制獄推劾	1094-884- 9
奏狀乞留胡瑗	1094-870- 8	奏劄再論陳旭	1094-884- 9
奏狀乞罷內臣權巡檢	1094-870- 8	奏劄乞從寬逐次謝陳旭	1094-884- 9
奏狀乞每日坐前後殿	1094-870- 8	奏狀論陳旭自乞遠貶	1094-885- 9
奏狀乞給還太學田土房緡	1094-870- 8	奏劄論陳旭乞待罪	1094-885- 9
奏狀乞黜罷燕度	1094-871- 8	奏狀乞在私家聽候貶竄	1094-887- 10
奏狀乞請科場事件	1094-871- 8	奏狀乞辨陳旭姦邪	1094-887- 10
奏狀乞避知雜御史范鎮	1094-873- 9	奏狀乞減舉人年限俾就廷試	1094-888- 10
奏狀乞榜示行禮百官不得移易幕次	1094-873- 9	奏劄乞早除陳旭外任	1094-888- 10
奏狀再乞避范鎮	1094-873- 9	奏疏乞速行退罷陳旭次解天下之惑附貼黃	1094-888- 10
奏狀乞勘驗王道在街坊稱寃	1094-873- 9	奏劄乞以論陳旭章奏付外施行	1094-890- 10
奏狀乞許諸路慶賀章表入遞附奏	1094-874- 9	奏劄論陳旭乞閒漫州軍差遣	1094-891- 10
奏狀論恭謝禮畢恩赦轉官制度	1094-874- 9	奏狀論程戡縱夏國酋長入境乞罷職任	1094-891- 10
奏狀乞追還內降指揮	1094-874- 9	奏狀乞罷天下均稅	1094-891- 10
奏狀乞戒勵嚴慶孫等不肅事	1094-875- 9	奏劄以論陳旭再乞知州軍差遣	1094-892- 10
奏狀乞降指揮內臣入蜀只許住益州十日	1094-875- 9	奏劄乞留右正言王陶在院供職	1094-892- 10
奏狀乞止絕川路州軍送遺節酒	1094-875- 9	奏劄乞罷制置條例司及諸路提舉官	1094-892- 10
		知睦州到任謝上表	1094-893- 10
		謝恤刑詔書表	1094-893- 10

四庫全書文集篇目分類索引

梓州路轉運使到任謝上表　1094-894- 10
益州路轉運使到任謝上表　1094-894- 10
知處州到任謝上表　1094-895- 10
守殿中侍御史舉屯田員外郎方任
　自代狀　1094-895- 10
舉睦州壽昌縣令鄭謂狀　1094-895- 10
舉睦州分水縣令江震狀　1094-896- 10
舉睦州巡茶鹽董詔狀　1094-896- 10
舉監睦州清酒務自昭明狀　1094-896- 10
舉睦州兵馬都監魏寅狀　1094-896- 10
舉睦州團練推官姚甫狀　1094-896- 10
舉睦州司理參軍連希元狀　1094-896- 10
舉睦州建德縣令周演狀　1094-896- 10
舉睦州司法參軍朱伯玉狀　1094-896- 10
奏狀乞將合轉官資回贈兄　1094-896- 10
行右司諫舉尚書度支員外郎蘇宷
　自代狀　1094-897- 10
舉丘與權充直講狀　1094-897- 10
舉禮賓副使李泰閣門祗候魏笈充
　將領狀　1094-897- 10
舉六宅副使王訢充將領內殿崇班
　劉輔充行陣戰鬬狀　1094-897- 10
請留歐陽修等供職（疏）　1350-507- 48
● 趙　孚宋
四裔（疏）——禦戎之策　442-566-342
● 趙　典漢
賞罰（疏）　438-355-187
諫開鴻池奏　1397-344- 16
論封爵奏　1397-344- 16
● 趙　亮宋
秀州到任謝表　1352-214-6上
● 趙　拓（母）周
任將（疏）　439-687-236
● 趙　胡漢
上武帝書　1396-644- 22
● 趙　祐（等）漢
諡號（議）——請爲沖母虞大家
　質帝母陳夫人加稱號　440-880-281
請追尊虞大家除夫人奏　1397-387- 18
● 趙　奢周
征伐（疏）　439-447-226
● 趙　倩宋
水利（疏）——上河議略　440-187-251
水利（疏二則）　440-188-251
● 趙　湘宋

慎刑疏　439-195-216
● 趙　普宋
上太宗論彗星（疏）　431-402- 37
上太宗薦張齊賢可任爲相（疏）　431-548- 46
上太祖請行百官考績（疏）　431-863- 72
上太宗請班師（疏）附手詔子　432-601-129
薦張齊賢（疏）　436-656-132
考課（疏）　437-711-171
賞罰（疏）　438-365-187
赦宥疏——敗官抵罪不宜因郊特
　禮而貸免　439-250-218
赦宥（疏）——論因郊禮議赦　439-250-218
征伐（疏）——乞班師奏　439-549-230
漕運（疏）　440-416-261
災祥（疏）　441-324-298
四裔（疏）——上禦戎策　442-562-342
雍熙三年請班師（疏）　1350-414- 41
論慧星（疏）　1350-415- 41
● 趙　雲蜀漢
諫征孫權　1476- 86- 5
● 趙　逵宋
謝狀元及第表　1352-229-6中
● 趙　鼎宋
陳防秋利害（疏）　1128-636- 1
論屯兵疏——建炎三年　1128-637- 1
論時政得失（疏）　1128-638- 1
論明善惡是非（疏）　1128-639- 1
乞不指前朝過失狀　1128-641- 1
願法太祖仁宗詔　1128-641- 1
論聽納不譖（疏）　1128-641- 1
請嚴軍功疏——建炎三年　1128-642- 1
乞措置吏部參選事（疏）　1128-643- 1
論省部取受（疏）　1128-643- 1
論役法詔　1128-643- 1
乞勸獎翟興（疏）　1128-644- 1
論防江民兵（疏）　1128-644- 1
論敵退事宜（疏）　1128-646- 1
論修具事宜（疏）　1128-646- 1
論西幸事宜狀　1128-647- 1
論駐蹕戎服（疏）　1128-648- 1
論畏避苟且欲上下任責（疏）　1128-648- 1
論回蹕（疏）　1128-649- 1
論親征（疏）　1128-649- 1
論放商稅等事狀　1128-650- 1
乞令侍從薦舉人才（疏）——建

炎四年五月十一日
論福建兩川鹽法奏 1128-651- 1
乞支降岳飛軍馬錢糧狀 1128-651- 1
乞下湖北帥司隄備賊馬狀 1128-652- 1
乞下湖北帥司防托武昌等處狀 1128-652- 1
知洪州乞支降錢米狀附貼黃 1128-654- 2
奉乞應副李橫狀附貼黃 1128-655- 2
乞撥米應副襄陽李橫軍馬狀 1128-656- 2
乞免上供紙（疏） 1128-656- 2
乞下鄰路防托虔寇（疏） 1128-657- 2
乞免勘喬信（疏） 1128-657- 2
乞免攝文廣狀 1128-658- 2
措置防秋事宜（疏） 1128-658- 2
乞於岳鄂屯駐岳飛人馬狀 1128-660- 2
奏乞節制岳飛狀 1128-660- 2
乞收留宿遷官吏狀附貼黃 1128-660- 2
乞曲赦虔寇（疏） 1128-661- 2
除宣撫處置使朝辭疏 1128-661- 2
奏乞參酌呂頤浩等申請指揮狀 1128-662- 2
條具宣撫處置使司畫一利便狀 1128-663- 2
乞辟差官屬依例帶出見任職事狀 1128-667- 2
論防邊第一二疏 1128-668- 2
乞降指揮棒管糧食狀 1128-670- 2
乞降旨乘載輜重老小船並合逐軍
　　自行備辨狀 1128-670- 2
除右相論防秋（疏）附貼黃 1128-672- 3
乞親筆付諸將防托（疏） 1128-673- 3
措置防托畫一事宜狀 1128-674- 3
論親征（疏） 1128-674- 3
奉承楚事宜狀 1128-675- 3
奏呂祉所陳狀 1128-675- 3
論降親筆付郡溥等（疏） 1128-675- 3
乞除朱震職名狀 1128-675- 3
乞許亢宗與職名除郡（疏） 1128-676- 3
進廖剛世綵堂集翁 1128-676- 3
奏某人差除狀 1128-676- 3
乞追贈邵伯溫狀 1128-676- 3
論行遣章蔡狀 1128-677- 3
援任申先第一疏附貼黃 1128-677- 3
援任申先第二疏 1128-678- 3
乞劉寧止等上殿（疏） 1128-678- 3
乞抑內侍奏 1128-678- 3
知紹興乞差兵馬防海道（疏） 1128-679- 3
經筵論事第一二疏 1128-680- 3
建康府軍兵強奪民物等狀 1128-682- 3

論水軍作賊箚子 1128-683- 3
奏韓世忠屯軍事宜狀 1128-683- 3
乞辨黃鍛事（三則）——紹興七
　　年十二月十九日 1128-684- 3
請與潘良貴等職名宮觀狀 1128-684- 3
乞賜岳飛親筆 1128-685- 3
罷政奉祠奏議——紹興九年正月
　　十六日 1128-685- 3
辭免知樞密院川陝宣撫處置使（
　　表） 1128-686- 4
謝除知樞密院事川陝宣撫處置使
　　（表） 1128-686- 4
重修神宗皇帝實錄繳進表 1128-687- 4
辭免實錄成除特進表 1128-688- 4
謝恩數（表） 1128-688- 4
謝史館進書回授恩例表 1128-688- 4
謝生日賜牲饌表——紹興六年 1128-689- 4
謝知紹興到任（表） 1128-689- 4
謝進哲宗實錄書成除特進表 1128-689- 4
謝再除紹興到任表 1128-690- 4
謝泉州到任表 1128-690- 4
泉州謝落節表 1128-690- 4
謝到潮州安置表 1128-691- 4
謝到吉陽軍安置表 1128-691- 4
●趙　葵 宋
到任謝表 489-430- 36
辭免轉官表 489-431- 36
●趙　煚 北周
征伐疏——詔伐齊將出河陽 439-523-229
請赦斛斯徵密奏 1400- 99- 2
●趙　憬（等）唐
審官六議 436-632-131
●趙　霈 宋
治安箚子 1354-288- 35
●趙　熹 漢
封禪（疏） 441-221-294
太尉趙熹等奏 1397- 34- 2
請封禪奏附光武詔報（二則） 1397-136- 7
●趙　霖 宋
水利（疏）——上平江水利策 440-225-2533
●趙　逼 宋
上徽宗乞撫存北狄（疏）附貼黃 432-800-140
●趙　錦 明
災變請黜奸臣疏 445-402- 25
●趙　瞻 宋

四庫全書文集篇目分類索引　1589

上英宗論皇子三位當示降差（疏）　431-353- 32
上英宗論差中官爲陝西鈐轄（疏二則）　431-758- 62
上英宗論五路置帥不當更以馬京爲安撫（疏）　431-796- 65
上英宗乞許張弁程戡致仕（疏）　431-882- 74
上英宗論不當罷集議乞別降詔以王珪等議爲定（疏）　432-105- 89
上英宗論追奉濮王六說（疏）　432-118- 90
上英宗論典禮必與士大夫公議並乞降黜（疏）　432-119- 90
上英宗論京東盜賊（疏）　432-842-144
治道（疏）　433-855- 34
宗室（疏）　435-192- 71
禮樂（疏）——議追崇濮安懿王　436-374-120
賞罰（疏）　438-382-188
任將（疏）——論五路置帥不當更以馮京爲安撫狀　439-736-237
任將（疏）——論差中官爲陝西鈐轄狀（二則）　439-736-237
水利（疏）　440-163-250
諡號（議）——濮安懿王尊號議　440-903-282
禮臣（疏）　441- 65-286
弭盜（疏）——論京東盜賊疏　441-788-318
再論差平官爲陝西鈐轄狀　556-204- 87

● 趙士麟 清

臺灣善後疏　570-401-29之4

● 趙子潚（等）宋

水利（疏）　440-232-253

● 趙之符 清

敬陳民因疏　506-248- 94

● 趙元僖 宋

薦趙普（疏）　436-655-132

● 趙元鎮 宋

治道（疏）　434-342- 48
法祖（疏）　435- 14- 69
經國（疏四則）　435-425- 86
都邑（疏）——論西幸事宜（二則）　436- 19-103
仁民（疏）　436-109-107
禮樂（疏）——論駐蹕戎服疏　436-386-120
用人（疏）——援潘良貴常同事　437- 15-142
用人（疏）附貼黃　437- 16-142
用人（疏）　437- 17-142
知人（疏）——除宣撫處置使朝

辭　437-354-156
選舉（疏二則）　437-647-169
去邪（疏）——條具時政得失　438-248-182
賞罰（疏）——論賞罰不明舉二人爲例　438-400-188
聽言（疏）——論聽納不譚疏　438-823-205
法令疏　439-132-213
赦宥（疏）——乞曲赦虔寇疏　439-261-218
兵制（疏）——論應慎選三衙之軍　439-359-222
兵制（疏）——論王璉軍馬城外駐割事　439-359-222
兵制（疏）——論防秋奏　439-360-222
兵制（疏）　439-360-222
征伐（疏）——論防江民兵奏　439-600-232
征伐（疏）——論親征奏（二則）　439-602-232
征伐（疏二則）　439-603-232
任將（疏）　439-759-238
賦役（疏）——論役法疏　440-345-258
理財（疏）——論福建兩川鹽法奏　440-644-270
褒贈（邵伯溫疏）　441- 32-284
近習（疏）——乞抑內侍奏　441-213-293
禦邊（疏）　442-343-334
禦邊（疏）——論防秋利害　442-343-334
禦邊（疏）　442-344-334
禦邊（疏）——乞下湖北帥司隄備賊馬上　442-346-334

● 趙天麟 元

君德（疏三則）　433-126- 5
郊廟（疏）——論廟制　433-551- 22
治道（疏）　434-833- 66
法祖（疏）　435- 43- 70
儲嗣（疏）　435-115- 73
宗室（疏二則）　435-208- 77
仁民（疏）　436-163-109
務農（疏）　436-194-111
田制（疏）　436-206-112
禮樂（疏）　436-392-120
祭禮（疏）　436-527-126
用人（疏）——上太平金鏡策　437-248-152
用人（疏）——論禮大賢策　437-250-152
用人（疏）——論清閫閱　437-251-152
用人（疏）——論束利官　437-252-152
知人（疏）——上太平金鏡策論

史部

詔令奏議類：附錄

奏議上十四畫

考幽明　　　　　　　　　　　　437-379-158
建官（疏）——上策（三則）　　437-482-162
選舉（疏）——上策　　　　　　437-695-170
去邪（疏）——上太平金鏡策　　438-347-186
賞罰（疏）——上策　　　　　　438-432-189
節儉（疏）——上策　　　　　　438-492-192
戒逸欲（疏二則）　　　　　　　438-552-195
謹名器（疏二則）　　　　　　　438-638-198
求言（疏二則）　　　　　　　　438-687-200
聽言（疏二則）　　　　　　　　438-878-207
法令疏——上太平金鏡策　　　　439-145-214
慎刑疏（三則）　　　　　　　　439-233-217
赦宥（疏）　　　　　　　　　　439-263-218
兵制（疏）　　　　　　　　　　439-428-224
征伐（疏）　　　　　　　　　　439-683-235
任將（疏三則）　　　　　　　　439-826-241
馬政（疏）　　　　　　　　　　439-848-242
荒政（疏）　　　　　　　　　　440-132-248
賦役（疏）　　　　　　　　　　440-377-259
賦役（疏）——上寬逃民策　　　440-378-259
賦役（疏）——上薄差稅策　　　440-379-259
屯田（疏）　　　　　　　　　　440-404-260
漕運（疏）　　　　　　　　　　440-424-261
理財（疏二則）　　　　　　　　440-709-273
崇儒（疏）　　　　　　　　　　440-735-274
律歷（疏）——論同制度疏　　　440-878-280
禮臣（疏）　　　　　　　　　　441- 89-286
巡幸（疏）　　　　　　　　　　441-110-287
營繕（疏）　　　　　　　　　　441-760-316
進太平金鏡策表　　　　　　　　541-334-35之3
● 趙弘恩清
江南通志表　　　　　　　　　　507- 44- 附
● 趙弘燦明
請添設汛防疏　　　　　　　　　564-872- 62
● 趙世卿明
國用匱令有由疏　　　　　　　　1453-529- 58
● 趙充國漢
禦邊（疏）　　　　　　　　　　442- 3-320
上書陳兵利害　　　　　　　　　558-577- 45
上屯田奏　　　　　　　　　　　558-578- 45
復奏屯田　　　　　　　　　　　558-579- 45
復上屯田奏　　　　　　　　　　558-579- 45
趙充國上屯田奏（三則）　　　　1355-286- 10
控制西羌事宜奏（疏）　　　　　1360- 93- 5
陳兵利害（奏疏）　　　　　　　1360- 94- 5
上屯田奏（三則）　　　　　　　1360- 95- 5
　　　　　　　　　　　　　　　1377-215- 10
駁辛武賢議羌事奏附宣帝書　　　1396-452- 13
陳兵利害疏附宣帝書　　　　　　1396-453- 13
上屯田奏附宣帝書　　　　　　　1396-454- 13
再上屯田奏附宣帝書　　　　　　1396-455- 13
三上屯田奏附宣帝書　　　　　　1396-456- 13
請罷屯兵奏　　　　　　　　　　1396-457- 13
上書陳兵利害　　　　　　　　　1402-446- 69
上屯田奏（三則）　　　　　　　1403-419-121
羌事對　　　　　　　　　　　　1403-618-145
陳兵利害書　　　　　　　　　　1417-270- 14
上屯田奏（三則）　　　　　　　1417-271- 14
● 趙申喬清
士民請謝特頒上諭疏　　　　　　534-422- 93
遵諭撫苗摺　　　　　　　　　　534-423- 93
報撫苗漸有就緒摺　　　　　　　534-424- 93
議覆地丁漕項疏　　　　　　　　534-425- 93
題苗邊定例九款疏　　　　　　　534-426- 93
請將倉穀多借疏　　　　　　　　534-429- 93
三叩聖恩預撥兵米疏　　　　　　534-430- 93
● 趙冬曦唐
法令（疏）　　　　　　　　　　439- 41-209
● 趙用賢明
星變陳言疏　　　　　　　　　　1403-353-117
● 趙必愿宋
治道（疏）　　　　　　　　　　434-762- 64
理財（疏）　　　　　　　　　　440-705-273
災祥（疏）——上封事　　　　　441-609-310
災祥（疏）　　　　　　　　　　441-609-310
● 趙安仁宋
上眞宗答詔論邊事（疏）　　　　432-618-130
禦邊（疏）——答詔論邊事　　　442- 73-322
● 趙汝愚宋
進宋名臣奏議箚子　　　　　　　431- 7- 附
進宋名臣奏議序　　　　　　　　431- 8- 附
孝親（疏六則）　　　　　　　　433-314- 12
治道（疏）——論左右潛窺聖意
　密預政機疏　　　　　　　　　434-444- 52
治道（疏）——論治效遲速疏　　434-445- 52
治道（疏）——乞與大臣建久安
　之策疏　　　　　　　　　　　434-446- 52
治道（疏）——論治體及蜀風俗
　疏　　　　　　　　　　　　　434-446- 52
治道（疏）——乞謹天戒順人情

圖久安之計疏　434-448- 52
治道（疏）——乞凡事責成於有司疏　434-449- 52
治道（疏）——乞廣聖志選群才疏　434-449- 52
治道（疏）　434-603- 57
法祖（疏）　435- 21- 69
經國（疏）——論恢復奏　435-644- 94
經國（疏）——乞撫安歸正人疏　435-645- 94
經國（疏）——上自治之策　435-646- 94
仁民（疏）——論福州便民事疏　436-136-108
仁民（疏）——乞告戒監司郡守求裕民之術疏　436-137-108
仁民（疏）——乞免除拆居民屋守疏　436-138-108
仁民（疏）——乞置總首統轄金洋州歸正人疏　436-138-108
仁民（疏）　436-139-108
學校（疏）　436-269-115
風俗（疏）——申請舉子倉事　436-304-117
禮樂（疏）——乞編類隆興以後聘使儀禮疏　436-391-120
奏請車駕過宮執喪成禮疏（二則）　436-474-124
論山陵三事奏　436-492-125
論山陵乞遵用七月之制統　436-494-125
論山陵乞下禮官詳議疏　436-495-125
論山陵利害乞付有司集議疏　436-495-125
用人（疏）——論得國者必有復心之臣上疏　437- 55-144
用人（疏）——乞甄敘商榮付安撫司自效附　437- 55-144
用人（疏）——按知金州秦嵩狀　437- 56-144
用人（疏）——薦陳葵趙幼聞王聞待　437- 58-144
用人（疏）——薦進士劉伯熊常坦　437- 59-144
用人（疏）——乞諸軍各置參謀官狀　437- 59-144
用人（疏）——乞罷諸軍承受　437- 60-144
用人（疏）——奏薦張漢卿元汝楫狀　437-121-147
用人（疏）——薦蜀中三縣令狀　437-122-147
用人（疏）——應詔薦李信甫徐誼鄭湜王聞禮范蓀楊翼之狀　437-122-147
建官（疏）　437-471-162
選舉（疏五則）　437-667-169
選舉（疏二則）　437-686-170
去邪（疏）——乞按吳宗旦張伯玫疏　438-276-183
去邪（疏）——按汀守趙汝劼奏　438-277-183
去邪（疏）——繳韓彥質除知臨安府　438-277-183
去邪（疏）——按高棐龔史良奏　438-278-183
賞罰（疏）　438-418-189
勤政（疏二則）　438-444-190
節儉（疏）——奏便民事宜　438-487-192
節儉（疏）　438-489-192
戒逸欲（疏）　438-545-195
慎微（疏）——論國家安危所繫四事奏　438-582-196
聽言（疏）——論聽言疏　438-851-206
法令（疏）——繳論張時中獄事狀　439-142-214
兵制（疏）——乞於關外招刺義勇軍疏　439-395-223
兵制（疏）——論諸州廂禁軍之弊奏　439-396-223
征伐（疏）——乞力行自治之計　439-646-234
任將（疏）——薦將帥奏　439-794-240
任將（疏）——論軍制疏（二則）　439-806-240
荒政（疏）　440- 94-247
荒政（疏）——乞選江北監司守臣接納流民耕種疏　440- 95-247
荒政（疏）——乞蠲放旱傷州郡夏稅身丁錢疏　440- 96-247
荒政（疏）——乞置社倉濟鄉民疏　440- 96-247
荒政（疏）——奏綿竹什邡二縣饑民賑濟疏　440- 99-247
理財（疏）——乞選通練公方之士與諸路漕臣講求所部財用奏　440-673-272
襃贈（宋汝爲疏）　441- 35-284
襃贈（疏）——乞襃表孫松壽　441- 36-284
近習（疏）——乞罷陳源添差總管奏　441-214-293
災祥（疏）——乞降詔求言疏　441-545-307
災祥（疏）——論客星出傳舍疏　441-546-307
營繕（疏）——陳便民事宜　441-759-316
弭盜（疏）——論汀贛盜賊利害奏（二則）　441-825-319

禦邊（疏）——論邊防　442-408-336
禦邊（疏）——乞嚴戒沿邊官吏
　禁戢邊民生事疏　442-409-336
四裔（疏）——論金國人使生事
　狀　442-739-349
●趙汝談宋
寧宗升遐慰皇帝表　1382-386-下之2
皇太子薨慰寧宗表　1382-387-下之2
●趙汝謙宋
江西提舉到任謝表　1352-197-5中
●趙汝騰宋
去邪（疏）　438-340-186
寶祐改元賀表　1181-257- 3
皇子進封忠王賀表　1181-257- 3
天基節賀表（五則）　1181-258- 3
元正賀表　1181-259- 3
皇太子冠禮賀表　1181-259- 3
明堂慶成賀表　1181-259- 3
明堂賀表　1181-259- 3
明堂禮成賀表　1181-260- 3
聖製忠邪辨謝表　1181-260- 3
賜御書蘭亭詩序謝表　1181-261- 3
賜御製訓廉謹刑謝表　1181-261- 3
賜御製詩扆香茶謝表　1181-261- 3
宣賜曆日謝表（四則）　1181-262- 3
宮祠謝表　1181-262- 3
授寶章閣學士告謝表　1181-263- 3
御書建安書院四大字謝表　1181-263- 3
謝授龍圖閣學士知建寧府表　1181-264- 3
知建寧府謝到任表　1181-264- 3
授兼侍讀告謝表　1181-265- 3
侍讀謝告表　1181-265- 3
知婺州謝到任表　1181-266- 3
溫州到任謝表　1181-266- 3
權吏部侍郎謝告表　1181-267- 3
吏部侍郎謝告表　1181-267- 3
權工部尙書謝告表　1181-268- 3
謝進開國伯加食邑表　1181-268- 3
明堂賜筠謝表　1181-269- 3
內引箚子（二則）附貼黃（二則）　1181-270- 4
繳趙以夫不當爲史館修撰事奏　1181-275- 4
王晉勉諭入門回奏　1181-276- 4
辭免復職與宮觀奏狀　1181-277- 4
再辭免除寶章閣學士提舉隆興府
　玉隆萬壽宮恩命奏狀　1181-277- 4
三辭免除寶章閣學士恩命奏狀　1181-277- 4
四除免除寶章閣學士恩命奏狀　1181-278- 4
五辭免寶章閣學士恩命奏狀
　附貼黃　1181-279- 4
六辭免除寶章閣學士恩命奏狀　1181-280- 4
●趙匡本唐
舉選議　1340-452-765
●趙光奇唐
賦役（疏）　440-270-255
●趙宏恩清
恭題卿雲獻瑞疏　534-444- 93
●趙完璧明
擬上元觀燈賜宴輔臣謝表　1285-620- 7
擬夏日賜扇羣臣謝表　1285-621- 7
擬宋論翊戴功加石守信等官爵謝
　表　1285-623- 7
●趙良弼宋
四裔（疏）　442-754-350
●趙志皐明
請保護聖躬疏　445-494- 31
寧夏兵變疏　445-506- 31
論寧夏事並陳時政疏　445-507- 31
再救降諭各官疏　445-527- 32
弼變修省疏　445-530- 32
乞振朝綱疏　445-532- 32
請補本兵疏　445-534- 32
再催補本兵疏　445-535- 32
請儲邊材疏　445-536- 32
陳議兵事疏　445-537- 32
●趙君錫宋
上神宗乞惟設昊天上帝一坐（疏）　432- 75- 86
郊廟（疏）——乞惟設昊天上帝
　一坐奏　433-487- 20
●趙伯符劉宋
以息倦犯罪乞解侍中護軍表　1398-736- 13
●趙伯遜宋
復官殿官賣法杜絕科抑議　568-121-102
●趙布言宋
郊廟（疏）　433-436- 18
●趙廷臣清
廣教化疏　572-213- 35
●趙秉文金
理財（疏）　440-709-273
禦邊（疏）　442-494-339
統軍謝免罪表　1190-185- 10

四庫全書文集篇目分類索引

進呈章宗皇帝實錄表　1190-185-10
上遵號表　1190-186-10
平章謝無諭表　1190-187-10
車駕幸慶寧宮皇妃起居表（二則）　1190-188-10
百官起居表　1190-188-10
閏月表　1190-188-10
樞密左丞授平章政事（謝）表　1190-188-10
平章授左副元帥謝表　1190-189-10
謝宣慰賜夫人葬賻贈龍腦水銀錦段表　1190-189-10
平章左副元帥謝宣諭賜馬鞍具兔鶻匹段藥物表　1190-190-10
謝宣諭生禽賊將田俊邁表　1190-190-10
謝宣諭破壽蔡州賊賜玉靶劍玉荷蓮盞一隻金一百兩內府段子十匹表　1190-190-10
丞相謝過表　1190-191-10
禰禮慶成表　1190-191-10
平章乞致仕表　1190-191-10
賀立皇太子表　1190-192-10
左參政乞致仕表　1190-192-10
宰相爲蝗生乞罪表　1190-192-10
宣宗謚議　1190-249-18
明惠皇后謚議　1190-251-18
書雷司直奏牘後　1190-261-20
題東坡乞常州奏草　1190-263-20
●趙延義 後漢
災祥（疏）　441-320-298
●趙彥丞 宋
謝除知舒州表　1352-180-5上
●趙彥若 宋
上神宗乞立宗子課試法（疏）　431-355-32
宗室（疏）　435-199-77
●趙彥端 宋
賀皇帝登極表　1352-15-1上
賀皇帝登極表　1352-17-1上
賀天申節表　1352-29-1上
賀册皇后表　1352-40-1中
賀改元表　1352-50-1下
賀正表　1352-53-1下
賀籍田表　1352-64-2上
賀籍田表（二則）　1352-65-2上
車駕親征起居表　1352-86-2中
車駕回鑾起居表　1352-87-2中
進銀表　1352-103-2下

慰國哀上皇帝表　1352-106-3上
●趙南星 明
陳天下四大害疏　445-501-31
再剖良心疏　1403-389-118
●趙貞吉 明
宣諭將士疏　1403-304-113
議邊事疏　1403-305-113
●趙皇后（漢成帝后）
奏牋成帝附成帝答一則　1396-278-5
●趙師必 宋
石泉軍到任謝表　1352-215-6上
●趙師民 宋
聖學（疏）——上勸講箚　433-137-6
聖學（疏）——講詩如彼泉流　433-138-6
災祥（疏）　441-370-300
●趙崇鼎 宋
災祥（疏）　441-600-309
●趙善括 宋
建明奏議　1159-3-1
嚴賞罰奏議　1159-3-1
宗室補試簉務奏議　1159-4-1
差役奏議　1159-5-1
免臨安丁役奏議　1159-6-1
乞免臨安府丁錢（奏議）　1159-6-1
公薦舉奏議　1159-7-1
時務奏議　1159-8-1
鄂州三筍子　1159-8-1
●趙善俊 宋
江西副運使到任謝表　1352-189-5中
●趙景緯 宋
知人（疏）——論監司守令　437-373-158
災祥（疏）　441-679-313
災祥（疏）　441-693-314
●趙順孫 宋
荒政（疏）　440-130-248
●趙鼎臣 宋
治道（對策）　434-253-44
學校（疏）——乞駐蹕府學筍子　436-254-115
水利（疏）——繳進河議奏狀　440-228-253
褒贈（疏）　441-28-284
四裔（疏）——代條具北邊事宜　442-680-347
夏祭禮畢賀表　1124-171-8
天寧節賀表（三則）　1124-171-8
謝復官表　1124-171-8
賜劳謝表　1124-172-8

史部

詔令奏議類：附錄

奏議上十四畫

太后還政代賀表　　　　　　　　1124-172- 8
代賀元會表　　　　　　　　　　1124-173- 8
代慰耐廟表　　　　　　　　　　1124-173- 8
代賀收復銀州表　　　　　　　　1124-173- 8
代賀收復鄜廓州表　　　　　　　1124-173- 8
代賀河平表　　　　　　　　　　1124-174- 8
代賀九鼎赦書表　　　　　　　　1124-174- 8
代謝除侍讀表　　　　　　　　　1124-174- 8
代謝兼侍讀表（上皇帝）　　　　1124-175- 8
代謝賜詔書表　　　　　　　　　1124-176- 8
代謝轉金紫表　　　　　　　　　1124-176- 8
代謝除刑部尚書表　　　　　　　1124-176- 8
代謝開封（府）尹到任表　　　　1124-177- 8
登州謝表　　　　　　　　　　　1124-178- 8
代杭州宇文侍郎謝到任表　　　　1124-178- 8
代進瑞應圖箚子　　　　　　　　1124-179- 9
代乞駐蹕府學箚子　　　　　　　1124-179- 9
代奏陳畿內有行義孝悌之民箚子　1124-180- 9
代開封府尹奏獲到關遺物箚子（
　　二則）　　　　　　　　　　1124-181- 9
代乞郵趙提刑狀　　　　　　　　1124-182- 9
越州大禹寺奏請名額狀　　　　　1124-182- 9
代辭免轉官狀　　　　　　　　　1124-183- 9
代奏芝草狀　　　　　　　　　　1124-184- 9
薦霍侍禁換文資狀　　　　　　　1124-184- 9
繳進河議奏狀　　　　　　　　　1124-184- 9
賀獄空表　　　　　　　　　　　1352- 66-2上
賀元圭表　　　　　　　　　　　1352--69-2上
賀日有承戴二氣表　　　　　　　1352--69-2上
賀太陽不虧表　　　　　　　　　1352--70-2上
賀禁中出醴泉表　　　　　　　　1352- 70-2上
賀甘露表　　　　　　　　　　　1352- 70-2上
賀芝草表　　　　　　　　　　　1352- 71-2上
賀左藏生芝草表　　　　　　　　1352- 72-2上
賀紅鹽表　　　　　　　　　　　1352- 72-2上
賀王屋山天尊降表　　　　　　　1352- 72-2上
請車駕東封表（二則）　　　　　1352- 88-2中
請車駕幸洛表　　　　　　　　　1352- 90-2中
慰掖皇堂表　　　　　　　　　　1352-107-3上
慰耐廟表　　　　　　　　　　　1352-108-3上
乞致仕表　　　　　　　　　　　1352-276-7下
● 趙增壽 漢
陳湯惑衆議附成帝制　　　　　　1396-504- 15
又白解萬年（疏）　　　　　　　1396-504- 15
● 翟 酺 漢

外戚疏　　　　　　　　　　　　441-124-288
貴戚用威權疏　　　　　　　　　1360-163- 9
諫安帝寵幸外戚書　　　　　　　1397-241- 11
上順帝興學奏　　　　　　　　　1397-242- 11
陳圖書之意奏　　　　　　　　　1397-243- 11
諫外戚疏　　　　　　　　　　　1417-387- 19
● 翟方進 漢
建官（疏）　　　　　　　　　　437-382-159
去邪（疏）——論王立　　　　　438- 5-173
劾涓勳奏　　　　　　　　　　　1355-307- 11
劾陳咸等奏　　　　　　　　　　1355-308- 11
劾涓勳奏　　　　　　　　　　　1377-219- 10
劾陳咸等奏　　　　　　　　　　1377-220- 10
劾陳慶奏　　　　　　　　　　　1396-510- 16
劾涓勳奏附平當奏　　　　　　　1396-510- 16
劾陳咸逢信奏　　　　　　　　　1396-511- 16
劾陳咸舉方正奏　　　　　　　　1396-511- 16
劾王立黨友奏　　　　　　　　　1396-511- 16
立中山定陶王議附孔光議　　　　1396-512- 16
淳于長小妻罪議附孔光議　　　　1396-512- 16
請免騎都尉奏（二則）　　　　　1396-512- 16
劾涓勳　　　　　　　　　　　　1403-570-140
劾陳咸等　　　　　　　　　　　1403-571-140
● 翟汝文 宋
禦邊（疏）——應詔條具敵退利
　　害狀　　　　　　　　　　　442-379-335
代賀受降表　　　　　　　　　　1129-231- 5
賀收復湟鄯表　　　　　　　　　1129-231- 5
天寧節賀表　　　　　　　　　　1129-232- 5
代賀進築安化三州表　　　　　　1129-232- 5
代謝賜玉帶表　　　　　　　　　1129-233- 5
謝除書舍人表　　　　　　　　　1129-233- 5
齊州到任謝表　　　　　　　　　1129-234- 5
唐州到任表　　　　　　　　　　1129-234- 5
唐州罷任除宮觀表　　　　　　　1129-235- 5
陳州到任表　　　　　　　　　　1129-235- 5
賀元會表（二則）　　　　　　　1129-236- 5
謝賜歷日表（二則）　　　　　　1129-237- 5
代辭太師表　　　　　　　　　　1129-237- 5
代謝拜太師表　　　　　　　　　1129-237- 5
代謝賜第表　　　　　　　　　　1129-238- 5
賀日有載承表　　　　　　　　　1129-238- 5
辭免同修哲宗皇帝國史表　　　　1129-238- 5
賀燕樂成表　　　　　　　　　　1129-239- 5
謝幸新省賜手詔表　　　　　　　1129-239- 5

賀夏祭禮成表　　　　　　　　　　1129-240-　5
賀瑞木表　　　　　　　　　　　　1129-240-　5
賀臨華門生芝草表　　　　　　　　1129-240-　5
賀芝草竹實碧牡丹表　　　　　　　1129-241-　5
賀五月一日陽和殿奉安雲物臨壇
　表　　　　　　　　　　　　　　1129-241-　5
賀宣和殿桂樹生玉芝表　　　　　　1129-241-　5
宣州到任表　　　　　　　　　　　1129-242-　6
廬州到任表　　　　　　　　　　　1129-242-　6
密州到任表　　　　　　　　　　　1129-243-　6
賀破夏賊界捷表　　　　　　　　　1129-243-　6
代賀鄆州賈谷山得明堂大石表　　　1129-244-　6
賀建明堂表　　　　　　　　　　　1129-244-　6
賜神霄宮戟表　　　　　　　　　　1129-245-　6
謝宮觀表　　　　　　　　　　　　1129-245-　6
謝致仕表　　　　　　　　　　　　1129-245-　6
謝落致仕再除宮觀表　　　　　　　1129-246-　6
謝再除給事中罷職宮觀表　　　　　1129-246-　6
賀平睦州表　　　　　　　　　　　1129-247-　6
代謝史成加恩表　　　　　　　　　1129-247-　6
賀收復燕雲表　　　　　　　　　　1129-248-　6
賀皇太后受册寶表　　　　　　　　1129-248-　6
賀道君傳位表　　　　　　　　　　1129-249-　6
謝宣召入院表　　　　　　　　　　1129-249-　6
謝賜衣帶馬鞍表　　　　　　　　　1129-250-　6
謝除顯謨閣學士知越州表　　　　　1129-250-　6
謝除顯謨閣待制知宣州表　　　　　1129-250-　6
越州到任表　　　　　　　　　　　1129-251-　6
賀皇帝登位表　　　　　　　　　　1129-251-　6
越州謝降官降職表　　　　　　　　1129-251-　6
收復杭州表　　　　　　　　　　　1129-252-　6
謝除龍學宮觀表　　　　　　　　　1129-253-　6
謝翰林承旨勿記表　　　　　　　　1129-253-　6
辭參知政事表　　　　　　　　　　1129-253-　6
賀日蝕不應表　　　　　　　　　　1129-254-　6
謝穆清殿賜宴表　　　　　　　　　1129-254-　6
謝復端明殿學士表　　　　　　　　1129-255-　6
謝復資政宮觀表　　　　　　　　　1129-255-　6
代乞致仕表　　　　　　　　　　　1129-255-　6
辭免創修大晟樂章狀　　　　　　　1129-257-　6
中書舍人乞罷職狀　　　　　　　　1129-258-　6
乞致仕狀　　　　　　　　　　　　1129-258-　7
初除翰林學士辭免狀　　　　　　　1129-259-　7
翰林乞宮觀箚　　　　　　　　　　1129-259-　7
奏杭州軍賊嬰城判亂狀　　　　　　1129-260-　7

奏乞不許提刑司招安杭州軍賊專
　用兵進討狀　　　　　　　　　　1129-261-　7
奏爲提刑司不肯進兵專務招安乞
　暫委節制人馬討殺杭州軍賊狀　　1129-262-　7
奏爲杭州軍賊攻劫提刑不知所在
　乞朝廷遣重將將兵併力討殺狀　　1129-263-　7
分析統兵杭州城下不會合狀　　　　1129-264-　7
乞留浙東軍兵屯駐越州狀　　　　　1129-265-　7
越州奏乞不原赦斷推更吳言等贓
　罪狀　　　　　　　　　　　　　1129-266-　7
越州乞宮觀狀　　　　　　　　　　1129-267-　7
翰林承旨辭免狀　　　　　　　　　1129-267-　7
罷政乞宮觀狀　　　　　　　　　　1129-268-　7
辭免敍復端明殿學士狀　　　　　　1129-268-　7
辭免除資政殿學士狀　　　　　　　1129-268-　7
講筵乞刪略資治通鑑進讀箚　　　　1129-268-　7
勸移辟荊南箚子　　　　　　　　　1129-269-　7
應詔條具敵退上封事　　　　　　　1129-269-　7

● 閩人滋宋
選舉（疏）　　　　　　　　　　　437-648-169
● 閩人爽晉
去邪（疏）　　　　　　　　　　　438- 11-173
● 蒲宗孟宋
仕進抑塞（疏）　　　　　　　　　436-749-136
● 蒲禹卿前蜀
諫王衍疏　　　　　　　　　　　　1354-489- 18
● 蒲道源元
賀正表（二則）　　　　　　　　　1210-694- 15
（賀）聖節表（二則）　　　　　　1210-694- 15
賀正表　　　　　　　　　　　　　1210-695- 15
立皇太子賀表　　　　　　　　　　1210-695- 15
● 蓋　吳劉宋
上文帝歸順表（二則）附文帝詔報　1398-867- 18
● 蓋　延漢
上光武疏　　　　　　　　　　　　1397- 94-　5
● 蓋　苗元
巡幸（疏）——諫幸護國仁王寺
　泛舟玉泉　　　　　　　　　　　441-113-287
營繕（疏）——上封事　　　　　　441-761-316
● 蓋　勳漢
君德（疏）　　　　　　　　　　　433-　5-　1
● 蓋寬饒漢
奏宣帝封事　　　　　　　　　　　1396-458- 13
● 圖克坦鑑金
災祥（疏）　　　　　　　　　　　441-694-314

●暢　當（等）唐
喪禮（疏）　436-440-122
●箕　季周
戒伏欲（疏）　438-499-193
●滕　甫宋
上神宗謀伐西夏（疏）　432-754-178
安州謝上表　1350-711- 67
●滕　並晉
上議父廣州牧修諡表　1398-147- 7
●滕　昭明
成化七年漕利例奏　443-414- 22
●滕　康宋
災祥（疏）　441-501-305
●滕元發宋
知人（疏）　437-300-154
●熊　方宋
進補後漢書年表表　253-738- 附
（進）補後漢書年表狀　253-739- 附
●熊　克宋
經國（疏）　435-701- 96
●熊　相（等）明
（爲袁直臣以彰聖德事奏）　1269-1039-附
●熊　遠晉
治道（疏）　433-616- 25
經國（疏）　435-261- 79
務農（疏）　436-174-110
禮樂（疏）　436-324-118
征伐（疏）——論元帝親征杜弢　439-499-228
●熊一瀟清
遵諭陳言疏　517-121-118
●熊廷弼明
再請勅書關防疏　445-586- 35
陳河東諸城情形疏　445-588- 35
陳戰守大略疏　445-591- 35
請勅限發兵疏　445-593- 35
請處分以重封疆疏　445-597- 35
請勅臺臣查勘遼事疏　445-600- 35
●熊明遇明
極陳時弊疏　445-584- 35
●熊飛渭清
請復同仁祠置主並祀議　517-158-119
謹陳備禦情形等事議　568-405-114
查議編審議　568-406-114
●熊賜履清
遵諭陳言疏　534-454- 94

進呈大學衍義疏　1449-837- 28
●管　仲周
治道（疏）　433-556- 23
仁民（疏）　436- 52-105
仁民（疏）——以百姓爲天　436- 52-105
用人（疏三則）　436-577-129
知人（疏）　437-277-154
節儉（疏）　438-451-191
謹名器（疏）　438-587-197
征伐（疏）　439-450-226
理財（疏）　440-426-262
近習（疏）　441-166-291
封禪（疏）　441-220-294
論受鄭子華（諫）　1355-101- 4
　　1377-145- 4

●管　寧魏
辭徵懿　541-359-35之5
辭爵書　1361-559- 14
答禮遣疏　1361-559- 14
●雒　遵明
請墾屯田疏　558-599- 45
●雒於仁明
進四勿箴疏　1403-387-118
●僧嘉劣元
禮臣（疏）　441- 90-286
●裴　正隋
禮樂（疏）　436-347-119
樂疏　436-539-127
太子庶子攝太常少卿裴正奏　436-200- 1
●裴　秀晉
平吳表草附武帝詔報　1398-101- 6
奏事　1398-101- 6
●裴　炎唐
慎微（疏）　438-565-196
外戚（疏）　441-129-288
●裴　度唐
用人（疏）　436-648-131
用人（疏）　436-649-131
去邪（疏二則）　438- 37-174
去邪（疏）——論如何處置劉承
　偕　438- 38-174
勤政（疏）　438-436-190
巡幸（疏）——諫罷幸東都　441- 98-287
辭平章軍國重事表　549- 86-184
讓平章事表　1338-336-572

李大夫請朝觀表　　　　　　　1338-630-606
論請不用奸臣表（二則）　　　1338-796-625
論請不用奸臣表　　　　　　　1403-486-129
諫用皇甫鑄程异爲相疏　　　1417-742- 34
論魏弘簡元穎疏　　　　　　　1417-742- 34
諫用皇甫鑄程忌爲相　　　　1476-162- 9
論魏弘簡等疏　　　　　　　　1476-163- 9
●裴　垍 唐
賞罰（疏）——論承璀　　　　438-364-187
赦宥疏　　　　　　　　　　　439-249-218
●裴　郁 唐
郊廟（疏）　　　　　　　　　433-418- 17
●裴　祇 晉
乞絕從弟儀曹郎眼喪服表（五則
　）附韓壽等議　　　　　　　1398-106- 6
●裴　晃 唐
舉杭州刺史韋皐自代狀　　　1339- 60-638
●裴　矩 唐
法令疏——論吏多受略　　　　439- 39-209
四裔（疏）　　　　　　　　　442-527-340
四裔（疏）　　　　　　　　　442-528-340
四裔（疏）　　　　　　　　　442-530-341
奏高麗狀　　　　　　　　　　1400-369- 7
●裴　蕭 隋
上文帝書　　　　　　　　　　1400-360- 7
●裴　蕭 唐
用人（疏）　　　　　　　　　436-632-131
●裴　淮 唐
善繢（疏）　　　　　　　　　441-733-315
諫造金仙玉眞二觀表　　　　1338-758-621
●裴　潛 魏
征伐（疏）——論代郡單于爲亂　439-486-227
●裴　灃 唐
慎微（疏）——論方士韋山甫柳
　泌　　　　　　　　　　　　438-566-196
近習（疏）　　　　　　　　　441-174-291
諫遣內臣疏　　　　　　　　　549-105-185
諫餌丹藥疏　　　　　　　　　1402- 92- 99
●裴　頠 晉
郊廟（疏）　　　　　　　　　433-354- 14
法令（疏）　　　　　　　　　439- 16-208
外戚（疏）　　　　　　　　　441-126-288
上陳刑獄表　　　　　　　　　1398-102- 6
辭專任表（二則）　　　　　　1398-103- 6
太醫權衡奏　　　　　　　　　1398-103- 6

論赦奏　　　　　　　　　　　1398-103- 6
●裴　諝 唐
荒政（疏）　　　　　　　　　440- 7-243
理財（疏）——對權酤之利歲入
　幾何問　　　　　　　　　　440-444-262
●裴　寰 唐
仁民（疏）　　　　　　　　　436- 62-105
●裴　遵 漢
四裔（疏）　　　　　　　　　442-505-340
●裴子餘 唐
廢隱太子等四廟議 開元三年　1340-429-763
嗣濮王犯贓請免死議　　　　1340-478-769
●裴元略 前秦
節儉（疏）　　　　　　　　　438-457-191
●裴守貞 唐
封禪（疏）——議射牲事　　　441-229-294
論立對破陣慶善二舞議 高宗永淳
　元年　　　　　　　　　　　1340-411-761
封禪射牲議　　　　　　　　　1340-405-761
●裴次元 唐
奏廣州結好使事由奉詔書謝恩狀　1339- 14-630
賀正進物狀　　　　　　　　　1339- 71-640
端午進馬狀　　　　　　　　　1339- 72-640
賀冬進物狀　　　　　　　　　1339- 74-640
降誕日進物狀　　　　　　　　1339- 76-641
奏準詔令子弟主辦遷奉事狀　1339- 91-643
●裴光庭 唐
宰相等上尊號表（三則）　　　1338-160-554
●裴松之 劉宋
上三國志注表　　　　　　　　254- 2- 附
上禁立私碑表　　　　　　　　1398-657- 9
使巡湘州上奏　　　　　　　　1398-657- 9
上三國志注表　　　　　　　　1398-658- 9
府公禮敬議　　　　　　　　　1398-658- 9
上三國志注表　　　　　　　　1403-461-127
●裴叔業 齊
上高帝言梁益疏　　　　　　　1399-127- 5
●裴延儁 北魏
諫宣武帝請兼覽經書疏　　　1401-434- 32
●裴延齡 唐
理財（疏）　　　　　　　　　440-447-262
●裴昭明 劉宋
太子婚納徵議　　　　　　　　1398-660- 9
●裴敬彜（等）唐
儐嗣（疏）　　　　　　　　　435- 74- 72

●裴耀卿 唐
禮樂（疏）——請倣禮樂化導三
　事表　　　　　　　　　　　436-327-118
慎刑（疏）　　　　　　　　　439-189-215
任將疏　　　　　　　　　　　439-698-236
漕運（疏）　　　　　　　　　440-408-261
漕運（疏）　　　　　　　　　440-409-261
理財（疏）　　　　　　　　　440-443-262
請行禮樂化導三事表　　　　　549- 80-184
諫刺史縣令不宜杖辱疏　　　　549-106-185
論夔州刺史楊濬決杖表　　　　1338-741-619
請行禮樂化導三事表　　　　　1343-361- 25
●徵　爾 元
去邪（疏）——具陳僧格姦貪誤
　國　　　　　　　　　　　　438-346-186

十五畫

●寬　舒（等）漢
郊廟（疏）　　　　　　　　　433-336- 14
●審　忠 漢
上靈帝論朱瑀等書　　　　　　1397-390- 18
●潛說友 宋
浙東提舉到任謝表　　　　　　526- 12-259
●潛鄴城 魏
戒侈欲（疏）　　　　　　　　438-504-193
●潘　岳 晉
上客舍議　　　　　　　　　　1398-303- 14
上關中詩表　　　　　　　　　1398-316- 14
九品議　　　　　　　　　　　1403-668-150
上客舍議　　　　　　　　　　1403-668-150
上關中詩表　　　　　　　　　1413-297- 45
九品議　　　　　　　　　　　1413-297- 45
上客舍議　　　　　　　　　　1413-298- 45
●潘　時 宋
謝除安撫表　　　　　　　　　1352-168-4下
蜀帥到任謝上表　　　　　　　1352--182-5上
●潘　潢 明
郊祀對　　　　　　　　　　　1453-407- 50
郊祀對　　　　　　　　　　　1453-409- 50
●潘　潤 明
請重建劉誠意伯祠疏　　　　　526- 19-259
●潘好禮 唐
內治（疏）——勸止欲立武惠妃
　爲后事　　　　　　　　　　435-124- 74
●潘良貴 宋
法令（疏）　　　　　　　　　439-121-213

法令疏　　　　　　　　　　　439-130-213
論治體箚子　　　　　　　　　1133-377- 1
謝嚴州到任表　　　　　　　　1133-377- 1
謝嚴州送還兵級不合借請降官制　1133-378- 1
謝中書舍人告表　　　　　　　1133-378- 1
謝中書舍人表　　　　　　　　1133-378- 1
謝集英殿修撰提舉江州太平觀表　1133-379- 1
辭免秘書少監申省狀　　　　　1133-379- 1
乞宮觀狀　　　　　　　　　　1133-380- 1
辭免起居郎狀　　　　　　　　1133-380- 1
●潘布曾 明
記先君奏疏後　　　　　　　　1266-748- 8
遵詔旨以正貪緣疏　　　　　　1266-755- 1
災異陳言疏　　　　　　　　　1266-756- 1
求封疏　　　　　　　　　　　1266-758- 1
劾違例朦朧奏聞疏　　　　　　1266-759- 1
公料劾以嚴考察疏　　　　　　1266-759- 1
慎興作以隆治功疏　　　　　　1266-760- 1
備用馬匹疏　　　　　　　　　1266-761- 1
自陳乞休疏　　　　　　　　　1266-761- 1
均恩例以蘇民困疏　　　　　　1266-762- 1
照例暫處掛欠以稍減重併疏　　1266-763- 1
災異疏　　　　　　　　　　　1266-764- 2
邊勒諫陳利弊以消天變疏　　　1266-765- 2
請抹京營積弊以備不虞疏　　　1266-768- 2
擒斬反招點賊功次疏　　　　　1266-768- 2
議處守備官員疏　　　　　　　1266-775- 2
謝恩疏　　　　　　　　　　　1266-776- 2
守備官員疏　　　　　　　　　1266-776- 2
議處兵備官員疏　　　　　　　1266-777- 2
申明地方事宜疏　　　　　　　1266-777- 2
更任官員疏　　　　　　　　　1266-779- 3
自陳不職乞罷黜以弭災變疏　　1266-780- 3
自陳乞休以嚴考察疏　　　　　1266-780- 3
謝恩疏　　　　　　　　　　　1266-780- 3
剿平流刦叛賊疏　　　　　　　1266-781- 3
旌舉方面官員疏　　　　　　　1266-789- 3
舉劾有司官員疏　　　　　　　1266-790- 3
疏支河以防水患疏　　　　　　1266-792- 4
治河疏　　　　　　　　　　　1266-793- 4
謝恩疏　　　　　　　　　　　1266-794- 4
自陳求退以彌災變疏　　　　　1266-795- 4
乞命憲臣兼管河道疏　　　　　1266-795- 4
脩長堤以保運道疏　　　　　　1266-795- 4
異常大水幸保運道疏　　　　　1266-797- 4

議處河道官員疏　1266-798- 4
及時疏河以防水患疏　1266-799- 4
河功告成疏　1266-800- 4
旌舉賢勞官員疏　1266-802- 4
多病乞休薦賢自代號　1266-803- 4
薦舉河道方面官員疏　1266-803- 4
薦舉河道郡縣官員疏　1266-804- 4
謝恩疏　1266-805- 4
黃河復由故道疏　1266-806- 4
薦舉河道方面官員疏　1266-807- 4
薦舉河道有司官員疏　1266-808- 4
自陳乞罷以彌天變疏　1266-808- 4
計處大政以圖治安疏　1266-809- 4
比例乞恩請給書籍疏　1266-810- 4

●潘季馴 明

慎選民牧疏　430- 2- 1
添設縣治疏　430- 4- 1
貪酷有司繼訟未結疏　430- 10- 1
地方緊急疏　430- 12- 1
強盜打劫縣衙疏　430- 14- 1
頻遭倭患荒旱疏　430- 16- 1
舉刺官員疏　430- 19- 1
薦舉境內人材疏　430- 21- 1
舉學職疏　430- 22- 1
舉刺有司官員疏　430- 23- 1
上廣東均平里甲議　430- 25- 1
謝賞金帛疏　430- 27- 1
查議弓兵工食疏　430- 28- 2
舉劾各營官員疏　430- 30- 2
條陳部司緊切事宜疏　430- 31- 2
擒獲妖黨疏　430- 34- 2
酌議軍衛事宜疏　430- 37- 2
清理庫藏疏　430- 43- 3
查聯直銀疏　430- 44- 3
完銷積欠疏　430- 47- 3
據愚見固要樞疏　430- 52- 3
辭免重任疏　430- 56- 3
乞休疏　430- 57- 3
聞報起用辭疏部覆附　430- 59- 4
報代謝恩疏　430- 60- 4
奉勅疏　430- 61- 4
飛報寧州賊情疏　430- 61- 4
保留方面疏　430- 63- 4
考聯守令疏　430- 65- 4
請就近推補寧靖州縣官疏　430- 66- 4

報擒山賊并議功疏　430- 67- 4
條議寧州地方善後事宜疏　430- 72- 4
查解各衛所存留糧餉濟邊疏　430- 77- 4
保留方面疏　430- 80- 4
請督糧沈參議患病乞休并委官押
　運疏　430- 81- 4
請薊京庫折銀疏　430- 83- 5
請薊存留倉米疏　430- 85- 5
請薊解京折色疏　430- 85- 5
請薊四司料銀疏　430- 91- 5
請換關防疏　430- 93- 5
條議錢法疏　430- 93- 5
報文勘各衛所屯田疏　430- 98- 5
裁革小江堡疏　430-101- 5
地震疏　430-102- 5
勘過原任張布政復職疏　430-103- 5
巡按養病疏　430-111- 5
保留方面疏　430-112- 5
保留府佐疏　430-113- 5
報鳥示寧對山賊疏　430-114- 5
乞休疏　430-115- 5
減免站銀疏　430-117- 5
慎選縣令疏　430-124- 6
更調縣令疏　430-125- 6
清查回青招由疏　430-127- 6
考聯守令疏　430-132- 6
遵照條編站銀疏　430-133- 6
鄉兵擒斬劫賊功次兼請申嚴保甲
　疏　430-134- 6
保留府佐疏　430-139- 6
自陳疏糾劾胡夢多附　430-139- 6
考覆守令疏　430-142- 6
請致仕吳尚書恤典疏　430-143- 6
星變自陳疏　430-144- 6
保留府佐疏　430-145- 6
考聯縣令疏　430-146- 6
報建完營哨疏　430-147- 6
分理兵巡道務疏　430-149- 7
報擒厦奉欽依擒拿首賊疏　430-153- 7
報薊免過并應徵錢糧疏　430-161- 7
考覆守令疏　430-165- 7
強人行刺疏　430-167- 7
考滿疏　430-168- 7
更調縣官疏　430-169- 7
給由疏　430-171- 7

1600　　　　　　　　四庫全書文集篇目分類索引

宗室投賄疏	430-172- 7
協濟站錢疏	430-174- 7
請恤典疏	430-178- 7
報獲盜犯楊青山疏	430-179- 7
薦舉致仕藩臣疏	430-181- 7
薦舉方面官員疏	430-182- 7
舉劾有司官員疏	430-183- 7
舉劾武職官員疏	430-185- 7
薦舉教職疏	430-186- 7
薦舉人材疏	430-187- 7
奉明旨陳愚見議治兩河經略以圖永利疏	430-194- 1
勘估兩河工程乞賜早請錢糧以便興舉疏	430-206- 2
黃河來流觀阻後患可虞乞恩速賜查議以圖治安疏	430-211- 2
恭報河工大舉日期疏	430-214- 2
恭報兩河工程次第疏	430-215- 2
河患已除流民復業乞恩飭相以廣招徠疏	430-217- 2
遵奉明旨恭報續議工程以便責驗疏	430-220- 3
恭報兩河工成仰慰聖哀疏	430-222- 3
議復營田兼攝對縣以廣招徠以民生疏	430-232- 3
恭報水孽既除地方可保永安疏	430-235- 4
河工告成遵奉勅旨分別效勞官員乞恩查覈俯賜允行以勵臣工以裨國計疏	430-237- 4
大工告成川靈效順謹循舊例懇乞遣祭大海河淮諸神以答貺以祈永賴疏附陵決日	430-242- 4
遵旨議治黃運兩河疏	445-469- 29
查議黃河後患疏	445-473- 29
恭報兩河工程次第疏	445-476- 29
恭報兩河工成疏	445-477- 29
●諸御己周	
聽言（疏）	438-692-201
●諸葛亮蜀漢	
經國（疏）	435-233- 78
經國（疏）——出師表（二則）	435-234- 78
經國（疏）——請慶孫權正號	435-236- 78
知人（疏）	437-279-154
諡號（議）——請上先主甘皇后尊號	440-880-281
群下上漢帝請先主爲漢中王表	556-179- 87
後出師表	556-180- 87
前出師表	561-296- 40
後出師表	561-297- 40
出師表	1329-639- 37
出師表	1331- 3- 37
出師表	1354- 53- 7
後出師表	1354- 54- 7
臨發漢中上後主疏	1354-480- 18
乞伐魏疏	1354-481- 18
廢李平表	1354-482- 18
出師表	1355-324- 11
再出師表	1355-326- 11
出漢中疏	1356-828- 3
出散關疏	1356-829- 3
出師表	1359-169- 22
後出師表	1359-170- 22
前出師表	1359-601- 6
先主詣亮問對	1360-321- 18
後出師表	1360-406- 24
廢李平表	1361-547- 11
臨發漢中疏	1361-597- 21
又言關中處弱疏	1361-598- 21
對先主問計	1361-665- 36
出師表	1377-198- 9
再出師表	1377-199- 9
臨發漢中上後主疏	1381-270- 27
乞伐魏疏	1381-271- 27
請王劉備疏	1403- 50- 93
出師表	1403-445-126
後出師表	1403-446-126
彈李平表	1403-447-126
自勗表	1403-447-126
遺表	1403-447-126
正議	1403-665-150
絕留好議	1403-666-150
羣下上漢帝請先主爲漢中王表	1412-525- 22
請宣大行遺詔表	1412-526- 22
前出師表	1412-526- 22
後出師表	1412-527- 22
薦名凱表	1412-528- 22
彈李王表	1412-528- 22
彈廖立表（二則）	1412-528- 22
臨終遺表	1412-529- 22
舉蔣琬密表	1412-529- 22

史部

詔令奏議類：附錄

奏議上十五畫

上言追尊甘夫人爲昭烈皇后　1412-529- 22　　●鄭　昌 漢
街亭自貶疏　1412-530- 22　　聽言（疏）——論蓋寬饒事　438-695-201
上事疏　1412-530- 22　　法令（疏）　439- 5-208
上先主書　1412-537- 22　　訟蓋寬饒書　1355-299- 10
正議　1412-537- 22　　　1360-241- 13
絕盟好議　1412-538- 22　　　1396-458- 13
出師表　1417-446- 22　　請刪定律令疏　1396-458- 13
後出師表　1417-447- 22　　訟蓋寬饒書　1402-448- 69
自表後主　1417-448- 22　　請定律令疏　1417-274- 14
前出師表　1476- 78- 5　　●鄭　岳 明
後出師表　1476- 80- 5　　申明職掌疏略　1263- 47- 8
諫絕孫權　1476- 81- 5　　保聖躬以綏福履疏略　1263- 47- 8
自表後主　1476- 83- 5　　復勘甘肅兵變疏　1263- 47- 8
●諸葛恢 晉　　後處大同判卒疏略　1263- 48- 8
治道（疏）　433-616- 25　　正刑獄失平疏略　1263- 48- 8
●諸葛緒 晉　　上水利疏略　1263- 49- 8
郊配奏　1398-289- 13　　●鄭　洛 明
●諸葛瑾（等）吳　　收復蕃族疏　558-601- 45
禮臣（疏）　441- 47-285　　●鄭　昱 清
上理周胤疏　1361-606- 22　　請通行常平倉法疏　534-477- 94
●諸葛豐 漢　　●鄭　畋 唐
去邪（疏）　438- 4-173　　經國（疏）　435-293- 80
謝元帝書　1396-480- 14　　●鄭　紀 明
自陳上書　1396-481- 14　　致仕疏　1249-739- 2
謝上書　1402-449- 69　　養病疏　1249-740- 2
復上書自陳　1402-449- 69　　論齋醮祝延聖壽疏　1249-740- 2
謝上書　1417-287- 14　　上救荒備荒十事（疏）　1249-742- 2
●諸葛闡 劉宋　　修明祀典疏　1249-748- 3
禁革飾綵奏　1398-857- 18　　進聖功圖說以輔養皇行者（疏）　1249-752- 3
●養　奮 漢　　奏取羅允遺貨賑濟疏　1249-754- 3
災祥（疏）　441-265-296　　疏通錢法疏　1249-755- 3
●鄭　玄 漢　　奏設武舉以培養將村疏　1249-757- 3
伏后敬父完禮議附鄭原駁　1397-485- 24　　奏革制外濫支官糧疏　1249-760- 3
●鄭　王元　　上清理財賦四事　1249-761- 3
謹名器（疏）　438-641-198　　便宜設法急救饑荒疏　1249-764- 3
讓官表　1217- 4- 1　　致仕第十九疏　1249-765- 3
爲丞相乞立文天祥廟表　1217- 80- 3　　●鄭　俠 宋
讓官表　1375-535- 41　　上神宗進流民圖（疏）　432-448-116
●鄭　丙 宋　　治道（疏）　434- 99- 39
謝除知泉州表　1352-180- 5上　　荒政（疏）——進流民圖狀　440- 36-244
泉州到任謝表　1352-213- 5下　　論新法進流民圖疏　530-453- 69
●鄭　弘 漢　　再上天災民流疏　530-454- 69
外戚（疏）　441-123-288　　上皇帝論新法進流民圖　1117-369- 1
尚書郎奏　1397-169- 8　　（熙寧六年）十一月初一日奏狀　1117-376- 1
疾篤上論寶憲書　1397-169- 8　　代連州謝宣諭表　1117-457- 7

史部 詔令奏議類：附錄 奏議上十五畫

代韶州謝宣諭表　1117-458-7
代林文錢監減年轉官謝表　1117-459-7
代連州之丑歲謝宣賜歷日（表）　1117-459-7
代太守謝宣賜歷日（表）　1117-459-7
代廖英州受子恩謝表　1117-460-7
代林丈再任謝表　1117-460-7
代柯丈謝覃恩轉朝議表　1117-461-7
代進奉同天節銀表　1117-461-7
代太守謝泉州到任（表）　1117-461-7
代到任謝表　1117-462-7
代英州賀平安州（表）　1117-463-7
代賀興龍節（表）　1117-463-7
代太守謝（表）　1117-464-7
代受州勅謝（表）　1117-464-7
代柯丈謝除龍圖知福州（表）　1117-765-7
論新法進流民圖（疏）　1350-617-58
進流民圖疏　1403-143-104
論新法進流民圖（疏）　1418-378-48
●鄭　朗唐
國史（疏）——論天子不觀國史　440-768-276
●鄭　真明
讀張端義奏箋　1234-195-35
錄永國公滅金露布（跋）　1234-214-37
錄宋杜清獻公論史宇之離異洪氏（疏跋）　1234-215-37
跋史越王進陳正言禾四經解箋子　1234-223-38
擬梁王僧辨平侯景露布　1234-394-57
高祖武德元年萬年縣法曹孫伏珈謝除治書侍御史表（二則）　1234-403-60
武德四年秦王謝除天策上將軍表　1234-404-60
太宗貞觀十七年魏徵謝賜殿材素屏風褥九杖表　1234-405-60
貞觀四年張蘊古獻大寶箴表　1234-405-60
貞觀十三年房玄齡請解機務表　1234-406-60
貞觀七年魏徵謝賜金甕表　1234-406-60
貞觀七年十二月帝奉太上皇置酒未央宮群臣賀上表　1234-407-60
太宗貞觀六年上宴近臣於舟霈殿群臣謝表　1234-407-60
貞觀十七年魏徵謝賜殿材表　1234-407-60
貞觀七年李淳風上黃道儀表　1234-408-60
貞觀十四年李淳風議戊寅歷表　1234-408-60
貞觀十三年林邑進火珠表　1234-409-60
貞觀十四年吏部侍郎高季輔謝賜金背鏡表　1234-409-60

貞觀二十一年太子左庶子于志寧謝賜金帛表　1234-410-60
貞觀十四年祭酒孔穎達上五經正義表　1234-410-60
貞觀三年以房玄齡爲左僕射杜如晦爲右僕射魏徵爲秘書監參預朝政房玄齡等謝表　1234-411-60
貞觀十一年隨祕書監晉陵劉子翼辭徵表　1234-411-60
貞觀二十年李道裕謝除刑部侍郎表　1234-412-60
貞觀六年祕書少監虞世南上聖德表　1234-412-60
貞觀十二年太常少卿祖孝孫進樂表　1234-413-60
張蘊古（謝）除大理寺丞及賜束帛表　1234-413-60
房玄齡等上高祖今上實錄表　1234-414-60
皇太子謝賜帝範表　1234-414-60
高宗麟德二年李淳風上麟德歷表　1234-415-61
玄宗開元中一行上黃道游儀表　1234-416-61
玄宗開元十五年張說等謝置集賢殿學士表　1234-416-61
開元十七年丞相源乾曜張說以帝生日爲千秋節賀表　1234-417-61
開元二十年蕭嵩上開元禮表　1234-417-61
天寶十三載揚州宋臣某進水心龍鏡表　1234-418-61
玄宗開元六年郡國謝頒鄉飲酒禮表　1234-418-61
玄宗開元閏年特進張說進大衍歷表　1234-419-61
肅宗至德某年元結進大唐中興頌表　1234-419-61
德宗興元元年司徒李晟賀平朱泚表　1234-419-61
貞元五年中書侍郎同平章事李泌乞更命相表　1234-420-61
建中四年翰林學士祠部郎中陸贄辭考功郎中表　1234-420-61
澤州刺史上慶雲圖表　1234-421-61
憲宗元和四年李絳謝除翰林學士表　1234-421-61
元和三年司徒杜佑乞致仕表　1234-422-61
元和四年魏稱謝贈故策表　1234-422-61

四庫全書文集篇目分類索引

元和二年李吉甫上元和國計簿表 1234-423- 61
玄宗開元某年姚崇帥百姓賀太陽當虧不虧表 1234-423- 61
賀野蠶成繭表 1234-424- 11
武宗會昌中李德裕上丹辰文簡表 1234-424- 61
文宗開成三年百官賀驃虜表 1234-425- 61
憫江淮省奏奉化州麦瓜並瑞表 1234-425- 61
天壽節賀表 1234-425- 61
憫佛郎國進天馬表 1234-426- 61
晉王之國謝表 1234-427- 62
代留守司僉指揮事張勝升除留守指揮使謝表 1234-428- 62
濠梁衞指揮使周俊李某謝賜田表 1234-428- 62
鳳陽衞指揮使司權僉事杜福實授謝恩表 1234-429- 62
懷遠衞親軍指揮使司權簽事趙彬蔣和謝彬實授謝恩表 1234-429- 62
長淮衞親軍指揮使司權簽事錢聚王立實授謝恩表 1234-429- 62
鳳陽左衞指揮權僉事李廣輔曹某實授謝表 1234-429- 62
鳳陽右衞指揮使司權僉事高貴崔雄實授謝恩表 1234-430- 62
鳳陽中衞指揮使司權僉事董遄許富謝實授表 1234-430- 62
留守指揮使司權僉事李徵高成謝實授表 1234-430- 62
徐州衞權千戶姓某謝實授表 1234-431- 62
廣信千戶所謝上位賞賜表箋二道 1234-431- 62
廣信千戶所賀蒙古部衆來降表箋二道 1234-431- 62
廣信府千戶所謝增俸表箋二道 1234-432- 62
懷遠衞親軍指揮使司賀正旦表 1234-433- 63
留守指揮司（賀）正旦表箋三道 1234-433- 63
濠梁洪塘湖屯田千戶所（賀）正旦表 1234-434- 63
濠梁左衞指揮使司（賀）正旦表箋三道 1234-434- 63
鳳陽左衞親軍指揮使司正旦表箋三道 1234-435- 63
留守指揮使司正旦表箋三道 1234-435- 63
洪塘湖屯田千戶所正旦進賀表箋三道 1234-436- 63
懷遠衞親軍指揮使司正旦進賀表箋三道 1234-436- 63
懷遠衞親軍指揮使司正旦進賀表箋三道 1234-437- 63
留守指揮使司正旦表箋三道 1234-438- 63
鳳陽左衞正旦表箋三道 1234-438- 63
長淮衞指揮使司正旦表牋三道 1234-439- 63
洪塘湖屯田千戶所正旦表箋三道 1234-439- 63
長淮衞指揮使司正旦進賀表箋三道 1234-440- 63
鳳陽左衞指揮使司正旦進賀表箋三道 1234-440- 63
留守司正旦進賀表牋三道 1234-441- 63
洪塘千戶所正旦進賀表牋三道 1234-441- 63
懷遠衞指揮使司正旦進賀表箋三道 1234-442- 63
六安州守禦千戶所正旦表牋三道 1234-442- 63
皇陵衞正旦進賀表箋三道 1234-443- 63
鳳陽衞指揮使司正旦進賀表箋三道 1234-444- 63
鳳陽衞正旦進賀表箋三道 1234-445- 64
鳳陽左衞正旦進賀表箋三道 1234-446- 64
長淮衞正旦進賀表箋三道 1234-446- 64
懷遠衞正旦表箋三道 1234-447- 64
留守指揮使司正旦表箋三道 1234-448- 64
洪塘千戶所正旦表牋三道 1234-448- 64
鳳陽左衞正旦表牋三道 1234-449- 64
鳳陽中衞親軍指揮使司表箋三道 1234-449- 64
鳳陽右衞指揮使司表箋三道 1234-450- 64
青州護衞指揮使司表箋三道 1234-451- 64
燕山護衞指揮使司表箋三道 1234-451- 64
留守指揮使司正旦表箋三道 1234-452- 64
懷遠衞指揮使司正旦表牋三道 1234-452- 64
長淮衞指揮使司正旦表箋三道 1234-453- 64
洪塘千戶所正旦表箋三道 1234-454- 64
鳳陽衞正旦進賀表箋三道 1234-455- 65
鳳陽左衞正旦進賀表箋三道 1234-455- 65
鳳陽右衞正旦進賀表箋三道 1234-456- 65
鳳陽中衞正旦進賀表箋三道 1234-456- 65
留守中衞正旦進賀表箋三道 1234-457- 65
留守左衞正旦表箋三道 1234-458- 65
懷遠衞正旦進賀表箋三道 1234-458- 65
長淮衞正旦進賀表箋三道 1234-459- 65
燕山護衞正旦進賀表箋三道 1234-459- 65
青州護衞正旦進賀表箋三道 1234-460- 65
洪塘千戶所正旦進賀表箋三道 1234-460- 65
皇陵衞指揮司使正旦進賀表箋三

史部 詔令奏議類：附錄 奏議上十五畫

道　　　　　　　　　　　　1234-461- 65
鳳陽衞指揮使司正旦進賀表箋三
　道　　　　　　　　　　　1234-462- 65
鳳陽左衞指揮使司正旦表　1234-462- 65
鳳陽右衞指揮使司正旦表箋三道　1234-463- 65
鳳陽中衞指揮使司正旦表箋三道　1234-463- 65
鳳陽留守中衞指揮使司正旦表箋
　三道　　　　　　　　　　1234-464- 65
鳳陽留守左衞指揮使司正旦表箋
　三道　　　　　　　　　　1234-464- 65
長淮衞親軍指揮使司正旦進賀表
　三道　　　　　　　　　　1234-465- 65
懷遠衞親軍指揮使司正旦進賀表
　箋三道　　　　　　　　　1234-465- 65
洪塘湖屯田千戶所正旦進賀表箋
　三道　　　　　　　　　　1234-466- 65
鳳陽衞指揮使司九月十八日天壽
　聖節賀表　　　　　　　　1234-467- 66
鳳陽右衞指揮使司天壽聖節賀表　1234-467- 66
懷遠衞親軍指揮使司天壽聖節賀
　表　　　　　　　　　　　1234-468- 66
鳳陽左衞指揮使司天壽聖節賀表　1234-468- 66
鳳陽中衞指揮使司天壽聖節賀表　1234-468- 66
長淮衞指揮使司天壽聖節賀表　1234-468- 66
留守左衞指揮使司天壽聖節賀表　1234-468- 66
留守中衞指揮使司天壽聖節賀表　1234-469- 66
皇陵衞指揮使司天壽聖節賀表　1234-469- 66
洪塘湖屯田千戶所天壽聖節賀表　1234-469- 66
鳳陽衞指揮使司冬至進賀表箋三
　道　　　　　　　　　　　1234-469- 66
鳳陽右衞指揮使司冬至進表箋
　三道　　　　　　　　　　1234-470- 66
鳳陽中衞指揮使司冬至表箋三道　1234-470- 66
留守中衞指揮使司冬至進賀表箋
　三道　　　　　　　　　　1234-471- 66
留守左衞指揮使司冬至進賀表箋
　三道　　　　　　　　　　1234-471- 66
長淮衞指揮使司冬至進賀表箋三
　道　　　　　　　　　　　1234-472- 66
六安州冬至進賀表箋三道　1234-473- 66
六安州守禦千戶所冬至進賀表箋
　三道　　　　　　　　　　1234-473- 66
皇陵指揮使司正旦進賀表箋三道　1234-474- 66
懷遠衞親軍指揮使司正旦進賀表
　箋三道　　　　　　　　　1234-474- 66

長淮衞指揮使司正旦進賀表箋三
　道　　　　　　　　　　　1234-475- 66
鳳陽衞指揮使司正旦進賀表箋三
　道　　　　　　　　　　　1234-475- 66
鳳陽中衞指揮使司正旦進賀表箋
　三道　　　　　　　　　　1234-476- 66
鳳陽右衞指揮使司正旦表箋三道　1234-477- 66
留守中衞指揮使司正旦進賀表箋
　三道　　　　　　　　　　1234-477- 66
留守左衞指揮使司正旦進賀表箋
　三道　　　　　　　　　　1234-478- 66
六安州正旦進賀表箋三道　1234-478- 66
●鄭　案 宋
謹名器（疏）　　　　　　438-635-198
●鄭　崇漢
外戚（疏）　　　　　　　441-119-288
諫哀帝封傅商奏　　　　　1396-595- 20
●鄭　衆漢
任將（疏）　　　　　　　439-692-236
四裔（疏）　　　　　　　442-507-340
御史中丞衆等劾薛況奏　　1335-308- 11
劾薛況奏　　　　　　　　1377-219- 10
諫報使北匈奴疏（二則）　1397-166- 8
上章帝薦耿恭疏　　　　　1397-167- 8
劾薛況　　　　　　　　　1403-570-140
●鄭　覃 唐
聖學（疏）　　　　　　　433-136- 6
戒佚欲（疏）　　　　　　438-519-194
●鄭　綱 唐
謹名器（疏）——論寶文場之比　438-599-197
謝賜神力食金等狀　　　　1339- 18-630
臘日謝賜口脂歷日狀　　　1339- 23-631
謝借飛龍馬二疋狀　　　　1339- 37-633
朝覲遇節進奉狀　　　　　1339- 70-640
爲易定張令公進鷹籠狀　　1339- 86-642
●鄭　雍 宋
用人（疏二則）　　　　　436-851-140
慎刑疏——論刑部讞囚宰執論殺
　之有司以爲可生不奉詔事　439-218-216
荒政（疏）　　　　　　　440- 70-245
●鄭　楷 北魏
水利（疏）　　　　　　　440-142-249
●鄭　僑 宋
謝除中書舍人表　　　　　1352-144- 4上
●鄭　樵 宋

四庫全書文集篇目分類索引

上通志書	530-456- 69
獻皇帝書	1141-514- 2
●鄭　默 晉	
治道（疏）	433-616- 25
太子官屬議奏	1398- 99- 5
●鄭　興渙	
災祥（疏）	441-261-296
日食論用人疏	1360-141- 8
論日食疏	1397-141- 7
日食疏	1417-360- 18
●鄭　獬 宋	
上神宗論今世亦有房杜之才（疏）	431-154- 14
上英宗乞博採群言伸以義斷（疏）	431-233- 21
上神宗論察言考實則無妄毀譽（疏）	431-237- 21
上英宗應詔論水災（疏）	431-476- 41
上神宗論水災地震（疏）	431-480- 42
上神宗論青苗（疏）	432-411-114
上神宗論种諤擅入西界（疏）	432-732-136
治道（疏）	433-855- 34
山陵（疏）	436-488-125
論今世亦有房杜之才（疏）	436-746-136
論薦士及求直言疏	436-747-136
論用材筍子	436-748-136
論責任有司筍子	436-749-136
知人（疏）	437-305-154
知人（疏）	437-305-154
建官（疏二則）	437-428-160
兵制（疏）	439-317-220
荒政（疏）——論河北流民筍子	440- 41-244
荒政（疏）——請禱出祈雨筍子	440- 42-244
賦役（疏）——論安州差役狀	440-307-256
理財（疏）——乞罷青苗奏	440-553-267
諡號（議）——論梁泉縣令范亦顏議追尊濮安懿王之非	440-914-282
禮臣（疏）	441- 70-286
災祥（疏）——論臣寮極言得失疏	441-408-301
災祥（疏）	441-419-302
禦邊（疏）——論种諤擅入西界	442-233-329
四裔（疏）——論西夏事宜狀	442-619-344
英宗皇帝大祥永厚陵奏告表	1097-202- 10
河北地震奏告表	1097-203- 10
宣祖永安陵太祖永昌陵等處帝后爲改年奏告表	1097-203- 10
英宗皇帝小祥告永厚陵表	1097-203- 10
英宗皇帝小祥內中奏告表	1097-203- 10
同天節內中奏告眞宗仁宗英宗皇帝表	1097-203- 10
永昭陵二月旦表	1097-203- 10
南郊禮畢奏謝諸陵皇后表	1097-203- 10
東嶽帝生日奏告會聖宫三清玉皇聖祖九曜嶽帝佑聖眞君表	1097-203- 10
年節上永安陵等處諸皇帝表	1097-204- 10
年節上南京鴻慶宮等處諸帝表	1097-204- 10
冬節上永安陵等處諸帝表	1097-204- 10
冬節上南京鴻慶宮等處諸帝表	1097-204- 10
楚國保寧安德夫人景氏等賀南郊禮畢表	1097-205- 10
左右直御侍邢氏等賀南郊禮畢表	1097-205- 10
請皇帝聽政第一二三表	1097-205- 10
賀明堂禮畢表	1097-206- 10
賀皇帝立皇后表	1097-206- 10
賀皇太后表	1097-206- 10
賀冬表	1097-207- 11
賀正表	1097-207- 11
天慶節謝內中露香表	1097-208- 11
天禧節謝內中露香表	1097-208- 11
同天節內中露香表	1097-208- 11
冬節內中露香表	1097-208- 11
年節內中露香表	1097-208- 11
中書賀壽星見表	1097-208- 11
又樞密院賀壽星見表	1097-208- 11
請建壽聖節表	1097-209- 11
知杭州謝到任表	1097-209- 11
謝翰林學士表	1097-210- 11
謝知制誥表	1097-210- 11
謝賜衣鞍轡馬表	1097-211- 11
謝賜飛白書表	1097-211- 11
代潞臣賀收復表	1097-211- 11
請聽政納言疏	1097-211- 11
請罷河北夫役疏	1097-213- 11
論种諤擅入西界疏	1097-213- 11
論水災地震疏	1097-215- 11
論臣寮極言得失疏	1097-216- 11
論人材疏	1097-217- 11
論薦士求直言疏	1097-218- 11
乞罷青苗法狀	1097-219- 12
乞罷兩浙路增和買狀	1097-219- 12
論冗官狀	1097-220- 12

史部

詔令奏議類：附錄

奏議上十五畫

論縣令改官狀　　　　　　　　　1097-221- 12　　治道（疏）——論馬政狀　　　　434-891- 68
論定武臣遷官條例狀　　　　　　1097-222- 12　　治道（疏）　　　　　　　　　　434-892- 68
論免丁身錢狀　　　　　　　　　1097-223- 12　　●鄭任鑰 清
論安州差役狀　　　　　　　　　1097-223- 12　　請郵忠疏　　　　　　　　　　　534-440- 93
進鮑極注周易狀　　　　　　　　1097-224- 12　　請封巴東縣井鹽疏　　　　　　　534-441- 93
進鮑極注周易狀　　　　　　　　1097-224- 12　　●鄭宗載 明
繳陳汝玉詞頭狀　　　　　　　　1097-224- 12　　請復建文年號疏　　　　　　　　543-375- 91
論舉遺逸狀　　　　　　　　　　1097-225- 12　　●鄭剛中 宋
論求遺逸狀　　　　　　　　　　1097-225- 12　　治道（疏）　　　　　　　　　　434-343- 48
薦李朴狀　　　　　　　　　　　1097-226- 12　　經國（疏二則）　　　　　　　　435-513- 89
薦汪輔之狀　　　　　　　　　　1097-226- 12　　經國（疏）——論東南根本疏（
薦隨翊吳孜狀　　　　　　　　　1097-227- 12　　　二則）　　　　　　　　　　　435-515- 89
薦劉摯管師常狀　　　　　　　　1097-227- 12　　經國（疏九則）　　　　　　　　435-516- 89
薦陳舜俞狀　　　　　　　　　　1097-227- 12　　用人（疏）——請除罪籍　　　　437- 38-143
薦陳求古狀　　　　　　　　　　1097-227- 12　　用人（疏）——論人才　　　　　437- 40-143
薦錢公輔狀　　　　　　　　　　1097-228- 12　　用人（疏）——乞留曾開罷柳約
舉張司封自代狀　　　　　　　　1097-228- 12　　　召命　　　　　　　　　　　　437- 40-143
論減仁宗山陵制度狀　　　　　　1097-228- 12　　用人（疏）——論久任良郡守　　437- 41-143
知開封府箚子　　　　　　　　　1097-229- 13　　選舉（疏）　　　　　　　　　　437-656-169
論責任有司箚子　　　　　　　　1097-230- 13　　考課（疏二則）　　　　　　　　437-729-172
論知人箚子　　　　　　　　　　1097-231- 13　　謹名器（疏）　　　　　　　　　438-627-198
論用材箚子　　　　　　　　　　1097-232- 13　　聽言（疏）　　　　　　　　　　438-826-205
論河北流民箚子　　　　　　　　1097-233- 13　　法令（疏二則）　　　　　　　　439-122-213
請禱出祈雨箚子　　　　　　　　1097-234- 13　　慎刑疏——奏看定引例箚子　　　439-223-217
請舉遺逸（疏）　　　　　　　　1350-557- 52　　慎刑（疏）　　　　　　　　　　439-224-217
應詔上疏　　　　　　　　　　　1418-212- 43　　褒贈（李喆疏）　　　　　　　　441- 33-284
●鄭　璩 漢　　　　　　　　　　　　　　　　　褒贈（米璞疏）　　　　　　　　441- 33-284
拜內史上疏附詔書示官府　　　　1397-193- 9　　褒贈（劉化源疏）　　　　　　　441- 33-284
●鄭一鵬 明　　　　　　　　　　　　　　　　　褒贈（劉長孺疏）　　　　　　　441- 33-284
黜邪說正大禮疏　　　　　　　　530-462- 69　　禮臣（疏）　　　　　　　　　　441- 82-286
●鄭士利 明　　　　　　　　　　　　　　　　　弭盜（疏二則）　　　　　　　　441-815-319
考校錢糧封事　　　　　　　　　444-354- 46　　禦邊（疏）——論邊郡　　　　　442-371-335
論考較錢糧封事　　　　　　　　1373-562- 6　　四裔（疏）——請放西夏捕獲人
●鄭文寶 宋　　　　　　　　　　　　　　　　　　王樞狀　　　　　　　　　　　442-706-348
禦邊（疏）　　　　　　　　　　442- 51-322　　論治道人材疏　　　　　　　　　1138- 4- 1
●鄭之玄 明　　　　　　　　　　　　　　　　　採用群言疏　　　　　　　　　　1138- 5- 1
擬蕩平妖賊露布　　　　　　　　1454-505-142　　辭監察御史疏　　　　　　　　　1138- 6- 1
●鄭元璹 唐　　　　　　　　　　　　　　　　　辭殿中侍御史疏　　　　　　　　1138- 6- 1
四裔（疏）　　　　　　　　　　442-529-341　　諫和議（疏四則）　　　　　　　1138- 7- 1
四裔（疏）　　　　　　　　　　442-531-341　　議和不屈疏　　　　　　　　　　1138- 11- 1
●鄭介夫 元　　　　　　　　　　　　　　　　　缺題 論和議　　　　　　　　　　1138- 13- 1
治道（疏）——條陳二十目　　　434-836- 67　　申救胡銓疏　　　　　　　　　　1138- 14- 1
治道（疏）　　　　　　　　　　434-883- 68　　劾施庭臣疏（三則）　　　　　　1138- 14- 1
治道（疏）——論抑強狀　　　　434-887- 68　　自劾奏疏　　　　　　　　　　　1138- 17- 1
治道（疏）——論閱武狀　　　　434-890- 68　　懇留曾開疏　　　　　　　　　　1138- 18- 1

修纂屬籍總要疏　1138-19-1
奏日（二則）　1138-20-1
重監司郡守疏　1138-20-1
除宗正少卿疏　1138-21-1
請褒贈李喆疏　1138-21-1
褒進三老疏　1138-21-1
（辭免）十一月除權尚書禮部侍
　郎轉通直郎（疏）　1138-22-1
定謀齊力（疏）　1138-23-1
論白契疏　1138-25-1
除銀絹疏　1138-26-1
奏日（三則）　1138-26-1
落職宮觀桂陽監居住謝表　1138-260-24
謝宮祠表　1138-260-24
到封州謝表　1138-260-24
●鄭清之宋
敬天（疏）　433-334-13
●鄭善夫明
奏改曆元事宜　443-657-30
諫泰山進香疏　445-261-16
諫東巡疏　530-460-69
乞歸疏　1269-183-14
請東巡疏　1269-183-14
奏改曆元疏　1269-185-14
乞歸（疏三則）　1269-187-14
●鄭善果隋
勸韋雲起奏　1400-371-7
舍利瑞應表　1401-551-38
●鄭道昭北魏
學校（疏二則）　436-217-113
●鄭當時漢
漕渠議　1396-424-11
●鄭慶雲明
勤志聽言以端化本事（疏）　443-188-11
●鄭履淳明
察變謹微疏　445-448-28
●鄭興裔宋
請起居重華宮疏　1140-192-上
請罷建康行宮疏　1140-194-上
論淮西荒政疏　1140-196-上
請鑄揚州緡錢疏　1140-197-上
請行宣訪疏　1140-197-上
請禁傳饋疏　1140-198-上
請行檢驗法疏　1140-199-上
請置澳長禦海寇疏　1140-200-上

請寬民力疏　1140-201-上
請禁取羨疏　1140-201-上
論鑄貸疏　1140-202-上
請禁改鈔疏　1140-202-上
論折帛錢疏　1140-202-上
請罷取折平耀羅疏　1140-203-上
請濬練湖疏　1140-203-上
薦舉襲明之狀　1140-203-上
薦舉顏度狀　1140-204-上
薦舉陸九淵狀　1140-204-上
薦舉陳造狀　1140-204-上
奏記謝太傅狀　1140-205-上
請禁民不舉子狀　1140-205-上
請立義塚狀　1140-206-上
請止高麗入貢狀　1140-206-上
請沿關設備狀　1140-207-上
論宣州設備狀　1140-207-上
辭知盧州表　1140-208-上
揚州到任謝表　1140-208-上
謝封壽昌侯表　1140-209-上
謝賜白金文綺表　1140-210-上
謝賜生日禮物表　1140-210-上
謝賜廕表　1140-210-上
乞致仕表　1140-210-上
再乞致仕表　1140-211-上
賜御札回奏　1140-211-上
●鄭鮮之劉宋
征伐（疏）——論宋武帝欲北討　439-502-228
膺羨仕宦議　1398-650-9
長吏父母去官議　1398-652-9
上武帝啓附武帝答　1398-653-9
諫武帝北討表　1398-653-9
請立學表　1398-654-9
●慶　鄭周
經國（疏）——請與秦粟　453-213-77
●屬　籍宋
上仁宗乞郊禋更不行赦（疏）　432-215-100
●樓　綰宋
請舉樂（上）皇帝第一二表　1152-446-15
賀正旦（上）皇帝表　1152-448-15
賀三宮受册（上）皇帝表　1152-449-15
賀會慶節表　1152-449-15
賀皇后受册（上）皇帝表　1152-450-15
謝賜春衣表　1152-451-15
謝溫州到任表　1152-452-16

史部

詔令奏議類：附錄

奏議上十五畫

謝中書舍人表	1152-453- 16
謝給事中表	1152-453- 16
謝權吏部尚書表	1152-454- 16
謝兼侍讀表	1152-454- 16
謝顯謨閣直學士知婺州表	1152-455- 16
謝中大夫表	1152-455- 16
謝提舉江州太平興國宮表	1152-456- 16
賀瑞慶節表	1152-456- 16
謝再任宮觀表	1152-457- 16
賀皇子降誕（上）皇帝表	1152-457- 16
賀瑞慶節表	1152-459- 16
賀太上皇后册寶禮成等（上）皇帝表	1152-459- 16
賀皇后受册（上）皇帝表	1152-461- 16
謝大中大夫表	1152-462- 17
賀瑞慶節表	1152-463- 17
壽聖太皇太后上仙慰皇帝表	1152-463- 17
謝再任宮觀表	1152-464- 17
賀瑞慶節表	1152-464- 17
謝落職罷宮觀表	1152-465- 17
謝宮觀表	1152-465- 17
謝進封開國子加食邑表	1152-466- 17
謝通議大夫表	1152-466- 17
謝再任宮觀表	1152-466- 17
謝復職表	1152-467- 17
賀瑞慶節表	1152-467- 17
謝再任宮觀表	1152-467- 17
謝落職表	1152-468- 17
謝龍圖閣直學士致仕表	1152-468- 17
謝落致仕除翰林學士表	1152-469- 17
謝吏部尚書兼翰林學士侍讀修史表	1152-469- 17
辭免簽書樞密院事表	1152-470- 17
謝簽書樞密院事表	1152-470- 17
辭免同知樞密院事表	1152-471- 17
謝同知樞密院事表	1152-471- 17
辭免參知政事表	1152-472- 17
謝參知政事表	1152-472- 17
代宰臣謝宣示太上皇御書宋玉高唐賦傅毅舞賦陸機文賦祐康琴賦曹植洛神賦王粲登樓賦史節故事段陳羽古意詩蘇軾養生論周興嗣千字文御跋表	1152-473- 18
代宰臣進吏部七司法表	1152-474- 18
代宰臣進仁宗皇帝今上皇帝玉牒	
表	1152-474- 18
代皇子鄧王辭免册立皇太子表	1152-474- 18
又代謝册立表	1152-475- 18
又代謝受册表	1152-476- 18
代宰臣賀立皇太子表	1152-476- 18
代謝吏部侍郎表	1152-477- 18
代謝侍講表	1152-477- 18
代辭免進國史轉官表	1152-478- 18
代遺表	1152-478- 18
代知泉州謝進職再任表	1152-478- 18
代謝隆興府到任表	1152-479- 18
代賀太上皇帝上尊號表	1152-479- 18
代謝宮觀表（二則）	1152-480- 18
代賀光堯壽聖憲天體道太上皇帝壽聖明慈太上皇后上尊號表	1152-482- 19
代謝立皇太子降赦表	1152-483- 19
代謝御書戒百僚手詔石刻表	1152-483- 19
代謝直秘閣表	1152-483- 19
謝慶壽加恩表	1152-484- 19
代仲兄謝嚴州到任表	1152-484- 19
謝南郊肆赦表	1152-485- 19
代謝舉官不當降官表	1152-485- 19
代謝知瓊州表	1152-486- 19
代新進士謝賜花表	1152-487- 19
代趙侍郎遺表	1152-487- 19
代陳閣學遺表	1152-488- 19
論實用空言（疏）	1152-489- 20
論災異（疏）	1152-490- 20
論二廣賞典（疏）	1152-490- 20
論玉牒聖語（疏）	1152-491- 20
論土木之費（疏）	1152-492- 20
論六曹法司（疏）	1152-493- 20
論治道（疏）	1152-494- 20
論責成（疏）	1152-495- 20
論宗室右選嶽廟（疏）	1152-495- 20
論浙江渡船（疏）	1152-496- 20
論道學朋黨（疏）	1152-497- 20
論明政刑（疏）	1152-498- 20
乞正太祖皇帝東嚮之位（疏）附貼黃	1152-500- 21
論恢復（疏）	1152-501- 21
乞寬茶塩權貨之法（疏）	1152-502- 21
論訓練禁兵（疏）	1152-503- 21
論保治（疏）	1152-503- 21
論流民（疏）	1152-504- 21

乞罷溫州船場（疏）附貼黃　1152-505- 21
論寬刑罰（疏）　1152-506- 21
雷雪應詔條具封事（疏）　1152-508- 22
論進德養生（疏）　1152-511- 22
論郊廟之禮（疏）　1152-512- 22
論諸州奏案（疏）附貼黃　1152-514- 22
論君道難易（疏）　1152-515- 22
論君心（疏）　1152-516- 22
論賑濟（疏）　1152-517- 22
請車駕過重華宮第一第二箚　1152-518- 23
同侍從請過宮第一第二箚 附貼黃二　1152-520- 23
上兩宮奏疏　1152-522- 23
論君道（疏）　1152-524- 23
論初政（疏）　1152-526- 24
雷雨應詔封事（疏）　1152-527- 24
議祧遷正太祖皇帝東嚮之位（疏）附貼黃　1152-529- 24
議立四祖別廟（疏）　1152-530- 24
講筵論資治通鑑（疏）　1152-534- 25
論通下情（疏）　1152-534- 25
論君心（疏）　1152-535- 25
論本朝專尚忠厚（疏）　1152-536- 25
論風俗紀綱（疏）　1152-538- 25
論仁德剛德（疏）　1152-539- 25
論內外之治（疏）　1152-540- 25
論聽納（疏）　1152-541- 26
論帥臣不可輕出（疏）　1152-542- 26
論役法（疏）　1152-543- 26
論軍器冗費（疏）　1152-544- 26
論福建塩法（疏）　1152-545- 26
論主簿差出之弊（疏）　1152-545- 26
乞東宮官進嘉言善行（疏）　1152-546- 26
論朱熹補外（疏）　1152-546- 26
乞賜莫叔光諡及錄用鄭鍔之後（疏）　1152-548- 26
乞加贈彭龜年及錄用其後（疏）　1152-548- 26
乞錄用陳傅良之後（疏）　1152-549- 26
繳泉州吳淨黨罪案（疏）附小貼子　1152-550- 27
繳刑部箚子　1152-551- 27
繳皇后宅恩澤（疏）　1152-553- 27
繳林大中辭免權吏部侍郎除直寶文閣事與郡（疏）　1152-553- 27
繳皇后宅門客親屬補官（疏）　1152-554- 27
繳潘景珪差知平江府（疏）　1152-556- 28
繳劉焜監司差遣（疏）　1152-556- 28
繳陳峴差知靖江府（疏）　1152-557- 28
繳鄭汝諧除權吏部侍郎（狀）　1152-558- 28
繳鄭汝諧第二三狀　1152-559- 28
繳給還陳源產業什告告箚　1152-560- 28
繳封樁庫取金銀（疏）　1152-561- 28
繳萬鍾除起居郎兼權中書舍人（疏）　1152-562- 28
繳馮輔之等轉官（疏）　1152-563- 29
繳隨龍講官等轉官（疏）　1152-564- 29
繳戴勸除知閤門事（疏）　1152-564- 29
繳關禮張宗尹特與隨龍恩數（疏）　1152-565- 29
繳隨龍人轉官并王俊等八人恩數（疏）　1152-565- 29
繳鄭熙等免罪（疏）　1152-566- 29
繳將介除右監門衞中郎將（疏）　1152-567- 29
繳李謙召試閤門舍人（疏）　1152-567- 29
繳劉詢帶行遙刺（疏）　1152-568- 29
繳王巡等放令逐便（疏）　1152-568- 29
繳醫官鄭至達改風科入內內宿（疏）　1152-569- 29
繳謝淵請給全支本色（疏）　1152-570- 29
繳傅昌朝改差幹辦皇城司（疏）　1152-570- 29
繳李氏等依宮人例支破請給（疏）　1152-571- 29
繳朱熹除寶文閣待制與州郡差遣（疏）　1152-572- 30
繳祧廟事（疏）　1152-572- 30
再繳李氏等依宮人請給（疏）　1152-573- 30
繳毛伯益轉行遙刺（疏）　1152-574- 30
繳重華宮官吏諸色人等及五年推恩轉官（疏）　1152-574- 30
繳陸彥端將覃恩並解帶各轉一官恩例特與階官上轉行一官（疏）　1152-575- 30
繳成立帶行遙刺（疏二則）　1152-576- 30
繳韓佗胄轉一官彭龜年除職與郡（疏二則）　1152-577- 30
知溫州舉胡宗應賢良科狀　1152-580- 31
除中書舍人舉莫光朝自代狀　1152-581- 31
舉楊簡劉仲光狀　1152-581- 31
除給事中舉高似孫自代狀　1152-581- 31
舉宗室伯洙師津狀　1152-581- 31
除權吏部尚書舉謝天錫自代狀　1152-581- 31
除顯謨閣直學士舉馮端方自代狀　1152-581- 31
舉馮端方江畦樓昉狀　1152-582- 31
除吏部尚書兼翰林學士舉張虑自代狀　1152-582- 31

舉僉應符李兼鄭肇之充監司狀　1152-582- 31
薦沈端叔王度劄子　1152-583- 31
舉閣一德基奎趙積謙充邊郡狀　1152-583- 31
薦黃膚卿林椅劄子　1152-584- 31
辭免除起居郎狀　1152-585- 32
辭免兼權中書舍人狀　1152-585- 32
辭免除中書舍人狀　1152-585- 32
辭免兼實錄院同修撰狀　1152-585- 32
辭免兼直學士院狀　1152-586- 32
辭免除給事中狀　1152-586- 32
辭免除權吏部尙書狀　1152-586- 32
辭免陞兼實錄院修撰狀　1152-587- 32
辭免兼侍讀狀　1152-587- 32
乞補外劄子　1152-587- 32
辭免除職與郡狀　1152-588- 32
辭免除顯謨閣直學士知婺州狀　1152-588- 32
乞宮觀第一狀（三則）　1152-588- 32
辭免再差知婺州狀　1152-590- 32
辭免復職狀　1152-590- 32
辭免與郡狀　1152-590- 32
乞致仕狀（二則）　1152-591- 32
辭免復職狀　1152-591- 32
辭免除龍圖閣直學士致仕狀　1152-591- 32
辭免召赴行在狀（二則）　1152-592- 32
辭免落致仕除翰林學士狀（二則）　1152-592- 32
謝宣召入院狀　1152-593- 32
辭免除吏部尙書兼翰林學士兼侍讀狀（二則）　1152-594- 32
辭免兼修國史實錄院修撰狀　1152-594- 32
乞歸田里劄子　1152-595- 33
辭免簽書樞密院事劄子　1152-595- 33
辭免賜衣帶鞍馬劄子　1152-596- 33
辭免同知樞密院事劄子　1152-596- 33
辭免參知政事劄子　1152-596- 33
乞歸田里劄子（三則）　1152-597- 33
乞致仕劄子（三則）　1152-598- 33
再乞致仕劄子（三則）　1152-599- 33
親書奏謝御筆劄子　1152-600- 33
乞增茸錦照堂劄子　1152-601- 33
乞致仕劄子（三則）　1152-602- 33
再乞致仕劄子（三則）　1152-603- 33
乞致仕劄子附貼黃（七則）　1152-604- 33
乞御書錦照二字劄子　1152-608- 33
孝宗皇帝諡議　1152-780- 49
成穆皇后改諡議　1152-782- 49
成恭皇后改諡議　1152-783- 49
劉忠肅公覆諡議　1152-784- 49
王節愍公覆諡議　1152-784- 49
楊惠懿公侯覆諡議　1152-785- 49
進故事（引唐鑑）論人臣之諫　1152-786- 50
進故事（引資治通鑑）論用官　1152-787- 50
進故事（引唐鑑）論擇才除官　1152-788- 50
進故事（引三朝政要）論任官之職　1152-789- 50
進故事（引漢書）論父子之治　1152-789- 50
進故事（引資治通鑑）
　　論事親宜速還　1152-790- 50
跋陳忠肅公表墓　1153-156- 70
跋劉師文昆仲乞增母壽疏墓　1153-212- 74
跋費校書肅被召省劄　1153-235- 76
跋彭子壽甲寅奏墓并日錄手澤　1153-256- 78
跋向蒨林拊傴焚橄墓　1153-256- 78
溫州到任謝表　1352-217-6上
● 閻仁諝 唐
明堂告朔議 聖曆元年　1340-419-762
● 閻丘均 唐
爲益州刺史賀赦表　1338-203-559
皇太子賀瑞木表　1338-240-563
賀連理樹表　1338-240-563
益州父老請攝司馬鄧公爲眞表
　　有目無文　1338-386-578
益州父老請攝司馬鄧公爲眞表　1338-650-609
爲益州父老請留史司馬表　1338-651-609
益州父老請留博陵王表　1338-651-609
爲公卿請復常膳第二表　1338-652-609
爲僧履空進圖書古器物等表　1338-687-613
爲蜀州刺史第八息進雲母粉表　1338-687-613
● 摯 虞 晉
法令（疏）　439- 16-208
律曆（疏）——論宜從尙書奏改
　　今尺以合古尺　440-813-278
災祥（疏）　441-297-297
武帝詔諸賢良方正直言會東堂策
　　問——對策　1398-276- 13
普增位一等表　1398-277- 13
討論新禮表　1398-277- 13
明堂議奏　1398-278- 13
二社奏　1398-279- 13
祀六宗奏　1398-279- 13
宜用古尺駁　1398-283- 13
賢良對策　1413-231- 42

四庫全書文集篇目分類索引

普增位一等表　　　　　　　1413-232- 42
討論新禮表　　　　　　　　1413-232- 42
明堂議奏　　　　　　　　　1413-233- 42
二社奏　　　　　　　　　　1413-234- 42
祀六宗奏　　　　　　　　　1413-234- 42
祀皋陶議　　　　　　　　　1413-235- 42
廟設次殿議　　　　　　　　1413-235- 42
皇太孫薨服議　　　　　　　1413-235- 42
國喪佩劍綬議　　　　　　　1413-235- 42
國喪服制議　　　　　　　　1413-235- 42
吉鴈導喪議　　　　　　　　1413-236- 42
輓歌議　　　　　　　　　　1413-236- 42
寄公齊衰服議　　　　　　　1413-236- 42
諸侯公孫絕昏議　　　　　　1413-236- 42
師服議　　　　　　　　　　1413-237- 42
巡狩建旗議　　　　　　　　1413-237- 42
皇太子稱臣議　　　　　　　1413-237- 42
夫人答拜群妾議　　　　　　1413-237- 42
新禮議　　　　　　　　　　1413-237- 42
宜用古尺駁　　　　　　　　1413-238- 42
五禮冠議駁　　　　　　　　1413-238- 42
●鄧　貞明
十事疏節錄　　　　　　　　534-358- 91
●鄧　禹漢
君德（疏）　　　　　　　　433- 5- 1
用人（疏）　　　　　　　　436-587-129
任將（疏）　　　　　　　　439-690-236
河北說光武帝　　　　　　　1476- 62- 4
●鄧　素唐
四裔（疏）　　　　　　　　442-536-341
●鄧　曼周
征伐（疏）　　　　　　　　439-449-226
●鄧　洵明
請巡撫兼制東川疏　　　　　570-343-29之3
●鄧　肅宋
法祖（疏）　　　　　　　　435- 16- 69
仁民（疏二則）　　　　　　436-107-107
用人（疏）——辭免除左正言第
　十三箚子　　　　　　　　437- 34-143
去邪（疏）——論耿南仲父子　438-264-183
去邪（疏）——論呂好問李會　438-264-183
去邪（疏）　　　　　　　　438-265-183
去邪（疏）——論耿南仲父子誤
　國　　　　　　　　　　　438-266-183
賞罰（疏）　　　　　　　　438-401-188

賞罰（疏）——論嚴賞罰　　438-402-188
戒逸欲（疏）　　　　　　　438-538-195
漕運（疏）　　　　　　　　440-418-261
近習（疏）　　　　　　　　441-212-293
災祥（疏）　　　　　　　　441-515-306
辭免除左正言第一至十九箚子　1133-312- 12
●鄧　澄明
撤回湖口稅監疏　　　　　　517- 83-117
●鄧文子劉宋
薦翟法賜表　　　　　　　　1398-734- 13
●鄧文原元
賀聖節表　　　　　　　　　1367-204- 17
賀親祀太廟表　　　　　　　1367-205- 17
賀聖節表　　　　　　　　　1382-415-下之3
●鄧忠臣宋
忠宣公諡議（節文）　　　　1104-810- 附
覆忠宣公諡議　　　　　　　1104-819- 0
范忠宣公諡議　　　　　　　1351-546-135
●鄧溫伯宋
薦朱長文箚子　　　　　　　436-810-138
●鄧潤甫宋
山陵（疏）　　　　　　　　436-491-125
聽言（疏）　　　　　　　　438-768-203
論李憲（疏）　　　　　　　1350-619- 58
●歐陽玄元
進遼史表　　　　　　　　　1210-145- 13
進金史表　　　　　　　　　1210-146- 13
進宋史表　　　　　　　　　1210-147- 13
進經世大典表　　　　　　　1210-149- 13
　　　　　　　　　　　　　1367-202- 16
　　　　　　　　　　　　　1382-417-下之3
●歐陽修宋
上仁宗乞令韓琦居中范仲淹在外
　（疏）　　　　　　　　　431-136- 13
上仁宗乞力拒浮議終責任范仲淹
　等（疏）　　　　　　　　431-137- 13
上仁宗論人主不宜好疑自用與下
　爭勝（疏）　　　　　　　431-142- 13
上仁宗論用人之要在先察毀譽之
　人（疏）　　　　　　　　431-145- 13
上仁宗論包拯不當代宋祁爲三司
　使（疏）　　　　　　　　431-147- 14
上仁宗乞執奏干求內降并根究因
　緣干請之人（疏）　　　　431-262- 23
上仁宗論內臣梁舉直事封回內降

史部

詔令奏議類：附錄

奏議上十五畫

四庫全書文集篇目分類索引

史部

詔令奏議類：附錄

奏議上十五畫

（疏） 431-262- 23
上仁宗論美人張氏恩寵宜加裁損（疏） 431-318- 29
上仁宗乞因兗國公主出降選立皇子（疏） 431-339- 31
上仁宗論澧州瑞木（疏） 431-397- 36
上仁宗論水災（疏二則） 431-458- 40
　 431-461- 41
上仁宗乞罷狄青樞密之任（疏） 431-559- 46
上仁宗論學士不可令中書依資差除（疏） 431-602- 49
上仁宗乞依舊制命學士獨員舉臺官（疏） 431-603- 49
上仁宗乞限定學士待制員數（疏） 431-604- 49
上仁宗乞令中丞舉臺官或特選舉主（疏） 431-627- 51
上仁宗論臺諫論列貴在事初（疏） 431-628- 51
上仁宗乞擇守節難進之臣置之諫省（疏） 431-632- 52
上仁宗乞召還唐介等（疏） 431-633- 52
上英宗進館閣取士箚子（疏） 431-720- 59
上仁宗論修日曆（疏） 431-728- 60
上仁宗乞別議求將之法（疏） 431-785- 64
上仁宗論郭承祐不可帥眞定疏 431-792- 65
上仁宗論鄭戩不可爲招討（疏） 431-793- 65
上仁宗乞置諸路按察使（疏三則） 431-804- 66
上仁宗論臺官所言按察使不當（疏） 431-807- 66
上仁宗論轉運所按吏不必更令提刑量（疏） 431-813- 67
上仁宗論呂夷簡僕人受官（疏） 431-836- 69
上仁宗論待制以上更不舉官事（疏） 431-854- 71
上仁宗乞戒飭臣寮不和（疏） 431-890- 75
上仁宗乞禁止無名子傷毀近臣（疏） 431-890- 75
上仁宗論小人欲害忠賢必指爲朋黨（疏） 431-904- 76
上仁宗乞刪去九經正義中繊緯之文（疏） 432- 34- 83
上仁宗議四后祔饗（疏） 432- 93- 88
上仁宗論景靈宮不當建郭后影殿（疏） 432- 94- 88
上仁宗論陰雪乞罷上元放燈（疏） 432-142- 92
上仁宗乞不臨幸溫成祠廟（疏） 432-162- 94

上仁宗論江淮官吏迎賊納城不可寬貸（疏） 432-188- 97
上仁宗論張子爽宣勞少而恩賜多（疏） 432-190- 97
上仁宗論募耕河東緣邊之地（疏） 432-285-105
上神宗論青苗（疏） 432-419-114
上仁宗論不當明言體量州縣酷虐軍人（疏） 432-529-122
上仁宗論土木之功勞費（疏） 432-592-128
上仁宗論廟筴三事（疏） 432-648-132
上仁宗論西鄙議和先防北狄（疏） 432-685-134
上仁宗論延議元昊通和事（疏） 432-687-134
上仁宗論元昊來人不可令朝臣管伴（疏） 432-688-134
上仁宗論西賊議和利害（疏） 432-688-134
上英宗論西邊可攻四事（疏） 432-725-136
上仁宗論諸處盜賊事宜（疏） 432-838-144
君德（疏） 433- 17- 1
郊廟（疏） 433-457- 19
治道（疏）——論乞令百官議事箚子 433-775- 31
治道（疏） 433-776- 31
治道（疏）——論欲速救時弊需專任而切責兩府大臣 433-776- 31
儲嗣（疏） 435- 95- 73
內治（疏） 435-133- 74
經國（疏） 435-301- 81
仁民（疏）——乞止絕河北伏民桑柘箚子 436- 66-105
學校（疏） 436-231-114
論楊察請終喪制乞不奪情箚子 436-450-123
論葬荊王箚子 436-450-123
論葬荊王一行事箚子 436-451-123
祭禮（疏） 436-515-126
舉米光潛狀 436-676-133
論王舉正范仲淹等箚子 436-677-133
乞力拒浮議終責任范仲淹等（疏） 436-678-133
論鄭戩不可爲四路招討（疏） 436-678-133
論三司判官擇人之利箚子 436-679-133
論轉運所按史不必更令提刑體量（疏） 436-680-133
論用人之要在先察毀譽之人（疏） 436-681-133
舉胡瑗奏 436-682-133
舉梅堯臣狀 436-683-133
舉處士陳烈狀（二則） 436-683-133

四庫全書文集篇目分類索引

舉進士張立之狀　　　　　　　　436-684-133
論包拯不當代宋祁爲三司使奏狀　436-684-133
舉布衣蘇洵奏　　　　　　　　　436-686-133
用人（疏二則）　　　　　　　　436-718-135
知人（疏）——論小人欲害忠賢必指爲朋黨　　　　　　　　　　437-295-154
建官（疏）——論舉館閣職箚子　437-403-159
建官（疏）——乞置諸路按察使疏　　　　　　　　　　　　　　437-404-159
建官（疏）　　　　　　　　　　437-406-159
建官（疏）——論大臣不可親小事疏　　　　　　　　　　　　　437-407-159
建官（疏二則）　　　　　　　　437-407-159
選舉（疏）　　　　　　　　　　437-525-164
選舉（疏）——論臺官資考箚子（二則）　　　　　　　　　　　437-525-164
選舉（疏）——論貢舉箚子　　　437-526-164
選舉（疏）——詳定貢舉條狀　　437-527-164
選舉（疏）——論學士差除疏　　437-528-164
選舉（疏四則）　　　　　　　　437-528-164
選舉（疏二則）　　　　　　　　437-561-165
考課（疏）　　　　　　　　　　437-715-171
去邪（疏）——論李淑罪　　　　438- 40-174
去邪（疏）——論除李淑　　　　438- 41-174
去邪（疏）　　　　　　　　　　438- 42-174
去邪（疏）——論陳泊張昇違廢詔書　　　　　　　　　　　　　438-42-174
去邪（疏）——論王礪妄論王堯臣等爭陳留橋事　　　　　　　438- 43-174
去邪（疏）——論王礪妄行彈奏事　　　　　　　　　　　　　　438- 44-174
去邪（疏）——論不可用郭承祐知邢州）　　　　　　　　　　　438- 45-174
賞罰（疏）——論張子奭勞少恩多疏　　　　　　　　　　　　　438-368-187
賞罰（疏二則）　　　　　　　　438-369-187
戒佚欲（疏）　　　　　　　　　438-522-194
慎微（疏）——論罷武臣狄青　　438-568-196
慎微（疏）——論趙牧等事　　　438-569-196
謹名器（疏）——論用呂夷簡哀宗　　　　　　　　　　　　　　438-603-197
謹名器（疏）——論陳日照傳位求封　　　　　　　　　　　　　438-634-198
聽言（疏）　　　　　　　　　　438-743-202
聽言（疏）——論用王安石呂公著　　　　　　　　　　　　　　438-744-202
聽言（疏）——論斥逐唐介等　　438-745-202
法令（疏）——乞禁止無名子詩傷毀近臣狀　　　　　　　　　439- 59-210
法令（疏）——韓綱當斬案　　　439- 60-210
法令（疏）——張海作亂事　　　439- 61-210
法令（疏）——王守度謀殺妻事　439- 61-210
法令（疏）——論葛宗古等不當減法箚子　　　　　　　　　　　439- 62-210
法令（疏）——論詔書褒美卞咸不當　　　　　　　　　　　　　439- 63-210
法令（疏）——論指揮與諸路轉運使令體量州縣官吏酷虐軍民事　　　　　　　　　　　　　　439- 63-210
法令（疏）——乞執奏干求內降并根究因緣干請之人狀　　　　439- 63-210
任將疏　　　　　　　　　　　　439-722-237
任將（疏）——論李昭亮不可將兵箚子　　　　　　　　　　　　439-724-237
任將（疏）——論郭承祐不可帥眞定奏　　　　　　　　　　　　439-725-237
任將（疏）——論趙振不可將兵箚子　　　　　　　　　　　　　439-726-237
任將（疏）　　　　　　　　　　439-726-237
任將（疏）——論乞不勘狄青侵公用錢箚子　　　　　　　　　439-727-237
任將（疏）　　　　　　　　　　439-737-237
馬政（疏二則）　　　　　　　　439-834-242
荒政（疏）——論乞賑救饑民箚子　　　　　　　　　　　　　　440- 16-243
荒政（疏）——論救賑雪後饑民箚子　　　　　　　　　　　　　440- 16-243
水利（疏）　　　　　　　　　　440-149-249
水利（疏）——論修商胡口　　　440-151-249
水利（疏）——言開修六塔河口回水入橫壠故道之不便　　　　440-153-249
賦役（疏）——論方田均稅箚子　440-275-255
賦役（疏）——上義勇指揮代貧民差役奏狀　　　　　　　　　440-275-255
賦役（疏）——論均稅事　　　　440-276-255
屯田（疏）　　　　　　　　　　440-386-260
理財（疏二則）　　　　　　　　440-469-263
理財（疏）——乞罷俵散青苗錢條陳其不便奏　　　　　　　　440-543-266
理財（疏）——乞罷俵散青苗錢　440-544-266

四庫全書文集篇目分類索引

史部

詔令奏議類：附錄

奏議上十五畫

經籍（疏）——乞特詔名儒學官刪去九經之疏中織緯之文　440-750-275

國史（疏）——論修日曆疏　440-770-276

諡號（議）——濮安懿王尊號議　440-905-282

近習（疏）　441-178-291

災祥（疏）——論澶州瑞木疏　441-371-300

災祥（疏二則）　441-372-300

營繕（疏二則）　441-739-316

弭盜（疏）　441-768-317

弭盜（疏）——論禦賊四事箚子　441-770-317

弭盜（疏）——論京西賊事箚子　441-771-317

弭盜（疏）——再論置兵禦賊箚子　441-771-317

弭盜（疏）——論募人入賊以壞其黨箚子　441-772-317

弭盜（疏）——論捕賊賞罰箚子　441-773-317

弭盜（疏）——論湖南蠻賊可招不可殺疏（二則）　441-775-317

禦邊（疏二則）　442-143-325

禦邊（疏）——論韓琦范仲淹乞賜召對陳邊事　442-151-326

禦邊（疏）——乞令韓琦居中范仲淹在外　442-152-326

禦邊（疏）——論乞令宣撫使韓琦等經略陝西箚子　442-152-326

禦邊（疏）——論乞詔諭陝西將官箚子　442-152-326

禦邊（疏）——論河北守備事宜箚子　442-153-326

禦邊（疏）論西賊占延州侵地箚子　442-154-326

禦邊（疏）——論水洛城事宜乞保全劉滬等上疏（二則）　442-155-326

禦邊（疏）——論西北事宜上疏　442-157-326

禦邊（疏）——論麟州四議疏　442-159-326

四裔（疏）——論廷議元昊通和事　442-591-343

四裔（疏）——論元昊來人不可令朝臣管伴狀　442-592-343

四裔（疏）——論西賊議和利害狀　442-593-343

四裔（疏）——論西賊議和請以五問詰大臣狀　442-594-343

四裔（疏）——論與西賊大斤茶箚子　442-595-343

四裔（疏）——乞不遣張子奭使元昊箚子　442-596-343

四裔（疏）——論元昊不可稱吾祖箚子　442-596-343

四裔（疏）——論孫朴不可使契丹箚子　442-597-343

四裔（疏）——論乞放還蕃官胡繼諤箚子　442-597-343

四裔（疏）——論乞與元昊約不攻嘉勒斯賽箚子　442-598-343

四裔（疏）　442-599-343

四裔（疏）　442-600-343

四裔（疏）——論西邊可攻四事（二則）　442-605-343

論修六塔河第一二三狀　506-190- 92

賀平貝州表　506-280- 95

乞罷郭承祐知邢州箚子　506-283- 95

乞將誤降配廂軍依舊升爲禁軍箚子　506-283- 95

薦王安石呂公著箚子　517- 2-115

舉章望之曾鞏王回等充館職狀　517-133-119

薦教授陳烈充大學博士箚子　530-451- 69

知蔡州謝表　538-509- 76

知青州謝上表　541-332-35之3

謝壇止散青苗錢放罪表　541-332-35之3

乞免差人往岢嵐軍築城箚子（二則）　549-111-185

薦司馬光箚子　549-113-185

論乞不勘狄青侵公用錢箚子　549-113-185

畫一起請箚子　549-114-185

辟郭固隨行箚子　549-114-185

論西北事宜箚子　549-115-185

論宣毅萬勝等兵箚子　549-116-185

乞罷鐵錢箚子　549-117-185

乞免諸州一年支移箚子　549-119-185

舉劉義叟箚子　549-120-185

乞減樂平縣課額箚子　549-120-185

乞減放逃戶和糴箚子　549-120-185

條例文武官材能箚子　549-121-185

乞罷刈白草箚子　549-121-185

乞免浮客及下等人戶差科箚子　549-123-185

舉陸詵武箚子　549-124-185

論舉官未行箚子　549-124-185

論監牧箚子　549-124-185

乞不配賣醋糟與人戶箚子　549-126-185

倚閣忻代州和糴米奏狀　549-211-189

四庫全書文集篇目分類索引

義勇指揮使代貧民差役奏狀　549-212-189
舉米光濬狀　549-213-189
再舉米光濬狀　549-213-189
乞減配賣銀五萬兩狀　549-214-189
再乞減配銀狀　549-214-189
舉孫直方奏狀　549-215-189
論麟州事宜劄子　556-144- 86
通進司上皇帝書（節）　556-146- 86
上仁宗論京師土木勞費　587-675- 14
辭權知開封府劄子　587-732- 18
乞與尹構一官狀　1090-154- 附
中書進呈濮議劄子　1093-458-附2
中書請集官再定濮議劄子　1093-458-附2
通進司上書（奏議）　1102-344- 45
準詔言事上書（奏議）　1102-350- 46
贈太尉夏守贇謚議　1102-556- 70
進擬御試應天以實不以文賦
　　并引狀　1102-582- 74
論獎諭叔韶奏附貼黃內批　1102-604- 83
內中御侍巳下賀皇帝年節詞語　1102-703- 88
內中御侍以下賀皇帝乾元節詞語　1102-706- 88
諫院謝賜章服表　1102-715- 90
辭召試知制誥劄子　1102-716- 90
辭召試知制誥狀　1102-716- 90
辭直除知制誥狀　1102-716- 90
辭免除知制誥第二狀　1102-717- 90
舉呂湊自代狀　1102-717- 90
謝知制誥表　1102-718- 90
謝獎諭編次三朝故事表　1102-718- 90
謝賜慶曆五年曆日表　1102-719- 90
滁州謝上表　1102-719- 90
賀章獻明肅章懿二皇后祔廟表　1102-720- 90
賀祔廟禮畢進奉銀五百兩狀　1102-720- 90
謝賜慶曆六年曆日表　1102-720- 90
謝賜慶曆七年曆日表　1102-720- 90
慰申王蠲表　1102-721- 90
賀鴻慶宮成奉安三聖御容表　1102-721- 90
謝加上騎都尉進封開國伯加食邑
　　三百戶表　1102-721- 90
賀平貝州表　1102-722- 90
揚州謝上表　1102-722- 90
穎州謝上表　1102-722- 90
謝轉禮部郎中表　1102-723- 90
謝復龍圖閣直學士表　1102-723- 90
南京謝上表　1102-724- 90

謝明堂覃恩轉官加勳表　1102-724- 90
謝賜對衣狀　1102-725- 91
辭翰林學士奏　1102-725- 91
謝宣召入翰林狀　1102-726- 91
謝對衣金帶鞍轡馬狀　1102-726- 91
乞洪州劄子　1102-726- 91
辭侍讀學士劄子　1102-727- 91
再辭侍讀學士狀　1102-727- 91
辭開封府劄子　1102-728- 91
乞洪州第二劄子　1102-728- 91
乞洪州第三狀　1102-729- 91
乞洪州第四劄子　1102-729- 91
辭轉給事中劄子　1102-730- 91
再辭轉給事中劄子　1102-730- 91
舉呂公著自代狀　1102-730- 91
進新修唐書表　1102-730- 91
辭轉禮部侍郎劄子　1102-731- 91
再辭轉禮部侍郎狀　1102-732- 91
賀壽星表　1102-732- 91
乞洪州第五劄子　1102-732- 91
乞洪州第六七狀　1102-732- 91
辭侍讀學士狀　1102-734- 91
辭樞密副使表　1102-734- 91
謝樞密副使表　1102-735- 91
辭參知政事表　1102-735- 91
謝參知政事表　1102-736- 91
辭明堂加恩表　1102-736- 91
謝賜飛白并賜宴詩狀　1102-736- 91
謝覃恩轉戶部侍郎表　1102-737- 91
辭特轉吏部侍郎表　1102-738- 92
再辭轉官第一二三劄子　1102-738- 92
謝特轉吏部侍郎表　1102-739- 92
乞外任第一表　1102-740- 92
乞外任第一劄子　1102-740- 92
乞外任第二表　1102-741- 92
乞外任第二劄子　1102-741- 92
乞外任第三表　1102-742- 92
爲雨水爲災待罪乞避位第一二三
　　表　1102-742- 92
再乞外任第一表　1102-743- 92
乞出第一劄子　1102-744- 92
乞出第二表　1102-745- 92
乞出第二劄子　1102-745- 92
乞出第三表　1102-746- 92
乞出第三四五劄子　1102-747- 92

四庫全書文集篇目分類索引

史部

詔令奏議類：附錄

奏議上十五畫

辭覃恩轉左丞表	1102-748- 92
謝覃恩轉左丞表	1102-749- 92
乞根究蔣之奇彈疏箚子	1102-750- 93
再乞根究蔣之奇彈疏箚子	1102-750- 93
乞罷政事第一表	1102-751- 93
又乞罷任根究蔣之奇言事箚子	
附神宗御札	1102-751- 93
謝賜手詔箚子	1102-752- 93
乞詰問蔣之奇言事箚子	1102-752- 93
再乞詰問蔣之奇言事箚子	1102-752- 93
封進批出蔣之奇文字箚子	1102-753- 93
乞辯明蔣之奇言事箚子	1102-754- 93
再乞辯明蔣之奇言事箚子	
附神宗御札	1102-754- 93
謝賜手詔箚子	1102-755- 93
乞罷政事第二表及第三表	1102-756- 93
又乞外郡第一第二及第三箚子	1102-757- 93
謝傳宣撫問箚子	1102-759- 93
辭刑部尚書箚子	1102-759- 93
謝觀文殿學士刑部尚書表	1102-760- 93
進永厚陵挽歌辭三首引狀	1102-760- 93
亳州謝上表	1102-760- 93
謝賜仁宗御集表	1102-761- 93
亳州乞致仕第一表	1102-762- 93
亳州乞致仕第一箚子	1102-762- 93
亳州乞致仕第二表	1102-763- 93
亳州乞致仕第二箚子	1102-763- 93
亳州乞致仕第三表	1102-764- 93
亳州乞致仕第三箚子	1102-765- 93
亳州乞致仕第四表	1102-765- 93
亳州乞致仕第四箚子	1102-766- 93
亳州乞致仕第五表	1102-767- 93
第五乞守舊任箚子	1102-767- 93
辭免青州第一二三箚子	1102-768- 94
辭轉兵部尚書箚子	1102-770- 94
青州謝上書	1102-770- 94
謝南郊加食邑五百戶表	1102-771- 94
謝傳宣撫問賜香藥銀合表	1102-771- 94
謝賜漢書表	1102-772- 94
乞壽州第一箚子及第二箚子	1102-772- 94
謝壇止散青苗錢放罪表	1102-773- 94
辭宣徽使判太原府箚子六則	1102-773- 94
蔡州謝上表	1102-776- 94
蔡州再乞致仕第一表	1102-777- 94
（蔡州再乞致仕）又箚子	1102-777- 94
（蔡州再乞致仕）第二表	1102-778- 94
（蔡州再乞致仕）又箚子	1102-779- 94
（蔡州再乞致仕）第三表	1102-779- 94
謝致仕表	1102-780- 94
乞免明堂陪位箚子	1102-781- 94
謝免明堂陪位表	1102-781- 94
謝明堂禮畢宣賜表	1102-781- 94
代進奉承天節絹表	1102-782- 94
代進奉土貢狀	1102-782- 94
代薛瑄乞御篆神道碑狀	1102-782- 94
論按察官吏箚子	1103- 19- 97
論乞詔諭陝西將官箚子	1103- 20- 97
論元昊來人請不賜御筵箚子	1103- 20- 97
論楊察請終喪制乞不奪情箚子	1103- 21- 97
論韓琦范仲淹乞賜召對事箚子	1103- 21- 97
論罷鄭戩四路都部署箚子	1103- 22- 97
論凌景陽三人不宜與館職奏狀	1103- 22- 97
論按察官吏第二狀	1103- 23- 97
再論按察官吏狀	1103- 24- 97
論禁止無名子傷毀近臣狀	1103- 27- 97
論沂州軍賊王倫事宜箚子	1103- 28- 98
論王舉正范仲淹等箚子	1103- 29- 98
論趙振不可將兵箚子	1103- 30- 98
再論王倫事宜箚子	1103- 30- 98
論蘇紳姦邪不宜侍從箚子	1103- 32- 98
論乞令百官議事箚子	1103- 32- 98
論諫院宜知外事箚子	1103- 33- 98
論河北守備事宜箚子	1103- 34- 98
論軍中選將箚子	1103- 35- 98
論郭承祐不可將兵狀	1103- 37- 99
論元昊來人不可令朝臣管伴箚子	1103- 38- 99
論元昊不可稱吾祖箚子	1103- 39- 99
論乞廷議元昊通和事狀	1103- 39- 99
論西賊議和利害狀	1103- 40- 99
論乞不遣張子爽使元昊箚子	1103- 41- 99
論乞不受呂紹寧所進羨餘錢箚子	1103- 42- 99
論孫朴不可使契丹箚子	1103- 43- 99
論范仲淹宣慰陝西箚子	1103- 43- 99
論京西賊事箚子	1103- 44-100
再論置兵禦賊箚子	1103- 45-100
論盜賊事宜箚子	1103- 46-100
論學士不可令中書差除箚子	1103- 47-100
論呂夷簡箚子	1103- 48-100
論呂夷簡僕人受官箚子	1103- 48-100
論止絕呂夷簡暗入文字箚子	1103- 49-100

四庫全書文集篇目分類索引

薦姚光弼狀　1103- 50-100
論李淑姦邪箚子　1103- 50-100
再論李淑箚子　1103- 51-100
論慎出詔令箚子　1103- 52-100
論李昭亮不可將兵箚子　1103- 53-101
論禦賊四事箚子　1103- 54-101
論乞主張范仲淹富弼等行事箚子　1103- 55-101
論臺官不當限資考箚子　1103- 55-101
再論臺官不可限資考箚子　1103- 56-101
論京西官吏非人乞黜按察使除泊等箚子　1103- 56-101
再論陳泊等箚子　1103- 57-101
論舉館閣之職箚子　1103- 58-101
論乞令宣撫使韓琦等經略陝西箚子　1103- 59-102
論西賊議和請以五問詰大臣狀　1103- 60-102
論葛宗古等不當減法箚子　1103- 61-102
論燕度勘滕宗諒事張皇太過箚子　1103- 62-102
再論燕度鞫獄枝蔓箚子　1103- 63-102
論乞不勘狄青侵公用錢箚子　1103- 63-102
論體量官吏酷虐箚　1103- 64-102
論募人入賊以壞其黨箚子　1103- 64-102
論宜專責杜杞捕賊箚子　1103- 65-102
論江淮官吏箚子　1103- 65-102
論捕賊賞罰箚子　1103- 67-103
論光化軍叛兵家口不可赦箚子　1103- 68-103
薦李允知光化軍箚子　1103- 69-103
論韓綱棄城乞依法箚子　1103- 69-103
論乞賑救饑民箚子　1103- 70-103
論救賑雪後饑民箚子　1103- 70-103
論澶州瑞木乞不宣示外廷箚子　1103- 70-103
論美人張氏恩寵宜加裁損箚子　1103- 71-103
論乞止絕河北伐民桑柘箚子　1103- 72-103
論方田均稅箚子　1103- 73-103
論張子爽恩賞太頻箚子　1103- 74-104
論救賑江淮饑民箚子　1103- 75-104
論內出手詔六條箚子　1103- 75-104
論葬荊王一行事箚子　1103- 76-104
論燕王子允良乞未加恩箚子　1103- 77-104
論乞與元昊約不攻唃斯囉箚子　1103- 78-104
論更改貢舉事件箚子　1103- 79-104
論臣寮不和箚子　1103- 80-104
論三司判官擇人之利箚子　1103- 81-104
詳定貢舉條狀　1103- 81-104
論對變賊任人不一箚子　1103- 82-105
論湖南蠻賊可招不可殺箚子　1103- 83-105
再論湖南蠻賊宜早招降箚子　1103- 84-105
論水洛城事宜乞保全劉滬等箚子　1103- 85-105
再論水洛城事乞保全劉滬箚子　1103- 86-105
論陳留橋事乞黜御史王礪箚子　1103- 87-105
論王礪中傷善人乞行黜責箚子　1103- 88-105
論任人之體不可疑箚子　1103- 89-105
論與西賊大斤茶箚子　1103- 90-105
論西賊占延州侵地箚子　1103- 90-105
論大臣不可親小事箚子　1103- 92-106
論中書增官屬主文書箚子　1103- 92-106
論班行未有舉薦之法箚子　1103- 93-106
論乞放還蕃官胡繼諤箚子　1103- 93-106
繳進王伯起上書狀　1103- 94-106
論大理寺斷冤獄不當箚子　1103- 94-106
論內臣馮承用與外任事箚子　1103- 95-106
論臺官上言按察使狀　1103- 96-107
論兩制以上罷舉轉運使副省府推判官等狀　1103- 97-107
論劉三鍜事狀　1103- 99-107
論杜衍范仲淹等罷政事狀　1103-100-107
論權貴子弟衝移選人箚子　1103-103-108
論臣寮奏帶指使差遣箚子　1103-104-108
論史館日曆狀　1103-104-108
請鑄不幸溫成廟箚子　1103-105-108
論臺諫官言事未蒙聽允書　1103-106-108
論修河第一狀　1103-108-108
論雕印文字箚子　1103-110-108
論使臣差遣箚子　1103-111-109
論罷修奉先寺等狀　1103-112-109
論修河第二三狀　1103-113-109
論狄青箚子　1103-117-109
論水災疏　1103-119-110
再論水災狀　1103-122-110
論水入太社箚子　1103-124-110
乞添上殿班箚子　1103-124-110
論賈昌朝除樞密使箚子　1103-125-110
舉留胡瑗管勾太學狀　1103-126-110
薦布衣蘇洵狀　1103-127-110
舉梅堯臣充直講狀　1103-127-110
舉布衣陳烈充學官箚子　1103-127-110
再乞召陳烈箚子　1103-128-110
薦王安石呂公著箚子　1103-128-110
薦張立之狀　1103-129-110
條約舉人懷挾文字箚子　1103-130-111

史部

詔令奏議類：附錄

奏議上十五畫

史部

詔令奏議類：附錄

奏議上十五畫

論保明舉人行實筠子	1103-131-111	米光濬斬決逃軍乞免勘狀	1103-172-115
論契丹求御容筠子	1103-131-111	乞減配賣銀五萬兩狀	1103-173-115
論選皇子書	1103-132-111	再乞減配銀狀	1103-174-115
乞定兩制員數筠子	1103-133-111	再舉米光濬狀	1103-175-115
論編學士院制詔筠子	1103-134-111	論蘐務利害狀	1103-175-115
請今後乞內降人加本罪二等筠子	1103-134-111	論西北事宜筠子	1103-178-115
論梁舉直事封回內降筠子	1103-135-111	論宣毅萬勝等兵筠子	1103-180-115
論郭皇后影殿筠子	1103-135-111	乞罷鐵錢筠子	1103-183-115
論孟陽河開掘墳墓筠子	1103-136-111	乞免潛州一年支移筠子	1103-186-115
乞罷上元放燈筠子	1103-137-111	乞不配賣醋糟與人戶筠子	1103-186-115
論包拯除三司使上書	1103-137-111	乞減放逃戶和糴筠子	1103-188-116
乞與尹構一官狀	1103-140-112	請耕禁地筠子	1103-189-116
舉丁寶臣狀詞	1103-141-112	乞減樂平縣課額筠	1103-190-116
乞免舉臺官筠子	1103-141-112	乞放麟州百姓沽酒筠子	1103-190-116
論許懷德狀	1103-142-112	舉孫直方奏狀	1103-190-116
再論許懷德狀	1103-142-112	條列文武官材能筠子	1103-191-116
論茶法奏狀	1103-143-112	舉劉義叟筠子	1103-192-116
論監牧筠子	1103-144-112	繳進劉義叟春秋災異奏狀	1103-192-116
舉章望之曾鞏王回等充館職狀	1103-146-112	論代州開壕事宜筠子	1103-192-116
舉蘇軾應制科狀	1103-146-112	舉張旨代王凱筠子	1103-192-116
免進五代史狀	1103-147-112	論不才官吏狀	1103-193-116
論刪去九經正義中識緯筠子	1103-147-112	乞罷刈白草筠子	1103-193-116
議（新）學狀	1103-148-112	乞免浮客及下等人戶差科筠子	1103-195-116
論均稅筠子	1103-150-113	乞免蒿頭酒戶課利筠子	1103-196-116
乞差檢討官校國史筠子	1103-151-113	舉陸詵武筠子	1103-196-116
論牧馬草地筠子	1103-152-113	論舉官未行筠子	1103-196-116
論台諫官唐介等宜早牽復筠子	1103-152-113	論永寧軍捉獲作過兵士筠子	1103-197-116
舉劉邠呂惠卿充館職筠子	1103-154-113	乞許同商量保州事筠子	1103-198-117
論祠祭行事筠子	1103-154-113	舉官筠子	1103-198-117
論逐路取人筠子	1103-155-113	乞不親教閱筠子	1103-199-117
乞獎用孫洙筠子	1103-157-113	乞許轉運司差兵士捉賊	1103-200-117
言西邊事宜第一狀	1103-158-114	奏洛州盜賊事	1103-200-117
言西邊事宜第二筠子	1103-161-114	乞一面罷差兵士拽磨（筠子）	1103-201-117
乞補館職筠子	1103-162-114	奏李昭亮私取叛兵子女	1103-202-117
又論館閣取士筠子	1103-162-114	乞不詰問劉渙斬人（筠子）	1103-202-117
薦司馬光筠子	1103-164-114	乞不令提刑司點檢賞給（筠子）	1103-202-117
言青苗錢第一筠子	1103-165-114	保舉王果（筠子）	1103-203-117
言青苗第二筠子	1103-166-114	保明張景伯（筠子）	1103-204-117
舉宋敏求同知太常禮院筠子	1103-167-114	乞罷郭承祐知邢州（筠子）	1103-205-117
畫一啓請筠子	1103-167-115	再奏郭承祐	1103-205-117
辟郭固隨行筠子	1103-168-115	乞推究李昭亮（筠子）	1103-206-117
相度併縣奏狀	1103-169-115	乞將誤降配廂軍依舊升爲禁軍（筠子）	1103-207-117
倚閣忻代州和糴米奏狀	1103-170-115	乞一面除放欠負（筠子）	1103-208-117
義勇指揮使代貧民差役奏狀	1103-171-115	乞眞定府分騐武兵士別作指揮（	
舉米光濬狀	1103-172-115		

四庫全書文集篇目分類索引

篇目	索引號	篇目	索引號
筠子）	1103-210-117	論均稅（筠子）	1103-717- 9
乞放行牛皮膠鰾（筠子）	1103-211-117	論牧馬草地（筠子）	1103-718- 9
乞展便糶斛斗限（筠子）	1103-212-117	論監牧（筠子）	1103-718- 9
乞置御河催綱（筠子）	1103-213-117	薦司馬光（筠子）	1103-719- 9
乞催納放外稅物（筠子）	1103-214-117	薦王安石呂公著（筠子）	1103-720- 9
乞置弓弩都作院（筠子）	1103-215-117	議新學（狀）	1103-721- 10
乞再定奪減放應役人數（筠子）	1103-216-117	條約舉人懷挾文字（筠子）	1103-723- 10
乞不免兩地供輸人役（筠子）	1103-216-117	議科場（狀）	1103-724- 10
再乞不放兩地供輸人色役（筠子）	1103-217-117	論史館日曆（狀）	1103-724- 10
乞重定進納常平倉恩澤（筠子）	1103-218-117	論修河利害第一二（狀）	1103-725- 10
乞條制催綱司（筠子）	1103-218-117	論修六塔河狀	1103-729- 10
乞免差人往岢嵐軍築城（筠子）	1103-221-118	薦布衣蘇洵（狀）	1103-731- 10
（再奏）乞免差人往岢嵐軍築城	1103-222-118	舉蘇軾應制科（狀）	1103-731- 10
乞選差文官知定州（筠子）	1103-223-118	舉章望之曾鞏王回等充館職(狀)	1103-732- 10
乞預聞邊事（筠子）	1103-223-118	薦表	1104-984-附下
再奏乞預聞邊事	1103-224-118	上皇帝封事書	1346- 22- 2
乞令邊臣辨明地界（筠子）	1103-225-118	尊皇太后册文	1350-330- 32
乞差武衞人員（筠子）	1103-225-118	論燕度勘滕宗諒事張皇太過(疏)	1350-481- 46
乞住買羊（筠子）	1103-226-118	論杜韓范富（疏）	1350-482- 46
乞條制都作院（筠子）	1103-227-118	論狄青（疏）	1350-484- 46
再乞放行皮角（筠子）	1103-228-118	論賈昌朝（疏）	1350-486- 46
奏北界爭地界	1103-229-118	論修河（疏）	1350-487- 46
論契丹侵地界狀	1103-229-118	論日曆（疏）	1350-489- 46
自勸乞罷轉運使（筠子）	1103-233-118	論包拯除三司使（疏）	1350-490- 46
論孫長卿爲臺諫所劾事（疏）	1103-235-119	中書請議濮安懿王典禮（疏）	1350-493- 47
辯蔡襄異議	1103-236-119	請補館職（疏）	1350-494- 47
獨對語	1103-236-119	謝知制誥表	1350-678- 64
御藥陳承禮監造袞冕事（疏）	1103-237-119	賀平貝州表	1350-678- 64
內降補僧官（疏）	1103-237-119	謝復龍圖閣直學士表	1350-679- 64
又三事（疏）	1103-238-119	南京留守謝上表	1350-679- 64
濮議一二	1103-242-120	謝覃恩轉官表	1350-679- 64
中書請議濮王典禮奏狀	1103-251-122	謝宣召入翰林狀	1350-680- 64
兩制禮官議狀	1103-251-122	乞罷政事表	1350-680- 64
中書進呈筠子	1103-252-122	亳州謝上表	1350-681- 64
兩制禮官再議稱皇伯狀	1103-252-122	乞致仕表	1350-681- 64
中書請集官再議進呈筠子	1103-253-122	謝賜漢書表	1350-682- 64
筠子一首 議濮王典禮制事	1103-255-123	謝止散青苗錢放罪表	1350-682- 64
通進司上書	1103-677- 4	乞致仕第二三表	1350-683- 64
準詔言事上書	1103-683- 5	進修唐書表	1350-684- 64
辨杜韓范富表	1103-689- 6	聖節進綃表	1352-103- 2下
乞補館職（筠子）	1103-713- 9	慰申王霆表	1352-108- 3上
論館閣取士（筠子）	1103-713- 9	辭免參知政事表	1352-116- 3上
論編學士院制詔（筠子）	1103-715- 9	辭免樞副表	1352-118- 3上
論刪去九經正義中讖緯（筠子）	1103-716- 9	辭免明堂陪位表	1352-128- 3中
乞定兩制員數（筠子）	1103-716- 9	辭樞密表	1352-133- 3下

史部

詔令奏議類：附錄

奏議上十五畫

史部

詔令奏議類：附錄

奏議上十五畫

謝除參知政事表	1352-135-3下	論任人之體不可疑箚子	1377-333-15
謝除刑部尚書表	1352-137-3下	論乞令百官諫事箚子	1377-334-15
謝除吏部侍郎表	1352-137-3下	論按察官吏箚子	1377-334-15
謝除戶部侍郎表	1352-139-3下	論學士不可令中書差除箚子	1377-335-15
謝除知制誥表	1352-146-4上	論臺諫官唐介等宜早牽復箚子	1377-338-15
謝除尚書左丞表	1352-153-4中	論賈昌朝除樞密使箚子	1377-340-15
謝除知青州表	1352-176-5上	論狄青箚子	1377-341-15
謝除知亳州表	1352-178-5上	論張子奭恩賞太頻箚子	1377-343-15
留守到任謝表	1352-181-5上	論乞不受呂紹寧所進羨餘錢箚子	1377-345-16
謝轉官表	1352-225-6上	箚子一首	1377-348-16
謝南郊加恩表	1352-227-6中	論葬荊王箚子	1377-358-16
乞外任表（三則）	1352-265-7中	論葬荊王一行事箚子	1377-359-16
乞出表	1352-268-7中	論更改貢舉事件箚子	1377-360-16
乞避位待罪表	1352-270-7中	論逐路取人箚子	1377-361-16
乞致仕表	1352-273-7下	論濮州瑞木乞不宜示外廷箚子	1377-370-16
準詔言上皇帝書	1352-57-53	論軍中選將箚子	1377-372-17
論狄青（疏）	1354-137-18	乞放還番官胡繼諮箚子	1377-375-17
論日曆（疏）	1354-138-18	論契丹求御容箚子	1377-376-17
論杜韓范富（疏）	1354-151-19	論河北守備事宜箚子	1377-377-17
上皇帝辨杜韓范富書	1356-350-17	論乞不遣張子奭使元昊箚子	1377-378-17
論言諫言事未蒙聽允書	1356-353-17	論元昊來人不可令朝臣管伴箚子	1377-379-17
論狄青箚子	1356-355-17	論乞與元昊約不攻宜勒斯賓箚子	1377-379-17
論水災疏	1356-356-17	論與西夏大斤茶箚子	1377-380-17
論賈昌朝除樞密使箚子	1356-358-17	論水洛城事宜乞保全劉滬等箚子	1377-381-17
論選皇子疏	1356-360-17	再論水洛城事乞保全劉滬箚子	1377-382-17
論包拯除三司使上書	1356-361-17	論沂州軍賊王倫事宜箚子	1377-388-17
論臺諫官唐介等宜早牽復箚子	1356-363-17	論盜賊事宜箚子	1377-389-17
論修河第一狀	1356-365-17	論江淮官吏箚子	1377-390-17
論西賊議和利害狀	1356-366-17	論討蠻賊任人不一箚子	1377-391-17
論選皇子疏	1377-177-5	論湖南蠻賊可招不可殺箚子	1377-392-17
乞罷政事表	1377-204-9	再論湖南蠻賊宜早招降箚子	1377-393-17
亳州乞致仕第二表	1377-205-9	論監牧箚子	1377-394-17
蔡州乞致仕第二表第三表	1377-206-9	論大理寺斷寃獄不當箚子	1377-396-17
謝明堂覃恩轉官表	1377-208-9	論史館日曆狀	1377-401-18
謝復龍圖閣直學士表	1377-208-9	論禁止無名子傷毀近臣狀	1377-402-18
謝宣召入翰林表	1377-209-9	論兩制以上罷舉轉運使副省府推	
南京留守謝上表	1377-210-9	判官等狀	1377-403-18
亳州謝上表	1377-210-9	論臺官上言按察使狀	1377-405-18
謝賜漢書表	1377-212-9	再論按察官吏狀	1377-406-18
謝擅止散青苗錢放罪表	1377-213-9	論杜衍范仲淹等罷政事狀	1377-408-18
論臺諫官言事未蒙聽允書	1377-239-12	再論水災狀	1377-410-18
論包拯除三司使書	1377-241-12	論茶法奏狀	1377-424-19
通進司上書	1377-243-12	論劉三鍜事狀	1377-430-19
準詔言事上書	1377-262-13	論契丹侵地界狀	1377-432-19
論美人張氏恩寵宜加裁損箚子	1377-331-15	言西邊事宜第一狀	1377-434-19

四庫全書文集篇目分類索引

論西賊議和利害狀　1377-437- 19
論乞廷議元昊通和事狀　1377-438- 19
論西賊議和請以五問詰大臣狀　1377-439- 19
議學狀　1377-443- 20
論修河狀（三則）　1377-455- 20
論罷修奉先寺等狀　1377-469- 20
潭州通判謝上表　1382-329- 上之2
謝復龍圖閣直學士表　1382-329- 上之2
南京留守謝上表　1382-330- 上之2
亳州謝上表　1382-330- 上之2
謝止散青苗錢放罪表　1382-331- 上之2
乞致仕第二三表　1382-331- 上之2
謝宣召入翰林表　1382-332- 上之2
謝除樞密副使表　1382-333- 上之2
謝除刑部尚書表　1382-333- 上之2
青州謝上表　1382-334- 上之2
通進司上皇帝書　1383-327- 29
論臺諫官言事未蒙聽允書　1383-339- 30
論包拯除三司使上書　1383-341- 30
論選皇子疏　1383-343- 30
水災疏　1383-344- 30
論美人張氏恩寵宜加裁損箚子　1383-347- 30
論議濮安懿王典禮箚子　1383-348- 30
論葬荊王後贈燕王一行事箚子　1383-351- 30
論葬荊王箚子　1383-351- 30
論乞主張范仲淹富弼等行事箚子　1383-353- 31
論賈昌朝除樞密使箚子　1383-354- 31
論臺諫官唐介等宜早牽復箚子　1383-355- 31
薦王安石呂公著箚子　1383-357- 31
薦司馬光箚子　1383-358- 31
乞獎用孫沔箚子　1383-358- 31
止絕呂夷簡暗入文字箚子　1383-359- 31
論狄青箚子　1383-360- 31
論水洛城事宜乞保劉滬等箚子　1383-361- 31
論罷鄭戩四路都部署箚子　1383-362- 31
論張子喪恩賞太頻箚子　1383-363- 31
論江淮官吏箚子　1383-364- 31
乞補館職箚子　1383-366- 32
論乞令百官議事箚子　1383-367- 32
論諫院宜知外事箚子　1383-367- 32
乞添上殿班箚子　1383-368- 32
論任人之體不可疑箚子　1383-369- 32
論軍中選將箚子　1383-370- 32
論逐路取人箚子　1383-371- 32
言青苗錢第一箚子　1383-373- 32

請耕禁地箚子　1383-375- 32
論契丹求御容箚子　1383-377- 33
論灃州瑞木乞不宣示外廷箚子　1383-378- 33
論河北守備事宜箚子　1383-379- 33
論麟州事宜箚子　1383-380- 33
論湖南蠻賊可招不可殺箚子　1383-383- 33
論乞放還番官胡繼諮箚子　1383-384- 33
論乞與元昊約不攻唃嘶囉箚子　1383-384- 33
論與西賊大斤茶箚子　1383-385- 33
言西邊事宜第二箚子　1383-386- 33
論西賊占延州侵地箚子　1383-387- 33
論杜衍范仲淹等罷政事狀　1383-389- 34
論禁止無名子傷毀近臣狀　1383-391- 34
論茶法奏狀　1383-392- 34
論史館日曆狀　1383-393- 34
議學狀　1383-395- 34
乞與尹構一官狀　1383-397- 34
學丁寶臣狀　1383-397- 34
再論許懷德狀　1383-398- 34
論修河狀（三則）　1383-399- 35
再論水災狀　1383-405- 35
論乞廷議元昊通知事狀　1383-407- 36
論西賊議和請以五問詰大臣狀　1383-408- 36
論西賊議和利害狀　1383-409- 36
言西邊事宜第一狀　1383-411- 36
論契丹侵地界狀　1383-414- 36
論劉三據事狀　1383-416- 36
謝知制誥表　1383-418- 37
滁州謝上表　1383-419- 37
揚州謝上表　1383-420- 37
謝宣召入翰林表　1383-420- 37
再辭侍讀學士表　1383-421- 37
進新修唐書表　1383-421- 37
辭樞密副使表　1383-422- 37
賀平貝州表　1383-422- 37
乞罷政事第三表　1383-423- 37
亳州乞致仕第二表　1383-423- 37
蔡州乞致仕第二表（第三表二則）　1383-424- 37
謝明堂覃恩轉官表　1383-425- 37
謝復龍圖閣直學士表　1383-425- 37
南京留守謝上表　1383-426- 37
亳州謝上表　1383-426- 37
謝賜漢書表　1383-427- 37
謝攔止散青苗錢放罪表　1383-427- 37
謝知制誥表　1394-405- 3

史部

詔令奏議類：附錄

奏議上十五畫

四庫全書文集篇目分類索引

史部

詔令奏議類：附錄

奏議上十五畫

謝復龍圖閣直學士表	1394-406- 3
南京留守謝上表	1394-407- 3
謝宣召入翰林表	1394-407- 3
乞罷政事表	1394-407- 3
亳州謝上表	1394-408- 3
亳州乞致仕第二表	1394-409- 3
謝賜漢書表	1394-410- 3
謝壇止散青苗錢放罪表	1394-410- 3
謝致仕表	1394-411- 3
論包拯除三司使上書	1402-489- 74
通進司上書	1402-491- 74
論臺諫官言事未蒙聽允書	1402-497- 75
準詔言事上書	1402-499- 75
論選皇子疏	1403-108-101
乞罷政事表	1403-537-136
亳州謝上表	1403-537-136
亳州乞致仕第二表	1403-538-136
蔡州乞致第三表	1403-539-136
謝復龍圖閣直學士表	1403-539-136
謝宣召入翰林表	1403-540-136
南京留守謝上表	1403-540-136
謝賜漢書表	1403-540-136
謝壇止散青苗錢放罪表	1403-541-136
論史館日曆狀	1404- 58-164
議學狀	1404- 59-164
論杜衍范仲淹等罷政事狀	1404- 62-164
論臺官上言按察使狀	1404- 64-164
再論按察官吏狀	1404- 64-164
論乞廷議元昊通和事狀	1404- 67-165
論西賊議和利害狀	1404- 68-165
言西邊事宜第一狀	1404- 69-165
論契丹侵地界狀	1404- 72-165
論劉三鍜事狀	1404- 74-165
論修河第一二三狀	1404- 75-165
論美人張氏恩寵宜加裁損箚子	1404-130-171
論葬荊王箚子	1404-131-171
論賈昌朝除樞密使箚子	1404-132-171
論臺諫官唐介等宜早牽復箚子	1404-133-171
請狄青箚子	1404-135-171
論罷鄭戩四路都部署箚子	1404-137-171
論軍中選將箚子	1404-138-171
論水洛城事宜乞保全劉滬等箚子	1404-139-171
論江淮官吏箚子	1404-141-171
論濮州瑞木乞不宣示外廷箚子	1404-142-171
勸學詔	1418-256- 45

弛茶禁詔	1418-256- 45
論刪去九經正義中識緯箚子	1418-257- 45
論臺諫官唐介等宜早牽復箚子	1418-257- 45
乞補館職箚子	1418-259- 45
論杜衍范仲淹等罷政事狀	1418-260- 45
議學狀	1447-505- 27
論杜衍范仲淹等罷政事狀	1447-508- 27
論史館日曆狀	1447-510- 27
論茶法奏狀	1447-512- 27
論選皇子疏	1447-514- 27
通進司上皇帝書	1447-516- 28
準詔言事上書	1447-522- 28
論包拯除三司使上書	1447-528- 28
論乞令百官議事箚子	1447-533- 29
論美人張氏恩寵宜加裁損箚子	1447-534- 29
論濮州瑞木乞不宣示外廷箚子	1447-536- 29
請駕不幸溫成廟箚子	1447-537- 29
論臺諫官唐介等宜早牽復箚子	1447-539- 29
論逐路取人箚子	1447-541- 29
論刪去九經正義中識緯箚子	1447-544- 29
論議濮安懿王典禮箚子	1447-546- 29

● 歐陽澈 宋

經國（疏）	435-323- 82
經國（疏）二則	435-341- 83
上皇帝萬言書	1136-337- 1
上皇帝第二書	1136-355- 2
上皇帝第三書	1136-367- 3

● 歐陽廣 五代

| 論邊鎬必敗書 | 1418-162- 41 |

● 歐陽德 明

| 江西王府廟祀疏 | 517- 59-116 |

● 歐陽鐸 明

| 江西王府分管府事疏 | 517- 60-116 |

● 歐陽東鳳 明

| 拯救水災疏 | 534-396- 92 |

● 歐陽調律 明

| 建文帝編年崇祀疏 | 561-448- 43 |
| 請施邳鄉官保城殉難疏 | 561-449- 43 |

● 樊 準 漢

聖學（疏）——人君不可以不學	433-131- 6
薦用龐參疏	436-590-129
災祥（疏）	441-265-296
薦龐參疏	538-511- 76
勸崇儒學疏	1360-161- 9
論興儒學疏	1397-225- 11

論災異疏　　　　　　　　　　　1397-226- 11
薦庸參疏　　　　　　　　　　　1397-227- 11
勸興儒學疏　　　　　　　　　　1417-383- 19
●樊 遜北齊
用人（疏）　　　　　　　　　　436-616-130
經籍（疏）——議校書　　　　　440-745-275
釋道兩教策　　　　　　　　　　550-233-217
刑罰寬猛策　　　　　　　　　　550-234-217
禍福報應策　　　　　　　　　　550-235-217
升中紀號策　　　　　　　　　　550-235-217
求才審官策　　　　　　　　　　550-236-217
校定群書議　　　　　　　　　　1400- 50- 3
對釋道兩教策　　　　　　　　　1401-458- 34
●樊 毅漢
掾臣條屬臣準書佐臣謀弘農太守
　上洛西岳乞差一縣賦發復華下
　十里以內民租田口算狀　　　　556-197- 87
掾臣條屬臣準書佐臣謀弘農太守
　上洛西嶽乞差一縣賦發復華下
　十里以內民租田口算狀　　　　1397-563- 27
●樊 衡唐
爲宇文戶部薦隱淪表　　　　　1338-673-611
爲幽州長史薛楚玉破契丹露布　1339-139-646
●樊 儉漢
宗室（疏）——定廣陵王荊罪事　435-163- 76
慎刑（疏）——或告武陽侯朱浮
　事　　　　　　　　　　　　　439-168-215
正經義奏　　　　　　　　　　　1397-157- 8
理朱浮奏　　　　　　　　　　　1397-157- 8
舉孝廉奏　　　　　　　　　　　1397-157- 8
●樊玉衡明
再請建儲奏　　　　　　　　　　534-372- 91
●樊孝謙北齊
賞罰（疏）　　　　　　　　　　438-358-187
封禪（疏）　　　　　　　　　　441-227-294
●樊若水宋
理財（疏）　　　　　　　　　　440-457-263
●慕天顏清
請預撥黔省協餉疏　　　　　　　572-219- 35
題覆鹽價疏　　　　　　　　　　572-220- 35
●慕容廆晉
勸進元帝表　　　　　　　　　　503-284-111
上晉帝表　　　　　　　　　　　503-286-111
●慕容農前燕
龍城求代表　　　　　　　　　　496-788-117

●慕容彥達宋
仁民（疏）　　　　　　　　　　436- 94-106
學校（疏二則）　　　　　　　　436-249-114
學校（疏）　　　　　　　　　　436-252-115
禮樂（疏）——禮會三禮圖奏　　436-383-120
祭禮（疏二則）　　　　　　　　436-522-126
論理會守令箚子　　　　　　　　436-873-141
選舉（疏）——知貢舉　　　　　437-643-168
選舉（疏）　　　　　　　　　　437-643-168
勤政（疏）　　　　　　　　　　438-443-190
慎刑（疏二則）　　　　　　　　439-219-217
理財（疏）　　　　　　　　　　440-630-270
應詔舉臣奏狀　　　　　　　　　1123-408- 9
辭免召試奏狀　　　　　　　　　1123-408- 9
除中書舍人學自代奏狀　　　　　1123-408- 9
辭免侍讀奏狀　　　　　　　　　1123-408- 9
辭免兼侍講奏狀　　　　　　　　1123-408- 9
辭免太子賓客奏狀　　　　　　　1123-409- 9
除兼太子賓客學自代奏狀　　　　1123-409- 9
辭免再除中書奏狀　　　　　　　1123-409- 9
辭免除起居郎奏狀　　　　　　　1123-409- 9
辭免監察御史奏狀　　　　　　　1123-409- 9
辭免兵部侍郎奏狀　　　　　　　1123-410- 9
除吏部侍郎學自代奏狀　　　　　1123-410- 9
又學自代奏狀　　　　　　　　　1123-410- 9
除兵部侍郎學自代奏狀　　　　　1123-410- 9
辭免除刑部尚書奏狀　　　　　　1123-410- 9
除刑部尚書學自代奏狀　　　　　1123-411- 9
乞賜神宗御集奏狀　　　　　　　1123-411- 9
論黃甲擬官奏狀　　　　　　　　1123-411- 9
乞殿中省別處置局奏狀　　　　　1123-411- 9
國子監學主奏狀　　　　　　　　1123-412- 9
論武學上舍生奏狀　　　　　　　1123-412- 9
論州縣社稷壇壝不修奏狀　　　　1123-412- 9
論州縣學講堂及齋名奏狀　　　　1123-413- 9
論提舉官分巡奏狀　　　　　　　1123-413- 10
論諸路弓手奏狀　　　　　　　　1123-414- 10
論諸路坑治奏狀　　　　　　　　1123-414- 10
論府界旅櫬奏狀　　　　　　　　1123-414- 10
上檢查病囚疏　　　　　　　　　1123-415- 10
乞外任箚子　　　　　　　　　　1123-415- 10
服闋乞外任箚子　　　　　　　　1123-415- 10
理會三禮圖箚子　　　　　　　　1123-415- 10
理會架閣箚子　　　　　　　　　1123-416- 10
理會守令箚子　　　　　　　　　1123-416- 10

1624　　　　　　　　四庫全書文集篇目分類索引

史部

詔令奏議類：附錄

奏議上十五畫

理會守令考課箚子	1123-416- 10	集英殿春宴勸酒記（三則）	1123-440- 12
理會常平箚子	1123-417- 10	●蔣　义（等）唐	
理會抵當孤幼箚子	1123-417- 10	喪禮（疏）	436-441-122
理會居養院箚子	1123-417- 10	●蔣　防 唐	
理會祭祀箚子	1123-418- 10	吏部議	1340-459-765
乞以假日特引對付史館箚子	1123-418- 10	兵部議	1340-460-765
理會學校箚子	1123-418- 10	●蔣　伸 唐	
理會陳訴箚子	1123-419- 10	謹名器（疏）	438-600-197
理會捕盜捉事箚子	1123-419- 10	●蔣　瑎 明	
邢部斷絕獄案箚子	1123-419- 10	題欽奉勅諭事	444-398- 48
興龍節賀表	1123-421- 10	●蔣　冕 明	
冬至節拜表	1123-421- 10	爭大禮疏	568- 50- 99
皇后賀爲冬祀禮畢賀皇帝表	1123-421- 10	請慎選左右停止齋醮疏	1453-498- 56
內中侍御己下賀皇帝冬祀禮畢表	1123-422- 10	●蔣　琬 蜀漢	
貴妃以下賀皇帝冬祀禮畢表	1123-422- 10	征伐（疏）	439-485-227
內中夫人郡君以下賀冬祀禮畢表	1123-422- 10	上襲魏疏	1354-483- 18
大長帝姬賀冬祀禮畢表	1123-422- 10		1361-601- 21
謝賜宴表	1123-423- 10		1381-272- 27
天寧節謝御筵	1123-423- 10	●蔣　欽 明	
賀太陽當虧不虧表	1123-424- 11	劾劉瑾疏（二則）	445-201- 12
賀增上神宗徽號表	1123-424- 11	●蔣　溥（等）清	
賀甘露降帝鼎表	1123-424- 11	進盤山志表	586- 2- 附
賀改元政和表	1123-425- 11	御覽經史講義進表	722-128- 附
謝賜政和元年曆日表	1123-425- 11	（進）御製詩初集奏摺	1302- 4- 附
賀紅鹽表	1123-425- 11	●蔣　漣 清	
代三省以下紫宸殿賀太陽不虧表	1123-425- 11	進表（清聖祖仁皇帝御製文集）	1298- 2- 附
代宰臣以下賀黃河清表	1123-426- 11	●蔣　濟 魏	
代三省樞密院請皇帝聽樂表	1123-426- 11	用人（疏）	436-598-130
代賀皇帝御大慶殿大朝會表	1123-426- 11	去邪（疏）	438- 10-173
賀康復視朝德音表	1123-426- 11	謹名器（疏）——論夏侯尚之任	438-589-197
代宰臣以下請皇帝受玄圭第二表	1123-427- 11	征伐（疏）——討伐公孫淵事	439-491-227
賀中宮受册表	1123-427- 11	封禪（疏）	441-222-294
代鄭樞密辭免樞密院表（二則）	1123-427- 11	言中書疏	1361-568- 15
中書舍人謝表	1123-428- 11	言征役怨曠疏	1361-569- 15
謝再除中書舍人表	1123-428- 11	言日蝕疏	1361-569- 15
汝州謝表	1123-429- 11	辭食邑疏	1361-569- 15
謝復修撰表	1123-429- 11	諫明帝攻遼東	1361-624- 26
謝除兼太子賓客表	1123-430- 11	中書專任疏	1417-435- 21
謝傳宣入伏早下表	1123-430- 11	●蔣之奇 宋	
兵部侍郎謝表	1123-430- 11	治道（疏）——上謹始五事	434- 78- 38
謝除刑部尚書仍賜對衣金帶鞍轡馬表	1123-431- 11	●蔣宗魯 明	
賀刑部斷獄表	1123-431- 11	奏罷屏石疏	570-334-29之3
代宰臣以下賀獄空及大理寺斷絕表	1123-434- 11	●蔣重珍 宋	
		災祥（疏）	441-586-309
		●蔣欽緒 唐	

四庫全書文集篇目分類索引　1625

朝集使等上尊號表　1338-157-554
宰相請封禪表　1338-180-556
再請封禪表　1338-181-556
駁祝欽明請南郊皇后充亞獻議　1340-407-761
●蔡　抗 宋
進書集傳表　1359-178- 23
●蔡　克 西晉
梁王彤誣靈議（二則）附臺下符　1398-436- 19
●蔡　佾 宋
樂疏　436-572-128
●蔡　京 宋
郊廟（疏）　433-522- 21
●蔡　茂 漢
外戚（疏）　441-121-288
請禁制貴戚疏　1397-129- 7
●蔡　幵 宋
故左宣奉大夫顯謨閣待制贈特進
　葛公謚議　1127-666- 24
●將　邑 漢
郊廟（疏）　433-345- 14
選舉（疏）　437-489-163
征伐（疏）——鮮卑檀石槐寇三
　邊　439-481-227
律歷（疏）　440-810-278
律歷（疏）　440-812-278
災祥（疏）　441-287-297
災祥（疏）——上災異疏　441-288-297
災祥（疏）　441-288-297
災祥（疏）——陳政要所當施行
　封事七條　441-289-297
幽冀刺史久闕疏　506-184- 92
薦邊讓疏　538-511- 76
陳政要七事（疏）　1063-158- 2
答詔問災異八事　1063-160- 2
幽冀刺史久闕疏　1063-164- 2
難夏育上言鮮卑仍犯諸郡　1063-165- 2
上始元服與群臣上壽　1063-167- 2
薦皇甫規（疏）　1063-167- 2
爲陳留太守上孝子（疏）　1063-168- 2
讓尚書乞在閑冗（疏）　1063-169- 2
讓高陽侯印綬符策　1063-169- 2
再讓高陽侯印綬符策　1063-170- 2
巴郡太守謝版　1063-170- 2
表賀錄換誤上章謝罪　1063-171- 2
宗廟選毀議　1063-171- 2

答齊議　1063-173- 2
和熹鄧后謚議　1063-173- 2
被收時表　1063-174- 2
上漢書十志疏　1063-175- 2
論三五法疏　1360-192- 11
誅伐鮮卑議　1360-297- 17
幽冀刺史久闕疏　1397-404- 19
陳政要七事封事　1397-405- 19
答詔問災異八事　1397-408- 19
封事　1397-412- 19
上日微傷書　1397-412- 19
被收時表　1397-412- 19
上後漢十志書　1397-413- 19
朔方上論渾天書　1397-414- 19
爲陳留太守上孝子表　1397-415- 19
薦皇甫規表　1397-415- 19
薦太尉董卓表　1397-416- 19
讓尚書奏　1397-416- 19
讓高陽侯奏　1397-417- 19
再讓高陽侯印綬符策　1397-418- 19
巴郡太守謝版　1397-418- 19
表賀錄換誤上章謝罪　1397-419- 19
辭金龜紫綬表　1397-419- 19
歷元議　1397-420- 20
難夏育擊鮮卑議　1397-422- 20
宗廟選毀議　1397-423- 20
答齋議　1397-424- 20
和熹鄧后謚議　1397-425- 20
朱公叔謚議　1397-426- 20
上始加元服與群臣上壽　1397-435- 20
薦皇甫規表　1397-441-125
災異條上七事　1403-611-144
誅伐鮮卑議　1403-664-150
陳政要七事疏　1412-417- 18
幽冀刺史久闕疏　1412-419- 18
上漢書十志疏　1412-420- 18
爲陳雷縣上孝子狀　1412-421- 18
上始加元服與羣臣上壽表　1412-422- 18
薦皇甫規表　1412-422- 18
薦太尉董卓表　1412-423- 18
讓高陽侯印綬符策表　1412-423- 18
再讓高陽侯印綬符策表　1412-424- 18
讓尚書乞在閑冗表　1412-425- 18
巴郡太守謝表　1412-425- 18
尚書諸狀自陳表　1412-426- 18

史部

詔令奏議類：附錄

奏議上十五畫

四庫全書文集篇目分類索引

史部

詔令奏議類：附錄

奏議上十五畫

表賀錄換誤上章謝罪	1412-427- 18	用人（疏）——薦趙時侃方信孺	
誅伐鮮卑議	1412-433- 18	狀	437-128-147
曆書議	1412-435- 18	用人（疏）——薦万俟倡張忠恕	
宗朝選毁議	1412-437- 18	狀	437-129-147
答齋議	1412-438- 18	用人（疏）——乞選舉監司	437-130-147
和熹鄧后諡議	1412-438- 18	選舉（疏）	437-677-170
朱公叔諡議	1412-439- 18	賞罰（疏）	438-425-189
答詔問災異八事	1412-441- 18	聽言（疏）——進諫錄疏	438-840-206
（災異）封事	1412-445- 18	聽言（疏）——乞優客諸疏	438-841-206
上靈帝封事	1417-403- 20	法令疏——議治臟吏法狀	439-184-214
幽冀刺史久闕疏	1417-405- 20	征伐（疏）——論和戰	439-658-234
誅伐鮮卑議	1417-406- 20	任將（疏三則）	439-803-240
●蔡　清明		荒政（疏）——乞平糶上奏	440-109-247
請振紀綱疏	445-124- 7	荒政（疏）——乞賑濟上奏	440-110-247
●蔡　義漢		水利（疏）——乞浚開木渠奏	440-234-253
上武帝書	1396-415- 10	屯田（疏三則）	440-396-260
●蔡　戡宋		理財（疏）——乞代納上供銀奏	
孝親（疏二則）	433-318- 12	狀	440-677-272
治道（對策）	434-416- 51	弭盜（疏二則）	441-830-319
治道（疏）	434-425- 51	禦邊（疏）——乞脩江陵府城	442-387-335
治道（疏五則）	434-608- 57	禦邊（疏）——乞備邊	442-388-335
治道（疏）——獻人君謹始之道		禦邊（疏）——論守邊	442-389-335
八	434-612- 57	禦邊（疏）——論唐鄧問道	442-390-335
法祖（疏二則）	435- 41- 70	進貞觀諫錄劄子	1157-566- 1
宗室（疏）	435-207- 77	乞備邊劄子	1157-567- 1
民政（疏）——乞戒諭守令恤民		薦鄂州通判劉清之狀	1157-567- 1
疏	436-133-108	議治臟吏法疏	1157-568- 1
仁民（疏）——論擾民四事疏	436-134-108	乞代納上供銀奏狀	1157-569- 1
仁民（疏）——論州縣科擾之弊		割屬宜章臨武兩縣奏狀	1157-570- 1
疏	436-142-109	禦盜十事劄子	1157-573- 1
用人（疏）——論用人	437- 67-145	臧否守臣奏狀	1157-578- 2
用人（疏）——論委官差人侵擾		論臧否守令劄子	1157-580- 2
州縣	437- 68-145	藏否守臣奏狀	1157-581- 2
用人（疏）——論用人不當	437- 69-145	論備盜劄子	1157-583- 2
用人（疏）——乞遴選監司	437- 70-145	論和戰疏	1157-585- 2
用人（疏）——薦鄂州通判劉清		乞選擇監司奏狀	1157-587- 2
之狀	437-124-147	乞禁止沿邊作過人劄子	1157-588- 3
用人（疏）——薦衡州通判宗嗣		乞移運襄陽府椿管米劄子	1157-590- 3
良狀	437-125-147	乞免增糴二十萬石椿管米劄子	1157-590- 3
用人（疏）——薦臨安通判王補		論襄陽形勢劄子	1157-591- 3
之狀	437-126-147	奏場務虧額狀	1157-592- 3
用人（疏）——薦胡槻万俟似狀	437-126-147	乞依行在場務優潤狀	1157-592- 3
用人（疏）——薦高商老周燁劉		論屯田劄子	1157-593- 3
董狀	437-127-147	條具屯田事宜狀	1157-594- 3
用人（疏）——薦蔣來斐狀	437-128-147	論屯田利害狀	1157-596- 3

四庫全書文集篇目分類索引

薦諸軍統制官狀	1157-598- 3	廣東提舉到任謝表	1157-636- 7
論守邊箚子	1157-598- 3	湖南提刑到任謝表	1157-636- 7
乞宮觀箚子	1157-599- 3	京西運判到任謝表	1157-637- 7
乞修江陵府城箚子	1157-600- 4	淮西總領到任謝表	1157-637- 7
論唐鄧間道箚子	1157-601- 4	湖北總領到任謝表	1157-638- 7
乞平糴箚子	1157-602- 4	廣西經略到任表	1157-638- 7
論用人箚子	1157-602- 4	除寶謨閣待制謝表	1157-639- 7
論委官差人侵擾州縣箚子	1157-604- 4	謝賜衣帶表	1157-640- 7
乞優容諸疏	1157-604- 4	賀正表	1157-640- 7
論擾民四事箚子	1157-605- 4	瑞慶節賀表（二則）	1157-640- 7
乞戒諭守令恤民箚子	1157-606- 4	代辭免簽書樞密院表	1157-641- 7
論用人不當疏	1157-607- 4	代淮東安撫使謝表	1157-641- 7
論州縣科擾之弊箚子	1157-609- 5	廷對策	1157-673- 11
繳進貞觀誡錄箚子	1157-611- 5	●蔡　廉晉	
乞以壽皇聖帝爲法箚子	1157-611- 5	法令（疏）——止復肉刑	439- 23-208
論治道箚子	1157-612- 5	復肉刑議	1398-654- 9
乞以兵法賜諸將箚子	1157-613- 5	鞫獄子孫下辭議	1398-655- 9
論苟且之弊箚子	1157-614- 5	彈謝察奏	1398-655- 9
論時事箚子	1157-615- 5	●蔡　肇宋	
論選用宗室箚子	1157-615- 5	明州謝到任表	526- 9-259
乞皇帝過宮箚子	1157-617- 5		1350-737- 71
論時事箚子	1157-618- 5	代范德儒謝戶部表	1350-737- 71
論謹始人事疏	1157-619- 5	謝昭雪表	1350-738- 71
乞法太上皇帝馭下納諫二事箚子	1157-624- 5	謝吏部侍郎表	1350-738- 71
論邪正箚子	1157-624- 5	●蔡　履齊	
薦臨安通判王補之狀	1157-625- 6	郊廟（疏）	433-359- 15
論治道疏	1157-625- 6	●蔡　襄宋	
論聖孝箚子	1157-626- 6	上仁宗乞令韓琦范仲淹更任內外事（疏）	431-134- 13
乞賑濟箚子	1157-627- 6	上仁宗論用韓琦范仲淹不宜使後有議間不盡所長（疏）	431-135- 13
辭免除寶謨閣直學士箚子	1157-627- 6	上仁宗論飛蝗（疏二則）	431-440- 39
薦胡槻万俟似狀	1157-628- 6	上仁宗論諫官好名好進彰君過三說（疏）	431-625- 51
薦万俟似張忠恕狀	1157-629- 6	上仁宗乞令中丞舉屬官寬其資限（疏）	431-626- 51
薦胡槻万俟似奏狀	1157-629- 6	上仁宗乞戒諭所遣使推揚德音悉究利害（疏）	431-803- 66
論趙時侃方信孺奏狀	1157-629- 6	上仁宗乞罷迎開寶寺塔舍利（疏二則）	432- 43- 84
薦蔣來曳狀	1157-630- 6	上仁宗乞責罰醫官（疏）	432- 55- 84
薦高商老周燁劉董狀	1157-631- 6	上仁宗乞仍歲減降（疏）	432-216-100
乞致仕箚子	1157-632- 6	上仁宗論民不可不恤財不可不通（疏）	432-229-101
再乞致仕箚子	1157-632- 6	上仁宗論兵九事（疏）	432-507-121
太上皇后壽七十賀皇帝表	1157-633- 7		
賀正表	1157-634- 7		
明堂大禮賀表	1157-634- 7		
賀明堂大禮慶成表	1157-634- 7		
謝復職表	1157-634- 7		
謝頒降御筆牛詔碑表	1157-635- 7		
廣東轉運判官謝表	1157-635- 7		

史部

詔令奏議類：附錄

奏議上十五畫

上仁宗乞罷修開寶寺塔（疏）　432-591-128
上英宗國論要目二十事（疏）　432-905-148
治道（疏）　433-802- 32
治道（疏）——論當今之策擇郡守寬民力募兵卒嚴盜法四者最爲急務　433-804- 32
治道（疏）——進瀚屛箋條陳事實（十四則）　433-805- 32
治道（疏）——上國論要目十二事　433-857- 34
禮樂（疏）　436-364-119
乞用新樂於郊廟箚子　436-563-128
乞罷呂夷簡商量軍國事（疏）　436-670-132
乞令韓琦范仲淹更任內外事疏　436-672-132
論用韓琦范仲淹不宜使後有讒間不盡所長（疏）　436-673-132
乞罷王學正用范仲淹（疏二則）　436-674-132
乞留歐陽修狀　436-675-132
請敍用孫沔狀　436-675-132
乞選擇翰林學士不用資序箚子　436-676-132
選舉（疏二則）　437-553-165
去邪（疏）——論李叔梁適好邪狀　438- 60-175
去邪（疏）——乞罷晏殊宰相狀　438- 61-175
去邪（疏）——乞責降馮承用狀　438- 61-175
去邪（疏）——再論馮承用王守琪狀　438- 62-175
去邪（疏）——乞罷陳執中參政狀　438- 62-175
去邪（疏）——論呂公綽狀　438- 63-175
去邪（疏）——論魏兼狀　438- 63-175
去邪（疏）——論中書吏人劉式狀　438- 64-175
賞罰（疏）——乞責罰醫官狀　438-368-187
賞罰（疏）——由保州叛卒平定而論張溫之賞罰（二則）　438-377-187
聽言（疏）——言增置諫官疏　438-247-202
赦宥（疏）　439-252-218
兵制（疏）——論軍法不立之弊　439-292- 2
兵制（疏）——論增置鄉兵　439-293-220
兵制（疏）——論兵九事疏　439-300-220
征伐（疏）——請誅保州叛卒　439-560-230
任將疏　439-730-237
理財（疏）——論財用箚子　440-480-264
災祥（疏四則）　441-378-300

禦邊（疏）——論拒二敵皆爲邊患（二則）　442-186-327
禦邊（疏）——乞大爲邊備之要　442-186-327
禦邊（疏）——乞拒契丹之請　442-186-327
禦邊（疏）——請納元昊使人　442-187-327
禦邊（疏）——乞通和之後早計費用　442-187-327
四裔（疏）——論趙元昊狂僭之計　442-575-342
四裔（疏）——論地形勝負　442-576-342
四裔（疏）——料元昊擾邊境　442-576-342
四裔（疏）——論契丹遣使之意　442-576-342
四裔（疏）——乞不聽議者許西賊不臣事　442-577-342
四裔（疏）——乞早降元昊册書　442-577-342
奏劾丁錢疏　530-451- 69
請增置諫官疏　530-452- 69
上仁宗乞罷脩開寶寺塔（疏）　587-678- 14
進瀚屛箋狀　1090-404- 9
別疏　1090-405- 9
言災異（四則）　1090-470- 16
乞罷迎舍利（三則）　1090-472- 16
乞罷修開寶寺塔　1090-473- 16
乞追還孫氏　1090-474- 16
乞寢罷唐介春州之命　1090-475- 17
乞罷溫成皇后立忌　1090-475- 17
乞不往奉天寺酌獻　1090-475- 17
乞罷園陵監護司　1090-475- 17
乞不作溫成皇后誌文　1090-476- 17
乞罷呂夷簡商量軍國事　1090-476- 17
乞罷王學正用范仲淹　1090-478- 17
再論王學正　1090-479- 17
論李淑梁適姦邪　1090-479- 17
乞降呂夷簡致仕官秩　1090-480- 17
乞罷晏殊宰相　1090-481- 17
乞責降馮承用　1090-481- 17
再論馮承用王守琪（奏）　1090-482- 17
乞罷陳執中參政　1090-482- 17
乞罷呂公綽糾察在京刑獄　1090-483- 18
再論呂公綽（奏）　1090-483- 18
乞罷魏兼館職　1090-484- 18
乞責罰醫官　1090-484- 18
乞商稅院不用贓吏　1090-485- 18
乞用韓琦范仲淹　1090-485- 18
論趙元昊狂僭之計（奏）　1090-487- 19

論地形勝負（奏）　1090-487- 19
論敵騎強弱（奏）　1090-487- 19
料元昊擾邊境（奏）　1090-487- 19
乞通和之後早計費用　1090-488- 19
論減費用（奏）　1090-488- 19
乞置鄉兵　1090-489- 19
乞擇涇原邠寧兩路帥臣　1090-489- 19
乞立邊帥等威　1090-489- 19
論不利攻戰（奏）　1090-490- 19
論契丹遣使之意（奏）　1090-490- 19
論絕元昊通和其終亦戰（奏）　1090-490- 19
乞拒契丹之請　1090-491- 19
乞拒元昊之和　1090-491- 19
論拒二敵皆爲邊患（奏）　1090-491- 19
乞大爲邊備之要　1090-491- 19
論契丹事宜（奏）　1090-492- 20
論契丹邀功（奏）　1090-493- 20
言河北帥臣（奏）　1090-493- 20
論楊偕請與西賊通和（奏）　1090-494- 20
乞不與西賊通知　1090-494- 20
乞不聽議者許西賊不臣事　1090-495- 20
乞不許西賊稱吾祖　1090-496- 20
請納元昊使人　1090-496- 20
乞早降元昊册書　1090-497- 20
請誅保州叛卒（奏）　1090-498- 20
論保州都巡下兵士殺戮官吏閉城而叛（奏）　1090-498- 20
乞戮保州兵士　1090-499- 20
乞責罰預聞軍政　1090-500- 21
乞賞先奏保州兵士邊臣　1090-501- 21
論軍賊王倫（奏）　1090-501- 21
論失賊官遼乞行罰（奏）　1090-503- 21
乞相度開修城池　1090-503- 21
乞相度汎海防備盜賊　1090-504- 21
論中書吏人劉式之罪（奏）　1090-505- 21
一日治治道（奏三則）　1090-507- 22
二日正風俗（奏三則）　1090-508- 22
三日謹財用（奏三則）　1090-511- 22
四日賞功實（奏三則）　1090-511- 22
論兵十事（奏）　1090-513- 22
乞戒庸安撫使書　1090-517- 23
言增置諫官書（疏）　1090-518- 23
言用韓琦范仲淹書（疏）　1090-519- 23
論東南事宜疏　1090-520- 23
乞罷減降疏　1090-521- 23
論疏決罪人事疏　1090-522- 23
論改科場條制疏　1090-522- 23
請改軍法疏　1090-523- 23
謝知制誥表　1090-525- 24
代賀老人星表　1090-525- 24
代謝御殿復膳表　1090-525- 24
泉州謝上表　1090-525- 24
福州謝上表　1090-525- 24
謝轉禮部郎中表　1090-527- 24
移泉州謝上表　1090-527- 24
辭翰林學士知開封府表附詔答　1090-527- 24
辭權三司使表附詔答　1090-528- 24
杭州謝上表　1090-529- 24
賀冬至表　1090-529- 24
賀正表　1090-530- 24
賀赦表　1090-530- 24
賀加勳表　1090-530- 24
謝賜曆日表　1090-530- 24
册皇太后稱賀表　1090-531- 24
册皇后稱賀表　1090-531- 24
賀潁王過禮表　1090-531- 24
謝恤刑表　1090-532- 24
乞遣使廣南福建狀　1090-533- 24
乞令御史中丞學屬官狀　1090-534- 25
論范仲淹韓辭讓狀　1090-535- 25
論姚光弼狀　1090-535- 25
舉官自代狀　1090-536- 25
奏乞收錄本州儒士周希孟狀　1090-536- 25
移福州乞依舊知泉州狀　1090-536- 25
奏學夏侯郎中狀　1090-537- 25
伏乞朝舉牽復秩與一子官廕（尹洙）　1090-537- 25
裕亭陳乞恩澤狀　1090-538- 25
學劉柯述充州學教授狀　1090-538- 25
舉知撫州黃虞部狀　1090-539- 25
辭翰林學士知開封府狀（二則）　1090-539- 25
乞敍用呂溱狀　1090-540- 25
乞敍用孫沔狀　1090-540- 25
奏乞推恩盧侗狀　1090-541- 25
奏乞李端恩澤狀　1090-541- 25
郊禮奏外甥恩澤狀　1090-541- 25
乞復五塘箭子　1090-542- 26
乞與福建路轉運使同相度鹽法箭子　1090-543- 26
乞不與招設宣毅兵士恩澤箭子　1090-543- 26

乞選翰林學士不用資序箚子 1090-544- 26 ● 蔡士英 清
乞不令中書出諫疏宣示箚子 1090-544- 26 請豁除荒蕪疏 517-101-118
乞減放漳泉州興化軍人戶身丁米 請汰瑞袁浮糧疏 517-103-118
箚子 1090-544- 26 封禁山疏 517-105-118
乞廂軍屯駐廣南只於比近軍州節 ● 蔡幼學 宋
次那移對替箚子 1090-545- 26 孝親（疏） 433-271- 11
乞諸州弓手依舊七年一替箚子 1090-545- 26 ● 蔡承禧 宋
乞致仕官郎官己得恩澤更不得陳 上神宗論除授不經二府（疏） 431-564- 47
乞差遣箚子 1090-545- 26 上神宗乞御前製造悉付所司(疏) 431-718- 58
乞選人注官經一季者巨僚陳乞與 上神宗論遣李憲措置邊事（疏三
免衝注箚子 1090-546- 26 則） 431-766- 63
乞留歐陽修箚子二道 1090-546- 26 上神宗論再征交趾（疏） 432-832-143
論財用箚子 1090-547- 26 論除授不經二府（疏） 436-777-137
乞用新樂於郊廟箚子 1090-549- 26 近習（疏）——論遣李憲措置邊
乞不書張堯封碑箚子 1090-549- 26 事狀（三則） 441-198-292
看詳奉神迹箚子 1090-550- 26 禦邊（疏）——論再征交趾上疏 442-249-330
辭李瑋潤筆箚子 1090-550- 26 ● 蔡毓榮 清
啓請里正衙前箚子 1090-550- 26 請補行鄉試疏 570-361-29之4
乞戒約體量放稅箚子 1090-550- 26 酌定全滇營制疏 570-361-29之4
乞封樁錢帛准備南郊友賜箚子 1090-551- 26 籌滇第一疏 請墾荒 570-364-29之4
上財用總要箚子 1090-552- 26 籌滇第二疏 制十一人 570-365-29之4
論增置諫官（疏） 1350-504- 48 籌滇第三疏 靖逋逃 570-368-29之4
請紋用孫沔（疏） 1350-505- 48 籌滇第四疏 議理財 570-370-29之4
賀册皇太后表 1352- 39- 1中 籌滇第五疏 酌安揷 570-374-29之4
賀穎王過禮表 1352- 44- 1中 籌滇第六疏 收軍器 570-375-29之4
辭免權司表 1352-125- 3中 籌滇第七疏 議捐輸 570-377-29之4
辭更翰林學士知開封表 1352-126- 3中 籌滇第八疏 弭野盜 570-378-29之4
論增置諫官（疏） 1403-109-101 籌滇第九疏 敦實政 570-380-29之4
1418-206- 43 籌滇第十疏 舉廢墜 570-384-29之4
分定增疏 570-387-29之4
● 蔡 踏 宋 ● 蔡毅中 明
上哲宗論臣寮上殿不得差遣(疏) 431-188- 17 請除奸瑞疏 445-627- 37
上哲宗論內藏庫不隸戶部太府寺
（疏） 431-716- 58 ● 蔡興宗 劉宋
上哲宗論監設獄中使不當受大理 申令孫繁廷尉議 1398-775- 14
囚訴（疏） 431-774- 63 ● 黎 桓 宋
上哲宗論賜楊琰度牒（疏） 432-222-100 爲丁璫上宋太宗表 594-242- 10
論臣僚上殿不得差遣（疏） 436-861-140 ● 黎 幹 唐
賞罰（疏）——論賞楊琰 438-388-188 郊廟（疏）——上十詰十難 433-410- 7
● 蔡 謨 晉 ● 黎季明 北周
征伐（疏）——論庾亮請遣諸軍 節儉（疏） 438-457-191
羅布江沔以爲伐趙之規 439-500-228 上武帝言大旱書（二則） 1400- 97- 2
征伐（疏）——論陳光請北伐詔 上言外史廟宇 1400- 99- 2
令攻壽陽 439-501-228 ● 魯 丕 漢
禮臣（疏） 441- 49-285 聖學（疏） 433-131- 6
止庾亮北伐議 1417-502- 24 崇儒（疏） 440-714-274

論趙王商移入學宮奏　1397-191- 9
上和帝論經義疏　1397-191- 9
論經術疏　1417-368- 18
●魯　恭 漢
慎刑（疏）——州郡好以苛察爲
　政盛夏斷獄（疏）　439-169-215
征伐疏——議擊匈奴　439-477-227
諫擊匈奴疏　1360-158- 9
盛夏斷獄疏　1360-162- 9
斷獄盡冬月議　1360-294- 17
諫和帝擊匈奴疏　1397-189- 9
諫安帝盛夏斷獄疏　1397-190- 9
冬至前斷獄議奏　1397-190- 9
諫盛夏斷獄疏　1417-367- 18
●魯　肅 吳
經國（疏）　435-238- 78
說吳主弔劉表二子　1361-650- 32
●魯　勝 晉
上正天論表　1398-449- 20
●魯宗道 宋
上眞宗乞委大臣銓擇守宰（疏）　431-822- 68
用人（疏）　436-658-132
請重親民之官疏　1418-195- 43
●號文公 周
務農（疏）　436-165-110
諫不藉千畝　1355- 89- 4
　1377-125- 3
　1402-283- 52
●劉　几（等）宋
樂疏　436-569-128
●劉　元（等）宋
上神宗乞參酌王朴等樂以考中聲
　（疏）　432-184- 96
●劉　玉 明
請辨忠佞疏　445-195- 12
●劉　弘 晉
上誅張奕表附惠帝詔報　1398-457- 20
請補選荊部守宰表　1398-457- 20
上惠帝論劉僑表　1398-458- 20
●劉　平 宋
上仁宗乞選用首豪各守邊郡（疏）　432-645-132
禦邊（疏）　442- 87-323
禦邊（疏）——乞選用首豪各守
　邊郡疏　442- 87-323
●劉　旦 漢

請立武帝廟書　1396-287- 5
爲丁外人求爵書　1396-288- 5
請宿衞疏 附昭帝賜書　1396-288- 5
●劉　安 漢
征伐（疏）　439-463-226
諫伐閩越書　1355-266- 9
上諫出兵伐閩越王書　1360-229- 13
諫伐閩越（書）　1377-140- 3
　1396-282- 5
　1402-429- 68
諫諫閩越書　1417-233- 12
●劉　光（等）漢
條案即位禮儀奏　1397-243- 11
●劉　向 漢
宗室（疏）　435-163- 76
禮樂（疏）　436-322-118
山陵（疏）　436-478-124
賞罰（疏）——論陳湯甘延壽功　438-353-187
外戚（疏）　441-116-288
災祥（疏）　441-237-295
災祥（疏）　441-252-295
論罷昌陵　556-134- 86
子華子原序　848-150- 附
（條災異）封事　1354- 46- 6
劉更生條災異封事　1355-213- 8
上星孛等奏　1355-220- 8
極諫外家封事　1355-242- 9
論甘延壽等疏　1355-299- 9
論起昌陵疏　1355-314- 11
元光封事　1359-379- 55
論甘延壽等疏　1360-108- 6
論起昌陵疏　1360-114- 6
上星孛等奏　1360-124- 7
條災異封事　1360-204- 12
極諫外家封事　1360-209- 12
論甘延壽等疏　1377-172- 5
論起昌陵疏　1377-174- 5
條災異封事　1377-191- 8
極諫外家封事　1377-194- 8
上星孛等奏　1377-217- 10
使人上變事書 附韋玄成等劾劉更生　1396-524- 17
條災異封事　1396-525- 17
諫起昌陵疏　1396-528- 17
極諫外家封事　1396-530- 17
論星孛山崩疏　1396-532- 17

四庫全書文集篇目分類索引

史部　詔令奏議類：附錄　奏議上十五畫

篇目	編碼
說成帝興禮樂（疏）	1396-533- 17
諫成帝	1396-533- 17
日食對	1396-533- 17
上戰國策敘	1396-534- 17
上關尹子	1396-536- 17
上晏子	1396-537- 17
上子華子	1396-537- 17
上列子	1396-538- 17
上於陵子	1396-538- 17
諫起昌陵疏	1403- 23- 89
請與禮樂疏	1403- 25- 89
論甘延壽等疏	1403- 25- 89
上星孝等奏	1403-422-121
條災異封事	1403-580-142
極諫外家封事	1403-583-142
理甘延壽陳湯疏	1412-147- 7
諫營起昌陵疏	1412-148- 7
論星孚山崩疏	1412-150- 7
說成帝興禮樂（疏）	1412-151- 7
諫成帝（疏）	1412-152- 7
使人上變事書	1412-152- 7
條災異封事	1412-153- 7
極諫外家封事	1412-156- 7
神寶舊時議	1412-157- 7
日食對	1412-158- 7
上戰國策叙	1412-158- 7
上關尹子	1412-160- 7
上晏子	1412-161- 7
上子華子	1412-161- 7
上列子	1412-162- 7
上於陵子	1412-163- 7
條災異封事	1417-289- 15
請封甘延壽陳湯疏	1417-293- 15
諫起昌陵疏	1417-294- 15
極諫外家封事	1417-296- 15
定禮樂疏	1417-298- 15
條災異封事	1476- 20- 2
極諫外家封事	1476- 23- 2
●劉　休齊	
上高帝辭御史大夫啓附高帝答	1399-118- 5
●劉　宏劉宋	
兵制（疏）——普責百官讓言	439-270-219
應讓言條議（奏）	1398-600- 6
●劉　均前趙	
災祥（疏）	441-303-297

篇目	編碼
●劉　劭魏	
考課（疏）	437-702-171
●劉　彤唐	
諫拜陵寢早表	1338-791-624
河南府奏論驛馬表	1338-791-624
論鹽鐵表	1338-793-625
●劉　波晉	
治道（疏）	433-619- 25
征伐（疏）——論符堅寇涼州	439-502-228
●劉　坦晉	
宜聽劉寔辭位奏	1398-170- 8
●劉　芳北魏	
郊廟（疏）	433-369- 15
學校（疏）	436-219-113
禮樂（疏）	436-507-125
●劉　昉（等）宋	
四裔（疏）	442-719-348
●劉　易（等）漢	
近習（疏）	441-172-291
●劉　攽宋	
上神宗論封太祖後（疏）	431-353- 32
宗室（疏）	435-201- 77
封建（疏）	436- 48-104
輪對筠子	436-855-140
選舉（疏）	437-585-166
禮臣（疏）	441- 68-286
弭盜（疏）	441-807-318
貢舉議	1096-242- 24
覆宗室遂寧郡王承範諡僖溫議	1096-244- 24
考功覆吳尚書諡文肅議	1096-245- 24
太常寺論封爵狀	1096-245- 24
舍人院奏乞再建紫微閣狀	1096-245- 24
辭免中書舍人狀	1096-246- 24
兩制議秦王襲封狀	1096-246- 24
論汝州合建節狀	1096-246- 24
論封太祖後狀	1096-247- 24
太學申監狀	1096-248- 24
侍講不合坐狀	1096-248- 24
薦王覿狀	1096-249- 24
辭直龍圖閣狀	1096-249- 24
申中書坤成節合罷齋筵狀	1096-249- 24
爲家兄謝除汝州狀	1096-250- 24
亳州奏太清宮再生槐狀	1096-250- 24
爲馮翰林入院謝對衣鞍轡馬狀	1096-250- 24
謝神宗御集表	1096-252- 24

四庫全書文集篇目分類索引　1633

兖州謝皇弟授泰州節度使表　1096-252- 25
爲馮參政久旱待罪表（二則）　1096-253- 25
謝中書舍人表　1096-253- 25
賀克復安跖表　1096-254- 25
京東運使謝上表　1096-255- 25
爲唐參政讓加恩表　1096-256- 25
謝郊祀加恩表　1096-256- 25
爲韓侍郎讓加恩表　1096-256- 25
謝封彭城縣開國男食邑表　1096-257- 25
賀平西南夷表　1096-257- 25
謝授官表　1096-258- 25
賀破滅儂智高表　1096-258- 25
賀擒儂智高母表　1096-258- 25
爲宰相賀擒思章表　1096-259- 25
知蔡州謝上表　1096-259- 25
爲馮內翰讓官表　1096-260- 25
知襄州謝上表　1096-261- 26
知毫州謝上表　1096-261- 26
知克州謝上表　1096-262- 26
爲韓七南雄州謝上表　1096-262- 26
爲王駕部汝州謝上表　1096-262- 26
爲韓龍圖汝州謝上表　1096-263- 26
爲大卿某廬州謝表　1096-263- 26
爲馮當世辭并州表（第二表二則）　1096-264- 26
爲韓侍郎辭參知政事表　1096-265- 26
謝參知政事表　1096-266- 26
謝許令羅適知濟陰縣表　1096-266- 26
爲韓丞相謝生日禮物表（二則）　1096-266- 26
爲趙參政謝生日禮物表　1096-267- 26
爲韓端明河陽謝上表　1096-267- 26
爲趙尚書謝官表　1096-267- 26
謝官表　1096-268- 26
爲韓端明謝除河陽表　1096-268- 26
爲韓持國謝知制誥表　1096-268- 26
知毫州謝上表　1350-715- 68
知襄州謝上表　1350-716- 68
知毫州謝上表　1394-436- 4
知襄州謝上表　1394-437- 4
知毫州謝上表　1403-550-137
選舉議　1403-685-152
●劉　洪漢
對月食注奏　1397-396- 18
●劉　宣元
征伐（疏）　439-682-235
理財（疏）　440-709-273

●劉　昶劉宋
請改葬竟陵王誕表附前廢帝詔報　1398-605- 6
●劉　庠宋
儲嗣（疏）　435-107- 73
●劉　珏宋
慎微（疏）——上十開端之戒　438-578-196
●劉　柳劉宋
薦周續之表　1394-340- 2
與高祖薦周續之　1398-633- 7
●劉　泊唐
君德（疏）　433- 13- 1
儲嗣（疏）　435- 69- 72
用人（疏）　436-623-131
建官（疏）　437-386-159
聽言（疏）　438-706-201
論左右丞須得其人表　1338-775-623
諫諸難公卿表　1338-775-623
論太子初立請尊賢學表　1338-776-623
請太宗不詰難臣寮上言書　1343-366-26上
請太宗不詰難臣寮上言書　1402-479- 73
●劉　述宋
上神宗五事（疏）　431- 18- 1
上神宗論百姓侈靡乞身先儉約（疏）　431-119- 11
上神宗乞令侍從臺閣條對當今急務（疏）　431-202- 18
上神宗乞郡縣主祀於見任文武官中選擇爲親（疏）　431-366- 33
上神宗乞留呂誨（疏）　431-641- 52
上神宗乞假監司之權令察守令（疏）　431-815- 67
上神宗乞罷英廟神御殿（疏）　432- 96- 88
上神宗論种諤擅入西界（疏）　432-734-137
上神宗論种諤薛向（疏）　432-736-137
上神宗論不可伐喪（疏）　432-738-137
郊廟（疏）——乞罷英廟神御殿　433-471- 19
治道（疏）　433-866- 35
內治（疏）　435-146- 75
用人（疏）　436-753-136
知人（疏）——乞假監司之權令察守令狀　437-306-154
去邪（疏）——論王安石爲政　438- 96-177
節儉（疏）　438-472-191
征伐（疏）——論不可伐喪疏　439-562-230
禦邊（疏）——論种諤擅入西界

史部

詔令奏議類：附錄

奏議上十五畫

上疏　　　　　　　　　　　　442-235-329
禦邊（疏）——論种諤辭尙向上
　疏　　　　　　　　　　　　442-236-329
●劉　昺（等）宋
樂疏　　　　　　　　　　　　436-569-128
●劉　思劉宋
唐賜妻子議　　　　　　　　1398-777- 14
●劉　信漢
請徙治馬邑書　　　　　　　1396-293- 6
●劉　弇宋
進元符南郊大禮賦表　　　　1119- 65- 1
代宰相以下謝賜新修都城記表　1119- 73- 2
代陳度支楚州謝上表（二則）　1119-150- 11
代賀平鬼章表（二則）　　　1119-151- 11
代江西轉運副使謝上表（二則）1119-152- 11
謝賜元祐編敕表二首（代）　1119-153- 11
謝賜元祐編敕表二首（代）　1119-154- 11
賀赦表（二則）　　　　　　1119-154- 11
代謝移湖南表（二則）　　　1119-156- 11
●劉　容元
儲嗣（疏）　　　　　　　　 435-115- 73
●劉　淯宋
風俗（疏）　　　　　　　　 436-297-116
時議策論人才（疏）　　　　 436-852-140
論縣邑（用人疏）　　　　　 436-853-140
建官（疏）　　　　　　　　 437-461-161
水利（疏）　　　　　　　　 440-206-252
理財（疏）　　　　　　　　 440-580-268
●劉　宰宋
辭免令赴行在奏事狀（闕文存目）1170-351- 5
代錢丞相奏箚　　　　　　　1170-451- 13
代賀孝宗瑞芝表　　　　　　1170-453- 14
代賀光宗瑞芝表　　　　　　1170-453- 14
跋倪尙書思遺奏　　　　　　1170-615- 24
書陳兄治安策後　　　　　　1170-620- 24
●劉　恊齊
啓武帝　　　　　　　　　　1399-136- 6
●劉　珙宋
聖學（疏）　　　　　　　　 433-191- 8
●劉　晉晉
中正疏　　　　　　　　　　1403- 53- 94
●劉　致元
郊廟（疏）——議宗廟昭穆之次　433-554- 22
太廟室次議　　　　　　　　1367-194- 15
蕭貞敏公謚議　　　　　　　1367-632- 48

●劉　城劉宋
聽言（疏）——論陳元達乃忠臣
　直諫也　　　　　　　　　 438-700-201
●劉　秩唐
理財（疏）——請禁私鑄錢議　 440-443-262
貨泉議——開元二十二年　　1340-484-769
請禁私鑄錢議　　　　　　　1343-579- 40
　　　　　　　　　　　　　1403-675-151
貨泉議　　　　　　　　　　1417-670- 32
●劉　般漢
上明帝論禁二業增區種奏　　1397-156- 8
●劉　章漢
外戚（疏）　　　　　　　　 441-114-288
●劉　馬漢
建官（疏）　　　　　　　　 437-382-159
薦任安表　　　　　　　　　1397-549- 26
●劉　球明
雷震奉天殿鴉吻奏請修省疏　 443- 31- 3
邊方事宜疏　　　　　　　　 445- 40- 2
敷陳十事疏　　　　　　　　 445- 41- 2
請罷麓川之征奏　　　　　　1243-430- 2
雷震奉天殿鴉吻奏請脩省疏　1243-431- 2
堤脩京師水患奏　　　　　　1243-434- 2
請拯畿內水荒疏　　　　　　1243-435- 2
請留知縣何澄奏　　　　　　1243-436- 2
●劉　基明
謝恩表　　　　　　　　　　1225-478- 20
　　　　　　　　　　　　　1373-545- 5
　　　　　　　　　　　　　1403-495-130
●劉　陶漢
理財（疏）　　　　　　　　 440-429-262
近習（疏）　　　　　　　　 441-167-291
强盜（疏）　　　　　　　　 441-765-317
禦邊（疏）　　　　　　　　 442- 15-320
陳時事及薦李膺朱穆疏　　　1360-178- 10
論盜賊西羌疏　　　　　　　1360-193- 11
上救朱穆書　　　　　　　　1360-267- 15
改鑄議　　　　　　　　　　1360-296- 17
上桓帝陳時事疏　　　　　　1397-366- 17
鑄錢議奏　　　　　　　　　1397-367- 17
訟朱穆書　　　　　　　　　1397-368- 17
上靈帝論張角疏　　　　　　1397-369- 17
論寇賊疏　　　　　　　　　1397-369- 17
訟朱穆書　　　　　　　　　1402-470- 71
改鑄大錢議　　　　　　　　1403-661-150

鑄錢議　　　　　　　　　　　1417-400- 20
●劉　勰劉宋
具條賈元友所上書對　　　　　1398-839- 17
●劉　莊漢
四裔（疏）　　　　　　　　　442-505-340
●劉　崔明
乞謚宋濂疏　　　　　　　　　561-440- 43
薦兵部尚書劉大夏疏　　　　　561-441- 43
●劉　跂宋
賀郊祀禮成表　　　　　　　　1121-564- 5
賀郊祀禮成表　　　　　　　　1121-565- 5
賀册皇后表　　　　　　　　　1121-566- 5
賀同天節表　　　　　　　　　1121-566- 5
謝先公復官表　　　　　　　　1121-566- 5
謝職名表　　　　　　　　　　1121-567- 5
謝加恩表　　　　　　　　　　1121-567- 5
謝昭雪表　　　　　　　　　　1121-567- 5
擬嶺南道行營擒劉銀露布　　　1121-568- 5
擬昇州行營擒李煜露布　　　　1121-569- 5
謝昭雪表　　　　　　　　　1382-419-下之3
●劉　健明
陳愚見以禆聖化疏　　　　　　1403-196-108
論聖政疏　　　　　　　　　　1453-399- 49
●劉　逖北齊
薦辛德源奏　　　　　　　　　1400- 50- 3
●劉　寔晉
諸王表　　　　　　　　　　　1398-170- 8
●劉　瑀劉宋
彈蕭惠開　　　　　　　　　　1398-775- 14
彈王僧達　　　　　　　　　　1398-775- 14
●劉　琦宋
上神宗論王安石專權得利及引薛
　　向領均輸非便（疏）　　　432-342-109
去邪（疏）——論王安石狀　　438- 86-176
●劉　琨晉
上愍帝表　　　　　　　　　　549- 72-184
謝拜大將軍疏　　　　　　　　549-102-185
●劉　陽漢
征伐（疏）——論傅鎮圍原武城　439-474-227
●劉　琨晉
勸進表　　　　　　　　　　　1329-651- 37
　　　　　　　　　　　　　　1331- 20- 37
　　　　　　　　　　　　　　1403-500-131
上懷帝請糧表　　　　　　　　1413-526- 55
上愍帝謝錄功表　　　　　　　1413-527- 55

上愍帝請北伐表　　　　　　　1413-527- 55
勸進元帝表（四則）　　　　　1413-528- 55
勸進表　　　　　　　　　　　1417-491- 23
●劉　敞宋
上仁宗論吳充不當以譴責禮生被
　　逐（疏）　　　　　　　　431-142- 13
上仁宗論大臣不當排言者（疏二
　　則）　　　　　　　　　　431-200- 11
上仁宗乞固辭徽號（疏二則）　431-282- 25
上仁宗論皇女生疏決賜予（疏）431-362- 33
上仁宗論天久不雨（疏）　　　431-454- 40
上仁宗論水旱之本（疏）　　　431-457- 40
上仁宗論災變宜使儒臣據經義以
　　言（疏）　　　　　　　　431-463- 41
上仁宗論呂溱等補外（疏）　　431-596- 49
上仁宗乞澗略唐介之罪（疏）　431-629- 51
上仁宗論石全斌不當除入內副都
　　知（疏）　　　　　　　　431-748- 61
上仁宗論狄青宜撫當置副使(疏)　431-795- 65
上仁宗論詳定官制（疏）　　　431-830- 69
上仁宗請諸州各辟教官（疏）　431-929- 78
上仁宗論龍昌期學術乖僻（疏）432- 34- 83
上仁宗論陛親宅不當建神御殿（
　　疏）　　　　　　　　　　432- 95- 88
上仁宗論孔宗愿襲文宣公（疏）432-126- 91
上仁宗論溫成立忌（疏）　　　432-160- 94
上仁宗論折變當隨土地之宜(疏)　432-266-104
上仁宗論修商胡口（疏）　　　432-577-127
上仁宗論城石湯州有四不可(疏)　432-720-136
上仁宗請罷五溪之征（疏）　　432-833-143
孝親（疏）——惟孝友之德光於
　　上下　　　　　　　　　　433-257- 10
郊廟（疏）——郭后祔廟議（二
　　則）　　　　　　　　　　433-453- 19
郊廟（疏）　　　　　　　　　433-455- 19
郊廟（疏）——議四后廟　　　433-456- 19
郊廟（疏）——議奉慈廟廢置事　433-470- 19
禮樂（疏）——論溫成皇后立忌
　　奏　　　　　　　　　　　436-359-119
乞叙用呂溱狀　　　　　　　　436-711-134
知人（疏）——論呂溱等補外　　437-299-154
建官（疏）　　　　　　　　　437-421-160
選學（疏四則）　　　　　　　437-555-165
賞罰（疏）——論龍昌期所著書　438-373-187
慎微（疏）——論角邵張茂實兵

四庫全書文集篇目分類索引

史部

詔令奏議類：附錄

奏議上十五畫

篇目	編號
權	438-571-196
求言（疏）	438-653-199
聽言（疏）——論介改授英州	438-751-202
聽言（疏）——論不當排言者疏	438-752-202
慎刑疏	439-203-216
赦宥（疏）	439-253-218
征伐疏——請罷五溪之征	439-561-230
任將疏	439-729-237
荒政（疏二則）	440- 26-244
水利（疏）——論修商胡口奏	440-148-249
賦役（疏）——論折變當隨土地之宜疏	440-278-255
理財（疏）——論茶法奏	440-494-264
謚號（議）——乞仁宗加尊號（三則）	440-892-281
褒贈（疏）	441- 17-283
近習（疏）	441-181-292
災祥（疏）	441-366-299
災祥（疏）——論天久不雨疏	441-367-300
災祥（疏）	441-368-300
災祥（疏）——論水旱之本疏	441-368-300
災祥（疏）	441-369-300
營繕（疏）——論睦親宅不當建神御殿奏	441-742-316
禦邊（疏）——論城古渭州有四不可上疏	442-216-329
禦邊（疏）	442-217-329
上仁宗論辨邪正	1095-662- 31
論邪正	1095-666- 31
論聽政	1095-667- 31
上仁宗論睦親宅不當建神御殿	1095-668- 31
上仁宗論修商胡口	1095-668- 31
上仁宗論天久不雨	1095-669- 31
論孟陽河公事	1095-669- 31
論邊臣	1095-670- 31
論張茂實	1095-670- 31
論元日合朔避寢太早	1095-671- 31
上仁宗論吳充不當以譴責禮生被逐	1095-671- 32
上仁宗論大臣不當排言者	1095-672- 32
再上仁宗論大臣不當排言者	1095-672- 32
上仁宗乞固辭徽號	1095-673- 32
再上仁宗乞固辭徽號	1095-673- 32
三上仁宗乞固辭徽號	1095-674- 32
上仁宗論皇女生疏決賜予	1095-674- 32
上仁宗論水旱之本	1095-675- 32
上仁宗論災變宜使儒臣據經義以言	1095-675- 32
上仁宗乞澗略唐介之罪	1095-676- 32
上仁宗論狄青宜撫當置副使	1095-676- 32
上仁宗請諸州各辟教官	1095-677- 32
上仁宗論龍昌期學術乖僻	1095-677- 32
上仁宗論景靈宮不當建郭后影殿	1095-678- 32
上仁宗論孔宗愿襲文宣公	1095-678- 32
上仁宗論折變當隨土地之宜	1095-679- 32
上仁宗論城古渭州有四不可	1095-680- 32
上仁宗論溫成立忌	1095-681- 32
上仁宗論輔郡節制	1095-681- 32
上仁宗論日食用牲于社非禮	1095-682- 32
上仁宗請罷五溪之征	1095-682- 33
論糾察司	1095-683- 33
辭不受詳定官制敕	1095-683- 33
再奏辭不受詳定官制敕	1095-683- 33
受敕後奏乞先條數事與中書門下更加商量翰林學士胡宿同上尋得聖旨依奏	1095-684- 33
條上詳定官制事件	1095-684- 33
論讓官疏	1095-686- 33
論奉慈廟	1095-687- 33
奏乞改郡名	1095-687- 33
論舉薦	1095-688- 33
論契丹告哀	1095-688- 33
論除降不用誥	1095-688- 33
上仁宗論石全斌不當除入內副都知	1095-689- 33
奏乞州郡辟選人爲教授	1095-691- 33
奏外官親戚相代	1095-691- 33
揚州謝上表	1095-692- 34
進四銘表律鐘鼎戣刀	1095-692- 34
謝加學士表	1095-693- 34
救日論	1095-733- 39
奔喪議	1095-755- 41
張忠定謚議	1095-760- 41
趙僖質謚議	1095-760- 41
論災異（疏）	1350-501- 47
論溫成立忌（疏）	1350-502- 47
論輔郡節制（疏）	1350-502- 47
論邪正（疏）	1350-503- 47
揚州謝上表	1350-690- 65
謝加學士表	1350-690- 65

張忠定謚議　1351-544-135
趙僴質謚議　1351-544-135
謝加學士表　1394-411- 3
論輔郡節制表　1403-109-101
論邪正疏　1403-142-104
謝加學士表　1403-549-137
論邪正（疏）　1418-365- 48
奔喪議　1418-368- 48
●劉　勝漢
中山靖王聞樂對　1355-238- 8
聞樂對　1360-303- 18
　　1377-118- 2
　　1396-287- 5
　　1403-616-145
●劉　資魏
諫用兵南鄭（疏）　556-136- 86
●劉　靖魏
請選立博士疏　1361-570- 16
●劉　裕晉
治道（疏）　433-622- 25
●劉　愷漢
禮樂（疏）　436-397-121
長吏行服議　1397-235- 11
贜吏減罪議　1397-235- 11
●劉　愷明
論治河理漕疏　444-432- 50
●劉　誡元
保學梅邊先生狀　517-142-119
賀聖誕（表）　1195-203- 4
●劉　歆漢
毀廟議　1355-316- 11
　　1360-286- 16
　　1377-185- 7
上鄧析子　1396-628- 22
王莽服母緦縗議　1396-629- 22
毀廟議　1403-656-149
武帝廟不宜毀議　1412-227- 9
太上惠景寢園議　1412-229- 9
王莽服母緦縗議　1412-229- 9
上鄧析子　1412-230- 9
毀廟議　1417-324- 16
●劉　楨劉宋
糾廣州刺史韋郎奏　1398-751- 13
●劉　隱晉
去邪（疏）——劾祖約　438- 11-173

慎刑（疏）——論斬淳千伯血逆
　流事　439-175-215
●劉　瑜漢
戒侈欲（疏）　438-502-193
（論）宦官女寵書　1360-268- 15
上桓帝陳事疏　1397-365- 17
陳事書　1417-399- 20
●劉　敞漢
經國（疏）　435-230- 78
都邑（疏）　436- 9-103
都邑（疏）　436- 10-103
征伐（疏）　439-461-226
四裔（疏）　442-497-340
●劉　頌晉
經國（疏）　435-250- 79
法令（疏）　439- 14-208
法令（疏）　439- 17-208
上武帝悉要事宜疏　1398-173- 9
上復肉刑疏附武帝詔答　1398-182- 9
刑法疏附汝南王亮奏及門下屬三公奏　1398-184- 9
刑法疏　1417-473- 23
●劉　筠宋
賀册皇太子表　1350-672- 63
●劉　廙魏
考課（疏）　437-701-171
論治道表　1361-542- 10
答文帝書　1361-558- 13
請太祖不親征蜀疏　1361-585- 18
又謝原罪疏　1361-586- 18
論治道表　1417-431- 21
●劉　端漢
淮南王安罪議　1396-286- 5
●劉　誕劉宋
奉孝武帝表　1398-597- 6
●劉　禎魏
答文帝書　1361-558- 13
●劉　輔漢
內治（疏）　435-120- 74
劉輔諫立趙皇后（書）　1355-247- 9
　　1360-243- 14
　　1377-142- 3
　　1396-519- 16
諫立趙婕好書　1397- 84- 4
上明帝論雨書
諫立趙健仔疏　1417-302- 15
●劉　蒼漢

四庫全書文集篇目分類索引

郊廟（疏二則） 433-343- 14
宗室（疏） 435-164- 76
山陵（疏） 436-481-124
薦吳良（疏） 436-589-129
巡幸（疏） 441- 91-287
薦吳良疏 541-340-35之4
諫起陵邑疏 1360-152- 8
東平王蒼上奏 1397- 34- 2
諫明帝校獵書 1397- 81- 4
請歸職疏 1397- 81- 4
薦吳良疏附明帝詔報 1397- 82- 4
諫章帝記陵邑疏 1397- 82- 4
辭恩禮疏 1397- 82- 4
南北郊冠服議 1397- 83- 4
世祖廟樂舞議 1397- 83- 4
上言明德皇后配享議 1397- 83- 4
諫原陵顯節陵起縣邑疏 1476- 66- 4
●劉 菴 明
四賢從祀奏疏 526- 16-259
●劉 暢 漢
辭謝和帝書 附和帝詔報 1397- 84- 4
●劉 鳳 明
爲蚧謝上表 1410-789-772
●劉 綜 宋
用人（疏） 436-658-132
●劉 寬 唐
諫中官打人表 1338-800-625
●劉 潔 後魏
仁民（疏） 436- 58-105
●劉 潛 梁
爲江侍中薦士表 1415-360- 97
爲江僕射禮薦士表 1415-361- 97
爲雍州柳津請留刺史晉安王表 1415-361- 97
爲臨川王解司空表 1415-361- 97
爲晉安王讓丹陽尹表 1415-361- 97
爲安成王讓江州表（二則） 1415-361- 97
爲臨川王解揚州表 1415-362- 97
爲南平王讓徐州表 1415-362- 97
爲臨川王奉詔班師表 1415-362- 97
爲始興王上毛龜表 1415-362- 97
彈賈執傅湛文 1415-362- 97
謝女出門官賜紋絹燭等啓 1415-363- 97
爲王儀同謝宅啓 1415-365- 97
爲王儀同謝國姻啓 1415-366- 97
●劉 誼 宋

請裁損役錢奏 1465-487-文4
●劉 毅 漢
上安帝請注鄧太后德政書 1397-228- 11
●劉 毅 晉
仁民（疏） 436- 57-105
選舉（疏） 437-491-163
聽言（疏） 438-700-201
災祥（疏） 441-297-297
諫賀龍表附武帝詔答尚書郎劉漢等議 1398-159- 8
論九品八損疏 1398-160- 8
勸劉肇奏 1398-163- 8
陳九品八損疏 1417-475- 23
●劉 慶 漢
泉陵侯劉慶請令安漢公居攝書 1396-661- 23
●劉 摯 宋
上神宗乞謹好惡重任（疏） 431-169- 15
上哲宗論安反側不必降詔（疏二則） 431-247- 22
上哲宗論亢旱（疏）附貼黃 431-504- 43
上哲宗論樞密院侵索政體（疏）
　并附貼黃 431-566- 47
上哲宗言大臣情志不同事多壅滯
　（疏） 431-567- 47
上哲宗論司馬光寵當謹於命相（
　疏） 431-575- 47
上哲宗乞於兩制以上選擇講讀官
　（疏） 431-609- 50
上哲宗乞增諫員及許察官言事（
　疏） 431-652- 53
上哲宗論群罷臺諫是自塞絕言路
　（疏）附貼黃 431-671- 54
上哲宗乞召用傅堯俞等以銷姦黨
　（疏）附貼黃 431-673- 54
上哲宗論安燾勅命不送給事中書
　讀（疏）附貼黃 431-696- 56
上哲宗乞追還安燾等告命及施行
　經歷付受官吏之罪（疏） 431-697- 56
上哲宗乞議經歷付受官吏之罪以
　正紀綱（疏三則）附貼黃 431-701- 57
上哲宗彈奏王中正等四宦官之罪
　（疏） 431-769- 63
上哲宗論祖宗不任武人爲大帥用
　意深遠（疏） 431-798- 65
上哲宗乞推擇監司與民體息（疏） 431-817- 67
上哲宗論執政轉官（疏） 431-842- 69

上哲宗乞令文彥博朝朔望（疏） 431-849- 70
上哲宗乞以陪祠召張方平（疏） 431-850- 70
上哲宗乞立監司考績之制（疏） 431-868- 72
上哲宗罷博士諸生不相見之禁（疏） 431-942- 79
上哲宗論奏學經明行修不宜用陞朝官汎舉（疏） 432- 18- 81
上哲宗乞復置制科（疏） 432- 26- 82
上哲宗乞推褒呂海（疏） 432-171- 95
上哲宗乞修敕令（疏） 432-196- 98
上哲宗論蜀茶（疏二則）附貼黃 432-321-108
上神宗論助役（疏） 432-438-116
上神宗分析曾布筠子（二則） 432-440-116
上哲宗乞罷免役（疏） 432-471-118
上哲宗乞募保甲優等人刺爲禁軍（疏） 432-555-124
聖學（疏） 433-150- 6
郊廟（疏）——論景靈宮帝后同殿乞下近臣議 433-522- 21
治道（疏） 434- 96- 38
治道（疏二則） 434-120- 39
學校（疏）——乞增宗學官俸狀 436-244-110
學校（疏二則）——乞重脩太學條制狀 436-247-114
論人才（疏） 436-770-137
論監司（疏） 436-772-137
乞補諫員（疏） 436-772-137
論安燾敕命不送給事中書讀（疏二則附貼黃） 436-805-138
乞追還安燾等告命及施行經歷付受官吏之罪（疏附貼黃） 436-805-138
論司馬光薦當謹於命相（疏） 436-807-138
乞選監司澄汰州縣（疏） 436-808-138
乞令蘇軾依舊詳定役法（疏附貼黃） 436-809-138
論人材（疏） 436-809-138
建官（疏） 437-453-161
選舉（疏） 437-618-167
選舉（疏）——建明貢舉條制 437-619-167
考課（疏） 437-726-172
去邪（疏）——劾趙子幾疏 438- 97-177
去邪（疏）——劾韓縝疏 438- 98-177
去邪（疏）——彈四凶疏 438-170-179
去邪（疏）——論呂惠卿擅壇興衆疏 438-172-179
去邪（疏）——劾蔡確疏(二則） 438-173-179
去邪（疏）——劾河北漕臣論河事反覆疏 438-176-179
去邪（疏）——劾章惇疏 438-176-179
去邪（疏）——劾黃隱疏 438-177-179
賞罰（疏）——論盜單安王乞馬盧張謝留 438-390-188
謹名器（疏）——論安燾奏 438-615-198
謹名器（疏）——乞罷文及都司疏 438-615-198
謹名器（疏）——論三省樞密院差除疏 438-616-198
謹名器（疏）——論執政轉官疏 438-617-198
求言（疏）——乞增諫員許察官言事疏 438-667-199
聽言（疏）——論群罷臺諫是自塞絕言路疏 438-788-204
聽言（疏） 438-790-204
法令（疏）——論安反側不必降詔割（三則） 439- 94-212
法令疏——論政令疏 439- 97-212
法令（疏）——乞脩敕令疏 439- 98-212
任將（疏）——論祖宗不任武人爲大帥用意深遠狀 439-740-238
水利（疏） 440-162-250
賦役（疏）——論助役十害疏 440-286-255
賦役（疏）——又言助役之害 440-288-255
賦役（疏） 440-290-256
賦役（疏）——論弓手疏附貼黃 440-293-256
賦役（疏）——乞置局議役法疏 440-331-257
賦役（疏）——論役法疏 440-331-257
賦役（疏）——論保甲疏 440-334-257
理財（疏） 440-590-268
理財（疏）一乞復錢禁奏 440-602-269
褒贈（疏）——乞褒贈呂誨 441- 23-284
褒贈（韓琦疏） 441- 23-284
禮臣（疏） 441- 72-286
禮臣（疏二則） 441- 73-286
災祥（疏） 441-472-304
營繕（疏） 441-746-316
弭盜（疏） 441-796-318
弭盜（疏）——論盜賊疏 441-805-318
禦邊（疏）——論邊事 442-254-330
禦邊（疏）——論邊事 442-268-331
謝青州到任表 541-332-35之3

四庫全書文集篇目分類索引

史部

詔令奏議類：附錄

奏議上十五畫

賀英宗皇帝即位表	1099-452-	1
奉敕擬上皇太妃册文並繳進箚子	1099-452-	1
賀神宗皇帝即位表	1099-453-	1
元豐八年賀即阼表	1099-453-	1
賀立皇后表	1099-453-	1
賀安南捷奏表	1099-453-	1
謝監衡州鹽倉表	1099-454-	1
謝滑州到任表	1099-454-	1
謝御史中丞表	1099-454-	1
辭免尚書右丞表	1099-455-	1
謝尚書右丞表	1099-456-	1
辭免尚書左丞表	1099-457-	1
謝尚書左丞表	1099-457-	1
辭免門下侍郎表	1099-458-	1
謝門下侍郎表	1099-459-	1
辭免右僕射表	1099-459-	1
再辭免右僕射表	1099-460-	1
謝右僕射表	1099-461-	1
謝賜資治通鑑表	1099-462-	2
謝生日賜羊酒米麵表七首	1099-463-	2
謝生日賜器幣駿馬表	1099-464-	2
乞外任表	1099-465-	2
再乞外任表（二則）	1099-465-	2
謝鄆州到任表	1099-466-	2
賀南郊禮成表	1099-466-	2
謝青州到任表	1099-467-	2
乞致仕表（三則）	1099-467-	2
謝分司輦州居住表	1099-469-	2
謝新州安置表	1099-469-	2
代謝安道南京謝表	1099-470-	2
辭免監察御史箚子	1099-470-	2
再辭免監察御史箚子	1099-470-	2
辭免御史丞箚子	1099-471-	2
再辭免御史中丞箚子	1099-471-	2
辭免兼侍讀箚子	1099-471-	2
再辭免兼侍讀箚子	1099-472-	2
辭免尚書右丞箚子	1099-472-	2
再辭免尚書右丞箚子（二則）	1099-472-	2
辭免中書侍郎箚子	1099-473-	2
辭免門下侍郎箚子	1099-473-	2
乞結絕亳州獄奏	1099-473-	3
論役奏附貼黃	1099-473-	3
論用人疏	1099-474-	3
論助役十害疏	1099-475-	3
論助役法分析疏（二則）	1099-477-	3
代留守張方平留闕伯微子張許三廟奏	1099-481-	3
乞慎擇講讀官奏	1099-481-	3
請依程頤所乞奏附貼黃	1099-482-	3
乞增諫員及許察官言奏事	1099-483-	3
依旨推擇監察御史奏	1099-484-	3
乞依舊令封駁司關報差除奏附貼黃	1099-484-	3
乞令臺諫先次上殿奏	1099-485-	3
論三省樞密院差除奏附貼黃	1099-485-	3
歲旱乞修政事奏附貼黃	1099-487-	4
乞禱雨疏附貼黃	1099-488-	4
歲旱待罪奏	1099-489-	4
論政事稽滯疏	1099-489-	4
論景靈宮帝后同殿乞下近臣疏	1099-490-	4
論降詔疏	1099-490-	4
再論降詔疏	1099-491-	4
三論降詔疏	1099-492-	4
論韓琦定策功疏附貼黃	1099-492-	4
追訟呂誨疏附貼黃	1099-493-	4
請文彥博平章重事疏	1099-494-	4
論太學獄奏附貼黃	1099-495-	4
乞重修太學條制疏	1099-496-	4
論取士幷乞復賢良科疏	1099-497-	4
論役法疏	1099-499-	5
乞置局議役法疏	1099-502-	5
乞罷百姓實封言役法疏附貼黃	1099-503-	5
請定役法條制疏	1099-504-	5
乞令蘇軾依舊詳定役法奏附貼黃	1099-504-	5
論陝西河東儲羅奏	1099-505-	5
乞體量成都漕司折科稅米奏	1099-505-	5
論川蜀茶法疏	1099-505-	5
乞復錢禁疏	1099-507-	5
論保甲奏	1099-508-	6
論盜賊疏	1099-509-	6
論捕盜奏附貼黃	1099-510-	6
論捕盜法奏	1099-510-	6
論賊賞稽違疏	1099-511-	6
乞選監司澄汰州縣疏	1099-512-	6
論監司奏	1099-513-	6
論政令奏	1099-514-	6
乞修敕令疏附貼黃	1099-515-	6
乞留杜紘編敕奏	1099-516-	6
薦人才疏	1099-516-	6
薦本州儒士周希孟奏	1099-517-	6

論禁中修造奏　　　　　　　　　1099-517- 6
論備契丹奏　　　　　　　　　　1099-518- 6
論應西夏奏　　　　　　　　　　1099-519- 6
劾程防開漳河　　　　　　　　　1099-521- 7
劾河北漕臣論河事反覆附貼黃　　1099-521- 7
劾趙子幾　　　　　　　　　　　1099-523- 7
劾范峋免應奉山陵　　　　　　　1099-524- 7
劾蔡確不入宿附貼黃　　　　　　1099-524- 7
劾論蔡確十罪　　　　　　　　　1099-524- 7
再劾蔡確　　　　　　　　　　　1099-526- 7
劾章惇　　　　　　　　　　　　1099-527- 7
劾賈昌衡　　　　　　　　　　　1099-528- 7
劾沈希顏非法聚歛附貼黃　　　　1099-528- 7
劾呂惠卿　　　　　　　　　　　1099-528- 7
劾韓縝　　　　　　　　　　　　1099-530- 7
劾黃隱附貼黃　　　　　　　　　1099-530- 7
乞不候結案行遣吳居厚　　　　　1099-531- 7
乞罷竄周輔及其子序辰　　　　　1099-532- 7
殿前副都指揮使建武軍節度使賈
　逵謚武恪謚議　　　　　　　　1099-532- 7
張康節謚議　　　　　　　　　　1099-533- 7
論人才（疏）　　　　　　　　　1350-608- 57
論分析助役（疏）　　　　　　　1350-609- 57
請重修太學條制（疏）　　　　　1350-612- 57
請修勅令（疏）　　　　　　　　1350-614- 58
論監司（疏）　　　　　　　　　1350-615- 58
論王中正李宋用臣石得一（疏）　1350-616- 58
衡州鹽倉謝上表　　　　　　　　1350-714- 68
謝青州到任表　　　　　　　　　1350-715- 68
辭免右僕射表（二則）　　　　　1352-115- 3上
辭免門下侍郎表（二則）　　　　1352-122- 3中
辭免尚書左丞表　　　　　　　　1352-123- 3中
乞外任表（三則）　　　　　　　1352-263- 7中
乞外任表（二則）　　　　　　　1352-264- 7中
乞致仕表　　　　　　　　　　　1352-276- 7下
衡州鹽倉謝上表　　　　　　　　1394-438- 4
請修勅令　　　　　　　　　　　1418-543- 54
●劉　蓙（等）齊
禮樂（疏）　　　　　　　　　　436-503-125
●劉　穎明
題明伐天威以除元惡疏　　　　　568- 51- 99
題報捷音疏　　　　　　　　　　568- 52- 99
請處置田州事宜疏　　　　　　　568- 59- 99
●劉　彊漢
謝明帝疏　　　　　　　　　　　1397- 81- 4

●劉　琮齊
褒贈（劉景素疏）　　　　　　　441- 9-283
上高帝訟宋建平王景素寃書　　　1399-123- 5
●劉　隨宋
上仁宗乞分王宗室狀觀洪業（疏）431-351- 32
上仁宗論水旱蟲螟之異（疏）　　431-411- 37
上仁宗論星變（疏）附貼黃　　　431-412- 37
上仁宗論當今所切在納諫（疏）　431-620- 51
上仁宗乞顧問諫官（疏）　　　　431-622- 51
上仁宗繳進天禧詔書乞防漏洩（
　疏）　　　　　　　　　　　　431-623- 51
上仁宗乞優禮李允則晁迥（疏）　431-847- 70
上仁宗乞戒止奔競（疏）　　　　431-889- 75
上仁宗乞禁夜聚曉散及造儀仗事
　神（疏）　　　　　　　　　　432-200- 98
上仁宗乞逐去妖人張惠眞（疏）
　附貼黃　　　　　　　　　　　432-200- 98
上仁宗論體量畿內減放（疏）　　432-265-104
上仁宗論體量畿內減放（疏）——上章獻皇后乞還
　治道（疏）——上章獻皇后乞還
　政疏　　　　　　　　　　　　433-744- 30
宗室（疏）　　　　　　　　　　435-185- 76
風俗（疏）——奏乞戒止奔競疏　436-286-116
用人（疏）　　　　　　　　　　436-658-132
求言（疏）——乞顧問諫官疏　　438-648-199
聽言（疏二則）　　　　　　　　438-738-202
法令（疏）——乞禁夜聚曉散及
　造儀杖事神狀　　　　　　　　439- 54-210
賦役（疏）　　　　　　　　　　440-274-255
禮臣（疏）——乞優禮李允則晁
　迥狀　　　　　　　　　　　　441- 56-285
災祥（疏）　　　　　　　　　　441-336-299
災祥（疏）——論星變疏附貼黃　441-337-299
請詢訪晁李（疏）　　　　　　　1350-442- 43
請皇太后軍國常務專取皇帝處分
　（疏）　　　　　　　　　　　1350-443- 43

●劉　曄魏
征伐（疏）——論孫權遣使求降　439-487-227
謚號（議）——上明帝議追遼之
　義宜齊高皇而已　　　　　　　440-881-281
伐陳策對　　　　　　　　　　　1361-656- 34
●劉　曒晉
請免王渾奏　　　　　　　　　　1398-164- 8
申里惠羊皇后奏　　　　　　　　1398-164- 8
●劉　濬劉宋
吳興郡武康開漕疏　　　　　　　526- 13-259

吳興開漕事奏　1398-594- 6
●劉　壎元
壽節賀表　1195-501- 15
謝賜歷日表　1195-501- 15
紹陵誕嗣賀表　1195-501- 15
正旦賀表　1195-502- 15
壽節賀表（二則）　1195-502- 15
登極賀表（二則）　1195-503- 15
壽節賀表（二則）　1195-503- 15
正旦賀表（二則）　1195-503- 15
壽節賀表（二則）　1195-504- 15
登寶位賀表　1195-504- 15
尊號賀表　1195-505- 15
壽節賀表　1195-505- 15
延祐丁巳肆赦謝表　1195-506- 15
●劉　敞宋
知人（疏）　437-367-158
謹名器（疏）——上論內降恩澤　438-637-198
巡幸（疏）——諫游幸疏　441-106-287
●劉　絲晉
理衞瓘奏　1398-115- 6
●劉　毅魏
學校（疏）——上疏陳儒訓之本　436-209-113
●劉　繪齊
爲豫章王疑上武帝請改葬故巴東王子響表　1399-158- 7
●劉　鵬元
直陳江西廣東事宜疏　517- 14-115
請旨益師疏　1206-296- 1
直陳江西廣東事宜疏　1206-297- 1
●劉　巢前蜀
風俗（疏）　436-285-116
諫醉粧疏　1354-488- 18
●劉　騰北魏
禮樂（疏）　436-343-118
●劉　焯宋
屯田（疏）　440-396-260
崇儒（疏）　440-731-274
賀天基聖節（表二則）　1157-436- 8
謝賜衣帶鞍馬（表）　1157-437- 8
戊辰四月上殿奏箚（三則）　1157-477- 17
己巳四月上殿（奏箚）　1157-480- 17
庚午六月十五日輪對奏箚　1157-482- 17
辛未十二月上殿奏箚（二則）　1157-483- 17
●劉　蕡漢

上靈帝立宋皇后奏　1397-378- 18
●劉　麟明
乞免查撥莊田疏　445-307- 19
開言路以衞國體疏　1264-343- 3
久病妨政懇乞休致疏　1264-344- 3
乞免查撥田莊以安民心以重畿輔疏　1264-345- 3
存留預備倉糧以濟艱危疏　1264-346- 3
地震疏　1264-347- 3
均驛傳安人心扶公論杜私情以免偏苦疏　1264-348- 3
推薦將官疏　1264-351- 4
積穀預備倉糧以賑民疏　1264-351- 4
分別情罪早賜發落以安地方疏　1264-355- 4
乞恩休致疏（六則）　1264-357- 4
陳言以獻愚忠疏　1264-362- 5
根究節年拖欠工料補還借過官銀疏　1264-365- 5
清解紓以塞弊源疏　1264-367- 5
年久損壞軍器疏　1264-371- 6
奏建節慎庫疏　1264-373- 6
應詔陳言疏　1264-376- 6
●劉　灝清
御定佩文齋廣群芳譜刊成進呈表　845-208- 附
●劉一止宋
治道（疏）　434-300- 46
治道（疏）——論秦檜請置修政局　434-300- 46
上殿箚子（二則）　1132- 63- 11
上殿論用君子小人之說　1132- 65- 12
論人主不憚改爲（箚子）　1132- 66- 12
論人主力行果斷（箚子）　1132- 66- 12
論尚書六曹及百司法令之弊（箚子）　1132- 67- 12
論令監司守臣各舉所知（箚子）　1132- 67- 12
論選擇州縣之吏（箚子）　1132- 68- 12
乞令縣丞兼治獄事（箚子）　1132- 68- 12
論重監司之選（箚子）　1132- 69- 12
論斷罪囚（箚子）　1132- 69- 12
乞令侍從臺諫舉縣令（箚子）　1132- 70- 12
上殿箚子　1132- 70- 12
論禁戢私酒（箚子）　1132- 71- 12
乞宮祠狀　1132- 72- 13
辭免除起居郎狀　1132- 72- 13
辭免再除起居郎狀　1132- 72- 13

辭免中書舍人狀　　　　　　　　1132- 72- 13　　代賀元旦表　　　　　　　　　　1132-103- 19
辭免（中書舍人）第二狀　　　　1132- 73- 13　　代賀斬獲四軍大王表　　　　　　1132-103- 19
辭免兼侍講狀　　　　　　　　　1132- 73- 13　　代賀正表　　　　　　　　　　　1132-104- 19
辭免給事中狀　　　　　　　　　1132- 74- 13　　代賀籍田表　　　　　　　　　　1132-104- 19
辭免秘書少監狀　　　　　　　　1132- 74- 13　　代賀淵聖皇帝登極表　　　　　　1132-105- 19
辭免除敷文閣待制狀　　　　　　1132- 75- 13　　代謝皇子封昭慶軍節度使勅勞告
辭免召赴行在狀　　　　　　　　1132- 75- 13　　　　諭本州軍民表　　　　　　　　1132-105- 19
再辭免（召赴行在）狀　　　　　1132- 75- 13　　代謝除判宗表　　　　　　　　　1132-105- 19
舉陳之淵自代狀　　　　　　　　1132- 76- 14　　代謝回授封贈先祖表　　　　　　1132-106- 19
舉呂廣問徐康狀　　　　　　　　1132- 76- 14　　代謝轉官表　　　　　　　　　　1132-106- 19
應詔條具利害狀　　　　　　　　1132- 77- 14　　代謝除禮部尚書表　　　　　　　1132-107- 19
轉對奏狀　　　　　　　　　　　1132- 80- 14　　代辭免除參政表　　　　　　　　1132-107- 19
故事（一）論漢武帝問治亂於申公　1132- 82- 15　　代宰執以久旱待罪表　　　　　　1132-107- 19
故事（二）論魏文侯問翟璜任座何　　　　　　　　代謝賜對衣金帶表　　　　　　　1132-108- 19
　　如君　　　　　　　　　　　1132- 83- 15　　題章致平丐父內徙表後　　　　　1132-140- 27
故事（三）論爲君獨智之非　　　1132- 83- 15　　●劉子玄 唐
故事（四）論魏文侯問所相於李克　1132- 84- 15　　禮樂（疏）——上朝服乘車議　　 436-352-119
故事（五）論楚莊王問所以爲國於　　　　　　　　衣冠乘馬議 景龍二年　　　　　 1340-464-766
　　孫叔敖　　　　　　　　　　1132- 85- 15　　孝經老子注易傳議　　　　　　　1340-466-766
故事（六）論唐太宗用棄李道裕　 1132- 86- 15　　朝服乘車議　　　　　　　　　　1343-576- 40
謝主管台州崇道觀表　　　　　　1132- 94- 17　　　　　　　　　　　　　　　　 1403-674-151
謝除直顯謨閣表　　　　　　　　1132- 94- 17　　●劉子尚 劉宋
謝提點刑獄浙東到任表　　　　　1132- 95- 17　　山湖禁科奏 附尚書左丞羊希議　 1398-613- 6
謝除中書舍人表　　　　　　　　1132- 95- 17　　●劉子莊 清
謝除給事中表　　　　　　　　　1132- 96- 17　　進奏議疏　　　　　　　　　　　 534-453- 94
謝授提舉江州太平觀表　　　　　1132- 96- 17　　●劉子翬 宋
謝敍復秘閣修撰表　　　　　　　1132- 96- 17　　代直閣南劍謝表　　　　　　　　1134-411- 7
謝再任宮祠表　　　　　　　　　1132- 97- 17　　代賀天申節表　　　　　　　　　1134-411- 7
又謝再任宮祠表　　　　　　　　1132- 97- 17　　代寶學白州謝表　　　　　　　　1134-411- 7
謝落職依舊宮祠表　　　　　　　1132- 97- 17　　代寶學漳州謝表　　　　　　　　1134-412- 7
謝再任宮祠表　　　　　　　　　1132- 98- 17　　代寶學謝復宮觀表　　　　　　　1134-412- 7
謝復秘閣修撰致仕表　　　　　　1132- 98- 17　　代張丞相辭免不允謝表　　　　　1134-412- 7
謝除敷文閣待制表　　　　　　　1132- 98- 17　　代翁殿撰遺表　　　　　　　　　1134-413- 7
謝除敷文閣直學士表　　　　　　1132- 99- 17　　論時事筠子八首代寶學泉州作　　1134-414- 7
謝賜勅書表　　　　　　　　　　1132-100- 18　　代張丞相辭免筠子三首　　　　　1134-418- 7
道君皇帝升遐寧德皇后上仙慰表　1132-100- 18　　●劉子驥 漢
賀皇太后還闕表　　　　　　　　1132-100- 18　　禁民挾弓弩對　　　　　　　　　1417-244- 13
車駕巡幸浙右起居表　　　　　　1132-101- 18　　●劉才劭 宋
車駕駐蹕建康起居表　　　　　　1132-101- 18　　學校（疏）——乞頒聖學下太學
車駕駐蹕平江起居表　　　　　　1132-101- 18　　　　筠子　　　　　　　　　　　　 436-252-115
車駕巡幸越州遠迎奏表　　　　　1132-102- 18　　選舉（疏二則）　　　　　　　　 437-656-169
車駕駐蹕冬至日德音表　　　　　1132-102- 18　　國史（疏）——乞修續會要　　　 440-784-277
行在起居表　　　　　　　　　　1132-102- 18　　辭免起居舍人表　　　　　　　　1130-519- 8
百官謝賜春衣表　　　　　　　　1132-103- 18　　謝中書舍人表　　　　　　　　　1130-520- 8
謝賜曆日表　　　　　　　　　　1132-103- 18　　漳州到任謝表　　　　　　　　　1130-520- 8

史部 詔令奏議類：附錄 奏議上十五畫

賀元旦大朝會表　1130-521- 8
謝歷日表（二則）　1130-521- 8
天申節賀表　1130-521- 8
天申節賀表　1130-522- 8
賀冬節表　1130-522- 8
謝御書春秋左傳表　1130-522- 8
謝御書樂毅論表　1130-522- 8
謝賜勅書表　1130-523- 8
謝宮觀表　1130-523- 8
代辭免加功臣實封表　1130-524- 8
代相公以下謝賜御製宣德樓上梁文表　1130-524- 8
謝除給事中表　1130-524- 8
權中書舍人學自代啓　1130-525- 8
辭免工部侍郎狀　1130-525- 8
進銀狀　1130-525- 8
論推行經界諸路縣分不均稅事狀　1130-525- 8
吏部郎官上殿論詮試箚子　1130-526- 8
論薦舉乞加勸沮法箚子　1130-527- 8
奏乞宗室授嶽廟箚子　1130-527- 8
辭免中書舍人箚子　1130-527- 8
陳請保治箚子　1130-528- 8
乞頒聖學下太學箚子　1130-528- 8
乞招填禁軍教閱仍不得冗占箚子　1130-529- 8
論追催民戶積欠姦弊箚子　1130-529- 8
論受納追催差役箚子　1130-530- 8
齋閣晚問聖體箚子　1130-531- 8
景靈宮卓問聖體箚子　1130-531- 8
太廟晚問聖體箚子　1130-531- 8
太廟早問聖體箚子　1130-531- 8
青城齋宮晚問聖體箚子　1130-531- 8
行禮畢問聖體箚子　1130-531- 8

●劉大夏 明

爲守衞事（疏）　444- 26- 34
題應詔陳言以釐弊政事　444- 27- 34
陝西馬政（疏）五　444-103- 36
覆陳邊務事（疏）　444-231- 41
題武舉事（疏）　444-241- 41
議疏黃河築決口狀　444-425- 50
　　445-128- 7
議行武舉疏　445-180- 11
覆金洪陳邊務疏議　445-181- 11
議行武舉疏　1403-200-108

●劉太真 唐

爲陳大夫謝上淮南節鎭表　1338-442-584

●劉元承 宋

治道（疏）——論尚同之弊　434-257- 44
儲嗣（疏）——論謹擇皇子官屬疏　435-108- 73

●劉元卿 明

增祀四儒以興正學疏　517- 84-117

●劉天和 明

陳邊計疏　558-592- 45

●劉仁本 元

跋莊節先生諡議　1216-114- 6

●劉仁軌 唐

兵制疏　439-271-219
巡幸（疏）——諫校獵同州　441- 95-287

●劉允濟 宋

繳進邊堯錄狀 附貼黃二則　1135-764- 15

●劉玉秀等（劉義康女）劉宋

乞還父喪奏　1398-617- 6

●劉弘基 唐

征伐（疏）　439-525-229

●劉世龍 明

務實勝以答天戒疏　443-188- 11

●劉世讓 唐

四裔（疏）　442-529-341

●劉亥之 劉宋

北伐上計　1398-751- 13

●劉安上 宋

論蔡京　1124- 9- 1
再論蔡京　1124- 9- 1
論蔡寈　1124- 10- 1
論堂除　1124- 11- 1
辭免除中書舍人　1124- 11- 1
乞外任　1124- 11- 1
賀皇太子冠禮（表）　1124- 25- 3
謝除中書舍人（表）　1124- 25- 3
謝除給事中（表）　1124- 26- 3
謝除待制知壽州（表）　1124- 26- 3
壽州謝到任（表）　1124- 27- 3
謝提舉亳州明道宮（表）　1124- 27- 3
謝磨勘轉朝散郎（表）　1124- 28- 3
知婺州謝到任（表）　1124- 28- 3
謝提舉建州武夷山沖佑觀（表）　1124- 28- 3
謝服闋除官（表）　1124- 29- 3
再謝知壽春府（表）　1124- 29- 3
謝磨勘轉朝奉大夫（表）　1124- 29- 3
謝降官（表）　1124- 30- 3

謝再降官（表） 1124- 30- 3
知舒州謝到任（表） 1124- 31- 3
● 劉安世 宋
初除右正言第一章（疏） 427-187- 1
論命令數易（疏） 427-188- 1
論寺監官冗（疏） 427-189- 1
論館職乞依舊召試（疏二則） 427-190- 1
論差除多執政親戚（疏二則）
　附貼黃 427-190- 1
論歐陽棐差除不當（疏九則）
　附貼黃 427-194- 1
論御史黃庭堅事乞行辨正（疏二
　則） 427-200- 2
論韓玠差除不當（疏三則） 427-200- 2
乞罷近臣列薦事（疏） 427-202- 2
論諸路監司乞著考課之法（疏） 427-202- 2
論買撲坊場明狀添錢之弊（疏） 427-203- 2
論韓宗古差除不當（疏） 427-205- 2
論何洵直差不當（疏二則）附貼黃 427-205- 2
論開封官吏妄奏獄空冒賞事(疏) 427-206- 2
論李察知濟州不當（疏） 427-207- 2
奏乞發遣趙令耦對獄事（疏） 427-207- 2
論高士英差除不當（疏） 427-207- 2
論胡宗愈除右丞不當（疏二十一
　則）附貼黃及申三省狀 427-208- 3
論章惇強買朱迎等田產事（疏十
　一則）附貼黃 427-230- 5
論盧秉買命不當事（疏四則） 427-237- 5
論謝惊賜進士出身不當事（疏二
　則） 427-238- 5
爲歲旱地震星殞乞下詔罪己許中
　極言關政諸路賑濟警備賊盜等
　事（疏） 427-240- 6
爲恕元乞罷修城及諸土木之後（
　疏） 427-240- 6
爲恕元乞罷上元遊宴（疏二則） 427-241- 6
爲恕元乞徹樂捐膳精誠祈禱等事
　（疏） 427-242- 6
爲恕元乞舉醮祀荒政及求言郵刑
　（疏） 427-242- 6
爲恕元乞罷春宴疏 427-243- 6
爲歲旱乞講荒政（疏三則） 427-243- 6
論御藥李偉不合用內降請地乞付
　有司根治事 427-243- 6
論何正臣除知饒州不當（疏）
　附貼黃 427-245- 6
論陳師道不合擅去官守游宴事（
　疏） 427-246- 6
論鍾世美除信州教授不當事(疏) 427-246- 6
奏乞訪求齊恢之後獎用事（疏） 427-246- 6
奏乞罷修城壕（疏三則） 427-247- 6
論蔡確不合陳乞潁昌府（疏） 427-248- 6
奏乞賑貸鳳翔府界飢民（疏） 427-249- 6
論謝景溫權刑部尚書不當（疏九
　則）附除命錄黃二則 427-250- 7
乞罷李常盛陶中丞侍御史之職（
　疏） 427-256- 7
論趙禼無名進職等事（疏） 427-259- 7
論范育除樞密都承旨不當（疏） 427-259- 7
論王子韶路昌衡差除不當（疏十
　四則） 427-260- 8
奏乞罷內畿保甲 427-267- 8
論黃廉除起居郎不當事（疏） 427-267- 8
論陝西鹽鈔鐵錢之弊（疏） 427-268- 8
論蔡確作詩譏訕事（疏十二則）
　附貼黃 427-269- 9
論魯肇知鄧州不當事（疏） 427-276- 9
論樞密院廟官事（疏） 427-277- 9
論畿內買草事（疏） 427-277- 9
論時孝孫差除不當（疏） 427-278- 9
論周鐘不當乞王安石配享事(疏) 427-278- 9
論都司官吏違法擬賞事（疏九則
　）附貼黃 427-279- 10
論都司官吏違法擬賞事（疏九則
　）附貼黃 427-279- 10
權給事中封駮沈括除命（疏） 427-287- 11
論沈括吳居厚等牽復不當（疏二
　則） 427-288- 11
論臺諫官章疏乞內中置籍（疏二
　則） 427-289- 11
論役法之弊（疏）附貼黃 427-290- 11
論堂除之弊（疏二則） 427-291- 11
論乞更張常平之弊（疏） 427-293- 11
彈奏范純仁王存事（疏四則）附
　貼黃 427-294- 11
論楊畏除御史不當（疏五則） 427-297- 11
論大河利害（疏五則） 427-299- 12
論修河物料科買搔擾事（疏） 427-302- 12
乞諫官各鑄印事（疏） 427-302- 12
論犯贓人於寄祿階改左右字不當

事（疏） 427-302- 12
論執政不合留占軍充宣借事(疏) 427-303- 12
論不御講筵及求乳母事(疏二則) 427-303- 12
乞早補諫員等事（疏） 427-304- 12
論朋黨之弊（疏） 427-304- 12
論鄧伯溫差除不當（疏六則）附貼黃 427-306- 13
引疾乞宮觀事 427-310- 13
乞別差官看詳役法事（疏） 427-310- 13
辭免中書舍人及乞宮觀事（疏七則）附貼黃 427-311- 13
應詔言事（疏） 427-314- 13
上哲宗乞出令必使大臣協謀門下封（疏） 431-246- 22
上哲宗論李偉妄干求內降挾私罔上（疏二則） 431-266- 23
上哲宗再論進德愛身（疏二則） 431-325- 29
上哲宗論歲旱地震星隕（疏） 431-509- 43
上哲宗論執政事得留心遠業(疏) 431-584- 48
上哲宗論屢罷言事官（疏） 431-675- 54
上哲宗論楊畏除監察御史（疏） 431-679- 55
上哲宗論寺監之職有當省者(疏) 431-718- 58
上哲宗論館職乞依舊召試（疏二則） 431-724- 59
上哲宗論犯贓人於寄祿官削去左右字（疏） 431-835- 69
上哲宗乞著監司考課之法（疏） 431-870- 72
上哲宗論慈元乞罷上元游宴(疏) 432-143- 92
上哲宗乞追錢顗誤賞之官（疏） 432-191- 97
上哲宗乞取常平敕令刪爲一書（疏） 432-312-107
上哲宗乞力主差役（疏）附貼黃 432-486-119
上哲宗乞罷畿內保甲（疏） 432-557-124
上哲宗乞罷修京城（疏） 432-574-126
郊廟（疏） 433-515- 21
論寺監官冗狀 436-821-139
論李察知濟州不當箚子 436-821-139
論何洵直差除不當狀 436-822-139
論韓玠差除不當狀（三則） 436-822-139
知人（疏）——論朋黨之弊狀 437-335-155
建官（疏） 437-423-160
建官（疏四則） 437-449-161
選舉（疏三則） 437-651-169
考課（疏） 437-727-172
去邪（疏）——論李偉不合用內

降（三則） 438-116-177
去邪（疏）——論胡宗愈除右丞不當（八則） 438-118-177
去邪（疏）——論胡宗愈罪狀（十三則）附貼黃 438-129-178
去邪（疏）——論蔡確作詩譏訕事狀（六則） 438-139-178
去邪（疏）——准各例律丁謂貶崖州司戶參孫丕貶節度副使呂惠卿貶節度副使 438-142-178
去邪（疏）——論彭汝礪救蔡確附貼黃 438-143-178
去邪（疏）——論蔡確（三則） 438-144-178
去邪（疏）——論蔡確不合陳乞穎昌府狀 438-146-178
去邪（疏）——論沈括吳居厚等牽復不當狀 438-147-178
去邪（疏）——論盧秉責命不當事狀（四則） 438-147-178
去邪（疏）——論周種不當乞王安石配享事狀 438-149-178
去邪（疏）——乞罷李常盛陶中丞侍御史之職狀 438-149-178
去邪（疏）——論時孝孫差除不當狀 438-151-178
去邪（疏）——論曾肇知鄧州不當事狀 438-152-178
去邪（疏）——論王子韶差除不當疏六則 438-153-179
去邪（疏）——論路昌衡狀（四則） 438-156-179
去邪（疏）——論王子韶路昌衡疏（三則） 438-158-179
去邪（疏）——論鄧溫伯差除不當疏（五則）附貼黃 438-160-179
去邪（疏）——論章惇強買朱迎等田產事狀（三則） 438-164-179
去邪（疏）——論章惇疏(四則） 438-166-179
去邪（疏）——論章惇疏 438-168-179
去邪（疏）——論朝庭致理當任賢良 438-169-179
賞罰（疏）——論開封官吏冒掌事狀 438-390-188
賞罰（疏）——論趙尚無衣進職等事狀 438-391-188

戒伏欲（疏二則） 438-528-194
謹名器（疏三則） 438-617-198
聽言（疏） 438-772-203
聽言（疏）——乞籍錄臺諫章疏狀 438-773-203
法令疏——論命令數易疏 439-112-212
荒政（疏）——乞更張常平之弊 440- 57-245
荒政（疏）——（奏）乞振貸鳳翔府界饑民疏 440- 57-245
荒政（疏）——（爲歲旱）乞講荒政疏 440- 58-245
水利（疏）——論大河利害狀五首 440-202-252
賦役（疏）——乞罷畿內保甲疏 440-337-258
賦役（疏）——論役法之弊疏 440-338-258
理財（疏）——論陝西鹽鈔鐵錢之弊疏 440-586-268
褒贈（齊恢疏） 441- 28-284
災祥（疏）——爲怨尤乞徹樂捐膳精誠祈禱狀 441-460-303
災祥（疏）——乞舉醮祀荒政及求言郵刑狀 441-461- 33
營繕（疏四則） 441-750- 36
論堂除之弊（疏） 1350-645- 60
●劉安節 宋
論謹擇皇子官屬（疏） 1124- 59- 1
論尚同之弊（疏） 1124- 60- 1
大觀改元賀正旦（表） 1124- 60- 1
賀天寧節（表） 1124- 60- 1
賀收復洮河積石（表） 1124- 61- 1
賀九鼎成（表） 1124- 61- 1
饒州謝到任（表） 1124- 61- 1
謝賜曆日（表） 1124- 62- 1
期集謝賜錢（表） 1124- 62- 1
天寧節進銀狀（三則） 1124- 62- 1
明堂進銀狀 1124- 63- 1
●劉同升 明
清虛審編議 517-157-119
●劉光祖 宋
君德（疏） 433- 83- 4
孝親（疏） 433-323- 12
治道（疏） 434-370- 49
治道（疏） 434-595- 56
法祖（疏）——上聖範筠子十 435- 26- 70
風俗（疏） 436-311-117

用人（疏）——乞留侍講朱熹筠子 437-133-147
去邪（疏）——論勿任吳端孫瑴（三則） 438-315-185
去邪（疏）——論陳賈黃搢疏 438-318-185
聽言（疏）——論言事本末疏 438-852-206
災祥（疏） 441-567-308
災祥（疏） 441-598-309
論程氏道學筠子 1359-198- 26
論朋黨疏 1418-644- 58
●劉光濟 明
差役疏 517- 71-117
●劉行本 隋
聽言（疏） 438-701-201
勸差使表 1400-354- 7
●劉行簡 宋
君德（疏） 433- 60- 3
治道（疏）——條具利害狀 434-346- 48
治道（筠子） 434-349- 48
治道（疏）——進故事奏 434-350- 48
治道（疏）——論人主力行果斷疏 434-350- 48
經國（疏）——論人主不憚改爲疏 435-574- 91
用人（疏）——上殿筠子 437- 24-143
用人（疏） 437- 25-143
用人（疏）——乞令侍從臺諫舉縣令疏 437- 25-143
知人（疏）——進故事 437-355-156
知人（疏）——論用君子小人之說疏 437-356-156
法令（疏）——論尚書六曹及百司法令之弊疏 439-128-213
慎刑疏——乞令縣丞兼治獄事疏 439-224-217
慎刑疏——議斷罪囚疏 439-225-217
荒政（疏） 440- 79-246
●劉休仁 劉宋
陳貴妃禮敬議 1398-606- 6
皇太子車服議 1398-606- 6
●劉孝威 梁
謝賓林檎啓 1399-523- 12
謝賜錦被啓 1399-523- 12
謝賓宮紙啓 1399-523- 12
謝敕賓畫屏風啓 1399-523- 12
謝賓熊白啓 1399-523- 12

1648　　　　　　　　四庫全書文集篇目分類索引

爲皇太子謝勅賁功德馬啓	1401-322- 27
謝賁宮紙啓	1415-372- 98
謝勅賁畫屛風啓	1415-372- 98
爲皇太子謝勅賁功德馬啓	1415-373- 98
●劉孝孫宋	
上神宗乞召對之人量加試用(疏)	431-171- 15
上神宗論方面之寄勿遷更易(疏)	431-879- 73
乞召對之人量加試用（疏）	436-776-137
論方面之寄勿遷更易（疏）	436-776-137
●劉孝綽梁	
謝高祖啓	1399-512- 12
求豫北伐啓	1399-514- 12
爲鄱嗣王初讓雍州表	1415-342- 96
謝高祖啓	1415-342- 96
謝爲東宮奉經啓	1415-343- 96
求豫北伐啓	1415-344- 96
謝安成王賁祭孤石廟胙肉啓	1415-344- 96
●劉孝儀梁	
彈賈執傅湛文	1339-153-649
謝女出門官賜紋絹燭等啓	1399-517- 12
除建康令謝啓	1399-517- 12
彈賈執傅湛文	1399-519- 12
爲雍州柳津請留刺史晉安王表	1399-520- 12
爲晉安王讓丹陽尹表	1399-520- 12
爲臨川王奉詔班師表	1399-520- 12
爲臨川王解司空表	1399-521- 12
爲臨川王解揚州表	1399-521- 12
爲安成王讓江州表（二則）	1399-521- 12
爲南平王讓徐州表	1399-521- 12
又爲鄱陽嗣王初讓雍州表	1399-521- 12
李揚州昺讓表	1399-522- 12
爲江僕射禮薦士表	1399-522- 12
又爲江侍中薦士表	1399-522- 12
爲始興王上毛龜表	1399-522- 12
●劉克莊宋	
治道（疏）	434-759- 63
用人（疏）——進故事	437-214-155
聽言（疏）	438-872-207
理財（疏）	440-706-273
外戚（疏）——進故事	441-152-289
禦邊（疏）——進故事	442-481-339
貢布表	516-737-114
袁州到任謝表	516-737-114
啓建天基節疏	1180-319- 30
跋艾軒繳新除殿中侍御史書黃奏	

藁	1180-331- 31
擬謝宣召入院表	1180-457- 42
擬謝學士表	1180-458- 42
擬謝衣帶鞍馬表	1180-458- 42
代西山丐祠表	1180-458- 42
代西山辭資政殿學士京祠侍讀表	1180-459- 42
代西山上遺表	1180-459- 42
擬謝吏侍兼給事中表	1180-460- 42
代謝兵部尚書表	1180-460- 42
代曾知院上遺表	1180-461- 42
袁州到任謝表	1180-461- 42
廣東提學謝到任表	1180-462- 42
廣東除運判謝到任表	1180-462- 42
江東提刑謝表	1180-463- 42
貢布表	1180-463- 42
謝戒諭臧吏表	1180-464- 42
賀明堂禮成表	1180-464- 42
進銀狀	1180-464- 42
謝明堂赦表	1180-464- 42
除將作監直華文閣謝表	1180-465- 42
謝賜同進士出身表	1180-465- 42
經筵進講禮記徹章謝轉官表	1180-466- 42
除秘閣修撰福建提刑謝到任表	1180-466- 42
廣東提舉到任謝表	1382-408-下之2
知袁州到任謝表	1382-408-下之2
宰臣以下賀奉安光宗皇帝寧宗皇	
帝寶訓寧宗皇帝經武要略今上	
皇帝玉牒日歷會要禮成表	1382-409-下之2
代謝勅書獎諭表	1382-409-下之2
●劉秀之劉宋	
民殺長吏議	1398-776- 14
●劉宗周明	
請無急近功小利疏	445-659- 39
痛惜時艱疏	445-675- 40
勸溫體仁疏	445-676- 40
勸馬士英疏	445-685- 40
陳時政疏	445-685- 40
陳五事疏	445-686- 40
墾賜侍養疏	1294-303- 1
再懇侍養疏	1294-304- 1
條陳宗藩疏	1294-305- 1
修正學疏	1294-314- 1
敬修官守疏	1294-317- 1
請郊神廟罪廢諸臣疏	1294-320- 1
辭光祿尚寶疏	1294-323- 2

四庫全書文集篇目分類索引　　1649

請先臣劉棟諡典疏	1294-324- 2	痛慎時艱疏	1403-392-118
辭右通政疏	1294-326- 2	●劉於義（等）清	
辭京北尹疏	1294-327- 2	陝西通志進表	551- 1- 附
除京北謝恩疏	1294-328- 2	●劉善明齊	
請修京北職掌疏	1294-332- 2	治道（疏）	433-630- 26
請發裕大賚疏	1294-333- 2	上高帝陳事表	1399-111- 5
請推廣德意疏	1294-334- 2	●劉定之明	
冒死陳言疏	1294-336- 2	建言時務疏	443- 41- 3
極陳救世要義疏	1294-337- 2	建言疏	445- 43- 2
再請申飭京北職掌疏	1294-340- 2	題請陳灝從祀奏	517- 20-115
請定大興宛平兩縣經制疏	1294-342- 3	登極建言	1373-588- 8
請告疏	1294-344- 3	敵情題本	1373-592- 8
參奏閣堅疏	1294-345- 3	議劉靜修薛文清從祀	1373-593- 8
再申請告疏	1294-346- 3	登極建言疏	1403-176-107
三申請告疏	1294-347- 3	●劉承慶（等）唐	
請恤畿輔凋殘疏	1294-348- 3	七廟議	1340-428-763
應召請寬限疏	1294-350- 3	●劉忠肅宋	
辭少司空疏	1294-350- 3	慰國哀上皇帝表	1352-106- 3上
再辭少司空疏	1294-351- 3	●劉知幾（等）唐	
痛切時艱疏	1294-352- 3	用人（疏）	436-627-131
再申皇極之要疏	1294-354- 3	●劉秉忠元	
三申皇極之要疏	1294-356- 3	治道（疏）	434-822- 66
恭申對揚疏	1294-358- 3	●劉延壽漢	
請禁言利疏	1294-360- 4	列侯吏二千石博士江都王建罪議	1396-289- 5
修陳錢法疏	1294-362- 4	列侯中二千石二千石博士廣川王	
請告疏	1294-364- 4	去罪議 附宣帝制	1396-289- 5
再請告疏	1294-365- 4	●劉炳中金	
三請告疏	1294-366- 4	治道（疏）——上書條便宜十事	434-791- 65
予告辭朝疏	1294-366- 4	●劉思立唐	
身切時艱疏	1294-367- 4	荒政（疏）	440- 7-243
辭少宰疏	1294-369- 4	諫農時出使表	1338-783-624
再辭少宰疏	1294-370- 4	爲河南王武懿宗論功表	1338-784-624
敬陳聖學疏	1294-371- 4	●劉思效齊	
辭總憲疏	1294-378- 4	上高帝陳讜言表 附高帝詔	1399-127- 5
陳沿途見聞疏	1294-379- 5	●劉英媛劉宋	
條列風紀疏	1294-381- 5	請還王氏表	1398-617- 6
請嚴考選疏	1294-386- 5	●劉禹錫唐	
申救熊大行姜給諫疏	1294-387- 5	賀收蔡州表	538-507- 76
請飭觀典疏	1294-388- 5	代裴相公辭官表	549- 87-184
申明巡城職掌疏	1294-389- 5	爲京北韋尹謝許折罷表	556-188- 87
糾察餽遺疏	1294-390- 5	代容州刺史謝上表	568- 37- 98
申飭憲綱疏	1294-391- 5	讓同平章事表	1077-395- 11
被放謝恩疏	1294-395- 5	謝平章事表	1077-396- 11
恭陳辭悃疏	1294-395- 5	謝手詔表	1077-396- 11
糾參輔臣王應熊疏	1294-397- 5	謝貸錢物表	1077-396- 11

1650　　　　　　　　　四庫全書文集篇目分類索引

請赴行營表	1077-397- 11	慰國哀表	1077-411- 14
謝兵馬使朱鄭等官表	1077-397- 11	賀龍飛表	1077-411- 14
賀復吳少城官爵表	1077-397- 11	賀赦表	1077-412- 14
賀徐虔王等表	1077-398- 11	賀册太皇太后表	1077-412- 14
慰義陽公主薨表	1077-398- 11	賀册皇太后表	1077-412- 14
慰王太尉薨表	1077-398- 11	和州謝上表	1077-413- 14
謝冬衣表	1077-399- 12	賀改元赦表	1077-413- 14
謝濠泗兩州割屬淮南表	1077-399- 12	蠡州論利害表	1077-413- 14
謝歷日面脂口脂表	1077-400- 12	論利害表	1077-414- 14
謝墨詔表	1077-400- 12	爲裴相公賀册魯王表	1077-415- 15
論廢楚州營田表	1077-400- 12	爲相公讓官第一二三表 附批答	1077-415- 15
請朝覲表	1077-401- 12	蘇州謝上表	1077-417- 15
謝春衣表	1077-401- 12	蘇州謝賑賜表	1077-418- 15
謝賜門戟表	1077-401- 12	蘇州賀册皇太子表	1077-418- 15
謝男師損等官表	1077-402- 12	蘇州賀册皇太子牋	1077-419- 15
謝端午日賜物表	1077-402- 12	蘇州謝恩賜加章服表	1077-419- 16
謝墨詔表	1077-402- 12	蘇州賀皇帝疾愈表	1077-420- 16
杜司徒讓度支鹽鐵等使表	1077-403- 13	汝州謝上表	1077-420- 16
杜司徒謝追贈表	1077-403- 13	同州謝上表	1077-420- 16
杜司徒讓淮南立去思碑表	1077-404- 13	賀梟斬鄭注表	1077-421- 16
京兆李尹賀遷獻懿二祖表	1077-404- 13	賀德音表	1077-421- 16
京兆韋尹賀雨止表	1077-404- 13	賀赦表	1077-422- 16
京兆韋尹賀祈晴獲應表	1077-405- 13	謝恩賜粟麥表	1077-422- 16
京兆韋尹謝許折羅表	1077-405- 13	慰淄王薨表	1077-422- 16
京兆韋尹賀元日祥雪表	1077-405- 13	謝恩放先貸斛斗表	1077-423- 16
京兆韋尹賀春雪表	1077-405- 13	謝分司表	1077-423- 16
京兆李尹賀雨表	1077-406- 13	爲淮南杜相公論新羅請廣利方狀	1077-424- 17
李中丞謝賜紫雪面脂等表	1077-406- 13	爲京北韋尹降誕日進衣狀	1077-424- 17
李中丞謝鍾馗歷日表	1077-406- 13	爲京北李尹降誕日進衣狀	1077-424- 17
杜相公謝鍾馗歷日表	1077-406- 13	爲京北韋尹進野猪狀	1077-424- 17
武中丞謝新茶表	1077-407- 13	爲杜相公自淮南追入長安至長樂驛謝賜酒食表	1077-424- 17
武中丞謝春衣表	1077-407- 13	爲杜相公謝就宅賜食表	1077-424- 17
武中丞再謝新茶表	1077-407- 13	爲東都韋留守謝賜食狀	1077-425- 17
武中丞謝新橘表	1077-407- 13	爲裴相公進東封圖狀	1077-425- 17
武中丞謝柑子表	1077-407- 13	舉崔監察群自代狀	1077-425- 17
武中丞謝冬衣表	1077-407- 13	舉開州柳使君公綽自代狀	1077-425- 17
爲容州寶中丞謝上表	1077-408- 14	舉姜補闕倫自代狀	1077-426- 17
謝中使送上表	1077-409- 14	蘇州舉韋中丞自代狀	1077-426- 17
賀收蔡州表	1077-409- 14	汝州舉裴大夫自代狀	1077-427- 17
賀赦表	1077-409- 14	同州舉蕭諫議自代狀	1077-427- 17
賀赦牋	1077-410- 14	爲淮南杜相公論西戎表	1077-579- 9
賀雪鎮州表	1077-410- 14	謝上連州刺史表	1077-580- 9
賀平淄青表	1077-410- 14	賀登極表	1338-153-553
蠡州謝上表	1077-411- 14	賀册皇太后表	1338-187-557
賀州皇太子表	1077-411- 14		

史部
詔令奏議類：
附錄
奏議上十五畫

四庫全書文集篇目分類索引

賀册皇太子表	1338-192-557
賀赦表	1338-200-558
賀德音表	1338-208-559
連州賀赦表	1338-213-560
爲京北韋尹賀元旦降雪表	1338-223-561
賀收蔡州表	1338-287-568
代京北李尹賀遷獻懿二祖表	1338-312-571
爲杜司徒慰義陽公主薨表	1338-320-571
爲杜司徒讓淮南立去思碑表	1338-389-578
代裴相公辭官表	1338-420-581
代杜司徒謝平章事表	1338-426-582
代容州刺史謝上表	1338-461-586
連州刺史謝上表	1338-462-586
和州刺史謝上表	1338-463-586
蘇州刺史謝上表	1338-463-586
汝州刺史謝上表	1338-464-586
同州刺史謝上表	1338-464-586
連州刺史謝上表	1338-471-587
謝兵馬使朱鄖等官表	1338-483-589
謝貸錢物表	1338-488-589
蘇州謝恩賜加章服表	1338-488-589
爲京北韋尹謝許折羅表	1338-495-590
謝差中使送上表	1338-495-590
代杜司徒謝男授官表	1338-505-591
爲武中丞謝春衣表	1338-514-593
謝春衣表	1338-516-593
謝賜冬衣表（三則）	1338-518-593
謝恩賜粟表	1338-520-593
謝恩放先貸斛斗表	1338-521-593
蘇州謝賑賜表	1338-521-593
代武中丞謝新茶表（二則）	1338-522-594
謝賜廣利方表	1338-524-594
代武中丞謝賜新橘表	1338-525-594
代武中丞謝賜新柑表	1338-525-594
謝端午賜衣及器物等表（二則）	1338-533-595
謝勅書賜臘日口脂等表（二則）	1338-544-596
謝賜鍾馗及曆日表（二則）	1338-546-596
爲杜司徒謝追贈表	1338-550-597
謝詔許濠泗兩州割屬淮南表	1338-561-598
謝手詔慰撫表	1338-561-598
謝恩存問表	1338-562-598
謝墨詔表（二則）	1338-562-598
謝手詔表	1338-562-598
謝分司表	1338-612-604
杜司徒乞朝覲表	1338-626-606

請赴行營表	1338-713-675
論西戎表	1338-714-615
論廢楚州營田表	1338-723-616
變州論利害表（二則）	1338-799-625
代杜相公謝就宅賜食狀	1339- 28-632
爲京兆李尹降誕日進衣狀	1339- 77-641
爲裴相公進東封圖狀	1339- 80-641
代淮南杜司徒奏新羅請慶利方狀	1339- 99-644
變州論利害第一表	1381-275- 27
變州論利害第二表	1381-275- 27
蘇州謝上表	1386-448- 46
蘇州謝賑賜表	1386-448- 46
蘇州韋中丞自代狀	1386-449- 46
蘇州謝恩賜加章服表	1386-449- 46
代武中丞謝新茶表	1394-395- 3
爲淮南杜相公請赴行營表	1403-524-135
蘇州刺史謝上表	1403-525-135
代容州寶中丞謝上表	1465-465- 3

● 劉栖楚 唐

| 戒伏欲（疏） | 438-520-194 |

● 劉清之 宋

| 用入（疏）——入對言用人四事 | 437-113-146 |

● 劉祥道 唐

| 選舉（疏）——疊補敕關上疏陳六事 | 437-500-163 |
| 選舉六事疏 | 1361-848- 6 |

● 劉將孫 元

| 題參政蕭正肅公辭按行使轉官奏 | 1199-238- 25 |

● 劉敏中 元

法祖（疏）	435- 44- 70
災祥（疏）	441-696-314
天壽節賀表（二則）	1206- 49- 7
中書省正旦賀表	1206- 50- 7
星變奏變	1206- 50- 7
皇慶改元歲奏議	1206- 53- 7
奉使宣撫回奏疏	1206- 54- 7
賀正旦表	1367-203- 17

● 劉彭祖 漢

| 訟太子丹書 | 1396-286- 5 |

● 劉義季 劉宋

| 啓文帝 | 1398-588- 5 |

● 劉義欣 劉宋

| 陳長吏奏 | 1398-573- 5 |
| 舉郡守申季歷表 | 1398-573- 5 |

● 劉義宣 劉宋

四庫全書文集篇目分類索引

起兵上武帝表 附孝武帝詔答 1398-588- 5
● 劉義恭 劉宋
宗室（疏） 435-776- 76
宗室（疏二則） 435-177- 76
用人（疏） 436-611-130
謹名器（疏） 438-589-197
理則（疏） 440-434-262
舉才表 1398-576- 5
上嘉禾頌表 1398-576- 5
請徙彭城王義康奏 1398-577- 5
勸孝武帝即位表 1398-577- 5
賊質宜臧首式庫奏 1398-578- 5
上孝武帝請封禪表 附孝武帝詔報
（二則）及有司再表 1398-578- 5
諫孝武帝親征表 1398-581- 5
省錄向書表 1398-582- 5
陳蕃威儀制九事奏 附有司附益二
十四條奏 1398-582- 5
又條制諸王府鎭表 1398-583- 5
山陰縣民墾起湖田議奏 附柳元景
等議五則 1398-583- 5
請還彭城王義康屬籍表 附前廢帝
詔報 1398-584- 5
勸蔡興宗求益州表 附前廢帝詔報
後柳元景又奏及附前廢帝詔報 1398-585- 5
啓太祖 附詔答 1398-586- 5
謝賜全梁鞍啓 1398-587- 5
謝賜勞等啓 1398-587- 5
謝賜鉢鑷等啓 1398-587- 5
謝賜檳榔啓 1398-587- 5
謝賜柿啓 1398-587- 5
答太祖書 1398-587- 5
● 劉義康 劉宋
上文帝遜位表 1398-575- 5
● 劉義慶 劉宋
祖避孫體議 1398-574- 5
上舉士表 1398-575- 5
● 劉殷 衛 清
條陳四款疏 534-431- 93
謝蠲免四十五年錢糧疏 534-435- 93
謝蠲免康熙五十一年錢糧疏 534-436- 93
代謝移升朱子牌位疏 534-437- 93
● 劉嗣美 清
請免牛車疏 549-175-187
● 劉漢弼 宋

用人（疏） 437-149-148
● 劉蒙 更 宋
節儉（疏） 438-461-191
● 劉陰 楨 清
請豁免濱河地糧永禁現役馬頭疏 556-172- 86
鄰閭廣額疏 572-240- 35
● 劉德威 唐
慎刑疏 439-180-215
● 劉興祖 劉宋
征伐（疏）——論文帝聞魏世祖
狙更謀北伐 439-504-228
伐河北議（奏） 1398-750- 13
● 劉穆之宋
密白高祖疏 1398-618- 7
● 劉應節 明
改河通漕疏 506-199- 93
海島悉平疏 541-351- 35之4
● 劉應龍 宋
聽言（疏） 438-873-207
● 劉駒 餘 漢
諫籌錢書 1397-290- 13
● 劉體乾 明
財用訶乏懸乞聖明節省疏 1453-489- 55
● 衛 淳 宋
君德（疏） 433- 69- 3
君德（疏） 433- 93- 4
聖學（疏） 433-204- 9
治道（對策） 434-386- 50
治道（疏三則） 434-620- 58
儲嗣（疏） 435-113- 73
經國（疏） 435-733- 98
仁民（疏）——論淮民當恤疏 436-146-109
仁民（疏）——論歉歲伏熟及舊
通疏 436-147-109
祭禮（疏） 437-525-126
用人（疏）——論人才疏 437- 79-145
用人（疏）——繳徐柟祠錄 437- 80-145
用人（疏）——繳兵部郞官劉炳
除江西提學 437- 81-145
用人（疏）——論人才六事 437-158-149
用人（疏）——舉王觀之狀 437-160-148
用人（疏）——舉滕璘等狀 437-161-149
用人（疏）——舉徐範等狀 437-162-149
用人（疏）——舉蕭舜咨狀 437-163-149
用人（疏）——舉章璞甄世光乞

賜彭錄狀　437-163-149
用人（疏）——薦徐筠朱著留筠乞賜甄擢狀　437-164-149
用人（疏）——薦薛洽等狀　437-164-149
用人（疏）——舉李鼎等狀　437-165-149
用人（疏）——舉朱端常等狀　437-165-149
用人（疏）——舉陳嗣宗等狀　437-166-149
用人（疏）——舉陳孔碩狀　437-167-149
用人（疏）——奏蔡汝揆等狀　437-167-149
用人（疏）——舉留丙楊怨等狀　437-168-149
用人（疏）——舉范應鈴狀　437-169-149
用人（疏）——舉吳彪等狀　437-170-149
用人（疏）——舉趙汝誠等狀　437-171-149
用人（疏）——舉眞德秀等充廉吏狀　437-171-149
用人（疏）——應詔舉李燔等狀　437-172-149
用人（疏）——舉趙崇度等狀　437-173-149
用人（疏）——舉封彥明充將帥狀　437-174-149
用人（疏）——舉布衣胡大壯乞賜褒錄狀　437-174-149
用人（疏）——舉黃學行等狀　437-176-149
用人（疏）——舉張聲道張履信廖視乞賜甄擢狀　437-176-149
用人（疏）——應詔學人才學游九言等狀　437-177-149
用人（疏）——舉蕭逵等狀　437-178-149
用人（疏）——辟宋億充潭州通判狀　437-179-149
用人（疏）——舉宋億狀　437-179-149
求賢（疏）　437-264-153
建官（疏二則）　437-472-162
去邪（疏）——乞籍沒陳自強家財狀　438-300-184
去邪（疏）——論韓侂胄陳自強乞賜貶竄疏　438-302-184
去邪（疏）——論韓侂胄鑿太廟山姆妾僕隸封官爵及分盜太皇殿疏　438-304-184
去邪（疏）——論姦民猾吏狀　438-306-184
去邪（疏）——論張鑄乞賜竄責狀　438-308-185
去邪（疏）——論易祓朱質林行可乞賜鐫斥狀　438-309-185
去邪（疏）——論鄧友龍乞賜鐫

黜狀　438-312-185
去邪（疏）——論蘇師旦狀　438-312-185
去邪（疏）——奏郭榮乞賜鐫黜狀　438-313-185
賞罰（疏）——論吳回等降官　438-423-189
勸政（疏）——進故事　438-446-190
聽言（疏二則）　438-859-207
法令（疏）——論呂念一案　439-144-214
法令疏——繳榮傳辰改正（狀）　439-145-214
征伐（疏）——進故事奏（二則）　439-664-235
水利（疏）附貼黃　440-237-253
水利（疏）附貼黃　440-238-253
謚號（議）——上繳裴良士乞父謚奏　440-923-282
謚號（議）——上太皇太后謚議宋謝皇后宋孝宗后成肅皇后　440-924-282
謚號（議）——乞賜謚故承事郎右文殿修撰張栻　440-926-282
災祥（疏）　441-544-307
災祥（疏）——論火災疏　441-586-309
災祥（疏）——進故事　441-587-309
災祥（疏）　441-588-309
四裔（疏）——論治內備外　442-743-350
四裔（疏）——奏事箚子　442-744-350
四裔（疏）——進故事　442-746-350
賜進士及第謝皇帝表　1169-532- 6
謝賜聞喜宴表　1169-533- 6
謝賜花表　1169-533- 6
謝頒冰表　1169-533- 6
淮東提舉到任謝表　1169-534- 6
浙東提舉到任謝表　1169-534- 6
謝授衣節物箚　1169-535- 6
辭免正除中書舍人奏箚　1169-535- 6
謝正除中書舍人表　1169-535- 6
辭免左侍郎兼侍讀奏箚　1169-536- 6
辭免兼侍讀奏箚　1169-536- 6
謝兼侍讀表　1169-536- 6
謝賜生餼表　1169-537- 6
謝牲餼狀　1169-537- 6
明堂大禮畢皇后賀皇帝表　1169-537- 6
辭免權禮部尚書奏箚　1169-537- 6
辭免除御史中丞奏箚　1169-538- 6
辭免除端明殿學士簽書樞密院表（二則）　1169-538- 6
謝除端明殿學士簽書樞密院表　1169-539- 6

1654　　　　　　　　　四庫全書文集篇目分類索引

史部

詔令奏議類：附錄

奏議上十五畫

謝賜對衣金帶鞍馬表	1169-540-	6
辭免再賜對衣金帶與鞍馬奏狀	1169-540-	6
辭免兼權參知政事奏劄	1169-540-	6
辭免除參知政事奏劄	1169-540-	6
辭免除參知政事表	1169-541-	6
謝除參知政事表	1169-541-	6
辭免提舉修史等兼職奏劄	1169-542-	6
政府緣以旱蝗同執政乞去奏劄	1169-542-	6
丐祠劄子（五則）	1169-543-	6
辭免除職與郡奏劄	1169-546-	6
辭免皇太子受册轉官奏劄	1169-546-	6
再辭免除端明殿學士宮觀表	1169-547-	6
謝端明學士宮觀表	1169-547-	6
明堂禮成賀表	1169-549-	7
瑞慶節賀表（四則）	1169-549-	7
辭免除資政殿學士知潭州奏劄	1169-550-	7
再辭免除資政殿學士知潭州表	1169-551-	7
潭州受告謝表	1169-551-	7
南郊禮成賀表	1169-551-	7
辭免郊祀特旨轉官奏劄	1169-552-	7
郊祀加恩謝表	1169-552-	7
謝加邑表	1169-552-	7
瑞慶節賀表	1169-553-	7
謝賜臘藥表	1169-553-	7
元正賀表	1169-553-	7
謝賜夏藥表	1169-553-	7
瑞慶節賀表	1169-554-	7
謝賜臘藥表	1169-554-	7
元正賀表	1169-554-	7
謝賜夏藥表	1169-554-	7
瑞慶節賀表	1169-555-	7
謝賜對衣金帶鞍馬表	1169-555-	7
潭州丐祠劄子	1169-555-	7
謝免荊湖南路安撫大使兼知潭州依舊宮祠表	1169-557-	7
辭免除資政殿大學士知隆興府奏劄	1169-557-	7
再辭免除資政殿大學士知隆興府表	1169-558-	7
謝新知隆興府受告表	1169-558-	7
新知隆興府到任謝表	1169-559-	7
賜夏藥謝表	1169-559-	7
明堂禮成賀表	1169-560-	7
明堂加恩謝表	1169-560-	7
瑞慶節賀表	1169-560-	7
謝賜臘藥表	1169-561-	7
元正賀表	1169-561-	7
隆興府進葛布衣（二則）	1169-561-	7
謝賜夏藥表	1169-561-	7
丐祠劄子（二則）	1169-562-	7
瑞慶節賀表	1169-563-	7
謝賜臘藥表	1169-563-	7
元正賀表	1169-563-	7
辭免知福州奏劄	1169-564-	8
再辭免知福州表	1169-564-	8
新知福州府到任謝表	1169-564-	8
瑞慶節賀表	1169-565-	8
瑞慶節進貢銀表	1169-565-	8
謝賜臘藥表	1169-565-	8
謝賜夏藥表	1169-566-	8
丐祠劄子	1169-566-	8
瑞慶節賀表	1169-567-	8
辭免轉官宮觀奏劄子	1169-567-	8
辭免再知隆興府奏劄	1169-567-	8
再辭免再知隆興府表	1169-568-	8
知隆興府到任謝表	1169-568-	8
謝賜臘藥表	1169-568-	8
謝賜對衣金帶馬表	1169-569-	8
丐祠劄子（二則）	1169-569-	8
明堂禮成賀表	1169-570-	8
明堂加恩謝表	1169-570-	8
辭免轉官宮觀奏狀	1169-570-	8
再辭免轉官宮觀奏狀	1169-571-	8
受寶璽賀表	1169-571-	8
玉璽恩轉官謝表	1169-572-	8
瑞慶節賀表（四則）	1169-572-	8
丐致仕劄子	1169-573-	8
皇帝登極恩轉官謝表	1169-573-	8
明堂禮成賀表	1169-574-	8
明堂加恩謝表	1169-574-	8
改寶慶賀皇帝表	1169-575-	8
寧宗皇帝祔廟慰皇帝表	1169-575-	8
天基節賀表（二則）	1169-576-	8
皇太后上尊號賀皇帝表	1169-576-	8
代吳侍郎謝除次對表	1169-577-	8
代辭免權監修國史劄子	1169-577-	8
代進聖政表	1169-578-	8
代進會要表	1169-578-	8
集英殿問對	1169-579-	9
輪對劄子（五則）	1169-588-	9

四庫全書文集篇目分類索引　1655

同館職乞留劉光祖劄子　1169-596- 10
輪對劄子（五則）　1169-597- 10
辛亥歲春雷雪應詔上封事　1169-602- 10
乙卯歲除郎中殿劄子　1169-606- 10
丁巳歲右史直前奏事劄子　1169-607- 10
論祠祭差官當嚴其制劄子　1169-609- 10
除中書舍人學陳振充自代狀　1169-610- 10
繳裴良士乞父謚狀　1169-610- 10
繳劉伯震換武職劄　1169-612- 11
繳兵部郎官劉炳除江西提學劄　1169-613- 11
繳壽慈宮內侍王師珪等鎬降狀　1169-614- 11
繳榮傳辰改正狀　1169-614- 11
繳徐柟祠祿狀　1169-615- 11
應詔論北伐劄子　1169-616- 11
應詔舉人才學游九言錢文子黃官
　狀　1169-617- 11
除吏部侍郎學樓防自代狀　1169-618- 11
論聖學劄子　1169-618- 11
應詔學彭法輔廣充奉使之選狀　1169-619- 11
應詔學耿羽王好生充通書金國　1169-620- 11
除御史中丞學倪思充自代狀　1169-620- 11
論朝議大夫易祓朝請郎太常少卿
　兼權吏部侍郎兼侍講朱質朝奉
　大夫林行可乞賜鎬斥狀　1169-620- 11
論新除司農少卿張鑄乞賜竄責狀　1169-623- 11
論宮觀鄧友龍乞賜鎬黜狀　1169-624- 11
乞六曹尚書依舊獨員上殿劄子　1169-624- 11
乞御史臺及兩省臺諫官挑班上殿
　劄子　1169-625- 11
再言王師約劄子　1169-625- 11
繳進御筆劄子　1169-626- 12
同宰執奏皇太子會議資善堂劄子　1169-626- 12
乞讁放總制無額寨名錢奏狀　1169-627- 12
乞賜張杙謚劄子　1169-628- 12
奏陞差李義充飛虎軍統領袁任充
　雜兵忠義統領狀　1169-629- 12
列薦徐筠朱著留筠乞賜甄擢狀　1169-630- 12
列薦薛治趙崇模羅瀛趙伯駿蔡師
　仲趙彥訪乞賜旌擢狀　1169-631- 12
奏學趙崇彥北徐簡乞賜擢用狀　1169-631- 12
奏學封彥明充將帥狀　1169-632- 12
奏學布衣胡大壯乞賜褒錄狀　1169-633- 12
奏學黃學行劉用行李劉乞賜甄擢
　狀　1169-634- 12
應詔學李燔陳元勳鄭準充所知狀　1169-635- 12

奏學張聲道張履信廖視乞賜甄擢
　狀　1169-635- 12
奏學李鼎陳覵黃龜鼎黃价乞賜擢
　用狀　1169-636- 12
奏學章琮甄世光乞賜黜錄狀　1169-637- 12
再奏學宋億狀　1169-637- 12
奏學蕭遹施楠姜注謝孫復謝興甫
　鄒夢祥乞加錄用狀　1169-637- 12
奏學趙綸趙彥搢祝夢良乞特與甄
　擢狀　1169-638- 12
奏學王觀之趙時通洪俟孫格何遲
　彭耕趙公括桂如虎潘重陳景仁
　連元徐价乞賜審察擢用狀　1169-640- 13
奏學滕璘趙師秀潘景伯趙善琮蔣
　日宣黃宜鄭魏挺乞賜旌擢狀　1169-642- 13
奏學徐範沈鐘楊治俞機詹桌董仁
　澤林呆陳元衡溫良輔充所知狀　1169-642- 13
奏學蕭舜咨彭去非陳韡乞賜甄錄
　狀　1169-643- 13
奏學吳彰梁致恭李伯賢趙公珊周
　良趙希楚黃之望黃師穆趙崇畏
　充所知狀　1169-644- 13
奏學趙汝誠趙希普趙師巖鄭斯立
　充所知狀　1169-645- 13
奏學朱端常何松趙善稱張國均樓
　鑰乞加表用劄　1169-645- 13
奏學劉寶充將帥狀　1169-646- 13
奏學丘檜李大有充所知狀　1169-646- 13
奏學李丙充沿邊繁難任使狀　1169-646- 13
奏學王安國軍政狀　1169-646- 13
奏學趙汝鑠王正中王畋充廉吏狀　1169-647- 13
奏學陳嗣宗孔夢符林七遜王克恭
　郭伯良章大蒙江潤祖趙師紀董
　千里趙必愿吳端忠黃以大王仲
　龍黃侑鄧樞乞賜旌擢狀　1169-647- 13
奏學陳孔碩乞賜擢用狀　1169-648- 13
奏學蔡汝撙史復祖汪綬黃以大孫
　起予黃應酉乞賜旌擢狀　1169-648- 13
奏學留丙楊忽葉澄俞遷張清臣清
　婁方大琮乞賜旌擢狀　1169-649- 13
奏學范應鈴趙師陶趙彥章余珪邵
　應祥趙崇尹滕仲宣潘復乞賜甄
　錄狀　1169-650- 13
應詔學眞德秀章採趙崇模充廉吏
　狀　1169-651- 13

史部

詔令奏議類：附錄

奏議上十五畫

四庫全書文集篇目分類索引

論圍田箚子（二則）附貼黃　　　　1169-652- 13　　謝除吏部侍郎表　　　　　　1152-148-　2
成肅皇后諡議　　　　　　　1403-724-157　　辭加鎭表（三則）　　　　　1152-148-　2
　●衞　展晉　　　　　　　　　　　　　　　　天申節賀表　　　　　　　　1152-149-　2
法令（疏）——免肉刑議　　　439- 20-208　　謝賜生日禮物表　　　　　　1152-150-　2
　●衞　湜宋　　　　　　　　　　　　　　　　謝賜對衣金帶鞍馬表（二則）1152-150-　2
進禮記集說表　　　　　　　　117-　4- 附　　謝賜生日生餼表　　　　　　1152-151-　2
　●衞　博宋　　　　　　　　　　　　　　　　奉使汴京賜燕等謝表（二十則）1152-151-　2
君德（疏）　　　　　　　　　433- 68-　3　　●衞　臻魏
聖學（疏）　　　　　　　　　433-196-　8　　征伐（疏）　　　　　　　　 439-491-227
用人（疏）——上殿箚子　　　437- 81-145　　●衞　覬漢
用人（疏）——上箚子　　　　437- 82-145　　節儉（疏）　　　　　　　　 438-455-191
上殿箚子（二則）　　　　　1152-126-　1　　法令（疏）　　　　　　　　 439- 11-208
代陳直閣奏箚　　　　　　　1152-127-　1　　請置律博士奏　　　　　　　1361-542- 10
辭免職名奏箚　　　　　　　1152-128-　1　　言愛民惜費疏　　　　　　　1361-584- 18
論治道箚子　　　　　　　　1152-129-　1　　諫明帝疏　　　　　　　　　1417-432- 21
乞進帝學箚子　　　　　　　1152-129-　1　　●衞　瓘晉
辭免南郊加恩箚子　　　　　1152-130-　1　　選舉（疏）　　　　　　　　 437-494-163
爲男充辭免除敷文閣待制箚子　1152-130-　1　　封禪（疏）　　　　　　　　 441-223-294
謝免男回避箚子　　　　　　1152-130-　1　　復鄉舉里選疏　　　　　　　 549-102-185
謝賜御書風雲慶會閣箚子　　1152-130-　1　　請封禪奏（五則）附武帝詔答四則
謝賜端午節物箚子　　　　　1152-131-　1　　　及太康元年冬王公有司奏附詔　1398-108-　6
謝賜酒果箚子　　　　　　　1152-131-　1　　免山濤奏附武帝中詔　　　　1398-110-　6
代人進故事（八則）　　　　1152-131-　1　　請贈鄭默奏　　　　　　　　1398-110-　6
辭免右僕射表（二則）　　　1152-139-　1　　上武帝復古鄉舉里選疏　　　1398-110-　6
謝除右僕射表　　　　　　　1152-140-　2　　請復選舉疏　　　　　　　　1403- 67- 95
謝除尚書右僕射表　　　　　1152-140-　2　　●衞元嵩後周
平江府謝到任表　　　　　　1152-141-　2　　上武帝論釋書　　　　　　　1401-496- 36
謝除觀察使表（二則）　　　1152-141-　2　　●衞胤文明
辭免參知政事表　　　　　　1152-142-　2　　公奏剗寇疏　　　　　　　　 556-159- 86
謝除參知政事表　　　　　　1152-142-　2　　●衞楨固明
謝除醴泉觀使表　　　　　　1152-143-　2　　撫臣不宜數易疏　　　　　　 556-160- 86
辭免御營使表　　　　　　　1152-143-　2　　●衞膚敏（等）宋
辭免御營使奏狀　　　　　　1152-143-　2　　外戚（疏）　　　　　　　　 441-150-289
謝除御營使表　　　　　　　1152-144-　2　　●樂　恢漢
謝除樞密兼參政表　　　　　1152-144-　2　　諫征匈奴書　　　　　　　　1397-183-　9
謝除參知政事表　　　　　　1152-144-　2　　論竇氏疏　　　　　　　　　1397-184-　9
辭免樞密兼參政表　　　　　1152-145-　2　　辭拜騎都尉疏　　　　　　　1397-184-　9
謝除樞密兼參政表　　　　　1152-145-　2　　●樂　俊漢
賀郊祀禮成表　　　　　　　1152-146-　2　　上言（脩河疏）　　　　　　1397-147-　7
辭免郊恩表　　　　　　　　1152-146-　2　　●樂　運北周
謝郊恩進封開國侯表　　　　1152-146-　2　　赦宥（疏）　　　　　　　　 439-243-218
辭免江淮都督表　　　　　　1152-146-　2　　上宣帝論喪禮疏　　　　　　1400-106-　3
謝除江淮都督表　　　　　　1152-147-　2　　諫宣帝數赦書　　　　　　　1400-106-　3
謝除徽文閣直學士知荆南表　1152-147-　2　　陳宣帝八失書　　　　　　　1400-106-　3
謝除刑部侍郎表　　　　　　1152-148-　2　　●樂　遜北周

史部

詔令奏議類：附錄

奏議上十五畫

治道（疏）——陳時宜一十四條　433-649- 26
陳時宜疏略　549-103-185
上明帝陳時宜封事　1400- 92- 2
●樂　毅周
報燕惠王書　1360-222- 13
●樂　豫周
諫去群公子　1402-292- 53
●樂　藹齊
奏請朝直　1399-162- 7
●徵　史漢
奏王尊　1396-280- 5

十六畫

●燕　肅宋
上仁宗乞天下死罪皆得一覆奏（疏）　432-205- 99
慎刑疏　439-196-216
●霍　光漢
廢昌邑王奏　1396-435- 12
請立宣帝奏　1396-437- 12
廢昌邑王奏　1403-416-121
●霍　性魏
諫南征疏　1361-556- 13
●霍　融漢
律歷（疏）——論官漏刻　440-807-278
論漏刻奏附舒承梵等對及和帝詔　1397-214- 10
●霍　韜明
論新建伯撫勦地方功次疏　568- 92-101
地方疏　1266-207- 38
淮鹽利弊疏　1403-233-110
薛瑄從祀議　1403-690-152
初政第二箚　1404-199-177
地方疏　1465-569- 8
●霍去病漢
封建（疏）　436- 31-104
請立三王疏附孔光等奏五則武帝制三則　1396-416- 11
●霍仲堯宋
盱胎軍到任謝表　1352-210-5下
●駱　統吳
仁民（疏）　436- 55-105
理張溫表　1361-551- 12
上征役疫癘損民疏　1361-607- 22
論徵役疏　1403- 61- 94
理張溫表　1403-452-126
　　1417-451- 22

●駱　達劉宋
陳天文符讖奏　1398-497- 1
●駱問禮明
請面奏事宜疏　445-449- 28
●駱賓王唐
姚州道破諾沒弄楊虔柳露布　494-189- 8
破蒙臉露布　494-190- 8
姚州道破諾沒弄楊虔柳露布　570-536-29之9
破蒙臉露布　570-538-29之9
爲齊州父老請陪封禪表　1065-447- 3
姚州道破逆賊諾波浪楊虔等露布　1065-500- 4
又破設蒙儉露布　1065-507- 4
爲齊州父老請陪封禪表　1338-578-600
兵部奏姚州破逆賊諾沒弄楊虔柳露布　1339-130-647
兵部奏姚州破賊設蒙儉等露布　1339-133-646
爲齊州父老請陪封禪表　1394-366- 2
兵部奏姚州破逆賊諾沒弄楊虔柳露布　1394-615- 9
兵部奏姚州破賊設蒙儉等露布　1394-617- 9
●閻　毗隋
禮樂（疏）　436-349-119
●閻　纘晉
儲嗣（疏）——理太子被廢之寃（三則）　435- 55- 71
皇太孫立上疏　1398-433- 19
又陳訓教太孫奏（二則）　1398-435- 19
理愍懷太子書　1402-475- 72
陳保傅太孫疏　1417-483- 23
●閻仲宇明
題早正種馬以免廢弛馬政事　444- 57- 35
●閻蒼舒宋
謝除安撫表　1352-167-4下
●閻興邦清
官莊悉歸有司疏　572-226- 35
併縣專治仍添通判疏　572-227- 35
請表精忠以隆祀典疏　572-229- 35
請廣中額疏　572-229- 35
●盧　亘元
賀正旦表　1367-204- 17
●盧　甫唐
諫不破突厥疏　1339-567-694
言西蕃疏　1339-568-694
●盧　坦唐
用人（疏）　436-650-131

●盧　芳 漢
謝光武疏　　　　　　　　　　　1397- 88- 5
●盧　昶 齊
用人（疏）　　　　　　　　　　436-613-130
●盧　貞 隋
論古樂宮懸奏　　　　　　　　　1400-269- 3
●盧　淵 北魏
征伐（疏）——議伐蕭賾表　　　439-514-228
●盧　庸 金
禦邊（疏）——陳便宜　　　　　442-495-339
●盧　植 漢
災祥（疏）　　　　　　　　　　441-291-297
論五經文字書　　　　　　　　　1397-386- 18
光和元年日食上封事　　　　　　1397-386- 18
奏事（二則）　　　　　　　　　1397-387- 18
●盧　諝 漢
四裔（疏）　　　　　　　　　　442-512-340
四裔（疏）　　　　　　　　　　442-513-340
●盧　毓 魏
選舉（疏）　　　　　　　　　　437-491-163
慎刑疏　　　　　　　　　　　　439-172-215
駁棄市奏　　　　　　　　　　　1361-543- 10
舉才對　　　　　　　　　　　　1361-663- 35
●盧　肇 唐
進海潮賦狀　　　　　　　　　　583-661- 19
　　　　　　　　　　　　　　　1343- 48- 5
●盧　碩 唐
畫謀　　　　　　　　　　　　　1336-386-362
上洪範圖章 并序　　　　　　　　1336-498-379
●盧　摯 元
河南府路進賀皇帝陛下登寶位表　1366-602- 2
●盧　諶 晉
原劉琨表　　　　　　　　　　　549- 73-184
理劉司空表　　　　　　　　　　1403-458-127
●盧　攜 唐
荒政（疏）　　　　　　　　　　440- 11-243
●盧士宗 宋
郊廟（疏）　　　　　　　　　　433-461- 19
●盧文紀 後唐
求言（疏）　　　　　　　　　　438-648-199
●盧叔虎 北齊
征伐（疏）——請伐周　　　　　439-521-229
●盧洪春 明
乞保聖躬重宗社疏　　　　　　　445-490- 30
●盧思道 隋

代爲百官賀甘露表　　　　　　　1394-361- 2
在齊爲百官賀甘露表　　　　　　1400-293- 5
諫除大理奏　　　　　　　　　　1400-304- 5
北齊爲百官甘露表　　　　　　　1416-220-115
●盧詢祖 北齊
破蝗蝗賀表　　　　　　　　　　1400- 50- 3
●盧履冰（等）唐
喪禮（疏）　　　　　　　　　　436-436-122
●盧藏用 唐
營繕（疏）　　　　　　　　　　441-729-315
爲姚大夫請致仕歸侍表　　　　　1338-603-603
●盧懷愼 唐
考課（疏）　　　　　　　　　　437-710-171
諫中宗皇帝請內朝西宮表　　　　1338-786-624
時政疏　　　　　　　　　　　　1361-851- 6
●蕭　介 梁
去邪（疏）——論侯景投効　　　438- 18-173
諫納侯景表　　　　　　　　　　1399-580- 14
●蕭　吉 隋
山陵（疏）　　　　　　　　　　436-482-124
上文帝徵祥書　　　　　　　　　1400-348- 6
言獻皇后山陵表（二則）　　　　1400-348- 6
●蕭　育 漢
薦馮野王封事　　　　　　　　　1396-515- 16
●蕭　何 漢
仁民（疏）——爲民請願　　　　436- 53-105
任將（疏）　　　　　　　　　　439-688-236
●蕭　欣 後梁
謝賜甘露啓　　　　　　　　　　1399-594- 14
●蕭　昱 梁
上武帝請解職表 附武帝答蕭昱手詔　1399-358- 5
●蕭　衍 齊
輔政上銓序表　　　　　　　　　1403-504-131
●蕭　倣 唐
征伐（疏）——論勝吐蕃之法　　439-540-229
●蕭　常 宋
進續後漢書表　　　　　　　　　384-394- 附
●蕭　貫 金
用人（疏二則）　　　　　　　　437-245-152
●蕭　統 梁
謝勅賚水犀如意啓　　　　　　　1063-664- 3
謝勅賚看講啓　　　　　　　　　1063-664- 3
謝勅參解講啓　　　　　　　　　1063-664- 3
謝勅賚制旨大涅槃經講疏啓　　　1063-664- 3
謝勅賚銅造善覺寺塔露盤啓　　　1063-665- 3

謝勑賜制旨大集經講疏啓　1063-665- 3
謝勑賜地圖啓　1063-665- 3
謝勑賜魏國所獻錦等啓　1063-668- 3
謝勑賜廣州堰等啓　1063-668- 3
謝勑賜城邊橘啓　1063-669- 3
謝勑賜河南荇啓　1063-669- 3
謝勑賜大苽啓　1063-669- 3
請停吳興丁役疏　1063-669- 3
謝勑賜地圖啓　1394-466- 5
請停吳興丁役疏　1399-343- 5
謝勑賜看講啓　1401-224- 22
謝勑參解講啓　1401-224- 22
謝勑賜制旨大涅盤經講疏啓　1401-224- 22
謝勑賜制旨大集經講疏啓　1401-225- 22
謝勑賜水犀如意啓　1401-225- 22
駁劉僕射學樂之議　1403-701-154
謝敕賜水犀如意啓　1404-213-180
止三郡民丁就役疏　1414-482- 81
謝勑賜地圖啓　1414-486- 81
謝勑賜水犀如意啓　1414-486- 81
謝勑賜制旨大涅槃經講疏　1414-486- 81
謝勑賜看講啓　1414-486- 81
謝勑參解講啓　1414-487- 81
謝勑賜制旨大集經講疏啓　1414-487- 81
●蕭　搖 北周
請歸養表 附武帝詔答　1400-104- 3
●蕭　華 唐
謝試秘書少監陳情表　1338-594-602
●蕭　鈞 唐
法令疏——盧文操盜左藏物當誅　439- 40-209
●蕭　復 唐
用人（疏）　436-632-131
近習（疏）　441-173-291
●蕭　瑀 唐
君德（疏）　433- 8- 1
治道（疏）　433-654- 27
宗室（疏）　435-184- 76
封建（疏）　436- 44-104
務農（疏）　436-174-110
禮樂（疏）——冠禮疏　436-395-121
樂疏　436-547-127
求言（疏）——論隋文帝　438-644-190
四裔（疏）　442-530-341
四裔（疏）　442-531-341
●蕭　嵩 唐

太子服緦紗袍議 并序　1340-465-766
●蕭　綸 梁
讓丹陽尹初表　1399-357- 5
邵陵王綸上武帝拾道事法啓 并勑　1401-169- 20
●蕭　嶷 宋
謝轉官表　1352-223- 6上
●蕭　懿 齊
手啓武帝 附武帝答　1399- 41- 2
上論州郡秩俸表　1399- 42- 2
又啓（四則）附武帝答（四則）　1399- 42- 2
臨終啓武帝　1399- 45- 2
讓太傅啓　1404-203-178
上世祖啓　1417-530- 26
●蕭　繹 梁
梁高祖武帝諡議　1403-721-157
●蕭　韓 後梁
臨終上表　1399-594- 14
●蕭子良 齊
戒伏欲（疏）　438-506-193
賦役（疏）　440-247-254
災祥（疏）　441-307-298
陳高帝言臺使　1399- 45- 2
上高帝墾田表　1399- 46- 2
上讓言表　1399- 47- 2
上武帝論會土塘役啓　1399- 47- 2
密啓武帝　1399- 48- 2
又啓武帝　1399- 49- 2
諫射雉啓　1399- 50- 2
上武帝請贈豫章王疑啓　1399- 51- 2
啓論王暠　1399- 51- 2
與安陸侯緬書　1399- 52- 2
陳時政啓　1404-204-178
密啓武帝　1404-203-178
密啓武帝（二則）　1414-236- 73
車騎啓　1414-238- 73
諫射雉啓（二則）　1414-238- 73
諫斂塘役錢啓　1414-239- 73
上武帝請贈豫章王疑啓　1414-240- 13
上讓言表　1414-241- 73
墾田表　1414-242- 73
諫遣臺使疏　1417-531- 26
陳時政啓　1417-532- 26
●蕭子雲 梁
樂疏　436-533-127
答武帝　1399-510- 11

啓武帝 附武帝敕答答武帝敕　1399-511- 11
答武帝啓　1404-207-178
●蕭子範 梁
到府牋　1399-508- 11
求援昭明太子集表　1399-508- 11
爲兄宗正讓都官尚書表　1399-508- 11
爲蔡令摶讓吳郡表　1399-508- 11
●蕭子響 齊
啓武帝（二則）附有司奏魚復侯
　　子響還本　1309- 54- 2
●蕭元簡 梁
獻劒奏　1399-351- 5
●蕭日南 齊
上和帝（疏）　1399-173- 7
●蕭永藻 清
致祭雙忠祠疏　568-375-113
●蕭正德 梁
通武帝啓　1399-358- 5
●蕭至忠 唐
用人（疏）　436-627-131
寵幸（疏）　441-163-290
諫賣官鬻爵宰相子弟居要職疏　1339-591-696
●蕭長懋 齊
疾篤上世祖表　1399- 41- 2
●蕭近高 明
乞禁開採疏　517- 77-117
參內監疏　517- 79-117
●蕭重望 明
題奏缺漏申侍御土木堡忠臣廟名
　　位疏　572-210- 34
●蕭望之 漢
用人（疏）　436-583-129
征伐（疏）　439-468-226
漕運（疏）　440-408-261
近習（疏）　441-166-291
災祥（疏）　441-236-295
四裔（疏）　442-501-340
雨雹對　1355-212- 8
伐匈奴對　1355-276- 10
入粟贖罪議　1355-292- 10
復對　1355-293- 10
入粟贖罪議及再議（二則）　1360-283- 16
雨雹對　1360-310- 18
伐匈奴對　1360-311- 18
入粟贖罪議　1377-183- 7
雨雹對　1396-469- 14
上烏孫結婚議　1396-469- 14
伐匈奴對　1396-470- 14
請選用諫臣疏　1396-470- 14
馮奉世不宜受封議　1396-470- 14
奏丙吉疏 附錄延壽奏與宣帝免蕭望
　　之策　1396-470- 14
建白罷中書宦官議　1396-471- 14
雨雹對　1403-618-145
伐匈奴對　1403-618-145
駁張敞入粟贖罪議　1403-700-154
入穀贖罪議　1417-284- 14
●蕭惠開 劉宋
上解職表　1398-759- 14
●蕭遙光 齊
用人（疏）　436-612-130
啓誅謝朓 附東昏侯詔　1399- 55- 2
●蕭摹之 劉宋
裁檢佛事奏　1401- 47- 15
●蕭穎士 唐
爲揚州李長史作千秋節進毛龜表　1072-326- 15
爲李北海作進芝草表　1072-326- 15
爲李中丞賀赦表　1072-326- 16
爲陳正卿進續尚書表　1072-327- 18
爲從叔鴻臚少卿論旱請掩骼埋胔
　　表　1072-329- 22
爲揚州李長史賀立皇太子表　1338-191-557
爲李中丞賀赦表　1338-210-560
爲陳正卿進續尚書表　1338-664-610
爲李北海作進芝草表　1338-682-612
爲楊州李長史作千秋節進毛龜表　1338-682-612
爲從叔鴻臚少卿論旱請掩骼埋胔
　　表　1338-789-624
爲陳正卿進讀尚書表　1343-354- 25
●蕭穎胄 齊
上和帝遺表　1399- 59- 2
●蕭寶寅 北魏
考課（疏）　437-707-171
去邪（疏）——（論）西豐侯正
　　德來降　438- 19-173
●蕭罕嘉努（蕭韓家努）遼
君德（疏）　433-125- 5
治道之要（疏）　434-786- 65
諡號（議）——上寧宗乞依唐追
　　崇四祖爲皇帝議　440-930-282

治道之要對 503-296-111

●錢 易宋

上眞宗乞除非法之刑（疏） 432-203- 99
請除非法之刑（疏） 1350-424- 42

●錢 珝唐

爲宰相賀雨表 1338-226-561
爲集賢崔相公讓大學士表(三則) 1338-341-574
代史館相公讓官（六則） 1338-346-575
爲王相公讓加司空表 1338-351-575
爲中書崔相公讓官第二至六表 1338-352-575
代史館王相公讓相位第一二表 1338-355-575
代王相公謝加門下侍郎食邑表 1338-427-582
代崔相公謝加中書侍郎食邑表 1338-428-582
代史館王相公謝加食邑實封表 1338-428-582
代中書孫相公謝登庸表 1338-428-582
代陸相公謝再入表 1338-429-582
代史館王相公謝監脩國史鹽鐵使表 1338-430-582
代集賢崔相公謝賜官誥表(三則) 1338-434-583
代宰相謝宣示白野鵲表 1338-435-583
代宰相謝宣示白雀白鸜鵒表 1338-436-583
代宰相謝賜布帛表 1338-436-583
代宰相謝降朱書御札表 1338-436-583
代史館王相公謝令樞密使宣諭奸邪表 1338-437-583
代戶部孫相公謝授兄太常卿表 1338-507-591
代兵部崔相公謝追贈三代表（二則） 1338-551-597
爲宰相謝內宴表 1338-537-595
爲兩省官謝內宴表 1338-538-595
中書省請册皇后表 1338-647-608
史館王相公請册淑妃何氏爲皇后表 1338-648-608
熒惑退舍宰相請復常膳表 1338-652-609
爲宗正卿請復常膳表 1338-653-609
史館王相公進和詩表 1338-672-611
宰相諫罷討伐請不幸奉天表 1338-721-616
爲集賢崔相公論京兆除授表 1338-801-625
嘉會節宰相謝酒食狀 1339- 20-631
史館王相公進和詩表 1394-398- 3
代史館相公讓官表 1403-528-135

●錢 琦明

恤新縣疏 517- 66-117
忠祠議 517-147-119
設縣事宜 517-148-119

●錢 勰宋

上神宗乞擇經術者艾之士以備顧問（疏） 431- 77- 7
上神宗乞參舉才德之士（疏） 431-170- 15
乞參舉才德之士（疏） 436-773-137
乞擇經術者艾之士以備顧問(疏) 436-774-137

●錢 遹宋

諡號（議）——元祐皇后諡議 440-917-282

●錢 薇明

查盤廣西錢糧舉劾官員賢否疏 1465-572- 8

●錢 顗宋

上神宗要務十事（疏） 431- 22- 2
上神宗乞減放宮人（疏） 431-319- 29
上神宗論地震（疏） 431-479- 42
上神宗乞擇將久任（疏） 431-787- 64
上神宗乞權罷南郊臣寮賜予(疏) 430-200-100
上神宗乞天下置社倉（疏） 432-309-107
內治（疏） 435-146- 75
節儉（疏） 438-475-192
任將（疏）——乞擇將久任狀 439-739-238
荒政（疏） 440- 34-244
災祥（疏） 441-419-302

●錢 鏐唐

謝賜鐵劵表 526- 8-259

●錢公輔宋

上英宗論明堂配侑（疏） 432- 80- 86
郊廟（疏）——論明堂配侑 433-462- 19
駁王珪明堂以仁宗配奏議 1093-457-附2
廣德軍謝上表 1350-704- 66
廣德軍謝表 1382-323-上之1
仁宗配明堂議 1418-211- 43

●錢明逸宋

上仁宗論乞上殿三班外亦聽諫臣求對（疏） 431-923- 77
聽言（疏）——乞上殿三班外亦聽諫臣求對狀 438-748-202

●錢彥良宋

節儉（疏） 438-465-191

●錢彥遠宋

上仁宗論不可令李璋管軍（疏） 431-370- 34
上仁宗答詔論旱災（疏） 431-446- 40
上仁宗乞限定學士待制員數(疏) 431-603- 49
上仁宗條奏牧宰利害（疏） 431-823- 68
上仁宗乞在朝文武官舉州縣官二人爲京官（疏） 431-856- 71

史部 詔令奏議類：附錄 奏議上十六畫

上仁宗請焚瘞物故妖僧（疏） 432- 45- 84
上仁宗乞禁戚里權要之家塗金（疏） 432-201- 98
上仁宗乞置勸農司（疏）附貼黃 432-282-105
上仁宗論步直兵士作過（疏四則）附貼黃（三則） 432-523-122
上仁宗乞撥併諸路軍額放停考弱（疏） 432-530-122
務農（疏） 436-184-110
建官（疏） 437-410-160
選舉（疏二則） 437-533-164
去邪（疏）——請焚瘞物故妖僧疏 438- 58-175
聽言（疏）——論臺諫風聞言事 438-749-202
兵制（疏） 439-284-219
宿衞（疏）——論步直兵士作過上奏 附貼黃四則 439-435-225
外戚（疏） 441-134-289
災祥（疏） 441-383-300
敦儉（策） 1351-177-103
● 錢若水 宋
上眞宗答詔論邊事（疏） 432-617-130
上眞宗論備邊之要有五（疏） 432-620-130
禦邊（疏）——答詔論邊事 442- 71-322
禦邊（疏）——陳備邊之要有五 442- 72-322
● 錢象祖 宋
江東運判到任謝表 1352-190- 5中
婺州到任謝表 1352-217- 6上
● 獨孤及 唐
郊廟（疏）——上景皇帝配昊天上帝議 433-413- 17
治道（疏）——陳政疏 433-683- 28
兵制（疏）——奏減江淮山南諸道兵以贍國用 439-272-219
爲張洪州刺史謝上表 516-729-114
爲杭州李使君論李藏用守杭州功表 526- 7-259
贈涼州都督太原郡開國公郭知運謚議 549-239-190
重議郭知運 549-240-190
唐丞相故江陵尹御史大夫呂諲謚議 549-241-190
重議呂諲 549-242-190
太師苗晉卿謚議 549-244-190
賀樂陽醴泉表 556-188- 87
代文武百官賀芝草表 1072-182- 4

賀擒周智光表 1072-182- 4
賀袁傪破賊表 1072-183- 4
請降誕日置天興節表 1072-183- 4
賀樂陽縣醴泉表 1072-183- 4
賀太陽當蝕不蝕表 1072-184- 4
賀滁州芝草嘉禾表 1072-184- 4
諫表 1072-184- 4
爲李給事讓起復尚書左丞兼御史大夫第二至七表 1072-186- 4
爲譙郡唐太守賀赦表 1072-189- 4
爲張淳州謝上表 1072-189- 4
爲江淮都統賀田神功平劉展表 1072-191- 5
爲杭州李使君論李藏用守杭州功表 1072-191- 5
爲江淮都統使奏破劉展兵捷書表 1072-192- 5
爲江東節度使奏破餘姚草賊襲龐捷書表 1072-193- 5
爲張洪州謝上表 1072-194- 5
爲獨孤中丞天長節進鏡表 1072-194- 5
爲獨孤中丞讓官爵表 1072-195- 5
爲獨孤中丞謝賜紫衣銀盤椀等表 1072-195- 5
謝濠州刺史表 1072-196- 5
謝舒州刺史兼加朝散大夫表 1072-196- 5
謝加司封郎中賜紫金魚袋表 1072-196- 5
謝常州刺史表 1072-197- 5
常州奏甘露降松樹表 1072-197- 5
景皇帝配昊天上帝議 1072-198- 6
故太保贈太師韓國苗公謚議 1072-199- 6
故御史中丞盧奕謚議 1072-200- 6
贈涼州都督太原郡開國公郭知運謚議 1072-201- 6
故江陵尹兼御史大夫呂諲謚議 1072-203- 6
賀赦表（二則） 1338-199-558
爲譙郡唐太守賀赦表 1338-204-559
賀太陽當蝕不蝕表 1338-228-562
代百官賀芝草表 1338-243-563
賀樂陽醴泉表 1338-256-564
爲江淮都統使賀田神功平劉展表 1338-272-566
爲江淮都統使奏破劉展兵捷書表 1338-272-566
爲江東節度使奏破餘姚賊襲龐捷書表 1338-273-566
賀袁傪破賊表 1338-274-566
代獨孤將軍讓魏州刺史表 1338-362-576
爲崔史君讓潤州表 1338-363-576
爲李給事讓起復尚書左丞兼御史

大夫第二至六表（五則） 1338-398-579
第七謝免起復表 1338-401-579
爲李懷光讓起復表（二則） 1338-401-579
代于京兆請停官侍親表 1338-408-580
濠州刺史謝上表 1338-460-586
常州刺史謝上表 1338-460-586
爲張洪州刺史謝上表 1338-461-586
爲張濠州謝上表 1338-461-586
謝舒州刺史兼加朝散大夫表 1338-479-588
謝加司封郎中賜紫表 1338-479-588
謝勅書兼賜冬衣表 1338-519-593
爲獨孤中丞天長節進鏡表 1338-689-613
爲杭州李使君論李藏用守杭州功表 1338-708-615
爲郭令公請停親征表 1338-708-615
直諫表 1338-763-622
景皇帝配昊天上帝議永泰二年 1340-444-764
御史中丞盧奕諡議 1341-314-840
故左武衞大將軍持節隴右節度經略大使兼鴻臚卿御史中丞贈涼州都督太原郡開國公郭知運諡議 1341-315-840
重議郭知運 1341-317-840
故太保丞相贈太師苗晉卿諡議 1341-318-840
丞相故江陵尹兼御史大夫呂煙諡議 1341-318-840
重議呂煙 1341-320-840
唐景皇帝配昊天上帝議 1343-557- 41
唐丞相故太保贈太師苗晉卿諡議 1343-583- 41
唐丞相故江陵尹御史大夫呂諲諡議 1343-585- 41
重議呂諲（諡） 1343-586- 41
贈涼州都督太原郡開國公郭知運諡議 1343-588- 41
重議郭知運（諡） 1343-589- 41
唐故御史中丞盧奕諡議 1343-590- 41
陳政疏 1361-863- 7
唐丞相故太保贈太師苗晉卿諡議 1403-712-156
唐丞相故江陵尹御史大夫呂諲諡議 1403-713-156
重議呂諲（諡忠肅） 1403-714-156
重議郭知運 1403-716-156
唐故御史中丞盧奕諡議 1403-717-156
唐景皇帝配昊天上帝議 1417-692- 32
上疏陳政 1417-692- 32

● 獨孤受 唐
賀擒周智光表 1338-277-567
● 鮑 永漢
勸趙王良奏 1397-125- 7
● 鮑 宏 北周
征伐（疏）——論取齊之策 439-523-229
● 鮑 宣 漢
外戚（疏） 441-119-288
災祥（疏） 441-257-295
論丁傅董賢書 1355-250- 9
論董賢書 1355-252- 9
論丁傅董賢書 1360-247- 14
論董賢書 1360-249- 14
論丁傅董賢書 1377-236- 12
論董賢書 1377-237- 12
諫哀帝七死七亡書 1396-579- 19
論寵董賢封事 1396-581- 19
論丁傅董賢書 1402-460- 70
論董賢書 1402-461- 70
極言時政疏 1403- 31- 90
諫寵外親幸臣書 1417-320- 16
論董賢書 1417-321- 16
上哀帝書 1476- 49- 3
● 鮑 昱 漢
征伐（疏）——解關寵圍 439-476-227
災祥（疏） 441-263-296
救耿恭議 1397-166- 8
● 鮑 勛 魏
戒伏欲（疏） 438-504-193
諫獵疏 1361-560- 14
● 鮑 照 劉宋
爲柳令謝驃騎表 1063-599- 9
解謁謝侍郎表 1063-599- 9
謝秣陵令表 1063-600- 9
謝賜藥表 1063-600- 9
謝永安令解禁止啓 1063-600- 9
論國制啓 1063-600- 9
謝上除啓 1063-601- 9
謝假啓二首 1063-601- 9
侍郎上疏 1063-601- 9
謝解禁止（疏） 1063-602- 9
侍郎滿辭閣（疏） 1063-602- 9
轉常侍上疏 1063-602- 9
征北世子誕育上疏 1063-603- 9
謝隨恩被原表 1063-603- 9

1664　　　　　　　四庫全書文集篇目分類索引

皇孫誕育上疏　　　　　　1063-603- 9　　●穆　叔周
爲柳令謝驃騎表　　　　　1398-682- 10　　論立子稱（諫）　　　　　1355-108- 4
解褐謝侍郎表　　　　　　1398-682- 10　　●穆　亮北魏
謝秣陵令表　　　　　　　1398-682- 10　　慎微（疏）　　　　　　　438-560-196
謝賜藥啓　　　　　　　　1398-683- 10　　●穆　員唐
謝永安令解禁止啓　　　　1398-683- 10　　爲汝州刺史謝上表　　　　1338-451-585
論國制啓　　　　　　　　1398-683- 10　　　　　十七畫
謝上除啓　　　　　　　　1398-683- 10　　●謝　石晉
謝假啓二首　　　　　　　1398-684- 10　　學校（疏）　　　　　　　436-213-113
奉始興王自紡舞歌詞啓　　1398-684- 10　　●謝　泌宋
侍郎上疏　　　　　　　　1398-684- 10　　上眞宗乞用宿舊大臣以小人爲戒
謝解禁止疏　　　　　　　1398-685- 10　　　（疏）　　　　　　　　431-133- 13
侍郎滿辭閣疏　　　　　　1398-685- 10　　上太宗論宰相樞密接見賓客(疏)　431-549- 46
轉常侍上疏　　　　　　　1398-685- 10　　用人（疏）　　　　　　　436-657-132
征北世子誕育上疏　　　　1398-686- 10　　求言（疏）　　　　　　　438-648-199
謝隨恩被原疏　　　　　　1398-686- 10　　禮臣（疏）　　　　　　　441- 55-285
皇孫誕育上疏　　　　　　1398-686- 10　　四裔（疏）　　　　　　　442-569-342
侍郎滿辭閣表　　　　　　1403-502-131　　論宰執不許接客（疏）　　1350-430- 42
謝隨恩被原表　　　　　　1403-503-131　　論宰相樞密不宜禁接賓客疏　1375- 64- 3
論國制啓　　　　　　　　1404-202-178　　乞用宿舊大臣以小人爲戒疏　1375- 65- 3
謝解禁制啓　　　　　　　1404-203-178　　●謝　旻清
爲柳令讓驃騎表　　　　　1414-149- 68　　上江西通志表　　　　　　513- 1- 附
謝秣陵令表　　　　　　　1414-150- 68　　萍鄉縣丈量地畝疏略　　　517-129-118
解褐謝侍郎表　　　　　　1414-150- 68　　恭請開濬南康蓘花池疏略　517-130-118
謝解禁止表　　　　　　　1414-150- 68　　恭請銅鼓營蓮花橋積貯摺奏　517-131-118
皇孫誕育上表　　　　　　1414-150- 68　　●謝　知隋
征北世子誕育上表　　　　1414-151- 68　　表　　　　　　　　　　　1400-404- 8
拜侍郎上疏　　　　　　　1414-151- 68　　●謝　朓齊
侍郎報滿辭閣疏　　　　　1414-151- 68　　代謝會稽太守啓　　　　　486-429- 20
轉常侍上疏　　　　　　　1414-151- 68　　爲宣城公拜章　　　　　　1399-153- 7
謝隨恩被原疏　　　　　　1414-152- 68　　爲齊明帝讓封宣城公表　　1399-153- 7
論國制啓　　　　　　　　1414-152- 68　　爲明帝拜錄尚書表　　　　1399-153- 7
謝上除啓　　　　　　　　1414-152- 68　　爲百官勸進齊明帝表　　　1399-154- 7
謝賜藥啓　　　　　　　　1414-153- 68　　　　　　　　　　　　　1414-343- 77
謝永安令解禁止啓　　　　1414-153- 68　　爲明帝讓封宣城公表　　　1414-343- 77
請假啓（二則）　　　　　1414-153- 68　　爲明帝拜錄尚書表　　　　1414-343- 77
　●鮑　衡漢　　　　　　　　　　　　　　爲宣城公拜章　　　　　　1414-343- 77
上言學博士奏　　　　　　1397-526- 25　　●謝　晦劉宋
　●鮑　駿漢　　　　　　　　　　　　　　奉文帝自理表　　　　　　1398-643- 8
薦丁鴻書　　　　　　　　1397-176- 8　　又上表（奉表自理）　　　1398-647- 8
　●鮑文子周　　　　　　　　　　　　　　●謝　莊劉宋
諫伐魯　　　　　　　　　1355-115- 4　　戒伏飮（疏）　　　　　　438-506-193
諫伐魯　　　　　　　　　1402-297- 53　　魏通互市議　　　　　　　1398-764- 14
　●鮑叔牙周　　　　　　　　　　　　　　論行節儉表　　　　　　　1398-764- 14
用人（疏）　　　　　　　436-577-129　　上廣搜才路表　　　　　　1398-764- 14

東海王讓司空表　　　　　　　1398-765- 14
讓吏部尚書表　　　　　　　　1398-766- 14
謝賜貂裘表　　　　　　　　　1398-766- 14
改定刑獄奏　　　　　　　　　1398-766- 14
爲尚書八座封皇子郡王奏　　　1398-767- 14
爲尚書八座改封郡長公主奏　　1398-767- 14
北中郎新安王拜司徒章　　　　1398-767- 14
又爲某中郎將謝兼司徒章　　　1398-767- 14
上搜才表　　　　　　　　　　1414-218- 72
爲八座江夏王請封禪表（二則）1414-218- 72
改定刑獄表　　　　　　　　　1414-219- 72
請弘風則表　　　　　　　　　1414-220- 72
太子元服上至尊表　　　　　　1414-220- 72
謝賜貂裘表　　　　　　　　　1414-221- 72
東海王讓司空表　　　　　　　1414-221- 72
讓中書令表　　　　　　　　　1414-221- 72
讓吏部尚書表　　　　　　　　1414-221- 72
上封禪儀注奏　　　　　　　　1414-221- 72
封皇弟奏　　　　　　　　　　1414-223- 72
改封郡長公主奏　　　　　　　1414-223- 72
爲北中郎謝兼司徒章　　　　　1414-223- 72
爲北中郎拜司徒章　　　　　　1414-223- 72
與世祖啓事　　　　　　　　　1414-223- 72
索虜互市議　　　　　　　　　1414-226- 72
●謝　偃 唐
治道（疏）——獻惟皇誠德賦　433-663- 27
玉諜眞記　　　　　　　　　　1336-361-359
●謝　弼 漢
災祥（疏）　　　　　　　　　441-285-297
論青蛇封事　　　　　　　　　1360-220- 12
上靈帝陳得失疏　　　　　　　1397-381- 18
論青蛇封事　　　　　　　　　1403-591-142
●謝　絳 宋
上仁宗乞開內館恢景德之制(疏)　431-720- 59
上仁宗論宣祖配侑（疏）　　　432- 78- 86
崇儒（疏）——乞開內館恢景德
　　之制疏　　　　　　　　　440-716-274
律歷（疏）　　　　　　　　　440-865-280
禮臣（疏）　　　　　　　　　441- 61-285
災祥（疏）二則　　　　　　　441-346-299
●謝　瑜 明
論驕恣武臣疏　　　　　　　　443-192- 11
●謝　楚 唐
爲同州顏中丞謝上表　　　　　556-187- 87
　　　　　　　　　　　　　　1338-457-586

●謝　端 元
進實錄表　　　　　　　　　　1367-202- 16
賀親祀南郊表　　　　　　　　1367-206- 17
賀親祀南郊表　　　　　　　　1382-418-下之3
●謝　誧 宋
聖學（疏）　　　　　　　　　433-188- 8
●謝　黃 明
復舊河疏　　　　　　　　　　530-461- 69
●謝　遷 明
謝存問疏　　　　　　　　　　1256- 2- 1
謝時加存問疏　　　　　　　　1256- 3- 1
辭免恩命疏　　　　　　　　　1256- 4- 1
乞恩仍賜歸休疏　　　　　　　1256- 4- 1
辭免新職疏　　　　　　　　　1256- 5- 1
陳政事疏　　　　　　　　　　1256- 5- 1
求納諫疏　　　　　　　　　　1256- 6- 1
乞賜歸休疏　　　　　　　　　1256- 6- 1
再乞歸休疏　　　　　　　　　1256- 7- 1
謝恩疏　　　　　　　　　　　1256- 7- 1
三乞歸休疏　　　　　　　　　1256- 8- 1
四乞歸休疏　　　　　　　　　1256- 8- 1
謝恩疏　　　　　　　　　　　1256- 9- 1
歸休謝恩疏　　　　　　　　　1256- 9- 1
謝恩疏（二則）　　　　　　　1256- 10- 1
●謝　躬 漢
前輝光謝躬符命奏　　　　　　1396-661- 23
●謝　鐸 明
癸巳封事　　　　　　　　　　443-116- 7
奏修明敎化事　　　　　　　　443-530- 26
修學廢墜疏　　　　　　　　　443-534- 26
維持風敎疏　　　　　　　　　443-535- 26
校勘資治通鑑綱目疏　　　　　445- 73- 4
●謝方叔 宋
治道（疏）　　　　　　　　　434-647- 59
田制（疏）　　　　　　　　　436-205-112
慎微（疏）　　　　　　　　　438-585-196
●謝夷吾 漢
薦王充（疏）　　　　　　　　1397-169- 8
●謝昭容 劉宋
請東平王子嗣還本屬表　　　　1398-572- 5
●謝深甫 宋
用人（疏）　　　　　　　　　437-110-146
謝除江東提舉表　　　　　　　1352-173-4 下
恭州到任謝表　　　　　　　　1352-220-6 上
●謝超宗 劉宋

策秀才議　　　　　　　　　　　1398-840- 17
●謝源明 宋
衢州到任謝表　　　　　　　　　1352-211-5 下
●謝傳宣 宋
問失火及安撫人戶事狀　　　　　489-425- 36
●謝疊濟齊
郊廟（疏）　　　　　　　　　　433-361- 15
●謝應芳 元
謝免糧表　　　　　　　　　　　1218-191- 8
聖節賀表　　　　　　　　　　　1218-192- 8
千秋節賀表　　　　　　　　　　1218-192- 8
冬至表　　　　　　　　　　　　1218-192- 8
正旦表　　　　　　　　　　　　1218-193- 8
●謝靈運 劉宋
征伐（疏）——請上伐河北　　　439-504-228
謝封康樂公表　　　　　　　　　1394-339- 2
謝封康樂侯表　　　　　　　　　1398-674- 10
詣闕上自理表　　　　　　　　　1398-675- 10
勸伐河北書　　　　　　　　　　1398-675- 10
　　　　　　　　　　　　　　　1402-477- 72
詣闘上表　　　　　　　　　　　1403-462-127
勸伐河北表　　　　　　　　　　1414- 67- 65
謝封康樂侯表　　　　　　　　　1414- 68- 65
詣闘上表　　　　　　　　　　　1414- 69- 65
●應　劭 漢
法令（疏）　　　　　　　　　　439- 10-208
駁陳忠罪疑議　　　　　　　　　1360-299- 17
上獻帝漢儀奏　　　　　　　　　1397-510- 25
貢荔表　　　　　　　　　　　　1397-510- 25
上漢儀疏　　　　　　　　　　　1417-413- 20
●應　亨 晉
讓著作表　　　　　　　　　　　1398-452- 20
●應　奉 漢
內治（疏）——諫止立田貴人爲
　后議　　　　　　　　　　　　435-120- 74
諫桓帝立田貴人疏　　　　　　　1397-349- 16
理李膺等疏　　　　　　　　　　1397-349- 16
●應　順 漢
創計吏館奏　　　　　　　　　　1397-187- 9
●應　詹 晉
封建（疏）　　　　　　　　　　436- 38-104
務農（疏）　　　　　　　　　　436-173-110
學校（疏）　　　　　　　　　　436-211-113
用人（疏）　　　　　　　　　　436-607-130
●應　璩 魏

薦和謨牋　　　　　　　　　　　538-510- 76
●應孟明 宋
治道（疏）——爲詳定一司輪對　434-450- 52
●襄　楷 漢
災異言政刑暴濫疏　　　　　　　1360-186- 10
再論宦官書　　　　　　　　　　1360-265- 15
上桓帝論災異疏　　　　　　　　1397-351- 16
濟河清上疏（二則）　　　　　　1397-353- 16
對尚書狀 附尚書奏劾襄楷　　　1397-354- 16
●戴　才明
議處極邊地方兵將疏　　　　　　558-600- 45
●戴　胄 唐
法令疏——校尉未佩刀上殿罪當
　死　　　　　　　　　　　　　439- 36-209
法令（疏）　　　　　　　　　　439- 36-209
營繕（疏）　　　　　　　　　　441-724-315
●戴　栩 宋
聖學（疏）　　　　　　　　　　433-231- 9
禦邊（疏）　　　　　　　　　　442-445-338
聖學疏　　　　　　　　　　　　1176-711- 4
代賀冬至表　　　　　　　　　　1176-725- 6
代水心賀正表　　　　　　　　　1176-725- 6
代水心瑞慶節賀表　　　　　　　1176-725- 6
代水心慰皇帝表　　　　　　　　1176-725- 6
●戴　逵 晉
上學校未立疏　　　　　　　　　1360-200- 11
請立學校疏　　　　　　　　　　1403- 68- 96
●戴法興 劉宋
律歷（疏）　　　　　　　　　　440-817-278
難祖冲之曆法議　　　　　　　　1398-803- 15
●戴表元 元
跋濂溪二程謚議　　　　　　　　1194-255- 20
●戴長樂 漢
告楊惲罪書　　　　　　　　　　1396-458- 13
●戴叔倫 唐
賀平賊赦表　　　　　　　　　　1338-204-559
●鞠　詠 宋
災祥（疏）　　　　　　　　　　441-347-299
●翼　奉 漢
災祥（疏）二則　　　　　　　　441-241-295
上徙都成周疏　　　　　　　　　1355-313- 11
　　　　　　　　　　　　　　　1360-103- 6
論知人邪正封事　　　　　　　　1360-208- 12
地震爲后妃封事　　　　　　　　1360-211- 12
上封事　　　　　　　　　　　　1396-481- 14

日時對　　　　　　　　　　1396-481- 14
再上封事 附元帝赦天下求直言疏　1396-482- 14
災異求得終議疏　　　　　　1396-483- 14
上徙都成周疏　　　　　　　1396-483- 14
廟祀對　　　　　　　　　　1396-484- 14
六情十二律封事　　　　　　1403-585-142
地震爲后舅封事　　　　　　1403-585-142
日時對　　　　　　　　　　1403-628-146
應直言封事　　　　　　　　1417-299- 15
●隱　蕃吳
歸吳上書　　　　　　　　　1361-617- 24
●臨武君周
兵制（疏）——論兵要　　　439-266-219
●聲　子周
請復椒舉　　　　　　　　　1377-180- 6
●韓　川宋
上哲宗乞罷市易（疏）　　　432-479-118
用人（疏）　　　　　　　　436-851-140
●韓　文明
勸宜官疏　　　　　　　　　443-153- 9
會計錢糧以足國裕民事（疏）443-688- 31
會計天下錢糧奏　　　　　　445-168- 10
裁冗食節冗費奏　　　　　　445-191- 12
勸宜官疏　　　　　　　　　445-203- 12
爲急關寶石西珠事　　　　　549-137-186
勸宜官疏　　　　　　　　　1403-215-109
●韓　秀北魏
禦邊（疏）　　　　　　　　442- 24-320
●韓　昉金
用人（疏）　　　　　　　　437-245-152
●韓　非周
初見秦王　　　　　　　　　1377-319- 14
上秦王書　　　　　　　　　1396-156- 12
初見秦王上書　　　　　　　1402-419- 67
●韓　洄唐
理財（疏）　　　　　　　　440-447-262
請歷數近日徵應祥瑞表　　　1076-459- 下
　　　　　　　　　　　　　1076-884- 下
　　　　　　　　　　　　　1077-268- 2
●韓　翃唐
爲李希烈謝留後表　　　　　1338-480-588
爲田神玉謝茶表　　　　　　1338-523-594
謝勅書賜臘日口脂等表　　　1338-544-596
謝追贈父官表　　　　　　　1338-549-597
謝贈母官表　　　　　　　　1338-549-597

謝追贈父表　　　　　　　　1338-549-597
爲鳳翔李尚書請使人拜掃表　1338-653-609
代人至渭南縣降服請罪表　　1338-655-609
代人奉御批不許請罪謝恩表　1338-655-609
爲田神玉謝茶表　　　　　　1394-396- 3
●韋　翊唐
爲田神玉謝賜錢供兄葬事表　1338-554-597
爲田神玉母太夫人謝男神功墨賜
　錢及神玉領節度表　　　　1338-555-597
爲田神玉謝兄神功於京兆府界擇
　界地表　　　　　　　　　1338-555-597
爲田神玉論不許赴上都護喪表　1338-555-597
爲田神玉謝詔葬兄神功畢表　1338-556-597
●韋　祥宋
郊廟（疏）　　　　　　　　433-547- 22
●韓　偓唐
喪禮（疏）　　　　　　　　436-442-122
●韋　博漢
上言巨母霸（疏）　　　　　1396-684- 24
●韓　琬唐
治道（疏）——國安危在於政政
　以法暫安　　　　　　　　433-678- 27
●韓　琦宋
上仁宗論千求內降乞降詔止絕（
　疏）　　　　　　　　　　431-258- 23
上仁宗論頻有災異乞直降御札不
　受徽號　　　　　　　　　431-281- 25
上仁宗論皇嗣如已有所屬乞宣示
　中書密院奉行（疏）　　　431-342- 31
上仁宗論楊景宗恣橫不恭（疏）431-368- 34
上仁宗論金芝（疏）　　　　431-396- 36
上仁宗論石龜（疏）　　　　431-396- 36
上仁宗論火災地震（疏）　　431-415- 38
上仁宗論星變（疏）　　　　431-416- 38
上仁宗論星變地震冬無積雪（疏）431-417- 38
上仁宗論衆星流散月入南斗（疏）431-419- 38
上仁宗答詔論地震春雷之異（疏
　）附別狀　　　　　　　　431-436- 39
上仁宗論都知以下不可無名優加
　使額（疏）　　　　　　　431-740- 61
上仁宗乞別白朋黨（疏）　　431-904- 76
上仁宗乞許邊臣過闕朝見（疏）431-922- 77
上仁宗論僧紹宗妖妄惑衆（疏）432- 42- 84
上英宗乞下有司議濮安懿王合行
　典禮（疏）　　　　　　　432- 99- 89

史部

詔令奏議類：附錄

奏議上十七畫

上英宗乞下兩制禮官詳定合稱何親（疏） 432-100- 89
上英宗請集三省御史臺官再議（疏） 432-101- 89
上仁宗論魏國夫人蕈就第宣召兩府臣寮（疏） 432-147- 93
上神宗乞錄用魏元成裔孫（疏） 432-171- 95
上仁宗論詳定雅樂（疏） 432-177- 96
上仁宗請復用王朴舊樂（疏） 432-179- 96
上仁宗乞減省冗費（疏） 432-226-101
上神宗乞罷青苗及諸路提舉官（疏） 432-369-111
上神宗論條例司畫一申明青苗事（疏） 432-383-112
上仁宗請置親兵（疏） 432-499-120
上英宗乞募陝西義勇（疏） 432-538-123
上仁宗乞罷寶相禪院泗建殿宇（疏） 432-589-128
上仁宗論外憂始於內患 432-631-131
上仁宗論備禦七事（疏） 432-689-134
上仁宗論西北議和有大憂者三大利者一（疏） 432-716-136
上神宗答詔問土地邊事宜（疏） 432-745-137
孝親（疏）——惟父母不慈而子不失孝乃爲可稱 433-257- 10
儲嗣（疏） 435- 98- 73
儲嗣（疏） 435- 99- 73
喪禮（疏） 436-446-123
樂疏 436-549-127
樂疏 436-550-127
知人（疏）——乞別白朋黨狀 437-295-154
去邪（疏）——論僧紹宗妖妄惑衆 438- 69-175
節儉（疏） 438-463-191
謹名器（疏） 438-602-197
法令（疏）——乞止絕內降狀 439- 58-210
法令（疏）——論驕卒誕告將校乞嚴軍律疏 439- 72-210
法令疏——進嘉祐編勅表 439- 80-211
兵制（疏） 439-303-220
任將（疏）——乞許邊臣過闕朝見狀 439-720-237
理財（疏）——乞罷青苗及諸路提舉官奏 440-499-265
理財（疏）——駁制置三司條例

司所畫一申明之常平新法意 440-505-265
諡號（議）——上仁宗加尊號議 440-891-281
諡號（議）——濮安懿王尊號議 440-899-282
諡號（議）——上（英宗）尊號册文 440-907-282
諡號（議）——乞神宗辭受尊號 440-912-282
褒贈（疏） 441- 22-284
外戚（疏） 441-132-289
災祥（疏）二則 441-348-299
災祥（疏）——論星變疏 441-349-299
災祥（疏）——論星變地震冬無積雪疏 441-350-299
災祥（疏）——論衆星流散月入南斗疏 441-351-299
災祥（疏）——論石龜疏 441-352-299
災祥（疏）——論地震春雷之異疏 441-353-299
災祥（疏） 441-353-299
營繕（疏）——乞罷寶相禪院創建殿宇奏 441-737-316
禦邊（疏）——論備禦七事 442-140-325
禦邊（疏）——論西北議和有大憂者三大利者一上疏 442-141-325
禦邊（疏）——答詔問北邊事宜上疏 442-245-330
四裔（疏）——論外憂始於內患 442-571-342
四裔（疏） 442-605-343
四裔（疏） 442-616-344
知定州謝表 506-281- 95
謝除使相判相州表 538-509- 76
謝充秦鳳路經略安撫招討使表 556-189- 87
永興軍謝上表 556-190- 87
上仁宗乞罷寶相禪院泗建殿宇（疏） 587-676- 14
代三司謝賜內藏庫紬絹表 1089-346- 24
謝知制誥表 1089-347- 24
謝降御前筋子表 1089-347- 24
謝復官表 1089-348- 24
謝轉官充秦鳳路徑略安撫招討使表 1089-349- 24
謝改觀察使表 1089-349- 24
謝賜詔書示諭表 1089-350- 24
辭免諫議大夫表 1089-351- 24
涇州謝差中使宣諭表 1089-351- 24
賀皇子降生表 1089-352- 24

四庫全書文集篇目分類索引　1669

遷葬求郡謝賜批答不允表　1089-352- 24
揚州謝上表　1089-353- 25
謝轉給事中表　1089-354- 25
揚州謝賜曆日表　1089-354- 25
賀鴻慶宮奉安三聖御容禮畢表　1089-355- 25
鄆州謝上表　1089-355- 25
成德軍謝上表　1089-355- 25
定州謝上表　1089-356- 25
謝賜禁中銀救濟飢民表　1089-356- 25
謝賜詔書獎諭表　1089-357- 25
辭免資政殿大學士第一二表謝表　1089-357- 25
謝轉禮部侍郎表　1089-359- 25
謝加觀文殿學士再任表　1089-359- 25
辭免武康軍節度使表第二表謝表　1089-361- 26
幷州謝上表　1089-362- 26
乞知相州第一二表　1089-363- 26
知相州乞罷節鉞表　1089-363- 26
辭免集賢第一二表謝表　1089-365- 27
辭免裕享加恩第一二表謝表　1089-367- 27
辭免昭文第一二表謝表　1089-368- 27
進嘉祐編敕表　1089-369- 27
辭免登極覃恩第一二表謝皇帝皇太后表　1089-371- 27
甲辰冬乞罷相第一二三表　1089-373- 28
乙巳夏乞罷相第一二三表　1089-374- 28
災異待罪第一二三表　1089-376- 28
乙巳冬乞罷相第一二三表　1089-377- 28
丁未因中丞彈不赴文德殿常朝待罪第一二表　1089-379- 29
丁未夏乞罷相第一二三表　1089-379- 29
丁未秋乞罷相第一二表　1089-381- 29
辭免使相第一二表　1089-383- 30
謝除使相判相州表　1089-384- 30
免册命表　1089-384- 30
謝賜宅表　1089-384- 30
永興軍謝上表　1089-385- 30
戊申相州謝上表　1089-385- 30
判大名府三年乞開郡第一二三四五表　1089-387- 31
北京謝再任表　1089-389- 31
判大名府再任滿乞郡第一二三表　1089-390- 31
北京河決待罪表　1089-391- 31
癸丑相州謝上表　1089-392- 32
謝賜生日禮物表　1089-392- 32
賀收復熙河等州表　1089-393- 32

謝放免勘劾相州差壯城兵士表　1089-393- 32
甲寅秋乞致仕第一二三表　1089-393- 32
乙卯夏乞致仕第一二三表　1089-395- 32
乞外任知州狀　1089-397- 33
辭免諫官第一二狀　1089-397- 33
代張若谷密學舉官自代狀　1089-398- 33
授起居舍人舉官自代狀　1089-398- 33
授知制誥舉官自代狀　1089-398- 33
代中書謝歲節御筵狀　1089-399- 33
代中書謝皇子降生詩獎諭狀　1089-399- 33
進皇子降生詩狀　1089-399- 33
應詔舉王居白堪充選擢任使狀　1089-399- 33
乾元節陳乞姪景淵恩澤狀　1089-399- 33
移帥陝西緣邊四路謝賜縑錢狀　1089-400- 33
陳乞姪景先差遣狀　1089-400- 33
明堂陳乞妻甥杜儀恩澤狀　1089-400- 33
中書進天章閣觀祖宗御集錫宴詩狀　1089-400- 33
中書進仁宗皇帝挽詞狀　1089-401- 33
中書進英宗皇帝挽詞狀　1089-401- 33
上永昭陵名狀　1089-401- 33
上永厚陵名狀　1089-401- 33
辭免三司使（狀）　1089-402- 34
辭免樞密使第一二三（狀）　1089-402- 34
甲辰冬乞罷相第一至五（狀）　1089-403- 34
乙巳乞罷相（狀）　1089-406- 34
乙巳冬乞罷相第一至五（狀）　1089-406- 34
丁未春辭免司空兼侍中第一二三（狀）　1089-408- 34
丁未秋乞罷相第一至四（狀）　1089-409- 34
罷相辭免兩鎮第一至四（狀）　1089-413- 35
辭避賜第一二（狀）　1089-415- 35
乞男忠彦召試中等與館職（狀）　1089-415- 35
永興軍乞移鄉郡第一至八（狀）　1089-416- 35
修仁宗實錄畢乞不推恩（狀）　1089-420- 35
辭免河北四路安撫使第一二（狀）　1089-421- 35
再乞只充大名府路安撫使第一二（狀）　1089-422- 35
北京乞就移徐州第一至四（狀）　1089-424- 36
到魏二年乞移邢相州第一至四（狀）　1089-426- 36
北京辭免加節再任第一二三（狀）　1089-428- 36
謝令男忠彦撫諭（狀）　1089-429- 36
到魏三年乞納節移邢相第一至七（狀）　1089-429- 36

史部

詔令奏議類：附錄

奏議上十七畫

到魏三年乞納節移邢相翁子　1089-432- 36
到魏四年乞移鄉郡第一二三(狀)　1089-433- 36
納北京再任加恩告勅並支賜申狀　1089-434- 36
甲寅秋乞致仕第一二三（狀）　1089-434- 36
乙卯夏乞致政第一二狀　1089-436- 36
論驕卒誕告將校乞嚴軍律（疏）　1350-456- 44
論減省冗費（疏）　1350-457- 44
論西夏請和（疏）　1350-458- 44
論時事（疏）　1350-459- 44
論青苗（疏）　1350-461- 44
答詔問北邊地界（疏）　1350-463- 44
謝轉禮部員外郎充天章閣待制表　1350-670- 63
謝除使相判相州表　1350-675- 63
　　1382-320-上之1
論西北和議疏　1403-106-101
諫垣存稿序　1476-179- 10
●韓　皋唐
諫營建中都表　1338-759-621
●韓　援宋
上眞宗論勤政（疏）　431-225- 20
勤政（疏）　438-436-190
●韓　菱清
翰詹謝恩疏　1449-840- 28
禮部謝賜訓敕士子文題明頒發疏　1449-842- 28
●韓　絳宋
治道（疏）　433-877- 35
●韓　雍明
藤峽善後疏　568- 45- 99
議處廣西地方事宜疏　568- 46- 99
擬唐以韓愈爲京兆尹兼御史大夫
　謝表　1245-772- 12
請謚宋臣文天祥謝枋得疏　1403-183-107
斷藤峽疏　1465-499- 5
議處廣西地方事宜疏　1465-500- 5
●韓　洄唐
禦邊（疏）　442- 46-321
四裔（疏）　442-554-341
●韓　愈唐
郊廟（疏）　433-420- 17
仁民（疏）　436- 62-105
論孔戣致仕狀　436-649-131
舉張籍狀　436-650-131
舉韋顗自代狀　436-650-131
舉馬總自代狀　436-650-131
選舉（疏）　437-514-163

賞罰（疏）　438-362-187
法令（疏）——梁悅爲父報仇詣
　縣請罪　439- 45-209
征伐（疏）——論淮西事宜狀　439-537-229
荒政（疏）——論天旱人饑狀　440- 10-243
理財（疏）——上錢重物輕狀　440-452-263
理財（疏）——論變鹽法事宜狀　440-453-263
謚號（議）——請上（憲宗）尊
　號表　440-888-281
弭盜（疏）——論黃家賊事宜狀　441-767-317
賀慶雲表　516-729-114
袁州刺史謝上表　516-729-114
進撰平淮西碑文表　538-507- 76
汴州嘉禾嘉瓜疏　538-513- 76
西原崗黃賊未平狀　568-112-102
奏汴州得嘉禾嘉瓜狀　587-737- 18
論今年權停舉選狀　1073-656- 37
　　1074-512- 37
　　1075-454- 37
御史臺上論天旱人饑狀　1073-657- 37
　　1074-513- 37
　　1075-455- 37
復讎狀　1073-659- 37
　　1074-515- 37
　　1075-457- 37
錢重物輕狀　1073-660- 37
　　1074-517- 37
　　1075-458- 37
爲韋相公讓官表　1073-661- 38
　　1074-518- 38
　　1075-460- 38
爲宰相賀雪表　1073-662- 38
　　1074-518- 38
　　1075-461- 38
進順宗皇帝實錄表狀　1073-662- 38
　　1074-519- 38
　　1075-461- 38
爲裴相公讓官表　1073-663- 38
　　1074-520- 38
　　1075-462- 38
爲宰相賀白龜狀　1073-664- 38
　　1074-521- 38
　　1075-463- 38
冬薦官殿侑狀　1073-664- 38
　　1074-521- 38

四庫全書文集篇目分類索引

	1075-463- 38		1075-475- 39
進王用碑文狀	1073-664- 38	賀慶雲表	1073-674- 39
	1074-521- 38		1074-534- 39
	1075-464- 38		1075-475- 39
謝許受王用男人事物狀	1073-664- 38	舉張惟素自代狀	1073-675- 39
	1074-522- 38		1074-535- 39
	1075-464- 38		1075-475- 39
薦樊宗師狀	1073-665- 38	舉韓泰自代狀	1073-675- 39
	1074-522- 38		1074-535- 39
	1075-464- 38		1075-476- 39
舉錢徽自代狀	1073-665- 38	慰國哀表	1073-675- 39
	1074-522- 38		1074-535- 39
	1075-465- 38		1075-476- 39
進撰平淮西碑文表	1073-665- 38	舉薦張籍狀	1073-676- 39
	1074-523- 38		1074-536- 39
	1075-465- 38		1075-476- 39
奏韓弘人事物狀	1073-666- 38	請上尊號表	1073-676- 39
	1074-524- 38		1074-536- 39
	1075-466- 38		1075-477- 39
謝許受韓弘物狀	1073-666- 38	舉韋顗自代狀	1073-677- 39
	1074-524- 38		1074-537- 39
	1075-466- 38		1075-477- 39
論捕賊行賞表	1073-667- 39	論孔戣致仕狀	1073-677- 40
	1074-525- 39		1074-538- 40
	1075-467- 39		1075-478- 40
論佛骨表	1073-669- 39	舉馬總自代狀	1073-678- 40
	1074-527- 39		1074-538- 40
	1075-468- 39		1075-479- 40
潮州刺史謝上表	1073-670- 39	賀雨表	1073-678- 40
	1074-530- 39		1074-539- 40
	1075-470- 39		1075-479- 40
賀册尊號表	1073-672- 39	賀太陽不虧狀	1073-678- 40
	1074-531- 39		1074-539- 40
	1075-472- 39		1075-479- 40
袁州刺史謝上表	1073-673- 39	舉張正甫自代狀	1073-679- 40
	1074-532- 39		1074-539- 40
	1075-473- 39		1075-480- 40
賀皇帝即位表	1073-673- 39	黃家賊事宜狀	1073-679- 40
	1074-533- 39		1074-540- 40
	1075-474- 39		1075-481- 40
賀赦表	1073-674- 39	應所在典貼良人男女等狀	1073-681- 40
	1074-533- 39		1074-542- 40
	1075-474- 39		1075-482- 40
賀册皇太后表	1073-674- 39	論淮西事宜狀	1073-681- 40
	1074-534- 39		1074-542- 40

史部

詔令奏議類：附錄

奏議上十七畫

1672　　　　　　　四庫全書文集篇目分類索引

	1075-482- 40	潮州刺史謝上表	1383- 22- 1
論變鹽法事宜狀	1073-683- 40	論捕賊行賞表	1383- 24- 1
	1074-545- 40	復讎狀	1383- 25- 1
	1075-485- 40	論今年權停舉選狀	1383- 26- 1
奏汴州得嘉禾嘉瓜狀	1073-692- 0	論淮西事宜狀	1383- 27- 1
	1075- 10- 0	黃家賊事宜狀	1383- 29- 1
請遷玄宗廟議	1073-696- 1	論變鹽法事宜狀	1383- 30- 1
	1075-493- 1	禰祧議	1383-118- 9
直諫表缺	1073-712- 5	爲裴相公讓官表	1394-392- 3
	1075-510- 5	進撰平蔡州碑文表	1403-487-129
論顧威狀缺	1073-712- 5	進元和聖德詩表	1403-487-129
	1075-510- 5	論佛骨表	1403-488-129
賀册尊號表	1338-295-569	論捕賊行賞表	1403-489-129
進元和聖德詩表	1338-668-611	禰祧議	1403-677-151
進撰平蔡州碑文表	1338-669-611	復讎議	1403-678-151
奏汴州封丘縣得嘉禾浚儀得嘉瓜		學生代齋郎議	1403-679-151
狀	1339- 88-643	論今年停舉選狀	1404- 42-162
禰祧議 貞元十八年	1340-445-764	論淮西事宜狀	1404- 42-162
省試學生代齋郎議貞元十一年	1340-458-765	黃家賊事宜狀	1404- 44-162
復讎議 并序	1340-481-768	論鹽法事宜狀	1404- 46-162
請上尊號表	1343-348- 25	論佛骨表	1418- 2- 35
賀册尊號表	1343-349- 25	禰祧議	1418- 4- 35
禰祧議	1343-559- 39	復讎狀	1418- 5- 35
復讎議	1343-580- 40	論今年權停舉選狀	1418- 6- 35
	1355-293- 10	禰祧議	1447-207- 6
論佛骨表	1355-311- 11	論淮西事宜狀	1447-209- 6
禰祧議	1355-319- 11	論今年權停舉選狀	1447-212- 6
論佛骨表	1359-172- 22	論佛骨表	1447-213- 6
潮州謝表	1359-175- 22	爲裴相公讓官表	1447-215- 6
佛骨表	1361-870- 8		1476-152- 8
潮州謝表	1361-872- 8	論佛骨表	1476-153- 8
禰祧議	1377-187- 7	請遷玄宗廟議	1476-155- 8
復讎議	1377-188- 7	●韓　說（等）漢	
論佛骨表	1377-200- 9	推驗月食議	1397-395- 18
論變鹽法事宜狀	1377-415- 18	●韓　維 宋	
論淮西事宜狀	1377-428- 19	上哲宗乞刪去求言詔書中六事（	
黃家賊事宜狀	1377-440- 19	疏）	431-210- 18
爲宰相賀雪表	1382-293-上之1	上神宗乞追還陳習誤罰昭示信令	
爲裴相公讓官表	1382-293-上之1	（疏）	431-245- 22
賀甘雨表	1382-294-上之1	上神宗乞深思災變之大勿受徽號	
賀甘露表	1382-295-上之1	（疏）	431-285- 25
賀嘉禾表	1382-295-上之1	上英宗乞不汎於諸臣家爲潁王擇	
賀雨表	1382-295-上之1	妃（疏）	431-297- 27
進撰平淮西碑文表	1383- 20- 1	上英宗論范鎮乞郡（疏）	431-605- 49
論佛骨表	1383- 21- 1	上英宗乞御邇英詢問講讀臣僚（	

史部

詔令奏議類：附錄

奏議上十七畫

疏） 431-609- 50
上英宗論呂誨等勒不由封駁司（疏三則） 431-692- 56
上神宗論制科之士不可以直言棄黜（疏） 432- 25- 82
上神宗議僖祖祧遷（疏） 432- 83- 87
（爲濮議）上英宗乞追還詔書復呂誨等職事（疏） 432-115- 90
（爲濮議）上英宗繳納舉臺官勒（疏二則） 432-116- 90
（爲濮議）上英宗繳蘇宋詞頭論同時斥六諫臣（疏） 432-120- 90
上神宗乞罷遺留賜物（疏） 432-153- 93
上仁宗乞議溫成廟裁損其制（疏）附貼黃（二則） 432-162- 94
上仁宗請謚陳執中榮靈（疏） 432-166- 95
上仁宗論陳執中不當得美謚（疏二則） 432-168- 95
上仁宗以議謚不合乞罷禮院（疏二則） 432-170- 95
上英宗乞遣使救濟飢民（疏） 432-290-106
上宣仁皇后論保甲保馬（疏） 432-549-124
上哲宗論息兵棄地（疏） 432-770-139
聖學（疏） 433-140- 6
孝親（疏）———收還大行皇帝挽辭以合禮制 433-257- 10
郊廟（疏） 433-459- 19
郊廟（疏）——論溫成皇后不當立廟疏 附貼黃 433-460- 19
郊廟（疏）——議僖祖廟狀 433-482- 20
治道（疏二則） 433-872- 35
內治（疏） 435-144- 74
仁民（疏）——乞罷保甲保馬箚子 436- 73-106
仁民（疏） 436- 73-106
禮樂（疏） 436-360-119
繳蘇宋詞頭論同時斥六諫臣（疏） 436-720-135
論范鎮請郡箚子 436-720-135
繳納舉臺官勒第一箚子第二箚子 436-721-135
建官（疏三則） 437-422-160
選舉（疏） 437-568-165
選舉（疏）——議貢舉狀 437-595-166
去邪（疏） 438- 94-176
節儉（疏） 438-476-192
求言（疏） 438-659-199

求言（疏）——乞改詔書六事疏 438-661-199
聽言（疏） 438-756-202
聽言（疏）——乞不可以直言黜士狀 438-764-203
法令（疏）——論黜呂誨等勒不由門下封駁 439- 78-211
法令（疏）——乞議恕私罪箚子 439- 79-211
法令（疏）——議謀殺法狀 439- 85-211
荒政（疏）——論救濟饑民箚子 440- 30-244
荒政（疏）——乞親諭使人救濟饑民狀 440- 30-244
荒政（疏）——乞省末事憂饑民箚子 440- 38-244
謚號（議）——司徒侍中杜衍宜謚正獻議 440-893-281
謚號（議）——贈太師兼侍中陳執中宜謚榮靈議（四則） 440-893-281
四裔（疏）——論息兵棄地 442-642-345
四裔（疏）——乞息兵棄地箚子 442-644-345
內中御侍已下賀皇帝年節詞語 1101-648- 15
上皇帝辭避第一二表 1101-680- 19
上皇帝謝表 1101-682- 19
（乞指揮閤門且依舊班贊引）箚子 1101-683- 19
上皇帝乞指揮閤門且依舊班贊引第一狀 1101-683- 19
上皇帝乞依舊班贊引第二狀 1101-684- 19
上皇帝辭避第二表 1101-685- 21
上皇帝謝表 1101-686- 21
上皇帝乞免中書禮上表 1101-687- 21
上皇帝謝賜生日物狀 1101-687- 21
謝聽徹論語賜物表 1101-689- 21
冬至賀慰勞記 1101-690- 21
節候（賀慰勞記） 1101-690- 21
謝賜陳書表 1101-690- 21
謝賜隋書表 1101-691- 21
上皇帝謝賜生日物帛 1101-691- 21
進謝恩馬狀辭 1101-692- 21
議祫享虛東向位狀 1101-693- 22
論溫成皇后不當立廟疏 附貼黃（二則） 1101-694- 22
再論乞施行狀 1101-695- 22
司徒杜公謚正獻議 1101-696- 22
贈太師兼侍中陳執中謚榮靈議 1101-696- 22
論陳執中謚榮靈書 1101-697- 22

四庫全書文集篇目分類索引

論陳執中直降勅諡恭第一二狀	1101-698- 22	元豐八年九月二十三日劄子	1101-727- 26
論陳執中諡乞罷禮院第一二三狀	1101-700- 22	謝宣召入院狀	1101-728- 27
乞詢問講讀臣僚狀	1101-701- 23	謝對賜奏狀	1101-728- 27
乞親諭使人救濟饑民狀	1101-702- 23	謝恩劄記	1101-729- 27
論救濟饑民劄子	1101-703- 23	舉官自代奏狀	1101-729- 27
乞還呂誨等職事劄子	1101-703- 23	謝勅設奏狀	1101-729- 27
論濮王稱親乞追還詔書詳議劄子	1101-704- 23	知襄州謝表	1101-729- 27
論呂誨等勅不由封駁司劄子	1101-704- 23	知許州謝表	1101-730- 27
再論呂誨等勅不由封駁司劄子		知汝州乞致仕表	1101-730- 27
附貼黃	1101-704- 23	知汝州再乞致仕表	1101-731- 27
論勅不由銀臺司劄子	1101-705- 23	知汝州三乞致仕表	1101-731- 27
繳納舉臺官勅	1101-706- 23	知汝州乞致仕劄子	1101-732- 27
再繳納舉臺官勅劄子	1101-706- 23	謝提舉崇福宮表	1101-732- 27
論勅不由銀臺司待罪劄子	1101-707- 23	提舉西京崇福宮乞免明堂陪位表	1101-733- 27
再乞待罪劄子	1101-707- 23	謝免明堂陪位表	1101-733- 27
上殿言封駁司事劄子	1101-708- 23	知潁昌府謝表	1101-733- 27
繳還除蘇宋辭頭狀	1101-708- 23	知潁昌府謝恤刑表	1101-734- 27
乞不汎於諸家爲潁王擇妃狀	1101-708- 23	知潁昌三乞致仕表	1101-734- 27
論范鎮請郡劄子	1101-709- 24	謝勅特置不問表	1101-735- 27
乞擇郡守劄子	1101-710- 24	謝免均州居住表	1101-735- 27
乞議恕私罪劄子	1101-710- 24	請議恕私罪（疏）	1350-555- 52
論遺賜劄子 附貼黃	1101-710- 24	論勅不由銀臺司（疏）	1350-555- 52
裁減山陵浮費詔意	1101-711- 24	請不汎於諸家爲潁王擇妃（疏）	1350-556- 52
（言山陵減損）劄子	1101-711- 24	論初御殿三事（疏）	1350-556- 52
初御殿進劄子	1101-711- 24	廟議	1351-201-105
議召王安石劄子	1101-712- 24	陳執中諡榮靈議	1351-545-135
乞省來事憂饑民劄子	1101-712- 24	廟議	1403-687-152
論宰相與中丞得失狀	1101-713- 24	陳執中諡榮靈議	1403-719-156
乞罷職除郡或留臺差遣劄子	1101-714- 24	乞詢問講讀臣寮狀	1418-542- 54
乞出直言文字付外看詳施行劄子	1101-715- 25	●韓　褒 北周	
論河東流民劄子	1101-715- 25	請放還俘賊奏	1400- 99- 2
乞議知州知縣劄子	1101-715- 25	●韓　駒 宋	
乞追改陳習降黜劄子	1101-715- 25	學校（疏八則）	436-256-115
議僖祖廟狀	1101-716- 25	樂疏	436-573-128
議講者當賜坐狀	1101-718- 25	●韓子熙（等）梁	
議貢舉狀	1101-718- 25	去邪（疏）——（論）元又爲尚	
乞不受尊號劄子	1101-719- 25	書令	438- 19-173
乞重行王世卿等劄子	1101-720- 25	●韓元吉 宋	
乞更議謀殺自首刑名劄子	1101-721- 26	君德（疏）	433- 63- 3
議謀殺法狀	1101-721- 26	法祖（疏）——進故事	435- 19- 69
論謀殺人已死刑名當再議劄子	1101-723- 26	用人（疏）——進故事	437- 88-146
進答宣問劄子	1101-724- 26	知人（疏）——進故事	437-363-157
乞罷保馬保甲劄子	1101-724- 26	聽言（疏）——進故事（三則）	438-834-206
論息兵棄地劄子	1101-725- 26	任將（疏）——進故事	439-791-240
再乞息兵棄地劄子	1101-726- 26	四裔（疏）——進故事（二則）	442-733-349

四庫全書文集篇目分類索引

賀册寶禮成尊號表	1165-92- 8
賀太上八十受尊號册皇帝表	1165-92- 8
會慶節賀表（五則）	1165-93- 8
天申節賀表（四則）	1165-95- 8
進銀絹表	1165-96- 8
皇帝賀表	1165-96- 8
太上皇后七十賀皇帝表	1165-96- 8
孝慈淵聖皇帝上僖慰表	1165-97- 8
皇帝慰表（二則）	1165-97- 8
知婺州到任謝表	1165-98- 8
再知婺州到任謝表	1165-98- 8
謝賜寬仙手詔碑表	1165-99- 8
辭知建寧府表	1165-99- 8
知建寧府到任表	1165-100- 8
謝降官表	1165-100- 8
謝放罷表	1165-100- 8
謝提舉太平興國宮表	1165-101- 8
再任興國宮謝表	1165-101- 8
三任興國宮謝表	1165-102- 8
江東轉運判官謝表	1165-102- 8
謝起軍轉官表	1165-102- 8
謝除待制表	1165-103- 8
除龍圖閣直學士謝表	1165-103- 8
權吏部侍郎謝表	1165-104- 8
除吏部侍郎謝表	1165-104- 8
郊赦加食邑謝表	1165-104- 8
謝進封潁川郡王加食邑實封表	1165-105- 8
謝加食邑實封表	1165-105- 8
代賀南郊禮成表	1165-105- 8
代施資政謝靜江府到任表	1165-106- 8
代江南提舉范直閣謝到任表	1165-106- 8
代劉給事謝復祕閣修撰致仕表	1165-106- 8
代徐侍郎謝宮祠表	1165-107- 8
集議前宰執舉官奏狀	1165-118- 9
蔡洗等集議安南國奏狀	1165-119- 9
辭召赴行在狀	1165-120- 9
辭起軍轉官狀	1165-121- 9
辭免奉使回轉官狀	1165-121- 9
辭待制與郡狀	1165-121- 9
辭龍圖閣學士狀	1165-122- 9
辭除權吏部侍郎奏狀（二則）	1165-122- 9
辭免除吏部侍郎狀	1165-123- 9
辭除權吏部尚書狀	1165-123- 9
辭吏部尚書狀	1165-124- 9
薦張玘周珅狀	1165-124- 9

薦崇安建陽兩知縣狀	1165-125- 9
舉蘇嶠自代狀	1165-126- 9
應詔舉所知狀	1165-126- 9
舉傅自得自代狀	1165-126- 9
舉朱熹自代狀	1165-126- 9
舉郭見義自代狀	1165-127- 9
措置武臣關陞箚子	1165-139- 10
看詳文武格法箚子	1165-140- 10
薦郭見義蔡迨箚子	1165-143- 10
自辨箚子	1165-143- 10
建寧府乞宮觀箚子	1165-144- 10
婺州乞宮觀箚子	1165-144- 10
代留守司起居箚子	1165-145- 11
壬辰五月進故事太祖與薛居正太宗與呂蒙正論君臣之道	1165-145- 11
（壬辰）八月進故事魏徵見唐太宗論願爲良臣勿爲忠臣	1165-146- 11
（壬辰）九月進故事李絳論諫之益於帝	1165-147- 11
癸巳五月進故事論鄺食其說沛公	1165-148- 11
（癸巳）八月進故事論宋太祖使郭從義擊毬事	1165-149- 11
丙申五月進故事論唐太宗引諸將習射於殿庭	1165-149- 11
（丙申）七月進故事論張溫引致璧艷大行清議事	1165-151- 11
（丙申）九月進故事論魏相好觀漢故事章奏	1165-151- 11
丁酉正月進故事鄧禹論興者在德厚薄非地小大	1165-152- 11
丁酉七月進故事論王珪諫唐太宗事	1165-153- 11
（丁酉）八月進故事董仲舒論道之於治	1165-154- 11
戊戌正月進故事杜黃裳論王者之道在修己任賢而已	1165-155- 11
戊戌七月進故事李大亮論稱藩之突厥宜羈縻之使居塞外	1165-156- 11
皇叔祖故檢校少保仲偁誌議	1165-157- 11
●韓安國（等）漢	
韓安國王恢議擊匈奴（疏）	1355-269- 9
擊匈奴議	1360-272- 16
議擊匈奴	1377-182- 7
匈奴和親議	1396-421- 11
擊匈奴議	1403-651-149
●韓肖胄宋	

理財（疏）——上省費裕國強兵息民之策 440-643-270

● 韓邦奇明

慎刑獄疏 445-281- 17
議處沮爛倉糧疏 445-361- 23
益兵據險以防敵患疏 445-363- 23
蘇民困以保安地方事（疏） 1269-550- 13
慎刑獄以光新政事（疏） 1269-551- 13
自陳不職乞賜罷黜以消天變事（疏） 1269-552- 13
自陳不職乞賜罷黜以公考察事（疏） 1269-552- 13
乞給馬匹以實營伍事（疏） 1269-552- 13
預處邊儲以濟缺令以備急用事（疏） 1269-553- 13
舉將才以裨邊務事（疏） 1269-554- 13
分守官員兼理道事以裨地方事（疏） 1269-554- 13
墩軍大缺盔甲器械不便瞭報防守事（疏） 1269-555- 13
鄰境官軍殺死總兵官員事疏 1269-556- 13
怯懦將官燒荒遇敵奔敗事（疏） 1269-557- 13
親王至鎮欲要赴闘事（疏） 1269-558- 13
實邊鎮以振兵威以防敵患事（疏） 1269-559- 13
選軍給馬暫團營伍以實邊鎮事（疏） 1269-560- 13
逆軍引誘北敵大舉入侵鄰境預防邊患事（疏） 1269-561- 13
久缺極邊要路參將官員事（疏） 1269-562- 13
選軍給馬暫團營伍以實邊鎮事（疏） 1269-563- 13
地方疲憊乞處稅糧以蘇民困事（疏） 1269-563- 13
議處年久沮爛預備倉糧以濟時艱事（疏） 1269-564- 13
安設兵馬防禦敵騎以明烽堠以固地方事（疏） 1269-565- 13
議處通敵要堡以遏敵患以衛地方事（疏） 1269-567- 14
添擇緊要縣分官員以備地方事（疏） 1269-568- 14
惡逆攢害尊長攜賊殺死多命賄官枉法故勘肆獄淹禁生靈乞恩差官急救以伸大寃以決久訟等事（疏） 1269-569- 14

下情激切懇乞天恩願辭料價早賜夫匠修理府第以全母子居處事（疏） 1269-573- 14
地方災異自陳不職嚴糾庶官以圖消弭事（疏） 1269-575- 14
倉糧事（疏） 1269-577- 14
傳報大舉聲息事（疏） 1269-579- 14
來降人口傳報聲息事（疏） 1269-582- 14
請官專管庫藏以便收放防革奸弊事（疏） 1269-582- 14
大舉聲息事（疏） 1269-584- 14
十分緊急重大敵人累次深入攻圍城堡事（疏） 1269-586- 14
風憲官員患病危迫事（疏） 1269-587- 14
薦舉地方賢才事（疏） 1269-589- 15
北敵大舉深入官軍奮勇追殺斬獲隊長徒衆首級奪獲戰馬軍器等事（疏） 1269-590- 15
自劾不職乞恩罷黜舉劾將官不能遏敵以致殘傷地方事（疏） 1269-593- 15
大慶事（疏） 1269-594- 15
擒斬賊徒地方已寧事（疏） 1269-594- 15
教職親老懇乞調任以全祿養事（疏） 1269-597- 15
恤災固本事（疏） 1269-599- 15
公薦舉以備任用事（疏） 1269-599- 15
大舉聲息事（疏） 1269-602- 16
大勢敵人擁衆深入急調隣兵會合迎敵官軍奮勇斬獲首級奪獲戰馬軍器人口等事（疏） 1269-603- 16
大舉敵人出邊事（疏） 1269-603- 16
欽遵勅諭因時察勢益兵據險以防敵患以衛中華事（疏） 1269-605- 16
慎重邊疆以保安地方事（疏） 1269-609- 16
舉薦文學官員以備擢用事（疏） 1269-613- 16
舉賢才以裨治道事（疏） 1269-614- 16
遵勅諭專職務舉薦所屬賢能官員事（疏） 1269-614- 16
謝恩事（疏） 1269-615- 16
陳愚慮以貢江防以固重地事（疏） 1269-615- 16
乞恩休致事（疏二則） 1269-621- 17
再乞恩休致事（疏） 1269-621- 17
懇乞天恩休致事（疏） 1269-622- 17
乞恩休致事（疏） 1269-622- 17
十分病危再乞天恩休致事（疏） 1269-622- 17

乞恩休致事（疏） 1269-622- 17
久病不時舉發再乞天恩休致事（疏） 1269-622- 17
舊疾大作乞恩休致事（疏） 1269-622- 17
舊病大作再乞恩休致事（疏） 1269-623- 17
久病不痊懇乞天恩休致事（疏） 1269-623- 17
久病纏綿調治不痊懇乞天恩休致事（疏） 1269-624- 17
久病危篤調理不痊乞恩休致事（疏） 1269-624- 17
久病不痊再乞天恩休致事（疏） 1269-625- 17
衰病不能供職懇乞天恩休致事（疏） 1269-625- 17
七十多病乞恩休致事（疏） 1269-626- 17
衰病不能供職懇乞天恩休致事（疏） 1269-627- 17
衰弱不能供職懇乞天恩休致事（疏） 1269-628- 17
衰年耳暗目昏不能供職懇乞天恩休致事（疏） 1269-629- 17
●韓邦問明
題爲乞恩優厚病故大臣事 1249-548- 0
●韓宗武宋
上徽宗答詔論日食（疏） 431-522- 44
君德（疏） 433- 42- 2
災祥（疏） 441-474-304
●韓宗彥宋
儲嗣（疏） 435- 96- 73
●韓忠彥宋
上哲宗乞裁減冗費（疏） 432-256-103
喪禮（疏） 436-460-123
建官（疏） 437-428-160
免右僕射表 1350-730- 70
　 1394-443- 4
●韓思復唐
災祥（疏） 441-317-298
諫捕蝗疏 1339-604-698
●韓昭侯周
賞罰（疏） 438-351-187
●韓朝宗唐
諫作乞寒胡戲表 1338-752-620
●韓瑗雪唐
內治（疏）——諫王皇后被廢事 435-123- 74
●韓麒麟北魏
荒政（疏） 440- 4-243

陳時務表 1417-562- 27
●韓獻子周
都邑（疏） 436- 9-103
●韓顯宗北魏
治道（疏） 433-631- 26
上時事書 1417-563- 27
●勵杜訥清
謝授館職表 1449-460- 2
●勵廷儀清
請刊通鑑聖論箴子 1449-846- 28
●轄 生漢
征伐（疏） 439-461-226
●薛 收唐
征伐（疏）——論討王世充 439-526-229
●薛 泳宋
江東運判到任謝表 1352-191-5 中
●薛 放唐
聖學（疏） 433-137- 6
●薛 昇唐
代崔大夫進銅燈樹表 1338-688-613
●薛 宣漢
治道（疏） 433-595- 24
論陰陽不和疏 1355-217- 8
　 1360-112- 6
上成帝論吏治疏 1396-508- 16
勸張放奏 1396-509- 16
備變奏 1396-509- 16
玄鳥對 1396-509- 16
上成帝疏 1403- 29- 90
申勅刺史疏 1417-300- 15
●薛 登唐
選舉（疏） 437-502-163
四裔（疏） 442-538-341
論選舉疏 1339-587-696
請選舉擇賢才疏 1343-409- 28
選舉疏 1361-850- 6
諫絕四夷質子 1361-891- 9
請禁絕突厥吐蕃契丹侍子疏 1403- 88- 98
●薛 琡北魏
選舉（疏） 437-498-163
●薛 瑄明
題緝熙聖學事 443-225- 13
上講學疏 549-133-186
書諸葛武侯出師表後 1243-217- 11
上講學章 1243-399- 24

乞致仕三奏（三則） 1243-400- 24
緝熙聖學疏 1403-171-107
●薛 綜吳
征伐疏——論公孫淵降而復叛 439-495-228
禦邊（疏） 442- 16-320
慎選交州刺史檢攝長吏議 568-120-102
請交州擇人疏 1361-604- 22
諫征公孫淵 1361-627- 27
讓顧譚爲選葛尚書奏 1386-702- 上
上吳主論交州奏 1465-476- 4
●薛 稷唐
去邪（疏）——論鍾紹京縱情賞
　　罰 438- 26-174
去邪（疏）——論崔日用 438- 26-174
●薛 融後晉
營繕（疏） 441-734-315
●薛元超唐
戒伏欲（疏） 438-514-193
請停春殺高敦禮表 1338-729-617
諫蕃官伏內射生疏 1339-563-694
●薛仁貴唐
征伐（疏）——論蘇定方討賀魯 439-530-229
●薛安都劉宋
奉太宗啓書 1398-836- 17
●薛居正宋
征伐（疏）——議伐太原 439-548-230
●薛季宣宋
治道（疏） 434-443- 52
戒逸欲（疏） 438-541-195
聽言（疏二則） 438-843-206
法令疏 439-145-214
召對箚子一二三 1159-273- 16
奉使淮西回上殿箚子一二三 1159-276- 16
知湖州朝辭箚子一 1159-280- 16
（知湖州）朝辭箚子二附貼黃 1159-282- 16
（知湖州）朝辭箚子三 1159-283- 16
代論流配箚子 1159-284- 16
●薛道衡隋
使陳奏 1400-305- 5
考敬蕭狀 1400-309- 5
奉使表 1416-279-118
●薛廣德漢
聽言（疏） 438-695-201
上元帝諫獵書 1396-477- 14
●邁 柱（等）清

（湖廣通志進表） 531- 1- 附
永順宣尉司請改流疏 534-410- 93
請改歸州爲直隸施州衛爲縣疏 534-413- 93
請丁隨糧派疏 534-414- 93
請改黃陂孝感二縣隸漢陽府管轄
　　疏 534-415- 93
請添設永州府道寧永江四州縣官
　　兵疏 534-416- 93
代商民謝發帑建築枯桿洲石臺疏 534-418- 93
●繁 欽魏
與魏文帝牋一首 1329-698- 40
　　 1331- 83- 40
　　 1404-216-181
●鍾 同明
論時政疏 445- 64- 3
經國（疏） 435-227- 78
●鍾 雅晉
郊廟（疏） 433-346- 14
禮樂（疏） 436-408-121
●鍾 會魏
平蜀奏 1413- 98- 36
●鍾 嶸梁
上齊明帝書 1399-538- 13
上言武帝 1399-538- 13
●鍾 繇魏
君德（疏） 433- 6- 1
慎刑（疏） 439-173-215
征伐（疏）——論征蜀 439-490-227
復肉刑疏 1361-561- 14
●鍾必萬宋
故資政殿大學士左正議大夫張公
　　謚文靖覆議 1127-850- 15
●鍾離意漢
荒政（疏） 440- 2-243
災祥（疏） 441-262-296
營繕（疏） 441-713-315
夏旱諫起北宮疏 1360-150- 8
緩刑罰疏 1360-150- 8
上明帝諫起北宮疏附明帝詔報 1397-155- 8
連有變異疏 1397-156- 8
薦王望劉曠王扶書 1397-156- 8
王望振災議 1397-156- 8
●儲 瓘明
題赦言官以光聖德疏 443- 90- 6
奏記注言動 443-133- 8

題馬政四事　　　　　　　　　　444- 63- 35
題馬政利病　　　　　　　　　　444- 67- 35
請立記注史官疏　　　　　　　　445-185- 11
●儲大文 清
頌六十年時憲書賀表　　　　　1327- 7- 1
黃河澄清謝表　　　　　　　　1327- 8- 1
擬唐命殷仲客墓延陵十字碑進表　1327- 9- 1
書胡宗愈劾子後　　　　　　　1327-314- 14
書劉屏山代寶學泉州論時事簡子
　後　　　　　　　　　　　　1327-317- 14
●鮮于翼 漢
自理表　　　　　　　　　　　1397-575- 27

十八畫

●顏　衍 後晉
建官（疏）　　　　　　　　　437-390-159
●顏　竣 劉宋
理財（疏）　　　　　　　　　440-435-262
禦邊（疏）　　　　　　　　　442- 21-320
讓中書令表　　　　　　　　　1398-790- 15
張暢卒官表孝武帝　　　　　　1398-790- 15
●顏　復 宋
上哲宗論人情樂內輕外（疏）　431-876- 73
上哲宗論孔子後凡五事（疏）　432-129- 91
上哲宗乞考正歷朝之祀（疏）　432-133- 91
上哲宗乞詳議五禮以敎民（疏）432-176- 96
禮樂（疏）　　　　　　　　　432-379-120
考課（疏）　　　　　　　　　437-727-172
崇儒（疏）　　　　　　　　　440-722-274
●顏　運 北周
治道（疏）——陳帝八失　　　433-650- 26
喪禮（疏）　　　　　　　　　436-431-122
●顏　燭 周
戒伏欲（疏）　　　　　　　　438-498-193
●顏　臨（等）宋
上哲宗乞合祭（疏）　　　　　432- 63- 85
●顏　觿 周
禮臣（疏）　　　　　　　　　441- 41-285
●顏之推 隋
請考梁樂奏　　　　　　　　　1400-274- 3
●顏延之 劉宋
請立渾天儀表　　　　　　　　1398-692- 11
拜永嘉太守辭東宮表　　　　　1398-692- 11
又爲齊景王世子臨會稽郡表　　1398-692- 11
上文帝自陳表　　　　　　　　1398-692- 11
上孝武帝謝子竣封建城侯表　　1398-693- 11

武帝謚議　　　　　　　　　　1398-694- 11
宋武帝謚議　　　　　　　　　1403-720-157
謝子竣封建城侯表　　　　　　1414-111- 67
自陳表　　　　　　　　　　　1414-111- 67
請立渾天儀表　　　　　　　　1414-112- 67
爲齊竟陵王世子臨會稽表　　　1414-112- 67
拜永嘉太守辭東宮表　　　　　1414-112- 67
宋武帝謚議　　　　　　　　　1414-129- 67
●顏思魯 宋
謝除吏部尚書表　　　　　　　1352-136-3下
●顏真卿 唐
郊廟（疏）——論元皇帝祧遷狀　433-414- 17
郊廟（疏）——上廟享議　　　433-415- 17
喪禮（疏）　　　　　　　　　436-439-122
聽言（疏）　　　　　　　　　438-713-201
謚號（議）——請復七聖謚號狀　440-886-281
請復七聖謚號狀　　　　　　　1071-588- 1
論元皇帝祧遷狀　　　　　　　1071-589- 1
廟享議　　　　　　　　　　　1071-590- 1
論百官論事疏　　　　　　　　1071-591- 1
朝會有故去樂議　　　　　　　1071-592- 1
皇帝即位賀上皇表附批答　　　1071-593- 2
讓憲部尚書表附批答　　　　　1071-594- 2
謝兼御史大夫表附批答　　　　1071-595- 2
馮翊太守謝表附批答　　　　　1071-596- 2
蒲州刺史謝上表附批答　　　　1071-596- 2
謝浙西節度使表附批答　　　　1071-597- 2
謝戶部侍郎表附批答　　　　　1071-597- 2
謝吏部侍郎表附批答　　　　　1071-598- 2
謝荊南節度使表附批答　　　　1071-598- 2
謝贈官表附批答　　　　　　　1071-599- 3
乞御書天下放生池碑額表附批答　1071-600- 3
賀睿宗即位上玄宗表　　　　　1338-151-553
謝除浙西節度使表　　　　　　1338-440-584
乞御書題天下放生池碑額表　　1344- 56- 65
奏復七聖謚號狀　　　　　　　1404- 2-159
奏元皇帝祧遷狀　　　　　　　1404- 3-159
論元皇帝祧遷狀　　　　　　　1417-675- 32
論百官論事疏　　　　　　　　1417-676- 32
謚號狀　　　　　　　　　　　1417-678- 32
奏百官論事疏　　　　　　　　1476-115- 7
●顏師古 唐
郊廟（疏）——上明堂議　　　433-392- 16
太原寢廟議　　　　　　　　　549-238-190
爲留守皋官謝恩詔表　　　　　1338-558-598

論薛子雲等表　　　　　　　　　1338-726-617
論封建表　　　　　　　　　　　1338-774-623
定宗廟樂議　　　　　　　　　　1340-410-761
封禪議　　　　　　　　　　　　1340-403-761
明堂議　　　　　　　　　　　　1340-414-762
太原寢廟議貞觀九年　　　　　　1340-425-763
功臣配饗議貞觀十六年　　　　　1340-440-764
嫂叔舅服議　　　　　　　　　　1340-471-767
同前議（明堂議）　　　　　　　1343-572- 40
　●顏揚庭唐
匡謬正俗進表附勅旨　　　　　　 221-476- 附
　●顏愁楚隋
上書議新曆（附文帝下詔）　　　1400-337- 6
　●禮　震漢
求代歐陽歙死書　　　　　　　　1397-129- 7
　●聶崇義後周
郊廟（疏）——議當行禘祫之禮　 433-428- 18
　●豐　稷宋
法祖（疏）　　　　　　　　　　 435- 13- 69
災祥（疏）　　　　　　　　　　 441-464-304
辭免左諫議大夫（疏）　　　　　1350-654- 61
　●薩　載（等）清
淮南巡盛典續編表　　　　　　　 658- 12-首上
　●瞿式耜明
六不平疏　　　　　　　　　　　1403-403-119
　●邊啓疆周
論辟晉（疏）　　　　　　　　　1355-110- 4
　　　　　　　　　　　　　　　1377-149- 4
　●叢　蘭明
正德十年漕例奏　　　　　　　　 443-416- 22
正德十二年漕例奏　　　　　　　 443-416- 22
正德十四年漕例奏　　　　　　　 443-417- 22
　●魏　收北齊
上魏書十志啓　　　　　　　　　1400- 31- 2
　　　　　　　　　　　　　　　1415-672-110
　●魏　初元
禮樂（疏）　　　　　　　　　　 436-392-120
選舉（疏）　　　　　　　　　　 437-695-170
賀正表　　　　　　　　　　　　1198-746- 4
奏議　　　　　　　　　　　　　1198-746- 4
　●魏　矼宋
災祥（疏）　　　　　　　　　　 441-505-305
四裔（疏）　　　　　　　　　　 442-711-348
　●魏　相漢
治道（疏）——采易陰陽及明堂

月令奏　　　　　　　　　　　　 433-591- 24
征伐（疏）　　　　　　　　　　 439-468-226
荒政（疏）　　　　　　　　　　 440- 1-243
禮臣（疏）　　　　　　　　　　 441- 42-285
外戚（疏）　　　　　　　　　　 441-116-288
條國家便宜奏　　　　　　　　　1355-203- 7
明堂月令奏　　　　　　　　　　1355-210- 8
諫匈奴書　　　　　　　　　　　1355-275- 10
條國家便宜奏　　　　　　　　　1360- 89- 5
明堂月令奏　　　　　　　　　　1360- 90- 5
諫擊匈奴書　　　　　　　　　　1360-238- 13
條國家便宜奏　　　　　　　　　1377-215- 10
諫擊匈奴書　　　　　　　　　　1377-256- 12
對策　　　　　　　　　　　　　1396-437- 12
尊張安世封事　　　　　　　　　1396-438- 12
上言霍氏封事　　　　　　　　　1396-438- 12
諫擊匈奴書　　　　　　　　　　1396-438- 12
條國家便宜奏　　　　　　　　　1396-439- 12
采明堂月令奏　　　　　　　　　1396-439- 12
勸趙廣漢自陳書　　　　　　　　1396-440- 12
諫擊匈奴書　　　　　　　　　　1402-443- 69
條國家便宜奏　　　　　　　　　1403-417-121
明堂月令奏　　　　　　　　　　1403-418-121
請尊張安世封事　　　　　　　　1403-580-142
諫伐匈奴書　　　　　　　　　　1417-268- 14
條便宜奏　　　　　　　　　　　1417-268- 14
陰陽月令奏　　　　　　　　　　1417-269- 14
　●魏　校明
講詳郊祀大禮疏　　　　　　　　1267-674- 1
郊祀論上下　　　　　　　　　　1267-675- 1
乞褒崇先聖疏　　　　　　　　　1267-680- 1
復姓疏　　　　　　　　　　　　1267-681- 1
乞休疏（七則）　　　　　　　　1267-681- 1
患病不能面辭疏　　　　　　　　1267-686- 1
（答）御札——連日風霾繼作…　1267-708- 2
（答）御札——昨卿以爲奏所以
　因盡忠愛…　　　　　　　　　1267-713- 2
對禘祫疏附御札　　　　　　　　1453-439- 52
　●魏　舒晉
六宮聘使奏　　　　　　　　　　1398-159- 8
　●魏　絳周
賞罰（疏）　　　　　　　　　　 438-350-187
戒伏欲（疏）　　　　　　　　　 438-495-193
四裔（疏）　　　　　　　　　　 442-497-340
對晉侯（諫）　　　　　　　　　1355-105- 4

四庫全書文集篇目分類索引

請和戎（諫） 1355-105- 4
辭賜金石之樂（諫） 1355-106- 4
請和戎 1377-179- 6
授悖公書（二則） 1396- 76- 6
請和戎 1402-305- 55
請辭金石之樂 1402-306- 55
上書晉侯 1402-409- 66
● 魏 徵 唐
君德（疏二則） 433- 8- 1
君德（疏四則） 433- 9- 1
君德（疏二則） 433- 10- 1
君德（疏二則） 433- 11- 1
郊廟（疏）——上明堂議 433-391- 16
治道（疏） 433-655- 27
治道（疏三則） 433-656- 27
治道（疏）——論自古治政得失 433-657- 27
治道（疏二則） 433-658- 27
治道（疏二則） 433-660- 27
治道（疏）——陳得失疏 433-660- 27
治道（疏）——論太宗親納表奏 433-662- 27
治道（疏三則） 433-662- 27
儲嗣（疏） 435- 65- 71
儲嗣（疏） 435- 71- 72
內治（疏）——諫上欲加長樂公主出降禮數 435-121- 74
內治（疏） 435-122- 74
宗室（疏） 435-179- 76
宗室（疏）——諫勿使魏王泰移居武德殿 435-179- 76
宗室（疏）——自古諸王善惡錄序文 435-179- 76
宗室（疏）——輕越王事 435-180- 76
宗室（疏）——三品以上道遇親王不下馬事 435-181- 76
宗室（疏）——人主與子孫同處非所以保根固本之策 435-181- 76
守成（疏） 436- 2-102
守成（疏） 436- 3-102
封建（疏） 436- 44-104
仁民（疏） 436- 59-105
仁民（疏） 436- 60-105
仁民（疏）——以百姓爲心 436- 60-105
仁民（疏） 436- 60-105
禮樂（疏） 436-326-118
喪禮（疏） 436-431-122

喪禮（疏二則） 436-434-122
山陵（疏） 436-484-124
用人（疏二則） 436-621-131
求賢（疏） 437-259-153
知人（疏二則） 437-281-154
知人（疏）——論人臣有六正六邪上疏 437-282-154
選舉（疏） 437-499-163
考課（疏二則） 437-709-171
去邪（疏） 438- 21-174
去邪（疏）——（論）龐相壽迫還解任 438- 22-174
賞罰（疏）——論李弘節妻子賣珠事 438-360-187
賞罰（疏） 438-361-187
勤政（疏） 438-435-190
節儉（疏） 438-458-191
戒佚欲（疏二則） 438-510-193
戒佚欲（疏五則） 438-511-193
戒佚欲（疏） 438-512-193
慎微（疏） 438-561-196
慎微（疏） 438-564-196
慎微（疏）——論守天下難易 438-564-196
求言（疏二則） 438-645-199
求言（疏二則） 438-646-199
聽言（疏二則） 438-703-201
聽言（疏四則） 438-704-201
聽言（疏） 438-705-201
聽言（疏） 438-706-201
聽言（疏） 438-707-201
聽言（疏） 438-708-201
聽言（疏）——論長樂公主事 438-709-201
法令（疏） 439- 37-209
法令（疏）——論赦劫賊不傷財主免死配流（議） 439- 38-209
法令（疏二則） 439- 38-209
法令疏——論盜用官倉案 439- 39-209
法令疏——論大赦 439- 39-209
慎刑（疏）——論隋日禁囚 439-180-215
慎刑疏——論以寬仁治天下 439-181-215
兵制疏 439-270-219
征伐（疏）——論馮盎談殷反叛 439-526-229
賦役（疏） 440-249-254
禮臣（疏二則） 441- 51-285
禮臣（疏）——抗表讓左光祿大

夫附崔確　　　　　　　　　　　441- 53-285
禮臣（疏）　　　　　　　　　　441- 53-285
巡幸（疏）　　　　　　　　　　441- 93-287
巡幸（疏）——諫罷格獸之樂　　441- 94-287
外戚（疏）　　　　　　　　　　441-129-288
近習（疏二則）　　　　　　　　441-173-291
封禪（疏二則）　　　　　　　　441-228-294
營繕（疏二則）　　　　　　　　441-726-315
四裔（疏）　　　　　　　　　　442-533-341
四裔（疏）　　　　　　　　　　442-534-341
四裔（疏）　　　　　　　　　　442-535-341
諫格猛獸表　　　　　　　　　1338-751-620
論時政疏四首　　　　　　　　1339-572-695
論治道疏　　　　　　　　　　1339-577-695
明堂議貞觀五年　　　　　　　1340-413-761
朝臣被推勦棄以上親不宜停侍衛
　入內議　　　　　　　　　　1340-470-767
嫂叔舅服議　　　　　　　　　1340-471-767
象古建侯未可議　　　　　　　1340-493-770
賞舊左右議　　　　　　　　　1340-493-770
同前議（明堂議）　　　　　　1343-571- 40
定服制議　　　　　　　　　　1343-600- 42
十漸疏　　　　　　　　　　　1359-426- 60
陳時政得失疏四首（賞罰疏）　1361-841- 5
陳時政得失疏四首（諫作飛山宮
　疏）　　　　　　　　　　　1361-842- 5
陳時政得失疏四首（陳事疏）　1361-843- 5
陳時政得失疏四首（十漸疏）　1361-844- 5
十思九德疏　　　　　　　　　1361-845- 5
德治道疏　　　　　　　　　　1403- 74- 97
十漸疏　　　　　　　　　　　1403- 74- 97
十思疏　　　　　　　　　　　1403- 76- 97
論治疏　　　　　　　　　　　1417-620- 30
請罷工役疏　　　　　　　　　1417-625- 30
上十思疏　　　　　　　　　　1417-626- 30
論十漸不克終疏　　　　　　　1417-627- 30
求賢審官疏　　　　　　　　　1417-630- 30
上十思疏　　　　　　　　　　1476-101- 6
上十漸疏　　　　　　　　　　1476-101- 6
●魏　禧清
書歐陽文忠論狄青荀子後　　　 550-162-215
●魏　馨唐
儲嗣（疏）——請立嫡嗣　　　 435- 78- 72
戒伏欲（疏）　　　　　　　　 438-521-194
赦宥（疏）——論董昌齡誕殺參

軍衡方厚被貶事　　　　　　　 439-250-218
國史（疏）——論天子不觀國史　440-768-276
●魏了翁宋
君德（疏二則）　　　　　　　 433-102- 5
治道（疏）　　　　　　　　　 434-695- 61
經國（疏二則）　　　　　　　 435-725- 98
經國（疏二則）　　　　　　　 435-735- 98
學校（疏）——論敷求碩儒開闡
　正疏　　　　　　　　　　　 436-270-115
風俗（疏）——論士大夫風俗疏　436-312-117
用人（疏）——論除授之間公聽
　並觀如元祐用人上疏　　　　 437-185-150
用人（疏）——乞趣詔崔與之參
　　預政機　　　　　　　　　 437-186-150
求賢（疏）——進故事　　　　 437-265-153
戒逸欲（疏）　　　　　　　　 438-548-195
聽言（疏）　　　　　　　　　 438-867-207
法令（疏）——進故事疏　　　 439-159-214
宿衛（疏）　　　　　　　　　 439-442-215
任將（疏）——進故事二則　　 439-819-241
屯田（疏）　　　　　　　　　 440-402-260
崇儒（疏）——乞特賜美謚周敦
　頤　　　　　　　　　　　　 440-732-274
國史（疏）——論實錄缺文疏　 440-801-277
災祥（疏）　　　　　　　　　 441-686-313
禦邊（疏）——進故事　　　　 442-479-339
乞定周程三先生謚議　　　　　 538-626- 78
漢州到任謝表　　　　　　　　1172-175- 13
被旨兼權潼川運判謝表　　　　1172-175- 13
潼川提刑司賀瑞慶聖節表　　　1172-175- 13
潼川轉運司賀瑞慶聖節表　　　1172-176- 13
潼川提舉司賀瑞慶聖節表　　　1172-176- 13
潼川運判謝到任表　　　　　　1172-176- 13
直祕閣知潼川府到任表　　　　1172-176- 13
謝周程三先生賜謚表　　　　　1172-177- 13
立皇子賀皇帝表　　　　　　　1172-178- 13
明堂大禮肆赦賀慶成表　　　　1172-178- 13
賀受寶表　　　　　　　　　　1172-178- 13
元日受寶肆赦謝表　　　　　　1172-179- 13
代宰臣以下賀雪表　　　　　　1172-179- 13
代宰臣以下謝賜喜雪御筵表　　1172-180- 13
除權工部侍郎表　　　　　　　1172-180- 13
復元官職宮觀謝表　　　　　　1172-181- 13
潼川路安撫到任謝表　　　　　1172-182- 13
奏乞爲周濂溪賜謚附小貼子二　1172-190- 15

四庫全書文集篇目分類索引

奏論故軍器監主簿游仲鴻紹熙末
　年建明宗社大計附小貼子　1172-191- 15
奏乞早定程周三先生謚議附貼黃　1172-193- 15
（奏）論人心不能與天地相似者
　五　1172-194- 15
（奏）論州郡創弱之弊　1172-197- 15
十一月二十三日輪對箚子二道專
　論擇人分四重鎭以備金夏韃事　1172-200- 16
（奏）論實錄缺文　1172-202- 16
奏論蜀邊墾田事　1172-203- 16
直前奏事箚子二論事變倚伏人心
　向背疆場安危臨寇動靜遠夷利
　害五幾附貼黃　1172-205- 16
（奏）論士大夫風俗　1172-207- 16
乙酉上殿箚子三——論人主之心
　義理所安是之謂天附貼黃　1172-209- 16
（奏）論敦求碩儒開闡正學　1172-210- 16
（奏）論除授之間公聽並觀如元
　祐用人　1172-212- 16
直前奏六——未喻及邪正二論　1172-213- 17
封事奏體八卦往來之用玩上下交
　濟之理以盡下情附貼黃二　1172-219- 17
應詔封事附貼黃十二　1172-225- 18
被召除授禮部尚書內引奏事五箚　1172-243- 19
乙未秋七月特班奏事條陳十事論政
　第三事後附貼黃　1172-257- 20
奏乞收回保全故相史彌遠御筆
　附貼黃　1172-263- 20
奏乞將趙汝愚配饗寧宗廟庭第一
　箚附貼黃　1172-265- 20
奏乞趣召崔與之參預政機附貼黃　1172-266- 20
奏乞審度履畝利害以寬中下戶
　附貼黃　1172-267- 20
（進故事）論儲蓄人才　1172-276- 20
（進故事）論遠人叛服無常力圖
　自治之實　1172-277- 22
（進故事）論感民莫先詔令當如
　唐德宗痛自咎責　1172-279- 22
（進故事）論襄黃二帥　1172-280- 22
（進故事）論乞詔諸帥任責處降
　附安反側　1172-282- 22
（進故事）論黃陂判卒　1172-283- 22
再辭免除工部侍郎奏狀　1172-294- 24
除權工部侍郎舉虞剛簡自代奏狀　1172-297- 24
應詔薦楊子謨等五人奏狀　1172-297- 24

除寶章閣待制舉游侶自代奏狀　1172-299- 24
辭免進華文閣待制賜金帶奏狀　1172-299- 24
辭免召赴行在（奏狀）　1172-300- 24
薦三省元奏附小貼子二　1172-300- 24
再辭免召命奏　1172-304- 25
辭免除權禮部尚書奏狀　1172-305- 25
辭免兼權吏部尚書奏狀　1172-305- 25
辭免御筆敍理磨勘轉官命詞褒諭
　奏狀　1172-305- 25
丙祠奏狀　1172-306- 25
再乞祠奏狀　1172-307- 25
辭免同產兄利路提刑高稼贈郵恩
　例奏狀　1172-309- 25
三乞祠（奏狀）　1172-310- 25
辭免除資政殿學士知潭州箚子　1172-310- 25
再辭知潭州箚子　1172-311- 25
三辭免知潭州箚子　1172-312- 25
辭免知紹興府浙東安撫使奏狀　1172-313- 25
再辭免紹興府箚子　1172-313- 25
辭免知福州福建路安撫使奏狀　1172-314- 25
再辭免知福州箚子　1172-315- 25
乞致仕箚子　1172-315- 25
初辭免除端明殿學士同僉書樞密
　院事督視京湖軍馬奏狀　1172-316- 26
再辭免端明殿學士同僉書樞密院
　事督視軍馬表　1172-316- 26
三辭免僉樞督視奏箚　1172-317- 26
辭免同提舉編修經武要略奏狀　1172-318- 26
辭免督視軍馬乞以參贊軍事從丞
　相行奏箚附貼黃　1172-318- 26
先事奏陳之事　1172-322- 26
再辭執政恩數乞以參贊軍事從丞
　相行奏箚　1172-323- 26
三辭乞以從官參贊軍事從丞相行
　奏箚　1172-323- 26
乞檢會累贐收回執政恩例奏箚
　附貼黃二　1172-324- 26
辭免兼領督視江淮軍馬奏狀　1172-326- 26
奏兩府所辟官屬截日供職　1172-327- 27
奏隨宜區處十事　1172-328- 27
別擇日朝辭（奏）　1172-328- 27
除端明殿學士同僉書樞密院事督
　視江淮京湖軍馬謝表　1172-329- 27
奏乞宣諭大臣趣辦行期附貼黃二　1172-329- 27
奏乞增支督府錢物附貼黃　1172-331- 27

1684　　　　　　　　四庫全書文集篇目分類索引

陸辭奏定國論別人才回天怒圖民
　　怨　　　　　　　　　　　　　1172-332- 27
奉乞降便宜詔書　　　　　　　　1172-333- 27
賜便宜詔書謝表　　　　　　　　1172-333- 27
奏將帥漕餽送添搗諸軍　　　　　1172-334- 27
奏抵平江府　　　　　　　　　　1172-334- 27
奏德安叛卒姦詐及備㺐聲東擊西　1172-334- 27
奏與趙葵私覿禮物　　　　　　　1172-337- 27
奏至鎮江犒軍　　　　　　　　　1172-337- 27
奏至建康犒軍不敢以捷報緩行色　1172-338- 27
奏併力援襄及令參謀官吳潛留幕
　　府附貼黃　　　　　　　　　1172-339- 28
奏和不可信常爲寇至之備　　　　1172-340- 28
奏敵侵隨信光黃等處事宜　　　　1172-341- 28
奏措置江陵府三海八櫃　　　　　1172-342- 28
奏外患未靖二相不咸曠天工而違
　　時機　　　　　　　　　　　1172-343- 28
奏亡將樊文彬高世英優加贈卹　　1172-345- 28
奏襄陽被圍日久乞降詔勉諭制臣
　　附貼黃二　　　　　　　　　1172-346- 29
奏乞早定峽州襄陽守臣附貼黃　　1172-347- 29
自劾（奏狀）　　　　　　　　　1172-348- 29
奏措置京湖諸郡　　　　　　　　1172-349- 29
奏乞降結局指揮收回新命速賜竄
　　斥　　　　　　　　　　　　1172-350- 29
奏析督府前後事體乞檢會累奏施
　　行　　　　　　　　　　　　1172-351- 29
奏北軍當思調伏庶內外相安　　　1172-352- 29
奏撥官告銀絹付別文傑經理　　　1172-353- 29
奏備別之傑申到劉廷美等復襄事
　　宜　　　　　　　　　　　　1172-353- 29
奏繳別之傑書施行復襄事宜
　　附貼黃　　　　　　　　　　1172-355- 30
繳奏奉使復命十事　　　　　　　1172-356- 30
周元公程純公正公謚告序　　　　1172-594- 53
跋虞公雍允文折舍使奏劄　　　　1173- 17- 60
跋東坡辭免中書舍人藁眞蹟　　　1173- 21- 60
跋呂正獻公繳進興龍節北使例外
　　送十一物奏藁　　　　　　　1173- 27- 61
跋端明程公振謚剛愍議　　　　　1173- 39- 62
跋李清臣奏疏　　　　　　　　　1173- 41- 62
跋方宣諭宗卿庭實奏議　　　　　1173- 47- 63
跋北山巽議　　　　　　　　　　1173- 49- 63
跋羅文恭公點諫藁（元藁）　　　1173- 55- 63
跋羅文恭公薦士藁（遺墨）　　　1173- 55- 63

跋羅文恭公後省繳駁藁　　　　　1173- 55- 63
跋辛簡穆公與秦檜爭和議奏藁　　1173- 56- 63
論士大夫風俗（疏）　　　　　　1418-759- 64
論給事臺諫之言（疏）　　　　　1418-758- 64
　●魏子平金
賦役（疏）　　　　　　　　　　440-376-259
　●魏大中明
劾魏中賢疏　　　　　　　　　　445-635- 38
　●魏文帝
讓禪表（三則）　　　　　　　　1412-605- 24
　●魏元忠唐
用人（疏）　　　　　　　　　　436-623-131
去邪（疏）——自陳易之昌宗終
　　爲亂　　　　　　　　　　　438- 24-174
去邪（疏）——論蘇瓌　　　　　438- 25-174
去邪（疏）——論鄭普思　　　　438- 25-174
任將（疏）——論將用兵之要　　439-696-236
命將用兵封事　　　　　　　　　1361-895- 10
　●魏玄同唐
選舉（疏）——言選舉法弊上疏　437-501-163
請吏部各擇寮屬疏　　　　　　　1339-584-696
選舉疏　　　　　　　　　　　　1361-846- 6
陳銓選之弊疏　　　　　　　　　1476-108- 7
　●魏良臣宋
謝賜御製孔門七十二子贊表　　　1352-251-7上
　●魏廷珍清
代謝觿免雍正九年錢糧疏　　　　534-443- 93
　●魏武帝
薦荀彧表　　　　　　　　　　　436-595-129
賞罰（疏）論荀彧勳蹟　　　　　438-356-187
乞封荀彧表（二則）　　　　　　1361-535- 9
乞增荀彧戶邑表　　　　　　　　1361-536- 9
乞追贈郭嘉戶邑表　　　　　　　1361-541- 10
又論田疇功表　　　　　　　　　1361-541- 10
謝九錫書　　　　　　　　　　　1361-555- 13
荀彧功表　　　　　　　　　　　1403-443-125
褒郭嘉表　　　　　　　　　　　1403-444-125
上言破袁表　　　　　　　　　　1412-561- 23
讓費亭侯表　　　　　　　　　　1412-561- 23
又讓封（費亭侯）表——作上讓
　　封書　　　　　　　　　　　1412-561- 23
讓贈封武平侯表　　　　　　　　1412-562- 23
讓增封表　　　　　　　　　　　1412-562- 23
讓還司空印綬表　　　　　　　　1412-562- 23
讓九錫表　　　　　　　　　　　1412-562- 23

謝襲費亭侯表　1412-562- 23
領兗州牧表　1412-562- 23
陳損益表　1412-563- 23
表九錫謝表（一作謝策命魏公書）　1412-563- 23
謝策命魏公書　1412-563- 23
請封荀或爲萬歲亭侯表　1412-563- 23
請贈封荀或表　1412-564- 23
請封田疇表　1412-564- 23
請邳郭嘉表　1412-564- 23
獲宋金生表　1412-565- 23
請封荀攸表　1412-565- 23
請增封郭嘉表　1412-565- 23
（請）麋竺領贏郡太守表　1412-565- 23
上獻帝器物表　1412-565- 23
破袁尚上事　1412-566- 23
上九醞酒法奏　1412-566- 23
上雜物疏　1412-566- 23
● 魏知古 唐
營繕（疏）　441-733-315
● 魏無忌 周
經國（疏）　435-213- 78
信陵君諫魏王　1355-171- 6
諫魏王　1377-136- 3
上魏王書　1402-410- 66
● 魏象樞 清
請特設總督以靖盜賊疏　506-251- 94
舉郝浴疏　506-252- 94
薦舉人才疏　549-170-187
● 魏裔介 清
乞及時講學疏　1312-648- 1
請舉視朝大典疏　1312-649- 1
褒錄幽忠曠典疏　1312-650- 1
敬抒管見疏　1312-652- 1
士習隳靡已久疏　1312-654- 1
流民死傷堪閔疏　1312-656- 1
庶常散館在即疏　1312-658- 1
請定督撫舉劾疏　1312-659- 1
興教化正風俗疏　1312-660- 1
列難事同一例疏　1312-661- 1
善世俗疏　1312-662- 1
請立久任知府疏　1312-664- 1
請學校培眞才疏　1312-664- 1
請立限田之法疏　1312-665- 1
因變陳言修省疏　1312-668- 2
舉薦宜有實政疏　1312-670- 2

明藩臬之職掌疏　1312-672- 2
興利除弊之大疏　1312-674- 2
請剿撫殘寇疏　1312-675- 2
請停察荒之差疏　1312-677- 2
指陳畿輔盜賊疏　1312-678- 2
遵例據實條奏疏　1312-680- 2
詳陳救荒之政疏　1312-682- 2
合計天下兵食疏　1312-685- 2
恭辭太子太傅疏　1312-686- 2
祗受四書解恭謝疏　1312-687- 2
纂修經書大全疏　1312-689- 2
● 魏傳弓 唐
去邪（疏）　438- 26-174
● 魏學渠 明
擬上御煖閣召輔臣劉健李東陽謝遷面議章奏因健等極言鹽法之壞命戶部通查舊制覆議行之謝表　1297-602- 7
● 魏錫祚 清
詳請裁存各役議　517-164-119
● 魏繼宗 宋
理財（疏）　440-522-266
● 簡　上清
查革九土司五害條議　568-411-114
● 簡祖英 明
陳情表　1403-497-130
● 歸　冕 唐
謝兄除官表　1338-506-591
● 歸　融 唐
順宗加謚至德弘道大聖大安孝皇帝議　426-593- 78
憲宗加謚昭文章武大聖至神孝皇帝議　426-594- 78
● 歸有光 明
進香疏　1289-494- 3
奉慰疏　1289-494- 3
乞改調疏　1289-494- 3
乞致仕疏　1289-495- 3
● 歸崇敬 唐
學校（疏）　436-225-113

十九畫

● 蘊　玄 漢
戒伏欲（疏）　438-500-193
諫成帝專寵趙氏書　1396-520- 16
● 蘊　周 蜀漢

戒伏欲（疏） 438-503-193
諫後主疏 1354-483- 18
上後主游觀聲樂疏 1361-599- 21
請後主降魏疏 1361-600- 21
諫後主疏 1381-272- 27
諫後主游觀聲樂疏 1403- 52- 94
●薳 熙晉
上武帝辭賜奏 1398-421- 18
●龐 俊漢
征伐（疏）——涼州先零種羌反畔 439-478-227
●龐 統蜀漢
經國（疏） 435-233- 78
經國（疏）——請進兵漢中 435-234- 78
說劉備 1361-449- 32
●龐 參漢
徒中上美事書 1397-227- 11
●龐 籍宋
上仁宗乞罷雇珠玉匠（疏） 431-116- 11
上仁宗論宮中所費宜取先朝爲則（疏） 431-117- 11
上仁宗請改復祖宗舊制（疏） 431-126- 12
上仁宗乞序正官掖（疏） 431-314- 29
上仁宗乞歷選宜爲嗣者（疏） 431-332- 30
上仁宗論并忻州地農（疏） 431-418- 38
上仁宗論狄青爲樞密使（疏） 431-557- 46
上仁宗論近年賞典太優刑章稍縱（疏） 432-186- 97
上仁宗論先正內而後制外（疏） 432-629-131
上仁宗論出界攻對未便（疏） 432-656-132
上仁宗論范仲淹攻守之策（疏） 432-674-133
上仁宗答詔論時政（疏） 432-873-146
治道（疏）——答詔論時政奏 433-738- 30
法祖（疏） 435- 3- 69
儲嗣（疏） 435- 91- 73
內治（疏） 435-129- 74
經國（疏）——論先正內而後正外疏 435-307- 81
賞罰（疏）——論賞典太優刑章稍縱疏 438-365-187
賞罰（疏） 438-367-187
節儉（疏三則） 438-461-191
法令疏 439- 51-210
赦宥（疏）——乞郊醮更不行赦疏 439-251-218
征伐疏——論出界攻對未便 439-559-230
任將（疏） 439-797-240
外戚（疏） 441-131-289
災祥（疏） 441-356-299
禦邊（疏）——論范仲淹攻守之策 442-106-324
●龐尚鵬明
清理大同屯田疏 549-156-186
清理山西三關屯田疏 549-159-186
正國法以銷禍本疏 1403-323-114
●譚 綸明
恭謝天恩疏 429-580- 1
乞恩終制疏 429-589- 1
水陸官兵勦殺新舊倭寇捷音疏 429-590- 1
飛報異常捷音疏 429-591- 1
飛報捷音疏 429-592- 1
倭寇暫寧條陳善後事宜以圖治安疏 429-594- 1
剿平倭寇旣有功人員懇乞錄賞以勵人心疏 429-604- 1
官兵剿平流寇查參功罪人員以彰勸懲疏 429-608- 1
恭謝天恩疏 429-610- 2
縣官督兵勦賊奮勇陣亡請卹典以勸忠義疏 429-610- 2
官兵搗平大勢山寇巢穴飛報全捷疏 429-611- 2
官兵追勦大勢倭賊三戰三捷地方底寧疏 429-614- 2
水陸官兵剿滅重大倭寇分別殿最請行賞罰以勵人心疏 429-619- 2
海寇已寧比例陳情懇乞天恩俯容補制以廣聖孝疏 429-628- 2
條陳善後未盡事宜以備遠略以圖治安疏 429-629- 2
恭謝天恩疏 429-635- 3
照例添設總兵中軍官員以便訓練疏 429-636- 3
議處添設將官便督調以安地方疏 429-637- 3
條處驛傳事宜以蘇因敝疏 429-638- 3
比例陳情乞恩贈母疏 429-639- 3
恭謝天恩疏 429-639- 3
比例陳情乞恩蔭弟疏 429-640- 3
特薦大將講求車戰共圖安攘疏 429-641- 3
恭謝天恩疏 429-642- 4

究盜參官以議善後疏 429-643- 4
議設兵備官員以圖善後疏 429-645- 4
慶賀疏 429-648- 4
恭謝天恩疏 429-649- 4
增設縣治以圖治安疏 429-650- 4
擒獲積惡渠賊查敍功次以勵人心疏 429-652- 4
議建郡城分軍守禦以圖久安長治疏 429-654- 4
勦賊計安地方疏 429-655- 4
土漢官軍併力搗剿斬獲隣省逆賊飛報捷音疏 429-658- 4
議處賢能兵備官員以重至要極做邊方疏 429-669- 4
交代疏 429-671- 5
早定廟謨以圖安攘疏（二則） 429-671- 5
照例設立中軍坐營官以便教練疏 429-679- 5
比例改擬坐營添設守備以便戰守疏 429-680- 5
分布兵馬以慎秋防疏 429-681- 5
條陳薊鎮未盡事宜以重秋防疏 429-688- 5
請復舊兵馬以嚴防守疏 429-693- 5
南兵已到即行分布邊塞以重秋防疏 429-698- 5
新調衞軍請討盔甲以備戰守疏 429-699- 5
懇乞聖明早定廟謨以圖安攘疏 429-700- 5
客兵錢糧不敷請乞早賑疏 429-701- 5
訪獲疏 429-703- 5
秋報緊急議處將領以備東西應援疏 429-707- 5
爲徵收隆慶三年夏稅秋糧馬草疏 429-707- 5
乞討班軍行糧以資防守疏 429-711- 5
設官保障疏 429-714- 6
薦舉兵備疏 429-715- 6
秋防舉劾疏 429-716- 6
移置兵將覆疏 429-719- 6
請發南兵工食以濟邊用疏 429-720- 6
敵兵窺犯拒堵退遁疏 429-720- 6
分布兵馬以飭春防疏 429-721- 6
增設重險以保萬世治安疏 429-723- 6
議處薊鎮緊要事宜以防後患疏 429-725- 6
議處財用定經制以垂永久疏 429-727- 6
改設管糧專官以重責成以資邊計疏 429-728- 6
分布兵馬以慎秋防疏 429-729- 6
再議增設重險以保萬世治安疏 429-731- 6
爲乞恩查照舊例賞賚遠成邊兵疏 429-735- 6
分布兵馬以慎秋防疏 429-736- 7
欽奉聖諭疏 429-738- 7
懇乞聖明講求大經大法以足國用以圖安攘以建久安長治疏 429-740- 7
定國是以全忠計疏 429-748- 7
添設將領團練車營以圖制勝疏 429-750- 7
謹申聖諭飭諸臣以急圖戰守機宜疏 429-752- 7
申明舊例查聯馬疋以重修攘疏 429-753- 7
明會計以通時變預遠圖疏 429-754- 7
申廟謨獻愚衷以預飭防秋大計疏 429-758- 7
比例請討行糧料草以便克敵疏 429-761- 7
防秋事竣詳功舉刺疏 429-764- 8
懇乞天恩議處入衞兵馬士兵宜練邊兵宜減兩全重鎮疏 429-771- 8
城完紀功行賞疏 429-778- 8
地震疏 429-779- 8
地方災異疏 429-779- 8
遊騎乘夜竄入撲射燒窰軍人疏 429-779- 8
感激非常恩遇披誠請兵備戰守以圖補報疏 429-782- 9
懇乞聖明定廟謨以圖安攘疏 429-793- 9
條議邊務以禆實效疏 429-794- 9
請設專官駐新軍以防重地疏 429-796- 9
敍陳未議以禆盆倉漕疏 429-797- 9
重地增兵防禦以保萬全疏 429-797- 9
沿邊缺乏火器速乞請發以充備禦疏 429-800-10
即事效忠再飭春防大計以慎固疆場疏 429-801-10
感激非常恩遇披誠請兵以備戰守以圖補報疏 429-802-10
營務初更條陳未盡事宜以飭戍改以禆安攘疏 429-803-10
哨報東西諸部合謀大舉請乞預調保邊入援兵馬以助戰守疏 429-805-10
查陳舊例漕運疏 429-806-10
遼東急缺大將乞早推補先褒死節以作忠勇疏 429-807-10
薦舉兵備官員以備錄用疏 429-807-10
舉劾有司官員以昭勸懲疏 429-809-10
舉劾大小將領以飭邊備疏 429-811-10
議撤防春兵馬疏 429-821-10

議撤防秋兵馬疏　429-822- 10
懇乞天恩俯客辭免重任以圖安分
　盡職疏　429-823- 10
倭寇暫寧條陳善後事宜疏　445-422- 26
勸從盜各官議川省善後疏　445-432- 27
條陳薊鎮未盡事宜疏　445-437- 27
請豫調保邊入援兵馬疏　445-457- 28
●麴　護 晉
經國（疏）　435-262- 79
●關　並 漢
治河議　1396-685- 24
●關　播 唐
求賢（疏）——德宗問政治之要　437-260-153
●羅　玘 明
奏宗社大計事　443-168- 10
奏蠲定宗社大計以絕窺覦事　443-170- 10
奏爲分齡薦新疏　443-617- 28
奏議（四則）　1259-298- 23
●羅　袞 唐
請置官買書疏　1339-569-694
請削奪王珙授贈官爵疏　1339-598-697
請褒贈列賁疏　1339-609-698
●羅　英 元
儲嗣（疏）——對誰可大用　435-116- 73
●羅　倫 明
扶植綱常疏　445- 65- 4
奏疏　1251-643- 1
奏狀　1251-647- 1
扶植綱常疏　1403-185-108
　1453-393- 49
●羅　畸 宋
祭禮（疏）　436-522-126
●羅　隱 唐
災祥（疏）　441-319-298
請追己日詔疏　1084-249- 5
請追癸已日詔疏　1343-405- 27
　1403- 95- 99
風雨對　1403-641-147
●羅　點 宋
君德（疏）　433- 83- 4
考親（疏）　433-271- 11
郊廟（疏）　433-545- 22
災祥（疏）　441-542-307
●羅　願 宋
治道（疏二則）　434-380- 50

選舉（疏）　437-676-170
戒逸欲（疏）　438-543-195
巡幸（疏）　441-102-287
願陛下與平昌侯樂昌侯平恩侯及
　有識詳議（說）　1142-476- 2
南劍州上殿箚子（三則）　1142-503- 5
擬進箚子（二則）　1142-506- 5
鄂州到任五事箚子　1142-508- 5
鄂州謝到任表　1142-510- 5
謝淳熙十年歷日表　1142-511- 5
謝淳熙十一年歷日表　1142-511- 5
賀皇帝表　1142-512- 5
鄂州到任謝表　1375-528- 40
●羅洪先 明
謝恩表　1275- 11- 1
養病疏　1275- 12- 1
東宮朝賀疏　1275- 12- 1
●羅處約 宋
建官（疏）　437-392-159
●羅欽順 明
獻納愚忠疏　445-207- 13
獻納愚忠疏　1261-131- 10
考察目陳乞休疏　1261-135- 10
災異自陳乞休疏　1261-135- 10
乞歸省疏　1261-135- 10
再陳情悃乞休疏　1261-136- 10
謝賜先臣祭葬疏　1261-136- 10
辭免禮部尚書疏　1261-137- 10
辭免吏部尚書疏　1261-137- 10
致仕謝恩疏　1261-138- 10
●羅虞臣 明
議禮奏稿　1453-484- 55
●邊　貢 明
言邊患封事　1264-167- 9
乞終養致仕疏　1264-168- 9
患病乞休疏●　1264-169- 9
●邊　韶 漢
律歷（疏）　440-808-278
論歷奏　1397-264- 12
虞恭宗訴建歷議　1397-264- 12
●邊光範 後晉
用人（疏）　436-652-131

二十畫

●竇　武 漢
近習（疏）　441-168-291

近習（疏） 441-170-291
諫桓帝黨議疏 1397-363- 17
論常侍封爵表 1397-364- 17
大寒表 1397-365- 17
諫黨議疏 1403- 49- 93
●寶 瑱東魏
法令（疏） 439- 33-209
●寶 儀宋
郊廟（疏）——議郊廟祭玉 433-429- 18
法令（疏）——進刑統表 439- 49-210
進刑統表 1350-668- 63
左右僕射東宮三師爲表首議 1351-194-105
進刑統表 1382-315-上之1
●寶 憲漢
聖學（疏）——天子之善成乎所
　習… 433-131- 6
●寶 融漢
封建（疏）——請封皇子 436- 33-104
山陵（疏） 436-481-124
請討陳躬書 1397- 97- 5
讓爵位疏 1397- 98- 5
議封皇子奏 1397- 98- 5
遺劉均上書 1402-464- 71
四裔（疏） 442-531-341
●寶 儼宋
治道（疏）——論歷代致理六綱
　爲首 433-711- 29
建官（疏） 437-390-159
慎刑疏——論諸鎮淫用酷刑 439-192-215
●寶貞固後周
郊廟（疏） 433-427- 18
用人（疏） 436-653-131
●寶榮定隋
辭三公書 1400-270- 3
●騶 忌周
治道（疏） 433-557- 23
●蘇 子周
征伐（疏） 439-456-226
●蘇 代周
爲韓說秦 1377-321- 14
爲信安君說秦 1377-322- 14
蘇代約燕昭王策 1396-183- 13
●蘇 佑明
陳時弊以保治安疏 549-152-186
●蘇 洵宋

治道（疏）——上條天下事十通
　以塞明詔書 433-787- 32
經國（疏）——上審勢策 435-312- 81
上皇帝十事書 1104-915- 10
上仁宗皇帝書論任官 1353- 63- 53
上仁宗皇帝書 1377-268- 13
上仁宗皇帝書 1384-303-107
上仁宗皇帝書 1402-527- 78
審勢（進策） 1404-343-193
審敵（進策） 1404-346-193
上仁宗皇帝書 1418-338- 47
議修禮書狀 1447-654- 37
上皇帝書 1447-655- 37
●蘇 威隋
薦柳莊奏 1400-288- 4
●蘇 則魏
戒伏欲（疏） 438-504-193
戒伏欲（疏） 438-504-193
●蘇 秦周
經國（疏）——說六國合縱 435-214- 78
經國（疏） 435-219- 78
求賢（疏） 437-258-153
說秦惠王 1377-303- 14
說燕文侯 1377-305- 14
說趙王 1377-305- 14
說韓王 1377-307- 14
說魏王 1377-308- 14
說齊宣王 1377-309- 14
說楚威王 1377-309- 14
說齊閔王 1377-310- 14
說齊閔王策 1377-175- 13
●蘇 冕唐
謝加正議大夫表 1338-478-588
●蘇 紳宋
治道（疏）——陳便宜八事 433-847- 34
禦邊（疏） 442-215-329
經制安化蠻事宜疏 568- 44- 99
經制安化叛蠻奏 1465-491- 4
●蘇 道隋
四裔（疏） 442-526-340
●蘇 轍宋
上哲宗論王道六事（疏） 431- 47- 3
上哲宗乞進讀陸贄奏議（疏） 431- 74- 6
上哲宗論聖人處晦而觀明處靜而
　勸動（疏） 431- 93- 8

上神宗論買燈（疏） 431-120- 11
上哲宗論不可每事降詔（疏） 431-256- 22
上哲宗論內車子爭道亂行（疏） 431-326- 29
上哲宗薦令時 431-357- 32
上哲宗乞加張方平恩禮（疏） 431-851- 70
上哲宗乞許文彥博等辭避免拜（疏） 431-851- 70
上哲宗乞依舊制許臣寮上殿（疏） 431-925- 77
上神宗答詔論學校貢舉之法（疏） 431-939- 79
上哲宗論特奏名舉人（疏）附貼黃 432- 19- 81
上哲宗圓丘合祭六議 附貼黃 432- 66- 85
上哲宗乞以魏王之喪罷秋燕（疏） 432-157- 93
上哲宗論積欠（疏） 432-272-104
上哲宗乞預備來年救饑之術（疏）附貼黃 432-294-106
上神宗論新法（疏） 432-352-110
上神宗論新法（疏） 432-380-112
上神宗繳進擬御試策（疏）附擬御試策 432-403-113
上哲宗繳駁青苗法（疏） 432-480-118
上哲宗論前後致寇之由及當今待敵之要（疏） 432-779-139
上哲宗乞約果莊討鄂特凌古（疏） 432-804-141
上哲宗論高麗人使買書（疏）附貼黃 432-811-141
上神宗論河北京東盜賊（疏） 432-843-144
君德（疏） 433- 41- 2
聖學（疏） 433-174- 7
郊廟（疏）——議功臣配享 433-501- 21
郊廟（疏）——議婦女不當與齋祠之間 433-502- 21
郊廟（疏）——議先廟後郊三代之禮 附貼黃 433-502- 21
治道（疏）——擬進士對御試策 434- 8- 36
治道（疏） 434- 13- 36
治道（疏） 434- 24- 37
治道（疏）——上策略五 434- 26- 37
治道（疏）——朝辭上奏 434-172- 41
法祖（疏） 435- 7- 69
宗室（疏） 435-201- 77
仁民（疏）——論差役不便箚子 436- 77-106
仁民（疏） 436- 77-106
仁民（疏） 436- 83-106
學校（疏） 436-249-114
喪禮（疏二則） 436-466-124
論冗官箚子（疏） 436-810-138
薦用劉放（疏） 436-811-138
乞錄用鄭俠王旁狀 436-811-138
薦陳師道（疏） 436-812-138
進何去非備論狀 436-812-138
乞擢用程遵彥（疏） 436-813-138
用人（疏） 436-813-138
知人（疏）——辨舉王鞏箚子 437-316-155
選舉（疏）——奏准敕講求學校貢舉利害今臣等各見議狀聞 437-583-166
選舉（疏） 437-615-167
去邪（疏）——（論沈起劉彝永不敍用） 438-100-177
去邪（疏）——（論陳繹） 438-101-177
去邪（疏）——（論張誠無孝行） 438-102-177
去邪（疏）——（論李定不言母氏） 438-102-177
去邪（疏）——（論楚建中非任戶部侍郎） 438-102-177
去邪（疏）——論呂惠卿疏 438-102-177
賞罰（疏） 438-387-188
戒伏欲（疏） 438-526-194
求言（疏） 438-669-200
聽言（疏）——乞依舊制許臣寮上殿疏 438-777-203
法令（疏）——論不可每事降詔割子 439- 91-211
法令疏——論倉法猛政疏 439- 92-211
慎刑疏 439-208-216
征伐（疏）——代張方平諫用兵書 439-565-230
征伐（疏）——代滕甫論西夏書 439-568-230
荒政（疏）——乞預備來年救饑之術 附貼黃 440- 58-245
荒政（疏二則） 440- 61-245
荒政（疏）——（因旱）乞許羣臣面對言事箚子 440- 64-245
水利（疏） 440-208-252
水利（疏）——乞開杭州西湖狀 440-209-252
水利（疏） 440-211-252
水利（疏）——言吳中水利 440-213-252
賦役（疏）——論給田募役狀 440-320-257
賦役（疏） 440-323-257
賦役（疏） 440-323-257
理財（疏）——論均輸 440-597-269

理財（疏）——論權鹽之不可行　440-613-269
理財（疏）——乞不給散青苗錢斛狀　440-613-269
禮臣（疏）　441- 78-286
禮臣（疏）　441- 78-286
禮臣（疏）——上論張方平奏　441- 79-286
弭盜（疏）——論河北京東盜賊疏　441-789-318
弭盜（疏）　441-790-318
弭盜（疏）——代李琮論京東盜賊狀　441-794-318
禦邊（疏）——議水軍狀　442-249-330
禦邊（疏）——論西羌夏人事宜箚子　442-278-331
禦邊（疏）——乞詔邊吏無進取及論果莊事宜箚子　442-280-331
禦邊（疏）——乞約果莊討阿里庫箚子　442-281-331
禦邊（疏）——乞增修弓箭社條約狀　442-282-331
四裔（疏）附貼黃四則　442-656-346
四裔（疏）附貼黃二則　442-661-346
四裔（疏）　442-661-346
杭州謝放罪表　526- 8-259
杭州謝上表　526- 9-259
湖州謝上表　526- 9-259
奏浙西災傷狀　526- 28-260
論浙西閉糴狀　526- 30-260
再論閉糴狀　526- 30-260
到黃州謝表　534-351- 90
密州謝上表　541-333-35之3
知登州謝表　541-333-35之3
辨舉王鞏箚子　549-126-185
乞封太白山神狀　556-207- 87
論西羌夏人事宜（疏）　558-588- 45
進單鍔吳中水利書　576- 13- 附
乞相度開石門河狀　583-663- 19
乞開杭州西湖狀　586-538- 11
何博士備論薦狀（二則）　727-132- 附
宋進呈奏議箚子　1072-575- 附
策略一（論人主自斷而欲有所立爲先）　1107-633- 46
策略二（論二敵之大憂未去天下之治終不可爲）　1107-635- 46
策略三（論天下二患日立法之弊任人之失）　1107-637- 46
策略四（論破庸人之論開功名之門而後天下可爲）　1107-639- 46
策略五（論深結天下之心）　1107-640- 46
策別一（厲法禁）　1107-644- 47
策別二（抑僥倖）　1107-646- 47
策別三（決壅蔽）　1107-647- 47
策別四（專任使）　1107-649- 47
策別五（無責難）　1107-650- 47
策別六（無沮善）　1107-651- 47
策別七（敦教化）　1107-653- 47
策別八（勸親睦）　1107-654- 47
策別九（均戶口）　1107-656- 47
策別十（較賦役）　1107-657- 47
策別十一（教戰守）　1107-658- 47
策別十二（去姦民）　1107-660- 47
策別十三（省費用）　1107-661- 47
策別十四（定軍制）　1107-663- 47
策別十五（蓄材用）　1107-665- 47
策別十六（練軍實）　1107-666- 47
策別十七（倡勇敢）　1107-668- 47
策斷三首（論西北邊患）　1107-670- 48
議學校貢舉狀　1107-699- 51
諫買浙燈狀　1107-701- 51
上皇帝書　1107-703- 51
再上皇帝書　1107-714- 51
論河北京東盜賊狀　1107-717- 52
上皇帝書　1107-721- 52
乞醫療病囚狀　1107-725- 52
登州召還議水軍狀　1107-727- 52
乞罷登州權鹽狀　1107-728- 52
論給田募役狀　1107-728- 52
繳范子淵詞頭狀　1107-732- 53
繳吳荀詞頭狀　1107-732- 53
繳沈起詞頭狀　1107-732- 53
繳陳繹詞頭狀附貼黃　1107-733- 53
繳張誠——詞頭狀附貼黃　1107-734- 53
繳李定詞頭狀附貼黃　1107-734- 53
乞罷詳定役法箚子　1107-735- 53
薦朱長文箚子附貼黃　1107-735- 53
論榷管坊場役錢箚子　1107-736- 53
論諸處色役輕重不同箚子　1107-736- 53
議富弼配享狀　1107-736- 53
再乞罷詳定役法狀　1107-737- 53
申省乞不定奪役法議狀　1107-737- 53

四庫全書文集篇目分類索引

史部

詔令奏議類：附錄

奏議上二十畫

篇目	册-頁-卷
乞留劉放狀	1107-738- 53
繳楚建中戶部侍郎詞頭狀	1107-738- 53
乞不給青苗錢斛狀	1107-738- 53
論每事降詔約束狀	1107-740- 53
乞加張方平恩禮箚子	1107-741- 53
論冗官箚子	1107-741- 53
辯試館職策問箚子二首	1107-742- 53
繳進給田募役議箚子	1107-746- 53
論改定受册手詔乞罷箚子	1107-746- 53
乞錄用鄭俠王旁狀	1107-746- 53
薦布衣陳師道狀	1107-747- 53
乞留顧臨狀	1107-747- 53
論擒獲果莊稱賀太速箚子	1107-749- 54
因擒果莊論西羌夏人事宜箚子	1107-750- 54
乞詔邊吏無進取及論果莊事宜箚子	1107-752- 54
乞約果莊討阿里庫箚子	1107-753- 54
參定葉祖洽廷試策狀二首 附貼黃	1107-754- 54
大雪乞省試展限兼乞御試不分初覆考箚子	1107-755- 54
大雪論差役不便箚子	1107-756- 54
奏巡鋪鄭永崇舉覺不當乞差曉事使臣交替	1107-757- 54
奏勸巡鋪內臣陳愷	1107-758- 54
申明舉人盧君修王燦等	1107-758- 54
論特奏名（官冗之弊）附貼黃	1107-758- 54
乞裁減巡鋪兵士重賞	1107-759- 54
乞不分經取士	1107-760- 54
乞不分差經義詩賦試官	1107-760- 54
奏乞御試放榜館職皆侍殿上	1107-761- 54
放榜後論貢舉合行事件	1107-761- 54
乞罷學士除閒慢差遣箚子	1107-763- 54
轉對條上三事狀	1107-764- 55
論魏王在殯乞罷秋燕箚子	1107-767- 55
述災沴論賞罰及修河事繳進歐陽修議狀箚子 附貼黃	1107-767- 55
乞郡箚子 附貼黃四則	1107-770- 55
辨舉王鞏箚子 附貼黃	1107-773- 55
論周種擅議配享自劾箚子二首 附貼黃	1107-774- 55
論邊將隱慶敗亡憲司體量不實箚子	1107-776- 55
薦何宗元十議狀	1107-777- 55
舉何去非換文資狀	1107-777- 55
論行遣蔡確箚子	1107-778- 55
乞將臺諫官章疏降付有司根治箚子 附貼黃二則	1107-778- 55
乞賜州學書板狀 附貼黃	1107-780- 56
奏爲法外刺配罪人待罪狀 附貼黃	1107-781- 56
乞賜度牒修廨宇狀	1107-782- 56
乞詩賦經義各以分數取人將來只許詩賦兼經狀 附貼黃	1107-783- 56
論高麗進奉狀	1107-785- 56
乞賑濟浙西七州狀	1107-786- 56
論役法差雇利害起請畫一狀 附貼黃	1107-788- 56
論高麗進奉第二狀 附貼黃	1107-792- 56
乞令高麗僧從泉州歸國狀	1107-793- 56
乞降度牒召人入中斛斗出糶濟饑等狀	1107-794- 56
論葉溫叟分擊度牒不公狀 附貼黃	1107-794- 56
杭州乞度牒開西湖狀 附貼黃	1107-797- 57
奏戶部拘收度牒狀 附貼黃	1107-804- 57
應詔論（助國用）四事狀 附貼黃 二則	1107-805- 57
奏浙西災傷第一狀 附貼黃二則	1107-811- 57
奏浙西災傷第二狀	1107-814- 57
乞禁商旅過外國狀	1107-816- 58
申明戶部符節略賑濟狀	1107-819- 58
相度準備賑濟第一狀	1107-820- 58
相度準備賑濟第二狀 附貼黃	1107-821- 58
乞檢會應詔所論（助國用）四事行下狀	1107-823- 58
進何去非備論狀	1107-823- 58
相度準備賑濟第三狀	1107-824- 58
相度準備賑濟第四狀 附貼黃二則	1107-825- 58
乞擢用劉季孫狀	1107-826- 58
乞子珪師號狀	1107-826- 58
繳進應詔所論（助國用）四事狀 附貼黃	1107-827- 58
乞椿管錢氏地利房錢修表忠觀及墳廟狀 附貼黃	1107-828- 58
乞相度開石門河狀 附貼黃	1107-830- 59
再乞發運司應副浙西米狀 附貼黃 四則	1107-832- 59
杭州召還乞郡狀 附貼黃	1107-834- 59
撰上清儲祥宮碑奏請狀	1107-837- 59
進單鍔吳中水利書狀 附吳中水利書貼黃	1107-837- 59
辭免撰趙瞻神道碑狀	1108- 1- 60

再乞郡箚子 附貼黃三則 1108- 1- 60
乞將上供椿斛斛應副浙西諸郡接續糶米箚子 附貼黃 1108- 3- 60
乞擢用程遼彥狀 1108- 4- 60
乞外補迴避賈易箚子 1108- 5- 60
辨賈易彈奏待罪箚子 1108- 6- 60
辨題詩箚子 附奏狀 1108- 7- 60
奏論八丈溝不可開狀 附貼黃 1108- 9- 60
奏淮南閉糴狀二首 1108- 12- 60
乞賜度牒糴斛斛準備賑濟淮浙流民狀 附貼黃五則 1108- 15- 61
乞將合轉一官與李直方酬獎狀 附貼黃二則 1108- 18- 61
乞賜光梵寺額狀 1108- 20- 61
薦宗室（趙）令時狀 1108- 20- 61
論積欠六事并乞檢會應詔（助國用）四事一處行下狀 附貼黃五則 1108- 21- 61
再論積欠六事四事箚子 1108- 32- 62
論倉法箚子 1108- 34- 62
論綱稍欠折利害狀 附貼黃二則 1108- 35- 62
乞罷轉般倉斛子倉法狀 1108- 39- 62
乞罷稅務歲終賞格狀 1108- 39- 62
乞歲運額斛以到京定殿最狀 附貼黃 1108- 40- 62
申明揚州公使錢狀 附貼黃二則 1108- 41- 62
乞罷宿州修城狀 1108- 42- 62
乞擢用林豫箚子 1108- 45- 63
乞聘贈劉季孫狀 附貼黃 1108- 45- 63
再論李直方捕賊功效乞別與推恩箚子 1108- 46- 63
乞免五穀力勝稅錢箚子 附天聖令元豐令元祐勅 1108- 46- 63
奏內中車子爭道亂行箚子 1108- 48- 63
再薦宗室（趙）令時箚子 1108- 48- 63
論高麗買書利害箚子三首 附貼黃七則 1108- 48- 63
繳進免五穀力勝稅錢議箚子 附貼黃 1108- 53- 63
上圓丘合祭六議箚子 附貼黃 1108- 54- 63
請詰難圓丘六議箚子 1108- 59- 63
乞改居喪婚娶條狀 1108- 59- 63
奏馬澈不當屏出學狀 1108- 61- 64
乞校正陸贄奏議上進箚子 1108- 62- 64
辨黃慶基彈劾箚子 1108- 63- 64
謝宣諭箚子 1108- 65- 64
奏乞增廣貢舉出題箚子 1108- 65- 64
申省議讀漢唐正史狀 1108- 66- 64
朝辭赴定州論事狀 1108- 66- 64
乞降度牒修定州禁軍營房狀 附貼黃 1108- 68- 64
乞增修弓箭社條約狀二首 附貼黃三則 1108- 70- 64
乞減價糶常平米賑濟狀 附貼黃 1108- 78- 65
乞將損弱米貸與上戶令賑濟佃客狀 附貼黃 1108- 79- 65
乞降度牒修北嶽廟狀 附貼黃 1108- 80- 65
上皇帝書 1108- 81- 65
任兵部尙書乞外郡箚子 1108- 81- 65
辭兩職並乞郡箚子（二則） 1108- 82- 65
辭免兼侍讀箚子 1108- 82- 65
赴英州乞舟行狀 1108- 82- 65
乞越州箚子 1108- 83- 65
再薦趙（令時）德麟狀 1108- 83- 65
論浙西閉糴狀 1108- 84- 65
再論閉糴狀 1108- 85- 65
乞允文彥博等辭避免拜箚子 1108- 85- 65
乞允安燾辭免轉官箚子 1108- 86- 65
乞允（趙）宗晟辭免起復恩命箚子 1108- 86- 65
乞致仕表 1108- 86- 65
代張方平謀用兵書 1108- 88- 66
代滕甫論西夏書 1108- 91- 66
代滕甫辨誣乞郡狀 1108- 93- 66
代李宗論京東盜賊狀 1108- 94- 66
代呂大防乞錄用呂嗣子孫箚子 1108- 96- 66
代呂申公上初即位論治道二首 1108- 96- 66
代宗選奏乞封太白山神狀 1108- 98- 66
密州謝上表 1108- 99- 67
徐州謝上表 1108-100- 67
徐州謝獎諭表 1108-100- 67
徐州賀河平表 1108-100- 67
湖州謝上表 1108-101- 67
到黃州謝表 1108-101- 67
謝失覺察妖賊放罪表 1108-102- 67
謝量移汝州表 1108-103- 67
乞常州居住表 1108-103- 67
到常州謝表二首 1108-104- 67
登州上表二首 1108-105- 67
辭免起居舍人第一二狀 1108-106- 67
辭免中書舍人狀 1108-106- 67

四庫全書文集篇目分類索引

史部

詔令奏議類：附錄

奏議上二十畫

謝中書舍人表二首	1108-106- 67
辭免翰林學士第一二狀	1108-108- 67
謝宣召入院狀二首	1108-108- 67
謝翰林學士表二首 附謝對衣金帶馬表二則劄記二則	1108-109- 67
辭免侍讀狀	1108-110- 67
辭除侍讀表（二則）	1108-111- 67
謝賜御書詩表	1108-111- 67
謝三伏早出院表	1108-112- 67
謝除龍圖閣學士表（二則）附謝賜對衣金帶馬表二則劄記二則	1108-113- 68
杭州謝上表（二則）	1108-115- 68
杭州謝放罪表（二則）	1108-116- 68
賀明堂赦書表（二則）	1108-116- 68
謝賜曆日詔書表（二則）	1108-117- 68
賀興龍節表	1108-117- 68
賀坤成節表	1108-118- 68
辭免翰林學士承旨第一二三狀	1108-118- 68
乞候坤成節上壽訖復逐前請狀	1108-119- 68
謝宣召再入學士院狀（二則）附謝賜對衣金帶馬狀二則劄記二則	1108-119- 68
謝兼侍讀表（二則）	1108-121- 68
謝三伏早休表（二則）	1108-122- 68
謝除龍圖閣學士知潁州表（二則）附謝賜對衣金帶馬狀二則	1108-122- 68
潁州謝到任表（二則）	1108-123- 68
上清儲祥宮成賀德音表（二則）	1108-124- 68
賀興龍節表	1108-125- 68
賀駕幸太學表（二則）	1108-125- 68
謝賜曆日表（二則）	1108-126- 68
揚州謝到任表（二則）	1108-127- 69
謝賜郵刑詔書表（二則）	1108-127- 69
賀立皇后表（二則）	1108-128- 69
賀坤成節表	1108-128- 69
謝除兵部尚書賜對衣金帶馬狀（二則）	1108-129- 69
謝兼侍讀表（二則）	1108-129- 69
進郊祀慶成詩表	1108-130- 69
謝除兩職守禮部尚書表（二則）附謝賜對衣金帶馬狀二則劄記二則	1108-130- 69
定州謝到任表	1108-132- 69
慰正旦表	1108-132- 69
謝賜曆日表	1108-133- 69
慰宣仁聖烈皇后山陵禮畢表	1108-133- 69
慰宣仁聖烈皇后祔廟禮畢表	1108-133- 69
謝賜衣襖表	1108-133- 69
到惠州謝表	1108-134- 69
到昌化軍謝表	1108-134- 69
提舉玉局觀謝表	1108-134- 69
慰皇太后上仙表	1108-135- 69
代普寧王賀冬表	1108-135- 69
謝御膳表	1108-135- 69
代滕達道景靈宮奉安表	1108-136- 69
代滕達道湖州謝上表	1108-136- 69
同天節功德疏表	1108-136- 69
上皇帝賀正表	1108-136- 69
杭州賀冬表（二則）	1108-136- 69
上皇帝賀冬表	1108-137- 69
舉黃庭堅自代狀	1108-138- 69
英州謝上表	1108-138- 69
移廉州謝上表	1108-138- 69
謝復賜看墳寺表	1108-139- 69
內中御侍以下賀冬至詞語	1108-798-115
內中御侍以下賀年節詞語	1108-799-115
內中御侍以下賀冬至詞語	1108-799-115
筠子——奉舉朱長文	1119- 58- 附
上皇帝書	1350-571- 54
徐州上皇帝書	1350-583- 55
論治道（疏二則）	1350-587- 55
因擒鬼章論西羌夏人事宜（疏）	1350-589- 55
論內中車子爭道亂行（疏）	1350-591- 55
徐州謝上表	1350-716- 68
徐州賀河平表	1350-716- 68
謝失覺察妖賊赦罪表	1350-717- 68
謝宣召入院狀	1350-717- 68
謝侍讀表	1350-718- 68
杭州謝放罪表	1350-718- 68
賀駕幸太學表	1350-719- 68
謝賜曆日表	1350-719- 68
賀立皇后表	1350-719- 68
謝禮部尚書表	1350-720- 68
謝賜對衣金帶馬表	1350-720- 68
謝復官提舉玉局觀表	1350-721- 68
策略	1351-178-103
決壅蔽（策）	1351-180-103
勸親睦（策）	1351-183-104
賀興龍節表	1352- 27-1 上
賀興龍節表	1352- 28-1 上
賀册皇后表	1352- 41-1 中
賀明堂赦表（二則）	1352- 49-1 下

賀車駕幸太學表（二則）　1352-62-1 下
進郊祀慶成詩表　1352-100-2 下
慰國哀上皇帝表　1352-105-3 上
慰正表　1352-107-3 上
謝除中書舍人表　1352-144-4 上
謝除翰林學士表　1352-144-4 上
謝除端明殿學士兼侍讀表(二則)　1352-156-4 中
謝除龍圖閣學士表　1352-157-4 中
謝除侍讀表　1352-164-4 下
謝除翰林兼侍讀表　1352-164-4 下
謝除安撫表　1352-166-4 下
乞致仕表　1352-272-7 下
上神宗皇帝書　1354-175- 23
徐州上皇帝書　1354-189- 24
策略五（疏）　1354-193- 24
代張方平諫用兵書　1354-200- 25
倡勇敢（疏）　1354-203- 25
上皇帝書　1356-369- 18
再上皇帝書　1356-380- 18
代張方平諫用兵書　1356-382- 18
上初即位論治道（疏）　1356-404- 19
謝除兩職守禮部表　1356-405- 19
乞校正陸贄奏議箚子　1356-406- 19
議學校貢舉狀　1359-430- 61
論時政狀　1359-433- 61
徐州賀河平表　1377-201- 9
賀駕幸太學表　1377-202- 9
謝宣召入院表　1377-209- 9
謝除侍讀表　1377-209- 9
謝復官提舉玉局觀表　1377-210- 9
謝賜對衣金帶馬表　1377-212- 9
謝失覺察妖賊放罪表　1377-213- 9
杭州謝放罪表　1377-213- 9
代張方平諫用兵書　1377-257- 12
上神宗皇帝書　1377-276- 13
上皇帝書　1377-288- 13
奏內中車子爭道亂行箚子　1377-332- 15
代滕甫辨謗乞郡箚子　1377-343- 15
再論積欠六事四事箚子　1377-346- 16
上圓丘合祭六議箚子　1377-352- 16
請詰難圓丘六議箚子　1377-356- 16
乞校正陸贄奏議進御箚子　1377-359- 16
議學校貢舉箚子　1377-363- 16
乞不分差經義詩賦試官箚子　1377-365- 16
辯試館職策問答箚子　1377-366- 16
又辯試館職策問箚子　1377-367- 16
論邊將隱匿敗亡憲司體量不實箚子　1377-374- 17
因擒果莊論西羌夏人事宜箚子　1377-383- 17
乞召還邊史無進取及論果莊事宜箚子　1377-385- 17
乞約果莊討鄂特凌古箚子　1377-387- 17
杭州召還乞郡狀　1377-412- 18
乞罷登萊權鹽狀　1377-419- 18
奏戶部均收度牒狀　1377-426- 19
論積欠六事并乞檢會應詔四事一處行下狀　1377-426- 19
登州召還議水軍狀　1377-441- 19
謀買浙燈狀　1377-445- 20
論高麗進奉狀　1377-447- 20
奏爲法外刺配罪人待罪狀　1377-448- 20
論河北京東盜賊狀　1377-449- 20
代李琮論京東盜賊狀　1377-453- 20
乞開杭州西湖狀　1377-461- 20
乞相度開石門河狀附貼黃　1377-463- 20
中三省起請開湖六條狀　1377-465- 20
策略（五則）　1378-114- 41
策斷（上中）　1378-123- 41
專任使（策）　1378-127- 42
無沮善（策）　1378-129- 42
決壅蔽（策）　1378-130- 42
抑僥倖（策）　1378-131- 42
均戶口（策）　1378-133- 42
較賦役（策）　1378-134- 42
省費用（策）　1378-136- 42
勸親睦（策）　1378-137- 42
敦教化（策）　1378-139- 42
蓄財用（策）　1378-140- 42
定軍制（策）　1378-142- 42
練軍實（策）　1378-143- 42
教戰守（策）　1378-145- 42
倡勇敢（策）　1378-146- 42
厲法禁（策）　1378-148- 42
去姦民（策）　1378-149- 42
密州謝表　1382-335-上之2
徐州謝表　1382-336-上之2
徐州謝獎諭表　1382-336-上之2
徐州賀河平表　1382-336-上之2
湖州謝表　1382-337-上之2
黃州謝表　1382-337-上之2

史部 詔令奏議類：附錄 奏議上二十畫

謝失察妖賊表	1382-338-上之2	上圓丘合祭六議箚子	1384-454-121
謝量移汝州表	1382-338-上之2	乞郡箚子	1384-458-121
乞常州居住表	1382-339-上之2	辯試館職策問箚子一二	1384-461-121
到常州謝表	1382-340-上之2	朝辭赴定州論事狀	1384-465-122
登州謝表	1382-340-上之2	轉對條上三事狀	1384-467-122
登州謝宣詔赴闕表	1382-341-上之2	薦宗室令時狀	1384-469-122
謝中書舍人表（二則）	1382-341-上之2	奏馬澈不當屏出學狀	1384-470-122
謝翰林學士表	1382-342-上之2	論河北京東盜賊狀	1384-471-122
謝宣召入院表	1382-342-上之2	代宗琮論京東盜賊狀	1384-474-122
謝賜對衣金帶馬表（六則）	1382-343-上之2	諫買浙燈狀	1384-477-123
謝除侍讀表（二則）	1382-344-上之2	奏浙西災傷第一狀	1384-478-123
賀明堂赦書表（二則）	1382-345-上之2	論積欠六事并乞檢會應詔四事一處行下狀	1384-481-123
謝賜御書詩表	1382-346-上之2	乞開杭州西湖狀	1384-483-123
謝除龍圖閣學士表（二則）	1382-346-上之2	乞相度開石門河狀	1384-484-123
杭州謝表（二則）	1382-347-上之2	杭州召還乞郡狀	1384-486-123
杭州放罪謝表（二則）	1382-347-上之2	謝除龍圖閣學士表	1384-490-124
潁州謝表（二則）	1382-347-上之2	謝宣召入院表	1384-491-124
揚州謝表	1382-349-上之2	杭州謝放罪表	1384-491-124
定州謝表	1382-349-上之2	謝復官提舉玉局觀表	1384-491-124
英州謝表	1382-349-上之2	謝賜衣襖表	1384-492-124
惠州謝表	1382-350-上之2	到昌化軍謝表	1384-492-124
昌化軍謝表	1382-350-上之2	謝賜對衣金帶馬表一二	1384-492-124
（謝）量移廉州表	1382-351-上之2	謝除兵部尚書賜對衣金帶馬表	1384-493-124
謝量移永州表	1382-351-上之2	謝兼侍讀表	1384-493-124
提舉玉局觀謝表	1382-352-上之2	謝賜對衣金帶馬表一二	1384-493-124
謝除翰林承旨表	1382-352-上之2	杭州謝上表	1384-494-124
上神宗皇帝書	1384-415-118	策略一 論人主自斷而欲有所立爲先	1384-606-135
再上皇帝書	1384-427-119	策略二 論二敵之大憂未去天下之治終不可爲	1384-607-135
上皇帝書	1384-429-119	策略三 論天下二患日立法之弊任人之失	1384-610-135
徐州上皇帝書	1384-430-119	策略四 論破庸人之論開功名之門而後天下可爲	1384-612-135
代張方平諫用兵書	1384-434-119	策略五 論深結天下之心	1384-614-135
代滕甫論西夏書	1384-437-119	專任使（策）	1384-617-136
代滕甫辯謗乞郡書	1384-439-119	厲法禁（策）	1384-619-136
議學校貢舉箚子	1384-441-120	抑僥倖（策）	1384-620-136
論邊將隱匿敗亡憲司體量不實箚子	1384-443-120	決壅蔽（策）	1384-622-136
論高麗買書利害箚子	1384-445-120	無責難（策）	1384-623-136
因擒鬼章論西羌人事宜箚子	1384-446-120	無沮善（策）	1384-625-136
乞詔邊吏無進取及論鬼章事宜箚子	1384-448-120	敦教化	1384-626-136
乞約鬼章討阿里骨箚子	1384-450-120	省費用（策）	1384-628-137
論魏王在殯乞罷秋宴箚子	1384-451-121	蓄材用（策）	1384-630-137
乞免王穀力勝稅錢箚子	1384-452-121	練軍實（策）	1384-632-137
奏內中車子爭道亂行箚子	1384-453-121	勸親睦（策）	1384-633-137
乞校正陸贄奏議進御箚子	1384-453-121		

均戶口（策） 1384-635-137
較賦役（策） 1384-636-137
去姦民（策） 1384-638-137
倡勇敢（策） 1384-640-138
定軍制（策） 1384-642-138
教戰守（策） 1384-643-138
策斷上中下 論西北邊患 1384-645-138
徐州賀河平表 1394-423- 4
湖州謝上表 1394-424- 4
到黃州謝上表 1394-424- 4
謝量移汝州表 1394-425- 4
乞常州居住表 1394-425- 4
謝宣召入院表 1394-426- 4
謝兼侍讀表 1394-427- 4
杭州謝上表 1394-427- 4
謝賜對衣金帶馬表 1394-427- 4
潁州到任謝表 1394-428- 4
謝駕幸太學表 1394-428- 4
謝賜曆日表 1394-429- 4
謝失覺察妖賊放罪表 1394-429- 4
到惠州謝表 1394-429- 4
到昌化軍謝表 1394-430- 4
上陸宣公奏議箚子 1394-460- 5
上神宗皇帝書 1402-536- 79
上皇帝書 1402-548- 80
代張方平諫用兵書 1402-552- 80
謝宣召入院表 1403-544-137
謝除侍讀表 1403-544-137
謝兼侍讀表 1403-544-137
謝復官提舉玉局觀表 1403-545-137
謝賜對衣金帶馬表 1403-545-137
謝賜對衣金帶馬表 1403-545-137
杭州謝放罪表 1403-546-137
乞常州居住表 1403-546-137
論河北京東盜賊狀 1404- 82-166
代李琮論京東盜賊狀 1404- 86-166
論積欠六事幷乞檢會應詔四事一處行下狀 1404- 87-166
議學校貢舉狀 1404- 89-166
乞開杭州西湖狀 1404- 92-166
乞相度開石門河狀 附貼黃 1404- 93-166
杭州召還乞郡狀 1404- 96-166
論周種擅議配享自劾第二箚子 1404-143-172
論邊將隱匿敗亡憲司體量不實箚子 1404-144-172
因擒鬼章論西羌夏人事宜箚子 1404-145-172
乞詔邊吏無進取及論鬼章事宜箚子 1404-148-172
奏內中車子爭道亂行箚子 1404-149-172
上圓丘合祭六議箚子 1404-150-172
又辨試館職策問箚子 1404-154-172
辨舉王鞏箚子 1404-157-172
乞校正陸贄奏議進御箚子 1404-198-176
謝宣召入院劄記（二則） 1404-240-184
劄記（二則） 1404-240-184
策斷上 1404-350-193
（進策）其一自斷 1404-353-194
（進策）其二任人 1404-354-194
（進策）其三破庸人之論 1404-356-194
策別厲法禁（進策） 1404-357-194
（進策）其二無沮善 1404-359-194
（進策）其三均戶口 1404-360-194
（進策）其四倡勇敢 1404-361-194
（進策）其五練軍實 1404-363-194
上神宗皇帝書 1418-387- 49
代張方平諫用兵書 1418-403- 49
策略一三四五 1418-408- 50
策別七 1418-415- 50
策別八 1418-416- 50
策別九 1418-418- 50
策別十一 1418-419- 50
策別十二 1418-421- 50
策別十三 1418-422- 50
策別十七 1418-424- 50
策別十八 1418-425- 50
策別十九 1418-427- 50
策別二十二 1418-429- 50
上皇帝書 1447-761- 45
議學校貢舉狀 1447-762- 45
諫買浙燈狀 1447-765- 45
上神宗皇帝書 1447-767- 45
再上皇帝書 1447-781- 46
代張方平諫用兵書 1447-791- 46
代滕甫論西夏書 1447-795- 46
論河北京東盜賊狀 1447-797- 47
奏浙西災傷第一狀 1447-799- 47
論積欠狀 1447-801- 47
論綱梢欠折利害狀 1447-804- 47
朝辭赴定州論事狀 1447-808- 47
述災沴論賞罰及修河事繳進歐陽

史部 詔令奏議類：附錄 奏議上二十畫

修議狀箚子　1447-813- 48
乞郡箚子　1447-816- 48
論邊將隱匿敗亡憲司體量不實箚子　1447-818- 48
乞免五穀九勝稅錢箚子　1447-820- 48
乞校正陸贄奏議上進箚子　1447-821- 48
代張方平諫用兵書　1476-218- 12

●蘇　過 宋

謝除徽猷閣待制表　1352-159-4 中
成都帥到任謝上表　1352-186-5 上

●蘇　頌 宋

上哲宗乞詔儒臣討論唐故事以備聖覽　431- 72- 6
上神宗繳李定詞頭（疏四則）　431-642- 52
上神宗乞別定縣令考課（疏）　431-866- 72
聖學（疏）——請詔儒臣討論唐朝故事　433-176- 7
封建（疏）——王公封爵故事疏　436- 44-104
學校（疏）——議學校法疏　436-242- 14
禮樂（疏）——請重修纂國朝所行五禮疏　436-364-119
議承重法疏　436-459-123
家廟議　436-518-126
繳李定詞頭（四箚子）　436-759-136
法令（疏）——奏乞今後衝改條貫並委法官詳定疏　439- 87-211
法令（疏）——請重議加役流法疏　439- 89-211
法令（疏）——論省曹寺法令繁密疏　439-106-212
慎刑疏——奏乞春夏不斷大辟疏　439-204-216
兵制（疏）——論提點開封府界諸縣鎭公事　439-300-220
荒政（疏）——（奏）乞糶官米濟民疏　440- 44-244
理財（疏）——乞減定淮南鹽價疏　440-602-269
諡號（議）——論前代帝王追尊本親疏　440-912-282
禮臣（疏）——上論祖無擇疏　441- 69-286
禦邊（疏）——論屯兵漕河大要疏　442-303-332
考課縣令疏　530-452- 69
進南郊大禮慶成詩狀　1092-129- 1
進皇帝初郊大禮慶成詩狀　1092-131- 1
立家廟議　1092-232- 15
議承重法　1092-234- 15
議學校法　1092-235- 15
議貢舉法　1092-237- 15
駁坐講義（三則）　1092-240- 16
繳李定詞頭箚子（二則）　1092-242- 16
內降條貫（疏二則）　1092-243- 16
論省曹寺監法令繁密乞改從簡便（疏）　1092-246- 16
論前代帝王追尊本親及嗣王公襲封故事（疏）　1092-248- 17
論王公封爵故事（疏）　1092-249- 17
奏乞將常平倉等公事付逐路轉運其提舉官改差充本司勾當公事（疏）　1092-250- 17
議武舉條貫　1092-251- 17
奏乞專差官開修府界至京溝河（疏）　1092-253- 17
論胡倀罪名（疏）　1092-254- 17
同兩制論祖無擇對獄（疏）　1092-254- 17
奏乞今後不許特創寺院（疏）　1092-255- 17
請增葺尚書省稍復南宮故事(政)　1092-257- 18
請重修纂國朝所行五禮（疏）　1092-258- 18
請別定縣令考課及立鄉官（疏）　1092-259- 18
奏乞初出官人乞不許差充充簽判（疏）　1092-260- 18
奏乞春夏不斷大辟（疏）　1092-261- 18
奏乞京畿諸縣分屯禁軍（疏）　1092-261- 18
請重議加役流法（疏）　1092-262- 18
奏乞今後衝改條貫並委法官祥定（疏）　1092-262- 18
奏乞那移諸路有剩常平廣惠倉錢斛赴府界（疏）　1092-264- 18
奏乞體量放稅（疏）　1092-264- 18
奏請考校知縣縣令盜賊爲殿最（疏）　1092-265- 19
奏乞糶官米濟民（疏）　1092-266- 19
論東南不可弛備（疏）　1092-266- 19
奏乞開修破藏口復三堂分殺黃河水（疏）　1092-267- 19
奏乞修疊京北驛路（疏）　1092-268- 19
奏乞重立不以赦降原免條約(疏)　1092-268- 19
奏乞增修南京大內（疏）　1092-269- 19
奏乞差防河將副（疏）　1092-269- 19
論制料科取士乞加立策等增取人

四庫全書文集篇目分類索引

數（疏） 1092-270- 19
請詔儒臣討論唐朝故事上備聖覽（疏） 1092-272- 20
論屯兵漕河大要（疏） 1092-272- 20
議疏濬黃河（疏） 1092-274- 20
奏乞罷起天修支家河（疏） 1092-275- 20
奏乞減定淮南鹽價（疏） 1092-275- 20
奏乞移屯禁軍於直楚泗州就糧（疏） 1092-276- 20
司空侍中臨淄公晏殊謚元獻（議） 1092-276- 20
贈太師王嗣宗謚景莊（議） 1092-277- 20
駙馬都尉贈右僕射王貽永謚康靖（議） 1092-278- 20
贈右僕射高若訥謚文莊（議） 1092-279- 20
賀日蝕會有陰雲遮蔽（表） 1092-416- 36
上尊號第一表 1092-416- 36
同天節謝錫慶院齋筵（表） 1092-417- 36
劾記（表） 1092-418- 36
賀皇帝爲太皇太后入慶壽宮（表） 1092-418- 36
賀皇帝爲皇太后入寶慈宮（表） 1092-418- 36
謝重陽宴表 1092-419- 36
講改祠部員外郎（表） 1092-420- 37
謝改度支員外郎（表） 1092-420- 37
淮南轉運使謝上（表） 1092-421- 37
潁州謝上（表） 1092-422- 37
謝弟恍授秘閣校理（表） 1092-422- 37
謝知制誥（表） 1092-423- 37
婺州謝上（表） 1092-424- 37
亳州謝上（表） 1092-425- 37
謝集賢院學士（表） 1092-425- 37
南京謝上（表） 1092-426- 37
杭州謝上（表） 1092-427- 38
謝同修國史（表） 1092-427- 38
謝賜國史院開局銀絹（表） 1092-428- 38
謝賜筆墨紙（表） 1092-428- 38
謝復諫議大夫（表） 1092-428- 38
濠州謝上（表） 1092-429- 38
謝男駒賜進士出身（表） 1092-430- 38
滄州謝上（表） 1092-430- 38
滄州謝傳宣撫問（表） 1092-431- 38
謝復太中大夫（表） 1092-431- 38
謝吏部侍郎（表） 1092-432- 38
謝賜對衣金帶（表） 1092-433- 38
謝正議大夫（表） 1092-433- 38
謝光祿大夫（表） 1092-434- 39

謝降詔已除刑部尚書（表） 1092-435- 39
謝除刑部尚書（表二則） 1092-435- 39
謝賜對衣金帶（表二則） 1092-436- 39
謝修史畢賜銀絹對衣金帶（表） 1092-437- 39
謝吏部尚書（表二則） 1092-437- 39
謝兼侍讀（表二則） 1092-439- 39
乞致仕第一（表二則） 1092-440- 39
乞致仕第二（表二則） 1092-441- 39
謝賜御筵幷御書詩（表） 1092-442- 39
謝翰林學士承旨（表二則） 1092-444- 40
謝入院襲衣鞍馬等（表） 1092-446- 40
乞致仕（表二則） 1092-446- 40
辭免尚書左丞（表） 1092-448- 40
謝尚書左丞（表） 1092-449- 40
謝賜生日羊酒米麵（表） 1092-449- 40
權樞密院謝傳宣入伏早下（表） 1092-450- 40
乞致仕（表二則） 1092-450- 40
（乞致仕）第二表（二則） 1092-451- 40
再乞致仕（表二則） 1092-452- 41
（再乞致仕）第二表（二則） 1092-453- 41
辭免右僕射（表） 1092-452- 41
（辭免右僕射）第二表 1092-454- 41
謝右僕射（表二則） 1092-455- 41
乞致仕（表） 1092-457- 41
（乞致仕）第二表 1092-457- 41
辭免郊禮加恩（表） 1092-458- 41
（辭免郊禮加恩）第二表 1092-458- 41
謝郊禮加恩（表二則） 1092-459- 42
謝集禧觀使（表） 1092-460- 42
乞致仕（表） 1092-461- 42
（乞致仕）第二表 1092-461- 42
（乞致仕）第三表 1092-462- 42
揚州謝上（表） 1092-462- 42
乞致仕（表） 1092-463- 42
（乞致仕）第二表 1092-463- 42
辭免西京（表） 1092-464- 42
（辭免西京）第二表 1092-465- 42
揚州再任謝上（表） 1092-465- 42
乞致仕（表） 1092-466- 42
（乞致仕）第二表 1092-466- 42
（乞致仕）第三表 1092-467- 42
謝中太一宮使（表） 1092-468- 43
謝郊禮加恩改封趙郡公（表） 1092-469- 43
再乞致仕（表） 1092-469- 43
謝致仕表 1092-470- 43

1700　　　　　　　　　四庫全書文集篇目分類索引

史部

詔令奏議類：附錄

奏議上二十畫

謝轉太子太保（表）	1092-470- 43	明堂加恩謝哲宗皇帝表	1092-497- 46
遺表	1092-471- 43	年節賀哲宗皇帝表	1092-498- 46
謝曆日表（四則）	1092-472- 43	年節賀哲宗皇帝表	1092-499- 46
乞賜六典（表）	1092-473- 43	哲宗皇帝明堂宿殿大寧郡王起居	
謝賜六典（表）	1092-474- 43	第一二表	1092-500- 46
謝賜常平免役勅令（表）	1092-474- 43	咸寧郡王起居第一二表	1092-500- 46
賀今上皇帝登極（表）	1092-475- 44	普寧郡王起居第一二表	1092-500- 46
賀欽聖太后同聽斷（表）	1092-475- 44	祈國公起居第一二表	1092-501- 46
賀立順國夫人爲皇后（表）	1092-476- 44	大寧郡王辭免明堂加恩第一二表	1092-501- 46
謝賜登極對衣銀絹（表二則）	1092-476- 44	咸寧郡王辭免明堂加恩第一二表	1092-501- 46
賀元符三年生皇子（表二則）	1092-477- 44	普寧郡王辭免明堂加恩第一二表	1092-502- 46
賀受傳國璽（表）	1092-477- 44	祈國公辭免明堂加恩第一二表	1092-503- 46
進華戎魯衛信錄（表）	1092-478- 44	大寧郡王謝哲宗皇帝加恩表	1092-503- 46
謝支賜（表）	1092-479- 44	咸寧郡王謝哲宗皇帝加恩表	1092-504- 46
進元祐編勅（表）	1092-480- 44	普寧郡王謝哲宗皇帝加恩表	1092-506- 47
進乾節絹（表）	1092-483- 45	祈國公謝哲宗皇帝加恩表	1092-507- 47
慰仁宗皇帝上仙（表）	1092-483- 45	大寧郡王冬節賀哲宗皇帝表	1092-507- 47
賀英宗皇帝登極（表二則）	1092-483- 45	咸寧郡王冬節賀哲宗皇帝表	1092-508- 47
謝英宗皇帝即位大赦（表）	1092-484- 45	普寧郡王冬節賀哲宗皇帝表	1092-509- 47
謝勅書撫問（表）	1092-485- 45	祈國公冬節賀哲宗皇帝表	1092-510- 47
進賀英宗皇帝登極絹（表）	1092-485- 45	大寧郡王年節賀哲宗皇帝表	1092-511- 47
賀皇太后受册寶銀絹（表）	1092-486- 45	咸寧郡王年節賀哲宗皇帝表	1092-511- 47
慰仁宗皇帝陵廟禮畢（表）	1092-486- 45	普寧王年節賀哲宗皇帝表	1092-512- 47
賀同天節（表）	1092-486- 45	祈國公年節賀哲宗皇帝表	1092-513- 47
同天節進銀絹（表二則）	1092-487- 45	謝知制誥（啓）	1092-525- 49
賀興龍節（表三則）	1092-487- 45	辭免知河陽府（箚子）	1092-725- 69
賀神宗皇帝徽號（表）	1092-488- 45	辭免侍讀（箚子）	1092-725- 69
賀奉安神宗皇帝御容（表）	1092-489- 45	辭免承旨（箚子）	1092-726- 69
進裕享絹（表）	1092-489- 45	辭免左丞（箚子三則）	1092-726- 69
賀擇皇后（表）	1092-490- 45	辭免立班（箚子）	1092-727- 69
慰宣仁聖烈皇后祔廟（表）	1092-490- 45	辭免右僕射（箚子）	1092-727- 69
賀奉安宣仁聖烈皇后神御（表）	1092-490- 45	待罪（箚子三則）	1092-727- 69
賀紹聖三年明堂禮畢（表）	1092-491- 45	辭免觀文殿大學士集禧觀史（箚	
賀紹聖三年元會（表）	1092-491- 45	子三則）	1092-728- 69
賀立淑妃劉氏爲皇后（表）	1092-491- 45	乞依例赴朝朔望（箚子）	1092-730- 69
賀生皇子越王（表）	1092-492- 45	辭免知揚州（箚子三則）	1092-730- 69
元符三年慰哲宗皇帝上仙（表）	1092-492- 45	乞致仕（箚子三則）	1092-731- 69
慰欽聖皇后上仙（表）	1092-492- 45	代郭令謝男尚公主表	1338-502-591
熙寧賀斷絕大理（表）	1092-493- 45	論省曹守監法令繁密（疏）	1350-606- 57
謝欽恤刑（表四則）	1092-493- 45	淮南轉運使謝上表	1350-713- 68
哲宗皇帝明堂宿殿起居第一表	1092-496- 46	右僕射待罪表	1350-714- 68
（哲宗皇帝明堂宿殿起居）第二		淮南運使謝上表	1382-356- 1
表	1092-496- 46	論省曹寺監法令繁密（疏）	1418-544- 54
辭免明堂加恩第一表	1092-496- 46	●蘇　端唐	
（辭免明堂加恩）第二表	1092-497- 46	駁司徒楊紹諫議	1341-321-840

●蘇 滌 唐

宣宗謚議　　　　　　　　　　　1341-312-840

●蘇 綽 西魏

治道（疏）——上疏六條　　　　433-644- 26

●蘇 頲 唐

開元神武皇帝册文　　　　　　　426- 66- 7

征伐（疏）——論帝欲親征吐蕃　439-533-229

開元神武皇帝册文　　　　　　1337-150-442

陳情表　　　　　　　　　　　1338-589-601

初至益州上訖陳情表　　　　　1338-590-601

諫鸞駕親征表及第二表　　　　1338-702-614

進東嶽朝覲頌表　　　　　　　1338-662-610

賀封禪表　　　　　　　　　　1338-181-556

爲羣官請公除表　　　　　　　1338-316-571

爲羣官固請公除表（二則）　　1338-316-571

將加神龍尊號羣官請公除表　　1338-318-571

爲羣官請虞卒哭表　　　　　　1338-319-571

代家君讓左僕射表　　　　　　1338-328-572

代家君讓侍中表　　　　　　　1338-329- 72

爲王尚書讓宰相表　　　　　　1338-329-572

爲岐王讓太常卿表　　　　　　1338-384-578

讓起復表　　　　　　　　　　1338-393-579

太陽虧爲宰相乞退表　　　　　1338-407-580

爲宋尚書謝加三品表　　　　　1338-421-582

謝弟說除給事中百求改職表　　1338-499-591

謝只除太常丞表　　　　　　　1338-500-591

爲盧監被盜衣物謝賜御衣物狀　1339- 32-633

賀太陽不虧狀　　　　　　　　1339- 50-636

爲宰相論月應蝕狀　　　　　　1339- 50-636

爲政事賀雨狀　　　　　　　　1339- 51-636

爲政事賀苗稼狀　　　　　　　1339- 52-636

爲政事進百雀狀　　　　　　　1339- 86-642

爲政事請公除狀（三則）　　　1339- 96-644

論清舜廟狀　　　　　　　　　1339- 97-644

唐中宗孝和皇帝謚册文　　　　1343-469- 32

諫鸞駕親征表　　　　　　　　1403-469-128

　　　　　　　　　　　　　　1417-660- 31

●蘇 轍 宋

上哲宗乞謹用左右近臣無雜邪正（疏二則）　　　　　　　　　　431-181- 16

上哲宗論帝王之治必先正風俗（疏）　　　　　　　　　　　　　431-277- 24

上哲宗論水旱乞許群臣面對言事（疏）　　　　　　　　　　　　431-507- 43

上哲宗論陰雪（疏）　　　　　431-508- 43

上哲宗論臺諫言事乞明辨是非（疏）　　　　　　　　　　　　　431-680- 55

上哲宗論執政自擇臺諫（疏）　431-681- 55

上哲宗論安燾勅命不送給事中書讀（疏）　　　　　　　　　　　431-697- 56

上哲宗論戶部三弊（疏）附貼黃　431-714- 58

上哲宗論李憲王中正以罪降黜不當假以使名（疏）　　　　　　　431-771- 63

上哲宗乞差管軍臣寮（疏）　　431-781- 64

上哲宗請復用皇祐典禮（疏）　432- 75- 86

上神宗乞去三冗（疏）　　　　432-245-103

上神宗論新法畫一（疏）附畫一狀　432-457-117

上哲宗乞罷青苗法（疏）　　　432-482-119

上哲宗論御試策題（疏）　　　432-489-119

上哲宗論御試策題（疏）附貼黃　432-490-119

上哲宗乞募保甲優等人刺爲禁軍（疏）　　　　　　　　　　　　432-555-124

上哲宗論回河（疏）　　　　　432-581-127

上哲宗乞因夏人納款還其地（疏）附貼黃　　　　　　　　　　　432-772-139

上哲宗論地界（疏）　　　　　432-789-140

上哲宗論不可失信夏人（疏）附貼黃　　　　　　　　　　　　　432-791-140

上哲宗乞裁抑高麗人使（疏）　432-810-141

郊廟（疏）——論明堂神位狀　433-521- 21

治道（疏）　　　　　　　　　434- 85- 38

治道（疏）　　　　　　　　　434-175- 41

治道（疏）——守陳州論時事疏　434-177- 41

仁民（疏）——乞放積欠狀　　436- 72-106

仁民（疏）　　　　　　　　　436- 76-106

風俗（疏）　　　　　　　　　436-294-116

禮樂（疏）——乞令兩制共議納后禮筍子　　　　　　　　　　　436-397-121

論安燾敕命不送給事中書讀（疏）436-813-138

知人（疏）——乞分別邪正筍子（二則）　　　　　　　　　　　437-317-155

建官（疏）三則　　　　　　　437-454-161

選舉（疏二則）　　　　　　　437-620-167

選舉（疏）——乞改舉臺官法筍子　　　　　　　　　　　　　　437-621-167

選舉（疏）——言科場事狀　　437-622-167

去邪（疏）——論責降官不當帶觀察團練狀　　　　　　　　　　438-115-177

去邪（疏）——乞責降李偉　　438-116-177

去邪（疏）——論去邪說小人　438-188-180

四庫全書文集篇目分類索引

史部

詔令奏議類：附錄

奏議上二十畫

節儉（疏二則） 438-478-192
戒伏欲（疏） 438-524-194
聽言（疏）——論言事不當乞明行黜降疏 438-798-204
聽言（疏）——論用臺諫箚子 438-798-204
聽言（疏）——論所言不行箚子 438-799-204
法令（疏）——論侯倅少欠酒課以抵當子利充填疏 439-104-212
兵制（疏）——乞禁軍日一教狀 439-317-220
兵制疏 439-331-221
兵制（疏）——又論京畿保甲冬教等事狀 439-332-221
任將疏——論張頡不可用疏　附貼黃 439-744-238
荒政（疏）——論久旱乞放民間積欠狀 440- 42-244
荒政（疏）——乞賑救淮南饑民狀 440- 43-244
荒政（疏）——言淮南水潦狀 440- 43-244
水利（疏）——論京西水櫃狀 440-168-250
水利（疏）——論開孫村河疏 440-174-250
水利（疏）——再論回河疏 440-176-250
水利（疏）——三論回河疏 440-178-250
水利（疏）——論黃河必非東決疏 440-180-251
水利（疏）——乞罷修河司疏 440-181-251
水利（疏）——又乞罷修河司疏　附貼黃 440-183-251
水利（疏） 440-187-251
賦役（疏）——乞更支役錢雇人一年候倂完差役法狀 附貼黃 440-301-256
賦役（疏）——論罷免役錢行差役法狀 附貼黃 440-302-256
賦役（疏） 440-303-256
賦役（疏） 440-303-256
賦役（疏）——上民政策 440-327-257
賦役（疏）——言差役復行應議者有五奏 440-328-257
賦役（疏）——再言役法疏 440-329-257
賦役（疏）——論差役事狀 440-330-257
理財（疏） 440-554-267
理財（疏） 440-564-267
理財（疏）——乞借常平錢買上供及諸州軍糧狀 440-564-267
理財（疏）——論青苗狀 440-566-268
理財（疏）——再論青苗狀 440-567-268
理財（疏）——三乞罷青苗狀 440-567-268
理財（疏）——論戶部三事 440-568-268
理財（疏）——論戶部三弊疏 440-570-268
理財（疏）——論蜀茶五害狀 440-592-269
理財（疏）——論處置川茶未當狀 440-596-269
災祥（疏）——乞罷五月朔朝會箚子 441-456-303
災祥（疏）——論陰雪箚子 441-457-303
弭盜（疏）——奏請罷右職縣尉箚子 441-798-318
弭盜（疏）——乞招保甲充軍以消盜賊狀 441-804-318
禦邊（疏）——論渠陽邊事箚子（二則） 442-250-330
禦邊（疏）——論西邊警備狀 442-289-332
禦邊（疏）——論蘭州等地狀（二則）附貼黃 442-289-332
禦邊（疏）——論熙河邊事疏（三則）附貼黃二則 442-294-332
禦邊（疏）——論前後處置夏國乖方疏 442-298-332
禦邊（疏）——論西事狀 442-300-332
四裔（疏）——論不可失信夏人狀 附貼黃 442-662-346
四裔（疏）——乞罷熙河修質孤勝如等寨箚子 附貼黃 442-664-346
四裔（疏）——乞裁抑高麗人使狀 442-666-346
分司南京到筠州謝表 516-733-114
乞擢任劉敞狀 517-133-119
上皇帝書 1112-225- 21
皇帝明堂宿齋第一次問太皇太后聖體答書 1112-372- 34
（皇帝明堂宿齋）皇太后答書 1112-372- 34
（皇帝明堂宿齋）皇太妃答書 1112-372- 34
（皇帝明堂宿齋）第二次太皇太后答書 1112-372- 34
（皇帝明堂宿齋第二次）皇太后答書 1112-372- 34
（皇帝明堂宿齋第二次）皇太妃答書 1112-372- 34
皇帝謝禮畢太皇太后答書 1112-372- 34
（皇帝謝禮畢）皇太后答書 1112-372- 34

四庫全書文集篇目分類索引

（皇帝謝禮畢）皇太妃答書　1112-372- 34
制置三司條例司論事狀奏乞外任狀附　1112-379- 35
陳州爲張安道論時事書　1112-382- 35
自齊州回論時事書 書一狀附　1112-385- 35
爲兄軾下獄上書　1112-389- 35
論臺諫封事留中不行狀　1112-391- 36
久旱乞放民間積欠狀 附貼黃　1112-392- 36
論罷免役錢行差役法狀 附貼黃　1112-393- 36
論蜀茶五害狀附貼黃　1112-394- 36
乞更支役錢雇人一年候修完差役法狀附貼黃　1112-398- 36
乞選用執政狀　1112-399- 36
乞罷左右僕射蔡確韓縝狀 附貼黃　1112-401- 36
乞罷蔡京開封府狀　1112-402- 36
乞罷右僕射韓縝劄子　1112-403- 36
乞招河北保甲充軍以消盜賊狀　1112-404- 36
乞責降成都提刑郭繫狀　1112-406- 37
論差役五事狀　1112-407- 37
乞黜降韓縝狀 附貼黃　1112-409- 37
乞罷章惇知樞密院狀　1112-409- 37
乞牽復英州別駕鄭俠狀　1112-410- 37
乞擢任劉攽狀　1112-410- 37
再乞責降蔡京狀 附貼黃　1112-411- 37
乞廢官水磨狀　1112-412- 37
乞葬埋城外白骨狀　1112-412- 37
乞賑救淮南飢民狀　1112-412- 37
乞廢忻州馬城鹽池狀 附貼黃　1112-413- 37
再乞放積欠狀　1112-413- 37
乞罷蔡京知眞定府狀　1112-415- 37
乞罷安燾知樞密院狀　1112-415- 37
再論安燾狀　1112-416- 37
論發運司以糴糶米代諸路上供狀　1112-416- 37
乞責降韓縝第七狀　1112-417- 37
乞給還京西水櫃所占民田狀　1112-420- 38
論三省事多留滯狀　1112-420- 38
言科場事狀　1112-422- 38
乞招畿縣保甲充軍狀　1112-423- 38
乞令戶部役法所會議狀附貼黃　1112-423- 38
乞禁軍日一敎狀　1112-424- 38
乞差官與黃廉同體量蜀茶狀　1112-425- 38
乞以發運司米救淮南饑民狀　1112-425- 38
論明堂神位狀　1112-426- 38
乞借常平錢買上供及諸州軍糧狀　1112-426- 38
言蔡京知開封府不公事第五狀　1112-428- 38
乞誅竄呂惠卿狀 附貼黃　1112-429- 38
再乞差官同黃廉體量茶法狀　1112-432- 38
再言役法劄子　1112-432- 38
乞責降呂和卿狀　1112-434- 39
乞兄子遷罷德興尉狀　1112-434- 39
再乞罪呂惠卿狀　1112-435- 39
論青苗狀　1112-435- 39
三論差役事狀 附貼黃　1112-436- 39
論呂惠卿第三狀　1112-437- 39
論蘭州等地狀 附貼黃　1112-438- 39
再論蘭州等地狀　1112-441- 39
論京畿保甲冬敎等事狀　1112-442- 39
論西邊警備狀　1112-443- 39
再論青苗狀　1112-443- 39
乞放市易欠錢狀 附貼黃　1112-444- 39
言淮南水潦狀　1112-445- 39
乞罷杜紘右司郎中狀　1112-446- 39
論差除監司不當狀　1112-446- 39
三乞罷青苗狀　1112-448- 40
申三省請罷青苗狀　1112-449- 40
再言杜紘狀　1112-450- 40
言張璪劄子　1112-451- 40
請罷右職縣尉劄子　1112-451- 40
論張頡劄子　1112-452- 40
再言張頡狀　1112-453- 40
論戶部乞收諸路帳狀　1112-454- 40
言張頡第三狀　1112-455- 40
言責降官不當帶觀察團練狀　1112-455- 40
言張頡第四狀　1112-456- 40
論傅堯俞等奏狀謂司馬光爲司馬相公狀　1112-456- 40
言張頡第五狀　1112-457- 40
申三省論張頡狀　1112-459- 40
再論京西水櫃狀　1112-460- 40
乞復選人選限狀　1112-460- 40
論諸路役法候齊足施行狀　1112-461- 40
論梁惟簡除遂郡刺史不當狀　1112-462- 41
不擇葉康直知秦州告狀　1112-462- 41
申本省論處置川茶未當狀　1112-463- 41
因旱乞許臺臣面對言事劄子　1112-464- 41
乞推恩故知陳州鮮于侁子孫狀　1112-465- 41
乞外任劄子　1112-465- 41
論西事狀 附貼黃　1112-466- 41
乞驗實賈易謝上表所言劄子　1112-470- 41
論陰雪劄子　1112-470- 41

史部

詔令奏議類：附錄

奏議上二十畫

四庫全書文集篇目分類索引

史部

詔令奏議類：附錄

奏議上二十畫

轉對狀　1112-471-41
請戶部復三司諸案箚子 附貼黃　1112-473-41
論開孫村河箚子 附貼黃　1112-476-42
再論回河箚子 附貼黃　1112-478-42
三論回河箚子　1112-480-42
乞裁損浮費箚子 附貼黃　1112-481-42
論佞稱少欠酒課以抵當子利充塡箚子 附貼黃　1112-482-42
再論裁損浮費箚子　1112-483-42
論黃河必非東決箚子 附貼黃　1112-484-42
乞罷修河司箚子 附貼黃　1112-485-42
北使還論北邊事箚子五道　1112-487-42
爲旱乞罷五月朔朝會箚子　1112-490-42
乞舉御史箚子　1112-491-43
薦呂陶吳安詩箚子　1112-492-43
乞罷熙河修質孤勝如等寨箚子附貼黃　1112-492-43
薦林豫箚子　1112-494-43
乞分別邪正箚子　1112-494-43
論執政生事箚子　1112-495-43
論言事不當乞明行黜降箚子　1112-496-43
再論分別邪正箚子　1112-497-43
再論熙河邊事箚子 附貼黃　1112-499-43
再論舉臺官箚子　1112-501-43
三論熙河邊事箚子 附貼黃　1112-501-43
三論分別邪正箚子　1112-502-43
四論熙河邊事箚子　1112-505-44
論吏額不便二事箚子　1112-505-44
乞差官權戶部箚子　1112-508-44
三論舉臺官箚子　1112-508-44
論堂除太寬箚子　1112-508-44
論前後處置夏國乖方箚子　1112-509-44
論所言不行箚子　1112-511-44
論渠陽蠻事箚子 附貼黃　1112-512-44
乞令兩制共議納后禮箚子　1112-513-44
再論渠陽邊事箚子 附貼黃　1112-514-44
論衙前及諸役人不便箚子 附貼黃　1112-515-45
乞再舉臺官狀　1112-523-45
乞改舉臺官法箚子　1112-524-45
論用臺諫箚子　1112-524-45
乞罷脩河司箚子 附貼黃　1112-525-45
再乞責降李偉箚子 附貼黃　1112-526-45
三論渠陽邊事箚子　1112-527-45
乞定差管軍臣僚箚子 附貼黃　1112-528-45
乞裁損待高麗事件箚子 附貼黃　1112-530-46
論張頡不可用箚子 附貼黃　1112-531-46
再乞禁止高麗下節出入箚子　1112-533-46
催行役法箚子　1112-533-46
再催行役法箚子　1112-533-46
論邊防軍政斷案宜令三省密院同進呈箚子　1112-534-46
乞優卹滕元發家箚子　1112-534-46
薦王鞏箚子　1112-535-46
論禁宮酒箚子 附貼黃　1112-535-46
論冬溫無冰箚子　1112-536-46
論雇河夫不便箚子 附貼黃　1112-538-46
論西邊商量地界箚子 附貼黃　1112-539-46
論黃河東流箚子 附貼黃　1112-542-46
謝入伏早出狀二首　1112-546-47
謝坤成齋筵狀二首　1112-547-47
謝講徹論語賜燕狀二首　1112-547-47
賀雪御筵謝狀二首　1112-547-47
乞（神宗）御製集叙狀　1112-548-47
進（神宗）御集表　1112-548-47
辭起居郎狀（二則）　1112-549-47
免修條支賜箚子（二則）　1112-550-47
辭召試中書舍人狀（二則）　1112-550-47
辭戶部侍郎箚子　1112-551-47
辭吏部侍郎箚子　1112-551-47
辭翰林學士箚子　1112-552-47
辭御史中丞箚子　1112-552-47
辭尚書右丞箚子　1112-552-47
免尚書右丞表（二則）　1112-554-47
謝除中書舍人表（二則）　1112-555-48
謝除戶部侍郎表（二則）　1112-556-48
謝對衣金帶表（二則）　1112-557-48
謝翰林學士宣召狀（二則）　1112-558-48
謝賜對衣金帶鞍馬狀（二則）　1112-559-48
謝敕設狀（二則）　1112-559-48
劄記（二則）　1112-560-48
謝除尚書右丞表（二則）　1112-561-48
生日謝表（二則）　1112-562-48
劄記　1112-563-48
代陳州張公安道謝批答表(二則)　1112-564-49
代齊州李肅之諫議謝表　1112-565-49
代李諫議謝免罪表　1112-566-49
代南京張公安道免陪祀表　1112-566-49
張公謝免陪祀表　1112-566-49
代張公賀南郊表　1112-567-49
代南京留守賀南郊表　1112-567-49

四庫全書文集篇目分類索引

代南京百官賀南郊表	1112-568- 49	民政上（進策五道）	1112-899- 9
代南京謝頒曆表	1112-568- 49	民政下（進策五道）	1112-908- 10
代張公謝南郊加恩表	1112-568- 49	上皇帝書	1350-592- 56
代李誠之待制遺表	1112-568- 49	論呂惠卿（疏）	1350-603- 57
代龔諫議謝知青州帥表	1112-569- 49	請分別邪正（疏）	1350-605- 57
代陳汝義學士南京謝表	1112-569- 49	謝除中書舍人表	1350-728- 69
代南京留守謝減降德音表	1112-570- 49	謝除尚書右丞表	1350-728- 69
代張矛諫議南京謝表	1112-570- 49	賀明堂表	1350-729- 69
代張公安道乞致仕表（三則）	1112-571- 49	降朝請大夫謝表	1350-729- 69
代張公謝致仕表	1112-572- 49	臣事（策）	1351-187-104
代歙州賀登極表	1112-572- 49	民政（策）	1351-189-104
代滕達道龍圖蘇州謝上表(二則)	1112-573- 49	賀明堂禮成肆赦表	1352- 46-1 中
進（大行太皇太后）謚册文箚子	1112-706- 14	進郊祀慶成詩表	1352-100-2 下
論合祭天地箚子	1112-709- 15	慰國哀上皇帝表	1352-106-3 上
兄除翰林承旨乞外任箚子（四則）附貼黃	1112-715- 16	辭免門下侍郎表	1352-123-3 中
舉王鞏乞外任箚子(五則)附貼黃	1112-717- 16	辭免尚書右丞表	1352-124-3 中
乞賜張宣徵謚箚子附貼黃	1112-718- 16	謝除戶部侍郎表	1352-138-3 下
論黃河軟堰箚子附貼黃	1112-719- 16	謝除中書舍人表	1352-146-4 上
論御試策題箚子（二則）附貼黃	1112-722- 16	謝除門下侍郎表	1352-150-4 上
待罪箚子（一則）	1112-724- 16	謝除御史中丞表	1352-151-4 中
元祐七年生日謝表(二則)附劄記	1112-725- 17	謝除尚書右丞表	1352-153-4 中
元祐八年生日謝表(二則)附劄記	1112-726- 17	謝除知青州表	1352-177-5 上
辭門下侍郎箚子	1112-727- 17	留守到任謝上表	1352-181-5 上
免太中大夫門下侍郎表（二則）	1112-727- 17	謝南郊加恩表	1352-227-6 中
謝太中大夫門下侍郎表（二則）	1112-728- 17	謝降官表	1352-235-6 中
進郊祀慶成詩狀	1112-728- 17	遺表	1352-278-7 下
免南郊加恩表（二則）	1112-729- 17	臣事三（疏）	1354-207- 26
謝南郊加恩表（二則）	1112-730- 17	臣事一（疏）	1354-210- 26
汝州謝上表	1112-732- 18	陳安州爲張安道論時勢書	1356-385- 18
分司南京到筠州謝表	1112-732- 18	自齊州回論時事書	1356-388- 18
明堂賀表	1112-733- 18	乞分別邪正箚子（三則）	1356-390- 18
雷州謝表	1112-733- 18	論左右無雜邪正箚子	1359-185- 24
移岳州謝狀	1112-734- 18	上神宗皇帝書	1377-292- 13
復官宮謝表	1112-734- 18	論開孫村河箚子	1377-396- 17
南郊賀表	1112-734- 18	再論回河箚子	1377-398- 17
降授朝請大夫謝表	1112-735- 18	制置三司條例司論事狀	1377-419- 18
謝復墳寺表	1112-735- 18	君術（策）一二四五	1378-152- 43
謝復官表（二則）	1112-736- 18	臣事（一～十策）	1378-157- 43
皇太后上僊慰表	1112-736- 18	民政（策）一	1378-173- 44
欽聖憲肅皇后祔廟慰表	1112-736- 18	民政（策）（四～十）	1378-174- 44
欽慈皇后祔廟慰表	1112-737- 18	謝除尚書右丞表	1382-354-下之1
君術（進策五道）	1112-875- 6	謝翰林學士宣召表	1382-355-下之1
臣事上（進策五道）	1112-883- 7	謝除中書舍人表	1382-355-下之1
臣事下（進策五道）	1112-891- 8	上神宗皇帝書	1384-722-145
		自齊州回論時事書	1384-733-146

史部　詔令奏議類：附錄　奏議上二十畫

1706　　　　　　　四庫全書文集篇目分類索引

史部

詔令奏議類：附錄

奏議上二十畫

陳州爲張安道論時事書	1384-737-146	代陳州張公安道謝批答表	1394-434- 4
論用臺諫箚子	1384-740-146	代張安道乞致仕第二三表(二則)	1394-434- 4
論衙前及諸役人不便箚子	1384-741-146	上神宗皇帝書	1402-556- 81
論冬溫無冰箚子	1384-742-146	諫調停疏	1403-141-104
乞分別邪正箚子	1384-745-147	謝除中書舍人表	1403-547-137
再論分別邪正箚子	1384-746-147	乞誅竄呂惠卿狀	1404- 99-167
三論分別邪正箚子	1384-748-147	乞分別邪正箚子	1404-158-173
再論熙河邊事箚子	1384-750-147	再論分別邪正箚子	1404-159-173
三論渠陽邊事箚子	1384-752-147	（進策）君術察情	1404-365-195
論開孫村河箚子	1384-753-147	（進策）其二觀勢	1404-367-195
再論回河箚子	1384-755-147	（進策）臣事用重臣	1404-368-195
論臺諫封事留中不行狀	1384-758-148	（進策）其二守法	1404-369-195
論西事狀	1384-763-148	（進策）其三委兵權	1404-371-195
論蘭州等地狀	1384-767-148	（進策）其四養兵	1404-372-195
再論蘭州等地狀	1384-769-148	（進策）其五用人	1404-374-195
乞招河北保甲充役以消盜賊狀	1384-770-148	（進策）民政設三老	1404-376-195
新論上中下	1384-848-156	（進策）其二使人	1404-377-195
君術策一～五	1384-862-157	（進策）其三屯田	1404-379-195
臣事策一 重臣	1384-870-158	（進策）其四役游民	1404-381-195
臣事策二 明罰	1384-872-158	（進策）其五制外兵	1404-382-195
臣事策三 作士氣	1384-874-158	自齊州回論時事（疏）	1418-449- 51
臣事策四 委兵權	1384-875-158	陳州爲張安道論時事書	1418-450- 51
臣事策五 養兵	1384-877-158	再論分別邪正箚子	1418-453- 51
臣事策六 厲群臣	1384-879-159	君術二（疏）	1418-457- 51
臣事策七 監督司	1384-881-159	君術四（疏）	1418-459- 51
臣事策八 天子權利不可失	1384-883-159	臣事策一	1418-460- 51
臣事策九 近任	1384-885-159	臣事策四	1418-461- 51
臣事策十 祿胥史	1384-886-159	臣事策九	1418-463- 51
民政策一 三老	1384-888-160	臣事策十	1418-465- 51
民政策二 舉孝廉	1384-890-160	民政策一	1418-466- 51
民政策三 去佛老	1384-892-160	民政策二	1418-468- 51
民政策四 詳兵民之分罷省屯戍之卒	1384-893-160	民政策三	1418-469- 51
民政策五 平糴屯田	1384-895-160	民政策四	1418-471- 51
民政策六 役遊民	1384-898-161	民政策六	1418-473- 51
民政策七 公田貸民	1384-900-161	民政策八	1418-474- 51
民政策八 興地利	1384-902-161	論臺諫封事留中不行狀	1447-869- 52
民政策九 制二寇	1384-903-161	乞罷左右僕射蔡確韓縝狀	1447-870- 52
民政策十 罷戍兵而募邊兵	1384-905-161	乞誅竄呂惠卿狀	1447-872- 52
元祐會計錄序	1384-909-162	乞招河北保甲充役以消盜賊狀	1447-875- 52
謝除中書舍人表	1394-430- 4	論西事狀	1447-877- 53
賀擒鬼章表	1394-431- 4	陳州爲張安道論時事書	1447-881- 53
謝除龍圖閣學士御史中丞表	1394-432- 4	自齊州回論時事書 畫一狀附	1447-884- 53
分司南京到筠州謝表	1394-432- 4	爲兄軾下獄上書	1447-888- 53
雷州謝表	1394-433- 4	臣事策一	1476-223- 12
代李諫議謝免罪表	1394-433- 4	●蘇　轍 宋	

四庫全書文集篇目分類索引

務農（疏）——務農荀子　436-192-111
任將（疏）　439-766-239
經籍（疏）——論經解荀子　440-754-275
經籍（疏）——論取士專優春秋
　三傳荀子　440-755-275
弭盜（疏）　441-819-319
代廣東漕謝表　1136-174- 7
娶女謝增秩表　1136-175- 7
福州問侯表　1136-175- 7
代建州上表　1136-175- 7
賀天申節表　1136-176- 7
代人謝放罷表　1136-176- 7
賀天申節表　1136-176- 7
代謝賜茶藥表　1136-177- 7
代謝馬表　1136-177- 7
代謝金帶表　1136-177- 7
代起復殿藩謝表　1136-178- 7
代辭免參政表　1136-178- 7
代謝許終制表　1136-179- 7
代慰國哀表　1136-179- 7
祝聖壽表　1136-179- 7
徽宗祈廟慰表　1136-180- 7
代駕幸臨安起居表二首　1136-180- 7
代謝青琉表　1136-180- 7
謝江東運判表代次公　1136-181- 7
代謝禮部尚書表　1136-181- 7
賀東朝歸表　1136-182- 7
賀元會表　1136-182- 7
代賀親耕籍田表　1136-183- 7
慈寧慶八十賀表　1136-183- 7
擬本州守謝御製損齋刻表　1136-183- 7
面對論和戰荀子　1136-207- 9
務農荀子　1136-208- 9
時務荀子　1136-209- 9
初論經解荀子　1136-210- 9
論收用武略之士荀子　1136-212- 9
論取士專優春秋三傳荀子　1136-213- 9
應詔議福建路盜賊　1136-213- 9
天申聖節疏　1136-229- 11
天申節疏　1136-229- 11
●蘇大有清
征勦叛苗報捷疏　534-480- 94
●蘇天爵元
聖學（疏）　433-243- 9
學校（疏）——乞增廣國學生員

狀　436-275-115
禮樂（疏）　436-393-120
用人（疏）　437-254-152
戒逸欲（疏）　438-555-195
法令（疏二則）　439-164-214
慎刑疏（二則）　439-237-217
荒政（疏）——乞免饑民夏稅疏　440-134-248
國史（疏）——論修功臣列傳疏　440-804-277
災祥（疏）　441-705-314
弭盜（疏）　441-840-319
元旦賀表　1214-283- 24
聖節賀表　1214-283- 24
千秋節賀箋　1214-283- 24
賀親祀太廟禮成表　1214-283- 24
賀册中宮啓　1214-284- 24
賀登極表　1214-284- 24
皇太后受尊號賀皇帝表　1214-285- 24
天壽節賀表　1214-285- 24
賀正旦表　1214-285- 24
經筵進講賜坐　1214-300- 26
論不可數赦（疏）　1214-306- 26
災異告白十事（疏）　1214-306- 26
請保養聖躬（疏）　1214-310- 26
修功臣列傳（疏）　1214-311- 26
論臺察糾劾辨明之弊　1214-314- 27
論迎年無辜被害之家宜昭雪改正　1214-320- 27
跋延祐二年廷對擬進貼黃後　1214-353- 30
●蘇世長唐
戒伏欲（疏）　438-509-193
營繕（疏）　441-728-315
●蘇安恒唐
儲嗣（疏）——諫請太子與政（
　二則）　435- 73- 72
用人（疏）　436-626-131
請復子正位表　1338-578-600
爲魏元忠疏　1339-594-697
請復子正位疏　1339-560-694
請則天皇后復位於皇太子疏　1339-561-694
請則天皇后復位於皇太子疏　1343-407- 28
救魏元忠疏　1361-851- 6
救魏元忠疏　1403- 85- 98
請復位於皇太子疏　1417-650- 31
救魏元忠書　1417-651- 31
●蘇伯衡明
代秦王府官謝表　1228-552- 2

史部 詔令奏議類：附錄 奏議上二十畫

中書省賀平杭湖秀越表　1228-551- 2
代翰林院賀登極表　1228-551- 2
國子學賀登極表　1228-551- 2
代翰林院勸進表　1228-550- 2
代翰林院勸進表　1373-541- 5
國子學賀登極表　1373-542- 5
代翰林院賀登極表　1373-542- 5
代中書省賀平杭湖秀越表　1373-542- 5
代秦王府官謝表　1373-543- 5
代翰林院勸進表　1403-557-139
代中書省賀平杭湖秀越表　1403-558-138

● 蘇易簡 宋

守成（疏）　436- 4-102

● 蘇舜欽 宋

上仁宗乞追寢戒越職言事詔書（疏）　431-198- 18
上仁宗論玉清宮災（疏）　431-413- 37
上仁宗應詔地震春雷之異（疏）　431-422- 38
上哲宗論制科取士乞加立策等增取人數（疏）　432- 27- 82
上神宗論前代帝王追尊本親及嗣王公襲封故事（疏）　432-123- 90
上仁宗乞錄用劉平石子弟（疏）　432-170- 95
上哲宗論省曹寺監法令繁密（疏）　432-197- 98
上神宗乞春夏不斷大辟（疏）　432-206- 99
上仁宗論無功不當賜第（疏）　432-218-100
仁民（疏）　436- 65-105
建官（疏）　437-401-159
選舉（疏）　437-549-165
選舉（疏）——論制科取士疏　437-614-167
考課（疏二則）　437-722-172
賞罰（疏）——論賜第疏　438-367-187
慎微（疏）　438-568-196
求言（疏）　438-650-199
法令（疏二則）　439- 57-210
兵制（疏）　439-295-220
褒贈（劉平疏）　441- 16-283
褒贈（石元孫疏）　441- 16-283
災祥（疏二則）　441-338-299
禦邊（疏）——論西事上疏　442-220-329
上仁宗論玉清宮災　587-673- 14
乞納諫書　1092- 71- 11
詣匭疏　1092- 72- 11
火疏　1092- 74- 11
論西事狀　1092- 76- 11

乞發兵用銀牌狀　1092- 76- 11
論宣借宅事　1092- 77- 11
乞用劉石子弟（疏）　1092- 77- 11
投匭疏　1092- 78- 11
五事（疏）　1092- 79- 11
京兆求罷表　1092- 84- 12
杜公讓官表　1092- 85- 12
杜公謝官表　1092- 85- 12
杜公求退第一表　1092- 86- 12
（杜公求退）第二表　1092- 86- 12
（杜公求退）第三表　1092- 87- 12
（杜公求退）第四表　1092- 87- 12
（杜公求退）第五表　1092- 87- 12
玉清宮災上疏　1418-199- 43

● 蘇源明 唐

巡幸（疏）——諫罷幸東京　441- 96-287
自舉表　1338-674-611

● 蘇瑋生 劉宋

平賊告郊社太廟奏 附八座奏蘇瑋生議　1398-813- 16

● 蘇瑞生 劉宋

郊廟（疏）　433-351- 14

● 嚴　尤 漢

征伐（疏）——諫欲發衆追匈奴立呼韓邪十五子　439-472-227
諫伐匈奴（疏）　1355-281- 10
諫伐匈奴書　1360-256- 14
諫伐匈奴（疏）　1377-143- 3
諫伐匈奴書　1396-680- 24
諫罪高句驪奏 附王莽下書三將論敘二則　1396-681- 24
諫伐匈奴書　1402-457- 70

● 嚴　安 漢

治道（疏）　433-589- 24
論征伐書　1355-273- 10
諫伐匈奴書　1360-233- 13
論征伐書　1377-253- 12
上武帝言世務書　1396-412- 10
言世務書　1402-440- 69
上言世務書　1417-238- 13

● 嚴　浚 唐

諫安福門酺樂表　1338-753-620

● 嚴　郢 唐

法令（疏）　439- 43-209
屯田（疏）　440-383-260

駁議呂諲　549-242-190
駁議呂諲　1341-319-840
駁議呂諲（議）　1343-585- 41
駁議呂諲（議忠肅議）　1403-713-156
●嚴　嵩明
稽古典以備採酌事（疏）　443-515- 25
●嚴　粲劉宋
律歷（疏）——論何承天之元嘉曆法　440-815-278
●嚴正矩清
請復漕運疏　534-467- 94
●嚴挺之唐
戒伏欲（疏）　438-514-193
●嚴善思唐
山陵（疏）　436-484-124
論則天不宜合葬乾陵表　1338-785-624
●嚴羽昌宋
禦邊（疏）——陳扞敵之策　442-339-333
●覺羅滿保清
題報生番歸化疏　530-473- 69

二十一畫

●蘭陵公主隋
臨終上表　1400-255- 2
●顧　況唐
進高祖受命造唐賦表　1072-541- 下
　1333-355- 41
大尉晉國公韓混謚議　1072-542- 下
太尉晉國公韓混謚議　1341-326-841
●顧　和晉
禮樂（疏）　436-409-121
謹名器（疏）——（論成帝保母周氏）　438-589-197
汝南王統江夏公衛崇……尚書令顧和奏　1385-702- 附
●顧　清明
平苗露布　1261-619- 22
代武進伯朱江謝恩表　1261-744- 32
代忻城伯謝恩表　1261-744- 32
代平廣伯謝恩表　1261-745- 32
代會昌侯謝恩表　1261-746- 32
乞亥辭免考察屬官奏　1261-747- 33
擬法天更化奏　1261-747- 33
丁丑擬預定國本疏　1261-751- 33
請迴鑾疏　1261-752- 33
再請迴鑾疏　1261-752- 33

車駕還宮問安疏　1261-752- 33
戊寅請迴鑾疏　1261-753- 33
辛已被勑請致仕奏　1261-753- 33
辯明誕圍奏　1261-754- 33
自陳求退并乞辯明誕圍奏　1261-757- 33
●顧　越陳
上文帝論宮僚疏　1399-720- 7
●顧　琛劉宋
啓孝武帝　1398-776- 14
●顧　臻晉
禮樂（疏）　436-324-118
●顧　璘明
擬上風俗議　1263-604- 9
●顧　譚吳
宗室（疏）——諫魯王之盛寵　435-170- 76
●顧　歡齊
辭召表　1358-750- 6
孔稚珪陸澄虞惊沈約等薦杜京產　1358-750- 6
上高帝治綱表　1399-126- 5
●顧允成明
懸除邪險疏　1292-259- 2
恭請册立皇太子疏　1292-264- 2
爲李見羅中丞訟寃疏　1292-266- 2
擬上惟此四字編疏　1292-268- 2
●顧如華清
築河疏　534-463- 94
●顧悅之晉
褒贈（殷浩疏）　441- 6-283
●顧憲之齊
賦役（疏）　440-246-254
牛埭稅議　1399-439- 9
牛埭稅權議　1417-534- 26
●顧憲成明
親事激衷恭陳當今第一切務懇乞聖明特賜省納以端政本以回人心事疏　1292- 2- 1
建儲重典國本攸關不宜有待懇乞聖明早賜宸斷以信成命以慰輿情事疏　1292- 6- 1
感恩惶悚循職披忠懇祈聖明特賜照察并乞休致以安愚分事疏　1292- 8- 1
聞命惝衷自慙獨免恭陳愚悃以祈聖斷事疏　1292- 10- 1
患病不能供職懇乞天恩俯容回籍調理事疏　1292- 10- 1

聞命亟趨厲牽凤疾懇乞聖恩俯容
　　休致事疏　　　　　　　　　　1292- 11- 1
● 顧覬之 劉宋
唐賜妻子議　　　　　　　　　　1398-777- 14

二十二畫

● 龔　夬 宋
上徽宗乞示好惡明忠邪（疏）　　431-190- 17
上哲宗乞六察官兼言事（疏）　　431-682- 55
上徽宗乞誘諭青唐（疏）　　　　432-806-141
學校（疏）　　　　　　　　　　436-241-114
論封駁差除狀　　　　　　　　　436-872-141
知人（疏）——乞明忠邪翕子　　437-345-156
建官（疏）　　　　　　　　　　437-452-161
去邪（疏）——彈章惇疏（三則）438-185-180
去邪（疏）——乞示好惡明忠邪
　（疏）　　　　　　　　　　　438-190-180
去邪（疏）——彈蔡京疏（二則）438-190-180
去邪（疏）——論三省不疾速進
　呈言蔡京章疏　　　　　　　　438-191-180
去邪（疏）——彈蔡京疏（三則
　）附貼黃　　　　　　　　　　438-192-180
去邪（疏）——乞檢尋文及甫究
　問獄案狀　　　　　　　　　　438-193-180
去邪（疏）——彈蔡卞疏（三則
　）附貼黃　　　　　　　　　　438-194-180
去邪（疏）——（論蔡京蔡卞）　438-195-180
去邪（疏）——論章惇疏　　　　438-196-180
國史（疏）——論鄧詢武不宜同
　修神宗皇帝實錄奏　　　　　　440-781-276
四裔（疏）——論青唐狀　　　　442-671-347
請檢尋文及甫究問獄案牘（疏）　1350-663- 62
● 龔　原 宋
上徽宗論行令不由門下（疏）　　431-709- 57
● 龔　勝 漢
節儉（疏）　　　　　　　　　　438-454-191
● 龔　源 宋
喪禮（疏）　　　　　　　　　　436-467-124
● 龔　煇 明
星變陳言疏　　　　　　　　　　444-390- 48
● 龔茂良 宋
用人（疏）　　　　　　　　　　437- 54-144
災祥（疏）　　　　　　　　　　441-517-306
● 龔鼎臣 宋
治道（疏）　　　　　　　　　　433-854- 34
● 權伯衡 元

征伐疏　　　　　　　　　　　　439-682-235
● 權邦彥 宋
經國（疏）——獻十議以圖中興
　　大略　　　　　　　　　　　435-552- 91
● 權萬紀 唐
理財（疏）　　　　　　　　　　440-442-262
● 權德輿 唐
郊廟（疏）——上遷廟議附夾室
　　等五家不安之說　　　　　　433-415- 17
慎刑疏——答政之寬猛孰先　　　439-192-215
理財（疏）　　　　　　　　　　440-447-262
災祥（疏）　　　　　　　　　　441-319-298
中書門下賀邢州獲白雀白山鵲表　506-279- 95
爲河東副元帥馬司徒請刻御製箴
　　銘碑表　　　　　　　　　　549- 85-184
賀破吐蕃表　　　　　　　　　　570-535-29之9
中書門下賀雪表（二則）　　　　1338-222-561
中書門下賀雨第四至六表（三則）1338-225-561
中書門下賀元和殿甘露降表　　　1338-238-562
中書門下賀許州連理棠樹表　　　1338-241-563
中書門下賀恒華州嘉禾合穗表　　1338-244-563
賀西內嘉連表　　　　　　　　　1338-246-563
中書門下賀滑州黃河清表　　　　1338-255-564
賀黃河清表　　　　　　　　　　1338-255-564
中書門下賀河陽獲白兔表　　　　1338-263-565
中書門下賀邢州獲白雀白山鵲表　1338-264-565
中書門下賀興慶池白鼋鷲表　　　1338-264-565
中書門下賀雲南軍破吐蕃劍山保
　　定城表　　　　　　　　　　1338-281-567
中書門下賀元誼李文通出洛州城
　　表　　　　　　　　　　　　1338-281-567
中書門下賀汴州擒李廷表　　　　1338-282-567
中書門下賀靈武破吐蕃表　　　　1338-282-567
中書門下賀蔡州破賊表　　　　　1338-282-567
代中書門下賀八陵脩復畢表　　　1338-315-571
爲鄭相公讓中書侍郎平章事表　　1338-339-574
爲齊相公讓修國史表　　　　　　1338-340-574
代盧相公謝賜方藥并陳乞表（五
　　則）　　　　　　　　　　　1338-413-581
代賈相公乞退表　　　　　　　　1338-414-581
又代賈相公陳乞表（六則）　　　1338-415-581
代魏博田僕射辭官表　　　　　　1338-417-581
爲盧相公謝除中書侍郎表　　　　1338-425-582
爲趙庶子謝平章事表　　　　　　1338-425-582
爲崔相公謝門下侍郎表　　　　　1338-426-582

爲趙公謝賜金石凌表　　　　　　　1338-432-583
代賈相公謝賜馬及銀器錦綵等表　　1338-433-583
東都留守謝上表　　　　　　　　　1338-487-589
謝除太常卿表　　　　　　　　　　1338-487-589
謝賜冬衣表　　　　　　　　　　　1338-518-593
謝端午賜衣及器物等表　　　　　　1338-533-595
謝停賜口脂臘脂表　　　　　　　　1338-545-596
謝追贈父母官表　　　　　　　　　1338-549-597
代韋令公謝先人贈官表　　　　　　1338-550-597
代路中丞謝先人贈官表　　　　　　1338-550-597
請置兩省官表　　　　　　　　　　1338-643-608
爲趙侍郎乞歸河中侍兄表　　　　1338-644-608
爲王相公請改六書表　　　　　　　1338-644-608
爲河東副元帥馬司徒請刻御製箴
　　銘碑表　　　　　　　　　　　1338-645-608
齊賓客相公進所賜馬表　　　　　　1338-691-613
舉諫義大夫韋況自代充太子　　　　1339- 60-638
舉散騎常侍楊憑自代充兵部侍郎
　　狀　　　　　　　　　　　　　1339- 61-638
舉吏部侍郎崔邠充太常卿狀　　　　1339- 61-638
舉太常寺卿崔邠自代充禮部尚書
　　狀　　　　　　　　　　　　　1339- 61-638
奏孝子劉敦儒狀　　　　　　　　　1339- 92-643
論度支疏　　　　　　　　　　　　1339-603-698
遷廟議 貞元十五年九月　　　　　　1340-432-763
昭陵寢宮議　　　　　　　　　　　1340-495-770
常州刺史獨孤及誄議　　　　　　　1341-324-840
唐德宗神武皇帝誄册文　　　　　　1343-470- 32
唐順宗莊憲皇后誄册文　　　　　　1343-477- 32
遷廟議附藏夾室虛東向園寢分饗埋瘞
　　五文　　　　　　　　　　　　1343-560- 39
昭陵議　　　　　　　　　　　　　1343-567- 39
唐丞相贈司空李揆誄議　　　　　　1343-587- 41
唐故常州刺史獨孤及誄議　　　　　1343-591- 41

二十三畫

●樂　布 漢
賞罰（疏）——論彭越　　　　　　438-352-187
●樂　枝 周
治道（疏）　　　　　　　　　　　433-558- 23

二十五畫

●觀　恂 漢
薦劉般奏　　　　　　　　　　　　1397-157- 8

釋　　道

●一　行 唐
律歷（疏二則）　　　　　　　　　440-829-279

●支　遁 晉
還東山上哀帝書　　　　　　　　　1400-509- 7
●那伽仙 齊
上武帝書 附武帝詔報　　　　　　　1401-158- 19
●佛圖澄 後趙
謝石虎勞問書　　　　　　　　　　1400-554- 9
辭石虎書　　　　　　　　　　　　1400-554- 9
●法　經（等）隋
上文帝論衆經目錄書　　　　　　　1401-640- 43
●明　徹 梁
臨終辭啓 附武帝勅答　　　　　　　1401-355- 28
●竺法曠 晉
答簡文帝　　　　　　　　　　　　1400-520- 7
●竺僧朗 晉
答秦主符堅書　　　　　　　　　　1400-555- 9
答燕主慕容垂書　　　　　　　　　1400-555- 9
答南燕主慕容德書　　　　　　　　1400-556- 9
又報慕容德（書）　　　　　　　　1400-556- 9
●契　嵩 宋
萬言書上仁宗皇帝　　　　　　　　1091-489- 9
再書上仁宗皇帝　　　　　　　　　1091-498- 9
●桓　玄 劉宋
有司沙門宜敬王者奏　　　　　　　1401- 90- 16
●惠　深 北魏
申明僧制奏　　　　　　　　　　　1401-442- 33
●智　越 隋
皇太子登極衆遣賀啓 附煬帝勅答　　1401-639- 43
衆謝啓　　　　　　　　　　　　　1401-639- 43
輿駕巡江都宮寺衆參啓　　　　　　1401-640- 43
●智　藏 梁
啓辭武帝 附武帝勅諭智藏　　　　　1401-363- 29
●智　顗 隋
諫僧尼休道表　　　　　　　　　　1401-616- 42
●道　恒 後秦
答秦主書　　　　　　　　　　　　1400-562- 9
重答秦主表　　　　　　　　　　　1400-562- 9
重答秦主表　　　　　　　　　　　1400-563- 9
●道　林 隋
啓文帝　　　　　　　　　　　　　1401-642- 43
●道　威 齊
啓高帝論檢試僧事啓　　　　　　　1401-152- 19
●嗣　安 唐
謝賜天寶寺額狀　　　　　　　　　 556-197- 87
　　　　　　　　　　　　　　　　1339- 42-634
●鳩摩羅什 晉

史部

詔令奏議類：附錄

奏議上釋道、不著選人

答後秦主姚興書	1400-556- 9
妖異奏	1400-565- 9
●僧　朗 晉	
答晉主書	1400-441- 3
●僧　智晉	
僧契等奏	1400-563- 9
答秦主書	1400-564- 9
●僧　肇 後秦	
涅槃無名論 并上秦主姚興表	1400-588- 10
●僧 衞然 宋	
上宋太宗表	594-259- 11
●慧　遠 晉	
謝安帝勞問書	1400-547- 8
●曇　延 隋	
臨終遺文帝啓	1401-642- 43
●曇　遷 隋	
修佛像奏 附文帝詔	1401-642- 43
●曇　積 北周	
諫周太祖沙汰僧表	1401-493- 36
●贊　寧 宋	
進高僧傳表 附批答	1052- 2- 附

不著撰人

●商	
荒政（疏）	440- 1-243
●周	
君德（疏）	433- 3- 1
治道（疏）	433-556- 23
經國（疏）	435-225- 78
仁民（疏）	436- 51-105
仁民（疏二則）	436- 53-105
求賢（疏）	437-256-153
知人（疏）	437-278-154
戒佚欲（疏）	438-495-193
戒佚欲（疏）	438-499-193
征伐（疏）	439-460-226
禮臣（疏）	441- 41-285
論酒味色能亡國	1377-151- 4
納景公謂晏子書	1396- 69- 5
獻書燕王	1402-413- 66
●秦	
群臣尊始皇廟議	1396-151- 11
●漢	
郊廟（疏）	433-344- 14
郊廟（疏）	433-345- 14
儲嗣（疏）——請豫建太子	435- 47- 71

儲嗣（疏）——辯戾太子得罪事	435- 48- 71
上救太子書	1355-239- 8
	1360-236- 13
	1377-232- 12
知人（疏）	437-279-154
選舉（疏）	437-487-163
勤政（疏）	438-435-190
聽言（疏）——論斬晁錯	438-694-201
法令（疏）	439- 3-208
慎刑（疏）——除收孥諸相坐律令	439-166-215
征伐（疏）	439-461-226
水利（疏）	440-137-249
理財（疏）	440-427-262
諡號（議）——請上孝順皇帝尊號	440-880-281
禮臣（疏）	441- 42-285
災祥（疏）	441-236-295
四裔（疏）	442-511-340
擇賢疏	1354- 50- 6
賢良文學罷鹽鐵議	1355-256- 9
罷鹽鐵議	1360-275- 10
群臣上漢帝表	1361-544- 11
告樊他廣不當代後書	1396-357- 7
上治河書 附武帝報延年	1396-425- 11
議所立書	1396-434- 11
勸代王年奏	1396-461- 13
平干王元不宜立嗣奏	1396-461- 13
爲韋玄成上疏	1396-473- 14
薦朱雲封事 附匡衡論對	1396-489- 14
勸奏丞相匡衡疏	1396-501- 15
勸薛况奏	1396-510- 16
勸梁王立疏	1396-523- 16
群臣請大司馬王莽益封奏	1396-656- 23
群臣請加宰衡位在諸侯王上奏	1396-659- 23
群臣居攝奏	1396-662- 23
諸將奏上尊號	1397- 16- 1
群臣復上奏上尊號	1397- 16- 1
群臣奏言嘉瑞	1397- 16- 1
有司上明帝廟號樂舞奏	1397- 24- 1
有司上章帝廟號樂舞奏	1397- 38- 2
太傅三公封郭鎮奏	1397- 53- 3
有司奏上順帝尊號	1397- 54- 3
八能士書版言事文	1397- 67- 3
督郵保舉博士板狀	1397- 67- 3

有司請立長秋宮（疏）　1397-76-4
有司上言追尊清河王　1397-86-4
封禪議附光武詔報　1397-137-7
上言茯充　1397-178-8
訴縣令書并附虞詡駁尚書劾寧陽主簿書　1397-248-12
史官上書　1397-323-15
尚書奏劾裏楷　1397-354-16
孔廟置守廟百石卒使孔鮒碑（疏）　1397-586-28
魯相史晨祀孔廟奏銘　1397-616-29
漢名臣奏（三則）　1397-683-32
公卿薦摯恂（疏）　1397-684-32
諸闔上書　1405-255-259

● 魏

征伐（疏）　439-489-227
謚號（議）——請上甄皇后尊謚　440-882-281
三公請謚文昭甄后奏　1361-538-9
又請立廟奏　1361-538-9
魏三公陳孫權罪惡請免官削士奏　1361-549-12

● 吳

封建（疏）　436-37-104

● 晉

禮樂（疏）　436-401-121
禮樂（疏）　436-408-121
有司奏改泰始曆　1398-464-20
有司郊配奏　1398-465-20
羣公正朔服色奏　1398-465-20
有司廟物奏　1398-465-20
有司南宮王冠奏　1398-465-20
有司議王公入朝奏　1398-465-20
有司婚禮奏　1398-465-20
有司侯國耕籍奏　1398-465-20
廷尉爲男感女重生奏　1398-465-20
人上天變書　1398-465-20
前鋒都督平兗青州露布　1402-222-44

● 劉宋

宗室（疏）　435-176-76
禮樂（疏）　436-411-121
禮樂（疏）　436-414-121
封禪（疏）　441-225-294
有司奏上蕭太后尊號　1398-572-5
有司上張太后尊號奏　1398-572-5
有司追尊胡太后奏　1398-572-5
有司奉尊路太后奏　1398-572-5
有司追尊沈太后奏　1398-573-5

有司尊陳太妃奏　1398-573-5
有司奏貶竟陵王誕　1398-598-6
人爲江敦讓婚表　1398-860-18
有司廟祀歌辭奏（二則）　1398-861-18
有司請免餘姚令何玢之奏　1398-862-18
有司披庭有故不舉祭奏　1398-862-18
有司中丞出行分道奏　1398-862-18
有司心喪禫服奏　1398-862-18
皇子母服議　1398-863-18
州詳蔣恭兄弟爭受罪議　1398-863-18
有司參議不應致禮太傅奏附孝武帝詔報　1398-863-18
有司南郊儀注奏　1398-865-18
有司大小駕儀奏　1398-865-18
有司凌室藏冰奏　1398-865-18
有司奏立宣貴妃廟　1398-866-18
有司余齊民孝行奏　1398-866-18
有司掾竇依舊制奏　1398-866-18
諒闇內奉嘗祠議　1398-866-18
有司明堂制奏　1398-867-18

● 齊

有司奏氏王楊集始母　1399-224-10
八座奏陰平王楊昱　1399-224-10
有司奏沸泉木簡文　1399-228-10

● 梁

湘東王薦顧協表　1386-706-上
有司奏崇丁貴嬪　1399-250-5

● 北魏

太和九年有司奏　1401-457-33
太和十年有司奏　1401-457-33

● 隋

論命名奏　1400-399-8
雞鳴變奏　1400-400-8
憲司劾盧愷奏　1400-400-8

● 唐

應天神龍皇帝册文　426-65-7
開元天寶聖文神武應道皇帝册文　426-67-7
開元天地大寶聖文神武應道皇帝册文　426-67-7
文武孝德皇帝册文　426-71-8
仁聖文武章天成功神德明道大孝皇帝册文　426-75-8
高宗天皇大帝謚議　426-113-13
德宗神武孝文皇帝謚議　426-115-13
憲宗聖神章武孝皇帝謚議　426-117-13

四庫全書文集篇目分類索引

史部

詔令奏議類：附錄

奏議上不著選人

穆宗睿聖文惠孝皇帝謚議　　　　　426-118- 13
敬宗睿武昭愍孝皇帝謚議　　　　　426-119- 13
君德（疏）　　　　　　　　　　　　433- 8- 1
儲嗣（疏）　　　　　　　　　　　　435- 70- 72
務農（疏）　　　　　　　　　　　　436-174-110
喪禮（疏二則）　　　　　　　　　　436-432-122
喪禮（疏）　　　　　　　　　　　　436-433-122
喪禮（疏）　　　　　　　　　　　　436-434-122
用人（疏）　　　　　　　　　　　　436-650-131
建官（疏二則）　　　　　　　　　　437-386-159
戒佚欲（疏）　　　　　　　　　　　438-513-193
聽言（疏）——論魏徵進諫　　　　　438-706-201
聽言（疏）　　　　　　　　　　　　438-707-201
聽言（疏）　　　　　　　　　　　　438-708-201
聽言（疏）　　　　　　　　　　　　438-709-201
聽言（疏）　　　　　　　　　　　　438-710-201
聽言（疏二則）　　　　　　　　　　438-711-201
法令（疏）　　　　　　　　　　　　439- 40-209
慎刑疏——論斬張蘊古事　　　　　　439-179-215
赦宥（疏）　　　　　　　　　　　　439-244-218
赦宥（疏）——論高甑生坐違李
　靖節度減死徒邊事　　　　　　　　439-244-218
兵制（疏）　　　　　　　　　　　　439-271-219
宿衞（疏二則）　　　　　　　　　　439-430-225
征伐（疏）　　　　　　　　　　　　439-526-229
征伐（疏）——諫上復征高麗　　　　439-529-229
荒政（疏）　　　　　　　　　　　　440- 6-243
律歷（疏）　　　　　　　　　　　　440-829-279
禮臣（疏）　　　　　　　　　　　　441- 54-285
封禪（疏）　　　　　　　　　　　　441-228-294
災祥（疏）　　　　　　　　　　　　441-311-298
弭盜（疏）　　　　　　　　　　　　441-766-317
四裔（疏）　　　　　　　　　　　　442-537-341
元和南省請上尊號表（三則）
　第二表闕　　　　　　　　　　　　1338-163-554
爲百寮賀僕固懷恩死幷諸道破賊
　表　　　　　　　　　　　　　　　1338-276-567
爲韋右相賀拜洛表　　　　　　　　　1338-298-569
讓同平章事表　　　　　　　　　　　1338-326-572
爲徐相公讓加食邑表　　　　　　　　1338-351-575
代王尚書讓官表（二則）　　　　　　1338-368-577
爲西川崔僕射謝卻赴劍南表　　　　　1338-439-584
爲變州栢都督謝上表　　　　　　　　1338-439-584
爲崔鄭公謝除鳳翔節度使表　　　　　1338-440-584
爲武奉御謝官表　　　　　　　　　　1338-474-588

謝尙方監表　　　　　　　　　　　　1338-474-588
河西破蕃賊露布　　　　　　　　　　1339-143-648
爲郭子儀讓華州奉天請立生祠建
　碑第三表　　　　　　　　　　　　1394-382- 3
●後　周
法令（疏）——刪定律令　　　　　　439- 47-209
崇儒（疏）　　　　　　　　　　　　440-716-274
●前　蜀
王衍降表　　　　　　　　　　　　　1381-279- 27
●後　蜀
孟昶降表　　　　　　　　　　　　　1381-280- 27
●宋
上哲宗乞議經歷付受官吏之罪以
　正紀綱（疏）　　　　　　　　　　431-703- 57
禮樂（疏）　　　　　　　　　　　　436-330-118
喪禮（疏二則）　　　　　　　　　　436-445-123
喪禮（疏）　　　　　　　　　　　　436-452-123
樂疏　　　　　　　　　　　　　　　436-571-128
用人（疏）——廷臣上言謂國朝
　視文武爲一體　　　　　　　　　　437- 46-144
法令（疏）　　　　　　　　　　　　439- 84-211
水利（疏）　　　　　　　　　　　　440-233-253
賦役（疏）　　　　　　　　　　　　440-359-259
理財（疏）——畫一申明常平新
　法之意　　　　　　　　　　　　　440-502-265
理財（疏）　　　　　　　　　　　　440-522-266
禦邊（疏）　　　　　　　　　　　　442-442-337
四裔（疏）　　　　　　　　　　　　442-718-348
外臺秘要方箋子　　　　　　　　　　736- 44-附
（付李觀）箋子（四則）　　　　　　1095-337- 1
宋嘉定謚濂溪先生議　　　　　　　　1101-462- 5
臣寮奏乞（徐積）次判官充教授　　　1101-973- 32
知楚州寇公奏乞（徐積）改官　　　　1101-974- 32
發運蔣公奏乞（徐積）改官　　　　　1101-974- 32
（乞徐積以）吏部符充楚州教授　　　1101-974- 32
運使章公再奏乞（徐積）異寵　　　　1101-976- 32
知江寧府曾公奏乞處（徐積）以
　太學官　　　　　　　　　　　　　1101-976- 32
開封尹王公奏請賜（徐積）謚　　　　1101-977- 32
鄭介公謚議　　　　　　　　　　　　1117-510- 附
鄭介公謚覆議　　　　　　　　　　　1117-511- 附
臣僚箋子——爲陳東歐陽澈之死
　乞誅汪伯彥　　　　　　　　　　　1136-420- 7
賀皇帝登極表（二則）　　　　　　　1352- 16-1上
請重明節表（三則）　　　　　　　　1352- 24-1上

賀聖節表（二則） 1352- 31-1上
謝宮祠表 1352-240-6下

賀誕皇子表 1352- 34-1中
謝乞宮祠不允賜詔表 1352-244-6下

賀立皇太子表 1352- 38-1中
謝傳宣撫問表（三則） 1352-246-6下

賀皇太后遷慈福宮表 1352- 39-1中
謝傳宣撫問賜藥表（二則） 1352-247-6下

賀明堂成表 1352- 47-1中
謝賜詔藥物表 1352-248-6下

賀郊祀改元肆赦表 1352- 51-1下
謝獎諭表 1352-248-6下

賀元會表（三則） 1352- 52-1下
謝宣召表 1352-249-6下

賀元會表（二則） 1352- 53-1下
謝賜御書孟子表（二則） 1352-251-7上

賀正表（三則） 1352- 54-1下
謝賜曆日表 1352-255-7上

賀冬表 1352- 55-1下
謝賜衣表 1352-255-7上

賀冬表 1352- 56-1下
謝賜冬衣表（二則） 1352-256-7上

賀冬表（二則） 1352- 56-1下
謝賜衣金帶表 1352-256-7上

賀正旦至十二月旦表（十二則） 1352- 57-1下
謝賜春衣表 1352-257-7上

賀上元獄空及不拾遺表 1352- 66-2上
謝賜夏藥表 1352-260-7上

賀獄空表 1352- 67-2上
謝賜生日禮物表 1352-261-7上

賀寒食獄空表 1352- 67-2上
謝賜生日表（二則） 1352-261-7上

賀獄空表 1352- 67-2上
乞出表（四則） 1352-267-7中

賀太陽不虧表 1352- 70-2上
乞避位待罪表 1352-269-7中

賀河清表 1352- 71-2上
乞避位待罪表（二則） 1352-270-7中

賀瑞禾表 1352- 71-2上
乞宮觀表（二則） 1352-271-7中

賀雪表 1352- 74-2上
乞致仕表（二則） 1352-273-7下

北郊青城起居表 1352- 86-2中
乞致仕表（二則） 1352-274-7下

上皇帝勸進表 1352- 91-2中
乞致仕表（二則） 1352-275-7下

進銀表 1352-103-2下
遺表 1352-280-7下

聖節進絹表 1352-103-2下
與宰臣韓琦等議濮安懿王合行典

慰山陵禮畢表 1352-107-3上
　禮狀 1353- 32- 51

慰耐廟表（二則） 1352-108-3上
論兩府遷官狀 1353- 32- 51

乞聽斷表（五則） 1352-109-3上
論燕飲狀 1353- 33- 51

乞御正殿表（三則） 1352-110-3上
乞懲勸均稅狀 1353- 33- 51

辭免右丞相表（二則） 1352-114-3上
乞經筵訪問上殿箚子 1353- 34- 51

辭免右僕射表 1352-115-3上
乞延訪群臣箚子（二則） 1353- 34- 51

辭免僕射表 1352-116-3上
乞建儲上殿箚子（二則） 1353- 35- 51

辭免參知政事表 1352-116-3上
言施行封事上殿箚子 1353- 36- 51

辭免使相表 1352-120-3中
除中宋上殿箚子 1353- 36- 51

辭免昭文相公表 1352-121-3中
祝皇帝壽聖疏（二則） 1353-428- 81

辭免資政殿大學士表（二則） 1352-121-3中
擬李靖破頡利可汗露布 1353-587- 91

辭免門下侍郎表 1352-123-3中
代并州長史張仁亶進九鼎銘表 1375-522- 40

辭免正議大夫表 1352-127-3中
代翰林侍讀學士錢藻遺表 1386-263- 39

辭免起復太宰表（二則） 1352-129-3中
謝賜柑表 1394-446- 4

謝除資政殿大學士表 1352-154-4中
賀耕籍表 1394-453- 4

謝除觀察使嘉國公表 1352-166-4下
賀河清表 1394-454- 4

謝除安撫表 1352-168-4下
● 遼

留守到任謝上表 1352-182-5上
治道（疏）——上時政略 434-787- 65

靜江到任謝表 1352-206-5下
● 金

謝任子表 1352-231-6中
郊廟（疏）——議宮縣之樂 433-549- 22

郊廟（疏）——奏禘祫之儀　　　　　　433-549- 22
郊廟（疏）——議建閟宗別廟　　　　　433-550- 22
郊廟（疏）　　　　　　　　　　　　　433-550- 22
郊廟（疏）——議禮神之玉與郊
　祀之犢　　　　　　　　　　　　　　433-551- 22
祭禮（疏）　　　　　　　　　　　　　436-526-126
祭禮（疏）　　　　　　　　　　　　　436-527-136
樂疏　　　　　　　　　　　　　　　　436-574-128

●元

圖識（疏）　　　　　　　　　　　　　440-759-275
禮臣（疏）　　　　　　　　　　　　　441- 90-286
巡幸（疏）——諫田於柳林　　　　　　441-113-287
杜思敬諭文定議　　　　　　　　　　　549-246-190
（張伯淳）諭文　　　　　　　　　　 1194-433- 附
江西行省進賀大德改元表　　　　　　 1366-601- 2
江西行省進賀册命皇后殿下表　　　　 1366-601- 2

●明

遵祖訓以端政體疏　　　　　　　　　　443-186- 11
爲急缺六科官員照例選補以廣言
　路疏　　　　　　　　　　　　　　　443-334- 18
封贈蔭敍議　　　　　　　　　　　　　443-348- 19
查處皇莊田土疏　　　　　　　　　　　443-384- 21
查勘畿內田土疏　　　　　　　　　　　443-386- 21
議處本折倉糧以蘇負累事　　　　　　　443-423- 22
茶法（疏）　　　　　　　　　　　　　443-459- 23
條陳事宜以重修省疏　　　　　　　　　443-509- 25
定親王繼封併行查勘疏　　　　　　　　443-513- 25
提督學校條例（疏）　　　　　　　　　443-522- 26
論太學狀　　　　　　　　　　　　　　443-524- 26
改便科舉以順人情疏　　　　　　　　　443-548- 26
議處節孝以彰風化疏　　　　　　　　　443-569- 27
郊禮議　　　　　　　　　　　　　　　443-584- 28
題陵議　　　　　　　　　　　　　　　443-627- 29
慎重恩典以杜濫請疏　　　　　　　　　443-662- 30
題災異事　　　　　　　　　　　　　　443-665- 30
題停齋醮疏　　　　　　　　　　　　　443-667- 30
請卻進獻疏　　　　　　　　　　　　　443-673- 31
邊情疏　　　　　　　　　　　　　　　443-694- 31
裁革冗食節冗費奏　　　　　　　　　　443-695- 31
題陳時宜革弊政事　　　　　　　　　　443-702- 31
光祿寺修定供應數目事例　　　　　　　443-717- 31
查革武職疏　　　　　　　　　　　　　444- 9- 33
明郵典以定功賞疏　　　　　　　　　　444- 17- 33
題爲修飭武備以防不虞事　　　　　　　444- 55- 35
部覆　　　　　　　　　　　　　　　 1264-459- 12

題贈諭疏　　　　　　　　　　　　　 1266-233- 38
吏部奉旨起復因諫止巡遊下罪等
　人官職酌量陞用並撫恤死者啟　　　 1269-1040-附

●清

進通鑑前編表　　　　　　　　　　　　332- 5- 附
申明言官職掌疏　　　　　　　　　　　561-658- 47
附魏總憲參劾疏　　　　　　　　　　 1325-295- 附
附魏總憲舉廉疏　　　　　　　　　　 1325-296- 附

4. 奏議下（作者式）

三　畫

●于志寧 唐

儲嗣（疏）——諫太子承乾侈造
　宮室耽好聲樂　　　　　　　　　　　435- 67- 71
儲嗣（疏）——諫太子承乾務農
　時召役不許分番及私引突厥入
　宮事　　　　　　　　　　　　　　　435- 67- 71
儲嗣（疏）——諫太子承乾以農
　時造曲室又好音樂過度　　　　　　　435- 68- 72
諫太子承乾營造曲室書　　　　　　　 1339-302-667
諫太子承乾左右非其人書　　　　　　 1339-302-667
諫太子承乾引突厥達哥支入宮書　　　 1339-303-667

四　畫

●方　岳 宋

皇太后册寶賀表　　　　　　　　　　 1182-320- 17
壽明皇太后賀表　　　　　　　　　　 1182-320- 17
皇太后賀表　　　　　　　　　　　　 1182-321- 17
皇后謝箋　　　　　　　　　　　　　 1182-325- 17
（天基聖節賀皇后）牋　　　　　　　 1182-327- 17
又皇后賀表　　　　　　　　　　　　 1182-333- 17

●文天祥 宋

謝皇太后表　　　　　　　　　　　　 1184-430- 4
謝皇后牋　　　　　　　　　　　　　 1184-430- 4
（皇太子生日）賀皇太后表　　　　　 1184-430- 4
（皇太子生日）賀皇后牋　　　　　　 1184-431- 4
（皇子進封左衞上將軍嘉國公）
　賀皇太后表　　　　　　　　　　　 1184-431- 4
（皇子進封左衞上將軍嘉國公）
　賀皇后牋　　　　　　　　　　　　 1184-431- 4
（皇女進封同壽公主）賀皇太后
　表　　　　　　　　　　　　　　　 1184-432- 4
（皇女進封同壽公主）賀皇后牋　　　 1184-432- 4
（知贛州到任）謝皇太后表　　　　　 1184-433- 4
（知贛州到任）謝皇后牋　　　　　　 1184-433- 4
（壽崇節本州）賀皇太后表　　　　　 1184-433- 4

（壽崇節本州）賀皇后牋　1184-433-　4
（壽崇節兵馬鈐轄司）賀皇太后表　1184-434-　4
（壽崇節兵馬鈐轄司）賀皇后牋　1184-434-　4
（乾會節本州）賀皇太后表　1184-435-　4
（乾會節本州）賀皇后牋　1184-435-　4
（乾會節鈐司）賀皇太后表　1184-435-　4
（乾會節鈐司）賀皇后牋　1184-436-　4
（皇子賜名本州）賀皇太后表　1184-436-　4
（皇子賜名本州）賀皇后牋　1184-436-　4
（皇子賜名鈐司）賀皇太后表　1184-437-　4
（皇子賜名鈐司）賀皇后牋　1184-437-　4
（皇帝登寶位本州）賀太皇太后表　1184-437-　4
（皇帝登寶位本州）賀太皇太后表　1184-438-　4
（皇帝登寶位鈐司）賀太皇太后表　1184-438-　4
（皇帝登寶位鈐司）　1184-438-　4
（太皇太后加尊號本州）賀太皇太后表　1184-439-　4
（太皇太后加尊號本州）賀皇太后表　1184-439-　4
（太皇太后加尊號鈐司）賀太皇太后表　1184-439-　4
（太皇太后加尊號鈐司）賀皇太后表　1184-440-　4
（皇太后加尊號本州）賀太皇太后表　1184-440-　4
（皇太后加尊號本州）賀皇太后表　1184-440-　4
（皇太后加尊號鈐司）賀太皇太后表　1184-441-　4
（皇太后加尊號鈐司）賀皇太后表　1184-441-　4
（大行皇帝升遐本州）慰太皇太后表　1184-441-　4
（大行皇帝升遐本州）慰皇太后表　1184-442-　4
（大行皇帝升遐鈐司）慰太皇太后表　1184-442-　4
（大行皇帝升遐鈐司）慰皇太后表　1184-442-　4
（百日）慰太皇太后表　1184-443-　4
（百日）慰皇太后表　1184-443-　4

（期年）慰太皇太后表　1184-443-　4
（期年）慰皇太后表　1184-443-　4
（再期）慰太皇太后表　1184-444-　4
（再期）慰皇太后表　1184-444-　4
（禫祭）慰太皇太后表　1184-444-　4
（禫祭）慰皇太后表　1184-444-　4
賀太皇太后同聽政表　1184-445-　4
（天瑞節本州）賀太皇太后表　1184-445-　4
（天瑞節本州）賀皇太后表　1184-445-　4
（天瑞節鈐司）賀太皇太后表　1184-446-　4
（天瑞節鈐司）賀皇太后表　1184-446-　4
（大行皇帝諡號本州）慰太皇太后表　1184-446-　4
（大行皇帝諡號本州）慰皇太后表　1184-447-　4
（大行皇帝諡號鈐司）慰太皇太后表　1184-447-　4
（大行皇帝諡號鈐司）慰皇太后表　1184-447-　4
（冬至節本州）慰太皇太后表　1184-447-　4
（冬至節本州）慰皇太后表　1184-448-　4
（啟殯）慰太皇太后表　1184-448-　4
（啟殯）慰皇太后表　1184-448-　4
（發引）慰太皇太后表　1148-448-　4
（發引）慰皇太后表　1184-449-　4
（祔廟）慰太皇太后表　1184-449-　4
（祔廟）慰皇太后表　1184-449-　4
（正旦）慰太皇太后表　1184-450-　4
（正旦）慰皇太后表　1184-450-　4
（改元）賀太皇太后表　1184-450-　4
（改元）賀皇太后表　1184-450-　4
（曆日）謝太皇太后表　1184-451-　4
（曆日）謝皇太后表　1184-451-　4
皇子進封左衞上將軍嘉國公賀皇太后表　1403-555-138

● 尤　袤 宋
獻皇太子書　1149-518-　2

● 王　吉 漢
諫昌邑王疏　1355-335- 11
諫昌邑王疏　1417-265- 14

● 王　旭 元
代鄧禹上蕭王書　1202-828- 10
代鄒陽遊梁上孝王書　1202-827- 10

● 王　炎 宋
賀太上皇帝慶壽表　1155-537- 11

1718　　　　　　　　　四庫全書文集篇目分類索引

史部

詔令奏議類：附錄

奏議下四畫

太上皇后箋	1155-537- 11
今上皇后箋	1155-538- 11
賀太上皇帝慶壽表	1155-538- 11
太上皇后箋	1155-539- 11
今上皇后箋	1155-539- 11
賀太上皇帝慶壽表	1155-539- 11
太上皇后箋	1155-540- 11
今上皇后箋	1155-540- 11
賀太上皇帝尊號表	1155-540- 11
太上皇后箋	1155-541- 11
今上皇后箋	1155-541- 11
賀太上皇帝加上尊號表	1155-541- 11
太皇太后表	1155-542- 11
皇太后箋	1155-542- 11
太上皇后箋	1155-542- 11
皇后箋	1155-543- 11
慰皇太后箋	1155-554- 12
慰皇后箋	1155-554- 12
慰皇太子箋	1155-555- 12
賀正表箋（上皇太后）	1155-561- 12
皇后箋	1155-564- 13
皇太子箋	1155-564- 13
皇后箋	1155-565- 13
皇太子箋	1155-565- 13
東宮箋	1155-566- 13

● 王 珪 宋

皇帝賀皇太后過宮表	1093- 73- 10
太廟皇帝問皇太后聖體表	1093- 79- 11
南郊青城皇帝問太皇太后聖體表	1093- 81- 11
內中御侍已下賀太皇太后冬節詞	1093-115- 16
內中御侍已下賀皇太后冬節詞（二則）	1093-115- 16
掩皇堂慰太后表	1093-304- 41
冬至賀皇太后表（二則）	1093-306- 42
正旦賀皇太后表	1093-307- 42
寒食節皇太后表	1093-308- 42
謝太后撫問第一二三表	1093-315- 43
靈駕發引慰皇太后表	1093-316- 43

● 王 豹 晉

| 上齊王冏箋 | 1404-221-181 |

● 王 芬 漢

郊廟（疏）——議復長安南北郊	433-341- 14
請太后備供養奏附太后答詔	1396-646- 23
建長秋宮奏附太后詔信陽侯劉佟上言有司議凡三則	1396-647- 23

辭益封奏	1396-647- 23
請毀奉明園罷南陵雲陵奏	1396-647- 23
議復長安南北郊奏	1396-648- 23
改祭儀奏（二則）	1396-649- 23
議定六宗奏	1396-650- 23
立官稷奏	1396-650- 23
改葬共王母丁姬奏（二則）	1396-651- 23
定封爵地奏附羣臣奏太后詔	1396-651- 23
稱假皇帝改元初始奏	1396-652- 23
上請刻宰衡印章書附王舜等奏	1396-658- 23
讓書	1396-659- 23

● 王 舜（等）漢

| 太保王舜等安漢公號宰衡奏附太后詔孔光等奏 | 1396-657- 23 |

● 王 質 宋

| 代賀太上皇后加尊號表 | 1149-375- 4 |

● 王十朋 宋

| 賀皇太子箋 | 1151-526- 21 |
| 慰皇太子表 | 1151-526- 21 |

● 王子俊 宋

（光廟登極）賀壽皇聖帝表	1151- 2- 46
（光廟登極）賀太皇太后表	1151- 3- 46
（光廟登極）賀皇太后表	1151- 3- 46
（光廟册后）賀壽皇聖帝文	1151- 4- 46
（光廟册后）賀皇太后文	1151- 4- 46
（光廟册后）賀皇后（表）	1151- 4- 46
（重明聖節）賀壽皇聖帝（表）	1151- 5- 46
（重明聖節）賀壽聖皇太后(表)	1151- 5- 46
（重明聖節）賀壽成皇后（表）	1151- 5- 46
（皇子降生）賀太上皇帝（表）	1151- 6- 46
（皇子降生）賀太皇太后（表）	1151- 6- 46
（皇子降生）賀皇太后（表）	1151- 6- 46
（皇子降生）賀太上皇后（表）	1151- 7- 46
（皇子降生）賀皇后（表）	1151- 7- 46
（孝宗大祥）慰太上皇帝（表）	1151- 7- 46
（孝宗大祥）慰太皇太后表	1151- 7- 46
（孝宗大祥）慰皇太后（表）	1151- 8- 46
（孝宗大祥）慰太上皇后（表）	1151- 8- 46
（孝宗大祥）慰皇后（表）	1151- 8- 46
謝東宮贈金盃縀羅香茶（表）	1151- 13- 46

● 王之望 宋

茶馬司賀太上皇帝遜位表	1139-709- 4
賀太上皇帝遜位表	1139-709- 4
除參知政事謝德壽宮表	1139-712- 4
除端明殿學士謝德壽宮表	1139-713- 4

● 王安石 宋

南郊青城皇帝問太皇太后皇太后
　聖體表　　　　　　　　1105-341- 45
慰太皇太后表　　　　　　1105-497- 61
慰皇太后表　　　　　　　1105-497- 61
慰太皇太后表　　　　　　1105-498- 61
慰皇太后表　　　　　　　1105-498- 61
謝皇親叔敍啟　　　　　　1105-660- 79
參知政事回宗室賀啟　　　1105-661- 79

● 王安禮 宋

明堂禮成賀太皇太后表　　1100- 43- 5
賀皇太后表　　　　　　　1100- 47- 5

● 王禹偁 宋

賀皇太子牋　　　　　　　1086-248- 25
皇太子賀正牋　　　　　　1086-248- 25
皇太子賀冬牋　　　　　　1086-248- 25

● 王義山 元

謝皇太后表　　　　　　　1193-135- 21
賀皇太后表　　　　　　　1193-135- 21
代永州冬至節慰皇太后表　1193-136- 21

● 王羲之 晉

與會稽王牋　　　　　　　1404-222-187

● 王應麟 宋

慰皇太后（表）　　　　　1187-219- 3
慰皇后（表）　　　　　　1187-219- 3
慰皇太后（表）　　　　　1187-219- 3
慰皇后（表）　　　　　　1187-220- 3

● 王巖叟 宋

上宣仁皇后論察賢佞之說（疏）　431-175- 16
謝太皇太后（疏）　　　　436-790-137

● 孔平仲 宋

謝太皇太后表　　　　　　1345-523- 29

● 孔武仲 宋

賀太皇太后聽政表　　　　1345-296- 11
皇太后表　　　　　　　　1345-296- 11
慰太皇太后表　　　　　　1345-297- 11
慰皇太后表　　　　　　　1345-297- 11
代謝太皇太后表　　　　　1345-298- 11
代謝太皇太后表　　　　　1345-299- 11
代賀太皇太后表　　　　　1345-299- 11
賀皇太后表　　　　　　　1345-300- 11

● 孔穎達 唐

儲嗣（疏）　　　　　　　 435- 68- 71

● 王　紀 明

奉迎皇太后箋　　　　　　1404-227-182

五　畫

● 司馬光 宋

上慈聖皇后乞益加慈愛（疏）　　431- 98- 9
上慈聖皇后乞母子之間恩信相接
　（疏）　　　　　　　　 431-109- 10
上慈聖皇后論任人賞罰要在至公
　名體禮數當抑損（疏）　 431-287- 16
孝親（疏）——上慈聖皇后疏　　433-253- 10
治道（疏）——上皇太后疏　　　433-849- 34
內治（疏）——上皇太后（二則）435-139- 74
上太皇太后謝賜生日禮物表　　 549- 95-184
上太皇太后謝賜生日禮物表　　1094-185- 17
上太皇太后辭免正議大夫表　　1094-185- 17
上太皇太后謝轉正議大夫表　　1094-186- 17
上皇太后疏　　　　　　　1094-268- 27
上皇太后疏　　　　　　　1094-284- 29
上皇太后疏　　　　　　　1094-301- 31
錢中令諡宣靖議　　　　　1094-611- 66
趙少傅諡僖質議　　　　　1094-611- 65
馮太尉諡勤威議　　　　　1094-611- 66
上皇太后疏　　　　　　　1418-225- 44

● 田　錫 宋

謝皇太子筵記　　　　　　1085-518- 25

● 史　浩 宋

正旦賀太上皇帝表　　　　1141-626- 12
冬至賀太上皇帝表　　　　1141-627- 12
册皇后賀太上皇帝表　　　1141-631- 13
皇后受册禮畢賀太上皇帝表　1141-632- 13
皇孫生賀太上皇帝表　　　1141-632- 13
立皇太子賀太上皇帝表　　1141-633- 13
皇太子受册禮畢賀太上皇帝表　1141-633- 13
賀太上皇帝加尊號表　　　1141-634- 13
賀太上皇帝慶壽禮成表　　1141-635- 13
册皇后賀太上皇帝表　　　1141-635- 13
皇后受册禮畢賀太上皇帝表　1141-636- 13
太上皇后慶壽禮成賀太上皇帝表　1141-636- 13
除開府儀同三司謝太上皇帝表　1141-654- 16
除少保醴泉觀使侍讀謝太上皇帝
　表　　　　　　　　　　1141-655- 16
除右丞相謝太上皇帝表　　1141-656- 16
進玉牒加食邑并轉官回授謝太上
　皇帝表　　　　　　　　1141-657- 16
賜第謝太上皇帝表　　　　1141-658- 16
除少師謝太上皇表　　　　1141-661- 16
除太傅謝太上皇帝表　　　1141-666- 17

四庫全書文集篇目分類索引

史部 詔令奏議類：附錄 奏議下五─六畫

除太保謝太上皇帝表　1141-666- 17
賜玉帶謝太上皇帝表　1141-668- 17
太上皇帝升遐慰皇太后牋　1141-677- 18
太上皇帝升遐慰皇太子牋　1141-677- 18
太上皇帝靈駕發引慰皇太后牋　1141-677- 18
太上皇帝靈駕發引慰皇后牋　1141-677- 18
賀皇后册命牋　1141-679- 19
賀皇后受册禮畢牋　1141-679- 19
皇后受册禮畢賀太上皇后牋　1141-680- 19
皇孫生賀太上皇后牋　1141-680- 19
皇孫生賀皇后牋　1141-680- 19
賀皇太子册命牋　1141-680- 19
立皇太子賀太上皇后牋　1141-680- 19
立皇太子賀皇后牋　1141-681- 19
皇太子受册禮賀太上皇后牋　1141-681- 19
皇太子受册禮畢賀皇后牋　1141-681- 19
賀太上皇后加尊號牋　1141-681- 19
賀太上皇后慶壽禮成牋　1141-681- 19
賀皇后册命牋　1141-682- 19
册皇后賀太上皇后牋　1141-682- 19
賀皇后受册禮畢牋　1141-682- 19
皇后受册禮畢賀太上皇后牋　1141-682- 19
賀太上皇后慶壽禮成牋　1141-683- 19
賀皇太子生辰牋（七則）　1141-683- 19
正旦賀皇太子牋（三則）　1141-684- 19
冬至賀皇太子牋（六則）　1141-686- 19
除右丞相謝皇太子牋　1141-686- 19
進玉牒加食邑拜回授轉官謝皇太子牋　1141-687- 20
賜第謝皇太子牋　1141-687- 20
丐歸得請謝皇太子餞別牋　1141-688- 20
生日謝皇太子賜物牋（五則）　1141-688- 20
明堂大禮加食邑謝皇太子牋　1141-690- 20
除太保謝皇太子牋　1141-690- 20
除太傅謝皇太子牋　1141-691- 20
賜玉帶謝皇太子牋　1141-691- 20
謝皇太子送行詩牋　1141-691- 20
生日謝皇太子賜物牋　1141-692- 20
又上皇后箋子　1141-696- 21
上太上皇帝再乞陞辭箋子　1141-770- 30
賀壽皇聖帝遜位表　1352- 19-1上

●史　鑑 明

書解光奏趙昭儀章後　1259-814- 6

●令狐楚 唐

鄭尚書賀册皇太后表　1338-188-557

賀皇太子知軍國牋　1338-193-557

●瓜爾佳之奇 元

賀正旦牋　1367-206- 17

六　畫

●江　淹 梁

爲建平王慶王太后正位章　1063-754- 2
　　1415- 46- 85
爲建平王慶江太后正位章　1063-754- 2
　　1415- 46- 85
奏記南徐州新安王　1063-756- 3
到主簿日詣建平王牋　1063-756- 2
被黜爲吳興令辭建平王書　1063-757- 3
獄中上建平王書　1063-759- 3
詣建平王上書　1329-684- 39
詣建平王上書　1331- 65- 39
建平王慶王太后正位章　1399-202- 9
建平王慶江皇后正位章　1399-202- 9
奏記南徐州新安王　1415- 48- 85
到主簿日詣建平王牋　1415- 48- 85
被黜爲吳興令辭建平王牋　1415- 49- 85
獄中上建平王書　1415- 51- 85

●江　統 晉

儲嗣（疏）——陳太子之責五事
　　請察納　435- 53- 71
上成都王穎救陸雲兄弟疏　1398-429- 19

●江　總 陳

除太子詹事謝東宮啟　1399-730- 8

●羊士諤 唐

賀册皇太后表　1338-188-557

●同　恕 元

賀皇太后表　1206-664- 1
賀皇太后上尊號表　1206-664- 1
賀皇太子正旦箋　1206-664- 1

●伏曼容 齊

議五畧奏　1399-163- 7

●任　昉 齊

到太司馬記室牋　1329-705- 40
　　1331- 91- 40

●仲　并 宋

賀皇太后還闕表　1337-833- 5

●牟　巘 宋

賀壽崇節表　1188- 68- 8
賀皇太后表　1188- 69- 8
賀皇后牋　1188- 70- 8
賀壽崇節表　1188- 70- 8

謝福王請會箋 1188-188- 21
回福王請宴箋 1188-188- 21
賀福王除秘撰箋 1188-188- 21
賀福王生日箋 1188-188- 21
謝福王送生日箋 1188-189- 21
（予）福王（箋） 1188-189- 21
端午送物箋呈福王 1188-191- 21
（予）福王（箋） 1188-191- 21
七夕送物箋用回福王 1188-191- 21
回福王（箋） 1188-191- 21
（予）福王（箋） 1188-192- 21

七　畫

●汪　藻宋
車駕巡幸起居太上皇表 1128- 29- 3
己酉年冬至遙拜道君皇帝表本 1128- 34- 3
庚戌年冬至表 1128- 34- 3
辛亥年正旦表 1128- 34- 3
賀皇太子正位表 1128- 37- 4
辛亥年正旦遙拜道君皇帝表 1128-344- 3
賀皇太子正位表 1128-347- 3
賀皇太子受册牋 1352- 85-2中
車駕巡幸起居太上皇表 1352- 87-2中
辛亥年正旦遙拜道君皇帝表 1382-393-下2
賀皇太子正位表 1382-396-下2
代人賀皇太子正位牋 1404-227-182
●汪應辰宋
福州到任謝太上表 1138-639- 6
謝太上表 1138-640- 6
●沈　亮劉宋
箋世祖 1398-738- 13
●沈　遘宋
賀皇太后表 1097- 67- 7
●沈清臣宋
賀上皇加紹業興統明謨盛烈尊號
　表 1352- 21-1上
賀光堯壽聖太上皇帝慶壽八十表 1352- 24-1上
賀太上皇后加備德尊號牋 1352- 79-2中
慶上皇壽賀太上皇后牋 1352- 81-2中
加太上皇太上皇后尊號賀皇后牋 1352- 83-2中
加太上皇尊號賀皇太子牋 1352- 85-2中
●沈與求宋
上太上皇帝表 1133-167- 5
上太上皇后表 1133-168- 5
●宋　祁宋
正旦賀皇太后表 1088-313- 36

長寧節賀（皇太后）表 1088-313- 36
代上皇太后第一表 1088-334- 39
代（上皇太后）第二表 1088-335- 39
代謝皇太后表 1088-335- 39
代上皇太后第一表 1088-336- 39
同前上皇太后第二表 1088-337- 39
同前謝皇太后表 1088-338- 39
同前上皇太后第一表 1088-339- 39
●宋　昌漢
經國（疏） 435-231- 78
●宋　聚元
正旦賀皇太后表 1212-468- 11
（皇后册寶禮成）賀皇太后表 1212-468- 11
賀皇后受册寶箋 1212-468- 11
●宋光宗
皇帝詣重華宮請上尊號表(三則) 1352- 12-1上
皇帝請上壽成皇后尊號牋(三則) 1352- 13-1上
●李　至宋
對皇太子問政牋 1350-745- 72
●李　俊唐
經國（疏） 435-275- 80
●李　綱宋
起居道君太上皇帝表本 1125-794- 33
起居道君太上皇帝表 1125-868- 44
上道君太上皇帝箋子 1125-869- 44
具奏到陳留見道君太上皇帝箋子 1125-870- 44
進呈道君太上皇帝箋子（二則） 1125-871- 44
奏道君太上皇帝箋子 1125-873- 44
●李百藥唐
儲嗣（疏）——進贊道賦以諷承
　乾太子 435- 62- 71
●李廷忠宋
重明節賀表（二則） 1169-336- 14
賀太后牋 1169-345- 14
賀太后牋 1169-346- 14
賀太皇太后牋 1169-347- 14
賀皇后牋 1169-348- 14
賀太皇太后牋 1169-349- 14
賀皇后牋 1169-350- 14
●李東陽明
擬册立皇太子賀太皇太后表 1250-418- 38
●李承乾唐
敕宥（疏） 439-244-218
●李若水宋
賀太上皇帝表 1124-664- 1

謝太上皇帝表（五則） 1124-664- 1

●李昭玘宋
賀太皇太后生辰表 1122-314- 12
賀太皇太后表 1122-314- 12
賀册皇太后表 1122-315- 12
賀册皇太妃表 1122-315- 12
慰太皇太后表 1122-316- 12
賀皇太后生辰箋 1352- 81-2中
賀太皇太后受册箋 1352- 82-2中
賀皇太后受册箋 1352- 82-2中
賀皇太妃受册箋 1352- 84-2中

●李曾伯宋
代賀皇太后（表） 1179-165- 1
代賀皇太后（表二則） 1179-166- 1
代謝皇太后（表） 1179-168- 1
代謝皇太后（表） 1179-171- 2
代賜皇太后（表） 1179-172- 2
代謝皇太后（表） 1179-173- 2
賀箋（二則） 1179-578- 1

●李景伯唐
上東宮啟 1339-172-651

●阮　籍晉
爲鄭沖勸晉王箋 1329-702- 40
　 1331- 88- 40
爲鄭沖勸晉王箋 1404-220-181

●呂　陶宋
坤成節賀表 1098- 52- 6

●呂　誨宋
上慈聖皇后乞調治聖躬建立儲副（疏） 431-101- 9
上慈聖皇后乞少避東殿（疏） 431-289- 26
上慈聖皇后乞歸符寶（疏） 431-290- 26
治道（疏）——上慈聖皇后疏（二則） 433-856- 34
儲嗣（疏）——聖躬建立儲副奏上慈聖皇后請調治 435-104- 73

●呂布純宋
上宣仁皇后論立后當采用德閥不當勘選（疏） 431-301- 27

●呂祖謙宋
代叔父知南安軍謝太上皇帝表 1150- 14- 2
爲芮直講作慶王生皇孫錫名謝太上皇帝表 1150- 18- 2
爲芮直講作慶王生皇孫錫名謝太上皇后箋 1150- 18- 2

代宰臣以下進三祖下第六世仙源類譜畢謝太上皇帝表 1150- 20- 2
代宰臣以下冬至賀太上皇帝表 1150- 22- 2
代宰臣以下賀太上皇帝雪表 1150- 22- 2
仙源類譜賀太上皇帝表 1352- 42-1中

●吳　泳宋
改元皇后賀箋 1176-152- 16

●吳　澄元
賀皇后表 1197-839- 90

●吳　質魏
答魏太子箋 538-510- 76
答魏太子箋 1329-700- 40
　 1331- 85- 40
在元城與魏太子箋 1329-701- 40
　 1331- 86- 40
答魏太子箋 1404-217-181
在元城與魏太子箋 1404-218-181

●吳　寬明
文武百官請太皇太后立皇太子第二表 1255-419- 46
（文武百官請太皇太后立皇太子）第三表 1255-419- 46

●谷　永漢
雨雪對 1396-546- 18

●何　敞漢
諫濟南王康疏（二則） 1397-182- 9

●何　瑭明
恭上昭懿慈壽皇太后徽號賀表 1266-482- 1
恭上章懿皇太后徽號賀表 1266-483- 2

八　畫

●邵　彤漢
經國（疏） 435-232- 78

●屈突通唐
用人（疏） 436-619-131

●邵　博宋
賀太上皇帝册尊號表 1352- 21-1上

●林　弼明
梅思祖謝恩箋 1227-146- 18

●林之奇宋
德壽宮賀正表 1140-399- 4
天申節德壽宮賀表 1140-400- 4
天申節賀德壽宮表 1140-401- 4
芝草賀德壽宮表 1140-401- 4
代陳左相賀太上皇帝加尊號表 1140-402- 4

●林光朝宋

德壽宮賀雪表 1142-567- 2
●林希逸 宋
賀皇太后表 1185-692- 14
賀皇后表 1185-692- 14
●枚 乘 漢
上書諫吳王 1329-682- 39
　 1331- 62- 39
上書重諫吳王 1329-683- 39
　 1331- 64- 39
奏吳王書 1355-330- 11
又說吳王辭 1355-331- 11
奏吳王書 1377-226- 11
說吳王辭 1377-326- 14
●周 孚 宋
賀皇太子表 1154-626- 15
賀太上皇后表 1154-626- 15
賀太上皇后箋 1154-627- 15
賀太上皇帝尊號表 1154-627- 15
賀太上皇后箋 1154-627- 15
賀太上皇帝表 1154-628- 15
賀太上皇后箋 1154-628- 15
賀太上皇帝尊號表 1154-629- 16
賀太上皇后箋 1154-630- 16
賀太上皇帝表 1154-630- 16
賀太上皇后表 1154-630- 16
●周 南 宋
代賀太上皇帝表 1169- 21- 2
壽皇祥除代某官慰太上皇帝表 1169-129- 0
代某官慰太上皇帝表 1169-129- 0
壽皇祥除代某官慰太皇太后箋 1169-129- 0
代某官慰皇后箋 1169-129- 0
●周必大 宋
賀皇太后箋（二則） 1147-836- 82
皇帝請加上太上皇后尊號第一箋 1148- 84-101
皇帝帥群臣請德壽宮恭請加上壽
　聖明慈太上皇后尊號第一箋 1148- 86-101
皇帝帥群臣詣德壽宮恭請加上光
　堯壽聖憲天體道太上皇帝尊號
　第二表 1148- 86-101
（皇帝進奉壽聖明慈太上皇后生
　辰）賀表 1148- 88-101
（皇帝進奉壽聖齊明廣慈太上皇
　后生辰）賀表（一） 1148- 89-101
（皇帝進奉壽聖齊明廣慈太上皇
　后生辰）賀表（二） 1148- 89-101
（皇帝進奉壽聖齊明廣慈太上皇
　后生辰）賀表 1148- 90-101
加上太上皇帝尊號册寶行禮畢皇
　帝致詞賀太上皇帝
　附侍中承旨宣答 1148-292-116
皇帝致詞賀太上皇后
　附內侍承旨宣對 1148-293-116
太傅率文武百僚稱賀太上皇帝詞
　附侍中承旨宣答 1148-293-116
加上太上皇帝尊號册寶行禮畢皇
　帝致詞賀太上皇帝
　附左丞相承旨宣答 1148-293-116
皇帝致詞賀太上皇后
　附內侍承旨宣答 1148-293-116
皇太子率文武百僚致詞稱賀太上
　皇帝 附左丞相承旨宣答 1148-294-116
皇帝詣德壽宮慶壽致詞賀太上皇
　帝 附侍中承旨宣答 1148-294-116
皇后受册畢內命婦稱賀詞語 1148-294-116
（皇后受册畢）外命婦稱賀詞語 1148-294-116
明堂大禮畢皇帝詣德壽宮上壽飲
　福致詞賀太上皇帝
　附侍中承旨宣答 1148-295-116
東宮賀冬箋 1148-361-123
東宮賀正箋 1148-361-123
東宮賀冬箋 1148-366-123
東宮賀正箋 1148-367-123
東宮賀冬箋 1148-372-124
東宮賀正箋 1148-372-124
東宮賀冬箋 1148-380-124
東宮賀正箋 1148-380-124
明堂禮成賀東宮箋子 1148-385-124
未郎詣東宮箋子 1148-385-124
東宮賀年箋 1148-389-125
東宮賀冬箋 1148-399-125
東宮賀年箋 1148-400-126
東宮賀冬箋 1148-414-127
太上皇后慶壽賀東宮箋子 1148-415-127
東宮賀冬箋 1148-419-127
東宮賀年箋 1148-419-127
東宮賀冬箋 1148-420-127
東宮賀正箋 1148-422-128
東宮賀冬箋 1148-428-128
賀東宮生辰箋子 1148-436-128
（光堯梓宮發引）慰皇太后箋 1148-437-129

1724　　　　　　　　四庫全書文集篇目分類索引

（光堯梓宮發引）慰皇后箋　　　　1148-437-129

（光堯梓宮到思陵攢宮安寧）慰
　皇太后箋　　　　　　　　　　　1148-438-129

（光堯梓宮到思陵攢宮安寧）慰
　皇后箋　　　　　　　　　　　　1148-438-129

（永思陵掩攢）慰皇太后箋　　　　1148-439-129

（永思陵掩攢）慰皇后箋　　　　　1148-439-129

高宗加上諡號賀重華宮表　　　　　1148-470-131

重華上僊慰太皇太后表　　　　　　1148-483-132

移御壽康宮起居表　　　　　　　　1148-483-132

東宮故事（六十五則）　　　　　　1148-699-157

繳故事劄子　　　　　　　　　　　1148-744-161

繳選德殿記劄子　　　　　　　　　1148-749-161

乞名魏主侍祠劄子　　　　　　　1148-750-161

納臨江軍法帖劄子　　　　　　　1148-750-161

乞還尤袤禮記徵章賞劄子　　　　1148-750-161

付下兩春坊當直人文字回劄　　　1148-750-161

付下御筆戒諭張澈等回劄　　　　1148-751-162

謝皇后箋　　　　　　　　　　　1148-752-162

謝太上皇帝表　　　　　　　　　1148-752-162

謝太上皇后箋　　　　　　　　　1148-752-162

太上皇帝掩殯慰皇后箋　　　　　1382-373-下1

慈烈皇后祔廟慰壽成太后箋　　　1382-374-下1

●周是修 明

保國直言（二則）　　　　　　　1236-124-　6

●周麟之 宋

賀太上皇帝傳位表　　　　　　　1142-　51-　7

賀太上皇帝册尊號表　　　　　　1142-　52-　7

天中節賀表　　　　　　　　　　1142-　52-　7

太上皇帝賀表　　　　　　　　　1142-　53-　7

太上皇后賀箋　　　　　　　　　1142-　55-　7

今上皇后賀箋　　　　　　　　　1142-　55-　7

●金幼孜 明

百官賀皇太子箋　　　　　　　　1240-883-　10

命婦賀皇后箋　　　　　　　　　1240-883-　10

九　畫

●洪　适 宋

皇帝賀壽聖太上皇后生辰表文　　1158-358-　17

賀皇太后慶八十箋　　　　　　　1158-490-　36

太上皇帝上尊號賀表　　　　　　1158-500-　38

欽宗大祥慰太上表　　　　　　　1158-501-　38

賀太上皇帝表　　　　　　　　　1158-502-　38

賀壽聖皇后箋　　　　　　　　　1158-502-　38

賀皇后箋　　　　　　　　　　　1158-502-　38

賀壽聖明慈太上皇后加尊號箋　　1158-513-　40

賀太上皇帝加尊號表　　　　　　1158-513-　40

立皇太子賀太上表　　　　　　　1158-513-　40

賀皇太子箋　　　　　　　　　　1158-514-　40

賀太上皇帝加尊號表　　　　　　1158-515-　40

賀太上皇后加尊號箋　　　　　　1158-515-　40

賀太上皇后加尊號箋　　　　　　1158-515-　40

太上皇帝慶七十賀表　　　　　　1158-515-　40

賀皇后箋　　　　　　　　　　　1158-516-　40

●度　正 宋

上皇后箋　　　　　　　　　　　1170-184-　5

慰皇后箋　　　　　　　　　　　1170-184-　5

●胡　宿 宋

代賀立后表　　　　　　　　　　1088-687-　9

●柳宗元 唐

賀皇太子箋　　　　　　　　　　1076-334-　37

　　　　　　　　　　　　　　　1076-772-　37

賀皇太子箋　　　　　　　　　　1076-461-　下

　　　　　　　　　　　　　　　1076-886-　下

　　　　　　　　　　　　　　　1077-272-　下

百寮賀册太上皇后禮畢表　　　　1338-188-557

皇帝册尊號賀皇太子箋　　　　　1338-815-627

賀皇太子箋　　　　　　　　　　1382-301-上1

受徽號賀皇太子箋　　　　　　　1404-226-182

●韋　驤 宋

賀擒獲鬼章上太皇太后表　　　　1097-524-　8

代楊侍郎謝授寶文閣待制知廬州
　上太皇太后表　　　　　　　　1097-526-　8

（代楊侍郎）知廬州到任謝太皇
　太后表　　　　　　　　　　　1097-527-　8

賀太后表　　　　　　　　　　　1097-535-　8

●韋承慶 唐

規正東宮啟　　　　　　　　　　1339-168-651

重上直言諫東宮啟　　　　　　　1339-170-651

●范　浚 宋

爲周昌對呂后辭　　　　　　　　1140-　52-　6

●范弘之 晉

與會稽王箋　　　　　　　　　　1404-223-181

●范祖禹 宋

上宣仁皇后乞先正君心（疏）　　 431-　47-　3

上宣仁皇后乞崇儉戒奢（疏）　　 431-121-　11

上宣仁皇后論納后宜先知者四事
　（疏）　　　　　　　　　　　 431-299-　27

內治（疏）——論立后上太皇太
　后疏　　　　　　　　　　　　 435-149-　75

節儉（疏）——上宣仁皇太后疏　 438-476-192

戒伏欲（疏）——上宣仁皇后疏　438-532-194
上太皇太后原表　685-471- 附
謝太皇太后表　1100-113- 4
謝太皇太后表　1100-114- 4
謝太皇太后表　1100-114- 4
謝太皇太后表　1100-118- 4
謝太皇太后表　1100-122- 5
謝太皇太后表　1100-126- 5
謝太皇太后表　1100-131- 6
謝太皇太后表　1100-132- 6
謝太皇太后表　1100-134- 6
謝太皇太后表　1100-135- 6
上太皇太后表　1100-143- 7
謝太皇太后表　1100-143- 7
上太皇太后表（二則）　1100-145- 7
上太皇太后表　1100-145- 7
謝太皇太后表　1100-146- 7
上太皇太后表　1100-148- 7
謝太皇太后表　1100-149- 7
慰皇太后表　1100-150- 8
慰皇太后表　1100-150- 8
慰皇太后表　1100-150- 8
（代忠文公）上太皇太后表　1100-157- 8
（代呂正獻公）上太皇太后表　1100-158- 8
謝太皇太后表　1100-165- 9
上太皇太后表　1100-165- 9
上太皇太后表　1100-166- 9
謝太皇太后表　1100-166- 9
謝太皇太后表　1100-167- 9
賀太皇太后受册表　1100-170- 10
賀皇太后受册表　1100-170- 10
賀皇太妃牋　1100-171- 10
又留司慰皇太后表　1100-172- 10
靈駕至西京慰皇后牋　1100-172- 10
又留司慰牋　1100-172- 10
靈駕到陵慰皇后牋　1100-172- 10
又留司慰牋　1100-172- 10
進皇后禮物狀　1100-173- 10
謝皇后回賜狀　1100-173- 10
留司慰皇太后表　1100-173- 10
掩皇帝畢慰皇后牋　1100-173- 10
又留司慰牋　1100-173- 10
慰皇太后表　1100-174- 10
又慰皇太后表　1100-179- 11
又賀皇太后表　1100-184- 11

又賀皇太后表　1100-187- 12
又賀皇太后表　1100-188- 12
又上太皇太后表（進唐鑑）　1100-198- 13
上太皇太后乞崇儉戒奢疏　1100-199- 13
上太皇太后乞保護皇帝聖體疏　1100-239- 18
論立后上太皇太后疏　1100-251- 20
皇后謝皇太后賜茶藥及傳宣撫問
　表本　1100-364- 33
皇后謝皇太后傳宣撫問表本　1100-365- 33
皇后謝皇太妃問侯牋本　1100-365- 33
皇后謝皇太妃逐藥牋本　1100-365- 33
（與）岐王嘉王先狀　1100-379- 34
論立后上太皇太后（疏）　1350-631- 59
論立后上太皇太后疏　1403-131-103
● 范純仁 宋
上宣仁皇后論文德殿受册（疏）
　附貼黃　431-291- 26
上宣仁皇后論大臣輔政不當顧慮
　形跡（疏）附貼黃　431-576- 47
上宣仁皇后論文德殿受册（議）
　附貼黃　1104-788- 0
● 姚 勉 宋
宮僚賀皇后册太子牋　1184- 31- 6
宮僚賀皇太子受册牋　1184- 31- 6
宮僚謝皇太子賜宴牋　1184- 32- 6
賀皇太子正位牋　1184- 32- 6
除舍人供職謝皇太子牋　1184- 32- 6
謝皇太子賜馬牋　1184- 33- 6
沂邸賀皇后立太子牋　1184- 33- 6
沂邸賀皇太子受册牋　1184- 33- 6
沂邸賀皇后太子入宮牋　1184- 33- 6
沂邸賀皇太子入宮牋　1184- 33- 6
● 皇甫涍 明
請立東宮上昭聖第一二三表　1276-666- 26
請立東宮上章聖第一二三表　1276-668- 26
● 俞德鄰 宋
賀皇太子牋　1189- 99- 13
賀皇后牋　1189-101- 13
賀皇太子牋　1189-101- 13
賀皇后牋　1189-102- 13
賀東宮牋　1189-102- 13
謝皇太后表　1189-103- 13
● 保 巴 元
易源奧義進太子牋　22-698- 附

十　畫

四庫全書文集篇目分類索引

史部 詔令奏議類：附錄 奏議下十畫

●高　啓 明
封建親王賀東宮箋　　　　　　　1230-311- 5
　　　　　　　　　　　　　　　1373-546- 5
　　　　　　　　　　　　　　　1404-227-182

●秦　觀 宋
代賀太皇太后受册表（二則）　　1115-562- 26
代賀皇太后生辰表　　　　　　　1115-562- 26
代賀皇太妃受册表　　　　　　　1115-563- 26
賀皇太后生辰箋　　　　　　　　1352- 81-2中
賀皇太后受册箋　　　　　　　　1352- 82-2中
賀皇太妃受册箋　　　　　　　　1352- 84-2中

●馬　廖 漢
上太后勸成德政疏　　　　　　　1360-152- 8

●馬文升 明
請皇太子御經帖疏　　　　　　　445-170- 10

●馬光祖 宋
獻皇太子箋 景定建康志　　　　　488- 4- 首

●馬祖常 元
賀元旦箋　　　　　　　　　　　1206-559- 6
賀春宮箋　　　　　　　　　　　1206-560- 6

●真德秀 宋
賀皇太后慶壽表　　　　　　　　1174-238- 16
（復官）謝皇太后表　　　　　　1174-239- 16
慰皇太后表　　　　　　　　　　1174-257- 17
上皇子書（三則）　　　　　　　1174-581- 37

●孫　覿 宋
賀光堯皇帝遜位表　　　　　　　1352- 19-1上

●孫應時 宋
賀壽皇聖帝表（二則）　　　　　1166-524- 1
會慶節賀表（三則）　　　　　　1166-525- 1
賀慈福宮箋　　　　　　　　　　1166-527- 1
賀壽成皇后箋　　　　　　　　　1166-527- 1
賀皇后箋　　　　　　　　　　　1166-527- 1

●孫繼皐 明
百官賀仁壽懿安皇太后表　　　　1291-202- 1
命婦賀仁壽皇太后表　　　　　　1291-202- 1
命婦賀慈聖皇太后表　　　　　　1291-203- 1
命婦賀中宮箋　　　　　　　　　1291-203- 1

●班　昭 漢
上鄧太后論鄧騭乞身疏　　　　　1397-568- 27
上鄧太后疏　　　　　　　　　　1403- 39- 91

●桓　郁 漢
上皇太子疏　　　　　　　　　　1397-158- 8

●桓　榮 漢
上謝皇太子疏 附皇太子報桓榮書　1397-148- 7

●袁說友 宋
用衆從官入奏壽皇聖帝狀　　　　1154-312- 13
代人謝北內表　　　　　　　　　1154-335- 15

●袁　桷 元
賀皇太后表 爲都省作　　　　　　1203-502- 38
賀皇太后正旦表　　　　　　　　1203-504- 38
賀皇太后正旦表（二則）　　　　1203-505- 38
册皇太子賀皇太后表　　　　　　1203-505- 38
皇太子兼中書令賀表　　　　　　1203-505- 38
賀太皇太后正旦表　　　　　　　1203-506- 38
賀皇太后正旦表　　　　　　　　1203-506- 38
賀皇太子受册箋（三則）　　　　1203-508- 38
賀皇太子受册箋　　　　　　　　1203-509- 38
賀皇太子正旦箋　　　　　　　　1203-509- 38
賀千秋節箋（二則）　　　　　　1203-509- 38
賀皇太子正旦箋　　　　　　　　1203-509- 38
賀皇太子正旦箋　　　　　　　　1203-510- 38
賀皇太子受册箋　　　　　　　　1203-510- 38
賀皇太子正旦箋　　　　　　　　1203-510- 38
賀千秋節箋（三則）　　　　　　1203-510- 38
賀皇后正旦箋　　　　　　　　　1203-511- 38
賀千秋箋　　　　　　　　　　　1367-206- 17

●耿　純 漢
經國（疏）——勸上尊號　　　　435-232- 78

●夏　倪 宋
謝皇太后表　　　　　　　　　　1087- 95- 5
辭加食邑表　　　　　　　　　　1087- 95- 5
謝皇太后賜生日禮物表　　　　　1089-120- 8
上太皇太后賜生日禮物表　　　　1087-121- 8
正旦賀皇太子箋　　　　　　　　1087-189- 16

●夏良勝 明
謝盆殿下第一二三四啟　　　　　1269-769- 3
謝盆殿下問安啟　　　　　　　　1269-770- 3
謝盆殿下賜曆等啟　　　　　　　1269-770- 3
謝盆殿下啟　　　　　　　　　　1269-974- 13
謝盆殿下第二啟　　　　　　　　1269-981- 13
辛巳歲首謝盆殿下啟　　　　　　1269-996- 13

●晁公遡 宋
謝太上皇表　　　　　　　　　　1139- 78- 15
（上）太上皇帝賀立皇太子表　　1139- 78- 15
（上）太上皇帝賀册皇太子禮成
　表　　　　　　　　　　　　　1139- 78- 15
天申節賀表（二則）　　　　　　1139- 79- 15
提刑司（賀表）　　　　　　　　1139- 79- 15
常平司（賀表）　　　　　　　　1139- 79- 15

四庫全書文集篇目分類索引　1727

太上皇后（牋） 1139- 82- 16
皇后牋 1139- 82- 16
皇太子牋（二則） 1139- 83- 16
●晁詠之 宋
賀皇太子受册牋 1352- 85-2中
●晁補之 宋
賀太皇太后稱尊表 1118-840- 54
賀皇太后稱尊表 1118-840- 54
賀皇太妃牋 1118-840- 54
賀太皇太后進奉表 1118-840- 54
賀皇太后進奉表 1118-841- 54
賀皇太妃進奉牋 1118-841- 54
代蘇翰林爲皇弟諸王冬至賀太皇太后表 1118-841- 54
代蘇翰林爲皇弟諸王冬至賀皇太妃牋 1118-841- 54
代蘇翰林爲皇弟諸王冬至賀太皇太后表 1118-842- 54
代蘇翰林爲皇弟諸王冬至賀太后表 1118-842- 54
代蘇翰林爲皇弟諸王冬至賀皇太妃牋 1118-842- 54
代蘇翰林爲皇弟諸王元旦賀太皇太后表 1118-843- 54
代蘇翰林爲皇弟諸王元旦賀皇太后表 1118-843- 54
代蘇翰林爲皇弟諸王元旦賀皇太妃牋 1118-843- 54
代北京賀成節表 1118-843- 54
代范祖禹等實錄開院謝賜物表 1118-847- 54
代范祖禹等實錄開院謝賜物表 1118-848- 54
代北京謝太皇太后垂簾戒飭官吏表 1118-856- 55
代劉中書謝加勳封表 1118-858- 55
代劉門下謝表 1118-859- 55
代司馬康子植謝應副葬事表 1118-859- 55
賀皇太后受册牋 1352- 82-2中
賀皇太妃受册牋 1352- 84-2中
●徐處仁（等）宋
上道君太上皇帝表一首 1126-144- 83
●徐經孫 宋
回皇太子送出朝翁 1181- 26- 3
●倪　謙 明
賀皇太后表 1245-330- 12
賀皇太子箋 1245-330- 12

●殷　奎 明
崑山縣謝免秋糧（上）東宮箋 1232-451- 5
崑山縣謝免秋糧（上）中宮箋 1232-451- 5
賀冬至（上）中宮箋 1232-452- 5
賀冬至（上）東宮箋 1232-452- 5
千秋節箋 1232-453- 5

十一畫

●清聖祖 清
奏太皇太后書（二十則） 1298-151- 15
奏皇太后書（二十三則） 1298-161- 16
上太皇太后進衣表 1298-170- 17
上太皇太后萬壽表（二則） 1298-170- 17
上太皇太后萬壽表 1298-614- 29
奏皇太后書（八則） 1298-615- 29
●許　開 宋
賀壽皇聖帝遜位表 1352- 20-1上
賀壽皇聖帝册尊號表 1352- 22-1上
慈福宮上尊號賀至尊壽皇聖帝表 1352- 22-1上
册皇后賀至尊表 1352- 40-1中
賀壽聖皇太后尊號牋 1352- 79-2中
皇帝登極賀壽聖皇太后牋 1352- 79-2中
皇帝登極賀壽成皇后牋 1352- 80-2中
賀皇后受册牋 1352- 83-2中
慈福宮上尊號賀皇后牋 1352- 83-2中
皇帝登極賀皇后牋 1352- 83-2中
重華宮上尊號賀皇后牋 1352- 83-2中
●許有壬 元
賀太皇太后加尊號表 1211-491- 70
册皇太子賀皇太后箋 1211-493- 70
賀皇太子箋 1211-493- 70
正旦賀皇太后箋 1211-493- 70
賀千秋箋 1211-493- 70
●許敬宗 唐
爲司徒趙國公謝皇太子寄詩牋 1338-813-627
●許應龍 宋
賀皇太后正旦表 1176-507- 9
賀皇太后冬至表 1176-508- 9
復昐胎泗州賀皇太后表 1176-510- 9
●梁　介 宋
賀除嗣濮王啟 1352-386- 14
●梁　素 宋
上宣仁皇后論皇帝進學之時(疏) 431- 66- 5
上宣仁皇后乞還政(疏二則)附貼黃 431-294- 26
聖學（疏）——上宣仁皇后翁子 433-173- 7
●梁元帝

1728 四庫全書文集篇目分類索引

史部

詔令奏議類：附錄

奏議下十一畫

謝東宮賜白牙緣管筆啟	1394-468- 5	謝滕王賓馬啟	1394-476- 5
謝晉安王賜馬啟	1394-468- 5	●庾肩吾 梁	
爲姜宏夾謝東宮賓合心花鈿啟	1394-468- 5	謝東宮賜宅啟	1394-471- 5
啟東宮薦石門侯啟	1399-315- 4	謝東宮賓米啟	1394-472- 5
●梁簡文帝		謝東宮賓古跡啟	1394-472- 5
謝東宮賜裘啟	1394-467- 5	謝賓梨啟	1394-472- 5
敍南康簡王藻上東宮啟附湘東王		謝武陵王賓白綺綾啟	1394-472- 5
答晉安王敍南康簡王藻書	1399-282- 2	謝曆日啟	1394-472- 5
上皇太子玄圃園講頌啟	1414-534-82上	謝東宮賓內人春衣啟	1394-472- 5
上東宮敍南康王藻啟	1414-534-82上	謝蒙賓朱櫻啟	1394-472- 5
●庾 信 北周		●强 至 宋	
答趙王啟	1064-158- 6	代賀太后受册表	1091-144- 15
謝趙王示新詩啟	1064-159- 6	又代賀皇太后受册表	1091-144- 15
謝趙王賓絲布等啟	1064-159- 6	又（代賀皇太后受册表）	1091-144- 15
謝趙王賓絲布啟	1064-160- 6	又（代賀皇太后受册表）	1091-145- 15
又謝趙王賓息絲布啟	1064-160- 6	代賀太皇太后受册表	1091-148- 15
謝趙王賓犀帶等啟	1064-161- 6	●曹彥約 宋	
謝滕王賓巾等	1061-161- 6	冬至賀太上皇帝表	1067- 46- 4
謝滕王賓巾啟	1064-161- 6	皇帝即位賀太上皇帝表	1167- 47- 4
謝趙王賓白羅袍袴啟	1064-161- 6	賀皇太后垂簾聽政表	1167- 47- 4
謝趙王賓米啟	1064-162- 6	册寶禮成賀皇太后表	1167- 48- 4
謝趙王賓乾魚啟	1064-162- 6	立皇后賀太皇太后表	1167- 49- 4
謝趙王賓雉啟	1064-163- 6	賀皇太后御正殿表	1167- 50- 4
謝趙王賓馬并繖啟	1064-163- 6	謝皇太后宣賜表	1167- 51- 4
謝滕王賓馬啟	1064-163- 6	寶謨閣直學士提舉佑神觀兼侍讀	
謝滕王賓豬啟	1064-163- 6	謝皇太后表	1167- 52- 4
答趙王啟	1064-555- 8	明堂禮成賀皇太后表	1167- 53- 4
謝趙王示新詩啟	1064-556- 8	賀壽皇生曾孫表	1167- 53- 4
謝趙王賓絲布等啟（三則）	1064-556- 8	禮部侍郎謝皇太后表	1167- 54- 4
謝趙王賓白羅袍袴啟	1064-558- 8	兼侍讀謝皇太后表	1167- 55- 4
謝滕王賓巾啟	1064-558- 8	皇帝即位賀太皇太后箋	1167- 56- 4
謝趙王賓犀帶等啟	1064-560- 8	皇帝即位賀太上皇后箋	1167- 56- 4
謝趙王賓米啟	1064-561- 8	皇帝即位賀皇太后箋	1167- 56- 4
謝趙王賓乾魚啟	1064-562- 8	皇帝即位賀皇后箋	1167- 57- 4
謝滕王賓馬啟	1064-562- 8	賀皇后箋	1167- 57- 4
謝滕王賓豬啟	1064-563- 8	賀皇太后生玄孫表箋	1167- 57- 4
謝趙王賓馬并繖啟	1064-563- 8	賀壽成皇后生曾孫表箋	1167- 57- 4
謝趙王賓雉啟	1064-563- 8	賀皇后生嫡孫箋	1167- 58- 4
謝滕王集序啟	1394-473- 5	●陸 佃 宋	
謝趙王賓絲布等啟	1394-474- 5	上宣仁皇后論文德殿受册（疏）	431-291- 26
謝趙王賓絲布啟	1394-474- 5	禮樂（疏）——論文德殿受册疏	436-380-120
謝趙王示新詩啟	1394-475- 5	乞宣仁聖烈皇后改御崇政殿受册	
謝趙王賓白羅袍袴啟	1394-475- 5	狀附貼黃	1117- 91- 4
謝趙王賓米啟	1394-475- 5	謝太皇太后加天章閣待制表	1117-113- 7
謝趙王賓乾魚啟	1394-476- 5	謝皇太后表	1117-121- 8

●陸　游 宋
光宗册寶賀太皇太后牋　　　　　　1163-319- 1
皇帝御正殿賀皇后牋　　　　　　　1163-320- 1
皇帝御正殿賀皇太子牋　　　　　　1162-320- 1
皇太子受册賀皇后牋　　　　　　　1163-320- 1
賀皇太子受册牋　　　　　　　　　1163-320- 1
逆曦授首賀太皇太后牋　　　　　　1163-321- 1
逆曦授首賀皇后表　　　　　　　　1163-321- 1
立皇后丞相率文武百僚稱賀壽皇
　表　　　　　　　　　　　　　　1163-322- 2
賀皇太后牋　　　　　　　　　　　1163-323- 2
賀壽成皇后牋　　　　　　　　　　1163-323- 2
賀皇后牋　　　　　　　　　　　　1163-324- 2
會慶節丞相率文武百僚賀壽皇表　　1163-325- 2
丞相率文武百僚賀至尊壽皇聖帝
　冬至表　　　　　　　　　　　　1163-326- 2
丞相率文武百僚賀皇太后受册牋　　1163-326- 2
丞相率文武百僚賀壽成皇后受册
　牋　　　　　　　　　　　　　　1163-327- 2
丞相率文武百僚賀壽皇正旦表　　　1163-327- 2
●陸　機 晉
至洛與成都王牋　　　　　　　　　1404-222-181
與趙王倫薦戴淵牋　　　　　　　　1404-226-182
●陸文圭 元
太皇太后上尊號賀表　　　　　　　1194-533- 1
代上皇后牋二首　　　　　　　　　1194-535- 1
代上皇太子牋二首　　　　　　　　1194-535- 1
代賀太子立詹事院牋二首　　　　　1194-536- 1
●張　守 宋
冬至賀皇后牋　　　　　　　　　　1127-713- 4
賀皇后新正牋十道　　　　　　　　1127-714- 4
代宰臣夫人賀皇后親蠶牋　　　　　1127-715- 4
●張　耒 宋
代文潞公謝太皇太后表　　　　　　549- 96-184
　　　　　　　　　　　　　　　　1350-730- 70
謝太皇太后表　　　　　　　　　　1115-268- 31
●張　禹 漢
上言鄧太后（疏）　　　　　　　　1397-224- 11
上言新野君表　　　　　　　　　　1397-224- 11
●張　俊 漢
謝鄧太后書　　　　　　　　　　　1397-228- 11
●張　敞 漢
奏諫膠東王太后數出游獵書　　　　550- 5-209
張敞諫膠東王太后書　　　　　　　1355-336- 11
●張　說 唐

上東宮請講學　　　　　　　　　　1065-787- 17
上東宮請講學啟　　　　　　　　　1339-174-652
●張　綱 宋
紹興三十二年册立皇太子賀牋　　　1131- 73- 12
禪位禮成賀太上皇帝表　　　　　　1131- 73- 12
隆興元年册立皇后賀太上皇帝表　　1131- 74- 12
又賀太上皇后牋　　　　　　　　　1131- 74- 12
又賀皇后牋　　　　　　　　　　　1131- 75- 12
乾道元年册立皇太子太上皇帝賀
　表　　　　　　　　　　　　　　1131- 76- 12
●張　籍 宋
代慰太皇太后上僊表　　　　　　　1178- 35- 4
●張　纘 梁
謝東宮賚園啟　　　　　　　　　　1394-469- 5
●張九齡 唐
賀西幸改期狀　　　　　　　　　　1339- 47-635
●張方平 宋
賀皇太后加尊號表　　　　　　　　1104-284- 28
先帝上昇慰表——第二表　　　　　1104-285- 28
賀太皇太后同聽政表　　　　　　　1104-286- 28
慰皇太后表　　　　　　　　　　　1104-286- 28
慰皇太妃表　　　　　　　　　　　1104-286- 28
賀皇太后表　　　　　　　　　　　1104-286- 28
賀皇太妃表　　　　　　　　　　　1104-286- 28
賀皇太后受册表　　　　　　　　　1104-286- 28
賀皇太妃表　　　　　　　　　　　1104-287- 28
●張之翰 元
賀皇太子表　　　　　　　　　　　1204-462- 13
●張玄素 唐
儲嗣（疏）——諫太子承乾遊畋
　廢學書（二則）　　　　　　　　435- 65- 71
儲嗣（疏）——諫太子承乾勿窮
　奢極修　　　　　　　　　　　　435- 66- 71
上太子承乾書　　　　　　　　　　1339-300-667
重諫太子承乾書　　　　　　　　　1339-301-667
●張孝祥 宋
賀太上皇帝遜位表　　　　　　　　1140-646- 20
●張伯淳 元
太皇太后賀表　　　　　　　　　　1194-438- 1
●陳　光明
賀中宮箋　　　　　　　　　　　　1375-537- 41
賀東宮箋　　　　　　　　　　　　1375-537- 41
●陳　造 宋
立春口賀太上皇帝慶七十表　　　　1166-449- 36
賀高宗皇帝慶八十表　　　　　　　1166-450- 36

1730　　　　　　　　　四庫全書文集篇目分類索引

史部

詔令奏議類：附錄

奏議下十一畫

賀壽皇聖帝受尊號表　　　　　　1166-450- 36
賀皇太后箋　　　　　　　　　　1166-451- 36
賀壽成皇后箋　　　　　　　　　1166-451- 36
賀壽皇聖帝尊號表　　　　　　　1166-451- 36
賀太后箋　　　　　　　　　　　1166-452- 36
賀壽成皇后箋　　　　　　　　　1166-452- 36
賀皇太后箋　　　　　　　　　　1166-452- 36
謝太上皇帝清安降赦表　　　　　1166-456- 36
慰皇太后箋　　　　　　　　　　1166-457- 36
慰皇太子箋　　　　　　　　　　1166-457- 36
慰皇后箋　　　　　　　　　　　1166-458- 36
慰皇太后箋　　　　　　　　　　1166-458- 36
慰皇后箋　　　　　　　　　　　1166-458- 36
小祥慰皇太后箋　　　　　　　　1166-459- 36
小祥慰皇后箋　　　　　　　　　1166-459- 36
小祥慰皇太后箋　　　　　　　　1166-459- 36
小祥慰皇后箋　　　　　　　　　1166-459- 36
小祥慰皇太后箋　　　　　　　　1166-460- 36
小祥慰皇后箋　　　　　　　　　1166-460- 36
高宗大祥起居皇后箋　　　　　　1166-460- 36
高宗大祥起居皇太后箋　　　　　1166-460- 36
高宗大祥起居壽皇聖帝表　　　　1166-461- 36
高宗大祥起居壽成皇后箋　　　　1166-461- 36
慰皇后箋　　　　　　　　　　　1166-461- 36
起居皇太后箋　　　　　　　　　1166-462- 36
●陳　琳 魏
答東阿王箋一首　　　　　　　　1329-699- 40
　　　　　　　　　　　　　　　1331- 84- 40
答東阿王箋　　　　　　　　　　1404-219-181
諫齊王奮箋　　　　　　　　　　1404-219-181
●陳　著 宋
立太子妃代湖南帥趙德修賀皇后
　箋　　　　　　　　　　　　　1185-265- 54
代前人賀皇太子箋　　　　　　　1185-265- 54
公主下嫁代前人賀皇后箋　　　　1185-265- 54
代前人賀皇太子箋　　　　　　　1185-265- 54
代資政殿學士提舉洞霄宮王伯晦
　辭免太學士知慶元府得旨謝皇
　太后箋　　　　　　　　　　　1185-265- 54
●陳　謨 明
（賀）中宮箋　　　　　　　　　1232-566- 3
賀王后箋　　　　　　　　　　　1232-566- 3
賀皇太子箋　　　　　　　　　　1232-566- 3
（賀）東宮箋（二則）　　　　　1232-567- 3
（賀）中宮箋　　　　　　　　　1232-567- 3

●陳　瓘 宋
代賀皇太后生辰表　　　　　　　1382-361-下1
●陳次升 宋
上皇太后論陳瓘書　　　　　　　 427-349- 3
上欽聖皇后乞不以陳瓘之言爲念
　（疏）　　　　　　　　　　　 431-390- 35
●陳元晉 宋
賀皇太后表二首　　　　　　　　1176-774- 1
賀皇太后加上尊號表　　　　　　1176-775- 1
賀皇后受册表　　　　　　　　　1176-775- 1
賀皇后上尊號表　　　　　　　　1176-776- 1
賀皇后誕皇孫表　　　　　　　　1176-776- 1
●陳廷敬 清
雲南蕩平賀太皇太后表　　　　　1316-464- 32
●陳師道 宋
代賀册皇后表　　　　　　　　　1114-655- 15
●陳傅良 宋
上嘉王箸子　　　　　　　　　　1150-674- 21
乾道壬辰進士賜第謝太上皇帝（
　表）　　　　　　　　　　　　1150-740- 30
賀壽皇聖帝尊號（表）　　　　　1150-742- 30
皇太后移御慈福宮賀壽皇聖帝（
　表）　　　　　　　　　　　　1150-742- 30
賀皇后（箋）　　　　　　　　　1150-743- 30
賀壽皇聖帝從吉表　　　　　　　1150-743- 30
賀壽聖皇太后從吉（箋）　　　　1150-744- 30
賀壽成皇后從吉（箋）　　　　　1150-744- 30
賀壽成皇后從吉（表）　　　　　1150-744- 30
賀壽聖皇太后從吉（表）　　　　1150-744- 30
賀壽皇聖帝（表）　　　　　　　1150-744- 30
賀壽聖皇太后（表一）　　　　　1150-745- 30
賀壽成皇后（表）　　　　　　　1150-745- 30
賀皇后（表）　　　　　　　　　1150-745- 30
賀壽聖皇太后（表二）　　　　　1150-745- 30
賀壽聖皇帝（表）　　　　　　　1150-746- 30
賀壽成皇后（表）　　　　　　　1150-746- 30
賀皇后（表）　　　　　　　　　1150-746- 30
賀壽聖皇帝（表）　　　　　　　1150-747- 31
賀壽聖皇太后（表）　　　　　　1150-748- 31
賀壽成皇后（表）　　　　　　　1150-748- 31
賀皇后（表）　　　　　　　　　1150-748- 31
賀壽聖皇太后（表）　　　　　　1150-748- 31
賀壽皇聖帝（表）　　　　　　　1150-749- 31
賀壽成皇后（表）　　　　　　　1150-749- 31
賀皇后（表）　　　　　　　　　1150-749- 31

上嘉王賀冬（啟） 1150-771- 34
跋皇子嘉王賜膰金筍子 1150-820- 41
●崔 戎元
獻寶璽書 1366-604- 3
●崔 瑗魏
諫獵書附世子報日 1361-560- 14
●畢仲游宋
賀册皇后上太皇太后表 1122- 13- 2
代樞府上太皇太后表 1122- 19- 2
代人上太皇太后表 1122- 21- 2
代人上太皇太后表 1122- 22- 2
代范忠宣上太皇太后表 1122- 25- 3
代范忠宣上太皇太后表 1122- 25- 3
代范忠宣上太皇太后謝同知樞密
　院表 1122- 26- 3
代范忠宣上太皇太后表 1122- 27- 3
代范忠宣上太皇太后表（二則） 1122- 29- 3
代范忠宣上太皇太后表 1122- 30- 3
代范忠宣上太皇太后表（二則） 1122- 31- 3
代范忠宣上太皇太后表 1122- 33- 3

十二畫

●馮 異漢
經國（疏） 435-231- 78
●馮時行宋
賀光堯皇帝遜位表 1352- 19-1上
●曾 布宋
賀太皇太后受册牋 1352- 82-2中
●曾 肇宋
上宣仁皇后論文德殿受册（疏） 431-292- 26
上宣仁皇后論坤成節百官上壽（
　疏）附貼黃 431-293- 26
禮樂（疏）——論文德殿受册疏 436-380-120
禮樂（疏附貼黃）——論坤成節
　百官上壽奏疏 436-382-120
上宣仁皇后論文德殿受册 1101-341- 2
上宣仁皇后論坤成節百官上壽
　附貼黃 1101-343- 2
請太皇太后受册表 1352- 96-2下
●曾 鞏宋
代皇子延安郡王謝皇太后表 1098-602- 28
代皇太子延安郡王謝皇后牋 1098-603- 28
●黃 溍元
國子監賀太皇太后正旦表 1209-309- 3
國子監上太皇太后賀册皇后表 1209-309- 3
翰林國史院賀皇后正旦牋 1209-310- 3

國子監賀皇后受册牋 1209-310- 3
中書省賀正旦箋 1209-310- 3
●黃 裳宋
賀太后受册表 1120-187- 26
賀皇太子受册命表 1120-196- 28
●黃庭堅宋
代司馬丞相進稽古錄表 1113-191- 20
●彭汝礪宋
上宣仁皇后乞皇帝同御前殿以發
　聽斷（疏） 431-238- 21
上宣仁皇后乞蚤擇后而素教之（
　疏） 431-298- 27
●彭龜年宋
壽聖隆慈備福光祐皇太皇后上尊
　號賀牋 1155-898- 15
壽成惠慈皇太后上尊號賀牋 1155-898- 15
壽仁太上皇后上尊號賀牋 1155-898- 15
三宮加上尊號賀皇后牋 1155-899- 15
光宗皇帝加上尊號禮成賀太皇太
　后牋 1155-899- 15
光宗皇帝加上尊號禮成賀皇太后
　牋 1155-899- 15
代京尹冬至賀皇太子牋 1155-899- 15
●喻良能宋
代江東漕臣賀太上皇帝表 1151-808- 4
代江東漕臣賀太上皇后牋 1151-811- 4
代江東漕臣賀皇后牋 1151-811- 4
代平江守到任謝東宮牋 1151-811- 4
●傅 咸晉
又諫汝南王書 1398-215- 10
●傅 察宋
代沈和仲賀皇太子受册表 1124-715- 上
●傅若金元
元旦賀皇太子箋 1213-302- 1
司農司賀皇太后受尊號册表 1213-303- 1
●傅堯俞宋
上宣仁皇后論治性之道（疏） 431- 42- 3
上慈聖皇后乞罷簾前奏事（疏） 431-289- 26
去邪（疏） 439- 73-176
●程 珌宋
辭免兼侍讀（上）皇太后（表） 1171-245- 2
（辭免除刑部尚書）上皇太后表 1171-246- 2
天基聖節賀皇太后表 1171-251- 3
代賀太皇太后還南內牋 1171-255- 3
代賀皇后牋 1171-256- 3

四庫全書文集篇目分類索引

史部 詔令奏議類：附錄 奏議下 十二—十三畫

●程 顥宋
上宣仁皇后進經筵三筠子（疏）
　附貼黃　　　　　　　　　　　431-610- 50
上宣仁皇后論經筵輔養之道(疏)　431-612- 50
上宣仁皇后辯顧臨所言非是(疏)　431-616- 50
上宣仁皇后乞遇六參日許講讀官
　上殿（疏）　　　　　　　　　431-619- 50
上太皇太后書　　　　　　　　1345-655- 7
又上太皇太后疏　　　　　　　1345-659- 7
又上太皇太后書　　　　　　　1345-661- 7
上太皇太后書　　　　　　　　1350-624- 58
上太皇太后書　　　　　　　　1402-523- 77
上太皇太后書　　　　　　　　1418-303- 46

十三畫

●賈 曾唐
上東宮啓　　　　　　　　　　1339-172-651
●楊 時宋
賀坤成節（表）　　　　　　　1125-127- 3
●楊 修魏
答臨淄侯牋　　　　　　　　　1404-218-181
●楊 傑宋
潤州到任謝太皇太后表　　　　1099-737- 11
兩浙提刑謝太皇太后表　　　　1099-738- 11
禮部賀冬至上太皇太后表　　　1099-738- 11
●楊 載元
皇太后加尊號監修國史府賀表　1208-202- 6
元旦翰林國史院賀皇太后表　　1208-202- 6
藝文監賀表　　　　　　　　　1208-204- 6
●楊士奇明
陳問安　　　　　　　　　　　1239-660- 3
●楊文郁元
賀千秋牋　　　　　　　　　　1367-206- 17
●楊冠卿宋
册命皇后代賀太上皇帝表　　　1165-429- 1
謝太上皇帝表　　　　　　　　1165-430- 1
賀太上皇帝聖壽七十表　　　　1165-432- 1
慶壽禮成肆赦代賀太上皇帝表　1165-432- 1
册禮賀壽皇表　　　　　　　　1165-433- 1
賀皇太后加上尊號牋　　　　　1165-438- 2
册寶禮畢賀皇太后牋　　　　　1165-439- 2
慶壽禮成賀太上皇后牋　　　　1165-439- 2
皇后受册命代張帥賀太上皇后牋　1165-439- 2
賀皇后受册禮牋　　　　　　　1165-439- 2
代賀皇后牋　　　　　　　　　1165-440- 2
賀壽成皇后牋　　　　　　　　1165-440- 2

代謝皇太子賜顏眞二字牋　　　1165-440- 2
●楊萬里宋
謝皇太子頒賜誠齋二字牋　　　 516-737-114
賀壽皇聖帝傳位表　　　　　　1160-493- 46
賀至尊壽皇聖帝受尊號表　　　1160-494- 46
賀壽皇立紹熙皇后表　　　　　1160-495- 46
代賀皇太子箋　　　　　　　　1160-502- 48
代賀皇太子冬節箋　　　　　　1160-502- 48
賀皇太子冬節箋　　　　　　　1160-502- 48
賀皇太子年節箋　　　　　　　1160-502- 48
謝皇太子頒賜誠齋二字箋　　　1160-502- 48
謝皇太子令侍宴榮觀堂箋　　　1160-503- 48
賀皇太子冬節箋　　　　　　　1160-503- 48
賀皇太子年節箋　　　　　　　1160-503- 48
賀壽聖皇太后箋　　　　　　　1160-503- 48
賀壽成皇后箋　　　　　　　　1160-504- 48
賀皇后箋　　　　　　　　　　1160-504- 48
賀壽成皇后箋　　　　　　　　1160-504- 48
賀壽聖皇太后箋　　　　　　　1160-504- 48
賀皇后箋　　　　　　　　　　1160-505- 48
賀皇后受册箋　　　　　　　　1160-505- 48
賀壽聖皇太后箋　　　　　　　1160-505- 48
賀壽成皇后箋　　　　　　　　1160-505- 48
賀皇孫郡王冬節啓　　　　　　1160-537- 53
賀皇孫郡王年節啓　　　　　　1160-537- 54
賀皇孫郡王冬節啓　　　　　　1160-538- 54
賀皇孫平陽郡王年節啓　　　　1160-538- 54
上皇太子書　　　　　　　　　1160-592- 62
●葛勝仲宋
賀太上皇表　　　　　　　　　1127-401- 1
●葉 適宋
除華文閣待制提舉西京嵩山崇福
　宮謝皇太子牋　　　　　　　1164- 68- 2
受玉寶賀牋　　　　　　　　　1164- 69- 2
●虞 集元
正朔中書省賀中宮箋　　　　　1207-182- 12
中書省賀皇后受册箋　　　　　1207-183- 12
監修國史府賀皇后受册箋　　　1207-183- 12
建儲中書省賀皇太后箋　　　　1207-183- 12
建儲翰林國史院賀皇太后箋　　1207-183- 12
賀正旦牋　　　　　　　　　　1367-207- 17
●鄒 浩宋
謝皇太后表　　　　　　　　　1121-323- 19
●鄒 陽漢
上書吳王一首　　　　　　　　1329-675- 39

四庫全書文集篇目分類索引　1733

	1331- 54- 39
獄中上書自明	1329-677- 39
	1331- 56- 39
鄒陽諫吳王書	1355-329- 11
鄒陽獄中上梁王書	1355-332- 11
諫吳王書	1377-227- 11
獄中上梁王書	1377-228- 11

十四畫

●廖　剛宋

代賀皇太子箋	1142-356- 4
代嘉王賀皇后冬箋	1142-357- 4

●漢章帝

重請（封外戚詔）	1397- 70- 4

●綦崇禮宋

正旦遙拜太上皇帝表	1134-673- 23

●趙汝談宋

寧宗升遐慰皇太后表	1382-387-下2

●趙汝騰宋

明堂禮成賀箋	1181-269- 4
皇太子冠禮成賀箋	1181-269- 4
皇子進封忠王賀箋	1181-269- 4

●趙彥端宋

賀光堯皇帝遜位表	1352- 18-1上
賀光堯皇帝遜位表	1352- 19-1上
賀壽聖太上皇后册尊號箋	1352- 79-2中

●趙鼎臣宋

代賀皇太后表	1124-172- 8
代謝兼侍讀表（上太皇太后）	1124-175- 8

●翟汝文宋

乞康王聽政狀	1129-259- 7

●蒲道源元

（賀）皇太子正旦（箋）	1210-695- 15
（立皇太子）同前賀皇太后箋	1210-695- 15
皇太后賀正箋	1210-696- 15

十五畫

●鄭　玉元

謝賜酒箋	1217- 5- 1

●鄭　紀明

進聖功圖箋	1249-737- 1

●鄭　俠宋

代謝太皇太后（表）	1117-458- 7
代謝太皇太后（表）	1117-460- 7
代賀太皇太后生日（表）	1117-462- 7

●鄭　真明

（天壽節賀）皇太子箋	1234-426- 61

（天壽節賀）皇后箋　1234-426- 61

●鄭　獬宋

年節上永安陵等處諸皇后表	1097-204- 10
冬節上永安陵等處諸后表	1097-204- 10
皇帝南郊禮畢謝皇太后表	1097-204- 10
賀皇太后立皇后表	1097-206- 10
賀皇太后表	1097-208- 11

●樓　鑰宋

（請舉樂）至尊壽皇聖帝第一表第二表第三表	1152-447- 15
（請舉樂）擬壽聖皇太后箋	1152-448- 15
（賀正旦）至尊壽皇聖帝表	1152-448- 15
（賀三宮受册）壽聖皇太后箋	1152-449- 15
（賀三宮受册）壽成皇后箋	1152-449- 15
（賀三宮受册）皇后箋	1152-450- 15
（賀皇后受册）至尊壽皇聖帝表	1152-450- 15
（賀皇后受册）壽聖皇太后箋	1152-450- 15
（賀皇后受册）壽成皇后箋	1152-451- 15
（賀皇后受册）皇后箋	1152-451- 15
謝壽皇聖帝表	1152-453- 16
賀重明節表	1152-456- 16
（賀皇子降誕）太上皇帝表	1152-457- 16
（賀皇子降誕）太皇太后箋	1152-458- 16
（賀皇子降誕）皇太后箋	1152-458- 16
（賀皇子降誕）太上皇后箋	1152-458- 16
（賀皇子降誕）皇后箋	1152-458- 16
賀重明節表	1152-459- 16
（賀太上皇后册寶禮成等）太上皇帝表	1152-460- 16
（賀太上皇后册寶禮成等）太皇太后箋	1152-460- 16
（賀太上皇后册寶禮成等）皇太后箋	1152-460- 16
（賀太上皇后册寶禮成等）太上皇后箋	1152-460- 16
（賀太上皇后册寶禮成等）皇后箋	1152-461- 16
（賀皇后受册）皇后箋	1152-461- 16
賀重明節表	1152-463- 17
（慰壽聖太皇太后上仙）太上皇帝表	1152-463- 17
（慰壽聖太皇太后上仙）皇太后箋	1152-463- 17
（慰壽聖太皇太后上仙）太上皇后箋	1152-464- 17

史部

詔令奏議類：附錄

奏議下十三—十五畫

史部

詔令奏議類：附錄

奏議下十五畫

（慰壽聖太皇太后上仙）皇后牋　1152-464- 17
賀重明節表　1152-464- 17
謝皇太子牋　1152-470- 17
又代謝太上皇帝表　1152-475- 18
又代謝皇后牋　1152-476- 18
代宰臣賀太上皇帝表　1152-476- 18
代宰臣賀皇太子牋　1152-477- 18
代謝皇太子牋　1152-481- 19
代謝皇太子宮講堂徹章轉官牋　1152-481- 19
代賀太上皇帝表　1152-482- 19
代賀太上皇后牋　1152-483- 19
代賀太上皇帝慶壽表　1152-486- 19
上壽皇聖帝箋子　1152-522- 23
賀東宮上御書居仁牌箋子　1152-596- 33
進東宮耕織圖箋子　1152-601- 33
乞東宮書懷緩二字箋子　1152-608- 33
進奉皇太后生辰表詞　1152-774- 48
●摯　虞 晉
致齊王冏牋　1404-221-181
●鄧　禹 漢
經國（疏）　435-231- 78
●鄧　騭 漢
上鄧太后辭封疏　1397-225- 11
●歐陽修 宋
謝皇太后表　1102-737- 91
奏慈壽宮箋子　1103-253-122
●蔡　戡 宋
太上皇后壽七十賀太上皇帝表　1157-633- 7
代淮東安撫使謝太上皇帝表　1157-642- 7
賀太上皇后牋　1157-642- 7
太后慶壽賀皇后牋　1157-642- 7
賀太皇太后牋　1157-643- 7
賀皇后牋　1157-643- 7
賀皇后受册牋　1352- 84-2中
●劉　敞 宋
謝太皇太后表　1096-254- 25
賀公主生日表　1096-255- 25
封開國男謝太皇太后表　1096-257- 25
●劉　弇 宋
代賀三后受册表（三則）　1119-155- 11
●劉　跂 宋
賀太皇太后表　1121-564- 5
賀太皇太后表　1121-565- 5
賀册皇后表　1121-565- 5
●劉　琨 晉

經國（疏）　435-260- 79
●劉　瑜 漢
上皇太后備內書　1397-366- 17
●劉　慶 漢
病篤上鄧太后書　1397- 86- 4
●劉　摯 宋
上太皇太后謝御史中丞表　1099-455- 1
上太皇太后辭免尚書右丞表　1099-456- 1
上太皇太后謝尚書右丞表　1099-456- 1
上太皇太后辭免尚書左丞表　1099-457- 1
上太皇太后謝尚書左丞表　1099-458- 1
上太皇太后辭免門下侍郎表　1099-658- 1
上太皇太后謝門下侍郎表　1099-459- 1
上太皇太后辭免右僕射　1099-460- 1
再上太皇太后辭免右僕射表　1099-460- 1
上太皇太后謝右僕射表　1099-461- 1
上太皇太后賀表　1099-467- 2
●劉　憲 唐
上東宮勸學啟　1339-174-652
●劉　隨 宋
上章獻皇后乞還政（疏）　431-286- 26
●劉　壎 元
（紹陵誕嗣）賀太后（牋）　1195-501- 15
（紹陵誕嗣）賀皇后（牋）　1195-501- 15
（正旦賀）太后（牋）　1195-502- 15
（正旦賀）皇后（牋）　1195-502- 15
太后册寶賀箋　1195-504- 15
東宮受寶賀箋　1195-505- 15
東宮生日賀箋　1195-505- 15
●劉　塤 宋
上皇子牋（二則）　1157-417- 6
賀皇太后慶壽（表）　1157-437- 8
●劉一止 宋
代賀道君皇帝表　1132-104- 19
●劉之遴 梁
啟皇太子　1399-534- 12
●劉安世 宋
上宣仁皇后論黨與類不同（疏）　431-910- 76
●劉孝威 梁
謝賚錦被啟　1394-471- 5
謝東宮賜淨饌啟　1394-471- 5
●劉孝綽 宋
啟謝東宮（啟）　1399-513- 12
謝爲東宮奉經啟　1399-513- 12
●劉孝儀 梁

謝晉安王賜宣城酒啟　　　　　1394-470- 5
謝東宮賜城傍稀啟　　　　　　1394-471- 5
●劉克莊 宋
賀皇后牋　　　　　　　　　　1180-464- 42
●劉忠肅 宋
慰國哀上皇后表　　　　　　　1352-106-3上
●劉禹錫 唐
賀皇太子牋　　　　　　　　　1077-412- 14
賀赦牋　　　　　　　　　　　1338-815-627
●衞　涇 宋
賜進士及第謝太上皇帝表　　　1169-532- 6
受玉璽賀皇后表　　　　　　　1169-571- 8
皇帝登極轉官謝皇太后表　　　1169-573- 8
賀皇太后垂簾聽政表　　　　　1169-574- 8
賀皇太后表　　　　　　　　　1169-574- 8
明堂加恩謝皇太后表　　　　　1169-574- 8
（改寶慶）賀皇太后表　　　　1169-575- 8
（寧宗皇帝祔廟）慰皇太后表　1169-575- 8
壽慶節賀表（二則）　　　　　1169-575- 8
賀皇太后上尊號表　　　　　　1169-576- 8
進士及第謝皇太子牋　　　　　1169-661- 14
除密院謝皇太子牋　　　　　　1169-661- 14
除參知政事謝皇太子牋　　　　1169-662- 14
賀皇太子元正牋（四則）　　　1169-662- 14
賀皇太子生日牋（二則）　　　1169-663- 14
賀皇太子冬至牋（四則）　　　1169-664- 14
隆興府到任謝皇太子牋　　　　1169-664- 14
福州到任謝皇太子牋　　　　　1169-665- 14
謝寶翰後樂二字牋　　　　　　1169-665- 14

十七畫

●謝　朓 齊
拜中軍記室辭隋王牋一首　　　1329-703- 40
　　　　　　　　　　　　　　1331- 90- 40
拜中軍記室辭隨王牋　　　　　1404-226-182
●謝　莊 劉宋
慶皇太子元服上至尊（表）　　1398-765- 14
又皇太子元服上皇太子表　　　1398-765- 14
讓中書令表　　　　　　　　　1398-766- 14
太子元服上太后表　　　　　　1414-220- 72
●謝應芳 元
（謝免糧表）中宮箋　　　　　1218-191- 8
（謝免糧表）東宮箋　　　　　1218-192- 8
（冬至）東宮箋　　　　　　　1218-192- 8
（正旦表）中宮箋　　　　　　1218-193- 8
（正旦表）東宮箋　　　　　　1218-193- 8

（冬至）中宮箋　　　　　　　1218-193- 8
●謝靈運 劉宋
與廬陵王義眞牋　　　　　　　1404-225-181
●戴　翔 宋
（代水心）慰皇后表　　　　　1176-725- 6
●韓　維 宋
上宣仁皇后論治道在審識人情（疏）　　　　　　　　　　　　　431- 41- 3
兵制疏——上宣仁皇后論保甲馬法　　　　　　　　　　　　　　439-325-221
内中御侍已下賀太皇太后年節詞語　　　　　　　　　　　　　1101-648- 15
内中御侍已下賀皇太后年節詞語　1101-648- 15
上皇太后辭避第一表　　　　　1101-681- 19
上皇后辭避第一牋　　　　　　1101-681- 19
上皇太后辭避第二表　　　　　1101-682- 19
上皇后辭避第二牋　　　　　　1101-682- 19
上皇太后謝表　　　　　　　　1101-682- 19
上皇后謝牋　　　　　　　　　1101-683- 19
上皇太后辭避第二表　　　　　1101-686- 21
上皇后辭避第二表　　　　　　1101-686- 21
上皇太后謝表　　　　　　　　1101-686- 21
上皇后謝牋　　　　　　　　　1101-687- 21
謝皇太后勞記　　　　　　　　1101-689- 21
皇太后慰及節侯並同前（賀慰勞記）　　　　　　　　　　　　1101-690- 21
皇后依前（賀慰勞表）　　　　1101-690- 21
年節賀皇太后勞記　　　　　　1101-691- 21
（年節賀）皇后（勞記）　　　1101-691- 21
上皇太后（牋）　　　　　　　1101-692- 21
上皇后牋　　　　　　　　　　1101-692- 21
上太皇太后箋子　　　　　　　1101-727- 26
（知汝州乞致仕）又表　　　　1101-730- 27
（謝提舉崇福宮）又表　　　　1101-732- 27
知潁昌府乞致仕表　　　　　　1101-734- 27
●韓元吉 宋
賀太上皇帝表　　　　　　　　1165- 92- 8
賀太上皇帝尊號表　　　　　　1165- 93- 8
賀太上皇帝表　　　　　　　　1165- 96- 8
太上皇帝慶壽禮成賀表　　　　1165- 96- 8
太上皇帝慰表　　　　　　　　1165- 97- 8
太上皇后慰表　　　　　　　　1165- 97- 8
太上皇帝慰表　　　　　　　　1165- 98- 8
太上皇后慰表　　　　　　　　1165- 98- 8
太上皇后賀牋　　　　　　　　1165-107- 8

皇后賀牋　1165-108- 8
代湯丞相母夫人賀中宮牋　1165-108- 8
●韓邦奇 明
乞恩迴避事（疏）　1269-598- 15
●薛元超 唐
諫皇太子牋　549- 97-184
諫皇太子牋　1338-810-627

十八畫

●豐　稷 宋
上欽聖皇后乞戒敕外家（疏）　431-387- 35
外戚（疏）——上欽聖皇后疏　441-143-289
●魏了翁 宋
賀皇后牋　1172-178- 13
賀皇后牋　1172-179- 13
謝皇太后表　1172-180- 13
上皇太后表　1172-181- 13
跋陳君舉東宮進故事　1173- 67- 65
賀皇子國公誕生皇孫翁子　1173- 84- 67

十九畫

●羅　願 宋
太上皇后慶壽七十賀太上皇帝表　1142-511- 5
賀太上皇后牋　1142-511- 5
賀皇后牋　1142-512- 5

二十畫

●寶　憲 漢
上皇太后薦桓郁疏　1397-179- 9
●蘇　軾 宋
上太皇太后賀正表　1108-137- 69
又謝太皇太后表　1350-718- 68
　1377-214- 9
　1403-546-137
●蘇　頌 宋
皇帝宿齋第一日問太皇太后聖體表　1092-323- 27
問皇太后聖體表　1092-323- 27
問太妃牋　1092-323- 27
皇帝齋宿第二日問太皇太后聖體表　1092-323- 27
問皇太后聖體表　1092-324- 27
問皇太妃牋　1092-324- 27
皇帝爲禮畢謝太皇太后表　1092-324- 27
謝皇太后表　1092-324- 27
謝皇太妃牋　1092-324- 27
賀太皇太后入慶壽宮（表）　1092-418- 36
賀太皇太后爲皇太后入寶慈宮（

表）　1092-419- 36
賀皇太后入寶慈宮（表）　1092-419- 36
賀光獻皇太后受册寶（表）　1092-485- 45
賀太皇太后受册寶銀絹（表）　1092-486- 45
謝皇太后表　1092-497- 46
謝皇太妃牋（表）　1092-498- 46
賀太皇太后表　1092-498- 46
賀皇太后表　1092-498- 46
賀皇太妃牋　1092-499- 46
賀太皇太后表　1092-499- 46
賀皇太后表　1092-499- 46
賀皇太妃牋　1092-499- 46
謝皇太后表　1092-504- 46
謝皇太妃牋　1092-504- 46
謝皇太后表　1092-505- 46
謝皇太妃牋（表）　1092-505- 46
謝皇太后表　1092-506- 47
謝皇太妃牋　1092-506- 47
謝皇太后表　1092-507- 47
謝皇太妃牋　1092-507- 47
賀太皇太后表　1092-508- 47
賀皇太后表　1092-508- 47
賀皇太妃牋　1092-508- 47
賀太皇太后表　1092-508- 47
賀皇太后表　1092-509- 47
賀皇太妃牋　1092-509- 47
賀太皇太后表　1092-509- 47
賀皇太后表　1092-509- 47
賀皇太妃牋　1092-510- 47
賀太皇太后表　1092-510- 47
賀皇太后表　1092-510- 47
賀皇太妃牋（表）　1092-510- 47
賀太皇太后表　1092-511- 47
賀皇太后表　1092-511- 47
賀皇太妃牋　1092-511- 47
賀太皇太后表　1092-512- 47
賀皇太后表　1092-512- 47
賀皇太妃牋　1092-512- 47
賀太皇太后表　1092-512- 47
賀皇太后表　1092-513- 47
賀皇太妃牋　1092-513- 47
賀太皇太后表　1092-513- 47
賀皇太后表　1092-513- 47
賀皇太妃牋　1092-514- 47
●蘇　轍 宋

謝太皇太后受册表　　　　　　1112-545- 47
賀擒鬼章表　　　　　　　　　1112-546- 47
謝除龍圖閣學士御史中丞表　　1112-560- 48
謝賜對衣金帶鞍馬狀　　　　　1112-561- 48
立皇后制書箋子　　　　　　　1112-719- 16
●蘇天爵元
登極賀太后表　　　　　　　　1214-284- 24
●蘇安恆唐
請則天皇后復位於皇太子疏　　1403- 84- 98
●釋智越隋
賀晉王爲皇太子啓　　　　　　1401-638- 43
衆謝造寺成啓　　　　　　　　1401-639- 43
●釋道溫劉宋
列言秣陵縣（表）　　　　　　1401- 90- 16

二十一畫

●顧　譚吳
上魯王與太子齊衡疏　　　　　1361-601- 21

二十二畫

●龔鼎臣宋
上慈聖皇后乞罷簾前奏事（疏）431-289- 26
治道（疏）——上慈聖皇后奏　433-854- 34

不著撰人

●漢
有司上梁太后奏　　　　　　　1397- 79- 4
上趙后（書）　　　　　　　　1405-254-259
●劉宋
彭城參佐慶武陵王獲白鹿箋　　1398-860- 18
●唐
順宗至德大聖大安孝皇帝諡議——元和一年六月　　　　　　　　426-116- 13
太宗文武大聖皇帝加諡册　　　426-595- 78
高祖神堯大聖皇帝加諡册　　　426-595- 78
聖祖大道玄元皇帝加號册　　　426-595- 78
睿宗玄眞大聖皇帝加諡册　　　426-596- 78
中宗孝和大聖皇帝加諡册　　　426-596- 78
高宗天皇大聖皇帝加諡册　　　426-596- 78
●宋
慈福宮上尊號賀壽成皇后牋　　1352- 80-2中
册皇后賀壽成皇后牋　　　　　1352- 80-2中
册皇后賀壽聖皇太后牋　　　　1352- 80-2中
重華宮上尊號賀壽聖皇太后牋　1352- 80-2中
重華宮上尊號賀壽成皇后牋　　1352- 81-2中
賀皇后受册牋　　　　　　　　1352- 84-2中
賀皇太子受册牋（三則）　　　1352- 85-2中

慶太上皇壽賀皇太子牋　　　　1352- 85-2中
車駕巡幸起居太上皇表　　　　1352- 88-2中
祝太皇太后壽疏（二則）　　　1353-429- 81
祝皇太后壽疏　　　　　　　　1353-429- 81
祝皇后壽疏　　　　　　　　　1353-429- 81
●元
江西行省進賀皇后殿下受寶册牋　1366-603- 2
●明
賀光堯壽聖太上皇帝册尊號表（二則）　　　　　　　　　　　1352- 20-1上

本書承蒙

行政院文化建設委員會補助編輯費用

四庫全書索引叢刊之二

四庫全書文集篇目分類索引

學術文之部（下）

中華文化復興運動推行委員會主編
四庫全書索引編纂小組主編
臺灣商務印書館發行

G、傳 記 類

a.姓 氏

三代世表——答張夫

子問族氏	漢褚少孫	412-121- 5
與曾鞏論氏族書	宋歐陽修	518-126-140
		1102-363- 47
跋李利涉命氏編	宋洪皓	1133-422- 4
皇朝百族譜序	宋周必大	1147-206- 20
述莆方三派聚族	宋方大琮	1178-302- 32
論姓氏	宋胡次焱	1188-562- 5
（蜀）氏族譜	宋羅 泌	1381-740- 53
姓族氏說	元王 惲	1201-381- 98
舒嘯復舊氏序	元陳 旅	1213- 79- 6
（成都）氏族譜	元費 著	1381-742- 53
姓源珠璣序	明王 直	1241-680- 15
泗橋潘氏姓源記	明鄭文康	1246-571- 6
程氏姓源序	明林 俊	1257- 75- 7
跋周雲漢所述姓源便覽	明邵 寶	1258-792- 9
（許氏）宗考	明許相卿	1272-247- 12
御製八旗滿洲氏族通譜序	清 高 宗	455- 1- 附
八旗姓氏通譜序	清 高 宗	1301- 96- 10
汪姓緣起考	清汪 琬	1315-209- 1
奇姓類考序	清毛奇齡	1320-503- 57
東江姓氏跋	清蔡世遠	1325-811- 11
吳江沈氏姓考	清沈 彤	1328-306- 2

b.家 乘（姓名式）

與王深甫論世譜帖	宋歐陽修	1102-550- 69
原譜	宋游九言	1178-379- 下
譜牒說	宋呂大鈞	1407-373-428
原譜二則	明張 岳	1272-492- 17
譜例論	明歸有光	1289- 39- 3
答同志問族譜書	明馮從吾	1293-253- 15
		1454-784-172
族譜襍論三則	清汪 琬	1315-270- 8

●丁 氏

丁氏世譜序	元陳 旅	1213- 54- 4
丁氏復姓（譜）序	明方孝孺	1235-390- 13
西關丁氏族譜序	明陳獻章	1246- 10- 1
陳江丁氏族譜序	明陸 深	1268-293- 47
題丹陽丁氏追遠會簿	明顧憲成	1292-160- 13

題丹陽丁氏追遠會簿 | 明高攀龍 | 1292-705- 12 |

●于 氏

河南于氏家譜後序	唐于 邵	1340-181-737
柳塘于氏族譜序	明梁 潛	1237-334- 7
豐城于氏族譜序	明吳與弼	1251-533- 9

●方 氏

方氏族譜序	宋方大琮	1178-299- 31
方氏仕譜誌（跋）	宋方大琮	1178-306- 32
方氏族譜序	元鄭 玉	1217- 70- 1
方氏族譜序	明宋 濂	1223-448- 7
方氏族譜序	明林 弼	1227-121- 14
（方氏）族譜序	明方孝孺	1235-391- 13
方氏譜序	明方孝孺	1235-392- 13
題分水方氏族譜	明劉 球	1243-651- 19
述溪方氏族譜序	明吳與弼	1251-544- 9
書新安方氏族譜後	明黃仲昭	1253-455- 4
方氏族譜序	明王慎中	1274-227- 9

●戈 氏

| 豐城戈氏族譜序 | 明吳與弼 | 1251-540- 9 |

●尤 氏

| 跋尤氏世譜後 | 明邵 寶 | 1258-534- 9 |

●太史氏

| 太史氏家譜序 | 元陳 高 | 1216-206- 10 |

●王 氏

王氏族譜序	宋陳 著	1185-176- 37
王氏族譜序	宋劉辰翁	1186-526- 6
王氏家譜記	宋林景熙	1188-739- 4
題婺源武口王氏世系	元戴表元	1194-242- 18
寧晉王氏本支圖記	元胡祇遹	1196-210- 11
廬陵王氏世譜序	元吳 澄	1197-338- 32
睢陽王氏家譜引	元吳 澄	1197-341- 32
太原（王氏）族譜序	元徐明善	1202-580- 上
題王氏名字說卷後	元張之翰	1204-509- 18
王氏家譜敘	元吳 海	1217-161- 1
跋棟頭王氏譜後	元王 禮	1220-441- 10
定武王氏族譜序	明危 素	1226-740- 4
臨川王氏世譜序	明危 素	1226-742- 4
永豐王氏族譜序	明危 素	1226-749- 4
書王氏所錄遺文後	明林 弼	1227-190- 23
題王文壽族譜後	明林 弼	1227-199- 23
王氏族譜系序	明趙搢謙	1229-665- 1
王氏近代族譜序	明陳 謨	1232-587- 5
南富王氏族譜後序	明梁 潛	1237-329- 7
梅岡王氏族譜序	明梁 潛	1237-333- 7
秦和王氏族譜序	明楊士奇	1238- 39- 3

史部 傳記類：家乘

王氏家乘序　　　　　　　明楊士奇　　1238- 80- 7
豐城槎溪王氏譜序　　　　明楊士奇　　1238-528- 13
（跋）王氏族譜序後　　　明楊士奇　　1238-624- 19
金谿王氏族譜序　　　　　明金幼孜　　1240-718- 7
家譜序　　　　　　　　　明王　直　　1241- 74- 4
南富王氏族譜序　　　　　明王　直　　1241-512- 8
王家園王氏家譜序　　　　明王　直　　1241-726- 17
慈溪王氏族譜序　　　　　明王　直　　1241-739- 17
題王修撰先世翰墨卷後　　明王　直　　1242-357- 36
題東郭王氏族譜後　　　　明李時勉　　1242-793- 8
三原王氏族譜序　　　　　明彭　韶　　1247- 30- 2
吉水王氏族譜序　　　　　明何喬新　　1249-199- 12
樟溪王氏家譜序　　　　　明吳與弼　　1251-536- 9
嶺南王氏族譜序　　　　　明羅　倫　　1251-663- 2
王氏家譜序　　　　　　　明王　鏊　　1256-253- 10
金田王氏族譜序　　　　　明林　俊　　1257- 81- 7
王氏家譜序　　　　　　　明潘希會　　1266-712- 6
高墟王氏族譜序　　　　　明魏　校　　1267-840- 8
題三世循良卷後　　　　　明李舜臣　　1273-742- 10
伍塘王氏重修譜序　　　　明羅洪先　　1275-263- 12
樂安湖平王氏族譜序　　　明羅洪先　　1275-267- 12
安成社布王氏族譜序　　　明羅洪先　　1275-274- 12
泰和梅岡王氏族譜序　　　明羅洪先　　1275-280- 12
書王氏傳家錄後　　　　　明唐順之　　1276-354- 7
綸音世貴錄後序　　　　　明王世貞　　1280-213- 71
南富王氏續修族譜序　　　明胡　直　　1287-315- 8
題王氏舊譜後　　　　　　明歸有光　　1289- 76- 5
題跋宸翰錄後　　　　　　明費　宏　　518-251-143
宛平王氏家譜序　　　　　清吳偉業　　1312-209- 21

● 元　氏

南冠錄引　　　　　　　　金元好問　　1191-431- 37
元氏世錄序　　　　　　　明危　素　　1226-746- 4
吳營橋元氏族譜序　　　　明吳與弼　　1251-541- 9

● 孔　氏

闕里譜系序　　　　　　　元趙孟頫　　1196-678- 6
孔氏譜序　　　　　　　　元揭傒斯　　1208-212- 8
　　　　　　　　　　　　　　　　　　1367-451- 36
孔氏譜系後題　　　　　　明宋　濂　　1223-603- 12

● 尹　氏

汾陽尹氏家世跋　　　　　元吳　澄　　1197-542- 54
西昌尹氏族譜序　　　　　明楊士奇　　1238-519- 12
西昌尹氏族譜序　　　　　明王　直　　1241-872- 22
尹氏譜敘　　　　　　　　明李東陽　　1250-266- 25

● 毛　氏

蘭僑毛氏族譜序　　　　　明危　素　　1226-723- 3
重修（毛氏）族譜序　　　清毛奇齡　　1320-420- 49

● 甘　氏

蘄州甘氏重輯族譜序　　　明祝允明　　1260-711- 25
永新甘氏重修通譜序　　　明羅欽順　　1261-124- 9

● 石　氏

跋忠國公石亭族譜　　　　明吳與弼　　1251-588- 12

● 皮　氏

清江皮氏世譜序　　　　　元吳　澄　　1197-337- 32

● 田　氏

田氏族譜序　　　　　　　明楊　榮　　1240-227- 15
道源田氏族譜序　　　　　清毛奇齡　　1320-409- 47
家譜序　　　　　　　　　清田　雯　　1324-278- 26

● 史　氏

題史秉文資陽故譜序　　　元虞　集　　1207- 75- 5
溧陽史氏族譜序　　　　　明梁　潛　　1237-260- 5
溧陽史氏族譜序　　　　　明楊士奇　　1238- 85- 7
豐城史氏譜序　　　　　　明楊士奇　　1238-532- 13
跋溧陽史氏族譜　　　　　明陸　深　　1268-574- 89
蕭山史氏世譜序　　　　　清毛奇齡　　1320-481- 55

● 丘　氏

平原丘氏族譜序　　　　　明楊士奇　　1238-512- 12
貴溪丘氏宗譜序　　　　　明丘　濬　　1248-196- 10
同安丘氏族譜序　　　　　明吳與弼　　1251-545- 9

● 包　氏

包氏族譜序　　　　　　　清毛奇齡　　1320-324- 38

● 安　氏

馬湖安氏族譜後序　　　　明徐　溥　　1248-569- 2

● 江　氏

江氏族譜序　　　　　　　宋熊　禾　　1188-798- 3
桂巖集序　　　　　　　　明楊士奇　　1406- 67-320
歙江村江氏族譜序　　　　明程敏政　　1252-510- 29
題江氏忠孝節義合傳後　　清吳　綺　　1314-397- 10

● 宇文氏

宇文氏族譜序　　　　　　明危　素　　1226-733- 4

● 羊舌氏

題羊舌氏家傳後　　　　　元吳　澄　　1197-560- 56

● 艾　氏

（跋）艾氏譜後　　　　　明楊士奇　　1238-623- 19
艾氏族譜序　　　　　　　明王世貞　　1282-716- 54

● 伍　氏

綠圍伍氏族譜序　　　　　明陳獻章　　1246- 8- 1

● 任　氏

任子家乘序　　　　　　　清魏裔介　　1312-779- 7

● 危　氏

四庫全書文集篇目分類索引

史部 傳記類:家乘

臨安危氏族譜序　　　　元袁　桷　　1203-299- 21　　洪同南巷宋氏族譜序　　明羅洪先　　1275-270- 12
臨川危氏家譜序　　　　明危　素　　1226-693- 2　　商丘宋氏家乘序　　　　清朱軾尊　　1318-113- 40
　　　　　　　　　　　　　　　　　　　　　　　　　重訂家乘序　　　　　　清宋　犖　　1323-269- 24
●伊　氏　　　　　　　　　　　　　　　　　　　　　三訂家乘序　　　　　　清宋　犖　　1323-269- 24
伊氏重修族譜序　　　　明吳　寬　　1255-370- 42
　　　　　　　　　　　　　　　　　　　　　　　　●沃呼氏
●朱　氏　　　　　　　　　　　　　　　　　　　　　題沃呼氏世譜　　　　　元虞　集　　1207-564- 40
婺源茶院朱氏世譜後
　　序　　　　　　　　宋朱　熹　　1375-253- 18　●杜　氏
南豐朱氏家譜跋　　　　元劉　壎　　1195-397- 7　　題杜仲正省掾家世卷
朱氏族譜序　　　　　　元貢師泰　　1215-592- 6　　　　後　　　　　　　　元王　惲　　1201- 86- 72
朱氏族圖序　　　　　　明唐桂芳　　1226-857- 5　　杜氏世譜考異序　　　　明危　素　　1226-752- 4
航溪朱氏族譜序　　　　明林　弼　　1227-121- 14　　杜氏族譜序　　　　　　明朱　右　　1228- 61- 5
朱氏族譜序　　　　　　明凌雲翰　　1227-830- 4
五峯朱氏族譜序　　　　明吳與弼　　1251-537- 9　●李　氏
西藩封志有序　　　　　明黃　佐　　1465-725- 16　　家譜後序　　　　　　　宋李　石　　1149-645- 10
皇明同姓諸王傳序　　　明鄭　曉　　1405-500-288　　代家德麟作重修家譜
書明列代玉册事　　　　清 高 宗　　1301-487- 33　　　　序　　　　　　　　宋李　石　　1149-645- 10
坡山朱氏族譜序　　　　清毛奇齡　　1320-222- 27　　烏洲李氏世譜序　　　　宋李　呂　　1152-232- 5
　　　　　　　　　　　　　　　　　　　　　　　　　題醴陵李氏族譜　　　　宋歐陽守道　1183-680- 21
●汪　氏　　　　　　　　　　　　　　　　　　　　　歐李氏譜　　　　　　　宋文天祥　　1134-618- 14
隴右王汪氏世家勳德　　　　　　　　　　　　　　　　李氏家集敍　　　　　　宋黃仲元　　1188-637- 3
　　錄序　　　　　　　元虞　集　　1207-101- 6　　李氏族譜後序　　　　　元戴表元　　1194-130- 10
汪氏勳德錄序　　　　　元虞　集　　1367-437- 35　　龍雲李氏族譜序　　　　元吳　澄　　1197-344- 32
汪氏族譜序　　　　　　元李　祁　　1219-672- 4　　題李懷遠世系後　　　　元王　惲　　1201- 74- 71
嚴陵汪氏家譜序　　　　明宋　濂　　1223-444- 7　　高唐李氏世譜序　　　　元虞　集　　1207- 70- 5
汪氏家乘序　　　　　　明李東陽　　1250-283- 27　　（題）西平李氏族譜　　元歐陽玄　　1210-156- 14
興國汪氏族譜序　　　　明吳與弼　　1251-544- 9　　跋谷平李氏家譜　　　　元柳　貫　　1210-483- 18
城北汪氏譜序　　　　　明程敏政　　1252-473- 27　　李氏族譜序　　　　　　元唐　元　　1213-545- 9
書苑山汪氏族譜後　　　明程敏政　　1252-673- 38　　書宜黃李氏族譜後　　　元李　存　　1213-784- 26
汪氏近徵錄序　　　　　明許相卿　　1272-212- 7　　歐李氏族譜後　　　　　元王　禮　　1220-439- 10
汪氏族譜序　　　　　　清汪　琬　　1315-470- 26　　南昌李氏譜序　　　　　明王　禕　　1226-131- 6
（汪氏）族譜後序　　　清汪　琬　　1315-471- 26　　題先人序李氏族譜後　　明唐桂芳　　1226-885- 7
　　　　　　　　　　　　　　　　　　　　　　　　　李氏族譜跋　　　　　　明張宇初　　1236-469- 4
●沈　氏　　　　　　　　　　　　　　　　　　　　　安成李氏族譜序　　　　明楊士奇　　1238-509- 12
吳江沈氏族譜序　　　　明尹　臺　　1277-462- 2　　玉山李氏重修族譜序　　明楊士奇　　1238-521- 12
沈氏家譜序　　　　　　明沈　鯉　　1288-291- 6　　李氏族譜序　　　　　　明楊士奇　　1238-526- 13
長巷沈氏族譜序　　　　清毛奇齡　　1320-206- 25　　豐城李氏族譜序　　　　明楊士奇　　1238-527- 13
　　　　　　　　　　　　　　　　　　　　　　　　　李氏族譜序　　　　　　明楊　榮　　1240-229- 15
●沙　氏　　　　　　　　　　　　　　　　　　　　　南岡李氏族譜序　　　　明王　直　　1241-537- 9
沙氏族譜序　　　　　　清汪　琬　　1315-469- 26　　李氏重脩族譜序　　　　明王　直　　1241-793- 19
題（沙氏）三孝卷　　　清毛奇齡　　1320-518- 59　　南岡李氏族譜序　　　　明李時勉　　1242-723- 4
　　　　　　　　　　　　　　　　　　　　　　　　　谷平李氏宗譜序　　　　明李時勉　　1242-727- 4
●宋　氏　　　　　　　　　　　　　　　　　　　　　浮山李氏族譜序　　　　明李時勉　　1242-728- 4
宋氏世譜記　　　　　　元胡　助　　1214-685- 20　　清溪李氏族譜序　　　　明李時勉　　1242-730- 4
嵊山宋氏族譜序　　　　明宋　訥　　1225-888- 6　　題潮陽李氏族譜後　　　明李時勉　　1242-796- 8
書宋氏世譜後　　　　　明王　禕　　1226-352- 17　　歐李氏族譜後　　　　　明薛　瑄　　1243-216- 11
宋氏族譜序　　　　　　明張以寧　　1226-593- 3　　李氏族譜序　　　　　　明薛　瑄　　1243-276- 15
宋氏世譜序　　　　　　明方孝孺　　1235-382- 13
丹陽宋氏族譜序　　　　明金幼孜　　1240-753- 7
宋氏世譜序　　　　　　明王　直　　1241-733- 17

1742　　　　　　　　四庫全書文集篇目分類索引

漣川李氏族譜序　　　　明劉　球　　1243-537- 9　　豐溪呂氏族譜序　　　　清儲大文　　1327-241- 11
李氏家乘記　　　　　　明鄭文康　　1246-579- 7　　豐溪呂氏續昭穆序次
嵩山李氏族譜序　　　　明彭　韶　　1247- 35- 2　　　聯句序　　　　　　　清儲大文　　1327-243- 11
遷葬志序　　　　　　　明李東陽　　1250-666- 64　　●吳　氏

史部　五峯李氏族譜序　　　　明吳與弼　　1251-535- 9　　吾吳氏宗譜跋　　　　宋吳　潛　　1178-428- 3
傳記類：家乘　湖荇李氏族譜序　　　　明吳與弼　　1251-537- 9　　跋吳氏族譜　　　　　宋文天祥　　1184-616- 14
彭原李氏族譜序　　　　明吳與弼　　1251-539- 9　　吳氏族譜序　　　　　宋劉辰翁　　1186-540- 6
同安李氏家譜序　　　　明吳與弼　　1251-544- 9　　青雲吳氏族譜序　　　元吳　澄　　1197-341- 32
臨川岡上李氏族譜序　　明吳與弼　　1251-553- 9　　宜黃吳氏族譜序　　　元吳　澄　　1197-343- 32
番禺李氏族譜序　　　　明羅　倫　　1251-659- 2　　金谿吳氏族譜序　　　元吳　澄　　1197-346- 32
李忠文公家乘序　　　　明程敏政　　1252-584- 34　　跋吳適可先世誥曆　　元吳　澄　　1197-536- 54
恭題巡撫南畿李司空　　　　　　　　　　　　　　　　題吳德昭世家譜　　　元吳　澄　　1197-558- 56
　四世誥命圖　　　　　明王　鏊　　1256-516- 35　　跋吳氏家乘　　　　　元吳　澄　　1197-619- 63
武緣李氏族譜後序　　　明張　吉　　1257-672- 4　　吳昭德族譜（跋）　　元徐明善　　1202-596- 下
　　　　　　　　　　　　　　　　　1466-566- 51　　吳氏譜牒序　　　　　元胡　助　　1214-679- 20
宜興李氏族譜序　　　　明邵　寶　　1258-252- 3　　吳氏世譜序　　　　　元陳　高　　1216-204- 10
李氏族譜序　　　　　　明羅　玘　　1259- 60- 4　　吳氏世譜序　　　　　元吳　海　　1217-151- 1
（李氏）譜序　　　　　明李夢陽　　1262-345- 38　　新安吳氏家譜敍　　　元吳　海　　1217-168- 2
莊渠李氏統宗譜序　　　明魏　校　　1267-816- 7　　吳氏家譜敍　　　　　元吳　海　　1217-170- 2
莊渠李氏族屬譜序　　　明魏　校　　1267-827- 8　　吳氏族譜序　　　　　元李　祁　　1219-666- 4
便江李氏族譜序　　　　明林文俊　　1271-750- 5　　白沙吳氏族譜序　　　元王　禮　　1220-456- 1
小水李氏族譜序　　　　明尹　臺　　1277-446- 2　　重刊溪南吳氏族譜序　明唐桂芳　　1226-844- 5
榮泉李公族譜序　　　　明王世貞　　1280-207- 70　　吳氏孝義集序　　　　明蘇伯衡　　1228-591- 4
水陽河西李氏族譜序　　清施閏章　　1313- 23- 2　　吳氏譜系序　　　　　明鄭　真　　1234- 97- 23
李氏族譜序　　　　　　清朱彝尊　　1318-112- 40　　吳氏宗譜序　　　　　明方孝孺　　1235-388- 13
日照李氏族譜序　　　　清張　英　　1319-662- 40　　吳氏族譜序　　　　　明周是修　　1236- 83- 5
嘉定李氏功行錄序　　　清毛奇齡　　1320-369- 43　　吳氏世譜序　　　　　明楊士奇　　1238-526- 13
家譜序　　　　　　　　清李光地　　1324-692- 11　　（跋）吳氏族譜後　　明楊士奇　　1238-677- 23
書家譜傳　　　　　　　清李光地　　1324-842- 22　　吳氏族譜序　　　　　明金幼孜　　1240-745- 7
●邢　氏　　　　　　　　　　　　　　　　　　　　　跋吳氏家乘後　　　　明金幼孜　　1240-881- 10
文昌邢氏譜系序　　　　明丘　濬　　1248-194- 10　　吳氏族譜序　　　　　明唐文鳳　　1242-593- 5
●車　氏　　　　　　　　　　　　　　　　　　　　　仙居吳氏世譜序　　　明李時勉　　1242-726- 4
畢林車氏族譜序　　　　明吳與弼　　1251-547- 9　　金谿吳氏族譜序　　　明李東陽　　1250-660- 64
●阮　氏　　　　　　　　　　　　　　　　　　　　　高侖吳氏族譜序　　　明吳與弼　　1251-538- 9
金華阮氏族譜序　　　　明王　直　　1241-786- 19　　題吳以魁族譜　　　　明莊　昶　　1254-341- 10
●貝　氏　　　　　　　　　　　　　　　　　　　　　新安吳氏累世遺象序　明吳　寬　　1255-372- 42
貝氏族譜序　　　　　　明貝　瓊　　1228-480- 28　　題吳氏累葉傳芳卷
●里　氏　　　　　　　　　　　　　　　　　　　　　　並辭　　　　　　　明張　吉　　1257-749- 0
里氏慶源圖引　　　　　元程鉅夫　　1202-210- 15　　龍江吳氏族譜序　　　明蔡　清　　1257-854- 3
●呂　氏　　　　　　　　　　　　　　　　　　　　　東坪吳氏族譜序　　　明羅　玘　　1259- 5- 1
呂氏族譜序　　　　　　明吳與弼　　1251-540- 9　　吳氏紀哀序　　　　　明王世貞　　1280-195- 69
荊溪呂氏族譜序　　　　明吳與弼　　1251-548- 9　　吳江吳氏家乘序　　　明王世貞　　1282-708- 54
呂氏族譜序　　　　　　明王世貞　　1280-206- 70　　休寧茗洲吳氏家記序　明王世貞　　1282-721- 55
呂氏合譜序　　　　　　明高攀龍　　1292-567- 9上　吳氏家傳序　　　　　清汪　琬　　1315-468- 26
　　　　　　　　　　　　　　　　　1456-429-302　　吳氏宗譜序　　　　　清儲大文　　1327-237- 11

四庫全書文集篇目分類索引

●余 氏
珠溪余氏族譜序　　　　　元吳　澄　1197-342- 32
余氏族譜序　　　　　　　明楊士奇　1238-528- 13
五峯余氏族譜序　　　　　明吳與弼　1251-535- 9
（又）五峯余氏族譜
　序　　　　　　　　　　明吳與弼　1251-535- 9
跋余氏家譜　　　　　　　明周　瑛　1254-791- 4
●何 氏
何氏祖譜序　　　　　　　宋何夢桂　1188-455- 6
何氏族譜序　　　　　　　元李　郁　1219-667- 4
廣昌何氏家乘序　　　　　明丘　濬　1248-195- 10
家譜序附譜例　　　　　　明何　瑭　1266-552- 6
芹沂何氏宗譜序　　　　　清毛奇齡　1320-198- 24
何氏宗譜序　　　　　　　清毛奇齡　1320-395- 46
●況 氏
況氏族譜序　　　　　　　明楊士奇　1238-535- 13
況氏文獻序　　　　　　　明金幼孜　1240-734- 7
高安雲岡況氏三修族
　譜序　　　　　　　　　明羅洪先　1275-285- 12
●孟 氏
題濬淵孟氏族譜後　　　　元吳　澄　1197-564- 57
●邵 氏
休寧東門邵氏族譜序　　　明程敏政　1252-606- 35
邵氏小宗譜序　　　　　　明張　吉　1257-738- 0
冉巡邵氏族譜序　　　　　明邵　寶　1258-249- 3
●林 氏
林氏宗譜題辭　　　　　　元吳　海　1217-167- 2
林氏族譜序　　　　　　　明蘇伯衡　1228-588- 4
林氏族譜序　　　　　　　明王原采　1235-819- 0
林氏族譜序　　　　　　　明梁　潛　1237-282- 5
侯官林氏族譜序　　　　　明楊　榮　1240-227- 15
書林氏族譜後　　　　　　明王　直　1242-360- 36
書林家乘序　　　　　　　明彭　韶　1247- 36- 2
林氏族譜序　　　　　　　明李東陽　1250-282- 27
恭題（林氏）累朝恩
　命錄後　　　　　　　　明吳　寬　1255-503- 55
築隄林氏族譜序　　　　　明林　俊　1257- 61- 6
恩命錄後志　　　　　　　明林　俊　1257-311- 28
林氏家譜序　　　　　　　明邵　寶　1258-143- 13
南安林氏重修族譜序　　　明羅欽順　1261-120- 9
築堤林氏族譜引　　　　　明鄭　岳　1263- 54- 9
浦北林氏族譜序　　　　　明張　岳　1272-410- 11
國清林氏重修家乘序　　　明朱　淵　1273-451- 2
綸恩世慶序　　　　　　　明王　樵　1285-193- 4
忠清里林氏族譜序　　　　明胡應麟　1290-629- 86

●來 氏
來氏族譜序　　　　　　　明溫　純　1288-560- 7
●卓 氏
卓氏家譜敍　　　　　　　元吳　海　1217-172- 2
●易 氏
樂安草堂易氏族譜序　　　明吳與弼　1251-551- 9
●竺 氏
泉口竺氏族譜序　　　　　明倪　謙　1245-441- 21
●周 氏
白石周氏族譜序　　　　　元歐陽玄　1210- 54- 7
後林周氏譜序　　　　　　元歐陽玄　1210- 54- 7
書周氏族譜後　　　　　　元甘　復　1218-539- 0
安福周氏族譜序　　　　　明危　素　1226-732- 4
書周彥名先生遺後錄
　後　　　　　　　　　　明朱　同　1227-712- 6
周氏小譜序　　　　　　　明周是修　1236- 99- 5
吉水桑園周氏族譜序　　　明解　縉　1236-716- 8
泥田周氏族譜序　　　　　明梁　潛　1237-265- 5
周氏族譜序　　　　　　　明楊　榮　1240-224- 15
周氏族譜序　　　　　　　明金幼孜　1240-730- 7
吉水泥田周氏族譜序　　　明王　直　1241-497- 8
萬安倉前周氏族譜序　　　明王　直　1241-722- 17
題周氏譜後　　　　　　　明王　直　1242-365- 36
跋周氏世直堂集後　　　　明李時勉　1242-792- 8
周氏族譜序　　　　　　　明薛　瑄　1243-242- 13
四明周氏家乘跋　　　　　明徐有貞　1245-153- 4
興武周氏族譜序　　　　　明倪　岳　1251-230- 18
韓家嶺周氏族譜序　　　　明吳與弼　1251-535- 9
務東周氏家譜序　　　　　明吳與弼　1251-539- 9
周氏族譜序　　　　　　　明吳與弼　1251-543- 9
鄉塘周氏族譜序　　　　　明吳與弼　1251-543- 9
上饒周氏族譜序　　　　　明吳與弼　1251-546- 9
臨川鳳棲原周氏族譜
　序　　　　　　　　　　明吳與弼　1251-554- 9
續修族譜序　　　　　　　明周　瑛　1254-874- 8
新淦周氏重修族譜序　　　明蔡　清　1257-847- 3
周氏族譜序　　　　　　　明李夢陽　1262-489- 53
分寧周氏族譜後序　　　　明陸　深　1268-233- 38
題（周氏）誌窮錄後　　　明陸　深　1268-554- 86
書周氏先往草本　　　　　明許相卿　1272-250- 12
泥田周氏族譜序　　　　　明羅洪先　1275-283- 12
永新文竹周氏族譜序　　　明羅洪先　1275-293- 12
萬安倉前周氏族譜序　　　明尹　臺　1277-488- 3
周氏族譜序　　　　　　　明王世貞　1282-615- 47
萬安倉前周氏族譜序　　　明胡　直　1287-345- 9

四庫全書文集篇目分類索引

史部 傳記類：家乘

題周氏譜錄	明顧憲成	1292-165- 13
周氏族譜序	明高攀龍	1292-568- 9上
●金　氏		
汪溪金氏族譜序	元陳　樵	1205-168- 2
●岳　氏		
跋岳氏族譜	元謝應芳	1218-315- 14
●柯　氏		
安平柯氏族譜序	明蔡　清	1257-848- 3
●洪　氏		
於潛洪氏譜系圖序	宋洪咨夔	1175-302- 29
洪氏宗譜序	明唐桂芳	1226-849- 5
臨川洪氏族譜序	明何喬新	1249-202- 12
狹源洪氏族譜序	明吳與弼	1251-542- 9
洪氏族譜序	明程敏政	1252-370- 21
代洪氏族譜序	清汪　琬	1315-466- 26
●姜　氏		
姜起翁訪十五世祖墓及譜（記）	元徐明善	1202-600- 下
題姜氏家乘後序	明王世貞	1282-710- 54
●施　氏		
（施氏）世德圖跋	清施閏章	1313-316- 26
●胡　氏		
泰和胡氏族譜序	宋劉辰翁	1186-539- 6
胡氏族譜序	元胡　助	1214-681- 20
胡氏族譜序	元舒　頔	1217-569- 2
和溪胡氏族譜序	元王　禮	1220-479- 3
題壽昌胡氏譜後	明宋　濂	1223-623- 12
題胡公鼎宗譜	明烏斯道	1232-238- 4
（胡氏）流芳集序	明陳　謨	1232-591- 5
旴江胡氏族譜序	明解　縉	1236-717- 8
廬陵胡氏族譜序	明梁　潛	1237-278- 5
臨川胡氏宗譜序	明梁　潛	1237-337- 7
跋胡氏族譜後	明梁　潛	1237-419- 16
華林胡氏族譜序	明楊士奇	1238-510- 12
南徑胡氏族譜序	明楊士奇	1238-520- 12
胡氏族譜後序	明楊　榮	1240-223- 15
南逕胡氏族譜序	明王　直	1241-460- 6
胡氏家乘序	明王　直	1241-580- 11
華林胡氏族譜序	明王　直	1241-665- 14
（胡氏）世美集序	明王　直	1241-808- 20
胡氏族譜序	明王　直	1241-892- 23
燕山胡氏族譜序	明李時勉	1242-729- 4
芳徑胡氏族譜序	明李時勉	1242-807- 8
胡氏族譜後	明薛　瑄	1243-213- 11
華林胡氏族譜序	明劉　球	1243-557- 11
大塘胡氏族譜序	明吳與弼	1251-531- 9
羅翁胡氏族譜序	明吳與弼	1251-532- 9
胡氏族譜序	明吳與弼	1251-550- 9
豐城胡氏族譜序	明吳與弼	1251-550- 9
蘄城胡氏族譜序	明羅　倫	1251-652- 2
滁陽胡氏族譜序	明羅洪先	1275-282- 12
●查　氏		
城北查氏族譜序	明程敏政	1252-507- 29
查氏族譜序	清汪由敦	1328-790- 10
●柳　氏		
柳氏宗譜序	明宋　濂	1223-438- 7
●韋　氏		
韋氏族譜序	明莊　昶	1254-295- 7
●范　氏		
續家譜序	宋范仲淹	1089-808- 1
書范雷卿家譜	宋年　獻	1188-136- 15
范氏族譜序	明王　翰	1233-267- 4
跋番陽范氏宗譜	明鄭　真	1234-238- 40
范氏族譜序	明王　紳	1234-724- 5
范氏族譜序	明方孝孺	1235-386- 13
		1406- 53-318
題范氏族譜	明李時勉	1242-797- 8
雙橋范氏宗譜序	清儲大文	1327-240- 11
●茅　氏		
書茅生家譜	元袁　桷	1203-648- 49
●姚　氏		
跋姚氏族譜	宋熊　禾	1188-797- 3
清塘姚氏族譜序	明羅　倫	1251-672- 3
慈溪姚氏家乘序	明吳　寬	1255-388- 43
姚氏家乘序	明羅　玘	1259- 34- 3
姚氏族譜序	清朱彝尊	1318-111- 40
●郁　氏		
跋郁氏族系	宋眞德秀	1174-534- 34
●余　氏		
余氏族譜序	元李　郁	1219-653- 3
余氏宗譜序	明宋　濂	1223-438- 7
金華余氏家乘序	明王　禕	1226-108- 5
●侯　氏		
咸陽侯氏譜圖序	明胺　盒	1232-395- 1
侯氏世略序	明李流芳	1295-363- 7
●段　氏		
金壇段氏族譜序	明何喬新	1249-195- 12
段氏族譜序	明王世貞	1280-204- 70
金壇段氏族譜序	明王　樵	1285-162- 3
●浦　氏		

浦氏世系序　　　　　　明高攀龍　　1292-567- 9上
●祖　氏
寧遠祖氏譜序　　　　　清張玉書　　1322-446- 4
●涂　氏
豐城涂氏族譜序　　　　明丘　濬　　1248-198- 10
豐城涂氏族譜序　　　　明羅　倫　　1251-668- 3
●高　氏
高氏族譜引　　　　　　元任士林　　1196-560- 5
嘉林高氏族譜序　　　　元王　禮　　1220-394- 4
高氏世譜後序　　　　　明倪　謙　　1245-425- 20
高昌（高氏）家乘後
　序　　　　　　　　　明倪　謙　　1245-443- 21
南溪高氏族譜序　　　　明羅　倫　　1251-669- 3
（高氏）家譜序　　　　明高攀龍　　1292-635- 10
●唐　氏
書江陵唐氏族譜後　　　元袁　桷　　1203-649- 49
城北唐氏族譜序　　　　明程　通　　1235-737- 2
唐氏宗譜序　　　　　　明韓　雍　　1245-733- 10
新安唐氏永懷册序　　　明顧　璘　　1263-460- 1
●祝　氏
上饒祝氏族譜序　　　　明吳與弼　　1251-552- 9
●秦　氏
南舒秦氏家譜序　　　　明程敏政　　1252-573- 33
跋秦氏科第錄　　　　　明吳　寬　　1255-489- 53
●馬　氏
跋馬氏家譜圖後　　　　元王　惲　　1201- 70- 71
馬氏族譜序　　　　　　元袁　桷　　1203-304- 22
馬氏家譜後跋　　　　　元吳師道　　1212-236- 17
跋馬氏遺文卷　　　　　明吳　寬　　1255-479- 52
平陽馬氏族譜序　　　　明羅　玘　　1259- 41- 3
馬氏家譜序　　　　　　清李光地　　1324-703- 12
●孫　氏
富春孫氏族譜序　　　　元戴表元　　1194-128- 10
豐城縣孫氏世譜序　　　元吳　澄　　1197-338- 32
跋豐城曲江孫長仁族
　譜後　　　　　　　　明林　弼　　1227-194- 23
孫氏族譜敍　　　　　　明周是修　　1236- 89- 5
孫坊孫氏族譜序　　　　明吳與弼　　1251-549- 9
竟陵孫氏族譜序　　　　明林　俊　　1257- 82- 7
新安孫氏族譜序　　　　清彭孫遹　　1317-291- 37
孫氏族譜序　　　　　　清毛奇齡　　1320-425- 49
●桂　氏
桂氏家乘序　　　　　　明宋　濂　　1223-447- 7
●袁　氏
四明袁氏譜圖序　　　　元戴　良　　1219-493- 21

書泰和袁氏族譜後　　　明龔　敬　　1233-684- 6
袁氏族譜後序　　　　　明王　直　　1241-889- 23
玉陝羅田袁氏族譜序　　明羅洪先　　1275-294- 12
西昌袁氏家譜序　　　　明楊士奇　　1238-535- 13
宏岡袁氏家譜後序　　　明楊士奇　　1238-538- 13
豐城荷塘袁氏族譜序　　明楊士奇　　1238-540- 13
（跋）袁氏譜後　　　　明楊士奇　　1238-670- 23
題袁氏册後　　　　　　清汪　琬　　1315-609- 38
●耿　氏
跋耿氏家乘　　　　　　明王　恕　　538-632- 78
●夏　氏
夏氏族譜序　　　　　　明梁　潛　　1237-275- 5
跋夏太守育才家譜後　　明林　俊　　1257-313- 28
江陰夏氏新輯族譜序　　明祝允明　　1260-712- 25
旴江夏氏家乘並序　　　明夏良勝　　1269-846- 7
桐城夏氏忠孝節烈錄
　序　　　　　　　　　清蔡世遠　　1325-667- 1
●晏　氏
臨川晏氏家譜序　　　　元虞　集　　518- 23-136
　　　　　　　　　　　　　　　　　1207-464- 32
長山晏氏族譜序　　　　明吳與弼　　1251-550- 9
●烏　氏
烏氏家譜引　　　　　　明烏斯道　　1232-239- 4
●徐　氏
豐城徐氏族譜序　　　　元吳　澄　　1197-342- 32
徐氏族譜跋　　　　　　元陳　櫟　　1205-190- 3
書東陽徐氏族譜圖後
　記　　　　　　　　　元黃　溍　　1209-456- 7下
徐氏族譜序　　　　　　元陳　高　　1216-204- 10
跋徐氏譜圖後　　　　　明宋　濂　　1223-677- 14
跋吳縣徐氏家譜　　　　明徐一夔　　1229-378- 14
跋徐氏族譜後　　　　　明高　啓　　1230-305- 4
題周正道書徐氏世譜
　後　　　　　　　　　明王　行　　1231-450- 附
徐氏譜序　　　　　　　明方孝孺　　1235-387- 13
太原徐氏宗譜序　　　　明楊士奇　　1238-511- 12
徐氏族譜序　　　　　　明楊士奇　　1238-517- 12
跋徐氏家譜　　　　　　明吳與弼　　1251-588- 12
題（徐氏）寵褒錄後
　序　　　　　　　　　明蔡　清　　1257-851- 3
東門徐氏族譜序　　　　明羅洪先　　1275-282- 12
南橋徐氏族譜序　　　　明王世貞　　1282-555- 42
題徐氏族譜序記卷　　　明王世貞　　1284-308-160
大徐徐氏續譜序　　　　明葉春及　　1286-668- 13
徐氏宗譜序　　　　　　明婁　堅　　1295- 8- 11

四庫全書文集篇目分類索引

史部 傳記類：家乘

具區徐氏族譜序	清朱彝尊	1318-114- 40
徐氏族譜序	清李光地	1324-702- 12
徐氏族譜序	清汪由敦	1328-791- 10
●翁　氏		
秣陵翁氏譜序	元戴表元	1194-129- 10
龍游翁氏宗譜序	明歸有光	1289- 27- 2
		1406- 57-318
●殷　氏		
殷氏譜序	明殷奎	1232-386- 1
●康　氏		
康氏族譜圖序	明梁　潛	1237-268- 5
康氏族譜序	明楊士奇	1238- 48- 4
雷岡康氏族譜序	明羅欽順	1261-127- 9
泰和康氏族譜序	明尹　臺	1277-442- 1
副將康氏續修族譜序	明胡　直	1287-359- 10
爵譽康氏重修族譜序	明胡　直	1287-360- 10
●商　氏		
曹南商氏千秋錄（後記）	金元好問	1191-454- 39
題章氏族譜後	元李　存	1213-794- 27
章氏族譜序	元舒　頔	1217-577- 2
章氏家乘序	元戴　良	1219-316- 6
章氏家乘序	元王　禮	1220-461- 1
章氏家乘序	明宋　濂	1223-446- 7
章氏族譜序	明王　韓	1226- 99- 5
章氏族譜序	明程　通	1235-738- 2
長湖章氏族譜序	明吳與弼	1251-542- 9
種湖章氏家譜序	明吳與弼	1251-549- 9
螺川章氏族譜序	清施閏章	1313- 24- 2
●許　氏		
題臨川許氏族譜	元虞　集	1207-574- 40
跋許氏臺萊集	元謝應芳	1218-311- 14
題許氏臺萊集後	明吳伯宗	1233-265- 4
許氏族譜序	明張宇初	1236-389- 2
城東許氏族譜序	明唐文鳳	1242-600- 5
紫雲（許氏）宗乘序	明許相卿	1272-213- 7
許氏族譜序	明周　鑑	1198-478- 14
●郭　氏		
題冠朝郭氏家錄後	明梁　潛	1237-416- 16
郭氏續譜序	明楊士奇	1238- 36- 3
（跋）槎翁先生書郭氏家錄後	明楊士奇	1238-680- 23
題劉先生子高所書冠朝郭氏世錄後	明王　直	1241-282- 13
高坪郭氏族譜序	明王　直	1241-479- 7
泰和郭氏宗譜序	明王　直	1241-698- 16
層山郭氏族譜序	明羅　倫	1251-675- 3
三山郭氏族譜序	明邵　寶	1258-604- 12
泰和高平郭氏族譜序	明羅洪先	1275-275- 12
郭氏族譜序	明王世貞	1282-699- 53
●梁　氏		
西昌梁氏續譜序	明楊士奇	1238- 62- 5
梁氏族譜序	明王　直	1241-759- 18
瑤田梁氏族譜序	明羅　倫	1251-667- 3
蒲城梁氏族譜序	明羅　倫	1251-671- 3
●堵　氏		
宜興堵氏家乘序	明劉宗周	1294-482- 10
●曹　氏		
讀曹氏世濟錄書其後	宋吳　敏	1142-271- 14
跋曹氏家譜	元陸文圭	1194-642- 9
宜黃曹氏族譜序	元吳　澄	1197-344- 32
曹氏世譜後序	元楊維楨	1221-397- 3
古歙曹氏家譜序	明岳　正	1246-405- 6
汝南曹氏世賢錄序	清毛奇齡	1320-307- 36
史村曹氏宗譜序	清毛奇齡	1320-326- 38
巖鎮曹氏女婦貞烈傳序	清方　苞	1326-811- 6
●屠　氏		
題東湖屠氏宗譜	明王　鏊	1256-512- 35
●習　氏		
新喻西田習氏族譜序	明王　直	1241-684- 15
●陸　氏		
陸氏世系表序	元貢師泰	1215-731- 0
吳興陸氏族譜序	明程敏政	1252-615- 35
平湖陸氏族譜序	明葉春及	1286-667- 13
陸氏譜序	明徐　渭	1406- 56-318
●陶　氏		
陶陽（陶氏）圖譜序	明徐一夔	1229-213- 5
跋陶氏家譜	明陸　深	1268-573- 88
●張　氏		
跋張氏家傳	宋王　柏	1186-175- 11
題西秦張氏世譜後	宋牟　巘	1188-143- 16
書開封張氏世譜後	元程鉅夫	1202-372- 25
張氏宗譜序	元袁　桷	1203-297- 22
書張仲實家譜後	元袁　桷	1203-628- 47
書張子仁少監族譜後	元袁　桷	1203-655- 49
北門張氏族譜序	元舒　頔	1217-578- 2
跋張氏家譜圖	元謝應芳	1218-313- 14
戴亭張氏譜圖記	明宋　濂	1223-336- 4
漢天師世家序	明宋　濂	1223-434- 7

四庫全書文集篇目分類索引　1747

張氏譜圖序　　　　　　明宋　濂　1223-439-　7　　陳氏族譜序　　　　　　明楊士奇　1238- 51-　4
題張如心初修譜敍後　　明宋　濂　1223-650- 13　　陳氏族譜序　　　　　　明楊士奇　1238-517- 12
張氏墓祭卷序　　　　　明林　弼　1227-122- 14　　竹山陳氏宗譜序　　　　明王　直　1241- 98-　5
跋臨海張氏家譜　　　　明徐一夔　1229-224-　6　　清溪陳氏宗譜序　　　　明王　直　1241-101-　5
漢天師世家序　　　　　明張宇初　1236-377-　2　　陳氏世德錄序　　　　　明王　直　1241-125-　6
張氏宗系後序　　　　　明張宇初　1236-378-　2　　泰和陳氏族譜序　　　　明王　直　1241-136-　6
（跋）張日昭族譜序　　　　　　　　　　　　　　　全椒陳氏宗譜序　　　　明王　直　1241-494-　8
　　後　　　　　　　　明楊士奇　1238-621- 19　　陳氏宗譜序　　　　　　明王　直　1241-611- 12
張氏文獻集序　　　　　明王　直　1241- 77-　4　　六合陳氏宗譜序　　　　明王　直　1241-867- 22
萬安鄧塘張氏族譜序　　明王　直　1241-642- 13　　跋慈溪陳氏族譜後　　　明王　直　1242-359- 36
吉塘張氏族譜序　　　　明吳與弼　1251-536-　9　　陳氏族譜後序　　　　　明薛　瑄　1243-256- 14
西圜張氏家譜序　　　　明林　俊　1257- 21-　3　　錢塘陳氏族譜序　　　　明劉　球　1243-552- 10
仙遊張氏族譜序　　　　明蔡　清　1257-857-　3　　跋陳都閫家譜　　　　　明韓　雍　1245-769- 12
吳江張氏族譜序　　　　明史　鑑　1259-805-　5　　秦溪陳氏宗譜序　　　　明張　寧　1247-385- 15
中塘張氏重修族譜序　　明羅欽順　1261-122-　9　　廬陵吟溪陳氏族譜序　　明何喬新　1249-198- 12
鄧塘張氏重修族譜序　　明羅欽順　1261-123-　9　　書清源郡侯（陳公）
田心張氏族譜序　　　　明羅洪先　1275-291- 12　　　　家譜後　　　　　　　明鄭　紀　1249-833- 11
張氏紀略序　　　　　　明湯顯祖　1406- 73-320　　臨川陳氏家譜序　　　　明吳與弼　1251-531-　9
　　　　　　　　　　　　　　　　1456-455-306　　跋秣陵陳氏家譜　　　　明吳與弼　1251-588- 12
古縣張氏支譜敍　　　　明曾　棨　1466-563- 51　　臨川陳氏重修族譜序　　明黃仲昭　1254-408-　2
休寧張氏世譜序　　　　清汪　琬　1315-467- 26　　（陳氏）二忠錄序　　　明林　俊　1257- 41-　5
張氏宗譜後序　　　　　清張　英　1319-669- 41　　海虞陳氏族譜序　　　　明林　俊　1257-516-　7
雍丘張氏世德紀序　　　清毛奇齡　1320-194- 24　　跋（陳氏）傳芳錄　　　明張　吉　1257-749-　0
淮陰張儀部農部二鄉　　　　　　　　　　　　　　　書宛丘陳氏譜　　　　　明邵　寶　1258-537-　9
　　賢祖孫合祀錄序　　清毛奇齡　1320-373- 44　　陳氏忠孝錄序　　　　　明邵　寶　1258-590- 12
蘇潭張氏族譜序　　　　清毛奇齡　1320-375- 44　　陳氏家乘序　　　　　　明文徵明　1273-119- 17
三韓張氏家譜序　　　　清毛奇齡　1320-404- 47　　陳氏族譜序　　　　　　明王慎中　1274-226-　9
隰里張氏族譜序　　　　清毛奇齡　1320-458- 52　　白沙陳氏族譜序　　　　明羅洪先　1275-264- 12
重修橫河張氏族譜序　　清毛奇齡　1320-469- 54　　陳氏族譜序　　　　　　明沈　錬　1278- 22-　1
大興張氏宗譜序　　　　清姜宸英　1323-637-　1　　陳氏族譜序　　　　　　明王世貞　1280-205- 70
● 陳　氏　　　　　　　　　　　　　　　　　　　　陳氏三世崇祀錄跋　　　清陸隴其　1325- 57-　4
陳氏族譜序　　　　　　宋游九言　1178-385-　下　　● 莊　氏
井岡陳氏族譜序　　　　元吳　澄　1197-337- 32　　晉江莊氏族譜序　　　　明何喬新　1249-196- 12
東川陳氏族譜序　　　　元吳　澄　1197-342- 32　　● 婁　氏
（陳氏）族譜贊 並序　　元陳　櫟　1205-347- 12　　廬陵婁氏家譜序　　　　元吳　澄　1197-340- 22
（陳氏）族譜序　　　　元陳　高　1216-201- 10　　上饒婁氏家譜序　　　　明吳與弼　1251-545-　9
書陳氏家譜後　　　　　元李　祁　1219-760- 10　　● 崔　氏
陳氏族譜圖序　　　　　明王　禕　1226-149-　7　　崔氏世德銘　　　　　　元郝　經　1192-399- 35
跋陳白雲家乘後　　　　明貝　瓊　1228-438- 22　　淳溪崔氏族譜序　　　　明祝允明　1260-710- 25
書陳六分族譜序　　　　明蘇伯衡　1228-721- 10　　● 畢　氏
陳氏世譜序　　　　　　明徐一夔　1229-221-　5　　淄西畢氏世譜序　　　　明畢自嚴　1293-415-　2
陳氏族譜序　　　　　　明趙撝謙　1229-666-　1　　● 莫　氏
蜀川陳氏宗譜序　　　　明程　通　1235-740-　2　　莫氏家譜序　　　　　　明謝　鐸　1228-146-　6
仙居陳氏世譜序　　　　明王原采　1235-824-　0　　莫氏族譜序　　　　　　明李時勉　1242-731-　4
察洋陳氏族譜序　　　　明梁　潛　1237-270-　5　　● 符　氏

金田符氏族譜序　　　　明羅欽順　1261-125- 9　　夏陽湯氏族譜序　　　元王　禮　1220-465- 2
●馮　氏　　　　　　　　　　　　　　　　　　　　湯氏族譜序　　　　　明王　直　1241-785- 19
馮氏世德淵源序　　　明王　直　1241-881- 23　　湯氏族譜序　　　　　明陳獻章　1246- 11- 1
馮氏家乘序　　　　　明王世貞　1282-670- 51　　題湯氏小宗圖卷　　　明陸　粲　1274-677- 7
馮氏家乘序　　　　　明馮從吾　1293-223- 13　　●雲　氏
馮氏族譜序　　　　　明馮從吾　1293-224- 13　　雲氏族譜序　　　　　清朱彝尊　1318-112- 40
●富　氏　　　　　　　　　　　　　　　　　　　　●項　氏
跋富氏族譜　　　　　明劉　璟　1236-254- 下　　項氏族譜（跋）　　　元徐明善　1202-604- 下
●游　氏　　　　　　　　　　　　　　　　　　　　●黃　氏
蜀人游監簿慶元黨人　　　　　　　　　　　　　　黃師董族譜序　　　　宋歐陽守道　1183-592- 11
　家乘後跋　　　　　宋眞德秀　1174-560- 35　　巴塘黃氏族譜序　　　元吳　澄　1197-345- 32
　　　　　　　　　　　　　　　1406-481-369　　跋五城黃氏族譜　　　元陳　櫟　1205-187- 3
（游氏）家譜後序　　宋游　酢　1121 -697- 4　　臨川黃氏復姓譜序　　元虞　集　1207-456- 31
安沙游氏族譜序　　　明何喬新　1249-197- 12　　跋雙井黃氏家譜後　　元虞　集　1207-564- 40
豐城游氏族譜序　　　明朱誠泳　1260-335- 9　　（黃氏）族譜圖序　　元黃　溍　1209-395- 6
●童　氏　　　　　　　　　　　　　　　　　　　　（黃氏）族譜圖後序　元黃　溍　1209-396- 6
跋童氏族譜　　　　　元劉仁本　1216-114- 6　　題莆田黃氏族譜　　　元許有壬　1211-507- 72
題童氏族譜　　　　　明烏斯道　1232-238- 4　　西甌黃氏家牒記　　　明宋　濂　1223-337- 4
童氏族譜序　　　　　明方孝孺　1235-384- 13　　諸暨孝義黃氏族譜序　明宋　濂　1223-443- 7
●曾　氏　　　　　　　　　　　　　　　　　　　　黃氏族譜序　　　　　明危　素　1226-717- 3
重修（曾氏）族譜序　宋曾　丰　1156-188- 17　　竹山黃氏族譜序　　　明林　弼　1227-120- 14
龍溪曾氏族譜（序）　元劉　詵　1195-157- 2　　皋蘭黃氏宗譜序　　　明王　直　1241- 82- 4
讀曾丹潭夢吉家譜　　元劉　壎　1195-405- 7　　黃氏族譜序　　　　　明李東陽　1250-272- 26
羅山曾氏族譜序　　　元吳　澄　1197-339- 32　　棠溪黃氏族譜序　　　明吳與弼　1251-538- 9
跋曾氏世譜後　　　　元虞　集　518-242-143　　同安黃氏家譜序　　　明吳與弼　1251-545- 9
　　　　　　　　　　　　　　　1207-565- 40　　黃氏族譜序　　　　　明吳與弼　1251-546- 9
曾魯公世家盛事集後　　　　　　　　　　　　　　古林黃氏續譜序　　　明程敏政　1252-556- 32
　序　　　　　　　　元虞　集　1207-107- 6　　五城黃氏會通譜序　　明程敏政　1252-601- 34
書曾氏家譜後　　　　元黃　溍　518-243-143　　義城黃氏重修族譜序　明羅欽順　1261-129- 9
　　　　　　　　　　　　　　　1209-344- 4　　黃氏宗譜序附雷鋐識語　清蔡世遠　1325-668- 1
題曾君世家盛事集　　元盧　琦　1214-752- 下　　黃氏族譜序　　　　　清汪由敦　1328-793- 10
（跋）上模曾氏族譜　　　　　　　　　　　　　　●賀　氏
　後　　　　　　　　明楊士奇　1238-674- 23　　廬陵賀氏族譜序　　　明羅洪先　1275-269- 12
南溪曾氏族譜序　　　明王　直　1241-121- 6　　●盛　氏
文溪曾氏族譜序　　　明王　直　1241-542- 10　　盛氏重修族譜序　　　明吳　寬　1255-380- 43
上模曾氏族譜序　　　明王　直　1241-821- 20　　盛氏族譜序　　　　　清汪由敦　1328-792- 10
石瀨曾氏族譜序　　　明李時勉　1242-722- 4　　●揭　氏
南豐曾氏族譜序　　　明何喬新　1249-199- 12　　跋揭景哲訪祖詩卷　　元程鉅夫　1202-368- 25
南團曾氏族譜序　　　明羅　玘　1259-132- 9　　重修揭氏族譜序　　　元揭傒斯　1208-213- 8
長興曾氏族譜序　　　明羅　玘　1259-151- 10　　揭氏族譜序　　　　　明薛　瑄　1243-263- 14
上模曾氏重修族譜序　明羅欽順　1261-129- 9　　●彭　氏
廬陵王田曾氏族譜序　明羅洪先　1275-271- 12　　跋彭和甫族譜　　　　宋文天祥　1184-615- 14
曾氏家乘序　　　　　明劉宗周　1294-462- 9　　彭氏世譜序　　　　　元王　沂　1208-516- 15
錄危集曾子白文書後　明傅占衡　518-253-143　　彭氏族譜序　　　　　元歐陽玄　1210- 53- 7
●湯　氏　　　　　　　　　　　　　　　　　　　　題月池彭氏族譜後　　明周是修　1236-122- 6

四庫全書文集篇目分類索引

彭氏族譜辨疑序　　　　明解　縉　1455-334-211
彭氏族譜序　　　　　　明梁　潛　1237-284- 5
（跋）彭氏族譜後　　　明楊士奇　1238-672- 23
安成彭氏族譜序　　　　明王　直　1241- 97- 5
泰和彭氏族譜序　　　　明王　直　1241-746- 17
吉水瀧江彭氏族譜序　　明王　直　1241-836- 21
梅下彭氏家乘序　　　　明岳　正　1246-409- 6
西醵彭氏族譜序　　　　明吳與弼　1251-543- 9
安成華秀彭氏族譜序　　明羅洪先　1275-260- 12

●陽　氏

（陽氏）家忌圖序　　　宋陽　枋　1183-359- 8
跋（陽氏）譜繫圖　　　宋陽炎卯　1183-471- 12

●華　氏

荊溪華氏族譜序　　　　明吳與弼　1251-549- 9
無錫華氏族譜序　　　　明羅　玘　1259- 86- 6
華氏先賢像記　　　　　明王世貞　1280-284- 76

●傅　氏

跋三傅祠記行狀　　　　宋魏了翁　1173- 39- 62
跋玉田傅氏家傳後　　　元王　惲　1201- 91- 73
傅氏族譜序　　　　　　明楊士奇　1238-522- 12
清苑傅氏家譜序　　　　明李東陽　1250-670- 64
金谿南山傅氏族譜序　　明吳與弼　1251-547- 9
南安傅氏族譜序　　　　明吳　寬　1255-363- 41
傅氏世系序　　　　　　明王世貞　1282-714- 54
傅氏家乘序　　　　　　清陸隴其　1325-140- 8

●容曾乃蠻氏

中山世家序　　　　　　元貢師泰　1215-591- 6

●程　氏

題河南程氏世系後　　　元吳　澄　 538-631- 78
題河南（程氏）世系
　後　　　　　　　　　元吳　澄　1197-564- 57
跋宗人子沖家廣平譜　　元程鉅夫　1202-367- 25
題程氏譜系　　　　　　元程鉅夫　1202-372- 25
書婺源龍陂程氏譜　　　元程　龍　1375-306- 23
書河南上程氏宜振錄
　後　　　　　　　　　元程　文　1375-309- 24
程氏世譜序　　　　　　明程　通　1235-736- 2
程氏淵源錄跋　　　　　明程　通　1235-741- 2
豐安程氏族譜序　　　　明吳與弼　1251-534- 9
程氏貽範集目錄後記　　明程敏政　1252-251- 14
績溪坊市程氏族譜序　　明程敏政　1252-398- 23
新安程氏統宗世譜序　　明程敏政　1252-406- 23
歙槐塘下府程氏續編
　譜序　　　　　　　　明程敏政　1252-409- 23
文昌坊程氏族譜序　　　明程敏政　1252-420- 24

蓀溪程氏族譜序　　　　明程敏政　1252-599- 34
書程氏統宗譜後　　　　明程敏政　1252-635- 36
題分寧遠溪程氏譜後　　明程敏政　1252-654- 37
書率東程氏譜後　　　　明程敏政　1252-662- 37
題蓀田程氏所分統宗
　譜後　　　　　　　　明程敏政　1252-677- 38
書（程氏）統宗譜後　　明程敏政　1252-689- 39
書（程氏）家譜後　　　明程敏政　1252-694- 39
書本宗譜後　　　　　　明程敏政　1252-696- 39
新安程氏統宗世譜銘　　明程敏政　1253-306- 56
新安程氏統宗世譜凡
　例　　　　　　　　　明程敏政　1253-351- 59
永豐水南程氏族譜序　　明羅洪先　1275-272- 12
婺源程氏族譜序　　　　清吳　綺　1314-326- 6

●喬　氏

樂平喬氏族譜序　　　　明李東陽　1250-659- 64

●舒　氏

舒氏族譜序　　　　　　元李　存　1213-723- 20

●舒穆穰嗇氏

書舒穆穰嗇氏家譜後　　元陳　基　1222-389- 下

●賈　氏

東平賈氏千秋錄後記　　金元好問　1191-383- 34
書賈氏家譜後　　　　　元黃　溍　1209-357- 4
題賈氏族譜後　　　　　明徐一夔　1229-379- 14

●顧　氏

跋（顧氏）先德記　　　明徐一夔　1229-378- 14

●楊　氏

楊氏世譜序　　　　　　宋楊　傑　1099-720- 8
洛陽楊友直家譜序　　　元劉岳申　1204-193- 2
洛陽楊氏族譜序　　　　元虞　集　1207-475- 33
鴻山楊氏族譜序　　　　元鄭元祐　1216-522- 8
楊氏世譜序　　　　　　明張以寧　1226-594- 3
楊氏族譜序　　　　　　明危　素　1226-695- 2
跋彭煙楊氏家乘後　　　明貝　瓊　1228-441- 23
跋海寧楊氏族譜序後　　明徐一夔　1229-279- 9
跋彭煙楊氏族譜　　　　明鄭　真　1234-238- 40
楊氏族譜跋　　　　　　明張宇初　1236-473- 4
泰和楊氏族譜序　　　　明解　縉　1236-714- 8
楊氏家乘序　　　　　　明梁　潛　1237-253- 5
楊氏家乘序　　　　　　明梁　潛　1237-271- 5
楊氏族譜序　　　　　　明梁　潛　1237-305- 6
楊氏家乘序　　　　　　明楊士奇　1238- 58- 5
楊氏清溪家譜序　　　　明楊士奇　1238-511- 12
泰和楊氏重修族譜圖
　序　　　　　　　　　明楊士奇　1238-515- 12

1750　　　　　　　　四庫全書文集篇目分類索引

史部　傳記類：家乘

篇目	作者	索引號
南雄楊氏族譜序	明楊士奇	1238-521-12
泰和楊氏族譜序	明楊士奇	1238-524-13
瑞安楊氏譜序	明楊士奇	1238-530-13
楊氏譜序	明楊士奇	1238-533-13
清溪楊氏先德錄序	明楊士奇	1238-537-13
（跋）吉水楊氏族譜後	明楊士奇	1238-599-18
題楊氏族譜後	明楊士奇	1238-666-22
重識楊氏族譜後	明楊士奇	1238-668-23
（跋）楊氏族譜始祖府君位下增注	明楊士奇	1238-668-23
（跋）族孫俊本宗譜系後	明楊士奇	1238-671-23
（跋）楊氏族譜圖後	明楊士奇	1238-675-23
題家譜與仲郢弟	明楊士奇	1238-680-23
題家譜辨冒妄	明楊士奇	1238-680-23
楊氏族譜序	明楊　榮	1240-225-15
楊氏族譜序	明楊　榮	1240-228-15
楊氏族譜序	明王　直	1241-736-17
楊氏族譜序	明薛　瑄	1243-275-15
常山楊氏族譜贊	明韓　雍	1245-774-12
餘姚楊氏族譜序	明吳與弼	1251-552- 9
晉江楊氏家譜序	明黃仲昭	1254-379- 2
西湖楊氏族譜序	明林　俊	1257-522- 8
泰和楊氏重修族譜序	明羅欽順	1261-121- 9
寧山楊氏族譜序	明崔　銑	1267-535- 7
臨潼楊氏族譜序	明陸　深	1268-270-44
廬陵楊氏重修大同譜序	明羅洪先	1275-262-12
楊氏七孝芳聲序	明曹于汴	1293-696- 2
斗山楊氏族譜序	清施閏章	1313- 24- 2
●萬　氏		
南昌二溪萬氏族譜序	明王慎中	1274-229- 9
●董　氏		
跋董氏族譜遺跡	宋王　柏	1186-170-11
雲蓋鄉董氏族譜序	元吳　澄	1197-347-32
題董氏家傳世譜後	元吳　澄	1197-540-54
棗城董氏世譜序	元虞　集	1207- 69- 5
董氏傳家錄序	元吳師道	1212-209-15
董氏族譜序	明李夢陽	1262-490-53
跋董氏世德錄	明顧　璘	1263-249- 8
董氏先德錄小引	明孫承恩	1271-463-34
跋董氏世德錄	明丘雲霄	1277-293- 8
題董其昌自書告身	清 高 宗	1310-393-18
●睦　氏		
丹陽董莊睦氏族譜序	明倪　謙	1245-417-19
●路　氏		
安成路氏族譜序	明王　直	1241-738-17
路氏重修族譜序	明劉　球	1243-590-13
●葛　氏		
葛氏族譜序	明方孝孺	1235-385-13
題葛氏族譜後	明梁　潛	1237-425-16
葛氏譜宗族小引	明葛　昕	1296-460- 6
葛氏族譜跋	明葛　昕	1296-461- 6
葛氏四代表傳跋	明葛　昕	1296-462- 6
●葉　氏		
書葉咸寧小宗譜後	明周是修	1236-121- 6
崑山葉氏族譜序	明吳　寬	1255-362-41
凌雲葉氏族譜序	明蔡　清	1257-846- 3
柘陽葉氏族譜序	明林文俊	1271-760- 5
石幢葉氏宗譜序	明顧憲成	1292- 98- 7
題石幢葉氏世德傳	明顧憲成	1292-165-13
石幢葉氏族譜序	明高攀龍	1292-566-9上
●虞　氏		
虞氏家譜序	明皇甫汸	1276-649-23
虞氏族譜序	清毛奇齡	1320-207-25
●過　氏		
無錫過氏族譜序	明邵　寶	1258-608-12
●詹　氏		
詹氏族譜序	元吳　澄	1197-338-32
詹氏世譜序	明徐一夔	1229-214- 5
休寧流塘詹氏家譜序	明程敏政	1252-591-34
●鄒　氏		
鄒氏譜序	明楊士奇	1238-531-13
鄒氏族譜序	明金幼孜	1240-733- 7
鄒氏族譜序	明李時勉	1242-725- 4
●解　氏		
修（解氏）家譜序	明解　縉	1236-710- 8
重修（解氏）家譜題辭	明解　縉	1236-712- 8
●褚　氏		
褚氏家譜序	元楊維楨	1221-434- 6
●齊　氏		
天台齊氏族譜序	明王　直	1241-734-17
●廖　氏		
廖氏族譜序	明梁　潛	1237-263- 5
廖氏族譜序	明楊士奇	1238-516-12
廖氏族譜序	明薛　瑄	1243-299-17
巴陵廖氏族譜序	明朱誠泳	1260-338- 9
●甄　氏		

四庫全書文集篇目分類索引

甄氏家譜序　　　　　　明楊士奇　　1238-539- 13
●臧　氏
臧氏家集序　　　　　　元戴表元　　1194-131- 10
題臧氏家譜後　　　　　元吳　澄　　1197-577- 58
●趙　氏
修纂屬籍總要疏　　　　宋鄭剛中　　1138- 19- 1
跋趙子直魯人家錄　　　宋洪　适　　1158-666- 63
進仙源類譜表　　　　　宋眞德秀　　1382-389-下之2
跋建陽趙宰羅源常寧
　二譜　　　　　　　　宋方大琮　　1178-307- 32
趙氏族譜序　　　　　　宋车　嶽　　1188-111- 13
中山趙氏家譜序　　　　元吳　澄　　1197-347- 32
歐長清趙氏述先錄　　　元吳　澄　　1197-575- 58
題盧龍趙氏世家譜後　　元吳　澄　　1197-576- 58
題遼太師趙思溫族系
　後　　　　　　　　　元王　惲　　1201- 95- 73
趙氏族譜序　　　　　　元劉岳申　　1204-204- 2
題趙氏族譜後　　　　　元劉敏中　　1206- 82- 10
趙氏族譜序　　　　　　元蘇天爵　　1214- 55- 5
跋盧龍趙氏族譜後　　　元元明善　　1367-482- 39
崇德趙氏世譜序　　　　明徐一夔　　1229-260- 8
書趙氏族譜後　　　　　明梁　潛　　1237-419- 16
上黨趙氏族譜序　　　　明李時勉　　1242-728- 4
書趙氏潛德卷後　　　　明劉　球　　1243-650- 19
趙氏家譜序　　　　　　明徐　溥　　1248-570- 2
●閔人氏
閔人氏家譜序　　　　　明徐一夔　　1229-205- 5
●蒙　氏
番禺蒙氏譜序　　　　　明宋　濂　　1223-445- 7
●熊　氏
橫岡熊氏族譜後序　　　元吳　澄　　1197-341- 32
熊氏族譜序　　　　　　明楊士奇　　1238- 73- 6
豐城曲江熊氏族譜序　　明吳與弼　　1251-552- 9
遡原熊氏族譜序　　　　明羅　倫　　1251-673- 3
書熊氏家傳後　　　　　清方　苞　　1326-770- 4
●裴　氏
裴氏族譜序　　　　　　明吳與弼　　1251-540- 9
●潘　氏
題潘伯潤家譜　　　　　元袁　桷　　1203-653- 49
潘氏世譜序　　　　　　元吳　海　　1217-160- 1
潘氏族譜敍　　　　　　元吳　海　　1217-170- 2
潘氏世譜序　　　　　　明楊士奇　　1238-525- 13
潭江潘氏家譜序　　　　明吳與弼　　1251-537- 9
潘氏四封錄序　　　　　明王守仁　　1265-638- 22
雙溪潘氏宗譜記　　　　明潘希曾　　1266-711- 5

潘氏家乘序　　　　　　明潘希曾　　1266-727- 6
譜例（潘氏）　　　　　明潘希曾　　1266-747- 8
記（潘氏）舊譜序後　　明潘希曾　　1266-749- 8
跋（潘氏）宗譜記後　　明潘希曾　　1266-753- 8
題香山潘氏族譜後　　　明文徵明　　1273-160- 22
潘氏族譜序　　　　　　清儲大文　　1327-239- 11
●鄭　氏
（題）鄭氏譜　　　　　元陳　旅　　1213-163- 13
貴溪鄭氏家譜序　　　　明危　素　　1226-734- 4
鄭氏族譜序　　　　　　明楊士奇　　1238- 53- 5
鄭氏族譜序　　　　　　明楊士奇　　1239-537- 13
鄭氏族譜序　　　　　　明王　直　　1241-567- 10
宋（鄭氏）譜圖引　　　明鄭文康　　1246-666- 17
鄭氏族譜序　　　　　　明鄭　紀　　1249-815- 9
（鄭）家譜引　　　　　明鄭　紀　　1249-855- 13
蒲坂鄭氏族譜序　　　　明林　俊　　1257- 55- 6
南湖鄭氏族譜序　　　　明林　俊　　1257- 56- 6
城左鄭氏族譜序　　　　明林　俊　　1257-523- 8
滎陽鄭氏族譜序　　　　明陸　深　　1268-258- 42
重修南湖鄭氏族譜序　　明鄭善夫　　1269-144- 9
上鄭氏族譜序　　　　　清吳　綺　　1314-324- 6
●談　氏
談氏族譜序　　　　　　明王慎中　　1274-228- 9
●樓　氏
義烏樓氏家乘序　　　　明宋　濂　　1223-441- 7
樓氏宗譜序　　　　　　明方孝孺　　1235-389- 13
●鄧　氏
鄧氏族譜後序　　　　　元吳　澄　　1197-339- 32
瓜金鄧氏族譜序　　　　明劉　球　　1243-586- 12
西汀鄧氏家譜序　　　　明吳與弼　　1251-548- 9
白沙鄧氏族譜序　　　　明羅洪先　　1275-266- 12
泰和鄧氏族譜序　　　　明羅洪先　　1275-278- 12
●歐陽氏
歐陽氏譜圖序　　　　　宋歐陽修　　1102-559- 71
書歐陽氏族譜　　　　　宋歐陽守道　1183-664- 19
題歐陽世譜後　　　　　元吳　澄　　1197-547- 55
防里歐陽氏族譜序　　　元歐陽玄　　1210- 53- 7
歐陽氏族譜序　　　　　明張以寧　　1226-593- 3
歐陽文忠公家譜序　　　明解　縉　　1236-713- 8
歐陽助教重修族譜序　　明梁　潛　　1237-315- 6
蜀江歐陽氏族譜序　　　明楊士奇　　1238- 61- 5
歐陽氏族譜重修序　　　明林文俊　　1271-720- 3
●樊　氏
平江樊氏族譜序　　　　元王　禮　　1220-480- 3
樊山集序　　　　　　　明吳　寬　　1255-353- 40

史部

傳記類：家乘

1752 四庫全書文集篇目分類索引

樊氏族譜序	明康　海	1266-370- 4
●蔣　氏		
書蔣氏族譜後	宋陳　著	1185-217- 45
蔣氏族譜序	明楊士奇	1238- 79- 7
題蔣氏譜後	明王　直	1242-347- 36
●蔡　氏		
蔡氏族譜跋	元陳　高	1216-264- 14
蔡氏重修族譜序	明蘇伯衡	1228-598- 4
蔡氏族譜序	明楊士奇	1238- 45- 4
新昌蔡氏族譜序	明張　岳	1272-411- 11
華亭蔡氏新譜序	明歸有光	1289- 26- 2
蔡氏族譜序	清湯　斌	1312-480- 3
●黎　氏		
五寨黎氏家譜序	明吳與弼	1251-546- 9
●滕　氏		
東萊滕氏族譜序	明王　鏊	1256-283- 14
●魯　氏		
魯氏族譜序	明李　賢	1244-551- 7
●劉　氏		
劉氏傳忠錄後序	宋劉　塤	1157-399- 5
跋丹稜劉氏黨籍	宋魏了翁	1173- 63- 65
書劉仲坑智之孝義傳後	宋魏了翁	1173- 68- 65
劉氏傳忠錄後序	宋眞德秀	1174-453- 29
麻沙劉氏族譜序	宋熊　禾	1188-798- 3
劉氏家傳跋尾	宋孔武仲	1345-378- 17
劉宣使秉忠家譜序	元王義山	1193- 34- 5
呂城劉氏族譜序	元吳　澄	1197-346- 32
跋劉墨莊世譜	元虞　集	518-243-143
跋劉墨莊世譜後	元虞　集	1207-566- 40
廬陵中州劉氏族譜序	元歐陽玄	1210- 55- 7
（題）安成劉氏家譜	元歐陽玄	1210-156- 14
題劉氏族譜	元許有壬	1211-505- 72
渠源劉氏傳家集序	元蘇天爵	1214- 61- 5
跋中洲劉氏族譜後	元王　禮	1220-439- 10
夏汭劉氏族譜序	元王　禮	1220-459- 1
題金谿劉氏族譜序	明宋　濂	1223-623- 12
劉氏族譜序	明王　禕	1226-143- 7
栗陽劉氏族譜序	明陳　讓	1232-608- 5
（劉氏）潛光集序	明陳　讓	1232-610- 6
書靜安劉氏族譜後	明陳　讓	1232-686- 9
劉氏族譜記	明梁　潛	1237-234- 4
廬陵北溪劉氏族譜序	明梁　潛	1237-279- 5
劉氏家譜序	明梁　潛	1237-337- 7
題劉公辰宗譜後	明梁　潛	1237-418- 16
		1374-227- 48
劉氏慶源編序	明楊士奇	1238- 67- 6
沙溪劉氏重修族譜序	明楊士奇	1238- 78- 7
上邛劉氏族譜序	明楊士奇	1238-514- 12
荷山劉氏族譜後序	明楊士奇	1238-518- 12
劉氏族譜序	明楊士奇	1238-536- 13
書劉氏族譜後	明楊　榮	1240-235- 15
萬安横街劉氏族譜序	明王　直	1241- 80- 4
沙溪劉氏族譜後序	明王　直	1241-715- 16
龜溪劉氏族譜序	明王　直	1241-740- 17
興國劉氏族譜序	明王　直	1241-766- 18
墨莊劉氏重修族譜序	明劉　球	1243-591- 13
跋劉尙書劉氏文獻後	明倪　謙	1245-484- 24
題三舍劉氏族譜後	明倪　謙	1245-489- 25
劉氏重修世系圖序	明張　寧	1247-384- 15
南昌梓溪劉氏族譜序	明何喬新	1249-201- 12
洛陽劉氏族譜序	明李東陽	1250-634- 62
盆陽劉氏族譜序	明李東陽	1250-650- 63
天寶劉氏族譜序	明羅　倫	1251-655- 2
秋江劉氏族譜序	明羅　倫	1251-664- 3
上固劉氏族譜序	明羅　倫	1251-674- 3
重慶劉氏族譜序	明吳　寬	1255-396- 44
竹江劉氏族譜序	明林　俊	1257- 42- 5
跋臨汾劉氏族譜後	明羅　玘	1259-279- 21
書珠林劉氏溯源錄後	明羅欽順	1261-140- 11
書劉文瑞追遠卷後	明顧　清	1261-635- 24
竹江劉氏族譜跋	明王守仁	1265-668- 24
平越西劉氏族譜序	明陸　粲	1274-583- 1
南嶽劉氏族譜序	明羅洪先	1275-259- 12
萬安横街劉氏族譜序	明羅洪先	1275-279- 12
安福上城劉氏續譜序	明尹　臺	1277-476- 3
華容劉氏族譜序	明王世貞	1282-604- 46
永新炎村劉氏石泉房		
譜序	明楊貢秋	1291-616- 1
（劉氏）大宗世業引	明劉宗周	1294-608- 16
芳齋（劉）公三世家		
乘跋	明劉宗周	1294-611- 16
明德淵源錄跋	明劉宗周	1294-612- 16
書劉氏族譜後	明胡　廣	1374-220- 47
劉氏族譜序	清朱舜尊	1318-110- 40
劉氏水澄傳詠序	清毛奇齡	1320-332- 39
●衞　氏		
衞氏族譜序	明危　素	1226-744- 4
●樂　氏		
跋樂氏族譜	元吳　澄	1197-549- 55
禾溪樂氏族譜序	明楊士奇	1238- 94- 8

史部 傳記類：家乘

樂氏族譜序　　　　　　明王　直　1241- 87- 4
●龍　氏
龍子元書香世科序　　　元李　祁　1219-656- 3
甘溪龍氏族譜序　　　　明王　直　1241-743- 17
吉水龍氏族譜序　　　　明丘　濬　1248-193- 10
●閻　氏
閻氏本支錄序　　　　　清吳　綺　1314-326- 6
●盧　氏
盧氏紀言序　　　　　　元貢師泰　1215-590- 6
越溪盧氏族譜序　　　　明吳　寬　1255-382- 43
●蕭　氏
（蕭氏）潛光集序　　　元劉將孫　1199- 81- 9
蕭氏族譜序　　　　　　元李　祁　1219-676- 4
書蕭以忽族譜後　　　　明陳　謨　1232-694- 9
書蕭天與族譜後　　　　明陳　謨　1232-698- 9
沙湖蕭氏族譜序　　　　明周是修　1236- 75- 5
新喻蕭氏族譜後序　　　明梁　潛　1237-256- 5
廬陵曲山蕭氏族譜序　　明梁　潛　1237-257- 5
跋蕭氏族譜後　　　　　明梁　潛　1237-412- 16
書南溪蕭氏族譜圖後　　明梁　潛　1237-415- 16
蕭氏族譜序　　　　　　明楊士奇　1238-520- 12
石崗蕭氏族譜序　　　　明楊士奇　1238-529- 13
鳳岡蕭氏族譜序　　　　明楊士奇　1238-534- 13
（跋）桃源蕭氏族譜後　明楊士奇　1238-679- 23
書沙湖蕭氏譜後　　　　明楊士奇　1238-681- 23
跋蕭氏族譜後　　　　　明金幼孜　1240-882- 10
桃源蕭氏族譜序　　　　明王　直　1241- 98- 5
南溪蕭氏房譜序　　　　明王　直　1241-736- 17
蕭氏流芳集序　　　　　明王　直　1241-891- 23
題蕭氏族譜後　　　　　明王　直　1242-372- 36
題鳳岡蕭氏族譜後　　　明王　直　1242-373- 36
南溪蕭氏族譜序　　　　明李時勉　1242-724- 4
曲山蕭氏族譜序　　　　明羅欽順　1261-119- 9
蕭氏族譜序　　　　　　明何　瑭　1266-543- 5
（蕭氏）雙節册序　　　明王慎中　1274-236- 9
螺陂蕭氏文獻集序　　　明羅洪光　1275-231- 11
廬陵安塘蕭氏族譜序　　明羅洪先　1275-257- 12
螺陂蕭氏族譜序　　　　明羅洪先　1275-258- 12
南溪蕭氏續修族譜序　　明胡　直　1287-349- 10
蕭氏族譜序　　　　　　清田　雯　1324-273- 26
●錢　氏
錢氏科名錄序　　　　　元黃　溍　1209-371- 5
書錢氏世科記後　　　　元楊維楨　1221-601- 21
諸源錢氏族譜序　　　　明王　直　1241-466- 7
錫山錢氏家譜序　　　　明李東陽　1250-671- 64

題吳越錢氏世譜　　　　明魏　校　1267-841- 8
錢氏家乘序　　　　　　明魏學洢　1297-552- 4
●鮑　氏
棠樾鮑氏傳家錄序　　　明程敏政　1252-607- 35
●謝　氏
崇仁三謝佚事編序　　　元吳　澄　1197-249- 24
（謝氏）揮涕集序　　　元王　沂　1208-504- 13
謝氏族譜序　　　　　　明方孝孺　1235-383- 13
樂安謝氏宗譜序　　　　明王　直　1241-865- 22
謝氏宗譜序　　　　　　明李東陽　1250-241- 23
嚴鎮謝氏家譜序　　　　明程敏政　1252-590- 34
龍陂謝氏族譜序　　　　明羅欽順　1261-126- 9
銀溪謝氏族譜序　　　　明羅洪先　1275-276- 12
●糜　氏
題糜氏家譜　　　　　　元謝應芳　1218-311- 14
●應　氏
後杜應氏家譜序　　　　宋陳　亮　1171-635- 15
●戴　氏
戴氏族譜序　　　　　　元舒　頔　1217-576- 2
績溪戴氏譜系圖記　　　明唐桂芳　1226-879- 6
戴氏族譜序　　　　　　明楊　榮　1240-226- 15
唐山戴氏族譜序　　　　明吳與弼　1251-548- 9
●韓　氏
桐木韓氏族譜序　　　　元吳　澄　1197-342- 32
韓氏族譜序　　　　　　明李東陽　1250-254- 24
種湖高街韓氏族譜序　　明吳與弼　1251-538- 9
東魯韓氏世譜序　　　　明徐禎卿　1268-772- 6
　　　　　　　　　　　　　　　　1406- 55-318
●薛　氏
薛氏家譜序　　　　　　元吳　海　1217-176- 2
●鍾　氏
瑞安鍾氏族譜序　　　　明何喬新　1249-200- 12
●繆　氏
題繆氏族譜　　　　　　元戴表元　1194-227- 18
繆氏族譜序　　　　　　明釋妙聲　1227-601- 中
●顏　氏
家傳銘　　　　　　劉宋顏延之　1414-133- 67
薛城顏氏宗譜序　　　　明楊士奇　1238-509- 12
茶陵顏氏族譜序　　　　明王世貞　1282-553- 42
●聶　氏
永豐聶氏族譜序　　　　明羅洪先　1275-261- 12
●顓孫氏
蕭縣顓孫氏族譜序　　　清施閏章　1313- 22- 2
●魏　氏
魏氏支派圖敍　　　　　元吳　海　1217-171- 2

魏氏世譜序　　　　　　元吳　海　1217-173- 2
上虞魏氏世譜序　　　　明宋　濂　1223-442- 7
書魏氏家譜後　　　　　明程敏政　1252-698- 39
●歸　氏
（歸氏）家譜記　　　　明歸有光　1289-274- 17
歸氏世譜後　　　　　　明歸有光　1289-394- 28
●龐　氏
題龐氏譜後　　　　　　明梁　潛　1237-422- 16
●譚　氏
宜黃譚氏族譜序　　　　元吳　澄　1197-343- 32
譚氏家譜序　　　　　　明蘇伯衡　1228-589- 4
譚氏家乘贊　　　　　　明徐一夔　1229-240- 7
茶陵譚氏族譜序　　　　明李東陽　1250-648- 63
茶陵譚氏族譜序　　　　明李東陽　1250-656- 63
●羅　氏
廬陵羅氏世譜序　　　　元袁　桷　1203-298- 22
題晉陽羅氏族譜圖　　　元虞　集　1207-162- 10
羅氏族譜序　　　　　　元虞　集　1367-437- 35
　　　　　　　　　　　　　　　　1406- 53-318
羅氏家乘跋　　　　　　元陳　高　1216-264- 14
題羅氏先德記後　　　　明梁　潛　1237-411- 16
書院羅氏族譜序　　　　明楊士奇　1238-513- 12
（跋）羅氏族譜文後　　明楊士奇　1238-668- 23
泰和羅氏族譜序　　　　明王　直　1241-101- 5
豐嶺羅氏族譜序　　　　明羅　倫　1251-672- 3
羅氏文獻別錄　　　　　明黃仲昭　1254-394- 2
羅氏湜恩堂族譜序　　　明周　瑛　1254-753- 2
書院羅氏族譜序　　　　明羅欽順　1261-122- 9
桃林羅氏重修族譜序　　明羅欽順　1261-128- 9
秀川撰述序　　　　　　明羅洪先　1275-238- 11
澄溪華山周橋羅氏族
　譜序　　　　　　　　明羅洪先　1275-286- 12
山原羅氏族譜序　　　　明羅洪先　1275-287- 12
秀川內外傳序　　　　　明羅洪先　1275-288- 12
秀川名位表序　　　　　明羅洪先　1275-289- 12
●賓　氏
賓氏世譜序　　　　　　元吳　澄　1197-343- 32
●蘇　氏
譜例（序）　　　　　　宋蘇　洵　1104-947- 14
譜例序　　　　　　　　宋蘇　洵　1351- 34- 88
　　　　　　　　　　　　　　　　1406- 52-318
族譜後錄上篇　　　　　宋蘇　洵　1104-950- 14
　　　　　　　　　　　　　　　　1384-393-116
族譜後錄下篇　　　　　宋蘇　洵　1104-952- 14
大宗譜法　　　　　　　宋蘇　洵　1104-954- 14

（蘇氏老泉）族譜引　　宋蘇　洵　1104-948- 14
　　　　　　　　　　　　　　　　1351- 35- 88
　　　　　　　　　　　　　　　　1354-160- 21
　　　　　　　　　　　　　　　　1356-851- 4
　　　　　　　　　　　　　　　　1384-392-116
　　　　　　　　　　　　　　　　1406-425-361
　　　　　　　　　　　　　　　　1476-214- 12
讀蘇氏紀年　　　　　　宋朱　熹　1145-389- 70
題蜀蘇氏族譜後　　　　元戴表元　1194-231- 18
●嚴　氏
題嚴氏四世家傳後　　　元吳　澄　1197-574- 58
嚴氏宗譜序　　　　　　明梁　潛　1237-299- 6
題嚴氏族譜後　　　　　明梁　潛　1237-413- 16
嚴氏家譜序　　　　　　明楊士奇　1238-531- 13
城頭嚴氏通譜序　　　　明楊寅秋　1291-615- 1
●饒　氏
橋溪饒氏家譜序　　　　明吳與弼　1251-551- 9
雯峯饒氏族譜序　　　　明羅　倫　1251-667- 3
●顧　氏
（顧氏）家譜序　　　　明顧　清　1261-535- 18
●龔　氏
龔氏族譜序　　　　　　元吳　澄　1197-343- 32
書龔存耕集慶圖後　　　元張之翰　1204-508- 18
義烏龔氏家乘序　　　　明王　禕　1226-132- 6
內江龔氏族譜序　　　　明海　瑞　1286- 86- 3

c. 年　譜

釋迦譜目錄序 釋迦　　梁釋僧佑　1401-342- 28
讀申國春秋 宋呂公著　宋汪應辰　1138-682- 10
跋胡元高之父謀宣聖
　編年 周孔丘　　　　宋史　浩　1141-815- 36
歐陽文忠公年譜後序
　宋歐陽修　　　　　　宋周必大　1147-548- 52
朱子年譜原序 宋朱　熹　宋魏了翁　 447-249- 附
朱文公年譜序 宋朱　熹　宋魏了翁　1172-608- 54
象山先生年譜序
　宋陸九淵　　　　　　宋包　恢　1178-728- 3
朱子繫年錄跋 宋朱　熹　宋王　柏　1186-202- 13
鄭雲我孔子年譜序
　周孔　丘　　　　　　宋黃仲元　1188-635- 3
孔子編年原序 周孔　丘　宋胡舜陟　 446- 2- 附
杜工部詩年譜原序
　唐杜　甫　　　　　　宋魯　訔　 446-260- 附
宛陵先生年譜序
　宋梅堯臣　　　　　　宋劉　性　1099-431- 附

山谷年譜原序
　　宋黃庭堅　　　　　宋黃 善　1113-819- 附

（東坡）年譜後語
　　宋蘇 軾　　　　　宋王宗稷　1408-774-559

張文忠公年譜序
　　元張養浩　　　　　元許有壬　1211-245- 34
　　　　　　　　　　　　　　　　1211-609- 5

跋潘舍人年譜
　　明潘默成　　　　　明宋 濂　1223-677- 14

胡太常歲月日記序
　　明胡純白（胡瑜父）　明張以寧　1226-595- 3

張文忠公年譜序
　　元張養浩　　　　　明危 素　1226-699- 2

（跋）朱文公年譜二
　　集 宋朱 熹　　　　明楊士奇　1238-611- 18

章恭毅公年譜序 明章綸　明李東陽　1250-639- 62

讀吳草廬年譜 元吳 澄　明周 瑛　1254-800- 4

筠峰紀年綱目序
　　明劉筠峰　　　　　明林 俊　1257- 36- 4

王大司馬年譜序 明王某　明史 鑑　1259-801- 5

重刻周文襄公年譜序
　　明周 忱　　　　　明顧 清　1261-804- 37

陽明先生年譜考訂序
　　明王守仁　　　　　明羅洪先　1266-124- 36

與錢緒山論年譜
　　宋陸九淵　　　　　明羅洪先　1275-118- 4

王文成公年譜序
　　明王守仁　　　　　明高攀龍　1292-545- 9上

馮慕岡先生年譜序
　　明馮應京　　　　　明曹于汴　1293-679- 1

歐陽文莊公年譜序
　　明歐陽德　　　　　明鄒元標　1294-122- 4

書朱熹（朱子）年譜
　　序 宋朱 熹　　　　明汪仲魯　447-250- 附

書朱熹（朱子）年譜
　　序 宋朱 熹　　　　明戴 銑　447-250- 附

書朱熹（朱子）年譜
　　序 宋朱 熹　　　　明李 默　447-251- 附

書朱熹（朱子）年譜
　　序 宋朱 熹　　　　明孫 凌　447-251- 附

楊襄毅公年譜序
　　明楊 博　　　　　明李維楨　550-117-213

楊升庵太史年譜序
　　明楊用修　　　　　明陳文燭　561-515- 44

（年譜附錄）陽明先

生年譜序 明王守仁　　明錢德洪　1266-122- 36

（年譜附錄）刻陽明
　　先生年譜序 明王守仁　明王 畿　1266-125- 36

（年譜附錄）刻陽明
　　先生年譜序 明王守仁　明胡 松　1266-127- 36

（年譜附錄 ）刻陽明
　　先生年譜序 明王守仁　明王宗沐　1266-128- 36

楓山章先生年譜序
　　明章 懋　　　　　明凌 翰　1455-464-221

歸震川先生年譜後序
　　明歸有光　　　　　清王 琬　1315-454- 25

來虞先生年譜後序
　　明汪來虞　　　　　清汪 琬　1315-507- 30

周大將軍年譜序
　　清周 某　　　　　清朱彝尊　1317-299- 37

黃心甫自譜序
　　清黃傳祖　　　　　清姜宸英　1323-636- 1

陶菴年譜序 清李陶菴　清田 雯　1324-274- 26

孫徵君年譜序
　　孫某（孫用楨曾祖容
　　城人）　　　　　　清方 苞　1326-802- 6

書朱熹（朱子）年譜
　　序 宋朱 熹　　　　清洪 璟　447-252- 附

李忠定公新舊年譜合
　　刻序 宋李 綱　　　清林 侗　530-500- 70

d. 總 傳

高惠高后文功臣表　　漢班 固　1355-404- 13

列女傳小序　　　　　漢劉 向　1396-539- 17

三輔決錄序　　　　　漢趙 岐　1397-494- 24

建元以來侯年表
　　修記孝昭以來功臣侯者　漢褚少孫　1412-122- 5

高士傳序　　　　　　晉皇甫謐　448- 86- 附
　　　　　　　　　　　　　　　1398-249- 12
　　　　　　　　　　　　　　　1405-559-293

三國名臣頌序　　　　晉袁 宏　1405-560-293

上忠臣傳表　　　　　梁 元 帝　1399-318- 4
　　　　　　　　　　　　　　　1414-653- 84

忠臣傳序　　　　　　梁 元 帝　1399-325- 4
　　　　　　　　　　　　　　　1414-670- 84

孝德傳序　　　　　　梁 元 帝　1399-325- 4
　　　　　　　　　　　　　　　1414-670- 84

丹陽尹傳序　　　　　梁 元 帝　1399-326- 4
　　　　　　　　　　　　　　　1414-670- 84

全德志序　　　　　　梁 元 帝　1399-326- 4

史部

傳記類：總傳

		1406-374-352	大關錄序	宋周紫芝	1141-365- 51
		1414-670-840	富川同僚記序	宋周紫芝	1141-370- 52
懷舊志序	梁元帝	1399-327- 4	書高道傳後	宋周紫芝	1141-485- 67
		1414-671- 84	宋名臣言行錄前集原		
全德志論（序）	梁元帝	1399-328- 4	序	宋朱 熹	449- 3- 附
		1414-664- 84	答呂伯恭論（伊洛）		
比丘尼傳序	梁釋明徹	1401-356- 28	淵源錄	宋朱 熹	1143-799- 35
高僧傳序	梁釋慧皎	1401-357- 28	八朝名臣言行錄序	宋朱 熹	1145-557- 75
高僧傳後記	梁釋僧果	1401-360- 28	跋余安道題名後	宋周必大	1147-154- 16
自古諸王善惡錄序文	唐魏 徵	435-179- 76	題戊午歲吉州舉人期		
卓異記序	唐李 翱	448-116- 附	集小錄	宋周必大	1147-517- 48
衡嶽十八高僧（傳）			撫州登科題序	宋周必大	1147-574- 54
序	唐盧藏用	1340-176-736	平江同官小錄序	宋喩良能	1151-827- 6
李弈登科記序	唐趙 惏	1340-186-737	溫州進士題名序	宋樓 鑰	1152-825- 53
擬三國名臣讚序	唐嚴 從	1340-191-738	跋元豐八年進士小錄	宋樓 鑰	1153-161- 70
異域歸忠傳序	唐李 紳	1079-119- 2	跋嘉祐二年進士小錄	宋樓 鑰	1153-172- 71
列女傳目錄序	宋會 鞏	1098-448- 11	跋金花帖子綾本小錄	宋樓 鑰	1153-192- 73
		1351- 37- 88	成都府太守圖像册序	宋袁說友	1154-372- 18
		1356- 27- 2	同班小錄序	宋會 丰	1156-197- 17
		1378-336- 52	浦城者舊錄序	宋會 丰	1156-201- 18
		1384-234-100	鄉記序	宋楊 簡	1156-610- 1
		1405-563-293	壼郵序	宋洪 适	1158-474- 34
		1418-510- 52	大宋登科記序	宋洪 适	1158-477- 34
		1447-905- 54	重編唐登科記序	宋洪 适	1158-477- 34
		1476-187- 11	跋五代登科記	宋洪 适	1158-662- 63
跋學士院題名	宋歐陽修	1102-579- 73	淳熙薦士錄跋	宋楊長孺	1161-442-114
跋華嶽題名（錄）	宋歐陽修	1351-476-130	題永豐趙直閣廟節義		
僧寶傳序	宋釋惠洪	1116-454- 23	錄	宋葉 適	1164-523- 29
題修僧史	宋釋惠洪	1116-485- 25	題春秋名臣傳	宋陳 造	1166-396- 31
題佛鑑僧寶傳	宋釋惠洪	1116-498- 26	久敬錄序	宋廖行之	1167-324- 4
題誼叟僧寶傳後	宋釋惠洪	1116-499- 26	題司馬文正公薦士編	宋張 栻	1167-703- 34
題詢上人僧寶傳	宋釋惠洪	1116-499- 26	輔仁錄序	宋黃 榦	1168-227- 21
題宗上人僧寶傳	宋釋惠洪	1116-499- 26	久要錄序	宋黃 榦	1168-230- 21
題圓上人僧寶傳	宋釋惠洪	1116-500- 26	同舍小錄序	宋周 南	1169- 41- 4
題淳上人僧寶傳	宋釋惠洪	1116-500- 26	程子清雲萍錄序	宋陳文蔚	1171- 69- 9
題其上人僧寶傳	宋釋惠洪	1116-500- 26	金陵校官錄序	宋程 珌	1171-342- 8
題範上人僧寶傳	宋釋惠洪	1116-501- 26	高士傳序	宋陳 亮	1171-614- 13
題端上人僧寶傳	宋釋惠洪	1116-501- 26	忠臣傳序	宋陳 亮	1171-615- 13
題隆道人僧寶傳	宋釋惠洪	1116-501- 26			1405-483-286
題休上人僧寶傳	宋釋惠洪	1116-502- 26	義士傳序	宋陳 亮	1171-616- 13
題英大師僧寶傳	宋釋惠洪	1116-502- 26	謀臣傳序	宋陳 亮	1171-616- 13
唐朝賢將傳序	宋李 綱	1126-570-137	辯士傳序	宋陳 亮	1171-617- 13
題唐朝賢將傳後	宋李 綱	1126-720-163	英豪錄序	宋陳 亮	1171-618- 13
武夷桂籍記	宋胡 寅	1137-577- 21	中興遺傳序	宋陳 亮	1171-618- 13
書廉吏傳	宋林之奇	1140-528- 20			1405-484-286

四庫全書文集篇目分類索引　　1757

書職事題名後	宋陳　亮	1171-646- 16
達賢錄序	宋魏了翁	1172-585- 52
伊洛淵源錄序	宋魏了翁	1172-619- 55
歐項文卿孝行錄	宋杜　範	1175-743- 17
甲申同班小錄序	宋劉克莊	1180-237- 23
代題同鉉小錄	宋方　岳	1182-598- 38
雲萍錄序	宋歐陽守道	1183-567- 8
題胡自牧雲萍錄	宋歐陽守道	1183-659- 18
題劉巘芳雲萍錄	宋歐陽守道	1183-690- 22
呂雲叔雲萍錄序	宋姚　勉	1184-260- 37
王月莊雲萍錄序	宋姚　勉	1184-260- 37
圓沙桂籍序	宋姚　勉	1184-268- 38
王戊童科小錄序	宋文天祥	1184-595- 13
龍泉縣監漕鄉舉題名		
引	宋文天祥	1184-605- 13
題中書直院劉左史震		
孫雲萍錄	宋文天祥	1184-611- 14
題陳侑書昉雲萍錄	宋文天祥	1184-611- 14
交信錄序	宋謝枋得	1184-873- 2
		1418-779- 64
		1476-258- 14
書四明衣冠盛事錄後		
序	宋陳　著	1185-226- 47
西湖高僧傳序	宋釋道璨	1186-821- 3
跋交信錄序	宋熊　禾	1188-762- 1
（古列女傳序）	宋蔡　驥	448- 8- 附
慶元黨禁原序	宋樓　曼	451- 21- 附
慈恩雁塔題名序	宋樊　察	556-450- 93
進高僧傳表附批答	宋釋贊寧	1052- 2- 附
宋高僧傳序	宋釋贊寧	1052- 4- 附
高僧傳後序	宋釋贊寧	1052-423- 附
禪林僧寶傳原序	宋張宏敬	1052-640- 附
進士題名序	宋不著撰人	491-145- 16
題登科記後	金李俊民	1190-639- 8
跋張仲可東阿鄉賢記	金元好問	1191-467- 40
晏爲善師善錄序	元王義山	1193- 22- 4
甲科義約（籍）序	元王義山	1193- 27- 4
京庠賦社麗澤魁籍序	元王義山	1193- 39- 6
題沂州先賢攷	元戴表元	1194-252- 19
題太學登科題名後	元戴表元	1194-251- 19
尹公槐雲萍錄序	元趙　文	1195- 10- 1
跋張葛狄范四公傳	元吳　澄	1197-602- 61
雲萍小錄引	元楊弘道	1198-208- 6
江浙進士鄉會小錄序	元程端禮	1199-653- 3
新修調元事鑒序	元王　惲	1200-537- 41

忠史序	元虞　集	1207- 84- 5
題義士卷	元虞　集	1207-163- 10
桑海遺錄序	元吳　萊	526-147-263
		1209-195- 12
		1406- 65-319
孟子弟子列傳序	元吳　萊	1209-192- 11
科名總錄序	元黄　溍	1209-382- 6
元名臣事略序	元歐陽玄	451-498- 附
浦陽人物記原序	元歐陽玄	452- 3- 附
國朝名臣事略序		1210- 56- 7
		1367-452- 36
忠史序	元歐陽玄	1210- 57- 7
		1367-454- 36
		1405-566-293
國朝名臣事略序	元許有壬	1211-214- 30
		1211-611- 5
節義集序	元許有壬	1211-256- 35
忠義錄序	元吳師道	1212-173- 14
辛西進士題名後題	元吳師道	1212-262- 18
伊洛淵源錄序	元蘇天爵	1214- 63- 5
題咸淳四年進士題名	元蘇天爵	1214-343- 29
題司馬溫公人物記	元蘇天爵	1214-344- 29
二十四孝讚序	元謝應芳	1218-221- 9
浦陽人物記序	元戴　良	1219-313- 6
重刊禪林僧寶傳序	元戴　良	1219-503- 21
江西鄉試小錄序	元楊　翮	1220-114- 8
鄉闈紀錄序	元楊維楨	1221-426- 5
優戲錄序	元楊維楨	1221-486- 11
錢塘先賢傳贊原序	元班惟志	451- 3- 附
元名臣事略序	元王　理	451-499- 附
浦陽人物記後序	元鄭　濤	452- 33- 附
伊洛淵源錄序	元黄清老	538-616- 78
金登科記序	元李世弼	1201-372- 97
相鑒序	明太祖	1223-160- 15
御製古今列女傳原序	明成祖	452- 38- 附
浦陽人物記跋	明宋　濂	452- 35- 附
會試紀（錄序）	明宋　濂	1223-361- 5
會試紀錄序	明宋　濂	1406- 84-322
庚戊京畿鄉闈紀錄序	明宋　濂	1223-361- 5
辛亥京畿鄉闈紀錄序	明宋　濂	1223-362- 5
旌義編引	明宋　濂	1224-378- 26
伊洛淵源錄序	明陶　安	1225-723- 12
國朝名臣傳序	明王　禕	1226- 94- 5
明倫傳序	明危　素	1226-745- 4
忠孝事實序	明朱　右	1228- 46- 4

史部

傳記類：總傳

1758　　　　　　　　　四庫全書文集篇目分類索引

聚英圖序	明王　翬	1229-408- 2
會試小錄序	明錢　宰	1229-533- 3
江西鄉試小錄序	明錢　宰	1229-533- 3
跋孝節編	明趙撝謙	1229-691- 2
同年錄後跋	明鄭　真	1234-226- 39
應天府鄉試小錄	明方孝孺	1235-378- 12
京闈小錄後序（二則）	明方孝孺	1235-379- 12
會試錄序	明梁　潛	1237-342- 7
京闈小錄序	明梁　潛	1237-344- 7
會試錄後序	明王　洪	1237-498- 5
書唐才子傳後	明楊士奇	1238-117- 10
（跋）宋名臣言行錄	明楊士奇	1238-597- 18
（跋）吉州進士錄	明楊士奇	1238-598- 18
（跋）列仙傳	明楊士奇	1238-684- 23
京闈試錄序	明楊　榮	1240-198- 13
順天府鄉試小錄序	明王　直	1241-438- 6
正統丙辰會試錄序	明王　直	1241-568- 11
北京鄉試小錄序	明王　直	1241-618- 13
癸丑年會試錄後序	明王　直	1241-644- 14
己未會試錄序	明王　直	1241-874- 23
應天府鄉試錄序	明李時勉	1242-714- 4
順天府鄉試錄序	明李時勉	1242-715- 4
會試錄序	明薛　瑄	1243-311- 17
		1374-187- 44
天順元年會試錄序	明薛　瑄	1406- 84-322
上鑑古錄	明李　賢	443-238- 13
上鑑古錄（疏）	明李　賢	1244-501- 2
順天府鄉試錄後序	明倪　謙	1245-434- 21
江西鄉試小錄序	明韓　雍	1245-730- 10
道學傳序	明陳獻章	564-719- 59
		1246- 14- 1
名臣錄贊序	明彭　韶	1247- 24- 2
協忠錄序	明張　寧	1247-375- 14
應天府鄉試錄序	明丘　濬	1248-177- 9
會試錄序	明丘　濬	1248-178- 9
擬順天府鄉試錄序	明丘　濬	1248-179- 9
皇明歷科會試錄序	明丘　濬	1248-191- 9
跋古賢像後	明丘　濬	1248-422- 21
會試錄序 成化十一年	明徐　溥	1248-571- 2
會試錄序 成化十七年	明徐　溥	1248-571- 2
會試錄序 弘道三年	明徐　溥	1248-572- 2
百將傳續編序	明何喬新	1249-140- 9
書進士登科錄後	明何喬新	1249-304- 18
題江西鄉闈錄後	明何喬新	1249-304- 18
題晦菴同年錄	明鄭　紀	1249-832- 11

史部　傳記類：總傳

應天府鄉試錄序	明李東陽	1250-273- 26
順天府鄉試錄序	明李東陽	1250-285- 27
會試錄序	明李東陽	1250-294- 28
會試錄序	明李東陽	1250-638- 62
闈里誌序	明李東陽	1250-664- 64
闈里誌凡例	明李東陽	1250-732- 69
順天府鄉試錄序	明倪　岳	1251-233- 18
秋榜同年譜序	明倪　岳	1251-233- 18
跋伊洛淵源錄	明吳與弼	1251-587- 12
宋遺民錄序	明程敏政	1252-375- 21
		1405-495-287
應天府鄉試錄後序	明程敏政	1252-455- 26
伊洛淵源錄新增序	明黃仲昭	1254-385- 2
人物志引	明黃仲昭	1254-577- 上
奸佞志引	明黃仲昭	1254-578- 上
補遺志引	明黃仲昭	1254-578- 上
三縣女德列傳總論	明黃仲昭	1254-622- 下
丁未會試錄後序	明吳　寬	1255-360- 41
壬戌會試錄序	明吳　寬	1255-387- 43
弘治壬戌進士同年會錄序	明吳　寬	1255-398- 44
應天府鄉試錄序	明王　鏊	1256-249- 10
會試錄後序	明王　鏊	1256-255- 11
會試錄序	明王　鏊	1256-270- 12
順天府鄉試錄序	明梁　儲	1256-581- 5
會試錄後序	明梁　儲	1256-582- 5
會試錄序	明梁　儲	1256-583- 5
湖南道學淵源題辭	明林　俊	1257- 30- 4
小錄前序	明林　俊	1257- 52- 6
內江鄉先生徵信錄序	明林　俊	1257- 59- 6
湖南道學淵源錄序	明邵　寶	1258-140- 13
毗陵忠義祠錄序	明邵　寶	1258-255- 3
擬河南鄉試錄序	明羅　玘	1259-145- 10
順天府鄉試錄後序	明吳　儼	1259-398- 3
會試錄後序	明石　珤	1259-578- 6
皇明名臣錄序	明朱誠泳	1260-330- 9
應天府鄉試錄後序	明顧　清	1261-550- 19
武舉錄序	明顧　清	1261-566- 19
會試錄後序	明顧　清	1261-580- 20
代同榜序齒錄序	明李夢陽	1262-482- 52
國朝莆陽科第錄序	明鄭　岳	1263- 52- 9
開國功臣錄序 代作	明顧　璘	1263-456- 1
國寶新編傳贊 並序	明顧　璘	1454-359-123
河南鄉試錄序	明邊　貢	1264-177- 9
擬河南鄉試錄前序	明張　羽	1264-299- 下

四庫全書文集篇目分類索引　　　　　　　　　　　　　　　　1759

擬河南鄉試錄後序	明張　羽	1264-300-　下
山東鄉試錄序	明王守仁	541-412-35之6
		1265-632- 22
		1406- 85-322
書同門科舉名錄後	明王守仁	1265-751- 28
陝西壬午鄉舉同年會錄序	明康　海	1266-365-　4
乙丑同年便覽錄序	明崔　銑	1267-370-　1
		1406-104-324
歐豪傑錄	明崔　銑	1267-376-　1
廣東鄉試錄序	明魏　校	1267-812-　6
廣東鄉試錄後序	明魏　校	1267-813-　6
擬己卯山西鄉試錄序	明陸　深	1268-257- 41
擬會試錄序	明陸　深	1268-283- 46
修江先賢錄序	明鄭善夫	1269-142-　9
順天府鄉試錄序	明韓邦奇	1269-337-　1
北畿鄉試同年叙齒錄序	明韓邦奇	1269-339-　1
雲南鄉試錄序	明楊　慎	570-630-29之12
		1270- 30-　3
		1406- 87-322
雲貴鄉試錄後序	明楊　慎	1270- 31-　3
貴州鄉試錄序	明楊　慎	1270- 32-　3
會試錄序	明孫承恩	1271-388- 30
順天府鄉試錄後序	明孫承恩	1271-390- 30
集古像序	明孫承恩	1271-395- 30
方齒錄序	明孫承恩	1271-397- 30
同年錄序	明孫承恩	1271-397- 30
丁未同年齒錄序	明孫承恩	1271-398- 30
武舉同年會錄後序	明林文俊	1271-700-　3
武舉錄後序	明林文俊	1271-711-　3
江西貢士同年錄序	明張　岳	1272-417- 11
備遺錄叙	明文徵明	1273-123- 17
題張企齋備遺補贊	明文徵明	1273-165- 22
江西鄉試錄序	明李攀臣	1273-692-　5
江西貢士序齒錄序	明李攀臣	1273-693-　5
丁酉山東序齒錄後序	明王慎中	1274-222-　9
河南庚子鄉試錄序	明王慎中	1274-223-　9
福建己酉鄉試錄序	明王慎中	1274-224-　9
福建乙卯鄉試錄序	明王慎中	1274-225-　9
浙江鄉試錄序	明陸　粲	1274-586-　1
忠愛錄序	明羅洪先	1275-227- 11
（皇明）吉安進士錄序	明羅洪先	1275-228- 11
吉安進士錄序	明羅洪先	1456-425-301
守令懿範序	明皇甫汸	1275-735- 35
高士傳總序	明皇甫汸	1275-764- 40
		1455-469-221
左編附序	明唐順之	1405-568-293
續高士傳編目序	明皇甫涍	1276-642- 23
		1455-449-220
子循弟漢儒經學編名序	明皇甫淳	1276-644- 23
華陽兄編采高士傳序	明皇甫淳	1276-645- 23
會試錄後序	明尹　臺	1277-471-　3
江西鄉試錄後序	明尹　臺	1277-504-　3
廣陵十先生傳序	明李攀龍	1278-358- 15
嘉靖以來首輔傳序	明王世貞	452-422-　附
構李往哲列傳序	明王世貞	1280-177- 68
山西鄉試錄後序	明王世貞	1280-197- 70
湖廣鄉試錄序	明王世貞	1280-198- 70
浙江鄉試錄後序	明王世貞	1280-199- 70
		1406- 93-323
湖廣鄉試錄後序	明王世貞	1280-201- 70
山西武舉鄉試錄序	明王世貞	1280-202- 70
湖廣武舉鄉試錄後序	明王世貞	1280-203- 70
皇明名臣琬琰錄小序	明王世貞	1280-218- 71
劍俠傳小序	明王世貞	1280-219- 71
壬午江南武舉序齒錄後叙	明王世貞	1282-587- 45
同姓諸王表序	明王世貞	1282-625- 48
公侯伯表總序	明王世貞	1282-627- 48
高帝功臣公侯伯表序	明王世貞	1282-629- 48
恩澤公侯伯表序	明王世貞	1282-631- 48
追封王公侯伯表序	明王世貞	1282-632- 48
乙酉南都序齒錄序	明王世貞	1282-669- 51
乙酉南畿歲貢錄序	明王世貞	1282-670- 51
金蓮正宗記後	明王世貞	1284-291-158
書陶九成書草莽私乘後	明王世貞	1285- 52-　4
從祀四賢傳序	明葉春及	1286-667- 13
廣東武舉錄序	明葉春及	1286-669- 13
福建鄉試錄序	明宗　臣	1287-132- 13
福建武舉同年錄後序	明宗　臣	1287-134- 13
湖廣鄉試錄後序	明胡　直	1287-333-　9
湖廣武舉鄉試錄後序	明胡　直	1287-335-　9
廣東鄉試錄前序	明胡　直	1287-341-　9
廣西鄉試錄後序	明胡　直	1287-343-　9
應天府鄉試錄序	明沈　鯉	1288-287-　6
重刻陝西同年叙齒錄		

史部　傳記類：總傳

1760　　　　　　　四庫全書文集篇目分類索引

史部　傳記類：總傳

　跋　　　　　　　　　　明溫　純　1288-671- 15
卓行錄序　　　　　　　　明歸有光　1289- 23- 2
　　　　　　　　　　　　　　　　　1405-506-288
浙江鄉試錄後序代　　　　明歸有光　1289- 27- 2
題仕履重光册　　　　　　明歸有光　1289- 73- 5
吳中往哲圖贊序　　　　　明胡應麟　1290-598- 83
唐詩名氏補亡序　　　　　明胡應麟　1290-602- 83
浙江鄉試錄序　　　　　　明孫繼皐　1291-234- 3
廣東同年序齒錄序　　　　明楊寅秋　1291-608- 1
應天府鄉試錄後序　　　　明余繼登　1291-853- 5
武舉錄後序　　　　　　　明余繼登　1291-855- 5
重刻萬歷丙子南畿同
　年錄序　　　　　　　　明顧憲成　1292- 98- 7
程朱闘里志序　　　　　　明高攀龍　1292-543-9上
闘幽錄序　　　　　　　　明高攀龍　1292-555-9上
　　　　　　　　　　　　　　　　　1455-499-223
毗陵人品記序　　　　　　明高攀龍　1292-557-9上
　　　　　　　　　　　　　　　　　1455-501-223
題三太宰傳　　　　　　　明高攀龍　1292-703- 12
關學編序　　　　　　　　明馮從吾　1293-212- 13
關學編（原）序　　　　　明馮從吾　1293-325- 附
關學編（二卷）　　　　　明馮從吾　1293-327- 19
蘇松武舉鄉試錄後序　　　明畢自嚴　1293-396- 2
戶部題名序　　　　　　　明畢自嚴　1293-410- 2
江西鄉試錄後序　　　　　明曹于汴　1293-672- 1
崇賢錄序　　　　　　　　明曹于汴　1293-673- 1
育才館同志錄序　　　　　明曹于汴　1293-686- 1
聖學宗傳序　　　　　　　明鄒元標　1294-108- 4
龍沙學錄序　　　　　　　明鄒元標　1294-163- 4
辛復元生生集序　　　　　明劉宗周　1294-465- 9
題張幼青弔忠錄　　　　　明劉宗周　1294-603- 16
江西鄉試錄序　　　　　　明倪元璐　1297- 68- 6
戊辰會試錄後序　　　　　明倪元璐　1297- 70- 6
武會試錄後序　　　　　　明倪元璐　1297- 71- 6
山左鄉試錄序　　　　　　明凌義渠　1297-450- 6
浙忠錄序　　　　　　　　明魏學洢　1297-553- 4
兩漢郡國名吏紀序　　　　明魏學洢　1297-554- 4
吳奕季淫鑒錄序　　　　　明黃淳耀　1297-635- 2
殿閣詞林記原序　　　　　明廖道南　 452-122- 附
今獻備遺原序　　　　　　明項篤壽　 453-504- 附
題今獻備遺後　　　　　　明項篤壽　 453-722- 附
節孝聞見錄並序　　　　　明李鍾僑　 506-548-105
修江先賢錄序　　　　　　明費　宏　 518- 62-137
廬陵忠節錄序　　　　　　明歐陽鐸　 518- 76-138
吉安府三祀志序　　　　　明吳士奇　 518- 90-138

與督學查虞皇書二首
　論江右名賢錄　　　　　明劉應秋　 518-159-140
台學源流序　　　　　　　明金賁亨　 526-164-264
睢陽人物志序　　　　　　明董其昌　 538-617- 78
理學言行錄序　　　　　　明辛　全　 550-114-213
存烈編序　　　　　　　　明辛　全　 550-115-213
聖門人物志序　　　　　　明郭子章　 550-127-213
貴州乙卯鄉試錄後序　　　明鍾　惺　 572-357- 39
貴州鄉試錄後序　　　　　明鍾　惺　1406-103-323
關學編後序　　　　　　　明張舜典　1293-374- 20
皇明同姓諸王傳序　　　　明鄭　曉　1405-500-288
皇明異姓諸侯傳序　　　　明鄭　曉　1405-501-288
皇明直文淵諸臣表序　　　明鄭　曉　1405-503-288
遜國臣記序　　　　　　　明鄭履淳　1405-505-288
奇女子傳序　　　　　　　明陳繼儒　1405-568-293
俠女傳序　　　　　　　　明鄒之麟　1405-572-293
循吏私錄序　　　　　　　明唐　龍　1406- 70-320
順天府鄉試錄序　　　　　明王維楨　1406- 88-322
武舉錄後序　　　　　　　明王維楨　1406- 90-322
會試錄序　　　　　　　　明高　拱　1406- 91-322
會試錄後序　　　　　　　明張　治　1406- 94-323
丙戌會試錄序　　　　　　明王錫爵　1406- 96-323
雲南武鄉試錄序　　　　　明徐　渭　1406- 98-323
會試錄序　　　　　　　　明馮　琦　1406- 99-323
武舉錄序　　　　　　　　明馮　琦　1406-100-323
陝西鄉試錄序　　　　　　明袁宏道　1406-101-323
南京鄉試齒錄序　　　　　明屠　隆　1406-105-324
陝西乙卯同年錄序　　　　明李維楨　1406-106-324
古今女史序　　　　　　　明梁　氏　1406-406-356
嶺南者舊遺傳序　　　　　明王漸逵　1455-358-212
貧士傳序　　　　　　　　明黃姬水　1455-383-215
重刻伊洛淵源序　　　　　明張元忭　1455-496-223
書山林經濟籍後　　　　　明嚴　澄　1456-428-302
廣西鎮守內臣志　　　　　明蘇　濬　1465-730- 16
山東鄉試錄後序　　　　　明不著撰人　1265-881-31下
畸人傳序　　　　　　　　明不著撰人　1455-563-232
名士傳序　　　　　　　　明不著撰人　1455-564-232
忠義傳序　　　　　　　　明不著撰人　1455-565-232
御製古列女傳序　　　　　清　高　宗　 448- 1- 附
御題慶元黨禁　　　　　　清　高　宗　 451- 19- 附
（欽定）宗室王公功
　績表傳御製文　　　　　清　高　宗　 454- 6- 首
（御製）題勝朝殉節
　諸臣錄有序　　　　　　清　高　宗　 456-393- 附
（御製）題東林列傳　　　清　高　宗　 458-173- 附

四庫全書文集篇目分類索引

題東林列傳　　　　　　清高　宗　1301-394-18
刪補高士傳序　　　　　清魏裔介　1312-752- 6
續補高士傳序　　　　　清魏裔介　1312-753- 6
畿輔人物志序　　　　　清魏裔介　1312-773- 7
山西鄉試錄序　　　　　清魏裔介　1312-782- 8
壬辰急選大選齒錄序　　清魏裔介　1312-784- 8
庚戌科會試錄前序　　　清魏裔介　1312-785- 8
吳逸民傳序　　　　　　清汪　琬　1315-473-27
癸丑武會試錄後序　　　清陳廷敬　1316-501-35
　　　　　　　　　　　　　　　　1449-644-15
辛未會試錄序　　　　　清陳廷敬　1316-502-35
癸未會試錄序　　　　　清陳廷敬　1316-504-35
　　　　　　　　　　　　　　　　1449-645-15
從祀錄序　　　　　　　清陳廷敬　1316-525-36
書五百羅漢名記後　　　清朱彝尊　1318-243-52
書夏瑗公幸存錄後　　　清朱鶴齡　1319-164-13
和淚譜引　　　　　　　清稅永仁　1319-229- 3
丁丑會試錄序　　　　　清張　英　1319-655-40
忠義錄序　　　　　　　清毛奇齡　1320-342-40
（館擬）甲子科湖廣
　鄉試錄序　　　　　　清毛奇齡　1320-387-45
甲子科湖廣鄉試錄序　　清毛奇齡　1449-661-16
殉難錄引　　　　　　　清毛奇齡　1320-512-58
辛未科會試錄序　　　　清張玉書　1322-457- 4
晉執政譜序　　　　　　清姜宸英　1323-600- 1
山西試錄前序　　　　　清姜宸英　1323-638- 1
己卯順天鄉試錄序　　　清姜宸英　1323-653- 2
江南武鄉試錄序　　　　清田　雯　1324-293-27
貴州武鄉試錄序　　　　清田　雯　1324-294-27
會試錄後序　　　　　　清田　雯　1324-295-27
戊辰會試錄序　　　　　清李光地　1324-688-11
辛未會試錄後序　　　　清李光地　1324-689-11
己丑會試錄序　　　　　清李光地　1324-691-11
史傳三編原序　　　　　清蔡世遠　459- 4- 附
歷代名儒名臣循吏傳
　總序　　　　　　　　清蔡世遠　1325-650- 1
歷代名儒傳序　　　　　清蔡世遠　1325-651- 1
歷代名臣傳序　　　　　清蔡世遠　1325-651- 1
歷代循吏傳序　　　　　清蔡世遠　1325-654- 1
學案序　　　　　　　　清方　苞　1326-803- 6
畿輔名宦志序　　　　　清方　苞　1326-804- 6
丙辰山東鄉試錄序　　　清汪由敦　1328-768- 8
辛酉順天武鄉試錄序　　清汪由敦　1328-770- 8
壬戌會試錄後序　　　　清汪由敦　1328-771- 8
　　　　　　　　　　　　　　　　1449-683-17

甲子順天鄉試錄序　　　清汪由敦　1328-772- 8
唐武順天鄉試錄序　　　清汪由敦　1328-774- 8
明儒學案原序　　　　　清黃宗羲　457- 3- 附
東林列傳原序　　　　　清陳　鼎　458-175- 附
明儒言行錄原序　　　　清應撝謙　458-592- 附
明儒言行錄原序　　　　清萬斯大　458-593- 附
明儒言行錄原序　　　　清沈　珩　458-595- 附
史傳三編原序　　　　　清朱　軾　459- 2- 附
歷代名儒傳序　　　　　清朱　軾　1449-663-16
歷代名臣傳序　　　　　清朱　軾　1449-665-16
歷代循吏傳序　　　　　清朱　軾　1449-666-17
閩中理學淵源考原序　　清李清馥　460- 2- 附
畿輔人物志序　　　　　清王崇簡　506-405-100
豫章二祀紀序　　　　　清陳弘緒　518-100-139
上宋撫軍書
　論修豫章祀紀　　　　清萬　任　518-162-140
題中州人物考　　　　　清孫奇逢　538-633-78
學統序　　　　　　　　清王新命　561-656-47
順天鄉試錄後序　　　　清熊賜履　1449-633-14
會試錄後序　　　　　　清熊賜履　1449-635-14
甲辰科會試錄序　　　　清張廷玉　1449-673-17
壬戌會試錄序　　　　　清鄂爾泰　1449-676-17
書朱子五朝名臣言行
　錄後　　　　　　　　清允　禮　1449-741-21
壬子武闈鄉試錄序　　　清不著撰人　561-658-47

e. 分　傳

上晏子　　　　　　　　漢劉　向　1396-537-17
　　　　　　　　　　　　　　　　1412-161- 7
進諸葛氏集表　　　　　晉陳　壽　1354-485-18
　　　　　　　　　　　　　　　　1381-273-27
上昭明太子集別傳等
　表　　　　　　　　　梁簡文帝　1394-349- 2
　　　　　　　　　　　　　　　　1399-284- 2
　　　　　　　　　　　　　　　　1414-530-82上
辯晏子春秋　　　　　　唐柳宗元　1076- 44- 4
　　　　　　　　　　　　　　　　1076-508- 4
　　　　　　　　　　　　　　　　1077- 62- 4
　　　　　　　　　　　　　　　　1383-283-24
　　　　　　　　　　　　　　　　1407-412-433
李相國論事集原序　　　唐蔣　偕　446-210- 附
太祖皇帝總敍　　　　　宋曾　鞏　1098-443-10
進紀草筠子（宋神宗）　宋范祖禹　1100-291-24
題孫少傳致政小錄　　　宋晁說之　1118-351-18
懷恩錄序　　　　　　　宋鄒　浩　1121-399-27

史部

傳記類：總傳、分傳

四庫全書文集篇目分類索引

史部

傳記類：分傳

題醉吟先生傳	宋劉 跂	1121-596- 6
胡先生言行錄序	宋汪 藻	1128-154- 17
豐清敏遺事序	宋朱 熹	526-140-263
尹和靖言行錄序	宋朱 熹	1145-559- 75
跋劉元城言行錄	宋朱 熹	1145-678- 81
跋宋君忠嘉集	宋朱 熹	1145-704- 82
跋趙直閣忠節錄	宋朱 熹	1145-721- 83
趙訓之忠節錄序	宋周必大	1147-558- 53
謝懷英老子實錄序	宋陳傅良	1150-817- 40
晏子春秋辯	宋薛季宣	1159-417- 27
陳簽判思賢錄序	宋楊萬里	1161-103- 84
跋主管乃祖忠節錄	宋楊萬里	1161-305-101
跋李深之論事集	宋陸 游	1163-518- 27
書常希古長洲政事錄後		
趙氏行實序	宋葉 適	1164-510- 29
譙天授事錄跋	宋張 杕	1167-542- 14
書趙永豐訓之行錄後	宋周 南	1169- 58- 5
金佗稡編原序	宋陳 亮	1171-646- 16
鄂國金佗稡編序	宋岳 珂	446-307- 附
金佗續編序	宋岳 珂	538-616- 78
金佗續編跋	宋岳 珂	446-528- 1
（跋）蔡端明三司日錄	宋岳 珂	446-764- 附
跋趙忠果公死節錄	宋劉克莊	1180-339- 31
書崇岳集	宋徐元杰	1181-756- 10
題孔氏家傳	宋歐陽守道	1183-678- 21
題墨莊陳夫人賢慧錄	宋歐陽守道	1183-681- 21
書程剛愍節惠錄後	宋歐陽守道	1183-689- 22
跋孝女記	宋馬廷鸞	1187- 95- 13
題李秋山家傳後	宋馬廷鸞	1187-103- 14
題太傳北平莊武王家傳	宋馬廷鸞	1187-104- 14
鄭御史（行實）序	宋馬廷鸞	1187-105- 14
跋湯微歙昌言錄	宋牟 巘	1188-115- 13
東家雜記原序	宋朱 熠	1188-137- 15
東家雜記跋	宋孔 傳	446- 59- 附
書象臺首末後	宋馮夢得	446- 93- 下
范文正公鄱陽遺事錄序	宋胡 蘇	447- 52- 附
書道命錄後	宋陸珗範	518- 12-136
文丞相家傳跋	宋朱 申	1375-298- 22
滕國李武愍公家傳後序	元劉 壎	1195-402- 7
趙國董正獻公家傳後	元吳 澄	1197-247- 24

序	元吳 澄	1197-248- 24
題秦國忠穆公行狀墓銘神道碑後	元吳 澄	1197-610- 62
王使君都中年像圖詩卷		
書孫孝子事實後	元袁 桷	1203-647- 49
道法師實錄序	元袁 桷	1203-665- 50
題約爾珠學士孝友卷	元釋大訢	1204-561- 7
題張彬孝義手卷	元虞 集	1207-162- 10
徐忠壯公事實後題	元虞 集	1207-172- 11
趙彥衛補定安公紀後題	元吳師道	1212-220- 16
道源文獻錄後題	元吳師道	1212-233- 17
旌孝圖集序	元吳師道	1212-254- 18
顯孝錄序	元傅若金	1213-319- 4
歐烏石公傳	元李 存	1213-664- 12
思賢錄序	元李 存	1213-782- 26
東坡事蹟序	元鄭元祐	1216-510- 8
金佗稡編序	元楊 翮	1220-110- 8
金佗稡編後序	元陳 基	446-307- 附
新編關王事蹟序		1222-297- 22
書張侯言行錄後	元戴 洙	446-527- 附
昭先小錄序	元胡 琦	550-107-212
題豐城劉孝子仲安卷	元圖克坦	
題豐城徐以觀卷後	公履	1367-477- 38
書徐文清公家傳後	明危 素	1226-706- 3
跋鄭所南行錄	明林 弼	1227-197- 23
太上混元實錄序	明林 弼	1227-197- 23
題松齋歲世潛德卷後	明蘇伯衡	1228-710- 10
（跋）胡簡備考功歷後	明王 行	1231-391- 8
戚畹恩榮錄序	明張宇初	1236-374- 2
題項昂晉妻唐氏貞烈卷後	明梁 潛	1237-415- 16
題流芳集後	明楊士奇	1238-624- 19
題劉氏所錄制詞後	明王 直	1241-128- 6
王處士潛德卷序	明王 直	1241-289- 13
恭題寵榮錄後	明王 直	1242-352- 36
昭忠錄序	明王 直	1242-374- 36
吳尚書忠節錄序	明劉 球	1243-595- 13
恭題恩榮錄後	明倪 謙	1245-486- 25
豐清敏公遺事序	明張 寧	1247-372- 14
忠安錄後序	明徐 溥	1248-567- 2
	明何喬新	1249-300- 18
	明鄭 紀	1249-813- 9
	明李東陽	1250-275- 26

四庫全書文集篇目分類索引

史部 傳記類：分傳

雲谷遺芳集序	明李東陽	1250-643-62
書忠節錄後	明李東陽	1250-773-73
忠節錄後序	明李東陽	1405-496-287
跋懷古錄	明朱存理	1251-599-0
太守孫侯政績錄序	明程敏政	1252-400-23
諒議遺芳序	明程敏政	1252-405-23
旌功錄序	明程敏政	1252-579-34
東海遺愛錄序	明程敏政	1252-598-34
遏惡傳序	明莊 昶	1254-292-7
尚書嚴公流芳錄序	明吳 寬	1255-386-43
書續編懷古錄	明吳 寬	1255-440-48
書胡訓導小錄後	明吳 寬	1255-442-48
跋黃氏祖德錄	明吳 寬	1255-457-50
題旌節錄後	明謝 遷	1256-22-2
題范以貞太守諭勅重榮卷後	明謝 遷	1256-24-2
壯節錄後序	明王 鏊	1256-265-12
讀晏子春秋	明王 鏊	1256-508-35
褒孝錄序	明張 吉	1257-666-4
譚烈婦祠祀錄後序	明邵 寶	1258-138-13
直道編序	明邵 寶	1258-595-12
四朝恩命錄序	明邵 寶	1258-602-12
襲芳續錄序	明邵 寶	1258-744-5
題毛武勇公忠義錄	明方良永	1260-138-7
跋表章述孝遺文卷	明方良永	1260-141-7
新刻震澤紀善錄序	明祝允明	1260-702-24
考德錄後序	明祝允明	1260-703-24
先德錄序	明羅欽順	1261-113-8
刻朱子實紀序	明李夢陽	1262-465-50
		1406-55-318
完名榮壽編序	明李夢陽	1262-479-52
重刊湘山事狀引	明顧 璘	1263-576-7
		1466-568-51
完名榮壽錄序	明何 瑭	1266-540-5
守拙卷跋	明何 瑭	1266-601-9
壽榮錄序	明潘希曾	1266-730-6
書劉忠宣實錄後	明崔 銑	1267-485-5
忠誠錄序	明崔 銑	1267-661-12
王公行實序	明韓邦奇	1269-340-1
柏巖宦蹟錄叙	明夏良勝	1269-751-2
褒功錄序	明夏良勝	1269-757-2
悌弟紀序	明許相卿	1272-210-7
攸祥錄序	明朱 淵	1273-453-2
書孔子通紀後	明黃 佐	1455-433-219
忠惠實紀序	明羅洪先	1275-235-11
太宰羅整菴先生壽榮錄序	明尹 臺	1277-421-1
按察李公恩榮永慕錄序	明李攀龍	1278-360-15
題兩洲王老先生諭命咨引	明楊繼盛	1278-676-2
太保劉文安公榮哀錄序	明王世貞	550-125-213
		1280-141-65
清海編序	明王世貞	1280-148-66
少保雨川葛翁行曆圖像序	明王世貞	1280-188-69
歎逝錄序	明王世貞	1280-196-69
題正學元勳卷後	明王世貞	1281-167-129
蘇長公外紀序	明王世貞	1282-557-42
徐司理表異錄序	明王世貞	1282-688-52
少師大家宰贈特進太傅蒲坂楊襄毅公錄序	明王世貞	1282-722-55
（跋）桓眞人昇仙記	明王世貞	1284-288-158
題李文正都氏節義卷	明王世貞	1284-306-160
書桓眞人昇仙記	明王世貞	1285-86-7
純陽神化妙通記（後）	明王世貞	1284-290-158
題袁柳庄卷二則	明王世貞	1284-305-160
陳公直道編後	明王世貞	1284-318-160
張氏續修旌忠錄序	明胡 直	518-82-138
康氏續修旌忠錄序	明胡 直	1287-362-10
趙鄰縣永思錄序	明溫 純	1288-561-7
讀金陀粹編	明歸有光	1289-72-5
善政實錄序	明盧 柟	1289-795-2
讀諸葛武侯全書	明胡應麟	1290-758-105
萃和慎獨齋錄序	明楊寅秋	1291-606-1
南塘遺思後序	明楊寅秋	1291-615-1
恩命錄叙	明余繼登	1291-846-5
吳氏榮恩錄叙	明余繼登	1291-851-5
英風紀異序	明顧憲成	1292-92-7
彈心錄題辭	明顧憲成	1292-159-13
題同生許明府册	明顧憲成	1292-161-13
重刻懷師錄題解	明顧憲成	1292-164-13
		1455-491-223
營政紀言序	明高攀龍	1292-555-9上
題貞裕卷	明高攀龍	1292-704-12
題鄒貞女卷	明高攀龍	1292-705-12
旌烈錄序	明馮從吾	1293-234-13
朱貧士行錄題辭	明馮從吾	1293-288-16

1764　　　　　　　　四庫全書文集篇目分類索引

史部　傳記類：分傳、雜考

薛文清公行實錄纂跋　明曹于汴　550-161-215

　　　　　　　　　　　　　　　1293-715- 3

劉公宰邢給由錄序　明曹于汴　1293-692- 2

題貞裕堂集　　　　明曹于汴　1293-708- 3

題胡君遺愛册　　　明曹于汴　1293-712- 3

恩綸册跋　　　　　明劉宗周　1294-612- 16

哀終錄續編識後　　明葛　昕　1296-464- 6

上虞令吳五山德政錄

　序　　　　　　　明倪元璐　1297- 98- 8

周巢軒太史褒册跋　明倪元璐　1297-193- 15

題節孝祝母褒册　　明倪元璐　1297-201- 16

吳興太守陸公血譜序　明凌義渠　1297-453- 6

陸翼王思誠錄序　　明黃淳耀　1297-637- 2

忠貞錄原序　　　　明項維聰　447- 92- 附

忠貞錄後序　　　　明徐一經　447-121- 附

諸葛忠武書引　　　明楊時偉　447-130- 附

崇祀練忠貞實紀序　明會同亨　518- 79-138

弔忠錄序　　　　　明譚元春　534-620-102

薛文清公行實序　　明喬　宇　550-111-213

褒忠錄題辭　　　　明葉向高　550-324-220

忠義錄序　　　　　明鄭　元　1189-563- 附

素王紀事序　　　　明商　輅　1374-191- 44

米襄陽志林序　　　明陳繼儒　1405-569-293

滕侯趙仲一實政錄序　明湯顯祖　1406- 74-320

　　　　　　　　　　　　　　1455-481-222

監司周公實政錄序　明黃　輝　1406- 76-320

頌節錄序　　　　　明王思任　1406- 77-320

永明道蹟序　　　　明陶望齡　1406-412-358

題丁尚書忠義集　　明盧廷選　1406-454-365

楊忠烈實錄序　　　明李長庚　1455-537-227

紀元圍蜀南治略序　清魏裔介　1312-767- 7

張王甲青齊政略序　清魏裔介　1312-767- 7

高雲峯先生殉難實錄

　序　　　　　　　清魏裔介　1312-772- 7

陳總戎戰功紀略序　清施閏章　1313- 31- 3

續蘇長公外紀序　　清施閏章　1313- 34- 3

題平母節略卷　　　清汪　琬　1315-604- 38

跋文氏葬錄　　　　清汪　琬　1315-616- 39

房公名宦錄序　　　清彭孫遹　1317-304- 37

跋劉豫事蹟　　　　清朱彝尊　1318-241- 52

書忠貞服勞錄後　　清朱彝尊　1318-251- 53

奏爲恭進聖孝合錄事　清毛奇齡　1320- 33- 5

錢塘宋孝婦方氏記傳

　敘　　　　　　　清毛奇齡　1320-222- 27

清暨邑侯朱公治行錄

　序　　　　　　　清毛奇齡　1320-237- 29

會稽倪孝子記傳序　清毛奇齡　1320-262- 31

東南興誦錄序　　　清毛奇齡　1320-334- 39

仁和邑明府王公治行

　錄序　　　　　　清毛奇齡　1320-360- 42

丁孝子身後芳名册子

　序　　　　　　　清毛奇齡　1320-385- 45

孫繡姑表貞錄序　　清毛奇齡　1320-422- 49

張中丞勤雨錄序　　清毛奇齡　1320-455- 52

兩浙江南都轉運鹽司

　使高公治行錄序　清毛奇齡　1320-475- 54

萬壽册序　　　　　清毛奇齡　1320-488- 56

會稽章晉雲壽言錄序　清毛奇齡　1320-500- 57

題身後芳名卷子　　清毛奇齡　1320-518- 59

書張司獄卷册子後　清毛奇齡　1320-542- 61

褒忠錄序　　　　　清張玉書　1322-445- 4

跋五思錄前卷　　　清蔡世遠　1325-810- 11

跋五思錄後卷　　　清蔡世遠　1325-810- 11

書涇陽王僉事家傳後　清方　苞　1326-769- 4

書潘允慎家傳後　　清方　苞　1326-770- 4

明大司馬盧公傳記序　清儲大文　1327-216- 11

湯恭人節烈錄後序　清黃之珣　538-619- 78

宸翰褒忠題跋　　　清劉可書　1314-103- 8

范忠貞誄章跋　　　清范承勳　1314-192- 10

f.雜　考

無項託　　　　　　唐皮日休　1083-200- 7

西伯受命稱王議　　唐梁　肅　1340-498-770

氏族論　　　　　　唐柳　芳　1417-672- 32

辯五代史關文傳　　宋王禹偁　550-222-217

揚子三辨吃辨投閣辨無

　子辨　　　　　　宋趙　湘　1086-341- 5

舜死　　　　　　　宋劉　敞　1095-814- 47

黃叔度辯　　　　　宋鄭　獬　1097-277- 18

侯生辯　　　　　　宋徐　積　1101-933- 29

司馬穰苴（考）　　宋蘇　軾　1108-483- 92

陳極孝子辯　　　　宋謝　逸　1122-529- 8

馮先生辯　　　　　宋周行己　1123-653- 6

孟軻辨　　　　　　宋曹　勛　1129-555- 37

孟母三徙辨　　　　宋范　浚　1140- 47- 6

謝安矯情鎮物辯　　宋范　浚　1140- 47- 6

李泌辨　　　　　　宋會　協　1140-275- 4

讀詩謏　　　　　　宋周紫芝　1141-346- 49

韓文公行略考　　　宋朱　熹　538-595- 78

答張元德（書）

四庫全書文集篇目分類索引

史部

傳記類：雜考

辯許悼公之死	宋朱 熹	1145-150- 62
攻歐陽文忠公事蹟	宋朱 熹	1145-420- 71
尹和靖手筆辨	宋朱 熹	1145-438- 72
張釋之辯	宋袁說友	1154-388- 20
公孫弘辯	宋袁說友	1154-389- 20
王尊辯	宋袁說友	1154-390- 20
孔子生死策	宋員興宗	1158- 68- 9
有若辨	宋洪 邁	541-560-35之15
芙蓉楷禪師辯	宋釋居簡	1183- 87- 6
論（族譜中）始祖	宋胡次焱	1188-561- 5
論（族譜中）稱呼	宋胡次焱	1188-563- 5
孔子生年月日考異	宋趙去疾	446- 59- 附
太公舟人說	宋羅 泌	538-592- 77
辨史皇氏	宋羅 泌	550-184-216
堯舜禹非謚辨	宋羅 泌	550-185-216
四皓辨	宋羅 泌	550-503- 94
杜宇鱉令辯	宋羅 泌	1381-682- 48
莊蹻考	宋馬貴與	572-308- 37
堯舜非謚論	宋余元度	1346-191- 12
杜氏譜系（考）	宋蔡夢弼	1481-548- 下
黃石公說	元王 惲	1200-608- 46
伯夷辨	元吳 萊	1209-120- 7
子糾辨	元程端學	1375-381- 30
厲鬼辨	元謝應芳	1218-324- 14
晉恭世子申生辯	元斳 榮	550-183-216
孔子生卒歲月辯	明宋 濂	1224-406- 27
孔子生卒歲月辯	明宋 濂	1373-665- 13
雲台功臣位次辯	明王 禕	538-590- 77
平勃辨	明周是修	1236-114- 6
夷齊十辨	明王 直	1242-339- 35
		1373-674- 14
		1454-236-110
（夷齊十辨）續說	明王 直	1242-345- 35
先世所藏契考	明鄭文康	1246-666- 17
先世所藏狀考	明鄭文康	1246-667- 17
董孝婦事論	明張 寧	1247-495- 22
（祁譜）辨	明程敏政	1252-202- 12
聖裔考	明程敏政	1253-767- 0
		1407-450-437
		1454-328-119
郭巨辯	明林 俊	1257-316- 28
題敬所相公攻全州科第補遺說後	明顧 璘	1466-730- 59
淮陰侯不反辨	明王世貞	1280-750-111
貞婦辨	明歸有光	1289- 61- 4
伯鯀辯	明胡應麟	1290-719- 99
西伯辯	明胡應麟	1290-721- 99
張飛字益德辯	明胡應麟	1290-723- 99
（吳明卿肥城縣重修關侯廟記）麈蓋策		
馬辯	明胡應麟	1290-723- 99
河伯辯	明胡應麟	1290-724- 99
唐天策十八學士考	明胡應麟	1290-725- 99
唐十八學士像贊考	明胡應麟	1290-726- 99
莊定山起用考	明羅欽順	1454-334-119
與鄭汝華方伯論氏族	明鄭善夫	1269-204- 17
秀川居徒考序	明羅洪先	1275-288- 12
孔子封王辯	明吳 沉	443-643- 30
韓文公河陽人辯	明楊初東	538-590- 77
伊尹辯	明李 興	538-591- 77
鄕賢議	明成 德	549-253-190
莊蹻胖柯考	明郭子章	572-308- 37
夷齊辨	明郭造卿	1454-248-110
反夷齊十辨	明鄒守愚	1454-242-110
陶潛書晉辨	明盧 格	1454-272-112
陳圖南蛻骨成仙辯	明王尚綱	1454-296-115
天妃辯	明朱 浙	1454-300-116
黃叔度二誄辨	明徐應雷	1454-310-117
致堂流寓全州考	明蔣 晃	1466-703- 58
鄕先輩蕭珪及寶銜翁陳孟賓科第考	明蔣 晃	1466-704- 58
陶澹齋墓稱呼辨	明蔣 晃	1466-713- 58
與梁御史論正錢錄書	清汪 琬	1315-529- 32
五殺辨	清朱舜尊	550-191-216
孔子弟子考有序	清朱舜尊	1318-269- 56
孔子門人考	清朱舜尊	1318-284- 57
答福建林西仲問韓昌黎一女兩塙書	清毛奇齡	1320-167- 20
答三辨文		
孔氏三世出妻辨	清毛奇齡	1321-309-121
答三辨文		
泰伯讓天下辨	清毛奇齡	1321-312-121
文王十三生伯邑考辨	清方 苞	1326-731- 1
成王立在襁褓之中辨	清方 苞	1326-732- 1
駟眞（論）	清儲大文	1327-197- 10
王武子妻（考）	清汪由敦	1328-905- 20
王恭襄立朝辯	清李中馥	550-190-216
太平府志人物辯	清高不矜	568-492-118
岑溪縣祀漢丁孝子辯	清孫士恂	568-495-118

g. 雜　錄

靖康行紀序	宋李　綱	1126-559-136
跋呂伯恭日記	宋朱　熹	1145-698- 82
跋呂伯恭日記	宋周必大	1147-502- 47
跋司馬文正公手鈔富文忠公使北錄	宋周必大	1147-515- 48
跋黃子邁所藏山谷乙酉家乘	宋樓　鑰	1153-235- 76
跋關著作行記	宋陸　游	561-534- 44
		1163-509- 26
		1381-797- 59
（跋）先左丞使遼錄	宋陸　游	1163-514- 27
書朔行日記後	宋韓元吉	1165-253- 16
跋湯侍郎東野勤王錄	宋劉　宰	1170-623- 24
招捕使陳公平寇錄序	宋眞德秀	1174-457- 29
跋平寇錄	宋眞德秀	1174-563- 35
跋敍長官遷莆事始	宋方大琮	1178-302- 32
書趙經幹彥捍自鳴錄	宋李昴英	1181-150- 5
跋汪約叟高安紀程後	宋王　柏	1186-167- 11
跋蓮城扞寇始末	宋馬廷鸞	1187- 96- 13
跋海州黃錄參廣西平蠻錄	宋劉克莊	1466-721- 59
書張浮休郴行錄後	元戴表元	1194-236- 18
長沙死事本末後序	元趙　文	1366-630- 13
書李弘道朝天錄	元袁　桷	1203-654- 49
書馬元帥救荒事實後	元袁　桷	1203-664- 50
南征錄序	明宋　濂	1223-366- 5
韓侯覈田事實序	明朱　右	1228- 52- 4
書南征錄後	明莊　泉	1254-341- 10
跋侍御成公紀行集	明祝允明	1260-727- 26
姜武功使臺旌勸册序	明康　海	1266-347- 3
跋林都憲平蠻奏凱卷	明潘希曾	1466-731- 59
平海錄後跋	明夏良勝	1269-724- 1
讀康齋日錄有感	明夏良勝	1269-731- 1
楊氏緝義序	明夏良勝	1269-998- 13
撫平錄序	明高叔嗣	1273-618- 5
聞湖誌序	明鄒元標	1294-143- 4
題勤王紀略	明劉宗周	1294-604- 16
鑒勞錄序	明孫傳庭	1296-313- 4
省罪錄序	明孫傳庭	1296-314- 4
鑒勞錄跋	明孫傳庭	1296-315- 4
孫督師撫秦四錄序	明倪元璐	1297- 78- 7
南歸日錄（序）	明蕭士瑋	1409-652-640
春浮園偶錄（序）	明蕭士瑋	1409-654-640
深牧庵日涉錄（序）	明蕭士瑋	1409-655-640
蜀道驛程記自序	清王士禎	561-654- 47
安南日記序	清汪　琬	1315-461- 25
題萬里紀程	清汪　琬	1315-605- 38
高侍講扈從東巡日錄序	清朱彝尊	1318-110- 40
彙刻南巡記頌錄總序	清毛奇齡	1320-356- 42
吳將軍行間紀遇後序	清李光地	1324-705- 13

H. 史　鈔　類

唐鑑序	宋石　介	1090-311- 18
後漢書精要序	宋劉　攽	1096-331- 34
唐史屬辭序	宋楊　傑	1099-724- 9
廬陵史鈔引	宋歐陽修	1383-680- 附
漢唐三帝紀要錄	宋李　綱	1126-566-137
節通鑑序	宋陳長方	1139-632- 2
嘉邸進讀藝祖通鑑節略序	宋陳傅良	1150-811- 40
通鑑總類序	宋樓　鑰	461-202- 附
紀年備遺序	宋葉　適	1164-238- 12
陸氏通鑑詳節序	金元好問	1191-415- 36
正統八例總序	元楊　奐	1367-392- 32
正統八例序	元楊　奐	1405-489-286
紹運詳節序	元程鉅夫	1202-197- 15
漢雋序	元許有壬	1211-234- 33
史略故序	元李　祁	1219-683- 5
國統離合表序	元姚　燧	1367-415- 34
史槩（序）	明朱　右	1228- 36- 3
三史鈎玄序	明朱　右	1228- 60- 5
史要類鈔序	明高　啓	1230-268- 2
書十史詳節後	明楊士奇	1238-117- 10
（跋）史略釋文	明楊士奇	1238-590- 17
（跋）史略二集	明楊士奇	1238-590- 17
（跋）通鑑總類	明楊士奇	1238-591- 17
（跋）元史節要	明楊士奇	1238-591- 17
（跋）元史略	明楊士奇	1238-592- 17
（跋）漢雋	明楊士奇	1238-633- 20
春秋左傳擷英序	明何喬新	1249-137- 9
名賢確論序	明吳　寬	1255-397- 44
黃氏擇善序	明崔　銑	1267-653- 12
兩漢博聞原序	明黃魯曾	461- 3- 附
吳越史纂序	明湯顯祖	1405-507-288
讀史快編序	明顧天埈	1405-571-293
春秋左傳節文引	明汪道昆	1406-429-362
七雄策纂序	明穆文熙	1455-359-212

四庫全書文集篇目分類索引 1767

御製題兩漢博聞 清高宗 461- 1- 附
左國欣賞集序 清魏喬介 1312-705- 3
跋鄧陽洪氏南朝史精語 清朱彝尊 1318-267- 55
左國頤 清張 英 1319-663- 40
史彙序 清姜宸英 1323-599- 1
諸史提要序 清李光地 1324-672- 10

Ⅰ.載 記 類

（越絶書）外傳本事 漢袁 康 463- 75- 附
西南夷傳贊 漢司馬遷 570-607-29之11
　　　　　　　　　 1360-610- 38
匈奴傳贊 漢司馬遷 1360-610- 38
　　　　　　　　　 1406-629-385
匈奴列傳 漢司馬遷 1408-295-508
南越（列傳贊） 漢司馬遷 1406-629-385
大宛（列傳贊） 漢司馬遷 1406-630-385
大宛列傳 漢司馬遷 1408-317-511
西南夷傳 漢班 固 572-322- 38
敘西南夷 漢班 固 1355-583- 19
西南夷兩粤傳 漢班 固 1408-403-519
贊西南夷兩粤朝鮮（傳） 漢班 固 1355-418- 14
　　　　　　　　　 1406-645-386
（漢書）贊匈奴（傳） 漢班 固 1355-416- 14
匈奴（列傳序） 漢班 固 1378- 14- 34
匈奴（贊） 漢班 固 1406-644-386
西域（列傳序） 漢班 固 1378- 16- 34
西域傳序 漢班 固 1405-464-284
西域傳 漢班 固 1408-407-519
贊西域（傳） 漢班 固 1355-418- 14
　　　　　　　　　 1406-646-386
西域傳贊 漢班 固 1417-382- 19
　　　　　　　　　 1476- 53- 3
西南蠻傳贊 晉劉 昞 494-188- 8
　　　　　　　　　 570-608-29之11
華陽國志序述 晉常 璩 561-490- 44
　　　　　　　　　 1381-310- 30
西域傳論 劉宋范曄 558-616- 46
　　　　　　　　　 1406-668-388
（後漢書）西南夷論 劉宋范曄 570-590-29之11
夜郎傳 劉宋范曄 572-324- 38
西南夷（列傳序） 劉宋范曄 1378- 22- 34
西羌（列傳序） 劉宋范曄 1378- 23- 34
西域（列傳序） 劉宋范曄 1378- 24- 34
匈奴（列傳序） 劉宋范曄 1378- 25- 34

南蠻西南夷（列傳論） 劉宋范曄 1406-667-388
西羌（列傳論） 劉宋范曄 1406-667-388
（後漢書）南蠻志 劉宋范曄 1465-745- 17
西南夷傳贊 唐司馬貞 494-188- 8
　　　　　　　　　 570-608-29之11
南詔列傳贊 唐不著撰人 570-608-29之11
與胡恢推官論南唐史書 宋蘇 頌 1092-715- 68
十國紀年序 宋司馬光 1094-627- 68
　　　　　　　　　 1345-564- 0
（新五代史十國）世家（序） 宋歐陽修 1383-836- 78
　　　　　　　　　 1406-690-390
（新五代史）四夷附錄 宋歐陽修 1383-856- 80
讀江南錄 宋王安石 1105-592- 71
　　　　　　　　　 1351-481-130
　　　　　　　　　 1384-111- 90
書唐吐蕃傳後 宋張 栻 1115-382- 45
　　　　　　　　　 1346-420- 29
　　　　　　　　　 1361-152- 22
敘十國紀年 宋薛季宣 1159-490- 30
十國紀年通譜序 宋薛季宣 1159-490- 30
跋吳越備史（二則） 宋陸 游 1163-540- 30
華陽國志原序 宋李 壬 463-134- 附
重列華陽國志序 宋李 壬 561-498- 44
　　　　　　　　　 1381-320- 30
江表志序 宋鄭文寶 464-132- 1
蜀檮杌後序 宋陸昭迥 464-245- 附
　　　　　　　　　 561-497- 44
　　　　　　　　　 1354-552- 23
　　　　　　　　　 1381-317- 30
蜀檮杌序 宋張唐英 561-496- 44
　　　　　　　　　 1354-551- 23
　　　　　　　　　 1381-316- 30
華陽國志後序 宋呂大防 561-498- 44
　　　　　　　　　 1354-554- 23
　　　　　　　　　 1381-320- 30
（越絶書）跋 宋丁 麟 1385- 28- 1
（越絶書）又跋 宋汪 綱 1385- 29- 1
釣磯立談序 宋不著撰人 464- 45- 附
題安遜州同知黎承事
　安南志 元程鉅夫 1202-363- 25
　安南志略序 元許有壬 1211-215- 30
　陸氏南唐書原序 元趙世延 464-386- 附
　南唐書序 元趙世延 1367-414- 33

史部

史鈔類

載記類

圖志歌（安南志略跋）　元黎　崱　464-717- 20
吳越春秋序　元徐天祜　1385- 29- 1
（元史）安化卽撫水州蠻（志）　元托克托　1465-759- 17
（元史）廣源州蠻（志）　元托克托　1465-761- 17
（元史）環州蠻（志）　元托克托　1465-763- 17
（元史）梅山峒蠻（志）　元托克托　1465-764- 17
（元史）南丹州蠻（志）　元托克托　1465-764- 17
歐史十國年譜備證　明徐一夔　1229-182- 4
　　1374-279- 52
　　1407-452-437
滇載記自跋　明楊　慎　570-643-29之12
跋越絕　明楊　慎　1270- 97- 10
　　1406-490-370
越絕當作越紐跋　明楊　慎　1270- 98- 10
北邊始末志　明王世貞　1280-326- 80
三衞志　明王世貞　1280-329- 80
哈密志　明王世貞　1280-330- 80
安南志　明王世貞　1280-332- 80
倭志　明王世貞　1280-336- 80
書安南事　明歸有光　1289- 56- 4
讀越絕書二則　明胡應麟　1290-748-103
（史記評論）大宛列傳　明黃淳耀　1297-710- 4
五國故事序　明余　寅　464-205- 附
楚紀序　明廖道南　534-619-102
（越絕書）又跋　明都　穆　1385- 29- 1
重刊吳越春秋序　明錢　福　1385- 30- 1
越絕書序　明田汝成　1405-541-291
安南志　明蘇　濬　1457- 81-349
　　1465-766- 18
準噶爾全部紀略　清 高 宗　1301-192- 22
土爾扈特部紀略　清 高 宗　1301-356- 11
（後漢書）三韓傳訂譌　清 高 宗　1301-434- 24
（郝氏續後漢書）夫餘國列傳訂訛　清 高 宗　1301-437- 25
續錦里耆舊傳跋　清朱彝尊　1318-150- 44
安南志略跋　清朱彝尊　1318-155- 44
書高麗史後（二則）　清朱彝尊　1318-156- 44
越嶠書跋　清朱彝尊　1318-156- 44
讀吳越世家　清朱鶴齡　1319-156- 13

越絕書書後　清毛奇齡　1320-547- 61
書後漢書西域傳論後　清李光地　1324-835- 22
十國春秋自序　清吳任臣　465- 1- 附
全楚文獻序　清陳肇昌　534-643-103
唐宋間列國錄序　清衛　蒿　550-153-214
越絕書序　不著撰人　1385- 28- 1

J.時　令　類

時令論上下二首　唐柳宗元　1076- 33- 3
　　1076-498- 3
　　1077- 49- 3
　　1340-310-750
時論　唐牛希濟　1340-311-750
范太史講月令　宋李　廌　1361-316- 49
回運使部戶部茂詢（書）上元觀燈說　宋李　復　1121- 52- 5
跋節物詩　宋許景衡　1127-352- 20
跋呂氏歲時雜記　宋朱　熹　1145-757- 84
題呂侍講希哲歲時雜記後　宋周必大　1147-516- 48
跋呂侍講歲時雜記　宋陸　游　1163-526- 28
辨俗見行令　宋陳　造　1166-373- 29
　　1406-479-369
題四時纂要書　宋陳　造　1166-401- 31
歲時廣記序　宋朱　鑑　467- 7- 附
歲時廣記後序　宋劉　純　467- 37- 附
二十四氣論　元胡炳文　1199-747- 21
　　1375-363- 29
夏正辨　元戴　良　1219-548- 26
秋宇澄清說（二則）　明 太 祖　1223-162- 15
歲時集紀序　明王　行　1231-441- 0
氣候圖序　明王守仁　1265-634- 22
氣候論　明蘇　濬　1466-696- 57
御製月令輯要序　清 聖 祖　467- 39- 附
月令輯要序　清 聖 祖　1299-539- 22
小春說　清 高 宗　1301-317- 5

K.地　理　類

a.通　論

答李忱承議書
　論地理書之作　宋李　復　1121- 24- 3
山水源流說　宋包　恢　1178-778- 7
分野論　明蘇伯衡　1228-545- 2
作志通論　明李夢陽　1262-538- 59

與徐仲章書
　論府志之作　　　　　明凌　翰　　1455-112-192
與吉水王明府書
　論修方志　　　　　　清李振裕　　 518-161-140

b.總　志

1.論　文

地理志　　　　　　　　漢班　固　　1409-516-621
中國論　　　　　　　　宋石　介　　1346-222- 15
五代史職方考論　　　　宋歐陽修　　1383-490- 44
職方考論　　　　　　　宋歐陽修　　1383-837- 77
職方考一二　　　　　　宋歐陽修　　1406-689-390
職方考論　　　　　　　宋歐陽修　　1476-177- 10
中國山水總說　　　　　宋金履祥　　1189-805- 3
九州釋義　　　　　　　元王　惲　　1201-387- 99
九州說　　　　　　　　明朱　右　　1228- 26- 2
與徐少宗伯論一統志
　書　　　　　　　　　清陳廷敬　　1316-574- 39
明史地理志序　　　　　清張廷玉　　1449-672- 17

2.序　跋

禹貢地域圖序　　　　　晉裴　秀　　 550- 88-212
　　　　　　　　　　　　　　　　　1398-100- 6
禹貢九州地域圖序　　　晉裴　秀　　1406- 31-316
魏國公貞元十道錄序　　唐權德輿　　1340-185-737
地志（誌）圖序　　　　唐呂　溫　　1077-618- 3
　　　　　　　　　　　　　　　　　1340-188-738
　　　　　　　　　　　　　　　　　1344-404- 94
　　　　　　　　　　　　　　　　　1394-640- 9
華夷圖（跋）　　　　　唐司空圖　　1083-506- 4
元和郡縣志原序　　　　唐李吉甫　　 468-133- 附
十八路地勢圖序　　　　宋呂南公　　1123- 81- 8
漢興地圖序　　　　　　宋呂祖謙　　1353-759-107
　　　　　　　　　　　　　　　　　1362-258- 8
李季膺輿地新書序　　　宋曾　丰　　1156-194- 17
元和郡縣志後序　　　　宋洪　邁　　 468-639- 附
漢興地圖序　　　　　　宋薛季宣　　1159-481- 30
輿地綱目初藁序　　　　宋曹彥約　　1167-179- 14
混一內外疆域圖序　　　宋姚　勉　　1184-261- 38
元和郡縣志後序（二
　則）　　　　　　　　宋程大昌　　 468-638- 附
元和郡縣志後序　　　　宋張子顏　　 468-639- 附
太平寰宇記自序　　　　宋樂　史　　 469- 2- 附
輿地廣記自序　　　　　宋歐陽忞　　 471-234- 附

方輿勝覽序　　　　　　宋呂　午　　 471-542- 附
方輿勝覽序　　　　　　宋祝　穆　　 471-542- 附
方輿勝覽跋　　　　　　宋祝　洙　　 471-544- 附
古職方錄序　　　　　　元吳　萊　　1209-126- 7
（古職方錄）後序　　　元吳　萊　　1209-128- 7
歐陽氏急就章解後序
　據元豐九域志作　　　元吳　萊　　1209-202- 12
大一統志序　　　　　　元許有壬　　1211-250- 35
　　　　　　　　　　　　　　　　　1211-605- 5
　　　　　　　　　　　　　　　　　1373-307- 20
御製明一統志序　　　　明英　宗　　 472- 3- 附
刻輿地圖序　　　　　　明烏斯道　　1232-226- 3
（跋）方輿勝覽　　　　明楊士奇　　1238-596- 17
進明一統志表　　　　　明李　賢等　 472- 4- 附
寰宇通衢書目　　　　　明丘　濬　　 444- 37- 34
擬進大明一統志表　　　明丘　濬　　1248-158- 8
　　　　　　　　　　　　　　　　　1453-575- 66
（跋）天文地理捷圖　　明王世貞　　1284-451-170
進承天大誌表　　　　　明張居正　　 534-353- 90
皇輿表序　　　　　　　清聖　祖　　1298-641- 32
增修皇輿表序　　　　　清聖　祖　　1299-160- 20
大清一統志序　　　　　清高　宗　　1301- 95- 10
　　　　　　　　　　　　　　　　　1449-271- 13
太平寰宇記跋　　　　　清朱彝尊　　1318-149- 44
宋本輿地廣記跋　　　　清朱彝尊　　1318-150- 44
跋元豐九域志　　　　　清朱彝尊　　1318-151- 44
寰宇通志跋　　　　　　清朱彝尊　　1318-153- 44
題仲兄湖上翁所書地
　輿圖後　　　　　　　清張　英　　1319-694- 43
書明一統志後　　　　　清儲大文　　1327-318- 14
（欽定）大清一統志
　表　　　　　　　　　清和　珅等　 474- 4- 附

c.都會郡縣　（地名式）

1.論　文

汝穎優劣論　　　　　　漢孔　融　　 538-579- 77
　　　　　　　　　　　　　　　　　1063-242- 0
　　　　　　　　　　　　　　　　　1397-506- 24
　　　　　　　　　　　　　　　　　1407- 26-397
　　　　　　　　　　　　　　　　　1412-516- 21
分巴疏 論巴郡地理形勢　漢但　望　　 561-439- 43
廬江四辯 辯廬江　　　　唐盧　藩　　 518-173-141
廬江四辯 辯廬江改同食
　館名合肥治父山　　　唐盧　璀　　1343-657- 46

1770　　　　　　　　四庫全書文集篇目分類索引

長沙土風碑銘	唐張　謂	1343-740- 54
長洲縣（治）記	宋王禹偁	1358-835- 9
		1418-192-143
壽州風俗記	宋宋　郊	1088-408- 46
越鄉銘	宋徐　積	1101-926- 28
洛陽風土記	宋歐陽修	538-645- 79
書韓魏公黃州詩跋	宋蘇　軾	534-540- 98
回王漕書考梁洋東西路		
線形勢	宋李　復	1121- 25- 3
函谷關（論）	宋李　復	1121- 86- 8
辯蜀論	宋唐　庚	1124-326- 1
顧粵銘	宋李　綱	503-598- 73
		1126-598-142
論部民訴經界書		
論四川潼川路經界事	宋王之望	1139-778- 9
新安志敘義民	宋羅　願	1375-423- 33
新安志敘仙釋	宋羅　願	1375-423- 33
統縣本末箚子	宋廖行之	1167-339- 5
築漢陽城議	宋黃　幹	534-520- 97
上丞相論台州城築事	宋陳春卿	1356-620- 1
新升奉化州記	宋陳　著	1185-250- 51
平陽縣治記	宋林景熙	1188-742- 4
雄石鎭記	宋鄭　淡	517-383-125
吳越考	宋潘說友	526-276-267
越問并序	宋孫　因	526-308-268
古田縣記	宋李　堪	530-519- 71
福安縣名記	宋鄭　麟	530-528- 71
建州陸建寧府記	宋張　棟	530-528- 71
邵州土風考古記	宋石才孺	534-706-106
窮桑辯古地名考	宋羅　泌	541-564-35之15
城古威州議	宋鄭文寶	558-622- 46
胸胝記	宋李　壽	561-374- 41
		1381-557- 40
記桂林事文	宋張仲宇	568-342-111
（赤城）築城議	宋陳　觀	1356-620- 1
台州雜記	宋元　緯	1356-623- 1
臨海風俗記	宋陳公輔	1356-624- 1
龍門辨	宋程大昌	1375-375- 30
巴國考	宋王象之	1381-683- 48
蜀國考	宋王象之	1381-683- 48
四川風俗形勝考	宋王象之	1381-684- 48
慶遠鎭城頌并序	宋黃應德	1466-738- 60
餘干陞州記	元張伯淳	1194-456- 3
江陰改州記	元陸文圭	1194-606- 7
水雲鄉記	元趙　文	1195- 36- 3

史部　地理類：都會郡縣

涿州移置考	元王　惲	506-674-111
		1200-594- 45
鎭州風俗缺字	元王　惲	1200-576- 44
武昌路記	元程鉅夫	1202-142- 11
新陞徐州路記	元蘇天爵	1214- 40- 3
無錫陞州記	元李　曙	492-771-4 下
平定州土風記	元呂思誠	549-638-204
復立武鄉縣記	元李　義	549-653-205
歲華紀麗譜　成都	元費　著	1381-786- 58
金陵形勝論	明錢　宰	1229-558- 6
山川形勢述蜀	明彭　韶	561-551- 45
辨河間志程知節墓	明程敏政	1252-194- 11
上怡菴論圖誌書　城陽	明顧　清	1261-314- 4
新開潼安府治記	明崔　銑	1267-547- 7
南陸志	明崔　銑	1267-641- 12
建昌府志（略）	明夏良勝	1269-835- 7
四川舊志藝文志序	明楊　慎	559-20-卷首
惠安縣志論	明張　岳	1272-508- 19
廣西歷代州郡府縣沿		
革表	明黃　佐	1465-606- 10
唐宋元十一州縣沿革		
粵西	明黃　佐	1465-621- 10
廣西山川志　有序	明黃　佐	1465-663- 13
清豐風俗論	明沈　鍊	1278-125- 8
金陵雜記（十九則）	明王　樵	1285-338- 11
惠安政書	明葉春及	1286-278- 3
（順德縣志論）敘		
廣東	明葉春及	1286-569- 10
順德縣志論（五十則）	明葉春及	1286-569- 10
永安縣志論（八則）	明葉春及	1286-585- 10
博羅縣志論（十則）	明葉春及	1286-589- 10
（肇慶府志論）敘廣東	明葉春及	1286-594- 11
肇慶府志論（五十五		
則）	明葉春及	1286-594- 11
中原議徐邳河南山東	明溫　純	1288-663- 14
撫治郎陽議	明溫　純	1288-664- 14
施罷設官議	明溫　純	1288-665- 14
松江新建行省頌	明歸有光	1289-404- 29
洮岷考略	明畢自嚴	1293-439- 3
代國考	明尹　耕	506-676-111
		1454-333-119
代郡考	明尹　耕	506-676-111
		1454-333-119
蔚廢代城考	明尹　耕	506-677-111
		1454-332-119

四庫全書文集篇目分類索引　　　　　　　　　　　　1771

渤海辨	明王　奐	506-684-111
新安縣志辨疑	明張可舉	506-684-111
風俗利弊論 永縣	明張　論	538-582- 77
正俗論 洛陽	明陳　麟	538-583- 77
姑幕辨 古地名考	明公　鼐 541-565-35之15	
陽都辨 古地名考	明公　鼐 541-566-35之15	
潞安府記	明唐　龍	549-714-207
創建平順縣記	明顧鼎臣	549-723-207
潼關連城說	明楊端本	556-501- 94
平陽封域辨	明劉紹周	556-505- 94
雍韓考	明張士佩	556-505- 94
鄠谷考	明文翔鳳	556-506- 94
修志徵考引 陝西通志	明梁禹甸	556-513- 94
崇善縣論	明何道臨	568-331-111
置南寧柳州二衞守禦		
并改慶遠安撫司爲		
府考	明黃光昇	568-334-111
武定府改土設流記	明鄧世彥	570-492-29之7
莊蹻胖柯考	明郭子章	572-308- 37
建思州府議	明郭子章	572-470- 43
都論 秦洛	明郭子章	1407-277-419
桂林志辨疑三事	明陳　璉	1373-681- 15
吳越行窩志……在吳日		
聚墳……在越日橫裏	明薛章憲	1409-538-622
		1454-501-142
四明辨并詩	明戴　洵	1454-283-113
郡志辨疑巴丘	明符　錫	1454-291-114
奉葉龍潭邑侯論志略		
書 論邑志之作	明郭造卿	1455-127-194
廣西郡縣志	明蘇　濬	1465-624- 11
（廣西）學校志序	明蘇　濬	1466-595- 52
風俗論 廣右	明蘇　濬	1466-697- 57
慶遠府土官論	明蘇　濬	1466-698- 57
岑溪論	明蘇　濬	1466-698- 57
古田論	明蘇　濬	1466-698- 57
武靖州土官論	明蘇　濬	1466-699- 57
田州土官論	明蘇　濬	1466-699- 57
鎭安土官論	明蘇　濬	1466-699- 57
泗城州土官論	明蘇　濬	1466-700- 57
上石西州論	明蘇　濬	1466-700- 57
思明府土官論	明蘇　濬	1466-700- 57
奉議州土官論	明蘇　濬	1466-700- 57
龍州土官論	明蘇　濬	1466-701- 57
思明州土官論	明蘇　濬	1466-701- 57
土司志		
附直隸都司千戶所二	明張　任	1465-639- 12
報中丞蔡公書 讀志草		
一卷	明張鳴鳳	1466-645- 54
皇明土官志論	明鄭　曉	1407-273-419
論（廣西）土官	明鄭　曉	1466-688- 57
論廣西猺獞	明章　潢	1466-689- 57
桂林非有粵辨	明章　潢	1466-714- 58
論雍容柳城	明郭應聘	1466-691- 57
論陽朔永福	明郭應聘	1466-692- 57
廣西土官論	明田汝成	1466-692- 57
論藤峽府江	明田汝成	1466-692- 57
沙岡答爲桂林徐州守		
作	明劉　節	1466-766- 61
龍江客問	明王士性	1466-767- 61
過金陵論	清 聖 祖	1298-180- 18
陽關考	清 高 宗	1301-410- 21
熱河考	清 高 宗	1301-412- 21
與越辰六書		
七發之廣陵考異	清朱舜尊	1318- 8- 31
浙江分地考	清朱舜尊	1318-293- 58
復沈留侯論修志書		
吳江	清朱鶴齡	1319-121- 10
邑志私考十三則 吳江	清朱鶴齡	1319-170- 14
杭州治火議	清毛奇齡	1320- 63- 9
黔陬說	清田　雯	1324-374- 35
黔書（上下二卷）	清田　雯	1324-395- 38
長河志籍考	清田　雯	1324-474- 40
靈壽志論二十條	清陸隴其	1325- 30- 3
讀郉州志	清陸隴其	1325- 47- 4
讀南皮縣志	清陸隴其	1325- 48- 4
讀武功縣志	清陸隴其	1325- 48- 4
答傅君維楨修志議 靈壽	清陸隴其	1325-101- 7
漳志學校小序	清蔡世遠	1325-662- 1
漳志丘墓後論	清蔡世遠	1325-734- 7
漳志宮廟後論	清蔡世遠	1325-734- 7
荊州論（十一則）	清儲大文	1327- 22- 3
襄陽論（七則）	清儲大文	1327- 33- 3
西陵（論）	清儲大文	1327- 44- 4
巴陵（論）	清儲大文	1327- 45- 4
夷陵（論二則）	清儲大文	1327- 45- 4
夏口城（論）	清儲大文	1327- 47- 4
卻月城（論）	清儲大文	1327- 47- 4
子胥城（論）	清儲大文	1327- 48- 4
黃峴關（論）	清儲大文	1327- 48- 4
魯肅城（論）	清儲大文	1327- 48- 4

史部

地理類：都會郡縣

1772　　　　　　　　四庫全書文集篇目分類索引

上明（論）	清儲大文	1327- 48-	4
荊州南（論）	清儲大文	1327- 49-	4
樂鄉（論）	清儲大文	1327- 49-	4
歸州（論）	清儲大文	1327- 49-	4
長陽（論）	清儲大文	1327- 49-	4
平林新市綠林（論）	清儲大文	1327- 49-	4
蘄州（論）	清儲大文	1327- 50-	4
南豫州（論）	清儲大文	1327- 50-	4
南充州（論）	清儲大文	1327- 51-	4
丁家洲（論）	清儲大文	1327- 52-	4
石頭城（論）	清儲大文	1327- 53-	4
三秦關陘（論）	清儲大文	1327- 55-	4
關中（論）	清儲大文	1327- 56-	4
廣陵西城（論）	清儲大文	1327- 58-	5
磈碪城（論）	清儲大文	1327- 61-	5
角城（論）	清儲大文	1327- 62-	5
襄城（論）	清儲大文	1327- 63-	5
洛陽（論）	清儲大文	1327- 63-	5
太谷南口（論）	清儲大文	1327- 63-	5
薄骨律（論）	清儲大文	1327- 63-	5
駱谷（論）	清儲大文	1327- 64-	5
饒風關（論）	清儲大文	1327- 65-	5
仙人關（論）	清儲大文	1327- 67-	5
雞頭關（論）	清儲大文	1327- 69-	5
刻家灣（論）	清儲大文	1327- 70-	5
和尚原（論）	清儲大文	1327- 71-	5
文縣（論）	清儲大文	1327- 74-	5
威茂（論）	清儲大文	1327- 75-	5
獨石長城形制（論）	清儲大文	1327- 76-	6
天鎮縣東至龍門關長城形制（論）	清儲大文	1327- 91-	6
西寧（論）	清儲大文	1327-114-	7
維州（論）	清儲大文	1327-118-	7
取道（論）			
蘇嘉峪關西……	清儲大文	1327-132-	8
（潮志諸卷小序）			
方輿城池兵事人物孝			
義流寓風俗物產古蹟			
雜記藝文（廣東）	清藍鼎元	1327-651-	6
貴州全省總論	清藍鼎元	1327-744-	11
貴陽府總論	清藍鼎元	1327-746-	11
潮州建置沿革總論	清藍鼎元	1327-746-	11
潮屬城池總論	清藍鼎元	1327-747-	11
（潮）兵事志總論	清藍鼎元	1327-747-	11
（潮）古蹟志總論	清藍鼎元	1327-750-	11

史部

地理類：都會郡縣

（潮）物產志總論	清藍鼎元	1327-751-	11
潮州雜記總論	清藍鼎元	1327-751-	11
留智廟紀聞論			
潮州舊志	清藍鼎元	1327-752-	11
（潮志）修志雜說	清藍鼎元	1327-779-	12
潮州風俗考	清藍鼎元	1327-807-	14
書潮志方輿卷後 廣東	清藍鼎元	1327-828-	16
書風俗志卷後 潮志	清藍鼎元	1327-829-	16
吳江縣建置沿革考	清沈　彤	1328-305-	2
書吳江縣志改刊史彬傳後	清沈　彤	1328-346-	8
鬮里辨	清顧炎午	541-567-35之15
太原考	清顧炎武	550-696-227
太平府志人物辯	清高不矜	568-492-118
貴州考	清靖道謨	572-318-	37
黔中考	清靖道謨	572-320-	37
漳郡山水說	清魏荔彤	530-639-	74
台灣載舉賓興記	清陸　棨	1449-725-	20
姑蘇人物小記	謝　會	1385- 49-	2
朱育對會稽雜述	不著撰人	486-426-	20

2. 序　跋

江　蘇

（吳郡圖紀續記）原序	宋朱長文	484- 2-	附
吳郡圖經續記序	宋朱長文	1119- 34-	7
		1385- 10-	1
廣陵誌序	宋鄭興裔	1140-217-	下
吳郡圖經續記後序	宋常安民	484- 50-	附
書吳郡圖經續記後	宋常安民	1385- 10-	1
吳郡圖經續記後序	宋林　虙	484- 50-	附
圖經續記後序 吳郡	宋林　虙	1385- 11-	1
吳郡圖經續記後序	宋祝安上	484- 51-	附
圖經續記後序 吳郡	宋祝安上	1385- 12-	1
吳郡圖經續記後序	宋孫　佑	484- 51-	附
圖經續記後序	宋孫　佑	1385- 12-	1
吳郡志原序	宋趙汝談	485- 2-	附
吳郡志序 姑蘇志原序	宋趙汝談	493- 3-	附
		1358-611-	1
景定建康志原序	宋馬光祖	488- 2-	首
進建康志表	宋馬光祖	488- 3-	首
獻皇太子牋（景定建康志）	宋馬光祖	488- 4-	首
（景定建康志序）	宋周應合	488- 5-	首

四庫全書文集篇目分類索引　　1773

續毗陵誌序	元謝應芳	1218-213- 9	震澤縣志序	清沈 彤	1328-328- 5
琴川志序	元戴 良	1219-394- 12	江南通志原序	清王新命	507- 5- 附
至大金陵新志原序	元索元岱	492- 2- 附	江南通志原序	清靳 輔	507- 8- 附
姑蘇志原序	明宋 濂	493- 4- 附	江南通志原序	清余國柱	507- 10- 附
吳郡廣記序	明宋 濂	1223-369- 5	江南通志原序	清徐國相	507- 12- 附
蘇州府志序	明宋 濂	1385- 13- 1	江南通志原序	清薛柱斗	507- 13- 附
重修毗陵志後序	明徐 溥	1248-575- 2	江南通志序	清王之鋘	507- 15- 附
六合縣志序	明莊 泉	1254-286- 7	江南通志序	清孔傳煥	507- 17- 附
姑蘇志原序	明王 鏊	493- 2- 附	江南通志序	清晏斯盛	507- 18- 附
姑蘇志序	明王 鏊	1256-269- 12	江南通志序	清尹會一	507- 19- 附
重修姑蘇志序	明王 鏊	1385- 14- 1	江南通志序	清劉 柏	507- 20- 附
上海志序	明王 鏊	1256-268- 12	江南通志序	清張廷璐	507- 22- 附
金山衞志序	明王 鏊	1256-279- 14	江南通志序	清趙弘恩	507- 23- 附
大倉州新志序	明祝允明	1260-696- 24	江南通志表	清趙弘恩	507- 44- 附
太倉州新志序	明祝允明	1385- 19- 1	江南通志序	清補 熙	507- 26- 附
松江府志序	明顧 清	1261-560- 19	江南通志序	清鄭 江	507- 28- 附
金壇縣志序	明王守仁	1265-641- 22	江南通志序	清高 斌	507- 29- 附
松江府志後序	明陸 深	1268-279- 45	江南通志序	清顧 琮	507- 31- 附
華亭縣志序	明孫承恩	1271-393- 30	江南通志序	清王 恕	507- 33- 附
江陰縣新志序	明唐順之	1276-318- 6	江南通志序	清張 渠	507- 34- 附
		1455-443-220	江南通志序	清范 璨	507- 36- 附
通州志序	明王世貞	1282-533- 40	江南通志序	清趙國璘	507- 38- 附
題洪武京城圖志後	明歸有光	1289- 67- 5	江南通志序	清姚孔鈳	507- 40- 附
南直隸圖叙	明桂 萼	443-365- 20	**浙 江**		
姑蘇志原序	明劉 昌	493- 5- 附	會稽志原序	宋陸 游	486- 2- 附
姑蘇郡邑志序	明劉 昌	1385- 14- 1	會稽志序	宋陸 游	526-137-263
姑蘇志後序	明杜 啓	1385- 15- 1			1163-417- 14
崑山縣志序	明方 鵬	1385- 16- 1	定海七鄉圖記	宋戴 栩	1176-723- 5
常熟縣志序	明李 傑	1385- 17- 1	赤城志序	宋陳耆卿	526-138-263
重修嘉定縣志序	明龔 弘	1385- 18- 1			1178- 27- 3
重修嘉定縣志後序	明蔡復元	1385- 19- 1			1356-771- 17
太倉州志序	明王 積	1385- 20- 1	題奉化圖志揭首	宋陳 著	1185-228- 47
太倉州志後序	明張 寅	1385- 21- 1	景定嚴州續志序	宋方逢辰	487-524- 附
重修崇明縣志序	明張 慶	1385- 22- 1	新定續志序	宋方逢辰	526-142-263
(重修崇明縣志)又			嚴州新定續志序	宋方逢辰	1187-531- 4
序	明陳 梗	1385- 23- 1	剡錄原序	宋高似孫	485-529- 附
(重修崇明縣志)又			剡錄序	宋史安之	485-529- 附
序	明季 篪	1385- 23- 1	會稽續志原序	宋張 淏	486-440- 附
吳江縣志序	明莫 旦	1385- 24- 1	書重刊會稽志後		
吳邑志序	明楊循吉	1385- 25- 1	會稽續志後序	宋王 經	486-565- 附
景定建康志跋	清朱彝尊	1318-152- 44	赤城志後序	宋齊 碩	486-956- 附
江南通志原序	清于成龍	507- 6- 附	四明續志原序	宋梅應發	
江南通志序	清于成龍	1318-782- 8		劉 錫	487-347- 附
吳江縣志序	清張玉書	1322-459- 4	開慶四明續志序	宋梅應發	526-141-263
修吳江縣志序	清沈 彤	1328-327- 5	海鹽澉水志跋	宋常 棠	487-522- 附

史部

地理類：都會郡縣

1774 四庫全書文集篇目分類索引

史部

地理類：都會郡縣

咸淳臨安志原序	宋潛說友	490- 2- 附
咸淳臨安志序	宋潛說友	526-143-263
建德縣經界圖籍序	宋潛說友	526-142-263
重修睦州圖經序	宋董 弅	526-135-263
重修嚴州圖經序	宋劉文富	526-136-263
永寧編序 永嘉	宋留元剛	526-138-263
寶慶四明郡志序	宋羅 濬	526-139-263
重編吳興志序	宋傅 兆	526-139-263
越州圖序	宋沈 立	1345-167- 20
赤城續志序	宋吳子良	1356-772- 18
赤城三志序	宋王象祖	1356-773- 18
建德府節要圖經序	元方 回	526-144-263
延祐四明志序	元袁 桷	526-145-263
四明志序	元袁 桷	1203-293- 21
昌國州圖志前序	元馮福京	491-268- 附
昌國州圖志後序	元馮福京	491-318- 7
赤城元統志序	元楊敬德	526-146-263
刪烏城志 嘉禾城	明宋 濂	1224-375- 26
嘉興府志序	明李東陽	1250-293- 28
嘉興府志序	明莊 昶	1254-288- 7
長興縣志序	明莊 昶	1254-289- 7
弘治衢州府志序	明吳 寬	526-160-263
衢州府志序	明吳 寬	1255-393- 44
嘉善志序	明王 鏊	1256-279- 14
湖州府誌序	明劉 麟	1264-382- 7
兩浙南關志序	明陸 深	1268-235- 38
萬歷金華府志序	明王世貞	526-170-264
金華府志	明王世貞	1282-554- 42
汶口志序	明歸有光	1289- 24- 2
浙江圖叙	明桂 萼	443-369- 20
赤城志後序	明謝 鐸	486-956- 附
赤城新志序	明謝 鐸	526-157-263
吳興備志自序	明董斯張	494-255- 附
嘉靖寧波府志序	明張時徹	526-166-264
吳興掌故集序	明徐獻忠	526-168-264
括蒼彙記序	明何 鑑	526-171-264
萬歷紹興府志序	明張元忭	526-178-264
續處州府志序	明葉志淑	526-182-264
崇禎處州府志序	明王一中	526-183-264
御製題乾道臨安志	清 高 宗	484- 53- 附
咸淳臨安志跋	清朱彝尊	526-262-267
		1318-152- 44
至元嘉禾志跋	清朱彝尊	526-263-267
		1318-153- 44
杭志三詰三誤辨序	清毛奇齡	583-718- 22
會稽縣表總論序	清毛奇齡	1320-245- 29
湖州府志序	清毛奇齡	1320-457- 52
勅修浙江通志進表	清稽曾筠	519- 1- 附
浙江通志序	清稽曾筠	519- 4- 附
舊浙江通志序	清毛際可	526-186-264
寧波府志序	清李 衛	526-191-264

安 徽

合肥誌序	宋鄭興裔	1140-216- 下
新安志原序	宋羅 願	485-342- 附
新安志序	宋羅 願	1375-257- 18
新安續志序	宋程 珌	1171-342- 8
新安志序	宋趙不悔	485-343- 附
跋新安後續志	元胡炳文	1199-770- 4
重編新安志序	明朱 同	1227-683- 4
休寧志序	明程敏政	1252-506- 29
滁州志序	明莊 昶	1254-263- 6
休陽史序	明王世貞	1282-548- 41
懷遠縣志序	明莫 抑	1466-620- 53
書新安志後	清朱彝尊	1318-152- 44

江 西

隆興府纂修圖經序	宋曾 丰	1156-189- 17
豫章圖志後序	宋曾 丰	1156-190- 17
續修宜春志序	宋張嗣古	518- 15-136
豐水續志序	元揭傒斯	518- 29-136
鈴岡續志序	元歐陽玄	518- 28-136
		1210- 60- 7
瑞陽志序	元楊升雲	518- 30-136
東昌志後序	明梁 潛	1237-278- 5
重修南昌府志序	明胡 儼	518- 46-137
（跋）吉安府志	明楊士奇	1238-596- 17
南豐縣志序	明何喬新	518-52-137
		1249-144- 9
撫州府志序	明邵 寶	1258-138- 13
武寧縣志序	明陸 深	1268-235- 38
建昌府志序	明夏良勝	1269-835- 7
峽江縣志序	明羅洪先	1275-228- 11
貴溪縣志序	明顧憲成	1292- 99- 7
江西圖叙	明桂 萼	443-370- 20
江西圖序	明桂 萼	518- 79-138
南昌府圖志書序	明熊 劍	518- 40-137
重修廣昌縣志序	明何文淵	518- 51-137
武寧縣志序	明楊 廉	518- 55-137
瑞州府志序	明熊 相	518- 60-137
鉛山縣志序	明費 采	518- 64-137
安福三刻縣總序	明鄒守益	518- 65-137

四庫全書文集篇目分類索引

史部

地理類：都會郡縣

安福叢錄序	明鄒守金	518-66-137
撫州府志後序	明徐良傅	518-67-137
虔院撫屬四省圖說序	明丁繼嗣	518-69-137
吉水縣志序	明舒芬	518-73-138
南昌府志序	明鄒以讓	518-83-138
南昌府志序	明張位	518-84-138
重修南昌府志序	明張位	518-85-138
南安府志序	明劉節	518-89-138
九江府志序	明葉夢龍	518-91-138
東鄉縣志序	明萬恭	518-91-138
重修瑞州府志序	明陶履中	518-94-138
補修袁州府志序	明鍾妙	518-96-138
江西大志論二首	明王宗沐	518-165-141
重修贛州府志序	清湯斌	518-105-139
贛州府誌序	清湯斌	1312-475-3
袁州府志序	清施閏章	1313-15-2
重修臨江府志序	清施閏章	1313-16-2
廬陵縣志序	清施閏章	1313-17-2
安福縣志序	清施閏章	1313-18-2
上江西通志表	清謝旻等	513-1-附
重修零都縣志序	清李元鼎	518-103-139
重修餘干縣志序	清史大成	518-107-139
貴溪縣志序	清鄭日奎	518-108-139
興安縣志序	清鄭日奎	518-109-139
續修袁州府志序	清吳南岱	518-111-139
江西通志序	清白潢	518-113-139
濂水志林序	清湯永誠	518-116-139

兩湖

荊南府圖序	宋劉摯	1099-557-10
富水志序	宋張聲道	534-600-101
蘭谿縣志序	明章懋	1254-111-4
德安府志序	明李夢陽	1262-468-51
常德府志序	明顧璘	1263-299-5
題興都志後	明歸有光	1289-69-5
湖廣圖叙	明桂萼	443-370-20
長沙府志序	明張治	534-608-101
湖廣總志序	明徐學謨	534-621-102
公安縣志序	明雷思霈	534-630-102
新寧縣志序	明顧起元	534-637-102
題桃源索隱册六則	明蔣德璟	1456-432-303
湖廣通志序	清彭孫遹	1317-296-37
（湖廣通志進表）	清邁柱等	531-1-附
重修漢陽府志序	清吳正治	534-639-103

四川

成都志序	宋袁說友	1154-371-18
成都志序	元費著	561-507-44
		1381-323-30
（跋）西昌志	明楊士奇	1238-596-17
四川成都志序	明彭韶	561-511-44
		1381-323-30
鄢都志序	明邵寶	1258-141-13
跋釣魚城志後	明鄒智	561-535-44
		1381-799-59
四川總誌序	明楊慎	1270-26-2
劍州志序	明楊慎	1270-29-3
書郫縣志後	明胡直	1287-436-18
四川圖叙	明桂萼	443-371-20
蜀志序	明王元正	559-21-首
四川舊志序	明吳之鑰	559-22-首
四川舊序志	明杜應芳	559-23-首
四川舊志序	明王廷瞻	559-24-首
四川舊志序	明郭棐	559-25-首
西帳保障圖記	明周洪謨	561-421-42
序鄭都志目錄	明楊孟瑛	561-511-44
		1381-324-30
夔州府志序	明劉瑞	561-512-44
		1381-325-30
順慶府志序	明任瀚	1455-437-219
四川通志序	清寶啓璜	559-12-首
四川通志序	清黃廷桂	559-14-首
四川通志序	清憲德	559-16-首
四川通志序	清楊馝	559-17-首
四川通志序	清李如蘭	559-19-首
通江縣志建置序	清李蕃	561-656-47
跋李鐘裒太史所錄保		
寧志序	清陳書	561-657-47

福建

圖經序薦	宋林光朝	1142-601-5
和平志序	宋劉克莊	1180-237-23
淳熙三山志原序	宋梁克家	484-117-附
三山志序	宋梁克家	530-486-70
（長樂縣）圖經序	宋袁正規	530-488-70
八閩通誌序	明彭韶	1247-21-2
八閩通志序	明黃仲昭	530-495-70
		1254-390-2
延平府志序	明黃仲昭	1254-387-2
邵武府志序	明黃仲昭	1254-399-2
興化府志後序	明黃仲昭	1254-576-上
邵武府續志序	明林俊	1257-23-3
惠安縣志論序	明張岳	1272-508-19

史部　地理類：都會郡縣

惠安政書自序	明葉春及	1286-278- 3
福建圖叙	明桂 萼	443-372- 20
三山志序	明林 材	530-494- 70
閩書序	明葉向高	530-496- 70
淳熙三山志跋	清朱彝尊	1318-152- 44
重修漳州府志序	清蔡世遠	1325-661- 1
徵修漳州府誌啓	清蔡世遠	1325-813- 11
上宋觀察請修彰州府志書	清藍鼎元	1327-576- 1
福建全省總圖說	清藍鼎元	1327-758- 12
漳州府圖說	清藍鼎元	1327-761- 12
福建通志序	清盧 焯	527- 1- 附
福建通志序	清郝玉麟	527- 3- 附
（福建通志進表）	清郝玉麟等	527- 5- 附

兩　廣

重修南海志序	宋李昴英	1181-131- 3
豐水續志序	元揭傒斯	1208-211- 8
（跋）桂林郡志	明楊士奇	1238-596- 17
廣州府志書序	明丘 濬	1248-176- 9
南寧府志序	明張 岳	1272-415- 11
舊粵志序	明黃 佐	564-721- 59
從化縣志序	明黃 佐	1455-434-219
廣西通志後序	明黃 佐	1466-611- 53
海豐縣志序	明羅洪先	1275-229- 11
（永安縣）志敍	明葉春及	1286-586- 10
代令作（永安縣志敍）	明葉春及	1286-586- 10
羅定州志序	明葉春及	1286-672- 14
廣東圖叙	明桂 萼	443-372- 20
廣西圖叙	明桂 萼	443-373- 20
		1466-573- 51
嶺海輿圖原序	明湛若水	494- 62- 附
嶺海輿圖原序	明姚 虞	494- 63- 附
舊粵志序	明陳性學	564-731- 59
舊粵志序	明郭 棐	564-733- 59
廣西通志舊序	明周孟中	568-320-110
廣西通志序	明周孟中	1466-608- 53
桂林圖志序	明王宗沐	568-323-110
厓山新志序	明張 翊	1455-350-212
粵大記自序	明郭 棐	1455-446-220
廣西郡縣志（序）	明蘇 濬	1465-624- 11
重修廣西通志序	明蘇 濬	1466-619- 53
桂林圖志（序）	明吳桂芳	1466-575- 51
重修蒼梧府志序	明桑 悅	1466-608- 53
廣西通志序	明蔣 昺	1466-609- 53
廣西太平府志序	明鄧 炳	1466-612- 53

南寧府志序	明張 岳	1466-613- 53
思恩府志序	明周 璞	1466-614- 53
重修全州志序	明楊本仁	1466-615- 53
慶遠府志序	明王文炳	1466-616- 53
肇修荔浦縣志序	明呂文峰	1466-617- 53
平樂府志序	明黃文炳	1466-618- 53
上林縣志序	明平 順	1466-621- 53
懷集志序	明謝君惠	1466-622- 53
重修鬱林志序	明曾守身	1466-623- 53
潯州府志序	明戴 金	1466-624- 53
瓊州府圖說	清藍鼎元	1327-763- 12
潮州府總圖說	清藍鼎元	1327-765- 12
海陽縣圖說	清藍鼎元	1327-766- 12
潮陽縣圖說	清藍鼎元	1327-767- 12
揭陽縣圖說	清藍鼎元	1327-768- 12
程鄉縣圖說	清藍鼎元	1327-769- 12
饒平縣圖說	清藍鼎元	1327-770- 12
惠來縣圖說	清藍鼎元	1327-771- 12
澄海縣圖說	清藍鼎元	1327-772- 12
普寧縣圖說	清藍鼎元	1327-773- 12
大埔縣圖說	清藍鼎元	1327-774- 12
平遠縣圖說	清藍鼎元	1327-775- 12
鎭平縣圖說	清藍鼎元	1327-776- 12
進（廣東通志）表	清郝玉麟等	562- 1- 附
舊通志序 東粵通志	清金光祖	564-893- 62
廣西通志進表	清金 鉷	565- 1- 附
廣西通志舊序	清吳興祚	568-482-117
廣西通志序	清李 紱	1449-682- 17

雲　南

寧州志序	元徐明善	1202-559- 附
（雲南）志略序	元虞 集	570-627-29之12
		1367-433- 35
		1406- 45-317
雲南志序	元虞 集	1207- 68- 5
大理府志序	明楊 慎	570-631-29之12
		1270- 28- 3
雲南圖叙	明桂 萼	443-373- 20
蒼洱圖說	明楊士雲	494-203- 8
（雲南）通志序	明鄭 顒	570-629-29之12
（雲南）通志序	明李元陽	570-632-29之12
土司志（序）	明張 任	1465-639- 12
雲南通志表	清尹繼善等	569- 1- 附
（雲南）通志序	清范承勳	570-635-29之12
趙州志序	清張允隨	570-638-29之12

貴　州

四庫全書文集篇目分類索引

修鎭遠府志序　　　　　明周 瑛　　1254-732- 1
重修石阡府志序　　　　明周 瑛　　1254-755- 2
貴州通志舊序　　　　　明楊 慎　　572-349- 39
丁酉志序　　　　　　　明鄒元標　　572-355- 39
貴州圖叙　　　　　　　明桂 萼　　443-374- 20
思南府志序　　　　　　明田 秋　　572-351- 39
黎平府舊志序　　　　　明袁 表　　572-351- 39
丁酉志序　　　　　　　明江東之　　572-352- 39
思南舊志序　　　　　　明田汝成　　572-353- 39
黔記序　　　　　　　　明陳尚象　　572-360- 39
黔記序　　　　　　　　明丘禾實　　572-361- 39
平溪衛志序　　　　　　明不著撰人　572-359- 39
貴州全省總圖說　　　　清藍鼎元　　1327-759- 12
貴陽府圖說　　　　　　清藍鼎元　　1327-760- 12
恭進貴州通志表　　　　清張廣泗　　571- 1- 附
貴州通志序　　　　　　清曹申吉　　572-364- 39
思南府志序　　　　　　清劉謙吉　　572-367- 39
貴州府志序　　　　　　清閻興邦　　572-368- 39
重修貴州通志序　　　　清董安國　　572-370- 39

河 北

宣府志序　　　　　　　明徐 溥　　1248-562- 2
河間府志後序　　　　　明程敏政　　1252-364- 21
故城縣志後序　　　　　明孫 緒　　1264-491- 1
交河縣志後序　　　　　明余繼登　　1291-849- 5
北直隸圖叙　　　　　　明桂 萼　　443-365- 20
宣鎮東路興圖說　　　　明秦 霖　　506-687-112
重修容縣志序　　　　　明彭 清　　1466-606- 53
御製日下舊聞考題詞
　　二首　　　　　　　清高 宗　　497- 1- 附
重修廣平府志序　　　　清魏裔介　　1372-774- 7
重修南和縣志序　　　　清魏裔介　　1312-776- 7
重修晉州志序　　　　　清魏裔介　　1312-776- 7
日下舊聞序　　　　　　清陳廷敬　　1316-511- 35
（日下舊聞考）原序　　清朱彝尊　　499-449-160
日下舊聞序　　　　　　清朱彝尊　　1318- 54- 35
畿輔志序　　　　　　　清張玉書　　1322-456- 4
（日下舊聞考）序　　　清姜宸英　　499-444-160
日下舊聞序　　　　　　清姜宸英　　1323-604- 1
靈壽縣志序　　　　　　清陸隴其　　1325-139- 8
畿輔八府地圖記　　　　清陸隴其　　1325-161- 10
寶坻縣志序　　　　　　清汪由敦　　1328-781- 9
進(欽定日下舊聞考)表　清英 廉等　497- 2- 附
（日下舊聞考）序　　　清徐元文　　499-445-160
（日下舊聞考）序　　　清高士奇　　499-446-160
（日下舊聞考）序　　　清張 鵬　　499-447-160

（日下舊聞考）序　　　清馮 溥　　499-447-160
（日下舊聞考）原跋　　清王 原　　499-450-160
畿輔通志序　　　　　　清李 衛　　504- 10- 附
畿輔通志序　　　　　　清唐執玉　　504- 12- 附
畿輔通志序　　　　　　清王 暮　　504- 13- 附
畿輔通志原序　　　　　清格爾古德　504- 15- 附
畿輔通志原序　　　　　清董秉忠　　504- 16- 附
畿輔通志原序　　　　　清李 珏　　504- 18- 附
畿輔通志原序　　　　　清吳元萊　　504- 20- 附
保定府郡境圖說　　　　清郭 棻　　506-689-112
保定府郡城圖說　　　　清郭 棻　　506-689-112

山 東

齊乘原序　　　　　　　元蘇天爵　　491-686- 附
齊乘序　　　　　　　　元蘇天爵　　1214- 57- 5
齊乘後序　　　　　　　元潘百拜　　491-809- 附
題增修章丘縣志後　　　明邊 貢　　1264-236- 14
邑志自序千乘縣　　　　明李舜臣　　1273-714- 6
夏津縣志序　　　　　　明王慎中　　1274-193- 9
青州府誌序　　　　　　明李攀龍　　1278-356- 15
　　　　　　　　　　　　　　　　　1406- 48-317
山東圖叙　　　　　　　明桂 萼　　443-366- 20
新泰志序　　　　　　　清施閏章　　1313- 17- 2
山東通志序　　　　　　清岳 濬　　539- 1- 附
山東通志表　　　　　　清法 敏等　539- 3- 附

河 南

河南志序　　　　　　　宋司馬光　　538-614- 78
　　　　　　　　　　　　　　　　　1094-627- 68
歐臨汝志　　　　　　　宋陸 游　　1163-550- 31
汶郡圖志引　　　　　　元王 惲　　1200-527- 41
東郡志序　　　　　　　元黃 溍　　1209-381- 6
汝寧府誌序　　　　　　明王 直　　1241-866- 22
鄢陵縣志序　　　　　　明薛 瑄　　1243-242- 13
許州志序　　　　　　　明邵 寶　　1258-132- 13
懷慶府志序　　　　　　明何 瑭　　1266-536- 5
脩武縣志序　　　　　　明何 瑭　　1266-536- 5
鄭乘序　　　　　　　　明崔 銑　　1267-438- 3
內黃縣志序　　　　　　明林文俊　　1271-732- 4
河南圖叙　　　　　　　明桂 萼　　443-368- 20
林縣險要圖說　　　　　明張應登　　538-593- 77
睢州志序　　　　　　　清湯 斌　　538-621- 78
睢州誌序　　　　　　　清湯 斌　　1312-477- 3
新鄉縣志序　　　　　　清魏裔介　　1312-778- 7
（河南通志進表）　　　清王士俊等　535- 1- 附
河南通志序　　　　　　清賈漢復　　538-620- 78
河南通志序　　　　　　清沈 荃　　538-620- 78

1778　　　　　　　四庫全書文集篇目分類索引

河南通志序　　　　　　　清顧　汧　　538-622- 78

山　西

澤州圖記	金李俊民	1190-642- 8
河津縣總圖記	元王思誠	549-645-204
潞州志序	明程敏政	1252-559- 32
高平縣志序	明王守仁	550-112-213
		1265-771- 29
澤州志序	明韓邦奇	1269-340- 1
安邑縣志序	明曹于汴	1293-689- 2
山西圖叙	明桂　萼	443-367- 20
山西通志序	明孔天印	550-129-213
山西通志序	清儲大文	1327-208- 11
山西通志序	清覺羅石麟	542- 1- 附

陝　西

進西北邊圖經狀	唐元　稹	1079-530- 35
		1339- 81-641
進西北邊圖狀	唐元　稹	1079-531- 35
分陝志總序 附十門	宋李流謙	1133-723- 14
朝邑縣志原序	明康　海	494- 48- 附
鄠縣志序	明康　海	1266-343- 3
武功縣志原序	明何景明	494- 3- 附
武功縣志序	明何景明	1267-305- 34
蒲城縣志序	明楊　爵	1276- 12- 2
長安縣志序	明馮從吾	1293-229- 13
武功縣志原序	明呂　柟	494- 2- 附
朝邑縣志後序	明呂　柟	494- 59- 附
朝邑縣志原序	明韓邦靖	494- 49- 附
朝邑縣志跋	明王　道	494- 60- 附
陝西通志序	明馬　理	556-453- 93
代陝西通志序	清汪　琬	1315-464- 26
陝西通志進表	清劉於義等	551- 1- 附
（陝西通志）後序	清劉於義	556-849- 附
陝西通志序	清朱　軾	556-465- 93
（陝西通志）後序	清史貽直	556-850- 附

甘　肅

甘肅通志進呈表	清查郎阿等	557- 1- 附
甘肅通志後序	清查郎阿	558-771- 50
甘肅通志後序	清許　容	558-770- 50
甘肅通志後序	清劉於義	558-773- 50

遼　寧

恭進盛京通志表	清汪由敦	503-605-128
		1328-743- 5
（欽定盛京通志表）	清阿　桂等	501- 21- 附
前（盛京）通志序	清董秉忠	503-632-130
前（盛京）通志序	清邊聲廷	503-633-130

前（盛京）通志序　　　　清張鼎彝　　503-634-130

重刻前（盛京）通志序　　清廖騰煃　　503-636-130

續修（盛京）通志序　　　清王　河　　503-639-130

熱　河

御製熱河志序	清 高 宗	495- 1- 附
熱河志序	清 高 宗	1301-389- 17
進（熱河志）表	清和　珅	
	梁國治	495- 2- 附

綏　遠

| 河套志序 | 清儲大文 | 1327-211- 11 |

新　疆

（御製）皇輿西域圖志序	清 高 宗	500- 1- 附
皇輿西域圖志序	清 高 宗	1301-115- 12
（欽定皇輿西域圖志進表）	清傅　恒等	500- 5- 附

蒙　古

| 題和林志 | 元虞　集 | 1207-157- 10 |

d. 河渠水利

1. 論　文

渠田議	漢番　係	549-237-190
河渠書	漢司馬遷	1409-488-619
濟爲濱問	唐李　甘	541-802-35之20
		1343-643- 45
湘漓二水說	宋柳　開	1085-263- 4
		1466-707- 58
復河說	宋徐　積	1101-923- 28
上杜學士言開河書	宋王安石	1105-626- 75
		1384- 46- 84
禹之所以通水之法	宋蘇　軾	1107-676- 48
汝水漲溢說	宋秦　觀	538-592- 77
		1115-557- 25
河議	宋晁補之	1118-584- 26
答李成季書考黃河源流	宋李　復	1121- 33- 4
九江彭蠡辨	宋朱　熹	518-174-141
		1145-429- 72
鑑湖說上下湖田	宋王十朋	526-282-267
		1151-599- 27
上淮東總領韓郎中書		
論京口潮閘	宋舒　璘	1157-512- 上
與鄭景望（書）論淮甸		
塘堰水利	宋薛季宣	1159-377- 24

史部

地理類：都會郡縣、河渠水利

四庫全書文集篇目分類索引

史部

地理類：河渠水利

上執政論千秋堰起夫筦子　　宋韓元吉　1165-135- 10
與執政論千秋堰事宜筦子　　宋韓元吉　1165-136- 10
與水利說　　　　宋楊冠卿　1165-504- 9
與王提舉論水利書　宋陳　造　1166-314- 25
鄭提舉筦論瀖山湖圍田利弊　宋衞　涇　1169-688- 15
回趙守問開七里河利便筦子　宋劉　宰　1170-450- 13
江河淮汴（策）　宋陳　亮　1171-593- 11
水利（論）　　　宋釋居簡　1183- 85- 6
上傅崧卿太守書論湖利　宋陳　豪　526-197-265
復鑑湖議湖利　　宋徐次鐸　526-269-267
芫濟考　　　　　宋羅　泌　541-626-35之18
蜀水考　　　　　宋王象之　561-540- 45
　　　　　　　　　　　　　1381-685- 48
題瀧漊水則　　　宋成　鎛　561-542- 45
海潮論　　　　　宋燕　肅　583-672- 19
三江考　　　　　宋潛說友　583-694- 21
潮蹟　　　　　　宋朱中有　583-730- 22
代人上宰相論鄭白渠書　　　宋程　顥　1345-703- 10
六失六得論蘇州之水田　宋鄭　壬　1358-723- 5
五論論治田利書　宋鄭　壬　1358-727- 5
僑書大略論浙西水利　宋鄭　僑　1358-739- 6
三十六浦利害平江府　宋趙　霖　1358-744- 6
湘水記　　　　　宋吳　會　1465-794- 19
論黃河利害事狀　元王　惲　1201-320- 91
論開光濟兩河事狀　元王　惲　1201-326- 92
與蔡逢原參政第二書談築堤灌漑　元蒲道源　1210-704- 17
河源記　　　　　元梁　寅　1222-654- 6
窮河源記　　　　元潘昌齡　558-651- 47
答高起巖論潮書　元吳亨諸　583-664- 19
浙江潮候圖說　　元契伯宣　583-690- 20
黃河述　　　　　明太　祖　538-606- 78
黃河說　　　　　　　　　　1223-164- 15
河議　　　　　　明宋　濂　444-463- 51
治河議　　　　　明宋　濂　1224-437- 28
治河考　　　　　明王　禕　506-675-111
書邵通判決防詩後　明吳　寬　1255-465- 51
河源辨（辯）　　明王　鏊　444-465- 51
　　　　　　　　　　　　　538-589- 77
　　　　　　　　　　　　　550-187-216

　　　　　　　　　　　　　1256-498- 34
禹貢疑誤辨彭蠡　明張　吉　518-179-141
治河論上下　　　明邱　濬　444-470- 51
　　　　　　　　　　　　　538-580- 77
　　　　　　　　　　　　　1258- 79- 9
　　　　　　　　　　　　　1454- 44- 89
與陳黃門玉汝書論吳中水利　明史　鑑　1259-790- 5
吳江水利議　　　明史　鑑　1259-815- 6
與翁太守論水患書　明顧　清　1261-645- 25
復趙司空書論河渠事　明邊　貢　1264-193- 11
奉大司空南坦劉公書
　談河渠水利　　明潘希會　1266-703- 5
苕多史馬君書談河渠水利　　明潘希會　1266-704- 5
苕都憲熊公書談河渠水利　　明潘希會　1266-704- 5
苕大司空劉公書談河渠水利　明潘希會　1266-705- 5
寄都憲梅國劉大書談河渠水利　明潘希會　1266-706- 5
議淮贈王水部汝直　明夏良勝　1269-717- 1
與吳太守論莆田南洋水利書　明朱　淛　1273-496- 5
苕曾景默司空（書）　明溫　純　1288-752- 29
　水利論　　　　明歸有光　1289- 39- 3
　水利後論　　　明歸有光　1289- 41- 3
奉熊分司水利集并論
　今年水災事宜書　明歸有光　1289-101- 8
寄王太守書論開吳淞江之利　明歸有光　1289-103- 8
論三區賦役水利書　明歸有光　1289-106- 8
論三區賦役水利書
　吳淞江　　　　明歸有光　1405-119-243
瀕海水患策　　　明于慎行　506-289- 96
復馮慕岡（書）論高
　堰拆除與否均不利於
　淮揚旴泗　　　明曹于汴　1293-785- 9
駁引河沁水　　　明鄭　魯　444-440- 50
西北水利議　　　明徐貞明　506-294- 96
　　　　　　　　　　　　　558-622- 46
治河考　　　　　明趙文奎　506-678-111
千金陂論　　　　明徐良傅　518-172-141
諸暨泟湖議湖田　明黃　鐄　526-273-267
三江考　　　　　明張元忭　526-277-267

史部 地理類：河渠水利

三江考　　　　　　　　　明張元汴　583-695- 21
南湖考 湖利　　　　　　明陳　善　526-278-267
捍江塘考　　　　　　　　明陳　善　583-696- 21
捍海塘考　　　　　　　　明陳　善　583-698- 21
讀單鍔水利書　　　　　　明徐獻忠　526-315-268
水利論　　　　　　　　　明陳仕元　534-515- 97
治河議上中下　　　　　　明劉堯誨　534-523- 97
河防議　　　　　　　　　明陳文燭　534-527- 97
小清河議　　　　　　　　明陳　珪　541-523-35之12
窮汸記　　　　　　　　　明王　寧　558-658- 47
洪雅縣築隄禦水議　　　　明陜嗣宗　561-551- 45
洮水考　　　　　　　　　明蔣　冕　568-333-111
　　　　　　　　　　　　　　　　　1466-702- 58
疏通邊方河道議　　　　　明毛鳳韶　570-617-29之11
浙柯江解　　　　　　　　明鄭　旻　572-306- 37
議修築海寧縣海塘書　　　明張次仲　583-666- 19
見潮論　　　　　　　　　明楊　魁　583-673- 19
寧邑海潮論　　　　　　　明郭　濬　583-674- 19
海塘議　　　　　　　　　明黃光昇　583-675- 20
海寧縣海塘議　　　　　　明趙維寶　583-675- 20
錢塘江潮辨證　　　　　　明夏時正　583-688- 20
清湖八議濬西湖　　　　　明沈臣濟　586-550- 11
治河理漕雜議　　　　　　明黃　綰　1453-736- 79
漕河議　　　　　　　　　明萬　恭　1453-738- 79
治漕河議　　　　　　　　明何洛文　1453-740- 79
河議　　　　　　　　　　明黃永玄　1453-741- 79
經始伽河議　　　　　　　明黃承玄　1453-751- 79
吳江水利議　　　　　　　明史明古　1453-753- 80
復河套議　　　　　　　　明翁萬達　1453-764- 82
復河套議　　　　　　　　明尹　耕　1453-768- 83
鄞水利叙說（上中下
　三則）　　　　　　　　明戴　鰲　1454-223-108
黑水辨　　　　　　　　　明李元陽　1454-265-112
答西北墾田水利問　　　　明鄒德溥　1454-457-136
答窒理蓆撫臺（書）
　論水利　　　　　　　　明王家屏　1455- 34-180
三江考　　　　　　　　　明魏　濬　1466-707- 58
淮源記　　　　　　　　　清 高 宗　1301-380- 14
河源按語　　　　　　　　清 高 宗　1301-399- 19
河源簡明語　　　　　　　清 高 宗　1301-400- 19
灤河濡水源考證　　　　　清 高 宗　1301-415- 22
濟水考　　　　　　　　　清 高 宗　1301-422- 23
廣陵濤疆域辨　　　　　　清 高 宗　1301-431- 24
讀宋史河渠志　　　　　　清 高 宗　1301-502- 36
答撫臺開劉河書　　　　　清吳偉業　1312-402- 39

答孫屺瞻侍郎書
　論治河　　　　　　　　清湯　斌　1312-532- 5
奮時隸幽州辯　　　　　　清王士禎　506-686-111
　　　　　　　　　　　　　　　　　541-567-35之15
東西二漢水辯　　　　　　清王士禎　534-518- 97
禹貢三江辨　　　　　　　清朱鶴齡　1319-137- 12
嶓冢漢源辨　　　　　　　清朱鶴齡　1319-140- 12
三江考　　　　　　　　　清毛奇齡　583-705- 21
湘湖私築跨水橫塘補
　議　　　　　　　　　　清毛奇齡　1320- 52- 7
請罷修三江閘議　　　　　清毛奇齡　1320- 54- 8
請毀私築湖堤揭子　　　　清毛奇齡　1320- 76- 10
河源考　　　　　　　　　清張玉書　1322-436- 3
濟瀆考　　　　　　　　　清田　雯　541-628-35之18
　　　　　　　　　　　　　　　　　1324-385- 37
浙柯江考　　　　　　　　清田　雯　572-309- 37
觀水雜記 淮水等　　　　清田　雯　1324-319- 30
淮瀆考　　　　　　　　　清田　雯　1324-386- 37
答彭學士（書）論河
　渠水利　　　　　　　　清李光地　1324-971- 32
漳沱河辨　　　　　　　　清陸隴其　1325- 19- 2
衛水尋源記　　　　　　　清陸隴其　1325-165- 10
治河一二三四五　　　　　清潘天成　1325-582- 2
絳水（考）　　　　　　　清儲大文　1327- 54- 4
中州河防考　　　　　　　清儲大文　1327-173- 9
論北直水利書　　　　　　清藍鼎元　1327-600- 3
鉅鹿隄防議　　　　　　　清王　命　506-296- 96
漳河源流考　　　　　　　清賀應雍　506-681-111
九江考　　　　　　　　　清樓　儼　518-185-141
漕運議　　　　　　　　　清劉子壯　534-528- 97
江陵隄防議　　　　　　　清胡在恪　534-530- 97
河工說　　　　　　　　　清王　滙　538-593- 77
河工議　　　　　　　　　清王　滙　538-627- 78
丹河用水議　　　　　　　清俞　森　538-629- 78
再濬小清議　　　　　　　清張鵬翮　541-539-35之12
昀突泉係濟水辨　　　　　清王士俊　541-568-35之15
答劉敬又論無定河沙
　書　　　　　　　　　　清譚吉璁　556-485- 93
與張岫菴邑侯書 論鄂
　邑河渠灌漑之利　　　　清王心敬　556-486- 93
杜甫川說　　　　　　　　清張廷玉　556-498- 94
上巡撫言渠務書　　　　　清王全臣　558-700- 48
泗源辨　　　　　　　　　清武全文　558-713- 48
汶源辨　　　　　　　　　清武全文　558-713- 48
涇渭考　　　　　　　　　清達禮善　558-714- 48

三江源流考　　　　　　　清高　輯　　568-491-118
　　　　　　　　　　　　　　　　　　1455-322-210
黔中水道考　　　　　　　清晏斯盛　　572-310- 37
與巡撫范承謨論修塘
　書　　　　　　　　　　清柴紹炳　　583-669- 19
與觀察熊雪嵓免築備
　塘書　　　　　　　　　清楊雍建　　583-671- 19
海寧縣海塘議　　　　　　清范　驤　　583-676- 20
海寧縣築塘議　　　　　　清許三禮　　583-677- 20
海寧縣海潮議一至七　　　清陳　說　　583-677- 20
寧鹽二邑修塘議　　　　　清陳　訏　　583-684- 20
海寧縣築塘考　　　　　　清陳之遴　　583-700- 21
答潮問　　　　　　　　　清毛先舒　　583-732- 22
九河考　　　　　　　　　清彭　福　 1449-894- 31
江源考　　　　　　　　　清李　紱　 1449-901- 31
論水利之切于時者　　　　徐　誼　　 1386-700- 上

2. 序　跋

序越州鑑湖圖（鑑湖
　序）　　　　　　　　　宋曾　鞏　　526-131-263
　　　　　　　　　　　　　　　　　　1098-465- 13
　　　　　　　　　　　　　　　　　　1345-168- 20
　　　　　　　　　　　　　　　　　　1384-256-102
　　　　　　　　　　　　　　　　　　1406- 34-316
　　　　　　　　　　　　　　　　　　1447-922- 55
進單鍔吳中水利書　　　　宋蘇　軾　　576- 13- 附
進單鍔吳中水利書狀
　附吳中水利書貼黃　　　宋蘇　軾　 1107-837- 59
書單鍔吳中水利書後　　　宋薛季宣　 1159-423- 27
酈道元注水經四十卷
　跋　　　　　　　　　　宋錢　會　　575-701- 附
四明它山水利備覽序　　　宋魏　峴　　576- 16- 附
海湖圖序　　　　　　　　宋俞安道　　583-711- 22
蜀江圖跋　　　　　　　　元劉　壎　 1195-405- 7
題史侯修河詩卷　　　　　元程鉅夫　 1202-364- 25
補正水經序　　　　　　　元歐陽玄　　575-702- 附
　　　　　　　　　　　　　　　　　　1367-453- 36
　　　　　　　　　　　　　　　　　　1405-528-290
海堤錄後序　　　　　　　元柳　貫　 1210-470- 17
題補正水經後　　　　　　元蘇天爵　　575-703- 附
　　　　　　　　　　　　　　　　　　1214-338- 29
河防通議原序　　　　　　元沙克什　　576- 44- 附
河防通議後序　　　　　　元和元昇　　576- 69- 附
水經序　　　　　　　　　明王　禕　　575-691- 附
　　　　　　　　　　　　　　　　　　1226- 97- 5
　　　　　　　　　　　　　　　　　　1405-532-291

山東泉志序 徐仲山治
　泉而修者也　　　　　　明吳　寬　 1255-394- 44
水利事宜序　　　　　　　明邵　寶　 1258-136- 13
治河錄引　　　　　　　　明潘希曾　 1266-751- 8
治河總考序　　　　　　　明崔　銑　 1267-546- 7
海潮集序　　　　　　　　明陸　深　 1268-242- 39
水經序　　　　　　　　　明楊　慎　　575-693- 附
　　　　　　　　　　　　　　　　　　1270- 15- 2
　　　　　　　　　　　　　　　　　　1455-413-217
跋新刻水經（注）　　　　明楊　慎　　575-695- 附
　　　　　　　　　　　　　　　　　　1270- 98- 10
三吳水考序　　　　　　　明皇甫汸　　577- 92- 附
三吳水利圖考序　　　　　明皇甫汸　 1275-734- 35
備河四疏序　　　　　　　明葉春及　 1286-671- 14
水利書序　　　　　　　　明歸有光　 1289- 33- 2
三江圖叙說　　　　　　　明歸有光　 1289- 49- 3
江下三江圖叙說　　　　　明歸有光　 1289- 49- 3
河防一覽敍　　　　　　　明于慎行　 1455-487-222
河漕綱目序　　　　　　　明劉宗周　 1294-468- 9
海塘事略序　　　　　　　明吳　鼎　　526-168-264
吳浙水政圖志序　　　　　明屠應埈　　526-179-264
潛江志序　　　　　　　　明劉楚光　　534-633-102
題水經後　　　　　　　　明盛　薆　　575-694- 附
刻水經注序　　　　　　　明黃省曾　　575-695- 附
重刻水經序（水經注
　序）　　　　　　　　　明王世懋　　575-697- 附
　　　　　　　　　　　　　　　　　　1455-460-221
水經注箋序　　　　　　　明朱謀㙔　　575-698- 附
水經注箋序　　　　　　　明李長庚　　575-699- 附
刻水經批點序　　　　　　明譚元春　　575-700- 附
今水經序　　　　　　　　明黃宗羲　　575-704- 附
四明它山水利備覽序　　　明陳朝輔　　576- 17- 附
浙西水利書序　　　　　　明姚文灝　　576- 84- 附
（北河紀目錄識語）　　　明謝肇淛　　576-571- 附
三吳水考序　　　　　　　明徐　杙　　577- 88- 附
三吳水考序　　　　　　　明劉　鳳　　577- 90- 附
三吳水考紀略　　　　　　明林應訓　　577- 93- 附
三吳水考後序　　　　　　明徐　元　　577-610- 16
三吳水考後序　　　　　　明孫一俊　　577-612- 16
三吳水利考後序　　　　　明王穉登　　577-614- 16
海寧水利圖志序　　　　　明嚴　寬　　583-713- 22
水利全書序　　　　　　　明周　祚　 1455-408-216
泰西水法序　　　　　　　明鄭以偉　 1455-546-229
北河紀序（二則）　　　　明不著撰人　576-578- 附

四庫全書文集篇目分類索引

（御製）河源詩跋　　　　　清高宗　　579- 3- 附
（御製）河源簡明語　　　　清高宗　　579- 5- 首
重訂熱河考跋　　　　　　　清高宗　1301-641- 10
河防芻議序　　　　　　　　清魏裔介　1312-768- 7
校定水經注箋序　　　　　　清朱鶴齡　1319- 71- 7
水經注集釋訂訛原序　　　　清沈德潛　 574- 3- 附
水經注釋原序　　　　　　　清趙一清　 574- 4- 附
水經注釋原序　　　　　　　清全祖望　 575- 3- 附
崑崙河源考原序　　　　　　清林　佶　 579-319- 附
居濟一得原序　　　　　　　清張伯行　 579-487- 附
行水金鑑原序　　　　　　　清傅澤洪　 580- 3- 附
水道提綱原序　　　　　　　清齊召南　 583- 3- 附
海塘節略總序　　　　　　　清朱定元　 583-716- 22

e. 山　川

1. 論　文

太華（山）仙掌辨　　　　　唐王　涯　 556-502- 94
　　　　　　　　　　　　　　　　　　1336-421-367
　　　　　　　　　　　　　　　　　　1343-656- 46
武林山志　　　　　　　　　宋釋契嵩　1091-543- 14
華山賦　　　　　　　　　　宋李　綱　1126-692-158
記山海經山川雜說　　　　　宋朱　熹　1145-417- 71
山水源流說　　　　　　　　宋包　恢　1178-778- 7
寧都金精山記　　　　　　　宋曾原一　 517-411-126
歷山考　　　　　　　　　　宋羅　泌　 541-625-35之18
蜀山詩紀論　　　　　　　　宋羅　適　1381-671- 48
蜀山考　　　　　　　　　　宋王象之　 561-540- 45
　　　　　　　　　　　　　　　　　　1381-685- 48
嶧家辨　　　　　　　　　　宋程大昌　1375-376- 30
（蜀）山川形勝述　　　　　宋彭　韶　1381-686- 48
嵩問　　　　　　　　　　　元王　沂　1208-498- 13
甬東山水古蹟記　　　　　　元吳　萊　 526- 75-261
　　　　　　　　　　　　　　　　　　1209-122- 7
南海山水人物古蹟記　　　　元吳　萊　1209-164- 9
江行磯石志　　　　　　　　元吳師道　1212-145- 12
醴溪記 記醴溪之山水　　　 元梁　寅　1222-651- 6
塗山古碑　　　　　　　　　元賈易嚴　1381-662- 47
廣西山川志有序　　　　　　明黃　佐　1465-663- 13
塔山志　　　　　　　　　　明朱　瀚　1273-487- 4
江源記　　　　　　　　　　明胡　直　1287-374- 12
磨笄山辨　　　　　　　　　明尹　耕　 506-683-111
封禁（山）攷略　　　　　　明李　鴻　 518-184-141
武林山辨　　　　　　　　　明邵穆(重)生 526-273-267
　　　　　　　　　　　　　　　　　　 586-549- 11

東蒙辨　　　　　　　　　　明公　鼐　 541-564-35之15
終南太白說　　　　　　　　明劉紹周　 556-499- 94
褒斜同谷說　　　　　　　　明劉紹周　 556-500- 94
　　　　　　　　　　　　　　　　　　 558-708- 48
武功邰鄠辨　　　　　　　　明劉紹周　 556-504- 94
崑崙積石二山辨　　　　　　明僉安期　 558-709- 48
廣西山川考　　　　　　　　明章　潢　1466-706- 58
還珠洞辨疑　　　　　　　　明陳　璉　1466-712- 58
沈香潭辨疑　　　　　　　　明陳　璉　1466-712- 58
蒼梧九疑之辨　　　　　　　明蔣　晃　1466-714- 58
虞山堯山辨　　　　　　　　明魏　濬　 556-715- 58
茅山正誥　　　　　　　　　清高宗　　1301-129- 14
古泖池證疑　　　　　　　　清高宗　　1301-130- 14
白塔山總記　　　　　　　　清高宗　　1301-361- 12
塔山南面記　　　　　　　　清高宗　　1301-362- 12
塔山西面記　　　　　　　　清高宗　　1301-362- 12
塔山北面記　　　　　　　　清高宗　　1301-363- 12
塔山東面記　　　　　　　　清高宗　　1301-363- 12
濟源盤谷考證　　　　　　　清高宗　　1301-414- 21
艮嶽三丈石關辨　　　　　　清高宗　　1301-439- 25
震澤太湖辨　　　　　　　　清朱鶴齡　1319-139- 12
臨平湖通江辨上通浦
　陽江下注浙江辨　　　　　清毛奇齡　 583-688- 20
紫池考　　　　　　　　　　清田　雯　 572-310- 37
嵩嶽考　　　　　　　　　　清田　雯　1324-388- 37
嵩嶽雜考　　　　　　　　　清田　雯　1324-391- 37
上諭泰山脈絡恭記　　　　　清李光地　1324-723- 14
恒山辨　　　　　　　　　　清陸隴其　1325- 19- 2
原山考　　　　　　　　　　清趙執信　 541-629-35之18
漳志山川小序　　　　　　　清蔡世遠　1325-662- 1
方城（山論）　　　　　　　清儲大文　1327- 46- 4
大峴（說）　　　　　　　　清儲大文　1327- 46- 4
石公山（說）　　　　　　　清儲大文　1327- 51- 4
五狼山（說）　　　　　　　清儲大文　1327- 53- 4
城山說　　　　　　　　　　清儲大文　1327- 54- 4
麥子山（說）　　　　　　　清儲大文　1327- 72- 5
釣魚山（說）　　　　　　　清儲大文　1327- 73- 5
賀蘭山口（記）　　　　　　清儲大文　1327- 95- 6
三谷（說）　　　　　　　　清儲大文　1327- 98- 7
敦淺原辨　　　　　　　　　清李　瑩　 518-181-141
西湖不通江辨　　　　　　　清毛先舒　 526-275-267
　　　　　　　　　　　　　　　　　　 583-689- 20
西湖考　　　　　　　　　　清王　晫　 526-280-267
道山議　　　　　　　　　　清蕭　震　 530-478- 69
高里山辨　　　　　　　　　清顧炎午　 541-567-35之15

四庫全書文集篇目分類索引

恒嶽釋疑	清徐化溥	550-697-227
靈隱入海說	清孫　治	583-692- 20
靈隱通江說	清孫　治	583-693- 20

2. 序　跋

五嶽圖序	漢東方朔	1406- 30-316
九疑（山）圖記	唐元　結	534-649-104
		1071-567- 9
		1341-250-832
		1409-189-583
（南嶽小錄序）	唐李冲昭	585- 3- 附
武夷山圖序	宋朱　熹	530-486- 70
武夷（山）圖序	宋朱　熹	1145-586- 76
桂海巖洞志序	宋范成大	1466-561- 51
周山川圖記	宋王應麟	1187-183- 1
羅浮（山）集序	宋譚　粹	564-687- 59
赤松山志序	宋倪守約	585- 46- 附
廬山記序	宋劉　渙	1345-544- 0
輿地紀勝序記天下郡		
縣山川之精華	宋李　壹	1381-330- 31
龍虎山志序	元程鉅夫	1202-202- 15
天台要覽序	元范　理	256-146-263
進龍虎山志表	元吳全節	516-741-114
黃山圖經詩集序	明唐桂芳	1226-855- 5
龍虎山志序	明張宇初	518- 41-137
		1236-375- 2
武夷山志序	明張宇初	1236-383- 2
（歐）茶（茅）山志	明楊士奇	1238-596- 17
後湖志後序玄武湖	明羅欽順	1261-110- 8
書鄧尉山志後	明陸　粲	1274-676- 7
衡嶽志後序（續刻南		
嶽志序）	明羅洪先	534-604-101
		1275-224- 11
石屋山志序	明唐順之	1276-327- 7
惠山續集序	明王世貞	1280-156- 66
山園雜著小序弇之山水	明王世貞	1282-653- 50
天台山志序	明顧允成	526-175-264
廬山紀事序	明余文獻	518- 87-138
廬山紀事序	明桑　喬	518- 88-138
西湖遊覽志序	明田汝成	526-167-264
		586-547- 11
		1455-410-216
碧嚴志序	明鄭明選	526-181-264
重修衡嶽志序	明鄧雲霄	534-628-102
恒岳志序	明王瀋初	550-126-213

刻華嶽全集序	明賈待問	556-457- 93
龍山志序	明鄒元標	572-357- 39
南嶽小錄原序	明蔡汝楠	585- 2- 附
桂勝序	明劉繼文	585-639- 附
		1466-582- 52
桂勝序	明張鳴鳳	585-640- 附
		1466-585- 52
書桂勝後	明張鳴鳳	585-738- 附
桂故（原）序	明張鳴鳳	585-740- 附
桂故序	明張鳴鳳	585-740- 附
		1466-586- 52
桂故序		
九疑山志序	明蔣　鏡	1457-211-363
桂勝序	明蔡汝賢	1466-583- 52
兩粵名勝志序代	明張　萱	1466-600- 52
廣西名勝志總序	明曹學佺	1466-602- 52
（御製）清涼山新志序	清聖　祖	549- 1-182
清涼山新志序	清聖　祖	1299-168- 21
（御製）盤山誌序	清高　宗	586- 1- 附
盤山誌序	清高　宗	1301-110- 12
御題西湖志纂	清高　宗	586-337- 附
廬山志序	清施閏章	1313- 19- 2
嵩山志序	清施閏章	1313- 20- 2
青原山志序	清施閏章	1313- 21- 2
閣皁山志序	清施閏章	1313- 21- 2
重修黃山志序	清吳　綺	1314-320- 6
七星巖誌序	清吳　綺	1314-322- 6
盤山志序	清王士禎	586-267- 12
盤山志序	清宋　犖	586-270- 12
大陸澤圖說	清王原郡	506-691-112
廬山志序	清白　潢	518-114-139
太和山志序	清王新命	534-642-103
峨嵋山志序	清金　僎	561-654- 47
進盤山志表	清蔣　薄等	586- 2- 附
盤山志序	清王澤宏	586-268- 12
盤山志序	清高士奇	586-269- 12
盤山志序	清釋智朴	586-271- 12
進西湖志纂（表）	清沈德潛	586-339- 首
（廬山記）原序	不著撰人	585- 14- 附

f. 遊　記

錢塘勝游錄序	宋周紫芝	1141-369- 52
書尤季端遊山志後	宋劉　宰	1170-618- 24
題學子吳應奎文可遊		
山紀勝	宋陳　著	1185-220- 46
西遊錄序	元耶律楚材	1191-564- 8
題雪寶行紀後	元戴表元	1194-252- 19

1784 四庫全書文集篇目分類索引

史部

地理類：遊記

篇目	作者	編號
敖北山遊記	元宋 褧	1212-520- 15
河朔訪古記序	元劉仁本	593- 19- 附
		1216- 75- 5
雲間紀遊詩（集）序	元楊維楨	1221-441- 7
敖金華遊錄	元吳士瑸	1188-341- 下
（金華洞天行紀）敖	元吳士瑸	1189-557- 5
敖金華遊錄	元郭 靈	1188-342- 下
（金華洞天行紀）又敖	元郭 霈	1189-557- 5
題北山紀游卷後	明宋 濂	1223-642- 13
河朔訪古記序	明王 禕	1226- 93- 5
	明程敏政	1252-611- 35
遊名山記引	明王 鏊	1256-276- 13
春山遊覽記小引	明孫承恩	1271-466- 34
游名山記序	明王世貞	1280-189- 69
兩都紀游小序	明王世貞	1282-546- 41
報慶紀行小序	明王世貞	1282-588- 45
四遊集序	明王世貞	543-614-102
		1282-616- 47
劉闇游山諸記序	明王世貞	1282-682- 52
鄭彥吉玄嶽游稿序	明王世貞	1282-688- 52
潘景升東游詩小序	明王世貞	1282-711- 54
東遊稿序	明馮從吾	1293-222- 13
東遊草序	明鄒元標	1294-141- 4
乾城紀遊引	明鄒元標	1294-298- 8
三山遊日記小序	明范景文	1295-514- 5
遊橫山記序	明黃淳耀	1297-632- 2
中州覽勝序	明唐 寅	538-617- 78
		587-702- 15
		1406-161-333
遊嶽草序	明魏學曾	556-457- 93
遊嶽山詩序	明余承勛	561-515- 44
遊裝集序	明余承勛	561-515- 44
遊城南記序	明王家瑞	593- 2- 附
遊城南記跋	明康 棣	593- 3- 附
金華洞天行紀（序）	明張一楨	1189-550- 4
（金華洞天行紀）又跋	明張 燧	1189-558- 5
五嶽遊草自序	明王士性	1406-163-333
臥游清福編序	明陳繼儒	1406-164-333
游山說	明楊夢袞	1454-218-106
遊山記序	明林大春	1455-518-225
四遊記序	明方宏靜	1456-411-300
西粵山水可遊記序	明鄒 圭	1466-606- 52
西江遊草序	清施閏章	1313- 50- 4
旅行日記小序	清汪 琬	1315-501- 29
姚石村南遊日記序	清姜宸英	1323-605- 1
張馨百秦遊詩序	清姜宸英	1323-620- 1
高霽公廬山紀遊敖	清李仙根	561-669- 47
徐霞客遊記序	清楊名時	593- 63- 附

附錄：遊記文

遊石門詩序	晉廬山道人	1400-551- 8
		1406-150-331
遊名山志并序	劉宋謝靈運	1398-677- 10
		1409-533-622
		1414- 70- 65
遊新亭曲水詩序	劉宋袁 淑	1398-755- 13
		1414-199- 70
行宅詩序	齊蕭子良	1399- 54- 2
入攝山棲霞寺詩序	陳江 總	1401-409- 31
遊攝山棲霞寺詩序	陳江 總	1401-409- 31
遊山廟（寺）序	唐王 勃	1065- 95- 5
		1339-681-708
		1394-657- 10
		1406-383-354
梓潼江南泛舟序	唐王 勃	1065- 96- 5
		1339-678-708
夏日登韓城門樓寓望序	唐王 勃	1065- 97- 5
		1339-679-708
夏日登龍門樓寓望序	唐王 勃	1065- 97- 5
		1339-679-708
秋日遊蓮池序	唐王 勃	1065- 98- 5
		1339-678-708
		1394-656- 10
		1406-385-354
晚秋遊武擔山寺序	唐王 勃	1065- 99- 6
		1339-683-708
		1381-343- 32
遊冀州韓家園序	唐王 勃	1065-100- 6
		1339-685-708
		1394-659- 10
		1406-386-354
夏日諸公見尋訪詩序	唐王 勃	1065-102- 6
		1339-740-715
遊滕王閣序	唐王 勃	1406-382-354
登秘書省（署）閣詩序	唐楊 炯	1065-211- 3
		1339-741-715

遊黃山卷引

遊名山記引

四庫全書文集篇目分類索引

史部

地理類：遊記

	1394-651- 9	
群官尋楊隱居詩序	唐楊 炯 1065-214- 3	
	1339-744-715	
	1406-386-354	
七日綿州泛舟詩序	唐盧照鄰 561-492- 44	
	1065-331- 6	
	1339-747-715	
	1381-344- 32	
	1394-651- 9	
楊明府過訪詩序	唐盧照鄰 1065-331- 6	
	1339-748-715	
揚州看競渡序	唐駱賓王 1065-498- 4	
	1340-173-736	
	1394-661- 10	
	1406-388-354	
登逍遙臺序	唐張九齡 564-675- 59	
歲除陪王司馬登薛公逍遙臺序	唐張九齡 1339-697-710	
夏日諸從弟登汝州龍興閣序	唐李 白 1066-409- 26	
	1066-740- 28	
	1067-492- 27	
	1339-701-710	
	1344-445- 97	
	1394-664- 10	
泛汸州城南郎官湖詩序	唐李 白 1339-753-716	
	1344-427- 96	
	1406-152-331	
清明日南皮泛舟序	唐蕭穎士 506-390-100	
	1072-334- 0	
	1344-445- 97	
登頭陀寺東樓詩序	唐李 華 1072-359- 1	
	1339-752-716	
暮春陪諸公遊龍沙熊氏清風亭詩序	唐權德輿 1339-759-716	
遊瑞蓮池序	唐柳宗元 534-592-101	
鈷鉧潭西小丘記	唐柳宗元 534-655-104	
	1076-262- 29	
	1076-704- 29	
	1341-183-823	
	1355-646-21下	
	1378-445- 57	
	1383-266- 23	
	1409-107-573	
	1447-359- 16	
石渠記	唐柳宗元 534-656-104	
	1076-264- 29	
	1076-706- 29	
	1341-184-823	
	1355-647-21下	
	1378-447- 57	
	1383-267- 23	
	1409-108-573	
	1447-361- 16	
石澗記	唐柳宗元 534-656-104	
	1076-264- 29	
	1076-707- 29	
	1341-185-823	
	1355-647-21下	
	1378-447- 57	
	1383-268- 23	
	1409-109-573	
	1447-361- 16	
游（遊）黃溪記	唐柳宗元 534-657-104	
	1076-261- 29	
	1076-703- 29	
	1341-187-823	
	1355-644-21下	
	1378-444- 57	
	1383-264- 23	
	1409-105-573	
	1447-363- 17	
始得西山宴遊記	唐柳宗元 534-660-104	
	1076-261- 29	
	1076-704- 29	
	1341-182-823	
	1344-444- 97	
	1355-645-21下	
	1378-445- 57	
	1383-265- 23	
	1409-106-573	
	1447-359- 16	
鈷鉧潭記	唐柳宗元 534-662-104	
	568-269-109	
	1076-262- 29	
	1076-704- 29	
	1341-183-823	
	1355-645-21下	
	1378-445- 57	

四庫全書文集篇目分類索引

史部

地理類：遊記

	1383-266- 23		1344-428- 96
	1409-107-573		1406-155-332
	1447-359- 16	三遊洞序(序三遊洞)　唐白居易	534-594-101
柳州山水近治可遊者			1080-477- 43
記　唐柳宗元	568-269-109		1339-715-711
	1076-265- 29		1406-156-332
	1076-708- 29	遊南山序　唐元　傑	564-677- 59
	1355-649-21下	牧守竟陵因遊西塔著	
	1383-270- 23	三感說　唐周　愿	1336-444-371
	1409-109-573	仲春群公遊田司直城	
	1447-369- 17	東別業序　唐陶　翰	1339-699-710
	1465-778- 19	晚秋陪盧侍郎遊石橋	
至小丘西（小）石潭		序　唐于　邵	1339-704-710
記　唐柳宗元	1076-263- 29	遊李校書花藥圃序　唐于　邵	1339-705-710
	1076-705- 29		1394-668- 10
	1341-184-823	游雲門寺詩序（遊雲	
	1344-127- 71	門序）　唐梁　肅	1339-755-716
	1355-646-21下		1344-445- 97
	1378-446- 57		1394-652- 9
	1383-267- 23	新安谷記　唐穆　員	1341-186-823
	1409-107-573	到難　唐周　夔	1344-128- 71
	1447-360- 16	蘭溪縣靈隱寺東峯新	
袁家渴記　唐柳宗元	1076-263- 29	亭記　唐馮　宿	1344-158- 74
	1076-706- 29	序白　唐舒元輿	1344-446- 97
	1341-184-823	登石傘峯并序　唐陳　諫	1345- 38- 4
	1355-647-21下	遊妙喜寺記　唐李　遜	1345-145- 18
	1378-446- 57	陪遂安封明府游靈巖	
	1383-267- 23	瀑布記　唐康仲熊	1348-578- 7
	1409-108-573	游衛氏林亭序　宋徐　鉉	1085-150- 19
	1447-360- 16	春日同趙侍禁遊白兆	
小石城山記　唐柳宗元	1076-265- 29	山寺序　宋宋　祁	1088-404- 45
	1076-707- 29	陳宮師留題羅浮山詩	
	1341-185-823	序　宋余　靖	564-686- 59
	1355-648-21下	曾太博臨川十二詩序　宋余　靖	1089- 26- 3
	1378-447- 57	同遊渤溪石室記　宋余　靖	1089- 46- 5
	1383-268- 23	遊徑山記　宋蔡　襄	1090-568- 28
	1409-109-573	游南屏山記　宋釋契嵩	1091-545- 14
	1447-361- 16	天台山習養瀑記　宋陳　襄	1093-651- 18
陪永州崔使君遊謿南		遊大字院記　宋歐陽修	1102-497- 63
池序　唐柳宗元	1383-246- 21	于役志　宋歐陽修	1103-271-125
來南錄　唐李　翱	1078-189- 18		1409-645-639
遊大林寺（序）　唐白居易	517-269-122	鄞縣經遊記　宋王安石	491-658- 19
	518- 7-136		526- 56-260
	1080-478- 43		1105-690- 83
	1339-714-711		1384- 86- 88

四庫全書文集篇目分類索引

1409-112-574
遊褒禪山記　　　　　　宋王安石　1105-690- 83
　　　　　　　　　　　　　　　　1384- 86- 88
　　　　　　　　　　　　　　　　1409-111-574
　　　　　　　　　　　　　　　　1447-970- 58
潤州遊山記　　　　　　宋王　令　1106-514- 23
下嵓行記　　　　　　　宋蘇　軾　 561-541- 45
　　　　　　　　　　　　　　　　1381-824- 64
游桓山記　　　　　　　宋蘇　軾　1107-512- 36
　　　　　　　　　　　　　　　　1384-680-141
　　　　　　　　　　　　　　　　1409-380-605
書遊湯泉詩後　　　　　宋蘇　軾　1108-499- 93
紀遊　　　　　　　　　宋蘇　軾　1409-637-637
黔南道中行記　　　　　宋黃庭堅　 534-676-105
　　　　　　　　　　　　　　　　1113-200- 20
　　　　　　　　　　　　　　　　1409-637-637
香山寺行紀（記）　　　宋黃庭堅　 561-541- 45
　　　　　　　　　　　　　　　　1381-824- 64
臥龍行紀（記）　　　　宋黃庭堅　 561-541- 45
　　　　　　　　　　　　　　　　1381-824- 64
游龍水城南帖　　　　　宋黃庭堅　1113-650- 11
　　　　　　　　　　　　　　　　1406-720- 59
西山南浦行記　　　　　宋黃庭堅　1113-651- 11
中興頌詩引並行記　　　宋黃庭堅　1113-652- 11
游瀘州合江縣安樂山
　行記　　　　　　　　宋黃庭堅　1113-652- 11
遊中巖行記　　　　　　宋黃庭堅　1113-652- 11
書次韻周元翁游青原
　山寺後　　　　　　　宋黃庭堅　1113-662- 12
陵州（川）縣山水記　　宋張　未　1115-357- 41
　　　　　　　　　　　　　　　　1346-427- 30
　　　　　　　　　　　　　　　　1361-142- 20
雜書遊蔣山之記　　　　宋張　未　1115-374- 44
遊龍井記　　　　　　　宋秦　觀　 586-542- 11
遊湯泉記　　　　　　　宋秦　觀　1115-639- 38
　　　　　　　　　　　　　　　　1356-306- 14
郴行錄（附郴學大成
　一則）　　　　　　　宋張舜民　1117- 38- 7
鄧子山家遊初軒記　　　宋鄭　俠　1117-398- 3
三遊山記（三則）　　　宋沈　遼　1117-601- 7
新城遊北山記（游新
　城北山記）　　　　　宋晁補之　1118-630- 31
　　　　　　　　　　　　　　　　1350-869- 84
　　　　　　　　　　　　　　　　1356-305- 14
　　　　　　　　　　　　　　　　1409-113-574

獨遊狼山記　　　　　　宋劉　弇　1119-253- 23
遊山院記　　　　　　　宋黃　裳　1120-102- 13
馮翊行記　　　　　　　宋李　復　1121- 59- 6
遊歸仁園記　　　　　　宋李　復　1121- 61- 6
遊山錄　　　　　　　　宋趙鼎臣　1124-268- 20
遊越王臺記　　　　　　宋唐　庚　1124-331- 2
遊湯泉記　　　　　　　宋唐　庚　1124-332- 2
遊羅浮山行記　　　　　宋李　綱　1126-539-133
宣城水西道中雜言（
　十則）　　　　　　　宋李彌遜　1130-789- 21
遊廬山記　　　　　　　宋王庭珪　1134-252- 34
荊豁行記　　　　　　　宋孫　覿　1135-205- 21
西征道里記（陝西）
　并序　　　　　　　　宋鄭剛中　1138-139- 13
遊無窮齋記　　　　　　宋張孝祥　1140-604- 3
遊朝陽巖記　　　　　　宋張孝祥　1140-611- 14
觀月記　　　　　　　　宋張孝祥　1140-612- 14
（錢塘）觀潮記　　　　宋吳　儆　 583-721- 22
　　　　　　　　　　　　　　　　1142-261- 11
題折桂院行記　　　　　宋朱　熹　 518-233-143
　　　　　　　　　　　　　　　　1146-629- 4
南嶽遊山後記　　　　　宋朱　熹　1145-601- 77
百丈山記　　　　　　　宋朱　熹　1145-614- 78
　　　　　　　　　　　　　　　　1409-119-574
記遊南康廬山　　　　　宋朱　熹　1145-769- 84
遊密菴記　　　　　　　宋朱　熹　1145-770- 84
歸廬陵日記　　　　　　宋周必大　1148-778-165
乾道庚寅奏事錄　　　　宋周必大　1148-854-170
乾道壬辰南歸錄　　　　宋周必大　1148-866-171
遊山記　　　　　　　　宋周必大　1385-477- 19
遊東林山水記　　　　　宋王　質　1149-390- 6
遊羅漢院記　　　　　　宋林亦之　1149-912- 8
遊赤松記　　　　　　　宋呂祖謙　 526- 61-261
入越錄　　　　　　　　宋呂祖謙　1150-132- 15
入閩錄　　　　　　　　宋呂祖謙　1150-138- 15
臥龍行記　　　　　　　宋王十朋　 561-541- 45
　　　　　　　　　　　　　　　　1409-119-574
觀水記　　　　　　　　宋王十朋　1151-267- 17
臥龍山記　　　　　　　宋王十朋　1381-826- 64
北行日錄上下　　　　　宋樓　鑰　1153-681-111
題孫吉甫遊東山跋　　　宋袁　燮　1157- 98- 8
春遊序　　　　　　　　宋趙善括　1159- 37- 3
筏眉山行記　　　　　　宋范成大　1381-819- 63
遊廬山記　　　　　　　宋陸　游　 517-374-125
入蜀記　　　　　　　　宋陸　游　 534-705-106

四庫全書文集篇目分類索引

史部 地理類：遊記

篇名	作者	編號
登南樓記	宋陸　游	1409-58-568
鳳山紀行爲中隱作	宋楊冠卿	1165-484-7
遊山記	宋陳　造	1166-277-22
遊山後記	宋陳　造	1166-277-22
東遊記	宋陳　造	1166-278-22
遊東山記	宋張　栻	534-699-106
		1167-535-13
游澱山留題	宋衛　涇	1169-752-19
游吳江行記	宋陳文蔚	1171-73-10
游山記	宋陳文蔚	1171-74-10
遊金華三洞記	宋程　珌	1171-321-7
		1375-206-13
遊龍井記	宋程　珌	1171-321-7
中秋甌月記	宋劉學箕	1176-597-下
跋薛叔容遊四明洞記	宋戴　栩	1176-755-9
書吳伯成游山詩後	宋包　恢	1178-759-5
吳江性上人擬瀟上游	宋釋居簡	1183-86-6
靈源天境記	宋姚　勉	1184-236-35
重遊騎岡記	宋姚　勉	1184-237-35
文山觀大水記	宋文天祥	517-437-126
		1184-577-12
長嘯山遊記	宋王　柏	1186-81-5
游桃塢記	宋車　獻	1188-90-11
鹿田聽雨記	宋謝　翱	526-73-261
		1188-326-10
遊僊華巖麓記	宋謝　翱	1188-318-9
自巖麓尋泉至三石洞記	宋謝　翱	1188-319-9
月泉遊記	宋謝　翱	1188-320-9
遊赤松觀羊石記	宋謝　翱	1188-324-10
金華遊錄	宋謝　翱	1188-335-下
黃山紀遊	宋吳龍翰	1188-864-6
		1375-447-35
雪竇游誌	宋鄧　牧	1189-515-0
金華洞天行紀（十五則）	宋方　鳳	1189-550-4
題北游吟記	宋黃公紹	1189-633-0
戊辰遊山題壁記	宋舒　嶽	491-661-19
金溪泛舟序	宋傅自得	530-485-70
游玉華山記	宋張　岷	556-396-91
遊城南記	宋張　禮	556-399-91
遊鄂山詩序	宋程　顥	556-448-93
		1345-587-1
遊靈巖詩序	宋鮮于侁	556-449-93
游浣花記	宋任正一	561-381-41
		1354-798-46
		1381-555-40
瞿唐關行記	宋關善孫	561-541-45
		1381-826-64
三峽堂行記	宋呂商隱	561-542-45
		1381-826-64
（侍郎閣公運使張公同遊）臥龍紀行	宋閻蒼舒	561-542-45
		1381-827-64
遊南山十詠序	宋劉仲淹	564-687-59
遊沃州山眞封院并序	宋吳處厚	1345-33-4
五洩山三學院十題并序	宋僧成潤	1345-36-4
游小隱山敍	宋錢公輔	1345-166-20
遊虎丘詩并序	宋晁　迥	1358-703-4
臥龍行記	宋劉均國	1381-824-64
報恩寺行記	宋唐文若	1381-825-64
祥雲寺記	宋劉　昉	1381-825-64
香積院行記	宋蔡　愷	1381-825-64
臥龍紀行	宋黃人傑	1381-828-64
臥龍行記	宋李　壁	1381-828-64
遊嵩山寄梅殿丞	宋謝　絳	1404-625-223
游漱玉巖記	宋喻汝礪	1409-113-574
淳安三潭記	宋錢　時	1409-114-574
（遊）寶圭洞記	宋吳元美	1465-786-19
（遊）白沙洞記	宋吳元美	1465-787-19
（遊）髻真觀記	宋吳元美	1465-788-19
（遊）玉虛洞記	宋吳元美	1465-789-19
（遊）巫山寨記	宋吳元美	1465-790-19
（遊）玉田洞記	宋吳元美	1465-790-19
（遊）普照巖記	宋吳元美	1465-791-19
（遊）獨秀巖記	宋吳元美	1465-792-19
遊南中巖洞記	宋羅大經	1465-794-19
灕江泛舟詩序	宋滕　懋	1466-562-51
石筍上行記	宋不著撰人	1381-824-64
濟南行記	金元好問	1191-389-34
東遊略記	金元好問	1191-391-34
兩山行記	金元好問	1191-393-34
去魯記	元郝　經	1192-280-26
遊紫金山記	元張養浩	1192-524-6
九日登高序	元王義山	1193-38-6
九日登鹿角山詩序	元劉　跂	1195-156-2
遊興善寺詩序	元劉　跂	1195-159-2
東遊記	元楊　奐	1198-233-上
遊高氏園記	元劉　因	1198-564-10

四庫全書文集篇目分類索引

史部

地理類・遊記

		1409-381-605			1409-117-574
遊水寶崖題名	元安　熙	1199-727- 4	秋遊雁蕩記	元李孝光	1215-100- 1
遊鍾山記	元胡炳文	1199-750- 2			1409-117-574
		1375-220- 14	雁宕（名）山記	元李孝光	1215-100- 1
遊汀社壇記	元胡炳文	1199-751- 2			1409-114-574
洞溪記	元王　惲	1200-459- 36	遊千山記	元貢師泰	1215-733- 0
游霖落山記	元王　惲	1200-464- 36	遊羅源縣蓮花山記略	元陳　高	1216-245- 12
登鸛雀樓記	元王　惲	1200-465- 36	游鼓山記	元吳　海	1217-183- 3
遊王官谷記	元王　惲	1200-470- 37	遊黃巖記	元吳　海	1217-190- 3
		1373-383- 24	遊上林記	元吳　海	1217-196- 4
西山經行記	元王　惲	1200-472- 37	重遊鼓山記	元吳　海	1217-197- 4
		1373-384- 24	遊石照記	元舒　頔	1217-551- 1
游華不注記	元王　惲	1200-485- 38	石門八景記	元周霆震	1218-510- 7
遊東山記	元王　惲	1200-521- 40	遊羅田巖序	元王　禮	1220-392- 4
遊洞溪序	元王　惲	1200-526- 41	遊洞巖記	元王　禮	1220-422- 7
遊澤州青蓮寺題示	元王　惲	1201- 71- 71	遊廬山記	元李　洞	517-518-128
遊佛峪寺序	元王　旭	1202-842- 11	游龍山記	元麻　革	549-591-203
歐劉參政登岱華二詩					1367-324- 27
後	元同　恕	1206-693- 4	大理行記	元郭松年	570-462-29之7
谷源記	元虞　集	1409-120-574	題東遊記後	元陳　僩	1198-268- 附
遊伊川亭詩引	元王　沂	1208-536- 17	題東遊記後	元段廷珪	1198-269- 附
陸渾山水記	元王　沂	1208-564- 20	題東遊記後	元璩次瀾	1198-269- 附
遊分水嶺記	元王　沂	1208-569- 20	遊雪缸記	元汪炎昶	1375-212- 13
石臺紀遊詩序	元黃　溍	526-149-263	遊龍潭記	元汪炎昶	1375-212- 13
		1209-364- 5	遊黃山記	元汪澤民	1375-224- 14
記遊	元許有壬	1211-292- 41	遊天平山記	元柯九思	1385-478- 19
		1211-710- 下	遊金碧山記	元皇甫信	1386-112- 33
金華北山遊記	元吳師道	1212-140- 12	（遊）劉仙巖記	元潘　仁	1465-797- 19
北山後遊記	元吳師道	1212-149- 12	游西岳文	明　太　祖	1223-133- 13
遊西山詩序	元吳師道	1212-206- 15	遊新庵記	明　太　祖	1223-146- 14
北山遊卷跋	元吳師道	1212-230- 16	遊寺記	明　太　祖	1223-150- 14
遊赤山詩序	元程端學	1212-325- 2	遊琅琊山記（琅琊遊		
歐浮屠信中孚遊蓬萊			記）	明宋　濂	1223-258- 2
詩卷後	元程端學	1212-354- 4			1374- 2- 29
遊菱溪記	元虞　琦	1214-742- 下			1409-125-575
始入雁山觀石梁記	元李孝光	1215- 94- 1	遊鍾山記	明宋　濂	1223-292- 3
		1409-116-574			1409-122-575
遊靈峰洞（硐）記	元李孝光	1215- 95- 1	游塗荊（荊塗）二山		4
		1409-118-574	記	明宋　濂	1223-328- 4
暮入靈岩記	元李孝光	1215- 96- 1			1374- 4- 29
		1409-115-574			1409-381-605
大龍湫記	元李孝光	1215- 98- 1	遊雲門記	明劉　基	1225-210- 8
		1409-115-574			1409-127-575
宿能仁寺東菴記	元李孝光	1215- 99- 1	出越城至平水記	明劉　基	1225-211- 8
遊惠上人開西谷記	元李孝光	1215- 99- 1	發（自）普濟過明覺		

四庫全書文集篇目分類索引

史部

地理類：遊記

篇目	作者	索引號
寺至深居記	明劉　基	1225-213- 8
		1409-128-575
（遊）自靈峰適深居過普濟寺清遠樓記	明劉　基	1225-213- 8
		1409-129-575
（遊）活水源記	明劉　基	1409-127-575
		1457-102-353
遊龍鳴山記	明陶　安	1225-775- 17
開先寺觀瀑布記	明王　禕	517-542-129
		1226-176- 8
		1374- 13- 29
		1409-130-576
游白鹿洞記	明王　禕	517-544-129
		1226-178- 8
		1374- 15- 29
自建昌州還經行廬山下記	明王　禕	517-545-129
		1226-181- 9
		1374- 16- 29
廬山游記序	明王　禕	1226-105- 5
游棲賢院觀三峽橋記	明王　禕	1226-178- 8
		1374- 18- 29
		1409-130-576
謁周公廟記	明王　禕	1226-194- 9
		1374- 20- 30
謁茂陵記	明王　禕	1226-195- 9
遊牛頭山記	明危　素	1226-654- 1
游釣石記	明唐桂芳	1226-860- 6
		1375-241- 16
遊山記	明貝　瓊	1228-291- 1
		1374- 44- 32
遊父山記	明貝　瓊	1228-294- 1
遊冶亭記	明貝　瓊	1228-377- 14
青霞洞天游記	明胡　翰	1229- 64- 5
		1374- 12- 29
金華城川十詠詩序	明童　冀	1374-137- 40
遊師子林記	明王　彝	1386- 36- 30
遊禹門記	明張　丁	1229-457- 下
遊天平山記	明高　啓	1230-258- 1
		1385-479- 19
		1457-102-353
遊靈巖記	明高　啓	1230-265- 1
遊三門記	明王　翰	1374- 30- 31
游清泉山記	明方孝孺	1235-469- 16
雲南西行記	明程本立	1236-171- 3
游塗山記	明唐之淳	1236-578- 4
遊龍神寺記	明梁　潛	1237-231- 4
遊長春宮遺址詩序	明梁　潛	1374-169- 43
遊西山記	明王　洪	1237-507- 6
遊東山記	明楊士奇	534-722-108
		1238- 3- 1
		1374- 60- 34
		1457-103-353
郊遊記	明楊士奇	1238-380- 1
東山燕遊詩序	明楊士奇	1238-559- 15
賜遊西苑詩序	明楊士奇	1238-562- 15
		1374-163- 42
遊武山記	明王　直	1241- 31- 2
（遊）僉巖十景詩序	明唐文鳳	1242-594- 5
中溪八景記	明李時勉	1242-689- 3
游龍門記	明薛　瑄	1243-313- 18
遊草堂記	明薛　瑄	1243-336- 19
謁少陵杜先生草堂記	明劉　球	1243-447- 4
遊玉泉記	明劉　球	1243-448- 4
滁溪山水間記	明劉　球	1243-458- 4
賜遊西苑記	明李　賢	1244-529- 5
		1374- 94- 37
賜遊西苑記	明韓　雍	1245-710- 9
遊鳳凰山記	明張　寧	1247-355- 12
謁箕子廟退書	明張　寧	1247-363- 13
草茆紀游詩并引	明沈　周	1386- 49- 30
遊武夷山序	明鄭　紀	1249-819- 9
遊西山記	明李東陽	506-335- 98
		1250-311- 30
游盤山舞劍臺記	明李東陽	586-251- 12
遊會稽詩後序	明李東陽	1250-228- 22
中元謁陵遇雨記	明李東陽	1250-333- 32
		1457-464-385
山行記	明李東陽	1250-705- 67
紀遊	明朱存理	1251-618- 0
		1385-530- 21
龜峯勝槩記	明朱存理	1251-619- 0
		1385-523- 20
遊九龍池記	明程敏政	1251-231- 13
夜度兩關記	明程敏政	1252-233- 13
		1457-463-385
遊齊雲巖記	明程敏政	1252-234- 13
書齊雲巖記後	明程敏政	1252-688- 39
書所錄遊黃山詩後	明程敏政	1252-698- 39
書錄遊黃山詩後	明程敏政	1252-699- 39

四庫全書文集篇目分類索引

史部

地理類：遊記

遊衡山記	明莊　昶	1254-316- 8
南楚貞遊記	明莊　昶	1254-317- 8
鱣溪八景記	明黃仲昭	1254-439- 3
光福山遊記	明吳　寬	1255-271- 33
		1385-522- 20
游吳中西山詩引	明吳　寬	1255-414- 46
題袁靜春寄鮮于太常詩後	明吳　寬	1255-449- 49
跋沈石田游張公洞詩後	明吳　寬	1255-504- 55
己亥上京錄	明吳　寬	1255-528- 57
登莫釐峯記	明王　鏊	1256-290- 15
		1385-546- 21
龍井山登高記	明張　吉	1257-654- 4
遊龍泉寺記	明張　吉	1257-655- 4
荷池燕遊序	明張　吉	1257-662- 4
遊梅巖洞記	明邵　寶	1258-129- 12
遊南溪記	明石　珤	1259-662- 10
記臨平山一	明史　鑑	1259-833- 7
記寶石山二	明史　鑑	1259-834- 7
記參寥泉鄂王墓飛來峯三	明史　鑑	1259-834- 7
記韜光庵三天竺寺四	明史　鑑	1259-836- 7
記風篁嶺靈石山煙霞洞五	明史　鑑	1259-838- 7
記石屋虎跑玉岑山六通寺六	明史　鑑	1259-839- 7
記南屏山玉泉寺紫雲洞七	明史　鑑	1259-840- 7
記西湖八	明史　鑑	1259-841- 7
記銀瓶祠紫陽庵三茅觀九	明史　鑑	1259-842- 7
記鳳凰山勝果寺涌江潮十	明史　鑑	1259-843- 7
遊西湖記	明胡居仁	1260- 40- 2
厓門弔古記	明方良永	1260-119- 5
		1457-112-354
恩賜勝覽錄	明朱誠泳	1260-344- 10
游羅浮記	明祝允明	1260-660- 21
越臺諸遊序	明祝允明	1260-662- 21
游福昌寺八佛殿後記	明祝允明	1260-666- 22
游雍熙寺雜記	明祝允明	1260-666- 22
遊廬山記	明李夢陽	517-644-131
		1262-441- 48
華池雜記	明李夢陽	558-663- 47
		1262-447- 48
遊輝縣雜記	明李夢陽	1262-448- 48
		1409-146-577
桃源謁廟記	明鄭　岳	1263- 70- 12
遊武夷記	明顧　璘	1263-243- 7
題登衡小記前	明顧　璘	1263-302- 5
遊衡嶽前記	明顧　璘	1263-303- 5
遊衡嶽後記	明顧　璘	1263-304- 5
遊太和山前記	明顧　璘	1263-325- 2
遊太嶽後記	明顧　璘	1263-326- 2
雨遊花嚴牛嶺記	明顧　璘	1263-501- 4
九日遊柳山詩序	明顧　璘	1466-568- 51
自京口入汴紀行	明魏　校	1267-814- 6
重與獻吉書記遊東吳	明徐禎卿	1455-310-209
遊北山記	明鄭善夫	1269-154- 10
春雨遊大石記	明鄭善夫	1269-160- 10
夜遊虎丘記	明鄭善夫	1269-160- 10
紀行	明夏良勝	1269-731- 1
遊點蒼山記	明楊　慎	570-481-29之7
遊夢仙橋記	明夏尚樸	1271- 26- 3
紀遊	明王廷陳	1272-653- 15
遊洞庭山序	明文徵明	1406-161-333
重遊瑯琊山記	明文徵明	1457-107-353
滁安府亭遊記	明高叔嗣	1273-627- 6
遊清源山記	明王慎中	530-556- 72
		1274-173- 8
		1457-128-355
遊筍江記	明王慎中	1274-174- 8
		1457-126-355
金溪遊記	明王慎中	1274-175- 8
		1409-384-605
		1457-124-355
遊鳳凰山記	明王慎中	1457-125-355
冬遊記	明羅洪先	1275-125- 5
夏遊記	明羅洪先	1275-134- 5
遊牛首山詩引	明皇甫汸	1275-774- 42
遊武夷記	明丘雲霄	1277-287- 7
游宜興二洞日月記	明王立道	1277-781- 3
游西湖日月記	明王立道	1277-782- 3
歷黃檢馬嶺記	明王世貞	506-345- 98
		1280-235- 72
自均州縹玉虛宿紫霞宮記	明王世貞	534-738-108
		1280-244- 73
縹紫霄登太和絕頂記	明王世貞	534-739-108

四庫全書文集篇目分類索引

史部

地理類：遊記

		1280-245- 73
遊太（泰）山記	明王世貞	541-708-35之
		19下
		1280-230- 72
適晉紀行	明王世貞	550-686-227
游雲門山記	明王世貞	1280-225- 72
海游記	明王世貞	1280-226- 72
游張公洞記	明王世貞	1280-227- 72
玉女潭諸游記	明王世貞	1280-228- 72
		1409-149-577
游善權洞記	明王世貞	1280-229- 72
歷三關記	明王世貞	1280-233- 72
汎太湖遊洞庭兩山記	明王世貞	1280-237- 73
游東林天池記	明王世貞	1280-241- 73
自太和下宿南嶽記	明王世貞	1280-246- 73
自南嶽歷五龍出玉虛記	明王世貞	1280-247- 73
游白雲觀記	明王世貞	1282-805- 61
東海游記	明王世貞	1282-814- 62
游練川雲間松陵諸園記	明王世貞	1282-820- 63
游慧山東西二王園記	明王世貞	1282-822- 63
游攝山栖霞寺記	明王世貞	1282-830- 63
遊金陵諸園記	明王世貞	1282-834- 64
游吳城徐少參園記	明王世貞	1282-844- 64
游牛首諸山記	明王世貞	1282-845- 64
游金陵諸園詩後	明王世貞	1284-322-160
書（遊）洞庭山後	明王世貞	1406-534-376
使蜀記	明王　樵	1285-218- 6
遊西山記	明王　樵	1285-230- 7
遊茅山記	明王　樵	1285-245- 7
海岱記	明王　樵	1457-143-356
遊燕子磯記	明宗　臣	1287-108- 12
遊滴水巖記	明宗　臣	1287-125- 13
登平遠臺記	明宗　臣	1287-127- 13
		1409-385-605
遊峨眉山記	明胡　直	1287-372- 12
		1457-136-356
遊（西粤）龍隱巖記	明胡　直	1287-380- 12
		1465-825- 21
遊省春巖記	明胡　直	1287-381- 12
遊隱山六洞記	明胡　直	1287-381- 12
		1465-826- 21
遊七星巖記	明胡　直	1287-382- 12
		1465-826- 21
（遊）環珠洞記	明胡　直	1287-383- 12
		1465-827- 21
壬戌紀行上下	明歸有光	1289-532- 6
遊海題名記	明歸有光	1289-537- 6
書諫南遊卷後	明歸有光	1406-540-376
遊寶界山居記	明歸有光	1409-386-605
白嶽遊記	明胡應麟	1290-659- 90
遊泗上泉林記	明于慎行	541-719-35之
		19下
登泰山記	明于慎行	541-727-35之
		19下
游月巖記	明顧憲成	1292-130- 10
武林遊記	明高攀龍	1292-608- 10
三時記	明高攀龍	1292-613- 10
周淑遠遊華山詩跋	明馮從吾	1293-289- 16
西征紀略	明畢自嚴	1293-437- 3
三叟同游記	明畢自嚴	1293-443- 3
遊西山記	明曹于汴	1293-727- 4
遊龍門記	明曹于汴	1293-729- 4
書張季修遊峨眉山記後	明瞿　堅	1295-282- 25
白嶽遊紀序	明李流芳	1295-362- 7
遊虎邱小記	明李流芳	1295-366- 8
遊石湖小記	明李流芳	1295-367- 8
遊虎山橋小記	明李流芳	1295-367- 8
遊玉山小記	明李流芳	1295-367- 8
		1409-171-580
遊焦山小記	明李流芳	1295-368- 8
遊西山小記	明李流芳	1295-369- 8
遊南園記	明范景文	1295-526- 6
西郭雪遊記	明范景文	1295-527- 6
遊嶁山記	明宋登春	1296-553- 1
遊雞足山記	明李元陽	470-485-29之7
遊皖山記	明李元陽	1457-113-354
遊千山記	明程啓克	503-317-113
遊醫巫閭山記	明周　祚	503-319-113
游梁氏園記	明劉定之	506-329- 98
		1374- 97- 37
		1457-105-353
香山雪遊記。	明王　衡	506-347- 98
		1457-164-357
游盤山記	明王　衡	586-252- 12
東門觀桃花記	明王　衡	1409-208-586
		1457-164-357
遊滿井記（滿井遊記）	明袁宏道	506-352- 98

四庫全書文集篇目分類索引

		1409-164-579	遊北固山記	明王思任	1409-389-605
遊紅螺嶺記	明袁宏道	506-352- 98	遊晉祠記	明蘇惟霖	549-745-208
		1409-163-579	遊砥柱記	明都　穆	549-747-208
（遊）華山記	明袁宏道	556-425- 92	遊郡西諸山記	明都　穆	1385-527- 21
		1409-161-579	始入華山至西峰記	明王　履	556-406- 92
		1457-167-358			1409-132-576
華山後記	明袁宏道	556-426- 92	（上）南峯記	明王　履	556-410- 92
		1457-168-358			1409-136-576
遊驪山記	明袁宏道	556-427- 92	（過）東峯記	明王　履	556-413- 92
		1457-166-358			1409-138-576
遊盤山記	明袁宏道	586-255- 12	（宿）玉女峯記	明王　履	556-413- 92
嵩遊記（二則）	明袁宏道	1409-161-579			1409-139-576
（遊）雲峯寺至天池			遊龍門記	明呂　柟	556-419- 92
寺記	明袁宏道	1409-163-579	游牛山香溪洞記	明劉　闊	556-428- 92
高梁橋遊記	明袁宏道	1409-164-579	遊白沙泉記	明劉士龍	556-429- 92
（遊）西湖記	明袁宏道	1409-164-579	遊杏灣詩引	明來　復	556-511- 94
虎丘記	明袁宏道	1409-164-579	遊蛟崎記	明趙時春	558-680- 47
靈巖記	明袁宏道	1409-387-605	游青城山記	明焦維章	561-404- 42
開先寺至黃巖寺觀瀑			遊鑿華山記	明曹　指	561-435- 42
記	明袁宏道	1409-387-605	遊聚仙巖記	明蕭雲舉	568-289-109
華山別記	明袁宏道	1457-168-358	遊安寧溫泉記	明張佳印	570-490-29之7
遊房山記	明曹學佺	506-353- 98	遊貴縣南山記	明張佳胤	1465-823- 21
遊峨眉山記	明曹學佺	561-433- 42	汎舟昆明池歷太華諸		
遊龍虎山二十四巖記	明徐學謨	517-738-133	峯記	明王士性	570-496-29之7
遊瀧岡記	明會大本	517-745-133	雪寶記	明王士性	1409-152-578
遊石佛記	明黃　縉	526- 99-262	四明山記	明王士性	1409-153-578
遊永康山水記	明黃　縉	526-100-262	金華山記	明王士性	1409-153-578
登秦望山記	明董　玘	526-102-262	南明山記	明王士性	1409-154-578
登石門山記	明方　鵬	526-107-262	石門記	明王士性	1409-154-578
遊五洩記	明徐　渭	526-111-262	（遊）江心寺記	明王士性	1409-154-578
遊秦望山記	明張元忭	526-115-262	王甑峯記	明王士性	1409-155-578
遊赤壁記	明張元忭	1457-193-361	重觀滄海序	明楊士雲	570-633-29之12
遊白鹿洞記	明張元忭	1457-194-361	遊馮虛洞記	明丘天賓	572-398- 40
遊武夷山記	明王大涇	530-578- 72	游盤山記	明唐時升	586-254- 12
遊衡嶽記	明張居正	534-744-109	吹臺春遊序	明劉　醇	587-700- 15
遊嶁山記	明張啓元	541-734-35之	遊華麓紀事	明周傳誦	1293-179- 10
		19下	遊陽山記	明胡　廣	1374- 58- 33
勞山紀遊	明陳　沂	541-740-35之	遊嵩陽記	明周　銳	1374- 86- 36
		19下	遊石照記	明舒　瑺	1375-241- 16
大澤山紀遊	明龍文明	541-742-35之	遊問政山記	明方　勉	1375-243- 16
		19下	遊黃金臺故阯記	明文　洪	1382-434- 2
登恒山記	明楊述程	549-726-207	遊玄墓諸山記	明袁　袠	1385-491- 19
遊五臺山記	明王思任	549-741-208	遊桂林諸山記	明袁　袠	1465-811- 20
游喚序	明王思任	1406-167-333	遊乳洞記	明袁　袠	1465-811- 20
遊嶁山記	明王思任	1409-388-605	遊玄墓山記	明蔡　羽	1385-491- 19

（遊）林屋洞記	明蔡　羽	1385-538- 21
		1409-144-577
		1457-109-353
登縹緲峰記	明蔡　羽	1385-539- 21
（遊）石蛇山記	明蔡　羽	1385-551- 22
		1409-145-577
		1457-110-353
遊石蛇山後記	明蔡　羽	1385-552- 22
遊石湖記	明蔡　羽	1385-599- 23
銷夏灣記	明蔡　羽	1409-143-577
		1457-108-353
遊西山記	明杜　瓊	1385-524- 20
遊石湖記	明朱逢吉	1385-590- 23
遊山賦（詩序）	明胡胤嘉	1406-168-333
遊釣臺記	明胡胤嘉	1409-390-605
東遊記	明袁中道	1409-101-572
遊西山記（四則）	明袁中道	1409-169-580
游繹山記	明袁中道	1409-171-580
遊石首繡林山記	明袁中道	1409-391-605
雨中泛湖記	明許　穀	1409-151-577
慧日峰記	明虞淳熙	1409-155-578
萬工池記	明虞淳熙	1409-156-578
遊洞庭山記八首	明陶望齡	1409-156-578
脩覺山記	明鍾　惺	1409-166-580
中巖記	明鍾　惺	1409-167-580
浣花谿記	明鍾　惺	1409-168-580
餘杭至臨安山水記	明程嘉燧	1409-172-580
（遊）讀書雲在堂記	明陳弘緒	1409-172-580
隨樓懷古記	明鄭懷魁	1409-435-614
蛾眉山紀遊	明敖　英	1409-638-637
冒雨尋菊述	明商　輅	1410-784-772
己未秋日與鄉中知舊書記遊平涼鳳翔	明胡　松	1455-305-209
滇雲紀勝書	明顧養謙	1455-311-209
訪玄棲山房記	明張維樞	1456-714-338
金華三洞遊記	明張維樞	1457-172-358
黃鶴樓遊記	明張維樞	1457-209-362
水嬉記	明汪道昆	1457- 21-343
重游石室記	明李承箕	1457-111-354
遊浯溪記	明桑　悅	1457-117-354
（遊）開邃巖記	明桑　悅	1465-803- 20
土橋溪記	明熊　過	1457-119-354
登堯峰記	明劉　鳳	1457-122-354
遊天然洞記	明田汝成	1457-129-355
觀賀將行遊廣西諸山記	明田汝成	1465-807- 20

遊齊山華蓋洞記	明雷　逵	1457-129-355
西內前記	明李　默	1457-130-355
望江記	明李　默	1457-132-355
遊鬼巖記	明何南金	1457-133-355
登招寶記	明沈　愷	1457-148-356
錢塘江觀潮記	明王文祿	1457-151-357
非黃門觀瀾記	明王文祿	1457-152-357
華山遊記	明陳以忠	1457-152-357
黃羅山記	明黃允交	1457-159-357
遊馬鞍山記	明俞允文	1457-160-357
三山遊記	明屠　隆	1457-162-357
峩眉後記	明尹　伸	1457-169-358
遊高梁橋記	明吳伯與	1457-174-358
內南城紀略	明吳伯與	1457-174-358
遊宮市小記	明蔣德璟	1457-179-359
永州西山遊記	明蔣　鐄	1457-180-359
尋醉翁亭記	明陳　循	1457-183-360
登牛山記	明喬　宇	1457-188-360
登黃金臺記	明鍾　芳	1457-190-360
遊莫愁湖記	明李維楨	1457-199-361
遊古赤壁記	明莫如忠	1457-201-361
石阡途記	明萬士和	1457-455-383
烏蠻瀧夜談記	明董傳策	1457-466-385
遊桂林諸巖洞記	明董傳策	1465-814- 21
渡左江諸瀧記	明董傳策	1465-816- 21
渡灕江記	明董傳策	1465-816- 21
遊南山記	明董傳策	1465-821- 21
尋烏石山記	明吳時來	1457-468-385
遊天窩岩記	明吳時來	1457-470-385
朝發釣臺記	明吳國琦	1457-480-386
堯山謁堯廟記	明李　棠	1465-799- 20
遊古鉢山記	明王　濟	1465-804- 20
遊湴塘巖記	明王　濟	1465-804- 20
遊礲巖志	明蔣　冕	1465-805- 20
（遊）太平巖碑記	明潘　恩	1465-806- 20
遊水月巖記	明張一清	1465-824- 21
（遊）迎仙洞記	明羅黃裳	1465-828- 21
遊水月巖記	明楊于陛	1465-830- 21
遊虞山記	明鄺　露	1465-832- 21
遊桂林招隱山小記	明鄺　露	1465-833- 21
遊興陽八景詩序	明鍾　珍	1466-565- 51
登捲烟閣小引	明胡景宏	1466-599- 52
遊林屋洞序有詩	明不著撰人	1385-537- 21
遊西洞庭山記	明不著撰人	1385-543- 21

四庫全書文集篇目分類索引

南巡筆記	清聖祖	1298-191- 20
泉林記	清聖祖	1449-134- 2
遊盤山記	清高宗	1301- 47- 4
		1449-279- 14
登開化寺六和塔記	清高宗	1301- 53- 5
盤山千尺雪記	清高宗	1301- 57- 5
南遊記	清魏裔介	1312-923- 15
遊青原山記	清施閏章	517-762-134
使廣西記	清施閏章	1313-172- 14
遊龍洞山記	清施閏章	1313-174- 14
(遊)玉函山記	清施閏章	1313-174- 14
白嶽遊記	清施閏章	1313-175- 14
西山遊記	清施閏章	1313-175- 14
遊春浮園偶記	清施閏章	1313-177- 14
遊九華山	清施閏章	1313-177- 14
(遊)毛氏桂林記	清施閏章	1313-178- 14
(遊)碧巖記	清施閏章	1313-178- 14
西山遊記	清施閏章	1313-179- 14
(遊)振衣石記	清施閏章	1313-179- 14
遊玉華山小記	清施閏章	1313-180- 14
遊青又記	清施閏章	1313-180- 14
柑林遊記	清施閏章	1313-181- 14
(遊)石蓮洞記	清施閏章	1313-181- 14
武夷遊記	清施閏章	1313-183- 15
旴江諸山遊記	清施閏章	1313-184- 15
蘇門山遊記	清施閏章	1313-184- 15
遊少林寺記	清施閏章	1313-185- 15
嵩山遊記	清施閏章	1313-186- 15
遊盧嚴及石淙記	清施閏章	1313-187- 15
山門遊記	清施閏章	1313-187- 15
黃山遊記	清施閏章	1313-188- 15
遊石梁記	清施閏章	1313-189- 15
雁蕩遊記	清施閏章	1313-190- 15
(遊)三天洞小記	清施閏章	1313-191- 15
鄧尉山遊記	清吳　綺	1314-211- 1
倚山閣聽雨記	清吳　綺	1314-215- 1
宗鶴問詠古蹟詩序	清吳　綺	1314-248- 3
金焦紀遊詩序	清吳　綺	1314-250- 3
閏五月二日山塘泛舟序	清吳　綺	1314-254- 3
登嘉州高望山記	清王士禎	561-650- 47
游京師郭南廢園記	清汪　琬	506-381- 99
		1315-437- 23
老姥掌游記	清陳廷敬	549-748-208
		1316-559- 38

賜遊西苑記	清陳廷敬	1449-704- 18
遊晉祠記	清朱彝尊	549-751-208
		1318-400- 67
唐游石橋記跋	清朱彝尊	1318-212- 49
登嶧山記	清朱彝尊	1318-402- 67
烏江謁項王祠題名	清朱彝尊	1318-409- 68
重遊晉祠禊飲題名	清朱彝尊	1318-409- 68
蒙山訪碑題名	清朱彝尊	1318-410- 68
西郊觀桃花記	清朱鶴齡	1319-107- 9
桃花流水扁舟記	清張　英	1319-687- 42
張賓門游西山記序	清毛奇齡	1320-286- 34
題雪中游勝果續詩	清毛奇齡	1320-520- 59
周子銓遊天臺山記事	清毛奇齡	1321-274-116
家(陳)子厚關中記遊詩序	清陳維崧	556-461- 93
		1322-106- 7
余鴻客金陵覽古詩序	清陳維崧	1322- 97- 6
遊遼東(陽)千頂山記	清張玉書	503-584-127
		1322-508- 6
		1449-698- 18
賜遊暢春園玉泉山記	清張玉書	1322-502- 6
賜遊化育溝後苑記	清張玉書	1322-504- 6
賜遊哈喇和屯後苑記	清張玉書	1322-505- 6
賜遊熱河後苑記	清張玉書	1322-506- 6
記遊寶帶橋書付筠	清宋　犖	1323-300- 26
遊姑蘇臺記	清宋　犖	1323-300- 26
遊太室記	清田　雯	1324-306- 29
遊桐柏山記	清田　雯	1324-307- 29
遊少林寺記	清田　雯	1324-308- 29
謁朱子武夷精舍贊	清李光地	1324-1005-34
別有天記	清蔡世遠	1325-713- 5
遊豐臺記	清方　苞	1326-833- 8
記尋大龍湫瀑布	清方　苞	1326-833- 8
遊雁蕩記	清方　苞	1326-835- 8
遊梓潼墩記	清儲大文	1327-263- 12
南嶽市記遊	清儲大文	1327-264- 12
(南嶽市遊)船石(記)	清儲大文	1327-264- 12
遊石柱山記	清儲大文	1327-265- 12
後遊石柱山記	清儲大文	1327-266- 12
浴珠砂泉記	清儲大文	1327-266- 12
遊崇善寺記	清儲大文	1327-267- 12
遊夢筆山記	清藍鼎元	1327-726- 10
遊茗川記	清藍鼎元	1327-726- 10

史部

地理類：遊記

1796 四庫全書文集篇目分類索引

史部 地理類：遊記、專志

遊武夷山記　　　　　　清藍鼎元　　1327-727- 10
遊惠州西湖記　　　　　清藍鼎元　　1327-736- 10
遊珠江閣記　　　　　　清藍鼎元　　1327-739- 10
望七星巖記　　　　　　清藍鼎元　　1327-740- 10
遊包山記（七則）　　　清沈　彤　　1328-349- 9
遊豐山記　　　　　　　清沈　彤　　1328-352- 9
尋淮源記　　　　　　　清沈　彤　　1328-353- 9
登泰山記　　　　　　　清沈　彤　　1328-354- 9
遊梅田洞記　　　　　　清李　紱　　 517-788-135
自白鹿洞遊廬山記　　　清靖道謩　　 517-807-135
游蒙山記　　　　　　　清朱克生　　 541-749-35之
　　　　　　　　　　　　　　　　　　　　　19下
遊新甫山記　　　　　　清孔貞瑄　　 541-754-35之
　　　　　　　　　　　　　　　　　　　　　19下
遊祖徠山記　　　　　　清趙國麟　　 541-758-35之
　　　　　　　　　　　　　　　　　　　　　19下
遊中方洞記　　　　　　清趙三麒　　 549-753-208
遊鑷園記　　　　　　　清孫　篠　　 549-756-208
綜勝記　　　　　　　　清武全文　　 549-757-208
石門記　　　　　　　　清王國瑋　　 556-431- 92
龍門遊記　　　　　　　清党崇雅　　 556-435- 92
巡視澳門記　　　　　　清焦祈年　　 564-901- 62
遊溫泉池記　　　　　　清王　權　　 568-473-117
遊勾漏洞後記　　　　　清安九域　　 568-474-117
遊覆釜山記　　　　　　清曹一湛　　 568-477-117
游盤山千相寺記　　　　清孫廷銓　　 586-257- 12
賜游盤山記　　　　　　清高士奇　　 586-258- 12
游盤山記　　　　　　　清王　煐　　 586-259- 12
（遊）盤山記　　　　　清阮旻錫　　 586-261- 12
（遊）盤山記　　　　　清鄭續祖　　 586-262- 12
訂遊盤山衛公菴記　　　清孫才衡　　 586-263- 12
游盤山記　　　　　　　清龍　震　　 586-264- 12
賜遊西苑記　　　　　　清徐乾學　　1449-710- 19

g. 專　志

1. 論　文

古受降城銘并序　　　　唐李　觀　　1078-273- 1
楚王城辨　　　　　　　宋胡　宿　　1088-875- 29
（禹）鑿龍門辯　　　　宋司馬光　　 538-584- 77
八陣圖記　　　　　　　宋劉　昉　　 561-371- 41
與王漕欽臣書考華清
　宮之名　　　　　　　宋李　復　　1121- 26- 3
辨戲馬臺項羽戲馬處　　宋李昭玘　　1122-272- 5
與東萊論白鹿書院記
　（書）　　　　　　　宋朱　熹　　1143-779- 34

金華洞人物古蹟記　　　宋謝　翱　　1188-324- 10
揚子雲宅辨碑記　　　　宋高惟幾　　1354-753- 42
　　　　　　　　　　　　　　　　　1381-537- 39
汴故宮記　　　　　　　元楊　奐　　 538-655- 79
　　　　　　　　　　　　　　　　　1198-224- 4
　　　　　　　　　　　　　　　　　1367-322- 27
博望侯廟辨記　　　　　元王　惲　　1200-458- 36
甬東山水古蹟記　　　　元吳　萊　　 526- 75-261
　　　　　　　　　　　　　　　　　1209-122- 7
南海水人物古蹟記　　　元吳　萊　　1209-164- 9
韓壇辯　　　　　　　　元蒲道源　　1210-647- 9
歐學齋侍御張被劉公
　洛陽懷古詩　　　　　元陳　基　　1222-391- 下
宋行宮考　　　　　　　明徐一夔　　1229-293- 10
吳越國考宮室　　　　　明徐一夔　　1229-294- 10
書古城古蹟　　　　　　明程敏政　　1252-695- 39
（周公）測影臺考　　　明程敏政　　1454-329-119
（周公）測影臺考　　　明邵　寶　　 538-603- 78
　　　　　　　　　　　　　　　　　1258- 90- 10
徐君墓辨延陵季子掛劍
　之徐君　　　　　　　明邵　寶　　1258- 90- 10
　　　　　　　　　　　　　　　　　1454-277-113
啓桂洲公論顯陵形勝
　書　　　　　　　　　明顧　璘　　1263-332- 2
嵸宅婦　　　　　　　　明陸　深　　1268-212- 34
（新都縣）八陣圖記　　明楊　慎　　1270- 46- 4
　　　　　　　　　　　　　　　　　1409-320-598
　　　　　　　　　　　　　　　　　1457-189-360
八陣圖記　　　　　　　明王嘉言　　1457-203-362
讀杜甫咏懷古蹟詩　　　明胡應麟　　1290-745-102
題駱賓王帝京曠昔篇後　明胡應麟　　1290-767-106
先師孔子迴車廟解　　　明陳　泰　　 550-690-227
昭陵乾陵說　　　　　　明范文光　　 556-501- 94
孫王墓辨　　　　　　　明盧　熊　　1386-217- 37
龍墳誌昔大禹治水至震
　澤斬黑龍以祭天　　　明史明古　　1454-499-142
建業大內記　　　　　　明黃省曾　　1457-134-355
桂林淫祠辨疑　　　　　明陳　璉　　1466-712- 58
古長城說（附汪由敦讀
　後）　　　　　　　　清高　宗　　1301- 42- 3
呂家考　　　　　　　　清朱辨奇　　1318-294- 58
鼻亭辨　　　　　　　　清姜宸英　　1323-742- 4
與滿大中丞論(龍峰)
　書院事宜書　　　　　清蔡世遠　　1325-741- 7
書閩仙故宅　　　　　　清儲大文　　1327-323- 14

四庫全書文集篇目分類索引

（潮）古蹟志總論　　　　清藍鼎元　　1327-750- 11
（潮州舊志）留智廟
　紀聞論　　　　　　　清藍鼎元　　1327-752- 11
御製古長城說恭跋　　　清汪由敦　　 496-659-108
　　　　　　　　　　　　　　　　　1301- 42- 3
首善書院考　　　　　　清孫承澤　　 506-681-111
書院考跋東林首善　　　清孫承澤　　 506-696-112
太白書堂辯　　　　　　清李　瀅　　 518-182-141

2. 序　跋

洛陽伽藍記自敘　　　　北魏楊衒之　 587- 3- 附
洛陽伽藍記序　　　　　北魏楊衒之　1401-439- 32
三輔黃圖序　　　　　　隋李　膺　　1400-407- 8
跋歷代陵名　　　　　　宋陸　游　　1163-511- 26
跋許兄桐嶺書院本末　　宋方　岳　　1182-601- 38
長安志原序　　　　　　宋趙彥若　　 587- 74- 附
洛陽名園記原序　　　　宋張　琰　　 587-240- 附
洛陽名園記跋　　　　　宋邵　博　　 587-247- 附
洛陽名園記跋　　　　　宋陳　愛　　 587-247- 附
書洛陽名園記後　　　　宋李格非　　1351-497-131
　　　　　　　　　　　　　　　　　1354-263- 32
　　　　　　　　　　　　　　　　　1359-605- 6
　　　　　　　　　　　　　　　　　1406-516-374
題長豐鎮廟學誌後　　　元吳　澄　　1197-562- 57
寶林編後序　　　　　　元程端禮　　1199-655- 3
題蘭臺宮圖後　　　　　元劉敏中　　1206- 87- 10
禁扁序　　　　　　　　元虞　集　　 468- 39- 附
　　　　　　　　　　　　　　　　　1207-108- 6
禁扁序　　　　　　　　元歐陽玄　　 468- 38- 附
開元宮圖後序　　　　　元柳　貫　　1210-456- 16
長安誌圖後題　　　　　元吳師道　　1212-266- 18
洞霄圖志序　　　　　　元吳全節　　 587-406- 附
洞霄圖志序　　　　　　元沈多福　　 587-406- 附
洞霄圖志跋　　　　　　元葉　林　　 587-467- 附
洞霄圖志跋　　　　　　元李洧孫　　 587-467- 附
長安志圖原序　　　　　元李好文　　 587-471- 附
復朴山書院後序　　　　明周是修　　1236- 91- 5
白鶴觀志序　　　　　　明張宇初　　 518- 43-137
　　　　　　　　　　　　　　　　　1236-384- 2
鄉賢祠志後序　　　　　明章　懋　　 526-159-203
　　　　　　　　　　　　　　　　　1254-110- 4
蘇郡學志序　　　　　　明王　鏊　　1256-272- 13
　　　　　　　　　　　　　　　　　1385- 26- 1
修庫志後語　　　　　　明羅　玘　　1259-291- 22
恩賜勝覽錄（序）鳳

泉湯泉溫泉　　　　　　明朱誠泳　　1260-344- 10
高陵編序　　　　　　　明祝允明　　1260-703- 24
西昌存古錄序　　　　　明羅欽順　　1261-111- 8
紫陽書院集序　　　　　明顧　清　　1261-585- 20
白鹿洞志序　　　　　　明李夢陽　　1262-466- 50
紫陽書院集序　　　　　明王守仁　　1265-193- 7
長安志序　　　　　　　明康　海　　 556-450- 93
　　　　　　　　　　　　　　　　　1266-341- 3
雍錄序　　　　　　　　明康　海　　1266-341- 3
　　　　　　　　　　　　　　　　　1267-390- 1
河東書院志序　　　　　明崔　銑　　1267-390- 1
大西書院錄後語　　　　明崔　銑　　1267-616- 11
古今名園墅編序　　　　明王世貞　　1282-600- 46
金陵三勝紀略序　　　　明胡　直　　1287-346- 9
讀洛陽名園記　　　　　明胡應麟　　1290-755-104
東林志序　　　　　　　明高攀龍　　1292-558- 9上
正學書院志序　　　　　明馮從吾　　1293-219- 13
鄭溪書院志序　　　　　明馮從吾　　1293-233- 13
康山忠臣廟志序　　　　明舒　芬　　 518- 72-138
鄭一挽先生祠錄序　　　明董應舉　　 530-497- 70
漢前將軍關公祠志序　　明焦　竑　　 550-140-214
汴京遺蹟志原序　　　　明李　濂　　 587-516- 附
汴京遺跡志序　　　　　明李　濂　　1455-401-216
江城名蹟自序　　　　　明陳宏緒　　 588-288- 附
長洲新學志序　　　　　明吳世良　　1385- 26- 1
（長洲新學）志引　　　明蕭文佐　　1385- 28- 1
岳王祠志序　　　　　　明湯顯祖　　1406- 50-317
煙雨樓志後序　　　　　明彭　轄　　1455-374-213
少陵志序　　　　　　　明趙時春　　1455-442-220
三泉志序　　　　　　　明胡　松　　1455-479-222
（廣西）學校志序　　　明蘇　濬　　1466-595- 52
快閣紀存序　　　　　　清施閏章　　1313- 38- 3
具區志序　　　　　　　清汪　琬　　1315-472- 27
長安志圖序　　　　　　清朱彝尊　　1318- 57- 35
書熙寧長安志後　　　　清朱彝尊　　1318-151- 44
正德重修金山寺志跋　　清朱彝尊　　1318-154- 44
快閣紀存序　　　　　　清毛奇齡　　1320-194- 24
北山無門洞誌序　　　　清毛奇齡　　1320-323- 38
虎跑定慧禪寺志序　　　清毛奇齡　　1320-338- 40
清化廣利寺志序　　　　清毛奇齡　　1320-339- 40
新纂蘭亭孤山二志序　　清毛奇齡　　1320-430- 50
杭州慈雲薦寺志序　　　清毛奇齡　　1320-474- 54
三輔黃圖書後(三則)　　清毛奇齡　　1320-548- 61
南溪書院志序　　　　　清李光地　　1324-694- 12
漳志學校小序　　　　　清蔡世遠　　1325-662- 1
漳志丘墓後論　　　　　清蔡世遠　　1325-734- 7

史部

地理類：專志

1798 四庫全書文集篇目分類索引

史部

地理類：專志、外紀邊防

漳志宮廟後論	清蔡世遠	1325-734- 7
瀛臺嗣紀略序	清蔡士英	518-105-139
希賢書院錄序	清查培繼	518-113-139
白鹿洞志序	清白 漢	518-115-139
白鹿書院志序	清王思訓	518-117-139
曹江孝女廟志序	清吳興祚	526-185-264
重刻三輔黃圖序	清顏 敏	556-460- 93
金龜退食筆記序	清高士奇	588-402- 上
藝林彙攷棟宇篇題記	清沈自南	859- 3- 附
三輔黃圖原序	不著撰人	468- 2- 附

h. 外紀邊防

1. 論 文

邊論	漢杜 篤	1397-148- 7
援日南議 駁發兵議	漢李 固	1417-397- 20
述南中志	晉常 璩	494-188- 8
南中志	晉常 璩	1465-748- 17
徙戎論	晉江 統	1360-378- 22
		1398-423- 19
西邊患對	唐沈亞之	1336-467-375
序西南夷	唐孫 樵	1083- 83- 7
書田將軍邊事	唐孫 樵	1406-501-372
西原蠻（志）	宋宋 祁	1465-749- 17
塞垣	宋歐陽修	1102-463- 59
與薛叔彥通判（書）		
記閩琉球	宋李 復	1121- 52- 5
西南夷賓	宋趙鼎臣	1124-228- 14
邕州化外諸國土俗記	宋吳 敏	1142-255- 10
		1466-275- 36
記三苗	宋朱 熹	1145-418- 71
匈奴論	宋吳祖謙	1359-302- 43
猺（志）	宋范成大	1465-752- 17
蠻（志）	宋范成大	1465-754- 17
獠（志）	宋范成大	1465-755- 17
西原蠻（志）	宋范成大	1465-755- 17
南丹州蠻（志）	宋范成大	1465-758- 17
撫水蠻（志）	宋范成大	1465-758- 17
四塞論上下	宋周 南	1169- 43- 4
上曾知院書		
論上流防江之策	宋陳元晉	1176-798- 4
戊寅與制帥論海州（書）	宋劉克莊	1180-491- 45
汎海小錄	元王 惲	1200-522- 40
古南越考	元馬端臨	1466-702- 58

述美人樂天之樂觀時之觀		
明 太 祖	1223-194- 16
渤泥入貢記 渤泥國表附	明宋 濂	1223-347- 4
答吳都憲論邊務書	明夏良勝	1269-775- 4
防邊議	明王立道	1277-768- 2
百漢考	明董 難	570-625-29之12
復河套議	明翁萬達	1407-341-426
議處日本貢	明余大獻	1453-756- 81
總論邊務	明許 論	444-300- 43
閩省海防議	明王家彥	530-477- 69
上章司理乙止上司勸		
借及海務書	明周之夔	530-506- 70
福建海防事宜	明鄭若會	530-633- 74
荊蠻辯	明顧彥夫	1454-297-115
諸蠻種類（記）	明蘇 濬	1457- 79-349
外夷志論	明蘇 濬	1466-696- 57
西域地名考證敘概	清 高 宗	1301-128- 14
烏斯藏即衛藏說	清 高 宗	1301-314- 5
鄂博說	清 高 宗	1301-316- 5
天竺五印度考訛	清 高 宗	1301-411- 21
外國紀	清張玉書	1322-546- 8
海防總論	清姜宸英	1323-728- 4
江防總論	清姜宸英	1323-733- 4
與總督滿公論臺灣事宜書	清蔡世遠	1325-753- 8
再與總督滿公書 論臺灣事宜	清蔡世遠	1325-754- 4
（記）海道（二則）	清儲大文	1327- 75- 5
打箭爐	清儲大文	1327-121- 7
巡視澳門記	清焦祈年	564-901- 62
巡閱安南邊陲記	清黃岳牧	568-440-116
夜郎考	清靖道謨	572-320- 37

2. 序 政

職貢圖序	梁 元 帝	1399-326- 4
		1414-669- 84
職貢圖贊	梁 元 帝	1399-332- 4
		1414-673- 84
四裔（疏）進西域圖記 隋裴 矩		
三卷		442-527-340
西域圖記序	隋裴 矩	1400-368- 7
點愛斯朝貢圖傳序	唐李德裕	1079-120- 2
		1340-194-738
		1406- 32-316
大唐西域記序	唐釋辯機	593-637- 附

四庫全書文集篇目分類索引 1799

阿耨達池右繞圖序	宋沈 遼	1117-597- 7
跋傅欽甫所藏職貢圖	宋樓 鑰	1153-216- 75
劉子卿都梁紀後跋	宋彭龜年	1155-861- 10
跋崔吉甫闡三邊表裏圖	宋魏了翁	1173- 20- 60
跋李伯時畫十國圖	宋劉克莊	1180-348- 32
宣和奉使高麗圖經原序	宋徐 兢	593-816- 附
宣和奉使高麗圖經原序跋	宋徐 葳	593-817- 附
唐畫西域圖記	元戴表元	1194- 59- 4
題梁湘東王繹貢職圖後	元吳 澄	1197-583- 59
題閣立本職貢師子圖	元吳 澄	1197-589- 60
文子方安南行記序	元袁 桷	1203-303- 22
釋迦方域志後序	元吳 萊	1209-141- 8
島夷誌略原序	元張 翥	594- 73- 附
島夷誌略原序（二則）	元吳 鑒	594- 73- 附
島夷誌後序	元汪大淵	594-102- 附
題梁元帝職貢圖	明宋 濂	1223-601- 12
觚羅志略後序	明貝 瓊	1228-333- 7
（跋）西域記	明楊士奇	1238-596- 17
西域行程記序	明王 直	1241- 85- 4
跋王會圖後	明倪 謙	1245-479- 24
西洋朝貢典錄序	明祝允明	1260-708- 25
		1455-448-220
賓貢圖記	明李夢陽	1262-444- 48
跋九邊圖	明羅洪先	1275-206- 10
跋高麗圖經後	明歸有光	1289- 68- 5
題星槎勝覽	明歸有光	1289- 73- 5
題瀛涯勝覽	明歸有光	1289- 73- 5
島夷志略跋	明袁 表	594-103- 附
朝鮮賦原序	明歐陽鵬	594-106- 附
東西洋考小引	明蕭 基	594-139- 附
職方外紀自序	明艾儒略	594-281- 附
籌海圖編序	明胡 松	1455-477-222
（御製）題皇清職貢圖詩	清 高 宗	594-396- 附
使琉球錄序	清汪 琬	1315-488- 28
題使琉球記	清汪 琬	1315-604- 38
書海東諸國紀後	清朱舜尊	1318-157- 44
跋吾妻鏡	清朱舜尊	1318-157- 44
潮州海防圖說	清藍鼎元	1327-777- 12
（皇清職貢圖跋）	清于敏中等	594-727- 附

i. 雜 記

風土碑（長沙土風碑）	唐張 謂	534-809-112
		1410- 12-663
成都記序	唐盧 求	561-494- 44
唐成都記序	唐盧 求	1354-548- 23
		1381-313- 30
北戶錄原序	唐陸希聲	589- 30- 附
桂林風土記原序	唐莫休符	589- 65- 附
益部方物略記序	宋宋 祁	589-100- 附
益部方物贊	宋宋 祁	1381-612- 44
成都古今集記序	宋趙 抃	561-497- 44
		1354-553- 23
		1381-318- 30
西征叢紀序	宋王 質	1149-381- 5
武昌土俗編序	宋薛季宣	1159-491- 30
書武昌土俗編叙	宋薛季宣	1159-492- 30
成都古今丙記序	宋范成大	561-502- 44
		1354-561- 23
		1381-321- 30
桂海虞衡志原序	宋范成大	589-367- 附
桂海虞衡志序	宋范成大	1466-561- 51
（跋）嶺表錄異	宋周 南	1169- 56- 5
跋王坦道江淮錄	宋張 侃	1181-427- 5
東京夢華錄序	宋孟元老	538-615- 78
東京夢華錄自序	宋孟元老	589-126- 附
成都古今集記序	宋范百祿	561-497- 44
		1354-553- 23
		1381-319- 30
續成都古今集記序	宋王剛中	561-499- 44
		1354-559- 23
		1381-321- 30
成都古今丁記序	宋胡元質	561-503- 44
		1381-322- 30
六朝事迹編類序	宋張敦頤	589-176- 附
中吳紀聞序	宋龔明之	589-290- 附
嶺外代答原序	宋周去非	589-391- 附
夢梁錄原序	宋吳自牧	590- 14- 附
武林舊事原序	宋周 密	590-174- 附
跋夷門市廛圖後	元王 惲	538-631- 78
（中吳紀聞跋）	元盧 熊	589-362- 附
武林舊事跋	元仇 德	590-298- 附
（吳中舊事序）	元陸友仁	590-444- 附
（歲華紀麗譜前言）	元費 著	1381-786- 58
跋嶺南錄	明陳 讓	1232-691- 9

史部

地理類：外紀邊防、雜記

1800　　　　　　　　四庫全書文集篇目分類索引

滇候記序　　　　　　明楊　慎 570-629-29之12　官才議　　　　　　魏夏侯太初 1417-441- 21
　　　　　　　　　　　　 1270- 25- 2　除重官議　　　　　魏夏侯太初 1417-442- 21
　　　　　　　　　　　　 1455-412-217　五等（諸侯）論　　晉陸　機　 1329-922- 54
客越志序　　　　　　明王世貞 1280-142- 65　　　　　　　　　　　　　　 1331-399- 54
徐太僕南還日紀序　　明王世貞 1280-159- 67　　　　　　　　　　　　　　 1398-339- 15
讀東京夢華錄　　　　明胡應麟 1290-755-104　　　　　　　　　　　　　　 1413-385- 48
睢陽人物志序　　　　明董其昌 538-617- 78　　　　　　　　　　　　　　 1417-488- 23
跋東京夢華錄後　　　明李　濂　587-739- 18　議按吏教　　　　　晉司馬牧　 1398- 63- 4
益部方物略記跋　　　明胡震亨 589-107- 附　省吏議　　　　　晉荀　易　 1398- 96- 5
（中吳紀聞跋）　　　明毛　晉　589-362- 附　　　　　　　　　　　　　　 1417-468- 23
（武林舊事跋）　　　明毛　晉　589-362- 附
增補武林舊事原序　　明朱延煥 590-304- 附　九品議　　　　　　晉潘　岳　 1398-302- 14
閩中海錯疏原序　　　明周嘉先 590-500- 附　上驃騎課法略　　　晉杜　預　 1413-105- 37
閩中海錯疏原序　　　明屠本畯 590-500- 附　格淵錄尙書事議　　齊王　儉　 1399- 68- 3
（閩中海錯疏序）　　明屠本畯 590-501- 上　五等爵邑承襲議　　北齊刁　柔　 1400- 46- 3
閩中海錯疏（跋）　　明屠本畯 590-525- 附　請省官狀唐鄕等州縣官 唐元　結　 1071-571- 10
益部談資跋　　　　　明李維楨 592-756- 附　吏商（論）　　　　唐柳宗元　 1076-196- 20
　　　　　　　　　　　　　　　　　　　　　　　　　　　　　　　　　　 1076-647- 20
吳中歲時紀異　　　　明袁宏道 1409-640-637　　　　　　　　　　　　　　 1077-250- 20
桂海志續序　　　　　明王士性 1466-593- 52　與韓愈論史官書　　唐柳宗元　 1076-278- 31
桂海志續跋　　　　　明王士性 1466-733- 59　　　　　　　　　　　　　　 1076-720- 31
御題南宋都城紀勝錄　清 高 宗　590- 1- 附　　　　　　　　　　　　　　 1354-101- 13
御製題增補武林舊事　清 高 宗　590-301- 附　　　　　　　　　　　　　　 1383-224- 19
夢梁錄跋　　　　　　清朱彝尊 526-263-267　　　　　　　　　　　　　　 1404-556-218
　　　　　　　　　　　　 1318-153- 44　答韓愈論史官書　　唐柳宗元　 1344-255- 82
桂林風土記跋　　　　清朱彝尊 1318-150- 44　與退之論史官書　　唐柳宗元　 1355-436- 14
書夢華錄後　　　　　清朱彝尊 1318-151- 44　　　　　　　　　　　　　　 1378-244- 47
張孔繡適吳筆記序　　清毛奇齡 1320-195- 24　與韓愈論史官書　　唐柳宗元　 1418- 50- 37
長河志籍考序　　　　清田　雯　1324-277- 26　　　　　　　　　　　　　　 1447-324- 14
長河志籍考題詞　　　清田　雯　1324-469- 附
東城雜記原序　　　　清厲　鶚　592-986- 附　論事於宰相書論道不
黔書序　　　　　　　清徐嘉炎 572-365- 39　　行應自引而止　　唐李　翱　 1344-219- 79
（武林舊事跋二則）　清吳　焯　590-298- 附　與李諫議行方書論諫
顏山雜記序　　　　　清趙進美 592-760- 附　　官之責並請上奏書一
顏山雜記序　　　　　清孫廷銓 592-761- 附　　通以明群發大蠹之由
顏山雜記跋　　　　　清孫寶仍 592-826- 附　　生民重困之原倘勉復之 唐孫　樵　 1344-269- 83
　　　　　　　　　　　　　　　　　　　　　五等論　　　　　　唐李公緒　 1340-223-741
　　　　　　　　　　　　　　　　　　　　　銓衡論　　　　　　唐牛希濟　 1340-400-760
L.職　官　類　　　　　　　　　　　　　上宰相書論時政與宰相
　　　　　　　　　　　　　　　　　　　　　　之職　　　　　　唐陸長源　 1344-216- 79
a.論　文　　　　　　　　　　　　　　　再上崔相公書論相公
　　　　　　　　　　　　　　　　　　　　　　所患之時政四　　唐劉　柯　 1344-220- 79
鄭子論官名少皞氏鳥名
　官何故也　　　　　左　傳　 1417- 67- 4　答孟判官論宇文生評
祿制論　　　　　　　漢荀　悅　1412-389- 17　　史官書　　　　　唐柳　冕　 1344-248- 82
罷司空官論　　　　　漢荀　悅　1412-402- 17　攷績（議）　　　　宋尹　洙　 1090- 11- 2
州牧論　　　　　　　漢荀　悅　1412-403- 17　王爵論　　　　　　宋石　介　 1090-255- 11
爵論　二首　　　　　魏王　粲　1412-750- 29　代張顧推官上銓主書

四庫全書文集篇目分類索引　　1801

論銓管收天下之才如
　市集各方之物　　　　　宋石　介　1090-304- 17
責臣（策）　　　　　　　宋石　介　1351-168-102
去冗（策）　　　　　　　宋蔡　襄　1351-170-102
原賞（策）　　　　　　　宋蔡　襄　1351-171-103
致仕義　　　　　　　　　宋劉　敞　1351-160-101
　　　　　　　　　　　　　　　　　1418-370- 48
臣難論　　　　　　　　　宋陳舜俞　1096-451- 5
講官議　　　　　　　　　宋曾　鞏　1098-425- 9
　　　　　　　　　　　　　　　　　1378- 51- 36
　　　　　　　　　　　　　　　　　1384-290-106
　　　　　　　　　　　　　　　　　1407-323-425
　　　　　　　　　　　　　　　　　1447-951- 57
上杜相公書說宰相之體　　宋曾　鞏　1384-215- 99
上范司諫書論司諫之職　　宋歐陽修　1351-750- 上
上杜中丞論舉官書　　　　宋歐陽修　1378-212- 46
任相（論）　　　　　　　宋蘇　洵　1351-122- 97
　　　　　　　　　　　　　　　　　1384-372-114
諫官論　　　　　　　　　宋王安石　1105-515- 63
　　　　　　　　　　　　　　　　　1359-235- 33
　　　　　　　　　　　　　　　　　1384-104- 90
大臣論上下　　　　　　　宋蘇　軾　1107-610- 44
　　　　　　　　　　　　　　　　　1359-226- 32
　　　　　　　　　　　　　　　　　1377-649- 30
　　　　　　　　　　　　　　　　　1384-532-127
　　　　　　　　　　　　　　　　　1407-238-416
范太史講司徒明七教　　　宋李　廌　1361-314- 49
守令（議）　　　　　　　宋劉　弇　1119-278- 26
武功爵（議）　　　　　　宋劉　弇　1119-279- 26
守令論上下　　　　　　　宋華　鎮　1119-429- 15
官論　　　　　　　　　　宋華　鎮　1119-442- 16
銓選論　　　　　　　　　宋華　鎮　1119-445- 17
攷績論　　　　　　　　　宋華　鎮　1119-448- 17
監司論　　　　　　　　　宋華　鎮　1119-451- 17
答吳子陽問翰林學士
　帶制誥書論翰林學士
　與中書舍人之分際　　　宋李之儀　1120-462- 16
官制議　　　　　　　　　宋畢仲游　1122- 43- 4
官制（議）　　　　　　　宋畢仲游　1351-219-106
官冗議　　　　　　　　　宋畢仲游　1122- 44- 4
試蔭補人議　　　　　　　宋畢仲游　1122- 45- 4
用相（論）　　　　　　　宋李昭玘　1122-369- 25
省臺寺監（論）　　　　　宋李昭玘　1122-372- 25
治吏上下　　　　　　　　宋李昭玘　1122-374- 25
論宰相　　　　　　　　　宋李　綱　1126-635-148

論移易縣令（箚子）　　　宋劉一止　1132- 62- 11
中興業官賢篇　　　　　　宋胡　宏　1137-180- 3
中興業罷監司篇　　　　　宋胡　宏　1137-184- 3
爲郡說　　　　　　　　　宋張九成　1138-429- 19
與季深別紙論台諫之臣　　宋陳　淵　1139-489- 19
稱官論　　　　　　　　　宋周紫芝　1141-320- 46
箴言三篇並序（縣令點
　吏豪民）　　　　　　　宋吳　儆　1142-222- 3
內官問　　　　　　　　　宋羅　願　1142-478- 2
改官議　　　　　　　　　宋朱　熹　1145-367- 69
讀雜書偶記三事玉堂
　雜記——待詔官縣伯
　進封郡侯執綏官事　　　宋朱　熹　1145-414- 71
淳熙玉堂雜記上中下　　　宋周必大　1149- 1-174
巧宦論　　　　　　　　　宋李　石　1149-627- 9
守令策　　　　　　　　　宋陳傅良　1150-914- 52
循吏論　　　　　　　　　宋呂祖謙　1359-246- 34
姜子謙以試邑鍾離請
　盆記作縣　　　　　　　宋樓　鑰　1153-262- 79
與辛幼安（書）論貪吏　　宋陸九淵　1156-299- 5
與宋漕（書）論貪吏侵
　民　　　　　　　　　　宋陸九淵　1156-327- 8
考績薦舉策　　　　　　　宋員興宗　1158- 73- 10
復解額申省狀軍學中　　　宋洪　适　1158-581- 51
上蘇侍郎書論財賦吏職　　宋趙善括　1159- 28- 3
跋戶曹考課牘　　　　　　宋李　洪　1159-141- 6
再上張魏公書論爲相之
　謀　　　　　　　　　　宋薛季宣　1159-333- 20
與劉復之（書）論爲
　吏之道　　　　　　　　宋薛季宣　1159-386- 24
上諸司論金牛置尉箚
　子　　　　　　　　　　宋薛季宣　1159-403- 26
上大理寺長貳箚子論
　主簿職分　　　　　　　宋薛季宣　1159-408- 26
論相上下　　　　　　　　宋楊萬里　1359-229- 32
冗官論　　　　　　　　　宋楊萬里　1359-242- 34
看詳都轉運使申狀論
　侍從官任都轉運使　　　宋韓元吉　1165-109- 9
措置武臣關陞狀　　　　　宋韓元吉　1165-112- 9
與任信孺書論臺諫　　　　宋韓元吉　1165-191- 13
唐制兼官考　　　　　　　宋韓元吉　1165-276- 17
革濫進（論）　　　　　　宋楊冠卿　1165-505- 9
銓選資格（策）　　　　　宋陳　亮　1171-595- 11
大宗正司記　　　　　　　宋魏了翁　1172-520- 46
蔡文懿公百官公卿年

史部 職官類：論文

表序　　　　　　　　　　宋魏了翁　1172-627- 56

答徐茂翁書 論諫官　　　宋吳 泳　1176-306- 31

再上史相書論諸官救火

　賞罰未當　　　　　　　宋吳 潛　1178-434- 4

代趙大寧上游丞相箋

　子（二）論宰相位天

　官而論天道者也　　　　宋陽 枋　1183-320- 5

吏道　　　　　　　　　　宋鄒 牧　1189-507- 0

明責（策）　　　　　　　宋李清臣　1351-192-104

請置廉察罷轉運議　　　　宋黃 亢　1351-198-105

賞罰議　　　　　　　　　宋趙 瞻　1351-207-106

選小臣宿衞議　　　　　　宋呂大鈞　1351-216-106

相體論　　　　　　　　　宋鄭蒲陽　1359-227- 32

備官論　　　　　　　　　宋程大昌　1359-244- 34

史官（論）　　　　　　　宋陳 武　1362-288- 11

相體 一四　　　　　　　　宋鄭 湜　1362-315- 14

　　　　　　　　　　　　　　　　　1362-318- 15

議水（官）　　　　　　　宋王 某　1351-209-106

宋職田則例　　　　　　　宋不著撰人　1385-701- 27

論臣道（四則）　　　　　元胡祗遹　1196-368- 21

論按察失職　　　　　　　元胡祗遹　1196-371- 21

銓調（論）　　　　　　　元胡祗遹　1196-376- 21

銓詞（論七則）　　　　　元胡祗遹　1196-376- 21

又司吏遷轉之弊（論）　　元胡祗遹　1196-380- 21

論遷轉太速　　　　　　　元胡祗遹　1196-381- 21

吏治雜條（三十三則）　　元胡祗遹　1196-422- 23

代人上書補儒吏

　論補儒吏　　　　　　　元許 謙　1199-589- 3

儒吏說　　　　　　　　　元程端禮　1199-695- 6

烏臺筆補牘呈（御史

　臺典故條例）　　　　　元王 惲　1201-206- 83

烏臺筆補六卷　　　　　　元王 惲　1201-219- 84

樞府典故　　　　　　　　元王 惲　1201-339- 94

吏解　　　　　　　　　　元王 惲　1201-606- 46

御史臺記　　　　　　　　元虞 集　1367-373- 30

跋胡古愚蠹坡小錄殆

　孫觀麟臺故事一類也　　元柳 貫　1210-494- 19

風憲十事　　　　　　　　元許有壬　1211-520- 74

都水監事記　　　　　　　元宋 本　1367-383- 31

官釋論　　　　　　　　　明 太 祖　1223-115- 10

唐兩省記　　　　　　　　明王 禕　1226-231- 11

　　　　　　　　　　　　　　　　　1457-352-376

四臣論　　　　　　　　　明高 啓　1230-256- 1

官政　　　　　　　　　　明方孝孺　1235-105- 3

廣西衆建土官議　　　　　明丘 濬　1466-672- 56

論皂隸書大臣賣放皂隸

　事　　　　　　　　　　明羅 倫　 444-335- 44

論東宮官　　　　　　　　明王 鏊　 443-272- 15

論內閣　　　　　　　　　明王 鏊　 443-274- 15

論史官　　　　　　　　　明王 鏊　 443-274- 15

論翰林　　　　　　　　　明王 鏊　 443-275- 15

職官考　　　　　　　　　明王 鏊　1256-487- 33

風聞言事論　　　　　　　明王 鏊　1261-878- 附

說吏　　　　　　　　　　明祝允明　1260-519- 11

　　　　　　　　　　　　　　　　　1407-384-429

任解難　　　　　　　　　明顧 璘　1263-251- 9

五吏篇　　　　　　　　　明崔 銑　1267-376- 1

使答　　　　　　　　　　明崔 銑　1267-406- 2

祿賢篇　　　　　　　　　明崔 銑　1267-518- 6

政議重輔　　　　　　　　明崔 銑　1267-561- 8

政議簡侍　　　　　　　　明崔 銑　1267-561- 8

政議省官　　　　　　　　明崔 銑　1267-562- 8

講官論　　　　　　　　　明夏良勝　1269-716- 1

刑戒贈汝信推寧國　　　　明夏良勝　1269-729- 1

政議議久任　　　　　　　明夏良勝　1269-948- 11

政議議開例　　　　　　　明夏良勝　1269-949- 11

議吏役　　　　　　　　　明夏良勝　1269-951- 11

答李中溪（書）論撫

　按舉劾　　　　　　　　明唐順之　1455- 20-179

仕始　　　　　　　　　　明王廷陳　1272-617- 12

重守令議　　　　　　　　明王立道　1277-767- 2

錦衣志　　　　　　　　　明王世貞　1280-311- 79

　　　　　　　　　　　　　　　　　1409-548-624

知縣參評　　　　　　　　明海 瑞　1286-178- 6

縣丞參評　　　　　　　　明海 瑞　1286-179- 6

主簿參評　　　　　　　　明海 瑞　1286-179- 6

典史參評　　　　　　　　明海 瑞　1286-180- 6

教官參評　　　　　　　　明海 瑞　1286-180- 6

陰陽官參評　　　　　　　明海 瑞　1286-180- 6

醫官參評　　　　　　　　明海 瑞　1286-181- 6

老人參評　　　　　　　　明海 瑞　1286-181- 6

里長參評　　　　　　　　明海 瑞　1286-181- 6

生員參評　　　　　　　　明海 瑞　1286-182- 6

吏書參評　　　　　　　　明海 瑞　1286-183- 6

首約贈同年出宰　　　　　明胡 直　1287-583- 27

馬政職官　　　　　　　　明歸有光　1289-518- 4

册定吏部效勞議　　　　　明孫繼皐　1291-295- 4

瘝言　　　　　　　　　　明顧憲成　1292- 25- 3

　　　　　　　　　　　　　　　　　1454-473-138

寐言　　　　　　　　　　明顧憲成　1292- 27- 3

　　　　　　　　　　　　　　　　　1454-475-138

復馮慕岡（書）論巡
　行湖廣有司之責　　　明曹于汴　1293-779-　8
復蘇弼垣（書）叙太
　守權責　　　　　　　明曹于汴　1293-781-　8
與章格菴掌垣請盡諫
　官言事之責　　　　　明劉宗周　1294-434-　7
焉用彼相說　　　　　　明謝　鐸　 443- 20-　1
論內閣官制　　　　　　明王　瓊　 443-275- 15
論官制一二三　　　　　明王　瓊　 443-343- 18
論巡按　　　　　　　　明葉　盛　 444-498- 53
六科衙門　　　　　　　明葉　盛　 444-500- 53
或人問答問諫官專於言
　事乎　　　　　　　　明楊　廉　1259-477- 附
諫難（上下二則）　　　明鄒觀光　1454-123- 96
過臣論　　　　　　　　明楊　鎬　1454-149-100
與中丞劉養和書 考地
　方官　　　　　　　　明王九思　1455- 30-180
答蘇松巡按曾公士楚
　言撫按職掌不同書　　明張居正　1455- 33-180
紀循行　　　　　　　　明朱廷立　1457-476-386
廉靜論　　　　　　　　清 聖 祖　1449-118-首1
（郝氏續後漢書）夫
　餘國（列）傳訂訛
　訂所載官名之訛　　　清 高 宗　1301-437- 25
苔友人論廉吏書　　　　清施閏章　1313-356- 28
興利除弊條約　　　　　清于成龍　1318-737-　7
審勢一公孤　　　　　　清儲大文　1327- 11-　2
審勢二司馬　　　　　　清儲大文　1327- 12-　2
審勢三論軍將以門爲名　清儲大文　1327- 12-　2
審勢四夏官攣壺氏　　　清儲大文　1327- 13-　2
臣術論　　　　　　　　清儲大文　1327-185- 10
孔目（說）孔目之官　　清汪由敦　1328-905- 20
司馬不具職掌論　　　　清弘　畫　1449-476-　4
儒吏廉吏辨　　　　　　清魏象樞　1449-766- 22

b.序　跋

1.官　制

王隆小學漢官篇注序　　漢胡　廣　1397-254- 12
唐六典跋　　　　　　　唐張九齡等　595-293- 30
代鄭相公請刪定施行
　六典開元禮狀　　　　唐柳宗元　1077-639-　5
百官表總序　　　　　　宋司馬光　1094-626- 68
代人進新修祿令表　　　宋沈　遘　1097- 69-　7
進麟臺故事申省原狀　　宋程　俱　 595-305-　首

進靈（麟）臺故事申
　省狀通制　　　　　　宋程　俱　1130-380- 38
麟臺故事後序　　　　　宋程　俱　 595-339-　末
　　　　　　　　　　　　　　　　1130-166- 16
玉堂雜記原序　　　　　宋周必大　 595-550-　附
翰苑群書題記　　　　　宋洪　遵　 595-415-　附
南宋館閣錄原序　　　　宋李　燾　 595-418-　附
玉堂雜記序　　　　　　宋丁朝佐　 595-551-　附
玉堂雜記序　　　　　　宋蘇　森　 595-551-　附
宋宰輔編年錄序　　　　宋陸德興　 596-　4-　附
宋宰輔編年錄序　　　　宋陳　昉　 596-　6-　附
宋宰輔編年錄序　　　　宋章　鑄　 596-　6-　附
宋宰輔編年錄序　　　　宋趙　某　 596-　5-　附
南宋館閣續錄跋　　　　宋不著撰人　595-547- 10
烏臺筆補序　　　　　　元王　惲　1201-205- 83
資正備覽序 資正院專以
　奉中宮　　　　　　　元黃　溍　1209-398-　6
（跋）官制沿革　　　　明楊士奇　1238-595- 17
重刊唐六典序　　　　　明王　鏊　1256-275- 13
公孤表序　　　　　　　明王世貞　1282-632- 48
東宮三師表序　　　　　明王世貞　1282-634- 48
贈公孤宮臣表序　　　　明王世貞　1282-634- 48
柱國表序　　　　　　　明王世貞　1282-635- 48
翰林諸學士表序　　　　明王世貞　1282-637- 49
中書省表序　　　　　　明王世貞　1282-638- 49
六部尚書表序　　　　　明王世貞　1282-639- 49
都察院左右都御史表
　序　　　　　　　　　明王世貞　1282-641- 49
都督府左右都督同知
　大僉事表序　　　　　明王世貞　1282-643- 49
太僕寺誌序代　　　　　明歸有光　1289- 28-　2
題太僕寺誌後　　　　　明歸有光　1289- 71-　5
銀臺政紀序　　　　　　明曹于汴　1293-678-　1
呂梁洪志序　　　　　　明唐　龍　 444-438- 50
　　　　　　　　　　　　　　　　1455-432-219
（御製）詞林典故序　　清 高 宗　 599-421-　附
詞林典故序　　　　　　清 高 宗　1301-105- 11
（御製）詞林典故詩　　清 高 宗　 599-422-　附
（御製）職官表聯句
　詩有序　　　　　　　清 高 宗　 601-　5-　附
土官底簿跋　　　　　　清朱彝尊　 599-420-　附
書土官底簿後　　　　　清朱彝尊　1318-155- 44
跋洪遵翰苑群書　　　　清朱彝尊　1318-158- 44
跋中興館閣錄續錄　　　清朱彝尊　1318-158- 44
書元秘書監志後　　　　清朱彝尊　1318-159- 44

四庫全書文集篇目分類索引

南京太常寺志跋　　　　清朱霽尊　1318-160- 44
（詞林典故進表）　　　清張廷玉　 599-424- 附
進（欽定國子監志）
　表　　　　　　　　　清聚國治等　 600- 9- 附
（欽定歷代職官表進
　表）　　　　　　　　清永　瑢　 601- 14- 附

2. 官　箴

百官箴序　　　　　　　漢揚　雄　1332-683- 14
善救方後序　　　　　　宋王安石　1105-704- 84
跋了翁廣龜鑑錄　　　　宋李　綱　1126-715-162
奉國軍衙司都目錄　　　宋錢彥遠　 526-131-263
　　　　　　　　　　　　　　　　1351- 22- 87
（官箴跋）　　　　　　宋陳　昉　 602-656- 附
畫簾緒論原序　　　　　宋胡太初　 602-706- 附
畫簾緒論跋　　　　　　宋胡太初　 602-727- 附
爲政善惡事類序　　　　元趙孟頫　1196-747- 0
州縣提綱序　　　　　　元吳　澄　 602-621- 附
　　　　　　　　　　　　　　　　1197-212- 19
吏事初基詩註序　　　　元吳　澄　1197-233- 22
風憲宏綱序　　　　　　元馬祖常　1206-592- 9
　　　　　　　　　　　　　　　　1367-446- 36
三事忠告序　　　　　　元貢師泰　 602-731- 附
三事忠告序　　　　　　元林泉生　 602-731- 附
牧民忠告序　　　　　　元貢師泰　1215-584- 6
經邦軌轍序　　　　　　明危　素　 518- 35-136
御史箴解序　　　　　　明薛　宣　1243-241- 13
自著政訓序　　　　　　明彭　韶　1247- 24- 2
政垣備覽序　　　　　　明彭　韶　1247- 28- 2
謹題牧民備用後　　　　明何喬新　1249-298- 18
書爲政善惡報應錄後　　明顧　清　1261-636- 24
重刊三事忠告序　　　　明顧　清　1261-805- 37
重刻百官箴序　　　　　明陸　深　1268-231- 37
刻揚雄太僕箴跋　　　　明王世貞　1281-166-129
碩輔寶鑑序　　　　　　明胡　直　1287-323- 8
題隻庠政略　　　　　　明顧憲成　1292-163- 13
刻署印須知序　　　　　明畢自嚴　1293-399- 2
爲臣不易編序　　　　　明范景文　1295-518- 5
百官箴原序　　　　　　明呂　柟　 602-658- 附
三事忠告序　　　　　　明陳　璉　 602-730- 附
三事忠告序　　　　　　明斬　顯　 602-732- 附
畫簾緒論序　　　　　　明王　佾　1455-519-225
（御製）人臣儆心錄
　序　　　　　　　　　清 世 祖　 602-761- 附
欽定訓飭州縣規條序　　清 世 宗　1300- 84- 8

紀元圍蜀南治略序　　　清魏裔介　1312-767- 7
張玉甲青齊政略序　　　清魏裔介　1312-767- 7
王鹿萍服官十要序　　　清魏裔介　1312-770- 7

c. 附錄：官箴

虞箴　　　　　　　　　周辛　甲　 550-332-221
　　　　　　　　　　　　　　　　1360-599- 37
　　　　　　　　　　　　　　　　1379- 45- 6
　　　　　　　　　　　　　　　　1396- 21- 2
　　　　　　　　　　　　　　　　1407-508-444
大正箴　　　　　　　　周辛　甲　1379- 45- 6
　　　　　　　　　　　　　　　　1396- 21- 2
冀州牧箴　　　　　　　漢揚　雄　 506-698-113
兗州（牧）箴　　　　　漢揚　雄　 541-496-35之10
　　　　　　　　　　　　　　　　1063-127- 6
　　　　　　　　　　　　　　　　1332-684- 14
　　　　　　　　　　　　　　　　1396-609- 21
　　　　　　　　　　　　　　　　1407-509-444
　　　　　　　　　　　　　　　　1412-206- 8
青州（牧）箴　　　　　漢揚　雄　 541-496-35之10
　　　　　　　　　　　　　　　　1063-127- 6
　　　　　　　　　　　　　　　　1332-684- 14
　　　　　　　　　　　　　　　　1396-609- 21
　　　　　　　　　　　　　　　　1407-510-444
　　　　　　　　　　　　　　　　1412-207- 8
徐州（牧）箴　　　　　漢揚　雄　 541-497-35之10
　　　　　　　　　　　　　　　　1063-127- 6
　　　　　　　　　　　　　　　　1332-685- 14
　　　　　　　　　　　　　　　　1396-609- 21
　　　　　　　　　　　　　　　　1407-510-444
　　　　　　　　　　　　　　　　1412-207- 8
冀州（牧）箴　　　　　漢揚　雄　 550-178-215
冀州牧箴　　　　　　　漢揚　雄　1063-127- 6
　　　　　　　　　　　　　　　　1332-683- 14
　　　　　　　　　　　　　　　　1396-608- 21
　　　　　　　　　　　　　　　　1407-509-444
　　　　　　　　　　　　　　　　1412-206- 8
荊州牧箴　　　　　　　漢揚　雄　 534-489- 95
　　　　　　　　　　　　　　　　1063-128- 6
　　　　　　　　　　　　　　　　1332-686- 14
　　　　　　　　　　　　　　　　1396-610- 21
　　　　　　　　　　　　　　　　1407-510-444
　　　　　　　　　　　　　　　　1412-207- 8
豫州牧箴　　　　　　　漢揚　雄　 538-579- 77

史部
職官類：序跋、附錄

			1063-128- 6				1407-514-444
			1332-686- 14				1412-212- 8
			1396-610- 21	光祿勳箴	漢 揚	雄	1063-130- 6
			1407-511-444				1332-689- 15
			1412-208- 8				1396-612- 21
雍州牧箴	漢 揚	雄	556-344- 90				1407-512-444
			1063-129- 6				1412-209- 8
			1332-687- 14	衞尉箴	漢 揚	雄	1063-130- 6
			1396-611- 21				1332-689- 15
			1407-511-444				1396-612- 21
			1412-208- 8				1407-512-444
益州牧箴	漢 揚	雄	561-298- 40				1412-209- 8
			1063-129- 6	太僕箴	漢 揚	雄	1063-130- 6
			1332-687- 14				1332-690- 15
			1354-820- 48				1396-612- 21
			1381-592- 44				1407-512-444
			1396-610- 21				1412-210- 8
			1407-511-444	廷尉箴	漢 揚	雄	1063-130- 6
			1412-208- 8				1332-690- 15
交州牧箴	漢 揚	雄	568-346-111				1396-612- 21
			1063-129- 6				1407-513-444
			1332-688- 14				1412-210- 8
			1396-611- 21	大鴻臚箴	漢 揚	雄	1063-131- 6
			1407-512-444				1332-691- 15
			1412-209- 8				1396-613- 21
揚州牧箴	漢 揚	雄	1063-128- 6				1407-513-444
			1332-685- 14				1412-210- 8
			1396-610- 21	宗正箴	漢 揚	雄	1063-131- 6
			1407-510-444				1332-691- 15
			1412-207- 8				1396-613- 21
幽州牧箴	漢 揚	雄	1063-129- 6				1407-513-444
			1332-688- 14				1412-210- 8
			1396-611- 21	大司農箴	漢 揚	雄	1063-131- 6
			1407-511-444				1332-691- 15
			1412-208- 8				1396-613- 21
并州牧箴	漢 揚	雄	1063-129- 6				1407-513-444
			1332-688- 14				1412-210- 8
			1396-611- 21	少府箴	漢 揚	雄	1063-131- 6
			1407-512-444				1332-692- 15
			1412-209- 8				1396-613- 21
潤州牧箴	漢 揚	雄	1396-612- 21				1407-514-444
上林苑令箴	漢 揚	雄	556-344- 90				1412-211- 8
			1063-132- 6	執金吾箴	漢 揚	雄	1063-131- 6
			1332-693- 15				1332-692- 15
			1396-614- 21				1396-614- 21

史部

職官類：附錄

篇名	朝代/作者	索引號
將作大匠箴	漢 揚 雄	1407-514-444
		1412-211- 8
		1063-132- 6
		1332-692- 15
		1396-614- 21
		1407-514-444
		1412-211- 8
城門校尉箴	漢 揚 雄	1063-132- 6
		1332-693- 15
		1396-614- 21
		1407-514-444
		1412-211- 8
司空箴	漢 揚 雄	1063-132- 6
		1332-693- 15
		1396-614- 21
		1407-515-444
		1412-212- 8
太常箴	漢 揚 雄	1063-133- 6
		1332-694- 15
		1396-615- 21
		1407-515-444
		1412-212- 8
尚書箴	漢 揚 雄	1063-133- 6
		1332-694- 15
		1396-615- 21
		1407-515-444
		1412-212- 8
博士箴	漢 揚 雄	1063-133- 6
		1332-695- 15
		1396-615- 21
		1407-515-444
		1412-213- 8
大官令箴	漢 揚 雄	1063-133- 6
		1396-616- 21
太史令箴	漢 揚 雄	1063-134- 6
		1396-616- 21
太樂令箴	漢 揚 雄	1396-616- 21
河南尹箴	漢 崔 駰	538-579- 77
		1332-697- 16
		1397-219- 10
		1407-516-444
		1412-288- 12
太尉（諸）箴	漢 崔 駰	1332-696- 16
		1397-218- 10
		1407-516-444
		1412-287- 12
司徒箴	漢 崔 駰	1332-697- 16
		1397-218- 10
		1407-516-444
		1412-287- 12
大理箴	漢 崔 駰	1332-697- 16
		1397-219- 10
		1407-516-444
		1412-288- 12
虎賁中郎箴	漢 崔 駰	1397-219- 10
		1412-288- 12
敍箴（二十五官箴敍）	漢 崔 瑗	1397-302- 14
河堤謁者箴	漢 崔 瑗	538-579- 77
河隄謁者箴	漢 崔 瑗	541-497-35之10
		587-724- 18
		1332-699- 16
		1397-303- 14
		1407-517-444
關都尉箴	漢 崔 瑗	556-344- 90
		1332-698- 16
		1397-303- 14
東觀（諸）箴	漢 崔 瑗	1332-698- 16
東觀諸箴	漢 崔 瑗	1407-517-444
尚書箴	漢 崔 瑗	1332-699- 16
		1397-303- 14
北軍中候箴	漢 崔 瑗	1332-699- 16
		1397-303- 14
司隸校尉箴	漢 崔 瑗	1332-700- 16
		1397-303- 14
郡太守箴	漢 崔 瑗	1332-700- 16
東觀箴	漢 崔 瑗	1397-302- 14
百官箴敍	漢 胡 廣	1397-253- 12
侍中箴	漢 胡 廣	1332-700- 16
		1397-253- 12
邊都尉箴	漢 胡 廣	1397-253- 12
陵令箴	漢 胡 廣	1397-253- 12
諫（議）大夫箴	漢 崔 寔	1332-701- 16
		1397-374- 17
		1407-518-445
太醫令箴	漢 崔 寔	1397-374- 17
外戚箴	漢 崔 琦	1360-595- 37
		1397-306- 14
		1407-517-444
郡太守箴	漢 劉駹駱	1397-290- 13
女師箴	漢 皇甫規	1397-331- 15

四庫全書文集篇目分類索引

史部 職官類：附錄

皇后箴	漢傅 毅	1397-394- 18
太師箴	魏嵇 康	1063-386- 10
		1407-520-445
		1413- 83- 35
逸民箴	晉陸 雲	1063-392- 1
		1398-354- 6
		1407-552-445
		1413-468- 50
女史箴	晉張 華	1329-955- 56
		1331-444- 56
		1398-118- 6
		1407-521-445
		1413-197- 40
尚書令箴	晉張 華	1332-701- 16
尚書（令）箴	晉張 華	1407-521-445
尚書令箴	晉張 華	1413-198- 40
大司農箴	晉張 華	1398-118- 6
		1413-198- 40
吏部尚書箴	晉傅 玄	1332-702- 16
		1398-199- 10
		1407-521-445
		1413-160- 39
太子少傅箴	晉傅 玄	1398-200- 10
		1413-160- 39
御史中丞箴	晉傅 玄	1398-216- 10
		1413-339- 46
太子箴	晉司馬攸	1398- 63- 4
女史箴	晉裴 楷	1398-105- 6
選吏部尚書箴	晉李 重	1398-194- 9
尚書令箴	晉摯 虞	1398-285- 13
		1413-240- 42
乘輿箴	晉潘 尼	1360-596- 37
		1398-320- 14
		1407-518-445
		1413-352- 47
丞相箴	晉陸 機	1398-344- 15
		1413-394- 48
市長箴	晉成公綏	1398-405- 18
		1413-500- 52
女史箴	晉裴 顏	1407-522-445
凡百箴	梁 武 帝	1340-679-791
少傅箴	北周庾圓肅	1400-104- 3
皇太子箴 有序	北周王 褒	1400-112- 3
皇太子箴	北周王 褒	1407-508-444
皇太子箴 有序	北周王 褒	1416-148-113
皇太子箴（二則）	隋戴 逵	1400-310- 5
		1400-361- 7
獄箴	唐張 說	1065-755- 12
		1344-203- 78
		1407-523-445
縣令箴	唐元 結	541-497-35之10
		1071-575- 11
		1344-204- 78
		1079-287- 8
丹辰箴六首 并序附詔答	唐李德裕	1344-201- 78
		1359-370- 53
		1418-121- 39
續虞人箴	唐白居易	1080-444- 39
		1340-682-791
太倉箴	唐李商隱	1082-410- 8
		1344-203- 78
詞場箴	唐于 邵	1340-679-791
兵箴	唐梁 肅	1340-680-791
		1344-202- 78
大寶箴	唐張蘊古	1344-200- 78
		1359-369- 53
縣令箴	唐古之奇	1344-204- 78
		1407-523-445
著官箴	後蜀孟 昶	561-298- 40
		1354-820- 48
		1381-592- 44
訓廉銘	宋 眞 宗	550-176-215
訓刑銘	宋 眞 宗	550-176-215
相箴并序	宋田 錫	1085-435- 13
將箴并序	宋田 錫	1085-437- 13
端拱箴	宋王禹偁	1359-371- 53
從政六箴	宋余 靖	1089-171- 18
書高彪作督軍御史箴後	宋黃庭堅	1113-630- 10
太史箴 并序	宋劉 弇	1119- 72- 2
續丹辰六箴并序	宋范 浚	1140- 43- 5
贛州通判箴	宋羅 願	1142-497- 4
送綸丞郡臨川十以箴	宋周必大	1147-474- 44
周師氏箴	宋呂祖謙	1353-796-109
漢考工令箴	宋呂祖謙	1353-797-109
跋韓城諸銘	宋周 孚	1154-679- 30
訓鉅箴并序	宋彭龜年	1155-901- 15
初筮箴示欽之官莆中	宋彭龜年	1155-901- 15
官箴	宋楊萬里	1161-286- 98
箴送戴兄主長興簿	宋劉 宰	1170-628- 25
司刑箴送王牧仲爲黃州錄參	宋劉 宰	1170-629- 25

1808　　　　　　　四庫全書文集篇目分類索引

史部

職官類：附錄

政書類：通制

篇目	作者	索引號
琴堂箴寄羅新淦愚	宋劉　宰	1170-629- 25
理曹箴	宋劉　宰	1170-629- 25
征官箴送趙居父之官婺女	宋劉　宰	1170-629- 25
酒官箴送趙禹仲之官常州	宋劉　宰	1170-630- 25
鑒成箴	宋陳　亮	1359-372- 53
跋長沙幕府四箴	宋袁　甫	1175-513- 15
典獄箴幷序	宋趙孟堅	1181-361- 4
越州箴上浙帥王敬巖		
幷引	宋金履祥	1189-800- 2
觀政閣箴	宋呂大防	1354-821- 48
觀政閣箴幷序	宋呂大防	1381-594- 44
御史箴	金趙秉文	1190-246- 17
憲司箴	元王　惲	1201- 1- 66
鹽官箴	元吳　萊	1209-132- 7
諫官箴幷序	元戴　良	1219-291- 4
縣令箴	元王　禮	1220-556- 12
縣令箴	元委格根	541-497-35之10
吏部箴	明 宣宗	506-698-113
戶部箴	明 宣宗	506-698-113
禮部箴	明 宣宗	506-698-113
兵部箴	明 宣宗	506-699-113
刑部箴	明 宣宗	506-699-113
工部箴	明 宣宗	506-699-113
都察院箴	明 宣宗	506-700-113
通政司箴	明 宣宗	506-700-113
大理寺箴	明 宣宗	506-700-113
翰林院箴	明 宣宗	506-700-113
詹事府箴	明 宣宗	506-701-113
左右春坊箴	明 宣宗	506-701-113
司經局箴	明 宣宗	506-701-113
國子監箴	明 宣宗	506-701-113
欽天監箴	明 宣宗	506-702-113
太常寺箴	明 宣宗	506-702-113
太僕寺箴	明 宣宗	506-702-113
鴻臚寺箴	明 宣宗	506-702-113
行人司箴	明 宣宗	506-702-113
都督府箴	明 宣宗	506-703-113
錦衣衞箴	明 宣宗	506-703-113
官箴上中下	明劉　基	1225-159- 6
		1373-703- 17
		1407-523-445
漢部刺史箴幷序	明王　禕	1226-322- 15
唐起居郎箴	明王　禕	1226-323- 15
續丹展箴	明王　禕	1226-321- 15
		1273-702- 17
官箴	明王　行	1231-285- 1
御史箴	明程本立	1236-206- 4
藩牧箴有序	明王　洪	1237-531- 7
縣令箴	明唐文鳳	1242-649- 10
題唐太宗賜進士箴	明李時勉	1242-798- 8
大理箴	明薛　瑄	1243-394- 24
題彰御史牧官箴	明徐有貞	1245-106- 3
憂樂格言爲夏都憲顯	明倪　謙	1245-493- 25
令箴	明丘　濬	1248-460- 22
恭題宣廟御製翰林院箴	明黃仲明	1254-451- 4
守官箴	明邵　寶	1258- 78- 9
同官箴	明邵　寶	1258- 78- 9
恭書宣廟賜翰林院箴後	明孫承恩	1271-458- 34
大司馬箴	明王立道	1277-819- 5
光祿箴	明王立道	1277-819- 5
太史箴	明王立道	1277-820- 5
鴻臚箴	明王立道	1277-820- 5
太常箴	明王立道	1277-820- 5
廷尉箴	明王立道	1277-820- 5
司空箴	明王立道	1277-821- 5
太守箴	明劉之龍	572-287- 37
講官箴	清 聖祖	1298-219- 25
		1449-158-首4
督撫箴	清 聖祖	1298-219- 25
		1449-159-首4
祭酒箴	清 聖祖	1298-219- 25
給事中箴	清 聖祖	1298-220- 25
御史箴	清 聖祖	1298-220- 25
守令箴	清 聖祖	1298-220- 25
		1449-159-首4
河臣箴	清 聖祖	1298-663- 35
漕臣箴	清 聖祖	1298-663- 35
臺省箴	清 聖祖	1298-663- 35
		1449-158-首4
太常箴	清 聖祖	1298-664- 35
提鎮箴	清 聖祖	1298-664- 35
示親民官自省六戒	清于成龍	1318-730- 7

M.政　書　類

a.通　制

四庫全書文集篇目分類索引

典引并疏　　　　　　漢班　固　1329-845- 48
　　　　　　　　　　　　　　　1331-296- 48
　　　　　　　　　　　　　　　1397-202- 10
立制度論　　　　　　漢荀　悅　1412-391- 17
五等諸侯論　　　　　晉陸　機　1407-182-411
（梁書）志序律曆禮樂
　　天文符瑞五行　　梁沈　約　1406- 43-317
封建論　　　　　　　唐柳宗元　1076- 27- 3
　　　　　　　　　　　　　　　1076-493- 3
　　　　　　　　　　　　　　　1077- 43- 3
　　　　　　　　　　　　　　　1343-506- 34
　　　　　　　　　　　　　　　1351-733- 上
　　　　　　　　　　　　　　　1354- 97- 12
　　　　　　　　　　　　　　　1355-378- 13
　　　　　　　　　　　　　　　1359-274- 39
　　　　　　　　　　　　　　　1377-641- 30
　　　　　　　　　　　　　　　1383-274- 24
　　　　　　　　　　　　　　　1407-191-412
　　　　　　　　　　　　　　　1418- 53- 37
　　　　　　　　　　　　　　　1447-344- 15
與賈秀才書讀五通文
　　五十篇　　　　　唐孫　樵　1344-284- 84
通典原序　　　　　　唐李　翰　 603- 6- 附
通典序　　　　　　　唐李　翰　1340-184-737
　　　　　　　　　　　　　　　1405-561-293
杜佑（通典）自述序　唐杜　牧　1340-185-737
進國朝會要表　　　　宋王　珪　1093-325- 44
封建論　　　　　　　宋劉　敞　1095-740- 40
本朝政要策（四十九
　　則）　　　　　　宋曾　鞏　1098-756- 49
進仁皇訓典箚子　　宋范祖禹　1100-289- 24
仁皇訓典序　　　　宋范祖禹　1100-398- 36
　　　　　　　　　　　　　　　1351- 65- 91
封建郡縣議　　　　宋畢仲游　1122- 39- 4
（進）政錄（疏）　宋李昭玘　1122-382- 26
讀仁宗政要　　　　宋謝　薿　1122-604- 9
論封建郡縣　　　　宋李　綱　1122-629-147
進金國文具錄箚子以
　　其仿中國之制而不能
　　力行徒爲文具故號爲
　　文具錄　　　　　宋洪　皓　1133-416- 4
又跋金國文具錄箚子　宋洪　皓　1133-420- 4
復古王者之制論　　宋胡　銓　1359-277- 39
中興十事家君被召命
　　子姪輩分述所見　宋胡　寅　1137-746- 30

進哲宗徽宗寶訓表　宋呂祖謙　1352- 96- 2下
西漢會要序　　　　宋樓　鑰　1152-824- 53
家計十論治務治道封建
　　兵　　　　　　　宋楊　簡　1156-860- 16
題金國文具錄　　　宋洪　适　1158-657- 62
（跋）高宗聖政草　宋陸　游　1163-505- 26
跋朝制要覽　　　　宋陸　游　1163-514- 27
題陳中書孝廟聖政序
　　稿　　　　　　　宋葉　適　1164-516- 29
代進聖政表　　　　宋衞　涇　1169-578- 8
代進會要表　　　　宋衞　涇　1169-578- 8
通典跋　　　　　　宋魏了翁　1173- 63- 64
封建郡縣（論）　　宋馬廷鸞　1187-153- 21
漢制考自序　　　　宋王應麟　 609-781- 附
答趙知縣百里千乘說　宋金履祥　1189-804- 3
東漢會要原序　　　宋徐天麟　 609-450- 附
進東漢會要表　　　宋徐天麟　 609-451- 附
封建論　　　　　　宋廖　偁　1351- 91- 94
封建（論）　　　　宋陳　武　1362-285- 11
封建論　　　　　　宋柳　穠　1381-681- 48
侯守論　　　　　　金趙秉文　1190-234- 14
宋史類纂序取宋朝長編
　　與諸家雜說採及野史分
　　門析類集爲一書名之曰
　　類纂大略做會要例而參
　　用通典　　　　　元王義山　1193- 28- 4
通典序　　　　　　元吳　澄　1197-221- 20
經世大典序錄　　　元虞　集　1207- 82- 5
進經世大典表　　　元歐陽玄　1210-149- 13
　　　　　　　　　　　　　　　1367-202- 16
　　　　　　　　　　　　　　　1382-417- 3
省部政典舉要序　　元陳　旅　1213- 74- 6
進文獻通考表　　　元王壽衍　 610- 6- 附
文獻通考自序　　　元馬端臨　 610- 7- 附
文獻通考序　　　　元馬端臨　1367-400- 32
　　　　　　　　　　　　　　　1405-564-293
經世大典序錄　　　元趙世延　1367-490- 40
（經世大典）治典總
　　敘　　　　　　　元趙世延　1367-493- 40
（經世大典）帝系總
　　序　　　　　　　元趙世延　1367-493- 40
明會典序　　　　　明　孝　宗　 617- 3- 附
明會典序　　　　　明　武　宗　 617- 4- 附
（跋）文獻通考　　明楊士奇　1238-594- 17
（跋）稽古定制　　明楊士奇　1238-595- 17

史部　政書類：通制

史部

政書類：通制、禮儀

篇目	作者	編號
（跋）通典	明楊士奇	1238-595- 17
		1417- 70- 4
讀宋朝經濟錄	明李　賢	1244-578- 9
論不毀鄕校	左　傳	1402-346- 59
重建大明會典表	明李東陽	1250-726- 69
魯孟僖子論禮	左　傳	1417- 64- 4
		1403-562-139
馬日碑不宜加禮議	漢孔　融	1063-235- 0
		1453-577- 66
共皇立廟議	漢師　丹	541-517-35之12
大明會典凡例	明李東陽	1250-729- 69
禮論	漢曹　褒	1397-158- 8
苄阡典要序	明黃仲昭	1254-389- 2
答侍中鄧義社神難	漢仲長統	1397-520- 25
政議通議	明崔　銑	1267-565- 8
冠禮日蝕議	漢孫　瑞	1397-522- 25
擬進同異錄序午自筠錄		
先儒議論有切於大典禮	（史記）禮書	漢司馬遷	1409-437-616
	（史記）禮書	漢司馬遷	1417-249- 13
大政事者	明陸　深	1268-278- 45
（史記）封禪書	漢司馬遷	1409-471-618
擬重修大明會典進呈	（漢書）禮樂志	漢班　固	1409-499-620
表	明王立道	1277-888- 0
文帝遺詔短喪論	漢荀　悅	1412-393- 17
皇明異典述序	明王世貞	1282-648- 49
景帝賜江都王非天子旌旗論	漢荀　悅	1412-394- 17
續文獻通考序	明溫　純	1288-557- 7
丞相封侯論	漢荀　悅	1412-396- 17
讀文獻通考	明胡應麟	1290-753-104
王吉請改正尚主之禮論	漢荀　悅	1412-398- 17
擬御製重修大明會典敘	明孫繼皐	1291-233- 3
單于朝位論	漢荀　悅	1412-398- 17
續文獻通考序	明蔡復一	530-491- 70
立定陶王昕爲太子論	漢荀　悅	1412-402- 17
史業二門都序	明趙貞吉	561-514- 44
改服制議	魏夏侯太初	1417-443- 21
難柳宗元封建論	明黃省會	1454- 86- 92
藉田說	魏曹　植	1063-324- 10
史業二門都序	明趙貞吉	1455-373-213
		1360-450- 27
文獻通考序	清聖　祖	1298-184- 19
		1407-352-427
		1449-130-首2
		1412-677- 26
大清會典序	清世　宗	1300- 82- 8
名譚論	吳張　昭	1361-695- 41
		1449-185-首7
復古鄕舉里選論	晉衞　瓘	550- 60-210
御製重刻通典序	清高　宗	603- 1- 附
評逆制廟號	晉孫　盛	361-738- 50
重刻通典序	清高　宗	1301-105- 11
魏明帝悼后書銘旌議	晉司馬孚	1398- 60- 4
御製重刻文獻通考序	清高　宗	610- 1- 附
辟雍頌序	晉王　沈	1398- 91- 5
重刻文獻通考序	清高　宗	1301-105- 11
齊王攸子禮儀（議）	晉賈　充	1398- 91- 5
御製大清會典序	清高　宗	619- 1- 附
皇太子釋服議		7
大清會典序	清高　宗	1301-381- 16
附倉盧欽魏舒問	晉杜　預	1398-126- 7
唐六典跋	清朱彝尊	1318-164- 45
祥祔議	晉杜　預	1398-132- 2
唐會要跋	清朱彝尊	1318-164- 45
高禖石壇議	晉束　晳	1398-260- 13
五代會要跋	清朱彝尊	1318-165- 45
春夏封諸侯（議）	晉束　晳	1413-251- 43
讀通考	清陸隴其	1325- 42- 4
祀皐陶議	晉摯　虞	1398-280- 13
欽定大清會典表	清允　祹等	619- 5- 附
廟設次殿議	晉摯　虞	1398-280- 13
恭進大清會典表	清徐乾學	1449-455- 2
皇太孫蓑服議(三則)	晉摯　虞	1398-280- 13
		國喪佩劒綬議	晉摯　虞	1398-281- 13
b. 禮　儀		
去駕導喪議	晉摯　虞	1398-281- 13
	輓歌議	晉摯　虞	1398-281- 13
1. 論　文		
寄公齊衰服議	晉摯　虞	1398-281- 13
鄭子大叔對趙簡子論禮	左　傳	1355-137- 5
諸侯公孤絕祀議	晉摯　虞	1398-281- 13
		1377-481- 21
師服議	晉摯　虞	1398-282- 13

四庫全書文集篇目分類索引

巡狩建旗議　　　　　　晉摯　虞　1398-282-　13
皇太子稱臣議　　　　　晉摯　虞　1398-282-　13
夫人答拜畢妾議　　　　晉摯　虞　1398-282-　13
駁河內宜立學書　　　　晉摯　虞　1398-283-　13
漢魏二王後議附有司奏　晉劉　憲　1398-289-　13
中山王睦立祖廟議
　　附武帝詔報二則　　晉劉　憲　1398-289-　13
二社議附劉熹難　　　　晉孔　晁　1398-290-　13
皇帝幸東宮鼓吹議　　　晉虞　鰐　1398-290-　13
安平嗣孫服議　　　　　晉姜　輯　1398-291-　13
安平王嗣孫蒙諸侯降
　　服議　　　　　　　晉姜　輯　1398-291-　13
渤海王服范太妃議　　　晉姜　輯　1398-292-　13
魏伐功臣配食議　　　　晉任　茂　1398-292-　13
臨軒遣使作樂議　　　　晉張　放　1398-293-　13
論江南貢舉事議（二
　　則）　　　　　　　晉某　震　1398-293-　13
廟社議　　　　　　　　晉孫　毓　1398-294-　13
諸侯廟議　　　　　　　晉孫　毓　1398-295-　13
燕國遷廟主之國議　　　晉孫　毓　1398-295-　13
封王廟策議　　　　　　晉孫　毓　1398-295-　13
五禮冠議駁附裴頠答及
　　摯駁二則　　　　　晉孫　毓　1398-295-　13
群臣爲太子起坐議　　　晉孫　毓　1398-296-　13
諸王公禮儀議　　　　　晉孫　毓　1398-296-　13
諸王公侯留輔政嫡子
　　監國議　　　　　　晉孫　毓　1398-297-　13
司馬敦繼獻王服議　　　晉孫　毓　1398-297-　13
七廟譚字議　　　　　　晉孫　毓　1398-298-　13
車宮鼓吹議（二則）　　晉孫　毓　1398-298-　13
武帝喪禮議（三則）
　　附孫毓駁　　　　　晉卞　壼
　　　　　　　　　　　楊　雍　1398-299-　13
墓祭議　　　　　　　　晉楊　泉　1398-395-　17
愍懷太子所生母喪廢
　　樂議　　　　　　　晉江　統　1398-430-　19
奔赴山陵議　　　　　　晉江　統　1398-430-　19
惠帝制正會不宜作樂
　　議　　　　　　　　晉江　統　1398-430-　19
幹佐謁拜議　　　　　　晉江　統　1398-431-　19
惠帝爲愍懷太子服議
　　附王接議二則　　　晉王　堪　1398-432-　19
沖太孫殤服議　　　　　晉蔡　克　1398-437-　19
懷帝服楊悼后議　　　　晉閔丘沖　1398-463-　20
評蔣濟郊祀　　　　　　劉宋裴松之　1361-743-　51

郊廟宜備設樂議（二
　　則）附荀萬秋顏竣議
　　二則　　　　　　　劉宋劉　宏　1398-601-　6
大駕屬車議附有司奏　　劉宋劉　宏　1398-603-　6
湘東太妃周忌議附丘邁
　　之議　　　　　　　劉宋劉　宏　1398-604-　6
王假喪服議附有司奏一
　　王應之議三及朱膺之蘇
　　瑋生周景遠議各一　劉宋劉　宏　1398-604-　6
晉李太皇太后服議附
　　殷茂議及廣又問車胤答
　　三則　　　　　　　劉宋徐　廣　1398-628-　7
東平沖王服制議
　　附陸澄議二則　　　劉宋羊　希　1398-740-　13
鄱陽哀王祥除議
　　附傅休議　　　　　劉宋庾蔚之　1398-824-　16
國子母除太夫人議
　　附朱膺之等議　　　劉宋庾蔚之　1398-825-　16
太子獻妃服廢丞祠議
　　附周景遠等議　　　劉宋庾蔚之　1398-825-　16
校獵薦二廟議附虞餘議
　　及參議　　　　　　劉宋庾蔚之　1398-826-　16
章皇太后廟殷祭議附
　　孫武等議三則及孝武帝
　　詔一則　　　　　　劉宋朱膺之　1398-814-　16
有司奏南郊遷日議（
　　四則）　　　　　　劉宋朱膺之
　　　　　　　　　　　等　　　　　1398-863-　18
殷祭議附蘇瑋生等議三
　　則　　　　　　　　劉宋周景遠　1398-817-　16
皇子出後告廟議附傅
　　休等議三則　　　　劉宋徐　爰　1398-819-　16
繼體告廟臨軒議附王
　　僧之朱膺之議二則　劉宋徐　爰　1398-820-　16
宣貴妃廟祭議附盧鰐
　　議有司奏各一則　　劉宋徐　爰　1398-821-　16
陳皇太妃哀服議附司
　　馬燮之議　　　　　劉宋王僧之　1398-827-　16
侯伯子男次息爲世子
　　議附傅郁諸葛雅之議
　　二則　　　　　　　劉宋孫　武　1398-828-　16
皇太妃服作鼓樂議附
　　徐爰等議二則　　　劉宋司馬興
　　　　　　　　　　　之　　　　　1398-830-　16
明堂饗祀牛數議附虞

史部 政書類・禮儀

篇目	作者	索引號
蘇顏奐議	劉宋司馬興之	1398-830- 16
國子母除太夫人議附程彥議	劉宋司馬興之	1398-831- 16
宣貴妃立廟議附徐愛議	劉宋庾 蔚	1398-831- 16
昭太后祔廟議附有司奏及王略等議	劉宋庾 蔚	1398-832- 16
太子納昏禮議附有司奏及裴昭明等議	劉宋庾 蔚	1398-832- 16
車駕嘗祠及皇后拜廟議附有司奏及劉緄奏各一則	劉宋庾 愿	1398-833- 16
皇太子著衰冕議附陸澄議及參議	劉宋丘仲起	1398-834- 16
皇帝訓養母服制議	劉宋周山文	1398-853- 18
廟祠執爵議附韓貴孫緬議	劉宋周山文	1398-853- 18
昭太后廟毀置議附韓貴議	劉宋殷匡子	1398-854- 18
公府長史應服朝服議（二則）附王儉議二則	劉宋沈侯之	1398-855- 18
祭祀志并序	劉宋范 曄	1406-656-388
論祠武帝於建始殿	劉宋何承天	1414- 13- 63
論郊祀不設樂（二則）	劉宋何承天	1414- 13- 63
論立諸葛亮廟	劉宋何承天	1414- 13- 63
上封禪儀注奏	劉宋謝 莊	1414-221- 72
皇太子車服議	劉宋劉休仁	1417-514- 25
朝服議	齊王 儉	1399- 68- 3
司空揚屬禮敬議	齊王 儉	1399- 68- 3
司徒府史應服議	齊王 儉	1399- 68- 3
郊殷禮議附有司又奏明堂	齊王 儉	1399- 68- 3
二郊明堂間歲祀議	齊王 儉	1399- 70- 3
遷郊議	齊王 儉	1399- 71- 3
郊祀明堂異日議附蔡履王祐等議六則	齊王 儉	1399- 71- 3
涼闈議奏	齊王 儉	1399- 74- 3
日蝕齋內社祠議	齊王 儉	1399- 75- 3
祭先聖先師議	齊王 儉	1399- 75- 3
南郡王昭業冠儀議	齊王 儉	1399- 75- 3
朝堂訓譯議	齊王 儉	1399- 76- 3
高帝昭皇后遷祔議附有司又奏王儉又議	齊王 儉	1399- 76- 3
穆妃喪禮議	齊王 儉	1399- 77- 3
皇太子妃薨前宮臣服議	齊王 儉	1399- 77- 3
太子穆妃卒哭後祭議	齊王 儉	1399- 77- 3
太子穆妃服閏月議附尚書令褚淵難又答淵難祠部郎中王珪之議	齊王 儉	1399- 78- 3
答王逸之問太子穆妃服議附又議	齊王 儉	1399- 79- 3
議江敦出繼啓附尚書參議	齊王 儉	1399- 80- 3
太畜議	齊王逸之	1399-107- 4
文惠太子喪服議附又奏三則	齊王 晏	1399-109- 4
宋皇太子朝賀服議	齊陸 澄	1399-119- 5
祭魚用鮮稿議附國子助教桑惠度議	齊何諲之	1399-162- 7
服色宜依姓尚議附太子僕周顗議	齊伏曼容	1399-162- 7
嗣君即位廟見議	齊蕭 琛	1399-164- 7
婚禮議	齊徐孝嗣	1399-167- 7
駁劉僕射舉樂之議	梁蕭 統	1063-678- 5
上修五禮表附武帝詔報二則	梁徐 勉	1399-421- 9
袞服議	梁周 捨	1399-448- 10
皇太子釋奠議附又有司議吏部郎徐勉議	梁周 捨	1399-448- 10
霽祭依明堂議	梁何佟之	1399-449- 10
世祖配明堂議附國子博士王摛議	梁何佟之	1399-450- 10
景懿后遷登新廟車服議	梁何佟之	1399-451- 10
社稷向位議	梁何佟之	1399-452- 10
儀曹稱治禮學士議（二則）	梁何佟之	1399-452- 10
朝日夕月議	梁何佟之	1399-454- 10
亥日籍田議附劉蔓何諲之等議五則	梁何佟之	1399-455- 10
逼密朝會作樂議	梁何佟之	1399-457- 10
世祖祥忌禪日議附陶韶李搗等議三則	梁何佟之	1399-457- 10
啓蟄郊議	梁何佟之	1399-458- 10
郊禘議附明山賓議	梁何佟之	1399-458- 10
郊祀器席議（三則）	梁何佟之	1399-458- 10
祐祭及功臣議	梁何佟之	1399-458- 10

四庫全書文集篇目分類索引　1813

廟祀斷哭議附武帝詔報　梁何佟之　1399-458-10
省牲議（二則）附武
　帝報　梁何佟之　1399-459-10
裸禮儀（二則）附武
　帝報　梁何佟之　1399-459-10
臨川王母墓被發議　梁何佟之　1399-459-10
公卿以下祭服議　梁何佟之　1399-460-10
二郊同日議（二則）　梁明山賓　1399-460-10
迎氣服大裘議　梁明山賓　1399-461-10
廟祀樽彝議（二則）
　附武帝報　梁明山賓　1399-461-10
郊廟禮牲議　梁明山賓　1399-461-10
貴嬪母喪議　梁明山賓　1399-461-10
天地祭一獻議　梁陸　瑋　1399-462-10
祀四望議附明山賓議徐
　勉議　梁朱　异　1399-462-10
郊服大裘議　梁朱　异　1399-462-10
明堂用瓦樽議　梁朱　异　1399-462-10
郊獻議　梁朱　异　1399-463-10
五帝祀先青帝議　梁朱　异　1399-463-10
明堂器用議　梁朱　异　1399-463-10
明堂停灌授組議　梁朱　异　1399-463-10
明堂祀用特牛議　梁朱　异　1399-463-10
雩祭燎柴議　梁朱　异　1399-463-10
廟祀羔釬議　梁朱　异　1399-464-10
封陽侯服議　梁朱　异　1399-464-10
臨城公夫人覿見議附
　太子令　梁朱　异　1399-464-10
皇子慈母服議附周捨議
　二則武帝制二則　梁司馬筠　1399-465-10
迎氣祭不用牲議　梁司馬筠　1399-466-10
尚書祭服議　梁司馬筠　1399-466-10
尚書參廟祀跣觿議　梁司馬筠　1399-466-10
議貴嬪母服陴　梁司馬聢　1399-466-10
東宮宴會奏樂議　梁司馬聢　1399-466-10
駁大功冠嫁議　梁賀　琛　1399-467-10
東宮備二舞議（二則）　梁賀　瑒　1399-473-10
三公祭服議附武帝答　梁王僧崇　1399-473-10
答雩祭燎柴議　梁許　懋　1399-476-10
明堂尺度議　梁虞　皡　1399-477-10
加錢葳駙馬都尉議　陳袁　樞　1399-709-7
高祖靈座使御人服議
　附蔡景歷等人議八則　陳劉師知　1399-710-7
稱大行議　陳沈文阿　1399-712-7
文帝謁廟禮文議　陳沈文阿　1399-713-7

沈孝軌弟息除靈議　陳江德藻　1399-714-7
沈孝軌弟息除靈議　陳沈　洙　1399-715-7
皇太后服安吉君禪除
　議　陳沈　洙　1399-715-7
太子冬會議　北齊邢邵　1400-37-2
避太子諱議　北齊邢邵　1400-42-3
皇太子東面議　北齊邢邵　1415-659-109
官吏之姓與太子同名
　議　北齊邢邵　1415-660-109
太子冬會議　北齊魏收　1400-37-2
皇太子西面議　北齊魏收　1415-678-110
七廟議　隋許善心　1400-322-5
皇后屬車奏駁　隋許善心　1400-323-5
皇太子服衰冕對　隋許善心　1400-324-5
受禪設壇議　隋何　妥　1400-327-6
駁上柱國降服議　隋劉　炫　1400-349-6
永寧令不解任駁　隋劉子翊　1400-358-7
公卿以下冕服議　唐楊　烱　1065-231-5
駁韋巨源諡昭議　唐李　邕　1403-710-156
答柳福州書論選舉　唐權德輿　1339-512-689
　　　　　　　　　　1344-262-83
答獨孤秀才書論選舉病
　其不能公或無力　唐權德輿　1344-267-83
答柳福州書論明經取士　唐權德輿　1417-728-34
諦洽議　唐韓　愈　1073-454-14
　　　　　　　　　　1074-273-14
　　　　　　　　　　1075-233-14
省試學生代齋郎議　唐韓　愈　1343-568-39
　　　　　　　　　　1378-50-36
　　　　　　　　　　1407-314-424
辨諱（諱辯）　唐韓　愈　1073-429-12
　　　　　　　　　　1074-243-12
　　　　　　　　　　1075-206-12
　　　　　　　　　　1343-652-46
　　　　　　　　　　1351-725-上
　　　　　　　　　　1355-374-13
　　　　　　　　　　1359-462-66
　　　　　　　　　　1359-558-2
　　　　　　　　　　1378-106-39
　　　　　　　　　　1407-410-433
（記）朝日說　唐柳宗元　1076-156-16
　　　　　　　　　　1076-610-16
　　　　　　　　　　1077-205-16
　　　　　　　　　　1336-384-362
　　　　　　　　　　1343-668-47

史部　政書類：禮儀

1814　　　　　　　四庫全書文集篇目分類索引

		1407-358-427
禘說	唐柳宗元	1076-158- 16
		1076-612- 16
		1077-207- 16
		1336-383-362
		1343-668- 47
		1407-357-427
奏記丞相府論學事	唐柳宗元	1077-449- 20
代鄭相公請刪定施行		
亡典開元禮狀	唐柳宗元	1077-639- 5
學校論	唐劉禹錫	1361-819- 3
陵廟日時朔祭議	唐李 翱	1078-149- 10
遷廟議狀	唐元 稹	1079-524- 34
上宣州高大夫書 論科第		
之選	唐杜 牧	1404-585-221
		1344-263- 83
正尸祭	唐皮日休	1083-203- 8
		1343-649- 45
請韓文公配饗太學書	唐皮日休	1404-600-222
與權德輿書 論選舉	唐柳 冕	1339-511-689
		1344-261- 83
		1417-733- 34
詞科論 幷序	唐沈既濟	1340-381-759
薦士論	唐牛希(濟)	1340-396-760
貢士論	唐牛希(濟)	1340-398-760
魯議 論魯不宜用天子禮		
樂	唐高 郢	1340-411-761
五等論	唐朱敬則	1343-508- 34
（宗廟加遵豆議）	唐韋 述	
	張 均	1343-564- 39
三朝行禮樂制議	唐杜 佑	1343-575- 40
上禮部權侍郎書 論選		
舉病其不能公或無力	唐獨孤郁	1344-265- 83
唐丞相諡文貞楊綰諡		
議代太常答蘇端駁		
議	唐梁 肅	1403-711-156
問國學記	唐舒元輿	1409-232-589
宗廟加遵豆議	唐張 均	1417-669- 32
請家兄明法改科書	宋柳 開	1085-290- 7
釋奠紀	宋趙 湘	1086-345- 5
李德裕非進士論	宋夏 竦	1087-220- 20
明堂路寢議	宋宋 祁	1088-363- 42
五室議	宋宋 祁	1088-364- 42
規蔡邕明堂議	宋宋 祁	1088-366- 42
上帝五帝議	宋宋 祁	1088-369- 42

配帝議	宋宋 祁	1088-372- 43
雜制議	宋宋 祁	1088-375- 43
升歌議	宋宋 祁	1088-376- 43
酺說	宋宋 祁	1088-432- 48
契丹官儀	宋余 靖	1089-173- 18
上時相議制舉書	宋范仲淹	1089-647- 9
		1346-115- 6
		1404-614-223
述享宗廟之制	宋尹 洙	1090- 9- 2
明禮（策）	宋蔡 襄	1351-169-102
詳定禮文（四十六則）	宋蔡 襄	1093-555- 9
大學議	宋李 覯	1095-259- 29
致仕義	宋劉 敞	1095-719- 37
天子五門議	宋劉 敞	1095-752- 41
處士號議	宋劉 敞	1095-758- 41
不舉賢員爲非議 幷序	宋劉 敞	1095-758- 41
績諡法	宋劉 敞	1095-807- 46
		1351-441-126
與吳九論武學書	宋劉 敞	1404-628-224
		1418-373- 48
讀封禪書	宋劉 敞	1095-820- 48
		1351-478-130
		1406-547-377
與韓持國論侍講不合		
稱師（書）	宋劉 放	1096-270- 27
禮法（策）	宋鄭 獬	1351-171-103
公族議	宋會 鞏	1098-424- 9
		1378- 52- 36
		1407-324-425
上茹都官明堂圖說	宋楊 傑	1099-743- 11
上趙殿院書 論科舉	宋徐 積	1101-943- 30
上杜中丞論舉官書	宋歐陽修	1351-310-114
唐書禮樂志論	宋歐陽修	1383-482- 43
（唐書）禮樂（志論）	宋歐陽修	1406-675-390
（唐書）禮樂志論	宋歐陽修	1476-169- 9
上韓昭文論山陵書	宋蘇 洵	1104-942- 13
上韓昭文論山陵書	宋蘇 洵	1384-320-108
		1418-353- 47
對疑 論供奉官以下大要		
不敍事	宋王安石	1105-524- 64
上韓魏公論場務書	宋蘇 軾	1384-513-126
		1115-282- 33
禮論（四則）	宋張 未	1361- 23- 3
書丁彥良明堂議後	宋秦 觀	1115-678- 6
答趙士舞德茂宣議論		

史部

政書類：禮儀

四庫全書文集篇目分類索引

篇目	作者	編號	篇目	作者	編號
宏詞書	宋李 廌	1115-816- 8	僖祖太祖廟議	宋陳傅良	1150-730- 28
范太史講筵辯丞嘗而			議明堂 朝庭祭祀之禮	宋樓 鑰	1152-532- 24
日祭之本在民	宋李 廌	1361-314- 49	再議明堂朝庭祭祀之禮	宋樓 鑰	1152-533- 24
禮部取士（論）	宋劉 弇	1119-282- 26	跋趙清臣所藏濮議	宋樓 鑰	1153-185- 72
舉逸民議	宋劉 弇	1119-274- 26	上蘇郎中（二則）			
		1359-507- 74	論州縣學校之弊	宋王 炎	1155-650- 20
任舉論	宋華 鎮	1119-447- 17	上王右司（書）論州			
制舉論	宋華 鎮	1119-455- 18	郡學校	宋王 炎	1155-653- 20
與張橫渠書論宗法	宋李 復	1121- 24- 3	宗子論	宋王 炎	1155-737- 26
學校議	宋畢仲游	1122- 49- 5			1375-353- 28
經術詩賦取士議	宋畢仲游	1122- 50- 5	郊祀議上下	宋王 炎	1375-335- 28
取士（論）	宋李昭玘	1122-380- 26	明堂論	宋王 炎	1375-351- 28
州郡立學皆置學官（			禘祫辨	宋王 炎	1375-377- 30
策）	宋劉安節	1124- 99- 4	周公禮樂策	宋呂興宗	1158- 77- 10
存舊論	宋唐 庚	1124-323- 1	敎學校養士之法革科			
		1346-354- 23	舉取人之弊策	宋呂興宗	1158- 77- 10
上家提舉書	宋李 新	1124-566- 20	上王守議后服箚子	宋薛季宣	1159-403- 26
與張君實第二書			溫州州學會拜	宋葉 適	1164-519- 29
論舉士	宋李 新	1124-576- 21	禮樂（論）論唐世禮			
上左司書選舉雜論	宋李 新	1124-579- 21	備樂缺	宋葉 適	1362-298- 12
言科舉書	宋李 新	1124-587- 22	士學（論）	宋葉 適	1362-303- 13
使指筆錄	宋趙 鼎	1128-753- 9	看詳學事申狀 論州縣			
封禪（說）	宋高 登	1136-447- 下	學校	宋韓元吉	1165-109- 9
樂晃說	宋鄭剛中	1138- 80- 5	論銓武簾武箚子	宋韓元吉	1165-128- 10
譚說	宋張孝祥	1140-620- 15	書趙清獻公手記嘉祐			
與趙丞相書 附別 幅論			六年廷試事後	宋孫應時	1166-648- 10
祧廟	宋朱 熹	1143-638- 29	論陞武箚子	宋曹彥約	1167-134- 11
答廖子晦（書）答廟			兩漢選舉之法（論）	宋張 杕	1167-567- 17
議葬法問	宋朱 熹	1144-341- 45	與楊德淵書簿			
答吳年南（書）廟議			論喪服體	宋黃 榦	1168-196- 18
暨詩草木蔬雜說	宋朱 熹	1145- 56- 59	宗說上中下	宋陳 淳	1168-600- 13
殿屋廈屋說	宋朱 熹	1145-337- 68	似學之辯論科舉之學	宋陳 淳	1168-620- 15
答社壇說（書）	宋朱 熹	1145-349- 68	與陳仲思書論科舉	宋陳 淳	1168-743- 31
禘祫議	宋朱 熹	1145-354- 69	上傅寺丞論學糧（箚）	宋陳 淳	1168-864- 46
漢同堂異室廟及原廟			上傅寺丞論釋奠五條			
議	宋朱 熹	1145-360- 69	（箚）	宋陳 淳	1168-877- 48
別定廟議圖說	宋朱 熹	1145-361- 69	請傅寺丞禱山川社稷			
君臣服議	宋朱 熹	1145-362- 69	（箚）附禱山川事			
民臣禮議	宋朱 熹	1145-366- 69	目	宋陳 淳	1168-880- 48
學校貢舉私議	宋朱 熹	1145-368- 69	跋申請釋奠禮	宋度 正	1170-267- 15
		1418-716- 61	上錢丞相論罷漕試太			
天子之禮（說）	宋朱 熹	1145-375- 69	學補試箚子	宋劉 宰	1170-446- 13
滄州精舍釋菜儀	宋朱 熹	1145-376- 69	明堂中辛議	宋程 珌	1171-261- 4
書釋奠申明指揮後	宋朱 熹	1145-736- 83	國子（策）	宋陳 亮	1171-590- 11
祀事私志	宋李 石	1149-746- 18	又束（孫蒲江書）			

史部

政書類：禮儀

史部 政書類：禮儀

篇目	作者	索引號
論朝庭喪禮之制	宋魏了翁	1172-380- 32
祧廟議筍子	宋戴 栩	1176-713- 4
白太守論南安縣試選事	宋徐鹿卿	1178-906- 5
聖主之祀臣有五義論	宋高斯得	1182- 43- 3
唐十學記	宋王應麟	1187-186- 1
文廟祭議	宋金履祥	1189-809- 3
三學看詳文（八則）		
論學制	宋程 顥	1345-670- 8
回禮部取問狀（六則）	宋程 顥	1345-671- 8
論禮部看詳狀（十九則）	宋程 顥	1345-675- 8
修立孔氏條制	宋程 顥	1345-685- 9
周之禮樂庶事備論	宋陳 瑾	1346-448- 32
原祭	宋鄭 襲	1351- 89- 93
皇族稱伯父叔父議	宋顏 復	1351-218-106
論華陽縣釋奠不當廢說	宋李 燾	1354-847- 49
選掄論	宋曾毅齋	1359-298- 42
議選舉法上執政書	元胡祗遹	1196-229- 12
論沙汰	元胡祗遹	1196-383- 21
精選縣令（論）	元胡祗遹	1196-413- 23
論州府縣官	元胡祗遹	1196-414- 23
答吳適可問（三則）		
釋賓禮	元吳 澄	1197- 26- 2
設器歌	元許 衡	1198-423- 10
題李鶴田所論南郊大略	元劉將孫	1199-235- 25
學校論	元許 謙	1199-590- 4
貢舉議	元王 惲	1200-455- 35
跋袁翰林鹵簿詩	元黃 溍	1209-348- 4
貢舉議	元王 惲	1373-380- 24
金（人國）制	元王 惲	1200-584- 44
冠晁始制	元王 惲	1200-585- 44
服色考	元王 惲	1200-592- 45
讀漢魏五書 題衛宏漢官儀書後	元王 惲	1201- 98- 73
廟制（考）	元王 惲	1201-378- 98
節有八節（說）	元王 惲	1201-384- 98
進郊祀十議狀	元袁 桷	1203-535- 41
郊祀十議 並序	元袁 桷	1203-536- 41
國學議	元袁 桷	1203-549- 41
改元論上下	元吳 萊	1209- 90- 5
安氏家傳朝服書于卷末	元唐 元	1213-574- 11
請詳定朝儀班序	元蘇天爵	1214-301- 26
乞增廣國學生員	元蘇天爵	1214-302- 26
皇朝元會版位圖贊	元胡 助	1214-667- 19
上董淙水書談學校	元李繼本	1217-778- 8
上蘇參政（書）論學校	元趙 汸	1455- 57-183
眞定玉華宮罷遣太常禮樂議	元元永貞	506-293- 96
社稷壇議	元王 某	1366-657- 25
孝慈錄序	明 太 祖	1223-155- 15
章服議	明宋 濂	443-540- 26
		1224-436- 28
孔子廟（堂）祀議	明宋 濂	443-645- 30
		541-520-35之12
		1224-434- 28
		1373-597- 9
		1407-333-426
		1453-668- 74
改元論	明王 禕	1226- 72- 4
孔子廟庭從祀議	明王 禕	1226-306- 15
		1407-335-426
		1453-690- 74
跋至治鹵簿詩	明王 禕	1226-343- 17
釋奠解	明貝 瓊	1228-371- 13
學校論	明貝 瓊	1228-443- 23
與許門諸友論宗法（書）	明胡 翰	1229- 37- 3
		1373-790- 25
儀爵辨	明胡 翰	1373-668- 13
論崑山州學從祀神位狀	明殷 奎	1232-416- 3
錄王厚齋郳國沂國配食大成樂章（跋）	明鄭 眞	1234-215- 37
開元二十年蕭嵩上開元禮表	明鄭 眞	1234-417- 61
宗法（論）	明方孝孺	443-571- 27
正服	明方孝孺	1235-115- 3
答貢士問書答宋朝進士有特奏名何也宋進士廷試何時而始宋之書判銓試其亦有自乎之間	明李時勉	1242-806- 8
簡魏國公書 論祀禮	明鄭 紀	1249-824- 10
書洪武欽定康郎山功臣廟位次後	明程敏政	1252-650- 37
簡太守武邑王公而勉		

論諡祭禮書　　　　　　明程敏政　1253-247- 53
論制科　　　　　　　　明王　鏊　 443-553- 26
擬皐言白論國家設科取
　士之法　　　　　　　明王　鏊　1256-485- 33
昭穆對　　　　　　　　明王　鏊　1256-494- 33
諸侯葬稱公對　　　　　明邵　寶　1258- 86- 9
昭穆說 答楊崇周　　　　明邵　寶　1258-227- 1
擬命使存問儀注　　　　明邵　寶　1258-548- 9
與周時可書 論科舉　　　明胡居仁　1260- 22- 1
孔子廟堂續議　　　　　明祝允明　1260-514- 11
　　　　　　　　　　　　　　　　1453-693- 74
貢舉私議（二則）　　　明祝允明　1260-515- 11
貢舉私議　　　　　　　明祝允明　1453-704- 75
丙子廟制秋議　　　　　明顧　清　1261-749- 33
服制私議　　　　　　　明顧　清　1261-756- 33
　　　　　　　　　　　　　　　　1453-703- 75
大禮問辨　　　　　　　明潘希會　1266-706- 5
　　　　　　　　　　　　　　　　1454-285-114
禮由　　　　　　　　　明崔　銑　1267-467- 4
書林茂貞嘉靖大禮辯
　後　　　　　　　　　明崔　銑　1267-471- 4
政議——聚舉　　　　　明崔　銑　1267-560- 8
政議——修禮　　　　　明崔　銑　1267-564- 8
政議——訂學　　　　　明崔　銑　1267-564- 8
奉三江先生論禮書　　　明夏良勝　 443-491- 25
　　　　　　　　　　　　　　　　1269-1007- 14
議學政　　　　　　　　明夏良勝　1269-951- 11
冠禮議　　　　　　　　明夏良勝　1269-1012- 14
魯之郊祧辨　　　　　　明楊　慎　1407-420-434
禮成　　　　　　　　　明王廷陳　1272-624- 12
名宦祠議　　　　　　　明陸　粲　1274-688- 7
復三符翁論濮議（書）　明羅洪先　1275-101- 4
宗論上中下　　　　　　明羅洪先　1275-154- 7
昭穆辨　　　　　　　　明羅洪先　1275-200- 10
北岳編題辭　　　　　　明皇甫汸　1275-760- 39
昭穆遞遷考　　　　　　明王立道　1277-832- 6
擬進燕享九奏樂章表　　明王立道　1277-864- 8
古今謚法通紀序　　　　明王世貞　1280-221- 71
　　　　　　　　　　　　　　　　1405-727-312
成王賜伯禽天子禮樂
　辨　　　　　　　　　明王世貞　1407-423-434
特恩與選法不同　　　　明王　樵　1285-372- 13
天子絕期（議）　　　　明王　樵　1285-373- 13
　　　　　　　　　　　　　　　　1453-698- 75
三途並用議　　　　　　明歸有光　1289- 42- 3
　　　　　　　　　　　　　　　　1407-345-426
馬政祀祠　　　　　　　明歸有光　1289-520- 4
春秋（命題）議　　　　明余繼登　1291-942- 7
論童儒考事書　　　　　明顧允成　1292-295- 5
科舉論上中下 并序及
　後語　　　　　　　　明黃淳耀　1297-660- 3
（史記評論）禮書　　　明黃淳耀　1297-684- 4
（史記評論）封禪書　　明黃淳耀　1297-684- 4
大禮私議　　　　　　　明黃淳耀　1297-724- 7
論選舉　　　　　　　　明李　堂　 443-346- 18
科舉私說　　　　　　　明謝　鐸　 443-552- 26
論郊社　　　　　　　　明黃潤玉　 443-591- 28
論僭孔子帝號　　　　　明楊守陳　 443-644- 30
論謚法　　　　　　　　明張志淳　 443-664- 30
三途並用議　　　　　　明李廷機　 530-474- 69
海廟祀典考　　　　　　明任萬里 541-627-35之18
三晉名賢（祀）議　　　明呂　柟　 549-246-190
請從祀名宦議　　　　　明郭子章　 564-825- 60
宗廟（論）略　　　　　明王　廉　1373-614- 9
謚法考附崇文總目周公
　謚法一篇　　　　　　明吳　訥　1403-703-155
與夏公謹書論郊祀禮儀　明霍　韜　1405- 10-234
　　　　　　　　　　　　　　　　1453-460- 53
（議）劉靜修（薛文
　清）從祀　　　　　　明劉定之　1407-340-426
　　　　　　　　　　　　　　　　1453-701- 75
毀文廟塑像議　　　　　明馬一龍　1453-694- 74
啓聖祠先後祭議　　　　明馬一龍　1453-695- 74
廟祀議　　　　　　　　明毛　紀　1453-696- 74
宗法議　　　　　　　　明陳九川　1453-699- 75
旌表趙氏女婦議　　　　明錢　福　1453-707- 76
復修撰康公鄉賢祠議　　明陳以忠　1453-710- 76
三高三忠祠議　　　　　明徐師會　1453-711- 76
廣謚論　　　　　　　　明徐師會　1454-117- 95
紀夢爲先楊乞祠議　　　明游日教　1453-712- 76
乘輅說　　　　　　　　明李　濂　1454-202-105
小宗辨　　　　　　　　明羅虞臣　1454-288-114
嗣統辨　　　　　　　　明沈　棨　1454-292-114
問社解　　　　　　　　明郭造卿　1454-396-128
紀客語 說舉子業　　　　明趙　玉　1454-464-137
答施太守（書）議禮　　明薛應旂　1454-768-171
與陳二易論爾汝及謚
　法（書）　　　　　　明繆一鳳　1454-769-171
答霍尚書書 士相見儀
　度雜說　　　　　　　明田汝成　1454-782-172

1818 四庫全書文集篇目分類索引

史部 政書類：禮儀

答廟災儀注二書	明熊 過	1454-784-172
答童宮諭廟災儀注第二書	明熊 過	1454-786-172
上魯岭孟明府請文廟八佾舞書	明孟 思	1454-791-173
開州名宦鄉賢書二（二則）	明潘 塤	1455-130-194
廢學論	明蘇 濬	1466-695- 57
諸夷慕學（說）	明魏 濬	1466-774- 61
學校論	清聖 祖	1298-175- 17
		1449-114-首1
鄉舉里選解	清聖 祖	1298-201- 21
		1449-121-首1
		1301-113- 12
		1301-112- 12
漢議辨	清高 宗	1301-438- 25
請復四氏學科場恩例議	清施閏章	1313-305- 25
上內閣言被薦人才試期（書）	清施閏章	1313-341- 27
與毛方伯論遺才（書）		
論當時考試之外另取遺才之例	清施閏章	1313-352- 28
方澤壇左右辨	清陳廷敬	1316-331- 22
醮于六宗解	清葉方藹	1449-600- 12
孔廟禮樂議	清朱彝尊	1318-315- 60
曲阜設官議	清朱彝尊	1318-316- 60
瘞悲當從祀議	清朱彝尊	1318-316- 60
鄭康成不當罷從祀議	清朱彝尊	1318-317- 60
經書取士議	清朱彝尊	1318-318- 60
請復祀典詳	清于成龍	1318-556- 1
請正朝儀詳	清于成龍	1318-557- 1
飭勸學政事宜	清于成龍	1318-732- 7
封禪巡狩不相襲議	清毛奇齡	1320- 47- 7
擬不許武官起復議	清毛奇齡	1320- 49- 7
請定勸賢祠產典守公議	清毛奇齡	1320- 58- 8
又奉史館總裁翁子（論明代嘉靖興獻禮議）	清毛奇齡	1320- 90- 12
紀昭代樂章與	清張玉書	1322-536- 8
與萬充宗書 論周朝庭之禮	清姜宸英	1323-698- 3
釋奠必有合辨	清姜宸英	1323-740- 4
祀嶽瀆禮考	清田 雯	1324-384- 37
文廟配享私議	清李光地	1324-821- 21
記配享私議後	清李光地	1324-822- 21
讀金史禮志	清陸隴其	1325- 45- 4
諡法	清方 苞	1326-761- 3
制科取士之法考	清劉子壯	534-533- 98
聖廟祀典碑記	清吳 騫	564-908- 62
耤田說	清鄂爾泰	570-613-29之11
		572-486- 44
先農說	清鄂爾泰	570-614-29之11
		572-484- 43
五王位次議	清鄂爾泰	572-473- 43
		572-471- 43
祀典議	清衛匡齊	572-471- 43
三老五更辨 三老五更之禮爲何	清厲 彭	1449-763- 22
皇太子視學議	清徐乾學	1449-817- 26
北郊配位議	清徐乾學	1449-818- 26
祀地無配位議	清徐乾學	1449-820- 26
郊祀分合議	清徐乾學	1449-823- 26
三老五更議 三老五更之禮應停止舉行	清張廷玉	1449-835- 27

2. 序 跋

斐瑾崇豐二陵集禮後序	唐柳宗元	1076-201- 21
		1076-650- 21
		1077-254- 21
		1344-415- 95
		1418- 60- 37
政和五禮新儀原序	宋 徽 宗	647- 2- 附
傳法正宗祖圖紋	宋釋契嵩	1091-527- 12
禮閣新儀目錄序	宋會 要	1098-449- 11
		356- 29- 2
		1378-337- 52
		1384-238-101
		1418-513- 52
		1447-907- 54
皇族服制圖序	宋楊 傑	1099-716- 8
熙寧太常祠祭總要序	宋楊 傑	1099-718- 8
政和冬祀點檢供張錄序	宋趙鼎臣	1124-217- 13
唐開元禮序	宋劉才邵	1130-546- 10
書封演古今年號錄後	宋周紫芝	1141-484- 67
大唐開元禮原序	宋周必大	646- 19- 附
跋尊號錄	宋周 宋	1169- 56- 5
書四家禮範後	宋程 珌	1171-358- 9
趙鑰夫宗藩文類序	宋魏了翁	1172-615- 54

四庫全書文集篇目分類索引 1819

朱權敎序拜錄跋(學禮) 宋袁 甫 1175-514- 15
會拜題名序 宋王 柏 1186- 73- 5
景祐鹵簿圖記序 宋宋 綬 1351- 8- 85
中祀釋奠儀序 元劉 因 1198-567- 11
朝儀備錄序 元王 惲 1200-565- 43
進南郊鹵簿圖表 元柳 貫 1210-291- 7
祭器圖序 元陳 旅 1213- 55- 4
題袁叔正學士鹵簿儀後 元胡行簡 1221-153- 6
釋奠儀注序 元張 顒 1367-403- 32
　 　 1381-341- 31
太常集禮稿序 元李好交 1367-456- 36
(經世大典)帝號(總序) 元趙世延等 1367-492- 40
(經世大典)禮典總序 元趙世延等 1367-506- 41
明集禮原序 明 世 宗 649- 1- 附
三皇祭禮序 明危 素 1226-742- 4
册太上皇帝儀注序 明貝 瓊 1228-371- 13
(跋)賜諡錄 明楊士奇 1238-595- 17
大禮奏議序 明林 俊 1257- 80- 7
大禮正議跋 明林 俊 1257-562- 11
郊祀錄序 明陸 深 1268-264- 43
科舉考序 明王世貞 1282-646- 49
諡法考序 明王世貞 1282-646- 49
　 　 1405-727-312
大婚禮彙紀序 明溫 純 1288-554- 7
無錫縣學筆記序 明高攀龍 1455-500-223
孔廟禮樂考序 明曹于汴 1293-681- 1
王董父廟制書跋 明劉宗周 1294-610- 16
禮儀定式後序 明劉三吾 443-490- 25
明臣諡考原序 明鮑應鰲 651-418- 附
明臣諡考後序 臣諡類鈔後序 明鮑應鰲 651-418- 附
明諡紀彙編原序 明郭良翰 651-466- 附
御製辛魯盛典序 清 聖 祖 652- 3- 附
幸魯盛典序 清 聖 祖 1298-639- 32
　 　 1449-131-首2
御題大金德運圖說有序 清 高 宗 648-309- 附
(御製)大清通禮序 清 高 宗 655- 1- 附
　 　 1301-113- 12
皇朝禮器圖式序 清 高 宗 651- 1- 附
　 　 1301-112- 12

(御製)南巡盛典序 清 高 宗 658- 5- 附
祀學錄序 清陳廷敬 1316-524- 36
祀鄉賢名宦序 清陳廷敬 1316-526- 36
大唐開元禮跋 清朱彝尊 1318-138- 43
政和五禮新儀跋 清朱彝尊 1318-138- 43
書大明集禮卷後 清朱彝尊 1318-139- 43
聖賢儒史序 清毛奇齡 1320-361- 42
東祀草序 清姜宸英 1323-599- 1
書左雄察舉議後 清姜宸英 1323-808- 7
文廟考略跋 清陸隴其 1325- 53- 4
文廟考略序 清陸隴其 1325-127- 8
書禮書序後 清方 苞 1326-738- 2
又書禮書序後 清方 苞 1326-738- 2
又書封禪書後 清方 苞 1326-742- 2
書漢書禮樂志後 清方 苞 1326-751- 2
幸魯盛典進表 清孔毓圻 652- 4- 附
恭纂萬壽盛典初集合成進表 清王 掞等 653- 1- 附
(欽定大清通禮奏表) 清來 保等 655- 3- 附
(進皇朝禮器圖式表) 清尤 祿等 656- 2- 附
(進皇朝禮器圖式表) 清福隆安 656- 6- 附
(欽定南巡盛典跋) 清阿 桂等 658- 4- 附
八旬萬壽盛典進表 清阿 桂等 660- 1- 附
八旬萬壽盛典跋 清阿 桂等 661-881-120
恭進欽定南巡盛典表 清高 晉等 658- 6-首上
進南巡盛典前編表 清高 晉等 658- 9-首上
進南巡盛典續編表 清薩 載等 658- 12-首上
歷代建元考序 清鍾淵映 662- 2- 1
廟制圖考序 清萬斯同 662-168- 附

c. 邦 計

1. 論 文

仲尼論用田賦 左 傳 1417- 75- 4
又言限民田 漢董仲舒 1396-374- 8
(史記)平準書 漢司馬遷 1409-491-619
(史記)平準書 漢司馬遷 1417-253- 13
除田租(論) 漢荀 悅 1412-392- 17
駁諸將田地議 蜀漢趙 雲 1476- 8- 5
歲儉平糶議 劉宋劉義康 1398-576- 5
大錢當兩議附沈演之議 劉宋何尚之 1398-718- 12
魏五市議 劉宋顏 竣 1398-787- 15
鑄錢議附徐爰等議三則 劉宋顏 竣 1398-788- 15
又鑄二銖錢議 劉宋顏 竣 1398-789- 15

史部

政書類：禮儀、邦計

史部

政書類：邦計

篇目	作者	索引號
答楊貢處士書 論征稅之事	唐 獨孤及	1072-298- 18
答元饒州論政理書	唐 柳宗元	518-119-140
		1076-287- 32
		1076-728- 32
		1355-439- 15
		1378-238- 47
		1383-236- 20
		1447-311- 13
復漢以粟爲賞罰議	唐 呂 溫	1340-485-769
平賦書 幷序	唐 李 翱	1078-112- 3
		1343-624- 44
		1355-375- 13
平賦書序	唐 李 翱	1405-726-312
		1418- 83- 38
學解嘲對書 對廛食問	唐 沈亞之	1336-326-353
食貨論	唐 李德裕	1079-323- 3
		1340-284-747
		1407-203-412
貨殖論	唐 李德裕	1079-327- 4
		1340-285-747
爲河南府百姓訴車（狀）	唐 元 稹	1079-544- 38
食貨論	唐 柳 芳	550- 64-211
		1340-283-747
戶口人丁論	唐 杜 佑	1340-280-747
平準論 準一作羅	唐 杜 佑	1340-281-747
與元載書 陳漕運利書	唐 劉 晏	1417-685- 32
復井田論	宋 田 錫	1085-422- 10
上許殿丞論榷酒書	宋 王禹偁	1086-169- 18
議早對	宋 釋契嵩	1091-477- 8
三省咨目 論財賦	宋 司馬光	1094-583- 63
平土書	宋 李 覯	1095-151- 19
救災議	宋 曾 鞏	506-290- 96
		1098-426- 9
		1351-204-106
		1351-785- 下
		1359-503- 73
		1384-296-106
		1407-329-425
		1418-502- 52
		1447-952- 57
與田元均論財計書	宋 歐陽修	1102-546- 68
論河北財產上時相書	宋 歐陽修	1383-435- 38
（唐書）食貨(志論)	宋 歐陽修	1383-484- 43
		1406-676-390
		1418-273- 45
		1476-171- 9
田制（論）	宋 蘇 洵	1377-687- 32
		1384-384-115
議茶法	宋 王安石	1105-580- 70
茶商十二說	宋 王安石	1105-581- 70
乞制置三司條例	宋 王安石	1105-582- 70
答曾公立書 論青苗事	宋 王安石	1384- 59- 85
密州上韓丞相書 論青苗法方田均稅法出役錢等之弊	宋 蘇 軾	541-582-35之16
上文侍中論權鹽書	宋 蘇 軾	541-585-35之16
		1108-187- 73
		1351-353-118
		1378-226- 46
		1384-515-126
		1447-680- 39
上韓魏公論場務事	宋 蘇 軾	1108-179- 72
		1351-351-118
上蔡省主論放欠書	宋 蘇 軾	1108-181- 72
		1384-517-126
上韓丞相論災傷手實書	宋 蘇 軾	1108-184- 73
		1404-662-227
上執政乞度牒賑濟因修廨宇書	宋 蘇 軾	1108-226- 76
上呂僕射論浙西災傷書	宋 蘇 軾	1108-228- 76
		1447-694- 40
（元祐會計錄）收支（篇）敍	宋 蘇 轍	1112-712- 15
		1384-913-162
（元祐會計錄）民賦（篇）敍	宋 蘇 轍	1112-713- 15
		1384-911-162
制置三司條例司論事狀	宋 蘇 轍	1384-759-148
		1402-240- 48
		1447-864- 52
上王荊公書 論財賦役法	宋 鄭 俠	1117-432- 6
井田肉刑（論）	宋 劉 弇	1119-276- 26
役法論	宋 華 鎭	1119-458- 18
權說	宋 華 鎭	1119-606- 29
上戶部侍郎書 論役法		

四庫全書文集篇目分類索引

史部

政書類：邦計

篇目	作者	索引號
稅制	宋李　復	1121- 21- 3
青苗議	宋畢仲游	1122- 52- 5
役局議	宋畢仲游	1122- 53- 5
役錢議	宋畢仲游	1122- 54- 5
讀李翺平賦書	宋謝　逸	1122-556- 10
再上家提舉手書 洋州饑饉建議賑災	宋李　新	1124-567- 20
上楊提舉書 論田賦	宋李　新	1124-573- 21
上漕使書 論稅務	宋李　新	1124-586- 22
與家中瑀提舉論優恤戶絕書	宋李　新	1124-589- 22
理財論上中下	宋李　綱	1126-611-144
又與秦相公書 論收買租賃事	宋葉夢得	1129-649- 7
與梁仲模論權貨務書	宋葉夢得	1129-652- 8
論財用（箚子）	宋劉一止	1132- 62- 11
論私販茶鹽（箚子）	宋劉一止	1132- 63- 11
鑄通欠箚子	宋王　洋	1132-448- 9
論和糴利害箚子	宋王之道	1132-680- 20
乞將京西淮南逃絕田展免租課箚子	宋王之道	1132-690- 22
乞上取佃客箚子	宋王之道	1132-691- 22
論增稅利害代許敦詩上無爲守趙若虛書	宋王之道	1132-704- 24
維民論 論維民之道輕斂爲急	宋劉子軍	1359-247- 35
與向伯元書 論納稅	宋胡　宏	1137-133- 2
論存留田契稅錢與執政書	宋汪應辰	1138-700- 13
請免賣寺觀趕剩田書（二則）附小貼子	宋汪應辰	1138-702- 13
請免豫借坊場錢與宰執書	宋汪應辰	1138-705- 13
乞免解發鐵錢赴兩淮書	宋汪應辰	1138-705- 13
與楊總領論虛額書（二則）	宋汪應辰	1138-707- 13
請免追海船修船神福等錢狀	宋汪應辰	1138-708- 13
上汪制置（箚子）應辰十篇 乞令鑄除蜀之虛額錢	宋晁公遡	1139-189- 35
（上）樊運使（箚子十一則）議行鑄除蜀之虛額錢並論常平倉	宋晁公遡	1139-203- 37
與翁士特學士（書二則）論東南調兵督糧事	宋陳　淵	1139-437- 16
與王帥（書）論江西一路所征求有偏重不均之患	宋陳　淵	1139-476- 18
回潼川續漕書 論西路漕司財計	宋王之望	1139-781- 9
因慶宣諭論因糧糴本錢書 附小貼子	宋王之望	1139-791- 10
水旱說	宋范　浚	1140- 50- 6
廢井田（論）	宋林之奇	1140-464- 13
復井田論	宋林之奇	1359-279- 39
抑商賈論	宋林之奇	1359-291- 41
與鍾戶部論虧欠經總制錢書	宋朱　熹	1143-506- 24
答陳漕論鹽法書	宋朱　熹	1143-511- 24
答張敬夫（書）雜論財賦	宋朱　熹	1143-534- 25
答趙帥論舉子倉事	宋朱　熹	1143-611- 28
與趙尚書論舉子田事	宋朱　熹	1143-631- 29
與漕司箚子 論鹽政	宋朱　熹	1143-633- 29
與陳建寧箚子	宋朱　熹	1143-647- 29
與李彥中張幹論箚濟箚子	宋朱　熹	1143-648- 29
答林一之（書）貢法助法雜說	宋朱　熹	1144-712- 57
井田類說	宋朱　熹	1145-351- 68
開阡陌辨	宋朱　熹	1145-428- 72
轉運司鑄免鹽錢記代	宋朱　熹	1145-602- 77
		1418-704- 61
跋獨孤及答楊賁處士書口賦法雜論	宋朱　熹	1145-691- 81
上趙丞相書 論常平糶米	宋王　炎	526-200-265
		1155-666- 21
上林鄂州 論湖右經界之法	宋王　炎	1155-643- 19
上薛大監書 論臨湘財賦用度與征課	宋王　炎	1155-655- 20
上盧岳州 論臨湘財賦	宋王　炎	1155-657- 20
上章岳州 論臨湘糶米事	宋王　炎	1155-658- 20
上劉岳州（書）論臨湘財賦	宋王　炎	1155-660- 20
上劉岳州（書）論臨湘財賦	宋王　炎	1155-663- 21
上趙帥（書）論臨江		

史部 政書類：邦計

篇目	作者	索引號
郡羅米救饑事	宋王　炎	1155-669- 21
苕凌解元（書）論德清縣羅米救饑事	宋王　炎	1155-682- 22
又（上戶部薛侍郎）畫一筠子論羅米救饑事	宋王　炎	1155-687- 23
申宰執撥米賑羅筠子	宋王　炎	1155-693- 23
與趙子直（書）雜論財賦	宋陸九淵	1156-298- 5
與陳敎授（書）二首論置平羅倉以利民	宋陸九淵	1156-328- 8
與黃監書論置平羅倉以輔社倉	宋陸九淵	1156-341- 9
與陳倉（筠子）新安六邑苦旱絕糧請予賑卹	宋舒　璘	1157-539- 下
與陳倉論常平（筠子）	宋舒　璘	1157-539- 下
論茶鹽（筠子）	宋舒　璘	1157-540- 下
論保長（筠子）	宋舒　璘	1157-541- 下
論常平（筠子）	宋舒　璘	1157-542- 下
論義倉（筠子）	宋舒　璘	1157-542- 下
與陳英仲提舉筠子新安地貧賦重請儲常平以防饑饉	宋舒　璘	1157-543- 下
再與（陳英仲提舉）論荒政（筠子二則）	宋舒　璘	1157-544- 下
乞更運京西椿管米書	宋蔡　戡	1157-647- 8
寬財賦策	宋員興宗	1158- 76- 10
鹽法之弊策	宋員興宗	1158- 87- 11
荊門軍論茶事狀	宋洪　适	1158-580- 51
上尚書省筠子論江夏等七縣稅賦	宋趙善括	1159- 9- 1
船場綱運利害筠子	宋趙善括	1159- 12- 1
上提舉差役筠子論差役之法	宋趙善括	1159- 13- 1
上蘇侍郎書論財賦吏職	宋趙善括	1159- 28- 3
湖州與宰執書論和羅米	宋薛季宣	1159-302- 18
湖州與梁右相書論雪川財賦	宋薛季宣	1159-303- 18
湖州與樞使王觀文公明書論財賦	宋薛季宣	1159-304- 18
湖州與曾參政書論財賦	宋薛季宣	1159-305- 18
湖州答王樞密書論財賦	宋薛季宣	1159-307- 18
與王公明（書）論田賦酒禁之弛	宋薛季宣	1159-344- 21
與趙漕書武昌疲敝請與民休息	宋薛季宣	1159-375- 23
上王守論絕戶田租筠子	宋薛季宣	1159-404- 26
租庸調（論）	宋葉　適	1362-294- 12
財計（上）	宋葉　適	1362-300- 12
		1418-733- 62
錢幣楮劵（論）	宋葉　適	1362-309- 13
論田畝敷和買狀	宋韓元吉	1165-110- 9
論和羅筠子	宋韓元吉	1165-129- 10
論差役筠子	宋韓元吉	1165-130- 10
論歸正忠義人錢米田筠子	宋韓元吉	1165-131- 10
上周侍御筠子論福建四州財賦	宋韓元吉	1165-138- 10
議節財賦十事（筠子）	宋韓元吉	1165-157- 11
役法（辨疑問）	宋楊冠卿	1165-495- 8
墾田（辨疑問）	宋楊冠卿	1165-497- 8
重楮幣說	宋楊冠卿	1165-499- 9
與諸司乞減清泉兩鄉苗稅書	宋陳　造	1166-298- 24
與許運使論荒政書	宋陳　造	1166-300- 24
與奉使袁大著論救荒書	宋陳　造	1166-302- 24
井田分畫序	宋曹彥約	1167-178- 14
樂平傳遠乘序	宋曹彥約	1167-179- 14
田制論	宋廖行之	1167-327- 4
賦法論	宋廖行之	1167-329- 4
論湖北田賦之弊宜有法以爲公私無窮之利筠子	宋廖行之	1167-340- 5
論迎送出郊科歛鄉保排辦錢物筠子	宋廖行之	1167-341- 5
再與待制李夢聞書（一）論財賦	宋黃　榦	1168-110- 10
復吳勝之湖北運判柔勝（書三則）論財賦	宋黃　榦	1168-125- 12
（與宇文宣撫）建寧社倉利病（書）論米價	宋黃　榦	1168-200- 18
催科辯	宋黃　榦	1168-387- 34
上趙寺丞論秤提會（筠）	宋陳　淳	1168-853- 44

四庫全書文集篇目分類索引

史部

政書類：邦計

篇目	作者	索引號
上莊大卿論鑄鹽（箚）	宋陳　淳	1168-855- 44
上胡寺丞論重紐侵河錢（箚）	宋陳　淳	1168-857- 45
上留丞相箚子論兩淮交子錢	宋衞　涇	1169-666- 14
知福州日上廟堂論楮幣利害箚子	宋衞　涇	1169-676- 15
上本路運使論夫錢箚子	宋度　正	1170-199- 7
代金壇縣申殿最錢箚子	宋劉　宰	1170-448- 13
四弊（策）	宋陳　亮	1171-597- 11
上吳宣撫論布估（書）	宋魏了翁	1172-376- 32
華亭縣修復經界記	宋袁　甫	1175-499- 14
常熟縣板籍記	宋杜　範	1175-735- 16
論抄箚人字地字格式箚子	宋戴　栩	1176-715- 4
乞將清泉兩管均濟摘濟箚子	宋戴　栩	1176-717- 4
禁銅錢申省狀	宋包　恢	1178-712- 1
上廟堂論楮鹽書	宋徐鹿卿	518-140-140
		1178-911- 5
論救楮第二箚	宋徐鹿卿	1178-909- 5
上丞相賈似道言限田（書）	宋徐經孫	1181- 33- 3
四月十二日進講——論財賦	宋徐元杰	1181-609- 1
（四月）十一日進講——論財賦	宋徐元杰	1181-611- 1
跋謝簿與張子復議荒政	宋歐陽守道	1183-675- 20
社倉利害書	宋王　柏	1186-111- 7
賑濟利害書	宋王　柏	1186-114- 7
答嚴陵史君書論嚴陵賑米事	宋王　柏	1186-120- 8
水災後箚子	宋王　柏	1186-150- 9
述民志	宋王　柏	1186-222- 15
建德路罷金課記	宋何夢桂	1188-487- 9
賑濟論	宋程　頤	1345-684- 9
均減嚴州丁稅記	宋詹元宗	1348-600- 9
內稱（策）	宋田　況	1351-162-102
民（田）議	宋呂大鈞	1351-217-106
望歲	宋高　弁	1351-436-125
上宰執論臺州財賦	宋趙汝愚	1356-627- 2
臺州奏鑄酒禁記	宋謝采伯	1356-673- 7
議財論（三則）	宋鄭伯熊	1359-287- 41
理財論	宋方　恬	1359-290- 41
蒲圻回葉殿院論錢會書	宋陳慶勉	1375-165- 10
代申省乞鑄租免雜狀	元劉　壎	1195-495- 14
呈州轉申廉訪分司救荒狀	元劉　壎	1195-497- 14
寶鈔法（八則）	元胡祗遹	1196-384- 22
又鈔法虛之弊	元胡祗遹	1196-390- 22
論聚斂	元胡祗遹	1196-390- 22
論逃戶（二則）	元胡祗遹	1196-395- 22
論積貯	元胡祗遹	1196-397- 22
革昏田弊榜文（六則）	元胡祗遹	1196-402- 22
又三貧難消乏之弊狀（二則）	元胡祗遹	1196-405- 22
論有司不立常平權衡高下一出於編民	元胡祗遹	1196-427- 23
論倉糧	元胡祗遹	1196-428- 23
匹夫歲費	元胡祗遹	1196-429- 23
田訟	元王　惲	1200-607- 46
井田說	元王　旭	1202-877- 15
楮幣議	元張之翰	1204-463- 13
與蔡逢原參政書談賑荒	元蒲道源	1210-703- 17
寧國路修學救荒記	元吳師道	1212-147- 12
建言救荒	元宋　褧	1212-486- 13
乞免饑民夏稅（疏）	元蘇天爵	1214-310- 26
均役記	元余　闕	526- 80-261
建言常平（疏）	元盧　琦	1214-748- 下
上周郎中陳言五事啓五事指開荒田除民瘼抑豪強積軍儲增佯祿	元謝應芳	1218-172- 7
錢幣譜	元費　著	1381-780- 57
楮幣譜	元費　著	1381-782- 57
（經世大典）賦典總序	元趙世延等	1367-497- 40
泉貨議	明王　禕	1226-309- 15
		1453-718- 77
太平十策序	明危　素	1226-703- 2
補范宣子復鄭子產輕幣書	明蘇伯衡	1228-526- 1
井牧（論）	明胡　翰	1229- 7- 1
		1373-606- 9
		1454- 1- 84
與友人論井田書	明方孝孺	443-376- 20

四庫全書文集篇目分類索引

史部 政書類：邦計

	作者	編號
		1235-326- 11
		1454-568-150
整理兩浙鹽政議	明彭 韶	443-452- 23
讀活民書	明李 賢	1244-576- 9
與饒侍御（書）論財賦	明鄭 紀	1249-829- 10
鹽法對錄	明李東陽	443-434- 23
織造鹽對錄	明李東陽	443-435- 23
與府縣言口中戶書	明羅 倫	518-148-140
與許知縣補之完（書二則）論賑濟	明章 懋	1254- 56- 2
論食貨	明王 鏊	443-430- 22
冗食議	明王 鏊	443-432- 22
吳中復稅書與巡撫李司空	明王 鏊	1256-522- 36
吳中賦稅書與巡撫李司空（民事）	明王 鏊	1455- 26-180
與李司空論均徭賦（書）	明王 鏊	1256-524- 36
與李司空論均徭賦（書）（民事）	明王 鏊	1455- 28-180
革姦對 版籍至重也	明史 鑑	1259-821- 6
論均田	明羅欽順	443-375- 20
辯疑論二	明胡居仁	1260- 48- 2
與翁太守論加稅書	明顧 清	1261-646- 25
與陳太守論水後加稅書	明顧 清	1261-647- 25
答張宗周工部書 論徵稅	明顧 清	1261-652- 26
回鄭通府問糾田助役書	明顧 清	1261-828- 39
均徭私論	明何 瑭	1266-583- 8
均糧私論	明何 瑭	1266-586- 8★
擬與藩司論賑濟書	明何景明	538-572- 77
擬與藩司論救荒書	明何景明	1267-287- 32
均田議	明崔 銑	538-627- 78
		1267-559- 8
挈財有序	明崔 銑	1267-389- 1
政議——本末	明崔 銑	1267-563- 8
與周行之（書）論吳中糧額	明魏 校	1267-783- 4
(與吳德翼歐陽崇道）論恤典事宜（書）	明鄭善夫	443-480- 24
		1269-253- 20
田制論	明鄭善夫	1269-274- 21
泉（貨）議有序	明夏良勝	1269-833- 6
議儲畜	明夏良勝	1269-950- 11
廣西鹽法志	明黃 佐	1465-736- 16
八分料志	明朱 淛	1273-491- 4
落綱協辦志	明朱 淛	1273-492- 4
莆中錢法志	明朱 淛	1273-494- 4
與王筆峰大參鳳靈上巡按施山侍御論鹽法事書	明朱 淛	1273-500- 5
鹽戶新編均徭事理揭帖	明朱 淛	1273-501- 5
鹽政刻石記	明王慎中	1274-157- 8
與臺省諸公論駁丁書	明羅洪先	518-156-140
與李龍岡邑令書論賦稅	明唐順之	1276-287- 5
與李龍岡邑令（書）論賦稅	明唐順之	1455-285-207
答王蘇州書 論賦稅	明唐順之	1276-291- 5
阜財議	明王立道	1277-771- 2
上少師徐少湖翁救荒書	明楊繼盛	506-421-101
上徐少湖翁師救荒愚見（書）	明楊繼盛	1278-642- 2
上徐少湖翁師救荒書	明楊繼盛	1405- 99-241
戊申筆記 均田雜說	明王 樵	1457- 48-345
擬丈田則例 計五件	明海 瑞	1286-113- 4
社倉論一二三	明溫 純	1288-308- 8
鹽法考	明沈 鯉	1288-316- 8
遺王都御史書 論以嘉定縣糧赴郡治交兌之不便	明歸有光	1289-104- 8
論三區賦役水利書	明歸有光	1289-106- 8
		1405-119-243
答李撫院養愚（書）論地方財賦	明孫繼皐	1291-325- 6
解頭（之役）問	明高攀龍	1292-463- 7
與許同生父母（書）論賑饑造荒册	明高攀龍	1292-502-8 下
易金商爲官買說	明畢自嚴	1293-435- 3
開荒議	明曹于汴	1293-771- 7
與王雪肝太守一二三 論社倉儲米事	明劉宗周	1294-430- 7
與成臺道 論救饑之策	明劉宗周	1294-432- 7
與王雪肝四 乞勿閉糶以救荒	明劉宗周	1294-432- 7
與王雪肝五獻救荒之策	明劉宗周	1294-433- 7
與王雪肝六乞暫閉米商	明劉宗周	1294-437- 8

四庫全書文集篇目分類索引　1825

與祁世論荒政之謀　　　　明劉宗周　1294-438- 8
與陳明府論水災書　　　　明婁　堅　1295-244- 21
論上下區書 論爲政治
　民生計　　　　　　　　明婁　堅　1295-245- 21
吳橋縣條鞭役法議記　　明范景文　1295-539- 6
族議（書牘）論賑饑　　明倪元璐　1297-224- 19
與上虞周令君銓（二
　則）論賑饑　　　　　　明倪元璐　1297-225- 19
（史記評論）平準書　　明黃淳耀　1297-685- 4
論井田　　　　　　　　　明李　堂　443-375- 20
論理財　　　　　　　　　明李　堂　443-467- 24
貢賦之常膚見　　　　　　明胡世寧　443-379- 20
論祿米俸米　　　　　　　明王　瓊　443-429- 22
鹽法議　　　　　　　　　明王　瓊　443-436- 23
兩淮鹽法議　　　　　　　明霍　韜　443-438- 23
與林汝桓書 論僧田　　　明霍　韜　1455- 75-186
漕船志　　　　　　　　　明馬廷用　444-461- 51
水田議　　　　　　　　　明姜揚武　506-295- 96
南昌縣田賦考記　　　　　明萬　恭　517-703-132
錢穀議　　　　　　　　　明萬　恭　1453-726- 78
屯田鹽法議　　　　　　　明萬　恭　1453-728- 78
與朱鑑塘論清軍（戶
　）書　　　　　　　　　明劉應秋　518-158-140
上郡守洪覺山救荒書　　明侯一元　526-203-265
徭役議　　　　　　　　　明董應舉　530-475- 69
官糶議　　　　　　　　　明董應舉　530-476- 69
上章司理乞止上司勸
　借及海務書　　　　　　明周之夔　530-506- 70
長泰縣平役記　　　　　　明盧岐嶷　530-566- 72
鹽政考　　　　　　　　　明李廷機　530-630- 74
答李獻忠救荒書　　　　　明王廷相　538-572- 77
鹽河議　　　　　　　　　明甘一驥　541-536-35之12
請建社倉議　　　　　　　明張惟誠　541-529-35之12
復邢知吾書 論鹽課　　　明張四維　550- 41-210
坑治論　　　　　　　　　明任慶雲　556-495- 94
鹽法議　　　　　　　　　明張　鍊　558-628- 46
廣鹽課議　　　　　　　　明張應宿　564-826- 60
與行在戶部諸公書
　論蘇松民戶七弊　　　　明周　忱　1373-813- 27
救荒弭盜議　　　　　　　明董其昌　1407-346-426
救荒末議　　　　　　　　明賀復徵　1407-347-426
井田解　　　　　　　　　明徐　渭　1407-440-436
均糧議　　　　　　　　　明錢　薇　1453-714- 77
鹽法論　　　　　　　　　明錢　薇　1453-730- 78
一條鞭法議　　　　　　　明徐鳳來　1453-717- 77

疏通錢法議　　　　　　　明高克正　1453-721- 77
錢法（議）　　　　　　　明郭子章　1453-723- 78
屯鹽（議）　　　　　　　明屠中孚　1453-731- 78
鹽法私議　　　　　　　　明沈　㮚　1453-734- 78
均役論　　　　　　　　　明徐師會　1454-120- 95
論賦　　　　　　　　　　明薛　甲　1454-128- 97
與杜尹論量田事宜書　　明薛　甲　1455-280-206
井田論　　　　　　　　　明顧大章　1454-138- 99
答王對滄撫臺（書）
　開荒之議　　　　　　　明王家屏　1455- 25-180
上巡撫三原王公書（
　民事）　　　　　　　　明趙同魯　1455- 31-180
救荒書（民事）　　　　　明程一元　1455- 35-180
與吳太守歡除酒禁書
　（吏治）　　　　　　　明劉　繪　1455-276-206
與郡守劉沂東（書）
　論糧加耗事　　　　　　明何良傅　1455-287-207
廣西田糧賦役志　　　　　明蘇　濬　1465-743- 16
上外舅西軒陳公求賑
　濟鄉郡書　　　　　　　明薛　晃　1466-636- 54
墾田之利可興（論）　　　明魏　濬　1466-770- 61
阡陌辨　　　　　　　　　明不著撰人　1454-267-112
創興盛京海運記　　　　　清 聖 祖　1298-645- 33
直隸總督胡季堂奏報
　二麥約收九分有餘
　詩以誌慰識語　　　　　清 高 宗　1301-701- 2
繢地議　　　　　　　　　清湯　斌　1312-587- 8
墾田增戶議　　　　　　　清魏裔介　1312-943- 16
踏勘蝗荒議　　　　　　　清魏裔介　1312-943- 16
禁橫山鑿煤議　　　　　　清施閏章　1313-307- 25
條陳引鹽利弊議　　　　　清于成龍　1318-545- 1
上姚制臺議捐濟賑　　　清于成龍　1318-660- 4
嚴禁漕弊各款　　　　　　清于成龍　1318-742- 7
答三辨文 井地辨　　　　清毛奇齡　1321-309-121
觿免儀眞縣坍江田糧
　碑記　　　　　　　　　清張玉書　1322-512- 6
紀順治間錢糧數目　　　清張玉書　1322-530- 7
紀順治間戶口數目　　　清張玉書　1322-533- 7
弭次議　　　　　　　　　清田　雯　572-470- 43
積穀說　　　　　　　　　清田　雯　572-479- 43
鹽價說　　　　　　　　　清田　雯　572-480- 43
貢助徹論　　　　　　　　清陸隴其　1325- 23- 3
讀金史食貨志　　　　　　清陸隴其　1325- 46- 4
與浙江黃撫軍請開米
　禁書　　　　　　　　　清蔡世遠　1325-738- 7

史部

政書類：邦計

1826　　　　　　　　四庫全書文集篇目分類索引

史部

政書類：邦計

書李習之平賦書後　　　　清方　苞　1326-756- 3　　監郡編役序　　　　　　元吳　海　530-488- 7
開中鹽法　　　　　　　　清儲大文　1327-170- 9　　熬波圖序　　　　　　　元陳　椿　662-312- 附
論江南應分州縣書　　　　清藍鼎元　1327-602- 3　　本政書序　　　　　　　明危　素　1226-715- 3
再與友人論江南分縣　　　　　　　　　　　　　　　　經邦軌轍序　　　　　　明危　素　1226-720- 3
　書　　　　　　　　　　清藍鼎元　1327-603- 3　　浸銅要略序　　　　　　明危　素　1226-748- 4
錢幣考　　　　　　　　　清藍鼎元　1327-804- 14　　救荒活民補遺書序　　　明王　直　1241-504- 8
恩鑷吉水縣荒賦紀事　　清李振裕　518-257-143　　讀活民書　　　　　　　明李　賢　1374-237- 49
與馬邑侯書 論催科　　　清陳常夏　530-510- 70　　新里甲日錄序　　　　　明鄭　紀　1249-816- 9
與姚給事論賦役書　　　　清金德嘉　534-510- 96　　漕政舉要錄序　　　　　明邱　寶　1258-139- 13
楚省驛遞夫馬錢糧條　　　　　　　　　　　　　　　書王中丞均徭規則後　　明崔　銑　1267-587- 10
　議　　　　　　　　　　清王孫蔚　534-529- 97　　王戶部關約序　　　　　明李舜臣　1273-713- 6
賑濟議　　　　　　　　　清陳芳生　538-628- 78　　重刊採運條議序　　　　明高攀龍　1292-554-9 上
上簡親王書 言融山縣　　　　　　　　　　　　　　　滕縣救荒事宜序　　　　明曹于汴　1293-683- 1
　救荒事　　　　　　　　清熊飛渭　568-484-118　　會稽縣荒政引　　　　　明劉宗周　1294-608- 16
稅畝丘甲田賦考　　　　清韓　菼　1449-896- 31　　嘉宣縣均役册序　　　　明吳　堅　1295- 21- 2
　　　　　　　　　　　　　　　　　　　　　　　　　翊富倉書自序　　　　　明倪元璐　1297- 75- 6
2. 序　跋　　　　　　　　　　　　　　　　　　　　張子翼救荒賑饑錄序　　明黃淳耀　1297-636- 2
　　　　　　　　　　　　　　　　　　　　　　　　　潘鱗長康濟譜序　　　　明黃淳耀　1297-639- 2
元祐會計錄敘　　　　　　宋蘇　轍　1112-710- 15　　後湖志序　　　　　　　明楊　廉　443-403- 21
　　　　　　　　　　　　　　　　　1384-909-162　　長蘆運司志序　　　　　明倫以訓　443-457- 23
　　　　　　　　　　　　　　　　　1418-455- 51　　採運圖前說　　　　　　明龔　輝　444-396- 48
　　　　　　　　　　　　　　　　　1447-846- 51　　採運圖後說　　　　　　明龔　輝　444-397- 48
原幣錄序　　　　　　　　宋仲　并　1137-821- 4　　漕河圖志敘　　　　　　明于　湛　444-474- 51
題吉水宰陳臧孫邑計　　　　　　　　　　　　　　　安福重刻鑿弊軍册序　　明鄒宗道　518- 67-137
　錄　　　　　　　　　　宋周必大　1147-199- 19　　泰和徵總册序　　　　　明歐陽鐸　518- 76-138
義役規約序　　　　　　　宋陳傅良　1150-816- 40　　宜黃輕齎成規序　　　　明董　裕　518- 92-138
代縣宰社倉砧基簿序　　宋李　呂　1152-235- 5　　蘇軍救民集議序　　　　明鄒德泳　518- 94-138
書周禮井田譜　　　　　　宋樓　鑰　1153-159- 70　　鹽政一覽序　　　　　　明崔　富　526-172-264
劉弊撮要序　　　　　　　宋王　炎　1155-708- 24　　災傷圖序　　　　　　　明王　漢　538-617- 78
書林勸本政書　　　　　　宋薛季宣　1159-421- 27　　賦役全書序　　　　　　明謝天顏　564-728- 59
平陽會書序　　　　　　　宋葉　適　1164-240- 12　　歸化圖記圖籍　　　　　明田汝成　568-196-105
跋義役　　　　　　　　　宋葉　適　1164-526- 29　　試田圖籍序　　　　　　明包見捷　570-634-29之12
書金華義役册後　　　　　宋程　珌　1171-357- 9　　錢通原序　　　　　　　明胡我琨　662-366- 附
書林勸本政（書）後　　宋陳　亮　1171-647- 16　　書林勸比校書後　　　　明魏　濬　1466-734- 59
李大卿蘷罷糴錄序　　　宋魏了翁　1172-604- 54　　鹽運分司張森岳賑濟
紹定江東荒政錄序　　　宋眞德秀　1174-456- 29　　　册序　　　　　　　　清吳偉業　1312-239- 23
跋江西趙漕救荒錄　　　宋眞德秀　1174-574- 36　　章邑侯賑災錄序　　　　清魏裔介　1312-771- 7
無倦序示江東幕屬　　　宋袁　甫　1175-461- 11　　嘉定縣加編錄序　　　　清陸隴其　1325-138- 8
高李鑷征錄跋　　　　　宋高斯得　1182- 82- 5　　清賦大綱序　　　　　　清徐世溥　518-101-139
救荒活民書原序　　　　宋董　煟　662-234- 附　　吉州行鹽詳覈序　　　　清李元鼎　518-104-139
皇祐會計錄序　　　　　宋田　況　1351- 21- 87　　勒修兩浙鹽法志序　　　清李　衛　526-190-264
比較圖序 比較仁宗用　　　　　　　　　　　　　　　河南賦役全書序　　　　清雅爾圖　538-623- 78
　兵前後之財　　　　　　宋李　燾　1354-559- 23　　進呈編輯（國課）全
高德祥聚糧集跋　　　　元王義山　1193- 63- 10　　　書疏　　　　　　　　清石　琳　570-392-29之4
六事備要序　　　　　　　元許有壬　1211-255- 35　　荒政叢書原序　　　　　清俞　森　663- 15- 附
備荒雜錄序　　　　　　元李繼本　1217-734- 4

奏爲進呈書籍事（欽定康濟錄）附上諭　清倪國璉　663-225- 附

d. 軍　政

1. 論　文

朝議置西域副校尉難對　漢班　勇　1397-236- 11

薄代公等補兵議　劉宋何承天　1398-661- 9

　　　　　　　　　　　　1414- 6- 63

原十六衞　唐杜　牧　1081-570- 2

　　　　　　　　　　　　1336-471-375

　　　　　　　　　　　　1343-682- 48

　　　　　　　　　　　　1407-401-431

　　　　　　　　　　　　1418-128- 40

上澤潞劉司徒書曁平政庭則將軍不知尊布衣不知卑諸侯之驕久矣　唐杜　牧　1344-233- 80

兵序取自杜佑通典中之兵　唐杜　佑　1405-727-312

息戍（策）　宋尹　洙　1090- 8- 2

　　　　　　　　　　　　1351-164-102

兵制（策）　宋尹　洙　1351-165-102

兵制　宋石　介　1090-241- 9

兵儲　宋歐陽修　1102-463- 59

唐書兵志論　宋歐陽修　1383-482- 43

　　　　　　　　　　　　1418-270- 45

兵志附方鎭表　宋歐陽修　1406-677-390

屯田論　宋張方平　558-618- 46

衡論兵制老泉欲以職分籍沒之田作養兵之費　宋蘇　洵　1384-382-115

兵制論　宋蘇　洵　1407-231-415

天子六軍之制　宋蘇　軾　1107-678- 48

休兵久矣而國益困（論）　宋蘇　軾　1107-678- 48

武功爵議　宋蘇　軾　1359-509- 74

盜賊論　宋秦　觀　1407-252-417

上章丞相言邊事書　宋李　復　1121- 20- 3

與張石曹論處置保甲書（二則）　宋呂南公　1123-139- 14

禦戎論　宋李　綱　1126-608-144

論方鎭　宋李　綱　1126-631-147

又與秦相公書論軍中用人用錢　宋葉夢得　1129-652- 8

回柯暘刑部簡論保伍之法　宋程　俱　1130-218- 21

論防秋事箚諸處土豪民兵諸縣添差縣尉一員　宋王　洋　1132-447- 9

盜賊論二篇并序　宋王庭珪　1134-248- 33

御書屯田三事跋　宋岳　飛　1136-469- 0

禁衞論　宋胡　銓　1359-255- 36

中興業屯田篇　宋胡　宏　1137-181- 3

跋王盧溪盜賊論　宋胡　寅　1134-348- 附

寄張德遠（書）論當時軍政　宋胡　寅　1137-503- 17

寄張相（書）論當時軍政與用人　宋胡　寅　1137-523- 18

乞以見任使臣管押馬綱與宰執書附小貼子　宋汪應辰　1138-701- 13

與徐左司論軍須錢書　宋王之望　1139-782- 9

回朱都幹書論軍須錢　宋王之望　1139-784- 9

與馮編修書論軍須錢　宋王之望　1139-787- 10

與汪帥論屯田（書）　宋朱　熹　556-479- 93

　　　　　　　　　　　　1143-517- 24

與趙帥書論招墾諸州禁軍寄募沿江戍卒事　宋朱　熹　1143-615- 28

屯田論　宋陳傅良　1362- 95- 12

與人論民兵書檢舉往年忠義巡社鄕兵弓手之制別行討論　宋衞　博　1152-183- 4

上宰執論造甲（書）　宋王　炎　1155-679- 22

申宰執乞權住造甲　宋王　炎　1155-690- 23

申宰執乞降度牒造甲箚子　宋王　炎　1155-691- 23

與臺諫箚子論造甲　宋王　炎　1155-691- 23

申省論馬料箚子　宋王　炎　1155-692- 23

唐十六衞記　宋王　炎　1155-106- 9

湖州與宰執書論軍須錢　宋薛季宣　1159-300- 18

與宰執書二論軍須錢　宋薛季宣　1159-301- 18

論營田（書）論士兵營田之弊　宋薛季宣　1159-318- 19

上成馬帥論屯軍（箚子）　宋薛季宣　1159-323- 20

與宋守論屯田利害（箚子）　宋薛季宣　1159-324- 20

論屯戍（書）　宋薛季宣　1159-326- 20

安集兩淮申省狀　宋葉　適　1164- 53- 2

定山瓜步石跋三堡塢狀措置屯田　宋葉　適　1164- 54- 2

府兵（論）　宋葉　適　1362-291- 12

論招集歸正民戶箚子　宋韓元吉　1165-130- 10

1828　　　　　　　　　四庫全書文集篇目分類索引

論諸軍冒賞箚子　　　　宋韓元吉　　1165-131- 10　　　二則）兵與農　　　　　元胡祗遹　　1196-408- 22
府兵之制 辨疑問　　　　宋楊冠卿　　1165-496- 8　　山東建言三事 論禦盜
省兵食說　　　　　　　　宋楊冠卿　　1165-501- 9　　　當行之實事仙民選官
屯田議　　　　　　　　　宋曹彦約　　1167-197- 16　　　錄囚　　　　　　　　　元蘇天爵　　1214-318- 27

史部

論保伍箚子 附小貼子　　宋廖行之　　1167-340- 5　　治盜 非招安之說　　　　明劉　基　　 444-303- 43

政書類：軍政

論州郡禁軍弛惰宜更　　　　　　　　　　　　　　　　漢南北軍記　　　　　　明王　禕　　1226-229- 11
　出成以習之箚子　　　宋廖行之　　1167-342- 5　　　　　　　　　　　　　　　　　　　1409-218-587
論軍須禁物商販透漏　　　　　　　　　　　　　　　　　　　　　　　　　　　　　　　　　1457-351-376
　乞責場務照驗稅物　　　　　　　　　　　　　　　　議控制羈縻州郡　　　　明丘　濬　　1466-675- 56
　申明法禁箚子　　　　宋廖行之　　1167-343- 5　　與龐大參（書）論軍政　明鄭　紀　　1249-826- 10
論招塡弓手箚子　　　　宋廖行之　　1167-344- 5　　論屯田　　　　　　　　明王　鏊　　 443-402- 21
論弓手請給箚子　　　　宋廖行之　　1167-345- 5　　擬皐言（四）馬政　　　明王　鏊　　1256-486- 33
　　　　　　　　　　　　　　　　　　　　　　　　　選練民兵（公移）　　　明王守仁　　1265-425- 16
與某總郎書奎 論漢陽　　　　　　　　　　　　　　　牌行各哨統兵官進屯
　軍隊編糴　　　　　　宋黃　榦　　1168- 80- 7　　　守　　　　　　　　　　明王守仁　　1265-465- 17
代胡總領論保伍（書）　宋黃　榦　　1168-201- 18　　鄰兵論（議）　　　　　明崔　銑　　 538-582- 77
邊幣議　　　　　　　　宋程　珌　　1171-262- 4　　　　　　　　　　　　　　　　　　　1267-443- 3
　　　　　　　　　　　　　　　　　　　　　　　　　政議師田　　　　　　　　明崔　銑　　1267-563- 8
與李悅齋書四篇 論蜀　　　　　　　　　　　　　　　答林次厓欽州（書）
　軍政　　　　　　　　宋吳　泳　　1176-285- 29　　　論邊政不寧之事　　　明張　岳　　1272-375- 8
西陲八議（關四）　　　　　　　　　　　　　　　　　與程雪厓參戎（書二
　分帥併屯廣羅互市　　宋吳　泳　　1176-367- 37　　　則）瓊黎廣活口事　　明張　岳　　1272-390- 9
民兵論　　　　　　　　宋許應龍　　1176-548- 13　　答湖廣巡按王思質（
申措置南安山前事　　　　　　　　　　　　　　　　　　書）論湖廣軍務　　　明張　岳　　1272-398- 10
　狀 論軍政　　　　　　宋陳元晉　　1176-803- 4　　與張龍湖閣老（書）
臺州補軍額記　　　　　宋陳耆卿　　1356-672- 7　　　論剿湖苗事務　　　　明張　岳　　1272-401- 10
居重馭輕之意 論府兵　　宋方大琮　　1178-267- 24　　廣西軍官志　　　　　　明黃　佐　　1465-730- 16
授刑節制司與安撫司　　　　　　　　　　　　　　　　廣西馬政志　　　　　　明黃　佐　　1465-733- 16
　平寇循環歷　　　　　宋文天祥　　1184-668- 17　　足食足兵議　　　　　　明王立道　　1277-769- 2
通論 論屯田府兵　　　　宋潘興嗣　　1351-144- 99　　擬處遼東亂卒議　　　明王立道　　1277-771- 2
　　　　　　　　　　　　　　　　　　1407-249-417　　弭盜說　　　　　　　　明王立道　　1277-785- 3
　　　　　　　　　　　　　　　　　　　　　　　　　寄張兵憲書 論當行屯
軍政　　　　　　　　　元胡祗遹　　1196-403- 22　　　田之策　　　　　　　明沈　鍊　　1278-154- 11
又一重役一重差之苦　　　　　　　　　　　　　　　　寄蕭桂山書 論海防禦
　狀（二則）　　　　　元胡祗遹　　1196-404- 22　　　寇須練土著之兵使之
又二軍前身死在逃之　　　　　　　　　　　　　　　　　各相戰守　　　　　　明沈　鍊　　1278-159- 11
　弊狀（二則）　　　　元胡祗遹　　1196-405- 22　　答劉參將書 論軍伍當
又四勾起正身之弊（　　　　　　　　　　　　　　　　　選練　　　　　　　　明沈　鍊　　1278-151- 11
　二則）起軍正身之弊　　　　　　　　　　　　　　　總督兩廣軍務考　　　　明王世貞　　1466-705- 58
　不可不丁寧誡約　　　元胡祗遹　　1196-406- 22　　與黃邑侯論地方事（
又五印書之弊（二則　　　　　　　　　　　　　　　　　書）攘外足食團結　　明王　樵　　1285-273- 8
　）軍前公文　　　　　元胡祗遹　　1196-407- 22　　屯田議　　　　　　　　明胡　直　　1287-404- 15
又六保結之弊 軍無簿　　　　　　　　　　　　　　　　屯田議　　　　　　　　明沈　鯉　　1288-313- 8
　籍富實貧難無實可照　　　　　　　　　　　　　　　兵食論　　　　　　　　明沈　鯉　　1288-318- 8
　一憑司縣依刷保結　　元胡祗遹　　1196-407- 22　　論京營兵制　　　　　　明沈　鯉　　1288-319- 8
又七軍官有名無實之
　弊（二則）　　　　　元胡祗遹　　1196-408- 22
又八合併偏重之弊（

四庫全書文集篇目分類索引

撫治郎陽議　　　　　　　明溫　純　1288-664- 14
施罷設官議 議復荊罷
　兵備爲施罷兵備　　　　明溫　純　1288-665- 14
與申瑤泉相國條議撫
　浙事宜（書八則）
　海防事　　　　　　　　明溫　純　1288-727- 26
馬政議　　　　　　　　　明歸有光　1289- 44- 3
馬政志　　　　　　　　　明歸有光　1289-504- 4
馬政觿貸　　　　　　　　明歸有光　1289-522- 4
馬政庫藏　　　　　　　　明歸有光　1289-522- 4
平五山善後議 移置將
　領以重彈壓基布營兵
　以聯聲援　　　　　　　明楊寅秋　1291-730- 4
朝鮮撤兵議 撤戍守也　　明余繼登　1291-944- 7
結民心薦奇才議 行鄉
　兵薦武生　　　　　　　明曹于汴　1293-769- 7
兵餉議　　　　　　　　　明凌義渠　1295-430- 5
家書 言整理京營之事　　 明魏學濬　1405-180-248
論南京屯田　　　　　　　明余胤緒　 443-401- 21
勘定種兒騣馬定數（
　疏）　　　　　　　　　明閻仲宇　 444- 61- 35
兵軍舊數　　　　　　　　明葉　盛　 444-192- 39
京營兵制考　　　　　　　明李廷機　 506-679-111
寨遊要害事宜　　　　　　明王有麟　 530-638- 74
所兵攷　　　　　　　　　明周汝逵　 538-605- 78
馬政論　　　　　　　　　明趙時春　 558-620- 46
屯田議　　　　　　　　　明張　練　 558-630- 46
保甲議　　　　　　　　　明袁崇友　 564-827- 60
條議海防要務　　　　　　明尹　瑾　 564-829- 60
答王鑑川（書）論講
　和及馬市　　　　　　　明張居正　1405-113-202
屯田鹽法議　　　　　　　明萬　恭　1453-728- 78
屯鹽（議）　　　　　　　明屠中孚　1453-731- 78
屯田議　　　　　　　　　明郭造卿　1453-732- 78
兵禮　　　　　　　　　　明吳　沈　1454- 9- 84
驛傳論上下　　　　　　　明徐師曾　1454-118- 95
九邊屯政攷　　　　　　　明鄒德溥　1454-336-120
論武銓書　　　　　　　　明熊　過　1455- 2-178
與黔國公（書）論牧馬　　明熊　過　1455- 94-188
（廣西）民兵募兵序　　　明蘇　濬　1466-597- 52
（廣西）耕兵序　　　　　明蘇　濬　1466-597- 52
（廣西）軍餉序　　　　　明蘇　濬　1466-597- 52
（廣西）権商歲餉序
　軍用　　　　　　　　　明蘇　濬　1466-598- 52
議岑溪善後事宜 議將

之目二兵之目四餉之
　目二　　　　　　　　　明蘇　濬　1466-679- 56
軍政論　　　　　　　　　明蘇　濬　1466-695- 57
士兵征戍論　　　　　　　明蘇　濬　1466-701- 57
屯政論　　　　　　　　　明蘇　濬　1466-770- 61
斷藤峽事宜 編保甲立
　營堡設督備改州治清
　狼田處歛兵権商稅　　　明田汝成　1466-675- 56
假道斡腹之謀（論）
　並刪錄輯約溪峒、團
　結民兵二事實　　　　　明魏　濬　1466-768- 61
官司治猺獞不如土司
　能用其衆（論）　　　　明魏　濬　1466-769- 61
福建題設寨遊事宜　　　　明不著撰人　530-638- 74
寨遊要害事宜　　　　　　明不著撰人　530-639- 74
書新唐書兵志論後　　　　清 高 宗　1300-350- 8
兵部奏凱旋兵丁至京
　由驛各歸本地營伍
　紀事　　　　　　　　　清 高 宗　1301-657- 13
作三軍論　　　　　　　　清 高 宗　1449-236-首11
上提督請留合州營防
　兵揭　　　　　　　　　清于成龍　1318-561- 1
復張撫臺論設水師議　　　清于成龍　1318-646- 4
上吳撫臺論閩疆事宜　　　清于成龍　1318-657- 4
兵制　　　　　　　　　　清李光地　1324-804- 19
與總督滿公論臺灣事
　宜書　　　　　　　　　清蔡世遠　1325-753- 8
再與總督滿公書　　　　　清蔡世遠　1325-754- 4
階級（二則）　　　　　　清儲大文　1327-167- 9
論邊省苗蠻事宜書　　　　清藍鼎元　1327-581- 1
與荊璞家兄論鎮守南
　澳事宜書　　　　　　　清藍鼎元　1327-583- 2
上郝制府論臺灣事宜
　書 列撫臺事宜及海外
　番民情狀　　　　　　　清藍鼎元　1327-608- 3
謝郝制府兼論臺灣番
　變書 在臺招募士兵
　倣戚繼光分號編伍一
　日成軍之法　　　　　　清藍鼎元　1327-611- 3
（潮）兵事志總論　　　　清藍鼎元　1327-747- 11
保甲論　　　　　　　　　清沈　彤　1328-312- 3
屯田論　　　　　　　　　清允　禮　1449-465- 3

2. 序　跋

爲何給事進亡父所著

四庫全書文集篇目分類索引

書表 常圖秘錄　　　　唐張九齡　1066-152- 13

慶歷兵錄序 禁兵民兵

　兵錄五篇　　　　　宋宋　祁　1088-406- 45

　　　　　　　　　　　　　　　1351- 18- 86

　　　　　　　　　　　　　　　1354-133- 17

　　　　　　　　　　　　　　　1405-728-312

政和重建軍鋪錄序　　宋趙鼎臣　1124-218- 13

敗施良翰軍政策　　　宋朱　熹　1145-711- 82

漢兵本末序　　　　　宋周必大　1147-567- 54

魚鱗保甲編序　　　　宋王　炎　1155-708- 24

歐宋馬九綱書　　　宋歐陽守道　1183-660- 19

補漢兵制原序　　　宋陳九梓　　663-483- 附

（經世大典）政典總

　序 內分征伐招捕軍制

　等二十類　　　　元趙世延等　1367-513- 41

直隸驛傳事宜序　　　明崔　銑　1267-446- 4

儲政志敍 楮子光楚考究

　大同兵食源流與其出

　入奇瀛之數如振明以

　照不爽鎔鉄 又及關 隘

　之險易屯戍烽堠 之近

　遠 大小兵馬多寡 萃爲

　一書 觀者便焉　　明張　岳　1272-419- 11

兩廣總制軍門志序　　明王慎中　1274-199- 9

八鎮經制序　　　　　明畢自嚴　1293-432- 2

陸履長鄉兵議序　　明黃淳耀　1297-648- 2

泰和縣住勾軍册後序　明陳昌積　 518- 77-138

馬政紀原序　　　　　明楊時喬　 663-504- 附

蒼梧軍門志序　　　明許應元　1406- 47-317

（廣西）兵防志序　　明蘇　濬　1466-596- 52

兵餉一覽序　　　　　清汪　琬　1315-452- 25

書錢氏補漢兵志後　　清朱彝尊　1318-162- 45

e. 法　令

1. 論　文

論籍刑書書　　　　周羊舌肸　1404-440-205

肉刑不宜復議　　　漢孔　融　1063-236- 0

肉刑議　　　　　　漢孔　融　1397-496- 24

　　　　　　　　　　　　　　　1417-412- 20

肉刑議（二則）　　漢孔　融　1397-497- 24

肉刑議　　　　　　漢傳　幹　1397-394- 18

論復肉刑書　　　　漢陳　紀　1397-496- 24

追駁尹次史玉獄議　漢應　劭　1397-509- 25

（漢書）刑法志　　漢班　固　1409-505-620

論肉刑　　　　　　魏袁　紘　1361-682- 39

趙王倫罪駁　　　　晉劉　毅　1398-159- 8

馬隆將士加賞駁　　晉楊　珉　1398-227- 11

肉刑論　　　　　　晉袁　宏　1407-188-411

與八座丞郎疏附江奧

　等議六則（法令雜論）劉宋王弘　1398-623- 7

陳滿罪議(誤射直帥議) 劉宋何承天　1398-660- 9

　　　　　　　　　　　　　　　1414- 5- 63

尹嘉罪議（大辟事議）劉宋何承天　1398-661- 9

　　　　　　　　　　　　　　　1414- 5- 63

苟蔣之胡之爭死議　齊袁　象　1399-133- 6

測囚法議（附舍人盛

　權等議三則）　　陳周弘正　1399-636- 3

訊囚諮占議　　　　北齊邢邵　1400- 42- 3

訊囚議　　　　　　北齊邢邵　1415-660-109

駁加徒議　　　　　隋劉行本　1400-354- 7

論斷西觀察使封杖決

　殺縣令事　　　　唐元　稹　1079-542- 38

明禁（論）　　　　宋石　介　1090-219- 5

　　　　　　　　　　　　　　　1351-167-102

　　　　　　　　　　　　　　　1418-209- 43

敍盜　　　　　　　宋曾　鞏　1384-255-102

井田肉刑（論）　　宋劉　弁　1119-276- 26

與秦相公論臧梓獄事

　書　　　　　　　宋葉夢得　1129-653- 8

初論修法之意箚　　宋王　洋　1132-450- 9

次論嘉祐政和法意不

　同箚　　　　　　宋王　洋　1132-451- 9

後論今日之法當然箚　宋王　洋　1132-452- 9

乞將犯盜罪不至死人

配隸諸軍重役箚子　宋王之道　1132-683- 21

答張敬夫（書）論強

盜新法之不當處等　宋朱　熹　1143-532- 25

與潘徵歙（書）論法令　宋王　炎　1155-684- 22

論駿屍科擾箚子　　宋廖行之　1167-343- 5

與仙遊羅尉論禁屠牛

　懲穿窬（箚）　　宋陳　淳　1168-882- 48

掌卑幼財產（訟）說　宋歐陽守道　1183-708- 24

上謝師直書律醫條例

　雜說　　　　　　宋程　頤　1345-704- 10

論執弓矢禁例（疏）元馬祖常　1373-250- 17

（經世大典）憲典總

　序　　　　　　　元虞　集　1367-550- 42

（經世大典）憲典總

　序　　　　　　　元虞　集　1405-733-312

史部

政書類：軍政、法令

（皇朝）經世大典 憲

　典　　　　　　　　　元趙世延等　1367-551- 42

乞續編通制（疏）　　　元蘇天爵　　1214-305- 26

建言刑獄五事（疏）　　元蘇天爵　　1214-315- 27

禁治死損罪囚（疏）　　元蘇天爵　　1214-321- 27

乞詳定鬥毆殺人罪（疏）　　　　　　　　　　　　

　　　　　　　　　　　元蘇天爵　　1214-322- 27

乞差官錄囚（疏）　　　元蘇天爵　　1214-324- 27

論（問刑）條例　　　　明尹　直　　 444-342- 45

請禁健訟條議　　　　　清于成龍　　1318-605- 2

明史刑法志總論　　　　清姜宸英　　1323-736- 4

2. 序　跋

上漢儀疏　　　　　　　漢應　劭　　1417-413- 20

律序　　　　　　　　　晉張　斐　　1398-188- 9

上律令注解奏　　　　　晉杜　預　　1413-105- 37

律序　　　　　　　　　晉杜　預　　1413-116- 37

上撰定律章表　　　　　齊孔稚圭　　1417-535- 26

道州律令要錄序　　　　唐呂　溫　　1077-620- 3

　　　　　　　　　　　　　　　　　1340-189-738

律疏序　　　　　　　　唐長孫無忌　1340-163-735

進元祐編勅（表）　　　宋蘇　頌　　1092-480- 44

唐令目錄序　　　　　　宋會　鑑　　1098-454- 11

進熙寧編勅表　　　　　宋王安石　　1105-457- 56

縣法序　　　　　　　　宋呂惠卿　　1351- 57- 90

進新修紹興勅令格式表　　　　　　　　　　　　　

　　　　　　　　　　　宋程　俱　　1130-204- 20

建隆編勅序　　　　　　宋呂祖謙　　1418-723- 62

書安濟法後　　　　　　宋陸　游　　1163-501- 25

福建罷差保長條令本末序　　　　　　　　　　　　

　　　　　　　　　　　宋眞德秀　　1174-448- 29

法令（疏）——進刑統表　　　　　　　　　　　　

　　　　　　　　　　　宋竇　儀　　 439- 49-210

進刑統表　　　　　　　宋竇　儀　　1350-668- 63

大元通制條例綱目後序　　　　　　　　　　　　　

　　　　　　　　　　　元吳　澄　　1197-210- 19

唐律刪要序　　　　　　元吳　萊　　1209-185- 11

至正條格序　　　　　　元歐陽玄　　1210- 58- 7

唐律疏義序　　　　　　元柳　貫　　 672- 3- 附

　　　　　　　　　　　　　　　　　1367-450- 36

至元新格序　　　　　　元蘇天爵　　1214- 71- 6

唐律疏義序　　　　　　元劉有慶　　 672- 4- 附

唐律釋文序　　　　　　元王元亮　　 672- 5- 附

大元通制序　　　　　　元富珠哩翀　1367-448- 36

大元通制序　　　　　　元富珠哩翀　1373-478- 30

進大明律表　　　　　　明宋　濂　　 444-337- 45

　　　　　　　　　　　　　　　　　1223-236- 1

　　　　　　　　　　　　　　　　　1373-543- 5

　　　　　　　　　　　　　　　　　1403-494-130

刻唐律易覽序　　　　　明烏斯道　　1232-225- 3

大明律解序附法原　　　明王　樵　　1285-139- 2

世祖章皇帝御製大清律原序　　　　　　　　　　　

　　　　　　　　　　　清 世 祖　　 672-377- 附

大清律集解序　　　　　清 世 宗　　 672-378- 附

　　　　　　　　　　　　　　　　　1300- 69- 6

（御製）大清律例序　　清 高 宗　　 672-380- 附

　　　　　　　　　　　　　　　　　1301- 92- 10

唐律疏義跋　　　　　　清朱舜尊　　1318-231- 52

（進）大清律例(表)　　清徐　本等　 672-388- 附

3. 附錄：判詞

判高宏德請戟　　　　　隋柳　或　　1400-354- 7

宮門誤不下鍵判並對　　唐王　維　　1338- 89-545

誤不下鍵判　　　　　　唐王　維　　1402-263- 50

祭賻頌誄判並對（二則）　　　　　　　　　　　　

　　　　　　　　　　　唐常　建　　1337-758-519

復以冕服判並對　　　　唐常　建　　1337-769-520

三命判並對　　　　　　唐顏眞卿　　1337-755-518

罷役務農論象肉刑判並對　　　　　　　　　　　　

　　　　　　　　　　　唐李　紳　　1338-143-551

錯字判附對　　　　　　唐元　稹　　1079-648- 3

易家有歸藏判附對　　　唐元　稹　　1079-648- 3

修隄請種樹判附（並）對　　　　　　　　　　　　

　　　　　　　　　　　唐元　稹　　1079-649- 3

　　　　　　　　　　　　　　　　　1337-818-526

夜績判附對　　　　　　唐元　稹　　1079-649- 3

田中種樹判附（並）對　　　　　　　　　　　　　

　　　　　　　　　　　唐元　稹　　1079-650- 3

　　　　　　　　　　　　　　　　　1337-817-526

屯田官考績判附（並）對　　　　　　　　　　　　

　　　　　　　　　　　唐元　稹　　1079-650- 3

　　　　　　　　　　　　　　　　　1337-818-526

怒心鼓琴判附（並）對　　　　　　　　　　　　　

　　　　　　　　　　　唐元　稹　　1079-650- 3

　　　　　　　　　　　　　　　　　1337-687-507

迴風變節判附（並）對　　　　　　　　　　　　　

　　　　　　　　　　　唐元　稹　　1079-651- 3

　　　　　　　　　　　　　　　　　1337-688-507

五品女樂判附（並）對　　　　　　　　　　　　　

　　　　　　　　　　　唐元　稹　　1079-651- 3

四庫全書文集篇目分類索引

史部

政書類：法令

	1337-688-507
學生鼓琴判附（並）對	唐 元　稹　1079-651- 3
	1337-687-507
毀方瓦合判附對	唐 元　稹　1079-651- 3
井田判並對	唐 元　稹　1337-817-526
得辛氏夫遇盜而死遂求殺盜者而爲之妻或責其失貞行之節不伏（判詞）	唐 白居易　1080-718- 66
得甲去妻後妻犯罪請用子蔭贖罪甲怒不許（判詞）	唐 白居易　1080-718- 66
得乙與丁俱應拔萃乙則趨時以求名丁則勤學以待命互有相非未知孰是（判詞）	唐 白居易　1080-719- 66
得丁冒名事發法司准法科罪節度使奏丁在官有美政請免罪授眞以勸能者法司以亂法不許（判詞）	唐 白居易　1080-719- 66
得乙上封請求不用赦大理云廢赦何人使人自新乙云數赦則姦生恐弊轉甚（判詞）	唐 白居易　1080-719- 66
得景居喪年老毀瘠或非其過禮景云哀情所鍾（判詞）	唐 白居易　1080-719- 66
得辛奉使遇昆弟之仇不鬪而過爲友人責辭云衛君命（判詞）	唐 白居易　1080-720- 66
聞軍帥選將多用文儒士兵部詰其無武藝帥云取其謀也（判詞）	唐 白居易　1080-720- 66
得甲至華嶽廟不禱而過或非其違衆甲云禱非禮也（判詞）	唐 白居易　1080-720- 66
得乙隱居徵辟不起子孫請以所辟官用蔭所司不許（判詞）	唐 白居易　1080-720- 66
得江南諸州送庸調四月至上都戶部科其違限訴云冬月運路水淺故不及春至（判詞）	唐 白居易　1080-721- 66
得景爲縣令教人煮木爲酪州司責其煩擾辭云以備凶年（判詞）	唐 白居易　1080-721- 66
得丁爲郡守行縣見昆弟相訟者乃閉閤思過或告其嬌辭云欲使以田相讓也（判詞）	唐 白居易　1080-721- 66
得甲獻弓蹶甲而射不穿一扎有司詰之辭云液角者不得牛戴牛角（判詞）	唐 白居易　1080-721- 66
得乙有司門生喪親將往弔之其父怒而撻之使遺繐而已或請其故云交道之難（判詞）	唐 白居易　1080-722- 66
得轉運使以汴河水淺運水不通請築塞兩河斗門節度使以當軍營田悉在河次若斗門築塞無以供軍（判詞）	唐 白居易　1080-722- 66
得景爲宰秋雩刺史責其非時辭云旱甚若不雩恐爲災（判詞）	唐 白居易　1080-722- 66
得丁爲郡歲凶奏請賑給百姓制未下散之本使科其專命丁云恐人困（判詞）	唐 白居易　1080-722- 66
得戊兄爲辛所殺戊遇卒不殺之或責其不弟辭云辛以義殺兄不敢返殺（判詞）	唐 白居易　1080-723- 66
得甲爲將以簞醪投河命衆飲之或非其矯節甲云推誠而已何必在醉（判詞）	唐 白居易　1080-723- 66
得乙有罪丁救以免乙不謝或責之乙云不爲己（判詞）	唐 白居易　1080-723- 66

四庫全書文集篇目分類索引　　1833

					史部

得景妻有喪景於妻側奏樂妻責之不伏（判詞）　唐白居易　1080-723- 66

得甲年七十餘有一子子請不從政所由云人戶減耗俑役繁多不可執禮而廢事（判詞）　唐白居易　1080-724- 66

得景於逆旅食嗛脯遇毒而死其黨訟之主人云買之有處（判詞）　唐白居易　1080-724- 66

得詔賜百寮資物甲獨以物委地而不拜有司勅其不敬云本臟物故不敢拜（判詞）　唐白居易　1080-724- 66

得乙爲大夫請致仕有司詰其未七十乙稱羸病不任事（判詞）　唐白居易　1080-725- 66

得景爲縣官判事案成後自覺有失請學膝追改刺史不許欲科罪景云令式右文（判詞）　唐白居易　1080-725- 66

得甲替乙爲將甲欲到乙嚴兵守備不出迎發制書勘合符以法從事御史糾其無賓主之禮科罪不伏（判詞）　唐白居易　1080-725- 66

得鄉老不輸本戶租稅所司請之辭云年八十餘歲有頒賜請預折輸約所司以無例不許（判詞）　唐白居易　1080-725- 66

得乙女將嫁於丁既納幣而乙悔丁訴之云未立婚書（判詞）　唐白居易　1080-725- 66

得景請與丁丁云死生付天不付君也遂不卜或非之（判詞）　唐白居易　1080-726- 66

得者老稱甲多智縣司舉以理人或云多智賊也未知合用否（判詞）　唐白居易　1080-726- 66

得乙爲邊將廬至若涉無人之地監軍責其無勇略辭云內爲糧櫃外無捔角（判詞）　唐白居易　1080-726- 66

得景進柑子過期壞損所由科之稱于浙江揚子江口各阻風五日（判詞）　唐白居易　1080-726- 66

得丁喪所知於野張帷而哭鄰人詰云夫人惡野哭者（判詞）　唐白居易　1080-727- 66

得甲妻於姑前叱狗甲怒而叱之訴稱非七出甲云不敬（判詞）　唐白居易　1080-727- 66

得乙爲軍昧夜進軍諸將不發欲罪之辭云不見月辛　唐白居易　1080-727- 66

得景嫁殤鄰人告違禁景不伏（判詞）　唐白居易　1080-727- 66

得丁陳計請輕過移諸甲兵省司以敗法不許丁云宥罪濟時行古之道何故不可（判詞）　唐白居易　1080-728- 66

得甲在獄久請將妻入侍法曹不許訴稱三品以上散官（判詞）　唐白居易　1080-728- 66

得乙聞牛鳴曰是生三犧皆用之矣問之皆信或謂之妖不伏（判詞）　唐白居易　1080-728- 66

得丁母乙妻俱爲命婦每報參丁母云母尊婦卑請在婦上乙妻云夫官高不合在下未知孰是（判詞）　唐白居易　1080-728- 66

得景請預駟馬所司紏云景庶子也且違格令欲科家長罪不伏（判詞）　唐白居易　1080-728- 66

得甲夜行所由執之辭云有公事欲早趨朝所由以犯禁不聽（判詞）　唐白居易　1080-729- 66

政書類：法令

四庫全書文集篇目分類索引

史部　政書類：法令

得郡舉乙清高廉使以爲通介無常罪舉不當郡稱往通今介時人無常乙有常也（判詞）　唐白居易　1080-729- 66

得景於私家陳鍾磬鄰人告其僭云無故不徹懸（判詞）　唐白居易　1080-729- 66

得丁氏有邑號犯罪當贖請同封爵之例所司不許辭云邑號不因夫子而致（判詞）　唐白居易　1080-729- 66

得景與乙同賈景多收其利人刺其貪辭云知我貧也（判詞）　唐白居易　1080-730- 66

得景夜越關爲吏所執辭云有追捕（判詞）　唐白居易　1080-730- 66

得乙以庶男冒婚丁女事發離之丁理饋賀衣物請以所下聘財折之不伏（判詞）　唐白居易　1080-730- 66

得乙在田妻餉不至路逢父告飢以餉饋之乙怒逐出妻妻不伏（判詞）　唐白居易　1080-730- 66

得丁上言豪富人畜奴婢過制請據品秩爲限約或責其越職論事不伏（判詞）　唐白居易　1080-731- 67

得甲爲邠州刺史正月令人修未耕廉使責其失農候訴云土地寒（判詞）　唐白居易　1080-731- 67

得乙掌宿息井樹客至不誅相翔者御史糾之辭云罪在守塗之人（判詞）　唐白居易　1080-732- 67

得景爲私客擅入館驛欲科罪辭云雖入未供（判詞）　唐白居易　1080-732- 67

得洛水暴漲決破中橋往來不通人訴其弊河南府云雨水猶漲未可修橋縱苟施功水來還破請待水定

人又有辭（判詞）　唐白居易　1080-732- 67

得景爲將敵人遺之藥景受而飲之或責失人臣之節不伏（判詞）　唐白居易　1080-732- 67

得丁將在別屯土卒有犯每專殺戮御史學劾訴稱曾受榮戰之賜（判詞）　唐白居易　1080-733- 67

得甲告老請立長爲嗣長辭云不能請讓其弟或詰之云弟好仁（判詞）　唐白居易　1080-733- 67

得甲出妻妻訴云無失婦道乙云父母不悅則出何必有過（判詞）　唐白居易　1080-733- 67

得景有姐之喪合除而不除或非之稱吾寡兄弟不忍除也（判詞）　唐白居易　1080-733- 67

得丁陷賊庭守道不仕賊帥逼之辭云堯舜在上下有巢許遂免所司欲旌其節大理執不許（判詞）　唐白居易　1080-734- 67

得景爲大夫有喪丁爲士而特弔或責之不伏（判詞）　唐白居易　1080-734- 67

得吏部選人入試請繼燭以盡精思有司許之及考其書判善惡與不繼燭同有司欲不許未知可否（判詞）　唐白居易　1080-734- 67

得乙貴達有故人至坐堂下進以僕妾之食或誚之乙曰恐以小利而忘大名故辱以激之也（判詞）　唐白居易　1080-734- 67

得景領縣府無蓄廩無儲管郡詰其慢職景云王者富人藏於下故也（判詞）　唐白居易　1080-735- 61

得丁食於喪者之側而

四庫全書文集篇目分類索引

飽或責之辭云主人食我以禮故飽（判詞）
唐白居易 1080-735- 67

得甲爲獄吏囚走限內他人獲之甲請免罪（判詞）
唐白居易 1080-735- 67

得乙川游所由禁之云有故要渡（判詞）
唐白居易 1080-735- 67

得景爲將每軍休止不繕營部監軍使劾其無備辭云有警軍陣必成何必勞苦（判詞）
唐白居易 1080-736- 67

得丁乘車有醉吐車茵者丁不科而吏請罪之丁不許（判詞）
唐白居易 1080-736- 67

得甲牛觝乙馬死請償馬價甲云在放牧處相觝請陪半價乙不伏（判詞）
唐白居易 1080-736- 67

得景娶妻三年無子舅姑將出之訴云歸無所從（判詞）
唐白居易 1080-736- 67

得丁喪親賣宅以奉葬或責其無廟之貧無以爲禮（判詞）
唐白居易 1080-736- 67

得甲之周親執工伎之業吏曹以甲不合仕甲云今見修改吏曹又云雖改仍限三年後聽仕未知可否（判詞）
唐白居易 1080-737- 67

得乙請用父蔭所司以贈官降正官蔭一等乙云父死王事合與正官同（判詞）
唐白居易 1080-737- 67

得景爲錄事參軍刺史有違法事景封狀奏聞或責其失事長之道景云不敢不忠於國（判詞）
唐白居易 1080-737- 67

得丁私發制書法司斷依漏泄坐丁訴云非密事請當本罪（判詞）
唐白居易 1080-737- 67

得甲爲所由稽緩制書法直斷合徒一年訴云違未經十日（判詞）
唐白居易 1080-738- 67

得乙盜買印用法直斷以僞造論訴云所由盜賣因買用之請減等（判詞）
唐白居易 1080-738- 67

得有聖水出飲者日千數或謂僞言不能愈疾且恐爭鬥請禁塞之百姓云病者所資請從人欲（判詞）
唐白居易 1080-738- 67

得景有志行隱而不仕爲郡守所辟稱是巫家不當選吏功曹按其詭詐不伏(判詞）
唐白居易 1080-738- 67

得丁爲刺史見冬涉者哀之下車以濟之觀察使責其不順時修橋以徵小惠丁云仙下（判詞）
唐白居易 1080-739- 67

得甲告其子行盜或諭其父子不相隱甲云大義滅親（判詞）
唐白居易 1080-739- 67

得州府貢士或市井之子孫爲省司所諮申稱群萃之秀出者不合限以常科(判詞）
唐白居易 1080-739- 67

得乙充選人職官選人代試法司斷乙與代試者同罪訴云實不知情（判詞）
唐白居易 1080-739- 67

得甲與乙爵位同甲以齒長請居乙上乙以皇宗不伏在甲下有司不能斷（判詞）
唐白居易 1080-740- 67

得選用舉司取有名之士或云不息馳驚恐難責實（判詞）
唐白居易 1080-740- 67

得大學博士教冑子毀方瓦合司業以非訓導之本不許（判詞）
唐白居易 1080-740- 67

得甲居家被妻毆答之鄰人告其違法縣斷

史部

政書類：法令

1836　　　　　　　四庫全書文集篇目分類索引

史部

政書類：法令

徒三年妻訴云非夫告不伏（判詞）	唐白居易	1080-740- 67
得乙居家理廉使學請授官吏部以無出身不許使執云行成於內可移於官（判詞）	唐白居易	1080-741- 67
得景定婚訖未成而女家改嫁不還財景訴之女家云無故三年不成（判詞）	唐白居易	1080-741- 67
得丁爲大夫與管庫士爲友或非之云非交利也（判詞）	唐白居易	1080-741- 67
得四軍帥令禁兵於禁街中種田御史劾以無勅文辭云囚徇歲久且有利於軍（判詞）	唐白居易	1080-741- 67
得甲爲郡守部下漁色御史將責之辭云未授官以前納采（判詞）	唐白居易	1080-741- 67
得乙爲三品見本州刺史不拜或非之稱品同（判詞）	唐白居易	1080-742- 67
得景爲獸人冬不獻狼責之訴云秦地無狼（判詞）	唐白居易	1080-742- 67
得景負丁財物丁不告官強取財物過本數縣司以數外贓論之不伏（判詞）	唐白居易	1080-742- 67
得乙請襲爵所司以乙除喪十年而後申請乙格不許乙云有故不伏（判詞）	唐白居易	1080-742- 67
得丁爲士葬其父用大夫禮或責其僭辭云從死者（判詞）	唐白居易	1080-742- 67
得甲將死命其子以嫡妾爲殉其子嫁之或非其違父之命子云不敢陷父於惡（判詞）	唐白居易	1080-743- 67
冬不獻狼判並對	唐白居易	1337-671-504

射不穿札判並對	唐白居易	1337-729-513
貢市井之子判並對	唐白居易	1337-743-515
選人代試判並對	唐白居易	1337-743-515
拔萃相非判並對	唐白居易	1337-744-515
取名士判並對	唐白居易	1337-744-515
試選人繼燭判並對	唐白居易	1337-744-515
徵辟不起判並對	唐白居易	1337-745-515
無出身判並對	唐白居易	1337-745-515
妻喪奏樂判並對	唐白居易	1337-781-521
士弔大夫喪判並對	唐白居易	1337-781-521
同門生喪親判並對	唐白居易	1337-782-521
食於喪家判並對	唐白居易	1337-782-521
免罪不謝判並對	唐白居易	1337-788-522
子行盜判並對	唐白居易	1337-789-522
冒名事發判並對	唐白居易	1337-789-522
請不用赦判並對	唐白居易	1337-789-522
失囚判並對	唐白居易	1337-790-522
遇毒判並對	唐白居易	1337-790-522
被妻毆判並對	唐白居易	1337-790-522
稽緩制書判並對	唐白居易	1337-790-522
刺史違法判並對	唐白居易	1337-791-522
私發制書判並對	唐白居易	1337-791-522
秋霽判並對	唐白居易	1337-818-526
賑給判並對	唐白居易	1337-819-526
修未租判並對	唐白居易	1337-819-526
請塞斜門判並對	唐白居易	1337-832-528
同買分利判並對	唐白居易	1337-848-531
權衡判並對	唐白居易	1337-848-531
太倉耳缺判並對	唐白居易	1337-849-531
桼氏爲量判並對	唐白居易	1337-849-531
度判並對	唐白居易	1337-849-531
斗秤判並對	唐白居易	1337-850-531
除喪襲爵判並對	唐白居易	1338- 32-536
用父蔭判並對	唐白居易	1338- 35-537
武用文士判並對	唐白居易	1338- 69-542
夜進軍判並對	唐白居易	1338- 70-542
邊將軍勇判並對	唐白居易	1338- 70-542
死生付天判並對	唐白居易	1338-118-548
習星曆判并對	唐郭休賢	1337-660-503
習星曆判并對	唐韋　恒	1337-660-503
習星曆判並對	唐薛重暉	1337-660-503
習星曆判並對	唐褚廷訓	1337-660-503
習星曆判並對	唐徐楚望	1337-661-503
家僮視天判並對	唐劉庭琦	1337-661-503
家僮視天判並對	唐蘇　晉	1337-661-503

四庫全書文集篇目分類索引 1837

賜則出就判並對	唐蘇 餗	1338- 2-532	薦賢能判並對	唐沈東美	1337-740-515
家僮視天判並對	唐薛 驥	1337-661-503	大斝酌酒判並對	唐王昌齡	1337-668-504
家僮視天判並對	唐崔 翹	1337-662-503	薦賢能判並對	唐王昌齡	1337-740-515
伏日出何典憲判並對	唐崔 翹	1337-671-504	大斝酌酒判並對	唐劉 渭	1337-669-504
縣令不修橋判並對	唐崔 翹	1338- 93-545	立春設土牛（判）並對			史部
家僮視天判並對	唐員 俶	1337-662-503		唐許景休	1337-669-504	政書類：法令
家僮視天判	唐員 俶	1402-263- 50	立春設土牛（判）並對		
私習天文判並對	唐崔 雍	1337-662-503		唐鄭老萊	1337-669-504
馮相會天判並對	唐崔 雍	1337-663-503	競渡賭錢判並對	唐康建之	1337-670-504
以管聽鳳判並對	唐遠奕狗	1337-663-503	伏日出何典憲判並對	唐康建之	1337-670-504
爲律娶妻判並對			增貢就賦判並對	唐邵潤之	1337-670-504
	唐周之翰	1337-663-503			1338- 12-533
爲律娶妻判	唐周之翰	1402-263- 50	伏日出何典憲判並對	唐趙如璧	1337-671-504
爲律娶妻判並對	唐張 鼎	1337-664-503	九日登高墜脚判並對	唐馮敬愼	1337-671-504
封君祭判並對	唐張 鼎	1337-753-518	九日登高墜脚判並對	唐馮貫素	1337-671-504
大夫祭判並對（二則）	唐張 鼎	1337-754-518	亞歲上墳關酒判並對	唐王運充	1337-673-505
三命判並對	唐張 鼎	1337-755-518	臘嘉平神位判並對	唐趙泉虬	1337-673-505
禪服鼓琴判並對	唐張 鼎	1337-780-521	天雨壞墻判並對	唐趙泉虬	1337-673-505
奪情腰經服事判並對	唐張 鼎	1337-781-521	助鄰婦喪判並對（二則）		
爲律娶妻判並對	唐武同德	1337-664-503		唐趙泉虬	1337-778-521
上生下生判並對	唐張 秀	1337-664-503	寢苫枕草判並對	唐趙泉虬	1337-779-521
歷生失度判並對（二則）			復陶以行判並對	唐康子季	1337-674-505
	唐李 昂	1337-664-503	事貌相似判並對（二則）		
歷主失度判並對	唐王泠然	1337-665-503		唐康子季	1337-705-510
		1394-795- 12	員外郎讓題劍判並對	唐季子康	1338- 7-532
舉抱甕生判並對	唐王泠然	1337-742-515	春不修鑑判並對	唐庫狄履溫	1337-674-505
登城判並對	唐王泠然	1338- 81-544	春不修鑑判並對	唐康 條	1337-674-505
典同度管判並對	唐范鳴鶴	1337-665-503	藏水不固判並對	唐崔希逸	1337-675-505
典同度管判並對	唐常非月	1337-665-503	藏水不固判並對	唐裴幼卿	1337-675-505
元日奉事上殿不脫劒履判			醬酒不供判並對	唐裴幼卿	1337-749-517
	唐蕭 昕	1337-666-504	藏水不固判並對	唐裴 寬	1337-675-505
燕弓矢舞判	唐蕭 昕	1337-685-507	藏水不固判	唐裴 寬	1402-264- 50
燕弓矢舞判	唐蕭 昕	1402-264- 50	西陸朝覿判並對	唐鄧承緒	1337-676-505
元日奉事上殿不脫劒履判			澤宮置福判並對	唐鄧承緒	1337-721-513
	唐解 貢	1337-666-504	西陸朝覿判並對	唐潘文環	1337-676-505
元日奉事上殿不脫劒履判			澤宮置福判並對	唐潘文環	1337-722-513
	唐崔 寓	1337-667-504	西陸朝覿判並對	唐孫 盆	1337-676-505
燕弓矢舞判並對	唐崔 寓	1337-685-507	西陸朝覿判並對	唐劉 肱	1337-676-505
元日奉事上殿不脫劒履判			澤宮置福判並對	唐劉 肱	1337-723-513
	唐揚 陵	1337-667-504	西陸朝覿判並對	唐吳 蒙	1337-676-505
懸政象法判並對	唐姚齊梧	1337-667-504	西陸朝覿判並對（二則）		
稅千盎竹判並對	唐姚齊梧	1337-822-527		唐張 巡	1337-677-505
懸政象法判並對	唐衛 浦	1337-668-504	驅儺判並對	唐張 巡	1337-677-505
懸政象法判並對	唐李 峯	1337-668-504	字詁判（附對）	唐張 巡	1394-795- 12
稅千盎竹判並對	唐李 峯	1337-822-527			1410-755-770
大斝酌酒判並對	唐沈東美	1337-668-504	盜瓜判（附對）	唐張 巡	1394-796- 12

1838　　　　　　　　　　　　四庫全書文集篇目分類索引

署書題閣判（附對）	唐張　巡	1394-796- 12
驅儺判並對	唐顏朝隱	1337-677-505
凶荒判並對（二則）	唐賈　登	1337-679-506
反古倣火利判並對	唐常無求	1337-679-506
反古倣火利判並對	唐張孫憲	1337-680-506
國公嘉禮判並對	唐齊　融	1337-681-507
樂請置判懸判並對	唐齊　融	1337-683-507
國公嘉禮判並對	唐李子卿	1337-682-507
國公嘉禮判並對	唐陶　朝	1337-682-507
國公嘉禮判並對	唐杜　位	1337-682-507
九文六采判並對	唐李　暄	1337-682-507
蜀物至京判並對（二則）	唐李　暄	1337-697-509
生徒耀塵判並對	唐李　暄	1337-698-509
賓觀武藝判並對	唐李　暄	1337-725-513
志行高潔判並對	唐李　暄	1337-741-515
屯田佃百姓荒地判並對（二則）	唐李　暄	1337-812-525
負釗辟呷判並對	唐敬　括	1337-683-507
知名配社判並對	唐敬　括	1337-738-514
易田請加倍數判並對	唐敬　括	1337-810-525
無溝樹判並對	唐敬　括	1337-814-526
多田判並對	唐敬　括	1337-815-526
工商食貨判並對	唐敬　括	1337-815-526
樂請置判懸判並對	唐萬希莊	1337-683-507
樂請置判懸判並對	唐康子孝	1337-683-507
樂請置判懸判並對	唐李　元	1337-684-507
樂請置判懸判並對	唐張玄度	1337-684-507
燕弓矢舞判並對	唐解　貴	1337-684-507
燕弓矢舞判並對	唐趙陵陽	1337-685-507
燕弓矢舞判並對	唐張　喬	1337-685-507
教擊編鍾判並對	唐邢　寅	1337-686-507
奏安代樂判並對	唐魏　宥	1337-686-507
典樂羽箭判並對	唐姚　峴	1337-686-507
四品女樂判並對（二則）	唐李仲云	1337-687-507
四品女樂判	唐李仲云	1402-264- 50
四品女樂判並對	唐李　應	1337-687-507
		1402-264- 50
樂官樂師請考判並對	唐李　應	1337-689-507
樂官樂師請考判並對	唐姜立佑	1337-689-508
夷樂鞮鞻爲任判並對	唐姜立佑	1337-689-508
旄人奏散判並對	唐張秀明	1337-690-508
初稅畝判並對	唐張秀明	1337-797-523
旄人奏散判並對	唐常無欲	1337-690-508
替相判並對	唐常無欲	1337-690-508
樂懸畫蛟蜺判並對	唐常無欲	1337-691-508
直講無他伎判並對	唐常無欲	1337-707-510
樂懸畫蛟蜺判並對	唐范貞胐	1337-691-508
樂懸畫蛟蜺判並對（二則）	唐朱　溫	1337-691-508
鍾官所鑄判並對	唐沈逢年	1337-691-508
鍾官所鑄判並對	唐鄭若方	1337-692-508
笙師不施春獻判並對	唐鄭若方	1337-692-508
笛判並對	唐鄭若方	1337-693-508
琴有殺聲判並對	唐鄭若方	1337-693-508
學琴不進判並對	唐李希言	1337-693-508
學歌玄宴判並對	唐李靈光	1337-694-508
樂師教舞判並對	唐李靈光	1337-694-508
習結風伎判並對	唐李靈光	1337-694-508
申公杜門判並對	唐王　訢	1337-695-509
申公杜門判並對	唐毋　嬰	1337-696-509
小吏歡言判並對	唐毋　嬰	1337-739-514
歸胙判並對	唐毋　嬰	1337-763-519
坐於左塾判並對	唐盧　昌	1337-696-509
弔服加麻判並對	唐盧　昌	1337-706-510
坐於左塾判並對	唐馬　損	1337-696-509
聚徒教授判並對	唐宋少眞	1337-696-509
		1402-265- 50
聚徒教授判並對	唐胡　連	1337-696-509
陳設印經判並對	唐杜兼逵	1337-698-509
爲其師掃判並對（二則）	唐杜兼逵	1337-698-509
掘窖試之判並對	唐杜兼逵	1337-699-509
去師之妻判並對	唐張　皓	1337-700-509
請益不退判並對	唐張　皓	1337-700-509
勤學犯夜判並對	唐蘇　頲	1337-700-509
求鄰壁光判並對	唐康廷之	1337-702-510
於途墜坑判並對	唐康廷之	1337-702-510
京令問喘牛判並對	唐康廷芝	1338- 12-533
服喪競渡判	唐康廷芝	1402-267- 50
縣令有惠化判並對	唐康庭芝	1338- 13-534
縣令辭疾判並對	唐康庭芝	1338- 17-534
就書穿牀判並對	唐崔　融	1337-702-510
京令問喘牛判並對	唐崔　融	1338- 11-533
投諸棘寄判並對	唐于　峴	1337-703-510
投諸棘寄判並對	唐蘇　佺	1337-703-510
立廟藏衣判並對	唐蘇　佺	1337-703-510
著服六年判並對（二則）	唐蘇　佺	1337-704-510

史部　政書類：法令

貌似溫敏判並對　　　　唐唐昭明　1337-706-510
弔服加麻判並對　　　　唐顏　勝　1337-706-510
父在凶門判並對（三則）　唐顏　勝　1337-776-521
父在杖堂判並對　　　　唐顏　勝　1337-779-521
練祥墨立旅行判並對　　唐顏　勝　1337-780-521
除喪鼓琴判並對　　　　唐顏　勝　1337-780-521
祥鼓素琴判並對　　　　唐顏　勝　1337-780-521
直講無他伎判並對　　　唐王靈漸　1337-707-510
持論攻擊判並對　　　　唐常從心　1337-709-511
持論攻擊判並對　　　　唐賈承暉　1337-710-511
無鬼論判並對　　　　　唐鄭　績　1337-710-511
無鬼論判並對　　　　　唐趙不疑　1337-710-511
無鬼論判並對　　　　　唐張景明　1337-710-511
注書判並對（二則）　　唐張景明　1337-711-511
丹書判並對　　　　　　唐李希定　1337-712-511
學書判並對　　　　　　唐員　邢　1337-712-511
學書判並對　　　　　　唐郭　立　1337-712-511
讀書判並對　　　　　　唐孫　逖　1337-712-511
識書判並對　　　　　　唐薛　邕　1337-713-511
識書判並對　　　　　　唐孫　宿　1337-713-511
文章判並對　　　　　　唐康子元　1337-713-511
小吏歡言判並對　　　　唐康子元　1337-738-515
歸胙判並對　　　　　　唐康子元　1337-763-519
參軍鵝子判並對　　　　唐康子元　1338- 21-535
傭書判並對　　　　　　唐鄭少微　1337-714-511
小吏歡言判並對（二則）　唐鄭少微　1337-739-515
移貫判並對　　　　　　唐鄭少微　1337-839-529
還墳判並對　　　　　　唐鄭少微　1337-840-529
傭書判並對　　　　　　唐李休烈　1337-714-511
寫告身判並對　　　　　唐李休烈　1337-714-511
故紙判並對　　　　　　唐李休烈　1337-714-511
司倉拔薤父老送錢判並對　唐王友方　1337-716-512
父友操杖諸母漼裳判並對　唐王友方　1337-716-512
司倉拔薤父老送錢判並對　唐王友方　1338-145-552
春日餞獸夏日迎貓判並對　唐高　昇　1337-716-512
貫次如茸卜得乾坤判並對　唐高　昇　1337-717-512
春日餞獸夏日迎貓判並對　唐高　昇　1338-146-552
社中木鳩朔望秩酒判並對　唐李　歆　1337-717-512
社中木鳩朔望秩酒判並對　唐李　歆　1338-147-552
坐大夫簀喪姑不除判並對　唐張懷道　1337-718-512
損名馬式直講考徑判並對　唐張懷道　1337-718-512
坐大夫簀喪姑不除服判並對　唐張懷道　1338-147-552
男加布首縣宰倉漏判並對　唐魯唐客　1337-719-512
　　　　　　　　　　　　　　　　1338-148-552
私取行馬鸚爵享禰判並對　唐郝象錢　1337-719-512
　　　　　　　　　　　　　　　　1338-149-552
函人所掌張侯下綱判並對　唐楊　順　1337-720-512
結交四騎獲豹不賞判並對　唐楊　順　1337-720-512
被髮禜斗學盤孟書判並對　唐楊　順　1337-720-512
澤宮置福判並對　　　　唐程　休　1337-722-513
澤宮置福判並對　　　　唐蔣　準　1337-722-513
澤宮置福判並對　　　　唐裴子建　1337-722-513
張侯下綱判並對　　　　唐劉　璀　1337-723-513
張侯下綱判並對（二則）　唐王　暕　1337-723-513
向街開門判並對　　　　唐王　暕　1338- 89-545
張侯下綱判並對　　　　唐姚承構　1337-724-513
張侯下綱判並對　　　　唐嚴　迪　1337-724-513
不以驢虞爲節判並對　　唐冠　洎　1337-724-513
不以采蘋爲節判並對　　唐韋　述　1337-724-513
歸胙判並對　　　　　　唐韋　述　1337-764-519
不以采蘋爲節判並對　　唐馮萬石　1337-725-513
鄉射司正倚旂判並對　　唐李思元　1337-725-513
矧射判並對　　　　　　唐李　汕　1337-726-513
矧射判並對　　　　　　唐郭行則　1337-726-513
祭侯判並對　　　　　　唐袁　歆　1337-726-513
祭侯判並對　　　　　　唐魏釜柔　1337-726-513
祭侯判並對　　　　　　唐李　挺　1337-727-513
祭侯判　　　　　　　　唐秦　用　1337-727-513
祭侯判並對　　　　　　唐姜庭瑰　1337-727-513
馬驚師徒判並對　　　　唐梁　熙　1337-727-513
馬驚師徒判並對　　　　唐楊仲昌　1337-728-513

1840 四庫全書文集篇目分類索引

史部 政書類：法令

篇目	作者	索引號
馬驚師徒判並對	唐呂令問	1337-728-513
宮門誤不下鍵判並對	唐呂令問	1338-89-545
馬驚師徒判並對	唐梁 涉	1337-728-513
馬驚師徒判並對	唐褚思光	1337-728-513
馬驚師徒判並對	唐楊慎金	1337-729-513
徒鄉判並對	唐楊慎金	1337-838-529
樂士判並對	唐楊慎金	1337-839-529
史脫幘判並對(二則)	唐楊慎金	1338-127-549
馬驚師徒判並對	唐劉 瀚	1337-729-513
舉似己者判並對	唐陳齊卿	1337-730-514
升高判並對	唐陳齊卿	1338-83-544
舉似己者判並對	唐屈突淸	1337-730-514
舉似己者判並對	唐裴春卿	1337-730-514
毀灌龍泉判並對	唐裴春卿	1337-829-528
舉似己者判並對	唐獨孤岐	1337-731-514
舉似己者判並對	唐房 密	1337-731-514
毀灌龍泉判並對	唐房 密	1337-830-528
舉似己者判並對	唐李 薦	1337-731-514
毀灌龍泉判並對	唐李 薦	1337-829-528
舉方正者判並對	唐張萬頃	1337-732-514
舉方正者判並對	唐崔珪璋	1337-732-514
舉方正者判並對	唐李 伉	1337-732-514
舉嘉遁第判並對	唐徐楚璧	1337-732-514
自舉判缺	唐李昇朝	1337-733-514
自比管仲判並對	唐李昇朝	1337-733-514
舉人據地判並對	唐韋希顏	1337-733-514
貢士不歌鹿鳴判並對	唐苗 收	1337-733-514
鄉貢進士判並對（三則）	唐趙 昂	1337-734-514
壅酒不供判並對（二則）	唐趙 昂	1337-748-517
鄉貢進士判並對（二則）	唐權寅獻	1337-734-514
壅酒不供判並對（二則）	唐權寅獻	1337-749-517
貢人帖經判並對	唐張 憑	1337-735-514
括州貢士判並對	唐諸葛若驚	1337-735-514
獻賢能書判並對	唐宋 昱	1337-735-514
獻賢能書判並對	唐鄭 璩	1337-736-514
舉賢任選判並對	唐鄭 察	1337-736-514
舉賢任選判並對	唐盧 貽	1337-736-514
被替請選判並對	唐牛 肇	1337-736-514
被替請選判並對	唐敬 寬	1337-737-514
被替請選判並對	唐王 沼	1337-737-514
詐假求官判並對	唐蘇 寧	1337-737-514
薦賢能判並對（二則）	唐趙子餘	1337-739-515
薦賢能判並對	唐劉 潤	1337-740-515
無夫修隄堰判並對	唐劉 閏	1337-824-527
寢延部人判並對（二則）		
	唐員 峴	1337-740-515
大匠拜將改廳判並對	唐員 峴	1338-6-532
夢得離栗判並對	唐員 峴	1338-37-537
寢延部人判並對	唐劉 光	1337-741-515
舉抱甕生判並對	唐王利器	1337-741-515
舉抱甕生判並對	唐馬 翊	1337-742-515
舉抱甕生判並對	唐張 景	1337-742-515
舉抱甕生判並對（二則）		
	唐張 法	1337-743-515
祭七祀判並對	唐邵瓊之	1337-747-517
百神判並對	唐邵瓊之	1337-747-517
禴嘗祭不供物判並對	唐邵瓊之	1337-748-517
太廟登歌判並對	唐邊承斐	1337-750-517
造禰判並對	唐田儀莊	1337-751-517
薦新判並對	唐田儀莊	1337-751-517
婦道判並對	唐田儀匠	1337-751-517
祀玉判並對	唐顧 健	1337-751-517
犧牲判並對	唐顧 健	1337-752-517
諸侯祭判並對	唐閻伯與	1337-753-518
大夫祭判並對	唐閻伯與	1337-753-518
大夫祭判並對	唐劉昇同	1337-753-518
不供夷盤判並對	唐劉同昇	1337-766-520
大夫祭判並對	唐裴士淹	1337-754-518
不供夷盤判	唐裴士淹	1337-766-520
三命判並對	唐盧先之	1337-755-518
三命判並對	唐馬 挻	1337-755-518
家廟失祭判並對	唐馬 挻	1337-756-518
牢祭有違判並對	唐馬 挻	1337-756-518
牢祭有違判並對（二則）		
	唐張 綬	1337-756-518
牢祭有違判並對	唐李子珣	1337-757-518
牢祭有違判並對	唐張子琳	1337-757-518
祭闕頌禱判並對	唐裴子建	1337-758-519
祭闕頌禱判並對	唐薛彥國	1337-759-519
復以晁服判並對	唐薛彥國	1337-770-520
祭闕頌禱判並對	唐郭庭誨	1337-759-519
復以晁服判並對	唐郭庭誨	1337-770-520
祭闕頌禱判並對	唐梁 乘	1337-759-519
毀壞壓死判並對	唐梁 乘	1337-767-520
木墜誤壓判並對	唐梁 乘	1337-768-520
復以晁服判並對	唐梁 乘	1337-770-520

四庫全書文集篇目分類索引

史部

政書類：法令

祭闔頌誄判並對	唐薛大球	1337-760-519
大夫采地祭判並對（二則）	唐薛大球	1337-760-519
復以晃服判並對	唐薛大球	1337-771-520
縣君死復判並對	唐薛大球	1337-771-520
哭子哭夫判並對（二則）	唐薛大球	1337-771-520
所知哭寢門判並對（二則）	唐薛大球	1337-772-520
里尹爲主判並對	唐薛大球	1337-772-520
庶子牲祭失禮判並對	唐王 縉	1337-760-519
士祭判並對	唐王 縉	1337-760-519
縣令有客判並對	唐王 縉	1338- 20-535
士祭判並對	唐曹 訥	1337-761-519
小吏陵上判並對	唐曹 訥	1338-126-549
士祭判並對	唐崔 曙	1337-761-519
正士大年祭判並對	唐崔 曙	1337-761-519
士不合設壇判並對	唐崔 曙	1337-762-519
士不合設壇判並對（二則）	唐劉公輔	1337-762-519
用牲于門判並對	唐劉公輔	1337-762-519
歸胙判並對	唐晃良貞	1337-763-519
寢苫枕草判並對	唐晃良貞	1337-779-521
離子於陣離子於宮判並對	唐晃良貞	1338-135-550
父在杖堂判	唐晃良貞	1402-265- 50
歸胙判並對	唐鄭齊望	1337-763-519
歸胙判並對	唐袁 暉	1337-764-519
歸胙判並對	唐牛上士	1337-764-519
歸胙判並對	唐單有鄰	1337-764-519
祭器判並對	唐單有鄰	1337-764-519
祭器奢僭判並對	唐單有鄰	1337-765-519
不供夷盤判並對	唐顧 勝	1337-766-520
毀壞壓死判並對	唐韓 極	1337-767-520
爲人興利判並對	唐韓 極	1338- 9-533
毀壞壓死判並對	唐崔 殷	1337-767-520
毀壞壓死判並對	唐田季燕	1337-767-520
溺死判並對（三則）	唐孫欽望	1337-768-520
復以晃服判並對	唐孫欽望	1337-769-520
染覆灑塵判並對	唐孫欽望	1338- 92-545
復以晃服判並對	唐祖 詠	1337-770-520
里尹爲主判並對（二則）	唐閻 逸	1337-773-520
里正主妹喪判並對	唐侯 崠	1337-774-521
本正爲主判並對	唐嚴識賢	1337-775-521
同姓爲主判並對	唐嚴識賢	1337-775-521
主者不杖判並對	唐嚴識賢	1337-776-521
興屍調廟判並對	唐張季明	1337-777-521
興屍調廟判並對	唐杜 嚴	1337-777-521
興屍調廟判並對（三則）	唐度 進	1337-777-521
萊田不應稅判並對（二則）	唐張 環	1337-792-523
萊田不應稅判並對	唐柳 同	1337-793-523
萊田不應稅判並對	唐樊光期	1337-793-523
萊田不應稅判並對	唐張 調	1337-794-523
萊田不應稅判並對（二則）	唐張 叡	1337-794-523
萊田不應稅判並對	唐林 蕭	1337-795-523
萊田不應稅判並對	唐任 珍	1337-795-523
萊田不應稅判並對	唐楚 晃	1337-795-523
初稅畝判並對	唐王之貴	1337-796-523
初稅畝判並對	唐趙栖筠	1337-796-523
初稅畝判並對	唐孔齊參	1337-796-523
初稅畝判並對	唐尹深源	1337-796-523
初稅畝判並對	唐高 瑀	1337-797-523
襲封錄兄女代父刑判並對	唐高 瑀	1338-140-551
初稅畝判並對	唐杜 梃	1337-797-523
履畝判並對	唐常日進	1337-797-523
履畝判並對	唐盧 術	1337-798-523
履畝判並對	唐崔 恕	1337-798-523
履畝判並對	唐朱 濟	1337-798-523
履畝判並對	唐傅昇卿	1337-798-523
新年判並對	唐姚重成	1337-799-524
糞田判並對（二則）	唐衛 葵	1337-799-524
糞田判並對	唐趙良玉	1337-800-524
糞田判並對	唐袁自求	1337-800-524
命農判並對	唐袁自求	1337-801-524
命農判並對	唐博懷海	1337-801-524
學耕判並對	唐楊 晙	1337-801-524
學耕判並對	唐劉 昕	1337-801-524
圭田判並對	唐鄭餘容	1337-802-524
履畝稅公田判並對	唐鄭楚容	1337-802-524
不受征判	唐王智明	1337-802-524
不受征判並對	唐賀蘭貴	1337-803-524
不受征判並對	唐盧 禧	1337-803-524
不受征判並對	唐盧 象	1337-803-524
不受征判並對	唐李喬年	1337-803-524
津更告下方傷水判並		

史部 政書類：法令

條目	作者	編號
對	唐魏 恒	1337-803-524
津吏告下方傷水判並對	唐梁 漢	1337-803-524
津吏告下方傷水判並對	唐鄭遂初	1337-804-524
津吏告下方傷水判並對	唐盧韜價	1337-804-524
津吏告下方傷水判並對	唐李仲和	1337-804-524
軍士營農判並對	唐李仲和	1337-804-524
税畝多於什一判並對	唐李仲和	1337-804-524
勞農有瘝判並對	唐張榮問	1337-806-525
惰農判並對	唐張榮問	1337-806-525
惰農判並對（二則）	唐儀崇哲	1337-807-525
棄農判並對	唐儀崇哲	1337-807-525
棄農判並對	唐張叔政	1337-808-525
居喪惰績判並對	唐柴少儒	1337-808-525
均輸田判並對	唐柴少儒	1337-808-525
均輸田判並對	唐樊 光	1337-809-525
田中有樹判並對	唐薛季連	1337-809-525
田中有樹判並對（二則）	唐張 瑝	1337-809-525
給地過數判並論（二則）	唐韓秀榮	1337-810-525
給地過數判並對（二則）	唐蘇 倩	1337-810-525
給地過數判並對	唐張 滄	1337-811-525
屯田不開渠判並對	唐張 滄	1337-811-525
蠟饗不祀判並對	唐陸 據	1337-813-526
蠟饗不祀判並對	唐鄭 岑	1337-814-526
		1402-265- 50
蠟饗不祀判並對	唐侯上卿	1337-814-526
工商食貨判並對	唐李 觀	1337-815-526
射田判並對	唐李 觀	1337-816-526
名田判並對	唐李 丹	1337-816-526
名田判並對	唐韋 建	1337-816-526
名田判並對	唐杜 萬	1337-816-526
列侯實封判並對	唐杜 萬	1337-816-526
什一税功臣判並對	唐盧士瞻	1337-820-527
受田兼種五菜判並對	唐平 伍	1337-820-527
受田兼種五菜判並對	唐平超然	1337-820-527
受田兼種五菜判並對	唐熊季成	1337-821-527
受田兼種五菜判並對	唐李黃中	1337-821-527
受田兼種五菜判並對	唐李夷吾	1337-821-527
爲吏私田不善判並對	唐康元懷	1337-821-527
税千畝竹判並對	唐衛 佃	1337-822-527
徵什一税判並對	唐高 果	1337-823-527
徵什一税判並對	唐莊若訥	1337-823-527
徵什一税判並對	唐房 說	1337-823-527
無夫修隄堰判並對	唐元承先	1337-823-527
無夫修隄堰判並對	唐郭尙溫	1337-824-527
無夫修隄堰判並對	唐孟楚瓊	1337-824-527
修河堤不溉田判並對	唐唐南華	1337-825-527
稻溝判並對	唐鄭 昭	1337-826-528
河卒判並對	唐鄭 昭	1337-832-528
稻溝判並對	唐湯履水	1337-826-528
菜地判並對	唐湯履水	1337-826-528
清白二渠判並對（三則）	唐湯履水	1337-827-528
清白二渠判並對	唐劉仲宜	1337-828-528
清白二渠判並對	唐薛 霈	1337-828-528
		1402-266- 50
清白二渠判並對	唐劉 晉	1337-828-528
開渠判並對	唐劉 晉	1337-828-528
毀灌龍泉判並對	唐劉 晉	1337-828-528
毀灌龍泉判並對	唐蘇令問	1337-830-528
毀灌龍泉判並對	唐屈突淮	1337-830-528
陂防判並對	唐屈突淮	1337-830-528
陂防判並對	唐樊 暐	1337-830-528
陂防判並對	唐任 珍	1337-831-528
陂防判並對	唐裴 鼎	1337-831-528
陂防判並對	唐于季重	1337-831-528
大比判並對	唐鄭 韶	1337-833-529
登夫家判並對（二則）	唐魏季邁	1337-834-529
造帳籍判並對	唐宋全節	1337-834-529
造帳籍判並對	唐蘇倩之	1337-835-529
書齒判並對	唐楊成象	1337-835-529
兩貫判並對	唐楊成象	1337-835-529
新作南門判並對	唐楊成象	1338- 90-545
兩貫判並對（二則）	唐王 翰	1337-836-529
兩貫判並對	唐庚光先	1337-836-529
附貫五年復訖判並對	唐韋 著	1337-836-529
附貫五年復訖判並對	唐宇文遹	1337-837-529
移貫判並對	唐宇文遹	1337-837-529
戶絶判並對	唐王 說	1337-837-529
移鄉判並對	唐張欽敬	1337-837-529
越關判並對	唐張欽敬	1338- 87-545
移鄉判並對	唐席 晉	1337-838-529
移鄉判並對	唐劉庭諸	1337-838-529
樂土判並對（二則）	唐楊 伏	1337-839-529

四庫全書文集篇目分類索引

史部

政書類：法令

題目	作者	編號
賜則出就判並對	唐沈興宗	1338- 2-532
賜則出就判並對	唐崔 譚	1338- 3-532
賜則出就判並對	唐劉爲輔	1338- 3-532
拜命布武判並對	唐長孫憲	1338- 3-532
拜命布武判並對	唐郭 納	1338- 4-532
請命服判並對	唐盧 藻	1338- 4-532
公廨供給判並對（二則）	唐盧 藻	1338-123-549
請命服判並對	唐鄭 昉	1338- 4-532
問羊知馬判並對	唐裴 興	1338- 6-532
大匠拜將改聽判並對	唐崔 訟	1338- 7-532
錦衣狐裘判並對	唐袁令問	1338- 7-532
造室判並對	唐袁令問	1338- 83-544
太守步歸郡邸判並對	唐張 何	1338- 8-532
教吏爲砮箭判並對	唐蔣 諫	1338- 9-533
告緦判並對	唐李 淑	1338- 10-533
增年避役判並對	唐李 淑	1338- 18-534
長安令登夫家判並對	唐盧仁瞻	1338- 12-533
增賞就賦判並對（二則）	唐蔣 挺	1338- 12-533
損戶繭絲判並對	唐林 琨	1338- 14-534
夷攻蠻假道判並對	唐史藏用	1338- 14-534
夷攻蠻假道判並對	唐魏季龍	1338- 15-534
夷攻蠻假道判並對	唐成 貴	1338- 15-534
夷攻蠻假道判並對	唐李 昕	1338- 15-534
夷攻蠻假道判並對	唐于 邵	1338- 15-534
夷攻蠻假道判並對	唐宇文賞	1338- 16-534
夷攻蠻假道判並對	唐楊歸俗	1338- 16-534
夷攻蠻假道判並對	唐元子貢	1338- 16-534
夷攻蠻假道判並對	唐權 軼	1338- 17-534
廩無積粟判並對	唐王 系	1338- 17-534
集百姓不便判並對	唐宋 璟	1338- 18-534
立生祠判並對	唐李 宣	1338- 21-535
卒史有文學判並對	唐李庭暉	1338- 21-535
卒史有文學判並對	唐賀蘭恒	1338- 22-535
卒史有文學判並對	唐賈季良	1338- 22-535
卒史有文學判並對	唐史 淑	1338- 22-535
卒史有文學判並對	唐費光俗	1338- 22-535
卒史有文學判並對	唐鄭 務	1338- 23-535
小吏持劍判並對	唐趙頤眞	1338- 23-535
小吏持劍判並對	唐翟禹錫	1338- 24-535
省官員判並對	唐司馬浴	1338- 24-535
省官員判並對	唐杜 顗	1338- 24-535
省官員判並對(二則)	唐盧 偘	1338- 24-535
成都令勸學判並對	唐李 义	1338- 25-535
縣令祭名山判並對	唐王重華	1338- 25-535
太室擇嗣判並對	唐賈廷瑤	1338- 27-536
太室擇嗣判並對	唐賈承襲	1338- 27-536
太室擇嗣判並對	唐康 灌	1338- 27-536
太室擇嗣判並對	唐虞 咸	1338- 27-536
太室擇嗣判並對	唐韋 巡	1338- 28-536
太室擇嗣判並對	唐嚴 迴	1338- 28-536
太室擇嗣判並對	唐徐 晶	1338- 28-536
拾嫡孫立庶子判並對	唐楊栖梧	1338- 29-536
拾嫡孫立庶子判並對	唐石 倚	1338- 29-536
拾嫡孫立庶子判並對	唐杜 信	1338- 29-536
襲代封逃判並對	唐張 曙	1338- 30-536
遺腹襲侯判並對	唐周彥之	1338- 30-536
遺腹襲侯判並對	唐張純如	1338- 31-536
遺腹襲侯判並對	唐田義龍	1338- 31-536
承襲稱狂判並對	唐蔣廣躬	1338- 31-536
承襲稱狂判並對	唐邵 卿	1338- 32-536
佯狂讓弟判並對	唐房自厚	1338- 33-537
佯狂讓弟判並對	唐廉方俊	1338- 34-537
嗣足不良判並對	唐張 洌	1338- 34-537
嗣足不良判並對	唐席 預	1338- 34-537
子姪承襲判	唐席 預	1402-266- 50
當襲僞暗判並對	唐楊伯曦	1338- 35-537
澤中得董判並對（二則）	唐馮待徵	1338- 36-537
夢得籬粟判並對（二則）	唐楊守納	1338- 37-537
投茇獲弟判	唐楊守納	1402-267- 50
墳樹有甘露判並對	唐劉 憲	1338- 41-538
紫芝白兔由刺史善政判並對（二則）	唐高思元	1338- 42-538
建國判並對	唐楊仲昌	1338- 77-544
建國判並對（四則）	唐褚 亮	1338- 78-544
臨宮判並對	唐呂 焯	1338- 79-544
臨宮判並對（三則）	唐范令芬	1338- 79-544
城邑判並對	唐蔣勵己	1338- 80-544
夾央合三所知哭寢判並對	唐蔣勵己	1338-133-550
城邑判並對	唐祝雲將	1338- 80-544
城邑判並對	唐鹿慶期	1338- 80-544
城邑判並對	唐張思鼎	1338- 80-544
升高判並對	唐王廷光	1338- 81-544
升高判並對	唐田南砥	1338- 82-544
升高判並對	唐王惟孝	1338- 82-544
升高判並對	唐張 郊	1338- 82-544

史部 政書類：法令

篇目	作者	編號
升高判並對	唐劉孫之	1338- 82-544
升高判並對	唐王靈岳	1338- 83-544
升高判並對	唐程 諒	1338- 83-544
造室判並對	唐王雄風	1338- 84-544
築牆判並對	唐虞 侃	1338- 85-544
鑿井獲鏡判並對	唐虞 侃	1338- 85-544
鑿井獲鏡判並對	唐呂務博	1338- 85-544
鑿井獲鏡判並對	唐朱 萃	1338- 86-544
作刻出關判並對	唐鄭自新	1338- 87-545
越關判並對	唐封 珍	1338- 88-545
越關判並對	唐于蕃卿	1338- 88-545
恩賜綾錦出關判並對	唐劉穆之	1338- 88-545
宮門誤不下鍵判並對	唐姚 震	1338- 89-545
盧樹判並對	唐李 融	1338- 90-545
盧樹判並對	唐柳潤之	1338- 90-545
道路判並對	唐趙良玉	1338- 90-545
街內燒灰判並對	唐令狐紹先	1338- 92-545
造橋判並對	唐孫崇古	1338- 93-545
縣令不修橋判並對	唐趙 和	1338- 93-545
私僱船渡人判並對	唐李孝言	1338- 94-545
私僱船渡人判並對	唐崔 釋	1338- 94-545
吏脫幘判並對	唐氾雲將	1338-127-549
吏脫幘判並對	唐竇 覃	1338-128-549
致仕判並對	唐李思齊	1338-128-549
用蔭判並對	唐邵 昱	1338-129-549
徵官爲蔭判並對	唐劉 銘	1338-129-549
假蔭判並對	唐陶 翰	1338-129-549
假蔭判並對	唐李康成	1338-130-549
不帥樊寄軍獻二毛判並對	唐苗晉卿	1338-131-550
借罐打破佩刀刺人判並對	唐王 紘	1338-132-550
行盜甕破奴死棄水判並對（二則）	唐呂 因	1338-132-550
賜告養病乙父在喪母立凶門判並對	唐尚 理	1338-135-550
戰勝銘功火災貯水判並對	唐潘待福	1338-136-550
毒藥供醫登高臨宮判並對	唐魏 牧	1338-136-550
鍾官不充亭長易傳判並對	唐賈 晉	1338-139-551
同爨不服義居芝草判並對	唐李龜年	1338-139-551
掌魘擅放穿墻流惡判並對	唐辛則然	1338-139-551
甲居重澤田獲三品判並對	唐魏嘉慶	1338-141-551
元日懸象稅千畝竹判並對	唐李陽冰	1338-143-551
主司徵算探卯窺鄰判並對	唐岐敬忠	1338-144-551
函人所掌張侯下綱判並對	唐楊 頤	1338-149-552
襲代封逃判	唐張 鷟	1402-266- 50
當襲僞暗判	唐湯伯曦	1402-267- 50
索肉決屠判	唐張 鷟	1402-268- 50
奏事口誤判	唐張 鷟	1402-268- 50
挾私受贓判	唐張 鷟	1402-269- 50
支布易絹判	唐張 鷟	1402-269- 50
不允放歸判	唐張 鷟	1402-269- 50
姪襲不合判	唐張 鷟	1402-270- 50
爲子求官判	唐張 鷟	1402-270- 50
誕奏祥瑞判	唐張 鷟	1402-270- 50
習星曆判并對	唐不著撰人	1337-659-503
冬至越人駕象入庭判並對	唐不著撰人	1337-672-505
求隣壁光判並對	唐不著撰人	1337-701-510
博士教授（判）並對	唐不著撰人	1337-708-511
釋茶爭論判並對	唐不著撰人	1337-709-511
持論湯武判並對	唐不著撰人	1337-709-511
不供祭用判並對（三則）	唐不著撰人	1337-746-517
封君祭判並對（二則）	唐不著撰人	1337-752-518
不供夷盤判並對	唐不著撰人	1337-766-520
流人降徒判並對	唐不著撰人	1337-783-522
奇請他比議判並對	唐不著撰人	1337-783-522
誘人致罪判並對	唐不著撰人	1337-784-522
因丑致罪判並對	唐不著撰人	1337-784-522
詐稱官銜判並對	唐不著撰人	1337-784-522
犯徒加杖判並對	唐不著撰人	1337-784-522
解桎判並對	唐不著撰人	1337-785-522
刑罰疑赦判並對	唐不著撰人	1337-785-522
告密判並對	唐不著撰人	1337-785-522
贓賄判並對	唐不著撰人	1337-786-522
吏犯徵贓判並對	唐不著撰人	1337-786-522
主簿取受判並對	唐不著撰人	1337-787-522
尉用官布判並對	唐不著撰人	1337-787-522
未上假借判並對	唐不著撰人	1337-787-522
乾沒稍食判並對	唐不著撰人	1337-787-522

四庫全書文集篇目分類索引

史部

政書類：法令

篇名	作者	索引號
取錢授官判並對	唐不著撰人	1337-788-522
受囚財物判並對	唐不著撰人	1337-788-522
脫枷取絹判並對	唐不著撰人	1337-788-522
祈年判並對	唐不著撰人	1337-799-524
勞農有闘判並對	唐不著撰人	1337-806-525
貨有滯於人用判並對	唐不著撰人	1337-841-530
買賣不和判並對	唐不著撰人	1337-841-530
均市判並對（對闘）	唐不著撰人	1337-842-530
犯憲罰並對（判闘）	唐不著撰人	1337-842-530
斷錦繡判並對	唐不著撰人	1337-842-530
市賈爲胡貨判並對	唐不著撰人	1337-842-530
鼉繪不利度木爲業判並對	唐不著撰人	1337-843-530
陶人判並對	唐不著撰人	1337-843-530
旅人判並對	唐不著撰人	1337-843-530
行人供濫物判並對	唐不著撰人	1337-844-530
和市給價判並對	唐不著撰人	1337-844-530
於市驚衆判並對	唐不著撰人	1337-844-530
水石類銀判並對	唐不著撰人	1337-845-530
熟羊市易判並對	唐不著撰人	1337-845-530
眞臘國人市馬判並對	唐不著撰人	1337-845-530
避市籍判並對	唐不著撰人	1337-846-530
率家屬籍名田判並對	唐不著撰人	1337-846-530
稅商判並對	唐不著撰人	1337-846-530
立功執商判並對	唐不著撰人	1337-847-531
斷屠判並對	唐不著撰人	1337-848-531
傭賃判並對	唐不著撰人	1337-850-531
剉草誤斬指斷判並對	唐不著撰人	1337-850-531
官戶判並對	唐不著撰人	1337-851-531
奴判並對	唐不著撰人	1337-851-531
買奴云是良人判並對	唐不著撰人	1337-851-531
奴死棄水中判並對	唐不著撰人	1337-851-531
婢判並對	唐不著撰人	1337-852-531
部曲判並對	唐不著撰人	1337-852-531
奴婢過制判並對	唐不著撰人	1337-852-531
賜則出就判並對（二則）	唐不著撰人	1338- 1-532
拜命布武判並對	唐不著撰人	1338- 3-532
小國附庸判並對	唐不著撰人	1338- 5-532
三方佩刀入閣判並對	唐不著撰人	1338- 5-532
方領爲衣判並對	唐不著撰人	1338- 5-532
鈎距爲業判並對	唐不著撰人	1338- 6-532
爲人興利判並對	唐不著撰人	1338- 8-533
教吏爲砧箭判並對	唐不著撰人	1338- 9-533
不拘它法判並對（二則）	唐不著撰人	1338- 10-533
刺史求青牛判並對	唐不著撰人	1338- 10-533
京令問喘牛判並對	唐不著撰人	1338- 11-533
竊錢布衣與父判並對	唐不著撰人	1338- 18-534
小吏持劒判並對	唐不著撰人	1338- 23-535
吏曹判並對	唐不著撰人	1338- 26-535
太室擇嗣判並對	唐不著撰人	1338- 26-536
捨嫡孫立庶子判並對	唐不著撰人	1338- 28-536
正室爲門子判並對	唐不著撰人	1338- 29-536
襲代封逃判並對	唐不著撰人	1338- 30-536
承襲稱狂判並對	唐不著撰人	1338- 31-536
襲爵詐狂判並對	唐不著撰人	1338- 32-536
嗣足不良判並對	唐不著撰人	1338- 34-537
子姪承襲判並對	唐不著撰人	1338- 35-537
請封爵贖罪判並對	唐不著撰人	1338- 36-537
赤鳥巢門判並對	唐不著撰人	1338- 37-537
投陂獲弟判並對（二則）	唐不著撰人	1338- 38-537
嫂疾得藥判並對	唐不著撰人	1338- 38-537
墳樹有甘露判並對（三則）	唐不著撰人	1338- 40-538
紫芝白兔判並對	唐不著撰人	1338- 41-538
男取江水溺死判並對（四則）	唐不著撰人	1338- 43-538
孝女抱父屍出判並對	唐不著撰人	1338- 44-538
不除姊喪判並對	唐不著撰人	1338- 44-538
居喪年老判並對	唐不著撰人	1338- 45-538
賣宅奉葬判並對	唐不著撰人	1338- 45-538
士用大夫禮葬父判並對	唐不著撰人	1338- 45-538
不用父言殉葬判並對	唐不著撰人	1338- 45-538
敗獵三品判並對	唐不著撰人	1338- 46-539
覆車置罟判並對	唐不著撰人	1338- 47-539
金吾不辨夜判並對	唐不著撰人	1338- 47-539
不驅獸於郊判並對	唐不著撰人	1338- 47-539
澤虞傷田苗判並對	唐不著撰人	1338- 48-539
招虞人以弓不進判並對	唐不著撰人	1338- 48-539
中郎率家僮出敗判並對	唐不著撰人	1338- 48-539
仲夏百姓弋獵判並對	唐不著撰人	1338- 49-539
出敗毀耕者之瓶判並對	唐不著撰人	1338- 49-539
用毒矢而射判並對	唐不著撰人	1338- 49-539
金吾不供敗矢判並對	唐不著撰人	1338- 49-539

史部　政書類：法令

搏獸判並對	唐不著撰人	1338- 50-539
捕獸判並對	唐不著撰人	1338- 50-539
捕鳥鼠獲豹判並對	唐不著撰人	1338- 50-539
採捕判並對	唐不著撰人	1338- 51-539
觀魚判並對	唐不著撰人	1338- 51-539
取魚判並對	唐不著撰人	1338- 51-539
差羊車判並對	唐不著撰人	1338- 52-540
好長鳴判並對	唐不著撰人	1338- 53-540
引漏水判並對	唐不著撰人	1338- 53-540
得亡印判並對	唐不著撰人	1338- 53-540
獲古鏡判並對	唐不著撰人	1338- 53-540
砍街樹瘦造枕判並對	唐不著撰人	1338- 54-540
造劍判並對	唐不著撰人	1338- 54-540
削金判並對	唐不著撰人	1338- 54-540
好釣判並對	唐不著撰人	1338- 55-540
皮判並對	唐不著撰人	1338- 55-540
戎豐判並對	唐不著撰人	1338- 56-540
私制九章判並對	唐不著撰人	1338- 56-540
衣貍制判並對	唐不著撰人	1338- 56-540
執鏡失位次判並對	唐不著撰人	1338- 57-541
翠壺翠鬟不供判並對	唐不著撰人	1338- 58-541
載稻判並對	唐不著撰人	1338- 58-541
誓戒判並對	唐不著撰人	1338- 58-541
請侯降者判並對	唐不著撰人	1338- 59-541
不受敵判並對	唐不著撰人	1338- 59-541
先登判並對	唐不著撰人	1338- 59-541
斬將後殿判並對	唐不著撰人	1338- 60-541
戰勝作彝器判並對	唐不著撰人	1338- 60-541
克狄犇來判並對	唐不著撰人	1338- 60-541
獲五甲首判並對	唐不著撰人	1338- 61-541
爲將失禮判並對	唐不著撰人	1338- 61-541
旋凱獻俘判並對	唐不著撰人	1338- 61-541
獻捷稱其伐判並對	唐不著撰人	1338- 62-541
還生口判並對	唐不著撰人	1338- 62-541
獲俘衣之判並對	唐不著撰人	1338- 62-541
單醪投河判並對	唐不著撰人	1338- 63-541
受敵人藥判並對	唐不著撰人	1338- 63-541
將不迎制書判並對	唐不著撰人	1338- 63-541
知謀判並對	唐不著撰人	1338- 64-542
以囚爲前鋒判並對	唐不著撰人	1338- 65-542
棄子判並對	唐不著撰人	1338- 65-542
愛子爲賊所執判並對	唐不著撰人	1338- 66-542
擅發兵判並對	唐不著撰人	1338- 66-542
矯節用兵判並對	唐不著撰人	1338- 66-542
軍副別屯斬人判並對	唐不著撰人	1338- 67-542
司馬斬嬖判並對	唐不著撰人	1338- 67-542
死政判並對	唐不著撰人	1338- 67-542
輕過罰甲判並對	唐不著撰人	1338- 67-542
恤士判並對	唐不著撰人	1338- 68-542
勇壯臨羽林亭判並對	唐不著撰人	1338- 68-542
立功流例判並對	唐不著撰人	1338- 68-542
背侍從征判並對	唐不著撰人	1338- 69-542
復矢判並對	唐不著撰人	1338- 69-542
犯專殺判並對	唐不著撰人	1338- 70-542
禁楚製判並對	唐不著撰人	1338- 71-543
並冠兩梁判並對	唐不著撰人	1338- 71-543
執蒲葵扇判並對	唐不著撰人	1338- 72-543
甲爲食官判並對	唐不著撰人	1338- 72-543
庖人進炙判並對	唐不著撰人	1338- 72-543
酒正以水入王酒判並對	唐不著撰人	1338- 73-543
公酒後時判並對	唐不著撰人	1338- 73-543
造五齊三酒非九穀判並對	唐不著撰人	1338- 73-543
盜酒判並對	唐不著撰人	1338- 74-543
告家有九龍鼎判並對	唐不著撰人	1338- 74-543
有五熟釜判並對	唐不著撰人	1338- 74-543
甕負判並對	唐不著撰人	1338- 74-543
村人借罐判並對	唐不著撰人	1338- 75-543
鑠樹爲林椀判並對	唐不著撰人	1338- 75-543
碾分利不平判並對	唐不著撰人	1338- 76-543
二月不供宮人炭判並對	唐不著撰人	1338- 76-543
貯藥判並對	唐不著撰人	1338- 76-543
造瓦判並對	唐不著撰人	1338- 76-544
城者謳甲判並對	唐不著撰人	1338- 81-544
宅判並對	唐不著撰人	1338- 84-544
築牆判並對	唐不著撰人	1338- 84-544
義井判並對	唐不著撰人	1338- 86-544
棄符繻判並對	唐不著撰人	1338- 87-545
作刻出關判並對	唐不著撰人	1338- 87-545
謁者私度關判並對	唐不著撰人	1338- 88-545
經蹕判並對	唐不著撰人	1338- 91-545
科木作道判並對	唐不著撰人	1338- 91-545
穿牆出水判並對	唐不著撰人	1338- 91-545
開溝向街判並對	唐不著撰人	1338- 92-545
縣令不修橋判並對	唐不著撰人	1338- 93-545
私僱船渡人判並對（二則）	唐不著撰人	1338- 94-545
不修橋判並對	唐不著撰人	1338- 95-545

四庫全書文集篇目分類索引

史部

政書類:法令

磨錢判並對　唐不著撰人　1338-97-546
無名錢判並對　唐不著撰人　1338-97-546
拾遺錢判並對　唐不著撰人　1338-97-546
鑄錢數倍判並對　唐不著撰人　1338-98-546
鍾官所鑄判並對　唐不著撰人　1338-98-546
母子權判並對　唐不著撰人　1338-98-546
織素判並對　唐不著撰人　1338-99-546
練不宿井判並對　唐不著撰人　1338-99-546
黃潤判並對　唐不著撰人　1338-99-546
龍輔判並對　唐不著撰人　1338-100-546
開銅坑判並對　唐不著撰人　1338-100-546
璧判並對　唐不著撰人　1338-100-546
玉節判並對　唐不著撰人　1338-101-546
穀珪判並對　唐不著撰人　1338-101-546
採木判並對　唐不著撰人　1338-101-546
橘奴判並對　唐不著撰人　1338-102-546
平慮判並對　唐不著撰人　1338-102-546
竹判並對　唐不著撰人　1338-102-546
盜瓜判並對　唐不著撰人　1338-103-546
芋判並對　唐不著撰人　1338-103-546
榉子判並對　唐不著撰人　1338-103-546
梨橘判並對　唐不著撰人　1338-104-546
盜稻橘判並對　唐不著撰人　1338-104-546
屠龍判並對　唐不著撰人　1338-105-547
射牛判並對　唐不著撰人　1338-105-547
驅犢隧園判並對　唐不著撰人　1338-106-547
殺牛判並對　唐不著撰人　1338-106-547
爲父殺牛判並對　唐不著撰人　1338-107-547
不理狗判並對　唐不著撰人　1338-107-547
射猿判並對　唐不著撰人　1338-107-547
死官鵝判並對　唐不著撰人　1338-107-547
斷屠月殺鷲判並對　唐不著撰人　1338-108-547
養賈兒判並對　唐不著撰人　1338-108-547
爲若蒸判並對　唐不著撰人　1338-108-547
殺鳥獸判並對　唐不著撰人　1338-108-547
解牛鳴判並對　唐不著撰人　1338-109-547
解鵲語判並對　唐不著撰人　1338-109-547
神爲異聲判並對　唐不著撰人　1338-109-547
弓矢驅鳥鳶判並對　唐不著撰人　1338-110-547
蕃客求魚判並對　唐不著撰人　1338-110-547
獻千歲龜判並對　唐不著撰人　1338-110-547
宴客醢小判並對　唐不著撰人　1338-111-547
養雞猪判並對　唐不著撰人　1338-111-547
父病殺牛判並對　唐不著撰人　1338-111-547
狗傷人有牌判並對　唐不著撰人　1338-111-547
牛舐馬判並對　唐不著撰人　1338-112-547
解牛鳴判並對　唐不著撰人　1338-112-547
易道判並對（六則）　唐不著撰人　1338-114-548
北斗龜判並對　唐不著撰人　1338-116-548
覊龜判並對　唐不著撰人　1338-116-548
居蔡判並對　唐不著撰人　1338-116-548
家貧致墨判並對　唐不著撰人　1338-117-548
玄衣判並對　唐不著撰人　1338-117-548
讀衛生經判並對　唐不著撰人　1338-117-548
疾病判並對　唐不著撰人　1338-118-548
臥大夫簀判並對　唐不著撰人　1338-118-548
折指判並對　唐不著撰人　1338-119-548
占相判並對　唐不著撰人　1338-119-548
妖言判並對　唐不著撰人　1338-119-548
巫恒判並對　唐不著撰人　1338-119-548
巫祠秦中判並對　唐不著撰人　1338-120-548
夢冰下人語判並對　唐不著撰人　1338-120-548
夢殿上有禾判並對　唐不著撰人　1338-120-548
夢處女鼓琴判並對　唐不著撰人　1338-120-548
廳子判並對（二則）　唐不著撰人　1338-121-549
流外判並對（二則）　唐不著撰人　1338-122-549
番官判並對（二則）　唐不著撰人　1338-122-549
孔目判並對（二則）　唐不著撰人　1338-123-549
不知名物判並對（四則）　唐不著撰人　1338-124-549
不冒其祿判並對　唐不著撰人　1338-125-549
小吏陵上判並對（二則）　唐不著撰人　1338-125-549
黜免判並對　唐不著撰人　1338-126-549
去官判並對（二則）　唐不著撰人　1338-126-549
吏脫幘判並對　唐不著撰人　1338-127-549
不任判並對　唐不著撰人　1338-128-549
未七十致仕判並對　唐不著撰人　1338-129-549
勳品判並對　唐不著撰人　1338-130-549
請立長子爲嗣判並對　唐不著撰人　1338-130-549
選擇卒吏刑罰疑赦判並對　唐不著撰人　1338-133-550
茶田徵稅閒人執事判並對　唐不著撰人　1338-134-550
漆室染瘡緋衣版授判並對　唐不著撰人　1338-135-550
常好種荔繼母出服判並對　唐不著撰人　1338-140-551
是儀書衣主司舉正判並對　唐不著撰人　1338-141-551

史部　政書類：法令

庀人奏散率木脩防判
　並對　　　　　　　　唐不著撰人　1338-142-551
登城而指專席而坐判
　並對　　　　　　　　唐不著撰人　1338-142-551
父友操杖諸母漱裳判
　並對　　　　　　　　唐不著撰人　1338-146-552
貫次如苴卜得坤乾判
　並對　　　　　　　　唐不著撰人　1338-146-552
損名馬式直講考經判
　並對　　　　　　　　唐不著撰人　1338-148-552
結交四騎獲豹不賞判
　並對　　　　　　　　唐不著撰人　1338-149-552
被髮縞斗學盤孟書判
　並對　　　　　　　　唐不著撰人　1338-150-552
妖人幻術判　　　　　　唐不著撰人　1402-271- 50
孝女立碑判　　　　　　唐不著撰人　1402-271- 50
甲爲學官教國子以六
　藝或議其藝成而下
　不伏（判）　　　　　宋余　靖　1089-114- 12
乙爲太常請復鄉飲酒
　御史以爲其禮久廢
　不可復行（判）　　　宋余　靖　1089-114- 12
丙爲大夫浣衣濯冠以
　朝或議其陋（判）　　宋余　靖　1089-115- 12
丁盛服謁使者門下令
　其解劍（判）　　　　宋余　靖　1089-115- 12
戊爲御史大夫泣封具
　獄或議其過（判）　　宋余　靖　1089-116- 12
甲爲京尹耕者讓畔行
　者異路或云無益（
　判）　　　　　　　　宋余　靖　1089-116- 12
乙爲刺史薦門下吏或
　以爲當得山澤隱滯
　（判）　　　　　　　宋余　靖　1089-116- 12
丙越度官府垣籬官司
　罪之　　　　　　　　宋余　靖　1089-117- 12
丙越度官府垣籬官司
　罪之辭云隨甲而往
　（判詞）　　　　　　宋余　靖　1351-472-129
甲私行入驛驛官拒之
　（判）　　　　　　　宋余　靖　1089-117- 12
辛捕罪人丁過而不救
　（判詞）　　　　　　宋余　靖　1089-117- 12
辛捕罪人丁過而不救
　辭云家有急事救療

　（判詞）　　　　　　宋余　靖　1351-472-129
甲建議請依漢舉孝弟
　力田者復其身難者
　以爲古今不同恐生
　僥倖（判）　　　　　宋余　靖　1089-118- 12
乙以贓抵罪至死丙與
　之聯事哀其母老詣
　獄自陳與乙同受欲
　減其死有司不許曰
　吾不於狀外案事（
　判）　　　　　　　　宋余　靖　1089-118- 12
丙嘗與丁有舊亡命抵
　丁不遇丁弟戊年幼
　因留舍之及事泄有
　司收丁戊送獄戊曰
　保納舍藏者我也丁
　曰彼來求我非弟之
　罪州縣不能決遂上
　讞之（判）　　　　　宋余　靖　1089-119- 12
甲建議請依古法置銅
　虎符給郡守每當發
　兵遣使者至郡合符
　符合乃聽受之所以
　慎重戎事難者以爲
　其法久廢行之無益
　（判）　　　　　　　宋余　靖　1089-119- 12
丁爲別將遇敵強不戰
　而退主帥責其畏懦
　之罪丁不伏曰見可
　而進知難而退軍之
　善政也（判）　　　　宋余　靖　1089-120- 12
乙爲國將其兄嘗爲敵
　人丙所烹後丙敗來
　降其國君赦乙曰丙
　即至人馬從者敢搖
　動者致族夷（判）　　宋余　靖　1089-120- 12
丙建議以爲使吏任子
　弟率皆驕驁不達古
　今宜明選求賢除任
　子之令難者曰諸侯
　繼世以象賢仕者世
　祿以延賞古之道也
　（判）　　　　　　　宋余　靖　1089-120- 12
乙爲給事中制敕有不
　可者遂於黃敕後批

四庫全書文集篇目分類索引

史部

政書類：法令

之吏曰宜別連白紙乙曰別以白紙乃是文狀豈曰批敕耶有司勸以非事君之道無人君之禮（判）　宋余　靖　1089-121- 12

甲爲亳州刺史州境有群賊剽人廬舍劫奪財貨累政不能擒捕甲潛設機謀悉知賊之巢穴乃起兵盡誅斬之廉使責其不先啓聞劾以擅興之罪甲曰翦除賊兇間不容息若須啓報恐失機宜（判）　宋余　靖　1089-121- 12

舊制戶絕田土皆沒入官丙建議請給與見佃人難者以爲戶絕之家悉是鰥寡孤獨若給與見佃之人佃人利其土田恐生窺伺枉害人命（判）　宋余　靖　1089-122- 12

乙領選部舉丙爲吏議者以丙父得罪不許（判）　宋余　靖　1089-122- 12

甲未冠而戰死里尹欲以殤禮葬之鄉師不許（判）　宋余　靖　1089-123- 12

丙獨居一室夜暴風雨鄰婦室壞趨而託焉丙閉戶不納或議其不仁（判）　宋余　靖　1089-123- 12

乙名譽不聞或責之（判）　宋余　靖　1089-123- 12

丁爲大夫薦而不祭或責其不孝（判）　宋余　靖　1089-124- 13

乙爲將兵士寒餒乞糧乙不之與或責其不撫士卒（判）　宋余　靖　1089-124- 13

乙春田火弊或告其暴物（判）　宋余　靖　1089-125- 13

丙舉盜以爲公臣或非之（判）　宋余　靖　1089-125- 13

甲葬讎人之妻或責其不義（判）　宋余　靖　1089-126- 13

甲授田不入國征里尹責之（判）　宋余　靖　1089-126- 13

乙爲刺史術者告將有火災請用璧單以禳之乙不許或告其愛寶棄民（判）　宋余　靖　1089-126- 13

丙濟君之難賞之不受曰非爲身也或責其矯（判）　宋余　靖　1089-127- 13

乙爲政請墠都城議其無備（判）　宋余　靖　1089-127- 13

乙爲政請墠都城議其無備辭云都城不過百雉（判詞）　宋余　靖　1351-474-129

甲父在而受車馬之賜或責其違禮（判）　宋余　靖　1089-127- 13

歲有札荒刺史欲移其民縣令云民有所衆不可移刺史不許（判）　宋余　靖　1089-128- 13

乙居草澤被召到都謁見不拜或責其失禮（判）　宋余　靖　1089-128- 13

丁行堂贈人告其左道（判）　宋余　靖　1089-129- 13

乙自爲鼎銘以稱揚其先祖之善或議其蓋失數美（判）　宋余　靖　1089-129- 13

甲建議請撿檢遠年逃戶田土充百官職田可以激勸廉吏難者以多少不同而勢家奔競請盡沒官（判）　宋余　靖　1089-129- 13

太廟薦享甲有緦喪遣充執事科太常罪訴云甲不自言（判）　宋余　靖　1089-130- 13

乙代判官文書有司科罪（判）　宋余　靖　1089-130- 13

丁去官而受舊屬饋與或告其違法訴云家口已離本任（判）　宋余　靖　1089-131- 13

丁去官而受舊屬饋與或告其違法訴云家口已離本任（判詞）　宋余　靖　1351-474-129

壬盜乙馬歸而產駒法

史部 政書類：法令

司斷幷駒還主盜以駒非正贓不伏(判)　宋余　靖　1089-131- 13

庚二罪俱發過失犯流單丁犯徒法司以加杖是重判官以流坐爲先（判）　宋余　靖　1089-131- 13

壬持刀杖入仇人家法司以謀殺人論訴非一人不伏爲謀(判)　宋余　靖　1089-132- 13

乙家有論語識或告其私蓄禁書不伏(判)　宋余　靖　1089-132- 13

丁以律令式內數事不便奏乞改行大理以不先申省斷徒訴稱詣闕上表不伏(判)　宋余　靖　1089-132- 13

壬賈七歲女子法司斷徒訴云家貧賣而葬母（判）　宋余　靖　1089-133- 13

丙爲縣令農務未畢而差夫修隍州責其非時（判）　宋余　靖　1089-133- 13

庚爲獄官拷囚數滿不承欲取保放之法司云贓狀露驗宜搉狀斷（判）　宋余　靖　1089-134- 13

獄囚未斷而格令新改法司引後勅爲正判云犯時格輕新令稍重欲從輕法（判）　宋余　靖　1089-134- 13

丙爲左僕射門立棨戟其子封國公復請立戟儀曹不許(判詞)　宋余　靖　1351-473-129

乙夜居於外丙往市之或責其非（判詞）　宋余　靖　1351-473-129

離任受饋判　宋余　靖　1402-271- 50

不許立戟判　宋余　靖　1402-272- 50

危教授論熊祥停盜（判語）　宋黃　幹　1168-355- 32

曾知府論黃國村停盜（判語）　宋黃　幹　1168-357- 32

曾适張潛爭地(判語)　宋黃　幹　1168-359- 32

曾灘趙師淵互論置曾拯田產（判語）　宋黃　幹　1168-361- 32

白蓮寺僧如瓊論陂田（判語）　宋黃　幹　1168-363- 32

陳如椿論房弟婦不應立異姓子爲嗣（判語）　宋黃　幹　1168-365- 33

崇眞觀女通士論掘墳（判語）　宋黃　幹　1168-366- 33

張運屬兄弟互訴基田（判語）　宋黃　幹　1168-367- 33

窯戶楊三十四等論謝知府宅疆買甃瓦（判語）　宋黃　幹　1168-368- 33

彭念七謝知府宅追擾（判語）　宋黃　幹　1168-369- 33

鄒宗逸訴謝八官人違法刑害（判語）　宋黃　幹　1168-370- 33

爲人告罪（判語）　宋黃　幹　1168-371- 33

宋有論謝知府宅侵佔墳地（判語）　宋黃　幹　1168-371- 33

王顯論謝知府占廟地（判語）　宋黃　幹　1168-372- 33

張凱夫訴謝知府宅貪併田產（判語）　宋黃　幹　1168-372- 33

徐莘首賭及邑民列狀論徐莘（判語）　宋黃　幹　1168-373- 33

陳會卿訴郭六朝散曠田（判語）　宋黃　幹　1168-373- 33

徐鎧教唆徐莘哥妄論劉少六（判語）　宋黃　幹　1168-374- 33

郝神保論曾運幹曠田（判語）　宋黃　幹　1168-374- 33

陳安節論陳安國盜賣田地事（判語）　宋黃　幹　1168-375- 33

陳希點帥文先爭田（判語）　宋黃　幹　1168-377- 33

聶士元論陳希點占學租（判語）　宋黃　幹　1168-378- 33

襲儀久追不出(判語)　宋黃　幹　1168-379- 33

京宣義訴曾崙畏取妻歸葬（判語）　宋黃　幹　1168-379- 33

徐家論陳家取去媳婦及田產（判語）　宋黃　幹　1168-380- 33

李良佐訴李師膺取唐氏歸李家（判語）　宋黃　幹　1168-381- 33

謝文學訴嫂黎氏立繼（判語）　宋黃　幹　1168-381- 33

郭氏劉拱禮訴劉仁謙

等冒占田產(判語)　宋黃　幹　1168-382- 33

張日新訴莊武離間母子（判語）　宋黃　幹　1168-383- 33

漕司行下放寄庄米（判語）　宋黃　幹　1168-384- 33

沈總屬（判語）　宋黃　幹　1168-384- 33

太學生劉機罪犯（判語）　宋黃　幹　1168-385- 33

王珍減赴軍糧斷配（判語）　宋黃　幹　1168-385- 33

宣永等因築城乞覓斷配（判語）　宋黃　幹　1168-385- 33

武楷認金（判語）　宋黃　幹　1168-385- 33

劫盜祝興逃走處斬（判語）　宋黃　幹　1168-386- 33

大學果行齋學生蔡順孫等簡子乞差充鷺洲書院學賓職事判　宋李昴英　1181-182- 11

黜除受納官事例錢判　宋李昴英　1181-182- 11

發妓孫惜回南安軍判　宋李昴英　1181-183- 11

革搥酷弊判　宋李昴英　1181-183- 11

湖南憲司咸淳九年隆冬疏決批牌判　宋文天祥　1184-684- 17

斷配典吏侯必隆判　宋文天祥　1184-684- 17

委衆幕審問楊小三死事批牌判　宋文天祥　1184-684- 17

平反楊小三死事判　宋文天祥　1184-685- 17

門示茶陵周上舍爲訴劉權縣事判　宋文天祥　1184-685- 17

甲爲縣令士乙與其故人丙醉毆乙乙詣縣訟丙令問日傷乎日無傷也相識乎日故人三十年矣嘗相失乎日未也何謂而毆汝乎日醉也解之使去有司勘甲故出丙罪甲日鬥不致傷赦許在村了奪者長則可縣令顧不可乎（判詞）　宋王　回　1351-474-129

甲爲出妻已告其在家嘗出不遜語指斥乘輿有司言雖出妻而所告者未出時事也

或疑薄君臣之禮隆夫婦之恩律不應輕（判詞）　宋王　回　1351-475-129

王哲審單　明歸有光　1289-583- 9

陳大德審單　明歸有光　1289-584- 9

賀潮審單　明歸有光　1289-584- 9

絳州戲判　明徐　渭　1410-790-772

還墳判附對　明不著撰人　1394-797- 12

館擬判——棄履判　清毛奇齡　1320-101- 13

館擬判——巫樂被戲判　清毛奇齡　1320-101- 3

館擬判——爭高梁粟稱名判　清毛奇齡　1320-102- 13

館擬判——孝廉略偏受殿辱判　清毛奇齡　1320-102- 13

館擬判——蔡邕棄妻判　清毛奇齡　1320-103- 13

館擬判——井田判　清毛奇齡　1320-103- 13

f.考　工

考工記　周禮　1409- 2-560

進新修營造法式序　宋李　誠　673-401- 附

熙春閣遺制記　元王　惲　587-691- 15

　　　　1200-486- 38

（經世大典）工典總序　元趙世延等　1367-556- 42

律尺考　明王廷相　1407-447-437

水平（論）　清儲大文　1327-364- 16

陶務敍略碑記　清唐　英　517-811-135

欽定武英殿聚珍版程式後記　清金　簡　673-729- 附

工部事宜册序　清允　禮　1449-630- 14

g.附錄(論時政)

政論（四則）　漢崔　寔　1397-372- 17

責袁術書論當時之勢陳九策　吳孫　策　1404-473-210

與法正論治蜀　蜀漢諸葛亮　1476- 77- 5

上李太尉論江賊書　唐杜　牧　1081-616- 8

上招討宋將軍書請除關東之暴亂　唐羅　隱　1344-235- 80

上執政書論時政　宋范仲淹　1346- 99- 6

上相府書論時政　宋范仲淹　1351-286-112

（與宣撫樞密韓諫議）議西夏臣服誠僞書　宋尹　洙　1090- 36- 8

1852　　　　　　　　　四庫全書文集篇目分類索引

與王介甫書論時政　　宋司馬光　1351-323-115

患盜論　　　　　　　宋劉　敞　1095-746- 40

　　　　　　　　　　　　　　　1351-109- 95

　　　　　　　　　　　　　　　1407-214-413

史部

政書類：附錄

上時相書論時政　　　宋陳舜俞　1096-502- 9

思治論　　　　　　　宋蘇　軾　1107-604- 44

修廢官學逸民　　　　宋蘇　軾　1107-677- 48

關隴游民私鑄錢與江

　淮漕卒爲盜之由　宋蘇　軾　1107-679- 48

上文侍中論強盜賞錢

　書　　　　　　　　宋蘇　軾　1108-186- 73

應制學上兩制書 論時

　政所患在用法太密好

　名太高　　　　　　宋蘇　軾　1384-510-125

又上章丞相書隻齊勒部

　族韃沁作亂事　　　宋李　復　1121- 21- 3

併州縣議　　　　　　宋畢仲游　1122- 41- 4

風俗盛衰（策）　　　宋周行己　1123-619- 3

（預備志）事宜志序　宋李　綱　1126-563-136

強國本筄論時弊建言強

　國之道　　　　　　宋王　洋　1132-444- 9

紹興八年六月十二日

　上侍郎魏矼書論議

　和之非　　　　　　宋王之道　1132-712- 24

與劉信叔書五首論時政

　　　　　　　　　　宋胡　宏　1137-126- 2

與龜山先生楊諫議（

　書二則）論時事　　宋陳　淵　1139-434- 16

富國強兵策并序　　　宋吳　徵　1142-220- 3

金貂鄉丁說　　　　　宋周必大　1147-213- 20

答鄭運使書論蜀中事

　體　　　　　　　　宋李　石　1149-637- 10

匈奴（論）論不可以夷

　狄之強弱爲吾中國之安危　宋呂祖謙　1362-263- 8

家記十論治務治道封建

　及兵　　　　　　　宋楊　簡　1156-860- 16

霍和卿當世急務序　　宋楊萬里　1161- 86- 82

與尉論捕盜書賊出沒

　刧民事　　　　　　宋陸　游　1163-406- 13

　　　　　　　　　　　　　　　1404-711-230

上張同知書論時政　　宋韓元吉　1165-182- 13

上賀參政書論時政　　宋韓元吉　1165-184- 13

罪言論謀敵備用救時　宋陳　造　1166-306- 24

寄袁京尹書論寬政之弊　宋陳　造　1166-319- 25

上丞相論都城火災筄

　子　　　　　　　　宋曹彦約　1167-156- 12

與趙寺丞論淫祀書　　宋陳　淳　 530-504- 70

　　　　　　　　　　　　　　　1168-851- 43

上傅寺丞論淫戲(筄)　宋陳　淳　 530-505- 70

　　　　　　　　　　　　　　　1168-875- 47

上傅寺丞論民間利病

　六條　　　　　　　宋陳　淳　1168-871- 47

上傅寺丞論告訐(筄)　宋陳　淳　1168-876- 47

與廟堂議論和書　　　宋周　南　1169- 28- 3

上李參政壁論蜀事（

　書）金一滅曦則蜀將

　淪於異域　　　　　宋魏了翁　1172-373- 32

上韓太師侂胄論逆曦

　事（書）　　　　　宋魏了翁　1172-375- 32

上史相書格吾心節儉級

　賑恤都民都城用老成

　廉潔之人用良將以禦

　外患革更弊以新治道　宋吳　潛　1178-432- 4

十月內進講——論時

　事　　　　　　　　宋徐元杰　1181-614- 1

十二月十八日進講—

　—論時事　　　　　宋徐元杰　1181-616- 1

十二月二十一日進講

　——論爲政　　　　宋徐元杰　1181-617- 1

十二月二十三日進講

　——論時事　　　　宋徐元杰　1181-618- 1

乙巳正月二十四日進

　講——論時事　　　宋徐元杰　1181-620- 2

月日進講（二）——

　論時事　　　　　　宋徐元杰　1181-621- 2

月日進講——論時事　宋徐元杰　1181-623- 2

二月十一日進講——

　論時事　　　　　　宋徐元杰　1181-623- 2

三月十九日進講——

　論時事　　　　　　宋徐元杰　1181-624- 2

五月初四日進講——

　論時事　　　　　　宋徐元杰　1181-626- 2

二十七日進講——論

　時事　　　　　　　宋徐元杰　1181-628- 2

白左揆論時事書　　　宋徐元杰　1181-703- 8

白二揆論時事書　　　宋徐元杰　1181-704- 8

再白左揆論時事書　　宋徐元杰　1181-706- 8

白二相論時事書　　　宋徐元杰　1181-708- 8

與袁右司書論時事　　宋徐元杰　1181-709- 8

上魏鶴山了翁論時政

四庫全書文集篇目分類索引

史部

政書類：附錄

篇目	作者	索引號
書論時政患士大夫之積習專而忌	宋陽 枋	1183-256- 1
上洪中書論時政書論時政敗壞乃制度不善之故	宋陽 枋	1183-257- 1
上宣諭余樵隱書論蜀弊十二	宋陽 枋	1183-259- 1
與約齊李守論時政書論申災傷之不容緩	宋陽 枋	1183-263- 1
上淮閫信蒼論時政書論勝負皆有機兵貴乎精食貴乎足戰貴乎奇	宋陽 枋	1183-264- 1
上淮西帥黃州楊伯洪論時政書孔孟之心大矣哉	宋陽 枋	1183-265- 1
代上游相國論時政書論宰相之心綱紀萬化之根極存焉	宋陽 枋	1183-266- 1
代上程內翰論時政書論賢之有益於人國也	宋陽 枋	1183-268- 2
代上劉察院論時政書論國事之宜公忠堅久持其心制度章程不宜屢變屢新	宋陽 枋	1183-269- 2
代上謝司諫論時政書天下可畏者無形之憂也	宋陽 枋	1183-270- 2
與劉左史論時政書天子以史爲友	宋陽 枋	1183-271- 2
上蜀閫余樵隱論時政書論蜀政難於靖乎內一乎天	宋陽 枋	1183-273- 2
與文活庵論時政書當今事勢惟豁然大公可以有爲	宋陽 枋	1183-274- 2
與李和甫使君論時政書二則論知人知言之要	宋陽 枋	1183-276- 2
與南畤王使君論時政書論爲政以公仁爲本	宋陽 枋	1183-277- 2
與紹慶太守論時政書	宋陽 枋	1183-277- 2
與王吉州論郡政書	宋歐陽守道	1183-532- 4
代李煜遺劉鋹書論當時時事——大朝南伐事	宋潘 佑	1351-276-112
論時事（五則）	元胡祇遹	1196-366- 21
論除三冗	元胡祇遹	1196-372- 21
政事（十一則）	元胡祇遹	1196-372- 21
又責吏不責官之弊	元胡祇遹	1196-379- 21
又小民詞訟姦吏因以作弊	元胡祇遹	1196-381- 21
論體覆之弊	元胡祇遹	1196-382- 21
時政（十一則）	元胡祇遹	1196-399- 22
即今弊政（八則）	元胡祇遹	1196-400- 22
縣政要式	元胡祇遹	1196-410- 23
論併州縣	元胡祇遹	1196-413- 23
民間疾苦狀（五十四則）	元胡祇遹	1196-414- 23
使民三十五事	元王 惲	1201-296- 90
議盜	元張之翰	1204-463- 13
建白時政五事	元蘇天爵	1214-302- 26
河南脅從註誤（疏）	元蘇天爵	1214-323- 27
論時政書	明何喬新	444-284- 42
跋謝疊山江東十問	明王 行	1231-391- 8
與劉知府惟馨荳（書三則）論治國之務	明章 懋	1254- 42- 2
論郡政利弊書	明史 鑑	1259-780- 5
上中丞伯相公書（八則）論郡政之宜	明史 鑑	1259-786- 5
答喻太守書論治地方	明顧 清	1261-653- 26
答王時芳給舍論治盜書盜亦民也故先治民	明夏良勝	1269-772- 4
答孫先生論地方事宜（書）	明夏良勝	1269-786- 4
與督府蔡半洲論撫諭交夷（書）	明張 岳	1272-383- 8
（上蔡督府）論撫諭事情（書）莫賊遺頭目叩關投降	明張 岳	1272-385- 8
（與蔡督府）論辭夷使往憑祥納款(書)	明張 岳	1272-386- 8
		1466-641- 54
（上蔡督府論）議處安南納款（書）	明張 岳	1272-386- 8
與翁東厓本兵（書）論苗族騷擾事	明張 岳	1272-399- 10
答嘉泉厓禮部（書）論貴州苗事	明張 岳	1272-405- 10
山寇志	明朱 瀚	1273-489- 4
海寇志	明朱 瀚	1273-490- 4
答此齋林大參論海寇書	明朱 瀚	1273-502- 5

與督府錢桐江議勘交朝使進止（書）　明朱 淵　1272-374- 8　1466-640- 54
與徐相公論江南北盜情（書）　明尹 臺　1277-555- 6
制馭響逐議 瑞昌柯談吳黃隱憂惟立里爲上　明溫 純　1288-665- 14
平丁改善後議　明楊寅秋　1291-736- 4
緩交上三院揭帖二則　黎夷請恢復名義　明楊寅秋　1291-738- 4
緩交諭督備吳懷仁機　宜黎夷恢復請封事　明楊寅秋　1291-740- 4
東事議 朝鮮外交事　明余繼登　1291-944- 7
與張太符太守（書）　論安民之要　明劉宗周　1294-402- 6
與溫泉嶠相公（書）　乞就廢籍中擇天下之賢者而用之　明劉宗周　1294-419- 7
奉王家宰書 論拯時急務　明周 銓　1373-817- 28
與方學正書 國是　明王叔英　1455- 1-178
上西崖先生論時務書　國是　明黃 綰　1455- 4-178
答耿楚侗王霸之辨（書）國是　明張居正　1455- 17-179
答耿楚侗致理安民（書）國是　明張居正　1455- 18-179
答奉常陸五臺論治體用剛書 國是　明張居正　1455- 19-179
與行在戶部諸公書 民事　明周 忱　1455- 23-180
與蔡半洲書（籌遠）　論治盜　明鍾 芳　1455- 41-181
上巡撫陳公書（籌遠）撫貴州　明田汝成　1455- 44-182
與張吳縣書（吏治）　論治吳　明皇甫濂　1455-283-207
粵事論　明蘇 濬　1457- 77-349
用姦治尤（論）書稱蠻夷猶夏寇姦尤　明魏 濬　1466-772- 61
治貴無事（論）　明魏 濬　1466-773- 61
對金撫臺問地方事宜　清于成龍　1318-547- 1
再陳粵西事宜　清于成龍　1318-549- 1
治羅自紀併貽友人荊雪濤　清于成龍　1318-553- 1
規畫銅梁條議　清于成龍　1318-560- 1
弭盜安民條約　清于成龍　1318-745- 7

與荊璞家兄論臺變書　清藍鼎元　1327-588- 2
與吳觀察論治臺灣事宜書　清藍鼎元　1327-589- 2
論南洋事宜書 南洋諸蕃不能爲害宜大開禁網聽民貿易以海外之有餘補內地之不足　清藍鼎元　1327-597- 3
論江南應分州縣書　清藍鼎元　1327-602- 3
再與友人論江南分縣書　清藍鼎元　1327-603- 3
論潮普割地事宜書 欲割潮陽之洋烏波水兩都以屬普寧　清藍鼎元　1327-604- 3
粵中風聞臺灣事論 論撫臺　清藍鼎元　1327-755- 11
粵夷論 指西洋人也　清藍鼎元　1327-756- 11
與王太守論保費徭役寇盜三事書　清陳常夏　530-507- 70

N.目 錄 類

a.論 文

慎改竄　宋蘇 軾　1108-586-100
朱子辨論胡本錯誤書　附張栻跋　宋朱 熹　1345-748-附下
書徽州婺源縣中庸集解板本後　宋朱 熹　1375-291- 22
東坡樂府集選引　金元好問　1191-416- 36
跋古本九經　明王 鏊　1256-515- 35
宋板前漢書後　明王世貞　1281-168-129
又前後漢書後　明王世貞　1281-168-129
（題）周公瑕書黃庭內景經　明王世貞　1284-269-157
（題）王逢年書黃庭外景經　明王世貞　1284-273-157
（題）虛一書太上內觀明道經　明王世貞　1284-283-158
報童子鳴（書）談諸家藏書書目　明胡應麟　1290-850-116
草堂讀書記二 圖書分類雜說　明鄒觀光　1456-670-334
與孝感熊先生商酌朱子書名目次第書　清李光地　1324-974- 32

b.序 跋

四庫全書文集篇目分類索引

史部

目錄類：序跋、附錄

藝文志（序、小序）	漢班　固	1409-524-621
藝文志序	漢班　固	1476- 12- 1
衆經目錄序佛經	隋翻經沙門		
	及學士等	1401-593- 40
崇文總說目敍釋	宋歐陽修	1103-263-124
		1103-768- 16
藝文（志序）	宋歐陽修	1378- 26- 34
唐書藝文志論	宋歐陽修	1383-485- 43
藝文（序）新唐書	宋歐陽修	1406-677-390
唐書藝文志論	宋歐陽修	1418-272- 45
藝文志論	宋歐陽修	1476-172- 9
闡題錄道釋二教書	宋劉　敞	1121-596- 6
朱氏藏書目序	宋周紫芝	1141-370- 52
（泉州）同安縣學故		
書目序	宋朱　熹	1145-539- 75
		1406- 82-321
歐江氏舊書一卷首印		
江元叔書籍記	宋周必大	1147-514- 48
盆齋藏書目序	宋楊萬里	1161- 69- 79
石庵藏書目序	宋葉　適	1164-235- 12
遂初堂書目後序	宋魏了翁	674-489- 附
歐元氏遂初堂藏書目		
錄序後	宋魏了翁	1173- 51- 63
隆興路學題書籍	宋劉辰翁	1186-564- 7
郡齋讀書志原序（二		
則）	宋晁公武	674-155- 附
		674-156- 附
昭德先生郡齋讀書後		
志序	宋趙希弁	674-368- 附
遂初堂書目原序	宋毛　开	674-437- 附
遂初堂書目後序	宋陸友仁	674-489- 附
子略原序	宋高似孫	674-492- 附
邯鄲圖書十志序	宋李　淑	1351- 19- 86
		1406- 79-321
題鍾氏藏書卷目錄	元吳　澄	1197-598- 61
王氏藏書目錄序	元王　惲	1200-527- 41
岳德敏書目（跋）	元徐明善	1202-605- 下
袁氏舊書目序	元袁　桷	1203-202- 22
袁氏新書目序	元袁　桷	1203-302- 22
陸氏藏書目錄序	元黃　溍	1209-370- 5
共山書院藏書目錄序	元柳　貫	1210-449- 16
西湖書院書目序	元陳　基	1222-292- 21
呂氏采史目錄序	明宋　濂	1223-379- 5
漢七略序	明王　禕	1226-140- 7
借書錄序	明危　素	1226-702- 2

漢藝文志考證序	明危　素	1226-715- 3
史館購書目錄序	明危　素	1226-723- 3
上都分學書目序	明危　素	1226-751- 4
文淵閣書目題本	明楊士奇等	675-114- 附
文籍志序	明楊士奇	1238-550- 14
新刊經籍考序文獻通考	明何喬新	1249-145- 9
書國學群書殘編後	明何喬新	1249-297- 18
甘泉陸氏藏書目錄序	明祝允明	1260-739- 27
		1406- 83-321
江東藏書目錄序	明陸　深	1268-319- 51
經序錄序代	明歸有光	1289- 22- 2
		1405-434-282
二西山房書目序	明胡應麟	1290-604- 83
授經圖義例序	明朱睦㮮	675-235- 附
授經圖義例跋	明朱勤㸑	675-333- 附
玩畫齋藏書目錄序	明姚　翼	1455-351-212
欽定天祿琳琅書目御		
製序	清高宗	675-335- 附
（御製）題朱彝尊經		
義考	清高宗	677- 1- 附
跋高似孫子略	清汪　琬	1315-615- 39
經義考序	清陳廷敬	1316-509- 35
授經圖序	清朱彝尊	1318- 40- 34
崇文目跋	清朱彝尊	1318-158- 44
文淵閣書目跋	清朱彝尊	1318-159- 44
跋重編內閣書目	清朱彝尊	1318-160- 44
經義考序	清毛奇齡	1320-453- 52
授經圖義例序	清黃慶澂	675-233- 附
欽定天祿琳琅書目聯		
句詩有序	清廷臣及內	
	廷翰林等	675-336- 附

c. 附錄：藏書記

陝州弘農郡五張寺經		
藏碑	北周庾　信	1401-468- 35
		1409-811-660
東林寺經藏碑	唐李　肇	517-184-120
		1341-506-865
湖州德清縣覺華寺藏		
書記	宋強　至	1091-368- 32
海惠院經藏記	宋陳舜俞	1096-492- 8
秀州資聖禪院轉輪經		
藏記	宋陳舜俞	1096-493- 8
秀州華亭縣布金院新		
建轉輪經藏記	宋陳舜俞	1096-494- 8

史部

目錄類：附錄

金石類

篇目	作者	索引號
安州白兆山寺經藏記	宋范純仁	1104-640- 10
眞州長蘆寺經藏記	宋王安石	1105-695- 83
		1409-259-591
漣水軍淳化院經藏記	宋王安石	1105-696- 83
		1356-319- 15
		1384- 90- 88
李氏山房藏書記	宋蘇　軾	517-315-123
		1107-507- 36
		1350-845- 82
		1409-404-608
		1447-758- 44
勝相院經藏記	宋蘇　軾	1107-515- 37
		1378-440- 57
虔州崇慶禪院新經藏記	宋蘇　軾	1107-516- 37
江州東林寺藏經記	宋黃庭堅	1113-165- 18
洪州分寧縣雲巖禪院經藏記	宋黃庭堅	1113-168- 18
普覺禪寺轉輪藏記	宋黃庭堅	1113-570- 4
劉氏藏書記	宋晁說之	1118-306- 16
記殘經	宋李昭玘	1351-496-131
劉氏藏書序	宋李　新	1124-544- 18
龍須山轉輪經藏記	宋王庭珪	1134-254- 34
撫州陳山白雲禪院大藏（記）	宋孫　覿	1135-221- 22
嘉州清溪觀道藏記	宋晁公遡	1139-277- 50
眉州州學藏書記	宋晁公遡	1139-278- 50
徽州城陽院五輪藏記	宋羅　願	1142-491- 3
建陽縣學藏書記	宋朱　熹	530-521- 71
建寧府建陽縣學藏書記	宋朱　熹	1145-627- 78
劉氏墨莊記 墨莊所謂劉氏藏書也	宋朱　熹	1353-738-105
妙果院藏記	宋王十朋	1151-580- 26
劍州普成縣孫氏置四大部經記	宋李　呂	1152-242- 6
石泉寺經藏記	宋楊萬里	1161- 13- 73
興崇院經藏記	宋楊萬里	1161- 16- 73
櫟齋藏書記	宋葉　適	1164-231- 11
眉山孫氏書樓記	宋魏了翁	1172-472- 41
洪氏天目山房記 舜俞合新故書得萬有三千卷藏之	宋魏了翁	1172-553- 49
洪氏天目山房記	宋魏了翁	1476-253- 14
泉州金粟洞天三教藏記	宋釋居簡	1183- 29- 3
澄心院藏記	宋釋居簡	1183- 39- 3
江東延慶院經藏記	宋釋居簡	1183- 45- 4
雲安德英藏記	宋釋居簡	1183- 51- 4
鹽亭藏經記	宋釋居簡	1183- 52- 4
跋荆溪教藏記	宋釋居簡	1183-109- 7
古巖經藏記	宋羅　頌	1142-542- 附
崇道觀道藏記	宋范　鎭	1354-708- 37
		1381-514- 38
台州州學藏監書記	宋李　翔	1356-659- 5
燕京大覺禪寺劫建經藏記	元耶律楚材	1191-571- 8
府學儲書記	元胡祗遹	1196-215- 11
雲峯院經藏記	元吳　澄	1197-509- 49
長沙萬卷樓記 長沙新有建萬卷樓藏書如其名	元劉將孫	1199-200- 21
定海縣學藏書記	元袁　桷	1203-248- 18
嘉定州南翔寺藏經記	元釋大訢	1386-151- 34
跋劉資深墨莊後	元虞　集	1207-562- 40
慶元路玄妙觀重修道藏記	元劉仁本	1216-109- 6
草堂書院藏書銘	元李　祁	1219-752- 10
藏書記	元孔天鑑	549-645-204
松江府儒學藏書記	明貝　瓊	1228-317- 4
禮部藏器及書記	明劉　球	1243-463- 5
董氏西齋藏書記	明皇甫汸	1275-829- 49
郎陽藏書記	明王世貞	1280-289- 77
二酉山房記 以古隸扁其楣曰二酉藏書山房	明王世貞	1282-832- 63
梁氏書莊記	明梁　寅	517-552-129
建昌府學尊經閣藏書記	明左宗郢	517-739-133
雲夢縣儒學藏書記	明鄒觀光	1457-240-365
分諸子書目 品搭其書分作五分令五子各管其一	明萬士和	1458-773-479
五經萃室記 五經者岳珂所刻之易書詩禮記春秋置於昭仁殿中一楹名曰五經萃室	清高　宗	1301-373- 14
桓山堂藏書記	清吳　綺	1314-213- 1
宋太宗書庫碑跋	清朱彝尊	550-169-215
曝書亭著錄序	清朱彝尊	1318- 55- 35
貴陽府學藏書記	清田　雯	1324-314- 30

O.金　石　類

四庫全書文集篇目分類索引 1857

a. 器 物

林華觀行鑑記	宋劉 敞	1095-715- 36
先秦古器記	宋劉 敞	1095-715- 36
		1350-816- 79
		1409-226-588
龍雀刀記	宋劉 敞	1095-716- 36
貞觀刀記	宋劉 敞	1095-716- 36
（毛伯）古敦銘（跋尾）	宋歐陽修	1103-347-134
毛伯敦銘（跋尾）	宋歐陽修	1103-347-134
龏伯彝銘（跋尾）	宋歐陽修	1103-348-134
伯熊父敦銘（跋尾）	宋歐陽修	1103-348-134
韓城鼎銘（跋尾）	宋歐陽修	1103-348-134
商雝鼎銘（跋尾）	宋歐陽修	1103-350-134
古器銘（跋尾）二則	宋歐陽修	1103-351-134
彝南古敦銘（跋尾）	宋歐陽修	1103-351-134
叔高父煮簋銘(跋尾)	宋歐陽修	1103-352-134
敦匜銘（跋尾）周姜		
寶敦張伯煮匜	宋歐陽修	1103-352-134
敦匠銘（跋尾）伯岡		
敦匠張仲匠	宋歐陽修	1103-353-134
張仲器銘（跋尾）	宋歐陽修	1103-353-134
秦度量銘（跋尾）	宋歐陽修	1103-355-134
秦昭和鐘銘（跋尾）	宋歐陽修	1103-356-134
前漢二器銘（跋尾）		
林華宮行鑑蓮勺宮博山爐	宋歐陽修	1103-358-134
前漢谷口銅角銘（跋尾）	宋歐陽修	1103-358-134
前漢雁足鐙銘(跋尾)	宋歐陽修	1103-358-134
唐武盡禮寧昭寺鐘銘（跋尾）	宋歐陽修	1103-415-139
唐元結窪罇銘(跋尾)	宋歐陽修	1103-431-140
唐濟瀆廟祭器銘（跋尾）	宋歐陽修	1103-439-141
跋李伯時所藏篆敦文	宋黃庭堅	1113-300- 28
玄圭議	宋慕容彥逢	1123-443- 12
跋薛唐卿秦篆文	宋周行己	1351-498-131
家塾所藏六一先生墨蹟跋十首——前漢五器銘	宋周必大	1147-138- 15
觀音院鐘刻辨附鄭楷杜桓跋	宋倪 朴	1152- 20- 0
跋丁端叔所藏鼎彝款		

識 | 宋樓 鑰 | 1153-156- 70 |
得欽崇豆記	宋薛季宣	1159-501- 31
記漢尚方劍	宋薛季宣	1159-501- 31
箸導玉飾辨	元王 惲	1200-573- 44
周景王大泉說	元王 惲	1200-617- 46
漢瓦硯記	明王 禕	1226-196- 9
跋古器物銘	明何喬新	1249-293- 18
跋商父乙鼎	明陸 深	1268-565- 87
古錢說	明魏學洢	1297-585- 6
禹甄辨	明王 翰	550-188-216
（粵西）潯江（郡）雙獲銅鼓（灘）記	明樂明盛	568-290-109
		1466-285- 36
古玉刻蟾子得蜂詩引	明鍾 惺	1406-432-362
觀欵器記	明蔣德璟	1457-355-376
漢玉斧跋識	清 高 宗	1301-189- 22
圭瑁說	清 高 宗	1301-588- 3
搢圭說	清 高 宗	1301-589- 3
商祖丁爵銘跋	清朱彝尊	1318-170- 46
商父已敦銘跋	清朱彝尊	1318-170- 46
周鼎銘跋	清朱彝尊	1318-172- 46
周司成頌寶尊壺銘跋	清朱彝尊	1318-172- 46
周延陵季子劍銘跋	清朱彝尊	1318-173- 46
南海廟二銅鼓圖跋	清朱彝尊	1318-173- 46
漢尚方鑑銘跋	清朱彝尊	1318-174- 46
書漢鏡銘	清朱彝尊	1318-174- 46
跋新莽錢范文	清朱彝尊	1318-175- 46
跋甘羅城小錢文	清朱彝尊	1318-175- 46
景雲觀鐘銘跋	清朱彝尊	1318-175- 46
吳大安寺鐵香鑪題名跋	清朱彝尊	1318-176- 46
書招本玉帶生銘後	清朱彝尊	1318-225- 51
遼釋志願葬舍利石匣記跋	清朱彝尊	1318-225- 51
記宣銅鑪二則	清宋 犖	1323-301- 26
題費氏所藏周扁款識並釋文	清宋 犖	1323-327- 28
龍缸記	清唐 英	517-821-135
銅鼓記	清金 鉷	568-479-117

b. 印 璽

回嚴司理（書）記古印筆畫	宋李 復	1121- 52- 5
跋薛唐卿秦璽文	宋周行己	1123-652- 6
書璽	宋朱 熹	1145-700- 82

1858　　　　　　　四庫全書文集篇目分類索引

題五代應順年堂臨本　宋周必大　1147-144- 15
跋陝西印章二　宋陸　游　1163-520- 27
玉璽本末　宋曹彥約　1167-261- 22
漢壽亭侯印記　宋司馬知白　534-702-106
傳國玉璽記　元王　惲　1200-505- 40
傳國寶志　明何喬新　1249-309- 19
古銅印章跋　明陸　深　1268-566- 87
璽辯（辨）　明劉定之　1373-691- 15
　　　　　　　　　　　1454-250-110
國朝傳寶記　清 高 宗　1301- 49- 4
鐵章記　清 高 宗　1301- 60- 5
嘉靖玉印記　清 高 宗　1301-620- 8

c. 石　刻

商於驛記後序　宋王禹偁　1086-196- 20
王氏題名記　宋 尹　洙　1090- 18- 4
題楊少師書後　宋 尹　洙　1090- 21- 4
西狹頌跋　宋曾　鞏　558-716- 48
茅君碑（跋）　宋曾　鞏　1098-772- 50
常樂寺浮圖碑（跋）　宋曾　鞏　1098-772- 50
九成宮醴泉銘（跋）　宋曾　鞏　1098-773- 50
魏侍中王粲石井欄記（跋）　宋曾　鞏　1098-773- 50
襄州偏學寺禪院碑（跋）　宋曾　鞏　1098-773- 50
襄州興國寺碑（跋）　宋曾　鞏　1098-773- 50
韓公井記（跋）　宋曾　鞏　1098-773- 50
晉陸禕碑（跋）　宋曾　鞏　1098-774- 50
尚書省郎官石記序（跋）　宋曾　鞏　1098-774- 50
桂陽周府君碑并碑陰（跋）　宋曾　鞏　1098-774- 50
唐安鄉開元寺臣入禪師淨土堂碑銘（跋）　宋曾　鞏　1098-775- 50
江西石幢記（跋）　宋曾　鞏　1098-775- 50
厝井銘（跋）　宋曾　鞏　1098-776- 50
漢武都太守漢陽阿陽李翕西狹頌（跋）　宋曾　鞏　1098-776- 50
跋唐顏眞卿小字麻姑壇記　宋歐陽修　518-230-143
唐湖州石紀跋　宋歐陽修　526-259-267
漢周公禮殿記跋　宋歐陽修　561-533- 44
（唐韓愈）羅池廟碑（跋尾）　宋歐陽修　1077-296-附1
唐韓愈羅池廟碑（跋尾）　宋歐陽修　1103-442-141
（唐韓愈）集古錄羅池廟碑（跋尾）　宋歐陽修　1466-719- 59
（唐柳宗元）般舟和尚碑（跋尾）　宋歐陽修　1077-297-附1
唐柳宗元般舟和尚碑（跋尾）　宋歐陽修　1103-444-141
與王源叔問古碑字書　宋歐陽修　1102-543- 68
跋永城縣學記　宋歐陽修　1102-578- 73
周穆王刻石（跋尾）　宋歐陽修　1103-352-134
石鼓文（跋尾）　宋歐陽修　1103-354-134
秦祀巫咸神文（跋尾）一作秦誓文　宋歐陽修　1103-356-134
之梁山秦篆遺文（跋尾）　宋歐陽修　1103-356-134
秦泰山刻石（跋尾）一作書李斯篆後　宋歐陽修　1103-356-134
秦嶧山刻石（跋尾二則）一作秦二世詔　宋歐陽修　1103-357-134
後漢西嶽華山廟碑（跋尾）　宋歐陽修　1103-359-134
後漢樊毅華嶽碑（跋尾二則）　宋歐陽修　1103-359-134
後漢脩西嶽廟復民賦碑（跋尾）　宋歐陽修　1103-360-134
後漢北嶽碑（跋尾）　宋歐陽修　1103-360-134
後漢無極山神廟碑（跋尾）　宋歐陽修　1103-361-134
後漢桐柏廟碑（跋尾）　宋歐陽修　1103-361-134
後漢殽阮君神祠碑（跋尾）　宋歐陽修　1103-362-134
後漢堯母碑（跋尾）　宋歐陽修　1103-362-135
後漢堯祠碑（跋尾）　宋歐陽修　1103-363-135
後漢堯祠祈雨碑（跋尾）　宋歐陽修　1103-363-135
後漢老子銘（跋尾）碑　宋歐陽修　1103-363-135
後漢魯相置孔子廟卒史碑（跋尾）　宋歐陽修　1103-363-135
後漢修孔子廟器碑（跋尾）眞蹟　宋歐陽修　1103-364-135
後漢魯相晨孔子廟碑（跋尾）　宋歐陽修　1103-364-135
後漢張公廟碑（跋尾）　宋歐陽修　1103-365-135
後漢公昉碑（跋尾）一作仙人唐君碑　宋歐陽修　1103-366-135

四庫全書文集篇目分類索引

史部

金石類：石刻

後漢析里橋郁閣頌（跋尾）眞蹟　宋歐陽修　1103-367-135
後漢人關銘（跋尾）　宋歐陽修　1103-367-135
後漢文翁石柱記（跋尾）眞蹟　宋歐陽修　1103-367-135
後漢文翁石柱記跋　宋歐陽修　1381-793- 59
後漢泰山都尉孔君碑（跋尾）　宋歐陽修　1103-368-135
後漢孔君碑（跋尾）　宋歐陽修　1103-368-135
後漢孔德讓碑（跋尾）　宋歐陽修　1103-368-135
後漢劉寬碑（跋尾）　宋歐陽修　1103-369-135
後漢太尉劉寬碑（跋尾）　宋歐陽修　1103-369-135
後漢楊震碑（跋尾）　宋歐陽修　1103-370-135
後漢沛相楊君碑（跋尾）　宋歐陽修　1103-370-135
後漢繁陽令楊君碑（跋尾）　宋歐陽修　1103-371-135
後漢高陽令楊君碑（跋尾）　宋歐陽修　1103-371-135
後漢殘碑陰（跋尾）　宋歐陽修　1103-373-135
後漢朔方太守碑陰（跋尾）　宋歐陽修　1103-373-135
後漢劉曜碑（跋尾）　宋歐陽修　1103-373-135
後漢北海相景君銘（跋尾）　宋歐陽修　1103-373-135
後漢謁者景君碑（跋尾）　宋歐陽修　1103-374-135
後漢景君石榻銘（跋尾）　宋歐陽修　1103-374-135
後漢袁良碑（跋尾）　宋歐陽修　1103-374-135
後漢張平子墓銘（跋尾）　宋歐陽修　1103-374-135
後漢費鳳碑（跋尾）　宋歐陽修　1103-375-136
後漢武班碑（跋尾）　宋歐陽修　1103-375-136
後漢中常侍費亭侯曹騰碑（跋尾）　宋歐陽修　1103-376-136
後漢司隸楊君碑（跋尾）　宋歐陽修　1103-376-136
後漢樊常侍碑（跋尾）　宋歐陽修　1103-376-136
後漢郎中鄭固碑（跋尾）　宋歐陽修　1103-377-136
後漢田君碑（跋尾）　宋歐陽修　1103-377-136
後漢孫叔敖碑（跋尾）　宋歐陽修　1103-377-136
後漢王元賞碑（跋尾）　宋歐陽修　1103-378-136
後漢祝睦碑（跋尾）　宋歐陽修　1103-378-136
後漢祝睦後碑（跋尾）　宋歐陽修　1103-378-136
後漢衡方碑（跋尾）　宋歐陽修　1103-378-136
後漢冀州從事張表碑（跋尾）　宋歐陽修　1103-379-136
後漢竹邑侯相張壽碑（跋尾）　宋歐陽修　1103-379-136
後漢金鄉守長侯君碑（跋尾）　宋歐陽修　1103-379-136
後漢慎令劉君墓碑（跋尾）　宋歐陽修　1103-380-136
後漢北軍中侯郭君碑（跋尾）　宋歐陽修　1103-380-136
後漢司隸從事郭君碑（跋尾）　宋歐陽修　1103-380-136
後漢魯峻碑（跋尾）　宋歐陽修　1103-381-136
後漢玄儒隻先生碑（跋尾）　宋歐陽修　1103-381-136
後漢郭先生碑（跋尾二則）　宋歐陽修　1103-381-136
後漢桂陽太守周府君紀功銘（跋尾）
今碑石缺不見其名　宋歐陽修　1103-382-136
後漢桂陽周府君碑（跋尾）　宋歐陽修　1103-382-136
後漢桂陽周府君碑後本（跋尾）　宋歐陽修　1103-382-136
後漢費府君碑（跋尾）　宋歐陽修　1103-383-136
後漢郎中王君碑（跋尾）　宋歐陽修　1103-383-136
後漢太尉陳球碑（跋尾）　宋歐陽修　1103-383-136
後漢敬仲碑（跋尾）　宋歐陽修　1103-384-136
後漢無名碑（跋尾）　宋歐陽修　1103-384-136
後漢槀長蔡君頌碑（跋尾）　宋歐陽修　1103-384-136
後漢唐君碑（跋尾）　宋歐陽修　1103-384-136
後漢朱龜碑（跋尾）　宋歐陽修　1103-385-136
後漢小黃門譙君碑（跋尾）　宋歐陽修　1103-385-136
後漢熊君碑（跋尾）　宋歐陽修　1103-385-136
後漢俞鄉侯季子碑（跋尾）　宋歐陽修　1103-385-136
後漢武榮碑（跋尾）　宋歐陽修　1103-386-136
後漢秦君碑首（跋尾

史部

金石類：石刻

二則）　宋歐陽修　1103-386-136

後漢元節碑（跋尾）　宋歐陽修　1103-386-136

後漢殘碑（跋尾）　宋歐陽修　1103-386-136

後漢天祿辟邪字（跋尾）在宗資墓前石獸脾上　宋歐陽修　1103-387-136

魏受禪碑（跋尾）　宋歐陽修　1103-388-137

魏公卿上尊號表（跋尾）鉅碑偉字　宋歐陽修　1103-389-137

魏鍾繇表（跋尾二則）眞蹟　宋歐陽修　1103-389-137

魏劉熹學生家碑（跋尾）　宋歐陽修　1103-390-137

魏賈逵碑（跋尾）　宋歐陽修　1103-390-137

魏鄧艾碑（跋尾）　宋歐陽修　1103-390-137

吳九眞太守谷府君碑（跋尾）　宋歐陽修　1103-391-137

吳國山碑（跋尾）　宋歐陽修　1103-391-137

晉南鄉太守頌（跋尾）晉南鄉人爲建此碑　宋歐陽修　1103-391-137

晉南鄉太守碑（跋尾）　宋歐陽修　1103-392-137

南鄉太守碑陰集本（跋尾）　宋歐陽修　1103-392-137

晉陸喈碑（跋尾）　宋歐陽修　1103-392-137

晉蘭亭修禊序（跋尾）石本　宋歐陽修　1103-393-137

范文度模本蘭亭序（跋尾三則）　宋歐陽修　1103-393-137

晉樂毅論（跋尾）石在故高紳學士家　宋歐陽修　1103-394-137

晉王獻之法帖（跋尾二則）眞蹟　宋歐陽修　1103-394-137

晉賢法帖（跋尾）眞蹟　宋歐陽修　1103-394-137

晉七賢帖（跋尾）　宋歐陽修　1103-395-137

宋文帝神道碑（跋尾）　宋歐陽修　1103-395-137

宋宗慤母夫人墓誌（跋尾）　宋歐陽修　1103-395-137

齊鎭國大銘像碑（跋尾）　宋歐陽修　1103-396-137

南齊海陵王墓銘（跋尾）　宋歐陽修　1103-396-137

梁智藏法師碑（跋尾）　宋歐陽修　1103-396-137

陳張慧湛墓誌銘（跋尾）　宋歐陽修　1103-396-137

陳浮屠智永書千字文

（跋尾二則）　宋歐陽修　1103-396-137

大代修華嶽廟（跋尾二則）　宋歐陽修　1103-397-137

後魏孝文北巡碑（跋尾）　宋歐陽修　1103-398-137

後魏定鼎碑（跋尾）　宋歐陽修　1103-398-137

後魏石門銘（跋尾）　宋歐陽修　1103-398-137

後魏神龜造碑像記（跋尾）　宋歐陽修　1103-398-137

東魏任城王造浮圖記（跋尾）　宋歐陽修　1103-399-137

東魏造石像記（跋尾）其碑云大魏武定七年歲次己巳　宋歐陽修　1103-399-137

魏九級塔像銘（跋尾）　宋歐陽修　1103-399-137

北齊常山義七級碑（跋尾二則）　宋歐陽修　1103-399-137

魯孔子廟碑（跋尾）　宋歐陽修　1103-400-137

北齊石浮圖記（跋尾）　宋歐陽修　1103-400-137

後周大象碑（跋尾）　宋歐陽修　1103-401-137

隋老子廟碑（跋尾）　宋歐陽修　1103-401-138

隋介朱敞碑（跋尾）　宋歐陽修　1103-401-138

隋龍藏寺碑（跋尾二則）　宋歐陽修　1103-401-138　1406-474-368

隋太平寺碑（跋尾）　宋歐陽修　1103-402-138

隋李康清德頌（跋尾）　宋歐陽修　1103-402-138

隋梁洋德政碑（跋尾）　宋歐陽修　1103-403-138

隋韓擒虎碑（跋尾）　宋歐陽修　1103-403-138

隋陳茂碑（跋尾）　宋歐陽修　1103-403-138

隋蒙州普光寺碑（跋尾）　宋歐陽修　1103-403-138

隋丁道護啓法寺碑（跋尾）　宋歐陽修　1103-404-138

隋鉗耳君清德頌（跋尾）　宋歐陽修　1103-404-138

隋廬山西林道場碑（跋尾二則）　宋歐陽修　1103-404-138

唐孔子廟堂碑（跋尾）　宋歐陽修　1103-405-138

千文後虞世南書（跋尾）　宋歐陽修　1103-405-138

唐德州長壽寺舍利碑（跋尾）　宋歐陽修　1103-405-138

唐幽州昭仁寺碑（跋尾）　宋歐陽修　1103-405-138

四庫全書文集篇目分類索引

唐呂州普濟寺碑（跋尾）		
宋歐陽修	1103-406-138	跋尾）并碑銘二　宋歐陽修　1103-414-139
唐衛國公李靖碑（跋尾）		唐韋維善政論（跋尾）　宋歐陽修　1103-415-139
宋歐陽修	1103-406-138	唐令長新戒（跋尾）
唐顏師古等慈寺碑（		刻石
跋尾）	宋歐陽修　1103-406-138	唐華陽頌（跋尾）　宋歐陽修　1103-415-139
隋郎茂碑（跋尾二則）	宋歐陽修　1103-407-138	唐有道先生葉公碑（
唐郎顗碑（跋尾）	宋歐陽修　1103-407-138	跋尾）　宋歐陽修　1103-416-139
唐郎顗碑陰題名（跋		唐李嶧嵩嶽寺碑（跋
尾）	宋歐陽修　1103-407-138	尾）　宋歐陽修　1103-416-139
唐九成宮醴泉銘（跋		唐李邕端州石室記（
尾）	宋歐陽修　1103-407-138	跋尾）　宋歐陽修　1103-416-139
唐歐陽率更臨帖（跋		唐獨孤府君碑（跋尾
尾）	宋歐陽修　1103-407-138	二則）　宋歐陽修　1103-416-139
唐岑文本三龕記（跋		唐裴大智碑（跋尾）　宋歐陽修　1103-417-139
尾）在河南龍門山	宋歐陽修　1103-408-138	唐張嘉貞碑（跋尾）　宋歐陽修　1103-417-139
唐孟法師碑（跋尾）	宋歐陽修　1103-408-138	唐郭知運碑銘（跋尾）　宋歐陽修　1103-417-139
唐皇甫忠碑（跋尾）	宋歐陽修　1103-408-138	唐御史臺精舍記（跋
唐辨法師碑（跋尾）	宋歐陽修　1103-408-138	尾）　宋歐陽修　1103-418-139
唐孔穎達碑（跋尾）	宋歐陽修　1103-408-138	唐西嶽大洞張尊師碑
唐薛稷書（跋尾）刻石	宋歐陽修　1103-409-138	（跋尾）
唐益州學館廟堂記（		唐景陽井銘（跋尾）
跋尾）古碑	宋歐陽修　1103-409-138	其石棺銘有序　宋歐陽修　1103-418-139
唐徐王元禮碑（跋尾）	宋歐陽修　1103-409-138	唐華嶽題名（跋尾）　宋歐陽修　1103-418-139
唐龍興宮碧落碑（跋		唐石臺道德經（跋尾）　宋歐陽修　1103-419-139
尾）	宋歐陽修　1103-410-138	唐群臣請立道德經臺
唐智乘寺碑（跋尾）	宋歐陽修　1103-410-138	奏答（跋尾）碑　宋歐陽修　1103-419-139
唐吳廣碑（跋尾）	宋歐陽修　1103-410-138	唐陝州盧奐廳事讚（
唐九門縣西浮圖碑（		跋尾）書其廳壁而
跋尾）	宋歐陽修　1103-411-138	刻之　宋歐陽修　1103-420-139
唐陶雲德政碑（跋尾）	宋歐陽修　1103-411-138	唐鶴鵝頌（跋尾）石本　宋歐陽修　1103-420-139
隋汎愛寺碑（跋尾）	宋歐陽修　1103-411-138	唐裴光庭碑（跋尾）　宋歐陽修　1103-420-139
唐八都壇實錄（跋尾）	宋歐陽修　1103-412-139	唐萬回神迹記碑（跋
唐魏載墓誌銘（跋尾）	宋歐陽修　1103-412-139	尾）　宋歐陽修　1103-420-139
唐乙速孤神慶碑（跋		唐安公美政頌（跋尾
尾）	宋歐陽修　1103-412-139	）婦人之筆著於金石者　宋歐陽修　1103-420-139
唐薛仁貴碑（跋尾）	宋歐陽修　1103-413-139	唐石壁寺鐵彌勒像頌
唐尹氏闡文（跋尾）	宋歐陽修　1103-413-139	（跋尾）刻石　宋歐陽修　1103-421-139
唐尹孝子旌表文（跋		唐開元聖像碑（跋尾）　宋歐陽修　1103-421-139
尾）碑	宋歐陽修　1103-413-139	唐郎官石記（跋尾）　宋歐陽修　1103-421-139
唐孝子張常洧旌表碣		唐大照禪師碑（跋尾）　宋歐陽修　1103-421-139
（跋尾）	宋歐陽修　1103-413-139	唐舞陽侯祠堂碑（跋
唐渭南令李君碑（跋		尾）　宋歐陽修　1103-422-139
尾二則）	宋歐陽修　1103-413-139	唐興唐寺石經藏讚（
唐司刑寺大脚跡勒（		跋尾）　宋歐陽修　1103-422-139
		唐蔡有鄰盧舍那琅像

史部

金石類：石刻

史部 金石類：石刻

碑（跋尾） 宋歐陽修 1103-422-139
唐植栢頌（跋尾）
　八分書 宋歐陽修 1103-422-139
唐美原夫子廟碑（跋尾） 宋歐陽修 1103-422-139
唐鄭預注多心經（跋尾） 宋歐陽修 1103-423-139
唐開元金籙齋頌（跋尾） 宋歐陽修 1103-424-140
唐龍興七祖堂頌（跋尾） 宋歐陽修 1103-424-140
唐明禪師碑（跋尾） 宋歐陽修 1103-424-140
唐徐浩玄隱塔銘（跋尾） 宋歐陽修 1103-425-140
唐顏真卿書東方朔畫贊（跋尾） 宋歐陽修 1103-425-140
唐畫贊碑陰（跋尾） 宋歐陽修 1103-425-140
唐顏真卿麻姑壇記（跋尾） 宋歐陽修 1103-426-140
唐顏真卿小字麻姑壇記（跋尾）碑 宋歐陽修 1103-426-140
唐中興頌（跋尾二則）崖石眞本 宋歐陽修 1103-426-140
唐干祿字樣（跋尾二則）刻石 宋歐陽修 1103-426-140
唐干祿字樣模本（跋尾二則） 宋歐陽修 1103-426-140
唐歐陽琮碑（跋尾） 宋歐陽修 1103-427-140
唐杜濟神道碑（跋尾） 宋歐陽修 1103-428-140
唐杜濟墓誌銘（跋尾） 宋歐陽修 1103-428-140
唐顏真卿射堂記（跋尾）刻石 宋歐陽修 1103-428-140
唐張敬因碑（跋尾二則） 宋歐陽修 1103-428-140
唐顏勤禮神道碑（跋尾） 宋歐陽修 1103-428-140
唐顏氏家廟碑（跋尾） 宋歐陽修 1103-429-140
唐顏魯公書殘碑（跋尾二則） 宋歐陽修 1103-429-140
唐湖州石記（跋尾） 宋歐陽修 1103-430-140
唐顏魯公帖（跋尾） 宋歐陽修 1103-430-140
唐顏魯公二十二帖（跋尾） 宋歐陽修 1103-430-140
唐顏魯公法帖（跋尾） 宋歐陽修 1103-430-140
唐元次山銘（跋尾） 宋歐陽修 1103-430-140
唐呂諲表（跋尾二則） 宋歐陽修 1103-431-140
唐元結陽華巖銘（跋尾） 宋歐陽修 1103-432-140
唐元結峐嶧臺銘（跋尾） 宋歐陽修 1103-432-140
唐張中丞傳（跋尾）
　眞蹟 宋歐陽修 1103-432-140
唐李陽冰城隍神記（跋尾） 宋歐陽修 1103-432-140
唐李陽冰忘歸臺銘（跋尾） 宋歐陽修 1103-432-140
唐縉雲孔子廟記（跋尾） 宋歐陽修 1103-432-140
唐裴虬怡亭銘（跋尾）刻於島石 宋歐陽修 1103-433-140
唐李陽冰庶子泉銘（跋尾） 宋歐陽修 1103-433-140
唐裴公紀德碣銘（跋尾二則） 宋歐陽修 1103-434-140
唐玄靜先生碑（跋尾） 宋歐陽修 1103-435-140
唐龍興寺四絕碑首（跋尾） 宋歐陽修 1103-435-140
唐渭州新驛記（跋尾）篆碑 宋歐陽修 1103-435-140
唐王師乾神道碑（跋尾） 宋歐陽修 1103-435-140
唐徐方回西墉記（跋尾） 宋歐陽修 1103-436-141
唐禹廟碑（跋尾） 宋歐陽修 1103-436-141
唐僧懷素法帖（跋尾） 宋歐陽修 1103-436-141
唐重摹吳季子墓銘（跋尾二則） 宋歐陽修 1103-436-141
唐竇叔蒙海濤誌（跋尾） 宋歐陽修 1103-437-141
唐鹽宗神祠記（跋尾） 宋歐陽修 1103-437-141
唐雁門王田氏神道碑（跋尾） 宋歐陽修 1103-438-141
唐李憕碑（跋尾） 宋歐陽修 1103-438-141
唐汾陽王廟碑（跋尾） 宋歐陽修 1103-439-141
唐郭忠武公將佐略（跋尾）眞蹟 宋歐陽修 1103-439-141
唐馬實墓誌銘（跋尾二則） 宋歐陽修 1103-440-141
唐石洪鍾山林下集序（跋尾）眞蹟 宋歐陽修 1103-440-141
唐房太尉遺愛碑陰記

四庫全書文集篇目分類索引

（跋尾）　宋歐陽修　1103-440-141
唐賀蘭夫人墓誌（跋尾）　宋歐陽修　1103-440-141
唐陸文學傳（跋尾）　宋歐陽修　1103-440-141
唐辨正禪師塔院記（跋尾）眞蹟　宋歐陽修　1103-441-141
唐田弘正家廟碑（跋尾）　宋歐陽修　1103-441-141
唐韓愈南海神廟碑（跋尾）　宋歐陽修　1103-442-141
唐韓愈黃陵廟碑（跋尾）　宋歐陽修　1103-443-141
唐胡良公碑（跋尾）　宋歐陽修　1103-443-141
唐韓文公與顏師書（跋尾）眞蹟　宋歐陽修　1103-443-141
唐高閑草書（跋尾）　宋歐陽修　1103-443-141
唐武侯碑陰記（跋尾）　宋歐陽修　1103-443-141
唐盧項薦聰明山記（跋尾）　宋歐陽修　1103-444-141
唐侯喜復黃陂記（跋尾二則）碑　宋歐陽修　1103-444-141
唐南嶽彌陀和尚碑（跋尾）　宋歐陽修　1103-444-141
唐元稹修桐栢宮碑（跋尾）　宋歐陽修　1103-445-141
唐虞城李令去思頌（跋尾）篆　宋歐陽修　1103-445-141
唐陽公舊隱碣（跋尾）　宋歐陽修　1103-445-141
唐干夔神道碑（跋尾）　宋歐陽修　1103-445-141
唐昭懿公主碑（跋尾）　宋歐陽修　1103-446-141
唐樊宗師絳守居園池記（跋尾）石　宋歐陽修　1103-447-141
唐張九齡碑（跋尾）　宋歐陽修　1103-447-142
唐田布碑（跋尾）　宋歐陽修　1103-447-142
唐崔能神道碑（跋尾）　宋歐陽修　1103-447-142
唐李德裕茅山三像記（跋尾）眞蹟　宋歐陽修　1103-448-142
唐李德裕平原草木記（跋尾）　宋歐陽修　1103-448-142
跋李德裕大孤山賦（跋尾）　宋歐陽修　1103-449-142
唐大孤山賦（跋尾）　宋歐陽修　1103-449-142
唐辨石鐘山記（跋尾）眞蹟　宋歐陽修　1103-449-142
唐李藏用碑（跋尾）　宋歐陽修　1103-450-142

唐玄度十體書（跋尾）碑文　宋歐陽修　1103-450-142
唐鄭瀚陰符經序（跋尾二則）眞蹟　宋歐陽修　1103-450-142
唐山南西道驛路記（跋尾）模刻　宋歐陽修　1103-450-142
唐何進滔德政碑（跋尾）　宋歐陽修　1103-450-142
唐李聽神道碑（跋尾）　宋歐陽修　1103-451-142
唐李石神道碑（跋尾）　宋歐陽修　1103-451-142
唐高重碑（跋尾）　宋歐陽修　1103-451-142
唐康約言碑（跋尾）　宋歐陽修　1103-451-142
唐復東林寺碑（跋尾）　宋歐陽修　1103-451-142
唐王質神道碑（跋尾）　宋歐陽修　1103-451-142
唐會昌投龍文（跋尾）眞蹟　宋歐陽修　1103-452-142
唐俞珣書陳果仁告身并捨宅造寺疏（跋尾）　宋歐陽修　1103-452-142
唐圭峯禪師碑（跋尾）　宋歐陽修　1103-452-142
唐濠州勸民栽桑勒碑（跋尾）　宋歐陽修　1103-453-142
唐聞遷新社記（跋尾二則）　宋歐陽修　1103-453-142
唐令狐楚登白樓賦（跋尾）刻于石　宋歐陽修　1103-453-142
唐百巖大師懷暉碑（跋尾）　宋歐陽修　1103-453-142
唐孔府君神道碑（跋尾）　宋歐陽修　1103-454-142
唐白敏中碑（跋尾）　宋歐陽修　1103-454-142
唐干儒翰尊勝經（跋尾）眞蹟　宋歐陽修　1103-454-142
唐張將軍新廟記（跋尾）　宋歐陽修　1103-454-142
唐王重榮德政碑（跋尾）　宋歐陽修　1103-454-142
唐磻溪廟（記跋尾）眞蹟　宋歐陽修　1103-455-142
唐梁公儒碑（跋尾）　宋歐陽修　1103-455-142
唐花林宴別記（跋尾）模石崖本　宋歐陽修　1103-455-142
唐陽武復縣記（跋尾）眞蹟　宋歐陽修　1103-455-142
唐崔敬嗣碑（跋尾）　宋歐陽修　1103-456-142

四庫全書文集篇目分類索引

史部 金石類：石刻

唐潤州陀羅尼經幢（跋尾） 宋歐陽修 1103-456-142

唐蘄州都督府記（跋尾） 宋歐陽修 1103-456-142
　　　　　　　　　　　　　　　　　 1381-793- 59

唐鄭權碑（跋尾） 宋歐陽修 1103-456-142

（跋）唐人書楊公史傳記 宋歐陽修 1103-456-142
　　　　　　　　　　　　　　　　　 1356- 20- 1

唐放生池碑（跋尾）
　　眞蹟 宋歐陽修 1103-457-143
　　　　　　　　　　　　　　　　　 1351-476-130
　　　　　　　　　　　　　　　　　 1356- 20- 1

瘞鶴銘（跋尾二則）碑 宋歐陽修 1103-457-143

黃庭經（跋尾四則） 宋歐陽修 1103-458-143

遺教經（跋尾）眞蹟 宋歐陽修 1103-458-143

小字道德經（跋尾） 宋歐陽修 1103-459-143

唐人臨帖（跋尾） 宋歐陽修 1103-459-143

小字法帖（跋尾二則）模本 宋歐陽修 1103-459-143

十八家法帖（跋尾）
　　眞蹟 宋歐陽修 1103-459-143

雜法帖六（跋尾）模本 宋歐陽修 1103-460-143

懷州孔子廟記（跋尾） 宋歐陽修 1103-460-143

景福遺文（跋尾） 宋歐陽修 1103-461-143

福州永泰縣無名篆（跋尾二則）眞蹟 宋歐陽修 1103-461-143

謝仙火（跋尾）在今岳州華容縣廢玉眞宮柱上倒書而刻之 宋歐陽修 1103-462-143

張龍公碑（跋尾二則） 宋歐陽修 1103-462-143

周伯著碑（跋尾） 宋歐陽修 1103-462-143

衛秀書梁思楚碑（跋尾） 宋歐陽修 1103-463-143

裴夫人誌（跋尾） 宋歐陽修 1103-463-143

五代時人署字（跋尾）模傳之 宋歐陽修 1103-463-143

徐鉉雙溪院記（跋尾） 宋歐陽修 1103-463-143

王文秉小篆千字文（跋尾）紫陽石磬銘附 宋歐陽修 1103-464-143

王文秉紫陽石磬銘（跋尾）小篆 宋歐陽修 1103-464-143

郭忠恕小字說文字源（跋尾）石在徐州 宋歐陽修 1103-464-143

郭忠恕書陰符經（跋尾）篆 宋歐陽修 1103-464-143

賽陽山文（跋尾） 宋歐陽修 1103-465-143

石鼓辨 宋歐陽修 1359-465- 66

漢吳郡丞武開明碑（跋） 宋歐陽修 1386-216- 37

書琅琊篆後（刻秦篆記） 宋蘇 軾 541-649-35之19上
　　　　　　　　　　　　　　　　　 1108-499- 93

又跋大鑒禪師碑 宋蘇 軾 1077-299-附2

題榮咨道家廟堂碑 宋黃庭堅 1113-295- 28

題張福夷家廟堂碑 宋黃庭堅 1113-295- 28

題蔡致君家廟堂碑 宋黃庭堅 1113-295- 28

題虞永興道場碑 宋黃庭堅 1113-296- 28

題徐浩碑 宋黃庭堅 1113-296- 28

跋翟公巽所藏石刻 宋黃庭堅 1113-297- 28

題李樂道篆韓文公五箴後 宋黃庭堅 1113-634- 10

題化度寺碑 宋黃庭堅 1113-635- 10

海昏題名記海昏縣齋觀智顯寺竹林中所得

顏家雙斷碑 宋黃庭堅 1113-650- 11

書平原公簡記後 宋黃庭堅 1113-658- 12

仲尼書（跋） 宋秦 觀 1115-612- 35

黃帝祕文序碑文 宋黃 裳 1120-149- 20

跋蘭亭記 宋李之儀 1120-586- 41

回汪衍承議書談碑書 宋李 復 1121- 26- 3

題青城瑞石文後 宋慕容彥逢 1123-458- 13

題溫公帖石刻 宋程 俱 1130-152- 15

跋籍田詔石刻代淮西賈曹茂德 宋王之道 1132-741- 27

跋惠州芳華洲刻石 宋蘇 籀 1136-232- 11

跋姚令威詛楚文 宋王之望 1139-866- 15

戒石銘跋 宋鄭興裔 1140-219- 下

跋道德經碑 宋張孝祥 1140-691- 28

跋米元章帖 宋史 浩 1141-816- 36

跋蘇文定公直節堂記 宋朱 熹 518-234-143

記旌儒廟碑陰語 宋朱 熹 1145-406- 71

書濂溪先生拙賦後 宋朱 熹 1145-688- 81

跋東方朔畫贊 宋朱 熹 1145-752- 84

跋舊石本樂毅論 宋朱 熹 1145-753- 84

書李翛伯所跋石鼓文後 宋朱 熹 1146-628- 4

跋所刻和靖帖 宋朱 熹 1146-630- 4

御書禮記經解石刻跋 宋周必大 1147-127- 14

四庫全書文集篇目分類索引 1865

跋詔楚文	宋周必大	1147-137- 15
題干祿書	宋周必大	1147-142- 15
跋王平甫所撰王職方墓表	宋周必大	1147-152- 16
跋大皁渡永興觀舊碑	宋周必大	1147-156- 16
跋先大父秦國公所作滄州使君李昌年墓誌銘	宋周必大	1147-170- 17
題彭仲衡家東坡書黃庭內景經石刻	宋周必大	1147-178- 18
題沈傳師碑	宋周必大	1147-202- 19
題顏魯公書撰杜濟神道碑	宋周必大	1147-493- 46
題六一先生跋杜濟神道碑	宋周必大	1147-495- 46
跋獨孤延壽碑	宋周必大	1147-496- 46
跋後漢樊常侍碑	宋周必大	1147-497- 47
跋歐陽堯祠碑跋	宋周必大	1147-497- 47
題廬山西林道場碑	宋周必大	1147-503- 47
題裴晉公撰李西平神道碑	宋周必大	1147-503- 47
題歐陽文忠公跋賽陽山文	宋周必大	1147-503- 47
跋老泉所作楊少卿墓文	宋周必大	1147-504- 47
題至聖文宣王三十八代孫孔仲良唐貞元以後告身石刻	宋周必大	1147-508- 47
跋曾氏兄弟帖	宋周必大	1147-515- 48
書歐陽彝四世碑	宋周必大	1147-522- 49
跋馮軫所藏五帖（一）——東坡書富文忠公神道碑	宋周必大	1147-541- 51
跋王獻之保母墓碑	宋周必大	1147-543- 51
跋周公禮殿圖石刻	宋樓 鑰	1153-179- 72
跋趙振文經幢碑	宋樓 鑰	1153-190- 73
跋遺教經	宋樓 鑰	1153-196- 73
跋再刊裴公紀德碣	宋樓 鑰	1153-207- 74
跋先大父嵩嶽圖（碑）	宋樓 鑰	1153-239- 76
跋王順伯郎中定武本蘭亭修禊序	宋袁說友	1154-380- 19
跋汪季路太博定武本蘭亭修禊序	宋袁說友	1154-381- 19
跋汪尚書達古字碑刻	宋楊 簡	1156-662- 5
答洪丞相問隸碑書		
論川蜀兩漢碑墨所出及古文奇字	宋員興宗	1158- 99- 12
何君閣道碑跋	宋洪 邁	1381-793- 59
跋岐陽石鼓文	宋洪 适	1158-665- 63
岐陽石鼓記有序	宋薛季宣	1159-499- 31
跋瘞鶴銘	宋陸 游	1163-511- 26
跋蔡君謨帖	宋陸 游	1163-511- 26
跋中和院東坡帖	宋陸 游	1163-513- 27
跋高康王墓誌	宋陸 游	1163-517- 27
跋東坡帖	宋陸 游	1163-524- 28
跋坐忘論	宋陸 游	1163-528- 28
跋東坡書髓	宋陸 游	1163-536- 29
跋石鼓文辨	宋陸 游	1163-552- 31
書和靖先生手書石刻後	宋韓元吉	1165-254- 16
跋王獻之保母帖	宋孫應時	1166-642- 10
書字譜石刻後	宋陳 亮	1171-646- 16
跋慈湖先生陸君墓誌	宋袁 甫	1175-520- 15
跋呂逢德所收平園文字	宋文天祥	1184-608- 14
默成定武蘭亭記	宋王 柏	1186- 74- 5
淳化帖記碑刻	宋王 柏	1186- 75- 5
古貴人押字跋	宋王 柏	1186-174- 11
跋東郵繹山碑	宋王 柏	1186-193- 12
書鄭北山祭吳忠烈廟文	宋王 柏	1186-197- 13
潘默成三戒文磨鏡帖後	宋金履祥	1189-832- 4
題張唐公香城記後	宋潘興嗣	518-231-143
呂梁碑（跋）	宋羅 泌	549-377-194
京兆府學石經記	宋黎 持	556-401- 91
王稚子石闕記	宋劉 涇	561-364- 41
		1354-797- 46
		1381-554- 40
漢巴郡太守樊敏碑跋	宋趙明誠	561-534- 44
漢巴郡太守樊君碑跋	宋趙明誠	1381-791- 59
漢王稚子闕銘跋	宋趙明誠	1381-794- 59
唐益州學館廟堂記跋	宋趙明誠	1381-794- 59
漢車騎將軍馮緄碑跋	宋趙明誠	1381-794- 59
跋漢巴官鐵銘	宋趙明誠	1381-794- 59
漢周公禮殿記跋	宋趙明誠	1381-795- 59
漢馮使君墓闕銘跋	宋趙明誠	1381-795- 59
敘石幢事	宋崔 倬	1071-673- 14
（跋石鼓文）	宋王厚之	1332-580- 1
請刻石跋	宋江公望	1348-597- 8

史部 金石類：石刻

1866　　　　　　　四庫全書文集篇目分類索引

史部

金石類：石刻

岐陽石鼓文考	宋程大昌	1375-400- 32
興地紀勝碑目蜀記之屬	宋王象之	1381-721- 52
石經碑跋	宋胡元質	1381-790- 59
又（石經碑跋）	宋張　績	1381-790- 59
又（石經碑跋）	宋宇文紹奕	1381-791- 59
樊敏碑跋	宋丘　常	1381-792- 59
樊敏碑跋	宋程　勤	1381-792- 59
題恒岳飛來石	元耶律楚材	1191-559- 8
瘞鶴銘辨	元郝　經	1192-223- 20
題石鼓考	元戴表元	1194-245- 19
題茅生刻字後	元戴表元	1194-248- 19
跋高忠襄公生賢閣記石刻	元鄧文原	1195-557- 下
題鼓澤尉廟後讀書巖亭記碑陰	元吳　澄	1197-539- 54
題李氏世業田碑後	元吳　澄	1197-618- 63
題重刻離堆記後	元楊弘道	1198-215- 6
蘭亭石刻記	元王　惲	1200-483- 38
		1373-386- 24
表忠觀碑始末記	元王　惲	1200-499- 39
題郎官石柱記後	元王　惲	1201- 79- 72
書孔子廟堂碑	元袁　桷	1203-608- 46
書皇甫君碑	元袁　桷	1203-608- 46
題東林寺重刻李邕碑後	元釋大訢	1204-625- 14
恭跋御書奎章閣記石刻	元黃　溍	1209-331- 4
跋泰山碑	元黃　溍	1209-353- 4
跋嶧山碑	元黃　溍	1209-354- 4
跋舊本瘞鶴銘	元柳　貫	1210-497- 19
跋重刻羊祜碑	元許有壬	1211-513- 73
		1211-670- 12
		1373-306- 20
跋葉審言所藏晉唐石刻	元吳師道	1212-244- 17
蕭懿祠堂斷碑跋	元吳師道	1212-244- 17
恭跋御書奎章閣記碑本	元蘇天爵	1214-333- 28
題襄陽重刻墮淚碑後	元蘇天爵	1214-352- 30
拜石壇記兼考所拜之石	元顧　瑛	1220-147- 0
		1369-128- 8
書趙冀公墨梅後	元陳　基	1222-343- 32
跋重刻吉日癸已碑	明宋　濂	1223-659- 14
題魏受禪表後	明宋　濂	1223-600- 12
題潘內史贈別墨本	明宋　濂	1223-611- 12
題歐陽率更帖	明宋　濂	1223-636- 13
跋醴泉銘後	明宋　濂	1223-678- 14
跋石鼓臨本	明宋　濂	1226-347- 17
書豐城周伯聞所藏周石鼓秦琅邪二碑法帖後	明林　弼	1227-197- 23
跋周伯溫書圭齋所作揭曼碩貞文書院記後	明林　弼	1227-198- 23
書信義鄉君墓銘後	明殷　奎	1232-460- 6
題華萼樓殘碑	明殷　奎	1232-462- 6
跋周府君碑後	明陳　謨	1232-702- 9
跋張從申玄靜先生碑	明鄭　眞	1234-192- 35
跋顏魯公磨崖碑	明鄭　眞	1234-193- 35
跋蘇長公書撰司馬溫公神道碑并識	明鄭　眞	1234-199- 36
跋顏魯公家廟碑	明鄭　眞	1234-199- 36
題白石將軍碑	明鄭　眞	1234-200- 36
題秦王告柏谷少林寺石刻	明鄭　眞	1234-200- 36
題孔子廟堂碑二則	明鄭　眞	1234-200- 36
題皇甫君碑	明鄭　眞	1234-201- 36
題化度寺碑	明鄭　眞	1234-201- 36
（跋）虞恭公碑	明鄭　眞	1234-201- 36
跋昭仁寺碑	明鄭　眞	1234-201- 36
跋唐人斷碑	明鄭　眞	1234-202- 36
題褚遂良聖教序記	明鄭　眞	1234-204- 36
題陝右嶧陽碑	明鄭　眞	1234-204- 36
跋李西平王神道碑	明鄭　眞	1234-205- 36
跋郭太保廟碑	明鄭　眞	1234-205- 36
跋雲麾將軍碑	明鄭　眞	1234-205- 36
記明慶寺化度碑本後	明鄭　眞	1234-208- 37
跋皇甫君碑	明鄭　眞	1234-230- 39
跋虞世南孔子廟堂碑	明鄭　眞	1234-230- 39
跋孔子廟堂碑	明鄭　眞	1234-232- 39
跋柳州羅池廟碑	明鄭　眞	1234-232- 39
跋九成宮碑	明鄭　眞	1234-232- 39
跋顏魯公多寶塔碑	明鄭　眞	1234-232- 39
跋皇甫君碑	明鄭　眞	1234-233- 39
跋定陶石本孔子廟堂碑	明鄭　眞	1234-233- 39
跋九成宮碑	明鄭　眞	1234-233- 39
跋九成宮石刻	明鄭　眞	1234-233- 39
跋虞永興公孔子廟堂碑舊石刻缺本	明鄭　眞	1234-234- 39

四庫全書文集篇目分類索引

題孔子廟堂碑後　　　　　明鄭　眞　1234-234- 39
跋三藏聖教序石刻　　　　明鄭　眞　1234-235- 39
跋范太史五體千文石刻　　明鄭　眞　1234-235- 39
跋歐陽率更九成宮碑二則　明鄭　眞　1234-235- 39
跋醴泉觀銘　　　　　　　明鄭　眞　1234-236- 39
書昭仁寺碑後附歐陽公跋語（三則）　明鄭　眞　1234-239- 40
跋桂陽周府君碑附歐陽集古錄後題　　明鄭　眞　1234-240- 40
跋李靖上西岳神書眞蹟（二則）　　　明鄭　眞　1234-240- 40
跋魏大饗碑　　　　　　　明鄭　眞　1234-241- 40
跋玄祕銘　　　　　　　　明鄭　眞　1234-242- 40
跋化度寺碑　　　　　　　明鄭　眞　1234-243- 40
跋虞恭公碑　　　　　　　明鄭　眞　1234-243- 40
跋魏受禪碑　　　　　　　明鄭　眞　1234-243- 40
跋魏上尊號碑　　　　　　明鄭　眞　1234-243- 40
跋曹娥碑　　　　　　　　明鄭　眞　1234-243- 40
跋索靖月儀石刻　　　　　明鄭　眞　1234-244- 40
題西岳華山碑　　　　　　明鄭　眞　1234-245- 40
錄石壇龍祠石刻後　　　　明鄭　眞　1234-246- 40
題受禪碑後　　　　　　　明方孝孺　1235-524- 18
　　　　　　　　　　　　　　　　　1406-468-365
題顏魯公書放生池石刻　　明方孝孺　1235-527- 18
題靈隱寺碑後　　　　　　明方孝孺　1235-529- 18
　　　　　　　　　　　　　　　　　1456-392-297
跋瀧岡阡表　　　　　　　明楊士奇　1238-111- 10
題壇山石後　　　　　　　明楊士奇　1238-115- 10
書延祐二年進士題名碑後　明楊士奇　1238-120- 10
書石鼓文後　　　　　　　明楊士奇　1238-127- 11
書華山廟碑後　　　　　　明楊士奇　1238-127- 11
書魯相置孔子廟卒史碑　　明楊士奇　1238-127- 11
書夏承碑後　　　　　　　明楊士奇　1238-127- 11
（跋）吳段石岡紀功德碣　明楊士奇　1238-128- 11
書化度寺碑後二則　　　　明楊士奇　1238-129- 11
書皇甫君碑後二則　　　　明楊士奇　1238-129- 11
書昭仁寺碑後　　　　　　明楊士奇　1238-130- 11
恭題三朝賜誥命刻石後　　明楊士奇　1238-572- 16

恭題仁廟賜勅及詩刻石後　明楊士奇　1238-572- 16
恭題宣廟賜勅刻石後　　　明楊士奇　1238-573- 16
恭題勅建太學碑後　　　　明楊士奇　1238-577- 16
恭題御製修孔子廟碑後　　明楊士奇　1238-577- 16
恭題被賜誥勅刻本與姪子弼　明楊士奇　1238-579- 16
（跋）漢廬江太守范君碑　明楊士奇　1238-634- 20
（跋）漢修孔子廟器碑陰　明楊士奇　1238-634- 20
（跋）漢郎中鄭固碑　　　明楊士奇　1238-634- 20
（跋）漢司隸校尉忠惠魯君碑　明楊士奇　1238-634- 20
（跋）玄祕塔銘　　　　　明楊士奇　1238-635- 20
（跋）漢封龍山碑　　　　明楊士奇　1238-635- 20
（跋）多寶塔碑銘　　　　明楊士奇　1238-635- 20
（跋）道因法師碑　　　　明楊士奇　1238-635- 20
（跋）八關齋碑　　　　　明楊士奇　1238-635- 20
（跋）晉平西將軍周府君碑　明楊士奇　1238-636- 20
（跋）岳麓寺碑二帖　　　明楊士奇　1238-636- 20
（跋）雲麾將軍碑　　　　明楊士奇　1238-636- 20
（跋）九成宮醴泉銘　　　明楊士奇　1238-637- 20
（跋）漢泰山都尉孔君碑　明楊士奇　1238-637- 20
跋文靜先生碑　　　　　　明楊士奇　1238-639- 20
（跋）遺教經　　　　　　明楊士奇　1238-639- 20
（跋）漢穀城長張君碑　　明楊士奇　1238-639- 20
虞恭公碑題與翥孫　　　　明楊士奇　1238-639- 20
（跋）漢溧陽校官碑　　　明楊士奇　1238-640- 20
（跋）白石神君碑　　　　明楊士奇　1238-640- 20
（跋）漢魯相晨孔子廟碑　明楊士奇　1238-644- 21
（跋）孔子廟學記　　　　明楊士奇　1238-644- 21
（跋）漢修孔子廟器碑　　明楊士奇　1238-644- 21
（跋）孔子廟堂碑　　　　明楊士奇　1238-645- 21
（跋）忘歸台銘　　　　　明楊士奇　1238-646- 21
（跋）長安繹山碑　　　　明楊士奇　1238-646- 21
（跋）青社繹山碑　　　　明楊士奇　1238-646- 21
（跋）東明精舍繹山碑　　明楊士奇　1238-646- 21

1868　　　　　　　　四庫全書文集篇目分類索引

史部

金石類：石刻

（跋）彼岸寺碑　　　　　明楊士奇　1238-647- 21　　書米元章墓表後　　　　　明程敏政　1252-656- 37
（跋）篆書偏旁字源　　　明楊士奇　1238-647- 21　　書李雲陽先生進思堂
（跋）漢國令趙君碑　　　明楊士奇　1238-647- 21　　　記後　　　　　　　　　明程敏政　1252-684- 39
（跋）鄒縣繹山碑　　　　明楊士奇　1238-647- 21　　跋范文正公書伯夷頌
跋五箴後　　　　　　　　明楊士奇　1238-647- 21　　　石刻　　　　　　　　　明吳　寬　1255-461- 50
（跋）漢北海相景君　　　　　　　　　　　　　　　　跋秦二世泰山石刻　　　明吳　寬　1255-461- 50
　碑　　　　　　　　　　明楊士奇　1238-648- 21　　跋後漢尉氏故吏處士
（跋）魏受禪尊號二　　　　　　　　　　　　　　　　　人名　　　　　　　　　明吳　寬　1255-461- 50
　碑　　　　　　　　　　明楊士奇　1238-648- 21　　跋後漢廬江太守范府
（跋）漢碑陰　　　　　　明楊士奇　1238-648- 21　　　君碑額　　　　　　　　明吳　寬　1255-462- 50
（跋）唐任城縣橋亭　　　　　　　　　　　　　　　　跋度尙碑　　　　　　　明吳　寬　1255-463- 50
　記　　　　　　　　　　明楊士奇　1238-648- 21　　跋黃樓賦　　　　　　　明吳　寬　1255-473- 51
（跋）紀信碑　　　　　　明楊士奇　1238-648- 21　　跋韓文公廟碑　　　　　明吳　寬　1255-474- 52
（跋）顏書東方朔畫　　　　　　　　　　　　　　　　跋東坡三刻　　　　　　明吳　寬　1255-474- 52
　像贊碑二帖　　　　　　明楊士奇　1238-648- 21　　跋碧落碑　　　　　　　明吳　寬　1255-478- 52
（跋）羅池廟碑　　　　　明楊士奇　1238-649- 21　　跋顏魯公干祿字石刻　　明吳　寬　1255-489- 53
（跋）畫錦堂記　　　　　明楊士奇　1238-649- 21　　跋趙集賢書鄒將仕墓
（跋）應天府學繹山　　　　　　　　　　　　　　　　　誌銘　　　　　　　　　明吳　寬　1255-496- 54
　碑　　　　　　　　　　明楊士奇　1238-649- 21　　跋甲秀堂帖　　　　　　明吳　寬　1255-498- 54
（跋）茅山崇禧萬壽　　　　　　　　　　　　　　　　題東莊記石刻後　　　　明吳　寬　1255-507- 55
　宮碑　　　　　　　　　明楊士奇　1238-650- 21　　跋顏氏家廟碑　　　　　明吳　寬　1255-510- 55
（跋）通波阡表　　　　　明楊士奇　1238-650- 21　　跋先師西涯公石刻華
（跋）樂毅論石刻　　　　明楊士奇　1238-650- 21　　　山圖歌卷　　　　　　　明邵　寶　1258-533- 9
（跋）唐中興頌石刻　　　明楊士奇　1238-651- 21　　跋重勒宋（太學生）
蘭亭序題與昱孫　　　　　明楊士奇　1238-652- 21　　　陳公少陽書草石刻
先墓碑石璞錄　　　　　　明楊士奇　1239-336- 50　　　（後）　　　　　　　　明祝允明　1260-720- 25
太祖皇帝御書贊有序　　　明金幼孜　1240-689- 6　　　　　　　　　　　　　　　　　　1406-490-370
跋定武蘭亭　　　　　　　明金幼孜　1240-879- 10　　跋宋高宗付岳武穆手
題惟孝先生所刻踐祚　　　　　　　　　　　　　　　　　翰石刻　　　　　　　　明祝允明　1260-721- 26
　篇後　　　　　　　　　明王　直　1241-278- 12　　跋王宜右所藏蘭亭序
題柴員外所藏石鼓文　　　　　　　　　　　　　　　　　刻本　　　　　　　　　明羅欽順　1261-140- 11
　後　　　　　　　　　　明王　直　1241-289- 13　　族祖清公墓誌銘跋　　　明鄭　岳　1263-129- 24
記鄭氏誌石　　　　　　　明鄭文康　1246-665- 17　　題靖陽沈生禹碑辨　　　明顧　璘　1455-447-220
記唐姚仙客妻張夫人　　　　　　　　　　　　　　　　跋孟英三碑後　　　　　明潘希曾　1266-754- 8
　墓銘　　　　　　　　　明鄭文康　1246-666- 17　　跋溫泉石刻　　　　　　明陸　深　1268-563- 87
蘭亭定武石刻辯答陳　　　　　　　　　　　　　　　　樊敏碑跋　　　　　　　明楊　愼　1270-102- 10
　彥章　　　　　　　　　明張　寧　1247-500- 22　　跋逸梨思言二帖石本　　明文徵明　1273-150- 21
跋韓國華神道碑　　　　　明何喬新　1456-398-298　　跋宋高宗石經殘本　　　明文徵明　1273-159- 22
書碧落碑後　　　　　　　明李東陽　1250-447- 41　　題復東林寺碑後　　　　明王世貞　 518-252-143
跋葛可久墓誌　　　　　　明朱存理　1251-608- 0　　　　　　　　　　　　　　　　　　1281-245-136
跋林處士壙誌銘拓本　　　　　　　　　　　　　　　　（書）衡山禹碑　　　　明王世貞　1281-217-134
　後　　　　　　　　　　明朱存理　1251-609- 0　　　　　　　　　　　　　　　　　　1406-534-376
跋宋人三帖石刻　　　　　明朱存理　1251-611- 0　　（跋）岐陽石鼓文　　　明王世貞　1281-217-134
書韓義賓所撰先別駕　　　　　　　　　　　　　　　　（跋）秦相嶧山碑　　　明王世貞　1281-218-134
　府君墓誌後　　　　　　明程敏政　1252-640- 36　　（跋）西嶽華山碑　　　明王世貞　1281-218-134

四庫全書文集篇目分類索引　1869

（跋）漢太山孔宙碑後　明王世貞　1281-218-134
跋漢隸張蕩陰碑　明王世貞　1281-218-134
（跋）漢景君銘　明王世貞　1281-218-134
（跋）漢司隸校尉魯峻碑　明王世貞　1281-219-134
（跋）漢國令趙君碑　明王世貞　1281-219-134
（跋）蔡中郎夏仲兗碑　明王世貞　1281-219-134
（跋）桐栢廟碑　明王世貞　1281-219-134
（跋）皇象天發碑　明王世貞　1281-219-134
（跋）急就章　明王世貞　1281-220-134
（跋）孔子廟碑　明王世貞　1281-220-134
（跋）受禪碑　明王世貞　1281-220-134
（跋）觀進碑　明王世貞　1281-220-134
又（跋受禪勸進）二碑　明王世貞　1281-220-134
（跋）周孝侯墓碑　明王世貞　1281-225-134
（跋）絳州夫子廟碑　明王世貞　1281-227-134
（跋）許長史碑　明王世貞　1281-229-134
（跋）大佛寺碑　明王世貞　1281-229-134
（跋）涼國長公主碑　明王世貞　1281-232-135
（跋）兗州孔子廟碑　明王世貞　1281-232-135
（跋）孔子廟堂碑（二則）　明王世貞　1281-233-135
（跋）虞恭公碑　明王世貞　1281-234-135
（跋）化度寺碑　明王世貞　1281-234-135
（跋）皇甫府君碑　明王世貞　1281-234-135
（跋）歐陽通道因法師碑　明王世貞　1281-234-135
（跋）碧落碑　明王世貞　1281-235-135
（跋）少林寺靈運禪師碑　明王世貞　1281-235-135
（跋）桐栢觀碑　明王世貞　1281-236-135
（跋）大智禪師碑　明王世貞　1281-236-135
（跋）裴漼少林寺碑　明王世貞　1281-237-135
（跋）李北海雲麾將軍碑　明王世貞　1281-237-135
（跋）岳麓寺碑　明王世貞　1281-237-135
（跋）李北海書法華寺碑　明王世貞　1281-237-135
（跋）李北海東林寺碑　明王世貞　1281-238-135
（跋）臧布晏碑　明王世貞　1281-238-135
（跋）王清源碑　明王世貞　1281-239-135

（跋）東方畫像贊碑陰記　明王世貞　1281-240-135
（跋）家廟碑　明王世貞　1281-240-135
（跋）多寶佛塔碑　明王世貞　1281-240-135
（跋）茅山碑　明王世貞　1281-241-135
（跋）宋文貞碑　明王世貞　1281-241-135
（跋）宋文貞碑側記　明王世貞　1281-241-135
（跋）臧懷恪碑　明王世貞　1281-242-135
（跋）晤臺銘　明王世貞　1281-243-135
（跋）尉遲祠祈雨碑　明王世貞　1281-243-135
（跋）李陽冰篆書謙卦　明王世貞　1281-243-135
（跋）成德節度紀功碑　明王世貞　1281-243-135
（跋）柳尙書僕射諸葛武侯祠記　明王世貞　1281-243-135
（跋）董宣傳（碑）　明王世貞　1281-244-135
（跋）唐柳書西平王碑　明王世貞　1281-244-136
（跋）玄秘塔碑　明王世貞　1281-245-136
（跋）李劍州碑　明王世貞　1281-245-136
（跋）濟安侯廟記　明王世貞　1281-245-136
（跋）韓魏公書北嶽廟碑　明王世貞　1281-246-136
（跋）大相國寺碑銘　明王世貞　1281-247-136
（跋）大觀御製五禮記　明王世貞　1281-247-136
（跋蘇東坡書）金剛經石刻　明王世貞　1281-248-136
（跋）山谷書狄梁公碑　明王世貞　1281-250-136
（跋）米元暉夫子廟記　明王世貞　1281-252-136
（跋）番君廟碑　明王世貞　1281-253-136
（跋）玄教宗傳碑　明王世貞　1281-253-136
（跋）王重陽碑　明王世貞　1281-253-136
（跋）王新建紀功碑　明王世貞　1281-256-136
（題）嘉興周逸之刻黃庭內外景經　明王世貞　1284-278-157
（題）周逸之石道德經　明王世貞　1284-278-157
（跋）禹碑　明王世貞　1284-395-166
又題禹碑　明王世貞　1284-396-166
跋魯相晨廟碑　明王世貞　1284-396-166
（跋）漢隸校官（碑）　明王世貞　1284-396-166

史部　金石類：石刻

1870　　　　　　　　　四庫全書文集篇目分類索引

史部

金石類：石刻

（跋）吳天璽書	明王世貞	1284-396-166
（跋）眞定武蘭亭	明王世貞	1284-398-166
（跋）蘭亭二石刻	明王世貞	1284-400-166
（跋）褚河南孟法師碑銘後	明王世貞	1284-408-166
（跋）唐僧懷惲實際碑	明王世貞	1284-410-167
（跋）華嶽昭應碑	明王世貞	1284-411-167
（跋）玄元宮碑	明王世貞	1284-411-167
（跋）李陽冰書三墳碑	明王世貞	1284-412-167
（跋）東坡乳毋銘	明王世貞	1284-414-167
（跋）唐憲宗廟碑	明王世貞	1284-414-167
（跋）喜雨亭表忠觀二刻	明王世貞	1284-415-167
（跋）東魏孔子廟碑	明王世貞	1284-416-167
（跋）蔡有鄰章仇玄素碑	明王世貞	1284-417-167
（跋）永福寺碑	明王世貞	1284-417-167
（跋）淮源廟碑	明王世貞	1284-416-167
（跋）閱古堂石刻馬	明王世貞	1284-433-168
跋堯帝碑	明歸有光	506-694-112
跋帝堯碑大德元年	明歸有光	1289- 70- 5
跋廣平宋文貞公碑	明歸有光	506-694-112
		1289- 70- 5
跋唐石臺道德經	明歸有光	1289- 69- 5
跋佛頂尊勝陀羅尼經幢	明歸有光	1289- 69- 5
跋大佛頂隨永尊勝陀羅尼經幢	明歸有光	1289- 70- 5
跋商中宗廟碑開寶七年	明歸有光	1289- 71- 5
刻神禹碑序	明湛若水	534-629-102
法書（考）	明周八龍	550-694-727
禹碑跋	明張　含	570-642-29之12
公武跋（信義鄕君墓銘）附	明盧　熊	1232-461- 6
紹興聖德頌碑記	明李一本	1381-630- 45
跋蘆山縣樊敏碑	明李一本	1381-792- 59
潛刻右丞墨蹟歌小引	明譚元春	1406-435-362
石鼓小記	明蔣德璟	1457-356-376
移置陽明先生石刻記	明不著撰人	1266-219- 38
石鼓贊并序	清 聖 祖	1298-662- 35
集石鼓所有文成十章製鼓重刻序	清 高 宗	1301-628- 9
重定元揚石鼓文識語	清 高 宗	1301-637- 10
宋廣平碑跋	清魏裔介	506-695-112
記誌銘石刻事	清汪　琬	1315-595- 36
記王大令保母志	清陳廷敬	1316-708- 48
唐太宗晉祠碑銘跋	清朱彝尊	550-165-215
		1318-202- 49
唐郭君碑跋	清朱彝尊	550-165-215
		1318-203- 49
平定州唐李諲妘神頌跋	清朱彝尊	550-165-215
		1318-210- 49
榆次縣三唐碑跋	清朱彝尊	550-166-215
		1318-214- 50
晉王墓二碑跋	清朱彝尊	550-167-215
		1318-219- 50
晉義成節度使駙馬都尉史匡翰碑跋	清朱彝尊	550-167-215
		1318-220- 50
建雄節度使相里金碑跋	清朱彝尊	550-168-215
		1318-220- 50
北漢千佛樓碑跋	清朱彝尊	550-168-215
		1318-221- 50
宋太宗書庫碑跋	清朱彝尊	550-169-215
		1318-222- 51
大同府普恩寺碑跋	清朱彝尊	550-169-215
		1318-224- 51
霍山廟建文元年碑跋	清朱彝尊	550-170-215
		1318-228- 51
千峰禪院碑勒跋	清朱彝尊	550-170-215
		1318-219- 50
書嶼嶽山銘後	清朱彝尊	1318-180- 47
石鼓文跋	清朱彝尊	1318-180- 47
跋漢五鳳二年甎字	清朱彝尊	1318-181- 47
漢開母廟石闕銘跋	清朱彝尊	1318-182- 47
漢戚伯著碑跋	清朱彝尊	1318-183- 47
漢魯相乙瑛請置孔廟百石卒史碑跋	清朱彝尊	1318-183- 47
漢武梁祠碑跋	清朱彝尊	1318-183- 47
漢桐柏廟碑跋	清朱彝尊	1318-184- 47
漢隽壽碑跋	清朱彝尊	1318-184- 47
衡方碑跋	清朱彝尊	1318-184- 47
漢淳于長夏承碑跋	清朱彝尊	1318-184- 47
漢博陵太守孔彪碑跋	清朱彝尊	1318-185- 47
漢析里橋郁閣頌跋	清朱彝尊	1318-185- 47

四庫全書文集篇目分類索引 1871

漢冀州從事張君碑跋 清朱彝尊 1318-185- 47
跋蔡中郎鴻都石經殘字 清朱彝尊 1318-185- 47
跋漢華山碑 清朱彝尊 1318-186- 47
溧陽長潘校長碑跋 清朱彝尊 1318-186- 47
漢白石神君碑跋 清朱彝尊 1318-186- 47
漢郃陽令曹全碑跋 清朱彝尊 1318-186- 47
續題曹全碑後 清朱彝尊 1318-187- 47
漢北海相景君碑幷陰跋 清朱彝尊 1318-187- 47
漢蕩陰令張遷碑跋 清朱彝尊 1318-188- 47
漢酸棗令劉熊碑跋 清朱彝尊 1318-188- 47
漢泰山都尉孔宙碑跋 清朱彝尊 1318-188- 47
書韓勅孔廟前後二碑幷陰足本 清朱彝尊 1318-188- 47
郎中鄭固碑跋 清朱彝尊 1318-189- 47
書王純碑後 清朱彝尊 1318-189- 47
跋竹邑侯相張壽殘碑 清朱彝尊 1318-190- 47
金鄉守長侯君碑跋 清朱彝尊 1318-190- 47
漢丹水丞陳宣碑跋 清朱彝尊 1318-190- 47
跋漢司隸校尉魯君碑 清朱彝尊 1318-191- 47
執金吾丞武君碑跋 清朱彝尊 1318-191- 47
書尹宙碑後 清朱彝尊 1318-191- 47
滕縣秦君碑跋 清朱彝尊 1318-191- 47
魏封孔羨宗聖侯碑跋 清朱彝尊 1318-192- 48
吳天璽紀功碑跋（天發神讖碑跋） 清朱彝尊 1318-193- 48
晉汶縣齊太公二碑跋 清朱彝尊 1318-193- 48
晉平西將軍周孝侯碑跋 清朱彝尊 1318-193- 48
跋吳寶鼎轉字 清朱彝尊 1318-193- 48
晉王大令保母轉志宋楊本跋 清朱彝尊 1318-196- 48
梁始興安成二王墓碑跋 清朱彝尊 1318-196- 48
茅山許長史舊館碑跋 清朱彝尊 1318-198- 48
魏魯郡太守張猛龍碑跋 清朱彝尊 1318-198- 48
魏李仲璇修孔子廟碑跋 清朱彝尊 1318-198- 48
北齊少林寺碑跋 清朱彝尊 1318-199- 48
宇文周華嶽頌跋 清朱彝尊 1318-199- 48
後周幽州刺史贈少保豆盧恩碑跋 清朱彝尊 1318-199- 48
眞定府龍藏寺隋碑跋 清朱彝尊 1318-200- 48

題僞刻李衞公告西嶽文 清朱彝尊 1318-200- 48
唐騎都尉李君碑跋 清朱彝尊 1318-203- 49
跋唐明徵君碑 清朱彝尊 1318-203- 49
唐龍門奉先寺盧舍那像龕記跋 清朱彝尊 1318-203- 49
唐張長史郎官石記跋 清朱彝尊 1318-205- 49
開元太山銘跋 清朱彝尊 1318-205- 49
唐封北岳神碑跋 清朱彝尊 1318-206- 49
唐崇仁寺陀羅尼石幢跋 清朱彝尊 1318-206- 49
書唐蘇祐監小洞庭二碑後 清朱彝尊 1318-206- 49
唐愍忠寺寶塔頌跋 清朱彝尊 1318-207- 49
蘇靈芝易州鐵像頌跋 清朱彝尊 1318-208- 49
唐御史台精舍記幷碑陰題名跋 清朱彝尊 1318-208- 49
唐濮陽卞氏墓誌銘跋 清朱彝尊 1318-211- 49
唐國子學石經跋 清朱彝尊 1318-214- 50
書張處士痘鶴辨跋後 清朱彝尊 1318-215- 50
湖州天寧寺尊勝陀羅尼石幢跋 清朱彝尊 1318-215- 50
唐阿育王寺常住田碑跋 清朱彝尊 1318-216- 50
愍忠寺重藏舍利記跋 清朱彝尊 1318-217- 50
唐漳州陀羅尼石幢跋 清朱彝尊 1318-217- 50
愍忠寺葬舍利記跋 清朱彝尊 1318-218- 50
唐濟安侯廟二碑跋 清朱彝尊 1318-218- 50
鎮東軍牆陰廟記跋 清朱彝尊 1318-220- 50
宋京兆府學石經碑跋 清朱彝尊 1318-222- 51
太原縣惠明寺碑跋 清朱彝尊 1318-223- 51
桂林府石刻元祐黨籍跋 清朱彝尊 1318-223- 51
杭州府學宋石經跋 清朱彝尊 1318-225- 51
遼雲居寺二碑跋 清朱彝尊 1318-226- 51
金京兆劉處士墓磚銘跋 清朱彝尊 1318-226- 51
元豐閩縣令碑記跋 清朱彝尊 1318-227- 51
跋首善書院碑 清朱彝尊 1318-228- 51
唐朱邪府君墓銘石蓋記 清朱彝尊 1318-400- 67
風峪石刻佛經記 清朱彝尊 1318-401- 67
集興福碑臆字序 清毛奇齡 1320-205- 25
跋家藏唐石蘭亭序 清姜宸英 1323-652- 2
跋曹全碑 清姜宸英 1323-849- 8

史部

金石類：石刻

史部 金石類：石刻、題名

跋家藏唐石蘭亭敍　　　清姜宸英　1323-857- 8
得平蠻碑石刻記　　　　清藍鼎元　1327-740- 10
跋碧落篆碑　　　　　　清汪由敦　1328-854- 16
新遷顏魯公碑記　　　　清侯方域　538-677- 79
樹集棘院舊碣碑記　　　清李翀霄　561-641- 47

d.題　名

跋顏魯公靖居寺題名後　　　　　　宋歐陽修　518-230-143
跋饒州甘棠館題名　　　　　　　　宋歐陽修　518-231-143
唐甘棠館題名(跋尾)　　　　　　宋歐陽修　1103-438-141
華嶽題名跋（跋華嶽題名）　　　　宋歐陽修　556-508- 94
　　　　　　　　　　　　　　　　　　　　　1351-476-143
後漢文翁學生題名跋　　　　　　　宋歐陽修　561-532- 44
後漢文翁學生題名（跋尾）　　　　宋歐陽修　1103-368-135
　　　　　　　　　　　　　　　　　　　　　1381-794- 59
後漢碑陰題名（跋尾三則）　　　　宋歐陽修　1103-365-135
後漢孔廟碑陰題名（跋尾）　　　　宋歐陽修　1103-368-135
後漢太尉劉寬碑陰題名（跋尾）　　宋歐陽修　1103-369-135
後漢楊震碑陰題名（跋尾）　　　　宋歐陽修　1103-370-135
後漢楊君碑陰題名（跋尾二則）　　宋歐陽修　1103-371-135
後漢碑陰題名(跋尾)　　　　　　宋歐陽修　1103-372-135
後漢楊公碑陰題名（跋尾）　　　　宋歐陽修　1103-372-135
永樂十六角題（名跋尾）　　　　　宋歐陽修　1103-400-137
唐顏魯公題名（跋尾二則）　　　　宋歐陽修　1103-425-140
唐韓退之題名(跋尾)　　　　　　宋歐陽修　1103-441-141
楊凝式題名（跋尾）　　　　　　　宋歐陽修　1103-463-143
太清石闕題名(跋尾)　　　　　　宋歐陽修　1103-464-143
太清東闕題名(跋尾)　　　　　　宋歐陽修　1103-465-143
跋太虛辨才廬山題名　　　　　　　宋蘇　軾　518-231-143
書徐德占題壁後　　　　　　　　　宋黃庭堅　518-232-143
跋顏魯公壁間題　　　　　　　　　宋黃庭堅　1113-312- 30
　　　　　　　　　　　　　　　　　　　　　1361-259- 40
書徐德占題壁後　　　　　　　　　宋黃庭堅　1113-314- 30
禮思大禪師題名(跋)　　　　　　宋黃庭堅　1113-651- 11

題靈源門榜　　　　　　　　　　　宋釋惠洪　1116-496- 26
跋功德寺賜額石刻　　　　　　　　宋曹　勛　1129-528- 33
跋中散留題　　　　　　　　　　　宋鄭剛中　1138-166- 16
跋徐明叔爲張達權篆正心誠意樂天知命八字　　宋史　浩　1141-814- 36
題落星寺張于湖題字後　　　　　　宋朱　熹　1146-630- 4
跋淨慧寺東坡題名　　　　　　　　宋周必大　1147-164- 17
題向士伯所收溫公玠瞻堂額　　　　宋周必大　1147-202- 19
先太師潭州益陽縣清修寺留題記　　宋周必大　1147-204- 19
跋會祖題名（二則）　　　　　　　宋周必大　1147-834- 81
跋靈潤廟賜敕額　　　　　　　　　宋陳傳良　1150-825- 41
跋江道士玉台菴額後　　　　　　　宋陳傅良　1150-829- 42
徽州先達題名（碑）記　　　　　　宋洪　适　1158-463- 32
（跋）今上皇帝賜包道成御書崇道菴額　宋陸　游　1163-506- 26
跋陳履道先墳庵額大字　　　　　　宋黃　榦　1168-240- 22
跋陳忠肅公岳山壽寧觀留題　　　　宋魏了翁　1173- 46- 63
跋大參樓攻媿論征僑帖　　　　　　宋釋居簡　1183- 96- 7
跋勸額代明招作　　　　　　　　　宋王　柏　1186-171- 11
六祖堂題名跋尾　　　　　　　　　宋孔武仲　1345-377- 17
題徐常侍篆桐廬縣額　　　　　　　宋張伯玉　1348-587- 8
重建錄事廳題名記　　　　　　　　宋趙汝回　1356-634- 3
金閶豪陽寶殿跋語　　　　　　　　宋趙伯驌　1358-773- 7
王無競題名記　　　　　　　　　　金元好問　1191-383- 34
書鄭資政伯祖中散題名後　　　　　元袁　桷　1203-611- 46
書正肅公徵念窒慾題扁　　　　　　元袁　桷　1203-656- 50
書黨承旨篆杏壇二字後　　　　　　元袁　桷　1203-662- 50
（題）白麟溪三大字後　　　　　　元歐陽玄　1210-158- 14
跋李陽冰篆天清地寧四大字　　　　元柳　貫　1210-489- 19
題李士誠持信手卷　　　　　　　　元許有壬　1373-305- 20
梁昭明太子書隱山寺榜碑跋　　　　元吳師道　1212-243- 17

書進士題名石刻後　　元宋　犖　1212-520- 15
元遺山先生超山題名跋　　元溫仁甫　550-160-215
靈洞題名後記　　明宋　濂　1223-342- 4
書靈洞栖眞院題名後　　明蘇伯衡　1228-713- 10
跋雪月軒篆額　　明解　縉　1236-833- 16
（跋）黃帝祠宇四字題名　　明楊士奇　1238-646- 21
觀石林書院題署　　明周　瑛　1254-800- 4
書岳將軍題大營驛（跋）金天王廟題名　　明唐順之　1276-478- 12
　　明王世貞　1284-410-167
跋道德仁藝扁後　　清 聖 祖　1299-334- 44
跋德業仁義扁後　　清 聖 祖　1299-334- 44
跋都兪叶哞扁後　　清 聖 祖　1299-334- 44
御書扁額題辭（二十二則）　　清 世 宗　1300- 94- 11
唐北嶽廟李克用題名碑跋　　清朱彝尊　550-166-215
會稽山禹廟窆石題字跋　　清朱彝尊　1318-182- 47
唐郎官石柱題名跋　　清朱彝尊　1318-211- 49
唐北嶽廟李克用題名碑跋　　清朱彝尊　1318-217- 50
北京國子監進士題名碑跋　　清朱彝尊　1318-229- 51

e. 詩　刻

移顏魯公詩記　　唐鄭　薰　1341-134-816
諸公留題王氏中隱堂詩序　　宋宋　庠　1087-678- 35
宮師陳相公留題羅浮山詩序　　宋余　靖　1089- 24- 3
雜詩石刻序　　宋會　鞏　541-400-35之6
吉州彭推官詩（刻）序　　宋周敦頤　1101-447- 2
跋學士院御詩刻石　　宋歐陽修　1102-580- 73
唐流杯亭侍宴詩（跋尾二則）貞元中復立碑造亭　　宋歐陽修　1103-414-139
唐韓覃幽林詩(跋尾)因遊嵩山得此詩眞蹟　　宋歐陽修　1103-415-139
唐玄宗謁玄元廟詩（跋尾）碑在北邙山上　　宋歐陽修　1103-420-139
唐崔潭龜詩（跋尾）眞蹟　　宋歐陽修　1103-422-139

唐李陽冰阮客舊居詩（跋尾）眞蹟　　宋歐陽修　1103-433-140
唐崇徽公主手痕詩（跋尾）眞蹟　　宋歐陽修　1103-436-141
唐神女廟詩（跋尾）　　宋歐陽修　1103-440-141
唐韓愈盤谷詩序（跋尾）　　宋歐陽修　1103-441-141
唐沈傳師游道林嶽麓寺詩（跋尾）　　宋歐陽修　1103-447-142
唐李文饒平泉山居詩（跋尾）　　宋歐陽修　1103-448-142
唐法華寺詩（跋尾）刻詩於壁　　宋歐陽修　1103-449-142
唐薛苹唱和詩（跋尾）眞蹟　　宋歐陽修　1103-449-142
唐僧靈澈詩(跋尾）石　　宋歐陽修　1103-449-142
唐王藥詩（跋尾）　　宋歐陽修　1103-456-142
浮槎寺八紀詩（跋尾）眞蹟　　宋歐陽修　1103-461-143
洛陽李氏園池詩記刻石　　宋蘇　轍　1112-258- 24
太子少保趙公詩石記　　宋蘇　轍　1112-259- 24
汝州楊文公詩石記　　宋蘇　轍　1112-752- 21
題楊凝式詩碑　　宋黃庭堅　1112-296- 28
題徵公石刻　　宋釋惠洪　1116-495- 25
跋曼卿詩刻　　宋晁補之　1118-655- 33
刻劉宜翁五詩碑跋　　宋劉　弁　1119-310- 29
跋郭子固廉使詩後　　宋李　新　1124-537- 17
題蘇翰林詩後　　宋張孝祥　1140-693- 28
跋顏魯公栗里詩　　宋朱　熹　1145-693- 81
跋應仁仲所刊鄭司業詩　　宋朱　熹　1145-701- 82
跋李侍郎武夷詩　　宋朱　熹　1145-736- 83
跋所刻包孝肅詩　　宋朱　熹　1146-630- 4
題王龜齡石鏡貂詩碑後　　宋周必大　1147-154- 17
跋韓子蒼詩草　　宋周必大　1147-194- 19
題趙鑑堂快閣詩　　宋周必大　1147-195- 19
跋折彥質燕祉亭詩　　宋周必大　1147-205- 19
跋西湖唱和詩　　宋李　石　1149-673- 13
跋章達之所藏唐石凉詩序石刻　　宋樓　鑰　1153-226- 75
跋荊公詩　　宋陸　游　1153-514- 27
跋山谷書陰眞君詩石刻　　宋陸　游　1163-550- 31
寇萊公題永興驛詩跋　　宋徐經孫　1181- 31- 3
乾元寺詩壁記　　宋張　侃　1181-434- 6

史部 金石類：詩刻、畫像、雜錄、序跋

題咸淳戊辰御賜進士詩後墨刻　元吳　澄　1197-564- 57

跋黃則陽藏烏樓齋石壁詩　元吳　澄　1197-537- 54

跋石鼓歌後　元吳　澄　1197-546- 55

書徐復齋閔慕詩刻後　元張之翰　1204-506- 18

書丹山詩刻後　元張之翰　1204-507- 18

題曾茶山風月堂詩　元張之翰　1204-507- 18

題宋張提刑藷雨詩碣　元蒲道源　1210-660- 10

跋漢高祖大風歌碑刻　明鄭　眞　1234-231- 39

（跋）屆從四巡詩　明楊士奇　1238-640- 20

（跋）漢大風歌刻石　明楊士奇　1238-649- 21

跋孔唯伯所藏夏日紀興詩石本　明倪　謙　1245-476- 24

題宋吳中三大老詩石刻　明吳　寬　1255-455- 50

跋東坡和人夢游桂林西峯詩刻　明吳　寬　1255-478- 52

　　　　　　　　　　　　1466-726- 59

跋彌明詩刻　明吳　寬　1255-479- 52

跋石鼓詩　明陸　深　1268-582- 90

　　　　　　　　　　　　1455-377-214

跋吳中三大老詩石刻　明文徵明　1273-162- 22

（跋）坡公雜詩刻　明王世貞　1284-415-167

（跋）坡公行草定惠院海棠詩刻　明王世貞　1284-415-167

鐵柱詩記　明胡　廣　1374-330- 55

跋唐衢州刺史嗣江王禕石橋寺詩　清朱彝尊　526-263-267

跋唐博城令祭岳詩　清朱彝尊　1318-204- 49

跋石涼碑詩刻　清朱彝尊　1318-204- 49

唐儲潭廟裴諝喜兩詩碑跋　清朱彝尊　1318-208- 49

跋唐岱岳觀四詩　清朱彝尊　1318-211- 49

跋石橋寺六唐人詩　清朱彝尊　1318-212- 49

書唐賈倰華岳廟詩石刻後　清朱彝尊　1318-213- 49

白樂天草書春游詩招本跋　清朱彝尊　1318-213- 49

石鼓詩跋　清田　雯　1324-372- 34

書重立瘞鶴銘碑記後　清儲大文　1327-310- 14

f.畫　像

南州南澗寺上方石像記　唐歐陽詹　1078-224- 5

題石供奉金神像　宋黃庭堅　1113-447- 9

七祖院吳生畫記壁畫　宋李　復　1121- 56- 6

跋顏持約所畫定光古佛像　宋周必大　1147-824- 80

跋武氏石室畫像　宋衛　博　1152-190- 4

跋周公禮殿圖　宋樓　鑰　1153-179- 72

跋二賢像　宋陸　游　1163-510- 26

跋漢文翁講室畫像　元王　惲　1201- 84- 72

題重摹唐本諸葛忠武侯像下方　元柳　貫　1210-499- 19

成都周公禮殿聖賢圖考　元貫　著　561-548- 45

　　　　　　　　　　　　1381-687- 48

跋元人顏玉山小像　明吳　寬　1255-467- 51

五賢遺像木刻跋　明邵　寶　1258-535- 9

石刻十八學士圖（跋）　明王世貞　1281-258-137

善財參觀世音三十二變石本後　明王世貞　1284-459-171

同州題顏魯公祠像　明唐　重　556-508- 94

雲岡石佛記　清朱彝尊　1318-397- 67

g.雜　錄

溪州銅柱記跋　清朱彝尊　1318-177- 46

續題溪州銅柱記後　清朱彝尊　1318-178- 46

廣州光孝寺鐵塔記跋　清朱彝尊　1318-178- 46

續書光孝寺鐵塔銘後　清朱彝尊　1318-178- 46

跋晉祠鐵人胸前字　清朱彝尊　1318-179- 46

h.序　跋

內典碑銘集林序　梁　元　帝　1401-220- 22

　　　　　　　　　　　　1414-668- 84

集古錄序　宋歐陽修　681- 3- 附

　　　　　　　　　　　　1406- 78-321

集古錄目序　宋歐陽修　1102-323- 41

　　　　　　　　　　　　1103-743- 12

　　　　　　　　　　　　1346- 40- 2

　　　　　　　　　　　　1351- 13- 86

　　　　　　　　　　　　1383-525- 47

　　　　　　　　　　　　1447-465- 24

與蔡君謨求書集古錄序書　宋歐陽修　1383-440- 38

　　　　　　　　　　　　1404-644-225

淳化秘閣法帖（考正）原跋　宋米　芾　684-642- 附

法帖通解序　宋秦　觀　1115-610- 35

四庫全書文集篇目分類索引　　1875

閲古叢編序　　宋朱長文　1119- 36- 7
金石錄序　　宋劉 跂　1121-586- 6
金石苑序　　宋劉 跂　1121-587- 6
泰山秦篆譜序　　宋劉 跂　1121-588- 6
　　　　　　　　1351- 79- 92
趙氏金石錄序　　宋劉 跂　1351- 78- 92
法帖刊誤跋　　宋許 翰　681-393- 附
家藏石刻序　　宋朱 熹　1145-540- 75
書歐陽文忠公集古錄
　跋尾後　　宋朱 熹　1145-702- 82
跋泰山秦篆譜　　宋朱 熹　1145-768- 84
總跋自刻六一帖　　宋周必大　1147-138- 15
題方季申所刻歐陽文
　忠集古跋眞蹟　　宋周必大　1147-195- 19
歐陽文忠公集古錄序　　宋周必大　1147-549- 52
歐陽文忠公集古錄後
　序　　宋周必大　1147-549- 52
李仲南集古錄序　　宋呂祖謙　1150- 58- 6
跋桑澤卿蘭亭博議　　宋樓 鑰　1153-222- 75
水經注碑錄跋　　宋洪 适　575-690- 附
（隸續跋）　　宋洪 适　681-875- 21
隸釋序　　宋洪 适　1158-478- 34
隸纂跋　　宋洪 适　1158-664- 63
池州隸續跋　　宋洪 适　1158-666- 63
淳熙隸釋跋　　宋洪 适　1158-666- 63
跋內申修改隸釋　　宋洪 适　1158-666- 63
跋漢隸　　宋陸 游　1163-513- 27
跋六一居集古錄跋尾　　宋陸 游　1163-538- 30
題桑世昌蘭亭博議後　　宋葉 適　1164-513- 29
墨林類考序　　宋王 柏　1186- 58- 4
考蘭序　　宋王 柏　1186- 59- 4
集古錄目記（二則）　　宋歐陽棐　681- 4- 附
金石錄（原）序　　宋趙明誠　681-149- 附
　　　　　　　　1406- 80-321
金石錄後序　　宋李清照　681-373- 附
　　　　　　　　1406- 81-321
　　　　　　　　1487-557- 附
（法帖刊誤序）　　宋黃伯思　681-378- 上
　　　　　　　　684-504- 附
法帖刊誤跋　　宋王 珍　681-393- 附
法帖釋文跋　　宋劉次莊　681-424- 10
石刻鋪敍後序　　宋曾宏父　682- 58- 下
法帖譜系原序　　宋曹士冕　682- 62- 附
法帖譜系跋 并序　　宋董 史　682- 72- 附
蘭亭考原序　　宋高文虎　682- 75- 附

蘭亭考原序　　宋高似孫　682- 75- 附
蘭亭考群公帖跋二十
　則　　宋會 漸等　682-152- 附
蘭亭考帖跋　　宋齊 碩　682-154- 附
蘭亭續考跋　　宋俞 松　682-179- 附
故蹟遺文序　　宋王 回（　1351- 33- 87
　　　　王安國）　1406- 80-321
代作集府尹石刻序　　宋楊天惠　561-500- 44
　　　　　　　　1354-556- 23
　　　　　　　　1381-335- 31
博古圖序　　宋不著撰人　1353-760-107
博古要覽序　　元王 惲　1200-533- 41
題政和鼎識後　　元王 惲　1201- 97- 73
跋陸友仁所模金石款
　識　　元虞 集　1207-154- 10
鍾鼎篆韻序　　元熊 來　1400- 12-314
（跋）劉次莊法帖釋
　文　　明楊士奇　1238-631- 20
（跋）碑目　　明楊士奇　1238-632- 20
跋法帖釋文　　明楊士奇　1455-338-211
（名蹟錄跋）　　明朱存理　683- 91- 6
聖賢像（册）序　　明程敏政　1252-576- 33
題明良慶會卷後　　明程敏政　1252-626- 36
吳塚遺文序 吳下塚墓遺
　文　　明吳 寬　1255-376- 42
跋陳廷璧模嘯堂集古
　錄後　　明吳 寬　1255-453- 49
書太原陳氏所藏西涯
　公字刻　　明邵 寶　1258- 95- 10
歷代鍾鼎款識跋　　明邵 寶　1258-233- 1
題靖陽沈生辨禹碑集
　前　　明顧 璘　1263-302- 5
水經碑目引　　明楊 慎　575-691- 附
石鼓文序　　明楊 慎　1270- 14- 2
石鼓文敍錄　　明楊 慎　1270- 40- 3
（跋）集古錄跋　　明王世貞　1284-417-167
題金石錄後　　明歸有光　1289- 72- 5
題隸釋後　　明歸有光　1289- 72- 5
絳帖考序　　明韓 霖　550-119-213
八分存古書序　　明王雲鳳　550-141-214
蘭亭續考跋　　明姚 咨　682-179- 附
法帖釋文考異原序　　明王穉登　683-358- 附
金石林時地考原序　　明趙 均　683-418- 附
石墨鐫華自序　　明趙 崡　683-455- 附
（石墨鐫華跋）　　明趙 崡　683-513- 6

史部

金石類：序跋

四庫全書文集篇目分類索引

史部

金石類：序跋

史評類：史學通論

（金石史）原序　　　　　明劉濬溥　683-535- 附
求古錄原序　　　　　　　明顧炎武　683-660- 附
金石文字記原序　　　　　明顧炎武　683-703- 附
山西碑刻目略序　　　　　明李　濬　1455-399-216
河南碑刻目略序　　　　　明李　濬　1455-400-216
于司直金石志序　　　　　明金　紋　1455-559-231
顏魯公石柱記釋序　　　　清朱彝尊　526-188-264
　　　　　　　　　　　　　　　　　1318- 48- 35
絳帖平跋　　　　　　　　清朱彝尊　550-164-215
　　　　　　　　　　　　　　　　　1318-145- 43
石刻鋪敍跋　　　　　　　清朱彝尊　682- 59- 附
　　　　　　　　　　　　　　　　　1318-145- 43
天發神讖碑文考序　　　　清朱彝尊　1318- 46- 35
隸續跋　　　　　　　　　清朱彝尊　1318-145- 43
書蘭亭續考後　　　　　　清朱彝尊　1318-146- 43
寶刻叢編跋　　　　　　　清朱彝尊　1318-146- 43
跋名蹟錄　　　　　　　　清朱彝尊　1318-147- 43
宋拓鐘鼎款識跋　　　　　清朱彝尊　1318-171- 46
咸寧縣唐冶金五佛像
　　銘贊跋　　　　　　　清朱彝尊　1318-175- 46
石經考異原序　　　　　　清厲　鶚　684-767- 附
跋鐘鼎款識　　　　　　　清汪由敦　1328-856- 16
（欽定重刻淳化閣帖
　　釋文跋）　　　　　　清于敏中等　683-653- 附
（欽定重刻淳化閣帖
　　釋文跋）　　　　　　清錢陳群　683-654- 附
（欽定重刻淳化閣帖
　　釋文跋）　　　　　　清金簡恭　683-657- 附
來齋金石刻考略原序　　　清朱　書　684- 2- 附
金石文攷略原序　　　　　清金介復　684-170- 附
（分隸偶存）跋　　　　　清梁文淡　684-502- 附
（分隸偶存）跋　　　　　清萬　福　684-502- 附
淳化秘閣法帖考正敍　　　清王　澍　684-505- 附
（金石經眼錄序）　　　　清褚　峻　684-712- 附
石經考異原序　　　　　　清全祖望　684-767- 附
石經考異原序　　　　　　清符元嘉　684-769- 附
（石經考異序）　　　　　清杭世駿　684-770- 上

P. 史　評　類

a. 史學通論

修史議　　　　　　　　　齊王　儉　1399- 80- 3
駁國史議時權超舉國史
　欲立處士傳袁象叔之　齊袁　象　1399-132- 6
重苕魏收書獨之與相

其義一也必不得以後
　朝創業之迹斷入前史　隋李德林　1416-246-116
答劉秀才論史書　　　　　唐韓　愈　1073-700- 2
　　　　　　　　　　　　　　　　　1075-497- 2
　　　　　　　　　　　　　　　　　1339-525-690
　　　　　　　　　　　　　　　　　1383- 64- 5

與（答）韓愈（退之
　）論史（官）書　　　　唐柳宗元　1076-278-720
　　　　　　　　　　　　　　　　　1344-255- 82
　　　　　　　　　　　　　　　　　1351-738- 4
　　　　　　　　　　　　　　　　　1355-436- 14
　　　　　　　　　　　　　　　　　1359-559- 2
　　　　　　　　　　　　　　　　　1378-244- 47
　　　　　　　　　　　　　　　　　1383-224- 19
　　　　　　　　　　　　　　　　　1404-556-218
　　　　　　　　　　　　　　　　　1418- 50- 37
　　　　　　　　　　　　　　　　　1447-324- 14

編年紀傳論　　　　　　　唐皇甫湜　1078- 72- 2
　　　　　　　　　　　　　　　　　1340-237-742
　　　　　　　　　　　　　　　　　1343-529- 36

答皇甫湜書
　言文史心　　　　　　　唐李　翱　1344-257- 82
與高錫望書
　文章如面史才最難到
　故宜世嗣史法　　　　　唐孫　樵　1083- 68- 2
　　　　　　　　　　　　　　　　　1404-592-221
　　　　　　　　　　　　　　　　　1447-425- 21

答孟判官論宇文生評
　史官書　　　　　　　　唐柳　晃　1344-248- 82
與馬植書論己之史心　　　唐劉　柯　1344-250- 82
（論史）上蕭至忠書　　　唐劉子玄　1344-252- 82
　　　　　　　　　　　　　　　　　1394-590- 8
　　　　　　　　　　　　　　　　　1404-526-216
　　　　　　　　　　　　　　　　　1417-645- 31

史通斷限篇　　　　　　　唐劉知幾　1394-702- 10
史通載文篇　　　　　　　唐劉知幾　1394-703- 10
史通論書志　　　　　　　唐劉知幾　1407- 30-398
姚璹（建議）論
　論立史之義　　　　　　宋余　靖　1089- 37- 4
　　　　　　　　　　　　　　　　　1346-197- 12
答郭長官純書論正閏　　　宋司馬光　1094-546- 61
與王深甫論史書　　　　　宋劉　放　1096-270- 27
南齊書目錄序
　論史家得失處如掌　　　宋曾　鞏　1384-226-100
正統論三首

四庫全書文集篇目分類索引 1877

或問一首附　　　　　宋歐陽修　1102-129- 16
原正統論　　　　　　宋歐陽修　1102-452- 59
　　　　　　　　　　　　　　　1103-653- 1
明正統論　　　　　　宋歐陽修　1102-454- 59
　　　　　　　　　　　　　　　1103-655- 1
正統論下　　　　　　宋歐陽修　1377-591- 28
正統辨上下　　　　　宋歐陽修　1102-459- 59
正統論上下　　　　　宋歐陽修　1103-656- 1
　　　　　　　　　　　　　　　1383-456- 40
正統論　　　　　　　宋歐陽修　1406-714-394
史論序　　　　　　　宋蘇　洵　1104-903- 9
史論上中下　　　　　宋蘇　洵　1104-903- 9
史論三篇并序　　　　宋蘇　洵　1384-339-111
史（論）中　　　　　宋蘇　洵　1377-586- 27
　　　　　　　　　　　　　　　1407- 38-399
正統（論上中下）　　宋蘇　軾　1107-607- 44
　　　　　　　　　　　　　　　1377-594- 28
　　　　　　　　　　　　　　　1384-526-127
　　　　　　　　　　　　　　　1418-431- 50
正統論　　　　　　　宋陳師道　1114-635- 13
　　　　　　　　　　　　　　　1359-281- 40
　　　　　　　　　　　　　　　1361-264- 41
經史繁簡不同　此中所
　指之經爲春秋左傳　宋李　廌　1361-317- 48
正統議　　　　　　　宋畢仲游　1122- 37- 4
與饒元禮論史書　　　宋呂南公　1123-147- 15
論史　　　　　　　　宋李　綱　1126-672-154
論作史之體　　　　　宋林之奇　1140-454- 12
史館修史例　　　　　宋朱　熹　1145-524- 74
讀史綱目　　　　　　宋呂祖謙　1150-332- 14
三史亞六經論　　　　宋員興宗　1158-148- 18
題某人論史　　　　　宋陳　造　1166-391- 31
復陳本齋（書）
　論史學　　　　　　宋王　柏　1186-250- 17
（讀史旬編）制作通
　說　述史書之制作　宋馬廷鸞　1187-148- 21
夢筆記（附跋語）
　史學雜論　　　　　宋黃仲文　1188-594- 1
上參政姚牧菴（書）
　談立史之態度　　　宋王炎午　1189-566- 1
史論上下　　　　　　宋李清臣　1346-272- 18
史官（論）　　　　　宋陳　武　1362-288- 11
黃成性史學提要贊
　并序　　　　　　　元程鉅夫　1202-332- 23
讀史要領（跋）　　　元徐明善　1202-601- 下

答高舜元經史疑義十
　二問　　　　　　　元袁　桷　1203-564- 42
正統辨　　　　　　　元楊維楨　1221-376- 首
　　　　　　　　　　　　　　　1407-415-434
正統論　　　　　　　明王　禕　1226- 70- 4
正統問　　　　　　　明徐一夔　1229-181- 4
　　　　　　　　　　　　　　　1373-784- 24
史約名目（歷統纂述
　記考）　　　　　　明王　彝　1229-422- 3
釋統上下　　　　　　明方孝孺　1235- 86- 2
　　　　　　　　　　　　　　　1373-661- 13
與蘇平仲先生（書）
　論治史學　　　　　明方孝孺　1454-550-149
論史官　　　　　　　明王　鏊　 443-274- 15
擬學言（二）古之所謂
　史者皆世守之往往以
　身死職不負其意豈獨
　紀事而已并其情僞得
　之此所謂信史也　　明王　鏊　1256-485- 33
論史答王監察書　　　明李夢陽　1262-568- 62
　　　　　　　　　　　　　　　1405- 31-236
與華修撰子潛論修史
　書論重修宋元史　　明陸　粲　1274-660- 6
　　　　　　　　　　　　　　　1405- 59-238
　　　　　　　　　　　　　　　1454-800-174
史說上下　　　　　　明黃省會　1454-205-105
與魏古渠學博論史書　明許孚遠　1454-801-174
與少司馬曾確菴論統
　部書（考古）史學　明趙貞吉　1455-114-192
史論問　　　　　　　清 高 宗　1301-124- 14
記載（論史）　　　　清 高 宗　1301-191- 22
二十一史論　　　　　清湯　斌　1312-546- 6
　　　　　　　　　　　　　　　1449-496- 5
修史議　　　　　　　清施閏章　1313-306- 25
　　　　　　　　　　　　　　　1449-815- 26
答馬山公論戴烈婦書
　論史文烈婦之宜冠何
　氏說　　　　　　　清毛奇齡　1320-130- 17
方正學釋統辨　　　　清李光地　1324-775- 17
史學考　　　　　　　清藍鼎元　1327-798- 14
史裁蠶說（史法）
　附辨說一條　　　　清汪由敦　1328-898- 20
史論　　　　　　　　清劉　綸　1449-556- 9
史論　　　　　　　　清于　振　1449-558- 9
史論　　　　　　　　清杭世駿　1449-561- 10

史部　史評類：史學通論

1878　　　　　　四庫全書文集篇目分類索引

史論	清周長發	1449-567- 10
史論	清沈廷芳	1449-571- 10
史論	清汪士鑑	1449-573- 10
史論	清齊召南	1449-574- 10

史部

史評類：史學通論、史事雜論

b. 史事雜論

論秦伯用孟明	左　傳	1355-385- 13
		1406-580-382
論秦伯以三良爲殉	左　傳	1355-385- 13
		1406-580-382
論苕侍砠不備	左　傳	1355-386- 13
		1406-581-382
論祁奚能舉善	左　傳	1355-386- 13
		1406-581-382
論范宣子讓	左　傳	1355-387- 13
		1406-581-382
論駒顯殺鄧析	左　傳	1355-387- 13
		1406-582-382
論郈黑肱來奔	左　傳	1355-388- 13
		1406-582-382
論陽處父不沒	左　傳	1402-343- 59
論齊侯無禮	左　傳	1402-344- 59
論賞仲叔於奚	左　傳	1402-344- 59
論成子不敬	左　傳	1402-344- 59
論向戌去兵	左　傳	1402-345- 59
論甯喜置君	左　傳	1402-345- 59
論不毀鄉校	左　傳	1402-346- 59
論諸大夫謀公子圍	左　傳	1402-346- 59
論楚克蔡	左　傳	1402-349- 59
論禁子干得國	左　傳	1402-349- 59
論子常城郢	左　傳	1402-351- 59
論鑄刑鼎	左　傳	1402-352- 59
論季氏出君	左　傳	1402-352- 59
論用田賦	左　傳	1402-353- 59
論受鄭子華	左　傳	1402-310- 56
論出莒僕	左　傳	1402-311- 56
論伐狄	左　傳	1402-312- 56
論三殉	左　傳	1402-312- 56
論辱晉	左　傳	1402-313- 56
論石言	左　傳	1402-314- 56
論城陳蔡不羹	左　傳	1402-314- 56
論與吳	左　傳	1402-315- 56
論衞出君	左　傳	1402-332- 58
論魯侯不知禮	左　傳	1402-333- 58
論鄭莊公伐許	左　傳	1406-579-382

論息侯伐鄭	左　傳	1406-579-382
論觀拳諫楚子	左　傳	1406-580-382
論瞞僖公	左　傳	1406-580-382
論初獻六羽	公羊傳	1355-388- 13
		1378- 34- 35
隱公不書葬	公羊傳	1355-389- 13
桓公救衞	公羊傳	1355-389- 13
荀息不食言	公羊傳	1355-390- 13
世室壞	公羊傳	1355-391- 13
		1417-119- 7
晉納接菑不克	公羊傳	1355-391- 13
季札讓國		1355-392- 13
許世子止弑其君	公羊傳	1355-393- 13
毛伯來求金	公羊傳	1355-390- 13
		1417-118- 7
元年春王正月（論）	公羊傳	1406-583-383
夏五月鄭伯克段于鄢（論）	公羊傳	1406-583-383
癸未葬宋繆公（論）	公羊傳	1406-584-383
秋覃帥師會宋公陳侯蔡人衞人伐鄭(論)	公羊傳	1406-584-383
五年九月考仲子之宮初獻六羽（論）	公羊傳	1406-584-383
三月公會齊侯陳侯鄭伯于稷以成宋亂（論）	公羊傳	1406-585-383
夏四月取郜大鼎于宋（論）	公羊傳	1406-585-383
有年（論）	公羊傳	1406-585-383
九月宋人執鄭祭仲（論）	公羊傳	1406-585-383
紀侯大去其國莊公	公羊傳	1406-586-383
		1417-117- 7
四年冬公及齊人狩于郜（論）	公羊傳	1406-586-383
秋八月甲午宋萬弑其君接及其大夫仇牧（論）	公羊傳	1406-586-383
冬公會齊侯盟于柯（論）	公羊傳	1406-587-383
十有七年春齊人執鄭瞻（論）	公羊傳	1406-587-383
秋公子友如陳葬原仲（論）	公羊傳	1406-587-383
三十有一年春築臺于		

四庫全書文集篇目分類索引　　　　　　　　　　　1879

郎（論）　　公羊傳　1406-587-383
秋七月癸巳公子牙卒（論）　　公羊傳　1406-587-383
冬齊仲孫來（論）　　公羊傳　1406-588-383
冬齊高子來盟（論）　　公羊傳　1406-588-383
齊師宋師曹師次于聶兆救邢（論）　　公羊傳　1406-588-383
夏六月邢遷于陳儀（論）　　公羊傳　1406-588-383
冬十月壬午公子友帥師敗莒師于犂獲莒挐（論）　　公羊傳　1406-589-383
虞師晉師滅夏陽(論)　　公羊傳　1406-589-383
九月戊辰諸侯盟于葵丘（論）　　公羊傳　1406-589-383
十年春晉里克弑其君卓子及其大夫荀息（論）　　公羊傳　1406-590-383
晉殺其大夫里克(論)　　公羊傳　1406-590-383
十有六年春王正月戊申朔隕石于宋五是月六鷁退飛過宋都（論）　　公羊傳　1406-590-383
楚人使宜申來獻捷（論）　　公羊傳　1406-591-383
晉人執衞侯歸之于京師（論）　　公羊傳　1406-591-383
夏四月四卜郊不從乃免牲猶三望（論）　　公羊傳　1406-591-383　　1417-117- 7
夏四月辛巳晉人及姜戎敗秦于殽（論）　　公羊傳　1406-592-383
九年春毛伯來求金（論）　　公羊傳　1406-592-383
秦伯使遂來聘（論）　　公羊傳　1406-593-383
冬十有二月戊午晉人秦人戰于河曲(論)　　公羊傳　1406-593-383
晉人納接菑于邾婁弗克納（論）　　公羊傳　1406-593-383
元年晉放其大夫胥甲父于衞（論）　　公羊傳　1406-593-383
三年春王正月郊牛之口傷改卜牛牛死乃不郊猶三望（論）　　公羊傳　1406-593-383
六年春晉趙盾衞孫免

侵陳（論）　　公羊傳　1406-594-383
十一年冬十月楚人殺夏徵舒（論）　　公羊傳　1355-392- 13　　1406-595-383
夏六月乙卯晉荀林父帥師及楚子戰於邲晉師敗績（論）　　公羊傳　1406-595-383
夏五月宋人及楚人平（論）　　公羊傳　1406-595-383
初稅畝（論）　　公羊傳　1406-596-383
冬蝝生（論）　　公羊傳　1406-596-383
秋七月齊侯使國佐如師己酉及國佐盟于袁婁（論）　　公羊傳　1406-596-383
八年春晉侯使韓穿來言汝陽之田歸之于齊（論）　　公羊傳　1406-597-383
三月乙巳仲嬰齊卒（論）　　公羊傳　1406-597-383
九月晉人執季孫行父舍之于招丘（論）　　公羊傳　1406-598-383
十有六年三月公會晉侯宋公衞侯鄭伯莒子鄭婁子薛伯杞伯小鄭婁子于溴梁戊寅大夫盟（論）　　公羊傳　1406-598-383
衞殺其大夫甯喜衞侯之弟鱄出奔晉(論)　　公羊傳　1406-598-383
吳子使札來聘（論）　　公羊傳　1406-599-383
秋七月叔弓如宋葬宋共姬（論）　　公羊傳　1406-599-383
冬葬許悼公（論）　　公羊傳　1406-599-383
夏曹公孫會自鄸出奔宋（論）　　公羊傳　1406-600-383
齊侯唁公于野井(論)　　公羊傳　1406-600-383
冬黑弓以濫來奔（論）　　公羊傳　1406-601-383
元年春王（論）　　公羊傳　1406-601-383
冬十有一月庚午蔡侯以吳子及楚人戰于伯莒楚師敗績(論)　　公羊傳　1406-602-383
盜竊寶玉大弓（論）　　公羊傳　1406-602-383
齊陳乞弑其君舍(論)　　公羊傳　1406-603-383
十有四年春西狩獲麟（論）　　公羊傳　1406-603-383　　1417-121- 7

史部

史評類：史事雜論

史部

史評類：史事雜論

條目	書名	索引號
癸未葬宋繆公	公羊傳	1417-116- 7
元年春正月	公羊傳	1417-116- 7
公子遂如齊納幣	公羊傳	1417-118- 7
晉趙盾衛孫免侵陳	公羊傳	1417-119- 7
晉放其大夫胥甲父于衞	公羊傳	1417-119- 7
冬葬許悼公	公羊傳	1417-121- 7
會王世子于首止	穀梁傳	1355-395-13
齊人滅項	穀梁傳	1355-396-13
躋僖公	穀梁傳	1355-396-13
論隱公不書即位	穀梁傳	1355-394-13
		1378- 37-35
元年春王正月（論）	穀梁傳	1406-604-384
		1417-122- 7
夏五月鄭伯克段于鄢（論）	穀梁傳	1355-394-13
		1406-605-384
三年春王二月己巳日有食之（論）	穀梁傳	1406-605-384
秋武氏子來求賻(論)	穀梁傳	1355-394-13
		1406-605-384
秋築王姬之館于外（論）	穀梁傳	1355-395-13
		1406-606-384
臧孫辰告糴于齊(論)	穀梁傳	1355-395-13
		1406-607-384
		1417-122- 7
閽弒吳子餘祭（論）	穀梁傳	1355-397-13
		1406-613-384
秋七月楚子蔡侯陳侯許男頓子胡子沈子淮夷伐吳執齊慶封殺之（論）	穀梁傳	1355-397-13
		1406-614-384
九月考仲子之宮初獻六羽（論）	穀梁傳	1406-605-384
二年春王正月戊申宋督弒其君與夷及其大夫孔父（論）	穀梁傳	1406-605-384
三月公會齊侯陳侯鄭伯于稷以成宋亂（論）	穀梁傳	1406-605-384
蔡人殺陳佗（論）	穀梁傳	1406-606-384
夏五鄭伯使其弟禦來盟（論）	穀梁傳	1406-606-384
秋八月壬申御廩災乙亥嘗（論）	穀梁傳	1406-606-384
		1417-122- 7
冬十有二月乙丑葬我君桓公（論）	穀梁傳	1406-606-384
三月夫人孫于齊(論)	穀梁傳	1406-606-384
五月葬桓王（論）	穀梁傳	1406-607-384
甲午治兵（論）	穀梁傳	1406-607-384
夏四月辛卯昔恒星不見夜中星隕如雨（論）	穀梁傳	1406-607-384
夏六月公會齊侯宋公陳侯鄭伯同盟于幽（論）	穀梁傳	1406-607-384
二十有九年春新延廏（論）	穀梁傳	1406-608-384
三十年齊人伐山戎（論）	穀梁傳	1406-608-384
公子慶父如齊（論）	穀梁傳	1406-608-384
虞師晉師滅夏陽(論)	穀梁傳	1406-608-384
		1417-123- 7
冬十月不雨（論）	穀梁傳	1406-609-384
秋齊侯宋公江人黃人會于陽穀（論）	穀梁傳	1406-609-384
秋八月諸侯盟于首戴（論）	穀梁傳	1406-609-384
		1417-123- 7
八年秋七月禘于太廟用致夫人（論）	穀梁傳	1406-609-384
十年晉殺其大夫里克（論）	穀梁傳	1406-609-384
		1417-124- 7
春王正月戊申朔隕石于宋五是月六鷁退飛過宋都（論）	穀梁傳	1406-610-384
壬申公朝於王所(論)	穀梁傳	1406-610-384
雨鑫於宋（論）	穀梁傳	1406-611-384
夏逆婦姜于齊（論）	穀梁傳	1406-611-384
晉殺其大夫陽處父（論）	穀梁傳	1406-611-384
冬十月甲午叔孫得臣敗狄于鹹（論）	穀梁傳	1406-611-384
晉人納捷菑于邾弗克納（論）	穀梁傳	1406-611-384
夫人姜氏歸于齊（論）	穀梁傳	1406-612-384

四庫全書文集篇目分類索引

史部　史評類：史事雜論

篇名	出處	索引號
秋九月乙丑晉趙盾弑其君夷皋（論）	穀梁傳	1406-612-384
初稅畝（論）	穀梁傳	1406-612-384
		1417-125- 7
冬十有一月壬午公弟叔胼卒（論）	穀梁傳	1406-612-384
冬十月（論）	穀梁傳	1406-612-384
秋七月齊侯使國佐如師己酉及國佐盟于袁婁（論）	穀梁傳	1406-612-384
九年晉人執鄭伯晉欒書帥師伐鄭（論）	穀梁傳	1406-613-384
莒人滅繒（論）	穀梁傳	1406-613-384
晉士匃帥師侵齊至穀聞齊侯卒乃還(論）	穀梁傳	1406-613-384
大饑（論）	穀梁傳	1406-613-384
		1417-125- 7
衞侯之弟專出奔晉（論）	穀梁傳	1406-614-384
秋蒐于紅（論）	穀梁傳	1406-614-384
		1417-125- 7
夏五月戊辰許世子止弑其君買（論）	穀梁傳	1406-614-384
夏六月癸亥公之喪至自乾侯戊辰公即位（論）	穀梁傳	1406-614-384
九月大雩（論）	穀梁傳	1406-615-384
冬十月隕霜殺菽(論）	穀梁傳	1406-615-384
冬十有一月庚午蔡侯以吳子及楚人戰于伯舉楚師敗績(論）	穀梁傳	1406-615-384
庚辰吳入楚（論）	穀梁傳	1406-616-384
夏公會齊侯于頰谷公至自頰谷（論）	穀梁傳	1406-616-384
公會晉侯及吳子于黃池（論）	穀梁傳	1406-616-384
十有四年春西狩獲麟（論）	穀梁傳	1406-617-384
論三川震	國　語	1402-354- 60
論郤氏必亡	國　語	1402-354- 60
論祀爰居	國　語	1402-356- 60
論郤氏多怨	國　語	1402-357- 60
論驪姬敗國	國　語	1402-358- 60
論伐翟祖	國　語	1402-358- 60
論子常必亡	國　語	1402-361- 60
論吳將亡	國　語	1402-362- 60
論留楚太子	周蘇　秦	1402-341- 58
論管燕輕士	周田　需	1402-362- 60
論不可帝秦	周魯　連	1402-362- 60
論伐蜀	秦司馬錯	1402-336- 58
過秦論（三則）	漢賈　誼	556-488- 94
		1329-879- 51
		1331-341- 51
		1354- 19- 2
		1355-361- 2
		1360-348- 21
		1377-637- 30
		1406-699-392
		1412- 19- 1
		1417-207- 11
		1476- 25- 2
粤有三仁對（二則）	漢董仲舒	1355-348- 12
		1396-378- 8
越世家史辭（越論）	漢司馬遷	1345-112- 16
		1406-620-385
燕世家贊	漢司馬遷	1360-607- 38
韓世家贊	漢司馬遷	1360-607- 38
吳（論）	漢司馬遷	1406-619-385
齊（論）	漢司馬遷	1406-619-385
魯（論）	漢司馬遷	1406-619-385
燕（論）	漢司馬遷	1406-619-385
陳杞（論）	漢司馬遷	1406-619-385
衞（論）	漢司馬遷	1406-619-385
宋（論）	漢司馬遷	1406-619-385
楚（論）	漢司馬遷	1406-620-385
鄭（論）	漢司馬遷	1406-620-385
趙（論）	漢司馬遷	1406-620-385
魏（論）	漢司馬遷	1406-620-385
田齊（論）	漢司馬遷	1406-620-385
評賈馬秦贊對	漢班　固	1397-201- 10
太史遷秦紀評	漢班　固	1407-453-438
立六國論	漢荀　悅	1407- 25-397
鼂食其謀立國論	漢荀　悅	1412-387- 17
景帝賜江都王非天子旌旗論	漢荀　悅	1412-394- 17
高帝王侯約論	漢荀　悅	1412-394- 17
封匈奴徐盧等論	漢荀　悅	1412-394- 17
斬任安論	漢荀　悅	1412-396- 17
漢治迹論	漢荀　悅	1412-399- 17
前漢紀論	漢荀　悅	1476- 70- 4

1882　　　　　　　四庫全書文集篇目分類索引

對事　　　　　　　　漢鄭　炎　1332-664- 11　　**金鏡**　　　　　　　　唐太宗　1336-367-360
　　　　　　　　　　　　　　　1397-491- 24　　　　　　　　　　　　　　　1417-589- 29
驃騎論功論 強秦用兵　　　　　　　　　　　　**三國論**　　　　　　　唐王　勃　1065-127- 10
　海內晏然之蹤　　　漢吾邱壽王　1396-408- 10　　　　　　　　　　　　　　　1340-354-755
祀黃熊評　　　　　　漢程　嬰　1407-454-438　　　　　　　　　　　　　　　1394-700- 10
馬日碑不宜加禮議　　漢孔　融　1063-253- 0　　**志過**　　　　　　　　唐權德輿　1336-382-362
仇國論　　　　　　　蜀漢譙周　1361-687- 40　　**兩漢辯亡論**　　　　唐權德輿　1340-337-753
甲乙論　　　　　　　蜀漢費禕　1361-688- 40　　　　　　　　　　　　　　　1343-511- 34
正議 舉項羽漢世祖事　蜀漢諸葛亮　1417-448- 22　　　　　　　　　　　　　　　1407- 31-398
　　　　　　　　　　　　　　　1476- 78- 5　　　　　　　　　　　　　　　1417-726- 34
魏德論　　　　　　　魏曹　植　1063-322- 10　　　　　　　　　　　　　　　1476-125- 7
　　　　　　　　　　　　　　　1412-671- 26　　**世祖封不義侯議**　　唐權德輿　1343-599- 42
魏德論略　　　　　　魏曹　植　1412-677- 26　　　　　　　　　　　　　　　1407-312-424
六代論　　　　　　　魏曹　冏　1329-896- 52　　**范蠡招大夫種（議）**
　　　　　　　　　　　　　　　1331-362- 52　　　缺　　　　　　　　唐韓　愈　1073-697- 1
　　　　　　　　　　　　　　　1406-703-392　　　　　　　　　　　　　　　1075-493- 1
敍六代興亡論　　　　魏曹　冏　1361-684- 39　　**對禹問**　　　　　　　唐韓　愈　1336-420-367
又料孫權不殺劉備　　魏程　昱　1361-647- 32　　　　　　　　　　　　　　　1343-642- 45
料孫策必死於匹夫之　　　　　　　　　　　　　　　　　　　　　　　　　1378- 97- 38
　手　　　　　　　　魏郭　嘉　1361-648- 32　　**桐葉封弟辨**　　　　唐柳宗元　 550-182-216
評曹公哭袁紹墓　　　魏孫　盛　1361-737- 50　　　　　　　　　　　　　　　1076- 41- 4
評文帝斥后族　　　　魏孫　盛　1361-738- 50　　　　　　　　　　　　　　　1076-505- 4
反評合淝戰守　　　　魏孫　盛　1361-742- 51　　　　　　　　　　　　　　　1077- 58- 4
降魏評　　　　　　　魏孫　盛　1361-748- 52　　　　　　　　　　　　　　　1336-420-367
出軍論　　　　　　　吳諸葛恪　1361-697- 42　　　　　　　　　　　　　　　1351-732- 上
辨亡論上下　　　　　　　　　　　　　　　　　　　　　　　　　　　　　1355-382- 13
　魏蜀吳覆亡之由　　晉陸　機　 489-397- 34　　　　　　　　　　　　　　　1359-461- 66
　　　　　　　　　　　　　　　1329-913- 53　　　　　　　　　　　　　　　1359-559- 2
　　　　　　　　　　　　　　　1331-386- 53　　　　　　　　　　　　　　　1378-107- 39
　　　　　　　　　　　　　　　1361-691- 41　　　　　　　　　　　　　　　1383-281- 24
　　　　　　　　　　　　　　　1398-336- 15　　　　　　　　　　　　　　　1407-411-433
　　　　　　　　　　　　　　　1406-706-392　　　　　　　　　　　　　　　1447-280- 11
　　　　　　　　　　　　　　　1413-387- 48　　**舜禹之事（論）**　　唐柳宗元　1076-193- 20
　　　　　　　　　　　　　　　1417-483- 23　　　　　　　　　　　　　　　1076-644- 20
晉記總論　　　　　　晉干　寶　1329-853- 49　　　　　　　　　　　　　　　1077-247- 20
　　　　　　　　　　　　　　　1331-307- 49　　**設漁者對智伯**　　　唐柳宗元　 550-677-277
晉應繼漢論　　　　　晉習鑿齒　1406-709-392　　　　　　　　　　　　　　　1076-129- 14
（論）魏尚書何晏好　　　　　　　　　　　　　　　　　　　　　　　　　1076-584- 14
　服婦人之服　　　　晉傅　玄　1413-163- 39　　　　　　　　　　　　　　　1077-157- 14
北齊興亡論　　　　　隋盧思道　1340-313-751　　　　　　　　　　　　　　　1336-397-364
　　　　　　　　　　　　　　　1400-296- 5　　　　　　　　　　　　　　　1359-521- 76
　　　　　　　　　　　　　　　1416-221-115　　　　　　　　　　　　　　　1383-303- 26
後周興亡論　　　　　隋盧思道　1340-317-751　　**功臣恕死議**　　　　唐呂　溫　1077-667- 10
　　　　　　　　　　　　　　　1400-300- 5　　**三不欺先後論**　　　唐呂　溫　1077-669- 10
　　　　　　　　　　　　　　　1416-225-115　　　　　　　　　　　　　　　1343-549- 37

史部　史評類：史事雜論

四庫全書文集篇目分類索引　　1883

東晉（元魏）正閏論　唐皇甫湜　489-401- 34
　　　　　　　　　　　　　　1078- 73- 2
　　　　　　　　　　　　　　1343-513- 34
則卜和述　　　　　唐歐陽詹　1078-238- 7
評史——盖以周勃爲
　功臣論　　　　　唐李德裕　1079-307- 1
　　　　　　　　　　　　　　1343-552- 38
　　　　　　　　　　　　　　1407- 35-398
評史——三（鼎）國
　論　　　　　　　唐李德裕　1079-310- 1
　　　　　　　　　　　　　　1340-360-756
　　　　　　　　　　　　　　1343-512- 34
　　　　　　　　　　　　　　1406-712-393
評史——羊祜留賈充
　論　　　　　　　唐李德裕　1079-310- 1
評史——宋齊論　　唐李德裕　1079-311- 1
　　　　　　　　　　　　　　1340-360-756
評史——舊臣論　　唐李德裕　1079-312- 2
　　　　　　　　　　　　　　1340-264-745
　　　　　　　　　　　　　　1407-195- 2
評史——臣子論　　唐李德裕　1079-312- 2
　　　　　　　　　　　　　　1407-195-412
評史——忠諫論　　唐李德裕　1079-313- 2
　　　　　　　　　　　　　　1343-543- 37
　　　　　　　　　　　　　　1407-196-412
　　　　　　　　　　　　　　1418-122- 39
評史——慎獨論　　唐李德裕　1079-314- 2
評史——管仲害霸論　唐李德裕　1079-314- 2
評史——王言論　　唐李德裕　1079-314- 2
　　　　　　　　　　　　　　1340-386-759
　　　　　　　　　　　　　　1343-542- 37
　　　　　　　　　　　　　　1407-197-412
評史——退身論　　唐李德裕　1079-315- 2
　　　　　　　　　　　　　　1340-389-760
　　　　　　　　　　　　　　1407-157-408
評史——豪俠論　　唐李德裕　1079-315- 2
　　　　　　　　　　　　　　1340-387-759
　　　　　　　　　　　　　　1407-199-412
評史——英傑論　　唐李德裕　1079-316- 2
　　　　　　　　　　　　　　1343-543- 37
　　　　　　　　　　　　　　1407-198-412
評史——臣友論　　唐李德裕　1079-317- 2
　　　　　　　　　　　　　　1340-291-748
　　　　　　　　　　　　　　1407-197-412
評史——天性論　　唐李德裕　1079-317- 2

　　　　　　　　　　　　　　1340-227-741
評史——賓客論　　唐李德裕　1079-318- 3
　　　　　　　　　　　　　　1340-291-748
　　　　　　　　　　　　　　1407-198-412
評史——謀議論　　唐李德裕　1079-319- 3
　　　　　　　　　　　　　　1340-264-745
　　　　　　　　　　　　　　1407-200-412
評史——伐國論　　唐李德裕　1079-320- 3
　　　　　　　　　　　　　　1340-242-743
評史——任臣論　　唐李德裕　1079-321- 3
評史——朋黨論　　唐李德裕　1079-322- 3
　　　　　　　　　　　　　　1407-200-412
評史——虛名論　　唐李德裕　1079-322- 3
　　　　　　　　　　　　　　1340-388-760
評史——近倖論　　唐李德裕　1079-323- 1
　　　　　　　　　　　　　　1343-544- 37
　　　　　　　　　　　　　　1418-123- 39
評史——奇才論　　唐李德裕　1079-323- 3
　　　　　　　　　　　　　　1407-200-412
評史——小人論　　唐李德裕　1079-325- 3
　　　　　　　　　　　　　　1340-389-760
評史——近世（代）
　良相論　　　　　唐李德裕　1079-328- 4
　　　　　　　　　　　　　　1340-256-744
　　　　　　　　　　　　　　1407-201-412
評史——近世（代）
　節士論　　　　　唐李德裕　1079-328- 4
　　　　　　　　　　　　　　1340-263-745
晉諭恭世子議　　　唐白居易　1080-501- 46
　　　　　　　　　　　　　　1343-591- 41
贏秦論　　　　　　唐劉　蛻　1082-628- 3
　　　　　　　　　　　　　　1343-519- 35
　　　　　　　　　　　　　　1406-713-393
晉文公不合取陽樊論　唐皮日休　 538-579- 77
　　　　　　　　　　　　　　1083-187- 5
　　　　　　　　　　　　　　1340-363-757
漢斬丁公論　　　　唐皮日休　1083-189- 5
　　　　　　　　　　　　　　1340-364-757
　　　　　　　　　　　　　　1343-552- 38
雜說（四則）雜論舜
　棄季札武王之事　唐陸龜蒙　1083-238- 1
　　　　　　　　　　　　　　1083-407- 19
辯楚刑　　　　　　唐司空圖　1083-490- 1
漢武山呼漢武東封事　唐羅　隱　1343-683- 48
子高之讓　　　　　唐羅　隱　1343-684- 48

史部

史評類：史事雜論

史部

史評類：史事雜論

魯議　唐高　郢　541-518-35之12
　　　　　　　　　　1343-595- 42
　　　　　　　　　　1407-310-424

焚舟議 春秋秦孟明渡
　河焚舟事　唐楊　夔　549-239-190
　　　　　　　　　　1340-499-770

原晉亂說　唐楊　夔　1336-388-362
　　　　　　　　　　1343-673- 47
　　　　　　　　　　1407-354-427

訟忠 春秋周大夫萇弘之
　城成周　唐牛僧孺　1336-370-360

辯名政論　唐牛僧孺　1340-269-746

質無誠論　唐牛僧孺　1340-270-746

華心　唐陳　黯　1336-401-364

答問諫者　唐陳　黯　1336-499-379

漢祖呂后五等論　唐李　翰　1340-225-741
　　　　　　　　　　1343-510- 34

反五等六伐論　唐李　翱　1340-227-741

本論　唐牛希濟　1340-229-741

不招士論 史記以衞青
　爲大將軍門下賓客蘇
　建常責其不招士　唐牛希濟　1340-401-760

秦論上下　唐羅　袞　1340-339-753

隋對女樂論　唐來　鵠　1340-393-760

漢武封禪論　唐林簡言　1343-505- 34

蕭何求繼論　唐程　晏　1343-519- 35

春秋無賢臣論　唐孫　郃　1343-530- 36

西伯受命稱王議　唐梁　肅　1343-595- 42

漢高祖僞游雲夢議　唐高　棨　1343-597- 42
　　　　　　　　　　1407-311-424

喻古之治
　軒昊堯舜三代　唐盧　碩　1410-756-770

畫諫　唐盧　碩　1410-757-770

太甲誅伊尹論　宋柳　開　1085-253- 3

先君後臣論
　衞鞅當事公叔痤　宋王禹偁　1086-143- 15

獄市爲寄論　宋夏　竦　1087-218- 20

唐免宗人役議　宋夏　竦　1087-222- 20

秦烏氏保與朝請議　宋夏　竦　1087-222- 20

論文帝不能用頗牧　宋宋　祁　1088-379- 43

堯舜非謙論　宋余　靖　1089- 31- 4

漢武不宜稱宗論　宋余　靖　1089- 32- 4
　　　　　　　　　　1346-192- 12

秦論上下　宋余　靖　1089- 33- 4
　　　　　　　　　　1346-193- 12

漢論上下　宋余　靖　1089- 34- 4
　　　　　　　　　　1346-194- 12

敵燕（策）　宋尹　洙　1090- 7- 2
　　　　　　　　　　1351-163-102

憫忠 論宋山外之戰　宋尹　洙　1090- 13- 3

無爲指上下 無爲者
　其虞氏之大德歟　宋孫　復　1090-167- 0
　　　　　　　　　　1346-136- 9

漢論上中下　宋石　介　1090-246- 10
　　　　　　　　　　1346-223- 15
　　　　　　　　　　1351-104- 95

水旱責三公論　宋石　介　1090-256- 11

鮑叔薦管仲論　宋陳　襄　1093-605- 13

初命晉大夫魏斯趙籍
　韓虔爲諸侯論　宋司馬光　 550- 68-211

（評）應侯罷武安君
　兵　宋司馬光　1094-615- 67

（評）秦阬趙軍　宋司馬光　1094-616- 67

（評）項羽誅韓生　宋司馬光　1094-616- 67

（評）漢高祖斬丁公　宋司馬光　1094-617- 67

（評）烹酈生　宋司馬光　1094-617- 67

（評）戾太子敗　宋司馬光　1094-617- 67

（評）立鉤弋子爲太
　子　宋司馬光　1094-617- 67

（評）誅趙廣漢　宋司馬光　1094-617- 67

（評）張湯有後　宋司馬光　1094-617- 67

（評）京房對漢元帝　宋司馬光　1094-618- 67

（評）魏孝武帝初立　宋司馬光　1094-618- 67

（評）魏孝武帝西遷　宋司馬光　1094-618- 67

史剡幷序　宋司馬光　1094-667- 73

周論　宋司馬光　1346- 45- 3

韓論　宋司馬光　1346- 45- 3

魏論　宋司馬光　1346- 46- 3

楚論　宋司馬光　1346- 46- 3

燕論　宋司馬光　1346- 46- 3

趙論　宋司馬光　1346- 46- 3

齊論　宋司馬光　1346- 46- 3

秦論　宋司馬光　1346- 47- 3

西楚論　宋司馬光　1346- 47- 3

前漢論　宋司馬光　1346- 47- 3

後漢論　宋司馬光　1346- 48- 3

蜀論　宋司馬光　1346- 48- 3

魏論　宋司馬光　1346- 48- 3

吳論　宋司馬光　1346- 49- 3

西晉論　宋司馬光　1346- 49- 3

四庫全書文集篇目分類索引　　　　　　　　1885

前趙論	宋司馬光	1346- 49- 3
後趙論	宋司馬光	1346- 50- 3
前燕論	宋司馬光	1346- 50- 3
後燕論	宋司馬光	1346- 50- 3
前秦論	宋司馬光	1346- 51- 3
後秦論	宋司馬光	1346- 51- 3
東晉論	宋司馬光	1346- 52- 3
宋論	宋司馬光	1346- 52- 3
南齊論	宋司馬光	1346- 52- 3
梁論	宋司馬光	1346- 53- 3
後魏論	宋司馬光	1346- 53- 3
北齊論	宋司馬光	1346- 54- 3
後周論	宋司馬光	1346- 54- 3
陳論	宋司馬光	1346- 54- 3
隋論	宋司馬光	1346- 54- 3
唐論	宋司馬光	1346- 55- 3
（後）梁論	宋司馬光	1346- 55- 3
後唐論	宋司馬光	1346- 57- 3
（後）晉論	宋司馬光	1346- 57- 3
（後）漢論	宋司馬光	1346- 58- 3
（後）周論	宋司馬光	1346- 58- 3
常語（三則） 或問自		
漢迄唐孰王孰覇	宋李　覯	1095-281- 32
		1410-822-775
師三年解 晉高宗伐鬼		
方三年克之周公征東		
山三年而歸	宋劉　敞	1095-811- 46
伊呂問 并序	宋劉　敞	1095-814- 47
問南子		
子見南子子路不悅	宋劉　敞	1095-816- 47
啓疑		
昔者齊伐魯孔子憂之	宋劉　敞	1095-817- 47
桓公不用伊尹論	宋劉　放	1096-327- 33
漢封論 漢封之失不在		
高祖而在文帝	宋鄭　獬	1097-269- 17
漢諸侯王論		
晁錯爲漢削諸侯奪王		
室遂覆其宗	宋鄭　獬	1097-270- 17
兩漢論	宋鄭　獬	1097-271- 17
四凶解 論舜去四凶事	宋鄭　獬	1097-276- 18
讀史（七則）		
雜論史事	宋鄭　獬	1097-277- 18
論丙吉問牛喘	宋鄭　獬	1097-281- 18
備亂（論）	宋鄭　獬	1092-268- 17
		1351-124- 97

		1407-249-417
		1418-213- 43
論略 略論春秋以至五成		
治道以言古驗今	宋呂　陶	1098-111- 15
唐虞論	宋呂　陶	1098-120- 15
三代論	宋呂　陶	1098-121- 15
秦論 闕文	宋呂　陶	1098-122- 15
西漢論	宋呂　陶	1098-123- 16
東漢論	宋呂　陶	1098-124- 16
魏論	宋呂　陶	1098-125- 16
晉論	宋呂　陶	1098-126- 16
隋論 闕文	宋呂　陶	1098-128- 16
唐論	宋呂　陶	1098-128- 16
五代論	宋呂　陶	1098-129- 16
典獄監伯夷論	宋呂　陶	1098-131- 17
文武舉大略論		
漢高祖能文武相配大		
略舉焉盡之矣	宋呂　陶	1098-141- 18
張馮近王道論	宋呂　陶	1098-141- 18
湯周福祚如何論	宋呂　陶	1098-143- 18
唐論	宋會　罕	1098-419- 9
		1346-201- 13
		1351-125- 97
		1351-784- 下
		1384-289-106
		1447-928- 56
與孫司封書		
論儀智高反叛事	宋會　罕	1351-337-116
高駢破南詔論	宋范祖禹	570-591-29之11
魏梁解	宋歐陽修	1102-140- 17
縱囚論	宋歐陽修	1102-152- 18
		1103-670- 3
		1301-490- 34
		1351-741- 上
		1359-563- 2
		1377-648- 30
		1383-480- 42
		1406-717-394
		1418-269- 45
秦論	宋歐陽修	1102-455- 59
魏論	宋歐陽修	1102-456- 59
東晉論	宋歐陽修	1102-456- 59
後魏論	宋歐陽修	1102-457- 59
梁論	宋歐陽修	1102-458- 59
漢魏五君篇	宋歐陽修	1103-261-123

史部　史評類：史事雜論

1886　　　　　　　　　四庫全書文集篇目分類索引

晉問　　　　　　　　宋歐陽修	1103-261-123	管仲分君謗　　　　　宋蘇　軾	1108-482- 92
前蜀世家論　　　　宋歐陽修	1378- 31- 34	管仲無後　　　　　宋蘇　軾	1108-483- 92
	1383-492- 44	楚子玉以兵多敗　　宋蘇　軾	1108-483- 92
	1383-847- 78	王翦用兵　　　　　宋蘇　軾	1108-484- 92

史部

史評類：史事雜論

吳越世家論　　　　宋歐陽修　1406-691-390

歸獄論　　　　　　宋張方平　1104-130- 16

三代建國論　　　　宋張方平　1104-137- 17

四代受命論　　　　宋張方平　1104-139- 17

南北正閏論　　　　宋張方平　1104-140- 17

君子大居正論 宋宣公
　捨太子與夷立弟穆公　宋張方平　1104-141- 17

（權書）六國（論）　宋蘇　洵　1377-599- 28
　　　　　　　　　　　　　　　1384-365-113
　　　　　　　　　　　　　　　1406-719-394
　　　　　　　　　　　　　　　1418-351- 47
　　　　　　　　　　　　　　　1447-617- 34

過唐論　　　　　　宋王　令　1106-516- 23

殺太子建成論　　　宋王　令　1106-517- 23

屈到嗜芰論（續楚語）宋蘇　軾　534-513- 97
　　　　　　　　　　　　　　　1107-613- 44
　　　　　　　　　　　　　　　1378- 99- 38
　　　　　　　　　　　　　　　1410-774-771

顏眞卿守平原（以抗
　祿山說）　　　　宋蘇　軾　541-544-35之13
　　　　　　　　　　　　　　　1107-699- 50
　　　　　　　　　　　　　　　1404-431-202

漢高祖赦季布唐屈突
　通不降高祖（說）宋蘇　軾　1107-697- 50
　　　　　　　　　　　　　　　1404-431-202

漢宣帝詰責杜延年治
　郡不進　　　　　宋蘇　軾　1107-697- 50

叔孫通不能致二生　宋蘇　軾　1107-698- 50
　　　　　　　　　　　　　　　1447-674- 38

狄山論匈奴和親　　宋蘇　軾　1107-698- 50
　　　　　　　　　　　　　　　1404-431-202
　　　　　　　　　　　　　　　1447-674- 38

唐太宗夢虞世南　　宋蘇　軾　1107-698- 50

（唐）文宗訪鄭公後
　得魏暮　　　　　宋蘇　軾　1107-698- 50

張九齡不肯用張守珪
　牛仙客　　　　　宋蘇　軾　1107-698- 50
　　　　　　　　　　　　　　　1447-674- 38

堯不誅四凶　　　　宋蘇　軾　1108-481- 92

伊尹五就桀　　　　宋蘇　軾　1108-481- 92

宰我不叛　　　　　宋蘇　軾　1108-482- 92

孟嘗君賓禮狗盜　　宋蘇　軾　1108-484- 92

田單火牛　　　　　宋蘇　軾　1108-484- 92

歷代世變　　　　　宋蘇　軾　1108-484- 92

漢武帝巫蠱事　　　宋蘇　軾　1108-485- 92

穆生去楚王戊　　　宋蘇　軾　1108-485- 92

鄒寄幸免　　　　　宋蘇　軾　1108-485- 92

司馬相如創開西南夷
　路　　　　　　　宋蘇　軾　1108-486- 92

王韓論兵　　　　　宋蘇　軾　1108-486- 92

霍光疏昌邑王之罪　宋蘇　軾　1108-487- 92

直不疑買金償亡　　宋蘇　軾　1108-488- 92

揚雄言許由　　　　宋蘇　軾　1108-488- 92

西漢風俗詔媚　　　宋蘇　軾　1108-488- 92

西漢用刑輕重不同　宋蘇　軾　1108-488- 92

朱暉非張林均輸　　宋蘇　軾　1108-489- 92

曹袁興亡　　　　　宋蘇　軾　1108-490- 92

庾亮不從孔坦陶回言　宋蘇　軾　1108-492- 92

郗方回郗嘉賓父子事　宋蘇　軾　1108-492- 92

晉宋之君與臣下爭善　宋蘇　軾　1108-492- 92

齊高帝欲等金士之價　宋蘇　軾　1108-493- 92

唐太宗借隋吏以殺兄
　弟　　　　　　　宋蘇　軾　1108-493- 92

褚遂良以飛雉入宮爲
　祥　　　　　　　宋蘇　軾　1108-494- 92

李靖李勣爲唐腹心之
　病　　　　　　　宋蘇　軾　1108-494- 92

白樂天不欲伐淮蔡　宋蘇　軾　1108-494- 92

劉禹錫文過不倧　　宋蘇　軾　1108-495- 92

志林論古十三條　　宋蘇　軾　1108-644-105

秦（論一二）　　　宋蘇　軾　1377-600- 28
　　　　　　　　　　　　　　　1384-529-127
　　　　　　　　　　　　　　　1407- 4-395

戰國任俠（論）　　宋蘇　軾　1377-663- 31
　　　　　　　　　　　　　　　1384-562-130
　　　　　　　　　　　　　　　1407- 42-399

論周東遷　　　　　宋蘇　軾　1447-740- 43

晉論 春秋　　　　　宋蘇　轍　 550- 73-211
　　　　　　　　　　　　　　　1384-841-155

魏論　　　　　　　宋蘇　轍　 550- 75-211

韓論　　　　　　　宋蘇　轍　 550- 75-211

（唐）兵民（論）　宋蘇　轍　1112-679- 11

四庫全書文集篇目分類索引　　　　　　1887

（割）燕薊（論）　宋蘇　轍　1112-680- 11　　　　　　　　　　1377-608- 28
夏論　　　　　　　宋蘇　轍　1112-844- 1　　　　　　　　　　1384-798-151
　　　　　　　　　　　　　　1384-782-150　燕趙論　　　　宋蘇　轍　1112-869- 5
　　　　　　　　　　　　　　1406-692-391　　　　　　　　　　　　　1384-853-156
商論　　　　　　　宋蘇　轍　1112-845- 1　蜀論　　　　　宋蘇　轍　1112-870- 5　　史
　　　　　　　　　　　　　　1377-598- 28　　　　　　　　　　　　　1384-855-156　　部
　　　　　　　　　　　　　　1384-783-150　　　　　　　　　　　　　1407- 7-395
　　　　　　　　　　　　　　1406-693-391　三宗論　論商中宗享國　　　　　　　　　　史
　　　　　　　　　　　　　　1418-476- 51　　七十五年高宗五十九　　　　　　　　　　評
周論　　　　　　　宋蘇　轍　1112-846- 1　　年祖甲三十三年後世　　　　　　　　　　類
　　　　　　　　　　　　　　1384-784-150　　常五臨御久遠反致失　　　　　　　　　　：
　　　　　　　　　　　　　　1418-477- 51　　國　　　　　　宋蘇　轍　1351-139- 99　史
六國（論）　　　　宋蘇　轍　1112-847- 1　燕（論）　　　宋蘇　轍　1378- 47- 35　事
　　　　　　　　　　　　　　1377-600- 28　　　　　　　　　　　　　1384-842-155　雜
　　　　　　　　　　　　　　1384-786-150　　　　　　　　　　　　　1406-695-391　論
　　　　　　　　　　　　　　1418-478- 51　趙（論）　　　宋蘇　轍　1378- 47- 35
　　　　　　　　　　　　　　1447-853- 51　齊（論）　　　宋蘇　轍　1384-838-155
秦論一二　　　　　宋蘇　轍　1112-848- 1　　　　　　　　　　　　　1406-695-391
　　　　　　　　　　　　　　1384-787-150　魯（論）　　　宋蘇　轍　1384-839-155
　　　　　　　　　　　　　　1418-479- 51　陳（論）　　　宋蘇　轍　1384-840-155
漢論　　　　　　　宋蘇　轍　1112-849- 2　衞（論）　　　宋蘇　轍　1384-840-155
三國論　　　　　　宋蘇　轍　1112-850- 2　楚（論）　　　宋蘇　轍　1384-842-155
　　　　　　　　　　　　　　1351-136- 99　　　　　　　　　　　　　1406-696-391
　　　　　　　　　　　　　　1351-782- 下　越（論）　　　宋蘇　轍　1384-842-155
　　　　　　　　　　　　　　1377-602- 28　秦（論）　　　宋張　耒　1115-298- 35
　　　　　　　　　　　　　　1384-790-150　　　　　　　　　　　　　1346-364- 26
　　　　　　　　　　　　　　1407- 6-395　　　　　　　　　　　　　1361- 31- 4
晉論 司馬氏　　　宋蘇　轍　1112-851- 2　　　　　　　　　　　　　1362- 50- 6
　　　　　　　　　　　　　　1351-137- 99　魏晉論　　　　宋張　耒　1115-298- 35
　　　　　　　　　　　　　　1377-604- 28　　　　　　　　　　　　　1346-366- 26
　　　　　　　　　　　　　　1384-791-150　　　　　　　　　　　　　1361- 32- 4
　　　　　　　　　　　　　　1407- 8-395　晉論　　　　　宋張　耒　1115-300- 35
　　　　　　　　　　　　　　1418-481- 51　　　　　　　　　　　　　1346-368- 26
七代論　　　　　　宋蘇　轍　1112-852- 2　　　　　　　　　　　　　1361- 33- 4
　　　　　　　　　　　　　　1384-793-151　唐論上中下　　宋張　耒　1115-301- 35
隋（論）　　　　　宋蘇　轍　1112-854- 2　　　　　　　　　　　　　1346-369- 26
　　　　　　　　　　　　　　1377-605- 28　　　　　　　　　　　　　1361- 34- 4
　　　　　　　　　　　　　　1384-774-151　五代論　　　　宋張　耒　1115-306- 35
　　　　　　　　　　　　　　1407- 10-395　　　　　　　　　　　　　1346-375- 26
　　　　　　　　　　　　　　1418-482- 51　　　　　　　　　　　　　1361- 38- 4
唐論　　　　　　　宋蘇　轍　1112-855- 3　平江南議　樊若水不得
　　　　　　　　　　　　　　1377-606- 28　　志于李氏乃獻浮梁自
　　　　　　　　　　　　　　1384-796-151　　宋石濟江卒用其策取
　　　　　　　　　　　　　　1407- 11-395　　江南　　　　　宋張　耒　1115-334- 39
五代論　　　　　　宋蘇　轍　1112-857- 3　　　　　　　　　　　　　1359-503- 73

1888 四庫全書文集篇目分類索引

			1361-106- 15
楚議	宋張 耒	1115-335- 39	
		1354-246- 30	
		1359-502- 73	

史部

史評類：史事雜論

		1361-107- 15

鍾繇（賀捷表跋）

孜證捷表之非	宋秦 觀	1115-612- 35

成周論 宋晁說之 1118-275- 14

西漢論 宋華 鎮 1119-477- 19

三國論 宋華 鎮 1119-479- 20

唐論 宋華 鎮 1119-480- 20

世卿閣寺論 宋華 鎮 1119-484- 20

書牛李事 宋李之儀 1120-466- 17

兩漢可用之言議 宋畢仲游 1122- 57- 5

過隋論 宋謝 逸 1122-600- 8

兩漢興亡（策） 宋周行己 1123-618- 3

雜說 漢賢人之存亡 宋唐 庚 1124-379- 10

西晉論 宋李 新 1124-518- 15

唐治不過兩漢論 宋李 新 1124-519- 15

上何右丞書

　　論王安石變法之弊 宋李若水 1124-669- 1

（漢）效祀（論） 宋楊 時 1125-187- 9

（論）虞舜漢文用刑 宋楊 時 1362-191- 9

論創業撥亂之主用人 宋李 綱 1126-614-145

論英雄相忌

　　論劉備曹操之相忌 宋李 綱 1126-622-146

論天下之勢如奕棋

　　楚漢相拒于滎陽成皐

　　之間曹操袁紹之相拒

　　於官渡 宋李 綱 1126-626-147

論主之明暗在賞刑

　　婁敬說高祖都關中曹

　　操征烏丸群臣諫之 宋李 綱 1126-627-147

論非常之功

　　鮑叔管仲蕭何薦韓信

　　房玄齡薦杜如晦 宋李 綱 1126-634-148

論三國之勢 宋李 綱 1126-636-148

論偏霸之主專任其臣 宋李 綱 1126-641-149

論魏文帝獻神藥 宋李 綱 1126-641-149

（論）唐德宗任陸贄 宋李 綱 1126-644-149

論將相先國事忘私怨

　　蕭何與曹參郭子儀與

　　李光弼等 宋李 綱 1126-649-150

論變亂生於所忽

　　秦漢唐宋 宋李 綱 1126-652-151

論西北東南之勢

　　自古帝王興于西北者

　　多能并東南而宅於東

　　南者不能制服西北 宋李 綱 1126-653-151

論女禍 有天下而多女

　　禍未有李唐之甚者也 宋李 綱 1126-653-151

論虞舜高光之有天下 宋李 綱 1126-654-151

論黨錮之禍 宋李 綱 1126-655-151

論人主之剛明

　　漢宣帝唐宣宗 宋李 綱 1126-656-151

論治盜賊 漢宣帝選用

　　龔遂爲太守治盜賊等 宋李 綱 1126-658-152

論形勝之地 漢高祖保

　　關中光武保河內曹操

　　定兗州唐高祖趨長安 宋李 綱 1126-658-152

論江表 江表自孫氏三

　　世經營之然後能立國 宋李 綱 1126-659-152

論秦隋勢之相似 宋李 綱 1126-660-152

論天下強弱之勢

　　太王居幽事狄此能弱

　　者也……等 宋李 綱 1126-664-153

論深交

　　論張耳陳餘之交 宋李 綱 1126-668-154

論管鮑之交 宋李 綱 1126-669-154

論土崩瓦解蠶食魚爛

　　之勢歷朝天下之勢 宋李 綱 1126-670-154

回施仲廉秀才書

　　論趙穿弑其君 宋葛勝仲 1127-430- 3

齊論 宋葛勝仲 1127-471- 7

南齊論 宋葛勝仲 1127-472- 7

梁論 宋葛勝仲 1127-473- 7

陳論 宋葛勝仲 1127-474- 7

論魏博 宋葛勝仲 1127-474- 7

論彰義 唐憲宗以元和

　　九年秋討蔡 宋葛勝仲 1127-476- 7

論鎭冀 唐憲宗再駕成

　　德出入十年…… 宋葛勝仲 1127-477- 7

論盧龍 論唐長慶之失

　　蕭俛段文昌之功過 宋葛勝仲 1127-478- 7

論澤潞

　　唐會昌澤潞之役 宋葛勝仲 1127-480- 7

外戚論 宋葛勝仲 1127-482- 7

論漢張釋之奏犯蹕當

　　罰金 宋劉才邵 1130-550- 10

論漢景帝明慎刑獄 宋劉才邵 1130-550- 10

四庫全書文集篇目分類索引

史部

史評類：史事雜論

論漢魏相奉行故事·	宋劉才邵	1130-551- 10
衞綰以強國六術說秦孝公（論）	宋李彌遜	1130-659- 8
韓宣惠王欲用公仲公叔爲政（論）	宋李彌遜	1130-660- 8
張儀以商於之地獻楚王（論）	宋李彌遜	1130-660- 8
王翦取荊請美田宅蕭何守關中買田地以自汙（論）	宋李彌遜	1130-661- 8
袁盎言絳侯非社稷臣（論）	宋李彌遜	1130-662- 8
張釋之奏犯蹕當罰（論）	宋李彌遜	1130-663- 8
馮唐言文帝不能用頗牧（論）	宋李彌遜	1130-664- 8
景帝誅晁錯（論）	宋李彌遜	1130-665- 8
武帝作沈命法（論）	宋李彌遜	1130-666- 8
狄山議和親（論）	宋李彌遜	1130-666- 8
張騫使月氏（論）	宋李彌遜	1130-668- 9
嚴助請救東甌（論）	宋李彌遜	1130-669- 9
公孫弘禁民毋得挾弓弩（論）	宋李彌遜	1130-669- 9
徐樂言土崩瓦解之勢（論）	宋李彌遜	1130-670- 9
吾丘壽王奏起上林苑（論）	宋李彌遜	1130-671- 9
何武召江廬江長史（論）	宋李彌遜	1130-672- 9
光武聽群盜自相糾擿（論）	宋李彌遜	1130-672- 9
賈復與寇恂結友(論）	宋李彌遜	1130-673- 9
寇恂斬高峻使皇甫文（論）	宋李彌遜	1130-674- 9
岑彭水戰破蜀兵於荊門（論）	宋李彌遜	1130-674- 9
竇融等歸光武（論）	宋李彌遜	1130-675- 9
董宣殺湖陽蒼頭（論）	宋李彌遜	1130-675- 9
光武徵周黨等至京師（論）	宋李彌遜	1130-676- 9
班超斬虜使（論）	宋李彌遜	1130-677- 9
陳珪說魏武圖呂布（論）	宋李彌遜	1130-678- 9
魏武破袁紹（論）	宋李彌遜	1130-679- 10
魏武征三郡烏丸(論）	宋李彌遜	1130-680- 10
荀或郭嘉言曹袁勝敗（論）	宋李彌遜	1130-681- 10
陳羣勸魏明帝罷力役（論）	宋李彌遜	1130-682- 10
孫策有兼并之志(論）	宋李彌遜	1130-683- 10
劉備取蜀（論）	宋李彌遜	1130-683- 10
諸葛亮嚴刑治蜀(論）	宋李彌遜	1130-684- 10
譙周諫後主（論）	宋李彌遜	1130-685- 10
王導請元帝引江南之望（論）	宋李彌遜	1130-685- 10
熊遠疏（論）	宋李彌遜	1130-686- 10
唐方鎮及神策軍(論）	宋李彌遜	1130-687- 10
屈突通事兩君（論）	宋李彌遜	1130-687- 10
太宗以事出李勣(論）	宋李彌遜	1130-688- 10
狄仁傑感悟武后卒復唐嗣（論）	宋李彌遜	1130-689- 10
郭汾陽不懷私念(論）	宋李彌遜	1130-690- 10
段秀實圖朱泚（論）	宋李彌遜	1130-690- 10
陽城上疏論裴延齡罪（論）	宋李彌遜	1130-691- 10
李絳對憲宗用賢論	宋李彌遜	1130-692- 10
光啓時契丹不敢近邊（論）	宋李彌遜	1130-693- 10
假陸賈對竊以爲漢高帝馬上之功不如項王也	宋胡　宏	1354-286- 35
		1359-522- 76
秦（論）	宋胡　寅	1362- 40- 3
		1362-126- 2
西漢（論）上下	宋胡　寅	1362-128- 2
東漢（論）上下	宋胡　寅	1362-131- 2
曹魏（論）	宋胡　寅	1362-133- 2
蜀（論）	宋胡　寅	1362-134- 2
隋（論）	宋胡　寅	1362-136- 2
開元治亂論	宋陳長方	1139-623- 1
維州論　李德裕在蜀吐番以維州來降牛僧孺爲相挾怨而沮其謀	宋陳長方	1139-624- 1
漢光武晉穆帝禦戎是非策	宋王之望	1139-848- 14
對秦問	宋范　浚	1140- 40- 5
去四凶辨	宋范　浚	1140- 48- 6
周論	宋范　浚	1140- 65- 8
秦論	宋范　浚	1140- 66- 8
六國論	宋范　浚	1140- 68- 8

史部

史評類：史事雜論

篇目	作者	索引號
楚漢論	宋范浚	1140-69-8
唐論	宋范浚	1140-70-8
五代論	宋范浚	1140-71-8
夷齊諫武王論	宋范浚	1140-74-9
魏徵勸太守行仁義論	宋范浚	1140-78-9
聶政刺俠累（論）	宋林之奇	1140-456-12
魏相田文（論）	宋林之奇	1140-456-12
楚悼王相吳起（論）	宋林之奇	1140-457-12
以二卵弃干城之將（論）	宋林之奇	1140-457-12
衞侯言計非是而羣臣和者如出一口（論）	宋林之奇	1140-458-12
齊威王來朝（論）	宋林之奇	1140-458-12
威王封即墨大夫烹阿大夫（論）	宋林之奇	1140-459-12
顯王賜秦獻公黼黻之服（論）	宋林之奇	1140-459-12
諸侯以夷狄遇秦(論)	宋林之奇	1140-460-12
鞅與甘龍論變法	宋林之奇	1140-460-12
有功者各以率受上爵（論）	宋林之奇	1140-461-12
刑公子虔黥公孫賈（論）	宋林之奇	1140-461-12
龐涓自以能不及孫臏而刖其足（論）	宋林之奇	1140-462-12
田忌救趙而引兵走魏都（論）	宋林之奇	1140-463-12
縣置令丞（論）	宋林之奇	1140-463-12
孟嘗君招士（論）	宋林之奇	1140-466-13
孟嘗君書門版使人入謀（論）	宋林之奇	1140-466-13
五國伐秦（論）	宋林之奇	1140-467-13
張儀說秦王(論二則)	宋林之奇	1140-467-13
秦惠王伐蜀（論）	宋林之奇	1140-468-13
攻韓劫天子惡名(論)	宋林之奇	1140-468-13
先從隗始（論）	宋林之奇	1140-469-13
蔡澤說應侯去位(論)	宋林之奇	1140-469-13
秦伐東周（論）	宋林之奇	1140-470-13
鄭國間秦（論）	宋林之奇	1140-470-13
李牧爲趙守邊（論）	宋林之奇	1140-471-13
趙王復將李牧（論）	宋林之奇	1140-471-13
秦趙燕近北敵（論）	宋林之奇	1140-472-13
春申君合從（論）	宋林之奇	1140-472-13
李斯殺韓非（論）	宋林之奇	1140-473-13
燕太子丹報秦（論）	宋林之奇	1140-473-13
荊軻刺秦王（論）	宋林之奇	1140-474-13
盧生與侯生議議始皇始皇怒乃坑儒生（論）	宋林之奇	1140-475-13
二世立論	宋林之奇	1140-475-13
唐文宗出宗女二人（論）	宋周紫芝	1141-458-64
褚遂良對飛雉（論）	宋周紫芝	1141-458-64
太宗得秘識（論）	宋周紫芝	1141-459-64
周昌相趙王如意(論)	宋周紫芝	1141-460-64
韋見素助楊國忠(論)	宋周紫芝	1141-460-64
魏主不殺高允（論）	宋周紫芝	1141-461-64
頡利殺唐儉（論）	宋周紫芝	1141-462-65
五星聚東井（論）	宋周紫芝	1141-463-65
曹操殺孔融荀彧(論)	宋周紫芝	1141-463-65
朱虛侯欲立齊王爲帝（論）	宋周紫芝	1141-464-65
魏主遇旱輟食三日（論）	宋周紫芝	1141-465-65
周世宗平江南（論）	宋周紫芝	1141-465-65
衞青不殺蘇建（論）	宋周紫芝	1141-465-65
公孫述聘譙玄不至（論）	宋周紫芝	1141-466-65
蔡琰蓬首救董祀(論)	宋周紫芝	1141-466-65
王昭君不路畫工(論)	宋周紫芝	1141-467-65
朱建受辟陽侯說(論)	宋周紫芝	1141-467-65
謝朏不受解璽之詔（論）	宋周紫芝	1141-467-65
王恢議伐單于（論）	宋周紫芝	1141-468-65
西漢日食五十有三（論）	宋周紫芝	1141-468-65
論秦以詩廢而亡	宋鄭樵	1141-514-2
（書）壽王議周鼎	宋羅願	1142-477-2
		1375-295-22
與張敬夫（書）		
唐史事雜論	宋朱熹	1143-688-31
讀兩陳遺墨	宋朱熹	1406-549-377
跋王才臣十史論	宋周必大	1147-518-48
呂祖謙十論	宋呂祖謙	489-402-34
晉殺其世子申生論	宋呂祖謙	550-76-211
呂東萊答書		
論陳亮三國紀年一書	宋呂祖謙	1171-613-12
民（論）論天下亡秦	宋陳傅良	1150-911-52
		1359-250-35
		1362-177-8

四庫全書文集篇目分類索引　　1891

史論　　　　　　　宋陳傅良　1359-245- 34
　　　　　　　　　　　　　　1362-101- 13
　　　　　　　　　　　　　　1362-178- 8
國勢論　　　　　　宋陳傅良　1359-283- 40
　　　　　　　　　　　　　　1362-181- 8
恢復論上下
　漢光武帝蜀昭烈帝晉
　元帝復興成敗事　宋陳傅良　1359-284- 40
　　　　　　　　　　　　　　1362- 90- 12
和戎論　　　　　　宋陳傅良　1359-303- 43
張良二疏（論）　　宋陳傅良　1362- 53- 6
士（論）
　論人主畏節義之士　宋陳傅良　1362-102- 13
　　　　　　　　　　　　　　1362-179- 8
天（論）
　論高祖光武之人事　宋陳傅良　1362-177- 8
使過論 論文帝非棄賈誼　宋陳傅良　1362-181- 8
經筵故事 論唐太宗問
　魏徵爲君之道論憲宗
　問中興之道　　　宋王十朋　1151-605- 27
齊魯論　　　　　　宋曾　丰　1156-173- 15
周秦論　　　　　　宋曾　丰　1156-176- 15
武帝謂汲黯無學（論）宋陸九淵　1156-447- 22
張釋之謂今法如是（
　論）　　　　　　宋陸九淵　1156-448- 22
舜九官與孔子門人其
　道異同策　　　　宋員興宗　1158- 71- 10
曾子不與十哲陳平不
　與三傑策　　　　宋員興宗　1158- 72- 10
天與商周以相伊呂策　宋員興宗　1158- 76- 10
漢治迹策　　　　　宋員興宗　1158- 81- 10
孔孟王通公孫弘能言
　國之興衰短長策　宋員興宗　1158- 83- 11
行祖宗故事策 吾觀漢
　唐之策而悲其壞故事　宋員興宗　1158- 84- 11
唐治不過兩漢論　　宋員興宗　1158-145- 17
韓論　　　　　　　宋員興宗　1158-146- 17
黨錮論　　　　　　宋員興宗　1158-154- 18
漢置五屬國　　　　宋洪　适　1158-668- 64
唐宣宗面察刺史能否　宋洪　适　1158-669- 64
漢宣帝誅韓延壽　　宋洪　适　1158-669- 64
周世宗斬樊愛能何徽　宋洪　适　1158-670- 64
仁宗皇帝久任許元　宋洪　适　1158-671- 64
上王正言翁子 請宋沈
　清臣以言得罪事　宋薛季宣　1159-405- 26

跋王才臣史論　　　宋楊萬里　1161-299-100
蜀論（二則）　　　宋韓元吉　1165-262- 17
吳論　　　　　　　宋韓元吉　1165-265- 17
漢高祖豁丁公辨　　宋韓元吉　1165-274- 17
五帝其臣莫及論　　宋史堯弼　1165-737- 7
光武授鄧禹西討論　宋史堯弼　1165-750- 7
光武以柔道理天下論　宋史堯弼　1165-753- 8
河朔擊地還天子論　宋史堯弼　1165-759- 8
秦（論三則）　　　宋陳　造　1166-406- 32
漢楚爭戰（論）　　宋張　栻　1167-553- 16
（論）王陵陳平周勃
　處呂后之事如何　宋張　栻　1167-555- 16
賈董奏篇其間議論執
　得執失　　　　　宋張　栻　1167-556- 16
（論）武帝奢費無度
　窮兵黷武而不至亂
亡前輩雖云嘗論之
　尚有紬繹者　　　宋張　栻　1167-557- 16
漢家雜伯（論）　　宋張　栻　1167-557- 16
西漢儒者名節何以不
　競（論）　　　　宋張　栻　1167-561- 17
（論）自元成以後居
　位大臣有可取者否　宋張　栻　1167-561- 17
（論）自高帝諸將之
　外其餘漢將執賢　宋張　栻　1167-562- 17
光武不任功臣以事（
　論）　　　　　　宋張　栻　1167-563- 17
光武崇隱逸（論）　宋張　栻　1167-564- 17
晉元帝中興得失(論)　宋張　栻　1167-567- 17
跋陳履道辯誣卷　　宋黃　榦　1168-240- 22
（靖康年間史事）雜
　記（三十一則）　宋周　南　1169-107- 8
問答凡一十二道　　宋陳　亮　1171-523- 3
問答　　　　　　　宋陳　亮　1171-531- 4
酌古論序　　　　　宋陳　亮　1171-538- 5
酌古論——王珪確論
　如何　　　　　　宋陳　亮　1171-572- 9
酌古論——揚雄度越
　諸子（論）　　　宋陳　亮　1171-573- 9
酌古論——勉強行道
　大有功（論）　　宋陳　亮　1171-575- 9
子房賈生孔明魏徵何
　以學異端（策）　宋陳　亮　1171-601- 11
蕭曹丙魏房杜姚宋何
　以獨名於漢唐（策）宋陳　亮　1171-602- 11

史部
史評類：史事雜論

1892　　　　　　　　　四庫全書文集篇目分類索引

跋吳仲堅史論	宋眞德秀	1174-530- 34
論斬馬謖	宋吳　泳	1176-363- 37
治國大體之功論		
吾觀漢初之事而疑世		
變升降之會決于此矣	宋方大琮	1178-261- 24
論漢唐誅賞	宋趙汝騰	1181-282- 5
七月十三日進講（進講續通鑑綱目荷秦建元九年慧星見占者以爲燕當滅秦之證）	宋徐元杰	1181-612- 1
甲辰九月十六日進講（讀通鑑綱目謝安興宮之役王彪之勸以時方多故不當窮奢極侈）	宋徐元杰	1181-613- 1
二桃殺三士贊	宋釋居簡	1183- 79- 6
跋繆上舍萬年論丁相大全詞案	宋文天祥	1184-607- 14
古封建唐藩鎭（論）		
有關文	宋林希逸	1185-640- 8
蜀先主託孤說	宋王　柏	1186- 91- 6
明帝告馬后說	宋王　柏	1186- 91- 6
跋曹昌谷鉞荊門遺事	宋王　柏	1186-182- 12
德夫弟史斷跋	宋王　柏	1186-203- 13
外丙仲壬（論）	宋馬廷鸞	1187-149- 21
文武受命之年（論）	宋馬廷鸞	1187-150- 21
武王問箕子以殷亡殺紂是非箕子不忍言王亦醜之問以天道作洪範（論）	宋馬廷鸞	1187-150- 21
成王幼方亮陰周公爲家宰聽政事（論）	宋馬廷鸞	1187-150- 21
厲王共和（論）	宋馬廷鸞	1187-151- 21
貞定王三年乙亥晉空桐震臺舍壞人多死（論）	宋馬廷鸞	1187-151- 21
東西二周（論）	宋馬廷鸞	1187-153- 21
以張敖故臣田叔等十人爲郡守諸侯相（論）	宋馬廷鸞	1187-154- 21
陳平受命誅樊噲囚噲還上崩因留宿衞（論）	宋馬廷鸞	1187-154- 21
跋范天碧定史詩	宋牟　巘	1188-155- 17

秦論	宋何去非	556-494- 94
		1351-151-100
西晉論	宋何去非	1351-152-100
		1407- 13-395
漢文殺薄昭論	宋程　頤	1345-683- 9
唐虞論	宋李清臣	1346-278- 19
三代論	宋李清臣	1346-279- 19
秦論	宋李清臣	1346-280- 19
		1418-557- 54
西漢論	宋李清臣	1346-281- 19
東漢論	宋李清臣	1346-283- 19
魏論	宋李清臣	1346-284- 19
梁論	宋李清臣	1346-285- 19
隋論	宋李清臣	1346-287- 19
		1351-146-100
		1418-558- 54
唐論	宋李清臣	1346-288- 19
五代論	宋李清臣	1346-289- 19
唐說	宋尹　源	1351-222-107
		1407-363-428
劄說（五則）武帝征伐晁錯爲國……等	宋呂大鈞	1351-234-108
責助論　周公留召公舜命禹而行之……等事	宋程大昌	1359-292- 42
贊襄論　禹皋伊尹周公……等之爲相	宋會毅齋	1359-293- 42
秦（論）	宋方　恬	1362- 42- 4
		1362-110- 15
		1375-355- 28
西漢（論五則）	宋方　恬	1362-111- 15
		1375-355- 28
西漢論一二三	宋方　恬	1375-355- 28
虞舜漢文用刑	宋楊　時	1362-191- 9
高帝封建（論）	宋陳　武	1362-283- 11
史官周鼎（論）	宋陳　武	1362-287- 11
良平不與十八侯位次議	宋江潤身	1375-338- 26
論麟閣功臣瀛洲學士屈蘇武麟閣之繆也置敬宗瀛州之玷也	宋胡敏翁	1375-360- 28
相者說	宋江　霆	1375-391- 31
建康攻守策	宋張敦頤	1375-418- 33
總論西漢論東漢論等	金趙秉文	1190-225- 14
西漢論	金趙秉文	1190-226- 14
東漢論	金趙秉文	1190-227- 14

史部　史評類：史事雜論

四庫全書文集篇目分類索引　　　　　　1893

魏晉正名論	金趙秉文	1190-229- 14
蜀漢正名論	金趙秉文	1190-230- 14
唐論	金趙秉文	1190-231- 14
遷都論	金趙秉文	1190-233- 14
題余尹甫詠史詩序	元王義山	1193- 33- 5
晉范文子論鄢陵之戰	元胡祗遹	1196-344- 20
東西周辯	元吳　澄	538-585- 77
		1197- 18- 1
		1367-584- 44
裴中立不引韓愈共事	元王　惲	1200-585- 44
與傅嘉父書論杞	元吳　萊	1209-100- 6
樂正子徵鼎辨	元吳　萊	1209-121- 7
胡氏管見唐柳宗元封建論後題	元吳　萊	1209-143- 8
辨史十六則	元黃　溍	1209-458- 7下
秦隋論	元吳師道	1212-109- 10
漢高祖索羹論	元鄭　玉	1217- 7- 2
		1375-367- 29
讀歐陽公趙盾許止弑君論	元鄭　玉	1217- 12- 2
漢昭烈顧命論	元鄭　玉	1217- 14- 2
		1375-368- 29
子陵不屈光武論	元鄭　玉	1217- 15- 2
招隱論		
請以商周以來經史所載拔其尤而論之	元謝應芳	1218-323- 14
論唐太宗六月四日事	元戴　良	1219-294- 4
霸論八則	元汪克寬	1220-677- 3
梁惠王葬議	元楊維楨	587-727- 18
辯遼宋金正統	元修　端	1367-589- 45
堯湯水旱說	明太祖	1223-163- 15
隋室興亡論	明宋　濂	1224-441- 28
燕書二首	明宋　濂	1410-828-776
三代異尚論	明王　行	1231-302- 2
論湘東王敕任約	明鄭　眞	1234-191- 35
論齊肅宗殺濟南王	明鄭　眞	1234-191- 35
盤庚遷都論	明王　紳	1234-710- 5
西伯伐崇（論）	明方孝孺	1235-123- 4
		1374-318- 54
（辨）武王誅紂	明方孝孺	1235-123- 4
東漢（論）	明方孝孺	1235-154- 5
		1373-634- 10
晉論二首	明方孝孺	1235-163- 5
周齊之事（論）	明方孝孺	1235-175- 5
唐（論）	明方孝孺	1235-177- 5

		1407- 20-396
閱俗	明方孝孺	1235-185- 6
武王誅紂（論）	明方孝孺	1374-318- 54
		1407- 19-396
論孫甫薦富弼代晏殊事	明王叔英	1373-637- 11
讀史錄	明張　寧	1247-581- 27
卞和三獻玉說	明丘　濬	1248-430- 21
（論）周使趙匡胤帥師渠禦漢至陳橋匡胤自立而還	明何喬新	1249- 52- 4
（論）贈周副都指揮使韓通爲中書令	明何喬新	1249- 53- 4
（論）遣使賑貸諸州立太廟追帝其祖考	明何喬新	1249- 53- 4
（論）以大梁爲東京開封府洛陽爲西京河南府	明何喬新	1249- 54- 4
（論）太祖好微行	明何喬新	1249- 55- 4
（論）昭憲太后疾革命太祖曰……	明何喬新	1249- 55- 4
（論）殿前副都點檢高懷德等五人罷兵就鎭	明何喬新	1249- 56- 4
（論）黜鄭起楊徽之爲縣令	明何喬新	1249- 57- 4
（論）初太祖將改元……	明何喬新	1249- 57- 4
（論）河決澶州通判姚恕坐不卽以聞棄市……	明何喬新	1249- 58- 4
（論）命宰輔日錄時政送史館	明何喬新	1249- 58- 4
（論）太祖有疾召晉王光義入侍……	明何喬新	1249- 59- 4
（論）太宗發太原遂伐遼圍幽州……	明何喬新	1249- 60- 4
（論）趙普使柴禹錫等告秦王廷美驕恣……	明何喬新	1249- 60- 4
（論）太宗卽位之初命秦王廷美尹開封……	明何喬新	1249- 61- 4
（論）太宗勤於讀書自已至申然後釋卷		

史部

史評類：史事雜論

史部

史評類：史事雜論

篇目	作者	冊-頁-欄
詔史館修太平御覽一千卷日進三卷	明何喬新	1249-61-4
（論）有事於南郊大赦	明何喬新	1249-62-4
（論）李昉爲相每有求進者……	明何喬新	1249-62-4
（論）度支判官宋沆伏閤奏疏請立太子……	明何喬新	1249-63-4
（論）趙普嘗謂帝曰臣有論語一部……	明何喬新	1249-63-4
（論）李順陷成都…	明何喬新	1249-64-4
（論）帝觀燈于乾元樓	明何喬新	1249-64-4
（論）開寶皇后宋氏崩貶翰林學士禹偁知滁州	明何喬新	1249-65-4
（論）以陳靖爲京西勸農使未行而罷	明何喬新	1249-65-4
（論）初太宗以劉昌言罷問左右曰……	明何喬新	1249-66-4
（論）張齊賢爲相嘗從容爲帝言皇王之道	明何喬新	1249-66-4
（論）眞宗命三司使陳恕條具中外錢穀以聞……	明何喬新	1249-67-4
（論）契丹敗宋師于洛州……	明何喬新	1249-67-4
（論）寇準爲相用人不以次同列不悅…	明何喬新	1249-68-4
（論）寇準還自澶淵頗自矜其功……	明何喬新	1249-68-4
（論）葬明德皇后	明何喬新	1249-69-4
（論）帝深以澶淵城下之盟爲辱……	明何喬新	1249-70-5
（論）上封事者言兩漢賢良……	明何喬新	1249-71-5
（論）內侍江守恩有罪伏誅……	明何喬新	1249-71-5
（論）上聖祖尊號…	明何喬新	1249-72-5
（論）立德妃劉氏爲皇后	明何喬新	1249-72-5
（論）帝久欲相王欽若……	明何喬新	1249-73-5
（論）刱永興軍寇準得天書于乾佑山	明何喬新	1249-73-5
（論）曹利用以從子汭逆謀貶隨州……	明何喬新	1249-74-5
（論）賜龍虎道士張乾曜號澄素先生	明何喬新	1249-74-5
（論）莊獻太后稱制……	明何喬新	1249-74-5
（論）皇后郭氏誤批上頸……	明何喬新	1249-75-5
（論）廢后郭氏薨…	明何喬新	1249-75-5
（論）詔梁唐晉漢周朝三品以上官子孫依律敍蔭	明何喬新	1249-76-5
（論）貶權知開封府范仲淹……	明何喬新	1249-76-5
（論）章得象爲翰林學士時莊獻太后臨朝……	明何喬新	1249-77-5
（論）以夏竦爲涇原秦鳳路安撫使……	明何喬新	1249-77-5
（論）契丹遣使來求關南地……	明何喬新	1249-78-5
（論）以富弼爲翰林學士固辭不拜	明何喬新	1249-78-5
（論）元昊更名曩霄上書講和	明何喬新	1249-78-5
（論）范仲淹富弼杜衍韓琦相繼罷歐陽修上疏論之……	明何喬新	1249-79-5
（論）王安石自以楚士寓援中朝……	明何喬新	1249-79-5
（論）种諤襲取夏鬼名山以歸遂城綏州	明何喬新	1249-80-5
（論）帝以災變避殿減膳徹樂……	明何喬新	1249-80-5
（論）以王安石參政事議行新法	明何喬新	1249-81-5
（論）監察御史程顥乞罷許之	明何喬新	1249-81-5
（論）募民齎坊場河渡	明何喬新	1249-82-5
（論）置京城邏卒察誘時政者	明何喬新	1249-82-5
（論）呂嘉問提舉市		

易恃勢凌三司使薛向…… 明何喬新 1249-82- 5

（論）初呂惠卿迎合王安石建立新法故安石力援引…… 明何喬新 1249-83- 5

（論）詔韓縝如河東割地以界遼…… 明何喬新 1249-84- 5

（論）罷手實法 明何喬新 1249-84- 5

（論）帝嘗有意於燕薊詔太后白其事… 明何喬新 1249-85- 5

（論）蘇軾以事不便民者不敢言以詩托諷庶有益於國 明何喬新 1249-85- 5

（論）王安石卒 明何喬新 1249-86- 5

（論）尚書左僕射兼門下侍郎司馬光卒 明何喬新 1249-86- 5

（論）呂公著當國舉賢在朝不能以類相從…… 明何喬新 1249-87- 5

（論）熙豐舊臣爭起邪說以惑在位…… 明何喬新 1249-87- 5

（論）以范純仁爲尚書右僕射…… 明何喬新 1249-88- 6

（論）廷試進士李清臣發策歷詆元祐之政…… 明何喬新 1249-89- 6

（論）召蔡京爲翰林學士…… 明何喬新 1249-89- 6

（論）以張商英爲尚書右僕射…… 明何喬新 1249-90- 6

（論）太后劉氏自殺…… 明何喬新 1249-90- 6

（論）詔馬政浮海如金預請燕雲之地 明何喬新 1249-90- 6

（論）詔童貫蔡攸勒兵巡邊以應金 明何喬新 1249-91- 6

（論）以李邦彥爲太宰…… 明何喬新 1249-92- 6

（論）金斡里雅布圍京師 明何喬新 1249-92- 6

（宋）宇文虛中免言者劾其議和之罪出知青州 明何喬新 1249-93- 6

（宋）以郭京爲成忠郎選六甲兵以禦金 明何喬新 1249-93- 6

（宋）金立張邦昌爲楚帝 明何喬新 1249-94- 6

（宋）以宗澤爲東京留守澤累表請帝還京…… 明何喬新 1249-94- 6

（宋）李綱罷車駕遂東幸…… 明何喬新 1249-95- 6

（論）殺前太學錄陳東布衣歐陽澈 明何喬新 1249-95- 6

（論）金襲信王榛於五馬山岩取之…… 明何喬新 1249-96- 6

（論）遣杜時亮請和於金致書尼瑪哈日…… 明何喬新 1249-96- 6

（論）張浚殺左武大夫曲端…… 明何喬新 1249-97- 6

（論）初張浚嘗與趙鼎論人才…… 明何喬新 1249-97- 6

（論）以何鑄爲金國報謝進誓表使…… 明何喬新 1249-98- 6

（論）行人王倫爲金所殺 明何喬新 1249-98- 6

（論）金殺其翰林學士宇文虛中 明何喬新 1249-99- 6

（論）帝銳意恢復… 明何喬新 1249-99- 6

（論）罷張浚判福州行次餘干卒 明何喬新 1249-100- 6

（論）陳俊卿以用人爲己任 明何喬新 1249-100- 6

（論）朱熹行部至台…… 明何喬新 1249-101- 6

（論）金主雍卒 明何喬新 1249-101- 6

（論）陳亮詣闕上書…… 明何喬新 1249-102- 6

（論）帝及皇后幸玉津園…… 明何喬新 1249-102- 6

（論）削前秘閣修撰朱熹官…… 明何喬新 1249-103- 6

（論）前秘閣修撰朱熹卒 明何喬新 1249-103- 6

（論）婺州處士呂祖泰上書乞斬韓侂胄…… 明何喬新 1249-105- 7

（論）金主永濟殺章宗元妃李氏承御賈

史部

史評類：史事雜論

篇目	作者	編號	卷
氏	明何喬新	1249-106-	7
（論）史彌遠矯詔立沂王子貴誠……	明何喬新	1249-106-	7
（論）湖州潘壬起兵……	明何喬新	1249-107-	7
（論）贈全州教授陸九齡直秘閣諡文達……	明何喬新	1249-107-	7
（論）朝廷以淮亂相仍遣使必蘗始欲輕淮而重江……	明何喬新	1249-108-	7
（論）金主如蔡州	明何喬新	1249-108-	7
（論）李知孝貪猥與梁成大共爲史彌遠羽翼……	明何喬新	1249-109-	7
（論）趙范趙葵請復三京詔全子才會師趨汴	明何喬新	1249-109-	7
（論）召魏了翁還以爲僉書樞密院事固辭不拜	明何喬新	1249-110-	7
（論）詔經筵進講朱熹通鑑綱目	明何喬新	1249-110-	7
（論）蒙古楊維中建太極書院於燕京…	明何喬新	1249-111-	7
（論）蒙古前中書耶律楚材卒	明何喬新	1249-111-	7
（論）資政殿學士余玠卒	明何喬新	1249-111-	7
（論）丁大全逐右丞相董槐於城外詔罷槐爲提舉洞霄宮	明何喬新	1249-112-	7
（論）帝年高內侍董宋臣盧允昇爲之聚斂以媚悅帝意……	明何喬新	1249-112-	7
（論）蒙古建元中統	明何喬新	1249-113-	7
（論）以賈似道爲太師……	明何喬新	1249-113-	7
（論）蒙古建國號曰元	明何喬新	1249-114-	7
（論）知襄陽府呂文煥以城降於元	明何喬新	1249-114-	7
（論）呂文煥侵鄂州……	明何喬新	1249-115-	7
（論）元徇饒州故相江萬里死之	明何喬新	1249-115-	7
（論）有二星鬥於中天一星隕	明何喬新	1249-116-	7
（論）謝枋得自以與呂師夔善……	明何喬新	1249-116-	7
（論）元克潭州知州李芾死之	明何喬新	1249-117-	7
（論）陳宜中棄位而逃	明何喬新	1249-117-	7
（論）錢塘江潮三日不至	明何喬新	1249-118-	7
（論）帝及皇太后全氏北去……	明何喬新	1249-118-	7
（論）元董文炳徇處州	明何喬新	1249-118-	7
（論）陳宜中欲奉帝走占城……	明何喬新	1249-119-	7
（論）元張弘範遣人語厓山士民曰……	明何喬新	1249-119-	7
（論）元張弘範襲厓山……	明何喬新	1249-120-	7
（論）都元帥張弘範卒	明何喬新	1249-121-	8
（論）初太子之奔太原……	明何喬新	1249-122-	8
（論）殺宋少保樞密使信國公文天祥	明何喬新	1249-122-	8
（論）徵劉因爲贊善大夫尋辭歸	明何喬新	1249-123-	8
（論）僧格薦盧世榮才能富國以爲右丞……	明何喬新	1249-123-	8
（論）以僧格爲平章政事諾爾根薩里爲右丞……	明何喬新	1249-124-	8
（論）福建參知政事魏天祐執宋謝枋得……	明何喬新	1249-124-	8
（論）逮西僧嘉木揚喇勒智下獄尋釋之	明何喬新	1249-125-	8
（論）御史中丞崔或得傳國璽獻之	明何喬新	1249-125-	8
（論）賜宋使者家鉉翁號處士遣還鄉	明何喬新	1249-126-	8
（論）翰林學士承旨			

四庫全書文集篇目分類索引

留夢炎致仕　　　　　　明何喬新　1249-126- 8
（論）昭文館大學士平章軍國事博果密卒　　　　　　　　明何喬新　1249-127- 8
（論）蘭翁處士金履祥卒　　　　　　　　明何喬新　1249-127- 8
（論）哈瑪爾矯詔殺右丞相托克托……　明何喬新　1249-128- 8
（論）哈喇哈遜等言……　　　　　　　　明何喬新　1249-128- 8
（論）徐壽輝破江州總管李黼死之　　　　明何喬新　1249-129- 8
（論）加宦者李邦寧大司徒兼左丞相　　　明何喬新　1249-129- 8
（論）史臣論武宗日……　　　　　　　　明何喬新　1249-130- 8
（論）以趙孟頫爲翰林學士承旨　　　　　明何喬新　1249-130- 8
（論）敕建西山佛寺甚亟……　　　　　　明何喬新　1249-131- 8
（論）開經筵……　　　明何喬新　1249-131- 8
（論）張珪等言賈胡中賣寶石……　　　　明何喬新　1249-131- 8
（論）八月丙戌明宗還次……　　　　　　明何喬新　1249-132- 8
（論）監察御史陳思謙言……　　　　　　明何喬新　1249-133- 8
（論）文宗以明宗在時素謂托歡特穆爾非其子……　　　明何喬新　1249-133- 8
（論）詔罷科舉……　明何喬新　1249-134- 8
（論）帝以世祖在位長久欲祖述之……　　明何喬新　1249-135- 8
讀唐史　　　　　　　　明李東陽　1406-557-378
報應說　論准陰侯何進自有殺身之道　　　明程敏政　1252-193- 11
宋太祖太宗授受辨　　明程敏政　1252-194- 11
　　　　　　　　　　　　　　　　1454-255-110
隋論　　　　　　　　　明程敏政　1252-198- 11
相論　　　　　　　　　明王　鏊　1256-482- 33
擬皋言(一)
　　昔者孝宗在御恭仁禮下言者過爲激切……　明王　鏊　1256-484- 33
貞觀小斷　幷序　　　　明張　吉　1257-626- 3
探符之妄（說）　　　　明蔡　清　1257-872- 4

使札對　　　　　　　　明邵　寶　1258- 86- 9
對秦問　　　　　　　　明邵　寶　1258- 96- 10
高祖殺韓信（論）　　　明胡居仁　1260- 47- 2
載論（宋神宗與王安石）　　　　　　　　明祝允明　1260-513- 11
王孫滿卻楚論　　　　　明顧　清　1261-310- 4
史論　　　　　　　　　明康　海　1407- 69-402
講義十二首（沛公得張良以爲廝將）　　　明崔　銑　1267-465- 4
講義十二首（以汶陽爲主爵都尉）　　　　明崔　銑　1267-466- 4
宋復讎論　　　　　　　明崔　銑　1267-556- 8
議宋事五條　　　　　　明崔　銑　1267-585- 10
武帝不冠不見黯論　　　明鄭善夫　1269-196- 15
過秦論　　　　　　　　明楊　慎　 556-497- 94
二伯論上下
　　齊桓公晉文公　　　明楊　慎　1270- 60- 5
房杜謀斷相資（論）　　明孫承恩　1271-535- 43
三晉（論）　　　　　　明孫承恩　1271-537- 43
商鞅變法（論）　　　　明孫　　　1271-538- 43
秦儒（論）辨鄭樵言
　　秦未嘗廢儒之悖繆　明孫承恩　1271-540- 43
主和論　　　　　　　　明羅洪先　1407- 74-402
堯湯水旱解　　　　　　明王立道　1277-827- 6
充國不欲歸功二將（論）　　　　　　　　明王立道　1277-849- 8
管仲致憾於鮑叔(論)　明王立道　1277-854- 8
行沖請備藥物之末　　　明王立道　1277-861- 8
問張良爲韓報讎何如　　明王立道　1277-864- 8
李斯諫逐客（論）　　　明王立道　1277-878- 0
雋不疑引經斷獄(論)　明王立道　1277-881- 0
仇香化陳元論　　　　　明李攀龍　1407-275-419
閼天不路紛辨　　　　　明王世貞　1280-748-110
成王賜伯禽天子禮樂辨上下　　　　　　　明王世貞　1280-749-110
書趙世家公孫杵臼程嬰事後　　　　　　　明王世貞　1285- 10- 1
五霸辯　　　　　　　　明胡應麟　1290-718- 99
少康中興辯　　　　　　明胡應麟　1290-719- 99
文丁殺季歷辯　　　　　明胡應麟　1290-720- 99
夷齊叩馬辯　　　　　　明胡應麟　1290-721- 99
東遷辯　　　　　　　　明胡應麟　1290-722- 99
題范茂明淮陰先生辯
　　陳同父酌古論　　　明胡應麟　1290-767-106
論學揭東林　　　　　　明高攀龍　1454-762-169

史部

史評類：史事雜論

篇目	作者	索引號
紀信不侯辨	明黃淳耀	1297-723-7
我朝度越歷代五事	明謝鐸	443-21-1
晉論	明郭子章	550-78-211
宋都汴論	明李濂	587-729-18
		1454-46-89
孔子墮三都（論）	明王廉	1373-616-9
論李綱請固守京師之非	明王廉	1373-620-9
殷民叛周論	明周洪謨	1373-648-11
		1454-21-85
牛李維州事（論）	明胡廣	1374-321-55
季布止伐匈奴（論）	明胡廣	1374-322-55
陳平用陸賈之謀(論)	明胡廣	1374-323-55
唐太宗征高麗（論）	明胡廣	1374-326-55
周論	明胡一桂	1375-362-29
周公居東二年辨	明汪敬	1375-382-30
十三伯（論）	明俞皋	1375-453-35
宋太祖傳位論	明陸佃	1407-21-396
羽翼已成論	明許辨	1407-75-402
責和氏璧	明黃道周	1410-839-776
唐神堯罷浮屠老子法議	明吾謹	1453-709-76
宋論（二則）	明劉定之	1454-23-86
夾谷前後（論）	明席書	1454-30-87
三代至秦渾沌之再	明張居正	1454-108-94
論三代	明孟思	1454-133-97
宋鄭俠流民圖說	明陳沂	1454-215-106
諸曹倣臺諫說	明顧大章	1454-231-109
泰伯三以天下讓辨	明王漸逵	1454-271-112
孔子誅少正卯辨上下	明陸瑞家	1454-275-113
周公不殺兄辯	明郝敬	1454-312-117
原（王安石）新法	明周思兼	1454-422-131
與李縣尹書（考古）考史鉞	明張汝弼	1455-136-194
爲人序宋論	明楊循吉	1455-360-212
漢紀論	明蘇濬	1466-694-57
唐紀論	明蘇濬	1466-694-57
宋紀論	明蘇濬	1466-694-57
開國紀論	明蘇濬	1466-694-57
遜國紀論	明蘇濬	1466-694-57
啟聖紀論	明蘇濬	1466-695-57
閱史緒論（一百零七則）	清聖祖	1298-686-38
宋高宗父母之讎終身不雪論	清聖祖	1299-154-19
周平王東遷論	清高宗	1300-306-3
韓淮陰背水陣破趙論	清高宗	1300-310-4
西漢總論	清高宗	1300-311-4
東漢總論	清高宗	1300-313-4
蜀漢興亡論	清高宗	1300-313-4
東吳總論	清高宗	1300-314-4
東晉總論	清高宗	1300-315-4
唐總論	清高宗	1300-322-5
後唐總論	清高宗	1300-324-6
北宋總論	清高宗	1300-327-6
南宋總論	清高宗	1300-329-6
論漢光武廢郭后事	清高宗	1301-304-3
書司空圖論封建事	清高宗	1301-475-31
論趙簡子齊威王事	清高宗	1301-578-2
卞和獻璞說	清高宗	1301-587-3
補詠安南戰圖六律序	清高宗	1301-626-9
補詠戰勝廓爾喀六圖序	清高宗	1301-631-9
書宋孝宗賜曾覿書册後	清高宗	1301-640-10
書光武大破莽兵於昆陽事	清高宗	1301-651-12
書晏嬰叔向論齊晉事	清高宗	1301-656-13
書隋文帝改元事	清高宗	1301-657-13
讀史	清高宗	1301-659-14
補詠平苗戰圖四章序	清高宗	1301-693-1
伍胥復讎論	清吳偉業	1312-411-40
三國論	清魏裔介	1312-901-14
李淳風答太宗論	清魏裔介	1312-902-14
明季利弊論	清魏裔介	1312-909-14
吳越無伯辨	清汪琬	1315-279-9
秦論	清陳廷敬	1316-472-32
漢高帝得天下之正論	清陳廷敬	1316-473-32
漢高帝知呂氏之禍亂論	清陳廷敬	1316-473-32
狄仁傑舉其子論	清陳廷敬	1316-474-32
陳子昂仕武后論	清陳廷敬	1316-475-32
李善感諫封禪論	清陳廷敬	1316-476-32
周公居東論	清朱鶴齡	1319-127-11
邲鄢衡三國辨	清朱鶴齡	1319-135-12
答施愚山侍講問公山弗擾書	清毛奇齡	1320-149-18
與沈思齊進士論薄后稱側室書	清毛奇齡	1320-161-19
春秋四大國論		

四庫全書文集篇目分類索引

齊晉秦楚　　　　　　　　清姜宸英　1323-708- 4
論日本貢市入寇始末　　　清姜宸英　1323-721- 4
前漢（說）　　　　　　　清姜宸英　1323-833- 8
後漢（說）　　　　　　　清姜宸英　1323-834- 8
（建文遜跡）白雲山
　論　　　　　　　　　　清田　雯　572-303- 37
書蘇子由三宗論後　　　　清李光地　1324-840- 22
記王巽功周公居東說　　　清方　苞　1326-735- 1
禁校　乾德初太祖與石
　守信等夜飲一言而釋
　其兵後遂盡收藩鎮之
　權者……　　　　　　　清儲大文　1327-163- 9
宰相漢陳平唐房喬杜如
　晦宋文彥博等爲相事　清儲大文　1327-164- 9
用人（論）
　唐陸贄論任用人事　　清儲大文　1327-164- 9
宦官　宦官之禍東漢唐
　明尤烈　　　　　　　清儲大文　1327-165- 9
門生故吏 宋章惇蔡卞
　……等用人事　　　　　清儲大文　1327-166- 9
藩鎮（論）
　宋靖康中李忠定知樞
　密院事以三鎮之堅守
　也上備邊禦敵八事　　清儲大文　1327-179- 9
叔孫通起朝儀徵魯兩
　生不至論　　　　　　清藍鼎元　1327-742- 11
漢以周昌爲趙相趙堯
　爲御史大夫論　　　　清藍鼎元　1327-743- 11
韓持國服義論　　　　　清藍鼎元　1327-743- 11
書王弁州完璧論後　　　清藍鼎元　1327-827- 16
戰城濮論　　　　　　　清魏　禧　550- 80-211
戰鄢論　　　　　　　　清魏　禧　550- 81-211
戰邲論　　　　　　　　清魏　禧　550- 81-211
戰案論　　　　　　　　清魏　禧　550- 82-211
孫吳論　　　　　　　　清尤　禮　1449-471- 3
筆公進規論
　魏太武納古弼之規而
　不以游田荒戒備不以
　徵發輕農功　　　　　清弘　畫　1449-477- 4
京房老功課吏論　　　　清福　彭　1449-484- 4
讀李文饒近侍論　　　　清張　英　1449-510- 6
史論大凡人臣之進說於
　君也衰之以經術而已　清張　漢　1449-560- 9

c. 史　論

1. 論個人（姓名氏）

二　畫

●丁　公漢
丁公說　　　　　　　　宋司馬光　1346- 62- 4
●丁　鴻漢
劉愷丁鴻執賢（論）　　宋蘇　軾　1377-681- 32
丁鴻（論）　　　　　　劉宋范　曄　1378- 46- 35
　　　　　　　　　　　　　　　　　1406-662-388
●丁伯桂宋
丁伯桂列傳論　　　　　明黃仲昭　1254-606- 下
●卜　式漢
公孫弘卜式兒寬傳贊　　漢班　固　1355-411- 14
　　　　　　　　　　　　　　　　　1406-636-386
　　　　　　　　　　　　　　　　　1417-377- 19
卜式論　　　　　　　　明鍾　惺　1407- 83-402

三　畫

●士　燮周
范文子論　　　　　　　宋蘇　轍　550- 76-211
士變論（范文子論）　　宋蘇　軾　550- 70-211
　　　　　　　　　　　　　　　　　1107-586- 42
　　　　　　　　　　　　　　　　　1384-555-129
●士　燮吳
評劉繇太史慈士燮　　　晉陳　壽　1361-751- 53
　　　　　　　　　　　　　　　　　1406-653-387
●子　重周
論子重　　　　　　　　宋陳　淵　1139-533- 22
●子　囊周
城郛論 釋子囊囊瓦城郛　宋劉　敞　1095-733- 39
●于　禁魏
評張遼樂進于禁張郃
　徐晃　　　　　　　　晉陳　壽　1361-744- 51
　　　　　　　　　　　　　　　　　1406-650-387
●于　謙明
于忠肅論　　　　　　　清方　苞　1326-796- 5
●于定國漢
于定國（論）　　　　　宋呂祖謙　1362-246- 6
雋疏于薛平彭(傳贊)　　漢班　固　1406-639-386
●山　雲明
山襄毅論　　　　　　　明熊飛渭　568-490-118

四　畫

●卞　和周
卞和論　　　　　　　　明唐　肅　534-514- 97
　　　　　　　　　　　　　　　　　1373-622- 9
責和氏璧　　　　　　　宋劉　敞　1095-827- 48
　　　　　　　　　　　　　　　　　1351-442-126

四庫全書文集篇目分類索引

史部　史評類：史論

		1410-820-775
●方　壬宋		
方壬列傳論	明黃仲昭	1254-597-　下
●方　來宋		
方來列傳論	明黃仲昭	1254-597-　下
●方　祐元		
方祐列傳論	明黃仲昭	1254-619-　下
●方　珪明		
方珪列傳論	明黃仲昭	1254-612-　下
●方　偕宋		
方偕列傳論	明黃仲昭	1254-601-　下
●方　喜宋		
方喜列傳論	明黃仲昭	1254-616-　下
●方　絢宋		
方絢列傳論	明黃仲昭	1254-620-　下
●方　會宋		
方會列傳論	明黃仲昭	1254-601-　下
●方　熙明		
方熙列傳論	明黃仲昭	1254-618-　下
●方　蒿宋		
方蒿列傳論	明黃仲昭	1254-596-　下
●方　嶠宋		
方嶠列傳論	明黃仲昭	1254-601-　下
●方　儀宋		
方儀列傳論	明黃仲昭	1254-595-　下
●方　徵明		
方徵列傳論	明黃仲昭	1254-612-　下
●方　瀨明		
方瀨列傳論	明黃仲昭	1254-598-　下
●方　樸明		
方樸列傳論	明黃仲昭	1254-618-　下
●方　鯉明		
方鯉列傳論	明黃仲昭	1254-612-　下
●方士繇宋		
方士繇列傳論	明黃仲昭	1254-597-　下
●方大壯宋		
方大壯列傳論	明黃仲昭	1254-597-　下
●方大琮宋		
方大琮列傳論	明黃仲昭	1254-606-　下
●方之泰宋		
方之泰列傳論	明黃仲昭	1254-598-　下
●方元宋宋		
方元宋列傳論	明黃仲昭	1254-596-　下
●方公袞宋		
方公袞列傳論	明黃仲昭	1254-614-　下
●方次彭宋		
方次彭列傳論	明黃仲昭	1254-609-　下
●方廷實宋		
方廷實列傳論	明黃仲昭	1254-604-　下
●方亞夫宋		
方亞夫列傳論	明黃仲昭	1254-619-　下
●方阜鳴宋		
方阜鳴列傳論	明黃仲昭	1254-598-　下
●方秉白宋		
方秉白列傳論	明黃仲昭	1254-620-　下
●方信孺宋		
方信孺列傳論	明黃仲昭	1254-606-　下
●方惟深宋		
方惟深列傳論	明黃仲昭	1254-618-　下
●方崧卿宋		
方崧卿列傳論	明黃仲昭	1254-603-　下
●方慎言宋		
方慎言列傳論	明黃仲昭	1254-601-　下
●方慎從宋		
方慎從列傳論	明黃仲昭	1254-610-　下
●方蒙仲宋		
方蒙仲列傳論	明黃仲昭	1254-598-　下
●方審權宋		
方審權列傳論	明黃仲昭	1254-620-　下
●方德至元		
方德至列傳論	明黃仲昭	1254-598-　下
●方應發宋		
方應發列傳論	明黃仲昭	1254-611-　下
●文　聘魏		
評李典李通臧霸文聘		
呂虔許褚典韋龐德		
龐淸閻溫	晉陳　壽	1361-744-　51
		1406-650-387
●文天祥宋		
文天祥（論）	明王世貞	1280-742-110
文天祥論	清　高宗	1300-329-　6
●文彥博宋		
富弼文彥博傳贊	元托克托	1476-178-　10
●尤　彬宋		
尤彬列傳論	明黃仲昭	1254-599-　下
●太　甲商		
太甲論	唐陳越石	1343-531-　36
		1406-712-393
●太子丹周		
燕丹說	宋司馬光	1346-　62-　4

四庫全書文集篇目分類索引

史部　史評類：史論

燕太子丹論　　　　　　　明鍾　惺　　1407- 80-402
●太史慈吳
評劉繇太史慈士燮　　　　晉陳　壽　　1361-751- 53
　　　　　　　　　　　　　　　　　　1406-653-387

●王　氏明
王氏列傳論　　　　　　　明黃仲昭　　1254-622- 下
●王　允漢
王允論　　　　　　　　　宋李　新　　1124-508- 14
●王　平蜀漢
評王平　　　　　　　　　晉陳　壽　　1361-747- 52
●王　充漢
王充王符仲長統（論）　　劉宋范曄　　1406-662-388
王充（論）　　　　　　　劉宋范曄　　1406-665-388
●王　旦宋
聖宋遵堯錄王旦論　　　　宋羅從彥　　1135-696- 6
●王　宇漢
旌王宇　　　　　　　　　唐皮日休　　1083-199- 7
●王　朴後周
王朴論　　　　　　　　　宋秦　觀　　1361-216- 33
●王　吉漢
王吉貢禹（論）　　　　　清陳廷敬　　1316-484- 33
王貢兩龔鮑（傳贊）　　　漢班　固　　1406-639-386
●王　回宋
王回列傳論　　　　　　　明黃仲昭　　1254-607- 下
●王　昌漢
王昌劉永張步李憲彭
　寵盧芳（論）　　　　　劉宋范曄　　1406-657-388
●王　昕晉
王昕及弟晞傳論　　　　　唐蘇世良　　 550- 65-211
　　　　　　　　　　　　　　　　　　1340-352-755

●王　恢漢
論鼌錯王恢　　　　　　　宋李　綱　　1126-639-149
●王　建前蜀
前蜀王建世家（論）　　　宋歐陽修　　1406-690-390
　　　　　　　　　　　　　　　　　　1418-274- 45

●王　衍晉
王衍（論）　　　　　　　宋蘇　轍　　1112-660- 9
　　　　　　　　　　　　　　　　　　1384-828-154
　　　　　　　　　　　　　　　　　　1407-163-409

●王　朗魏
鍾繇華歆王朗（贊）　　　宋陳　亮　　1171-609- 12
評鍾繇華歆王朗　　　　　晉陳　壽　　1361-742- 51
　　　　　　　　　　　　　　　　　　1406-650-387

●王　悅宋
王悅列傳論　　　　　　　明黃仲昭　　1254-611- 下

●王　凌魏
王凌令狐愚毋丘儉諸
　葛誕（贊）　　　　　　宋陳　亮　　1171-610- 12
評王凌毋丘儉諸葛誕
　鄧艾鍾會　　　　　　　晉陳　壽　　1406-651-387
●王　恭晉
論華軼王恭事　　　　　　宋孔武仲　　1345-388- 18
●王　珪唐
王珪論　　　　　　　　　元戴　良　　1219-295- 4
王魏論　　　　　　　　　明邵　寶　　1258- 81- 9
王珪魏徵論　　　　　　　清魏裔介　　1312-896- 14
●王　商漢
荀悅哀王商論　　　　　　唐李德裕　　1079-309- 1
王商史丹傳喜（傳贊）　　漢班　固　　1406-642-386
王商論　　　　　　　　　漢荀　悅　　1407- 26-397
　　　　　　　　　　　　　　　　　　1412-401- 17

●王　章漢
趙廣漢韓延壽王章（
　論）　　　　　　　　　清陳延敬　　1316-484- 33
●王　訢漢
公孫賀等傳贊　　　　　　漢班　固　　1355-413- 14
　　　　　　　　　　　　　　　　　　1406-638-386
　　　　　　　　　　　　　　　　　　1417-378- 19
●王　祥晉
王鄭何論　　　　　　　　宋張　耒　　1115-329- 38
　　　　　　　　　　　　　　　　　　1346-392- 27
　　　　　　　　　　　　　　　　　　1361- 63- 9
王祥對　　　　　　　　　宋呂南公　　1123-165- 17
●王　梁漢
王梁孫咸（論）　　　　　清陳廷敬　　1316-490- 34
●王　球劉宋
王惠謝弘微王球（論）　　梁沈　約　　1406-670-389
●王　連蜀漢
評霍峻王連向朗張裔
　楊洪費詩　　　　　　　晉陳　壽　　1361-747- 52
　　　　　　　　　　　　　　　　　　1406-652-387

●王　通隋
王通論　　　　　　　　　明孫承恩　　1271-532- 43
董揚王韓優劣　　　　　　明馮從吾　　1293-281- 16
王通論　　　　　　　　　清魏裔介　　1312-894- 14
●王　陵漢
王陵論　　　　　　　　　宋蔡　戡　　1157-695- 12
陳平周勃王陵論　　　　　宋陳春卿　　1178- 11- 2
王陵（論）　　　　　　　清陳廷敬　　1316-480- 33
王陵（論）　　　　　　　宋陳傅良　　1362-169- 7

四庫全書文集篇目分類索引

史部 史評類：史論

●王 莽漢
贊王莽　　　　　　　　漢班　固　　1355-420- 14
　　　　　　　　　　　　　　　　　1406-647-386
　　　　　　　　　　　　　　　　　1476- 54- 3

●王　晞晉
王昕及弟晞傳論　　　　唐蘇世良　　 550- 65-211
　　　　　　　　　　　　　　　　　1340-352-755

●王　符漢
王充王符仲長統(論)　劉宋范曄　　1406-662-388

●王　猛前秦
王猛(論)　　　　　　明胡居仁　　1260- 48- 2

●王　偉明
王偉列傳論　　　　　　明黃仲昭　　1254-618- 下

●王　曾宋
聖宋遵堯錄 王曾論　　宋羅從彥　　1135-698- 6

●王　惠劉宋
王惠謝弘微王球(論)　梁沈　約　　1406-670-389

●王　弼魏
王弼論　　　　　　　　清朱彝尊　　1318-312- 59
罪王何論　　　　　　　晉范　寧　　1407- 28-397
　　　　　　　　　　　　　　　　　1417-501- 24

●王　進後周
五代史王進傳贊　　　　宋歐陽修　　1356-845- 4
　　　　　　　　　　　　　　　　　1383-497- 44
　　　　　　　　　　　　　　　　　1406-687-390

●王　溥宋
范質王溥魏仁浦(論)　明歸有光　　1289-527- 5

●王　祭魏
評王祭衞覬劉廙劉劭
　傳跋　　　　　　　　晉陳　壽　　1361-744- 51
　　　　　　　　　　　　　　　　　1406-651-387

●王　微劉宋
羊欣張敷王微(論)　　梁沈　約　　1406-670-389

●王　嘉漢
王嘉(論)　　　　　　清陳廷敬　　1316-485- 33
何武王嘉師丹傳贊　　　漢班　固　　1406-642-386
　　　　　　　　　　　　　　　　　1476- 51- 3

●王　鉷唐
王鉷傳贊　　　　　　　宋歐陽修　　1476-112- 7

●王　翦秦
白起王翦(論)　　　　漢司馬遷　　1355-399- 13
　　　　　　　　　　　　　　　　　1406-624-385

(古史論)王翦　　　　宋蘇　轍　　1384-845-155

●王　儉齊
題任昉論王儉後　　　　宋黃庭堅　　1113-448- 9

王儉論　　　　　　　　宋秦　觀　　1361-211- 33

●王　導晉
王導傳贊　　　　　　　唐房玄齡等　541-422-35之7
王導(論)　　　　　　宋蘇　轍　　1112-662- 10
　　　　　　　　　　　　　　　　　1377-673- 31
　　　　　　　　　　　　　　　　　1384-830-154

王導論　　　　　　　　宋張　耒　　1115-330- 38
　　　　　　　　　　　　　　　　　1346-393- 27
　　　　　　　　　　　　　　　　　1361- 63- 9

評王導謝安　　　　　　宋曹彥約　　1167-253- 21
謝安比王導(論)　　　宋陳　亮　　1171-570- 9
王導謝安論　　　　　　清魏裔介　　1312-893- 14
王導論　　　　　　　　宋秦　觀　　1361-209- 32

●王　蕃吳
評王樓賀韋華　　　　　晉陳　壽　　1361-753- 53

●王　邁宋
王邁列傳論　　　　　　明黃仲昭　　1254-608- 下

●王　蠋周
王蠋論　　　　　　　　宋秦　觀　541-511-35之11
齊王蠋忠臣烈女論　　　清王士俊　541-513-35之11
王蠋後論　　　　　　　清王士俊　541-514-35之11

●王　觀幾
評王觀　　　　　　　　晉陳　壽　　1361-745- 51

●王三善明
李化龍王三善論　　　　清田　雯　　 572-304- 37

●王子韶宋
擬作王子韶傳贊　　　　宋趙鼎臣　　1124-228- 14

●王太冲宋
王太冲列傳論　　　　　明黃仲昭　　1254-611- 下

●王允之晉
論隱公里克李斯鄭小
　同王允之　　　　　　宋蘇　軾　　1447-737- 43

●王石泉隋
鳳閣王侍郎傳論贊　　　唐李　翰　　1343-337- 24

●王安石宋
題諸公邪說論後　　　　宋楊　時　　1125-361- 26
遵堯錄別錄司馬光論王
　安石　　　　　　　　宋羅從彥　　1135-723- 9
讀宋史王安石論　　　　明祝允明　　1260-512- 11
辨姦論王安石　　　　　宋蘇　洵　　1359-463- 66
王介甫(論)　　　　　明劉定之　　1374-351- 56
王安石論　　　　　　　明商　輅　　1407- 64-401

●王全斌宋
王全斌(論)　　　　　明歸有光　　1289-528- 5

●王政君(王禁女、

四庫全書文集篇目分類索引　1903

漢元帝后）
元后（傳贊）　　　　　　漢班　固　1406-647-386
●王貞淑明
王貞淑列傳論　　　　　　明黃仲昭　1254-622-　下
●王皇后（漢景帝后）
外戚世家王太后論　　　　漢褚少孫　1412-　87-　5
●王晞亮宋
王晞亮列傳論　　　　　　明黃仲昭　1254-604-　下
●王彪之晉
王彪之（論）　　　　　　明方孝孺　1235-168-　5
●王景文劉宋
王景文（論）　　　　　　宋蘇　軾　1108-493-　92
●王景仁梁
梁將王景仁論　　　　　　清姜宸英　1323-708-　4
●王景略前秦
王景略不智說　　　　　　清毛奇齡　1321-284-117
●王羲之晉
王羲之傳贊　　　　　　　唐　太　宗　541-422-35之7
●元仁宗
元仁宗論　　　　　　　　清　高　宗　1300-330-　6
●孔　子周
孔子世家議　　　　　　　宋王安石　1105-593-　71
孔子（論）　　　　　　　宋林亦之　1149-877-　3
（史記評論）孔子世
　家　　　　　　　　　　明黃淳耀　1297-695-　4
論孔子　　　　　　　　　漢司馬遷　1355-398-　13
　　　　　　　　　　　　　　　　　1378-　39-　35
　　　　　　　　　　　　　　　　　1406-621-385
孔子世家贊　　　　　　　漢司馬遷　1360-607-　38
　　　　　　　　　　　　　　　　　1417-255-　13
　　　　　　　　　　　　　　　　　1476-　13-　1

●孔　父周
孔父（論）　　　　　　　公　羊　傳　1355-389-　13
　　　　　　　　　　　　　　　　　1378-　34-　35
　　　　　　　　　　　　　　　　　1406-584-383

●孔　光漢
孔光（論）　　　　　　　清陳廷敬　1316-485-　33
孔光論　　　　　　　　　宋張　耒　1361-　70-　10
孔光（論）　　　　　　　宋戴　溪　1362-215-　13
匡衡張禹孔光馬宮傳
　贊　　　　　　　　　　漢班　固　1406-642-386
　　　　　　　　　　　　　　　　　1476-　50-　2

●孔　伋周
子思論　　　　　　　　　宋蘇　軾　1107-590-　42
　　　　　　　　　　　　　　　　　1384-571-131

●孔　融漢
論孔文舉　　　　　　　　宋李　綱　1126-654-151
孔融傳贊　　　　　　　　劉宋范曄　541-421-35之7
孔融（論）　　　　　　　劉宋范曄　1406-665-388
孔融傳論　　　　　　　　劉宋范曄　1417-520-　25
　　　　　　　　　　　　　　　　　1476-　72-　4

●孔季恭劉宋
孔羊沈列傳論　　　　　　梁沈　約　1417-544-　26
●尹　默蜀漢
評尹默　　　　　　　　　晉陳　壽　1361-747-　52
●尹婕妤（漢武帝夫人）
外戚世家尹婕妤論　　　　漢褚少孫　1412-　88-　5
●夫　差周
論夫差　　　　　　　　　左　　傳　1402-353-　59
●少　康夏
高貴鄉公少康高祖優
　劣論記　　　　　　　　魏鍾　會　1413-　99-　36
●少正卯周
狂譎華士少正卯論　　　　宋劉　敞　1095-749-　40
●毌丘儉魏
王凌令狐愚毌丘儉諸
葛誕（贊）　　　　　　　宋陳　亮　1171-610-　12
評王凌毌丘儉諸葛誕
鄧艾鍾會　　　　　　　　晉陳　壽　1406-651-387
●公子荊周
衛公子荊善居室論　　　　清陸隴其　1325-　27-　3
●公子圍周
論公子圍　　　　　　　　左　　傳　1402-346-　59
●公孫弘漢
公孫弘傳贊　　　　　　　漢班　固　541-419-35之7
　　　　　　　　　　　　　　　　　1329-851-　49
　　　　　　　　　　　　　　　　　1331-304-　49
開東閣論 論漢平津侯
　開東閣待賢之虛　　　　宋夏　竦　1087-219-　20
罪平津　　　　　　　　　宋孫　復　1090-166-　0
　　　　　　　　　　　　　　　　　1346-135-　8
（史記評論）平津侯
　列傳　　　　　　　　　明黃淳耀　1297-708-　4
公孫弘卜式兒寬傳贊　　　漢班　固　1355-411-　14
　　　　　　　　　　　　　　　　　1406-636-386
　　　　　　　　　　　　　　　　　1417-377-　19
公孫弘節儉（論）　　　　明胡　廣　1374-324-　55
平津侯列傳（論）　　　　漢褚少孫　1412-　97-　5
●公孫度魏
評二公孫陶四張　　　　　晉陳　壽　1361-741-　51

史部

史評類：史論

四庫全書文集篇目分類索引

史部

史評類：史論

●公孫述漢
公孫述（論）　　　　　　劉宋范曄　　1406-658-388

●公孫賀漢
公孫賀等傳贊　　　　　　漢班　固　　1355-413- 14
　　　　　　　　　　　　　　　　　　1406-638-386
　　　　　　　　　　　　　　　　　　1417-378- 19

●公孫僑周
非子產論　　　　　　　　宋劉　敞　　1095-750- 40
子產論　　　　　　　　　宋張　耒　　1115-312- 36
　　　　　　　　　　　　　　　　　　1346-378- 27
　　　　　　　　　　　　　　　　　　1361- 46- 6

子產論　　　　　　　　　清尤　禮　　1449-468- 3

●公孫瓚魏
評二公孫陶四張　　　　　晉陳　壽　　1361-741- 51

●公子欣時周
曹子臧吳季札（論）　　　宋蘇　轍　　1406-697-391

●牛僧孺唐
牛僧孺論　　　　　　　　宋石　介　　1090-253- 11
牛李（論）　　　　　　　宋蘇　轍　　1112-676- 11
　　　　　　　　　　　　　　　　　　1377-674- 31
　　　　　　　　　　　　　　　　　　1384-833-154

牛僧孺（論）　　　　　　明王世貞　　1280-739-110

●毛　玠魏
崔琰毛玠（贊）　　　　　宋陳　亮　　1171-609- 12
先賢行狀稱毛玠　　　　　不著選人　　1361-635- 29
評毛玠等　　　　　　　　晉陳　壽　　1361-742- 2
　　　　　　　　　　　　　　　　　　1406-650-387

●介之推周
綿上碑 論介之推隱綿
　　山焚死事　　　　　　唐黃　滔　　1084-181- 8
介之推論　　　　　　　　宋周紫芝　　1141-305- 44
介之推論　　　　　　　　宋孔武仲　　1345-362- 16
論介子推　　　　　　　　宋孔武仲　　1345-383- 18

五　畫

●主父偃漢
主父偃（論）　　　　　　宋陳　造　　1166-411- 32

●丙（邴）吉漢
丙吉論　　　　　　　　　宋宋　庠　　1087-683- 36
邴吉論　　　　　　　　　宋司馬光　　1094-602- 65
丙（邴）吉論　　　　　　宋張　耒　　1115-328- 38
　　　　　　　　　　　　　　　　　　1346-392- 27
　　　　　　　　　　　　　　　　　　1351-151-100
　　　　　　　　　　　　　　　　　　1361- 62- 9

丙魏得失（論）　　　　　宋張　栻　　1167-558- 16
丙吉（論）　　　　　　　明方孝孺　　1235-152- 5

　　　　　　　　　　　　　　　　　　1373-633- 10
書張耒邴吉論　　　　　　清姜宸英　　1323-810- 7
曹參丙吉（論）　　　　　宋陳傅良　　1362-163- 6
魏相丙吉（傳贊）　　　　漢班　固　　1406-641-386

●甘　羅周
甘羅（論）　　　　　　　宋司馬光　　1094-615- 67

●石　介宋
答趙內翰書論石介　　　　宋蔡　襄　　1090-561- 27

●石　勒後趙
評劉元海石勒符堅　　　　宋曹彥約　　1167-257- 21

●石　碏周
石碏論　　　　　　　　　唐牛希濟　　1340-369-757

●石　慶漢
石慶論　　　　　　　　　宋秦　觀　　1351-147-100
　　　　　　　　　　　　　　　　　　1361-198- 30

●石　奮漢
（史記評論）萬石君
　張叔列傳　　　　　　　明黃淳耀　　1297-707- 4

●石　顯漢
石顯論　　　　　　　　　漢荀　悅　　1412-398- 17

●石守信宋
石守信（論）　　　　　　明歸有光　　1289-527- 5

●司馬光宋
聖宋遵堯錄司馬光論　　　宋羅從彥　　1135-712- 8

●司馬孚晉
司馬孚（論）　　　　　　明方孝孺　　1235-165- 5
　　　　　　　　　　　　　　　　　　1407- 61-401
　　　　　　　　　　　　　　　　　　1454- 20- 85

●司馬芝魏
評崔琰毛玠徐奕何夔
　邢顒鮑勛司馬芝　　　　晉陳　壽　　1361-742- 51
　　　　　　　　　　　　　　　　　　1406-650-387

●司馬昭魏
司馬懿司馬昭司馬師
　（贊）　　　　　　　　宋陳　亮　　1171-610- 12

●司馬朗魏
評劉馥司馬朗梁習張
　既溫恢賈逵　　　　　　晉陳　壽　　1361-743- 51

●司馬師魏
司馬懿司馬昭司馬師
　（贊）　　　　　　　　宋陳　亮　　1171-610- 12

●司馬遷漢
司馬遷論上下二篇　　　　宋張　耒　　1115-326- 38
　　　　　　　　　　　　　　　　　　1346-389- 27
　　　　　　　　　　　　　　　　　　1361- 58- 8

四庫全書文集篇目分類索引

司馬遷論　　　　　　宋周紫芝　1141-311- 45
司馬遷傳贊　　　　　漢班　固　1355-411- 14
　　　　　　　　　　　　　　　1378- 42- 35
　　　　　　　　　　　　　　　1406-636-386
　　　　　　　　　　　　　　　1417-377- 19
　　　　　　　　　　　　　　　1476- 46- 3
司馬遷論　　　　　　宋秦　觀　1361-202- 31
名士優劣論（二）論
　　司馬遷才勝班固　晉張　輔　1398-438- 19
●司馬相如漢
司馬相如之諡死而不
　已（論）　　　　　宋蘇　軾　1108-486- 92
司馬相如論　　　　　宋張　耒　1115-325- 38
　　　　　　　　　　　　　　　1346-389- 27
　　　　　　　　　　　　　　　1361- 59- 8
司馬相如（傳贊）　　漢班　固　1355-400- 13
　　　　　　　　　　　　　　　1360-611- 38
　　　　　　　　　　　　　　　1406-629-385
司馬相如（傳贊）　　漢司馬遷　1355-411- 14
　　　　　　　　　　　　　　　1378- 42- 35
●司馬穰苴周
司馬穰苴（傳贊）　　漢司馬遷　1406-623-385
●平　當漢
雋疏于薛平彭(傳贊)　漢班　固　1406-639-386
●可禪祖唐
評唐續僧傳可禪祖事　宋釋契嵩　1091-571- 16
●尼瑪哈金
尼瑪哈（論）　　　　明王世貞　1280-743-110
●田　文周
（史記評論）孟嘗君
　平原君信陵君春申
　君列傳　　　　　　明黃淳耀　1297-701- 4
孟嘗君說　　　　　　宋司馬光　1346- 61- 4
孟嘗君傳贊　　　　　漢司馬遷　1360-609- 38
　　　　　　　　　　　　　　　1406-624-385
（古史論）孟嘗君　　宋蘇　轍　1384-844-155
　　　　　　　　　　　　　　　1406-697-391
●田　叔漢
田叔（論）　　　　　宋楊　時　1125-182- 9
（史記評論）田叔列
　傳　　　　　　　　明黃淳耀　1297-708- 4
●田　蚡漢
竇嬰田蚡（論）　　　宋蘇　軾　1108-486- 92
田蚡（論）　　　　　宋楊　時　1125-185- 9
竇嬰田蚡灌夫傳贊（

魏其武安侯論）　　　漢司馬遷　1360-609- 38
　　　　　　　　　　　　　　　1406-628-385
●田　單周
（史記評論）田單列
　傳　　　　　　　　明黃淳耀　1297-703- 4
田單（傳贊）　　　　漢司馬遷　541-419-35之7
　　　　　　　　　　　　　　　1406-625-385
●田　儋秦
田儋（傳贊）　　　　漢司馬遷　1406-627-385
●田　橫漢
田橫論　　　　　　　宋張　耒　1115-319- 37
　　　　　　　　　　　　　　　1346-384- 27
　　　　　　　　　　　　　　　1361- 52- 7
田橫論　　　　　　　明王　紳　1234-714- 5
●田　豐漢
評田豐沮授　　　　　晉孫　盛　1361-739- 50
●田　疇魏
陳登田疇（贊）　　　宋陳　亮　1171-609- 12
田子春論　　　　　　清魏裔介　1312-892- 14
評袁張涼國田王邴管　晉陳　壽　1361-742- 51
田疇辭封議　　　　　魏文　帝　1412-618- 24
●田（車）千秋漢
公孫賀等傳贊　　　　漢班　固　1355-413- 14
　　　　　　　　　　　　　　　1406-638-386
　　　　　　　　　　　　　　　1417-378- 19
●冉　求周
冉求論　　　　　　　宋曾　丰　1156-164- 15
●申　生周
申生論　　　　　　　明崔　銑　1267-553- 8
●申　培漢
申公（論）　　　　　明胡居仁　1260- 47- 2
●申不害周
老莊申韓傳贊　　　　漢司馬遷　1355-398- 13
　　　　　　　　　　　　　　　1360-608- 38
　　　　　　　　　　　　　　　1378- 39- 35
　　　　　　　　　　　　　　　1406-623-385
（史記評論）老莊申
　韓列傳　　　　　　明黃淳耀　1297-698- 4
●申屠嘉漢
申屠嘉（論）　　　　宋楊　時　1125-183- 9
申屠嘉論　　　　　　宋蔡　戡　1157-697- 12
周亞夫申屠嘉論　　　宋陳耆卿　1178- 13- 2
●史　丹漢
王商史丹傳喜(傳贊)　漢班　固　1406-642-386
●令狐愚魏

史部　史評類：史論

史部　史評類：史論

王凌令狐愚毌丘儉諸葛誕（贊）　宋陳　亮　1171-610- 12

●丘　杞宋

丘杞列傳論　明黃仲昭　1254-617- 下

●丘　奐宋

丘奐列傳論　明黃仲昭　1254-613- 下

●丘　敷宋

丘敷列傳論　明黃仲昭　1254-613- 下

●丘添德明

丘添德列傳論　明黃仲昭　1254-615- 下

●白　起周

（史記評論）白起列傳　明黃淳耀　1297-700- 4

白起王翦（傳贊）　漢司馬遷　1355-399- 13　1406-624-385

（古史論）白起　宋蘇　轍　1384-847-155

●白孝德唐

白孝德攬轡安閑論　清弘　畫　1449-479- 4

●白居易唐

史說　宋張舜牧　1407-366-428

●白敏中唐

白敏中論　宋秦　觀　1361-214- 33

六　畫

●江　充漢

贊酈通等　漢班　固　1355-409- 14　1406-635-386

●宇文融唐

宇文融（論）　宋蘇　轍　1112-674- 11

宇文融論　宋周紫芝　1141-317- 46

宇文融傳贊　宋歐陽修　1476-112- 7

●羊　欣劉宋

羊欣張敷王微（論）　梁沈　約　1406-670-389

●羊　祜晉

羊祜傳贊　唐房玄齡等　541-421-35之7

羊祜杜預優劣論　宋田　錫　1085-425- 11

羊祜（論）　宋蘇　轍　1112-659- 9　1384-827-154

評羊祜杜預　宋曹彥約　1167-255- 21

酌古論——羊祜　宋陳　亮　1171-559- 7

羊祜（論）　明高　啓　1230-308- 4

●羊玄保劉宋

孔羊沈列傳論　梁沈　約　1417-544- 26

●羊舌肸周

叔向論　宋蘇　轍　550- 76-211

●共　姬周

宋伯姬論　清　高　宗　1300-308- 3

●有　若周

有子（論）　明方孝孺　1235-142- 5

●匡　衡漢

匡衡張禹孔光馬宮傳贊　漢班　固　1406-642-386　1476- 50- 3

●列　子周

列子（論）　宋蘇　轍　1378- 40- 35

●伍　員周

伍子胥論　明郭正域　534-514- 97

伍員論　明程敏政　1252-189- 11

子胥論　明陸　粲　1274-673- 7

（史記評論）伍子胥列傳　明黃淳耀　1297-699- 4

伍子胥論　宋蘇　軾　1384-556-129

伍子胥（傳贊）　漢司馬遷　1406-623-385

●伍　被漢

贊酈通等　漢班　固　1355-409- 14　1406-635-386

●任　峻魏

評任蘇杜鄭倉　晉陳　壽　1361-743- 51

●向　朗蜀漢

評霍峻王連向朗張裔楊洪費詩　晉陳　壽　1361-747- 52　1406-652-387

●向皇后(宋神宗后)

欽聖向皇后（論）　明歸有光　1289-525- 5

●全　琮吳

評賀齊全琮呂岱周魴鍾離牧　晉陳　壽　1361-752- 53　1406-653-387

●如　姬周

（義俠傳）如姬（論）　明鄒之麟　1407-307-423

●先　軫周

舅犯先畛（論）　明鍾　惺　1407- 79-402

●仲　由周

由求論　宋曾　丰　1156-164- 15

●仲長統漢

王充王符仲長統(論)　劉宋范曄　1406-662-388

●伊　尹商

伊尹論　宋徐　鉉　1085-188- 24

伊尹五就桀論　宋田　錫　1085-423- 11

伊呂論　宋石　介　1090-252- 11　1346-227- 15

四庫全書文集篇目分類索引 1907

伊尹論 宋蘇 軾 1107-583- 42
　　　　　　　　　　 1377-651- 30
　　　　　　　　　　 1384-550-129
　　　　　　　　　　 1407- 40-399
　　　　　　　　　　 1418-436- 50
　　　　　　　　　　 1447-716- 41

答羅仲素（書）論管
　仲伊尹周公 宋陳 淵 1139-487- 19
伊周論 宋高斯得 1182- 45- 3
伊尹周公諸葛亮論 清 高 宗 1301-578- 2
伊尹論 宋孔文仲 1345-196- 2
伊尹（論） 宋陳傅良 1362- 45- 5
　　　　　　　　　　 1362- 48- 5
　　　　　　　　　　 1362-159- 5

●伊 籍蜀漢
評許靖糜竺孫乾簡雍
　伊籍秦宓 晉陳 壽 1361-746- 52
●朱 治吳
評朱治朱然呂範朱桓 晉陳 壽 1361-752- 53
●朱 泳宋
朱泳列傳論 明黃仲昭 1254-613- 下
●朱 紋宋
朱紋列傳論 明黃仲昭 1254-607- 下
●朱 雲漢
朱雲梅福論 明鍾 惺 1407- 84-402
●朱 然吳
評朱治朱然呂範朱桓 晉陳 壽 1361-752- 53
●朱 煜元
朱煜列傳論 明黃仲昭 1254-621- 下
●朱 寬明
朱寬列傳論 明黃仲昭 1254-606- 下
●朱 據吳
評虞翻陸績張溫駱統
　陸瑁吾粲朱據 晉陳 壽 1361-752- 53
　　　　　　　　　　 1406-653-387

●朱 穆漢
朱穆（論） 宋楊 時 1125-186- 9
●朱文霆元
朱文霆列傳論 明黃仲昭 1254-618- 下
●朱隆之齊
禽獸決錄目 齊卞 彬 1399-132- 6
●朱敬之元
跋朱橡辨誣詩卷後 元黃 溍 1209-360- 4

七 畫

●汪 集唐

越國公論 元汪克寬 1220-675- 3
●沈 括宋
擬作沈括傳贊 宋趙鼎臣 1124-227- 14
●沈 約梁
沈約（論） 明方孝孺 1235-173- 5
　　　　　　　　　　 1407-167-410

●沈靈慶劉宋
孔羊沈列傳論 梁沈 約 1417-544- 26
●辛慶忌漢
趙充國辛慶忌（傳贊） 漢班 固 1406-639-386
●宋 均漢
宋均（論） 清陳廷敬 1316-494- 34
●宋 旅宋
宋旅列傳論 明黃仲昭 1254-616- 下
●宋 鈞宋
宋鈞列傳論 明黃仲昭 1254-605- 下
●宋 棐宋
宋棐列傳論 明黃仲昭 1254-604- 下
●宋 璟唐
宰相論（姚宋論） 宋吳 徵 1142-226- 3
　　　　　　　　　　 1375-349- 27
姚宋（論）上下 宋陳 造 1166-403- 32
宋璟論 清葉方藹 1449-490- 5
姚崇宋璟傳贊 宋歐陽修 1476-108- 7
●宋 勳明
宋勳列傳論 明黃仲昭 1254-598- 下
●宋 藻宋
宋藻列傳論 明黃仲昭 1254-604- 下
●宋文帝劉宋
宋文帝（論） 宋蘇 轍 1112-666- 10
　　　　　　　　　　 1384-816-153

●宋太宗
聖宋遵堯錄太宗論 宋羅從彥 1135-659- 3
●宋太祖
聖宋遵堯錄太祖論 宋羅從彥 1135-648- 2
宋太祖論（二則） 明王 行 1231-304- 2
宋太祖論 清 高 宗 1300-324- 6
光武宋太祖（論） 清汪 琬 1315-273- 8
太祖皇帝總敍 宋曾 鞏 1378-327- 52
　　　　　　　　　　 1384-230-100

●宋仁宗
聖宋遵堯錄仁宗論 宋羅從彥 1135-681- 5
仁宗紀贊 元托克托 1476-178- 10
讀宋仁宗本紀贊 清 高 宗 1301-502- 36
●宋孝宗

1908　　　　　　　　四庫全書文集篇目分類索引

宋孝宗論	清 高 宗	1301-309- 4
●宋武帝劉宋		
宋武帝（論）	宋蘇 轍	1112-665- 10
		1384-815-153
劉裕（論）	明胡應麟	1290-708- 97
宋武帝論	清方 苞	1326-795- 5
宋武帝論	唐朱敬則	1340-325-752
●宋高宗		
宋高宗帝紀論	元宋 犖	1212-487- 13
高宗（論）	明王世貞	1280-741-110
宋高宗（論）上下	清儲大文	1327-194- 10
宋高宗論	明劉定之	1407- 21-396
●宋真宗		
聖宋遵堯錄真宗論	宋羅從彥	1135-670- 4
●宋理宗		
宋理宗論	清 高 宗	1300-328- 6
●宋端儀明		
宋端儀列傳論	明黃仲昭	1254-598- 下
●宋穆公周		
宋穆公論	明邵 寶	1258- 85- 9
●宋襄公周		
宋襄公論	宋蘇 軾	1107-579- 42
		1377-624- 29
		1384-549-128
		1447-713- 41
宋襄公論	清 高 宗	1300-306- 3
●汶 黶漢		
汶黶（論）	宋楊 時	1125-187- 9
（史記評論）汶鄭列傳	明黃淳耀	1297-709- 4
周勃汶黶霍光（論）	宋陳傅良	1362-162- 6
汶黶（論）	宋陳傅良	1362-278- 10
汶鄭（傳贊）	漢司馬遷	1406-630-385
●杜 甫唐		
李杜韓柳論	明劉定之	1374-352- 56
●杜 周漢		
張湯杜周（論）	清陳延敬	1316-486- 33
張湯杜周有後論	明胡 廣	1374-323- 55
●杜 衍宋		
聖宋遵堯錄杜衍論	宋羅從彥	1135-701- 7
●杜 兼唐		
杜兼對	唐柳宗元	1076-133- 14
		1076-587- 14
		1077-161- 14
●杜 喬漢		

史部　史評類：史論

李固杜喬所處如何（論）	宋張 栻	1167-564- 17
李固杜喬論	清 高 宗	1300-312- 4
●杜 預晉		
羊祜杜預優劣論	宋田 錫	1085-425- 11
評羊祜杜預	宋曹彥約	1167-255- 21
●杜 微蜀漢		
評杜微周羣杜瓊許慈孟光來敏尹默李譔譙周郤正	晉陳 壽	1361-747- 52
●杜 畿魏		
評任蘇杜鄭倉	晉陳 壽	1361-743- 51
●杜 瓊蜀漢		
評杜微周羣杜瓊許慈孟光來敏尹默李譔譙周郤正	晉陳 壽	1361-747- 52
●杜 襲魏		
評和洽常林楊俊杜襲趙儼裴潛	晉陳 壽	1361-745- 51
		1406-651-387
●杜如晦唐		
房杜不言功論	宋范 浚	1140- 77- 9
宰相論	宋吳 儆	1142-225- 3
謝杜相公論房杜二相書	唐柳 冕	1344-215- 79
		1404-524-216
房玄齡杜如誨傳贊	宋歐陽修	1476-100- 6
●杜重威後晉		
杜重威李守貞張彥澤傳（論）	宋歐陽修	1406-688-390
●李 白唐		
李杜韓柳論	明劉定之	1374-352- 56
●李 耳周		
老聃論上下	宋蘇 轍	1112-860- 3
老子議	宋張 耒	1115-335- 39
（史記評論）老莊申韓列傳	明黃淳耀	1297-698- 4
老莊申韓（傳贊）	漢司馬遷	1355-398- 13
		1378- 39- 35
		1406-623-385
●李 宏元		
李宏列傳論	明黃仲昭	1254-619- 下
●李 沅宋		
聖宋遵堯錄李沅論	宋羅從彥	1135-691- 6
●李 泌唐		

李泌（論）　　　　　　　明高　啓　　1230-309- 4
　　　　　　　　　　　　　　　　　　1373-626- 10
李泌論　　　　　　　　　宋秦　觀　　1361-213- 33
●李　典魏
評二李臧文呂許典二
　龐閻　　　　　　　　　晉陳　壽　　1361-744- 51
　　　　　　　　　　　　　　　　　　1406-650-387

●李　固漢
李固（論）　　　　　　　宋蘇　轍　　1112-653- 8
李固杜喬所處如何（
　論）　　　　　　　　　宋張　栻　　1167-564- 17
李固杜喬論　　　　　　　清 高 宗　　1300-312- 4
李固論　　　　　　　　　宋秦　觀　　1361-203- 31
李固（論）　　　　　　　劉宋范曄　　1406-664-388
●李　牧周
蘭相如廉頗李牧論　　　　宋蘇　轍　　550- 76-211
●李　欣宋
李欣列傳論　　　　　　　明黃仲昭　　1254-610- 下
●李　恢蜀漢
評黃權李恢呂凱馬忠
　王平張疑　　　　　　　晉陳　壽　　1361-747- 52
●李　炎明
李芘列傳論　　　　　　　明黃仲昭　　1254-615- 下
●李　迪宋
賢李　　　　　　　　　　宋石　介　　1090-237- 9
●李　娃唐
（義俠傳）李娃(論)　　　明鄒之麟　　1407-307-423
●李　訓唐
李訓論　　　　　　　　　宋孔文仲　　1345-198- 2
李訓論　　　　　　　　　宋秦　觀　　1361-215- 33
●李　密晉
李密論　　　　　　　　　明黃淳耀　　1297-676- 3
●李　通魏
評二李臧文呂許典二
　龐閻　　　　　　　　　晉陳　壽　　1361-744- 51
　　　　　　　　　　　　　　　　　　1406-650-387

●李　陵漢
漢將李陵論　　　　　　　唐白居易　　1080-502- 46
　　　　　　　　　　　　　　　　　　1340-358-756
　　　　　　　　　　　　　　　　　　1343-554- 38
李陵論　　　　　　　　　宋秦　觀　　1361-201- 31
●李　晟唐
唐李晟論　　　　　　　　宋李　新　　1124-516- 15
論裴行儉李晟行師　　　　宋李　綱　　1126-623-146
李晟論　　　　　　　　　清 高 宗　　1300-321- 5

●李　富元
李富列傳論　　　　　　　明黃仲昭　　1254-619- 下
●李　尋漢
胜兩夏侯京翼李（傳
　贊）　　　　　　　　　漢班　固　　1406-641-386
●李　斯秦
大儒評　　　　　　　　　唐陸龜蒙　　1083-239- 1
　　　　　　　　　　　　　　　　　　1083-398- 18
（史記評論）李斯列
　傳　　　　　　　　　　明黃淳耀　　1297-704- 4
李斯（傳贊）　　　　　　漢司馬遷　　1355-399- 13
　　　　　　　　　　　　　　　　　　1406-626-385
（古史論）李斯　　　　　宋蘇　轍　　1384-848-155
論隱公里克李斯鄭小
　同王允之　　　　　　　宋蘇　轍　　1447-737- 43
論始皇漢宣李斯　　　　　宋蘇　轍　　1447-743- 43
●李　揆宋
李揆列傳論　　　　　　　明黃仲昭　　1254-618- 下
●李　絳唐
李絳論　　　　　　　　　清 高 宗　　1300-322- 5
●李　靖唐
酌古論——李靖　　　　　宋陳　亮　　1171-562- 8
●李　勣唐
李勣論　　　　　　　　　宋華　鎮　　1119-491- 20
●李　愬唐
酌古論——李愬　　　　　宋陳　亮　　1171-566- 8
●李　綱宋
李綱（論）　　　　　　　明王世貞　　1280-740-110
李綱論　　　　　　　　　清朱鶴齡　　1319-132- 11
●李　廣漢
論李廣程不識爲將　　　　宋李　綱　　1126-627-147
（史記評論）李將軍
　列傳　　　　　　　　　明黃淳耀　　1297-708- 4
程李說　　　　　　　　　宋司馬光　　1346- 64- 4
李廣（傳贊）　　　　　　漢司馬遷　　1355-400- 13
　　　　　　　　　　　　　　　　　　1360-611- 38
　　　　　　　　　　　　　　　　　　1406-629-385

●李　賢明
書王凝齋李文達起復
　論後　　　　　　　　　明崔　銑　　1267-612- 11
●李　璀唐
李璀論　　　　　　　　　元鄭　玉　　1217- 13- 2
●李　憲漢
王昌劉永張步李憲彭
　寵盧芳（論）　　　　　劉宋范曄　　1406-657-388

四庫全書文集篇目分類索引

史部 史評類：史論

●李 膺 漢
李膺范滂（論）　　　　　　劉宋范曄　1406-665-388
●李 譔 蜀漢
評杜微周羣杜瓊許慈
　孟光來敏尹默李譔
　譙周郤正　　　　　　　晉陳　壽　1361-747- 52
●李 嚴 蜀漢
評劉封彭羕廖立李嚴
　劉琰魏延楊儀　　　　　晉陳　壽　1361-747- 52
　　　　　　　　　　　　　　　　　　1406-652-387
與孟達論李嚴書　　　　　蜀漢諸葛亮　1412-534- 22
●李二曲 清
李二曲（論）　　　　　　清王心敬　　556-533- 94
●李丑父 宋
李丑父列傳論　　　　　　明黃仲昭　1254-606- 下
●李元軌 唐
霍王元軌傳論　　　　　　宋王禹偁　1086-142- 15
●李友文 宋
李友文列傳論　　　　　　明黃仲昭　1254-620- 下
●李化龍 明
李化龍王三善論　　　　　清田　雯　　572-304- 37
●李守貞 後晉
杜重威李守貞張彥澤
　傳（論）　　　　　　　宋歐陽修　1406-688-390
●李守節 宋
李守節忠孝論　　　　　　宋柳　開　1085-256- 3
●李光弼 唐
李郭論　　　　　　　　　宋張　耒　1115-332- 38
　　　　　　　　　　　　　　　　　　1346-396- 27
　　　　　　　　　　　　　　　　　　1351-150-100
　　　　　　　　　　　　　　　　　　1361- 66- 9
　　　　　　　　　　　　　　　　　　1407- 52-400
●李君羨 唐
李君羨傳論　　　　　　　宋王禹偁　1086-143- 15
●李廷修 明
李廷修列傳論　　　　　　明黃仲昭　1254-618- 下
●李持正 宋
李持正列傳論　　　　　　明黃仲昭　1254-611- 下
●李若水 宋
忠辯辯宋李若水之死　　　宋高　登　1136-445- 下
●李清臣 宋
論李清臣　　　　　　　　宋邵　雍　1104-812- 附
李清臣（論）　　　　　　明劉定之　1374-351- 56
●李絡秀（周浚妻、
　周顗母）晉

（任俠）絡秀（論）　　　明鄒之麟　1407-309-423
●李敬業（徐敬業）唐
徐敬業（論）　　　　　　明劉定之　1374-351- 56
●李德昭 宋
李德昭列傳論　　　　　　明黃仲昭　1254-611- 下
●李德裕 唐
牛李（論）　　　　　　　宋蘇　轍　1112-676- 11
　　　　　　　　　　　　　　　　　　1377-674- 31
　　　　　　　　　　　　　　　　　　1384-833-154
論霍光李德裕　　　　　　宋李　綱　1126-663-153
李德裕論　　　　　　　　清 高 宗　1300-322- 5
李德裕論　　　　　　　　宋張　耒　1346-396- 27
　　　　　　　　　　　　　　　　　　1361- 67- 9
●吾 衍 元
吾子行論　　　　　　　　明楊循吉　1454- 34- 88
●吾 粲 吳
評虞翻陸績張溫駱統
　陸瑁吾粲朱據　　　　　晉陳　壽　1361-752- 53
　　　　　　　　　　　　　　　　　　1406-653-387
●邢 顒 魏
評崔琰毛玠徐奕何夔
　邢顒鮑勛司馬芝　　　　晉陳　壽　1361-742- 51
　　　　　　　　　　　　　　　　　　1406-650-387
●阮 駿 宋
阮駿列傳論　　　　　　　明黃仲昭　1254-616- 下
●阮 籍 晉
阮籍（論）　　　　　　　宋蘇　軾　1108-491- 92
嵇康阮籍（贊）　　　　　宋陳　亮　1171-610- 12
●扶 蘇 秦
秦始皇扶蘇（論）　　　　宋蘇　軾　1351-772- 下
　　　　　　　　　　　　　　　　　　1359-576- 3
●里 克 周
里克論　　　　　　　　　明崔　銑　1267-554- 8
論隱公里克李斯鄭小
　同王允之　　　　　　　宋蘇　軾　1447-737- 43
●呂 乂 蜀漢
評董劉馬陳董呂　　　　　晉陳　壽　1361-746- 52
●呂 布 漢
評呂布張邈臧洪　　　　　晉陳　壽　1361-740- 50
　　　　　　　　　　　　　　　　　　1406-649-387
●呂后（漢高祖后）
呂后論　　　　　　　　　宋史堯弼　1165-747- 7
呂后（論）　　　　　　　宋馬廷鸞　1187-154- 21
高帝呂后論　　　　　　　明梁　潛　1237-191- 2
　　　　　　　　　　　　　　　　　　1373-638- 11

四庫全書文集篇目分類索引

(史記評論)呂后本紀　明黃淳耀　1297-683- 4
●呂　尚周
伊呂論　宋石　介　1090-252- 11
　　　　　　　　　　1346-227- 15
太公（論）　宋胡　宏　1137-178- 3
太公論　宋韓元吉　1165-266- 17
太公（論）　明王世貞　1280-730-110
太公論　清魏裔介　1312-887- 14
●呂　岱吳
評賀齊全琮呂岱周魴
　鍾離牧　晉陳　壽　1361-752- 53
　　　　　　　　　　1406-653-387
●呂　虔魏
評二李臧文呂許典二
　龐閣　晉陳　壽　1361-744- 51
　　　　　　　　　　1406-650-387
●呂　凱蜀漢
評黃權李恢呂凱馬忠
　王平張疑　晉陳　壽　1361-747- 52
●呂　蒙吳
酌古論——呂蒙　宋陳　亮　1171-557- 7
與陸遜論呂蒙　吳孫　權　1361-696- 42
評周瑜魯肅呂蒙　晉陳　壽　1361-751- 53
●呂　端宋
呂端論　清 高 宗　1300-326- 6
●呂　範吳
論呂範　吳孫　權　1361-697- 42
評朱治朱然呂範朱桓　晉陳　壽　1361-752- 53
●呂文度齊
禽獸決錄目　齊卞　彬　1399-132- 6
●吳文顯南齊
禽獸決錄目　齊卞　彬　1399-132- 6
●呂大臨宋
呂與叔（論）　清王心敬　556-533- 94
●呂貽姪周
呂貽姪（論）　明鍾　惺　1407- 78-402
●步　騭吳
評張昭顧雍諸葛瑾步
　騭　晉陳　壽　1361-751- 53
●吳　芮漢
述韓英彭盧吳傳第四　漢班　固　1329-877- 50
　　　　　　　　　　1331-340- 50

●吳　玠宋
吳玠列傳論　明黃仲昭　1254-614- 下
●吳　起周

吳起論　宋張　耒　1115-313- 36
　　　　　　　　　　1346-382- 27
　　　　　　　　　　1361- 50- 6
　　　　　　　　　　1407- 50-400
孫武吳起（傳贊）　漢司馬遷　1355-398- 13
　　　　　　　　　　1378- 40- 35
　　　　　　　　　　1406-623-385
●吳　智明
吳智列傳論　明黃仲昭　1254-612- 下
●吳　源明
吳源列傳論　明黃仲昭　1254-606- 下
●吳　棫宋
吳棫列傳論　明黃仲昭　1254-614- 下
●吳　稳明
吳稳列傳論　明黃仲昭　1254-618- 下
●吳　漢漢
吳漢（論）　劉宋范　曄　1378- 44- 35
　　　　　　　　　　1406-659-388
吳漢論　明鍾　惺　1407- 85-402
●吳　蓋漢
吳蓋陳臧列傳論　劉宋范　曄　1417-519- 25
●吳　範吳
吳範劉惇趙達（論）　晉陳　壽　1406-653-387
●吳　興宋
吳興列傳論　明黃仲昭　1254-619- 下
●吳大帝
孫仲謀（論）　宋蘇　轍　1112-657- 9
酌古論——孫權　宋陳　亮　1171-544- 5
吳大皇帝（贊）　宋陳　亮　1171-611- 12
孫權（論）　清陳廷敬　1316-497- 34
評吳主　晉陳　壽　1361-749- 53
　　　　　　　　　　1406-652-387

●吳元濟唐
吳元濟（論）　清汪　琬　1315-274- 8
●吳公誠宋
吳公誠列傳論　明黃仲昭　1254-603- 下
●吳世延宋
吳世延列傳論　明黃仲昭　1254-618- 下
●吳希賢明
吳希賢列傳論　明黃仲昭　1254-618- 下
●吳叔告宋
吳叔告列傳論　明黃仲昭　1254-606- 下
●吳貞善明
吳貞善列傳（論）　明黃仲昭　1254-622- 下
●吳淑貞明

1912　　　　　　　　四庫全書文集篇目分類索引

吳淑貞列傳論　　　　　明黃仲昭　　1254-622- 下　　●何　進漢
●吳繹思明　　　　　　　　　　　　　　　　　　　　竇武何進（論）　　　宋楊　時　　1125-186- 9
吳繹思列傳論　　　　　明黃仲昭　　1254-612- 下　　　　　　　　　　　　　　　　　1362-188- 9
●余　象宋　　　　　　　　　　　　　　　　　　　　●何　誠宋
余象列傳論　　　　　　明黃仲昭　　1254-607- 下　　何誠列傳論　　　　　明黃仲昭　　1254-614- 下
●余　耀明　　　　　　　　　　　　　　　　　　　　●何　夔魏
余耀列傳論　　　　　　明黃仲昭　　1254-612- 下　　評崔琰毛玠徐奕何夔
●余元一宋　　　　　　　　　　　　　　　　　　　　　邢顒鮑勛司馬芝　　晉陳　壽　　1361-742- 51
余元一列傳論　　　　　明黃仲昭　　1254-599- 下　　　　　　　　　　　　　　　　　1406-650-387
●余祖爽宋　　　　　　　　　　　　　　　　　　　　●狄仁傑唐
余祖爽列傳論　　　　　明黃仲昭　　1254-604- 下　　狄仁傑（論）　　　　宋蘇　轍　　 550- 73-211
●余淑玉明　　　　　　　　　　　　　　　　　　　　　　　　　　　　　　　　　　　1112-670- 10
余淑玉列傳論　　　　　明黃仲昭　　1254-622- 下　　　　　　　　　　　　　　　　　1384-831-154
●余崇龜宋　　　　　　　　　　　　　　　　　　　　狄仁傑學子論　　　　清陳廷敬　　 550- 83-211
余崇龜列傳論　　　　　明黃仲昭　　1254-608- 下　　狄梁公論　　　　　　元鄭　玉　　1217- 10- 2
●余謙一宋　　　　　　　　　　　　　　　　　　　　狄仁傑論　　　　　　明程敏政　　1252-199- 11
余謙一列傳論　　　　　明黃仲昭　　1254-618- 下　　　　　　　八　　畫
●伯　夷商　　　　　　　　　　　　　　　　　　　　●宗　預蜀漢
夷惠清和論　　　　　　唐李　翱　　1078- 71- 2　　評鄧芝張翼宗預楊戲　晉陳　壽　　1361-747- 52
夷齊論　　　　　　　　唐李德裕　　1079-305- 1　　●法　正蜀漢
　　　　　　　　　　　　　　　　　1340-361-756　　龐法擬魏臣論　　　　宋李　新　　1124-511- 14
首陽山碑論伯夷叔齊　　唐皮日休　　1083-181- 4　　龐統法正（贊）　　　宋陳　亮　　1171-607- 12
夷齊輔周（說）　　　　唐黃　滔　　1084-180- 8　　評龐統法正　　　　　晉孫　盛　　1361-746- 52
伯夷論　　　　　　　　宋鄭　獬　　1097-263- 16　　●法　真漢
伯夷（論）　　　　　　宋王安石　　1105-516- 63　　稱法眞論　　　　　　漢郭　正　　1397-264- 12
　　　　　　　　　　　　　　　　　1384- 92- 89　　●京　房漢
　　　　　　　　　　　　　　　　　　　　　　　　　眭兩夏侯京翼李（傳
伯夷論　　　　　　　　宋周紫芝　　1141-304- 44　　　贊）　　　　　　　漢班　固　　1406-641-386
夷惠論　　　　　　　　宋曾　丰　　1156-165- 15　　●汨　授漢
夷齊策　　　　　　　　宋員興宗　　1158- 77- 10　　孫盛評田豐汨授　　　晉孫　盛　　1361-739- 50
詳論夷齊　　　　　　　宋陳　淳　　1168-543- 6　　●武　曌唐
夷齊（論）　　　　　　明方孝孺　　1235-141- 5　　武曌（論）　　　　　明王世貞　　1280-738-110
夷惠清和論　　　　　　唐皇甫湜　　1340-357-756　　●拓跋燾北魏
夷齊四皓優劣論　　　　唐蘇　頲　　1343-547- 37　　北魏世祖拓跋燾論　　清 高　宗　　1300-315- 4
●何　武漢　　　　　　　　　　　　　　　　　　　　●孟子周
何武（論）　　　　　　清陳廷敬　　1316-485- 33　　孟子傳贊　　　　　　漢司馬遷　　541-418-35之7
何武王嘉師丹(傳贊)　漢班　固　　1406-642-386　　孟軻論　　　　　　　宋蘇　軾　　1107-592- 43
　　　　　　　　　　　　　　　　　1476- 51- 3　　　　　　　　　　　　　　　　　　1377-630- 29
　　1384-572-131
●何　晏魏　　　　　　　　　　　　　　　　　　　　孟子說　　　　　　　宋程　珌　　1171-482- 28
何晏（論）　　　　　　清汪　琬　　1315-273- 8　　衞武公孟子執優（論）明蔡　清　　1257-779- 1
罪王何論　　　　　　　晉范　寧　　1407- 28-397　　孟子出處（論）　　　明孫承恩　　1271-539- 43
　　　　　　　　　　　　　　　　　1417-501- 24　　（史記評論）孟子荀
●何　曾晉　　　　　　　　　　　　　　　　　　　　　卿列傳　　　　　　明黃淳耀　　1297-700- 4
王鄭何論　　　　　　　宋張　栻　　1115-329- 38　　揚孟論　　　　　　　宋王安石　　1346-162- 10
　　　　　　　　　　　　　　　　　1346-392- 27
何曾荀顗論　　　　　　晉傅　玄　　1398-199- 10

四庫全書文集篇目分類索引　　1913

●孟　光蜀漢
評杜微周羣杜瓊許慈
　孟光來敏尹默李譔
　讓周鄒正　　　　　　晉陳　壽　　1361-747- 52
●孟　舒漢
季布魏尚孟舒（論）　　宋陳傳良　　1362-175- 7
●孟　嘉晉
孟嘉與謝安石相若　　　宋蘇　軾　　1108-491- 92
●孟皇后(宋哲宗后)
昭慈孟皇后（論）　　　明歸有光　　1289-525- 5
●郤　原魏
評袁張涼國田王郤管　　晉陳　壽　　1361-742- 51
●邛　彤漢
邛彤漢之元臣（論）　　宋蘇　軾　　1108-489- 92
●屈　建周
論屈建文　　　　　　　晉孫　楚　　1398-227- 11
　　　　　　　　　　　　　　　　　1413-217- 41

●屈　原周
（史記評論）屈原列
　傳　　　　　　　　　明黃淳耀　　1297-704- 4
屈原賈生傳贊　　　　　漢司馬遷　　1355-399- 13
　　　　　　　　　　　　　　　　　1360-611- 38
　　　　　　　　　　　　　　　　　1406-625-385
（古史論）屈原　　　　宋蘇　轍　　1384-843-155
●屈突通唐
屈突通論　　　　　　　宋張　耒　　1115-331- 38
　　　　　　　　　　　　　　　　　1346-394- 27
　　　　　　　　　　　　　　　　　1361- 65- 9
●長孫皇后(唐太宗后)
長孫皇后論　　　　　　清高　宗　　1300-316- 5
●長孫無忌唐
論長孫無忌　　　　　　元戴　良　　1219-294- 4
●東方朔漢
東方朔（傳贊）　　　　漢班　固　　1355-413- 14
　　　　　　　　　　　　　　　　　1378- 42- 35
　　　　　　　　　　　　　　　　　1406-638-386

●林　氏明
林氏列傳論　　　　　　明黃仲昭　　1254-622- 下
●林　氏明
林氏列傳論　　　　　　明黃仲昭　　1254-622- 下
●林　氏明
林氏列傳論　　　　　　明黃仲昭　　1254-622- 下
●林　正宋
林正列傳論　　　　　　明黃仲昭　　1254-613- 下
●林　正明

林正列傳論　　　　　　明黃仲昭　　1254-612- 下
●林　圭明
林圭列傳論　　　　　　明黃仲昭　　1254-598- 下
●林　伸宋
林伸列傳論　　　　　　明黃仲昭　　1254-603- 下
●林　杞宋
林杞列傳論　　　　　　明黃仲昭　　1254-605- 下
●林　和明
林和列傳論　　　　　　明黃仲昭　　1254-612- 下
●林　郁宋
林郁列傳論　　　　　　明黃仲昭　　1254-616- 下
●林　迪宋
林迪列傳論　　　　　　明黃仲昭　　1254-614- 下
●林　象宋
林象列傳論　　　　　　明黃仲昭　　1254-621- 下
●林　時宋
林時列傳論　　　　　　明黃仲昭　　1254-612- 下
●林　淮明
林淮列傳論　　　　　　明黃仲昭　　1254-615- 下
●林　肅宋
林肅列傳論　　　　　　明黃仲昭　　1254-599- 下
●林　㟽明
林㟽列傳論　　　　　　明黃仲昭　　1254-598- 下
●林　智明
林智列傳論　　　　　　明黃仲昭　　1254-612- 下
●林　榮明
林榮列傳論　　　　　　明黃仲昭　　1254-612- 下
●林　誠明
林誠列傳論　　　　　　明黃仲昭　　1254-606- 下
●林　緒宋
林緒列傳論　　　　　　明黃仲昭　　1254-620- 下
●林　震宋
林震列傳論　　　　　　明黃仲昭　　1254-616- 下
●林　霆宋
林霆列傳論　　　　　　明黃仲昭　　1254-616- 下
●林　豫宋
林豫列傳論　　　　　　明黃仲昭　　1254-607- 下
●林　礪宋
林礪列傳論　　　　　　明黃仲昭　　1254-599- 下
●林　環明
林環列傳論　　　　　　明黃仲昭　　1254-606- 下
●林　蘊唐
林蘊列傳論　　　　　　明黃仲昭　　1254-616- 下
●林　藻唐
林藻列傳論　　　　　　明黃仲昭　　1254-617- 下

史部　史評類：史論

●林　攢 唐
林攢列傳論　　　　　　明黃仲昭　1254-614-　下
●林子立 宋
林子立列傳論　　　　　明黃仲昭　1254-617-　下
●林大有 宋
林大有列傳論　　　　　明黃仲昭　1254-621-　下
●林大歆 明
林大歆列傳論　　　　　明黃仲昭　1254-612-　下
●林大鼎 宋
林大鼎列傳論　　　　　明黃仲昭　1254-618-　下
●林文翁 明
林文翁列傳論　　　　　明黃仲昭　1254-606-　下
●林之平 宋
林之平列傳論　　　　　明黃仲昭　1254-602-　下
●林永齡 明
林永齡列傳論　　　　　明黃仲昭　1254-612-　下
●林以順 元
林以順列傳論　　　　　明黃仲昭　1254-612-　下
●林以辨 元
林以辨列傳論　　　　　明黃仲昭　1254-598-　下
●林仕敏 明
林仕敏列傳論　　　　　明黃仲昭　1254-612-　下
●林沖之 宋
林沖之列傳論　　　　　明黃仲昭　1254-616-　下
●林有之 宋
林有之列傳論　　　　　明黃仲昭　1254-613-　下
●林光朝 宋
林光朝列傳論　　　　　明黃仲昭　1254-595-　下
●林宋卿 宋
林宋卿列傳論　　　　　明黃仲昭　1254-607-　下
●林長清 明
林長清列傳論　　　　　明黃仲昭　1254-615-　下
●林長懋 明
林長懋列傳論　　　　　明黃仲昭　1254-606-　下
●林茂正 明
林茂正列傳論　　　　　明黃仲昭　1254-622-　下
●林師益 宋
林師益列傳論　　　　　明黃仲昭　1254-617-　下
●林師說 宋
林師說列傳論　　　　　明黃仲昭　1254-608-　下
●林深之 宋
林深之列傳論　　　　　明黃仲昭　1254-611-　下
●林淑貞 明
林淑貞列傳論　　　　　明黃仲昭　1254-622-　下
●林彬之 宋
林彬之列傳論　　　　　明黃仲昭　1254-602-　下
●林國鈞 元
林國鈞列傳論　　　　　明黃仲昭　1254-619-　下
●林積仁 宋
林積仁列傳論　　　　　明黃仲昭　1254-603-　下
●林從世 元
林從世列傳論　　　　　明黃仲昭　1254-619-　下
●枚　皋 漢
枚皋（論）　　　　　　清汪　琬　1315-272-　8
●枚　乘 漢
枚乘（論）　　　　　　宋楊　時　1125-185-　9
●來　敏 蜀漢
評來敏　　　　　　　　晉陳　壽　1361-747- 52
●來　歙 漢
（評）來歙　　　　　　清陳廷敬　1316-489- 34
來歙（論）　　　　　　劉宋范曄　1406-658-388
●典　韋 魏
評二李臧文呂許典二
　龐閻　　　　　　　　晉陳　壽　1361-744- 51
　　　　　　　　　　　　　　　　1406-650-387
●卓　茂 漢
解友人論卓茂　　　　　明蔡　清　1257-866-　4
卓茂（論）　　　　　　清陳廷敬　1316-491- 34
●卓得慶 宋
卓得慶列傳論　　　　　明黃仲昭　1254-616-　下
●叔　齊 周
夷齊論　　　　　　　　唐李德裕　1079-305-　1
　　　　　　　　　　　　　　　　1340-361-756
首陽山碑論伯夷叔齊　　唐皮日休　1083-181-　4
夷齊輔周（說）　　　　唐黃　滔　1084-180-　8
夷齊策　　　　　　　　宋員興宗　1158- 77- 10
詳論夷齊　　　　　　　宋陳　淳　1168-543-　6
夷齊（論）　　　　　　明方孝孺　1235-141-　5
夷齊四皓優劣論　　　　唐蘇　頲　1343-547- 37
●叔　輊 周
叔輊論　　　　　　　　宋劉　敞　1095-751- 40
　　　　　　　　　　　　　　　　1351-110- 95
　　　　　　　　　　　　　　　　1407- 49-400
●叔孫通 漢
劉敬叔孫通（傳贊）　　漢司馬遷　541-419-35之7
　　　　　　　　　　　　　　　　1406-628-385
漢功臣論論漢代之功臣
　叔孫氏不在良平之下　宋張方平　1104-133- 16
叔孫通（論）　　　　　宋楊　時　1125-187-　9
叔孫通論　　　　　　　宋劉才邵　1130-549- 10

四庫全書文集篇目分類索引　1915

叔孫通知當世要務論　宋范　浚　1140- 75- 9　　　　　　　　　　1377-652- 30
叔孫通（論）　　　　宋陳傳良　1362-171- 7　　　　　　　　　　1384-551-129
（史記評論）劉敬叔　　　　　　　　　　　　　　　　　　　　　　1447-717- 41
　孫通列傳　　　　　明黃淳耀　1297-707- 4　周公（論）　　宋蘇　轍　1112-642- 7　史部
●知　瑩周　　　　　　　　　　　　　　　　　周公論　　　　宋蘇　轍　1112-859- 3
知瑩趙武論　　　　　宋蘇　轍　 550- 74-211　　　　　　　　　　1377-653- 30　史評類：史論
　　　　　　　　　　　　　　　　1112-644- 7　　　　　　　　　　1384-800-151
　　　　　　　　　　　　　　　　1384-825-154　上呂太尉書論周公　宋李　新　1124-578- 21
●季　札周　　　　　　　　　　　　　　　　　聖傳論十首　　宋劉子翬　1134-370- 1
吳季子札論　　　　　唐獨孤及　1072-213- 7　答羅仲素（書）論管
　　　　　　　　　　　　　　　　1340-226-741　　仲伊尹周公　宋陳　淵　1139-487- 19
　　　　　　　　　　　　　　　　1343-532- 36　周公（論）　　宋林亦之　1149-876- 3
　　　　　　　　　　　　　　　　1407- 32-398　周公論　　　　宋韓元吉　1165-267- 17
季札論　　　　　　　宋石　介　1090-251- 11　伊周論　　　　宋高斯得　1182- 45- 3
　　　　　　　　　　　　　　　　1346-226- 15　周公使管叔監殷(論)　明海　瑞　1286-208- 8
季子（論）　　　　　宋王安石　1105-560- 68　伊尹周公諸葛亮論　清　高宗　1301-578- 2
　　　　　　　　　　　　　　　　1384- 94- 89　周公論　　　　清魏裔介　1312-887- 14
答杜鋒書論季札　　　宋張　耒　1115-393- 46　周公論　　　　清方　苞　1326-791- 5
再答杜鋒書論季札　　宋張　耒　1115-393- 46　周公論　　　　宋孔文仲　1345-197- 2
季札論　　　　　　　元鄭　玉　1217- 76- 2　周公（論）　　宋陳傳良　1362- 46- 5
季札論（二則）　　　明邵　寶　1258-517- 8　　　　　　　　　　　　　　1362-160- 5
季札論　　　　　　　明崔　銑　1267-555- 8
季札（論）　　　　　明王世貞　1280-731-110　●周　志元
曹子臧吳季札（論）　宋蘇　轍　1406-697-391　周志列傳論　　明黃仲昭　1254-620- 下
●季　布漢　　　　　　　　　　　　　　　　　●周　昌漢
季布（論）　　　　　宋楊　時　1125-180- 9　周昌相趙論　　唐皮日休　1083-189- 5
季布欒布傳贊　　　　漢司馬遷　1360-609- 38　　　　　　　　　　　　　　1340-365-757
　　　　　　　　　　　　　　　　1406-628-385
季布魏尚孟舒（論）　宋陳傳良　1362-175- 7　周昌（論）　　宋楊　時　1125-181- 9
●季　豐魏　　　　　　　　　　　●周　勃漢
夏侯玄季豐張緝(贊)　宋陳　亮　1171-610- 12　平勃論　　　　宋張　耒　1115-323- 37
●和　洽魏　　　　　　　　　　　　　　　　　　　　　　　　　　　1361- 53- 7
評和洽常林楊俊杜襲　　　　　　　　　　　　　周勃（論）　　宋楊　時　1125-179- 9
　趙儼裴潛　　　　　晉陳　壽　1361-745- 51　安劉氏者必勃論　宋史堯弼　1165-748- 7
　　　　　　　　　　　　　　　　1406-651-387　陳平周勃王陵論　宋陳春卿　1178- 11- 2
●周　公周　　　　　　　　　　　陳平周勃（論）　明王立道　1277-883- 0
周公論　　　　　　　宋石　介　1090-254- 11　周勃汲黯霍光（論）　宋陳傳良　1362-162- 6
　　　　　　　　　　　　　　　　1346-227- 15　周勃（論）　　宋陳傳良　1362-170- 7
周公對　　　　　　　宋蔡　襄　1090-619- 33　●周　瑜吳
周公論　　　　　　　宋王安石　1105-520- 64　周瑜雅量（論）　宋蘇　軾　1108-490- 92
　　　　　　　　　　　　　　　　1351-115- 96　張昭周瑜（贊）　宋陳　亮　1171-611- 12
　　　　　　　　　　　　　　　　1384- 91- 89　吳主與陸遜論周瑜魯
　　　　　　　　　　　　　　　　1407- 49-400　　肅呂蒙　　　晉孫　權　1361-696- 42
　　　　　　　　　　　　　　　　1418-324- 47　評周瑜魯肅呂蒙　晉陳　壽　1361-751- 53
周公論　　　　　　　宋蘇　軾　1107-584- 42　●周　羣蜀漢
　　　　　　　　　　　　　　　　　　　　　　　評杜微周羣杜瓊許慈
　　　　　　　　　　　　　　　　　　　　　　　　孟光來敏尹默李譔

1916　　　　　　　四庫全書文集篇目分類索引

諫周邵正	晉陳　壽	1361-747- 52
●周　魴吳		
評賀齊全琮呂岱周魴		
鍾離牧	晉陳　壽	1361-752- 53
		1406-653-387
●周　瑩明		
周瑩列傳論	明黃仲昭	1254-618- 下
●周文王周		
文王論	宋孫　復	1090-160- 0
		1346-130- 8
聖傳論十首	宋劉子翬	1134-369- 1
文王（論）	宋林亦之	1149-875- 3
文王（論）	宋呂祖謙	1362- 32- 1
文王（論）	宋陳傅良	1362- 47- 5
文王（論）	宋陳傅良	1362- 48- 5
		1418-646- 58
●周平王周		
平王論	宋蘇　軾	1377-611- 29
		1384-540-128
●周世宗後周		
周世宗論	宋王　質	1149-379- 4
周世宗論	宋歐陽修	1383-489- 43
		1406-679-390
●周以諒唐		
發明周御史論	宋張唐英	1077-301- 2
●周成王周		
周成漢昭論	魏 文 帝	1412-617- 24
成王漢昭論	魏曹　植	1412-673- 26
●周武王周		
周武王漢高祖論	漢孔　融	1063-243- 0
		1397-506- 24
		1412-517- 21
湯武論	宋劉　敞	1095-748- 40
武王論	宋王十朋	1151-202- 12
湯武論	清 高 宗	1301-303- 3
武王（論）	宋呂祖謙	1362- 33- 1
武王（論）	宋陳傅良	1362-158- 5
東坡祖黃生說東坡武		
王非聖人說祖黃生	明胡　廣	1374-324- 55
武王論	宋蘇　軾	1377-610- 29
		1384-538-128
		1407- 1-395
●周亞夫漢		
周亞夫（論）	宋胡　宏	1137-178- 3
周亞夫申屠嘉論	宋陳耆卿	1178- 13- 2

條侯傳論	明方孝孺	1235-150- 5
周亞夫（論）	明王世貞	1280-733-110
周亞夫（論）	清陳廷敬	1316-480- 33
周亞夫論	清姜宸英	1323-714- 4
周亞夫（論）	宋陳傅良	1362-277- 10
周亞夫眞可任將兵論	明陳　勳	1407- 77-402
●金日磾漢		
霍光金日磾（傳贊）	漢班　固	1406-639-386
●金世宗		
金世宗論	清 高 宗	1301-305- 3
●岳　飛宋		
論蔡虛齋先生岳少保		
論	清王士俊	538-583- 77
與汪參政明遠論岳侯		
恩數（書）	宋薛季宣	1159-350- 22
辯岳鄂王不渡河	明烏斯道	1232-236- 4
岳飛班師（論）	明蔡　清	1257-777- 1
岳飛論	明崔　銑	1267-557- 8
岳飛（論）	明王世貞	1280-741-110
岳武穆論	清 高 宗	1300-328- 6
●兒　寬漢		
公孫弘卜式兒寬傳贊	漢班　固	1355-411- 14
		1406-636-386
		1417-377- 19
●房　琯唐		
房太尉傳論	宋程　俱	1130-147- 15
		1375-289- 22
●房玄齡唐		
房魏論	宋陳長方	1139-622- 1
房杜不言功論	宋范　淹	1140- 77- 9
宰相論（房杜論）	宋吳　徵	1142-225- 3
謝杜相公論房杜二相		
書	唐柳　冕	1344-215- 79
		1404-524-216
房玄齡杜如誨傳贊	宋歐陽修	1476-100- 6
●狐　偃周		
舅犯先軫（論）	明鍾　惺	1407- 79-402
九　畫		
●洪　忠宋		
洪忠列傳論	明黃仲昭	1254-620- 下
●洪天賦宋		
洪天賦列傳論	明黃仲昭	1254-613- 下
●洪處厚宋		
洪處厚列傳論	明黃仲昭	1254-613- 下
●姜嫄(帝嚳元妃)上古		

四庫全書文集篇目分類索引

嬖妃論　　　　　　　　宋蘇　洵　1104-910- 9
　　　　　　　　　　　　　　　　1384-347-112
　　　　　　　　　　　　　　　　1406-718-394
　　　　　　　　　　　　　　　　1447-646- 36

●姜　維蜀漢
渭源諸葛武侯祠題記
　兼論武侯與姜維　　　宋李　復　1121- 57- 6
評蔣琬費禕姜維　　　　晉陳　壽　1361-747- 52
　　　　　　　　　　　　　　　　1406-652-387

●浤　冶周
浤冶論　　　　　　　　元程端學　1375-367- 29
●封常清唐
酌古論——封常清論　　宋陳　亮　1171-564- 8
●胡　建漢
斥胡建　　　　　　　　唐皮日休　1083-199- 7
●胡　綜吳
評是儀徐詳胡綜　　　　晉陳　壽　1361-753- 53
●胡　銓宋
劉翠微罪言跋　　　　　宋姚　勉　1184-284- 41
跋劉翠微罪言稿　　　　宋文天祥　1184-607- 14
●柯　潛明
柯潛列傳論　　　　　　明黃仲昭　1254-606- 下
●柯遜卿明
柯遜卿叙論　　　　　　明朱　右　1228- 22- 2
●柯夢得宋
柯夢得列傳論　　　　　明黃仲昭　1254-618- 下
●柳下惠周
夷惠清和論　　　　　　唐李　翱　1078- 71- 2
夷惠論　　　　　　　　宋曾　丰　1156-165- 15
夷惠清和論　　　　　　唐皇甫湜　1340-357-756
●柳宗元唐
答問問元裕之云柳子厚
　唐之謝康樂陶元亮晉
　之白樂天此說如何　　元陳　櫟　1205-242- 7
李杜韓柳論　　　　　　明劉定之　1374-352- 56
●韋　堅唐
宇文融韋堅楊愼矜王
　鉷傳贊　　　　　　　宋歐陽修　1476-112- 7
●韋　賢漢
韋賢（傳贊）　　　　　漢班　固　541-420-35之7
　　　　　　　　　　　　　　　　1406-641-386

●韋　曜吳
評王樓賀韋華　　　　　晉陳　壽　1361-753- 53
●韋太后（宋徽宗妃、
　宋高宗母）

韋太后（論）　　　　　明歸有光　1289-525- 5
●韋玄成漢
擬富民侯傳贊　　　　　宋張　詠　1085-602- 6
　　　　　　　　　　　　　　　　1350-773- 75
韋玄成論　　　　　　　宋秦　觀　1361-197- 30
韋玄成（論）　　　　　宋楊　時　1362-188- 9
●符　堅前秦
符堅（論）　　　　　　宋蘇　轍　1112-664- 10
　　　　　　　　　　　　　　　　1377-626- 29
　　　　　　　　　　　　　　　　1384-823-153
評劉元海石勒符堅　　　宋曹彥約　1167-257- 21
酌古論——符堅　　　　宋陳　亮　1171-546- 6
符堅（論）　　　　　　明王世貞　1280-736-110
●苗時中宋
擬作苗時中傳贊　　　　宋趙鼎臣　1124-228- 14
●范　升漢
范升（論）　　　　　　清陳廷敬　1316-493- 34
●范　滂漢
李膺范滂（論）　　　　劉宋范曄　1406-665-388
●范　雎周
范雎（論）　　　　　　宋司馬光　1094-616- 67
應侯論　　　　　　　　宋張　耒　1115-315- 36
　　　　　　　　　　　　　　　　1346-382- 27
　　　　　　　　　　　　　　　　1361- 49- 6
商鞅范雎（論）　　　　明高　啓　1230-307- 4
（史記評論）范雎蔡
　澤列傳　　　　　　　明黃淳耀　1297-702- 4
范雎說　　　　　　　　宋司馬光　1346- 61- 4
（古史論）范雎蔡澤　　宋蘇　轍　1384-847-155
范雎蔡澤（傳贊）　　　漢司馬遷　1406-625-385
●范　增秦
御製讀蘇軾范增論　　　清 高 宗　1107- 2- 附
　　　　　　　　　　　　　　　　1301-492- 34
書蘇子范增論後　　　　明王世貞　1285- 15- 1
范增論　　　　　　　　明黃淳耀　1297-667- 3
續范增論　　　　　　　清姜宸英　1323-716- 4
范增（論）　　　　　　宋蘇　軾　1351-774- 下
　　　　　　　　　　　　　　　　1354-199- 25
　　　　　　　　　　　　　　　　1359-572- 3
　　　　　　　　　　　　　　　　1377-666- 31
　　　　　　　　　　　　　　　　1384-563-130
　　　　　　　　　　　　　　　　1407- 43-399
范增（論）　　　　　　宋陳傅良　1362- 52- 6
　　　　　　　　　　　　　　　　1362-267- 9
論項羽范增　　　　　　宋蘇　軾　1447-745- 43

史部

史評類：史論

1918　　　　　　　　四庫全書文集篇目分類索引

●范　質宋
范質王溥魏仁浦(論)　　明歸有光　1289-527- 5
●范　蠡周
論范蠡張良之謀國處
　身　　　　　　　　　宋李　綱　1126-659-152
范蠡論　　　　　　　　宋蘇　軾　1384-556-129
范蠡（論）　　　　　　宋蘇　轍　1406-697-391
●范文虎宋
論范氏　　　　　　　　明鄭　眞　1234-207- 27
●范仲淹宋
范仲淹純仁傳贊　　　　元托克托　541-424-35之7
聖宋遵堯錄范仲淹論　　宋羅從彥　1135-706- 7
●范純仁宋
范仲淹純仁傳贊　　　　元托克托　541-424-35之7
論忠宣公有量　　　　　程氏遺書　1104-810- 附
論忠宣公以德報怨　　　宋邵　雍　1104-811- 附
論忠宣公分資蔭與進
　士事　　　　　　　　宋楊　時　1104-811- 附
論徽宗不及相忠宣　　　宋王　偁　1104-812- 附
論忠宣公不當與安燾
　同除　　　　　　　　宋王巖叟　1104-813- 附
●茅　焦秦
茅焦論　　　　　　　　明商　輅　1407- 64-401
茅知至列傳論　　　　　明黃仲昭　1254-621- 下
●英　布漢
述韓英彭盧吳傳第四　　漢班　固　1329-877- 50
　　　　　　　　　　　　　　　　1331-340- 50
●是　儀吳
評是儀徐詳胡綜　　　　晉陳　壽　1361-753- 53
●禹夏
對禹問論禹傳子爲慮後世 唐韓　愈　1073-417- 11
　　　　　　　　　　　　　　　　1074-230- 11
　　　　　　　　　　　　　　　　1075-193- 11
　　　　　　　　　　　　　　　　1355-372- 13
　　　　　　　　　　　　　　　　1359-514- 75
　　　　　　　　　　　　　　　　1383-132- 10
　　　　　　　　　　　　　　　　1410-755-770
　　　　　　　　　　　　　　　　1447-123- 1
御製讀韓愈對禹問　　　清 高 宗　1074- 2- 附
　　　　　　　　　　　　　　　　1301-505- 36
禹書上下　　　　　　　唐劉　蛻　1082-625- 2
　　　　　　　　　　　　　　　　1336-484-377
　　　　　　　　　　　　　　　　1343-685- 48
　　　　　　　　　　　　　　　　1410-815-774
定四時別九州聖功執

大論　　　　　　　　　宋夏　竦　1087-214- 20
舜無爲禹勤事功德執
　優論　　　　　　　　宋夏　竦　1087-215- 20
聖傳論十首　　　　　　宋劉子翬　1134-366- 1
禹論　　　　　　　　　宋王十朋　1151-201- 12
大禹（論）　　　　　　宋呂祖謙　1362- 29- 1
禹（論）　　　　　　　宋陳傅良　1362-156- 5
禹論　　　　　　　　　宋程大昌　1375-343- 27
●姚　崇唐
姚崇（論）　　　　　　宋蘇　轍　1112-673- 11
　　　　　　　　　　　　　　　　1384-832-154
姚崇論　　　　　　　　宋李　新　1124-514- 15
宰相論（姚宋論）　　　宋吳　儆　1142-226- 3
　　　　　　　　　　　　　　　　1375-349- 27
姚宋（論）上下　　　　宋陳　造　1166-404- 32
論姚崇十事　　　　　　清陸隴其　1449-527- 7
姚崇宋璟傳贊　　　　　宋歐陽修　1476-108- 7
●姚　璹唐
姚璹論　　　　　　　　宋余　靖　1418-359- 48
●姚宗之宋
姚宗之列傳論　　　　　明黃仲昭　1254-609- 下
●皇甫遇後晉
皇甫遇傳（論）　　　　宋歐陽修　1406-687-390
●爰　延漢
爰延（論）　　　　　　清陳廷敬　1316-495- 34
●侯　益宋
侯益趙贊（論）　　　　明歸有光　1289-527- 5
●侯　贏周
侯贏（論）　　　　　　宋鄒　浩　587-725- 18
　　　　　　　　　　　　　　　　1121-436- 31
　　　　　　　　　　　　　　　　1407- 53-400
或問夷門監者　　　　　元楊維楨　587-727- 18
●段秀實唐
段秀實顏眞卿傳贊　　　宋歐陽修　1476-116- 7
十　畫
●高　允北魏
高允論　　　　　　　　清魏　禧　506-301- 96
與太原張偉論高允書　　北魏游雅　506-415-101
崔浩高允論　　　　　　宋李　石　1149-626- 9
●高　柔魏
評韓暨崔林高柔孫禮
　王觀　　　　　　　　晉陳　壽　1361-745- 51
●高　娃不詳
（義俠傳）高娃(論)　　明鄒之麟　1407-307-423
●高　順漢

四庫全書文集篇目分類索引

高順（論）　　　　　　宋司馬光　　1094-618- 67
●高　穎隋
高穎論　　　　　　　　宋孔武仲　　1345-363- 16
●高　賦宋
擬作高賦傳贊　　　　　宋趙鼎臣　　1124-228- 14
●高　歡北魏
高歡（論）　　　　　　明胡應麟　　1290-709- 97
●高皇后(宋英宗后)
宣仁高皇后（論）　　　明歸有光　　1289-525- 5
宋宣仁皇后論　　　　　清　高　宗　1300-325- 6
●高敖曹北魏
高敖曹慕容紹宗(論)　　明胡應麟　　1290-710- 97
●高遵裕宋
擬作高遵裕傳贊　　　　宋趙鼎臣　　1124-227- 14
●唐　彬晉
唐彬（論）　　　　　　宋蘇　軾　　1108-491- 92
●唐文宗
唐文宗（論）　　　　　明方孝孺　　1235-178- 5
文宗（論）　　　　　　清汪　琬　　1315-274- 8
●唐太宗
唐太宗述　　　　　　　宋釋契嵩　　1091-479- 8
唐太宗（論）　　　　　宋蘇　轍　　1112-669- 10
　　　　　　　　　　　　　　　　　1377-622- 29
　　　　　　　　　　　　　　　　　1384-819-153
論光武太宗身致太平　　宋李　綱　　1126-657-152
唐太宗（論）　　　　　宋胡　宏　　1137-178- 3
唐太宗論　　　　　　　元鄭　玉　　1217- 8- 2
唐太宗論　　　　　　　清　高　宗　1300-316- 5
唐太宗論　　　　　　　清魏裔介　　1312-895- 14
爾朱榮唐太宗（論）　　清汪　琬　　1315-273- 8
唐太宗（論）　　　　　清汪　琬　　1315-274- 8
文皇論　　　　　　　　宋張　耒　　1361- 41- 5
太宗（論）　　　　　　宋歐陽修　　1406-674-390
●唐玄宗
唐玄宗憲宗（論）　　　宋蘇　轍　　1112-672- 11
　　　　　　　　　　　　　　　　　1384-821-153
明皇論　　　　　　　　宋張　耒　　1346-373- 26
　　　　　　　　　　　　　　　　　1361- 42- 5
明皇論　　　　　　　　宋崔　鷃　　1351-155-101
睿宗玄宗（論）　　　　宋歐陽修　　1406-675-390
●唐代宗
唐代宗論　　　　　　　宋張　耒　　1115-310- 36
　　　　　　　　　　　　　　　　　1346-373- 26
　　　　　　　　　　　　　　　　　1361- 42- 5
●唐明宗後唐

（五代史）唐明宗論　　宋歐陽修　　1383-487- 43
　　　　　　　　　　　　　　　　　1406-678-390
●唐高宗
高宗論　　　　　　　　宋張　耒　　1361- 42- 5
高宗（論）　　　　　　宋歐陽修　　1406-674-390
●唐高祖
唐高祖（論）　　　　　宋蘇　轍　　1112-668- 10
　　　　　　　　　　　　　　　　　1377-621- 29
　　　　　　　　　　　　　　　　　1384-819-153
　　　　　　　　　　　　　　　　　1407- 13-395
答趙子彊書論唐高祖　　宋李　復　　1121- 34- 4
唐高祖（論）　　　　　明方孝孺　　1235-178- 5
（唐史）高祖紀贊　　　宋歐陽修　　1356-845- 4
　　　　　　　　　　　　　　　　　1406-674-390
●唐高祖女(柴紹妻)
論平陽公主　　　　　　明梁　潛　　1237-192- 2
（任俠）唐平陽昭公
主（論）　　　　　　　明鄒之麟　　1407-309-423
●唐莊宗後唐
唐莊宗論　　　　　　　宋張　耒　　1115-311- 36
　　　　　　　　　　　　　　　　　1346-375- 26
　　　　　　　　　　　　　　　　　1361- 44- 5
唐莊宗（論）　　　　　明方孝孺　　1235-181- 5
●唐肅宗
論元帝肅宗中興　　　　宋李　綱　　1126-628-147
唐肅宗論　　　　　　　清　高　宗　1300-317- 5
唐肅宗論　　　　　　　清朱鶴齡　　1319-130- 11
●唐睿宗
睿宗玄宗（論）　　　　宋歐陽修　　1406-675-390
●唐德宗
唐德宗論　　　　　　　宋張　耒　　1115-310- 36
　　　　　　　　　　　　　　　　　1346-374- 26
　　　　　　　　　　　　　　　　　1361- 43- 5
唐德宗論　　　　　　　清　高　宗　1300-317- 5
●唐憲宗
唐玄宗憲宗（論）　　　宋蘇　轍　　1112-672- 11
　　　　　　　　　　　　　　　　　1384-821-153
唐憲宗論　　　　　　　清　高　宗　1300-318- 5
●唐穆宗
唐穆宗論　　　　　　　清　高　宗　1300-318- 5
●祖　逖晉
祖逖（論）　　　　　　宋蘇　轍　　1112-663- 10
祖逖論　　　　　　　　明黃淳耀　　1297-675- 3
●凌　統吳
評程普凌統潘璋等　　　晉陳　壽　　1361-751- 53

史部 史評類：史論

●泰　伯周
泰伯可謂至德論　　宋史堯弼　1165-739- 7
泰伯論上下　　　　明海　瑞　1286-205- 8
泰伯三讓論　　　　清陸隴其　1325- 26- 3
●秦　宓蜀漢
評許靖麋竺孫乾簡雍
　伊籍秦宓　　　　晉陳　壽　1361-746- 52
●秦　檜宋
秦檜（論）　　　　清儲大文　1327-195- 10
●秦始皇
秦始皇帝論　　　　宋蘇　軾　1107-580- 42
　　　　　　　　　　　　　　1418-433- 50
（史記評論）秦始皇
　本紀　　　　　　明黃淳耀　1297-680- 4
秦始皇論　　　　　清朱彝尊　1318-310- 59
秦始皇論　　　　　清姜宸英　1323-715- 4
秦始皇扶蘇（論）　宋蘇　軾　1351-772- 下
　　　　　　　　　　　　　　1359-576- 3
始皇論一二　　　　宋蘇　軾　1377-612- 29
　　　　　　　　　　　　　　1384-541-128
始皇論　　　　　　宋蘇　轍　1384-789-150
　　　　　　　　　　　　　　1406-694-391
秦始皇（論）　　　漢司馬遷　1406-617-385
始皇論一　　　　　宋蘇　軾　1407- 2-395
論始皇漢宣李斯　　宋蘇　軾　1447-743- 43
志林論始皇　　　　宋蘇　軾　1476-222- 12
●秦穆公
秦穆謚繆論　　　　唐皮日休　1083-188- 5
　　　　　　　　　　　　　　1340-365-757
　　　　　　　　　　　　　　1343-531- 36
秦穆公漢武帝（論）宋蘇　軾　1108-484- 92
●馬　良蜀漢
評董劉馬陳董呂　　晉陳　壽　1361-746- 52
●馬　忠蜀漢
評黃權李恢呂凱馬忠
　王平張疑　　　　晉陳　壽　1361-747- 52
●馬　周唐
馬周傳贊　　　　　宋歐陽修　541-423-35之7
●馬　宮漢
匡衡張禹孔光馬宮傳
　贊　　　　　　　漢班　固　1406-642-386
　　　　　　　　　　　　　　1476- 50- 3
●馬　超蜀漢
評關張馬黃趙　　　晉陳　壽　1361-746- 52
●馬　援漢

酌古論——馬援　　宋陳　亮　1171-553- 6
馬援（論）　　　　劉宋范曄　1406-661-388
馬援論　　　　　　明鍾　惺　1407- 86-402
●馬　融漢
馬融（論）　　　　明方孝孺　1235-159- 5
馬融（論）　　　　清陳廷敬　1316-495- 34
馬融（論）　　　　劉宋范曄　1378- 46- 35
　　　　　　　　　　　　　　1406-663-388
●馬　謖蜀漢
馬謖論　　　　　　明黃淳耀　1297-673- 3
●馬　燧唐
酌古論——馬燧　　宋陳　亮　1171-565- 8
●貢　禹漢
王吉貢禹（論）　　清陳廷敬　1316-484- 33
王貢兩龔鮑（傳贊）漢班　固　1406-638-386
●原　涉漢
原涉論　　　　　　漢荀　悅　1412-403- 17
●原　壤周
原壤論　　　　　　清陸隴其　1325- 28- 3
●孫　休吳
會稽王景皇帝歸命侯
　（贊）　　　　　宋陳　亮　1171-611- 12
評三嗣主　　　　　晉陳　壽　1361-749- 53
評三嗣主　　　　　晉孫　盛　1361-750- 53
●孫　武周
孫武論上下　　　　宋蘇　軾　1107-587- 42
　　　　　　　　　　　　　　1384-557-129
孫武吳起（傳贊）　漢司馬遷　1355-398- 13
　　　　　　　　　　　　　　1378- 40- 35
　　　　　　　　　　　　　　1406-623-385
孫武論　　　　　　宋蘇　軾　1407-237-416
●孫　和吳
評吳主五子　　　　晉陳　壽　1361-752- 53
●孫　亮吳
會稽王景皇帝歸命侯
　（贊）　　　　　宋陳　亮　1171-611- 12
評三嗣主　　　　　晉陳　壽　1361-749- 53
評三嗣主　　　　　晉孫　盛　1361-750- 53
●孫　咸漢
王梁孫咸（論）　　清陳廷敬　1316-490- 34
●孫　峻吳
評諸葛滕二孫濮陽　晉陳　壽　1361-753- 53
●孫　堅吳
吳武烈皇帝長沙桓王
　（贊）　　　　　宋陳　亮　1171-610- 12

四庫全書文集篇目分類索引

評孫堅孫策　　　　　　晉陳　壽　　1361-749- 53
評孫堅　　　　　　　　晉孫　盛　　1361-750- 53
●孫　乾蜀漢
評許靖麋竺孫乾簡雍
　伊籍秦宓　　　　　晉陳　壽　　1361-746- 52
●孫　登吳
評吳主五子　　　　　　晉陳　壽　　1361-752- 53
●孫　皓吳
會稽王景皇帝歸命侯
　（贊）　　　　　　　宋陳　亮　　1171-611- 12
評三嗣主　　　　　　　晉陳　壽　　1361-749- 53
評三嗣主　　　　　　　晉孫　盛　　1361-750- 53
●孫　策吳
吳武烈皇帝長沙桓王
　（贊）　　　　　　　宋陳　亮　　1171-610- 12
評孫堅孫策　　　　　　晉陳　壽　　1361-749- 53
評孫堅孫策　　　　　　晉孫　盛　　1361-750- 53
●孫　資魏
劉曄蔣濟劉放孫資（
　贊）　　　　　　　　宋陳　亮　　1171-610- 12
評程昱郭嘉董昭劉曄
　蔣濟劉放孫資　　　晉陳　壽　　1361-743- 51
●孫　楚晉
目孫楚品狀　　　　　　晉王　濟　　1398-142- 7
●孫　綝吳
評諸葛滕二孫濮陽　　晉陳　壽　　1361-753- 53
●孫　慮吳
評吳主五子　　　　　　晉陳　壽　　1361-752- 53
●孫　奮吳
評吳主五子　　　　　　晉陳　壽　　1361-752- 53
●孫　禮魏
評韓暨崔林高柔孫禮
　王觀　　　　　　　　晉陳　壽　　1361-745- 51
●孫　霸吳
評吳主五子　　　　　　晉陳　壽　　1361-752- 53
●班　固漢
班固（論）　　　　　　清陳廷敬　　1316-494- 34
名士優劣論（二）論
　司馬遷才勝班固　　晉張　輔　　1398-438- 19
班固（論）　　　　　　劉宋范曄　　1406-662-388
●桓　彬漢
桓彬論　　　　　　　　漢蔡　邕　　1397-434- 20
　　　　　　　　　　　　　　　　　1412-433- 18
●桓　階魏
評桓階陳羣陳泰陳矯

徐宣衞臻盧毓　　　　晉陳　壽　　1361-745- 51
　　　　　　　　　　　　　　　　　1406-651-387
●桓　譚漢
桓譚論　　　　　　　　宋周紫芝　　1141-312- 45
●晉文公周
桓文論　　　　　　　　宋會　丰　　1156-170- 15
●晉元帝
論元帝肅宗中興　　　　宋李　綱　　1126-628-147
晉元帝（論）　　　　　宋張　栻　　1362-144- 3
●晉出帝後晉
晉出帝（論）　　　　　宋歐陽修　　1378- 27- 34
　　　　　　　　　　　　　　　　　1406-679-390
●晉武帝
晉武帝（論）　　　　　宋蘇　轍　　1112-658- 9
　　　　　　　　　　　　　　　　　1377-619- 29
　　　　　　　　　　　　　　　　　1384-811-152
晉紀論晉武帝革命　　　晉干　寶　　1329-853- 49
　　　　　　　　　　　　　　　　　1331-306- 49
晉（書）武帝總論（傳
　贊）　　　　　　　　唐太宗　　　1340-341-754
　　　　　　　　　　　　　　　　　1417-595- 29
晉武（論）　　　　　　宋錢　礪　　1351-126- 97
●晉宣帝
晉宣帝（論）　　　　　宋蘇　轍　　1112-657- 9
　　　　　　　　　　　　　　　　　1377-618- 29
　　　　　　　　　　　　　　　　　1384-813-152
司馬懿司馬昭司馬師
　（贊）　　　　　　　宋陳　亮　　1171-610- 12
晉高祖論　　　　　　　唐朱敬則　　1340-324-752
晉（書）宣帝總論（傳
　贊）　　　　　　　　唐太宗　　　1340-340-754
　　　　　　　　　　　　　　　　　1417-595- 29
又論諸葛亮司馬宣王　晉陳　壽　　1361-689- 40
●晉悼公周
晉悼公論　　　　　　　清高宗　　　1300-307- 3
晉悼公論　　　　　　　元程端學　　1375-365- 29
●晉穆侯周
論晉穆侯　　　　　　　左　傳　　　1402-343- 59
●袁　盎漢
袁盎論　　　　　　　　宋謝　逸　　1122-527- 8
袁盎（論）　　　　　　宋楊　時　　1125-184- 9
（史記評論）袁盎鼂
　錯列傳　　　　　　　明黃淳耀　　1297-707- 4
袁盎鼂錯（傳贊）　　　漢司馬遷　　1406-628-385
●袁　淑劉宋

史部 史評類：史論

袁淑（論）　　梁沈　約　1406-671-389
●袁　紹漢
袁紹論　　宋秦　觀　1361-205- 32
評董卓袁紹袁術劉表　　晉陳　壽　1361-739- 50
　　1406-649-387

●袁　術漢
評董卓袁紹袁術劉表　　晉陳　壽　1361-739- 50
　　1406-649-387

●袁　渙魏
袁渙（贊）　　宋陳　亮　1171-609- 12
評袁張涼國田王邴管　　晉陳　壽　1361-742- 51
●袁　粲劉宋
袁粲（論）　　明方孝孺　1235-174- 5
袁粲（論）　　明王世貞　1280-737-110
●耿　弇漢
鄧禹耿弇（贊）　　宋陳　亮　1171-611- 12
耿弇（論）　　劉宋范曄　1406-659-388
●耿　恭漢
耿恭（論）　　劉宋范曄　1406-659-388
●耿　傳宋
辨誕辨耿傳事　　宋尹　洙　1090- 13- 3
寄尹師魯書評尹洙辨
　　誕一文　　宋蔡　襄　1090-560- 27
●夏侯玄魏
夏侯玄季豐張緝(贊)　　宋陳　亮　1171-610- 12
夏侯玄論　　明黃淳耀　1297-674- 3
●夏侯勝漢
夏侯勝胜孟（論）　　宋陳傅良　1362-168- 6
胜兩夏侯京翼李（傳
　　贊）　　漢班　固　1406-641-386
●夏侯嬰漢
樊酈滕灌（傳贊）　　漢司馬遷　1406-627-385
●夏侯始昌漢
胜兩夏侯京翼李（傳
　　贊）　　漢班　固　1406-641-386
●桑弘羊漢
桑弘羊（論）　　清汪　琬　1315-272- 8
（漢史）贊桑弘羊評　　唐張　或　1343-676- 47
　　1407-359-427

●桑維翰後晉
酌古論——桑維翰　　宋陳　亮　1171-568- 8
晉臣桑維翰景延廣傳
　　（論）　　宋歐陽修　1406-683-390
●晁　錯漢
晁錯論　　宋文彥博　550- 67-211

晁錯論　　唐李　觀　1078-308- 2
　　1343-553- 38
　　1407- 32-398
　　1351- 96- 94
晁錯論　　宋徐　鉉　1085-187- 24
晁錯論　　宋田　錫　1085-427- 11
晁錯論　　宋蘇　軾　1107-598- 43
　　1351-770- 下
　　1359-573- 3
　　1377-669- 31
　　1384-566-130
　　1407- 46-399
　　1447-727- 42
晁錯（論）　　宋楊　時　1125-184- 9
　　1362-186- 9
論晁錯王恢　　宋李　綱　1126-639-149
晁錯（論）　　宋胡　宏　1137-178- 3
晁錯論　　宋王之望　1139-857- 14
晁錯論　　宋周紫芝　1141-309- 44
（史記評論）袁盎晁
　　錯列傳　　明黃淳耀　1297-707- 4
晁錯（論）　　清陳廷敬　1316-481- 33
晁錯論　　宋秦　觀　1361-196- 30
晁錯（論）　　宋陳傅良　1362-275- 10
袁盎晁錯（傳贊）　　漢司馬遷　1406-628-385
●荀　子周
荀卿論上下　　宋王安石　1105-560- 68
　　1346-163- 10
荀卿論　　宋蘇　軾　1107-594- 43
　　1351-766- 下
　　1356- 34- 2
　　1359-579- 3
　　1377-632- 29
　　1384-573-131
　　1407-281-420
　　1418-435- 50
　　1447-719- 42
（史記評論）孟子荀
　　卿列傳　　明黃淳耀　1297-700- 4
●荀　攸魏
荀攸（贊）　　宋陳　亮　1171-609- 12
太祖稱荀攸　　魏武　帝　1361-635- 29
評荀或荀攸賈詡　　晉陳　壽　1361-741- 51
●荀　或魏
荀或（論）　　宋蘇　轍　1112-655- 9

四庫全書文集篇目分類索引　　　　　　1923

		1378- 48- 35	評桓階陳郡陳矯徐宣		
荀彧（論）	宋鄒　浩	1121-438- 31	衞臻盧毓	晉陳　壽	1361-745- 51
荀彧（論）	宋楊　時	1125-187- 9			1406-651-387
		1362-189- 9	●徐　奕魏		
論荀彧	宋李　綱	1126-646-150	評徐奕何夔邢顒毛玠		
荀彧論	宋陳長方	1139-621- 1	司馬芝崔琰鮑勛	晉陳　壽	1361-742- 51
荀彧論	宋周紫芝	1141-315- 45			1406-650-387
答潘叔昌（書）社生			●徐　晃魏		
二論後	宋朱　熹	1144-373- 46	評張樂于張徐	晉陳　壽	1361-744- 51
荀彧論	宋史堯弼	1165-756- 8			1406-650-387
荀彧迹疑而心一論	宋史堯弼	1165-757- 8	●徐　寅唐		
荀彧（贊）	宋陳　亮	1171-608- 12	徐寅列傳論	明黃仲昭	1254-617- 下
荀彧論	明魏學渠	1297-591- 7	●徐　陵陳		
荀彧（論）	清陳廷敬	1316-497- 34	徐陵傳贊	唐姚思廉	541-423-35之7
難陳氏評荀彧	劉宋裴松之	1361-739- 50	●徐　晞宋		
評荀彧荀攸賈詡	晉陳　壽	1361-741- 51	徐晞列傳論	明黃仲昭	1254-611- 下
荀彧（論）	劉宋范曄	1406-666-388	●徐　湜宋		
●荀　息周			徐湜列傳論	明黃仲昭	1254-616- 下
荀息論	宋司馬光	550- 67-211	●徐　復宋		
		1094-599- 65	徐復列傳論	明黃仲昭	1254-620- 下
荀息論	唐牛希濟	1340-366-757	●徐　溫十國吳		
●荀　爽魏			徐溫（論）	清汪　琬	1315-275- 8
荀爽（論）	劉宋范曄	1406-664-388	●徐　詳吳		
●荀　顗晉			評是儀徐詳胡綜	晉陳　壽	1361-753- 53
何曾荀顗論	晉傅　玄	1398-199- 10	●徐　達明		
●晏　嬰周			（明史）徐達常遇春		
管晏（傳贊）	漢司馬遷	541-418-35之7	贊	清汪由敦	1449-874- 30
		1406-622-385	●徐　確宋		
論晏平仲	宋周行己	1123-652- 6	徐確列傳論	明黃仲昭	1254-603- 下
管晏論	宋曾　丰	1156-108- 15	●徐　膺宋		
晏嬰（論）	明胡應麟	1290-696- 96	徐膺列傳論	明黃仲昭	1254-614- 下
（古史論）晏平仲	宋蘇　轍	1384-843-155	●徐　邈魏		
管晏（論）	宋蘇　轍	1406-696-391	徐邈論	晉盧　欽	1398- 98- 5
●息夫躬漢			●徐　鉉宋		
贊酈通等	漢班　固	1355-409- 14	徐鉉列傳論	明黃仲昭	1254-618- 下
		1406-635-386	●徐洪客隋		
●烏　震後唐			論董公徐洪客	明程敏政	1252-197- 11
（唐臣）烏震（論）	宋歐陽修	1378- 46- 35	●徐師仁宋		
		1406-682-390	徐師仁列傳論	明黃仲昭	1254-618- 下
●徐氏（孫翊妻）不詳			●徐壽仁宋		
（任俠）孫翊妻徐氏 | | | 徐壽仁列傳論 | 明黃仲昭 | 1254-620- 下
　張茂妻陸氏（論） | 明鄒之麟 | 1407-308-423 | ●留夢炎宋 | | |
●徐　氏明 | | | 記所見評留夢炎 | 明鄭　眞 | 1234-191- 35
徐氏列傳論 | 明黃仲昭 | 1254-622- 下 | ●倉　慈魏 | | |
●徐　宣魏 | | | 又評任蘇杜鄭倉 | 晉陳　壽 | 1361-743- 51

史部　史評類：史論

史部　史評類：史論

●翁　點宋
翁點列傳論　　　　　　　明黃仲昭　1254-621-　下
●翁承贊唐
翁承贊列傳論　　　　　　明黃仲昭　1254-617-　下
●郤　正蜀漢
評杜微周羣杜瓊許慈
　孟光來敏尹默李譔
　譙周郤正　　　　　　　晉陳　壽　1361-747-　52
●師　丹漢
師丹（論）　　　　　　　宋戴　溪　1362-216-　13
何武王嘉師丹（論）　　　漢班　固　1406-642-386
　　　　　　　　　　　　　　　　　　1476-　51-　3
●師　商周
師商論　　　　　　　　　宋曾　丰　1156-162-　15
●殷　浩晉
殷浩（論）　　　　　　　明方孝孺　1235-166-　5
申貞（論）長平殷深源
　浩累辟不起屏居墓所寢
　十年當時擬之管葛曰…
　…　　　　　　　　　　清儲大文　1327-199-　10
●殷孝祖劉宋
殷孝祖劉勔（論）　　　　梁沈　約　1406-672-389

十一畫

●寇　準宋
巷議論趙普寇準張詠　　　宋劉　敞　1095-760-　41
聖宋遵堯錄寇準論　　　　宋羅從彥　1135-694-　6
寇準論上下　　　　　　　清儲大文　1327-190-　10
書寇準論後　　　　　　　清儲大文　1327-192-　10
●涼　茂魏
評袁張涼國田王邴管　　　晉陳　壽　1361-742-　51
●商　鞅周
商君功罪（論）　　　　　宋蘇　軾　1108-483-　92
商君論　　　　　　　　　宋陳師道　1114-638-　13
　　　　　　　　　　　　　　　　　　1361-261-　41
商君論　　　　　　　　　宋張　耒　1115-314-　36
　　　　　　　　　　　　　　　　　　1346-381-　27
　　　　　　　　　　　　　　　　　　1361-　48-　6
商鞅論　　　　　　　　　宋袁　燮　1157-　71-　7
商鞅（論）　　　　　　　宋馬廷鸞　1187-152-　21
商鞅范雎（論）　　　　　明高　啓　1230-307-　4
（史記評論）商君列
　傳　　　　　　　　　　明黃淳耀　1297-699-　4
商鞅（論）　　　　　　　漢司馬遷　1355-398-　13
　　　　　　　　　　　　　　　　　　1406-623-385
商君（論）　　　　　　　宋蘇　軾　1377-665-　31

　　　　　　　　　　　　　　　　　　1384-561-130
　　　　　　　　　　　　　　　　　　1447-741-　43
新序論史記商君傳末注
　載劉歆新序論　　　　　漢劉　歆　1396-633-　22
　　　　　　　　　　　　　　　　　　1412-234-　9
書論（史記商君列傳）　　宋蘇　轍　1418-484-　51
　許　由上古
過箕山說論許由之不復
　出　　　　　　　　　　宋黃　庭　1092-801-　下
許巢論　　　　　　　　　晉石　崇　1398-　85-　5
●許　劭漢
許劭（論）　　　　　　　明方孝孺　1235-160-　5
●許　奕宋
許奕列傳論　　　　　　　明黃仲昭　1254-613-　下
●許　慈蜀漢
評杜微周羣杜瓊許慈
　孟光來敏尹默李譔
　譙周郤正　　　　　　　晉陳　壽　1361-747-　52
●許　靖蜀漢
評許靖麋竺孫乾簡雍
　伊籍秦宓　　　　　　　晉陳　壽　1361-746-　52
●許　搏宋
許搏列傳論　　　　　　　明黃仲昭　1254-611-　下
●許　褚魏
又評二李臧文呂許典
　二龐閻　　　　　　　　晉陳　壽　1361-744-　51
　　　　　　　　　　　　　　　　　　1406-650-387
●許　遠唐
六忠祠引語論張巡許遠　　明沈　鯉　1288-331-　9
許遠論　　　　　　　　　唐韓　愈　1407-　34-398
●許　槙宋
許槙列傳論　　　　　　　明黃仲昭　1254-613-　下
●許　稷唐
許稷列傳論　　　　　　　明黃仲昭　1254-617-　下
●許　衡元
許衡論　　　　　　　　　明崔　銑　1267-558-　8
許衡論　　　　　　　　　清　高　宗　1300-330-　6
●許　懋宋
許懋列傳論　　　　　　　明黃仲昭　1254-613-　下
●郭　巨漢
郭巨（論）　　　　　　　明方孝孺　1235-167-　5
●郭　完元
郭完列傳論　　　　　　　明黃仲昭　1254-621-　下
●郭　琪宋
郭琪列傳論　　　　　　　明黃仲昭　1254-613-　下

四庫全書文集篇目分類索引

●郭　解 漢
郭解（論）　　　　　　清陳廷敬　1316-486- 33
●郭　嘉 魏
賈詡程昱郭嘉董昭（
　贊）　　　　　　　　宋陳　亮　1171-609- 12
許程昱郭嘉董昭劉曄
　蔣濟劉放　　　　　　晉陳　壽　1361-743- 51
　　　　　　　　　　　　　　　　1406-650-387
●郭　嶠 宋
郭嶠列傳論　　　　　　明黃仲昭　1254-617- 下
●郭　濟 宋
郭濟列傳論　　　　　　明黃仲昭　1254-616- 下
●郭子力 宋
郭子力列傳論　　　　　明黃仲昭　1254-613- 下
●郭子儀 唐
李郭論　　　　　　　　宋張　耒　1115-332- 38
　　　　　　　　　　　　　　　　1346-396- 27
　　　　　　　　　　　　　　　　1351-150-100
　　　　　　　　　　　　　　　　1361- 66- 9
　　　　　　　　　　　　　　　　1407- 52-400
汾陽優於保皐論　　　　宋李　新　1124-515- 15
論郭子儀渾瑊推誠待
　敵　　　　　　　　　宋李　綱　1126-624-146
論張子房郭子儀之誠
　智　　　　　　　　　宋李　綱　1126-651-151
郭子儀（論）　　　　　明方孝孺　1235-180- 5
　　　　　　　　　　　　　　　　1407- 62-401
郭子儀論　　　　　　　清 高 宗　1300-319- 5
郭子儀傳贊　　　　　　宋歐陽修　1476-113- 7
●郭廷偉 宋
郭廷偉列傳論　　　　　明黃仲昭　1254-615- 下
●郭延魯 後晉
郭延魯傳（論）　　　　宋歐陽修　1406-687-390
●郭皇后(宋仁宗后)
郭皇后（論）　　　　　明歸有光　1289-524- 5
●郭崇韜 後唐
郭崇韜（論）　　　　　宋蘇　轍　 550- 72-211
　　　　　　　　　　　　　　　　1112-677- 11
　　　　　　　　　　　　　　　　1384-836-154
書五代郭崇韜卷後　　　宋張　耒　1354-234- 29
　　　　　　　　　　　　　　　　1406-518-374
●郭義重 宋
郭義重列傳論　　　　　明黃仲昭　1254-614- 下
●郭道卿 宋
郭道卿列傳論　　　　　明黃仲昭　1254-615- 下

●郭聖通（郭昌女，
　漢光武帝后）
郭后（論）　　　　　　劉宋范曄　1406-656-388
●梁　習 魏
評劉馥司馬朗梁習張
　既溫恢賈逵　　　　　晉陳　壽　1361-743- 51
●梁太祖 後梁
朱溫（論）　　　　　　宋陳　造　1166-409- 32
梁太祖論（梁紀）　　　宋歐陽修　1378- 27- 34
　　　　　　　　　　　　　　　　1383-487- 43
　　　　　　　　　　　　　　　　1406-677-390
●梁末帝 後梁
梁末帝論　　　　　　　宋王　質　1149-378- 4
●梁丘據 周
論梁丘據　　　　　　　左　　傳　1402-334- 58
●梁武帝
梁武帝（論）　　　　　宋蘇　轍　1112-667- 10
　　　　　　　　　　　　　　　　1377-620- 29
　　　　　　　　　　　　　　　　1384-817-153
　　　　　　　　　　　　　　　　1407- 9-395
梁武帝（論）　　　　　明方孝孺　1235-168- 5
梁武帝論　　　　　　　唐李德裕　1340-280-747
梁武帝論　　　　　　　唐朱敬則　1340-330-753
梁典高祖事論　　　　　陳何之元　1340-345-754
　　　　　　　　　　　（何元之）　1399-736- 8
論梁武帝　　　　　　　宋江潤身　1357-359- 28
●梅　福 漢
朱雲梅福論　　　　　　明鍾　惺　1407- 84-402
●梅執禮 宋
評宋戶部尚書梅執禮　　明宋　濂　 526-316-268
●曹　氏 明
曹氏列傳論　　　　　　明黃仲昭　1254-622- 下
●曹　沫 周
（古史論）刺客（曹
　沫論）　　　　　　　宋蘇　轍　1384-846-155
●曹　芳（齊王）魏
齊王高貴鄉公常道鄉
　公陳留王（贊）　　　宋陳　亮　1171-608- 12
評三少帝　　　　　　　晉陳　壽　1361-737- 50
●曹　奐（陳留王）魏
齊王高貴鄉公常道鄉
　公陳留王（贊）　　　宋陳　亮　1171-608- 12
評三少帝　　　　　　　晉陳　壽　1361-737- 50
●曹　參 漢
曹參守職論　　　　　　宋夏　竦　1087-218- 20

史部 史評類：史論

蕭曹論　　　　　　　　　宋華　鎮　　1119-490- 20
曹參（論）　　　　　　　宋鄒　浩　　1121-439- 31
曹參（論）　　　　　　　宋楊　時　　1125-179- 9
蕭曹相業（論）　　　　　宋張　栻　　1167-554- 16
曹參（論）　　　　　　　明方孝孺　　1235-148- 5
論曹參　　　　　　　　　明王　直　　1241-161- 7
曹參論　　　　　　　　　明李東陽　　1250-357- 34
曹參（論）　　　　　　　清陳廷敬　　1316-479- 33
贊蕭曹　　　　　　　　　漢班　固　　1355-409- 14
　　　　　　　　　　　　　　　　　　1378- 41- 35
　　　　　　　　　　　　　　　　　　1406-635-386

曹參丙吉（論）　　　　　宋陳傅良　　1362-163- 6
論曹參　　　　　　　　　明王　直　　1373-640- 11
曹相國（傳贊）　　　　　漢司馬遷　　1406-622-385
曹參論　　　　　　　　　宋鄒　浩　　1407- 54-400

●曹　植 魏
曹植（贊）　　　　　　　宋陳　亮　　1171-611- 12
評任城陳思蕭王　　　　　晉陳　壽　　1361-744- 51

●曹　彰 魏
評任城陳思蕭王　　　　　晉陳　壽　　1361-744- 51

●曹　髦（高貴鄉公）魏
齊王高貴鄉公常道鄉
　公陳留王（贊）　　　　宋陳　亮　　1171-608- 12
評三少帝　　　　　　　　晉陳　壽　　1361-737- 50

●曹　褒 漢
曹褒（論）　　　　　　　宋戴　溪　　1362-219- 13
曹褒（論）　　　　　　　劉宋范曄　　1406-661-388

●曹　璜（常道鄉公）魏
齊王高貴鄉公常道鄉
　公陳留王（贊）　　　　宋陳　亮　　1171-608- 12

●曹皇后（宋仁宗后）
慈聖曹皇后（論）　　　　明歸有光　　1289-524- 5

●奢　香（靄翠妻）元
奢香論　　　　　　　　　清田　雯　　 572-302- 37

●陸氏（張茂妻）晉
（任俠）孫翊妻徐氏
　張茂妻陸氏（論）　　　明鄒之麟　　1407-308-423

●陸　胤 吳
評潘濬陸凱陸胤　　　　　晉陳　壽　　1361-752- 53

●陸　凱 吳
評潘濬陸凱陸胤　　　　　晉陳　壽　　1361-752- 53

●陸　賈 漢
陸賈（論）　　　　　　　清陳廷敬　　1316-481- 33
陸賈（論）　　　　　　　宋陳傅良　　1362-172- 7

●陸　瑁 吳

評虞翻陸績張溫駱統
　陸瑁吾粲朱據　　　　　晉陳　壽　　1361-752- 53
　　　　　　　　　　　　　　　　　　1406-653-387

●陸　遜 吳
評陸遜　　　　　　　　　晉陳　壽　　1361-752- 53

●陸　績 吳
評虞翻陸績張溫駱統
　陸瑁吾粲朱據　　　　　晉陳　壽　　1361-752- 53
　　　　　　　　　　　　　　　　　　1406-653-387

●陸　贄 唐
陸贄（論）　　　　　　　宋蘇　轍　　1112-675- 11
　　　　　　　　　　　　　　　　　　1384-834-154

陸宣公論　　　　　　　　宋袁　燮　　1157- 74- 7
陸贄論　　　　　　　　　明王　紳　　1234-715- 5
陸贄不負所學（論）　　　明孫承恩　　1271-536- 43
陸贄論　　　　　　　　　清 高 宗　　1300-320- 5
　　　　　　　　　　　　　　　　　　1449-238- 11

陸贄論　　　　　　　　　宋孔武仲　　1345-364- 16

●陶　侃 晉
陶侃（論）　　　　　　　明王世貞　　1280-735-110

●陶　潛 晉
答翁子靜論陶淵明（
　書）　　　　　　　　　宋陳　淵　　1139-426- 16
五柳先生傳論　　　　　　元趙孟頫　　1196-667- 6
答問問元裕之云柳子厚
　唐之謝康樂陶元亮晉
　之白樂天此說如何　　　元陳　櫟　　1205-242- 7
陶潛論　　　　　　　　　清朱鶴齡　　1319-129- 11

●陶　謙 魏
評二公孫陶四張　　　　　晉陳　壽　　1361-741- 51

●疏　廣 漢
雋疏于薛平彭（傳贊）　　漢班　固　　1406-639-386

●張　式 宋
張式列傳論　　　　　　　明黃仲昭　　1254-613- 下

●張　耳 漢
張耳（論）　　　　　　　宋楊　時　　1125-180- 9
張耳陳餘論　　　　　　　宋陳善卿　　1178- 8- 1
（史記評論）張耳陳
　餘列傳　　　　　　　　明黃淳耀　　1297-704- 4
張耳陳餘酈食其（論）　　宋陳傅良　　1362-268- 9
張耳陳餘（傳贊）　　　　漢司馬遷　　1406-626-385

●張　良 漢
留侯論　　　　　　　　　宋蘇　軾　　1107-596- 43
　　　　　　　　　　　　　　　　　　1351-127- 98
　　　　　　　　　　　　　　　　　　1359-574- 3

四庫全書文集篇目分類索引　　1927

　　　　　　　　　　　　1377-667- 31　　　　　　　　　　　　　1340-361-756
　　　　　　　　　　　　1384-564-130　　　　　　　　　　　　　1343-555- 38
　　　　　　　　　　　　1407- 44-399　　　　　　　　　　　　　1407- 36-398
　　　　　　　　　　　　1418-437- 50　　張禹（論）　　宋戴溪　1362-215- 13
　　　　　　　　　　　　1447-723- 42　　匡衡張禹孔光馬宮傳
子房論　　　　宋張耒　1115-321- 37　　　贊　　　　　漢班　固　1406-642-386
　　　　　　　　　　　　1346-386- 27　　　　　　　　　　　　　1476- 50- 3
　　　　　　　　　　　　1361- 54- 7　　朱雲論張禹　　漢班　固　1476- 46- 3
張良（論）　　宋楊　時　1125-178- 9　　●張　邵魏
論張子房郭子儀之誠　　　　　　　　　　　張邵（論）上下　明胡應麟　1290-705- 97
　智　　　　　宋李　綱　1126-651-151　　又評張樂于張徐　　晉陳　壽　1361-744- 51
論范蠡張良之謀國處　　　　　　　　　　　　　　　　　　　　　1406-650-387
　身　　　　　宋李　綱　1126-659-152
張良辯　　　　宋袁說友　1154-388- 20　　●張　紘吳
張子房平生出處（論）宋張　栻　1167-554- 16　　又評張紘嚴畯程秉闞
張良論　　　　元楊　翮　1220-120- 9　　　澤薛綜　　　晉陳　壽　1361-751- 53
（史記評論）留侯世　　　　　　　　　　　　　　　　　　　　　1406-653-387
　家　　　　　明黃淳耀　1297-696- 4
留侯論　　　　清魏裔介　1312-889- 14　　●張　敖漢
張良（論）　　清陳廷敬　1316-479- 33　　貫高張敖論　　漢荀　悅　1412-388- 17
留侯武侯論　　清李光地　1324-749- 15　　●張　湯漢
張良說　　　　宋司馬光　1346- 63- 4　　張湯杜周論　　清陳廷敬　1316-486- 33
張良世家贊　　漢司馬遷　1360-608- 38　　張湯杜周有後（論）明胡　廣　1374-323- 55
　　　　　　　　　　　　1406-622-385　　●張　詠宋
張良（論）　　宋胡　寅　1362- 41- 3　　巷議論趙普寇準張詠　宋劉　敞　1095-760- 41
張良（論）　　宋陳傅良　1362-269- 9　　●張　弼宋
留侯論　　　　明鍾　惺　1407- 83-402　　張弼列傳論　　明黃仲昭　1254-621- 下
●張　步漢　　　　　　　　　　　　　　　●張　華晉
王昌劉永張步李憲彭　　　　　　　　　　　張華論　　　　宋張　耒　1115-330- 38
　寵盧芳（論）劉宋范曄　1406-657-388　　　　　　　　　　　　　1346-393- 27
●張　巡唐　　　　　　　　　　　　　　　　　　　　　　　　　1361- 64- 9
張巡（論）　　宋司馬光　1094-619- 67　　張華論　　　　元鄭　玉　1217- 9- 2
對張中丞說　　元王　惲　1200-589- 45　　　　　　　　　　　　　1375-369- 29
六忠祠引語　　明沈　鯉　1288-331- 9
　　　　　　　　　　　　　　　　　　　　●張　溫吳
●張　既魏　　　　　　　　　　　　　　　評虞翻陸績張溫駱統
評劉馥司馬朗梁習張　　　　　　　　　　　　陸瑁珺吾祭朱據　晉陳　壽　1361-752- 53
　既溫恢賈逵　晉陳　壽　1361-743- 51　　　　　　　　　　　　　1406-653-387
●張　飛蜀漢
評關張馬黃趙　晉陳　壽　1361-746- 52　　●張　裔蜀漢
　　　　　　　　　　　　　　　　　　　　評霍峻王連向朗張裔
●張　昭吳　　　　　　　　　　　　　　　　楊洪費詩　　晉陳　壽　1361-747- 52
張昭周瑜（贊）宋陳　亮　1171-611- 12　　　　　　　　　　　　　1406-652-387
評張昭顧雍諸葛瑾步
　騭　　　　　晉陳　壽　1361-751- 53　　●張　載宋
●張　禹漢　　　　　　　　　　　　　　　張子（論）　　清王心敬　 506-533- 94
張禹論　　　　唐李德裕　1077-309- 1　　●張　楊魏
　　　　　　　　　　　　　　　　　　　　評二公孫陶四張　晉陳　壽　1361-741- 51
　　　　　　　　　　　　　　　　　　　　●張　暐金
　　　　　　　　　　　　　　　　　　　　張暐張行簡傳贊　元托克托　 541-424-35之7

史部

史評類：史論

四庫全書文集篇目分類索引

史部 史評類：史論

●張　蒼 漢
張蒼（論）　　　　　　　宋楊　時　1125-181- 9
（史記評論）張丞相
　列傳　　　　　　　　　明黃淳耀　1297-706- 4
●張　敷 劉宋
羊欣張敷王微（論）　　　梁沈　約　1406-670-389
●張　歐 漢
（史記評論）萬石君
　張叔列傳　　　　　　　明黃淳耀　1297-707- 4
●張　儀 周
答蘇張問　　　　　　　　宋曹　勛　1129-555- 37
蘇秦張儀論　　　　　　　清姜宸英　1323-715- 4
張儀傳贊　　　　　　　　漢司馬遷　1360-608- 38
　　　　　　　　　　　　　　　　　 1406-624-385

●張　魯 魏
評二公孫陶四張　　　　　晉陳　壽　1361-741- 51
●張　緝 魏
夏侯玄季豐張緝（贊）　　宋陳　亮　1171-610- 12
●張　範 魏
又評袁張凉國田王邴
　管　　　　　　　　　　晉陳　壽　1361-742- 51
●張　憲 後唐
與王深甫論五代張憲
　帖（二則）　　　　　　宋歐陽修　 550- 36-210
　　　　　　　　　　　　　　　　　 1102-551- 69
唐臣張憲傳（論）　　　　宋歐陽修　1406-682-390
●張　燕 魏
評二公孫陶四張　　　　　晉陳　壽　1361-741- 51
●張　遼 魏
評張樂于張徐　　　　　　晉陳　壽　1361-744- 51
　　　　　　　　　　　　　　　　　 1406-650-387
●張　翼 蜀漢
評鄧芝張翼宗預楊戲　　　晉陳　壽　1361-747- 52
●張　嶷 蜀漢
評黃權李恢呂凱馬忠
　王平張嶷　　　　　　　晉陳　壽　1361-747- 52
●張　繡 魏
評二公孫陶四張　　　　　晉陳　壽　1361-741- 51
●張　逸 漢
評呂布張邈臧洪　　　　　晉陳　壽　1361-740- 51
　　　　　　　　　　　　　　　　　 1406-649-387

●張　騫 漢
張騫（論）　　　　　　　明胡　廣　1374-324- 55
●張九齡 唐
張九齡（論）　　　　　　明方孝孺　1235-179- 5

●張文寶 後唐
張文寶（說）　　　　　　清姜宸英　1323-835- 8
●張安世 漢
張安世論　　　　　　　　宋秦　觀　1361-199- 30
衞青張安世（論）　　　　宋陳傳良　1362-166- 6
●張行簡 金
張暐張行簡傳贊　　　　　元托克托　 541-424-35之7
●張居正 明
張文忠論　　　　　　　　明胡克敬　 534-515- 97
●張承業 後唐
張承業論　　　　　　　　清 高 宗　1300-324- 6
●張彥澤 後晉
杜重威李守貞張彥澤
　傳（論）　　　　　　　宋歐陽修　1406-688-390
●張皇后（漢惠帝后）
立張氏爲惠帝后論　　　　漢荀　悅　1412-388- 17
●張紅紅 不詳
（義俠傳）張紅紅（
　論）　　　　　　　　　明鄒之麟　1407-307-423
●張保皐 唐
汾陽優於保皐論　　　　　宋李　新　1124-515- 15
●張辟疆 漢
張辟疆論　　　　　　　　唐李德裕　1079-306- 1
　　　　　　　　　　　　　　　　　 1340-363-757
　　　　　　　　　　　　　　　　　 1343-553- 38
　　　　　　　　　　　　　　　　　 1407- 35-398
●張齊賢 宋
張齊賢（論）　　　　　　明歸有光　1289-528- 5
張齊賢（論）　　　　　　清儲大文　1327-189- 10
●張鳳奴 宋
（義俠傳）張鳳奴（
　論）　　　　　　　　　明鄒之麟　1407-307-423
●張釋之 漢
張釋之（論）　　　　　　宋楊　時　1125-183- 9
（史記評論）張釋之
　馮唐列傳　　　　　　　明黃淳耀　1297-707- 4
張釋之（論）　　　　　　宋陳傳良　1362-174- 7
張釋之馮唐（傳贊）　　　漢司馬遷　1402-628-385
張釋之論　　　　　　　　宋蘇　軾　1418-438- 50
●陳　中 明
陳中列傳論　　　　　　　明黃仲昭　1254-598- 下
●陳　氏 明
林稜母陳氏列傳論　　　　明黃仲昭　1254-622- 下
●陳　平 漢
陳平論　　　　　　　　　宋張　耒　1115-322- 37

		1346-385- 27			1354-243- 30
		1361- 55- 7			1361- 61- 8
平勃論	宋張 耒	1115-323- 37			1407- 51-400
		1361- 53- 7	陳湯論	明鍾 惺	1407- 84-402
陳平（論）	宋楊 時	1125-179- 9	●陳 寃漢		
陳平論	宋蔡 戡	1157-694- 12	陳寃論	宋秦 觀	1361-204- 31
陳平周勃王陵論	宋陳耆卿	1178- 11- 2	●陳 登魏		
陳平論	明程敏政	1252-190- 11	陳登田疇（贊）	宋陳 亮	1171-609- 12
陳平周勃（論）	明王立道	1277-883- 0	●陳 開宋		
陳平（論）	宋陳傳良	1362-270- 9	陳開列傳論	明黃仲昭	1254-607- 下
陳丞相（傳贊）	漢司馬遷	1406-622-385	●陳 夐周		
●陳 用明			陳夐論	宋張 耒	1115-315- 36
陳用列傳論	明黃仲昭	1254-598- 下			1346-383- 27
●陳 沂宋					1361- 51- 6
陳沂列傳論	明黃仲昭	1254-599- 下	●陳 勝秦		
●陳 均宋			（史記評論）陳涉世		
陳均列傳論	明黃仲昭	1254-598- 下	家	明黃淳耀	1297-695- 4
●陳 宓宋			陳涉世家（論）	漢褚少孫	1412- 87- 5
陳宓列傳論	明黃仲昭	1254-597- 下	●陳 靖宋		
●陳 定宋			陳靖列傳論	明黃仲昭	1254-600- 下
陳定列傳論	明黃仲昭	1254-597- 下	●陳 煒宋		
●陳 易宋			陳煒列傳論	明黃仲昭	1254-606- 下
陳易列傳論	明黃仲昭	1254-621- 下	●陳 群魏		
●陳 佃宋			又評桓階陳群陳矯徐		
陳佃列傳論	明黃仲昭	1254-602- 下	宣衞臻盧毓	晉陳 壽	1361-745- 51
●陳 音明					1406-651-387
陳音列傳論	明黃仲昭	1254-618- 下	●陳 銳明		
●陳 俊明			陳銳列傳論	明黃仲昭	1254-618- 下
陳俊列傳論	明黃仲昭	1254-606- 下	●陳 實漢		
●陳 高宋			陳實（論）	劉宋范曄	1406-664-388
陳高列傳論	明黃仲昭	1254-599- 下	●陳 壽晉		
●陳 旅元			陳壽論	清朱舜尊	1318-313- 59
陳旅列傳論	明黃仲昭	1254-598- 下	●陳 戚漢		
●陳 泰魏			吳蓋陳臧列傳論	劉宋范曄	1417-519- 25
評桓階陳群陳泰陳矯			●陳 賢明		
徐宣衞臻盧毓	晉陳 壽	1361-745- 51	陳賢列傳論	明黃仲昭	1254-598- 下
●陳 琪宋			●陳 震蜀漢		
陳琪列傳論	明黃仲昭	1254-613- 下	又評董劉馬陳董呂	晉陳 壽	1361-746- 52
●陳 淮明			●陳 餘漢		
陳淮列傳論	明黃仲昭	1254-615- 下	陳餘（論）	宋楊 時	1125-180- 9
●陳 淬宋			張耳陳餘論	宋陳耆卿	1178- 8- 1
陳淬列傳論	明黃仲昭	1254-616- 下	（史記評論）張耳陳		
●陳 湯漢			餘列傳	明黃淳耀	1297-704- 4
陳湯論	宋張 耒	1115-327- 38	張耳陳餘酈食其(論)	宋陳傳良	1362-268- 9
		1346-391- 27	張耳陳餘（傳贊）	漢司馬遷	1406-625-385

史部 史評類：史論

●陳　蕃 漢
陳蕃（論）　　　　　　　宋蘇　轍　　1112-654-　8
寶武陳蕃得失（論）　　　宋張　栻　　1167-566- 17
陳蕃（論）　　　　　　　劉宋范曄　　1406-665-388
●陳　矯 魏
評桓階陳群陳矯徐宣
　　衞臻盧毓　　　　　　晉陳　壽　　1361-745- 51
　　　　　　　　　　　　　　　　　　1406-651-387

●陳　愛 宋
陳愛列傳論　　　　　　　明黃仲昭　　1254-614-　下
●陳　闡 宋
陳闡列傳論　　　　　　　明黃仲昭　　1254-613-　下
●陳　鶴 宋
陳鶴列傳論　　　　　　　明黃仲昭　　1254-611-　下
●陳　鑄 宋
陳鑄列傳論　　　　　　　明黃仲昭　　1254-614-　下
●陳　瓚 宋
陳瓚列傳論　　　　　　　明黃仲昭　　1254-616-　下
●陳　讓 宋
陳讓列傳論　　　　　　　明黃仲昭　　1254-608-　下

●陳士楚 宋
陳士楚列傳論　　　　　　明黃仲昭　　1254-596-　下
●陳大卞 宋
陳大卞列傳論　　　　　　明黃仲昭　　1254-613-　下
●陳大亨 明
陳大亨列傳論　　　　　　明黃仲昭　　1254-613-　下
●陳文龍 宋
陳文龍列傳論　　　　　　明黃仲昭　　1254-616-　下
●陳之亮 宋
陳之亮列傳論　　　　　　明黃仲昭　　1254-619-　下
●陳中復 宋
陳中復列傳論　　　　　　明黃仲昭　　1254-602-　下
●陳可大 宋
陳可大列傳論　　　　　　明黃仲昭　　1254-613-　下
●陳次升 宋
陳次升列傳論　　　　　　明黃仲昭　　1254-607-　下
●陳吉老 宋
陳吉老列傳論　　　　　　明黃仲昭　　1254-617-　下
●陳光祖 宋
陳光祖列傳論　　　　　　明黃仲昭　　1254-613-　下
●陳自仁 宋
陳自仁列傳論　　　　　　明黃仲昭　　1254-617-　下
●陳仲剛 宋
陳仲剛列傳論　　　　　　明黃仲昭　　1254-616-　下
●陳仲敏 宋

陳仲敏列傳論　　　　　　明黃仲昭　　1254-616-　下
●陳沖飛 宋
陳沖飛列傳論　　　　　　明黃仲昭　　1254-619-　下
●陳亨運 宋
陳亨運列傳論　　　　　　明黃仲昭　　1254-616-　下
●陳布造 宋
陳希造列傳論　　　　　　明黃仲昭　　1254-617-　下
●陳武帝
陳武帝論　　　　　　　　唐朱敬則　　1340-332-753
●陳居仁 宋
陳居仁列傳論　　　　　　明黃仲昭　　1254-603-　下
●陳俊卿 宋
陳俊卿列傳論　　　　　　明黃仲昭　　1254-605-　下
●陳彥恭 宋
陳彥恭列傳論　　　　　　明黃仲昭　　1254-603-　下
●陳昭度 宋
陳昭度列傳論　　　　　　明黃仲昭　　1254-600-　下
●陳後主
陳後主論　　　　　　　　唐朱敬則　　1340-333-753
●陳師立 宋
陳師立列傳論　　　　　　明黃仲昭　　1254-614-　下
●陳清選 宋
陳清選列傳論　　　　　　明黃仲昭　　1254-619-　下
●陳惟剛 宋
陳惟剛列傳論　　　　　　明黃仲昭　　1254-614-　下
●陳惟德 宋
陳惟德列傳論　　　　　　明黃仲昭　　1254-610-　下
●陳道潛 明
陳道潛列傳論　　　　　　明黃仲昭　　1254-598-　下
●陳萬年 漢
公孫賀等傳贊　　　　　　漢班　固　　1355-413- 14
　　　　　　　　　　　　　　　　　　1406-638-386
　　　　　　　　　　　　　　　　　　1417-378- 19

●陳夢烈 宋
陳夢烈列傳論　　　　　　明黃仲昭　　1254-613-　下
●陳睿傑 明
陳睿傑列傳論　　　　　　明黃仲昭　　1254-615-　下
●陳覺民 宋
陳覺民列傳論　　　　　　明黃仲昭　　1254-607-　下
●陳顯仁 宋
陳顯仁列傳論　　　　　　明黃仲昭　　1254-611-　下
●貫　高 漢
貫高（論）　　　　　　　宋司馬光　　1094-616- 67
貫高張敖論　　　　　　　漢荀　悅　　1412-388- 17
●莊　子 周

四庫全書文集篇目分類索引

（史記評論）老莊申
　韓列傳　　　　　　明黃淳耀　1297-698- 4
老莊申韓（傳贊）　　漢司馬遷　1355-398- 13
　　　　　　　　　　　　　　　1406-623-385
莊周論上下　　　　　宋王安石　1384- 96- 89
　　　　　　　　　　　　　　　1407-282-420
莊子（論）　　　　　明楊鎰　　1454-157-100
●眭弘漢
眭兩夏侯京翼李（傳
　贊）　　　　　　　漢班　固　1406-641-386
夏侯勝眭孟（論）　　宋陳傳良　1362-168- 6
●婁　敬漢
婁敬（論）　　　　　宋楊　時　1125-182- 9
婁敬（論）　　　　　明方孝孺　1235-149- 5
●婁師德唐
婁公盛德論　　　　　清弘　畫　1449-478- 4
●國　淵魏
又評袁張涼國田王邴
　管　　　　　　　　晉陳　壽　1361-742- 51
●崔　林魏
又評韓暨崔林高柔孫
　禮王觀　　　　　　晉陳　壽　1361-745- 51
●崔　浩北魏
崔浩高允論　　　　　宋李　石　1149-626- 9
酌古論——崔浩　　　宋陳　亮　1171-561- 8
崔浩（論）　　　　　明方孝孺　1235-171- 5
崔浩論　　　　　　　宋秦　觀　1361-210- 32
●崔　烈漢
崔烈論　　　　　　　唐牛希濟　1340-368-757
●崔　寔漢
崔寔（論）　　　　　明方孝孺　1235-157- 5
　　　　　　　　　　　　　　　1373-635- 10
●崔　琰魏
崔琰毛玠（贊）　　　宋陳　亮　1171-609- 12
評徐奕何夔邢顒毛玠
　司馬芝崔琰鮑勛　　晉陳　壽　1361-742- 51
　　　　　　　　　　　　　　　1406-650-387
●崔　羣唐
崔羣傳贊　　　　　　宋歐陽修　541-423-35之7
●崔　駰漢
崔駰（論）　　　　　劉宋范　曄　1406-663-388
●常　林魏
評和洽常林楊俊杜襲
　趙儼裴潛　　　　　晉陳　壽　1361-745- 51
　　　　　　　　　　　　　　　1406-651-387

●常遇春明
（明史）徐達常遇春
　贊　　　　　　　　清汪由敦　1449-874- 30
●符彥卿宋
符彥卿（論）　　　　清儲大文　1327-188- 10
●祭　仲周
祭仲行權論　　　　　宋張方平　1104-132- 16
祭仲論　　　　　　　清吳偉業　1312-411- 40
●終　軍漢
（韓信樊噲賈誼）終
　軍（論）　　　　　宋陳傳良　1362- 53- 6
　　　　　　　　　　　　　　　1362-279- 10
●第五倫漢
第五倫（論）　　　　清陳廷敬　1316-490- 34
●巢　父上古
許巢論　　　　　　　晉石　崇　1398- 85- 5

十二畫

●馮　衍漢
馮衍（論）　　　　　劉宋范曄　1378- 46- 35
　　　　　　　　　　　　　　　1406-661-388
自論　　　　　　　　漢馮　衍　1412-251- 10
●馮　唐漢
馮唐（論）　　　　　宋楊　時　1125-183- 9
（史記評論）張釋之
　馮唐列傳　　　　　明黃淳耀　1297-707- 4
張釋之馮唐（傳贊）　漢司馬遷　1406-628-385
馮唐論　　　　　　　漢荀　悅　1412-393- 17
●馮　師宋
書馮師功　　　　　　宋楊　簡　1156-663- 5
●馮　異漢
鄧禹馮異（論）　　　清陳廷敬　1316-489- 34
●馮　道後周
馮道爲四代相（論）　宋司馬光　1094-619- 67
馮道（論）　　　　　宋蘇　轍　1112-678- 11
蘇穎濱論馮道甚怨　　明徐一夔　1229-183- 4
（五代史）馮道傳論　宋歐陽修　1383-496- 44
　　　　　　　　　　　　　　　1406-688-390
●馮奉世漢
馮奉世（傳贊）　　　漢班　固　1406-641-386
●富　弼宋
聖宋遺堯錄富弼論　　宋羅從彥　1135-708- 7
富弼文彥博傳贊　　　元托克托　1476-178- 10
●游師雄宋
擬作游師雄傳贊　　　宋趙鼎臣　1124-228- 14
●曾　子周

四庫全書文集篇目分類索引

史部 史評類：史論

篇名	作者	索引號
曾子論	宋陳善卿	1178- 6- 1
●曾 肇宋		
史臣論論曾肇	元托克托	1101-412- 4
宋潛溪學士語曾肇	明宋 濂	1101-412- 4
●曾孝寬宋		
擬作曾孝寬傳贊	宋趙鼎臣	1124-228- 14
●曾景修明		
曾景修列傳論	明黃仲昭	1254-598- 下
●渾 瑊唐		
論郭子儀渾瑊推誠待敵	宋李 綱	1126-624-146
●湛 氏晉		
（任俠）陶侃母湛氏（論）	明鄒之麟	1407-309-423
●湯 商		
湯武論	宋劉 敞	1095-748- 40
聖傳論十首 湯論	宋劉子翬	1134-367- 1
湯論	宋羅 願	1142-474- 2
		1375-348- 27
堯湯備先具（論）	宋林希逸	1185-649- 9
湯武論	清 高 宗	1301-303- 3
成湯（論）	宋呂祖謙	1362- 30- 1
成湯（論）	宋陳傅良	1362- 47- 5
		1362-157- 5
●項 羽秦		
項羽（論）	宋楊 時	1125-178- 9
劉項（論）	宋胡 宏	1137-178- 3
項羽論（二則）	宋史堯弼	1165-744- 7
項羽論	元楊 勵	1220-118- 9
劉項論	明蔡 清	1257-771- 1
（史記評論）項羽本紀	明黃淳耀	1297-680- 4
項羽（傳贊）	漢司馬遷	1355-397- 13
		1360-611- 38
		1378- 39- 35
		1406-618-385
		1476- 9- 1
項羽（論）	宋胡 寅	1362- 40- 3
項羽（論）	宋陳傅良	1362- 51- 6
		1362-265- 9
項羽吳王濞（論）	宋陳傅良	1362- 51- 6
		1362-266- 9
劉項論	宋程大昌	1375-345- 27
項籍（論）	宋蘇 洵	1377-617- 29
		1384-367-113
		1406-720-394
論項羽范增	宋蘇 軾	1447-745- 43
登壇對論項王	漢韓 信	1476- 18- 1
●黃 艾宋		
黃艾列傳論	明黃仲昭	1254-605- 下
●黃 汙宋		
黃汙列傳論	明黃仲昭	1254-613- 下
●黃 忠蜀漢		
又評關張馬黃趙	晉陳 壽	1361-746- 52
●黃 宣宋		
黃宣列傳論	明黃仲昭	1254-603- 下
●黃 帝上古		
黃帝論	清魏裔介	1312-885- 14
●黃 勉宋		
黃勉列傳論	明黃仲昭	1254-596- 下
●黃 琮宋		
黃琮列傳論	明黃仲昭	1254-603- 下
●黃 補宋		
黃補列傳論	明黃仲昭	1254-596- 下
●黃 滔唐		
黃滔列傳論	明黃仲昭	1254-617- 下
●黃 歇周		
（古史論）春申君	宋蘇 轍	1384-844-155
（史記評論）孟嘗君平原君信陵君春申君列傳	明黃淳耀	1297-701- 4
●黃 廓宋		
黃廓列傳論	明黃仲昭	1254-616- 下
●黃 憲漢		
黃憲（論）	劉宋范曄	1406-663-388
周黃徐姜申屠列傳序	劉宋范曄	1417-520- 25
●黃 穎宋		
黃君俞黃穎列傳論	明黃仲昭	1254-596- 下
●黃 璞唐		
黃璞列傳論	明黃仲昭	1254-617- 下
●黃 謙明		
黃謙列傳論	明黃仲昭	1254-618- 下
●黃 隱宋		
黃隱列傳論	明黃仲昭	1254-602- 下
黃 績宋		
黃績列傳論	明黃仲昭	1254-597- 下
●黃 談明		
黃談列傳論	明黃仲昭	1254-612- 下
●黃 鐘宋		
黃鐘列傳論	明黃仲昭	1254-600- 下

四庫全書文集篇目分類索引

●黃　霸漢
黃霸（論）　　　　　明方孝孺　1235-153-　5
●黃　譽明
黃譽列傳論　　　　　明黃仲昭　1254-612-　下
●黃　權蜀漢
又評黃權李恢呂凱馬
　忠王平張嶷　　　　晉陳　壽　1361-747-　52
●黃士毅宋
黃士毅列傳論　　　　明黃仲昭　1254-597-　下
●黃方子宋
黃方子列傳論　　　　明黃仲昭　1254-618-　下
●黃公度宋
黃公度列傳論　　　　明黃仲昭　1254-604-　下
●黃仲元宋
黃仲元列傳論　　　　明黃仲昭　1254-597-　下
●黃君俞宋
黃君俞黃穎列傳論　　明黃仲昭　1254-596-　下
●黃希閔宋
黃希閔列傳論　　　　明黃仲昭　1254-614-　下
●黃壽生明
黃壽生列傳論　　　　明黃仲昭　1254-598-　下
●賀　邵吳
評王樓賀韋華　　　　晉陳　壽　1361-753-　53
●賀　齊吳
賀齊全琮呂岱周魴鍾
　離牧（論）　　　　晉陳　壽　1406-653-387
●費　詩蜀漢
評霍峻王連向朗張裔
　楊洪費詩　　　　　晉陳　壽　1361-747-　52
　　　　　　　　　　　　　　　1406-652-387
●費　禕蜀漢
評蔣琬費禕姜維　　　晉陳　壽　1361-747-　52
　　　　　　　　　　　　　　　1406-652-387
●費無極周
論費無極　　　　　　左　傳　　1402-325-　57
●盛　憲漢
與曹操論盛孝章書　　漢孔　融　1412-512-　21
●隋文帝
隋文帝（論）　　　　明方孝孺　1235-175-　69
●隋高祖
隋高祖論　　　　　　唐朱敬則　1340-334-753
●隋煬帝
隋煬帝論　　　　　　唐朱敬則　1340-336-753
●堯唐
定四時別九州聖功執

大論　　　　　　　　宋夏　竦　1087-214-　20
堯權議　　　　　　　宋孫　復　1090-158-　0
　　　　　　　　　　　　　　　1346-129-　8
堯舜（論）　　　　　宋蘇　轍　1112-641-　7
聖傳論十首堯舜論　　宋劉子翬　1134-364-　1
堯不去四凶（說）　　宋高　登　1136-448-　下
堯湯備先具（論）　　宋林希逸　1185-649-　9
堯舜議　　　　　　　元胡祇遹　1196-249-　13
堯論　　　　　　　　清魏裔介　1312-886-　14
問堯　　　　　　　　宋曾　鞏　1346-203-　13
堯舜（論）　　　　　宋呂祖謙　1362-　28-　1
堯舜（論）　　　　　宋陳傅良　1362-　47-　5
　　　　　　　　　　　　　　　1362-155-　5

●彭　受宋
彭受列傳論　　　　　明黃仲昭　1254-614-　0
●彭　宣漢
雋疏于薛平彭（傳贊）漢班　固　1406-639-386
●彭　羕蜀漢
劉封彭羕廖立李嚴劉
　琰魏延楊儀（論）　晉陳　壽　1361-747-　52
　　　　　　　　　　　　　　　1406-652-387
●彭　越漢
魏豹彭越論　　　　　宋張　耒　1115-320-　37
　　　　　　　　　　　　　　　1346-387-　27
　　　　　　　　　　　　　　　1361-　56-　7
彭越（論）　　　　　宋楊　時　1125-180-　9
韓彭（論）　　　　　宋胡　宏　1137-178-　3
述韓英彭盧吳傳第四　宋班　固　1329-877-　50
　　　　　　　　　　　　　　　1331-340-　50
魏豹彭越（傳贊）　　漢司馬遷　1406-626-385
●彭　韶明
彭韶列傳論　　　　　明黃仲昭　1254-606-　下
●彭　寵漢
王昌劉永張步李憲彭
　寵盧芳（論）　　　劉宋范曄　1406-657-388
●揚　雄漢
漢史揚雄傳論　　　　宋柳　開　1085-253-　3
揚雄論　　　　　　　宋呂　陶　1098-118-　15
答王深甫論揚雄書　　宋曾　鞏　1098-505-　16
　　　　　　　　　　　　　　　1384-223-　99
揚雄論　　　　　　　宋蘇　軾　1107-600-　43
　　　　　　　　　　　　　　　1407-162-409
韓愈優於揚雄（論）　宋蘇　軾　1108-495-　92
董揚王韓優劣 館課　　明馮從吾　1293-281-　16
揚雄論　　　　　　　清朱彝尊　1318-312-　59

揚雄論　　　　　　　　清朱鶴齡　1319-127- 11
鍼子雲說　　　　　　　唐來　鵠　1336-374-360
揚雄（傳贊）　　　　　漢班　固　1355-414- 14
　　　　　　　　　　　　　　　　　1378- 43- 35
　　　　　　　　　　　　　　　　　1406-642-386
揚雄（論）　　　　　　明熊　過　1454-273-112
●陽　城唐
爭臣論　　　　　　　　唐韓　愈　 506-297- 96
　　　　　　　　　　　　　　　　　1073-450- 14
　　　　　　　　　　　　　　　　　1074-268- 14
　　　　　　　　　　　　　　　　　1075-229- 14
　　　　　　　　　　　　　　　　　1340-254-744
　　　　　　　　　　　　　　　　　1351-721- 上
　　　　　　　　　　　　　　　　　1354- 59- 8
　　　　　　　　　　　　　　　　　1355-369- 12
　　　　　　　　　　　　　　　　　1359-233- 33
　　　　　　　　　　　　　　　　　1359-556- 2
　　　　　　　　　　　　　　　　　1377-643- 30
　　　　　　　　　　　　　　　　　1383-113- 9
　　　　　　　　　　　　　　　　　1407-290-421
　　　　　　　　　　　　　　　　　1418- 13- 35
　　　　　　　　　　　　　　　　　1447-144- 2
陽城（論）　　　　　　宋楊　時　1362-190- 9
●景延廣後晉
晉臣桑維翰景延廣傳
　（論）　　　　　　　宋歐陽修　1406-683-390
●華　佗漢
華佗論　　　　　　　　唐劉禹錫　1077-359- 5
　　　　　　　　　　　　　　　　　1340-305-750
　　　　　　　　　　　　　　　　　1407- 33-398
●華　軼晉
論華軼王恭事　　　　　宋孔武仲　1345-388- 18
●華　歆魏
鍾繇華歆王朗（贊）　　宋陳　亮　1171-609- 12
華歆（論）　　　　　　明方孝孺　1235-160- 5
評華歆　　　　　　　　晉孫　盛　1361-742- 51
又評鍾繇華歆王朗　　　晉陳　壽　1361-742- 51
　　　　　　　　　　　　　　　　　1406-650-387
●華　覈吳
評王樓賀韋華　　　　　晉陳　壽　1361-753- 53
●傅　汝宋
傅汝列傳論　　　　　　明黃仲昭　1254-613- 下
●傅　伉宋
傅伉列傳論　　　　　　明黃仲昭　1254-613- 下
●傅　淇宋

傅淇列傳論　　　　　　明黃仲昭　1254-608- 下
●傅　喜漢
王商史丹傅喜（論）　　漢班　固　1406-642-386
●傅　棹宋
傅棹列傳論　　　　　　明黃仲昭　1254-607- 下
●傅　誠宋
傅誠列傳論　　　　　　明黃仲昭　1254-608- 下
●傅　說商
傅說論　　　　　　　　清 高 宗　1300-305- 3
●傅　瑕魏
評王粲衞覬劉廙劉邵
　傅嘏　　　　　　　　晉陳　壽　1361-744- 51
　　　　　　　　　　　　　　　　　1406-651-387
●傅孝朋宋
傅孝朋列傳論　　　　　明黃仲昭　1254-616- 下
●智　伯周
智伯論　　　　　　　　宋司馬光　 550- 69-211
　　　　　　　　　　　　　　　　　1346- 60- 4
　　　　　　　　　　　　　　　　　1354-133- 17
●程　乘吳
評張紘嚴畯程秉闞澤
　薛綜　　　　　　　　晉陳　壽　1361-751- 53
　　　　　　　　　　　　　　　　　1406-653-387
●程　昱魏
賈詡程昱郭嘉董昭（
　贊）　　　　　　　　宋陳　亮　1171-609- 12
評程昱郭嘉董昭劉曄
　蔣濟劉放　　　　　　晉陳　壽　1361-743- 51
　　　　　　　　　　　　　　　　　1406-650-387
●程　普吳
評程普凌統潘璋等　　　晉陳　壽　1361-751- 53
●程　頤宋
伊川子程子（論）　　　宋林亦之　1149-878- 3
●程　顥宋
聖宋遵堯錄程顥（論）　宋羅從彥　1135-717- 8
明道程子論　　　　　　清 高 宗　1300-326- 6
●程不識漢
論李廣程不識爲將　　　宋李　綱　1126-627-147
程李說　　　　　　　　宋司馬光　1346- 64- 4
●喬執中宋
擬作喬執中傳贊　　　　宋趙鼎臣　1124-228- 14
●舜虞
舜無爲禹勤事功德執
　優論　　　　　　　　宋夏　竦　1087-215- 20
舜制議　　　　　　　　宋孫　復　1090-159- 0

四庫全書文集篇目分類索引　　1935

		1346-129- 8		1407- 47-399
答舜問	宋徐　積	1101-922- 28	賈詡程昱郭嘉董昭（	
堯舜（論）	宋蘇　轍	1112-641- 7	贊）	宋陳　亮	1171-609- 12
申劉 申論劉恕論舜之不			評荀或荀攸賈詡	晉陳　壽	1361-741- 51
足者	宋晁說之	1118-265- 14	●賈　誼漢		
聖傳論十首 堯舜論	宋劉子翬	1134-364- 1	賈生論	宋司馬光	1094-600- 65
舜（論）	宋林亦之	1149-874- 3	賈誼論	宋蘇　軾	1107-597- 43
大舜善與人同說	宋王十朋	1151-289- 19			1377-668- 31
堯舜議	元胡祇遹	1196-249- 13			1384-565-130
舜論	宋孔文仲	1345-193- 2			1407- 45-399
堯舜（論）	宋呂祖謙	1362- 28- 1			1447-725- 42
堯舜（論）	宋陳傅良	1362- 47- 5	賈誼（論）	宋楊　時	1125-182- 9
		1362-155- 5			1362-185- 9
舜論	宋程大昌	1375-342- 27	屈原賈生（傳贊）	漢司馬遷	1355-399- 13
●稽　康魏					1360-611- 38
稽康阮籍（贊）	宋陳　亮	1171-610- 12			1406-625-385
●絳　灌漢			賈誼（傳贊）	漢班　固	1355-410- 14
絳灌（論）	宋陳傅良	1362-276- 10			1406-635-386
十三畫			（韓信樊噲賈誼）終		
●窩莊子周			軍（論）	宋陳傅良	1362- 53- 6
窩莊子（論）	宋陳　造	1166-412- 32			1362-279- 10
●溫　恢魏			賈誼（論）	宋陳傅良	1362-173- 7
評劉馥司馬朗梁習張			賈董優劣論	清陸隴其	1449-526- 7
既溫恢賈逵	晉陳　壽	1361-743- 51	●賈捐之漢		
●溫　嶠晉			賈捐之（論）	宋司馬光	1094-618- 67
溫嶠（得失論）	宋張　栻	1167-568- 17	●陸　賈漢		
		1362-145- 3	陸賈（論）	宋蘇　轍	558-620- 46
●雍　姬周					1112-652- 8
雍姬論	元許　謙	1199-592- 4			1384-823-153
●廉　頗周			陸賈（論）	劉宋范曄	1406-657-388
藺相如廉頗李牧論	宋蘇　轍	550- 76-211	●楊　朱周		
相如賢於廉頗論	明王世貞	550- 78-211	楊墨論	宋曾　丰	1156-167- 15
廉頗論	宋司馬光	1094-599- 65	楊孟論	宋王安石	1346-162- 10
（史記評論）廉頗藺			●楊　洪蜀漢		
相如列傳	明黃淳耀	1297-703- 4	評霍峻王連向朗張裔		
廉頗藺相如（傳贊）	漢司馬遷	1406-625-385	楊洪費詩	晉陳　壽	1361-747- 52
●賈　山漢					1406-652-387
賈山（論）	宋楊　時	1125-183- 9	●楊　俊魏		
●賈　逵魏			又評和洽常林楊俊杜		
評劉馥司馬朗梁習張			襲趙儼裴潛	晉陳　壽	1361-745- 51
既溫恢賈逵	晉陳　壽	1361-743- 51			1406-651-387
●賈　詡魏			●楊　琳明		
賈詡（論二則）	宋蘇　轍	1112-655- 9	楊琳列傳論	明黃仲昭	1254-606- 下
		1377-672- 31	●楊　敞漢		
		1384-826-154	公孫賀等傳贊	漢班　固	1355-413- 14

史部　史評類：史論

1936　　　　　　　四庫全書文集篇目分類索引

　　　　　　　　　　　　　　　　　1406-638-386
　　　　　　　　　　　　　　　　　1417-378- 19

史部

史評類：史論

● 楊　慈 明
楊慈列傳論　　　　　明黃仲昭　1254-598- 下
● 楊　震 漢
楊震論　　　　　　　宋王禹偁　1086-144- 15
● 楊　儀 蜀漢
評劉封彭羕廖立李嚴
　劉琰魏延楊儀　　　晉陳　壽　1361-747- 52
　　　　　　　　　　　　　　　　1416-652-387
● 楊　戲 蜀漢
評鄧芝張翼宗預楊戲　晉陳　壽　1361-747- 52
● 楊　繪 宋
擬作楊繪傳贊　　　　宋趙鼎臣　1124-228- 14
● 楊　瓚 明
楊瓚列傳論　　　　　明黃仲昭　1254-612- 下
● 楊在堯 唐
楊在堯列傳論　　　　明黃仲昭　1254-619- 下
● 楊重英 漢
蘇楊論　　　　　　　清 高 宗　1301-580- 2
● 楊皇后（宋寧宗后）
楊皇后（論）　　　　明歸有光　1289-525- 5
● 楊慎矜 唐
楊慎矜傳贊　　　　　宋歐陽修　1476-112- 7
● 楊靖姝 明
楊靖姝列傳論　　　　明黃仲昭　1254-622- 下
● 楊嗣復 唐
楊嗣復論　　　　　　宋崔　鷃　1351-155-101
　　　　　　　　　　　　　　　　1407-254-417
● 楊維楨 元
楊維楨論　　　　　　明祝允明　1260-514- 11
● 楚子文 周
楚子文論　　　　　　清姜宸英　1323-719- 4
● 楚子玉 周
楚子玉論　　　　　　清姜宸英　1323-718- 4
● 楚懷王 周
楚懷王論　　　　　　宋陳　塤　 534-512- 97
● 董　允 蜀漢
又評董劉馬陳董呂　　晉陳　壽　1361-746- 52
● 董　卓 漢
評董卓袁紹袁術劉表　晉陳　壽　1361-739- 50
　　　　　　　　　　　　　　　　1406-649-387
董卓（論）　　　　　劉宋范曄　1406-666-388
● 董　和 蜀漢
又評董劉馬陳董呂　　晉陳　壽　1361-746- 52

● 董　昭 魏
賈詡程昱郭嘉董昭（
　贊）　　　　　　　宋陳　亮　1171-609- 12
評程昱郭嘉董昭劉曄
　蔣濟劉放　　　　　晉陳　壽　1361-743- 51
　　　　　　　　　　　　　　　　1406-650-387
● 董公偫 宋
董公偫列傳論　　　　明黃仲昭　1254-621- 下
● 董安于 周
董安于論　　　　　　明鍾　惺　1407- 80-402
● 董仲舒 漢
董仲舒論　　　　　　宋孫　復　1090-162- 0
　　　　　　　　　　　　　　　　1346-132- 8
董揚王韓優劣 館課　　明馮從吾　1293-281- 16
董仲舒（論）　　　　清陳廷敬　1316-482- 33
董仲舒（傳贊）　　　漢班　固　 506-709-114
　　　　　　　　　　　　　　　　 541-420-35之7
　　　　　　　　　　　　　　　　1355-410- 14
　　　　　　　　　　　　　　　　1406-636-386
　　　　　　　　　　　　　　　　1476- 45- 3
賈董優劣論　　　　　清陸隴其　1449-526- 7
● 路溫舒 漢
路溫舒（論）　　　　清陳廷敬　1316-482- 33
● 葉　棠 宋
葉棠列傳論　　　　　明黃仲昭　1254-608- 下
● 葉　賓 宋
葉賓列傳論　　　　　明黃仲昭　1254-612- 下
● 葉　確 宋
葉確列傳論　　　　　明黃仲昭　1254-612- 下
● 葉　錫 明
論吳縣知縣葉玄圭　　明徐　琏　1386-700- 上
● 葉　顒 宋
葉顒列傳論　　　　　明黃仲昭　1254-607- 下
● 葉　顗 宋
葉顗列傳論　　　　　明黃仲昭　1254-617- 下
● 葉大有 宋
葉大有列傳論　　　　明黃仲昭　1254-608- 下
● 葉立志 宋
葉立志列傳論　　　　明黃仲昭　1254-612- 下
● 葉居申 宋
葉居申列傳論　　　　明黃仲昭　1254-616- 下
● 虞　卿 周
平原君虞卿（傳贊）　漢司馬遷　1355-399- 13
　　　　　　　　　　　　　　　　1378- 40- 35
　　　　　　　　　　　　　　　　1406-624-385

四庫全書文集篇目分類索引

（古史論）虞卿　　　　　宋蘇　轍　1384-846-155
●虞　翻吳　　　　　　　　　　　　　1361-108- 15
又評虞翻陸績張溫駱統　漢文帝論　　宋王　質　1149-377- 4
　陸瑁吾粲朱據　晉陳　壽　1361-752- 53　文帝論　　宋崔敦禮　1151-838- 7
　　　　　　　　　　　　1406-653-387　文宣論　　宋曾　丰　1156-174- 15
●雋不疑漢　　　　　　　文帝論（二則）　宋蔡　戡　1157-688- 12
雋疏于薛平彭（傳贊）漢班　固　1406-639-386　文帝爲治本末（論）　宋張　栻　1167-556- 16
●鄒　陽漢　　　　　　　文帝論（六則）　宋王　邁　1178-493- 4
鄒陽（論）　　　　　宋楊　時　1125-185- 9　漢文帝論　　明王　紳　1234-710- 5
（史記評論）魯仲連　　（史記評論）文帝本
　鄒陽列傳　　　　　明黃淳耀　1297-703- 4　　紀　　　　明黃淳耀　1297-683- 4
魯仲連鄒陽（傳贊）　漢司馬遷　1406-625-385　漢文帝論　　清方　苞　1326-793- 5

十四畫

●褚遂良唐　　　　　　　文帝論　　宋孔文仲　1345-195- 2
褚遂良論　　　　　　清 高 宗　1300-319- 5　漢文（帝）說　宋司馬光　1346- 64- 4
褚魏優劣論　　　　　清陳廷敬　1316-475- 32　文帝（紀贊）　漢班　固　1355-406- 14
●端木賜周　　　　　　　　　　　　　1406-633-386
子貢論　　　　　　　宋王安石　1384- 95- 89　　　　　　　　1417-372- 19
●齊文宣帝北齊　　　　　　　　　　　1476- 7- 1
北齊文宣論　　　　　唐朱敬則　1340-328-752　文帝（論）　宋張　栻　1362-140- 3
●齊文襄帝北齊　　　　漢文帝（論）　宋呂祖謙　1362-242- 6
北齊文襄帝論　　　　唐朱敬則　1340-327-752　孝文（傳贊）　漢司馬遷　1406-618-385
　　　　　　　　　　　　1407- 29-398　漢文帝論　　魏 文 帝　1412-617- 24
●齊高祖北齊　　　　　●漢元帝漢
北齊高祖論　　　　　唐朱敬則　1340-326-752　評史——漢元論　唐李德裕　1079-308- 1
●齊桓公周　　　　　　　　　　　　　1343-505- 34
桓文論　　　　　　　宋曾　丰　1156-170- 15　書漢元帝贊後　宋孫　復　1090-164- 0
齊桓公論　　　　　　清 高 宗　1301-303- 3　　　　　　　　1346-133- 8
●廖　立蜀漢　　　　　漢元帝論　　明王　紳　1234-711- 5
評劉封彭羕廖立李嚴　漢元帝論　　清 高 宗　1300-310- 4
　劉琰魏延楊儀　晉陳　壽　1361-747- 52　元帝（論）　清汪　琬　1315-272- 8
　　　　　　　　　　　　1406-652-387　元帝（傳贊）　漢班　固　1355-408- 14
●漢文帝漢　　　　　　　　　　　　　1406-634-386
漢文帝論　　　　　　宋曾　肇　1101-367- 3　●漢平帝漢
　　　　　　　　　　　　1351-148-100　平帝（傳贊）　漢班　固　1406-634-386
　　　　　　　　　　　　1418-536- 53　●漢成帝漢
漢文帝（論）　　　　宋蘇　轍　1112-646- 7　述成紀第十　　漢班　固　1329-876- 50
　　　　　　　　　　　　1384-807-152　　　　　　　　1331-339- 50
　　　　　　　　　　　　1447-854- 51　漢成說　　宋司馬光　1346- 65- 4
漢文帝論　　　　　　宋張　耒　1115-308- 36　成帝（紀贊）　漢班　固　1355-408- 14
　　　　　　　　　　　　1346-364- 26　　　　　　　　1406-634-386
　　　　　　　　　　　　1354-237- 29　　　　　　　　1417-373- 19
　　　　　　　　　　　　1361- 39- 5　●漢武帝漢
　　　　　　　　　　　　1407- 15-395　評史——荀悅論高祖
文帝議　　　　　　　宋張　耒　1115-334- 39　　武宣論　　唐李德裕　1079-308- 1
　　　　　　　　　　　　　　　　　　　　　　　　1343-504- 34
　　　　　　　　　　　　　　　　　　秦穆公漢武帝（論）　宋蘇　軾　1108-484- 92

1938　　　　　　　　四庫全書文集篇目分類索引

史部

史評類：史論

漢武帝（論）　　　　　宋蘇　轍　　1112-648- 8
　　　　　　　　　　　　　　　　　1351-140- 99
　　　　　　　　　　　　　　　　　1384-808-152
　　　　　　　　　　　　　　　　　1418-485- 51
武帝論（二則）　　　　宋蔡　戡　　1157-690- 12
武帝論（五則）　　　　宋王　邁　　1178-500- 4
漢武帝論　　　　　　　清 高 宗　　1300-309- 4
漢武帝論　　　　　　　宋孔武仲　　1345-361- 16
漢武說　　　　　　　　宋司馬光　　1346- 64- 4
武帝（紀贊）　　　　　漢班　固　　1355-407- 14
　　　　　　　　　　　　　　　　　1406-633-386
　　　　　　　　　　　　　　　　　1417-372- 19
　　　　　　　　　　　　　　　　　1476- 8- 1
史記議武帝　　　　　　宋李　廌　　1361-317- 49
武帝（論五則）　　　　宋戴　溪　　1362- 77- 10
武帝（論）　　　　　　宋張　栻　　1362-141- 3
武帝（論）　　　　　　宋呂祖謙　　1362-244- 6
漢武帝論　　　　　　　魏文 帝　　1412-618- 24
　● 漢明帝
明帝章帝（論）　　　　清陳廷敬　　1316-487- 34
明帝（論）　　　　　　宋戴　溪　　1362-218- 13
明帝（論）　　　　　　劉宋范曄　　1406-654-388
　● 漢宣帝
評史——荀悅論高祖
　　武宣論　　　　　　唐李德裕　　1079-308- 1
　　　　　　　　　　　　　　　　　1343-504- 34
文宣論　　　　　　　　宋曾　丰　　1156-174- 15
宣帝論（二則）　　　　宋蔡　戡　　1157-692- 12
孝宣說　　　　　　　　宋司馬光　　1346- 65- 4
宣帝（傳贊）　　　　　漢班　固　　1355-407- 14
　　　　　　　　　　　　　　　　　1406-634-386
宣帝（論）　　　　　　宋呂祖謙　　1362-245- 6
論始皇漢宣李斯　　　　宋蘇　軾　　1447-743- 43
　● 漢哀帝
漢哀帝（論）　　　　　宋蘇　轍　　1112-650- 8
　● 漢昭帝
評史——漢昭論　　　　唐李德裕　　1079-307- 1
　　　　　　　　　　　　　　　　　1343-504- 34
　　　　　　　　　　　　　　　　　1406-712-393
漢昭帝（論）　　　　　宋蘇　轍　　1112-648- 8
　　　　　　　　　　　　　　　　　1351-141- 99
　　　　　　　　　　　　　　　　　1384-809-152
昭帝（紀贊）　　　　　漢班　固　　1355-407- 4
　　　　　　　　　　　　　　　　　1406-633-386
　　　　　　　　　　　　　　　　　1417-372- 19

周成漢昭論　　　　　　魏文 帝　　1412-617- 24
成王漢昭論　　　　　　魏曹　植　　1412-673- 26
　● 漢後主蜀漢
漢後主（贊）　　　　　宋陳　亮　　1171-607- 12
蜀漢後主論　　　　　　清方　苞　　1326-794- 5
評後主　　　　　　　　晉陳　壽　　1361-745- 52
　● 漢高祖
周武王漢高祖論　　　　漢孔　融　　1063-243- 0
漢二祖優劣論　　　　　魏曹　植　　1063-322- 10
評史——荀悅論高祖
　　武宣論　　　　　　唐李德裕　　1079-308- 1
　　　　　　　　　　　　　　　　　1343-504- 34
漢高帝論　　　　　　　宋蘇　軾　　1107-581- 42
　　　　　　　　　　　　　　　　　1377-616- 29
　　　　　　　　　　　　　　　　　1384-544-128
漢高帝（論）　　　　　宋蘇　轍　　1112-645- 7
　　　　　　　　　　　　　　　　　1384-806-152
劉項（論）　　　　　　宋胡　宏　　1137-178- 3
漢高帝論　　　　　　　宋周紫芝　　1141-307- 44
漢高帝論　　　　　　　宋王　質　　1149-376- 4
漢高帝論　　　　　　　宋彭龜年　　1155-861- 10
高帝論　　　　　　　　宋蔡　戡　　1157-687- 12
高祖論　　　　　　　　宋周　南　　1169- 45- 4
光武比高祖（論）　　　宋張　栻　　1167-562- 17
高帝論（七則）　　　　宋王　邁　　1178-483- 3
漢高祖論　　　　　　　元楊　翮　　1220-117- 9
高帝呂后論　　　　　　明梁　潛　　1237-191- 2
　　　　　　　　　　　　　　　　　1373-638- 11
劉項論　　　　　　　　明蔡　清　　1257-777- 1
高帝（論）　　　　　　明王世貞　　1280-733-110
（史記評論）高帝本
　　紀　　　　　　　　明黃淳耀　　1297-682- 4
書史記漢高帝論蕭曹
　　等事　　　　　　　清 高 宗　　1301-470- 31
漢高祖（論二則）　　　清汪　琬　　1315-271- 8
漢高帝論　　　　　　　清方　苞　　1326-793- 5
述高帝紀第一　　　　　漢班　固　　1329-876- 50
　　　　　　　　　　　　　　　　　1331-338- 50
漢高祖僞遊雲夢議　　　唐高　參　　1340-494-770
高祖論　　　　　　　　宋蘇　洵　　1351-758- 下
　　　　　　　　　　　　　　　　　1359-568- 3
　　　　　　　　　　　　　　　　　1377-615- 29
　　　　　　　　　　　　　　　　　1384-366-113
　　　　　　　　　　　　　　　　　1406-719-394
漢高帝（論）　　　　　宋張　栻　　1362-139- 3

四庫全書文集篇目分類索引

高祖光武（論）　　宋張　栻　1362-142- 3
劉項論　　　　　　宋程大昌　1375-345- 27
周武王漢高祖論　　漢孔　融　1397-506- 24
　　　　　　　　　　　　　　1412-517- 21
高祖（傳贊）　　　漢司馬遷　1406-618-385
高帝（傳贊）　　　漢班　固　1406-632-386
漢高帝論　　　　　明鍾　惺　1407- 22-396
漢二祖優劣論　　　魏曹　植　1412-672- 26
高貴鄉公少康高祖優
　劣論記　　　　　魏鍾　會　1413- 99- 36
●漢章帝漢
漢章帝（論）　　　明方孝孺　1235-155- 5
明帝章帝（論）　　清陳廷敬　1316-487- 34
章帝（論）　　　　劉宋范曄　1406-654-388
●漢景帝漢
漢景帝（論）　　　宋蘇　轍　1112-646- 7
　　　　　　　　　　　　　　1384-808-152
　　　　　　　　　　　　　　1447-855- 51
漢景帝論　　　　　宋張　耒　1115-309- 36
　　　　　　　　　　　　　　1346-366- 26
　　　　　　　　　　　　　　1351-790- 下
　　　　　　　　　　　　　　1361- 40- 5
景帝（論）　　　　宋胡　宏　1137-178- 3
景帝論　　　　　　宋王　邁　1178-499- 4
景帝（論）　　　　宋馬廷鸞　1187-156- 21
漢孝景（傳贊）　　漢司馬遷　1355-398- 13
　　　　　　　　　　　　　　1406-618-385
景帝（傳贊）　　　漢班　固　1406-633-386
●漢順帝漢
順帝（論）　　　　劉宋范曄　1406-654-388
●漢靈帝漢
靈帝（論）　　　　劉宋范曄　1406-655-388
●漢光武帝漢
漢二祖優劣論　　　魏曹　植　1063-322- 10
　　　　　　　　　　　　　　1412-672- 26
漢光武（論二則）　宋蘇　轍　1112-651- 8
　　　　　　　　　　　　　　1351-142- 99
　　　　　　　　　　　　　　1384-810-152
　　　　　　　　　　　　　　1407- 5-395
論光武太宗身致太平　宋李　綱　1126-657-152
光武比高祖（論）　宋張　栻　1167-562- 17
酌古論——光武（帝）宋陳　亮　1171-539- 5
　　　　　　　　　　　　　　1407- 16-395
光武論　　　　　　元楊　翮　1220-121- 9
漢光武論　　　　　清 高 宗　1300-312- 4

漢光武論　　　　　清 高 宗　1301- 36- 3
光武宋太祖（論）　清汪　琬　1315-273- 8
光武（論）　　　　清陳廷敬　1316-487- 34
後漢書光武紀贊　　劉宋范曄　1329-877- 50
　　　　　　　　　　　　　　1331-340- 50
世祖封不義侯議　　唐權德輿　1340-497-770
光武論　　　　　　宋何去非　1354-263- 32
高祖光武（論）　　宋張　栻　1362-142- 3
光武（論二則）　　宋張　栻　1362-143- 3
光武（論）　　　　宋戴　溪　1362-217- 13
漢光武（論）　　　劉宋范曄　1406-654-388
●漢更始帝漢
劉玄（論）　　　　劉宋范曄　1406-657-388
●漢昭烈帝蜀漢
劉玄德（論）　　　宋蘇　轍　1112-656- 9
劉玄德論　　　　　宋陳長方　1139-620- 1
酌古論——先主　　宋陳　亮　1171-540- 5
漢昭烈皇帝（贊）　宋陳　亮　1171-606- 12
昭烈（論）　　　　明王世貞　1280-734-110
漢昭烈帝（論三則）清陳廷敬　1316-498- 34
評先主　　　　　　晉陳　壽　1361-745- 52
　　　　　　　　　　　　　　1406-651-387
又名士優劣論（三）
　論劉玄德勝魏武皇帝　晉張　輔　1398-438- 19
●甄　琛北魏
甄琛（論）　　　　明方孝孺　1235-173- 5
●甄　濟唐
與史館韓郎中書
　論甄濟　　　　　唐元　稹　1339-526-690
　　　　　　　　　　　　　　1344-258- 82
答元稹侍御書論甄濟　唐韓　愈　1344-259- 82
●爾朱榮北魏
爾朱榮（論）　　　明胡應麟　1290-710- 97
爾朱榮唐太宗（論）清汪　琬　1315-273- 8
●臧　洪漢
臧洪（論）　　　　宋楊　時　1125-186- 9
臧洪論　　　　　　宋秦　觀　1361-208- 32
評呂布張邈臧洪　　晉陳　壽　1361-742- 51
　　　　　　　　　　　　　　1406-649-387
臧洪（論）　　　　劉宋范曄　1406-663-388
●臧　霸魏
又評二李臧文呂許典
　二龐閻　　　　　晉陳　壽　1361-744- 51
　　　　　　　　　　　　　　1406-650-387
●趙氏（漢武帝夫人）

外戚世家——鉤弋夫
　人（論）　　　　　　漢褚少孫　1412- 89- 5
● 趙　似宋
楚榮憲王（論）　　　　明歸有光　1289-526- 5
● 趙　武周
知嶲趙武論　　　　　　宋蘇　轍　 550- 74-211
　　　　　　　　　　　　　　　　1112-644- 7
　　　　　　　　　　　　　　　　1384-825-154
● 趙　括周
趙括（論）上下　　　　明胡應麟　1290-700- 96
● 趙　苞漢
趙苞論　　　　　　　　元鄭　玉　1217- 13- 2
趙苞（論）　　　　　　明方孝孺　1235-159- 5
漢趙苞論　　　　　　　清魏裔介　1312-891- 14
● 趙　盾周
袁盾論　　　　　　　　宋曾　丰　1156-171- 15
趙盾論　　　　　　　　明崔　銑　1267-554- 8
　　　　　　　　　　　　　　　　1407- 67-401
● 趙　衰周
袁盾論　　　　　　　　宋曾　丰　1156-171- 15
● 趙　奢周
趙奢（論）　　　　　　明胡應麟　1290-699- 96
● 趙　普宋
巷議論趙普寇準張詠　　宋劉　敞　1095-760- 41
與喻郎中書（二則）
　論趙普　　　　　　　宋薛季宣　1159-371- 23
趙普（論）　　　　　　明歸有光　1289-528- 5
● 趙　雲蜀漢
趙子龍論　　　　　　　清魏裔介　1312-892- 14
又評關張馬黃趙　　　　晉陳　壽　1361-746- 52
● 趙　堯漢
趙堯（論）　　　　　　宋楊　時　1125-181- 9
● 趙　勝周
（史記評論）孟嘗君
　平原君信陵君春申
　君列傳　　　　　　　明黃淳耀　1297-701- 4
平原君論　　　　　　　清魏裔介　1312-890- 14
平原君虞卿（傳贊）　　漢司馬遷　1355-399- 13
　　　　　　　　　　　　　　　　1378- 40- 35
　　　　　　　　　　　　　　　　1406-624-385
（古史論）平原君　　　宋蘇　轍　1384-844-155
　　　　　　　　　　　　　　　　1406-698-391
● 趙　達吳
吳範劉惇趙達（論）　　晉陳　壽　1406-653-387
● 趙　鞅周

趙鞅論　　　　　　　　宋張方平　1104-131- 16
● 趙　贊宋
侯益趙贊（論）　　　　明歸有光　1289-527- 5
● 趙　犨後梁
趙犨傳（論）　　　　　宋歐陽修　1406-686-390
● 趙　儼魏
又評和洽常林楊俊杜
　襲趙儼裴潛　　　　　晉陳　壽　1361-745- 51
　　　　　　　　　　　　　　　　1406-651-387
● 趙子崧宋
趙子崧（論）　　　　　明歸有光　1289-526- 5
● 趙不憂宋
不憂（論）　　　　　　明歸有光　1289-526- 5
● 趙元昊西夏
趙元昊（論）　　　　　清儲大文　1327-196- 10
● 趙充國漢
趙充國用心可重（論）　宋蘇　軾　1108-487- 92
趙充國論　　　　　　　宋張　耒　1115-326- 38
　　　　　　　　　　　　　　　　1346-390- 27
　　　　　　　　　　　　　　　　1361- 59- 8
趙充國龔遂（論）　　　宋陳傅良　1362-167- 6
趙充國（論）　　　　　宋陳傅良　1362-281- 10
趙充國辛慶忌（傳贊）　漢班　固　1406-639-386
● 趙廷美宋
魏悼王（論）　　　　　明歸有光　1289-526- 5
● 趙庚夫宋
趙庚夫列傳論　　　　　明黃仲昭　1254-618- 下
● 趙孟頫元
趙孟頫論　　　　　　　明祝允明　1260-514- 11
● 趙廣漢漢
趙廣漢韓延壽王章（
　論）　　　　　　　　清陳廷敬　1316-484- 33
● 翟方進漢
翟方進（論）　　　　　清陳廷敬　1316-485- 33
● 剡　通漢
贊剡通等　　　　　　　漢班　固　1355-409- 14
　　　　　　　　　　　　　　　　1378- 41- 35
　　　　　　　　　　　　　　　　1406-635-386
● 剡　騭周
世子剡騭論　　　　　　宋孫　復　1090-177- 0
● 蒙　恬秦
蒙恬（傳贊）　　　　　漢司馬遷　1355-400- 13
　　　　　　　　　　　　　　　　1378- 40- 35
　　　　　　　　　　　　　　　　1406-626-385
蒙恬（論）　　　　　　宋蘇　轍　1378- 48- 35

		1384-848-155
●滕　胤吳		
評諸葛滕二孫濮陽	晉陳　壽	1361-753- 53
●滕　涉宋		
辯謗 滕涉謗	宋石　介	1359-464- 66
●管　仲周		
管晏（傳贊）	漢司馬遷	541-418-35之7
		1406-622-385
管仲論	唐元　結	1071-555- 8
		1343-517- 35
管仲論	宋司馬光	1094-599- 65
管仲論	宋蘇　洵	1104-910- 9
		1351-757- 下
		1354-166- 21
		1359-567- 3
		1384-348-112
		1407- 37-399
		1418-348- 47
管仲論	宋蘇　軾	1107-585- 42
		1384-553-129
		1407-236-416
管仲（論）	宋蘇　轍	1112-644- 7
		1384-805-152
		1406-696-391
答羅仲素（書） 論管仲伊尹周公	宋陳　淵	1139-487- 19
管晏論	宋曾　丰	1156-168- 15
管仲器小論	宋袁　燮	1157- 69- 7
管夷吾小論	明祝允明	1260-511- 10
（史記評論）管晏列傳	明黃淳耀	1297-698- 4
管仲論一	宋蘇　軾	1384-552-129
		1447-738- 43
管仲論二	宋蘇　軾	1384-553-129
名士優劣論（一） 論管仲不如鮑叔	晉張　輔	1398-438- 19
管仲（論）	明楊　鏘	1454-155-100
●管　叔周		
管蔡論一首	魏嵇　康	1063-369- 6
		1413- 82- 35
●管　寧魏		
管幼安賢於荀孔	宋蘇　軾	1108-490- 92
管寧論	宋韓元吉	1165-271- 17
管寧（論）	清陳廷敬	1316-498- 34
又評袁張涼國田王邴管	晉陳　壽	1361-742- 51
管幼安論	晉傅　玄	1476- 86- 5
●僖負羈周		
僖負羈（論）	宋陳　造	1166-411- 32
●裴　度唐		
裴度論	清高宗	1300-321- 5
●裴　矩隋		
裴矩論	明王　紳	1234-709- 5
●裴　潛魏		
又評和洽常林楊俊杜襲趙儼裴潛	晉陳　壽	1361-745- 51
		1406-651-387
●裴守真唐		
裴守眞論	宋張　耒	1115-331- 38
		1346-394- 27
		1361- 65- 9
●裴行儉唐		
論裴行儉李晟行師	宋李　綱	1126-623-146
十五畫		
●潘　敞齊		
禽獸決錄目	齊卞　彬	1399-132- 6
●潘　璋吳		
評程普凌統潘璋等	晉陳　壽	1361-751- 53
●潘　濬吳		
評潘濬陸凱陸胤	晉陳　壽	1361-752- 53
●潘愼修宋		
潘愼修列傳論	明黃仲昭	1254-610- 下
●諸葛恪吳		
評諸葛滕二孫濮陽	晉陳　壽	1361-753- 53
●諸葛亮蜀漢		
諸葛亮傳贊	晉陳　壽	541-421-35之7
武侯論	宋鄭　獬	1097-265- 16
諸葛亮論	宋蘇　軾	1107-601- 43
		1377-671- 31
		1384-568-130
答黨綸教授書 論魯肅諸葛亮	宋李　復	1121- 30- 3
渭源諸葛武侯祠題記 兼論武侯與姜維	宋李　復	1121- 57- 6
武侯論	宋李　新	1124-509- 14
論諸葛孔明六事與今日同	宋李　綱	1126-637-148
諸葛孔明論	宋袁　燮	1157- 72- 7
孔明論	宋韓元吉	1165-272- 17
酌古論——諸葛孔明		

1942　　　　　　　　四庫全書文集篇目分類索引

史部　史評類：史論

　上下　　　　　　　　　　宋陳　亮　1171-554- 7
諸葛亮（贊）　　　　　　　宋陳　亮　1171-607- 12
諸葛亮（贊）　　　　　　　宋陳　亮　1171-612- 12
諸葛孔明（論）　　　　　　明方孝孺　1235-161- 5
孔明論　　　　　　　　　　明程敏政　1252-191- 11
蕭何諸葛亮優劣辨　　　　　明王世貞　1280-747-110
書蘇子瞻諸葛亮論後　　　　明王世貞　1285- 25- 2
諸葛亮（論）　　　　　　　明胡應麟　1290-704- 97
諸葛亮論上下　　　　　　　明黃淳耀　1297-670- 3
伊尹周公諸葛亮論　　　　　清 高 宗　1301-578- 2
留侯武侯論　　　　　　　　清李光地　1324-749- 15
諸葛亮論　　　　　　　　　宋秦　觀　1361-207- 32
袁子論諸葛亮　　　　　　　晉陳　壽　1361-688- 40
論諸葛亮司馬宣王　　　　　晉陳　壽　1361-689- 40
評諸葛亮　　　　　　　　　晉陳　壽　1361-746- 52
　　　　　　　　　　　　　　　　　　1406-652-387

名士優劣論（四）
　論諸葛孔明優於樂毅　　　晉張　輔　1398-438- 19
諸葛亮論　　　　　　　　　晉袁孝若　1407- 27-397
諸葛孔明論　　　　　　　　宋陳　亮　1407- 56-400
● 諸葛誕魏
王凌令狐愚毌丘儉諸
　葛誕（贊）　　　　　　　宋陳　亮　1171-610- 12
諸葛誕（論）　　　　　　　明方孝孺　1235-163- 5
評王凌令狐愚諸葛誕
　鄧艾鍾會　　　　　　　　晉陳　壽　1406-651-387
● 諸葛瑾吳
論諸葛瑾　　　　　　　　　宋李　綱　1126-640-149
評張昭顧雍諸葛瑾步
　騭　　　　　　　　　　　晉陳　壽　1361-751- 53
● 鄭 氏明
鄭氏列傳論　　　　　　　　明黃仲昭　1254-622- 下
● 鄭 玄漢
鄭康成傳贊　　　　　　　劉宋范曄　541-420-35之7
鄭康成（論）　　　　　　　清陳廷敬　1316-492- 34
● 鄭 弘漢
公孫賀等傳贊　　　　　　　漢班　固　1355-413- 14
　　　　　　　　　　　　　　　　　　1406-638- 19
　　　　　　　　　　　　　　　　　　1417-378- 19

● 鄭 沖晉
王鄭何論　　　　　　　　　宋張　耒　1115-329- 38
　　　　　　　　　　　　　　　　　　1346-392- 27
　　　　　　　　　　　　　　　　　　1361- 63- 9

● 鄭 昇宋
鄭昇列傳論　　　　　　　　明黃仲昭　1254-599- 下

● 鄭 厚宋
鄭厚列傳論　　　　　　　　明黃仲昭　1254-599- 下
● 鄭 琰明
鄭琰列傳論　　　　　　　　明黃仲昭　1254-618- 下
● 鄭 述明
鄭述列傳論　　　　　　　　明黃仲昭　1254-612- 下
● 鄭 寅宋
鄭寅列傳論　　　　　　　　明黃仲昭　1254-606- 下
● 鄭 崇漢
鄭崇論　　　　　　　　　　漢荀　悅　1412-404- 17
● 鄭 衆漢
鄭衆論　　　　　　　　　　梁 元 帝　1399-329- 4
　　　　　　　　　　　　　　　　　　1414-664- 84

● 鄭 渾魏
評任蘇杜鄭倉　　　　　　　晉陳　壽　1361-743- 51
● 鄭 雲明
鄭雲列傳論　　　　　　　　明黃仲昭　1254-612- 下
● 鄭 照宋
鄭照列傳論　　　　　　　　明黃仲昭　1254-614- 下
● 鄭 綮唐
鄭綮論　　　　　　　　　　宋華　鎮　1119-491- 20
● 鄭 僑宋
鄭僑列傳論　　　　　　　　明黃仲昭　1254-609- 下
● 鄭 褒宋
鄭褒列傳論　　　　　　　　明黃仲昭　1254-614- 下
● 鄭 樵宋
鄭樵列傳論　　　　　　　　明黃仲昭　1254-600- 下
● 鄭 勳宋
鄭勳列傳論　　　　　　　　明黃仲昭　1254-617- 下
● 鄭 濟宋
鄭濟列傳論　　　　　　　　明黃仲昭　1254-603- 下
● 鄭 露宋
鄭露列傳論　　　　　　　　明黃仲昭　1254-594- 下
● 鄭小同魏
論隱公里克李斯鄭小
　同王允之　　　　　　　　宋蘇　軾　1447-737- 43
● 鄭少連宋
鄭少連列傳論　　　　　　　明黃仲昭　1254-613- 下
● 鄭可學宋
鄭可學列傳論　　　　　　　明黃仲昭　1254-597- 下
● 鄭光與宋
鄭光與列傳論　　　　　　　明黃仲昭　1254-621- 下
● 鄭良士唐
鄭良士列傳論　　　　　　　明黃仲昭　1254-619- 下
● 鄭伯玉宋

四庫全書文集篇目分類索引　　1943

鄭伯玉列傳論　　明黃仲昭　1254-602- 下
　● 鄭庭芬宋
鄭庭芬列傳論　　明黃仲昭　1254-619- 下
　● 鄭耕老宋
鄭耕老列傳論　　明黃仲昭　1254-596- 下
　● 鄭淑清明
鄭淑清列傳論　　明黃仲昭　1254-622- 下
　● 鄭淑慎明
鄭淑慎列傳論　　明黃仲昭　1254-622- 下
　● 鄭善果唐
鄭善果非正人論　　宋王禹偁　1086-143- 15
　● 鄭循初明
鄭循初列傳論　　明黃仲昭　1254-612- 下
　● 鄭當時漢
（史記評論）汶鄭列傳　　明黃淳耀　1297-709- 4
汶鄭（傳贊）　　漢司馬遷　1406-630-385
　● 鄭鼎新宋
鄭鼎新列傳論　　明黃仲昭　1254-599- 下
　● 鄭獻翁宋
鄭獻翁列傳論　　明黃仲昭　1254-597- 下
　● 鄭懿德明
鄭懿德列傳論　　明黃仲昭　1254-622- 下
　● 鄭靈公周
鄭靈公（論二則）　　明方孝孺　1235-144- 5
　　1407- 58-401

● 樓　玄吳
評王樓賀韋華　　晉陳　壽　1361-753- 53
　● 鄧　艾魏
酌古論——鄧艾　　宋陳　亮　1171-558- 7
評王凌母丘儉諸葛誕鄧艾鍾會　　晉陳　壽　1406-651-387
　● 鄧　芝蜀漢
評鄧芝張翼宗預楊戲　　晉陳　壽　1361-747- 52
　● 鄧　禹漢
鄧禹（論）　　宋蘇　轍　1112-653- 8
　　1384-826-154
酌古論——鄧禹　　宋陳　亮　1171-552- 6
鄧禹耿弇（贊）　　宋陳　亮　1171-611- 12
鄧禹馮異（論）　　清陳廷敬　1316-489- 34
鄧禹（論）　　劉宋范曄　1406-658-388
　● 鄧　訓漢
鄧訓鄧騭（論）　　劉宋范曄　1378- 44- 35
　　1406-658-388

● 鄧　騭漢

鄧訓鄧騭（論）　　劉宋范曄　1378- 44- 35
　　1406-658-388
● 歐陽修宋
歐陽修論　　明劉定之　1407- 65-401
　● 歐陽直卿宋
歐陽直卿列傳論　　明黃仲昭　1254-611- 下
　● 樊　英漢
樊英論　　劉宋范曄　1378- 45- 35
　● 樊　噲漢
樊噲（論）　　明高　啓　541-513-35之11
　　1230-307- 4
　　1373-625- 10
　　1407- 58-400
樊噲論　　宋王之望　1139-854- 14
樊噲論　　宋陳眷卿　1178- 13- 2
（韓信樊噲買誼）終軍（論）　　宋陳傅良　1362- 53- 6
　　1362-279- 10
樊酈滕灌（傳贊）　　漢司馬遷　1406-627-385
　● 慕容紹宗北魏
高敖曹慕容紹宗（論）　　明胡應麟　1290-710- 97
　● 將　琬蜀漢
評蔣琬費禕姜維　　宋陳　壽　1361-747- 52
　　1406-652-387

● 將　濟魏
劉曄蔣濟劉放孫資（贊）　　宋陳　亮　1171-610- 12
評程昱郭嘉董昭劉曄蔣濟劉放　　晉陳　壽　1361-743- 51
　　1406-650-387

● 將　離宋
蔣離列傳論　　明黃仲昭　1254-599- 下
　● 蔡　伸宋
蔡伸列傳論　　明黃仲昭　1254-604- 下
　● 蔡　京宋
遵堯錄別錄
　陳瓘論蔡京論　　宋羅從彥　1135-727- 9
蔡京（論）　　清汪　琬　1315-275- 8
　● 蔡　叔周
管蔡論一首　　魏稽　康　1063-369- 6
　　1413- 82- 35
（古史論）蔡叔　　宋蘇　轍　1384-840-155
　● 蔡　邕漢
蔡邕（論）　　劉宋范曄　1406-664-388
　● 蔡　義漢

史部

史評類：史論

史部 史評類：史論

公孫賀等傳贊　　漢班　固　1355-413- 14
　　　　　　　　　　　　　1406-638-386
　　　　　　　　　　　　　1417-378- 19

●蔡　榼宋
蔡榼列傳論　　　明黃仲昭　1254-616- 下
●蔡　樞宋
蔡樞列傳論　　　明黃仲昭　1254-611- 下
●蔡　澤周
（史記評論）范雎蔡
　澤列傳　　　　明黃淳耀　1297-702- 4
（古史論）范雎蔡澤　宋蘇　轍　1384-847-155
范雎蔡澤（傳贊）　漢司馬遷　1406-625-385
●蔡　襄宋
蔡襄列傳論　　　明黃仲昭　1254-607- 下
●墨　子周
楊墨論　　　　　宋會　丰　1156-167- 15
●劇　孟周
劇孟（論）　　　宋鄒　浩　1121-437- 31
●魯　恭漢
魯恭（論）　　　清陳廷敬　1316-492- 34
●魯　肅吳
答黨綸教授書
　論魯肅諸葛亮　宋李　復　1121- 30- 3
魯肅論　　　　　宋秦　觀　1361-206- 32
與陸遜論魯肅　　吳孫　權　1361-696- 42
吳主論魯肅呂範　吳孫　權　1361-697- 42
評周瑜魯肅呂蒙　晉陳　壽　1361-751- 53
●魯仲連周
魯仲連論　　　　宋張　耒　1115-318- 37
　　　　　　　　　　　　　1346-379- 27
　　　　　　　　　　　　　1361- 46- 6
仲連辭齊爵（論）　宋林之奇　1140-469- 13
魯仲連（論）　　明孫承恩　1271-539- 43
（史記評論）魯仲連
　鄒陽列傳　　　明黃淳耀　1297-703- 4
（古史論）魯仲連　宋蘇　轍　1384-847-155
　　　　　　　　　　　　　1406-698-391
魯仲連鄒陽（傳贊）　漢司馬遷　1406-625-385
魯仲連論　　　　明鍾　惺　1407-82-402
●魯莊公周
魯莊公論　　　　明崔　銑　1267-552- 8
●魯隱公周
魯隱公論一　　　宋蘇　軾　1377-623- 29
　　　　　　　　　　　　　1384-546-128
　　　　　　　　　　　　　1447-735- 43

魯隱公論二　　　宋蘇　軾　1384-548-128
　　　　　　　　　　　　　1447-737- 43
論魯隱公里克李斯鄭
　小同王允之　　宋蘇　軾　1447-737- 43
●劉　巴蜀漢
評董劉馬陳董呂　晉陳　壽　1361-746- 52
●劉　永漢
王昌劉永張步李憲彭
　寵盧芳（論）　劉宋范曄　1406-657-388
●劉　旦漢
三王世家——燕王（
　論）　　　　　漢褚少孫　1412- 91- 5
●劉　交漢
楚元王（傳贊）　漢司馬遷　1406-621-385
楚元王（傳贊）　漢班　固　1406-634-386
●劉　凤宋
劉凤列傳論　　　明黃仲昭　1254-596- 下
●劉　向漢
劉向（論）　　　宋楊　時　1125-185- 9
　　　　　　　　　　　　　1362-187- 9
蕭望之劉向所處得失
　（論）　　　　宋張　杙　1167-560- 16
劉向論　　　　　宋陳眷卿　1178- 14- 2
劉向（論）　　　漢班　固　1355-408- 14
　　　　　　　　　　　　　1378- 43- 35
劉向（論）　　　宋戴　溪　1362-214- 13
●劉　劭魏
評王粲衞顗劉廙劉劭
　傅嘏　　　　　晉陳　壽　1361-744- 51
　　　　　　　　　　　　　1406-651-387
●劉　放魏
劉曄蔣濟劉放孫資（
　贊）　　　　　宋陳　亮　1171-610- 12
評程昱郭嘉董昭劉曄
　蔣濟劉放　　　晉陳　壽　1361-743- 51
　　　　　　　　　　　　　1406-650-387
●劉　武漢
梁孝王世家（論）　漢褚少孫　1412- 89- 5
●劉　表漢
評董卓袁紹袁術劉表　晉陳　壽　1361-739- 50
　　　　　　　　　　　　　1406-649-387
●劉　長漢
淮南衡山（傳贊）　漢司馬遷　1355-400- 13
　　　　　　　　　　　　　1378- 39- 35
　　　　　　　　　　　　　1406-630-385

●劉　封蜀漢
評劉封彭羕廖立李嚴
　劉琰魏延楊儀　　　　晉陳　壽　1361-747- 52
　　　　　　　　　　　　　　　　　1406-652-387

●劉　胥漢
三王世家——廣陵王
　（論）　　　　　　　漢褚少孫　1412- 91- 5
●劉　朔宋
劉朔列傳論　　　　　　明黃仲昭　1254-596- 下
●劉　晏唐
劉晏知取予論　　　　　宋陸九淵　1418-727- 62
●劉　悛吳
評吳範劉悛趙達　　　　晉陳　壽　1406-653-387
　●劉　淵前趙
評劉元海石勒符堅　　　宋曹彥約　1167-257- 21
●劉　章漢
朱虛侯（論）　　　　　宋楊　時　1125-182- 9
●劉　勔劉宋
殷孝祖劉勔（論）　　　梁沈　約　1406-672-389
●劉　閔漢
三王世家——齊王（
　論）　　　　　　　　漢褚少孫　1412- 91- 5
●劉　賀漢
昌邑王論　　　　　　　漢荀　悅　1412-397- 17
●劉　琰蜀漢
評劉封彭羕廖立李嚴
　劉琰魏延楊儀　　　　晉陳　壽　1361-747- 52
　　　　　　　　　　　　　　　　　1406-652-387

●劉　愷漢
劉愷丁鴻執賢（論）　　宋蘇　軾　1377-681- 32
●劉　歆漢
劉歆論　　　　　　　　宋陳耆卿　1178- 16- 2
●劉　敬漢
劉敬叔孫通（傳贊）　　漢司馬遷　541-419-35之7
　　　　　　　　　　　　　　　　　1406-628-385

（史記評論）劉敬叔
　孫通列傳　　　　　　明黃淳耀　1297-707- 4
●劉　廙
評王粲衞覬劉廙劉劭
　傅嘏　　　　　　　　晉陳　壽　1361-744- 51
　　　　　　　　　　　　　　　　　1406-651-387

●劉　蒼漢
東平王東海王傳贊　　　劉宋范　曄　541-421-35之7
●劉　賜漢
淮南衡山（傳贊）　　　漢司馬遷　1378- 39- 35

　　　　　　　　　　　　　　　　　1406-630-385
●劉　彊漢
東平王東海王傳贊　　　劉宋范曄　541-421-35之7
●劉　據漢
贊戾太子　　　　　　　漢班　固　1355-412- 14
　　　　　　　　　　　　　　　　　1378- 41- 35
●劉　曄魏
劉曄蔣濟劉放孫資（
　贊）　　　　　　　　宋陳　亮　1171-610- 12
評程昱郭嘉董昭劉曄
　蔣濟劉放　　　　　　晉陳　壽　1361-743- 51
　　　　　　　　　　　　　　　　　1406-650-387

●劉　濞漢
吳王濞論　　　　　　　宋陳耆卿　1178- 16- 2
項羽吳王濞（論）　　　宋陳傅良　1362- 51- 6
　　　　　　　　　　　　　　　　　1362-266- 9
吳王濞（傳贊）　　　　漢司馬遷　1406-628-385
●劉　賨唐
史說劉賨　　　　　　　宋張舜民　1351-232-108
●劉　繇吳
評劉繇太史慈士燮　　　晉陳　壽　1361-751- 53
　　　　　　　　　　　　　　　　　1406-653-387

●劉　縯漢
劉伯升（論）　　　　　清陳廷敬　1316-489- 34
齊王縯（論）　　　　　劉宋范曄　1406-658-388
　　　　　　　　　　　　　　　　　1476- 62- 4

●劉　馥魏
評劉馥司馬朗梁習張
　既溫恢賈逵　　　　　晉陳　壽　1361-743- 51
●劉　繇明
司寇鐵柯劉公傳論　　　明邵　寶　1258-231- 1
●劉仁軌唐
劉仁軌論　　　　　　　明梁　潛　1237-192- 2
　　　　　　　　　　　　　　　　　1373-638- 11

●劉有定元
劉有定列傳論　　　　　明黃仲昭　1254-620- 下
●劉克莊宋
劉克莊列傳論　　　　　明黃仲昭　1254-606- 下
●劉克遜宋
劉克遜列傳論　　　　　明黃仲昭　1254-611- 下
●劉屈氂漢
公孫賀等傳贊　　　　　漢班　固　1355-413- 14
　　　　　　　　　　　　　　　　　1406-638-386
　　　　　　　　　　　　　　　　　1417-378- 19

●劉延孫劉宋

1946　　　　　　　四庫全書文集篇目分類索引

蕭思話劉延孫（論）　梁沈　約　1406-672-389
●劉洵直宋
劉洵直列傳論　　　　明黃仲昭　1254-614-　下
●劉皇后（宋真宗后）
章獻劉皇后（論）　　明歸有光　1289-524-　5
●劉義季劉宋
宋衡陽王（論）　　　宋周紫芝　1141-468-　65
●劉彌邵宋
劉彌邵列傳論　　　　明黃仲昭　1254-597-　下
●劉懷珍齊
劉懷珍（論）　　　　清儲大文　1327-188-　10
●衛　青漢
衛青論　　　　　　　宋張　耒　1115-324-　37
　　　　　　　　　　　　　　　1346-388-　27
　　　　　　　　　　　　　　　1361-　60-　8
衛青論　　　　　　　宋葛勝仲　1127-483-　7
衛青論上下　　　　　明黃淳耀　1297-668-　3
大將軍青傳贊　　　　漢司馬遷　1360-610-　38
衛青張安世（論）　　宋陳傅良　1362-166-　6
衛將軍驃騎（傳贊）　漢司馬遷　1406-629-385
●衛　瓘周
衛瓘論　　　　　　　清陸隴其　1325-　29-　3
●衛　臻唐
評桓階陳群陳矯徐宣
　衛臻盧臻　　　　　晉陳　壽　1361-745-　51
　　　　　　　　　　　　　　　1406-651-387
●衛　顗魏
評王粲衛顗劉廙劉劭
　傅嘏　　　　　　　晉陳　壽　1361-744-　51
　　　　　　　　　　　　　　　1406-651-387
●衛　瓘晉
衛瓘（論）　　　　　明高　啓　1230-309-　4
●衛子夫（漢武帝后）
外戚世家——衛子夫
　（論）　　　　　　漢褚少孫　1412-　88-　5
●衛武公周
衛武公孟子執優（論）明蔡　清　1257-779-　1
●樂　進魏
評張樂于張徐　　　　晉陳　壽　1361-744-　51
　　　　　　　　　　　　　　　1406-650-387
●樂　毅周
樂毅論　　　　　　　宋蘇　軾　1107-593-　43
　　　　　　　　　　　　　　　1377-664-　31
　　　　　　　　　　　　　　　1384-560-130
書樂毅論後　　　　　宋蘇　軾　1108-501-　93

樂毅論　　　　　　　宋張　耒　1115-317-　37
　　　　　　　　　　　　　　　1346-380-　27
　　　　　　　　　　　　　　　1361-　52-　7
跋樂毅論　　　　　　宋李之儀　1120-583-　40
題樂毅論　　　　　　宋周必大　1147-489-　46
樂毅（論）　　　　　明方孝孺　1235-147-　5
　　　　　　　　　　　　　　　1373-632-　10
樂毅（論）上下　　　明胡應麟　1290-698-　96
（史記評論）樂毅列
　傳　　　　　　　　明黃淳耀　1297-702-　4
名士優劣論（四）
　　論諸葛孔明優於樂毅　晉張　輔　1398-438-　19
樂毅（傳贊）　　　　漢司馬遷　1406-625-385
樂毅論　　　　　　　明丘　濬　1407-　66-401

十六畫

●燕王噲周
子噲（論）　　　　　宋司馬光　1094-615-　67
●燕昭王周
燕昭王小論　　　　　明祝允明　1260-511-　10
●霍　光漢
霍光論　　　　　　　宋蘇　軾　550-　71-211
　　　　　　　　　　　　　　　1107-599-　43
　　　　　　　　　　　　　　　1377-670-　31
　　　　　　　　　　　　　　　1384-567-130
　　　　　　　　　　　　　　　1407-　46-399
霍光論　　　　　　　宋王禹偁　1086-138-　15
霍光論　　　　　　　宋陳師道　1114-640-　13
　　　　　　　　　　　　　　　1361-261-　41
　　　　　　　　　　　　　　　1407-　52-400
論霍光李德裕　　　　宋李　綱　1126-663-153
霍光得失班固所論之
　外尙有可議否　　　宋張　栻　1167-559-　16
霍光（論）　　　　　明方孝孺　1235-151-　5
霍光（論）　　　　　清陳廷敬　1316-483-　33
霍光說　　　　　　　宋司馬光　1346-　64-　4
周勃汲黯霍光（論）　宋陳傅良　1362-162-　6
霍光（論）　　　　　宋陳傅良　1362-280-　10
霍光金日磾（傳贊）　漢班　固　1406-639-386
●霍　峻蜀漢
評霍峻王連向朗張裔
　楊洪費詩　　　　　晉陳　壽　1361-747-　52
　　　　　　　　　　　　　　　1406-652-387
●駱　統吳
評虞翻陸績張溫駱統
　陸瑁吾粲朱據　　　晉陳　壽　1361-752-　53

四庫全書文集篇目分類索引　　　　　　　　　　　　　1947

		1406-653-387			1378- 41- 35
●橋　玄漢					1406-635-386
龐參橋玄（論）	劉宋范曄	1378- 45- 35	蕭何聽計（論）	明胡　廣	1374-327- 55
●閻　溫魏			蕭相國（傳贊）	漢司馬遷	1406-621-385
評二李臧文呂許典二			●蕭　瑀隋		
龐閻	晉陳　壽	1361-744- 51	蕭瑀論	宋張唐英	1351-135- 98
		1406-650-387	●蕭　懿梁		
●豫　讓周			蕭懿（論）	明方孝孺	1235-172- 5
豫讓報仇（論）	宋林之奇	1140-455- 12	●蕭思話劉宋		
豫讓（論）	明方孝孺	1235-146- 5	蕭思話劉延孫（論）	梁沈　約	1406-672-389
		1407- 60-401	●蕭望之漢		
豫讓論	明張　寧	1247-365- 13	蕭望之（傳贊）	漢班　固	541-420-35之7
豫讓論	明張　吉	1257-675- 4			1406-641-386
豫讓（論）	明胡應麟	1290-697- 96	蕭望之論	宋宋　祁	1088-380- 43
豫讓（論）	宋胡　寅	1362- 40- 3	蕭望之（論）	宋陳　造	1166-410- 32
●盧　芳漢			蕭望之劉向所處得失		
王昌劉永張步李憲彭			（論）	宋張　栻	1167-560- 16
寵盧芳（論）	劉宋范曄	1406-657-388	蕭望之論	清姜宸英	1323-713- 4
●盧　毓魏			蕭望之（論）	宋戴　溪	1362-213- 13
評桓階陳群陳矯徐宣			蕭望之（論）	宋呂祖謙	1362-248- 6
衞臻盧毓	晉陳　壽	1361-745- 52	●鮑　永漢		
		1406-651-387	鮑永（論）	劉宋范曄	1406-661-388
●盧　絡漢			●鮑　宣漢		
盧絡論	宋陳春卿	1178- 13- 2	王貢兩龔鮑（傳贊）	漢班　固	1406-639-386
述韓英彭盧吳傳第四	漢班　固	1329-877- 50	●鮑　勛魏		
		1331-340- 50	評崔琰毛玠徐奕何夔		
韓王信盧綰（傳贊）	漢司馬遷	1406-627-385	邢顒鮑勛司馬芝	晉陳　壽	1361-742- 51
●盧多遜宋					1406-650-387
盧多遜（論）	明歸有光	1289-528- 5	●鮑叔牙周		
●蕭　何漢			名士優劣論（一）		
鄒文終侯論	唐羅　隱	1084-253- 5	論管仲不如鮑叔	晉張　輔	1398-438- 19
		1340-366-757	**十七畫**		
蕭何論	宋張　耒	1115-321- 37	●謝　安晉		
		1346-385- 27	評王導謝安	宋曹彥約	1167-253- 21
		1361- 58- 8	謝安泗水之功（論）	宋張　栻	1167-568- 17
蕭曹論	宋華　鎮	1119-490- 20	酌古論——王導比謝		
蕭何論	宋李　新	1124-506- 14	安	宋陳　亮	1171-570- 9
蕭何（論）	宋楊　時	1125-178- 9	王導謝安論	清魏裔介	1312-893- 14
蕭何論	宋王之望	1139-853- 14	謝安（論）	宋張　栻	1362-146- 3
蕭曹相業（論）	宋張　栻	1167-554- 16	●謝　洪宋		
蕭何諸葛亮優劣辨	明王世貞	1280-747-111	謝洪列傳論	明黃仲昭	1254-619- 下
（史記評論）蕭相國			●謝　惔宋		
世家	明黃淳耀	1297-696- 4	論謝惔	宋黃庭堅	1113-591- 6
蕭何（論）	清陳廷敬	1316-478- 33	●謝小娥唐		
蕭曹（傳贊）	漢班　固	1355-409- 14	（義俠傳）謝小娥（		

1948　　　　　　　　四庫全書文集篇目分類索引

論）	明鄒之麟	1407-306-423
●謝升賢宋		
謝升賢列傳論	明黃仲昭	1254-599- 下
●謝弘微劉宋		
王惠謝弘微王球（論）	梁沈 約	1406-670-389
●謝靈運劉宋		
（宋書）謝靈運傳論	梁沈 約	1329-872- 50
		1331-333- 50
		1394-682- 10
		1406-670-389
●濟 火蜀漢		
濟火論	清田 雯	572-302- 37
●濮陽興吳		
評諸葛滕二孫濮陽	晉陳 壽	1361-753- 53
●廉 竺蜀漢		
評許靖廉竺孫乾簡雍		
伊籍秦宓	晉陳 壽	1361-746- 52
●翼 奉漢		
眭兩夏侯京翼李（傳		
贊）	漢班 固	1406-641-386
●韓 非周		
韓非論	宋蘇 軾	1107-595- 43
		1356- 35- 2
		1384-574-131
韓非論	明魏學洢	1297-590- 7
（史記評論）老莊申		
韓列傳	明黃淳耀	1297-698- 4
老莊申韓（傳贊）	漢司馬遷	1355-398- 13
		1360-608- 38
		1378- 39- 35
		1406-623-385
●韓 信漢		
韓信論	宋陳 襄	1093-604- 13
韓信議二首	宋張 耒	1115-334- 39
		1359-502- 73
		1361-107- 15
韓信（論）	宋楊 時	1125-180- 9
韓彭（論）	宋胡 宏	1137-178- 3
酌古論——韓信	宋陳 亮	1171-548- 6
韓信論	宋陳春卿	1178- 8- 1
韓信論	明李東陽	1250-356- 34
韓信（論）	明胡應麟	1290-701- 96
題范茂明淮陰先生辯		
陳同父酌古論	明胡應麟	1290-767-106
（史記評論）淮陰侯		

列傳	明黃淳耀	1297-705- 4
韓信論	清朱彝尊	1318-311- 59
述韓英彭盧吳傳第四	漢班 固	1329-877- 50
		1331-340- 50
韓信說	宋司馬光	1346- 63- 4
韓信（淮陰侯傳贊）	漢司馬遷	1355-400- 13
		1360-611- 38
		1378- 40- 35
		1406-627-385
韓信（論）	宋胡 寅	1362- 41- 3
（韓信樊噲買誼）終		
軍（論）	宋陳傅良	1362- 53- 6
		1362-279- 10
韓信（論二則）	宋陳傅良	1362-271- 9
韓信黥布（論）	宋陳傅良	1362-274- 9
韓信爲將（論）	明胡 廣	1374-327- 55
●韓 琦宋		
聖宋遵堯錄韓琦論	宋羅從彥	1135-703- 7
韓琦論	清 高 宗	1300-326- 6
●韓 絳宋		
擬作韓絳傳贊	宋趙鼎臣	1124-227- 14
●韓 愈唐		
請韓文公配饗太學書	唐皮日休	1083-211- 9
辨諛 論韓愈	宋石 介	1090-233- 8
韓愈論	宋蘇 軾	1107-602- 43
		1377-635- 29
		1384-577-131
韓愈優於揚雄（論）	宋蘇 軾	1108-495- 92
韓愈論	宋張 耒	1115-333- 38
		1346-395- 27
		1361- 66- 9
韓愈論	宋韓元吉	1165-273- 17
董揚王韓優劣（論）		
館課	明馮從吾	1293-281- 16
史說韓愈	宋張舜牧(民)	1351-232-108
		1407-366-428
韓愈論	宋秦 觀	1361-212- 32
韓退之（論）	明劉定之	1374-352- 56
李杜韓柳論	明劉定之	1374-352- 56
韓愈傳贊	宋歐陽修	1476-155- 8
●韓 暨魏		
評韓暨崔林高柔孫禮		
王觀	晉陳 壽	1361-745- 51
●韓 嬰漢		
韓嬰（論）	清陳廷敬	1316-486- 33

四庫全書文集篇目分類索引

● 韓王信 漢
韓王信盧綰（傳贊）　漢司馬遷　1406-627-385
● 韓長孺 漢
韓長孺論　宋李　新　1124-507- 14
● 韓延壽 漢
趙廣漢韓延壽王章（論）　清陳廷敬　1316-484- 33
韓延壽（論）　宋呂祖謙　1362-247- 6
● 薛　奕 宋
薛奕列傳論　明黃仲昭　1254-617- 下
● 薛　綜 吳
評張紘嚴畯程秉闞澤薛綜　晉陳　壽　1361-751- 53
　　　　　　　　　　　　1406-653-387

● 薛　瑩 晉
西州清論較論格品篇（陸喜西州清論品格篇）　晉陸　喜　1386-701- 上
　　　　　　　　　　　　1398-393- 17

● 薛　歐 漢
酌古論——薛公　宋陳　亮　1171-550- 6
● 薛九鼎 宋
薛九鼎列傳論　明黃仲昭　1254-609- 下
● 薛安靖 宋
薛安靖列傳論　明黃仲昭　1254-617- 下
● 薛希濤 宋
（節俠）薛希濤（論）　明鄒之麟　1407-308-423
● 薛利和 宋
薛利和列傳論　明黃仲昭　1254-609- 下
● 薛廣德 漢
雋疏于薛平彭（傳贊）　漢班　固　1406-639-386
● 鍾　會 魏
鍾會論　宋李　新　1124-512- 14
評王凌母丘儉諸葛誕鄧艾鍾會　晉陳　壽　1406-651-387
● 鍾　繇 魏
鍾繇華歆王朗（贊）　宋陳　亮　1171-609- 12
評鍾繇華歆王朗　晉陳　壽　1361-742- 51
　　　　　　　　　　　　1406-650-387

● 鍾離牧 吳
評賀齊全琮呂岱周魴鍾離牧　晉陳　壽　1361-752- 53
　　　　　　　　　　　　1406-653-387

十八畫

● 顏　淵 周

顏子論　宋陳耆卿　1178- 5- 1
● 顏延之 劉宋
顏延之（論）　梁沈　約　1406-672-389
● 顏真卿 唐
答潘叔昌（書）
社生二論後　宋朱　熹　1144-373- 46
對魯公問　元王　惲　1200-598- 45
顏眞卿傳評　宋孔武仲　1345-390- 18
段秀實顏眞卿傳贊　宋歐陽修　1476-116- 7
● 聶　榮 周
（義俠傳）聶榮（論）　明鄒之麟　1407-306-423
● 魏　冉 周
穰侯傳贊　漢司馬遷　1355-398- 13
　　　　　　　　　　　　1360-609- 38
　　　　　　　　　　　　1406-624-385
穰侯（論）　宋蘇　軾　1378- 48- 35
　　　　　　　　　　　　1384-847-155

● 魏　尚 漢
季布魏尚孟舒（論）　宋陳傳良　1362-175- 7
● 魏　延 蜀漢
魏延（論）　明胡應麟　1290-707- 97
評劉封彭羕廖立李嚴劉琰魏延楊儀　晉陳　壽　1361-747- 52
　　　　　　　　　　　　1406-652-387
● 魏　相 漢
丙魏得失（論）　宋張　栻　1167-558- 16
魏相（論）　明王世貞　1280-734-110
魏相丙吉（傳贊）　漢班　固　1406-641-386
● 魏　豹 漢
魏豹彭越論　宋張　耒　1115-320- 37
　　　　　　　　　　　　1346-387- 27
　　　　　　　　　　　　1361- 56- 7
魏豹彭越（傳贊）　漢司馬遷　1406-626-385
● 魏　絳 周
魏絳（論）　明鍾　惺　1407- 79-402
● 魏　徵 唐
房魏論　宋陳長方　1139-622- 1
魏鄭公願爲良臣論　宋范　浚　1140- 76- 9
王魏論　明邵　寶　1258- 81- 9
魏徵論　明崔　銑　1267-555- 8
三代遺直論魏徵　明王立道　1277-859- 8
願爲良臣論魏徵　明王立道　1277-860- 8
魏徵（論）　明王世貞　1280-738-110
王珪魏徵論　清魏裔介　1312-896- 14
褚魏優劣論　清陳廷敬　1316-475- 32

1950　　　　　　　四庫全書文集篇目分類索引

●魏文帝

魏文帝（贊）　　　　　宋陳　亮　　1171-608- 12

曹丕（論）　　　　　　清陳廷敬　　1316-497- 34

吳主與諸葛瑾論魏帝　　晉孫　權　　1361-696- 42

評文帝　　　　　　　　晉陳　壽　　1361-736- 50

評文帝　　　　　　　　晉孫　盛　　1361-737- 50

●魏文侯周

文侯不爽獵人期（論）　宋林之奇　　1140-456- 12

魏文侯（論）　　　　　宋馬廷鸞　　1187-152- 21

●魏仁浦宋

范質王溥魏仁浦（論）　明歸有光　　1289-527- 5

●魏武帝

魏武帝論　　　　　　　宋蘇　軾　　1107-582- 42

　　　　　　　　　　　　　　　　　1377-625- 29

　　　　　　　　　　　　　　　　　1384-545-128

曹公論　　　　　　　　宋史堯弼　　1165-755- 8

酌古論——曹公　　　　宋陳　亮　　1171-542- 5

魏武帝（贊）　　　　　宋陳　亮　　1171-608- 12

論曹操　　　　　　　　明程敏政　　1252-198- 11

曹操（論二則）　　　　清陳廷敬　　1316-496- 34

魏武帝論　　　　　　　唐朱敬則　　1340-323-752

評武帝　　　　　　　　晉陳　壽　　1361-736- 50

名士優劣論（三）

　論劉玄德勝魏武皇帝　晉張　輔　　1398-438- 19

●魏明帝

魏明帝（贊）　　　　　宋陳　亮　　1171-608- 12

評明帝　　　　　　　　晉陳　壽　　1361-736- 50

評明帝　　　　　　　　晉孫　盛　　1361-738- 50

●魏無忌周

魏公子無忌（論）　　　明王世貞　　1280-732-110

（史記評論）孟嘗君

　平原君信陵君春申

　君列傳　　　　　　　明黃淳耀　　1297-701- 4

（古史論）魏公子　　　宋蘇　轍　　1384-844-155

　　　　　　　　　　　　　　　　　1406-698-391

信陵君（傳贊）　　　　漢司馬遷　　1406-624-385

信陵君論　　　　　　　明鍾　惺　　1407- 81-402

●魏孝文帝北魏

魏孝文（論）　　　　　明方孝孺　　1235-169- 5

●鯀上古

鯀說　　　　　　　　　宋王安石　　1105-559- 68

鯀論　　　　　　　　　宋周紫芝　　1141-303- 44

●簡狄（帝嚳次妃）

　　上古

嚳妃論　　　　　　　　宋蘇　洵　　1104-910- 9

　　　　　　　　　　　　　　　　　1384-347-112

　　　　　　　　　　　　　　　　　1406-718-394

　　　　　　　　　　　　　　　　　1447-646- 36

●簡　雍蜀漢

評許靖麋竺孫乾簡雍

　伊籍秦宓　　　　　　晉陳　壽　　1361-746- 52

十九畫

●蟲　周蜀漢

評杜微周羣杜瓊許慈

　孟光來敏尹默李譔

　譙周郤正　　　　　　晉陳　壽　　1361-747- 52

●龐　清魏

評二李臧文呂許典二

　龐閻　　　　　　　　晉陳　壽　　1361-744- 51

　　　　　　　　　　　　　　　　　1406-650-387

●龐　統蜀漢

龐法擬魏臣論　　　　　宋李　新　　1124-511- 14

龐統法正（贊）　　　　宋陳　亮　　1171-607- 12

龐統（論）　　　　　　明方孝孺　　1235-162- 5

評龐統法正　　　　　　晉陳　壽　　1361-746- 52

●龐　參漢

龐參橋玄（論）　　　　劉宋范曄　　1378- 45- 35

●龐　德魏

龐德（論）　　　　　　明胡應麟　　1290-702- 96

評二李臧文呂許典二

　龐閻　　　　　　　　晉陳　壽　　1361-744- 51

　　　　　　　　　　　　　　　　　1406-650-387

●龐娥親（龐淯母）周

（義俠傳）龐娥親（

　論）　　　　　　　　明鄒之麟　　1407-308-423

●關　羽蜀漢

關羽（贊）　　　　　　宋陳　亮　　1171-607- 12

跋陳惟寅作關侯論　　　元倪　瓚　　1220-298- 9

關公（論）　　　　　　明王世貞　　1280-735-110

關忠義（論）　　　　　明胡應麟　　1290-702- 96

評關張馬黃趙　　　　　晉陳　壽　　1361-746- 52

●羅巴延特穆爾明

記所見評羅巴延特穆爾　明鄭　真　　1234-191- 35

二十畫

●寶　武漢

寶武（論）　　　　　　宋楊　時　　1125-186- 9

寶武論　　　　　　　　宋周紫芝　　1141-313- 45

寶武陳蕃得失（論）　　宋張　栻　　1167-566- 17

寶武（論）　　　　　　明方孝孺　　1235-157- 5

寶武（論）　　　　　　清陳廷敬　　1316-495- 34

竇武何進（論）　　宋楊　時　1362-188-　9
●竇　憲漢
竇憲（論）　　劉宋范　曄　1378-　45-　35
　　　　　　　　　　　　　1406-660-388
●竇　融漢
竇融（論）　　劉宋范　曄　1406-660-388
●竇　嬰漢
竇嬰田蚡（論）　　宋蘇　軾　1108-486-　92
竇嬰（論）　　宋楊　時　1125-185-　9
竇嬰田蚡灌夫傳贊　　漢司馬遷　1360-609-　38
魏其武安侯（傳贊）　　漢司馬遷　1406-628-385
●闡　澤吳
評張紘嚴畯程秉闡澤
　　薛綜　　晉陳　壽　1361-751-　53
　　　　　　　　　　　　　1406-653-387
●　黥　布漢
黥布（論）　　宋胡　宏　1137-178-　3
（史記評論）黥布列傳　　明黃淳耀　1297-705-　4
韓信黥布（論）　　宋陳傅良　1362-274-　9
黥布論　　元王　霖　1375-367-　29
黥布（傳贊）　　漢司馬遷　1406-627-385
●藺相如周
藺相如廉頗李牧論　　宋蘇　轍　550-　76-211
相如賢於廉頗論　　明王世貞　550-　78-211
藺相如（論）　　宋楊　時　1125-177-　9
　　　　　　　　　　　　　1362-184-　9
藺相如論　　宋陳長方　1139-619-　1
藺相如（論）　　明王世貞　1280-731-110
（史記評論）廉頗藺
　　相如列傳　　明黃淳耀　1297-703-　4
（廉頗）藺相如（傳贊）　　漢司馬遷　1355-399-　13
　　　　　　　　　　　　　1378-　40-　35
　　　　　　　　　　　　　1406-625-385

●蘇　武漢
蘇楊論　　清　高宗　1301-579-　2
●蘇　洗宋
蘇洗列傳論　　明黃仲昭　1254-608-　下
●蘇　威隋
蘇威（論）　　明方孝孺　1235-176-　5
●蘇　則魏
評任蘇杜鄭倉　　晉陳　壽　1361-743-　51
●蘇　秦周
答蘇張問　　宋曹　勛　1129-555-　37
蘇秦（論）　　宋馬廷鸞　1187-153-　21
蘇秦張儀論　　清姜宸英　1323-715-　4

蘇秦（論）　　宋蘇　轍　1378-　47-　35
　　　　　　　　　　　　　1384-845-155
蘇秦（傳贊）　　漢司馬遷　1406-623-385
●蘇　欽宋
蘇欽列傳論　　明黃仲昭　1254-607-　下
●蘇　軾宋
蘇子瞻（論）　　明劉定之　1374-350-　56
●蘇　燁宋
蘇燁列傳論　　明黃仲昭　1254-603-　下
●蘇　轍宋
蘇子由（論）　　明劉定之　1374-350-　56
●蘇　權宋
蘇權列傳論　　明黃仲昭　1254-599-　下
●蘇不韋漢
蘇不韋復讎議　　漢郭　泰　1397-375-　17
●蘇易簡宋
蘇易簡（論）　　明劉定之　1374-351-　56
●蘇逸民宋
蘇逸民論贊　　明鄭　真　1234-332-　49
●嚴　光漢
嚴光論　　明　太　祖　1223-105-　10
嚴光（論）　　明方孝孺　1235-156-　5
嚴光（論）　　明海　瑞　1286-　63-　2
嚴子陵論　　清魏裔介　1312-900-　14
子陵高士論　　明羅　倫　1407-　67-401
●嚴　助漢
嚴助（論）　　清陳廷敬　1316-482-　33
●嚴　淦明
嚴淦列傳論　　明黃仲昭　1254-612-　下
●嚴　畯吳
評張紘嚴畯程秉闡澤
　　薛綜　　晉陳　壽　1361-751-　53
　　　　　　　　　　　　　1406-653-387

二十一畫

●灌　夫漢
灌夫（論）　　宋楊　時　1125-185-　9
竇嬰田蚡灌夫傳贊　　漢司馬遷　1360-609-　38
●灌　嬰漢
灌嬰論　　清方　苞　1326-794-　5
樊酈滕灌（傳贊）　　漢司馬遷　1406-627-385
●夔上古
夔說　　宋王安石　1105-558-　68
●顧　文明
顧文列傳論　　明黃仲昭　1254-618-　下
●顧　元宋

顧元列傳論　　　　　　　明黃仲昭　1254-614- 下
● 顧　雍 吳
評張昭顧雍諸葛瑾步
　　騭　　　　　　　　　晉陳　壽　1361-751- 53
● 顧長卿 元
顧長卿列傳論　　　　　　明黃仲昭　1254-618- 下

二十二畫

● 龔　舍 漢
王貢兩龔鮑（傳贊）　　　漢班　固　1406-639-386
● 龔　勝 漢
王貢兩龔鮑（傳贊）　　　漢班　固　1406-638-386
● 龔　遂 漢
趙充國龔遂（論）　　　　宋陳傳良　1362-167- 6
● 龔君賓 漢
龔君賓（論）　　　　　　宋司馬光　1094-601- 65
● 龔茂良 宋
龔茂良列傳論　　　　　　明黃仲昭　1254-605- 下
● 鄺　商 漢
樊酈滕灌（傳贊）　　　　漢司馬遷　1406-627-385
● 鄺　寄 漢
鄺寄（論）　　　　　　　宋楊　時　1125-181- 9
● 鄺食其 漢
鄺食其論　　　　　　　　宋陳善卿　1178- 10- 2
（史記評論）酈生陸
　賈列傳　　　　　　　　明黃淳耀　1297-706- 4
張耳陳餘鄺食其（論）　　宋陳傳良　1362-268- 9
● 鸚　拳 周
鸚拳（論）　　　　　　　明方孝孺　1235-143- 5
　　　　　　　　　　　　　　　　　1373-631- 10
● 囊　瓦 周
城郢論釋子囊囊瓦同城郢　宋劉　敞　1095-733- 39

二十三畫

● 欒　布 漢
季布欒布傳贊　　　　　　漢司馬遷　1360-609- 38
　　　　　　　　　　　　　　　　　1406-628-385
● 欒　盈 晉
欒盈論　　　　　　　　　清魏　禧　550- 79-211

二十四畫

● 鬭伯比 周
論鬭伯比附論楚子
　　　　　　　　　左　　傳　1402-331- 58

不知姓名

論建信君　　　　　　　　周魏公子牟　1402-321- 56
論建信君　　　　　　　　周不著撰人　1402-321- 56

苟何論（三則）　　　　　晉傅　玄　1413-159- 39
丙論　　　　　　　　　　唐元　結　1340-378-758
諭莊生　　　　　　　　　唐皮日休　1083-198- 7
　　　　　　　　　　　　　　　　　1410-818-774
狂謡華士少正卯論　　　　宋劉　敞　1095-749- 40
論董公徐洪客　　　　　　明程敏政　1252-197- 11
附端峰存稿
　論天參張公　　　　　　明邵　銳　 443- 75- 5
劉給事（論）　　　　　　明胡　廣　1374-323- 55
（義俠傳）魯保母（
　論）　　　　　　　　　明鄒之麟　1407-306-423
（義俠傳）魏乳母（
　論）　　　　　　　　　明鄒之麟　1407-307-423
（任俠）苣婦（論）　　　明鄒之麟　1407-308-423
（任俠）澤嫗（論）　　　明鄒之麟　1407-309-423

2. 論贊體

五宗世家贊　　　　　　　漢司馬遷　1360-608- 38
滑稽傳贊　　　　　　　　漢司馬遷　1360-610- 38
五帝本紀贊（論）　　　　漢司馬遷　1406-617-385
　　　　　　　　　　　　　　　　　1417-245- 13
外戚（論）　　　　　　　漢司馬遷　1406-621-385
五宗（論）　　　　　　　漢司馬遷　1406-622-385
刺客（論）　　　　　　　漢司馬遷　1406-626-385
酷吏（論）　　　　　　　漢司馬遷　1406-630-385
游俠（論）　　　　　　　漢司馬遷　1406-631-385
（漢）三王世家（論）　　漢褚少孫　1412- 91- 5
南夷君長贊　　　　　　　漢班　固　570-607-29之11
贊景十三王　　　　　　　漢班　固　1355-410- 14
　　　　　　　　　　　　　　　　　1406-635-386
贊佞幸　　　　　　　　　漢班　固　1355-416- 14
　　　　　　　　　　　　　　　　　1406-643-386
贊外戚　　　　　　　　　漢班　固　1355-420- 14
　　　　　　　　　　　　　　　　　1406-647-386
武五子（論）　　　　　　漢班　固　1406-637-386
列侯論　　　　　　　　　漢荀　悅　1412-389- 17
阿保乳母論　　　　　　　漢荀　悅　1412-403- 17
輔臣論　　　　　　　　　魏曹　植　1412-676- 26
儒吏論　　　　　　　　　魏王　粲　1412-750- 29
　　　　　　　　　　　　　　　　　1412-751- 29
又儒吏論略　　　　　　　魏王　粲　1412-751- 29
贊季漢君臣（八則）　　　蜀漢楊戲　1361-748- 52
又稱二荀父子　　　　　　晉陳　壽　1361-635- 29
裴松之評魏氏　　　　　　劉宋裴松之　1361-739- 50
評諸夏侯曹（氏）　　　　晉陳　壽　1361-741- 51

四庫全書文集篇目分類索引

1406-650-387
評魏氏王公　　　　　　晉陳　壽　　1361-744- 51
方術（論）　　　　　　晉陳　壽　　1406-651-387
答桓玄論四皓書　　　　晉殷仲堪　　1404-494-213
後漢書皇后紀論　　　　劉宋范曄　　1329-862- 49
　　　　　　　　　　　　　　　　　1331-320- 49
　　　　　　　　　　　　　　　　　1406-655-388
（後漢書中興）二十
　八將傳論　　　　　　劉宋范曄　　1329-865- 50
　　　　　　　　　　　　　　　　　1331-324- 50
　　　　　　　　　　　　　　　　　1378- 17- 34
　　　　　　　　　　　　　　　　　1406-659-388
　　　　　　　　　　　　　　　　　1417-519- 25
（後漢書）宦者傳論　　劉宋范曄　　1329-867- 50
　　　　　　　　　　　　　　　　　1331-326- 50
（後漢書）逸民傳論　　劉宋范曄　　1329-870- 50
　　　　　　　　　　　　　　　　　1331-330- 50
（後漢書）儒林（論）　劉宋范曄　　1406-666-388
（劉宋）恩倖傳論　　　梁沈　約　　1329-874- 50
　　　　　　　　　　　　　　　　　1331-336- 50
　　　　　　　　　　　　　　　　　1406-673-389
（晉）七賢論　　　　　梁沈　約　　1399-407- 8
　　　　　　　　　　　　　　　　　1415-133- 87
隱逸（論）　　　　　　梁沈　約　　1406-672-389
南齊書倖臣傳論　　　　梁蕭子顯　　1417-548- 26
（唐）三賢論　　　　　唐李　華　　1072-373- 2
　　　　　　　　　　　　　　　　　1340-252-744
　　　　　　　　　　　　　　　　　1343-550- 38
酷吏傳議　　　　　　　唐權德輿　　1340-497-770
　　　　　　　　　　　　　　　　　1343-598- 42
　　　　　　　　　　　　　　　　　1407-312-424
（唐）辯迹論　　　　　唐劉禹錫　　1340-261-745
（周）三不欺先後論　　唐呂　溫　　1340-262-745
（春秋）三良論　　　　唐李德裕　　 556-494- 94
　　　　　　　　　　　　　　　　　1079-306- 1
　　　　　　　　　　　　　　　　　1340-362-757
君子論　　　　　　　　唐李德裕　　1340-387-759
臣子論　　　　　　　　唐李德裕　　1418-122- 39
（周）三名臣論　　　　唐李　翰　　1340-250-744
　　　　　　　　　　　　　　　　　1343-548- 38
周書皇后傳論　　　　　唐魏　徵　　1340-348-754
周書八柱國傳論　　　　唐魏　徵　　1340-348-754
隋書儒林傳論　　　　　唐魏　徵　　1340-350-755
隋書隱逸傳論　　　　　唐魏　徵　　1340-351-755
春秋無賢臣論　　　　　唐孫　郃　　1340-257-744

二賢論　　　　　　　　唐楊　夔　　1340-258-744
誠節論　　　　　　　　唐王　叡　　1340-266-745
愚夫哲婦論　　　　　　唐謝　偃　　1340-375-758
寒素論　　　　　　　　唐牛希濟　　1340-399-760
夷齊四皓優劣論　　　　唐蘇　頲　　1343-547- 37
（晉書）稽康諸人傳
　論　　　　　　　　　唐房玄齡　　1394-685- 10
辯（漢）三傑　　　　　唐不著撰人　1336-435-370
四皓論　　　　　　　　宋胡　宿　　1088-874- 29
辨四皓　　　　　　　　宋孫　復　　1090-161- 0
　　　　　　　　　　　　　　　　　1346-131- 8
（戰國）四豪論　　　　宋司馬光　　1094-597- 65
（五代史）宦者傳論　　宋歐陽修　　1354-149- 19
（五代史）伶官（傳
　論）　　　　　　　　宋歐陽修　　1378- 29- 34
　　　　　　　　　　　　　　　　　1383-499- 44
　　　　　　　　　　　　　　　　　1406-686-390
　　　　　　　　　　　　　　　　　1418-277- 45
（五代史）宦臣（傳
　論）　　　　　　　　宋歐陽修　　1378- 29- 34
　　　　　　　　　　　　　　　　　1383-498- 44
　　　　　　　　　　　　　　　　　1406-686-390
　　　　　　　　　　　　　　　　　1418-277- 45
（五代史)晉家人傳論　宋歐陽修　　1383-488- 43
　　　　　　　　　　　　　　　　　1406-681-390
（五代史）周臣傳論　　宋歐陽修　　1383-493- 44
　　　　　　　　　　　　　　　　　1406-683-390
　　　　　　　　　　　　　　　　　1418-275- 45
（五代史）唐六臣傳
　論（二）　　　　　　宋歐陽修　　1383-495- 44
　　　　　　　　　　　　　　　　　1406-684-390
　　　　　　　　　　　　　　　　　1418-276- 45
（五代史）唐六臣傳
　（論）　　　　　　　宋歐陽修　　1383-770- 70
（五代史）唐家人傳
　（論）　　　　　　　宋歐陽修　　1406-680-390
（五代史）漢家人傳
　（論）　　　　　　　宋歐陽修　　1406-682-390
史記五帝本紀論　　　　宋張方平　　1104-138- 17
三代本紀論　　　　　　宋張方平　　1104-139- 17
（商）三聖人（論）　　宋王安石　　1105-518- 64
　　　　　　　　　　　　　　　　　1346-161- 10
　　　　　　　　　　　　　　　　　1384- 93- 89
　　　　　　　　　　　　　　　　　1418-324- 47
（戰國）三不欺論　　　宋王安石　　1346-160- 10

史部　史評類：史論

1954　　　　　　　　四庫全書文集篇目分類索引

史部

史評類：史論、序跋

（春秋）五伯（論）　　宋蘇　轍　1112-643- 7
　　　　　　　　　　　　　　　　1384-822-153
　　　　　　　　　　　　　　　　1418-481- 51
（商）三宗（論）　　　宋蘇　轍　1447-851- 51
（漢）游俠論　　　　　宋張　耒　1115-329- 38
　　　　　　　　　　　　　　　　1361- 53- 7
書齊史　　　　　　　　宋鄒　浩　1121-442- 31
三帝論　　　　　　　　宋李　綱　1126-602-143
論骨鯁敢言之士　　　　宋李　綱　1126-614-145
論共患難之臣　　　　　宋李　綱　1126-622-146
論社稷臣功臣　　　　　宋李　綱　1126-623-146
論創業中興之主　　　　宋李　綱　1126-625-146
論忠智之臣仁明之主　　宋李　綱　1126-640-149
論唐三宗禮遇大臣　　　宋李　綱　1126-643-149
跋會世選三賢論　　　　宋王庭珪　1134-339- 50
近世社稷之臣如何論　　宋王之望　1139-855- 14
答劉子澄（書）
　　評溫公論史漢名節　宋朱　熹　1143-805- 35
七聖論并序　　　　　　宋陳傅良　1362-155- 5
七十二賢論　　　　　　宋員興宗　1158-152- 18
黨錮諸賢得失如何（
　論）　　　　　　　　宋張　栻　1167-565- 17
建安七子（贊）　　　　宋陳　亮　1171-611- 12
殷有三仁論　　　　　　宋方大琮　1178-266- 24
四皓論　　　　　　　　宋張　侃　1181-432- 6
君事實辨　　　　　　　金王若虛　1190-399- 25
臣事實辨　　　　　　　金王若虛　1190-410- 27
與顧仲瑛書
　　論崑山人物　　　　元郭　翼　1216-722- 下
四皓論　　　　　　　　元楊　翮　1220-119- 9
（宋）孔道輔等傳贊　　元托克托　541-423-35之7
殷之三子說　　　　　　明劉　炳　1229-757- 9
上下相成說　　　　　　明劉　炳　1229-758- 9
（戰國）四公子（論）　明高　啓　1230-307- 4
通塞論　　　　　　　　明陳　謨　1232-568- 3
漢元功與唐凌煙功臣
　優劣論　　　　　　　明徐有貞　1245- 52- 2
春秋諸賢臣論十一首　　明邵　寶　1258-514- 8
古今人表論　　　　　　明楊　慎　1270- 62- 5
（春秋）二伯論上下　　明楊　慎　1407- 71-402
鑒古韻語　　　　　　　明孫承恩　1271- 63- 2
二老（論）　　　　　　明沈　鍊　1278-117- 8
四皓（論）　　　　　　明沈　鍊　1278-119- 8
評二相　　　　　　　　明海　瑞　1458-766-479
（宋）皇后總論　　　　明歸有光　1289-526- 5

（宋）諸王總論　　　　明歸有光　1289-526- 5
（宋）公主（論）　　　明歸有光　1289-527- 5
春秋大夫評　　　　　　明袁宗道　1407-462-438
唐初諸大臣論　　　　　清魏裔介　1312-896- 14
五代史翊業諸君論　　　清魏裔介　1312-898- 14
戰國四公子論　　　　　清魏裔介　1312-907- 14
諸侯名士（論）　　　　清汪　琬　1315-271- 8
西漢后妾（論）　　　　清陳廷敬　1316-488- 34
二陸（論）　　　　　　清儲大文　1327-186- 10
（明史）張寧等贊　　　清汪由敦　1449-874- 30
（明史）顧憲成等贊　　清汪由敦　1449-874- 30
（明史）魏允貞等贊　　清汪由敦　1449-874- 30

d. 序　跋

孫氏西齋錄（序）　　　唐孫　樵　1083- 78- 5
　　　　　　　　　　　　　　　　1344-474-100
　　　　　　　　　　　　　　　　1409-557-625
　　　　　　　　　　　　　　　　1418-141- 40
　　　　　　　　　　　　　　　　1447-419- 21
史通原序　　　　　　　唐劉知幾　685- 5- 附
　　　　　　　　　　　　　　　　685-160- 附
史通原序　　　　　　　唐不著撰人　685- 6- 附
唐鑑序　　　　　　　　宋石　介　1090-311- 18
　　　　　　　　　　　　　　　　1346-252- 17
　　　　　　　　　　　　　　　　1351- 19- 86
　　　　　　　　　　　　　　　　1359- 22- 3
　　　　　　　　　　　　　　　　1405-477-286
（唐史論斷題跋）　　　宋司馬光　685-701- 附
書孫之翰唐史記（論
　斷）後　　　　　　　宋司馬光　1094-662- 73
本治論序　　　　　　　宋沈　遘　1097- 92- 9
進唐鑑原表　　　　　　宋范祖禹　685-470- 附
　　　　　　　　　　　　　　　　1100-198- 13
　　　　　　　　　　　　　　　　1359-182- 23
（又）上太皇太后表
　（進唐鑑）　　　　　宋范祖禹　685-471- 附
　　　　　　　　　　　　　　　　1100-198- 13
唐鑑序　　　　　　　　宋范祖禹　1100-397- 36
歷代論引　　　　　　　宋蘇　轍　1112-641- 7
三國雜事原序　　　　　宋唐　庚　686- 14- 附
迂論（十卷）序　　　　宋李　綱　1126-570-137
侍坐元龜序　　　　　　宋程　俱　1130-148- 15
　　　　　　　　　　　　　　　　1375-249- 17
漢書評後　　　　　　　宋黃彥平　1132-787- 4
讀唐鑑　　　　　　　　宋孫　覿　1135-320- 32

四庫全書文集篇目分類索引

史部 史評類：序跋

（聖宋）遵堯錄序　　宋羅從彥　530-484- 70
　　　　　　　　　　　　　　　1135-647- 2
遵堯錄別錄序　　　　宋羅從彥　1135-722- 9
史警序　　　　　　　宋張孝祥　1140-618- 15
題陳忠肅公尊堯集稿　宋周必大　1147-500- 47
資治通鑑綱目序例　　宋朱 熹　689- 3-首上
資治通鑑綱目手書　　宋朱 熹　689- 26-首下
似刻老人正論序　　　宋楊萬里　1161- 76- 80
存齋覽古詩斷序　　　宋楊萬里　1161-102- 83
跋章氏辨誣錄　　　　宋陸 游　1163-517- 27
書陳忠肅公尊堯書後　宋程 珌　1171-356- 9
書紹興正論後　　　　宋程 珌　1375-299- 23
三國紀年序　　　　　宋陳 亮　1171-605- 12
周敬甫晉評序　　　　宋眞德秀　1174-436- 28
周鑑序　　　　　　　宋程公許　1176-1035-13
李仲仁史考序　　　　宋歐陽守道　1183-588- 11
跋徐彥成攻史　　　　宋王 柏　1186-187- 12
讀史旬編自序　　　　宋馬廷鸞　1187-146- 21
史纂通要序　　　　　宋熊 禾　1188-764- 1
唐史論斷序　　　　　宋孫 甫　685-643- 附
　　　　　　　　　　　　　　　1351- 26- 87
　　　　　　　　　　　　　　　1405-478-286
（唐史論斷題跋）　　宋張敦頤　685-702- 附
唐史論斷題跋　　　　宋黃 準　685-702- 附
涉史隨筆原序　　　　宋葛 洪　686- 76- 附
宋大事記講義原序　　宋劉實甫　686-186- 附
繳進遵堯錄狀
　附貼黃二則　　　　宋劉尤濟　1135-769- 15
四明尊堯集序　　　　宋陳 瓘　1346-450- 32
進四明尊堯集表　　　宋陳 瓘　1352- 97-2下
史權序　　　　　　　宋汪宋符　1375-260- 18
周衡齋通鑑論斷序　　元王義山　1193- 23- 4
汎略序　　　　　　　元戴表元　1194- 91- 7
明良大監序　　　　　元吳 澄　1197-201- 18
跋黃革講義以後
　史評講義　　　　　元吳 澄　1197-570- 57
正統八例總序　　　　元楊 奐　1198-228- 上
新修調元事鑑序　　　元王 惲　1373-394- 25
讀史管見序　　　　　元姚 燧　1201-425- 3
（歷代通略跋）　　　元陳 櫟　688-108- 4
資治通鑑綱目書法序　元揭傒斯　689- 33-首下
宋史論序　　　　　　元揭傒斯　1208-223- 8
考古臆說　　　　　　元歐陽玄　1210- 59- 7
司馬丞相人物記（跋）元吳師道　1212-256- 18
歷代通略序　　　　　元袁應兆　688- 2- 附

（歷代通略蒙求跋）　元黃金色　688-110- 附
資治通鑑綱目書法序　元賀 善　689-32-首下
資治通鑑綱目書法凡
　例後跋　　　　　　元劉 槩　689-38-首下
論鑑序　　　　　　　明王 行　1231-355- 5
基命錄序　　　　　　明方孝孺　1235-358- 12
題諸儒奧論後　　　　明楊士奇　1238-117- 10
（跋）諸儒史評　　　明楊士奇　1238-590- 17
（跋）楊鐵崖三史正
　統辨　　　　　　　明楊士奇　1238-594- 17
宋論序　　　　　　　明何喬新　1249-139- 9
歷代名賢確論序　　　明吳 寬　687- 2- 附
　　　　　　　　　　　　　　　1255-397- 44
貞觀小斷序　　　　　明張 吉　1257-626- 3
貞觀小斷跋　　　　　明張 僎　1257-642- 3
題蜀本史通　　　　　明陸 深　1268-551- 86
題史通後　　　　　　明陸 深　1268-552- 86
讀史自序　　　　　　明李舜臣　1273-713- 6
漢書評林序　　　　　明王世貞　1282-574- 44
史論序　　　　　　　明歸有光　1289- 23- 2
　　　　　　　　　　　　　　　1405-505-288
讀史斷章序　　　　　明曹于汴　1293-684- 1
測史剩語序　　　　　明劉宗周　1294-481- 10
讀史商語序　　　　　明婁 堅　1295- 4- 1
進帝鑑圖說疏　　　　明張居正　534-361- 91
（學史跋）　　　　　明邵 勳　688-450- 13
鑑杓序　　　　　　　明蔣德璟　1455-554-230
批資治通鑑綱目全書
　序　　　　　　　　清聖 祖　692- 1- 附
　　　　　　　　　　　　　　　1299-165- 21
（御批）續資治通鑑
　綱目題辭　　　　　清 高 祖　693- 3- 附
讀史緊言序　　　　　清魏裔介　1312-703- 3
鑑語經世編自序　　　清魏裔介　1312-704- 3
進御覽（御批）通鑑
　綱目表　　　　　　清朱彝尊　1317-267- 35
書孫氏唐史論斷後　　清朱彝尊　1318-164- 45
讀史質疑跋　　　　　清陸隴其　1325- 54- 4
蘇眉聲讀史影言序　　清陸隴其　1325-137- 8
書沈潁谷所贈史通後　清汪由敦　1328-847- 15
（史通通釋書後）　　清浦起龍　685-467- 附

丙.子 部

A.儒 家 類

a.論 文

篇目	作者	索引號
荀子（摘錄）	周荀 況	1356-804- 1
正論	周荀 況	1377-505- 22
非十二子	周荀 況	1377-540- 25
王霸篇	周荀 況	1377-547- 25
解蔽篇	周荀 況	1377-553- 25
性惡篇	周荀 況	1377-557- 25
正名篇	周荀 況	1377-562- 25
成相雜辭（三則）	周荀 況	1379- 53- 7
法言	漢揚 雄	1063- 82- 1
潛夫論	漢王 符	1360-353- 21
昌言論理亂損益法誡	漢仲長統	1360-364- 22
昌言（論六則）	漢仲長統	1397-514- 25
忠經	漢馬 融	1412-378- 16
申鑒大略	漢荀 悅	1412-405- 17
法象論	魏徐 幹	1355-348- 12
		1360-377- 22
		1377-515- 23
顏子論	魏高貴鄉公	541-507-35之11
論孔庭之法	晉王 通	1476- 99- 6
與張新安論孔釋書	劉宋劉義宣	1400-616- 12
答謇王論孔釋書	劉宋張 鏡	1400-616- 12
平臺秘略論（十則）		
孝行貞修藝文忠武善政		
尊師褒客幼俊規諫慎終	唐王 勃	1065-131- 10
		1340-352-755
平臺秘略讚（十則）	唐王 勃	1340-628-784
讀荀（卿子說）	唐韓 愈	1073-419- 11
		1074-232- 11
		1075-196- 11
		1336-370-360
		1343-650- 46
		1355-355- 12
		1378-108- 40
		1383-128- 10
		1406-544-377
		1447-127- 1
揚子新注	唐柳宗元	1077-292- 1
孟子荀子言性論	唐皇甫湜	1078- 74- 2
		1343-516- 35
壽顏子辯	唐皇甫湜	1078- 70- 1
		1336-399-364
仲尼不歷聘解	唐李 翱	541-802-35之20
答侯高書明孔子之道	唐李 翱	1339-498-688
通儒道說	唐李 觀	1336-371-360
辨曾參不爲孔門十哲論	唐李 觀	1343-515- 35
大儒評	唐陸龜蒙	1336-375-360
		1407-454-438
將儒	唐司空圖	1083-489- 1
儒義說	唐來 鵠	1336-372-360
相孟子說	唐來 鵠	1336-372-360
		1407-360-427
仲由不得配祀說	唐來 鵠	1336-373-360
仲尼不歷聘解	唐盛 均	1343-660- 46
		1359-459- 65
曾參不列四科論	宋夏 竦	1087-216- 20
上孔給事書論夫子之道	宋孫 復	1090-172- 0
儒辱	宋孫 復	1090-176- 0
		1351-440-125
尊韓	宋石 介	1090-227- 7
上劉工部書論中國之道		
即堯舜禹湯文武周公孔		
子之道一也非所謂佛老		
與聖人三教之說	宋石 介	1090-274- 13
寂子解論儒釋	宋釋契嵩	1091-486- 8
非韓子三十篇并敘	宋釋契嵩	1091-572- 17
十哲論	宋司馬光	1094-597- 65
讀文中子	宋李 覯	1095-256- 29
讀荀孟	宋鄭 獬	1097-280- 18
孟軻論（闕文）	宋呂 陶	1098-117- 15
荀卿論	宋呂 陶	1098-117- 15
仲尼學文武之道論	宋文彥博	1100-647- 9
太極圖說	宋周敦頤	534-535- 98
		1101-416- 1
		1351-225-107
		1407-366-428
		1418-288- 46
嗣孟	宋徐 積	1101-923- 28
荀子辯	宋徐 積	1101-930- 29
子貢（論）	宋蘇 洵	1377-628- 29
子貢（論）	宋王安石	1105-521- 64
揚孟（論）	宋王安石	1105-521- 64
		1346-162- 10

四庫全書文集篇目分類索引

子部　儒家類：論文

荀卿（論）　　宋王安石　1105-560- 68
　　　　　　　　　　　　1346-163- 10
孟軻（論）　　宋蘇　軾　1107-592- 43
　　　　　　　　　　　　1377-630- 29
　　　　　　　　　　　　1384-572-131
荀卿論　　　　宋蘇　軾　1107-594- 43
　　　　　　　　　　　　1351-766- 下
　　　　　　　　　　　　1356- 34- 2
　　　　　　　　　　　　1359-579- 3
　　　　　　　　　　　　1377-632- 29
　　　　　　　　　　　　1384-573-131
　　　　　　　　　　　　1407-281-420
　　　　　　　　　　　　1418-435- 50
　　　　　　　　　　　　1447-719- 42
揚雄論 孔孟揚雄韓愈性論　宋蘇　軾　1107-600- 43
　　　　　　　　　　　　1377-633- 29
　　　　　　　　　　　　1384-575-131
韓愈（論）　　宋蘇　軾　1107-602- 43
　　　　　　　　　　　　1377-635- 29
　　　　　　　　　　　　1384-577-131
孔子從先進論　宋蘇　軾　1351-128- 98
　　　　　　　　　　　　1418-432- 50
子思論　　　　宋蘇　軾　1351-767- 下
　　　　　　　　　　　　1377-629- 29
　　　　　　　　　　　　1407-160-409
孔子（論）　　宋蘇　軾　1377-627- 29
　　　　　　　　　　　　1384-570-131
諸儒議論（周敦頤）　宋黃庭堅等　1101-452- 3
儒言　　　　　宋晁說之　1118-243- 13
又答趙子彊書 論孔孟之
　道及於揚雄 法言太玄　宋李　復　1121- 36- 4
西銘　　　　　宋張　載　 556-355- 90
　　　　　　　　　　　　1350-755- 73
　　　　　　　　　　　　1359-342- 49
　　　　　　　　　　　　1407-548-449
　　　　　　　　　　　　1418-289- 46
東銘　　　　　宋張　載　 556-355- 90
　　　　　　　　　　　　1350-755- 73
　　　　　　　　　　　　1359-348- 49
　　　　　　　　　　　　1407-549-449
顏子所好何學論　宋程　頤　1345-682- 9
　　　　　　　　　　　　1351-134- 98
　　　　　　　　　　　　1362-123- 1
　　　　　　　　　　　　1418-310- 46
　　　　　　　　　　　　1476-207- 12

答楊時論西銘書　　　　宋程　頤　1345-703- 10
答周孚先問 并跋（書
　）論孔孟之說　　　　宋程　頤　1345-706- 10
答鮑若雨書并答問
　論孔孟之說　　　　　宋程　頤　1345-709- 10
孔門四科兩漢執可比
　（策）　　　　　　　宋周行己　1123-621- 3
寄伊川先生（論西銘）
　附伊川先生答論西銘　宋楊　時　1125-266- 16
論揚子法言中和之說　　宋劉才邵　1130-551- 10
聖傳論（十則）孔子　　宋劉子翬　1134-371- 1
聖傳論（十則）顏子　　宋劉子翬　1134-372- 1
聖傳論（十則）曾子　　宋劉子翬　1134-373- 1
曾子論　　　　　　　　宋劉子翬　1418-635- 58
聖傳論（十則）子思　　宋劉子翬　1134-374- 1
聖傳論（十則）孟子　　宋劉子翬　1134-376- 1
跋西銘　　　　　　　　宋尹　焞　1136- 22- 3
釋疑孟　　　　　　　　宋胡　宏　1137-250- 5
答陳了翁（書）
　論揚雄不知聖人　　　宋陳　淵　1139-421- 15
孔子聖之時論　　　　　宋陳長方　1139-618- 1
六藝折中於夫子論　　　宋王之望　1139-851- 14
讀曾子　　　　　　　　宋范　浚　1140- 40- 5
子思言利孟子不言利
　（論）　　　　　　　宋林之奇　1140-465- 13
荀子性惡（說）　　　　宋史　浩　1141-848- 40
文中子存我（說）　　　宋史　浩　1141-848- 40
與張欽夫論程集改字
　（書）二十七日別紙　宋朱　熹　1143-670- 30
答陸子美（書二則）
　論太極說西銘二書　　宋朱　熹　1144- 3- 36
與劉共父（書）
　論二程先生集改字　　宋朱　熹　1144- 38- 37
答胡季隨（書）答延
　平先生語錄二程遺書
　樂記章句問　　　　　宋朱　熹　1144-606- 53
答宋深之（書）
　孔孟言性之異略說　　宋朱　熹　1145- 13- 58
答鄧衞老（書）
　綱問近思錄　　　　　宋朱　熹　1145- 28- 58
答潘子善（書）
　問易傳近思錄　　　　宋朱　熹　1145- 94- 60
程子養觀說　　　　　　宋朱　熹　1145-317- 67
記程門諸子論學同異　　宋朱　熹　1145-394- 70
記林黃中辨易西銘　　　宋朱　熹　1145-404- 71

1958　　　　　　　　　四庫全書文集篇目分類索引

子部　儒家類：論文

胡子知言疑義　　　　　　宋朱　熹　1145-506- 73
王氏續經說　　　　　　　宋朱　熹　1476-241- 13
與朱侍講答問（太極
　圖義質疑並孟子）　　宋呂祖謙　1150-350- 16
漢儒辯　　　　　　　　　宋袁說友　1154-391- 20
續書（王通中說）何
　始於漢（二則）　　　宋陸九淵　1156-537- 4
蘇氏王氏程氏三家之
　學是非策　　　　　　宋員興宗　1158- 67- 9
顏子論上中下　　　　　　宋楊萬里　1161-122- 86
　　　　　　　　　　　　　　　　　1362-192- 10
曾子論上中下　　　　　　宋楊萬里　1161-126- 86
　　　　　　　　　　　　　　　　　1362-196- 10
子思論上中下　　　　　　宋楊萬里　1161-130- 87
　　　　　　　　　　　　　　　　　1362-201- 11
孟子論上中下　　　　　　宋楊萬里　1161-134- 87
　　　　　　　　　　　　　　　　　1362-206- 11
韓子論上下韓愈　　　　　宋楊萬里　1161-139- 87
曾子（論）　　　　　　　宋楊萬里　1362- 35- 2
顏子（論）　　　　　　　宋楊萬里　1362- 36- 2
孟子（論）　　　　　　　宋楊萬里　1362- 38- 2
答汪尹書論韓愈歐陽
　修孔孟載道之說乃溺
　於文詞而未究　　　　宋韓元吉　1165-195- 13
孟子論　　　　　　　　　宋韓元吉　1165-269- 17
荀子論　　　　　　　　　宋韓元吉　1165-270- 17
曾子論　　　　　　　　　宋史堯弼　1165-741- 7
疑孟說　　　　　　　　　宋孫應時　1166-645- 10
跋西銘　　　　　　　　　宋張　栻　1167-698- 33
　　　　　　　　　　　　　　　　　1353-811-110
跋西銘示宋伯潛　　　　　宋張　栻　1167-698- 33
　　　　　　　　　　　　　　　　　1353-811-110
聖賢道統傳授總敘說　　　宋黃　榦　1168- 37- 3
舜禹傳心周程言性二
　圖辨寄黃子洪　　　　宋黃　榦　1168- 42- 3
與趙省倉（書）
　論孔門之學　　　　　宋黃　榦　1168-166- 15
西銘說　　　　　　　　　宋黃　榦　1168-391- 34
日記（說）　　　　　　　宋黃　榦　1168-393- 34
三仁夷齊之仁及顏子
　等仁　　　　　　　　宋陳　淳　1168-558- 7
孟子說天與賢與子可
　包韓子憂慮後世之
　義　　　　　　　　　宋陳　淳　1168-562- 8
三仁夷齊顏子之仁　　　宋陳　淳　1168-564- 8

道學體統　　　　　　　　宋陳　淳　1168-614- 15
　　　　　　　　　　　　　　　　　1476-246- 14
程呂言仁之辨　　　　　　宋陳　淳　1168-663- 20
張呂言仁之辨　　　　　　宋陳　淳　1168-665- 20
答王迪甫（書）二
　論聖賢與佛家相異處　宋陳　淳　1168-734- 30
答郭子從問目——問
　後書所疑太極圖說
　中正仁義而註脚又
　云仁義中正　　　　　宋陳　淳　1168-784- 36
答陳伯澡問近思錄（
　二十七則）　　　　　宋陳　淳　1168-829- 41
答陳伯澡問西銘（六
　則）　　　　　　　　宋陳　淳　1168-841- 42
書晦菴所釋西銘後　　　　宋度　正　1170-267- 15
西銘說　　　　　　　　　宋陳　亮　1171-624- 14
曾子論　　　　　　　　　宋陳耆卿　1178- 6- 1
正蒙　　　　　　　　　　宋林希逸　1185-613- 6
（批）朱文公語錄（
　論正蒙）　　　　　　宋林希逸　1185-614- 6
答車玉峰（書）
　論朱子之學　　　　　宋王　柏　1186-128- 8
答葉涌齋（書）
　論朱子之學　　　　　宋王　柏　1186-133- 8
家語考　　　　　　　　　宋王　柏　1186-147- 9
講義（西銘）　　　　　　宋方逢辰　1187-568- 7
責荀（子）　　　　　　　宋賈　同　1351-435-125
與北平王子正先生論
　道學書　　　　　　　元郝　經　1192-252- 23
讀孔叢子　　　　　　　　元戴表元　1194-289- 23
傳道統說　　　　　　　　元胡祗遹　1196-238- 13
答王參政儀伯問
　朱子周敦頤之學　　　元吳　澄　1197- 28- 2
家語亡弓（說）　　　　　元許　衡　1198-403- 8
紀疑二事答李仲叔家
　語亡弓論語予所否者　元許　衡　1373- 45- 3
答或人問論太極圖　　　　元許　謙　1199-599- 4
儒吏說　　　　　　　　　元程端禮　1199-695- 6
齋居對問論夫子之道　　　元安　熙　1199-718- 3
孟莊不相及　　　　　　　元王　悝　1200-569- 44
儒用說　　　　　　　　　元王　悝　1200-605- 46
承華事略（六卷）　　　　元王　悝　1201-146- 78
先儒議論（許衡）　　　　元姚　燧等　1198-463- 14
答問問程子云除卻神祠
　廟宇人始知爲善張南

四庫全書文集篇目分類索引 1959

軒云此程子晚年語人
　始知爲善一句尤難下　元陳　櫟　1205-243- 7
答問問乾淳大儒南軒東
　萊不及文公處及所以
　不同處如何　元陳　櫟　1205-240- 7
答問問西山讀書記北溪
　字義勿齋字訓三書孰
　爲尤精　元陳　櫟　1205-241- 7
答問問虛谷云道之大原
　出于天此董子語疑尚
　有病如何　元陳　櫟　1205-260- 7
答問問饒雙峯有功于朱
　學時又有妄改朱子之
　言以非朱殆不可曉　元陳　櫟　1205-269- 7
問曾子曰夫子之道忠
　恕而已矣　元陳　櫟　1205-361- 13
與友人書 論孔孟之道要
　在不失其本心之仁耳　元李　存　1213-801- 28
與汪眞卿書論儒道　元鄭　玉　1217- 82- 3
厚本錄　元吳　海　1217-152- 1
答汪德懋性理字義疑
　問書　元趙　汸　1221-231- 3
諸子辯（晏子十二卷）明宋　濂　1224-409- 27
諸子辯（曾子）　明宋　濂　1224-414- 27
諸子辯（言子三卷）
　言僞　明宋　濂　1224-414- 27
諸子辯（子思子七卷）明宋　濂　1224-415- 27
諸子辯（荀子十卷）　明宋　濂　1224-419- 27
諸子辯（揚子法言十
　卷）　明宋　濂　1224-422- 27
諸子辯（文中子中說
　十卷）　明宋　濂　1224-423- 27
諸子辯（周子通書四
　十章）　明宋　濂　1224-425- 27
諸子辯（子程子十卷）明宋　濂　1224-425- 27
原儒　明王　禕　1226- 84- 4
儒解　明王　禕　1226-381- 18
　　　　1373-659- 13
　　　　1407-438-436
回也德說　明劉　炳　1229-758- 9
道統論　明殷　奎　1232-463- 6
讀曾子　明方孝孺　1235-131- 4
　　　　1406-556-378
讀荀子　明方孝孺　1235-131- 4
讀法言　明方孝孺　1235-136- 4

讀漢鹽鐵論　明方孝孺　1235-137- 4
　　　　1406-557-378
讀荀悅申監（鑒）　明方孝孺　1235-137- 4
　　　　明方孝孺　1406-556-378
讀朱子感興詩　明方孝孺　1235-139- 4
與鄭仲辯書
　論儒者之道以拒佛　明方孝孺　1373-804- 26
答鄭仲辨（書）
　論儒釋　明方孝孺　1454-555-149
答王秀才（書）
　論儒學　明方孝孺　1454-573-150
答俞敬德（書）論儒　明方孝孺　1454-576-150
廣演太極圖說　明周是修　1236-115- 6
經史疑問（五則）
　論孔廟配祀　明周是修　1236-120- 6
辨荀子　明張宇初　1236-371- 1
夜行燭　明曹　端　1243- 3- 0
讀荀子　明程敏政　1253-336- 58
復鄭御史克修（書）
　論孔顏周程所樂與得
　天理之樂　明章　懋　1254- 31- 2
復賀黃門克恭（書）
　論顏子等之樂　明章　懋　1254- 34- 2
性善對　明王　鏊　1256-499- 34
讀曾子　明王　鏊　1256-507- 35
讀孔叢子　明王　鏊　1256-508- 35
陸學訂疑并序　明張　吉　1257-606- 2
讀周子書雜解（十二
　則）　明邵　寶　1258-520- 8
學壞於宋論　明祝允明　1260-510- 10
儒辯　明顧　璘　1263-254- 9
（傳習錄）
　附錄朱子晚年定論　明王守仁　1265-111- 3
答徐成之（書）
　論朱陸之學　明王守仁　1265-608- 21
答徐成之論朱陸書　明王守仁　1454-685-163
松窗寱言（八十一章）明崔　銑　1267-567- 9
象山學辯解　明崔　銑　1267-613- 11
滁州省愆錄　明夏尚樸　1271- 16- 1
大學衍義四章　明孫承恩　1271-119- 7
答王浚川書（二則）
　論程子理氣說　明薛　蕙　1272- 95- 9
答友人書　明薛　蕙　1272-108- 9
與太宰羅公論困知記
　書　明陸　粲　1274-669- 6

子部

儒家類：論文

子部 儒家類：論文

篇目	作者	索引號
四聖辨	明羅洪先	1275-200- 10
跋通書聖學章後	明羅洪先	1275-205- 10
跋太極圖定性書西銘		
論仁體四篇後	明羅洪先	1275-206- 10
儒辯	明丘雲霄	1277-298- 9
與羅念菴（書）		
論陸氏陽儒陰釋	明尹 臺	1277-553- 6
道學俗學曲學僞學辨	明王立道	1277-825- 6
仲尼稱水何如（論）	明沈 錬	1278-118- 8
讀荀子	明王世貞	1280-759-112
		1285- 63- 5
讀揚子	明王世貞	1280-759-112
		1285- 63- 5
讀家語	明王世貞	1280-761-112
		1285- 64- 5
		1406-565-378
讀孔叢子	明王世貞	1285- 8- 1
讀賈子	明王世貞	1285- 17- 2
讀徐幹中論	明王世貞	1285- 29- 2
讀文中子	明王世貞	1285- 37- 3
讀通書正蒙	明王世貞	1285- 50- 4
（論）朱陸	明海 瑞	1286- 65- 2
		1454-104- 94
孟子爲貧而仕議	明海 瑞	1286-207- 8
孟子道性善	明海 瑞	1286-213- 8
太極圖說辯	明胡 直	1287-387- 13
太極圖說辯後語	明胡 直	1287-389- 13
孔徵上	明胡 直	1287-628- 29
徵孔子	明胡 直	1287-634- 29
理學（雜錄）	明溫 純	1288-756- 30
讀中說	明胡應麟	1290-750-103
朱子二大辨續說	明顧憲成	1292-156- 12
陽明說辨（四則）	明高攀龍	1292-372- 3
答泾陽論程朱闢佛	明高攀龍	1292-469- 8上
辨學錄	明馮從吾	1293- 7- 1
疑思錄	明馮從吾	1293- 38- 2
答王金如（書）		
論儒者異端	明劉宗周	1294-421- 7
答胡嵩高朱綿之張負		
夫諸生（書）		
論禪之惑儒	明劉宗周	1294-424- 7
尋樂說 孔顏所樂何事	明劉宗周	1294-504- 11
陶菴自監錄	明黃淳耀	1297-841- 19
諸儒評論（曹端）	明謝 琎等	1243- 18- 0
跋朱子晚年定論	明袁慶麟	1265-122- 3
噍道學	明周思兼	1454-126- 97
詰儒（三則）	明方弘靜	1454-465-137
答項甌東論陳白沙（		
書）	明王漸逵	1454-716-165
讀性理大全	清 聖 祖	1298-235- 28
閲皇明祖訓偶書	清 聖 祖	1298-241- 29
太極圖說	清 聖 祖	1298-627- 30
理學論	清 聖 祖	1299-532- 21
執中成憲御論	清 世 宗	1300- 86- 9
程明道告神宗當防未		
萌之欲論	清 高 宗	1300-327- 6
與魏環溪論學書		
論儒學	清魏裔介	1312-803- 9
孟子論	清魏裔介	1312-888- 14
孔子畫息鼓琴辨	清魏裔介	1312-933- 16
王陽明之學有是非辨	清魏裔介	1312-936- 16
西銘理一分殊解	清魏裔介	1312-944- 16
朱陸異同略	清施閏章	1313-303- 25
太極圖授受考	清朱彝尊	1318-292- 58
讀文中子	清朱鶴齡	1319-158- 13
復馮山公論太極圖說		
古文尚書寃詞書	清毛奇齡	1320-142- 18
辨聖學非道學文	清毛奇齡	1321-321-122
觀瀾錄（一卷）	清李光地	1324-527- 1
初夏錄（二卷）	清李光地	1324-598- 6
尊朱要旨	清李光地	1324-639- 8
要旨續記	清李光地	1324-647- 8
御書太極圖說西銘刻		
石恭紀	清李光地	1324-720- 14
朱陸折疑	清李光地	1324-776- 17
讀韓子	清李光地	1324-786- 18
讀周子太極圖說	清李光地	1324-787- 18
周子太極圖說（六則）	清李光地	1324-868- 24
記周子太極圖說（四		
則）	清李光地	1324-793- 19
記周子通書卒章	清李光地	1324-795- 19
記張子西銘	清李光地	1324-795- 19
記張子正蒙太和篇	清李光地	1324-796- 19
記程子定性書	清李光地	1324-797- 19
通書誠上章	清李光地	1324-869- 24
通書動靜章	清李光地	1324-869- 24
通書聖學章	清李光地	1324-870- 24
通書理性命章（二則）	清李光地	1324-870- 24
通書精蘊章（二則）	清李光地	1324-870- 24
通書乾損益動章	清李光地	1324-870- 24

四庫全書文集篇目分類索引

通書家人踐復无妄章　　清李光地　1324-870- 24
張子西銘　　　　　　　清李光地　1324-871- 24
讀孔子家語　　　　　　清陸隴其　1325- 39- 4
讀正蒙太虛條　　　　　清陸隴其　1325- 39- 4
讀朱子告郭友仁語靜　　清陸隴其　1325- 41- 4
讀象山對朱濟道語敬　　清陸隴其　1325- 41- 4
讀呻吟語疑　　　　　　清陸隴其　1325- 49- 4
答嘉善李子喬書
　　論先儒學問淵源　　清陸隴其　1325- 60- 5
上湯潛菴先生書
　　附答書（論先儒之學）清陸隴其　1325- 62- 5
答山西范彪西進士書
　　附來書（論理學備考
　　諸書）　　　　　　清陸隴其　1325- 67- 5
答秦定畏書（二則）
　　論朱子學王陽明學之
　　異　　　　　　　　清陸隴其　1325- 71- 5
讀荀子書後　　　　　　清汪由敦　1328-845- 15
答翼城師清寰書略
　　儒學雜說　　　　　清党　成　 550- 48-210
敬與之學眞洙泗之徒
　　論　　　　　　　　清弘　畫　1449-480- 4
諸儒語錄論　　　　　　清韓　菼　1449-537- 8
理學眞僞論　　　　　　清張廷瓚　1449-542- 8
理學眞僞論　　　　　　清沈　涵　1449-543- 8
理學眞僞論　　　　　　清胡會恩　1449-544- 8

b.序　跋

家語（後）序　　　　　漢王子雍　541-368-35之6
　　　　　　　　　　　　　　　　 695-108- 10
潛夫論敘錄第三十六　　漢王　符　 696-430- 10
孔子家語序附　　　　　漢孔安國　1396-384- 9
連叢子敘書附　　　　　漢孔安國　1396-385- 9
孫卿子後序　　　　　　漢劉　向　1396-540- 17
　　　　　　　　　　　　　　　　1412-163- 7
忠經序　　　　　　　　漢馬　融　1397-286- 13
　　　　　　　　　　　　　　　　1412-377- 16
中論原序　　　　　　　漢不著撰人　696-466- 附
典論自序　　　　　　　魏 文 帝　1405-516-290
　　　　　　　　　　　　　　　　1412-613- 24
家語序　　　　　　　　魏王　肅　 695- 3- 附
徐幹中論序　　　　　　三國不著撰人
　　　　　　　　　　　　　　　　 541-369-35之6
帝範序　　　　　　　　唐 太 宗　 696-588- 附
　　　　　　　　　　　　　　　　1340-161-735

　　　　　　　　　　　　　　　　1417-594- 29
帝範後序　　　　　　　唐 太 宗　1417-595- 29
臣範序　　　　　　　　唐 天 后　1340-166-735
續書序　　　　　　　　唐王　勃　1065- 88- 4
進千秋金鏡錄表　　　　唐張九齡　1338-667-611
法言後序　　　　　　　唐皮日休　1083-191- 5
註荀子序　　　　　　　唐楊　倞　 695-119- 附
（中說）敘篇　　　　　唐杜　淹　 696-577- 10
伸蒙子原序　　　　　　唐林慎思　 696-630- 附
元和辨謗略序　　　　　唐唐　次　1344-416- 95
御覽序　　　　　　　　宋田　錫　1351- 5- 85
註揚子法言序　　　　　宋司馬光　 696-273- 附
書文中子後　　　　　　宋鄭　獬　1097-279- 18
徐幹中論序　　　　　　宋曾　鞏　 541-400-35之6
中論原序　　　　　　　宋曾　鞏　 696-468- 附
徐幹中論目錄序　　　　宋曾　鞏　1098-455- 11
　　　　　　　　　　　　　　　　1356- 31- 2
　　　　　　　　　　　　　　　　1378-341- 52
　　　　　　　　　　　　　　　　1384-236-100
　　　　　　　　　　　　　　　　1447-913- 55
說苑（目錄）序　　　　宋曾　鞏　 696- 3- 附
　　　　　　　　　　　　　　　　1098-455- 11
　　　　　　　　　　　　　　　　1356- 32- 2
　　　　　　　　　　　　　　　　1384-236-100
新序目錄序　　　　　　宋曾　鞏　1098-446- 11
　　　　　　　　　　　　　　　　1356- 25- 2
　　　　　　　　　　　　　　　　1356-846- 4
　　　　　　　　　　　　　　　　1384-233-100
　　　　　　　　　　　　　　　　1405-527-290
　　　　　　　　　　　　　　　　1418-509- 52
　　　　　　　　　　　　　　　　1447-903- 54
乞進帝學箚子　　　　　宋范祖禹　1100-262- 21
進帝學箚子　　　　　　宋范祖禹　1100-262- 21
古今家誡敘　　　　　　宋蘇　轍　1112-270- 25
　　　　　　　　　　　　　　　　1378-335- 52
　　　　　　　　　　　　　　　　1384-908-162
　　　　　　　　　　　　　　　　1405-562-293
　　　　　　　　　　　　　　　　1447-848- 51
書家語後　　　　　　　宋張　耒　1115-378- 44
　　　　　　　　　　　　　　　　1361- 72- 10
曾子後記　　　　　　　宋晁說之　1118-346- 18
爲媿氏書女誡後跋　　　宋鄒　浩　1121-448- 32
寬厚錄序　　　　　　　宋謝　逸　1122-520- 7
師說序　　　　　　　　宋尹　焞　1136- 22- 3
題伊川先生語錄　　　　宋尹　焞　1136- 23- 3

1962　　　　　　　　四庫全書文集篇目分類索引

子部

儒家類：序跋

周子抄釋原序　　　　　宋胡　宏　　715- 2- 附
周子通書序　　　　　　宋胡　宏　　1137-154- 3
通書序略　　　　　　　宋胡　宏　　1101-440- 1
程子雅言全序　　　　　宋胡　宏　　1137-152- 3
程子雅言後序　　　　　宋胡　宏　　1137-153- 3
　　　　　　　　　　　　　　　　　1359- 48- 6
橫渠正蒙序　　　　　　宋胡　宏　　1137-155- 3
題張敬夫希顏錄　　　　宋胡　宏　　1137-172- 3
代序忠厚錄　　　　　　宋鄭剛中　　1138- 74- 5
省心雜言原敍　　　　　宋汪應辰　　698-547- 附
語孟師說跋　　　　　　宋陳　淵　　1135-771- 16
揚子講義序　　　　　　宋林之奇　　1140-533- 附
劉氏家訓序　　　　　　宋周紫芝　　1141-364- 51
題五峰先生知言卷末　　宋吳　儆　　1142-271- 14
　　　　　　　　　　　　　　　　　1375-296- 22
淬林討古集序　　　　　宋林光朝　　1142-602- 5
跋金豹陸主簿白鹿洞
　　書堂講義後　　　　宋朱　熹　　518-235-143
　　　　　　　　　　　　　　　　　1145-692- 81
謝上蔡語錄序　　　　　宋朱　熹　　538-615- 78
（上蔡語錄跋）　　　　宋朱　熹　　698-591- 附
謝上蔡語錄後序　　　　宋朱　熹　　1145-541- 75
（二程遺書後序）　　　宋朱　熹　　698- 5- 附
程氏遺書後序　　　　　宋朱　熹　　1145-551- 75
（二程遺書附錄後序）　宋朱　熹　　698- 6- 附
（二程外書後序）　　　宋朱　熹　　698-284- 附
程氏外書後序　　　　　宋朱　熹　　1145-560- 75
（上蔡語錄跋）　　　　宋朱　熹　　698-593- 附
謝上蔡語錄後記　　　　宋朱　熹　　1145-602- 77
近思錄原序　　　　　　宋朱　熹　　699-162- 附
書近思錄後　　　　　　宋朱　熹　　1145-677- 81
（御定）小學集註原
　　序　　　　　　　　宋朱　熹　　699-523- 附
題小學　　　　　　　　宋朱　熹　　1145-580- 76
（御定）小學集註題
　　辭　　　　　　　　宋朱　熹　　699-524- 附
小學題辭　　　　　　　宋朱　熹　　1145-579- 76
太極圖通書總序　　　　宋朱　熹　　1101-436- 1
周子太極通書後序　　　宋朱　熹　　1145-554- 75
又書太極圖解後　　　　宋朱　熹　　1101-445- 1
書（壁帖）聖學後　　　宋朱　熹　　1136- 32-4附
書和靖先生遺墨後　　　宋朱　熹　　1145-678- 81
再定太極通書後序　　　宋朱　熹　　1145-567- 76
三先生論事錄序　　　　宋朱　熹　　1145-591- 76
書徽州婺源縣周子通

書板本後　　　　　　　宋朱　熹　　1145-685- 81
書劉子澄所編曾子後　　宋朱　熹　　1145-694- 81
周子通書後記　　　　　宋朱　熹　　1145-695- 81
跋程董二生學則　　　　宋朱　熹　　1145-707- 82
題太極西銘解後　　　　宋朱　熹　　1145-708- 82
跋辨志錄　　　　　　　宋朱　熹　　1145-731- 83
書李參仲家藏二程先
　　生語錄後　　　　　宋朱　熹　　1145-741- 83
　　　　　　　　　　　　　　　　　1375-291- 22
跋向伯元遺戒　　　　　宋朱　熹　　1145-743- 83
書廖德明仁壽廬條約
　　後　　　　　　　　宋朱　熹　　1145-744- 83
近思錄原序　　　　　　宋呂祖謙　　699-163- 附
題近思錄　　　　　　　宋呂祖謙　　1150- 63- 7
辨志錄序少儀外傳　　　宋樓　鑰　　1152-821- 53
跋桐陰韓氏家問　　　　宋樓　鑰　　1153-186- 72
又（跋）薛林家規　　　宋樓　鑰　　1153-257- 78
先聖大訓（原）序　　　宋楊　簡　　706-586- 附
　　　　　　　　　　　　　　　　　1156-609- 1
曾子序　　　　　　　　宋楊　簡　　1156-609- 1
跋武威先生語錄　　　　宋陸　游　　1163-509- 26
跋周茂叔通書　　　　　宋陸　游　　1163-510- 26
跋說苑　　　　　　　　宋陸　游　　1163-517- 27
跋京本家語（二則）　　宋陸　游　　1163-523- 28
跋范巨山家訓　　　　　宋陸　游　　1163-527- 28
跋柳氏訓序　　　　　　宋陸　游　　1163-551- 31
跋韓子蒼語錄　　　　　宋陸　游　　1163-551- 31
跋徐節孝語　　　　　　宋陸　游　　1163-552- 31
跋兼山家學　　　　　　宋陸　游　　1163-553- 31
題王少卿家範　　　　　宋葉　適　　1164-521- 29
書師說後　　　　　　　宋韓元吉　　1165-252- 16
題荀子　　　　　　　　宋陳　造　　1166-393- 31
題孔叢子　　　　　　　宋陳　造　　1166-397- 31
題家語　　　　　　　　宋陳　造　　1166-399- 31
跋延平答問　　　　　　宋曹彥約　　1167-203- 17
（胡子知言原）序　　　宋張　栻　　703-110- 附
　　　　　　　　　　　　　　　　　1167-540- 14
　　　　　　　　　　　　　　　　　1359- 49- 6
太極圖解序　　　　　　宋張　栻　　1101-437- 1
太極圖解後序　　　　　宋張　栻　　1101-438- 1
書太極圖解後　　　　　宋張　栻　　1101-444- 1
又書太極圖解後　　　　宋張　栻　　1101-445- 1
通書後跋　　　　　　　宋張　栻　　1101-439- 1
　　　　　　　　　　　　　　　　　1167-697- 33
　　　　　　　　　　　　　　　　　1353-812-110

四庫全書文集篇目分類索引　　　　　　　　　　　　1963

書（壁帖）聖學後　　宋張　栻　1136- 33-4 附
閫範序　　　　　　　宋張　栻　1167-537- 14
跋（二程）遺書　　　宋張　栻　1167-697- 33
　　　　　　　　　　　　　　　1353-812-110
跋符君記上蔡語錄　　宋張　栻　1167-699- 33
跋希顏錄　　　　　　宋張　栻　1167-699- 33
　　　　　　　　　　　　　　　1353-813-110
洙泗言仁序　　　　　宋張　栻　1353-757-107
朱子語類原序　　　　宋黃　幹　 700- 2- 附
書晦菴先生語錄　　　宋黃　幹　1168-239- 22
書襲夢錫所編晦菴先
　生語錄　　　　　　宋黃　幹　1168-238- 22
跋南康胡氏鄉約　　　宋黃　幹　1168-238- 22
（嚴陵講義序）　　　宋陳　淳　 709- 58- 附
郡齋錄後序
　朱熹於臨漳任中之教　宋陳　淳　1168-573- 10
竹林精舍錄後序　　　宋陳　淳　1168-574- 10
書李推近思錄跋後　　宋陳　淳　1168-611- 14
書太極圖解後　　　　宋度　正　1101-441- 1
恭靖先生家說序　　　宋劉　辛　1170-536- 19
書徐君家訓後　　　　宋劉　辛　1170-623- 24
書張子西銘解義後　　宋程　珌　1171-358- 9
書楊國瑞料院所刊遺
　教經　　　　　　　宋程　珌　1171-359- 9
　　　　　　　　　　　　　　　1375-299- 23
伊洛正源書序　　　　宋陳　亮　1171-621- 14
三先生論事錄序　　　宋陳　亮　1171-622- 14
類次文中子引　　　　宋陳　亮　1171-625- 14
書類次文中子後　　　宋陳　亮　1171-643- 16
書文中子附錄後　　　宋陳　亮　1171-643- 16
書小學之後序　　　　宋魏了翁　1172-578- 51
朱（子）文公語類序　宋魏了翁　 700- 7- 附
　　　　　　　　　　　　　　　1172-593- 53
邵萬州孝弟蒙求序　　宋魏了翁　1172-611- 54
跋楊司理 德輔 之父 紀
　問辯歷　　　　　　宋魏了翁　1173- 26- 61
跋朱呂學規　　　　　宋魏了翁　1173- 32- 61
大學衍義序　　　　　宋眞德秀　 530-487- 70
　　　　　　　　　　　　　　　 704-498- 附
　　　　　　　　　　　　　　　1174-458- 29
　　　　　　　　　　　　　　　1405-419-281
　　　　　　　　　　　　　　　1418-754- 63
　　　　　　　　　　　　　　　1476-249- 14
通言後序　　　　　　宋眞德秀　 703-552- 附
　　　　　　　　　　　　　　　1174-425- 27

進大學衍義表　　　　宋眞德秀　 704-500- 附
　　　　　　　　　　　　　　　1174-241- 16
　　　　　　　　　　　　　　　1359-179- 23
　　　　　　　　　　　　　　　1382-387-下之2
　　　　　　　　　　　　　　　1394-449- 4
跋晦翁感興詩　　　　宋眞德秀　1174-532- 34
跋胡子知言藁　　　　宋眞德秀　1174-544- 34
（跋）慈湖訓語　　　宋眞德秀　1174-550- 35
（跋）契齋先生訓語　宋眞德秀　1174-550- 35
跋劉彌邵讀書小記　　宋眞德秀　1174-577- 36
絜齋家塾書鈔後序　　宋袁　甫　1175-470- 11
政經序　　　　　　　宋王　邁　 530-488- 70
跋林次麟東宮事鑑　　宋包　恢　1178-754- 5
跋郭省元玘帝王萬世
　萬鼎鑑　　　　　　宋包　恢　1178-754- 5
西疇常言序　　　　　宋李昴英　1181-132- 3
書鉉承天閑道錄後　　宋高斯得　1182- 78- 5
跋趙和仲近思錄精義　宋高斯得　1182- 79- 5
性理蒙求跋　　　　　宋高斯得　1182- 79- 5
恭跋眞宗皇帝御製正
　說　　　　　　　　宋歐陽守道　1183-654- 18
題姚雪蓬答張子學問　宋歐陽守道　1183-683- 21
跋吳荊溪講義　　　　宋歐陽守道　1183-685- 22
題道統三書後　　　　宋陳　著　1185-220- 46
題晦庵齋居感興詩卷
　首　　　　　　　　宋陳　著　1185-225- 47
題劉向說苑卷首　　　宋陳　著　1185-226- 47
題文中子　　　　　　宋陳　著　1185-226- 47
跋浙西提舉司社倉規　宋林希逸　1185-679- 13
研幾圖序　　　　　　宋王　柏　1186- 62- 4
宇宙紀略序　　　　　宋王　柏　1186- 64- 4
跋道統錄　　　　　　宋王　柏　1186-166- 11
跋趙辛先天圖　　　　宋王　柏　1186-175- 11
跋先訓　　　　　　　宋王　柏　1186-182- 12
吳氏寶訓警覽序　　　宋馬延鸞　1187- 88- 12
書洙泗裔編後　　　　宋馬延鸞　1187-103- 14
會子子思子全書進表　宋汪夢斗　 703-459- 附
進墨本表（進會子子
　思子全書）　　　　宋汪夢斗　1175-584- 附
袁稼學重刊勉齋講義
　序　　　　　　　　宋牟　巘　1188-112- 13
跋小學大略　　　　　宋牟　巘　1188-140- 16
王希聲陰陽家理學序　宋何夢桂　1188-446- 5
書文公感興詩後　　　宋胡次焱　1188-572- 8
書包氏家訓後　　　　宋金履祥　1189-832- 4

子部 儒家類:序跋

重廣注揚子法言原序　　宋宋　咸　696-271-　附
進重廣註揚子法言原
　表　　　　　　　　　宋宋　咸　696-272-　附
中說序　　　　　　　　宋阮　逸　696-523-　附
續孟子原序　　　　　　宋劉希仁　696-620-　附
帝學原序　　　　　　　宋齊　礪　696-728-　附
（公是弟子記）原跋　　宋謝　薿　698-471-　附
（公是弟子記）原跋　　宋江　溥　698-471-　附
（公是弟子記）原跋　　宋趙不驕　698-471-　附
（童蒙訓跋）　　　　　宋樓　昉　698-543-　附
省心雜言原敍　　　　　宋祁　寬　698-546-　附
省心雜言原敍　　　　　宋鄭望之　698-547-　附
省心雜言原敍　　　　　宋沈　溍　698-547-　附
省心雜言原敍　　　　　宋王大寶　698-547-　附
省心雜言跋　　　　　　宋馬　藻　698-562-　附
省心雜言跋　　　　　　宋項安世　698-562-　附
省心雜言跋　　　　　　宋樂　章　698-563-　附
省心雜言跋　　　　　　宋李春岡　698-563-　附
省心雜言跋附識語　　　宋李景初　698-563-　附
（上蔡語錄跋）　　　　宋胡　憲　698-592-　附
袁氏世範原序　　　　　宋劉　鎮　698-596-　附
袁氏世範原序　　　　　宋袁　采　698-597-　附
（袁氏世範）後序　　　宋袁　采　698-641-　附
雜學辨跋　　　　　　　宋何　鑄　699-514-　附
　　　　　　　　　　　　　　　1145-463-72附
朱子語類原序　　　　　宋李性傳　700-　3-　附
朱子語類原序　　　　　宋蔡　抗　700-　4-　附
朱子語類原序　　　　　宋蔡　抗　700-　7-　附
朱子語類原序　　　　　宋吳　堅　700-　4-　附
朱子語類原序　　　　　宋黃士毅　700-　6-　附
朱子語類原序　　　　　宋王　佖　700-　8-　附
（少儀外傳跋）　　　　宋胡巖起　703-264-　附
（少儀外傳跋）　　　　宋呂祖儉　703-264-　附
麗澤論說集錄跋　　　　宋呂喬年　703-455-　附
遯言自序　　　　　　　宋劉　炎　703-511-　附
遯言後序　　　　　　　宋葉　克　703-552-　附
木鍾集題詞　　　　　　宋陳　塤　703-554-　附
西山讀書記原序　　　　宋湯　漢　705-　7-　附
（西山）讀書記綱目　　宋湯　漢　705-　8-　附
（心經跋）　　　　　　宋顏若愚　706-438-　附
進東宮備覽表　　　　　宋陳　讓　709-292-　附
進東宮備覽序　　　　　宋陳　讓　709-293-　附
孔子集語原序　　　　　宋薛　據　709-320-　附
編定朱子讀書法原序　　宋張　洪　709-352-　附
編定朱子讀書法原序　　宋齊　熙　709-354-　附

書太極圖解後　　　　　宋度　蕃　1101-444-　1
節孝語錄跋　　　　　　宋許及之　1101-972- 31
題集二程語孟解卷後　　宋羅　革　1135-772- 16
書議論要語卷後　　　　宋羅博文　1135-773- 16
書震澤記善錄後　　　　宋周　憲　1136-106-　8
書震澤記善錄後　　　　宋會　逮　1136-106-　8
書震澤記善錄後　　　　宋施溫舒　1136-107-　8
正蒙序　　　　　　　　宋范　育　1351- 63- 91
正蒙序　　　　　　　　宋范　育　1418-314- 46
兼山傳家學九圖　　　　宋郭　雍　1359-452- 64
題朱子三書　　　　　　宋朱　浚　1375-303- 23
朱子語類原序　　　　　宋不著撰人　700-　5-　附
（知言）跋　　　　　　宋不著撰人　703-158-　附
傳道支派（圖）　　　　宋不著撰人　1136- 67-　1
道學發源引　　　　　　金趙秉文　1190-237- 15
法言微旨引　　　　　　金趙秉文　1190-237- 15
中說類解引　　　　　　金趙秉文　1190-239- 15
道學發源後序　　　　　金王若虛　1190-506- 44
揚子法言微旨序　　　　金王若虛　1190-507- 44
毛氏家訓後跋語　　　　金元好問　1191-467- 40
儒行序　　　　　　　　元郝　經　1192-331- 30
衞聖編序　　　　　　　元張養浩　1192-500-　3
河洛言敬序　　　　　　元方　回　1193-691- 34
于景龍註朱氏小學書
　序　　　　　　　　　元戴表元　1194- 90-　7
奇童烈女寶鑑序　　　　元戴表元　1194- 95-　7
題陳留仇公訓子詩後
　詩卷　　　　　　　　元戴表元　1194-234- 18
題王微仲孝弟類編後　　元戴表元　1194-250- 19
題提學陳侯講義後　　　元戴表元　1194-253- 19
題徐山長講義　　　　　元戴表元　1194-253- 19
題王教授清湘講義　　　元戴表元　1194-254- 19
題陳蒼山太極對觀圖　　元張伯淳　1194-475-　5
跋仁軒訓蒙二書　　　　元陸文圭　1194-642-　9
題浦陽鄭氏義門家範
　後　　　　　　　　　元劉　詵　1195-199-　4
朱陸合轍序　　　　　　元劉　壎　1195-374-　5
象山語類題辭　　　　　元劉　壎　1195-392-　7
跋仲謀提刑家訓圖　　　元胡祇遹　1196-256- 14
邵子鉞錄　　　　　　　元吳　澄　1197- 17-　1
象山先生語錄序　　　　元吳　澄　1197-191- 17
　　　　　　　　　　　　　　　　1367-426- 34
女教之書序　　　　　　元吳　澄　1197-191- 17
金豹傳先生語錄序　　　元吳　澄　1197-201- 18
省心詮要序　　　　　　元吳　澄　1197-208- 19

四庫全書文集篇目分類索引

子部 儒家類：序跋

顏子序	元吳　澄	1197-211- 19
綱常明鑑序	元吳　澄	1197-221- 20
曾子音訓序	元吳　澄	1197-222- 20
學則序	元吳　澄	1197-228- 21
題彭學正圖書講義後	元吳　澄	1197-557- 56
題陳德仁通書解	元吳　澄	1197-561- 56
跋河南程氏外書	元吳　澄	1197-619- 63
先聖格言序	元劉將孫	1199- 77- 8
道統圖贊	元劉將孫	1199-257- 27
感興詩通序	元胡炳文	1199-761- 3
讀書分年日程原序	元程端禮	709-458- 附
（讀書分年日程跋）	元程端禮	709-533- 3
書太極圖後	元王　惲	1200-568- 44
進呈承華事略牋	元王　惲	1201-144- 78
承華事略序	元王　惲	1201-144- 78
續孟伸蒙子序	元程鉅夫	1202-203- 15
書傳道集後	元程鉅夫	1202-357- 24
余文夫刊思齋箋註朱子蔡氏二書及詩集（序）	元徐明善	1202-594- 下
許獻臣女教書序	元劉岳申	1204-189- 1
書進齋進學圖後	元張之翰	1204-508- 18
太極圖說序	元陳　櫟	1205-163- 1
孔門傳授圖說	元陳　櫟	1205-212- 5
進千秋記略翁子二	元馬祖常	1206-570- 7
（戒子通錄序）	元虞　集	703- 3- 附
		1207-446- 31
女教書序	元虞　集	1207- 73- 5
皇圖大訓	元虞　集	1207-321- 22
讀唐太宗帝範	元吳　萊	1209-169- 10
讀孔子集語	元吳　萊	1209-107- 6
題伸蒙子林先生續孟子（二卷）	元蒲道源	1210-655- 10
論語衍義序	元許有壬	1211-232- 32
性理一貫集序	元許有壬	1211-234- 33
經濟編序	元許有壬	1211-239- 33
忍經序	元許有壬	1211-610- 5
劉漫塘語錄後題	元吳師道	1212-224- 16
書荀子後	元吳師道	1212-264- 18
書揚子後	元吳師道	1212-265- 18
書文中子後	元吳師道	1212-265- 18
題新淦監郡忽都哈剌公所藏大小學二圖後	元傅若金	1213-345- 7
朱府君遺訓跋	元唐　元	1213-571- 11
書胡氏家訓卷末	元唐　元	1213-573- 11
正學編序	元蘇天爵	1214- 66- 6
性理四書序	元蘇天爵	1214- 72- 6
謝氏家訓序	元貢師泰	1215-590- 6
跋太極圖西銘解後	元鄭　玉	1217- 87- 3
經筵錄後序　學先王之道以成其德	元戴　良	1219-305- 5
禮學幼範序	元戴　良	1219-494- 21
跋王與定所藏先府君賢賢翁遺訓	元王　禮	1220-438- 10
跋馬融忠經後	元王　禮	1220-440- 10
治世龜鑑原序	元趙　汸	709-597- 附
治世龜鑑序	元趙　汸	1221-206- 2
鄭氏遺訓序	元楊維楨	1221-381- 1
中論記	元陸　友	696-502- 附
續孟子原序	元陳英觀	696-620- 附
續孟子原序	元黃堯臣	696-621- 附
續孟子原序	元陳留孫	696-622- 附
（戒子通錄序）	元陳黃裳	703- 4- 附
（戒子通錄序）	元曾福昇	703- 4- 附
（戒子通錄序）	元崔　棟	703- 5- 附
曾思二子全書（原）序	元汪澤民	703-457- 附
		1175-594- 附
曾思二子全書（原）序	元俞希魯	703-457- 附
		1175-594- 附
辨惑編原序	元俞希魯	709-537- 附
曾思二子全書（原）序	元翟思忠	703-458- 附
		1175-595- 附
辨惑編原序	元李　桓	709-537- 附
辨惑編跋	元虞士常	709-594- 附
治世龜鑑原序	元林興祖	709-596- 附
（管窺外篇）序	元史伯璿	709-618- 附
曾思二子全書序	元朱文選	1175-595- 附
（經世大典）帝訓（總序）	元趙世延等	1367-493- 40
跋曾子子思子	元俞師賢	1375-311- 24
續孟子原序	元不著撰人	696-622- 附
資世通訓序	明太祖	1223-154- 15
大學衍義補原序	明神宗	712- 3- 附
理學篹言序	明宋　濂	1223-368- 5
題省心雜言後	明宋　濂	1223-621- 12
伊洛淵源錄序	明陶　安	1225-723- 12

子部 儒家類：序跋

篇目	作者	索引號
理學須知序	明宋 訥	1225-888- 6
理性本原序	明朱 右	1228- 67- 5
		1374-123- 39
永嘉賢良王公遺書跋（儒志編）	明蘇伯衡	696-804- 附
黃氏家範序	明蘇伯衡	1228-590- 4
心學圖說（後）序	明蘇伯衡	1228-596- 4
		1374-133- 40
心學圖說序	明胡 翰	1229- 54- 5
書深溪王氏家則後	明徐一夔	1229-278- 9
造化經綸圖說	明趙撝謙	1229-708- 2
道學統緒圖記	明殷 奎	1232-415- 3
題王氏述訓後	明方孝孺	1235-537- 18
綱常懿範敍	明周是修	1236- 97- 5
題道統圖後	明梁 潛	1237-414- 16
書孔子家語（後）	明楊士奇	1238-122- 10
		1455-339-211
性理羣書補註序	明楊士奇	1238-545- 14
虞氏家範序	明楊士奇	1238-558- 15
（跋）大學衍義三集	明楊士奇	1238-585- 17
（跋）理學類編二集	明楊士奇	1238-586- 17
（跋）朱子語略	明楊士奇	1238-587- 17
（跋）忠經	明楊士奇	1238-587- 17
（跋）說苑二集	明楊士奇	1238-588- 17
（跋）太極解	明楊士奇	1238-589- 17
（跋）朱子語錄	明楊士奇	1238-589- 17
（跋）元城先生語錄	明楊士奇	1238-611- 18
（跋）北谿字義	明楊士奇	1238-632- 20
訓子篇序	明楊 榮	1240-183- 12
書東(萊)黃氏教儀後	明楊 榮	1240-233- 15
跋黃氏教儀後	明金幼孜	1240-880- 10
女教續編序	明王 直	1241-126- 6
		1374-174- 43
司馬溫公家訓後	明王 直	1242-362- 36
進軌範錄疏	明唐文鳳	1242-648- 10
跋女教續編	明李時勉	1242-802- 8
夜行燭序	明曹 端	1243- 11- 0
存疑錄序	明曹 端	1243- 13- 0
儒家宗統譜序	明曹 端	1243- 13- 0
太極圖說述解序	明曹 端	1243- 14- 0
辨戾序	明曹 端	1243- 15- 0
家規輯略序	明曹 端	1243- 16- 0
（讀書錄續錄跋）	明薛 瑄	711-702- 1
		1374-237- 49
樂平虞氏家範序	明劉 球	1243-541- 10
書東萊黃氏訓辭後	明劉 球	1243-649- 19
二程全書序	明李 賢	1244-566- 8
序海虞徐氏家規	明徐有貞	1245-103- 3
跋仙遊鄭氏家範	明岳 正	1246-431- 8
西疇常言後序	明彭 韶	1247- 40- 2
重刊西山先生心政經後序	明張 寧	1247-375- 14
尋賢問道卷跋	明張 寧	1247-470- 20
鄭氏家範跋	明張 寧	1247-483- 21
進大學衍義補奏	明丘 濬	445- 85- 5
		1248-125- 7
大學衍義補（原）序	明丘 濬	712- 3- 附
		1248-187- 9
		1405-424-282
進大學衍義補表	明丘 濬	712- 6- 附
		1248-155- 8
程子全書序	明丘 濬	1248-171- 9
學的後序	明丘 濬	1248-185- 9
女孝經圖跋	明李東陽	1250-771- 73
道一編目錄後記	明程敏政	1252-283- 16
道一編序	明程敏政	1252-499- 28
心經附註序	明程敏政	1252-521- 30
跋婺源環溪宗家思家錄後	明程敏政	1252-634- 36
書程氏貽範集目錄後	明程敏政	1252-651- 37
書朱子鄉約後	明程敏政	1252-657- 37
書朱子白鹿洞書堂講義跋	明程敏政	1252-670- 38
題西山眞氏跋傅正夫所編慈湖訓語	明程敏政	1252-675- 38
跋眞西山先生心經附註	明程敏政	1252-680- 39
書胡子知言後	明程敏政	1252-693- 39
近思錄序	明莊 昶	1254-264- 6
小學圖跋	明莊 昶	1254-344- 10
好生錄序	明周 瑛	1254-725- 1
小學集註大全序	明王 鏊	1256-268- 12
申鑒註序	明王 鏊	1256-281- 14
續近思錄序	明林 俊	1257- 33- 4
正學類編書序	明林 俊	1257- 63- 6
居業錄要語序	明張 吉	1257-656- 4
重刊先儒學範序	明張 吉	1257-657- 4
讀書錄要語序	明張 吉	1257-668- 4
重刊橫渠經學理窟序	明邵 寶	1258-137- 13
重刊孔子家語序	明邵 寶	1258-142- 13

四庫全書文集篇目分類索引 1967

大學衍義重刊序 明邵 寶 1258-148- 14
跋鄭氏家訓 明方良永 1260-141- 7
困知記序 明羅欽順 714-276- 附
困知記續錄識語 明羅欽順 714-317- 附
困知記續錄識語卷末 明羅欽順 714-357- 附
雲亭鄉約序 明羅欽順 1261-102- 7
刻賈子序 明李夢陽 1262-462- 50
遵道錄序 明李夢陽 1262-471- 51
大司馬王公愼言序 明顧 璘 1263-454- 1
家事錄序 明顧 璘 1263-457- 1
序朱子晚年定論 明王守仁 1265-112- 3
　 　 1265-193- 7
書汪汝成格物卷 明王守仁 1265-216- 8
海樵子序 明康 海 1266-364- 4
上黨仇家範序 明何 瑭 1266-537- 5
陶氏家教序 明何 瑭 1266-542- 5
儒學管見序 明何 瑭 1266-548- 6
家訓序 明何 瑭 1266-552- 6
（冰）蘗語錄題辭 明何景明 550-323-220
學約古文序 明何景明 1267-304- 34
正蒙會稿序 明何景明 1267-305- 34
士翼原序 明崔 銑 714-452- 附
蔡氏圖解序
　道學家談性之作 明崔 銑 1267-454- 4
述程志 明崔 銑 1267-455- 4
題莊渠體仁說 明崔 銑 1267-481- 5
中說考序 明崔 銑 1267-495- 5
　 　 1405-533-291
原道釋序 明崔 銑 1267-499- 6
愼言集訓序 明崔 銑 1267-537- 7
二程文略序 明崔 銑 1267-542- 7
松窗寤言（序） 明崔 銑 1267-567- 9
松窗寤言（跋） 明崔 銑 1267-581- 9
士翼序 明崔 銑 1267-594- 10
楊子折衷序 明崔 銑 1267-644- 12
朱氏遺書序 明魏 校 1267-812- 6
玉舜編序 明陸 深 1268-245- 39
重刻家語序 明陸 深 1268-253- 41
理學括要序 明陸 深 1268-320- 51
正蒙拾遺序 明韓邦奇 1269-333- 1
正蒙會稿序 明韓邦奇 1269-345- 1
中庸衍義原序 明夏良勝 715-282- 附
重刊吳氏小學集解序 明夏尚樸 1271- 22- 2
書感興詩後 明夏尚樸 1271- 22- 2
重刊文公鄉約序 明孫承恩 1271-392- 30

書朱文公感興詩後 明孫承恩 1271-459- 34
女教補序 明許相卿 1272-209- 7
家則序 明許相卿 1272-213- 7
學則序 明許相卿 1272-214- 7
改齋學錄後序 明朱 淵 1273-450- 2
孔孟圖譜序 明王愼中 1274-186- 9
大學衍義補序 明王愼中 1274-188- 9
刻蔡虛齋太極圖解序 明王愼中 1274-195- 9
浩然堂問答序 明王愼中 1274-196- 9
注荀卿子序 明陸 粲 1274-582- 1
刻鄉約引 明羅洪先 1275-147- 6
困辨錄序 明羅洪先 1275-213- 11
困辨錄後序 明羅洪先 1275-214- 11
諸儒理學要語序 明羅洪先 1275-216- 11
夏郎劉氏重刻宗範序 明羅洪先 1275-226- 11
明道語略序 明唐順之 1276-312- 6
書丁近齋示孫卷後 明唐順之 1276-481- 12
擬重刊大學衍義序 明汪立道 1277-804- 4
跋葉梅軒留朱子語略
　後 明楊繼盛 1278-639- 2
胡子衡齊序 明王世貞 1282-652- 50
紹聞編序 明王 樵 1285-138- 2
刻小學書序 明葉春及 1286-664- 13
近思錄序 明葉春及 1286-665- 13
性理五解序 明葉春及 1286-666- 13
太極辨疑序 明葉春及 1286-666- 13
重刊大學衍義合補序 明宗 臣 1287-135- 13
刻正學心法序 明胡 直 1287-317- 8
西昌鄉約後序 明胡 直 1287-359- 10
明宗錄序 明沈 鯉 1288-286- 6
沈氏家訓序 明沈 鯉 1288-287- 6
乙丑世講錄後序 明溫 純 1288-558- 7
敎秦總錄序 明溫 純 1288-559- 7
共學編引 明溫 純 1288-670- 15
荀子序錄 明歸有光 1289- 14- 1
正俗編序 明歸有光 1289- 25- 2
平和李氏家規序 明歸有光 1289- 25- 2
朱子節要序 明顧憲成 1292- 81- 6
朱子二大辨序 明顧憲成 1292- 82- 6
刻學蔀通辨序 明顧憲成 1292- 83- 6
心學宗序 明顧憲成 1292- 85- 6
願義編序 明顧憲成 1292- 93- 7
程行錄題辭 明顧憲成 1292-167- 13
講義小引 明高攀龍 1292-379- 4
朱子節要序 明高攀龍 1292-540-9上

子部 儒家類：序跋

1968　　　　　　　　四庫全書文集篇目分類索引

子部

儒家類：序跋

就正錄自序	明高攀龍	1292-541-9上
講義自序	明高攀龍	1292-541-9上
重鍥近思錄序	明高攀龍	1292-542-9上
朱子性理吟序	明高攀龍	1292-542-9上
重刻諸儒語要序	明高攀龍	1292-544-9上
		1455-498-223
許敬菴先生語要序	明高攀龍	1292-546-9上
方本菴先生性善釋序	明高攀龍	1292-546-9上
王儀寰先生格物說小序	明高攀龍	1292-547-9上
虞山書院商語序	明高攀龍	1292-548-9上
桐川會續記序	明高攀龍	1292-550-9上
崇文會語序（引）	明高攀龍	1292-550-9上
		1406-432-362
魯聞錄序	明高攀龍	1292-551-9上
西齋日錄序	明高攀龍	1292-553-9上
顧學齋箴記序	明高攀龍	1292-553-9上
無錫縣學筆記序	明高攀龍	1292-556-9上
東林會約序	明高攀龍	1292-559-9上
程行錄序	明高攀龍	1292-562-9上
維風約題辭	明馮從吾	556-512- 94
辨學錄原序	明馮從吾	1293- 7- 1
辨學錄跋	明馮從吾	1293- 32- 1
疑思錄原序	明馮從吾	1293- 38- 2
關中士夫會約原序	明馮從吾	1293-119- 5
善利圖說	明馮從吾	1293-146- 8
濂洛文抄序	明馮從吾	1293-210- 13
思菴野錄序	明馮從吾	1293-213- 13
寓燕課錄序	明馮從吾	1293-214- 13
理學平譚序	明馮從吾	1293-215- 13
呻吟語序	明馮從吾	1293-215- 13
丁未冬稿序	明馮從吾	1293-217- 13
桃岡日錄序	明馮從吾	1293-220- 13
砥己名言序	明馮從吾	1293-221- 13
學翼序	明馮從吾	1293-222- 13
疑思錄序	明馮從吾	1293-223- 13
辨學錄序	明馮從吾	1293-223- 13
理言什一序	明馮從吾	1293-225- 13
呂涇野先生語錄序	明馮從吾	1293-226- 13
聖學啓關臆說序	明馮從吾	1293-228- 13
越中述傳序	明馮從吾	1293-230- 13
姜鳳阿先生語錄序	明馮從吾	1293-231- 13
關中四先生要語題辭	明馮從吾	1293-287- 16
學會約題辭	明馮從吾	1293-287- 16
關中士夫會約題辭	明馮從吾	1293-287- 16
輔仁館會語題辭	明馮從吾	1293-287- 16
孟雲浦教言跋	明馮從吾	1293-288- 16
理學詩選跋	明馮從吾	1293-289- 16
辨學錄跋	明馮從吾	1293-289- 16
書知非語	明曹于汴	550-162-215
		1293-716- 3
理言什一序	明曹于汴	1293-675- 1
質言序	明曹于汴	1293-675- 1
馮慕岡先生語錄序	明曹于汴	1293-678- 1
重刻我眞語略序	明曹于汴	1293-680- 1
養心錄序	明曹于汴	1293-692- 2
九族類鑒序	明曹于汴	1293-694- 2
題文公朱先生經濟文衡	明曹于汴	1293-707- 3
題南皐先生教言	明曹于汴	1293-708- 3
聖學宗傳序	明鄒元標	1294-108- 4
聖學象教圖序	明鄒元標	1294-109- 4
聖學啓關臆說序	明鄒元標	1294-109- 4
宗儒語略序	明鄒元標	1294-113- 4
月川錄粹序	明鄒元標	1294-113- 4
讀書全錄序	明鄒元標	1294-114- 4
康齋先生語略序	明鄒元標	1294-115- 4
文簡先生語略序	明鄒元標	1294-115- 4
仁孝訓全書序	明鄒元標	1294-116- 4
胡敬齋先生粹言序	明鄒元標	1294-116- 4
谷平先生粹言序	明鄒元標	1294-117- 4
羅東川先生語錄序	明鄒元標	1294-118- 4
王門宗旨序	明鄒元標	1294-118- 4
識仁編序	明鄒元標	1294-125- 4
東越證學序	明鄒元標	1294-126- 4
王夢峯先生語錄序	明鄒元標	1294-129- 4
李同野先生先行錄序	明鄒元標	1294-130- 4
王塘南先生語錄序	明鄒元標	1294-130- 4
吳安節侍御日省編序	明鄒元標	1294-133- 4
師模錄序	明鄒元標	1294-141- 4
但孟皐百說小序	明鄒元標	1294-162- 4
龍沙學錄序	明鄒元標	1294-163- 4
書明道先生語略後	明鄒元標	1294-288- 8
書陽明先生語略後	明鄒元標	1294-288- 8
書象山先生語略後	明鄒元標	1294-288- 8
書慈湖先生語略後	明鄒元標	1294-289- 8
書白沙先生語略後	明鄒元標	1294-289- 8
書心齋先生語略後	明鄒元標	1294-289- 8
瀧江講義題辭	明鄒元標	1294-292- 8
仁文瀧江兩書院增定		

四庫全書文集篇目分類索引

子部

儒家類：序跋

藍田呂氏鄉約題辭	明鄒元標	1294-293- 8
馮少墟先生教言序	明劉宗周	1294-456- 9
方遜志先生正學錄序	明劉宗周	1294-458- 9
同心策序	明劉宗周	1294-459- 9
重刻傳習錄序	明劉宗周	1294-466- 9
錢緒山先生要語序	明劉宗周	1294-467- 9
明儒四先生語錄序	明劉宗周	1294-472- 9
古小學集序	明劉宗周	1294-474- 9
古小學通記序	明劉宗周	1294-479- 10
范母八行圖說序（遺訓）	明范景文	1295-520- 5
鹿城書院集序	明鄧 淮	526-158-263
崇善縣規則序	明蔡迎恩	568-322-110
（家語跋）	明毛 晉	695-111- 10
家語（跋）	明何孟春	695-111- 10
張之象註鹽鐵論原序	明張之象	695-478- 附
儒志編原序	明汪 循	696-782- 附
太極圖說述解原序	明曹 端	697- 2- 附
（西銘述解跋）	明黎堯卿	697- 19- 附
通書述解原序	明孫奇逢	697- 22- 附
通書述解跋	明孫奇逢	697- 75- 附
朱子語類原序	明彭 時	700- 9- 附
邇言原序	明梅南生	703- 5- 11
（麗澤論說集錄跋）	明耿 裕	703-454- 10
經濟文衡原序	明楊一清	704- 2- 附
經濟文衡原序	明朱吾弼	704- 3- 附
內訓原序	明仁孝文皇后	709-722- 附
理學類編原序	明吳 當	709-744- 附
居業錄原序	明余 祐	714- 2- 附
居業錄跋	明陳文衡	714-108- 附
（楓山語錄跋）	明沈伯咸	714-136- 附
東溪日談錄序	明呂景蒙	714-138- 附
讀書劄記原序	明徐 問	714-374- 附
讀書劄記後序	明林 華	714-449- 附
張子抄釋原序	明呂 柟	715- 32- 附
二程子抄釋原序	明呂 柟	715-108- 附
（進格物通）表	明湛若水	716- 9- 附
（格物通）序	明湛若水	716- 11- 附
古小學序	明湛若水	1405-429-282
世緯原序	明袁 袠	717- 2- 附
呻吟語摘序	明郭子章	717- 28- 附
呻吟語摘跋	明呂知畏	717- 96- 附
（榕壇問業跋）	明呂士坊	717-518- 18
跋傳習錄	明錢德洪	1265-111- 3
序朱子晚年定論	明洪 僑	1266-112- 3
處分家務題册	明黃宗明	1266-226- 38
辨學錄原序	明涂宗濬	1293- 3- 1
辨學錄原序	明李維植	1293- 4- 1
辨學錄原序	明楊 鶴	1293- 6- 1
辨學錄跋	明張舜典	1293- 32- 1
疑思錄原序	明張舜典	1293- 36- 2
疑思錄原序	明周傳誦	1293- 34- 2
關中會語跋	明周傳誦	1293-121- 5
疑思錄原序	明楊嘉欽	
	元忠 甫	1293- 35- 2
疑思錄跋	明劉鴻訓	1293-103- 3
疑思錄跋	明張紹齡	1293-103- 3
訂士編跋	明陳邦科	1293-117- 4
關中士夫會約原序	明周 宇	1293-119- 5
關中會語述	明秦可貞	1293-122- 5
善利圖原序	明張維新	1293-144- 8
善利圖原序	明張維任	1293-145- 8
善利圖原序	明屈拱北	1293-145- 8
善利圖說跋	明顧唱離	1293-154- 8
善利圖說跋	明宜 論	1293-155- 8
進五經四書性理大全表	明胡 廣	1373-550- 5
		1403-495-130
精誠錄後序	明鄭 楷	1374-144- 41
跋戴元禮仁義卷	明董 綸	1374-219- 47
重校漢梁王太傅賈誼新書序	明黃省會	1405-537-291
漢中大夫陸賈新語序	明黃省會	1405-538-291
劉向說苑序	明董其昌	1405-552-292
心學淵源錄序	明薛 甲	1405-741-313
存齋先生教言跋語	明薛 甲	1455-458-221
諭塾編序	明許應元	1405-745-313
蔡虛齋先生密箴後序	明王錫爵	1405-747-313
知命篇序	明虞淳熙	1406- 28-315
小四書序	明朱 升	1455-315-210
白沙遺言纂要序	明張 翊	1455-348-212
題劉生性書	明李 默	1455-367-213
朱子晚年定論序	明孔天胤	1455-419-217
重刊傳習錄序	明朱 衡	1455-419-217
讀鹽鐵論序	明周天佐	1455-420-217
憶素遺孤跋	明周思兼	1455-425-218
性理抄跋	明周思兼	1455-425-218
論學緒言序	明萬廷言	1455-456-221
重刻朱子摘編序	明劉文卿	1455-467-221
刻良知議辯序	明胡 松	1455-476-222

1970　　　　　　　　四庫全書文集篇目分類索引

子部

儒家類：序跋

朱子摘編序	明張元朴	1455-497-223
胡子衡齊序	明許孚遠	1355-504-224
疑略序	明林大春	1455-518-225
元城語錄序	明董後亨	1455-527-226
鄒南皐先生理學要語		
序	明蔣德璟	1455-549-229
理學經緯十書序	明蔣德璟	1455-551-229
辨學錄原序	明不著撰人	1293- 4- 1
聖孝（諭）——八月		
壬寅孝經衍義序	清 世 祖	411-105- 1
興文教（諭）——順		
治十二年正月丙午		
日 親序資政要覽	清 世 祖	411-132- 5
		717-532- 附
興文教（諭）——庚		
戌 親序勸善要言	清 世 祖	411-133- 5
（御定內則衍義序）	清 世 祖	719-347- 附
（御製）性理大全序	清 聖 祖	710- 1- 附
		1298-184- 19
（御製）孝經衍義序	清 聖 祖	718- 1- 附
		1298-634- 31
		1449-127-首 2
（御製）性理精義序	清 聖 祖	719-589- 附
		1299-533- 21
御製朱子全書序	清 聖 祖	720- 1- 附
		1299-534- 21
跋資政要覽	清 聖 祖	1298-236- 28
書性理奧後	清 聖 祖	1298-706- 40
聖學（諭）——雍正		
五年十二月甲申		
含孝經衍義及朱子小		
學集注序文	清 世 宗	412- 54- 4
聖諭廣訓序——雍正		
二年	清 世 宗	570-310-29之1
聖諭廣訓序	清 世 宗	717-589- 附
		1300- 67- 6
		1449-190- 7
小學集註御製序	清 世 宗	699-521- 附
聖祖仁皇帝庭訓格言		
序	清 世 宗	717-613- 附
		1300- 81- 8
		1449-189-首 7
清漢文小學序	清 高 宗	1300- 75- 7
御題影宋鈔家語	清 高 宗	695- 1- 附
御製書揚雄法言	清 高 宗	696-269- 附
		1301-656- 13
御製題宋版范祖禹帝		
學	清 高 宗	696-725- 附
（御製）讀薛文清讀		
書錄	清 高 宗	711-541- 附
（御製）日知薈說序	清 高 宗	717-663- 附
		1301- 76- 8
		1449-250- 12
御製讀朱子全書	清 高 宗	720- 3- 附
（御製）執中成憲序	清 高 宗	722- 1- 附
		1301- 75- 8
		1449-248- 12
大學衍義補序	清 高 宗	1300-335- 7
恭跋性理精義	清 高 宗	1300-348- 8
		1449-282-首14
道命錄識語	清 高 宗	1301-400- 19
跋大學衍義	清 高 宗	1449-283-首14
理學宗傳序	清湯 斌	1312-471- 3
先賢卜子集序	清魏裔介	1312-698- 3
小學集註序	清魏裔介	1312-699- 3
聖學知統錄序	清魏裔介	1312-700- 3
聖學知統翼錄序	清魏裔介	1312-700- 3
周張程朱正脈序	清魏裔介	1312-701- 3
希賢錄自序	清魏裔介	1312-702- 3
約言錄自序	清魏裔介	1312-702- 3
薛文清先生讀書錄纂		
要序	清魏裔介	1312-708- 4
趙僎鶴先生閒居擇言		
序	清魏裔介	1312-708- 4
顧端文先生罪言序		
罪王陽明之學	清魏裔介	1312-709- 4
蔡汝濱先生語錄序	清魏裔介	1312-709- 4
金伯玉先生語錄序	清魏裔介	1312-710- 4
孫鍾元先生歲寒居答		
問序	清魏裔介	1312-710- 4
熊敬菴閒道錄序	清魏裔介	1312-711- 4
曹厚菴居學錄序	清魏裔介	1312-712- 4
曹厚菴書紳錄序	清魏裔介	1312-712- 4
李梅邨拳拳錄序	清魏裔介	1312-713- 4
小心齋筠記序	清魏裔介	1312-714- 4
學規彙編序	清魏裔介	1312-715- 4
嚴既方先生嗇退菴語		
存序	清魏裔介	1312-715- 4
南臯日牘序	清魏裔介	1312-716- 4
荊園小語序	清魏裔介	1312-754- 6

四庫全書文集篇目分類索引

好善編身世言序　　　　清魏裔介　1312-754- 6
爲善求子要覽序　　　　清魏裔介　1312-755- 6
勸民緒言序　　　　　　清魏裔介　1312-771- 7
勸誠圖說序　　　　　　清魏裔介　1312-781- 8
聖學知統合錄說　　　　清魏裔介　1312-926- 15
重刻旌陽會紀跋　　　　清施閏章　1313-316- 26
刻朱子增損呂氏鄉約
　序　　　　　　　　　清陳廷敬　1316-508- 35
合刻呂氏二編序
　小兒語宗約歌　　　　清陳廷敬　1316-510- 35
朱子論定文鈔序　　　　清陳廷敬　1316-512- 35
恭進孝經衍義表　　　　清葉方藹　718- 3- 附
道傳錄序　　　　　　　清朱舜尊　1318- 48- 35
東宮備覽跋　　　　　　清朱舜尊　1318-232- 52
陽明要書序　　　　　　清朱鶴齡　1319- 75- 7
書陽明先生傳習錄後　　清朱鶴齡　1319-163- 13
題王氏家訓　　　　　　清朱鶴齡　1319-168- 14
小學詳說序　　　　　　清張　英　1319-668- 41
新刻聖訓演說序　　　　清毛奇齡　1320-327- 39
理學備考序　　　　　　清毛奇齡　1320-384- 45
膽言序　　　　　　　　清毛奇齡　1320-443- 51
弘道錄序　　　　　　　清毛奇齡　1320-483- 55
金華杜見山悔言錄序　　清毛奇齡　1320-502- 57
跋金陽張氏兩世家訓　　清宋　犖　1323-321- 28
困學紀題辭　　　　　　清姜宸英　1323-814- 7
學政條約序　　　　　　清田　雯　1324-283- 27
讀孔叢子跋　　　　　　清田　雯　1324-369- 34
（御纂）性理精義進
　表　　　　　　　　　清李光地　719-590-　附
　　　　　　　　　　　　　　　　1324-876- 25
（御纂）朱子全書表　　清李光地　720- 4- 附
　　　　　　　　　　　　　　　　1324-874- 25
　　　　　　　　　　　　　　　　1449-457- 2
跋語　朱熹小學題辭　　清李光地　1324-667- 9
進讀書筆錄及論說序
　記雜文序　　　　　　清李光地　1324-668- 10
　　　　　　　　　　　　　　　　1449-650- 15
二程子遺書纂序　　　　清李光地　1324-683- 11
朱子語類四纂序　　　　清李光地　1324-683- 11
榕村講授序　　　　　　清李光地　1324-684- 11
覆發示朱子全書目錄
　及首卷箚子　　　　　清李光地　1324-909- 28
進校完朱子全書箚子　　清李光地　1324-914- 28
進性理精義學類箚子　　清李光地　1324-932- 29
進性理精義治道類箚

　子　　　　　　　　　清李光地　1324-932- 29
跋讀書分年日程後　　　清陸隴其　1325- 54- 4
朱子語類後序代　　　　清陸隴其　1325-126- 8
呻吟語序　　　　　　　清陸隴其　1325-128- 8
王學質疑序　　　　　　清陸隴其　1325-129- 8
王學質疑後序　　　　　清陸隴其　1325-130- 8
王學考序　　　　　　　清陸隴其　1325-131- 8
六諭集解序　　　　　　清陸隴其　1325-131- 8
陸梓亭思辨錄序　　　　清陸隴其　1325-132- 8
靜中吟序　　　　　　　清陸隴其　1325-133- 8
功行錄廣義序　　　　　清陸隴其　1325-133- 8
畜德錄序　　　　　　　清陸隴其　1325-136- 8
居業錄序　　　　　　　清蔡世遠　1325-657- 1
學規類編序　　　　　　清蔡世遠　1325-659- 1
　　　　　　　　　　　　　　　　1449-678- 17
困學錄序　　　　　　　清蔡世遠　1325-663- 1
大學衍義補參訂序　　　清蔡世遠　1325-665- 1
跋祖祠規條　　　　　　清蔡世遠　1325-809- 11
敍鰲峰學約　　　　　　清蔡世遠　1325-811- 11
書删定荀子後　　　　　清方　苞　1326-736- 2
删定荀子管子序　　　　清方　苞　1326-801- 6
女學自序　　　　　　　清藍鼎元　1327-639- 5
書陸稼書王學質疑序
　後　　　　　　　　　清汪由敦　1328-850- 15
跋手書太極圖說　　　　清汪由敦　1328-876- 18
明儒學案原序　　　　　清黃宗羲　457- 3- 附
楊忠愍先生家訓序　　　清刁　包　506-406-100
益陽汪大宗過庭錄序　　清金德嘉　534-645-103
高楊舊語錄序　　　　　清呂　潛　561-668- 47
恭釋聖祖御製訓飭士
　子文序　　　　　　　清李　紱　568-480-117
恭釋聖祖御製訓飭士
　子文序　　　　　　　清甘汝來　568-481-117
普濟堂條規序　　　　　清鄂爾泰　570-636-29之12
日知薈說跋　　　　　　清鄂爾泰　717-732- 附
　　　　　　　　　　　　　　　　1449-753- 21
重刊近思錄集解序　　　清陳弘謀　570-640-29之12
重刊小學纂註序　　　　清陳弘謀　570-641-29之12
張子全書序　　　　　　清朱　軾　697- 78- 附
日知薈說跋　　　　　　清朱　軾　717-735- 附
王蒙初義原序　　　　　清王　植　697-414- 附
近思錄集註原序　　　　清茅星來　699-128- 附
近思錄集註後序　　　　清茅星來　699-356- 附
經濟文衡原序　　　　　清程　恂　704- 4- 附
御定資政要覽後序　　　清蔣赫德　717-574- 附

子部

儒家類：序跋

子部 儒家類：序跋、附錄

御定資政要覽後序　　清宋之繩　　717-575- 附
御定資政要覽後序　　清麻勒吉　　717-575- 附
御定資政要覽後序　　清方拱乾　　717-576- 附
御定資政要覽後序　　清成克鞏　　717-577- 附
御定資政要覽後序　　清馮　溥　　717-577- 附
御定資政要覽後序　　清党崇雅　　717-578- 附
御定資政要覽後序　　清張玄錫　　717-579- 附
御定資政要覽後序　　清金之俊　　717-580- 附
御定資政要覽後序　　清王永吉　　717-580- 附
御定資政要覽後序　　清胡兆龍　　717-581- 附
御定資政要覽後序　　清呂　宮　　717-582- 附
御定資政要覽後序　　清李　爵　　717-583- 附
御定資政要覽後序　　清傅以漸　　717-584- 附
御定資政要覽後序　　清陳之遴　　717-584- 附
御定資政要覽後序　　清折庫納　　717-585- 附
御定資政要覽後序　　清王　熙　　717-586- 附
日知薈說跋　　　　　清張廷玉　　717-734- 附
　　　　　　　　　　　　　　　　1449-752- 21
日知薈說跋　　　　　清福敏恭　　717-736- 附
日知薈說跋　　　　　清邵　基　　717-737- 附
　　　　　　　　　　　　　　　　1449-758- 21
日知薈說跋　　　　　清楊名時　　717-738- 附
　　　　　　　　　　　　　　　　1449-757- 21
御覽經史講義奏議　　清尤　祿　　722-125- 附
御覽經史講義進表　　清蔣　溥　　722-128- 附
思辨錄輯要序　　　　清張伯行　　724- 2- 附
思辨錄輯要序　　　　清馬負圖　　724- 3- 附
正學隅見述原序　　　清王宏撰　　724-342- 附
雙橋隨筆原序　　　　清周　召　　724-374- 附
（榕村語錄跋）　　　清徐用錫　　725-475- 30
松陽鈔存序　　　　　清楊開基　　725-628- 附
松陽鈔存跋　　　　　清陸申憲　　725-659- 附
孝經天子五章衍義序　清韓　菼　　1449-654- 15
進呈大學衍義疏　　　清熊賜履　　1449-837- 28
（人譜類記跋）　　　肇　楙　　　717-268- 下
（家語）後序　　　　不著撰人　　695-108- 10
溫氏母訓跋　　　　　不著撰人　　717-529- 附

c.附　錄

1. 家訓、規條

弟子職八章　　　　　周管夷吾　　1396- 67- 5
　　　　　　　　　　　　　　　　1379- 45- 6
女誡　　　　　　　　漢荀　爽　　1397-357- 16
女訓（二則）　　　　漢蔡　邕　　1397-483- 23

　　　　　　　　　　　　　　　　1407-731-472
女誡（七則）　　　　漢班　昭　　1397-568- 27
　　　　　　　　　　　　　　　　1407-742-474
家誡　　　　　　　　魏嵇　康　　1063-386- 10
　　　　　　　　　　　　　　　　1413- 84- 35
戒子　　　　　　　　魏王　昶　　1361-632- 28
家誡　　　　　　　　晉李　秉　　1361-631- 28
　　　　　　　　　　　　　　　　1398-190- 9
遺令訓子孫　　　　　晉王　祥　　1398- 78- 5
女戒　　　　　　　　晉張　載　　1407-740-473
戒子　　　　　　　　晉嵇　康　　1407-745-474
昆弟誥　　　　　　　晉夏侯湛　　1410-750-770
枕中篇　　　　　　　北齊魏收　　1400- 38- 2
戒子　　　　　　　　北周韋瓊　　1400-100- 3
幼訓　　　　　　　　北周王褒　　1400-118- 3
庭誥二章　　　　　　劉宋顏延之　1401- 45- 15
庭誥文（二則）　　　劉宋顏延之　1414-122- 67
臨卒誡子　　　　　　齊張　融　　1414-381- 78
誡子書引孔子論勉之　梁徐　勉　　1404-509-215
家訓　　　　　　　　唐柳　玭　　1407-737-472
治戒治家之戒　　　　宋宋　祁　　1407-749-474
　　　　　　　　　　　　　　　　1351-236-108
福州五戒文　　　　　宋蔡　襄　　1090-624- 34
　　　　　　　　　　　　　　　　1351-236-108
勸諭文　　　　　　　宋陳　襄　　1356-778- 18
仙居勸學文　　　　　宋陳　襄　　1356-779- 18
訓儉示康　　　　　　宋司馬光　　1094-624- 67
　　　　　　　　　　　　　　　　1351-448-126
　　　　　　　　　　　　　　　　1407-738-472
訓儉文　　　　　　　宋司馬光　　1353-592- 91
言戒　　　　　　　　宋司馬光　　1407-750-474
戒子孫　　　　　　　宋邵　雍　　1351-238-108
女戒　　　　　　　　宋邵　雍　　1351-239-108
書陶淵明責子詩後　　宋黃庭堅　　1113-272- 26
　　　　　　　　　　　　　　　　1361-258- 40
子弟誠　　　　　　　宋黃庭堅　　1113-444- 9
　　　　　　　　　　　　　　　　1353-595- 91
曾祖詩訓後語　　　　宋鄒　浩　　1121-442- 31
家訓筆錄　　　　　　宋趙　鼎　　1128-765- 10
誡子　　　　　　　　宋鄧　肅　　1133-331- 13
遺訓　　　　　　　　宋劉子翬　　1134-403- 6
諭子姪文　　　　　　宋羅從彥　　1135-752- 12
勉過子讀書　　　　　宋張孝祥　　1140-620- 15
鹿洞教規　　　　　　宋朱　熹　　 518-284-145
白鹿洞書院揭示　　　宋朱　熹　　1145-527- 74

四庫全書文集篇目分類索引

白鹿洞書院學規　　　　宋朱　熹　1353-594- 91
同安縣諭學者文　　　　宋朱　熹　 530-628- 74
諭諸生文　　　　　　　宋朱　熹　 530-628- 74
增損呂氏鄉約　　　　　宋朱　熹　1145-532- 74
書康節誡子孫文　　　　宋朱　熹　1145-689- 81
家塾所藏六一先生墨
　　蹟跋（十首）——
　　諭學帖　　　　　　宋周必大　1147-137- 15
跋向子諲家邵康節戒
　　子孫文　　　　　　宋周必大　1147-165- 17
題曾逮侍郎戒其子棠
　　清廉帖　　　　　　宋周必大　1147-510- 48
跋安氏教子五說　　　　宋李　石　1149-673- 13
書薛畏翁訓飭孫詩後　　宋呂祖謙　1150- 61- 7
家範（六卷）　　　　　宋呂祖謙　1150-162- 1
跋邢氏慶國夫人手書
　　戒婦子　　　　　　宋陳傅良　1150-827- 41
跋曾召南所藏先侍郎
　　訓戒　　　　　　　宋樓　鑰　1153-248- 77
紀先訓　　　　　　　　宋楊　簡　1156-883- 17
啓蒙初誦　　　　　　　宋陳　淳　1168-624- 16
訓蒙雅言　　　　　　　宋陳　淳　1168-625- 16
戒陳外弟諸子　　　　　宋劉　宰　1170-631- 25
雙溪書院揭示　　　　　宋陳文蔚　1171- 49- 7
克齋揭示　　　　　　　宋陳文蔚　1171- 50- 7
潭（漳）州示學者說　　宋眞德秀　 534-535- 98
　　　　　　　　　　　　　　　　1476-252- 14
黃季清註朱文公訓蒙
　　詩跋　　　　　　　宋徐經孫　1181- 31- 3
跋諭子姪文　　　　　　宋孫大中　1135-753- 12
跋諭子姪文　　　　　　宋羅　紳　1135-753- 12
黃巖勸學文　　　　　　宋王　然　1356-779- 18
呂氏鄉約　　　　　　　宋呂大忠　1402-274- 51
家訓　　　　　　　　　元張養浩　1192-540- 8
題金縢吳節婦黃氏訓
　　子詩後　　　　　　元吳　澄　 518-238-143
　　　　　　　　　　　　　　　　1197-549- 55
小學大義　　　　　　　元許　衡　1198-307- 3
小大學或問　　　　　　元許　衡　1198-315- 3
對大小學問　　　　　　元許　衡　1373- 50- 3
學箴
　　附明黃淮等人跋四則　元許　謙　1199-605- 附
書楊安撫訓子詩後　　　元袁　桷　1203-652- 49
書仇按察父訓子詩後　　元袁　桷　1203-647- 49
書孫僉事訓子八字說　　元袁　桷　1203-662- 50

齊安河南三書院訓士
　　約　　　　　　　　元劉　壎　1206-307- 2
仇雲軒先生訓子詩序　　元許有壬　1211-249- 35
跋臨川黃孺人訓子詩　　元許有壬　1211-512- 73
新田黃氏示兒詩後　　　元李　存　1213-793- 27
吳氏示兒詩跋　　　　　元李　存　1213-795- 27
題吳節婦（教子）詩後　明宋　濂　 518-245-143
　　　　　　　　　　　　　　　　1223-652- 13
題危雲林訓子詩後　　　明宋　濂　1223-614- 12
書莊少師示兒語後　　　明林　弼　1227-195- 23
師儉訓　　　　　　　　明蘇伯衡　1228-527- 1
畏慎訓　　　　　　　　明蘇伯衡　1228-528- 1
雜誡（三十八章）　　　明方孝孺　1235- 56- 1
宗儀九首有序　　　　　明方孝孺　1235- 73- 1
　　　　　　　　　　　　　　　　1374-305- 54
　　　　　　　　　　　　　　　　1407-755-476
學訓　　　　　　　　　明王　洪　1237-525- 7
學箴有序　　　　　　　明楊士奇　1238-289- 24
書楊氏訓子詩後　　　　明楊士奇　1238-675- 23
（跋）東萊黃公訓子
　　書後　　　　　　　明楊士奇　1238-679- 23
慈訓錄　　　　　　　　明楊士奇　1239-313- 48
家訓——訓昇姪　　　　明楊士奇　1239-375- 53
家訓——訓旅鶴良穡　　明楊士奇　1239-376- 53
家訓——訓東城諸姪　　明楊士奇　1239-377- 53
家訓——訓康姪孟嘉　　明楊士奇　1239-379- 53
家訓——訓瀷子默識　　明楊士奇　1239-382- 53
家訓——分付瀷子及
　　昱寓諸孫　　　　　明楊士奇　1239-384- 53
家訓——示長新婦　　　明楊士奇　1239-384- 53
遺訓（二則）　　　　　明楊士奇　1239-386- 53
題黃尚書訓子書　　　　明王　直　1242-349- 36
題楊氏訓子詩後　　　　明王　直　1242-350- 36
題許氏家訓詩後　　　　明王　直　1242-353- 36
跋葉宗懋訓子詩後　　　明唐文鳳　1242-622- 7
家規輯略　　　　　　　明曹　端　1243- 7- 0
戒子書
　　訓勉其子盡五倫節人慾　明薛　瑄　1243-233- 12
朱子讀書法綱領銘六
　　條示家塾子弟　　　明李　賢　1244-691- 20
啓思說家訓　　　　　　明張　寧　1247-460- 19
歸田咨目　　　　　　　明鄭　紀　1249-856- 13
教太子（說）　　　　　明王　鏊　1256-490- 33
聯桂族範　　　　　　　明林　俊　1257-319- 28
家範　　　　　　　　　明林　俊　1257-320- 28

子部 儒家類：附錄

跋沈休翁教子詩　　　　　明林　俊　　1257-561- 11
主洞規訓六條　　　　　　明胡居仁　　518-285-145
麗澤堂學約（六則）　　　明胡居仁　　1260- 60- 2
損盆藍田呂氏鄉約　　　　明劉　麟　　1264-451- 11
鄉約教諭　　　　　　　　明王守仁　　530-628- 74
教約　　　　　　　　　　明王守仁　　1265- 78- 2
訓蒙大意示教讀劉伯
　頌等　　　　　　　　　明王守仁　　1265- 78- 2
書中天閣勉諸生　　　　　明王守仁　　1265-223- 8
客坐私祝（文）戒子弟　　明王守仁　　1265-675- 24
教條示龍場諸生　　　　　明王守仁　　1265-712- 26
崔氏家塾儀　　　　　　　明崔　銑　　1407-768-476
訓略　　　　　　　　　　明崔　銑　　1407-768-476
宗誓　　　　　　　　　　明鄭善夫　　1269-190- 15
贈三子　　　　　　　　　明鄭善夫　　1269-200- 16
示滁州學諸生　　　　　　明夏尚樸　　1271- 17- 1
女訓　　　　　　　　　　明孫承恩　　1271-503- 40
修學（文）　　　　　　　明王廷陳　　1272-637- 14
善遷（文）　　　　　　　明王廷陳　　1272-652- 15
示後生　　　　　　　　　明羅洪先　　1275-176- 8
家訓（三十五則）　　　　明張永明　　1277-378- 5
述訓示姪定民赴汀幕　　　明尹　臺　　1277-551- 5
丁丑八月三日示從孫
　宏讓　　　　　　　　　明尹　臺　　1277-552- 5
教約（十六則）　　　　　明海　瑞　　1286-187- 7
協恭約存引　　　　　　　明沈　鯉　　1288-324- 9
續協恭約　　　　　　　　明沈　鯉　　1288-327- 9
垂涕哀言教子弟　　　　　明沈　鯉　　1288-333- 9
示學者（四則）　　　　　明高攀龍　　1292-359- 3
讀書法示揭陽諸友　　　　明高攀龍　　1292-360- 3
格言　　　　　　　　　　明高攀龍　　1292-361- 3
家訓（二十一則）
　附雜訓五則　　　　　　明高攀龍　　1292-644- 10
同善會講語（三則）　　　明高攀龍　　1292-719- 12
關中士夫會約　　　　　　明馮從吾　　1293-120- 5
學會約附答問二則　　　　明馮從吾　　1293-123- 6
講書約言　　　　　　　　明曹于汴　　1293-804- 11
鹿洞爲學次第八條　　　　明章　潢　　518-286-145
筍江社申寧儉說　　　　　明蔣德璟　　1454-233-109
庭語　　　　　　　　　　明何　遷　　1454-523-144
庭訓　　　　　　　　　　清 聖 祖　　1298-704- 40
學政條約（十五則）　　　清田　雯　　1324-284- 27
課王生仲退　　　　　　　清李光地　　1324-830- 21
課諸生　　　　　　　　　清李光地　　1324-831- 21
摘韓子讀書訣課子弟　　　清李光地　　1324-831- 21

白鹿洞規說　　　　　　　清陸隴其　　1325- 36- 3
東林會約說　　　　　　　清陸隴其　　1325- 37- 3
讀朱子白鹿洞學規　　　　清陸隴其　　1325- 40- 4
義學規條議　　　　　　　清陳弘謀　　570-620-29之11

2. 語　錄

（張詠）語錄　　　　　　宋李　畋　　1085-650- 12
（徐積）語錄　　　　　　宋江端禮　　1101-951- 31
語錄（十五則）　　　　　宋鄒　浩　　1121-451- 32
師語（二百四十九則）　　宋游　酢　　1121-676- 3
師訓（二十二則）　　　　宋游　酢　　1121-694- 3
龜山語錄　　　　　　　　宋楊　時　　1125-189- 10
答胡德輝問（二十八
　則）　　　　　　　　　宋楊　時　　1125-249- 14
答周伯忱問（四則）　　　宋楊　時　　1125-256- 14
二程先生語錄 附龜山
　先生語錄（考）　　　　宋羅從彥　　1135-732- 10
師說 上中下
　并師說附錄　　　　　　宋尹　焞　　1136- 34- 5
語指南（三十則）　　　　宋胡　宏　　1137-237- 5
王山講義　　　　　　　　宋朱　熹　　518-286-145
　　　　　　　　　　　　　　　　　　1145-528- 74
答汪尚書（書）答龜
　山先生（宋楊時）語
　錄疑處問　　　　　　　宋朱　熹　　1143-651- 30
答胡季隨（書）
　答延平先生語錄二程
　遺書樂記章句問　　　　宋朱　熹　　1144-606- 53
答陳器之問玉山講義　　　宋朱　熹　　1145- 18- 58
白鹿洞書院講義　　　　　宋陸九淵　　518-290-145
語錄　　　　　　　　　　宋陸九淵　　518-292-145
象山語錄（四則）　　　　宋陸九淵　　1156-540- 1
吳學講義　　　　　　　　宋楊　簡　　1156-661- 5
庸言（十九則）　　　　　宋楊萬里　　1161-213- 92
侍講待制朱先生敍述　　　宋陳　淳　　1168-629- 17
跋黃伯岡西山問答　　　　宋徐元杰　　1181-756- 10
震澤記善錄
　附宋宜之所錄　　　　　宋周　憲　　1136-102- 8
斜峯書院講義　　　　　　宋程若庸　　1375-508- 39
集慶路江東書院講義　　　宋程端禮　　1375-511- 39
語錄（一百七十一則）　　元胡祗遹　　1196-431- 24
語錄上下二卷　　　　　　元許　衡　　1198-274- 1
隨錄（三十三則）　　　　元陳　櫟　　1205-271- 8
問答 宋龜山先生楊時與
　羅從彥問答　　　　　　元曹道振　　1183-760- 14

題王氏述訓後　　　　　明方孝孺　1374-215- 46
語錄　　　　　　　　　明曹　端　1243- 9- 0
錄粹　　　　　　　　　明曹　端　1243- 11- 0
白鹿洞講義　　　　　　明胡居仁　 518-291-145
　　　　　　　　　　　　　　　　1260- 60- 2
語錄（傳習錄）　　　　明王守仁　1265- 5- 1
龍場生問答　　　　　　明王守仁　1265-664- 24
　　　　　　　　　　　　　　　　1407-479-441
語錄——論道（七則）　明楊　爵　1276- 59- 6
語錄　　　　　　　　　明張永明　1277-384- 5
語（一百八十二則）　　明高攀龍　1292-331- 1
與管東溟虞山精舍問
　答　　　　　　　　　明高攀龍　1292-376- 3
會語（一百則）　　　　明高攀龍　1292-410- 5
訂士編（語錄）　　　　明馮從吾　1293-105- 4
寶慶語錄　　　　　　　明馮從吾　1293-128- 7
太華書院會語及附錄　　明馮從吾　1293-156- 9
池陽語錄　　　　　　　明馮從吾　1293-184- 11
關中書院語錄　　　　　明馮從吾　1293-199- 12
白鷺會答問復（十八
　則）　　　　　　　　明鄒元標　1294-295- 8
吾師錄　　　　　　　　明黃淳耀　1297-829- 18
錄所聞晦菴先生語　　　明李道生　1375-425- 33
講筵緒論（四十六則）　清 聖 祖　1298-222- 26
講筵緒論（三十九則）　清 聖 祖　1298-228- 27
（湯斌）語錄（九十
　八則）　　　　　　　清沈佳柘等　1312-425- 1
默齋湯子訓言
　附湯子四願湯子四戒　清潘天成　1323-529- 1
語錄一二　　　　　　　清潘天成　1323-564- 3
勿菴梅先生訓言（十
　三則）　　　　　　　清潘天成　1323-571- 1
述先師儀封張公訓　　　清沈　彤　1328-372- 11

B.兵 家 類

a.論 文

握奇經　　　　　　　　上古風后　 550-670-227
　　　　　　　　　　　　　　　　1159-462- 30
孫子（摘錄）　　　　　周孫　子　1356-797- 1
行軍　　　　　　　　　周孫　子　1377-542- 25
作戰　　　　　　　　　周孫　子　1377-564- 26
虛實　　　　　　　　　周孫　子　1377-565- 26
軍形　　　　　　　　　周孫　子　1377-566- 26
兵勢　　　　　　　　　周孫　子　1377-566- 26

九地　　　　　　　　　周孫　子　1377-567- 26
始計　　　　　　　　　周孫　子　1377-568- 26
謀攻　　　　　　　　　周孫　子　1377-569- 26
軍爭　　　　　　　　　周孫　子　1377-569- 26
地形　　　　　　　　　周孫　子　1377-570- 26
九變　　　　　　　　　周孫　子　1377-571- 26
火攻　　　　　　　　　周孫　子　1377-571- 26
用間　　　　　　　　　周孫　子　1377-572- 26
涼州不可棄議　　　　　漢虞　翻　 558-621- 46
募鮮卑議 若令鄒靖募鮮
　卑輕騎五千必有破敵之
　效　　　　　　　　　漢韓　卓　1397-508- 25
駁（募鮮卑）議　　　　漢應　邵　1397-508- 25
作木牛流馬法　　　　蜀漢諸葛亮　1412-538- 22
征蜀論　　　　　　　　魏曹　植　1412-677- 26
徙戎論 節　　　　　　　晉江　統　 556-492- 94
　　　　　　　　　　　　　　　　1407-185-411
諫陳寶應書 陳軍事十策　陳虞　寄　1404-512-215
敵戒　　　　　　　　　唐柳宗元　1359-536- 78
勸裴相不自出征書　　　唐李　翱　1344-224- 80
守在四夷論　　　　　　唐李德裕　1340-242-743
守在四夷論　　　　　　唐牛僧孺　1343-533- 37
罪言 言山東繫天下輕重
　因此守天下必先守山
　東　　　　　　　　　唐杜　牧　1081-568- 2
　　　　　　　　　　　　　　　　1336-469-375
　　　　　　　　　　　　　　　　1343-679- 48
　　　　　　　　　　　　　　　　1410-761-770
　　　　　　　　　　　　　　　　1418-126- 40
戰論 并序　　　　　　　唐杜　牧　1081-571- 2
　　　　　　　　　　　　　　　　1340-244-743
　　　　　　　　　　　　　　　　1343-535- 37
　　　　　　　　　　　　　　　　1407-204-412
　　　　　　　　　　　　　　　　1418-130- 40
守論 并序　　　　　　　唐杜　牧　1081-573- 2
　　　　　　　　　　　　　　　　1340-245-743
　　　　　　　　　　　　　　　　1343-543- 37
　　　　　　　　　　　　　　　　1356-838- 3
　　　　　　　　　　　　　　　　1407-205-412
　　　　　　　　　　　　　　　　1418-131- 40
上李司徒相公論用兵
　書　　　　　　　　　唐杜　牧　1081-613- 8
　　　　　　　　　　　　　　　　1344-227- 80
上李太尉論北邊事啓　　唐杜　牧　1081-652- 13
　　　　　　　　　　　　　　　　1344-237- 80

子部

兵家類：論文

		1405-331-266
上周相公書		
論兵及注孫武十三篇	唐杜　牧	1404-589-221
讀司馬法	唐皮日休	1083-196- 7
		1336-481-377
		1343-652- 46
		1406-547-377
將略論	唐王　叡	1340-247-743
倒戈論	唐楊　夔	1340-248-743
上安邑李相公安邊書	唐林　藴	1344-225- 80
上宰相元衡弘靖書		
論平淮西寇之道	唐林　藴	1344-230- 80
上宰相安邊書	唐李　觀	1344-232- 80
上韓舍人行軍書		
論降敵之道	唐吳武陵	1344-236- 80
		1404-573-220
答徐州張尚書論文武		
書 文章之道將帥之事		
朋友之義有君子之道		
三	唐柳　冕	1344-277- 84
答問兵勢	唐張　巡	1476-168- 9
上王太保書請盡出甲兵		
多持旌旗以却敵安邊	宋柳　開	1085-284- 6
上郭太傅書		
言契丹不來犯邊者五	宋柳　開	1085-302- 8
兵解	宋趙　湘	1086-340- 5
和戎論 可以德服不可以		
兵碎在乎嚴備不在乎		
深入	宋宋　祁	1088-383- 44
禦戎論所以制敵大略目		
見耳聞參以一得輒次		
爲禦戎論七篇	宋宋　祁	1088-386- 44
攻守策頭問耿傳一首	宋尹　洙	1090- 12- 3
上呂相公書二首		
論今西夏用兵之害	宋尹　洙	1090- 29- 6
上四路招討使鄭侍郎		
議禦賊書二首	宋尹　洙	1090- 40- 8
論原——問兵	宋釋契嵩	1091-456- 6
强兵策十首	宋李　覯	1095-128- 17
與吳九論武學書	宋劉　敞	1351-318-115
武備論	宋鄭　獬	1097-264- 16
慮邊論（三則）		
禦之之策前世止言中		
下然無今日制御之失	宋呂　陶	1098-149- 19
論兵	宋徐　積	1101-934- 29

西事詣目上中書		
論禦賊之道	宋張方平	1104-193- 21
權書上下	宋蘇　洵	1104-851- 2
制敵	宋蘇　洵	1104-909- 9
上韓樞密書		
請厲威武以振惰兵	宋蘇　洵	1104-924- 11
		1359-140- 18
		1384-316-108
		1404-650-226
用間（論）	宋蘇　洵	1377-573- 26
		1384-362-113
		1418-350- 47
衡論御將（御將論）	宋蘇　洵	1377-685- 32
		1384-371-114
		1407-229-415
審敵論	宋蘇　洵	1384-353-112
權書心術（篇）	宋蘇　洵	1384-358-113
		1447-610- 34
權書法制（篇）	宋蘇　洵	1384-359-113
		1447-612- 34
權書彊弱（篇）	宋蘇　洵	1384-360-113
權書攻守（篇）	宋蘇　洵	1384-361-113
權書孫武（篇）	宋蘇　洵	1384-363-113
		1447-614- 34
權書子貢（篇）	宋蘇　洵	1384-364-113
權書六國（篇）	宋蘇　洵	1384-365-113
權書高帝（篇）	宋蘇　洵	1384-366-113
權書項籍（篇）	宋蘇　洵	1384-367-113
		1384-374-114
衡論重遠篇	宋蘇　洵	1447-619- 34
孫武論	宋蘇　軾	1351-769- 下
		1377-661- 31
防邊論（北邊論或北		
狄論）	宋蘇　轍	1112-871- 5
		1351-138- 99
		1384-857-156
		1407-245-417
防邊論二（西戎論）	宋蘇　轍	1112-872- 5
		1384-856-156
		1407-246-417
防邊論三（西南夷論）	宋蘇　轍	1112-873- 5
		1384-858-156
將論	宋張　耒	1115-278- 32
		1346-362-215
		1361- 19- 2

禦戎論　　　　　　　　宋華　鎭　1119-460- 18
主帥論　　　　　　　　宋華　鎭　1119-483- 20
又上章丞相書
　　答前日不取幹珠爾城
　　事機的是如何　　　宋李　復　1121- 22- 3
熙河蘭會議　　　　　　宋畢仲游　1122- 55- 5
禦契丹議　　　　　　　宋畢仲游　1122- 56- 5
八陣論　　　　　　　　宋李昭玘　 561-484- 43
　　　　　　　　　　　　　　　　1381-673- 48
兵（論）　　　　　　　宋劉安節　1124- 97- 4
孫武論　　　　　　　　宋李　新　1124-504- 14
禦戎論　　　　　　　　宋李　綱　1126-608-144
論大將之才　　　　　　宋李　綱　1126-620-146
論兵機　　　　　　　　宋李　綱　1126-621-146
論兵　　　　　　　　　宋李　綱　1126-632-148
論帥才　　　　　　　　宋李　綱　1126-634-148
論節制之兵　　　　　　宋李　綱　1126-642-149
論將　　　　　　　　　宋李　綱　1126-642-149
論立國在於足兵　　　　宋李　綱　1126-647-150
論盜　　　　　　　　　宋李　綱　1126-650-150
論用兵　　　　　　　　宋李　綱　1126-665-153
論料敵　　　　　　　　宋李　綱　1126-666-153
論將之專命稟命　　　　宋李　綱　1126-669-154
與丞相論冬防書（二
　　則）　　　　　　　宋葉夢得　 489-419- 35
與秦相公論防冬書　　　宋葉夢得　1129-647- 7
又與秦相公書
　　論沿江守邊事　　　宋葉夢得　1129-648- 7
與曾天游書
　　論防冬及和議事　　宋葉夢得　1129-651- 8
上丞相張魏公書論董
　　淮南荆襄兩路以固金
　　陵　　　　　　　　宋李彌遜　1130-653- 7
論楚州事箚 江北諸鎭楚
　　州承州最爲緊急　　宋王　洋　1132-445- 9
又與王中丞畫一利害
　　箚子 論用兵之道　　宋王之道　1132-674- 20
選將戍合肥箚子　　　　宋王之道　1132-684- 21
上江東宣撫李端明書
　　請選將戍重兵於合肥　宋王之道　1132-708- 24
上宣諭汪中丞書
　　請乘敵隙之幾以擊金　宋王之道　1132-710- 24
上辛相論淮西事
　　竊聞合肥之兵擁脅主
　　帥棄城郭而野次之　宋朱　松　1133-499- 7

上張魏公論時事箚子
　　三首 論信賞必罰與爲
　　將用兵之道　　　　宋李流謙　1133-668- 9
兵籌類要　　　　　　　宋慕崇禮　1134-759- 37
民情（策）
　　治國治軍無出此爲　宋蘇　籀　1136-216- 10
進取（策）　　　　　　宋蘇　籀　1136-218- 10
論將（策）　　　　　　宋蘇　籀　1136-220- 10
任將（策）　　　　　　宋蘇　籀　1136-225- 10
中興業定計篇　　　　　宋胡　宏　1137-182- 3
中興業練兵篇　　　　　宋胡　宏　1137-182- 3
中興業整師旅篇　　　　宋胡　宏　1137-184- 3
寄趙相（書）
　　論長沙一地形勢較優
　　適爲遷都之所　　　宋胡　寅　1137-506- 17
寄張相（書）
　　論京西一帶應有備軍　宋胡　寅　1137-521- 18
寄折參謀（書）
　　論應選才出兵以解桂
　　陽等郡之危　　　　宋胡　寅　1137-521- 18
跋劉光遠百將詩　　　　宋鄭剛中　1138-167- 16
論禦戎以自治爲上策　　宋汪應辰　1138-649- 7
又（與周參政書）
　　論用兵　　　　　　宋汪應辰　1138-712- 14
與張敬夫（書）
　　論制廣西寇　　　　宋汪應辰　1138-716- 14
　　論用兵　　　　　　宋陳　淵　1139-533- 22
知敵論　　　　　　　　宋林光朝　1359-305- 43
答王南卿（書）
　　陣法誤處雜說　　　宋朱　熹　1142- 82- 60
建康形勢論　　　　　　宋李　石　1149-631- 9
以守養戰重方面論　　　宋李　石　1149-632- 9
蜀邊論制禦之道　　　　宋李　石　1149-629- 9
淮蜀論　　　　　　　　宋李　石　1149-630- 9
分重地以委心腹論　　　宋李　石　1149-633- 9
持戰守之勢使之定論　　宋李　石　1149-633- 9
合四勢以强天下論　　　宋李　石　1149-634- 10
武備（論）
　　論治世不可去兵　　宋呂祖謙　1362-260- 8
易敵論　　　　　　　　宋陳傅良　1359-304- 43
武備論　　　　　　　　宋陳傅良　1359-306- 43
備論　　　　　　　　　宋陳傅良　1362- 91- 12
守論　　　　　　　　　宋陳傅良　1362- 93- 12
兵論　　　　　　　　　宋陳傅良　1362- 97- 13
謀論　　　　　　　　　宋陳傅良　1362- 99- 13

子部 兵家類・論文

上宰執 論戰守　　　　　　宋王　炎　1155-688- 23

兵論　　　　　　　　　　　宋彭龜年　1155-862- 10

家計十 論治務治道封建及兵　宋楊　簡　1156-860- 16

邊防賈言論十事

　論兵機將略　　　　　　　宋袁　燮　1157- 75- 7

御書六韜兵法贊

　取六韜兵法將有五才

　十過之說　　　　　　　　宋洪　适　1158-436- 28

兵權上下　　　　　　　　　宋葉　適　1362-105- 14

兵論　　　　　　　　　　　宋葉　適　1407-258-418

論淮甸箚子　　　　　　　　宋韓元吉　1165-132- 10

教車戰說　　　　　　　　　宋楊冠卿　1165-503- 9

辰州議刀弩手及土軍

　利害箚子　　　　　　　　宋曹彥約　1167-136- 11

上宣撫宇文尚書箚子

　今日之患莫大於不素

　備而幸敵之不至　　　　　宋曹彥約　1167-147- 12

上宇文宣撫論置司鄂

　州箚子

　論置司鄂州以利兵事　　　宋曹彥約　1167-151- 12

跋晏獻公手帖 議兵　　　　宋曹彥約　1167-201- 17

跋劉倅所藏東坡論兵

　書後　　　　　　　　　　宋曹彥約　1167-205- 17

題文正公條畫汎邊弓

　箭手簿後　　　　　　　　宋張　栻　1167-703- 34

再與待制李夢聞書（

　二則）論軍事　　　　　　宋黃　榦　1168-111- 10

與金陵制使李夢聞書

　（四則附別副）

　論軍事　　　　　　　　　宋黃　榦　1168-114- 11

復趙蹈中寺丞（書）

　論軍事　　　　　　　　　宋黃　榦　1168-164- 15

與宇文宣撫言荊襄事

　體（書）論軍事　　　　　宋黃　榦　1168-198- 18

（與宇文宣撫）又書

　一六事（書）

　條談軍事　　　　　　　　宋黃　榦　1168-199- 18

回總郎言築城事（書

　）論軍事　　　　　　　　宋黃　榦　1168-203- 18

與李推論海盜利害（

　箚）　　　　　　　　　　宋陳　淳　1168-860- 45

邊備箚子 論用兵之道　　　宋吳　泳　1176-195- 20

邊防箚子 條具禦寇之策　　宋吳　泳　1176-197- 20

申省措置峒寇狀

論剿寇之道　　　　　　　　宋陳元晉　1176-805- 4

山廟堂書 論用兵河南　　　宋吳　潛　1178-436- 4

防海寇申省狀　　　　　　　宋包　恢　1178-708- 1

論待敵救楮二箚上樞

　密院　　　　　　　　　　宋徐鹿卿　1178-907- 5

丁丑上制帥（書）

　論勿置重兵於邊　　　　　宋劉克莊　1180-489- 45

庚辰與方子默僉判（

　書）戰守雜論　　　　　　宋劉克莊　1180-492- 45

乙酉與胡伯圍待制（

　書）論用兵　　　　　　　宋劉克莊　1180-476- 45

上吳畏齋啓

　論敵我之勢戰守之計　　　宋岳　珂　1405-372-271

與湖南大師江丞相論

　（議）秦寇事宜（

　箚子）　　　　　　　　　宋文天祥　1184-667- 17

　　　　　　　　　　　　　　　　　　　1466-666- 56

上陳丞相書 論軍國大計　　宋張　燧　1189-541- 3

議襲戎　　　　　　　　　　宋仲　訁并　1351-208-106

邊議四首

　清野固守省戍因民　　　　宋張　載　1351-214-106

練兵論　　　　　　　　　　宋方　佑　1359-253- 36

原守論　　　　　　　　　　宋方　佑　1359-254- 36

機論一二三　　　　　　　　宋方　佑　1359-256- 36

上曹樞密輔論兵書　　　　　宋汪若海　1375-137- 8

與金尼雅滿請息兵講

　好書　　　　　　　　　　宋汪若海　1375-140- 8

上覃漕費達可論調田

　軍書　　　　　　　　　　宋杜束之　1381-307- 29

代李煜遺劉俶書

　論軍事　　　　　　　　　宋潘　佑　1404-608-223

候申相公啓 論軍事　　　　宋馮　琦　1405-380-272

寄張平章書 談兵　　　　　元胡祗遹　1196-228- 12

千戶王恭甫詠史并百

　將詩跋　　　　　　　　　元徐明善　1202-599- 下

答問 論兵事　　　　　　　元陳　櫟　1205-244- 7

跋仙都府君王公手書

　碩畫 取自資治通鑑有

　關乎天下戰守大計者凡

　九則　　　　　　　　　　元柳　貫　1210-496- 19

上中書總兵書 論時跋及

　陵州長蘆青州之寇　　　　元李士瞻　1214-436- 1

馭將論　　　　　　　　　　元楊維楨　1221-677- 27

人心論 善用兵者必先有

　以收天下之人心　　　　　宋楊維楨　1221-677- 27

四庫全書文集篇目分類索引

總制論 總制之所以名者
　一衆心以制敵者也　　　　宋楊維楨　1221-678- 27
求才論　　　　　　　　　　宋楊維楨　1221-679- 27
守城論　　　　　　　　　　宋楊維楨　1221-680- 27
諸子辯（孫子一卷）　　　　明宋　濂　1224-417- 27
諸子辯（吳子二卷）　　　　明宋　濂　1224-417- 27
兵論上中下　　　　　　　　明王　禕　1226- 73- 4
威愛論 此禦軍之要也　　　 明高　啓　1230-255- 1
讀司馬法　　　　　　　　　明方孝孺　1235-129- 4
讀三略　　　　　　　　　　明方孝孺　1235-130- 4
讀孫子　　　　　　　　　　明方孝孺　1235-132- 4
讀吳子　　　　　　　　　　明方孝孺　1235-132- 4
讀尉繚子　　　　　　　　　明方孝孺　1235-134- 4
英將論　　　　　　　　　　明周是修　1236- 46- 4
答陳彥章處州論
　論處州之用兵　　　　　　明張　寧　1247-496- 22
兩廣用兵事宜　　　　　　　明丘　濬　1248-440- 21
廣東備禦猺寇事宜　　　　　明丘　濬　1248-444- 21
馭猺獞議　　　　　　　　　明丘　濬　1446-673- 56
讀將鑑博議　　　　　　　　明程敏政　1253-336- 58
與朱郡伯三峯論備禦
　（書）　　　　　　　　　明林　俊　1257-567- 12
與陸侍郎論捕賊事宜
　狀　　　　　　　　　　　明祝允明　1260-540- 12
上僉都憲備賊事宜狀　　　　明祝允明　1260-543- 13
跋太宰王先生藏饒參
　政書罪言後　　　　　　　明祝允明　1260-725- 26
奉巡按察院議兵事狀　　　　明張　羽　1264-295- 下
寧盜說　　　　　　　　　　明孫　緒　1264-514- 2
勦捕漳寇方略牌　　　　　　明王守仁　1265-429- 16
案行廣東福建領兵官
　進勦事宜　　　　　　　　明王守仁　1265-430- 16
案行領兵官搜剿餘賊　　　　明王守仁　1265-433- 16
兵符節制　　　　　　　　　明王守仁　1265-436- 16
批廣東韶州府留兵防
　守申　　　　　　　　　　明王守仁　1265-438- 16
咨報湖廣巡撫右副都
　御史秦防賊奔竄　　　　　明王守仁　1265-439- 16
咨報湖廣巡撫右副都
　御史秦夾攻事宜　　　　　明王守仁　1265-440- 16
征剿橫水桶岡分委統
　哨牌　　　　　　　　　　明王守仁　1265-442- 16
進剿洄賊方略　　　　　　　明王守仁　1265-453- 16
刻期進剿牌
　洄賊池大鬢等　　　　　　明王守仁　1265-454- 16

議處河源餘賊　　　　　　　明王守仁　1265-457- 16
與姜武功計處樊伸等
　賊攻犯事宜　　　　　　　明康　海　1266-384- 5
與楊邃菴論兵五篇
　論賞罰術倡權　　　　　　明何　瑭　1266-588- 8
兵論跋　　　　　　　　　　明何　瑭　1266-601- 9
諭逆賊入江湖狀　　　　　　明夏良勝　1269-815- 6
師議 有序選將練卒　　　　 明夏良勝　1269-832- 6
跋張石川籌倭議　　　　　　明孫承恩　1271-467- 34
與府縣論備倭書　　　　　　明孫承恩　1271-551- 45
與胡梅林都憲（書）
　論制海寇　　　　　　　　明許相卿　1272-193- 6
與福建按院何古林（
　書）論討漳寇事宜　　　　明張　岳　1272-370- 7
與林次崖論征交事　　　　　明張　岳　1272-378- 8
論征交利害與廟堂（
　書）　　　　　　　　　　明張　岳　1272-378- 8
論交事與巡按兩司（
　書）議者謂賊中乖亂
　國土三分乘其亂而取
　之之論甚謬　　　　　　　明張　岳　1272-382- 8
（上蔡督府）論防備
　交夷（書）　　　　　　　明張　岳　1272-384- 8
與蔡半洲督府（書二
　則）論瓊黎　　　　　　　明張　岳　1272-388- 9
與商少峰兵憲（書）
　瓊黎破賊事　　　　　　　明張　岳　1272-389- 9
與陳海洲憲副（書）
　瓊黎破賊事　　　　　　　明張　岳　1272-389- 9
與唐漁石本兵（書）
　論封川軍事　　　　　　　明張　岳　1272-395- 9
　　　　　　　　　　　　　　　　　　1466-641- 54
與夏桂洲（書）
　論柳州用兵事　　　　　　明張　岳　1272-395- 9
與李古沖少宰（書）
　論麻陽銅平諸苗事　　　　明張　岳　1272-400- 10
答曾石塘總制（書）
　論攻戰　　　　　　　　　明唐順之　1405- 90-240
兵說（八十一則）　　　　　明沈　錬　1278-126- 9
答楊兵憲書 論擇將　　　　 明沈　錬　1278-141- 10
答趙總兵書
　論所統之兵非不可用
　在選練之不得其道指
　縱之不得其術耳　　　　　明沈　錬　1278-144- 10
答蘇節制書

子部

兵家類：論文

1980　　　　　　　四庫全書文集篇目分類索引

　　　論今時之所患者豈非
　　　將不能而兵不足財不
　　　充而險不備乎　　　　　明沈　鍊　1278-146- 10

子部

兵家類：論文

呈諸臺揭（三則）
　　論制東南之患　　　　　明任　環　1278-590- 2
讀黃石公　　　　　　　　明王世貞　1285- 14- 1
上陳撫院論倭寇（書）　　明胡　直　1287-444- 19
中原議
　　論沛芒碭間易生寇盜　　明溫　純　1288-663- 14
寄閣部諸公論西夏功
　（書）論當以復城堡
　　及城外兩戰爲首　　　　明溫　純　1288-732- 26
與劉定宇兵備（書）
　　論用火器　　　　　　　明溫　純　1288-750- 29
與李景山總兵論平倭
　（書）　　　　　　　　明溫　純　1288-751- 29
禦倭議　　　　　　　　　明歸有光　1289- 46- 3
備倭事略　　　　　　　　明歸有光　1289- 47- 3
論禦倭書代　　　　　　　明歸有光　1289-109- 8
　　　　　　　　　　　　　　　　　　1405-121-243
上總制書論禦倭寇事　　　明歸有光　1289-112- 8
東事議制倭　　　　　　　明孫繼皐　1291-295- 4
與黃直指（書）論制夷　　明楊寅秋　1291-681- 3
上太宰李對泉（書）
　　論制苗　　　　　　　　明楊寅秋　1291-688- 3
上司馬田東洲（書二
　則）論制黔患　　　　　明楊寅秋　1291-690- 3
上內閣沈蛟門（書四
　則）論制黔患　　　　　明楊寅秋　1291-691- 3
答雲南陳毓臺中丞（
　書五則）論制黔患　　　明楊寅秋　1291-695- 3
答粵西楊濟寰中丞（
　書二則）論夷畜土司
　　之順逆與國體邊計之利
　　害　　　　　　　　　　明楊寅秋　1291-697- 3
平播條議機宜　　　　　　明楊寅秋　1291-745- 4
平播覆議機宜　　　　　　明楊寅秋　1291-749- 4
跛兵醫節要付子祥　　　　明楊寅秋　1291-757- 4
倭事議　　　　　　　　　明余繼登　1291-943- 7
東征議　　　　　　　　　明余繼登　1291-944- 7
防倭議　　　　　　　　　明曹于汴　1293-767- 7
策吏將兵民　　　　　　　明倪元璐　1297- 57- 5
論將才　　　　　　　　　明李　堂　 444-283- 42
防邊碑記　　　　　　　　明陳　棐　 528-673- 47
教士兵議　　　　　　　　明林　燫　 530-474- 69

海寇策　　　　　　　　　明周之夔　 530-480- 69
廣福浙兵船會哨論　　　　明趙鳴珂　 530-637- 74
福洋五寨會哨論　　　　　明趙鳴珂　 530-637- 74
福寧州守禦論　　　　　　明趙鳴珂　 530-638- 74
福建防海傳烽歌　　　　　明趙鳴珂　 530-638- 74
東省防倭議　　　　　　　明馮　琦 541-533-35之12
定山西擺列議　　　　　　明楊　博　 549-252-190
答孫白谷督師書論兵　　　明劉理順　 550- 40-210
救時急著上守東道書　　　明辛　全　 550- 45-210
檢問　　　　　　　　　　明張　珩　 556-220- 87
議處銅苗事宜代征而
　　佐撫者有撲滅之法焉　　明謝東山　 572-469- 43
奉總兵官英國公書
　　論守備交阯之策　　　　明黃　福　1373-811- 27
答姜僉事書論拒海寇　　　明王維楨　1405- 78-239
擬上督府書論禦賊　　　　明徐　渭　1405-128-243
將難論　　　　　　　　　明高　岱　1407-268-419
論將能君不御者勝　　　　明夏　言　1407-271-419
海上事宜議論防倭寇　　　明錢　薇　1453-757- 81
海船（議）　　　　　　　明郭造卿　1453-761- 81
論兵　　　　　　　　　　明薛　甲　1454-129- 97
奉朱砥齋僉憲書（籌
　遠）制盜　　　　　　　明許　烱　1455- 39-181
答周友山弭盜（書）　　　明張居正　1455- 41-181
答贊畫諸公（書）
　　肅海梟　　　　　　　　明何良傳　1455- 47-182
與王槐野先生書（籌
　遠）　　　　　　　　　明何良俊　1455- 49-182
與王陽明總制書
　　請制廣西賊患　　　　　明蔣　冕　1466-638- 54
上林撫臺三書
　　一請尤加兵餉以平賊
　　患二論遷江縣賊勢三
　　乞救西南半壁賊患　　　明盛萬年　1466-647- 54
土司用兵議　　　　　　　明蘇　濬　1466-683- 56
凡兼豫速二義（論）
　　兵法　　　　　　　　　明蘇　濬　1466-773- 61
論兵　　　　　　　　　　清聖祖　　1298-625- 30
論息兵安民　　　　　　　清聖祖　　1298-626- 30
御製讀高啓威愛論　　　　清 高 宗　1230-253- 附
書南宋論兵事　　　　　　清 高 宗　1301-476- 31
兵論　　　　　　　　　　清汪　琬　1315-266- 8
降將論　　　　　　　　　清汪　琬　1315-267- 8
上偏院韓撫臺用兵事
　宜　　　　　　　　　　清于成龍　1318-615- 2

四庫全書文集篇目分類索引 1981

子部

兵家類：論文、序跋

上蔡制臺用兵方略　　清于成龍　1318-643- 4
上蔡制臺南征方略　　清于成龍　1318-644- 4
上蔡制臺酌留營將（書）
　　　　　　　　　　清于成龍　1318-645- 4
檄示剿海行兵方略　　清于成龍　1318-767- 7
記握奇經　　　　　　清李光地　1324-788- 18
原勢上下　　　　　　清儲大文　1327- 14- 2
四正六隅（論）議大
　拳平賊是謂十面之網
　　　　　　　　　　清儲大文　1327- 56- 4
車戰　　　　　　　　清儲大文　1327-169- 9
延漏促漏（論）　　　清儲大文　1327-365- 16
論海洋㘰捕盜賊書　　清藍鼎元　1327-579- 1
戰船事宜議　　　　　清劉　佑　530-478- 69
守險分治永靖交山議　清趙吉士　549-254-190
答齊總兵書論兵事　　清金　鉞　568-487-118

b.序　跋

孫子兵法序　　　　　魏 武 帝　1412-572- 23
象經序　　　　　　　北周王褒　1416-148-113
風后八陣圖記　　　　唐獨孤及　549-544-201
　　　　　　　　　　　　　　　1072-287- 17
　　　　　　　　　　　　　　　1341-250-832
　　　　　　　　　　　　　　　1344-122- 71
　　　　　　　　　　　　　　　1409-408-609
保安鎭陣圖記　　　　唐符　載　1341-251-832
王君注握奇經敘　　　唐柳宗元　550- 92-212
魏生兵要述　　　　　唐劉禹錫　1077-450- 20
　　　　　　　　　　　　　　　1336-495-379
進西南備邊錄狀　　　唐李德裕　1079-227- 18
注孫子序　　　　　　唐杜　牧　1081-605- 7
　　　　　　　　　　　　　　　1340-195-738
　　　　　　　　　　　　　　　1344-418- 95
　　　　　　　　　　　　　　　1405-523-290
上周相公書
　上所注孫武十三篇　唐杜　牧　1344-226- 80
風后握機圖序　　　　唐嚴　從　550- 97-212
　　　　　　　　　　　　　　　1340-190-738
三陣圖論　　　　　　唐王　叡　1340-246-743
西南備邊錄序　　　　唐不著撰人570-626-29之12
武經總要仁宗皇帝御
　製序　　　　　　　宋 仁 宗　726-236- 附
注孫子序（孫子後序）宋歐陽修　1099-430- 附
　　　　　　　　　　　　　　　1102-331- 42
　　　　　　　　　　　　　　　1103-741- 12
　　　　　　　　　　　　　　　1346- 41- 2

　　　　　　　　　　　　　　　1378-334- 52
　　　　　　　　　　　　　　　1383-523- 47
　　　　　　　　　　　　　　　1405-525-290
權書引（序）　　　　宋蘇　洵　1104-851- 2
　　　　　　　　　　　　　　　1384-357-112
何博士備論薦狀（二
　則）　　　　　　　宋蘇　軾　727-132- 附
進歷代兵籌類要表　　宋嘉崇禮　1134-759- 37
題富鄭公河北安邊策　宋陳　淵　1139-532- 22
雍熙平戎萬全陣圖贊　宋呂祖謙　1353-791-109
曾无愧三英南北邊序籌 宋會三英　1147-572- 54
孫子發微序 代陳顧剛作 宋陳傅良　1150-818- 40
敗八陣圖　　　　　　宋 樓 編　1153-242- 77
陳規守城錄序　　　　宋楊　簡　1156-610- 1
浮光戰守錄序　　　　宋袁　燮　1157- 91- 8
漢四種兵事敘　　　　宋洪　适　1158-440- 28
敘握奇經　　　　　　宋薛季宣　1159-461- 30
薛氏詮定圖解　　　　宋薛季宣　1159-463- 30
八陣圖贊并序　　　　宋薛季宣　1159-466- 30
曾无愧南北邊籌後序　宋楊萬里　1161-106- 84
閱籓錄序 論孫吳遺意　宋陸　游　1163-423- 15
（題永嘉）守禦錄　　宋葉　適　1164-512- 29
開禧德安守城錄序　　宋曹彥約　1167-180- 14
跋孫子　　　　　　　宋張　栻　1167-701- 34
　　　　　　　　　　　　　　　1353-814-110
書陳密學守城錄　　　宋黃　榦　1168-242- 22
定遠寨戰守紀實序　　宋程　珌　1171-340- 8
跋張平仲注三略　　　宋眞德秀　1174-578- 36
跋天台劉深父杯水編
　其爲行軍作者多開禧
　用兵時事　　　　　宋眞德秀　1174-579- 36
跋鄧州通判饒公將鑑　宋包　恢　1178-753- 5
代李守作汀郡諸寨圖
　序　　　　　　　　宋李昴英　1181-134- 3
歐陽生兵書序　　　　宋歐陽守道　1183-587- 10
八陣圖記　　　　　　宋劉　昉　561-371- 41
　　　　　　　　　　　　　　　1381-556- 40
八陣圖論（說）　　　宋范蓀(孫)　561-486- 43
　　　　　　　　　　　　　　　1381-677- 48
（握奇經跋）　　　　宋高似孫　726- 6- 附
黃石公素書原序　　　宋張商英　726-128- 附
武經總要後集原序　　宋曾公亮　726-583- 附
潘可大孫子釋文序　　元戴表元　1194-103- 8
王魯齋先生父仙都公
　幹所書碩畫後題　　元吳師道　1212-237- 17

子部

兵家類：序跋

法家類：論文

武經總要序　　　　　　　　元貢師泰　　1215-588- 6
陣圖新語叙　　　　　　　　元楊維楨　　1221-706- 30
平倭六策序　　　　　　　　明危　素　　1226-694- 2
用武提要序　　　　　　　　明貝　瓊　　1228-335- 7
（跋）武經　　　　　　　　明楊士奇　　1238-587- 17
百將傳續編序　　　　　　　明何喬新　　1249-140- 9
八陣合變圖說序　　　　　　明張　岳　　1272-416- 11
讀兵論序　　　　　　　　　明皇甫汸　　1275-764- 40
王君注握奇經序　　　　　　明唐順之　　1276-317- 6
江防方略序　　　　　　　　明張永明　　1277-392- 5
戚將軍紀効新書序　　　　　明王世貞　　1280-136- 65
戴金吾禦戎策序　　　　　　明王世貞　　1280-180- 68
曾子清孫武子注疏序　　　　明王世貞　　1282-589- 45
兵車心見序　　　　　　　　明王世貞　　1282-595- 45
刻武經七書序　　　　　　　明胡　直　　1287-319- 8
何博士備論跋　　　　　　　明歸有光　　 727-174- 附
跋何博士（備）論後　　　　明歸有光　　1289- 72- 5
河東兵略序　　　　　　　　明畢自嚴　　1293-399- 2
刻禦邊集序　　　　　　　　明曹于汴　　1293-690- 2
將略標序　　　　　　　　　明范景文　　1295-524- 5
仲兄三蘭學使射書跋
　後　　　　　　　　　　　明倪元璐　　1297-194- 15
題曹方城靖海一籌　　　　　明倪元璐　　1297-197- 16
城書序　　　　　　　　　　明郭子章　　 572-359- 39
（三略直解序）　　　　　　明劉　寅　　 726- 99- 上
黃石公素書後跋　　　　　　明張　官　　 726-142- 附
江南絡略原序　　　　　　　明鄭若曾　　 728- 2- 附
湯仲謀握奇衍義跋　　　　　明唐　廩　　1374-210- 46
孫子書校解引類序　　　　　明趙本學　　1405-547-292
　　　　　　　　　　　　　　　　　　　 1455-485-222

六經師律序
　以易書禮論孟諸經其言
　其義有涉於師征者輯錄
　而類聚之　　　　　　　　明吳　沉　　1455-330-210
御題陳規守城錄　　　　　　清 高 宗　　 727-177- 附

C.法 家 類

a.論 文

難一　　　　　　　　　　　周韓　非　　1377-499- 22
難二　　　　　　　　　　　周韓　非　　1377-502- 22
孤憤　　　　　　　　　　　周韓　非　　1377-503- 22
五蠹　　　　　　　　　　　周韓　非　　1377-518- 23
有度　　　　　　　　　　　周韓　非　　1377-520- 23

楊權　　　　　　　　　　　周韓　非　　1377-538- 24
八姦　　　　　　　　　　　周韓　非　　1377-541- 25
詭使　　　　　　　　　　　周韓　非　　1377-543- 25
說難　　　　　　　　　　　周韓　非　　1377-545- 25
　　　　　　　　　　　　　　　　　　　 1410-796-773
版法 附版法解十四則　　　　周管　仲　　1396- 63- 5
赦論　　　　　　　　　　　漢荀　悅　　1412-399- 17
矯制立功論　　　　　　　　漢荀　悅　　1412-399- 17
刑罰論　　　　　　　　　　隋李士謙　　1400-350- 6
公獄辯　　　　　　　　　　唐楊　炯　　1407-409-433
管仲論　　　　　　　　　　唐元　結　　1343-517- 35
斷刑論　　　　　　　　　　唐柳宗元　　1076- 35- 3
　　　　　　　　　　　　　　　　　　　 1076-500- 3
　　　　　　　　　　　　　　　　　　　 1340-297-749
　　　　　　　　　　　　　　　　　　　 1343-537- 37
復漢以粟爲賞罰議　　　　　唐呂　溫　　1077-668- 10
四維論　　　　　　　　　　唐柳宗元　　1343-520- 35
平刑論　　　　　　　　　　唐柳宗元　　1407-194-412
公獄說　　　　　　　　　　唐楊　夔　　1336-380-361
刑議　　　　　　　　　　　唐楊　夔　　1340-483-768
應正論 并序　　　　　　　　唐王志愔　　1340-293-749
刑論　　　　　　　　　　　唐牛希濟　　1340-298-749
賞論　　　　　　　　　　　唐牛希濟　　1340-301-749
象刑解　　　　　　　　　　唐沈　顏　　1343-662- 46
　　　　　　　　　　　　　　　　　　　 1407-430-435
　　　　　　　　　　　　　　　　　　　 1418-150- 40
用刑論　　　　　　　　　　宋王禹偁　　1086-139- 15
原刑　　　　　　　　　　　宋尹　洙　　1090- 10- 2
論原——賞罰　　　　　　　 宋釋契嵩　　1091-448- 5
論原——刑法　　　　　　　 宋釋契嵩　　1091-449- 5
論原——刑勢　　　　　　　 宋釋契嵩　　1091-469- 7
魯法論　　　　　　　　　　宋劉　敞　　1095-742- 40
賞罰論　　　　　　　　　　宋劉　敞　　1095-742- 40
　　　　　　　　　　　　　　　　　　　 1351-107- 95
　　　　　　　　　　　　　　　　　　　 1407-213-413
設法以待有功論　　　　　　 宋呂　陶　　1098-137- 17
敕盜　　　　　　　　　　　宋曾　鞏　　1098-472- 13
　　　　　　　　　　　　　　　　　　　 1378-363- 53
　　　　　　　　　　　　　　　　　　　 1447-926- 55
何以措刑論　　　　　　　　 宋文彥博　　1100-650- 9
管仲論　　　　　　　　　　 宋蘇　洵　　1377-657- 31
申法（論）　　　　　　　　 宋蘇　洵　　1377-683- 32
　　　　　　　　　　　　　　　　　　　 1384-379-115
議法　　　　　　　　　　　 宋蘇　洵　　1384-381-115
審勢論　　　　　　　　　　 宋蘇　洵　　1407-233-415

四庫全書文集篇目分類索引　　1983

治亂刑重輕論　　宋張方平　1104-126- 16
九變而賞罰可言　宋王安石　1105-550- 67
韓非論　　　　　宋蘇　軾　1351-768- 下
　　　　　　　　　　　　　1377-631- 29
　　　　　　　　　　　　　1407-161-409
　　　　　　　　　　　　　1418-435- 50
　　　　　　　　　　　　　1447-721- 42
厲法禁（論）　　宋蘇　軾　1351-775- 下
管仲論　　　　　宋蘇　軾　1377-658- 31
刑賞忠厚之至論　宋蘇　軾　1377-681- 32
君術（論）　　　宋蘇　轍　1351-783- 下
論法上中下　　　宋張　耒　1115-273- 32
　　　　　　　　　　　　　1346-341- 24
　　　　　　　　　　　　　1354-240- 30
　　　　　　　　　　　　　1359-261- 37
　　　　　　　　　　　　　1361- 2- 1
　　　　　　　　　　　　　1407-250-417
　　　　　　　　　　　　　1418-570- 55
法制論　　　　　宋張　耒　1115-291- 34
　　　　　　　　　　　　　1346-348- 24
　　　　　　　　　　　　　1354-239- 30
　　　　　　　　　　　　　1361- 15- 2
慨刑論上下　　　宋張　耒　1115-294- 34
　　　　　　　　　　　　　1346-359- 25
　　　　　　　　　　　　　1361- 13- 2
　　　　　　　　　　　　　1418-574- 55
馭相論　　　　　宋張　耒　1115-296- 34
　　　　　　　　　　　　　1346-361- 25
　　　　　　　　　　　　　1361- 18- 2
治術論　　　　　宋張　耒　1359-269- 38
復圓土議　　　　宋劉　弇　1119-281- 26
　　　　　　　　　　　　　1359-510- 74
賞罰論　　　　　宋華　鎮　1119-449- 17
法令論　　　　　宋華　鎮　1119-449- 17
法禁論　　　　　宋華　鎮　1119-457- 18
以法爲分　　　　宋黃　裳　1120-272- 41
上姜朝議論發家獄書　宋毛　滂　1123-771- 6
上饒州安太守論朱遷
　獄書　　　　　宋毛　滂　1123-773- 6
議賞論　　　　　宋唐　庚　1124-329- 1
　　　　　　　　　　　　　1354-261- 32
　　　　　　　　　　　　　1407-256-418
讀管子　　　　　宋張　嵲　1131-627- 32
刑禮（策）　　　宋蘇　籀　1136-222- 10
答張侍郎（書）

論刑獄治法　　　宋汪應辰　1138-741- 16
讀管子　　　　　宋范　淡　1140- 39- 5
讀鄧析子　　　　宋范　浚　1140- 40- 5
韓子受福（說）　宋史　浩　1141-849- 40
讀管氏弟子職　　宋朱　熹　1145-282- 66
舜典象刑說　　　宋朱　熹　1145-309- 67
讀管子　　　　　宋袁　燮　1157- 85- 7
辯管子　　　　　宋薛季宣　1159-417- 27
韓子（論）上下　宋楊萬里　1362-210- 12
刑法論　　　　　宋葉　適　1407-257-418
讀管子　　　　　宋韓元吉　1165-256- 16
禮義廉恥（辨疑問）　宋楊冠卿　1165-492- 8
孟子說天與賢與子可　宋陳　淳　1168-562- 8
　包韓子憂慮後世之義
　義　　　　　　宋陳　淳　1168-562- 8
與廣權帥邱迪嘉治盜
　書　　　　　　宋李昴英　1181-178- 10
任法任人說　　　宋歐陽守道　1183-704- 24
存法論　　　　　宋程大昌　1359-264- 37
　　　　　　　　　　　　　1375-346- 27
一令論　　　　　宋程大昌　1359-265- 37
象刑說　　　　　宋程大昌　1418-640- 58
治體論　　　　　宋陳　謙　1359-267- 38
治本論　　　　　宋陳　謙　1359-268- 38
治具論　　　　　宋陳　謙　1359-271- 38
治機論　　　　　宋陳　謙　1359-272- 38
法原　　　　　　宋淇　水　1359-482- 69
勢原　　　　　　宋李　參　1359-484- 69
賞罰議　　　　　宋趙　瞻　1407-318-425
知人論　　　　　金趙秉文　1190-232- 14
論治法（三則）　元胡祗遹　1196-364- 21
論定法律　　　　元胡祗遹　1196-401- 22
折獄雜條（九則）　元胡祗遹　1196-424- 23
讀韓非子　　　　元吳　萊　1209-104- 6
讀管子　　　　　元吳　海　1217-244- 8
原刑論　　　　　明 太 祖　1223-118- 10
諸子辯（管子二十四
　卷）　　　　　明宋　濂　1224-408- 27
諸子辯（鄧析子二卷）　明宋　濂　1224-412- 27
諸子辯（商子五卷）　明宋　濂　1224-419- 27
諸子辯（韓子二十卷）　明宋　濂　1224-420- 27
問刑　　　　　　明蘇伯衡　1228-547- 2
　　　　　　　　　　　　　1373-782- 24
治要（論）　　　明方孝孺　 444-382- 47
讀慎子　　　　　明方孝孺　1235-133- 4

子部

法家類：論文

1984　　　　　　　四庫全書文集篇目分類索引

讀鄧析子　　　　　　明方孝孺　1235-134- 4　　題鄧景周平反錄　　　宋歐陽守道　1183-687- 22
（讀審勢）　　　　　明何　瑭　1266-603- 9　　題陳推官歐鄉誓心錄　宋歐陽守道　1183-689- 22
喻刑　　　　　　　　明崔　銑　1267-405- 2　　趙維城洗寃錄序　　　宋文天祥　 518- 18-136
刑賞論　　　　　　　明孫承恩　1271-534- 43　　　　　　　　　　　　　　　　　1184-592- 13
後執法篇贈陳子東之　　　　　　　　　　　　　（龔知縣）帥正錄序　宋文天祥　 518- 18-136
　考績　　　　　　　明陸　粲　1274-590- 1　　　　　　　　　　　　　　　　　1184-593- 13
讀管子　　　　　　　明王世貞　1280-760-112
　　　　　　　　　　　　　　　1285- 63- 5　　書案雲心擬斷憲司獄
讀鄧析子　　　　　　明王世貞　1280-763-112　　事藁　　　　　　　　宋衞宗武　1187-718- 6
　　　　　　　　　　　　　　　1285- 66- 5　　管子原序　　　　　　宋楊　忱　 729- 10- 附
法原　　　　　　　　明王　樵　1454-416-131　（折獄龜鑑跋）　　　宋趙時豪　 729-968- 8
張貞女獄事（論）　　明歸有光　1289- 59- 4　　棠陰比事原序 附識語　宋桂萬榮　 729-970- 附
主術論　　　　　　　明倪元璐　1297- 65- 5　　刪注刑統賦序　　　　元郝　經　1192-331- 30
慎刑論　　　　　　　清聖祖　　1298-174- 17　　趙主簿平反集跋　　元王義山　1193- 62- 10
　　　　　　　　　　　　　　　1449-115-首 1　跋徐和父折獄比事　　元陸文圭　1194-641- 9
四維解　　　　　　　清聖祖　　1449-122-首 1　平寃集錄序　　　　　元吳　澄　1197-167- 15
書蘇軾刑賞忠厚之至　　　　　　　　　　　　　嘉善錄序　　　　　　元王　惲　1200-558- 43
　論後　　　　　　　清高宗　　1301-401- 19　　題蘇伯修治獄記　　元許有壬　1211-509- 72
（御製）讀韓非子　　清高宗　　 729-597- 附　　刑統賦釋義序　　　　元楊維楨　1221-387- 1
　　　　　　　　　　　　　　　 729-599- 附　　疑獄集序　　　　　　元杜　震　 729-797- 附
　　　　　　　　　　　　　　　1301-494- 34　　折獄龜鑑原序　　　　元虞應龍　 729-863- 附
（御製）讀韓子　　　清高宗　　 729-599- 附　　書蘇伯脩御史斷獄記
　　　　　　　　　　　　　　　1301-488- 33　　　後　　　　　　　　明劉　基　1225-189- 7
復讎議 并序　　　　　清汪　琬　1315-208- 1　　　　　　　　　　　　　　　　　1406-527-375
復讎或問 并序　　　　清汪　琬　1315-276- 9　　經歷律圖贊　　　　　明危　素　1226-650- 1
書李斯阿二世行督責　　　　　　　　　　　　　題朱自明平反獄事卷
　書後　　　　　　　清陳廷敬　1316-703- 48　　　後　　　　　　　　明王　直　1242-365- 36
原刑　　　　　　　　清朱彝尊　1318-300- 58　　審濟錄序　　　　　　明程敏政　1252-396- 23
　　　　　　　　　　　　　　　1449-912- 32　　管子敍錄　　　　　　明楊　慎　1270- 40- 3
弭盜條約　　　　　　清于成龍　1318-702- 5　　刻五花判語序　　　　明沈　錄　1278- 23- 1
續增（弭盜）條約　　清于成龍　1318-706- 5　　大獄招擬小序　　　　明王世貞　1280-219- 71
讀管子　　　　　　　清方　苞　1326-736- 2　　合刻管子韓非子序　　明王世貞　1282-576- 44
蘇公式敬由獄論　　　清弘　畫　1449-473- 3　　　　　　　　　　　　　　　　　1405-543-292

b.序　跋　　　　　　　　　　　　　　　　　嵩臺集後序　　　　　明高攀龍　1292-598-9 下
　　　　　　　　　　　　　　　　　　　　　　　山西求生錄序　　　　明畢自嚴　1293-397- 2
管子原序　　　　　　漢劉　向　 729- 9- 附　　管子原序　　　　　　明趙用賢　 729- 7- 附
鄧子序（上鄧析子）　漢劉　歆　 729-554- 附　　韓非子序　　　　　　明趙用賢　1405-549-292
　　　　　　　　　　　　　　　1396-628- 22　　疑獄集序　　　　　　明李崧祥　 729-796- 附
　　　　　　　　　　　　　　　1412-230- 9　　刻韓非子序　　　　　明劉　鳳　1405-546-292
疑獄集序　　　　　　五代和嶠　 729-797- 附　　刑統賦解序　　　　　明朱　升　1455-316-210
管子跋　　　　　　　宋張　嵲　 729- 11- 附　　理刑末議序　　　　　清魏裔介　1312-769- 7
管子補註跋　　　　　宋張　嵲　 729-551- 附　　刑統賦解跋　　　　　清朱彝尊　1318-231- 52
跋韓非子　　　　　　宋陸　游　1163-519- 27　　刑書纂要序　　　　　清張玉書　1322-441- 4
書富春斷案集後　　　宋程　珌　1171-354- 9　　慎刑纂要序　　　　　清田　雯　1324-272- 26
方帥山判序　　　　　宋李昴英　1181-131- 3　　讀商子跋　　　　　　清田　雯　1324-369- 34
　　　　　　　　　　　　　　　　　　　　　　　刪定荀子管子序　　　清方　苞　1326-801- 6

D.農 家 類

a.論 文

篇名	作者	索引號
與朝臣論杭稻書	魏 文 帝	1412-610- 24
較農	唐劉 蛻	1082-628- 3
		1336-484-377
較農	唐劉 蛻	1410-813-774
耒耜經	唐陸龜蒙	1083-258- 3
		1083-402- 19
		1385-189- 8
蠶書	宋秦 觀	1115-676- 6
次農說	宋金履祥	1189-806- 3
勸農論	宋高 錫	1351- 85- 93
論司農司	元胡祗遹	1196-391- 22
論農桑水利（七則）	元胡祗遹	1196-393- 22
勸農文	元王 惲	1200-805- 62
憫農說	明李 賢	1244-572- 9
說農贈薇山子	明李夢陽	1262-540- 59
農述	明雷 禮	1454-427-132
農桑論	清 聖 祖	1298-178- 18
稼說	清 聖 祖	1298-199- 21
黍稷辨	清陸隴其	1325- 20- 2
茶蓼辨	清陸隴其	1325- 21- 2
禁原蠶論	清弘 畫	1449-475- 4

b.序 跋

篇名	作者	索引號
齊民要術自序	後魏賈思勰	730- 2- 附
進農書狀	唐柳宗元	1339- 79-641
代文武百寮進農書表	唐呂 溫	1077-630- 4
		1388-671-611
		1394-396- 3
韋氏（保生）月錄序	唐李 翱	1078-192- 18
泰和曾氏農器譜序	宋周必大	518- 13-136
曾氏農器譜題辭	宋周必大	1147-570- 54
農桑輯要序	宋熊 禾	1188-768- 1
齊民要術後序	宋葛祐之	730-166- 附
農書序	宋陳 旉	730-171- 附
農書後跋	宋陳 旉	730-192- 附
農書後序	宋洪興祖	730-192- 附
王伯善農書序	元戴表元	1194-100- 7
農桑圖序奉敕撰	元趙孟頫	1196-746- 0
農桑輯要序	元蒲道源	1210-726- 20
農桑輯要原序	元王 磐	730-200- 附
農桑衣食撮要原序	元魯明善	730-292- 附
農書原序	元王 禎	730-318- 附
農桑輯要序	元蔡文淵	1367-445- 36
刻齊民要書引	明溫 純	1288-671- 15
泰西水法序	明曹于汴	1293-693- 2
治本書序	明曹于汴	1293-694- 2
救荒本草原序	明卞 同	730-611- 附
救荒本草序	明李 濂	1455-403-216
（御製）授時通考序	清 高 宗	732- 3- 附
		1301- 91- 9
		1449-268-首13
袁了凡先生農書序	清魏裔介	1312-766- 7
題致富書	清汪 琬	1315-603- 38
欽定授時通考跋	清戴衢亨等	732-118- 附

E.醫 家 類

a.論 文

篇名	作者	索引號
說疫氣（二則）	魏曹 植	1412-679- 26
寒食散論	晉 愍 帝	1398- 53- 3
勸醫論	梁簡文帝	1340-303-750
		1399-304- 3
		1414-558-82下
與崔連州論石鍾乳事		
書 論服餌	唐柳宗元	1344-273- 83
述藥	宋黃 庭	1092-796- 下
養生記	宋鄭 獬	1097-252- 15
藥誡	宋蘇 軾	1108-589-100
		1384-716-144
		1410-775-771
書藥說遺族弟友諒	宋黃庭堅	1113-265- 25
金液珠說	宋黃庭堅	1113-595- 6
與喬希聖論黃連書	宋秦 觀	1115-628- 37
題持古良醫妙技（二十六則）	宋米 芾	1116-137- 8
與都秀才論脈狀養生	宋李 復	1121- 53- 5
蘄州藥記	宋李 復	1121- 64- 6
代人上邑宰書醫家雜論	宋許景衡	1127-300- 15
記白朱砂	宋鄭剛中	1138-270- 25
漫記疫疾事	宋朱 熹	1375-420- 33
醫說贈孫處士	宋林之奇	1140-525- 20
運氣論（說）	宋王 炎	1155-739- 26
		1375-387- 31
處病說	宋陳 造	1166-371- 29
五運六氣論	宋王 當	561-487- 43

1986 四庫全書文集篇目分類索引

	1381-678- 48

子部

醫家類：論文、序跋

說醫　　　　　　　　　宋孔武仲　1345-374- 17
醫銘　　　　　　　　　宋呂　誨　1350-754- 73
述醫　　　　　　　　　宋龔鼎臣　1351-456-127
瘴瘧論　　　　　　　　宋李　廖　1466-687- 57
瘴瘧說　　　　　　　　宋王　棨　1466-708- 58
五瘴說　　　　　　　　宋梅　摯　1466-709- 58
病說（八則）　　　　　元胡祗遹　1196-244- 13
敬祝仲容病說（四則）　元胡祗遹　1196-247- 13
丹說贈陳景和　　　　　元吳　澄　1197- 77- 6
藥說贈張貴可　　　　　元吳　澄　1197- 77- 6
丹說贈羅其仁　　　　　元吳　澄　1197- 78- 6
丹說贈劉翼　　　　　　元吳　澄　1197- 79- 6
丹說贈吳生　　　　　　元吳　澄　1197- 79- 6
與李才卿等論梁寬甫
　　病症書　　　　　　元許　衡　1198-407- 8
與楊元甫論梁寬甫病
　　證書　　　　　　　元許　衡　1367-461- 37
　　　　　　　　　　　　　　　　1373- 56- 4
讀葯書謬（漫）記（
　　二則）　　　　　　元劉　因　1198-652- 22
　　　　　　　　　　　　　　　　1367-592- 45
　　　　　　　　　　　　　　　　1406-554-377
書示瘍醫　　　　　　　元劉　因　1198-652- 22
醫學諭諸生文　　　　　元安　熙　1198-726- 4
醫說贈胡君器之　　　　元王　惲　1200-601- 45
辨素問祝由　　　　　　元陳　櫟　1205-207- 4
　　　　　　　　　　　　　　　　1375-452- 35
跋黃思順醫說後　　　　元虞　集　1207-574- 40
題楊撫州所書東坡脈
　　說後　　　　　　　元李　存　1213-788- 26
醫說　　　　　　　　　元趙　汸　1221-307- 5
　　　　　　　　　　　　　　　　1454-162-101
保身說　　　　　　　明太　祖　1223-166- 15
贈醫師賈生序
　　論歷世醫書之得失，明宋　濂　1406-236-342
醫說贈馬復初　　　　　明劉　基　1225-197- 8
醫前論　　　　　　　　明胡　翰　1229- 21- 2
醫後論　　　　　　　　明胡　翰　1229- 30- 3
醫原　　　　　　　　　明方孝孺　1235-203- 6
原醫　　　　　　　　　明方孝孺　1407-406-432
內象說　　　　　　　　明周　瑛　1254-809- 5
內外象通說　　　　　　明周　瑛　1254-810- 5
恭題院使王玉被賜藥
　　方後　　　　　　　明吳　寬　1255-500- 54

恭題醫士陳寵被賜藥
　　方後　　　　　　　明吳　寬　1255-500- 54
言醫贈葛君汝敬　　　　明祝允明　1260-667- 22
臥病頗究醫理略說其
　　意三首其一言人病
　　凡自我醫亦由我　　明祝允明　1260-694- 24
臥病頗究醫理略說其
　　意三首其二言古今
　　世醫人各有五難　　明祝允明　1260-694- 24
臥病頗究醫理略說其
　　意三首其三言時人
　　不知醫者　　　　　明祝允明　1260-695- 24
良醫說　　　　　　　　明孫承恩　1271-474- 36
與裴劉溪推府書論醫　　明唐順之　1276-259- 4
醫辯（辨）　　　　　　明丘雲霄　1277-297- 9
　　　　　　　　　　　　　　　　1454-287-114
醫戒附　　　　　　　　明胡　直　1287-351- 10
題戴生病記　　　　　　明黃汝亨　1406-454-365
醫說　　　　　　　　　明李　濂　1454-199-105
醫辨（三則）　　　　　明李　濂　1454-277-113
讀黃帝素問　　　　　　明趙　玉　1454-430-133
釋骨　　　　　　　　　清沈　彤　1328-301- 2

b.序　跋

鍼灸甲乙經序　　　　　晉皇甫謐　 733-511- 附
本草（梁陶隱居）序　　梁陶弘景　 740- 11- 1
　　　　　　　　　　　　　　　　1415-219- 89
肘後百一方序　　　　　梁陶弘景　1415-220- 89
藥總訣序　　　　　　　梁陶弘景　1415-220- 89
黃帝八十一難經序　　　唐王　勃　1065- 89- 4
　　　　　　　　　　　　　　　　1340-167-735
傳信方述　　　　　　　唐劉禹錫　1077-582- 9
重廣補注黃帝內經素
　　問原序　　　　　　唐王　冰　 733- 6- 附
備急千金要方本序　　　唐孫思邈　 735- 10- 附
外臺秘要方原序　　　　唐王　燾　 736- 41- 附
本草唐本序　　　　　　唐孔志約　 740- 10- 1
褚氏遺書原序　　　　　後唐蕭淵　 734-542- 附
（御製）聖濟總錄纂
　　要序　　　　　　　宋徽　宗　 739- 2- 附
聖惠方後序　　　　　　宋蔡　襄　1090-583- 29
本草圖經序　　　　　　宋蘇　頌　 740- 7- 1
　　　　　　　　　　　　　　　　1092-697- 65
補注神農本草總序　　　宋蘇　頌　1092-694- 65
本草後序　　　　　　　宋蘇　頌　1092-696- 65

四庫全書文集篇目分類索引

子部

醫家類：序跋

校定備急千金要方序　　宋蘇　頌　1092-699- 65
（校定備急千金要方）後序　　宋蘇　頌　1092-700- 65
刻經效方序　　宋祖無擇　1098-826- 8
題慧應大師運氣經絡圖　　宋楊　傑　1099-728- 9
藥準序　　宋文彥博　1100-660- 11
節要本草圖序　　宋文彥博　1100-661- 11
聖散子敍　　宋蘇　軾　1107-484- 34
聖散子後敍　　宋蘇　軾　1107-488- 34
縣榜（簡要濟衆方）　宋蘇　軾　1108-592-100
傷寒總病論原序　　宋黃庭堅　738-577- 附
龐安常傷寒論後序　　宋黃庭堅　1113-148- 16
陳公廉說病詩序　　宋黃庭堅　1113-147- 16
楊子建通神論序　　宋黃庭堅　1113-559- 3
錢申醫錄序　　宋張　耒　1115-349- 40
跋龐安常傷寒論　　宋張　耒　1115-375- 44
書董及延壽錄後　　宋張　耒　1115-381- 45
（蘇沈良方）原序　　宋沈　括　738-218- 附
　　　　　　　　　　　　　　1351- 55- 90
　　　　　　　　　　　　　　1406- 8-314
李生方書序　　宋唐　庚　1124-374- 9
跋再刊初虞世必用方　宋李　光　1128-618- 17
書傷寒治要後　　宋葉夢得　1129-609- 3
安樂國序　　宋張　綱　1131-199- 32
跋靈樞經　　宋王庭珪　1134-336- 49
達嘗編序　　宋鄭剛中　1138-266- 25
題三鍼金人圖　　宋馮時行　1138-892- 4
題本事方後　　宋會　協　1140-290- 4
跋郭長陽醫書　　宋朱　熹　1145-737- 83
跋宋信翁產經　　宋陳傅良　1150-829- 42
增釋南陽活人書序　　宋樓　鑰　1152-827- 53
跋華氏中藏經　　宋樓　鑰　1153-178- 71
本草正經序　　宋王　炎　1155-719- 25
跋癰疽方　　宋洪　适　1158-662- 63
跋陸宣公古方　　宋楊萬里　1161-296- 99
跋續集驗方　　宋陸　游　1163-514- 27
題活人書　　宋陳　造　1166-395- 31
題養老書　　宋陳　造　1166-395- 31
題本草單方　　宋陳　造　1166-396- 31
題百一方　　宋陳　造　1166-398- 31
題衛生家寶方　　宋陳　造　1166-402- 31
本事方序　　宋劉　宰　1170-529- 19
書本草圖經後　　宋程　珌　1171-355- 9
編類錢氏小兒方證說　宋陽　枋　1183-371- 8

項國秀灸法序　　宋歐陽守道　1183-594- 11
金匱歌序　　宋文天祥　1184-591- 13
梁宇觀經驗良方序　　宋陳　著　1185-153- 附
復齋(醫家)書目跋　　宋王　柏　1186-203- 13
費茂卿方書序　　宋牟　巘　1188-113- 13
柯通甫醫藥序　　宋何夢桂　1188-453- 6
四時治要方序　　宋熊　禾　1188-769- 1
校正黃帝內經素問原序　　宋林　億等　733- 5- 附
傷寒論注釋序　　宋林　億等　734-203- 附
靈樞經原序　　宋史　崧　733-319-
黃帝素問靈樞集註序　宋史　崧　1381-332- 31
傷寒論方跋　　宋張孝忠　734-363- 附
褚氏遺書原序　　宋釋義塤　734-542- 附
褚氏遺書跋　　宋丁　介　734-548- 附
巢氏諸病源候總論原序　　宋宋　綬　734-551- 附
備急千金要方序　　宋高保衡等　735- 9- 附
外臺秘要方原序　　宋孫　兆　736- 42- 附
（博濟方）原序　　宋郎　簡　738- 98- 附
（博濟方）自序　　宋王　袞　738- 99- 附
脚氣治法總要原序　　宋董　汲　738-419- 附
旅舍備要方原序　　宋孟　震　738-440- 附
旅舍備要方自序　　宋董　汲　738-441- 附
素問入式運氣論奧序　宋劉溫舒　738-452- 附
傷寒微旨論後序　　宋韓祇和　738-574- 附
政和新修經史證類備用本草序　　宋曹孝忠　740- 4- 附
金生指迷方原序　　宋吳　敏　741- 2- 附
金生指迷方自序　　宋王　貺　741- 3- 附
小兒衛生總微論方原序　　宋何大任　741- 50- 附
太醫局諸科程文格原序附考證　　宋何大任　743- 5- 附
衛濟寶書原序　　宋董　煟　741-814- 附
衛濟寶書原序　　宋東軒居士　741-815- 附
衛濟寶書後序　　宋徐文禮　741-833- 附
醫說序　　宋羅　頊　742- 1- 附
鍼灸資生經原表　　宋陳　承等　742-230- 附
鍼灸資生經序　　宋徐正卿　742-231- 附
鍼灸資生經序　　宋趙　綸　742-232- 附
婦人大全良方原序　　宋陳自明　742-446- 附
（產育寶慶集）原序　宋劉四垣　743-119- 附
（產育寶慶集）原序　宋王　晉　743-119- 附
（產育寶慶集）原序　宋趙　瑩　743-119- 附

1988 四庫全書文集篇目分類索引

子部

醫家類：序跋

篇目	作者	索引號
（產育寶慶集）原序	宋李師聖	743-121- 附
李氏集驗方序	宋郭應祥	743-434- 附
（濟生方）原序	宋嚴用和	743-450- 附
仁齋直指原序	宋楊士瀛	744- 2- 附
外臺秘要方翁子	宋不著撰人	736- 44- 附
（顱顖經）原序	宋不著撰人	738- 2- 附
本草嘉祐補注總叙	宋不著撰人	740- 5- 1
本草開寶重定序	宋不著撰人	740- 9- 1
（脾胃論）原序	金元好問	745-402- 附
傷寒會要引（序）	金元好問	1191-435- 37
		1367-390- 32
		1406- 14-314
元氏集驗方序	金元好問	1191-437- 37
周氏衛生方序	金元好問	1191-438- 37
傷寒論注釋序	金嚴器之	734-204- 附
傷寒明理論序	金嚴器之	734-707- 附
素問玄機原病式原序	金劉完素	744-704- 附
保命集原序	金楊 威	745- 2- 附
內外傷辯惑論原序	金李 杲	745-364- 附
傷寒直格（方）序	金不著撰人	744-848- 附
李伯玉大素脈（序）	元劉 跂	1195-158- 2
瑞竹堂經驗方原序	元吳 澄	746- 3- 附
		1197-245- 23
傷寒生意序	元吳 澄	1197-168- 15
診脈指要序	元吳 澄	1197-173- 16
內經指要序	元吳 澄	1197-176- 16
易簡歸一方	元吳 澄	1197-182- 16
運氣新書序	元吳 澄	1197-186- 17
運氣考定序	元吳 澄	1197-187- 17
活人書辯序	元吳 澄	1197-207- 19
脈訣刊誤集解序	元吳 澄	1197-207- 19
醫方大成序	元吳 澄	1197-244- 23
古今通變仁壽方序	元吳 澄	1197-244- 23
醫說序	元吳 澄	1197-244- 23
吳氏傷寒辨疑論序	元許 衡	1198-407- 8
		1373- 48- 3
內經類編序	元劉 因	1198-571- 11
診脈樞機序	元胡炳文	1199-763- 3
題戴德夫五運六氣之圖	元胡炳文	1199-770- 4
潔古老人注難經序	元王 惲	1200-535- 41
		1373-394- 25
衛生寶鑒序	元王 惲	1200-538- 41
跋羅謙甫醫辨後	元王 惲	1201- 83- 72
跋眼科醫師卷後	元王 惲	1201- 91- 73
題熊氏生意稿	元程鉅夫	1202-359- 24
高一清醫書十事序	元袁 桷	1203-292- 21
書高使君脈圖後	元袁 桷	1203-634- 48
題何子方丹書後	元袁 桷	1203-649- 49
本草單方序	元劉岳申	1204-184- 1
集驗方序	元劉 敬中	1206- 79- 9
承天仁惠局藥方序	元虞 集	1207-323- 22
醫書集成序	元虞 集	1207-486- 34
大元本草序	元許有壬	1211-225- 31
難經本義序	元張 養	733-431- 附
難經本義序	元劉仁本	733-432- 附
自試方題	元吳 海	1217-153- 1
吳氏及幼方序	元魯 貞	1219-141- 2
脾胃後論序	元戴 良	1219-497- 21
義濟方選序	元王 禮	1220-462- 1
苗氏備急活人方序	元楊雜樹	1221-479- 11
難經本義序	元揭 汯	733-433- 附
難經本義序	元滑 壽	733-433- 附
肘後備急方序	元段成已	734-366- 附
壽親養老新書原序	元危徵孫	738-284- 附
壽親養老新書序	元黃應棻	738-285- 附
壽親養老新書原序	元張士弘	738-286- 附
聖濟總錄纂要序	元焦養直	739- 4- 附
重修證類本草序	元麻 革	740- 3- 附
產育寶慶集原序	元翼致君	743-120- 附
此事難知原序	元王好古	745-574- 附
醫壘元戎原序	元王好古	745-632- 附
（醫壘元戎跋）	元王好古	745-907- 12
湯液本草原序	元王好古	745-910- 附
瑞竹堂經驗方原序	元王都中	746- 2- 附
世醫得效方題識	元太醫院	746- 44- 附
世醫得效方序	元危亦林	746- 46- 附
扁鵲神應鍼灸玉龍經後序	元周仲良	746-798- 附
（脈訣刊誤集解前言）	元戴啓宗	746-864- 上
運氣新書序	元趙 采	1381-338- 31
格致餘論原序	明宋 濂	746-638- 附
醫家十四經發揮序	明宋 濂	1223-376- 5
題脈緒	明朱 右	1228- 40- 3
醫鏡密語序	明貝 瓊	1228-355- 10
集效方序	明貝 瓊	1228-409- 19
醫經辨證圖序	明王 行	1231-344- 5
外科新錄序	明王 行	1231-357- 6
壽親養老新書序	明方孝孺	1235-364- 12
非非子醫書序	明方孝孺	1235-377- 12

四庫全書文集篇目分類索引

子部　醫家類：序跋

玉機微義原序　　　　　　明楊士奇　762- 2- 附
玉機微義（原）序　　　　明楊士奇　1238-549- 14
易簡方序　　　　　　　　明楊士奇　1238- 74- 6
醫經小學序　　　　　　　明楊士奇　1238-546- 14
（跋）衞生保鑑　　　　　明楊士奇　1238-628- 20
（跋）用藥眞珠囊詩　　　明楊士奇　1238-628- 20
（跋）拔萃方　　　　　　明楊士奇　1238-628- 20
（跋）小兒醫方一集　　　明楊士奇　1238-628- 20
（跋）湯液本草二集　　　明楊士奇　1238-628- 20
（跋）東垣內外傷辨　　　明楊士奇　1238-629- 20
（跋）東垣用藥囊眞珠　　明楊士奇　1238-629- 20
（跋）東垣試效方　　　　明楊士奇　1238-629- 20
（跋）朱氏三書　　　　　明楊士奇　1238-629- 20
（跋）醫書　　　　　　　明楊士奇　1238-629- 20
（跋）袖珍方　　　　　　明楊士奇　1238-629- 20
（跋）三元延壽書　　　　明楊士奇　1238-630- 20
（跋）外科雜方　　　　　明楊士奇　1238-630- 20
（跋）外科精要　　　　　明楊士奇　1238-630- 20
（跋）秘傳證治類方　　　明楊士奇　1238-630- 20
（跋）五運時行證治錄　　明楊士奇　1238-630- 20
（跋）眼科源流一集　　　明楊士奇　1238-630- 20
（跋）衞生易簡方　　　　明楊士奇　1238-630- 20
重刊衞生寶鑑後序　　　　明楊　榮　1240-207- 14
題楊少保編纂用藥眞珠囊詩括後　　明楊　榮　1240-240- 15
書衞生寶鑑後　　　　　　明金幼孜　1240-876- 10
題衞生易簡方後　　　　　明王　直　1241-280- 12
致和樞要序　　　　　　　明鄭文康　1246-583- 8
保嬰集序　　　　　　　　明鄭文康　1246-588- 8
本草格式序　　　　　　　明丘　濬　1248-186- 9
明堂經絡前圖序　　　　　明丘　濬　1248-189- 9
明堂經絡後圖序　　　　　明丘　濬　1248-190- 9
重訂丹溪心法序　　　　　明程敏政　1252-402- 23
題所校脈經後　　　　　　明程敏政　1252-629- 36
跋何翠谷藥案　　　　　　明吳　寬　1255-478- 52
古單方序　　　　　　　　明王　鏊　1256-265- 12
跋敬齋醫法　　　　　　　明方良永　1260-141- 7
醫學管見序　　　　　　　明何　瑭　1266-551- 6
陶節齋傷寒書序　　　　　明陸　深　1268-256- 41
重刊豆疹論序　　　　　　明陸　深　1268-296- 48
重刊千金寶要方序　　　　明陸　深　1268-306- 49
爲己方序　　　　　　　　明陸　深　1268-316- 51
醫林集要序　　　　　　　明鄭善夫　1269-143- 9
書吳氏醫說後　　　　　　明皇甫汸　1275-907- 60

本草綱目序　　　　　　　明王世貞　534-615-102
　　　　　　　　　　　　　　　　　772- 6- 附
重刻幼幼新書序　　　　　明王世貞　1282-674- 51
醫括序　　　　　　　　　明胡應麟　1290-585- 81
跋兵醫節要付子祥　　　　明楊寅秋　1291-757- 4
簡明醫藥題辭　　　　　　明顧憲成　1292-174- 15
書治病要語　　　　　　　明曹于汴　1293-717- 3
書濟世靈樞　　　　　　　明曹于汴　1293-718- 3
岳心翼先生醫家正印序　　明范景文　1295-519- 5
備急千金要方後序　　　　明陳　青　735-943- 附
（仁齋直指原序）　　　　明余　鑑　744- 2- 附
儒門事親原序　　　　　　明邵　輔　745-100- 附
推求師意原序　　　　　　明汪　機　765- 2- 附
鍼灸問對原序　　　　　　明汪　機　765- 42- 附
外科理例原序　　　　　　明汪　機　765-112- 附
名醫類案原序　　　　　　明江　瑔　765-411- 附
名醫類案跋　　　　　　　明江應宿　765-920- 附
赤水元珠原序　　　　　　明羅浮道人　766- 2- 附
（證治準繩）原序　　　　明王肯堂　767- 2- 附
進本草綱目疏　　　　　　明李建元　772- 8- 附
（瀕湖脈學序）　　　　　明李時珍　774-572- 0
傷寒論條辨前序　　　　　明方有執　775- 2- 附
傷寒論條辨後序　　　　　明方有執　775- 4- 附
傷寒論條辨引　　　　　　明方有執　775- 6- 附
（傷寒論條辨跋）　　　　明方有執　775-128- 8
痘書并序　　　　　　　　明方有執　775-149- 11
痘書跋　　　　　　　　　明方有執　775-156- 11
先醒齋廣筆記自序　　　　明繆希雍　775-160- 附
神農本草經疏原序　　　　明繆希雍　775-288- 附
類經自序　　　　　　　　明張介賓　776- 2- 附
類經圖翼原序　　　　　　明張介賓　776-688- 附
景岳全書紀略　　　　　　明林日蔚　777- 3- 附
本草乘雅半偈原序　　　　明盧之頤　779- 98- 附
重刻體仁彙編序　　　　　明黃汝亨　1406- 29-315
本草綱目序　　　　　　　明商　輅　1455-344-212
重刻劉河間保命集序　　　明章　拯　1456-505-316
醫史序　　　　　　　　　明李　濂　1456-505-316
賞心集引　　　　　　　　明袁宏道　1456-524-318
古今醫統序　　　　　　　明余孟麟　1456-524-318
醫暇卮言序　　　　　　　清吳　綺　1314-323- 6
傷寒書序　　　　　　　　清汪　琬　1315-455- 25
跋素問　　　　　　　　　清汪　琬　1315-612- 39
太醫院銅人腧穴圖招本跋　清朱彝尊　1318-179- 46

書隋巢元方諸病源候論後　　　　　　　清朱彝尊　1318-264- 55
書太平惠民和劑局方後　　　　　　　清朱彝尊　1318-264- 55
本草衍義跋　　　　　　　　　　　　清朱彝尊　1318-264- 55
書是齋百一選方後　　　　　　　　　清朱彝尊　1318-265- 55
書宋本晞范子脈訣集解後　　　　　　清朱彝尊　1318-265- 55
跋濟生拔萃方　　　　　　　　　　　清朱彝尊　1318-265- 55
醫家四書跋　　　　　　　　　　　　清朱彝尊　1318-266- 55
大觀證類本草跋　　　　　　　　　　清朱彝尊　1318-266- 55
跋張氏醫說　　　　　　　　　　　　清朱彝尊　1318-266- 55
新刻銅圖石經序　　　　　　　　　　清毛奇齡　1320-197- 24
燕臺醫按序　　　　　　　　　　　　清毛奇齡　1320-370- 43
養生微言序　　　　　　　　　　　　清張玉書　1322-448- 4
鄒君針灸書序　　　　　　　　　　　清姜宸英　1323-651- 2
痘疹全書序　　　　　　　　　　　　清田　雯　1324-276- 26
重訂本草綱目原序　　　　　　　　　清吳毓昌　 772- 6- 附
進御纂醫宗金鑑表　　　　　　　　　清弘　畫　 780- 8- 首
（尚論篇跋）　　　　　　　　　　　清周　瑞　 783-270- 4
蘭臺軌範原序　　　　　　　　　　　清徐大椿　 785-345- 附
神農本草經百種錄原序　　　　　　　清徐大椿　 785-558- 附
傷寒類方原序　　　　　　　　　　　清徐大椿　 785-586- 附
醫學源流論原序　　　　　　　　　　清徐大椿　 785-640- 附
（產育寶慶集）原序　　　　　　　　寓齋老人　 743-120- 附
（產育寶慶集）原序　　　　　　　　頤齋老人　 743-120- 附
（產寶諸方）原序　　　　　　　　　王卿月　　 743-526- 附
（產寶諸方）原序　　　　　　　　　不著撰人　 743-526- 附

F.天文曆算類

a.天文曆法

1. 論　文

難蓋天八事　　　　　　　　　　　　漢揚　雄　1396-622- 21
三統歷說　　　　　　　　　　　　　漢劉　歆　1396-629- 22
　　　　　　　　　　　　　　　　　　　　　　 1412-230- 9
歷論　　　　　　　　　　　　　　　漢賈　逵　1397-212- 10
渾儀　　　　　　　　　　　　　　　漢張　衡　1397-276- 13
　　　　　　　　　　　　　　　　　　　　　　 1412-343- 14
靈憲　　　　　　　　　　　　　　　漢張　衡　1397-277- 13
　　　　　　　　　　　　　　　　　　　　　　 1412-345- 14
歷書　　　　　　　　　　　　　　　漢司馬遷　1409-455-616
天官書　　　　　　　　　　　　　　漢司馬遷　1409-457-617

渾天象體論　　　　　　　　　　　　劉宋何承天 1398-670- 9
歷議　　　　　　　　　　　　　　　劉宋何承天 1414- 5- 63
論王蕃渾天體（二則）　　　　　　　劉宋何承天 1414- 12- 63
駁張賓歷法（二則）
　　附楊素等奏劉暉等駁
　　張胄玄顏愍楚上書及
　　文帝下詔　　　　　　　　　　　隋劉孝孫　1400-333- 6
駁張胄玄（歷法）　　　　　　　　　隋劉暉等　1400-334- 6
上皇太子駁正張胄玄
　　歷誤六事　　　　　　　　　　　隋劉　焯　1400-337- 6
上皇太子論渾天啓（
　　二則）　　　　　　　　　　　　隋劉　焯　1400-339- 6
三統論　　　　　　　　　　　　　　宋余　靖　1089- 38- 4
　　　　　　　　　　　　　　　　　　　　　　 1346-198- 12
司天　　　　　　　　　　　　　　　宋歐陽修　1378- 30- 34
五代史司天考論　　　　　　　　　　宋歐陽修　1383-491- 44
司天考論　　　　　　　　　　　　　宋歐陽修　1383-833- 77
渾儀議　　　　　　　　　　　　　　宋沈　括　1351-210-106
　　　　　　　　　　　　　　　　　　　　　　 1407-319-425
堯典中氣中星（說）　　　　　　　　宋晁說之　1118-214- 11
日法（說）　　　　　　　　　　　　宋晁說之　1118-217- 11
曆元　　　　　　　　　　　　　　　宋晁說之　1118-259- 14
渾天論　　　　　　　　　　　　　　宋華　鎮　1119-470- 19
答曹銛秀才書論歷法　　　　　　　　宋李　復　1121- 43- 5
又答曹銛秀才歷法（
　　書）　　　　　　　　　　　　　宋李　復　1121- 44- 5
又答曹銛秀才（書）
　　論歷法　　　　　　　　　　　　宋李　復　1121- 44- 5
又答曹銛秀才（書）
　　論歷法星象　　　　　　　　　　宋李　復　1121- 45- 5
論月食（書）　　　　　　　　　　　宋李　復　1121- 48- 5
北辰辨　　　　　　　　　　　　　　宋朱　熹　1145-426- 72
月法辯　　　　　　　　　　　　　　宋李　石　1149-669- 13
明閏　　　　　　　　　　　　　　　宋李　石　1149-768- 19
日月食說　　　　　　　　　　　　　宋林希逸　1185-610- 6
正天行度數一二三　　　　　　　　　宋林希逸　1185-615- 6
閏（論）　　　　　　　　　　　　　宋林希逸　1185-637- 8
明歷（論）　　　　　　　　　　　　宋陳　武　1362-289- 11
書史記律書後　　　　　　　　　　　宋程大昌　1375-294- 22
原理有跋　　　　　　　　　　　　　元吳　澄　1197- 14- 1
答仲誠問干支　　　　　　　　　　　元劉　因　1198-677- 2
七政疑　　　　　　　　　　　　　　元許　謙　1199-600- 4
中星考　　　　　　　　　　　　　　元陳　櫟　1205-199- 4
　　　　　　　　　　　　　　　　　　　　　　 1375-410- 32
置閏辨　　　　　　　　　　　　　　元陳　櫟　1205-206- 4

四庫全書文集篇目分類索引

子部

天文曆算類：天文曆法

論滅沒	元陳　櫟	1205-208- 4
答問 問虛谷云北辰天福前面運轉乃專言北斗何也	元陳　櫟	1205-264- 7
改月數議	元張敷言	1367-586- 44
楚客對 雜說天文	明宋　濂	1373-776- 24
中星解	明貝　瓊	1228-442- 23
		1373-660- 13
元史歷志序	明高　啓	1230-269- 2
論正統己巳歷	明岳　正	443-656- 30
答洪元達書凡十三段		
論周正	明蔡　清	1257-773- 1
理歷法（九則）	明胡居仁	1260- 62- 2
駁月影辯	明陸　深	1268-567- 88
月借日光說	明羅洪先	1275-198- 10
日暈辨	明羅洪先	1275-201- 10
答萬思節主事書（二則）論歷法	明唐順之	1276-256- 4
月借日光辯	明胡　直	1287-390- 13
三統考	明劉宗周	1294-599- 16
（史記評論）律書	明黃淳耀	1297-684- 4
讀元史歷志	明楊　廉	443-658- 30
周正辯（八則）	明周洪謨	1373-682- 15
周正辨	明周洪謨	1407-422-434
天極（論）	明劉定之	1374-352- 56
日輪（論）	明劉定之	1374-353- 56
歲差考	明王廷相	1407-449-437
量天尺論	清聖　祖	1299-157- 19
齊于生辯日遠近說	清毛奇齡	1321-280-117
天九重論	清李光地	1324-747- 15
歲分消長論	清李光地	1324-748- 15
記太初歷	清李光地	1324-789- 18
記四分歷	清李光地	1324-790- 18
記渾儀	清李光地	1324-797- 19
歷法	清李光地	1324-807- 20
西歷	清李光地	1324-808- 20
記南懷仁問答		
雜說天文	清李光地	1324-809- 20
聖人作歷之原	清李光地	1324-810- 20
詰律書一則	清方　苞	1326-740- 2
歷代歷法考	清藍鼎元	1327-802- 14
史記北斗齊七政解	清沈　彤	1328-298- 1
2. 序　跋		
周髀算經序	漢趙　爽	1397-566- 27
星圖讚	晉郭　璞	1413-590- 57
上元嘉新曆表 附文帝韶錢樂之嚴粲奏皮延宗難及有司奏四則	劉宋何承天	1398-666- 9
上新曆表	劉宋祖沖之	1398-802- 15
長慶宣明歷序	唐　穆　宗	1340-193-738
（開元）大衍歷序	唐張　說	1065-781- 16
		1340-177-736
		1344-404- 54
神龍歷序	唐李　嶠	1340-173-736
		1394-638- 9
明天歷序	宋王　珪	1093-340- 46
甲歷序	宋薛季宣	1159-472- 30
重改奉午循環歷序	宋王　柏	1186- 56- 4
書仰觀圖後	宋王　柏	1186-180- 12
進西征庚午元歷表	元耶律楚材	1191-563- 8
甲子釋義後序	元吳　澄	1197-197- 18
題天文小圖	元吳　澄	1197-574- 58
周正如傳書序	元吳　萊	1209-123- 7
書鄧敬淵所藏大明歷後	元傅若金	1213-342- 7
浙江潮候圖說	元裴伯宣	526-282-267
授時歷轉神注式序	元楊　桓	1367-411- 33
進授時歷經議表	元楊　桓	1382-413-下之3
進授時歷經歷議表	元楊　桓	1394-455- 4
革象新書原序	明宋　濂	786-274- 附
		1223-372- 5
		1405-740-313
革象新書原序	明王　禕	786-276- 附
高宗麟德二年李淳風上麟德歷表	明鄭　眞	1234-415- 61
玄宗開元中一行上黃道游儀表	明鄭　眞	1234-416- 61
玄宗開元幾年特進張說進大衍歷表	明鄭　眞	1234-419- 61
（跋）革象新書	明楊士奇	1238-602- 18
西域歷書序	明徐有貞	1245- 55- 2
題革象新書後	明岳　正	786-309- 附
		1246-429- 8
		1455-345-212
天文便覽叙	明夏良勝	1269-916- 10
天文便覽跋	明夏良勝	1269-938- 10
（跋）天文地理搢圖	明王世貞	1284-451-170
（上聖壽萬年歷表二則）	明朱載堉	786-451- 首

子部 天文曆算類:天文曆法、算學

（聖壽萬年曆附錄）

篇目	作者	索引號
總跋	明朱載堉	786-554- 附
古今律曆考原序	明邢雲路	787- 3- 附
簡平儀說序	明徐光啓	787-835- 附
圜容較義序	明李之藻	789-926- 附
歷體略序	明翁漢麐	789-946- 附
歷體略序	明王英明	789-947- 附
歷理發微序	明朱元弼	1455-522-226
題測量法義	明不著撰人	789-817- 附
（御製）律歷淵源序	清 世 宗	790- 1- 附
（御製）題宋版周髀算經	清 高 宗	786- 1- 附
（御題）新儀象法要	清 高 宗	786- 79- 附
（御製）儀象考成序	清 高 宗	793- 1- 附
儀象考成序	清 高 宗	1301-110- 12
張氏定歷玉衡序	清朱彝尊	1318- 49- 35
書周髀後	清朱彝尊	1318-148- 44
書宋寶祐會天曆後	清朱彝尊	1318-149- 44
歷法天在序	清毛奇齡	1320-246- 30
梅定九歷學疑問序	清李光地	1324-697- 12
（歷學疑問）序	清李光地	794- 4- 附
御批歷學疑問恭紀	清李光地	1324-722- 14
古歷不步五星說	清沈 彤	1328-288- 1
古閏月斗指兩辰間說	清沈 彤	1328-289- 1
古閏月在時終辨	清沈 彤	1328-307- 2
日躔宮次論	清沈 彤	1328-311- 3
月建論	清沈 彤	1328-311- 3
曉菴新法原序	清王錫闡	793-452- 附
中星譜原序	清胡 萱	793-534- 附
（弧三角舉要）序	清梅文鼎	794-109- 附
（環中黍尺）小引	清梅文鼎	794-218- 附
（授時平立定三差詳說）自序	清梅文鼎	794-367- 附
（冬至考）序	清梅文鼎	794-381- 附
（仰儀簡儀二銘補註序）	清梅文鼎	794-524- 20
歷學駢枝自叙	清梅文鼎	794-534- 附
交會管見小引	清梅文鼎	794-643- 附
籌算自序	清梅文鼎	794-765- 附
筆算自序	清梅文鼎	794-843- 附
比例規用法假如原序	清梅文鼎	795- 1- 附
中西經星同異考原序	清梅文鼎	795-994- 附
中西經星同異考跋	清徐用錫	795-997- 附
（歷學駢枝序）——		
歷學源流 附梅文鼎按語	清不著撰人	794-535- 附

b.算 學

1. 論 文

篇目	作者	索引號
子穀柤秦（說）	宋陳 造	1166-374- 29
與顧箸溪中丞書 論算學	明唐順之	1276-259- 4
勾股測望論	明唐順之	1276-481- 12
勾股容方圓論	明唐順之	1276-482- 12
弧矢論	明唐順之	1276-483- 12
三角形推算法論	清 聖 祖	1299-156- 19
侍直恭紀 論算學	清張玉書	1322-517- 7
算法	清李光地	1324-806- 20

2. 序 跋

篇目	作者	索引號
九章算術注原序	晉劉 徽	797- 4- 附
算經原序	隋夏侯陽	797-228- 附
算經序	隋張邱建	797-253- 附
上緝古算經表	唐王孝通	797-305- 附
九章算術後序	宋鮑澣之	797-138- 附
數學九章序	宋秦九韶	797-325- 附
（測圓海鏡）原序	元李 冶	798- 3- 附
		1367-395- 32
益古演段序	元李 冶	798-246- 附
（測圓海鏡）後序	元王德淵	798-125- 附
益古演段序	元硯 堅	798-245- 附
王氏數學舉要序	明胡 翰	1229- 44- 4
		1374-110- 38
弧矢算術序	明顧應祥	798-306- 附
同文算指前編序	明李之藻	798-341- 附
幾何原本序	明徐光啓	798-564- 附
數理精藴序	清 世 宗	1300- 66- 6
		1449-191-首7
（御製）題九章算術有序	清 高 宗	797- 1- 附
跋孫子算經	清朱彝尊	1318-266- 55
九章算經跋	清朱彝尊	1318-267- 55
五曹算經跋	清朱彝尊	1318-267- 55
方程論自叙	清梅文鼎	795- 64- 附
幾何補編自序	清梅文鼎	795-579- 附
少廣拾遺序	清梅文鼎	795-718- 附
立三角法序	清梅文鼎	795-752- 60
緝古算經跋	清毛 辰	797-322- 附
幾何論約原序	清吳學顥	802- 2- 附
幾何論約原序	清杜知耕	802- 4- 附

孫子算經原序 不著撰人 797-141- 附

G.術 數 類

a.論 文

太玄經	漢揚　雄	1063- 33- 2
太玄攡	漢揚　雄	1396-620- 21
雨雹對	漢董仲舒	1332-663- 11
		1396-376- 8
五行對	漢董仲舒	1396-379- 8
與王根論災異（書）	漢李　尋	1396-582- 20
		1404-453-207
靈應（論）	漢張　衡	1397-279- 13
		1412-347- 14
災異論	漢荀　悅	1407-123-406
		1412-390- 17
相論	魏曹　植	1063-323- 10
		1412-673- 26
宅無吉凶攝生論	魏嵇　康	1063-374- 8
難宅無吉凶攝生論	魏嵇　康	1063-375- 8
		1413- 71- 35
釋難宅無吉凶攝生論	魏嵇　康	1063-379- 9
答釋難宅無吉凶攝生論	魏嵇　康	1063-381- 9
		1413- 74- 35
運命論	魏李　康	1329-906- 53
		1331-377- 53
		1407-126-406
山亡	晉干　寶	1410-798-773
蓍論	北魏高允	1415-634-107
三易異同論	北周衞元嵩	1400-105- 3
八卦卜大演論	唐王　勃	1340-305-750
卜論	唐李　華	1072-379- 2
		1340-307-750
		1343-523- 35
		1407-152-408
陰陽不測之謂神論	唐顧　況	1072-544- 下
		1340-215-740
珍祥論	唐歐陽詹	1078-235- 6
陰德論	唐李德裕	1079-312- 2
		1340-218-740
折群疑相論	唐李德裕	1079-329- 4
		1340-309-750
		1407-202-412
禱祝（祠）論	唐李德裕	1079-330- 4
		1340-218-740
		1407-203-412
		1410-812-774
祥瑞論	唐李德裕	1079-330- 4
		1410-812-774
冥數有報論	唐李德裕	1079-331- 4
		1340-216-740
喜徵論	唐李德裕	1079-334- 4
		1410-813-774
論相（相論）	唐杜　牧	1081-574- 2
		1340-309-750
		1343-523- 35
		1407-157-408
相解	唐皮日休	1083-197- 7
		1336-483-377
		1407-432-435
巫比	唐黃　滔	1084-182- 8
時日無吉凶解	唐沈　顏	1336-482-377
妖祥辨	唐沈　顏	1336-482-377
五行祿命葬書論	唐呂　才	1340-209-740
折滯論	唐盧藏用	1340-213-740
善惡無餘論	唐牛僧孺	1340-216-740
蓍龜論	唐于　邵	1340-308-750
水旱論	宋田　錫	1085-429- 12
答陳在中書論蒙言釋象六篇	宋楊　億	1086-585- 18
正瑞論	宋余　靖	1089- 36- 4
		1346-196- 12
		1418-358- 48
辨揚子 辨其所作太玄	宋孫　復	1090-163- 0
		1346-133- 8
陰德論	宋石　介	1090-256- 11
		1351-107- 95
與范十三奉禮書	宋石　介	1090-293- 15
符瑞（論）	宋蘇舜欽	1092- 96- 13
葬論 非葬書	宋司馬光	1094-603- 65
		1351-119- 96
說玄（讀玄）	宋司馬光	1094-620- 67
		1351-447-126
五勝論	宋鄭　獬	1097-270- 17
書術	宋呂　陶	1098-219- 28
唐書五行志論	宋歐陽修	1383-486- 43
太玄論上中下	宋蘇　洵	1104-893- 8
太玄總例引	宋蘇　洵	1104-896- 8
汴說 非卜筮	宋王安石	587-732- 18

子部 天文曆算類：算學 術數類：論文

1994　　　　　　　　四庫全書文集篇目分類索引

　　　　　　　　　　　　　　　　1105-579- 70
洪範五事說　　　　　宋蘇　轍　1112-832- 8
十二經相合義說　　　宋秦　觀　1115-559- 25
書祥瑞　　　　　　　宋米　芾　1116-136- 8
易玄星紀譜　　　　　宋晁說之　1118-185- 10
洪範小傳　　　　　　宋晁說之　1118-218- 11
五行說　　　　　　　宋晁補之　1118-593- 27
答晉城令張翼書
　　談讖緯　　　　　宋李　復　1121- 27- 3
又答曹銛秀才（書）
　　論歷法星象　　　宋李　復　1121- 45- 5
又答曹秀才（書）
　　論五行　　　　　宋李　復　1121- 48- 5
災異論　　　　　　　宋李　綱　1126-605-143
與丁剛異書
　　論壇地地理之說　宋許景衡　1127-305- 15
八卦納甲　　　　　　宋張　嵲　1131-631- 33
六子分支　　　　　　宋張　嵲　1131-631- 33
納音分支生六十甲子
　　納音　　　　　　宋張　嵲　1131-631- 33
相說　　　　　　　　宋鄭剛中　1138- 79- 5
青龍白虎說　　　　　宋張九成　1138-428- 19
五德（論）　　　　　宋周紫芝　1141-321- 46
書枯冷道人李處士序
　　後 地理說　　　　宋周紫芝　1141-469- 66
答程泰之大昌（書）
　　論策數揲法　　　宋朱　熹　1144- 58- 37
答李壽翁（書）
　　辨麻衣易說之作者　宋朱　熹　1144- 61- 37
答丘子野(書)論易占筮　宋朱　熹　1144-320- 45
倉耗解　　　　　　　宋崔敦禮　1151-875- 12
（跋）邵康節觀物篇　宋樓　鑰　1153-233- 76
家計九 論歷數　　　　宋楊　簡　1156-845- 15
分野論　　　　　　　宋蔡　戡　1466-685- 57
八卦由數起（說）　　宋陳　造　1166-374- 29
雨暘寒暖風說　　　　宋黃　幹　1168-392- 34
金木水火土說　　　　宋黃　幹　1168-392- 34
記丁卯揲卦解　　　　宋黃　幹　1168-392- 34
太玄辨　　　　　　　宋陳　淳　1168-666- 21
潛虛論　　　　　　　宋陳　淳　1168-669- 21
答南康胡伯量問目一
　　一問游氣紛擾合而
　　成質者　　　　　宋陳　淳　1168-782- 36
答南康胡伯量問目一
　　一問動靜無端陰陽

　　無始　　　　　　宋陳　淳　1168-783- 36
贈易數雍堯俞　　　　宋魏了翁　1173-383- 92
贈資中王彥正風水說　宋魏了翁　1173-383- 92
禱雨說　　　　　　　宋眞德秀　1174-515- 33
天地交泰辨　　　　　宋汪　莘　1178-121- 1
巫說　　　　　　　　宋許　棐　1183-209- 5
分野（論）　　　　　宋林希逸　1185-633- 8
太玄（論）　　　　　宋林希逸　1185-638- 8
漢之爲天數者如何（
　　論）　　　　　　宋林希逸　1185-650- 9
太玄精語　　　　　　宋林希逸　1185-799- 25
皇極總圖四　　　　　宋王　柏　1186-220- 15
元會說　　　　　　　宋王　柏　1186-221- 15
贈徐心易易數序　　　宋劉辰翁　1186-535- 6
答起巖論潮書　　　　宋吳觀萬　 526-202-265
　　　　　　　　　　　　　　　1375-174- 10
五辰論　　　　　　　宋陳　瑾　1346-447- 32
書異　　　　　　　　宋丁　謂　1351-434-125
五行說　　　　　　　宋不著撰人 1101-440- 1
箋先天後天易詩序　　元方　回　1193-694- 34
贈林可翁談地理（
　　序）　　　　　　元劉　詵　1195-154- 2
論陰陽家（二則）　　元胡祗遹　1196-361- 20
讀文獻公揲著說　　　元許　衡　1373- 43- 2
論陰陽消長　　　　　元許　衡　1373- 44- 2
櫝著記　　　　　　　元劉　國　1367-334- 28
天地之中數如何論　　元劉將孫　1199-216- 23
命說　　　　　　　　元王　惲　1200-613- 46
眞文忠公禱雨說　　　元徐明善　1202-589- 下
答問問虛谷五方災辨　元陳　櫟　1205-246- 7
答問問司馬溫公不信風
　　水欲焚其書禁絕其術
　　如何　　　　　　元陳　櫟　1205-247- 7
答問問朱子云康節以品
　　題風月自負其實勝似
　　皇極經世書如何　元陳　櫟　1205-249- 7
答問問鮑魯齋著天原發
　　微　　　　　　　元陳　櫟　1205-251- 7
答問問發微辯方篇　　元陳　櫟　1205-255- 7
答問問虛谷云地者靜而
　　不動之物如何　　元陳　櫟　1205-257- 7
答問問發微歲會篇元會
　　運世之說如何　　元陳　櫟　1205-258- 7
答問問發微天樞篇　　元陳　櫟　1205-260- 7
答問問大衍之數　　　元陳　櫟　1205-261- 7

子部

術數類：論文

四庫全書文集篇目分類索引

子部 術數類：論文

答問問虛谷云左右順逆
　四字以意爲之解數往
　者順知來者逆只先天
　一圓圖盡之不必如邵
　子所說如何　　元陳　櫟　1205-262- 7
答問問六日七分之說　元陳　櫟　1205-265- 7
答問問發微觀象篇　元陳　櫟　1205-266- 7
讀太玄經　　元吳師道　1212-108- 10
袪邪說　　元舒　頔　1217-598- 4
葬書問對　　元趙　汸　1221-303- 5
　　　　　　　1373-777- 24
　　　　　　　1375-479- 37
　　　　　　　1454-433-134
三星說　　元趙　汸　1221-310- 5
七曜大體循環論　明太　祖　1223-110- 10
祿命辯　　明宋　濂　1224-426- 27
　　　　　　　1373-663- 13
太乙玄徵記　明宋　濂　1224-448- 28
　　　　　　　1224-576- 上
　　　　　　　1409-642-638
分野論　　明王　禕　1226- 69- 4
分野論　　明蘇伯衡　1373-623- 9
　　　　　　　1454- 8- 84
（元史）五行志序論　明胡　翰　1229- 11- 1
衡運論　　明胡　翰　1373-601- 9
推命解　　明徐一夔　1229-142- 1
說相（相說）　明孫　作　1229-507- 5
　　　　　　　1407-387-429
擬玄　　明王　行　1231-292- 1
蔣氏異瓜辨　明方孝孺　1235-237- 7
考祥文　　明方孝孺　1235-238- 8
讀觀物篇　　明張宇初　1236-368- 1
談命辯　　明童　軒　1454-253-111
補餘氏潮汐對　明童　軒　1454-440-134
與進士陶希文論葬書　明童　軒　1454-816-177
與邵國賢（書）
　論占圖　　明章　懋　1254- 38- 2
五行類徵說　明周　瑛　1254-804- 5
潮汐說　　明周　瑛　1254-808- 5
答問答十二辰所肖納音
　納甲之問　明王　鏊　1256-502- 34
答鄭汝惠書　明張　吉　1257-648- 4
敘筮　　明邵　寶　1258-541- 9
筮述　　明邵　寶　1258-541- 9
啓桂洲公論顯陵形勝

書　　　明顧　璘　1455- 16-178
地理說　　明魏　校　1267-802- 5
擇葬（說）　明夏良勝　1269-733- 1
答余德輝論皇極書　明夏良勝　1269-780- 4
再與德輝書論皇極　明夏良勝　1269-781- 4
再答德輝論皇極　明夏良勝　1269-782- 4
考定皇極指掌圖說　明夏良勝　1269-887- 9
考定日卦指掌圖　明夏良勝　1269-912- 9
奉月湖先生書
　論卦圖　　明夏良勝　1269-913- 9
相說　　明羅洪先　1454-203-105
書地理鶴岡沈君卷　明唐順之　1276-353- 7
書地理沈鶴岡卷　明唐順之　1456-517-317
與萬思節主事書　明唐順之　1454-811-176
讀元命包（苞）　明王世貞　1280-764-112
　　　　　　　1285- 68- 5
讀皇極經世觀物內篇　明王世貞　1285- 49- 4
河內星野魏分與衛分
　考　　　明婁　楓　538-604- 78
三十六宮圖說　明朱　升　1375-392- 31
八卦納甲圖說　明朱　升　1375-393- 31
五德之運如何（論）　明華　鈁　1454- 50- 89
難墓有吉凶論　明黃省曾　1454- 76- 92
難八字射決論　明黃省曾　1454- 80- 92
潮汐論　　明趙福生　1454-131- 97
候氣說　　明周如砥　1454-187-103
候氣說　　明郭宗齡　1454-221-107
五行辨　　明王廷相　1454-269-112
論五行書　　明王廷相　1454-813-176
辯惑 青龍白虎辯　明孟　思　1454-300-116
納甲配卦辯　明馬　森　1454-302-116
分金用卦辯　明馬　森　1454-303-116
五德之運考　明張養蒙　1454-340-121
與星士曾克新談命書　明馬一龍　1454-816-177
卜筮說　　清高　宗　1301-594- 4
　皇極數說　清陳廷敬　1316-327- 22
記邵子觀物內外篇
　三則　　清李光地　1324-796- 19
記星書　　清李光地　1324-798- 19
規垣宿野之理　清李光地　1324-811- 20
讀元史五行志　清陸隴其　1325- 47- 4
喪葬解惑　　清蔡世遠　1325-812- 11
書邵子觀物篇後　清方　苞　1326-757- 3
圖數說　　清劉子壯　534-537- 98
日月五星行道論　清張廷璐　1449-547- 8

b.序 跋

子部 術數類：序跋

篇名	作者	索引號
洞林序	梁 元 帝	1399-327- 4
		1414-671- 84
相經序	梁陶弘景	1399-434- 9
相經序	梁劉 峻	1399-531- 12
		1415-315- 94
進天文要略表	北魏高允	1415-629-107
內外旁通比校數法序	隋劉 馮	1401-590- 40
（元包經傳）原序	唐李 江	803-219- 附
靈棋經序	唐李 遠	808-198- 附
易林原序	唐王 俞	808-271- 附
李虛中命書原序	唐李常容	809- 3- 附
太乙金鏡式經序	唐王希明	810-857- 附
太清神鑑原序	後周王朴	810-760- 附
奉勅譯奉元曆序進表	宋沈 括	1117-265- 1
易玄星紀譜後序	宋晁說之	1118-201- 10
		1118-323- 17
京氏易式序	宋晁說之	1118-324- 17
記京房易傳後	宋晁說之	1118-343- 18
書太原王子命書後	宋黃 裳	1120-238- 35
相山新圖序	宋呂南公	1123- 81- 8
吳德先命書序	宋鄭剛中	1138- 75- 5
書張氏所刻潛虛圖後	宋朱 熹	1145-680- 81
書麻衣心易後	宋朱 熹	1145-681- 81
再跋麻衣易說後	宋朱 熹	1145-682- 81
跋廖中精記	宋周必大	1147-502- 47
跋檮書	宋樓 鑰	1153-250- 78
鄧氏立見曆序	宋會 丰	1156-195- 17
遁甲龍圖序	宋薛季宣	1159-471- 30
跋造化權輿	宋陸 游	1163-508- 26
跋家藏造化權輿	宋陸 游	1163-515- 27
跋潛虛	宋陸 游	1163-541- 30
陰陽精義序	宋葉 適	1164-237- 12
經世紀年序	宋張 杙	1167-536- 14
		1353-755-107
鄒淮百中經序	宋魏了翁	1172-601- 53
題命書後	宋方 岳	1182-603- 38
題廖老萇地理書	宋歐陽守道	1183-658- 18
跋彭叔英談命錄	宋文天祥	1184-617- 14
跋王金斗談命錄	宋文天祥	1184-617- 14
跋蔡以仁經世曆	宋馬廷鸞	1187- 97- 13
題周吉甫雲莊數學後（二則）	宋馬廷鸞	1187-101- 14
跋黃君觀物外篇詳說	宋馬廷鸞	1187-106- 15
丙丁龜鑑序	宋柴 望	1187-486- 2
		1364-887- 1
進丙丁龜鑑表	宋柴 望	1187-486- 2
		1364-886- 1
跋洪智堂地理心機	宋方逢辰	1187-553- 6
（太玄經後記）	宋張 寔	803-105- 末
元包數總義原序	宋張行成	803-242- 附
皇極經世索隱原序	宋張行成	804- 2- 附
皇極經世觀物外篇衍義原序	宋張行成	804- 38- 附
易通變原序	宋張行成	804-199- 附
皇極經世解起敷決聲音韻譜序	宋祝 佺	805-193- 上
易學序	宋王 湜	805-668- 附
洪範皇極內篇原序	宋蔡 沈	805-699- 附
（洪範皇極內篇跋）	宋姚 鑄	805-751- 5
天原發微序	宋鮑雲龍	806- 3- 附
（大衍索隱）原衍（序）	宋丁易東	806-319- 1
（大衍索隱）翼衍（序）	宋丁易東	806-337- 2
（大衍索隱）稽衍（序）	宋丁易東	806-355- 3
珞琭子賦註原序	宋釋曇瑩	809-106- 附
珞琭子賦註原序	宋董 異	809-106- 附
珞琭子賦註原序	宋楚 顏	809-107- 附
跋地理書	宋程 先	1375-296- 22
書皇極經世書二百五十六位本數圖後	宋程直方	1375-304- 23
星命總括原序	遼耶律純	809-192- 附
筮太玄贊引	金趙秉文	1190-238- 15
司天判官張居中六壬祛惑鈴序	元耶律楚材	1191-562- 8
玉衡眞觀序	元郝 經	1192-321- 29
變異事應序	元郝 經	1192-322- 29
（天地）括囊圖說序	元郝 經	1192-329- 30
天原發微原序	元方 回	806- 4- 附
天原發微前序	元方 回	1193-687- 34
天原發微後序	元方 回	1193-690- 34
天原發微序	元戴表元	1194- 97- 7
彭應叔山家大五行論序	元趙 文	1195- 12- 2
玄武啓聖記序	元趙孟頫	1196-677- 6
太玄敘錄	元吳 澄	1197- 18- 1
葬書敘錄	元吳 澄	1197- 21- 2

四庫全書文集篇目分類索引

地理眞詮序　　　　　元吳　澄　　1197-174- 16　　地理囊金註序　　　　明程敏政　　1252-586- 34
皇極經續書序　　　　元吳　澄　　1197-175- 16　　地理發微序　　　　　明程敏政　　1252-612- 35
太玄準易圖序　　　　元吳　澄　　1197-218- 20　　題葬書後　　　　　　明程敏政　　1252-695- 39
地理類要序　　　　　元吳　澄　　1197-245- 23　　陰陽管見序　　　　　明何　瑭　　1266-551- 6
葬書注序　　　　　　元吳　澄　　1197-246- 23　　書青烏先生葬經後　　明陸　深　　1268-556- 86
跋地理書後　　　　　元吳　澄　　1197-606- 62　　序數傳　　　　　　　明鄭善夫　　1269-272- 21
贈高師靖地理說序　　元劉岳申　　1204-196- 2　　啓蒙意見序　　　　　明韓邦奇　　1269-335- 1
楊萬谷公侯契券圖序　元陳　櫟　　1205-178- 2　　易林推用序　　　　　明韓邦奇　　1269-339- 1
范氏荏筮卜法序　　　元吳　萊　　1209-184- 11　　太玄集註序　　　　　明張　岳　　1272-412- 11
陳氏大衍易數後序　　元吳　萊　　1209-197- 12　　一元巨覽題辭　　　　明顧憲成　　1292-160- 13
泰階六符經後序　　　元吳　萊　　1209-198- 12　　錄秘傳內宅要訣引　　明葛　昕　　1296-459- 6
王氏範圍要訣後序　　元吳　萊　　1209-199- 12　　太玄本旨原序　　　　明葉子奇　　 803-108- 附
潛虛舊本題　　　　　元吳師道　　1212-235- 17　　唐開元占經識語　　　明明　哲　　 807-168- 附
靈棋經後題　　　　　元吳師道　　1212-249- 18　　唐開元占經識語　　　明張一照　　 807-168- 附
易象圖說原序　　　　元黃鎭成　　 806-372- 附　　靈棋經後序　　　　　明汪　詰　　 808-267- 附
送江信可陰陽水法序　元唐　元　　1213-537- 9　　靈棋經後序　　　　　明郭　勛　　 808-267- 附
題玉髓經後集　　　　元貢師泰　　1215-656- 8　　星學大成原序　　　　明萬民英　　 809-287- 附
葬書敍　　　　　　　元吳　海　　1217-153- 1　　易頌序　　　　　　　明朱元弼　　1455-523-226
卜筮集要序　　　　　元甘　復　　1218-545- 0　（御製）協紀辨方書序　清高　宗　　 811-109- 附
天原發微原序　　　　元戴元表　　 806- 5- 附　　　　　　　　　　　　　　　　　1301- 94- 10
歐天原發微序　　　　元曹　逵　　 806-312- 5下　　　　　　　　　　　　　　　　　1449-270-首13
易象圖說原序　　　　元張　理　　 806-373- 附　　羅子地理管見序　　　清魏裔介　　1312-757- 6
人倫大統賦原序　　　元薛延之　　 810-824- 附　　江逢其地理集成序　　清吳　綺　　1314-314- 6
碁書新註序　　　　　明宋　濂　　1223-378- 5　　葬經廣義序　　　　　清朱彝尊　　1318- 50- 35
靈棋經後序（靈棋經　　　　　　　　　　　　　　　地理經序　　　　　　清朱彝尊　　1318- 51- 35
　解序）　　　　　　明劉　基　　 808-266- 附　　靈臺秘苑跋　　　　　清朱彝尊　　1318-148- 44
　　　　　　　　　　　　　　　　1225-272- 10　　乙巳占跋　　　　　　清朱彝尊　　1318-148- 44
　　　　　　　　　　　　　　　　1374-112- 38　　天文鬼料竅跋　　　　清朱彝尊　　1318-149- 44
　　　　　　　　　　　　　　　　1405-531-291　　地理心書序　　　　　清毛奇齡　　1320-493- 56
書徐進善三命辯後　　明蘇伯衡　　1228-716- 10　　來式如易占跋　　　　清毛奇齡　　1320-535- 60
風水問答序　　　　　明胡　翰　　1229- 45- 4　　祈雨書序　　　　　　清田　雯　　1324-275- 26
　　　　　　　　　　　　　　　　1374-108- 38　　卜書補義序　　　　　清李光地　　1324-679- 10
　　　　　　　　　　　　　　　　1455-324-210　　卜書補亡凡例　　　　清李光地　　1324-816- 20
雪心賦句解序　　　　明胡　鑰　　1456-504-316　　書校本京房易傳後　　清沈　彤　　1328-343- 8
題朱彥修風水問答後　明王　行　　1231-393- 8　　書地學止書後　　　　清沈　彤　　1328-346- 8
書謝黃牛地鈴後　　　明鄭　眞　　1234-209- 37　　山川語序　　　　　　清徐世溥　　 518-102-139
相山經序　　　　　　明周是修　　1236- 96- 5　　皇極經世書解書意　　清王　植　　 805-248- 附
（跋）清類經星分野　　　　　　　　　　　　　　　卜法詳考原序　　　　清胡　煦　　 808-851- 附
　大略抄本　　　　　明楊士奇　　1238-612- 18　　較定易林原序　　　　不著撰人　　 808-272- 附
（易卦）海底眼（跋）　明楊士奇　　1238-630- 20　　月波洞中記原序　　　不著撰人　　 810-694- 附
顧守恒地理書跋　　　明張　寧　　1247-466- 20
新刊地理四書序　　　明倪　岳　　1251-256- 19　　**H.藝　術　類**
麻衣相法序　　　　　明程敏政　　1252-403- 23
雪心賦句解序　　　　明程敏政　　1252-404- 23　　**a.論　文**

子部

術數類：序跋

藝術類：論文

四庫全書文集篇目分類索引

子部 藝術類：論文

篇目	朝代/作者	編號
篆勢	漢蔡 邕	1063-193- 4
		1332-706- 17
		1397-482- 23
		1410-843-777
		1412-491- 19
隸勢	漢蔡 邕	1063-193- 4
		1397-482- 23
		1410-843-777
		1412-492- 19
奕旨	漢班 固	1332-705- 17
		1397-207- 10
		1412-280- 11
奕言	漢班 固	1410-842-777
草書勢	漢崔 瑗	1397-305- 14
		1410-844-777
非草書	漢趙 壹	1397-565- 27
蔡邕石室神授筆勢	漢蔡 琰	1397-573- 27
蔡字傳神永字八法集		
論	漢蔡 琰	1397-574- 27
畫說	魏曹 植	1412-678- 26
奕勢	魏應 瑒	1412-779- 32
博奕論	吳韋 曜	1329-901- 52
		1331-369- 52
		1361-698- 42
與友人論草書	吳皇 象	1405-266-260
論秦隸字	晉衛 恒	550- 58-211
論漢草字	晉衛 恒	550- 59-211
四體書勢序	晉衛 恒	1361-761- 55
		1398-111- 6
		1406- 4-314
字勢	晉衛 恒	1410-844-777
草書狀	晉索 靖	1394-797- 12
		1398-454- 20
		1410-845-777
隸書體（隸勢）	晉成公綏	1398-406- 18
		1410-845-777
		1413-501- 52
扇上畫贊	晉陶 潛	1407-659-463
飛白書勢銘	劉宋鮑照	1063-608- 10
		1360-593- 37
		1398-690- 10
		1407-539-448
		1414-158- 68
敘畫	劉宋王微	1398-729- 12
答竟陵王子良書（論		
書家）附竟陵王子良		
報王僧虔書	齊王僧虔	1399- 92- 4
古畫品（共五品二十		
七人）	齊謝 赫	1399-173- 7
草書狀	梁 武帝	1399-273- 1
觀鍾繇書法十二意	梁 武帝	1399-273- 1
論蕭子雲書	梁 武帝	1399-274- 1
答陶弘景論書書	梁 武帝	1404-506-215
山水松竹格	梁 元帝	1399-333- 4
與武帝啓（論書法）		
附武帝答書	梁陶弘景	1399-430- 9
與武帝啓（論鍾繇書		
法）附武帝答書	梁陶弘景	1399-433- 9
上武帝古今評書啓	梁袁 昂	1399-436- 9
評鍾繇書	梁袁 昂	1399-437- 9
（書品論）	梁庾肩吾	1399-553- 13
		1410-846-777
書品論（九則）	梁庾肩吾	1415-393- 99
論書	梁庾元威	1399-556- 13
續畫品（共十九人）	陳姚 最	1399-740- 8
畫學秘訣	唐王 維	1071-342- 28
石刻二則(二則)論畫	唐王 維	1071-344- 28
張長史十二意筆法記	唐顏眞卿	541-633-35之19上
		1071-678- 14
述張長史十二筆意	唐顏眞卿	1410-846-777
序棋	唐柳宗元	1406- 6-314
五木經	唐李 翱	1078-191- 18
原奕	唐皮日休	1407-402-431
玉筋篆志	唐舒元輿	1344-194- 77
上李大夫論古篆書	唐李陽冰	1344-246- 81
		1404-528-216
古今書評	唐袁 昂	1407-455-438
彈琴戒	唐姚元崇	1407-741-473
論鑒識收藏購求閱玩	唐張彥遠	1410-770-770
評書	宋蔡 襄	1090-628- 34
投壺新格	宋司馬光	1094-679- 75
聽琴序	宋曾 鞏	1378-361- 53
與石推官第二書		
談書法	宋歐陽修	1447-450- 23
傳神記	宋蘇 軾	1107-526- 38
		1384-717-144
跋東坡論畫	宋黃庭堅	1113-285- 27
書贈福州陳繼月		
論書法	宋黃庭堅	1113-307- 29
論書	宋黃庭堅	1113-441- 9

四庫全書文集篇目分類索引

子部 藝術類：論文

評書	宋黃庭堅	1113-443- 9
論子瞻書體	宋黃庭堅	1113-449- 9
論寫字法	宋黃庭堅	1113-449- 9
論作字	宋黃庭堅	1113-593- 6
某經訣	宋黃庭堅	1113-595- 6
		1410-848-777
書博奕論後	宋黃庭堅	1113-630- 10
跋與張載熙書卷尾		
雜論筆法	宋黃庭堅	1406-476-368
書縑卷後		
雜論學書之要	宋黃庭堅	1406-516-374
評書	宋張 耒	1115-372- 43
論書格	宋米 芾	1116-136- 8
題持古良醫妙技（二十六則）	宋米 芾	1116-137- 8
論書學	宋米 芾	1116-141- 8
論書	宋晁說之	1118-273- 14
回知隰州劉季孫左藏		
書論書學	宋李 復	1121- 28- 3
論書（七則）	宋鄧 肅	1133-371- 25
畫說	宋鄭剛中	1138- 79- 5
跋東坡畫論	宋馮時行	1138-893- 4
琴辨	宋范 淡	1140- 48- 6
廣陵散辨	宋鄭興裔	1140-221- 下
答鞏仲至（書）		
論畫之布局	宋朱 熹	1145-228- 64
琴律說	宋朱 熹	1145-298- 66
跋尤延之論字法後	宋朱 熹	1145-698- 82
彈廣陵散書贈王明之	宋樓 鑰	1153-263- 79
過庭書訓論書法	宋楊 簡	1156-635- 3
古器圖書策	宋員興宗	1158- 78- 10
成都古寺名筆記	宋范成大	1381-570- 42
寫神（論）	宋釋居簡	1183- 86- 6
奕棋序	宋宋 白	1351- 4- 85
評書	宋不著撰人	1353-596- 91
評寫字法	宋不著撰人	1353-596- 91
嘯說	宋不著撰人	1410-826-775
敍書	元郝 經	1192-216- 20
移諸生論書法書	元郝 經	1192-254- 23
琴原	元趙孟頫	1196-666- 6
琴說贈周常清	元吳 澄	1197- 78- 6
書東坡傳神記後	元劉 因	1198-580- 12
田景延寫眞詩序	元劉 因	1198-659- 24
與左山商公論書序	元王 惲	1200-539- 42
興平閣本說	元王 惲	1200-573- 44
姜清曼畫格	元程鉅夫	1202-374- 25
畫龍說	元李 存	1213-736- 21
寶顏堂訂正畫說（二則）	明莫是龍	1220-355- 12
題危太朴隸書歌後	明宋 濂	1223-617- 12
畫原	明宋 濂	1224-361- 25
		1373-697- 16
琴釋	明胡 翰	1229- 29- 3
		1454-380-127
印說	明王 彝	1229-420- 3
二王書帖辯	明王 行	1231-290- 1
畫竹喩	明王 行	1231-292- 1
書學詳說（五則）	明解 縉	1236-820- 15
書學源流詳說	明解 縉	1236-823- 15
續書評	明王 偁	1237- 77- 5
序書贈吳從善	明王 洪	1237-485- 5
書法	明陳獻章	1246-136- 4
畫葡萄說	明岳 正	1246-423- 8
易通判所藏畫卷辯	明張 寧	1247-498- 22
奕說	明李東陽	1250-389- 36
畫評	明周 瑛	1254-801- 4
作字說	明周 瑛	1254-808- 5
草書（說）	明蔡 清	1257-872- 4
僧巨然畫趙秉文跋考	明史 鑑	1259-814- 6
奴書訂	明祝允明	1260-518- 11
書述	明祝允明	1260-695- 24
		1410-848-777
書法答	明鄭善夫	1269-195- 15
畫龍（說）	明鄭善夫	1269-198- 16
性命仙篆七十二字記	明王世貞	1282-801- 61
辨米畫	明婁 堅	1295-237- 20
書說	明蔡 羽	1454-174-102
獨音	明潘景升	1454-533-146
琴說	清 聖 祖	1298-198- 21
穿楊說	清 高 宗	1301- 43- 3
黃子久富春山居圖眞僞辨	清 高 宗	1301-128- 14
吳道子畫天龍八部中四部圖卷考證	清 高 宗	1301-420- 22
答李恕谷問琴絃正變書	清毛奇齡	1320-149- 18
跋朱竹垞和論畫絕句	清宋 犖	1323-320- 28
程處士篆刻說	清姜宸英	1323-819- 7
迪嶺（論）	清儲大文	1327-370- 16

b.序 跋

子部 藝術類：序跋

篇目	作者	索引號
題衞夫人筆陣圖後	晉王羲之	1406-460-366
		1413-683- 59
彈棊論序	梁簡文帝	1399-295- 3
		1414-559-82下
棊品序	梁沈 約	1399-407- 8
		1415-133- 87
書品序	梁庾肩吾	1399-552- 13
		1415-392- 99
書品後序	梁庾肩吾	1415-392- 99
續畫品并序	陳姚 最	812- 13- 附
續畫品（序）	陳姚 最	1399-740- 8
象經序	北周王褒	1400-117- 3
烏曹譜序	隋薛孝通	1400-406- 8
法書要錄自序	唐張彥遠	812-104- 附
唐朝名畫錄原序	唐朱景玄	812-362- 附
樂府雜錄原序	唐段安節	839-989- 附
骰子選格序	唐房千里	1336-492-378
		1344-407- 94
檮蒲格序	宋文 同	1096-706- 25
書篆髓後	宋蘇 軾	1108-503- 93
楊克一圖書序	宋張 耒	1115-345- 40
（畫史序）	宋米 芾	813- 3- 附
（書史序）	宋米 芾	813- 27- 附
（寶章待訪錄序）	宋米 芾	813- 53- 附
（海嶽名言序）	宋米 芾	813- 63- 附
廣象戲圖序	宋晁補之	1118-669- 35
琴史序	宋朱長文	1119- 38- 7
恭題太上皇帝賜御製御書翰墨志	宋曹 勛	1129-520- 32
（進法帖音釋刊誤表）	宋陳與義	812-416- 附
法帖音釋刊誤跋	宋周必大	812-419- 附
跋陳簡齋法帖奏稿	宋周必大	1147-169- 17
跋彩選	宋陸 游	1163-520- 27
題陳思書苑菁華	宋魏了翁	1173- 67- 65
五代名畫補遺原序	宋陳洵直	812-435- 附
益州名畫錄原序	宋李 畋	812-479- 附
圖畫見聞誌原序	宋郭若虛	812-508- 附
郭氏林泉高致集原序	宋郭 思	812-573- 附
山水純全集後序	宋張 懷	813-327- 附
廣川書跋原序	宋董 弅	813-334- 附
書繼原序	宋鄧 椿	813-504- 附
續書譜序	宋謝采伯	813-555- 附
書小史原序	宋謝愈修	814-205- 附
書錄後跋	宋董 更	814-316- 附
琴史後序	宋朱正大	839- 69- 附
（琴史後序——長文事略）	宋朱熹炎	839- 69- 附
棊經原序	宋張 靖	839-1003- 附
棋訣原序	宋劉仲甫	839-1009- 附
跋彩選圖	宋胡 升	1375-303- 23
棊經原跋	宋不著撰人	839-1007- 附
琴辨引	金元好問	1191-421- 36
苗彥實琴譜序	元耶律楚材	1191-563- 8
學古編原序	元吾丘衍	839-840- 附
題趙子昂琴原律略後	元戴表元	1194-249- 19
印史序	元趙孟頫	1196-671- 6
書畫目錄序	元王 惲	1200-533- 41
顏魯公書譜序	元王 惲	1200-537- 41
		1373-395- 25
跋孫過庭書譜	元王 惲	1201- 97- 73
法書考原序	元虞 集	814-479- 附
葉宋音自度曲譜序	元虞 集	1207-465- 32
法書考序	元揭傒斯	814-479- 附
集古印譜記	元王 沂	1208-554- 19
法書類要序	元黃 溍	1209-370- 5
法書考序	元歐陽玄	814-478- 附
奕序	元歐陽玄	1210- 59- 7
琴譜序	元鄭 玉	1217- 68- 1
太史印譜序	元楊維楨	1221-458- 9
圖繪寶鑑序	元楊維楨	1221-482- 11
竹譜原序	元李 衎	814-318- 附
衍極原序	元李 齊	814-442- 附
（衍極識語）	元劉有定	814-474- 下
題書學纂要後	元袁 裒	1367-482- 39
書則序	元韓明善	1406- 16-314
太古正音序	明宋 濂	1223-359- 5
		1406- 20-315
書史會要序	明宋 濂	1223-367- 5
跋鄭生琴譜後	明宋 濂	1223-678- 14
印譜題辭	明王 禕	1226-357- 17
邯鄲枕序	明孫 作	1229-489- 2
何滄洲竹譜跋	明張宇初	1236-469- 4
法書志序	明楊士奇	1238-550- 14
（跋）圖繪寶鑑	明楊士奇	1238-597- 18
（跋）橘亭幽興集	明楊士奇	1238-601- 18
		1455-340-211
（跋）書法正宗	明楊士奇	1238-631- 20
（跋）書法三昧	明楊士奇	1238-631- 20

四庫全書文集篇目分類索引

子部

藝術類：序跋

（跋）法書考　　　　　明楊士奇　1238-631- 20
（跋）書史會要　　　　明楊士奇　1238-632- 20
（跋）翰林要訣　　　　明楊士奇　1238-633- 20
（跋）筆陣圖　　　　　明楊士奇　1238-645- 21
抄衍極記　　　　　　　明周　瑛　1254-771- 3
跋方寸鐵志後　　　　　明吳　寬　1255-471- 51
跋孫過庭書譜　　　　　明吳　寬　1255-487- 53
結腸操譜序　　　　　　明李夢陽　1262-468- 51
　　　　　　　　　　　　　　　　1405-630-300
書學古編後　　　　　　明陸　深　1268-557- 86
宣和書譜序　　　　　　明楊　慎　1270- 19- 2
書品序　　　　　　　　明楊　慎　1270- 24- 2
　　　　　　　　　　　　　　　　1406- 25-315
古今法書苑序　　　　　明王世貞　1280-222- 71
　　　　　　　　　　　　　　　　1406- 27-315
古今名畫苑序　　　　　明王世貞　1280-224- 71
跋豐考功筆訣　　　　　明王世貞　1281-256-136
有明三吳楷法序　　　　明王世貞　1282-659- 50
重刻古畫苑選小序　　　明王世貞　1282-715- 54
印譜序　　　　　　　　明胡應麟　1290-586- 81
重刻衍極序　　　　　　明婁　堅　1295- 7- 1
錢士孫射評序　　　　　明婁　堅　1295- 25- 2
江昉叔篆刻題辭　　　　明婁　堅　1295-285- 25
胡禹聲篆刻題辭　　　　明婁　堅　1295-287- 25
題汪昉叔印式後　　　　明婁　堅　1295-290- 25
歷代名畫記跋　　　　　明毛　晉　 812-356- 附
趙氏鐵網珊瑚跋　　　　明趙琦美　 815-830- 附
書法雅言原序　　　　　明沈思孝　 816-244- 附
畫史會要跋　　　　　　明朱寶符　 816-585- 附
書畫題跋記原跋　　　　明郁逢慶　 816-767- 附
（眞蹟日錄序）　　　　明張　丑　 817-512- 1
（清河書畫表序）　　　明張　丑　 817-609- 附
（書畫見聞表序）　　　明張　丑　 817-613- 附
（南陽書畫表）法書
　（表序）　　　　　　明張　丑　 817-620- 上
（南陽書畫表）名畫
　（表序）　　　　　　明張　丑　 817-624- 下
松絃館琴譜序　　　　　明嚴　澂　 839- 80- 附
附琴川彙譜序　　　　　明嚴　澂　 839- 80- 附
學古編跋　　　　　　　明羅　浮　 839-851- 附
草書集韻序　　　　　　明惠　園　1381-342- 31
嘯旨後序　　　　　　　明唐　寅　1406- 22-315
　　　　　　　　　　　　　　　　1455-438-219
畫史序　　　　　　　　明劉　鳳　1406- 26-315
題酒則後　　　　　　　明鍾　惺　1406-472-367

題何主臣符章册　　　　明馮夢禎　1456-516-317
琴譜序　　　　　　　　明鄭以偉　1456-519-318
董君玉几印章叙　　　　明鄭以偉　1456-520-318
吳元定印譜序　　　　　明劉世教　1456-522-318
（御製佩文齋）書畫
　譜序　　　　　　　　清聖祖　　 819- 1- 附
　　　　　　　　　　　　　　　　1299-174- 22
（御製）題明世子朱
　載堉琴譜　　　　　　清高宗　　 213- 2- 附
（御製）乙卯重題朱
　載堉琴譜並命入四
　庫全書以示關識事　　清高宗　　 213- 7- 附
御題書苑菁華　　　　　清高宗　　 814- 1- 附
松絃館琴譜御製文
　印譜序　　　　　　　清高宗　　 839- 71- 附
　　　　　　　　　　　清高宗　　1301-111- 12
續纂秘殿珠林石渠寶
　笈序　　　　　　　　清高宗　　1301-632- 9
刻思賢操譜序　　　　　清施閏章　1313- 29- 3
家流章以余岸梓詩十
　二章譜之琴操是爲
　序　　　　　　　　　清吳　綺　1314-297- 4
跋宣和畫譜　　　　　　清汪　琬　1315-614- 39
江村銷夏錄（原）序　　清朱彝尊　 826-469- 附
　　　　　　　　　　　　　　　　1318- 53- 35
葛氏印譜序　　　　　　清朱彝尊　1318- 52- 35
丁氏印譜序　　　　　　清朱彝尊　1318- 52- 35
韞光樓印譜序　　　　　清朱彝尊　1318- 53- 35
盛熙明法書考跋　　　　清朱彝尊　1318-147- 43
布齋印譜跋　　　　　　清朱彝尊　1318-147- 43
徵言秘旨序　　　　　　清張　英　1319-670- 41
寫生十則題詞　　　　　清張　英　1319-692- 43
紅木軒象册題辭　　　　清張　英　1319-693- 43
徐氏印譜序　　　　　　清毛奇齡　1320-243- 29
李勺亭摹印譜序　　　　清毛奇齡　1320-308- 26
聞人山人印章譜引　　　清毛奇齡　1320-509- 58
書圖繪寶鑑後　　　　　清毛奇齡　1320-551- 61
顧氏山印譜序　　　　　清陳維崧　1322-167- 12
江村銷夏錄原序　　　　清宋　犖　 826-468- 附
許君王印譜序　　　　　清姜宸英　1323-653- 2
題朱岐載印譜　　　　　清姜宸英　1323-841- 8
題李君册子印譜　　　　清姜宸英　1323-845- 8
梁武帝書評後　　　　　清姜宸英　1323-853- 8
題摹古印譜　　　　　　清姜宸英　1323-857- 8
趙氏鐵網珊瑚跋　　　　清年希堯　 815-831- 附
書畫跋跋序　　　　　　清任蘭枝　 816- 16- 附

子部 藝術類：序跋、畫跋

書畫題跋記序　　　　　清汪　森　　816-589- 附
繪事備考原叙　　　　　清王毓賢　　826-104- 附
書法正傳自叙　　　　　清馮　武　　826-323- 附
書法正傳跋語　　　　　清馮　鼎　　826-465- 附
江村銷夏錄原序　　　　清高士奇　　826-469- 附
抒懷操序　　　　　　　清魏　禧　　839-164- 附
抒懷操自序　　　　　　清程　雄　　839-164- 附
抒懷操跋　　　　　　　清鄭蘭谷　　839-177- 附
抒懷操跋　　　　　　　清李　曉　　839-177- 附
印典序　　　　　　　　清朱象賢　　839-855- 附
印典跋　　　　　　　　清白長庚　　839-978- 附
書苑菁華原序　　　　　鶴山翁　　　814- 3- 附
宋朝名畫評原序　　　　不著撰人　　812-448- 附
畫鑑題詞　　　　　　　不著撰人　　814-440- 附

c.畫　跋

畫贊　　　　　　　　　魏曹　植　　1412-682- 26
長樂觀畫贊　　　　　　魏曹　植　　1412-685- 26
扇上畫贊　　　　　　　晉陶　潛　　1063-523- 7
　　　　　　　　　　　　　　　　　1407-659-463
釋天地圖讚　　　　　　晉郭　璞　　1413-590- 57
師子擊象圖序　　　　　劉宋宗炳　　1398-755- 13
畫山水序　　　　　　　劉宋宗炳　　1398-756- 13
　　　　　　　　　　　　　　　　　1406- 3-314
雲山讚四首有序　　　　梁江　淹　　1063-775- 3
　　　　　　　　　　　　　　　　　1399-215- 10
　　　　　　　　　　　　　　　　　1407-661-463
　　　　　　　　　　　　　　　　　1415--60- 85
辟厭青牛畫贊　　　　　梁劉孝威　　1399-524- 12
　　　　　　　　　　　　　　　　　1415-374- 98
唐太宗六馬圖贊　　　　北周庾信　　1407-715-468
聖應圖贊并序　　　　　唐張九齡　　550-193-216
　　　　　　　　　　　　　　　　　1066- 62- 1
鷹鶻圖贊序　　　　　　唐張九齡　　1066-189- 17
　　　　　　　　　　　　　　　　　1344-409- 94
壁畫蒼鷹讚謹主人　　　唐李　白　　1066-413- 27
　　　　　　　　　　　　　　　　　1066-745- 29
　　　　　　　　　　　　　　　　　1067-504- 28
方城張少公廳畫師猛
　讚　　　　　　　　　唐李　白　　1066-413- 27
　　　　　　　　　　　　　　　　　1066-746- 29
　　　　　　　　　　　　　　　　　1067-504- 28
金銀泥畫西方淨土變
　相贊并序　　　　　　唐李　白　　1066-413- 27
　　　　　　　　　　　　　　　　　1066-746- 29

江寧楊利物畫贊　　　　唐李　白　　1066-414- 27
　　　　　　　　　　　　　　　　　1066-747- 29
　　　　　　　　　　　　　　　　　1067-507- 28
金鄉薛少府廳畫鶴讚　　唐李　白　　1066-414- 27
　　　　　　　　　　　　　　　　　1066-747- 29
　　　　　　　　　　　　　　　　　1067-507- 28
　　　　　　　　　　　　　　　　　1343-344- 24
　　　　　　　　　　　　　　　　　1407-716-468
觀佽飛斬蛟龍圖贊　　　唐李　白　　1066-415- 27
　　　　　　　　　　　　　　　　　1066-747- 29
　　　　　　　　　　　　　　　　　1067-509- 28
射虎圖贊　　　　　　　唐李　白　　1407-717-468
畫馬讚　　　　　　　　唐杜　甫　　1340-626-784
西方變畫讚并序　　　　唐王　維　　1071-255- 20
爲相國王公紫芝木瓜
　讚并序　　　　　　　唐王　維　　1071-263- 20
烏程李明府水堂觀玄
　眞子置酒張樂叢筆
　亂揮畫武城贊　　　　唐釋皎然　　1071-850- 8
張僧繇畫僧記　　　　　唐劉長卿　　1072- 73- 11
　　　　　　　　　　　　　　　　　1341-252-832
楊起居畫古松樹讚　　　唐獨孤及　　1072-263- 13
如意輪畫銘并序　　　　唐顧　況　　1072-542- 下
畫西方變讚　　　　　　唐權德輿　　1340-611-782
畫記　　　　　　　　　唐韓　愈　　1073-440- 13
　　　　　　　　　　　　　　　　　1074-257- 13
　　　　　　　　　　　　　　　　　1075-218- 13
　　　　　　　　　　　　　　　　　1344-191- 77
　　　　　　　　　　　　　　　　　1355-638-21上
　　　　　　　　　　　　　　　　　1378-450- 57
　　　　　　　　　　　　　　　　　1383-100- 8
　　　　　　　　　　　　　　　　　1409-190-583
觀八駿圖說　　　　　　唐柳宗元　　1076-161- 16
　　　　　　　　　　　　　　　　　1076-615- 16
　　　　　　　　　　　　　　　　　1077-211- 16
　　　　　　　　　　　　　　　　　1336-451-371
　　　　　　　　　　　　　　　　　1383-285- 25
龍馬圖贊并序　　　　　唐柳宗元　　1076-184- 19
　　　　　　　　　　　　　　　　　1076-635- 19
　　　　　　　　　　　　　　　　　1077-236- 19
　　　　　　　　　　　　　　　　　1340-626-784
　　　　　　　　　　　　　　　　　1343-342- 24
　　　　　　　　　　　　　　　　　1407-718-468

毗盧遮那佛華（花）
　并序 藏世界圖讚　唐劉禹錫　1077-356- 4
　　　　　　　　　　　　　　1340-616-783
（周穆王）八駿圖序　唐李　翱　1406- 31-316
周穆王八駿圖序　　　唐李　觀　1078-279- 2
　　　　　　　　　　　　　　1344-409- 94
蘇州畫龍記　　　　　唐李　紳　1344-192- 77
　　　　　　　　　　　　　　1409-191-583
坦上圖贊　　　　　　唐李德裕　1079-289- 8
畫鵬贊 并序　　　　　唐白居易　550-196-216
　　　　　　　　　　　　　　1080-444- 39
　　　　　　　　　　　　　　1340-627-784
　　　　　　　　　　　　　　1343-343- 24
　　　　　　　　　　　　　　1407-719-468
驄虞畫贊 并序　　　　唐白居易　1080-443- 39
　　　　　　　　　　　　　　1340-627-784
　　　　　　　　　　　　　　1343-342- 24
記畫　　　　　　　　唐白居易　1080-475- 43
荔枝圖序　　　　　　唐白居易　1080-498- 45
　　　　　　　　　　　　　　1340-193-738
　　　　　　　　　　　　　　1344-410- 94
繡西方幀（幢）讚
　并序　　　　　　　唐白居易　1080-774- 70
　　　　　　　　　　　　　　1340-617-783
畫西方幢（幀）記　　唐白居易　1080-785- 71
　　　　　　　　　　　　　　1341-152-819
　　　　　　　　　　　　　　1344-176- 76
鑲屏讚 并序　　　　　唐白居易　1340-627-784
（天台）怪松圖贊
　并序　　　　　　　唐陸龜蒙　1083-262- 4
　　　　　　　　　　　　　　1083-396- 18
　　　　　　　　　　　　　　1340-627-784
　　　　　　　　　　　　　　1343-343- 24
　　　　　　　　　　　　　　1407-719-468
公孫甲松（說）　　　唐黃　滔　1084-182- 8
裴旻（昊）將軍射虎
　圖贊 并序　　　　　唐李　翰　550-194-216
　　　　　　　　　　　　　　1343-344- 24
西方變畫讚　　　　　唐任　華　1340-597-781
吳使君廳鄭華原壁畫
　松樹讚　　　　　　唐于　邵　1340-626-784
江陵府陟岵寺雲上人
　院壁張璪員外畫雙
　松讚　　　　　　　唐于　邵　1340-626-784
雙白鷹讚 并序　　　　唐蘇　頲　1340-629-784

繡西方大慈大悲阿彌
　陀佛記　　　　　　唐穆　員　1341-149-818
彭城公寫經畫西方像
　記　　　　　　　　唐盧子駿　1341-151-819
十八學士圖記　　　　唐王　觀　1341-249-832
祖二陳圖記　　　　　唐王　藎　1344-192- 77
　　　　　　　　　　　　　　1409-189-583
錄桃源畫記　　　　　唐舒元輿　1344-193- 77
　　　　　　　　　　　　　　1409-191-583
聖應圖讚 并序　　唐不著撰人　1340-587-780
野老行歌圖贊　　　　宋徐　鉉　1085-109- 14
異獸圖贊 并序　　　　宋張　詠　1085-603- 6
畫紀　　　　　　　宋王禹偁　1086-138- 15
海潮圖序　　　　　　宋余　靖　1089- 29- 3
觀天馬圖　　　　　　宋蔡　襄　1090-612- 33
傳法正宗定祖圖叙
　與圖上進　　　　宋釋契嵩　1091-527- 12
題維摩像　　　　　　宋蘇　頌　1092-755- 72
題青溪圖　　　　　　宋蘇　頌　1092-757- 72
題巨然山水　　　　　宋蘇　頌　1092-758- 72
題授經圖　　　　　　宋蘇　頌　1092-758- 72
彭州張氏畫記　　　　宋文　同　1096-685- 22
成都府楞嚴院畫六祖
　記　　　　　　　　宋文　同　1096-686- 22
白猿倪圖贊 并序　　　宋文　同　1096-678- 21
捕魚圖記　　　　　　宋文　同　1096-687- 22
楞嚴院畫六祖記（楞
　嚴院繪佛祖記）　　宋文　同　1354-793- 45
　　　　　　　　　　　　　　1381-564- 41
文與可畫墨竹枯木記　宋呂　陶　1098-109- 14
記畫　　　　　　　　宋鄭　獬　1097-282- 18
題浮渡山峯巖圖　　　宋楊　傑　1099-729- 9
七賢畫序　　　　　宋歐陽修　1102-519- 65
題薛公期畫　　　　宋歐陽修　1102-577- 73
吳道子畫五星贊　　　宋蘇　洵　1104-961- 15
　　　　　　　　　　　　　　1407-674-464
梵天畫贊　　　　　宋王安石　1105-280- 38
八境圖後序　　　　　宋蘇　軾　518- 12-136
　　　　　　　　　　　　　　1107-488- 34
文與可畫質篔谷偃竹
　記　　　　　　　　宋蘇　軾　556-398- 91
　　　　　　　　　　　　　　561-351- 41
　　　　　　　　　　　　　　1107-513- 36
　　　　　　　　　　　　　　1350-850- 82
　　　　　　　　　　　　　　1356-310- 14

2004　　　　　　　四庫全書文集篇目分類索引

	1381-565- 41	三笑圖贊　　　　　　宋蘇　軾　1108-520- 94
	1384-672-140	李伯時所畫沐猴馬贊　宋蘇　軾　1108-521- 94
	1409-409-609	1407-722-469
又跋晁無咎畫馬　　　宋蘇　軾	1077-301- 2	文與可枯木贊　　　　宋蘇　軾　1108-521- 94
觀宋復古畫敘　　　　宋蘇　軾	1107-492- 34	救月圖贊　　　　　　宋蘇　軾　1108-521- 94
淨因院畫記　　　　　宋蘇　軾	1107-498- 35	捕魚圖贊　　　　　　宋蘇　軾　1108-521- 94
	1350-845- 82	題王藎畫如來出山相
	1356-310- 14	贊　　　　　　　　宋蘇　軾　1108-524- 95
	1409-409-609	李伯時作老子新沐圖
石氏畫苑記　　　　　宋蘇　軾	1107-519- 37	遺道士寒拱辰趙郡
	1356-309- 14	蘇某見而贊之　　宋蘇　軾　1108-534- 95
	1378-451- 57	石恪畫維摩頌　　　　宋蘇　軾　1108-558- 98
	1384-673-140	醉僧圖頌　　　　　　宋蘇　軾　1108-558- 98
書蒲永昇畫後　　　　宋蘇　軾	1108-500- 93	三疏圖贊　　　　　　宋蘇　軾　1350-777- 75
書李伯時山莊圖後　　宋蘇　軾	1108-502- 93	題鳳翔東院右丞畫壁　宋蘇　軾　1406-446-364
	1406-508-373	跋李伯時卜居圖　　　宋蘇　軾　1406-475-368
書吳道子畫後　　　　宋蘇　軾	1108-503- 93	跋南塘挑耳圖　　　　宋蘇　軾　1406-475-368
書朱象先畫後　　　　宋蘇　軾	1108-504- 93	跋趙雲子畫　　　　　宋蘇　軾　1406-476-368
文與可畫墨竹屏風贊　宋蘇　軾	1108-515- 94	李西平畫贊　　　　　宋蘇　軾　1407-676-464
	1378-106- 39	沐老圖贊　　　　　　宋蘇　轍　1112-630- 5
	1407-677-464	孫知微畫玩珠龍銘　　宋黃庭堅　1113-107- 13
戒壇院文與可畫墨竹		三笑圖贊　　　　　　宋黃庭堅　1113-117- 14
贊　　　　　　　　宋蘇　軾	1108-515- 94	倦鶴圖贊　　　　　　宋黃庭堅　1113-117- 14
石室先生畫竹贊 并敘　宋蘇　軾	1108-515- 94	席子澤樂碏圖贊　　　宋黃庭堅　1113-117- 14
	1378-106- 39	趙景仁彈琴舞鶴圖贊　宋黃庭堅　1113-117- 14
	1407-677-464	胡逸老吳生畫屏贊　　宋黃庭堅　1113-117- 14
郭忠恕畫贊 并敘　　宋蘇　軾	1108-516- 94	易生畫靈猿猴罐贊　　宋黃庭堅　1113-117- 14
	1407-676-464	畫墨竹贊　　　　　　宋黃庭堅　1113-118- 14
韓幹畫馬贊　　　　　宋蘇　軾	1108-517- 94	畫牧牛贊　　　　　　宋黃庭堅　1113-118- 14
	1378-104- 39	畫馬贊　　　　　　　宋黃庭堅　1113-118- 14
	1384-705-143	黃庭畫贊　　　　　　宋黃庭堅　1113-118- 14
	1407-721-469	彭女禮北斗圖頌　　　宋黃庭堅　1113-135- 15
膠西蓋公堂照壁畫贊　宋蘇　軾	1108-517- 94	道臻師畫墨竹序　　　宋黃庭堅　1113-148- 16
九馬圖贊 并引　　　宋蘇　軾	1108-518- 94	跋東坡所作馬券　　　宋黃庭堅　1113-264- 25
	1350-777- 75	題校書圖後　　　　　宋黃庭堅　1113-282- 27
顧愷之畫黃初平牧羊		1406-462-366
圖贊　　　　　　　宋蘇　軾	1108-518- 94	題渡水羅漢畫　　　　宋黃庭堅　1113-283- 27
	1407-675-464	題七才子畫　　　　　宋黃庭堅　1113-283- 27
三馬圖贊 并引　　　宋蘇　軾	1108-519- 94	1406-446-364
	1350-778- 75	題趙公佑畫　　　　　宋黃庭堅　1113-284- 27
	1378-102- 39	題摹鎖諫圖　　　　　宋黃庭堅　1113-284- 27
	1384-705-143	題摹燕郭尚父圖　　　宋黃庭堅　1113-284- 27
	1407-720-469	1351-493-131
李潭六馬圖贊　　　　宋蘇　軾	1108-520- 94	1353-818-110
李伯時畫李端叔眞贊　宋蘇　軾	1108-520- 94	1406-447-364

子部　藝術類：畫跋

四庫全書文集篇目分類索引

題明皇眞妃圖	宋黃庭堅	1113-284- 27
題輞川圖	宋黃庭堅	1113-284- 27
題洪駒父家江千秋老圖	宋黃庭堅	1113-284- 27
書文湖州山水後	宋黃庭堅	1113-284- 27
跋東坡畫石	宋黃庭堅	1113-285- 27
書王荊公騎驢圖	宋黃庭堅	1113-286- 27
		1361-258- 40
書劉壯輿漫浪圖	宋黃庭堅	1113-286- 27
		1345-564- 0
		1361-258- 40
題李伯時憩寂圖	宋黃庭堅	1113-286- 27
題李伯時畫天女	宋黃庭堅	1113-286- 27
題李漢舉墨竹	宋黃庭堅	1113-286- 27
		1353-818-110
		1361-259- 40
		1406-447-364
題文湖州竹上鶻鴿	宋黃庭堅	1113-286- 27
題崔白畫風竹上鶻鴿	宋黃庭堅	1113-286- 27
跋畫山水圖	宋黃庭堅	1113-287- 27
題畫娘子軍胡騎後	宋黃庭堅	1113-287- 27
跋仁上座橘洲圖	宋黃庭堅	1113-287- 27
題蕭規龍	宋黃庭堅	1113-287- 27
題惠崇九鹿圖	宋黃庭堅	1113-287- 27
題燕文貴山水	宋黃庭堅	1113-287- 27
題陳自然畫	宋黃庭堅	1113-287- 27
		1351-493-131
		1406-447-364
題徐巨魚	宋黃庭堅	1113-287- 27
		1351-494-131
書士星畫	宋黃庭堅	1113-288- 27
題畫醉僧圖	宋黃庭堅	1113-288- 27
題宗室大年永年畫	宋黃庭堅	1113-288- 27
東坡畫竹贊	宋黃庭堅	1113-441- 9
題公卷小屏	宋黃庭堅	1113-450- 9
題公卷花光橫卷	宋黃庭堅	1113-450- 9
畫木石贊	宋黃庭堅	1113-554- 2
題崇德君所畫雀竹蝸蜻圖贊	宋黃庭堅	1113-554- 2
劉元輔畫馬扇贊	宋黃庭堅	1113-555- 2
跋楊妃病齒圖	宋黃庭堅	1113-634- 10
爲鄰松滋題子瞻畫	宋黃庭堅	1113-634- 10
題畫茶	宋黃庭堅	1113-635- 10
題楊道孚畫竹	宋黃庭堅	1113-635- 10
題遠近圖後	宋黃庭堅	1113-636- 10
題北齋校書圖後	宋黃庭堅	1113-636- 10
題東坡水石	宋黃庭堅	1113-643- 11
題東坡竹石	宋黃庭堅	1113-648- 11
跋郭熙畫山水	宋黃庭堅	1113-649- 11
題宗成樹石	宋黃庭堅	1113-649- 11
題玉清昭應宮圖	宋黃庭堅	1113-649- 11
書遺道臻墨竹後與斌老	宋黃庭堅	1113-649- 11
題韓幹御馬圖	宋黃庭堅	1113-665- 12
墨竹贊	宋黃庭堅	1353-395-109
畫屏像贊	宋黃庭堅	1353-795-109
題濟南伏勝圖	宋黃庭堅	1384-493-131
跋浴室院畫六祖師	宋黃庭堅	1406-476-368
題道孚墨竹	宋張 未	1115-375- 44
李潭漢馬圖贊	宋秦 觀	1115-605- 34
		1407-722-469
書輞川圖後	宋秦 觀	1115-606- 34
		1406-518-374
書晉賢圖後	宋秦 觀	1115-613- 35
五百羅漢圖記	宋秦 觀	1115-632- 38
集瑞圖序	宋秦 觀	1115-647- 39
		1351- 90- 91
		1361-231- 36
西園雅集圖記	宋米 芾	1409-195-584
李伯時畫彌陀像贊		1116-382- 18
并序	宋釋惠洪	1116-382- 18
東坡畫應身彌勒贊		
并序	宋釋惠洪	1116-393- 19
許彥周所作墨戲爲之贊	宋釋惠洪	1116-406- 19
連瑞圖序	宋釋惠洪	1116-463- 23
題華光鑑湖圖	宋釋惠洪	1116-505- 26
題墨梅山水圖	宋釋惠洪	1116-505- 26
題墨梅	宋釋惠洪	1116-505- 26
題蘭	宋釋惠洪	1116-506- 26
題公翼畜華光所畫湘山樹石	宋釋惠洪	1116-506- 26
題橘洲圖	宋釋惠洪	1116-506- 26
題平沙遠水圖五首	宋釋惠洪	1116-506- 26
題華光梅	宋釋惠洪	1116-507- 26
跋東坡老木	宋釋惠洪	1116-513- 27
跋行草墨梅	宋釋惠洪	1116-514- 27
跋百牛圖	宋釋惠洪	1116-523- 27
題仲芮家藏四畫	宋張舜民	1117- 30- 5
題姚氏家藏畫	宋張舜民	1117- 30- 5

2006　　　　　　　　四庫全書文集篇目分類索引

子部　藝術類：畫跋

書王荊公遊鍾山圖後	宋陸　佃	1117-144- 11
王武子觀馬圖贊	宋沈　遼	1117-591- 6
王右軍觀鵝圖贊	宋沈　遼	1117-591- 6
十才子出關圖贊	宋沈　遼	1117-594- 7
張季鷹東歸圖贊	宋沈　遼	1117-594- 7
秦穆侯就封圖贊	宋沈　遼	1117-594- 7
王子猷訪戴圖贊	宋沈　遼	1117-594- 7
斛錫姐己冠帔圖(贊)	宋沈　遼	1117-595- 7
海榕記	宋晁說之	1118-308- 16
題七賢圖	宋晁說之	1118-353- 18
白蓮社圖記	宋晁補之	1118-625- 30
		1409-197-584
張汝平牧牛圖贊	宋晁補之	1118-642- 32
題白蓮社圖後	宋晁補之	1118-644- 32
跋翰林東坡公畫	宋晁補之	1118-652- 33
跋李遵易畫魚圖	宋晁補之	1118-652- 33
跋董元畫	宋晁補之	1118-653- 33
跋范伯履所收郭恕先畫本	宋晁補之	1118-654- 33
捕魚圖序	宋晁補之	1118-666- 34
		1351- 73- 92
		1406- 37-316
選佛圖序	宋黃　裳	1120-153- 21
書墨竹畫卷後	宋黃　裳	1120-237- 35
李伯時馬贊	宋李之儀	1120-442- 12
畫龜贊	宋李之儀	1120-443- 12
跋黃擬山所藏劉君錫太尉畫	宋李之儀	1120-591- 42
李伯時畫姑溪濯足圖贊	宋李之儀	1120-690- 14
李伯時畫馬贊	宋李之儀	1120-690- 14
題張元禮所藏楊契丹吳道玄畫	宋李　復	1121- 74- 7
爲錢濟明跋書畫卷尾	宋鄒　浩	1121-448- 32
跋漳浦李大忠微叔所藏書畫尾	宋鄒　浩	1121-450- 32
古器圖贊	宋劉　跂	1121-595- 6
題醉道士圖	宋劉　跂	1121-596- 6
跋孟仲寧畫蓮社圖	宋李昭玘	1122-299- 9
書六逸四暢畫本	宋李昭玘	1122-300- 1
北湖草蟲圖跋	宋吳則禮	1122-467- 5
小景平遠銘	宋吳則禮	1122-468- 5
陳君益宅觀假山序畫記	宋呂南公	1123- 76- 7
跋李伯時馬	宋慕容彥逢	1123-458- 13
畫虎讚	宋趙鼎臣	1124-228- 14
跋錢服道畫	宋趙鼎臣	1124-265- 20
跋猶子棄畫	宋趙鼎臣	1124-265- 20
跋瑤池命宴圖	宋李　新	1124-538- 17
題瑞花圖	宋李　新	1124-654- 30
淵聖皇帝題十八學士頌	宋李　綱	1126-594-142
跋曹馬摹本	宋李　綱	1126-720-163
跋張僧繇畫卷	宋王安中	1127-144- 7
跋李長茂畫卷後	宋王安中	1127-144- 7
郭璋畫跋	宋許景衡	1127-350- 20
跋龍眠淵明圖	宋許景衡	1127-351- 20
跋陳去非右丞畫山水	宋葛勝仲	1127-503- 10
跋醉道士圖	宋葛勝仲	1127-503- 10
跋與可竹	宋葛勝仲	1127-503- 10
跋王摩詰畫	宋張　守	1127-789- 10
跋龍眠渡水羅漢	宋張　守	1127-790- 10
題鑷樹諫圖後	宋張　守	1127-790- 10
題竹林七賢圖	宋汪　藻	1128-154- 17
跋折樞密錦屏山堂圖	宋汪　藻	1128-156- 17
跋鄭天和臨右丞樊舍秋晴圖	宋汪　藻	1128-156- 17
跋葉擇甫李伯時畫	宋汪　藻	1128-156- 17
僧可宗爲胡尉唐卿畫枯木怪石圖爲之贊	宋汪　藻	1128-182- 21
牧牛圖贊	宋李　光	1128-615- 16
跋閣立本列帝圖	宋李　光	1128-617- 17
跋陳元達鑷諫圖	宋李　光	1128-618- 17
聖瑞圖贊并序	宋曹　助	1129-496- 29
徑山（畫）羅漢記	宋曹　助	1129-506- 30
徑山續畫羅漢記	宋曹　助	1129-507- 30
跋苑箕曼徵獻墨竹	宋曹　助	1129-525- 32
跋陸賈圖	宋曹　助	1129-526- 33
跋郭恕先畫	宋曹　助	1129-528- 33
跋董亨道畫吳江圖	宋曹　助	1129-528- 33
又跋別軸	宋曹　助	1129-528- 33
題周昉大內圖	宋曹　助	1129-529- 33
跋打毬圖後	宋曹　助	1129-529- 33
跋趙千里畫石勒長跪圖	宋曹　助	1129-529- 33
題陸宰七賢圖	宋曹　助	1129-530- 33
跋衞太尉嚴集圖	宋曹　助	1129-530- 33
東山圖贊	宋葉夢得	1129-606- 2
書明皇吹簫圖後	宋葉夢得	1129-609- 3
書陸探微獅子畫贊後	宋葉夢得	1129-610- 3

四庫全書文集篇目分類索引

題鄜生長揖圖　　　　　宋程　俱　1130-151- 15
　　　　　　　　　　　　　　　　　1375-288- 22
畫馬贊　　　　　　　　宋程　俱　1130-162- 16
閱唐待詔顧德謙畫入
　貢圖贊　　　　　　　宋程　俱　1130-162- 16
戴勝（畫跋）　　　　　宋程　俱　1130-162- 16
鼯鼠（畫跋）　　　　　宋程　俱　1130-162- 16
山陰圖贊　　　　　　　宋程　俱　1130-163- 16
題醉學究圖　　　　　　宋程　俱　1130-166- 16
跋李龍眠淵明歸去來
　圖　　　　　　　　　宋劉才邵　1130-552- 10
跋王伯陽端溪石硯圖
　後　　　　　　　　　宋劉才邵　1130-552- 10
跋蘇粹之所藏王摩詰
　畫維摩文殊不二圖　宋李彌遜　1130-796- 21
跋錢服道畫潮出海門
　圖　　　　　　　　　宋李彌遜　1130-796- 21
跋筠溪圖後　　　　　　宋李彌遜　1130-798- 21
跋洛神賦摹本　　　　　宋張　綱　1131-204- 33
跋醉道士圖　　　　　　宋張　綱　1131-204- 33
跋江貫道畫山水　　　　宋張　綱　1131-204- 33
跋宣和御畫　　　　　　宋呂頤浩　1131-323- 7
劉行簡墨竹贊　　　　　宋王　洋　1132-506- 13
跋虞中郎畫　　　　　　宋鄧　肅　1133-361- 20
王正卿楞嚴譯經像記　宋李流謙　1133-739- 16
跋王盧溪題宣和御畫
　詩　　　　　　　　　宋韓　駒　1134-348- 附
跋大年畫　　　　　　　宋王庭珪　1134-332- 48
跋趙德全家大年畫　　宋王庭珪　1134-339- 50
梅露圖後記　　　　　　宋孫　覿　1135-232- 23
書章邦基藏東坡畫古
　木　　　　　　　　　宋孫　覿　1135-325- 32
題松嶺圖　　　　　　　宋蘇　籀　1136-232- 11
跋伯時二馬圖　　　　　宋蘇　籀　1136-233- 11
書輞川圖後　　　　　　宋蘇　籀　1136-233- 11
跋曳尾圖贊　　　　　　宋張元幹　1136-656- 9
郭索圖贊　　　　　　　宋張元幹　1136-656- 9
醉道士圖（贊）　　　　宋張元幹　1136-656- 9
倚竹圖（贊）　　　　　宋張元幹　1136-656- 9
深谷戲猿圖（贊）　　　宋張元幹　1136-656- 9
飛泉圖（贊）　　　　　宋張元幹　1136-656- 9
牧童牛渡圖（贊）　　　宋張元幹　1136-657- 9
跋野次孤峯圖　　　　　宋張元幹　1136-657- 9
跋東坡枯木（圖）　　　宋張元幹　1136-657- 9
（跋）老燕墨戲二鬼　宋張元幹　1136-657- 9

跋龍眠佛祖因地（圖）宋張元幹　1136-657- 9
跋楚甸落帆（圖）　　　宋張元幹　1136-657- 9
跋洞庭山水樣　　　　　宋張元幹　1136-658- 9
跋趙祖文貧士圖後　　宋張元幹　1136-658- 9
跋山居圖　　　　　　　宋張元幹　1136-658- 9
跋米元章下蜀江山圖　宋張元幹　1136-659- 9
跋米元暉山水　　　　　宋張元幹　1136-660- 9
題范叔儀所藏廷智夫
　山水短軸　　　　　　宋張元幹　1136-662- 9
跋張安國所藏山水小
　卷　　　　　　　　　宋張元幹　1136-664- 9
跋醉鄉圖　　　　　　　宋胡　銓　1137- 41- 4
跋唐十八學士畫像　　宋胡　寅　1137-729- 28
　畫記　　　　　　　　宋鄭剛中　1138-266- 25
題王逸民小景　　　　　宋馮時行　1138-892- 4
題墨梅花　　　　　　　宋馮時行　1138-892- 4
跋趙祖文七進圖　　　宋王之望　1139-865- 15
跋蔡瞻明雙松居士圖　宋王之望　1139-867- 15
題覺慧大師與權歲寒
　圖　　　　　　　　　宋王之望　1139-867- 15
雪峯瑞芝圖記　　　　　宋林之奇　1140-489- 15
跋蘇黃留題（石室圖）宋林之奇　1140-529- 20
題雪峯如藏主水月圖　宋林之奇　1140-529- 20
永福瑞芝圖跋尾　　　宋林之奇　1140-531- 20
李伯時畫東坡乘槎圖
　贊　　　　　　　　　宋周紫芝　1141-299- 43
移學圖贊　　　　　　　宋周紫芝　1141-299- 43
採菊圖贊　　　　　　　宋周紫芝　1141-300- 43
止老畫杯渡贊　　　　　宋周紫芝　1141-301- 43
書李夫人枯木墨竹後　宋周紫芝　1141-470- 66
雲龍畫贊　　　　　　　宋史　浩　1141-807- 35
跋太室中峰詩畫　　　宋朱　熹　1145-690- 81
題洛神賦圖　　　　　　宋朱　熹　1145-690- 81
跋冰解圖　　　　　　　宋朱　熹　1145-690- 81
跋畫卷後　　　　　　　宋朱　熹　1145-698- 82
跋唐人暮雨牧牛圖　　宋朱　熹　1145-724- 83
　　　　　　　　　　　　　　　　　1406-480-369
跋李伯時馬　　　　　　宋朱　熹　1145-751- 84
跋吳道子畫　　　　　　宋朱　熹　1145-752- 84
跋湯叔雅墨梅　　　　　宋朱　熹　1145-755- 84
跋米元章下蜀江山圖　宋朱　熹　1145-757- 84
跋張以道家藏東坡枯
　木怪石　　　　　　　宋朱　熹　1145-762- 84
跋陳光澤家藏東坡竹
　石　　　　　　　　　宋朱　熹　1145-763- 84

子部

藝術類：畫跋

2008　　　　　　　四庫全書文集篇目分類索引

子部　藝術類：畫跋

聚星亭畫屏贊并序	宋朱 熹	1146-10-85
題閣立本列帝圖	宋周必大	1147-145-15
題笙寒圖	宋周必大	1147-146-15
再題劉子澄笙寒圖二絕句	宋周必大	1147-146-15
跋平江張漢卿推官華山就隱圖	宋周必大	1147-149-16
又跋章友直畫蟲	宋周必大	1147-158-16
跋彌明石鼎聯句圖	宋周必大	1147-168-17
題洪景盧所藏王摩詰山水	宋周必大	1147-180-18
跋李次山雪溪漁社圖	宋周必大	1147-183-18
題周曃兄弟閣立本樂治圖	宋周必大	1147-184-18
又題歛塞圖	宋周必大	1147-184-18
題孫氏四皓圖	宋周必大	1147-488-46
題汪季路所藏書畫四軸	宋周必大	1147-490-46
題張志寧所藏東坡畫	宋周必大	1147-504-47
題李龍眠山庄圖	宋周必大	1147-506-47
跋山谷題橘洲畫卷	宋周必大	1147-520-49
題趙弁雪圖	宋周必大	1147-534-50
跋楊無咎畫秋蘭	宋周必大	1147-538-50
題平園圖後	宋周必大	1147-546-51
題九歌圖	宋王 質	1149-388-5
跋文與可墨竹	宋王 質	1149-389-5
墨竹贊	宋王 質	1149-442-10
題許道寧畫	宋李 石	1149-674-13
題李道明畫出山佛	宋李 石	1149-674-13
左右生圖記	宋李 石	1354-795-45
		1381-569-41
題杜大春畫梅	宋陳傳良	1150-822-41
跋周伯壽畫貓	宋陳傳良	1150-829-42
跋朱宰所藏竹石（畫）	宋陳傳良	1150-832-42
跋吳興陳簽芝草圖	宋陳傳良	1150-833-42
跋朱宰所藏孫介畫	宋陳傳良	1150-833-42
跋樓大防重屏圖	宋陳傳良	1150-834-42
地藏經文變相圖記	宋崔敦禮	1151-824-6
六老圖序	宋樓 鑰	1152-818-53
恭題欽宗御畫十八學士圖	宋樓 鑰	1153-150-69
恭題曹勛所藏迎請太后回鑾圖	宋樓 鑰	1153-153-69
跋吳生畫卷	宋樓 鑰	1153-155-70
跋韓幹馬（畫）	宋樓 鑰	1153-155-70
跋徐子田菊坡圖	宋樓 鑰	1153-155-70
跋王清叔畫卷	宋樓 鑰	1153-155-70
跋霍氏球川圖	宋樓 鑰	1153-156-70
跋汪季路所藏書畫——龍眠九歌圖	宋樓 鑰	1153-160-70
（跋）王晉卿江山秋晚圖	宋樓 鑰	1153-160-70
跋汪季路書畫——魏野草堂圖	宋樓 鑰	1153-166-71
跋喬仲常高僧誦經圖	宋樓 鑰	1153-167-71
跋袁起巖所藏閣立本畫蕭翼取蘭亭圖	宋樓 鑰	1153-171-71
跋揚州伯父賦歸六逸圖	宋樓 鑰	1153-172-71
又（跋揚州伯父賦歸）四賢圖	宋樓 鑰	1153-173-71
跋周公禮殿圖	宋樓 鑰	1153-179-72
跋號國夫人曉妝圖	宋樓 鑰	1153-182-72
（跋）龍眠蓮社橫卷	宋樓 鑰	1153-188-72
跋揚州伯父所藏魏元理畫卷（二則）	宋樓 鑰	1153-189-73
跋龍眠二馬（畫）	宋樓 鑰	1153-189-73
題拳毛騧（圖）	宋樓 鑰	1153-190-73
跋王恭叔所藏淵明雪中詩圖	宋樓 鑰	1153-200-73
（跋）徐明叔刻溪雪霽圖	宋樓 鑰	1153-206-74
跋秦王獨獵圖	宋樓 鑰	1153-213-74
跋二疏圖	宋樓 鑰	1153-219-75
跋金滕圖	宋樓 鑰	1153-219-75
跋陳君彥直楚薌圖	宋樓 鑰	1153-224-75
跋揚州伯父耕織圖	宋樓 鑰	1153-238-76
跋六逸圖	宋樓 鑰	1153-246-77
跋吉日圖	宋樓 鑰	1153-246-77
跋米元暉著色春山	宋樓 鑰	1153-247-77
跋王都尉湘鄉小景	宋樓 鑰	1153-247-77
又跋東坡三笑圖贊	宋樓 鑰	1153-248-77
（跋）范寬雪景	宋樓 鑰	1153-251-78
（跋）燕文貴畫卷	宋樓 鑰	1153-251-78
（跋）文與可竹	宋樓 鑰	1153-252-78
（跋）與可老木	宋樓 鑰	1153-252-78
跋趙氏所藏大士（畫像）	宋樓 鑰	1153-253-78
溫室百瑞圖贊	宋袁說友	1154-395-20
跋家藏顧宏所臨王		

四庫全書文集篇目分類索引　2009

摩詰雪江圖	宋袁　燮	1157-104-　8
跋林郎中韓幹馬	宋袁　燮	1157-104-　8
跋林郎中巨然畫三軸	宋袁　燮	1157-104-　8
跋林郎中惠崇畫	宋袁　燮	1157-104-　8
跋周昉雙陸圖	宋蔡　戡	1157-703- 13
跋袁公雅集圖	宋員興宗	1158-171- 20
漢麒麟閣名臣圖贊	宋洪　适	1158-437- 28
跋米元暉畫二	宋洪　适	1158-658- 62
跋孔門四科圖	宋洪　适	1158-658- 62
跋十六尊者圖	宋洪　适	1158-659- 62
跋蓮社圖	宋洪　适	1158-659- 62
跋登瀛圖	宋洪　适	1158-660- 63
又跋（登瀛圖）	宋洪　适	1158-660- 63
喜神贊	宋趙善括	1159- 40-　4
靈椿庵芝草（圖）序	宋李　洪	1159-132-　6
跋盤谷圖	宋李　洪	1159-140-　6
跋陶彭澤歸去來圖	宋李　洪	1159-140-　6
題曾無逸百帆圖	宋楊萬里	1161-295- 99
跋章友直草蟲	宋楊萬里	1161-295- 99
跋曾正臣兩疏圖	宋楊萬里	1161-296- 99
跋劉景明四美堂序	宋楊萬里	1161-296- 99
題曾無已漁浦晚歸圖	宋楊萬里	1161-296- 99
跋趙大年小景	宋楊萬里	1161-297- 99
跋李成山水	宋楊萬里	1161-297- 99
跋洺溪曉月錢塘晚潮一軸	宋楊萬里	1161-297- 99
跋曹達臣所作蜥蜴蜣蜋墨戲	宋楊萬里	1161-299-100
跋洪治中梅蘭竹水墨畫軸	宋楊萬里	1161-302-100
跋古柏圖	宋陸　游	561-533- 44
		1163-512- 26
		1381-796- 59
王仲信畫水石贊	宋陸　游	1163-479- 22
		1407-724-469
跋劉凝之陳令舉騎牛圖	宋陸　游	1163-525- 28
跋歸去來白蓮社圖	宋陸　游	1163-526- 28
跋盤澗圖	宋陸　游	1163-532- 29
跋韓晉公牛	宋陸　游	1163-535- 29
跋畫橙	宋陸　游	1163-535- 29
		1406-480-369
跋米老畫	宋陸　游	1163-535- 29
跋韓幹馬	宋陸　游	1163-539- 30
跋韓晉公子母贊	宋陸　游	1163-542- 30
跋司馬端衡畫傳燈圖	宋陸　游	1163-546- 31
跋劉凝之陳令舉騎牛圖	宋陸　游	1406-480-369
題畫婆須密女	宋葉　適	1164-513- 29
題掃心圖	宋葉　適	1164-525- 29
三睡圖贊	宋陳　造	1166-368- 29
題釣遊圖	宋陳　造	1166-388- 31
題石蘭圖	宋陳　造	1166-388- 31
跋陳令舉騎牛圖	宋曹彦約	1167-204- 17
跋聽雨圖	宋劉　宰	1170-621- 24
跋山谷兄弟山攀梅花圖	宋程　珌	1171-351-　9
跋丹淵墨竹詩帖	宋魏了翁	1173- 21- 60
（跋）陳餘春龍出穴圖	宋魏了翁	1173- 61- 64
（跋）畫師帖	宋眞德秀	1174-553- 35
桂巖雙蓮圖序	宋洪咨夔	1175-304- 29
題洪崖圖	宋洪咨夔	1175-315- 30
題西岳降獵圖	宋洪咨夔	1175-315- 30
跋王維畫孟浩然騎驢圖	宋杜　範	1175-744- 17
自警圖跋	宋吳　泳	1176-377- 38
敬天圖箴	宋程公許	1176-1052- 14
跋宣和浦禽圖內有蔡元長筆	宋李曾伯	1179-545-　5
題丘攀桂月林圖	宋劉克莊	1180-344- 32
（跋）伯時臨韓幹馬	宋劉克莊	1180-347- 32
跋戴嵩牛	宋劉克莊	1180-347- 32
跋王摩詰渡水羅漢	宋劉克莊	1180-347- 32
（跋）江貫道山水	宋劉克莊	1180-347- 32
（跋）屬歸眞夕陽圖	宋劉克莊	1180-348- 32
（跋）韓幹三馬	宋劉克莊	1180-348- 32
（跋）信庵墨梅	宋劉克莊	1180-348- 32
（跋）李伯時畫十國圖	宋劉克莊	1180-348- 32
跋馬和之覓句圖	宋劉克莊	1180-351- 32
跋石鼎聯句圖	宋劉克莊	1180-351- 32
跋楊通老移居圖	宋劉克莊	1180-351- 32
又題（楊通老移居圖）	宋劉克莊	1180-351- 32
跋石虎禮佛圖	宋劉克莊	1180-352- 32
跋明皇聽笛圖	宋劉克莊	1180-352- 32
爲張道父贊二畫	宋趙孟堅	1181-361-　4
二十贊	宋趙孟堅	1181-362-　4
跋韶石圖	宋張　侃	1181-426-　5

子部

藝術類：畫跋

2010　　　　　　　　　四庫全書文集篇目分類索引

子部　藝術類：畫跋

篇目	作者	索引號
跋李伯時馬	宋張　侃	1181-427- 5
蘇李松石圖贊	宋張　侃	1181-433- 6
題余豈潛所藏楊補之梅	宋徐元杰	1181-753- 10
吟瀑圖贊	宋方　岳	1182-592- 37
		1375-603- 47
兩蝶贊御前梁楷畫并引	宋釋居簡	1183- 81- 6
書楊補之梅	宋釋居簡	1183- 92- 6
跋陸永仲題江貫道寒林圖	宋釋居簡	1183- 92- 6
		1183- 93- 7
跋小米畫	宋釋居簡	1183- 94- 7
跋六代傳衣圖	宋釋居簡	1183- 94- 7
跋雪窗老融牛軸	宋釋居簡	1183- 95- 7
書橘洲跋育王僧圖後	宋釋居簡	1183- 96- 7
題或侍者牧牛圖	宋釋居簡	1183- 97- 7
題惠崇柳塘春水	宋釋居簡	1183-100- 7
跋老融散聖畫軸	宋釋居簡	1183-101- 7
跋禪會圖	宋釋居簡	1183-101- 7
跋蓮社圖	宋釋居簡	1183-105- 7
題瀟湘八景	宋釋居簡	1183-106- 7
題廬山圖	宋釋居簡	1183-106- 7
跋瑀師所作飮中八仙圖	宋釋居簡	1183-106- 7
跋方別駕味道記黃叔向檣舟圖	宋釋居簡	1183-107- 7
跋西嶽降靈圖	宋釋居簡	1183-107- 7
書鏡潭照藏主水墨草蟲	宋釋居簡	1183-108- 7
題水墨狸奴	宋釋居簡	1183-108- 7
題龍眠控馬圖	宋釋居簡	1183-108- 7
跋甜畫	宋釋居簡	1183-108- 7
跋劉季必畫册	宋許　棐	1183-210- 5
題虞堪畫武夷圖	宋歐陽守道	1183-655- 18
題郭靖翁梅圖	宋歐陽守道	1183-657- 18
釣雪圖跋	宋歐陽守道	1183-675- 20
跋洪上人所藏十八羅漢畫	宋姚　勉	1184-289- 41
跋周蒼崖南嶽六圖	宋文天祥	1184-610- 14
跋李孟博東山夢境圖	宋文天祥	1184-610- 14
跋周一愚負母圖	宋文天祥	1184-610- 14
		1406-482-369
贊龔知縣龍（畫）	宋文天祥	1184-618- 14
贊程縣丞龍（畫）	宋文天祥	1184-619- 14
贊何了翁帳龍（畫）	宋文天祥	1184-619- 14
贊三山莊之龍魁星（畫）	宋文天祥	1184-619- 14
題蘇武忠節圖有序	宋文天祥	1184-726- 18
代弟茞梅畫序	宋陳　著	1185-181- 38
跋汪文卿淳梅畫詞	宋陳　著	1185-209- 44
跋弟茞梅軸	宋陳　著	1185-210- 44
代跋汪文卿畫梅詞	宋陳　著	1185-210- 44
題梁楷畫村樂圖	宋陳　著	1185-213- 44
書東坡風雪竹後	宋陳　著	1185-214- 45
書天台陳檢收景參山房圖後	宋陳　著	1185-215- 45
書族弟茞鷺圖	宋陳　著	1185-217- 45
題炳同上人古杭風景圖	宋陳　著	1185-221- 46
書鹵簿小圖後	宋陳　著	1185-221- 46
跋聞仲和注陸放翁劒南句圖	宋陳　著	1185-222- 46
跋黃祖勉所藏董源山水圖	宋陳　著	1185-223- 46
書史獻父屏石圖銘序後	宋陳　著	1185-226- 47
跋僧德恩所藏鍾子固所畫山谷水仙詩圖後	宋陳　著	1185-226- 47
書陳孔晨隱居圖	宋陳　著	1185-228- 47
（跋）李伯時九歌圖	宋陳　著	1185-228- 47
（跋）夏珪山水	宋陳　著	1185-228- 47
題天寧寺主僧可舉羅漢圖後	宋陳　著	1185-229- 47
跋僧石藏玉羅漢圖	宋陳　著	1185-231- 48
跋摩詰看雲圖	宋林希逸	1185-684- 13
題九老圖後	宋王　柏	1186-168- 11
題賈菊徑龍眠馬圖	宋王　柏	1186-171- 11
跋武昌解氏善居圖	宋王　柏	1186-174- 11
跋滕行父三峽圖	宋王　柏	1186-201- 13
山圍記	宋劉辰翁	1186-487- 4
秋風圖序	宋劉辰翁	1186-542- 6
跋董秀夫輞川圖後	宋馬廷鸞	1187-113- 16
跋陳莊自畫梅作詩	宋舒岳祥	1187-441- 12
書鳳山呂首之玉京勝棐圖後	宋方逢辰	1187-554- 6
瑞粟圖序	宋方逢振	1187-582- 8
題畫册後	宋衛武宗	1187-718- 6
跋讀書圖	宋衛武宗	1187-719- 6
謝竹所歲寒圖（跋）	宋牟　巘	1188- 59- 7
漁父聽琴圖（跋）	宋牟　巘	1188- 60- 7

四庫全書文集篇目分類索引　　2011

有翅天馬圖（跋）	宋牟　巘	1188-61-7
石上道士閱經圖(跋)	宋牟　巘	1188-61-7
畫竹（跋）	宋牟　巘	1188-61-7
四虎圖（贊）	宋牟　巘	1188-61-7
畫梅（贊）	宋牟　巘	1188-62-7
畫貓（贊）	宋牟　巘	1188-62-7
放鶴圖（贊）	宋牟　巘	1188-62-7
題淵明圖	宋牟　巘	1188-130-15
題松苗圖	宋牟　巘	1188-130-15
題仙人樓居圖	宋牟　巘	1188-131-15
跋捕魚圖	宋牟　巘	1188-142-16
題凌波圖	宋牟　巘	1188-145-16
題向氏山居圖	宋牟　巘	1188-145-16
題畢良佐山水圖	宋牟　巘	1188-145-16
書蔡琰歸漢圖	宋牟　巘	1188-145-16
擊磬圖（跋）	宋牟　巘	1188-146-16
題翁子清侍郎畫	宋牟　巘	1188-148-17
秋江曉渡圖	宋牟　巘	1188-148-17
跋趙光輔駿馬圖	宋牟　巘	1188-149-17
題元吉矮圖	宋牟　巘	1188-149-17
題李伯時雜畫	宋牟　巘	1188-150-17
跋意山圖	宋牟　巘	1188-151-17
題牧牛圖	宋牟　巘	1188-151-17
書蘭亭修禊圖	宋牟　巘	1188-152-17
題百牛圖	宋牟　巘	1188-153-17
（題）古木老柳圖	宋牟　巘	1188-153-17
（題）鼠蠶瓜圖	宋牟　巘	1188-153-17
題牧羊圖	宋牟　巘	1188-153-17
細竹圖（跋）	宋牟　巘	1188-153-17
三仙圖（跋）	宋牟　巘	1188-153-17
元吉二獐圖（跋）	宋牟　巘	1188-153-17
跋坡帖	宋牟　巘	1188-153-17
題施東皋南園圖後	宋牟　巘	1188-154-17
雙蓮圖詩序	宋俞德隣	1189-80-11
題等皇雪月圖後	宋家鉉翁	1189-333-4
跋明皇觀浴馬圖	宋家鉉翁	1189-336-4
跋韓幹馬圖	宋家鉉翁	1189-336-4
跋輞川圖	宋家鉉翁	1189-337-4
跋浩然風雪圖	宋家鉉翁	1189-337-4
跋太白賞月圖	宋家鉉翁	1189-337-4
嘉蓮圖記	宋潘友德	491-146-16
蓮社圖記	宋李沖元	517-332-124
曠山圖記	宋游師雄	556-402-91
勾漏山十洞（圖）記		
井序	宋吳元美	568-276-109
跋韓熙載夜宴圖	宋祖無顏	1098-881-16
回氏畫說	宋孔武仲	1345-371-17
書瑞粟圖下	宋陳公亮	1348-604-9
彭祖觀井圖銘	宋陳　靖	1350-752-73
畫贊	宋李泰伯	1350-777-75
大聖慈寺畫記	宋李之純	1354-791-45
文湖州竹林（畫）記	宋呂元鈞	1354-794-45
		1381-566-41
從文湖州木石畫壁記	宋楊天惠	1354-796-45
		1381-566-41
藥園小畫記	宋謝　伋	1356-750-15
題孔明抱膝長嘯圖	宋姚　鑄	1357-390-51
題畫卷	宋姚　鑄	1357-390-51
睢陽五老圖詩序	宋錢明逸	1406-147-330
滕王閣圖記	宋盧　柟	1409-412-609
（王維）畫錄（一百		
十九則）	宣和畫譜等	1071-353-附
楊貴妃病齒圖贊	宋不著撰人	1353-796-109
大聖慈寺畫記	宋不著撰人	1381-555-40
彭州張氏畫記	宋不著撰人	1381-565-41
唐吳道子畫聖像記	宋不著撰人	1381-569-41
闕里升堂圖贊	金趙秉文	1190-248-17
題異壺圖	金趙秉文	1190-261-20
題巫山圖後	金趙秉文	1190-264-20
四醉圖贊	金王若虛	1190-511-45
朱篪三官（畫記）	金元好問	1191-387-34
張萱四景宮女(畫記)	金元好問	1191-387-34
跋紫微劉尊師山水	金元好問	1191-468-40
大禹泣囚圖贊	元郝　經	1192-242-22
龍畫贊	元王義山	1193-57-9
虎畫贊	元王義山	1193-57-9
丁氏八南圖跋	元王義山	1193-60-10
黃草塘移居圖跋	元王義山	1193-61-10
宋人礦鄉始祖王彥方		
逸行圖跋	元王義山	1193-64-10
甕中雜詠圖詩序	元戴表元	1194-131-10
題姚秀實家藏陳所翁		
畫龍	元戴表元	1194-231-18
題貫休畫羅漢	元戴表元	1194-232-18
題（趙孟頫）畫	元戴表元	1194-234-18
又（題錢選畫）	元戴表元	1194-234-18
題盧鴻草堂圖	元戴表元	1194-234-18
題畫卷	元戴表元	1194-235-18
題胡瓌報塵圖	元戴表元	1194-235-18
題子昂摹龍眠飛騎習		

子部
藝術類：畫跋

2012　　　　　　　四庫全書文集篇目分類索引

子部　藝術類：畫跋

篇目	作者	索引號
射圖	元戴表元	1194-244- 19
題明皇聽樂圖	元戴表元	1194-244- 19
題洪厓圖	元戴表元	1194-244- 19
題怪木疎篁	元戴表元	1194-245- 19
東坡雨行圖贊	元戴表之	1194-259- 20
贊畫鬼戲	元戴表元	1194-260- 20
贊畫龍	元戴表元	1194-260- 20
題俞幾先山水	元張伯淳	1194-472- 5
題李仲芳墨戲	元張伯淳	1194-473- 5
題管寧灌足圖	元張伯淳	1194-473- 5
題王奇峯明秀圖	元張伯淳	1194-474- 5
題孝經首章圖	元張伯淳	1194-476- 5
跋梁中砥畫卷	元張伯淳	1194-477- 5
瑞麥圖序	元陸文圭	1194-576- 5
跋三生圖	元陸文圭	1194-655- 10
跋李良心萬里江山圖	元陸文圭	1194-655- 10
跋十梅圖	元陸文圭	1194-655- 10
跋海棠圖有數鷗鶴集其上	元陸文圭	1194-656- 10
題索句圖	元陸文圭	1194-656- 10
題畫牛小卷	元陸文圭	1194-656- 10
枯木畫贊	元陸文圭	1194-657- 10
七逸畫記	元趙　文	1195- 57- 4
跋劉明叟乾坤清氣圖	元趙　文	1195- 66- 5
書曾成玉所贊前御史哈喇召觀圖及所贊詩後	元劉　詵	1195-200- 4
豹隱圖贊	元劉　壎	1195-382- 6
巴山龍贊	元劉　壎	1195-382- 6
掃心圖贊有引	元劉　壎	1195-383- 6
朱光祿陰德圖贊有引	元劉　壎	1195-383- 6
畫梅跋	元劉　壎	1195-392- 7
題趙大年小景	元劉　壎	1195-393- 7
題楊妃齒痛圖	元劉　壎	1195-393- 7
題懶繡圖	元劉　壎	1195-393- 7
題盜馬圖	元劉　壎	1195-397- 7
再題（盜馬圖）	元劉　壎	1195-397- 7
跋王清觀題洞賓醉桃源像	元劉　壎	1195-398- 7
跋戴松牛（圖）	元劉　壎	1195-399- 7
梅湖道人墨梅跋	元劉　壎	1195-403- 7
題范蠡泛湖圖	元劉　壎	1195-403- 7
題淵明濾酒圖	元劉　壎	1195-404- 7
題梵隆述古圖	元胡祗遹	1196-256- 14
跋畫馬圖	元胡祗遹	1196-259- 14
跋陽關圖	元胡祗遹	1196-259- 14
跋謫仙泛舟圖	元胡祗遹	1196-260- 14
跋杜莘老畫赤壁圖	元胡祗遹	1196-260- 14
跋李伯時孝經圖	元胡祗遹	1196-260- 14
跋賀眞畫（二則）	元胡祗遹	1196-260- 14
跋姚安仁畫山水卷	元胡祗遹	1196-260- 14
跋界畫畫語	元胡祗遹	1196-261- 14
重陽王眞人慣化圖序	元任士林	1196-555- 4
戲書竹蕙圖	元任士林	1196-575- 7
題葉天師奉化鎭海圖	元任士林	1196-577- 7
吳興山水（清遠）圖記	元趙孟頫	526- 74-261
		1196-681- 7
題孔居曾侍圖	元吳　澄	1197-540- 54
題張仲默夢元遺山授詩法圖	元吳　澄	1197-540- 54
題臥龍圖	元吳　澄	1197-542- 54
跋魚圖	元吳　澄	1197-546- 55
跋牧樵子花卉	元吳　澄	1197-547- 55
題牧樵子花木	元吳　澄	1197-548- 55
跋牧樵子鶴鶉	元吳　澄	1197-548- 55
題沛公躡洗圖	元吳　澄	1197-549- 55
跋王令有人耕綠野無犬吠花村圖	元吳　澄	1197-550- 55
題峽猿圖	元吳　澄	1197-551- 55
跋楊補之四清圖	元吳　澄	1197-555- 56
題百魚朝一鯉圖	元吳　澄	1197-556- 56
題晉周平西改勵圖	元吳　澄	1197-562- 57
題李伯時九歌圖後并歌詩一篇	元吳　澄	1197-567- 57
書李伯時九歌圖後（并詩歌一篇）	元吳　澄	1367-479- 39
書李伯時九歌圖後	元吳　澄	1406-524-374
跋姜清叟畫	元吳　澄	1197-571- 58
題曾雲巢郊放牧圖	元吳　澄	1197-576- 58
題畫魚圖	元吳　澄	1197-578- 58
題梁湘東王繹貢職圖後	元吳　澄	1197-583- 59
題赤壁圖後	元吳　澄	1197-588- 59
題閻立本職貢師子圖	元吳　澄	1197-589- 60
題宣和畫女史箴圖	元吳　澄	1197-589- 60
跋張蔡國題黃處士秋江釣月圖詩	元吳　澄	1197-590- 60
跋六龍圖	元吳　澄	1197-591- 60
葬地索笑圖跋	元吳　澄	1197-592- 60

四庫全書文集篇目分類索引　2013

題畫蓮實卷後　　　　元吳　澄　1197-598- 61
跋陳桂溪畫册　　　　元吳　澄　1197-598- 61
題皮南雄所藏畫　　　元吳　澄　1197-598- 61
跋子昂書東坡王晉卿
　山水圖詩於熊大樂
　畫卷後　　　　　　元吳　澄　1197-600- 61
題明皇出遊圖　　　　元吳　澄　1197-600- 61
題李伯時九歌（圖）
　後　　　　　　　　元吳　澄　1197-605- 62
題王晉初所藏畫　　　元吳　澄　1197-605- 62
題李襄公槐圖後　　　元吳　澄　1197-606- 62
跋陳氏邱壑圖　　　　元吳　澄　1197-607- 62
題者英圖後　　　　　元吳　澄　1197-607- 62
題東溪耕樂圖後　　　元吳　澄　1197-609- 62
題伏生授經圖　　　　元吳　澄　1197-611- 62
題采薇圖　　　　　　元吳　澄　1197-611- 62
題孔檜圖　　　　　　元吳　澄　1197-612- 62
題聚星亭贊後　　　　元吳　澄　1197-614- 63
題東坡所寫墨竹　　　元吳　澄　1197-615- 63
題子昂仁智圖　　　　元吳　澄　1197-615- 63
跋玉笥山圖　　　　　元吳　澄　1197-615- 63
題江道貫百牛圖　　　元仇　遠　1198- 85- 附
惠曇畫贊後二首　　　元釋圓至　1198-147- 6
輞川圖記　　　　　　元劉　因　1198-558- 10
莊周夢蝶圖序　　　　元劉　因　1198-569- 11
　　　　　　　　　　　　　　　1367-405- 33
題高允圖後　　　　　元劉　因　1198-580- 12
書鑿鑿圖後　　　　　元劉　因　1198-662- 24
　　　　　　　　　　　　　　　1406-523-374
山莊雅集圖序　　　　元魏　初　1198-728- 3
燕居傳道圖贊　　　　元魏　初　1198-782- 5
題跋御容後　　　　　元劉將孫　1199-251- 26
題霜月畫八君子　　　元劉將孫　1199-251- 26
（跋）九歌圖　　　　元劉將孫　1199-251- 26
（跋）武夷校書圖　　元劉將孫　1199-252- 26
題渤海兵士劉平妻胡
　殺虎圖　　　　　　元劉將孫　1199-252- 26
題趙平遠畫石　　　　元劉將孫　1199-252- 26
題江浙省掾王裕之山
　居圖後　　　　　　元劉將孫　1199-253- 26
題龍頭（畫）　　　　元劉將孫　1199-253- 26
夫子孟荀楊王圖（贊）元劉將孫　1199-257- 27
司馬子長班范溫公圖
　（贊）　　　　　　元劉將孫　1199-257- 27
題老列莊抱朴希夷圖

（贊）　　　　　　　元劉將孫　1199-257- 27
三瑞圖記　　　　　　元程端禮　1199-685- 5
跋泰山圖　　　　　　元程端禮　1199-694- 6
晉卿山居圖序　　　　元胡炳文　1199-766- 3
題李伯時洛神圖　　　元胡炳文　1199-770- 4
夷門圖後語（跋夷門
　市廛圖後）　　　　元王　惲　 587-737- 18
　　　　　　　　　　　　　　　1201- 97- 73
畫記　　　　　　　　元王　惲　1200-472- 37
總尹湯侯月臺圖詩序　元王　惲　1200-532- 41
宋東溪墨梅圖序　　　元王　惲　1200-536- 41
天德柴氏悅親圖詩卷
　序　　　　　　　　元王　惲　1200-548- 42
總管范君和林遠行圖
　詩序　　　　　　　元王　惲　1200-553- 43
西溪趙君畫隱小序　　元王　惲　1200-563- 43
畫虎　　　　　　　　元王　惲　1200-579- 44
王氏冬藏圖說　　　　元王　惲　1200-612- 46
二馬圖說　　　　　　元王　惲　1200-618- 46
冬藏圖右銘　　　　　元王　惲　1201- 6- 66
垂龍圖銘　　　　　　元王　惲　1201- 6- 66
駝華驄圖贊并序　　　元王　惲　1201- 12- 66
奎杖圖贊　　　　　　元王　惲　1201- 20- 66
管幼安灌足圖贊　　　元王　惲　1201- 22- 66
四子問孝圖贊　　　　元王　惲　1201- 23- 66
重華鼓琴圖贊　　　　元王　惲　1201- 23- 66
宣聖小影後跋語　　　元王　惲　1201- 69- 71
跋周處府君斬蛟圖後　元王　惲　1201- 69- 71
　　　　　　　　　　　　　　　1373-441- 28
跋貫休比丘像　　　　元王　惲　1201- 70- 71
跋陶縝生榮圖　　　　元王　惲　1201- 70- 71
　　　　　　　　　　　　　　　1373-441- 28
跋范中立茂林秋晚圖　元王　惲　1201- 70- 71
　　　　　　　　　　　　　　　1373-441- 28
題王生臨道子橫吹等
　圖後　　　　　　　元王　惲　1201- 70- 71
　　　　　　　　　　　　　　　1373-441- 28
跋唐忠祚柘條白頭翁
　圖　　　　　　　　元王　惲　1201- 72- 71
　　　　　　　　　　　　　　　1373-442- 28
跋楊息軒江灣漁樂圖　元王　惲　1201- 72- 71
　　　　　　　　　　　　　　　1373-442- 28
跋甫田園後　　　　　元王　惲　1201- 72- 71
題丙博陽問牛圖後　　元王　惲　1201- 73- 71
　　　　　　　　　　　　　　　1373-443- 28

子部

藝術類：畫跋

子部 藝術類:畫跋

篇目	作者	冊-頁-行
題王郎中（國範）所藏唐翰林供奉畫玄宗幸蜀圖	元王 惲	1201- 73- 71
		1373-443- 28
跋黃華題郭壽卿雙溪圖	元王 惲	1201- 73- 71
題時苗留犢圖	元王 惲	1201- 79- 72
跋楊補之墨梅後	元王 惲	1201- 80- 72
昭陵六駿圖後序	元王 惲	1201- 80- 72
跋黃華煙江歸艇圖	元王 惲	1201- 82- 72
跋摹馬圖	元王 惲	1201- 83- 72
跋郭熙山水巨軸	元王 惲	1201- 86- 72
跋拙翁桃華春水圖	元王 惲	1201- 87- 72
跋馬左丞所藏貫休羅漢後	元王 惲	1201- 89- 72
題漢使任少公招李陵歸漢圖後	元王 惲	1201- 92- 73
跋南蠻朝貢圖	元王 惲	1201- 92- 73
跋趙大年畫王摩詰詩意	元王 惲	1201- 92- 73
明皇驪山宮避暑圖	元王 惲	1201- 93- 73
題李龍眠畫班昭女孝經圖後	元王 惲	1201- 93- 73
跋漁人鵜鶘圖	元王 惲	1201- 94- 73
跋馬融臥吹圖	元王 惲	1201- 96- 73
書觀臺劉氏嘉蓮卷後	元姚 燧	1201-730- 31
書米元暉畫山水	元姚 燧	1201-730- 31
溫國司馬文正公墓碑老杏圖詩序	元程鉅夫	1202-200- 15
徐佐卿墨龍贊二首	元程鉅夫	1202-333- 23
題趙仲遠所藏韓幹三馬	元程鉅夫	1202-345- 24
跋虞子及家藏趙千里義鵞行圖	元程鉅夫	1202-345- 24
題淵明圖	元程鉅夫	1202-353- 24
		1375-308- 24
書桂林瑞枝圖後	元程鉅夫	1202-355- 24
跋長江萬里圖	元程鉅夫	1202-364- 25
書留犢畫卷	元程鉅夫	1202-365- 25
跋墨竹葉卷	元程鉅夫	1202-366- 25
跋雪擁藍關圖	元程鉅夫	1202-366- 25
西岳降獵圖（記）	元程鉅夫	1202-373- 25
古輦圖（記）	元程鉅夫	1202-378- 25
題尹宰嘉禾圖	元王 旭	1202-870- 14
祝道士龍贊	元袁 桷	1203-228- 17
墨竹贊二首	元袁 桷	1203-228- 17
雲中龍贊	元袁 桷	1203-228- 17
龍贊（二則）	元袁 桷	1203-229- 17
太上授經圖贊	元袁 桷	1203-229- 17
皇姑魯國大長公主圖畫奉教題	元袁 桷	1203-595- 45
魯國大長公主圖畫記	元袁 桷	1203-600- 45
題李龍眠雅集圖	元袁 桷	1203-620- 47
題八馬圖後	元袁 桷	1203-621- 47
題雙竹圖	元袁 桷	1203-621- 47
書藝祖皇帝十節度風雲圖後	元袁 桷	1203-621- 47
以辟穀圖壽張治中佯識其後	元袁 桷	1203-621- 47
題趙希遠山水	元袁 桷	1203-622- 47
書牟端明脫轡圖黃魯直返棹圖贊後	元袁 桷	1203-622- 47
題家山圖	元袁 桷	1203-622- 47
題赤壁圖	元袁 桷	1203-622- 47
題模本重屏圖	元袁 桷	1203-622- 47
題楊補之梅	元袁 桷	1203-623- 47
題湯叔雅梅	元袁 桷	1203-623- 47
（題）李成寒林	元袁 桷	1203-623- 47
題小坡竹石牧牛圖	元袁 桷	1203-624- 47
題李伯時馬性圖	元袁 桷	1203-624- 47
題王黃華墨竹	元袁 桷	1203-624- 47
題李龍眠十六羅漢象	元袁 桷	1203-624- 47
題彥敬子昂蘭蕙梅菊畫卷	元袁 桷	1203-624- 47
題子昂擊磬圖	元袁 桷	1203-625- 47
題雲岡圖詩卷	元袁 桷	1203-664- 50
趙國寶飲馬圖序	元劉岳申	1204-185- 1
題文丞相拜羅氏百歲母圖	元劉岳申	1204-352- 14
題趙學士子昂照夜白圖	元劉岳申	1204-353- 14
題趙程兩公手題馬圖	元劉岳申	1204-353- 14
題百雁圖	元劉岳申	1204-355- 14
題彭小溪家藏五馬圖	元劉岳申	1204-355- 14
題子昂竹	元劉岳申	1204-355- 14
夢會圖詩序	元張之翰	1204-465- 13
雙松圖詩序	元張之翰	1204-468- 13
墨竹贊	元張之翰	1204-498- 17
跋煙村縱牧圖	元張之翰	1204-503- 18
題詩意圖	元張之翰	1204-507- 18

四庫全書文集篇目分類索引

子部 藝術類：畫跋

王氏孝感瑞華圖詩序	元釋大訢	1204-566- 7
恭題文宗皇帝御畫萬歲山畫	元釋大訢	1204-616- 13
題殷濟川畫	元釋大訢	1204-620- 13
題三教圖	元釋大訢	1204-621- 14
書商學士畫山水圖詩後	元釋大訢	1204-623- 14
題王荊公尋僧圖	元釋大訢	1204-624- 14
跋汪季澄所藏四皓觀泉圖	元陳 櫟	1205-195- 3
歐韓昌黎畫圖	元陳 櫟	1205-196- 3
書程與京祖雲山翁所作風月二竹卷後	元陳 櫟	1205-198- 3
題觀奕圖	元陳 櫟	1205-198- 3
畫馬贊	元陳 櫟	1205-347- 12
孤竹贊	元陳 櫟	1205-348- 12
程與京草蟲手卷贊	元陳 櫟	1205-350- 12
李中和屠浦退觀圖序	元劉敏中	1206- 77- 9
跋趙子昂畫馬圖	元劉敏中	1206- 87- 10
跋周文矩校書圖	元蕭 㪺	1206-426- 4
贊雙兔	元馬祖常	1206-574- 8
贊吳牛	元馬祖常	1206-574- 8
跋夫子擊磬圖	元馬祖常	1206-577- 8
		1373-248- 17
跋射鴈圖後	元同 恕	1206-693- 4
裘馳圖贊	元虞 集	1207- 67- 4
		1367-224- 18
		1407-724-469
大像圖贊	元虞 集	1207- 67- 4
		1367-224- 18
吳張高風圖序	元虞 集	1207- 98- 6
跋大安閣圖	元虞 集	1207-157- 10
題陳彥和魁星圖	元虞 集	1207-161- 10
題申屠子邁畫馬圖	元虞 集	1207-164- 10
紡績圖跋	元虞 集	1207-167- 11
子昂墨竹跋	元虞 集	1207-168- 11
王維輞川圖後	元虞 集	1207-171- 11
題吳傅朋書并李唐山水跋傅朋或作傅朋	元虞 集	1207-173- 11
		1367-487- 39
		1406-449-364
歐陽元功待制瀟湘八景圖	元虞 集	1207-174- 11
御馬五雲驄圖贊	元虞 集	1207-313- 21
龍眠華藏變相贊	元虞 集	1207-638- 45
天馬（圖）贊	元揭傒斯	1208-294- 14
題昔刺使宋圖後	元揭傒斯	1208-296- 14
城西小隱圖詩序	元王 沂	1208-531- 16
書聚星圖後	元王 沂	1208-574- 21
題觀泉圖	元王 沂	1208-575- 21
書姚許靜談圖後	元王 沂	1208-576- 21
書麥舟圖後	元王 沂	1208-578- 22
題獲麟圖	元王 沂	1208-579- 22
題黃給事山居圖	元黃 溍	1209-326- 4
題脫韓返權二圖	元黃 溍	1209-328- 4
題雲山圖	元黃 溍	1209-335- 4
題殺鍊圖	元黃 溍	1209-338- 4
跋金滕圖	元黃 溍	1209-351- 4
跋翠巖畫	元黃 溍	1209-356- 4
跋閣立本畫	元黃 溍	1209-359- 4
跋蘭亭圖	元黃 溍	1209-359- 4
（題）五馬圖	元歐陽玄	1210-157- 14
（題）草蟲圖	元歐陽玄	1210-158- 14
東亭圖序	元柳 貫	1210-450- 16
理成隱居圖後序	元柳 貫	1210-454- 16
嘉溪圖序	元柳 貫	1210-458- 16
蔡氏五慶圖詩序	元柳 貫	1210-461- 17
跋松雪翁重畫陵陽车公所作脫韓返權二圖	元柳 貫	1210-475- 18
跋唐李德裕手題王維輞川圖	元柳 貫	1210-479- 18
題秋池樓觀圖	元柳 貫	1210-481- 18
題江磧圖卷後	元柳 貫	1210-483- 18
題高尚書畫雲林煙障	元柳 貫	1210-495- 19
跋與元總尹王信夫九歌圖後	元蒲道源	1210-658- 10
跋姚安仁山水圖序	元蒲道源	1210-658- 10
李節使松溪圖詩引	元蒲道源	1210-720- 19
秋江競渡（圖）詩序	元蒲道源	1210-731- 20
記畫	元許有壬	1211-289- 40
澄上人龍贊	元許有壬	1211-471- 67
		1211-666- 11
白澤圖贊	元許有壬	1211-472- 67
張天師畫龍贊	元許有壬	1211-476- 67
伏義畫卦圖贊并引	元吳師道	1212-131- 11
王玉淵畫龍贊	元吳師道	1212-132- 11
高馬小兒圖贊	元吳師道	1212-132- 11
天馬贊并序	元吳師道	1212-134- 11
七進圖記	元吳師道	1212-150- 12

2016　　　　　　　四庫全書文集篇目分類索引

子部

藝術類：畫跋

篇目	作者	索引號
登瀛圖後題	元吳師道	1212-217-16
書韓幹馬圖後	元吳師道	1212-219-16
跋李息齋墨竹	元吳師道	1212-219-16
四皓圖後題	元吳師道	1212-219-16
跋跨驢覓句圖	元吳師道	1212-220-16
桃源圖後題	元吳師道	1212-222-16
跋李安忠畫鼠盜果	元吳師道	1212-223-16
跋輞川圖臨本後	元吳師道	1212-237-17
跋東坡枯木竹石楊補之墨梅	元吳師道	1212-254-18
（跋）米元暉雲山圖	元吳師道	1212-263-18
跋呂與之修禊圖	元程端學	1212-355-4
跋孔子觀欹器圖	元陳　旅	1213-164-13
跋蘭蕙同芳圖	元陳　旅	1213-165-13
跋牧牸圖	元陳　旅	1213-166-13
跋牛喘圖	元陳　旅	1213-167-13
跋五湖圖	元陳　旅	1213-167-13
猫雀圖說	元陳　旅	1213-171-13
跋章存誠所藏楊妃齒痛圖後	元傅若金	1213-343-7
題宋尚義所藏宋馬麟畫皇都春色圖後	元傅若金	1213-343-7
題山居圖	元朱晞顏	1213-423-5
題戲猫圖	元朱晞顏	1213-423-11
題二子徐桂與張定夫漁梁泛舟圖	元唐　元	1213-567-11
燕叔毅練江送別圖引	元唐　元	1213-568-11
跋李伯時摹劉商觀弈圖	元唐　元	1213-568-11
陸太初家藏米元暉山水（跋）	元唐　元	1213-569-11
題長洲尹王公晴雪圖	元唐　元	1213-570-11
題赤壁圖	元唐　元	1213-570-11
皇甫德剛黃山送別圖跋	元唐　元	1213-570-11
巴林龍畫題詠跋	元唐　元	1213-573-11
題廉守所得東坡遊赤壁圖	元唐　元	1213-573-11
題張梅趣唐馬	元唐　元	1213-575-11
題清之弟梅圖	元唐　元	1213-576-11
題巴林水墨龍虎圖	元唐　元	1213-584-13
題方壺畫記後	元李　存	1213-785-26
跋吳季行青山白雲圖後	元李　存	1213-791-26
嘉禾圖贊	元蘇天爵	1214-19-1
千里馬圖贊	元蘇天爵	1214-19-1
題石珏畫	元蘇天爵	1214-347-29
題馬氏蘭蕙同芳圖	元蘇天爵	1214-348-29
跋三笑圖	元蘇天爵	1214-349-29
題黃清夫耕雲釣月圖	元胡　助	1214-672-19
題竹隱老人（圖）	元胡　助	1214-674-19
桂坡李公擇先生石門六觀圖序	元胡　助	1214-679-20
跋伯章九龍卷	元盧　琦	1214-751-下
跋趙茂叔山居圖	元盧　琦	1214-751-下
題牧牛圖	元盧　琦	1214-752-下
題山水圖	元盧　琦	1214-752-下
題旅獒圖	元貢師泰	1215-657-8
題李威熙畫	元貢師泰	1215-658-8
跋五輅圖	元貢師泰	1215-659-8
跋松泉圖	元貢師泰	1215-666-8
跋陶淵明圖	元貢師泰	1215-666-8
西溪湖題詠序 繪帙	元劉仁本	1216-86-5
趙仲穆丹青界畫記	元劉仁本	1216-108-6
題屈原漁父問答圖	元劉仁本	1216-112-6
題蘭棘竹石畫	元劉仁本	1216-112-6
題莊周蝶夢圖	元劉仁本	1216-113-6
題范壽醉道圖	元劉仁本	1216-113-6
題小景	元劉仁本	1216-113-6
題馬易之遠遊（圖詩）卷	元劉仁本	1216-113-6
跋喀喇子山平章公瑞果（圖）卷	元劉仁本	1216-113-6
望雲圖詩序	元陳　高	1216-205-10
題雪擁藍關圖	元鄭元祐	1216-499-7
題風雨歸舟圖	元吳　海	1217-234-7
題醉圖	元吳　海	1217-234-7
題商山四皓圖	元吳　海	1217-235-7
題太公釣渭圖	元吳　海	1217-235-7
醉道士圖跋	元吳　海	1217-236-7
題劉監丞所藏海岳菴圖	元吳　海	1217-236-7
題孫位畫馬融吹笛圖	元吳　海	1217-236-7
醉道士圖跋	元吳　海	1217-237-7
題觸食公圖	元吳　海	1217-237-7
林泉歸隱後序	元舒　頔	1217-571-2
跋相溪圖後	元舒　頔	1217-587-3
跋百馬圖內三牛	元舒　頔	1217-589-3
貞素先生花尊圖記	元章文懋	1217-671-附1
溪山送別圖詩序	元李繼本	1217-743-4

四庫全書文集篇目分類索引　　2017

題鄭彥文所藏墨梅	元李繼本	1217-789- 9	題畫	元倪 瓚	1220-304- 9
題卞庭芳所藏山水畫	元李繼本	1217-789- 9	題仙山圖	元倪 瓚	1220-304- 9
跋仙人呂岩圖像	元李繼本	1217-792- 9	荊溪圖序	元倪 瓚	1220-307-10
松菴圖詩序	元謝應芳	1218-219- 9	雪洞圖詩序	元王 禮	1220-389- 4	子部
題太乙眞人圖	元謝應芳	1218-309-14	畫苑記	元王 禮	1220-409- 6
題子昂竹石	元謝應芳	1218-310-14	題龍雲瑞雙雞圖	元王 禮	1220-436-10	藝術類：畫跋
題觀奕圖	元謝應芳	1218-311-14	題王仲齊所藏小景	元王 禮	1220-436-10
（題）楊妃齒痛圖	元謝應芳	1218-311-14	題龍頭	元王 禮	1220-436-10
長白山居圖說	元謝應芳	1218-317-14	題鷹熊圖	元王 禮	1220-437-10
貓捕雀圖評	元謝應芳	1218-328-14	題無詰沅蘭湘竹圖	元王 禮	1220-437-10
歐陽氏畫紡圖贊	元周霆震	1218-533-10	題蘭	元王 禮	1220-437-10
周尙易出軍圖贊	元周霆震	1218-533-10	題蜻蜓螳螂卷	元王 禮	1220-437-10
太公釣圖序	元甘 復	1218-540- 0	題子獻汎刻圖	元王 禮	1220-437-10
三教圖贊	元王 逢	1218-801- 6	題竹林七賢轟飲圖	元王 禮	1220-437-10
百猿圖記	元戴 良	1219-486-20	題古木脩篁圖	元王 禮	1220-437-10
跋錢舜舉所臨閣立本			題萬竹圖	元王 禮	1220-437-10
西域圖	元戴 良	1219-506-22	白雲圖詩序	元王 禮	1220-455- 1
跋孫伯敬所藏十八學			湖山雪隱序	元王 禮	1220-460- 1
士圖	元戴 良	1219-506-22	遊青原（圖）詩序	元王 禮	1220-464- 2
題米元暉烟雨圖	元戴 良	1219-510-22	瀛洲圖詩序	元王 禮	1220-469- 2
題文與可盤古圖	元戴 良	1219-510-22	秋江送別圖詩序	元王 禮	1220-477- 3
蒼雲圖贊幷序	元戴 良	1219-553-26	竹逸記	元王 禮	1220-515- 7
茅屋秋風圖序	元李 祁	1219-653- 3	題蘭竹	元王 禮	1220-563-12
西疇耕讀（圖詩）序	元李 祁	1219-658- 3	贊龍圖	元王 禮	1220-563-12
題宋孝宗賜楊誠齋雪			贊虎圖	元王 禮	1220-563-12
圖卷	元李 祁	1219-747- 9	贊忠孝圖	元王 禮	1220-563-12
題宋張叔端畫清明上			贊貓犬圖	元王 禮	1220-563-12
河圖	元李 祁	1219-747- 9	和溪漁隱圖詩序	元汪克寬	1220-690- 4
題僧雪窗畫蘭卷	元李 祁	1219-747- 9	敬亭山樵圖詩序	元胡行簡	1221-139- 4
題畫龍	元李 祁	1219-750-10	青山白雲圖詩序	元胡行簡	1221-139- 4
題楊清溪畫雪竹	元李 祁	1219-751-10	秋山行色圖詩序	元胡行簡	1221-141- 4
跋風帆圖	元李 祁	1219-753-10	秋江詩意圖序	元胡行簡	1221-144- 5
松溪圖詩卷序	元楊 翮	1220-115- 8	題江山萬里圖後	元胡行簡	1221-152- 6
題黃子久畫	元倪 瓚	1220-298- 9	跋劉郎中所藏邵菴先		
題陳惟寅畫荊溪圖	元倪 瓚	1220-300- 9	生戴笠圖詩卷後	元趙 汸	1221-301- 5
題師子林圖	元倪 瓚	1220-300- 9	牡丹瑞花（圖）詩卷		
跋畫	元倪 瓚	1220-301- 9	後	元楊維楨	1221-383- 1
跋畫竹	元倪 瓚	1220-301- 9	西山（別墅圖詩）序	元楊維楨	1221-458- 9
跋畫卷後	元倪 瓚	1220-301- 9	瑞竹圖卷序	元楊維楨	1221-469-10
題畫卷附王梧溪跋	元倪 瓚	1220-302- 9	無聲詩意序	元楊維楨	1221-481-11
題畫附吳滄雲詩跋	元倪 瓚	1220-302- 9	竹林七賢畫記	元楊維楨	1221-561-18
題畫附（陳方）用韻題			跋君山吹笛圖	元楊維楨	1221-691-28
畫上詩	元倪 瓚	1220-303- 9	游虎丘圖詩序	元陳 基	1222-249-13
題荊溪清遠圖	元倪 瓚	1220-303- 9	奉親圖詩序	元陳 基	1222-278-18
畫龍門獨步圖	元倪 瓚	1220-303- 9	跋李伯時追蹤圖	元陳 基	1222-341-32

2018　　　　　　　　四庫全書文集篇目分類索引

子部

藝術類：畫跋

書趙冀公墨梅後	元陳　基	1222-343- 32			1406-451-365
跋張彥輔畫拂郎馬圖	元陳　基	1222-391- 下	題織圖卷後	明宋　濂	1223-647- 13
跋西園雅集圖	元陳　基	1222-391- 下	題蛺蝶圖後	明宋　濂	1223-648- 13
抽菴看山圖序	元李惟馨	550-105-212	題栢庵圖後	明宋　濂	1223-648- 13
閱雲林畫題（三則）	元何良俊	1220-353- 12	題七才子圖	明宋　濂	1223-648- 13
（跋）倪元鎮溪亭三色圖	元何良俊	1220-353- 12	題梁楷義之觀鵝圖	明宋　濂	1223-649- 13
跋寧王吹簫圖	元胡初翁	1375-309- 24	跋西臺御史蕭翼賺蘭亭圖後	明宋　濂	1223-672- 14
伏生授經圖贊	元程　文	1375-603- 47	跋李伯時馬性圖	明宋　濂	1223-675- 14
師子林圖序	元朱德潤	1386- 34- 30	跋廬阜三笑圖	明宋　濂	1223-675- 14
蘭亭流觴曲水圖記	明 太 祖	1223-149- 14	墨鞠圖贊	明宋　濂	1224-513- 30
盛叔彰全畫記	明 太 祖	1223-149- 14	畫龍贊	明劉　基	1225-159- 6
壁間畫龍贊	明 太 祖	1223-182- 16	槐陰讀書圖序	明劉　基	1225-174- 7
赤龍贊	明 太 祖	1223-182- 16	題劉商觀奕圖	明劉　基	1225-193- 7
烏龍贊	明 太 祖	1223-182- 16			1374-202- 45
所翁九龍圖贊(九則)	明 太 祖	1223-182- 16			1406-450-365
海龍圖贊	明 太 祖	1223-183- 16	師子圖說	明劉　基	1225-198- 8
唐太宗出獵圖贊	明 太 祖	1223-183- 16	梅竹蘭葡萄圖記	明陶　安	1225-778- 17
唐太宗毛驄圖贊	明 太 祖	1223-189- 16	青山酌別記	明陶　安	1225-778- 17
跋夏珪長江萬里圖	明 太 祖	1223-198- 16	望雲圖記	明宋　訥	1225-849- 5
題徐熙暮雪雙禽圖	明 太 祖	1223-198- 16	虞先生戴笠圖贊	明王　禕	1226-317- 15
題范寬雪山行旅圖	明 太 祖	1223-199- 16	跋坦上進履圖	明王　禕	1226-342- 17
題李嵩西湖圖	明 太 祖	1223-199- 16	題南山圖	明王　禕	1226-345- 17
題趙千里江山圖	明 太 祖	1223-199- 16	書李邊道臨米元暉畫後	明王　禕	1226-346- 17
題趙希遠秋塘野禽圖	明 太 祖	1223-200- 16	跋重屏圖	明王　禕	1226-353- 17
題梁師閔蘆汀密雪圖	明 太 祖	1223-200- 16	秋野圖序	明張以寧	1226-595- 3
題春江山景圖	明 太 祖	1223-200- 16	山林小景（圖）詩序	明張以寧	1226-600- 3
匡廬結社圖跋	明宋　濂	518-245-143	題牧牛圖	明張以寧	1226-625- 4
		1223-676- 14	雲林圖記	明危　素	517-530-128
		1406-486-370			1226-672- 2
朱氏家慶圖記	明宋　濂	1223-335- 4	山菴圖序	明危　素	518- 33-136
		1409-199-584			1226-703- 2
蘭亭觴詠圖記	明宋　濂	1223-343- 14	仙巖圖序	明危　素	518- 34-136
望雲圖詩序	明宋　濂	1223-387- 6			1226-719- 3
羅氏五老圖詩卷序	明宋　濂	1223-513- 9	鄱江送別圖序	明危　素	1226-713- 3
題梁元帝畫職貢圖.	明宋　濂	1223-601- 12	雲松隱者圖序	明危　素	1226-735- 4
題周文矩畫狄梁公諫武后圖	明宋　濂	1223-607- 12	紫陽讀書圖序	明唐桂芳	1226-836- 5
題趙子昂馬圖後	明宋　濂	1223-610- 12	瀟湘八景圖序	明唐桂芳	1226-839- 5
題龍眠居士畫馬	明宋　濂	1223-640- 13	伯禮雨笠圖序	明唐桂芳	1226-841- 5
題韓幹馬臨本	明宋　濂	1223-641- 13	黃山採藥圖序	明唐桂芳	1226-856- 5
題李伯時山莊圖	明宋　濂	1223-645- 13	澄潭泛舟圖記	明唐桂芳	1226-865- 6
題郭熙陰崖密雪圖	明宋　濂	1223-646- 13	岑溪清隱圖記	明唐桂芳	1226-868- 6
題趙大年鶴鹿圖	明宋　濂	1223-646- 13	題八駿圖	明唐桂芳	1226-882- 7
題李伯時飛騎習射圖	明宋　濂	1223-646- 13	五山（圖）詩文跋	明唐桂芳	1226-883- 7

四庫全書文集篇目分類索引　　2019

題巫山圖	明唐桂芳	1226-884- 7
題畫湖州圖	明唐桂芳	1226-884- 7
題楊貴妃病齒圖後	明唐桂芳	1226-885- 7
陽山蒼檜圖詩序	明林 弼	1227-107- 13
柳江送別圖詩序	明林 弼	1227-108- 13
秋山高隱圖序	明林 弼	1227-109- 13
白雲孤飛圖序	明林 弼	1227-112- 13
壺山圖詩序	明林 弼	1227-115- 14
雲山惜別圖序	明林 弼	1227-119- 14
墨仙贊	明林 弼	1227-148- 18
書虎溪待渡圖後	明林 弼	1227-189- 23
書狄梁公進諫圖	明林 弼	1227-190- 23
書張起鳴松椒圖後	明林 弼	1227-190- 23
書倪仲遠山水卷	明林 弼	1227-191- 23
書平林煙雨圖	明林 弼	1227-191- 23
書陳一欽小景圖	明林 弼	1227-192- 23
書趙子昂馬圖	明林 弼	1227-192- 23
書張師蘿枯木圖	明林 弼	1227-194- 23
書陳所翁畫龍	明林 弼	1227-195- 23
題八鴈圖	明林 弼	1227-198- 23
題東坡畫	明林 弼	1227-198- 23
題羅稚川畫	明林 弼	1227-199- 23
（題）道伏龍虎圖	明林 弼	1227-199- 23
題宣和山水畫後	明劉 嵩	1406-470-367
三友圖詩序	明釋妙聲	1227-597- 中
杜君遊觀圖序	明朱 同	1227-685- 4
黃山圖詩序贈歙縣尹		
皇甫遵道	明朱 同	1227-686- 4
石門讀書圖記	明朱 同	1227-695- 5
書錢舜舉畫後	明朱 同	1227-713- 6
范平仲書雲溪歸隱圖		
後	明朱 同	1227-727- 8
翰墨清事序	明凌雲翰	1227-828- 4
識畫	明朱 右	1228- 39- 3
娥江送別圖序	明謝 肅	1228-152- 7
		1374-139- 40
		1456-483-314
行春圖序	明謝 肅	1228-161- 7
玉泉隱居圖序	明貝 瓊	526-156-263
		1228-356- 10
跋蟬雀圖後	明貝 瓊	1228-307- 3
書杏林生意圖後	明貝 瓊	1228-369- 13
跋耕漁圖	明貝 瓊	1228-370- 13
跋馬文璧雲林隱居圖		
後	明貝 瓊	1228-371- 13

題秋江送別圖送陶九		
成歸雲間	明貝 瓊	1228-418- 20
書九歌圖後	明貝 瓊	1228-440- 23
		1374-216- 47
南華謫居圖記	明蘇伯衡	1228-682- 8
		1374- 39- 31
		1457-359-377
跋四英圖	明蘇伯衡	1228-711- 10
文與可萬竹圖跋	明胡 翰	1229-100- 8
李伯時臨韓幹十八馬		
圖跋	明胡 翰	1229-104- 8
書朱氏家慶圖	明胡 翰	1229-106- 8
春江圖說	明徐一夔	1229-185- 4
跋進馬圖	明徐一夔	1229-225- 6
白沙親舍圖記	明徐一夔	1229-241- 7
跋葛翁移家圖	明徐一夔	1229-276- 9
跋李唐所畫扁鵲授方		
圖	明徐一夔	1229-377- 14
貞觀納諫圖贊	明王 紳	1229-421- 3
跋陶淵明臨流賦詩圖	明王 紳	1229-424- 3
墨竹記	明孫 作	1229-493- 3
跋王氏家藏碩畫	明童 冀	1229-602- 2
跋米元暉畫	明童 冀	1229-602- 2
黃山采藥圖序	明童 冀	1229-607- 2
跋所翁龍	明童 冀	1229-625- 3
跋時苗留犢畫卷	明童 冀	1229-641- 4
題張來儀楚江清曉圖	明童 冀	1229-641- 4
愛敬堂圖贊	明高 啓	1230-299- 4
題天池圖小引	明高 啓	1230-304- 4
師子林十二咏序	明高 啓	1386- 35- 30
七賢圖贊	明王 行	1231-295- 1
雷雨護嬰圖贊	明王 行	1231-295- 1
讀書圖贊	明王 行	1231-296- 1
畫前詩引	明王 行	1231-310- 2
寄勝題引	明王 行	1231-310- 2
怡情藝苑題引	明王 行	1231-310- 2
石林書舍圖記	明王 行	1231-325- 3
屋舟圖記	明王 行	1231-338- 4
梁溪漁友圖詩序	明王 行	1231-367- 6
題貢獎圖	明王 行	1231-392- 8
題趙子固蘭竹卷	明王 行	1231-392- 8
題趙子昂畫臥雪圖	明王 行	1231-396- 8
思親望遠圖詩序	明王 行	1231-444- 0
題溫日觀葡萄卷後	明王 行	1231-451- 0
題所畫墨竹後	明王 行	1231-451- 0

子部　藝術類：畫跋

2020 四庫全書文集篇目分類索引

子部 藝術類:畫跋

跋米元暉畫卷	明王 行	1231-452- 0
虎溪三笑圖贊	明王 行	1231-466- 0
題西旅獻獒圖	明董 紀	1231-781- 2
書慈湖先生召呼聲圖後	明烏斯道	1232-237- 4
題花香竹影圖	明烏斯道	1232-238- 4
畢原莊圖記	明殷 奎	1232-412- 3
青陽行樂圖序	明陳 謨	1232-604- 5
桃源圖序	明陳 謨	1232-619- 6
龍山小隱圖記	明陳 謨	1232-647- 7
三顧書隱（圖）記	明陳 謨	1232-650- 7
柳溪漁隱（圖）記	明陳 謨	1232-669- 7
書唐令公鍾紹京讀書巖圖	明陳 謨	1232-683- 9
跋騣馬圖後	明陳 謨	1232-691- 9
題七賢圖後	明陳 謨	1232-692- 9
書趙文學所藏馬圖後	明陳 謨	1232-692- 9
書唐馬圖	明陳 謨	1232-697- 9
題濠梁喬木圖後	明陳 謨	1232-698- 9
書十八學士登瀛洲圖	明陳 謨	1232-699- 9
題墨竹序後	明陳 謨	1232-701- 9
介石圖記	明龔 敩	1233-666- 4
鷺湖晴翠圖序	明龔 敩	1233-672- 5
翁氏景石圖序	明龔 敩	1233-673- 5
題楊南秀才枯木圖序	明龔 敩	1233-674- 5
跋竹坪圖	明龔 敩	1233-683- 6
瀛州學士圖說爲費允中辨	明龔 敩	1233-680- 6
雪霽圖詩序	明鄭 眞	1234-101- 23
文江圖詩序	明鄭 眞	1234-103- 23
一灣煙水圖詩序	明鄭 眞	1234-125- 25
跋畫卷	明鄭 眞	1234-192- 35
跋子房進履圖	明鄭 眞	1234-202- 36
跋易元吉雙獐圖	明鄭 眞	1234-221- 38
題趙仲穆馬上挾彈圖	明鄭 眞	1234-226- 39
跋西旅獻獒圖	明鄭 眞	1234-227- 39
跋藍采和昇仙圖	明鄭 眞	1234-228- 39
跋唐十八學士夜宴圖	明鄭 眞	1234-228- 39
跋李後主觀奕圖	明鄭 眞	1234-229- 39
跋周文矩畫琉璃堂圖	明鄭 眞	1234-229- 39
杏林圖贊	明鄭 眞	1234-334- 50
高僧（畫）贊	明鄭 眞	1234-337- 50
唐十八學士登瀛洲圖贊	明鄭 眞	1234-338- 50
畫記	明練子寧	1235- 10- 上
湜湘書屋（圖）記	明練子寧	1235- 12- 上
書松風江月圖	明練子寧	1235- 22- 下
書醉遊圖	明練子寧	1235- 23- 下
書彭聲之先生所題杏林書屋圖	明練子寧	1235- 23- 下
跋饒自然畫	明練子寧	1235- 24- 下
跋十二嘗宿圖後	明練子寧	1235- 24- 下
赤壁圖贊	明方孝孺	534-542- 98
		1235-565- 19
		1407-727-470
張氏思親圖詩序	明方孝孺	1235-404- 13
題觀鵝圖	明方孝孺	1235-525- 18
題蕭翼賺蘭亭圖	明方孝孺	1235-525- 18
題韓幹馬圖	明方孝孺	1235-526- 18
書黃鶴樓卷後	明方孝孺	1235-527- 18
題米氏山水圖後	明方孝孺	1235-528- 18
		1456-482-314
袁安臥雪圖贊	明方孝孺	1235-555- 19
		1407-698-465
黃氏三壽圖贊	明方孝孺	1235-563- 19
歸田圖贊	明方孝孺	1235-566- 19
畫梅贊	明方孝孺	1235-566- 19
馬圖贊	明方孝孺	1235-566- 19
		1407-727-470
爲好義作脩德檟木贊	明方孝孺	1235-566- 19
丹丘舊隱圖序	明王原采	1235-817- 0
秋江別意圖詩序	明周是修	1236- 73- 5
西江歸興圖叙	明周是修	1236-100- 5
秋江送別圖叙	明周是修	1236-101- 5
具區林屋圖記	明程本立	1236-174- 3
跋三友圖卷	明程本立	1236-207- 4
題趙南隱卷（混元眞境圖）	明劉 璟	1236-254- 下
孔子問禮圖贊	明張宇初	1236-465- 3
書趙吳興書畫後	明唐之淳	1236-581- 4
風木圖詩集序	明解 縉	1236-684- 7
墨氏終南書舍（圖）詩序	明解 縉	1236-687- 7
李士鼎盤谷圖序	明解 縉	1236-692- 7
觀瀾軒圖記	明解 縉	1236-747- 10
跋趙松雪墨梅	明解 縉	1236-834- 16
跋（王侍御所藏）楊補之墨梅	明解 縉	1236-835- 16
		1406-488-370
西清餘玩序	明梁 潛	1237-254- 5

四庫全書文集篇目分類索引

瀛州別趣圖詩序　　　　明梁　潛　1237-274- 5
春牧圖贊　　　　　　　明梁　潛　1237-400- 13
跋姚通判望雲思親圖　　明梁　潛　1237-415- 16
題肴令圖　　　　　　　明梁　潛　1237-421- 16
瓊林萬玉圖引　　　　　明梁　潛　1237-426- 16
題香山九老圖後　　　　明梁　潛　1237-426- 16
鯨波萬里圖序　　　　　明王　洪　1237-499- 5
萬木圖記　　　　　　　明王　洪　1237-518- 6
泣麟圖說　　　　　　　明胡　儼　1373-657- 12
四皓圖跋　　　　　　　明胡　儼　1374-225- 48
魯林懷恩圖詩後序　　　明楊士奇　1238- 34- 3
武昌十景圖詩序　　　　明楊士奇　1238- 35- 3
長林書屋圖詩序　　　　明楊士奇　1238- 44- 4
萬木圖序　　　　　　　明楊士奇　1238- 47- 4
　　　　　　　　　　　　　　　　1406- 38-316
五清詩序　　　　　　　明楊士奇　1238- 60- 5
梅花圖詩序　　　　　　明楊士奇　1238- 85- 7
題夏少保家藏麥舟圖　　明楊士奇　1238-103- 9
跋赤壁圖　　　　　　　明楊士奇　1238-124- 11
西園雅集圖記　　　　　明楊士奇　1238-376- 1
晁氏百泉圖記　　　　　明楊士奇　1238-384- 1
歸田趣（圖）序　　　　明楊士奇　1238-563- 15
杏園雅集（圖）序　　　明楊士奇　1238-571- 15
（跋）萃叔耕遺墨卷
　後　　　　　　　　　明楊士奇　1238-653- 21
題麥舟圖卷後　　　　　明楊士奇　1238-655- 21
（跋）李公麟鬼章效
　馬圖後　　　　　　　明楊士奇　1238-661- 22
（跋）郭鼎貞藏張戡
　歇騎圖　　　　　　　明楊士奇　1238-662- 22
題竹示漢子學　　　　　明楊士奇　1238-662- 22
（跋）趙大年小景後　　明楊士奇　1238-662- 22
九歌圖後　　　　　　　明楊士奇　1238-663- 22
（跋）張子俊臨聖哲
　像後　　　　　　　　明楊士奇　1238-663- 22
（跋）蕭翼賺蘭亭（
　畫）後　　　　　　　明楊士奇　1238-663- 22
（跋）子昂七賢圖後　　明楊士奇　1238-664- 22
（跋）登瀛卷後　　　　明楊士奇　1238-664- 22
（跋）龍眠山莊圖後　　明楊士奇　1238-665- 22
（跋）宋好古竹石後　　明楊士奇　1238-665- 22
題義之寫經換鵝圖　　　明楊士奇　1238-665- 22
題孫從吉梅花　　　　　明楊士奇　1238-665- 22
題梁塏楨竹　　　　　　明楊士奇　1238-666- 22
（跋）出師圖頌後　　　明楊士奇　1238-671- 23

（跋）張眞人畫後　　　明楊士奇　1238-683- 23
（跋）海禪師螺川送
　別圖後　　　　　　　明楊士奇　1238-684- 23
漢使牧羝（圖）贊有序　明楊士奇　1239-289- 45
林塘秋意圖序　　　　　明楊　榮　1240-185- 12
薊門別意圖序　　　　　明楊　榮　1240-185- 12
杏園雅集圖後序　　　　明楊　榮　1240-204- 14
　　　　　　　　　　　　　　　　1374-165- 43
　　　　　　　　　　　　　　　　1456-484-314
東川迎養圖序　　　　　明楊　榮　1240-208- 14
西莊圖詩序　　　　　　明楊　榮　1240-209- 14
書淵明歸去來圖後　　　明楊　榮　1240-232- 15
書赤壁圖後　　　　　　明楊　榮　1240-232- 15
書麥舟圖後　　　　　　明楊　榮　1240-232- 15
恭題御賜牧牛圖後　　　明楊　榮　1240-236- 15
恭題御筆寫竹菊圖後　　明楊　榮　1240-237- 15
題唐宰相李德裕見客
　圖後　　　　　　　　明楊　榮　1240-238- 15
題見祭酒聖賢像後　　　明楊　榮　1240-239- 15
題香山九老圖卷後　　　明楊　榮　1240-243- 15
題雅集圖後　　　　　　明楊　榮　1240-243- 15
章侍郎行樂圖贊　　　　明楊　榮　1240-254- 16
行樂圖自贊　　　　　　明楊　榮　1240-256- 16
姑山白雲圖詩序　　　　明金幼孜　1240-737- 7
蕭氏行樂圖詩序　　　　明金幼孜　1240-747- 7
百鳥圖記　　　　　　　明金幼孜　1240-760- 8
　　　　　　　　　　　　　　　　1457-360-377
鞚川圖記　　　　　　　明金幼孜　1240-771- 8
萬木圖記　　　　　　　明金幼孜　1240-799- 8
臥雪圖記　　　　　　　明金幼孜　1240-809- 8
九老圖跋　　　　　　　明金幼孜　1240-869- 10
書梅花人物卷後　　　　明金幼孜　1240-869- 10
書釣臺圖詩序後　　　　明金幼孜　1240-871- 10
畫苑記　　　　　　　　明王　直　1241- 42- 2
梁氏雙玉圖記　　　　　明王　直　1241- 60- 3
棠陰清書圖詩序　　　　明王　直　1241- 78- 4
湘江雨意圖詩序　　　　明王　直　1241-137- 6
陳氏孝思圖引　　　　　明王　直　1241-275- 12
題赤壁圖後　　　　　　明王　直　1241-278- 12
　　　　　　　　　　　　　　　　1374-231- 48
題段侍郎燕集圖後　　　明王　直　1241-287- 13
先瀧圖記　　　　　　　明王　直　1241-306- 1
楊氏褉畫記　　　　　　明王　直　1241-358- 3
高空山遺詩（圖）記　　明王　直　1241-406- 5
歲寒三友圖記　　　　　明王　直　1241-417- 5

2022　　　　　　　　　四庫全書文集篇目分類索引

子部　藝術類：畫跋

篇目	作者	索引號
祿岡八景（圖）詩序	明王　直	1241-512- 8
（孫大年）慶壽（圖）詩序	明王　直	1241-539- 9
瑞蓮（圖）詩序	明王　直	1241-558- 10
富溪八景（圖）詩序	明王　直	1241-570- 11
李氏羣英墨妙序	明王　直	1241-630- 13
序飛仙圖	明王　直	1241-681- 15
莊子觀泉圖詩序	明王　直	1241-693- 15
李氏牧牛圖序	明王　直	1241-724- 17
友竹軒（圖）序幷詩	明王　直	1241-738- 17
鄭氏四老圖詩序	明王　直	1241-748- 18
序魁星圖	明王　直	1241-783- 19
龍氏褉畫卷序	明王　直	1241-884- 23
墨竹卷引	明王　直	1241-900- 23
恭題沈庶子竹菊圖後	明王　直	1242-349- 36
題程中書所書梅花（圖）賦後	明王　直	1242-353- 36
題玉澗枯木畫後	明王　直	1242-355- 36
跋香山九老圖後	明王　直	1242-363- 36
題碩畫卷後	明王　直	1242-363- 36
題楊宗勗燕集圖後	明王　直	1242-366- 36
題李伯時桃源圖後	明王　直	1242-367- 36
題龍眠山莊圖後	明王　直	1242-369- 36
魏尚書行樂（圖）贊	明王　直	1242-385- 37
楊子琰兄弟行樂圖贊	明王　直	1242-392- 37
味菜軒畫蘆菔贊	明王　直	1242-395- 37
具慶圖贊	明王　直	1242-396- 37
武夷圖序	明唐文鳳	1242-593- 5
靈山二十景（圖）詩序	明唐文鳳	1242-594- 5
息馬觀書圖序	明唐文鳳	1242-596- 5
豹居圖序	明唐文鳳	1242-601- 5
西溪漁隱（圖）記	明唐文鳳	1242-606- 6
		1375-243- 16
跋山水畫	明唐文鳳	1242-616- 7
		1375-320- 25
題墨竹圖	明唐文鳳	1242-620- 7
題錢舜舉瓜圖	明唐文鳳	1242-620- 7
松雪趙公畫梅跋	明唐文鳳	1242-626- 7
望雲思親圖贊有序	明唐文鳳	1242-638- 9
重書品樹連陰圖記	明李時勉	1242-687- 3
怡情記畫卷	明李時勉	1242-692- 3
雲林清趣圖記	明李時勉	1242-707- 3
折檻圖銘	明李時勉	1242-711- 3
題香山九老圖後	明李時勉	1242-790- 8
題漢武帝迎申公圖	明薛　瑄	1243-200- 11
滎陽送別圖詩序	明薛　瑄	1243-240- 13
畫龍贊	明薛　瑄	1243-398- 24
春草圖記	明劉　球	1243-451- 4
御馬圖記	明劉　球	1243-477- 6
徐敎授雲壑幽居圖詩序	明劉　球	1243-593- 13
黃司訓講學圖贊	明劉　球	1243-642- 18
青紫聯輝圖識	明劉　球	1243-644- 19
題蓮社圖後	明劉　球	1243-651- 19
高宗召傅說圖識	明劉　球	1243-652- 19
書萬里朝天圖後	明劉　球	1243-653- 19
記林泉靜酌圖詩後	明徐有貞	1245- 14- 1
跋訥菴清玩卷	明徐有貞	1245- 16- 1
題襲聖與瘦馬圖	明徐有貞	1245- 66- 2
敘一簾春色圖序	明徐有貞	1245-110- 3
濬河別圖詩序	明徐有貞	1245-141- 4
梅月雙清圖記	明徐有貞	1245-142- 4
貓互乳圖贊幷序	明倪　謙	1245-332- 12
瓊林宴歸（圖）記	明倪　謙	1245-339- 13
椿桂堂（圖）記	明倪　謙	1245-346- 13
虞山歸隱圖唱和詩序	明倪　謙	1245-389- 17
赤嶺雲松圖詩序	明倪　謙	1245-399- 18
清風林（圖）詩引	明倪　謙	1245-415- 19
湘江春雨竹卷引	明倪　謙	1245-445- 21
書趙松雪人騎圖後	明倪　謙	1245-474- 24
跋徐氏西成圖	明倪　謙	1245-475- 24
跋赤壁圖後	明倪　謙	1245-478- 24
跋嘉瓜圖後	明倪　謙	1245-478- 24
書研山圖卷後	明倪　謙	1245-480- 24
跋米家書畫卷	明倪　謙	1245-480- 24
跋李揮使紋所藏莊生說劍圖	明倪　謙	1245-482- 24
跋定襄伯郭登畫	明倪　謙	1245-483- 24
跋盧廷佐所藏先世田叟醉歸圖	明倪　謙	1245-487- 25
跋香山九老會（圖）詩	明倪　謙	1245-488- 25
跋錢宗嗣醫者滿腔生意畫册	明倪　謙	1245-492- 25
海天秋月（圖）記	明倪　謙	1245-591- 32
無聲詩序	明倪　謙	1245-596- 32
跋宋梵僧僅師畫犬	明倪　謙	1245-599- 32
跋項御史竹	明韓　雍	1245-765- 12
跋趙松雪畫陶潛歸去		

四庫全書文集篇目分類索引

圖　　　　　　　　　　明韓　雍　1245-766-11　李唐畫卷跋　　　　　明張　寧　1247-473-20
慶太平春圖贊有跋　　明韓　雍　1245-774-12　拜石圖跋　　　　　　明張　寧　1247-474-20
慶太平春圖贊　　　　明韓　雍　1466-734-60　趙瀚江山萬里圖跋　　明張　寧　1247-475-20
望雲圖詩序　　　　　明陳獻章　1246-12-1　　錢舜舉畫跋　　　　　明張　寧　1247-477-20
風木圖記　　　　　　明陳獻章　1266-32-1　　宋徽宗詩畫跋　　　　明張　寧　1247-477-20
題余別駕中流砥柱圖　　　　　　　　　　　　李在張果老圖爲蜀許
　後　　　　　　　　明陳獻章　1246-135-4　　瑋跋　　　　　　　　明張　寧　1247-478-20
江山秋霽圖記　　　　明岳　正　1246-415-7　　楊叔瓛双龍圖跋　　　明張　寧　1247-480-21
　　　　　　　　　　　　　　　1457-362-377　顧定之畫竹卷跋　　　明張　寧　1247-482-21
題彭延慶所藏趙仲穆　　　　　　　　　　　　夏撫軍房大年唐玉聰
　畫馬卷　　　　　　明岳　正　1246-428-8　　馬圖跋　　　　　　　明張　寧　1247-483-21
書唐賢夜燕圖卷（二　　　　　　　　　　　　跋夢遊僊詩畫　　　　明張　寧　1247-483-21
　則）　　　　　　　明岳　正　1246-430-8　　夏圭畫卷跋　　　　　明張　寧　1247-486-21
書陳方菴鶴膠卷後　　明岳　正　1246-430-8　　吳汝輝畫册後跋　　　明張　寧　1247-486-21
五馬行春圖序　　　　明柯　潛　1246-497-下　畫册跋　　　　　　　明張　寧　1247-486-21
駛馬青山圖序　　　　明鄭文康　1246-599-9　　錢舜舉石勒聽誦圖跋　明張　寧　1247-487-21
跋移家圖　　　　　　明鄭文康　1246-662-17　會稽陳尹所藏五馬圖
跋江村圖卷　　　　　明鄭文康　1246-663-17　　跋　　　　　　　　　明張　寧　1247-488-21
辟穀圖贊序　　　　　明彭　韶　1247-25-2　　宋徽宗鶴鴉圖跋　　　明張　寧　1247-488-21
天恩與誥圖序　　　　明彭　韶　1247-37-2　　畫蕉跋　　　　　　　明張　寧　1247-489-21
（李嵩）觀潮圖跋　　明張　寧　583-720-22　 王瑞之畫跋　　　　　明張　寧　1247-489-21
　　　　　　　　　　　　　　　1247-479-21　題汀州通判謝君行樂
　　　　　　　　　　　　　　　1456-486-314　　圖　　　　　　　　　明張　寧　1247-489-21
天涯風木圖序　　　　明張　寧　1247-386-15　題陳所翁畫龍圖爲伍
三鱣圖序　　　　　　明張　寧　1247-395-15　　公矩　　　　　　　　明張　寧　1247-490-21
李伯時畫記　　　　　明張　寧　1247-442-18　題張復陽畫册　　　　明張　寧　1247-491-21
畫牛記　　　　　　　明張　寧　1247-443-18　題貔鼠圖　　　　　　明張　寧　1247-491-21
　　　　　　　　　　　　　　　1457-365-377　題瀟湘八景圖　　　　明張　寧　1247-492-21
閒居畫記　　　　　　明張　寧　1247-448-19　題鎖腰諫圖併雜畫　　明張　寧　1247-493-21
邊景昭翎毛跋　　　　明張　寧　1247-462-20　題楊補之梅　　　　　明張　寧　1247-494-21
伍公擇畫魚詩册跋　　明張　寧　1247-462-20　畫虎贊爲方同知瓚　　明張　寧　1247-503-22
談大章鳳池春雨詩畫　　　　　　　　　　　　倉頡圖題語　　　　　明張　寧　1456-486-314
　卷跋　　　　　　　明張　寧　1247-463-20　宦途履歷圖詩　　　　明丘　濬　1248-208-10
吳仲圭畫卷跋　　　　明張　寧　1247-464-20　題藍關圖後　　　　　明丘　濬　1248-420-21
蕭翼蘭亭圖跋　　　　明張　寧　1247-464-20　跋江山雪霽圖　　　　明丘　濬　1248-422-21
獨樹軒圖記跋　　　　明張　寧　1247-464-20　書潘克寬十八學士（
　　　　　　　　　　　　　　　1456-406-299　　登瀛洲）圖　　　　　明丘　濬　1248-425-21
張撫軍畫卷跋　　　　明張　寧　1247-468-20　書百牛圖後　　　　　明丘　濬　1248-425-21
文敏公書畫跋　　　　明張　寧　1247-468-20　跋廬山圖　　　　　　明丘　濬　1248-426-21
瀛洲圖跋　　　　　　明張　寧　1247-469-20　望雲思親圖記　　　　明何喬新　1249-235-14
王菊坡畫卷跋　　　　明張　寧　1247-469-20　恭題宣廟御筆春草圖
黃華老人王廷筠書畫　　　　　　1247-470-20　　後序　　　　　　　　明鄭　紀　1249-832-11
　跋　　　　　　　　明張　寧　1247-470-20　恭題宣廟畫犬後　　　明鄭　紀　1249-832-11
王孟端山水畫跋　　　明張　寧　1247-471-20　恭題宣廟御筆畫馬後　明鄭　紀　1249-832-11
　　　　　　　　　　　　　　　1456-485-314　跋終慕圖　　　　　　明鄭　紀　1249-833-11

2024　　　　　　　　四庫全書文集篇目分類索引

子部

藝術類：畫跋

跋肅軒壽圖	明鄭　紀	1249-834- 11
南巡圖記	明李東陽	1250-323- 31
題括蒼陳氏畫	明李東陽	1250-436- 40
希遷府君（題畫）二絕句後記	明李東陽	1250-444- 41
書陳大參六嬉圖詩卷後	明李東陽	1250-445- 41
書楊侍郎所藏沈啓南畫卷	明李東陽	1250-445- 41
希遷府君題朱澤民畫長句後記	明李東陽	1250-445- 41
書溪山風雨圖後	明李東陽	1250-448- 41
書蒙翁所藏西南夷圖後	明李東陽	1250-449- 41
書馬遠畫水卷後	明李東陽	1250-449- 41
書岳陽樓圖詩後	明李東陽	1250-450- 41
甲申十同年（圖）詩序	明李東陽	1250-654- 63
		1406- 39-316
		1456-487-314
書杏園雅集圖卷後	明李東陽	1250-773- 73
		1456-489-314
題唐宋名賢像後	明李東陽	1250-775- 73
題宋諸賢像後	明李東陽	1250-775- 73
七賢過關圖跋	明李東陽	1250-781- 74
書石勒聽講圖後	明李東陽	1250-784- 74
書石鼎聯句圖卷後	明李東陽	1250-784- 74
書范寬下蜀圖卷後	明李東陽	1250-785- 74
金陵何氏墓圖記	明李東陽	1250-1001- 94
重建孔子闕里廟圖序	明李東陽	1250-1029- 96
翰林同年會圖記	明倪　岳	1251-204- 16
鏡川楊氏具慶圖詩序	明倪　岳	1251-238- 18
跋四老西遊圖	明吳與弼	1251-588- 12
碧梧丹鳳圖序	明羅　倫	1251-661- 2
洛陽送別圖詩序	明羅　倫	1251-665- 3
瘦石野亭春集圖記	明程敏政	1252-268- 15
仙遊張氏遺像風木圖記	明程敏政	1252-275- 16
瀛州四樂圖記	明程敏政	1252-278- 16
展墓圖記	明程敏政	1252-300- 17
壽徵圖記	明程敏政	1252-330- 19
山川鍾秀圖詩序	明程敏政	1252-378- 22
瞻雲遠意圖詩序	明程敏政	1252-530- 31
秋江別意圖詩序	明程敏政	1252-553- 32
滿道清風圖卷詩引	明程敏政	1252-612- 35
題雪梅畫册	明程敏政	1252-653- 37
題四明鮑原禮畫卷後	明程敏政	1252-656- 37
題夜績教子圖	明程敏政	1252-676- 38
書戴文進菊花卷	明程敏政	1252-697- 39
書王若水畫	明程敏政	1252-697- 39
工部吳主事瑤林醉歸圖贊	明程敏政	1253-303- 56
呂旦進士北闕謝恩圖贊	明程敏政	1253-311- 56
鏡川楊學士經筵進講圖贊	明程敏政	1253-313- 56
壽李君懷玉海屋添籌圖序	明莊　㫤	1254-294- 7
鄭氏家藏古畫圖卷引	明莊　㫤	1254-340- 10
小學圖跋	明莊　㫤	1254-344- 10
洪山嚴氏清隱圖序	明黃仲昭	1254-383- 2
天海別意（圖）詩序	明黃仲昭	1254-407- 2
塘頭八景圖記	明黃仲昭	1254-416- 3
瓊林春意圖序	明周　瑛	1254-724- 1
壽山福海圖序	明周　瑛	1254-733- 1
遙祝長春圖詩序	明周　瑛	1254-736- 1
省耕圖序	明周　瑛	1254-738- 1
五馬入閩（圖）序	明周　瑛	1254-740- 1
棣萼懷春（圖）序	明周　瑛	1254-751- 2
萱葵圖序	明周　瑛	1254-763- 2
壽萱圖序	明周　瑛	1254-764- 2
題長江萬里圖	明周　瑛	1254-790- 4
跋林氏風木圖	明周　瑛	1254-791- 4
觀冒有恆太守所藏黃石公像	明周　瑛	1254-797- 4
觀南康太守郭公瑀受諾勗圖	明周　瑛	1254-801- 4
冬日賞菊圖記	明吳　寬	1255-324- 38
賢科世繼圖序	明吳　寬	1255-359- 40
恩榮圖詩序	明吳　寬	1255-365- 41
五同會（圖卷）序	明吳　寬	1255-391- 44
書今人畫册後	明吳　寬	1255-436- 48
題杜東原絕筆（圖）	明吳　寬	1255-437- 48
跋李龍眠女孝經圖	明吳　寬	1255-438- 48
題伊尹耕莘圖	明吳　寬	1255-447- 49
題沈雲鴻藏其父所寫古木慈烏圖	明吳　寬	1255-447- 49
題趙松雪水村圖	明吳　寬	1255-454- 49
跋李龍眠所畫前代君臣事實	明吳　寬	1255-456- 50

四庫全書文集篇目分類索引　　2025

題目	朝代	作者	索引號
題僧朋雲墨梅	明吳	寬	1255-457- 50
題高房山畫後	明吳	寬	1255-458- 50
題李營丘畫後	明吳	寬	1255-458- 50
跋夏太常墨竹卷	明吳	寬	1255-460- 50
題九歌圖後	明吳	寬	1255-462- 50
題沈啓南畫卷	明吳	寬	1255-466- 51
跋屈可菴墨竹卷	明吳	寬	1255-468- 51
跋金氏所藏詩畫	明吳	寬	1255-477- 52
跋漢晉逸士圖	明吳	寬	1255-479- 52
題東行紀勝圖後	明吳	寬	1255-479- 52
跋沈石田畫册	明吳	寬	1255-481- 52
跋清明上河圖	明吳	寬	1255-483- 53
跋倪雲林畫	明吳	寬	1255-484- 53
跋唐賢夜宴圖	明吳	寬	1255-484- 53
題米原暉遶釣圖	明吳	寬	1255-486- 53
跋原暉雲山圖	明吳	寬	1255-486- 53
跋劉松年三生圖	明吳	寬	1255-487- 53
跋韓幹馬圖	明吳	寬	1255-487- 53
題馬遠柳塘聚禽圖	明吳	寬	1255-487- 53
跋石勒問道圖	明吳	寬	1255-487- 53
跋陳閎人馬圖	明吳	寬	1255-487- 53
跋趙彝齋畫蘭蕙	明吳	寬	1255-490- 53
跋下蜀江山圖	明吳	寬	1255-491- 53
題白雲親墓圖	明吳	寬	1255-491- 53
跋陸翁所藏石田畫後	明吳	寬	1255-494- 54
			1456-510-316
題紹興瑞應圖後	明吳	寬	1255-503- 55
題石勒問道圖	明吳	寬	1255-507- 55
跋江貫道江山長圖	明吳	寬	1255-509- 55
跋趙仲穆馬圖	明吳	寬	1255-509- 55
跋劉寵一錢圖	明吳	寬	1255-510- 55
跋明皇講易圖	明吳	寬	1255-510- 55
題史都憲墨竹卷後	明謝	遷	1256- 22- 2
題趙御史丹陛紆儀圖後	明謝	遷	1256- 23- 2
題一抹墨竹卷後	明謝	遷	1256- 24- 2
自題野服行樂圖	明謝	遷	1256- 39- 4
丹陛紆儀圖贊	明王	鏊	1256-471- 32
東坡笠屐圖贊	明王	鏊	1256-471- 32
題夏仲昭墨竹	明王	鏊	1256-511- 35
題東坡竹卷	明王	鏊	1256-512- 35
題顧閎中六逸圖	明王	鏊	1256-516- 35
題石勒問道圖	明王	鏊	1256-516- 35
書王安道登華山圖	明王	鏊	1256-516- 35
榮壽圖詩序	明林	俊	1257- 78- 7
墨竹記	明林	俊	1257- 84- 8
木蘭烟水（圖）記	明林	俊	1257- 96- 9
五馬行春（圖）贊有序	明林	俊	1257-281- 25
題宋太祖擊毬圖	明林	俊	1257-321- 28
跋趙松雪柴桑書畫	明林	俊	1257-322- 28
大方蕃祉（圖）序	明林	俊	1257-509- 7
榮壽圖詩序	明張	吉	1257-665- 4
洛陽送別圖詩序	明蔡	清	1257-838- 3
清玩册序	明蔡	清	1257-845- 3
題畫龍	明蔡	清	1257-867- 4
施勉仁贈畫梅	明蔡	清	1257-867- 4
題一路到白頭畫有張芳洲先生跋	明蔡	清	1257-871- 4
題三教一圖	明蔡	清	1257-872- 4
題宋徽宗墨竹	明邵	寶	1258- 96- 10
復舊物贊（百子圖）	明邵	寶	1258-228- 1
復舊物贊（洛神圖）	明邵	寶	1258-228- 1
四事圖贊	明邵	寶	1258-229- 1
題寶萱圖	明邵	寶	1258-234- 1
續復舊物贊（黃大癡畫）	明邵	寶	1258-235- 1
冉涇圖序	明邵	寶	1258-250- 3
王友石畫序	明邵	寶	1258-255- 3
王母獻桃圖贊	明邵	寶	1258-529- 8
畫龍贊	明邵	寶	1258-530- 8
跋潘氏所藏倪雲林畫	明邵	寶	1258-534- 9
歛廬山景畫	明邵	寶	1258-540- 9
跋雲山別意圖卷	明邵	寶	1258-549- 9
東麓（圖）詩序	明邵	寶	1258-593- 12
周氏畫記	明邵	寶	1258-751- 6
霞壽圖詩序	明羅	玘	1259- 4- 1
萱壽榮慶圖詩序	明羅	玘	1259- 15- 1
貞壁餘蔭（圖）詩序	明羅	玘	1259- 24- 2
上林春意圖詩序	明羅	玘	1259- 38- 3
瑤池寓慶圖序	明羅	玘	1259- 59- 4
壽芳圖詩序	明羅	玘	1259- 82- 6
都門春別圖詩序	明羅	玘	1259- 95- 7
壽山福海圖詩序	明羅	玘	1259-112- 8
甘棠聽政圖詩序	明羅	玘	1259-125- 9
迎養南還圖序	明羅	玘	1259-128- 9
太子太保吏部尚書許公七十壽圖序	明羅	玘	1259-141- 10
送黃生歸石城（圖）詩序	明羅	玘	1259-143- 10
歲寒圖詩序	明羅	玘	1259-144- 10

子部　藝術類：畫跋

子部 藝術類・畫跋

篇目	作者	索引號
望雲祝壽圖詩序	明羅 玘	1259-144-10
齊壽圖序	明羅 玘	1259-148-10
謝彌堅行樂圖贊	明羅 玘	1259-279-21
題黃棠栟績（圖詩）		
卷後	明羅 玘	1259-281-21
題西樓（圖）卷後	明羅 玘	1259-281-21
題劉東之雙喜小畫	明羅 玘	1259-296-22
題陸允暉所藏沈啓南		
詩畫	明史 鑑	1259-811- 6
跋沈啓南畫贈吳汝器	明史 鑑	1259-814- 6
海珠別意圖序	明方良永	1260-109- 4
同年嘉會圖序	明方良永	1260-117- 4
跋周來軒送別圖詩卷	明方良永	1260-139- 7
跋吳氏慶壽圖序	明方良永	1260-142- 7
元宵雅集圖序時在鎭		
安邸作	明朱誠泳	1260-331- 9
潘君子大水勸農圖記	明祝允明	1260-681-23
伯時父史圖記	明祝允明	1260-699-24
宋徽宗畫猫記	明祝允明	1260-700-24
陳氏藏宋元名畫記	明祝允明	1260-701-24
九歌圖記	明祝允明	1260-701-24
畫魚記	明祝允明	1260-702-24
跋王右丞畫眞蹟	明祝允明	1260-714-25
		1406-490-370
		1456-420-301
		1456-493-315
題米老著色桃花障子	明祝允明	1260-719-25
跋錢舜舉明皇擊梧桐		
圖	明祝允明	1260-723-26
題顧司封藏舊人畫卷	明祝允明	1260-724-26
跋石勒問法圖	明祝允明	1260-724-26
題王安道華山圖後	明祝允明	1260-726-26
題馬刑曹畫草石後	明祝允明	1260-729-26
戴文進畫菊贊	明祝允明	1260-730-26
蔣外生西樓讀易圖記	明祝允明	1260-739-27
瞻雲圖詩序	明羅欽順	1261-107- 8
瑞蓮圖序	明顧 清	1261-303- 4
曲水草堂（圖）詩序	明顧 清	1261-304- 4
同甲會（圖）詩序	明顧 清	1261-519-17
懷椿圖聯句序	明顧 清	1261-520-17
奉萱圖聯句序	明顧 清	1261-520-17
雙壽圖序	明顧 清	1261-527-17
風帆秋興（圖詩）序	明顧 清	1261-532-18
壽山福海圖序	明顧 清	1261-545-18
岳氏家慶圖序	明顧 清	1261-557-19
吳氏雙慶圖詩序	明顧 清	1261-559-19
汾水飛雲圖詩序	明顧 清	1261-565-19
三友圖記	明顧 清	1261-593-21
老子觀書圖贊	明顧 清	1261-629-23
書耕織圖後	明顧 清	1261-633-24
書李恒齋松鶴圖詩後	明顧 清	1261-633-24
題葉言臣所藏小景	明顧 清	1261-634-24
書浣花草堂圖	明顧 清	1261-635-24
書太白廬山觀瀑圖	明顧 清	1261-635-24
三渠陳氏家園一覽圖		
記	明李夢陽	1262-443-48
		1409-200-584
賓貢圖記	明李夢陽	1262-444-48
何公四圖詩序	明李夢陽	1262-480-52
萍會圖序	明李夢陽	1262-481-52
		1406- 41-316
		1456-491-314
題史癡江山雪夜圖後	明李夢陽	1262-542-59
題史痴江山雪圖	明李夢陽	1406-452-365
序東山情話（圖詩）	明鄭 岳	1236- 59-10
逸老會圖記	明鄭 岳	1263- 71-12
（孔子）讀書圖說	明顧 璘	1263-563- 7
跋周別鶴所收吳偉楊		
妃春睡圖	明顧 璘	1263-611- 9
柳山清湘書院圖記	明顧 璘	1466-160-29
登樓拱壽圖詩序	明邊 貢	1264-171- 9
雲衢履歷（圖）後序	明邊 貢	1264-171- 9
白泉子憂居圖贊	明邊 貢	1264-242-14
袁赤榮光(圖)贊幷序	明邊 貢	1264-242-14
題遙祝圖	明王守仁	1265-669-24
題壽外母蟠桃圖	明王守仁	1265-672-24
書三酸圖跋	明王守仁	1265-753-28
書韓昌黎與大顛坐敘		
（圖）	明王守仁	1265-753-28
張公祝壽（行樂）圖		
序	明何 瑭	1266-543- 5
高車馴馬圖序	明何 瑭	1266-547- 6
三觀圖稿序	明潘希會	1266-715- 6
赤松圖詩引	明潘希會	1266-750- 8
四圖詩序	明何景明	1267-302-34
（敘商城）林泉圖	明何景明	1267-303-34
		1406- 41-316
序李氏詩畫卷	明崔 銑	1267-386- 1
四使圖記	明崔 銑	1267-432- 3
書楊東里東郭倡和圖		

四庫全書文集篇目分類索引

後　　　　　　　　　　明崔　銑　1267-495- 5
瞻雲圖詩引　　　　　　明崔　銑　1267-607- 10
雁山圖記　　　　　　　明陸　深　526-104-262
　　　　　　　　　　　　　　　　1268-350- 56
　　　　　　　　　　　　　　　　1457-366-377
大臣祿養圖序　　　　　明陸　深　1268-233- 38
題七賢過關圖　　　　　明陸　深　1268-552- 86
題張九苞高房山畫卷　　明陸　深　1268-555- 86
跋郭熙長江萬里圖　　　明陸　深　1268-561- 87
跋宋刻絲作樓閣　　　　明陸　深　1268-561- 87
跋李蒲汀尚書所藏鷗
　　山圖　　　　　　　明陸　深　1268-564- 87
跋李昇出峽圖　　　　　明陸　深　1268-564- 81
跋韓熙載夜燕圖　　　　明陸　深　1268-565- 87
跋李嵩西湖圖　　　　　明陸　深　1268-568- 88
跋姜明叔西湖圖記　　　明陸　深　1268-568- 88
跋獅（師）子林圖　　　明陸　深　1268-568- 88
　　　　　　　　　　　　　　　　1456-494-315
跋聖哲圖　　　　　　　明陸　深　1268-571- 88
跋陽關圖　　　　　　　明陸　深　1268-572- 88
　　　　　　　　　　　　　　　　1456-494-315
跋九歌圖　　　　　　　明陸　深　1268-575- 89
跋家藏韓幹畫馬　　　　明陸　深　1268-577- 89
跋墨竹　　　　　　　　明陸　深　1268-580- 89
跋文與可畫竹　　　　　明陸　深　1268-580- 90
跋淵明圖　　　　　　　明陸　深　1268-583- 90
鶴沙家慶圖記　　　　　明陸　深　1268-723- 10
跋鄭文峯所藏劉松年
　　赤壁圖　　　　　　明陸　深　1268-725- 10
壽圖序　　　　　　　　明鄭善夫　1269-149- 9
畫虎跋　　　　　　　　明鄭善夫　1269-201- 16
與可墨竹卷跋　　　　　明鄭善夫　1269-202- 16
永和孝行圖序　　　　　明韓邦奇　1269-344- 1
清白流芳圖贊　　　　　明夏良勝　1269-722- 1
修篁舞鶴圖序　　　　　明夏良勝　1269-745- 2
虔州劉泰然先生暨配
　　黃氏像墓圖記　　　明夏良勝　1269-765- 3
五老蟠桃圖詩叙　　　　明夏良勝　1269-988- 13
山海會氣圖序　　　　　明夏良勝　1269-1019- 14
跋劉南坦峋山圖　　　　明楊　慎　526-261-267
　　　　　　　　　　　　　　　　1270-100- 10
跋韓石溪所藏九都圖　　明楊　慎　1270- 99- 10
石刻十四駿馬圖序　　　明孫承恩　1271-403- 30
畫記　　　　　　　　　明孫承恩　1271-427- 32
書西湖十景題詠後　　　明孫承恩　1271-459- 34

又跋（西湖十景題詠）　明孫承恩　1271-460- 34
跋湖南雅社圖　　　　　明孫承恩　1271-464- 34
題畫贊雙壽　　　　　　明孫承恩　1271-530- 42
十四駿圖贊　　　　　　明孫承恩　1271-531- 42
雲岫退贈圖序　　　　　明林文俊　1271-723- 4
恩遇圖序　　　　　　　明林文俊　1271-789- 6
題婦姑絡緯圖　　　　　明許相卿　1272-249- 12
壽圖敍　　　　　　　　明張　岳　1272-414- 11
金臺別意圖序　　　　　明張　岳　1272-414- 11
題汪汝梁蛟潭（畫）
　　卷　　　　　　　　明張　岳　1272-489- 17
跋夏孟暘畫　　　　　　明文徵明　1273-146- 21
題陸宗瀛所藏柯敬仲
　　墨竹　　　　　　　明文徵明　1273-151- 21
題沈石田臨王叔明小
　　景　　　　　　　　明文徵明　1273-151- 21
題沈潤卿所藏閻次平
　　畫　　　　　　　　明文徵明　1273-152- 21
跋趙魏公馬圖　　　　　明文徵明　1273-154- 21
題郭忠恕避暑宮圖　　　明文徵明　1273-160- 22
跋江貫道畫卷　　　　　明文徵明　1273-164- 22
書馬和之畫卷後　　　　明文徵明　1273-167- 23
題趙松雪書洪範并圖　　明文徵明　1273-167- 23
溪山秋霽圖跋　　　　　明文徵明　1273-169- 23
跋李龍眠孝經相　　　　明文徵明　1273-170- 23
椿萱並茂圖序　　　　　明朱　淛　1273-471- 3
題文峰桂影圖　　　　　明朱　淛　1273-514- 6
題趙松雪溫日觀畫　　　明陸　粲　1274-675- 7
双壽圖說　　　　　　　明羅洪先　1275-199- 10
跋蕭奇士宣平勸農圖　　明羅洪先　1456-497-315
廣圖說　　　　　　　　明丘雲霄　1277-290- 8
武陵精舍（圖）詩序　　明尹　臺　1277-424- 1
老子煉丹圖序壽陳翁
　　志槐六十　　　　　明王立道　1277-798- 4
萱節圖序　　　　　　　明王立道　1277-799- 4
贈陶子行樂圖贊并序　　明沈　鍊　1278- 36- 3
望雲思親圖引　　　　　明楊繼盛　1278-637- 2
劉司獄承恩圖引　　　　明楊繼盛　1278-638- 2
題王安道（簡）遊華
　　山圖　　　　　　　明王世貞　556-509- 94
　　　　　　　　　　　　　　　　1281-270-138
史道碩八駿圖贊　　　　明王世貞　1280-631-102
甲申十同年會圖(跋)　　明王世貞　1281-157-129
跋汗漫游卷　　　　　　明王世貞　1281-163-129
題池上篇彭孔嘉錢叔

子部 藝術類：畫跋

篇目	作者	編號
寶書畫後	明王世貞	1281-164-129
綠牡丹詩後	明王世貞	1281-168-129
十絕句詩畫跋	明王世貞	1281-185-131
（跋）宋仲溫書畫帖	明王世貞	1281-187-131
雜書畫册總跋	明王世貞	1281-199-132
（跋）史道碩八駿圖卷	明王世貞	1281-257-137
題勘書圖後	明王世貞	1281-258-137
（跋）王摩詰演教羅漢（圖）	明王世貞	1281-259-137
（跋）摹阮圖	明王世貞	1281-260-137
（跋）宋徽宗紅橋瀕鵝圖	明王世貞	1281-260-137
（跋）徽宗三馬圖	明王世貞	1281-261-137
（跋）范寬山水卷	明王世貞	1281-261-137
（跋）高克明雪霽溪山圖	明王世貞	1281-261-137
題郭熙畫樹色平遠圖卷	明王世貞	1281-262-137
題文與可畫竹蘇子瞻詩後（二則）	明王世貞	1281-262-137
題煙江疊嶂圖歌後	明王世貞	1281-262-137
飲中八仙圖後	明王世貞	1281-264-137
（跋）馬遠十二水	明王世貞	1281-264-137
（跋）李山風雪松杉圖	明王世貞	1281-264-137
（跋）宋刻絲儷山樓閣卷	明王世貞	1281-265-137
（跋）元高尚書房山（畫）卷	明王世貞	1281-265-137
（跋）趙文敏長江疊嶂圖（二則）	明王世貞	1281-265-137
（跋）天閑五馬圖	明王世貞	1281-266-137
（跋）黃大癡江山勝覽圖（二則）	明王世貞	1281-266-137
黃大癡山水爲楊二山題	明王世貞	1281-266-137
（跋）王叔明阜齋圖	明王世貞	1281-267-137
（跋）黃鶴山樵雲林小隱圖	明王世貞	1281-267-137
（跋）倪雲林山陰丘壑圖	明王世貞	1281-267-137
（跋）雲林西園圖	明王世貞	1281-267-137
（跋）方方壺雲山卷後	明王世貞	1281-267-137
（跋）錢舜舉洪崖移居圖（二則）	明王世貞	1281-268-137
（跋）搜妖圖卷後	明王世貞	1281-268-137
趙吳興畫陶彭澤歸去來圖題和詩後	明王世貞	1281-269-137
（跋）古畫山水	明王世貞	1281-269-137
（跋）戴文進七景圖	明王世貞	1281-270-138
（跋）城南茅屋圖	明王世貞	1281-271-138
（跋）戴文進山水平遠	明王世貞	1281-271-138
題王孟端竹	明王世貞	1281-271-138
（跋）王孟端湖山佳趣卷	明王世貞	1281-271-138
（跋）夏太常墨竹	明王世貞	1281-271-138
（跋）沈石田春山欲雨圖	明王世貞	1281-272-138
（跋）石田山水	明王世貞	1281-272-138
贈吳文定行卷山水（二則）	明王世貞	1281-272-138
（跋）沈啓南畫虞山致道觀昭明手植三檜	明王世貞	1281-273-138
（跋）石田畫隆池阡	明王世貞	1281-273-138
（跋）沈石田臨黃鶴山樵太白圖	明王世貞	1281-273-138
（跋）石田畫錢塘山行圖	明王世貞	1281-273-138
（跋）石田畫	明王世貞	1281-273-138
（跋）石田載酒圖	明王世貞	1281-274-138
又（跋）寒山圖	明王世貞	1281-274-138
題石田寫生册	明王世貞	1281-274-138
（跋）石翁綵卉卷	明王世貞	1281-274-138
題唐伯虎詩畫卷	明王世貞	1281-274-138
（跋）唐伯虎寫生册	明王世貞	1281-275-138
（跋）周東村賓鶴圖後	明王世貞	1281-275-138
（跋）周東村韓熙載夜宴圖	明王世貞	1281-275-138
（跋）吳中諸名士畫	明王世貞	1281-275-138
（跋）臨李伯時蓮社圖	明王世貞	1281-276-138
凌氏藏文待詔畫册後	明王世貞	1281-276-138
文徵仲雜畫後	明王世貞	1281-276-138
文太史雲山畫卷後	明王世貞	1281-276-138
（跋）衡翁詩畫卷	明王世貞	1281-277-138

四庫全書文集篇目分類索引

子部 藝術類:畫跋

文徵仲勸農圖祝希哲記　明王世貞　1281-277-138
（跋）陳道復書畫　明王世貞　1281-277-138
陳道復水仙梅卷後　明王世貞　1281-277-138
題畫扇卷甲之五至七　明王世貞　1281-277-138
（題）畫扇卷乙之六　明王世貞　1281-278-138
（跋）文伯仁燕臺八景　明王世貞　1281-278-138
陸叔平游洞庭詩畫十六幀後　明王世貞　1281-279-138
陸叔平臨王安道華山圖後　明王世貞　1281-279-138
（跋）錢叔寶溪山深秀圖附第二卷　明王世貞　1281-280-138
（跋）夏山欲雨圖　明王世貞　1281-280-138
（跋）尤子求畫華清上馬圖　明王世貞　1281-280-138
（跋）錢叔寶紀行圖　明王世貞　1281-281-138
（跋）鍾馗移家圖　明王世貞　1281-281-138
越溪莊圖記　明王世貞　1282-780-60
暘湖別墅圖記　明王世貞　1282-792-61
（題）揭鉢圖後　明王世貞　1284-268-156
（跋）蕭翼賺蘭亭圖　明王世貞　1284-421-168
（跋）夫子杏壇圖後　明王世貞　1284-422-168
（跋）晉公子重耳出亡圖　明王世貞　1284-423-168
（跋）宋徽宗雪江歸棹圖（二則）　明王世貞　1284-423-168
（跋）宋名人山水人物畫册　明王世貞　1284-424-168
（題）宋人雜花鳥册　明王世貞　1284-425-168
　　1406-453-365
（跋）宋畫香山九老圖　明王世貞　1284-426-168
題惠崇江南春意(圖)　明王世貞　1284-427-168
　　1406-453-365
（跋）醉道士圖　明王世貞　1284-427-168
（跋）李龍眠理帛圖　明王世貞　1284-428-168
（跋）李伯時姑射仙圖　明王世貞　1284-428-168
題劉松年大曆十才子圖　明王世貞　1284-428-168
（跋）趙千里畫大禹治水圖（二則）　明王世貞　1284-428-168
（跋）張端衡山水　明王世貞　1284-429-168
（跋）古十八學士圖　明王世貞　1284-430-168
再題十八學士卷　明王世貞　1284-430-168
摹古畫後　明王世貞　1284-430-168
（跋）清明上河圖別本（二則）　明王世貞　1284-431-168
（跋）颶風圖畫　明王世貞　1284-431-168
（跋）梁楷參禪圖　明王世貞　1284-432-168
題馬遠山月彈琴圖　明王世貞　1284-432-168
（跋）二趙書畫歸去來辭（二則）　明王世貞　1284-433-168
（跋）趙松雪畫山水　明王世貞　1284-434-168
（跋）趙吳興畫兩馬　明王世貞　1284-434-168
題黃大癡畫　明王世貞　1284-434-168
錢舜舉畫陶徵君歸去來辭後　明王世貞　1284-434-168
題古畫王昭君圖　明王世貞　1284-435-168
題王叔明湖山清曉圖　明王世貞　1284-435-168
（跋）水亭圖　明王世貞　1284-435-168
（跋）梅竹雙清卷　明王世貞　1284-436-168
（跋）美人調鸚圖　明王世貞　1284-436-168
（跋）趙承旨畫陶靖節事　明王世貞　1284-437-168
（跋）沈公濟畫　明王世貞　1284-437-168
題沈石田畫册後　明王世貞　1284-437-168
（跋）錢舜舉畫李白觀瀑圖　明王世貞　1284-437-168
（跋）孔炎所藏古牛車圖　明王世貞　1284-438-169
（跋）聽琴軒圖卷　明王世貞　1284-438-169
（跋）戴文進江山勝覽圖　明王世貞　1284-439-169
（跋）沈公濟畫　明王世貞　1284-439-169
（跋）周砥沈周宜興山景　明王世貞　1284-439-169
（跋）王孟端竹　明王世貞　1284-439-169
（跋）沈啓南畫定齋圖　明王世貞　1284-440-169
（跋）趙子惠藏石田畫虞山三檜　明王世貞　1284-440-169
（跋）沈啓南金焦二山圖跋　明王世貞　1284-440-169
（跋）周履道沈啓南二畫　明王世貞　1284-441-169
跋沈啓南太石山聯句圖　明王世貞　1284-441-169

2030　　　　　　　　四庫全書文集篇目分類索引

子部

藝術類：畫跋

（跋）沈啓南梅花圖　明王世貞　1284-441-169
（跋）沈石田畫　明王世貞　1284-442-169
茶坡（圖）卷後　明王世貞　1284-442-169
（跋）沈石田虎丘圖　明王世貞　1284-442-169
題沈石田濼齋圖後　明王世貞　1284-442-169
（跋）林居圖　明王世貞　1284-443-169
（跋）沈翊南畫　明王世貞　1284-443-169
（跋）文待詔玄墓四景　明王世貞　1284-443-169
又（跋文待詔）千巖萬壑（卷）　明王世貞　1284-443-169
又（跋文待詔）人日詩畫　明王世貞　1284-443-169
（跋）周東村畫張老圖　明王世貞　1284-444-169
（跋）唐伯虎畫梅谷卷　明王世貞　1284-444-169
（跋）唐伯虎畫　明王世貞　1284-444-169
（跋）唐伯虎赤壁圖　明王世貞　1284-444-169
唐伯虎畫賓鶴圖跋　明王世貞　1284-445-169
（書）摹輞川圖後　明王世貞　1284-445-169
　　　　　　　　　　　　　　1406-534-376
題文待詔畫册　明王世貞　1284-445-169
（跋）三輔黃圖　明王世貞　1284-445-169
題周官飲中八仙圖　明王世貞　1284-446-169
（跋）劉氏藏甲申十同年會圖　明王世貞　1284-446-169
題仇實父臨西園雅集圖後　明王世貞　1284-447-170
（跋）仇英九歌圖　明王世貞　1284-447-170
題海天落照圖後　明王世貞　1284-448-170
（跋）送沈禹文畫册　明王世貞　1284-449-170
（跋）陸包山寫生卷　明王世貞　1284-449-170
再題游太湖圖記　明王世貞　1284-450-170
（跋）文伯仁溪山自適卷　明王世貞　1284-450-170
（跋）文文水畫　明王世貞　1284-450-170
畫南北二詞後　明王世貞　1284-451-170
題畫會眞記卷　明王世貞　1284-451-170
（跋）李郡寫旅獒圖　明王世貞　1284-451-170
題莫廷韓畫郊居扇　明王世貞　1284-452-170
（跋）莫廷韓竹扇卷　明王世貞　1284-452-170
題小桃源圖　明王世貞　1284-452-170
又題畫池上篇後　明王世貞　1284-452-170
（跋）陳提學藏百馬圖　明王世貞　1284-452-170
（跋）尤子求畫關將軍四事圖　明王世貞　1284-453-170
（跋）李郡畫渭橋圖　明王世貞　1284-454-170
（跋）李郡畫美女圖　明王世貞　1284-454-170
題海棠卷後　明王世貞　1284-454-170
（跋）陳道復牡丹　明王世貞　1284-454-170
爲徐太僕孺題馬鞍山圖　明王世貞　1284-455-170
爲章仲玉題保竹卷　明王世貞　1284-455-170
題洛中九老圖　明王世貞　1284-455-170
　　　　　　　　　　　　　　1406-453-365
（跋）長江萬里圖　明王世貞　1284-455-170
題女生畫　明王世貞　1284-456-170
錢舜舉畫水僊跋　明王世貞　1284-456-170
周之冕花卉後　明王世貞　1284-456-170
題倪鴈部勝遊畫册　明王世貞　1284-456-170
題張復畫二十景　明王世貞　1284-457-170
王摩詰羅漢後　明王世貞　1284-458-171
（跋）李伯時十六羅漢　明王世貞　1284-458-171
畫西方十六觀經（跋）　明王世貞　1284-459-171
畫觀彌勒上生經（跋）　明王世貞　1284-460-171
（跋）渡海阿羅漢像　明王世貞　1284-462-171
再題白蓮社圖　明王世貞　1284-462-171
又題十六應眞後　明王世貞　1284-464-171
再題梵隆羅漢卷　明王世貞　1284-465-171
（跋）朱君璧摹翟鉉圖　明王世貞　1284-465-171
（跋）圓澤三生圖　明王世貞　1284-465-171
書文徵仲補天如獅子林卷　明王世貞　1284-466-171
題葛仙翁移居圖　明王世貞　1284-466-171
（跋）錢舜舉畫洪崖先生　明王世貞　1284-467-171
（跋）五星二十八宿摹本　明王世貞　1284-468-171
又爲莫廷韓題五星二十八宿五嶽眞形圖　明王世貞　1284-469-171
題八仙像後　明王世貞　1284-469-171
（跋）全眞四祖八仙像　明王世貞　1284-470-171
（跋）仙奕圖（二則）　明王世貞　1284-471-171
題畫歸去來辭後　明王世貞　1406-471-367
張平山畫册序　明趙完璧　1285-631- 8

四庫全書文集篇目分類索引

荊塘圖記　　　　　　明胡　直　1287-367- 11
書子昂擊壤圖　　　　明胡　直　1287-439- 18
仁社三逸圖讀有序　　明胡　直　1287-721- 5
跋永寶圖卷後　　　　明胡　直　1287-723- 5
李氏慶餘圖贊　　　　明溫　純　 556-342- 90
　　　　　　　　　　　　　　　1288-670- 15
耆老社圖序　　　　　明溫　純　1288-587- 8
西王母圖序　　　　　明歸有光　1289- 29- 2
陘臺圖詠序　　　　　明歸有光　1289- 30- 2
綵衣春讌圖序　　　　明歸有光　1289- 31- 2
　　　　　　　　　　　　　　　1406- 42-316
綸寵延光圖序　　　　明歸有光　1289- 31- 2
吳山圖記　　　　　　明歸有光　1289-263- 16
滕王閣圖記　　　　　明盧　柟　1289-785- 2
　　　　　　　　　　　　　　　1457-198-361

題蕭翼賺蘭亭圖（二
　則）　　　　　　　明胡應麟　1290-775-107
跋唐人長林疊嶂圖　　明胡應麟　1290-783-109
跋黃筌柳塘禽鳥圖　　明胡應麟　1290-783-109
跋李龍眠佛祖圖　　　明胡應麟　1290-784-109
跋伯時西園雅集圖　　明胡應麟　1290-784-109
跋趙千里後赤壁圖（
　三則）　　　　　　明胡應麟　1290-784-109
跋閣次平江潮圖（二
　則）　　　　　　　明胡應麟　1290-785-109
題秋江百雁圖　　　　明胡應麟　1290-786-109
題宋人雪山遊騎圖　　明胡應麟　1290-786-109
黃子久縉紳仙居跋　　明胡應麟　1290-786-109
題黃子久西泠烟霞圖　明胡應麟　1290-786-109
黃公望秋江漁笛圖　　明胡應麟　1290-787-109
題趙承旨春江晚棹圖　明胡應麟　1290-787-109
題王叔明松溪書屋圖　明胡應麟　1290-787-109
題沈啓南重溪秋色圖　明胡應麟　1290-787-109
沈啓南山水大軸跋　　明胡應麟　1290-787-109
文待詔春山喬木圖　　明胡應麟　1290-788-109
文太史虎丘虎溪二圖
　跋　　　　　　　　明胡應麟　1290-788-109
文徵仲雪山圖（二則）明胡應麟　1290-788-109
題陳道復竹林精舍圖　明胡應麟　1290-788-109
跋仇英漢宮春曉卷　　明胡應麟　1290-788-109
題唐子畏夏山琴趣圖　明胡應麟　1290-789-109
題文伯仁雪山行旅圖　明胡應麟　1290-789-109
跋周昉育嬰圖（二則）明胡應麟　1290-789-109
跋米元章拜石圖（二
　則）　　　　　　　明胡應麟　1290-789-109

跋陳道復水墨牡丹眞
　蹟（二則）　　　　明胡應麟　1290-790-109
題何長卿文壽承墨竹
　　　　　　　　　　　　　　　1290-791-109
　圖　　　　　　　　明胡應麟　1290-791-109
跋周公瑕畫蘭卷　　　明胡應麟　1290-791-109
題于鳳鳴畫册　　　　明胡應麟　1290-792-109
再題文壽承墨竹圖　　明胡應麟　1290-792-109
扇頭畫跋上下（二則）明胡應麟　1290-800-110
壽萱圖敍　　　　　　明余繼登　1291-850- 5
題中流砥柱圖　　　　明顧憲成　1292-158- 13
二僊留勝圖題辭　　　明顧憲成　1292-172- 15
題魁星圖　　　　　　明顧憲成　1292-174- 15
書劉沖倩飲水攜雲卷　明曹于汴　1293-716- 3
題畫魁星贊　　　　　明婁　堅　1295-263- 23
書揭鉢圖後　　　　　明婁　堅　1295-273- 24
題懶園主人秦心卿畫
　卷後　　　　　　　明婁　堅　1295-274- 24
西湖臥遊册跋語（二
　十二則）　　　　　明李流芳　1295-391- 11
江南臥遊册題詞（四
　則）　　　　　　　明李流芳　1295-396- 11
題溪山秋意卷　　　　明李流芳　1295-397- 11
題怪石卷　　　　　　明李流芳　1295-398- 11
題燈上人竹卷（二則）明李流芳　1295-398- 11
題畫册　　　　　　　明李流芳　1295-398- 11
跋盆蘭卷　　　　　　明李流芳　1295-399- 11
題畫卷與子薪　　　　明李流芳　1295-400- 12
跋題畫册與子薪　　　明李流芳　1406-498-371
題畫册　　　　　　　明李流芳　1295-401- 12
爲與游題畫册　　　　明李流芳　1295-401- 12
題畫　　　　　　　　明李流芳　1295-401- 12
題畫爲子薪　　　　　明李流芳　1295-402- 12
題畫册　　　　　　　明李流芳　1295-402- 12
題白雲青嶂圖　　　　明李流芳　1295-403- 12
題畫册　　　　　　　明李流芳　1295-403- 12
題林巒積雪圖　　　　明李流芳　1295-403- 12
題畫册　　　　　　　明李流芳　1295-403- 12
題畫爲子薪　　　　　明李流芳　1295-404- 12
題畫册爲同年陳維立　明李流芳　1295-405- 12
題畫册後爲李郡守觀
　汀　　　　　　　　明李流芳　1295-405- 12
題雲山圖　　　　　　明李流芳　1295-406- 12
題畫册　　　　　　　明李流芳　1295-406- 12
題畫爲呂公原　　　　明李流芳　1295-407- 12
題畫爲徐田仲　　　　明李流芳　1295-407- 12

2032　　　　　　　　四庫全書文集篇目分類索引

子部　藝術類：畫跋

題畫册與從子	明李流芳	1295-408-12
		1406-499-371
爲鄰方回題畫	明李流芳	1295-408-12
題畫册	明李流芳	1295-408-12
跋題畫册（二則）	明李流芳	1406-498-371
跋兩峰籠霧圖	明李流芳	1406-498-371
題顧雪坡瀟湘圖	明范景文	1295-573-8
題吳文仲畫大士像跋	明范景文	1295-573-8
跋麥舟圖稿	明范景文	1295-576-8
麥舟圖跋	明范景文	1295-577-8
爲林浴玄司桌作圖并題	明倪元璐	1297-196-16
爲潘安祖題文衡山先生畫卷	明倪元璐	1297-197-16
題朱宗遠畫册	明倪元璐	1297-201-16
題女史素心畫爲陳赤城給諫	明倪元璐	1297-202-16
贊黃石齋宮庶爲吳澐人太史朱圖松石壽其太君	明倪元璐	1297-203-17
馮禎卿諫議畫石贊（五則）	明倪元璐	1297-205-17
封夷部新安呂紹中翁壽飮圖贊	明倪元璐	1297-205-17
國風八圖贊爲蔣八宮庶太夫人壽（八則）	明倪元璐	1297-206-17
題楊青之畫册	明黃淳耀	1297-732-7
李龍眠畫羅漢記	明黃淳耀	1297-732-7
望雲圖詩序	明楊琛	550-113-213
鑷輞川圖跋	明來復	556-510-94
樂城十景（圖）跋	明陳繼儒	556-511-94
書李將軍戰勝圖	明左懋第	556-512-94
題雲林墨竹詩卷	明姚道衍	1220-350-12
題雲林畫（二則）	明董其昌	1220-355-12
跋畫（二則）	明董其昌	1406-495-371
跋趙松雪鵲華秋色圖	明董其昌	1406-496-371
跋唐伯虎絕代名姝圖	明董其昌	1406-496-371
跋林下風畫	明董其昌	1406-496-371
伏生授經圖贊	明周叙	1373-759-21
跋蘭亭遺事圖後	明周叙	1374-237-49
題王維畫輞川圖	明王叔英	1374-215-47
跋時苗留犢圖	明陳璉	1374-236-49
題襄城伯弋獵圖	明林誌	1374-236-49
西岷保障圖記	明周洪謨	1381-560-40
西莊雅集圖記	明杜瓊	1385-47-2
題貝葉畫	明鍾惺	1406-456-365
書石梁厲岩圖後	明徐渭	1406-539-376
書夏珪山水卷	明徐渭	1406-539-376
書梅花道人墨竹譜	明徐渭	1406-539-376
題如此江山亭（圖）詩卷	明姚綬	1455-352-212
跋王右丞霽雪卷	明馮夢禎	1456-427-302
大司空南坦神樓（圖）序	明董份	1456-452-305
暮雲春樹圖（序）	明王褒	1456-483-314
題雪景圖	明楊守陳	1456-490-314
跋衞靈公觀馬圖	明蔣晃	1456-490-314
書所觀蘇漢臣瑞應圖	明陳沂	1456-493-315
巫山圖序	明習善言	1456-495-315
周南留著圖錄序	明趙貞吉	1456-495-315
李光祿使大同圖序	明趙時春	1456-496-315
書羅浮圖	明許炯	1456-498-315
（跋）趙子昂畫	明邢侗	1456-499-315
跋錢塘夜潮圖	明丁養浩	1456-499-315
儺應圖記	明韓世能	1457-17-342
村落嫁娶圖記	明顧彦夫	1457-29-344
跋鋼鼎圖	明王同祖	1457-354-376
百鱗圖記	明柯暹	1457-361-377
畫記	明柯暹	1457-361-377
西園雅集圖記	明曾鶴齡	1457-363-377
記讀西園雅集圖記	明趙廣生	1457-364-377
燕臺耆社圖記	明徐文汸	1457-368-377
長江萬里圖記	明程楷	1457-369-377
紀畫	明周思兼	1457-370-377
出師（圖）頌并序	明劉節	1466-740-60
老子出關圖贊	清聖祖	1298-218-25
畫馬贊	清聖祖	1298-218-25
陳所翁畫龍贊	清聖祖	1298-218-25
耕織圖序	清聖祖	1298-643-32
		1449-132-2
題劉松年畫	清聖祖	1299-334-44
題沈宗敬畫	清聖祖	1299-549-24
嘉禾圖跋	清世宗	1300-99-12
瑞穀圖跋	清世宗	1300-100-12
耕織圖跋	清世宗	1449-204-8
丁觀鵬畫不二圖贊	清高宗	1301-248-28
姚文瀚掃象圖贊	清高宗	1301-248-28
趙孟頫浴象圖贊	清高宗	1301-262-30
宋人維摩授經圖贊	清高宗	1301-265-30
平定兩金川戰圖詩序	清高宗	1301-386-16

四庫全書文集篇目分類索引　　2033

大禹治水圖題語	清 高 宗	1301-393- 18
宋徽宗畫唐十八學士圖議語	清 高 宗	1301-401- 19
馬和之畫邶風七篇圖跋	清 高 宗	1301-403- 20
宋高宗書馬和之畫鄭風五篇圖跋	清 高 宗	1301-404- 20
宋高宗書馬和之畫齊風六篇圖跋	清 高 宗	1301-404- 20
宋高宗書馬和之畫陳風圖跋	清 高 宗	1301-404- 20
宋高宗書馬和之畫檜風圖跋	清 高 宗	1301-404- 20
宋高宗書馬和之畫小雅鹿鳴之什圖跋	清 高 宗	1301-405- 20
宋高宗書馬和之畫小雅南有嘉魚之什六篇圖跋	清 高 宗	1301-405- 20
宋高宗書馬和之畫小雅鴻雁之什六篇圖跋	清 高 宗	1301-406- 20
宋高宗書馬和之畫小雅節南山之什圖跋	清 高 宗	1301-406- 20
宋高宗書馬和之畫周頌清廟之什圖跋	清 高 宗	1301-406- 20
宋高宗書馬和之畫魯頌三篇圖跋	清 高 宗	1301-407- 20
宋高宗書馬和之畫商頌圖跋	清 高 宗	1301-407- 20
明人臨馬和之畫召南八篇圖跋	清 高 宗	1301-408- 20
明人臨馬和之畫廓風四篇圖跋	清 高 宗	1301-408- 20
明人臨馬和之畫風雅八篇圖跋	清 高 宗	1301-408- 20
李公麟山莊圖跋	清 高 宗	1301-409- 20
宋高宗書馬和之畫周頌閔予小子之什圖跋	清 高 宗	1301-409- 20
刻絲三星圖贊	清 高 宗	1301-513- 37
貫休極樂圖贊	清 高 宗	1301-537- 41
繡線如來海會極樂世界圖贊	清 高 宗	1301-557- 44
補詠安南戰圖六律序	清 高 宗	1301-626- 9
補詠戰勝廓爾喀之圖		

序 | 清 高 宗 | 1301-631- 9 |
五代胡瓌番馬圖識語	清 高 宗	1301-638- 10
宋高宗書馬和之畫唐風圖跋	清 高 宗	1301-641- 10
補詠平苗戰圖四章序	清 高 宗	1301-693- 1
題四朝選藻册詩識語	清 高 宗	1301-697- 2
題韓幹畫馬詩識語	清 高 宗	1301-701- 2
題龔司李廬山畫册	清吳偉業	1312-417- 40
（題）張桐君汎樓圖	清施閏章	1313-311- 25
書陳章侯白描羅漢後	清施閏章	1313-321- 26
題靈芝白鶴圖	清吳 綺	1314-400- 10
方君樂志圖小引	清吳 綺	1314-409- 10
茅士可天女散花圖贊	清吳 綺	1314-427- 11
漁樵耕牧圖序	清汪 琬	1315-448- 24
焦山古鼎圖詩(後)序	清汪 琬	1315-453- 25
		1449-658- 16
游五臺山詩畫册序	清汪 琬	1315-513- 30
跋劍閣圖	清汪 琬	1315-618- 39
椿萱圖序	清陳廷敬	1316-529- 36
李晉陽詩畫册序	清陳廷敬	1316-529- 36
施鴻臚對菊思親圖引	清陳廷敬	1316-553- 37
跋項孔彰畫	清陳廷敬	1316-710- 48
顧長康女史箴圖跋	清朱彝尊	1318-255- 54
王維伏生圖跋	清朱彝尊	1318-255- 54
再題王維伏生圖	清朱彝尊	1318-256- 54
光武帝燎衣圖跋	清朱彝尊	1318-256- 54
跋釣璜圖	清朱彝尊	1318-257- 54
李龍眠九歌圖卷跋	清朱彝尊	1318-257- 54
八景圖跋	清朱彝尊	1318-257- 54
題李唐長夏江寺圖	清朱彝尊	1318-257- 54
題楊補之墨梅	清朱彝尊	1318-257- 54
書爨齋趙氏水仙花卷	清朱彝尊	1318-258- 54
錢舜舉鸜鵒風圖跋	清朱彝尊	1318-258- 54
題趙子昂鵲華秋色圖	清朱彝尊	1318-258- 54
題趙子昂水村圖	清朱彝尊	1318-258- 54
題王孫雲蒲萄庭樹小幅	清朱彝尊	1318-259- 54
題江山偉觀圖	清朱彝尊	1318-259- 54
書顧定之墨竹	清朱彝尊	1318-259- 54
跋李紫貫畫卷（二則）	清朱彝尊	1318-259- 54
黃子久浮嵐暖翠圖	清朱彝尊	1318-260- 54
書王叔明畫舊事	清朱彝尊	1318-260- 54
跋師子林書畫册	清朱彝尊	1318-261- 54
書孫氏同露會圖後	清朱彝尊	1318-261- 54
項子京畫卷跋	清朱彝尊	1318-261- 54

子部　藝術類：畫跋

2034　　　　　　　四庫全書文集篇目分類索引

子部

藝術類：畫跋

題薛素素畫册	清朱彝尊	1318-262- 54
許旌陽移居圖跋	清朱彝尊	1318-262- 54
題趙淑人宮門待漏圖	清朱彝尊	1318-262- 54
煙雨歸耕圖自贊	清朱彝尊	1318-329- 61
倦圃圖記	清朱彝尊	1318-394- 66
看竹圖記	清朱彝尊	1318-395- 66
題顧茂倫灌足圖	清朱鶴齡	1319-169- 14
百石圖序	清張　英	1319-671- 41
包呂和書畫册子序	清毛奇齡	1320-201- 24
道墟十八圖詠序	清毛奇齡	1320-221- 27
高學士花源草堂圖序	清毛奇齡	1320-351- 41
東皋二圖序	清毛奇齡	1320-463- 53
陶篁指頭書畫引	清毛奇齡	1320-507- 58
題秉鑑圖	清毛奇齡	1320-519- 59
題羅坤所藏呂潛山水册子	清毛奇齡	1320-521- 59
讀畫樓藏畫記	清毛奇齡	1320-561- 62
趙開府六事圖記	清毛奇齡	1320-626- 69
浙江三郡望幸圖記	清毛奇齡	1320-646- 72
畫雁記	清吳　雯	1322-382- 10
跋燕文貴草堂圖	清張玉書	1322-499- 6
文康公十友圖跋	清宋　犖	1323-318- 28
文康公畫册跋	清宋　犖	1323-319- 28
跋王晉卿漁村小雪卷	清宋　犖	1323-328- 28
題東坡笠屐圖	清宋　犖	1323-328- 28
跋李希古長夏江寺卷	清宋　犖	1323-328- 28
跋仇十洲滄溪圖卷	清宋　犖	1323-329- 28
題逆修生七往生淨土畫卷	清宋　犖	1323-329- 28
跋燕叔高青溪釣翁圖卷	清宋　犖	1323-329- 28
跋王文安公枯蘭復花卷	清宋　犖	1323-330- 28
題吳遠度畫山水	清宋　犖	1323-331- 28
題吳遠度畫竹	清宋　犖	1323-331- 28
題柳愚谷西陂第二圖	清宋　犖	1323-331- 28
跋文休承雲林山色袖卷	清宋　犖	1323-331- 28
題惲香山倣北苑夏山圖	清宋　犖	1323-331- 28
跋惠山聽松荇竹鑪圖咏	清宋　犖	1323-331- 28
跋吳門諸子遊上方石湖圖咏	清宋　犖	1323-332- 28
題韓幹放馬圖	清宋　犖	1323-332- 28
五園圖記	清姜宸英	1323-680- 3
白鹿洞講堂圖記	清姜宸英	1323-686- 3
汪東川讀書圖記	清姜宸英	1323-689- 3
石齋黃公墨寫魁星贊	清姜宸英	1323-823- 7
題毛閣齋採芝圖	清姜宸英	1323-849- 8
題清溪老人江山臥遊圖	清姜宸英	1323-851- 8
題畫平林遠岫	清姜宸英	1323-854- 8
題三好圖	清姜宸英	1323-856- 8
題項霜田小影	清姜宸英	1323-857- 8
王叔明琵琶行畫跋	清田　雯	1324-371- 34
翁養齋教子圖跋	清陸隴其	1325- 58- 4
題陶存軒歸去來館圖	清蔡世遠	1325-812- 11
書畫山樓圖後	清儲大文	1327-322- 14
書燕堂奉母圖	清儲大文	1327-325- 14
七賢圖記	清藍鼎元	1327-731- 10
陳玉山畫記	清藍鼎元	1327-732- 10
持敬圖自箴	清藍鼎元	1327-816- 15
訪道圖箴	清藍鼎元	1327-816- 15
畫鷹歎熊箴	清藍鼎元	1327-817- 15
壽字畫圖記	清藍鼎元	1327-835- 17
大鶄鹵簿圖記序	清汪由敦	1328-767- 8
大閱圖記	清汪由敦	1328-804- 11
黃山九松圖記	清汪由敦	1328-821- 12
澄懷八友圖記	清汪由敦	1328-822- 12
三希堂圖贊	清汪由敦	1328-823- 13
		1449-873- 30
如意驄圖贊謹序	清汪由敦	1328-824- 13
大宛驌圖贊	清汪由敦	1328-825- 13
瑞芝圖贊并序	清汪由敦	1328-827- 13
聽松圖贊有序	清汪由敦	1328-828- 13
恭跋御製圓明園四十景（圖）詩	清汪由敦	1328-834- 14
恭和御題梅花三昧甲觀詩後敬紀	清汪由敦	1328-841- 14
跋述古圖	清汪由敦	1328-857- 16
跋錢舜舉洪崖圖	清汪由敦	1328-860- 16
跋查梅壑畫册	清汪由敦	1328-860- 16
題王少詹畫	清汪由敦	1328-861- 16
跋張晴嵐家藏畫卷	清汪由敦	1328-861- 16
題緙眞閣圖	清汪由敦	1328-861- 16
跋手臨名畫巨觀（二則）	清汪由敦	1328-873- 18
棲賢寺羅漢圖記	清萬承蒼	517-790-135
湘山勝境圖記	清曹雲路	568-475-117

山雨樓圖記　　　　　清孫承澤　592-822- 4　　　　　　　1103-752- 14
三希堂圖贊　　　　　清梁詩正　1449-873- 30　　　　　　 1346- 44- 2
御繪詩經全圖贊　　　清梁詩正　1449-875- 30　　　　　　 1353-746-106
歷代帝王道統圖讚（　　　　　　　　　　　　　　　　　　 1378-394- 55
　十六幅）　　　　　清錢陳群　1449-876- 30　　　　　　 1383-529- 48
　　　　　　　　　　　　　　　　　　　　　　　　　　　　1409-205-585
d.字　跋　　　　　　　　　　　　　　　　　　　　　 1447-501- 26

序曹子建帖　　　　　隋 煬 帝　1400-232- 2　　跋晏元獻公書　　　宋歐陽修　1102-576- 73
題右軍樂毅論後　　　隋釋智永　1401-647- 43　 跋李西臺書（二則）宋歐陽修　1102-576- 73
懷素上人草書歌序　　唐顏眞卿　1071-660- 12　 跋李翰林昌武書　　宋歐陽修　1102-576- 73
　　　　　　　　　　　　　　　1340-180-737　 跋杜祁公書　　　　宋歐陽修　1102-578- 73
秘閣五絕圖賀監草書　　　　　　　　　　　　　 跋永城縣學記　　　宋歐陽修　1102-578- 73
　讚　　　　　　　　唐權德輿　1340-593-780　 跋茶錄附蔡襄題語　宋歐陽修　1102-579- 73
太宗飛白書答詔記　　唐權德輿　1341-133-816　 跋觀文王尚書畢正書　宋歐陽修　1102-580- 73
書屏記　　　　　　　唐司空圖　1083-503- 3　　跋薛簡肅公奎書　　宋歐陽修　1102-581- 73
　　　　　　　　　　　　　　　1344-193- 77　 跋醉翁吟　　　　　宋歐陽修　1102-581- 73
賜御書記　　　　　　宋蔡　襄　1090-566- 28　 跋三絕帖　　　　　宋歐陽修　1102-581- 73
書小吳箋　　　　　　宋蔡　襄　1406-517-374　 晉蘭亭修禊序（跋尾）宋歐陽修　1103-393-137
仁宗賜張公御書記　　宋司馬光　1094-646- 71　 范文度模本蘭亭序（
題忠定張公書後　　　宋文　同等　1089-841- 3　　跋尾三則）　　　　宋歐陽修　1103-393-137
題右軍帖　　　　　　宋蘇　頌　1092-756- 72　 晉王獻之法帖（跋尾
題御前歷子　　　　　宋蘇　頌　1092-756- 72　　二則）　　　　　　宋歐陽修　1103-394-137
題胡考甫書華嚴經　　宋蘇　頌　1092-757- 72　 晉賢法帖（跋尾）　宋歐陽修　1103-394-137
題送聲光序　　　　　宋蘇　頌　1092-757- 72　 晉七賢帖（跋尾）　宋歐陽修　1103-395-137
題灘院記　　　　　　宋蘇　頌　1092-757- 72　 陳浮屠智永書千字文
題應之詩　　　　　　宋蘇　頌　1092-758- 72　　（跋尾二則）　　　宋歐陽修　1103-396-137
題名茶記　　　　　　宋蘇　頌　1092-758- 72　 千文後虞世南書（跋
題君謨草書　　　　　宋蘇　頌　1092-758- 72　　尾）　　　　　　　宋歐陽修　1103-405-138
題張藉墨跡　　　　　宋蘇　頌　1092-758- 72　 唐歐陽率更臨帖（跋
跋文正公手書道服贊　　　　　　　　　　　　　　尾）　　　　　　　宋歐陽修　1103-407-138
　墨蹟　　　　　　　宋陳　襄　1093-651- 18　 唐九成宮醴泉銘（跋
張景儒先公手澤題後　宋文　同　1096-676- 21　　尾）　　　　　　　宋歐陽修　1103-407-138
魯肅簡公尺牘題後　　宋文　同　1096-677- 21　 唐顏魯公帖（跋尾）宋歐陽修　1103-430-140
御賜飛白書序　　　　宋文　同　1096-703- 25　 唐顏魯公二十二帖（
（跋）尚書省郎官石　　　　　　　　　　　　　　跋尾）　　　　　　宋歐陽修　1103-430-140
　記序　　　　　　　宋曾　鞏　1098-774- 50　 唐顏魯公法帖（跋尾）宋歐陽修　1103-430-140
題孔融四公頌　　　　宋楊　傑　1099-728- 9　　唐僧懷素法帖（跋尾）宋歐陽修　1103-436-141
題范文正書伯夷頌　　宋楊　傑　1099-728- 9　　唐辨正禪師塔院記（
跋文正公手書伯夷頌　　　　　　　　　　　　　　跋尾）　　　　　　宋歐陽修　1103-441-141
　墨蹟　　　　　　　宋文彥博等　1089-823- 3　唐高閑草書（跋尾）宋歐陽修　1103-443-141
題宋宣獻書帖後　　　宋文彥博　1100-671- 13　 唐大孤山賦（跋尾）宋歐陽修　1103-449-142
（跋）唐顏眞卿（小　　　　　　　　　　　　　 唐鄭權碑（跋尾）　宋歐陽修　1103-456-142
　字）麻姑壇記　　　宋歐陽修　 518-230-143　 瘞鶴銘（跋尾二則）宋歐陽修　1103-457-143
　　　　　　　　　　　　　　　1103-426-140　 唐人臨帖（跋尾）　宋歐陽修　1103-459-143
仁宗御飛白記　　　　宋歐陽修　1102-317- 40　 小字法帖（跋尾二則）宋歐陽修　1103-459-143

子部 藝術類：字跋

十八家法帖（跋尾）　宋歐陽修　1103-459-143　　　　　　　　　　　　1361-249- 39
雜法帖六（跋尾）　宋歐陽修　1103-460-143
跋王獻之法帖　宋歐陽修　1351-478-130　跋宋仁宗皇帝賜王太
　　　　　　　　　　　1406-473-368　　尉手書　　　宋黃庭堅　1113-260- 25
題張忠定書　宋王安石　1105-595- 71　跋虔州學記遺吳季成　宋黃庭堅　1113-262- 25
又記書柳子厚詩　宋蘇　軾　1077-298-附2　題樂府木蘭詩後　宋黃庭堅　1113-262- 25
仁宗皇帝飛白御書記　宋蘇　軾　1107-501- 35　題自書卷後　宋黃庭堅　1113-263- 25
　　　　　　　　　　　1378-396- 55　　　　　　　　　　　　1351-494-137
　　　　　　　　　　　1384-663-140　　　　　　　　　　　　1406-463-366
　　　　　　　　　　　1409-405-608　　　　　　　　　　　　1466-720- 59
天篆記　　　宋蘇　軾　1107-531- 38　題東坡書道術後　宋黃庭堅　1113-263- 25
書王奧所藏太宗御書　　　　　　　　　跋王荊公書陶隱居墓
　後　　　　宋蘇　軾　1108-497- 93　　中文　　　宋黃庭堅　1113-264- 25
書唐氏六家書後　宋蘇　軾　1108-502- 93　跋王荊公惠李伯牘錢
　　　　　　　　　　　1351-489-131　　帖　　　　宋黃庭堅　1113-265- 25
　　　　　　　　　　　1378-109- 40　跋秦氏所置法帖　宋黃庭堅　1113-266- 25
　　　　　　　　　　　1406-462-366　題李白詩草後　宋黃庭堅　1113-272- 26
文與可飛白贊　宋蘇　軾　1108-516- 94　跋書柳子厚詩　宋黃庭堅　1113-272- 26
　　　　　　　　　　　1350-779- 75　題韓忠獻詩杜正獻草
　　　　　　　　　　　1384-702-143　　書　　　　宋黃庭堅　1113-275- 26
　　　　　　　　　　　1407-677-464　跋王介甫帖　宋黃庭堅　1113-279- 26
小篆般若心經贊　宋蘇　軾　1108-531- 95　跋二蘇送梁子熙聯句　宋黃庭堅　1113-280- 26
文勛篆銘　宋蘇　軾　1108-542- 96　題太宗皇帝御書　宋黃庭堅　1113-289- 28
仁宗皇帝御書頌并序　宋蘇　軾　1108-555- 98　跋蘭亭（二則）　宋黃庭堅　1113-289- 28
英宗皇帝御書頌　宋蘇　軾　1108-556- 98　　　　　　　　　　　　1353-815-110
題逸少帖　宋蘇　軾　1351-490-131　書右軍帖後　宋黃庭堅　1113-290- 28
　　　　　　　　　　　1378-109- 40　書右軍文賦後　宋黃庭堅　1113-290- 28
跋王晉卿所藏蓮花經　宋蘇　軾　1406-475-368　題瘞鶴銘後　宋黃庭堅　1113-290- 28
跋草書後　宋蘇　軾　1406-475-368　題樂毅論後　宋黃庭堅　1113-290- 28
跋魯直爲王晉卿所書　　　　　　　　　題東方朔畫贊後　宋黃庭堅　1113-290- 28
　爾雅　　　宋蘇　軾　1406-476-368　題洛神賦後　宋黃庭堅　1113-290- 28
書若逵所書經後　宋蘇　軾　1406-508-373　跋法帖　　宋黃庭堅　1113-291- 28
書孫朴學士手寫華嚴　　　　　　　　　　　　　　　　　　　　1361-259- 40
　經後　　　宋蘇　轍　1112-755- 21　題絳（縉）本法帖　宋黃庭堅　1113-292- 28
跋歐陽文忠公廬山高　　　　　　　　　　　　　　　　　　　　1353-816-110
　詩　　　　宋黃庭堅　 518-232-143　書遺教經後　宋黃庭堅　1113-294- 28
題東坡字後　宋黃庭堅　 561-533- 44　跋佛頂呪　宋黃庭堅　1113-294- 28
　　　　　　　　　　　1113-301- 29　跋續法帖　宋黃庭堅　1113-295- 28
　　　　　　　　　　　1406-463-366　題張福夷家廟堂碑　宋黃庭堅　1113-295- 28
題東坡墨迹　宋黃庭堅　 561-533- 44　題蔡致君家廟堂碑　宋黃庭堅　1113-295- 28
　　　　　　　　　　　1113-303- 29　題虞永興道場碑　宋黃庭堅　1113-296- 28
江氏家藏仁宗皇帝墨　　　　　　　　　題徐浩碑　宋黃庭堅　1113-296- 28
　蹟贊　　　宋黃庭堅　1113-112- 14　題楊凝式書　宋黃庭堅　1113-296- 28
　　　　　　　　　　　1353-789-109　跋張長史千字文　宋黃庭堅　1113-296- 28
仁宗皇帝御書記　宋黃庭堅　1113-153- 17　書張長史乾元帖後　宋黃庭堅　1113-296- 28
　　　　　　　　　　　　　　　　　　跋張長史草書　宋黃庭堅　1113-296- 28

四庫全書文集篇目分類索引

子部

藝術類：字跋

題顏魯公帖	宋黃庭堅	1113-297- 28
		1353-816-110
題顏魯公麻姑壇記	宋黃庭堅	1113-297- 28
題顏魯公東西二林題名	宋黃庭堅	1113-297- 28
書徐浩解經後	宋黃庭堅	1113-297- 28
		1353-816-110
跋翟公巽所藏石刻	宋黃庭堅	1113-297- 28
跋王立之諸家書	宋黃庭堅	1113-299- 28
跋李後主書	宋黃庭堅	1113-300- 28
跋洪駒父諸家書	宋黃庭堅	1113-300- 28
		1361-259- 40
跋武德帖	宋黃庭堅	1113-300- 28
跋東坡水陸贊	宋黃庭堅	1113-301- 29
跋東坡敍英皇事帖	宋黃庭堅	1113-302- 29
跋東坡書	宋黃庭堅	1113-302- 29
題歐陽伯夫所收東坡大字卷尾	宋黃庭堅	1113-303- 29
題東坡小字兩軸卷尾	宋黃庭堅	1113-303- 29
跋東坡帖後	宋黃庭堅	1113-303- 29
跋東坡與李商老帖	宋黃庭堅	1113-303- 29
跋東坡書帖後	宋黃庭堅	1113-304- 29
跋東坡書遠景樓賦後	宋黃庭堅	1113-304- 29
書摹揚東坡書後	宋黃庭堅	1113-304- 29
跋僞作東坡書簡	宋黃庭堅	1113-304- 29
跋爲王聖子作字	宋黃庭堅	1113-305- 29
書僧卷後	宋黃庭堅	1113-305- 29
跋自臨東坡和陶淵明詩	宋黃庭堅	1113-305- 29
跋自所書與宗室景道	宋黃庭堅	1113-305- 29
跋與徐德修草書後	宋黃庭堅	1113-306- 29
書自作草書後	宋黃庭堅	1113-306- 29
自評元祐間字	宋黃庭堅	1113-306- 29
跋與張載熙書卷尾	宋黃庭堅	1113-307- 29
跋舊書詩卷	宋黃庭堅	1113-308- 29
論黔州時字	宋黃庭堅	1113-308- 29
跋湘帖羣公書	宋黃庭堅	1113-308- 29
跋五宰相書	宋黃庭堅	1113-308- 29
跋常山公書	宋黃庭堅	1113-308- 29
跋蔡君謨帖	宋黃庭堅	1113-309- 29
跋舅氏李公達所寶二帖	宋黃庭堅	1113-309- 29
跋周子發帖	宋黃庭堅	1113-309- 29
跋唐林夫帖	宋黃庭堅	1113-309- 29
題王荊公書後	宋黃庭堅	1113-310- 29
題三伯祖寶之書	宋黃庭堅	1113-310- 29
跋王才叔書	宋黃庭堅	1113-310- 29
跋米元章書	宋黃庭堅	1113-310- 29
		1353-817-110
跋王晉卿書	宋黃庭堅	1113-310- 29
跋李康年篆	宋黃庭堅	1113-310- 29
書家弟幼安作草後	宋黃庭堅	1113-311- 29
跋西園草書	宋黃庭堅	1113-311- 29
跋淡墨碑銘	宋黃庭堅	1113-311- 29
跋范文正公帖	宋黃庭堅	1113-312- 30
		1406-477-368
跋范文正公書伯夷頌	宋黃庭堅	1113-312- 30
跋范文正公詩	宋黃庭堅	1113-312- 30
		1353-815-110
跋种大諫墨迹	宋黃庭堅	1113-312- 30
跋江記注墨迹	宋黃庭堅	1113-313- 30
題知命弟書後	宋黃庭堅	1113-314- 30
題所書杜子美小詩後	宋黃庭堅	1113-314- 30
書天姥吟遣馮才叔	宋黃庭堅	1113-314- 30
跋東坡詩	宋黃庭堅	1113-315- 30
跋匹紙	宋黃庭堅	1113-316- 30
		1406-477-368
寫蔡明遠帖與李珍跋尾	宋黃庭堅	1113-317- 30
書無名師息心銘後	宋黃庭堅	1113-317- 30
跋元祐間與三妗太君帖	宋黃庭堅	1113-318- 30
書翼詩與洪龜父跋其後	宋黃庭堅	1113-318- 30
書王右軍蘭亭草後	宋黃庭堅	1113-441- 9
書十棕心扇因自評之	宋黃庭堅	1113-442- 9
題王觀復書後	宋黃庭堅	1113-443- 9
書韓退之符讀書城南詩後	宋黃庭堅	1113-444- 9
題子瞻與王宣義書後	宋黃庭堅	1113-444- 9
書草老杜詩後與黃斌老	宋黃庭堅	1113-446- 9
書子瞻寫詩卷後	宋黃庭堅	1113-446- 9
李致堯乞書書卷後（五則）	宋黃庭堅	1113-446- 9
李致堯乞書二卷後（一則）	宋黃庭堅	1353-817-110
書張芝叟書後	宋黃庭堅	1113-447- 9
題王右軍書蹟後	宋黃庭堅	1113-448- 9
書韋深道諸帖	宋黃庭堅	1113-450- 9

四庫全書文集篇目分類索引

子部 藝術類:字跋

篇名	作者	索引號
書東坡溫飛卿湖陰曲後	宋黃庭堅	1113-451- 9
墨蛇頌	宋黃庭堅	1113-557- 2
跋太宗皇帝賜王禹偁御書	宋黃庭堅	1113-628- 10
書枯木道士賦後	宋黃庭堅	1113-628- 10
書韓文公峋嶁山詩後	宋黃庭堅	1113-628- 10
跋李公擇書	宋黃庭堅	1113-630- 10
書丹青引後	宋黃庭堅	1113-631- 10
書姚誠老所書遺教經後	宋黃庭堅	1113-631- 10
書自作草後贈曾公卷	宋黃庭堅	1113-631- 10
書自作草後	宋黃庭堅	1113-632- 10
書郭仅杜詩傳後	宋黃庭堅	1113-632- 10
書司空圖書屏記	宋黃庭堅	1113-632- 10
題所書李太白詩後	宋黃庭堅	1113-632- 10
書自作草後	宋黃庭堅	1113-633- 10
題徐浩題經	宋黃庭堅	1113-633- 10
題嵩嶽寺碑集王羲之書	宋黃庭堅	1113-633- 10
題蘇子瞻元祐題目帖	宋黃庭堅	1113-633- 10
題蘇子由黃樓賦草	宋黃庭堅	1113-633- 10
題李西臺書	宋黃庭堅	1113-633- 10
題蔡君謨書	宋黃庭堅	1113-633- 10
		1406-447-364
題褚書閣立本畫地獄變相後	宋黃庭堅	1113-633- 10
題范氏模蘭亭敘	宋黃庭堅	1113-634- 10
題范蜀公和聖庚詩	宋黃庭堅	1113-634- 10
姪榖求字書紙尾	宋黃庭堅	1113-634- 10
書臨寫蘭亭後	宋黃庭堅	1113-634- 10
題元聖庚富川詩	宋黃庭堅	1113-634- 10
跋東坡思舊賦	宋黃庭堅	1113-635- 10
跋李太白詩草	宋黃庭堅	1113-636- 10
跋懷素千字文	宋黃庭堅	1113-636- 10
跋蘭亭記	宋黃庭堅	1113-636- 10
跋唐玄宗夸鴿頌	宋黃庭堅	1113-636- 10
跋東坡寫老杜岳麓道林詩	宋黃庭堅	1113-637- 10
跋唐彥猷書	宋黃庭堅	1113-637- 10
跋東方朔畫贊	宋黃庭堅	1113-637- 10
跋蘇子美帖	宋黃庭堅	1113-637- 10
跋周子發帖	宋黃庭堅	1113-637- 10
跋杜祁公帖	宋黃庭堅	1113-637- 10
跋張伯益帖	宋黃庭堅	1113-637- 10
跋蔡君謨書	宋黃庭堅	1113-637- 10
跋潞公帖	宋黃庭堅	1113-637- 10
書棕翁	宋黃庭堅	1113-637- 10
跋七叔祖主簿與族伯侍御書	宋黃庭堅	1113-637- 10
題東坡大字	宋黃庭堅	1113-642- 11
題唐本蘭亭	宋黃庭堅	1113-642- 11
書自草李潮八分歌後	宋黃庭堅	1113-644- 11
跋章草千字文	宋黃庭堅	1113-644- 11
跋歐陽率更書	宋黃庭堅	1113-644- 11
跋繆篆後	宋黃庭堅	1113-644- 11
跋劉敞侍讀帖	宋黃庭堅	1113-644- 11
鍾離跋尾	宋黃庭堅	1113-645- 11
跋此君軒詩	宋黃庭堅	1113-645- 11
題歐陽率更書	宋黃庭堅	1113-645- 11
跋東坡書寒食詩	宋黃庭堅	1113-646- 11
與楊景山書古樂府因跋其後	宋黃庭堅	1113-646- 11
跋張長史書	宋黃庭堅	1113-647- 11
跋張持義所藏吳彩鸞唐韻	宋黃庭堅	1113-647- 11
題林和靖書	宋黃庭堅	1113-648- 11
跋東坡與王元直夜坐帖	宋黃庭堅	1113-648- 11
跋東坡蔡州道中和子由雪詩	宋黃庭堅	1113-648- 11
戲草秦少游好事近因跋之	宋黃庭堅	1113-648- 11
跋所書戲答陳元輿詩	宋黃庭堅	1113-648- 11
跋牛頭心銘	宋黃庭堅	1113-649- 11
書劉禹錫浪淘沙竹枝歌楊柳枝詞各九首因跋其後	宋黃庭堅	1113-649- 11
評釋長沙法帖十八條	宋黃庭堅	1113-653- 12
跋白兆語後	宋黃庭堅	1113-656- 12
書自草秋浦歌後	宋黃庭堅	1113-657- 12
書伯時陽關圖草後	宋黃庭堅	1113-657- 12
書王周彥東坡帖	宋黃庭堅	1113-657- 12
跋唐道人編余草藁	宋黃庭堅	1113-658- 12
跋朱應仲卷	宋黃庭堅	1113-658- 12
元祐間大書淵明詩贈周元章附跋語	宋黃庭堅	1113-658- 12
跋樂道心經	宋黃庭堅	1113-659- 12
跋王子予外祖劉仲更墨蹟	宋黃庭堅	1113-659- 12

四庫全書文集篇目分類索引

又書自草竹枝歌後　　宋黃庭堅　1113-659- 12
跋王晉卿墨蹟　　　　宋黃庭堅　1113-659- 12
跋柳枝詞書紙扇　　　宋黃庭堅　1113-659- 12
跋自書樂天三游洞序　宋黃庭堅　1113-660- 12
跋知命弟與鄭幾道駐
　泊簡　　　　　　　宋黃庭堅　1113-660- 12
跋馬忠玉詩曲字　　　宋黃庭堅　1113-661- 12
跋王觀復歐陽元老高
　子勉簡　　　　　　宋黃庭堅　1113-662- 12
跋心禪師與承天監院
　守璸手翰　　　　　宋黃庭堅　1113-662- 12
跋自草東坡詩　　　　宋黃庭堅　1113-662- 12
跋周越書後　　　　　宋黃庭堅　1113-662- 12
跋自草與劉邦直　　　宋黃庭堅　1113-662- 12
跋草書子美長韻後　　宋黃庭堅　1113-662- 12
跋草書子美詩後　　　宋黃庭堅　1113-662- 12
跋東坡自書所賦詩　　宋黃庭堅　1113-663- 12
跋苦寒竹　　　　　　宋黃庭堅　1113-664- 12
跋司馬溫公與潞公書　宋黃庭堅　1353-816-110
跋法帖（二則）　　　宋黃庭堅　1406-476-368
仁宗御書後序　　　　宋陳師道　1114-617- 11
　　　　　　　　　　　　　　　1351- 66- 91
　　　　　　　　　　　　　　　1361-282- 44
　　　　　　　　　　　　　　　1406- 11-314
御書記　　　　　　　宋陳師道　1114-633- 12
跋德仁書　　　　　　宋張　未　1115-374- 44
跋唐太宗畫目　　　　宋張　未　1115-375- 44
（跋）東坡書卷　　　宋張　未　1115-383- 45
跋范坦所藏高閑帖　　宋張　未　1115-384- 45
（跋）漢章帝書　　　宋秦　觀　1115-611- 35
（跋）倉頡書　　　　宋秦　觀　1115-611- 35
（跋）史籀李斯　　　宋秦　觀　1115-612- 35
（跋）懷素（帖）　　宋秦　觀　1115-613- 35
書蘭亭敍後　　　　　宋秦　觀　1115-614- 35
太宗皇帝御批記　　　宋李　廌　1115-805- 7
　　　　　　　　　　　　　　　1361-308- 48
書法贊　　　　　　　宋米　芾　1116-126- 6
李邕帖贊并序　　　　宋米　芾　1116-126- 6
王謝眞蹟贊有序　　　宋米　芾　1116-127- 6
唐文皇手詔贊有序　　宋米　芾　1116-127- 6
王略帖贊　　　　　　宋米　芾　1116-127- 6
歐陽詢度尚庾亮帖贊　宋米　芾　1116-127- 6
王獻之蘇氏寶帖贊　　宋米　芾　1116-127- 6
褚摹右軍蘭亭集序贊
　有序　　　　　　　宋米　芾　1116-128- 6

王右軍稚恭帖贊　　　宋米　芾　1116-128- 6
跋快雪時晴帖　　　　宋米　芾　1116-133- 7
跋褚模蘭亭帖　　　　宋米　芾　1116-134- 7
跋謝安石帖　　　　　宋米　芾　1116-134- 7
跋李邕帖　　　　　　宋米　芾　1116-134- 7
跋王右軍帖　　　　　宋米　芾　1116-134- 7
跋晉賢十三帖　　　　宋米　芾　1116-135- 7
跋義獻帖　　　　　　宋米　芾　1116-135- 7
跋唐模帖　　　　　　宋米　芾　1116-135- 7
題黃龍南和尚手抄後
　三首　　　　　　　宋釋惠洪　1116-493- 25
題晦堂墨蹟　　　　　宋釋惠洪　1116-494- 25
題雲庵手帖三首　　　宋釋惠洪　1116-494- 25
題才上人所藏昭默帖　宋釋惠洪　1116-496- 26
題昭默墨蹟　　　　　宋釋惠洪　1116-497- 26
題昭默自筆小參　　　宋釋惠洪　1116-497- 26
題昭默遺墨　　　　　宋釋惠洪　1116-497- 26
題潛庵書　　　　　　宋釋惠洪　1116-498- 26
跋達道所蓄伶子于文　宋釋惠洪　1116-511- 27
跋魯公與郭僕射論位
　書　　　　　　　　宋釋惠洪　1116-512- 27
跋東坡山谷帖二首　　宋釋惠洪　1116-512- 27
跋東坡與佛印帖　　　宋釋惠洪　1116-513- 27
跋東坡平山堂詞　　　宋釋惠洪　1116-513- 27
跋東坡與荊公帖　　　宋釋惠洪　1116-513- 27
跋東坡書簡　　　　　宋釋惠洪　1116-514- 27
跋山谷所遺靈源書　　宋釋惠洪　1116-514- 27
跋山谷雲峯悅老語錄
　序　　　　　　　　宋釋惠洪　1116-514- 27
跋山谷筆蹟　　　　　宋釋惠洪　1116-514- 27
跋山谷帖　　　　　　宋釋惠洪　1116-514- 27
跋行草墨梅　　　　　宋釋惠洪　1116-514- 27
跋橘州圖山谷題詩　　宋釋惠洪　1116-515- 27
跋黔安書　　　　　　宋釋惠洪　1116-515- 27
跋山谷字二首　　　　宋釋惠洪　1116-515- 27
跋與法鏡帖　　　　　宋釋惠洪　1116-516- 27
跋石臺肛禪師所蓄草
　聖　　　　　　　　宋釋惠洪　1116-516- 27
跋山谷筆古德二偈　　宋釋惠洪　1116-516- 27
跋東坡山谷墨蹟　　　宋釋惠洪　1116-517- 27
跋山谷字　　　　　　宋釋惠洪　1116-517- 27
跋叔黨字　　　　　　宋釋惠洪　1116-517- 27
跋本上人所蓄小坡字
　後　　　　　　　　宋釋惠洪　1116-517- 27
跋瑩中帖　　　　　　宋釋惠洪　1116-518- 27

子部 藝術類：字跋

篇目	作者	索引號
跋鄒志完詩乃其子德久書	宋釋惠洪	1116-520- 27
跋四君子帖	宋釋惠洪	1116-520- 27
跋無盡居士帖	宋釋惠洪	1116-521- 27
跋蔡子因詩書三首	宋釋惠洪	1116-522- 27
跋李商老大書雲庵偈二首	宋釋惠洪	1116-522- 27
跋韓子蒼帖後	宋釋惠洪	1116-522- 27
跋太師試筆帖二首	宋釋惠洪	1116-522- 27
跋公袞帖	宋釋惠洪	1116-523- 27
跋三學士帖	宋釋惠洪	1116-523- 27
跋蘭亭記幷詩	宋釋惠洪	1116-523- 27
跋荊公元長元度三帖	宋釋惠洪	1116-523- 27
題郉公詩帖	宋張舜民	1351-495-131
跋張芸叟諫議字題	宋晁說之	1118-352- 18
跋忠懿王草聖	宋晁說之	1118-353- 18
題魯直嘗新柑帖	宋晁說之	1118-353- 18
題魯直章草顏草	宋晁說之	1118-353- 18
題江南後主詞翰	宋晁說之	1118-354- 18
跋王安簡公帖	宋晁說之	1118-354- 18
跋唐劉元方敕	宋晁說之	1118-354- 18
題東坡帖	宋晁說之	1118-354- 18
題黃龍山僧送善澄上人詩卷	宋晁說之	1118-355- 18
跋李太白草書	宋晁說之	1118-355- 18
題劉器之與陳止之書	宋晁說之	1118-356- 18
題宋宣獻帖	宋晁說之	1118-356- 18
題陸子履帖	宋晁說之	1118-357- 18
題石曼卿送周卿遊邊	宋晁說之	1118-357- 18
跋沈睿達寫桃源圖	宋晁說之	1118-357- 18
題僧希白蓦法帖	宋晁說之	1118-357- 18
題晉上人智果帖	宋晁說之	1118-357- 18
題周景夏所藏東坡帖二	宋晁說之	1118-358- 18
跋趙清獻帖與故人周尉之子六秀才帖	宋晁說之	1118-358- 18
題蕭詢筆	宋晁說之	1118-358- 18
跋陳伯比所收顏魯公書後	宋晁補之	1118-652- 33
跋魯直所書崔白竹後贈漢舉	宋晁補之	1118-653- 33
跋化度寺碑後	宋晁補之	1118-654- 33
跋謝良佐所收李唐卿篆千字文	宋晁補之	1118-654- 33
跋蘭亭序	宋晁補之	1118-655- 33
書顏魯公遺帖後	宋黃　裳	1120-236- 35
跋東坡四詩	宋李之儀	1120-571- 38
跋東坡大庾嶺所寄詩	宋李之儀	1120-571- 38
又跋東坡與杜子師書	宋李之儀	1120-571- 38
跋東坡書多心經	宋李之儀	1120-571- 38
爲楊元發跋東坡所書蘭皋亭記	宋李之儀	1120-572- 38
又跋東坡蘭亭園記	宋李之儀	1120-572- 38
跋東坡王盤孟詩後	宋李之儀	1120-572- 38
跋東坡帖	宋李之儀	1120-572- 38
跋蘇黃衆賢帖	宋李之儀	1120-573- 38
跋蘇黃陳書	宋李之儀	1120-573- 38
跋東坡先生書圓覺經十一偈後	宋李之儀	1120-573- 38
跋戚氏（詩）	宋李之儀	1120-573- 38
跋山谷帖（二則）	宋李之儀	1120-574- 39
跋山谷草字	宋李之儀	1120-575- 39
跋山谷書摩詰詩	宋李之儀	1120-575- 39
跋山谷草書漁父詞十五章後	宋李之儀	1120-576- 39
跋山谷書	宋李之儀	1120-576- 39
跋山谷二詞	宋李之儀	1120-576- 39
跋山谷所書藥方後	宋李之儀	1120-577- 39
跋米元章書儲子椿墨梅詩	宋李之儀	1120-577- 39
跋元章所收荊公詩	宋李之儀	1120-578- 39
跋元章書（二則）	宋李之儀	1120-578- 39
跋元章與術人劉思道帖	宋李之儀	1120-578- 39
跋黃米書	宋李之儀	1120-578- 39
跋石曼卿二疏墓詩	宋李之儀	1120-580- 40
跋曼卿帖	宋李之儀	1120-581- 40
跋黃正叔帖（二則）	宋李之儀	1120-581- 40
跋魯公帖（二則）	宋李之儀	1120-583- 40
跋魯公題記後	宋李之儀	1120-583- 40
跋瘞鶴銘	宋李之儀	1120-583- 40
跋荊公金剛經書	宋李之儀	1120-583- 40
跋李衛公書	宋李之儀	1120-584- 41
跋荊國公書	宋李之儀	1120-584- 41
跋荊公所書藥方後（二則）	宋李之儀	1120-584- 41
跋君謨帖	宋李之儀	1120-585- 41
跋君謨荔支帖	宋李之儀	1120-586- 41
跋韓次玉家君謨隸眞		1406-478-368

四庫全書文集篇目分類索引

子部

藝術類：字跋

篇目	作者	索引號
行草書	宋李之儀	1120-586-41
跋文安國篆	宋李之儀	1120-586-41
跋蘭亭記	宋李之儀	1120-586-41
跋遺教經	宋李之儀	1120-586-41
跋麻姑壇記	宋李之儀	1120-587-41
跋陳伯修帖	宋李之儀	1120-587-41
跋趙汝霖帖	宋李之儀	1120-587-41
跋愼伯筠書	宋李之儀	1120-587-41
跋沈睿達帖	宋李之儀	1120-588-41
跋懷素帖	宋李之儀	1120-588-41
跋古柏行後	宋李之儀	1120-588-41
跋論坐位圖	宋李之儀	1120-588-41
跋畫贊洛神賦	宋李之儀	1120-589-42
跋邵仲恭書	宋李之儀	1120-589-42
跋醉吟先生書	宋李之儀	1120-589-42
跋歐陽率更書	宋李之儀	1120-589-42
跋古帖	宋李之儀	1120-590-42
跋吳仲鹿書	宋李之儀	1120-590-42
跋儲子椿藏書	宋李之儀	1120-590-42
跋董無求帖	宋李之儀	1120-622-49
又雜題跋（蘭亭序）	宋李之儀	1120-695-15
爲錢濟明跋書畫卷尾	宋鄒　浩	1121-448-32
爲陸伯思跋韓魏公范文正公書後	宋鄒　浩	1121-449-32
跋漳浦李大忠微叔所藏書畫尾	宋鄒　浩	1121-450-32
跋東坡眞蹟	宋李昭玘	1122-298-9
跋閣本法帖	宋李昭玘	1122-298-9
跋三代款識	宋李昭玘	1122-298-9
跋郭填諸帖	宋李昭玘	1122-299-9
米老山水銘跋	宋吳則禮	1122-467-5
跋僧懷素帖	宋慕容彥逢	1123-457-13
題道錄黃大中書軸	宋慕容彥逢	1123-458-13
跋范文正公墨迹	宋許　翰	1123-580-10
跋溫公帖	宋許　翰	1123-580-10
跋東坡帖	宋許　翰	1123-580-10
跋志仄字	宋許　翰	1123-580-10
跋李文叔歐公帖	宋周行己	1123-653-6
跋李文叔蔡君謨帖	宋周行己	1123-653-6
書楊子耕所藏李端叔帖	宋趙鼎臣	1124-264-20
跋司馬溫公帖	宋楊　時	1125-354-26
跋富文二公帖	宋楊　時	1125-354-26
跋趙清獻公愛直碑	宋楊　時	1125-354-26
跋橫渠先生書及康節先生人貴有精神詩	宋楊　時	1125-354-26
跋賀仙翁親筆詩	宋楊　時	1125-356-26
跋鄒道鄕所書女誡	宋楊　時	1125-356-26
題了翁責沈	宋楊　時	1125-357-26
跋了翁書溫公解禪偈	宋楊　時	1125-359-26
跋司馬溫公與明道先生帖附司馬溫公與明道先生帖	宋楊　時	1125-359-26
跋道鄕帖	宋楊　時	1125-361-26
跋江民表與趙表之帖	宋楊　時	1125-361-26
跋溫公與劉侍御帖	宋楊　時	1125-362-26
御書草聖千文贊	宋李　綱	1126-589-141
道君太上皇帝御書跋尾	宋李　綱	1126-705-161
淵聖皇帝御書跋尾	宋李　綱	1126-706-161
皇帝御書跋尾	宋李　綱	1126-706-161
皇帝御書詔書記	宋李　綱	1126-706-161
道君太上皇帝賜宋喚御書跋尾	宋李　綱	1126-707-161
皇帝御筆勉行詔書跋尾	宋李　綱	1126-708-161
皇帝御筆賑濟詔書跋尾	宋李　綱	1126-708-161
淵聖皇帝東宮賜詹事李詩御書跋尾	宋李　綱	1126-709-161
靖康皇太子學書跋尾	宋李　綱	1126-709-161
秦少游所書詩詞跋尾	宋李　綱	1126-710-162
玉局論陸公奏議帖跋尾	宋李　綱	1126-710-162
了翁祭陳奉議文跋尾	宋李　綱	1126-712-162
跋了翁墨蹟	宋李　綱	1126-713-162
書杜子美魏將軍歌贈王周士	宋李　綱	1126-714-162
跋了翁書杜子美哀江頭詩	宋李　綱	1126-715-162
跋了翁墨蹟	宋李　綱	1126-715-162
跋了翁所書華嚴偈	宋李　綱	1126-716-162
跋李先之墨蹟	宋李　綱	1126-717-163
跋道鄕墨蹟	宋李　綱	1126-717-163
跋東坡書	宋李　綱	1126-719-163
跋山谷書	宋李　綱	1126-719-163
跋山谷草書	宋李　綱	1126-719-163
跋米元章書	宋李　綱	1126-719-163
跋歐公書	宋李　綱	1126-720-163
跋石曼卿書	宋李　綱	1126-720-163

子部 藝術類・字跡

篇目	作者	索引號
跋東坡小草	宋李 綱	1126-720-163
跋司馬溫公趙清獻公帖	宋李 綱	1126-721-163
跋顏魯公與柳冕帖	宋李 綱	1126-721-163
跋司馬溫公帖	宋李 綱	1126-721-163
醉筆（跋）	宋李 綱	1126-725-163
跋趙正之所藏東坡春宴教坊詞	宋李 綱	1126-725-163
草聖（跋）	宋李 綱	1126-725-163
行書（跋）	宋李 綱	1126-725-163
跋溫公帖	宋李 綱	1126-725-163
跋魏王書帖	宋王安中	1127-144- 7
再跋魏王書帖	宋王安中	1127-144- 7
跋李端叔帖	宋王安中	1127-145- 7
跋陳君章所藏諸公帖	宋許景衡	1127-351- 20
跋龍眠淵明圖并歸去來辭	宋許景衡	1127-351- 20
跋惠雲詩	宋許景衡	1127-351- 20
重摹太宗皇帝御書飛白玉堂記	宋葛勝仲	1127-484- 8
跋曹職方詩卷	宋葛勝仲	1127-501- 10
跋洪慶善所藏東坡書杜詩并判訟牒	宋葛勝仲	1127-501- 10
跋褚遂良臨蘭亭帖	宋葛勝仲	1127-501- 10
跋吳子華帖	宋葛勝仲	1127-501- 10
跋洪慶善所藏本朝韓范諸公帖	宋葛勝仲	1127-502- 10
跋蔡君謨帖	宋葛勝仲	1127-502- 10
跋君謨與唐彥猷論其弟直諫帖	宋葛勝仲	1127-502- 10
跋法照閣黎君謨帖	宋葛勝仲	1127-502- 10
跋蔡潮州予大父草書帖	宋葛勝仲	1127-502- 10
跋魯公與李禹并林文節公與其祖帖	宋葛勝仲	1127-502- 10
跋劉知言默所書華嚴經	宋葛勝仲	1127-503- 10
跋唐誥	宋張 守	1127-787- 10
跋唐千文帖	宋張 守	1127-787- 10
跋趙表之所藏江氏民表帖	宋張 守	1127-787- 10
跋辛企宗所收呂公帖	宋張 守	1127-787- 10
跋懷素帖	宋張 守	1127-787- 10
跋顏魯公帖	宋張 守	1127-788- 10
跋周君舉所藏山谷帖	宋張 守	1127-788- 10
跋歐陽文忠公帖	宋張 守	1127-788- 10
跋劉孝迹司馬溫公帖	宋張 守	1127-788- 10
跋司馬溫公趙清獻公帖	宋張 守	1127-789- 10
跋了翁乞銘帖	宋張 守	1127-789- 10
跋吳司諫命子名字所書	宋張 守	1127-790- 10
跋許觀所藏法帖	宋李 光	1128-619- 17
跋所書華嚴經第一卷	宋李 光	1128-620- 17
褚遂良帖贊	宋曹 勛	1129-499- 29
張長史帖贊	宋曹 勛	1129-499- 29
懷素逐鹿帖贊	宋曹 勛	1129-499- 29
威略帖贊	宋曹 勛	1129-499- 29
恭題太上皇帝御書史實	宋曹 勛	1129-520- 32
恭題太上皇帝賜眞草宸翰	宋曹 勛	1129-520- 32
恭題今上皇帝賜御書阿房宮賦	宋曹 勛	1129-521- 32
恭題今上皇帝御書和韵	宋曹 勛	1129-521- 32
恭題今上皇帝賜和韵鶴鳴天詞	宋曹 勛	1129-521- 32
代張太尉跋御書萬卷堂	宋曹 勛	1129-521- 32
代李節使跋御書	宋曹 勛	1129-522- 32
代林門司跋御書	宋曹 勛	1129-522- 32
跋張安國題字	宋曹 勛	1129-523- 32
跋張安國草書	宋曹 勛	1129-523- 32
跋米帖二	宋曹 勛	1129-524- 32
跋山谷書	宋曹 勛	1129-524- 32
跋逸少十七帖	宋曹 勛	1129-524- 32
跋心老所藏蔡君謨書判	宋曹 勛	1129-524- 32
跋陶隱君書	宋曹 勛	1129-525- 32
跋唐人墨蹟二	宋曹 勛	1129-525- 32
跋九行洛神賦	宋曹 勛	1129-529- 33
跋心老所藏（書）	宋曹 勛	1129-530- 33
跋夏御帶所書千文	宋曹 勛	1129-530- 33
跋唐文皇手勅	宋曹 勛	1129-530- 33
（跋）唐文皇九仙帖	宋曹 勛	1129-531- 33
跋智果文福帖	宋曹 勛	1129-531- 33
跋王義之雨晴帖	宋曹 勛	1129-531- 33
跋晉王洽仁愛帖	宋曹 勛	1129-531- 33
跋陸柬之千文	宋曹 勛	1129-531- 33

四庫全書文集篇目分類索引

題杜范歐公帖	宋程　俱	1130-152- 15
宣和御書贊	宋程　俱	1130-158- 16
宣和御畫贊	宋程　俱	1130-158- 16
題胡需然書後	宋李彌遜	1130-792- 21
書杜祁公帖後	宋李彌遜	1130-793- 21
書蔡君謨帖後	宋李彌遜	1130-793- 21
書富韓公與王龍圖帖後	宋李彌遜	1130-793- 21
跋周越書王龍圖柳枝辭後	宋李彌遜	1130-793- 21
跋仲兄書靈寶石經後	宋李彌遜	1130-794- 21
跋蔡君謨白蓮帖後	宋李彌遜	1130-794- 21
跋張稚仲樞密遺墨（二則）	宋李彌遜	1130-794- 21
跋王才元少師所收尙書兄墨跡	宋李彌遜	1130-795- 21
跋東坡書中秋詩後	宋李彌遜	1130-795- 21
跋東坡書石鐘山記後	宋李彌遜	1130-795- 21
跋張仲宗刻其祖手澤後	宋李彌遜	1130-796- 21
書尙書兄墨蹟後	宋李彌遜	1130-797- 21
跋洪慶善先夫人丁氏詩文手墨	宋張　綱	1131-205- 33
跋丁氏手簡並剛毅詩卷	宋張　綱	1131-205- 33
跋張叔元藏山谷覺民帖	宋張　綱	1131-205- 33
跋山谷大字	宋張　綱	1131-205- 33
跋寶晉帖	宋張　綱	1131-205- 33
御書蘭亭後序	宋呂頤浩	1131-322- 7
跋范堯夫范彝叟范德孺墨迹	宋呂頤浩	1131-323- 7
御書記	宋張　嵲	1131-619- 31
題章致平丙父內徒表後	宋劉一止	1132-140- 27
跋司業許公墨帖後	宋劉一止	1132-141- 27
跋莫用之書藏經	宋劉一止	1132-141- 27
題費校書被召書命軸後	宋劉一止	1132-141- 27
跋馮子容家藏章聖御書	宋王　洋	1132-506- 13
跋杜仲微隸書出師表	宋王　洋	1132-507- 13
跋程元籲手帖	宋王之道	1132-739- 27
跋李仲覽所藏東坡滿庭芳法帖	宋王之道	1132-740- 27
題了翁墨跡	宋鄧　肅	1133-357- 19
書法帖	宋鄧　肅	1133-358- 19
跋朱喬年所跋王安石字	宋鄧　肅	1133-359- 19
跋陳了翁諫議書邵堯夫誠子文	宋鄧　肅	1133-359- 19
跋蔡君謨書	宋鄧　肅	1133-360- 20
題了翁眞蹟	宋鄧　肅	1133-360- 20
跋王右軍帖	宋洪　皓	1133-422- 4
跋黃嗣深所藏宣和御筆	宋王庭珪	1134-330- 48
跋蕭岳英家黃魯直書	宋王庭珪	1134-330- 48
跋錢勝夫蘭亭序後	宋王庭珪	1134-330- 48
跋向文剛蘭亭序後	宋王庭珪	1134-331- 48
跋黃給事行狀藁	宋王庭珪	1134-333- 49
跋趙孝穆帖	宋王庭珪	1134-334- 49
跋二蘇帖	宋王庭珪	1134-334- 49
跋黃魯直帖	宋王庭珪	1134-334- 49
跋范文正公帖	宋王庭珪	1134-334- 49
跋楚老帖	宋王庭珪	1134-334- 49
跋趙從季所藏吳傳朋千字文	宋王庭珪	1134-336- 49
書汪聖錫簡後	宋王庭珪	1134-339- 50
溫公隸書銘	宋劉子翬	1134-410- 6
跋朱藏一丞相帖	宋孫　覿	1135-323- 32
御書扇銘	宋孫　覿	1135-330- 32
書伊川先生修禊序帖	宋尹　焞	1136- 23- 3
題溫公莊子節帖	宋尹　焞	1136- 23- 3
（壁帖）聖學	宋尹　焞	1136- 27- 4
跋摸連昌宮辭	宋蘇　籀	1136-231- 11
跋海棠夢大字	宋蘇　籀	1136-231- 11
跋東坡拔尤帖	宋蘇　籀	1136-231- 11
跋任氏東坡詩及所書黃門記	宋蘇　籀	1136-232- 11
跋蘇黃門帖	宋張元幹	1136-657- 9
跋少游帖	宋張元幹	1136-657- 9
跋東坡墨帖	宋張元幹	1136-660- 9
蘇養直詩帖跋尾六篇	宋張元幹	1136-660- 9
跋蘇庭藻隸書後二篇	宋張元幹	1136-663- 9
東坡爲焦山綸老作木石却書招隱一段因緣在紙尾圓菴寶之欲贈好事大檀越作歸止計爲題數語	宋張元幹	1136-668- 10
題劉忠肅公帖	宋胡　宏	1137-171- 3

子部 藝術類：字跋

篇目	作者	索引號
跋高宗御筆	宋胡　寅	1137-729-28
跋劉殿院帖	宋胡　寅	1137-729-28
跋陳諫議書杜少陵哀江頭詩	宋胡　寅	1137-730-28
題吳興沈師所藏米老帖	宋仲　并	1137-822- 4
跋許右丞詩	宋鄭剛中	1138-166-16
擬跋御書羊祜傳	宋鄭剛中	1138-166-16
跋了翁帖	宋鄭剛中	1138-167-16
跋東坡帖	宋鄭剛中	1138-167-16
跋張大夫景修詩卷	宋鄭剛中	1138-167-16
跋胡帖	宋鄭剛中	1138-167-16
書呂居仁與范秀才詩簡	宋張九成	1138-430-19
題宋宣獻公帖	宋汪應辰	1138-681-10
跋劉丞相送子詩	宋汪應辰	1138-684-10
跋溫公與傅獻簡公帖	宋汪應辰	1138-686-11
題蘇東坡帖	宋汪應辰	1138-687-11
跋蘇東坡與臣濟帖	宋汪應辰	1138-687-11
跋東坡書	宋汪應辰	1138-688-11
題春陵法帖	宋汪應辰	1138-688-11
跋尚公帖	宋汪應辰	1138-688-11
跋山谷帖	宋汪應辰	1138-689-11
題劉陳二公與唐充之帖	宋汪應辰	1138-689-11
跋成氏所藏山谷帖	宋汪應辰	1138-689-11
題張魏公折樞密與劉御史帖	宋汪應辰	1138-696-12
跋山谷書木假山記	宋馮時行	1138-893- 4
跋老蘇書帖	宋馮時行	1139-893- 4
書楊補之所藏了齋及道鄉帖	宋陳　淵	1139-532-22
題了齋所書解禪偈後	宋陳　淵	1139-534-22
題了齋所書佛語卷後	宋陳　淵	1139-535-22
書了齋筆供養發願文	宋陳　淵	1139-536-22
題了齋所書鄧功曹事	宋陳　淵	1139-544-22
跋魯直書東坡卜算子詞	宋王之望	1139-866-15
跋傅欽之手帖并溫公東坡往還簡	宋王之望	1139-866-15
跋陸子履簡尺	宋王之望	1139-867-15
跋閩州呂守文靖公手軸	宋王之望	1139-867-15
跋高宗皇帝賜世父手翰	宋鄭興裔	1140-218-下
御批不允致仕奏并詔書跋	宋鄭興裔	1140-218-下
跋淳化帖	宋鄭興裔	1140-219-下
書鄧器先所藏蘇帖後	宋曾　協	1140-289- 4
資政與端明帖後	宋林季仲	1140-367- 6
題司馬季思所藏溫公賓次咨目後	宋林之奇	1140-529-20
題王主管所藏了翁與洪覺範書後	宋林之奇	1140-530-20
跋山谷帖	宋張孝祥	1140-691-28
跋周德友所藏後湖帖	宋張孝祥	1140-692-28
題所贈王臣弟字軸後	宋張孝祥	1140-693-28
雜書三（之二）東坡字說	宋周紫芝	1141-356-50
書陸祠部帖後	宋周紫芝	1141-469-66
書元寧川帖後	宋周紫芝	1141-469-66
書梅師贊家梅聖俞書後	宋周紫芝	1141-472-66
書蘇養直與陳彥育帖後	宋周紫芝	1141-472-66
書郭元壽家叔党書後	宋周紫芝	1141-473-66
書山谷帖後	宋周紫芝	1141-473-66
書晁無咎帖後	宋周紫芝	1141-473-68
書後湖帖後	宋周紫芝	1141-479-67
跋御筆賜母咸安太夫人酒果	宋史　浩	1141-808-36
跋御筆獎諭詔	宋史　浩	1141-809-36
跋御書聖主得賢臣頌	宋史　浩	1141-809-36
跋高宗皇帝御筆賜香茶送行	宋史　浩	1141-811-36
跋御書明良慶會之閣	宋史　浩	1141-813-36
跋御草書舊學二字	宋史　浩	1141-813-36
跋御眞書舊學二字	宋史　浩	1141-814-36
跋趙恭夫所藏焦公路帖	宋史　浩	1141-815-36
跋米元章帖	宋史　浩	1141-816-36
御書玉堂跋尾	宋周麟之	1142-173-22
跋德友兄所藏後湖帖	宋周麟之	1142-175-22
跋張參政墨跡	宋周麟之	1142-175-22
仁宗皇帝賜楚建中御飛白記	宋周麟之	1142-175-22
書（壁帖）聖學後	宋朱　熹	1136-32-4附
讀兩陳諫議遺墨附後記	宋朱　熹	1145-384-70
讀兩陳遺墨	宋朱　熹	1406-549-377
書和靖先生遺墨後	宋朱　熹	1145-678-81

四庫全書文集篇目分類索引

子部

藝術類：字跋

跋伊川與方道輔帖	宋朱　熹	1145-690- 81
跋歐陽文忠公帖	宋朱　熹	1145-690- 81
跋白鹿洞所藏漢書	宋朱　熹	1145-691- 81
跋張巨山帖	宋朱　熹	1145-692- 81
		1353-817-110
跋（劉共父所藏）陳簡齋帖	宋朱　熹	1145-692- 81
		1353-817-110
跋蘇聘君庠帖	宋朱　熹	1145-692- 81
跋東坡與林子中帖（二則）	宋朱　熹	1145-697- 82
跋李後主詩後	宋朱　熹	1145-698- 82
題歐陽公金石錄序眞蹟	宋朱　熹	1145-698- 82
題西臺書	宋朱　熹	1145-699- 82
題荊公帖（二則）	宋朱　熹	1145-699- 82
題力命帖	宋朱　熹	1145-699- 82
題樂毅論	宋朱　熹	1145-699- 82
題蘭亭紋	宋朱　熹	1145-699- 82
題鍾繇帖	宋朱　熹	1145-699- 82
題法書	宋朱　熹	1145-700- 82
題曹操帖	宋朱　熹	1145-700- 82
題右軍帖	宋朱　熹	1145-700- 82
跋喻端石所書相鶴經	宋朱　熹	1145-700- 82
跋朱希眞所書樂毅報燕王書	宋朱　熹	1145-700- 82
跋朱喻二公法帖	宋朱　熹	1145-701- 82
跋米元章帖	宋朱　熹	1145-702- 82
跋周元翁帖	宋朱　熹	1145-702- 82
跋李壽翁遺墨	宋朱　熹	1145-705- 82
跋任伯起家藏二蘇遺蹟	宋朱　熹	1145-706- 82
書伊川先生帖後	宋朱　熹	1145-707- 82
跋東坡與趙德麟字說帖	宋朱　熹	1145-708- 82
書楊龜山帖後	宋朱　熹	1145-708- 82
跋陳了翁責沈後	宋朱　熹	1145-709- 82
跋劉子澄與朱魯叔帖	宋朱　熹	1145-716- 82
跋黃山谷帖	宋朱　熹	1145-716- 82
跋蔡端明帖	宋朱　熹	1145-716- 82
書曾帖程弟跋後	宋朱　熹	1145-716- 82
跋東坡牛賦	宋朱　熹	1145-716- 82
跋王端明奏稿	宋朱　熹	1145-716- 82
跋蔡端明獻壽儀	宋朱　熹	1145-717- 82
跋李忠州家諸帖	宋朱　熹	1145-717- 82
跋高彥先家諸帖	宋朱　熹	1145-718- 82
跋呂舍人帖	宋朱　熹	1145-719- 82
跋尹和靖帖	宋朱　熹	1145-724- 83
跋楊深父家藏東坡帖	宋朱　熹	1145-724- 83
跋蔡神與絕筆	宋朱　熹	1145-724- 83
書橫渠康節帖後	宋朱　熹	1145-726- 83
書先吏部手澤後	宋朱　熹	1145-726- 83
跋曾裘父劉子澄帖	宋朱　熹	1145-729- 83
跋鄭宣撫帖	宋朱　熹	1145-730- 83
跋曾南豐帖	宋朱　熹	1145-730- 83
題呂舍人帖	宋朱　熹	1145-730- 83
書壽皇批答魏丞相出使翁子	宋朱　熹	1145-730- 83
跋趙清獻公家問及文富帖跋語後	宋朱　熹	1145-731- 83
書邵康節誠子孫眞蹟後	宋朱　熹	1145-732- 83
跋魯直書踐祚篇	宋朱　熹	1145-734- 83
跋趙清獻公遺帖	宋朱　熹	1145-734- 83
跋司馬忠潔公帖	宋朱　熹	1145-734- 83
跋司馬文正公通鑑綱要眞蹟	宋朱　熹	1145-734- 83
跋王樞密答司馬忠潔公帖	宋朱　熹	1145-735- 83
跋東坡剛說	宋朱　熹	1145-737- 83
跋邵康節檢束二大字	宋朱　熹	1145-739- 83
跋呂仁甫諸公帖	宋朱　熹	1145-741- 83
		1375-292- 22
跋趙忠簡公帖	宋朱　熹	1145-742- 83
再跋趙忠簡公帖	宋朱　熹	1145-742- 83
書張魏公與謝參政帖（二則）	宋朱　熹	1145-743- 83
跋劉雜端奏議及司馬文正公帖	宋朱　熹	1145-746- 84
跋張忠確公家問	宋朱　熹	1145-746- 84
跋呂范二公帖	宋朱　熹	1145-748- 84
跋度正家藏伊川先生帖後	宋朱　熹	1145-748- 84
跋孔君家藏唐誥	宋朱　熹	1145-750- 84
跋十七帖	宋朱　熹	1145-751- 84
跋東坡書李杜諸公詩	宋朱　熹	1145-751- 84
跋杜祁公與歐陽文忠公帖	宋朱　熹	1145-752- 84
跋蔡端明寫老杜前出塞詩	宋朱　熹	1145-752- 84

2046　　　　　　　　　四庫全書文集篇目分類索引

跋歐陽文忠公與劉侍讀帖	宋朱　熹	1145-752-	84
跋舊石本 樂毅論	宋朱　熹	1145-753-	84
跋東坡祭范蜀公文	宋朱　熹	1145-753-	84
跋富文忠公與洛尹帖	宋朱　熹	1145-753-	84
跋韓魏公與歐陽文忠公帖	宋朱　熹	1145-754-	84
跋朱希眞所書道德經	宋朱　熹	1145-754-	84
跋程沙隨帖	宋朱　熹	1145-755-	84
跋張安國帖	宋朱　熹	1145-757-	84
跋山谷宜州帖	宋朱　熹	1145-757-	84
跋蔡端明帖	宋朱　熹	1145-758-	84
跋歐陽文忠公帖	宋朱　熹	1145-758-	84
跋東坡帖	宋朱　熹	1145-758-	84
跋曾南豐帖	宋朱　熹	1145-758-	84
跋家藏劉病翁遺帖	宋朱　熹	1145-759-	84
書先吏部韋齋記銘幷劉范二公帖後	宋朱　熹	1145-760-	84
跋山谷草書千文	宋朱　熹	1145-763-	84
跋黃壺隱所藏師說	宋朱　熹	1145-765-	84
跋周司令所藏東坡帖	宋朱　熹	1145-766-	84
跋徐騎省所篆項王亭賦後	宋朱　熹	1145-768-	84
跋蘭亭敍	宋朱　熹	1145-768-	84
跋汪季路所藏其外祖端石喻公所書文中子言行卷後	宋朱　熹	1145-768-	84
跋陳剛中帖	宋朱　熹	1145-769-	84
跋韋齋書昆陽賦	宋朱　熹	1146-521-	4
跋陸務觀（詩）	宋朱　熹	1146-522-	4
跋魏丞相使金帖	宋朱　熹	1146-522-	4
書武侯草廬語遺張以道	宋朱　熹	1146-631-	4
題所書古栢行	宋朱　熹	1146-631-	4
跋山谷宜州帖	宋朱　熹	1466-723-	59
紹興淳熙兩朝內禪詔跋	宋周必大	1147-125-	14
高宗皇帝紹興乙丑御筆跋	宋周必大	1147-126-	14
御筆千字文跋	宋周必大	1147-126-	14
御書禮記經解石刻跋	宋周必大	1147-127-	14
孝宗皇帝撰國書御筆跋	宋周必大	1147-127-	14
皇太子領臨安尹御筆幷御批詔草跋	宋周必大	1147-128-	14
王炎除樞密使御筆跋	宋周必大	1147-129-	14
改左右丞相御筆幷御批詔草錄跋	宋周必大	1147-129-	14
虞允文梁克家拜相御筆跋	宋周必大	1147-130-	14
幸學詔御筆跋	宋周必大	1147-130-	14
御書白居易詩跋	宋周必大	1147-130-	14
御書蘇軾和唐人惠山泉詩跋	宋周必大	1147-131-	14
御筆掌記跋	宋周必大	1147-131-	14
光宗皇帝東宮秋雨詩跋	宋周必大	1147-131-	14
御批辭免兵部侍郎不允奏跋	宋周必大	1147-132-	14
內批辭免侍講不允奏跋	宋周必大	1147-132-	14
御批辭免兼太子詹事降詔不允奏跋	宋周必大	1147-132-	14
內批辭免經修太上日曆轉官不允奏跋	宋周必大	1147-132-	14
御批辭內翰不允幷詔書跋	宋周必大	1147-132-	14
御批丐祠不允奏幷詔書跋	宋周必大	1147-132-	14
內批辭幸秘書省轉官不允奏併詔書跋	宋周必大	1147-133-	14
內批辭免春官翰苑不允奏幷詔書跋	宋周必大	1147-133-	14
御批丐祠不允奏幷詔書跋	宋周必大	1147-133-	14
內批辭免經修乾道日曆轉官不允奏跋	宋周必大	1147-133-	14
內批辭免東宮講禮記徹章轉官奏跋	宋周必大	1147-133-	14
內批辭免吏部尚書兼學士承旨兩奏跋	宋周必大	1147-134-	14
御批丐祠不允兩奏幷詔書跋	宋周必大	1147-134-	14
御批辭免吏尚兼承旨等奏跋	宋周必大	1147-134-	14
御批丐祠不允兩奏跋	宋周必大	1147-134-	14
淳熙癸卯生日御筆跋	宋周必大	1147-135-	14
題後省封事看詳	宋周必大	1147-136-	15
題秦少游瑤池宴	宋周必大	1147-137-	15
家塾所藏六一先生墨			

子部

藝術類：字跋

四庫全書文集篇目分類索引

子部

藝術類：字跡

篇目	作者	索引號
蹟跋十首——試筆	宋周必大	1147-137- 15
家塾所藏六一先生墨蹟跋十首——唐賀草	宋周必大	1147-137- 15
家塾所藏六一先生墨蹟跋十首——錄徐嶠書	宋周必大	1147-137- 15
家塾所藏六一先生墨蹟跋十首——會食帖	宋周必大	1147-137- 15
家塾所藏六一先生墨蹟跋十首——諭學帖	宋周必大	1147-137- 15
家塾所藏六一先生墨蹟跋十首——小草古詩賦	宋周必大	1147-138- 15
家塾所藏六一先生墨蹟跋十首——臨小草洛神賦	宋周必大	1147-138- 15
家塾所藏六一先生墨蹟跋十首——家藏小草洛神賦	宋周必大	1147-138- 15
家塾所藏六一先生墨蹟跋十首——家書	宋周必大	1147-138- 15
家塾所藏六一先生墨蹟跋十首——前漢五器銘	宋周必大	1147-138- 15
題六一先生丁憂居穎帖	宋周必大	1147-139- 15
題六一先生九帖	宋周必大	1147-139- 15
題六一先生與王深甫帖	宋周必大	1147-140- 15
題六一先生五代史藁	宋周必大	1147-140- 15
跋六一先生詩文藁	宋周必大	1147-140- 15
題錄神宗出閣指揮	宋周必大	1147-140- 15
題六一先生家書紙背豬肉帖	宋周必大	1147-140- 15
題六一先生夜宿中書東閣詩	宋周必大	1147-140- 15
題六一先生慰富文忠公書藁	宋周必大	1147-141- 15
題呂吉甫帖（二則）	宋周必大	1147-141- 15
跋十賢相帖	宋周必大	1147-141- 15
題王荊公家書	宋周必大	1147-142- 15
題蘇文定公批答二藁	宋周必大	1147-142- 15
跋韓魏王與包孝肅公帖	宋周必大	1147-142- 15
題山谷書太白詩	宋周必大	1147-142- 15
題山谷書長楊賦	宋周必大	1147-142- 15
跋初寮王左丞贈曾祖詩及竹林泉賦	宋周必大	1147-142- 15
題東坡與佛印元師二帖	宋周必大	1147-143- 15
題東坡子高無雪二帖	宋周必大	1147-143- 15
題東坡遠遊庵銘	宋周必大	1147-143- 15
又跋東坡遠遊銘	宋周必大	1147-144- 15
題李西臺和馬侯詩	宋周必大	1147-145- 15
題司馬溫公書臨本	宋周必大	1147-146- 15
題蘇子美帖臨本	宋周必大	1147-146- 15
題修禊帖	宋周必大	1147-146- 15
題清虛居士眞草四詩	宋周必大	1147-146- 15
題龐莊敏公帖	宋周必大	1147-147- 15
跋劉仲威蘭亭敍	宋周必大	1147-147- 16
跋周德友所藏蘇養直詩帖	宋周必大	1147-147- 16
跋宋景文公墨蹟（二則）	宋周必大	1147-148- 16
跋劉子澄曾祖帖	宋周必大	1147-148- 16
跋中書舍人趙莊叔字	宋周必大	1147-148- 16
跋宗室士奎所書周以宗疆賦	宋周必大	1147-149- 16
跋羅良弼家歐陽公唐草贊	宋周必大	1147-149- 16
跋宗室世賾與教授閻邱仲和帖	宋周必大	1147-149- 16
跋黃承議宗謂所藏文潞公劉莘老韓師朴諸公題顏魯公懷素書	宋周必大	1147-149- 16
跋劉原父貢父家書	宋周必大	1147-150- 16
又跋原父貢父仲馮帖	宋周必大	1147-150- 16
跋劉仲馮與斯立宣德帖	宋周必大	1147-151- 16
跋蕭御史薦宗室世賾奏狀藁	宋周必大	1147-151- 16
跋山谷發願文	宋周必大	1147-152- 16
跋宗室子從藏前輩帖（五則）	宋周必大	1147-152- 16
跋劉季高與溧陽筆工顏綱帖	宋周必大	1147-154- 16

四庫全書文集篇目分類索引

子部

藝術類：字跋

篇目	作者	索引號
跋黃魯直所書金剛經	宋周必大	1147-154-16
跋上藍長老了賢所收張丞相帖	宋周必大	1147-154-16
跋西山翠巖寺南唐保大中賜僧無殷詔書	宋周必大	1147-154-16
跋斜繼善所藏柳書千文	宋周必大	1147-155-16
跋安福令王棣所藏王介甫及其子淡之漢之沈之等帖（二則）	宋周必大	1147-155-16
又跋歐蘇及諸貴公帖	宋周必大	1147-155-16
跋趙德麟書	宋周必大	1147-156-16
跋朱元章書秦少游詞	宋周必大	1147-156-16
跋黃丞相書	宋周必大	1147-156-16
跋吳說千字文	宋周必大	1147-157-16
跋張魏公批劉和州事目	宋周必大	1147-157-16
跋胡邦衡辭工侍幷御批降詔眞本	宋周必大	1147-157-16
跋張文潛帖	宋周必大	1147-157-16
跋東坡與趙夢得帖	宋周必大	1147-158-16
建炎御筆跋	宋周必大	1147-158-16
跋曾無疑所藏米元章帖	宋周必大	1147-158-16
跋劉楚公沈拜相告	宋周必大	1147-159-16
跋朱新仲自誌墓	宋周必才	1147-159-16
跋吳仁傑所藏張九旭草書酒德頌	宋周必大	1147-159-16
跋司馬溫公呂申公同除內翰告	宋周必大	1147-159-16
跋程宗正之子鑄墓銘	宋周必大	1147-162-17
跋范文卿所藏醉翁帖	宋周必大	1147-162-17
跋韓忠獻王帖	宋周必大	1147-162-17
題金華喻葆光書佛經卷	宋周必大	1147-163-17
跋宇文虛中攀書（二則）	宋周必大	1147-163-17
跋初寮先生帖	宋周必大	1147-163-17
跋鄒志完曾祖詩	宋周必大	1147-163-17
跋閒樂居士陳師錫與了翁陳瓘論王氏日錄書	宋周必大	1147-164-17
跋向子諲家邵康節戒子孫文	宋周必大	1147-165-17
跋汪聖錫家藏東坡與林希論浙西賑濟三帖	宋周必大	1147-165-17
跋徐鉉篆李衛公項王亭賦	宋周必大	1147-165-17
跋蘇舍人題臨蘭亭序詩	宋周必大	1147-165-17
跋黃魯直蜀中詩詞	宋周必大	1147-166-17
跋王禹玉內外制草	宋周必大	1147-166-17
跋歐陽公與通判屯田等三帖	宋周必大	1147-166-17
跋黃魯直與全父醉帖	宋周必大	1147-166-17
跋王介甫彌勒偈	宋周必大	1147-167-17
跋黃魯直畫寢李公擇四詩	宋周必大	1147-167-17
跋東坡帖	宋周必大	1147-167-17
跋馮京與朱諫右丞家書	宋周必大	1147-167-17
跋秦少游帖	宋周必大	1147-167-17
跋東坡草烏頭方帖	宋周必大	1147-169-17
跋山谷書東坡聖散子傳	宋周必大	1147-169-17
跋趙忠簡公答魏侍郎矼手書	宋周必大	1147-169-17
跋鄧斑所藏其祖溫伯與東坡倡和武昌長篇	宋周必大	1147-169-17
跋趙霈張致遠魏矼奏翰	宋周必大	1147-170-17
跋江權卿所藏諸家帖	宋周必大	1147-171-17
跋陳與義費肅張擴被召省翰	宋周必大	1147-171-17
跋伯父與鄭庠手書	宋周必大	1147-172-17
跋蘇石帖	宋周必大	1147-172-17
跋與徐林書	宋周必大	1147-172-17
題蘇子美草書蔡君謨大書跋帖	宋周必大	1147-172-17
題唐人硬黃臨王獻之帖	宋周必大	1147-172-17
題蘇子美寶奎殿頌帖	宋周必大	1147-173-17
題蔡君謨書柳子厚吐谷渾詞	宋周必大	1147-173-17
跋文潞公帖	宋周必大	1147-173-17
跋汪季路所藏山谷與柳仲遠帖	宋周必大	1147-174-17
跋汪季路所藏朱希眞		

四庫全書文集篇目分類索引　2049

蹟　宋周必大　1147-174-　17
跋張魏公與連壅帖　宋周必大　1147-174-　17
跋錢穆公與張文潛書　宋周必大　1147-174-　17
跋汪季路所藏張文潛與彥素帖　宋周必大　1147-175-　18
跋汪季路所藏東坡作王中父哀詩　宋周必大　1147-175-　18
跋范文正公五帖　宋周必大　1147-176-　18
跋喻子材樽帖　宋周必大　1147-176-　18
跋劉器之帖　宋周必大　1147-176-　18
跋尤延之家藏蘇子美四時歌眞蹟　宋周必大　1147-177-　18
跋喻仲遷所藏蘇黃門翰林詔草答韓儀公辭免同知密院詔　宋周必大　1147-177-　18
跋蘇氏藏太宗御筆及謝表　宋周必大　1147-177-　18
跋嚴汝翼所藏張丞相詩　宋周必大　1147-177-　18
跋東坡代張文定公上書　宋周必大　1147-177-　18
題陳去非帖　宋周必大　1147-178-　18
題陳去非謝御書等帖　宋周必大　1147-178-　18
題劉丞相沆追封袞國公制　宋周必大　1147-178-　18
題富鄭公與劉丞相沆書　宋周必大　1147-179-　18
題宋景文公家書　宋周必大　1147-179-　18
題宋元憲公表藁　宋周必大　1147-179-　18
題向藶林家所藏山谷書南華玉篇　宋周必大　1147-180-　18
題汪達季路所藏墨蹟三軸　宋周必大　1147-180-　18
題蘇季眞家所藏東坡眞蹟（三則）　宋周必大　1147-181-　18
題王樂道帖　宋周必大　1147-181-　18
題范太史家所藏帖（二則）　宋周必大　1147-181-　18
跋向氏邵康節手寫陶靖節詩　宋周必大　1147-182-　18
跋臨江守潘熹所收蔡君謨寫韓文三箋　宋周必大　1147-182-　18
跋呂居仁帖　宋周必大　1147-182-　18
題養正堂記幷魯侯帖　宋周必大　1147-184-　18
記己酉杭州鄭樞密事

（跋）　宋周必大　1147-185-　18
跋楊忠襄與鄉人羅鍔詩帖　宋周必大　1147-187-　18
跋太和樂南金所藏樂史慈竹詩　宋周必大　1147-189-　18
書韓忠獻王帖　宋周必大　1147-192-　19
題山谷與韓子蒼帖　宋周必大　1147-194-　19
跋杜祁公詩　宋周必大　1147-194-　19
題權邦彥草書舞劍器行　宋周必大　1147-198-　19
題張無垢書　宋周必大　1147-199-　19
跋東坡詩帖　宋周必大　1147-200-　19
跋黃魯直與蕭氏書　宋周必大　1147-200-　19
跋壽皇御批魏杞講和時奉使奏筠　宋周必大　1147-201-　19
跋劉忠肅丞相帖　宋周必大　1147-201-　19
高宗御批錢伯言奏跋　宋周必大　1147-203-　19
跋劉提刑家六帖——米元章詩陳大諫宋宣獻呂汲公蘇黃門張芸叟劉忠肅公辨誣本末　宋周必大　1147-204-　19
跋劉炳先家五賢帖　宋周必大　1147-205-　19
跋錢穆父帖　宋周必大　1147-205-　19
跋妙喜遺筆　宋周必大　1147-432-　40
高宗御批陳思恭奏筠跋　宋周必大　1147-485-　46
淳熙戊申國書跋　宋周必大　1147-485-　46
光宗御書跋　宋周必大　1147-485-　46
題六一先生手書後　宋周必大　1147-487-　46
題蔡君謨草帖　宋周必大　1147-487-　46
題唐人臨王子敬帖　宋周必大　1147-487-　46
題吳說書　宋周必大　1147-487-　46
題蕭楚公帖　宋周必大　1147-487-　46
題薛元亮老杜醉歸圖詩後　宋周必大　1147-487-　46
題朱禮部參星賦眞蹟　宋周必大　1147-488-　46
題祖姑秦國潘夫人書　宋周必大　1147-488-　46
題樂毅論　宋周必大　1147-489-　46
題新安吏部朱公喬年稿　宋周必大　1147-489-　46
跋汪聖錫與武義宰趙醇手書　宋周必大　1147-489-　46
題東坡桂酒頌　宋周必大　1147-489-　46
題吉州司戶趙彥法所

子部　藝術類：字跋

子部 藝術類：字跋

篇目	作者	索引號
藏山谷帖	宋周必大	1147-490-46
題汪季路所藏書畫四軸（三則）	宋周必大	1147-490-46
題顏魯公書撰杜濟神道碑	宋周必大	1147-493-46
跋張忠獻公答宋待制手書	宋周必大	1147-495-46
跋胡忠簡公和王行簡詩	宋周必大	1147-498-47
跋王民瞻送胡邦衡南選詩	宋周必大	1147-499-47
題京仲遠與周孟覺帖	宋周必大	1147-499-47
御書樂毅論跋	宋周必大	1147-499-47
題蔡忠惠公帖	宋周必大	1147-500-47
跋歐陽文忠公諡學帖	宋周必大	1147-501-47
跋徐夫人所書華嚴經梁武懺	宋周必大	1147-501-47
跋胡宗簡公論和議稿	宋周必大	1147-501-47
跋焦伯強與潘簡夫帖	宋周必大	1147-502-47
跋歐陽文忠公與裴如晦帖	宋周必大	1147-504-47
題張魏公與晁升道帖	宋周必大	1147-506-47
跋張魏公與彭子從書	宋周必大	1147-506-47
題呂紫薇與晁仲石詩	宋周必大	1147-506-47
題俞洪所藏滕元發與俞退翁詩	宋周必大	1147-508-47
題曾逮侍郎戒其子棠清廉帖	宋周必大	1147-510-48
跋撫州游祖武禊帖	宋周必大	1147-510-48
跋唐子西帖	宋周必大	1147-510-48
跋韓子蒼與曾公袞錢遂叔諸人倡和詩（二則）	宋周必大	1147-512-48
跋宋運判晰奏稿	宋周必大	1147-513-48
跋張忠獻公與外舅帖	宋周必大	1147-513-48
題聶倅周臣所藏黃魯直送徐隱父宰餘干詩稿	宋周必大	1147-514-48
跋黃山谷書唐人詩	宋周必大	1147-514-48
跋張芸叟劉滬詩	宋周必大	1147-514-48
跋司馬文正公手鈔富文忠公使北錄	宋周必大	1147-515-48
題東坡上薛向樞密書	宋周必大	1147-515-48
跋山谷草書太白詩	宋周必大	1147-517-48
跋張如瑩歸去來辭	宋周必大	1147-517-48
題宋景曉手書佛經	宋周必大	1147-518-48
題清獻公三帖	宋周必大	1147-518-48
跋東坡與張近帖	宋周必大	1147-519-48
大元帥康王與向子諲咨目及御筆等跋	宋周必大	1147-519-49
題東坡晚年手帖	宋周必大	1147-520-49
跋歐陽文忠公與張洞書	宋周必大	1147-520-49
跋黃魯直帖	宋周必大	1147-521-49
跋蔡君謨與唐詔帖	宋周必大	1147-521-49
跋顏魯公帖	宋周必大	1147-523-49
跋張安國與弟伯子家書	宋周必大	1147-524-49
跋山谷書文賦	宋周必大	1147-524-49
跋柳公權赤箭帖	宋周必大	1147-524-49
題嘉祐賀老人星見表批答	宋周必大	1147-525-49
題趙清獻公帖	宋周必大	1147-526-49
跋陳瓘書	宋周必大	1147-526-49
題山谷書大戴禮踐祚篇	宋周必大	1147-527-49
跋張子韶與陳朝彥序詞	宋周必大	1147-527-49
跋養正堂記	宋周必大	1147-528-49
跋曾無疑所藏二帖	宋周必大	1147-528-49
跋董體仁帖	宋周必大	1147-530-49
跋文與可草書李賀金銅仙人辭漢歌	宋周必大	1147-531-50
跋向子諲遺書	宋周必大	1147-531-50
跋東坡秧馬歌	宋周必大	1147-533-50
跋吳伸所藏曾子固帖	宋周必大	1147-533-50
跋尹焞帖	宋周必大	1147-533-50
跋修禊序	宋周必大	1147-533-50
跋汪逵所藏東坡字	宋周必大	1147-534-50
跋山谷與孫端帖	宋周必大	1147-535-50
跋張懷遠與胡邦衡帖	宋周必大	1147-535-50
跋包孝肅公帖	宋周必大	1147-535-50
曾三異所藏盤松贊跋	宋周必大	1147-536-50
跋梁仲謨尚書奏稿	宋周必大	1147-537-50
跋黃通老尚書奏稿	宋周必大	1147-538-50
跋曾無疑所藏黃魯直帖	宋周必大	1147-541-51
跋馮駿所藏五帖（二）——東坡書陶靖節詩	宋周必大	1147-541-51

四庫全書文集篇目分類索引　2051

跋馮畛所藏五帖(三)——東坡穎川詩　宋周必大　1147-542- 51
跋馮畛所藏帖（四）——朱元章上呂汶公書　宋周必大　1147-542- 51
跋馮畛所藏帖（五）——山谷書六一先生古賦　宋周必大　1147-542- 51
跋劉共甫胡邦衡帖　宋周必大　1147-543- 51
題范文正公帖　宋周必大　1147-545- 51
題陳瑩中寫旃檀觀音贊華嚴經語李伯紀跋　宋周必大　1147-824- 80
跋平江蔣守帖　宋周必大　1147-833- 81
跋陳丞相手書　宋周必大　1147-834- 81
跋御書　宋周必大　1148-131-104
跋張敬夫拭劉潛夫悼與蔡邕州書　宋周必大　1466-723- 59
跋曾無疑所藏黃魯直晚年帖　宋周必大　1466-723- 59
跋蘇給事放白鷗帖　宋王　質　1149-387- 5
跋文正公與尹師魯手啓墨蹟（十則）　宋尤袤等　1089-843- 3
跋蘭亭（八則）　宋尤　袤　1149-526- 2
跋蘇帖　宋李　石　1149-672- 13
跋濮公清獻公帖　宋李　石　1149-672- 13
跋富公帖　宋李　石　1149-672- 13
跋謝君所收帖　宋李　石　1149-672- 13
跋范伯文所藏帖　宋李　石　1149-672- 13
書楊次淵之父所藏舊遊諸公手簡後　宋呂祖謙　1150- 60- 7
代宰臣虞允文恭書皇帝御書崔寔政論下方　宋呂祖謙　1150- 61- 7
書焦伯強殿丞帖後　宋呂祖謙　1150- 63- 7
題伯祖紫微翁與曾信道手簡後　宋呂祖謙　1150- 64- 7
跋御書所進嘉邸生辰詩附樓鑰御書跋語　宋陳傳良　1150-821- 41
跋歐王帖後　宋陳傳良　1150-822- 41
跋溫公與邢和叔帖　宋陳傳良　1150-827- 41
跋劉元城帖　宋陳傳良　1150-827- 41
跋胡文定公帖　宋陳傳良　1150-827- 41
題仁皇所賜魏家刑政二字後　宋陳傳良　1150-828- 42
跋辛簡穆公書　宋陳傳良　1150-828- 42
跋東坡桂酒頌　宋陳傳良　1150-828- 42
跋東坡與章子厚書　宋陳傳良　1150-828- 42
跋徐夫人手寫佛經　宋陳傳良　1150-829- 42
跋陳求仁所藏張無垢帖　宋陳傳良　1150-831- 42
跋朱宰元成所藏宋宣獻公王荊公帖　宋陳傳良　1150-832- 42
跋黃元章所藏山谷墨蹟後　宋陳傳良　1150-833- 42
跋謝大顯所藏曹公顯墨蹟　宋陳傳良　1150-833- 42
跋陳忠肅公手帖　宋王十朋　1151-596- 27
跋溫公帖（二則）　宋王十朋　1151-596- 27
跋二劉帖　宋王十朋　1151-597- 27
跋余襄公帖　宋王十朋　1151-597- 27
跋張侍郎帖　宋王十朋　1151-598- 27
跋孫伯書張紫微帖　宋王十朋　1151-598- 27
跋嚴伯威墨蹟　宋王十朋　1151-598- 27
跋杜祁公帖　宋王十朋　1151-598- 27
跋蔡確帖　宋崔敦禮　1151-877- 12
代人跋御書　宋衛　博　1152-190- 4
題伯祖宣教書白繒蓋呪後　宋李　呂　1152-260- 8
跋東坡表忠觀碑字　宋李　呂　1152-260- 8
（恭題御筆）留正少師判建康府趙汝愚右丞相（制）　宋樓　鑰　1153-143- 69
（恭題御筆）嗣秀王伯圭免奉朝請并聖節批答　宋樓　鑰　1153-144- 69
恭題知貢舉所賜御札　宋樓　鑰　1153-144- 69
恭題賜陳傳良宸翰　宋樓　鑰　1153-145- 69
恭題仁宗賜董淵宸翰　宋樓　鑰　1153-146- 69
恭題仁宗賜懷瑾御頌　宋樓　鑰　1153-146- 69
恭題仁宗賜張中庸恤刑敕書　宋樓　鑰　1153-147- 69
恭題向公起所藏仁宗宸翰　宋樓　鑰　1153-148- 69
恭題趙時穆家穆兩朝賜碑　宋樓　鑰　1153-148- 69
恭題神宗賜沈括御札　宋樓　鑰　1153-148- 69
恭題徽宗賜沈晦御詩　宋樓　鑰　1153-149- 69
恭題宇文紹節所藏徽宗御書修禊序　宋樓　鑰　1153-149- 69

子部
藝術類：字跋

子部 藝術類：字跋

篇目	朝代	類型	編號
恭題徽宗賜張繼先御詩	宋樓	鑰	1153-150- 69
恭題高宗賜胡直薦御札	宋樓	鑰	1153-150- 69
恭題高宗賜陳正彙御札	宋樓	鑰	1153-151- 69
（恭題高宗宸翰）紹興五年御書廷試策問	宋樓	鑰	1153-151- 69
（恭題高宗宸翰）御書中庸篇	宋樓	鑰	1153-152- 69
恭題孝宗御書心經	宋樓	鑰	1153-153- 69
跋王順伯所藏二帖	宋樓	鑰	1153-154- 70
跋秦淮海帖	宋樓	鑰	1153-154- 70
跋史魏公與心聞禪師帖	宋樓	鑰	1153-157- 70
跋劉杼山帖	宋樓	鑰	1153-157- 70
跋秦淮海戒殺帖	宋樓	鑰	1153-158- 70
跋杜祁公草書詩	宋樓	鑰	1153-158- 70
跋諸名公翰墨	宋樓	鑰	1153-160- 70
跋汪季路所藏書畫——徐騎省篆項王亭賦	宋樓	鑰	1153-160- 70
跋趙君靖所藏張紫巖帖	宋樓	鑰	1153-162- 70
跋李伯和所藏書畫——東坡所作文與可硯屏贊	宋樓	鑰	1153-163- 70
跋李伯和所藏書畫——薄薄酒二篇	宋樓	鑰	1153-163- 70
跋李伯和所藏書畫——蘇氏璇璣圖	宋樓	鑰	1153-163- 70
跋安光遠所藏祖廉訪詩跋	宋樓	鑰	1153-163- 70
又張總得與其父子伸帖	宋樓	鑰	1153-163- 70
跋汪季路書畫——王岐公立英宗詔草	宋樓	鑰	1153-166- 71
（跋）蘇子美詩	宋樓	鑰	1153-167- 71
（跋）東坡與歐陽叔弼兄弟帖	宋樓	鑰	1153-167- 71
（跋）東坡與林子中論賑濟帖	宋樓	鑰	1153-167- 71
（跋）黃太史書少遊海康詩	宋樓	鑰	1153-167- 71
（跋）蔡京自書竄謫元符黨人詔草	宋樓	鑰	1153-167- 71
跋游嗣祖所藏帖——歐公與薛公期鴛部帖	宋樓	鑰	1153-168- 71
跋游嗣祖所藏帖——山谷草聖	宋樓	鑰	1153-168- 71
跋游嗣祖所藏帖——唐子西與游氏帖	宋樓	鑰	1153-168- 71
跋王順伯家藏帖——蘇子美錦雞詩	宋樓	鑰	1153-168- 71
跋王順伯家藏帖——范文正公與尹師魯帖	宋樓	鑰	1153-168- 71
跋王順伯家藏帖——韓魏公與尹師魯帖	宋樓	鑰	1153-168- 71
跋王順伯家藏帖——王荊公書佛語	宋樓	鑰	1153-168- 71
跋王順伯家藏帖——林和靖與通判帖	宋樓	鑰	1153-169- 71
跋王順伯家藏帖——右軍章草	宋樓	鑰	1153-169- 71
跋王順伯家藏帖——米元章三帖	宋樓	鑰	1153-169- 71
跋陳聞遠所藏了翁龜山元城帖	宋樓	鑰	1153-169- 71
跋了齋有門頌帖	宋樓	鑰	1153-173- 71
跋施武子所藏諸帖——王右軍東方畫贊	宋樓	鑰	1153-173- 71
跋施武子所藏諸帖——鍾繇墓田丙舍帖	宋樓	鑰	1153-173- 71
跋施武子所藏諸帖——黃庭經	宋樓	鑰	1153-173- 71
跋施武子所藏諸帖——王大令洛神賦	宋樓	鑰	1153-174- 71
跋施武子所藏諸帖——東坡救月圖贊	宋樓	鑰	1153-174- 71
跋施武子所藏諸帖——東坡醉中書對客醉眠詩	宋樓	鑰	1153-174- 71
跋李光祖所藏遠祖遷定海縣丞告	宋樓	鑰	1153-175- 71
又（跋）蘇黃門帖	宋樓	鑰	1153-176- 71
跋蘇魏公所臨閣帖	宋樓	鑰	1153-178- 71
跋石曼卿古松詩	宋樓	鑰	1153-179- 72

四庫全書文集篇目分類索引　2053

跋任氏所藏外祖汪少師帖　宋樓　鑰　1153-180-72
跋從子深所藏吳紫溪游絲書　宋樓　鑰　1153-181-72
跋徐神翁眞蹟　宋樓　鑰　1153-182-72
跋傅夢良所藏山谷書漁父詩　宋樓　鑰　1153-183-72
跋可壽上人所藏史文惠公帖　宋樓　鑰　1153-184-72
跋趙清臣所藏濮議　宋樓　鑰　1153-185-72
（跋）徐季海題經　宋樓　鑰　1153-187-72
（跋）李公垂書樂毅論　宋樓　鑰　1153-188-72
跋沈雲巢帖　宋樓　鑰　1153-188-72
跋吳僧若達所書觀經　宋樓　鑰　1153-188-72
跋王伯長定武修禊序　宋樓　鑰　1153-191-73
跋余襄公題崖碑　宋樓　鑰　1153-191-73
跋李莊簡公與其婿曹純老帖　宋樓　鑰　1153-192-73
跋黃氏所藏東坡山谷二張帖　宋樓　鑰　1153-195-73
跋東坡紙帳詩　宋樓　鑰　1153-196-73
跋陳進道所藏杜祁公詩　宋樓　鑰　1153-197-73
書從兄少虛教授金書金剛經後　宋樓　鑰　1153-197-73
跋仲兄嚴州所書安遇山房顯（題）扁　宋樓　鑰　1153-200-73
跋沈智甫所藏東坡帖　宋樓　鑰　1153-202-74
跋揚州伯父所藏張魏公帖　宋樓　鑰　1153-202-74
又（跋）錢希白三經堂歌　宋樓　鑰　1153-203-74
（跋）東坡（字）　宋樓　鑰　1153-203-74
（跋）錢明逸張文潛（字）　宋樓　鑰　1153-203-74
（跋）林和靖蔡端明范太史（字）　宋樓　鑰　1153-204-74
（跋）劉杼山（帖）　宋樓　鑰　1153-204-74
（跋）李西臺（字）　宋樓　鑰　1153-204-74
（跋）錢曲臺昆呂芸閣大臨蘇後湖庠（字）　宋樓　鑰　1153-205-74
（跋）游御史酢（字）　宋樓　鑰　1153-205-74
（跋）趙清獻（字）　宋樓　鑰　1153-205-74

（跋）徐東湖（字）　宋樓　鑰　1153-205-74
（跋）韓南陽宋宣獻文潞公（字）　宋樓　鑰　1153-205-74
（跋）曹子方（字）　宋樓　鑰　1153-205-74
（跋）石曼卿張都官（字）　宋樓　鑰　1153-205-74
（跋）張魏公（字）　宋樓　鑰　1153-206-74
（跋）呂子約（字）　宋樓　鑰　1153-206-74
（跋）周蓮峯朱灊王侍御伯庠（字）　宋樓　鑰　1153-206-74
爲趙晦之書金剛經口訣題其後　宋樓　鑰　1153-207-74
跋晁深甫所藏東萊呂舍人九經堂詩　宋樓　鑰　1153-208-74
跋張忠簡公閫詩帖　宋樓　鑰　1153-210-74
跋趙大資政所藏忠定公帖　宋樓　鑰　1153-211-74
跋東坡與宗人帖　宋樓　鑰　1153-212-74
跋黃刺史公移（帖）　宋樓　鑰　1153-215-75
跋歐陽公與張直講帖　宋樓　鑰　1153-215-75
（跋）向薌林壽岡楊愿巢經蕭奐（帖）　宋樓　鑰　1153-216-75
題柳公權所跋洛神賦　宋樓　鑰　1153-219-75
跋章達之所藏虞書孔子廟堂碑　宋樓　鑰　1153-220-75
又（跋章達之所藏虞書）心經　宋樓　鑰　1153-220-75
跋李山房與山谷帖　宋樓　鑰　1153-221-75
跋黃子耕定武修禊序　宋樓　鑰　1153-221-75
跋韓忠武王詞　宋樓　鑰　1153-222-75
跋黃知命帖　宋樓　鑰　1153-223-75
跋蔣元宗所藏錢松窗詩帖　宋樓　鑰　1153-223-75
跋先太師與張檢詳帖　宋樓　鑰　1153-224-75
跋王顏之所藏趙忠定公帖　宋樓　鑰　1153-225-75
跋王岐公端午帖子　宋樓　鑰　1153-225-75
跋周侍郎聿三帖　宋樓　鑰　1153-225-75
跋史太師答范參政薦崔宮教帖　宋樓　鑰　1153-229-76
跋汪季路所藏書帖——唐僖宗賜憬實敕書　宋樓　鑰　1153-231-76
跋汪季路所藏書帖——東坡嘯軒詩　宋樓　鑰　1153-232-76

子部　藝術類：字跋

子部

藝術類・字跋

篇目	朝代	作者	編號
跋汪季路所藏書帖——官奴樂毅論	宋	樓鑰	1153-232-76
跋汪季路所藏書帖——淳化本修禊序	宋	樓鑰	1153-233-76
跋汪季路所藏書帖——邵康節觀物篇	宋	樓鑰	1153-233-76
跋汪季路所藏書帖——溫公奏稿	宋	樓鑰	1153-234-76
跋汪季路所藏書帖——歐公與劉原甫帖	宋	樓鑰	1153-234-76
跋汪季路所藏書帖——韓魏公與歐公帖	宋	樓鑰	1153-234-76
跋汪季路所藏書帖——東坡與秦太虛帖	宋	樓鑰	1153-234-76
跋黃子邁所藏山谷乙酉家乘	宋	樓鑰	1153-235-76
跋朱晦菴書中庸	宋	樓鑰	1153-235-76
跋宋宣獻公書李公垂詩編	宋	樓鑰	1153-241-77
跋林氏所藏趙清獻公父子詩	宋	樓鑰	1153-242-77
跋山谷奇崛帖	宋	樓鑰	1153-243-77
跋唐林夫父子帖	宋	樓鑰	1153-246-77
跋史文惠公帖	宋	樓鑰	1153-246-77
跋楊叔禹所藏東坡帖	宋	樓鑰	1153-248-77
跋汪季路所藏書畫——東坡西山詩	宋	樓鑰	1153-250-78
跋汪季路所藏書畫——顏魯公書裴將軍詩	宋	樓鑰	1153-250-78
跋汪季路所藏書畫——溫公倚几銘	宋	樓鑰	1153-251-78
跋汪季路所藏書畫——蔡端明吐谷渾曲	宋	樓鑰	1153-251-78
跋汪季路所藏書畫——富鄭公帖	宋	樓鑰	1153-251-78
跋汪季路所藏書畫——趙德甫帖	宋	樓鑰	1153-251-78
跋王逸老飲中八仙歌	宋	樓鑰	1153-252-78
跋張謙中篆金剛經	宋	樓鑰	1153-252-78
跋李晉明所藏書畫——東坡漁父詞	宋	樓鑰	1153-252-78
跋李晉明所藏書畫——東坡獲鬼章告廟文	宋	樓鑰	1153-252-78
跋宇文廷臣所藏吳彩鸞玉篇鈔	宋	樓鑰	1153-253-78
跋所書卞公祠堂記	宋	樓鑰	1153-253-78
跋東坡備水帖	宋	樓鑰	1153-254-78
跋李莊簡公與傅樵風帖	宋	樓鑰	1153-255-78
跋彭子壽甲寅奏墓并日錄手澤	宋	樓鑰	1153-256-78
代仲舅汪尚書跋了齋表墓	宋	樓鑰	1153-258-78
跋御賜書漢文翁襲逐故事	宋	袁說友	1154-378-19
再跋（御賜書漢文翁襲逐故事）	宋	袁說友	1154-379-19
跋張季長同年所藏司馬溫公通鑑漢元年墓	宋	袁說友	1154-380-19
跋唐人臨晉人帖	宋	袁說友	1154-381-19
跋歐陽文公帖	宋	袁說友	1154-381-19
跋蘇文忠公帖（二則）	宋	袁說友	1154-382-19
跋清溪帖	宋	袁說友	1154-382-19
跋米元章大字多景樓帖	宋	袁說友	1154-382-19
跋米公法帖	宋	袁說友	1154-383-19
跋米元章帖	宋	袁說友	1154-383-19
跋蔡君謨書柳子厚詩大字	宋	袁說友	1154-383-19
跋司馬溫公帖	宋	袁說友	1154-383-19
跋蘇子美寶奎頌帖	宋	袁說友	1154-383-19
跋韓忠獻魏王帖	宋	袁說友	1154-383-19
跋李北海帖	宋	袁說友	1154-384-19
跋山谷先生茶詞帖	宋	袁說友	1154-384-19
跋李西臺臨魏晉帖	宋	袁說友	1154-384-19
跋范石湖草書詩帖	宋	袁說友	1154-384-19
跋余襄公平蠻帖	宋	袁說友	1154-385-19
跋沈正言放蝌蚪帖	宋	袁說友	1154-385-19
跋范季海墓范侍讀留題趙州諸石刻帖	宋	袁說友	1154-385-19
跋默堂先生帖	宋	袁說友	1154-386-19
跋趙監簿帖	宋	袁說友	1154-386-19
跋胡元邁集句詩帖	宋	袁說友	1154-387-19
跋惠齋草書千字文	宋	袁說友	1154-387-19
跋王岩帖	宋	周孚	1154-678-30
跋童壽卿所藏蘭亭	宋	周孚	1154-679-30
跋王荊公帖後	宋	曾丰	1156-229-20

跋山谷帖　　　　　　　宋曾　丰　1156-229- 20
跋資國寺雄石鎭帖　　　宋陸九淵　 518-235-143
　　　　　　　　　　　　　　　　 1156-438- 20
跋丁未御書　　　　　　宋袁　燮　1157- 92- 8
跋高公所書孝經　　　　宋袁　燮　1157- 93- 8
跋李丞相論和議稿　　　宋袁　燮　1157- 94- 8
跋二王帖　　　　　　　宋袁　燮　1157- 99- 8
題王逸少帖　　　　　　宋袁　燮　1157- 99- 8
跋范文正公環慶帖　　　宋袁　燮　1157- 99- 8
跋杜正獻公帖　　　　　宋袁　燮　1157-100- 8
跋林叔全所藏東坡帖　　宋袁　燮　1157-100- 8
跋涪翁帖　　　　　　　宋袁　燮　1157-100- 8
跋涪翁帖後　　　　　　宋袁　燮　1157-101- 8
跋江諫議民望與超然
　居士帖　　　　　　　宋袁　燮　1157-101- 8
題趙華閣帖　　　　　　宋袁　燮　1157-101- 8
題唐子西與游公帖　　　宋袁　燮　1157-102- 8
跋林戶曹帖　　　　　　宋袁　燮　1157-102- 8
題楊誠齋帖　　　　　　宋袁　燮　1157-102- 8
題誠齋帖　　　　　　　宋袁　燮　1157-102- 8
跋傅給事帖　　　　　　宋袁　燮　1157-102- 8
跋正言楊公帖　　　　　宋袁　燮　1157-102- 8
跋寺丞楊公帖　　　　　宋袁　燮　1157-103- 8
題呂子約帖　　　　　　宋袁　燮　1157-103- 8
題晦翁帖　　　　　　　宋袁　燮　1157-104- 8
跋東坡先生墨蹟帖　　　宋蔡　戡　1157-703- 13
跋王荆公字帖　　　　　宋具興宗　1158-172- 20
何君閣道碑跋　　　　　宋洪　邁　1381-793- 59
跋周生卷　　　　　　　宋洪　适　1158-661- 63
跋陳承休所藏名賢帖　　宋洪　适　1158-661- 63
跋歐陽率更臨帖　　　　宋洪　适　1158-661- 63
書吳滋墨卷　　　　　　宋洪　适　1158-664- 63
題吳司諫遺墨　　　　　宋洪　适　1158-664- 63
跋曾仲躬所藏張文潛
　草書　　　　　　　　宋洪　适　1158-664- 63
跋王順伯所藏荆公詩
　卷　　　　　　　　　宋洪　适　1158-666- 63
御筆跋　　　　　　　　宋趙善括　1159- 41- 4
跋昭陵諸朝相與袁中
　丞帖　　　　　　　　宋趙善括　1159- 41- 4
趙清獻帖跋　　　　　　宋趙善括　1159- 41- 4
題辛參政手澤　　　　　宋趙善括　1159- 42- 2
跋戶曹考課牘　　　　　宋李　洪　1159-141- 6
御書石湖二大字跋　　　宋范成大　1385-427- 17
御書石湖二大字跋　　　宋范成大　1385-592- 23

跋山谷踐阡篇法帖　　　宋楊萬里　 518-237-143
　　　　　　　　　　　　　　　　 1161-307-101
跋王盧溪手簡　　　　　宋楊萬里　1134-349- 附
跋御書誠齋二大字　　　宋楊萬里　1161-294- 99
跋御製梅雪詩　　　　　宋楊萬里　1161-294- 99
跋歐陽伯威詩句選　　　宋楊萬里　1161-295- 99
跋曾無逸所藏米元章
　帖　　　　　　　　　宋楊萬里　1161-295- 99
跋歐陽文忠公秋聲賦
　及試筆帖　　　　　　宋楊萬里　1161-296- 99
跋蘭亭帖　　　　　　　宋楊萬里　1161-297- 99
跋張安國帖　　　　　　宋楊萬里　1161-298- 99
跋許將狀元與蔣穎叔
　樞密帖　　　　　　　宋楊萬里　1161-298- 99
跋牛山老人帖　　　　　宋楊萬里　1161-298- 99
跋曾子宣帖　　　　　　宋楊萬里　1161-298- 99
跋郭功父帖　　　　　　宋楊萬里　1161-299-100
跋薛諫議曾都官帖　　　宋楊萬里　1161-299-100
跋山谷小楷書陸機文
　賦帖　　　　　　　　宋楊萬里　1161-299-100
跋尚提幹所藏王初寮
　帖　　　　　　　　　宋楊萬里　1161-299-100
跋東坡所書維帶箭大
　字帖　　　　　　　　宋楊萬里　1161-300-100
跋米元章登峴大字帖　　宋楊萬里　1161-300-100
跋韶州李倅所藏山谷
　書劉夢得王謝堂前
　燕詩帖　　　　　　　宋楊萬里　1161-300-100
跋蘇黃滑稽錄　　　　　宋楊萬里　1161-300-100
跋東坡小楷心經　　　　宋楊萬里　1161-300-100
跋劉原父制詞草　　　　宋楊萬里　1161-300-100
跋張忠獻公劉和州三
　帖　　　　　　　　　宋楊萬里　1161-301-100
跋尤延之戒子孫寶藏
　山谷帖辭　　　　　　宋楊萬里　1161-301-100
跋張功父所藏林和靖
　摘句　　　　　　　　宋楊萬里　1161-302-100
跋龜山先生帖　　　　　宋楊萬里　1161-302-100
跋默堂先生帖　　　　　宋楊萬里　1161-302-100
跋廖仲謙所藏山谷先
　生爲石周卿書大戴
　禮踐阡篇太公丹書　宋楊萬里　1161-303-101
跋段季承所藏三先生
　墨跡　　　　　　　　宋楊萬里　1161-304-101
跋蕭武寧告詞　　　　　宋楊萬里　1161-304-101

子部 藝術類：字跋

跋蕭侍御廷試眞書　宋楊萬里　1161-304-101
跋蔡忠惠公帖　宋楊萬里　1161-305-101
跋李氏所藏黃太史張
　右史帖　宋楊萬里　1161-305-101
跋張永州尺牘　宋楊萬里　1161-305-101
跋張伯子所藏兄安國
　五帖　宋楊萬里　1161-306-101
跋羅天文墨蹟　宋楊萬里　1161-306-101
跋喩子才爲汪養源書
　李元中鞠城銘　宋楊萬里　1161-306-101
跋王瀛溪民瞻先生帖　宋楊萬里　1161-307-101
跋忠簡胡公先生諒草　宋楊萬里　1161-307-101
跋張魏公答忠簡胡公
　書十二紙　宋楊萬里　1161-307-101
跋荊公詩　宋陸　游　518-233-143
跋林和靖帖　宋陸　游　526-260-267
跋中和院東坡帖　宋陸　游　561-533- 44
　　　　　　　　　　　　1163-513- 27
　　　　　　　　　　　　1381-796- 59
跋東坡問疾帖　宋陸　游　561-533- 44
　　　　　　　　　　　　1163-514- 27
　　　　　　　　　　　　1381-797- 59
跋東坡書髓　宋陸　游　561-534- 44
　　　　　　　　　　　　1163-536- 29
　　　　　　　　　　　　1381-797- 59
（跋）高宗賜趙延康
　御書　宋陸　游　1163-505- 26
（跋）高皇御書二　宋陸　游　1163-505- 26
跋查元章書　宋陸　游　1163-508- 26
跋唐修撰手簡　宋陸　游　1163-510- 26
跋蔡君謨帖　宋陸　游　1163-511- 26
跋崔正言所書書法要
　訣　宋陸　游　1163-512- 26
跋祕閣續帖張長史率
　意帖　宋陸　游　1163-520- 27
跋郭德誼書　宋陸　游　1163-521- 27
跋法帖（二則）　宋陸　游　1163-522- 28
跋蘭亭樂毅論幷趙岐
　王帖　宋陸　游　1163-522- 28
跋東坡帖　宋陸　游　1163-524- 28
跋毛仲益所藏蘭亭　宋陸　游　1163-526- 28
跋張安國家問　宋陸　游　1163-528- 28
跋黃魯直書　宋陸　游　1163-529- 28
跋蘭亭序　宋陸　游　1163-530- 29
跋李少卿帖　宋陸　游　1163-530- 29

跋樂毅論　宋陸　游　1163-530- 29
跋李虞部與范忠宣公
　啓　宋陸　游　1163-531- 29
跋東坡帖　宋陸　游　1163-531- 29
跋洪慶善帖　宋陸　游　1163-534- 29
跋臨帖　宋陸　游　1163-535- 29
跋潘闈老帖　宋陸　游　1163-535- 29
跋薊林帖　宋陸　游　1163-535- 29
跋陳魯公所草親征詔　宋陸　游　1163-535- 29
跋范元卿舍人書陳公
　實長短句後　宋陸　游　1163-536- 29
跋謝師厚書　宋陸　游　1163-536- 29
跋韓忠獻帖　宋陸　游　1163-537- 29
跋諸晃書帖　宋陸　游　1163-538- 30
跋米元暉書先左丞海
　岳樓詩　宋陸　游　1163-539- 30
跋蘇丞相手澤　宋陸　游　1163-539- 30
跋林和靖帖　宋陸　游　1163-539- 30
跋僧帖　宋陸　游　1163-540- 30
跋卿師帖　宋陸　游　1163-540- 30
跋韓立道所藏蘭亭序　宋陸　游　1163-542- 30
跋周侍郎尋姊妹帖　宋陸　游　1163-544- 30
跋張魏公與劉察院帖　宋陸　游　1163-545- 30
跋世父大夫詩稿　宋陸　游　1163-545- 30
跋魯直書大戴踐阼篇　宋陸　游　1163-546- 31
跋呂伯共書後　宋陸　游　1163-547- 31
跋張敬夫書後　宋陸　游　1163-547- 31
跋秦淮海書　宋陸　游　1163-547- 31
跋柳書蘇夫人墓誌　宋陸　游　1163-547- 31
跋陳伯予所藏樂毅論　宋陸　游　1163-549- 31
跋伯予所藏黃州兄帖　宋陸　游　1163-549- 31
跋陳伯予所藏蘭亭帖　宋陸　游　1163-549- 31
跋坡谷帖　宋陸　游　1163-549- 31
跋陳正伯（伯正）所
　藏山谷帖　宋陸　游　1163-550- 31
　　　　　　　　　　　　1406-479-369
跋法書後　宋陸　游　1163-553- 31
題歐公書梅聖俞河豚
　詩後　宋葉　適　1164-513- 29
題韓尙書帖　宋葉　適　1164-517- 29
題唐誥書　宋葉　適　1164-520- 29
題沈朝議得何清源帖　宋葉　適　1164-525- 29
題瑞安宰董熄出蘇黃
　二帖後　宋葉　適　1164-526- 29
　　　　　　　　　　　　1406-463-366

四庫全書文集篇目分類索引　2057

跋文潞公諸賢墨跡　宋韓元吉　1165-249- 16
跋趙郡王墨跡　宋韓元吉　1165-249- 16
跋曾吉甫帖後　宋韓元吉　1165-250- 16
跋李和文帖　宋韓元吉　1165-250- 16
跋鄧聖求除拜帖　宋韓元吉　1165-250- 16
跋范元卿所藏歐陽公帖　宋韓元吉　1165-250- 16
跋司馬公倚几銘　宋韓元吉　1165-250- 16
跋荆公書彌勒偈　宋韓元吉　1165-251- 16
跋山谷醉帖　宋韓元吉　1165-251- 16
跋蔡君謨帖　宋韓元吉　1165-251- 16
跋東坡帖（六則）　宋韓元吉　1165-251- 16
題陳季陵所藏東坡墨迹後　宋韓元吉　1165-251- 16
跋蘇公父子墨跡　宋韓元吉　1165-251- 16
跋和靖先生手筆後　宋韓元吉　1165-254- 16
書尹和靖所書東銘後　宋韓元吉　1165-254- 16
題鄭侍郎所得欽宗御書後　宋韓元吉　1165-255- 16
題鄭侍郎所得太上皇帝御書後　宋韓元吉　1165-255- 16
代跋御筆芙蓉詩後　宋楊冠卿　1165-488- 7
代跋御書團扇後　宋楊冠卿　1165-488- 7
代跋御書酧釐詩團扇後　宋楊冠卿　1165-489- 7
題趙康子父判院公遺帖後　宋楊冠卿　1165-489- 7
跋龔判院龍邑質錢二帖　宋陳　造　1166-389- 31
跋郭太尉書李衞公問對　宋陳　造　1166-390- 31
跋蔡武伯家藏尹和靖所書孝經　宋陳　造　1166-390- 31
題筆工俞生所藏書法　宋陳　造　1166-391- 31
跋簡齋帖　宋陳　造　1166-392- 31
跋趙路分書予處病說後　宋陳　造　1166-393- 31
跋趙路分書予詩文卷後　宋陳　造　1166-393- 31
題七書　宋陳　造　1166-400- 31
題夏文莊（書）　宋陳　造　1166-401- 31
跋司馬家藏薛紹彭臨寶章帖　宋孫應時　1166-642- 10
書趙靖獻公手記嘉祐六年廷試事後　宋孫應時　1166-648- 10

跋山谷所與黃令帖後　宋曹彦約　1167-201- 17
書先君帖後　宋曹彦約　1167-202- 17
跋安道人世通所藏范忠宣帖　宋曹彦約　1167-202- 17
跋李壽翁侍郎家所藏名公帖　宋曹彦約　1167-204- 17
跋高金紫所書孝經　宋曹彦約　1167-206- 17
跋楊文公眞墨後　宋曹彦約　1167-206- 17
跋竹齋手帖　宋曹彦約　1169-458- 附
書（壁帖）聖學後　宋張　栻　1136- 33-4 附
跋杵山書少陵歌行帖　宋張　栻　1167-701- 33
跋濂溪先生帖　宋張　栻　1167-703- 34
跋上蔡先生所述衡州秦府君志銘　宋張　栻　1167-704- 34
跋范文正公帖　宋張　栻　1167-707- 34
跋歐陽文忠公書梅聖俞河豚詩帖　宋張　栻　1167-708- 35
跋吳晦叔所藏伊川先生上蔡龜山帖　宋張　栻　1167-708- 35
跋王介甫帖（三則）　宋張　栻　1167-708- 35
　　　　　　　　　　　　　　　1353-817-110
跋東坡帖　宋張　栻　1167-709- 35
　　　　　　　　　　　　　　　1353-818-110
跋蔡端明帖　宋張　栻　1167-709- 35
跋司馬忠潔公帖　宋張　栻　1167-710- 35
跋陳了翁帖　宋張　栻　1167-710- 35
跋了翁責沈　宋張　栻　1167-710- 35
跋李泰發帖　宋張　栻　1167-710- 35
書相公親翰　宋張　栻　1167-711- 35
跋尚憲帖　宋張　栻　1167-711- 35
跋尹和靖遺墨　宋張　栻　1167-711- 35
跋祖慶所藏其師宗杲法語　宋張　栻　1167-712- 35
跋司馬文正公薦士篇　宋張　栻　1353-813-110
書蔡西山家書　宋黃　榦　1168-236- 22
跋方耕道書　宋黃　榦　1168-237- 22
書晦菴先生所書損盆大象　宋黃　榦　1168-237- 22
跋西山徐介甫手澤　宋黃　榦　1168-238- 22
書東萊呂先生寄李文簡手帖　宋黃　榦　1168-239- 22
書龜山楊先生帖　宋黃　榦　1168-242- 22
跋尤氏家藏蘇子美帖　宋周　南　1169- 59- 5
書僧仲殊詩詞眞蹟後　宋周　南　1169- 61- 5
跋楊文公墨帖　宋衛　涇　1169-710- 17

子部

藝術類：字跋

子部 藝術類：字跋

篇目	作者	冊-頁-條
跋四大夫手書翊貽慶庵疏語	宋衛 涇	1169-710-17
御翰友順二字跋文	宋衛 涇	1169-711-17
皇太子寶翰後樂二字跋文	宋衛 涇	1169-712-17
游澱山識外舅餞送准東詩後	宋衛 涇	1169-712-17
書東坡與元明帖後	宋度 正	1170-270-15
跋三舍人帖	宋度 正	1170-271-15
跋計次魏所藏先世帖	宋度 正	1170-272-15
書山谷手帖後	宋度 正	1170-273-15
跋伊川先生帖後	宋度 正	1170-273-15
跋羅樞密點薦士帖	宋劉 宰	1170-615-24
跋晦菴書陶窗二大字	宋劉 宰	1170-615-24
跋楊文公書遺教經	宋劉 宰	1170-616-24
跋楊文公書李義山詩刻後	宋劉 宰	1170-616-24
書眞曹德秀與建平尉兄書後	宋劉 宰	1170-622-24
書眞西山潛江東日與建平尉兄往復救荒歷後	宋劉 宰	1170-623-24
題桂山君與周西麓帖後	宋劉 宰	1170-624-24
題桂山君王伯奇所書馬少游語	宋劉 宰	1170-624-24
題桂山君所書和氣敬愛忍耐輸機八字後	宋劉 宰	1170-625-24
題王深道家晉墫誌之後	宋劉 宰	1170-625-24
跋東坡莊引	宋程 珌	1171-350-9
跋楊文公眞墨	宋程 珌	1171-351-9
跋僧知雲草書南嶽草菴歌	宋程 珌	1171-352-9
書山谷帖後	宋程 珌	1171-358-9
跋焦伯強帖	宋陳 亮	1171-649-16
		1406-480-369
跋米元章帖	宋陳 亮	1171-649-16
跋二蘇送宋彭州迎視二親詩	宋魏了翁	1173-7-59
跋南軒與坐忘居士房公帖	宋魏了翁	1173-9-59
跋宋常丞德之送行詩後序	宋魏了翁	1173-9-59
跋虞丞相帖	宋魏了翁	1173-10-59
跋明道先生和康節打乖吟眞蹟	宋魏了翁	1173-11-59
跋文忠烈公眞蹟	宋魏了翁	1173-12-59
跋祖擇之龍學帖	宋魏了翁	1173-12-59
跋蔣希魯密學帖	宋魏了翁	1173-12-59
跋鮮于子駿帖	宋魏了翁	1173-13-59
跋河東轉運王垈陷金後家書（眞蹟）	宋魏了翁	1173-13-59
跋張于湖念奴嬌詞眞蹟	宋魏了翁	1173-14-60
跋唐恭懿公遺墨	宋魏了翁	1173-14-60
跋金堂謝氏所藏伊川程氏眞蹟	宋魏了翁	1173-15-60
跋閬中蒲氏所藏石范文三家墨蹟	宋魏了翁	1173-15-60
跋蘇文忠墨蹟	宋魏了翁	1173-16-60
跋蘇氏帖	宋魏了翁	1173-16-60
跋任諫議伯雨帖	宋魏了翁	1173-16-60
跋陳思王帖	宋魏了翁	1173-17-60
跋傅諫議闡帖	宋魏了翁	1173-17-60
跋晏元獻公帖	宋魏了翁	1173-19-60
跋東坡獲鬼章告裕陵文眞蹟	宋魏了翁	1173-20-60
跋東坡書張志和漁父詞大字	宋魏了翁	1173-20-60
跋山谷與楊君全詩帖眞蹟	宋魏了翁	1173-20-60
跋東坡次韻王晉卿乞花詩眞蹟	宋魏了翁	1173-21-60
跋丹淵墨竹詩帖	宋魏了翁	1173-21-60
跋東坡辭免中書舍人藁眞蹟	宋魏了翁	1173-21-60
題趙侍郎公碩帖後	宋魏了翁	1173-23-61
跋南軒所與李季允皐帖	宋魏了翁	1173-23-61
跋高宗付吳玠凡事密奏宸翰	宋魏了翁	1173-24-61
跋逸寧傅氏所藏濂溪伊川眞蹟	宋魏了翁	1173-24-61
跋胡文靖公晉臣橄欖詩眞蹟	宋魏了翁	1173-24-61
跋山谷所書香山七德舞	宋魏了翁	1173-25-61
跋胡知院關與關季溥往來書帖	宋魏了翁	1173-25-61

四庫全書文集篇目分類索引　2059

跋楊參議與家書後　宋魏了翁　1173-25-61
跋邵康節逢春詩　宋魏了翁　1173-26-61
跋韓持國帖　宋魏了翁　1173-27-61
跋何丞相桌家所藏欽宗御書（二則）　宋魏了翁　1173-27-61
跋高宗賜吳玠招納關陝流亡御札　宋魏了翁　1173-29-61
題米南宮帖　宋魏了翁　1173-29-61
跋司馬文正帖　宋魏了翁　1173-30-61
跋宋龍學帖　宋魏了翁　1173-31-61
跋劉御史述帖　宋魏了翁　1173-31-61
跋黃太史帖　宋魏了翁　1173-31-61
跋司馬御史涑帖　宋魏了翁　1173-31-61
跋諸賢帖　宋魏了翁　1173-31-61
跋趙忠定公與游忠公仲鴻帖　宋魏了翁　1173-32-61
跋程正伯家所藏山谷書杜少陵詩帖　宋魏了翁　1173-33-61
跋南軒帖　宋魏了翁　1173-33-61
跋張魏公帖　宋魏了翁　1173-34-61
跋張魏公帖　宋魏了翁　1173-35-62
跋江宗博致仕帖　宋魏了翁　1173-35-62
跋游景仁伯所藏裴紹業告　宋魏了翁　1173-37-62
跋呂文靖公試卷眞蹟　宋魏了翁　1173-38-62
跋張忠獻公所與張忠簡閣三帖　宋魏了翁　1173-39-62
跋吳正憲公充帖　宋魏了翁　1173-40-62
跋吳正肅公育帖（二則）　宋魏了翁　1173-40-62
跋晏元獻公帖　宋魏了翁　1173-42-62
故朱文公所與輔漢卿帖　宋魏了翁　1173-42-62
跋李肩吾從周所書損益二卦　宋魏了翁　1173-42-62
跋顏魯公爭帖　宋魏了翁　1173-42-62
故朱文公所與任伯起樞密束　宋魏了翁　1173-43-62
故趙清敏公墨蹟　宋魏了翁　1173-43-62
故蘇文定公帖　宋魏了翁　1173-43-62
跋米友仁帖　宋魏了翁　1173-44-62
跋斜川帖　宋魏了翁　1173-44-62
故陳尚書宗召均瞻宗族眞蹟　宋魏了翁　1173-44-62
跋聶侍郎子述所藏徐

明叔篆赤壁賦　宋魏了翁　1173-45-62
跋陳中舍貴誼所藏杜正獻草書　宋魏了翁　1173-45-62
跋陳正獻公所藏孝廟御書用人論　宋魏了翁　1173-46-63
跋楊文公書遺教經　宋魏了翁　1173-47-63
跋楊文公眞蹟　宋魏了翁　1173-47-63
跋張魏公帖　宋魏了翁　1173-48-63
跋陳忠肅公帖　宋魏了翁　1173-49-63
跋彭忠肅公眞蹟後　宋魏了翁　1173-51-63
題李肩吾爲許成大書鄉黨內則　宋魏了翁　1173-52-63
題李肩吾所書鄉黨　宋魏了翁　1173-52-63
跋邵康節檢束二大字　宋魏了翁　1173-53-63
跋樓參政紹熙五年內禪詔草　宋魏了翁　1173-53-63
跋番陽董氏所藏東坡墨蹟　宋魏了翁　1173-53-63
跋黃太史帖　宋魏了翁　1173-54-63
跋張忠獻呂忠穆與李忠肅書　宋魏了翁　1173-54-63
跋羅文恭公點諫藁　宋魏了翁　1173-55-63
跋羅文恭公薦士藁　宋魏了翁　1173-55-63
跋羅文恭公後省繳駁藁　宋魏了翁　1173-55-63
跋公安張氏所藏東坡帖　宋魏了翁　1173-55-63
跋靜春先生劉子澄帖　宋魏了翁　1173-57-64
跋東坡趙德麟字說眞蹟　宋魏了翁　1173-58-64
跋張宣公帖（二則）　宋魏了翁　1173-59-64
跋朱文公帖　宋魏了翁　1173-59-64
題朱文公帖　宋魏了翁　1173-61-64
（跋）王荊公眞翰　宋魏了翁　1173-61-64
跋克齋游吏部所書孟子一章　宋魏了翁　1173-61-64
跋趙安慶所藏東坡帖　宋魏了翁　1173-62-64
跋趙安慶先世詩　宋魏了翁　1173-62-64
題吳武安所得高孝兩朝宸翰　宋魏了翁　1173-64-65
跋御書鶴山書院四大字　宋魏了翁　1173-65-65
跋御書唐人嚴武詩二十八言　宋魏了翁　1173-65-65
題楊慈湖所書韓貫道

子部　藝術類：字跋

2060　　　　　　　　　四庫全書文集篇目分類索引

子部　藝術類：字跋

篇目	作者	索引號
墓後	宋魏了翁	1173-66-65
跋陳君舉東宮進故事	宋魏了翁	1173-67-65
題呂城李氏世藏名帖	宋魏了翁	1173-67-65
題茅山道士所藏朱晦菴以佛語調楊誠齋周益公帖	宋魏了翁	1173-67-65
跋安吳二宣撫所稱安居士帖	宋眞德秀	1174-530-34
（跋）了翁帖	宋眞德秀	1174-532-34
題劉靜春與彭止堂帖併彭仲誠墨莊五詩後	宋眞德秀	1174-533-34
跋陳復齋爲王實之書四事箴	宋眞德秀	1174-533-34
（跋）東坡書歸去來辭	宋眞德秀	1174-540-34
（跋）顏魯公與郭定襄論坐次帖	宋眞德秀	1174-541-34
（跋）二吳公帖	宋眞德秀	1174-541-34
（跋）任漢州所藏朱文公與南軒先生書帖	宋眞德秀	1174-542-34
（跋）楊文公書玉溪生詩	宋眞德秀	1174-543-34
跋呂子約與彭仲誠帖	宋眞德秀	1174-544-34
題李果齋所書鄭伯元詩後	宋眞德秀	1174-546-34
（跋）鄭居士手寫古文孝經	宋眞德秀	1174-547-35
（跋）南軒東萊帖	宋眞德秀	1174-552-35
（跋）東萊與劉公帖	宋眞德秀	1174-552-35
（跋）史太師與通奉帖	宋眞德秀	1174-555-35
楊慈湖手書孔壁孝經跋	宋眞德秀	1174-561-35
跋湯士恭手書周易諸經	宋眞德秀	1174-562-35
跋蔡忠惠帖	宋眞德秀	1174-567-36
跋張魏公五遂堂墨帖	宋眞德秀	1174-567-36
跋宗上人所藏楊文公劉寶學朱文公眞蹟	宋眞德秀	1174-570-36
跋朱文公所書諫議馬公詩	宋眞德秀	1174-571-36
跋陳北山帖	宋眞德秀	1174-571-36
跋朱文公帖	宋眞德秀	1174-572-36
跋徐德夫所藏朱文公五帖	宋眞德秀	1174-573-36
		1178-957-附
跋輔漢卿家藏朱文公帖	宋眞德秀	1174-573-36
跋朱文公詩元亨播群品篇親書示鄧邪老	宋眞德秀	1174-573-36
跋孝宗皇帝郵刑御筆	宋眞德秀	1174-576-36
跋劉靜春與南軒帖	宋眞德秀	1174-577-36
崔文昌書翰跋	宋洪咨夔	1175-312-30
俞抽菴偶語跋	宋洪咨夔	1175-313-30
彭忠毅盡勉跋	宋洪咨夔	1175-313-30
徽廟草書千字文跋	宋洪咨夔	1175-314-30
高廟千字文跋	宋洪咨夔	1175-314-30
劉忠肅冗費官制擬草跋	宋洪咨夔	1175-316-30
劉忠肅遺龔輔之手啓跋	宋洪咨夔	1175-316-30
觀劉忠肅手簡	宋洪咨夔	1175-316-30
題劉忠肅和洗竹詩帖	宋洪咨夔	1175-316-30
觀劉忠肅所書金剛經	宋洪咨夔	1175-317-30
張平仲爲鄭氏子求書三省大字逐爲之說	宋袁甫	1175-508-15
跋丙戌御書	宋袁甫	1175-511-15
跋仁宗皇帝御書	宋袁甫	1175-512-15
跋高宗皇帝賜洪忠宣御書	宋袁甫	1175-512-15
跋孝宗皇帝賜洪丞相郵刑御書	宋袁甫	1175-512-15
跋徐逸平詩帖	宋袁甫	1175-513-15
跋楊文公手抄李義山詩	宋袁甫	1175-513-15
跋楊文公手書遺教經	宋袁甫	1175-513-15
題慈湖先生書孝本末	宋袁甫	1175-517-15
跋方友民家藏五遂堂遺墨	宋袁甫	1175-517-15
跋趙黃陂所藏絜齋先生遺墨	宋袁甫	1175-518-15
跋先正獻公與傅君帖	宋袁甫	1175-519-15
題何智夫宗簿蘭亭帖	宋袁甫	1175-519-15
跋陸君出示放翁帖	宋袁甫	1175-519-15
跋楊贈軍家藏朱先生帖	宋袁甫	1175-520-15
跋杜逢吉晦翁二帖	宋杜範	1175-743-17
跋楊慈湖爲陳孔肅作		

四庫全書文集篇目分類索引

子部　藝術類：字跋

修永室記且自爲之書　宋杜　範　1175-744-　17
跋應良齋祠堂文　宋杜　範　1175-745-　17
跋鄭簡子求書陳情表後　宋杜　範　1175-745-　17
題晦翁書楊龜山贈胡文定公詩後　宋杜　範　1175-747-　17
題晦翁書出師表後　宋杜　範　1175-747-　17
題范淳傳後處靜所書　宋杜　範　1175-747-　17
跋梅都官眞蹟後　宋杜　範　1175-748-　17
題呂中岳所藏諸賢辭密賓帖後　宋杜　範　1175-750-　17
跋晦翁與趙闈書　宋杜　範　1175-751-　17
跋鶴山書季制置闈及實齋銘後　宋杜　範　1175-751-　17
代禮部御札跋　宋戴　栩　1176-752-　9
跋葛朴翁所和淵明歸去來辭　宋戴　栩　1176-754-　9
跋杜正甫藏西山帖　宋方大琮　1178-308-　32
跋朱文公二帖　宋方大琮　1178-308-　32
跋劉少府與諸將書　宋游九言　1178-387-　下
跋陳君保作喆藏趙忠定公帖　宋王　邁　1178-588-　10
跋山谷書范孟博傳　宋包　恢　1178-755-　5
跋克堂先生墨跡後　宋包　恢　1178-757-　5
跋晦翁先生二帖　宋包　恢　1178-757-　5
跋潘侍郎磨鏡帖　宋包　恢　1178-758-　5
己酉奉御筆宣諭之平江府任恭跋　宋徐鹿卿　1178-915-　5
跋無垢借米帖　宋徐鹿卿　1178-916-　5
李監稅子以其祖肖堂所書盤谷序求跋爲書其後　宋徐鹿卿　1178-917-　5
跋郭靖父（所藏）告　宋李曾伯　1179-423-　23
跋商宣教携示先開國遺墨　宋李曾伯　1179-424-　23
題吳太師書軸　宋李曾伯　1179-425-　23
跋狄學賓時飛所惠迴文織錦圖　宋李曾伯　1179-546-　5
跋蕭元省書軸　宋李曾伯　1179-546-　5
跋趙忠定公朱文公與林井伯帖　宋劉克莊　1180-330-　31
跋朱文公與陳丞相帖　宋劉克莊　1180-332-　31
跋卓君景福臨淳化集帖　宋劉克莊　1180-333-　31
跋東園方氏帖——蔡端明茶錄　宋劉克莊　1180-338-　31
跋東園方氏帖——蔡端明臨眞草千文　宋劉克莊　1180-339-　31
跋東園方氏帖——蔡端明書唐太宗哀册　宋劉克莊　1180-339-　31
跋東園方氏帖——蔡端明三司日錄　宋劉克莊　1180-339-　31
跋山谷書范淳傳　宋劉克莊　1180-339-　31
跋聽蛙方氏帖——東坡穎師聽琴水調及山谷帖　宋劉克莊　1180-341-　32
跋聽蛙方氏帖——蔡端明帖（二則）　宋劉克莊　1180-341-　32
跋聽蛙方氏帖——朱文公與方耕道帖　宋劉克莊　1180-342-　32
跋聽蛙方氏帖——南軒與方耕道帖　宋劉克莊　1180-342-　32
跋聽蛙方氏帖——南軒送方耕道詩　宋劉克莊　1180-343-　32
跋聽蛙方氏帖——魯簡肅吳文肅宋次道帖　宋劉克莊　1180-343-　32
跋聽蛙方氏帖——蘇才翁二帖　宋劉克莊　1180-343-　32
跋聽蛙方氏帖——劉原父陳述古帖　宋劉克莊　1180-343-　32
跋聽蛙方氏帖——趙清獻公帖　宋劉克莊　1180-344-　32
跋聽蛙方氏帖——陳了翁鄭介夫帖　宋劉克莊　1180-344-　32
跋聽蛙方氏帖——余襄公帖　宋劉克莊　1180-344-　32
跋聽蛙方氏帖——陳懶散王晉卿帖　宋劉克莊　1180-344-　32
跋東園方氏帖——韓致光帖　宋劉克莊　1180-345-　32
跋東園方氏帖——蔡端明書唐人詩帖　宋劉克莊　1180-346-　32
跋林竹溪禊帖——斷石本　宋劉克莊　1180-346-　32
跋林竹溪禊帖——定武本　宋劉克莊　1180-346-　32
跋林竹溪禊帖——三段石本　宋劉克莊　1180-347-　32

子部　藝術類：字跋

（跋）米南宮帖	宋劉克莊	1180-349- 32
跋放翁與曾原伯帖	宋劉克莊	1180-349- 32
跋舊潭帖	宋劉克莊	1180-350- 32
跋清獻崔公手墨	宋李昴英	1181-140- 4
書杜去非所藏西山帖	宋李昴英	1181-144- 4
跋錄曹吳雍所藏鄒南谷書墨	宋李昴英	1181-144- 4
跋陳光庭所藏蔣實齋遺墨	宋李昴英	1181-144- 4
跋吳都統所藏菊坡先生帖	宋李昴英	1181-144- 4
跋黃魯直蜀中詩詞	宋張　侃	1181-428- 5
跋高特進手書孝經	宋徐元杰	1181-755- 10
葛德卿篆注兩千文序	宋高斯得	1182- 68- 4
跋范文正公帖	宋高斯得	1182- 75- 5
題池氏所藏四君子帖	宋高斯得	1182- 76- 5
董同年先生所得仁皇御書刑政二字（跋）	宋方　岳	1182-595- 38
董仲鈞所藏晦庵殘帖（跋）	宋方　岳	1182-595- 38
跋岳武穆帖	宋方　岳	1182-600- 38
祁公子美帖（跋）	宋釋居簡	1183- 91- 6
跋穎德秀書文賦後	宋釋居簡	1183- 93- 7
跋五公帖	宋釋居簡	1183- 94- 7
跋橫浦帖	宋釋居簡	1183- 95- 7
跋虞仲房隸字	宋釋居簡	1183- 95- 7
跋嚴太常帖	宋釋居簡	1183- 97- 7
跋山谷綠茹贊眞蹟	宋釋居簡	1183- 98- 7
題皎如晦行書後山五詩	宋釋居簡	1183- 99- 7
跋東坡海外三帖	宋釋居簡	1183-100- 7
跋諸尊宿帖	宋釋居簡	1183-100- 7
跋陸放翁帖	宋釋居簡	1183-100- 7
跋圓悟眞跡	宋釋居簡	1183-100- 7
跋譚浚明所藏山谷巖下放言眞蹟	宋釋居簡	1183-101- 7
跋歐陽率更九成宮醴泉銘	宋釋居簡	1183-103- 7
跋孫晉陵帖	宋釋居簡	1183-105- 7
書米老書高麗稱孔子佛	宋釋居簡	1183-106- 7
跋陸放翁帖	宋釋居簡	1183-108- 7
跋陶山帖	宋釋居簡	1183-109- 7
書先祖監丞手澤後	宋許　棐	1183-210- 5
書歐公帖	宋歐陽守道	1183-663- 19

跋陸象山包克堂遺墨	宋歐陽守道	1183-666- 19
跋包宏齋贈周載仲詩	宋歐陽守道	1183-667- 19
跋東坡贊孔北海眞蹟	宋歐陽守道	1183-673- 20
書邵堯夫眞蹟後	宋姚　勉	1184-285- 41
書牟有齋草東宮二制後	宋姚　勉	1184-286- 41
跋上官叔權篆隸	宋姚　勉	1184-288- 41
跋張樗寮遺墨	宋姚　勉	1184-289- 41
敬書先人題洞岩觀遺墨後	宋文天祥	1184-606- 14
跋胡景夫藏滄菴所書讀書堂字	宋文天祥	1184-607- 14
跋李世修藏累科狀元帖	宋文天祥	1184-608- 14
跋吳傅朋帖	宋陳　著	1185-210- 44
跋東坡帖	宋陳　著	1185-211- 44
跋蘭亭帖	宋陳　著	1185-212- 44
跋任東野諸賢墨寶	宋陳　著	1185-215- 45
書柴張父厓草帖	宋陳　著	1185-216- 45
跋萬壽主僧圓鑑藏朱文公荅潘端叔書	宋陳　著	1185-221- 46
書張子華所藏錢穆父孫莘老二帖	宋陳　著	1185-222- 46
跋樓攻媿與王粹中諸詩墨蹟	宋陳　著	1185-223- 46
題再書戊子所與汪景淵諸詩後	宋陳　著	1185-224- 46
（跋）東坡墨蹟	宋陳　著	1185-228- 47
跋前人所藏金剛經	宋陳　著	1185-231- 48
跋東坡與蘇丞相頌五帖	宋林希逸	1185-683- 13
跋蔡端明遺建康杜君懿行草四帖	宋林希逸	1185-683- 13
跋東坡默化堂三大字帖	宋林希逸	1185-684- 13
跋山谷與魏彭澤四帖	宋林希逸	1185-684- 13
跋忠定晦庵與井伯林僉判諸帖	宋林希逸	1185-688- 13
跋艾軒讀離騷遺蹟	宋林希逸	1185-688- 13
跋徐平父所藏蘭亭二帖	宋林希逸	1185-689- 13
諸賢與艾軒書跋	宋林希逸	1185-690- 13
諸賢與東畬書跋	宋林希逸	1185-690- 13
乾道御書贊	宋王　柏	1186- 98- 6
文定公家藏淳化帖銘	宋王　柏	1186-104- 7

四庫全書文集篇目分類索引　　2063

遺書銘	宋王　柏	1186-106- 7
朱子帖第七卷（跋）	宋王　柏	1186-136- 9
寺簿徐公帖一卷(跋)	宋王　柏	1186-136- 9
先友陳葉二公帖(跋)	宋王　柏	1186-136- 9
同郡五公帖（跋）	宋王　柏	1186-137- 9
紹興五公帖（跋）	宋王　柏	1186-138- 9
默成十一帖（跋）	宋王　柏	1186-138- 9
默成十八帖（跋）	宋王　柏	1186-138- 9
夏戴二公帖（跋）	宋王　柏	1186-138- 9
跋麗澤遺文錄後	宋王　柏	1186-167- 11
跋張魏公憂居帖	宋王　柏	1186-168- 11
寶晉小楷跋	宋王　柏	1186-168- 11
常卿王忠惠公家問跋	宋王　柏	1186-169- 11
跋朱子帖第八卷	宋王　柏	1186-169- 11
跋唐致政詩卷	宋王　柏	1186-170- 11
跋董氏族譜遺跡	宋王　柏	1186-170- 11
跋趙遠庵帖	宋王　柏	1186-171- 11
跋蘇滄浪二詩真蹟	宋王　柏	1186-172- 11
跋文公梅詞真蹟	宋王　柏	1186-175- 11
跋朱子大懸帖	宋王　柏	1186-177- 11
跋周吳蔣三君帖	宋王　柏	1186-178- 11
跋久軒定齋帖	宋王　柏	1186-178- 11
書伯兄心箴後	宋王　柏	1186-179- 11
跋默成詩卷	宋王　柏	1186-179- 11
跋東邵得朱子帖	宋王　柏	1186-181- 12
跋朱子與詠齋帖	宋王　柏	1186-181- 12
跋徐毅齋帖	宋王　柏	1186-181- 12
書先君遺獨善汪公帖後	宋王　柏	1186-182- 12
跋汪公祭文	宋王　柏	1186-183- 12
跋樸庵潘公帖	宋王　柏	1186-183- 12
跋信州使君李公帖	宋王　柏	1186-183- 12
跋果齋時公帖	宋王　柏	1186-183- 12
跋史君梁公帖	宋王　柏	1186-183- 12
跋陳中書帖	宋王　柏	1186-184- 12
跋鄭大卿帖	宋王　柏	1186-184- 12
跋銅官三公帖	宋王　柏	1186-184- 12
跋李侍卿五公帖	宋王　柏	1186-184- 12
跋會樂道帖	宋王　柏	1186-185- 12
適莊友于帖跋	宋王　柏	1186-186- 12
跋東帆帖	宋王　柏	1186-186- 12
跋南山倪三愧帖	宋王　柏	1186-187- 12
跋何無適帖	宋王　柏	1186-187- 12
跋劉楊二先生帖	宋王　柏	1186-188- 12
跋寬居帖	宋王　柏	1186-188- 12
跋介菴潘公帖	宋王　柏	1186-188- 12
跋蜀帖	宋王　柏	1186-189- 12
跋趙星潛帖	宋王　柏	1186-190- 12
跋趙倈軒帖	宋王　柏	1186-190- 12
跋韓初堂帖	宋王　柏	1186-191- 12
跋林宗山帖	宋王　柏	1186-191- 12
跋蘇愚翁帖	宋王　柏	1186-191- 12
跋趙草巢帖	宋王　柏	1186-191- 12
王石潭帖跋	宋王　柏	1186-191- 12
林省吾帖跋	宋王　柏	1186-192- 12
跋胡怡堂帖	宋王　柏	1186-192- 12
鄭文振帖跋	宋王　柏	1186-193- 12
跋如山東坡魚枕冠頌	宋王　柏	1186-193- 12
跋西樓姪孫三帖	宋王　柏	1186-196- 13
跋蘇懸翁詩	宋王　柏	1186-196- 13
跋大懸四帖	宋王　柏	1186-197- 13
跋東邵山谷詩軸	宋王　柏	1186-198- 13
跋朱子帖	宋王　柏	1186-198- 13
跋潘竹真四尖詞	宋王　柏	1186-198- 13
跋北山書朱子詩送韋軒	宋王　柏	1186-199- 13
跋東邵所藏帖	宋王　柏	1186-199- 13
跋朱子與汪獨善手帖	宋王　柏	1186-200- 13
跋朱子所書出師表	宋王　柏	1186-201- 13
跋北山遺蹟	宋王　柏	1186-205- 13
跋文公與潘月林帖	宋王　柏	1186-206- 13
恭題董氏所藏仁宗御書刑政二字下方	宋馬廷鸞	1187- 93- 13
恭題從官宅進恩堂宸翰	宋馬廷鸞	1187- 94- 13
家藏御製御書詩恭跋	宋馬廷鸞	1187- 95- 13
跋先龍圖交游七君子帖後	宋馬廷鸞	1187-109- 15
跋家藏七君子帖	宋馬廷鸞	1187-109- 15
跋山谷書劉夢得竹枝歌後	宋馬廷鸞	1187-109- 15
題張宣公題名帖	宋馬廷鸞	1187-110- 15
題汪氏所藏慈湖遺墨後	宋馬廷鸞	1187-110- 15
題楊東潤帖後	宋馬廷鸞	1187-111- 15
題徐徑畈贈詩帖後	宋馬廷鸞	1187-111- 15
書陳養大祖贈告	宋车　巘	1188-135- 15
跋崔清獻公帖	宋车　巘	1188-135- 15
跋韓子蒼帖	宋车　巘	1188-138- 16
跋魯公乞米諸帖	宋车　巘	1188-142- 16

子部

藝術類：字跋

四庫全書文集篇目分類索引

子部　藝術類：字跋

書范石湖遺墨　宋牟巘　1188-145-16
跋三蘇帖　宋牟巘　1188-149-17
跋陳忠肅公遺墨　宋牟巘　1188-151-17
跋東坡帖　宋牟巘　1188-155-17
跋崔清獻公洪忠文公帖　宋牟巘　1367-476-38
鮮于夫人李氏手帖序　宋何夢桂　1188-445-5
跋馬子恢家藏三賢帖　宋何夢桂　1188-504-10
書鄭北山帖後　宋金履祥　1189-831-4
潘默成三戒文磨鏡帖後　宋金履祥　1189-832-4
跋東坡（先生）書　宋王履道　561-533-44
　　1381-796-59
題東坡字後　宋王履道　1381-796-59
跋東坡墨跡　宋王履道　1381-796-59
題明教禪師手帖後二首　宋靈源夐　1091-635-22
跋（干越亭送君石秘校二詩）　宋荀宗道　1099-437-附
又跋（干越亭送君石秘校二詩）　宋宋　渤　1099-437-附
又跋（干越亭送君石秘校二詩）　宋陳　僎　1099-438-附
又跋（干越亭送君石秘校二詩）　宋李　偶　1099-438-附
又跋（干越亭送君石秘校二詩）　宋元明善　1099-438-附
又跋（干越亭送君石秘校二詩）　宋張與材　1099-438-附
又跋（干越亭送君石秘校二詩）　宋龔　璛　1099-438-附
跋王盧溪手簡　宋李子賢　1134-349-附
跋王盧溪手簡　宋楊長孺　1134-349-附
跋竹齋指南　宋胡　泳　1169-458-附
跋竹齋遺墨　宋倪祖義　1169-459-附
周越書（跋尾）　宋孔武仲　1345-377-17
蘇子美書（跋尾）　宋孔武仲　1345-377-17
蔡君謨書（跋尾）　宋孔武仲　1345-377-17
李建中書（跋尾）　宋孔武仲　1345-377-17
錢忠懿王書（跋尾）　宋孔武仲　1345-377-17
爲太中書家藏寶字後　宋程　顥　1345-688-9
寶奎殿太宗御書贊　宋呂伯溫　1353-789-109
跋昭陵親札　宋趙彥端　1353-808-110
跋臨右軍書　宋葛　行　1353-818-110
跋李之儀端叔帖　宋葛　行　1353-819-110

題晦菴先生眞蹟後　宋滕　璘　1375-296-22
溫公隸書思無邪公生明六字跋二首　宋朱　權　1375-298-22
御書六大字贊　宋程元鳳　1375-601-47
題楊少師侍御帖後　金王　寂　1190-49-6
題三仙帖後　金王　寂　1190-49-6
跋東坡四達齋銘　金趙秉文　1190-260-20
跋米元章多景樓詩　金趙秉文　1190-260-20
題涪翁草書文選詩後　金趙秉文　1190-260-20
題東坡書孔北海贊　金趙秉文　1190-261-20
題東坡與王定國帖　金趙秉文　1190-262-20
題楊少師侍御帖　金趙秉文　1190-262-20
題楊少師書陰符經後　金趙秉文　1190-263-20
題三仙帖　金趙秉文　1190-263-20
題竹窠篆　金趙秉文　1190-263-20
題竹溪黃山書　金趙秉文　1190-263-20
題東坡乞常州奏草　金趙秉文　1190-263-20
書東坡寄無盡公書後　金趙秉文　1190-263-20
題田不伐書後　金趙秉文　1190-264-20
題紫陽宮銘後　金趙秉文　1190-264-20
跋山谷草聖　金趙秉文　1190-264-20
題王致叔書嵇叔夜養生論後　金趙秉文　1190-265-20
題南麓書後　金趙秉文　1190-265-20
題黃山書後　金趙秉文　1190-265-20
題米元章倣靜語錄引後　金趙秉文　1190-266-20
跋寶墨堂記　金王若虛　1190-512-45
跋王進之墨本孝經　金王若虛　1190-512-45
跋國朝名公書　金元好問　1191-464-40
跋金國名公書　金元好問　1367-475-38
　　1406-483-369
題樽軒九歌遺音大字後　金元好問　1191-465-40
跋二張相帖　金元好問　1191-465-40
跋蘇黃帖　金元好問　1191-465-40
跋閑閑自書樂善堂詩　金元好問　1191-465-40
跋松庵馮丈書　金元好問　1191-466-40
跋蘇叔黨帖　金元好問　1191-466-40
題蘇氏父子墨帖　金元好問　1191-466-40
題許汾陽詩後　金元好問　1191-466-40
題學易先生劉斯立詩帖後　金元好問　1191-468-40
跋龍巖書柳子厚獨覺一詩　金元好問　1191-468-40

題閒閒書赤壁賦後　　　　金元好問　　1191-469- 40
杭山賈金帶帖跋　　　　　元王義山　　1193- 62- 10
題坡書歐陽公鶗鴂圖　　　元戴表元　　1194-231- 18
題天臺吳康齋公家所
　藏朱文公遺墨　　　　　元戴表元　　1194-232- 18
題鄧秀才臨蘭亭小本　　　元戴表元　　1194-232- 18
跋劉文節公帖　　　　　　元戴表元　　1194-235- 18
題溫上人心經　　　　　　元戴表元　　1194-236- 18
題梅莊柴君自書所作
　詩後　　　　　　　　　元戴表元　　1194-237- 18
題趙郎中詩卷　　　　　　元戴表元　　1194-238- 18
題周氏先世書帖　　　　　元戴表元　　1194-242- 18
題蘇氏三帖　　　　　　　元戴表元　　1194-245- 19
題李端叔帖　　　　　　　元戴表元　　1194-245- 19
題趙侍郎誥　　　　　　　元戴表元　　1194-245- 19
題渡江諸賢帖　　　　　　元戴表元　　1194-246- 19
題方公刪定家藏諸賢
　墨蹟　　　　　　　　　元戴表元　　1194-246- 19
題王初寀家帖　　　　　　元戴表元　　1194-246- 19
題晦翁書坤六二文言
　帖　　　　　　　　　　元戴表元　　1194-246- 19
題陳了翁合浦與弟帖　　　元戴表元　　1194-247- 19
題翁舜容所藏文丞相
　梅堂扁　　　　　　　　元戴表元　　1194-247- 19
跋宋元憲韓獻肅二公
　流盃小飲倡和詩帖　　　元戴表元　　1194-255- 20
題陳忠肅公墨蹟　　　　　元張伯淳　　1194-472- 5
題范雷卿二卷　　　　　　元張伯淳　　1194-473- 5
題黃景杜所藏馬性齋
　詩卷　　　　　　　　　元張伯淳　　1194-474- 5
題無礙居士卷　　　　　　元張伯淳　　1194-474- 5
跋家岷麓手書　　　　　　元張伯淳　　1194-476- 5
跋蘇公海外十扇　　　　　元張伯淳　　1194-477- 5
跋滄塘先生詩墨　　　　　元陸文圭　　1194-644- 9
再跋黃子高先誥　　　　　元陸文圭　　1194-652- 10
跋柳公權帖　　　　　　　元陸文圭　　1194-652- 10
跋趙學士書　　　　　　　元陸文圭　　1194-654- 10
跋子昂寫韓詩一首與
　鄉貢錢子原求跋　　　　元陸文圭　　1194-655- 10
跋林常春家藏紹興關
　書　　　　　　　　　　元劉　詵　　1195-200- 4
書曾成玉所贊前御史
　哈喇召觀圖及所贊
　詩後　　　　　　　　　元劉　詵　　1195-200- 4
跋文信公和東坡赤壁

詞後　　　　　　　　　　元劉　詵　　1195-201- 4
題李氏所藏先世交遊
　翰墨　　　　　　　　　元劉　詵　　1195-201- 4
書揭先生所書千字文　　　元劉　詵　　1195-202- 4
（跋）度皇御批　　　　　元劉　壎　　1195-387- 7
跋家藏太宗御書賜盧
　多遜　　　　　　　　　元劉　壎　　1195-387- 7
跋顏平原帖　　　　　　　元劉　壎　　1195-389- 7
題千祿字書　　　　　　　元劉　壎　　1195-389- 7
屯田員外郎劉公敕黃
　後跋　　　　　　　　　元劉　壎　　1195-394- 7
宣德郎致仕劉公轉通
　直郎誥跋（二則）　　　元劉　壎　　1195-394- 7
送法帖與曾原青就跋　　　元劉　壎　　1195-396- 7
跋吳貫道所藏鄧月巢
　與吳雲臥書　　　　　　元劉　壎　　1195-401- 7
題夢崖所藏東坡帖　　　　元胡祗遹　　1196-255- 14
題懷素自敘帖　　　　　　元胡祗遹　　1196-256- 14
跋臨王右軍帖　　　　　　元胡祗遹　　1196-257- 14
跋褚遂良臨黃庭經　　　　元胡祗遹　　1196-257- 14
跋宋徽宗書　　　　　　　元胡祗遹　　1196-257- 14
跋開閒公字　　　　　　　元胡祗遹　　1196-257- 14
跋鹿庵字　　　　　　　　元胡祗遹　　1196-257- 14
跋魯公字　　　　　　　　元胡祗遹　　1196-258- 14
跋山谷字　　　　　　　　元胡祗遹　　1196-258- 14
跋雪齋字軸　　　　　　　元胡祗遹　　1196-258- 14
跋王提刑書　　　　　　　元胡祗遹　　1196-258- 14
跋東坡儲祥墨迹　　　　　元胡祗遹　　1196-258- 14
跋宋高宗臨二王帖　　　　元胡祗遹　　1196-258- 14
跋遺山墨迹　　　　　　　元胡祗遹　　1196-259- 14
跋元遺山書藁　　　　　　元胡祗遹　　1196-259- 14
跋張長史帖　　　　　　　元胡祗遹　　1196-259- 14
跋元李詩軸　　　　　　　元胡祗遹　　1196-259- 14
題黨懷英八分書　　　　　元胡祗遹　　1367-479- 38
跋中不倚所藏吳傅朋
　帖　　　　　　　　　　元任士林　　1196-574- 7
閣帖跋　　　　　　　　　元趙孟頫　　1196-739- 10
洛神賦跋（二則）　　　　元趙孟頫　　1196-740- 10
跋趙子昂書麻姑壇碑　　　元吳　澄　　 518-239-143
　　　　　　　　　　　　　　　　　　1197-608- 62
篆書序　　　　　　　　　元吳　澄　　 561-509- 44
　　　　　　　　　　　　　　　　　　1197-225- 21
　　　　　　　　　　　　　　　　　　1381-340- 31
題朱文公武夷棹歌遺
　墨　　　　　　　　　　元吳　澄　　1197-535- 54

子部 藝術類:字跋

篇目	作者	出處
跋吳瑞叔藏舅氏墨帖	元吳　澄	1197-537- 54
跋蕭寺丞書梅山扁銘後	元吳　澄	1197-538- 54
跋誠齋楊先生學箴	元吳　澄	1197-538- 54
跋黃寺簿與媒氏帖	元吳　澄	1197-546- 55
跋會氏墨蹟	元吳　澄	1197-550- 55
十公遺墨跋	元吳　澄	1197-552- 55
題野航謝公遺墨後	元吳　澄	1197-552- 55
書何此堂詩後	元吳　澄	1197-555- 56
紹陵賜楊文仲詩後跋	元吳　澄	1197-557- 56
題宏齋包公巽齋歐陽公遺墨後	元吳　澄	1197-561- 56
題致堂胡公奏藁後	元吳　澄	1197-562- 57
題文公贈朱光父二大字後	元吳　澄	1197-565- 57
題習是病中所書字後	元吳　澄	1197-571- 58
題葛教授家藏雪齋姚公墨蹟後	元吳　澄	1197-571- 58
跋皮昭德藏李士弘所臨書譜	元吳　澄	1197-572- 58
題李承旨贈吳瑾手帖後	元吳　澄	1197-572- 58
題朱文公答陳正已講學墨帖後	元吳　澄	1197-580- 59
跋饒氏先世手澤	元吳　澄	1197-582- 59
跋朱文公帖	元吳　澄	1197-593- 60
跋子昂寫度人經	元吳　澄	1197-594- 60
跋李伯瞻字	元吳　澄	1197-597- 61
跋孫過庭千文	元吳　澄	1197-597- 61
跋子昂千文	元吳　澄	1197-597- 61
跋朱子所書陶詩	元吳　澄	1197-599- 61
題文山帖後	元吳　澄	1197-601- 61
跋艾氏所收名公墨跡	元吳　澄	1197-602- 61
跋文丞相與妹書	元吳　澄	1197-602- 61
跋唐以方所藏吳司法帖	元吳　澄	1197-603- 61
題袁學正先友翰墨後	元吳　澄	1197-604- 61
跋朱文公與程沙隨帖	元吳　澄	1197-605- 62
跋朱子慶元己未十二月四日與盆公書	元吳　澄	1197-605- 62
題李太白墨跡後	元吳　澄	1197-607- 62
題趙子昂臨蘭亭帖後	元吳　澄	1197-608- 62
題皮曠小字四書後	元吳　澄	1197-609- 62
跋黃縣丞遺跡後	元吳　澄	1197-609- 62
題蘭亭臨帖	元吳　澄	1197-610- 62
跋臨本蘭亭	元吳　澄	1197-610- 62
跋徐僉書御製後宸翰一幅詔命兩通	元吳　澄	1197-610- 62
跋皮氏所藏蘭亭	元吳　澄	1197-611- 62
跋江徵君書思無邪三字	元吳　澄	1197-612- 62
跋謝尚書墨蹟後	元吳　澄	1197-615- 63
跋李公釋尚書帖	元吳　澄	1197-616- 63
跋子昂楷書後	元吳　澄	1197-617- 63
又跋朱子墨蹟	元吳　澄	1197-617- 63
題韓魁公墨蹟	元吳　澄	1197-617- 63
跋李公遺墨	元吳　澄	1197-617- 63
跋金陵吳承信建炎四年戶帖	元吳　澄	1197-619- 63
跋趙榮祿小楷過秦論	元仇　遠	1198- 86- 0
題趙子昂書	元仇　遠	1198- 86- 0
跋顏魯公劉中使眞蹟	元白　珽	1198-103- 0
跋米海岳臨唐玄宗書鶺鴒頌	元白　珽	1198-103- 0
趙臨楷書跋	元白　珽	1198-103- 0
題悟柳山書唐子西硯銘及手帖後	元釋圓至	1198-146- 6
題山谷帖	元楊弘道	1198-215- 6
題黃魯直書其母安康太君行狀墨跡後	元楊弘道	1198-216- 6
跋朱文公傑然直方二帖眞蹟後	元劉　因	1198-582- 12
跋懷素藏眞（貞）律公二帖	元劉　因	1198-582- 12
		1367-478- 38
		1406-482-369
書王子端草書後	元劉　因	1198-582- 12
跋魯公祭季明姪文眞蹟後	元劉　因	1198-661- 24
跋宋漢臣諸賢尺牘手軸	元魏　初	1198-784- 5
題聶心遠寫鍾盆齋詩卷首	元劉將孫	1199-239- 25
題阜陵御書二十八將論	元劉將孫	1199-243- 26
題阜陵御筆後	元劉將孫	1199-243- 26
題絹本浯溪碑	元劉將孫	1199-243- 26
題東坡翰墨	元劉將孫	1199-243- 26
題廣爲天師翰墨	元劉將孫	1199-243- 26
題陳文二相翰墨	元劉將孫	1199-244- 26

四庫全書文集篇目分類索引　　2067

題盧明甫藏溍庵帖後　元劉將孫　1199-244- 26
題盆公帖　元劉將孫　1199-245- 26
題王菊潤晦庵帖後　元劉將孫　1199-245- 26
題文信國公燕山與外氏帖後　元劉將孫　1199-246- 26
題巽齋文信公先君子三帖　元劉將孫　1199-246- 26
題古心先生墨迹後　元劉將孫　1199-248- 26
題先君子墨迹後　元劉將孫　1199-248- 26
題先君子三祖信心銘遺墨　元劉將孫　1199-249- 26
古心與雲巖書簡跋　元劉將孫　1199-249- 26
跋劉玉淵道州九嶷山虞帝廟碑蘖後　元劉將孫　1199-250- 26
題山雲字後　元劉將孫　1199-251- 26
題先君子與南岡往還帖後　元劉將孫　1199-251- 26
跋潘明之所藏吾立衍書素書　元許　謙　1199-595- 4
跋陳君采家藏東坡墨蹟　元許　謙　1199-595- 4
跋文公先生墨蹟　元胡炳文　1199-769- 4
跋李生所藏坡帖　元胡炳文　1199-769- 4
題徐芝石賦陳伯孚飛白　元胡炳文　1199-770- 4
御史箴後記　元王　惲　1200-483- 38
跋蔡中郎隸書後　元王　惲　1201- 65- 71
　　1373-437- 28
跋中興頌　元王　惲　1201- 66- 71
　　1373-437- 28
跋郎官石柱記後　元王　惲　1201- 66- 71
　　1373-437- 28
跋手臨懷素自敍帖　元王　惲　1201- 66- 71
　　1373-438- 28
跋麻姑壇記後　元王　惲　1201- 67- 71
　　1373-439- 28
跋懷素草書千文後　元王　惲　1201- 67- 71
　　1373-438- 28
題魯公書臧氏碑後　元王　惲　1201- 67- 71
　　1373-439- 28
跋張嘉貞書　元王　惲　1201- 67- 71
　　1373-438- 28
跋竹豁所題東坡墨戲後　元王　惲　1201- 68- 71
　　1373-439- 28
跋孫過庭書　元王　惲　1201- 68- 71
　　1373-439- 28
跋荊公墨蹟　元王　惲　1201- 68- 71
　　1373-440- 28
跋黃華墨蹟　元王　惲　1201- 68- 71
　　1373-440- 28
跋任龍巖烏夜啼帖　元王　惲　1201- 69- 71
　　1373-440- 28
跋任南麓書　元王　惲　1201- 69- 71
跋藏春劉公東亭等帖　元王　惲　1201- 72- 71
　　1373-443- 28
自題所書草字後　元王　惲　1201- 72- 71
　　1373-443- 28
又題草書後　元王　惲　1201- 73- 71
題賈本蘇才翁帖後　元王　惲　1201- 73- 71
題閑閑公書祈宰傳後　元王　惲　1201- 73- 71
跋桑維翰手簡　元王　惲　1201- 74- 71
跋溍游王先生詩後　元王　惲　1201- 74- 71
　　1373-444- 28
題雲鷹帖後　元王　惲　1201- 75- 71
　　1373-444- 28
跋米南宮書曾夫人墓誌（銘）後　元王　惲　1201- 75- 71
　　1373-444- 28
跋香林先生老鸞賦後　元王　惲　1201- 75- 71
　　1373-445- 28
題遺山手簡後　元王　惲　1201- 77- 72
題張嘉貞北岳碑後　元王　惲　1201- 77- 72
題山谷手簡後　元王　惲　1201- 78- 72
題竹溪詩筆　元王　惲　1201- 78- 72
題家藏禱佛帖後　元王　惲　1201- 78- 72
題左山所書春露堂後　元王　惲　1201- 78- 72
題張氏所藏先世手澤後　元王　惲　1201- 79- 72
題自書歸去來後　元王　惲　1201- 79- 72
題郎官石柱記後　元王　惲　1201- 79- 72
跋蔡襄書後　元王　惲　1201- 80- 72
跋蔡蕭閑醉書風篁梨雪瑞香樂府二篇贈王尚書無競　元王　惲　1201- 81- 72
跋竹溪所書墨苑篇後　元王　惲　1201- 81- 72
薛紹彭臨魯公座位帖後　元王　惲　1201- 81- 72
書南麓珍翰後　元王　惲　1201- 81- 72
跋閑閑公草書心經　元王　惲　1201- 82- 72

子部

藝術類：字跋

2068　　　　　　　　　四庫全書文集篇目分類索引

錦峯眞逸王仲元清卿　　　　　　　　　　賦後　　　　　　　元王　惲　1201- 94- 73
　書　　　　　　　元王　惲　1201- 82- 72　跋左山公書東坡醉墨
跋黃華老人二詩後　　元王　惲　1201- 82- 72　　堂詩卷　　　　　元王　惲　1201- 94- 73
跋龐才卿悲潼關賦後　元王　惲　1201- 82- 72　題離堆記後　　　　元王　惲　1201- 95- 73
評楊凝式書　　　　　元王　惲　1201- 82- 72　書中興頌後　　　　元王　惲　1201- 96- 73
題元楊手書後　　　　元王　惲　1201- 82- 72　題蘇氏寶章後　　　元王　惲　1201- 96- 73
跋自書訓儉文後　　　元王　惲　1201- 82- 72　東坡我有帖（跋）　元王　惲　1201- 96- 73
跋紫絲靺鞨帖後　　　元王　惲　1201- 83- 72　題石曼卿手書古檜行
題所臨顏魯公十帖後　元王　惲　1201- 83- 72　　後　　　　　　　元王　惲　1201- 97- 73
跋坡公春寒帖　　　　元王　惲　1201- 84- 72　跋諸葛公遠涉帖　　元王　惲　1201- 98- 73
跋鹿庵書玉華宮詩後　元王　惲　1201- 85- 72　跋宋漢臣臨丹華經後　元王　惲　1201- 98- 73
跋米元暉書　　　　　元王　惲　1201- 85- 72　跋高宗臨右軍帖　　元王　惲　1201- 98- 73
跋虞世南十二大字　　元王　惲　1201- 85- 72　跋臨本蘭亭序　　　元王　惲　1201- 99- 73
題耶律公手書濟源詩　　　　　　　　　　　　　題中興頌後　　　　元王　惲　1201- 99- 73
　後　　　　　　　元王　惲　1201- 85- 72　跋謝靈運帖　　　　元王　惲　1201- 99- 73
題臨潛珍銘後　　　　元王　惲　1201- 85- 72　答宋克溫問魯公書法　元王　惲　1201- 99- 73
題山谷苦筍賦帖後　　元王　惲　1201- 86- 72　題黃華與李彥明太守
跋朱文公手書　　　　元王　惲　1201- 86- 72　　一十三帖彥明係公
跋顏魯公裴將軍帖　　元王　惲　1201- 87- 72　　同年友也　　　　元王　惲　1373-440- 28
跋蘇子美千文帖　　　元王　惲　1201- 87- 72　跋數珠帖　　　　　元王　惲　1373-440- 28
跋文公與于晉伯謨二　　　　　　　　　　　　　跋秦得眞墨軸後　　元王　惲　1373-442- 28
　帖　　　　　　　元王　惲　1201- 87- 72　題坡軒先生詩卷後　元王　惲　1373-443- 28
晦翁墨蹟（跋）　　　元王　惲　1201- 88- 72　題張夢卿所藏紫陽楊
跋香林先生顚草　　　元王　惲　1201- 88- 72　　先生墨蹟　　　　元姚　燧　1201-729- 31
跋黃華書後　　　　　元王　惲　1201- 88- 72　　　　　　　　　　　　　　　1366-666- 33
東坡開封帖後語　　　元王　惲　1201- 88- 72　跋西溪珍翰　　　　元姚　燧　1201-730- 31
題米南宮帖後　　　　元王　惲　1201- 89- 72　跋魏鶴山帖　　　　元程鉅夫　1202-346- 24
跋禊飲序後　　　　　元王　惲　1201- 89- 72　書王西溪中丞徐容齋
書商司業定武蘭亭本　　　　　　　　　　　　　　參政贈邵炳炎手墨
　後　　　　　　　元王　惲　1201- 89- 72　　後　　　　　　　元程鉅夫　1202-347- 24
書霹靂琴贊後　　　　元王　惲　1201- 92- 73　跋朱文公通鑑綱目墓　元程鉅夫　1202-348- 24
書婁羅樹碑後　　　　元王　惲　1201- 92- 73　跋山谷草書徐禧送靈
題王尚書無競小字東　　　　　　　　　　　　　　源上人二詩　　　元程鉅夫　1202-349- 24
　坡論語解　　　　元王　惲　1201- 92- 73　跋東坡帖　　　　　元程鉅夫　1202-349- 24
題東坡災傷卷後　　　元王　惲　1201- 93- 73　跋大慧帖　　　　　元程鉅夫　1202-349- 24
跋山谷發願文　　　　元王　惲　1201- 93- 73　跋立齋字後　　　　元程鉅夫　1202-351- 24
題東坡赤壁賦後　　　元王　惲　1201- 94- 73　題象山先生遺墨後　元程鉅夫　1202-353- 24
跋黃華先生墨戲　　　元王　惲　1201- 94- 73　題王氏遺墨後　　　元程鉅夫　1202-353- 24
跋党竹溪篆趙黃山文　　　　　　　　　　　　　題禊帖　　　　　　元程鉅夫　1202-354- 24
　王子端書　　　　元王　惲　1201- 94- 73　跋韓生夢康樂字卷　元程鉅夫　1202-360- 24
跋米南宮靈臺戴華卷　　　　　　　　　　　　　題李雪菴臨諸家法帖
　後　　　　　　　元王　惲　1201- 94- 73　　後　　　　　　　元程鉅夫　1202-361- 24
跋山谷所書王建宮詞　　　　　　　　　　　　　跋山谷帖　　　　　元程鉅夫　1202-364- 25
　後　　　　　　　元王　惲　1201- 94- 73　跋雪齋墨蹟　　　　元程鉅夫　1202-364- 25
跋鹿庵先生所書鸚鵡　　　　　　　　　　　　　跋張仲端所藏蘇才翁

四庫全書文集篇目分類索引

子部　藝術類：字跋

篇目	作者	索引號
詩	元程鉅夫	1202-365- 25
跋東平張氏所藏諸賢墨蹟	元程鉅夫	1202-365- 25
跋東坡邵茂誠詩集引墨蹟	元程鉅夫	1202-371- 25
題蒲傳正墨蹟	元程鉅夫	1202-372- 25
江古心帖（跋）	元徐明善	1202-599- 下
書吾（吳）子篆書陰符經	元袁　桷	1195-767- 附 1203-663- 50
書孝宗賜史忠定王裹賢臣頌後	元袁　桷	1203-601- 46
題放翁訓子帖	元袁　桷	1203-602- 46
題汪龍溪與從子書後	元袁　桷	1203-602- 46
跋朱文公與辛稼軒手書	元袁　桷	1203-603- 46
跋蔡君謨帖	元袁　桷	1203-603- 46
跋曾文蕭帖	元袁　桷	1203-603- 46
跋米元章帖	元袁　桷	1203-604- 46
書東坡寄眞隱詩	元袁　桷	1203-604- 46
跋晉帖	元袁　桷	1203-604- 46
跋于湖帖	元袁　桷	1203-604- 46
跋定武稀帖附損本與不損本	元袁　桷	1203-605- 46
題薛紹彭帖	元袁　桷	1203-606- 46
魯公坐位帖（跋）	元袁　桷	1203-607- 46
黃華帖（跋）	元袁　桷	1203-607- 46
書孔子廟堂碑	元袁　桷	1203-608- 46
書皇甫君碑	元袁　桷	1203-608- 46
題劉共甫與朱文公書	元袁　桷	1203-608- 46
跋李公擇尚書帖	元袁　桷	1203-608- 46
題子昂書靈寶經	元袁　桷	1203-608- 46
書徽宗御書詩	元袁　桷	1203-608- 46
跋李時雍墨蹟	元袁　桷	1203-609- 46
徽宗賜溫盆搨本黃庭（跋）	元袁　桷	1203-609- 46
跋米元章書趙崇公墓誌	元袁　桷	1203-609- 46
劉貢父與羅正之手帖（跋）	元袁　桷	1203-609- 46
書濳公帖	元袁　桷	1203-610- 46
跋荊公帖	元袁　桷	1203-610- 46
跋富韓公帖	元袁　桷	1203-610- 46
跋蔡忠惠帖	元袁　桷	1203-610- 46
（跋）趙清獻公帖	元袁　桷	1203-611- 46
陸放翁答杜賢良求滕試書（跋）	元袁　桷	1203-611- 46
書東坡凉（涼）熱偈	元袁　桷	1203-611- 46
書鄭資政伯祖中散題名後	元袁　桷	1203-611- 46
跋米元章書	元袁　桷	1203-612- 46
（跋）吳傅朋書曾丞相夫人虞美人草詩	元袁　桷	1203-612- 46
跋黃太史帖	元袁　桷	1203-612- 46
跋東坡黃州謝表	元袁　桷	1203-612- 46
書劉元城與李莊簡公書後	元袁　桷	1203-612- 46
跋唐鎮遠使侍御史倪亞手帖	元袁　桷	1203-613- 46
跋姚子敬所藏東坡書飛白記	元袁　桷	1203-614- 46
東坡玉堂制草（跋）	元袁　桷	1203-614- 46
題唐玉眞公主六甲經	元袁　桷	1203-615- 47
跋竺氏藏舒沈二先生書	元袁　桷	1203-616- 47
題唐臨講堂司州帖	元袁　桷	1203-616- 47
跋鄭太宰奏撰樂章	元袁　桷	1203-616- 47
書唐臨蘭亭	元袁　桷	1203-616- 47
跋齊竟陵王蕭子良書	元袁　桷	1203-617- 47
跋柳城懸龍西李夫人誌	元袁　桷	1203-617- 47
題定武損本	元袁　桷	1203-617- 47
跋懷素草書四帖	元袁　桷	1203-617- 47
跋歐陽詢隋觿帖	元袁　桷	1203-618- 47
跋聖教序	元袁　桷	1203-618- 47
跋懷素自叙	元袁　桷	1203-618- 47
跋急就篇	元袁　桷	1203-618- 47
跋懷素聖母帖	元袁　桷	1203-618- 47
跋蔡君謨汶嶺帖	元袁　桷	1203-619- 47
秘閣續帖劉無言雙鈎開皇蘭亭（跋）	元袁　桷	1203-619- 47
跋蘇文忠與黃師是尺牘	元袁　桷	1203-619- 47
跋米元章書	元袁　桷	1203-620- 47
跋汪氏推恩誥	元袁　桷	1203-620- 47
題鄭有之蘇黃海棠詩卷	元袁　桷	1203-625- 47
書趙監酒墓記後	元袁　桷	1203-625- 47
書進修堂往還尺牘	元袁　桷	1203-626- 47
書馮將軍翠峰詩	元袁　桷	1203-627- 47

2070　　　　　　　　　　四庫全書文集篇目分類索引

子部　藝術類：字跡

篇目	作者	索引號
書史文靖爲西山先生薦黃參軍家問	元袁　桷	1203-627- 47
書史忠定王貸錢券後	元袁　桷	1203-629- 48
書朔齋先生都梁第一樓詩後	元袁　桷	1203-634- 48
書白敬甫三歲作大字卷	元袁　桷	1203-635- 48
書胡評事夢昱印紙	元袁　桷	1203-635- 48
題徐天民草書	元袁　桷	1203-646- 49
題姚雪齋右丞草	元袁　桷	1203-651- 49
跋劉眞人帖	元袁　桷	1203-651- 49
跋正肅公手澤	元袁　桷	1203-657- 50
跋蘇子美帖	元袁　桷	1203-659- 50
書蒲傳正左丞帖	元袁　桷	1203-659- 50
跋懷素揮翰帖	元袁　桷	1203-659- 50
跋柳公權書清靜經	元袁　桷	1203-660- 50
跋顏眞卿誥	元袁　桷	1203-660- 50
書李巽伯小楷夢歸賦	元袁　桷	1203-661- 50
題東坡嶺表書歸去來辭贈卓契順道者	元袁　桷	1203-661- 50
跋歐書皇甫誕碑本	元袁　桷	1367-483- 39
題宋高宗御書酒德頌後	元劉岳申	1204-350- 14
跋張魏公與劉和州手帖	元劉岳申	1204-351- 14
題東坡書牆有茨三章	元劉岳申	1204-353- 14
跋周益公撰王駒父居士墓銘書翰	元劉岳申	1204-354- 14
書黃彌高所藏其先孝友故牘	元劉岳申	1204-359- 15
題江景良所藏朱文公帖	元張之翰	1204-501- 18
默齋手帖後	元張之翰	1204-502- 18
題留君衛家藏水林手澤後	元張之翰	1204-502- 18
書黃山翁仰山詩帖後	元張之翰	1204-506- 18
題高文舉篆千字文	元張之翰	1204-508- 18
跋金壇李氏唐誥後	元張之翰	1204-509- 18
跋張老山鵬飛所藏李仲方詞翰	元張之翰	1204-509- 18
題張治書夢符所藏山谷書遺教經後	元張之翰	1204-510- 18
題曾大方北磵禪師方中字說後	元釋大訢	1204-617- 13
題東坡與程正輔手簡	元釋大訢	1204-619- 13
題癡絕禪師書山谷煎茶賦後	元釋大訢	1204-619- 13
題東坡手帖	元釋大訢	1204-620- 13
題松雪翁所書千文	元釋大訢	1204-620- 13
題思聰遺墨後	元釋大訢	1204-620- 13
題宋高宗書東方朔答客難後	元釋大訢	1204-621- 14
題陳世榮血書金剛經後	元釋大訢	1204-622- 14
題米元章書後	元釋大訢	1204-624- 14
題放魚記後	元釋大訢	1204-626- 14
題趙閒閒書心經後	元釋大訢	1204-626- 14
跋朱北軒所藏朱文公帖	元陳　櫟	1205-189- 3
題法帖	元劉敏中	1206- 85- 10
跋山東憲副王成甫所藏歐陽文忠公簡韓持國學士帖	元劉敏中	1206- 85- 10
題東坡喻荔支似江瑤柱帖	元劉敏中	1206- 86- 10
題山谷帖	元劉敏中	1206- 86- 10
題山谷發願帖後	元劉敏中	1206- 86- 10
題山谷帖後	元劉敏中	1206- 86- 10
恭贊御書奎章閣記	元馬祖常	1206-573- 8
恭題御書雪月二字	元馬祖常	1206-577- 8
跋周益公辭翰	元同　恕	1206-690- 4
跋王山木辭翰	元同　恕	1206-692- 4
跋止軒先生辭翰	元同　恕	1206-694- 4
御書贊（二則）	元虞　集	1207- 64- 4
題宋孝宗書貞觀遺事	元虞　集	1207-155- 10
跋御筆除超爾太府太監	元虞　集	1207-155- 10
題吾子行小篆卷後	元虞　集	1207-156- 10
題朱侯所臨智永千文	元虞　集	1207-158- 10
跋鮮于伯幾與嚴處士翰墨	元虞　集	1207-159- 10
題鮮于伯幾小篆	元虞　集	1207-159- 10
跋子昂書陰符經	元虞　集	1207-160- 10
題湯東澗與張文子手帖	元虞　集	1207-161- 10
跋謝太傅中郎帖	元虞　集	1207-164- 10
題多曶學士所藏御書後	元虞　集	1207-164- 10
鈔錄御書（跋）	元虞　集	1207-165- 10
題御書奎章閣記後	元虞　集	1207-165- 10

四庫全書文集篇目分類索引

子部

藝術類：字跋

題米南宮墨蹟	元虞 集	1207-166- 10	跋山谷贈元大師詩	元黃 潛	1209-327- 4
題黃山谷墨蹟	元虞 集	1207-166- 10	跋朱張二先生帖	元黃 潛	1209-328- 4
題宋高宗書便面	元虞 集	1207-166- 10	跋李西臺書	元黃 潛	1209-331- 4
朱文公白鹿洞賦草跋	元虞 集	1207-167- 11	書肯齋李公遺墨後	元黃 潛	1209-332- 4
王逸老草書跋	元虞 集	1207-168- 11	跋荊公帖	元黃 潛	1209-333- 4
題劉貢父蘇子瞻兄弟鄧潤甫曾子開孔文仲兄弟廣和竹詩墨蹟	元虞 集	1207-169- 11	跋朱元暉帖	元黃 潛	1209-333- 4
			跋宋諸公遺墨	元黃 潛	1209-333- 4
			題東坡臨鍾繇書	元黃 潛	1209-334- 4
子昂臨洛神賦跋	元虞 集	1207-171- 11	跋米南宮帖	元黃 潛	1209-335- 4
所翁龍跋	元虞 集	1207-172- 11	跋蘭亭五字損本	元黃 潛	1209-340- 4
題吳傳（傅）朋書并李唐山水跋	元虞 集	1207-173- 11	跋蘇黃二公帖	元黃 潛	1209-340- 4
		1367-487- 39	書仙都王公遺墨後	元黃 潛	1209-341- 4
		1406-449-364	跋葉南康遺墨	元黃 潛	1209-342- 4
跋高宗御書附高宗御書	元虞 集	1207-176- 11	跋和靖先生帖	元黃 潛	1209-345- 4
題高宗臨顏魯公乞米帖	元虞 集	1207-178- 11	跋蘭亭序	元黃 潛	1209-347- 4
			跋御書明良二大字	元黃 潛	1209-347- 4
題子山學士所藏永興公墨蹟	元虞 集	1207-179- 11	跋御書慶壽二大字	元黃 潛	1209-347- 4
			跋御賜永懷二字	元黃 潛	1209-348- 4
題先丞相寨屋親帖	元虞 集	1207-566- 40	跋宋諸公遺墨	元黃 潛	1209-349- 4
書先世手澤後	元虞 集	1207-569- 40	跋米元章書蘭亭序	元黃 潛	1209-350- 4
跋柳誠懸墨蹟	元虞 集	1207-570- 40	跋唐臨王右軍二帖	元黃 潛	1209-353- 4
跋山谷書蕭濟夫墓誌後	元虞 集	1207-570- 40	跋東坡臨明遠帖	元黃 潛	1209-353- 4
			跋館本十七帖	元黃 潛	1209-354- 4
跋宋高宗親札賜岳飛	元虞 集	1207-572- 40	跋李西臺書	元黃 潛	1209-354- 4
跋張魏州與劉和州墨帖後	元虞 集	1207-573- 40	跋范文正公書伯夷頌	元黃 潛	1209-354- 4
			跋靜修先生遺墨	元黃 潛	1209-355- 4
跋彭壽卿所藏先郡公手澤卷後	元虞 集	1207-575- 40	跋趙魏公書歐陽氏八法	元黃 潛	1209-356- 4
題旴江傅路手卷	元虞 集	1207-575- 40	跋錢翼之千文	元黃 潛	1209-356- 4
題蘇文忠公諸帖	元虞 集	1207-576- 40	跋褚河南書兒寬贊	元黃 潛	1209-359- 4
題何氏所藏蜀郡名公書翰（二則）	元虞 集	1207-576- 40	題唐臨蘭亭	元黃 潛	1209-359- 4
			跋晦庵先生帖	元黃 潛	1209-359- 4
題岳飛墨蹟	元虞 集	1207-576- 40	跋溫公通鑑草	元黃 潛	1209-360- 4
題曾歐二公帖	元虞 集	1207-577- 40	跋王盧溪手簡	元歐陽玄	1134-349- 附
跋黃勉所藏醴泉銘	元虞 集	1207-577- 40	歐陽文忠公墨跡跋	元歐陽玄	1210-158- 14
御書九霄二字（跋）	元王 沂	1208-573- 21	眉壽二大字跋	元歐陽玄	1210-159- 14
題歐陽與世帖	元王 沂	1208-573- 21	御書九霄贊	元歐陽玄	1210-161- 15
書王麓庵帖後	元王 沂	1208-574- 21	麟鳳二大字贊	元歐陽玄	1210-161- 15
題林先生訓子帖	元王 沂	1208-574- 21	潘雲谷墨贊	元歐陽玄	1210-162- 15
題許將手簡後	元王 沂	1208-575- 21	跋陳慶甫所藏鮮于伯幾書向作飲酒詩	元柳 貫	1210-481- 18
題歐陽公權墨迹	元王 沂	1208-579- 22	跋歐陽文忠公墨蹟	元柳 貫	1210-481- 18
跋李北海永康帖	元黃 潛	1209-326- 4	跋蔡忠惠公談諫帖	元柳 貫	1210-489- 19
跋蘇公父子墨跡	元黃 潛	1209-327- 4	跋趙承旨書顏魯公麻姑壇記	元柳 貫	1210-490- 19

2072　　　　　　四庫全書文集篇目分類索引

題山谷書士大夫食時五觀	元柳　貫	1210-490-	19
跋范文正公黃素小楷伯夷頌	元柳　貫	1210-493-	19
跋張魏公書心經	元柳　貫	1210-494-	19
題袁仲長所藏松雪翁書洛神賦	元柳　貫	1210-494-	19
跋仙都府君王公手書碩畫	元柳　貫	1210-496-	19
題朱文公手書二詩後	元柳　貫	1210-498-	19
題坡翁書寄鄧道士詩	元柳　貫	1210-500-	19
題唐臨吳興二帖	元柳　貫	1210-500-	19
題劉原父書莊子秋水篇	元柳　貫	1210-500-	19
跋趙文敏行書千文	元柳　貫	1210-501-	19
跋趙文敏帖	元柳　貫	1210-502-	19
題倪生蘭亭二十本	元柳　貫	1210-502-	19
題趙龍潭草書坡公赤壁二賦	元柳　貫	1210-503-	19
跋李希仁所藏王山木草書詩詞卷	元浦道源	1210-654-	10
恭題太師秦王奎章閣記賜本	元許有壬	1211-497-	71
跋高宗小楷學記	元許有壬	1211-500-	71
恭題胡震宮所藏今上御書	元許有壬	1211-500-	71
跋忠武王花押	元許有壬	1211-500-	71
跋海朝宗玉枕蘭亭	元許有壬	1211-503-	71
跋鄭氏蘭亭	元許有壬	1211-504-	72
跋劉萃老書金剛經	元許有壬	1211-505-	72
題羅善先赤壁賦	元許有壬	1211-507-	72
跋胡安常所藏坡字	元許有壬	1211-508-	72
跋顏魯公墨蹟盧侯帖	元許有壬	1211-511-	73
		1211-671-	12
跋東坡墨蹟鄭君帖	元許有壬	1211-512-	73
恭題仇公度所藏奎章閣記賜本	元許有壬	1211-512-	73
恭題至治御書	元許有壬	1211-512-	73
跋檢討鄭取新刻千文賜本	元許有壬	1211-514-	73
跋米元章臨李北海毒熱帖	元許有壬	1211-516-	73
跋張宜相所藏織成宣和御書清淨經	元許有壬	1211-516-	73
		1211-670-	12
		1373-305-	20
跋戶部主事觀音努新刻千文賜本	元許有壬	1211-517-	73
（跋）賜沃稜右丞節用二字	元許有壬	1211-692-	上
跋東萊手書張孟遠序	元吳師道	1212-223-	16
（跋）東坡贈巢谷詩墨蹟春雨如塵暗	元吳師道	1212-223-	16
潘觀我所作葉審言字辭跋	元吳師道	1212-226-	16
趙子昂書東坡詩（跋）	元吳師道	1212-226-	16
鮮于伯機書太白詩（跋）	元吳師道	1212-227-	16
東坡二帖（跋）	元吳師道	1212-227-	16
吳存吾書（跋）	元吳師道	1212-228-	16
杜端父墨蹟（跋）	元吳師道	1212-228-	16
道沖師書山谷煎茶賦（跋）	元吳師道	1212-229-	16
范元卿書帖（跋）	元吳師道	1212-229-	16
宋高宗書東坡涇山詩灌字韻（跋）	元吳師道	1212-234-	17
山谷老人帖（跋）	元吳師道	1212-234-	17
楊補之畫梅後有一紙書東坡詞贈彭篴青老（跋）	元吳師道	1212-235-	17
鮮于伯機書贈弟桂手帖（跋）	元吳師道	1212-236-	17
鮮于伯機自書樂府遺墨（跋）	元吳師道	1212-236-	17
定武蘭亭跋	元吳師道	1212-237-	17
仙都公所與子書（跋）	元吳師道	1212-238-	17
潘默成醒醉帖（跋）	元吳師道	1212-238-	17
蘇文忠公雜書小册（跋）	元吳師道	1212-239-	17
梁昭明太子書隱山寺榜碑跋	元吳師道	1212-243-	17
跋山谷草書船子和尚漁父詞	元吳師道	1212-243-	17
跋宋賢手帖	元吳師道	1212-244-	17
柳常博所藏禊帖後題	元吳師道	1212-251-	18
題東坡所贈李方叔詩眞蹟後	元吳師道	1212-252-	18
跋王荊公手書	元吳師道	1212-253-	18
（跋）趙明仲所藏姚子敬書高彥敬詩	元吳師道	1212-255-	18

子部　藝術類：字跋

四庫全書文集篇目分類索引　2073

（跋）范德機墨蹟（二則）　元吳師道　1212-256- 18
吳草廬遺墨（跋）　元吳師道　1212-257- 18
虞學士書南豐擬峴臺記荊公詩及所作會文定公祠堂記（跋）　元吳師道　1212-258- 18
張氏先世敕黃後題　元吳師道　1212-260- 18
呂文穆公諡詞（跋）　元吳師道　1212-261- 18
唐鄭渾告身後題　元吳師道　1212-261- 18
（跋）李西臺書　元吳師道　1212-263- 18
（跋）米元章帖　元吳師道　1212-267- 18
跋朱府君詩卷　元程端學　1212-356- 4
御書和齋贊　元宋　褧　1212-488- 13
（跋）廷對貼黃引　元宋　褧　1212-519- 15
跋李重山家藏坡帖二幅　元宋　褧　1212-520- 15
跋孫履齋周益公二帖　元宋　褧　1212-521- 15
恭跋文宗皇帝御書保寶二字　元陳　旅　1213-164- 13
跋吳顯書　元陳　旅　1213-165- 13
跋東坡帖　元陳　旅　1213-168- 13
書安南使求書卷後　元傅若金　1213-342- 7
跋趙學士所臨蘭亭叙　元傅若金　1213-343- 7
跋李以聲所藏范先生墨蹟　元傅若金　1213-344- 7
御書贊　元李　存　1213-660- 12
鄧氏手澤跋　元李　存　1213-785- 26
題疊山先生臨終遺筆　元李　存　1213-787- 26
題鮮于伯機詩帖　元蘇天爵　1214-336- 28
題國子司業硯公遺墨　元蘇天爵　1214-342- 29
題書錦堂詩遺墨　元蘇天爵　1214-343- 29
恭跋御賜眞草千文碑本　元蘇天爵　1214-352- 30
題白太常三歲時所書字卷　元蘇天爵　1214-356- 30
跋揭侍講遺墨後　元余　闕　1214-420- 6
御書贊　元余　闕　1214-420- 6
題跋吳溥泉所藏哈瑪爾丞相書贈尚友二大字　元李士瞻　1214-476- 4
跋福州儒學提舉陳景忠所藏東坡公紹太師墨帖　元李士瞻　1214-478- 4
跋傅西軒托克托大師所贈宣文閣本本智永千文臨本卷　元李士瞻　1214-478- 4
跋御筆賜忠宣公早朝詩後　元胡　助　1104-818- 0
跋余廉訪所篆東浙第一家五大字後　元胡　助　1214-674- 19
題錢素菴所藏曹雲翁手書龍眠述古圖序文　元邵亨貞　1215-202- 2
皇太子賜書贊　元貢師泰　1215-653- 8
皇太子賜書贊　元貢師泰　1215-654- 8
慶大夫書了堂二字因爲之贊　元貢師泰　1215-656- 8
題程以文遺曹子學書後　元貢師泰　1215-657- 8
皇太子賜書跋　元貢師泰　1215-659- 8
跋宣和御書　元貢師泰　1215-661- 8
跋李則平憲副所藏東坡墨蹟三卷　元貢師泰　1215-662- 8
跋松雪招隱詞　元貢師泰　1215-662- 8
跋趙書韋詩　元貢師泰　1215-662- 8
跋徐明初所藏文靖公四詩（手書）　元貢師泰　1215-663- 8
跋鄭德和所藏閣本智永千文　元貢師泰　1215-665- 8
跋子山公書陸喜五論　元貢師泰　1215-667- 8
題白樂天竹窗詩墨迹　元劉仁本　1216-112- 6
跋富鄭公與韓魏公手帖　元劉仁本　1216-115- 6
跋家刊定武蘭亭帖後　元劉仁本　1216-116- 6
趙子昂學士帖跋　元陳　高　1216-262- 14
富鄭公手帖跋　元陳　高　1216-262- 14
陳太常飛白書帖（跋）　元陳　高　1216-263- 14
題諸體帖　元鄭元祐　1216-499- 7
蘇文忠公怨察帖跋　元鄭元祐　1216-504- 7
跋趙子昂字後　元鄭　玉　1217- 88- 3
跋山谷字卷後　元鄭　玉　1217- 88- 3
書三先生帖後　元吳　海　1217-236- 7
跋羅源黃氏所藏朱文公手帖　元吳　海　1217-237- 7
跋藍仲晦書三體千文　元吳　海　1217-237- 7
題徐松居所書昌黎詩後　元謝應芳　1218-309- 14
題山谷香嚴偈墨跡　元謝應芳　1218-311- 14
跋脫時敬參政手書　元謝應芳　1218-312- 14
書劉敬方所藏其兄元

子部

藝術類：字跋

四庫全書文集篇目分類索引

子部 藝術類：字跋

篇目	作者	索引號
方遺墨後	元周霆震	1218-526- 9
題王伯康遺墨後	元周霆震	1218-527- 9
跋鮮于伯幾所製劉遺安壽詞後	元戴 良	1219-324- 7
三先生手帖後題	元戴 良	1219-324- 7
題余廉訪五大篆後	元戴 良	1219-325- 7
題葉丞相遺墨	元戴 良	1219-329- 7
余闕公手帖後題	元戴 良	1219-505- 22
題貢尚書手帖	元戴 良	1219-507- 22
題楊慈湖所書陸象山語	元戴 良	1219-507- 22
跋孫伯睿所藏絳帖	元戴 良	1219-508- 22
跋修禊帖	元戴 良	1219-508- 22
跋（書）黃庭經	元戴 良	1219-508- 22
跋東方朔畫贊	元戴 良	1219-509- 22
跋趙文敏所臨蘭亭序	元戴 良	1219-509- 22
倪仲權索予書所作詩文題其後	元戴 良	1219-509- 22
題棲道人書華嚴經贊	元戴 良	1219-511- 22
跋定武帖	元戴 良	1219-591- 29
跋康里公臨懷素論草書帖	元戴 良	1219-592- 29
龍山古蹟記後題	元戴 良	1219-592- 29
跋藪上人所書蓮經後	元戴 良	1219-593- 29
跋東坡手帖後	元戴 良	1219-594- 29
題張天全所刻天君降筆後	元李 祁	1219-752- 10
題唐子西與游使君帖後	元李 祁	1219-756- 10
跋賀元忠遺墨卷後	元李 祁	1219-758- 10
題范富二公手帖	元李 祁	1219-759- 10
題唐張長史春草帖	元倪 瓚	1220-298- 9
題唐懷素酒狂帖	元倪 瓚	1220-298- 9
題東坡村醪帖	元倪 瓚	1220-298- 9
跋蔡君謨墨蹟	元倪 瓚	1220-299- 9
跋趙松雪詩稿	元倪 瓚	1220-299- 9
題張貞居書卷	元倪 瓚	1220-300- 9
題宣伯炯書	元倪 瓚	1220-301- 9
題周遜學府君遺翰後	元倪 瓚	1220-304- 9
題王畊雲所藏墨蹟	元倪 瓚	1220-304- 9
題王右軍楷書帖	元倪 瓚	1220-305- 9
書次韻惟寅高士姑蘇錢塘懷古六詩跋	元倪 瓚	1220-305- 9
跋蘭亭帖	元胡行簡	1221-153- 6
跋歐陽文忠公墨蹟後	元趙 汸	1221-289- 5
跋東坡墨蹟後	元趙 汸	1221-289- 5
書蘇參政所藏虞先生手帖後	元趙 汸	1221-293- 5
跋趙文敏公臨東方先生畫贊	元趙 汸	1221-302- 5
御書贊	元趙 汸	1221-315- 5
跋東坡尺牘後	元趙 汸	1374-205- 46
		1455-320-210
跋陳汝資書其弟汝泉詩後	元陳 基	1222-341- 32
跋蘭亭序	元陳 基	1222-341- 32
別峯講師所藏蘇文忠公帖跋	元陳 基	1222-341- 32
跋蘇文忠公自書前赤壁賦	元陳 基	1222-342- 32
跋饒參政草書後	元陳 基	1222-342- 32
書中書除目御書散官後	元陳 基	1222-390- 下
跋喀喇承旨遺墨	元陳 基	1222-392- 下
跋貫酸齋書歸去來辭	元陳 基	1222-392- 下
跋文正公與蔡欽聖手啓墨蹟（四則）	元湯彌昌等	1089-842- 3
跋御筆賜忠宣公早朝詩後	元楊敬懿	1104-818- 0
跋宋徽宗書	元徐 琰	1366-666- 33
跋蘇氏家藏雜帖	元宋 本	1367-488- 39
		1406-483-369
跋隸字後	元張天英	1369- 65- 4
劉參軍黃牒跋尾	明宋 濂	518-244-143
		1223-680- 14
恭題御筆後	明宋 濂	1223-595- 12
恭題御書賜斬春侯卷後	明宋 濂	1223-598- 12
題魏受禪表後	明宋 濂	1223-600- 12
題唐太宗哀册文後	明宋 濂	1223-602- 12
題周盆公所藏歐陽公遺墨後	明宋 濂	1223-605- 12
題柳公權書度人經後	明宋 濂	1223-608- 12
題趙魏公書大洞眞經	明宋 濂	1223-610- 12
題趙子昂書招隱卷後	明宋 濂	1223-610- 12
題王黃華詩藁	明宋 濂	1223-613- 12
題趙模千文後	明宋 濂	1223-615- 12
題褚書千文	明宋 濂	1223-616- 12
題鮮于伯機所書蘭亭紀後	明宋 濂	1223-617- 12

題余廷心篆書後　　　　　明宋　濂　1223-618- 12
　　　　　　　　　　　　　　　　　1406-467-367
題史內翰書　　　　　　　明宋　濂　1223-619- 12
題禊帖　　　　　　　　　明宋　濂　1223-622- 12
題悅生堂禊帖　　　　　　明宋　濂　1223-622- 12
題司馬公手帖後　　　　　明宋　濂　1223-632- 13
題司馬溫公手帖後　　　　明宋　濂　1406-465-367
題歐陽率更帖　　　　　　明宋　濂　1223-636- 13
題文天祥手帖　　　　　　明宋　濂　1223-636- 13
題趙子昂臨大令四帖　　　明宋　濂　1223-636- 13
題黃山谷手帖　　　　　　明宋　濂　1223-637- 13
題王羲之眞跡後　　　　　明宋　濂　1223-638- 13
　　　　　　　　　　　　　　　　　1374-198- 45
題張旭眞跡後　　　　　　明宋　濂　1223-638- 13
題徐浩書　　　　　　　　明宋　濂　1223-640- 13
題朱彥修遺墨後　　　　　明宋　濂　1223-642- 13
題恩斷江端元斐手跡後　　明宋　濂　1223-644- 13
題墨本黃庭經後　　　　　明宋　濂　1223-649- 13
跋高宗所書神女賦　　　　明宋　濂　1223-657- 14
跋韓忠獻王所書義鶻行後　明宋　濂　1223-659- 14
跋包孝肅公諮詞後　　　　明宋　濂　1223-660- 14
跋東坡書乳泉賦後　　　　明宋　濂　1223-663- 14
跋東坡所書眉子硯歌後　　明宋　濂　1223-664- 14
跋東坡穎濱遺墨後　　　　明宋　濂　1223-664- 14
跋黃魯直書（後）　　　　明宋　濂　1223-665- 14
　　　　　　　　　　　　　　　　　1406-487-370
跋黃山谷書樂府卷後　　　明宋　濂　1223-665- 14
跋蘇叔黨書黃山谷慈氏閣詩後　　　　明宋　濂　1223-666- 14
跋褚士文書廉仁公勤四箴後　　　　　明宋　濂　1223-667- 14
跋子昂書度人經後　　　　明宋　濂　1223-668- 14
跋趙子昂書老子卷後　　　明宋　濂　1223-668- 14
跋子昂書浮山遠公傳　　　明宋　濂　1223-668- 14
跋子昂眞蹟後　　　　　　明宋　濂　1223-668- 14
跋趙祭酒篆書後　　　　　明宋　濂　1223-668- 14
跋胡方柳黃四公遺墨後　　明宋　濂　1223-671- 14
跋王獻之保母帖　　　　　明宋　濂　1223-673- 14
跋米南宮夷曠帖　　　　　明宋　濂　1223-676- 14
跋清涼國師所書棲霞碑　　明宋　濂　1224-611- 下
跋長春子手帖　　　　　　明宋　濂　1224-614- 下
題潘內史贈別墨本記佑事　明宋　濂　1406-450-365
題文履善手帖後　　　　　明宋　濂　1406-468-367
恭跋御製詩後　　　　　　明宋　濂　1406-484-370
題王右軍蘭亭帖　　　　　明劉　基　1225-194- 7
　　　　　　　　　　　　　　　　　1374-202- 45
　　　　　　　　　　　　　　　　　1406-450-365
跋玉枕蘭亭帖　　　　　　明王　禕　1226-341- 17
跋宋景濂所藏師友帖　　　明王　禕　1226-344- 17
跋王丞相家藏劉侍讀帖　　明王　禕　1226-346- 17
書王大參詩後　　　　　　明王　禕　1226-346- 17
跋呂大愚帖　　　　　　　明王　禕　1226-347- 17
跋曾茶山帖　　　　　　　明王　禕　1226-348- 17
跋徐文貞公詩後　　　　　明王　禕　1226-349- 17
跋古文孝經　　　　　　　明王　禕　1226-349- 17
跋黃山谷贈元帥詩　　　　明王　禕　1226-349- 17
跋東坡書淵明詩　　　　　明王　禕　1226-350- 17
跋宋太宗御書　　　　　　明王　禕　1226-350- 17
跋宋高宗賜岳飛手札　　　明王　禕　1226-350- 17
跋顏眞卿誥　　　　　　　明王　禕　1226-353- 17
跋趙魏公帖　　　　　　　明王　禕　1226-353- 17
跋黃庭經　　　　　　　　明王　禕　1226-353- 17
跋東方朔贊　　　　　　　明王　禕　1226-353- 17
跋趙魏公千字文　　　　　明王　禕　1226-354- 17
題宋寧宗爲狀元曾從龍改名遺翰其孫光薄所藏　　明張以寧　1226-624- 4
題雷子於縣尹所藏山谷書杜詩後　　　明張以寧　1226-625- 4
題鄭宮講手翰　　　　　　明唐桂芳　1226-882- 7
書徐永愚所得趙虞二公翰墨後　　　　明林　弼　1227-189- 23
題蔡端明手蹟後　　　　　明林　弼　1227-193- 23
書張師蘗所藏康里子山書捕蛇者說卷後　明林　弼　1227-196- 23
書何執中所藏趙松雪帖　　明林　弼　1227-197- 23
跋歐陽公與蔡君謨手帖後　明林　弼　1227-197- 23
跋周伯溫圭齋所作揭曼碩貞文書院記後　明林　弼　1227-198- 23
題趙文敏公與袁禮部詩簡　明林　弼　1227-198- 23

子部　藝術類：字跋

跋吳傅朋與瑞昌令李西美四帖後　明劉　崧　518-248-143
跋文丞相書集杜感興絕句　明劉　崧　518-249-143
跋管夫人所書金剛經　明釋妙聲　1227-634-　下
趙魏公書四十二章經跋　明釋妙聲　1227-634-　下
跋中峯和尚帖　明釋妙聲　1227-635-　下
書先子臨晦庵夫子書尊德性齋銘後贈曹子純　明朱　同　1227-712-　6
翰墨清事序　明凌雲翰　1227-828-　4
跋趙文敏帖　明貝　瓊　1228-369-　13
跋王逸老書八仙歌後　明貝　瓊　1228-369-　13
跋張承旨贈朱季誠隸古歌　明蘇伯衡　1228-714-　10
跋保母帖卷後　明蘇伯衡　1228-720-　10
跋朱文忠公和韋詩後　明蘇伯衡　1228-721-　10
題劉養浩鏡歌鼓吹曲　明蘇伯衡　1228-721-　10
朱文公書虞帝廟樂歌跋　明胡　翰　1229-　98-　8
　　　　　　　　　　　　　　　　1374-199-　45
范賢良帖跋　明胡　翰　1229-　99-　8
王右軍書東方朔贊跋　明胡　翰　1229-101-　8
懷素墨蹟跋　明胡　翰　1229-101-　8
米南宮書蘭亭禊帖跋　明胡　翰　1229-101-　8
王子端書胡麻賦跋　明胡　翰　1229-104-　8
跋張貞居自書帖　明王　紳　1229-441-　0
跋張旭春草帖　明王　紳　1229-441-　0
跋宋理宗御書後　明童　冀　1229-602-　2
跋王右軍十七帖墨本（二則）　明童　冀　1229-641-　4
跋吾子行墨蹟後　明徐一夔　1195-769-　附
　　　　　　　　　　　　　　　　1229-371-　14
題宋賢墨蹟　明徐一夔　1229-223-　6
題趙文敏公所書龍門泊省偈　明徐一夔　1229-225-　6
跋危內翰所撰炬法師塔銘後　明徐一夔　1229-225-　6
跋虞文靖公張外史墨蹟　明徐一夔　1229-274-　8
跋趙鄧虞黃帖後　明徐一夔　1229-274-　8
題雪庵臨蘭亭帖　明徐一夔　1229-274-　8
跋虞訢張三公墨蹟　明徐一夔　1229-275-　8
跋張貞居五帖後　明徐一夔　1229-372-　14
跋張貞居與毛起宗手批後　明徐一夔　1229-372-　14
題康里公書仙都生三大字後　明徐一夔　1229-373-　14
題黃文獻公所著墓銘初藁後　明徐一夔　1229-374-　14
跋張外史墨蹟　明徐一夔　1229-377-　14
跋王右軍墨蹟　明高　啓　1230-305-　4
跋松雪臨蘭亭　明高　啓　1230-305-　4
跋松雪書洛神賦　明高　啓　1230-305-　4
跋張長史春草帖　明高　啓　1230-306-　4
跋蘭亭　明高　啓　1230-306-　4
跋張外史自書雜詩　明高　啓　1230-306-　4
范魏公墨蹟歸復記　明王　行　1231-343-　4
跋端孝思草書　明王　行　1231-390-　8
題張繼孟所藏歐文後　明王　行　1231-395-　8
題陳子貞楷書後　明王　行　1231-396-　8
題小字蘭亭帖　明王　行　1231-450-　0
題歐陽信本醴泉銘後　明王　行　1231-450-　0
題趙子昂臨禊帖　明王　行　1231-451-　0
題大字洛神賦　明王　行　1231-451-　0
題張伯雨自書詩手卷　明王　行　1231-452-　0
題東坡書金剛經石刻　明王　行　1231-465-　0
書倪仲權所藏南軒先生墨蹟後　明烏斯道　1232-237-　4
書子昂墨蹟　明陳　謨　1232-684-　9
書文丞相燕南感興集杜四絕句後　明陳　謨　1232-686-　9
跋賜楊棟以下御札　明陳　謨　1232-687-　9
書蕭執所藏名公詩文卷後　明陳　謨　1232-690-　9
題蘇黃墨蹟　明陳　謨　1232-701-　9
敬跋御賜起居注臣韓變詩　明鄭　眞　1234-186-　35
跋宋高宗賜岳飛手詔（二則）　明鄭　眞　1234-186-　35
跋宋高宗御書孝經賜秦檜墨刻　明鄭　眞　1234-186-　35
跋宋高宗臨唐人帖墨刻　明鄭　眞　1234-186-　35
跋宋高宗臨晉帖御墨　明鄭　眞　1234-188-　35
跋楊慈湖墨跡　明鄭　眞　1234-192-　35
跋張從申玄靜先生碑　明鄭　眞　1234-192-　35
跋顏魯公書清遠道士詩　明鄭　眞　1234-193-　35

跋謝先生書叙千古文　　明鄭　眞　1234-193- 35　　跋顏魯公多寶塔銘　　明鄭　眞　1234-242- 40
跋謝彥實先生臨草書　　　　　　　　　　　　　　　跋唐晉帖　　　　　　明鄭　眞　1234-242- 40
　急就章　　　　　　明鄭　眞　1234-194- 35　　跋裴行儉帖　　　　　明鄭　眞　1234-242- 40
書宋故虛庵懷禪師題　　　　　　　　　　　　　　　跋玉枕蘭亭　　　　　明鄭　眞　1234-244- 40
　五世祖金剛普門經　　　　　　　　　　　　　　　跋智永眞草千文　　　明鄭　眞　1234-244- 40
　後　　　　　　　　明鄭　眞　1234-195- 35　　書金蘭帖後　　　　　明鄭　眞　1234-245- 40
題留夢炎與謝敬齋書　　　　　　　　　　　　　　　書道經後　　　　　　明鄭　眞　1234-245- 40
　親蹟　　　　　　　明鄭　眞　1234-197- 36　　跋宋高宗御墨爲吳道
跋柳公權書玄秘塔銘　明鄭　眞　1234-199- 36　　　延作　　　　　　　明鄭　眞　1234-246- 40
跋顏魯公爭座帖　　　明鄭　眞　1234-199- 36　　跋山陰遺墨　　　　　明練子寧　1235- 23- 下
跋顏魯公家廟碑　　　明鄭　眞　1234-199- 36　　跋笑隱遺墨　　　　　明練子寧　1235- 23- 下
題孔子廟堂碑（二則）明鄭　眞　1234-200- 36　　題大學篆書正文後　　明方孝孺　1235-523- 18
題皇甫君碑　　　　　明鄭　眞　1234-201- 36　　題王右軍遊目帖　　　明方孝孺　1235-525- 18
題化度寺碑　　　　　明鄭　眞　1234-201- 36　　書蘭亭墨本後　　　　明方孝孺　1235-526- 18
（跋）虞恭公碑　　　明鄭　眞　1234-201- 36　　題褚遂良書唐文皇帝
題黃庭經樂毅論　　　明鄭　眞　1234-201- 36　　　哀册墨蹟　　　　　明方孝孺　1235-526- 18
題昭仁寺碑　　　　　明鄭　眞　1234-201- 36　　　　　　　　　　　　　　　　　1406-451-365
跋史觀文與從姪菊屏　　　　　　　　　　　　　　題顏魯公書放生池石
　君帖　　　　　　　明鄭　眞　1234-220- 38　　　刻　　　　　　　　明方孝孺　1235-527- 18
跋史忠清公貽其兄判　　　　　　　　　　　　　　　　　　　　　　　　　　　　　1406-451-365
　部尙書墨跡　　　　明鄭　眞　1234-221- 38　　題宋孝宗題燈花詩後　明方孝孺　1235-527- 18
跋李西臺墨跡　　　　明鄭　眞　1234-221- 38　　題朱子手帖　　　　　明方孝孺　1235-528- 18
題張南軒先生手札後　明鄭　眞　1234-223- 38　　題趙子昂千字文帖　　明方孝孺　1235-529- 18
跋史氏父子問遺帖　　明鄭　眞　1234-224- 38　　題靈隱寺碑後　　　　明方孝孺　1235-529- 18
題洪制帥熹親帖　　　明鄭　眞　1234-224- 38　　題元諸儒帖　　　　　明方孝孺　1235-529- 18
題史忠清公帖　　　　明鄭　眞　1234-224- 38　　題賜宋愷顏魯公多寶
題孔子廟臨帖　　　　明鄭　眞　1234-225- 38　　　塔碑後　　　　　　明方孝孺　1235-530- 18
跋吳興趙公臨禊帖　　明鄭　眞　1234-227- 39　　題太史公手帖　　　　明方孝孺　1235-531- 18
跋歐陽率更九成宮帖　明鄭　眞　1234-230- 39　　題宋舍人篆書　　　　明方孝孺　1235-536- 18
跋虞世南孔子廟堂碑　明鄭　眞　1234-230- 39　　題宋舍人草書千字文
跋皇甫君碑　　　　　明鄭　眞　1234-230- 39　　　後　　　　　　　　明方孝孺　1235-536- 18
跋柳州羅池廟碑　　　明鄭　眞　1234-232- 39　　題宋仲王行草書自作
跋九成宮碑　　　　　明鄭　眞　1234-232- 39　　　詩　　　　　　　　明方孝孺　1235-536- 18
跋永禪師眞草千文　　明鄭　眞　1234-232- 39　　御書贊有序　　　　　明方孝孺　1235-558- 19
跋顏魯公多寶塔碑　　明鄭　眞　1234-232- 39　　　　　　　　　　　　　　　　　1407-726-470
跋九成宮碑　　　　　明鄭　眞　1234-233- 39　　定武蘭亭跋　　　　　明張宇初　1236-470- 4
跋皇甫君碑　　　　　明鄭　眞　1234-233- 39　　趙文敏眞書千文跋　　明張宇初　1236-470- 4
跋褚河南書　　　　　明鄭　眞　1234-233- 39　　張長史帖跋　　　　　明張宇初　1236-472- 4
跋歐陽率更九成宮碑　　　　　　　　　　　　　　　姚少師書蘇文忠公書
　（二則）　　　　　明鄭　眞　1234-235- 39　　　跋　　　　　　　　明張宇初　1236-472- 4
跋范太史五體千文石　　　　　　　　　　　　　　　俞紫芝草書千文跋　　明張宇初　1236-473- 4
　刻　　　　　　　　明鄭　眞　1234-235- 39　　題趙文敏公書韋蘇州
跋李靖上西岳神書眞　　　　　　　　　　　　　　　詩後　　　　　　　明唐之淳　1236-569- 3
　蹟（二則）　　　　明鄭　眞　1234-240- 40　　御書贊有序　　　　　明解　縉　1236-613- 2
跋汝帖　　　　　　　明鄭　眞　1234-242- 40　　跋王魯齋晉唐法帖　　明解　縉　1236-826- 16

子部 藝術類・字跋

篇目	作者	索引號
跋王右軍法帖	明解　縉	1236-827- 16
跋歐陽率更化度寺碑	明解　縉	1236-827- 16
跋李邕墨跡	明解　縉	1236-827- 16
跋蔡端明謝賜御書眞迹	明解　縉	1236-829- 16
跋蘇文忠公書	明解　縉	1236-829- 16
跋王仙都手書	明解　縉	1236-830- 16
跋文信國公手簡	明解　縉	1236-830- 16
再跋催請書	明解　縉	1236-831- 16
跋楚奇劉公與丘氏書幷梅南劉公跋	明解　縉	1236-831- 16
跋浮雲公墨跡	明解　縉	1236-832- 16
跋金幼孜所藏劉仲修書	明解　縉	1236-832- 16
自跋臨劉山陰書後二則	明解　縉	1236-833- 16
跋簡約兄所藏樵舍舟中書	明解　縉	1236-834- 16
題縛筆帖	明解　縉	1236-836- 16
書王修本遺墨後	明梁　潛	1237-412- 16
跋篆書千文後	明梁　潛	1237-420- 16
題宋理宗墨迹	明梁　潛	1237-421- 16
書胡忠簡公家書後	明胡　儼	518-249-143
題歐陽文忠公墨跡後	明楊士奇	518-250-143
		1238-102- 9
跋胡忠簡公封事藁	明楊士奇	518-250-143
		1238-111- 10
		1406-489-370
		1466-726- 59
跋趙子昂書東坡玄惠院海棠詩後	明楊士奇	1238-100- 9
書呂少卿所藏戒石銘後	明楊士奇	1238-103- 9
題晦菴先生墨跡後	明楊士奇	1238-103- 9
題劉士皆所藏時賢翰墨後	明楊士奇	1238-104- 9
題陳仲易先生墨跡後	明楊士奇	1238-104- 9
書沈學士所藏胡學士草書杜詩後	明楊士奇	1238-105- 9
題朱文公墨跡後	明楊士奇	1238-107- 9
		1406-470-367
題胡學士遺墨	明楊士奇	1238-110- 9
題絳帖後	明楊士奇	1238-110- 9
跋李靖西嶽書	明楊士奇	1238-111- 10
跋右軍十七帖	明楊士奇	1238-112- 10
跋王荊公詩	明楊士奇	1238-112- 10
題詹孟舉千文	明楊士奇	1238-116- 10
跋滕王閣序	明楊士奇	1238-116- 10
題劉仲修書虞揭詩後	明楊士奇	1238-120- 10
跋張旭草書	明楊士奇	1238-123- 10
跋懷素帖	明楊士奇	1238-123- 10
書千文後（二則）	明楊士奇	1238-128- 11
書化度寺碑後（二則）	明楊士奇	1238-129- 11
書皇甫君碑後（二則）	明楊士奇	1238-129- 11
書孔子廟堂碑後	明楊士奇	1238-130- 11
題戴氏所藏先賢遺墨後	明楊士奇	1238-131- 11
恭題賜都御史虞謙蘭亭墨本後	明楊士奇	1238-132- 11
題范危墨跡後	明楊士奇	1238-134- 11
跋松雪書鄧文原文	明楊士奇	1238-134- 11
恭題竇尚書所藏高廟御書後	明楊士奇	1238-575- 16
恭題馮敏所藏賜名御書後	明楊士奇	1238-576- 16
恭題仁廟御書後	明楊士奇	1238-578- 16
（跋）五雲方尺	明楊士奇	1238-601- 18
（跋）蘭亭樂毅	明楊士奇	1238-633- 20
（跋）絳帖	明楊士奇	1238-633- 20
（跋）不完絳帖	明楊士奇	1238-634- 20
（跋）玄秘塔銘	明楊士奇	1238-635- 20
（跋）多寶塔碑銘	明楊士奇	1238-635- 20
（跋）岳麓寺碑二帖（二首）	明楊士奇	1238-636- 20
（跋）雲麾將軍碑	明楊士奇	1238-636- 20
（跋）陶隱君茅山帖	明楊士奇	1238-636- 20
（跋）四體千文	明楊士奇	1238-636- 20
（跋）九成宮醴泉銘	明楊士奇	1238-637- 20
（跋）哀册文	明楊士奇	1238-637- 20
（跋）泰山李斯篆四帖	明楊士奇	1238-637- 20
（跋）松雪書	明楊士奇	1238-638- 20
（跋）寶晉齋帖二帖（二首）	明楊士奇	1238-638- 20
（跋）李北海書麓山寺碑	明楊士奇	1238-639- 20
（跋）玄靜先生碑	明楊士奇	1238-639- 20
虞恭公碑題與翰孫	明楊士奇	1238-639- 20
（跋）夢英千文	明楊士奇	1238-640- 20
（跋）鮮于伯幾眞草		

四庫全書文集篇目分類索引

千文後　　　　　　　　明楊士奇　1238-640-20
（跋）家刊千字文　　　明楊士奇　1238-640-20
（跋）勞略帖　　　　　明楊士奇　1238-640-20
絳帖題與昇姪　　　　　明楊士奇　1238-642-21
歐陽法帖寄姪孫奕奭　　明楊士奇　1238-642-21
（跋）賀捷表臨本　　　明楊士奇　1238-643-21
（跋）北京諸帖　　　　明楊士奇　1238-643-21
（跋）七觀帖三帖（三首）　明楊士奇　1238-643-21
（跋）孔子廟學記　　　明楊士奇　1238-644-21
（跋）北庭草書　　　　明楊士奇　1238-644-21
（跋）陝西座位帖二帖（二首）　明楊士奇　1238-644-21
題顏魯公書　　　　　　明楊士奇　1238-644-21
（跋）北京座位帖　　　明楊士奇　1238-644-21
（跋）詹孟舉書　　　　明楊士奇　1238-644-21
（跋）夫子廟堂記　　　明楊士奇　1238-645-21
（跋）米南宮二帖　　　明楊士奇　1238-645-21
（跋）子昂千文　　　　明楊士奇　1238-645-21
（跋）淳化帖三帖（三首）　明楊士奇　1238-645-21
（跋）右軍書　　　　　明楊士奇　1238-646-21
（跋）党懷英書　　　　明楊士奇　1238-647-21
題王氏父子書　　　　　明楊士奇　1238-647-21
（跋）顏書東方朔畫像贊碑二帖（二首）　明楊士奇　1238-648-21
（跋）黃庭經二帖　　　明楊士奇　1238-648-21
（跋）子昂十七帖　　　明楊士奇　1238-649-21
（跋）汝帖二帖　　　　明楊士奇　1238-649-21
（跋）洛神賦二帖　　　明楊士奇　1238-649-21
（跋）茅山崇禧萬壽宮碑　明楊士奇　1238-650-21
（跋）通波阡表　　　　明楊士奇　1238-650-21
（跋）智永千文　　　　明楊士奇　1238-650-21
（跋）蘭亭十四帖　　　明楊士奇　1238-651-21
（跋）玉枕蘭亭二帖　　明楊士奇　1238-652-21
（跋）漢魏唐元隸古　　明楊士奇　1238-653-21
（跋）陸伯暘草書後　　明楊士奇　1238-653-21
（跋）萃叔耕遺墨卷後　明楊士奇　1238-653-21
（跋）松雪書杜秋興五詩後　明楊士奇　1238-654-21
（跋）彭貫主事家藏先世書簡後　明楊士奇　1238-654-21
（跋）衛中書所集名書卷後　明楊士奇　1238-655-21
（跋）松雪墨跡後　　　明楊士奇　1238-655-21
（跋）陳文東書　　　　明楊士奇　1238-656-22
（跋）行書千文　　　　明楊士奇　1238-656-22
（跋）宋高宗御札後　　明楊士奇　1238-656-22
（跋）趙文敏公墨跡後　明楊士奇　1238-657-22
（跋）鄭孟宣書同氣詩後　明楊士奇　1238-657-22
（跋）子昂書畫錦堂記後　明楊士奇　1238-657-22
（跋）黃汝申摹宋陳草書卷後　明楊士奇　1238-658-22
山谷與雲岩禪師書墨跡後　明楊士奇　1238-658-22
周紀善所藏鮮于墨跡後　明楊士奇　1238-659-22
蘇文忠公父子及秦黃張晁諸賢帖後　明楊士奇　1238-659-22
宋賢帖後　　　　　　　明楊士奇　1238-659-22
宋克遺墨後　　　　　　明楊士奇　1238-659-22
（跋）宋賢墨蹟　　　　明楊士奇　1238-659-22
褚河南兒寬贊後　　　　明楊士奇　1238-659-22
歐陽率更夢奠墨蹟後　　明楊士奇　1238-660-22
丘氏所藏宋告身後　　　明楊士奇　1238-660-22
詹舍人書畫錦堂記後　　明楊士奇　1238-660-22
魯王書正固先生卷後　　明楊士奇　1238-675-23
趙文敏公書後　　　　　明楊士奇　1238-683-23
魯王書舊學贊有序　　　明楊士奇　1239-288-45
書蘭亭帖後　　　　　　明楊　榮　1240-231-15
書宋丞相文山遺墨後　　明楊　榮　1240-231-15
書趙松雪所書祐康山濤絕交書後　明楊　榮　1240-231-15
恭題仁宗御書卷後　　　明楊　榮　1240-237-15
題晦庵先生遺墨後　　　明楊　榮　1240-238-15
跋黃氏手澤後　　　　　明楊　榮　1240-246-15
太祖皇帝御書贊有序　　明金幼孜　1240-689-6
墨林清玩記　　　　　　明金幼孜　1240-802-8
書王修本先生遺墨後　　明金幼孜　1240-866-10
恭題仁廟御書後　　　　明金幼孜　1240-868-10
書方兵部賓所藏文公先生遺墨卷後　明金幼孜　1240-868-10
書獻陵宸翰後　　　　　明金幼孜　1240-869-10
題顏真卿遺墨後　　　　明金幼孜　1240-871-10
題朱晦庵先生遺墨卷

子部

藝術類：字跋

2080　　　　　　　　　四庫全書文集篇目分類索引

後	明金幼孜	1240-875-	10
書墨妙卷後	明金幼孜	1240-879-	10
跋周氏所藏先世遺墨卷後	明金幼孜	1240-879-	10
御書記	明王　直	1241- 3-	1
題文信國公墨蹟後	明王　直	1241-277-	12
恭題少師寒公所藏仁宗皇帝御製詩後	明王　直	1241-277-	12
題方御史所藏顏魯公坐右帖眞蹟	明王　直	1241-281-	12
題李恪所藏淳化帖第一卷後	明王　直	1241-284-	13
恭題少師楊公所藏宸翰後	明王　直	1241-285-	13
題東坡先生墨蹟後	明王　直	1241-285-	13
題柴侍郎所藏禊帖後	明王　直	1241-287-	13
題黃太史墨蹟後	明王　直	1241-287-	13
題李江州遺墨後	明王　直	1241-287-	13
題趙附馬所藏晦菴墨蹟	明王　直	1241-288-	13
題趙松雪墨蹟卷	明王　直	1241-291-	13
題先叔祖所書春帖下方	明王　直	1241-291-	13
題忠宣余公翰墨卷後	明王　直	1241-291-	13
跋趙松雪虞邵菴墨蹟後	明王　直	1241-294-	13
宜興吳氏所藏諸公翰墨序	明王　直	1241-486-	7
前賢墨蹟序	明王　直	1241-731-	17
題宋徽宗墨跡	明王　直	1242-348-	36
題宸翰卷後	明王　直	1242-348-	36
題蘭亭帖後	明王　直	1242-349-	36
題晦菴先生三帖後	明王　直	1242-352-	36
題先賢遺墨後	明王　直	1242-353-	36
題龐生所藏山谷書後	明王　直	1242-356-	36
題戴教諭所藏翰墨	明王　直	1242-356-	36
題趙松雪墨蹟	明王　直	1242-358-	36
跋解學士草書	明王　直	1242-358-	36
題孫中鼎映雪（軒記）後	明王　直	1242-361-	36
題鍾紹京墨蹟後	明王　直	1242-370-	36
題率更墨蹟後	明王　直	1242-371-	36
題鮮于墨蹟卷首	明王　直	1242-372-	36
題諸公詞翰卷首	明王　直	1242-372-	36
跋章繪副使先賢遺墨	明王　直	1242-375-	36
題端孝思草書引	明唐文鳳	1242-596-	5
跋唐人臨鍾繇戎路帖	明唐文鳳	1242-616-	7
		1375-319-	25
跋李忠定公遺墨	明唐文鳳	1242-616-	7
		1375-318-	25
跋諸葛武侯像贊	明唐文鳳	1242-618-	7
題鄭斗菴墨蹟後	明唐文鳳	1242-620-	7
跋張小山所書樂府	明唐文鳳	1242-621-	7
跋朱大同草書	明唐文鳳	1242-622-	7
跋白雲吳公詩	明唐文鳳	1242-623-	7
跋宋景濂杜叔循所撰書前太常丞呂仲善祖父墓銘後	明唐文鳳	1242-624-	7
跋唐人臨王子敬洛神賦	明唐文鳳	1242-624-	7
跋鮮于伯機草書	明唐文鳳	1242-625-	7
跋姜堯章趙子固所書定武本蘭亭帖後	明唐文鳳	1242-625-	7
跋楊彥華書虞文靖公蘇武慢詞後	明唐文鳳	1242-626-	7
題山谷書	明李時勉	1242-790-	8
跋周玘所藏先世手澤卷後	明李時勉	1242-791-	8
跋李懷琳稀康絕交書	明李時勉	1242-792-	8
題戴氏家藏先賢遺墨	明李時勉	1242-793-	8
題吏部尙書王公所藏趙秉文草書卷後	明李時勉	1242-795-	8
題褚遂良臨蘭亭帖	明李時勉	1242-795-	8
題沈少卿草書	明李時勉	1242-798-	8
題尹氏藏楊少師帖	明李時勉	1242-800-	8
書文丞相遺翰後	明薛瑄	1243-219-	11
書劉忠愍遺翰後	明薛瑄	1243-219-	11
家弟疇藏先世遺翰記	明劉　球	1243-478-	6
跋戴世所傳宋元名賢翰墨後	明劉　球	1243-646-	19
跋泉坡先生書	明倪　謙	1245-474-	24
跋嶽子山墨蹟	明倪　謙	1245-474-	24
跋李瑢書	明倪　謙	1245-475-	24
跋宋克溫所書趙松雪蘭亭十三跋	明倪　謙	1245-480-	24
跋米家書畫卷	明倪　謙	1245-480-	24
跋趙魏公書文賦	明倪　謙	1245-483-	24
跋英國公張懋先世遺墨卷	明倪　謙	1245-483-	24
跋趙駙馬所藏朱文公			

子部　藝術類：字跋

墨蹟　　　　　　　　　明倪　謙　1245-484- 24
跋楊文貞公書途中詩
　留別李勉菴　　　　明倪　謙　1245-487- 24
跋王文瑞公論李勉菴
　文手墨　　　　　　明倪　謙　1245-487- 25
跋高岡墨跡　　　　　明韓　雍　1245-768- 12
跋李祭酒遺墨　　　　明韓　雍　1245-769- 12
跋顧廷貴手卷　　　　明韓　雍　1245-769- 12
跋王元之簡墨　　　　明韓　雍　1245-770- 12
跋封溪草堂聯句墓　　明韓　雍　1245-770- 12
跋致仕魏家宰寄袁廉
　憲詩　　　　　　　明韓　雍　1245-772- 12
跋親賢遺墨卷後（二
　則）　　　　　　　明岳　正　1246-428- 8
題卞讓所藏趙松雪道
　德經後　　　　　　明岳　正　1246-428- 8
跋山谷書　　　　　　明岳　正　1246-429- 8
跋鮮于太常書　　　　明岳　正　1246-430- 8
跋范性眞行草篆隸帖　明鄭文康　1246-662- 17
跋謝克銘草書選唐詩
　帖　　　　　　　　明鄭文康　1246-663- 17
莊瑩中所藏趙子昂貫
　雲石鮮于伯機張天
　雨宋昌裔陳文東解
　縉紳墨蹟卷跋　　明張　寧　1247-463- 20
姚公綬古墨林卷跋　　明張　寧　1247-467- 20
文敏公書畫跋　　　　明張　寧　1247-468- 20
歐陽通書帖跋　　　　明張　寧　1247-468- 20
黃華老人王廷筠書畫
　跋　　　　　　　　明張　寧　1247-470- 20
法帖跋　　　　　　　明張　寧　1247-474- 20
解縉紳字帖跋　　　　明張　寧　1247-475- 20
歐文忠公墨蹟跋　　　明張　寧　1247-475- 20
董原德所藏宋元墨蹟
　跋　　　　　　　　明張　寧　1247-476- 20
趙文敏公書跋　　　　明張　寧　1247-476- 20
篆書卷跋　　　　　　明張　寧　1247-477- 20
徐時用所藏書問卷跋　明張　寧　1247-478- 20
左時翔各體書跋　　　明張　寧　1247-478- 20
趙松雪書洛神賦跋　　明張　寧　1247-479- 21
李建中書跋　　　　　明張　寧　1247-483- 21
張即之大字跋　　　　明張　寧　1247-483- 21
李員嶠士弘臨七帖跋　明張　寧　1247-485- 21
山谷書跋　　　　　　明張　寧　1247-486- 21
山谷小帖跋　　　　　明張　寧　1247-486- 21

宋書册跋　　　　　　明張　寧　1247-487- 21
仲彥暉所藏張即之書
　老柏行（跋）　　明張　寧　1247-488- 21
謝方順所藏趙文敏書
　洛神賦　　　　　　明張　寧　1247-488- 21
題文公先生手迹後　　明丘　濬　1248-420- 21
跋安成彭氏所藏盧溪
　手迹卷　　　　　　明丘　濬　1248-421- 21
題謝氏先人手書　　　明丘　濬　1248-423- 21
書楊文貞公墨蹟後　　明丘　濬　1248-424- 21
跋蘇東坡手書後　　　明徐　溥　1248-602- 3
跋晦庵遺墨　　　　　明何喬新　1249-292- 18
跋二老餘芳卷　　　　明何喬新　1249-295- 18
跋先兄本茂書蘇秦苦
　學事　　　　　　　明何喬新　1249-305- 18
跋晦庵眞蹟　　　　　明何喬新　1249-307- 18
跋蘇潁濱帖　　　　　明何喬新　1249-307- 18
題趙子昂書茅屋秋風
　詩後　　　　　　　明李東陽　1250-436- 40
跋韓給事所藏張汝弼
　草書卷後　　　　　明李東陽　1250-437- 40
跋馬柳之所藏二帖　　明李東陽　1250-438- 40
跋張汝弼書蔣玉山既
　醉軒詩卷　　　　　明李東陽　1250-438- 40
書賀氏先蹟後　　　　明李東陽　1250-440- 40
題山谷墨蹟後　　　　明李東陽　1250-442- 41
書宋諸賢墨跡後　　　明李東陽　1250-442- 41
　　　　　　　　　　　　　　　1406-529-375
跋存復先生遺墨　　　明李東陽　1250-446- 41
書碧落碑後　　　　　明李東陽　1250-447- 41
書米南宮眞蹟後　　　明李東陽　1250-448- 41
書蒙翁所藏黃老人眞
　蹟後　　　　　　　明李東陽　1250-449- 41
書林藻帖後　　　　　明李東陽　1250-449- 41
書虞邵庵墨蹟後　　　明李東陽　1250-450- 41
孝宗皇帝御（書）贊　明李東陽　1250-766- 73
題宋舍人草書後　　　明李東陽　1250-772- 73
題宋理宗御筆後　　　明李東陽　1250-776- 74
書趙松雪十七帖後　　明李東陽　1250-776- 74
書東萊先生手稿後　　明李東陽　1250-776- 74
　　　　　　　　　　　　　　　1456-403-299
書蒙翁書劉靜修詩後　明李東陽　1250-777- 74
跋聚芳亭卷　　　　　明李東陽　1250-779- 74
跋宋高宗御書養生論
　後　　　　　　　　明李東陽　1250-780- 74

子部 藝術類:字跡

篇目	作者	索引號
跋王守溪所藏古墨林卷	明李東陽	1250-780-74
書柳誠懸處州帖後	明李東陽	1250-781-74
跋米南宮墨蹟卷	明李東陽	1250-782-74
屠丹山詩卷（跋）	明李東陽	1250-782-74
書化度寺帖	明李東陽	1250-783-74
書先府君遺墨後	明李東陽	1250-783-74
書顏魯公祭文	明李東陽	1250-783-74
書陸中書所藏卷後	明李東陽	1250-783-74
書藏都憲手稿後	明李東陽	1250-785-74
恭題宣廟御製後	明倪 岳	1251-270-20
跋尚友二大字	明吳與弼	1251-588-12
跋饒烈給假歸帖	明吳與弼	1251-588-12
記虞氏書册	明朱存理	1251-602- 0
跋劉太中遺翰	明朱存理	1251-605- 0
笠澤金氏書册（跋）	明朱存理	1251-609- 0
題鮑庵詩後	明朱存理	1251-612- 0
題明良慶會卷後	明程敏政	1252-626-36
題先世文清公贊御書儒碩字後	明程敏政	1252-629-36
題張旭草書眞蹟	明程敏政	1252-630-36
書文丞相眞蹟後	明程敏政	1252-652-37
題元李雪菴大字後	明程敏政	1252-652-37
題唐賀鑑孝經眞帖後	明程敏政	1252-653-37
題東坡率子廉傳眞蹟後	明程敏政	1252-653-37
題雪樓遺墨後	明程敏政	1252-655-37
題吳庶子原博所藏放翁帖後	明程敏政	1252-658-37
題仇司訓東之所藏雪菴帖	明程敏政	1252-660-37
題趙子昂與天台楊處士書後	明程敏政	1252-660-37
書二沈墨蹟後	明程敏政	1252-675-38
題王克恭駙馬所贈程國輔卷後	明程敏政	1252-675-38
書汪道全所書千文後	明程敏政	1252-676-38
書鄭時雍草書千文後	明程敏政	1252-680-39
書朱子所書易繫辭後	明程敏政	1252-681-39
跋西門汪氏所藏名公翰墨	明程敏政	1252-681-39
題范文正公手書伯夷頌後	明程敏政	1252-684-39
書艾郎中所藏山谷眞蹟後	明程敏政	1252-688-39
書伊川先生眞蹟後	明程敏政	1252-689-39
書吳氏所藏先世遺墨後	明程敏政	1252-691-39
跋盧陵曾君所藏隸濱蘇公手帖	明程敏政	1252-697-39
書東海草書後	明程敏政	1252-699-39
跋羅一峰先生書宋文丞相答劉教授啓	明莊 㫤	1254-343-10
題宋丞相文公墨蹟後	明黃仲昭	1254-452- 4
跋陳登千文帖	明周 瑛	1254-792- 4
跋趙子昂墨蹟	明周 瑛	1254-792- 4
跋宋御書赤壁賦	明周 瑛	1254-792- 4
書晦翁法帖後	明周 瑛	1254-793- 4
恭題楊文貞公所書宣宗御製詩後	明吳 寬	1255-435-48
跋王允達藏宋仲珩草書	明吳 寬	1255-437-48
題賀大理與張用齋手帖	明吳 寬	1255-438-48
跋黃山谷草書李白贈懷素長歌	明吳 寬	1255-438-48
跋宋中興名臣手帖	明吳 寬	1255-439-48
跋啓南所藏黃山谷墨蹟	明吳 寬	1255-439-48
題王右軍東方朔贊大令洛神賦石本後	明吳 寬	1255-440-48
跋米海岳臨顏魯公坐位帖	明吳 寬	1255-440-48
跋宋虞忠肅公手帖	明吳 寬	1255-441-48
跋元諸家墨蹟	明吳 寬	1255-441-48
跋山谷書後漢人陰長生三詩	明吳 寬	1255-441-48
書舊題王駙馬草書千文後	明吳 寬	1255-442-48
題懷素自敘眞蹟	明吳 寬	1255-444-48
跋宋理宗御書賜鄭丞相詩後	明吳 寬	1255-445-49
題宋大慧禪師手帖	明吳 寬	1255-446-49
		1406-452-365
跋解學士筆舫銘	明吳 寬	1255-446-49
跋虞氏遺墨	明吳 寬	1255-447-49
跋趙吳興臨王右軍十七帖	明吳 寬	1255-448-49
跋陳秘書遺墨	明吳 寬	1255-448-49
跋鮮于困學草書後赤壁賦	明吳 寬	1255-448-49

四庫全書文集篇目分類索引　2083

篇目	朝代	卷	編號	頁
跋米南宮龍井記石本	明吳寬	1255-449-	49
跋元諸名公所書靜春堂詩集序等作後	明吳寬	1255-449-	49
題東坡遺張平陽詩眞蹟	明吳寬	1255-450-	49
題袁養福所書郭有道碑文	明吳寬	1255-450-	49
跋褚遂良書唐文皇哀册文	明吳寬	1255-451-	49
跋天全翁賞燈聯句	明吳寬	1255-451-	49
題王清獻公遺墨	明吳寬	1255-452-	49
跋山谷發願文	明吳寬	1255-452-	49
題宋四家書	明吳寬	1255-452-	49
題唐趙模摹集晉人千文	明吳寬	1255-452-	49
跋和靖處士小簡	明吳寬	1255-452-	49
題王右軍此事帖眞蹟	明吳寬	1255-453-	49
題楊鎭崖遺墨	明吳寬	1255-453-	49
跋東坡與蜀僧二帖	明吳寬	1255-454-	49
跋文信公過小青口詩遺墨	明吳寬	1255-454-	50
跋宋孝宗賜虞雍手詔	明吳寬	1255-455-	50
跋子昂臨義之十七帖	明吳寬	1255-456-	50
跋李西臺墨蹟	明吳寬	1255-456-	50
跋米南宮書宋宗室崇國公恬墓誌銘	明吳寬	1255-456-	50
再題所摹懷素自敍帖	明吳寬	1255-457-	50
跋東坡楚頌帖	明吳寬	1255-458-	50
跋蘇東坡書醉翁操	明吳寬	1255-459-	50
跋宋王盧溪先生遺墨	明吳寬	1255-460-	50
跋宋仲溫墨蹟	明吳寬	1255-460-	50
題歐陽文忠公遺墨	明吳寬	1255-460-	50
跋所摹東坡楚頌帖	明吳寬	1255-462-	50
跋夏憲副所藏褚河南書兒寬贊墨蹟	明吳寬	1255-465-	51
跋東坡墨蹟	明吳寬	1255-465-	51
跋張即之墨蹟	明吳寬	1255-467-	51
跋元人與朱澤民提學手簡	明吳寬	1255-468-	51
題韓都憲手札	明吳寬	1255-468-	51
題丘蒙泉與其子婿李士常御史手帖	明吳寬	1255-469-	51
跋眞西山與王周卿手帖	明吳寬	1255-470-	51
跋王光菴遺墨	明吳寬	1255-471-	51
跋劉參政與楊君謙手簡	明吳寬	1255-471-	51
跋李職方藏山谷草書	明吳寬	1255-471-	51
跋文信公硯銘	明吳寬	1255-471-	51
跋息菴書訓	明吳寬	1255-473-	53
題元人墨蹟	明吳寬	1255-473-	51
跋林居魯所藏鄧文肅公二帖	明吳寬	1255-473-	51
題虞邵菴趙子昂鄧文原諸家書後	明吳寬	1255-474-	52
跋三楊遺墨	明吳寬	1255-475-	52
跋趙文敏公手帖	明吳寬	1255-475-	52
跋所臨東坡二帖後	明吳寬	1255-476-	52
跋李提舉遺墨	明吳寬	1255-476-	52
跋魏元裕遺墨	明吳寬	1255-477-	52
跋趙松雪書紈扇賦	明吳寬	1255-478-	52
跋何翠谷藥案	明吳寬	1255-478-	52
跋山谷草書	明吳寬	1255-480-	52
跋文信公墨蹟	明吳寬	1255-480-	52
跋蘇子美草書老杜絕句	明吳寬	1255-483-	53
跋楊文貞公幷楊晞顏尙書遺墨後	明吳寬	1255-484-	53
題王荊公詩後	明吳寬	1255-485-	53
題朱陸二先生遺墨後	明吳寬	1255-486-	53
跋米原暉寓大姚村所書三詩	明吳寬	1255-486-	53
跋高閑草書千文	明吳寬	1255-487-	53
跋顏魯公祭文稿	明吳寬	1255-487-	53
跋趙松雪書王右軍四事	明吳寬	1255-488-	53
跋趙松雪補唐人臨王右軍三帖	明吳寬	1255-488-	53
跋黃山谷書南山懶殘和尚歌	明吳寬	1255-488-	53
跋蔡忠惠公謝賜御書詩眞蹟	明吳寬	1255-488-	53
跋宋仲溫草書	明吳寬	1255-491-	53
跋趙魏公臨智永眞草千文	明吳寬	1255-492-	54
題鍾繇眞蹟	明吳寬	1255-493-	54
跋滕用衡貞符頌	明吳寬	1255-493-	54
跋華栖碧手帖	明吳寬	1255-494-	54
跋楊文貞公與尤參議詩札	明吳寬	1255-495-	54

子部　藝術類：字跋

四庫全書文集篇目分類索引

子部　藝術類：字跋

篇目	朝代	作者	索引號
跋倪雲林詩	明吳	寬	1255-495- 54
跋范文公正道服贊	明吳	寬	1255-497- 54
跋范文公正與尹師魯手帖	明吳	寬	1255-497- 54
跋甲秀堂帖	明吳	寬	1255-498- 54
跋張朱二老生手帖	明吳	寬	1255-498- 54
題奐兒所藏王守溪詩墨後	明吳	寬	1255-499- 54
恭題院使王玉被賜藥方後	明吳	寬	1255-500- 54
跋葉文莊公手簡	明吳	寬	1255-500- 54
題解學士墨蹟	明吳	寬	1255-503- 55
跋舊所書白樂天詩	明吳	寬	1255-503- 55
跋宋賢四帖	明吳	寬	1255-505- 55
跋宋賢三帖	明吳	寬	1255-505- 55
跋宋賢五帖	明吳	寬	1255-505- 55
跋王右軍眞蹟	明吳	寬	1255-506- 55
跋王獻之眞蹟	明吳	寬	1255-506- 55
跋鮮于困學詩墨	明吳	寬	1255-507- 55
跋盧彥昭遺墨	明吳	寬	1255-507- 55
跋趙松雪乞藥手帖	明吳	寬	1255-508- 55
跋館閣諸老與沈民則學士小簡	明吳	寬	1255-508- 55
跋張東海雜書	明吳	寬	1255-508- 55
跋宋潛溪書所著鄭濂名解	明吳	寬	1255-509- 55
跋宋方二公墨蹟	明吳	寬	1255-509- 55
跋朱文公三帖	明吳	寬	1255-510- 55
跋元人墨蹟	明吳	寬	1255-510- 55
跋張樗寮墨蹟	明吳	寬	1255-511- 55
題李西涯翰墨卷後	明謝	遷	1256- 23- 2
題趙松雪墨跡	明謝	遷	1256- 24- 2
孝廟御書贊	明王	鏊	1256-470- 32
御書秘方贊	明王	鏊	1256-470- 32
跋葉文莊公手書	明王	鏊	1256-508- 35
題元人書	明王	鏊	1256-509- 35
跋眞西山墨蹟	明王	鏊	1256-509- 35
跋蘇子美臨懷素自敘帖	明王	鏊	1256-509- 35
題文丞相墨跡後	明王	鏊	1256-509- 35
跋李西臺書	明王	鏊	1256-510- 35
跋王霈書	明王	鏊	1256-510- 35
跋羲之墨跡	明王	鏊	1256-510- 35
跋獻之墨跡	明王	鏊	1256-510- 35
跋吳文定公與沈石田手札	明王	鏊	1256-511- 35
跋充道所藏朱文公書（二則）	明王	鏊	1256-511- 35
跋宋文丞相過小青口詩	明王	鏊	1256-513- 35
題魏鶴山杜範李心傳手札	明王	鏊	1256-514- 35
題趙子昂蘭亭十三帖	明王	鏊	1256-515- 35
鮮于伯機草書千文（跋）	明王	鏊	1256-515- 35
跋黃山谷草書墨蹟	明王	鏊	1256-515- 35
題張長史郎官廳壁記	明王	鏊	1256-516- 35
跋張長史草書	明王	鏊	1256-516- 35
跋張東海小草千文	明林	俊	1257-312- 28
跋李西涯墨蹟	明林	俊	1257-313- 28
跋武定侯所藏東所詞翰	明林	俊	1257-561- 11
恭跋太祖高皇帝宸翰	明林	俊	1257-561- 11
跋李文正公絕筆卷	明林	俊	1257-561- 11
詹丕遠二勒跋	明林	俊	1257-562- 11
題文山遺墨卷	明邵	寶	1258- 91- 10
東川墨蹟跋二首	明邵	寶	1258-234- 2
跋先師西涯公石刻華山圖歌卷	明邵	寶	1258-533- 9
跋沈大理草書	明邵	寶	1258-533- 9
跋顏魯公帖	明邵	寶	1258-534- 9
書王友右所書金剛經後	明邵	寶	1258-791- 9
跋白沙先生草書卷	明邵	寶	1258-792- 9
御書贊	明羅	玘	1259-279- 21
跋陸氏家藏東坡玉鼻騏公據卷	明羅	玘	1259-280- 21
			1456-413-300
跋歐陽公墨跡	明羅	玘	1259-282- 21
跋米元章書秦太虛龍井記石刻後	明史	鑑	1259-813- 6
宣宗章皇帝御書贊	明史	鑑	1259-818- 6
跋鍾元常薦焦季直表眞蹟	明祝允明		1260-714- 25
跋定武蘭亭	明祝允明		1260-714- 25
跋王方慶進唐臨晉帖	明祝允明		1260-714- 25
跋藏眞千文	明祝允明		1260-714- 25
跋褚摹右軍枯樹賦	明祝允明		1260-715- 25
跋東坡草書千文	明祝允明		1260-715- 25
			1406-489-370

四庫全書文集篇目分類索引　2085

跋米元章泛海等九帖	明祝允明	1260-715-	25	及觀音普門品經	明顧 璘	1263-609- 9
跋米九帖後又書	明祝允明	1260-716-	25	題王子新所書蘭亭卷		
跋東坡王仲儀哀辭	明祝允明	1260-716-	25	後	明顧 璘	1263-609- 9
跋蘇滄浪草	明祝允明	1260-716-	25	書蘭亭卷後	明顧 璘	1263-609- 9
跋米揚蘭亭	明祝允明	1260-716-	25	跋枝山所書古詩十九		
跋文潞公三帖	明祝允明	1260-716-	25	首藏文壽承家	明顧 璘	1263-611- 9
跋華光祿藏宋代遺墨	明祝允明	1260-717-	25	跋聖教序後	明潘希曾	1266-754- 8
跋蘇文忠五帖	明祝允明	1260-717-	25	跋定武蘭亭帖後	明潘希曾	1266-754- 8
跋米書天馬賦	明祝允明	1260-718-	25	跋孟英三碑後	明潘希曾	1266-754- 8
跋宋人聚帖	明祝允明	1260-718-	25	書輯序	明陸 深	1268-308- 50
跋山谷書李詩	明祝允明	1260-719-	25	書輯後序	明陸 深	1268-308- 50
跋宋儒林郎王大本遺				題所書後赤壁賦	明陸 深	1268-554- 86
墨	明祝允明	1260-719-	25	跋義獻六十四帖	明陸 深	1268-560- 87
跋趙子昂書文賦	明祝允明	1260-723-	26	再跋義獻六十帖	明陸 深	1268-561- 87
跋趙書團扇賦	明祝允明	1260-723-	26	跋趙子昂臨張長史京		
跋趙書韓詩	明祝允明	1260-723-	26	中帖	明陸 深	1268-561- 87
跋趙松雪管夫人與中				跋張翰宸書	明陸 深	1268-561- 87
峯手帖	明祝允明	1260-723-	26	跋東海草書卷二首	明陸 深	1268-562- 87
跋元末諸人帖	明祝允明	1260-725-	26	跋十七帖	明陸 深	1268-562- 87
跋太宰王先生藏饒參				再跋十七帖（二則）	明陸 深	1268-563- 87
政書罪言後	明祝允明	1260-725-	26	跋東書堂帖	明陸 深	1268-563- 87
跋元末國初人帖	明祝允明	1260-726-	26	再跋東書堂帖（二則）	明陸 深	1268-563- 87
跋沈書徐公歸田賦	明祝允明	1260-726-	26	跋唐人雙鉤大令帖	明陸 深	1268-564- 87
跋諸田藏賀氏帖	明祝允明	1260-729-	26	跋邊伯京草書千文	明陸 深	1268-566- 87
跋亡友劉嘉縝秀才手				跋所書黃甥良式綾卷	明陸 深	1268-567- 87
帖	明祝允明	1260-729-	26	跋鮮于伯機草書千文	明陸 深	1268-568- 88
寫各體書與顧司勳後				跋顏帖	明陸 深	1268-570- 88
系	明祝允明	1260-730-	26	又跋顏帖	明陸 深	1268-570- 88
跋爲葛汝敬書武功遊				跋淳化帖	明陸 深	1268-570- 88
靈巖山詞後	明祝允明	1260-730-	26	跋蘭亭	明陸 深	1268-570- 88
爲徐博士草書題卷後	明祝允明	1260-731-	26	跋解學士書卷	明陸 深	1268-575- 89
題草書後（三則）	明祝允明	1260-731-	26	跋米元章書卷	明陸 深	1268-575- 89
書與王希賢秀才寫卷				跋所書陸放翁詩	明陸 深	1268-576- 89
後跋	明祝允明	1260-732-	26	跋忠賢遺墨卷	明陸 深	1268-578- 89
杭州奎上人署書贊	明祝允明	1260-738-	27			1456-417-300
題苞葿墨蹟卷後	明顧 清	1261-637-	24	跋所書瞿勗學召詩卷	明陸 深	1268-580- 89
書張長史草書後	明顧 清	1261-638-	24	書輯跋	明陸 深	1268-580- 90
書王元徵小篆道德經				跋宋人臨閣帖	明陸 深	1268-581- 90
後	明顧 清	1261-639-	24	跋定武蘭亭卷	明陸 深	1268-725- 10
書文山眞跡後	明顧 清	1261-639-	24	文山墨蹟跋	明鄭善夫	1269-197- 16
跋龔襲時望所藏文徵				高時葦眞蹟跋	明鄭善夫	1269-198- 16
仲邵二泉書二首	明顧 璘	1263-608-	9	連壁卷跋	明鄭善夫	1269-201- 16
書吳文定臨懷素自叙				游藝卷跋	明鄭善夫	1269-201- 16
帖後	明顧 璘	1263-609-	9	東巡懷草跋	明鄭善夫	1269-201- 16
跋石亭陳子所書心經				慰退思卷跋	明鄭善夫	1269-201- 16

子部　藝術類：字跋

子部 藝術類:字跡

木軒墨跡記	明韓邦奇	1269-376- 3
跋趙文敏公書巫山詞	明楊 慎	1270- 98- 10
跋李陽冰篆書謙卦爻辭	明楊 慎	1270- 99- 10
跋七姬帖	明楊 慎	1270-101- 10
		1406-491-370
跋自書小楷春興詩	明楊 慎	1270-102- 10
跋拙書復謝雲東	明孫承恩	1271-465- 34
跋范文正公遺墨後	明林文俊	1271-829- 9
題黃庭不全本	明文徵明	1273-146- 21
跋楊凝式草書	明文徵明	1273-147- 21
跋李少卿帖（二則）	明文徵明	1273-147- 21
跋東坡楚頌帖眞跡	明文徵明	1273-148- 21
題石本汝南帖後	明文徵明	1273-148- 21
跋家藏趙魏公二體千文	明文徵明	1273-149- 21
跋家藏坐位帖	明文徵明	1273-149- 21
題七姬權厝志後張羽文宋克書盧熊篆	明文徵明	1273-150- 21
跋送黎思言二帖石本	明文徵明	1273-150- 21
跋山谷書陰長生詩	明文徵明	1273-150- 21
題趙魏公二帖	明文徵明	1273-151- 21
題趙松雪千文	明文徵明	1273-152- 21
跋沈仲說小簡	明文徵明	1273-152- 21
跋林藻深慰帖	明文徵明	1273-152- 21
龍茶錄考	明文徵明	1273-153- 21
跋東坡五帖叔黨一帖	明文徵明	1273-154- 21
跋倪元鎭二帖	明文徵明	1273-155- 21
跋趙松雪四帖	明文徵明	1273-155- 21
題吳仲仁春遊詩卷後	明文徵明	1273-158- 22
題歐公二小帖後	明文徵明	1273-158- 22
題李西臺千文	明文徵明	1273-158- 22
題玉枕蘭亭	明文徵明	1273-159- 22
題趙仲光梅花雜咏	明文徵明	1273-161- 22
跋唐李懷琳絕交書	明文徵明	1273-161- 22
題東坡墨蹟	明文徵明	1273-163- 22
跋東坡學士院批答	明文徵明	1273-163- 22
題蘇滄浪詩帖	明文徵明	1273-166- 23
題趙松雪書洪範并圖	明文徵明	1273-167- 23
題張即之書進學解	明文徵明	1273-168- 23
昭陵寶墨序	明羅洪先	1275-232- 11
跋顏魯公帖	明羅洪先	1406-492-370
張氏墨蹟跋	明皇甫汸	1275-908- 60
書王明齋卷	明唐順之	1276-480- 12
跋異僧書心經碑後	明唐順之	1406-491-370
跋李懷琳書絕交書後	明唐順之	1406-492-370
鮮于伯機詩記眞蹟跋	明王世貞	506-694-112
		1281-186-131
鍾太傅季直表贊	明王世貞	1280-630-102
右軍大熱帖眞蹟贊	明王世貞	1280-630-102
右軍此月帖贊	明王世貞	1280-631-102
右軍淡悶帖贊	明王世貞	1280-631-102
褚河南哀册文贊	明王世貞	1280-631-102
題池上篇彭孔嘉錢叔寶書畫後	明王世貞	1281-164-129
（跋）文待詔詩帖	明王世貞	1281-164-129
贈梁伯龍長歌後	明王世貞	1281-165-129
題趙承旨畫陶令像鮮于太常書歸去來辭及余所作長歌後	明王世貞	1281-166-129
題所書贈莫山人卷後	明王世貞	1281-167-129
跋所書梁公實墓表哀辭及詩後	明王世貞	1281-167-129
鍾太傅薦季直表（二則）	明王世貞	1281-169-130
右軍三帖跋	明王世貞	1281-170-130
題唐虞永興汝南公主墓銘藁眞蹟後	明王世貞	1281-171-130
（題）褚河南哀册文	明王世貞	1281-171-130
又題哀册文	明王世貞	1281-172-130
（跋）懷素千字文（二則）	明王世貞	1281-172-130
（跋）宗室家懷素千文	明王世貞	1281-173-130
（跋）顏魯公書送裴將軍詩（二則）	明王世貞	1281-173-130
（跋）柳誠懸書蘭亭詩文（二則）	明王世貞	1281-174-130
（跋）雜古墨蹟	明王世貞	1281-174-130
（跋）范忠宣公諸勅	明王世貞	1281-174-130
（跋）宋先司諫公告身眞蹟（二則）	明王世貞	1281-175-130
（跋）范文正公手書伯夷頌	明王世貞	1281-176-130
（跋）范文正與尹舍人書	明王世貞	1281-176-130
（跋）范文正道服贊	明王世貞	1281-176-130
（跋）雜宋元墨蹟	明王世貞	1281-176-130
（跋）宋賢遺墨	明王世貞	1281-177-130
（跋）蘇滄浪眞蹟	明王世貞	1281-177-130

（跋）蔡蘇黃米趙帖　明王世貞　1281-177-130
（跋）東坡書煙江疊嶂圖歌　明王世貞　1281-178-130
（跋）山谷雜帖　明王世貞　1281-178-130
山谷卷後　明王世貞　1281-178-130
題山谷卷後　明王世貞　1281-178-130
（跋）山谷老人此君軒詩（二則）　明王世貞　1281-178-130
（跋）山谷書墨竹賦　明王世貞　1281-179-130
題米南宮書後　明王世貞　1281-179-130
（跋）翠微居士眞蹟　明王世貞　1281-179-130
（跋）薛道祖蘭亭二絕　明王世貞　1281-179-130
（跋）宋高宗養生論　明王世貞　1281-180-130
（跋）范文穆吳中田園雜興卷　明王世貞　1281-180-130
張即之書後（二則）　明王世貞　1281-180-130
（跋）趙子昂枯樹賦眞蹟（二則）　明王世貞　1281-182-131
（跋）趙吳興小楷法華經　明王世貞　1281-183-131
（跋）趙吳興大通閣記　明王世貞　1281-183-131
（跋）趙吳興心經眞蹟　明王世貞　1281-184-131
（跋）趙文敏書濟禪師塔銘　明王世貞　1281-184-131
（跋）趙文敏書詹舍人告　明王世貞　1281-184-131
（跋）趙文敏公行書　明王世貞　1281-184-131
（跋）趙子昂二帖後　明王世貞　1281-184-131
（跋）趙文敏公篆書千文（二則）　明王世貞　1281-185-131
（跋）趙魏公千文篆書　明王世貞　1281-185-131
（跋）趙文敏公于歸帖　明王世貞　1281-185-131
（跋）鮮于伯機千文　明王世貞　1281-186-131
（跋）楊鐵厓卷　明王世貞　1281-186-131
明宋太史手書鄭濂名解後　明王世貞　1281-186-131
（跋）宋仲珩方希直書　明王世貞　1281-186-131
（跋）宋克急就章　明王世貞　1281-187-131
（跋）宋仲溫書畫帖　明王世貞　1281-187-131
（跋）俞紫芝急就章　明王世貞　1281-187-131
（跋）凌中丞書金剛經　明王世貞　1281-188-131
（跋）凌中丞臨子敬洛神賦　明王世貞　1281-188-131
（跋）沈民望姜堯章續書譜　明王世貞　1281-188-131
（跋）天全翁卷　明王世貞　1281-188-131
（跋）靈巖勝遊卷　明王世貞　1281-189-131
（跋）徐天全二札　明王世貞　1281-189-131
（跋）徐天全詞　明王世貞　1281-189-131
（跋）名賢遺墨　明王世貞　1281-189-131
（跋）三吳墨妙　明王世貞　1281-190-131
（跋）三吳楷法十册　明王世貞　1281-190-131
（跋）李文正陸文裕墨蹟卷　明王世貞　1281-193-132
（跋）李文正詞翰卷　明王世貞　1281-193-132
（跋）張東海册　明王世貞　1281-194-132
（跋）桑民懌卷　明王世貞　1281-194-132
（跋）李范庵卷　明王世貞　1281-194-132
（跋）金元玉卷　明王世貞　1281-194-132
（跋）雜帖　明王世貞　1281-194-132
（跋）祝希哲小簡　明王世貞　1281-194-132
（跋）祝京兆卷　明王世貞　1281-195-132
（跋）祝京兆雜詩　明王世貞　1281-195-132
（跋）枝山艷詩　明王世貞　1281-195-132
（跋）祝京兆季靜園亭卷　明王世貞　1281-195-132
（跋）祝京兆卷　明王世貞　1281-195-132
（跋）祝京兆秋興八首爲王明輔題　明王世貞　1281-195-132
（跋）京兆雜詩卷　明王世貞　1281-195-132
（跋）希哲草書月賦（二則）　明王世貞　1281-195-132
（跋）祝枝山李詩　明王世貞　1281-196-132
（跋）京兆書杜紫薇詩　明王世貞　1281-196-132
題祝京兆眞蹟(二則)　明王世貞　1281-196-132
（跋）茂苑菁華卷　明王世貞　1281-197-132
（跋）文太史三詩　明王世貞　1281-197-132
（跋）文太史四體千文　明王世貞　1281-197-132
（跋）文待詔游白下詩　明王世貞　1281-197-132
文太史書進學解後　明王世貞　1281-197-132

子部　藝術類：字跋

篇目	作者	編號
（跋）文太史絕句卷	明王世貞	1281-198-132
（跋）文太史三體書	明王世貞	1281-198-132
（跋）文太史三詩後	明王世貞	1281-198-132
（跋文太史小楷書）趙飛燕外傳	明王世貞	1281-198-132
（跋）徐髯仙墨蹟	明王世貞	1281-198-132
雜書畫册總跋	明王世貞	1281-199-132
（跋）王履吉五憶圖歌	明王世貞	1281-199-132
（跋）王雅宜書雜詠卷	明王世貞	1281-199-132
（跋）王履吉白雀帖	明王世貞	1281-199-132
（跋）王雅宜長恨歌後	明王世貞	1281-199-132
（跋）王履吉書江文通擬古詩	明王世貞	1281-200-132
（跋）陳道復赤壁賦卷	明王世貞	1281-200-132
（跋）朱射陂卷	明王世貞	1281-200-132
（跋）馬太史卷	明王世貞	1281-200-132
（跋）陳子兼卷	明王世貞	1281-200-132
（跋）陳子兼詩膽卷	明王世貞	1281-200-132
（跋）俞仲蔚書	明王世貞	1281-201-132
（跋）俞仲蔚書金剛經	明王世貞	1281-201-132
（跋）楊秘圖雜詩	明王世貞	1281-201-132
（跋）陳鳴野詩	明王世貞	1281-201-132
（跋）外國書旅獒卷	明王世貞	1281-202-132
（跋）扇卷（甲之一至四）	明王世貞	1281-202-132
（跋）扇卷（乙之一至五）	明王世貞	1281-203-132
淳化閣帖十跋	明王世貞	1281-206-133
淳化閣帖後	明王世貞	1281-211-133
（跋）淳化殘帖	明王世貞	1281-212-133
（跋）大觀太清樓帖	明王世貞	1281-212-133
（跋）絳帖	明王世貞	1281-212-133
（跋）汝帖	明王世貞	1281-213-133
（跋）東書堂帖	明王世貞	1281-213-133
（跋）寶賢堂集古法帖	明王世貞	1281-213-133
（跋）眞賞齋帖	明王世貞	1281-214-133
（跋）廬山陳氏甲秀堂帖	明王世貞	1281-214-133
（跋）文氏停雲館帖		
十跋	明王世貞	1281-214-133
（跋）秦相嶧山碑	明王世貞	1281-218-134
（跋）蔡中郎書夏仲兗碑	明王世貞	1281-219-134
（跋）皇象天發碑	明王世貞	1281-219-134
（跋）急就章	明王世貞	1281-220-134
又（跋受禪勸進）二碑	明王世貞	1281-220-134
（跋）鍾太傅賀捷表	明王世貞	1281-221-134
（跋）宋搨蘭亭帖（四則）	明王世貞	1281-221-134
題宋搨褚模禊帖（二則）	明王世貞	1281-222-134
（跋）宋搨蘭亭帖	明王世貞	1281-223-134
（跋）蘭亭肥本	明王世貞	1281-224-134
（跋）周邸東書堂禊帖	明王世貞	1281-224-134
（跋）王右軍草書蘭亭記	明王世貞	1281-224-134
題宋搨黃庭經後	明王世貞	1281-225-134
（跋）舊搨黃庭經	明王世貞	1281-225-134
（跋）右軍筆陣圖	明王世貞	1281-225-134
題右軍十七帖	明王世貞	1281-226-134
宋搨臨江二王帖後	明王世貞	1281-226-134
（跋）聖教序（二則）	明王世貞	1281-227-134
（跋）攝山栖霞寺碑	明王世貞	1281-227-134
（跋）王子敬洛神賦	明王世貞	1281-228-134
（跋）子敬辭尚書令帖	明王世貞	1281-228-134
（跋）瘞鶴銘（二則）	明王世貞	1281-228-134
（跋）陶隱居入山帖	明王世貞	1281-229-134
（跋）大佛寺碑	明王世貞	1281-229-134
（跋）智永眞草千文	明王世貞	1281-230-134
（跋）唐文皇屏風帖	明王世貞	1281-231-135
唐玄宗御書太山銘後（二則）	明王世貞	1281-231-135
（跋唐玄宗書）孝經	明王世貞	1281-232-135
唐文皇告少林寺書（跋）	明王世貞	1281-233-135
題武后書昇仙太子碑帖後	明王世貞	1281-233-135
（跋）孔子廟堂碑（二則）	明王世貞	1281-233-135
（跋）九成宮醴泉銘（三則）	明王世貞	1281-233-135

四庫全書文集篇目分類索引

（跋）趙摸千文　明王世貞　1281-235-135
（跋）褚書聖教序記　明王世貞　1281-235-135
（跋）碧落碑　明王世貞　1281-235-135
（跋）御史臺精舍銘　明王世貞　1281-236-135
（跋）張旭肚痛帖　明王世貞　1281-236-135
（跋）張長史郎官壁記　明王世貞　1281-236-135
（跋）心經　明王世貞　1281-237-135
（跋）裴淮少林寺碑　明王世貞　1281-237-135
（跋）李北海娑羅樹碑　明王世貞　1281-237-135
（跋）孫過庭書譜　明王世貞　1281-238-135
（跋）徐浩心經　明王世貞　1281-238-135
（跋）嵩陽觀記聖德感應頌　明王世貞　1281-238-135
（跋）懷素千字文　明王世貞　1281-239-135
（跋）懷素自敘帖　明王世貞　1281-239-135
（跋）懷素聖母帖　明王世貞　1281-239-135
（跋）懷素藏眞帖　明王世貞　1281-239-135
（跋）恒山祠記　明王世貞　1281-239-135
（跋）中興頌　明王世貞　1281-240-135
（跋）多寶佛塔碑　明王世貞　1281-240-135
（跋）元次山墓碑帖　明王世貞　1281-241-135
（跋）八關齋功德記　明王世貞　1281-241-135
（跋）千祿字碑　明王世貞　1281-241-135
（跋）與郭僕射爭坐位帖（二則）　明王世貞　1281-242-135
（跋）顏魯公祭姪文　明王世貞　1281-242-135
（跋）祭豪州刺史伯父文　明王世貞　1281-242-135
（跋）楚金碑　明王世貞　1281-243-135
（跋）柳尚書僕射諸葛武侯祠記　明王世貞　1281-243-135
（跋）玄秘塔碑　明王世貞　1281-245-136
（跋）集柳書普照寺碑　明王世貞　1281-245-136
（跋）僧彥脩帖　明王世貞　1281-246-136
（跋）宋蔡忠惠萬安橋記　明王世貞　1281-246-136
跋蔡端明荔枝譜　明王世貞　1281-246-136
（跋）畫錦堂記　明王世貞　1281-246-136
（跋）淮瀆廟記　明王世貞　1281-247-136
（跋）宋眞宗先天太后贊　明王世貞　1281-247-136
（跋）嵩嶽廟碑銘　明王世貞　1281-247-136
（跋）大觀御製五禮記　明王世貞　1281-247-136
（跋）醉翁豐樂二亭記　明王世貞　1281-247-136
（跋）荔枝丹帖　明王世貞　1281-247-136
（跋）蘇書三十六峯賦帖　明王世貞　1281-248-136
（跋）蘇書歸去來辭帖　明王世貞　1281-248-136
（跋）表忠觀碑　明王世貞　1281-248-136
（跋）東坡陶詩帖　明王世貞　1281-248-136
（跋）蘇書連昌宮辭帖　明王世貞　1281-248-136
（跋）蘇書中山松醪賦帖　明王世貞　1281-249-136
（跋）東坡絕句松醪賦帖　明王世貞　1281-249-136
（跋）馬券帖　明王世貞　1281-249-136
（跋）東坡告史全節語帖　明王世貞　1281-249-136
（跋）東坡雜帖　明王世貞　1281-249-136
（跋）東坡詞　明王世貞　1281-249-136
（跋）寄文與可絕句三十首　明王世貞　1281-249-136
（跋）蘇長公行草醉翁亭記　明王世貞　1281-250-136
（跋）山谷書狄梁公碑　明王世貞　1281-250-136
（跋）山谷中興頌碑後詩　明王世貞　1281-250-136
（跋）山谷書東坡大江東去帖　明王世貞　1281-250-136
（跋）山谷七祖山詩　明王世貞　1281-250-136
（跋）山谷書東坡卜筭子詞帖　明王世貞　1281-251-136
（跋）食時五觀帖　明王世貞　1281-251-136
（跋）涪翁雜帖　明王世貞　1281-251-136
（跋）廬山高歌　明王世貞　1281-251-136
（跋）蔡卞靈巖寺疏　明王世貞　1281-251-136
（跋）蔡卞曹娥碑　明王世貞　1281-251-136
（跋）米南宮天馬賦　明王世貞　1281-251-136
（跋）米南宮雜帖　明王世貞　1281-251-136
（跋）米元暉夫子廟記　明王世貞　1281-252-136
（跋）趙子昂帖　明王世貞　1281-252-136

子部 藝術類：字跡

（跋）趙子昂雜帖　明王世貞　1281-252-136
（跋）趙吳興佑聖觀記推官廳記　明王世貞　1281-252-136
（跋）番君廟碑　明王世貞　1281-253-136
（跋）虞文靖垂虹橋記　明王世貞　1281-253-136
（跋）重建廬山東林禪寺記　明王世貞　1281-253-136
（跋）孫眞人碑　明王世貞　1281-253-136
（跋）馬丹陽碑　明王世貞　1281-254-136
（跋）王重陽仙跡記　明王世貞　1281-254-136
（跋）雪菴茶榜　明王世貞　1281-254-136
（跋）杜待制書清眞觀碑　明王世貞　1281-254-136
（跋）明宋璲書千文　明王世貞　1281-254-136
（跋）俞紫芝四體千文　明王世貞　1281-254-136
（跋）宋克前後出塞詩　明王世貞　1281-255-136
（跋）七姬帖　明王世貞　1281-255-136
（跋）枝山十九首帖　明王世貞　1281-255-136
（跋）祝書唐初諸君子帖　明王世貞　1281-255-136
（跋）祝京兆味泉賦帖　明王世貞　1281-255-136
（跋）祝書王文恪公墓誌銘　明王世貞　1281-255-136
（跋）祝書毛中丞夫人墓誌銘　明王世貞　1281-255-136
（跋）祝京兆六體帖　明王世貞　1281-255-136
（跋）君子亭記　明王世貞　1281-255-136
（跋）華氏義田記　明王世貞　1281-256-136
（跋）陳道復書畫　明王世貞　1281-277-138
琅琊法書摹跡集序　明王世貞　1282-577- 44
書破邪論序　明王世貞　1284-252-156
（題）虛一書觀世音大士行實後　明王世貞　1284-263-156
題趙松雪中峯老人行道歌後　明王世貞　1284-266-156
跋四十二章經　明王世貞　1284-266-156
趙吳興小楷圓覺了義經跋　明王世貞　1284-266-156
（題）趙吳興手書圓覺經後　明王世貞　1284-267-156
（題）嚴文靖臨趙文敏四十二章經後　明王世貞　1284-267-156
（題）王閣老書佛祖傳燈偈　明王世貞　1284-267-156
（題）周公瑕書黃庭內景經　明王世貞　1284-269-157
（題）解大紳書黃庭經　明王世貞　1284-270-157
（題）王逢年書黃庭外景經　明王世貞　1284-271-157
（題）程孟儒揚右軍黃庭內外景經　明王世貞　1284-271-157
（題）黃老黃庭經　明王世貞　1284-272-157
（題）黃庭經合右軍墨刻松雪墨蹟　明王世貞　1284-272-157
（題）文待詔書常清靜經老子傳　明王世貞　1284-272-157
趙吳興書陰符經後（二則）　明王世貞　1284-273-157
（題）徐太僕藏仙師篆陰符經　明王世貞　1284-274-157
（題）紫姑仙書陰符經　明王世貞　1284-274-157
（題）周公瑕書道德經（二則）　明王世貞　1284-275-157
（題）章藻書老子要語後　明王世貞　1284-277-157
（題）王元馭書仙師批點黃庭道德二經　明王世貞　1284-277-157
（題）王學士書黃庭經　明王世貞　1284-277-157
題趙松雪書大洞玉經　明王世貞　1284-278-157
（題）趙松雪玉樞經　明王世貞　1284-278-157
（題）章仲玉書大洞玉經　明王世貞　1284-279-157
（題）莫廷韓書參同契　明王世貞　1284-280-157
（跋）敬美書陰符經金碧古文龍虎上經　明王世貞　1284-282-158
（跋）卣仙書陰符經　明王世貞　1284-282-158
（題）虛一書太上內觀明道經　明王世貞　1284-283-158
（跋）宋揚黃庭經　明王世貞　1284-295-158
（跋）程孟瞿黃庭經　明王世貞　1284-295-158
題祝希哲詩後　明王世貞　1284-319-160
汪禹乂與子書後　明王世貞　1284-319-160

四庫全書文集篇目分類索引　2091

韓氏藏祝京兆所濟記及袁永之詩後　明王世貞　1284-321-160
（跋）右軍鵝不佳帖　明王世貞　1284-325-161
（跋）王大令送梨帖　明王世貞　1284-326-161
虞世南汝南公主墓碑眞蹟第三跋　明王世貞　1284-326-161
（跋）隋賢書出師頌　明王世貞　1284-326-161
（跋）褚臨蘭亭眞跡　明王世貞　1284-327-161
（跋）顏魯公書竹山潘氏堂聯句　明王世貞　1284-327-161
徐騎省篆書千文後　明王世貞　1284-328-161
（跋）林和靖雜詩　明王世貞　1284-328-161
（跋）范文正道服贊　明王世貞　1284-329-161
又題伯夷頌　明王世貞　1284-329-161
（跋）范忠宣告身後　明王世貞　1284-329-161
（跋）六大家十二帖　明王世貞　1284-329-161
（跋）宋名公二十帖　明王世貞　1284-330-161
東坡手書四古體後　明王世貞　1284-332-161
（跋）蘇子瞻札　明王世貞　1284-333-161
（跋）蘇長公書歸去來辭眞蹟　明王世貞　1284-333-161
（跋）坡老洞庭春色中山松醪二賦　明王世貞　1284-334-161
（跋）山谷書昌黎詩　明王世貞　1284-334-161
（跋）山谷伏波神祠詩臨本　明王世貞　1284-334-161
（跋）薛道祖墨蹟　明王世貞　1284-334-161
（跋）薛道祖三帖卷（二則）　明王世貞　1284-335-161
（跋）米元章跋奕碁圖　明王世貞　1284-335-161
（跋）米元章尺牘　明王世貞　1284-336-161
（跋）羔羊居士飲中八仙歌　明王世貞　1284-336-161
（跋）宋徐內翰小楷蓮經　明王世貞　1284-336-161
（跋）宋元人墨蹟　明王世貞　1284-336-161
（跋）張即之老柏行　明王世貞　1284-336-161
（跋）張即之書杜詩　明王世貞　1284-337-161
又（跋張即之）老柏行　明王世貞　1284-337-161
（跋）宋司馬溫公梅都官王荊公王都尉墨蹟　明王世貞　1284-337-161
（跋）米趙四帖　明王世貞　1284-337-161

題孔炎所藏宋仲溫絕句後　明王世貞　1284-338-161
（跋）蘇長公三絕句　明王世貞　1284-338-161
題詹侍御馬麟楙鮮于機歌行眞蹟後　明王世貞　1284-338-161
題米元暉手書詩後　明王世貞　1284-339-161
（跋）趙松雪書千文（二則）　明王世貞　1284-340-162
（跋）趙松雪書歸去來辭（二則）　明王世貞　1284-340-162
（跋）趙松雪書歸田賦　明王世貞　1284-341-162
（跋）趙松雪行書唐詩　明王世貞　1284-342-162
（跋）趙松雪墨蹟　明王世貞　1284-342-162
（跋）趙松雪洛神賦　明王世貞　1284-342-162
（跋）趙松雪手書十五詩後　明王世貞　1284-342-162
（跋）趙松雪書秋聲賦　明王世貞　1284-343-162
（跋）趙吳興管夫人仲穆三札　明王世貞　1284-343-162
（跋）鮮于伯機游高亭嚴詩記　明王世貞　1284-343-162
（跋）鮮于伯機雜詩　明王世貞　1284-343-162
（跋）趙吳興詩蹟　明王世貞　1284-344-162
（跋）元名人墨蹟　明王世貞　1284-344-162
（跋）虞伯生賜碑贊　明王世貞　1284-346-162
（跋）虞道園詩　明王世貞　1284-347-162
（跋）虞貫二學士詩蹟　明王世貞　1284-347-162
（跋）柯敬仲十九首　明王世貞　1284-347-162
（跋）張伯雨書諸公贈言　明王世貞　1284-347-162
（跋）趙吳興眞草千文後　明王世貞　1284-347-162
（跋）俞和張伯雨眞蹟　明王世貞　1284-347-162
（跋）楊鐵崖眞蹟　明王世貞　1284-348-162
（跋）明唐宋二子墨蹟　明王世貞　1284-348-162
（跋）宋克書張良史筆意　明王世貞　1284-348-162
（跋）吳中諸帖　明王世貞　1284-349-162
（跋）損本三君法書　明王世貞　1284-349-162

子部　藝術類：字跋

子部

藝術類：字跡

篇目	作者	編號
（跋）李西涯詩	明王世貞	1284-349-162
（跋）諸賢雜墨	明王世貞	1284-349-162
（跋）三吳諸名士筆札	明王世貞	1284-350-162
題陸氏藏交游翰墨	明王世貞	1284-350-162
李貞伯書古選祝希哲音釋後（二則）	明王世貞	1284-351-162
（跋）李貞伯游滁陽山水記	明王世貞	1284-351-162
（跋）姜立綱書	明王世貞	1284-351-162
（跋）先大父交游尺牘	明王世貞	1284-351-162
（跋）武氏藏交游翰墨	明王世貞	1284-352-162
（跋）國朝名賢遺墨五卷	明王世貞	1284-353-163
（跋）三吳墨妙卷上下	明王世貞	1284-361-163
（跋）祝京兆眞行雜詩賦	明王世貞	1284-363-163
（跋）祝京兆文稿	明王世貞	1284-363-163
（跋）祝京兆六體書	明王世貞	1284-364-163
（跋）祝京兆書七詩	明王世貞	1284-364-163
（跋）祝京兆感知詩墨蹟	明王世貞	1284-364-163
（跋）祝京兆草書二歌	明王世貞	1284-364-163
（跋）祝京兆書成趣園記	明王世貞	1284-365-163
祝京兆諸體法書跋（二則）	明王世貞	1284-365-163
題祝氏蹟	明王世貞	1284-365-163
（跋）祝京兆書夷堅志	明王世貞	1284-366-163
（跋）祝京兆書祖廷貴墓志眞蹟	明王世貞	1284-366-163
祝京兆書李太白傳後	明王世貞	1284-366-163
（跋）文待詔行書	明王世貞	1284-366-163
（跋）文待詔書杜陽編	明王世貞	1284-366-163
（跋）尤叔野赤壁卷	明王世貞	1284-367-163
（跋）文待詔小楷周召二南詩二王目錄	明王世貞	1284-367-163
（跋）文徵仲手札後	明王世貞	1284-367-163
跋文待詔歐體千文	明王世貞	1284-367-163
（跋）文衡山手束	明王世貞	1284-368-163
文待詔書程鄉令遺愛碑墨蹟跋	明王世貞	1284-368-163
（跋）文王二君詩墨	明王世貞	1284-368-163
（跋）續名賢遺墨卷	明王世貞	1284-368-163
（跋）有明三吳楷法二十四册	明王世貞	1284-370-164
王履吉書雜詩跋	明王世貞	1284-378-164
王履吉贈何氏詩跋	明王世貞	1284-378-164
（跋）王履吉詩墨	明王世貞	1284-378-164
（跋）王雅宜詩稿	明王世貞	1284-378-164
（跋）王履吉小楷四六	明王世貞	1284-378-164
（跋）王彭二顏體書	明王世貞	1284-379-164
（跋）陳白陽詩稿	明王世貞	1284-379-164
（跋）陳道復書陶詩	明王世貞	1284-379-164
（跋）陸儼山手札	明王世貞	1284-379-164
題豐存禮詩後	明王世貞	1284-379-164
（跋）豐存禮手札（三則）	明王世貞	1284-379-164
（跋）蔡侍郎詩	明王世貞	1284-380-164
（跋）李于鱗詩牘	明王世貞	1284-380-164
（跋）吳峻伯詩	明王世貞	1284-381-164
（跋）方元煥書荊軻傳	明王世貞	1284-381-164
（跋）黃淳父書田園雜興錢叔寶圖	明王世貞	1284-381-164
（跋）俞仲蔚書月賦	明王世貞	1284-382-165
（跋）俞氏四舞歌	明王世貞	1284-382-165
（跋）俞氏書世說新語略	明王世貞	1284-382-165
（跋）俞仲蔚書（二則）	明王世貞	1284-382-165
俞仲蔚小楷趙皇后昭儀別傳後	明王世貞	1284-383-165
俞仲蔚行草後	明王世貞	1284-383-165
（跋）王逢年書雪賦	明王世貞	1284-383-165
（跋）周芝山贈范生歌	明王世貞	1284-383-165
（跋）僧大林詞翰	明王世貞	1284-383-165
（跋）古選古隸	明王世貞	1284-384-165
（跋）古隸風雅（二則）	明王世貞	1284-384-165
（跋）章藻摹琅琊法書墨跡十卷	明王世貞	1284-384-165

四庫全書文集篇目分類索引

子部

藝術類：字跋

（跋）摹蘇長公眞蹟　明王世貞　1284-391-165
（跋）徐髯仙手蹟　明王世貞　1284-391-165
題舍弟敬美書雜帖後　明王世貞　1284-392-165
（跋）穆光胤書父文熙詩　明王世貞　1284-392-165
（跋）穆光胤臨七姬帖　明王世貞　1284-392-165
（跋）吳賢墨跡　明王世貞　1284-393-165
（跋）楊南峰墓志　明王世貞　1284-393-165
（跋）俞仲蔚墨蹟　明王世貞　1284-393-165
（跋）王行父藏王稚欽詩蹟　明王世貞　1284-393-165
（跋）王稚欽書五言律詩　明王世貞　1284-393-165
（跋）朝鮮三咨　明王世貞　1284-394-165
（跋）禹碑　明王世貞　1284-395-166
（跋）吳天璽書　明王世貞　1284-396-166
（跋）漢隸校官(碑)　明王世貞　1284-396-166
（跋）秘閣續帖（二則）　明王世貞　1284-397-166
（跋）泉州宋揚淳化帖　明王世貞　1284-397-166
（跋）甲秀堂帖　明王世貞　1284-398-166
（跋）索靖月儀帖　明王世貞　1284-398-166
（跋）眞定武蘭亭　明王世貞　1284-398-166
（跋）宋揚聖教序　明王世貞　1284-399-166
又（跋）聖教序　明王世貞　1284-399-166
（跋）宋揚蘭亭　明王世貞　1284-399-166
跋周邸蘭亭　明王世貞　1284-400-166
（跋）古蘭亭選序　明王世貞　1284-400-166
（跋）玉板蘭亭序麻姑仙壇記　明王世貞　1284-401-166
（跋）宋揚右軍行草帖　明王世貞　1284-401-166
（跋）臨江二王帖　明王世貞　1284-401-166
（跋）汪象先二王小楷帖　明王世貞　1284-401-166
（跋）汪象先大觀帖　明王世貞　1284-401-166
跋陳季迪絳帖　明王世貞　1284-402-166
（跋）雜二王帖　明王世貞　1284-402-166
（跋）宋揚樂毅論　明王世貞　1284-403-166
（跋）宋揚戎路表　明王世貞　1284-403-166
（跋）曹娥碑（二則）　明王世貞　1284-403-166
（跋）智永眞草千文（二則）　明王世貞　1284-404-166
（跋）隋八分孔廟碑　明王世貞　1284-404-166
（跋）宋揚右軍三帖　明王世貞　1284-404-166
（跋）王右軍文賦　明王世貞　1284-404-166
跋王右軍筆陣圖李衞公上華嶽書後（二則）　明王世貞　1284-404-166
（跋）小西館選帖　明王世貞　1284-405-166
（跋）李靖上西嶽書　明王世貞　1284-407-166
（跋）歐陽率更九成宮醴泉銘　明王世貞　1284-407-166
（跋）虞恭公碑　明王世貞　1284-407-166
（跋）大唐宗聖觀帖　明王世貞　1284-408-166
（跋）歐陽率更化度碑帖　明王世貞　1284-408-166
（跋）雲麾碑　明王世貞　1284-408-166
（跋）張長史千文石刻（二則）　明王世貞　1284-409-167
（跋）唐隸夫子廟記　明王世貞　1284-410-167
（跋）唐僧懷惲實際碑　明王世貞　1284-410-167
（跋）顏帖（二則）　明王世貞　1284-410-167
題顏魯公汝越帖　明王世貞　1284-410-167
（跋）金天王廟題名　明王世貞　1284-410-167
題家廟碑贈顏判　明王世貞　1284-411-167
（跋）集顏書默菴記　明王世貞　1284-411-167
（跋）後周祖廟碑　明王世貞　1284-411-167
（跋）華嶽昭應碑　明王世貞　1284-411-167
（跋）玄元宮碑　明王世貞　1284-411-167
（跋）少林寺戒壇銘　明王世貞　1284-412-167
（跋）易州鐵像碑頌帖　明王世貞　1284-412-167
（跋）圭峯禪師碑　明王世貞　1284-412-167
（跋）李抱玉碑　明王世貞　1284-413-167
（跋）至道御書帖　明王世貞　1284-413-167
（跋）夢英篆書偏傍字源　明王世貞　1284-413-167
（跋）抄高僧傳序　明王世貞　1284-413-167
（跋）夫子廟堂記　明王世貞　1284-413-167
（跋）郭忠恕三體陰符經　明王世貞　1284-414-167
（跋）汾陰壇頌　明王世貞　1284-414-167
（跋）蘇書醉翁亭記　明王世貞　1284-414-167
（跋）東坡乳母銘　明王世貞　1284-414-167
（跋）海市詩　明王世貞　1284-415-167
（跋）坡公雜詩刻　明王世貞　1284-415-167

四庫全書文集篇目分類索引

子部 藝術類：字跋

篇目	作者	編號
（跋）喜雨亭表忠觀二刻	明王世貞	1284-415-167
（跋）坡公行草定惠院海棠詩刻	明王世貞	1284-415-167
（跋）南宮父子詞筆	明王世貞	1284-415-167
（跋）王庭筠先主廟碑（二則）	明王世貞	1284-416-167
（跋）楊太初書重陽歌	明王世貞	1284-416-167
（跋）嵩嶽廟碑銘	明王世貞	1284-416-167
（跋）華陽十二頌	明王世貞	1284-416-167
（跋）東魏孔子廟碑	明王世貞	1284-416-167
（跋）蔡有鄰章仇玄素碑	明王世貞	1284-417-167
（跋）永福寺碑	明王世貞	1284-417-167
（跋）御服碑	明王世貞	1284-417-167
（跋）龍門建極宮碑	明王世貞	1284-418-167
（跋）鮮于太常千文	明王世貞	1284-418-167
（跋）祝京兆小楷選刻	明王世貞	1284-418-167
題羅生書醫無閭碑後	明王世貞	1284-418-167
（跋）定武蘭亭後	明王世貞	1284-419-167
（跋）寶晉齋帖	明王世貞	1284-419-167
（跋）宋揚鼎帖	明王世貞	1284-419-167
王子裕先生墨刻五跋	明王世貞	1284-420-167
書鄭使君家藏祝枝山書	明胡　直	1287-439- 18
題宋高宗所臨蘭亭帖後	明胡　直	1287-439- 18
題文太史書後	明歸有光	1289- 73- 5
題方氏跋益藩賜宋檉書	明胡應麟	1290-766-106
又題方跋宋仲珩書寄自作詩	明胡應麟	1290-766-106
題唐伯虎書蹟後（二則）	明胡應麟	1290-771-106
題二王書蹟後	明胡應麟	1290-772-106
跋王大令送梨帖（二則）	明胡應麟	1290-774-107
跋鍾元常季直表	明胡應麟	1290-775-107
跋褚河南哀册文（三則）	明胡應麟	1290-776-107
跋米顛自薦啓	明胡應麟	1290-776-107
跋吳德基千文	明胡應麟	1290-777-107
跋周公瑕書朱司空河工敍	明胡應麟	1290-777-107
跋家藏宋揚蘭亭趙文敏臨眞蹟（三則）	明胡應麟	1290-778-108
跋吳德基行草	明胡應麟	1290-779-108
跋家藏吳德基陶詩	明胡應麟	1290-779-108
跋王元琳眞蹟	明胡應麟	1290-779-108
跋顏魯公祭姪帖（二則）	明胡應麟	1290-779-108
跋米南宮誤恩帖（二則）	明胡應麟	1290-780-108
跋蘇長公帖	明胡應麟	1290-781-108
跋吳履書柳詩(二則）	明胡應麟	1290-781-108
跋楊廉夫論詩卷	明胡應麟	1290-781-108
吳中四名家眞蹟跋	明胡應麟	1290-781-108
吳下名流棃帖跋	明胡應麟	1290-782-108
跋吳下名流江南春詩	明胡應麟	1290-782-108
文太史做山谷書跋	明胡應麟	1290-782-108
王履吉伯仲雜束跋	明胡應麟	1290-782-108
跋何仲默詩卷	明胡應麟	1290-783-108
跋所藏黎惟敬隸書	明胡應麟	1290-791-109
周公瑕書王司寇石羊生傳跋	明胡應麟	1290-794-110
跋周公瑕書王司寇詩卷	明胡應麟	1290-795-110
周公瑕書二酉山房記跋	明胡應麟	1290-795-110
跋二王詩卷	明胡應麟	1290-795-110
兩司馬書蹟跋	明胡應麟	1290-796-110
跋張伯起詩卷	明胡應麟	1290-796-110
扇頭跋（十則）	明胡應麟	1290-797-110
跋御賜蘭亭石刻	明楊寅秋	1291-757- 4
楚客喦稿眞蹟跋	明余繼登	1291-848- 5
書吳起讓八分變體卷	明高攀龍	1292-714- 12
孔子手書讚	明曹于汴	1293-791- 9
跋蘇文忠墨蹟	明婁　堅	1295-265- 23
跋張氏聖教序	明婁　堅	1295-266- 23
記蘇長公二別號	明婁　堅	1295-266- 23
題手書遺教經後	明婁　堅	1295-267- 23
書平淮舞雅及碑文後題	明婁　堅	1295-267- 23
題草書杜詩後	明婁　堅	1295-269- 23
題手書蘇長公前後赤壁賦後	明婁　堅	1295-269- 23
寫蘇長公秋陽松醪二賦後跋	明婁　堅	1295-269- 23

四庫全書文集篇目分類索引

手書蘇長公問養生後題　　　　　　明豐　堅　1295-270- 23
書雜錄唐宋諸家論文簡牘後　　　　明豐　堅　1295-270- 23
草書東坡五七言各一首因題其後　　明豐　堅　1295-271- 23
爲人寫赤壁賦後題　　　　　　　　明豐　堅　1295-272- 24
書吳光啓墓刻太原遺蹟後　　　　　明豐　堅　1295-277- 24
題手書壽榮堂記卷後　　　　　　　明豐　堅　1295-279- 24
題弘宇先生影答饒魁詩遺蹟卷　　　明豐　堅　1295-279- 24
題草書叔達屬字詩後　　　　　　　明豐　堅　1295-283- 25
自題草書卷後　　　　　　　　　　明豐　堅　1295-286- 25
題手書金山詩後　　　　　　　　　明豐　堅　1295-287- 25
題手書陶詩册子後　　　　　　　　明豐　堅　1295-290- 25
跋墓書帖　　　　　　　　　　　　明李流芳　1295-406- 12
忠勤祠帖跋　　　　　　　　　　　明莫　昕　1296-461- 6
集古法書跋　　　　　　　　　　　明莫　昕　1296-463- 6
沈令升堅衡小帖序　　　　　　　　明凌義渠　1297-442- 5
書馬君所藏新建墨蹟後　　　　　　明徐　渭　 526-262-267
書子昂所寫道德經　　　　　　　　明徐　渭　1406-538-376
書李子微所藏草本蘭亭　　　　　　明徐　渭　1406-538-376
書蘇長公維摩贊墨蹟　　　　　　　明徐　渭　1406-539-376
書米南宮墨蹟　　　　　　　　　　明徐　渭　1406-540-376
書朱太僕十七帖　　　　　　　　　明徐　渭　1406-540-376
絳州重立古法帖第一記　　　　　　明呂　柟　 549-712-207
寶賢堂集古法帖序　　　　　　　　明朱奇源　 550-119-213
跋鮮于樞書諸葛表後　　　　　　　明惠　王（惠　園）　 567-535- 44
　　　　　　　　　　　　　　　　　　　　　1381-798- 59
跋御筆賜忠宣公早朝詩後　　　　　明孫克弘　1104-818- 0
跋御筆賜忠宣公早朝詩後　　　　　明王心一　1104-818- 0
跋山谷墨蹟　　　　　　　　　　　明唐　薦　1374-211- 46
忠簡公翰墨記　　　　　　　　　　明胡　廣　1374-219- 47
東坡與李方叔詩記　　　　　　　　明胡　廣　1374-328- 55
米黃書記　　　　　　　　　　　　明胡　廣　1374-328- 55
題米芾遺墨　　　　　　　　　　　明陳敬宗　1374-233- 49
書晞菴先生書簡墨蹟卷後　　　　　明陳敬宗　1374-234- 49

書厲彥拱所藏黃山谷帖　　　　　　明錢習禮　1374-234- 49
書顏魯公爭座帖　　　　　　　　　明錢習禮　1374-234- 49
跋宋高宗手詔　　　　　　　　　　明金　寔　1374-235- 49
（跋）黔中興人帖（十五則）升菴臨　明周復俊　1381-802- 60
題吳康虞逸初堂法帖　　　　　　　明鍾　惺　1406-455-365
跋袁中郎書　　　　　　　　　　　明鍾　惺　1406-497-371
跋唐皇哀册文　　　　　　　　　　明陳　琛　1406-492-370
跋魏平仲字册　　　　　　　　　　明董其昌　1406-494-371
跋東坡書　　　　　　　　　　　　明董其昌　1406-495-371
跋蘭亭　　　　　　　　　　　　　明董其昌　1406-495-371
跋做顏帖　　　　　　　　　　　　明董其昌　1406-495-371
跋樂圃帖　　　　　　　　　　　　明董其昌　1406-495-371
跋陳白陽阿房宮墨跡　　　　　　　明董汝亨　1406-497-371
識伯修遺墨後　　　　　　　　　　明袁宏道　1406-541-376
題李時行書卷後　　　　　　　　　明儲　巏　1456-415-300
題樗寮墨册　　　　　　　　　　　明李　默　1456-417-300
跋孫尚書仲盒尺牘七條　　　　　　明馮夢禎　1456-456-306
周憲王所模蘭亭序　　　　　　　　明俞允文　1456-498-315
跋歐陽文忠公墨跡　　　　　　　　明不著撰人　1374-787- 99
跋梅江與姊夫書　　　　　　　　　明不著撰人　1456-434-304
賜大學士吳琰臨米芾千文跋　　　　清聖祖　 549- 10-182
跋皇考世祖章皇御書正大光明四字後　清聖祖　1298-236- 28
恭跋世祖章皇帝御書陋室銘後　　　清聖祖　1298-236- 28
跋王右軍曹娥碑眞蹟　　　　　　　清聖祖　1298-237- 28
跋王羲之快雪時晴帖　　　　　　　清聖祖　1298-237- 28
跋董其昌書（三則）　　　　　　　清聖祖　1298-237- 28
書宋揚淳化閣帖後　　　　　　　　清聖祖　1298-237- 28
書蘭亭帖後　　　　　　　　　　　清聖祖　1298-242- 29
懋勤殿法帖序　　　　　　　　　　清聖祖　1298-642- 32
跋虞世南墨跡後　　　　　　　　　清聖祖　1298-706- 40
跋顏眞卿墨蹟後　　　　　　　　　清聖祖　1298-707- 40
跋蘇軾墨蹟後　　　　　　　　　　清聖祖　1298-707- 40
跋黃庭堅墨蹟後　　　　　　　　　清聖祖　1298-707- 40
跋米芾墨蹟後　　　　　　　　　　清聖祖　1298-708- 40
跋朱子墨蹟後　　　　　　　　　　清聖祖　1298-708- 40
跋趙孟頫墨蹟後　　　　　　　　　清聖祖　1298-708- 40
跋董其昌墨蹟後　　　　　　　　　清聖祖　1298-709- 40
跋書草訣百韻後　　　　　　　　　清聖祖　1299-334- 44
御書秦誓跋　　　　　　　　　　　清世宗　1300- 98- 12

子部

藝術類：字跋

子部 藝術類:字跡

篇目	作者	索引號
跋淳化閣帖後	清 世 宗	1300-98-12
		1449-205-8
皇祖聖祖仁皇帝恩賜御書記	清 高 宗	1300-340-8
皇考世宗憲皇帝恩賜御書記	清 高 宗	1301-46-4
恭跋世宗憲皇帝御書法帖	清 高 宗	1301-118-13
		1449-285-14
題趙孟頫十札後	清 高 宗	1301-122-13
題張照書白居易琵琶行卷	清 高 宗	1301-397-18
顏眞卿祭姪文稿記	清 高 宗	1301-614-7
書宋孝宗賜曾覿書册後	清 高 宗	1301-640-10
書宋文康公手蹟後	清 施閏章	1313-318-26
跋宋高宗賜岳武穆勅	清 范承謨	1314-97-7
跋衡山手蹟	清 汪 琬	1315-616-39
跋茅鹿門手蹟	清 汪 琬	1315-617-39
跋宋其武遺蹟	清 汪 琬	1315-617-39
跋周氏血書貼黃	清 汪 琬	1315-617-39
跋來虞先生手蹟	清 汪 琬	1315-619-39
御書閣記	清 汪 琬	1315-430-23
御書千字文跋	清 陳廷敬	1316-700-48
		1449-745-21
御書後跋	清 陳廷敬	1316-701-48
		1449-746-21
記王大令保母志	清 陳廷敬	1316-708-48
恭進御書點翰堂法帖表	清 陳廷敬	1449-451-2
御書大字蘭亭頌 并序	清 朱彝尊	526-42-260
書淳化閣帖夾雪本後	清 朱彝尊	1318-144-43
題江都王氏家藏閣帖	清 朱彝尊	1318-145-43
尚書宣示帖跋	清 朱彝尊	1318-192-48
宋搨黃庭經跋	清 朱彝尊	1318-194-48
開皇蘭亭本跋	清 朱彝尊	1318-194-48
跋蘭亭殘石拓本	清 朱彝尊	1318-194-48
跋蘭亭定武本	清 朱彝尊	1318-195-48
國子監石本蘭亭跋	清 朱彝尊	1318-195-48
姜氏蘭亭二本跋	清 朱彝尊	1318-195-48
蘭亭神龍本跋	清 朱彝尊	1318-196-48
潘氏家藏晉唐小楷册跋	清 朱彝尊	1318-201-48
聖教序跋	清 朱彝尊	1318-202-49
趙吳興千字文跋	清 朱彝尊	1318-227-51
裹鮓帖跋	清 朱彝尊	1318-244-53
書萬歲通天帖舊事	清 朱彝尊	1318-244-53
跋草書千文	清 朱彝尊	1318-245-53
書黃山谷試李展筆眞蹟卷	清 朱彝尊	1318-245-53
趙子昂書十二月織圖後	清 朱彝尊	1318-246-53
跋趙魏公書	清 朱彝尊	1318-246-53
鮮于伯機草書千字文跋	清 朱彝尊	1318-246-53
跋陳子微書	清 朱彝尊	1318-246-53
書張子宜墨蹟册	清 朱彝尊	1318-246-53
題十五完人墨蹟	清 朱彝尊	1318-247-53
高念祖先世遺墨跋	清 朱彝尊	1318-248-53
書沈文恪公行書卷	清 朱彝尊	1318-248-53
書姜編修手書帖子後	清 朱彝尊	1318-249-53
御書大字蘭亭頌并序	清 朱彝尊	1318-327-61
御書贊爲李都運使作并序	清 朱彝尊	1318-328-61
御製夏日登景山詩跋後	清 張 英	1449-744-21
包呂和書畫册子序	清 毛奇齡	1320-201-24
題宋搨聖教序帖	清 毛奇齡	1320-516-59
題周子鉉所藏董尚書臨聖教帖	清 毛奇齡	1320-517-59
梵公書輯跋	清 毛奇齡	1320-534-60
書何氏册子自跋	清 毛奇齡	1320-538-60
書任叔連漬墨後	清 毛奇齡	1320-543-61
皇華使館瞻御書記	清 毛奇齡	1320-624-69
都轉運鹽司運使李公賜御書記	清 毛奇齡	1320-637-70
跋御書卷後	清 張玉書	1322-493-6
跋安徽布政使張四教御書額卷後	清 張玉書	1322-494-6
跋馬相國御書卷	清 張玉書	1322-495-6
跋查學士御書卷	清 張玉書	1322-495-6
跋陶權使御書卷	清 張玉書	1322-496-6
書瑞隱先生卷後	清 張玉書	1322-496-6
跋宋漫堂珍藏董文敏字册	清 張玉書	1322-500-6
跋筜江上字	清 張玉書	1322-501-6
御書恭紀（五則）	清 宋 犖	1323-273-25
跋懷素小草千文	清 宋 犖	1323-322-28
跋范文正公書伯夷頌	清 宋 犖	1323-322-28
跋朱文公書杜詩卷	清 宋 犖	1323-323-28

跋宋揚蘭亭三種　　　　　清宋犖　　1323-324-28
書牛塘寺血書華嚴經
　後　　　　　　　　　　清宋犖　　1323-325-28
跋宋刻淳化帖第九卷　　　清宋犖　　1323-325-28
跋黃石齋先生楷書近
　體詩　　　　　　　　　清宋犖　　1323-326-28
跋羅珂雪臨古帖　　　　　清宋犖　　1323-326-28
跋侯氏家藏雜帖　　　　　清宋犖　　1323-327-28
題陳子文比部臨東坡
　寒食詩及山谷跋　　　　清宋犖　　1323-327-28
跋宋儒遺墨卷　　　　　　清宋犖　　1323-333-28
跋同集書後　　　　　　　清宋犖　　1323-842-　8
書王少詹使祀南海神
　序跋　　　　　　　　　清姜宸英　1323-843-　8
題樂毅論　　　　　　　　清姜宸英　1323-843-　8
跋祝枝山書　　　　　　　清姜宸英　1323-843-　8
跋祝京兆千文　　　　　　清姜宸英　1323-844-　8
臨宋僧書題後　　　　　　清姜宸英　1323-844-　8
臨樂毅論題後　　　　　　清姜宸英　1323-844-　8
董臨澄清堂帖跋　　　　　清姜宸英　1323-844-　8
跋遺教經　　　　　　　　清姜宸英　1323-844-　8
跋蕭子雲書列子　　　　　清姜宸英　1323-844-　8
臨帖後書　　　　　　　　清姜宸英　1323-845-　8
（跋）謝莊諸人書　　　　清姜宸英　1323-845-　8
題鄭谷口墓古碑　　　　　清姜宸英　1323-845-　8
題戲魚堂像贊　　　　　　清姜宸英　1323-846-　8
又題黃庭蘭亭宋揚
錄新書詩後　　　　　　　清姜宸英　1323-846-　8
又題述歸賦卷　　　　　　清姜宸英　1323-846-　8
臨王書洛神賦題後　　　　清姜宸英　1323-847-　8
書宋揚宣示帖褚臨樂
　毅論後　　　　　　　　清姜宸英　1323-847-　8
臨王帖題後　　　　　　　清姜宸英　1323-847-　8
題徐武功書後　　　　　　清姜宸英　1323-847-　8
臨像贊書後　　　　　　　清姜宸英　1323-848-　8
跋樂毅論黃庭經臨本
　因記始末　　　　　　　清姜宸英　1323-848-　8
記淳化帖　　　　　　　　清姜宸英　1323-848-　8
跋羣玉堂帖　　　　　　　清姜宸英　1323-848-　8
題查庶常臨各種帖贈
　行　　　　　　　　　　清姜宸英　1323-849-　8
題宋揚十七帖　　　　　　清姜宸英　1323-850-　8
臨聖教序跋後（二則）　　清姜宸英　1323-850-　8
書自作書後（二則）　　　清姜宸英　1323-850-　8
柳公權榮示帖（跋）　　　清姜宸英　1323-851-　8
爲人臨衞夫人書帖（
　跋）　　　　　　　　　清姜宸英　1323-851-　8
題嚴蓀友留別和韻詩
　後　　　　　　　　　　清姜宸英　1323-851-　8
臨右軍法帖書後　　　　　清姜宸英　1323-851-　8
題玉板十三行　　　　　　清姜宸英　1323-851-　8
書官奴小女玉潤帖後　　　清姜宸英　1323-852-　8
跋黃州詩後　　　　　　　清姜宸英　1323-852-　8
書册頁後　　　　　　　　清姜宸英　1323-852-　8
又題帖　　　　　　　　　清姜宸英　1323-853-　8
題絳帖　　　　　　　　　清姜宸英　1323-853-　8
題米趙書跋語　　　　　　清姜宸英　1323-853-　8
題洛神賦後　　　　　　　清姜宸英　1323-853-　8
題黃庭經　　　　　　　　清姜宸英　1323-854-　8
題十三行　　　　　　　　清姜宸英　1323-854-　8
題孔琳書後　　　　　　　清姜宸英　1323-854-　8
又題聖教序　　　　　　　清姜宸英　1323-855-　8
十七帖今往絲布單衣
　示致意　　　　　　　　清姜宸英　1323-855-　8
跋書蘭亭敍　　　　　　　清姜宸英　1323-855-　8
跋張即之書楞嚴經　　　　清姜宸英　1323-855-　8
題因學書李潮八分歌　　　清姜宸英　1323-855-　8
臨鍾太傅四表跋後　　　　清姜宸英　1323-858-　8
右宣示帖（跋）　　　　　清姜宸英　1323-859-　8
右戎路帖（跋）　　　　　清姜宸英　1323-859-　8
右力命表（跋）　　　　　清姜宸英　1323-859-　8
瀧宗帖跋　　　　　　　　清田雯　　1324-371-34
書先公遺帖後　　　　　　清李光地　1324-843-22
御書太極圖說西銘恭
　紀　　　　　　　　　　清李光地　1449-720-19
曹魯元交友尺牘跋　　　　清陸隴其　1325-57-　4
書宣示帖後　　　　　　　清儲大文　1327-309-14
書宋贈焦光明應公敍
　後　　　　　　　　　　清儲大文　1327-312-14
恭跋御書大寶箴卷　　　　清汪由敦　1328-839-14
恭跋御書宋棨　　　　　　清汪由敦　1328-840-14
恭跋御題董華亭臨十
　二月朋友相聞書卷　　　清汪由敦　1328-840-14
跋黃庭（臨本）　　　　　清汪由敦　1328-851-16
跋鬱岡齋鍾繇薦季直
　表　　　　　　　　　　清汪由敦　1328-852-16
跋鬱岡齋黃庭　　　　　　清汪由敦　1328-852-16
跋鬱岡齋樂毅論　　　　　清汪由敦　1328-852-16
跋宋商邱三種蘭亭卷　　　清汪由敦　1328-853-16
跋玉枕蘭亭　　　　　　　清汪由敦　1328-853-16

子部 藝術類：字跋

跋蕭子雲書列子　清汪由敦　1328-853-16
跋盧倚驥書陰符經　清汪由敦　1328-854-16
跋碧落篆碑　清汪由敦　1328-854-16
跋保母墓甎帖　清汪由敦　1328-855-16
跋金慕齋所藏蜀本顏魯公千祿字書　清汪由敦　1328-855-16
跋宋搨忠義堂帖　清汪由敦　1328-856-16
跋董文敏書都御史陳公誥命　清汪由敦　1328-857-16
書內弟查禹書所贈董書手卷後　清汪由敦　1328-858-16
跋王永齋先生遺蹟　清汪由敦　1328-858-16
跋查聲山宮詹書（三則）　清汪由敦　1328-858-16
跋王考功臨內景經　清汪由敦　1328-859-16
跋王考功臨米册　清汪由敦　1328-859-16
跋姚莖汀侍御隸書　清汪由敦　1328-859-16
跋吳雲岩殿撰所藏趙學齋副憲書　清汪由敦　1328-860-16
跋趙學齋副憲所書陰騭文　清汪由敦　1328-860-16
書福字箋下方贈朱秦川　清汪由敦　1328-862-16
跋手臨沈學士書聖主得賢臣頌（二則）　清汪由敦　1328-863-17
跋手書李淳大字結構　清汪由敦　1328-864-17
跋手臨夏太常蒼庭君傳　清汪由敦　1328-864-17
跋手臨周公瑾漢筠賦　清汪由敦　1328-864-17
跋手臨趙吳興書過秦論（二則）　清汪由敦　1328-864-17
跋手臨文待詔書赤壁賦　清汪由敦　1328-865-17
跋手臨家毓仁孫所藏趙書道德經　清汪由敦　1328-865-17
跋手臨黃庭經　清汪由敦　1328-865-17
跋手書宣德金花箋册　清汪由敦　1328-865-17
跋手臨米元章西園雅集圖記（五則）　清汪由敦　1328-866-17
跋手臨趙書道德經　清汪由敦　1328-867-17
跋手臨蘇書歸去來集字詩　清汪由敦　1328-867-17
跋手臨汝南墓誌　清汪由敦　1328-867-17
跋手書七啓　清汪由敦　1328-867-17
自跋做蘇體書孝經　清汪由敦　1328-868-17
自跋楷書孝經　清汪由敦　1328-868-17
跋手臨趙書章草　清汪由敦　1328-868-17
跋手臨蔡忠惠茶錄　清汪由敦　1328-868-17
跋手臨荔枝譜　清汪由敦　1328-869-17
跋手臨董文敏做唐人十二月相聞書　清汪由敦　1328-869-17
跋手臨月儀帖　清汪由敦　1328-869-17
跋手臨懷素　清汪由敦　1328-870-17
跋手臨趙書汶黯傳（二則）　清汪由敦　1328-870-17
跋手臨孫退谷所藏魯公告身　清汪由敦　1328-870-17
跋手臨大字麻姑壇記　清汪由敦　1328-871-17
跋手臨唐太宗屏風書　清汪由敦　1328-871-17
跋手臨蘭亭五則　清汪由敦　1328-871-17
跋手書孝經　清汪由敦　1328-873-18
自跋試筆卷後　清汪由敦　1328-874-18
跋手書張釋之馮唐列傳　清汪由敦　1328-874-18
跋手臨右軍七月一日帖　清汪由敦　1328-874-18
跋手書蕭相國世家　清汪由敦　1328-875-18
跋手臨十二月相聞書　清汪由敦　1328-875-18
跋手臨趙書枯叔夜絕交書（二則）　清汪由敦　1328-875-18
跋手書太極圖說　清汪由敦　1328-876-18
跋手臨十七帖　清汪由敦　1328-876-18
跋手臨聖教序(三則)　清汪由敦　1328-876-18
跋手臨第三本家廟碑　清汪由敦　1328-877-18
跋手臨第四本家廟碑　清汪由敦　1328-877-18
跋手書小楷孝經　清汪由敦　1328-877-18
跋手書心經大覺經卷後　清汪由敦　1328-877-18
跋手臨趙書陶詩　清汪由敦　1328-877-18
跋手臨趙書金剛經　清汪由敦　1328-877-18
跋手臨爭座帖(二則)　清汪由敦　1328-878-18
跋手臨蘇書赤壁賦　清汪由敦　1328-878-18
跋手臨宋搨米帖（二則）　清汪由敦　1328-878-18
跋手臨唐賢草體孝經　清汪由敦　1328-878-18
跋手臨趙書舊詩十五首　清汪由敦　1328-879-18
跋手臨東方像贊碑陰　清汪由敦　1328-879-18
跋手錄右軍傳贊　清汪由敦　1328-879-18
跋手錄聰訓齋語　清汪由敦　1328-880-18

四庫全書文集篇目分類索引　　2099

跋手書先輩格言朱子帖　　清汪由敦　1328-880- 18
跋手書千字文(六則)　　清汪由敦　1328-880- 18
跋手臨蘇書金剛經　　清汪由敦　1328-881- 18
跋手臨魯公千祿字書　　清汪由敦　1328-882- 18
跋手臨各家書册　　清汪由敦　1328-882- 18
跋舊揚聖教序　　清汪由敦　1328-882- 18
跋手臨急就章　　清汪由敦　1328-883- 18
跋手臨蘭亭詩　　清汪由敦　1328-883- 18
跋御筆賜忠宣公早朝詩後　　清高士奇　1104-818- 0
恭題御書跋　　清范時崇　1314- 4- 1
御書翰林院扁額贊　　清韓　菼　1449-870- 30
御書都察院扁額贊　　清韓　菼　1449-870- 30
御書詹事府扁額贊　　清韓　菼　1449-871- 30
跋御筆賜忠宣公早朝詩後　　鄭　僑　1104-818- 0

I.譜　錄　類

馬槊譜序　　梁簡文帝　1399-294- 3
　　　　　　　　1414-553-82上
古今刀劍錄序　　梁陶弘景　1399-434- 9
鼎錄序　　陳虞　荔　1399-717- 7
十六湯（品）　　唐蘇　廙　1410-771-770
文房四譜序　　宋徐　鉉　843- 2- 附
　　　　　　　　1085-180- 23
荔枝譜　　宋蔡　襄　530-624- 74
　　　　　　　　1090-636- 35
茶錄　　宋蔡　襄　530-626- 74
（茶錄序）　　宋蔡　襄　844-627- 附
　　　　　　　　1090-634- 35
（茶錄後序）　　宋蔡　襄　844-629- 附
　　　　　　　　1090-636- 35
龍茶錄後序　　宋歐陽修　1102-519- 65
硯譜　　宋歐陽修　1102-565- 72
洛陽牡丹記　　宋歐陽修　1102-566- 72
洛陽牡丹記——花品序第一　　宋歐陽修　1378-452- 57
牡丹記跋尾　　宋歐陽修　1102-570- 72
荔枝譜後　　宋歐陽修　1102-578- 73
（跋）相鶴經　　宋王安石　1105-583- 70
牡丹記敘　　宋蘇　軾　490-1018- 97
　　　　　　　　1107-479- 34
　　　　　　　　1378-358- 53
書黃道輔品茶要錄後　　宋蘇　軾　844-634- 附

東坡酒經　　宋蘇　軾　1108-590-100
　　　　　　　　1351-456-127
　　　　　　　　1410-775-771
跋相鶴經　　宋黃庭堅　1113-264- 25
茶經序　　宋陳師道　1114-615- 11
　　　　　　　　1351- 67- 91
跋蔡君謨茶錄　　宋李　新　1124-538- 17
跋蔡君謨茶錄　　宋李　光　1128-618- 17
圍中雜論序　　宋鄭剛中　1138- 76- 5
書洪駒父香譜後　　宋周紫芝　1141-480- 67
王燊辨證　　宋周必大　1149- 66-184
糖霜譜　　宋洪　邁　561-604- 46
　　　　　　　　1381-778- 56
跋文房四譜　　宋洪　适　1158-663- 63
（范村梅譜序）　　宋范成大　845- 33- 附
（范村梅譜）後序　　宋范成大　845- 35- 附
（范村菊譜序）　　宋范成大　845- 37- 附
（范村菊譜）後序　　宋范成大　845- 40- 附
梅譜　　宋范成大　1358-766- 7
范村菊譜略　　宋范成大　1358-769- 7
天彭牡丹譜　　宋陸　游　561-601- 46
天彭牡丹譜并序　　宋陸　游　1163-636- 42
　　　　　　　　1381-772- 56
花釋名　　宋陸　游　561-601- 46
跋硯錄香法　　宋陸　游　1163-510- 26
跋建陽馬揮菊譜　　宋劉克莊　1180-331- 31
跋鄭宗聖博古考義　　宋釋居簡　1183- 99- 7
跋王達善梅略附辯後　　宋舒岳祥　1187-440- 12
本心先生疏食譜序　　宋何夢桂　1188-443- 5
牡丹譜　　宋胡元質　561-602- 46
　　　　　　　　1381-776- 56
海棠記并序　　宋沈　立　561-603- 46
　　　　　　　　1381-777- 56
嘯堂集古錄原序　　宋李　郾　840- 16- 附
書嘯堂集古錄後　　宋曾　機　840- 89- 附
考古圖記　　宋呂大臨　840- 95- 附
考古圖後記　　宋呂大臨　840-269- 附
　　　　　　　　1350-862- 83
文房四譜後序　　宋蘇易簡　843- 62- 附
（硯箋序）　　宋高似孫　843- 98- 1
墨譜法式原序　　宋馬　洎　843-627- 附
（墨譜法式）又序　　宋李元膺　843-628- 附
附諸譜序——葉氏香錄序　　宋葉廷珪　844-579- 28
雲林石譜原序　　宋孔　傳　844-584- 附

子部

藝術類：字跋

譜錄類

子部 譜錄類 雜家類：雜學

題北山酒經後　　　　　　　宋李　保　　844-834- 附
糖霜譜　　　　　　　　　　宋守　元　　844-844- 附
劉氏菊譜跋　　　　　　　　宋劉　蒙　　845- 18- 附
（史氏菊譜）後序　　　　　宋史正志　　845- 31- 附
百菊集譜序　　　　　　　　宋史　鑄　　845- 43- 附
金漳蘭譜原序　　　　　　　宋趙時庚　　845-122- 附
金漳蘭譜跋　　　　　　　　宋嫒眞子　　845-131- 附
（海棠譜）原序　　　　　　宋陳　思　　845-134- 附
橘錄序　　　　　　　　　　宋韓彥直　　845-161- 附
（蟹譜序）　　　　　　　　宋傅　肱　　847-691- 上
揚州芍藥譜并序　　　　　　宋孔武仲　　1345-382- 18
題方白雲山蔬譜　　　　　　元任士林　　1196-576- 7
花史序釋　　　　　　　　　元耶律鑄　　1199-486- 6
宮禽小譜序　　　　　　　　元王　惲　　1200-543- 42
博古要覽序　　　　　　　　元王　惲　　1373-393- 25
跋汪古逸續硯譜　　　　　　元陳　櫟　　1205-186- 3
飲膳正要序　　　　　　　　元虞　集　　1207-322- 22
題考古圖　　　　　　　　　元陳才子　　840- 96- 附
陳氏香譜原序　　　　　　　元熊朋來　　844-240- 附
附諸譜序——陳氏香
　　譜序　　　　　　　　　元熊朋來　　844-580- 28
附諸譜序——顏氏香
　　史序　　　　　　　　　元雲龜居士　844-579- 28
附諸譜序——陳氏香
　　譜序　　　　　　　　　元李　琳　　844-581- 28
器物譜　　　　　　　　　　元費　著　　1381-763- 56
牋紙譜　　　　　　　　　　元費　著　　1381-767- 56
蜀錦譜　　　　　　　　　　元費　著　　1381-769- 56
（跋）考古圖　　　　　　　明楊士奇　　1238-601- 18
宣德鼎彝譜原序　　　　　　明楊　榮　　840-1021- 附
題蔡忠惠公茶譜　　　　　　明鄭　紀　　1249-832- 11
書會茶篇　　　　　　　　　明朱存理　　1251-610- 0
跋欣賞編戊集茶具　　　　　明朱存理　　1251-622- 0
跋重刊荔枝譜後　　　　　　明周　瑛　　1254-793- 4
異魚圖贊引　　　　　　　　明楊　慎　　847-735- 31
異魚圖贊箋跋　　　　　　　明楊　慎　　847-813- 附
　　　　　　　　　　　　　　　　　　　1270-102- 10
菊譜序　　　　　　　　　　明孫承恩　　1271-394- 30
書菊譜後　　　　　　　　　明孫承恩　　1271-460- 34
又跋（菊譜）　　　　　　　明孫承恩　　1271-460- 34
爲筆工姚元之題筆譜　　　　明婁　堅　　1295-279- 24
（宣德鼎彝譜）後序　　　　明文　彭　　840-1065- 附
墨法集要原序　　　　　　　明沈繼孫　　843-678- 附
香乘原序　　　　　　　　　明李維楨　　844-349- 附
書筆譜册子　　　　　　　　明李維楨　　1456-517-317

（香乘原序）　　　　　　　明周嘉胄　　844-350- 附
（香乘後序）　　　　　　　明周嘉胄　　844-581- 28
附錄群芳譜原跋　　　　　　明王象晉　　845-210- 附
刻異魚圖贊題辭　　　　　　明范允臨　　847-734- 附
花史題辭　　　　　　　　　明陳繼儒　　1406-441-363
花史跋　　　　　　　　　　明陳繼儒　　1406-496-371
叢桂莊牡丹譜序　　　　　　明朱安祝　　1456-513-317
墨談　　　　　　　　　　　明邢　侗　　1458-769-479
（御製佩文齋）廣群
　　芳譜序　　　　　　　　清 聖 祖　　845-207- 附
　　　　　　　　　　　　　　　　　　　1299-175- 22
（御製西清）硯譜序　　　　清 高 宗　　843-133- 附
　　　　　　　　　　　　　　　　　　　1301-387- 17
硯林拾遺　　　　　　　　　清施閏章　　1313-849- 1
漫堂墨品　　　　　　　　　清宋　犖　　1323-310- 27
漫堂續墨品　　　　　　　　清宋　犖　　1323-313- 27
重刻考古圖序　　　　　　　清黃　晟　　840- 94- 附
（上西清古鑑表）　　　　　清梁詩正等　842-404- 附
錢錄序　　　　　　　　　　清梁詩正等　844- 2- 附
（續茶經跋）　　　　　　　清陸廷燦　　844-804- 附
御定佩文齋廣群芳譜
　　刊成進呈表　　　　　　清劉　灝　　845-208- 附
異魚圖贊箋叙　　　　　　　清胡世安　　847-752- 附
異魚圖贊箋補引　　　　　　清胡世安　　847-814- 附
藝林彙考服飾篇題記　　　　清沈自南　　859- 4- 附
藝林彙考飲食篇題記　　　　清沈自南　　859- 5- 附

J.雜 家 類

a.雜 學

子華子原序（上子華
　　子）　　　　　　　　　漢劉　向　　848-150- 附
　　　　　　　　　　　　　　　　　　　1396-537- 17
　　　　　　　　　　　　　　　　　　　1412-161- 7
上於陵子　　　　　　　　　漢劉　向　　1396-538- 17
　　　　　　　　　　　　　　　　　　　1412-163- 7
呂氏春秋原序　　　　　　　漢高　誘　　848-277- 附
淮南鴻烈解序　　　　　　　漢高　誘　　848-506- 附
　　　　　　　　　　　　　　　　　　　1397-489- 24
劉訓　　　　　　　　　　　漢劉　安　　1356-823- 2
政論　　　　　　　　　　　漢崔　寔　　1360-359- 21
（人物志）原序　　　　　　魏劉　邵　　848-761- 附
（人物志）後序　　　　　　魏王三省　　848-789- 附
要覽三卷序　　　　　　　　晉陸　機　　1398-351- 15
金樓子原序　　　　　　　　梁 元 帝　　848-793- 附

四庫全書文集篇目分類索引

子部

雜家類：雜學

顏氏家訓	北齊顏之推	541-797-35之20
		1407-732-472
顏氏家訓敘致篇	北齊顏之推	1400- 50- 3
讀鶡冠子	唐韓 愈	848-200- 0
		1073-420- 11
		1074-233- 11
		1075-196- 11
		1447-128- 1
辯鶡冠子	唐柳宗元	1076- 45- 4
		1076-508- 4
		1077- 63- 4
		1383-284- 24
窮愁志并序	唐李德裕	1079-305- 1
人物志論	唐李德裕	1079-321- 3
三教論衡	唐白居易	1080-748- 68
山書一十八篇并序	唐劉 蛻	1082-623- 2
		1336-478-376
山書十四首	唐劉 蛻	1410-815-774
鹿門隱書六十篇并序	唐皮日休	1083-214- 9
		1343-627- 44
兩同書	唐羅 隱	1084-274- 8
鶡子原序	唐逢行珪	848- 3- 附
進鶡子表	唐逢行珪	848- 4- 附
長短經序	唐趙 蕤	849- 3- 附
校淮南子題序	宋蘇 頌	1092-704- 66
迁書并序	宋司馬光	1094-671- 74
（人物志跋）	宋文彥博	848-789- 附
衡論并引	宋蘇 洵	1104-862- 4
衡論并序	宋蘇 洵	1384-369-114
楊孟（論）	宋王安石	1105-521- 64
楊墨（論）	宋王安石	1105-561- 68
書宋齊邱（丘）化書		
（後）	宋張 耒	1115-374- 64
		1346-422- 29
		1361-150- 22
		1406-518-374
鶡冠子原序	宋陸 佃	848-200- 附
		1117-143- 11
鶡子序	宋陸 佃	1117-144- 11
書自然子書後	宋黃 裳	1120-239- 35
讀淮南子	宋張 嵲	1131-628- 32
跋浩然子	宋劉子翬	1134-403- 6
跋羅宗約試晬錄	宋汪應辰	1138-694- 12
（樂菴語錄後跋）	宋周必大	849-320- 附
代宰臣虞允文恭書皇		
帝御書崔寔政論下		
方	宋呂祖謙	1150- 61- 7
（剳言序）	宋崔敦禮	849-279- 上
（樂菴語錄後跋）	宋范成大	849-320- 附
李玄非愚言序	宋楊萬里	1161- 67- 79
問目——告子論性之		
說五	宋陳 淳	1168-563- 8
昭德新編原序	宋李遵易	849-254- 附
（昭德新編原序）	宋晁 迥	849-255- 附
樂菴先生語錄後序	宋吳仁傑	849-318- 附
樂菴語錄後跋	宋王 蘭	849-319- 附
（樂菴語錄後跋）	宋孫 僑	849-319- 附
（樂菴語錄後跋）	宋游 淳	849-319- 附
（樂菴語錄後跋）	宋王 逵	849-320- 附
（樂菴語錄後跋）	宋劉 煇	849-321- 附
讀淮南子	元王 惲	1200-571- 44
跋無礙子言性錄	元陳 櫟	1205-192- 3
題子華子後	元吳師道	1212-229- 16
燕書十六首	明宋 濂	1224-386- 27
燕書（四十則）	明宋 濂	1374-240- 50
諸子辯（鶡子一卷）	明宋 濂	1224-408- 27
諸子辯（子華子十卷）	明宋 濂	1224-412- 27
諸子辯（鶡冠子）	明宋 濂	1224-412- 27
諸子辯（淮南鴻烈解		
二十一卷）	明宋 濂	1224-421- 27
諸子辯（齊丘子）	明宋 濂	1224-424- 27
諸子辯(聲隅子二卷）	明宋 濂	1224-424- 27
郁離子一二三	明劉 基	1225-400- 17
鳴道集說序	明王 禕	1226-139- 7
郁離子序	明王 禕	1226-146- 7
王氏迁論序	明王 禕	1226-153- 7
启辭并序（七十三則）	明王 禕	1226-397- 19
空同子瞽說二十八首	明蘇伯衡	1228-833- 16
		1374-285- 53
蘇平仲瞽言後跋	明胡 翰	1229-102- 8
郁離子序	明徐一夔	1374-119- 38
		1455-326-210
讀呂氏春秋	明烏斯道	1232-235- 4
讀子華子	明方孝孺	1235-130- 4
讀呂氏春秋	明方孝孺	1235-135- 4
		1406-555-378
		1455-333-210
讀聲隅子		1235-138- 4
（跋）郁離子	明楊士奇	1238-609- 18
書李樂菴語錄後	明鄭文康	1246-660- 17

子部　雜家類：雜學、雜考

篇目	作者	編號
外篇	明李夢陽	1262-589- 65
陰陽管見後語序	明何 瑭	1266-551- 6
何子十二篇	明何景明	1267-256- 30
（何子）內篇二十九篇	明何景明	1267-271- 31
雅述序	明崔 銑	1267-632- 11
子通序	明鄭善夫	1269-146- 9
教學篇論泰豆氏	明鄭善夫	1269-190- 15
經世要談	明鄭善夫	1269-282- 22
經世要談	明鄭善夫	1269-284- 22
子通論道	明鄭善夫	1269-289- 22
筆疇序	明唐順之	1276-316- 6
讀鶡冠子	明王世貞	1280-762-112
（書）化書後	明王世貞	1284-281-157
		1285- 83- 7
讀鶡冠子	明王世貞	1285- 65- 5
讀呂氏春秋	明王世貞	1280-763-112
		1285- 66- 5
重刻呂氏春秋序	明王世貞	1282-542- 41
		1405-543-292
讀劉子	明王世貞	1285- 9- 1
讀子華子	明王世貞	1285- 9- 1
讀淮南子	明王世貞	1285- 16- 2
王氏內外篇序	明胡 直	1287-324- 8
讀鶡冠子	明胡 直	1287-437- 18
談言上下	明胡 直	1287-643- 30
續問上下	明胡 直	1287-661- 30
申言上下	明胡 直	1287-686- 30
讀呂覽	明胡應麟	1290-743-102
讀空同子	明胡應麟	1290-746-102
讀淮南子	明胡應麟	1290-749-103
讀鶡冠子	明胡應麟	1290-750-103
讀齊丘子	明胡應麟	1290-751-103
七克序	明曹于汴	1293-682- 1
石巖先生瀧語序	明婁 堅	1295- 12- 1
代作呂氏春秋跋	明凌義渠	1297-470- 6
內外二篇都序	明趙貞吉	561-513- 44
		1455-372-213
（長短經跋）	明沈新民	849-212- 附
本語自序	明高 拱	849-812- 附
淮南鴻烈解序	明顧起元	1405-553-292
楊墨辨	明何 烱	1454-266-112
敘七克	明鄭以偉	1455-545-229
御製題鶡冠子	清 高宗	848-199- 附
御製讀淮南子	清 高宗	848-508- 附
御題趙薾長短經	清 高宗	849- 1- 附
長短經跋	清朱彝尊	1318-232- 52
書呂氏春秋	清姜宸英	1323-811- 7
讀鶡冠子跋	清田 雯	1324-370- 34
讀子華子跋	清田 雯	1324-370- 34
詁安錄序	清陸隴其	1325-135- 8
詁安錄後序	清陸隴其	1325-135- 8
馭熊（論）	清儲大文	1327-187- 10

b.雜　考

篇目	作者	編號
獨斷	漢蔡 邕	1063-139- 1
中華古今注序	後唐馬縞	850-114- 附
讀白虎通	宋呂南公	1123-162- 17
猗覺寮雜記原序	宋洪 邁	850-433- 附
（容齋隨筆序）	宋洪 邁	851-274- 1
（容齋續筆序）	宋洪 邁	851-406- 1
（容齋三筆序）	宋洪 邁	851-539- 附
（容齋四筆序）	宋洪 邁	851-667- 附
跋資暇集	宋陸 游	1163-522- 28
跋李浩刊誤	宋陸 游	1163-526- 28
（雲谷雜記跋）	宋葉 適	850-910- 末
題張淏雲谷雜記後	宋葉 適	1164-516- 29
（跋）古今注	宋周 南	1169- 54- 5
古今考原序	宋魏了翁	853-109- 附
		1172-617- 54
師友雅言上下	宋魏了翁	1173-567-108
困學紀聞題識	宋王應麟	854-139- 附
鶴山師友雅言序	宋游 侶	561-502- 44
		1381-335- 31
鶴山師友雅言序	宋稅與權	561-502- 44
		1381-336- 31
（近事會元）原序	宋李上交	850-254- 附
（能改齋漫錄跋）	宋吳 復	850-851- 附
（雲谷雜記序）	宋張 淏	850-855- 首
（雲谷雜記跋）	宋張 淏	850-910- 末
（雲谷雜記跋）	宋楊 棟	850-909- 末
（雲谷雜記跋）	宋章 穎	850-909- 末
容齋隨筆五集總序	宋何 異	851-273- 附
演繁露原序	宋程大昌	852- 68- 附
考古編序	宋程大昌	1375-254- 18
演繁露三事	宋程大昌	1375-420- 33
（演繁露續集）跋	宋程 覃	852-252- 6
（緯略序）	宋高似孫	852-254- 1
（芥隱筆記跋）	宋劉 董	852-504- 附
蘆浦筆記原敘	宋劉昌詩	852-506- 附

四庫全書文集篇目分類索引

子部

雜家類：雜考、雜說

野客叢書小序(二則)	宋王楙	852-549- 附
考古質疑原序	宋葉武子	853- 17- 附
考古質疑原序	宋葉釋之	853- 17- 附
賓退錄原序	宋陳宗禮	853-655- 附
賓退錄自序	宋趙與旹	853-656- 附
學齋佔畢原序	宋史繩祖	854- 2- 附
朝野類要原序	宋趙升	854-102- 附
（識遺序）	宋羅璧	854-508- 1
議論辨惑（二十四則）	金王若虛	1190-427- 30
著述辨惑（十二則）	金王若虛	1190-431- 31
雜辨（十三則）	金王若虛	1190-433- 32
謬誤雜辨（四十一則）	金王若虛	1190-436- 33
讀蔡氏獨斷	元戴表元	1194-290- 23
李幼成經史辨疑（跋）	元徐明善	1202-597- 下
王先生困學紀聞序	元袁桷	1203-288- 21
雜辨十三則	元黃溍	1209-463- 7下
（困學紀聞跋）	元陸晉之	854-504- 附
日損齋筆記後序	元劉剛	854-714- 附
鶴山雅言序	元魏文翼	1381-340- 31
（日損齋）筆記（原）序	明宋濂	854-698- 附
		1223-517- 9
讀崔豹古今註	明方孝孺	1235-138- 4
書學齋佔畢後	明方孝孺	1235-540- 18
（跋）白虎通	明楊士奇	1238-587- 17
（跋）崔豹古今註	明楊士奇	1238-599- 18
雜辯三首	明顧璘	1263-569- 7
見聞考隨錄一至五	明韓邦奇	1269-630- 18
丹鉛續錄原序	明楊慎	855-123- 附
丹鉛總錄原序	明楊慎	855-325- 附
譚苑（苑）醍醐原序	明楊慎	855-673- 附
		1270- 25- 2
丹鉛別錄序	明楊慎	1270- 25- 2
雜記（四十一卷）	明楊慎	1270-278- 41
書東觀餘論後	明文徵明	1273-149- 21
讀白虎通	明王世貞	1280-763-112
		1285- 67- 5
書丹鉛總錄	明胡直	1287-440- 18
讀西溪叢語	明胡應麟	1290-754-104
讀演繁露	明胡應麟	1290-755-104
題因學紀聞後	明胡應麟	1290-769-106
（演繁露原序）	明鄧渼	852- 69- 附
（緯略跋）	明沈士龍	852-409- 12
（識遺跋）	明吳岫	854-611- 10
丹鉛餘錄原序	明張素	855- 3- 附
刻丹鉛餘錄序	明王廷表	855-122- 附
正楊原序	明陳耀文	856- 48- 附
（正楊原序）	明李葵	856- 48- 附
疑耀原序	明張萱	856-174- 附
通雅自序（二則）	明方以智	857- 3- 附
御製題明版東觀餘論	清高宗	850-301- 附
御製讀王應麟因學紀聞	清高宗	854-137- 附
讀王應麟因學紀聞	清高宗	1301-498- 35
能改齋漫錄（跋）	清王士禎	850-851- 附
古今釋疑序	清張英	1319-659- 40
高詹事天祿識餘序	清毛奇齡	1320-330- 39
答三辨文	清毛奇齡	1321-309-121
湛園札記原序	清姜宸英	859-568- 附
（能改齋漫錄跋）	清吳焯	850-851- 附
（能改齋漫錄跋四則）	清何焯	850-852- 附
（困學紀聞跋）	清閻詠	854-505- 附
日知錄自記	清顧炎武	858-401- 附
日知錄原序	清潘耒	858-401- 附
（藝林彙考序）	清陳鑑	859- 2- 附
藝林彙考棟宇篇題記	清沈自南	859- 3- 附
藝林彙考服飾篇題記	清沈自南	859- 4- 附
藝林彙考飲食篇題記	清沈自南	859- 5- 附
藝林彙考稱號篇題記	清沈自南	859- 6- 附
藝林彙考引	清沈自南	859- 7- 附
白田雜著跋（二則）	清紀容舒	859-779- 附

C.雜說

風俗通義原序	漢應劭	862-351- 附
		1397-511- 25
		1405-517-290
建安諸序	魏文帝	1412-615- 24
雜說（二則）	唐韓愈	1351-726- 上
雜說（四則）	唐韓愈	1355-373- 13
		1383-124- 10
雜說五首	唐陸龜蒙	1343-674- 47
雜著（八則）	唐羅隱	1084-267- 7
（尚書故實序）	唐李綽	862-469- 附
灌畦暇語自序	唐不著撰人	862-482- 附
御製雜說序	宋徐鉉	1085-141- 18
雜說（十六則）	宋蔡襄	1090-626- 34
校風俗通義題序	宋蘇頌	1092-703- 66
潛書十五篇并序	宋李覯	1095-177- 20
廣潛書十五篇并序	宋李覯	1095-180- 20
慶曆民言三十篇并序	宋李覯	1095-185- 21

四庫全書文集篇目分類索引

子部　雜家類：雜說

篇目	作者	索引號
雜說九首	宋劉　敞	1095-762- 42
筆說	宋歐陽修	1103-307-129
試筆一卷	宋歐陽修	1103-312-130
雜說三并序	宋歐陽修	1383-674- 60
王氏語錄序	宋范純仁	1104-787- 0
志林五十五條	宋蘇　軾	1108-600-100
志林五十七條	宋蘇　軾	1108-611-102
志林四十二條	宋蘇　軾	1108-623-103
志林四十六條	宋蘇　軾	1108-634-103
志林十三條	宋蘇　軾	1108-644-105
志林十三條	宋蘇　軾	1351-130- 98
志林（三則）	宋蘇　軾	1418-442- 50
雜說（十二則）	宋蘇　軾	1351-227-107
雜書（六則）	宋黃庭堅	1113-442- 9
雜論（十二則）	宋黃庭堅	1113-596- 6
理究（一則）	宋陳師道	1114-718- 22
逆旅集序	宋秦　觀	1115-642- 39
夢溪筆談序	宋沈　括	862-709- 附
辯誣（四則）	宋晁說之	1118-261- 14
雜說（十四則）	宋黃　裳	1120-302- 47
雜說（二十則）	宋鄒　浩	1121-451- 32
題論衡後	宋呂南公	1123-164- 17
		1351-491-131
雜說（五則）	宋楊　時	1125-364- 27
乘閑志序	宋李　綱	1126-560-136
跋東原集序	宋汪　藻	1128-155- 17
		1128-373- 8
石林燕語原序	宋葉夢得	863-537- 附
議論要語（三十九則）	宋羅從彥	1135-744- 11
劉元城語錄解原序	宋張九成	863-355- 附
元城先生語錄序	宋張九成	1138-407- 16
讀呂滎陽公發明義理		
酬酢事變二書	宋汪應辰	1138-683- 10
記聞上下	宋林之奇	1140-372- 1
跋李季可百說	宋史　浩	1141-815- 36
答何叔京（書）雜說	宋朱　熹	1144-160- 40
答李伯諫（書）雜說	宋朱　熹	1144-249- 43
答吳公濟（書）雜說	宋朱　熹	1144-254- 43
答廖子晦（書）雜說	宋朱　熹	1144-341- 45
答黃商伯（書）雜說	宋朱　熹	1144-362- 46
偶讀謾記	宋朱　熹	1145-406- 71
禪正書序	宋朱　熹	1145-540- 75
困學恐聞編序	宋朱　熹	1145-546- 75
跋李少膺胜說	宋朱　熹	1145-682- 81
答李孝述繼善問目（		
書）雜說	宋朱　熹	1146-527- 5
家塾所藏六一先生墨		
蹟跋十首——試筆	宋周必大	1147-137- 15
蘇文定公遺言樂城遺言	宋周必大	1147-554- 52
二老堂雜誌	宋周必大	1149- 37-179
雜說（一卷）附門人周		
公謹介所記	宋呂祖謙	1150-429- 6
讀書記	宋呂祖謙	1353-753-106
梁谿漫志序	宋樓　鑰	864-692- 附
靜齋迂論序	宋樓　鑰	1152-814- 52
跋黃長睿東觀餘論	宋樓　鑰	1153-236- 76
論衡跋	宋洪　适	1158-604- 63
跋三近齋餘錄	宋陸　游	1163-540- 30
稗說（三則）	宋章　甫	1165-422- 6
擁爐閒話序	宋陳　造	1166-292- 23
書某氏辨誣錄後	宋陳　造	1166-389- 31
題王勉夫雜說	宋陳　造	1166-392- 31
答劉史君書所問（十九		
則）	宋廖行之	1167-392- 9
（跋）封氏見聞記	宋周　南	1169- 55- 5
車陰軒閑居錄序	宋杜　範	1175-733- 16
跋小事錄	宋張　侃	1181-427- 5
愧郯錄原序	宋岳　珂	865- 92- 附
（愧郯錄）後序	宋岳　珂	865-199- 附
藏一話腴原序	宋岳　珂	865-539- 附
辨惑（三十三則）	宋陽　枋	1183-381- 9
學記（三卷）	宋林希逸	1185-836- 28
葉堅渡筆義序	宋俞宗武	1187-699- 5
周公瑾齊東野語序	宋牟　獻	1188-103- 12
佩韋齋輯聞序	宋俞德鄰	1189- 4- 附
輯聞（一百十四則）	宋俞德鄰	1189-130- 17
論衡後序	宋楊文昌	862-346- 附
春明退朝錄原序	宋宋敏求	862-500- 附
（宋景文筆記）跋	宋李　衍	862-554- 附
塵史序	宋王得臣	862-597- 附
文昌雜錄序	宋衛　傅	862-651- 附
文昌雜錄跋	宋龐元英	862-706- 附
珩璜新論跋	宋沈　誥	863-139- 附
劉元城語錄解原序	宋馬永卿	863-355- 附
五總志原序	宋吳　坰	863-803- 附
（墨莊漫錄序）	宋張邦基	864- 2- 1
寓簡原序	宋沈作喆	864-105- 附
東園叢說原序	宋李如篪	864-183- 附
東園叢說跋	宋周庭筠	864-235- 附
雲麓漫抄原序	宋趙彥衛	864-261- 附

四庫全書文集篇目分類索引　2105

子部　雜家類：雜說

篇名	作者	索引號
示兒編自序	宋孫　奕	864-413-　附
密齋筆記自序	宋謝采伯	864-644-　附
密齋筆記原序	宋王宗旦	864-645-　附
（密齋筆記）原跋	宋馬癸榊	864-689-　附
（密齋筆記）原跋	宋成公策	864-692-　附
梁谿漫志序	宋費　袞	864-692-　附
琴堂諭俗編原序	宋應　俊	865-222-　附
（貴耳集序）	宋張端義	865-411-　上
（貴耳集序）	宋張端義	865-430-　中
（貴耳集序）	宋張端義	865-449-　下
（吹劍錄外集序）	宋余文豹	865-470-　附
（脚氣集跋）	宋余惟一	865-534-　附
齊東野語原序	宋周　密	865-637-　附
齊東野語序	元戴表元	1194-101-　7
題唐師善談乘	元戴表元	1194-251-　19
葉氏暮譚序	元吳　澄	1197-195-　18
湛淵靜語原序	元白　珽	866-285-　附
玉堂嘉話序	元王　惲	866-440-　附
		1201-328-　93
辯說（二十則）	元王　惲	1200-567-　44
玉堂嘉話（八卷）	元王　惲	1201-328-　93
答問（四十一則）	元陳　櫟	1205-239-　7
與臨川吳先生問答（五則）	元王　結	1206-238-　5
（雜說七條）	元黃　溍	1209-457-7下
答陳衆仲問吹劍錄	元吳師道	1212-259-　18
跋怡虛清話	元李　祁	1219-756-　10
（封氏聞見記跋）	元夏庭芝	862-464-　10
琴堂諭俗編原序	元左　祥	865-223-　附
（脚氣集跋）	元孫道明	865-534-　附
湛淵靜語原序	元周　曒	866-285-　附
（閒居錄跋）	元陸友仁	866-643-　附
蘿山雜言（二十則）	明宋　濂	1224-403-　27
		1224-615-　下
雜解八篇	明劉　基	1225-365-　15
續志林并序	明王　禕	1226-371-　18
		1374-266-　51
叢錄（十二則）	明王　禕	1226-417-　24
雜說（十八則）	明王　鏊	1229-418-　3
雜說（十三則）	明童　冀	1229-595-　2
雜言十四篇	明趙搪謙	1229-695-　2
遺言（十則）	明趙搪謙	1229-700-　2
造化經綸圖說	明趙搪謙	1229-708-　2
雜說四首	明王　行	1231-376-　6
跋芥隱信筆書	明王　行	1231-390-　8
雜對序	明王　行	1231-444-　0
讀風俗通義	明方孝孺	1235-136-　4
雜問（七十一則）	明方孝孺	1235-204-　6
題造化經綸圖序後	明王　直	1242-367-　36
雜錄（三卷）	明李　賢	1244-771-　28
雜言上下（五十二則）	明岳　正	1246-376-　3
灌畦暇語跋	明李東陽	862-496-　附
漫記（二十一則）	明賀　欽	1254-690-　7
自警說（十二則）	明周　瑛	1254-806-　5
雜說（四則）	明周　瑛	1254-807-　5
遹言序	明林　俊	1257-　32-　4
自箴十四條	明蔡　清	1257-767-　1
書戒五條	明蔡　清	1257-768-　1
約齋閒錄序	明祝允明	1260-709-　25
雜說（十則）	明顧　清	1261-622-　22
雜說五章	明顧　璘	1263-567-　7
無用閒談（四十則）	明孫　緒	1264-583-　11
雜說二十一首	明潘希曾	1266-744-　8
雜言十首	明何景明	1267-351-　38
刊元城先生語錄序	明崔　銑	1267-424-　3
庸書（二十一則）	明崔　銑	1267-438-　3
草木子序	明鄭善夫	1269-143-　9
芟草本子	明鄭善夫	1455-439-219
語錄	明夏尚樸	1271-　2-　1
雜志（二十三則）	明孫承恩	1271-541-　44
書壁五條雜說	明羅洪先	1275-176-　8
寐言十四條	明羅洪先	1275-177-　8
語錄——漫錄（三十二則）	明楊　爵	1276-　60-　6
少陽叢談序	明王世貞	1280-220-　71
壁帖（十則）	明王　樵	1285-375-　13
戊申筆記	明王　樵	1285-389-　15
雜說四首	明胡　直	1287-410-　15
申說（十二則）贈薛希之太守北上有引	明胡　直	1287-412-　15
懺諐三首	明歸有光	1289-　64-　4
與沈敬甫（小簡）論古書	明歸有光	1289-539-　7
義蒼漫語序	明胡應麟	1290-600-　83
讀論衡	明胡應麟	1290-751-103
讀鶴林玉露	明胡應麟	1290-754-104
讀夢溪筆談	明胡應麟	1290-755-104
讀齊東野語	明胡應麟	1290-755-104
景素于先生僉語序	明顧憲成	1292-　87-　6
待旦堂漫談題辭	明顧憲成	1292-162-　13

子部 雜家類：雜說、雜品、雜纂

筠記（七十四則） 明顧允成 1292-270- 3
默石翁筠記序 明高攀龍 1292-597- 9下
（封氏聞見記跋） 明吳 岫 862-464- 10
（封氏聞見記跋） 明朱良育 862-464- 10
（封氏聞見記跋） 明孫允伽 862-464- 10
（封氏聞見記跋） 明陸貽典 862-465- 10
仇池筆記原序 明趙開美 863- 2- 附
草木子原序 明葉子奇 866-735- 附
謏言長語原序 明曹 安 867- 28- 附
謏言長語跋 明任 順 867- 68- 附
震澤長語原序 明賀燦然 867-190- 附
（井觀瑣言序） 明鄭 瑗 867-234- 1
南園漫錄序 明張志淳 867-256- 附
題南園漫錄後跋 明張志淳 867-325- 附
物理小識自序 明方以智 867-742- 附
餘冬序錄序 明何孟春 1405-745-313
西湖談藝序 明張 翰 1406-119-326
墨莊率意錄序 明朱 升 1455-317-210
山中雜言四條 明繆一鳳 1458-772-479
齋語（十七則） 明徐學謨 1458-777-480
康熙幾暇格物編（九十三則） 清聖祖 1299-567- 26
（御製）讀王充論衡 清高宗 862- 1- 附
（御題）曲洧舊聞四首 清高宗 863-285- 附
（御製）題敬齋古今黈有序 清高宗 866-319- 附
讀韓昌黎雜說 清高宗 1301-491- 34
論王充論衡 清高宗 1301-500- 35
雪亭夢語序 清湯 斌 1312-484- 3
動忍齋小言序 清魏裔介 1312-755- 6
匡林序 清施閏章 1313- 30- 3
居易錄自序 清王士禎 869-310- 附
（居易錄跋） 清王士禎 869-754- 34
池北偶談序 清王士禎 870- 2- 附
分甘餘話序 清王士禎 870-544- 附
附錄傳家質言（十三則） 清朱鶴齡 1319-195- 附
恒產瑣言 清張 英 1319-706- 44
聰訓齋語 清張 英 1319-716- 45
雜箋（三十一則） 清毛奇齡 1320-185- 23
胡氏東岡瑣言序 清毛奇齡 1320-276- 33
偸湖樵書序 清毛奇齡 1320-313- 37
雜著（四卷） 清田 雯 1324-215- 20
薛書序 清陸隴其 1325-138- 8

古夫于亭雜錄序 清俞兆晟 870-598- 附

d.雜 品

燕遊十友序 宋李昭玘 1122-291- 7
洞天清錄原序 宋趙希鵠 871- 2- 附
故物譜（序） 金元好問 550-684-227
　 1191-458- 39
　 1367-588- 45
　 1410-781-771
載妬古錄 元倪 瓚 1220-304- 9
負喧野錄跋 元王 東 871- 44- 附
格古要論原序 明曹 昭 871- 86- 附
（遵生八牋——清修妙論牋序） 明高 濂 871-330- 1
（遵生八牋——四時調攝牋序） 明高 濂 871-387- 3
（遵生八牋——起居安樂牋序） 明高 濂 871-490- 7
（遵生八牋——延年卻病牋序） 明高 濂 871-547- 9
（遵生八牋——飲饌服食牋序） 明高 濂 871-616- 11
（遵生八牋——燕閒清賞牋序） 明高 濂 871-690- 14
（遵生八牋——靈秘丹藥牋序） 明高 濂 871-809- 17
（遵生八牋——塵外遐舉牋序） 明高 濂 871-881- 19
清秘藏序 明王稚登 872- 2- 附
妮古錄 明陳繼儒 1220-354- 12
韻石齋筆談原序 清蔣 清 872- 92- 附

e.雜 纂

自序經子史諸集抄錄本序 梁王 筠 1399-573- 14
意林原序 唐戴叔倫 872-200- 附
意林原序 唐柳伯存 872-201- 附
上眞宗進經史子集要語（疏） 宋田 錫 431- 71- 6
君德（疏）——進經史子集要話 宋田 錫 433- 16- 1
上眞宗進經史子集要語 宋田 錫 1085-372- 1
聖學（疏）——進經書要言奏 宋范祖禹 433-166- 7

精騎集序　　　　　　　宋秦　觀　　1115-683-　6
跋曾伯智孝行類要　　　宋楊　時　　1125-357- 26
谷盈通說序　　　　　　宋孫　覿　　1135-313- 31
群書雜嚼序　　　　　　宋周紫芝　　1141-372- 52
古今長者錄序　　　　　宋羅　願　　1142-484-　3
　　　　　　　　　　　　　　　　　1375-255- 18
王氏續經說　　　　　　宋朱　熹　　1145-325- 67
跋朱希眞所書雜鈔　　　宋陸　游　　1163-548- 31
仕學規範原序　　　　　宋張　鑑　　 875-　8- 附
忠孝提綱序　　　　　　宋文天祥　　1184-594- 13
好生錄序　　　　　　　宋王　柏　　1186- 71-　5
忍經輯要後叙　　　　　宋黃仲元　　1188-637-　3
忍經序　　　　　　　　宋黃仲元　　1188-643-　3
洗心錄序　　　　　　　宋林景照　　1188-748-　5
紺珠集原序　　　　　　宋王宗哲　　 872-274- 附
事實類苑原序　　　　　宋江少虞　　 874-　3- 附
（事實類苑跋）　　　　宋江少虞　　 874-540- 63
與善錄序　　　　　　　元吳　澄　　1197-175- 16
題唐名臣言行類編　　　元程鉅夫　　1202-357- 24
忍經序　　　　　　　　元許有壬　　1373-309- 20
紀史奇蹟序　　　　　　元傅若金　　1213-315-　4
逢遇錄序　　　　　　　元李　存　　1213-700- 17
說郛原序　　　　　　　元楊維楨　　 876-　3- 附
（言行龜鑑）原序　　　元陳　普　　 875-465- 附
（言行龜鑑）原序　　　元熊　禾　　 875-465- 附
書春秋色鑑錄後　　　　元程　文　　1375-309- 24
昭鑒錄序　　　　　　　明　太　祖　1223-159- 15
昭鑒錄序　　　　　　　明宋　濂　　1223-358-　5
自警編序　　　　　　　明方孝孺　　1235-361- 12
仕學規範序　　　　　　明方孝孺　　1235-362- 12
（跋）宋名臣言行類
　　編學要　　　　　　明楊士奇　　1238-598- 18
（跋）仕學規範　　　　明楊士奇　　1238-600- 18
（跋）自警編　　　　　明楊士奇　　1238-600- 18
御編爲善陰騭書頌
　　有序　　　　　　　明楊　榮　　1240-117-　8
御編爲善陰騭書頌有
　　序　　　　　　　　明金幼孜　　1240-696-　6
損鑑序　　　　　　　　明顧　璘　　1263-327-　2
古四大家摘言序　　　　明王世貞　　1280-175- 68
讀說郛　　　　　　　　明胡應麟　　 876-　5- 首
讀類說　　　　　　　　明胡應麟　　1290-753-104
讀說郛　　　　　　　　明胡應麟　　1290-753-104
讀古今說海　　　　　　明胡應麟　　1290-754-104
東皋漫錄序　　　　　　明畢自嚴　　1293-400-　2

東皋續錄序　　　　　　明畢自嚴　　1293-412-　2
紀善新編序　　　　　　明鄒元標　　1294-129-　4
說郛原序　　　　　　　明郁文博　　 876-　4- 附
讀說郛　　　　　　　　明包　衡　　 876-　5- 首
讀說郛　　　　　　　　明何良俊　　 876-　5- 首
讀說郛　　　　　　　　明黃平倩　　 876-　5- 首
讀說郛　　　　　　　　明來斯行　　 876-　5- 首
讀說郛　　　　　　　　明藩之恒　　 876-　5- 首
讀說郛　　　　　　　　明黃汝亨　　 876-　5- 首
玉芝堂談薈原序　　　　明徐應秋　　 883-　2- 附
三注鈔序　　　　　　　明鍾　惺　　1405-571-293
百家類纂序　　　　　　明余孟麟　　1455-387-215
楊用修藝林伐山序　　　明吳伯與　　1455-516-225
山居日輯序　　　　　　明鄭履準　　1455-524-226
悅心集序　　　　　　　清　世　宗　1300- 85-　8
　　　　　　　　　　　　　　　　　1449-198-　7
（御題）意林三絕句　　清　高　宗　 872-197- 附
畜德錄序　　　　　　　清汪　琬　　1315-475- 27
進鑑古輯覽表　　　　　清陳廷敬　　1316-464- 32

f.叢　書

（跋）炙轂子　　　　　宋周　南　　1169- 54-　5
王隱君六學九書序　　　宋劉克莊　　1180-249- 24
記纂提要序　　　　　　元吳　澄　　1197-169- 15
儼山外集跋　　　　　　明陸　深　　 885-224- 附
題譚生十略　　　　　　明曹于汴　　1293-711-　3
百川學海叙　　　　　　明錢　福　　1455-368-213
五子書序　　　　　　　明楊一清　　1455-416-217

K.類　書　類

編珠原序　　　　　　　隋杜公瞻　　 887- 39- 附
藝文類聚序　　　　　　唐歐陽詢　　 887-139- 附
元和姓纂原序　　　　　唐林　寶　　 890-519- 附
元和姓纂原序　　　　　唐王　涯　　 890-519- 附
文思博要序　　　　　　唐高士廉　　1339-613-699
謝賜御製册府元龜序
　　表　　　　　　　　宋夏　竦　　1087-117-　8
（册府元龜）宰相部
　　威重篇序　　　　　宋夏　竦　　1087-235- 22
（册府元龜）閫位部
　　知子篇序　　　　　宋夏　竦　　1087-236- 22
（册府元龜）將帥部
　　不和篇序　　　　　宋夏　竦　　1087-236- 22
（册府元龜）將帥部
　　受命忘家（篇）序　宋夏　竦　　1087-236- 22

子部 類書類

（册府元龜）將帥部
　強明篇序　　　　　　宋夏竦　1087-236-22
（册府元龜）將帥部
　議論篇序　　　　　　宋夏竦　1087-236-22
（册府元龜）總錄部
　讒佞篇序　　　　　　宋夏竦　1087-237-22
（册府元龜）卿監部
　邪佞篇序　　　　　　宋夏竦　1087-237-22
（册府元龜）學校部
　讎嫉篇序　　　　　　宋夏竦　1087-237-22
（册府元龜）邦計部
　貪汚篇序　　　　　　宋夏竦　1087-237-22
（册府元龜）總錄部
　傲慢篇序　　　　　　宋夏竦　1087-238-23
類要序　　　　　　　　宋會鞏　1098-468-13
　　　　　　　　　　　　　　　1384-248-101
職官分紀序　　　　　　宋秦觀　923-3-附
白孔六帖原序　　　　　宋韓駒　891-3-附
語本序　　　　　　　　宋孫覿　1135-303-30
帝王經世圖譜原序（
　題辭）　　　　　　　宋周必大　922-386-附
　　　　　　　　　　　　　　　1147-570-54
跋歐陽邦基勸戒別錄　宋周必大　1147-193-19
題文選雙字　　　　　　宋袁說友　1154-375-19
題策府元龜　　　　　　宋陳造　1166-401-31
西漢蒙求跋　　　　　　宋張栻　1167-701-34
胡彥和事海序　　　　　宋歐陽守道　1183-589-11
玉海附辭學指南序　　　宋王應麟　948-268-201
小學紺珠原序　　　　　宋王應麟　948-380-附
林上舍體物賦料序　　　宋方逢辰　1187-536-4
翰墨全書序　　　　　　宋熊禾　1188-765-1
初學記原序　　　　　　宋劉本　890-3-附
進注事類賦狀　　　　　宋吳淑　892-804-附
事類賦原序　　　　　　宋邊惟德　892-804-附
太平御覽原序太平編類　宋蒲叔獻　893-3-附
太平御覽原跋　　　　　宋李廷尤　893-4-附
海錄碎事原序　　　　　宋葉庭珪　921-2-附
（海錄碎事）後序　　　宋傅自得　921-967-附
（古今姓氏書辨證）
　原序　　　　　　　　宋高柴　922-24-附
（古今姓氏書辨證）
　原序　　　　　　　　宋鄧椿年　922-25-附
古今事文類聚原序　　　宋祝穆　925-3-附
題古今事文類聚後　　　宋祝穆　1375-297-22
全芳備祖集原序　　　　宋韓境　935-2-附

古今合璧事類備要原
　序　　　　　　　　　宋謝維新　939-2-附
古今合璧事類備要跋　宋黃叔度　939-3-附
古今源流至論前集原
　序　　　　　　　　　宋黃履翁　942-2-附
（雜肋序）　　　　　　宋趙崇絢　948-732-附
六帖補原序　　　　　　宋呂午　948-744-附
六帖補跋　　　　　　　宋俞仕禮　948-835-附
太平御覽原序　　　　　宋不著撰人　893-3-附
錦繡萬花谷序　　　　　宋不著撰人　924-3-附
小學紺珠原序　　　　　元方回　948-380-附
伍典蒙求序　　　　　　元戴表元　1194-93-7
昌國應君類書蒙求序　元戴表元　1194-94-7
禮部韻語序　　　　　　元戴表元　1194-100-7
六帖說　　　　　　　　元王惲　1200-584-44
辨囿序　　　　　　　　元劉岳申　1204-203-2
羣書會元截江網原序　元胡助　934-2-附
玉海序　　　　　　　　元胡助　1214-678-20
易書二經通旨序　　　　元陳高　1216-201-10
歷代制度詳說原序　　元彭飛　923-895-附
玉海後序　　　　　　　元薛元德　948-378-附
純正蒙求原序　　　　　元文天佑　952-2-附
純正蒙求原序　　　　　元吳膧齋　952-3-附
敏求錄序　　　　　　　明王禕　1226-109-5
群書百考跋尾　　　　　明蘇伯衡　1228-718-10
　　　　　　　　　　　　　　　1456-388-297
（跋）策要　　　　　　明楊士奇　1238-587-17
（跋）玉海　　　　　　明楊士奇　1238-595-17
（跋）群書備數　　　　明楊士奇　1238-599-18
（跋）册府元龜　　　　明楊士奇　1238-599-18
（跋）群書考索　　　　明楊士奇　1238-599-18
（跋）事文類聚　　　　明楊士奇　1238-600-18
（跋）類林　　　　　　明楊士奇　1238-602-18
（跋）文選雙字　　　　明楊士奇　1238-633-20
姓源珠璣序　　　　　　明王直　1241-680-15
群書集事淵海後序　　明李東陽　1250-661-64
跋周雲漢所述姓源便
　覽　　　　　　　　　明邵寶　1258-792-9
新刻龍筋鳳髓判序　　明祝允明　1260-698-24
補名賢異號錄序　　　　明楊慎　1270-20-2
文選雙字類要後序　　明皇甫汸　1275-739-35
類雋序　　　　　　　　明王世貞　1280-179-68
萬姓類譜序萬姓統譜　明王世貞　1282-564-43
子史餘珍序　　　　　　明溫純　1288-555-7
讀太平御覽　　　　　　明胡應麟　1290-752-104

四庫全書文集篇目分類索引

讀册府元龜　　　　　　明胡應麟　　1290-752-104
事物別名序　　　　　　明高攀龍　　1292-598- 9下
小字錄補序　　　　　　明婁　堅　　1295- 6- 1
刻太平御覽序　　　　　明黃正色　　 893- 2- 附
册府元龜原序　　　　　明李嗣京　　 902- 4- 附
海錄碎事原序　　　　　明劉　鳳　　 921- 3- 附
（八面鋒記語）　　　　明都　穆　　 923-1077-13
刻記纂淵海序　　　　　明陳文燭　　 930- 3- 附
記纂淵海序　　　　　　明胡維新　　 930- 5- 附
名疑原序　　　　　　　明陳士元　　 952-594- 附
萬姓統譜自序　　　　　明凌迪知　　 956- 1- 附
喻林自敘　　　　　　　明徐元太　　 958- 2- 附
同姓名錄原序　　　　　明閔洪學　　 964- 21- 附
（同姓名錄）總記　　　明周應賓　　 964-339- 附
說略原序　　　　　　　明顧起元　　 964-344- 附
駢志原序　　　　　　　明陳禹謨　　 973- 2- 附
山堂肆考序　　　　　　明凌　儒　　 974- 2- 附
（山堂肆考）原序　　　明焦　竑　　 974- 3- 附
山堂肆考序　　　　　　明廖自伸　　 974- 5- 附
山堂肆考序　　　　　　明彭大翮　　 974- 6- 附
山堂肆考小記　　　　　明張幼學　　 974- 7- 附
事類賦序　　　　　　　明李　濂　　1455-402-216
劉子威雜組序　　　　　明江盈科　　1455-541-228
（御製）淵鑑類函序　　清 聖 祖　　 982- 1- 附
　　　　　　　　　　　　　　　　　1299-166- 21
御製分類字錦序　　　　清 聖 祖　　1005- 1- 附
（御製）佩文韻府序　　清 聖 祖　　1011- 1- 附
　　　　　　　　　　　　　　　　　1299-166- 21
論韻府刻本　　　　　　清 聖 祖　　1299-334- 44
（御製）子史精華序　　清 世 宗　　1008- 1- 附
　　　　　　　　　　　　　　　　　1300- 73- 7
　　　　　　　　　　　　　　　　　1449-194-首7
駢字類編序　　　　　　清 世 宗　　1300- 71- 7
古今圖書集成序　　　　清 世 宗　　1300- 72- 7
　　　　　　　　　　　　　　　　　1449-195-首7
御題太平御覽六韻　　　清 高 宗　　 893- 1- 附
御製題帝王經世圖譜
　有序　　　　　　　　清 高 宗　　 922-383- 附
御製題職官分紀　　　　清 高 宗　　 923- 1- 附
御題歷代制度詳說　　　清 高 宗　　 923-893- 附
稽古名異錄序　　　　　清施閏章　　1313- 29- 3
讀書紀數略序　　　　　清陳廷敬　　1316-549- 37
杜氏編珠補序　　　　　清朱彝尊　　1318- 47- 35
回溪史韻跋　　　　　　清朱彝尊　　1318-142- 43
書韻府群玉後　　　　　清朱彝尊　　1318-143- 43

陶徵士聖賢群輔錄跋　清朱彝尊　　1318-230- 52
大唐類要跋北堂書抄　清朱彝尊　　1318-234- 52
書太平御覽後　　　　清朱鶴齡　　1319-159- 13
進呈類函表　　　　　清張　英等　 982- 2- 附
奇姓類考序　　　　　清毛奇齡　　1320-503- 57
斷窗彙編序　　　　　清汪由敦　　1328-784- 9
類書穀玉序　　　　　清汪由敦　　1328-784- 9
編珠原序　　　　　　清徐乾學　　 887- 39- 附
編珠序　　　　　　　清高士奇　　 887- 40- 附
書敘指南後序　　　　清金　滙　　 920-598- 附
御定韻府拾遺序　　　清王掞、
　　　　　　　　　　王項齡　　　1029- 2- 附
奏進書摺（讀書紀數
　略）　　　　　　　清宮夢仁　　1033- 6- 附
奏鑠式摺（讀書紀數
　略）　　　　　　　清宮夢仁　　1033- 8- 附
別號錄序　　　　　　清葛萬里　　1034-114- 附

L.小說家類

a.雜　事

責髯奴詞（文）　　　漢黃　香
　　　　　　　　　　（王　褒）　1332-707- 17
　　　　　　　　　　　　　　　　1412-143- 6
漢雜事秘辛　　　　　漢楊　慎　　1397- 76- 4
　　　　　　　　　　　　　　　　1408-659-550
（西京雜記）跋　　　晉葛　洪　　1035- 28- 附
（次柳氏舊聞序）　　唐李德裕　　1035-404- 附
唐新語原序　　　　　唐劉　肅　　1035-288- 附
唐新語總論　　　　　唐劉　肅　　1035-402- 附
唐國史補自序　　　　唐李　肇　　1035-417- 附
（劉賓客嘉話錄）原
　序　　　　　　　　唐韋　絢　　1035-456- 附
（教坊記後記）　　　唐崔令欽　　1035-548- 附
（松窗雜錄序）　　　唐李　濬　　1035-557- 附
雲谿友議原序　　　　唐范　攄　　1035-565- 附
雲仙雜記原序　　　　唐馮　贄　　1035-642- 附
黑心符　　　　　　　唐于義方　　1410-768-770
金華子雜編序　　　　南唐劉崇遠　1035-823- 附
談苑序　　　　　　　宋宋　庠　　1087-679- 35
（歸田錄識語）　　　宋歐陽修　　1036-556- 下
歸田錄（二卷）　　　宋歐陽修　　1103-276-126
龍川略志引　　　　　宋蘇　轍　　1037- 2- 附
談叢（四卷）　　　　宋陳師道　　1114-686- 18
楊氏言動家訓序　　　宋李　復　　1121- 73- 7

子部

小說家類・雜事

紫微撰西齋話記共三

篇目	作者	索引號
十五事	宋祖士衡	1098-855- 14
（讀）龍川別志	宋汪應辰	1138-681- 10
		1375-290- 22
跋陳無已談叢	宋汪應辰	1138-695- 12
書倦游雜錄後	宋陳 淵	1139-534- 22
讀世說	宋林之奇	1140-528- 20
書夢溪丈人忘懷錄後	宋周紫芝	1141-482- 67
跋孔毅夫談苑	宋朱 熹	1145-750- 84
題浮雲居士曾達臣雜志後	宋周必大	1147-507- 47
書筆談後	宋李 呂	1152-260- 8
跋曾氏獨醒雜志	宋樓 鑰	1153-169- 71
獨醒雜志原序	宋楊萬里	1039-525- 附
		1161- 78- 80
跋子聿所藏國史補	宋陸 游	1163-534- 29
題周子實所錄	宋葉 適	1164-518- 29
過庭錄（序）	宋葉 適	1409-559-625
（跋）國史補	宋周 南	1169- 54- 5
（跋）松窗雜錄	宋周 南	1169- 56- 5
（跋）幽閒鼓吹	宋周 南	1169- 56- 5
劉賓客嘉話錄跋	宋卞 圖	1035-468- 附
唐摭言跋	宋鄭 昉	1035-808- 附
（南唐近事序）	宋鄭文寶	1035-928- 1
北夢瑣言序	宋孫光憲	1036- 2- 附
（賈氏譚錄）原序	宋張 泊	1036-128- 附
洛陽搢紳舊聞記原序	宋張齊賢	1036-135- 附
錢氏私志原序	宋錢世昭	1036-659- 附
孫公談圃原序	宋孫 競	1037- 96- 附
孫公談圃原序	宋劉延世	1037- 96- 附
（隨手雜錄跋）	宋張邦基	1037-218- 附
（隨手雜錄跋）	宋王 從	1037-218- 附
（甲申聞見二錄補遺記語）	宋王 從	1037-225- 附
玉壺野史原序	宋釋文瑩	1037-284- 附
（揮塵前錄跋）	宋王明清	1038-396- 4
（揮塵前錄）王知府自跋	宋王明清	1038-397- 4
（揮塵後錄跋）	宋王明清	1038-533- 11
（揮塵前錄跋）	宋程 迥	1038-396- 4
（揮塵前錄跋）	宋郭九惠	1038-397- 4
（揮塵後錄跋）	宋王禹錫	1038-533- 11
聞見錄自序	宋邵伯溫	1038-716- 附
清波雜志序	宋張貴謨	1039- 3- 附
清波雜志題識	宋周 煇	1039- 3- 附
清波雜志跋	宋章斯中	1039- 90- 附
清波雜志跋	宋張 訢	1039- 90- 附
清波雜志跋	宋陳 晦	1039- 91- 附
清波雜志跋	宋楊 寅	1039- 91- 附
清波雜志跋	宋張 巖	1039- 91- 附
清波雜志跋	宋龔頤正	1039- 91- 附
清波雜志跋	宋徐似道	1039- 91- 附
（雞肋編序）	宋莊 綽	1039-129- 上
聞見後錄原序	宋邵 博	1039-214- 附
癸辛雜識序	宋周 密	1040- 3- 附
清夜錄（序）	宋俞文豹	1409-558-625
（楓窗小牘序）	宋袁 某	1038-209- 上
劉提點南柯錄序	元張伯淳	1194-449- 3
山居新話序	元楊維楨	1040-345- 附
（北夢瑣言識語）	元孫道明	1036-125- 20
歸潛志原序	元劉 祁	1040-225- 附
山居新話後序	元楊 瑀	1040-377- 附
輟耕錄序	元孫 作	1040-412- 附
續志林小引	明宋 濂	1224-378- 26
諸子辯（燕丹子三卷）	明宋 濂	1224-420- 27
（跋）世說新語	明楊士奇	1238-599- 18
雜言（十八則）	明張 寧	1247-573- 26
題朱天紋所藏芳洲隨筆稿後	明顧 清	1261-634- 24
秘錄	明李夢陽	550-688-227
		1262-354- 39
		1457- 12-342
跋吳中新刻世說	明楊 慎	1270- 99- 10
語林原序	明文徵明	1041-444- 附
何氏語林敘	明文徵明	1273-123- 17
		1455-357-212
灌纓亭筆記序	明陸 粲	1274-583- 1
		1455-371-213
題墨客揮犀錄本	明陸 粲	1274-676- 2
又題（墨客揮犀錄本）	明陸 粲	1274-676- 7
（觚不觚錄序）	明王世貞	1041-426- 附
世說新語補小序	明王世貞	1280-219- 71
皇明盛事述序	明王世貞	1282-648- 49
皇明奇事述序	明王世貞	1282-649- 49
讀世說新語	明胡應麟	1290-745-102
讀程史	明胡應麟	1290-754-104
題泊宅編後	明胡應麟	1290-768-106
西京雜記序	明黃省會	556-452- 93
世說新語原序	明袁 褧	1035- 30- 附
（幽閒鼓吹跋）	明顧元慶	1035-555- 附

楓窗小牘原序　　　　　　明姚士粦　1038-208- 附
（揮塵後錄跋）　　　　　明毛　晉　1038-533- 11
世說新語序　　　　　　　明王思任　1405-570-293
御製題明人影宋鈔清
　波雜志　　　　　　　　清 高 宗　1039- 1- 附
王弇州先生觚記序　　　　清魏裔介　1312-715- 4
唐摭言跋　　　　　　　　清王士禎　1035-808- 附
說鈴小序　　　　　　　　清汪　琬　1315-456- 25
筠廊二筆小引　　　　　　清陳廷敬　1316-552- 37
唐摭言跋　　　　　　　　清朱彝尊　1035-808- 附
摭言足本跋　　　　　　　清朱彝尊　1318-240- 52
書鑑誡錄後　　　　　　　清朱彝尊　1318-241- 52
書北聽炙輠後　　　　　　清朱彝尊　1318-241- 52
俞右吉三述補序　　　　　清毛奇齡　1320-196- 24
書皮光業見聞錄後　　　　清儲大文　1327-311- 14
重刻西京雜記序　　　　　清顏　敏　 556-461- 93
（北夢瑣言識語）　　　　葉 石 君　1036-125- 20
（大唐傳載序）　　　　　不著撰人　1035-528- 附

b.異　聞

穆天子傳　　　　　　　　周 穆 王　1396- 26- 3
十洲記序　　　　　　　　漢東方朔　1412- 80- 4
山海經序　　　　　　　　晉郭　璞　 550- 86-212
　　　　　　　　　　　　　　　　　1042- 3- 附
　　　　　　　　　　　　　　　　　1405-519-290
　　　　　　　　　　　　　　　　　1413-549- 56
山海經圖贊(二十則)　　　晉郭　璞　1407-714-468
南山經圖讚（二十四
　則）　　　　　　　　　晉郭　璞　1413-564- 57
西山經圖讚（五十三
　則）　　　　　　　　　晉郭　璞　1413-566- 57
北山經圖讚(三十則)　　　晉郭　璞　1413-571- 57
東山經圖讚(十八則)　　　晉郭　璞　1413-574- 57
中山經圖讚（四十九
　則）　　　　　　　　　晉郭　璞　1413-575- 57
海外南經圖讚（十六
　則）　　　　　　　　　晉郭　璞　1413-580- 57
海外西經圖讚（十六
　則）　　　　　　　　　晉郭　璞　1413-582- 57
海外北經圖讚（十五
　則）　　　　　　　　　晉郭　璞　1413-583- 57
海外東經圖讚(八則)　　　晉郭　璞　1413-585- 57
海內南經圖讚(六則)　　　晉郭　璞　1413-585- 57
海內西經圖讚（十一
　則）　　　　　　　　　晉郭　璞　1413-586- 57

海內北經圖讚(九則)　　　晉郭　璞　1413-587- 57
海內東經圖讚(四則)　　　晉郭　璞　1413-588- 57
山海經補遺圖讚（十
　四則）　　　　　　　　晉郭　璞　1413-588- 57
穆天子傳序　　　　　　　晉荀　勖　1042-248- 附
　　　　　　　　　　　　　　　　　1398- 98- 5
　　　　　　　　　　　　　　　　　1413-129- 38
搜神記原序　　　　　　　晉干　寶　1042-366- 附
冥祥記自序　　　　　　　齊王　琰　1401-144- 19
進周氏冥通記啓　　　　　梁陶弘景　1415-216- 89
拾遺記原序　　　　　　　梁蕭　綺　1042-312- 附
王子年拾遺記序　　　　　梁蕭　綺　1399-581- 14
戴氏廣異記序　　　　　　唐顧　況　1072-545- 下
　　　　　　　　　　　　　　　　　1340-181-737
龍城錄序　　　　　　　　唐柳宗元　1077-281- 上
龍城錄上下　　　　　　　唐柳宗元　1077-281- 上
博異記序　　　　　　　　唐谷神子　1042-585- 附
前定錄原序　　　　　　　唐鍾　輅　1042-626- 附
唐闕史序　　　　　　　　唐高彥休　1042-787- 附
書漢武帝故事後　　　　　宋劉　弇　1119-310- 29
測幽記序　　　　　　　　宋呂南公　1123- 78- 7
靈異集序　　　　　　　　宋李流謙　1133-719- 14
書漢武帝故事後　　　　　宋王庭珪　1134-330- 48
書唐史遺事後
　杜陽雜編　　　　　　　宋周紫芝　1141-477- 67
記山海經　　　　　　　　宋朱　熹　1145-417- 71
　　　　　　　　　　　　　　　　　1375-419- 33
五顯靈應集序　　　　　　宋王　炎　1155-720- 25
敘山海經　　　　　　　　宋薛季宣　1159-475- 30
題周爽所編鬼神說後　　　宋張　栻　1167-700- 33
題長興李王顯應集　　　　宋高斯得　1182- 77- 5
（陶朱新錄序）　　　　　宋馬　純　1047-198- 附
題五顯事實後　　　　　　宋胡　升　1375-202- 23
書續夷堅志後　　　　　　元蘇天爵　1214-327- 28
穆天子傳序　　　　　　　元王　漸　1042-247- 附
（續齊諧記記語）　　　　元陸　友　1042-559- 附
删古嶽瀆經　　　　　　　明宋　濂　1224-451- 28
　　　　　　　　　　　　　　　　　1410-877-780
删古嶽瀆經跋　　　　　　明宋　濂　1410-877-780
題神異經　　　　　　　　明方孝孺　1235-524- 18
（跋）太平廣記　　　　　明楊士奇　1238-600- 18
雪窗紀異跋　　　　　　　明林　俊　1257-563- 11
山海經後序　　　　　　　明楊　慎　1270- 15- 2
　　　　　　　　　　　　　　　　　1405-538-291
（山海經）息壤辯　　　　明楊　慎　1270- 65- 5

2112 四庫全書文集篇目分類索引

百家異苑序　　　　　　明胡應麟　1290-601- 83
（山海經）西王母辯　　明胡應麟　1290-724- 99
（山海經）二女辯　　　明胡應麟　1290-725- 99
讀汝家三書——魏紀
　年逸周書穆天子傳　　明胡應麟　1290-741-102
讀山海經　　　　　　　明胡應麟　1290-742-102
讀夷堅志（五則）　　　明胡應麟　1290-756-104
廣嗣一助小引　　　　　明余繼登　1291-852- 5
山海經序　　　　　　　明蔣一葵　 550-140-214
枝山志怪序　　　　　　明錢允治　1455-486-222
御題唐闘史　　　　　　清 高 宗　1042-785- 附
門識錄　　　　　　　　清毛奇齡　1321-285-118
野樹神錄　　　　　　　清毛奇齡　1321-285-118
二先師判鬼錄　　　　　清毛奇齡　1321-286-118
女棺錄　　　　　　　　清毛奇齡　1321-288-118

c.瑣　語

（博物志序）　　　　　晉張　華　1047-576- 1
　　　　　　　　　　　　　　　　1398-120- 6
　　　　　　　　　　　　　　　　1413-199- 40
博物志地理略贊　　　　晉張　華　1398-120- 6
　　　　　　　　　　　　　　　　1413-199- 40
酉陽雜組自序　　　　　唐段成式　1047-638- 附
殷北里誌　　　　　　　宋釋惠洪　1116-511- 27
滑稽小傳序　　　　　　宋周紫芝　1141-372- 52
（續博物志序）　　　　宋李　石　1047-933- 1
（讀博物志）　　　　　明方孝孺　1235-138- 4
增校西陽雜組序　　　　明胡應麟　1290-599- 83
王誌荳莓唐鈔序　　　　明倪元璐　1297- 83- 7
（西場雜組續集跋）　　明毛　晉　1047-835- 10
小窗清紀序　　　　　　明何偉然　1455-557-230
廣清紀序　　　　　　　明何偉然　1455-558-230
月山叢談序　　　　　　明張鳴鳳　1466-584- 52
耕餘瑣語序　　　　　　清魏裔介　1312-754- 6
續博物志原序　　　　　清汪士漢　1047-932- 附

d.通　俗

水滸傳自序　　　　　　元施伯雨　1406-127-327

e.傳　奇

趙飛燕外傳　　　　　　漢伶　玄　1396-635- 22
（趙飛燕外傳）自叙
　附跋二則　　　　　　漢伶　玄　1396-639- 22
秦夢記　　　　　　　　唐沈亞之　1079- 10- 2
異夢錄　　　　　　　　唐沈亞之　1079- 19- 4

周秦行紀論　　　　　　唐李德裕　1079-332- 4
長恨歌傳　　　　　　　唐陳　鴻　1340-707-794
枕中記　　　　　　　　唐沈既濟　1341-257-833
靈夢記　　　　　　　　宋文　同　1096-686- 22
黃葉屋補玉樓記跋　　　元劉　壎　1195-402- 7
書楊太眞外傳後　　　　清朱彝尊　1318-267- 55

M.釋　家　類

a.論　文

理惑論（三十七則）　　漢牟　融　1400-424- 2
佛像頌議　　　　　　　晉蔡　謨　1400-443- 3
沙門不得爲高士論　　　晉王坦之　1400-444- 3
奉法要　　　　　　　　晉郗　超　1400-444- 3
與親友論支道林書　　　晉郗　超　1400-444- 3
與謝慶緒論三幟義書　　晉郗敬與　1400-452- 3
與謝安論釋道安書　　　晉習鑿齒　1400-455- 3
喻道論（五則）　　　　晉孫　綽　1400-456- 4
喻道論支道林　　　　　晉孫　綽　1400-459- 4
喻道論于道邃　　　　　晉孫　綽　1400-459- 4
道賢論（六則）　　　　晉孫　綽　1400-459- 4
更生論　　　　　　　　晉羅　含　1400-461- 4
答孫安國(書)駁更生論　晉羅　含　1400-462- 4
與羅君章駁更生論書　　晉孫　盛　1400-461- 4
與遠法師勸罷道書
　附答書　　　　　　　晉桓　玄　1400-462- 4
與八座桓謙等論沙門
　應致敬事書　　　　　晉桓　玄　1400-464- 4
與王中令論沙門應致
　敬事書　　　　　　　晉桓　玄　1400-465- 4
難王中令（三則）
　論沙門應致敬事　　　晉桓　玄　1400-466- 4
重難王中令 論沙門應
　致敬事　　　　　　　晉桓　玄　1400-468- 4
三與王中令書 論沙門
　應致敬事　　　　　　晉桓　玄　1400-470- 4
三難論沙門應致敬事　　晉桓　玄　1400-471- 4
與遠法師使述沙門不
　敬王者意書　　　　　晉桓　玄　1400-471- 4
重答遠法師書 論沙門
　不敬王者意　　　　　晉桓　玄　1400-473- 4
答桓南郡書 勒罷道　　晉釋慧遠　1400-462- 4
與桓太尉論料簡沙門
　書　　　　　　　　　晉釋慧遠　1400-463- 4
答桓太尉書 論沙門不

敬王者意　　　　　　　晉釋慧遠　1400-472- 4
答戴處士書 釋疑論　　　晉釋慧遠　1400-479- 5
沙門不敬王者論（五
　則）并序　　　　　　晉釋慧遠　1400-533- 8
沙門袒服論　　　　　　晉釋慧遠　1400-539- 8
答何鎭南 難袒服論　　　晉釋慧遠　1400-540- 8
明報應論 并問　　　　　晉釋慧遠　1400-541- 8
三報論　　　　　　　　晉釋慧遠　1400-543- 8
答桓公論沙門不應致
　敬事書　　　　　　　晉桓　謙等　1400-465- 4
答桓太尉書 論沙門應
　致敬事　　　　　　　晉王　謐　1400-465- 4
答桓太尉難 論沙門應
　致敬事　　　　　　　晉王　謐　1400-467- 4
重答桓太尉 論沙門應
　致敬事　　　　　　　晉王　謐　1400-469- 4
三答桓太尉 論沙門應
　致敬事　　　　　　　晉王　謐　1400-471- 4
釋疑論　　　　　　　　晉戴安公　1400-477- 5
與遠法師書 釋疑論　　　晉戴安公　1400-478- 5
重與遠法師書 釋疑論　　晉戴安公　1400-480- 5
答周居士難釋疑論（
　五則）　　　　　　　晉戴安公　1400-480- 5
難釋疑論　　　　　　　晉周道祖　1400-479- 5
答戴處士書 釋疑論　　　晉周道祖　1400-482- 5
日燭　　　　　　　　　晉王　該　1400-482- 5
與高驪道人論竺法深
　書　　　　　　　　　晉釋支遁　1400-508- 7
即色論　　　　　　　　晉釋支遁　1400-510- 7
神無形論　　　　　　　晉竺僧敷　1400-519- 7
與道安稱竺僧敷書　　　晉釋道嵩　1400-519- 7
與道安迻論竺僧敷書　　晉竺法汰　1400-519- 7
難袒服論　　　　　　　晉何鎭南　1400-540- 8
漸備經十住梵名并書
　序　　　　　　　　　晉不著撰人　1401-654- 44
西方辭體論　　　　　　後秦鳩摩
　　　　　　　　　　　　羅什　1400-565- 9
釋駁論 并序　　　　　　後秦釋道恒　1400-566- 9
宗本義（四則）并序　　後秦釋僧肇　1400-574- 10
釋答劉遺民書 般若無
　知論　　　　　　　　後秦釋僧肇　1400-585- 10
涅槃無名論 并上秦主
　姚興表論九折十演者　後秦釋僧肇　1400-588- 10
致問僧肇條般若無知
　論書　　　　　　　　後秦劉遺民　1400-583- 10
與張新安論孔釋書　　　劉宋劉義宣　1400-616- 12
答謝王論孔釋書　　　　劉宋張　鏡　1400-616- 12
神不滅論　　　　　　　劉宋鄭鮮之　1400-617- 12
與禪師論踈食書　　　　劉宋鄭鮮之　1400-619- 12
與王司徒諸公論道人
　倮食書　　　　　　　劉宋范　泰　1400-620- 12
與生觀二法師論倮食
　書　　　　　　　　　劉宋范　泰　1400-622- 12
維摩詰經中十譬讚八
　首　　　　　　　　　劉宋謝靈運　1400-625- 12
與諸道人辨宗論（六
　則）并序　　　　　　劉宋謝靈運　1400-629- 12
答王衛軍并書 答釋論
　三問　　　　　　　　劉宋謝靈運　1400-635- 12
緣覺聲聞合贊　　　　　劉宋謝靈運　1407-702-466
維摩經十譬贊　　　　　劉宋謝靈運　1407-702-466
　　　　　　　　　　　　　　　　　1414- 77- 65
問謝永嘉并書釋論三問　劉宋王　弘　1400-634- 12
答宋文帝讚揚佛教事
　（書）　　　　　　　劉宋何尚之　1401- 1- 13
報應問　　　　　　　　劉宋何承天　1401- 4- 13
　　　　　　　　　　　　　　　　　1414- 13- 63
達性論　　　　　　　　劉宋何承天　1401- 5- 13
均善論　　　　　　　　劉宋釋慧琳　1401- 25- 13
明佛論 神不滅論　　　　劉宋宗　炳　1401- 29- 14
奉父母書 勸歸佛法　　　劉宋求那跋
　　　　　　　　　　　　陀羅　　　1401- 70- 16
喻疑　　　　　　　　　劉宋釋慧敷　1401- 73- 16
劉少府答何衡陽書
　論佛理　　　　　　　劉宋劉　某　1401- 4- 13
與何胤論止殺書　　　　齊周　顒　1394-555- 7
難張長史門論書 并問
　論儒釋二教　　　　　齊周　顒　1401-136- 19
　　　　　　　　　　　　　　　　　1414-379- 78
重答張長史書 并重問　　齊周　顒　1401-139- 19
淨住子淨行法門三十
　一條竝王融頌　　　　齊蕭子良　1401-100- 17
淨住子淨行法門（三
　十一則）　　　　　　齊蕭子良　1414-247- 74
齊竟陵王題佛光文一
　首　　　　　　　　　齊蕭子良　1401-297- 25
正二教論　　　　　　　齊明僧紹　1401-132- 19
答周顒（難門論）書
　并答所問　　　　　　齊張　融　1401-137- 19
答周顒（難門論）書

2114 四庫全書文集篇目分類索引

并答所問附周顒答書　齊張　融　1414-374- 78
門論附周顒難張長史門論書　齊張　融　1414-379- 78
淨行頌三十一首　齊王　融　1414-317- 76
立神明成佛義記　梁 武 帝　1401-161- 20
　　　　　　　　　　　　　1414-453- 80
斷酒肉文(四首) 後附
　武帝與諸律師唱斷肉律　梁 武 帝　1401-170- 20
大法頌并序　梁簡文帝　1401-183- 21
　　　　　　　　　　　　　1414-562-82下
菩提樹頌并序　梁簡文帝　1401-187- 21
八關齋制序　梁簡文帝　1401-209- 21
　　　　　　　　　　　　　1406-407-357
　　　　　　　　　　　　　1414-553-82上

(令旨) 解二諦義
　并問答　梁蕭　統　1063-679- 6
　　　　　　　　　　　　　1401-225- 22
　　　　　　　　　　　　　1414-498- 81

(令旨) 解法身義
　并問答　梁蕭　統　1063-687- 6
　　　　　　　　　　　　　1401-234- 22
　　　　　　　　　　　　　1414-504- 81
神滅論　梁范　縝　1401-239- 23
答曹錄事難(神滅論)　梁范　縝　1401-250- 23
難神滅論　梁蕭　琛　1401-242- 23
難范中書神滅論并啓詔　梁曹思文　1401-248- 23
重難范中書神滅論
　啓并詔　梁曹思文　1401-252- 23
難范縝神滅論　梁沈　約　1401-253- 23
　　　　　　　　　　　　　1415-139- 87
佛知不異衆生知義　梁沈　約　1401-279- 25
　　　　　　　　　　　　　1415-142- 87
六道相續作佛義　梁沈　約　1401-279- 25
　　　　　　　　　　　　　1415-143- 87
因緣義　梁沈　約　1401-279- 25
　　　　　　　　　　　　　1415-143- 87
均聖論　梁沈　約　1401-280- 25
　　　　　　　　　　　　　1415-134- 87
形神論　梁沈　約　1401-283- 25
　　　　　　　　　　　　　1415-138- 87
神不滅論　梁沈　約　1401-284- 25
　　　　　　　　　　　　　1415-139- 87
述僧中食論　梁沈　約　1401-285- 25
　　　　　　　　　　　　　1415-142- 87
述僧設會論　梁沈　約　1401-285- 25

　　　　　　　　　　　　　1415-141- 87
究竟慈悲論　梁沈　約　1401-286- 25
　　　　　　　　　　　　　1415-137- 87
答陶華陽(書四則)
　釋家雜論　梁沈　約　1415-135- 87
難(鎭軍沈約)均聖
　論　梁陶景弘　1401-281- 25
　　　　　　　　　　　　　1415-221- 89
滅惑論　梁劉　璩　1401-327- 27
梵漢譯經音義同異記　梁釋僧佑　1401-351- 28
小乘迷學竺法度造異
　儀記　梁釋僧佑　1401-353- 28
心王銘　梁傳　弘　1401-362- 29
都講法彪——發般若
　經題論義　梁釋保誌　1401-364- 29
辯惑論并序　梁釋玄光　1401-369- 29
釋三破論　梁釋僧順　1401-372- 29
明道論并序　陳傳　琰　1340-276-747
　　　　　　　　　　　　　1401-400- 30
性法自然論　陳朱世卿　1401-410- 31
因緣無性論并序　陳釋眞觀　1401-410- 31
道樹經讚　陳江　總　1401-410- 31
三昧經讚　陳江　總　1401-410- 31
眞性頌　北魏菩提達磨　1401-442- 33
搗心論　北齊馮　㝢　1401-463- 34
笑道論并啓　北周甄　鸞　1401-473- 35
叙辯周武帝除佛法詔　北周任道林　1401-496- 36
二教論(十二則)　北周釋道安　1401-510- 37
遣誡九章　北周釋道安　1401-526- 37
臥疾閔越迹淨名意詩
　序　隋王　胄　1401-588- 40
福田論　隋釋彥琮　1401-598- 41
通極論并序　隋釋彥琮　1401-603- 41
辨正論　隋釋彥琮　1401-612- 41
淨土十疑論　隋釋智顗　1401-626- 42
己是非論　隋釋曇遷　1401-642- 43
釋智通論　隋釋行友　1401-643- 43
信心銘　隋釋僧璨　1401-645- 43
達磨和尚法門義贊　唐釋皎然　1071-851- 8
　　　　　　　　　　　　　1340-610-782
　　　　　　　　　　　　　1343-341- 24
天臺和尚法門義贊　唐釋皎然　1071-851- 8
　　　　　　　　　　　　　1340-610-782
　　　　　　　　　　　　　1343-341- 24
唐大通和尚法門義贊　唐釋皎然　1071-851- 8

四庫全書文集篇目分類索引　　2115

　　　　　　　　　　　　1340-610-782
　　　　　　　　　　　　1343-341- 24
唐鶴林和尚法門義贊　唐釋皎然　1071-851- 8
　　　　　　　　　　　　1340-610-782
　　　　　　　　　　　　1343-341- 24
金剛經報應述并序　　唐獨孤及　1072-290- 17
　　　　　　　　　　　　1336-441-371
陰陽不測之謂神論　　唐顧　況　1072-544- 下
　　　　　　　　　　　　1340-215-740
去佛齋并序　　　　　唐李　翱　1078-116- 4
　　　　　　　　　　　　1355-358- 12
梁武論所論出於釋氏　唐李德裕　1079-333- 4
與濟法師書論佛法　　唐白居易　1080-495- 45
　　　　　　　　　　　　1339-507-688
　　　　　　　　　　　　1344-271- 83
題後魏（書）釋老志　唐皮日休　1083-205- 8
　　　　　　　　　　　　1336-487-377
天臺法門議　　　　　唐梁　肅　 526-268-267
　　　　　　　　　　　　1344- 5- 61
金剛般若波羅密經石
　幢讚并序　　　　　唐梁　肅　1340-601-781
止觀統例　　　　　　唐梁　肅　1344- 6- 61
心印銘并陳諫序　　　唐梁　肅　1344- 9- 61
韓文公雙鳥詩解排釋老　宋柳　開　1085-249- 2
答史館查正言書論佛理　宋楊　億　1086-581- 18
答錢易書論戒殺生文　　宋楊　億　1086-584- 18
維摩經諸品頌并序　　　宋宋　庠　1087-527- 17
原教　　　　　　　　　宋釋契嵩　1091-401- 1
勸書（三則）并序　　　宋釋契嵩　1091-408- 1
廣原教二十六篇并敘　　宋釋契嵩　1091-413- 2
考論一十三篇并敘　　　宋釋契嵩　1091-427- 3
壇經贊　　　　　　　　宋釋契嵩　1091-433- 3
眞諦無聖論　　　　　　宋釋契嵩　1091-436- 3
寂子解論儒釋　　　　　宋釋契嵩　1091-486- 8
上富相公書論正心以
　闢釋家　　　　　　　宋釋契嵩　1091-505- 10
上曾參政書闡揚佛教
　輔教化之功　　　　　宋釋契嵩　1091-508- 10
答茹秘校書闡揚佛教
　以輔教化　　　　　　宋釋契嵩　1091-514- 11
評北山清公書評唐釋
　神清所著書　　　　　宋釋契嵩　1091-569- 16
解禪頌并序　　　　　　宋司馬光　1381-625- 45
本論破佛　　　　　　　宋歐陽修　1102-136- 17
　　　　　　　　　　　　1103-649- 17

　　　　　　　　　　　　1346- 4- 1
　　　　　　　　　　　　1351- 97- 94
　　　　　　　　　　　　1351-743- 上
　　　　　　　　　　　　1356- 3- 1
　　　　　　　　　　　　1359-308- 44
　　　　　　　　　　　　1377-588- 27
　　　　　　　　　　　　1383-464- 41
　　　　　　　　　　　　1407-218-414
　　　　　　　　　　　　1418-265- 45
書金剛經義贈吳珵　　宋王安石　1105-595- 71
士大夫食時五觀　　　宋黃庭堅　1113-451- 9
禪頌　　　　　　　　宋黃庭堅　1113-555- 2
爲葵橋居士作念念即
　佛頌　　　　　　　宋黃庭堅　1113-556- 2
書香山傳後說佛　　　宋張　耒　1115-381- 45
小字華嚴經贊并序　　宋釋惠洪　1116-391- 19
小字金剛經贊并序　　宋釋惠洪　1116-392- 19
記西湖夜語　　　　　宋釋惠洪　1116-476- 24
記徐韓語釋家故事雜說　宋釋惠洪　1116-477- 24
答郭公問傳燈義　　　宋釋惠洪　1116-478- 24
淨土略因　　　　　　宋晁說之　1118-270- 14
東桌子宴坐內誦文　　宋晁補之　1118-1012-69
答張子發書論華嚴十
　信旨　　　　　　　宋鄒　浩　1121-347- 22
蓮華經贊　　　　　　宋鄒　浩　1121-459- 33
記殘經佛書　　　　　宋李昭玘　1122-273- 5
佛齋辨　　　　　　　宋謝　逸　1122-529- 8
上張丞相書論佛法　　宋李　新　1124-591- 23
持八齋文　　　　　　宋李　綱　1126-679-156
住持論　　　　　　　宋曹　助　1129-556- 37
維摩詰所說經通論（
　八則）　　　　　　宋程　俱　1130-137- 14
與原仲兄書二首論釋
　氏之誤　　　　　　宋胡　宏　1137-128- 2
答汪尚書（書）論釋
　氏之說　　　　　　宋朱　熹　1143-653- 30
釋氏論上下　　　　　宋朱　熹　1146-632- 5
觀心說　　　　　　　宋朱　熹　1418-718- 61
木觀音說　　　　　　宋周必大　1147-432- 40
戲答劉江觀世音說　　宋周必大　1147-825- 80
釋老論　　　　　　　宋李　石　1149-621- 9
放生說　　　　　　　宋李　石　1149-669- 13
浮屠氏（論）　　　　宋林亦之　1149-878- 3
似道之辯　　　　　　宋陳　淳　1168-618- 15
答王迪甫（書）二

子部

釋家類：論文

子部

釋家類：論文、序跋

論聖賢與佛家相異處　　宋陳　淳　1168-734- 30

強齋高使君金書諸經贊　　宋釋居簡　1183- 81- 6

王鍊師問道之在天下猶川谷之與江海　　宋釋居簡　1183- 84- 6

高秘閣金書心經頌并引　　宋釋居簡　1183- 84- 6

不爲善（論）　　宋釋居簡　1183- 85- 6

外物（論）　　宋釋居簡　1183- 89- 6

書尼刺　　宋釋居簡　1183-103- 7

論釋氏寂滅輪回　　宋陽　枋　1183-367- 8

與濟和尚西極說　　宋文天祥　1184-627- 15

經說評佛氏之說　　宋劉辰翁　1186-545- 6

聞思三法資修記　　宋晁　迥　1354-703- 37

　　　　　　　　　　1381-511- 38

禪本草　　宋釋慧日　1410-780-771

與呂微仲書論浮屠生死轉流　　宋張　載　1418-290- 46

指書心經贊有引　　元劉　壎　1195-384- 6

論釋道　　元胡祗遹　1196-347- 20

跋觀禪師摩利支天贊　　元袁　桷　1203-669- 50

妙法蓮華經贊有序　　元釋大訢　1204-628- 14

高麗國大藏移安記　　元閻　清　1366-615- 7

誦經論　　明太祖　1223-105- 10

釋道論　　明太祖　1223-107- 10

拔儒僧入仕論　　明太祖　1223-114- 10

修教論佛教　　明太祖　1223-116- 10

僧犯憲說　　明太祖　1223-172- 15

佛教利濟說　　明太祖　1223-175- 15

還經示僧（文）　　明太祖　1223-176- 15

華藏世界贊（二則）　　明太祖　1223-184- 16

贊五十三參　　明太祖　1223-189- 16

空實論　　明太祖　1223-189- 16

戒僧陶冶　　明太祖　1223-189- 16

（血書）華嚴經贊有序　　明宋　濂　1224-514- 30

　　　　　　　　　　1224-609- 下

王居士閱藏經序　　明釋妙聲　1227-609- 中

佛學（說）　　明王　禕　1458-763-479

答鄭仲辨（書）論儒釋　　明方孝孺　1454-555-149

對佛問　　明程敏政　1253-352- 59

佛學論　　明張　吉　1257-673- 4

佛老辨　　明鄭善夫　1269-195- 15

與（王）浚川論二氏書　　明薛　蕙　1272-105- 9

再答（王）浚川論二氏書　　明薛　蕙　1272-105- 9

異端論上中下屏釋　　明羅洪先　1275-151- 7

讀釋氏論　　明羅洪先　1456-572-323

讀圓覺經　　明王世貞　1280-764-112

　　　　　　　　　　1285- 69- 6

讀壇經（二則）　　明王世貞　1280-765-112

　　　　　　　　　　1285- 69- 6

解禪頌跋　　明章　敬　1381-626- 45

放生辨惑　　明陶望齡　1407-424-434

準提菩薩一十八臂頌　　明姚希孟　1407-647-461

論佛　　明陳繼儒　1410-791-772

禪門本草補　　明袁中道　1410-792-772

墨佛論　　明謝廷讚　1454-110- 94

釋論　　明戴士林　1454-137- 98

闢佛事辯　　明陳　確　1454-316-118

觀貝葉經記　　明趙　統　1457-357-376

佛牙說　　清聖祖　1298-197- 21

翻譯名義集正訛佛經　　清高宗　1301-433- 24

喇嘛說　　清高宗　1301-595- 4

與白方玉書論佛書而辨及之　　清魏裔介　1312-804- 9

天竺夫子辯　　清魏裔介　1312-935- 16

與梁御史論佛經書　　清江　琬　1315-552- 33

二氏論　　清姜宸英　1323-710- 4

與友人論浙尼書　　清藍鼎元　1327-579- 1

正誣（佛）論　　不著撰人　1401-678- 45

b.序　跋

沙彌十慧章句序　　漢嚴佛調　1400-436- 2

四十二章經序　　漢不著撰人　1401-651- 44

佛說興起行經序　　漢不著撰人　1401-651- 44

般舟三昧經記　　漢不著撰人　1401-667- 45

安般守意經序　　吳康僧會　1400-437- 2

法鏡經序　　吳康僧會　1400-439- 2

法句經序　　吳不著撰人　1401-652- 44

安般守意經序　　晉謝　敷　1400-451- 3

論高座序　　晉王　珉　1400-453- 3

合維摩詰經序　　晉支敏度　1400-490- 6

合首楞嚴經記　　晉支敏度　1400-491- 6

譬喻經序　　晉康法邃　1400-491- 6

安般注序　　晉釋道安　1400-492- 6

陰持入經序　　晉釋道安　1400-492- 6

人本欲生經序　　晉釋道安　1400-493- 6

了本生死經序　　晉釋道安　1400-494- 6

四庫全書文集篇目分類索引

篇目	著者	索引號
十二門經序	晉釋道安	1400-494- 6
大十二門經序	晉釋道安	1400-496- 6
道行般若波羅蜜經序	晉釋道安	1400-496- 6
合放光光讚略解序	晉釋道安	1400-498- 6
摩訶鉢羅若波羅蜜經抄序	晉釋道安	1400-499- 6
增一阿含經序	晉釋道安	1400-500- 6
道地經序	晉釋道安	1400-501- 6
十法句義經序	晉釋道安	1400-502- 6
僧伽羅利經序	晉釋道安	1400-503- 6
阿毗曇八犍度論序	晉釋道安	1400-504- 6
十四卷鞞婆沙序	晉釋道安	1400-504- 6
比丘尼大戒序	晉釋道安	1400-506- 6
大小品對比要抄序	晉釋支遁	1400-510- 7
比丘尼戒本所出本末序	晉竺法汰	1400-519- 7
三十七品經序	晉竺曇無蘭	1400-521- 7
千佛名號序	晉竺曇無蘭	1400-522- 7
大比丘二百六十戒三部合異序	晉竺曇無蘭	1400-522- 7
十住經合注序	晉釋僧衛	1400-523- 7
中阿含經序	晉釋道慈	1400-526- 7
阿毗曇心叙	晉釋慧遠	1400-527- 8
三法度經序	晉釋慧遠	1400-528- 8
三法度經記	晉釋慧遠	1400-529- 8
廬山出修行便禪經統序	晉釋慧遠	1400-529- 8
大智論抄序	晉釋慧遠	1400-530- 8
念佛三昧詩集序	晉釋慧遠	1400-532- 8
首楞嚴三昧經註序	晉不著撰人	1401-653- 44
阿毗曇心序	晉不著撰人	1401-656- 44
沙彌十戒幷威儀序	晉不著撰人	1401-656- 44
須眞天子經記	晉不著撰人	1401-667- 45
阿維越致遮經記	晉不著撰人	1401-668- 45
持心經後記	晉不著撰人	1401-668- 45
正法華經記	晉不著撰人	1401-668- 45
文殊師利淨律經記	晉不著撰人	1401-668- 45
魔逆經記	晉不著撰人	1401-668- 45
正法華經後記	晉不著撰人	1401-668- 45
如來大哀經記	晉不著撰人	1401-668- 45
聖法印經記	晉不著撰人	1401-669- 45
賢劫經記	晉不著撰人	1401-669- 45
放光經記	晉不著撰人	1401-669- 45
普曜經記	晉不著撰人	1401-669- 45
首楞嚴後記	晉不著撰人	1401-670- 45
六卷泥洹記	晉不著撰人	1401-670- 45
文殊師利發願經記	晉不著撰人	1401-670- 45
戒因緣經鼻奈耶序	前秦不著撰人	1401-657- 44
四阿含暮抄序	前秦不著撰人	1401-657- 44
僧伽羅利所集佛行經序	前秦不著撰人	1401-658- 44
尊婆須蜜菩薩所集論序	前秦不著撰人	1401-658- 44
關中近出尼二種壇文夏坐雜十二事幷雜事共卷前中後三記	前秦不著撰人	1401-670- 45
八犍度阿毗曇根犍度後別記	前秦不著撰人	1401-672- 45
僧伽羅利集經後記	前秦不著撰人	1401-672- 45
王子法益壞目因緣經序	後秦竺佛念	1400-566- 9
舍利弗阿毗曇序	後秦釋道標	1400-572- 9
中論序	後秦曇 影	1400-573- 9
百論序	後秦釋僧肇	1400-598- 10
梵綱經序	後秦釋僧肇	1400-599- 10
維摩詰經序	後秦釋僧肇	1400-599- 10
長阿含經序	後秦釋僧肇	1400-600- 10
大品經序	後秦釋僧叡	1400-604- 11
小品般若波羅蜜經序	後秦釋僧叡	1400-606- 11
法華經後序	後秦釋僧叡	1400-606- 11
思益經序	後秦釋僧叡	1400-607- 11
毗摩羅詰提經義疏序	後秦釋僧叡	1400-608- 11
自在王經後序	後秦釋僧叡	1400-609- 11
關中出禪經序	後秦釋僧叡	1400-609- 11
大智釋論序	後秦釋僧叡	1400-610- 11
中論序	後秦釋僧叡	1400-611- 11
十二門論序	後秦釋僧叡	1400-612- 11
出曜經序	後秦釋僧叡	1400-613- 11
大涅槃經序	後秦釋道朗	1400-613- 11
達摩多羅禪經序	後秦不著撰人	1401-659- 44
菩薩波羅提木叉後記	後秦不著撰人	1401-672- 45
大智論記	後秦不著撰人	1401-672- 45
成實論記	後秦不著撰人	1401-673- 45
大涅槃經記	北涼不著撰人	1401-673- 45
優婆塞戒經記	北涼不著撰人	1401-673- 45
二十卷泥洹記	北涼不著撰人	1401-674- 45
禪要祕密治病經記	北涼不著撰人	1401-674- 45
法輪目錄序	劉宋陸 澄	1401- 69- 15
法華宗要序	劉宋釋慧觀	1401- 83- 16
修竹地不淨觀經序	劉宋釋慧觀	1401- 84- 16

子部 釋家類：序跋

子部 釋家類：序跋

勝鬘經序	劉宋釋慧觀	1401- 86- 16
菩提經注序	劉宋釋僧馥	1401- 87- 16
勝鬘經序	劉宋釋僧馥	1401- 87- 16
後出雜心序	劉宋釋僧鏡	1401- 88- 16
新出首楞嚴經序	劉宋釋弘充	1401- 88- 16
六十卷阿毗曇毗婆沙經序	劉宋釋道斌	1401- 89- 16
華嚴經記	劉宋不著撰人	1401-674- 45
摩得勒伽記	劉宋不著撰人	1401-674- 45
八吉祥（經）記	劉宋不著撰人	1401-674- 45
淨住子序	齊蕭子良	1401- 99- 17
		1414-247- 74
抄成實論序	齊周 顒	1401-142- 19
無量義經序	齊劉 虬	1401-144- 19
善見律毗婆沙記	齊不著撰人	1401-675- 45
百句譬喻經記	齊不著撰人	1401-675- 45
注解大品經序	梁 武 帝	1401-164- 20
爲亮法師製涅槃經疏序	梁 武 帝	1401-167- 20
		1406-407-357
		1414-452- 80
莊嚴旻法師成實論義疏序	梁簡文帝	1401-208- 21
		1406-408-357
		1414-549-82上
簡文帝法寶聯璧序	梁 元 帝	1401-220- 22
		1406-409-357
		1414-666- 84
同泰僧正講詩序	梁蕭 統	1401-237- 22
內典序	梁沈 約	1401-275- 25
		1415-130- 87
佛記序並勅啓三首	梁沈 約	1401-277- 25
佛記序	梁沈 約	1415-131- 87
慧印三昧及濟方等學二經序讚	梁王僧孺	1401-304- 26
御講般若經序	梁陸雲公	1401-312- 26
御講摩訶般若經序	梁蕭子顯	1401-314- 26
出三藏記集序	梁釋僧祐	1401-338- 28
出三藏記集雜錄序	梁釋僧佑	1401-339- 28
太宰竟陵文宣王子良法集錄序	梁釋僧佑	1401-340- 28
竟陵王世子撫軍巴陵王法集序	梁釋僧佑	1401-341- 28
法集總目錄序	梁釋僧佑	1401-341- 28
釋迦譜目錄序	梁釋僧佑	1401-342- 28
世界記目錄序	梁釋僧佑	1401-343- 28
薩婆多部師資記目錄序	梁釋僧佑	1401-344- 28
法苑雜緣原始集目錄序	梁釋僧佑	1401-344- 28
弘明集目錄序	梁釋僧佑	1401-345- 28
弘明集後序	梁釋僧佑	1401-345- 28
十誦義記目錄序	梁釋僧佑	1401-348- 28
法集雜記銘目錄序	梁釋僧佑	1401-349- 28
菩薩善戒菩薩地持二經記	梁釋僧佑	1401-349- 28
大集虛空藏無盡意三經記	梁釋僧佑	1401-350- 28
賢愚經記	梁釋僧佑	1401-350- 28
略成實論記	梁釋僧佑	1401-351- 28
經律異相序	梁釋明徹	1401-356- 28
比丘尼傳序	梁釋明徹	1401-356- 28
高僧傳序	梁釋慧皎	1401-357- 28
高僧傳後序	梁釋僧果	1401-360- 28
合微密持經記	梁釋曼斐	1401-361- 28
攝大乘論序	陳釋慧愷	1401-418- 31
阿毗達磨俱舍釋論序	陳釋慧愷	1401-420- 31
大乘起信論序	陳釋智愷	1401-422- 31
夾科肇論序	陳釋慧達	1401-422- 31
十地經論序	北魏崔 光	1401-435- 32
深密解脫經序	北魏釋曇寧	1401-443- 33
道行經後記	北魏不著撰人	1401-675- 45
解脫戒本經序	東魏僧 防	1401-443- 33
正法念處經序	東魏不著撰人	1401-661- 44
大乘唯識論序	東魏不著撰人	1401-662- 44
善住意天子所問經翻譯記	東魏不著撰人	1401-675- 45
序迴諍論翻譯記	東魏不著撰人	1401-675- 45
轉法輪經優波提舍翻譯之記	東魏不著撰人	1401-676- 45
三具足經優婆提舍翻譯記	東魏不著撰人	1401-676- 45
寶髻經四法優波提舍翻譯記	東魏不著撰人	1401-676- 45
毗耶娑問經翻譯記	東魏不著撰人	1401-677- 45
金色王經翻譯記	東魏不著撰人	1401-677- 45
第一義法勝經翻譯記	東魏不著撰人	1401-677- 45
不必定入定入印經翻譯記	東魏不著撰人	1401-677- 45
順中論翻譯記	東魏不著撰人	1401-677- 45

四庫全書文集篇目分類索引

法勝阿毘曇心論序　　　北齊那連提
　　　　　　　　　　　　黎耶舍　　1401-463- 34
摩訶般若經序　　　　　隋趙　絢　　1401-591- 40
開皇三寶錄總目序　　　隋費長房　　1401-592- 40
衆經目錄序佛經　　　　隋翻經沙門
　　　　　　　　　　　　及學士等　1401-593- 40
釋慧淨金剛般若經註
　序　　　　　　　　　隋褚　亮　　1401-597- 40
佛說觀無量壽佛經疏
　序　　　　　　　　　隋釋智顗　　1401-626- 42
立制法序　　　　　　　隋釋智顗　　1401-626- 42
國清百錄序　　　　　　隋釋智越　　1401-640- 43
新合金光明經序　　　　隋釋寶貴　　1401-645- 43
續薩婆多毘尼毘婆沙
　序　　　　　　　　　隋釋智首　　1401-646- 43
合部金光明經序　　　　隋不著撰人　1401-663- 44
妙法蓮華經添品序　　　隋不著撰人　1401-664- 44
緣生經并論序　　　　　隋不著撰人　1401-665- 44
藥師如來本願功德經
　序　　　　　　　　　隋不著撰人　1401-665- 44
大唐三藏聖教序　　　　唐太宗　　　1340-161-735
　　　　　　　　　　　　　　　　　1406-410-357
四分律宗記序　　　　　唐王　勃　　1065- 90- 4
　　　　　　　　　　　　　　　　　1340-172-736
般若心經（贊）序　　　唐張　說　　1065-753- 12
　　　　　　　　　　　　　　　　　1344-419- 95
爲幹和尚進註仁王經
　表　　　　　　　　　唐王　維　　1071-214- 17
報應傳序　　　　　　　唐釋皎然　　1071-861- 9
法苑珠林原序　　　　　唐李　儼　　1049- 2- 附
衡嶽十八高僧（傳）
　序　　　　　　　　　唐盧藏用　　1340-176-736
隨求即得大自在陀羅
　尼神呪經序　　　　　唐任　華　　1340-179-737
維摩經略疏序　　　　　唐梁　肅　　1340-182-737
釋宗密禪源諸詮序　　　唐裴　休　　1344-420- 95
佛祖同參集序　　　　　宋楊　億　　1086-437- 7
重校妙法蓮華經序　　　宋夏　竦　　1087-233- 22
楞嚴經序　　　　　　　宋夏　竦　　1087-234- 22
雲門錄序　　　　　　　宋宋　祁　　1088-405- 45
趙少師續注維摩經序　　宋韓　琦　　1089-337- 22
十六羅漢因果識見頌
　序　　　　　　　　　宋范仲淹　　1089-788- 4
明州五峯良和尚語錄
　叙　　　　　　　　　宋釋契嵩　　1091-529- 12

武陵集叙　　　　　　　宋釋契嵩　　1091-529- 12
原宗集叙　　　　　　　宋釋契嵩　　1091-530- 12
東山長老語錄序　　　　宋蘇　頌　　1092-712- 67
明義大師集菩薩戒羯
　磨文序　　　　　　　宋蘇　頌　　1092-714- 67
書心經後贈紹鑒　　　　宋司馬光　　1094-622- 67
八師經題後　　　　　　宋文　同　　1096-677- 21
拈古頌序　　　　　　　宋文　同　　1096-704- 25
禪源通錄序　　　　　　宋張方平　　1104-368- 33
書楞伽經後　　　　　　宋蘇　軾　　1108-504- 93
書若逵所書經後　　　　宋蘇　軾　　1108-507- 93
書孫元忠所書華嚴經
　後　　　　　　　　　宋蘇　軾　　1108-507- 93
書金光明經後　　　　　宋蘇　軾　　1108-508- 93
金剛經跋尾　　　　　　宋蘇　軾　　1108-509- 93
小篆般若心經贊　　　　宋蘇　軾　　1108-531- 95
書楞嚴經後　　　　　　宋蘇　軾　　1406-511-373
洞山文長老語錄叙　　　宋蘇　轍　　1112-271- 25
書楞嚴經後　　　　　　宋蘇　轍　　1112-756- 21
　　　　　　　　　　　　　　　　　1384-937-164
書金剛經後二首　　　　宋蘇　轍　　1112-756- 21
　　　　　　　　　　　　　　　　　1384-936-164
書傳燈錄後　　　　　　宋蘇　轍　　1112-836- 9
翠巖眞禪師語錄序　　　宋黃庭堅　　1113-149- 16
雲居祐禪師語錄序　　　宋黃庭堅　　1113-149- 16
大溈喆禪師語錄序　　　宋黃庭堅　　1113-150- 16
翠巖悅禪師語錄後序　　宋黃庭堅　　1113-150- 16
福州西禪遷老語錄序　　宋黃庭堅　　1113-151- 16
跋七佛偈　　　　　　　宋黃庭堅　　1113-262- 25
郭功父得楊次公家金
　書細字經求予作贊　　宋黃庭堅　　1113-554- 2
書姚誠老所書遺教經
　後　　　　　　　　　宋黃庭堅　　1113-631- 10
書食時五觀後　　　　　宋黃庭堅　　1113-646- 11
正六譯波羅蜜經序　　　宋米　芾　　1116-123- 6
五宗綱要旨訣序　　　　宋釋惠洪　　1116-450- 23
華嚴同緣序　　　　　　宋釋惠洪　　1116-452- 23
洪州大寧寬和尚語錄
　序　　　　　　　　　宋釋惠洪　　1116-453- 23
臨平妙湛慧禪師語錄
　序　　　　　　　　　宋釋惠洪　　1116-453- 23
僧寶傳序　　　　　　　宋釋惠洪　　1116-454- 23
題華嚴綱要　　　　　　宋釋惠洪　　1116-479- 25
題疾老寫華嚴經　　　　宋釋惠洪　　1116-479- 25
題光上人所書華嚴經　　宋釋惠洪　　1116-480- 25

四庫全書文集篇目分類索引

子部

釋家類：序跋

題華嚴十明論	宋釋惠洪	1116-480- 25
題光上人書法華經	宋釋惠洪	1116-481- 25
題超道人蓮經	宋釋惠洪	1116-482- 25
題六祖釋金剛經	宋釋惠洪	1116-483- 25
題靈驗金剛經	宋釋惠洪	1116-483- 25
題宗鏡錄	宋釋惠洪	1116-483- 25
題法惠寫宗鏡錄	宋釋惠洪	1116-484- 25
題修僧史	宋釋惠洪	1116-485- 25
題斷際禪師語錄	宋釋惠洪	1116-486- 25
題百丈常禪師所編大智廣錄	宋釋惠洪	1116-487- 25
題雲居弘覺禪師語錄	宋釋惠洪	1116-487- 25
題香山酷禪師語	宋釋惠洪	1116-489- 25
題玄沙語錄	宋釋惠洪	1116-489- 25
題谷山崇禪師語	宋釋惠洪	1116-490- 25
題韶州雙峯蓮華叙廷語錄	宋釋惠洪	1116-490- 25
題輔教編	宋釋惠洪	1116-490- 25
題五宗錄	宋釋惠洪	1116-491- 25
題古塔主論三玄三要法門	宋釋惠洪	1116-492- 25
題古塔主兩種自己	宋釋惠洪	1116-492- 25
題汾州語	宋釋惠洪	1116-493- 25
題準禪師語錄	宋釋惠洪	1116-493- 25
題小參	宋釋惠洪	1116-493- 25
題佛鑑僧寶傳	宋釋惠洪	1116-498- 26
題誌曼僧寶傳後	宋釋惠洪	1116-499- 26
題珣上人僧寶傳	宋釋惠洪	1116-499- 26
題宗上人僧寶傳	宋釋惠洪	1116-499- 26
題圓上人僧寶傳	宋釋惠洪	1116-500- 26
題淳上人僧寶傳	宋釋惠洪	1116-500- 26
題其上人僧寶傳	宋釋惠洪	1116-500- 26
題範上人僧寶傳	宋釋惠洪	1116-501- 26
題端上人僧寶傳	宋釋惠洪	1116-501- 26
題隆道人僧寶傳	宋釋惠洪	1116-501- 26
題休上人僧寶傳	宋釋惠洪	1116-502- 26
題英大師僧寶傳	宋釋惠洪	1116-502- 26
跋東坡悅池錄	宋釋惠洪	1116-513- 27
跋山谷雲峯悅老語錄序	宋釋惠洪	1116-514- 27
跋山谷五觀	宋釋惠洪	1116-515- 27
蘇州承天寺永安長老語錄序	宋沈遼	1117-595- 7
止觀妙境辨正序	宋晁說之	1118-325- 17
仁王護國般若經疏序	宋晁說之	1118-326- 17
不二門指歸序	宋晁說之	1118-327- 17
佛鑑大師語錄序	宋晁補之	1118-1010-69
題大寶篋經後	宋晁補之	1118-1017-70
悅禪師語錄序	宋劉弇	1119-260- 24
仁山隆慶禪院第十六代僊禪師語錄序	宋劉弇	1119-262- 24
東林集叙	宋黃裳	1120-140- 19
夾山語錄序	宋李之儀	1120-560- 35
跋東坡先生書圓覺經十一偈後	宋李之儀	1120-573- 38
跋遺教經	宋李之儀	1120-586- 41
慶禪師語錄序	宋鄒浩	1121-415- 28
宗禪師後錄叙	宋鄒浩	1121-416- 28
璉禪師語錄序	宋鄒浩	1121-416- 28
德瀾禪師語錄序	宋鄒浩	1121-416- 28
印禪師語錄序	宋鄒浩	1121-417- 28
燈禪師語錄叙	宋鄒浩	1121-417- 28
書合論後	宋鄒浩	1121-459- 33
書楞伽經後	宋鄒浩	1121-459- 33
萬佛名經序	宋劉跂	1121-583- 6
（萬佛名經）後序	宋劉跂	1121-584- 6
般陽集序	宋劉跂	1121-586- 6
書大般若經抄序後	宋吳則禮	1122-467- 5
圓覺經旨證論序	宋謝逸	1122-519- 7
林間錄序	宋謝逸	1122-520- 7
佛鑑大師語錄序	宋毛滂	1123-817- 10
寧國長老語錄序	宋宗澤	1125- 55- 6
小字華嚴經合論後序	宋李綱	1126-568-137
雪峯真歇了禪師一掌錄序	宋李綱	1126-571-137
佛印清禪師語錄序	宋李綱	1126-580-139
蕭氏印施夾頌金剛經跋尾	宋李綱	1126-712-162
書金字華嚴經普賢行願品後	宋李綱	1126-714-162
題所書法嚴經普門品	宋李綱	1126-716-162
題修西方念佛三昧集要	宋李綱	1126-721-163
題佛本行經	宋葛勝仲	1127-503- 10
跋道雲刺血書經	宋葛勝仲	1127-503- 10
跋涵山法清師書法華經	宋葛勝仲	1127-504- 10
跋周仲嘉發菩提心語後	宋葛勝仲	1127-504- 10
大陽明安禪師古錄序	宋張守	1127-784- 10

四庫全書文集篇目分類索引　　2121

雪峯慧照禪師語錄序　宋張　守　1127-785- 10　大慧禪師正法眼藏序　宋王　質　1149-386-　5
跋所書華嚴經第一卷　宋李　光　1128-620- 17　書法華合論後　　　　宋李　呂　1152-259-　8
眞和尙紹興傳燈序　　宋曹　勛　1129-494- 28　法華經顯應錄序　　　宋樓　鑰　1152-828- 53
題出山相　　　　　　宋曹　勛　1129-525- 32　聰老語錄序　　　　　宋樓　鑰　1152-829- 53　子部
題親書金剛經後　　　宋曹　勛　1129-531- 33　書全無用語錄　　　　宋樓　鑰　1153-287- 81
題八師經後　　　　　宋程　俱　1130-153-153　跋正法眼藏　　　　　宋樓　鑰　1153-287- 81
題三界四禪天圓偈句　宋程　俱　1130-160- 16　題所刊金剛經後　　　宋袁說友　1154-376- 19　釋家類：序跋
跋趙超然契聖錄後　　宋李彌遜　1130-797- 21　金剛經序　　　　　　宋王　炎　1155-712- 24
福州仁王護老語錄序　宋劉才邵　1130-803- 22　跋邵山鑒老寫傳燈錄
勸發大菩提心廣博莊　　　　　　　　　　　　　　後　　　　　　　　　宋具興宗　1158-173- 20
　嚴供養會總錄序　　宋劉一止　1132-130- 24　持老語錄序　　　　　宋陸　游　1163-412- 14
題褚氏印施金光明經　　　　　　　　　　　　　佛照禪師語錄序　　　宋陸　游　1163-416- 14
　後　　　　　　　　宋劉一止　1132-140- 27　普燈錄序　　　　　　宋陸　游　1163-421- 15
跋莫用之書藏經　　　宋劉一止　1132-141- 27　天童無用禪師語錄序　宋陸　游　1163-426- 15
葉子發珠玉集序　　　宋王　洋　1132-502- 13　跋卍菴語　　　　　　宋陸　游　1163-509- 26
跋思古上人華嚴經　　宋王之道　1132-741- 27　跋釋氏通記　　　　　宋陸　游　1163-526- 28
又跋所施先塋德餘菴　　　　　　　　　　　　　跋曉師顯應錄　　　　宋陸　游　1163-527- 28
　華嚴經後　　　　　宋王之道　1132-742- 27　跋南堂語　　　　　　宋陸　游　1163-529- 28
太平興國堂頭王祭公　　　　　　　　　　　　　跋爲深師書維摩經　　宋陸　游　1163-532- 29
　語錄（序）　　　　宋鄧　薦　1133-340- 15　跋尼光語錄　　　　　宋陸　游　1163-550- 31
清慧師偈序　　　　　宋洪　皓　1133-418-　4　跋騭論　　　　　　　宋陸　游　1163-551- 31
跋山谷食時五觀　　　宋朱　松　1375-290- 22　法明寺教藏序　　　　宋葉　適　1164-248- 12
跋圓覺經後　　　　　宋王庭珪　1134-331- 48　宗記序　　　　　　　宋葉　適　1164-248- 12
跋梁養源心經解義　　宋王庭珪　1134-332- 48　題張君所注佛書　　　宋葉　適　1164-575- 29
尊勝陀羅尼序　　　　宋孫　覿　1135-302- 30　題端信師帖　　　　　宋葉　適　1164-517- 29
跋般若心經後　　　　宋蘇　籀　1136-232- 11　題南華眞經　　　　　宋陳　造　1166-398- 31
崇正辨序　　　　　　宋胡　寅　1137-537- 19　跋楊和又印施普門品　宋眞德秀　1174-534- 34
傳燈玉英節錄序　　　宋胡　寅　1137-544- 19　（跋）楊文公眞筆遺
智京語錄序　　　　　宋胡　寅　1137-545- 19　　教經　　　　　　　宋眞德秀　1174-557- 35
題了齋所書佛語卷後　宋陳　淵　1139-535- 22　跋僧獨菴拓古　　　　宋戴　栩　1176-754-　9
家藏海中螺蚌所共護　　　　　　　　　　　　　黃月山解金剛經跋　　宋徐經孫　1181- 32-　3
　持金剛般若波羅密　　　　　　　　　　　　　跋寶月老頌解多心經　宋趙汝騰　1181-290-　5
　經序　　　　　　　宋林之奇　1140-497- 16　跋師紹書華嚴經　　　宋方　岳　1182-603- 38
龍舒淨土文序　　　　宋張孝祥　1140-616- 15　仁王護國般若疏後序　宋釋居簡　1183- 59-　5
書觀音感應錄後　　　宋周紫芝　1141-471- 66　注心經序　　　　　　宋釋居簡　1183- 59-　5
跋修法師釋氏通紀　　宋史　浩　1141-817- 36　集注圓覺經序　　　　宋釋居簡　1183- 60-　5
題僧志淮刺血書經　　宋周必大　1147-431- 40　元谷禪師語錄序　　　宋釋居簡　1183- 65-　5
跋徐夫人所書華嚴經　　　　　　　　　　　　　跋頂山珂兄刺血寫蓮
　梁武懺　　　　　　宋周必大　1147-501- 47　　經　　　　　　　　宋釋居簡　1183- 92-　6
跋蘇黃門左筦州施楞　　　　　　　　　　　　　跋嚴太常編傳燈　　　宋釋居簡　1183- 97-　7
　嚴標指　　　　　　宋周必大　1147-544- 51　跋龍門元侍者血書華
題西峯韶禪師雜錄　　宋周必大　1147-824- 80　　嚴八十一卷作八卷　宋釋居簡　1183- 98-　7
題鄭亨老新刻楞伽經　宋周必大　1147-824- 80　跋卍菴法語　　　　　宋釋居簡　1183-102-　7
題鄭亨老新刊注維摩　　　　　　　　　　　　　四明至淳上座寫華嚴
　經　　　　　　　　宋周必大　1147-825- 80　　經施開元寺跋　　　宋釋居簡　1183-102-　7

2122　　　　　　　　　　四庫全書文集篇目分類索引

子部

釋家類：序跋

篇目	作者	編號
跋四明何道友寫華嚴觀音經序	宋釋居簡	1183-109- 7
天寧寺主僧可舉語錄序	宋謝枋得	1184-875- 2
允石語錄序	宋陳　著	1185-181- 38
石門進禪師語錄序	宋林希逸	1185-677- 12
能侍者編無準語錄序	宋釋道璨	1186-820- 3
宗門會要序	宋釋道璨	1186-821- 3
西湖高僧傳序	宋釋道璨	1186-821- 3
大光明藏後序	宋釋道璨	1186-821- 3
空明頌集序	宋釋道璨	1186-822- 3
楞嚴神呪序	宋釋道璨	1186-822- 3
進高僧傳表 附批答	宋馬延鸞	1187- 91- 12
宋高僧傳序	宋釋贊寧	1052- 2- 附
高僧傳後序	宋釋贊寧	1052- 4- 附
法藏碎金錄原序	宋釋贊寧	1052-423- 附
禪林僧寶傳原序	宋晁　迥	1052-427- 附
羅湖野錄跋	宋張宏敬	1052-640- 附
羅湖野錄序	宋釋妙總	1052-873- 附
六祖法寶記叙	宋釋曉瑩	1052-874- 附
慧和尚四會語錄序	宋郎侍郎	1091-528- 12
長松長老顯禪師語錄序	宋居慧和尚	1132-131- 24
雜阿毗曇心序	宋楊天惠	1354-558- 23
書金剛經後	宋不著撰人	1401-661- 44
太原昭禪師語錄引	金王　寂	1190- 48- 6
辨邪論序	金元好問	1191-435- 37
萬松老人評唱天童覺和尚頌古從容庵錄序	元耶律楚材	1191-565- 8
評唱天童拈古請益後錄序	元耶律楚材	1191-567- 8
楞嚴外解序	元耶律楚材	1191-568- 8
心經宗說後序	元耶律楚材	1191-609- 13
糠蕘教民十無益論序	元耶律楚材	1191-611- 13
釋氏新聞序	元耶律楚材	1191-611- 13
屏山居士金剛經別解序	元耶律楚材	1191-612- 13
書金剛經別解後	元耶律楚材	1191-613- 13
萬松老人萬壽語錄序	元耶律楚材	1191-613- 13
跋般若心經	元陸文圭	1191-620- 13
金剛經解序	元劉　壎	1191-650- 10
御集百本經序奉敕撰	元趙孟頫	1195-379- 5
跋張丞相護佛論	元吳　澄	1196-745- 0
跋牟子理惑論	元吳　澄	1197-609- 62
橫川和尚語錄序	元釋圓至	1197-609- 62
解金剛經序	元劉將孫	1198-133- 4
定光寺題經	元劉將孫	1199- 79- 8
跋妙沙經	元許　謙	1199-235- 25
跋趙閎閎註心經	元許　謙	1199-596- 4
寶林編後序	元程端禮	1199-596- 4
雪庭裕公和尚語錄序	元王　惲	1199-655- 3
宗鏡錄詳節序	元程鉅夫	1200-557- 43
用晦和尚語錄序	元程鉅夫	1202-194- 14
跋集書金剛經	元袁　桷	1202-202- 15
書戒壇儀後	元袁　桷	1203-643- 49
書大般若經關後	元袁　桷	1203-665- 50
書文宗周祕藏圖詩卷	元袁　桷	1203-665- 50
書禪林備用	元袁　桷	1203-666- 50
題雪寶潛師語錄後	元袁　桷	1203-667- 50
題俊老語錄	元袁　桷	1203-668- 50
天禧寺嵩講主刊施五十三佛名經序	元袁　桷	1203-669- 50
奉敕重修百丈山大智覺照弘宗妙行禪師禪林清規九章序	元釋大訢	1204-562- 7
題左德明刊施金剛經後	元釋大訢	1204-573- 8
題斗極杓公遺訓	元釋大訢	1204-616- 13
佛祖歷代通載序	元虞　集	1204-624- 14
題山谷書食時五觀	元虞　集	1054-223- 附
金字藏經序	元虞　集	1207-171- 11
釋迦方域志後序	元吳　萊	1207-322- 22
跋劉莘老書金剛經	元許有壬	1209-141- 8
藏乘法疏後序	元余　闕	1211-505- 72
題永明智覺壽禪師唯心訣後	元余　闕	1214-386- 2
跋化刊維摩詰經疏文	元劉仁本	1214-423- 6
禪海集序	元戴　良	1216-114- 6
書刊禪林僧寶傳序	元戴　良	1219-407- 13
題般若波羅蜜多心經	元戴　良	1219-503- 21
大梅常禪師語錄序	元戴　良	1219-510- 22
跋藪以所書蓮經後	元戴　良	1219-590- 29
三境圖論序	元楊維楨	1219-593- 29
釋氏稽古略原序	元李　桓	1221-468- 10
大藏新增至元法寶記	元趙　璧	1054- 2- 附
習唐太宗聖教序	明 太 祖	1366-620- 8
心經序	明 太 祖	1223-154- 15
釋氏護教編後記	明宋　濂	1223-158- 15
跋金剛經後	明宋　濂	1224-579- 上

四庫全書文集篇目分類索引

子部

釋家類：序跋

篇目	作者	索引號
法華經跋	明宋濂	1224-614-下
木嚴禪師語錄序	明王禕	1226-128-6
題慧上人照心卷	明張以寧	1226-625-4
文殊師利菩薩無生戒經序	明危素	1226-750-4
懷淨土偈序	明釋妙聲	1227-595-中
趙魏公書四十二章經跋	明釋妙聲	1227-634-下
重刊中峯和尚廣錄序	明徐一夔	1229-338-12
鐘偈序	明徐一夔	1229-343-12
書圓覺經後	明劉璟	1236-255-下
金字金剛經卷後	明劉璟	1236-258-下
息菴禪師語錄序	明楊士奇	1238-570-15
（跋）心經金剛經	明楊士奇	1238-684-23
（跋）壇經	明楊士奇	1238-685-23
（跋）四十二章經	明楊士奇	1238-685-23
		1374-223-47
（跋）楞嚴經二部	明楊士奇	1238-685-23
（跋）圓覺經集要	明楊士奇	1238-685-23
九峯禪要序	明倪謙	1245-597-32
題蓮經卷後	明鄭文康	1246-664-17
題全未了上人佛印後身卷	明倪岳	1251-268-20
雨菴宗譜序	明吳寬	1255-369-42
書王友石所書金剛經後	明邵寶	1258-791-9
書須溪經說後	明祝允明	1260-784-30
天臺四教儀序	明王世貞	1280-208-70
（跋）趙吳興小楷法華經	明王世貞	1281-183-131
（跋）凌中丞書金剛經	明王世貞	1281-188-131
心賦序	明王世貞	1282-561-42
觀世音大士六部經咒序	明王世貞	1282-607-46
刻注藥師琉璃光本願經敍	明王世貞	1282-653-50
刻如來密因修證了義萬行首楞嚴經二十五圓通觀世音菩薩證聖序	明王世貞	1282-655-50
淨土彙書類選大成敍	明王世貞	1282-667-51
刻大藏緣起序	明王世貞	1282-709-54
書破邪論序	明王世貞	1284-252-156
書佛祖統紀後	明王世貞	1284-255-156
		1285-72-6
書佛祖統載後（四十則）	明王世貞	1284-256-156
書佛祖統載後	明王世貞	1285-73-6
題笑道論後	明王世貞	1284-261-156
（書）弘明二集後	明王世貞	1284-263-156
書弘明二集後	明王世貞	1285-78-6
（跋）手書眞際禪師十二時歌	明王世貞	1284-266-156
跋四十二章經	明王世貞	1284-266-156
法喜志題辭	明顧憲成	1292-173-15
金剛經集註小引	明高攀龍	1292-708-12
禪宗定案序	明劉宗周	1294-463-9
書四十二章經後	明婁堅	1295-266-23
題手書遺教經後	明婁堅	1295-267-23
題無隱師卷	明婁堅	1295-289-25
題月印師刺血寫報恩經後	明婁堅	1295-289-25
題西域僧左吉古魯卷	明婁堅	1295-289-25
題血書蓮華經	明周順昌	1295-434-3
題汝如法師卷	明范景文	1295-574-8
書定水卷後	明范景文	1295-574-8
梵綱經直解弁言	明范景文	1295-574-8
楊貞復評釋楞嚴經跋	明凌義渠	1297-469-6
慈乘小引序	明魏學濬	1297-555-4
夏幼青維摩集序	明魏學濬	1297-557-4
五燈會元原序	明林鑲	1053-2-附
永明道蹟序	明陶望齡	1406-412-358
成唯識論俗詮序	明黃汝亨	1406-413-358
寶藏論序	明黃汝亨	1406-414-358
株宏先生戒殺文序	明湯顯祖	1406-413-358
書月公册	明袁中道	1406-542-376
金焦二山刻石經序		
金刻四十二章并金剛經焦刻道德清淨經	明錢府	1455-556-230
重刻番藏經序	清聖祖	1298-187-19
五燈全書序	清聖祖	1299-161-20
翻譯四體楞嚴經序	清高宗	1301-116-12
清文繙譯全藏經序	清高宗	1301-629-9
聖恩剖石和尚語錄序	清吳偉業	1312-235-22
慧照和尚語錄序	清吳綺	1314-329-6
靈璧禪師語錄序	清吳綺	1314-329-6
天鏡和尚語錄題辭	清吳綺	1314-402-10
金剛經注序	清汪琬	1315-512-30
題庢邱和尚法嗣圖	清汪琬	1315-609-38

2124　　　　　　　四庫全書文集篇目分類索引

蛤庵和尚語錄序	清毛奇齡	1320-311- 37
城山大拙禪師語錄序	清毛奇齡	1320-321- 38
瑜珈飯戒放生儀序	清毛奇齡	1320-399- 46
慈雲寺新翻大悲准提二梵咒解序	清毛奇齡	1320-403- 47
日南和尚增釋感應篇序	清毛奇齡	1320-439- 50
淨慈寺舜覩禪師語錄序	清毛奇齡	1320-472- 54
懷山書言引	清毛奇齡	1320-509- 58
西寺語錄跋	清毛奇齡	1320-532- 60
書牛塘寺血書華嚴經後	清宋犖	1323-325- 28
古淳禪師語錄序	清汪由敦	1328-785- 9
跋金剛經	清汪由敦	1328-856- 16

N.道　家　類

a.論　文

列子（摘錄）	周列禦寇	1356-798- 1
莊子（摘錄）	周莊　周	1356-799- 1
秋水	周莊　周	1377-495- 22
徐無鬼	周莊　周	1377-512- 23
胠篋	周莊　周	1377-516- 23
刻意	周莊　周	1377-522- 23
繕性	周莊　周	1377-523- 23
人間世	周莊　周	1377-524- 23
天運	周莊　周	1377-525- 24
齊物論	周莊　周	1377-526- 24
天道	周莊　周	1377-531- 24
庚桑楚	周莊　周	1377-532- 24
大宗師	周莊　周	1377-536- 24
天下	周莊　周	1377-675- 32
庖丁	周莊　周	1378- 98- 38
道德指歸說目	漢莊　遵	1396-634- 22
難莊論	漢班　固	1397-208- 10
		1412-279- 11
典論論方術	魏　文　帝	1412-616- 24
辯道論	魏曹　植	1412-674- 26
又辯道論	魏曹　植	1412-675- 26
養生論	魏嵇　康	1063-347- 3
		1329-903- 53
		1331-372- 53
		1407-144-407
		1413- 55- 35

答難養生論	魏嵇　康	1063-351- 4
		1413- 57- 35
達莊論	魏阮　籍	1413- 19- 34
通老論	魏阮　籍	1413- 23- 34
廢莊論	晉王坦之	550- 62-210
難養生論	晉向　秀	1063-349- 4
逍遙論	晉釋支遁	1400-510- 7
與顧道士折夷夏論書	劉宋謝鎮之	1401- 51- 15
重與顧道士書 并亂（折夷夏論）	劉宋謝鎮之	1401- 52- 15
難顧道士夷夏論書 并難	劉宋朱昭之	1401- 54- 15
諮顧道士夷夏論書 并難	劉宋朱廣之	1401- 56- 15
駁顧道士夷夏論（書）		
	劉宋釋慧通	1401- 59- 15
戎華論折夷夏論(書)		
	劉宋釋僧愍	1401- 62- 15
夷夏論	齊顧　歡	1401- 48- 15
正二教論	齊明僧紹	1401-132- 19
難張長史門論書 并問	齊周　顒	1401-136- 19
		1414-379- 78
重答張長史書 并重問	齊周　顒	1401-139- 19
答周顒（難門論）書 并答所問	齊張　融	1401-137- 19
		1414-374- 78
門論附周顒難張長史門論書	齊張　融	1414-379- 78
散逸論	梁蕭方等	1399-357- 5
二教論（十二篇）	北周釋道安	1401-510- 37
難道論	北周釋僧勔	1401-528- 37
勞生論	隋盧思道	1400-294- 5
與鄭騎馬書論虛无	唐張　說	1344-271- 83
浪翁觀化 并序	唐元　結	1071-578- 11
		1343-695- 49
神仙可學論	唐吳　筠	1071-735- 中
		1340-202-739
心目論	唐吳　筠	1071-739- 中
形神可固論 并序	唐吳　筠	1071-740- 中
玄綱論上中下	唐吳　筠	1071-758- 0
南統大君內丹九章經	唐吳　筠	1071-770- 0
辨列子	唐柳宗元	1076- 42- 4
		1076-505- 4
		1077- 59- 4
		1383-282- 24

四庫全書文集篇目分類索引

斲文子	唐柳宗元	1076- 43- 4	莊子內篇論	宋黃庭堅	1113-196- 20	子部
		1076-506- 4			1361-236- 37	
		1077- 60- 4	題東坡書道術後	宋黃庭堅	1113-263- 25	
		1383-282- 24	注老子道可道一章	宋黃庭堅	1113-574- 4	
斲元倉子	唐柳宗元	1076- 45- 4	老子議	宋張 未	1361-108- 15	
		1076-508- 4	齊物論	宋晁補之	1118-596- 27	
		1077- 63- 4			1361-318- 50	道家類：論文
		1383-283- 24	列子天瑞論	宋華 鎮	1119-474- 19	
與李睦州（論）服氣			讀列子	宋李 復	1121- 85- 8	
書	唐柳宗元	1076-291- 32	方廣譽老語錄序	宋鄒 浩	1121-417- 28	
		1076-732- 32	支離疏贊	宋鄒 浩	1121-460- 33	
		1354-102- 13	集經文爲要訣集黃庭語	宋鄒 浩	1121-460- 33	
		1359-133- 17	讀元倉子	宋呂南公	1123-161- 17	
通儒道說	唐李 觀	1336-371-360	行於萬物者道（論）	宋劉安節	1124- 93- 3	
方士論	唐李德裕	1079-325- 3	老子論（五則）	宋程 頤	1130-127- 13	
		1340-207-739	列子論（三則）	宋程 頤	1130-131- 13	
黃治論	唐李德裕	1079-330- 4	莊子論（五則）	宋程 頤	1130-133- 13	
		1340-207-739	無諍道人辯	宋陳 淵	1139-508- 20	
太古無爲論	唐劉 蛻	1340-209-739	讀老子	宋范 浚	1140- 38- 5	
題後魏（書）釋老志	唐皮日休	1083-205- 8	讀真誥	宋周紫芝	1141-347- 49	
		1336-487-377	答程泰之（書）老子			
神仙傳論	唐梁 肅	1340-206-739	注雜說	宋朱 熹	1144- 61- 37	
養生論	唐牛僧孺	1340-208-739	養生主說	宋朱 熹	1145-326- 67	
廣廢莊論并序	唐李 翱	1340-394-760	觀列子偶書	宋朱 熹	1145-327- 67	
大唐平陽郡龍角山慶			參同契說	宋朱 熹	1145-328- 67	
唐觀大聖祖玄元皇			蘇黃門老子解（辨）	宋朱 熹	1145-445- 72	
帝宮金籙齋頌并序	唐崔元明	1340-576-779	釋老論	宋李 石	1149-621- 9	
韓文公雙鳥詩解排釋老	宋柳 開	1085-249- 2	老子辯上下	宋李 石	1149-668- 13	
可嘆胎趙符神仙長生			列子辯上下	宋李 石	1149-668- 13	
道之可嘆	宋石 介	1090-224- 7	答張正字論莊子書	宋樓 鑰	1153-129- 67	
補元子時化	宋張方平	1104-374- 34	老子解略	宋員興宗	1158-190- 23	
補浪翁觀化	宋張方平	1104-374- 34	呂子陽老子支離說	宋葉 適	1164-517- 29	
胎王生略雜言并序（			老子論	宋韓元吉	1165-268- 17	
道術說）	宋張方平	1104-382- 34	似道之辯	宋陳 淳	1168-618- 15	
老子（論）	宋王安石	1105-562- 68	代周道珍眞籙普說	宋賈德秀	1174-808- 49	
莊周（論）上下	宋王安石	1105-563- 68	丹說	宋歐陽守道	1183-717- 25	
龍虎鉛汞論	宋蘇 軾	1107-614- 44	莊子後論	宋程大昌	1375-293- 22	
上張安道養生訣論	宋蘇 軾	1107-616- 44	請瞿氏許道士出圖塔			
續養生論	宋蘇 軾	1107-617- 44	書辨佛老之弊	元郝 經	1192-246- 23	
黃庭經贊并敘	宋蘇 軾	1108-517- 94	讀老子（三則）	元胡炳遜	1196-345- 20	
問養生	宋蘇 軾	1108-587-100	讀呂惠卿莊子解	元胡炳遜	1196-346- 20	
		1384-714-144	論莊老	元胡炳遜	1196-347- 20	
抱一頌并引	宋蘇 轍	1112-631- 5	論釋道	元胡炳遜	1196-347- 20	
老子（論）	宋蘇 轍	1377-631- 29	逍遙遊說	元吳 澄	1197- 72- 5	
		1384-802-151	孟莊不相及（說）	元王 惲	1200-569- 44	

子部 道家類：論文、序跋

締觀說　　　　　　　　　元王　惲　1200-595- 45
金從革說　　　　　　　　元王　惲　1200-614- 46
張廣微金書陰符經贊　　　元袁　桷　1203-228- 17
題放翁訓子帖書莊子
　　二章　　　　　　　　元袁　桷　1203-602- 46
答問問前輩謂老子書後
　　人託爲之然以德報怨
　　之語見于老子矣如何　元陳　櫟　1205-249- 7
釋道論　　　　　　　　　明太　祖　1223-107- 10
諸子辯(文子十二卷)　　　明宋　濂　1224-410- 27
諸子辯(關尹子一卷)　　　明宋　濂　1224-411- 27
諸子辯(亢倉子五卷)　　　明宋　濂　1224-411- 27
諸子辯（列子八卷）　　　明宋　濂　1224-413- 27
諸子辯（莊子十卷）　　　明宋　濂　1224-415- 27
諸子辯（抱朴子）　　　　明宋　濂　1224-422- 27
諸子辯(天隱子八則)　　　明宋　濂　1224-423- 27
諸子辯（玄貞子）　　　　明宋　濂　1224-424- 27
調息解　　　　　　　　　明宋　濂　1224-433- 28
述玄　　　　　　　　　　明宋　濂　1224-446- 28
大還龍虎丹贊有序　　　　明宋　濂　1224-515- 30
五氣大有寶書　　　　　　明宋　濂　1224-574- 上
道家（說）　　　　　　　明王　禕　1458-765-479
書歸嬰說後　　　　　　　明蘇伯衡　1228-716- 10
沖道　　　　　　　　　　明張宇初　1236-341- 1
玄問（三則）　　　　　　明張宇初　1236-346- 1
問神　　　　　　　　　　明張宇初　1236-365- 1
辨陰符經　　　　　　　　明張宇初　1236-371- 1

與倪孟沖鍊師論火候
　　書　　　　　　　　　明張宇初　1236-455- 3
黍珠龠頌有序　　　　　　明張宇初　1236-460- 3
三元傳度普說　　　　　　明張宇初　1236-487- 4
靈寶鍊度普說　　　　　　明張宇初　1236-489- 4
授法普說　　　　　　　　明張宇初　1236-492- 4
玄北說　　　　　　　　　明周　瑛　1254-806- 5
與人論攝生書　　　　　　明王　鏊　1256-517- 36
玄虛辯　　　　　　　　　明顧　璘　1263-253- 9
佛老辨　　　　　　　　　明鄭善夫　1269-195- 15
與（王）浚川論二氏
　　書　　　　　　　　　明薛　蕙　1272-105- 9
再答（王）浚川論二
　　氏書　　　　　　　　明薛　蕙　1272-105- 9
讀莊子　　　　　　　　　明陸　粲　1274-674- 7
玄虛辯　　　　　　　　　明丘雲霄　1277-297- 9
虛白篇　　　　　　　　　明沈　鍊　1278- 35- 3
讀關尹子　　　　　　　　明王世貞　1280-761-112

讀列子　　　　　　　　　明王世貞　1280-762-112
　　　　　　　　　　　　　　　　　1285- 65- 5
　　　　　　　　　　　　　　　　　1285- 7- 1
　　　　　　　　　　　　　　　　　1285- 65- 5
讀亢倉子　　　　　　　　明王世貞　1280-762-112
　　　　　　　　　　　　　　　　　1285- 66- 5
手書鸞大師調氣論略
　　與張仲慧　　　　　　明王世貞　1284-292-158
讀莊子（三則）　　　　　明王世貞　1285- 4- 1
　　　　　　　　　　　　　　　　　1406-563-378
讀莊子讓王篇　　　　　　明王世貞　1285- 6- 1
老子解　　　　　　　　　明王　樵　1285-362- 13
又答老子解　　　　　　　明王　樵　1285-371- 13
上趙大洲相公（書）
　　論莊子知易　　　　　明胡　直　1287-480- 20
讀莊　　　　　　　　　　明胡應麟　1290-742-102
讀關尹子　　　　　　　　明胡應麟　1290-749-103
論方士　　　　　　　　　明程　先　1375-427- 33
莊周論　　　　　　　　　明劉　玉　1407-168-410
養生契　　　　　　　　　明汪道昆　1410-788-772
與胡掌科論陰符書　　　　明徐　霈　1455-116-192
紫金丹小引　　　　　　　清吳　綺　1314-408- 10
金液丹說　　　　　　　　清吳　綺　1314-437- 12
二氏論　　　　　　　　　清姜宸英　1323-710- 4
黃老論　　　　　　　　　清姜宸英　1323-711- 4
書柳子厚辨亢桑子後　　　清方　苞　1326-756- 3

b.序　跋

關尹子原序　　　　　　　漢劉　向　1055-552- 附
　　　　　　　　　　　　　　　　　1396-536- 17
　　　　　　　　　　　　　　　　　1412-160- 7
上列子　　　　　　　　　漢劉　向　1396-538- 17
　　　　　　　　　　　　　　　　　1412-162- 7
（周易參同契考異）
　　讚序附朱子語　　　　漢徐景休　1058-578- 附
（周易參同契）讚序　　　漢徐景休　1058-731- 下
（古文參同契）後序　　　漢徐景休　1058-942- 下
老子道德經原序　　　　　吳葛　玄　1055- 46- 附
關尹子原序　　　　　　　晉葛　洪　1055-552- 附
抱朴子內篇序　　　　　　晉葛　洪　1059- 2- 附
神仙傳原序　　　　　　　晉葛　洪　1059-257- 附
列子注原序　　　　　　　晉張　湛　1055-575- 附
莊子注原序　　　　　　　晉郭　象　1056- 3- 附
　　　　　　　　　　　　　　　　　1405-520-290
道德經注序　　　　　　　晉河上公　1405-518-290

四庫全書文集篇目分類索引　2127

登眞隱訣序　　　　　梁陶弘景　1415-218- 89
眞靈位業圖序　　　　梁陶弘景　1415-219- 89
老子道德經　　　　　唐玄　宗　1340-179-737
張隱居莊子指要序　　唐權德輿　1344-417- 95
道德指歸論原序　　　唐谷神子　1055- 78- 附
天隱子原序　　　　　唐司馬承禎　1059-563- 附
導引圖序　　　　　　唐梁　肅　1344-405- 94
无能子原序　　　　　唐不著撰人　1059-567- 附
周易參同契通眞義序　後蜀彭　曉　1058-511- 附
續仙傳原序　　　　　南唐沈　汾　1059-584- 附
校勘老子道德經翦子　宋王　珪　1093- 61- 8
刪正黃庭經序　　　　宋歐陽修　1102-515- 65
　　　　　　　　　　　　　　　1356- 15- 1
　　　　　　　　　　　　　　　1378-333- 52
　　　　　　　　　　　　　　　1383-521- 47
　　　　　　　　　　　　　　　1405-525-290
唐石臺道德經（跋）　宋歐陽修　1103-419-139
唐群臣請立道德經臺
　奏答（跋）　　　　宋歐陽修　1103-419-139
黃庭經（跋四則）　　宋歐陽修　1103-458-143
素書明錄序　　　　　宋張方平　1104-366- 33
題老子道德經後老子
　解跋（二則）　　　宋蘇　轍　1055-235- 下
又跋陰符經後　　　　宋黃庭堅　1077-301- 2
跋亡弟嗣功列子册　　宋黃庭堅　1113-267- 25
書老子注解及莊子內
　篇論後　　　　　　宋黃庭堅　1113-445- 9
新開朝天九幽拔罪懺
　贊有序　　　　　　宋張　末　1115-370- 43
題清涼注參同契　　　宋釋惠洪　1116-488- 25
老子道德經跋　　　　宋晁說之　1055-184- 下
題寫本老子後　　　　宋晁說之　1118-346- 18
坐忘論序　　　　　　宋晁補之　1118-666- 34
順與講莊子序　　　　宋黃　裳　1120-143- 19
黃帝秘文序　　　　　宋黃　裳　1120-149- 20
講齊物論序　　　　　宋黃　裳　1120-150- 20
淵聖御書老子道德經
　唐十八學士書讚等
　跋尾　　　　　　　宋許　翰　1123-579- 10
跋碧虛子纂經　　　　宋李　光　1128-619- 17
黃籙盟眞玉檢序　　　宋翟汝文　1129-275- 8
跋仲兄書靈寶石經後　宋李彌遜　1130-794- 21
趙節度使進經解序
　解老子八十一章　　宋王　洋　1132-500- 13
跋休糧方　　　　　　宋王之道　1132-739- 27

梁養源道德篇論序　　宋王庭珪　1134-267- 36
書傳道集後　　　　　宋王庭珪　1134-331- 48
跋陳道士群仙蒙求　　宋孫　覿　1135-322- 32
題靈寶集後　　　　　宋鄭剛中　1138-271- 25
書高道傳後　　　　　宋周紫芝　1141-485- 67
陰符經考異序 附唐李
　筌邵子程子等語　　宋朱　熹　1055- 11- 附
書周易參同契考異後　宋朱　熹　1058-578- 附
　　　　　　　　　　　　　　　1145-767- 84
跋閔丘生陰符經說　　宋朱　熹　1145-712- 82
題袁機仲所校參同契
　後　　　　　　　　宋朱　熹　1145-769- 84
跋託傳龜山列子解後　宋朱　熹　1146-629- 4
書僧中傑辯老氏論　　宋周必大　1147-824- 80
謝懷英老子實錄序　　宋陳傅良　1150-817- 40
跋謝觀妙混元實錄　　宋樓　鑰　1153-170- 71
跋褚河南陰符經　　　宋樓　鑰　1153-184- 72
跋張正字莊子講義　　宋樓　鑰　1153-227- 75
感應篇序　　　　　　宋劉　焠　1157-407- 5
跋黃帝陰符經　　　　宋薛季宣　1159-469- 30
跋古文老子　　　　　宋薛季宣　1159-470- 30
跋修心鑑　　　　　　宋陸　游　1163-507- 26
跋坐忘論　　　　　　宋陸　游　1163-508- 26
跋天隱子（二則）　　宋陸　游　1163-508- 26
跋老子道德古文　　　宋陸　游　1163-508- 26
跋司馬子微御松菊法　宋陸　游　1163-509- 26
跋王輔嗣老子　　　　宋陸　游　1163-527- 26
跋坐忘論　　　　　　宋陸　游　1163-528- 28
跋蒲郎中易老解　　　宋陸　游　1163-534- 29
跋南華眞經　　　　　宋陸　游　1163-544- 30
題謝道士混元皇帝寶
　錄後　　　　　　　宋葉　適　1164-510- 29
爲陳生題度人生經後　宋楊冠卿　1165-490- 7
葉雲心註清淨經序　　宋衛　㵂　1169-709- 17
度人經跋　　　　　　宋衛　㵂　1169-710- 17
感應篇序　　　　　　宋眞德秀　1174-418- 27
（跋）詹應之三經陰
　符經道德經周易參同契　宋眞德秀　1174-548- 35
（跋）夏宗禹悟眞講
　義　　　　　　　　宋眞德秀　1174-553- 35
葉清父回歸錄後序　　宋眞德秀　1174-556- 35
（跋）感應篇　　　　宋眞德秀　1174-557- 35
（跋）太一天尊應驗
　錄　　　　　　　　宋眞德秀　1174-558- 35
（跋）赤松子經　　　宋眞德秀　1174-560- 35

子部

道家類：序跋

子部

道家類：序跋

篇名	作者	索引號
應師老子解序	宋杜　範	1175-734- 16
趙虛齋注莊子內篇序	宋劉克莊	1180-247- 24
開先性語錄序	宋釋居簡	1183- 66- 5
題劉定子陰符經	宋歐陽守道	1183-671- 20
莊子口義原序	宋林希逸	1056-356- 附
讀莊筆記序	宋馬廷鸞	1187- 89- 12
文子纘義原序	宋车　嶽	1058-373- 附
		1188-101- 12
杜南谷籌峯眞率錄序	宋车　嶽	1188-102- 12
杜南谷老子原旨序	宋车　嶽	1188-104- 12
書陰符經	宋车　嶽	1188-147- 16
徐雲墅注道德經序	宋何夢桂	1188-459- 6
舊眞境錄後序	宋成無玷	587-466- 6
陰符經講義原序	宋樓　昉	1055- 20- 附
雲峰入藥鏡箋序	宋留元剛	1055- 40- 4
（陰符經講義）雲峯自序	宋夏元鼎	1055- 42- 4
（陰符經講義）後序	宋王九萬	1055- 42- 4
老子道德經序	宋龔士高	1055- 47- 附
老子道德經跋	宋熊克謹	1055-184- 下
南華眞經義海纂微原序	宋劉震孫	1057- 2- 附
南華眞經義海纂微原序	宋文及翁	1057- 3- 附
南華眞經義海纂微原序	宋湯　漢	1057- 3- 附
南華眞經義海纂微原序	宋褚伯秀	1057- 4- 附
南華眞經義海纂微跋	宋褚伯秀	1057-799-106
周易參同契解原序	宋鄭伯謙	1058-582- 附
周易參同契解原序	宋陳顯微	1058-583- 附
（周易參同契解）後序	宋天臺生	1058-622- 下
（周易參同契解）後序	宋王　夷	1058-622- 下
雲笈七籤原序	宋張君房	1060- 2- 附
悟眞篇注疏原序	宋陳達靈	1061-432- 附
悟眞篇注疏原序	宋翁葆光	1061-434- 附
悟眞篇直指詳說序	宋翁葆光	1061-517- 附
悟眞篇原序	宋張伯端	1061-438- 附
古文龍虎經註疏原序	宋王　道	1061-536- 附
古文龍虎經註疏後序	宋王　道	1061-575- 附
進古文龍虎經注疏奏箚	宋周眞一	1061-537- 附
易外別傳序	宋俞　琰	1061-578- 附
易外別傳後序	宋俞　琰	1061-596- 附
道藏經後	金李俊民	1190-670- 10
心庵先生陰符經集解序	元郝　經	1192-334- 30
老子原旨序	元戴表元	1194- 99- 7
題陰符經後	元戴表元	1194-249- 19
南谷原旨發揮序道德經	元任士林	1196-553- 4
老莊二子攷錄	元吳　澄	1197- 20- 1
參同契序	元吳　澄	1197-164- 15
莊子正義序	元吳　澄	1197-190- 17
題王景淵道書	元吳　澄	1197-571- 58
司馬子微天隱子注後序	元吳　澄	1405-529-290
頌莊子序	元釋圓至	1198-138- 4
集註陰符經序	元劉　因	1198-570- 11
老子衍義序	元王　惲	1200-547- 42
		1373-398- 25
跋子大本書度人經後	元程鉅夫	1202-369- 25
老子講義序	元袁　桷	1203-290- 21
題子昂書靈寶經	元袁　桷	1203-608- 46
題唐玉眞公主六甲經	元袁　桷	1203-615- 47
跋柳公權書清靜經	元袁　桷	1203-660- 50
書吳子行篆書陰符經	元袁　桷	1203-663- 50
老子節註序	元陳　櫟	1205-163- 1
莊子節註序	元陳　櫟	1205-163- 1
新安朱氏新注黃帝陰符經後序	元吳　萊	1209-115- 4
司馬子微天隱子注後序	元吳　萊	1209-201- 12
道藏經跋	元陳　旅	1213-167- 13
臨湘蔡氏所傳洞玄法書宗派圖序	元傅若金	1213-322- 4
編莊子序義	元李　存	1213-664- 12
雲笈七籤卷後	元鄭元祐	1216-504- 7
關氏註道德經序	元楊維植	1221-474- 10
悟眞篇注疏原序	元戴起宗	1061-431- 附
莊子正義序	元趙　采	1381-339- 31
道德經序	明　太　祖	1223-153- 15
漢天師世家序	明宋　濂	1223-434- 7
題柳公權書度人經後	明宋　濂	1223-608- 12
跋子昂書度人經後	明宋　濂	1223-668- 14
跋趙子昂書老子卷後	明宋　濂	1223-668- 14
書陰符經後	明陶　安	1225-806- 20
跋黃庭經	明王　禕	1226-353- 17
跋五牙元精經	明王　禕	1226-354- 17

四庫全書文集篇目分類索引

太上混元實（眞）錄
　序　　　　　　　　　明張宇初　1236-374- 2
漢天師世家序　　　　　明張宇初　1236-377- 2
三十代天師虛靖眞君
　語錄後序　　　　　　明張宇初　1236-379- 2
丹篆要序　　　　　　　明張宇初　1236-381- 2
生神章註序　　　　　　明張宇初　1236-382- 2
還眞集序　　　　　　　明張宇初　1236-393- 2
應化錄跋　　　　　　　明張宇初　1236-467- 4
（跋）列子　　　　　　明楊士奇　1238-588-17
（跋）道德經　　　　　明楊士奇　1238-588-17
（跋）陰符經　　　　　明楊士奇　1238-634-20
（跋）錄金丹玄奥後　　明楊士奇　1238-684-23
（跋）列仙傳　　　　　明楊士奇　1238-684-23
（跋）眞仙體道通鑑　　明楊士奇　1238-684-23
（跋）度人經　　　　　明楊士奇　1238-685-23
題卞讓所藏趙松雪道
　德經後　　　　　　　明岳　正　1246-428- 8
書老子道德經後　　　　明何喬新　1249-299-18
跋席上腐談　　　　　　明朱存理　1251-605- 0
題古本列子　　　　　　明王　鏊　1256-511-35
題易外別傳辭　　　　　明夏良勝　1269-1005-14
（古文參同契集解）
　原序　　　　　　　　明楊　慎　1058-813- 附
　　　　　　　　　　　　　　　　1270- 12- 2
坐忘論序　　　　　　　明薛　蕙　1272-110-10
　　　　　　　　　　　　　　　　1455-453-221
老子集解序　　　　　　明薛　蕙　1272-112-10
　　　　　　　　　　　　　　　　1455-452-221
再作老子集解序　　　　明高叔嗣　1273-618- 5
老子集解序　　　　　　明高叔嗣　1273-622- 5
鄭君元化正典序　　　　明唐順之　1276-320- 6
刻陳生注陰符道德經
　敘　　　　　　　　　明王世貞　1282-579-44
邵弁莊子標解序　　　　明王世貞　1282-658-50
（題）周公瑕書黃庭
　內景經　　　　　　　明王世貞　1284-269-157
（題）黃老黃庭經　　　明王世貞　1284-272-157
（題）文待詔書常清
　靜經老子傳　　　　　明王世貞　1284-272-157
趙吳興書陰符經後（
　二則）　　　　　　　明王世貞　1284-273-157
（題）周公瑕書道德
　經（二則）　　　　　明王世貞　1284-275-157
（題）章藻書老子要

語後　　　　　　　　　明王世貞　1284-277-157
（題）趙松雪玉樞經　　明王世貞　1284-278-157
（題）章仲玉書大洞
　玉經　　　　　　　　明王世貞　1284-279-157
周之晃書莊子要語後　　明王世貞　1284-280-157
（題）莫廷韓書參同
　契　　　　　　　　　明王世貞　1284-280-157
書關尹子要語後　　　　明王世貞　1284-281-157
　　　　　　　　　　　　　　　　1285- 82- 7
書天隱子後　　　　　　明王世貞　1284-281-157
　　　　　　　　　　　　　　　　1285- 82- 7
（跋）敬美書陰符經
　金碧古文龍虎上經　　明王世貞　1284-282-158
（跋）卣仙書陰符經　　明王世貞　1284-282-158
（題）虛一書太上內
　觀明道經　　　　　　明王世貞　1284-283-158
（書）元始上眞衆仙
　記（後）　　　　　　明王世貞　1284-283-158
　　　　　　　　　　　　　　　　1285- 83- 7
（題）仙師書大通經　　明王世貞　1284-284-158
（跋）常清靜經　　　　明王世貞　1284-284-158
（書）許眞人（君）
　石函記後　　　　　　明王世貞　1284-285-158
　　　　　　　　　　　　　　　　1285- 84- 7
（書）坐忘論（後）　　明王世貞　1284-285-158
　　　　　　　　　　　　　　　　1285- 84- 7
（跋）靈寶眞靈位業
　圖（二則）　　　　　明王世貞　1284-285-158
（書）桓眞人昇仙記　　明王世貞　1284-288-158
　　　　　　　　　　　　　　　　1285- 86- 7
純陽神化妙通紀（跋）　明王世貞　1284-290-158
金蓮正宗記後　　　　　明王世貞　1284-291-158
玄風慶會錄後（二則）　明王世貞　1284-292-158
書悟眞篇三注後　　　　明王世貞　1284-292-158
白紫清指玄篇（跋）　　明王世貞　1284-294-158
書金丹四百字後　　　　明王世貞　1284-294-158
跋玉清金笥青華秘文
　金寶煉丹（訣）　　　明王世貞　1284-295-158
書眞仙通鑑後　　　　　明王世貞　1284-296-159
　　　　　　　　　　　　　　　　1285- 89- 8
書陳上陽金丹大要後　　明王世貞　1284-303-159
　　　　　　　　　　　　　　　　1285- 96- 8
（書）李素庵中和集
　（後）　　　　　　　明王世貞　1284-304-159
　　　　　　　　　　　　　　　　1285- 96- 8

子部

道家類：序跋

子部

道家類：序跋

書諸眞玄奧集成指玄篇第六卷後　　明王世貞　1284-304-159
書黃庭內景經後　　明王世貞　1285- 79- 7
書道德經後　　明王世貞　1285- 80- 7
書莊子要語後　　明王世貞　1285- 82- 7
書張道陵傳後　　明王世貞　1285- 87- 8
書玄風慶會錄後（三則）　　明王世貞　1285- 88- 8
考定周易參同契序　附前語　　明王　樵　1285-144- 2
梓文昌戒言小引　　明余繼登　1291-852- 5
重刻感應篇序　　明高攀龍　1292-561- 9上
合刻救劫感應篇序　　明高攀龍　1292-561- 9上
書玄帝訓言後　　明高攀龍　1292-711- 12
參同悟眞譯翼序　　明范景文　1295-516- 5
序純陽妙道神化紀　　明范景文　1295-576- 8
老子初繹序　　明魏學濚　1297-556- 4
張大參元津總持序　　明黃淳耀　1297-634- 2
張子瀾輯感應篇序　　明黃淳耀　1297-635- 2
盤山語錄序　　明焦　竑　586-266- 12
老子翼原序　　明焦　竑　1055-324- 附
莊子原序　　明焦　竑　1058- 3- 附
道德指歸論原序　　明劉　鳳　1055- 77- 附
道德指歸論原序　　明沈士龍　1055- 78- 附
道德指歸論原序　　明胡震亨　1055- 78- 附
南華眞經原序　　明孫應鰲　1056-171- 附
（古文參同契集解）原序　　明蔣一彪　1058-814- 附
亢倉子注後跋　　明黃　諫　1059-547- 附
易外別傳引　　明董傳策　1061-579- 附
易外別傳後序　　明黃　翠　1061-596- 附
註參同契序　　明徐　渭　1405-548-292
　　　　　　　　　　　　1455-384-215
南華發覆序　　明陳繼儒　1405-550-292
周易參同契解後序　　明張維樞　1455-424-218
道德經解序　　明薛　甲　1455-458-221
金焦二山刻石經序　金刻四十二章并金剛經焦刻道德清淨經　　明錢　府　1455-556-230
御製道德經序　　清 世 祖　1055-445- 附
擬九歌十二首題莊子故事圖　　清 高 宗　1301-186- 22
黃庭內景外景經序　　清魏裔介　1312-741- 5
重刻感應篇輯解序　　清施閏章　1313- 28- 3
家文仲傳燈錄序　　清吳　綺　1314-324- 6

僊府十二觀序　　清汪　琬　1315-510- 30
參同契衍義序　　清汪　琬　1315-511- 30
太上感應篇集註序　　清陳廷敬　1316-552- 37
感應篇集注序　　清朱彝尊　1318- 51- 35
石藥爾雅跋　　清朱彝尊　1318-137- 42
錢塘吳元符游仙錄序　　清毛奇齡　1320-247- 30
重刻北斗元靈經序　　清毛奇齡　1320-316- 37
讀老莊跋　　清田　雯　1324-369- 34
參同契註舊序　　清李光地　1324-681- 10
參同契章句序　　清李光地　1324-683- 11
記陰符經　　清李光地　1324-787- 18
跋祝希哲養生論　　清汪由敦　1328-857- 16
老子說略序　　清張爾岐　1055-482- 附
道德經註序　　清徐大椿　1055-521- 附
陰符經原序　　清徐大椿　1055-549- 附
易外別傳序　　清吳　城　1061-578- 附
黃帝陰符經註序　　不著撰人　1055- 3- 附
重刊周易參同契發揮序　　不著撰人　1058-626- 附
玄眞子原序　　不著撰人　1059-551- 附

名墨縱橫

O.名墨縱橫

王斗對齊宣王　　戰 國 策　1355-155- 6
田需對管燕　　戰 國 策　1355-156- 6
　　　　　　　　　　　　1377-484- 21
莊辛論幸臣亡國　　戰 國 策　1355-158- 6
　　　　　　　　　　　　1417-140- 8
觸讋請長安君爲質（說趙太后）　　戰 國 策　1355-159- 6
　　　　　　　　　　　　1377-486- 21
　　　　　　　　　　　　1417-144- 8
魏牟對趙王　　戰 國 策　1355-160- 6
趙客論建信君　　戰 國 策　1355-160- 6
魯君論酒味色能亡國　　戰 國 策　1355-161- 6
　　　　　　　　　　　　1417-147- 8
國策（摘錄）　　戰 國 策　1356-806- 2
楚人以弋說頃襄王　　戰 國 策　1377-324- 14
司馬錯與張儀爭論（伐韓蜀）　　戰 國 策　1377-484- 21
　　　　　　　　　　　　1417-127- 8
蘇代謂燕昭王　　戰 國 策　1377-485- 21
楚王用群臣計不予齊地　　戰 國 策　1377
　　　　　　　　　　　　1377-487- 21
蘇子論留楚太子　　戰 國 策　1377-488- 21
獻燕王喻書　　戰 國 策　1396-125- 9

四庫全書文集篇目分類索引　2131

爲齊獻孝成王書　　　　戰國策　1396-133-10　　說韓王謀秦　　　　周或人　1402-391-63
爲魏獻秦昭王書　　　　戰國策　1396-134-10　　說韓奪秦　　　　　周或人　1402-391-63
或謂秦武王策　　　　　戰國策　1396-172-13　　說秦昭王　　　　　周黃歇　1402-393-64
或說秦昭王策　　　　　戰國策　1396-172-13　　說頃襄王　　　　　周以弋　1402-395-64　　子
或謂趙武靈王策　　　　戰國策　1396-178-13　　說燕趙救魏　　　　周田文　1402-395-64　　部
或謂安釐王策　　　　　戰國策　1396-183-13　　說應侯辭位　　　　周蔡澤　1402-397-64
甘茂拔宜陽　　　　　　戰國策　1417-128- 8　　說商君　　　　　　周趙良　1402-401-64　　名
黃歇說秦王　　　　　　戰國策　1417-129- 8　　　　　　　　　　　　　　　1417-156- 9　　墨
應侯謂昭王　　　　　　戰國策　1417-131- 8　　　　　　　　　　　　　　　　　　　　　　縱
武安君謂秦昭王伐趙　　戰國策　1417-132- 8　　說歸趙王　　　　周斯養卒　1402-402-64　　橫
鄒忌諷齊王納諫　　　　戰國策　1417-134- 8　　以鼓琴見齊威王　　周騶忌子　1417-159- 9
淳于髡一日見七士　　　戰國策　1417-134- 8　　說騶忌子　　　　　周淳于髡　1417-160- 9
馮煖客孟嘗君　　　　　戰國策　1417-134- 8　　欲爲齊王說魏事齊　周不著撰人　1402-396-64
蘇子說齊閔王　　　　　戰國策　1417-136- 8　　楚人對頃襄王　　周不著撰人　1417-160- 9
田單攻狄　　　　　　　戰國策　1417-140- 8　　趙良說商君　　　　史　記　1355-161- 6
蘇秦以合從說趙　　　　戰國策　1417-142- 8　　　　　　　　　　　　　　　1378-207-45
魯仲連義不帝秦　　　　戰國策　1417-145- 8　　魯仲連責新垣衍　　史　記　1355-165- 6
信陵君諫魏王　　　　　戰國策　1417-147- 8　　蔡澤說應侯辭位　　史　記　1355-167- 6
郭隗說燕昭王　　　　　戰國策　1417-149- 8　　楚人以弋說頃襄王　史　記　1355-170- 6
蘇代約燕王　　　　　　戰國策　1417-150- 8　　蘇秦說六國合縱　　史　記　1355-173- 6
樂毅去燕適趙　　　　　戰國策　1417-152- 8　　麗食其說齊王廣　　史　記　1355-177- 6
說秦惠王　　　　　　　周蘇秦　1402-366-61　　隋何說淮南王布　　史　記　1355-178- 6
說燕文侯　　　　　　　周蘇秦　1402-368-61　　　　　　　　　　　　　　　1378-208-45
說趙王　　　　　　　　周蘇秦　1402-368-61　　尹文子原序　　　魏仲長統　 848-183- 附
說韓王　　　　　　　　周蘇秦　1402-370-61　　　　　　　　　　　　　　　1397-522-25
說魏王　　　　　　　　周蘇秦　1402-371-61　　注墨辯序　　　　　晉魯勝　1398-449-20
說齊宣王　　　　　　　周蘇秦　1402-372-61　　鬼谷子序　　　　唐長孫無忌等　848-257- 0
說楚威王　　　　　　　周蘇秦　1402-372-61　　讀墨子　　　　　　唐韓愈　 848- 23- 1
說齊閔王　　　　　　　周蘇秦　1402-373-61　　　　　　　　　　　　　　　1073-420-11
說韓王　　　　　　　　周張儀　1402-377-62　　　　　　　　　　　　　　　1074-233-11
說楚王　　　　　　　　周張儀　1402-378-62　　　　　　　　　　　　　　　1075-197-11
說魏王　　　　　　　　周張儀　1402-379-62　　　　　　　　　　　　　　　1343-651-46
說齊王　　　　　　　　周張儀　1402-380-62　　　　　　　　　　　　　　　1378-108-40
　　　　　　　　　　　　　　　　　　　　　　　　　　　　　　　　　　　　1383-128-10
說趙王　　　　　　　　周張儀　1402-381-62　　　　　　　　　　　　　　　1406-545-377
說燕王　　　　　　　　周張儀　1402-382-62　　　　　　　　　　　　　　　1447-129- 1
說秦攻魏　　　　　　　周張儀　1402-382-62　　辯鬼谷子　　　　唐柳宗元　1076- 44- 4
說齊合三晉　　　　　　周陳軫　1402-385-62　　　　　　　　　　　　　　　1076-507- 4
說趙合韓魏　　　　　　周陳軫　1402-386-62　　　　　　　　　　　　　　　1077- 61- 4
爲楚說秦　　　　　　　周陳軫　1402-387-63　　　　　　　　　　　　　　　1383-283-24
爲韓說秦　　　　　　　周蘇代　1402-387-63　　　　　　　　　　　　　　　1407-412-433
爲信安君說秦　　　　　周蘇代　1402-387-63　　寒泉子對秦惠王　唐陸龜蒙　1083-242- 2
說齊王不稱帝　　　　　周蘇代　1402-388-63　　　　　　　　　　　　　　　1083-402-19
說魏王無講於秦　　　　周蘇代　1402-389-63　　　　　　　　　　　　　　　1336-485-377
說燕昭王無入秦而爲　　　　　　　　　　　　　　　　　　　　　　　　　　1343-643-45
　從　　　　　　　　　周蘇代　1402-390-63　　擬公孫龍子論　　唐崔弘慶　1340-376-758

子部

名墨縱橫

論諸子文

雜論

讀鬼谷子　　　　　　　　唐來　鵠　1343-651- 46
　　　　　　　　　　　　　　　　　　1343-655- 46
縱横說　　　　　　　　　宋司馬光　1346- 62- 4
從横論　　　　　　　　　宋劉　敞　1095-747- 40
設侯公說辭并序　　　　　宋劉　敞　1095-821- 48
寓辯　　　　　　　　　　宋劉　敞　1095-822- 48
楊墨（論）　　　　　　　宋王安石　1105-562- 68
書墨後　　　　　　　　　宋王　令　1106-500- 20
代侯公說項羽辭并敘　　　宋蘇　軾　1108-593-100
設淮陰先生說李孝逸
　　辭 并跋　　　　　　　宋范　浚　1140- 53- 6
墨翟論　　　　　　　　　宋史堯弼　1165-742- 7
蘇秦論　　　　　　　　　宋史堯弼　1165-743- 7
辯士傳序　　　　　　　　宋陳　亮　1171-617- 13
讀公孫龍子　　　　　　　元吳　萊　1209-105- 6
讀墨　　　　　　　　　　元吳　海　1217-244- 8
讀鬼谷子　　　　　　　　元吳　海　1217-245- 8
諸子辯（墨子三卷）　　　明宋　濂　1224-416- 27
諸子辯（鬼谷子三卷）　　明宋　濂　1224-416- 27
諸子辯（尹文子二卷）　　明宋　濂　1224-418- 27
諸子辯（公孫龍子三
　　卷）　　　　　　　　明宋　濂　1224-419- 27
讀公孫龍子　　　　　　　明方孝孺　1235-133- 4
讀尹文子　　　　　　　　明方孝孺　1235-133- 4
合從連橫論　　　　　　　明李東陽　1250-355- 34
讀墨　　　　　　　　　　明王　鏊　1256-500- 34
讀鬼谷子　　　　　　　　明王世貞　1280-762-112
　　　　　　　　　　　　　　　　　1285- 66- 5
讀墨子　　　　　　　　　明王世貞　1285- 7- 1
讀尹文子　　　　　　　　明王世貞　1285- 8- 1
讀墨　　　　　　　　　　明胡應麟　1290-743-102
讀鬼谷子（二則）　　　　明胡應麟　1290-747-103
墨佛論　　　　　　　　　明謝廷讚　1454-110- 94
楊墨辨　　　　　　　　　明何　烱　1454-266-112
非墨篇　　　　　　　　　明郝　敬　1454-516-143
辨公孫龍子　　　　　　　清汪　琬　1315-280- 9
讀鬼谷子跋　　　　　　　清田　雯　1324-370- 34

論原——九流　　　　　　　宋釋契嵩　1091-466- 7
論楊墨申韓之害　　　　　宋林之奇　1140-476- 13
家記八（論孟子諸子）　　宋楊　簡　1156-833- 14
告子與程張說氣不同　　　宋陳　淳　1168-564- 8
四子論上下二篇 孟荀
　　楊韓　　　　　　　　宋李清臣　1346-275- 18
諸子辯（序）附跋　　　　明宋　濂　1224-408- 27
　（跋）五子 老莊荀楊
　　文中　　　　　　　　明楊士奇　1238-588- 17
更定九流序　　　　　　　明胡應麟　1290-617- 85
讀戰國諸子　　　　　　　明胡應麟　1290-744-102
諸子序　　　　　　　　　明陳仁錫　1405-557-292
戰國諸子論　　　　　　　清魏裔介　1312-906- 14

P. 論諸子文

六家指要論　　　　　　　漢司馬談　1360-350- 21
　　　　　　　　　　　　　　　　　1377-679- 32
　　　　　　　　　　　　　　　　　1396-398- 10
　　　　　　　　　　　　　　　　　1407-119-406

三子言性辯 孟子荀子
　　楊子　　　　　　　　唐杜　牧　1081-579- 3
　　　　　　　　　　　　　　　　　1336-423-367

Q. 雜論

撰吏篇　　　　　　　　　周鶡　子　 534-172- 82
論勞逸　　　　　　　　　國　　語　1402-357- 60
素王妙論　　　　　　　　漢司馬遷　1396-408- 10
王命論　　　　　　　　　漢班　彪　1329-891- 52
　　　　　　　　　　　　　　　　　1331-356- 52
　　　　　　　　　　　　　　　　　1355-364- 12
　　　　　　　　　　　　　　　　　1397-113- 6
　　　　　　　　　　　　　　　　　1407-285-421
　　　　　　　　　　　　　　　　　1417-355- 18
　　　　　　　　　　　　　　　　　1476- 63- 4
功德論　　　　　　　　　漢班　固　1412-279- 11
釋誨　　　　　　　　　　漢蔡　邕　1063-177- 3
　　　　　　　　　　　　　　　　　1397-479- 23
正交論　　　　　　　　　漢蔡　邕　1063-185- 3
　　　　　　　　　　　　　　　　　1397-433- 20
　　　　　　　　　　　　　　　　　1407-122-406
　　　　　　　　　　　　　　　　　1412-432- 18
崇厚論　　　　　　　　　漢朱　穆　1360-362- 21
　　　　　　　　　　　　　　　　　1397-339- 16
　　　　　　　　　　　　　　　　　1407-181-411
絕交論　　　　　　　　　漢朱　穆　1397-340- 16
游俠論　　　　　　　　　漢荀　悅　1407-123-406
家令說太公論　　　　　　漢荀　悅　1412-388- 17
時務論　　　　　　　　　漢荀　悅　1412-391- 17
三游論 游俠游說游行　　　漢荀　悅　1412-394- 17
神怪論　　　　　　　　　漢荀　悅　1412-396- 17
政論　　　　　　　　　　漢崔　寔　1407-180-411
折武論　　　　　　　　　漢王　逸　1397-312- 14
　　　　　　　　　　　　　　　　　1412-502- 20

四庫全書文集篇目分類索引

子部

雜論

辯和同論　　　　　漢劉　梁　1397-314- 14
　　　　　　　　　　　　　　1407-121-406
　　　　　　　　　　　　　　1417-393- 20
仁孝論　　　　　　漢延　篤　1397-341- 16
　　　　　　　　　　　　　　1407-121-406
王命敘　　　　　　漢傅　幹　1397-392- 18
聖人優劣論　　　　漢孔　融　1063-243- 0
　　　　　　　　　　　　　　1397-506- 24
　　　　　　　　　　　　　　1412-516- 21
聖人優劣又論　　　漢孔　融　1063-243- 0
樂志論　　　　　　漢仲長統　541-507-35之11
　　　　　　　　　　　　　　1397-514- 25
　　　　　　　　　　　　　　1407-295-422
交論　　　　　　　蜀漢諸葛亮　1412-539- 22
釋譏　　　　　　　蜀漢邵　正　1361-774- 59
交友論　　　　　　魏 文 帝　1412-618- 24
辨道論　　　　　　魏曹　植　1063-324- 10
　　　　　　　　　　　　　　1407-125-406
仁孝論　　　　　　魏曹　植　1412-676- 26
釋私論　　　　　　魏嵇　康　1063-366- 6
　　　　　　　　　　　　　　1407-133-407
　　　　　　　　　　　　　　1413- 53- 35
明膽論　　　　　　魏嵇　康　1063-370- 6
　　　　　　　　　　　　　　1407-131-407
　　　　　　　　　　　　　　1413- 80- 35
難自然好學論　　　魏嵇　康　1063-372- 7
　　　　　　　　　　　　　　1407-130-407
　　　　　　　　　　　　　　1413- 79- 35
自然好學論　　　　魏張遼叔　1063-372- 7
務本論　　　　　　魏王　粲　1412-749- 29
難鍾旬太平　　　　魏王　粲　1412-749- 29
安身論　　　　　　魏王　粲　1412-751- 29
又務本論略　　　　魏王　粲　1412-751- 29
文質論　　　　　　魏阮　瑀　1412-762- 30
文質論　　　　　　魏應　瑒　1412-778- 32
釋時論　　　　　　晉王　沈　541-508-35之11
　　　　　　　　　　　　　　1398-447- 20
　　　　　　　　　　　　　　1407-305-423
崇有論　　　　　　晉裴　頠　 550- 60-210
　　　　　　　　　　　　　　1360-374- 22
　　　　　　　　　　　　　　1398-103- 6
　　　　　　　　　　　　　　1407-146-407
與殷康子書論公謙　晉王坦之　 550- 63-210
公謙論　　　　　　晉王坦之　1407-148-407
玄守論　　　　　　晉皇甫謐　 558-617- 46

　　　　　　　　　　　　　　1398-249- 12
釋勸論　　　　　　晉皇甫謐　1398-250- 12
崇讓論　　　　　　晉劉　寔　1360-371- 22
　　　　　　　　　　　　　　1398-167- 8
　　　　　　　　　　　　　　1417-471- 23
才性論　　　　　　晉袁　准　1398-172- 8
刑禮論　　　　　　晉楊　义　1398-189- 9
玄居釋　　　　　　晉束　晢　1398-258- 12
安身論　　　　　　晉潘　尼　1398-316- 14
　　　　　　　　　　　　　　1413-354- 47
穹天論　　　　　　晉虞　聳　1398-395- 17
搉論　　　　　　　晉張　載　1398-399- 18
　　　　　　　　　　　　　　1407-189-411
　　　　　　　　　　　　　　1413-509- 53
錢神論　　　　　　晉魯　褒　1360-382- 22
　　　　　　　　　　　　　　1398-449- 20
　　　　　　　　　　　　　　1407-286-421
裴母氏錢神論略　　晉魯　褒　1398-451- 20
喻道論　　　　　　晉孫　綽　1413-708- 61
放達非道論　　　　晉戴　逵　1417-508- 24
無爲論并序　　　　梁江　淹　1063-764- 3
　　　　　　　　　　　　　　1415- 55- 85
廣絕交論　　　　　梁劉　峻　541-509-35之11
　　　　　　　　　　　　　　1329-938- 55
　　　　　　　　　　　　　　1331-419- 55
　　　　　　　　　　　　　　1394-689- 10
　　　　　　　　　　　　　　1399-528- 12
　　　　　　　　　　　　　　1407-288-421
　　　　　　　　　　　　　　1415-320- 94
辨（辯）命論并序　梁劉　峻　1329-927- 54
　　　　　　　　　　　　　　1331-407- 54
　　　　　　　　　　　　　　1394-686- 10
　　　　　　　　　　　　　　1399-524- 12
　　　　　　　　　　　　　　1407-148-407
　　　　　　　　　　　　　　1415-317- 94
辨宗論錄一則　　　劉宋謝靈運　1394-685- 10
辨宗論附問答　　　劉宋謝靈運　1414- 71- 65
演慎論　　　　　　劉宋傅　亮　1398-642- 8
　　　　　　　　　　　　　　1414- 41- 64
定命論　　　　　　劉宋顧　愿　1398-777- 14
送隱論　　　　　　劉宋王叔之　1398-857- 18
達性論　　　　　　劉宋何承天　1414- 12- 63
釋何衡陽達性論書　劉宋顏延之　1414-112- 67
重釋何衡陽書　　　劉宋顏延之　1414-113- 67
又釋何衡陽書（答十

2134　　　　　　　　四庫全書文集篇目分類索引

七則）	劉宋顏延之	1414-115- 67			1354- 62- 8
言志	梁蕭大圜	1394-798- 12			1355-350- 12
辯聖論	梁沈 約	1399-407- 8			1359-474- 68
		1415-134- 87			1359-580- 4
革終論	梁劉 歊	1399-534- 12			1378- 85- 38
天命論	隋李德林	1340-319-751			1383-107- 9
		1400-263- 3			1407-395-431
		1416-248-116			1418- 7- 35
元讓	唐元 結	1071-515- 2			1476-127- 8
演讓	唐元 結	1071-516- 2	原性	唐韓 愈	1073-413- 11
系讓	唐元 結	1071-516- 2			1074-225- 11
竇論論諫議	唐元 結	1071-557- 8			1075-188- 11
		1340-378-758			1336-393-363
		1343-544- 37			1343-611- 43
		1407-290-421			1355-353- 12
巧論	唐元 結	1071-558- 8			1359-477- 68
漫論并序	唐元 結	1071-558- 8			1378- 87- 38
		1340-379-758			1383-110- 9
化虎論	唐元 結	1071-559- 8			1407-397-431
		1340-379-758	原毀	唐韓 愈	1073-414- 11
辨惑二篇有序	唐元 結	1071-559- 8			1074-226- 11
時化	唐元 結	1343-695- 49			1075-190- 11
		1410-799-773			1336-394-363
世化	唐元 結	1343-696- 49			1343-612- 43
		1410-799-773			1354- 64- 8
正交論	唐李 華	1072-375- 2			1355-354- 12
		1340-289-748			1359-479- 68
賢之用舍論	唐李 華	1072-418- 4			1359-554- 1
		1336-390-363			1378- 88- 38
君之牧人（論）	唐李 華	1072-418- 4			1383-111- 9
		1336-390-363			1407-398-431
國之興亡解	唐李 華	1072-418- 4			1447-121- 1
		1336-390-363	原人	唐韓 愈	1073-415- 11
		1343-662- 46			1074-227- 11
材之大小（論）	唐李 華	1072-419- 4			1075-191- 11
		1336-391-363			1336-413-366
		1407-353-427			1343-613- 43
		1410-800-773			1351-725- 上
釋疑	唐權德興	1336-380-361			1359-479- 68
原道	唐韓 愈	1073-410- 11			1383-112- 9
		1074-221- 11			1407-399-431
		1075-185- 11	原鬼	唐韓 愈	1073-416- 11
		1336-391-363			1074-228- 11
		1343-609- 43			1075-192- 11
		1351-723- 上			1336-395-363

子部　雜論

		1343-613- 43			1404-536-217
		1378- 89- 38			1476-137- 8
		1383-112- 9	答韋中立論師道書	唐 柳宗元	550- 24-209
		1407-400-431			1378-241- 47
行難	唐 韓 愈	1073-416- 11			1383-229- 19
		1074-229- 11			1404-554-218
		1075-192- 11			1418- 48- 37
		1336-488-378			1447-316- 13
		1383-134- 10			1476-160- 9
		1410-802-773	答問	唐 柳宗元	550-676-227
師說	唐 韓 愈	1073-422- 12			1336-324-353
		1074-235- 12			1447-294- 12
		1075-199- 12	四維論	唐 柳宗元	1076- 31- 3
		1343-669- 47			1076-496- 3
		1359-592- 5			1077- 46- 3
		1378- 90- 38			1340-260-745
		1383-123- 10			1355-360- 12
		1418- 10- 35			1383-277- 24
		1447-133- 1			1407-154-408
本政	唐 韓 愈	1073-424- 12			1447-351- 16
		1074-238- 12	天爵論	唐 柳宗元	1076- 31- 3
		1075-202- 12			1076-497- 3
		1336-377-361			1077- 47- 3
守戒	唐 韓 愈	1073-425- 12			1340-386-759
		1074-239- 12	守道論	唐 柳宗元	1076- 32- 3
		1075-202- 12			1076-497- 3
		1336-428-368			1077- 48- 3
		1344-209- 78			1340-385-759
		1359-535- 78			1355-359- 12
		1378- 95- 38			1377-647- 30
		1383-132- 10			1383-277- 24
		1407-747-474			1407-153-408
		1418- 10- 35			1418- 55- 37
		1447-134- 1			1447-350- 16
通解	唐 韓 愈	1073-705- 4	辨侵伐論	唐 柳宗元	1076- 37- 3
		1075-502- 4			1076-501- 33
		1359-457- 65			1077- 53- 3
		1383-133- 10			1340-241-743
擇言解	唐 韓 愈	1073-706- 4			1407- 98-403
		1075-503- 4			1447-352- 16
		1359-457- 65	天對	唐 柳宗元	1076-134- 14
		1383-123- 9			1076-588- 14
與孟簡（尚書）書					1077-162- 14
論聖人之道	唐 韓 愈	1355-426- 14	天說	唐 柳宗元	1076-154- 16
		1383- 44- 3			1076-609- 16

四庫全書文集篇目分類索引

子部 雜論

		1077-200- 16
		1077-359- 5
		1336-382-362
		1343-667- 47
		1383-284- 25
敵戒	唐柳宗元	1076-185- 19
		1076-637- 19
		1077-237- 19
		1336-430-368
		1344-210- 78
		1407-741-473
		1447-296- 12
誘譽	唐柳宗元	1076-195- 20
		1076-645- 20
		1077-248- 20
		1383-301- 26
		1410-803-773
		1447-296- 12
咸宜（論）	唐柳宗元	1076-195- 20
		1076-646- 20
		1077-249- 20
		1378- 98- 38
		1410-803-773
		1447-297- 12
復吾子松說	唐柳宗元	1336-398-364
吏商爲吏如商	唐柳宗元	1336-461-374
與楊誨之（疏解車義）第二書論聖人之道	唐柳宗元	1355-428- 14
		1383-219- 18
與楊京兆憑書論薦舉之道	唐柳宗元	1355-463- 15
		1383-208- 17
		1404-551-218
與李睦州（論）服氣書	唐柳宗元	1383-217- 18
		1404-557-218
說車贈楊誨之	唐柳宗元	1447-281- 11
報袁君陳秀才避師名書	唐柳宗元	1447-319- 13
天論上中下	唐劉禹錫	1076-888- 附
		1077-360- 5
		1340-199-739
		1343-501- 34
		1407-154-408
辯跡論	唐劉禹錫	1077-357- 5
明贊論	唐劉禹錫	1077-358- 5
		1340-262-745
因論七篇	唐劉禹錫	1077-364- 6
論書	唐劉禹錫	1077-447- 20
明分	唐皇甫湜	1078- 67- 1
		1343-690- 49
公是	唐皇甫湜	1078- 67- 1
復性書上中下	唐李　翱	1078-106- 2
		1336-405-365
		1343-619-44上
		1355-357- 12
		1410-758-770
		1418- 82- 38
		1447-392- 19
		1476-164- 9
從道論	唐李　翱	1078-116- 4
		1340-268-746
命解	唐李　翱	1078-118- 4
		1343-664- 46
		1407-429-435
帝王所尚問	唐李　翱	1078-119- 4
		1343-683- 48
正位	唐李　翱	1078-119- 4
學可進	唐李　翱	1078-120- 4
雜說二首	唐李　翱	1078-123- 5
薦所知於徐州張僕射書論知賢人用賢人	唐李　翱	1404-564-219
述行	唐李　觀	1336-490-378
自明誠論	唐歐陽詹	1078-235- 6
		1343-522- 35
三敎論衡	唐白居易	1080-748- 68
三敎論衡序	唐白居易	1080-749- 68
與人論諫書	唐杜　牧	1344-268- 83
		1404-590-221
斷非聖人事	唐李商隱	1082-444- 10
		1343-686- 48
讓非賢人事	唐李商隱	1082-444- 10
		1343-686- 48
太古無爲論	唐劉　蛻	1082-627- 3
疏亡	唐劉　蛻	1082-628- 3
		1336-485-377
刪方策	唐劉　蛻	1082-629- 3
		1336-485-377
十原系述（十則）	唐皮日休	1083-172- 3
		1336-413-366

四庫全書文集篇目分類索引

子部　雜論

篇名	作者	索引號
獨行	唐皮日休	1083-191- 5
鄒孝議上下篇	唐皮日休	1083-207- 8
內辯	唐皮日休	1083-208- 8
兩戒	唐皮日休	1336-417-366
原化	唐皮日休	1343-614- 43
		1359-481- 69
原親	唐皮日休	1343-614- 43
		1407-402-431
象耕鳥耘辨	唐陸龜蒙	541-500-35之15
		550-183-216
		1083-254- 3
		1083-401- 19
		1336-453-372
		1343-656- 46
雜說 論精誠	唐陸龜蒙	1407-361-427
議華夷	唐司空圖	1083-492- 1
天用	唐司空圖	1083-493- 1
禱說	唐黃　滔	1084-180- 8
辯害	唐羅　隱	1343-654- 46
		1407-412-433
英雄之言	唐羅　隱	1410-819-774
登華旨	唐沈　顏	556-531- 94
		1343-685- 48
		1410-810-774
時辯	唐沈　顏	1343-655- 46
叛解	唐李　甘	1336-468-375
		1343-665- 46
		1407-430-435
竊利說	唐李　甘	1343-672- 47
詰鳳	唐陳　黯	1336-374-360
		1343-684- 48
禦暴說	唐陳　黯	1336-432-369
答問諫者	唐陳　黯	1343-646- 45
辯謀	唐陳　黯	1343-654- 46
寄言上下	唐韋端符	1336-379-361
		1410-809-774
君子無榮辱解	唐韋端符	1336-410-365
善惡鑒	唐楊　夔	1336-381-361
創守論	唐楊　夔	1340-274-746
私辯	唐牛僧孺	1336-400-364
辨私論	唐牛僧孺	1343-521- 35
原仁（論）	唐牛僧孺	
	（韋籌）	1340-271-746
		1343-615- 43
		1407-400-431
知道	唐房千里	1336-411-365
		1343-687- 48
眞玄先生箴天論	唐盧　絳	1340-197-739
樞密（機）論并序	唐徐彥伯	1340-259-745
		1361-817- 3
三惑論	唐王　勃	1340-265-745
正名論	唐謝　偃	1340-267-746
治論	唐牛希濟	1340-271-746
褒貶論	唐牛希濟	1340-300-749
兄弟論并序	唐常德志	1340-286-748
與邢邵議論	唐杜　弼	1340-371-758
勞生論	唐盧思道	1340-373-758
		1394-698- 10
		1407-295-422
		1416-227-115
君子無屈論	唐崔弘慶	1340-375-758
解詰論	唐崔弘慶	1340-376-758
難進論	唐李　翰	1340-382-759
隋論上下篇并序	唐李宗閔	1340-390-760
敬鬼神議	唐李　翱	1340-446-764
喻古之治（法）	唐盧　碩	1340-505-771
		1407-442-437
卜世論	唐孫　邰	1343-529- 36
機論上	唐馮用之	1343-538- 37
權論下	唐馮用之	1343-540- 37
廣喪朋友議	唐崔祐甫	1343-606- 42
工器解	唐程　晏	1343-663- 46
		1359-459- 65
窮達志	唐程　晏	1343-685- 48
儉不至說	唐朱　鶴	1343-669- 47
		1407-360-427
毀	唐段成式	1343-690- 49
諷諫	唐王　藎	1343-691- 49
		1410-810-774
答孟郊論仕進書	唐獨孤郁	1344-270- 83
析滯論	唐盧藏用	1361-818- 3
出處論	宋徐　鉉	1085-188- 24
君臣論	宋徐　鉉	1351- 82- 93
		1407-207-413
持權論	宋徐　鉉	1351- 83- 93
		1407-208-413
師臣論	宋徐　鉉	1351- 84- 93
默書	宋柳　開	1085-238- 1
續師說 有序	宋柳　開	1085-241- 1
應責	宋柳　開	1085-244- 1

四庫全書文集篇目分類索引

子部　雜論

			1351-460-128
政教何先論	宋田　錫	1085-418- 10
妖不勝德論	宋田　錫	1085-419- 10
天機論	宋田　錫	1085-420- 10
知人安民孰難論	宋田　錫	1085-424- 11
直論	宋田　錫	1085-426- 11
斷論	宋田　錫	1085-430- 12
		1351- 86- 93
詹何對楚王疏治國重		
在治身	宋張　詠	1085-601- 6
譯對	宋王禹偁	1086-136- 14
朋黨論	宋王禹偁	1086-142- 15
後卜論	宋趙　湘	1086-333- 4
原教	宋趙　湘	1086-334- 4
養說	宋趙　湘	1086-337- 5
名說贈陳價	宋趙　湘	1086-338- 5
九功九法爲國何先論	宋夏　竦	1087-214- 20
近名論	宋范仲淹	1089-603- 5
		1351- 96- 94
		1407-212-413
推委臣下論	宋范仲淹	1089-604- 5
		1346- 93- 6
帝王好尚論	宋范仲淹	1089-602- 5
		1346- 92- 6
選任賢能論	宋范仲淹	1089-602- 5
		1346- 94- 6
審斷	宋尹　洙	1090- 9- 2
矯察	宋尹　洙	1090- 10- 2
敦學	宋尹　洙	1090- 10- 2
廣練	宋尹　洙	1090- 12- 2
退說	宋尹　洙	1090- 14- 3
好惡解三篇	宋尹　洙	1090- 14- 3
怪說上中下	宋石　介	1090-215- 5
		1351-221-107
		1407-367-428
原亂（論）	宋石　介	1090-217- 5
是非辨	宋石　介	1090-220- 6
		1346-228- 15
復古制	宋石　介	1090-221- 6
明四訣	宋石　介	1090-221- 6
讀原道	宋石　介	1090-226- 7
貴謀	宋石　介	1090-229- 8
救說	宋石　介	1090-230- 8
責臣	宋石　介	1090-230- 8
辨私	宋石　介	1090-232- 8

		1346-230- 15
朋友解	宋石　介	1090-234- 8
		1346-231- 15
辨惑	宋石　介	1090-235- 8
		1346-230- 15
		1351-103- 95
		1407-159-409
明隱	宋石　介	1090-236- 9
釋疑	宋石　介	1090-239- 9
養說	宋石　介	1090-242- 9
中國論	宋石　介	1090-249- 10
上李雜端書願爲良臣		
不願爲忠臣之因	宋石　介	1090-277- 14
與士建中秀才書與士		
君以聖賢之道共勉之	宋石　介	1090-279- 14
上孔徐州書論復聖人		
之道	宋石　介	1090-284- 14
上孫少傅書論願能師		
孫少傅以續聖人之道	宋石　介	1090-286- 15
答歐陽永叔書論立身		
治世在於傳聖人之道	宋石　介	1090-288- 15
與君貺學士書論舉聖		
人之道	宋石　介	1090-291- 15
與張秀才書論離聖人		
之道則如水不出其源		
不歸其海之爲患也	宋石　介	1090-296- 16
與士熙道書論位者行		
道之器與其得其非能		
行道之位不若居魯以		
行聖人之道也	宋石　介	1090-297- 16
與范思遠書論聖人之		
道塞及如何疏通之	宋石　介	1090-299- 16
上范經略書論天下國		
家重在擇賢臣而治也	宋石　介	1090-302- 17
上穎州蔡侍郎書		
論中和之道	宋石　介	1090-308- 17
辨誣（論）	宋石　介	1346-229- 15
根本論	宋石　介	1351-166-102
		1407-210-413
上運使王殿院書	宋蔡　襄	1090-553- 27
再答謝景山書論明道		
故能不得私而讓也	宋蔡　襄	1090-557- 27
答王太祝書論惟能者		
（有志者）可存道義	宋蔡　襄	1090-559- 27
明諫	宋蔡　襄	1090-611- 33

四庫全書文集篇目分類索引　2139

毀傷議	宋蔡	襄	1090-617- 33	機權論	宋司馬光	1094-589- 64
推進論	宋蔡	襄	1090-618- 33	朋黨論	宋司馬光	1094-591- 64
論原——禮樂	宋釋契嵩		1091-445- 5	中和論	宋司馬光	1094-592- 64
論原——大政	宋釋契嵩		1091-446- 5	才德論	宋司馬光	1094-593- 64
論原——至政	宋釋契嵩		1091-447- 5			1407-211-413
論原——教化	宋釋契嵩		1091-448- 5	知人論	宋司馬光	1094-595- 65
論原——公私	宋釋契嵩		1091-451- 5			1418-247- 44
論原——論信	宋釋契嵩		1091-452- 5	三勤論	宋司馬光	1094-597- 65
論原——說命	宋釋契嵩		1091-453- 5	致知在格物論	宋司馬光	1094-602- 65
論原——皇問	宋釋契嵩		1091-454- 5			1359-322- 45
論原——評讓	宋釋契嵩		1091-457- 6	性辯	宋司馬光	1094-611- 66
論原——問覇	宋釋契嵩		1091-458- 6	情辯	宋司馬光	1094-612- 66
論原——性德	宋釋契嵩		1091-460- 6	原命	宋司馬光	1094-619- 67
論原——存心	宋釋契嵩		1091-461- 6	四言銘系述	宋司馬光	1094-621- 67
論原——福解	宋釋契嵩		1091-462- 6	名分說	宋司馬光	1346- 59- 4
論原——評隱	宋釋契嵩		1091-463- 6	信說	宋司馬光	1346- 61- 4
論原——喻用	宋釋契嵩		1091-463- 6	王覇說	宋司馬光	1346- 65- 4
論原——物宜	宋釋契嵩		1091-465- 7	隱逸說	宋司馬光	1346- 66- 4
論原——善惡	宋釋契嵩		1091-465- 7	用法說	宋司馬光	1346- 67- 4
論原——性情	宋釋契嵩		1091-466- 7	保身說	宋司馬光	1346- 67- 4
論原——四端	宋釋契嵩		1091-467- 7	說玄		1407-362-408
論原——中正	宋釋契嵩		1091-467- 7	富國策十首	宋李　覯	1095-115- 16
論原——明分	宋釋契嵩		1091-468- 7	安民策十首	宋李　覯	1095-140- 18
論原——察勢	宋釋契嵩		1091-468- 7	原正	宋李　覯	1095-256- 29
論原——君子	宋釋契嵩		1091-469- 7	廣潛書	宋李　覯	1410-760-770
論原——知人	宋釋契嵩		1091-470- 7	師以賢得民論	宋劉　敞	1095-727- 38
論原——品論	宋釋契嵩		1091-470- 7	三代同道論上中下	宋劉　敞	1095-728- 38
論原——解謗	宋釋契嵩		1091-471- 7	四代養老論	宋劉　敞	1095-731- 38
論原——風俗	宋釋契嵩		1091-471- 7	不朽論	宋劉　敞	1095-734- 39
論原——仁孝	宋釋契嵩		1091-472- 7	賢論	宋劉　敞	1095-741- 40
論原——問交	宋釋契嵩		1091-473- 7			1351-111- 96
論原——師道	宋釋契嵩		1091-473- 7	貴功論	宋劉　敞	1095-744- 40
論原——道德	宋釋契嵩		1091-474- 7	齊不齊論	宋劉　敞	1095-744- 40
論原——治心	宋釋契嵩		1091-474- 7	復讎議	宋劉　敞	1095-757- 41
逍遙篇	宋釋契嵩		1091-481- 8	百工說	宋劉　敞	1095-768- 42
寂子解傲	宋釋契嵩		1091-488- 8	說犬馬	宋劉　敞	1095-769- 42
上韓相公書推至公之				論性	宋劉　敞	1095-802- 46
道以教化天下	宋釋契嵩		1091-501- 10	慣學	宋劉　敞	1095-803- 46
誠明說	宋陳　襄		1093-527- 5	論治	宋劉　敞	1095-804- 46
知諫文	宋陳　襄		1093-655- 19	言治（策）	宋劉　敞	1095-805- 46
與范景仁論中和書	宋司馬光		1094-564- 62			1351-169-102
答韓秉國書論中和	宋司馬光		1094-573- 63	爲政	宋劉　敞	1095-805- 46
答秉國第二書論中和	宋司馬光		1094-575- 63	言畏	宋劉　敞	1095-806- 46
功名論	宋司馬光		1094-586- 64	雜說 善治天下者求之	宋劉　敞	
			1351-116- 96	於其身而已矣		1351-223-107

子部　雜論

四庫全書文集篇目分類索引

子部　雜論

篇名	作者	編號
處士論上下	宋劉　敞	1096-326- 33
明莊論藉莊子以論不仕之志	宋劉　敞	1096-328- 33
王天下說	宋劉　敞	1096-329- 33
救治論	宋陳舜俞	1096-450- 5
上昭文相公書論去就	宋陳舜俞	1096-516- 10
用古論	宋鄭　獬	1097-259- 16
禮法論	宋鄭　獬	1097-260- 16
舉士論	宋鄭　獬	1097-262- 16
治具論	宋鄭　獬	1097-267- 17
責任論	宋鄭　獬	1097-267- 17
天說	宋鄭　獬	1097-272- 17
險說	宋鄭　獬	1097-273- 17
聖人制富貴論	宋呂　陶	1098-133- 17
聖王務行禮論	宋呂　陶	1098-133- 17
君子思禮義論	宋呂　陶	1098-134- 17
教以防其失論	宋呂　陶	1098-135- 17
有性可以爲德論	宋呂　陶	1098-136- 17
大賢擬聖論	宋呂　陶	1098-138- 17
崇所尚則義不虧論	宋呂　陶	1098-139- 17
士惟義之所在論	宋呂　陶	1098-140- 17
教論	宋呂　陶	1098-144- 18
學論上下	宋呂　陶	1098-145- 18
國體辨	宋曾　鞏	1346-202- 13
論習	宋曾　鞏	1346-204- 13
邪正辨	宋曾　鞏	1346-204- 13
		1418-528- 53
說勢	宋曾　鞏	1346-205- 13
說用	宋曾　鞏	1346-206- 13
		1378- 93- 38
		1407-365-428
		1418-529- 53
說言	宋曾　鞏	1346-207- 13
說非異	宋曾　鞏	1346-207- 13
治之難（論）	宋曾　鞏	1346-209- 13
世網篇	宋楊　傑	1099-734- 10
序賓以賢論	宋文彥博	1100-647- 9
堯湯水旱何以不爲民患論	宋文彥博	1100-651- 9
與司馬君實書論中和	宋韓　維	1101-763- 30
再答君實論中字書	宋韓　維	1101-763- 30
禍福戒	宋徐　積	1101-921- 28
四維辯	宋徐　積	1101-932- 29
辯習	宋徐　積	1101-933- 29
命說	宋徐　積	1101-937- 29

篇名	作者	編號
朋黨論	宋歐陽修	1102-139- 17
		1346- 10- 1
		1351- 99- 94
		1351-740- 上
		1359-236- 33
		1359-237- 33
		1359-561- 2
		1377-654- 30
		1378- 28- 34
		1383-479- 42
		1407-221-414
		1418-278- 45
爲君難論上下	宋歐陽修	1102-142- 17
		1351-100- 94
		1351-742- 上
		1359-219- 31
		1383-461- 40
		1418-266- 45
		1447-488- 26
本論	宋歐陽修	1102-449- 59
		1346- 7- 1
		1383-464- 41
		1407-215-414
		1447-484- 25
原弊	宋歐陽修	1102-460- 59
		1346- 19- 1
		1383-470- 41
爲後或問上下	宋歐陽修	1103-258-123
雜說（三首）并序	宋歐陽修	1102-128- 15
		1356- 18- 1
		1407-364-428
答李詡論性書	宋歐陽修	1359-163- 21
審勢	宋蘇　洵	1104-847- 1
		1351-759- 下
		1354-162- 21
		1378-111- 41
		1384-349-112
諫論上下	宋蘇　洵	1104-907- 9
		1377-645- 30
		1384-343-111
		1407-227-415
明論論知	宋蘇　洵	1104-912- 9
		1354-170- 22
		1359-310- 44
		1378- 94- 38

		1384-345-111	行述	宋王安石	1105-557- 67
		1407-226-415	原性	宋王安石	1105-565- 68
		1418-347- 47	性說	宋王安石	1105-566- 68
		1447-647- 36			1384-108- 90
辨姦論	宋蘇　洵	1104-912- 9	對難	宋王安石	1105-565- 68
		1351-123- 97	祿隱（論）	宋王安石	1105-568- 69
		1384-346-111			1346-156- 10
		1407-292-421	太古（論）	宋王安石	1105-569- 69
		1418-349- 47			1377-589- 27
		1447-648- 36	原教	宋王安石	1105-569- 69
利者義之和論	宋蘇　洵	1104-914- 9			1384-107- 90
		1359-324- 46	原過	宋王安石	1105-570- 69
上余青州書論富貴不					1351-115- 96
可求則安於自得	宋蘇　洵	1104-931- 11			1356- 22- 2
心術（論）	宋蘇　洵	1351-121- 97			1359-481- 69
上田樞密書論天生我					1378- 90- 38
才必有用	宋蘇　洵	1359-588- 4			1384-106- 90
衡論遠慮	宋蘇　洵	1384-369-114			1407-404-432
衡論養才	宋蘇　洵	1384-376-114			1447-958- 58
衡論廣士	宋蘇　洵	1384-377-115	進說	宋王安石	1105-570- 69
		1447-621- 34			1351-224-107
空覺義示周彥貞	宋王安石	1105-280- 38			1384-108- 90
材論	宋王安石	1105-522- 64			1447-960- 58
		1351-113- 96	取材（論）	宋王安石	1105-571- 69
		1384-105- 90			1346-157- 10
		1407-247-417	興賢	宋王安石	1105-573- 69
命解	宋王安石	1105-524- 64	委任（論）	宋王安石	1105-573- 69
禮論	宋王安石	1105-541- 66			1346-159- 10
		1384 -99- 89	知人	宋王安石	1105-574- 69
		1418-323- 47	風俗	宋王安石	1105-574- 69
禮樂論	宋王安石	1105-542- 66	閱習	宋王安石	1105-576- 69
		1346-145- 10			1351-444-126
		1384-100- 89	復讎解	宋王安石	1105-577- 70
大人論	宋王安石	1105-546- 66			1384-109- 90
		1346-154- 10			1418-331- 47
致一論	宋王安石	1105-547- 66	推命對	宋王安石	1105-578- 70
		1346-154- 10			1356- 24- 2
三不欺	宋王安石	1105-552- 67	與王逢原書論知命不憂	宋王安石	1105-622- 75
非禮之禮	宋王安石	1105-553- 67	性論	宋王安石	1346-149- 10
王霸（論）	宋王安石	1105-554- 67	性命論	宋王安石	1346-149- 10
		1346-156- 10	名實論上中下	宋王安石	1346-151- 10
性情	宋王安石	1105-555- 67	九卦論	宋王安石	1384- 98- 89
勇惠	宋王安石	1105-555- 67	性說	宋王　令	1106-487- 18
仁智	宋王安石	1105-556- 67	師說	宋王　令	1106-489- 18
中述	宋王安石	1105-557- 67			1351-230-108

子部

雜論

2142　　　　四庫全書文集篇目分類索引

			1418-581- 56				1407-438-436

子部　雜論

招學說寄興叔	宋王　令	1106-491- 19	取守論	宋陳師道	1114-637- 13
迁說	宋王　令	1106-493- 19			1361-262- 41
		1351-230-108			1407-253-417
是非說	宋王　令	1106-493- 19	知人論	宋張　耒	1115-277- 32
正命	宋王　令	1106-496- 20			1346-358- 25
		1418-583- 56			1361- 17- 2
志述	宋王　令	1106-497- 20	本治論上下	宋張　耒	1115-280- 32
讀石介原亂因書	宋王　令	1106-503- 21			1346-345- 24
上王樂道書論直	宋王　令	1106-526- 25			1361- 7- 1
答劉公著微之書論學	宋王　令	1106-531- 26	敦俗論	宋張　耒	1115-290- 34
答呂吉甫書論學	宋王　令	1106-542- 28			1346-355- 25
剛說	宋蘇　軾	518-183-141			1361- 21- 3
		1108-477- 92			1418-573- 55
		1356- 37- 2	用大論	宋張　耒	1115-293- 34
續歐陽子朋黨論	宋蘇　軾	1107-612- 44			1346-356- 25
		1351-129- 98			1351-791- 下
		1359-238- 33			1361- 22- 3
		1377-655- 30	譖言說	宋張　耒	1115-340- 39
		1384-586-132			1346-417- 29
		1407-240-416			1351-149-100
		1447-728- 42			1361-108- 15
仁說	宋蘇　軾	1108-477- 92	敢言（說）	宋張　耒	1115-340- 39
明正	宋蘇　軾	1108-585-100			1346-418- 29
罪言	宋蘇　軾	1108-590-100			1351-149-100
		1378- 97- 38			1361-109- 15
		1410-777-771	亂原說（論）	宋張　耒	1115-341- 39
問君子能補過并對	宋蘇　軾	1351-272-111			1361- 13- 1
倡勇敢	宋蘇　軾	1351-777- 下	治原論	宋張　耒	1346-349- 24
問養生	宋蘇　軾	1356- 38- 2			1361- 9- 1
		1378- 99- 38	至誠論	宋張　耒	1346-352- 24
		1410-773-771	齋說上下	宋張　耒	1346-415- 29
		1447-673- 38	盡性論上下	宋張　耒	1359-317- 45
物不可苟合（論）	宋蘇　軾	1377-682- 32			1361- 68- 10
思治（論）	宋蘇　軾	1377-689- 32			1362-124- 1
		1384-533-127	治術	宋張　耒	1361- 5- 1
		1407-242-416	說道	宋張　耒	1361- 99- 14
論治道	宋蘇　軾	1418-430- 50	說俗	宋張　耒	1361-101- 14
禮以養人爲本論	宋蘇　軾	1447-705- 41	說化	宋張　耒	1361-102- 14
既醉備五福論	宋蘇　軾	1447-707- 41	說經經者常也	宋張　耒	1361-104- 14
禮論	宋蘇　軾	1447-710- 41	說愛	宋張　耒	1361-105- 14
論養士	宋蘇　軾	1447-733- 43	進誠明說	宋張　耒	1361-110- 15
新論三首	宋蘇　轍	1112-209- 19	聖人繼天測靈論	宋秦　觀	1115-544- 23
解疑論臨人	宋黃庭堅	1113-199- 20			1361-218- 34
		1346-446- 31	變化論	宋秦　觀	1115-545- 23

四庫全書文集篇目分類索引　　2143

			1361-219- 34
以德分人謂之聖論	宋秦　觀	1115-547- 23
		1361-221- 34
心說	宋秦　觀	1115-557- 25
		1361-231- 36
講擬人必於其倫	宋李　廌	1361-314- 49
范太史講王制不率教至於屏之遠方	宋李　廌	1361-315- 49
子由論學有大小不同	宋李　廌	1361-315- 49
答陳民先都曹書論讀書宜求其大者以先王取義爲例	宋陸　佃	1117-148- 12
答李賓書論君子之學體用兼備	宋陸　佃	1117-151- 12
答歐陽孚仲表（書）論道	宋鄭　俠	1117-438- 6
代慶餘辨疑（書）論辨	宋鄭　俠	1117-447- 6
代成甫千曾漕（書）論由觀萬物之理觀先王之道	宋鄭　俠	1117-449- 6
代上徐運使（書）論仁	宋鄭　俠	1117-451- 6
隱居放言	宋沈　遼	1117-627- 10
大辨	宋晁說之	1118-264- 14
大辨後說	宋晁說之	1118-264- 14
耻新	宋晁說之	1118-266- 14
		1418-598- 56
太剛辨	宋晁說之	1118-266- 14
性命（說）	宋晁說之	1118-268- 14
禍福（說）	宋晁說之	1118-268- 14
志學	宋晁說之	1118-271- 14
觀省	宋晁說之	1118-273- 14
九學論	宋晁說之	1118-273- 14
跋東坡剛說	宋晁說之	1118-351- 18
學說	宋晁補之	1118-597- 27
		1361-319- 50
		1407-369-428
勤說送姪李師蘭游學	宋晁補之	1118-598- 27
		1361-320- 50
傲隋（說）	宋晁補之	1118-599- 27
		1361-321- 50
論志	宋華　鎮	1119-414- 14
道論	宋華　鎮	1119-416- 14
治論上中下	宋華　鎮	1119-417- 14
國勢論	宋華　鎮	1119-421- 14
本論	宋華　鎮	1119-423- 14
常法論	宋華　鎮	1119-426- 15
變論	宋華　鎮	1119-427- 15
知人論	宋華　鎮	1119-428- 15
蠹論一二三四	宋華　鎮	1119-435- 16
本末論	宋華　鎮	1119-441- 16
朋黨論	宋華　鎮	1119-451- 17
養士論	宋華　鎮	1119-453- 17
事神論	宋華　鎮	1119-456- 18
事業論	宋華　鎮	1119-461- 18
禮樂論	宋華　鎮	1119-465- 18
聰明論	宋華　鎮	1119-476- 19
勤勞論	宋華　鎮	1119-482- 20
隱者論	宋華　鎮	1119-485- 20
復讎論上下	宋華　鎮	1119-485- 20
聖人以清爲難（論）	宋黃　裳	1120-271- 41
不以智治國（論）	宋黃　裳	1120-274- 41
以道觀分而君臣之義明（論）	宋黃　裳	1120-275- 41
知予爲取政之寶(論）	宋黃　裳	1120-277- 42
答人問政書	宋李　復	1121- 50- 5
王畿（論）	宋李　復	1121- 86- 8
書崔德符榮辱說後	宋鄒　浩	1121-440- 31
忘言（說）	宋鄒　浩	1121-444- 31
凤悟（說）	宋鄒　浩	1121-444- 31
知人議	宋畢仲游	1122- 46- 4
名實議	宋畢仲游	1122- 47- 4
天下有常勝之道論	宋畢仲游	1122- 62- 6
禮禁論	宋畢仲游	1122- 63- 6
問默	宋李昭玘	1122-295- 9
知人	宋李昭玘	1122-370- 25
重外（論）	宋李昭玘	1122-377- 26
屬民（論）	宋李昭玘	1122-378- 26
毀辨	宋謝　逸	1122-528- 8
習說	宋謝　逸	1122-558- 10
孝辨	宋謝　適	1122-601- 8
追難皮日休鄙孝議	宋呂南公	1123- 68- 7
以孝事君則忠論	宋呂南公	1123- 70- 7
請見張太守書論布衣亂禮也	宋呂南公	1123-128- 13
善學說贈蔡升之	宋呂南公	1123-170- 18
忠戒	宋呂南公	1123-173- 18
御製論大道文後序	宋慕容彥逢	1123-441- 12
謝人書論致身從道之方	宋慕容彥逢	1123-449- 13

子部　雜論

子部　雜論

篇名	作者	編號
上蔡太師書論王道	宋許　翰	1123-564- 9
上蘇內翰書論學	宋毛　滂	1123-763- 6
無極而太極辯	宋程　顥	1101-439- 1
雜說三首闕一	宋程　顥	1345-689- 9
與呂大臨論中書	宋程　顥	1345-700- 10
論王霸	宋程　顥	1135-720- 8
論正學禮賢	宋程　顥	1135-721- 8
論養賢	宋程　顥	1135-721- 8
答橫渠先生定性書	宋程　顥	1345-605- 3
答橫渠張子厚先生書		
論定性	宋程　顥	1359-164- 21
		1404-631-224
答橫渠論定性書	宋程　顥	1476-205- 12
君師治之本	宋劉安節	1124- 94- 3
義勝利爲治世	宋劉安節	1124- 95- 3
君臣同心	宋劉安節	1124- 97- 4
名節	宋劉安節	1124-101- 4
用人	宋劉安節	1124-102- 4
戒殺辯	宋趙鼎臣	1124-266- 20
名治論	宋唐　庚	1124-322- 1
		1346-331- 23
		1354-259- 32
辨同論	宋唐　庚	1124-324- 1
		1346-332- 23
禍福論	宋唐　庚	1124-325- 1
		1346-335- 23
正友論	宋唐　庚	1124-327- 1
		1346-335- 23
		1407-165-409
察言論	宋唐　庚	1124-328- 1
		1346-333- 23
		1351-156-101
憫俗論	宋唐　庚	1124-328- 1
		1346-330- 23
		1351-157-101
存舊論	宋唐　庚	1354-258- 32
		1407-293-421
言默戒	宋楊　時	1125-363- 27
勸學	宋楊　時	1125-363- 27
三教論	宋李　綱	1126-604-143
朋黨論	宋李　綱	1126-607-143
論君臣相知	宋李　綱	1126-615-145
論君子小人之勢	宋李　綱	1126-616-145
論君子小人之分	宋李　綱	1126-618-145
論天人之理	宋李　綱	1126-619-145
論志	宋李　綱	1126-629-147
論節義	宋李　綱	1126-645-150
論忠孝	宋李　綱	1126-646-150
論保天下之志	宋李　綱	1126-648-150
論治下如治病	宋李　綱	1126-648-150
論君臣之分	宋李　綱	1126-662-153
論除天下之患如治病	宋李　綱	1126-663-153
論順民情	宋李　綱	1126-667-153
論諫	宋李　綱	1126-671-154
醫國說	宋李　綱	1126-683-157
清議說	宋李　綱	1126-685-157
釋疑	宋李　綱	1126-690-158
非權	宋李　綱	1126-694-159
救偏	宋李　綱	1126-695-159
原正	宋李　綱	1126-695-159
原中	宋李　綱	1126-696-159
貴畏	宋李　綱	1126-697-159
貴和	宋李　綱	1126-698-159
戒忽	宋李　綱	1126-700-160
戒貪	宋李　綱	1126-701-160
跋了翁自跋敢疑論後	宋李　綱	1126-715-162
雜說——本草宣連微		
寒味苦無毒	宋許景衡	1127-349- 20
雜說——凡人之所愛	宋許景衡	1127-350- 20
雜說——君子之所爲	宋許景衡	1127-350- 20
孝論	宋葛勝仲	1127-469- 7
學論	宋葛勝仲	1127-470- 7
天辨	宋程　俱	1130-154- 15
救弊論說	宋張　嵲	1131-624- 32
立政	宋劉一止	1132- 55- 10
說命下	宋劉一止	1132- 57- 10
不校	宋鄧　肅	1133-328- 13
原直	宋鄧　肅	1133-329- 13
維民論上 中 下	宋劉子翬	1134-378- 2
（壁帖）聖學	宋尹　焞	1136- 27- 4
颺風一首	宋蘇　籀	1136-215- 10
鑒裁（策）	宋蘇　籀	1136-224- 10
知人（策）	宋蘇　籀	1136-227- 10
窮論	宋高　登	1136-444- 下
小人議	宋高　登	1136-445- 下
答譚思順書論聖人之道	宋胡　銓	1359-149- 19
答汪主簿書論古今君子		
之知與遇	宋胡　銓	1359-151- 19
忠辯	宋胡　銓	1359-465- 66
與僧吉甫書三首論聖學	宋胡　宏	1137-124- 2

四庫全書文集篇目分類索引　2145

子部　雜論

與張敎夫書論理學	宋胡　宏	1137-134- 2
求仁說	宋胡　宏	1137-174- 3
中興業易俗篇	宋胡　宏	1137-180- 3
中興業知人篇	宋胡　宏	1137-183- 3
學如不及說	宋鄭剛中	1138-273- 25
少儀論論理	宋張九成	1138-320- 5
黃氏訓學說	宋張九成	1138-427- 19
名節說	宋張九成	1138-428- 19
智愚說	宋張九成	1138-429- 19
題晁無咎學說	宋張九成	1138-430- 19
書王直講所著敎述篇	宋汪應辰	1138-697- 12
與呂逢吉（書二則）		
論聖人之道	宋汪應辰	1138-718- 14
答田廷傑秀才帖		
論三代之治	宋馮時行	1138-877- 3
上楊判官（書）	宋陳　淵	1139-408- 15
定交篇	宋陳　淵	1139-504- 20
跋定交篇後	宋陳　淵	1139-506- 20
偶言	宋陳　淵	1139-532- 22
褐說十三段	宋陳　淵	1139-536- 22
帝學論	宋陳長方	1139-617- 1
跋黃端冕原學	宋陳長方	1139-639- 2
恥說	宋范　浚	1140- 49- 6
悔說	宋范　浚	1140- 49- 6
		1418-642- 58
題韓愈原道	宋范　浚	1140- 51- 6
性論上下	宋范　浚	1140- 56- 7
聖人百世之師論	宋范　浚	1140- 79- 9
君心論	宋林之奇	1359-220- 31
民事論	宋林之奇	1359-248- 35
救奢（論）	宋周紫芝	1141-318- 46
正俗（論）	宋周紫芝	1141-319- 46
與明應仲（書簡）		
論道	宋廖　剛	1142-407- 9
戲題邪說辨尾	宋廖　剛	1142-442- 11
仁者正其誼不謀其利明其道不計其功（說）	宋羅　願	1142-476- 2
答張敬夫（書）論仁字	宋朱　熹	1143-680- 31
答張敬夫（書）論仁	宋朱　熹	1143-681- 31
答張敬夫（書）		
論言仁序	宋朱　熹	1143-681- 31
問張敬夫（書）		
人之私欲道心天理論	宋朱　熹	1143-714- 32
問張敬夫問目（書）		
論性	宋朱　熹	1143-715- 32
答張敬夫（書）		
性理之論	宋朱　熹	1143-720- 32
答張欽夫論仁說	宋朱　熹	1143-723- 32
又（答張欽夫）論仁說	宋朱　熹	1143-724- 32
又（答張欽夫）論仁說	宋朱　熹	1143-725- 32
又（答張欽夫論仁說）	宋朱　熹	1143-726- 32
答欽夫仁說（書）	宋朱　熹	1143-728- 32
答張欽夫（書）		
仁義性理之說	宋朱　熹	1143-729- 32
答陸子靜（書）		
論太極無極	宋朱　熹	1144- 7- 36
答陸子靜（書）		
性理之論	宋朱　熹	1144- 9- 36
答徐元聘（書）		
性理雜說	宋朱　熹	1144-128- 39
答何叔京（書二則）		
一云與王子合論仁	宋朱　熹	1144-172- 40
答梁文叔（書）魂魄論	宋朱　熹	1144-296- 44
答游誠之九言（書二則）仁覺說	宋朱　熹	1144-317- 45
答游誠之（書）		
心體用說	宋朱　熹	1144-318- 45
答楊子直方（書）		
答太極之說持敬之說	宋朱　熹	1144-324- 45
答廖子晦德明（書）		
性理雜說	宋朱　熹	1144-327- 45
答廖子晦（書二則）		
性理雜說	宋朱　熹	1144-330- 45
答廖子晦（書）		
論中孚傳論性理	宋朱　熹	1144-338- 45
答劉文叔（書二則）		
理氣論	宋朱　熹	1144-374- 46
答胡伯逢（書）旣知言性論之非知仁爲仁論	宋朱　熹	1144-377- 46
答黃直卿（書）太極論	宋朱　熹	1144-380- 46
答呂子約（書）論語章句雜論並性理雜論	宋朱　熹	1144-388- 47
答呂子約（書）		
性理雜論	宋朱　熹	1144-392- 47
答呂子約（書）		
性理雜論	宋朱　熹	1144-395- 47

子部　雜論

答王子合（書）
　答復見天地心之說　　　　　宋朱　熹　1144-438- 49
答姜叔權大中（書）
　性理雜論　　　　　　　　　宋朱　熹　1144-570- 52
答鄭子上（書二則）
　性理雜論　　　　　　　　　宋朱　熹　1144-707- 56
答徐子融（書）　　　　　　　宋朱　熹　1145- 11- 58
答嚴時亨（書）性理
　雜說論語章句雜說　　　　　宋朱　熹　1145-132- 61
答李晦叔（書）性理
　雜說耐葬耐祭禮雜說　　　　宋朱　熹　1145-166- 62
答徐景光（書）
　復性篇雜說　　　　　　　　宋朱　熹　1145-237- 64
答或人（書）性理雜論　　　　宋朱　熹　1145-241- 64
答或人（書）性理雜論　　　　宋朱　熹　1145-245- 64
答或人（書）仁智說　　　　　宋朱　熹　1145-248- 64
明道論性說　　　　　　　　　宋朱　熹　1145-320- 67
定性說　　　　　　　　　　　宋朱　熹　1145-322- 67
觀心說　　　　　　　　　　　宋朱　熹　1145-322- 67
　　　　　　　　　　　　　　　　　　　 1407-370-428
　　　　　　　　　　　　　　　　　　　 1418-718- 61
仁說　　　　　　　　　　　　宋朱　熹　1145-323- 67
　　　　　　　　　　　　　　　　　　　 1476-238- 13
（雜書一編）記疑　　　　　　宋朱　熹　1145-397- 70
雜學辨　　　　　　　　　　　宋朱　熹　1145-439- 72
讀書之要　　　　　　　　　　宋朱　熹　1145-524- 74
記論性答葉後　　　　　　　　宋朱　熹　1145-558- 75
跋黃仲本朋友說　　　　　　　宋朱　熹　1145-683- 81
　　　　　　　　　　　　　　　　　　　 1353-810-110
跋東坡剛說　　　　　　　　　宋朱　熹　1145-737- 83
（與）方耕曳耒（書
　）改過行己說　　　　　　　宋朱　熹　1146-595- 3
答陸子靜書論古之聖
　賢惟理是視　　　　　　　　宋朱　熹　1359-166- 21
與劉共父書論人材　　　　　　宋朱　熹　1476-231- 13
跋秦少章雜文　　　　　　　　宋周必大　1147-531- 50
朋黨論上下篇　　　　　　　　宋李　石　1149-623- 9
時才論　　　　　　　　　　　宋李　石　1149-625- 9
主民如主鳥說　　　　　　　　宋李　石　1149-671- 13
辯誣文　　　　　　　　　　　宋李　石　1149-746- 18
荅朱侍講所問論道體　　　　　宋呂祖謙　1150-353- 16
荅學者所問理學家言　　　　　宋呂祖謙　1150-361- 16
責實（論）　　　　　　　　　宋呂祖謙　1362-252- 7
內外（論）　　　　　　　　　宋呂祖謙　1362-254- 7
收民心策　　　　　　　　　　宋陳傳良　1150-915- 52

形勢論上下　　　　　　　　　宋陳傳良　1362-103- 13
性論　　　　　　　　　　　　宋王十朋　1151-203- 12
君子能爲可用論　　　　　　　宋王十朋　1151-207- 12
待士說　　　　　　　　　　　宋王十朋　1151-288- 19
雜說　　　　　　　　　　　　宋王十朋　1151-288- 19
仁論　　　　　　　　　　　　宋王十朋　1359-323- 46
上陳平江論治道書　　　　　　宋衛　博　1152-181- 4
講學　　　　　　　　　　　　宋袁說友　1154-265- 11
潛邸講堂王霸辨釋義　　　　　宋彭龜年　1155-845- 8
雜說（十八則）　　　　　　　宋陸九淵　1156-448- 22
家記九泛論學　　　　　　　　宋楊　簡　1156-845- 15
跋相山正論　　　　　　　　　宋袁　燮　1157- 95- 8
義命策　　　　　　　　　　　宋員興宗　1158- 74- 10
皇帝王伯策　　　　　　　　　宋員興宗　1158- 79- 10
聖人和同天人之際論　　　　　宋員興宗　1158-142- 17
唐虞三代之純懿論　　　　　　宋員興宗　1158-143- 17
命者天之令論　　　　　　　　宋員興宗　1158-150- 18
聖人之書言行論　　　　　　　宋員興宗　1158-151- 18
求心（說）　　　　　　　　　宋員興宗　1158-179- 21
觀物（說）　　　　　　　　　宋員興宗　1158-179- 21
禁淫祠（說）　　　　　　　　宋員興宗　1158-180- 21
答石應之書性理之言　　　　　宋薛季宣　1159-370- 23
荅沈應先書論道　　　　　　　宋薛季宣　1159-373- 23
知性辯示君舉　　　　　　　　宋薛季宣　1159-415- 27
上張子韶書論道必待
　達而後達　　　　　　　　　宋楊萬里　1359-152- 19
士風（論）　　　　　　　　　宋葉　適　1362- 54- 7
　　　　　　　　　　　　　　　　　　　 1362-306- 13
苟且（論）　　　　　　　　　宋葉　適
　　　　　　　　　　　　　　（呂祖謙）1362- 55- 7
　　　　　　　　　　　　　　　　　　　 1362-251- 7
奔競（論）　　　　　　　　　宋葉　適
　　　　　　　　　　　　　　（呂祖謙）1362- 56- 7
　　　　　　　　　　　　　　　　　　　 1362-256- 7
士風（論）　　　　　　　　　宋葉　適　1362-305- 13
君子小人（論）　　　　　　　宋葉　適　1362-308- 13
答子雲示吳生三物銘
　別紙論儒釋道三家　　　　　宋韓元吉　1165-197- 13
禮樂論　　　　　　　　　　　宋韓元吉　1165-258- 17
榛說二性善辨　　　　　　　　宋章　甫　1165-424- 6
治體辨疑問　　　　　　　　　宋楊冠卿　1165-490- 8
堯言布天下論　　　　　　　　宋史堯弼　1165-731- 6
唐虞三代純懿論　　　　　　　宋史堯弼　1165-732- 6
周秦之士貴賤論士風　　　　　宋史堯弼　1165-734- 6
辨異（論）異端　　　　　　　宋陳　造　1166-405- 32

四庫全書文集篇目分類索引　2147

子部　雜論

篇目	朝代	作者	册-頁-條
仁說	宋張　栻	1167-570- 18
答朱元晦帖（十九則）論性理	宋張　栻	1353-256- 68
竹林精舍祠堂講義一——竊謂先師之道	宋黃　幹	1168- 8- 1
五常五行太極說三條理學家言	宋黃　幹	1168- 39- 3
敬說	宋黃　幹	1168- 41- 3
復輔漢卿主管書論性之善惡	宋黃　幹	1168- 74- 7
與失名（書）論三才（復楊志仁書七）	宋黃　幹	1168- 92- 8
論敬	宋黃　幹	1168-139- 13
復甘吉甫（書七則）論五行造化性理學也	宋黃　幹	1168-142- 13
答陳泰之書倫（三則）論學	宋黃　幹	1168-166- 15
復饒伯興（書四則）論性理之學	宋黃　幹	1168-184- 17
復李汝明書鑑（書三則）論良心性理	宋黃　幹	1168-191- 18
孝根原	宋陳　淳	1168-537- 5
君臣夫婦兄弟朋友根源	宋陳　淳	1168-538- 5
事物根源理學家言	宋陳　淳	1168-539- 5
仁（論）	宋陳　淳	1168-540- 5
恕（論）	宋陳　淳	1168-541- 5
忠恕（論）	宋陳　淳	1168-541- 5
詳痛癢動靜	宋陳　淳	1168-544- 6
主敬窮理克己功夫	宋陳　淳	1168-549- 6
聖人千言萬語皆從大體中發來	宋陳　淳	1168-549- 6
理有能然必然當然自然	宋陳　淳	1168-550- 6
詳公而以人體之故爲仁意	宋陳　淳	1168-551- 6
仁禮	宋陳　淳	1168-556- 7
天理人欲分數	宋陳　淳	1168-560- 8
利者義之和	宋陳　淳	1168-562- 8
深造自得段意	宋陳　淳	1168-563- 8
用散而體不分	宋陳　淳	1168-564- 8
橫逆自反	宋陳　淳	1168-564- 8
心說	宋陳　淳	1168-579- 11
心體用說	宋陳　淳	1168-580- 11
魂魄說	宋陳　淳	1168-595- 12
師友淵源	宋陳　淳	1168-615- 15
用功節目	宋陳　淳	1168-616- 15
		1476-247- 14
讀書次序	宋陳　淳	1168-617- 15
答廖師子晦（書）二論學	宋陳　淳	1168-673- 22
辨林一之動靜書	宋陳　淳	1168-678- 22
答陳寺丞師復（書）二論精誠靜	宋陳　淳	1168-687- 23
答陳伯澡（書）一論致知力行	宋陳　淳	1168-704- 26
與陳伯藻論李公晦往復書論學	宋陳　淳	1168-721- 28
答林司戶（書）四剖仁	宋陳　淳	1168-730- 29
答梁伯翔（書三則）論學	宋陳　淳	1168-736- 30
與黃寅仲（書）論學	宋陳　淳	1168-744- 31
與邵生甲（書）論學	宋陳　淳	1168-747- 31
與鄭行之（書）論學	宋陳　淳	1168-751- 32
答鄭行之（書）論學	宋陳　淳	1168-754- 32
答鄭節夫（書）論學	宋陳　淳	1168-757- 32
答西蜀史杜諸友序文（書）論學	宋陳　淳	1168-760- 33
答陳遂父（書）二論學	宋陳　淳	1168-768- 34
答陳懋功（書）三論學	宋陳　淳	1168-771- 34
答王廸甫問仁	宋陳　淳	1168-777- 35
答王廸甫問性	宋陳　淳	1168-778- 35
答林尉問仁者心之德愛之理	宋陳　淳	1168-778- 35
答鄭尉景千問持敬	宋陳　淳	1168-778- 35
答鄭尉景千書中窮格一條之義	宋陳　淳	1168-779- 35
答徐懋功問過化存神說	宋陳　淳	1168-780- 35
答郭子從問目——問前書所扣三子出位越思而有凝滯倚著窘迫正助之病	宋陳　淳	1168-784- 36
答王廸父問仁之目（六則）	宋陳　淳	1168-785- 36
答陳伯澡問仁之目（八則）	宋陳　淳	1168-786- 36
答陳伯澡問性之目（		

子部　雜論

篇名	作者	索引號
三則）	宋陳　淳	1168-787- 36
答陳伯澡再問仁之目（六則）	宋陳　淳	1168-788- 36
答陳伯澡問辨諸丈人心道心之論（八則）	宋陳　淳	1168-819- 40
答陳伯澡問辨諸友情性之論（三則）	宋陳　淳	1168-834- 41
答陳伯澡問敬箴（五則）	宋陳　淳	1168-835- 41
（答陳伯澡問太極等八則）	宋陳　淳	1168-837- 42
答陳伯澡再問太極（六則）	宋陳　淳	1168-839- 42
答徐崇甫人心道心并性理說	宋陳文蔚	1171- 3- 1
劉靜春寄示太極要旨答其說	宋陳文蔚	1171- 5- 1
答虞永康（書）論資性以忠恕貫之	宋魏了翁	1172-377- 32
又答虞永康（書）論資性之說	宋魏了翁	1172-379- 32
跋陳了齋責沈（文）	宋魏了翁	1173- 32- 61
問答——問太極中庸之義	宋眞德秀	1174-495- 31
裕說	宋眞德秀	1174-524- 33
跋處靜	宋杜　範	1175-747- 17
上應都大書論性理之學	宋吳　泳	1176-291- 30
答嚴子韶書（第二則）論性理之學	宋吳　泳	1176-294- 30
論誠	宋吳　泳	1176-362- 37
論三綱	宋吳　泳	1176-363- 37
七辯 情才權物欲力意	宋吳　泳	1176-364- 37
朋黨論	宋陳耆卿	1178- 7- 1
廉論	宋陳耆卿	1359-240- 34
帝王本仁祖義論	宋方大琮	1178-264- 24
治體（策）	宋方大琮	1178-271- 25
論立身師法	宋包　恢	1178-722- 2
抽默說	宋包　恢	1178-776- 7
翼學（十則）	宋詹　初	1179- 3- 1
日錄上下	宋詹　初	1179- 7- 2
題章公權進論藁	宋李昴英	1181-139- 4
君仁臣直論	宋高斯得	1182- 42- 3
年彌高而德彌邵論	宋高斯得	1182- 44- 3
復讎論	宋高斯得	1182- 45- 3
玉堂直日答問	宋高斯得	1182- 84- 5
與趙端明（書）進伏忠義正體統明紀律重選辟論	宋方　岳	1182-420- 22
聖人道出乎一（論）	宋方　岳	1375-515- 39
無極序	宋釋居簡	1183- 65- 5
跋穎大師書韓愈師說	宋釋居簡	1183- 94- 7
與黃循齋書論天地陰陽有體有用	宋陽　枋	1183-284- 3
四經歸極說	宋陽　枋	1183-368- 8
張南軒回周益公書并跋 學必先立志	宋歐陽守道	1183-673- 20
求心說	宋歐陽守道	1183-711- 25
四民說	宋歐陽守道	1183-717- 25
危忽齋論序	宋文天祥	1184-591- 13
文武之道大小如何（論）	宋林希逸	1185-645- 9
以大事小者樂天（論）	宋林希逸	1185-652- 9
通趙星渚（書）論學	宋王　柏	1186-123- 8
回趙星渚書論學	宋王　柏	1186-125- 8
誠明論	宋王　柏	1186-159- 10
原命	宋王　柏	1186-161- 10
回葉成父（書）論仁	宋王　柏	1186-249- 17
華亭縣九峯書院開講——心	宋汪夢斗	1187-468- 下
華亭縣九峯書院開講——天理人欲	宋汪夢斗	1187-470- 下
題費茂卿隨分二字	宋牟　巘	1188-152- 17
域民固國威天下如何論	宋俞德隣	1189- 62- 8
君道	宋鄧　牧	1189-506- 0
名說	宋鄧　牧	1189-508- 0
寶說	宋鄧　牧	1189-508- 0
講義——復其見天地之心（二則）	宋金履祥	1189-809- 3
責沈文	宋陳　瓘	530-627- 74
景仁答（司馬光）中和論	宋范　鎮	1094-570- 62
論中和書	宋韓秉國	1094-571- 62
學錄詹先生翼學跋	宋吳欽儀	1179- 24- 3
壽說	宋孔武仲	1345-371- 17
靜說	宋孔武仲	1345-373- 17
論略	宋李清臣	1346-260- 18
禮論	宋李清臣	1354-232- 28
明責	宋李清臣	1418-553- 54
原古	宋賈　同	1351- 88- 93

四庫全書文集篇目分類索引　　2149

		1407-403-432
原孝	宋陳　堯	1351- 89- 93
爭論	宋潘興嗣	1351-143- 99
原諫	宋潘興嗣	1351-144- 99
師友（策）	宋王安國	1351-185-104
毀戒	宋王　回	1351-238-108
嫌戒	宋王　回	1351-238-108
告友（文）	宋王　回	1351-452-127
君體論（二則）	宋鄭　湜	1359-222- 31
		1362-312- 14
國體（三則）	宋鄭　湜	1362-319- 15
去能論	宋程大昌	1359-241- 34
		1375-347- 27
厚俗論	宋程大昌	1359-251- 35
		1375-345- 27
謹始論	宋程大昌	1359-266- 37
用望論	宋程大昌	1359-296- 42
激俗論	宋方　恬	1359-252- 35
固本論	宋方　恬	1359-285- 40
機論	宋方　恬	1362- 42- 4
廣度（論）	宋方　恬	1362- 44- 4
變調論	宋曾毅齋	1359-294- 42
經綸論	宋曾毅齋	1359-295- 42
諮訪論	宋曾毅齋	1359-297- 42
質論	宋陳　謙	1359-311- 44
一論	宋陳　謙	1359-312- 44
要論	宋陳　謙	1359-313- 44
重論	宋陳　謙	1359-314- 44
備論	宋陳　謙	1359-315- 44
制論	宋陳　謙	1359-316- 44
禮樂論上下	宋陳　謙	1359-325- 46
情論	宋葉　蕭	1359-320- 45
命論	宋葉　蕭	1359-320- 45
宅心論	宋安　正	1359-321- 45
性原（論）	宋程永奇	1375-398- 31
跋李用之太極問答	宋呂　午	1375-299- 23
聖王制御常道如何（論）	宋許月卿	1375-517- 39
答范直閣帖論忠恕	宋不著撰人	1353-269- 69
再答余正甫帖論敬	宋不著撰人	1353-270- 69
答嵩卿帖論性理	宋不著撰人	1353-271- 69
善學	宋不著撰人	1410-826-775
事養（論）	宋不著撰人	1410-827-775
原教	金趙秉文	1190- 79- 1
性道教說 性與道	金趙秉文	1190- 79- 1

中說	金趙秉文	1190- 81- 1
誠說	金趙秉文	1190- 82- 1
庸說	金趙秉文	1190- 83- 1
和說	金趙秉文	1190- 84- 1
直論	金趙秉文	1190-235- 14
復之純交說 并序	金王若虛	1190-510- 45
（論）道	元郝　經	1192-181- 17
（論）命	元郝　經	1192-183- 17
（論）性	元郝　經	1192-184- 17
（論）心	元郝　經	1192-186- 17
（論）情	元郝　經	1192-188- 17
（論）氣	元郝　經	1192-189- 17
（論）仁	元郝　經	1192-190- 17
（論）教	元郝　經	1192-191- 17
思治論	元郝　經	1192-200- 18
辨微論——異端	元郝　經	1192-203- 19
辨微論——禮樂	元郝　經	1192-204- 19
辨微論——學	元郝　經	1192-206- 19
辨微論——學（二則）	元郝　經	1192-207- 19
辨微論——經史	元郝　經	1192-208- 19
辨微論——屬志	元郝　經	1192-209- 19
辨微論——時務		
慕三代兩漢之治	元郝　經	1192-210- 19
傳國璽論	元郝　經	1192-211- 19
學雜	元郝　經	1192-218- 20
養說	元郝　經	1192-243- 22
讓說	元郝　經	1192-245- 22
與漢上趙先生論性書	元郝　經	1192-256- 24
上紫陽先生論學書	元郝　經	1192-258- 24
贈邵山甫學說	元方　回	1192-633- 30
佩韋辨 柔弱剛強說	元戴表元	1194-291- 23
志學解	元陸文圭	1194-528- 1
官文翁所作性命論跋	元劉　壎	1195-401- 7
君臣論	元胡祗遹	1196-233- 13
禮樂論	元胡祗遹	1196-235- 13
禮樂刑政論	元胡祗遹	1196-235- 13
興亡論	元胡祗遹	1196-237- 13
進言論	元胡祗遹	1196-237- 13
性說呈鄭司直	元胡祗遹	1196-239- 13
尚智說	元胡祗遹	1196-241- 13
原心	元胡祗遹	1196-329- 20
原教	元胡祗遹	1196-329- 20
雜言（四則）	元胡祗遹	1196-331- 20
論道（八則）	元胡祗遹	1196-334- 20
立言	元胡祗遹	1196-337- 20

子部　雜論

四庫全書文集篇目分類索引

子部　雜論

篇名	作者	索引號
道心人心	元胡祗遹	1196-339- 20
論性（四則）	元胡祗遹	1196-348- 20
論取人	元胡祗遹	1196-350- 20
論作養士氣（五則）	元胡祗遹	1196-352- 20
士辨（五則）	元胡祗遹	1196-355- 20
悲士風（三則）	元胡祗遹	1196-359- 20
論治道（四則）	元胡祗遹	1196-362- 21
答人問性理	元吳　澄	1197- 32- 2
答田副使第二書 論太極	元吳　澄	1197- 41- 3
答田副使第三書 論太極無極	元吳　澄	1197- 51- 3
無極（而）太極說	元吳　澄	1197- 60- 4
		1367-471- 38
		1407-374-428
		1476-264- 14
放心說	元吳　澄	1197- 61- 4
題讀書說後	元吳　澄	1197-566- 57
跪葬說後	元吳　澄	1197-589- 60
經筵講議——帝範君德	元吳　澄	1197-839- 90
辯（辨）說	元許　衡	1198-405- 8
		1373- 47- 3
唯諾說	元劉　因	1198-534- 7
		1367-470- 38
		1407-374-428
唯諾後說	元劉　因	1198-534- 7
希聖解	元劉　因	1198-649- 22
敍學說	元劉　因	1198-683- 3
中興志能之士如何論	元劉將孫	1199-225- 23
善有說	元劉將孫	1199-233- 24
朋黨論	元許　謙	1199-591- 4
八華講義 論學及所學何事	元許　謙	1199-602- 4
非分說	元王　惲	1200-572- 44
賤生於無用說	元王　惲	1200-585- 44
鈍說	元王　惲	1200-592- 45
屏雜說	元王　惲	1200-595- 45
諭解	元王　惲	1200-597- 45
儉訓	元王　惲	1200-599- 45
政問	元王　惲	1200-600- 45
中說	元王　惲	1200-613- 46
士當教子說	元王　惲	1200-616- 46
元貞守成事鑑十五篇 敬天法祖愛民恤兵守成清心勤政尚儉謹令		
立法重臺諫選士慎名爵明賞罰遠慮	元王　惲	1201-157- 79
傳神說贈奚源王勝甫思親	元陳　櫟	1205-216- 5
答問 問性理二字如何解	元陳　櫟	1205-239- 7
答問 問孫眞人曰膽欲大而心欲小智欲圓而行欲方山谷之解此二句如何	元陳　櫟	1205-242- 7
答問問天地之心	元陳　櫟	1205-264- 7
道不欲雜論	元陳　櫟	1205-357- 13
九五福一日壽論	元陳　櫟	1205-358- 13
知行說	元王　結	1206-236- 4
善俗要義	元王　結	1206-250- 6
存心論	元劉　鶚	1206-299- 1
踐形論	元劉　鶚	1206-299- 1
地震問答	元蕭　㪺	1206-417- 4
平心說	元虞　集	1207-554- 39
形釋	元吳　萊	1209- 88- 5
儉解	元吳　萊	1209-187- 11
異端說	元吳師道	1212-110- 10
原士	元吳師道	1212-110- 10
任人	元吳師道	1212-111- 10
與單良能論學書	元程端學	1212-344- 3
上趙平章書 論天生大賢必有所爲	元陳　旅	1213-172- 13
釋傲	元李　存	1213-662- 12
或問 俗可從乎	元李　存	1213-662- 12
辨訛	元李　存	1213-663- 12
褐說 論風	元李　存	1213-663- 12
中中子問 問中中	元貢師泰	1215-651- 8
書禍（論書之失）	元吳　海	1217-242- 8
		1476-258- 14
釋異	元謝應芳	1218-326- 14
行解	元甘　復	1218-537- 0
治平類要總序	元戴　良	1219-318- 6
治平類要 君道任相馭將用人愛民定食制兵慎刑遠佞納諫	元戴　良	1219-319- 6
先王制禮之盛論	元汪克寬	1220-674- 3
原器贈葉德新照磨	元陳　基	1222-244- 12
養生論	明梁　寅	1373-620- 9
原治	明梁　寅	1373-699- 16
權說	元何榮祖	1367-470- 38
鬼神論	元汪　叡	1375-372- 29

廣張子論性　　　　　元程復心　　1375-459-216
三教論　　　　　　　明太祖　　　1223-108- 10
鬼神有無論　　　　　明太祖　　　1223-112- 10
明施論　　　　　　　明太祖　　　1223-113- 10
天生斯民論　　　　　明太祖　　　1223-117- 10
雲生論 以性理之學講之　明太祖　　1223-117- 10
萌賢篇上下　　　　　明太祖　　　1223-128- 13
啓忠篇　　　　　　　明太祖　　　1223-132- 13
關阿奉文　　　　　　明太祖　　　1223-135- 13
省頑文　　　　　　　明太祖　　　1223-136- 13
勤惰說　　　　　　　明太祖　　　1223-166- 15
道患說　　　　　　　明太祖　　　1223-174- 15
戒庸儒說　　　　　　明太祖　　　1223-176- 15
段干微　　　　　　　明宋濂　　　1224-450- 28
志釋寄胡徵君仲申　　明宋濂　　　1373-761- 22
天說上下　　　　　　明劉基　　　1225-194- 8
　　　　　　　　　　　　　　　　1373-650- 12
　　　　　　　　　　　　　　　　1407-377-429
雷說上下　　　　　　明劉基　　　1225-197- 8
　　　　　　　　　　　　　　　　1373-652- 12
　　　　　　　　　　　　　　　　1454-165-101
原士　　　　　　　　明王禕　　　1226- 85- 4
原謀　　　　　　　　明王禕　　　1226- 86- 4
　　　　　　　　　　　　　　　　1373-698- 16
釋交　　　　　　　　明朱右　　　1228- 21- 2
物初論　　　　　　　明朱右　　　1228- 25- 2
　　　　　　　　　　　　　　　　1373-622- 9
　　　　　　　　　　　　　　　　1454- 7- 84
原習　　　　　　　　明朱右　　　1228- 37- 3
原志　　　　　　　　明朱右　　　1228- 38- 3
性論　　　　　　　　明貝瓊　　　1228-311- 4
辨鬼　　　　　　　　明貝瓊　　　1228-312- 4
譬說（三則）　　　　明蘇伯衡　　1407-380-429
染說　　　　　　　　明蘇伯衡　　1454-164-101
衡運　　　　　　　　明胡翰　　　1229- 4- 1
尚賢（論）　　　　　明胡翰　　　1229- 5- 1
　　　　　　　　　　　　　　　　1373-604- 9
皇初　　　　　　　　明胡翰　　　1229- 14- 2
　　　　　　　　　　　　　　　　1373-612- 9
廣原道　　　　　　　明胡翰　　　1229- 16- 2
樂善論　　　　　　　明胡翰　　　1229- 20- 2
擇術　　　　　　　　明胡翰　　　1229- 26- 3
慎習（論）　　　　　明胡翰　　　1373-610- 9
　　　　　　　　　　　　　　　　1454- 5- 84
說殼　　　　　　　　明王彝　　　1229-419- 3
惺惺說　　　　　　　明王彝　　　1229-421- 3
答性難　　　　　　　明孫作　　　1229-504- 5
三才合德說　　　　　明劉炳　　　1229-757- 9
聖人無私說　　　　　明劉炳　　　1229-757- 9
君子居易說　　　　　明劉炳　　　1229-758- 9
取人以身說　　　　　明劉炳　　　1229-758- 9
聖賢行道說　　　　　明劉炳　　　1229-758- 9
智愚同德說　　　　　明劉炳　　　1229-759- 9
天辨　　　　　　　　明烏斯道　　1454-236-110
明教（論）　　　　　明方孝孺　　 443-542- 26
　　　　　　　　　　　　　　　　1235-110- 3
　　　　　　　　　　　　　　　　1373-628- 10
民政（論）　　　　　明方孝孺　　 443-561- 27
　　　　　　　　　　　　　　　　1235-106- 3
　　　　　　　　　　　　　　　　1373-626- 10
成化　　　　　　　　明方孝孺　　 443-563- 27
　　　　　　　　　　　　　　　　1235-108- 3
正俗　　　　　　　　明方孝孺　　 443-565- 27
　　　　　　　　　　　　　　　　1235-112- 3
　　　　　　　　　　　　　　　　1454- 16- 85
深慮論（十則）　　　明方孝孺　　1235- 90- 2
　　　　　　　　　　　　　　　　1407-261-419
　　　　　　　　　　　　　　　　1454- 11- 85
君學上下　　　　　　明方孝孺　　1235-100- 3
君量　　　　　　　　明方孝孺　　1235-101- 3
君職（論）　　　　　明方孝孺　　1235-102- 3
　　　　　　　　　　　　　　　　1454- 15- 85
治要（論）　　　　　明方孝孺　　1235-103- 3
　　　　　　　　　　　　　　　　1407-266-419
重爵祿　　　　　　　明方孝孺　　1235-114- 3
毀譽　　　　　　　　明方孝孺　　1235-183- 6
鄉原　　　　　　　　明方孝孺　　1235-184- 6
斥妄　　　　　　　　明方孝孺　　1235-185- 6
　　　　　　　　　　　　　　　　1454- 19- 85
啓惑（論）　　　　　明方孝孺　　1235-186- 6
　　　　　　　　　　　　　　　　1373-630- 10
言命　　　　　　　　明方孝孺　　1235-187- 6
　　　　　　　　　　　　　　　　1410-829-776
明辨　　　　　　　　明方孝孺　　1235-189- 6
學辨　　　　　　　　明方孝孺　　1235-191- 6
畏說　　　　　　　　明方孝孺　　1235-226- 7
復鄭好義書二首
　論聖賢之學　　　　明方孝孺　　1454-562-149
答胡懷秀才書論聖學　明方孝孺　　1454-571-150
慎本　　　　　　　　明張宇初　　1236-344- 1

2152　　　　　　　　　四庫全書文集篇目分類索引

子部　雜論

廣原性	明張宇初	1236-364- 1
觀植	明張宇初	1236-367- 1
明本二十條 有序	明梁 潛	1237-193- 2
治本十關五條	明王 直	1237-203- 2
書方寸地說後	明王 直	1242-359- 36
論志送周蒙南歸	明劉 球	1243-635- 17
君師論	明徐有貞	1245- 2- 1
文武論（二則）	明徐有貞	1245- 4- 1
寬猛辯	明徐有貞	1245- 6- 1
言行說	明徐有貞	1245- 7- 1
制縱論	明徐有貞	1245- 17- 1
諫說	明徐有貞	1245- 17- 1
周禮在魯論	明徐有貞	1245- 53- 2
論前輩言鉞視軒冕塵		
視金玉上中下 論道	明陳獻章	1246- 34- 1
無後（論）	明陳獻章	1246- 36- 1
仁術（論）	明陳獻章	1246- 36- 1
名實對	明童 軒	1454-441-134
原壽	明李東陽	1250-403- 38
政難贈楊質夫	明李東陽	1250-410- 38
善人說	明羅 倫	1251-726- 7
士農說	明程敏政	1252-192- 11
五箴解序	明程敏政	1252-592- 34
書朱陸二先生所論無		
極書後	明程敏政	1252-667- 38
書趙東山對江右六君		
子策	明程敏政	1252-673- 38
原教一首贈程元英司		
訓青城	明程敏政	1253-343- 58
動靜問	明程敏政	1253-358- 59
天地說	明周 瑛	1254-804- 5
樂全說	明王 鏊	1256-287- 14
聖人心安於正論	明蔡 清	1257-776- 1
跋月孤子會通四教論	明蔡 清	1257-871- 4
事難	明邵 寶	1258- 81- 9
觀陶說	明邵 寶	1258- 84- 9
原壽	明邵 寶	1258- 88- 9
雜說三首	明邵 寶	1258- 94- 10
題兄弟論	明邵 寶	1258- 94- 10
論性雜說	明邵 寶	1258-521- 8
善眞誠辯	明邵 寶	1258-522- 8
對問性者	明邵 寶	1258-522- 8
帝王官家天下論	明邵 寶	1258-542- 9
		1454- 43- 89
天下之政出於一（論）	明羅 玘	1259-268- 21
理氣本無先後（論）	明羅 玘	1259-269- 21
審力	明羅 玘	1259-296- 22
		1410-830-776
相喻	明史 鑑	1259-822- 6
奉羅一峰（書六則）		
論聖賢之學	明胡居仁	1260- 8- 1
奉張廷祥（書）論正學	明胡居仁	1260- 20- 1
又復張廷祥（書）		
論修身心	明胡居仁	1260- 24- 1
與陳大中（書）論爲學	明胡居仁	1260- 27- 1
與蔡登（書）論心性之學	明胡居仁	1260- 31- 1
窮理（論）	明胡居仁	1260- 46- 2
拙解	明朱誠泳	1260-328- 9
愚辯	明朱誠泳	1260-328- 9
篤初	明祝允明	1260-485- 9
三詰三首 廢心詰本功		
詰 幸時詰	明祝允明	1260-485- 9
達旨	明祝允明	1260-486- 9
歸範	明祝允明	1260-486- 9
探賾	明祝允明	1260-487- 9
測玄	明祝允明	1260-490- 9
固交	明祝允明	1260-499- 9
理欲	明祝允明	1260-499- 9
性論	明祝允明	1260-502- 10
		1454- 35- 88
爲邦論	明祝允明	1260-503- 10
治亂論	明祝允明	1260-504- 10
		1454- 36- 88
古今論	明祝允明	1260-505- 10
		1454- 37- 88
國年論	明祝允明	1260-506- 10
		1454- 38- 88
後國年論	明祝允明	1260-507- 10
		1454- 39- 88
戲論	明祝允明	1260-507- 10
		1454- 40- 88
心氣體交養論	明祝允明	1260-508- 10
		1454- 41- 88
心氣體交發論	明祝允明	1260-509- 10
燒書論	明祝允明	1260-509- 10
		1454- 41- 88
稱叔夜七不堪論	明祝允明	1260-511- 10
斥仙	明祝允明	1260-519- 11
		1454-510-143
所事儒教鬼神解	明祝允明	1260-655- 21

四庫全書文集篇目分類索引　2153

篇目	作者	編號
諫政	明祝允明	1260-686- 23
體用一源論	明顧　清	1261-618- 22
訓敦有序	明李夢陽	1262-535- 59
原火	明李夢陽	1262-536- 59
原壽	明李夢陽	1262-537- 59
政說	明顧　璘	1263-563- 7
天解	明顧　璘	1263-567- 7
道術辯	明顧　璘	1263-569- 7
尊道篇	明顧　璘	1454- 74- 92
定志篇	明顧　璘	1454- 75- 92
別謙篇	明顧　璘	1454- 75- 92
雜辨三首	明顧　璘	1454-268-112
古今仕學辨送胡生南歸	明孫　緒	1264-379- 10
答舒國用（書）論敬畏	明王守仁	1265-155- 5
答友人（書）論爲學之道	明王守仁	1265-168- 6
答友人問（書）論知行合一	明王守仁	1265-169- 6
示弟立志說	明王守仁	1265-209- 7
修道說	明王守仁	1265-213- 7
惜陰說	明王守仁	1265-215- 7
爲善最樂文	明王守仁	1265-675- 24
答聶文蔚書 論良知	明王守仁	1405- 19-235
與陸元靜書 論動靜	明王守仁	1405- 21-235
答倫彥式書 論動靜	明王守仁	1405- 22-235
與顧東橋（書）講學	明王守仁	1454-677-163
答羅整菴少宰（書）講學	明王守仁	1454-681-163
答儲柴墟（書二則）講學	明王守仁	1454-688-163
與陸元靜書 講學	明王守仁	1454-691-163
風俗論	明康　海	556-497- 94
友論	明康　海	1266-326- 1
答隻生書 論立德立功立言	明何　瑭	1266-597- 9
用直	明何景明	443-175- 10
師問	明何景明	1267-297- 33
		1407-478-441
辯似	明崔　銑	1267-385- 1
守略	明崔　銑	1267-400- 2
規資	明崔　銑	1267-420- 3
喻問上下篇	明崔　銑	1267-421- 3
辯異	明崔　銑	1267-423- 3
自述三首——述時	明崔　銑	1267-483- 5
自述三首——述命	明崔　銑	1267-483- 5
朋黨論	明崔　銑	1267-557- 8
聞言解答甘泉先生	明崔　銑	1267-657- 12
祀謀學宮之祀	明崔　銑	1407-768-476
列女傳講義——古者婦人姙子…婦德	明魏　校	1267-705- 2
天說（四則）	明魏　校	1267-709- 2
體仁說（四十二則）	明魏　校	1267-792- 5
與王純甫（書）論性	明魏　校	1267-884- 11
復余子積論性書（二則）	明魏　校	1267-926- 13
心說	明魏　校	1267-960- 16
性說	明魏　校	1267-962- 16
理氣說	明魏　校	1267-964- 16
立心辯	明陸　深	1268-213- 34
學說（二則）	明陸　深	1268-536- 84
責志論	明陸　深	1268-538- 84
崇化論	明徐禎卿	1268-771- 6
		1407-267-419
交論	明鄭善夫	1269-193- 15
與黃后峰雜論	明鄭善夫	1269-194- 15
求放心論	明夏良勝	1269-715- 1
原友	明夏良勝	1269-718- 1
原譽上下	明夏良勝	1269-719- 1
演邃	明夏良勝	1269-720- 1
性情說	明楊　慎	1270- 66- 5
廣性情說	明楊　慎	1270- 66- 5
主靜說	明孫承恩	1271-473- 36
禮樂論	明孫承恩	1271-533- 43
答王端溪（書）講學	明薛　蕙	1454-724-166
再答浚川（書）講學	明薛　蕙	1454-726-166
與高蘇門（書）講學	明薛　蕙	1454-728-166
答崔後渠（書）講學	明薛　蕙	1454-729-166
與王浚川（書）講學	明薛　蕙	1454-732-166
寄劉叔正（書）講學	明薛　蕙	1454-733-166
與郭淺齋憲副（書）論良知孝弟明德新民之說	明張　岳	1272-357- 6
答聶雙江巡按（第一三書）格物說仁說	明張　岳	1272-359- 6
明天	明王廷陳	1272-617- 12
聞來	明王廷陳	1272-618- 12
疾瘵 病國君民	明王廷陳	1272-620- 12
體辯	明王廷陳	1272-621- 12
重師	明王廷陳	1272-622- 12

子部　雜論

子部 雜論

篇名	作者	索引號
振弊	明王廷陳	1272-623- 12
務輯	明王廷陳	1272-626- 13
即卑	明王廷陳	1272-627- 13
達生	明王廷陳	1272-642- 14
請年	明王廷陳	1272-642- 14
六善	明王廷陳	1272-646- 15
重棄	明王廷陳	1272-648- 15
權說	明高叔嗣	1273-645- 8
惠迪吉從逆凶惟影響	明李舜臣	1273-745- 10
奉谷平先生（書）論靜動工夫	明羅洪先	1275- 16- 2
答羅岳霧（書）論良知本體	明羅洪先	1275- 20- 2
與夏太守（書）論良知之學	明羅洪先	1275- 22- 2
答雙江公（書）論聖人之心	明羅洪先	1275- 37- 3
苔王龍谿（書）論動心忍性之資	明羅洪先	1275- 49- 3
苔陳明水（書）論自識本心	明羅洪先	1275- 51- 3
與尹道興（書）論養心	明羅洪先	1275- 53- 3
答郭平川（書）論致知立誠	明羅洪先	1275- 55- 3
答董蓉山（書）論主靜立極	明羅洪先	1275- 57- 3
與徐大巡（書）論心體	明羅洪先	1275- 72- 3
悟言	明羅洪先	1275-174- 8
垂虹嚴說靜	明羅洪先	1275-179- 8
答復古問	明羅洪先	1275-179- 8
讀雙江公致知議略質語	明羅洪先	1275-180- 8
松原志晤	明羅洪先	1275-181- 8
天命說	明羅洪先	1275-196- 10
爲後說	明羅洪先	1275-197- 10
良知辨	明羅洪先	1275-199- 10
答何善山（書）講學	明羅洪先	1454-735-166
罪言論 論進言者之罪	明皇甫汸	1454- 96- 93
知難論	明皇甫汸	1454- 97- 93
與陳兩湖書講學	明唐順之	1454-733-166
與方揚山論窮理書（四則）	明皇甫涍	1276-626- 21
奉華陽兄第一書 論君子貴審所學	明皇甫涍	1276-635- 22
（奉華陽兄）第四書 論理性命	明皇甫涍	1276-638- 22
巧拙對	明尹 臺	1277-543- 5
太上立德論	明王立道	1277-757- 2
齊物論	明王立道	1277-758- 2
灑掃應對是其然論 論道器本末	明王立道	1277-760- 2
安國家之道先戒爲寶論	明王立道	1277-761- 2
有文事必有武備論	明王立道	1277-762- 2
明心悅而天意得論	明王立道	1277-763- 2
敬義說	明王立道	1277-783- 3
節用愛人說	明王立道	1277-784- 3
師說	明王立道	1277-787- 3
雜說聖愚說	明王立道	1277-788- 3
原政	明王立道	1277-823- 6
巧拙辨	明王立道	1277-824- 6
眞爲伏節死義之舉	明王立道	1277-851- 8
萬世相天下之法	明王立道	1277-852- 8
廉遠堂高	明王立道	1277-857- 8
聖王貴以禮讓爲國（論）	明王立道	1277-868- 0
一元文明之會（論）	明王立道	1277-870- 0
識重巫反（論）	明王立道	1277-872- 0
帝王應天下之務（論）	明王立道	1277-876- 0
人君納諫之本（論）	明王立道	1277-877- 0
喜怒哀樂未發謂之中（論）	明沈 鍊	1278-121- 8
臣事君以忠（論）	明沈 鍊	1278-123- 8
師說上下	明王世貞	1280-751-111
雜說送盧秀才（二則）	明王世貞	1280-753-111
正士風議	明王世貞	1280-755-111
讀朋黨論	明王世貞	1285- 45- 3
（論）出處	明海 瑞	1286- 61- 2
（論）其嗜也可去	明海 瑞	1286- 69- 2
嚴師教戒	明海 瑞	1286-185- 7
訓諸子說	明海 瑞	1286-186- 7
政序三篇	明海 瑞	1405-734-312
復歐陽栢菴掌科（書）講學	明海 瑞	1454-704-164
總約八篇	明宗 臣	1287-148- 13
慎履（論）	明宗 臣	1410-832-776
誠俗（論）	明宗 臣	1410-833-776
戒殺生論	明胡 直	1287-391- 14
疑論	明胡 直	1287-393- 14
名論上下	明胡 直	1287-395- 14

四庫全書文集篇目分類索引　2155

才論上下　明胡　直　1287-397- 14
續知命說復耿伯子　明胡　直　1287-412- 15
洗心說示羅忠甫　明胡　直　1287-415- 15
仁解四首贈同門劉仁
　山使君　明胡　直　1287-417- 16
書復合溪子語 語志學　明胡　直　1287-438- 18
答何吉陽亞卿（書二
　則）論聖學　明胡　直　1287-453- 19
答唐明甫（書）論心學　明胡　直　1287-485- 20
答人問獨知（書）　明胡　直　1287-488- 20
養徵 有序　明胡　直　1287-585- 27
言末上下　明胡　直　1287-599- 28
理問上下　明胡　直　1287-602- 28
六綱（論）虛實天人心
　性體用循序格物
　　明胡　直　1287-607- 28
博辨上下　明胡　直　1287-617- 29
明中上下　明胡　直　1287-621- 29
與唐仁卿（書）講學　明胡　直　1454-737-167
戒私黨說　明沈　鯉　1288-329- 9
貞女論　明歸有光　1289- 38- 3
　　1407-170-410
言解　明歸有光　1289- 62- 4
解惑　明歸有光　1289- 62- 4
性不移說　明歸有光　1289- 65- 4
三變說 士有三變　明顧憲成　1292-153- 12
與唐曙臺儀部論心學
　書二條　明顧允成　1292-305- 6
答曹眞予論辛復元書
　論辛復元之學　明高攀龍　550- 46-210
翁記（四十六則）　明高攀龍　1292-345- 2
復七規 取大易七日來復
　之義　明高攀龍　1292-358- 3
靜坐說　明高攀龍　1292-359- 3
書靜坐說後　明高攀龍　1292-359- 3
好學說　明高攀龍　1292-361- 3
爲善說　明高攀龍　1292-362- 3
知天說　明高攀龍　1292-362- 3
身心說　明高攀龍　1292-363- 3
洗心說　明高攀龍　1292-363- 3
中說　明高攀龍　1292-363- 3
未發說　明高攀龍　1292-364- 3
心性說　明高攀龍　1292-364- 3
氣心性說　明高攀龍　1292-365- 3
理義說　明高攀龍　1292-366- 3

氣質說　明高攀龍　1292-366- 3
寅直說　明高攀龍　1292-367- 3
愛敬說　明高攀龍　1292-368- 3
好惡說　明高攀龍　1292-368- 3
輔仁說　明高攀龍　1292-371- 3
觀兩先生所參春遊記
　請益　明高攀龍　1292-372- 3
異端辨（四則）　明高攀龍　1292-375- 3
答顧涇陽先生論格物
　（書四則）　明高攀龍　1292-466- 8上
答涇陽論猶龍一語（
　書）　明高攀龍　1292-471- 8上
與顧涇凡論已發未發　明高攀龍　1292-473- 8上
與管東溟（書二）
　論聖人之道　明高攀龍　1292-482- 8上
與顧新蒲（書）
　論居敬知性　明高攀龍　1292-496- 8上
做人說上下二篇　明馮從吾　1293-236- 14
講學說　明馮從吾　1293-238- 14
夢說　明馮從吾　1293-238- 14
天道說　明馮從吾　1293-239- 14
名實說　明馮從吾　1293-239- 14
勤儉說　明馮從吾　1293-240- 14
命解　明馮從吾　1293-243- 14
書存陰說　明曹于汴　1293-717- 3
睦族善俗說　明曹于汴　1293-734- 4
答盧生守恭（書）
　理學言　明曹于汴　1293-775- 8
答顧涇陽光祿
　論耳順之旨　明鄒元標　1294- 99- 3
知天問送玉楗先生典
　銓序　明鄒元標　1294-152- 4
書太和卷　明鄒元標　1294-294- 8
與陸以建年友（書）
　論形上形下之道　明劉宗周　1294-400- 6
答李生明初 論性九則　明劉宗周　1294-407- 6
答秦履思一論進學之功　明劉宗周　1294-408- 6
答秦履思二論仁者以天
　地萬物爲一體　明劉宗周　1294-409- 6
答秦履思三
　論持世莫先於持身　明劉宗周　1294-409- 6
答趙生君法 論求心與求
　古人之法兩不相違　明劉宗周　1294-410- 6
答葉潤山民部 論學者治
　心明體達用讀書窮理格

子部　雜論

篇目	作者	索引號
物致知四端	明劉宗周	1294-411- 6
答王右仲州刺一論性	明劉宗周	1294-413- 6
答王右仲二論萬物皆備之說	明劉宗周	1294-415- 6
答胡生一論憂勤惕厲	明劉宗周	1294-415- 6
答秦履思四論爲學工夫	明劉宗周	1294-417- 6
答葉潤山二論爲學之道	明劉宗周	1294-427- 7
答曹進士論知恥近勇	明劉宗周	1294-428- 7
與永侯族任（書）解不變塞之說	明劉宗周	1294-439- 8
與張自菴（書）論良知二字	明劉宗周	1294-440- 8
答劉乾所學憲　從形氣立道說	明劉宗周	1294-440- 8
答陳生紀常　論學者須立志	明劉宗周	1294-441- 8
答錢生欽之論力行二字	明劉宗周	1294-442- 8
答門人祝開美一論道在日用尋常間	明劉宗周	1294-445- 8
答史子復一　論意爲心之所發	明劉宗周	1294-447- 8
答史子復二附來書析　言心意知物	明劉宗周	1294-447- 8
答史子虛論心意知物	明劉宗周	1294-449- 8
人說一二三示汮兒	明劉宗周	1294-505-11
讀書說示汮兒	明劉宗周	1294-508-11
第一義說孟子道性善言　必稱堯舜此是第一義	明劉宗周	1294-512-11
靜坐說	明劉宗周	1294-514-11
應事說	明劉宗周	1294-514-11
處人說	明劉宗周	1294-515-11
向外馳求說	明劉宗周	1294-516-11
讀書說	明劉宗周	1294-516-11
氣質說	明劉宗周	1294-517-11
習說	明劉宗周	1294-518-11
良知說	明劉宗周	1294-519-11
苕問性一首	明婁 堅	1295-234-20
尊經閣夜話述　文詩字爲邑會計	明婁 堅	1295-234-20
上都學王御史書　論士修身以效當世	明婁 堅	1295-242-21
明目達聰論	明倪元璐	1297- 64- 5
清慎勤論	明凌義渠	1297-431- 5
崇化論	明凌義渠	1297-432- 5
國士無雙論	明凌義渠	1297-434- 5
君臣皆法堯舜解	明凌義渠	1297-435- 5
志伊尹之所志論	明魏學濚	1297-589- 7
擬治安策	明魏學濚	1297-592- 7
聖人之心與天爲一（論）	明黃淳耀	1297-740- 8
答復眞書院書　論時學之弊	明鄒德泳	518-160-140
風俗論	明丘起鳳	538-583- 77
物形說	明李 賢	1373-658- 12
		1454-169-101
原命一首贈楊文忠別	明王叔英	1373-701- 16
君子小人（論）	明楊 鎬	1407- 70-402
		1454-154-100
學術（論）	明楊 鎬	1454-151-100
國是（論）	明楊 鎬	1454-152-100
民生（論）	明楊 鎬	1454-153-100
憤世（論）	明楊 鎬	1454-154-100
放言（論）	明楊 鎬	1454-155-100
得失（論）	明童承敘	1407-169-410
節論	明張 靈	1407-169-410
讓名論	明汪道昆	1407-170-410
善仕論	明汪道昆	1407-297-422
豪傑論	明李 贄	1407-171-410
論中（七則）	明徐 渭	1407-172-140
		1454- 92- 93
名士論	明徐應雷	1407-174-410
		1454-114- 94
鄉愿論	明徐應雷	1407-176-410
好名（論）	明徐應雷	1454-112- 94
毀論	明黃汝亨	1407-179-410
圖事論	明屠 隆	1407-276-419
浮巧（論）	明屠 隆	1410-836-776
務眞（論）	明屠 隆	1410-837-776
赤子說	明鄒守愚	1407-384-429
秀才說	明湯顯祖	1407-388-429
默誡（論）	明劉 鳳	1410-831-776
		1454-514-143
國勢（論）	明張居正	1410-833-776
製器（論）	明張居正	1410-834-776
天下之勢最患於成	明張居正	1454-107- 94
天下之事極則必變	明張居正	1454-108- 94
語言談	明張獻翼	1410-834-776
無鬼論	明包 瑜	1454- 25- 86
世變	明劉 玉	1454- 27- 86

四庫全書文集篇目分類索引

子部

雜論

性習論	明彭　韶	1454- 54- 90
國脈論上下	明彭　韶	1454- 56- 90
靈識同異論	明吾　謹	1454- 61- 90
心性論	明吾　謹	1454- 62- 90
與王伯安先生書	明吾　謹	1454-705-164
仕意篇上下	明黃省會	1454- 89- 92
取大位者必有曲行論	明張治道	1454-100- 93
見用於小人者必有暗交論	明張治道	1454-102- 93
太極論	明陸　珹	1454-103- 94
理氣論	明侯一元	1454-109- 94
師像篇	明侯一元	1454-185-103
性論	明王漸逵	1454-111- 94
與方西樵（書四則）講學	明王漸逵	1454-708-165
答王龍溪書講學	明王漸逵	1454-712-165
答洗少汾書講學	明王漸逵	1454-713-165
慎橫議	明周思兼	1454-127- 97
聖人論上下	明戴士林	1454-137- 98
本治上中下	明黃道周	1454-142-100
死節論	明陳　確	1454-157-100
貴行說示門人	明桑　悅	1454-177-102
古愚說	明李承箕	1454-187-103
致良知說	明薛應旂	1454-206-105
答鄒文徵（書）講學	明薛應旂	1454-741-167
廣師說送李生如京師說	明熊　過	1454-208-105
教通贈劉師禹之勗西	明熊　過	1454-515-143
別說	明吳時來	1454-212-106
性說	明毛　愷	1454-215-106
寄聶雙江大司馬（書）講學	明毛　愷	1454-750-168
答曹紀山御史（書）講學	明毛　愷	1454-751-168
似說	明王同軌	1454-226-108
知說	明鄭以偉	1454-232-109
立愛解	明蔡　羽	1454-384-127
三不幸解	明李　濂	1454-385-127
原智	明趙　統	1454-420-131
人耕（說）	明趙　統	1454-528-145
原訟	明張　弼	1454-421-131
學初述	明會朝節	1454-425-132
拙政述	明陸　釴	1454-428-132
優喻示兒姪	明耿定向	1454-518-144
責志儀	明蔣德璟	1454-524-144
答胡廬山督學（書）講學	明趙貞吉	1454-693-164
與趙浚谷中丞書講學	明趙貞吉	1454-695-164
復廣西督學王敬所書講學	明趙貞吉	1454-696-164
答大理寺中丞李中溪書講學	明趙貞吉	1454-701-164
上霍兀厓宗伯（書）講學	明孫　存	1454-717-165
寄陽明先生（書）講學	明黃　綰	1454-718-165
復李遂菴（書）講學	明黃　綰	1454-719-165
答邵思抑（書）講學	明黃　綰	1454-720-165
復王汝中（書）講學	明黃　綰	1454-721-165
答李孟誠（書）講學	明萬廷言	1454-736-166
束朱太守（書）講學	明呂　懷	1454-739-167
與章楓山（書）講學	明舒　芬	1454-740-167
答顧叔時（書）講學	明鄒觀光	1454-743-167
上王龍溪先生（書二則）講學	明沈懋學	1454-744-168
與春臺蔡兵備書講學	明薛　甲	1454-748-168
與陸五臺少卿書講學	明薛　甲	1454-749-168
復斗城子（書）講學	明王　健	1454-753-168
與楊天游（書）講學	明馬　森	1454-756-169
與胡廬山先生論心性書	明許孚遠	1454-760-169
困學記	明景　逸	1457-477-386
五死篇	明不著撰人	1454-531-146
慎幾微論	清 聖 祖	1298-171- 17
		1449-113- 1
無逸以致壽論 帝王致壽之道	清 聖 祖	1298-172- 17
君臣一體論	清 聖 祖	1298-173- 17
寬嚴論	清 聖 祖	1298-173- 17
禮樂論	清 聖 祖	1298-177- 18
居敬行簡論	清 聖 祖	1298-177- 18
讀書毋貴自欺論	清 聖 祖	1298-178- 18
讀書貴有恆論	清 聖 祖	1298-179- 18
王道論	清 聖 祖	1298-179- 18
勤儉論	清 聖 祖	1298-181- 18
王覇辯	清 聖 祖	1298-181- 18
爲學如煉金說	清 聖 祖	1298-196- 21
		1449-119-首1
操舟說	清 聖 祖	1298-199- 21
		1449-120-首1
信古解	清 聖 祖	1298-200- 21

子部　雜論

篇名	作者	索引號
以德爲衡解	清聖祖	1298-202- 21
訓學篇	清聖祖	1298-238- 28
博約一貫論	清聖祖	1298-622- 30
王道近民論	清聖祖	1298-623- 30
		1449-116-首1
業廣惟勤論	清聖祖	1298-624- 30
		1449-117-首1
廉靜論	清聖祖	1298-624- 30
小學課士說	清聖祖	1298-628- 30
四維解	清聖祖	1298-631- 30
朋黨論	清世宗	570-311-29之1
		1300- 60- 5
性理論	清世宗	1300- 63- 5
怨不在大亦不在小惠不惠懋不懋論	清世宗	1449-184-首7
立身以至誠爲本論	清高宗	1300-286- 1
		1449-227-首11
讀書以明理爲先論	清高宗	1300-287- 1
		1449-228-首11
敬以直內論	清高宗	1300-291- 1
有言逆於汝心必求諸道論	清高宗	1300-296- 2
以仁育萬物以義止萬民論	清高宗	1300-302- 3
爲萬世開太平論	清高宗	1300-303- 3
動亦定靜亦定論	清高宗	1300-304- 3
		1449-237-首11
治天下得人論	清高宗	1300-304- 3
復性說	清高宗	1300-331- 6
		1449-240-首11
開惑論	清高宗	1301- 37- 3
創業守成難易說	清高宗	1301- 40- 3
爲君難跋	清高宗	1301-119- 13
知過論	清高宗	1301-306- 3
君子小人論	清高宗	1301-308- 4
遲速論	清高宗	1301-309- 4
節儉論	清高宗	1301-311- 4
聖人定之以中正仁義而主靜論	清高宗	1301-311- 4
師說	清高宗	1301-318- 5
古稀說	清高宗	1301-321- 6
讀高啓威愛論	清高宗	1301-501- 36
四得論	清高宗	1301-580- 2
四得續論	清高宗	1301-581- 2
脩德脩刑論	清高宗	1301-582- 2
愼建儲貳論	清高宗	1301-584- 3
信而後諫論	清高宗	1449-230-首11
修道之謂教論	清高宗	1449-231-首11
答陸稼書書辨學術	清湯斌	1312-527- 5
治道論	清魏裔介	1312-899- 14
善惡皆天理辯	清魏裔介	1312-934- 16
辯天人之理非二	清魏裔介	1312-934- 16
經世大法在方策論	清魏裔介	1449-498- 5
名論	清汪琬	1315-268- 8
師道或問并序	清汪琬	1315-277- 9
改過說并序	清汪琬	1315-282- 9
		1449-593- 11
忠恕說	清汪琬	1315-283- 9
治生說	清汪琬	1315-283- 9
交道說	清汪琬	1315-284- 9
答從弟論師道書附來書	清汪琬	1315-541- 33
跋論道書	清汪琬	1315-618- 39
褉著——因學緒言如干則	清陳廷敬	1316-356- 24
好名論上下	清陳廷敬	1316-468- 32
		1449-512- 6
惜分陰說	清陳廷敬	1316-711- 48
原教	清朱彝尊	1318-299- 58
		1449-911- 32
原貞	清朱彝尊	1318-301- 58
無黨論	清朱鶴齡	1319-133- 11
王者以教化爲大務論	清張英	1319-678- 42
		1449-504- 6
與王綱論勿正心書	清毛奇齡	1320-111- 14
折客辨學文（十則）	清毛奇齡	1321-299-120
辨忠臣不徒死文釋忠	清毛奇齡	1321-324-122
感物	清吳雯	1322-384- 10
看未發氣象說	清潘天成	1323-545- 2
性說（二則）	清李光地	1324-750- 16
心性說	清李光地	1324-752- 16
仁說	清李光地	1324-752- 16
人說（二則）	清李光地	1324-753- 16
鬼神說	清李光地	1324-754- 16
魂魄說	清李光地	1324-755- 16
修德說	清李光地	1324-762- 16
氣水言浮物說	清李光地	1324-762- 16
聖人定之以中正仁義而主靜說	清李光地	1324-763- 16
主靜說	清李光地	1324-764- 16
五帝之世如夏說	清李光地	1324-767- 17

敬義說　　　　　　　清李光地　1324-767- 17
　　　　　　　　　　　　　　　1449-589- 11
同類說　　　　　　　清李光地　1324-770- 17
裕親王問無極太極對　清李光地　1324-778- 17
記韓子原性二條　　　清李光地　1324-791- 18
記韓子原道　　　　　清李光地　1324-792- 18
記韓子原人　　　　　清李光地　1324-792- 18
記韓子原鬼　　　　　清李光地　1324-792- 18
原人　　　　　　　　清李光地　1324-803- 19
原鬼　　　　　　　　清李光地　1324-803- 19
天人參合之道　　　　清李光地　1324-812- 20
答王仲退問目四條　　清李光地　1324-832- 21
答鍾倫兒問目三條　　清李光地　1324-833- 21
書韓子原道後（二則）清李光地　1324-836- 22
書柳子厚與楊誨之疏
　解車義第二書後　　清李光地　1324-838- 22
書王守溪性善對後　　清李光地　1324-841- 22
與張長史（書）論修身　清李光地　1324-970- 32
太極論　　　　　　　清陸隴其　1325- 3- 1
　　　　　　　　　　　　　　　1449-524- 7
理氣論　　　　　　　清陸隴其　1325- 4- 1
閱詹先生太極河洛洪
　範諸解疑　　　　　清陸隴其　1325- 6- 1
學術辨上中下　　　　清陸隴其　1325- 15- 2
　　　　　　　　　　　　　　　1449-768- 22
知本說　　　　　　　清陸隴其　1325- 36- 3
性學說　　　　　　　清陸隴其　1325- 36- 3
原人上下　　　　　　清方　苞　1326-759- 3
原過　　　　　　　　清方　苞　1326-760- 3
通蔽　　　　　　　　清方　苞　1326-762- 3
答問祠忠之說　　　　清方　苞　1326-773- 4
大人容物愛物論　　　清儲大文　1327-183- 10
名士論　　　　　　　清儲大文　1327-185- 10
釋嫉　　　　　　　　清儲大文　1327-368- 16
與裴侍御希度再書
　理學言　　　　　　清魏象樞　 550- 46-210
善爲士者不武善戰者
　不怒論　　　　　　清尤　禮　1449-469- 3
一實萬分論　　　　　清尤　禮　1449-470- 3
崇讓論上下　　　　　清韓　菼　1449-529- 7
無極而太極論　　　　清張廷璐　1449-545- 8
禮以養人爲本論　　　清王會汾　1449-579- 10
勤政說　　　　　　　清徐乾學　1449-586- 11
惜陰說　　　　　　　清陳遷鶴　1449-595- 11
發明本心說　　　　　清李　紱　1449-598- 11
原教　　　　　　　　清李　紱　1449-913- 32

丁.集　部

A.楚　辭　類

楚辭章句序　　　　　漢王　逸　1397-307- 14
　　　　　　　　　　　　　　　1405-573-294
　　　　　　　　　　　　　　　1412-497- 20
離騷經章句（序）　　漢王　逸　1397-308- 14
　　　　　　　　　　　　　　　1412-498- 20
九歌章句（序）　　　漢王　逸　1397-309- 14
　　　　　　　　　　　　　　　1412-499- 20
天問章句（序）　　　漢王　逸　1397-309- 14
　　　　　　　　　　　　　　　1412-499- 20
九章章句（序）　　　漢王　逸　1397-309- 14
　　　　　　　　　　　　　　　1412-499- 20
遠遊章句（序）　　　漢王　逸　1397-310- 14
　　　　　　　　　　　　　　　1412-500- 20
卜居章句（序）　　　漢王　逸　1397-310- 14
　　　　　　　　　　　　　　　1412-500- 20
漁父章句（序）　　　漢王　逸　1397-310- 14
　　　　　　　　　　　　　　　1412-500- 20
九辯章句（序）　　　漢王　逸　1397-310- 14
　　　　　　　　　　　　　　　1412-500- 20
招魂章句（序）　　　漢王　逸　1397-311- 14
　　　　　　　　　　　　　　　1412-500- 20
大招章句（序）　　　漢王　逸　1397-311- 14
　　　　　　　　　　　　　　　1412-501- 20
惜誓章句（序）　　　漢王　逸　1397-311- 14
　　　　　　　　　　　　　　　1412-501- 20
招隱士章句（序）　　漢王　逸　1397-311- 14
　　　　　　　　　　　　　　　1412-501- 20
七諫章句（序）　　　漢王　逸　1397-311- 14
　　　　　　　　　　　　　　　1412-501- 20
哀時命章句（序）　　漢王　逸　1397-311- 14
　　　　　　　　　　　　　　　1412-501- 20
九懷章句（序）　　　漢王　逸　1397-312- 14
　　　　　　　　　　　　　　　1412-502- 20
九歎章句序　　　　　漢王　逸　1397-312- 14
　　　　　　　　　　　　　　　1412-502- 20
九思章句序　　　　　漢王　逸　1397-312- 14
　　　　　　　　　　　　　　　1412-502- 20
楚辭序　　　　　　　梁劉　勰　 534-588-101
書聖俞家藏楚辭　　　宋黃庭堅　1113-628- 10

集部

楚辭類

別集類：上古至隋

		1406-515-374
離騷新序上中下	宋晁補之	1118-681- 36
		1361-491- 69
離騷新序（上）	宋晁補之	1351- 74- 92
		1405-574-294
續楚辭序	宋晁補之	1118-685- 36
		1361-494- 69
變離騷序上下	宋晁補之	1118-686- 36
		1361-496- 69
變離騷序（上）	宋晁補之	1405-575-294
書楚辭後	宋劉 弇	1119-310- 29
證辨騷	宋張 嶠	1131-627- 32
書蕭茂德楚辭後	宋陳 淵	1139-535- 22
書楚辭協韻後	宋朱 熹	534-541- 98
		1145-714- 82
再跋楚辭協韻	宋朱 熹	534-541- 98
		1145-715- 82
楚辭集註序	宋朱 熹	534-596-101
		1062-301- 0
		1145-590- 76
		1405-578-294
楚辭後語目錄序	宋朱 熹	534-597-101
		1062-404- 0
		1145-589- 76
（楚辭辨證序）	宋朱 熹	1062-379- 上
題屈原天問後	宋朱 熹	1145-715- 82
（與）永新張宰大正		
（書）慶元三年讀楚		
辭考後	宋周必大	1149-123-188
雲韜堂楚辭後序	宋王 質	1149-385- 5
題九歌圖	宋王 質	1149-388- 5
跋汪季路所藏書畫一		
龍眠九歌圖	宋樓 鑰	1153-160- 70
高元之變騷後序	宋會 丰	1156-203- 18
讀天問	宋薛季宣	1159-414- 27
題變離騷	宋陳 造	1166-393- 31
（跋）李伯時九歌圖	宋陳 著	1185-228- 47
跋艾軒讀離騷遺蹟	宋林希逸	1185-688- 13
離騷草木疏後序	宋吳仁傑	1062-493- 0
（離騷草木疏）跋	宋方 燦	1062-494- 0
書離騷後	宋孔武仲	1345-376- 17
新校楚辭序	宋黃伯思	1351- 80- 92
		1405-577-294
書楚辭後	宋許月卿	1375-301- 23
離騷湖濱庵說（三則）	元方 回	1193-620- 30
讀楚辭雜言	元胡祗遹	1196-345- 20
題（書）李伯時九歌		
圖後并歌詩一篇	元吳 澄	1197-567- 57
		1367-479- 39
		1406-524-374
題李伯時九歌（圖）		
後	元吳 澄	1197-605- 62
（跋）九歌圖	元劉將孫	1199-251- 26
跋與元總尹王信夫九		
歌圖後	元蒲道源	1210-658- 10
題屈原漁父問答圖	元劉仁本	1216-112- 6
書九歌圖後	明貝 琼	1228-440- 23
		1374-216- 47
楚辭體序	元祝 堯	1366-718- 1
錄楚辭跋	明楊士奇	1238-121- 10
（跋）楚辭二集	明楊士奇	1238-589- 17
九歌圖後	明楊士奇	1238-663- 22
楚辭序	明何喬新	534-610-101
楚辭序	明何喬新	1249-138- 9
		1405-578-294
題九歌圖後	明吳 寬	1255-462- 50
重刊王逸註楚辭序	明王 鏊	1256-280- 14
九歌圖記	明祝允明	1260-701- 24
跋九歌圖	明陸 深	1268-575- 89
楚辭序	明王世貞	1280-166- 67
（跋）仇英九歌圖	明王世貞	1284-447-170
楚辭聽直序	明黃文煥	530-498- 70
騷選序	明汪道昆	1405-579-294
讀楚辭	清 聖 祖	1298-242- 29
（欽定補繪蕭雲從離		
騷全圖御製序）	清 高 宗	1062-495- 0
御製題補繪蕭雲從離		
騷全圖八韻	清 高 宗	1062-496- 0
李龍眠九歌圖卷跋	清朱彝尊	1318-257- 54
離騷新說後序	清李光地	1324-679- 10
九歌新說後序	清李光地	1324-680- 10
記離騷經（二則）	清李光地	1324-787- 18
讀離騷	清陸隴其	1325- 42- 4
書朱註楚辭後	清方 苞	1326-757- 2
離騷圖原序	清蕭雲從	1062-497- 上
（山帶閣註楚辭序）	清蔣 驥	1062-604- 首

B. 別 集 類

a 上古至隋

四庫全書文集篇目分類索引

四　畫

●王　沈晉
王沈集序　　　　　　　　晉王　沈　1398- 91- 5
●王　逸漢
漢王逸集題詞　　　　　明張　溥　1412-494- 20
●王　粲魏
魏王粲集題詞　　　　　明張　溥　1412-737- 29
●王　筠梁
梁王筠集題詞　　　　　明張　溥　1415-324- 95
●王　褒漢
漢王褒集題詞　　　　　明張　溥　1412-128- 6
●王　褒北周
王褒集題詞　　　　　　明張　溥　1416-142-113
●王　儉齊
王文憲集序　　　　　　梁任　昉　541-377-35之6
　　　　　　　　　　　　　　　　1329-808- 46
　　　　　　　　　　　　　　　　1331-241- 46
　　　　　　　　　　　　　　　　1394-626- 9
　　　　　　　　　　　　　　　　1399-376- 6
　　　　　　　　　　　　　　　　1406-375-352
　　　　　　　　　　　　　　　　1415-263- 91
王儉集題詞　　　　　　明張　溥　1414-276- 75
●王　融齊
王融集題詞　　　　　　明張　溥　1414-301- 76
●王僧孺梁
王僧孺集題詞　　　　　明張　溥　1415-276- 92
●王羲之晉
晉王羲之集題詞　　　　明張　溥　1413-595- 58
●王獻之晉
晉王獻之集題詞　　　　明張　溥　1413-685- 60
●孔　融漢
漢孔融集題詞　　　　　明張　溥　1412-507- 21
●孔稚珪齊
孔稚珪集題詞　　　　　明張　溥　1414-382- 79
●牛　弘隋
牛弘集題詞　　　　　　明張　溥　1416-254-117

五　畫

●司馬相如漢
漢司馬相如集題詞　　　明張　溥　1412- 23- 2
●丘　遲梁
丘遲集題詞　　　　　　明張　溥　1415-232- 90

六　畫

●江　淹梁
江淹集題詞　　　　　　明張　溥　1415- 1- 85
●江　總陳

陳江總集題詞　　　　　明張　溥　1415-572-105
●宇文招北周
趙國公集序　　　　　　北周庾信　 506-389-100
　　　　　　　　　　　　　　　　1064-173- 7
　　　　　　　　　　　　　　　　1064-593- 11
　　　　　　　　　　　　　　　　1400-192- 8
　　　　　　　　　　　　　　　　1406-380-353
　　　　　　　　　　　　　　　　1416-35-111中
●任　昉梁
梁任昉集題詞　　　　　明張　溥　1415-239- 91

七　畫

●沈　約梁
梁沈約集題詞　　　　　明張　溥　1415- 92- 87
●沈　炯陳
陳沈炯集題詞　　　　　明張　溥　1415-553-104
●沈恭子陳
侍中沈府君序集　　　　陳劉師知　1399-712- 7
●成公綏晉
晉成公綏集題詞　　　　明張　溥　1413-492- 52
●杜　預晉
杜預集題詞　　　　　　明張　溥　1413-103- 37
●李　尤漢
漢李尤集題詞　　　　　明張　溥　1412-350- 15
●李　騊北齊
達生丈人集序　　　　　北齊李　騊　1400- 51- 3
●李德林隋
李德林集題詞　　　　　明張　溥　1416-236-116
●邢　邵北齊
齊邢邵集題詞　　　　　明張　溥　1415-653-109
●阮　瑀魏
魏阮瑀集題詞　　　　　明張　溥　1412-759- 30
●阮　籍魏
刻阮嗣宗詩序　　　　　明李夢陽　1262-464- 50
　　　　　　　　　　　　　　　　1405-627-300
魏阮籍集題詞　　　　　明張　溥　1413- 1- 34
●束　皙晉
束皙集　　　　　　　　晉束　皙　1398-262- 12
晉束皙集題詞　　　　　明張　溥　1413-247- 43
●吳　均梁
吳均集題詞　　　　　　明張　溥　1415-435-101
●何　遜梁
（跋）錄陰何詩（集）　明楊士奇　1238-615- 19
何水部集跋　　　　　　明張　紘　1063-712- 附
何遜集題詞　　　　　　明張　溥　1415-409-100
●何承天劉宋

四庫全書文集篇目分類索引

集部　別集類：上古至隋　八—十一畫

何承天集題詞　　　　　　明張　溥　　1414- 1- 63

八　畫

●東方朔漢
漢東方朔集題詞　　　　　明張　溥　　1412- 67- 4

十　畫

●高　允北魏
魏高允集題詞　　　　　　明張　溥　　1415-626-107
●馬　融漢
漢馬融集題詞　　　　　　明張　溥　　1412-364- 16
●孫　楚晉
晉孫楚集題詞　　　　　　明張　溥　　1413-211- 41
●孫　綽晉
晉孫綽集題詞　　　　　　明張　溥　　1413-702- 61
●班　固漢
漢班固集題詞　　　　　　明張　溥　　1412-253- 11
●袁　淑劉宋
宋袁淑集題詞　　　　　　明張　溥　　1414-192- 70
●夏侯湛晉
晉夏侯湛集題詞　　　　　明張　溥　　1413-257- 44
●荀　悅漢
荀悅集題詞　　　　　　　明張　溥　　1412-382- 17
●荀　勗晉
荀勗集題詞　　　　　　　明張　溥　　1413-121- 38
●徐　陵陳
徐陵集題詞　　　　　　　明張　溥　　1415-479-103上
徐孝穆集箋注後跋　　　　清陳　銳　　1064-934- 0

十一畫

●郭　璞晉
晉郭璞集題詞　　　　　　明張　溥　　1413-538- 56
●梁元帝
梁元帝集題詞　　　　　　明張　溥　　1414-631- 84
●梁武帝
武帝集序　　　　　　　　梁沈　約　　1399-406- 8
　　　　　　　　　　　　　　　　　　1415-129- 87
梁武帝集題詞　　　　　　明張　溥　　1414-393- 80
●梁武帝女
臨安公主集序　　　　　　梁簡文帝　　1399-294- 3
　　　　　　　　　　　　　　　　　　1414-553-82上
●梁簡文帝
梁簡文帝集題詞　　　　　明張　溥　　1414-512-82上
●庾　信北周
庾信集序　　　　　　　　北周宇文逌　1064-318-首下
　　　　　　　　　　　　　　　　　　1339-610-699
　　　　　　　　　　　　　　　　　　1400- 89- 2
●庾肩吾梁

庾肩吾集題詞　　　　　　明張　溥　　1415-383- 99
●曹　植魏
前錄自序　　　　　　　　魏曹　植　　1412-667- 26
陳思王集序　　　　　　　明李夢陽　　1262-464- 50
　　　　　　　　　　　　　　　　　　1405-698-308
魏曹植集題詞　　　　　　明張　溥　　1412-631- 26
●陰　鏗陳
（跋）錄陰何詩（集）　　明楊士奇　　1238-615- 19
●陸　佃梁
陸佃集題詞　　　　　　　明張　溥　　1415-299- 93
●陸　雲晉
陸雲集題詞　　　　　　　明張　溥　　1413-423- 50
●陸　機晉
刻陸謝詩序　　　　　　　明李夢陽　　1262-465- 50
晉陸機集題詞　　　　　　明張　溥　　1413-360- 48
●陶　潛晉
陶淵明集序　　　　　　　梁蕭　統　　1063-468- 0
　　　　　　　　　　　　　　　　　　1063-677- 5
　　　　　　　　　　　　　　　　　　1360-449- 27
　　　　　　　　　　　　　　　　　　1394-629- 9
　　　　　　　　　　　　　　　　　　1399-345- 5
　　　　　　　　　　　　　　　　　　1406-373-352
　　　　　　　　　　　　　　　　　　1414-492- 81
陶集序錄　　　　　　　　北齊陽休之　1400- 50- 3
書淵明集後三首　　　　　宋葛勝仲　　1127-491- 8
跋淵明集　　　　　　　　宋陸　游　　1163-525- 28
跋陶靖節文集　　　　　　宋陸　游　　1163-540- 30
費元甫註陶靖節詩序　　　宋魏了翁　　1172-586- 52
陶詩註序　　　　　　　　元吳　澄　　1197-226- 21
陶淵明集補註序　　　　　元吳　澄　　1197-227- 21
題家藏淵明集後　　　　　元吳師道　　1212-245- 17
（跋）錄陶詩（集）　　　明楊士奇　　1238-614- 19
題陶淵明集　　　　　　　明章　懋　　1254- 77- 3
題陶淵明詩集　　　　　　明黃仲昭　　1254-456- 4
刻陶淵明集序　　　　　　明李夢陽　　1262-465- 50
　　　　　　　　　　　　　　　　　　1405-699-308
刊陶詩後序　　　　　　　明崔　銑　　1267-593- 10
書陶靖節集後　　　　　　明胡　直　　1287-437- 18
陶淵明集題詞　　　　　　明張　溥　　1413-719- 62
題淵明集　　　　　　　　清汪　琬　　1315-603- 38
●陶弘景梁
陶貞白先生集序　　　　　陳江　總　　1399-728- 8
　　　　　　　　　　　　　　　　　　1415-584-105
梁陶貞白先生集序　　　　明胡　直　　1287-322- 8
陶弘景集題詞　　　　　　明張　溥　　1415-209- 89

●張　協晉
晉張載張協集題詞　　　明張　溥　1413-505- 53

●張　華晉
晉張華集題詞　　　　　明張　溥　1413-186- 40
●張　載晉
晉張載張協集題詞　　　明張　溥　1413-505- 53
●張　融齊
張融集題詞　　　　　　明張　溥　1414-369- 78
●張　衡漢
張衡集題詞　　　　　　明張　溥　1412-293- 13
●張正見陳
陳張正見集題詞　　　　明張　溥　1415-609-106
●陳　琳魏
陳琳集序　　　　　　　魏文帝　　1412-615- 24
魏陳琳集題詞　　　　　明張　溥　1412-720- 28
●陳後主
陳後主集題詞　　　　　明張　溥　1415-458-102
●崔　駰漢
漢崔駰集題詞　　　　　明張　溥　1412-281- 12

十二畫

●馮　衍漢
漢馮衍集題詞　　　　　明張　溥　1412-242- 10
●隋煬帝
隋煬帝集題詞　　　　　明張　溥　1416-163-114
●揚　雄漢
揚子雲集原序　　　　　明鄭　樸　1063- 3- 附
揚子雲集始末辨　　　　明焦　竑　1063- 6- 附
揚雄集題詞　　　　　　明張　溥　1412-188- 8
揚子雲集序　　　　　　不著撰人　1063- 4- 附
●傅　玄晉
傅玄集題詞　　　　　　明張　溥　1413-133- 39
●傅　亮劉宋
宋傅亮集題詞　　　　　明張　溥　1414- 26- 64
●傅　咸晉
晉傅咸集題詞　　　　　明張　溥　1413-316- 46
●嵇　康魏
魏嵇康集題詞　　　　　明張　溥　1413- 43- 35

十三畫

●溫子昇北魏
魏溫子昇集題詞　　　　明張　溥　1415-639-108
●褚少孫漢
漢褚少孫集題詞　　　　明張　溥　1412- 85- 5
●賈　誼漢
漢賈誼集題詞　　　　　明張　溥　1412- 3- 1
●董仲舒漢

漢董仲舒集題詞　　　　明張　溥　1412- 42- 3
董仲舒集序　　　　　　不著撰人　1332-703- 17

十五畫

●潘　尼晉
潘尼集題詞　　　　　　明張　溥　1413-343- 47
●潘　岳晉
晉潘岳集題詞　　　　　明張　溥　1413-275- 45
●諸葛亮蜀漢
進諸葛氏集表　　　　　晉陳　壽　541-327-35之3
　　　　　　　　　　　　　　　　1361-546- 11
　　　　　　　　　　　　　　　　1398-418- 18
　　　　　　　　　　　　　　　　1417-479- 23
　　　　　　　　　　　　　　　　1476- 83- 5
刻諸葛孔明文集序（
　辨）　　　　　　　　明李夢陽　1262-463- 50
　　　　　　　　　　　　　　　　1407-419-434
讀諸葛孔明集二則　　　明胡應麟　1290-759-105
漢諸葛集題詞　　　　　明張　溥　1412-520- 22
●摯　虞晉
晉摯虞集題詞　　　　　明張　溥　1413-224- 42
●蔡　邕漢
蔡中郎集原序　　　　　宋歐　靜　1063-138- 附
漢蔡邕集題詞　　　　　明張　溥　1412-408- 18
●劉　向漢
劉向集題詞　　　　　　明張　溥　1412-144- 7
●劉　峻梁
梁劉峻集題詞　　　　　明張　溥　1415-311- 94
●劉　琨晉
晉劉琨集題詞　　　　　明張　溥　1413-524- 55
●劉　歆漢
漢劉歆集題詞　　　　　明張　溥　1412-221- 9
●劉　楨魏
魏劉楨集題詞　　　　　明張　溥　1412-766- 31
●劉　潛梁
梁劉潛集題詞　　　　　明張　溥　1415-358- 97
●劉孝威梁
梁劉孝威集題詞　　　　明張　溥　1415-369- 98
●劉孝綽梁
梁劉孝綽集題詞　　　　明張　溥　1415-338- 96

十六畫

●盧思道隋
盧思道集題詞　　　　　明張　溥　1416-214-115
●蕭　統梁
上昭明太子集別傳等
　表　　　　　　　　　梁簡文帝　1394-349- 2

集部

別集類：上古至隋十六－二十畫、釋道、不知姓名

唐五代三－四畫

		1399-284- 2
		1414-530-82上
昭明太子集序	梁簡文帝	1399-292- 3
		1414-551-882上
昭明太子集序	梁劉孝綽	1394-630- 9
		1399-515- 12
		1415-345- 96
蕭統集題詞	明張 溥	1414-477- 81
●蕭子良齊		
蕭子良集題詞	明張 溥	1414-234- 73
●蕭仁祖北齊		
蕭仁祖集序	北齊邢邵	1400- 45- 3
		1415-659-659
●繁 欽魏		
繁欽集序	魏 文 帝	1412-615- 24
●鮑 照劉宋		
鮑明遠集原序	齊虞 炎	1063-564- 附
		1399-150- 6
跋鮑參軍文集	宋陸 游	1163-544- 30
鮑參軍集序	明陳 讓	1232-583- 5
鮑照集題詞	明張 溥	1414-141- 68

十七畫

●謝 朓齊		
謝宣城集序	宋樓 炤	1063-613- 附
謝宣城集序	宋洪 仄	1063-613- 附
（跋）謝玄暉詩（集）	明楊士奇	1238-615- 19
謝朓集題詞	明張 溥	1414-331- 77
御題宋槧謝宣城集	清 高 宗	1063-611- 附
●謝 莊劉宋		
謝莊集題詞	明張 溥	1414-211- 72
●謝靈運劉宋		
刻陸謝詩序	明李夢陽	1262-465- 50
書謝靈運集後	明王世貞	1285- 35- 3
謝靈運集題詞	明張 溥	1414- 45- 65
●謝惠連劉宋		
謝惠連集題詞	明張 溥	1414-200- 71
●應 瑒魏		
魏應瑒集題詞	明張 溥	1412-774- 32
●應 璩魏		
魏應璩集題詞	明張 溥	1412-774- 32
●薛道衡隋		
薛道衡集題詞	明張 溥	1416-276-118
●鍾 會魏		
魏鍾會集題詞	明張 溥	1413- 94- 36

十八畫

●顏延之劉宋

顏延之集題詞	明張 溥	1414-105- 67
●魏 收北齊		
齊魏收集題詞	明張 溥	1415-666-110
●魏文帝		
魏文帝集題詞	明張 溥	1412-578- 24
●魏武帝		
魏武帝集題詞	明張 溥	1412-541- 23

二十畫

●嚴 光漢		
釣臺集序	明鄭 紀	1249-813- 9
讀釣臺	明周 瑛	1254-798- 4

釋 道

支道林集序晉釋支遁	明皇甫涍	1276-648- 23

不知姓名

詹事徐府君集序	梁王增儒	1399-499- 11
		1406-377-352
		1415-285- 92
臨海伏君集序	梁王增儒	1399-499- 11
		1415-285- 92

b. 唐五代

三 畫

●上官婉兒唐		
唐昭容上官氏文集序	唐張 說	1065-782- 16
		1339-621-700
		1344-370- 91
		1394-637- 9
		1406-392-355

四 畫

●方 千唐		
玄英集原序	唐王 贊	1084- 44- 附
玄英集跋	明王 堅	1084- 85- 附
●王 勃唐		
入蜀紀行詩序	唐王 勃	561-492- 44
		1065- 91- 4
		1339-741-715
		1381-343- 32
		1406-384-354
王子安集原序	唐楊 炯	1065- 63- 附
		1065-207- 3
		1339-614-699
王子安集糾謬	不著撰人	1065-185- 附

王子安集補遺　　　　　　不著撰人　1065-186-　附
●王　建唐
編注王司馬宮詞序　　　　明王世貞　1282-570- 43
三家宮詞——王建（
　跋二則）　　　　　　　明毛　晉　1416-672-　上
王司馬集題詞　　　　　　清胡介祉　1078-578-　附
●王　維唐
進王右丞集表附仁宗
　　批答　　　　　　　　唐王　縉　 549- 82-184
　　　　　　　　　　　　　　　　　1071-　4-　首
　　　　　　　　　　　　　　　　　1338-667-611
　　　　　　　　　　　　　　　　　1403-522-134
跋王右丞集　　　　　　　宋陸　游　1163-532- 29
書王維集後　　　　　　　元劉　因　1198-581- 12
王右丞詩集序　　　　　　明何景明　1267-301- 34
書王右丞集後　　　　　　清朱鶴齡　1319-161- 13
王右丞集箋注序　　　　　清趙殿成　1071-　3-　附
●王　績唐
東皋子集序　　　　　　　唐呂　才　 550- 95-212
　　　　　　　　　　　　　　　　　1065-　2-　附
　　　　　　　　　　　　　　　　　1344-393- 93
　　　　　　　　　　　　　　　　　1405-653-303
東皋子集跋　　　　　　　宋陳振孫　1065- 26-　附
東皋子集跋　　　　　　　宋周　某　1065- 26-　附
（刪）東皋子集序　　　　明陸　淳　1065-　4-　附
　　　　　　　　　　　　　　　　　1344-394- 93
●元　結唐
文編序　　　　　　　　　唐元　結　1071-581- 12
　　　　　　　　　　　　　　　　　1339-629-701
　　　　　　　　　　　　　　　　　1405-655-303
容州經略使元結文集
　後序　　　　　　　　　唐李商隱　1082-427-　9
　　　　　　　　　　　　　　　　　1344-397- 93
　　　　　　　　　　　　　　　　　1405-664-304
篋中集序　　　　　　　　唐元　結　1344-396- 93
題元次山集　　　　　　　明胡應麟　1290-762-105
●元　稹唐
進詩狀　　　　　　　　　唐元　稹　1079-530- 35
　　　　　　　　　　　　　　　　　1339- 80-641
敍詩寄樂天書　　　　　　唐元　稹　1344-280- 84
　　　　　　　　　　　　　　　　　1404-577-220
因繼集重序　　　　　　　唐白居易　1339-730-713
跋元微之集　　　　　　　宋洪　适　1158-665- 63
元氏長慶集原序　　　　　宋劉　麟　1079-348-　附
重刻元氏長慶集序　　　　明瞿　堅　1295-　2-　1

●元宗簡唐
故京兆元少尹文集序　　　唐白居易　1080-743- 68
　　　　　　　　　　　　　　　　　1339-660-705
　　　　　　　　　　　　　　　　　1405-662-304
●孔季詢唐
孔補闕集序　　　　　　　唐張　說　1065-782- 16
　　　　　　　　　　　　　　　　　1339-623-701
　　　　　　　　　　　　　　　　　1405-654-303

五　畫

●司空聖唐
絕麟集述　　　　　　　　唐司空圖　1083-505-　4
●皮日休唐
文藪序　　　　　　　　　唐皮日休　1083-158-　附
皮子文藪序　　　　　　　宋柳　開　1085-317- 11
書皮日休集後　　　　　　明王　鏊　1256-501- 34
　　　　　　　　　　　　　　　　　1406-529-375
讀皮日休集　　　　　　　清　高宗　1083-153-　附
●令狐楚唐
唐故相國贈司空令狐
　公集紀　　　　　　　　唐劉禹錫　1077-438- 19
●白居易唐
白氏長慶集序　　　　　　唐元　稹　1079-601- 51
　　　　　　　　　　　　　　　　　1081-　6-　附
　　　　　　　　　　　　　　　　　1339-659-705
　　　　　　　　　　　　　　　　　1344-373- 92
　　　　　　　　　　　　　　　　　1405-661-304
白氏長慶集後序　　　　　唐白居易　1080-235- 21
序洛詩　　　　　　　　　唐白居易　1080-773- 70
　　　　　　　　　　　　　　　　　1339-766-717
東林寺白氏文集序　　　　唐白居易　1080-776- 70
聖善寺白氏文集記　　　　唐白居易　1080-776- 70
　　　　　　　　　　　　　　　　　1409-203-585
蘇州南禪院白氏文集
　記　　　　　　　　　　唐白居易　1080-782- 70
　　　　　　　　　　　　　　　　　1386- 46- 30
香山寺白氏洛中集記　　　唐白居易　1080-987- 71
　　　　　　　　　　　　　　　　　1341-135-816
白氏文集自記　　　　　　唐白居易　1081-　5-　附
書白樂天集後（二則）　　宋蘇　轍　 550-159-215
　　　　　　　　　　　　　　　　　1112-757- 21
　　　　　　　　　　　　　　　　　1384-935-164
跋白樂天集目錄　　　　　宋樓　鑰　1153-230- 76
題長慶集　　　　　　　　宋陳　造　1166-394- 31
題長慶集　　　　　　　　宋陳　造　1166-397- 31
白氏長慶集序　　　　　　宋高斯得　1182- 68-　4

集部　別集類：唐五代　五－七畫

題白樂天集　　　　　　明胡應麟　1290-763-105
白氏長慶集序　　　　　明婁　堅　1295- 3- 1
御製讀白居易集　　　　清 高 宗　1081- 1- 附
白香山詩集序　　　　　清宋　犖　1081- 3- 附
白香山詩集序　　　　　清汪立民　1081- 3- 附
（重刊）白香山詩集
　序　　　　　　　　　清朱彝尊　1081- 4- 附
　　　　　　　　　　　　　　　　1318- 58- 36

●包　佶唐
秘書監包府君集序　　　唐梁　肅　1339-641-703

六　畫

●江文蔚南唐
江簡公集序　　　　　　宋徐　鉉　1085-144- 18
●戎　昱唐
廣陵劉子闔選戎昱詩
　序　　　　　　　　　清彭孫遹　1317-301- 37
●朱　郁（父）唐
右拾遺吳郡朱君集序　唐顧　況　1072-547- 下
　　　　　　　　　　　　　　　　1337-639-703
　　　　　　　　　　　　　　　　1405-657-303

●朱　振唐
錄曾祖父作詩後序　　宋朱　松　1133-525- 10

七　畫

●沈亞之唐
沈下賢集原序　　　　　宋不著撰人　1079- 3- 附
●杜　甫唐
題杜子美別集後　　　　宋蘇舜欽　1092- 99- 13
杜工部詩後集序（老
　杜詩後集序）　　　　宋王安石　1069- 11- 附
　　　　　　　　　　　　　　　　1105-701- 84
　　　　　　　　　　　　　　　　1384- 70- 86
　　　　　　　　　　　　　　　　1405-615-299

集千家註杜工部詩集
　序　　　　　　　　　宋王安石　1069-666- 附
刻杜子美巴蜀詩序　　宋黃庭堅　1113-152- 16
杜詩箋　　　　　　　　宋黃庭堅　1113-574- 4
重校正杜子美集序　　宋李　綱　1126-573-138
書少陵詩集正異　　　宋汪應辰　1138-678- 10
跋章國華所集注杜詩　宋朱　熹　1145-766- 84
何南仲分類杜詩敘　　宋李　石　1149-645- 10
題韻類詩史　　　　　　宋陳　造　1166-400- 31
古郫徐君詩史字韻序　宋魏了翁　1172-587- 52
侯氏少陵詩註序　　　宋魏了翁　1172-621- 55
吳葦門杜詩九發序　　宋李昴英　1181-138- 3
新淦曾季輔杜詩句外

　序　　　　　　　　　宋文天祥　1184-594- 13
題劉玉田選杜詩　　　宋劉辰翁　1186-543- 6
題宋同野編杜詩　　　宋劉辰翁　1186-544- 6
補注杜詩原序　　　　宋董居誼　1069- 3- 附
補注杜詩跋　　　　　宋吳　文　1069- 4- 附
杜工部詩史舊集序　　宋王　洙　1069- 9- 附
讀杜工部詩集序　　　宋孫　僅　1069- 10- 附
編次杜工部詩序　　　宋魯　訔　1069- 12- 附
增修王原叔編次杜詩
　後記　　　　　　　　宋王　琪　1069- 13- 附
增注杜工部詩序　　　宋王彥輔　1069- 13- 附
杜少陵詩音義序　　　宋鄭　卬　1069- 14- 附
跋杜子美詩并序　　　宋鄭　卬　1069- 14- 附
讀子美詩　　　　　　　宋孫　何　1069- 15- 附
集千家註杜工部詩集
　序　　　　　　　　　宋胡宗愈　1069-665- 附
集千家註杜工部詩集
　序　　　　　　　　　宋王　洙　1069-665- 附
集千家註杜工部詩集
　序　　　　　　　　　宋蔡夢弼　1069-667- 附
杜詩學引　　　　　　　金元好問　1191-415- 36
杜詩纂例序　　　　　　元虞　集　1367-433- 35
杜詩舉隅序　　　　　　明宋　濂　1223-381- 5
杜律虞註序　　　　　　明楊士奇　1238-541- 14
讀杜愚得序　　　　　　明楊士奇　1238-541- 14
（跋）讀杜詩愚得二
　集　　　　　　　　　明楊士奇　1238-615- 19
（跋）杜詩類編　　　　明楊士奇　1238-618- 19
虞邵菴註杜工部律詩
　序　　　　　　　　　明王　直　1241-577- 11
重刻杜詩序　　　　　　明陸　深　1268-237- 38
間書杜律虞伯生註杜七
　言律　　　　　　　　明楊　慎　1270- 69- 5
劉諸暨杜律心解序　　明王世貞　1280-155- 66
讀太史公杜工部李空
　同三書序　　　　　　明宗　臣　1287-136- 13
書神留宇宙卷後　　　明胡　直　1287-437- 18
書元張伯成杜詩演義
　後　　　　　　　　　明蔣　晟　1455-366-213
杜律詹言序　　　　　　明謝　杰　1455-370-213
杜少陵集序　　　　　　明王雲鳳　1455-719-245
杜子美詩序　　　　　　清 高 宗　1300-333- 7
　　　　　　　　　　　　　　　　1449-244-首12
輯注杜工部集序　　　清朱鶴齡　1319- 73- 7
與李太史論杜注書　　清朱鶴齡　1319-117- 10

四庫全書文集篇目分類索引　　2167

王自牧集杜詩序　　　　清毛奇齡　1320-217- 26
杜詩分韻序　　　　　　清毛奇齡　1320-250- 30
●杜　牧唐
樊川集原序　　　　　　唐裴延翰　1081-564- 附
　　　　　　　　　　　　　　　　1344-398- 93
跋樊川集　　　　　　　宋陸　游　1163-543- 30
讀杜紫薇集　　　　　　明胡應麟　1290-761-105
御製讀杜牧集　　　　　清 高 宗　1081-561- 附
●杜荀鶴唐
唐風集敘　　　　　　　唐顧　雲　1083-584- 附
　　　　　　　　　　　　　　　　1339-736-714
唐風集跋　　　　　　　明毛　晉　1083-620- 附
●杜審言唐
杜必簡詩集序　　　　　宋楊萬里　1161- 96- 83
●李　白唐
唐翰林李太白詩序（
　草堂集序）　　　　　唐李陽冰　 561-492- 44
　　　　　　　　　　　　　　　　1066-428- 附
　　　　　　　　　　　　　　　　1066-438- 附
　　　　　　　　　　　　　　　　1067-551- 31
李翰林集序　　　　　　唐魏　顒　1066-429- 30
　　　　　　　　　　　　　　　　1067-553- 31
　　　　　　　　　　　　　　　　1381-328- 31
書李翰林集後　　　　　宋釋契嵩　1091-566- 16
李太白文集後序　　　　宋曾　鞏　1066-441- 附
　　　　　　　　　　　　　　　　1067-567- 31
　　　　　　　　　　　　　　　　1098-457- 12
　　　　　　　　　　　　　　　　1384-239-101
　　　　　　　　　　　　　　　　1405-616-299
跋李太白詩　　　　　　宋陸　游　1163-553- 31
李翰林別集序　　　　　宋樂　史　1066-430- 30
　　　　　　　　　　　　　　　　1066-439- 附
　　　　　　　　　　　　　　　　1067-555- 31
李太白文集後序　　　　宋宋敏求　1066-441- 附
　　　　　　　　　　　　　　　　1067-566- 31
李太白文集後序　　　　宋毛　漸　1067-568- 31
補註李太白集序例　　　元蕭士贇　1067-583- 33
　（跋）李詩　　　　　明楊士奇　1238-615- 19
李（太白）詩選題辭　　明楊　慎　1067-584- 33
　　　　　　　　　　　　　　　　1270- 42- 3
李翰林分體全集序　　　明王穉登　1067-586- 33
李翰林集　　　　　　　明徐　熥　1455-795-253
李太白集註後跋五篇　　清王　琦　1067-690- 附
●李　泌唐
丞相鄴侯李泌文集序　唐梁　肅　1339-640-703

　　　　　　　　　　　　　　　　1344-358- 91
●李　邕唐
李北海集序　　　　　　明曹　荃　1066- 6- 附
●李　紳唐
追昔游集序　　　　　　唐李　紳　1339-732-714
●李　賀唐
昌谷集原序（李長吉
　歌詩原序）　　　　　唐杜　牧　 558-694- 48
　　　　　　　　　　　　　　　　1078-439- 附
　　　　　　　　　　　　　　　　1078-483- 附
　　　　　　　　　　　　　　　　1081-604- 7
　　　　　　　　　　　　　　　　1339-733-714
　　　　　　　　　　　　　　　　1344-389- 93
　　　　　　　　　　　　　　　　1405-607-298
李長吉詩集序　　　　　宋薛季宣　1159-489- 30
刻長吉詩序　　　　　　元劉將孫　1199- 80- 9
書李長吉詩後　　　　　明楊士奇　1455-337-211
題李長吉集　　　　　　明胡應麟　1290-762-105
●李　華唐
檢校尚書吏部員外郎
　趙郡李公中集序（
　李遐叔文集原序）　　唐獨孤及　1072-259- 13
　　　　　　　　　　　　　　　　1072-346- 附
　　　　　　　　　　　　　　　　1339-631-702
　　　　　　　　　　　　　　　　1344-382- 92
●李　絳唐
唐故相國李公集紀（
　序）　　　　　　　　唐劉禹錫　1077-435- 19
　　　　　　　　　　　　　　　　1339-654-705
　　　　　　　　　　　　　　　　1405-660-303
●李　靖唐
李衛公集序　　　　　　唐李商隱　1406-396-355
●李　煜南唐
跋李後主詩藁　　　　　元袁　桷　1203-614- 46
●李　翰唐
補闕李君前集序　　　　唐梁　肅　 506-393-100
　　　　　　　　　　　　　　　　1339-643-703
　　　　　　　　　　　　　　　　1344-380- 92
　　　　　　　　　　　　　　　　1417-735- 34
●李　翱唐
書李翱集後　　　　　　宋歐陽修　1102-571- 73
讀李翱文　　　　　　　宋歐陽修　1102-572- 73
　　　　　　　　　　　　　　　　1103-767- 16
書李文公集後　　　　　宋王安石　1105-593- 71
　　　　　　　　　　　　　　　　1384-111- 90

集部

別集類：唐五代

七畫

集部 別集類：唐五代

七－八畫

跋李文公集　　宋洪 适　1158-662- 63
書所編李文公集篇目後　　元趙 汸　1221-294- 5
　　　　1374-206- 46
　　　　1375-313- 25
　　　　1455-321-210
題李習之集二則　　明胡應麟　1290-762-105
李文公集跋　　明毛 晉　1078-193- 18
●李 觀唐
李元賓文編原序　　唐陸希聲　1078-267- 附
　　　　1344-391- 93
　　　　1405-663-304
●李宏冀南唐
文獻太子詩集序　　宋徐 鉉　1085-143- 18
●李季卿（父）唐
工部侍郎李公集序　　唐賈 至　1339-629-701
●李咸用唐
唐李推官披沙集序　　宋楊萬里　1161- 92- 82
●李栖筠唐
李栖筠文集序　　唐權德輿　1344-372- 92
●李商隱唐
樊南甲集序　　唐李商隱　1082-429- 9
　　　　1339-671-707
　　　　1405-665-304
樊南乙集序　　唐李商隱　1082-430- 9
　　　　1339-672-707
　　　　1405-665-304
書鄭潛庵李商隱詩選　　元袁 桷　1203-632- 48
李義山無題詩新註序　　清魏裔介　1312-755- 6
跋李義山詩注　　清汪 琬　1315-613- 39
李義山詩集註原序　　清朱鶴齡　1082- 81- 附
新編李義山文集序　　清朱鶴齡　1319- 75- 7
西崑發微序　　清朱鶴齡　1319- 80- 7
●李群玉唐
進詩表附口宣　　唐李群玉　1083- 2- 附
●李德裕唐
進新舊文十卷狀　　唐李德裕　1339- 80-641
太尉衛公會昌一品集序　　唐李商隱　1082-412- 9
　　　　1339-667-706
會昌一品集原序　　唐鄭 亞　506-394-100
　　　　1079-108- 附
　　　　1082-423- 9
　　　　1339-663-706
　　　　1418-135- 40

讀李文饒集　　宋呂南公　1123-163- 17
跋李衛公集　　宋陸 游　1163-552- 31
讀會昌一品集　　明王世貞　1280-766-112
　　　　1285- 68- 5
●呂 溫唐
（唐故）衡州刺史呂君集紀（呂衡州集序）　　唐劉禹錫　1077-441- 19
　　　　1077-596- 附
　　　　1339-658-705
　　　　1344-386- 92
　　　　1405-659-303
●呂世膚唐
豐溪存藁序　　清儲大文　1327-224- 11
●岑 參唐
書岑參詩集後　　宋周紫芝　1141-484- 67
跋岑嘉州詩集　　宋陸 游　1163-510- 26
書岑嘉州詩集後　　明吳 寬　1255-462- 50
刻岑詩成題其後　　明邊 貢　1264-236- 14
●吳 筠唐
宗玄集原序（中嶽宗元先生吳尊師集序）　　唐權德興　1071-725- 附
　　　　1339-650-704
　　　　1344-394- 93
宗玄集原序　　唐吳 筠　1071-773- 附
宗玄集跋　　不著撰人　1071-773- 附
●吳 融唐
唐英歌詩跋二則　　明毛 晉　1084- 42- 附
●吳武陵（父）唐
濮陽吳君文集序　　唐柳宗元　541-396-35之6
　　　　1076-204- 21
　　　　1076-653- 21
　　　　1077-257- 21
　　　　1383-245- 21
　　　　1405-657-303

八 畫

●武仜緒唐
題致仕武賓客嵩山舊隱詩序　　唐顧 雲　1339-767-717
●孟 郊唐
孟東野詩集原序　　宋宋敏求　1078-312- 附
跋孟東野集　　宋程 珌　1171-351- 9
●孟浩然唐
孟浩然集序　　唐王士源　1071-438- 附
　　　　1405-654-303
孟浩然集序　　唐韋 滔　1071-439- 附

跋孟浩然詩集（三則）　宋陸　游　1163-552- 31
題孟浩然集後　宋陳　造　1166-401- 31
●孟賓于後晉
孟水部詩序　宋王禹偁　1086-198- 20
●來　濟唐
南陽公集序　唐盧照鄰　1065-327- 6
　　　　　　　　　　　1339-619-700
●周　朴唐
周朴詩集序　唐林　嵩　1339-735-714

九　畫

●柳宗元唐
唐柳河東文集序（唐
　故尚書禮部員外郎
　柳君集紀　唐劉禹錫　1076-472- 附
　　　　　　　　　　　1077-307- 3
　　　　　　　　　　　1077-442- 19
　　　　　　　　　　　1339-657-705
　　　　　　　　　　　1344-384- 92
　　　　　　　　　　　1405-658-303
題柳柳州集後　唐司空圖　550-157-215
　　　　　　　　　　　1083-495- 2
　　　　　　　　　　　1344-401- 93
　　　　　　　　　　　1406-461-366
舊本柳文後序　宋穆　修　550- 99-212
　　　　　　　　　　　1076-896- 附
　　　　　　　　　　　1077-319- 4
　　　　　　　　　　　1351- 7- 85
　　　　　　　　　　　1405-668-305
題柳文　宋李　石　1077-321- 4
跋柳柳州集　宋陸　游　1163-517- 27
跋宗元先生文集　宋陸　游　1163-551- 31
（跋）龍城錄　宋周　南　1169- 55- 5
柳文序　宋嚴有翼　550- 95-212
　　　　　　　　　　　1077-304- 2
四明新本柳文後序　宋沈　晦　1076-463- 下
　　　　　　　　　　　1076-897- 附
　　　　　　　　　　　1077-320- 4
柳河東新編外集跋（
　柳文後記）　宋韓　醇　1076-466- 附
　　　　　　　　　　　1077-321- 4
柳河東集註序　宋陸之淵　1076-471- 附
柳州舊本柳文後序　宋李　祹　1076-898- 附
　　　　　　　　　　　1077-321- 4
柳文後跋　宋錢　重　1077-305- 2
柳文後跋　宋趙善懰　1077-306- 2

（跋）柳文（集）　明楊士奇　1238-603- 18
（跋）韓柳文（集）　明楊士奇　1238-604- 18
題柳河東集後　明胡應麟　1290-761-105
柳文馨逸序　明凌義渠　1297-438- 5
柳州文鈔引　明茅　坤　550-181-215
　　　　　　　　　　　1383-203- 附
御製題增廣註釋音辯
　唐柳宗元集　清 高 宗　1076-469- 附
　　　　　　　　　　　1077- 1- 附
書河東先生集後　清陳廷敬　1316-704- 48
柳州題辭　清田　雯　1324-299- 28
●韋　莊唐
浣花集原序　唐韋　藹　1084-541- 附
●韋處厚唐
開州韋處厚侍講盛山
　十二詩序　唐韓　愈　1339-727-713
　　　　　　　　　　　1378-342- 53
　　　　　　　　　　　1383- 94- 7
唐故中書侍郎平章事
　韋公集紀（相國韋
　公集序）　唐劉禹錫　1077-436- 19
　　　　　　　　　　　1339-655-705
　　　　　　　　　　　1344-363- 91
●韋渠牟唐
右諫議大夫韋君集序　唐權德輿　1339-721-712
●韋應物唐
韋蘇州集序　宋呂南公　1123- 71- 7
韋蘇州集序　宋喻良能　1151-828- 6
韋蘇州集原序　宋王欽臣　1072- 78- 附
●姚　合唐
姚少監詩集跋（四則）　明毛　晉　1081-755- 10
●姚南仲唐
右僕射贈太子太保姚
　公集序　唐權德輿　1339-645-703
●皇甫冉唐
（唐故）左補闕安定
　皇甫公集序　唐獨孤及　1072-261- 13
　　　　　　　　　　　1339-720-712
　　　　　　　　　　　1344-319- 92
●皇甫湜唐
跋皇甫先生文集　唐陸　游　1163-529- 28
再跋皇甫先生文集後　宋陸　游　1163-545- 30
皇甫持正集序　明王　鏊　1256-281- 14
　　　　　　　　　　　1455-449-220
題皇甫湜集後　明胡應麟　1290-760-105

四庫全書文集篇目分類索引

集部 別集類：唐五代 十—十一畫

十 畫

●唐太宗
讀唐太宗集　　　　　　　清高 宗　1301-190- 22

●秦 系唐
跋秦系詩　　　　　　　　宋李昭玘　1122-271- 5

●孫 逖唐
尚書刑部侍郎贈尚書右僕射孫逖文公集序　　　　　　　唐顏眞卿　541-394-35之6
　　　　　　　　　　　　　　　　　1071-659- 12
　　　　　　　　　　　　　　　　　1339-634-702
　　　　　　　　　　　　　　　　　1344-376- 92

●孫 樵唐
孫可之集序　　　　　　　明王 鏊　1256-264- 12
書孫可之集後　　　　　　明王 鏊　1256-510- 35

十一畫

●許 渾唐
跋許用晦丁卯集　　　　　宋陸 游　1163-526- 28

●許經邦唐
左武衞胄曹許君集序　　　唐權德輿　1339-724-713

●梁 肅唐
梁肅文集序　　　　　　　唐崔 恭　1344-381- 92

●曹 鄴唐
曹祠部集序（題唐曹祠部詩集後）　　明蔣 晃　1083-129- 附
　　　　　　　　　　　　　　　　　1466-728- 59

再書曹祠部詩後　　　　　明蔣 晃　1466-729- 59

●陸 贄唐
翰苑集原序（陸宣公集序）　唐權德輿　1072-573- 附
　　　　　　　　　　　　　　　　　1344-360- 91
　　　　　　　　　　　　　　　　　1417-729- 34
　　　　　　　　　　　　　　　　　1476-123- 7

宋進呈奏議箚子　　　　　宋蘇 軾　1072-575- 附
題陸宣公集　　　　　　　宋陳 造　1166-394- 31
重刻陸宣公集序　　　　　明邵 寶　1258-592- 12

●陸龜蒙唐
笠澤藂書序（叢書序）　　唐陸龜蒙　1083-231- 1
　　　　　　　　　　　　　　　　　1083-381- 16
　　　　　　　　　　　　　　　　　1339-674-707
　　　　　　　　　　　　　　　　　1386-641- 55
　　　　　　　　　　　　　　　　　1405-667-304

甫里集原序　　　　　　　宋林希逸　1083-282- 附
　　　　　　　　　　　　　　　　　1386-644- 55

陸魯望文集（笠澤藂

書）序　　　　　　　　　宋樊 開　1083-230- 附
　　　　　　　　　　　　　　　　　1083-409- 附
　　　　　　　　　　　　　　　　　1386-643- 55

笠澤藂書（埔里先生文集）後序　　　宋朱 袞　1083-271- 5
　　　　　　　　　　　　　　　　　1083-409- 20
　　　　　　　　　　　　　　　　　1386-643- 55

甫里先生文集後序　　　　宋葉 茵　1386-644- 55
校笠澤叢書後記　　　　　金元好問　1191-386- 34
笠澤藂書跋　　　　　　　元孫德厚　1083-277- 附
重刊甫里先生文集序　　　明陸 釴　1386-645- 55
書笠澤叢書後　　　　　　清朱鶴齡　1319-161- 13

●陶 幹唐
禮部員外郎陶氏集序　　　唐顧 況　1072-546- 下
　　　　　　　　　　　　　　　　　1339-638-702

●張 籍唐
唐張司業詩集序　　　　　唐張 珀　1386-638- 55
讀張籍書　　　　　　　　元王 惲　1200-590- 45
書張文昌詩（卷）　　　　明楊士奇　1238-121- 10

●張九齡唐
張文獻公曲江集序　　　　明丘 濬　564-720- 59
　　　　　　　　　　　　　　　　　1248-169- 9

●張布元唐
洛州張司馬集序　　　　　唐張 說　1065-783- 16
　　　　　　　　　　　　　　　　　1339-624-701
　　　　　　　　　　　　　　　　　1394-636- 9
　　　　　　　　　　　　　　　　　1406-393-355

●張建封唐
張建封文集序　　　　　　唐權德輿　1339-646-704
　　　　　　　　　　　　　　　　　1344-369- 91

●陳 陶五代
書陳陶詩集後　　　　　　清陳弘緒　518-254-143

●陳 黯唐
潁川陳先生集序　　　　　唐黃 滔　1084-178- 8
　　　　　　　　　　　　　　　　　1339-674-707

陳先生集後序　　　　　　唐羅 隱　1084-249- 5
　　　　　　　　　　　　　　　　　1339-675-707
　　　　　　　　　　　　　　　　　1405-667-304

●陳子昂唐
陳氏集序（陳子昂文集序）　唐盧藏用　561-494- 44
　　　　　　　　　　　　　　　　　1339-621-700
　　　　　　　　　　　　　　　　　1344-385- 92
　　　　　　　　　　　　　　　　　1381-327- 31

陳拾遺集原序　　　　　　明邵 廉　1065-529- 附

四庫全書文集篇目分類索引

集部

別集類：唐五代

十一—十五畫

陳子昂集序　　　　　　　明劉　鳳　1405-704-309

●貫　休唐

禪月集序　　　　　　　　唐吳　融　1339-737-714

●崔　汾唐

贈禮部尙書孝公崔汾集序　唐李　華　1072-354- 1

　　　　　　　　　　　　　　　　　1339-625-701

　　　　　　　　　　　　　　　　　1344-374- 92

●崔山池唐

崔公山池後集序　　　　　唐李　瀚　1344-393- 93

●崔元翰唐

比部郞中崔君元翰集序　　唐權德輿　1339-649-704

　　　　　　　　　　　　　　　　　1344-378- 92

●崔日用唐

齊昭公崔府君集序　　　　唐崔祐甫　1339-636-702

●崔秀文唐

崔處士集序　　　　　　　唐王仲舒　1339-644-703

●崔祐甫唐

崔祐甫文集序（崔文貞公文集序）　唐權德輿　506-390-100

　　　　　　　　　　　　　　　　　1344-359- 91

●常　建唐

（跋）常建詩（集）　　　明楊士奇　1238-620- 19

　　　　　　　　　　　　　　　　　1455-339-211

常建詩跋　　　　　　　　明毛　晉　1071-436- 附

十二畫

●黃　滔唐

黃御史集原序　　　　　　宋洪　邁　1084- 89- 附

黃御史集原序　　　　　　宋楊萬里　1084- 89- 附

　　　　　　　　　　　　　　　　　1161- 71- 80

黃御史集原序　　　　　　宋謝　覊　1084- 90- 附

黃御史集跋　　　　　　　明黃　翠　1084-131- 4

●費氏（孟昶妃）後蜀

題花蕊夫人宮詞後　　　　明周　瑛　1254-797- 4

三家宮詞——花蕊夫人（跋二則）　明毛　晉　1416-680- 中

十三畫

●溫庭筠唐

跋溫庭筠詩集　　　　　　宋陸　游　1163-511- 26

跋金荃集　　　　　　　　宋陸　游　1163-519- 27

●賈　島唐

書長江集後　　　　　　　宋呂南公　1123-165- 17

●楊　炯唐

楊炯集序　　　　　　　　明張遜業　1065-290- 附

●楊　凌唐

楊評事文集後序　　　　　唐柳宗元　1076-203- 21

　　　　　　　　　　　　　　　　　1076-652- 21

　　　　　　　　　　　　　　　　　1077-256- 21

　　　　　　　　　　　　　　　　　1339-653-704

　　　　　　　　　　　　　　　　　1344-401- 93

　　　　　　　　　　　　　　　　　1383-244- 21

　　　　　　　　　　　　　　　　　1405-657-303

●楊　極唐　　　　　　　唐李　華　1072-357- 1

楊騎曹集序　　　　　　　　　　　　1339-628-701

●楊　凝唐

兵部郞中楊君集序　　　　唐權德輿　1339-647-704

●董　挺唐

董氏武陵集紀（序）　　　唐劉禹錫　1077-442- 19

　　　　　　　　　　　　　　　　　1339-728-713

　　　　　　　　　　　　　　　　　1405-606-298

　　　　　　　　　　　　　　　　　1409-403-608

十四畫

●廖　圖五代

五峰集序　　　　　　　　宋柳　開　1085-317- 11

●趙渭南唐

跋趙渭南集　　　　　　　宋陸　游　1163-552- 31

●裴　倩唐

裴氏海昏集序　　　　　　唐呂　溫　1077-621- 3

　　　　　　　　　　　　　　　　　1339-725-713

十五畫

●鄭　谷唐

雲臺編原序　　　　　　　唐鄭　谷　1083-450- 附

●歐陽詹唐

歐陽行周文集原序　　　　唐李貽孫　530-483- 70

　　　　　　　　　　　　　　　　　1078-196- 附

　　　　　　　　　　　　　　　　　1344-390- 93

跋歐陽四門集　　　　　　宋眞德秀　1078-261- 附

　　　　　　　　　　　　　　　　　1174-538- 34

歐陽集十卷跋文獻通考　　宋馬端臨　1078-261- 附

書歐陽行周先生文集序　　明蔡　清　1257-840- 3

題歐陽詹集　　　　　　　明胡應麟　1290-761-105

●樊宗師唐

綘守居園池記序　　　　　宋孫　冲　550-103-212

題樊宗師集後　　　　　　明胡應麟　1290-760-105

●劉　商唐

劉商郞中集序　　　　　　唐武元衡　1339-726-713

●劉　蛻唐

文泉子集序　　　　　　　唐劉　蛻　1082-621- 1

集部 別集類：唐五代 十五－十七畫

1339-674-707
1405-666-304

●劉太真唐
信州刺史府君集序　　唐顧　況　　518- 7-136
　　　　　　　　　　　　　　　1072-546- 下
　　　　　　　　　　　　　　　1339-638-702

●劉長卿唐
跋尹耕師書劉隨州集
　（二則）　　　　　宋陸　游　1163-506- 26
劉文房詩跋　　　　　明楊士奇　1238-121- 10
●劉禹錫唐
劉氏集略說　　　　　唐劉禹錫　1077-448- 20
讀劉中山集　　　　　明胡應麟　1290-761-105

十六畫

●駱賓王明
讀唐駱賓王集　　　　明胡應麟　1290-759-105
題駱賓王集後二則　　明胡應麟　1290-767-106
●盧　全唐
書盧全集後　　　　　宋呂南公　1123-164- 17
●盧　象唐
（唐故尚書）主客員外
　郎盧公集紀（序）　唐劉禹錫　1077-440- 19
　　　　　　　　　　　　　　　1339-728-713

●盧　肇唐
跋唐盧肇集　　　　　宋陸　游　1163-528- 28
●蕭立南唐
唐故殿中侍御史贈考
　功郎中蕭府君文章
　集錄序　　　　　　唐獨孤及　1072-262- 13
　　　　　　　　　　　　　　　1339-630-701

●蕭穎士唐
揚州功曹蕭穎士文集
　序　　　　　　　　唐李　華　1072-356- 1
　　　　　　　　　　　　　　　1339-627-701
　　　　　　　　　　　　　　　1344-392- 93
　　　　　　　　　　　　　　　1405-656-303

●錢　珝唐
舟中錄序　　　　　　唐錢　翊　1339-676-707
●獨孤及唐
毘陵集原序（獨孤常
　州集序）　　　　　唐李　舟　1072-161- 附
　　　　　　　　　　　　　　　1339-636-702

毘陵集後序（常州刺
　史獨孤及集後序）　唐梁　肅　1072-312- 附
　　　　　　　　　　　　　　　1339-642-703

1344-400- 93

●鮑　溶唐
鮑溶詩集原序 一作目　宋會　鞏　1081-532- 附
　錄序　　　　　　　　　　　　1098-456- 11
●穆　員唐
穆公集序　　　　　　唐許孟容　1339-651-704

十七畫

●韓　愈唐
（韓愈）文錄序　　　唐趙　德　 564-676- 59
　　　　　　　　　　　　　　　1073-257- 10
　　　　　　　　　　　　　　　1073-742- 附
　　　　　　　　　　　　　　　1075- 22- 附
昌黎先生集序　　　　唐李　漢　1075- 3- 附
　　　　　　　　　　　　　　　1344-376- 92
　　　　　　　　　　　　　　　1354- 58- 8
　　　　　　　　　　　　　　　1405-664-304
　　　　　　　　　　　　　　　1418- 96- 38
昌黎集後序　　　　　宋柳　開　1085-318- 11
記舊本韓文後　　　　宋歐陽修　1073-257- 10
　　　　　　　　　　　　　　　1073-742- 附
　　　　　　　　　　　　　　　1075- 22- 附
　　　　　　　　　　　　　　　1102-576- 73
　　　　　　　　　　　　　　　1103-766- 16
　　　　　　　　　　　　　　　1383-677- 60
　　　　　　　　　　　　　　　1406-505-373
原本韓集考異序　　　宋朱　熹　1073-129- 1
　　　　　　　　　　　　　　　1145-586- 76
與方伯謨（書）言韓
　文考異體例　　　　宋朱　熹　1144-293- 44
修韓文舉正例　　　　宋朱　熹　1145-524- 74
書韓文考異前　　　　宋朱　熹　1145-587- 76
跋方季伸所校韓文　　宋朱　熹　1145-723- 83
彭文蔚補注韓文序　　宋楊萬里　1161- 82- 81
彭石庭韓文覽序　　　宋歐陽守道　1183-601- 12
跋昌黎文粹　　　　　宋王　柏　1186-176- 11
韓集舉正序　　　　　宋方崧卿　1073- 3- 1
書韓文鈔目錄後　　　元程　文　1375-310- 24
（跋）韓文（集）　　明楊士奇　1238-603- 18
（跋）韓柳文（集）　明楊士奇　1238-604- 18
（跋）不完韓文（集）明楊士奇　1238-604- 18
韓文考異敘　　　　　明孫承恩　1271-391- 30
昌黎文鈔引　　　　　明茅　坤　1383- 17- 附
書昌黎集後　　　　　明王　格　1455-752-247
韓文公文集序　　　　清高　宗　1300-333- 7
　　　　　　　　　　　　　　　1449-243- 12

四庫全書文集篇目分類索引　2173

歐五百家昌黎集注　清朱翠尊　1318-234- 52
昌黎題辭　清田　雯　1324-299- 28
韓子粹言序　清李光地　1324-683- 11
刻韓文考異跋　清李光地　1324-712- 13
書韓文考異書後　清汪由敦　1328-846- 15
韓集點勘書後　清陳景雲　1075-575- 附
●韓　偓唐
書韓承旨別集後　宋周紫芝　1141-480- 67
香奩集紋　宋薛季宣　1159-488- 30
韓內翰別集跋　明毛　晉　1083-580- 附
●儲光羲唐
儲光羲詩集原序（監
　察御史儲公集序）　唐顧　況　1071-472- 附
　　　　　　　　　　　　　1072-547- 下
　　　　　　　　　　　　　1339-640-703

十八畫

●顏真卿唐
顏魯公集原序　宋劉　敞　541-397-35之6
　　　　　　　　　　　　　1071-588- 1
　　　　　　　　　　　　　1095-694- 34
顏魯公文集序　明楊一清　541-414-35之6

十九畫

●麴（麯）信陵唐
歐望江麴君集　宋陸　游　1163-540- 30
●羅　隱唐
湖南應用集序　唐羅　隱　1084-250- 5
　　　　　　　　　　　　　1339-676-707
　　　　　　　　　　　　　1405-667-304
羅隱甲乙集讀書後題　元吳師道　1212-231- 17
羅昭諫集跋　清張　澍　1084-285- 附

二十畫

●蘇　頲唐
蘇頲文集序　唐韓　休　1344-357- 91

二十一畫

●顧　況唐
華陽集原序（故著作
　佐郎顧況集序）　唐皇甫湜　1072-511- 附
　　　　　　　　　　　　　1078- 76- 2
　　　　　　　　　　　　　1339-661-705
　　　　　　　　　　　　　1344-389- 93
　　　　　　　　　　　　　1405-660-303

二十二畫

●權德輿唐
權文公集序　唐楊嗣復　1072-798- 附
　　　　　　　　　　　　　1339-673-707

　　　　　　　　　　　　　1344-362- 91
權文公集序　明王士禎　1072-800- 附

釋　道

澈上人文集紀（序）
　　　　　唐釋靈澈　唐劉禹錫　1077-443- 19
　　　　　　　　　　　　　1339-729-713
　　　　　　　　　　　　　1344-396- 93
　　　　　　　　　　　　　1345-165- 20
寒山詩集原序唐釋寒山　唐閭丘胤　1065- 31- 附
杼山集原序（吳興晝
　公集序）唐釋皎然　唐于　頔　1071-776- 附
　　　　　　　　　　　　　1339-720-712
禪月集後序（二則）
　　　　　唐釋貫休
禪月集跋（二則）
　　　　　唐釋貫休　唐釋曇域　1084-527- 附
　　　　　　　　　　　　　1084-525- 26
禪月集後序唐釋貫休　明周伯琦　1084-529- 附
禪月集後序唐釋貫休　明童必明　1084-530- 附
顏上人集序唐釋尚顏　唐顧　堯　1339-737-714
顏上人集序唐釋尚顏　唐李　調　1339-738-714
白蓮集跋（二則）
　　　　　唐釋齊己　　明毛　晉　1084-420- 10

不知姓名

駙馬都尉喬君集序　唐盧照鄰　1065-326- 6
　　　　　　　　　　　　　1339-618-700
　　　　　　　　　　　　　1394-635- 9
樂府雜詩序　唐盧照鄰　1065-329- 6
注懸征賦後述　唐司空圖　1344-402- 93
成氏詩集序　宋徐　鉉　1085-145- 18
蕭庶子詩序　宋徐　鉉　1085-145- 18
唐山人詩序　清呂　潛　561-657- 47

c. 宋

二　畫

●丁　逵
丁端叔南征集序　宋陳傅良　1150-814- 40
●丁希亮
丁少詹文集序　宋葉　適　1164-239- 12

三　畫

●于　石
紫巖于先生詩集序　宋金履祥　1189-814- 3
●万俟紹之
鄔莊吟藁序　宋方　洪　1357-848- 11

集部

別集類：唐五代十七—二十二畫、釋道、不知姓名

宋二—三畫

四 畫

●方 勻
書方勻雲茅漫錄後　　宋葉夢得　1129-610- 3
●方 蕭
次雲方先生詩集序　　宋林希逸　1185-672- 12
●方 蠱
（富山遺稿）原序　　元商 畸　1189-366- 附
●方大琮
方忠惠公文集序　　　明林 俊　1257- 40- 5
●方山翁
題方山翁牧歌樵唱詩序　　宋何夢桂　1188-473- 8
●方仁甫
方仁甫詩序　　宋何夢桂　1188-461- 6
●方叔規
方叔規詩集序　　宋何夢桂　1188-458- 6
●方善夫
題方山長鄰能小藁　　宋歐陽守道　1183-686- 22
●方景雲
題方景雲課藁後　　宋馬廷鸞　1187-107- 15
●方應發
方君節詩序　　宋林希逸　1185-676- 12
●方豐之
方德亨詩集序　　宋陸 游　1163-417- 14
●文 同
丹淵集拾遺跋　　宋家誠之　1096-809- 附
●文天祥
指南前錄自序　　宋文天祥　518- 17-136
　　　　　　　　　　　　1184-687- 18
指南（前）錄後序　　宋文天祥　1184-688- 18
　　　　　　　　　　　　1405-619-299
文信國集杜詩原序　　宋文天祥　1184-808- 附
文山詩序　　宋何夢桂　1188-443- 3
（跋）文信公詩（册）　　明楊士奇　1238-617- 19
文山先生文集序　　明韓 雍　1245-745- 11
文山別集序　　明王守仁　1265-640- 22
重刻文山集序　　明羅洪先　1275-218- 11
文信國集杜詩原序　　明王 偉　1184-806- 附
文信國集杜詩原序　　明劉定之　1184-807- 附
文山詩史序　　明劉定之　1374-188- 44
　　　　　　　　　　　　1405-625-300
　　　　　　　　　　　　1455-343-212
成仁遺稿序　　明舒 芬　1455-731-246
御題文山集　　清 高 宗　1184-359- 附
●文本仁

文勿齋詩序　　宋何夢桂　1188-449- 5
●尤 袤
梁谿遺稿序　　宋方 回　1149-510- 附
梁谿遺稿序　　清朱彝尊　1318- 59- 36
●王 回
王深甫文集序　　宋曾 鞏　1098-459- 12
　　　　　　　　　　　　1384-243-101
　　　　　　　　　　　　1405-677-306
●王 向
王子直文集序　　宋曾 鞏　1098-460- 12
　　　　　　　　　　　　1384-242-101
　　　　　　　　　　　　1405-676-306
●王 阮
王南卿文集序　　宋劉克莊　1180-244- 23
義豐集序　　宋吳 愈　1154-538- 附
●王 岡
王容季文集序　　宋曾 鞏　1098-461- 12
●王 炎
雙溪類藁序　　宋王 麟　1155-412- 附
●王 炎父
南窗雜著序　　宋王 炎　1155-717- 25
●王 炎伯父
冰玉老人集序　　宋王 炎　1155-718- 25
●王 炎外祖
鑑溪老人集序　　宋王 炎　1155-703- 24
●王 涬
跋王道州仙麓詩卷　　宋文天祥　1184-613- 14
●王 洋
（東牟集）周必大原序　　宋周必大　1132-299- 附
王元勃洋右史集序　　宋周必大　1147-210- 20
王推官洋漫齋文集序　　宋周必大　1147-555- 52
●王 奕
跋王宗甫臥雲集　　元胡 助　1214-673- 19
●王 枅
王木叔詩序　　宋葉 適　1164-246- 12
●王 柏
魯齋先生文集目後題　　宋金履祥　1189-830- 4
可言集考　　元方 回　1375-408- 32
（魯齋集）原序　　明楊 溥　1186- 2- 附
魯齋集跋　　明劉 同　1186-291- 20
●王 象
王象支使甬上詩集序　　宋趙 湘　1086-331- 4
●王 祐
故兵部侍郎王公集序　　宋徐 鉉　1085-179- 23

集部　別集類：宋　四畫

●王 益
先大夫集序　　　　　　宋王安石　1105-587- 71
●王 珪
進家集表　　　　　　　宋王仲巋　1093-494-附10
　　　　　　　　　　　　　　　　1352-102-2下
三家宮詞——王珪（
　跋三則）　　　　　　明毛　晉　1416-687- 下
●王 矩
王侍郎矩復齋詩集序　宋魏了翁　1172-612- 54
●王 從
三近齋餘錄序　　　　　宋楊萬里　1161-108- 64
●王 迷
王致君司業文集序　　　宋周必大　1147-552- 52
●王 愈
一堂先生文集序　　　　宋王　炎　1155-715- 25
●王 蒙
番易王養正雙巖集序　宋魏了翁　1172-614- 54
跋王雙巖文集　　　　　宋眞德秀　1174-510- 36
●王 綱
懶翁詩序　　　　　　　宋王　炎　1155-724- 25
●王 遇
王子立秀才文集引　　　宋蘇　轍　1112-753- 21
●王 翠
王定國詩集序　　　　　宋蘇　軾　1107-483- 34
　　　　　　　　　　　　　　　　1384-656-139
王定國文集序　　　　　宋黃庭堅　1113-146- 16
　　　　　　　　　　　　　　　　1405-679-306
●王 質
退文序　　　　　　　　宋王　質　1149-384- 5
雪山集原序　　　　　　宋王　阮　1149-346- 附
●王 鑑
月洞吟序　　　　　　　明王養端　1189-490- 附
月洞吟序　　　　　　　明湯顯祖　1189-491- 附
●王 禮
王君禮詩集序　　　　　宋楊天惠　1354-556- 23
王君禮詩文集序　　　　宋楊天惠　1381-334- 31
●王 鸞
王夢錫集序　　　　　　宋呂南公　1123- 83- 8
●王 蘋
王著作集原序　　　　　宋盧　鉞　1136- 64- 附
資中袁先生跋（王著
　作集）　　　　　　　宋袁萬頃　1136- 80- 3
玉山汪先生跋（王著
　作集）　　　　　　　宋汪　懋　1136- 80- 3
離國虞先生跋（王著
　作集）　　　　　　　宋虞　牝　1136- 81- 3
天台毛先生跋（王著
　作集）　　　　　　　宋毛　鼎　1136- 81- 3
柯山徐先生跋（王著
　作集）　　　　　　　宋徐　鼎　1136- 81- 3
鶴皐朱先生跋（王著
　作集）　　　　　　　宋朱子昌　1136- 82- 3
眉山黃先生跋（王著
　作集）　　　　　　　宋黃大有　1136- 82- 3
重刊（刻）王著作文
　集序　　　　　　　　明祝允明　1136- 66- 附
　　　　　　　　　　　　　　　　1260-698- 24
重刻王著作文集序　　　明杜　啓　1136- 67- 附
●王 蘭
跋王樞使軒山集　　　　宋眞德秀　1174-574- 36
●王十朋
王梅溪文集序代劉共
　父作　　　　　　　　宋朱　熹　1145-562- 75
詹事王公梅溪集序　　　宋朱　熹　1353-763-107
（跋）梅溪續集　　　　宋眞德秀　1174-538- 34
梅溪集序　　　　　　　宋劉　珙　1151- 46- 附
梅溪後集跋　　　　　　宋王聞禮　1151-638- 附
梅溪集序　　　　　　　明黃　淮　1151- 48- 附
●王子俊
格齋四六跋　　　　　　清朱彝尊　1318-242- 52
●王大受
題拙齋詩稿　　　　　　宋葉　適　1164-519- 29
●王心月
書新昌杜黃山王心月
　騷壇集後　　　　　　宋陳　著　1185-216- 45
●王之望
王參政文集序　　　　　宋周必大　1147-563- 53
●王太冲
跋王元邈詩　　　　　　宋劉克莊　1180-340- 31
●王正己
酌古堂文集序　　　　　宋樓　鑰　1152-811- 52
●王石澗　　　　　　　　　　　　1188
王石澗臨清詩藁跋　　宋何夢桂　1188-508- 11
●王以寧父
跋王府君文編　　　　　宋李　綱　1126-713-162
●王安中
初寮集原序　　　　　　宋周紫芝　1127- 4- 附
書初寮集後　　　　　　宋周紫芝　1141-481- 67
初寮集原序　　　　　　宋周必大　1127- 3- 附
初寮先生前後集序　　　宋周必大　1147-560- 53

集部 別集類：宋 四畫

初寮集序略　　　　　　　宋李　邴　　1127- 5- 附
初寮王先生摘稿序　　　　元戴表元　　1194-106- 8
●王安石
王介甫文集序　　　　　　宋黃彥平　　1132-785- 4
讀臨川集　　　　　　　　宋孫　覿　　1135-320- 32
跋牛山集　　　　　　　　宋陸　游　　1167-518- 27
臨川詩註序　　　　　　　宋魏了翁　　1172-582- 51
臨川文集原敍　　　　　　宋黃次山　　1105- 9- 附
臨川王文公集序　　　　　元吳　澄　　1197-220- 20
題王臨川文後　　　　　　明楊士奇　　1238-116- 10
讀荊公集　　　　　　　　明章　懋　　1254- 77- 3
讀荊公集　　　　　　　　明黃仲昭　　1254-377- 1
臨川文鈔引　　　　　　　明茅　坤　　1384- 1- 附
王臨川集後集　　　　　　明陳九川　　1455-648-240
臨川王氏文粹序　　　　　明徐師曾　　1455-660-240
書臨川集後　　　　　　　明王　格　　1145-753-247
臨川題辭　　　　　　　　清田　雯　　1324-300- 28
王荊公詩注題辭　　　　　清張宗松　　1106- 6- 附
●王安石勇
靈谷詩序　　　　　　　　宋王安石　　1105-702- 84
　　　　　　　　　　　　　　　　　　1384- 70- 86
　　　　　　　　　　　　　　　　　　1405-616-299
　　　　　　　　　　　　　　　　　　1447-969- 58
●王安國
王平甫文集序　　　　　　宋曾　鞏　　1098-462- 12
　　　　　　　　　　　　　　　　　　1384-244-101
　　　　　　　　　　　　　　　　　　1405-678-306
王平甫文集後序　　　　　宋陳師道　　1114-615- 11
　　　　　　　　　　　　　　　　　　1354-250- 31
　　　　　　　　　　　　　　　　　　1405-681-306
●王安禮
王魏公文集序　　　　　　宋樓　鑰　　1152-797- 51
●王至卿
樗曳詩集序　　　　　　　宋王　炎　　1155-720- 25
●王同祖
學詩初稿跋　　　　　　　宋王同祖　　1357-229- 27
●王如晦
跋王如晦文卷　　　　　　宋樓　鑰　　1153-211- 74
●王君獻
玉泉詩集序　　　　　　　宋姚　勉　　1184-259- 37
●王伯庠
雲安集序　　　　　　　　宋陸　游　　1163-411- 14
●王怡雲
跋刻中王愚山及其子
　怡雲詩集　　　　　　　宋陳　著　　1185-212- 44

●王炎午
讀吾汶藁　　　　　　　　宋不著撰人　1189-622- 10
書王鼎翁文集序　　　　　元楊　載　　1208-215- 8
吾汶藁原序　　　　　　　元揭傒斯　　1189-562- 附
吾汶藁原序　　　　　　　元歐陽玄　　1189-563- 附
跋吾汶藁後　　　　　　　明劉　宣　　1189-624- 10
跋重刊吾汶藁後　　　　　明王　懋　　1189-626- 10
書重刊吾汶藁後　　　　　明蘇臺都穆　1189-626- 10
題吾汶藁後　　　　　　　明不著撰人　1189-625- 10
●王居正
桂蓑集序　　　　　　　　宋牟　巘　　1188-117- 13
●王居安
方嚴王公文集序　　　　　宋吳子良　　1356-764- 17
●王林叟
王梅谷詩序　　　　　　　宋何夢桂　　1188-463- 7
●王承可
亦樂居士文集序　　　　　宋張元幹　　1136-653- 9
題王承可文集後　　　　　宋王　質　　1149-388- 5
●王典謨
王覡儒珍集序　　　　　　宋馬廷鸞　　1187- 91- 12
●王知戴
書王知戴胸山雜詠後　　　宋黃庭堅　　1351-492-131
　　　　　　　　　　　　　　　　　　1354-247- 31
●王相如
谿堂文集序　　　　　　　宋周紫芝　　1141-361- 51
●王昭德
綠淨文集序　　　　　　　宋王　炎　　1155-717- 25
●王禹偁
小畜集原序　　　　　　　宋王禹偁　　1086- 4- 附
小畜外集序　　　　　　　宋蘇　頌　　1092-705- 66
小畜集原序　　　　　　　宋沈虞卿　　1086- 4- 附
●王庭珪
盧溪文集原序　　　　　　宋胡　銓　　1134- 98- 附
盧溪文集原序　　　　　　宋楊萬里　　1134-100- 附
　　　　　　　　　　　　　　　　　　1161- 80- 81
盧溪文集原序　　　　　　宋謝　諤　　1134- 99- 附
●王師愈
重改石筍清風錄序　　　　宋王　柏　　1186- 61- 4
先世遺蹟序（清風錄
　序）　　　　　　　　　宋王　柏　　1186- 69- 5
魯齋清風錄（跋）　　　　宋王　柏　　1186-142- 9
●王雲巢
跋雲巢王公續雅　　　　　宋袁　燮　　1157- 93- 8
●王菊山
王菊山詩集序　　　　　　宋何夢桂　　1188-458- 6

●王開祖
書賢良王公遺書後　　　明蘇伯衡　1228-710- 10
●王無咎
王補之文集序　　　　　宋曾　肇　1101-368-　3
●王欽臣
跋王仲至詩　　　　　　宋呂頤浩　1131-324-　7
●王義山
稼村類稿後序　　　　　明羅欽順　1261-114-　8
●王煒翁
王煒翁詩序　　　　　　宋何夢桂　1188-467-　7
●王廉翁
王廉翁詩集序　　　　　宋歐陽守道　1183-578-　9
●王達善
跋王達善燒痕藁　　　　宋舒岳祥　1187-442- 12
●王愈山
跋刻中王愈山及其子
　怡雲詩集　　　　　　宋陳　著　1185-212- 44
●王蒙泉
王蒙泉詩序　　　　　　宋何夢桂　1188-461-　6
●王夢得
跋王祕監文集　　　　　宋眞德秀　1174-562- 35
●王巢孫
跋王巢孫詩　　　　　　宋舒岳祥　1187-441- 12
●王慶之
桂籍追榮（集）序　　　宋夏　竦　1087-235- 22
●王德玉
跋王德玉庭藻詩集　　　宋陳　著　1185-211- 44
●王樵所
王樵所詩序　　　　　　宋何夢桂　1188-442-　5
●王應麟
王深寧文集跋　　　　　明陳朝輔　1187-273-　5
●王蟾浦
題碧霞山人王公文集
　後　　　　　　　　　宋王　柏　1186-172- 11
●王觀復
題王觀復所作文後　　　宋黃庭堅　1113-279- 26
書王觀復樂府　　　　　宋黃庭堅　1113-444-　9
●元　絳
玉堂集序　　　　　　　明危　素　1226-747-　4
●元道州
書具茨集後　　　　　　宋周紫芝　1141-472- 66
●孔　旼
孔處士文集序　　　　　宋韓　維　1101-736- 28
●孔武仲
興國僧房詩序　　　　　宋孔武仲　1345-346- 15

丙寅赴闕詩稿序　　　　宋孔武仲　1345-349- 15
南齋集稿序　　　　　　宋孔武仲　1345-349- 15
渡江集序　　　　　　　宋孔武仲　1345-350- 15
●尹　洙
尹師魯河南集序　　　　宋范仲淹　 538-614- 78
　　　　　　　　　　　　　　　　1089-617-　6
　　　　　　　　　　　　　　　　1090-　2- 附
河南集跋　　　　　　　宋尤　袤　1090-156- 附
校正尹師魯文集序　　　明崔　銑　1267-584- 15
●尹　婷
尹和靖先生文集序　　　明劉宗周　1294-457-　9
●尹布聖
尹希聖詩集後　　　　　宋歐陽守道　1183-676- 20
●勾如埏
勾易之書記之父如埏
　文集序　　　　　　　宋魏了翁　1172-594- 53
●仇　仁
仇山邸詩集序　　　　　宋牟　巘　1188-104- 12
●仇　遠
仇仁父詩序　　　　　　宋張　樞　1189-542-　3
●仇池翁
仇池翁南浮集後序　　　宋李之儀　1120-693- 15
●毛　友
毛達可尚書文集序　　　宋張　嗣　1131-611- 31
●毛　洵
毛拔萃洵文集序　　　　宋周必大　1147-556- 52
●毛　翔
吾竹小藁序　　　　　　宋李　韶　1357- 87- 12
●毛　淳
跋東堂先生詩卷　　　　宋曹　勛　1129-528- 33
題東堂集　　　　　　　宋陳　造　1166-395- 31
●毛震龍
毛霆甫詩集序　　　　　宋姚　勉　1184-255- 37
●毛應父
秋崖毛應父詩序　　　　宋姚　勉　1184-254- 37

五　畫

●甘茂棠
甘定藁文集序　　　　　宋劉辰翁　1186-536-　6
●左　緯
委羽居士集序　　　　　宋黃　裳　1356-763- 17
●石　介
題石祖徠集　　　　　　明楊士奇　1238-113- 10
讀祖徠集　　　　　　　不著撰人　1090-334- 附
重讀祖徠集　　　　　　不著撰人　1090-335- 附
●石　悳

集部 別集類：宋 五─六畫

橘林詩集序　　宋釋道璨　1186-815- 3
　　　　　　　　　　　　1383-505- 45
　　　　　　　　　　　　1405-669-305
●石　起
石遠叔集序　　宋晁補之　1118-663- 34
　　　　　　　　　　　　1361-503- 70
●石亢之
跋大名縣主簿石亢之
　東齋卷後　　宋強　至　1091-367- 32
●石次仲
題石次仲燒尾集　宋陳　造　1166-399- 31
●石延年
石曼卿詩集序　宋石　介　1090-312- 18
　　　　　　　　　　　　1346-253-253
　　　　　　　　　　　　1353-765-107
石曼卿詩集敍　宋蘇舜卿　1092- 95- 13
●司馬光
司馬公詩序　　宋范純仁　 550- 98-212
司馬溫公文集跋　清藍鼎元　1327-829- 16
●田　錫
進文集表　　　宋田　錫　1085-498- 23
咸平集原序　　宋蘇　軾　1085-354- 附
●史公亮
史少彌雲莊集序　宋魏了翁　1172-589- 52
●史堯弼
（蓮峯集）原序　宋任清全　1165-663- 附
●史蒙卿
史景正詩集序　宋陳　著　1185-180- 38
●史彌寧
友林乙稿原序　宋不著撰人　1178- 95- 附
●丘退齋
丘退齋文集序　宋林希逸　1185-674- 12
●白　珏
錢塘白珏詩序　宋陳　著　1185-174- 37
題白珏詩（集）　宋陳　著　1185-209- 44
●白廷玉
跋白廷玉詩　　宋劉辰翁　1186-544- 6
●包　恢
（敝帚藁略）自識　宋包　恢　1178-803- 8
書（敝帚藁略）後　宋鄭無妄　1178-803- 8

六　畫

●江公望
釣臺江公文集序　宋劉　焞　1157-410- 5
釣臺江公文集序　宋眞德秀　1174-436- 28
●江休復
江鄰幾文集序　宋歐陽修　1102-342- 44
　　　　　　　　　　　　1378-350- 53
●江萬里
題古心文後　　元劉　壎　1195-390- 7
●宇文之邵
止止先生宇文公集序　宋魏了翁　1172-618- 55
●米　芾
寶晉英光集序　宋岳　珂　1116- 92- 附
●任伯雨
跋任德翁乘桴集　宋陸　游　1163-534- 29
●向　滈
書向豐之詩軸後　宋王庭珪　1134-338- 50
●向子諲
向薌林酒邊集後序　宋胡　寅　1137-547- 19
向薌林文集後序　宋朱　熹　1145-574- 76
薌林居士文集序　宋樓　鑰　1152-803- 52
●危志仁
題危志仁怨齋詩藁　宋李昴英　1181-148- 5
●仲　并
浮山集原序　　宋周必大　1137-787- 附
仲并文集序　　宋周必大　1147-568- 54
●仲　訥
仲氏文集序　　宋歐陽修　1102-340- 44
　　　　　　　　　　　　1383-506- 45
●牟　巘
陵陽集原序　　元程端學　1188- 3- 附
●朱　松
韋齋集原序　　宋傳自得　1133-426- 附
韋齋集原序　　宋劉　性　1133-427- 附
書韋齋先生集後　明吳　寬　1255-509- 55
韋齊集後題　　明鄭　瑗　1133-547- 附
韋齊集後題　　清朱昌辰　1133-547- 附
●朱　皆
寄庵嚻嚻集序　宋張　侃　1181-426- 5
●朱　翌
朱新仲舍人文集序　宋周必大　1147-552- 52
●朱　慎父
書朱尚書集後　宋唐　庚　1124-377- 9
●朱　墊
題嗣子詩卷　　宋朱　熹　1145-738- 83
●朱　槔
玉瀾集後跋　　宋尤　袤　1133-558- 附
朱逢年詩集序　宋尤　袤　1149-528- 2
●朱　熹
朱子詩選跋　　宋王　柏　1186-202- 13

晦庵別集原序　　　　　　　宋黃　鑄　1146-544-　附
　（跋）朱文公文集　　　　明楊士奇　1238-605- 18
跋沈氏新藏考亭眞蹟
　卷後　　　　　　　　　　明陳獻章　1246-131-　4
書劉教諭所註武夷棹
　歌後　　　　　　　　　　明程敏政　1252-674- 38
晦庵集後序　　　　　　　　明黃仲昭　1146-421-　附
書晦菴朱先生文集後　　　　明黃仲昭　1254-457-　4
新刊晦菴詩略序　　　　　　明張　吉　1257-667-　4
晦菴文抄續集序　　　　　　明崔　銑　1267-589- 10
晦庵集原序　　　　　　　　明蘇　信　1143- 11-　附
晦庵集後序　　　　　　　　明潘　潢　1146-422-　附
晦菴詩抄序　　　　　　　　明吳　訥　1374-173- 43
朱文公文鈔序　　　　　　　清朱彝尊　1318- 59- 36
書朱子大全集後　　　　　　清朱鶴齡　1319-162- 13
　●朱子雲
朱子雲詩集序　　　　　　　宋姚　勉　1184-264- 38
　●朱元剛
跋朱元剛詩集　　　　　　　宋戴　栩　1176-756-　9
　●朱元龍
朱左司集序　　　　　　　　明王　禕　1226- 91-　5
　●朱長文
樂圃餘稿跋　　　　　　　　清朱岳壽　1119- 61-　附
　●朱敦儒
跋巖壑小集　　　　　　　　宋陸　游　1163-553- 31
　●朱景文
清江集後序　　　　　　　　宋王　炎　1155-711- 24
　●朱景囚
跋朱景囚詩集　　　　　　　宋戴　栩　1176-756-　9

七　畫

　●汪　莘
汪叔耕方壺集序　　　　　　宋程　珌　1171-344-　8
方壺存稿原序　　　　　　　宋程　珌　1178-118-　附
方壺存稿原序　　　　　　　宋王應麟　1178-119-　附
方壺存稿原序　　　　　　　宋孫嶸叟　1178-118-　附
　●汪　晫
康範詩集跋　　　　　　　　宋汪夢斗　1175-583-　附
康範詩集原序　　　　　　　元張純仁　1175-574-　附
　●汪　豪
汪功父知非稿（跋）　　　　宋王　柏　1186-143-　9
　●汪　薦
題汪薦文卷　　　　　　　　宋劉克莊　1180-336- 31
　●汪　藻
浮溪集原序　　　　　　　　宋孫　覿　1128-　1-　附
　　　　　　　　　　　　　　　　　　1135-259- 30

●汪子載
汪古淡詩集序　　　　　　　宋姚　勉　1184-259- 37
　●汪元量
湖山類稿跋　　　　　　　　宋文天祥　1188-249-　5
湖山類稿序　　　　　　　　宋劉辰翁　1188-222-　附
湖山類稿跋　　　　　　　　宋周方叔　1188-249-　5
湖山類稿跋　　　　　　　　宋趙文儀　1188-250-　5
湖山類稿跋　　　　　　　　宋李　珏　1188-250-　5
讀汪水雲詩集（後）　　　　宋納　新　1188-273-附上
　●汪斗山
汪斗山詩序　　　　　　　　宋何夢桂　1188-441-　5
　●汪心齋
題汪心齋讀史雜詠　　　　　宋馬廷鸞　1187- 99- 13
　●汪回峯
笑玉詩序　　　　　　　　　宋胡次焱　1188-551-　3
　●汪君明
汪君明詩序　　　　　　　　宋方逢辰　1187-534-　4
　●汪開之
跋汪元思固窮集及所
　錄朱呂二先生詩帖　　　　元呂師道　1212-245- 17
　●汪夢斗
北遊集原序　　　　　　　　宋汪夢斗　1187-450-　附
　●汪稀隱
汪稀隱松蘿集序　　　　　　宋方逢辰　1187-534-　4
瀟灑集序　　　　　　　　　宋方逢辰　1187-582-　8
汪復心瀟灑集序　　　　　　宋何夢桂　1188-450-　5
　●汪應辰
題汪文定公集鈔　　　　　　明程敏政　1252-687- 39
　●沈　复（夏）
沈簡肅四盆集序　　　　　　宋眞德秀　1174-433- 28
　●沈　瀛
沈子壽文集序　　　　　　　宋葉　適　1164-236- 12
　●沈元序
雲巢詩序　　　　　　　　　宋陳　造　1166-291- 23
　●沈少白
書沈少白詩藁後　　　　　　宋劉　宰　1170-618- 24
　●沈宏甫
沈宏甫齊瑟錄序　　　　　　宋吳　泳　1176-352- 36
　●沈愈仲
沈次韓詩序　　　　　　　　宋王之道　1132-699- 23
　●沈與求
龜谿集後序　　　　　　　　宋張叔椿　1133-255-　附
　●宋　祁
西州猥藁系題　　　　　　　宋宋　祁　1088-436- 48
御製題元憲景文集並

集部 別集類:宋 七畫

篇目	作者	索引號
各書其卷首	清 高 宗	1088- 1- 附
●宋 庠		
緇巾集記	宋宋 庠	1087-682- 36
元憲集序	宋陳之強	1087-402- 附
御製題元憲景文集並各書其卷首	清 高 宗	1087-401- 附
●宋 咸		
宋同年劍池編序	宋宋 祁	1088-404- 45
憂餘集序	宋余 靖	1089- 28- 3
尤川雜撰序	宋余 靖	1089- 28- 3
●宋 牡		
題宋牡西園詩稿	宋周必大	1147-546- 51
跋西園詩集	宋袁 燮	1157- 99- 8
跋西園宋茂叔遺藁	宋眞德秀	1174-565- 36
●宋 戴		
跋宋待制白英寧軒自適詩	宋周必大	1147-504- 47
●宋 濂		
宋景濂文集序	元陳 旅	1213- 56- 5
●宋 謙		
題宋敎授詩册後	宋袁 燮	1157- 97- 8
●宋仁宗		
仁宗御集序	宋歐陽修	1102-507- 52
		1378-329- 64
●宋正甫		
跋宋正甫詩集	宋眞德秀	1174-566- 36
●宋光宗		
代進光宗御集（表）	宋王子俊	1151- 9- 0
代宰臣進孝宗光宗御集表	宋徐元杰	1181-657- 4
●宋自道		
跋宋吉甫和陶詩	宋劉克莊	1180-332- 31
●宋自達		
題宋自達詩	宋劉克莊	1180-337- 31
●宋自遜		
跋壺山詩集	宋曹彥約	1167-203- 17
●宋孝宗		
代宰臣進孝宗光宗御集表	宋徐元杰	1181-657- 4
●宋君翼		
宋君翼詩序	宋何夢桂	1188-469- 7
●宋伯仁		
雪巖吟草西膧集序	宋馬 廷	1357-549- 72
●宋承之		
二江先生文集序	宋馬 涓	1381-333- 31
		1354-555- 23
●宋彥祥		
題彭山宋彥祥詩卷	宋魏了翁	1173- 64- 65
●宋神宗		
進（神宗）御集表	宋蘇 轍	1112-548- 47
●宋眞宗		
天禧編御集序	宋王應麟	1187-195- 1
●宋梅堂		
宋梅堂詩序	宋何夢桂	1188-460- 6
●宋貫之		
延平集序	宋李 覯	1095-211- 25
●宋景元		
宋景元詩集序	宋林景熙	1188-748- 5
●宋蜀翁		
題宋蜀翁北遊詩卷後	宋黃仲元	1188-644- 3
●宋徽宗		
二家宮詞——宋徽宗（跋）	宋帝姬長公主	1416-709- 上
跋宋高宗御製徽宗御集序	明文徵明	1273-162- 22
二家宮詞——宋徽宗（跋）	明毛 晉	1416-709- 上
●杜 來		
跋杜子野小山詩	宋徐鹿卿	1178-916- 5
●杜 瑀		
粹裘集序	宋葉 適	1164-237- 12
●杜子忞		
跋杜濠州詩藁	宋釋居簡	1183-101- 7
●杜竹處		
杜學正竹處詩序	宋何夢桂	1188-457- 6
●李 石		
題方舟集	宋陳 造	1166-399- 31
●李 光		
跋左達功所示李泰發詩卷	宋鄭剛中	1138-166- 16
●李 庚		
諭癒符序	宋樓 鑰	1152-808- 52
●李 邴		
雲龕李公文集序	宋朱 熹	1145-583- 76
●李 洪		
（芸庵類藁）原序	宋陳貴謙	1159- 70- 附
●李 畊父		
題臺山遺藁後	元吳 澄	1197-612- 62
●李 兼曾祖		
宜城李虞部詩序	宋陸 游	1163-424- 15

●李 核
題吳荊溪點李核詩集　　宋歐陽守道　1183-688- 22
●李 琳
長沙李氏詩序　　　　　宋劉辰翁　　1186-520- 6
●李 復
書潏水集後　　　　　　宋錢象祖　　1121-158- 附
書潏水集後　　　　　　宋錢端禮　　1121-158- 附
記潏水集二事　　　　　宋朱 熹　　1145-417- 71
潏水集序　　　　　　　明危 素　　1226-749- 4
●李 庸
書月巖集後　　　　　　宋周紫芝　　1141-472- 66
●李 新
跋筧書　　　　　　　　宋樓 鑰　　1153-249- 78
●李 綱
（湖海集）序　　　　　宋李 綱　　1125-650- 17
　　　　　　　　　　　　　　　　　1418-608- 57
梁谿集原序　　　　　　宋陳俊卿　　1125-492- 附
宋丞相李忠定公文集
　序　　　　　　　　　明林 俊　　1257- 48- 6
●李 椿
題宜春李椿詩卷　　　　宋周必大　　1167-491- 46
●李 劉
李梅亭續類藁序　　　　元虞 集　　1207-471- 33
●李 璜
壁菴居士文集序　　　　宋樓 鑰　　1152-812- 52
●李 謙祖
窺豹集後序　　　　　　元楊弘道　　1198-207- 6
●李 覯
旴江集原序　　　　　　宋李 覯　　1095- 3- 附
皇祐續藁序　　　　　　宋李 覯　　1095-211- 25
旴江集原序　　　　　　宋祖無擇　　1095- 3- 附
李泰伯退居類藁序　　　宋祖無擇　　1098-828- 8
●李 燾
畏嚴集序　　　　　　　宋葉 適　　1164-239- 12
●李 韶
梅花衲序　　　　　　　宋劉 宰　　1357-154- 20
梅花衲跋　　　　　　　宋李 韶　　1357-172- 20
●李大異
跋李伯珍詩卷　　　　　宋楊萬里　　1161-305-101
●李之儀
姑溪居士前集序　　　　宋吳 芾　　1120-392- 附
姑溪集序　　　　　　　宋吳 芾　　1138-583- 10
姑溪三昧序　　　　　　宋周紫芝　　1141-363- 51
書姑豁老人詩卷後　　　宋周紫芝　　1141-470- 66
●李中野

跋李祖徠集　　　　　　宋陸 游　　1163-524- 28
●李少卿
跋李孟達含章六世祖
　少卿詩卷　　　　　　宋樓 鑰　　1153-188- 72
●李成德
跋李成德宮詞　　　　　宋釋慧洪　　1116-524- 27
●李希聖
題李希聖詩卷　　　　　宋歐陽守道　1183-677- 21
●李廷忠
橘山四六原序　　　　　明孫雲翼　　1169-134- 附
●李宗易
李簡夫少卿詩集引　　　宋蘇 轍　　1112-752- 21
●李昂英
文溪集原序　　　　　　元李春叟　　1181-114- 附
文溪集原序　　　　　　元陳大震　　1181-115- 附
文溪集原序　　　　　　明陳獻章　　1181-116- 附
●李若水
忠愍集原序　　　　　　宋趙希齊　　1124-660- 附
（忠愍集）書後　　　　宋李 淳　　1124-694- 3
（御製）題李若水忠
　愍集　　　　　　　　清 高宗　　1085-667- 附
（御題）李若水忠愍
　集　　　　　　　　　清 高宗　　1124-657- 附
●李流謙
跋滄齋集後　　　　　　宋李廉棐　　1133-762- 附
●李泰伯
李氏退居類稿序　　　　宋李泰伯　　1351- 46- 89
●李純甫
書李純甫文藁　　　　　宋陳 著　　1185-226- 47
●李梅豁
李梅豁燕臺吟跋　　　　元劉 壎　　1195-391- 7
●李處權
崧庵集原序　　　　　　宋李處權　　1135-579- 附
崧庵集自序　　　　　　宋李處權　　1135-580- 附
崧庵集原跋　　　　　　宋邵 驥　　1135-638- 附
●李敏膚
題李敏膚行卷　　　　　宋劉克莊　　1180-334- 31
●李從禮
跋李勉仲詩卷　　　　　宋朱 熹　　1145-737- 83
●李曾伯
可齋雜藁原序　　　　　宋李曾伯　　1167-164- 附
可齋續藁原序　　　　　宋李曾伯　　1179-503- 附
可齋雜藁原序　　　　　宋尤 焴　　1179-164- 1
●李雲卿
又題李雲卿詩卷　　　　宋歐陽守道　1183-593- 11

集部 別集類：宋 七畫

●李黃山
李黃山乙藁序　　　　　　宋衞宗武　1187-704- 5
●李瑞卿
李瑞卿詩序　　　　　　　宋歐陽守道　1183-603- 12
●李敬則
跋李敬則樵唱稿　　　　　宋文天祥　1184-612- 14
●李演風
題建安李演風露吟小
　稿　　　　　　　　　　宋高斯得　1182- 77- 5
●李彌遜
筠溪集原序　　　　　　　宋樓　鑰　1130-586- 附
筠溪文集序　　　　　　　宋樓　鑰　1152-806- 52
（筠谿集）跋　　　　　　宋李　壬　1130-848- 附
●邢居實
書邢居實文卷　　　　　　宋黃庭堅　1113-278- 26
　　　　　　　　　　　　　　　　　1351-493-131
書邢敦夫遺墨　　　　　　宋晁補之　1118-656- 33
呻吟集序　　　　　　　　宋汪　藻　1128-153- 17
●邢榮叔
題邢榮叔詩卷　　　　　　宋歐陽守道　1183-656- 18
●車似慶
臨軒先生文集序　　　　　宋陳耆卿　1178- 26- 3
●折可適
折渭州文集序　　　　　　宋李之儀　1120-558- 35
●阮　閱
郴江百詠原序　　　　　　宋阮　閱　1136-110- 附
●呂　陶
（淨德集）原序　　　　　宋馬　騏　1098- 3- 附
●呂　造
呂先生許昌十詠後序　　　宋黃　庭　1092-800- 下
●呂　開
書撫州呂通判開詩稿
　後　　　　　　　　　　宋包　恢　1178-760- 5
●呂文之
跋呂成未和東坡尖叉
　韻雪詩　　　　　　　　宋陸　游　1163-541- 30
●呂公著
題呂申公集　　　　　　　宋汪應辰　1138-682- 10
●呂本中
東萊詩集後序　　　　　　宋曾　幾　1136-831- 附
跋呂舍人青溪類稿　　　　宋朱　熹　1145-729- 83
東萊詩集原序　　　　　　宋陸　游　1136-680- 附
呂居仁集序　　　　　　　宋陸　游　1163-415- 14
　　　　　　　　　　　　　　　　　1405-682-306
題呂居仁詩　　　　　　　宋陳　造　1166-393- 31

●呂布純
題呂子進集　　　　　　　宋汪應辰　1138-683- 10
●呂南公
書賦編後　　　　　　　　宋呂南公　1123-165- 17
灌園集原序　　　　　　　宋符行中　1123- 3- 附
●呂祖謙
跋呂尚書帖　　　　　　　宋陸　游　1163-550- 31
（跋）呂東萊文（集）　　明楊士奇　1238-605- 18
●呂夏卿
呂舍人文集序　　　　　　宋蘇　頌　1092-707- 66
●呂惠卿
東平集序　　　　　　　　宋孫　覿　1135-297- 30
●呂頤浩
跋奪標錄　　　　　　　　宋呂頤浩　1131-324- 7
●吳　沆
環溪文集序　　　　　　　宋樓　鑰　1152-809- 52
●吳　芾
（湖山集）原序　　　　　宋周必大　1138-447- 附
吳康肅公帶湖山集并
　奏議序　　　　　　　　宋周必大　1147-580- 55
●吳　厦
吳基仲詩集序　　　　　　宋程　珌　1171-345- 8
●吳　輔
田曹吳公文集序　　　　　宋楊　時　1125-351- 25
●吳　傲
竹洲集原序　　　　　　　宋程　珌　1142-208- 附
吳安撫竹洲集序　　　　　宋程　珌　1171-343- 8
竹洲集原序　　　　　　　宋呂　午　1142-208- 附
進會祖徵竹洲文集表　　　元吳資深　1375-535- 41
吳文肅公竹洲文集序　　　明張　寧　1247-406- 16
竹洲文集序　　　　　　　明程敏政　1252-502- 28
●吳　範
吳端翁詩跋　　　　　　　元陳　櫟　1205-189- 3
●吳子舉
跋孝門吳子舉瘦藁　　　　宋陳　著　1185-214- 45
●吳元叔
跋吳玉壺梅花百詠　　　　宋姚　勉　1184-288- 41
●吳仲遠
吳仲遠詩序　　　　　　　宋何夢桂　1188-444- 5
●吳叔椿
吳叔椿詩集序　　　　　　宋歐陽守道　1183-570- 8
●吳建翁
題吳建翁詩卷　　　　　　宋歐陽守道　1183-682- 21
●吳則禮
北湖集原序　　　　　　　宋韓　駒　1122-416- 附

●吳斯道
跋吳斯道詩後　　　　宋曹　勛　1129-524- 32
●吳慎微
薰峯集序　　　　　　宋胡　寅　1137-546- 19
●吳資深
題友梅軒卷吳山雲詩
　後　　　　　　　　明程敏政　1252-676- 38
●吳愚隱
吳愚隱詩序　　　　　宋何夢桂　1188-464- 7
●吳鼎君
吳鼎君實求古村煙草
　詩序　　　　　　　宋何夢桂　1188-468- 7

●吳夢予
跋吳夢予詩篇　　　　宋陸　游　1163-518- 27
●吳德仁
題吳德仁詩卷　　　　宋張　未　1115-374- 44
●吳龍翰
古梅遺稿序　　　　　宋程元鳳　1188-842- 附
●吳錫疇
蘭皋詩集跋　　　　　宋方　岳　1186-734- 附
蘭皋詩集跋　　　　　宋王應麟　1186-735- 附
蘭皋集序　　　　　　宋陸夢發　1186-720- 附
蘭皋詩集跋　　　　　宋呂　午　1186-734- 附
蘭皋詩集跋　　　　　宋程鳴鳳　1186-735- 附
蘭皋詩集跋　　　　　宋龜從父　1186-735- 附
蘭皋詩集跋　　　　　宋羅　椅　1186-735- 附
蘭皋詩集跋　　　　　宋方　回　1186-735- 附
●余　揚
余橘所詩序　　　　　宋何夢桂　1188-472- 7
●余　靖
武溪集序　　　　　　宋周　源　1089- 2- 附
書余襄公集後　　　　宋韓　璜　1089-213- 附
武溪集序　　　　　　明丘　濬　1089- 3- 附
●余良弼
跋余巖起集　　　　　宋朱　熹　1145-726- 83
●何　煜
姪煜之詩序　　　　　宋何夢桂　1188-451- 5
●何　頎
宜晚堂序　　　　　　宋王　柏　1186- 57- 4
●何玉華
跋何玉華南山八咏集　宋何夢桂　1188-505- 10
●何正平
書何正平詩卷後　　　宋周紫芝　1141-475- 66
●何志同
何閣學遺文序　　　　宋劉　宰　1170-542- 19

●何叔度
跋何叔度詩集　　　　宋袁　甫　1175-513- 15
●何梅境
何梅境詩序　　　　　宋何夢桂　1188-466- 7

八　畫

●宗　澤
宗忠簡集原序　　　　宋樓　昉　1125- 3- 附
宗忠簡集原序　　　　明方孝孺　1125- 4- 附
宗忠簡公遺草序　　　明張維樞　1455-423-218
（御製）讀宗澤忠簡
　集　　　　　　　　清 高 宗　1125- 1- 附
　　　　　　　　　　　　　　　1301-497- 35

●武　衍
藏拙餘藁序　　　　　宋武　衍　1357-678- 93
●邵　囦
邵氏今是堂藁跋　　　元吳師道　1212-222- 16
●邵　迎
邵茂誠詩集　　　　　宋蘇　軾　1107-480- 34
　　　　　　　　　　　　　　　1378-356- 53
　　　　　　　　　　　　　　　1405-614-299

●邵　博
題邵太史西山集　　　宋陳　造　1166-399- 31
●邵　雍
擊壤集自序　　　　　宋邵　雍　1101- 3- 附
　　　　　　　　　　　　　　　1476-208- 12
邵氏擊壤集序　　　　宋魏了翁　1172-584- 52
康節先生伊川擊壤集
　後序　　　　　　　宋邢　恕　1101-171- 附
（跋）擊壤集　　　　明楊士奇　1238-616- 19
刻擊壤集摘要序　　　明胡　直　1287-313- 8
●邵之才
邵梅間詩序　　　　　宋何夢桂　1188-440- 5
●邵西坡
邵西坡詩序　　　　　宋何夢桂　1188-441- 5
●邵英甫
邵英甫詩集序　　　　宋方逢辰　1187-533- 4
●林　同
孝詩原序　　　　　　宋劉克莊　1183-215- 附
　　　　　　　　　　　　　　　1357-689- 95

●林　布
題林子中集　　　　　宋汪應辰　1138-690- 11
●林　逋
林和靖詩集原序　　　宋梅堯臣　1086-616- 附
林和靖先生詩集序　　宋梅堯臣　1099-421- 60
跋林和靖詩集　　　　宋陸　游　1163-538- 30

集部 別集類：宋 八畫

林和靖詩集序　　　　　　明黃　縉　1456- 76-262
●林　甫
林公詩序　　　　　　　　明李夢陽　1262-469- 51
●林　憲
雪巢小集序　　　　　　　宋尤　袤　1149-524- 2
　　　　　　　　　　　　　　　　　1356-765- 17
雪巢小集序　　　　　　　宋楊萬里　1161- 90- 82
　　　　　　　　　　　　　　　　　1356-766- 17
　　　　　　　　　　　　　　　　　1359- 27- 4
●林　鑑
跋玉融林鑑詩（册）　　　宋林希逸　1185-684- 13
●林之奇
觀瀾集前序　　　　　　　宋林之奇　1140-496- 16
觀瀾集後序　　　　　　　宋林之奇　1140-496- 16
●林公遇
石塘閒語序　　　　　　　宋劉克莊　1180-245- 23
●林丹嶼
林丹嶼吟編序　　　　　　宋衛宗武　1187-705- 5
●林平父
跋林平父文集　　　　　　宋姚　勉　1184-287- 41
●林亦之
網山集原序　　　　　　　宋劉克莊　1149-854- 附
網山集後序　　　　　　　宋劉克莊　1180-251- 24
網山集原序 附按語　　　　宋林希逸　1149-855- 附
●林光朝
艾軒集舊序　　　　　　　宋劉克莊　1142-553- 附
艾軒先生集序　　　　　　宋劉克莊　1180-241- 23
鄞陽刊艾軒集序　　　　　宋林希逸　1142-554- 附
老艾遺墨跋　　　　　　　宋林希逸　1185-689- 13
艾軒集舊序　　　　　　　宋陳　宓　1142-553- 附
艾軒集原序　　　　　　　明林　俊　1142-552- 附
艾軒文選序　　　　　　　明林　俊　1257- 64- 6
艾軒文選後序　　　　　　明鄭　岳　1142-668- 10
艾軒先生文選序　　　　　明鄭　岳　1263- 51- 9
跋艾軒集後　　　　　　　明雷應龍　1142-668- 10
●林希逸
竹溪詩序　　　　　　　　宋劉克莊　1180-245- 23
竹溪鬳齋十一藁續集
　原序　　　　　　　　　宋林　同　1185-554- 附
●林性老
跋林桂高詩　　　　　　　宋趙汝騰　1181-289- 5
●林尚仁
端隱吟稿序　　　　　　　宋陳必復　1357-264- 33
●林表民
跋林逢吉玉溪續草　　　　宋高斯得　1182- 81- 5

●林景思
雪巢詩集序　　　　　　　宋樓　鑰　1152-813- 52
●林景熙
雁蕩林霽山詩集序　　　　宋方逢辰　1187-535- 4
白石樵唱序　　　　　　　宋方逢辰　1188-689- 附
永嘉林霽山詩序　　　　　宋何夢桂　1188-444- 5
霽山文集原序　　　　　　宋呂　洪　1188-688- 附
白石樵唱序　　　　　　　元章祖程　1188-689- 附
白石樵唱序　　　　　　　元鄭　僑　1188-690- 附
辨霽山集中夢中作詩
　下章祖程註疏謬說　　　元毛秀謹　1188-732- 3
●芮　燁
芮氏家藏集序　　　　　　宋周必大　1147-576- 54
●易仲信
雪崖吟稿序　　　　　　　元劉　壎　1195-378- 5
重題雪崖吟稿序　　　　　元劉　壎　1195-379- 5
●季　陵
白雲先生集序　　　　　　宋袁說友　1154-372- 18
●季仲默
跋季仲默詩　　　　　　　宋王十朋　1151-596- 27
●周　召
邃齋集序　　　　　　　　宋胡　銓　1137- 40- 4
●周　孚
蠹齋鉛刀編原序　　　　　宋陳　珙　1154-572- 附
書周蠹齋孚集後　　　　　宋劉　宰　1170-616- 24
●周　南
周南仲文集後序　　　　　宋葉　適　1164-245- 12
　　　　　　　　　　　　　　　　　1405-684-306
●周　密
題周公謹蟻展集後　　　　宋馬廷鸞　1187-106- 15
題周公謹弁陽集後　　　　宋馬廷鸞　1187-107- 15
蟻展集序　　　　　　　　宋鄧　牧　1189-517- 0
周公謹弁陽詩序　　　　　元戴表元　1194-107- 8
●周　弼
端平詩雋序　　　　　　　宋李　龔　1185-526- 附
　　　　　　　　　　　　　　　　　1357-723- 1
●周　詡
承宣集序　　　　　　　　明危　素　1226-712- 3
●周月潭
周月潭詩序　　　　　　　宋方逢辰　1187-536- 4
●周必大
題夜光集　　　　　　　　宋周必大　1147-137- 15
文忠集原序　　　　　　　宋陸　游　1147- 3- 附
周益公文集序　　　　　　宋陸　游　1163-423- 15
跋周益公詩卷　　　　　　宋陸　游　1163-543- 30

文忠平園續稿原序　　宋徐　誼　1147-439- 附
●周伯起
（跋）江峯文集　　宋眞德秀　1174-547- 35
●周邦彥
清眞先生文集序　　宋樓　鑰　1152-799- 51
●周性初
跋周汝明自鳴集　　宋文天祥　1184-612- 14
●周武仲
跋周尚書武仲詩軸　宋樓　鑰　1153-182- 72
●周敦頤
刻濂溪先生集序　　明胡　直　1287-352- 10
●周紫芝
太倉稊米集自序　　宋周紫芝　1141- 4- 附
題太倉稊米集　　　宋陳　造　1166-401-301
太倉稊米集原序　　宋唐文若　1141- 3- 附
太倉稊米集序　　　宋陳天麟　1141- 3- 附
●周麟之
海陵集原序　　　　宋周必大　1142- 2- 附
周茂振樞密海陵集序　宋周必大　1147-210- 20
●周衡屋
周衡屋詩集序　　　宋釋道璨　1186-815- 3
●周簡之
題周簡之文集　　　宋葉　適　1164-523- 29
●金君卿
金氏文集原序　　　宋富　臨　1095-353- 附
●金彥亨
跋金給事彥亨文集　宋周必大　1147-494- 46
●岳　珂
玉楮集原序　　　　宋岳　珂　1181-442- 附
●岳　飛
家集序　　　　　　宋岳　珂　538-616- 78
●房　緯
坐忘居士房公文集序　宋魏了翁　1172-579- 51

九　畫

●洪　芻
書老圃集後　　　　宋周紫芝　1141-473- 66
●洪　皓
鄱陽集原跋　　　　宋洪　适　1133-393- 附
跋先忠宣公鄱陽集　宋洪　适　1158-662- 63
●洪　遵
洪文安公小隱集序　宋樓　鑰　1152-805- 52
●洪　邁
野處類稿原序　　　宋洪　邁　1158-224- 附
野處類稿自序　　　宋洪　邁　1357- 3- 1
●洪石泉

洪石泉知裁集序　　宋何夢桂　1188-465- 7
●洪蕭甫
洪白照詩集序　　　宋何夢桂　1188-454- 6
●姜　夔
白石道人詩集原序（
　二則）　　　　　宋姜　夔　1175- 64- 附
●姜特立
梅山續稿序　　　　宋姜特立　1170- 13- 1
梅山續稿原序　　　清汪　森　1170- 13- 附
●施　樞
芸隱橫舟稿原序　　宋施　樞　1182-618- 附
芸隱倦遊稿序　　　宋施　樞　1357-190- 23
芸隱橫舟稿序　　　宋施　樞　1357-202- 24
●施淵然
施少才蓬戶甲稿後序　宋楊萬里　1161- 57- 78
●度　正
跋性善堂後集　　　宋曹彥約　1167-206- 17
●胡　宏
五峯集原序　　　　宋張　栻　1137- 88- 附
五峯集序　　　　　宋張　栻　1167-541- 14
胡仁仲遺文序　　　宋陳　亮　1171-623- 14
五峯文集後序　　　元許有壬　1211-239- 33
五峯文集序　　　　元許有壬　1211-605- 5
●胡　寅
斐然集原序　　　　宋章　穎　1137-259- 附
斐然集原序　　　　宋魏了翁　1137-259- 附
致堂先生胡公斐然集
　序　　　　　　　宋魏了翁　1172-623- 55
●胡　宿
御製題胡宿文恭集　清 高 宗　1088-609- 附
●胡　珵
胡德輝蒼梧集序　　宋楊萬里　1161- 74- 80
●胡　偉
跋胡元邁集句　　　宋孫應時　1166-644- 10
●胡　復
跋胡復牛堡詩藁　　宋魏了翁　1173- 42- 62
●胡　銓
瀟箋文集原序　　　宋楊萬里　1137- 2- 附
瀟箋先生文集序　　宋楊萬里　1161-100- 83
　　　　　　　　　　　　　　1359- 25- 4
●胡　僑
胡汲古詩序　　　　宋何夢桂　1188-453- 6
●胡子陽
浮區集序　　　　　宋何夢桂　1188-447- 5
●胡文卿

胡文卿樵隱詩藁序　　　宋孫應時　1166-636- 10
●胡日宣
跋胡琴窗詩卷　　　　　宋文天祥　1184-612- 14
●胡仁叔
胡仁叔詩序　　　　　　宋劉辰翁　1186-541- 6
●胡允升
胡允升詩稿序　　　　　宋姚　勉　1184-258- 37
●胡定國
進先公文集表　　　　　宋胡　寅　1137-354- 6
進先公文集序　　　　　宋胡　寅　1137-542- 19
進先公胡文定公文集　　宋胡　寅　1352-102- 2下
●胡火炎
梅巖文集序　　　　　　明潘　滋　1182-532- 附
●胡伯驥
胡德甫四六外編序　　　宋方逢辰　1187-535- 4
●胡直內
題胡直內適安集　　　　宋何夢桂　1188-442- 5
●胡直孺
西安老文集序　　　　　宋孫　覿　1135-305- 30
跋胡少汲小集　　　　　宋陸　游　1163-527- 28
●胡柳塘
胡柳塘詩序　　　　　　宋何夢桂　1188-453- 6
●胡黃貂
題胡靜得編祖黃貂詩
　集序　　　　　　　　元王義山　1193- 25- 4
●胡堯卿
胡宗元詩集序　　　　　宋黃庭堅　1113-145- 16
　　　　　　　　　　　　　　　　1346-434- 31
　　　　　　　　　　　　　　　　1353-767-107
　　　　　　　　　　　　　　　　1361-237- 37
●胡景顏
適齋詩稿序　　　　　　宋姚　勉　1184-258- 37
適齋續稿序　　　　　　宋姚　勉　1184-263- 38
●胡翼龍
題懷芳小草後　　　　　宋歐陽守道　1183-683- 21
●柯崇文
跋柯崇文詩　　　　　　宋劉克莊　1180-332- 31
●柳　開
柳如京文集序　　　　　宋張　景　 550- 99-212
　　　　　　　　　　　　　　　　1351- 6- 85
●柳月瀾
柳月瀾吟秋後藁序　　　宋衛宗武　1187-695- 5
●柳師聖
柳師聖詩集序　　　　　宋孔武仲　1345-348- 15
●省東岡

仙東溪詩集序　　　　　宋釋道琛　1186-817- 3
●范　浚
香溪集原序　　　　　　宋陳巖肖　1140- 4- 附
香溪先生文集後序　　　元吳師道　1140-185- 附
題重刊香溪先生文集
　後　　　　　　　　　明章　懋　1140-186- 附
　　　　　　　　　　　　　　　　1455-612-236
●范　濟
范左司松溪詩集序　　　元虞　集　1207-480- 34
●范　鎭
題范蜀公集　　　　　　宋汪應辰　1138-681- 10
●范去非
月厓吟月藁跋　　　　　元劉　壎　1195-391- 7
●范正明
書范子政文集後　　　　宋黃庭堅　1113-629- 10
●范仲淹
范文正公文集序　　　　宋蘇　軾　1107-486- 34
　　　　　　　　　　　　　　　　1378-354- 53
　　　　　　　　　　　　　　　　1384-651-139
　　　　　　　　　　　　　　　　1405-674-305
　　　　　　　　　　　　　　　　1447-700- 40
　　　　　　　　　　　　　　　　1476-215- 12
范文正公集序　　　　　宋蘇　軾　1356-854- 4
范文正公集啓　　　　　宋蘇　軾　1386-647- 55
跋范丞相江西唱和詩
　卷　　　　　　　　　宋樓　鑰　1153-247- 77
文正公尺牘刊跋　　　　宋張　栻　1386-648- 55
跋范文正公集後　　　　宋蔡　煥　 518-237-143
鄱陽刊文正公集引　　　宋蔡　煥　1386-648- 55
（跋）二范文集　　　　明楊士奇　1238-605- 18
范文正公集補遺跋　　　明李維楨　1455-781-250
●范成大
跋范石湖游大裘詩卷　　宋樓　鑰　1153-182- 72
石湖詩集原序　　　　　宋楊萬里　1159-597- 附
石湖先生大資參政范
　公文集序　　　　　　宋楊萬里　1161- 93- 83
石湖詩集原序　　　　　宋陸　游　1159-598- 附
范待制詩集序　　　　　宋陸　游　1163-412- 14
書石湖詩卷後　　　　　宋劉　宰　1170-617- 24
石湖居士集跋　　　　　宋范　萃　1386-651- 55
跋朱存復錄范文穆公
　田園雜興詩後　　　　明吳　寬　1255-467- 51
（跋）范文穆吳中田
　園雜興卷　　　　　　明王世貞　1281-180-130
●范酉新

孝行詩序　　　　　　　明王　禕　　1226-150- 7

●范祖禹

題范太史集　　　　　　宋汪應辰　　1138-682- 10
范正獻公文集序　　　　宋魏了翁　　1172-600- 53
題范太史文集鈔　　　　明程敏政　　1252-687- 39

●范純仁

范忠宣集原序　　　　　宋樓　鑰　　1104-542- 附
范忠宣公文集序　　　　宋樓　鑰　　1152-795- 51
　　　　　　　　　　　　　　　　　1386-649- 55

范忠宣集跋　　　　　　宋廖　剛　　1104-733- 附
范忠宣集跋　　　　　　宋陳宗衍　　1104-733- 附
范忠宣集跋　　　　　　宋沈　圻　　1104-733- 附
范忠宣集跋　　　　　　宋范之柔　　1104-733- 附
（跋）二范文集　　　　明楊士奇　　1238-605- 18

●范應鈴

題范氏誦清堂詩文　　　宋歐陽守道　1183-657- 18

●姚　勉

雪坡集原序　　　　　　宋文及翁　　1184- 2- 附
雪坡集原序　　　　　　宋方逢辰　　1184- 3- 附

●姚　勉兄

贊府兄詩稿序　　　　　宋姚　勉　　1184-253- 37

●姚　穀

姚進道文集序　　　　　宋張　守　　1127-783- 10

●姚　寬

題姚令威西溪集　　　　宋葉　適　　1164-524- 29

●姚　鑄

雪蓬稿序　　　　　　　宋姚　鑄　　1357-383- 51

●姚幼開

題姚幼開皆山樵語　　　宋歐陽守道　1183-664- 19

●姚安道

竹境姚子康詩序　　　　宋何夢桂　　1188-468- 7

●俞　檝

跋俞慵菴詩集　　　　　宋徐元杰　　1181-755- 10

●俞汝尚

又書溪堂集後　　　　　宋周必大　　1147-509- 47

●俞西秀

跋俞西秀詩（集）　　　宋陳　著　　1185-209- 44

●俞好問

俞好問詩墓序　　　　　宋牟　巘　　1188-109- 12

●俞仲嶫

俞竹屋詩序　　　　　　宋何夢桂　　1188-444- 5

●俞梅野

跋俞梅野詩（集）　　　宋陳　著　　1185-211- 44

●俞德鄰

佩韋齋集原序　　　　　宋熊　禾　　1189- 4- 附

竹間俚語序　　　　　　宋俞德鄰　　1189- 72- 10

●紀德緯

紀德緯詩序　　　　　　宋俞德鄰　　1189- 75- 10

●侯體仁

書侯體仁存拙墓後　　　宋包　恢　　1178-760- 5

●段昌世

龍湖遺墨序　　　　　　宋楊萬里　　1161-101- 83

●段南溪

跋勇氏南溪翁漁唱集　　宋馬廷鸞　　1187- 98- 13

十　畫

●高　吉

嫺眞小集序　　　　　　宋高　吉　　1357-919- 15
嫺眞小集序　　　　　　宋江萬里　　1357-920- 15

●高　登

東溪集序　　　　　　　明林希元　　1136-429- 附

●高　翥

菊澗集原序　　　　　　元姚　燧　　1170-120- 附
信天巢遺墨序　　　　　清朱彝尊　　1318- 60- 36
菊澗集序　　　　　　　清高士奇　　1170-121- 附

●高太清

書餘干高太清冰玉觀
　雜墨後　　　　　　　宋馬廷鸞　　1187-100- 14

●高元之

高端叔變離騷序　　　　宋周必大　　1147-562- 53

●高茂華

書高居實集後　　　　　宋葉夢得　　1129-608- 3

●高斯得

恥堂存稿原序　　　　　元龔　璛　　1182- 3- 附

●高景仁

高景仁詩墓序　　　　　宋牟　巘　　1188-120- 14

●唐　介

跋唐質肅公詩卷　　　　宋胡　寅　　1137-729- 28

●唐　庚

眉山詩集原序　　　　　宋唐　庚　　1124-273- 附
上錢憲雜文序　　　　　宋唐　庚　　1124-374- 9
書姑蘇張自強教諭所
　編寅申錄　　　　　　宋唐　庚　　1124-386- 11
書唐子西集後　　　　　宋陳　淵　　1139-534- 22
眉山詩集原序　　　　　宋呂榮義　　1124-272- 附
眉山詩集原序　　　　　宋鄭康佐　　1124-273- 附

●唐　異

唐異詩序　　　　　　　宋范仲淹　　1089-618- 6

●唐　棣

唐棣詩序　　　　　　　宋牟　巘　　1188-117- 13

●唐仲友

集部 別集類：宋 十畫

篇目	作者	索引號
說齋先生文粹序	明蘇伯衡	1228-603- 5
		1455-578-234
●唐侯舉宋		
唐月心詩序	宋车 嶽	1188-119- 18
唐月心詩序	宋何夢桂	1188-440- 5
唐月心集句序	宋何夢桂	1188-449- 5
跋唐月心詩	宋何夢桂	1188-503- 10
唐師善月心詩集序	宋方 回	1193-657- 32
●祝熙載		
祝先生詩集序	宋楊 傑	1099-723- 9
●凌 雲		
凌愚谷集序	宋趙孟堅	1181-329- 3
●凌 駕		
凌駕詩序	宋何夢桂	1188-465- 7
●秦 觀		
書秦觀詩卷後	宋黃庭堅	1113-280- 26
跋秦少章詩卷	宋周必大	1147-531- 50
●秦 觀		
跋呂居仁所藏秦少游投卷	宋張 耒	1115-384- 45
淮海閑居集序	宋秦 觀	1115-680- 6
跋淮海後集	宋陸 游	1163-553- 31
●馬 存		
題察判學士家集後	宋馬廷鸞	1187-101- 14
●馬 遵		
書御史龍圖公集後	宋馬廷鸞	1187-100- 14
●馬竹泉		
馬竹泉詩序	宋何夢桂	1188-470- 7
●馬靜山		
馬靜山詩集序	宋林景熙	1188-751- 5
●馬巖甫		
續荊玉集序	宋馬廷鸞	1187- 90- 12
●真德秀		
眞西山集後序	宋王 邁	1178-506- 5
●孫 杭		
孫工部詩集序	宋余 靖	1089- 24- 3
●孫 覿		
鴻慶居士集序	宋周必大	1135- 1- 附
孫尙書鴻慶集序	宋周必大	1147-559- 53
內簡尺牘原序	明錢 溥	1135-468- 附
●孫世南		
書孫氏棟觀後集	宋鄭 浩	1121-450- 32
●孫光庭		
孫容菴甲稿序	宋文天祥	1184-590- 13
●孫叔夜		
孫禧仲文集序	宋朱 熹	1145-585- 76
●孫逢年		
定齋居士孫正之文集序	宋楊萬里	1161- 97- 83
●孫夢觀		
孫雪窗詩序	宋趙孟堅	1181-331- 3
●孫應時		
燭湖集原序	宋司馬述	1166-523- 附
燭湖集原跋	宋孫祖祐	1166-763- 20
●袁 燮		
絜齋集後序	宋袁 甫	1157-329- 附
（御製）題袁燮絜齋集六韻	清 高宗	1157- 1- 附
●夏 承		
書夏承遺文後	明鄭 眞	1234-219- 38
●夏 諒		
文莊集原序	宋宋敏求	1087- 47- 附
文莊集原序	宋江 逌	1087- 48- 附
●夏希賢		
夏德甫易窩吟序	宋何夢桂	1188-467- 7
●桑世昌		
桑澤卿詩集序	宋陳 亮	1171-624- 14
桑澤卿莫庵詩集序	宋陳 亮	1356-769- 17
●時天彝		
時所性文鈔後題	元吳師道	1212-250- 18
●晁公遡		
嵩山集原序	宋師 璿	1139- 2- 附
●晁公邁		
晁伯咎詩集序	宋陸 游	1163-414- 14
●晁安憨		
文林啓秀序	宋晁說之	1118-331- 17
●晁詠之		
崇福集序	宋晁說之	1118-330- 17
●晁補之		
雞肋集原序	宋晁補之	1118-412- 附
●晁端友		
晁君成詩集敍	宋蘇 軾	1107-481- 34
		1405-613-299
●晁端中		
晁元升集序	宋周行己	1123-633- 4
●晁端仁		
汝南主客文集序	宋晁說之	1118-334- 17
●晁說之		
跋嵩山景迂集	宋陸 游	1163-533- 29
●員興宗		

四庫全書文集篇目分類索引

集部 別集類：宋 十─十一畫

九華集原序　　宋李心傳　1158- 2- 附
九華集原序　　宋員夢協　1158- 3- 附
●晏幾道
小山集序　　宋黃庭堅　1113-147- 16
●柴　望
道州台衣詩集原序　　宋柴　望　1187-493- 附
道州台衣集自敘　　宋柴　望　1364-883- 1
宋國史柴望詩集原序　　元楊仲弘　1364-874- 附
●柴元彪
襪綫稿自敘　　宋柴元彪　1364-903- 3
●柴聲伯
柴謙山詩序　　宋何夢桂　1188-446- 5
●徐　存
徐逸平集序　　宋袁　甫　1175-460- 11
●徐　泳
跋徐薦伯詩集　　宋陳傳良　1150-822- 41
●徐　俯
題所書詩卷後與徐師川　　宋黃庭堅　1113-277- 26
●徐　植父
跋徐待制詩稿　　宋陸　游　1163-543- 30
●徐　僑
徐文清公手書槁後題　　元吳師道　1212-248- 17
●徐　鑑祖父
跋徐侍郎文集後　　元吳　澄　1197-614- 63
●徐子蒼
跋徐子蒼徽池行程歷　　宋陳　著　1185-208- 44
跋前人丙寅秋鎭巢清野歸途詩卷　　宋陳　著　1185-209- 44
●徐文卿
徐斯遠文集序　　宋葉　適　1164-242- 12
●徐元杰
（楳埜集）原序　　宋趙汝騰　1181-601- 附
●徐冰壑
徐冰壑詩序　　宋何夢桂　1188-457- 6
●徐致遠
書徐致遠無絃琴後　　宋包　恢　1178-759- 5
●徐鹿卿
橫江雜稿序　　宋徐鹿卿　1178-914- 5
清正存稿原序　　明徐卽登　1178-806- 附
●徐祥叔
徐祥叔詩序　　宋何夢桂　1188-450- 5
●徐經孫
給事徐侍郎先集序　　宋劉克莊　1181- 57- 附

●徐椿年
徐嘉卿集序　　宋汪應辰　1138-666- 9
●徐衡伯
跋徐衡伯詩　　宋方　岳　1182-601- 38
●翁　卷
西巖集原序　　宋葉　適　1171-173- 附
●翁　定
瓜圃集序　　宋劉克莊　1180-240- 23
●翁　挺
題翁士特文編　　宋楊　時　1125-358- 26
五峯居士文集序　　宋李　綱　1126-572-138
●翁真卿
翁眞卿詩序　　宋何夢桂　1188-466- 7
●翁常之
松廬集序　　宋葉　適　1164-243- 12
●倪　朴
石陵先生倪氏褐著序　　宋吳　萊　1152- 21- 39
●倪龍輔
跋倪龍輔詩　　宋趙汝騰　1181-290- 5
●師渾甫
師伯渾文集序　　宋陸　游　1163-413- 14
　　　　1405-683-306
●奚朝瑞
奚朝瑞詩（跋）　　宋方　岳　1182-596- 38

十一畫

●寇　準
跋巴東集　　宋陸　游　1163-526- 28
讀寇萊公集　　宋胡　仔　1375-291- 22
●寇元弼
寇參軍集序　　宋陳師道　1114-618- 11
●章　安
章安詩集序　　宋黃　裳　1120-156- 21
●章　蒙
秘丞章蒙明發集序　　宋張　耒　1115-345- 40
　　　　1361-144- 21
　　　　1405-680-306
章秘丞集序　　宋張　耒　1346-412- 29
●章　綜
樵居集序　　宋孫　覿　1135-312- 31
●章少機
跋章少機詩　　宋陳元晉　1176-816- 5
●章明甫
章明甫詩序　　宋何夢桂　1188-463- 7
●章婉婉
章文柔詩序　　宋劉　弇　1119-263- 24

集部 別集類：宋 十一畫

●章應龍
跋章翔卿詩集　　　　　宋眞德秀　1174-569- 36
●許　忻
跋許侍郎詩卷　　　　　宋朱　熹　1145-747- 84
●許　玠
跋許介之東溪詩集　　　宋曹彥約　1167-202- 17
（跋）許介之詩卷　　　宋眞德秀　1174-543- 34
●許　棐
融春小編序　　　　　　宋許　棐　1357-598- 76
梅屋稿序　　　　　　　宋許　棐　1357-603- 77
●許大方
許大方詩集序　　　　　宋張　耒　1115-349- 40
海陵集序　　　　　　　宋晁補之　1118-662- 34
　　　　　　　　　　　　　　　　1361-490- 69
　　　　　　　　　　　　　　　　1405-617-299

●郭　印
雲溪雜詠序　　　　　　宋郭　印　1134- 57- 8
●郭元邁
跋郭元邁北中詩卷後　　宋陳　造　1166-388- 31
●郭景舒
題郭景舒梅垈百詠　　　宋李昴英　1181-149- 5
●郭適之
跋郭適之集句梅雪詩　　宋樓　鑰　1153-221- 75
●龐　何
見一堂集序　　　　　　宋樓　鑰　1152-812- 52
●梅執禮
書梅節愍公文安集後　　宋張　栻　1189-543- 3
●梅堯臣
（宛陵集）原序　　　　宋歐陽修　1099- 6- 附
梅聖俞詩集序　　　　　宋歐陽修　1102-332- 42
　　　　　　　　　　　　　　　　1103-765- 16
　　　　　　　　　　　　　　　　1378-346- 53
　　　　　　　　　　　　　　　　1383-507- 45
　　　　　　　　　　　　　　　　1405-610-229
　　　　　　　　　　　　　　　　1447-470- 24
書梅聖俞稿後　　　　　宋歐陽修　1102-571- 73
　　　　　　　　　　　　　　　　1378-347- 53
　　　　　　　　　　　　　　　　1383-678- 60
　　　　　　　　　　　　　　　　1406-504-373
　　　　　　　　　　　　　　　　1447-433- 22
梅氏詩集序　　　　　　宋歐陽修　1346- 36- 2
　　　　　　　　　　　　　　　　1351- 14- 86
梅聖俞別集序　　　　　宋陸　游　1163-419- 15
宛陵集後序　　　　　　宋汪伯彥　1099-440- 附
（跋）宛陵集　　　　　明楊士奇　1099-441- 附

　　　　　　　　　　　　　　　　1238-620- 19
●强　至
祠部集原序　　　　　　宋曾　鞏　1091- 3- 附
強幾聖文集序　　　　　宋曾　鞏　1098-463- 12
　　　　　　　　　　　　　　　　1384-241-101

●曹　勛
曹忠靖公松隱集序　　　宋樓　鑰　1152-807- 52
松隱集原序　　　　　　明洪盆中　1129-323- 附
書曹太尉勛迎鑾七賦
　（卷）後　　　　　　清朱彝尊　1318-245- 53
●曹汝弼
跋曹職方詩卷　　　　　宋葛勝仲　1127-501- 10
●曹良史
曹之才詩序　　　　　　宋俞德鄰　1189- 79- 10
●陸　游
東樓集序　　　　　　　宋陸　游　1163-412- 14
跋詩稾　　　　　　　　宋陸　游　1163-520- 27
劍南詩稾序　　　　　　宋鄭師尹　1162- 3- 附
（劍南詩稾）跋　　　　宋陸子虡　1163-304- 附
題陸渭南遺文抄後　　　元戴表元　1194-228- 18
放翁詩選前集原序　　　元陸　憙　1163-729- 附
跋陸放翁詩卷　　　　　明邵　寶　1258-533- 9
書劍南集後　　　　　　清朱彝尊　1318-236- 52
書渭南集後　　　　　　清朱鶴齡　1319-162- 13
●陸　游叔祖
跋祠部集　　　　　　　宋陸　游　1163-551- 31
●陸　游叔父
跋四三叔父文集　　　　宋陸　游　1163-532- 29
●陸　經
陸子履嵩山集序　　　　宋周必大　1147-557- 53
●陸九淵
象山集原序　　　　　　宋楊　簡　1156-239- 附
象山集原序　　　　　　宋袁　燮　1156-238- 附
象山先生文集序　　　　宋袁　燮　1157- 90- 8
跋象山先生集　　　　　宋袁　甫　1175-518- 15
象山文集序　　　　　　明王守仁　1265-197- 7
象山集原序　　　　　　明吳　杰　1156-239- 附
●陸象翁
陸象翁侯鯖吟編　　　　宋衛宗武　1187-697- 5
●陸煥之
陸伯政山堂類稿序　　　宋陸　游　1163-420- 15
●陸夢發
曉山烏衣圻南集序　　　元方　回　1193-640- 31
●陶　崇
陶同年崇詩卷跋　　　　宋洪咨夔　1175-313- 30

●連文鳳
連伯正詩序　　　　　　宋劉辰翁　1186-523- 6
●張　弋
秋江烟草序　　　　　　宋丁　惝　1357-528- 68
●張　守
張文靖公文集序　　　　宋周必大　1147-575- 54
●張　耒
柯山張文潛集書後　　　宋汪　藻　1128-155- 17
書謫郡先生文集後　　　宋周紫芝　1141-483- 67
●張　耒外祖
記外祖李公詩卷後　　　宋張　耒　1115-376- 44
●張　昇
完美集序　　　　　　　宋范純仁　1104-643- 10
●張　侃
（拙軒初藁）自序　　　宋張　侃　1181-425- 5
●張　玨
跋張公子竹溪詩(稿)　　宋朱　熹　1145-678- 81
●張　栻
南軒先生文集序　　　　宋朱　熹　 561-504- 44
張南軒文集序　　　　　宋朱　熹　1145-572- 76
南軒集原序　　　　　　宋朱　熹　1167-418- 附
張尚書集序　　　　　　宋劉克莊　1180-243- 23
南軒集鈔　　　　　　　元方　回　1375-450- 35
●張　詠
乖崖集序　　　　　　　宋郭森卿　1085-577- 附
●張　肅
張穆之觸麟集序　　　　宋晁補之　1118-659- 34
●張　貴
書張待舉詩集後　　　　宋周紫芝　1141-474- 66
●張　綱
張彥正文集序　　　　　宋周必大　1147-211- 20
華陽集原序　　　　　　宋洪　邁　1131- 2- 附
華陽集原序　　　　　　宋宇文熙　1131- 3- 附
●張　顏
張使君詩詞集序　　　　宋陳　造　1166-292- 23
●張　潛
張招州集序　　　　　　宋劉克莊　1180-250- 24
張昭州集序　　　　　　宋劉克莊　1466-563- 51
●張　疆
張宗甫木雞集序　　　　宋文天祥　1184-592- 13
●張　舉
張子厚睦州唱和集序　　宋孔武仲　1345-348- 15
●張　鎡
約齋南湖集序　　　　　宋楊萬里　1161- 82- 81
題南湖集十二卷後　　　宋史　浩　1164-660- 附

●張　韞
張仁溥詩藁跋　　　　　宋吳　泳　1176-375- 38
●張　巖
閒靜老人文集序　　　　宋魏了翁　1172-601- 53
●張方平
謝劉莘老寄玉堂集序　　宋張方平　1104-380- 34
謝蘇子瞻寄樂全集序　　宋張方平　1104-381- 34
樂全集序　　　　　　　宋蘇　軾　1104- 2- 附
樂全先生文集序　　　　宋蘇　軾　1107-485- 34
　　　　　　　　　　　　　　　　1356-855- 4
　　　　　　　　　　　　　　　　1378-356- 53
　　　　　　　　　　　　　　　　1384-655-139
●張之望
題張之望文集後　　　　宋陳傅良　1150-823- 41
●張元幹
蘆川歸來集原序　　　　宋曾　豐　1136-583- 附
蘆川歸來集原序　　　　宋蔡　戡　1136-583- 附
蘆川歸來集原序　　　　宋張　廣　1136-584- 附
蘆川歸來集跋　　　　　宋張欽臣　1136-677- 10
●張石山
張石山戲筆序　　　　　宋衛宗武　1187-698- 5
●張北山
張北山和陶集序　　　　元楊維楨　1221-438- 7
●張冉本
張氏子集序　　　　　　宋徐　鉉　1085-181- 23
●張名久
張竹山文藁序　　　　　宋牟　巘　1188-118- 13
●張仲謀
書張仲謀詩集後　　　　宋黃庭堅　1113-447- 9
●張良臣
張良臣雪窗集序　　　　宋周必大　1147-572- 54
書張武子詩集後　　　　宋樓　鑰　1153-161- 70
跋臥雲樓詩　　　　　　宋釋居簡　1183-108- 7
●張孝先
孝先詩卷序　　　　　　宋家鉉翁　1189-307- 2
●張孝祥
于湖集序　　　　　　　宋王　質　1149-382- 5
張安國詩集序　　　　　宋韓元吉　1165-203- 14
于湖集序　　　　　　　宋謝堯仁　1140-540- 附
于湖集序　　　　　　　宋張孝伯　1140-542- 附
●張表臣
題張表臣詩卷後　　　　宋張　守　1127-791- 10
●張叔夜
跋張耒仲樞密遺藁一二　宋李　綱　1126-724-163
●張彥博
張文叔文集　　　　　　宋曾　鞏　1098-470- 13

2192　　　　　　　　　四庫全書文集篇目分類索引

集部　別集類：宋　十一畫

		1455-340-211
●張英玉		
跋張英玉行卷	宋姚　勉	1184-287- 41
●張保雍		
張刑部詩序	宋王安石	1105-704- 84
●張盖之		
書待制張公詩卷後	宋鄒　浩	1121-449- 32
●張剛中		
書張剛中詩卷後	宋周　孚	1154-679- 30
●張琳溪		
琳溪張兄詩序	宋何夢桂	1188-469- 7
●張景冶		
跋張景冶鎔齊齋記槀	宋張　侃	1181-427- 5
●張景修		
跋張大夫景修詩卷	宋鄭剛中	1138-167- 16
●張舜民		
書浮休生畫墁集後	宋周紫芝	1141-482- 67
●張端義		
題節推張端義荃翁集	宋李昴英	1181-148- 5
●張慶之		
跋張子善詩	宋杜　範	1175-746- 17
●陸柳塘		
代李守作柳塘詩序	宋李昴英	1181-133- 3
●陳　序		
書碧嵓詩集後	宋劉　宰	1170-617- 24
●陳　宏		
跋陳復齋詩卷	宋眞德秀	1174-577- 36
●陳　東		
陳少陽文集序	宋魏了翁	1172-615- 54
●陳　泊		
陳省副集序	宋李　薦	1115-797- 6
陳省副文集後序	宋李　薦	1361-317- 49
●陳　亮		
龍川集序	宋葉　適	1164-237- 12
書龍川集後	宋葉　適	1164-514- 29
題陳同父集後	明胡應麟	1290-768-106
●陳　淳		
北溪大全集原序	宋王環翁	1168-502- 附
●陳　淵		
默堂集原序	宋楊萬里	1139-301- 附
默堂先生文集序	宋楊萬里	1161- 73- 80
默堂集原序	宋沈　度	1139-300- 附
●陳　深		
寧極齋稿識	明張　丑	1189-732- 附
●陳　塤		
（跋）木鍾集	明楊士奇	1238-599- 18
●陳　栢		
陳侍郎文集序	宋吳　泳	1176-353- 36
●陳　習		
陳傳正退居類槀序	宋呂　陶	1098- 98- 13
●陳　造		
陳長翁文集序	宋陸　游	1163-426- 15
●陳　著		
本堂集原跋	元蔣　岩	1185-522- 附
●陳　棠		
瀔齋居士詩序	宋陸　游	1163-421- 15
●陳　傅		
陳商老詩集序	宋黃　裳	1120-157- 21
●陳　煒		
退菴居士集序	宋劉克莊	1180-241- 23
●陳　塏		
陳可齋文集序	宋李曾伯	1179-821- 12
●陳　襄		
古靈集跋尾	宋陳公輔	1093-717- 25
陳古靈文集序	宋李　綱	530-485- 70
古靈集原序	宋李　綱	1093-499- 附
古靈陳述古文集序	宋李　綱	1126-577-138
●陳　藻		
樂軒集序	宋劉克莊	1180-252- 24
●陳　瓘		
跋瑩中詩卷	宋釋惠洪	1116-518- 27
書陳瑩中書簡集卷	宋李　綱	1126-725-163
題跋了堂先生文集	宋張元幹	1136-655- 9
●陳　巖		
（九華詩集）序	元方時發	1189-688- 附
●陳一齋		
陳一齋詩序	宋牟　巘	1188-113- 13
●陳士表		
陳儀仲詩序	宋舒岳祥	1187-426- 10
●陳子寬		
陳子寬詩集序	宋林希逸	1185-676- 12
●陳大經		
題三衢陳大經詩卷	宋李昴英	1181-148- 5
●陳文蔚		
克齋集原序	明侯峒曾	1171- 2- 附
●陳公輔		
陳公輔聽雨亭詩序	宋牟　巘	1188-116- 13
●陳必復		
山居存稿序	宋陳必復	1357-271- 34
●陳古莊		

四庫全書文集篇目分類索引

集部　別集類：宋　十一—十二畫

陳古莊詩序　　　　　宋何夢桂　　1188-457-　6
　●陳平仲
跋陳平仲詩　　　　　宋方　岳　　1182-602- 38
　●陳以莊
陳敬叟集序　　　　　宋劉克莊　　1180-239- 23
　●陳宏叟
陳宏叟詩序　　　　　宋劉辰翁　　1186-542-　6
　●陳孟剛
書陳孟剛童烏集後　　宋趙必豫　　1187-305-　5
　●陳長方
唯室集序　　　　　　宋唐　琢　　1139-616- 附
　●陳南齋
陳南齋詩序　　　　　宋衞宗武　　1187-703-　5
　●陳思濟
又題思濟兄詩軸　　　宋陳耆卿　　1178- 65-　7
　●陳昭度
陳西軒集序　　　　　宋林希逸　　1185-673- 12
　●陳俊卿
陳正獻公詩集序　　　宋魏了翁　　1172-604- 54
跋陳正獻公詩集　　　宋眞德秀　　1174-564- 36
　●陳耆卿
題陳壽老文集後　　　宋葉　適　　1164-522- 29
　　　　　　　　　　　　　　　　1356-769- 17
賓窗集序　　　　　　宋葉　適　　1178-　3- 附
賓窗集自序　　　　　宋陳耆卿　　1178-　4- 附
賓窗續集序　　　　　宋吳子良　　1178-　3- 附
　　　　　　　　　　　　　　　　1356-770- 17
賓窗集跋　　　　　　宋吳子良　　1178- 88- 附
　●陳師道
陳殿院集序　　　　　宋呂南公　　1123- 82-　8
題秦會之跋後山居士
　（集）　　　　　　宋孫　覿　　1135-319- 32
黃陳詩注原序　　　　宋許　尹　　1114-　3- 附
後山集記跋　　　　　宋魏　衍　　1114-738- 附
　●陳梅南
梅南詩稿序　　　　　宋俞德鄰　　1189- 85- 11
　●陳國華
陳大庾公餘集序　　　宋徐鹿卿　　1178-915-　5
　●陳從古
跋陳從古梅詩　　　　宋周必大　　1147-171- 17
陳晞顏詩集序　　　　宋楊萬里　　1161- 67- 79
陳晞顏和簡齋詩集序　宋楊萬里　　1161- 72- 80
洮湖和梅詩序　　　　宋楊萬里　　1161- 75- 80
　●陳傅良
止齋集原序　　　　　宋曹叔遠　　1150-498- 附

止齋集原序　　　　　宋王　瓚　　1150-499- 附
　●陳舜功
陳舜功詩序　　　　　宋歐陽守道　1183-602- 12
　●陳舜民
陳舜民詩集序　　　　宋歐陽守道　1183-565-　8
　●陳舜俞
都官集序　　　　　　宋樓　鑰　　1096-408- 附
陳都官文集後序　　　宋樓　鑰　　1152-798- 51
都官集原序　　　　　宋蔣之奇　　1096-407- 附
都官集原跋　　　　　宋陳　杞　　1096-551- 附
　●陳與桂
跋水竹先生摘藁　　　元張伯淳　　1194-477-　5
　●陳與義
簡齋集原序　　　　　宋劉辰翁　　1129-665- 附
陳去非詩集序　　　　宋葛勝仲　　1127-488-　8
簡齋集原引　　　　　宋玄默敦胖　1129-665- 附
　●陳槐卿
拂石摘藁序　　　　　宋張　侃　　1181-425-　5
　●陳過庭
陳忠肅文集序　　　　宋汪應辰　　1138-665-　9
　●陳潛齋
玉卿子詩集序　　　　宋劉克莊　　1180-246- 23
　●陳慧父
（跋）陳慧父竹破詩
　藁　　　　　　　　宋眞德秀　　1174-542- 34
　●陳激齋
陳激齋筆耕集（跋）　元徐明善　　1202-593- 下
　●陳應炎
天台陳方叔詩集序　　宋陳　著　　1185-180- 38
　●崔　鷗
書婆娑集後　　　　　宋周紫芝　　1141-481- 67
　●畢憲父
畢憲父詩集序　　　　宋黃庭堅　　1113-146- 16

十二畫

　●馮　山
安岳集原序　　　　　宋劉光祖　　1098-290- 附
安岳集原序　　　　　宋何愈固　　1098-291- 附
　●馮　亞
馮亞詩集序　　　　　宋司馬光　　1094-637- 69
　●馮　理
跋馮聖先詩集語　　　宋尹　焞　　1136- 24-　3
　●馮　頊
書馮頊自得集後　　　宋周必大　　1147-521- 49
雙桂老人詩集後序　　宋楊萬里　　1161- 70- 79
　●馮　澥

2194　　　　　　　四庫全書文集篇目分類索引

集部　別集類：宋　十二畫

馮氏家集前序　　　　　　宋王禹偁　　1086-193- 20
●富　楠
富修仲家集序　　　　　　宋韓元吉　　1165-202- 14
●游　酢
游先生文集目錄後記　　　明危　素　　1226-654- 1
●游九言
游誠之默齋集序　　　　　宋魏了翁　　1172-614- 54
●游大義
跋范石湖游大義詩卷　　　宋樓　鑰　　1153-182- 72
●游仲鴻
游忠公仲鴻鑑虛集序　　　宋魏了翁　　1172-629- 56
游忠公鑑虛集序　　　　　宋李昴英　　1181-132- 3
●童之懋
跋童氏子詩集　　　　　　宋陳　著　　1185-214- 45
●童敏仲
題童竹澗詩集序　　　　　宋熊　禾　　1188-768- 1
●曾　丰
緣督集原序　　　　　　　元虞　集　　1156- 3- 附
曾撙齋緣都集序　　　　　元虞　集　　1207-479- 34
●曾　協
雲莊集原序　　　　　　　宋傅伯壽　　1140-226- 附
●曾　紆
曾公卷文集序　　　　　　宋孫　覿　　1135-315- 31
書空青集後　　　　　　　宋陸　游　　1163-501- 25
曾空青文集序　　　　　　宋馬廷鸞　　1187- 87- 12
●曾　漸
曾侍郎武城集序　　　　　宋曹彥約　　1167-183- 14
●曾　翠
書曾子固集後　　　　　　宋張　耒　　1115-376- 44
元豐類藁原序　　　　　　宋王　震　　1098-347- 附
南豐集序　　　　　　　　宋王　震　　1351- 61- 90
　　　　　　　　　　　　　　　　　　1354-257- 32
　　　　　　　　　　　　　　　　　　1405-684-306
南豐先生文集後序　　　　宋陳克昌　　1098-777- 附
大德重刊元豐類稿序　　　元程鉅夫　　1202-188- 14
元豐類稿後序　　　　　　元丁思敬　　1098-790- 附
（跋）曾南豐文（集）　　明楊士奇　　1238-605- 18
書元豐類稿後　　　　　　明何喬新　　 518-251-143
　　　　　　　　　　　　　　　　　　1249-304- 18
　　　　　　　　　　　　　　　　　　1455-609-236
南豐文集序　　　　　　　明羅　倫　　1251-651- 2
曾南豐文粹序　　　　　　明王慎中　　1274-190- 9
曾南豐文集序　　　　　　明王慎中　　1455-725-245
南豐文鈔引　　　　　　　明茅　坤　　1384-190- 附
重刻曾南豐先生文集

序　　　　　　　　　　　明李　璜　　1455-761-248
南豐題辭　　　　　　　　清田　雯　　1324-302- 28
●曾　魯
題勿齋曾魯詩稿　　　　　宋文天祥　　1184-613- 14
●曾安强
題曾南夫集序　　　　　　宋周必大　　1147-529- 49
曾南夫提舉文集序　　　　宋周必大　　1147-555- 52
●曾仲恭
跋曾仲恭文　　　　　　　宋朱　熹　　1145-729- 83
●曾季貍
曾裘父詩集序　　　　　　宋陸　游　　1163-424- 15
●曾致堯
先大夫集後序　　　　　　宋曾　鞏　　1098-458- 12
　　　　　　　　　　　　　　　　　　1384-245-101
　　　　　　　　　　　　　　　　　　1405-678-306
　　　　　　　　　　　　　　　　　　1418-516- 52
　　　　　　　　　　　　　　　　　　1447-914- 55
　　　　　　　　　　　　　　　　　　1476-188- 11
●曾輔之
題曾輔之雪澗詩集　　　　宋姚　勉　　1184-290- 41
●曾應瑋
曾季章家集序　　　　　　宋劉辰翁　　1186-538- 6
●惲敬仲
書惲敬仲詩卷後　　　　　宋劉　宰　　1170-618- 24
●湯炳龍
北村詩集序　　　　　　　宋俞德鄰　　1189- 73- 10
●湯德威
臨齋遺文序　　　　　　　宋劉　塤　　1157-409- 5
臨齋遺文序　　　　　　　宋眞德秀　　1174-420- 27
●湯頤堂
頤堂集序　　　　　　　　宋劉　辛　　1170-541- 19
●雲太虛
雲太虛四六序　　　　　　宋釋道璨　　1186-815- 3
●黃　庶
刻先大夫詩跋　　　　　　宋黃庭堅　　1113-641- 11
跋黃魯直書父亞夫詩　　　宋曹　勛　　1129-524- 32
伐檀集序　　　　　　　　宋黃　庶　　1092-762- 附
●黃　登
跋黃瀛甫擬陶詩　　　　　宋眞德秀　　1174-564- 36
跋黃瀛父適意集　　　　　宋徐鹿卿　　1178-917- 5
●黃　畺
跋豫章黃畺詩卷　　　　　宋眞德秀　　1174-530- 34
●黃　裳
演山集原序　　　　　　　宋黃　裳　　1120- 27- 附
長樂詩集序　　　　　　　宋黃　裳　　1120-147- 20

書意集序　　　　　　宋黄　裳　　1120-152- 21
演山集原序　　　　　宋王　悅　　1120- 26- 附
●黄　銖
黄子厚詩序　　　　　宋朱　熹　　1145-588- 76
　　　　　　　　　　　　　　　　1405-618-299
黄子厚詩後序　　　　宋眞德秀　　1174-435-238
●黄　嘗
黄子耕文集序　　　　宋葉　適　　1164-240- 12
●黄　瀛
黄西坡文集序　　　　宋曹彥約　　1167-185- 14
黄西坡文集序　　　　宋黄　幹　　1168-231- 21
●黄大受
露香拾藁序　　　　　宋應　繆　　1357-505- 64
●黄文雷
看雲小集序　　　　　宋黄文雷　　1357-376- 50
●黄公度
知稼翁集原序　　　　宋洪　邁　　1139-542- 附
知稼翁集跋　　　　　宋黄　沃　　1139-612- 附
知稼翁集跋　　　　　宋黄崇翰　　1139-613- 附
●黄任伯
草堂詩稿序　　　　　宋姚　勉　　1184-264- 38
●黄仲元
四如集原序　　　　　明宋　濂　　1188-592- 附
莆田四如先生黄公後
　集序　　　　　　　明宋　濂　　1223-411- 6
宋國簿黄四如先生文
　集序　　　　　　　明尹　臺　　1277-455- 2
●黄孝先
又書黄子思詩集後　　宋蘇　軾　　1077-299- 2
書黄子思詩集後　　　宋蘇　軾　　1108-506- 93
　　　　　　　　　　　　　　　　1351-488-131
　　　　　　　　　　　　　　　　1378-110-110
　　　　　　　　　　　　　　　　1384-718-144
　　　　　　　　　　　　　　　　1406-509-373
●黄叔通
黄叔通自鳴集序　　　宋眞德秀　　1174-432- 28
●黄彥平
（三餘集）原序　　　宋謝　諤　　1132-759- 附
（三餘集）原序　　　宋湯思謙　　1132-759- 附
●黄容安
跋黄容安僻地集　　　宋眞德秀　　1174-580- 36
●黄庭堅
題王子飛所編（余）
　文後　　　　　　　宋黄庭堅　　1113-282- 27
跋山谷詩藁　　　　　宋張元幹　　1136-660- 9
跋黄山谷詩　　　　　宋朱　熹　　1145-712- 82
跋豫章別集　　　　　宋樓　鑰　　1153-201- 73
跋山谷先生三榮集　　宋陸　游　　1163-510- 26
黄太史文集序　　　　宋魏了翁　　1172-595- 53
注黄詩外集序　　　　宋魏了翁　　1172-624- 55
豫章外集詩註序　　　宋洪容齋　　1175-303- 29
黄山谷內集詩跋　　　宋徐經孫　　1181- 32- 3
黄陳詩注原序　　　　宋許　尹　　1114- 3- 附
（跋）黄山谷刀筆　　明楊士奇　　1238-605- 18
讀精華錄　　　　　　明何景明　　1267-349- 38
山谷全集序　　　　　明徐　岱　　1113- 3- 附
山谷全書序　　　　　明周秀鳳　　1113- 4- 附
●黄晉卿
題黄應奉上京紀行詩
　後　　　　　　　　元蘇天爵　　1214-332- 28
●黄耕叟
題黄耕叟存藁　　　　宋黄仲元　　1188-644- 3
●黄紹谷
黄紹谷詩序　　　　　宋徐經孫　　1181- 30- 3
黄紹谷集跋　　　　　宋林希逸　　1185-680- 13
●黄景說
白石叢稿序　　　　　宋曾　丰　　1156-200- 18
●黄夢炎
題桂隱遺文後　　　　明宋　濂　　1223-643- 13
●項一鶚
項廷實編會祖詩詞　　元徐明善　　1202-603- 39
●賀東平
黄先生詩集序　　　　宋文　同　　1096-707- 25
●賀　鑄
賀方回樂府序　　　　宋張　耒　　1115-348- 40
　　　　　　　　　　　　　　　　1346-413- 29
　　　　　　　　　　　　　　　　1361-146- 21
慶湖遺老詩集（跋）　宋楊　時　　1123-293- 附
跋賀方回鑑湖集　　　宋楊　時　　1125-356- 26
鑑（慶）湖遺老詩序　宋程　俱　　1123-197- 附
賀方回詩集序　　　　宋程　俱　　1130-150- 15
　　　　　　　　　　　　　　　　1375-250- 17
慶湖遺老詩集原序　　宋阿堵齋　　1123-196- 附
●咸仁熟
盛童子遺稿序　　　　宋俞德鄰　　1189- 89- 12
●咸怨齋
揚州盛怨齋吟藁序　　宋方逢振　　1187-583- 8
●彭　醇
澈溪居士文集序　　　宋周必大　　1147-566- 54
澈溪居士文集後序　　宋楊萬里　　1161-104- 84

集部 別集類：宋 十二─十三畫

●彭 鑫
跋彭先生梅坡集墓後　　宋曹彦約　1167-203- 17
●彭仲珍
彭仲珍吟稿序　　宋姚 勉　1184-260- 37
●彭仲剛
跋彭監丞集　　宋朱 熹　1145-758- 84
●彭仲章
梅潤吟稿序　　宋姚 勉　1184-257- 37
●彭昌詩
題彭昌詩下車錄　　宋李昴英　1181-149- 5
●彭瑞麟
跋彭鹽瑞麟集　　宋廖行之　1167-397- 9
●彭龜年
彭忠肅公止堂集序　　宋魏了翁　1172-607- 54
跋彭忠肅文集　　宋眞德秀　1174-576- 36
●陽 枋
書字溪集編末　　宋陽 昂　1183-470- 12
●華 岳
翠微南征錄題語　　明王士禎　1176-626- 附
●華 鎮
雲溪居士集原序　　宋樓 炤　1119-340- 附
進雲溪集原書表　　宋華初成　1119-341- 附
雲溪居士集跋　　宋華初成　1119-615- 30
●喻良弼
題喻季直文編　　宋陳 亮　1171-648- 16
　　　　　　　　　　　　1406-448-364
●傅 察
忠肅集原序　　宋周必大　1124-696- 附
傅忠肅公察文集序　　宋周必大　1147-547- 52
●傅子淵
跋靜觀小棗　　宋林希逸　1185-687- 13
●傅伯壽
傅樞密文集序　　宋眞德秀　1174-421- 27
●傅崧卿
跋傅給事崧卿竹友詩
　棗　　宋陸 游　526-259-267
●傅景裴
傅景斐文編序　　宋劉 煇　1157-405- 5
傅景斐文編序　　宋眞德秀　1174-416- 27
●程 因
程因百詩序　　宋李 廌　1165-798- 6
●程 洵
程洵尊德性齋小集序　　宋周必大　1147-569- 54
程允夫集序　　宋王 炎　1155-713- 24
●程 垣

題程垣詩卷　　宋劉克莊　1180-337- 31
●程 玟
洛水集原序　　宋程 玟　1171-224- 附
洛水集原序　　明程至遠　1171-224- 附
●程 俱
程致道集序　　宋葉夢得　1129-611- 3
北山集原序　　宋葉夢得　1130- 5- 附
（北山集）後序　　宋鄭作肅　1130-402- 附
●程 頤
伊川擊壤集序　　宋邵 雍　1351- 28- 87
伊川先生文集後序　　宋程端中　1375-251- 17
●程 顥
明道先生集抄序　　明馮從吾　1293-211- 13
●程公許
（滄洲塵缶編）自序　　宋程公許　1176-890- 附
（滄洲塵缶編）序　　宋王 邁　1176-891- 附
●程少章
（跋）程少章文棗　　宋方 岳　1182-596- 38
　　　　　　　　　　　　1375-300- 23
●程務實
程務實詩集（跋）　　宋方 岳　1182-594- 38
●程敦厚
跋程子山詩後　　宋王庭珪　1134-333- 49
●程楚翁
程楚翁詩序　　宋劉辰翁　1186-523- 6
●舒 洋
舒平甫文集序　　宋陳 著　1185-173- 37
●舒邦佐
舒雙峯文集　　元徐明善　1202-595- 下
雙峰先生文集序　　明劉 球　1243-596- 13
●舒岳祥
閬風集原序　　宋王應麟　1187-325- 附
百一老詩序　　宋舒岳祥　1187-430- 10
蝶軒棗序　　宋舒岳祥　1187-430- 10
閬風集原序　　元胡長孺　1187-324- 附

十三畫

●賈仲穎
賈仲穎詩序　　宋劉克莊　1180-243- 23
●楊 朴
書楊東里詩集後　　宋俞德鄰　1189- 62- 8
●楊 杞
矓堂先生楊公文集序　　宋楊萬里　1161- 64- 79
●楊 居
跋初機集　　宋戴 栩　1176-756- 9
●楊 芾

題楊文卿芾詩卷　　　　宋周必大　　1147-200- 19
● 楊　迪
跋楊邊道遺文　　　　　宋朱　熹　　1145-709- 82
● 楊　畋
新秦集序　　　　　　　宋王安石　　1105-701- 84
● 楊　時
題龜山先生文集鈔　　　明程敏政　　1252-686- 39
楊龜山先生集序　　　　清蔡世遠　　1325-656- 1
楊龜山先生文集序　　　清藍鼎元　　1327-626- 4
● 楊　傑
無爲集原序　　　　　　宋趙士彯　　1099-681- 附
● 楊　愿
楊謹仲詩集序　　　　　宋趙必大　　1147-554- 52
● 楊　億
武夷新集原序　　　　　宋楊　億　　1086-354- 附
書武夷集後　　　　　　清儲大文　　1327-312- 14
● 楊　濟
楊濟道鈍齋集序　　　　宋魏了翁　　1172-599- 53
● 楊　簡
書慈湖遺稿　　　　　　宋袁　甫　　1175-517- 15
慈湖遺書後序　　　　　明不著撰人　1156-943- 附
● 楊子謨
楊伯昌浩齋集序　　　　宋魏了翁　　1172-624- 55
● 楊宏中
書宋武岡守楊公遺稿
　　後　　　　　　　　元吳　海　　1217-246- 8
● 楊君恢
跋楊君恢詩　　　　　　宋趙汝騰　　1181-290- 5
● 楊布旦
楊希旦文集序　　　　　宋楊　時　　1125-350- 25
● 楊長孺
跋楊伯子詩卷　　　　　宋樓　鑰　　1153-158- 70
● 楊冠卿
題楊夢錫客亭類稿後　　宋張孝祥　　1140-693- 28
楊夢錫集句杜詩序　　　宋陸　游　　1163-420- 15
● 楊皇后（宋寧宗后）
二家宮詞——楊皇后
　（跋）　　　　　　　宋潛　夫　　1416-713- 下
二家宮詞——楊皇后
　（跋二則）　　　　　明毛　晉　　1416-713- 下
● 楊萬里
誠齋江湖集序　　　　　宋楊萬里　　1161- 84- 81
誠齋荊溪集序　　　　　宋楊萬里　　1161- 84- 81
誠齋西歸詩集序　　　　宋楊萬里　　1161- 85- 81
誠齋南海詩集序　　　　宋楊萬里　　1161- 85- 81
誠齋朝天集序　　　　　宋楊萬里　　1161- 85- 81
誠齋江西道院集序　　　宋楊萬里　　1161- 86- 82
誠齋朝天續集序　　　　宋楊萬里　　1161- 87- 82
誠齋江東集序　　　　　宋楊萬里　　1161- 88- 82
跋誠齋錦江文稿　　　　宋文天祥　　1184-608- 14
誠齋文膾集序　　　　　宋方逢辰　　1187-533- 4
誠齋集後序　　　　　　宋不著撰人　1161-712- 附
● 楊虞仲
楊少逸不欺集序　　　　宋魏了翁　　1172-620- 55
● 楊輔世
達齋先生文集序　　　　宋楊萬里　　1161- 76- 80
● 裘萬頃
跋裘元量竹齋漫存詩　　宋陳元晉　　1176-816- 5
跋裘元量司直詩　　　　宋劉克莊　　1180-336- 31
跋竹齋漫存遺稿　　　　宋胡　泳　　1169-458- 附
竹齋集序　　　　　　　清朱舜尊　　1169-424- 附
重鋟裘司直詩集序　　　清朱舜尊　　1318- 80- 37
竹齋集序　　　　　　　清宋　犖　　1169-425- 附
竹齋集序　　　　　　　清張尚瑗　　1169-426- 附
竹齋集序　　　　　　　清張　鑒　　1169-427- 附
竹齋詩集跋　　　　　　清裘　奏　　1169-461- 附
● 董　煟
鄱陽董仲光詩集序　　　宋程　珌　　1171-345- 8
● 董　銖
樂閒先生文集序　　　　元徐明善　　1202-565- 上
● 董斗祥
題董長卿斗祥詩編　　　宋陳　著　　1185-209- 44
● 董嗣杲
西湖百詠原序　　　　　宋董嗣杲　　1189-237- 附
西湖百詠詩序　　　　　明張　寧　　1247-420- 17
● 葛元白
葛元白詩序　　　　　　宋俞德鄰　　1189- 83- 11
● 葛天民
跋朴翁詩　　　　　　　宋釋居簡　　1183-108- 7
● 葛次仲
葛亞卿廬陵詩序　　　　宋周必大　　1147-206- 20
● 葛和仲
中散兄詩集序　　　　　宋葛勝仲　　1127-488- 8
● 葛敏修
葛敏修聖功文集後序　　宋周必大　　1147-208- 20
● 葛勝仲
丹陽集序　　　　　　　宋孫　覿　　1135-306- 30
（丹陽集）原跋二首
　（之一）　　　　　　宋宋　曉　　1127-655- 23
（丹陽集）原跋二首

（之二）　　　　　　　　宋王　信　　1127-656- 23
●葉　介
題葉介文卷　　　　　　　宋劉克莊　　1180-338- 31
●葉　適
水心集原序　　　　　　　宋趙汝讇　　1164- 35-　附
水心集原序　　　　　　　明黎　諒　　1164- 35-　附
●葉子春
又題葉子春詩　　　　　　宋陳耆卿　　1178- 65-　7
●葉夢得
建康集跋　　　　　　　　宋葉　紹　　1129-661-　附
●虞　偉
（尊白堂集）原序　　　　宋陳貴誼　　1154-　2-　附
●詹　初
（寒松閣集）附（跋）　　宋詹　陽　　1179- 19-　3
（寒松閣集）附（跋）　　宋詹景鳳　　1179- 20-　3
（寒松閣集）附（跋）　　宋詹　璧　　1179- 20-　3
跋（寒松閣集）　　　　　宋李士英　　1179- 22-　3
跋（寒松閣集）　　　　　宋饒　魯　　1179- 22-　3
學錄詹先生集後語附
　　手教　　　　　　　　宋周　怡　　1179- 23-　3
（寒松閣集）後序　　　　宋汪以湘　　1179- 23-　3
書詹國錄先生集後　　　　宋吳景明　　1179- 25-　3
●鄒　浩
穀音集序　　　　　　　　宋鄒　浩　　1121-415- 28
道鄉鄒公文集序　　　　　宋李　綱　　1126-574-138
重刊鄒忠公文集序　　　　明邵　寶　　1258-746-　5
重刊鄒忠公文集序　　　　明夏良勝　　1269-740-　2
●鄒悳禮
北聽集序　　　　　　　　宋楊萬里　　1161-113- 84
●鄞　虛
跋撫州鄞虛詩　　　　　　宋周必大　　1147-516- 48

十四畫

●廖　剛
進廖剛世綵堂集箋　　　　宋趙　鼎　　1128-676-　3
●廖　偁
廖氏文集序　　　　　　　宋歐陽修　　1102-334- 43
　　　　　　　　　　　　　　　　　　1103-740- 12
　　　　　　　　　　　　　　　　　　1378-349- 53
　　　　　　　　　　　　　　　　　　1383-505- 45
　　　　　　　　　　　　　　　　　　1405-670-305
●廖行之
（省齋集）原序　　　　　宋戴　溪　　1167-272-　附
文贄序　　　　　　　　　宋廖行之　　1167-327-　4
省齋集原跋　　　　　　　宋潘　敷　　1167-402-　附
省齋集原跋　　　　　　　宋郭應祥　　1167-402-　附

省齋集原跋　　　　　　　宋孫次康　　1167-403-　附
省齋集原跋　　　　　　　宋丁南金　　1167-403-　附
省齋集原跋　　　　　　　宋慕容粹　　1167-403-　附
省齋集原跋　　　　　　　宋王萬全　　1167-403-　附
省齋集原跋　　　　　　　宋葉謙之　　1167-404-　附
省齋集原跋　　　　　　　宋孟　程　　1167-405-　附
省齋集原跋　　　　　　　宋孫　洵　　1167-405-　附
省齋集原跋　　　　　　　宋王　遇　　1167-405-　附
省齋集原跋　　　　　　　宋王　邁　　1167-405-　附
省齋集原跋　　　　　　　宋王　容　　1167-406-　附
省齋集原跋　　　　　　　宋黃　瀚　　1167-406-　附
省齋集原跋　　　　　　　宋蔣伯瑛　　1167-406-　附
省齋集原跋　　　　　　　宋陳元粹　　1167-406-　附
省齋集原跋　　　　　　　宋王　淮　　1167-406-　附
●秦崇禮
北海集原序　　　　　　　宋樓　鑰　　1134-827-附下
北海先生文集序　　　　　宋樓　鑰　　1152-800- 51
北海集原序　　　　　　　宋楊萬里　　1134-827-附下
●趙　玉
題趙公玉新昌紀詠　　　　宋李昴英　　1181-149-　5
●趙　丙
趙朝議丙文稿集　　　　　宋司馬光　　1094-637- 69
●趙　范
跋趙忠敏稿後　　　　　　宋曹彥約　　1167-204- 17
●趙　淮
跋趙靖齋詩卷　　　　　　宋文天祥　　1184-613- 14
●趙　湘
（南陽集）原序　　　　　宋宋　祁　　1086-305-　附
　　　　　　　　　　　　　　　　　　1088-399- 45
（南陽集）後跋　　　　　宋文　同　　1086-348-　附
（南陽集）後跋　　　　　宋歐陽修　　1086-347-　附
（南陽集）後跋　　　　　宋蔡　戡　　1086-348-　附
（南陽集）後跋　　　　　宋吳　儔　　1086-347-　附
（南陽集）後跋　　　　　宋趙大忠　　1086-349-　附
●趙　戣
題趙戣詩卷　　　　　　　宋劉克莊　　1180-337- 31
●趙　幹
趙帥幹在苕吟集序　　　　宋衛宗武　　1187-702-　5
●趙　嵩
跋趙宗高嵩詩　　　　　　宋陳　著　　1185-220- 46
●趙　離
趙竹潭詩集序　　　　　　宋趙孟堅　　1181-330-　3
●趙士幃
趙信之詩序　　　　　　　宋劉辰翁　　1186-521-　6
●趙士職

四庫全書文集篇目分類索引

集部　別集類：宋　十四－十五畫

跋百醉夫趙士敔詩卷　宋周必大　1147-492- 46
●趙子崧
跋趙子崧詩集後　宋周必大　1147-165- 17
●趙子野
跋趙子野詩卷　宋陳　造　1166-392- 31
●趙不抃
趙秘閣文集序　宋陸　游　1163-416- 14
●趙元鎮
忠正德文集序　宋周必大　1147-573- 54
●趙日休
跋青城趙日休居士文　宋陽　枋　1183-366- 8
●趙公茂
跋趙寺丞公茂詩　宋陳元晉　1176-816- 5
●趙必㒷
跋趙次山雲舍小藁　宋林希逸　1185-687- 13
●趙占龜
跋趙十朋文集　宋杜　範　1175-746- 17
●趙令衿
跋趙超然詩後　宋曹　勛　1129-526- 33
●趙令曒
威德軍節度使嘉國公詩集序　宋晁說之　1118-333- 17
●趙汝鐩
野谷集序　宋劉克莊　1180-242- 23
●趙仲仁
趙仲仁詩序　宋劉辰翁　1186-520- 6
●趙松軒
趙寺丞和陶詩序　宋劉克莊　1180-246- 23
●趙叔尊
題趙應之雲巢集　宋楊冠卿　1165-489- 7
●趙時逢
題趙朦可文集　宋周必大　1147-542- 51
●趙時賽
趙司理菊梅百詠跋　宋何夢桂　1188-504- 10
●趙時舉
趙司戎詩集序　宋徐鹿卿　1178-914- 5
●趙師旦
石聲編序　宋楊　傑　1099-727- 9
●趙師民
跋趙周翰詩卷(二則)　宋晁說之　1118-352- 18
●趙善括
應齋雜著序　宋楊萬里　1161-106- 84
●趙景山
趙景山村田集（跋）　宋方　岳　1182-594- 38
●趙潛元

跋趙潛元文藁　宋方　岳　1182-603- 38
●趙覺庵
跋趙簿覺庵彙集稿　宋徐鹿卿　1178-918- 5
●蒲　誠
西江集序　宋李　石　1149-643- 10
●熊慶胄
熊竹谷文集跋　宋熊　禾　1188-766- 1
●滕　愷
跋滕南夫溪堂集　宋朱　熹　1145-706- 82
　　　　　　　　　　　　　1375-292- 22

十五畫

●潘仲剛
潘仲剛詩集序　宋釋道璨　1186-816- 3
●潘大老
題天台潘少白大老續古集　宋陳　著　1185-227- 47
●潘大臨
潘大臨文集序　宋張　耒　1115-346- 40
●潘良貴
默成文集原序　宋朱　熹　1133-375- 附
金華潘公文集序　宋朱　熹　1145-576- 76
跋默成詩卷　宋王　柏　1186-179- 11
默成文集序贊　宋金履祥　1189-801- 2
●潘良瑛
跋雷公達所示潘仲嚴詩卷　宋鄭剛中　1138-167- 16
●潘致堯
跋潘刑部致堯詩卷　宋樓　鑰　1153-221- 75
●潘清可
月崖前集序　宋姚　勉　1184-254- 37
月崖近集序　宋姚　勉　1184-254- 37
●潘蒙正
潘聖功詩集序　宋張　侃　1181-426- 5
●潘德久
潘君詩卷（跋）　宋方　岳　1182-599- 38
●潘德玉
倀游錄序　宋何夢桂　1188-464- 7
●潘彌堅
潘善甫詩序　宋牟　巘　1188-121- 14
●鄭　域
松窗醖鏡序　宋王　炎　1155-721- 25
松窗醖鏡集序　宋曾　丰　1156-204- 18
●鄭　銳
鄭雲我存藁序　宋黃仲元　1188-634- 3
●鄭　獬

2200　　　　　　　　　四庫全書文集篇目分類索引

集部　別集類：宋　十五畫

郎溪集本序　　　　　　宋秦　焴　　1097-110- 附
　●鄭　鑰
鄭屯田賦集序　　　　　宋樓　鑰　　1152-827- 53
　●鄭大惠
跋鄭大惠飯牛集　　　　宋眞德秀　　1174-532- 34
　●鄭中隱
鄭中隱詩集序　　　　　宋林景熙　　1188-752- 5
　●鄭宅心
題鄭宅心山居㮄　　　　宋李昴英　　1181-147- 5
　●鄭宅仁
題鄭宅仁詩㮄　　　　　宋李昴英　　1181-149- 5
　●鄭安之
鄭安之總錄序　　　　　宋鄭剛中　　1138- 74- 5
　●鄭伯英
歸愚翁文集序　　　　　宋葉　適　　1164-244- 12
　●鄭伯熊
跋鄭景望詩卷　　　　　宋周必大　　1147-179- 18
鄭景望雜著序　　　　　宋陳　亮　　1171-623- 14
　●鄭南瑞
題鄭南瑞礫鎭集　　　　宋李昴英　　1181-148- 5
　●鄭昭先
日湖文集序　　　　　　宋劉　燴　　1157-414- 5
日湖文集序　　　　　　宋眞德秀　　1174-441- 28
　●鄭剛中
北山集（笑腹編）原
　敘　　　　　　　　　宋鄭剛中　　1138- 3- 附
笑腹編序　　　　　　　宋鄭剛中　　1138- 72- 5
北山集跋　　　　　　　宋鄭良嗣　　1138- 3- 附
御製題鄭剛中北山集　　清 高 宗　　1138- 1- 附
　●鄭清之
安晚先生丞相鄭公文
　集序　　　　　　　　宋林希逸　　1185-671- 12
　●厲白雲
跋厲白雲詩　　　　　　宋牟　巘　　1188-140- 16
　●厲震廷
厲端甫唐宋百衲集序　　宋牟　巘　　1188-107- 12
　●樓　鑰
攻媿樓宣獻公文集序　　宋魏了翁　　1172-625- 56
攻媿集原序　　　　　　宋眞德秀　　1152-265- 附
攻媿先生樓公集序　　　宋眞德秀　　1174-428- 27
　●鄧　林
皇孝曲序　　　　　　　宋蕭山則　　1357- 96- 13
皇孝曲跋　　　　　　　宋蕭泰來　　1357-102- 13
　●鄧　牧
伯牙琴自序　　　　　　宋鄧　牧　　1189-504- 附

伯牙琴後序　　　　　　宋鄧　牧　　1189-521- 附
　●鄧　肅
（跋）栟櫚集　　　　　明楊士奇　　1238-606- 18
　●鄧　驛
鄧中丞家集跋　　　　　宋高斯得　　1182- 79- 5
　●鄧元觀
跋鄧元觀詩　　　　　　宋趙汝騰　　1181-289- 5
　●鄧傳之
求齋遺稿序　　　　　　宋周必大　　1147-568- 54
　●鄧繼宗
滄州漁唱集序　　　　　宋姚　勉　　1184-263- 38
　●歐　植
歐氏甥植詩序　　　　　宋劉辰翁　　1186-522- 6
　●歐陽修
思穎詩後序　　　　　　宋歐陽修　　1102-339- 44
續思穎詩序　　　　　　宋歐陽修　　1102-341- 44
　　　　　　　　　　　　　　　　　1378-351- 53
文忠集原序（六一居
　士集敘）　　　　　　宋蘇　軾　　1102- 4- 附
　　　　　　　　　　　　　　　　　1107-487- 34
　　　　　　　　　　　　　　　　　1351- 49- 89
　　　　　　　　　　　　　　　　　1351-779- 下
　　　　　　　　　　　　　　　　　1356- 36- 2
　　　　　　　　　　　　　　　　　1356-853- 4
　　　　　　　　　　　　　　　　　1359- 20- 3
　　　　　　　　　　　　　　　　　1378-355- 53
　　　　　　　　　　　　　　　　　1384-652-139
　　　　　　　　　　　　　　　　　1405-675-305
　　　　　　　　　　　　　　　　　1418-439- 50
　　　　　　　　　　　　　　　　　1476-216- 12
歐陽文忠公別集後序　　宋李之儀　　1120-693- 15
六一居士集跋　　　　　宋吳則禮　　1122-466- 5
讀亮公集　　　　　　　宋周紫芝　　1141-347- 49
文忠集原序（歐陽文
　忠公集後序）　　　　宋周必大　　1102- 5- 附
　　　　　　　　　　　　　　　　　1147-550- 52
歐陽文忠公文粹跋　　　宋陳　亮　　1103-805- 附
　　　　　　　　　　　　　　　　　1171-644- 16
裴夢得注歐陽公詩集
　序　　　　　　　　　宋魏了翁　　1172-605- 54
書周盆公答孫季昭帖
　論六一全集刊刻事　　元蘇天爵　　1214-341- 29
歐陽先生文衡序　　　　明貝　瓊　　1228-410- 19
恭題賜本歐陽文忠公
　集後　　　　　　　　明楊士奇　　1238-577- 16

四庫全書文集篇目分類索引

（跋）歐文外集　　　　　明楊士奇　1238-604- 18
（跋）歐文書簡　　　　　明楊士奇　1238-604- 18
讀歐集　　　　　　　　　明章 懋　1254- 77- 3
讀歐陽集　　　　　　　　明黃仲昭　1254-376- 1
書居士外集後　　　　　　明鄒 緝　1374-226- 48
　　　　　　　　　　　　　　　　　1455-590-234
廬陵文鈔引　　　　　　　明茅 坤　1383-324- 附
題歐陽公集　　　　　　　清汪 琬　1315-613- 39
廬陵題辭　　　　　　　　清田 雯　1324-299- 28
　●歐陽鉄
歐陽伯威胜辭集序　　　　宋楊萬里　1161- 59- 78
　●歐陽澈
歐陽修撰集原序　　　　　宋吳 沆　1136-334- 附
歐陽修撰集原序　　　　　宋胡 衍　1136-335- 附
歐陽修撰集原序　　　　　明王克義　1136-335- 附
歐陽修撰集原序　　　　　明吳道南　1136-336- 附
　●歐陽懋
靜退居士文集序　　　　　宋樓 鑰　1152-806- 52
　●歐陽觀
代人上王樞密求先集
　序書（歐陽觀集序）　　宋歐陽修　1383-453- 39
　　　　　　　　　　　　　　　　　1404-644-225
　●樊允南
跋樊允南詩　　　　　　　宋度 正　1170-268- 15
　●慕容彥達
摘文堂集序　　　　　　　宋慕容綸　1123-299- 附
摘文堂集原序　　　　　　宋劉興祖　1123-299- 附
　●蔣仲武
放麑子集序　　　　　　　宋樓 鑰　1152-815- 52
蔣定叔樵吟集序　　　　　宋陳 著　1185-177- 37
　●蔡　佃
書蔡耕道學士詩後　　　　宋李彌遜　1130-793- 21
　●蔡　迨
跋之罘先生奠　　　　　　宋陸 游　1163-518- 27
　●蔡　戡
（定齋集）原序　　　　　宋蔡 戡　1157-565- 附
　●蔡　襄
端明集序　　　　　　　　宋王十朋　 530-483- 70
　　　　　　　　　　　　　　　　　1090-339- 附
　　　　　　　　　　　　　　　　　1151-596- 27
　●蔡天啓
跋蔡天啓詩　　　　　　　宋呂頤浩　1131-324- 7
　●蔡伯英
跋蔡伯英四友集　　　　　宋林希逸　1185-686- 13
　●蔡承禧

跋松陵集三　　　　　　　宋陸 游　1163-519- 27
　●劉　光
南浦老人詩集序　　　　　宋王十朋　1151-259- 17
　●劉　芮
順寧文集序　　　　　　　宋楊萬里　1161- 91- 82
　●劉　弇
龍雲先生文集序　　　　　宋周必大　1119- 64- 附
　　　　　　　　　　　　　　　　　1147-582- 55
跋龍雲集後　　　　　　　宋羅良弼　1119-337- 附
　●劉　淮
跋劉叔通詩卷　　　　　　宋朱 熹　1145-725- 83
　●劉　章
劉靖文文集序　　　　　　宋吳 泳　1176-353- 36
　●劉　敞
公是先生集序　　　　　　宋劉 放　1096-331- 34
跋劉原父文　　　　　　　宋員興宗　1158-171- 20
　●劉　過
龍洲集原序　　　　　　　宋劉 過　1172- 2- 附
東陽遊戲序　　　　　　　宋許從道　1172- 71- 15
閒風先生跋（劉過詩
　集）　　　　　　　　　宋劉 俊　1172- 71- 15
懷賢錄後序　　　　　　　明鄭文康　1246-580- 7
　●劉　摯
（忠肅集）原序　　　　　宋劉安世　1099-445- 附
御題劉摯忠肅集六韻　　　清 高宗　1099-443- 附
　●劉　錡
清溪劉武忠公詩集序　　　宋歐陽守道　1183-564- 8
　●劉　翼
心遊摘稿序　　　　　　　宋林希逸　1357-244- 30
　●劉　轍
蒙川遺稿原序　　　　　　宋劉應奎　1182-640- 附
●劉　瀾
書劉養源詩集　　　　　　宋歐陽守道　1183-660- 19
　●劉　熗
雲莊集原序　　　　　　　宋李 壁　1157-332- 附
雲莊集後序　　　　　　　宋吳 高　1157-505- 附
　●劉子翬
跋家藏劉病翁遺帖　　　　宋朱 熹　1134-519- 附
屏山集原跋　　　　　　　宋朱 熹　1134-519- 附
書屏山先生文集後　　　　宋朱 熹　1145-675- 81
屏山集序　　　　　　　　宋胡 憲　1134-363- 附
跋屏山集　　　　　　　　元張之翰　1204-504- 18
　●劉子寰
劉圻父詩序　　　　　　　宋劉克莊　1180-238- 23
　●劉才邵

2202　　　　　　　　　　四庫全書文集篇目分類索引

（楛溪居士集）原序　　宋周必大　　1130-405- 附
杉溪居士文集序　　宋周必大　　1147-566- 54
（楛溪居士集）原序　　宋楊萬里　　1130-405- 附
杉溪集後序　　宋楊萬里　　1161-109- 84
　　　　　　　　　　　　　　　1359- 26- 4

集部

別集類：宋

十五—十六畫

●劉大博
金糉劉大博文集序　　元吳　澄　　1197-233- 22
●劉方叔
劉方叔待評集序　　宋王十朋　　1151-261- 17
●劉元高
劉元高詩序　　宋林希逸　　1185-677- 12
●劉少德祖
跋劉狀元集後　　宋徐元杰　　1181-754- 10
●劉必成
題劉潭州必成三分集　　宋李昴英　　1181-147- 5
●劉安節
劉左史集原序　　宋留元剛　　1124- 59- 附
●劉克莊
題劉潛夫南嶽詩稿　　宋葉　適　　1164-523- 29
後村居士集原序　　宋林希逸　　1180- 2- 附
跋楊文恪手閱劉後村集　　清宋　犖　　1323-319- 28
●劉克遜
跋劉克遜詩　　宋葉　適　　1164-524- 29
●劉孚齋
劉孚齋詩序　　宋劉辰翁　　1186-541- 6
●劉伯山
跋劉伯山詩　　宋王庭珪　　1134-332- 48
●劉伯熊
東溪先生集序　　宋葉　適　　1164-235- 12
●劉承弼
劉彥純和陶詩後序　　宋周必大　　1147-550- 52
西溪先生和陶詩序　　宋楊萬里　　1161- 81- 81
●劉芳潤
跋劉玉窗詩文　　宋文天祥　　1184-612- 14
●劉季良
友竹亭詩卷後記　　宋家鉉翁　　1189-334- 4
●劉相岩
劉相岩詩序　　宋歐陽守道　1183-607- 12
●劉南甫
劉山立論奠序　　宋歐陽守道　1183-561- 7
●劉莊孫
劉正仲和陶集序　　宋舒岳祥　　1187-425- 10
●劉紹先
又跋劉紹先詩卷　　宋張　守　　1127-786- 10

●劉景信
題劉景信詩　　宋劉辰翁　　1186-544- 6
●劉蓻莊
劉蓻莊詩集序　　宋衞宗武　　1187-696- 5
●劉賓之
跋劉賓之浩然集　　宋周必大　　1147-491- 46
●劉實齋子
劉侯官文跋　　宋林希逸　　1185-687- 13
●劉漢儀
記止善集　　元黃　溍　　1209-328- 4
●劉學箕
方是閒居士小稿序　　宋趙　蕃　　1176-566- 附
方是閒居士小稿序　　宋劉　淮　　1176-566- 附
方是閒居士小稿序　　宋趙必愿　　1176-567- 附
方是閒居士小稿跋（二則）　　宋周世興　　1176-619- 附
方是閒居士小稿跋　　宋游　郴　　1176-619- 附
方是閒居士小稿跋　　宋丁　炳　　1176-620- 附
方是閒居士小稿跋　　宋劉友直　　1176-620- 附
方是閒居士小稿跋　　宋黃　淳　　1176-620- 附
方是閒居士小稿跋　　宋方　立　　1176-621- 附
方是閒居士小稿跋　　宋張　牧　　1176-621- 附
方是閒居士小稿跋　　宋陳以莊　　1176-621- 附
方是閒居士小稿跋　　宋劉　璞　　1176-622- 附
方是閒居士小稿自記　　宋劉學箕　　1176-623- 附
方是閒居士小稿跋　　元劉　張　　1176-623- 附
●劉應時
頤庵詩集序（頤菴居士集原序）　　宋楊萬里　　1161-104- 84
　　　　　　　　　　　　　　　1164- 19- 附
頤庵居士集原序　　宋陸　游　　1164- 18- 附
●劉彌正
跋先君與貴溪耿氏書後　　宋劉克莊　　1180-334- 31
●衞宗武
秋聲集自序　　宋衞宗武　　1187-629- 附
秋聲集原序　　元張之翰　　1187-628- 附
●樂雷發
雪磯叢稿原序　　宋樂雷發　　1182-689- 附
　　　　　　　　　　　　　　　1357-636- 84
雪磯叢稿跋　　明樂　宣　　1182-713- 附

十六畫

●盧祖皋
盧申之蒲江詩奠序　　宋孫應時　　1166-636- 10
●盧雲龍

四庫全書文集篇目分類索引

跋盧致遠雲龍詩(集)　宋陳　著　1185-211- 44　｜跋晞髮集後　宋馮允中　1188-329- 附
●蕭之敏　｜跋晞髮遺集　清陸大業　1188-343- 附
蕭公直諒集序　宋曹彥約　1167-184- 14　｜晞髮稿鈔序　清吳之振　1462-821-100
●蕭立之　｜●謝　懋
蕭冰厓詩卷跋　宋謝枋得　1184-886- 3　｜靜寄樂府序　宋楊冠卿　1165-486- 7
蕭冰厓詩集序　明羅　倫　1251-662- 2　｜●謝　邁
　　　　　　　　　　1456- 45-259　｜竹友集題跋　宋苗昌言　1122-613- 10
●蕭禹道　｜竹友集跋　清朱彝尊　1318-235- 52
蕭禹道詩序　宋劉辰翁　1186-540- 6　｜●謝　譽
●蕭敬夫　｜謝監廟文集序　宋朱　熹　1145-575- 76
跋蕭敬夫詩稿　宋文天祥　1184-611- 14　｜●謝安國
●蕭德藻　｜跋謝安國詠史詩三百
千巖摘稿序　宋楊萬里　1161- 89- 82　｜　篇　宋楊萬里　1161-303-101
●蕭燧夫　｜●謝布孟
蕭燧夫采若集序　宋文天祥　1184-593- 13　｜謝氏詩序　宋歐陽修　1102-328- 42
●錢氏 錢文子曾祖姑　｜　　　　　　　　　1383-508- 45
跋蕭臺詩　宋周必大　1147-530- 49　｜　　　　　　　　　1405-611-299
●錢　厚　｜
跋常熟長錢竹巖詩集　宋釋居簡　1183-104- 7　｜●謝東莊
●錢　悅　｜謝東莊詩集序　宋衛宗武　1187-700- 5
錢氏筓棗集序　宋劉一止　1132-131- 24　｜●營（瑩）玉澗
●錢　時　｜營玉澗詩集序　宋釋道璨　1186-816- 3
蜀阜存棗序　明蔡　清　1257-841- 3　｜●戴　昺
讀蜀阜存棗私記　明蔡　清　1257-876- 4　｜東野農歌集原序　宋楊萬里　1178-683- 附
●錢子正　｜東野農歌集原序　宋戴　昺　1178-683- 附
嬾窟詩棗序　宋洪咨夔　1175-306- 29　｜●戴　敏
●錢世雄　｜東皋子詩序　宋高斯得　1182- 69- 4
冰華先生文集序　宋楊　時　1125-352- 25　｜●戴汝白
●錢竹深　｜跋戴君玉詩棗後　宋杜　範　1175-750- 17
錢竹深吟棗序　宋衛宗武　1187-696- 5　｜●戴伯與
●錢肯堂　｜跋戴伯與石屋詩卷　宋樓　鑰　1153-157- 70
錢肯堂詩序　宋何夢桂　1188-470- 7　｜●戴復古
●錢融堂　｜跋戴式之詩卷　宋樓　鑰　1153-231- 76
百行冠晏詩序　元李　存　1213-713- 19　｜石屏詩集前序　宋樓　鑰　1356-767- 17
●鮑慎田　｜石屏集後序　宋吳子良　1356-768- 17
鮑吏部集序　宋汪　藻　1128-152- 17　｜題戴石屏詩卷後　宋姚　鑄　1357-390- 51
●穆　修　｜重刊石屏先生詩序　元貢師泰　1215-589- 6
河南穆公集序　宋祖無擇　1098-828- 8　｜●戴樂潛

十七畫　｜跋戴樂潛詩（集）　宋陳　著　1185-219- 45

●謝　伋　｜●戴顔老
謝景思集序　宋葉　適　1164-241- 12　｜跋戴神童顔老文棗　宋杜　範　1175-750- 17
●謝　詩　｜●韓　琦
跋蒼玉詩卷　宋朱　熹　1145-739- 83　｜荊玉集後序　宋韓　琦　1089-336- 22
●謝　翱　｜●韓　維
晞髮道人詩序　宋何夢桂　1188-452- 6　｜高祖宮師文編序　宋韓元吉　1165-200- 14
　｜南陽集跋　宋沈　晦　1101-776- 附

集部　別集類：宋　十六－十七畫

集部 別集類：宋 十七—十九畫

●韓 駒
跋陵陽先生詩草　　宋陸　游　561-533- 44
　　　　　　　　　　　　　1163-514- 27
　　　　　　　　　　　　　1381-796- 59
書陵陽集後　　　　宋周紫芝　1141-481- 67
●韓元吉
焦尾集序　　　　　宋韓元吉　1165-199- 14
●韓載叔
題韓提幹伯高乃翁障
　東集　　　　　　宋何夢桂　1188-503- 10
●韓毅伯
韓毅伯詩序　　　　宋王　炎　1155-701- 24
●薛　田
薛密學田詩集序　　宋司馬光　1094-636- 69
●薛　奎
薛簡肅公文集序　　宋歐陽修　1102-342- 44
　　　　　　　　　　　　　1103-740- 12
　　　　　　　　　　　　　1383-503- 45
●薛　嵎
雲泉詩後序　　　　宋趙汝回　1357-431- 55
●薛子長
覆瓿集序　　　　　宋葉　適　1164-242- 12
●薛仲經
薛仲經詩集序　　　宋晁公遡　1139-263- 47
●薛季宣
（浪語集）原跋　　宋薛　旦　1159-592- 附
●薛茂叔
題薛上舍集　　　　宋方逢辰　1187-554- 6
●薛畏翁
跋薛畏翁詩　　　　宋朱　熹　1145-729- 83
●薛師石
瓜廬集序　　　　　宋趙汝回　1171-206- 附
　　　　　　　　　　　　　1357-560- 73
瓜廬集跋　　　　　宋曹　闓　1171-220- 附
●薛徵言
書先右史遺編　　　宋薛季宣　1159-546- 33
叙（先右史）遺編別
　錄　　　　　　　宋薛季宣　1159-548- 33
●鮮洪範
書鮮洪範長江詩後　宋黃庭堅　1113-281- 26
●繆仲晦
繆淡圃詩文序　　　宋牟　巘　1188-114- 13
跋繆淡圃文集　　　宋牟　巘　1188-150- 17

十八畫

●顏太初

鼂繹先生詩集敘　　宋蘇　軾　541-399-35之6
　　　　　　　　　　　　　1107-482- 34
　　　　　　　　　　　　　1351- 47- 89
　　　　　　　　　　　　　1384-654-139
　　　　　　　　　　　　　1447-698- 40
顏太初雜文序　　　宋司馬光　1094-634- 69
●顏長（師）道
顏長（師）道詩序　宋陳師道　1114-620- 11
　　　　　　　　　　　　　1361-282- 44
●聶茂元
溫州聶從事雲堂集序　宋楊　億　1086-425- 7
溫州聶從事永嘉集序　宋楊　億　1086-428- 7
●魏　野
跋魏先生草堂集　　宋陸　游　1163-527- 28
東觀集原序　　　　宋薛　田　1087-351- 附
●魏了翁
鶴山集原序　　　　宋魏了翁　1172- 77- 附
魏鶴山文集後序　　宋吳　潛　1178-419- 3
王周卿註鶴山詩(跋)　宋方　岳　1182-595- 38
鶴山文集序　　　　宋吳　淵　 561-507- 44
　　　　　　　　　　　　　1357-543- 71
鶴山雅言序　　　　元魏文翁　 561-509- 44
魏文靖公集序　　　明邵　寶　1258-600- 12
●魏行可
跋魏侍郎集　　　　宋朱　熹　1145-726- 83

十九畫

●龐　籍
龐相國清風集略後序　宋司馬光　1094-636- 69
●譚　該
書譚詠樂府後　　　宋周必大　1147-518- 48
●譚元勳
譽德集序　　　　　宋會　丰　1156-198- 17
●譚鳴玉
題北枝小槀　　　　宋歐陽守道　1183-684- 21
●羅　煒
題羅煒詩稿　　　　宋周必大　1147-501- 47
●羅　點
羅文恭公文序　　　宋劉　辛　1170-532- 19
●羅　願
書羅鄂州小集目錄後　元趙　汸　1221-295- 5
　　　　　　　　　　　　　1375-314- 25
　　　　　　　　　　　　　1455-319-210
再書羅鄂州小集目錄
　後　　　　　　　元趙　汸　1221-296- 5
跋羅鄂州小集題辭後　明宋　濂　1223-661- 14

四庫全書文集篇目分類索引　　2205

羅鄂州小集後序	明王　禕	1226-148- 7
重刻鄂州小集後序	明祝允明	1260-697- 24
●羅克開		
羅袁州文集序	宋葉　適	1164-250- 12
●羅處約		
東觀集序	宋王禹偁	1086-182- 19
●羅從彥		
豫章先生遺藁序	宋馮夢得	530-484- 70
		1135-774- 16
豫章先生遺藁跋	宋黃大任	1135-774- 16
豫章先生遺藁跋	宋劉將孫	1135-774- 16
豫章先生遺藁跋	宋揭祐民	1135-775- 16
羅文質公集跋	明胡　翰	1229- 22- 2
		1374-107- 38
豫章文集序	明張　泰	1135-642- 附
豫章文集跋	明謝　鐸	1135-781- 附
●羅濟川		
羅濟川詩集序	宋何夢桂	1188-458- 6

二十畫

●蘇　洵		
嘉祐集序	宋邵仁泓	1104-846- 附
(跋）蘇老泉文（集）(書蘇老泉文後）	明楊士奇	1238-604- 18
		1455-337-211
老泉文鈔引	明茅　坤	1384-302- 附
老泉題辭	清田　雯	1324-300- 28
●蘇　軾		
東坡全集序（宋孝宗御製文忠蘇軾文集寶井序）	宋 孝 宗	1107- 4- 附
		1110- 64- 附
蘇氏文集序	宋歐陽修	1383-503- 45
		1109-597- 31
		1110-668- 41
子瞻和陶淵明詩集引	宋蘇　轍	1112-754- 21
		1384-915-162
		1406-427-361
跋東坡縧啓	宋釋惠洪	1116-514- 27
題東坡詩	宋晁說之	1118-354- 18
跋錢伸仲東坡詩卷	宋葛勝仲	1127-501- 10
蘇文忠集御敘跋	宋李　石	1149-671- 13
東坡詩集註序	宋王十朋	1109- 3- 附
讀蘇文	宋王十朋	1151-286- 19
施司諫註東坡詩序	宋陸　游	1163-418- 15
跋東坡集	宋陸　游	1163-539- 30

跋東坡詩草	宋陸　游	1381-797- 59
題韻類坡詩	宋陳　造	1166-400- 31
程氏東坡詩譜序	宋魏了翁	1172-577- 51
重刊蘇文忠公詩序	宋謝枋得	1184-873- 2
東坡詩集註序	宋趙　變	1109- 4- 附
蘇詩補註原序	宋蘇　嵩	1111- 6- 附
東坡詩雅引	金元好問	1191-416- 36
東坡樂府集選引	金元好問	1191-416- 36
跋東坡尺牘後	元趙　汸	1375-314- 25
（跋）蘇東坡文(集）	明楊士奇	1238-605- 18
讀蘇詩	明章　懋	1254- 77- 3
讀東坡集	明黃仲昭	1254-376- 1
東坡文鈔引	明茅　坤	1384-396- 附
東坡文選序	明鍾　惺	1405-554-292
蘇長公集抄序	明顧　治	1455-746-247
施註蘇詩序	清宋　犖	1110- 52- 附
東坡題辭	清田　雯	1324-301- 28
跋所錄初白先生蘇詩評本	清汪由敦	1328-849- 15
施註蘇詩序	清張裕釗	1110- 50- 附
施註蘇詩序	清邵長蘅	1110- 51- 附
●蘇　頌		
蘇魏公集序	宋汪　藻	1128-150- 17
蘇魏公文集序	宋汪　藻	1128-371- 8
蘇魏公文集後序	宋周必大	1147-211- 20
跋蘇魏公自訴詩稿後	宋陳傅良	1150-830- 42
●蘇　轍		
潁濱文鈔引	明茅　坤	1384-719- 附
潁濱題辭	清田　雯	1324-301- 28
●蘇　繪		
雙溪集後跋	宋蘇　翊	1136-281- 附
●蘇士貞		
跋鶴山小隱卷	明程敏政	1252-699- 39
●蘇舜欽		
蘇學士集原序	宋歐陽修	1092- 3- 附
蘇氏文集序	宋歐陽修	1102-324- 41
		1356-840- 4
		1378-348- 53
		1405-671-305
		1447-468- 24
●嚴　羽		
嚴滄浪詩集序	明林　俊	1257- 53- 6
		1456- 57-261
●嚴伯奮父		
跋溪上翁集	宋朱　熹	1145-704- 82

集部　別集類：宋　十九—二十畫

四庫全書文集篇目分類索引

二十一畫

●蘧東叔
蘧東叔雪林稿序　宋姚勉　1184-257-37

●顧士龍
跋六安縣尉顧士龍詩
　卷　宋魏了翁　1173- 6-59

●顧近仁
顧近仁詩集序　宋林景熙　1188-752- 5

二十二畫

●龔　相
跋龔刊院詩集　宋陳造　1166-389-31

●龔鼎臣
東原集序　宋劉跂　1121-582- 6

●龔德莊
詠古詩序　宋眞德秀　1174-427-27

釋　道

右街僧錄通惠大師文
　集序 釋贊寧　宋王禹偁　1086-196-20
浮圖秘演詩集序 釋秘演　宋尹洙　1090- 24- 5
釋秘演詩集序 釋秘演　宋歐陽修　1102-320-41
　　1351- 12-86
　　1378-512-53
　　1383-509-45
　　1405-611-299

重序九皐集 釋惟巳　宋文　同　1096-805-下
文瑩師詩集序 釋文瑩　宋鄭獬　1097-246-14
文瑩師集序 釋文瑩　宋劉摯　1099-558-10
釋惟儼文集序 釋惟儼　宋歐陽修　1102-321-41
　　1351- 12-86
　　1378-353-53
　　1383-508-45
　　1405-670-305

錢塘勤上人詩集敘
　勤上人　宋蘇軾　490-1018-97
　　1107-481-34
　　1351- 48-89
　　1351-778-下
　　1378-357-53
　　1384-656-139
　　1405-615-299

題白崖詩後 白崖老人　宋黃庭堅　1113-262-25
嘉祐序 釋契嵩　宋釋惠洪　1116-454-23
（鐔津集）序 釋契嵩　宋釋懷悟　1091-628-22
鐔津文集後題 釋契嵩　元吳澄　1197-613-63

跋鐔津文集 釋契嵩　元吳澄　1197-616-63
鐔津集引 釋契嵩　明釋如卷　1091-398-附
鐔津集重刊疏 釋契嵩　明釋原旭　1091-637-22
鐔津集重刊疏 釋契嵩　明釋弘宗　1091-637-22
重刊鐔津文集後序 釋
　契嵩　明釋文琇　1091-638-22
鐔津集後敘 釋契嵩　明釋廣源　1091-639-附
（鐔津集）又序 釋契嵩　不著撰人　1091-631-22
題所錄詩 釋惠洪　宋釋惠洪　1116-503-26
題佛鑑蕃文字禪 釋惠
　洪　宋釋惠洪　1116-503-26
題弼上人所蕃詩 釋惠
　洪　宋釋惠洪　1116-503-26
題言上人所蕃詩 釋惠
　洪　宋釋惠洪　1116-504-26
題自詩寄幻住庵 釋惠
　洪　宋釋惠洪　1116-504-26
題自詩 釋惠洪　宋釋惠洪　1116-504-26
題自詩與隆上人 釋惠
　洪　宋釋惠洪　1116-505-26
題珠上人所蕃詩卷 釋
　惠洪　宋釋惠洪　1116-505-26
石門文字禪原序 釋惠
　洪　明釋達觀　1116-146-附
題權巽中詩 釋善權　宋釋惠洪　1116-504-26
跋南上人詩 南上人　宋朱熹　1145-692-81
跋道士陳景元詩 陳景
　元　宋朱熹　1145-740-83
潛潤嚴閣梨文集序 釋
　處嚴　宋王十朋　1151-260-17
跋參寥詩 釋道潛　宋樓鑰　1153-180-72
跋雲丘草堂慧舉詩集
　釋慧舉　宋樓鑰　1153-193-73
橐珠集序 釋源浩　宋李洪　1159-131- 6
跋雲丘詩集後 釋雲丘　宋陸游　1163-537-29
跋月潭淨照詩　宋方岳　1182-599-38
重刻永明壽禪師物外
　集序 永明壽禪師　宋釋居簡　1183- 59- 5
至德觀蕭曼翁九皐吟
　墓序 蕭曼翁　宋歐陽守道　1183-584-10
敬上人詩集序 釋了敬　宋歐陽守道　1183-588-10
再題俊上人詩集 俊上人　宋姚勉　1184-256-37
蕭道士詩序 蕭致道　宋姚勉　1184-259-37
饒道士詩序 饒士隱　宋姚勉　1184-259-37
題眞上人詩稿 眞上人　宋姚勉　1184-290-41

四庫全書文集篇目分類索引

跋道士隻君復詩卷 隻復　　　　宋文天祥　1184-613- 14
跋惠上人詩卷 惠上人　　　　宋文天祥　1184-613- 14
書道士貝鶴隱詩集貝鶴隱　　　宋陳　著　1185-216- 45
跋東皐寺主僧知恭百吟集 僧知恭　　宋陳　著　1185-232- 48
悟書記小藁序 悟上人　　　　宋林希逸　1185-677- 12
跋鄉僧詩集　　　　　　　　宋林希逸　1185-686- 13
韶雪屋詩集序 釋正韶　　　　宋釋道璨　1186-816- 3
跋僧日損詩 釋日損　　　　　宋舒岳祥　1187-440- 12
谷泉上人詩集序 谷泉上人　　宋衞宗武　1187-701- 5
秋巖上人詩集序 秋巖上人　　宋衞宗武　1187-701- 5
極圓覺上人詩禪錄序
　極圓覺上人　　　　　　　宋牟　巘　1188-113- 13
跋蔚上人約梅集 蔚上人　　　宋牟　巘　1188-135- 15
跋恩上人詩 恩上人　　　　　宋牟　巘　1188-156- 17
祖英集原序 釋重顯　　　　　宋釋文政　1091-642- 附
北澗集原序 釋居簡　　　　　宋張自明　1183- 2- 附
江浙紀行集句詩序 釋紹嵩　　宋釋紹嵩　1357- 20- 3
江浙紀行集句詩跋 釋紹嵩　　宋陳應申　1357- 68- 9
采芝續稿跋 釋斯植　　　　　宋釋斯植　1357-289- 36
跋林酒仙詩 釋遇賢　　　　　明吳　寬　1255-491- 53

不知姓名

鄧生詩序　　　　　　　　　宋徐　鉉　1085-181- 23
進士廖生集序　　　　　　　宋徐　鉉　1085-182- 23
廣陵劉生賦集序　　　　　　宋徐　鉉　1085-182- 23
許昌詩集序　　　　　　　　宋張　詠　1085-623- 8
王侍郎集序　　　　　　　　宋宋　庠　1087-680- 35
書寶少府詩　　　　　　　　宋陳師道　1114-678- 17
樂府詩集序　　　　　　　　宋黃　裳　1120-152- 21
書子虛詩集後　　　　　　　宋黃　裳　1120-237- 35
謝君詠史詩序　　　　　　　宋楊　時　1125-351- 25
跋黃秀才詠史詩　　　　　　宋王庭珪　1134-335- 49
烏有編序　　　　　　　　　宋鄭剛中　1138-138- 13
跋陳大夫詩　　　　　　　　宋朱　熹　1145-763- 84
題東野集贈任貫道　　　　　宋袁說友　1154-376- 19
東山集句詩序　　　　　　　宋王　炎　1155-706- 24
跋齊驅集　　　　　　　　　宋陸　游　1163-516- 27

跋呂舍人九經堂詩　　　　　宋陸　游　1163-537- 29
觀文殿學士知樞密院事陳公文集序　　宋葉　適　1164-249- 12
題林秀才文集　　　　　　　宋葉　適　1164-518- 29
進上皇太子文集狀　　　　　宋度　正　1170-185- 5
曹少監詩序　　　　　　　　宋程　珌　1171-346- 8
黃侍郎定勝堂文集序　　　　宋魏了翁　1172-581- 51
跋秘閣太史范公集　　　　　宋眞德秀　1174-578- 36
易齋詩藁跋　　　　　　　　宋洪咨夔　1175-312- 30
許主簿大梁集序　　　　　　宋袁　甫　1175-461- 11
書胡侯竹巢七思集　　　　　宋李昴英　1181-147- 5
林君詩卷（跋）　　　　　　宋方　岳　1182-598- 38
跋趙兄詩卷　　　　　　　　宋方　岳　1182-602- 38
跋吳兄詩卷　　　　　　　　宋方　岳　1182-603- 38
東海集序　　　　　　　　　宋文天祥　1184-735- 19
跋天台童氏子飯牛藁　　　　宋陳　著　1185-214- 45
題邑人詩卷　　　　　　　　宋陳　著　1185-218- 45
跋丁氏子詩後　　　　　　　宋陳　著　1185-218- 45
書君壽希崖弊帚集荷屋　　　宋陳　著　1185-223- 46
跋竹溪吳君詩集　　　　　　宋王　柏　1186-199- 13
跋怡齋吟稿　　　　　　　　宋王　柏　1186-200- 13
松聲詩序　　　　　　　　　宋劉辰翁　1186-519- 6
不平鳴詩序　　　　　　　　宋劉辰翁　1186-521- 6
陳生詩序　　　　　　　　　宋劉辰翁　1186-541- 6
題茂林野曼鳴蛙集後　　　　宋馬廷鸞　1187- 98- 13
題梅騷後　　　　　　　　　宋方逢辰　1187-554- 6
翠庭詩集序　　　　　　　　宋何夢桂　1188-449- 5
貴德詩集序　　　　　　　　宋何夢桂　1188-462- 6
陳高士自怡詩序　　　　　　宋何夢桂　1188-467- 7
山雞自愛集序　　　　　　　宋俞德鄰　1189- 76- 10

d. 遼金元

二　畫

● 丁　杰元
丁英仲集序　　　　　　　　元吳　澄　1197-178- 16
● 丁　復元
檜亭集原序　　　　　　　　元李　桓　1208-336- 附
檜亭集原序　　　　　　　　元危　素　1208-337- 附
檜亭集原序　　　　　　　　元李孝光　1208-337- 附
檜亭集原序　　　　　　　　元楊　翮　1208-338- 附
檜亭集跋　　　　　　　　　元江夏諭　1208-389- 附
檜亭後集序　　　　　　　　明朱　右　1228- 47- 4
● 丁　覃元
丁暉卿詩序　　　　　　　　元吳　澄　1197-181- 16

集部 別集類：遼金元 二—四畫

●丁直諒元
丁退齋詩詞集序　　元王義山　1193- 35- 5
●丁應桂元
丁叔才詩序　　元吳　澄　1197-240- 23
●丁鶴年元
鶴年詩集原序　　元魏　驥　1217-494- 附
（鶴年詩集原序）
（鶴年吟藁序）　　元戴　良　1217-495- 附
　　　　　　　　　　　　　1219-492- 21
　　　　　　　　　　　　　1219-612- 下
（鶴年詩集原序）　元釋至仁　1217-496- 附
鶴年詩集後跋　　明楊士奇　1217-545- 附

三　畫

●于石因元
于介翁詩選後題　　元吳師道　1212-240- 17
●于承慶元
于承慶詩序　　元李　祁　1219-670- 4

四　畫

●方　召元
方端曼詩序　　元戴表元　1194-121- 9
●方　回元
虛谷桐江續集序　　元方　回　1193-664- 32
方使君詩序　　元戴表元　1194-106- 8
桐江詩集序　　元戴表元　1194-107- 8
紫陽方使君文集序　元戴表元　1194-144- 11
●方　行元
東軒集序　　明宋　濂　1223-411- 6
●方　鳳元
方先生詩集序　　元黃　溍　1209-365- 5
●方師魯元
書方師魯文藁後　　元任士林　1196-574- 7
●王　沂元
王師魯尚書文集序　明劉　基　1225-166- 6
●王　奕元
王奕詩序　　元趙　文　1195- 5- 1
東行斐稿（序）　明陳中州　1195-628- 1
●王　約元
行素翁詩序　　元吳　澄　1197-242- 23
●王　勉元
東巖王公集後序　　元程端禮　1199-654- 3
●王　宋金
曲全子詩集序　　金王　寂　1190- 47- 6
●王　翊元
鍾山泉聲序　　元吳　澄　1198-197- 18
●王　宓元

題王氏寓菴遺藁　　元戴表元　1194-240- 18
●王　逢元
梧溪詩集序　　元楊維楨　1221-443- 7
●王　悻元
文定公文跋　　明劉　昌　1373-450- 28
●王　朝元
莆陽王德暉先生文集
　序　　明宋　濂　1223-419- 7
●王　崔元
題萬竹王君詩後　　元戴表元　1194-239- 18
●王　結元
王文忠公文集序　　元陳　旅　1213- 68- 6
復林居魯書言王文忠
　公文集　　明蔡　清　1257-802- 2
●王　廉元
王希賜文集序（二則）元楊維楨　1221-430- 6
交山文集序　　明朱　右　1228- 55- 4
●王　毅元
訥齋集序　　明宋　濂　1223-409- 6
●王　璋元
王敬叔詩序　　元戴表元　1194-142- 11
●王　儀元
王仲履先生詩集序　元鄭　玉　1217- 21- 3
王仲儀文集序　　元汪澤民　1375-271- 19
●王　翰元
友石山人遺稿序　　明陳仲述　1217-130- 附
●王　樸元
白蘭谷天籟集序　　清朱彝尊　1318- 61- 36
●王　禮元
王子讓文稿序（麟原
　前集原序）　　元李　祁　1219-663- 4
　　　　　　　　　　　　　1220-361- 附
麟原前集原序　　元劉定之　1220-360- 附
●王子兼元
王丞公避地編序　　元戴表元　1194-141- 11
●王山房元
野嘯吟稿序　　元徐明善　1202-562- 上
●王方叔元
第一山人文集序　　元趙孟頫　1196-673- 6
●王元節金
遜齋先生詩集序　　元魏　初　1198-726- 3
●王公信元
猶子公信玉泉詩集跋　元王義山　1193- 65- 10
●王仁靜元
宗人仁靜文稿序　　元王義山　1193- 40- 6

●王去疾元

跋王吉甫直溪詩藁　　　元張之翰　　1204-504- 18

●王可與元

王灌纓集序　　　　　　元許有壬　　1211-227- 32

●王申伯元

書王申伯詩卷後　　　　元黃　溍　　1209-329- 4

●王安民元

王安民管斑集序　　　　元傅若金　　1213-323- 4

●王炎午元

梅邊先生吾汶藁序　　　元歐陽玄　　1210- 61- 7

●王虎臣元

王子山詩序　　　　　　元楊　翮　　1220-111- 8

●王易簡元

題王理得山中觀史吟
　　後　　　　　　　　元戴表元　　1194-249- 19

●王若虛金

滹南集引　　　　　　　元李　冶　　1190-274- 附

滹南集引　　　　　　　元王　鶚　　1190-275- 附

滹南集引　　　　　　　元彭應龍　　1190-275- 附

滹南集引　　　　　　　元王復翁　　1190-276- 附

●王英孫元

王修竹詩集序　　　　　宋林景熙　　1188-750- 5

●王泰亨元

王平章文集序　　　　　元陳　旅　　1213- 73- 6

●王泰來元

大酉山白雲集序　　　　元吳　澄　　1197-201- 18

●王寅夫元

王寅夫詩序　　　　　　元程鉅夫　　1202-177- 14

●王惟肖元

子惟肖詩稿序　　　　　元王義山　　1193- 41- 6

●王都中元

題王清獻公遺墨　　　　明吳　寬　　1255-452- 49

●王國傑元

柳州教授王北山詩序　　元方　回　　1193-682- 33

●王雲起元

王友山詩序　　　　　　元吳　澄　　1197-241- 23

●王朝卿元

百詠梅詩（序）　　　　元劉　詵　　1195-160- 2

●王登甫元

跋王登甫詩後　　　　　元吳　澄　　1197-601- 61

●王義山元

稼村類稿原序　　　　　元王義山　　1193- 1- 附

●王楚山元

王楚山詩序　　　　　　元程鉅夫　　1202-212- 15

●王實翁元

王實翁詩序　　　　　　元吳　澄　　1197-195- 18

●王餘慶元

王叔善文藁序　　　　　元王　沂　　1208-503- 13

●王德良元

王氏樂善集序　　　　　明宋　濂　　1223-406- 6

●元好問金

遺山集後序　　　　　　金杜仁傑　　1191-484- 附

遺山集後引　　　　　　元王　鶚　　1191-469- 40

●元明善元

元復初文集序（元學
　　士文稿序）　　　　元吳　澄　　1197-205- 19

　　　　　　　　　　　　　　　　　 1367-426- 34

●巴克實彥卿元

巴克實彥卿四詠軒詩
　　序　　　　　　　　元許有壬　　1211-252- 35

●孔文杓元

孔端卿東征集序　　　　元方　回　　1193-659- 32

●尹廷高元

玉井樵唱自記　　　　　元尹廷高　　1202-694- 附

括蒼山尹仲明玉井樵
　　唱序　　　　　　　元程端學　　1212-326- 2

●公孫昂霄元

題公孫長卿左氏韻語
　　後　　　　　　　　元楊弘道　　1198-214- 6

●仇　遠元

仇仁近百詩序　　　　　元方　回　　1193-663- 32

仇仁近詩序（山村遺
　　集序）　　　　　　元戴表元　　1194-105- 8

　　　　　　　　　　　　　　　　　 1198- 66- 附

山村遺集序　　　　　　元方　鳳　　1198- 64- 附

山村遺集序　　　　　　元牟　巘　　1198- 64- 附

御製題仇遠金淵集　　　清 高 宗　　1198- 1- 附

山村遺集序　　　　　　清項夢昶　　1198- 86- 附

●毛宗文元

題毛宗文梅花二百詠　　元吳　澄　　1197-576- 58

五　畫

●甘　復元

山窗餘稿跋　　　　　　明趙　琉　　1218-562- 附

●甘公成元

題甘公成詩集　　　　　元吳　澄　　1197-572- 58

●皮　野元

皮季賢詩序　　　　　　元吳　澄　　1197-166- 15

●皮　潛（潛）元

皮照（昭）德詩序　　　元吳　澄　　1197-172- 15

皮昭德北遊雜詠跋　　　元吳　澄　　1197-543- 54

集部 別集類：遼金元 五─七畫

●皮達觀元
皮達觀詩序　　　　　　元吳　澄　　1197-179- 16
●皮魯瞻元
皮魯瞻詩序　　　　　　元吳　澄　　1197-184- 17
●申屠性元
申屠先生詩集序　　　　明蘇伯衡　　1228-606- 5
●申屠駉元
東湖集藁序　　　　　　元吳　澄　　1197-238- 22
●史和旨元
跋史和旨詩卷　　　　　元戴表元　　1194-238- 18
●史蒙卿元
靜清先生文集序　　　　元鄧文原　　1195-566- 下
●白　珽元
白廷玉詩序（湛淵集
　序）　　　　　　　　元戴表元　　1194-113- 8
　　　　　　　　　　　　　　　　　1198- 88- 序

●白君舉元
題茅亭詩後　　　　　　元吳　澄　　1197-541- 54

六　畫

●安　熙元
安敬仲文集序　　　　　元虞　集　　 506-400-100
　　　　　　　　　　　　　　　　　1207- 93- 6
　　　　　　　　　　　　　　　　　1367-436- 35
●江　岳元
江楚望淡生活說　　　　元陳　櫟　　1205-213- 5
●江　霆元
江天澤古修文集序　　　元方　回　　1193-684- 33
●江永之元
雷鍾小藁序　　　　　　元楊　翮　　1220-111- 8
●同　恕元
槃薖集原序（太子贊
　善同公文集序）　　　元蘇天爵　　1206-660- 附
　　　　　　　　　　　　　　　　　1214- 64- 5

●艾仲庸元
艾仲庸文集序　　　　　元甘　復　　1218-543- 附
●艾庭暉元
艾幼清汝東樵唱詩跋　　元唐　元　　1213-574- 11
●伍椿年元
伍椿年詩序　　　　　　元吳　澄　　1197-188- 17
●任士林元
任叔寔遺藁序　　　　　元陸文圭　　1194-576- 5
●任君弼元
跋梅臒小藁　　　　　　元張之翰　　1204-510- 18
●危　素元
題危太樸詩集後　　　　元李　存　　1213-784- 26

錄危集曾子白文書後　　明傅占衡　　 518-253-143
跋危氏雲林集　　　　　清朱彝尊　　1318-238- 52
跋危太僕文集　　　　　清汪由敦　　1328-848- 15
●行　秀元
湛然居士集序　　　　　元行　秀　　 503-305-112
●牟應龍元
隆山牟先生文集序　　　元黃　溍　　1209-399- 6
●朱　右元
白雲藁序　　　　　　　明宋　濂　　1223-430- 7
●朱　夏元
朱元會文集序　　　　　明王　禕　　1226-105- 5
●朱　望元
題朱望詩後　　　　　　元吳　澄　　1197-565- 57
●朱文霆元
朱葵山文集序　　　　　明宋　濂　　1223-425- 7
　　　　　　　　　　　　　　　　　1455-569-233

●朱元善元
朱元善詩序　　　　　　元吳　澄　　1197-196- 18
●朱伊夏元
朱伊夏詩序　　　　　　元戴表元　　1194-120- 9
●朱布晦元
雲松巢集原序　　　　　明鮑原弘　　1220-622- 附
雲松巢集原序　　　　　明章　陬　　1220-623- 附
雲松巢集後序　　　　　明朱　諒　　1220-647- 附
●朱思本元
貞一藁序　　　　　　　元虞　集　　1207-650- 46
朱本初北行藁序　　　　元許有壬　　1211-228- 32
●朱梅邊元
跋朱梅邊西湖默乃集　　元劉　壎　　1195-392- 7
●朱晞顏元
瓢泉吟稿原序　　　　　元牟　巘　　1213-374- 附
瓢泉吟稿原序　　　　　元鄭　僖　　1213-375- 附
題無盡藏藁後　　　　　元朱晞顏　　1213-423- 5
●朱復齋元
跋朱復齋山居雜興四
　十首　　　　　　　　元陳　櫟　　1205-190- 3
●朱敬立元
朱敬立文藁序　　　　　元傅若金　　1213-320- 4
●朱禕孫元
宣撫朱參政南山遺集
　序　　　　　　　　　元方　回　　1193-658- 32

七　畫

●汪子文元
汪子文詩集序　　　　　元李　祁　　1219-658- 3
●汪子磐元

跋汪子磐詩　　　　　　元陳　櫟　　1205-196-　3
　　　　　　　　　　　　　　　　　　1211-616-　5
●汪汝懋元　　　　　　　　　　　　　1212-371-　附
遜齋小藁序　　　　　　元戴　良　　1219-494-　20
●汪如松元
跋汪如松詩　　　　　　元吳　澄　　1197-549-　55
●汪材夫元
武寧汪材夫石城詩集
　序　　　　　　　　　元王義山　　1193-　27-　4
武寧汪材夫南楚詩集
　序　　　　　　　　　元王義山　　1193-　42-　6
●汪達辰元
汪虞卿鳴求小集序　　　元方　回　　1193-692-　34
●汪異元元
南徐紀行詩藁序　　　　元李　存　　1213-686-　16
汪稱隱安仁詩藁序　　　元李　存　　1213-691-　16
●汪夢斗元
跋汪杏山北遊詩集　　　元舒　頔　　1217-588-　3
●汪龍溪元
題汪龍溪行詞手藁後　　元吳　澄　　1197-585-　59
●完顔琦金
如庵詩文序　　　　　　金元好問　　1191-419-　36
●沈　雍元
書擊壤生詩卷後　　　　明貝　瓊　　1228-307-　3
●沈仲說元
橫山紀行詩序　　　　　元陳　基　　1222-252-　13
白羊山紀游詩序　　　　元陳　基　　1222-266-　16
●沈夢麟元
花谿集原序　　　　　　明彭　韶　　1221-　44-　附
●宋　本元
宋誠夫文集序　　　　　元許有壬　　1211-216-　30
　　　　　　　　　　　　　　　　　　1211-611-　5
宋正獻文集後序　　　　元蘇天爵　　1214-　68-　6
●宋　無（无）元
翠寒集原序　　　　　　元趙孟頫　　1208-304-　附
　　　　　　　　　　　　　　　　　　1386-660-　55
翠寒集原序　　　　　　元馮子振　　1208-304-　附
　　　　　　　　　　　　　　　　　　1386-660-　55
翠寒集原序　　　　　　元宋　無　　1208-306-　附
跋翠微集　　　　　　　明毛　晉　　1208-334-　附
翠寒集序　　　　　　　元鄧光薦　　1386-659-　55
翠寒集跋　　　　　　　元錢良右　　1386-662-　55
●宋　聚元
宋顯夫文集序（燕石
　集原序）　　　　　　元許有壬　　1211-251-　35

燕石集原序　　　　　　元歐陽玄　　1212-370-　附
燕石集原序　　　　　　元蘇天爵　　1212-370-　附
祖道集序　　　　　　　元宋　褧　　1212-481-　12
宋翰林文集序　　　　　元蘇天爵　　1214-　69-　6
●宋子貞金
鳩水集引　　　　　　　金元好問　　1191-423-　36
●宋東明元
宋宣慰文集序　　　　　宋俞德鄰　　1189-　87-　11
●成　遵元
成中丞詩序　　　　　　元許有壬　　1211-615-　5
●成廷珪元
居竹軒詩集原序　　　　元張　翥　　1216-278-　附
居竹軒詩集原序　　　　元危　素　　1216-279-　附
居竹軒詩集原序　　　　元郵　肅　　1216-279-　附
居竹軒詩集原序　　　　元劉　欽　　1216-280-　附
居竹軒詩集原序　　　　元鄒　奕　　1216-280-　附
居竹軒詩集後序　　　　元鄒　瑚　　1216-350-　附
●杜仁傑元
逃空絲竹集引　　　　　金元好問　　1191-426-　36
●杜仁傑元
跋杜東洲詩後　　　　　元陸文圭　　1194-649-　10
書杜東洲詩集後　　　　元袁　桷　　1203-642-　48
●李　存元
侯蒼集序　　　　　　　元徐　幾　　1213-598-　附
侯蒼集序　　　　　　　元鄒　濟　　1213-599-　附
答（李存）書——侯
　蒼集跋　　　　　　　元虞　集　　1213-832-　31
●李　京元
李景山鳩巢編後序　　　元袁　桷　　1203-294-　21
李景山詩集序　　　　　元虞　集　　1207-　72-　5
●李　治元
題李敬齋樂府後　　　　元王　沂　　1208-579-　22
●李　祁元
（跋）李雲陽文（集）　明楊士奇　　1238-608-　18
重刻雲陽李先生文集
　序　　　　　　　　　明謝　鐸　　1455-600-235
●李　孟元
秋谷文集序　　　　　　元許有壬　　1211-254-　35
　　　　　　　　　　　　　　　　　　1211-607-　5
　　　　　　　　　　　　　　　　　　1373-308-　20
●李　庸元
李庸宮詞序　　　　　　元楊維楨　　1221-477-　11
●李　進元

四庫全書文集篇目分類索引

集部　別集類：遼金元　七畫

篇目	著者	册-頁-條
磻谷居愧藁序	元虞　集	1207-473- 33
●李　業元		
李元吉詩序	元吳　澄	1197-236- 22
●李　鳳元		
西林李先生詩集序	元蘇天爵	1214- 56- 5
●李　鼎元		
題李元鎮堯山樵唱集	元許有壬	1211-502- 71
●李　轍元		
跋李轍詩後	明楊　榮	1240-246- 15
●李士暐元		
李士暐文集序	元王　沂	1208-504- 13
●李子汶元		
甬山集序	元袁　桷	1203-304- 22
●李文美元		
隱軒詩序	元王　沂	1208-529- 16
●李正卿元		
恕齋詩卷序	元王　惲	1200-566- 43
●李仲方元		
跋張老山鵬飛所藏李仲方詞翰	元張之翰	1204-509- 18
●李宏謨元		
李宏謨詩序	元歐陽玄	1210- 62- 8
●李君玉元		
跋鍼者李君玉詩卷	元王　惲	1201- 91- 73
●李希說元		
李希說詩序	元歐陽玄	1210- 63- 8
●李廷臣元		
李仲虞詩序	元楊維楨	1221-437- 7
●李宗明元		
李宗明詩跋	元吳　澄	1197-563- 57
●李長翁元		
李學正小草序	元吳　澄	1197-195- 18
●李東岩元		
跋李東岩斐成詩藁	元張之翰	1204-505- 18
●李季安元		
息窩志言序	元吳　澄	1197-195- 18
●李季度元		
李季度詩序	元吳　澄	1197-353- 33
●李淸孫元		
霽峰文集序	元黃　溍	1209-388- 6
●李俊明金		
莊靖集原序	元李仲紳	1190-521- 附
莊靖集原序	元王特升	1190-522- 附
莊靖集原序	元劉　瀛	1190-523- 附
莊靖集原序	元史秉直	1190-523- 附
●李庭玉元		
北堂詩序	元貢師泰	1215-731- 附
●李時中元		
曹南李時中文稿序	元蘇天爵	1214- 59- 5
●李純甫金		
鳴道集序	元耶律楚材	1191-627- 14
鳴道集說序	清汪　琬	1315-457- 25
●李雪菴元		
李雪菴詩序	元程鉅夫	1202-206- 15
●李國鳳（父）元		
鶴華集序	元貢師泰	1215-586- 6
●李智貞元		
靜方詩集序	元陳　旅	1213- 69- 6
●李舜臣元		
李元凱詩序	元戴表元	1194-117- 9
●李溥光元		
雪菴長語詩序	元鄧文原	1195-541- 上
●李溥員元		
頭陀師李大方詩集序	元鄧文原	1195-542- 上
●李源道元		
李侍讀詩序	元吳　澄	1197-230- 22
李仲淵御史行齋謁藁序	元程鉅夫	1202-207- 15
李仲淵詩稿序	元虞　集	1207- 91- 6
●李遂初元		
李遂初文集序	元許有壬	1211-218- 30
●李鳴鳳元		
李時可詩序	元戴表元	1194-110- 8
●李縉翁元		
題李縉翁雜藁	元吳　澄	1197-551- 55
●李應楠元		
李叔登詩序	元趙　文	1195- 6- 1
●李謹之元		
李謹之詩藁序	元楊　翮	1220-115- 8
●李繼本元		
一山文集原序	明李　敏	1217-687- 附
一山文集序	明黎公穎	1217-688- 附
●阮子良元		
跋阮子良孤嵐集	元劉　壎	1195-390- 7
●呂　誠元		
來鶴亭集原序	明楊維禎	1220-570- 附
來鶴亭集原序	明鄭　東	1220-571- 附
來鶴亭集原序記	明鄭文康	1220-572- 附
●岑安卿元		
題栲栳山人詩集後	明宋　濂	1223-617- 12

●吳 飛元
吳雲龍詩集序　　　　元方　回　　1193-667- 32
　　　　　　　　　　　　　　　　1375-305- 23
●吳 海元
聞過齋集原序　　　　元徐　起　　1217-150- 附
聞過齋集後記　　　　元王　偁　　1217-251- 8
聞過齋集序　　　　　明邵　銅　　 530-491- 70
（跋）吳魯客文　　　明楊士奇　　1238-609- 18
●吳 皐元
吾吾類稿原序　　　　元梁　寅　　1219- 2- 附
吾吾類稿原序　　　　元張美和　　1219- 3- 附
●吳 梓元
金陵集序　　　　　　元吳　澄　　1197-236- 22
●吳 戒元
吳梓材文集序　　　　元甘　復　　1218-550- 附
●吳 蕭元
吳伯恭詩序　　　　　元吳　澄　　1197-239- 22
●吳 萊元
淵類集序　　　　　　元胡　翰　　1209- 2- 附
浦陽淵穎吳先生文集
　序　　　　　　　　元胡　助　　1214-680- 20
●吳 復元
吳復詩錄序　　　　　元楊維楨　　1221-436- 7
●吳 澄元
（吳文正集）原序　　元韓　陽　　1197-923- 附
吳文正公外集　　　　明楊士奇　　1238-598- 18
（跋）支言集　　　　明楊士奇　　1238-606- 18
（跋）支言後集　　　明楊士奇　　1238-606- 18
（跋）錄吳草廬文（
　集）　　　　　　　明楊士奇　　1238-606- 18
●吳 履元
吳灊州文集序　　　　明宋　濂　　1233-427- 7
●吳 儀元
吳明善先生文稿序　　元甘　復　　1218-547- 0
●吳 鎭元
梅花道人遺墨原序　　元錢　葵　　1215-493- 附
●吳文壽元
吳景南詩序　　　　　元吳　澄　　1197-172- 15
●吳元英元
燕臺嘯詠序　　　　　元程端禮　　1199-653- 3
●吳元德元
跋吳子高詩　　　　　元袁　桷　　1203-655- 49
書吳子高詩稿後　　　元蘇天爵　　1214-346- 29
●吳孔瞻元
吳山房樂府序　　　　元趙　文　　1195- 13- 2

●吳友雲元
道士吳友雲集序　　　元程端禮　　1199-651- 3
●吳全義元
玄玄贊藁跋　　　　　元吳　澄　　1197-540- 54
書玄玄贊稿後　　　　元虞　集　　1367-484- 39
●吳全節元
吳閒閒宗師詩序　　　元吳　澄　　1197-229- 22
題吳閒閒詩卷　　　　元劉將孫　　1199-239- 25
●吳伯淵元
吳伯淵吟稿序　　　　元王　禮　　1220-404- 5
●吳明之元
書吳明之文編後　　　元袁　桷　　1203-664- 50
●吳非吾元
吳非吾葦間筊音詩集
　題辭　　　　　　　元吳　澄　　1197-243- 23
跋吳非吾葦間筊音集　元李　存　　1213-783- 26
●吳亮采元
長汀和漁歌序　　　　元戴表元　　1194-119- 9
●吳昭德元
跋吳昭德詩　　　　　元吳　澄　　1197-551- 55
●吳浩然元
題吳浩然詩卷　　　　元袁　桷　　1203-652- 49
●吳師道元
吳正侍文集序　　　　元黃　溍　　1209-389- 6
●吳清寧元
吳清寧文集序　　　　元楊　載　　1208-211- 8
●吳埜仙元
吳埜仙詩卷序　　　　元方　回　　1193-675- 33
●吳閶孫元
谷口樵歌序　　　　　元吳　澄　　1197-237- 22
●吳景山元
書吳景山樂府　　　　元袁　根　　1203-636- 48
●吳景奎元
藥房樵唱跋　　　　　元吳　禧　　1215-458- 附
藥房樵唱序　　　　　明宋　濂　　1215-421- 附
　　　　　　　　　　　　　　　　1223-516- 9
●吳壽民元
南山樵吟序　　　　　元趙孟頫　　1196-676- 6
顯吳仲仁春遊詩卷後　明文徵明　　1273-158- 22
●吳遠心元
吳遠心詩序　　　　　元李　祁　　1219-689- 6
●吳樽庵金
樽庵集序　　　　　　元姚　燧　　1201-431- 3
●余 闕元
青陽先生文集序　　　元李　祁　　1219-651- 3

（跋）余青陽文（集）　明楊士奇　1238-608- 18
（跋）錄余青陽詩　明楊士奇　1238-618- 19
青陽先生文集序　明程國儒　1375-282- 21
●余國輔元
書余國輔詩後　元袁　桷　1203-641- 48
●伯　顏元
伯顏子中詩集序　元王　禮　1220-394- 4
●何　中元
題何太虛近藁後（知非堂稿原序）　元吳　澄　1197-575- 58
　　　　　　　　　　　　　　　　1205-524- 附
知非堂稿自序　元何　中　1205-525- 附
●何友聞元
何友聞詩序　元吳　澄　1197-168- 15
●何敏則元
何敏則詩序　元吳　澄　1197-235- 22
●何養晦元
何養晦詩序　元吳　澄　1197-211- 19

八　畫

●武　格元
武伯威詩集序　明危　素　1226-700- 2
●孟　昉元
跋孟天暐擬古卷後　元宋　褧　1212-522- 15
孟天偉文藁序　元傅若金　1213-320- 4
孟待制文集序　元陳　基　1222-296- 22
孟君文集序　元程　文　1375-273- 20
　　　　　　　　　　　　1405-686-306
●孟　淳元
孟衡湖詩集序　元方　回　1193-643- 31
●孟夢恂元
筆海集序　元劉仁本　1216- 90- 5
●林　溫元
林伯恭詩集序　明宋　濂　1223-397- 6
●林　寬元
書林彥栗文稿後　元蘇天爵　1214-330- 28
●林　靜元
愚齋集序　明宋　濂　1223-408- 6
●林月香元
癡絕集序　元吳　澄　1197-163- 15
●林彥達元
跋林彥達詩藁　元陸文圭　1194-644- 9
●林春野元
林春野文集序　元許有壬　1211-235- 33
●林泉生元
覺是先生文集敘　元吳　海　1217-168- 2

●林野夐元
跋林野夐詩續藁　元張之翰　1204-504- 18
●易子文元
題易子文詩卷　元李　祁　1219-751- 10
●易成已元
如禪集序　元劉將孫　1199- 93- 10
●易南友元
梅南詩序　元歐陽玄　1210- 62- 8
●易南甫元
易南甫詩序　元虞　集　1207-464- 32
●季元凱元
（題）北行錄　元歐陽玄　1210-156- 14
●周　南元
抽逸齋詩藁序　元倪　瓚　1220-305- 10
●周　巽元
擬古樂府序　元周　巽　1221- 2- 1
●周　邊元
周立中詩序　元吳　澄　1197-187- 17
●周　權元
此山詩集原序　元袁　桷　1204- 2- 附
（此山詩集序）　元陳　旅　1204- 3- 附
（此山詩集又序）　元陳　旅　1204- 4- 附
周此山集序　元陳　旅　1213- 54- 4
（此山詩集序）　元歐陽玄　1204- 4- 附
（此山詩集跋）　元謝　端　1204- 54- 附
（此山詩集跋）　元揭傒斯　1204- 54- 附
●周子英元
跋周子英遊燕藁　元張伯淳　1194-477- 5
●周子華元
跋周子華詩藁　元陸文圭　1194-643- 9
●周天與元
周天與詩序　元吳　澄　1197-234- 22
●周自强元
周剛善文集序　元馬祖常　1206-593- 9
　　　　　　　　　　　　1367-447- 36
　　　　　　　　　　　　1373-256- 17
周剛善文藁序　元王　沂　1208-502- 13
●周伯琦元
近光集原序　元虞　集　1214-506- 附
近光集原序　元周伯琦　1214-507- 附
扈從集前序　元周伯琦　1214-542- 附
扈從集後序　元周伯琦　1214-545- 附
扈從集跋　元歐陽玄　1214-549- 附
扈從詩跋　元賈祥麟　1214-549- 附
●周栖筠元

周栖筠詩集序　　　　　元吳　澄　　1197-230- 22
●周梓洲元
周梓洲詩序　　　　　　元許有壬　　1211-232- 32
●周雲匡元
題周雲匡燕山集　　　　元張伯淳　　1194-475-　5
●周聖任元
周聖任詩序　　　　　　元吳　澄　　1197-212- 19
●周霆震元
周石初集序　　　　　　明陳　謨　　1232-590-　5
●周德老元
周自昭文集序　　　　　元徐明善　　1202-546-　上
●周衡之元
書括蒼周衡之詩編　　　元袁　桷　　1203-647- 49
●周應極元
題南翁編　　　　　　　元程鉅夫　　1202-358- 24
悠然閣集序　　　　　　明張宇初　　1236-380-　2
●金　信元
金信詩集序　　　　　　元楊維楨　　1221-442-　7
●金伯祥元
瞻雲軒詩序　　　　　　元陳　基　　1222-286- 20
●金承安元
題金承安樂府　　　　　元袁　桷　　1203-637- 48
●金尚綱元
兩都賦纂釋序　　　　　元陳　櫟　　1205-164-　1

九　畫

●洪　淵元
豐城洪先生文集序　　　元吳　澄　　1197-237- 22
●洪文玉元
梅庭弊帚詩序　　　　　元唐　元　　1213-541-　9
●洪布文元
（續軒渠集序）　　　　元洪希文　　1205- 60- 附
續軒渠集原序　　　　　明蔡宗袞　　1205- 59- 附
●洪焱祖元
洪潛甫（夫）詩序　　　元戴表元　　1194-115-　9
杏庭摘藁原序（序洪
　杏庭集）　　　　　　元危　素　　1212-666- 附
　　　　　　　　　　　　　　　　　1376-595-95下
杏庭摘藁序　　　　　　明宋　濂　　1212-667- 附
　　　　　　　　　　　　　　　　　1223-429-　7
●洪巖虎元
再題軒渠後集　　　　　元夏聲翁　　1205-148- 附
又序（軒渠集）　　　　元阿嚕威　　1205-148- 附
●祈　經元
甲子集序　　　　　　　元郝　經　　1192-311- 29
●郎志清金

大方集序　　　　　　　金李俊民　　1190-630-　8
●胡　助元
胡助詩序　　　　　　　元吳　澄　　1197-236- 22
上京紀行詩序　　　　　元胡　助　　1214-681- 20
●胡　盆元
題胡士恭濠上藁　　　　元王　沂　　1208-578- 22
●胡　僑元
胡汲古樂府序　　　　　宋林景熙　　1188-747-　5
胡天放詩序　　　　　　元戴表元　　1194-111-　8
●胡　珵元
胡器之詩序　　　　　　元吳　澄　　1197-171- 15
●胡　翰元
胡仲子文集序　　　　　明宋　濂　　1223-420-　7
●胡　默元
胡孟成文集序　　　　　元鄭　玉　　1217- 67-　1
●胡山立元
清嘯後藁　　　　　　　明宋　濂　　1223-433-　7
●胡弘印元
胡印之詩序　　　　　　元吳　澄　　1197-234- 22
●胡以實元
胡以實詩詞序　　　　　元劉將孫　　1199- 98- 11
●胡西洲元
西洲詩集序　　　　　　元徐明善　　1202-569-　上
●胡居祐元
胡彥承文稿序　　　　　元程鉅夫　　1202-209- 15
●胡長孺元
石塘先生胡氏文抄後
　序　　　　　　　　　元吳　萊　　1209-182- 11
●胡季誠元
跋胡季誠南征詩後　　　明貝　瓊　　1228-307-　3
●胡祇遹元
紫山大全集原序　　　　元劉　庚　　1196-　3- 附
●胡寬居元
寬居胡先生文集序　　　元徐明善　　1202-576-　上
●胡瀾翁元
胡瀾翁樂府序　　　　　元王　禮　　1220-402-　5
●耶律鑄元
雙溪醉隱集原序　　　　元趙　著　　1199-357- 附
雙溪醉隱集原序　　　　元呂　鯤　　1199-357- 附
雙溪醉隱集原序　　　　元麻　革　　1199-359- 附
雙溪醉隱集原跋　　　　元釋性英　　1199-491- 附
雙溪醉隱集原跋　　　　元王萬慶　　1199-491-　6
●柳　貫元
待制集原序　　　　　　元余　闕　　1210-181- 附
待制集原序（柳待制

四庫全書文集篇目分類索引

集部　別集類：遼金元　九—十畫

篇目	作者	索引號
文集序）	元危　素	1210-182- 附
		1226-733- 4
待制集原序	元蘇天爵	1210-183- 附
上京紀行詩序	元柳　貫	1210-455- 16
題北還諸詩卷後	元柳　貫	1210-477- 18
自題鍾陵藁後	元柳　貫	1210-482- 18
待制集後記	明宋　濂	1210-540- 附
跋柳先生上京紀行詩後	明宋　濂	1223-670- 14
（跋）柳待制文（集）	明楊士奇	1238-607- 18
●范　浚元		
香溪先生文集後序	元吳師道	1212-190- 14
●范　梈元		
范先生詩序	元楊　載	1208-215- 8
范德機詩序	元揭傒斯	1213-366- 附
書范先生侯官藁後	明劉　球	1243-647- 19
●姚　燧元		
牧庵姚文公文集序（牧庵集原序）	元張養浩	1192-497- 3
		1201-403- 附
		1373-205- 14
牧庵集原序	元吳　善	1201-403- 附
牧庵集跋（二則）	明劉　昌	1373-206- 14
●姚舜卿元		
易齋詩序	元王　惲	1200-553- 43
●紇石烈通甫元		
書紇石烈通甫詩後	元袁　桷	1203-654- 49
●俞　肇元		
俞伯初復庵詩并說	元方　回	1193-627- 30
●俞時中元		
俞器之詩集序	元柳　貫	1210-465- 17
●俞娛心元		
跋俞娛心小藁	元張之翰	1204-510- 18
●侯誠翁元		
侯誠翁清嘯集跋	元劉　壎	1195-400- 7
●段天祐元		
跋段氏庸音集	元陳　旅	1213-168- 13
●段從周元		
段郁文詩序	元程鉅夫	1202-189- 14
十　畫		
●涂　穎元		
題涂穎詩集後	元余　闕	1214-420- 6
●涂子東元		
涂子東遊稿序	元甘　復	1218-545- 附
●高　岳元		
樵吟藁序	元劉仁本	1216- 79- 5
●高文度元		
高惟正吳山紀實詩序	元趙孟頫	1196-679- 6
●高玄度元		
高紺泉詩序	元劉將孫	1199- 96- 11
●高本祖元		
跋高本齋詩藁	元許有壬	1211-504- 72
●高守拙元		
題高氏守拙詩後	元釋大訢	1204-618- 13
●高信則元		
高信則詩集序	元趙　文	1195- 13- 2
●唐　元元		
唐長孺藝圃小集序（筠軒集原序）	元方　回	1193-682- 33
		1213-428- 附
筠軒集原序	元唐　元	1213-429- 附
●唐　升元		
瀟湘集序	元楊維楨	1221-479- 11
●唐　浚元		
唐仲清先生遺文序	元吳　澄	1197-246- 23
●唐　肅元		
丹崖集序	明宋　濂	1223-407- 6
●唐本道元		
九曲韻語序	元楊　翮	1220-112- 8
●唐桂芳元		
跋白雲文集後	元舒　頔	1217-588- 3
●唐國芳元		
跋唐國芳詩	元吳　澄	1197-555- 56
●席元誠元		
席御史文集序	元柳　貫	1210-451- 16
●劉（郊）韶元		
劉韶詩序	元楊維楨	1221-438- 7
●秦　約元		
樵海詩集小引	元倪　瓚	1220-307- 10
●秦景山元		
題秦景山遺藁	元戴表元	1194-232- 18
●馬　琬元		
灌園集序	明貝　瓊	1228-334- 7
●馬　瑩元		
馬先生歲遷集序	明宋　濂	1223-405- 6
●馬　臻元		
馬霞外詩集序（霞外詩集原序）	元仇　遠	1198- 85- 0
		1204- 56- 附
霞外詩集原序	元龔　開	1204- 57- 附

四庫全書文集篇目分類索引

篇目	作者	索引號
霞外詩集跋	明毛　晉	1204-169- 附
●馬可翁元		
馬可翁詩序	元吳　澄	1197-177- 16
●馬祖常元		
石田文集序（御史中丞馬公文集序）	元蘇天爵	1206-462- 附
		1214- 58- 5
石田文集序	元王守誠	1206-462- 附
石田文集序（馬中丞文集序）	元陳　旅	1206-463- 附
		1213- 77- 6
馬中丞文集跋	明劉　昌	1373-294- 19
馬石田文集序	明李東陽	1455-592-235
●馬薛超吾元		
薛昂夫詩集序	元趙孟頫	1196-674- 6
九皐詩集序	元劉將孫	1199- 90- 10
薛昂夫詩集序	元王德淵	1366-634- 15
●貢　奎元		
題貢仲章文藁後	元吳　澄	1197-558- 56
		1367-481- 39
雲林集原序	元陳　嶧	1205-596- 附
●貢師泰元		
貢泰父文集序	元余　闕	1214-381- 2
玩齋集原序	元余　闕	1215-520- 附
玩齋集原序	元沈　性	1215-513- 附
玩齋集拾遺跋	元沈　性	1215-737- 附
玩齋集原序	元楊維楨	1215-514- 附
玩齋集原序	元趙　贊	1215-515- 附
玩齋集原序	元錢用壬	1215-515- 附
玩齋集原序	元謝　廌	1215-516- 附
玩齋集原序	元李國鳳	1215-518- 附
玩齋集原序（宣城貢公文集序）	元王　禕	1215-519- 附
		1226-127- 6
玩齋集原序	元程　文	1215-521- 附
書貢尚書閩南集後	元吳　海	1217-243- 8
友迂軒文集序	元陳　基	1222-277- 18
書玩齋集後	明李　默	1455-638-238
●孫　素元		
孫少初文集序	元吳　澄	1197-166- 15
●孫　嵩元		
孫元京詩集序	元方　回	1193-663- 32
●孫　機元		
孫履常文集序	元吳　澄	1197-232- 22
●孫叔彌元		
孫氏遺金集序	元李　郢	1219-657- 3
●孫春洲元		
虛籟集序	元歐陽玄	1210- 58- 7
●孫會叔元		
孫先生詩集序	元程端禮	1199-650- 3
●孫靜可元		
孫靜可詩序	元吳　澄	1197-236- 22
●孫靜見元		
書太常卿孫靜見文集後	元任士林	1196-572- 7
●郝　經元		
一王雅序	元郝　經	1192-302- 28
陵川集序	明陳鳳梧	1192- 2- 附
陵川集序	清陶自悅	1192- 3- 附
陵川集翰付	不著撰人	1192- 5- 附
陵川集咨文	不著撰人	1192- 52- 附
●袁　易元		
跋袁靜春詩	元陸文圭	1194-644- 9
靜春堂詩集原序	元龔　璛	1206-268- 附
歐元諸名公所書靜春堂詩集序等作後	明吳　寬	1255-449- 49
靜春堂詩集原跋	清厲　鶚	1206-293- 附
●袁　裒元		
臥雪齋文集序	元馬祖常	1206-592- 9
		1367-447- 36
		1373-256- 17
書袁德平文稿後	元蘇天爵	1214-330- 28
●袁靜春元		
題袁通甫詩	元鄭元祐	1216-500- 7
●夏霖元		
夏道存詩序	元劉　跳	1195-155- 2
跋夏氏詩文	元程端學	1212-356- 4
●夏洪参元		
夏生文稿序	元黃　溍	1209-373- 5
●夏瑞卿元		
跋夏瑞卿詩卷	元陸文圭	1194-646- 9
●晏彥文元		
晏彥文詩序	元周霆震	1218-508- 6
●荊玩恒元		
蕉齋詩集序	元蘇天爵	1214- 59- 5
●徐　夏元		
徐氏詠史詩後序	元黃　溍	1209-386- 6
●徐　毅元		
徐中丞文集序	元吳　澄	1197-229- 22
●徐一夔元		

集部　別集類：遼金元　十畫

2218　　　　　　　　四庫全書文集篇目分類索引

集部　別集類：遼金元　十─十一畫

徐敎授文集序　　　　　明宋　濂　　1223-422-　7
　●徐九齡元
題徐可與詩卷　　　　　元戴表元　　1194-228- 18
　●徐子和元
徐孝子詩卷跋　　　　　元劉　壎　　1195-401-　7
　●徐君頤元
徐君頤詩序　　　　　　元吳　澄　　1197-193- 17
　●徐卿孫元
徐侍郎文集序　　　　　元吳　澄　　1197-168- 15
　●徐擇齋元
跋徐擇齋詩文後　　　　元張之翰　　1204-506- 18
　●留　睿元
留養愚文集序　　　　　元楊維楨　　1221-428-　6
　●倪　瓚元
（清閟閣集）原序　　　元錢　簿　　1220-153-　附
跋雲林先生詩卷　　　　元吳　寬　　1220-352- 12
題雲林子詩後　　　　　明朱存理　　1251-602-　附
　●倪朴實元
石陵先生倪氏雜著序　　元吳　萊　　1209-180- 10
　●殷惟肖元
詩史宗要序　　　　　　元楊維楨　　1221-445-　7
　●納　延元
金臺集（序）敘　　　　元歐陽玄　　1215-262-　附
金臺集敘　　　　　　　元李好文　　1215-263-　附
果囉羅易之詩序　　　　元貢師泰　　1215-263-　附
金臺集題詞　　　　　　元黃　溍　　1215-264-　附
金臺集（跋）　　　　　元揭傒斯　　1215-303-　附
金臺集（跋）　　　　　元程　文　　1215-304-　附
金臺集（跋）　　　　　元楊　翠　　1215-304-　附
金臺集題詩（跋語）　　元張起巖　　1215-305-　附
金臺集（跋）　　　　　元危　素　　1215-306-　附
金臺集虛集詩（跋語）　元虞　集　　1215-306-　附
馬易之金臺集序　　　　明張以寧　　1226-593-　3
　　　　　　　　　　　　　　　　　1455-604-236
　●納琳布哈元
跋納琳文燦詩　　　　　元許有壬　　1211-503- 71

十一畫

　●淦明甫元
淦明甫詩集序　　　　　元釋圓至　　1198-130-　4
　●章　嘉元
章德元近藁序　　　　　元程矩夫　　1202-207- 15
　●章子漁元
章子漁詩稿序　　　　　元甘　復　　1218-548-　0
　●許　忠元
北郭集原序　　　　　　明張　瑞　　1217-318-　附

（北郭集原序）　　　　明金文徵　　1217-319-　附
（北郭集原序）　　　　明蘇伯衡　　1217-319-　附
（北郭集原序）　　　　明林　右　　1217-320-　附
　●許　衡元
魯齋遺書序　　　　　　元楊學文　　1198-478- 14
題魯齋先生遺書後　　　元蘇天爵　　1214-327- 27
魯齋全書序　　　　　　明何　瑭　　1198-477- 14
　　　　　　　　　　　　　　　　　1266-535-　5
魯齋遺書序　　　　　　明倪　顧　　1198-478- 14
校刻魯齋先生遺書序　　明顧　清　　1261-806- 37
許文正公遺書跋　　　　明劉　昌　　1373- 82-　6
　●許　謙元
白雲集原序　　　　　　元陳　相　　1199-530-　附
跋許益之古詩序　　　　元陳　旅　　1213-176- 13
題許先生古詩後　　　　明宋　濂　　1223-611- 12
　●許士廣元
許士廣詩序　　　　　　元吳　澄　　1197-169- 15
　●許有壬元
文過集序　　　　　　　元許有壬　　1311-249- 35
　　　　　　　　　　　　　　　　　1211-617-　5
　　　　　　　　　　　　　　　　　1373-310- 20
圭塘小藁序　　　　　　元許有孚　　1211-580-　附
　　　　　　　　　　　　　　　　　1373-348- 22
圭塘小藁序　　　　　　元張　養　　1373-347- 22
文過集序　　　　　　　元歐陽玄　　1373-348- 22
許文忠公文跋　　　　　明劉　昌　　1373-349- 22
　●許長卿元
許長卿詩序　　　　　　元戴表元　　1194-116-　9
　●郭　昂元
郭野齋詩集序　　　　　元姚　燧　　1201-430-　3
　●郭　奎元
郭子章望雲集序　　　　元趙　汸　　1221-224-　3
（跋）望雲集　　　　　明楊士奇　　1238-619- 19
　●郭　鈺元
靜思集原序　　　　　　元羅大巳　　1219-156-　附
靜思集原序　　　　　　元羅洪先　　1219-157-　附
　●郭　陞元
純德先生梅西集序　　　元楊　載　　1208-220-　8
　●郭　翼元
郭義仲詩集序　　　　　元楊維楨　　1221-440-　7
　●郭　鎬元
遺安郭先生文集引　　　元王　惲　　1200-560- 43
　　　　　　　　　　　　　　　　　1373-399- 25
　●郭公葵元
譙軒詩集序　　　　　　明朱　右　　1228- 66-　5

●郭豫亨元

梅花字字香原序　　　　　元郭豫亨　1205-668-　附

●梁中砥元

梁塵外山中吟序　　　　　元張之翰　1204-479-　14

●康敬德元

秋山翁詩集序　　　　　　元吳　澄　1197-163-　15

書秋山藏藁後　　　　　　元吳　澄　1197-539-　54

●康應弼元

滄軒康氏詩藁序　　　　　元吳　澄　1197-194-　18

●曹　毅元

曹先生文稿序　　　　　　元蘇天爵　1214-　71-　6

曹士弘文集後序　　　　　元楊維楨　1221-429-　6

●曹　壁元

曹壁詩序　　　　　　　　元吳　澄　1197-171-　15

再跋曹壁詩後　　　　　　元吳　澄　1197-591-　60

●曹大榮元

曹大榮詩序　　　　　　　元王　沂　1208-530-　16

●曹之謙元

兌齋曹先生文集序　　　　元王　惲　1200-550-　42

●曹伯明元

曹伯明文集序　　　　　　元袁　桷　1203-307-　22

●曹伯啓元

曹文貞公詩集跋　　　　　元吳全節　1202-541-　附

曹文貞公績集序　　　　　元釋大訢　1204-576-　8

曹文貞公文集序　　　　　元虞　集　1207-452-　31

曹上開漢泉漫藁序　　　　元虞　集　1207-468-　33

漢泉漫稿序　　　　　　　元蘇天爵　1214-　56-　5

●曹邦衡元

曹邦衡教授詩文序　　　　元袁　桷　1203-296-　21

●曹妙清元

曹氏雪齋弦歌集序　　　　元楊維楨　1221-445-　7

●曹錦秀元

樂籍曹氏詩引　　　　　　元王　惲　1200-556-　43

●屠　性元

屠先生詩集序　　　　　　明胡　翰　1229-　50-　4

●陸貴山元

題陸生貴山吟藁　　　　　元劉　壎　1195-405-　7

●陶菊莊元

遊仙詩序　　　　　　　　明貝　瓊　1228-333-　7

●陶無名金

無名老人天游集序　　　　金李俊民　1190-629-　8

●張　雨元

句曲外史集原序　　　　　元徐達佐　1216-352-　附

題張伯雨留別卷　　　　　元鄭元祐　1216-415-　附

句曲外史集錄序　　　　　元姚　綬　1216-417-　附

●張　革元

張君信詩序　　　　　　　元戴表元　1194-111-　8

●張　旦元

可閒老人集原序（張光弼詩序）　　　明楊士奇　1222-500-　附

　　　　　　　　　　　　　　　　　1238-569-　15

●張　桓元

題東麓詩卷　　　　　　　宋何夢桂　1188-502-　10

東麓集序　　　　　　　　元張　桓　1197-177-　16

●張　卒元

上饒張孟循行卷　　　　　元趙　訪　1375-468-　36

●張　榛元

張仲實詩藁序　　　　　　宋牟　巘　1188-105-　12

張仲實文編　　　　　　　元戴表元　1194-108-　8

張仲實詩序　　　　　　　元戴表元　1194-112-　8

●張　鼎元

張濬然先生文集序　　　　元張之翰　1204-475-　14

●張　經元

題長常草堂卷　　　　　　元鄭元祐　1216-501-　7

●張　蕭元

張仲舉集序　　　　　　　元劉岳申　1204-197-　2

蛻菴集原序　　　　　　　元釋來復　1215-　2-　附

蛻菴集跋（蛻巖詩集跋）　元釋宗泐　1215-　89-　附

　　　　　　　　　　　　　　　　　1488-684-　附

●張　澄金

橘軒詩集序（張仲經詩集序）　　　　金元好問　1191-427-　37

●張　瑩元

張梅間詩序　　　　　　　元周霆震　1218-504-　6

●張　憲元

玉笥集序　　　　　　　　元戴　良　1219-389-　12

玉笥集原序　　　　　　　明劉　釺　1217-366-　附

玉笥集序　　　　　　　　明桑　悅　1455-606-236

●張　璽元

張達善文集序　　　　　　元吳　澄　1197-170-　15

張達善文集序　　　　　　元吳　澄　1197-193-　17

●張　翔元

張雄飛詩集序　　　　　　元許有壬　1211-240-　33

　　　　　　　　　　　　　　　　　1211-615-　5

●張　櫱元

張君才詩序　　　　　　　元吳　澄　1197-240-　23

●張士從元

江西僉憲張侯分司雜詩序　元蘇天爵　1214-　75-　6

●張子靜元
張子靜詩詞（序）　　　　元劉　說　　1195-160-　2
●張文先元
張文先詩序　　　　　　　元劉岳申　　1204-180-　1
●張月泉元
書張鍊師詩後　　　　　　元程鉅夫　　1202-362-　25
●張立仁元
張伯達詩集序　　　　　　元李　存　　1213-724-　20
●張以寧元
張侍講翠屏集序　　　　　明宋　濂　　1223-404-　6
●張仲深元
（子淵詩集）原序　　　　元鄭奕夫　　1215-308-　附
（子淵詩集原序）　　　　元單　弘　　1215-309-　附
（子淵詩集原序）　　　　元危　素　　1215-309-　附
（子淵詩集原序）　　　　元楊　翮　　1215-309-　附
●張宏範元
淮陽集原序　　　　　　　元許從宣　　1191-704-　附
淮陽集原序　　　　　　　元鄧光薦　　1191-705-　附
淮陽集後序　　　　　　　明周　鉞　　1191-721-　附
●張伯淳元
養蒙文集原序（張師
　道文藁序）　　　　　　元虞　集　　1194-432-　附
　　　　　　　　　　　　　　　　　　1207- 83-　5
養蒙文集原序　　　　　　元鄧文原　　1194-432-　附
養蒙文集原跋　　　　　　元張　采　　1194-433-　附
●張孟元元
張孟元詩稿序　　　　　　元甘　復　　1218-554-　0
●張季昌元
題張季昌詩文集後　　　　元李　存　　1213-792-　26
●張原霆元
書張原霆文集後　　　　　元吳　海　　1217-238-　7
●張從之元
跋張從之止軒詩卷後　　　元張之翰　　1204-504-　18
●張雲鵬元
後樂集序　　　　　　　　元方　回　　1193-638-　31
●張勝予金
新軒樂府引　　　　　　　金元好問　　1191-425-　36
●張道濟元
張仲美樂府序　　　　　　元吳　澄　　1197-203-　18
張氏自適集序　　　　　　元吳　澄　　1197-203-　18
●張瑞輔元
璜溪遺藁序　　　　　　　元吳　澄　　1197-241-　23
●張葵軒金
葵軒小藁序　　　　　　　元張之翰　　1204-479-　14
●張養浩元

跋張監丞雲莊詩集　　　　宋陸　游　　1163-525-　28
歸田類稿原序　　　　　　元富珠哩翀　1192-473-　附
　　　　　　　　　　　　　　　　　　1373-479-　30
歸田類稿原序（張文
　忠公雲莊家集序）　　　元吳師道　　1192-473-　附
　　　　　　　　　　　　　　　　　　1212-205-　15
歸田稿自序　　　　　　　元張養浩　　1192-475-　附
和陶詩序　　　　　　　　元張養浩　　1192-499-　3
題濟國張文忠公雲莊
　卷後　　　　　　　　　元李士瞻　　1214-475-　4
●張潛國元
張潛國詩集序　　　　　　明蘇伯衡　　1228-605-　5
●張觀光元
張屏岩文集序　　　　　　元吳師道　　1212-188-　14
●陳　孚元
（跋）交州藁　　　　　　明楊士奇　　1238-610-　18
●陳　高元
不繫舟漁集原序　　　　　元蘇伯衡　　1216-122-　附
●陳　旅元
陳監丞安雅堂集序　　　　元吳師道　　1212-212-　15
安雅堂集原序　　　　　　元張　翥　　1213-　2-　附
安雅堂集原序　　　　　　元林泉生　　1213-　3-　附
跋安雅堂文（集）　　　　明楊士奇　　1238-119-　10
●陳　泰元
跋陳泰詩後　　　　　　　元吳　澄　　1197-601-　61
題刊陳所安文集　　　　　元李　祁　　1219-752-　10
●陳　基元
淮南紀行詩後序　　　　　元戴　良　　1219-388-　12
夷白齋稿序　　　　　　　元戴　良　　1219-390-　12
夷白齋藁序　　　　　　　元戴　良　　1219-613-　附
跋夷白齋藁　　　　　　　明朱存理　　1251-605-　附
跋夷白齋拾遺　　　　　　明朱存理　　1251-606-　附
●陳　通元
陳子泰詩藁序　　　　　　元王　禮　　1220-400-　5
●陳　森元
陳茂卿詩集序　　　　　　元黃　溍　　1209-361-　5
●陳　樵元
鹿皮子文集序　　　　　　元楊維楨　　1221-427-　6
●陳　鑑元
午溪集原序　　　　　　　元張　翥　　1215-357-　附
午溪集原序　　　　　　　元黃　溍　　1215-357-　附
午溪集原序　　　　　　　元孫　炎　　1215-358-　附
午溪集原序　　　　　　　元孔　暘　　1215-358-　附
午溪集原序　　　　　　　明劉　基　　1215-359-　附
●陳　櫟元

四庫全書文集篇目分類索引　2221

（定宇集）跋　不著撰人　1205-448-　附
●陳　鐸元
陳子振詩序　元趙孟頫　1196-674-　6
●陳　巖元
陳氏鳳髓集後題　元吳師道　1212-241-　17
●陳一霆元
玉淵集序　元許有壬　1211-221-　31
●陳元復元
跋陳元復詩藁　元陸文圭　1194-645-　9
●陳平堅元
題山鷄自愛詩集　元張之翰　1204-503-　18
●陳以禮元
陳景和詩序　元吳　澄　1197-241-　23
●陳汝言元
秋水軒詩序　元倪　瓚　1220-306-　10
●陳克明元
題陳克明環翠小藁　元朱晞顏　1213-424-　5
●陳廷言元
陳君從詩集序　元貢師泰　1215-586-　6
●陳宗陽元
陳宗陽梅花全韻詩序　元王義山　1193-　38-　6
●陳季淵元
陳季淵詩序　元戴表元　1194-113-　8
●陳季騄元
陳梅垣同人詩集後序　元王義山　1193-　42-　6
●陳彥芳元
題敬親樓詩卷後　元謝應芳　1218-310-　14
●陳思濟元
陳文肅公秋岡詩集序　元虞　集　1207-469-　33
●陳益稷元
湖廣行省平章安南國
　王陳公詩序　元張伯淳　1194-443-　2
跋安南國王陳平章詩
　集　元程鉅夫　1202-367-　25
●陳寄寄元
題寄寄老人陳氏詩卷　元王　惲　1201-　70-　71
●陳康祖元
陳無逸詩序　元戴表元　1194-109-　8
●陳晦父元
陳晦父詩序　元戴表元　1194-115-　9
●陳國錄宋
陳國錄庚辰以後詩集
　序　元王義山　1193-　32-　5
●陳善夫元
陳善夫集序　元吳　澄　1197-177-　16

●陳煥章元
陳古春詩序　元李　祁　1219-664-　4
●貢妙齡元
翰林侍讀學士貫公文
　集序　元鄧文原　1195-535-　上
●貫雲石元
跋酸齋詩文　元程鉅夫　1202-368-　25
●莊曉山元
跋莊曉山鷄喨集　元張之翰　1204-501-　18
●國　禎元
國南仲詩後序　元戴表元　1194-119-　9
●常方壺元
方壺詩序　元胡行簡　1221-143-　5

十二畫

●馮　澄元
來清堂詩序　元趙　文　1195-　6-　1
●馮元盆元
跋馮元盆詩　元吳　澄　1197-573-　58
●馮寅賓元
題馮寅賓詩卷後　明楊士奇　1238-622-　19
●馮福可元
馮景仲存拙藁序　元吳師道　1212-207-　15
●富珠哩翀元
文靖公文集跋　明劉　昌　1373-482-　30
●曾　堅元
曾學士文集序　明宋　濂　1223-416-　7
●曾元伯元
雪笠詩跋　元劉　壎　1195-391-　7
●曾可則元
曾可則詩序　元吳　澄　1197-202-　18
●曾良儒元
題曾霖巖先生詩後　元劉將孫　1199-239-　25
●曾志順元
曾志順詩序　元吳　澄　1197-167-　15
●曾厚可元
題曾厚可詠春集　元劉　壎　1195-391-　7
●曾從道元
曾從道詩跋　元劉　壎　1195-404-　7
●曾晞顏元
曾御史文集序　元劉將孫　1199-　86-　10
●曾翠屏元
跋曾翠屏詩後　元吳　澄　1197-600-　61
●曾德裕元
翰林直學士曾君小軒
　集序　元虞　集　1207-478-　34

2222　　　　　　　　四庫全書文集篇目分類索引

集部

別集類：遼金元

十二畫

●湯仲友（湯盆）元
題湯仲友詩卷　　　　　元戴表元　1194-238- 18
書湯西樓詩後　　　　　元袁　桷　1203-631- 48
●湯炳龍元
湯子文詩序　　　　　　元戴表元　1194-114- 9
跋湯北村四六舊藁　　　元陸文圭　1194-643- 9
●黃氏（吳叔母）元
題黃氏貞節集　　　　　元余　闕　1214-424- 6
●黃　氏元
黃氏詩卷序　　　　　　元胡厭遜　1196-149- 8
●黃　庚元
月屋漫稿原序　　　　　元黃　庚　1193-778- 附
●黃　玠元
弁山小隱吟錄原序　　　元黃　玠　1205- 2- 附
●黃　昇元
（跋）黃殷士詩（集）　明楊士奇　1238-617- 19
●黃　常元
黃養源詩序　　　　　　元吳　澄　1197-186- 17
●黃　滔元
黃學士文集序　　　　　元貢師泰　1215-585- 6
題黃太史上京詩藁後　　元貢師泰　1215-657- 8
文獻集元序　　　　　　明宋　濂　1209-216- 附
（跋）黃文獻公文二
　集　　　　　　　　　明楊士奇　1238-607- 18
●黃少游元
黃少游詩序　　　　　　元吳　澄　1197-176- 16
●黃公誨元
黃公誨詩序　　　　　　元劉將孫　1199- 94- 11
●黃九清元
黃允濟櫂唱稿序　　　　元王　禮　1220-481- 3
●黃石翁元
清權齋內藁序　　　　　元趙孟頫　1196-678- 6
清權齋集序　　　　　　元劉將孫　1199- 89- 10
●黃成性元
黃成性詩序　　　　　　元吳　澄　1197-174- 16
●黃季倫元
黃季倫詩序　　　　　　明唐桂芳　1226-834- 5
黃季倫詩跋　　　　　　明唐桂芳　1226-882- 7
●黃彥章元
書黃彥章詩編後　　　　元袁　桷　1203-636- 48
●黃則行元
黃則行集杜詩句序　　　元胡行簡　1221-138- 4
●黃祖德元
跋黃祖德廬山行卷　　　元吳　澄　1197-548- 55
●黃草塘元

黃草塘詩選序　　　　　元王義山　1193- 26- 4
●黃純仁元
黃純仁詩序　　　　　　元吳　澄　1197-172- 15
●黃清老元
黃子肅詩集序　　　　　明張以寧　1226-590- 3
●黃得禮元
沈溪先生文集序　　　　元楊　載　1208-228- 9
●黃養浩元
黃養浩詩序　　　　　　元吳　澄　1197-238- 22
●黃懋直元
黃懋直詩序　　　　　　元吳　澄　1197-167- 15
●黃鎮成元
秋聲集原序　　　　　　元黃鎮成　1212-524- 附
●黃體元元
黃體元詩序　　　　　　元吳　澄　1197-185- 17
●盛子淵元
盛子淵攛藥序　　　　　元吳　澄　1197-232- 22
●盛景年元
盛修齡詩集　　　　　　明王　禕　1226-146- 7
●賀景文元
跋賀元忠遺墨卷後　　　元李　祁　1219-758- 10
●賀勝可元
賀勝可詩序　　　　　　元李　祁　1219-680- 5
●揭盂翁元
無底書囊序　　　　　　元楊　載　1208-229- 9
●揭傒斯元
揭曼碩詩引　　　　　　元程鉅夫　1202-181- 14
跋揭曼碩文稿　　　　　元程鉅夫　1202-358- 24
（跋）錄揭文安公文
　四集　　　　　　　　明楊士奇　1238-607- 18
●彭丙公元
彭丙公詩序　　　　　　元劉將孫　1199- 97- 11
●彭宏濟元
彭宏濟詩序　　　　　　元劉將孫　1199- 95- 11
●彭克紹元
彭克紹詩序　　　　　　元黃　溍　1209-383- 6
●彭翔雲元
彭翔雲詩序　　　　　　元劉　壎　1195-159- 2
●彭萊山元
跋彭萊山餞來詩藁　　　元張之翰　1204-505- 18
●閔思齊元
題閔思齊詩卷　　　　　元袁　桷　1203-663- 50
●韋幼武元
重刊黃楊集序　　　　　明何喬新　1249-157- 9
●喻清仲元

題長沙喻清仲紀行編　　元張之翰　1204-503- 18 | 佩玉齋類藁原序　　元吳復興　1220- 51- 附
●傅公讓元 | 佩玉齋類藁原序　　元虞　集　1220- 51- 附
傅子敬紀行詩序　　元李繼本　1217-737- 4 | 佩玉齋類藁原序　　元楊維楨　1220- 52- 附
●傅若金元 | 楊文舉文集序　　元楊維楨　1221-431- 6
傅與礪詩集原序　　元范　梈　1213-182- 附 | ●楊　鑑元
傅與礪詩集原序　　元虞　集　1213-183- 附 | 楊君顯民詩集序　　元余　闕　1214-380- 2
傅與礪文集原序　　元梁　寅　1213-298- 附 | ●楊　鵬金
南征藁序　　元傅若金　1213-320- 4 | 陶然集詩序　　金元好問　1191-428- 37
（跋）傅與礪詩一集　　明楊士奇　1238-617- 19 | ●楊　鑄元
●傅庭茂元 | 楊季子詩序　　明王　禕　1226-104- 5
傅庭茂詩跋　　元劉　壎　1195-400- 7 | ●楊士弘元
●智熙善元 | （跋）錄楊伯謙樂府　　明楊士奇　1238-617- 19
智子元越南行藁序　　元許有壬　1211-216- 30 | ●楊公遠元
　　　　　　　　　　　　1211-614- 5 | 野趣有聲畫原序　　元吳龍翰　1193-730- 附
●程　文元 | 野趣有聲畫跋　　元方　回　1193-776- 附
程禮部文集序　　元陳　基　1222-295- 22 | ●楊允孚元
●程　華元 | 濼京雜咏跋　　元羅　璟　1219-627- 附
題江湖寓藁序　　明唐桂芳　1226-835- 5 | 濼京雜咏跋　　元羅大已　1219-627- 附
●程君貞元 | 濼京百詠集序　　明金幼孜　1240-721- 7
書程君貞詩後　　元袁　桷　1203-641- 48 | ●楊玄翁元
●程鼎新元 | 楊玄翁文臺序　　元馬祖常　1206-593- 9
程草庭學藁序　　元胡炳文　1199-762- 3 | ●楊有之元
●程鉅夫元 | 跋楊有之北遊集　　元張伯淳　1194-476- 5
雪樓集原序　　元李好文　1202- 4- 附 | ●楊宏道金
跋程文憲公遺墨詩集　元虞　集　1207-563- 40 | 小亨集引（小亨集原
●舒　遠元 | 序）　　金元好問　1191-423- 36
（北莊遺稿誌）　　明舒孔昭　1217-676- 附 | 　　　　　　　　　　1198-161- 附
●舒　嘻元 | 素庵先生事言補序　　元魏　初　1198-727- 3
書舒嘻從道詩卷後　　元陳　旅　1213-165- 13 | ●楊叔能元

十三畫

●雷思齊元 | 楊叔能詩序　　元虞　集　1207-452- 31
空山漫藁序　　元吳　澄　1197-235- 22 | ●楊則陽元
●靳汝弼元 | 楊則陽覆瓿集跋　　元劉　壎　1195-402- 7
靳先生詩稿序　　元蘇天爵　1214- 70- 6 | ●楊桂芳元
●楊　舟元 | 楊桂芳詩序　　元吳　澄　1197-187- 17
楊梓人待制文集序　　明危　素　1226-724- 3 | ●楊景行元
●楊　奐元 | 楊賢可詩序（詩稿）　元虞　集　1207-472- 33
楊紫陽文集序　　元趙　復　1198-265- 附 | ●楊維楨元
　　　　　　　　　　　　1367-396- 32 | 附鐵雅先生拘律序　　元釋　安　1221-446- 7
紫陽先生文集序　　元姚　燧　1201-429- 3 | 鐵崖古樂府原序　　元張天雨　1222- 3- 附
●楊　載元 | 鐵崖古樂府原序　　元吳　復　1222- 3- 附
楊仲弘集原序　　元范　梈　1208- 3- 附 | 復古詩集序　　元章　琬　1222-124- 附
●楊　翮元 | 香奩集（序）　　元楊維楨　1222-138- 5
佩玉齋類藁序　　元陳　旅　1213- 65- 5 | 續奩集（序）　　元楊維楨　1222-141- 6
　　　　　　　　　　　　1220- 50- 附 | 麗則遺音序　　元楊維楨　1222-146- 附
　　　　　　　　　　　　　　　　　　 | 鐵崖先生大全集序　　明貝　瓊　1228-331- 7

四庫全書文集篇目分類索引

集部　別集類：遼金元　十三—十四畫

（跋）楊廉夫樂府　　　　　　明楊士奇　　1238-618- 19
楊鐵崖詠史古樂府序　　　　　明章　懋　　1455-428-218
題楊維楨鐵崖古樂府　　　　　清 高 宗　　1222- 1- 附
　　　　　　　　　　　　　　　　　　　　　1301-395- 18

●萬書隱元
書隱詩集序　　　　　　　　　元徐明善　　1202-550- 上
●董文用元
題野莊詩卷後　　　　　　　　元吳　澄　　1197-603- 61
●董叔輝元
董叔輝詩序　　　　　　　　　元戴表元　　1194-117- 9
●董雲龍元
董雲龍詩集　　　　　　　　　元吳　澄　　1197-235- 22
●董震翁元
董震翁詩序　　　　　　　　　元吳　澄　　1197-164- 15
●董儒金元
題董彥醇詩後　　　　　　　　元戴表元　　1194-230- 18
●葛存吾元
葛生新采蜀詩序　　　　　　　元虞　集　　1207-454- 31
●葛慶龍元
跋葛慶龍九日詩　　　　　　　明宋　濂　　1223-673- 14
●葉　峴元
見山集序　　　　　　　　　　元黃　溍　　1209-366- 5
●葉　顯元
樵雲獨唱原序　　　　　　　　元葉　顒　　1219- 47- 附
●葉秀實元
跋葉氏家藏卷後　　　　　　　明岳　正　　1246-427- 8
●葉則善元
題葉則善濱洲卷後　　　　　　元李　存　　1213-787- 26
●虞　集元
道園遺稿序　　　　　　　　　元黃　溍　　1207-708- 附
道園遺稿序　　　　　　　　　元虞　堪　　1207-709- 附
（跋）錄虞學士文（
　集）　　　　　　　　　　　明楊士奇　　1238-606- 18
●詹山笠元
跋詹山笠詩藁後　　　　　　　元張之翰　　1204-506- 18
●詹天麟元
詹天麟懇藁序　　　　　　　　元吳　澄　　1197-190- 17
●詹沂仲元
詹沂仲文集序　　　　　　　　元吳　澄　　1197-190- 17
●詹慶瑞元
題詹慶瑞詩後　　　　　　　　元吳　澄　　1197-546- 55
●鄒次陳元
遺安集序　　　　　　　　　　元吳　澄　　1197-232- 22
●鄒　迪元
鄒迪詩序　　　　　　　　　　元吳　澄　　1197-199- 18

●鄒性傳元
鄒性傳詩序　　　　　　　　　元吳　澄　　1197-165- 15
●奧屯布魯元
奧屯提刑樂府序　　　　　　　宋俞德鄰　　1189- 77- 10

十四畫

●廖雲仲元
出門一笑集序　　　　　　　　元吳　澄　　1197-162- 15
●趙　文元
青山文集序　　　　　　　　　元劉　壎　　1195-377- 5
●趙　元元
跋蘭灣詩　　　　　　　　　　元張之翰　　1204-505- 18
●趙　汸元
東山存稿原序　　　　　　　　明汪仲魯　　1221-160- 附
●趙　成元
題趙昌甫詩卷　　　　　　　　元許　謙　　1199-598- 4
●趙　奕元
題趙仲光梅花雜咏　　　　　　明文徵明　　1273-161- 22
●趙　瑋元
趙氏詩錄序　　　　　　　　　元楊維楨　　1221-437- 7
●趙文昌元
趙西皋明叔集序　　　　　　　元方　回　　1193-669- 32
題趙幾仲詩編後　　　　　　　元戴表元　　1194-233- 18
●趙文溪元
趙文溪詩序　　　　　　　　　元王義山　　1193- 38- 6
●趙天民（父）元
西巖集　　　　　　　　　　　元王　惲　　1200-559- 43
●趙孟頫元
趙子昂詩文集序　　　　　　　元戴表元　　1194- 96- 7
松雪齋集序　　　　　　　　　元戴表元　　1196-598- 附
書趙松雪集　　　　　　　　　明王世貞　　1285- 50- 4
●趙東村元
趙東村希蘧詩集序　　　　　　元王義山　　1193- 31- 5
●趙秉文金
滏水集原序　　　　　　　　　金楊雲翼　　1190- 78- 附
●趙秉溫元
趙文昭詩集序　　　　　　　　元甘　復　　1218-551- 0
●趙景嵩元
趙生詩序　　　　　　　　　　元戴表元　　1194-118- 9
●趙斯文金
耐辱集序（禮部尚書
　趙公文集序）　　　　　　　元王　惲　　1200-542- 42
　　　　　　　　　　　　　　　　　　　　　1373-397- 25
●趙與葦元
趙君理遺文序　　　　　　　　元戴表元　　1194-109- 8
●趙賓翁元

書趙繼清詩集後　　　　元黃　潛　　1209-339-　4
題趙繼清覆甑集後　　　元許有壬　　1211-502-　71
●蒲道源元
順齋文集序　　　　　　元黃　潛　　1209-400-　6
●熊　本元
熊萬初舊雨集序　　　　元虞　集　　1207-486-　34
●熊　環元
一笑集序　　　　　　　元吳　澄　　1197-180-　16
●熊石心元
熊石心詩序　　　　　　元王　沂　　1208-530-　16
●熊西父元
熊西父瞿梧集序　　　　元鄧文原　　1195-512-　上
瞿梧集序　　　　　　　元劉將孫　　1199-　88-　10
●熊西玉元
熊西玉文集序　　　　　元袁　桷　　1203-299-　22
●熊希本元
熊希本詩序　　　　　　元吳　澄　　1197-180-　16
●熊師賢元
熊君佐詩序　　　　　　元吳　澄　　1197-184-　17
跋熊君佐詩　　　　　　元吳　澄　　1197-542-　54
●熊堯章元
擊壤同聲集序　　　　　元許有壬　　1211-224-　31
●管如圭元
管季瑛詩序　　　　　　元吳　澄　　1197-235-　22
●魁天紀元
題紫垣文後　　　　　　元釋圓至　　1198-148-　6
●裴朗然元
裴朗然詩跋　　　　　　元吳　澄　　1197-597-　61

十五畫

●鄭　玉元
餘力藁序　　　　　　　元鄭　玉　　1217-　3-　附
師山集原序　　　　　　元程　文　　1217-　3-　附
（跋）師山文集　　　　明楊士奇　　1238-609-　18
跋師山集　　　　　　　明陸　深　　1268-564-　87
書鄭子美文集序　　　　明王　禕　　1455-574-233
●鄭　基元
鄭本初詩集序　　　　　明貝　瓊　　1228-332-　7
●鄭　鉞元
夷白先生集序　　　　　元楊　載　　1208-219-　8
●鄭　潛元
鄭彥昭詩集序　　　　　元貢師泰　　1215-587-　6
序鄭彥昭集　　　　　　元程　文　　1376-598-95下
●鄭元祐元
刊僑吳集錄（後序）　　明張　習　　1216-616-　附
僑吳集序　　　　　　　元謝　徽　　1386-740-　下

●鄭希道元
跋鄭希道抽存藁序文　　元貢師泰　　1215-661-　8
●鄭貢父元
玉芝吟藁序　　　　　　元張伯淳　　1194-446-　2
●鄭時中元
鄭以道文集序　　　　　元歐陽玄　　1210-　64-　8
●鄭資山元
題資山集　　　　　　　元張之翰　　1204-502-　18
●鄭覺民元
求我齋文集序　　　　　元戴　良　　1219-499-　21
●厲直之元
題厲直之行卷　　　　　元吳　澄　　1197-544-　55
●樓彥英元
題樓彥英詩卷後　　　　元戴　良　　1219-325-　7
●鄧　雅元
鄧伯言玉笥詩集序　　　元李繼本　　1217-731-　4
玉笥集原序　　　　　　元梁　寅　　1222-669-　附
梁寅來書附錄（玉笥
　集）　　　　　　　　元梁　寅　　1222-670-　附
玉笥集原序　　　　　　明何　淑　　1222-669-　附
玉笥集原序　　　　　　明丁　節　　1222-668-　附
玉笥集原序　　　　　　明戴正心　　1222-669-　附
●鄧性可元
鄧性可刪藁序　　　　　元吳　澄　　1197-165-　15
●鄧或之元
鄧或之詩文序　　　　　元許有壬　　1211-230-　32
●鄧舜裳元
鄧林樵唱序　　　　　　元傅若金　　1213-321-　4
●鄧德秀元
秀山小藁序　　　　　　元吳　澄　　1197-238-　22
●鄧變武元
鄧變武詩後引　　　　　元吳　澄　　1197-199-　18
●鄧觀國元
琴泉詩藁跋　　　　　　元劉　壎　　1195-392-　7
●歐陽玄元
歐陽先生集序　　　　　元揭傒斯　　1210-　6-　附
歐陽公文集原序　　　　明宋　濂　　1210-　4-　附
　　　　　　　　　　　　　　　　　1223-415-　7
●歐陽存中元
娛拙集　　　　　　　　元歐陽玄　　1210-158-　14
●歐陽南翁元
族兄南翁文集序　　　　元歐陽玄　　1210-　65-　8
●歐陽逖存元
題歐陽逖存詩　　　　　元許有壬　　1211-506-　72
●歐陽斯立元

四庫全書文集篇目分類索引

集部

別集類：遼金元

十五畫

歐陽斯立詩序　　　　　元傅若金　　1213-321- 4

●歐陽齊吾元

環山詩藁序　　　　　　元歐陽玄　　1210- 61- 7

●歐陽應丙元

歐陽南陽手藁序　　　　元程鉅夫　　1202-202- 15

●樊彥澤元

樊彥澤山齋詩卷序　　　元王　沂　　1208-522- 15

●蔣民瞻元

跋蔣民瞻詠史詩　　　　元陸文圭　　1194-646- 9

●蔣定叔元

書蔣定叔詩卷後　　　　元任士林　　1196-574- 7

●蔡　瀲元

蔡思敬詩序　　　　　　元吳　澄　　1197-171- 15

●蔡人傑元

題蔡人傑詩後　　　　　元吳　澄　　1197-561- 56

●蔡檜巖元

跋蔡檜巖詩後　　　　　元陸文圭　　1194-646- 9

●黎省之元

黎省之詩序　　　　　　明危　素　　1226-731- 4

●黎景高元

黎景高詩序　　　　　　元程鉅夫　　1202-197- 15

●劉　因元

（跋）靜修文集　　　　明楊士奇　　1238-610- 18

重刊靜修先生文集序　　明邵　寶　　1258-149- 14

靜修文集序　　　　　　明崔　銑　　1267-630- 11

讀劉靜修文集　　　　　明浚　谷　　1455-735-246

●劉　光（劉寅）

劉子敬吟卷序　　　　　元方　回　　1193-656- 32

●劉　侗（劉秉忠）元

藏春集原序　　　　　　元劉　侗　　1191-634- 附

●劉　岳元

（跋）劉申齋文（集）　明楊士奇　　1238-608- 18

●劉　炳元

劉顏昌詩集序　　　　　明宋　濂　　1223-397- 7

●劉　迴元

從孫千林小草序　　　　元劉將孫　　1199-100- 11

●劉　崧元

劉兵部詩集序　　　　　明宋　濂　　1223-395- 6

●劉　詵元

桂隱文集原序（廬陵劉桂隱存藁序）　　元虞　集　　1195-117- 附

　　　　　　　　　　　　　　　　　　1207-466- 33

桂隱文集原序（劉桂隱先生文集序）　　元歐陽玄　　1195-119- 附

　　　　　　　　　　　　　　　　　　1210- 65- 8

桂隱詩集跋　　　　　　元羅如筠　　1195-333- 附

●劉　嘯元

江漢集序　　　　　　　元許有壬　　1211-230- 32

題劉光遠文稿後　　　　元蘇天爵　　1214-344- 29

●劉　銓元

劉悅心詩序　　　　　　宋俞德鄰　　1189- 91- 12

●劉　傳元

靜觀齋吟藁序　　　　　元陳　旅　　1213- 58- 5

●劉　聞元

（跋）劉文霆集　　　　明楊士奇　　1238-610- 18

●劉　濟元

劉巨川詩序　　　　　　元吳　澄　　1197-202- 18

●劉　漢元

跋劉聲之詩　　　　　　元黃　溍　　1209-338- 4

●劉　邊元

跋草窗詩藁　　　　　　元張之翰　　1204-504- 18

●劉　鶚元

劉鶚詩序　　　　　　　元吳　澄　　1197-192- 17

劉楚奇惟實集序　　　　元許有壬　　1211-246- 34

●劉山甫元

琴泉先生詩序　　　　　元許有壬　　1211-215- 30

　　　　　　　　　　　　　　　　　　1211-613- 5

●劉仁本元

羽庭詩集序　　　　　　元貢師泰　　1215-585- 6

（羽庭集）原序　　　　元宋無逸　　1216- 2- 附

（羽庭集）自序　　　　元劉仁本　　1216- 3- 附

羽庭稿序　　　　　　　明朱　右　　1228- 46- 4

●劉主一元

跋主一先生懇稿　　　　元李　祁　　1219-754- 10

●劉永之元

劉仲修山陰集序　　　　清施閏章　　1313- 76- 6

●劉玉振元

玉振詩序　　　　　　　元歐陽玄　　1210- 62- 8

●劉平遠元

跋平原樗藁　　　　　　元劉　壎　　1195-397- 7

●劉仲寬元

劉仲寬詩序　　　　　　元戴表元　　1194-121- 9

●劉志行元

劉梅南詩集序　　　　　元王義山　　1193- 33- 5

劉梅南詩序　　　　　　元劉　詵　　1195-156- 2

●劉志霖元

劉志霖文藁序　　　　　元吳　澄　　1197-185- 17

●劉辰翁元

須溪先生集序　　　　　元劉將孫　　1199- 99- 11

●劉伯顏元

題劉明曼詩卷　　　　　　元袁　桷　1203-663- 50
　●劉孟質元
劉孟質文集序　　　　　　元趙孟頫　1196-676- 6
　●劉岳申元
申齋集序　　　　　　　　元李　祁　1204-173- 附
劉申齋先生文集序　　　　元李　祁　1219-654- 3
　●劉洪父元
題劉洪父梅花百詠後　　　元張之翰　1204-503- 18
　●劉春谷元
劉春谷行藁跋　　　　　　元劉　壎　1195-393- 7
　●劉執中元
鄒執中詩序　　　　　　　元歐陽玄　1210- 63- 8
　●劉通甫元
劉通甫吟稿　　　　　　　元徐明善　1202-594- 下
　●劉將孫元
劉尚友文集序（養吾
　齋集原序）　　　　　　元吳　澄　1197-231- 22
　　　　　　　　　　　　　　　　　 1199- 4- 附
養吾齋集原序　　　　　　元會聞禮　1199- 3- 附
養吾齋集原序　　　　　　元劉　參　1199- 4- 附
　●劉莊孫元
劉樗園先生文集序　　　　明方孝孺　1455-581-234
　●劉敏中元
中庵集原序　　　　　　　元韓　性　1206- 3- 附
　●劉復之元
跋劉復之雜肋集　　　　　元王　禮　1220-442- 10
　●劉復翁元
劉復翁詩序　　　　　　　元吳　澄　1197-237- 22
　●劉遂志元
劉遂志詩序　　　　　　　元周霆震　1218-506- 6
　●劉應文元
南昌劉應文文稿序　　　　元虞　集　1367-435- 35
　　　　　　　　　　　　　　　　　 1405-685-306
　●劉應龜元
山南先生集後記　　　　　元黃　溍　1209-406- 7上
　●劉濟翁元
章貢劉愛山詩集序　　　　元王義山　1193- 36- 6
章貢劉愛山詩集後序　　　元王義山　1193- 42- 6
題劉愛山詩　　　　　　　元吳　澄　1197-553- 56
　●衛仁近元
衛子剛詩錄序　　　　　　元楊維楨　1221-439- 7
　●衛宗武元
秋聲集序　　　　　　　　元張之翰　1204-477- 14
　●樂之才元
題樂生詩卷　　　　　　　元袁　桷　1203-662- 50

十六畫

　●龍雲從元
釣魚軒詩集序　　　　　　明張以寧　1226-591- 3
　●諶季岩元
諶季岩詩序　　　　　　　元吳　澄　1197-167- 15
　●諶濟川元
濟川吟藁跋　　　　　　　元劉　壎　1195-404- 7
　●賴實父元
題瞻山賴實父詩集後　　　明董　紀　1231-779- 2
　●蕭　斛元
勤齋集原序　　　　　　　元張　沖　1206-378- 附
勤齋集原序　　　　　　　元李　翰　1206-379- 附
元刊行勤齋文集原牒　　　元不著撰人 1206-381- 附
　●蕭子西元
題蕭子西詩卷後　　　　　元戴表元　1194-240- 18
　●蕭同可元
蕭同可詩序　　　　　　　元歐陽玄　1210- 63- 8
　●蕭伯循元
蕭伯循詩序　　　　　　　元王　禮　1220-402- 5
　●蕭居仁元
石潭漁唱序　　　　　　　元李　祁　1219-680- 5
　●蕭昇孫元
蕭孚有詩序　　　　　　　元楊　載　1208-211- 8
　●蕭從道元
題蕭從道平雲南詩卷
　後　　　　　　　　　　元虞　集　1207-166- 10
　●蕭達可元
蕭達可文序　　　　　　　元劉將孫　1199- 87- 9
　●蕭漢傑元
蕭漢傑青原樵唱序　　　　元趙　文　1195- 3- 1
　●蕭養蒙元
蕭養蒙詩序　　　　　　　元吳　澄　1197-208- 19
　●蕭蘭坡元
蕭東崖詩序　　　　　　　元王　沂　1208-535- 16
　●盧　昇元
齊藁序　　　　　　　　　元楊維楨　1221-444- 7
　●盧　琦元
立齋盧先生文集後語　　　元孫伯延　1214-758- 附
圭峯集原序　　　　　　　明董應舉　1214-689- 附
圭峯集原序　　　　　　　明朱一龍　1214-689- 附
　●盧　摯元
盧疏齋江東藁引　　　　　元程鉅夫　1202-180- 14
疏齋盧公文後集序　　　　元徐明善　1202-560- 上
　●盧威仲元
盧威仲文集序　　　　　　元姚　燧　1201-432- 3

集部　別集類：遼金元　十六—十九畫

●錢純父元
錢純父西征集序　　　　　元方　回　　1193-666- 32
●鮑庭桂元
書鮑仲華詩後　　　　　　元袁　桷　　1203-653- 49
鮑仲華詩序　　　　　　　元王　沂　　1208-532- 16

十七畫

●謝　中元
跋梅花集　　　　　　　　元程鉅夫　　1202-350- 24
●謝仲野元
謝仲野詩序　　　　　　　元倪　瓚　　1220-306- 10
●謝仰韓元
謝仰韓詩序　　　　　　　元吳　澄　　1197-168- 15
●謝原功元
密菴文集序　　　　　　　元戴　良　　1219-589- 29
●謝堯章元
書揮涙集後　　　　　　　元宋　褧　　1212-519- 15
●謝德和元
題謝德和詩後　　　　　　元吳　澄　　1197-547- 55
●謝應芳元
龜巢稿原序　　　　　　　元張　紳　　1218- 1- 附
●戴　良元
九靈山房集原序　　　　　元揭　汯　　1219-254- 附
九靈山房集原序　　　　　明宋　濂　　1219-255- 附
九靈山房集原序（浦
　陽戴先生詩序）　　　　明王　禕　　1219-255- 附
　　　　　　　　　　　　　　　　　　1226-140- 7
九靈山房集原序　　　　　明桂彥良　　1219-255- 附
　　　　　　　　　　　　　　　　　　1374-124- 39
九靈山房集原跋　　　　　明戴　統　　1219-615- 附
九靈山房集原跋　　　　　清戴殿江　　1219-615- 附
●戴　琦元
題東山遺藁後　　　　　　明王　直　　1242-364- 36
●戴子容元
戴子容詩詞序　　　　　　元吳　澄　　1197-164- 15
●戴表元元
剡源文集自序　　　　　　元戴表元　　1194- 6- 附
剡源文集原序　　　　　　明宋　濂　　1194- 5- 附
　　　　　　　　　　　　　　　　　　1223-402- 6
　　　　　　　　　　　　　　　　　　1405-687-307
　　　　　　　　　　　　　　　　　　1455-572-233
●檀克裕元
檀叔寬遺藁序　　　　　　元許有壬　　1211-247- 34
●薛　武元
薛懷安文集序　　　　　　元吳　海　　1217-174- 2
●薛元卿元

題薛外史詩集　　　　　　元李　存　　1213-790- 26
●薛景仲元
薛景仲梅坡詩序　　　　　元蒲道源　　1210-727- 20
●鍾子溫元
鍾子溫吟稿序　　　　　　元王　禮　　1220-482- 3
●鍾改之元
跋鍾改之詩　　　　　　　元吳　澄　　1197-575- 58
●鍾盆齋元
題聶心遠寫鍾盆齋詩
　卷首　　　　　　　　　元劉將孫　　1199-239- 25
●鮮于伯機元
跋雅樂呼正卿所藏鮮
　于伯機詞翰　　　　　　元許有壬　　1211-513- 73
●繆　移元
繆舜賓詩序　　　　　　　元吳　澄　　1197-165- 15
●繆　鑑元
跋苔石翁詩卷　　　　　　元陸文圭　　1194-645- 9

十八畫

●顏省元元
顏省元詩序　　　　　　　元李　祁　　1219-681- 5
●聶文儼元
聶文儼詩序　　　　　　　元吳　澄　　1197-169- 15
●聶詠夫元
聶詠夫詩序　　　　　　　元吳　澄　　1197-165- 15
●薩德彌實元
瑞竹詩序　　　　　　　　元許有壬　　1211-238- 33
●魏　初元
青崖魏忠肅公文集序　　　元許有壬　　1211-241- 34
御史中丞魏忠肅公文
　集序　　　　　　　　　元蘇天爵　　1214- 60- 5
●魏公輔元
讀魏公輔詩藁跋　　　　　元唐　元　　1213-569- 11
●魏松堂元
魏松堂吟藁集序　　　　　元王　禮　　1220-397- 5
●魏槐庭元
魏槐庭詩序　　　　　　　元劉將孫　　1199- 97- 11
●魏德基元
魏德基詩稿序　　　　　　元王　禮　　1220-456- 1

十九畫

●譚明望元
譚村西詩文序　　　　　　元劉將孫　　1199- 90- 10
●譚德生元
譚晉明詩序　　　　　　　元吳　澄　　1197-192- 17
●曠若谷元
曠若谷詩文序　　　　　　元吳　澄　　1197-242- 23

●曠維寧元
題曠維寧思治藁　　元李　祁　1219-753- 10
●羅　垧元
羅垧詩序　　　　　元吳　澄　1197-201- 18
●羅　願元
羅鄂州小集序　　　元鄭　玉　1217- 22- 3
●羅中德元
羅中德詹詹集序　　元劉岳申　1204-198- 2
●羅季文元
羅季文詩跋　　　　元劉　壎　1195-399- 7
●羅國賓元
羅國賓竹西卷後題　元任士林　1196-575- 7
●羅尊聞元
書羅尊聞先生遺稿後　元甘　復　1218-546- 0
●羅朝陽元
題羅朝陽詩卷　　　元李　祁　1219-751- 10
●羅舜美元
羅舜美詩序　　　　元歐陽玄　1210- 64- 8
●羅學升元
書羅學升文稿後　　元蘇天爵　1214-354- 30

二十畫

●黨懷英金
竹溪先生文集引　　金趙秉文　1190-236- 15
●蘇天爵元
滋溪文藁序　　　　元趙　汸　1221-205- 2
●蘇明德元
跋南士蘇明德詩後　元同　恕　1206-692- 4
●嚴子秀元
跋嚴子秀詩卷　　　元程端學　1212-355- 4
●嚴元德元
嚴元德詩序　　　　元程鉅夫　1202-204- 15
●嚴季安元
題山中白雲編　　　元程鉅夫　1202-350- 24
●饒　轍（父）元
雙峯先生文集序　　元程鉅夫　1202-182- 14
　　　　　　　　　　　　　　1375-265- 19

●饒子進元
書饒子進詩集後　　元甘　復　1218-544- 0
●饒汝成元
饒汝成詩序　　　　元吳　澄　1197-166- 15

二十一畫

●顧　輝元
守齋類藁序　　　　明宋　濂　1223-431- 7
●顧文琛元
顧伯玉文藁序　　　宋牟　巘　1188-100- 12

顧伯玉詩文稿序　　元戴表元　1194-143- 11

二十二畫

●龔先之元
龔先之詩集序　　　元吳　皋　1219- 42- 3
●龔德元元
龔德元詩跋　　　　元吳　澄　1197-605- 62
●鄺　權金
題坡軒先生詩卷後　元王　惲　1201- 74- 71

釋　道

白雲集原序元釋英　宋牟　讓　1192-664- 附
白雲集原序元釋英　元趙孟頫　1192-664- 附
白雲集原序元釋英　元胡長孺　1192-665- 附
白雲集原序元釋英　元林　昉　1192-665- 附
白雲集原序元釋英　元趙孟若　1192-666- 附
木庵詩集序金木庵英
　上人　　　　　　金元好問　1191-430- 37
萬和尚頌序（頌古百則
　）金釋道崧　　　金元好問　1191-435- 37
遺上人南浦詩序元遺以　元王義山　1193- 34- 5
恢大山西山小藁序元
　釋道恢　　　　　元方　回　1193-683- 33
清渭濱上人詩集序元
　釋惟清　　　　　元方　回　1193-685- 33
吳僧崇古師詩序元釋
　崇古　　　　　　元戴表元　1194-122- 9
魁師詩序元釋行魁　元戴表元　1194-123- 9
圓至師詩文集序元釋圓
　至　　　　　　　元戴表元　1194-123- 9
天隱禪師文集序元釋圓
　至　　　　　　　元洪喬祖　1198-157- 附
珣上人刪詩序元珣上人　元戴表元　1194-124- 9
題宣師卷元宣師　　元張伯淳　1194-474- 5
蔬笋詩集（序）元釋翠
　微　　　　　　　元劉　詵　1195-158- 2
題如上人詩集元如上人　元趙孟頫　1196-738- 10
連道士詩序元連學理　元吳　澄　1197-199- 18
蕭獨清詩序元蕭復清　元吳　澄　1197-212- 19
升師紀過集（跋）元升
　上人　　　　　　元徐明善　1202-595- 下
東月師詩文元東月禪師　元徐明善　1202-603- 下
書清江羅道士詩後元羅
　道士　　　　　　元袁　桷　1203-637- 48
題雪寶平禪師詩卷元雪
　寶平禪師　　　　元袁　桷　1203-668- 50

2230 四庫全書文集篇目分類索引

集部 別集類：遼金元釋道、不知姓名 明二—四畫

題藴上人詩卷元藴上人 元袁 桷 1203-668- 50
書懶庵別集後元釋延俊 元張之翰 1204-502- 18
蒲室集原序元釋大訢 元虞 集 1204-526- 附
會上人詩序元會上人 元虞 集 1207-644- 45
月樓上人詩序元月樓上
　人 元歐陽玄 1210- 64- 8
題復見心清江行卷元
　釋來復 元鄭元祐 1216-502- 7
題念上人詩集元念上人 元吳 海 1217-245- 8
題獨菴外集後元獨菴 元李繼本 1217-790- 9
題孤峯上人蔬筍味詩
　集序元孤峯上人 元李 郁 1219-683- 5
題周道士止一卷元周道
　士 元李 郁 1219-748- 9
雪廬集序元釋克新 元楊維楨 1221-466- 10
冷齋詩集序元釋與恭 元楊維楨 1221-466- 10
一溫集序元釋訓 元楊維楨 1221-467- 10
竺隱集序元釋道原 元楊維楨 1221-467- 10
　書姚序（牧潛集）後
　元釋圓之 明釋明河 1198-108- 附
釋洪翠屏文集序元釋景
　洪 明危 素 1226-699- 2
溪香文集序元釋正則 明危 素 1226-713- 3
西齋和陶詩序元釋琦琳梵 明朱 右 1228- 51- 4
南堂錄序元釋清欲 明朱 右 1228- 70- 5
泊川文集序元釋延俊 明朱 右 1228- 71- 5
跋道士康雪坡風壤吟
　詩集 元康文俊 明唐文鳳 1242-626- 7

不知姓名

雙溪集序 金元好問 1191-422- 36
題孫常州摘藥 元戴表元 1194-237- 18
題張兄燕石詩集 元張伯淳 1194-472- 5
無名先生藏山詩藁序 元劉 壎 1195-380- 5
跋石洲詩卷 元劉 壎 1195-389- 7
書南居陳君丁亥集後 元劉 壎 1195-390- 7
南居五志跋 元劉 壎 1195-391- 7
題友人詩藁 元劉 壎 1195-396- 7
高夷部詩序 元胡瓘通 1196-145- 8
唐山鄭君詩序 元吳 澄 1197-176- 16
光霽集序 元吳 澄 1197-179- 16
九皐聲跋 元吳 澄 1197-542- 54
跋鑒齋集 元吳 澄 1197-543- 54
題撫州陳敎授東山卷 元吳 澄 1197-547- 55
題斗酒集 元吳 澄 1197-550- 55

本此詩序 元劉將孫 1199- 82- 9
牛蒙集序 元劉將孫 1199- 92- 10
題閣阜山凌雲集 元劉將孫 1199-236- 25
跋巽齋先生尺牘後 元劉將孫 1199-236- 25
跋穆軒壽安宮賦西園
　雜詩後 元王 惲 1201- 84- 72
跋雪齋書宋孟州獵虎
　詩卷後 元王 惲 1201- 99- 73
題長沙譚生卷 元程鉅夫 1202-351- 24
題晴川樂府 元程鉅夫 1202-366- 25
敬齋詩集序 元徐明善 1202-552- 上
胡浩軒正聲集 元徐明善 1202-594- 下
項氏野意吟稿 元徐明善 1202-603- 下
樂侍郎詩集序 元袁 桷 1203-295- 21
劉內翰文集序 元袁 桷 1203-295- 21
書番陽生詩 元袁 桷 1203-643- 49
題樓生詩集 元袁 桷 1203-648- 49
栖碧山題咏序 元劉岳申 1204-187- 1
題藍山近藁 元張之翰 1204-503- 18
夏君文藁贊 元陳 櫟 1205-350- 12
田氏先友翰墨序 元虞 集 1207- 70- 5
漁樵問對序 元虞 集 1207-484- 34
愚忠集序 元王 沂 1208-503- 13
題山房集 元黃 溍 1209-324- 4
題徐君行卷 元黃 溍 1209-330- 4
題天野飛雲編 元柳 貫 1210-476- 18
題竹窗詩卷 元戴 良 1219-511- 22
秋雲先生集序 明陳 謨 1232-593- 5
書華川王氏寶翰卷後 明劉 球 1243-650- 19
書孟左司文集後 明劉尙賓 1455-610-236

e. 明

二　畫

● 丁鶴年
題丁鶴年詩 明楊士奇 1238-119- 10

三　畫

● 于 謙
忠肅集跋 明于 晃 1244-395- 附

● 于景賢
跋于景賢文卷 明鄭 真 1234-213- 37

● 于慎行
穀城山堂詩序 明邢 侗 1456-117-268

四　畫

● 方 冕
志雲先生集序 明程敏政 1252-391- 22

●方可大
兩岳遊序　　　　　　　明胡應麟　1290-581- 81
●方孝孺
遜志齋藁序　　　　　　明王　紳　1234-716- 5
遜志齋集原序　　　　　明王　紳　1235- 47- 附
遜志齋集原序　　　　　明林　右　1235- 46- 附
　　　　　　　　　　　　　　　　1405-696-307
　　　　　　　　　　　　　　　　1455-584-234
書方正學文集後　　　　明王世貞　1285- 53- 4
題方希古遜志齋集後
　（三則）　　　　　　明胡應麟　1290-770-106
重刻遜志齋集序　　　　明劉宗周　1294-485- 10
方正學先生文集序　　　明倪元璐　1297- 78- 7
遜志齋文鈔序　　　　　清朱彝尊　1318- 65- 36
●方克勤
先太守文集後序　　　　明方孝孺　1235-368- 12
●方秋崖
秋崖方先生文集序　　　明朱　淵　1273-449- 2
●方從觀
題翠峰詩後　　　　　　明朱　淵　1273-451- 2
●文　洪
括囊稿序　　　　　　　明李東陽　1386-673- 56
（括囊稿）又序　　　　明王　鏊　1386-673- 56
括囊稿自序　　　　　　明文　洪　1386-674- 56
●文德翼
竹寓軒文集序　　　　　明黃端伯　1455-806-255
●文徵明
跋衡山詩卷　　　　　　明顧　璘　1263-610- 9
題張幼于哀文太史卷　　明歸有光　1289- 74- 5
●犬牧菴
跋犬牧菴遺墨　　　　　明吳　寬　1255-495- 54
●王氏（王傑女、郭
　浩妻）
太康郭節婦詩序　　　　明邵　寶　1258-133- 13
●王　氏
書王司綵宮詞後　　　　清朱彝尊　1318-242- 52
●王　艮
重刻王心齋先生遺錄
　序　　　　　　　　　明胡　直　1287-355- 10
●王　行
刊半軒集後錄　　　　　明張　習　1231-470- 附
●王　沂
（跋）王竹亭（詩集）　明楊士奇　1238-620- 19
●王　材
念初堂集序　　　　　　明王世貞　1282-551- 42

●王　佑
（跋）王子啟詩　　　　明楊士奇　1238-618- 19
●王　直
王文端尺牘序　　　　　明韓　燠　 550-134-214
抑菴文集續編後序　　　明張時(啓)　1242-405- 附
重編王文端公文集序　　明胡　直　1287-328- 9
抑菴文集序　　　　　　明蕭　鎡　1455-591-234
●王　竑
休庵詩集序　　　　　　明康　海　1266-364- 4
●王　思
題王改齋手翰　　　　　明羅欽順　1261-141- 11
改齋文集序　　　　　　明鄒守益　1455-646-240
●王　恭
題王皆山白雲樵唱後　　明周　瑛　1254-789- 4
白雲樵唱集原序　　　　明林　環　1231- 84- 附
（白雲樵唱集跋）　　　明黃　鎬　1231-208- 附
●王　格
王少泉集序　　　　　　明王世貞　1280-182- 68
●王　倬
先司馬翰墨後（二則）　明王世貞　1284-306-160
●王　冕
竹齋集原序　　　　　　明劉　基　1233- 2- 附
題竹齋詩續集　　　　　明駱居安等　1233- 92- 0
竹齋集後序　　　　　　明駱居安等　1233-105- 附
書竹齋先生詩集後　　　明魏　驥　1233-103- 附
書竹齋先生詩集卷後　　明白　圭　1233-104- 附
●王　紋
王舍人詩集原序　　　　明曾　棨　1237- 83- 附
王舍人詩集原序　　　　明王　進　1237- 83- 附
●王　偁
虛舟集原序　　　　　　明王汝玉　1237- 2- 附
王孟揚（暘）太史虛
　舟集序　　　　　　　明解　縉　1236-681- 7
虛舟集原序（二則）　　明解　縉　1237- 3- 附
重刊虛舟集序　　　　　明桑　悅　1237- 5- 附
　　　　　　　　　　　　　　　　1455-607-236
●王　紳
繼志齋集原序　　　　　明鄒　緝　1234-652- 附
繼志齋集原序　　　　　明王　達　1234-653- 附
●王　健
王鶴泉集序　　　　　　明侯一元　1455-694-243
●王　弼
王南郭詩集序　　　　　明林　俊　1257- 68- 7
●王　紘
青岩詩集序　　　　　　明李東陽　1250-276- 26

2232　　　　　　　四庫全書文集篇目分類索引

●王 琎
王先生詩集序　　　　　　明鄒 亮　1386-664- 56
●王 達
跋王達善梅花詩　　　　　明釋宗泐　1234-852- 9
王達善先生梅花詩跋　　　明張宇初　1236-469- 4
●王 禕
華川文集序　　　　　　　元趙 汸　1221-194- 2
王忠文集原序　　　　　　明楊士奇　1226- 5- 附
王忠文公文集序　　　　　明楊士奇　1238-544- 14
王忠文前集原序　　　　　明胡 翰　1226- 6- 附
王忠文前集原序　　　　　明胡行簡　1226- 7- 附
王忠文後集原序　　　　　明宋 濂　1226- 8- 附
王忠文後集原序　　　　　明蘇伯衡　1226- 9- 附
華川王先生詩序　　　　　明林 弼　1227-109- 13
華川集後序　　　　　　　明方孝孺　1235-369- 12
●王 毅
訒齋文集序　　　　　　　明宋 濂　1405-693-307
●王 翰
梁園寓稿序　　　　　　　明韓邦奇　1269-336- 1
●王 彝
王常宗集原序　　　　　　明都 穆　1229-390- 附
王常宗集後跋　　　　　　明浦 昇　1229-442- 附
王常宗集後跋　　　　　　明劉廷璋　1229-442- 附
●王 衡
綾山先生集序　　　　　　明婁 堅　1295- 14- 2
●王 燧
青城山人集原序　　　　　明魏 驥　1237-682- 附
青城山人詩集序　　　　　明徐 琰　1386-665- 56
（青城山人詩集）後
　跋　　　　　　　　　　明王 鏊　1386-665- 56
●王 誼
王舜夫集序　　　　　　　明康 海　1266-368- 4
●王 麒
林泉清漱集序　　　　　　明康 海　1266-369- 4
●王 寵
（跋）王雅宜詩稿　　　　明王世貞　1284-378-164
王履吉集序　　　　　　　明顧 璘　1263-326- 2
　　　　　　　　　　　　　　　　　1405-638-301
（王履吉集）又序　　　　明顧 璘　1386-689- 56
王履吉集序　　　　　　　明袁 袠　1386-688- 56
　　　　　　　　　　　　　　　　　1455-714-244
（王履吉集）又序　　　　明王 守　1386-689- 56
●王 鏊
震澤集序　　　　　　　　明霍 韜　1256-120- 附
王文恪公集序　　　　　　明霍 韜　1405-699-308

●王 瓊
書王司馬晉溪錄後　　　　明崔 銑　1267-417- 2
●王三接
南中集序　　　　　　　　明王世貞　1280-121- 64
●王士性
王給事恆叔近稿序　　　　明王世貞　1282-673- 51
●王子中
和梅詩序　　　　　　　　明凌雲翰　1227-831- 4
●王子堅
王子堅詩序　　　　　　　明黃淳耀　1297-640- 2
●王子雲
王子雲留響草序　　　　　明范景文　1295-522- 5
●王子與
王君子與文集序　　　　　明宋 濂　1223-426- 7
●王大參
跋王大參原之慈訓堂
　卷　　　　　　　　　　明徐有貞　1245-145- 4
●王文粹
跋杏莊私稿　　　　　　　明周 瑛　1254-791- 4
●王之士
秦關全書序　　　　　　　明馮從吾　1293-218- 13
●王天賜
一般齋詩集後跋　　　　　明夏良勝　1269-724- 1
●王少溥
刻王太史詩序　　　　　　明胡 直　1287-333- 9
●王古臣
寒貂詩草序　　　　　　　明黃淳耀　1297-736- 8
●王本中
霞川集序　　　　　　　　明宋 濂　1223-403- 6
●王世叔
瑞雲樓藁序　　　　　　　明胡應麟　1290-594- 82
●王世貞
王氏金虎集序　　　　　　明王世貞　1280-214- 71
王氏金虎別集序　　　　　明王世貞　1280-215- 71
王氏海岱集　　　　　　　明王世貞　1280-215- 71
幽憂集序　　　　　　　　明王世貞　1280-216- 71
弇山堂別集小序　　　　　明王世貞　1282-716- 54
讀書後原序　　　　　　　明陳繼儒　1285- 2- 附
弇州讀書後序　　　　　　明陳繼儒　1405-748-313
弇州先生四部藁序　　　　明胡應麟　1290-579- 81
跋周公瑕書王司寇詩
　卷　　　　　　　　　　明胡應麟　1290-795-110
弇州續稿序　　　　　　　明穆文熙　1455-628-237
讀弇州山人集　　　　　　明徐應雷　1455-795-253
●王世貞大父

敬書先大父公尺牘　　　　明王世貞　1281-161-129
●王守仁
（王文成全書）續編
　序　　　　　　　　　　明錢德洪　1265-707- 26
（王文成全書）續編
　四序　　　　　　　　　明錢德洪　1265-763- 29
（王文成全書）續編
　五序　　　　　　　　　明錢德洪　1265-789- 30
書王文成集後(二則)　　　明王世貞　1285- 54- 4
重刻陽明先生文粹序　　　明趙貞吉　1455-618-237
陽明先生重遊九華詩
　卷後序　　　　　　　　明萬廷言　1456-126-269
王文成公文鈔序　　　　　清朱舜尊　1318- 66- 36
●王同祖
王司業先生文集　　　　　明王世貞　1282-680- 52
王太史詩選　　　　　　　明王世貞　1282-700- 53
●王好問
西塘王先生春煦軒集
　序　　　　　　　　　　明周宏綸　1455-739-246
●王伯允
書王伯允詩藁　　　　　　明陳　讓　1232-689- 9
●王伯貞
王伯貞文集序　　　　　　明陳　讓　1232-613- 6
●王伯綱
王世周詩集序　　　　　　明王世貞　1282-567- 43
●王希賢
題秋菊問答卷後　　　　　明陳　讓　1232-702- 9
●王廷相
浚川文集序　　　　　　　明康　海　1266-362- 4
●王廷陳
夢澤集序　　　　　　　　明皇甫汸　1275-743- 36
　　　　　　　　　　　　　　　　　1455-679-242
王夢澤集序　　　　　　　明王世貞　1282-727- 55
●王孟起
王孟起詩序　　　　　　　明王世貞　1282-706- 54
●王昇甫
大隱山人藁序　　　　　　明李維楨　 534-624-102
大隱園集序　　　　　　　明王世貞　1282-654- 50
●王叔承
荔子編序　　　　　　　　明王世貞　1282-526- 40
王承父後吳越游編序　　　明王世貞　1282-677- 52
王承父後吳越遊詩集
　序　　　　　　　　　　明王世懋　1456- 96-264
●王叔果
王參政集序　　　　　　　明王世貞　1282-547- 41
●王周臣
學古偶刻題辭　　　　　　明黃淳耀　1297-642- 2
●王彥恭
跋存齋稿後　　　　　　　明林　俊　1257-311- 28
●王南渠
南渠存稿序　　　　　　　明韓邦奇　1269-342- 1
●王思任
王季重小題文字序　　　　明湯顯祖　1406-108-325
●王修德
操縵稿序　　　　　　　　明林　右　1455-585-234
●王真靜
題王眞靜詩集　　　　　　明邵　寶　1258- 91- 10
●王原采
靜學文集原序　　　　　　明林　佑　1235-808- 附
書靜學王先生文集後　　　明徐孚敬　1235-836- 附
●王原章
王原章詩集序　　　　　　明劉　基　1225-184- 7
　　　　　　　　　　　　　　　　　1456- 6-256
●王時駿
綠天小品題辭　　　　　　明李維楨　1406-438-363
●王時槐
王塘南先生全集序　　　　明鄒元標　1294-127- 4
友慶堂稿序　　　　　　　明鄒元標　1294-128- 4
●王敏功
王敏功詩集序　　　　　　明烏斯道　1456- 11-256
●王逢年
王明佐泰岳集序　　　　　明王世貞　1280-133- 65
●王朝卿
王升之遺稿序　　　　　　明邵　寶　1258-137- 13
●王堯卿
庸玉集　　　　　　　　　明陸　深　1268-236- 38
●王逸季
王逸季遺稿序　　　　　　明張士偉　1455-805-255
●王慎中
題海上膚功卷後　　　　　明王慎中　1274-237- 9
題寄劉白川詩卷後　　　　明王慎中　1274-503- 20
題寄盛子木詩卷後　　　　明王慎中　1274-503- 20
遵巖先生文集後序　　　　明皇甫汸　1275-758- 38
讀王道思集　　　　　　　明胡應麟　1290-764-105
讀遵巖先生集　　　　　　明蔣德璟　1454-429-133
遵巖文粹序　　　　　　　明薛應旂　1455-659-240
●王道行
桂子園集序　　　　　　　明李維楨　 550-116-213
●王敬夫
淺陂先生集序　　　　　　明康　海　1266-342- 3

四庫全書文集篇目分類索引

●王維楨
王氏存笥稿跋　　　　　　明李攀龍　1278-498- 25
　　　　　　　　　　　　　　　　　　1455-696-243

集部　●王養蒙
別集類：明　題醫者王養蒙詩卷後　　明劉　基　1225-191- 7
四—五畫　●王德明
一泉文集序　　　　　　　明陸　深　1268-281- 45
●王錫爵
王文肅公文草序　　　　　明何宗彥　1455-799-253
●王鴻儒
王文莊公文集序　　　　　明崔　銑　1267-546- 7
●王應韶
題王應韶立馬稿　　　　　明莊　昶　1254-340- 10
●王應璋
跋王以文文卷　　　　　　明鄭　真　1234-191- 35
跋王以文文卷　　　　　　明鄭　真　1234-194- 35
●王稀登
王百穀謀野集序　　　　　明邢　侗　1455-774-249
●孔子升
潔庵集序　　　　　　　　明蘇伯衡　1228-607- 5
　　　　　　　　　　　　　　　　　　1455-580-234

●孔天印
自敍　　　　　　　　　　明孔天印　 550-128-213
●孔克烈
厲山樵唱詩集序　　　　　明蘇伯衡　1228-610- 5
●尹　直
澄江文集序　　　　　　　明程敏政　1252-549- 32
澄江文集後序　　　　　　明羅　玘　1259- 40- 3
　　　　　　　　　　　　　　　　　　1455-614-236

●尹　昭
敍翼子弟詩　　　　　　　明尹民興　1456-164-277
●尹　臺
洞麓堂集序　　　　　　　明鄒元標　1277-403- 附
●尹　襄
巽峰集序　　　　　　　　明林文俊　1271-740- 4
●尹于皇
尹于皇詩序　　　　　　　明李維楨　1456-132-269
●尹伯衡
尹伯衡先生詩集跋　　　　明黃淳耀　1297-739- 8
●尹長吉
空囊草序　　　　　　　　明李維楨　1405-642-301
●支小白
支小白新語序　　　　　　明魏學洢　1297-569- 5
●毛文蔚
眞逸集序　　　　　　　　明王世貞　1282-553- 42

●毛咨詢
友桐軒詩序　　　　　　　明胡　儼　1456- 15-257

五　畫

●左　贊
桂坡稿序　　　　　　　　明何喬新　1249-146- 9
和梅花百詠序　　　　　　明何喬新　1249-151- 9
●石仲瀛
跋石仲瀛詩　　　　　　　明龔　敩　1233-684- 6
●申屠性
（申）屠先生詩集序　　　明胡　翰　1456- 8-256
申屠先生詩集序　　　　　明蘇伯衡　1456- 14-257
●申屠衡
扣角集記　　　　　　　　明貝　瓊　1228-479- 28
●史　鑑
西村集原序　　　　　　　明周　用　1259-688- 附
　　　　　　　　　　　　　　　　　　1386-678- 56
　　　　　　　　　　　　　　　　　　1455-632-238
（西村集）又序　　　　　明盧　襄　1386-679- 56
　　　　　　　　　　　　　　　　　　1455-605-236

●史立模
史雁峰詩集序　　　　　　明劉宗周　1294-471- 9
●史復之
題史生復之游草　　　　　明倪元璐　1297-200- 16
●丘　濬
瓊臺類藁序　　　　　　　明何喬新　1249-141- 9
瓊臺吟稿序　　　　　　　明李東陽　1250-290- 27
　　　　　　　　　　　　　　　　　　1456- 49-260
丘先生文集序　　　　　　明程敏政　1252-512- 29
書瓊臺吟藁後　　　　　　明程敏政　1252-664- 38
●丘兆麟
序丘毛伯稿　　　　　　　明湯顯祖　1406-109-325
●丘國華
小山序　　　　　　　　　明釋妙聲　1227-600- 中
●丘常悅
敬菴詩集序　　　　　　　明羅　倫　1251-675- 3
　　　　　　　　　　　　　　　　　　1456- 44-259

●丘雲霄
南行集原序　　　　　　　明豐　熙　1277-206- 附
北觀集原序　　　　　　　明黎　節　1277-225- 附
山中集序　　　　　　　　明馮承芳　1277-245- 附
●丘謙之
丘謙之粵中稿序　　　　　明王世貞　1282-657- 50
●白　悅
白洛原遺稿序　　　　　　明皇甫汸　1275-752- 37
●包汝調

題都隱十咏卷後　　　　明周　瑛　　1254-791-　4
●包庸之　　　　　　　　　　　　　　1405-633-301
題包參軍東游稿後　　　明王世貞　　1281-162-129　　1456-　87-263
●包與直
包與直雲泉漫藻序　　　明張以寧　　1226-589-　3
　　　　　　六　　畫
●安茂卿
四林全集序　　　　　　明俞安期　　1455-776-249
●江　宇
曉山詩序　　　　　　　明朱　淵　　1273-452-　2
●江　瑾
霞石小稿序　　　　　　明朱日藩　　1455-703-244
●江友乾
正綟稿序　　　　　　　明胡　直　　1287-350-　10
●江東之
瑞陽阿集序　　　　　　清吳　綺　　1314-246-　3
●艾蓋英
艾蓋英奇納克實山百
　韻詩序　　　　　　　明危　素　　1226-752-　4
●伍　方
聽雪軒詩卷（題詞）　　明張　寧　　1247-365-　13
●任　瀚
附原刻任少海稿序　　　明王九德　　1455-754-247
任宮坊集序　　　　　　明歐陽德　　1455-755-247
●任玄甫
任玄甫淶水編序　　　　明王世貞　　1282-602-　46
●任固陵
任夷部集序　　　　　　明高叔嗣　　1273-621-　5
●危　素
雲林集序　　　　　　　元虞　集　　1226-756-　附
說學齋稿跋　　　　　　明歸有光　　1226-753-　4
●朱　右
白雲稿原序　　　　　　明張天英　　1228-　2-　附
白雲稿原序　　　　　　明李孝光　　1228-　2-　附
白雲稿原序　　　　　　明危　素　　1228-　3-　附
白雲稿原序　　　　　　明倪　中　　1228-　4-　附
白雲稿原序　　　　　　明楊　翮　　1228-　4-　附
白雲稿原序　　　　　　明劉仁本　　1228-　5-　附
白雲稿原序　　　　　　明宋　濂　　1228-　6-　附
　　　　　　　　　　　　　　　　　1455-570-233
●朱　同
覆瓿集原序　　　　　　明范　淙　　1227-651-　1
覆瓿集跋　　　　　　　明范　檟　　1227-730-　附
●朱　汶
朱碧潭詩序　　　　　　明王慎中　　1274-220-　9

●朱　旴
思存藁序　　　　　　　明張以寧　　1226-588-　3
●朱　英
認眞子詩集序　　　　　明陳獻章　　1246-　4-　1
　　　　　　　　　　　　　　　　　1456-　41-259
●朱　淵
朱御史集敍　　　　　　明鄭以偉　　1455-787-251
●朱　衫
楓筠集序　　　　　　　明薛應旂　　1456-　71-262
●朱　哀
夢劍緒言後序　　　　　明朱　淵　　1273-449-　2
　　　　　　　　　　　　　　　　　1456-104-265
●朱　琬
朱敬之集序　　　　　　明王　鏊　　1386-686-　56
●朱　諫
跋蕩南詩　　　　　　　明陸　深　　1268-565-　87
●朱　楠
郡王和本中峰梅花百
　詠詩後序　　　　　　明周是修　　1236-　67-　5
●朱世庸
金華城川十詠詩序　　　明童　冀　　1456-　25-258
●朱吉甫
朱吉甫稿序　　　　　　明范景文　　1295-508-　5
●朱在明
朱在明詩選序　　　　　明王世貞　　1282-580-　44
●朱存理
野航詩卷序　　　　　　明朱存理　　1251-607-　0
野航詩稿原序　　　　　明楊循吉　　1251-614-　附
朱性父詩序　　　　　　明楊循吉　　1386-684-　56
　　　　　　　　　　　　　　　　　1456-　65-261
野航詩稿原序　　　　　明祝允明　　1251-614-　附
朱性父詩序　　　　　　明祝允明　　1386-684-　56
野航附錄跋　　　　　　明朱觀潛　　1251-628-　附
●朱光孚
跋豐城航溪朱光孚詩
　集後　　　　　　　　明林　弼　　1227-198-　23
●朱多煃
書匡廬稿後　　　　　　明王世貞　　1281-165-129
●朱多煌
朱宗良國香集序　　　　明王世貞　　1282-679-　52
●朱仲和
中泠館集小敍　　　　　明王世貞　　1282-666-　51
●朱君輿

2236　　　　　　　　　四庫全書文集篇目分類索引

集部　別集類：明　六—七畫

書曼寄軒集後　　　　　　　清朱舜尊　1318-240- 52
●朱宗尉
森玉館集序　　　　　　　　明馮從吾　1293-235- 13
●朱宗遠
樂閒堂詩册序　　　　　　　明丘　濬　1248-200- 10
●朱祐杬
（御製）興獻帝詩集序　　　明 世 宗　 534-170- 82
●朱悅道
朱悅道文藁後題　　　　　　明宋　濂　1223-616- 12
　　　　　　　　　　　　　　　　　　1455-573-233
●朱國祚
書先太傅奏書尺牘卷後　　　清朱舜尊　1318-250- 53
●朱楚材
壽梅集序　　　　　　　　　明文徵明　1455-672-242
●朱察卿
朱邦憲集序　　　　　　　　明王世貞　1282-546- 41
●朱應辰
朱氏寄翁遺文序　　　　　　明黃省會　1455-647-240
朱先生詩序　　　　　　　　明楊循吉　1456- 64-261
●朱應登
存笥集序　　　　　　　　　明康　海　1266-357- 4

七　畫

●汪　佃
東麓遺稿序　　　　　　　　明李　默　1455-636-238
●汪　淮
汪禹義詩集序　　　　　　　明王世貞　1282-567- 43
●汪元御
先大夫詩集後序　　　　　　清汪　琬　1315-508- 30
●汪仲淹
題汪仲淹新集後　　　　　　明王世貞　1284-316-160
●汪明生
汪明生詩序　　　　　　　　明邢　侗　1456-117-268
●汪秉文
跋主一齋詩文後　　　　　　明梁　潛　1237-412- 16
●汪眉軒
眉軒存藁序　　　　　　　　明黃　佐　1455-643-239
●汪然明
汪然明綺集引　　　　　　　明董其昌　1406-431-362
●汪道昆
副墨自序　　　　　　　　　明汪道昆　1405-709-309
●汪廣洋
汪右丞詩序　　　　　　　　明宋　濂　1223-396- 6
　　　　　　　　　　　　　　　　　　1456- 3-256

鳳池吟稿原序　　　　　　　明宋　濂　1225-494- 附
鳳池吟稿原跋　　　　　　　明王百祥　1225-565- 附
鳳池吟稿辨疑　　　　　　　明王百順　1225-566- 附
●汪德卿
識夢仙册　　　　　　　　　明許相卿　1272-250- 12
●汪遠民
竹吹堂詩序　　　　　　　　明馬之駿　1405-650-302
●沈　仕
沈青門詩集序　　　　　　　明王愼中　1274-217- 9
　　　　　　　　　　　　　　　　　　1456- 84-263
●沈　周
石田詩選跋　　　　　　　　明張　鉉　1249-726- 附
書沈石田詩稿後　　　　　　明李東陽　1250-777- 74
　　　　　　　　　　　　　　　　　　1386-677- 56
　　　　　　　　　　　　　　　　　　1456- 50-260
石田藁序　　　　　　　　　明吳　寬　1255-384- 43
　　　　　　　　　　　　　　　　　　1386-676- 56
　　　　　　　　　　　　　　　　　　1455-670-242
刻沈石田詩序　　　　　　　明祝允明　1260-705- 24
　　　　　　　　　　　　　　　　　　1456- 80-263
●沈　愷
沈太僕環翠集序　　　　　　明皇甫汸　1275-750- 37
　　　　　　　　　　　　　　　　　　1455-685-242
環溪草堂集序　　　　　　　明王世貞　1280-161- 67
鳳峰子詩序　　　　　　　　明文徵明　1456- 55-260
●沈　德
刊湖陰類稿序　　　　　　　明李舜臣　1273-695- 5
●沈　鍊
青霞集原序　　　　　　　　明茅　坤　1278- 3- 附
　　　　　　　　　　　　　　　　　　1455-771-248
沈純甫行成稿序　　　　　　明王世貞　1282-611- 46
●沈太（大）洽
蔬齋詩序　　　　　　　　　明李流芳　1295-360- 7
　　　　　　　　　　　　　　　　　　1456-139-269
●沈巨仲
沈巨仲詩草序　　　　　　　明李流芳　1295-360- 7
●沈以潛（沈玄）
潛齋詩集序　　　　　　　　明吳　寬　1255-364- 41
　　　　　　　　　　　　　　　　　　1386-675- 56
（潛齋詩集）後題　　　　　明沈　杰　1386-676- 56
●沈次谷
沈次谷先生詩序　　　　　　明歸有光　1289- 20- 2
●沈宜修
鸝吹集序　　　　　　　　　明沈自徵　1456-591-326
●沈明臣

四庫全書文集篇目分類索引　2237

沈嘉則詩選序　　　　　明王世貞　1282-527- 40
●沈春澤
沈雨若詩草序　　　　　明李流芳　1295-359- 7
　　　　　　　　　　　　　　　　1456-138-269
●沈飛霞
沈飛霞梅花分詠詩敘　　明孫繼皐　1291-274- 3
●沈從先
沈從先詩序　　　　　　明徐　熥　1456-146-271
●沈開子
沈開子文稿小序　　　　明王世貞　1282-543- 41
●沈復之
柔立齋集序　　　　　　明王　行　1231-346- 5
●沈夢麟
花谿集序　　　　　　　明何喬新　1249-157- 9
●沈禧勳
沈禧勳先生詩序　　　　明張　寧　1247-404- 16
●沈翼之
（跋）五倫詩　　　　　明楊士奇　1238-621- 19
●宋　倬
匡山樵歌引　　　　　　明高　啓　1230-314- 5
●宋　訥
西隱集後序　　　　　　明劉師魯　1225-929- 附
●宋　濂
潛溪後集序　　　　　　元趙　汸　1221-225- 3
　　　　　　　　　　　　　　　　1374-116- 38
　　　　　　　　　　　　　　　　1375-278- 20
　　　　　　　　　　　　　　　　1455-575-233
宋景濂學士文集序　　　明劉　基　1225-272- 10
宋景濂文集序　　　　　明王　禕　1226- 89- 5
潛溪集序　　　　　　　明張以寧　1226-613- 3
潛溪大全集序　　　　　明朱　右　1228- 72- 5
潛溪先生宋公文集序　　明貝　瓊　1228-478- 28
宋太史新集後序　　　　明童　冀　1229-608- 2
宋學士續文粹序　　　　明方孝孺　1235-365- 12
題蘿山集　　　　　　　明陸　深　1268-553- 86
宋太史詩集序　　　　　明王世貞　1282-656- 50
書宋景濂集後（二則）　明王世貞　1285- 52- 4
潛谿續文粹序　　　　　明樓　璉　1374-155- 42
●宋儀望
華陽館詩集序　　　　　明王世貞　1280-187- 69
秋泛使君湖詩序　　　　明宋儀望　1456-130-269
●沐　崑
玉岡詩集序　　　　　　明楊　慎　1270- 35- 3
●杜　枋
研岡先生集序　　　　　明高叔嗣　1273-617- 5

●杜　瓊
東原詩集序　　　　　　明王　鏊　1256-247- 10
　　　　　　　　　　　　　　　　1386-670- 56
●李　中
谷平先生文集序　　　　明羅洪先　1275-217- 11
●李　材
觀我堂摘稿序　　　　　明許孚遠　1455-662-241
李見羅先生集序　　　　明顧憲成　1455-668-241
●李　祁
敬書雲陽集後　　　　　明李東陽　1250-446- 41
●李　昱
草閣詩集原序　　　　　明宋　濂　1232- 2- 附
●李　紹
抽菴李先生文集序　　　明丘　濬　1248-174- 9
●李　攄
永言（集）序　　　　　明陳　謨　1232-597- 5
廬陵李伯葵先生詩集
　序　　　　　　　　　明楊士奇　1238-542- 14
●李　搢
李參軍詩小序　　　　　明范景文　1295-506- 5
●李　嵩
李前渠詩引　　　　　　明楊　慎　1270- 43- 3
●李　實
盤泉詩集序　　　　　　明倪　謙　1245-420- 19
●李　賢
行稿序　　　　　　　　明李　賢　1244-554- 7
廣詠杜律序　　　　　　明李　賢　1244-555- 7
書古穣續集後　　　　　明程敏政　1252-666- 38
●李　遜
鷲谷山房藏稿序　　　　明胡　直　 687-340- 9
●李　暉
跋草閣集　　　　　　　清朱彝尊　1318-238- 52
●李三洲
李三洲詩集序　　　　　明王漸逵　1456- 78-263
●李士達
碧梧軒詩集序　　　　　明王慎中　1274-216- 9
　　　　　　　　　　　　　　　　1405-632-301
　　　　　　　　　　　　　　　　1456- 85-263
●李文忠
跋岐陽武靖王雪庭詩
　卷後　　　　　　　　明徐一夔　1229-371- 14
●李文祥
檢齋遺稿序　　　　　　明王世貞　 534-612-101
　　　　　　　　　　　　　　　　1280-174- 68
●李文溪

集部

別集類：明

七畫

集部 別集類：明 七畫

李文溪文集序　　　　　　　明陳獻章　1246- 6- 1
●李天麟
詞致錄序　　　　　　　　　明蘇　濬　1455-765-248
●李白洲
白洲詩集序　　　　　　　　明李東陽　1250-643- 62
●李如真
讀李如真先生集　　　　　　明曹于汴　1293-715- 3
●李先芳
李氏擬古樂府序　　　　　　明王世貞　1280-129- 64
李北山詩序　　　　　　　　明朱　衡　1456-104-265
●李仲子
李仲子集序　　　　　　　　明胡應麟　1290-587- 81
題李仲子詩草後　　　　　　明胡應麟　1290-773-106
●李言恭
李臨淮青蓮具葉二藁
　序　　　　　　　　　　　明胡應麟　1290-593- 82
●李廷鉉
瓊臺集序　　　　　　　　　明貝　瓊　1228-481- 28
●李昌祺
李方伯詩集序　　　　　　　明李時勉　1242-733- 4
●李明舉
李子明舉詩集序　　　　　　明張以寧　1226-591- 3
●李東陽
懷麓堂集原序　　　　　　　明楊一清　534-607-101
　　　　　　　　　　　　　　　　　　1250- 2- 附
懷麓堂集後序　　　　　　　明靳　貴　1250-1073- 附
西涯遠意錄序　　　　　　　明吳　寬　1255-367- 41
題李賓之詩講北上錄
　後　　　　　　　　　　　明吳　寬　1255-460- 50
題西涯詩篆卷後　　　　　　明謝　遷　1256- 23- 2
李文正公麓堂續藁序　　　　明邵　寶　1258-250- 3
西涯樂府何氏解　　　　　　明崔　銑　1267-387- 1
書李西涯古樂府後　　　　　明王世貞　1285- 54- 4
書陸中所藏卷後　　　　　　明李東陽　1456-402-299
●李承箕
刪大厓集　　　　　　　　　明崔　銑　1267-474- 5
李世卿文集序　　　　　　　明陸　深　1268-265- 43
●李流芳
檀園集序　　　　　　　　　明謝三賓　1295-294- 附
李長蘅檀園近詩序　　　　　明程嘉燧　1456-135-269
●李彥澄
李彥澄詩序　　　　　　　　明練子寧　1235- 8- 上
●李春芳
太師李文定公文集序　　　　明于慎行　1455-624-237
●李時勉（李懋）

古廉文集跋　　　　　　　　明戴　難　1242-903- 12
古廉文集跋　　　　　　　　明李　顒　1242-904- 12
古廉文集後序　　　　　　　明蕭尚翛　1242-904- 附
●李修吾
中丞修吾李公潼撫小
　草序　　　　　　　　　　明顧憲成　1292- 86- 6
●李惟實
李惟實詩序　　　　　　　　明葉春及　1286-679- 14
●李梅公
石園集序　　　　　　　　　清朱彝尊　1318- 80- 38
●李梅所
李梅所詩序　　　　　　　　明陳　讓　1232-632- 6
●李梅峰
題李太樸詠梅詩卷　　　　　明柯　潛　1246-512- 下
●李超無
李超無問劍集序　　　　　　明湯顯祖　1405-645-302
●李貴和
李氏在笥稿序　　　　　　　明王世貞　1280-160- 67
●李舜臣
李愚谷先生集序　　　　　　明王世貞　1280-132- 65
●李復禮
題旴江李復禮詩藁　　　　　明張以寧　1226-624- 4
●李達父
跋李達父書牘　　　　　　　明胡應麟　1290-797-110
●李夢陽
弘德集自序　　　　　　　　明李夢陽　558-696- 48
詩集自序　　　　　　　　　明李夢陽　1405-629-300
　　　　　　　　　　　　　　　　　　1456- 67-262
述征集後記　　　　　　　　明李夢陽　1262-449- 48
李氏山藏集序　　　　　　　明王世貞　1280-121- 64
書李空同集後　　　　　　　明王世貞　1285- 53- 4
　　　　　　　　　　　　　　　　　　1406-537-376
讀太史公李工部李空
　同三書序　　　　　　　　明宗　臣　1287-136- 13
跋空同先生集後　　　　　　明朱日藩　1455-704-244
●李維楨
草堂自序　　　　　　　　　明郝　敬　534-626-102
●李賓甫
李山人詩集序　　　　　　　明屠　隆　1405-641-301
●李諫塘
題李諫塘詩文卷後　　　　　明陸　深　1268-555- 86
●李應禎
跋李貞伯手帖　　　　　　　明吳　寬　1255-506- 55
●李攀龍
題于鱗手札卷(三首)　　　　明王世貞　1281-165-129

四庫全書文集篇目分類索引　　2239

書李于鱗集後　　　　　明王世貞　1285- 55- 4
跋于鱗詩膽　　　　　　明汪道昆　1406-494-370
讀李于鱗集　　　　　　明劉　鳳　1455-777-249
　●邢　侗
來禽館文集敍　　　　　明范景文　1295-513- 5
　●邢　量
書隱者邢用理遺文後　　明吳　寬　1255-443- 48
　●阮自華
阮生詩集序　　　　　　明王世貞　1282-706- 54
　●阮集之
阮集之詩序　　　　　　明袁中道　1405-651-302
　●阮龍淵
書龍淵集後　　　　　　明蘇伯衡　1228-722- 10
　●貝　瓊
（跋）見清江集　　　　明楊士奇　1238-609- 18
　●呂　本
南渠集序　　　　　　　明陸　深　1268-293- 47
　●呂　高
呂江峰集敍　　　　　　明李開先　1455-757-248
　●呂中遂
芝山山人集序　　　　　明劉　麟　1264-383- 7
　●呂邦燮
書文選呂大夫祖邦燮
　　詩卷後　　　　　　明祝允明　1260-729- 26
　●呂周臣
呂周臣詩集序　　　　　明劉　基　1225-189- 7
　●呂期齋
期齋先生文集序　　　　明尹　臺　1277-493- 3
　●岑用賓
岑少谷集序　　　　　　明王世貞　1282-617- 47
　●吳　楨
吳滄人庶常別言序　　　明倪元璐　1297- 82- 7
　●吳　篪
跋白雲吳公詩　　　　　明唐文鳳　1242-623- 7
　●吳　寬
匏翁家藏集序　　　　　明李東陽　1250-668- 64
　　　　　　　　　　　　　　　　1255- 2- 附
　　　　　　　　　　　　　　　　1386-681- 56
　　　　　　　　　　　　　　　　1455-598-235
題匏庵詩後　　　　　　明朱存理　1251-612- 0
（家藏集原序）　　　　明王　鏊　1255- 3- 附
　　　　　　　　　　　　　　　　1256-272- 13
　　　　　　　　　　　　　　　　1386-681- 56
舊文稿序　　　　　　　明吳　寬　1255-365- 41
家藏集後序　　　　　　明徐　源　1255-799- 附

　　　　　　　　　　　　　　　　1386-682- 56
　●吳　儀
東吳先生文集序　　　　明貝　瓊　1228-479- 28
　●吳　稷
自得園四稿序　　　　　明吳時來　1456-106-266
　●吳　撤
兵部集跋　　　　　　　明吳國琦　1455-797-253
　●吳　檟
吳山人後集序　　　　　明何良俊　1455-709-244
　●吳　暐
檇樂存藁序　　　　　　明吳　寬　1255-377- 42
　●吳一齋
別駕吳公一齋先生詩
　集　　　　　　　　　明孫承恩　1271-401- 30
　●吳子玉
吳瑞穀文集序　　　　　明王世貞　1282-698- 53
　●吳子孝
題吳純叔堅白藏稿　　　明皇甫汸　1275-761- 39
　●吳子誠
玉河小稿序　　　　　　明王立道　1277-795- 4
　●吳允執
題吳允執梅花樓藏稿　　明顧憲成　1292-170- 14
　●吳世昌
寓齋類藁序　　　　　　明徐一夔　1229-322- 11
　●吳汝義
吳汝義詩小引　　　　　明王世貞　1280-190- 69
　●吳伯剛
跋吳伯剛詩後　　　　　明唐文鳳　1242-614- 7
　●吳伯霖
吳伯霖稿序　　　　　　明黃汝亨　1406-123-326
　●吳定遠
小山集序　　　　　　　明黃淳耀　1297-641- 2
　●吳長興
退修詩集序　　　　　　明張　寧　1247-415- 16
　●吳盆之
跋石湖一曲卷　　　　　明陸　深　1268-571- 88
　●吳國倫
吳明卿先生集序　　　　明王世貞　1282-613- 47
　●吳敏道
吳日南集序　　　　　　明王世貞　1282-675- 51
　●吳景南
南窗吟稿後序　　　　　明楊士奇　1238- 48- 4
　●吳景獻
吳景獻詩集序　　　　　明邢　侗　1456-113-268
　●吳景輝

四庫全書文集篇目分類索引

集部　別集類：明　七－八畫

和陶詩序　　　　　　　　明周　瑛　　1254-750- 2
　●吳義齋
吳義齋經畬堂詩序　　　　明黃淳耀　　1297-638- 2
　●吳達可
荊南稿序　　　　　　　　明鄒元標　　1294-137- 4
　●吳與弼
跋張聲遠藏康齋眞蹟
　　後　　　　　　　　　明陳獻章　　1246-132- 4
書小阮集後　　　　　　　明夏尚樸　　1271- 22- 2
　●吳維嶽
吳峻伯先生集序　　　　　明王世貞　　1282-663- 51
　●吳德符
吳生德符詩序　　　　　　明胡應麟　　1290-584- 81
　●吳翼夫
雪窗詩稿後序　　　　　　明顧　清　　1261-544- 18
　●吳蘊中
韞玉山房詩序　　　　　　明周　瑛　　1254-735- 1
　●佘　翔
薛荔集原序　　　　　　　明佘　翔　　1288- 2- 附
　●佘存修
缶音序　　　　　　　　　明李夢陽　　1262-477- 52
　●余日德
余德甫先生詩集序　　　　明王世貞　　1282-678- 52
　●余秋塘
秋塘遺草小引　　　　　　明余繼登　　1291-853- 5
　●何　淑
蟻閣集序　　　　　　　　明楊士奇　　1238-543- 14
　●何　瑭
柏齋集自序　　　　　　　明何　瑭　　1266-627- 11
　●何　鑑
五山先生吟稿序　　　　　明潘希曾　　1266-727- 6
　●何仙郎
梨雲館集序　　　　　　　明許士柔　　1455-801-254
　●何宇度
何仁仲詩序　　　　　　　明王世貞　　1282-569- 43
　●何良俊
何翰林集序　　　　　　　明皇甫汸　　1275-747- 36
　　　　　　　　　　　　　　　　　　1455-682-242
何翰林集序　　　　　　　明莫如忠　　1455-708-244
　●何廷仁
何善山先生文錄序　　　　明鄒元標　　1294-123- 4
　●何宗易
平蠻詩稿序　　　　　　　明何喬新　　1249-146- 9
　●何宗彥
何文毅公全集序　　　　　明張愼言　　1455-798-253

●何季移
何季穆文集序　　　　　　清吳偉業　　1312-222- 22
　●何景明
何仲默集序（大復集
　　序）　　　　　　　　明康　海　　1266-366- 4
　　　　　　　　　　　　　　　　　　1267- 7- 附
大復集序(何氏集序)　　　明王廷相　　1267- 5- 附
　　　　　　　　　　　　　　　　　　1455-613-236
大復集序　　　　　　　　明唐　龍　　1267- 6- 附
何大復集序　　　　　　　明王世貞　　1267- 8- 附
重刻何大復詩集序　　　　清施閏章　　1313- 39- 3

八　畫

●宗　臣
宗子相集序　　　　　　　明王世貞　　1280-134- 65
　　　　　　　　　　　　　　　　　　1405-706-309
　　　　　　　　　　　　　　　　　　1455-695-243
　●官凝之
官子詩引　　　　　　　　明杜韶先　　1456-152-272
　●祁止祥
祁止祥稿序　　　　　　　明倪元璐　　1297- 86- 7
　●青文勝
青忠惠集序　　　　　　　明陸　釴　　561-513- 44
　●杭　淮
杭雙溪詩集序　　　　　　明王慎中　　1274-209- 9
　●孟　秋
孟我疆先生集序　　　　　明鄒元標　　1294-135- 4
　●邵　雍
重刻擊壤集序　　　　　　明萬士和　　1456-107-266
　●邵　寶
容春堂文集序（容春
　　堂原序）　　　　　　明王　鏊　　1256-280- 14
　　　　　　　　　　　　　　　　　　1258- 4- 附
　　　　　　　　　　　　　　　　　　1455-671-242
容春堂集後序（容春
　　堂原序）　　　　　　明林　俊　　1257- 58- 6
　　　　　　　　　　　　　　　　　　1258- 6- 附
容春堂原序　　　　　　　明李東陽　　1258- 4- 附
容春堂原序　　　　　　　明浦　瑾　　1258- 5- 附
跋邵二泉西涯哀詞　　　　明陸　深　　1268-569- 88
　●邵原性
邵典籍詩文跋　　　　　　明張宇初　　1236-474- 4
　●邵復孺
書蛾術蔑後　　　　　　　明顧　清　　1261-640- 24
　●林　文
澹軒集序　　　　　　　　明陸　深　　1268-300- 48

●林　俊
見素集原序　　　　　明張　翊　1257- 2- 附
　　　　　　　　　　　　　　　1455-601-235
見素集跋　　　　　　明林及祖　1257-453- 附
見素續集序　　　　　明王鳳靈　1257-454- 附
見素先生詩集後序　　明邵　寶　1258-591- 12
　　　　　　　　　　　　　　　1456- 73-262
●林　烴
林貞耀觀察覆瓿草序　明胡應麟　1290-592- 82
●林　弼
使安南集序　　　　　明宋　濂　1227-203- 附
林登州集後跋　　　　清林興恭　1227-204- 附
●林　溫
林伯恭詩集序　　　　明宋　濂　1456- 1-256
●林　鴻
鳴盛集原序　　　　　明倪　桓　1231- 3- 附
鳴盛集原序　　　　　明劉　嵩　1231- 3- 附
鳴盛集後序　　　　　明邵　銅　1231- 82- 附
●林　瀚
林文安公文集敍　　　明林　俊　1257-520- 8
●林文奎
梅隱詩序　　　　　　明林　弼　1227-111- 13
●林仕猷
林氏詩序　　　　　　明宋　濂　1223-391- 6
●林希元
長林先生文集序　　　明謝　肅　1228-148- 6
●林唐臣
使安南集序　　　　　明宋　濂　1227-203- 附
●林雲鳳
林若撫梅詠引　　　　明俞琬綸　1456-148-271
●林窩翁
東窩詩序　　　　　　明朱　淵　1273-452- 2
●林嘉績
頤庵林子詩集序　　　明邊　貢　1264-186- 10
●林顯之
隴上白雲詩藁序　　　明貝　瓊　1228-485- 29
●朱相如
滄游編序　　　　　　明王世貞　1282-616- 47
●明太祖
恭題御製文集後　　　明宋　濂　1223-595- 12
恭題御賜文集後　　　明宋　濂　1223-628- 13
恭跋御製詩後　　　　明宋　濂　1374-196- 45
擬史臣欽承上命重錄
　太祖高皇帝御製文
　集進是表　　　　　明曹于汴　1293-793- 10

●明仁宗
恭題仁廟御製詩後　　明楊士奇　1238-106- 9
　　　　　　　　　　　　　　　1374-222- 47
●明宣宗
恭題謝庭循所授御製
　詩卷後　　　　　　明楊士奇　1238-574- 16
●卓人月
卓珂月稿序　　　　　明魏學洢　1297-569- 5
●卓左車
題卓左車集　　　　　明倪元璐　1297-200- 16
●卓明卿
卓光祿詩選序　　　　明王世貞　1282-540- 41
●卓逸民
卓清約詩序　　　　　明解　縉　1236-689- 7
●易有功
易有功稿序　　　　　明魏學洢　1297-563- 5
●果曜羅易之
果曜羅易之金臺後稿
　序　　　　　　　　明危　素　1226-744- 4
●季山甫
季山甫文集序　　　　明劉　基　1225-187- 7
●周　祚
周氏集序　　　　　　明孫　宜　1455-757-248
●周　滿
周受菴詩選序　　　　明楊　愼　1270- 34- 3
●周　鳴
周職方詩集序　　　　明金幼孜　1240-732- 7
●周　廣
玉巖先生文集序　　　明歸有光　1287- 15- 2
●周　德
周是脩先生集序　　　明王世貞　1282-704- 54
●周　蓑
古愚集序　　　　　　明羅洪先　1455-666-241
●周子恭
七泉遺稿序　　　　　明羅洪先　1275-230- 11
●周止齋
跋周氏卷　　　　　　明羅洪先　1275-207- 10
●周伯譽
題周伯譽集後　　　　明魏學洢　1297-559- 4
●周叔高
題族子叔高勿齋册　　明周　瑛　1254-801- 4
●周彥奇
周僉憲彥奇文集序　　明解　縉　1236-679- 7
　　　　　　　　　　　　　　　1455-587-234
●周思兼

集部 別集類：明 八－九畫

周叔夜先生集序　　明王世貞　1282-661- 50
●周淑遠
書周淑遠卷　　明馮從吾　1293-283- 16
●周順昌
附鹿忠節先生尋聲譜
　有引　　明鹿善繼　1295-435- 3
（忠介爐餘集跋）　　明周　靖　1295-437- 3
●周鳳鳴
山齋先生文集序　　明歸有光　1289- 16- 2
●周樾林
周樾林先生稿序　　明薛　榮　1455-800-254
●周臨如
敍周臨如稿　　明趙維寰　1406-120-326
●金　聲
金正希先生遺墓序　　清汪　琬　1315-492- 29
●金　鸞
徒倚軒稿序　　明王世貞　1282-544- 41
●金幼孜
題金諭德屬從北征詩　　明梁　潛　1237-411- 16
金諭德北征詩集序　　明胡　儼　1237-572- 上
北征集序　　明楊士奇　1238- 81- 7
●金宗潤
省愆集序　　明錢　溥　1374-189- 44
●邱海石
楚村詩集序　　清施閏章　1313- 49- 4
●岳　正
類博稿跋（書蒙翁類
　博稿後）　　明李東陽　1246-461- 附
　　　　　　　　　　　1250-444- 41

九　畫

●洪遂初
王岑詩集序　　明于　謙　1244-387- 12
●姜　洪
松岡先生文集敍　　明倪　謙　1245-452- 22
●姜　南
蓉塘詩話引　　明陸　深　1268-223- 36
●姜　寶
姜鳳阿先生集序　　明王世貞　1282-694- 53
●施允升
先大父中明府君集書
　後　　清施閏章　1313-322- 26
●施青陽
觀物雜詠序　　明萬廷言　1456-515-317
●施閏章父
先考遺集書後　　清施閏章　1313-322- 26

●胡　松
胡莊肅公遺稿序　　明霍與瑕　1455-639-238
胡莊肅公東遊稿序　　明不著撰人　1455-638-238
●胡　直
衡廬精舍藏稿原序　　明郭子章　1287-225- 附
龍洲稿序　　明胡　直　1287-308- 8
華陽稿序　　明胡　直　1287-308- 8
白雲稿序　　明胡　直　1287-308- 8
滄州稿序　　明胡　直　1287-326- 9
胡廬山先生全歸稿序　　明鄒元標　1294-122- 4
●胡　奎
斗南老人集序　　明朱　權　1233-355- 附
●胡　衷
題六檜堂卷　　明黃　淮　1456-395-298
●胡　聖
代序胡聖遊稿　　明凌義渠　1297-446- 5
●胡　瑜
甌山存藁序　　明張以寧　1226-588- 3
●胡　廣
（跋）鴿原別意卷後　　明楊士奇　1238-658- 22
書鴿原別意後　　明楊　榮　1240-235- 15
●胡　翰
胡仲子文集（原）序　　明宋　濂　1229- 2- 附
　　　　　　　　　　　1405-690-307
胡仲子集後序　　明劉　剛　1229-136- 附
（跋）胡仲子文　　明楊士奇　1238-609- 18
●胡　儼
胡祭酒詩集序　　明王　洪　1237-496- 5
頤菴文選原序　　明王　洪　1237-552- 附
頤菴文選原序　　明朱　權　1237-546- 附
頤菴文選原序　　明朱　權　1237-551- 附
頤菴文選原序　　明熊　劍　1237-548- 附
頤菴文選原序　　明胡　廣　1237-548- 附
頤菴文選原序　　明鄒　緝　1237-549- 附
頤菴文選原序　　明楊士奇　1237-550- 附
城南別墅雜詠詩序　　明胡　儼　1237-578- 上
頤菴文集序　　明楊　榮　1240-205- 14
胡祭酒集序　　明吳國倫　1455-699-243
●胡二溪
重刻寓沅稿序　　明蔡汝楠　1455-734-246
●胡子祺
胡延平詩序　　明楊士奇　1238- 40- 4
●胡子儀
流芳詩集後序　　明胡居仁　1260- 33- 2
●胡山立

四庫全書文集篇目分類索引

書胡山立先生詩稿後　　明王　禕　1226-355- 17
● 胡永之
胡永之集序　　　　　　明趙時春　1455-737-246
● 胡端方
琴逸軒（卷）跋　　　　明解　縉　1236-835- 16
● 胡應麟
胡元瑞綠蘿館詩集序　　明王世貞　1282-584- 44
　　　　　　　　　　　　　　　　1405-639-301
少室山房集原序　　　　明江湛然　1290- 2- 附
赤松藁序　　　　　　　明胡應麟　1290-601- 83
養痾藁序　　　　　　　明胡應麟　1290-602- 83
● 胡纘宗
胡氏正德集序　　　　　明邵　寶　1258-609- 12
胡氏集序　　　　　　　明崔　銑　1267-602- 10
鳥鼠山人小集序　　　　明王慎中　1274-210- 9
● 南大吉
瑞泉南先生文集序　　　明胡　直　1287-320- 8
● 柯　潛
竹巖集序　　　　　　　明康大和　1246-468- 附
竹巖集序　　　　　　　明董士宏　1246-469- 附
遊文峰巖詩稿跋　　　　明吳希賢　1246-519- 附
● 郁遠士
郁遠士詩文序　　　　　明黃淳耀　1297-642- 2
● 冒宗起
冒宗起詩草序　　　　　明陳仁錫　1405-651-302
● 范　浚
范浚先生集序　　　　　明胡應麟　1290-597- 83
● 范　錄
瑞石山房集序　　　　　明張　寧　1455-602-235
● 范永年
刻山行雜詠跋　　　　　明范景文　1295-578- 8
● 范永昌先世
重刊香溪范先生文集
　後序　　　　　　　　明章　懋　1254-109- 4
● 范守己
鄧壁集序　　　　　　　明王世貞　1282-538- 41
● 范棟雲
刻紫陽庵遊覽詩文跋　　明張　寧　1247-485- 21
● 范橅李
玉駕閣詩集序　　　　　明陳繼儒　1406-401-356
● 姚　淶
書姚學士明山存藁後　　清朱彝尊　1318-239- 52
● 姚　綬
烏來巢詩卷跋　　　　　明張　寧　1247-470- 20
● 姚　鑰

東泉文集敘　　　　　　明張　岳　1272-418- 11
　　　　　　　　　　　　　　　　1455-722-245
● 姚天通
姚天通詩叙　　　　　　明尹民興　1456-163-277
● 姚仲遠
容溪詩集序　　　　　　明吳　寬　1255-374- 42
● 姚惟芹
書東齋風雨卷後　　　　明王守仁　1265-667- 24
● 皇甫沖
因是子樂府序　　　　　明皇甫涍　1276-643- 23
兄因是子還山詩序　　　明皇甫涍　1276-646- 23
　　　　　　　　　　　　　　　　1456- 82-263
● 皇甫汸
禪棲集序　　　　　　　明皇甫汸　1275-768- 41
　　　　　　　　　　　　　　　　1455-469-221
三州（洲）集序　　　　明皇甫汸　1275-769- 41
　　　　　　　　　　　　　　　　1455-677-242
南中集序　　　　　　　明皇甫汸　1275-770- 41
皇甫百泉三州集序　　　明王世貞　1280-138- 65
皇甫百泉慶歷詩集序　　明王世貞　1282-558- 42
題皇甫司勳集　　　　　明胡應麟　1290-765-105
● 皇甫涍
司直兄少玄集序　　　　明皇甫汸　1275-765- 40
　　　　　　　　　　　　　　　　1276-494- 附
　　　　　　　　　　　　　　　　1455-675-242
皇甫少玄集原序（編
　次仲弟少玄集目序）　明皇甫沖　1276-492- 附
　　　　　　　　　　　　　　　　1455-689-242
（皇甫少玄集）原序　　明皇甫濂　1276-496- 附
閒集序　　　　　　　　明皇甫涍　1276-643- 23
己卯集後序序　　　　　明皇甫涍　1276-643- 23
● 皇甫濂
子約弟水部集序　　　　明皇甫汸　1275-767- 40
基稿序　　　　　　　　明皇甫涍　1276-645- 23
● 皇甫韋蒼
先大夫韋蒼集序　　　　明皇甫錄　1386-678- 56
● 俞允文
俞仲蔚集序　　　　　　明王世貞　1280-122- 64
　　　　　　　　　　　　　　　　1282-586- 44
　　　　　　　　　　　　　　　　1405-707-309
俞仲蔚先生集序　　　　明顧紹芳　1455-796-253
● 俞安期
俞羨長集序　　　　　　明李維楨　1455-782-250
● 紀師道
紀君師道文集序　　　　明鄭　眞　1234-158- 29

集部 別集類：明 九—十畫

●侯一元
讀二谷先生詩文集　　　　明夏　鯨　1454-430-133
●侯東樵
書劉文瑞所藏侯東樵
　詩卷後　　　　　　　　明顧　清　1261-635- 24
●侯朝宗
雪苑朝宗侯氏集序　　　　清儲大文　1327-218- 11
書壯悔堂集後　　　　　　清儲大文　1327-320- 14

十　畫

●海　瑞
備志稿引　　　　　　　　明海　瑞　1455-631-238
●高　岱
西曹集序　　　　　　　　明胡　直　1287-313- 8
●高　啓
缶鳴集序　　　　　　　　明胡　翰　1229- 49- 4
　　　　　　　　　　　　　　　　　 1386-653- 55
高季迪詩集序　　　　　　明王　彝　1229-412- 2
大全集序　　　　　　　　明劉　昌　1230- 2- 附
　　　　　　　　　　　　　　　　　 1386-655- 55
婁江吟稿序　　　　　　　明高　啓　1230-284- 3
姑蘇雜詠序　　　　　　　明高　啓　1230-293- 3
缶鳴集序　　　　　　　　明高　啓　1230-293- 3
綠水園雜咏序　　　　　　明高　啓　1385-438- 17
（跋）高季迪缶鳴集
　二集　　　　　　　　　明楊士奇　1238-619- 19
（跋）姑蘇雜詠　　　　　明楊士奇　1238-619- 19
題重刻缶鳴集後　　　　　明吳　寬　1255-450- 49
書姑蘇雜詠後　　　　　　明陸　粲　1274-675- 7
（缶鳴集）又序　　　　　明王　禕　1386-654- 55
（缶鳴集）又序　　　　　明謝　徽　1386-654- 55
●高士敏
題高士敏辛丑集後　　　　明高　啓　1230-304- 4
●高世彥
白坪高先生詩集序　　　　明王世貞　1282-571- 43
●高叔嗣
蘇門集原序　　　　　　　明陳　束　1273-562- 附
　　　　　　　　　　　　　　　　　 1455-733-246
考功稿自敘　　　　　　　明高叔嗣　1273-564- 1
讀書園稿自敘　　　　　　明高叔嗣　1273-574- 2
晉陽稿自序　　　　　　　明高叔嗣　1273-585- 3
題焉文堂集後　　　　　　明高叔嗣　1273-649- 8
蘇門集後序　　　　　　　明張正位　1273-650- 附
跋蘇門先生集後　　　　　明毛　愷　1273-651- 附
讀高子業集（二則）　　　明胡應麟　1290-764-105
蘇門集序　　　　　　　　明吳國倫　1405-709-309

蘇門集序　　　　　　　　明吳國倫　1455-700-243
●高星弁
高星弁散騷序　　　　　　明魏學洢　1297-557- 4
●高寶叔
鄭璞集序　　　　　　　　明蘇伯衡　1228-609- 5
●高遜（巽）志
高太常薈蕞遺藁序　　　　清朱舜尊　1318- 64- 36
●高攀龍
高子遺書原序　　　　　　明陳龍正　1292-330- 附
重刻高子遺書後序　　　　清汪　琬　1315-472- 27
●唐　俞
訒草自題　　　　　　　　明唐　俞　1456-159-275
●唐　寅
唐伯虎集序　　　　　　　明袁　袠　1386-687- 56
　　　　　　　　　　　　　　　　　 1405-703-308
唐伯虎集序附復大中
　丞顧公書　　　　　　　明袁　袠　1455-714-244
●唐　樞
唐一菴先生集序　　　　　明何　遷　1455-652-240
●唐　龍
漁石類稿序　　　　　　　明康　海　1266-342- 3
●唐孔夾
巨勝園集序　　　　　　　明王世貞　1282-712- 54
●唐君平
唐君平觀舌草序　　　　　明湯賓尹　1406-119-326
●唐長公
唐長公詩集序　　　　　　明胡應麟　1290-632- 86
●唐桂芳
白雲集原序　　　　　　　明唐桂芳　1226-774- 附
白雲集原序　　　　　　　明陳　浩　1226-775- 附
●唐時升
唐叔達詩序　　　　　　　明王　衡　1456-134-269
唐叔達詠物詩序　　　　　明程嘉燧　1456-136-269
●唐順之
唐荊川文集序　　　　　　明王慎中　1274-200- 9
　　　　　　　　　　　　　　　　　 1276-184- 附
　　　　　　　　　　　　　　　　　 1455-724-245
二妙集序　　　　　　　　明萬士和　1455-657-240
跋唐荊川集　　　　　　　清汪　琬　1315-616- 39
●唐道徵
唐道徵文序　　　　　　　明陳繼儒　1406-110-325
●祝允明
跋祝生文稿　　　　　　　明吳　寬　1255-473- 51
題希哲手稿　　　　　　　明文徵明　1273-168- 23
祝氏集略序　　　　　　　明皇甫汸　1275-756- 38

四庫全書文集篇目分類索引　　2245

　　　　　　　　　　　　　1455-687-242
（跋）祝京兆文稿　　明王世貞　1284-363-163
●祝樹勳
祝生草序　　　　　　明胡應麟　1290-631- 86
●凌玄旻
凌玄旻赫蹏書序　　明王世貞　1280-173- 68
●凌約言
鳳笙閣簡抄序　　　明王世貞　1280-137- 65
●凌雲翰
柘軒集原序　　　　明王　羽　1227-734- 附
●秦　樸
抱拙先生集序　　　明邵　寶　1258-605- 12
●秦　夔
五峰遺稿序　　　　明邵　寶　1258-604- 12
●馬　氏
秋闈夢成詩序　　　明譚元春　1405-651-302
●馬中錫
馬東田漫稿序　　　明孫　緒　1264-493- 1
東田文集序　　　　明孫　緒　1264-500- 1
●馬汝驥
西玄集序　　　　　明孫應鰲　1455-635-238
●馬見田
馬見田紀行稿序　　明包　節　1455-767-248
●馬猶龍
馬季房詩序　　　　清施閏章　1313- 48- 4
●貢梅莊
題梅莊卷後　　　　明周　瑛　1254-794- 4
●孫　方
刻督學集序　　　　明胡　直　1287-316- 8
●孫作（孫大雅）
滄螺集原序　　　　明宋　濂　1229-477- 附
記滄螺集後　　　　明薛章憲　1229-512- 6
●孫　炎
孫伯融詩集序　　　明宋　濂　1223-399- 6
●孫　政
書抱呆子集後　　　明倪　謙　1245-485- 25
●孫　敏
題孫敏詩　　　　　明王　行　1231-389- 8
●孫　需
冰蘗稿跋（清簡公集）明張　寧　1247-474- 20
●孫　鑛
孫清簡公集序　　　明王世貞　1280-154- 66
●孫一元
太白山人漫稿序　　明鄭善夫　1268-785- 附
　　　　　　　　　　　　　1269-145- 9

　　　　　　　　　　　　　1455-702-244
太初山人稿跋　　　明鄭善夫　1269-201- 16
刻太白山人漫稿題辭　明周中度　1268-785- 附
太白山人漫稿序　　明方　豪　1268-786- 附
山林壯觀卷　　　　明許相卿　1272-249- 12
●孫子朋
櫟園集序　　　　　明葉春及　1286-679- 14
●孫羽侯
孫鵬初遂初堂集序　明湯顯祖　1405-715-310
●孫奇逢
徵君先生詩卷跋　　清湯　斌　1312-589- 8
●孫承恩
文簡集原序　　　　明陸樹聲　1271- 55- 附
使交紀行稿序　　　明孫承恩　1271-391- 30
書紀行稿後　　　　明孫承恩　1271-462- 34
●孫彥方
草堂詩集序　　　　明張以寧　1226-610- 3
●孫景賢
題孫景賢菊詩後　　明陳　謨　1232-693- 9
●孫絲億
鳴鉉集小序　　　　明王世貞　1280-209- 70
●孫慎行
玄晏齋選稿序　　　明姚世華　1455-741-246
●孫節軒
山澤吟嘯集序　　　明王世貞　1282-563- 43
●孫學勤
漱石軒詩文卷後語　明張　寧　1247-468- 20
　　　　　　　　　　　　　1455-602-235
●孫應鰲
歸來漫興序　　　　明溫　純　1288-559- 7
孫山甫集序　　　　明任　瀚　1455-720-245
●孫繼皐
宗伯集跋　　　　　明孫源文　1291-232- 2
●桂彥良
和陶詩集序　　　　明謝　肅　1228-157- 7
●袁　袠
袁永之文集序　　　明陸師道　1455-674-242
袁永之集序　　　　明朱日藩　1455-702-244
袁永之集序　　　　明王　格　1455-750-247
●袁　凱
海叟集原序　　　　明何景明　1233-163- 附
　　　　　　　　　　　　　1267-302- 34
海叟集序　　　　　明何景明　1405-630-300
海叟集原序　　　　明李夢陽　1233-163- 附
海叟集原序　　　　明陸　深　1233-164- 附

集部

別集類：明

十畫

四庫全書文集篇目分類索引

集部　別集類：明　十畫

題海叟集後　　　　　明陸　深　　1268-551- 86
海叟集原序　　　　　明董宜陽　　1233-165- 附
海叟集原序　　　　　明王　俞　　1233-165- 附
海叟集原跋　　　　　明劉　說　　1233-215- 附
●袁　華
可傳集原序　　　　　元楊維楨　　1232-362- 附
●袁　煒
袁文榮公文集序　　　明王錫爵　　1405-711-309
●袁宏道
瀟碧堂敘　　　　　　明雷思霈　　1405-718-310
解脫集引　　　　　　明江盈科　　1456-142-270
解脫集二序　　　　　明江盈科　　1456-142-270
錦帆集序　　　　　　明江盈科　　1456-143-270
敝篋集引　　　　　　明江盈科　　1456-144-270
●袁尊尼
袁魯望集序　　　　　明王世貞　　1282-535- 40
●袁端智
跋袁端智抽逸卷　　　明解　縉　　1236-833- 16
●栗應宏
栗上黨集序　　　　　明高叔嗣　　1273-620- 5
●栗應麟
栗陳州詩序　　　　　明高叔嗣　　1273-621- 5
●耿汝明
跋鉅鹿耿氏公牘後　　明吳　寬　　1255-490- 53
●夏良勝
東洲初稿原序　　　　明舒　芬　　1269-712- 附
●夏侃庵
夏侃庵靜影齋帖序　　明魏學渠　　1297-564- 5
●夏原吉
忠靖集原序　　　　　明楊　溥　　1240-482- 附
校刻夏忠靖公集成敬
　述　　　　　　　　明不著撰人　1240-562- 附
夏忠靖公集序　　　　清儲大文　　1327-215- 11
●烏　良
書亡子良詩稿　　　　明烏斯道　　1232-240- 4
●烏斯道
春草齋集原序　　　　明宋　濂　　1232-124- 附
題永新縣令烏繼善文
　集後　　　　　　　明宋　濂　　1223-616- 12
　　　　　　　　　　　　　　　　1455-574-233
●徐　友
野潛稿序　　　　　　明高　啓　　1230-276- 2
●徐　本
龍丘藥序　　　　　　明趙搏謙　　1229-661- 1
●徐　問

山堂萃稿序　　　　　明唐順之　　1276-322- 6
●徐　渭
抄小集自序　　　　　明徐　渭　　1405-713-310
　　　　　　　　　　　　　　　　1455-720-245
抄代集小序　　　　　明徐　渭　　1405-714-310
　　　　　　　　　　　　　　　　1455-720-245
徐文長文集序　　　　明虞淳熙　　1405-716-310
徐文長三集序　　　　明陶望齡　　1405-716-310
徐文長詩選題辭　　　明李維楨　　1456-133-269
●徐　階
世經堂集序　　　　　明王世貞　　1282-524- 40
●徐　源
跋徐仲山紀行詩　　　明吳　寬　　1255-485- 53
瓜涇集序　　　　　　明王　鏊　　1256-274- 13
　　　　　　　　　　　　　　　　1386-683- 56
●徐　熥
幔亭集原序　　　　　明張獻翼　　1296- 3- 附
●徐　霖
跋九峰山人詩册　　　清宋　犖　　1323-326- 28
●徐　縉
徐文敏公集序　　　　明皇甫汸　　1275-748- 36
　　　　　　　　　　　　　　　　1455-683-242
●徐一夔
徐教授文集序　　　　明宋　濂　　1405-691-307
　　　　　　　　　　　　　　　　1455-567-233
徐君始豐稿序　　　　明楊循吉　　1455-609-236
●徐云吉
題徐云吉詩草　　　　明倪元璐　　1297-199- 16
●徐中行
青蘿館詩集序　　　　明王世貞　　1280-182- 68
徐天目先生集序　　　明王世貞　　1282-592- 45
青蘿館詩集序　　　　明汪道昆　　1405-640-301
●徐汝思
徐汝思詩集序　　　　明王世貞　　1280-135- 65
●徐有貞
武功伯徐先生文集序　明萬　安　　1386-671- 56
●徐仲成
竹隱集序　　　　　　明劉　璟　　1236-240- 下
●徐長孺
（跋）徐長孺詩卷　　明王世貞　　1284-308-160
●徐師曾
徐魯庵先生湖上集序　明王世貞　　1282-585- 44
●徐禎卿
徐迪功集序　　　　　明李夢陽　　1262-476- 52
　　　　　　　　　　　　　　　　1268-734- 附

四庫全書文集篇目分類索引　　2247

		1386-685- 56
迪功集跋	明鄭善夫	1269-198- 16
徐迪功外集序	明皇甫汸	1275-746- 36
		1455-682-242
徐迪功外集序	明皇甫汸	1276-649- 23
		1455-690-242
讀徐迪功集	明胡應麟	1290-764-105
（徐迪功集）跋	明高　第	1386-686- 56
（徐迪功集）又跋	明徐　縉	1386-686- 56
●翁　仿		
翁仿詩集序	明吳伯與	1456-149-271
●倪　岳		
倪文毅公集序	明李東陽	1455-596-235
●倪　謙		
（倪文僖集跋）	明倪　岳	1245-601- 32
倪文禧（僖）公集序	明李東陽	1245-236- 附
		1250-308- 29
		1455-593-235
●倪　瓚		
重刻倪雲林先生詩集序	明高攀龍	1292-563- 9上
●倪子正		
宗濂稿序	明張宇初	1236-386- 2
●倪元璐		
倪文貞集原序	明文震孟	1297- 4- 附
倪文貞集原序	明黃道周	1297- 4- 附
倪文貞集原序	明陳子龍	1297- 5- 附
倪文貞集原序	明倪會鼎	1297- 6- 附
●殷　奎		
强齋集原序	明陳振祖	1232-385- 附
●殷士儋		
金輿山房稿後序	明于慎行	1455-626-237
●殷雲霄		
殷給事集選序	明皇甫汸	1275-741- 36

十一畫

●章　适		
章給事詩集序	明王世貞	1280-186- 69
●章　綸		
困志集序	明倪　謙	1245-450- 22
●章　懋		
楓山先生遺文序	明林　俊	1257-519- 8
●章子敬		
章子敬詩小引	明王世貞	1282-607- 46
●章正則		
章秀才觀海集序	明劉　基	1225-173- 7
●章美中		
玄峰先生詩集序	明王世貞	1280-154- 66
●許　淳		
恭題學圃卷後	明許相卿	1272-248- 12
●許　節		
述古齋詩集序	明蔣用文	1217-361- 附
（述古齋集後記）	明許　軏	1217-362- 0
●許　繼		
觀樂生詩集序	明方孝孺	1235-371- 12
題許士脩詩集後	明方孝孺	1235-542- 18
●許用中		
題許員外安平十詠詩後	明皇甫汸	1275-760- 39
●許存禮		
樗散雜言序	明宋　濂	1223-514- 9
		1405-623-300
		1455-571-233
●許孚遠		
許孟中王申所寄和詩後序	明萬廷言	1456-127-269
●許伯隆		
麗句集序	明婁　堅	1295- 5- 1
●許廷慎		
許廷慎詩後序	明林　右	1456- 24-258
●許宗魯		
少華山人詩選序	明皇甫汸	1275-742- 36
●許相卿		
悔言序	明許相卿	1272-211- 7
		1455-706-244
雲林集後	明許聞造	1272-283- 14
●許達夫		
跋秋錦堂卷	明陸　深	1268-579- 89
●許殿卿		
梁園集序	明王世貞	1280-148- 66
●郭　奎		
望雲集原序	元趙　汸	1231-638- 附
望雲集原序	明宋　濂	1231-639- 附
●郭　傳		
郭考功文集序	明宋　濂	1223-417- 7
		1405-689-307
●郭子長		
郭子長集序	明馬　森	530-492- 70
●郭文德		
郭子明詩集序	明劉　基	1225-168- 6
●郭季錄		

集部　別集類：明　十—十一畫

集部 別集類・明 十一畫

南郭子詩序　　　　　明劉定之　1456- 35-259
　●郭造卿
海獄山房存藁序　　　明于慎行　1455-625-237
　●郭弄舉
粵遊草序　　　　　　明葉春及　1286-681- 14
　●郭諫臣
郭鯤溟先生詩集序　　明王世貞　1282-605- 46
　●郭閶生
郭閶生詩序　　　　　明鄭之玄　1456-154-273
　●庹伯順
鹿奉常集叙　　　　　明范景文　1295-512- 5
　●庹善繼
無欲齋詩鈔序　　　　清李光地　1324-694- 12
　●梁　潛
泊菴集序　　　　　　明王　直　1237-178- 附
梁先生文集序　　　　明王　直　1241-135- 6
　●梁　楠
冰川詩式題辭　　　　明顧憲成　1292-162- 13
　●梁　儲
太師梁文康公集序　　明王世貞　1280-119- 64
鬱洲遺稿序　　　　　明黃　佐　1455-642-239
　●梁　蘭
駐樂詩集原序　　　　明楊士奇　1232-712- 附
　●梁匠先
梁匠先豹陵初集序　　明范景文　1295-511- 5
　●梁辰魚
梁伯龍古樂府序　　　明王世貞　1282-557- 42
　●康　海
對山集原序　　　　　明王世懋　1266-318- 附
　　　　　　　　　　　　　　　1455-697-243
康太史集序　　　　　明趙時春　1455-737-246
對山集後序　　　　　清張　洲　1266-462- 附
　●康以寧
西遊集後序　　　　　明解　縉　1236-681- 7
　　　　　　　　　　　　　　　1455-588-234
　●康弱孟
康弱孟草序　　　　　明陳仁錫　1406-122-326
　●康從禮
題康裕卿詩冊後　　　明胡應麟　1290-772-106
　●梅守箕
梅季豹居諸集序　　　明王世貞　1282-727- 55
　●戚繼光
止止堂集序　　　　　明王世貞　1282-671- 51
　●强　晟
羅川翦雪詩序　　　　明朱誠泳　1260-337- 9

●曹　端
跋曹月川先生遺集　　清孫奇逢　538-632- 78
　　　　　　　　　　　　　　　550-163-215
●曹于汴
曹眞予先生仰節堂集
　序　　　　　　　　明高攀龍　1292-564- 9上
　　　　　　　　　　　　　　　1293-670- 附
仰節堂集原序　　　　明馮從吾　1293-671- 附
重刻仰節堂文集序　　清呂崇烈　1293-672- 附
　●曹于野
玉芝樓稿序　　　　　明陳　堯　1455-738-246
　●曹允大
曹允大稿序　　　　　明魏學洢　1297-561- 5
　●曹長庚
刻曹長庚詩序　　　　明畢自嚴　1293-413- 2
　●曹紀山
曹中丞詩集序　　　　明胡　直　1287-338- 9
　●習　韶
習尚鑌詩序　　　　　明梁　潛　1237-307- 6
　●陸　容
式齋稿序　　　　　　明王　鏊　1256-267- 12
　　　　　　　　　　　　　　　1455-672-242
●陸　深
知命集引　　　　　　明陸　深　1268-221- 36
見月錄小引　　　　　明陸　深　1268-224- 36
懷旌集序　　　　　　明陸　深　1268-296- 48
書越行小稿後　　　　明陸　深　1268-557- 86
陸文裕公集序　　　　明徐　階　1455-620-237
　●陸　貳
春雨堂稿序　　　　　明李東陽　1250-652- 63
　●陸　符
詩存自序　　　　　　明陸　符　1456-162-277
　●陸　桴
兼葭堂集序　　　　　明莫如忠　1455-709-244
　●陸　粲
陸子餘集序　　　　　明魏學禮　1455-758-248
　●陸　簡
龍皋文集序　　　　　明顧　清　1261-800- 37
　●陸吉壤
陸吉壤集序　　　　　明王世貞　1280-120- 64
　●陸景周
跋東園遺詩二首　　　明陸　深　1268-576- 89
　●陸景宣
題錬雪齋詩文册　　　明張　寧　1456- 40-259
　　　　　　　　　　　　　　　1456-406-299

●陸龍津
陸龍津詩集序　　　　　　明王慎中　1274-219- 9
　　　　　　　　　　　　　　　　　1456- 88-263

●陶　安
姚江類鈔略引　　　　　　明陶　安　1225-763- 15
●陶　振
跋釣韜集　　　　　　　　清朱彝尊　1318-238- 52
●陶　凱
陶尚書文集序　　　　　　明徐一夔　1229-209- 5
　　　　　　　　　　　　　　　　　1374-118- 38

●陶石梁
陶石梁今是堂文集序　　　明劉宗周　1294-483- 10
●陶仲舉
陶仲舉詩集序　　　　　　明郭造卿　1456- 72-262
●陶孝若
陶孝若枕中囈引　　　　　明袁宏道　1406-431-362
　　　　　　　　　　　　　　　　　1456-141-270

●陶望齡
歇菴集序　　　　　　　　明黃汝亨　1405-720-310
●陶庸齋
陶庸齋愷愷集序　　　　　明劉宗周　1294-464- 9
●陶懋中
陶懋中鏡心堂草序　　　　明王世貞　1282-597- 45
●張丁（張孟兼）
跋張孟兼文槀序後　　　　明宋　濂　1223-670- 14
　　　　　　　　　　　　　　　　　1406-486-370

書劉伯溫序張孟兼文
　藁後　　　　　　　　　明宋　濂　1229-472- 附

跋張孟兼白石山房詩
　卷　　　　　　　　　　明鄭　淵　1229-467- 附
●張　吉
古城集跋　　　　　　　　明楊　榆　1257-753- 附
御題張吉古城集　　　　　清 高 宗　1257-591- 附
●張　羽
東田遺稿序　　　　　　　明儲　洵　1264-246- 附
靜居集後志　　　　　　　明張　習　1386-658- 55
●張　含
跋張愈光結交行　　　　　明楊　慎　1270-100- 10
張愈光詩文選序　　　　　明楊　慎　1455-616-236
禺山文序　　　　　　　　明任　瀚　1405-702-308
　　　　　　　　　　　　　　　　　1455-721-245

●張　治
少保張文毅公集序　　　　明王世貞　1282-562- 43
●張　牧
秣陵游稿序　　　　　　　明王世貞　1280-162- 67

文起堂續集序　　　　　　明王世貞　1282-556- 42
文起堂新集序　　　　　　明王世貞　1282-725- 55
●張　泰
滄洲詩集序　　　　　　　明李東陽　1250-268- 25
　　　　　　　　　　　　　　　　　1456- 48-260

題張滄洲遺詩後　　　　　明李東陽　1250-443- 41
●張　升
張文僖公集序　　　　　　明邵　寶　1258-596- 12
張文僖公詠史詩序　　　　明王慎中　1274-198- 9
●張　岳
張淨峰公文集序　　　　　明王慎中　1274-201- 9
●張　岳曾祖
清介斐家集序　　　　　　明張　岳　1272-410- 11
●張　羊
張嘉定集序　　　　　　　明張宇初　1236-385- 2
●張　琦
白齋詩集序　　　　　　　明林　俊　1257- 45- 5
●張　弼
東海手稿序　　　　　　　明彭　韶　1247- 26- 2
題張汝弼南行詩後　　　　明吳　寬　1255-453- 49
張東海先生詩集序　　　　明孫承恩　1271-394- 30
跋東海翁詩集　　　　　　明孫承恩　1271-459- 34
張東海集序　　　　　　　明李東陽　1455-597-235
張東海先生集序　　　　　清陸釴其　1325-142- 9
●張　煜
超然宴處詩序　　　　　　明周　瑛　1254-752- 2
●張　楷
題張御史和唐詩後　　　　明楊　榮　1240-240- 15
●張　萱
張孟奇廣陵懷古詩序　　　明王世貞　1282-713- 54
●張　鐵
碧溪詩集序　　　　　　　明陸　深　1268-268- 43
●張　詡
古菴文集序　　　　　　　明陸　深　1268-252- 41
●張　寧
皇華集（序）　　　　　　明（朝鮮）
　　　　　　　　　　　　　崔　恆　1247-356- 13

●張　蕭
先府君遺文跋　　　　　　明張　寧　1247-467- 20
●張　適
甘白先生詩集序　　　　　明陳　鑑　1386-663- 56
甘白先生後集序　　　　　明朱逢吉　1386-663- 56
●張　璞
題七寶寺僧詩卷　　　　　明陸　深　1268-557- 86
●張　綸

集部 別集類：明 十一畫

良菴文集序　　　　　　　明倪　謙　　1245-387- 16
●張　簡
張仲簡詩序　　　　　　　明王　禕　　1226-110- 5
●張　鼇
蒙溪先生集序　　　　　　明王世貞　　1282-684- 52
●張大參
題張大參廬墓八咏册　　　明周　瑛　　1254-794- 4
●張之象
剪綵集序　　　　　　　　明何良俊　　1455-710-244
●張元忭
張陽和先生文選序　　　　明鄒元標　　1294-131- 4
●張元凱
伐檀集序　　　　　　　　明王世貞　　1282-559- 42
　　　　　　　　　　　　　　　　　　1285-666- 附
●張元禎
東白集序　　　　　　　　明林　俊　　1257- 34- 4
●張以寧
翠屏集序　　　　　　　　明宋　濂　　 530-489- 70
　　　　　　　　　　　　　　　　　　1226-517- 附
翠屏集序　　　　　　　　明陳南賓　　1226-518- 附
翠屏集序　　　　　　　　明劉三吾　　1226-519- 附
翠屏集序　　　　　　　　明陳　琏　　1226-520- 附
（張以寧遺詩）跋　　　　明石光霽　　1226-583- 2
●張四維
條麓堂稿序　　　　　　　明馮　琦　　 550-139-214
條麓堂集序　　　　　　　明王家屏　　1455-621-237
●張用善
青芝稿序　　　　　　　　明胡應麟　　1290-603- 83
●張宇初
峴泉集序　　　　　　　　明程　通　　1235-739- 2
　　　　　　　　　　　　　　　　　　1236-340- 附
峴泉集序　　　　　　　　明王　紳　　1236-339- 附
（峴泉集）序　　　　　　明朱　植　　1236-340- 附
●張同雲
張同雲先生閒存齋集
　序　　　　　　　　　　清衛　蒿　　 550-154-214
●張伯可
去浮集序　　　　　　　　明高攀龍　　1292-572-9下
●張伯威
觀瀾閣卷序　　　　　　　明丘　濬　　1248-201- 10
●張伯隅
張伯隅稿序　　　　　　　明隻　堅　　1295- 19- 2
●張含宇
張含宇先生遺稿序　　　　明劉宗周　　1294-483- 10
●張布殿

梅初卷子序　　　　　　　明朱　淵　　1273-458- 2
●張治道
太微山人張孟獨詩集
　序　　　　　　　　　　明康　海　　1266-369- 4
●張居正
張太岳集序　　　　　　　明沈　鯉　　 534-617-102
●張孟禹
張孟禹詩稿序　　　　　　明王世貞　　1282-692- 53
兩都游草序　　　　　　　明胡應麟　　1290-586- 81
●張佳胤
張肖甫集序　　　　　　　明王世貞　　1280-172- 68
肖甫詩序　　　　　　　　明徐　渭　　1456- 70-262
●張彥輝
張彥輝文集序　　　　　　明方孝孺　　1235-372- 12
　　　　　　　　　　　　　　　　　　1405-694-307
　　　　　　　　　　　　　　　　　　1455-582-234
●張昭甫
張昭甫詩集序　　　　　　明王世貞　　1282-681- 52
●張惟薰
紀行程詩序　　　　　　　明宋　訥　　1225-894- 6
●張景遠
張景遠詩集序　　　　　　明陶　安　　1225-736- 13
●張華景
楚客吟稿眞蹟跋　　　　　明余繼登　　1291-848- 5
●張碧溪
跋張碧溪詩　　　　　　　明陸　深　　1456- 75-262
●張鳳翼
張伯起集序　　　　　　　明王世貞　　1282-594- 45
跋張伯起詩卷　　　　　　明胡應麟　　1290-796-110
●張瀛國
張瀛國詩集序　　　　　　明蘇伯衡　　1456- 13-257
●張應文
國香集　　　　　　　　　明王世貞　　1282-598- 45
題張應文雜著後　　　　　明王世貞　　1284-310-160
張應文詩跋後　　　　　　明王世貞　　1284-324-160
●張應泰
藝葵園草序　　　　　　　明胡應麟　　1290-624- 86
●陳　方
書陳子貞詩　　　　　　　明朱存理　　1251-598- 0
又題子貞詩　　　　　　　明朱存理　　1251-599- 0
●陳　沂
跋馬原明所藏石亭詩
　卷　　　　　　　　　　明顧　璘　　1263-610- 9
●陳　束
陳約之集序　　　　　　　明皇甫汸　　1275-740- 36

四庫全書文集篇目分類索引

		1455-678-242
●陳　音		
書愧齋倡和詩序後	明李東陽	1250-441- 41
●陳　柏		
大業堂尺牘序	明王世貞	1282-572- 43
●陳　祚		
書直道編後	明王　鏊	1256-509- 35
●陳　章		
西潭詩稿序	明吳　寬	1255-398- 44
●陳　基		
夷白齋稿序	明戴　良	1386-652- 55
跋夷白齋拾遺	明朱存理	1386-653- 55
●陳　琛		
紫峰文集後序	明丁自申	1455-748-247
●陳　斐		
仲氏斐藁序	明陳　謩	1232-590- 5
●陳　諮		
東翁遺稿序	明陳昌積	1455-717-245
●陳　謨		
海桑集序	明晏　壁	1232-526- 附
●陳　鶴		
海樵先生全集序	明薛天華	1455-762-248
●陳　縝		
讀陳節判縝詩集	明周　瑛	1254-800- 4
●陳九川		
明水文集序	明王慎中	1274-203- 9
●陳士謙		
客中清趣卷序	明徐有貞	1245- 98- 3
●陳子上		
陳子上存稿序	明蘇伯衡	1228-608- 5
●陳子吉		
陳子吉詩選序	明王世貞	1282-552- 42
●陳子威		
陳子威詩集序	明梁　潛	1237-333- 7
●陳小韙		
陳小韙詩序	明鄭之玄	1456-591-326
●陳文燭		
五嶽山房文稿序	明王世貞	1280-167- 67
二酉園集序	明王世貞	1282-685- 52
五嶽山人前集序	明歸有光	1289- 18- 2
●陳五貞		
五眞陳翁自壽詩序	明朱　淵	1273-460- 2
●陳元素		
陳古白詩序	明鄭之玄	1456-155-273
●陳天益		

煙波一葦詩序　　明張　寧　1247-412- 16
●陳中素
亦定軒稿序　　明鄒元標　1294-133- 4
●陳少華
陳少華詩集序　　明王慎中　1274-215- 9
　　　　　　　　　　　　1405-635-301
　　　　　　　　　　　　1456- 86-263
●陳弘緒
陳徵君士業文集序　清施閏章　1313- 43- 4
●陳古崖
古崖詩選序　　明林　俊　1257- 57- 6
跋陳古崖詩選　　明鄭　岳　1263-129- 24
●陳可軒
跋陳可軒詩集　　明周　瑛　1254-791- 4
●陳以遜
禾齋詩集序　　明童　軒　1456- 63-261
●陳光州
故陳光州鳴玉園集序　明顧　冶　1455-747-247
●陳仲京
題厚敬詩卷後　　明梁　潛　1237-414- 16
●陳仲進
雅南集序　　明梁　潛　1237-281- 5
書南雅集後　　明金幼孜　1240-878- 10
●陳似木
陳似木白雲軒文序　明魏學洢　1297-568- 5
●陳邦度
題陳邦度詩後　　明王　行　1231-392- 8
●陳宗問（陳裕）
書河南參政陳公詩後　明薛　瑄　1243-221- 11
●陳宗虞
陳于韶先生臥雪樓摘
　稿序　　明王世貞　1282-582- 44
●陳兩湖
刻陳兩湖先生全集序　明胡　直　1287-708- 2
●陳洪謨
高吾詩集序　　明顧　璘　1263-300- 5
靜芳亭稿後序　　明陸　粲　1274-587- 1
●陳省庵
省菴先生集序　　明王　樵　1285-148- 2
●陳則梁
陳則梁稿序　　明魏學洢　1297-568- 5
●陳原采
靜學齋文集序　　明林　右　1455-586-234
●陳起東
題陳起東詩稿後　　明吳　寬　1255-459- 50

集部 別集類：明 十一－十二畫

●陳員韜
題勿齋藁後　　　　　　　明吳　寬　1255-436- 48
●陳留餘
留餘存稿序　　　　　　　明林　俊　1257-524- 8
●陳惟泰
陳惟泰詩序　　　　　　　明徐　熥　1456-147-271
●陳惟寅
綠水園雜詠序　　　　　　明高　啓　1230-292- 3
●陳義扶
陳義扶文稿序　　　　　　明黃淳耀　1297-651- 2
●陳道復
（跋）陳白陽詩稿　　　　明王世貞　1284-379-164
●陳萬言
蔚草序　　　　　　　　　明陳萬言　1406-121-326
焚草序　　　　　　　　　明陳萬言　1406-121-326
●陳虞山
跋所書陳虞山詩卷　　　　明陸　深　1268-577- 89
再跋虞山卷　　　　　　　明陸　深　1268-577- 89
●陳漢臣
陳漢臣文集序　　　　　　明張以寧　1226-587- 3
●陳與言
滄浪行役漫稿序　　　　　明皇甫洊　1276-647- 23
●陳獻章
樵詩序　　　　　　　　　明陳獻章　1246- 15- 1
次王半山韻詩跋　　　　　明陳獻章　1246-136- 4
書陳白沙集後　　　　　　明王世貞　1285- 54- 4
　　　　　　　　　　　　　　　　　1455-695-243
刻白沙先生文集序　　　　明胡　直　1287-348- 10
書三妙卷後　　　　　　　明胡　直　1287-441- 18
書白沙先生詩稿後　　　　明謝　復　1456- 44-259
●莊　景
書定山先生集後　　　　　明弓　元　1254-365- 附
讀定山先生集　　　　　　明聞人銓　1254-366- 附
定山先生詩集序　　　　　明李承箕　1456- 42-259
●眭嵩年
眭嵩年世經堂集引　　　　明賀世壽　1406-432-362
●崔　銑
書洹詞後　　　　　　　　明王世貞　1285- 56- 4
●常　倫
常評事集序　　　　　　　明南大吉　 550-147-214
●畢　木
先君黃髮集跋·　　　　　明畢自嚴　1293-434- 3
●畢自嚴
石隱園藏稿原序　　　　　清高　珩　1293-379- 附
●畢懋康

畢孟侯詩序　　　　　　　明方宏靜　1456-120-268

十二畫

●馮　恩
馮侍御劾瑾錄序　　　　　明皇甫汸　1275-751- 37
●馮　琦
北海集後序　　　　　　　明婁　堅　1295- 13- 1
宗伯馮先生文集　　　　　明于慎行　1455-622-237
●馮大受
馮咸甫詩序　　　　　　　明王世貞　1282-596- 45
馮咸甫竹素園集序　　　　明王世貞　1282-693- 53
●馮汝弼
馮祐山先生集序　　　　　明王世貞　1282-590- 45
●馮時可
馮子西征集序　　　　　　明王世貞　1282-623- 47
●馮惟訥
馮光祿詩集序　　　　　　明于慎行　1456-114-268
●馮從吾
馮少墟先生集序　　　　　明高攀龍　1292-552- 9上
馮少墟先生集序　　　　　明曹于汴　1293-674- 1
少墟馮先生集序　　　　　明鄒元標　1294-142- 4
●馮夢禎
馮生開之五易藁序　　　　明賀燦然　1406-111-325
●富好禮
前後入蜀稿序　　　　　　明唐順之　1276-321- 6
　　　　　　　　　　　　　　　　　1405-636-301
　　　　　　　　　　　　　　　　　1455-729-245
●游　相
游生重閱慈鞠卷序　　　　明李舜臣　1273-695- 5
●游宗謙
游宗謙詩稿序　　　　　　明王世貞　1282-544- 41
●童　冀
春草集後序　　　　　　　明童　冀　1229-610- 2
●童中洲
跋童中洲和陶詩後　　　　明林　弼　1227-193- 23
童中洲和陶詩後跋　　　　明胡　翰　1229-103- 8
●童遂之
怡菊詩序　　　　　　　　明孫承恩　1271-355- 28
●曾　旦
曾助教文集序　　　　　　明宋　濂　1223-421- 7
●曾　棨
扈暉集序　　　　　　　　明梁　潛　1237-338- 7
●曾　翠
省軒存稿序　　　　　　　明黃仲昭　1254-398- 2
●曾　璵
少岷先生拾存篇序　　　　明董復亨　1455-760-248

●曾可前
曾太史集序　　　　　　明袁宏道　1405-718-310
　　　　　　　　　　　　　　　　1455-779-250
●曾能濟
耕讀軒詩序　　　　　　明梁　潛　1237-323-　6
●曾乾亨
筧當館集序　　　　　　明鄒元標　1294-136-　4
●湛若水
爲劉鴻臚跋湛司成文
　卷　　　　　　　　　明邵　寶　1258-535-　9
●湯　沐
湯公家集序　　　　　　明王慎中　1274-207-　9
●湯　珍
湯迪功詩草序　　　　　明王世貞　1282-621- 47
●湯胤勣
東谷遺稿序　　　　　　明程敏政　1252-382- 22
●湯賓尹
睡菴文集序　　　　　　明湯顯祖　1455-780-250
●湯顯祖
玉茗堂全集序　　　　　明韓　敬　1406-403-356
●項　巖
項伯高詩序　　　　　　明劉　基　1225-188-　7
　　　　　　　　　　　　　　　　1405-624-300
　　　　　　　　　　　　　　　　1456-　5-256
●項　麟
跋項文祥刑部愛日齋
　藁　　　　　　　　　明吳　寬　1255-437- 48
●項文煥
項思堯文集序　　　　　明歸有光　1289- 15-　2
　　　　　　　　　　　　　　　　1405-710-309
　　　　　　　　　　　　　　　　1455-723-245
●項元淇
項子瞻詩選序　　　　　明彭　輅　1456-100-265
●項伯禰祖
項伯子詩集序　　　　　明王世貞　1282-572- 43
●黃　臣
登峨山詩序　　　　　　明康　海　1266-343-　3
●黃　裳
柜（矩）洲文集序　　　明張　岳　1272-419- 11
伐檀集序　　　　　　　明黃　裳　1455-756-247
●黃　淮
題黃少保省愆集後　　　明楊士奇　1238-119- 10
省愆集序　　　　　　　明楊　榮　1240-168- 11
黃少保集序　　　　　　明楊　榮　1240-206- 14
省愆集序　　　　　　　明黃　淮　1374-166- 43

　　　　　　　　　　　　　　　　1455-588-234
●黃　堅
逸世遺音集序　　　　　明楊　榮　1240-169- 11
●黃　肅
黃子邕詩集序　　　　　明王　禕　1226-154-　7
　　　　　　　　　　　　　　　　1374-114- 38
　　　　　　　　　　　　　　　　1456-　7-256
●黃　暐
題蓬軒類紀　　　　　　明王　鏊　1256-514- 35
●黃　諫
書黃學士鏡歌鼓吹曲
　後　　　　　　　　　明倪　謙　1245-482- 24
●黃子充
華川集序　　　　　　　明胡　翰　1229- 55-　5
●黃子堯
題黃子堯知止詩卷　　　明方良永　1260-138-　7
●黃太沖
黃太沖野園詩序　　　　明羅萬藻　1456-160-276
●黃友文
（跋）黃教諭資深齋
　卷後　　　　　　　　明楊士奇　1238-678- 23
●黃弘綱
黃洛村先生集序　　　　明鄒元標　1294-123-　4
●黃正色
遼陽稿序　　　　　　　明顧憲成　1292- 94-　7
●黃石函
黃石函孝廉園居稿引　　明劉文卿　1456-121-268
●黃仲昭
未軒文集補遺跋　　　　明不著撰人　1254-623-　附
●黃仲聚
黃仲聚同聲集序　　　　明解　縉　1236-682-　7
●黃定父
黃定父詩集序　　　　　明王世貞　1282-540- 41
●黃洪憲
葵陽先生文集序　　　　明王　衡　1455-778-249
●黃思銘
題黃東谷詩後　　　　　明方孝孺　1235-538- 18
　　　　　　　　　　　　　　　　1406-469-367
　　　　　　　　　　　　　　　　1456- 23-258
●黃省曾
五岳黃山人集序　　　　明皇甫汸　1275-745- 36
　　　　　　　　　　　　　　　　1455-680-242
五嶽黃山人集序　　　　明王世貞　1280-153- 66
●黃禹均
西湖百詠序　　　　　　明胡應麟　1290-596- 82

2254　　　　　　　　四庫全書文集篇目分類索引

集部　別集類：明　十二畫

●黃姬水
黃淳父集序　　　　　　　明王世貞　1280-178- 68
●黃淳耀
陶菴全集序　　　　　　　清吳偉業　1297-622- 附
黃陶庵文集序　　　　　　清吳偉業　1312-223- 22
陶菴全集原序　　　　　　清陸隴其　1297-623- 附
　　　　　　　　　　　　　　　　　1325-141- 9
陶菴集原序　　　　　　　清朱彝尊　1297-624- 附
黃先生遺文序　　　　　　清朱彝尊　1318- 67- 36
題黃陶菴詩卷　　　　　　清朱鶴齡　1319-169- 14
●黃淑清
黃曉江文集序　　　　　　明王慎中　1274-211- 9
●黃閣中
書黃閣中詩集後　　　　　明林　弼　1227-199- 23
●黃堯衢
黃堯衢詩文序　　　　　　明胡應麟　1290-626- 86
●黃菊山
菊山黃先生詩集序　　　　明鄭以偉　1456-121-268
●黃道周
小草自序　　　　　　　　明黃道周　1455-785-251
募刻黃石齋先生遺書
　引　　　　　　　　　　清蔡世遠　1325-805- 11
●黃說仲
黃說仲詩草序　　　　　　明胡應麟　1290-589- 82
●黃廣臺
黃廣臺思親百詠序　　　　明海　瑞　1286- 24- 1
●黃鶴峰
鶴峰先生詩集序　　　　　明顧憲成　1292- 94- 7
●黃體方
黃體方詩序　　　　　　　明練子寧　1235- 9- 上
●費昭霽
中園四興詩集序　　　　　明吳　寬　1255-358- 40
　　　　　　　　　　　　　　　　　1456- 58-261
●賀　甫
感樓集序　　　　　　　　明楊循吉　1386-669- 56
　　　　　　　　　　　　　　　　　1456- 65-261
●賀　欽
醫閭先生集序　　　　　　明李承勛　 503-306-112
重刻醫閭賀先生稿序　　　明陳仁錫　 503-309-112
●賀汝定父
處惺堂集序　　　　　　　明鄒元標　1294-132- 4
●賀復徵
吳吟題辭　　　　　　　　明賀復徵　1406-442-363
●賀龍岡
龍岡摘稿序　　　　　　　明何　遷　1455-650-240

●屠　隆
舊集自序　　　　　　　　明屠　隆　1455-770-248
●彭　杰
水厓集序　　　　　　　　明羅洪先　1275-223- 11
　　　　　　　　　　　　　　　　　1455-667-241
●彭　教
東瀧遺稿序　　　　　　　明李東陽　1250-633- 62
●彭　輅
詩集自序　　　　　　　　明彭　輅　1456-109-266
●彭　韶
彭惠安公文集序　　　　　明林　俊　1257- 38- 5
彭惠安公文集序　　　　　明鄭　岳　1263- 51- 9
●彭　慶
岷瞻詩序　　　　　　　　明龔　敦　1233-677- 5
●彭　澤
幸菴餘稿序　　　　　　　明方良永　1260-116- 4
●彭潤玉
彭戶部說劍餘草序　　　　明王世貞　1282-719- 55
●閔指薪
閔指薪文序　　　　　　　明凌義渠　1297-444- 5
●閔裴村
閔裴村詩集序　　　　　　明黃淳耀　1297-640- 2
●華　察
巖居稿序　　　　　　　　明王慎中　1274-214- 9
　　　　　　　　　　　　　　　　　1456- 89-263
巖居稿序　　　　　　　　明黃　佐　1455-641-238
●華　綸
書水西集　　　　　　　　明唐順之　1276-351- 7
　　　　　　　　　　　　　　　　　1455-727-245
●華彥謀
跋華彥謀友竹卷　　　　　明徐有貞　1245-109- 3
●華從龍
華補菴先生詩集序　　　　明王世貞　1282-712- 54
●華湖西
湖西草堂詩集序　　　　　明王世貞　1282-606- 46
●華善述
華仲達詩選序　　　　　　明王世貞　1282-603- 46
●華善繼
華孟達集序　　　　　　　明王世貞　1282-566- 43
華孟達詩選序　　　　　　明王世貞　1282-690- 53
●華無技
華無技荷篠言序　　　　　明高攀龍　1292-570- 9下
●喻　均
喻邦相杭州諸藁小序　　　明王世貞　1282-618- 47
喻邦相浪遊稿序　　　　　明鄧以讚　1456- 92-264

●喻　時
喻吳皋先生集選序　　　明王世貞　1282-718- 55
●喻　燮
素軒吟稿序　　　　　　明胡應麟　1290-582- 81
●傅　珪
北潭彙序　　　　　　　明陸　深　1268-246- 40
●傅　著
味梅齋藁序　　　　　　明宋　濂　1223-432- 7
　　　　　　　　　　　　　　　　1374-106- 38
●傅汝舟
丁戊山人詩集序　　　　明王慎中　1274-218- 9
●傅洽伯
白雲山房集序　　　　　明龍　膺　 534-636-102
●傅前丘
前丘生行己外篇序　　　明鄭善夫　1269-147- 9
●傅時庸
敬齋珍苑序　　　　　　明羅　玘　1259- 18- 2
●傅錦泉
傅錦泉文集序　　　　　清吳偉業　1312-233- 22
●鈕鬖溪
新刻五浮山人詩卷跋　　清毛奇齡　1320-528- 60
●程　泰
竹巖詩集序　　　　　　明張　翊　1456- 43-259
●程　通
貞白遺稿原序　　　　　明胡　松　1235-726- 附
●程中權
程中權詩序　　　　　　明董復亨　1456-119-268
●程志德
西巡記行詩序　　　　　明程敏政　1252-385- 22
●程禹開
敘程禹開香雪詩　　　　明尹民興　1456-166-277
●程敏政
篁墩文集序　　　　　　明李東陽　1250-666- 64
　　　　　　　　　　　　　　　　1252- 3- 附
書近作後　　　　　　　明程敏政　1252-662- 37
書南山雜咏後　　　　　明程敏政　1252-697- 39
篁墩文集後序　　　　　明李　汛　1253-777- 附
書篁墩文集後　　　　　明何　歆　1253-778- 附
●程嘉燧
書程孟陽詩後　　　　　明婁　堅　1295-283- 25
●喬　宇
喬莊簡公遺集序　　　　明王世貞　 550-124-213
　　　　　　　　　　　　　　　　1280-158- 67
●喬可聘
喬御史讀書翁記序　　　清朱彝尊　1318- 66- 36

●喬世寧
刻喬三石先生文集序　　明胡　直　1287-314- 8
●舒　芬
梓溪文集序　　　　　　明黃　佐　1455-643-239
●舒　璘
舒文靖公文集序　　　　明危　素　1226-718- 3
●解　縉
文毅集原序　　　　　　明黃　諫　1236-594- 附
（文毅集原序）　　　　明任亨泰　1236-596- 附
（文毅集原序）（解
　學士文集序）　　　　明羅洪先　1236-597- 附
　　　　　　　　　　　　　　　　1275-220- 11
（文毅集）原跋　　　　清解　悅　1236-847- 附
（文毅集）原跋　　　　清解　韜　1236-848- 附

十三畫

●賈彥芳
塊園集序　　　　　　　明林　弼　1227-110- 13
●雷　雨
介一集序　　　　　　　明韓邦奇　1269-343- 1
●楊　恒
白鹿子文集　　　　　　明方孝孺　1235-376- 12
●楊　基
眉菴（詩）集原序　　　明江朝宗　1230-330- 附
　　　　　　　　　　　　　　　　1386-657- 55
眉菴集後志　　　　　　明張　習　1230-486- 附
　　　　　　　　　　　　　　　　1386-657- 55
●楊　溥
楊文定公文集序　　　　明李　賢　1244-566- 8
楊文定公詩集序　　　　明彭　時　1456- 53-260
●楊　慎
升菴詩序　　　　　　　明薛　蕙　1272-111- 10
七十行戊稿序　　　　　明周復俊　1455-743-247
楊升菴集序　　　　　　明周復俊　1455-744-247
刻南中集鈔敘　　　　　明周復俊　1455-745-247
●楊　廉
跋月湖集　　　　　　　明蔡　清　1257-870- 4
月湖文集序　　　　　　明羅欽順　1261-109- 8
●楊　漣
楊忠烈先生文集序　　　清魏裔介　1312-717- 4
●楊　榮
文敏集原序（建安楊
　公文集序）　　　　　明王　直　1240- 2- 附
　　　　　　　　　　　　　　　　1241-133- 6
文敏集原序　　　　　　明周　敘　1240- 3- 附
文敏集原序　　　　　　明錢習禮　1240- 4- 附

四庫全書文集篇目分類索引

集部　別集類：明　十三畫

●楊 禰
聞山詩集序　　　　　　　明顧 璘　1263-300- 5
●楊 爵
獄中詩集序　　　　　　　明楊 爵　1276- 11- 2
（楊爵）遺稿序　　　　　明會如春　1276-138-附2
（楊爵）遺稿後序　　　　明孫化龍　1276-140-附2
（楊爵）外集序　　　　　明趙 桐　1276-140-附2
楊爵外集後序　　　　　　明魏學會　1276-141-附2
題斜山楊先生集後　　　　明聶世潤　1276-141-附2
讀楊斜山先生文集說　　　明吳 楷　1276-142-附2
●楊 鶴
畏齋存稿序　　　　　　　明林 俊　1257- 69- 7
●楊 巍
存家詩稿跋　　　　　　　明楊 巍　1285-541- 附
●楊一清
邃庵（集）記　　　　　　明孫承恩　1271-457- 33
●楊士奇
沙羡藁引　　　　　　　　明楊士奇　1238- 43- 4
石臺藁引　　　　　　　　明楊士奇　1238- 44- 4
題東里詩集序　　　　　　明楊士奇　1238-570- 15
（跋）穀軒藁後　　　　　明楊士奇　1238-611- 18
（跋）歸田趣卷後　　　　明楊士奇　1238-664- 22
西巡屆從詩序　　　　　　明楊士奇　1456- 33-258
書東里文集續編後　　　　明韓 雍　1239-578- 62
東里文集原序　　　　　　明黃 淮　1238- 2- 附
東里先生翰墨卷引　　　　明王 直　1241-275- 12
東里續文藁序（東里
　續集序）　　　　　　　明李時勉　1242-732- 4
　　　　　　　　　　　　　　　　　1374-177- 44
題東里先生翰墨卷後　　　明李時勉　1242-797- 8
●楊允亨
（跋）楊和吉詩集附
　蕭德興故宮遺錄　　　　明楊士奇　1238-621- 19
●楊用修
楊升庵文集序　　　　　　明李 贄　 561-516- 44
●楊守陳
鏡川先生詩集序　　　　　明李東陽　1456- 46-260
楊學士詩序　　　　　　　明童 軒　1456- 61-261
●楊伯子
楊伯子玉房集序　　　　　明張之厚　 561-516- 44
●楊伯臣
三楚壯遊詩序　　　　　　明楊 慎　1270- 33- 3
●楊宗彝
楊宗彝詩集序　　　　　　明王 紳（1234-725- 5
　　　　　　　　　　　　　王縝）　1456- 17-257

●楊孟項
雲溪詩集序　　　　　　　明張宇初　1236-387- 2
●楊師孔
蒼雪樓詩小引　　　　　　明楊師孔　1456-101-265
昆池草小引　　　　　　　明楊師孔　1456-102-265
楊冷然詩序　　　　　　　明鄭以偉　1456-122-268
●楊惟立
乾乾齋稿引　　　　　　　明吳 寬　1255-414- 46
●楊循吉
合刻楊南峯先生全集
　序　　　　　　　　　　明錢 府　1455-792-252
●楊爾寧
楊爾寧徑山草詩題辭　　　明賀復徵　1406-443-363
楊爾寧經山詩草題辭　　　明賀復徵　1406-443-363
●楊維高
楊維高憲副喜雨卷跋　　　明張 寧　1247-483- 21
●楊維楨
書楊鐵崖遺文二　　　　　明朱存理　1251-606- 0
新刊楊鐵崖詠史古樂
　府序　　　　　　　　　明章 懋　1254-108- 4
●楊澄成
叩虛集序　　　　　　　　明邵 寶　1258-261- 3
●楊鏡川
鏡川先生詩集序　　　　　明李東陽　1250-298- 28
●楊繼盛
楊忠愍公集序　　　　　　明汪道昆　 506-404-100
　　　　　　　　　　　　　　　　　1405-708-309
楊忠愍公集序　　　　　　明皇甫汸　1275-757- 38
楊忠愍集原序（重刻
　楊椒山集序）　　　　　清毛奇齡　1278-614-附
　　　　　　　　　　　　　　　　　1320-413-48

●萬焜之
和杜詩序　　　　　　　　明童 軒　1456- 60-261
●董 紀
董中峯（侍郎）文集
　序　　　　　　　　　　明唐順之　1405-701-308
　　　　　　　　　　　　　　　　　1455-728-245
●董少玉
西陵董媛少玉詩序　　　　明王世貞　1282-717- 55
●董秉彝
記董秉彝先生文集　　　　明鄭 眞　1234-222- 38
●董厚英
董太守詩集序　　　　　　明梁 潛　1237-310- 6
●董養性
題高閒雲集後　　　　　　明梁 潛　1237-426- 16

●董應舉
董崇相詩序　　　　　　明鍾　惺　1405-648-302
●葛友梅
友梅先生四集序　　　　明范景文　1295-517- 5
●葛慶龍
跋葛慶龍九日詩　　　　明宋　濂　1456- 4-256
●葛震甫
葛震甫詩敍　　　　　　明范景文　1295-515- 5
●葉　停
山中唫序　　　　　　　明葉春及　1286-682- 14
●葉　盛
葉文莊公集序　　　　　明李東陽　1250-295- 28
　　　　　　　　　　　　　　　　1455-599-235
●葉子肅
葉子肅詩序　　　　　　明徐　渭　1405-640-301
　　　　　　　　　　　　　　　　1456- 68-262
● 葉元玉
葉古厓集序　　　　　　明鄭善夫　1269-151- 9
●葉石農
葉石農僑住草序　　　　明黃淳耀　1297-635- 2
●葉夷仲
葉夷仲文集序　　　　　明宋　濂　1223-423- 7
　　　　　　　　　　　　　　　　1455-568-233
●葉念菴
葉念菴先生遺藻序　　　明黃淳耀　1297-737- 8
● 葉茂長
葉雪樵詩集序　　　　　明王世貞　1282-581- 44
●虞　臣
虞竹西先生集序　　　　明王世貞　1280-118- 64
●虞　堪
希澹園詩集原序　　　　明桑以時　1233-583- 附
希澹園詩集跋　　　　　明虞　堪　1233-628- 附
● 虞伯盆
玉雪齋詩集序　　　　　明楊士奇　1238- 54- 5
●詹　同
詹學士文集序　　　　　明宋　濂　1223-414- 7
　　　　　　　　　　　　　　　　1405-688-307
●鄒　智
立齋遺文序　　　　　　明張　吉　1257-658- 4
立齋遺文原序　　　　　明李廷梁　1259-432- 附
寄吳獻臣（書）
　跋鄒智遺文　　　　　明鄒　智　1259-485- 附
●鄒元標
傳是堂合編序　　　　　明曹于汴　1293-686- 1
●鄒汝聖

湛源集序　　　　　　　明鄒元標　1294-146- 4
●鄒迪光
鄒黃州鶴鵴集序　　　　明王世貞　1282-662- 51
鄒彥吉屬提齋稿序　　　明王世貞　1282-705- 54
調象菴集序　　　　　　明湯顯祖　1405-714-310
鶴鵴集後序　　　　　　明王世懋　1455-698-243
●鄒德溥
宮洗四山先生全集序　　明鄒元標　1294-134- 4
●鄭汝翼
金臺集序　　　　　　　明顧　冶　1456-112-267

十四畫

●廖自勤
廖自勤文集序　　　　　明解　縉　1236-678- 7
●趙　統
錄戊辰詩稿自序　　　　明趙　統　1456-102-265
●趙　漢
漸齋詩草序　　　　　　明許相卿　1272-210- 7
●趙大佑
大司馬趙公燕石集序　　明王世貞　1282-724- 55
●趙同魯
仙華集後序　　　　　　明陸　粲　1274-588- 1
　　　　　　　　　　　　　　　　1455-705-244
●趙完璧
海嶽吟稿序　　　　　　明王之垣　1285-544- 附
●趙志皐
客粵唫序　　　　　　　明葉春及　1286-678- 14
●趙布直
趙希直詩集序　　　　　明張以寧　1226-610- 3
●趙南星
趙忠毅公文集敍　　　　明范景文　1295-574- 5
趙忠毅公集序　　　　　明周鳳翔　1455-790-252
書趙夢白尺牘卷後　　　明鄒觀光　1456-430-302
●趙貞吉
趙文肅先生文集序　　　明許孚遠　1455-663-241
●趙時春
趙浚谷先生文序　　　　明胡　直　1287-344- 9
浚谷趙公文集序　　　　明胡　松　1455-769-248
●趙梅峯
趙梅峯文集序　　　　　明許孚遠　1455-661-241
●趙搢謙
趙考古文集序　　　　　清黃世春　1229-654- 附
●蒲仲昭
蒲仲昭詩序　　　　　　明張以寧　1226-611- 3
●滕至剛
玉壺詩集序　　　　　　明王　紳　1234-723- 5

2258　　　　　　　　　　四庫全書文集篇目分類索引

●熊　直
西潤集序　　　　　　　明楊士奇　1238- 84-　7
●熊　卓
熊士選詩序　　　　　　明李夢陽　1262-475- 52
　　　　　　　　　　　　　　　　1405-628-300
●熊太古
熊太古詩集序　　　　　明林　弼　1227-113- 13
●熊公遠
熊公遠詩序　　　　　　明鄭之玄　1456-154-273
●熊永昌
遙溪詩集序　　　　　　明祝允明　1260-704- 24
●熊耳臣
序熊耳臣詩略　　　　　明尹民興　1456-166-277
●熊伯甘
操縵草　　　　　　　　明譚元春　1456-140-270
●管　見
書管石峯卷　　　　　　明劉宗周　1294-613- 16
●管時敏
蜩寂集原序　　　　　　明吳　勤　1231-674-　附
蜩寂集原序　　　　　　明胡粹中　1231-675-　附

十五畫

●潘　瑋
歐先世遺翰三首之二
　（漁隱先生集）　　　明潘希會　1266-753-　8
●潘　璋
記先君遺翰後　　　　　明潘希會　1266-748-　8
●潘　賜
梅花百詠詩序　　　　　明胡　儼　1237-579-　上
●潘之恒
潘景升詩稿序　　　　　明王世貞　1282-668- 51
潘景升東游詩小序　　　明王世貞　1282-711- 54
●潘東崖
東崖文集序　　　　　　明陳　琛　1455-655-240
●潘潤夫
潘潤夫家存稿序　　　　明王世貞　1280-178- 68
●鄭　玉
書鄭子美文集後　　　　明王　禕　1226-354- 17
　　　　　　　　　　　　　　　　1374-203- 45
●鄭　仲
牛軒集序　　　　　　　明申屠澄　1374-131- 39
●鄭　作
方山子集序　　　　　　明李夢陽　1262-472- 51
●鄭　和
哦松集序　　　　　　　明陳　謨　1232-630-　6
●鄭　岳

西行紀後語　　　　　　明鄭　岳　1263- 53-　9
南還錄序　　　　　　　明朱　淵　1273-444-　2
●鄭　紀
東園文集跋　　　　　　清鄭英梁　1249-865-　附
東園先生文集序　　　　明吳　儼　1259-407-　3
東園鄭先生文集跋語　　明朱　淵　1273-449-　2
東園先生文集序　　　　明吳　溥　1455-589-234
●鄭　淵
鄭貞孝先生文集序　　　明方孝孺　1235-374- 12
●鄭　潛
樗菴類藁原序　　　　　明程以文　1232- 94-　附
樗菴類藁原序　　　　　明揭　汯　1232- 95-　附
樗菴類藁原序　　　　　明貢師泰　1232- 95-　附
●鄭　環
栗菴遺稿序　　　　　　明何　瑭　1266-541-　5
●鄭士亨
鄭士亨東游集序　　　　明劉　基　1225-177-　7
　　　　　　　　　　　　　　　　1405-694-307
　　　　　　　　　　　　　　　　1455-577-233
●鄭之玄
自言序　　　　　　　　明鄭之玄　1456-156-274
●鄭本初
鄭本初詩集序　　　　　明貝　瓊　1456- 19-257
●鄭以偉
（碣泥集）自敘　　　　明鄭以偉　1455-788-251
●鄭仲涵
書鄭仲涵文集後　　　　明童　冀　1229-603-　2
●鄭仲舒
葯房居士集序　　　　　明祝廷心　1374-136- 40
　　　　　　　　　　　　　　　　1455-611-236
●鄭伯仁
三吳漁唱集序　　　　　明釋妙聲　1227-597-　中
●鄭芳叔
識錄先祖雜著後　　　　明鄭　真　1234-220- 38
●鄭善夫
東湖卷跋　　　　　　　明鄭善夫　1269-202- 16
少谷遺音卷跋　　　　　明傅汝舟　1269-304- 23
少谷遺音卷跋　　　　　明張　詩　1269-304- 23
少谷遺音卷跋　　　　　明馬明衡　1269-304- 23
題少谷先生遺稿　　　　明方　豪　1269-305- 24
少谷先生集序　　　　　明邱齊雲　1269-305- 24
題少谷文集　　　　　　明林　俊　1269-306- 24
題少谷文集後　　　　　明林　釺　1269-307- 24
題少谷文集後　　　　　明黃　羣　1269-307- 24
題少谷文集後　　　　　明殷雲霄　1269-308- 24

四庫全書文集篇目分類索引

集部　別集類：明　十五畫

題少谷文集後　　　　　　明王鳳靈　1269-308- 24　　●蔣光文
書少谷詩後　　　　　　　明林民止　1269-308- 24　　夢言序　　　　　　　　　明凌義渠　1297-445- 5
刻少谷文集　　　　　　　明周延用　1269-308- 24　　●蔣奎章
少谷山房雜著序　　　　　明徐　熥　1269-309- 24　　東歸集序　　　　　　　　明鄭文康　1246-591- 9
少谷詩序　　　　　　　　明謝肇淛　1269-309- 24　　●蔣敬所
鄭少谷先生集序　　　　　明曾學佺　1269-310- 24　　湘皋集序　　　　　　　　明王宗沐　1466-574- 51
鄭少谷先生集序　　　　　明孫昌裔　1269-311- 24　　●蔣德璟
少谷集序　　　　　　　　明邵捷春　1269-312- 24　　石桃詩草自序　　　　　　明蔣德璟　1456-156-274
鄭少谷先生全集序　　　　明徐　熿　1269-313- 24　　●蔡　省
●鄭閒孟　　　　　　　　　　　　　　　　　　　　　蔡齊賢桃洞遺音序　　　　明唐桂芳　1226-848- 5
題鄭閒孟詩册　　　　　　明李流芳　1295-404- 12　　●蔡　清
●鄭環庵　　　　　　　　　　　　　　　　　　　　　蔡虛齋文集序　　　　　　明林　俊　1257- 63- 6
鄭環庵先生集序　　　　　明王世貞　1282-619- 47　　　　　　　　　　　　　　　　　　　1257-756- 附
●鄭騰海　　　　　　　　　　　　　　　　　　　　　●蔡汝楠
書雲邀摘藻　　　　　　　明程敏政　1252-683- 39　　蔡白石郎署集序　　　　　明侯一元　1455-692-243
●鄭覺民　　　　　　　　　　　　　　　　　　　　　自知堂集序　　　　　　　明朱　衡　1455-763-248
求我集序　　　　　　　　明貝　瓊　1228-483- 28　　●蔡克廉
●樓　真　　　　　　　　　　　　　　　　　　　　　蔡可泉文集序　　　　　　明蘇　濬　1455-764-248
贈樓君詩卷題辭　　　　　明方孝孺　1235-539- 18　　●蔡清源
●樓布仁　　　　　　　　　　　　　　　　　　　　　友篠軒詩序　　　　　　　明梁　潛　1237-323- 6
時習齋詩集序　　　　　　明方孝孺　1235-375- 12　　●蔡道憲
●樓叔魚　　　　　　　　　　　　　　　　　　　　　家忠烈公遺詩序　　　　　清蔡世遠　1325-672- 2
南雲詩序　　　　　　　　明林　彈　1227-119- 14　　●黎大樓
●鄧玉亭　　　　　　　　　　　　　　　　　　　　　黎文僖公集序　　　　　　明李東陽　1250-667- 64
鄧玉亭文集前序　　　　　明沈　錄　1278- 15- 1　　●黎民表
●鄧以讚　　　　　　　　　　　　　　　　　　　　　瑤石山人稿序　　　　　　明陳文燭　1277- 2- 附
鄧文潔先生集序　　　　　明鄒元標　1294-124- 4　　瑤石山人詩稿序　　　　　明王世貞　1280-151- 66
●歐大任　　　　　　　　　　　　　　　　　　　　　●黎君實
浮淮集　　　　　　　　　明王世貞　1280-146- 66　　居黔漫草序　　　　　　　明吳國倫　1456- 95-264
秣陵集序　　　　　　　　明余孟麟　1456- 94-264　　●劉炳（劉彥昺）
●歐陽德　　　　　　　　　　　　　　　　　　　　　劉彥昺集原序　　　　　　明玄虛羽人　1229-715- 附
歐陽南野先生文選序　　　明胡　直　1287-364- 10　　劉彥昺集原序　　　　　　明危　素　1229-715- 附
●歐陽士則表兄　　　　　　　　　　　　　　　　　　劉彥昺集原序　　　　　　明宋　濂　1229-715- 附
（跋）歐陽士則所藏　　　　　　　　　　　　　　　　劉彥昺集原序　　　　　　明楊維楨　1229-716- 附
　其表兄詩翰後　　　　　明楊士奇　1238-654- 21　　劉彥昺集原序　　　　　　明俞貞木　1229-717- 附
●樊　山　　　　　　　　　　　　　　　　　　　　　劉彥昺集後序　　　　　　明周象初　1229-769- 附
芬納館詩稿序　　　　　　明凌義渠　1297-436- 5　　●劉　玨
●樊　鵬　　　　　　　　　　　　　　　　　　　　　完菴詩集序　　　　　　　明吳　寬　1255-397- 44
樊子少南詩集序　　　　　明康　海　1266-368- 4　　　　　　　　　　　　　　　　　　　1386-672- 56
●蔣　熹　　　　　　　　　　　　　　　　　　　　　完菴詩集後序　　　　　　明王　鏊　1386-672- 56
東壁遺稿序　　　　　　　明王世貞　1280-170- 67　　●劉　春
●蔣子杰　　　　　　　　　　　　　　　　　　　　　劉文簡公文集後序　　　　明趙貞吉　 561-514- 44
蔣錄事詩集後序　　　　　明宋　濂　1223-400- 6　　　　　　　　　　　　　　　　　　　1455-617-237
●蔣去華　　　　　　　　　　　　　　　　　　　　　●劉　紀
蔣去華稿序　　　　　　　明魏學洢　1297-566- 5　　跋劉都司家藏卷　　　　　明陸　深　1268-560- 87

2260　　　　　　　　四庫全書文集篇目分類索引

集部　別集類：明　十五畫

●劉　剛
書劉生鏡歌後　　　　　　明宋　濂　1224-452- 28
●劉　徐
書劉子卿詩藁　　　　　　明陳　謨　1232-688- 9
●劉　焙
玉笥山房集跋　　　　　　明曹于汴　1292-713- 3
●劉　淑父
髮女訂鑑父集後序　　　　明劉　淑　 518- 98-138
●劉　球
兩谿文集原序（劉忠
　愍公文集序）　　　　　明彭　時　1243-404- 附
　　　　　　　　　　　　　　　　　1374-192- 44
兩谿文集原序　　　　　　明劉定之　1243-405- 附
黃田八景詩序　　　　　　明劉　球　1243-593- 13
跋（兩谿文集）　　　　　明胡　榮　1243-717- 附
（兩谿文集）後序　　　　明張　瑄　1243-717- 附
●劉　基
誠意伯文集序　　　　　　明楊守陳　1225- 2- 附
（跋）覆瓿集　　　　　　明楊士奇　1238-609- 18
題劉青田集後　　　　　　明胡應麟　1290-770-106
任氏家藏劉誠意札記
　卷子書後　　　　　　　清毛奇齡　1320-543- 61
●劉　崧
劉職方詩跋　　　　　　　明楊士奇　1238-121- 10
劉兵部詩集序　　　　　　明宋　濂　1405-621-300
　　　　　　　　　　　　　　　　　1456- 2-256
劉職方詩集序　　　　　　明烏斯道　1456- 11-256
●劉　閔
書鄭檢討所編劉閔札
　後　　　　　　　　　　明陳獻章　1246-134- 4
劉子賢簡札序　　　　　　明鄭　紀　1249-814- 9
●劉　喬父
雲莊集序　　　　　　　　明丘　濬　1248-172- 9
●劉　楚
自序詩集　　　　　　　　明劉　楚　1456- 19-257
●劉　鉉
劉文恭集序　　　　　　　明吳　寬　1255-389- 44
　　　　　　　　　　　　　　　　　1386-668- 56
劉草窗詩集序　　　　　　明丘　濬　1248-180- 9
●劉　溥
草窗集序　　　　　　　　明姚　綬　1386-667- 56
●劉　鳳
劉侍御集序　　　　　　　明皇甫汸　1275-753- 37
　　　　　　　　　　　　　　　　　1455-686-242
劉侍御集序　　　　　　　明王世貞　1282-532- 40

劉子威禪悅三草序　　　　明徐顯卿　1455-700-243
●劉　瑊
自怡集序　　　　　　　　明黃伯生　 633-331- 附
●劉　鴻
七星文集序　　　　　　　明羅欽順　1261-108- 8
●劉　繪
嵩陽春詠集序　　　　　　明俞　時　1456- 70-262
●劉　麟
清惠集序　　　　　　　　明朱鳳翔　1264-317- 附
●劉三五
三五劉先生洞薦序　　　　明鄧元錫　1455-656-240
●劉士傳
（跋）劉士傳雅寓齋
　卷後　　　　　　　　　明楊士奇　1238-669- 23
●劉大直
劉氏詩序　　　　　　　　明方孝孺　1235-375- 12
題劉養浩所製本朝鏡
　歌後　　　　　　　　　明方孝孺　1235-537- 18
●劉上甫
劉上甫詩序　　　　　　　明周詩雅　1456-151-272
●劉天民
田間集序　　　　　　　　明王愼中　1274-211- 9
●劉永之
題劉山陰集　　　　　　　明楊士奇　1238-113- 10
（跋）山陰集　　　　　　明楊士奇　1238-610- 18
●劉可與
劉可與紀行詩序　　　　　明張以寧　1226-615- 3
●劉用熙
重刻劉蘆泉集序　　　　　明顧　璘　1263-327- 2
●劉西陂
西陂集序　　　　　　　　明徐　階　1455-619-237
●劉有年
劉大有詩集序　　　　　　明王　紳（
　　　　　　　　　　　　　王緯）　1234-723- 5
　　　　　　　　　　　　　　　　　1456- 18-257
●劉羽戎
劉羽戎知新稿序　　　　　明高攀龍　1292-572-9下
●劉仲珩
復樸藁序　　　　　　　　明劉　球　1243-535- 9
●劉仲器
葵軒稿引　　　　　　　　明朱誠泳　1260-339- 9
●劉宗周
御題劉宗周黃道周集
　有序　　　　　　　　　清 高 宗　1294-301- 附
戴山劉先生文錄序　　　　清湯　斌　1312-473- 3

●劉定之
呆齋先生文集序　　　　明李東陽　1455-594-235
●劉桂隱
劉桂隱文集序　　　　　明羅洪先　1275-233- 11
●劉啓東
劉啓東文序　　　　　　明陳　謨　1232-623- 6
●劉梅野
刻劉揮使詩藁序　　　　明沈　鍊　1278- 26- 1
●劉莊孫
劉樗園先生文集序　　　明方孝孺　1235-367- 12
●劉越石
刪補文致小引　　　　　明凌義渠　1297-467- 6
●劉景清
學詩齋卷跋　　　　　　明張　寧　1247-481- 21
　　　　　　　　　　　　　　　　1456- 39-259

●劉虛山
虛山卷序　　　　　　　明羅　玘　1259- 13- 1
●劉雙峰
求正集略序　　　　　　明萬廷言　1455-454-221
●練　安
練中丞金川集序　　　　清施閏章　1313- 38- 3
●練　高
練伯上詩序　　　　　　明王　禕　1226-106- 5

十六畫

●龍　瑄
鴻泥集序　　　　　　　明王守仁　1265-764- 29
●龍子高
釣魚軒詩集序　　　　　明張志道　1456- 23-258
●霍志剛
望雲思親序　　　　　　明薛　瑄　1243-251- 13
●盧　昊
五一居士詩卷序　　　　明丘　濬　1248-199- 10
●盧　聘
盧次楩集序　　　　　　明王世貞　1280-123- 64
蟻蠶集自序　　　　　　明盧　聘　1289-757- 附
重刻蟻蠶集引　　　　　明穆文熙　1289-889- 附
　　　　　　　　　　　　　　　　1455-653-240
蟻蠶集序　　　　　　　明萬　恭　1455-634-238
●盧　孳
江東行卷序　　　　　　明唐桂芳　1226-849- 5
●盧子明
盧子明詩序　　　　　　明車大任　1456-116-268
●盧抱蓀
書抱蓀卷後　　　　　　明鄭文康　1246-662- 17
●蕭　鎡

尚約先生集序　　　　　明丘　濬　1248-173- 9
書尚約文集後　　　　　明程敏政　1252-685- 39
●蕭孔資
龍泉掌教蕭先生遺稿
　序　　　　　　　　　明羅欽順　1261-100- 7
●蕭世賢
梅林詩集序　　　　　　明陸　深　1268-274- 44
梅林續藁序　　　　　　明陸　深　1268-309- 50
●蕭宗魯
蕭宗魯和三體詩序　　　明王　直　1241-714- 16
●蕭尚仁
貞固齋文集序　　　　　明陳　謨　1232-595- 5
●蕭時訓
冷香塢韻語序　　　　　明羅欽順　1261-111- 8
●蕭蒼石
題蕭蒼石大尹文集後　　明朱　淵　1273-453- 2
●錢　宰
（臨安集）自序　　　　明錢　宰　1229-514- 附
●錢　琦
錢東舍先生集序　　　　明王世貞　1282-541- 41
錢臨江集序　　　　　　明彭　輅　1455-732-246
●錢　豪
雪夜吟集序　　　　　　明楊　爵　1276- 12- 2
●錢子正
綠苔軒集序　　　　　　明王達善　1372- 34- 1
●錢子義
種菊蓴集序　　　　　　明錢子義　1372- 87- 7
●錢允言
跋錢允言遊山詩卷　　　明韓　雍　1245-771- 12
●錢仲芳
錢仲芳晚香堂稿序　　　明魏學洢　1297-564- 5
●錢伯起
石田書隱詩序　　　　　明練子寧　1235- 6- 上
●錢彥林
錢彥林香樹林文序　　　明魏學洢　1297-561- 5
●錢叔問
錢生漫游詩草序　　　　明顧　冶　1456-111-267
●錢南金
錢南金詩藁序　　　　　明徐一夔　1229-172- 3
●錢思復
玉林序　　　　　　　　明釋妙聲　1227-607- 中
●錢密緯
錢密緯寒玉齋詩序　　　明瞿　堅　1295- 15- 2
●錢象先
錢象先荊南集引　　　　明董其昌　1406-430-362

集部 別集類：明 十六—十八畫

●錢爾斐
錢爾斐冰雪文序　　　　　明魏學洢　1297-567- 5
●穆文熙
逍遙園集序　　　　　　　明李維楨　1455-783-250

十七畫

●謝　晉
蘭庭集原序　　　　　　　明周　傳　1244-420- 附
蘭庭集序　　　　　　　　明張　肯　1244-421- 附
●謝　肅
密庵集原序（二則）　　　明戴　良　1228- 78- 附
●謝　會
容菴集序　　　　　　　　明吳　寬　1255-381- 43
　　　　　　　　　　　　　　　　　1386-674- 56
（容菴集）又序　　　　　明祝允明　1386-675- 56
●謝　榛
謝茂秦集序　　　　　　　明王世貞　1280-124- 64
●謝　瑩
直庵存稿後跋　　　　　　明謝　遷　1256- 24- 2
●謝　績
王城山人詩序　　　　　　明李東陽　1250-230- 22
　　　　　　　　　　　　　　　　　1456- 47-260
叙錄王城先生詩後　　　　明謝　鐸　1456- 51-260
●謝　鐸
桃溪雜稿序　　　　　　　明李東陽　1250-299- 28
題總山雜詠後　　　　　　明吳　寬　1255-477- 52
謝文肅公文集序　　　　　明顧　璘　1263-453- 1
●謝于楚
謝于楚歷由草引　　　　　明袁宏道　1456-141-270
●謝孔昭
謝孔昭詩集序　　　　　　明周　傳　1386-666- 56
（謝孔昭詩集）又序　　　明張　肯　1386-667- 56
●謝兆申
耳伯麻姑遊詩序　　　　　明湯顯祖　1405-644-302
●謝泰宗
天愚山人詩集序　　　　　清朱彝尊　1318- 68- 36
●謝肇淛
謝在杭居東集序　　　　　明邢　侗　1455-775-249
●應仲張
縉雲應仲張西溪詩集
　序　　　　　　　　　　明陳　謨　1232-611- 6
●戴　欽
鹿原存稿序　　　　　　　明周仲士　1466-591- 52
鹿原稿跋　　　　　　　　明戴希顯　1466-731- 59
●戴　審
戴古愚詩集序　　　　　　明李時勉　1242-734- 4

古愚先生詩集序　　　　　明劉　球　1243-497- 7
●戴大理
刻戴大理詩序　　　　　　明李夢陽　1262-479- 52
●戴式之
重刻石屏詩序　　　　　　明謝　鐸　1456- 51-260
●戴初士
戴初士文序　　　　　　　明陸　培　1455-804-255
●戴楚望
戴楚望集序　　　　　　　明歸有光　1289- 19- 2
　　　　　　　　　　　　　　　　　1455-723-245
戴楚望後詩集序　　　　　明歸有光　1289- 20- 2
●懋公輔
懋公輔文集序　　　　　　明唐之淳　1236-581- 4
●韓　文
質菴存稿序　　　　　　　明何　瑭　1266-538- 5
●韓　雍
知菴稿序　　　　　　　　明倪　謙　1245-439- 21
●韓本常
恒軒韓先生詩集序　　　　明楊士奇　1238-547- 14
●韓伯聲
書雲臺草序　　　　　　　明葉春及　1286-678- 14
●韓邦靖
韓汝慶集序　　　　　　　明康　海　1266-363- 4
●韓姬命
姬命文集序　　　　　　　明舒日敬　1455-793-252
●薛　瑄
敬軒文集原序　　　　　　明張　鼎　1243- 35- 附
薛文清公全集序　　　　　明王慎中　1274-192- 9
薛文清先生全書序　　　　明馮從吾　1293-227- 13
薛敬軒先生文集序　　　　清蔡世遠　1325-656- 1
●薛　蕙
考功集原序　　　　　　　明李宗樞　1272- 3- 附
西原集序　　　　　　　　明蔡　羽　1455-608-236
●薛章憲
鴻泥堂小稿序　　　　　　明都　穆　1455-673-242
●薛應旂
薛方山隨寓錄序　　　　　明何良俊　1455-393-215

十八畫

●聶　豹
雙江先生文集序　　　　　明尹　臺　1277-487- 3
●聶廣文
書聶廣文懷坡堂卷後　　　明倪　謙　1245-476- 24
●豐　坊
豐南禺摘集小序　　　　　明張時徹　1455-633-238
●瞿汝稷

四庫全書文集篇目分類索引　2263

瞿元立先生集序　　　　明高攀龍　1292-564-9上
水月齋指月錄序　　　　明瞿汝稷　1456-573-324
　●瞿宗吉
刻瞿存齋先生文集　　　明張　瀚　1455-635-238
　●瞿景淳
瞿文懿公集序　　　　　明王世貞　1282-539- 41
　●魏　校
莊渠魏先生文集序　　　明胡　松　1455-768-248
　●魏　觀
蒲山牧唱序　　　　　　明王　禕　1229-406- 2
蒲山牧唱集序　　　　　明彭　時　1374-193- 44
　●魏无咎
叔无咎稿序　　　　　　明魏學洢　1297-566- 5
　●魏允中
魏仲子集序　　　　　　明王世貞　1282-686- 52
　●魏時敏
竹溪詩集序　　　　　　明黃仲昭　1254-380- 2
　●魏學洢
小集自序　　　　　　　明魏學洢　1297-558- 4
　●歸有光
書歸熙甫文集後　　　　明王世貞　1285- 55- 4
都水稿序　　　　　　　明歸有光　1289- 33- 2
歸詩考異序　　　　　　清汪　琬　1315-457- 25
　與歸元恭書一二
　　考太僕刻集誤處　　清汪　琬　1315-538- 33
歸太僕未刻稿題辭　　　清姜宸英　1323-815- 7
書歸震川文集後　　　　清方　苞　1326-758- 3
　●歸良甫
題西游遺稿後　　　　　明徐有貞　1245-119- 3

十九畫

　●譚　學
譚曼詩引　　　　　　　明譚元春　1406-433-362
　●譚元春
簡遠堂近詩序　　　　　明鍾　惺　1405-648-302
題退尋詩三十二章記　　明譚元春　1406-457-365
題客心草　　　　　　　明譚元春　1406-458-365
題簡遠堂詩　　　　　　明譚元春　1406-458-365
自序（集）　　　　　　明譚元春　1455-802-254
　●譚昌言
書狷石居遺集後　　　　清朱彝尊　1318-239- 52
　●羅　玘
刪圭峰集（題後）　　　明崔　銑　1267-475- 5
　　　　　　　　　　　　　　　　1455-612-236
　●羅　性
題羅德安集　　　　　　明倪　岳　1251-268- 20

德安羅先生集序　　　　明楊寅秋　1291-605- 1
　●羅　倫
一峯集序　　　　　　　明何喬新　1249-158- 9
書陳僉憲直夫所藏羅
　一峯辭翰卷後　　　　明黃仲昭　1254-453- 4
重訂一峯先生集序　　　明邵　寶　1258-161- 14
重刻一峯（先生）集序　明羅洪先　1275-215- 11
　　　　　　　　　　　　　　　　1405-700-308
羅一峯先生集序　　　　明鄒元標　1294-117- 4
　●羅　愿
羅鄂州小集題辭　　　　明宋　濂　1224-499- 29
　●羅　璟
北上稿序　　　　　　　明羅欽順　1261-115- 8
　●羅文恭
石蓮洞全集序　　　　　明鄒元標　1294-119- 4
　●羅汝敬（羅肅）
司空羅公外集序　　　　明顧　璘　1263-454- 1
　●羅仲理
鉛山八景小序　　　　　明龔　敩　1233-672- 5
　●羅亨信
覺非集序　　　　　　　明丘　濬　1248-175- 9
　●羅孟昭
北齋詩序　　　　　　　明解　縉　1236-686- 7
　●羅承彥
栢臺春霽序　　　　　　明薛　瑄　1243-285- 16
　●羅洪先
念菴文集原序　　　　　明胡　直　1275- 4- 附
　　　　　　　　　　　　　　　　1287-326- 9
羅念菴先生文要序　　　明鄒元標　1294-121- 4
　●羅履素
羅履素詩集序　　　　　明王守仁　1265-631- 22
　●邊　貢
華泉集原序　　　　　　明魏九宇　1264- 2- 附

二十畫

　●蘇　祐
蘇氏詩序　　　　　　　明崔　銑　1267-631- 11
　●蘇伯衡
蘇平仲文集序　　　　　明宋　濂　1223-424- 7
　　　　　　　　　　　　　　　　1228-522- 附
蘇平仲文集序　　　　　明劉　基　1225-364- 15
　　　　　　　　　　　　　　　　1228-522- 附
蘇平仲文集跋　　　　　明胡　翰　1228-851- 16
蘇平仲文集重刊跋　　　明黎　諒　1228-852- 16
蘇太史文集序　　　　　明方孝孺　1235-370- 12
（跋）蘇編修文　　　　明楊士奇　1238-609- 18

集部

別集類：明

十八—二十畫

●嚴　嵩

嚴太宰鈐山堂集序　明顧　璘　1263-455- 1
鈐山堂集序　明崔　銑　1267-631- 11
鈐山堂詩選　明皇甫汸　1275-736- 35

●嚴君德

跋釣隱詩卷尾　明朱　同　1227-714- 6

二十一畫

●顧　英

草堂遺藁序　明陸　深　1268-260- 42

●顧　淶

題南游草　明顧憲成　1292-169- 14

●顧　清

顧文僖公文集說　明孫承恩　1271-399- 30

●顧　祿（錄）

顧太常謹中詩集序　明解　縉　1236-680- 7
1405-626-300

●顧　璘

浮湘藁後序　明金大車　1263-171- 附
山中集跋　明李獻忠　1263-260- 附
山中集跋　明石元鏌　1263-261- 附
顧全州七詩序　明蔡　羽　1456- 54-260

●顧孔昭

顧孔昭耦花居稿序　明魏學洢　1297-570- 5

●顧可久

顧洞陽詩集序　明王愼中　1274-213- 9
1451- 90-263

●顧存仁

顧給舍二集題辭　明皇甫汸　1275-762- 39
東白草堂集序　明王世貞　1280-145- 66

●顧自成

信心草序　明顧憲成　1292- 90- 6

●顧竹醉

題竹醉翁集後　明王世貞　1284-307-160

●顧朗生

當情集序　明安紹芳　1456-103-265

●顧章志

顧行之集序　明周復俊　1455-745-247

●顧昭離

游秦小草序　明馮從吾　1293-224- 13

●顧夢圭

雍里先生文集序　明歸有光　1289- 17- 2

二十二畫

●龔　勉

龔子勤詩集序　明王世貞　1282-614- 47
尙友堂文稿序　明劉文卿　1455-766-248
跋尙友堂詩集　明馮夢禎　1456-108-266

●龔　詡

野古集序　明龔　詡　1236-262- 序
1455-599-235

●權　近

高麗權秀才應制集跋　清朱彝尊　1318-239- 52

●酈　琥

酈績溪和詩序　明徐　渭　1405-641-301

釋　道

靈隱大師復公文集序 靈隱大師　明宋　濂　1223-427- 7
照玄上人詩集序 照玄上人　明劉　基　1225-177- 7
1405-624-300
1456-561-323
若上文集序 釋允若　明劉　基　1225-185- 7
全室集序 釋宗泐　明朱　右　1228- 73- 5
全室集序 釋宗泐　明徐一夔　1229-341- 12
全室外集原序 釋宗泐　明徐一夔　1234-786- 附
題全室集（後） 釋宗泐　明楊士奇　1238-682- 23
西閣集序 釋如阜　明朱　右　1228- 74- 5
韋齋藁序 淵白上人　明徐一夔　1229-208- 5
衍師文藁序 道衍師　明王　彝　1229-411- 2
題道士高九成知白卷 高九成　明王　行　1231-437- 12
松下小稿序 用剛禪師　明烏斯道　1232-228- 3
圓庵集序 釋玄極　明楊士奇　1238-291- 25
題蒲菴詩集後 釋見心　明楊士奇　1238-682- 23
湧翠軒詩序 性中謥禪師　明徐有貞　1245- 93- 3
性天卷詩序 淨覺和尙　明王守仁　1265-769- 29
懷淨土詩跋 中峰和尙　明溫　純　1288-671- 15
閒家具序 友谷老人　明李流芳　1295-363- 7
秋崖詩序 釋祖印　明孔天胤　550-131-214
東皐錄題識 釋妙聲　明毛　晉　1227-564- 附
善權和尙詩序 釋善權　明鍾　惺　1405-649-302
巖棲集序 松上人　明王　衡　1456-576-324

不知姓名

王氏夢吟詩卷序　明宋　濂　1223-392- 6
書靖上人隨住吟藁後　明林　弼　1227-194- 23
吳遊藁序　明謝　肅　1228-161- 7
童中洲和陶詩後跋　明胡　翰　1374-200- 45
獨菴集序 衍斯道上人　明高　啓　1230-279- 2
竹間集序　明陳　謨　1232-603- 5

四庫全書文集篇目分類索引

郭生詩序　　　　　　明陳　讓　1232-619- 6　　青藜閣初稿序　　　　明王世貞　1280-169- 67
書夷山藁序後　　　　明方孝孺　1235-539- 18　　函野詩集序　　　　　明王世貞　1282-528- 40
趙尙書詩集序　　　　明于　謙　1244-386- 12　　蒼雪先生詩禪序　　　明王世貞　1282-536- 40
跋寫懷錄　　　　　　明李　賢　1244-577- 9　　杏山續集序　　　　　明王世貞　1282-560- 42
跋賜遊詩卷　　　　　明韓　雍　1245-767- 12　　水竹居詩集序　　　　明王世貞　1282-583- 44
夕陽齋詩集後序　　　明陳獻章　1246- 9- 1　　方鴻臚息機堂詩集序　明王世貞　1282-592- 45
　　　　　　　　　　　　　　　1456- 40-259　　武進白公集敘　　　　明宗　臣　1287-109- 12
竹雪卷序　　　　　　明張　寧　1247-381- 14　　方外吟序　　　　　　明胡應麟　1290-583- 81
桂坊藁序　　　　　　明何喬新　1249-149- 9　　王生四遊草序　　　　明胡應麟　1290-590- 82
金坡稿序　　　　　　明程敏政　1252-495- 28　　鯤伯詩選序　　　　　明曹于汴　1293-681- 1
題沈生作時感烏卷　　明程敏政　1252-631- 36　　芸窗紀愚跋　　　　　明曹于汴　1293-712- 3
友山詩序　　　　　　明莊　昶　1254-272- 6　　公餘漫興跋　　　　　明曹于汴　1293-713- 3
夢草集序　　　　　　明周　瑛　1254-741- 1　　蒼雪軒集序　　　　　明范景文　1295-507- 5
敕使君和梅花百咏序　明周　瑛　1254-753- 2　　吹景集敘　　　　　　明凌義渠　1297-437- 5
柯詹事游西湖詩引　　明吳　寬　1255-413- 46　　詩觿序　　　　　　　明凌義渠　1297-438- 5
跋謝山人詩藁　　　　明吳　寬　1255-435- 48　　劒華章序　　　　　　明凌義渠　1297-446- 5
雲水詩集序　　　　　明王　鏊　1256-284- 14　　勸影齋集序　　　　　明魏學濚　1297-556- 4
跋滇遊集　　　　　　明張　吉　1257-749- 附　　浙忠詠跋　　　　　　明魏學濚　1297-560- 4
題衞河停橈卷　　　　明顧　清　1261-636- 24　　白雪巢集序　　　　　明張　銓　 550-138-214
書南齋十詠卷後　　　明顧　清　1261-636- 24　　槐館詩選序　　　　　明董其昌　1405-645-302
張生詩序　　　　　　明李夢陽　1262-470- 51　　亭蘿山藁序　　　　　明王思任　1405-719-310
梅月先生詩序　　　　明李夢陽　1262-470- 51　　同門稿題辭　　　　　明孫慎行　1406-442-363
鳴春集序　　　　　　明李夢陽　1262-473- 51　　刻張太常文集序　　　明穆文熙　1455-654-240
毛監察登樓詩跋　　　明李夢陽　1262-543- 59　　汰藇集序霍山洪山人　明莫如忠　1455-707-244
跋武岡守傳公交際書　　　　　　　　　　　　　　入閩稿序　　　　　　明何良俊　1455-712-244
　簡卷　　　　　　　明顧　璘　1263-248- 8　　巾笥集序瓊泉先生　　明丁自申　1455-749-247
書東齋風雨卷後　　　明王守仁　1456-409-299　　應本序　　　　　　　明黃道周　1455-786-251
汶臺集小序　　　　　明崔　銑　1267-455- 4　　懷初集序　　　　　　明吳伯與　1455-804-255
研岡缶音序　　　　　明崔　銑　1267-519- 6　　書草玄堂稿後　　　　明徐　渭　1456- 69-262
南山野唱後序　　　　明陸　深　1268-257- 41　　肖甫詩序　　　　　　明徐　渭　1456- 70-262
歸田錄序　　　　　　明陸　深　1268-711- 8　　吳越詩引　　　　　　明任　瀚　1456- 93-264
充樂（集）序　　　　明韓邦奇　1269-343- 1　　松窗詩引　　　　　　明程嘉燧　1456-136-269
竹友詩集序　　　　　明許相卿　1272-212- 7　　香雪山房敘稿字仲聲　明鄭之玄　1456-153-273
跋江門指南卷後　　　明羅洪先　1275-205- 10　　某小吏學詩序之　　　明尹民興　1456-164-277
白潭詩集序　　　　　明羅洪先　1275-225- 11　　孤慎集序　　　　　　明汪道昆　1456-451-305
錢侍御集序　　　　　明皇甫汸　1275-754- 37
東川子詩序　　　　　明唐順之　1276-320- 6　　f.清
跋武岡守傳公交際書
　簡卷　　　　　　　明丘雲霄　1277-292- 8　　　　　二　畫
述艾陵子平怨快　　　明尹　臺　1277-548- 5
蒲圻黃生詩集序　　　明李攀龍　1278-360- 15　　●丁　煒
趙覇州集序　　　　　明王世貞　1280-127- 64　　（問山集）丁武選詩
擬騷序　　　　　　　明王世貞　1280-128- 64　　　集序　　　　　　　清朱彝尊　1318- 73- 37
於大夫集序　　　　　明王世貞　1280-130- 64　　●丁大聲
申考功集序　　　　　明王世貞　1280-147- 66　　丁大聲迂吟二刻序　　清毛奇齡　1320-249- 30
　　　　　　　　　　　　　　　　　　　　　　　●丁文衡
　　　　　　　　　　　　　　　　　　　　　　　丁茜園賦集序　　　　清毛奇齡　1320-482- 55

四庫全書文集篇目分類索引

集部　別集類：清　二—四畫

丁茜園集序　　　　　　　　清汪由敦　1328-786- 9
● 丁克揚
琴溪合稿序　　　　　　　　清毛奇齡　1320-310- 37
● 丁景呂
删後詩序　　　　　　　　　清魏裔介　1312-743- 6

三　畫

● 于成龍
于清端政書原序　　　　　　清李中素　1318-542- 附

四　畫

● 方又申
龍眠方又申游稿序　　　　　清毛奇齡　1320-370- 43
● 方士穎
偶存序　　　　　　　　　　清毛奇齡　1320-473- 54
● 方中履
方素伯集序　　　　　　　　清陳維崧　1322- 46- 3
● 方定庵
兩水亭餘稿序　　　　　　　清毛奇齡　1320-285- 34
● 方象瑛
錦官集序　　　　　　　　　清朱彝尊　1318- 75- 37
● 尤　侗
西堂雜組三集序　　　　　　清彭孫遹　1317-287- 37
● 王　扦
（松巢集序）王鶴尹
　詩序　　　　　　　　　　清朱彝尊　1318- 85- 38
● 王　岱
王山長集序　　　　　　　　清施閏章　1313- 51- 4
● 王　宸
王紫凝幹山集序　　　　　　清毛奇齡　1320-279- 33
● 王　庭
王先生言遠詩序　　　　　　清朱彝尊　1318- 82- 38
● 王　梁
王紹曾遺詩序　　　　　　　清汪由敦　1328-777- 9
● 王　梓
王崇安詩序　　　　　　　　清朱彝尊　1318-100- 39
● 王　撰
西田集詩序　　　　　　　　清田　雯　1324-264- 25
● 王　暉
王丹麓松溪詩集序　　　　　清施閏章　1313- 83- 7
霞舉堂集序　　　　　　　　清毛奇齡　1320-331- 39
● 王田煥
憶雪樓詩集序　　　　　　　清朱彝尊　1318- 94- 39
● 王　道
王直夫詩序　　　　　　　　清蔡世遠　1325-676- 2
● 王　略
王蒼霞萬卷山房詩集

　題詞　　　　　　　　　　清吳　綺　1314-398- 10
● 王　巖
王築夫白田集序　　　　　　清朱彝尊　1318- 68- 36
● 王又旦
王黃湄過嶺詩集序　　　　　清姜宸英　1323-614- 1
● 王士祿
王子底詩集序　　　　　　　清汪　琬　1315-483- 28
王考功遺集序　　　　　　　清朱彝尊　1318- 91- 38
王吏部西樵詩集序　　　　　清朱鶴齡　1319- 90- 8
● 王士禎
蜀道詩序　　　　　　　　　清施閏章　1313- 53- 5
王貽上詩集序　　　　　　　清汪　琬　1315-482- 28
衍波集序　　　　　　　　　清彭孫遹　1317-290- 37
王禮部詩序　　　　　　　　清朱彝尊　1318- 71- 37
王阮亭詩集弁首　　　　　　清毛奇齡　1320-514- 58
王阮亭五七言詩選序　　　　清姜宸英　1323-611- 1
● 王上台
王上台詩序　　　　　　　　清陸隴其　1325-145- 9
● 王文叔
王文叔嵩峯樓稿序　　　　　清毛奇齡　1320-239- 29
題王文叔詩頁子　　　　　　清毛奇齡　1320-516- 59
● 王天鑑
王近微春署詩序　　　　　　清魏裔介　1312-734- 5
● 王弘撰
砥齋集序　　　　　　　　　清汪　琬　1315-477- 27
● 王玉映（王思任女）
閨秀王玉映留篋集序　　　　清毛奇齡　1320-250- 30
● 王石庵
王石庵墨園小草跋　　　　　清毛奇齡　1320-539- 60
● 王白虹
王白虹詩序　　　　　　　　清施閏章　1313- 60- 5
● 王西園
王西園偶言集序　　　　　　清毛奇齡　1320-294- 35
● 王先吉
王牧臣西臺雜吟序　　　　　清毛奇齡　1320-284- 34
● 王多巖
王多巖遺集序　　　　　　　清施閏章　1313- 78- 7
● 王廷燦
王似齋詩序　　　　　　　　清湯　斌　1312-486- 3
● 王命岳
王耻古文集序　　　　　　　清李光地　1324-696- 12
● 王茂蔭
鑑園詩序　　　　　　　　　清毛奇齡　1320-202- 24
● 王秋史
二十四泉草堂詩序　　　　　清田　雯　1324-241- 24

● 王孫晉
寶應王孫晉南游詩序　　清毛奇齡　1320-252- 30
● 王崇簡
王敬哉先生集序　　清汪　琬　1315-491- 29
● 王復禮
王草堂詩序　　清毛奇齡　1320-273- 33
● 王慎齋
王君慎齋詩集序　　清毛奇齡　1320-352- 41
● 王新命
東山集自序　　清王新命　561-655- 47
● 王項齡
王學士西征草序　　清朱彝尊　1318- 76- 37
● 王憲鄰
王憲鄰游草序　　清毛奇齡　1320-267- 32
● 王學臣
王學臣杜鵑聲集序　　清吳　綺　1314-311- 5
● 王鴻資
王鴻資客中雜咏序　　清毛奇齡　1320-280- 33
● 孔尚任
孔東塘宮詞序　　清吳　綺　1314-306- 5
● 毛先舒
毛稚黃東苑詩鈔序　　清毛奇齡　1320-219- 26
● 毛奇齡
毛大可詩序　　清施閏章　1313- 70- 6
● 毛卓人
毛卓人詩序　　清吳偉業　1312-216- 21
● 毛芝亭
芝亭集序　　清田　雯　1324-245- 24
● 毛御先
東亭文稿選引　　清毛奇齡　1320-511- 58
● 毛萊園
家副使秦中詩序　　清毛奇齡　1320-286- 34
● 毛際可
家會侯選本詩序　　清毛奇齡　1320-449- 52
● 毛鳴岐
家文山萊根堂全集序　　清毛奇齡　1320-371- 43
● 允　祥
和碩怡賢親王遺稿題辭　　清世宗　1300- 96- 11

五　畫

● 弘　畫
稽古齋文鈔序　　清高宗　1300-339- 7
　　　　　　　　　　　　1449-247- 12
新刻稽古齋文集序　　清高宗　1301- 98- 10
稽古齋文鈔序　　清蔡世遠　1325-649- 1

● 左華露
左華露遺文序　　清方　苞　1326-809- 6
● 左暎樵
桐城左仲子暎樵詩集
　序　　清毛奇齡　1320-310- 37
● 田　雯
田綸霞詩序　　清吳　綺　1314-264- 3
轢轅詩自序　　清田　雯　1324-261- 25
補刻山蘊詩自序　　清田　雯　1324-261- 25
● 田子相
田子相詩序　　清毛奇齡　1320-274- 33
田子相詩賦合集序　　清毛奇齡　1320-328- 39
● 田西畎
跛侍講田公詩卷　　清張玉書　1322-500- 6
● 田牧園
田牧園滇行詩序　　清吳　綺　1314-265- 3
● 田茂遇
田鑿淵詩序　　清吳偉業　1312-224- 22
田鑿淵游燕詩草序　　清魏裔介　1312-738- 5
● 田漫澤
漫澤田公文集序　　清儲大文　1327-222- 11
● 申涵先
申鬼盟詩序　　清魏裔介　1312-732- 5
● 史申義
史蕉飲過江詩集序　　清陳廷敬　1316-548- 37
史蕉飲燕城詩集序　　清姜宸英　1323-615- 1
● 史承謙
秋琴詩稿序　　清儲大文　1327-229- 11
● 史書嚴
史書嚴猶奕堂詩跋　　清毛奇齡　1320-528- 60
● 史弱翁
史弱翁詩集序　　清朱鶴齡　1319- 83- 8
● 丘元武
龍標詩序　　清田　雯　1324-243- 24
● 白允謙
白東谷詩序　　清吳偉業　1312-210- 21
● 白遇道
悟齋無題詩序　　清汪由敦　1328-789- 9

六　畫

● 江允凝
江允凝詠古詩序　　清吳　綺　1314-291- 4
● 江眉瞻
江柳州眉瞻隴塞集詩
　序　　清吳　綺　1314-270- 3
● 任王倩

四庫全書文集篇目分類索引

集部 別集類：清 六－七畫

任王倓詩集跋　　　　　　清毛奇齡　1320-537-60
●任辰旦
介和堂詩鈔序　　　　　　清毛奇齡　1320-283-34
介和堂續集序　　　　　　清毛奇齡　1320-374-44
●全浦東
浦東詩跋　　　　　　　　清毛奇齡　1320-537-60
●朱　虛
朱參藩文集跋　　　　　　清毛奇齡　1320-531-60
●朱　湘
楓香集序　　　　　　　　清田　雯　1324-248-24
●朱　紳
橡村詩序　　　　　　　　清朱彝尊　1318-101-39
●朱山暉
朱山暉循寄堂集序　　　　清施閏章　1313-67-6
●朱公艾
朱公艾越游草序　　　　　清魏裔介　1312-746-6
●朱長泰
大山稿序　　　　　　　　清毛奇齡　1320-293-35
●朱指庵
書朱指庵詩集後　　　　　清毛奇齡　1320-544-61
●朱斯珮
朱斯珮五律遺稿序　　　　清毛奇齡　1320-275-33
●朱載震
東浦詩鈔序　　　　　　　清朱彝尊　1318-102-39
●朱通邇
朱人遠西山詩序　　　　　清朱彝尊　1318-85-38
●朱彝尊
曝書亭集原序　　　　　　清王士禎　1317-391-附
曝書亭集原序　　　　　　清魏　禧　1317-391-附
曝書亭集原序　　　　　　清查慎行　1317-392-附
騰笑集序　　　　　　　　清朱彝尊　1318-103-39
朱竹垞騰笑集序　　　　　清姜宸英　1323-612-1

七　畫

●汪　琬
石隱山房詩序　　　　　　清陳廷敬　1316-544-37
●汪　森
小方壺存稿序　　　　　　清朱彝尊　1318-96-39
華及堂詩稿序　　　　　　清朱鶴齡　1319-95-8
●汪　枋
汪舟次詩序　　　　　　　清施閏章　1313-56-5
●汪　筠
伯子遺槀小序　　　　　　清汪　琬　1315-510-30
●汪　灝
汪紫滄披雲閣詩序　　　　清吳　綺　1314-288-4
●汪上若

汪甥上若詩詞小刻序　　　清吳　綺　1314-312-5
●汪文柏
汪司城詩序　　　　　　　清朱彝尊　1318-99-39
汪季青詩稿序　　　　　　清朱鶴齡　1319-99-8
汪季青詩稿序　　　　　　清陳維崧　1322-71-5
●汪文禎
汪周士詩稿序　　　　　　清朱鶴齡　1319-97-8
●汪中允
汪中允秦行詩略序　　　　清姜宸英　1323-630-1
●汪石西
汪石西先生詩集序　　　　清吳　綺　1314-258-3
●汪由敦
御製汪承霈進其父由
　敦詩文集因題句當
　序　　　　　　　　　　清 高 宗　1328-381-附
松泉原序　　　　　　　　清劉　綸　1328-691-附
●汪來虞
跌石交紀贗　　　　　　　清汪　琬　1315-619-39
●汪陽坡
陽坡詩跋　　　　　　　　清毛奇齡　1320-530-60
●汪發若
陽坡草堂詩序　　　　　　清施閏章　1313-89-7
●汪無己
讀書堂詩集序　　　　　　清毛奇齡　1320-435-50
●汪徵遠
汪扶晨穀玉堂詩集序　　　清吳　綺　1314-262-3
●汪學先
江上吹簫閣集序　　　　　清毛奇齡　1320-394-46
●汪懋麟
汪蛟門舍人十二研齋
　詩文序　　　　　　　　清吳　綺　1314-253-3
●沈　荃
沈繹堂燕臺新詠序　　　　清魏裔介　1312-729-5
●沈　湄
沈伊在詩序　　　　　　　清吳偉業　1312-231-22
●沈允范
采山堂詩二集序　　　　　清毛奇齡　1320-277-33
●沈玉亮
沈瑤岑集千家詩序　　　　清毛奇齡　1320-444-51
●沈怡亭
族兄怡亭詩集序　　　　　清沈　彤　1328-330-5
●沈武抑
默堂詩鈔序　　　　　　　清毛奇齡　1320-367-43
●沈季友
沈客子詩集序　　　　　　清毛奇齡　1320-396-46

四庫全書文集篇目分類索引

●沈秋喈
秋喈跋　　　　　　　　清毛奇齡　1320-532- 60
●沈德潛
沈德潛歸愚集序　　　　清 高 宗　1301-108- 11
●沈鍍天
沈鍍天詩序　　　　　　清施閏章　1313- 48- 4
●宋　至
緯蕭集序　　　　　　　清汪　琬　1315-506- 30
●宋　犖
西湄草堂詩跋　　　　　清宋　犖　1323-319- 28
●宋　俊
宋長白岸舫集序　　　　清吳　綺　1314-267- 3
●宋　琬
宋玉叔詩文集序　　　　清吳偉業　1312-213- 21
宋荔裳北寺草序　　　　清施閏章　1313- 45- 4
●宋　犖
宋牧仲詩序　　　　　　清吳偉業　1312-218- 21
宋牧仲詩序　　　　　　清魏裔介　1312-730- 5
綿津山人詩集序　　　　清汪　琬　1315-503- 30
西陂類稿序　　　　　　清陳廷敬　1323- 3- 附
●宋　權
先文康白華堂詩跋　　　清宋　犖　1323-318- 28
●宋武葵
宋武葵滄州集序　　　　清吳　綺　1314-256- 3
●宋思玉
宋楚鴻文集序　　　　　清陳維崧　1322- 57- 4
●宋徵輿
宋直方林屋詩草序　　　清吳偉業　1312-246- 23
宋轅文詩序　　　　　　清魏裔介　1312-724- 5
●宋徵壁
宋尙木抱眞堂詩序　　　清吳偉業　1312-225- 22
●成文昭
成周卜詩集序　　　　　清朱彝尊　1318- 95- 39
●杜雍玉
東陽杜雍玉詩序　　　　清毛奇齡　1320-459- 52
●李　匡
書李匡詩後　　　　　　清毛奇齡　1320-545- 61
●李　楷
李叔則集序　　　　　　清施閏章　1313- 70- 6
●李文胤
書李呆堂集後　　　　　清蔡世遠　1325-806- 11
●李元鼎
灌研齋集序　　　　　　清施閏章　1313- 41- 4
●李石艇
石艇詩集序　　　　　　清毛奇齡　1320-506- 57

●李光地
榕村集原序　　　　　　清李　絜　1324-526- 附
榕村文粹序　　　　　　清汪由敦　1328-775- 9
●李先五
李先五詩序　　　　　　清陸隴其　1325-144- 9
●李良年
襲紫樓文集序　　　　　清汪　琬　1315-492- 29
●李孚青
野香亭詩集序　　　　　清姜宸英　1323-625- 1
丹壑詩序　　　　　　　清田　雯　1324-244- 24
●李明睿
蕭江集小引　　　　　　清施閏章　1313-314- 26
●李念慈
李妃瞻詩序　　　　　　清施閏章　1313- 66- 6
●李朗仙
李朗仙江淮草序　　　　清施閏章　1313- 67- 6
●李泰川
李上舍瓦缶集序　　　　清朱彝尊　1318- 99- 39
●李振裕
白石山房棻序　　　　　清汪　琬　1315-495- 29
●李榕臺
榕臺集詩序　　　　　　清毛奇齡　1320-216- 26
●李鳳雛
東陽李紫翔詩集序　　　清毛奇齡　1320-500- 57
●李澄中
李渭清燕臺詩序　　　　清施閏章　1313- 72- 6
李侍讀臥象山人集序　　清毛奇齡　1320-395- 46
●李魯膏
李魯膏補雲堂集序　　　清汪由敦　1328-779- 9
●李興祖
李廣寧課慎初集序　　　清毛奇齡　1320-356- 42
李廣寧司馬詩集序　　　清毛奇齡　1320-383- 45
●邢　昉
邢孟貞詩序　　　　　　清施閏章　1313- 45- 4
●呂謙恒
青要集序　　　　　　　清方　苞　1326-810- 6
●吳　沐
吳應辰詩序　　　　　　清毛奇齡　1320-279- 33
●吳　雯
吳天章蓮洋集序　　　　清陳維崧　1322- 60- 4
蓮洋詩鈔原序　　　　　清王士禎　1322-277- 附
●吳　綺
巾箱詩詞二韻序　　　　清吳　綺　1314-317- 6
吳園次林蕙堂全集序　　清陳維崧　1322- 40- 3
三芝集序　　　　　　　清陳維崧　1322- 49- 3

四庫全書文集篇目分類索引

集部 別集類：清 七—八畫

藝圃詩序　清陳維崧　1322-73-5
● 吳子晉
家茂才一鑒居士桐江草序　清吳　綺　1314-263-3
● 吳子翊
吳虞生詩序　清姜宸英　1323-628-1
● 吳文仲
家文仲睡餘草題詞　清吳　綺　1314-399-10
● 吳之驥
家逸園姪留香集序　清吳　綺　1314-287-4
● 吳天篆
吳天篆賦稿序　清陳維崧　1322-64-4
● 吳介玆
一研齋詩序　清姜宸英　1323-627-1
● 吳介庵
壺山草堂詩集序　清毛奇齡　1320-456-52
● 吳克菴
吳觀察克菴詩序　清吳　雯　1322-379-10
● 吳孚占
吳孚占詩集序　清吳　綺　1314-292-4
● 吳征吉
聽松樓近體詩序　清毛奇齡　1320-333-39
●吳冠五
吳冠五游上黨詩序　清毛奇齡　1320-309-37
●吳振棫
家仲雲詩序　清吳　綺　1314-292-4
●吳舫翁
吳舫翁集序　清施閏章　1313-58-5
●吳清來
錢唐吳清來詩序　清毛奇齡　1320-295-35
●吳啓昆
吳宥函文稿序　清方　苞　1326-806-6
●吳偉業
御題梅村集　清高宗　1312-1-0
●吳雲逸
家雲逸酹漁詩序　清吳　綺　1314-293-4
●吳雲襄
家雲襄西湖四時遊草序　清吳　綺　1314-286-4
● 吳雯炯
家鏡秋姪詩詞合集序　清吳　綺　1314-310-5
●吳震方
放膽詩序　清朱彝尊　1318-62-36
● 吳靜及
吳靜及詩序　清毛奇齡　1320-495-56

●吳學烱
吳星若詩草序　清魏裔介　1312-747-6
●吳闓思
吳道賢詩小序　清汪　琬　1315-484-28
●吳疊峰
家疊峰詩集序　清吳　綺　1314-278-4
●吳讓里
書坐花軒詩二集後　清施閏章　1313-321-26
● 吳觀莊
家觀莊粵遊絕句小序　清吳　綺　1314-272-3
● 佟金支
漱香閣詩集序　清吳　綺　1314-288-4
● 余　懷
余澹心娥江吟卷序　清毛奇齡　1320-266-32
● 余廣霞
余廣霞浴鶴吟跋　清吳　綺　1314-404-10
● 何之杰
何伯興北游瞻雲二草序　清毛奇齡　1320-208-25
●何生伯
瑟齋詩序　清施閏章　1313-85-7
●何洛仙
何生洛仙北游集序　清毛奇齡　1320-390-45
●何涵齋
吟懷集序　清彭孫遹　1317-295-37
● 何雲墾
何雲墾轉運集字詩序　清吳　綺　1314-255-3
●何歸三
何歸三贈遺草跋　清毛奇齡　1320-529-60

八　畫

●宗元鼎
宗定九新柳堂詩集序　清吳　綺　1314-257-3
宗定九全集序　清朱鶴齡　1319-100-8
●松　齡
青崙吟稿序　清毛奇齡　1320-201-24
● 邵　陵
青門文稿序　清毛奇齡　1320-264-32
● 林子牛
雪巖詩序　清蔡世遠　1325-678-2
● 林元白
林元白詩序　清藍鼎元　1327-629-4
●林麟焻
林玉巖詩集序　清陳維崧　1322-102-7
● 來　度
書來度詩後　清毛奇齡　1320-545-61

●來木菴
來木菴詩賦集序　　　　清毛奇齡　1320-490- 56
●卓允基
卓次厚江上草小序　　　清吳　綺　1314-279- 4
●卓爾堪
卓子任近青堂（集）
　　序　　　　　　　　清吳　綺　1314-276- 4
●季偉公
季偉公詩集序　　　　　清吳　綺　1314-267- 3
●周　綸
周鷹垂詩集序　　　　　清陳維崧　1322- 81- 5
●周允開
周允開文稿序　　　　　清毛奇齡　1320-475- 54
●周弘濟
周弘濟阜懷詩鈔序　　　清姜宸英　1323-620- 1
●周平山
周秋鶚閣游咏跋　　　　清毛奇齡　1320-534- 60
●周亦韓
周亦韓愛蓮堂詩序　　　清毛奇齡　1320-304- 36
●周起渭
稼雨軒詩序　　　　　　清田　雯　1324-242- 24
●周茗柯
澫園近詩序　　　　　　清魏裔介　1312-752- 6
●周雪山
周雪山集跋　　　　　　清毛奇齡　1320-538- 60
●周隱求
周隱求自怡草序　　　　清吳　綺　1314-259- 3
●周體觀
周伯衡南州草序　　　　清施閏章　1313- 79- 7
●金　鎭
金長眞詩序　　　　　　清施閏章　1313- 82- 7
白下近詩小序　　　　　清施閏章　1313- 88- 7
●金子弦
金子弦詩集序　　　　　清毛奇齡　1320-200- 24
●金之俊
金息齋先生文集序　　　清魏裔介　1312-719- 4
●金右辰
金右辰詩序　　　　　　清施閏章　1313- 76- 6
●金星槎
星槎詩序　　　　　　　清毛奇齡　1320-379- 44
●邱義章
邱義章詩序　　　　　　清藍鼎元　1327-629- 4
●房慎葊
房橘部文集序　　　　　清施閏章　1313- 55- 5

九　畫

●姜左翊
刻姜左翊文稿題詞　　　清毛奇齡　1320-524- 59
●姜价人
姜价人文稿跋　　　　　清毛奇齡　1320-531- 60
●姜布轍
姜定庵兩水亭餘稿序　　清施閏章　1313- 79- 7
●姜廷梧
桐音集序　　　　　　　清毛奇齡　1320-199- 24
●姜宸英
湛園集序　　　　　　　清秦松齡　1323-594- 附
湛園集序　　　　　　　清韓　菼　1323-595- 附
●計　東
計甫草中州集序　　　　清汪　琬　1315-486- 28
●施閏章
學餘堂集原序　　　　　清魏　禧　1313- 3- 附
施愚山詩集序　　　　　清毛奇齡　1320-244- 29
●施端教
書嘯閣文選後　　　　　清施閏章　1313-320- 26
施匪莪嘯閣文集序　　　清張玉書　1322-450- 4
●胡二齋
胡二齋擬古樂府序　　　清陳維崧　1322-108- 7
●胡介社
谷園續集序　　　　　　清姜宸英　1323-626- 1
●胡永叔
胡永叔詩序　　　　　　清朱彝尊　1318- 98- 39
●胡其章
胡黃門其章先生葵錦
　　堂集序　　　　　　清陳維崧　1322- 55- 4
●胡南湖
南湖居士詩序　　　　　清朱彝尊　1318- 95- 39
●胡飛九
胡飛九詩詞集序　　　　清毛奇齡　1320-418- 48
●胡貞開
胡循蜚尺牘序　　　　　清吳　綺　1314-314- 6
●胡奐庭
胡奐庭緇藻集序　　　　清毛奇齡　1320-478- 54
●胡悅之
胡處士募刻詩集引　　　清施閏章　1313-314- 26
●胡寅公
胡寅公詩序　　　　　　清毛奇齡　1320-372- 43
●胡國堂
定力堂詩序　　　　　　清施閏章　1313- 54- 5
●胡國期
胡國期詩序　　　　　　清毛奇齡　1320-434- 50
●胡樞巢

集部 別集類：清 九—十 畫

胡樞巢詩集序　　　　　　清吳　綺　　1314-289-　4

●查　容

海寧查布衣詩序　　　　　清陳廷敬　　1316-546- 37

●查慎行

敬業堂詩集原序　　　　　清王士禎　　1326-　3-　附
敬業堂詩集原序　　　　　清楊雍建　　1326-　3-　附
敬業堂詩集原序　　　　　清黃宗炎　　1326-　4-　附
敬業堂詩集原序　　　　　清陸嘉淑　　1326-　5-　附
敬業堂詩集原序　　　　　清鄭　梁　　1326-　6-　附
慎旅集序　　　　　　　　清查慎行　　1326-　7-　1
溫歸集序　　　　　　　　清查慎行　　1326- 47-　4
西江集序　　　　　　　　清查慎行　　1326- 60-　4
踰淮集序　　　　　　　　清查慎行　　1326- 74-　5
假館集序　　　　　　　　清查慎行　　1326- 84-　6
人海集序　　　　　　　　清查慎行　　1326-106-　8
春帆集序　　　　　　　　清查慎行　　1326-118-　9
獨吟集序　　　　　　　　清查慎行　　1326-129- 10
竿木集序　　　　　　　　清查慎行　　1326-141- 11
題壁集序　　　　　　　　清查慎行　　1326-149- 11
橘社集序　　　　　　　　清查慎行　　1326-157- 12
勸酬集序　　　　　　　　清查慎行　　1326-168- 13
溢城集序　　　　　　　　清查慎行　　1326-179- 14
雲霧窟集序　　　　　　　清查慎行　　1326-195- 15
客船集序　　　　　　　　清查慎行　　1326-208- 16
並轡集序　　　　　　　　清查慎行　　1326-212- 16
冗寄集序　　　　　　　　清查慎行　　1326-219- 17
白蘋集序　　　　　　　　清查慎行　　1326-231- 18
秋鳴集序　　　　　　　　清查慎行　　1326-236- 18
敝裘集序　　　　　　　　清查慎行　　1326-243- 19
酒人集序　　　　　　　　清查慎行　　1326-248- 19
遊梁集序　　　　　　　　清查慎行　　1326-263- 20
皖上集序　　　　　　　　清查慎行　　1326-276- 21
中江集序　　　　　　　　清查慎行　　1326-289- 22
得樹樓集序　　　　　　　清查慎行　　1326-299- 23
近遊集序　　　　　　　　清查慎行　　1326-310- 23
賓雲集序　　　　　　　　清查慎行　　1326-314- 24
杖家集序　　　　　　　　清查慎行　　1326-337- 26
過夏集序　　　　　　　　清查慎行　　1326-346- 27
偷存集序　　　　　　　　清查慎行　　1326-357- 28
緝經集序　　　　　　　　清查慎行　　1326-359- 28
隨輦集序　　　　　　　　清查慎行　　1326-389- 30
直廬集序　　　　　　　　清查慎行　　1326-408- 31
考牧集序　　　　　　　　清查慎行　　1326-426- 32
甘雨集序　　　　　　　　清查慎行　　1326-438- 33
西陘集序　　　　　　　　清查慎行　　1326-448- 34
迎鑾集序　　　　　　　　清查慎行　　1326-456- 34
還朝集序　　　　　　　　清查慎行　　1326-463- 35
道院集序　　　　　　　　清查慎行　　1326-474- 36
槐蔭集序　　　　　　　　清查慎行　　1326-485- 37
棗東集序　　　　　　　　清查慎行　　1326-516- 39
長告集序　　　　　　　　清查慎行　　1326-533- 40
待放集序　　　　　　　　清查慎行　　1326-559- 41
計日集序　　　　　　　　清查慎行　　1326-583- 42
齒會集序　　　　　　　　清查慎行　　1326-593- 43
步陳集序　　　　　　　　清查慎行　　1326-612- 44
吾過集序　　　　　　　　清查慎行　　1326-622- 45
夏課集序　　　　　　　　清查慎行　　1326-631- 46
望歲集序　　　　　　　　清查慎行　　1326-636- 46
粵游集序　　　　　　　　清查慎行　　1326-642- 47

●胥庭清

胥永公北征百篇序　　　　清魏裔介　　1312-740-　5

●冒　襄

同岑集序　　　　　　　　清吳　綺　　1314-251-　3
冒巢民三秋語不休詩序　　清吳　綺　　1314-283-　4

●范承謨

福建總督范承謨畫壁集序　清聖祖　　　1299-541- 22
百苦吟自序　　　　　　　清范承謨　　1314- 66-　5
畫壁遺稿自序　　　　　　清范承謨　　1314- 78-　6
考言錄引首　　　　　　　清范承謨　　1314- 98-　7

●范熊巖

范熊巖雜集總序　　　　　清毛奇齡　　1320-300- 36

●姚文燮

黃栢山房和詩序　　　　　清張　英　　1319-664- 40

●俞石眉

俞石眉詩序　　　　　　　清毛奇齡　　1320-277- 33

●俞可庵

俞可庵文集序　　　　　　清毛奇齡　　1320-340- 40

●俞南史

俞無殊詩集序　　　　　　清朱鶴齡　　1319- 91-　8

十　畫

●容　安

容安詩草序　　　　　　　清毛奇齡　　1320-204- 25

●高　詠

高阮懷洪州草序　　　　　清施閏章　　1313- 74-　6
遺山堂詩序　　　　　　　清施閏章　　1313- 82-　7

●高立夫

高立夫悼亡詩序　　　　　清彭孫遹　　1317-302- 37

●高以永

四庫全書文集篇目分類索引

集部 別集類：清 十—十二畫

高戶部詩集序　　清姜宸英　1323-623- 1
● 高修恒
高戶部詩序　　清朱彝尊　1318- 89- 38
● 唐祖命
唐舍人耕塢集序　　清施閏章　1313- 61- 5
● 唐夢賚
志壑堂集序　　清毛奇齡　1320-302- 36
益都相公佳山堂詩集
　序　　清毛奇齡　1320-375- 44
● 唐衢尊
唐衢尊集序　　清汪由敦　1328-777- 9
● 席寶箴
席寶箴詩集序　　清沈　彤　1328-330- 5
● 祝矜刪
龍山祝矜刪詩序　　清毛奇齡　1320-417- 48
● 馬　駿
淮陰馬西樵詩集序　　清毛奇齡　1320-252- 30
● 馬玉坡
轉蓬集序　　清陳廷敬　1316-545- 37
● 孫止瀾
跋孫止瀾太史詩卷　　清吳　綺　1314-403- 10
●孫肖夫
孫肖夫詩序　　清毛奇齡　1320-491- 56
● 孫奇達
孫北海近刻序　　清李光地　506-409-100
孫徵君先生文集序　　清湯　斌　1312-472- 3
孫鍾元先生歲寒居文
　集序　　清魏裔介　1312-718- 4
● 孫家鼎
故太傅孫文正公集序　　清魏象樞　506-407-100
● 孫雲含
碧鮮齋詩集序　　清儲大文　1327-226- 11
● 孫殿颺
孫殿颺檜吟序　　清吳　綺　1314-269- 3
● 郝　浴
拾瑤錄序　　清汪　琬　1315-504- 30
● 耿惟馨
耿惟馨詩草序　　清魏裔介　1312-736- 5
● 夏宁枚
夏宁枚粵遊草序　　清吳　綺　1314-268- 3
● 夏熙臣
夏無易詩序　　清姜宸英　1323-628- 1
● 夏廣秦
東嘉夏廣秦詩集序　　清毛奇齡　1320-205- 25
● 茹大來

茹大來詩序　　清毛奇齡　1320-271- 32
● 徐　白
竹笑軒詩集序　　清朱鶴齡　1319-102- 8
● 徐　釪
徐電發南州集序　　清朱彝尊　1318- 78- 37
南州草堂集序　　清朱鶴齡　1319- 94- 8
● 徐　淑
徐東田詩序　　清施閏章　1313- 63- 5
● 徐　崧
續麗葩集序　　清陳維崧　1322- 53- 4
● 徐　發
徐圜臣集序　　清汪　琬　1315-481- 28
● 徐　織
徐伯調五言律序　　清施閏章　1313- 71- 6
歲星堂詩序　　清施閏章　1313- 90- 7
● 徐允哲
徐西崖詩集序　　清毛奇齡　1320-282- 34
● 徐石霞
徐石霞詩序　　清吳　綺　1314-281- 4
● 徐世溥
跋徐巨源友評　　清宋　犖　1323-320- 28
● 徐克家
徐克家涉江草引　　清毛奇齡　1320-507- 58
● 徐沛師
徐沛師詩序　　清毛奇齡　1320-485- 55
● 徐林鴻
徐寶名詩集序　　清毛奇齡　1320-470- 54
● 徐昭華
徐昭華詩集序　　清毛奇齡　1320-314- 37
徐昭華詩集序　　清陳維崧　1322-123- 8
● 徐泰初
遂步詩集序　　清汪　琬　1315-496- 29
● 徐嗣鳳
願息齋集序　　清汪　琬　1315-494- 29
● 徐嘉炎
抱經齋詩序　　清田　雯　1324-263- 25
● 徐壇青
徐壇青和無題詩序　　清彭孫遹　1317-285- 37
● 翁　謝
翁季霖詩序　　清吳偉業　1312-230- 22
● 翁蒼牙
翁蒼牙見山樓詩集序　　清吳　綺　1314-257- 3
● 倪天章
東昌倪天章遺集序　　清毛奇齡　1320-268- 32

十 一 畫

2274　　　　　　　四庫全書文集篇目分類索引

集部　別集類：清　十一畫

● 清世宗

雍邸詩集序　　　　　　　清 世 宗　1300- 68- 6
　　　　　　　　　　　　　　　　　1449-196- 7

● 清高宗

御製樂善堂全集序　　　　清 高 宗　1300-233- 附
　　　　　　　　　　　　　　　　　1301- 89- 9
　　　　　　　　　　　　　　　　　1449-251- 12

庚戌年原序（御製樂
　善堂全集）　　　　　　清 高 宗　1300-237- 附
御製文初集序　　　　　　清 高 宗　1301- 1- 附
　　　　　　　　　　　　　　　　　1301-382- 16

初集詩小序　　　　　　　清 高 宗　1301-106- 11
　　　　　　　　　　　　　　　　　1302- 1- 附

和李嶠雜詠詩百二十
　首韻序　　　　　　　　清 高 宗　1304-170- 58
恭跋皇考詩文餘集　　　　清 仁 宗　1301-705- 附
御製樂善堂全集序　　　　清尤 祿　1300-238- 附
御製樂善堂全集序　　　　清尤 禮　1300-239- 附
御製樂善堂全集序　　　　清尤 禧　1300-240- 附
御製樂善堂全集序　　　　清弘 畫　1300-241- 附
御製樂善堂文集序　　　　清福 彭　1300-243- 附
御製樂善堂全集序　　　　清鄂爾泰　1300-244- 附
　　　　　　　　　　　　　　　　　1449-675- 17

御製樂善堂全集序　　　　清張廷玉　1300-246- 附
　　　　　　　　　　　　　　　　　1449-669- 16

御製樂善堂全集定本
　跋（樂善堂全集序）　清張廷玉　1300-543- 附
　　　　　　　　　　　　　　　　　1449-670- 16
　　　　　　　　　　　　　　　　　1449-754- 21

御製詩初集跋　　　　　　清張廷玉等　1302-651- 附
御製樂善堂全集序　　　　清朱 軾　1300-247- 附
　　　　　　　　　　　　　　　　　1449-667- 16

御製樂善堂全集序　　　　清蔣廷錫　1300-249- 附
御製樂善堂全集序　　　　清福 敏　1300-250- 附

御製樂善堂全集定本
　跋　　　　　　　　　　清福 敏　1300-544- 附
　　　　　　　　　　　　　　　　　1449-756- 21

御製樂善堂全集序（
　樂善堂文鈔序）　　　　清蔡世遠　1300-251- 附
　　　　　　　　　　　　　　　　　1325-647- 首

御製樂善堂全集序　　　　清邵 基　1300-253- 附
御製樂善堂全集定本
　跋　　　　　　　　　　清邵 基　1300-545- 附
御製樂善堂全集序　　　　清胡 煦　1300-254- 附
御製樂善堂文集序　　　　清顧成天　1300-255- 附

御製樂善堂全集定本
　跋　　　　　　　　　　清顧成天　1300-549- 附
御製樂善堂全集定本
　跋　　　　　　　　　　清鄂爾泰　1300-541- 附
御製樂善堂全集定本
　跋　　　　　　　　　　清梁詩止　1300-547- 附
御製樂善堂全集定本
　跋　　　　　　　　　　清錢汝誠　1300-550- 附
御製文初集跋　　　　　　清劉統勳等　1301-268- 附
御製詩三集跋　　　　　　清劉統勳等　1306-920- 附
御製文二集序　　　　　　清梁國治等　1301-271- 附
御製文二集跋　　　　　　清梁國治等　1301-561- 附
御製詩四集跋　　　　　　清梁國治等　1307- 3- 附
御製文三集跋　　　　　　清沈 初等　1301-681- 附
御製文餘集跋　　　　　　清朱 珪等　1301-707- 附
御製詩初集跋　　　　　　清蔣 溥　1302-653- 附
御製詩二集跋　　　　　　清蔣 溥等　1304-609- 附
御製詩初集跋　　　　　　清沈德潛　1302-654- 附
御製詩二集跋　　　　　　清沈德潛　1304-611- 附
御製詩三集跋　　　　　　清錢陳羣　1306-922- 附
御製詩五集跋　　　　　　清王 杰等　1311-518- 附
御製詩集後序　　　　　　清宋 犖　1323-267- 24
恭跋御製詩初集　　　　　清汪由敦　1328-833- 14
恭跋御製恭和避暑山
　莊三十六景詩　　　　　清汪由敦　1328-836- 14

● 清聖祖

南巡詩序　　　　　　　　清 聖 祖　1298-640- 32
　　　　　　　　　　　　　　　　　1449-132- 2
南巡詩序　　　　　　　　清 聖 祖　1298-641- 32
恭跋皇祖聖祖仁皇帝
　御製避暑山莊三十
　六景詩　　　　　　　　清 高 宗　1300-346- 8
避暑山莊後序　　　　　　清 高 宗　1301-391- 17
御製避暑山莊三十六
　景詩恭跋　　　　　　　清張廷玉　 496-658-108
　　　　　　　　　　　　　　　　　1449-750- 21

進表（清聖祖仁皇帝
　御製文集）　　　　　　清蔣 連　1298- 2- 附
御製文集擬後序　　　　　清陳廷敬　1316-500- 35
　　　　　　　　　　　　　　　　　1449-642- 14

御製文集恭跋　　　　　　清張 英　1319-690- 43
　　　　　　　　　　　　　　　　　1449-743- 21

● 許 珌

梁園詩集序　　　　　　　清施閏章　1313- 56- 5

● 許巨山

四庫全書文集篇目分類索引　2275

翠柏集序　　　　　　　清毛奇齡　1320-462- 53
●許作梅
許傳巖詩序　　　　　　清魏裔介　1312-734- 5
●許菊裳
淡止園詩集序　　　　　清施閏章　1313- 61- 5
●凌繼滄
凌生詩序　　　　　　　清毛奇齡　1320-352- 41
●梁清標
梁玉立悠然齋詩序　　　清魏裔介　1312-727- 5
●梅　長
梅耦長詩序　　　　　　清施閏章　1313- 87- 7
●梅　清
天延閣詩序　　　　　　清施閏章　1313- 85- 7
●梅子翔
石語軒詩序　　　　　　清施閏章　1313- 89- 7
●梅文鼎
梅定九詩序　　　　　　清施閏章　1313- 84- 7
●梅朗中
書帶園集序　　　　　　清施閏章　1313- 73- 6
●堵乾三
堵乾三詩草序　　　　　清施閏章　1312-743- 6
●曹　寅
棟亭詩序　　　　　　　清朱彝尊　1318-101- 39
●曹沖谷
曹沖谷漫遊草序　　　　清吳　綺　1314-264- 3
●曹宗瑎
洮浦集序　　　　　　　清汪　琬　1315-478- 27
●曹鼎望
新安集序　　　　　　　清施閏章　1313- 62- 5
●屠我法
屠我法詩敍　　　　　　清陸隴其　1325-143- 9
●屠廷桂
屠東蒙詩集序　　　　　清朱彝尊　1318- 69- 36
●陸　璣
使蜀草序　　　　　　　清田　雯　1324-250- 24
●陸天濤
天濤詩文序　　　　　　清陸隴其　1325-144- 9
●陸世楷
陸孝山詩集序　　　　　清毛奇齡　1320-460- 53
●陸次公
陸次公北游禊詠序　　　清魏裔介　1312-738- 5
●陸何異
陸何異灌餘集序　　　　清魏裔介　1312-746- 6
●陸廷掄
陸懸圃文集序　　　　　清陳維崧　1322- 43- 3

●陸洽源
話山集序　　　　　　　清朱彝尊　1318- 82- 38
●陸軾南
陸軾南南游詩序　　　　清毛奇齡　1320-464- 53
●陸舒成
陸舒成稿序　　　　　　清彭孫遹　1317-297- 37
●陸潘睿
陸未菴先生詩集序　　　清彭孫遹　1317-286- 37
●陸隴其
三魚堂外集跋　　　　　清陸禮徵　1325-299- 附
書陸稼書文集（二則）　清汪由敦　1328-849- 15
●陶之典
陶愷菴詩序　　　　　　清吳　綺　1314-297- 4
●張　英
存誠堂集序　　　　　　清陳廷敬　1316-539- 37
文端集原序　　　　　　清張　英　1319-276- 附
●張　宸
張青琱詩集序　　　　　清汪　琬　1315-499- 29
●張　彬
南士七律詩序　　　　　清毛奇齡　1320-253- 30
●張　遠
張灊可蕉園詩序　　　　清毛奇齡　1320-393- 46
●張　潮
張山來心齋聊復集序　　清吳　綺　1314-277- 4
●張　翰
歷下張童子集序　　　　清毛奇齡　1320-220- 26
●張子潛
張子潛詩序　　　　　　清陳廷敬　 550-151-214
　　　　　　　　　　　　　　　　1316-543- 37
●張千人
東皋詩集序　　　　　　清毛奇齡　1320-343- 40
●張文炳
張虎別詩序　　　　　　清施閏章　1313- 50- 4
●張玉書
張素存內翰詩草序　　　清魏裔介　1312-729- 5
張文貞公文集序　　　　清儲大文　1327-220- 11
●張石屏
留硯堂詩集序　　　　　清儲大文　1327-225- 11
●張汝士
張汝士詩序　　　　　　清魏裔介　1312-735- 5
●張芍房
張芍房摩青集序　　　　清毛奇齡　1320-391- 45
●張伯楨
桐城張公焚餘草　　　　清蔡世遠　1325-671- 2
●張禹臣

集部

別集類：清

十一畫

四庫全書文集篇目分類索引

集部 別集類：清 十一—十二畫

張禹臣詩集序　　清毛奇齡　1320-402- 47
　●張起麟
張趾肇詩序　　清朱彝尊　1318- 94- 39
　●張能麟
張玉甲文集序　　清魏裔介　1312-720- 4
　●張雲翼
張又南詩文序　　清張玉書　1322-451- 4
　●張越青
張越青留別詩序　　清魏裔介　1312-737- 5
　●張楚嬙
迴文集引　　清毛奇齡　1320-507- 58
　●張慶餘
太倉張慶餘詩集序　　清毛奇齡　1320-207- 25
　●張滄民
張滄民詩序　　清毛奇齡　1320-386- 45
　●張靜心
張湛虛先生雲隱堂文集序　　清魏裔介　1312-717- 4
　●張篤山
泊水齋文鈔序　　清陳廷敬　1316-514- 35
　●張佳鄂貌圖
北海集序　　清張玉書　1322-453- 4
　●陳　倬
陳峻侯詩序　　清蔡世遠　1325-674- 2
　●陳大成
陳集生影樹樓詩序　　清吳　綺　1314-261- 3
陳集生詩序　　清姜宸英　1323-627- 1
　●陳大睿
始寧陳璞菴言志集序　　清毛奇齡　1320-429- 49
　●陳元水
適餘堂詩序　　清施閏章　1313- 57- 5
　●陳允衡
陳伯璣詩序　　清施閏章　1313- 71- 6
　●陳汝咸
兼山堂遺稿序　　清藍鼎元　1327-627- 4
　●陳至言
陳山堂五七律詩序　　清毛奇齡　1320-321- 38
　●陳名夏
陳百史文集序　　清吳偉業　1312-211- 21
　●陳廷敬
魯聞集序　　清姜宸英　1323-603- 1
　●陳宗石
桐餘吟集序　　清田　雯　1324-242- 24
　●陳洪綬
陳老蓮詩跋　　清毛奇齡　1320-530- 60

●陳素素
陳素素詩集序　　清吳　綺　1314-296- 4
　●陳梅莊
刻梅莊詩集序　　清沈　彤　1328-329- 5
　●陳夢林
陳少林遊臺詩序　　清蔡世遠　1325-676- 2
臺灣後遊草跋　　清藍鼎元　1327-830- 16
　●陳維崧
陳其年湖海樓詩序　　清姜宸英　1323-613- 1
　●陳鴻績
陳子遜詩序　　清魏裔介　1312-745- 6
　●陳蝶庵
重刻陳蝶庵先生詩序　　清施閏章　1313- 40- 3
　●陳德宣
陳德宣山堂近體詩序　　清毛奇齡　1320-271- 32
　●陳豫朋
陳濂村詩鈔序　　清姜宸英　1323-622- 1
　●陳鵬年
陳北溟詩集序　　清吳　綺　1314-295- 4
　●莊岡生
莊簡討宛遊草序　　清施閏章　1313- 81- 7
　●崔遺山
樂天堂集說序　　清毛奇齡　1320-255- 31
　●畢正持
畢正持松濤閣詩詞序　　清吳　綺　1314-309- 5

十二畫

●馮　溥
佳山堂詩序　　清施閏章　1313- 80- 7
佳山堂二集序　　清毛奇齡　1320-363- 42
佳山堂詩集序　　清陳維崧　1322- 68- 5
　●馮復鑗
馮氏永思集序　　清毛奇齡　1320-463- 53
　●馮殿公
閩粵使集序　　清施閏章　1313- 53- 5
　●馮蒼源
蒼源文集序　　清毛奇齡　1320-366- 43
　●湯　斌
湯子遺書（序）　　清王廷燦　1312-422- 0
湯潛菴先生全集序　　清毛奇齡　1320-479- 55
　●湯傳楹
湘中草序　　清汪　琬　1315-486- 28
　●賀　琛
賀黃理承開堂集序　　清毛奇齡　1320-282- 34
　●博爾都
問亭詩序　　清汪　琬　1315-500- 29

東皋詩集序　　　　　清毛奇齡　1320-480- 55
白燕栖詩集序　　　　清姜宸英　1323-623- 1
●黃　雲
黃仙裳詩詞序　　　　清吳　綺　1314-309- 5
●黃之雋
（香屑集）自序　　　清黃之雋　1327-376- 1
●黃元杜
黃元杜文集序（并贈
　序）　　　　　　　清蔡世遠　1325-673- 2
●黃元美
黃越甫詩序　　　　　清藍鼎元　1327-631- 5
●黃玄龍
黃玄龍先生詩序　　　清吳　綺　1314-250- 3
●黃自先
西山紀遊詩序　　　　清田　雯　1324-259- 25
●黃忍菴
願學齋文集序　　　　清陳廷敬　1316-515- 35
●黃雲紀
素心詩跋　　　　　　清吳　綺　1314-403- 10
●黃媛介
黃皆令越游草題詞　　清毛奇齡　1320-523- 59
●黃運滄
思補集序　　　　　　清藍鼎元　1327-637- 5
●黃敬園
黃敬園詩序　　　　　清田　雯　1324-267- 25
●黃與堅
黃庭表集序　　　　　清湯　斌　1312-482- 3
黃庭表古宮詞序　　　清吳　綺　1314-303- 5
●盛玉符
盛玉符詩序　　　　　清毛奇齡　1320-487- 55
●盛托園
托園集題詞　　　　　清毛奇齡　1320-521- 59
●朝　琦
甘州行省朝勿齋先生
　松岑集序　　　　　清毛奇齡　1320-502- 57
●彭而述
禹峰文集序　　　　　清朱彝尊　1318- 79- 37
●彭始奮
彭海翼蕭閒堂集序　　清毛奇齡　1320-299- 36
●彭孫遹
松桂堂全集原序　　　清錢陳群　1317- 1- 附
●彭變如
盤城遊草序　　　　　清彭孫遹　1317-294- 37
●閔賓連
閔子遊草序　　　　　清施閏章　1313- 60- 5

●華遠臣
春草軒小稾序　　　　清汪　琬　1315-498- 29
●華慶遠
物外閒吟序　　　　　清汪　琬　1315-477- 27
●單隆周
雪園集序　　　　　　清毛奇齡　1320-411- 48
●喻成龍
塞上草詩序　　　　　清田　雯　1324-244- 24
●傅石淇
傅石淇詩序　　　　　清吳偉業　1312-234- 22
●傅維麟
傅歡齋工餘雜咏序　　清魏裔介　1312-737- 5
●傅愛雛
傅鷦來感懷詩序　　　清陸隴其　1325-146- 9
●鈕貞父
鈕貞父詩集序　　　　清朱鶴齡　1319- 98- 8
●程　綸
皖游詩跋　　　　　　清毛奇齡　1320-533- 60
題程子卷後　　　　　清姜宸英　1323-815- 7
●程山章
程山魯詩序　　　　　清施閏章　1313- 86- 7
程山魯春帆集序　　　清吳　綺　1314-265- 3
●程予乘
程予乘及春遊草序　　清吳　綺　1314-291- 4
●程可則
程周量詩序　　　　　清施閏章　1313- 46- 4
（海日堂集序）程職
　方詩集序　　　　　清朱彝尊　1318- 72- 37
●程伯權
程伯權遺詩序　　　　清魏裔介　1312-753- 6
●程康莊
程崑崙文集序　　　　清吳偉業　1312-217- 21
●程翼蒼
程翼蒼詩序　　　　　清吳偉業　1312-213- 21
●喬　萊
喬石林賦草序　　　　清汪　琬　1315-493- 29
●喬文衣
喬文衣詩序　　　　　清魏裔介　1312-756- 6

十三畫

●靳治荊
靳書樵遊黃山詩序　　清吳　綺　1314-285- 4
●楊　秋
楊碩甫詩序　　　　　清陸隴其　1325-146- 9
●楊仲延
和州守楊仲延詩序　　清吳偉業　1312-219- 21

四庫全書文集篇目分類索引

集部 別集類：清 十三—十五畫

●楊思聖
楊猶龍詩序　　　　　　　清魏裔介　1312-726- 5
楊猶龍續刻詩集序　　　　清魏裔介　1312-730- 5
且亭秋響序　　　　　　　清魏裔介　1312-735- 5
●楊素蘊
見山樓詩集序　　　　　　清汪琬　　1315-505- 30
●楊維則
楊童子稿跋　　　　　　　清毛奇齡　1320-540- 60
●楊溢仙
楊溢仙心廬集序　　　　　清張玉書　1322-452- 4
●萬如洛
萬滙萃詩序　　　　　　　清吳雯　　1322-380- 10
●萬伯安
鯖餘詩集序　　　　　　　清儲大文　1327-224- 11
書鶴渡詩集後　　　　　　清儲大文　1327-321- 14
●董　俞
董蒼水詩藁序　　　　　　清吳偉業　1312-220- 21
●董　閎
董太史豫游草序　　　　　清朱鶴齡　1319- 99- 8
●董少楹
董少楹詩集序　　　　　　清陳維崧　1322- 79- 5
●董以寧
董文友文集序　　　　　　清姜宸英　1323-607- 1
●董得仲
董得仲集序　　　　　　　清陳維崧　1322- 63- 4
●葉　封
葉指揮詩序　　　　　　　清朱彝尊　1318- 72- 37
●葉　憂
葉星期西南草序　　　　　清張玉書　1322-455- 4
●葉雨蒼
學易堂詩序　　　　　　　清吳綺　　1314-284- 4
●虞　升
綺里詩選序　　　　　　　清汪琬　　1315-485- 28
●鄒芳獻
綠曉堂詩序　　　　　　　清施閏章　1313- 68- 6
●鄒顯吉
鄒黎眉詩序　　　　　　　清吳偉業　1312-229- 22
鄒黎眉湖北草堂詩序　　　清魏裔介　1312-733- 5

十四畫

●趙　俞
趙文饒詩集序　　　　　　清姜宸英　1323-618- 1
●趙　湛
渡江小詠序　　　　　　　清魏裔介　1312-744- 6
●趙　翼
趙雲崧甌北初集序　　　　清汪由敦　1328-786- 9

●趙于京
豐原客亭集序　　　　　　清田雯　　1324-258- 25
●趙五絃
趙五絃詩序　　　　　　　清施閏章　1313- 55- 5
●趙丙臣
丙臣詩序　　　　　　　　清田雯　　1324-258- 25
●趙申喬
趙恭毅公自治官書序　　　清習寯　　534-645-103
●趙吉士
萬青閣全集序　　　　　　清姜宸英　1323-605- 1
●趙執信
趙秋谷井門集序　　　　　清吳雯　　1322-380- 10
因園集跋　　　　　　　　清丁際隆　1325-432- 附
●趙翔九
趙翔九詩序　　　　　　　清吳綺　　1314-282- 4
●趙管亭
趙管亭涉波詩序　　　　　清毛奇齡　1320-354- 41
●趙澄江
紅豆詞序　　　　　　　　清彭孫遹　1317-303- 37
●熊雪堂
熊少司馬遺集序　　　　　清施閏章　1313- 42- 4
●熊應璜
熊偕呂遺文序　　　　　　清方苞　　1326-808- 6

十五畫

●潘木厓
潘木厓詩集序　　　　　　清張英　　1319-660- 40
●鄭肯崖
鄭肯崖詩集序
　附詩跋二則　　　　　　清于成龍　1318-787- 8
●鄭若千
（題）鄭若千詩箋　　　　清吳綺　　1314-404- 10
●屬　鶴
樊榭山房集原序　　　　　清屬鶴　　1328- 2- 附
●鄧漢儀
蕭樓集序　　　　　　　　清吳綺　　1314-277- 4
鄧孝威詩集序　　　　　　清陳維崧　1322-100- 7
●蔣　超
綏庵詩稿序　　　　　　　清施閏章　1313- 65- 6
●蔣　進
題蔣君長短句　　　　　　清姜宸英　1323-816- 7
●蔣國祥
梅中詩存序　　　　　　　清毛奇齡　1320-405- 47
●蔣曾策
雲間蔣曾策詩集序　　　　清毛奇齡　1320-218- 26
● 蔣靜山

綠楊紅吉軒詩集序　　　清姜宸英　1323-624-　1
　●蔡　佩
蔡子珮詩序　　　　　　清毛奇齡　1320-275- 33
　●蔡子閎
懷許堂續集序　　　　　清毛奇齡　1320-278- 33
　●蔡世遠
二希堂文集御製序　　　清 世 宗　1325-633- 附
二希堂文集跋　　　　　清雷　鋐　1325-816- 附
蔡梁村捫齋初集序　　　清藍鼎元　1327-628-　4
　●蔡而煜
書先王父季湛府君遺
　集後　　　　　　　　清蔡世遠　1325-808- 11
　●蔡慕春
潛水雜著序　　　　　　清施閏章　1313- 64-　5
來諗居詩選序　　　　　清施閏章　1313- 73-　6
　●魯紳城
魯紳城詩序　　　　　　清毛奇齡　1320-446- 51
　●劉　榛
劉山蔚詩序　　　　　　清湯　斌　1312-479-　3
　●劉子道
西澗集序　　　　　　　清湯　斌　1312-483-　3
　●劉石齡
劉介于詩集序　　　　　清朱彝尊　1318- 98- 39
　●劉鹿沙
鹿沙詩集序　　　　　　清田　雯　1324-255- 25
　●劉德章
劉德章詩序　　　　　　清朱彝尊　1318- 91- 38
　●劉櫟夫
劉櫟夫詩序　　　　　　清毛奇齡　1320-390- 45

十六畫

　●駱復旦
駱叔夜詩集序　　　　　清毛奇齡　1320-238- 29
　●盧　傳
盧爾唱燕山吟序　　　　清魏裔介　1312-739-　5
　●盧舜公
新都太守盧舜公詩集
　序　　　　　　　　　清毛奇齡　1320-468- 53
　●盧樹侯
盧樹侯詩集序　　　　　清毛奇齡　1320-432- 50
　●蕭孟昉
硯隣偶存序　　　　　　清毛奇齡　1320-264- 32
　●錢子文
錢子文筠亭詩餘小序　　清姜宸英　1323-636-　1
　●錢文若
求志軒集題辭　　　　　清姜宸英　1323-816-　7

●錢仲扶
錢仲扶文稿序　　　　　清彭孫遹　1317-285- 37
　●錢仲盆
錦樹集序　　　　　　　明魏　驥　1372-115- 11
　●錢芳標
錢舍人詩序　　　　　　清朱彝尊　1318- 71- 37
　●錢金甫
（保素堂集序）錢學
　士詩序　　　　　　　清朱彝尊　1318- 76- 37
　●錢陳群
香樹軒詩集序　　　　　清汪由敦　1328-776-　9
　●鮑鼎銓
鮑讓侯詩集序　　　　　清魏裔介　1312-742-　6

十七畫

　●謝晉侯
謝晉侯詩品序　　　　　清吳　綺　1314-284-　4
　●戴滄州
戴滄州定園詩集序　　　清吳偉業　1312-215- 21
　●戴龍質
淮陰戴龍質詩稿序　　　清毛奇齡　1320-267- 32
　●韓　燦
韓燦璇璣圖跋　　　　　清毛奇齡　1320-529- 60
　●韓公吉
韓公吉觀察崧雲集序　　清吳　綺　1314-271·　3
　●鍾淵映
鍾廣漢遺詩序　　　　　清朱彝尊　1318- 92· 38
　●儲方慶
儲廣期文集序　　　　　清李光地　1324-698- 12
　●儲在文
儲禮執文稿序　　　　　清方　苞　1326-807-　6
　●儲貞慶
儲雪持文集序　　　　　清陳維崧　1322- 58-　4
　●儲國鈞
長源詩序　　　　　　　清儲大文　1327-228- 11
　●儲雄文
弟汜雲詩序　　　　　　清儲大文　1327-228- 11
　●繆永謀（泳）
苕溪詩集序　　　　　　清朱彝尊　1318- 70- 36

十八畫

　●顏光敏
顏修來詩序　　　　　　清施閏章　1313- 77-　7
　●藍鼎元
鹿洲初集序　　　　　　清蔡世遠　1325-677-　2
鹿洲初集原序　　　　　清曠敏本　1327-568- 附
鹿洲初集原序　　　　　清曠敏本　1327-569- 附

●薩哈岱
樗亭詩集序　　　　　　清汪由敦　　1328-780- 9
●瞿源洙
瞿蛻詩文稿序　　　　　清儲大文　　1327-227- 11
●魏　禧
懷葛堂文集序　　　　　清姜宸英　　1323-607- 1
答萬鶴濯（書）讀魏
　叔子文二帙後　　　　清儲大文　　1327-357- 16
●魏裔介
魏貞庵兼濟堂文集序　　清吳偉業　　1312-242- 23
兼濟堂文集原序（二
　則）　　　　　　　　清魏裔介　　1312-646- 附
嶼舫近草序　　　　　　清魏裔介　　1312-750- 6
披雲居偶吟初集序　　　清魏裔介　　1312-751- 6

十九畫

●龐　塏
叢碧山房詩序　　　　　清朱彝尊　　1318- 77- 37
龐檢討家庭紀懷五律
　序　　　　　　　　　清毛奇齡　　1320-285- 34
叢碧堂詩序　　　　　　清田　雯　　1324-246- 24
●羅　坤
羅蘿村詩序　　　　　　清吳　雯　　1322-381- 10

二十畫

●蘊　端
勤郡王詩集序　　　　　清毛奇齡　　1320-441- 51
紅蘭室詩序　　　　　　清姜宸英　　1323-608- 1
●蘇子傳
蘇子傳胥山詩序　　　　清毛奇齡　　1320-371- 43
●蘇小眉
蘇小眉山水音序　　　　清吳偉業　　1312-232- 22
●嚴允肇
嚴修人宜雅堂集序　　　清吳偉業　　1312-227- 22
●嚴我斯
嚴就思詩序　　　　　　清魏裔介　　1312-732- 5
●嚴曾榘
嚴方貽詩序　　　　　　清魏裔介　　1313-738- 5
●嚴襄之
嚴中丞集跋　　　　　　清毛奇齡　　1320-536- 60
●嚴繩孫
嚴蓀友秋水集序　　　　清吳　綺　　1314-274- 4
秋水集序　　　　　　　清朱彝尊　　1318- 74- 37
嚴中允灝臺侍直詩序　　清朱彝尊　　1318- 77- 37
嚴蓀友詩集序　　　　　清姜宸英　　1323-614- 1

二十一畫

●顧西疇

顧侍御合集跋　　　　　清毛奇齡　　1320-535- 60
●顧开山
顧开山詩集序　　　　　清魏裔介　　1312-739- 5
●顧辛峯
顧辛峯汾江草詩序　　　清吳　綺　　1314-269- 3
●顧書先
顧書先梅花詩序　　　　清吳　綺　　1314-264- 3
●顧商尹
婁東顧商尹集序　　　　清陳維崧　　1322- 87- 6
●顧景星
顧赤方詩序　　　　　　清施閏章　　1313- 52- 4
●顧溪翁
顧溪翁拈頌序　　　　　清毛奇齡　　1320-357- 42
●顧嗣立
顧俠君歐荔集序　　　　清朱彝尊　　1318- 96- 39
●顧圖河
雄雉齋選集序　　　　　清汪　琬　　1315-489- 28
●顧十八郎
丹井山房詩集序　　　　清毛奇齡　　1320-438- 50

二十二畫

●龔百藥
龔琅霞湘笙閣詩集序　　清陳維崧　　1322- 78- 5
●龔佩潛女
永愁篇序　　　　　　　清吳偉業　　1312-254- 24
●龔鼎孳
龔芝麓詩序　　　　　　清吳偉業　　1312-245- 23
跋余淡心所藏詩卷　　　清陳維崧　　1322-272- 20
●龔靜照
永愁人詩集題詞　　　　清吳　綺　　1314-401- 10

釋　道

石濂上人詩集序
　　釋大汕　　　　　　清吳　綺　　1314-266- 3
厂翁潮行詩序釋大汕　　清吳　綺　　1314-270- 3
題藏山大師詩集并送
　北遊序釋雲恆　　　　清吳　綺　　1314-282- 4
洞庭詩菓序釋氏鑒公　　清汪　琬　　1315-515- 30
湘翁集序釋本圖　　　　清毛奇齡　　1320-232- 28
景文沙門詩集序景文　　清毛奇齡　　1320-245- 29
借山詩序釋元璟　　　　清毛奇齡　　1320-368- 43
嘯隱偶吟錄序奕公　　　清毛奇齡　　1320-436- 50
鐵庵詩序鐵庵和尚　　　清毛奇齡　　1320-439- 50
鐵庵游黃山詩序
　　鐵庵和尚　　　　　清毛奇齡　　1320-452- 52
高雲和尚四居詩序

四庫全書文集篇目分類索引

高雲和尚	清毛奇齡	1320-445- 51
中州和尚黃山賦序		
中州和尚	清毛奇齡	1320-471- 54
相溪外集跋參公	清毛奇齡	1320-528- 60
寄庵詩跋慧公	清毛奇齡	1320-530- 60
燕山僧草序素堂禪師	清姜宸英	1323-610- 1
盤谷集序釋振慧	清葉臣遇	586-266- 12
電光錄序釋振慧	清翁叔元	586-267- 12

不知姓名

鴻雪園詩集序	清吳偉業	1312-256- 24
江雁草序	清施閏章	1313- 43- 4
並頭蘭詩序	清吳 綺	1314-278- 4
苑西集序	清汪 琬	1315-487- 28
董御史文集序	清汪 琬	1315-497- 29
山行雜記詩序	清陳廷敬	1316-540- 37
合肥李相國詩序	清陳廷敬	1316-541- 37
歲寒吟序	清陳廷敬	1316-545- 37
逝者集序	清彭孫遹	1317-285- 37
尚書魏公刻集序	清朱彝尊	1318- 81- 38
高合人詩序	清朱彝尊	1318- 84- 38
胡參議轉漕雜詩序	清朱彝尊	1318- 84- 38
張君詩序	清朱彝尊	1318- 88- 38
陳旻詩集序	清朱彝尊	1318- 88- 38
馮君詩序	清朱彝尊	1318- 89- 38
沈明府不羈集序	清朱彝尊	1318- 90- 38
錢敎諭忘憂草序	清朱彝尊	1318- 93- 39
鶴華山人詩集序	清朱彝尊	1318- 97- 39
爛溪會詠序	清朱鶴齡	1319- 88- 8
梁大司農詩集序	清朱鶴齡	1319- 96- 8
愚谷詩稿序	清朱鶴齡	1319-101- 8
來子心聲序	清毛奇齡	1320-291- 35
張編修文稿序	清毛奇齡	1320-318- 38
慎餘堂詩文集序	清毛奇齡	1320-337- 40
袁春坊試浙紀程詩序	清毛奇齡	1320-412- 48
合肥相公千首詩序	清毛奇齡	1320-421- 49
安郡王詩集序	清毛奇齡	1320-426- 49
索太僕晴雲集序	清毛奇齡	1320-428- 49
靜念堂稿序	清毛奇齡	1320-442- 51
映雪堂臆篇序	清毛奇齡	1320-443- 51
箇雲集跋	清毛奇齡	1320-530- 60
北聽詩跋	清毛奇齡	1320-532- 60
馬生詩跋	清毛奇齡	1320-533- 60
蘋書第三集跋	清毛奇齡	1320-534- 60
宋山堂古樂府跋	清毛奇齡	1320-539- 60

茹惠集序	清陳維崧	1322-126- 8
奇零草序	清姜宸英	1323-602- 1
古香齋集序	清姜宸英	1323-609- 1
遂初堂詩集序	清姜宸英	1323-616- 1
十峯詩刻序	清姜宸英	1323-617- 1
李司空詩集序	清姜宸英	1323-618- 1
權眞谷詩序	清姜宸英	1323-619- 1
蒙木詩集序	清姜宸英	1323-621- 1
海右陳人集序	清田 雯	1324-238- 24
萬行草詩序	清田 雯	1324-239- 24
循齋詩序	清田 雯	1324-239- 24
幹臣詩序	清田 雯	1324-240- 24
鴨脚園詩序	清田 雯	1324-243- 24
木齋詩序	清田 雯	1324-247- 24
艷體詩序	清田 雯	1324-247- 24
紀盛詩序	清田 雯	1324-249- 24
冀參軍詩序	清田 雯	1324-250- 24
兼隱堂詩序	清田 雯	1324-251- 24
石模和蘇詩序	清田 雯	1324-252- 24
訒齋詩集序	清田 雯	1324-256- 25
醒齋詩集序	清田 雯	1324-257- 25
霞裳詠物詩序	清田 雯	1324-262- 25
荊園集序	清田 雯	1324-263- 25
藥圃詩序	清田 雯	1324-266- 25
費副將詩集序	清李光地	1324-706- 13
鹿阜詩序	清藍鼎元	1327-631- 5
姚侍御新體詩序	清汪由敦	1328-778- 9
梅花百詠題詞	清汪由敦	1328-789- 9

g.附 錄

言意文集序	宋黃 裳	1120-142- 19
朱祀之詩（跋）	宋方 岳	1182-595- 38
歐人會稽詩卷	宋方 岳	1182-599- 38
顏梅詩文卷跋語	明張 寧	1247-471- 20
蒲庵詩稿跋	明張 寧	1247-481- 21
跋夕惕齋詩稿	明莊 㫤	1254-344- 10
跋南牧稿	明陸 深	1268-569- 88

C.總 集 類

a.通 代

文選序	梁蕭 統	1063-675- 5
		1329- 3- 0
		1330- 3- 0
		1399-343- 5

2282 四庫全書文集篇目分類索引

集部 總集類：通代

		1406-372-352
		1414-491- 81
玉臺新詠序	陳徐 陵	1064-871- 4
		1331-633- 附
		1339-716-712
		1394-631- 9
		1399-705- 6
		1406-379-353
		1415-530-103下
樂府雜詩序	唐盧照鄰	1339-746-715
擢英集述	唐司空圖	1080-540- 10
李善上文選註表	唐李 善	1329- 4- 附
		1330- 6- 附
進五臣集注文選表	唐呂延祚	1330- 7- 附
許文選四首	宋蘇 軾	1108-495- 92
古今諸家樂府序	宋周紫芝	1141-360- 51
文苑英華序（纂修文苑英華事始）	宋周必大	1147-582- 55
		1333- 1- 0
題梁昭明太子文選	宋袁說文	1154-375- 19
跋昭明文集	宋袁說文	1154-386- 19
古文苑記	宋韓元吉	1165-226- 15
戊子答眞侍郎論選詩（書）	宋劉克莊	1180-497- 45
雅歌序	宋王 柏	1186- 63- 5
（贈）許進道文編序	宋馬廷鸞	1187- 87- 12
題中州詩集後	宋家鉉翁	1191-484- 附
詩集大成序	宋黃公紹	1189-630- 0
玉臺新詠跋	宋陳 玉	
	（文）	1331-724- 附
		1331-840- 附
古文苑序	宋章 樵	1332-575- 附
文苑英華辨證原序	宋彭叔夏	1342-733- 附
樂府詩集郊廟歌辭序	宋郭茂倩	1347- 3- 1
樂府詩集燕射歌辭序	宋郭茂倩	1347-120- 13
樂府詩集鼓吹曲辭序	宋郭茂倩	1347-148- 16
樂府詩集橫吹曲辭序	宋郭茂倩	1347-201- 21
樂府詩集相和歌辭序	宋郭茂倩	1347-238- 26
樂府詩集清商曲辭序	宋郭茂倩	1347-390- 44
樂府詩集舞曲歌辭序	宋郭茂倩	1347-456- 52
樂府詩集琴曲歌辭序	宋郭茂倩	1347-502- 57
樂府詩集雜曲歌辭序	宋郭茂倩	1347-539- 61
樂府詩集近代曲詞（辭）序	宋郭茂倩	1348- 22- 79
樂府詩集雜歌謠辭序	宋郭茂倩	1348- 60- 83
樂府詩集新樂府辭序	宋郭茂倩	1348-122- 90
聲畫集原序	宋孫紹遠	1349-807- 附
回文類聚原序	宋桑世昌	1351-795- 附
崇古文訣原序	宋姚 珏	1354- 2- 附
崇古文訣原敘	宋陳 森	1354-289- 附
妙絕古今序	宋湯 漢	1356-784- 附
文選補遺原序	宋趙 文	1360- 3- 附
妙絕古今序	宋紫霞老人	1356-784- 附
錦機引	金元好問	1191-417- 36
原古錄序	元郝 經	1192-312- 29
唐宋近體詩選序	元郝 經	1192-325- 30
乾坤清氣詩選跋	元王義山	1193- 64- 10
瀛奎律髓（原）序	元方 回	1193-656- 32
		1366- 3- 附
程宗旦古詩編序	元戴表元	1194- 95- 7
新編七言律詩序	元劉 壎	1195-376- 5
新編絕句序	元劉 壎	1195-376- 5
詩府驪珠序	元吳 澄	1197-171- 15
詩珠照乘序	元吳 澄	1197-233- 22
文府英華敘	元王 惲	1200-531- 41
		1373-393- 25
齊子莘故家大雅集	元徐明善	1202-601- 下
批點古文序	元陳 櫟	1205-163- 1
古詩考錄後序	元吳 萊	1209-196- 12
樂府類編後序	元吳 萊	1209-204- 12
風雅類編序	元陽歐玄	1210- 60- 7
樂府詩集序	元李孝光	1215- 92- 1
古今文典序	元魯 貞	1219-136- 2
題妙絕古今篇目後	元趙 汸	1221-297- 5
古樂府原序	元左克明	1368-429- 附
古樂府古歌謠辭序	元左克明	1368-430- 1
古樂府鼓吹曲歌辭序	元左克明	1368-442- 2
古樂府橫吹曲歌辭序	元左克明	1368-461- 3
古樂府繁鼓角橫吹曲序	元左克明	1368-464- 3
古樂府相和曲歌辭序	元左克明	1368-469- 4
古樂府清商曲歌辭序	元左克明	1368-502- 6
古樂府舞曲歌辭序	元左克明	1368-520- 8
古樂府琴曲歌辭序	元左克明	1368-526- 9
古樂府雜曲歌辭序	元左克明	1368-532- 10
古樂府詩類編序	明王 褘	1455-325-210
經世明道集序	明張以寧	1226-586- 3
秦漢文衡	明朱 右	1228- 69- 5
古樂府詩類編序	明胡 翰	1229- 43- 4
		1374-109- 38
乾坤清氣詩序	明烏斯道	1232-227- 3

四庫全書文集篇目分類索引

集部　總集類：通代

書文章正宗後	明張宇初	1236-370- 1
文章正宗對	明楊士奇	443-219- 12
（跋）文章正宗三集	明楊士奇	1238-602- 18
書文章正宗（三則之二）	明楊士奇	1455-336-211
（跋）文選	明楊士奇	1238-603- 18
（跋）續文章正宗	明楊士奇	1238-604- 18
（跋）錄崇古文訣	明楊士奇	1238-606- 18
（跋）崇古文訣	明楊士奇	1238-611- 18
（跋）古樂府	明楊士奇	1238-613- 19
風雅翼三集	明楊士奇	1238-613- 19
（跋）歷代樂府詩辭	明楊士奇	1238-613- 19
（跋）古詩雜鈔	明楊士奇	1238-615- 19
詠史絕句序	明程敏政	1252-410- 23
題續文章正宗後	明程敏政	1252-628- 36
書湯東澗妙絕古今文選後	明程敏政	1252-688- 39
古文苑後序	明蔡　清	1257-844- 3
古文會編序	明顧　清	1261-556- 19
文端序	明顧　璘	1263-328- 2
會心編序	明顧　璘	1263-457- 1
漢魏詩集序	明何景明	1267-301- 34
		1405-596-297
古樂府敘例	明何景明	1267-306- 34
刻文章正宗序	明崔　銑	1267-431- 3
		1455-440-219
絕句博選序	明崔　銑	1267-597- 10
文苑春秋序	明崔　銑	1267-607- 10
		1405-534-291
古文類選序	明崔　銑	1267-609- 11
古文會編後序	明陸　深	1268-255- 41
跋絕句詩選	明陸　深	1268-577- 89
風雅逸篇序	明楊　慎	1270- 20- 2
		1405-597-297
五言律祖序	明楊　慎	1270- 21- 2
		1455-414-217
選詩外篇序	明楊　慎	1270- 22- 2
選詩拾遺序	明楊　慎	1270- 22- 2
古文韻語題辭	明楊　慎	1270- 42- 3
名筆私抄序	明王慎中	1274-197- 9
文編原序	明唐順之	1377-103- 附
擬重刊文章正宗序	明王立道	1277-802- 4
古今詩刪（原）序	明王世貞	1280-162- 67
		1382- 3- 附
詩紀序	明王世貞	1282-622- 47
詞致錄序	明溫　純	1288-555- 7
崇正文選序	明顧憲成	1292- 89- 6
古文輯選跋	明馮從吾	1293-290- 16
類選四時絕句序	明畢自嚴	1293-403- 2
改觀海編爲尚友編說	明畢自嚴	1293-436- 3
媚香選序	明凌義渠	1297-441- 5
詩素敘	明凌義渠	1297-443- 5
武昌刻漢魏詩紀序	明喬世寧	534-610-101
妙絕古今序	明談　愷	1356-785- 附
妙絕古今後序	明王廷幹	1356-859- 附
（古）詩紀（原）序	明張四維	1379- 3- 附
		1455-426-218
唐宋元名表（原）序	明胡　松	1382-291- 附
		1455-475-222
四六法海原序	明王志堅	1394-297- 附
古樂苑古歌辭序	明梅鼎祚	1395- 3- 首
古樂苑郊廟歌辭序	明梅鼎祚	1395- 14- 1
古樂苑燕射歌辭序	明梅鼎祚	1395- 68- 6
古樂苑鼓吹曲辭序	明梅鼎祚	1395- 90- 8
古樂苑橫吹曲辭序	明梅鼎祚	1395-121- 12
古樂苑相和歌辭序	明梅鼎祚	1395-141- 14
古樂苑清商曲辭序	明梅鼎祚	1395-239- 23
古樂苑舞曲歌辭序	明梅鼎祚	1395-280- 27
古樂苑琴曲歌辭序	明梅鼎祚	1395-309- 30
古樂苑雜曲歌辭序	明梅鼎祚	1395-335- 32
古樂苑雜歌謠辭序	明梅鼎祚	1395-438- 41
古樂苑僮歌曲辭序	明梅鼎祚	1395-530- 51
古樂苑鬼歌曲辭序	明梅鼎祚	1395-540- 52
廣文選序	明劉　節	1405-535-291
秦漢文序	明王　寵	1405-539-291
奇賞自序	明陳仁錫	1405-555-292
續古文奇賞序	明陳仁錫	1405-556-292
詩紀序	明汪道昆	1405-598-297
詩歸序	明鍾　惺	1405-602-297
六朝詩序	明朱　衡	1405-637-301
合奇序	明湯顯祖	1406-109-325
詩鏡原序	明陸時雍	1411- 2- 附
類選五言小詩序	明朱　升	1455-317-210
文體明辨序	明徐師曾	1455-378-214
文章辨體序	明余孟麟	1455-386-215
六朝詩序	明沈　愷	1455-404-216
六朝詩集序	明薛應旂	1455-406-216
重刻文選序	明田汝成	1455-409-216
古苑序	明劉　鳳	1455-417-217
重刻唐文苑英華敘	明鄧宗齡	1455-450-220

集部 總集類：通代、斷代

玉臺新咏序　　　　　　　明方宏靜　1455-459-221
風雅逸篇序　　　　　　　明周復俊　1455-461-221
書德華文章正宗辯後　　　明王雲鳳　1455-471-222
古文品外錄序　　　　　　明王　衡　1455-483-222
苑詩類選後序　　　　　　明包　節　1455-513-225
古詩準小序　　　　　　　明周詩雅　1455-521-226
宋元詩三刻序　　　　　　明周詩雅　1455-521-226
瀛奎律髓原序　　　　　　明皆春居士　1366- 2- 附
（御製）古文淵鑑序　　　清聖祖　1298-188- 19
　　　　　　　　　　　　　　　　　1417- 1- 附
（御製）四朝詩選序　　　清聖祖　1299-169- 21
　　　　　　　　　　　　　　　　　1437- 1- 附
（御製）佩文齋詠物
　　詩選序　　　　　　　清聖祖　1432- 1- 附
御定歷代題畫詩類序　　　清聖祖　1435- 1- 附
（御製）唐宋文醇序　　　清 高 宗　1301- 93- 10
　　　　　　　　　　　　　　　　　1449-269- 13
御選唐宋詩醇序　　　　　清 高 宗　1301-108- 11
　　　　　　　　　　　　　　　　　1448- 1- 附
古文彙鈔序　　　　　　　清吳偉業　1312-243- 23
古文欣賞集序　　　　　　清魏裔介　1312-704- 3
古文分體大觀序　　　　　清魏裔介　1312-707- 3
選詩選跋　　　　　　　　清魏裔介　1312-929- 15
書玉臺新詠後　　　　　　清朱彝尊　1318-233- 52
宋本六家註文選跋　　　　清朱彝尊　1318-233- 52
閒情集序　　　　　　　　清朱鶴齡　1319- 93- 8
寒山集序　　　　　　　　清朱鶴齡　1319-102- 8
讀文選諸賦　　　　　　　清朱鶴齡　1319-157- 13
王舍人選刻宋元詩序　　　清毛奇齡　1320-384- 45
徵刻吳園次宋元詩選
　　啟　　　　　　　　　清陳維崧　1322-226- 17
歷代詩選序　　　　　　　清田　雯　1324-260- 25
寒綠堂讀詩定本序　　　　清田　雯　1324-298- 27
漢魏晉六朝選文題辭　　　清田　雯　1324-302- 28
古文精藻序　　　　　　　清李光地　1324-684- 11
詩選凡例　　　　　　　　清李光地　1324-818- 20
古文雅正序　　　　　　　清蔡世遠　1325-661- 1
　　　　　　　　　　　　　　　　　1449-679- 17
　　　　　　　　　　　　　　　　　1476- 3- 附
書百三名家後幷跋諸
　　子詩　　　　　　　　清儲大文　1327-321- 14
評文選書後（三則）　　　清汪由敦　1328-846- 15
斯文精萃序　　　　　　　清尹繼善　570-637-29之12
玉臺新詠考異原序　　　　清紀容舒　1331-725- 附
回文類聚序　　　　　　　清朱存孝　1351-795- 附

（御定）佩文齋詠物
　　詩選告成進呈表　　　清高　興　1432- 2- 附
進呈御選古文淵鑒表　　　清徐乾學　1449-454- 2
御選古文淵鑒後序　　　　清徐乾學　1449-648- 15

b.斷　代

1.上古至隋

覇朝雜集序　　　　　　　隋李德林　1400-262- 3
　　　　　　　　　　　　　　　　　1416-247-116
（柳宗直）西漢文類
　　序　　　　　　　　　唐柳宗元　1076-202- 21
　　　　　　　　　　　　　　　　　1067-651- 21
　　　　　　　　　　　　　　　　　1077-255- 21
　　　　　　　　　　　　　　　　　1339-652-704
　　　　　　　　　　　　　　　　　1344-414- 95
　　　　　　　　　　　　　　　　　1383-243- 21
　　　　　　　　　　　　　　　　　1405-522-290
　　　　　　　　　　　　　　　　　1418- 61- 37
重刊兩漢文鑑　　　　　　明邵　寶　1258-148- 14
跋漢魏四言詩　　　　　　明陸　深　1268-582- 90
宋文紀原序　　　　　　　明張　煌　1398-472- 附
宋文紀原序　　　　　　　明周維新　1398-473- 附
北齊文紀序　　　　　　　明周　鑣　1400- 2- 附
漢文選序　　　　　　　　明田汝成　1405-540-291
兩漢欣賞集序　　　　　　清魏裔介　1312-706- 3

2.唐五代

又玄集序　　　　　　　　唐韋　莊　1339-739-714
　　　　　　　　　　　　　　　　　1394-644- 9
　　　　　　　　　　　　　　　　　1405-592-296
河嶽英靈集（原）序　　　唐殷　璠　1332- 21- 附
　　　　　　　　　　　　　　　　　1339-717-712
　　　　　　　　　　　　　　　　　1405-590-296
國秀集原序　　　　　　　唐芮挺章　1332- 64- 附
（大唐）中興間氣集
　　（原）序　　　　　　唐高仲武　1332-127- 附
　　　　　　　　　　　　　　　　　1339-719-712
唐詩類選序　　　　　　　唐顧　陶　1339-734-714
唐詩類選後序　　　　　　唐顧　陶　1339-735-714
才調集原序　　　　　　　後蜀韋穀　1332-382- 附
唐百家詩選（原）序　　　宋王安石　1105-703- 84
　　　　　　　　　　　　　　　　　1344-565- 附
　　　　　　　　　　　　　　　　　1351- 33- 87
　　　　　　　　　　　　　　　　　1405-593-296

四庫全書文集篇目分類索引　　2285

集部

總集類：斷代

萬首唐人絕句詩序　　宋洪　邁　1349- 2- 附
（萬首唐人絕句）重
　華宮投進箚子
　附貼黃　　　　　　宋洪　邁　1349- 3- 附
跋唐御覽詩　　　　　宋陸　游　1163-507- 26
跋中興間氣集(二則)　宋陸　游　1163-516- 27
書唐人絕句編後　　　宋程　珌　1171-357- 9
唐人五七言絕句序　　宋劉克莊　1180-248- 24
贅箋唐詩絕句序　　　宋胡次焱　1188-552- 3
中興間氣集跋　　　　宋會子泓　1332-147- 附
唐百家詩選原序　　　宋倪仲傳　1344-565- 附
唐僧弘秀集原序
　所選唐代釋子之詩　宋李　覯　1356-862- 附
（左丞郝公注）唐詩
　鼓吹（原）序　　　元趙孟頫　1195-675- 6
　　　　　　　　　　　　　　　1365-383- 附
跋趙運使錄中州詩　　元吳　澄　1197-560- 56
題三百家詩選後　　　元王　惲　1201- 76- 71
唐詩鼓吹注序　　　　元姚　燧　1201-427- 3
唐音原序　　　　　　元虞　集　1368-175- 附
極玄集原序　　　　　元蔣　易　1332-150- 附
（唐音原序）　　　　元楊士弘　1368-175- 附
唐音緝釋序　　　　　明宋　訥　1225-884- 6
古詩選唐序　　　　　明蘇伯衡　1228-592- 4
　　　　　　　　　　　　　　　1455-328-210
唐律詩選序　　　　　明王　行　1231-357- 6
跋唐詩後　　　　　　明梁　潛　1237-423- 16
（跋）唐三百家絕句　明楊士奇　1238-616- 19
（跋）唐詩雜錄　　　明楊士奇　1238-616- 19
（跋）唐律詩　　　　明楊士奇　1238-617- 19
唐律群玉序　　　　　明何喬新　1249-143- 9
唐詩絕句序　　　　　明陸　深　1268-236- 38
重刻唐音序　　　　　明陸　深　1268-237- 38
唐絕增奇序　　　　　明楊　慎　1270- 23- 2
　　　　　　　　　　　　　　　1405-598-297
批點唐詩正聲跋　　　明皇甫汸　1275-908- 60
（古今詩删）選唐詩
　序　　　　　　　　明李攀龍　1278-359- 15
　　　　　　　　　　　　　　　1382- 91- 10
　　　　　　　　　　　　　　　1405-598-297
唐詩類苑　　　　　　明王世貞　1282-693- 53
註唐詩鼓吹序　　　　明海　瑞　1286- 82- 3
唐詩律選序　　　　　明胡　直　1287-309- 8
唐詩品彙（總）序　　明高　棅　 530-489- 70
　　　　　　　　　　　　　　　1371- 40- 附

　　　　　　　　　　　　　　　1405-593-297
唐詩品彙敘目　　　　明高　棅　1371- 3- 附
唐詩拾遺序　　　　　明高　棅　1371-924- 附
唐人選唐詩序　　　　明魏浣初　1332- 92- 附
中興間氣集跋　　　　明毛　晉　1332-147- 附
增注唐策序　　　　　明汪　燦　1361-782- 附
唐詩分類後序　　　　明桑　悌　1405-595-297
唐詩紀序　　　　　　明李維楨　1405-600-297
　　　　　　　　　　　　　　　1455-507-225
唐詩品彙選釋斷序　　明屠　隆　1405-600-297
　　　　　　　　　　　　　　　1455-422-218
唐詩分類精選後序　　明桑　悅　1455-353-212
跋唐詩品彙　　　　　明桑　悅　1455-355-212
唐詩衍調序　　　　　明彭　輅　1455-376-213
刻唐詩二十六家序　　明黃姬水　1455-382-215
類編唐詩絕句序　　　明敖　英　1455-441-220
編初唐詩敘　　　　　明樊　鵬　1455-446-220
評點唐音序　　　　　明周復俊　1455-462-221
初唐詩序　　　　　　明王　格　1455-515-225
唐詩艷小序　　　　　明周詩雅　1455-520-226
重刻唐文粹引　　　　明江盈科　1455-542-228
元和御覽詩序　　　　明潘之恆　1455-555-230
選詩序　　　　　　　明孫慎行　1456-131-269
（御製）全唐詩錄序　清 聖 祖　1299-162- 20
　　　　　　　　　　　　　　　1472- 1- 附
（御製）全唐詩序　　清 聖 祖　1299-163- 20
　　　　　　　　　　　　　　　1423- 1- 附
御選唐詩序　　　　　清 聖 祖　1299-538- 22
　　　　　　　　　　　　　　　1446- 1- 附
　　　　　　　　　　　　　　　1449-133- 2
唐文欣賞集序　　　　清魏裔介　1312-706- 3
唐詩清覽集序　　　　清魏裔介　1312-722- 5
薛雨堂唐詩選序　　　清魏裔介　1312-723- 5
唐人萬首絕句選序　　清王士禎　1459- 86- 附
唐詩正序　　　　　　清汪　琬　1315-463- 26
唐七律選序　　　　　清毛奇齡　1320-465- 53
御定全唐詩錄後序　　清張玉書　1322-438- 4
與朱竹垞論荆公選唐
　詩論唐詩選　　　　清宋　犖　1323-342- 29
唐賢三昧集序　　　　清姜宸英　1323-601- 1
三體唐詩原序　　　　清高士奇　1358- 3- 附
御定全唐詩進書表　　清曹　寅等 1423- 5- 附

3.宋金元

續歲時雜詠序　　　　宋晁補之　1118-664- 34

四庫全書文集篇目分類索引

集部　總集類：斷代

諸家詩集序　　　　　　　宋黃　裳　1120-154- 21
（題）續池陽集　　　　　宋汪應辰　1138-689- 11
　　　　　　　　　　　　　　　　　1375-291- 22
書滄海遺珠後　　　　　　宋周紫芝　1141-480- 67
東歸亂藁序　　　　　　　宋朱　熹　1348-641- 附
皇朝文鑑序　　　　　　　宋周必大　1148-132-104
進編次文海翁子　　　　　宋呂祖謙　1150- 32- 3
播芳集序　　　　　　　　宋葉　適　1164-251- 12
題宋百家詩　　　　　　　宋陳　造　1166-402- 31
書皇朝文鑑後　　　　　　宋程　珌　1171-359- 9
兩宋名賢小集原序　　　　宋魏了翁　1362-329- 附
本朝五七言絕句序　　　　宋劉克莊　1180-248- 24
中興五七言絕句序　　　　宋劉克莊　1180-248- 24
跋潘子宇還淳集
　　集南渡後諸家之詩　　宋王　柏　1186-203- 13
題樵歌後　　　　　　　　宋馬廷鸞　1187- 99- 13
五百家播芳大全文粹
　　序　　　　　　　　　宋許　開　1352- 2- 附
詩家鼎臠序　　　　　　　宋曹　溶　1362- 2- 附
黃南卿齊州集序　　　　　元趙　文　1195- 14- 2
禁題絕句序　　　　　　　元劉　壎　1195-375- 5
續文鑑序　　　　　　　　元吳　澄　1197-196- 18
題遼金以來諸人詞翰
　　後　　　　　　　　　元劉　因　1198-583- 12
天下同文集序　　　　　　元劉將孫　1199- 81- 9
　　　　　　　　　　　　　　　　　1366-592- 附
齊子莘昭代殊珍集（
　　跋）　　　　　　　　元徐明善　1202-602- 下
時賢詞翰集序　　　　　　元張之翰　1204-474- 14
國朝風雅序　　　　　　　元虞　集　1207-460- 32
　　　　　　　　　　　　　　　　　1368- 3- 附
宋曉歌騎吹曲序　　　　　元吳　萊　1209-193- 11
國朝（元）文類（原
　　）序　　　　　　　　元陳　旅　1213- 45- 4
　　　　　　　　　　　　　　　　　1367- 4- 附
大雅集後序　　　　　　　元王　逢　1369-577- 附
皇元風雅序　　　　　　　元戴　良　1219-587- 29
元朝詩選序　　　　　　　元李　祁　1219-651- 3
長流天地間集序　　　　　元李　祁　1219-652- 3
秦淮棹歌序　　　　　　　元楊　翮　1220-110- 8
長留天地間集序　　　　　元王　禮　1220-467- 2
滄海遺珠集序　　　　　　元王　禮　1220-485- 4
蕉囪律選序　　　　　　　元楊維楨　1221-442- 7
高僧詩集序　　　　　　　元楊維楨　1221-465- 10
大雅集原敘　　　　　　　元楊維楨　1369-512- 附

谷音跋　　　　　　　　　元張　翥　1365-611- 附
元文類原序　　　　　　　元王　理　1367- 3- 附
元文類跋　　　　　　　　元王守誠　1367-926- 附
元風雅原序　　　　　　　元謝升孫　1368- 2- 附
大雅集原敘　　　　　　　元賴　良　1369-512- 附
大雅集原序　　　　　　　元錢　齊　1369-513- 附
元朝文類序　　　　　　　明朱　右　1228- 65- 5
乾坤清氣序　　　　　　　明貝　瓊　1228-297- 1
元音序　　　　　　　　　明烏斯道　1370-404- 附
題宗老學可所藏元人
　　卷後　　　　　　　　明程敏政　1252-631- 36
群公四六序　　　　　　　明楊　慎　1270- 23- 2
宋詩選序　　　　　　　　明王世貞　1282-548- 41
宋文鑑序　　　　　　　　明商　輅　1350- 2- 附
谷音跋　　　　　　　　　明毛　晉　1365-611- 附
元音序　　　　　　　　　明會用賊　1370-405- 附
宋藝圃集原序　　　　　　明李　蓘　1382-599- 附
元藝圃集原序　　　　　　明李　蓘　1382-942- 附
（御製）全金詩序　　　　清 聖 祖　1445- 1- 附
樂府補題序　　　　　　　清朱彝尊　1318- 61- 36
播芳文粹跋　　　　　　　清朱彝尊　1318-234- 52
賴良大雅集跋　　　　　　清朱彝尊　1318-237- 52
兩宋名賢小集序（二
　　則）　　　　　　　　清朱彝尊　1362-329- 附
（御訂）全金詩增補
　　中州集奏摺　　　　　清郭元釪　1445- 2- 附
宋百家詩存原序　　　　　清曹庭棟　1477- 1- 附

4.明

（皇明）雅頌（正音
　　原）序　　　　　　　明宋　濂　1223-383- 6
　　　　　　　　　　　　　　　　　1370-584- 附
（跋）五清卷後　　　　　明楊士奇　1238-650- 25
題皇明文篹後　　　　　　明何喬新　1249-298- 18
（皇）明文衡（原）
　　序　　　　　　　　　明程敏政　1252-361- 21
　　　　　　　　　　　　　　　　　1373-484- 附
大明文約訪采序　　　　　明史　鑑　1259-800- 5
盛明百家詩集（序）　　　明皇甫汸　1275-738- 35
　　　　　　　　　　　　　　　　　1456- 81-263
吳江沈祖均選刻鉤玄
　　錄序　　　　　　　　明婁　堅　1295- 17- 2
五朝文略序　　　　　　　明魏學洢　1297-571- 5
皇明百家詩序　　　　　　明薛應旂　1455-405-216
盛明風雅初集序　　　　　明胡　松　1455-473-222

四庫全書文集篇目分類索引

明詩選序　　　　　　明周詩雅　1455-522-226

兩朝詩選序　　　　　明尹民興　1455-561-231

明詩綜序　　　　　　清朱彝尊　1318- 64- 36

梅薦李氏明正音跋　　清朱彝尊　1318-237- 52

5.清

清文鑑序　　　　　　清聖　祖　1299-161- 20

（御製）皇清文穎序　清高　宗　1301-104- 11

　　　　　　　　　　　　　　　1449- 1- 附

沈德潛選國朝詩別裁集序　　　　清高　宗　1301-114- 12

觀始詩集序　　　　　清吳偉業　1312-208- 21

今詩溯洄集序　　　　清魏喬介　1321-724- 5

國朝詩選序　　　　　清汪　琬　1315-476- 27

徵刻今文選今文鈔啟　清陳維崧　1322-225- 17

御製清文鑑後序　　　清張玉書　1322-439- 4

恭進皇清文穎表　　　清汪由敦　1328-747- 5

皇清文類進表　　　　清張廷玉等　1449- 2- 附

c.遴　選

書四家詩選後 杜甫、歐陽修、韓愈、李太白　宋李　綱　1126-711-162

詩八珍序 柳子厚、劉夢得、杜牧之、黃魯直、杜子美、張文潛、陳無已、陳去非　宋周紫芝　1141-363- 51

鄱陽顏范二公（集）序 顏眞卿、范仲淹　宋俞　翊　1386-648- 55

新編六先生文集序

　韓、柳、歐、會、王、蘇　明朱　右　1228- 64- 5

唐宋六家文衡序

　韓、柳、歐、會、王、蘇　明貝　瓊　1228-477- 28

六大家文略序　　　　明顧憲成　1455-667-241

唐宋八大家文鈔原敍　明茅　坤　1383- 13- 附

唐宋八大家文鈔論例　明茅　坤　1383- 15- 附

三家宮詞（跋）

　王珪、費氏、王建　明毛　晉　1416-672- 上

　　　　　　　　　　　　　　　1416-680- 中

　　　　　　　　　　　　　　　1416-687- 下

十家宮詞序　　　　　清朱彝尊　1318- 60- 36

西湖三太守詩序

　白居易、蘇東坡、蘇小眉　清毛奇齡　1320-290- 35

d.合　選

篋中集序 沈千運、王季

友、于逖、孟雲卿、張彪、檀微明、元季川　唐元　結　1071-549- 7

　　　　　　　　　　　　　　　1332- 14- 附

　　　　　　　　　　　　　　　1339-718-712

　　　　　　　　　　　　　　　1405-590-296

樂府古題序 劉猛、李餘　唐元　稹　1344-414- 95

　　　　　　　　　　　　　　　1405-591-296

題鄭石二詩後　　　　宋華　鎭　1119-605- 29

三家詩押韻序 蘇、歐、黃　宋樓　鑰　1152-817- 52

江西宗派詩序　　　　宋楊萬里　1161- 77- 30

　　　　　　　　　　　　　　　1359- 24- 4

題二劉文集後

　劉元承、劉元禮　　宋葉　適　1164-515- 29

歐四靈詩選　　　　　宋許　棐　1183-210- 5

跋勉齋北溪文粹

　黃幹、陳淳　　　　宋王　柏　1186-176- 11

跋歐曾文粹

　歐陽修、曾鞏　　　宋王　柏　1186-177- 11

題四明二僧詩卷

　如此山、文華國　　宋車　賦　1188-141- 16

三隱集記

　寒山子、豐干、拾得　宋釋志南　1065- 32- 附

韓柳音釋序

　韓愈、柳宗元　　　宋張敦頤　1077-305- 2

二家宮詞（跋）

　宋徽宗、楊皇后（寧宗后）　宋帝姬長公主　1416-709- 上

二家宮詞（跋）

　宋徽宗、楊皇后（寧宗后）　宋潛　夫　1416-713- 下

題會道士祖師詩卷

　無無薛公、釣隱岩公　元戴表元　1194-233- 18

九皐蒼山詩選後　　　元劉　壎　1195-389- 7

文華國如此山二師詩卷後題　　　元任士林　1196-575- 7

書薛嚴二道士雙清編　元袁　桷　1203-669- 50

繡川二妙集序

　傅野、陳堯道　　　元黃　溍　1209-401- 6

書程子廉諸人詩後　　元傅若金　1213-343- 7

題恩斷江端元叟手跡後　　　　　明宋　濂　1223-644- 13

跋陰何詩後

　陰鏗、何遜　　　　明梁　潛　1237-423- 16

刻陸謝詩序

　陸機、謝靈運　　　明李夢陽　1405-627-300

集部

總集類：斷代、通選、合選

集部 總集類:合選、氏族

跋林豐二翁詩卷
　林俊、豐熙　　　　　　明顧　璘　1263-248- 8
跋周少參汪刺史與傅
　丁戊詩文卷　　　　　　明顧　璘　1263-249- 8
刻三先生詩集
　王良佐、戚韶、張晃　　明孫承恩　1271-402- 30
書三詩翁集後
　王良佐、戚韶、張晃　　明孫承恩　1271-465- 34
刻二張詩集序
　張九齡、張說　　　　　明高叔嗣　1273-623- 5
　　　　　　　　　　　　　　　　　1456-105-266
五子詩集序　　　　　　　明王慎中　1274-221- 9
　　　　　　　　　　　　　　　　　1405-634-301
跋林豐二翁詩卷
　林俊、豐熙　　　　　　明丘雲霄　1277-293- 8
跋周少參汪刺史與傅
　丁戊詩文卷　　　　　　明丘雲霄　1277-293- 8
金臺十八子詩選序　　　　明王世貞　1280-140- 65
誠意新建二先生文選
　序劉基、王守仁　　　　明胡　直　1455-665-241
六生社草序　　　　　　　明高攀龍　1292-571- 9下
濂洛文抄序　　　　　　　明馮從吾　1293-210- 13
兩生近言序　　　　　　　明凌義渠　1297-442- 5
成仁遺稿序
　文天祥、謝枋得　　　　明舒　芬　 518- 71-138
合刻李杜詩集
　李白、杜甫　　　　　　明王穉登　1067-585- 33
合刻李杜分體全集序
　李白、杜甫　　　　　　明劉世教　1067-587- 33
合刻李杜分體全集序
　李白、杜甫　　　　　　明劉　鑿　1067-588- 33
合刻李杜分體全集序
　李白、杜甫　　　　　　明李維楨　1067-589- 33
合刻薛文清楊忠介二
　先生文集序　　　　　　明董光宏　1276-139-附2
閩中二子詩序
　林叔度、吳元翰　　　　明曹學佺　1405-647-302
二家宮詞（跋）宋徽
　宗、楊皇后（寧宗后）　明毛　晉　1416-709- 上
二家宮詞（跋二則）
　宋徽宗、楊皇后（寧
　宗后）　　　　　　　　明毛　晉　1416-713- 下
李杜詩通序　　　　　　　明朱大啓　1455-538-227
五先生文粹序 周濂
　溪、程頤、程顥、張

載、朱熹　　　　　　　　明趙時春　1455-736-246
歐蘇選集序　　　　　　　明游居敬　1455-794-252
陳王二先生詩抄序
　陳白沙、王陽明　　　　明孫應鰲　1456- 76-262
吳門范趙兩大家集敍
　范長倩、趙凡夫　　　　明潘之恆　1456-590-326
太倉十子詩序　　　　　　清吳偉業　1312-226- 22
宋文康公王文安公選
　詩合刻序　　　　　　　清魏裔介　1312-725- 5
嚴顥亭張謙明諸子詩
　序　　　　　　　　　　清魏裔介　1312-728- 5
琴樓合稿序
　錢唐、胡文瀚與其
　婦張楩雲合作　　　　　清施閏章　1313- 62- 5
家駒公桂留堂暨汪少
　君餘香草合刻序　　　　清吳　綺　1314-293- 4
草堂合刻詩序
　僧恭密、佛開　　　　　清汪　琬　1315-514- 30
葉李二使君合刻詩序
　葉倉巖、李梅崖　　　　清朱彝尊　1318- 83- 38
題雞山諸子五言詩卷　　　清毛奇齡　1320-517- 59
題雞山諸子七言詩卷　　　清毛奇齡　1320-517- 59
江園二子詩集題詞　　　　清毛奇齡　1320-522- 59
江左十五子詩選序　　　　清宋　犖　1323-271- 24
龍竿集序
　王方若、殷彥來　　　　清田　雯　1324-254- 25
濂洛風雅序　　　　　　　清蔡世遠　1325-660- 1

e.氏 族

與諸兒論家世集書　　　　梁王　筠　1399-571- 14
二皇甫集序　　　　　　　唐獨孤及　1332-282- 附
寶氏聯珠集跋　　　　　　後晉張昭　1332-378- 附
韓氏家集序　　　　　　　宋韓　琦　1089-335- 22
南行前集敍 三蘇　　　　宋蘇　軾　1107-478- 34
書三謝詩（後）　　　　　宋唐　庚　1124-386- 11
　　　　　　　　　　　　　　　　　1406-448-364
臨江軍（清江）三孔
　文集序
　孔文仲、孔武仲、孔平仲　宋周必大　1147-559- 53
　　　　　　　　　　　　　　　　　1345-177- 附
江西續派二曾居士詩
　集序曾伯容、曾顯道　　宋楊萬里　1161-107- 84
跋三蘇遺文　　　　　　　宋陸　游　 561-534- 44
　　　　　　　　　　　　　　　　　1163-515- 27
　　　　　　　　　　　　　　　　　1381-797- 59

四庫全書文集篇目分類索引　　2289

集部

總集類：氏族、都邑

趙鋼夫宗藩文類序　　宋魏了翁　1418-760- 64
跋趙伯泳家集　　宋袁　甫　1175-519- 15
跋宋氏絕句詩　　宋劉克莊　1180-330- 31
吳晞之家集（跋）　宋方　岳　1182-595- 38
題吳畏齋家集　　宋歐陽守道　1183-680- 21
胡氏清雅詩集序　　宋何夢桂　1188-468- 7
朱默軒瀹與其兄約山
　　請跋詩編　　宋何夢桂　1188-503- 10
跋譚氏編首　　宋何夢桂　1188-504- 10
二薛先生文集序　　宋林景熙　1188-749- 5
寶氏聯珠集跋　　宋和　峴　1332-378- 附
寶氏聯珠集跋　　宋王　崧　1332-378- 附
二程文集後序　　宋李夔之　1345-756-附下
二妙集（原）序
　　段克己、段成己　元吳　澄　550-106-212
　　　　　　　　　　　　　1365-525- 附
跋李氏家集　　元吳　澄　1197-558- 56
題吳山樵唱
　　吳伯恭、吳叔從　元吳　澄　1197-620- 63
馮氏三世遺文序　　元姚　燧　1201-428- 3
題李氏家集　　元程鉅夫　1202-363- 25
聯珠續集序蔣氏　　元黃　溍　1209-365- 5
洪氏一家言序　　元陳　旅　1213- 76- 6
顧氏文錄序　　元陳　高　1216-203- 10
題馬元德伯仲詩後　　元戴　良　1219-509- 22
蕭氏暘吟四葉序　　元李　祁　1219-676- 4
二程文集跋　　元鄒次陳　1345-756-附下
二程文集跋　　元虞　集　1345-757-附下
二妙集跋語　　元段　輔　1365-592- 8
鄭氏聯璧集序　　明宋　濂　1223-410- 6
廣信桂氏三世文集　　明危　素　1226-743- 4
繆氏壙篋集序　　明蘇伯衡　1228-601- 4
題周遺集後　　明鄭　眞　1234-219- 38
曾氏奧壹遺編序
　　會宜勉集其先世所作
　　之詩在焉　　明梁　潛　1237-265- 5
李氏兄弟倡和詩序　　明梁　潛　1237-283- 5
書三蘇文選序　　明楊士奇　1238-122- 10
（跋）鄭氏文集　　明楊士奇　1238-609- 18
跋謝氏家藏墨跡卷後　　明李東陽　1250-439- 40
題俞氏家集　　明朱存理　1251-600- 0
唐氏三先生集序　　明程敏政　1252-401- 23
樊山集序　內外二篇內
　　篇載樊氏之述作外篇
　　載樊氏之事行　　明吳　寬　1255-353- 40

跋王氏文集　　明吳　寬　1255-456- 50
跋張氏尺牘　　明吳　寬　1255-485- 53
跋芸窗父師集
張溥南張萱父子　　明吳　寬　1255-508- 55
倪氏二先生集序　　明邵　寶　1258-601- 12
壙篋洺鳴集序　　明羅　玘　1259- 37- 3
聯芳類稿序
　　　　宋從類、宋如晦　明羅　玘　1259- 70- 5
　　　　　　　　　　　　　　　1455-615-236
題三王詞翰後　　明李夢陽　1262-542- 59
跋青山雙璧卷　　明顧　璘　1263-248- 8
跋世遺翰三首　　明潘希曾　1266-753- 8
（二皇甫集）跋
　　　　　　　　　明楊　慎　1332-319- 附
跋青山雙璧卷
陸氏伯仲集序　　明王世貞　1280-139- 65
二顧先生集序　　明王世貞　1282-664- 51
談氏文獻錄序　　明王世貞　1282-707- 54
題二王書帖後　　明胡應麟　1290-772-106
跋二王詩卷　　明胡應麟　1290-795-110
二陸讀禮草序　　明婁　堅　1295- 19- 2
兩徐子合藁序　　明黃淳耀　1297-656- 2
二蘇雷僊集序　　明林齊聖　 564-727- 59
二皇甫集序　　明王廷相　1332-283- 附
（寶氏聯珠集跋）　明毛　晉　1332-378- 附
柴氏四隱集原序　　明張　斗　1364-872- 附
柴氏四隱集原序　　明柴復貞　1364-873- 附
柴氏四隱集原序　　明柴復貞　1364-905- 附
柴氏四隱集原序　　明柴時秀　1364-906- 附
溪上落花詩題辭　　明湯顯祖　1406-439-363
二盧先生詩集序　　明徐學謨　1456-125-269
重刻二曹詩集序
　　曹堯賓、曹勳之　明曹學佺　1466-601- 52
曹氏一家言序　　清施閏章　1313- 47- 4
僊甯集序　　清施閏章　1313- 75- 6
書兩姜先生詩後　　清施閏章　1313-319- 26
丁厝水觀察暨令弟韻
　　汝棣華集序　　清吳　綺　1314-266- 3
王氏五集序　　清吳　綺　1314-281- 4
馮氏壙篋集序　　清毛奇齡　1320-320- 38
嗣晉軒詩集序柴季馴
　　宋順成姑嫜詩集也　　清毛奇齡　1320-433- 50
太倉王氏詩總序　　清田　雯　1324-265- 25

f.都　邑

齊州雜詩序　　宋曾　鞏　1384-245-101

四庫全書文集篇目分類索引

集部

總集類：都邑

篇名	作者	索引號
揚州集序	宋秦　觀	1115-643- 39
		1351- 69- 91
臨川集詠序	宋謝　逸	1122-519- 7
成都文類序	宋袁說友	561-503- 44
		1154-371- 18
		1354-293- 附
		1381-322- 30
清源文集序	宋劉　煃	1157-404- 5
清源文集序	宋眞德秀	1174-414- 27
宣城總集序	宋吳　潛	1178-418- 3
睦州詩派序	宋謝　翱	1188-327- 10
題中州詩集後	宋家鉉翁	1367-476- 38
會稽掇英總集原序	宋孔延之	1345- 3- 附
嚴陵集原序	宋董　弅	1348-525- 附
成都文類詩卷序	宋扈仲榮等	1354-305- 2
天台集原序	宋李　兼	1356-411- 附
天台集拾遺跋	宋林表民	1356-457- 附
天台續集別編跋	宋林表民	1356-599- 5
天台續集別編跋	宋林表民	1356-614- 6
鰲溪群賢詩選序	元吳　澄	1197-178- 16
項廷實汝南類編	元徐明善	1202-604- 下
（延祐四明志）集古考（序）	元袁　桷	491-652- 19
敬鄉前錄序	元吳師道	1212-193- 15
敬鄉後錄序	元吳師道	1212-194- 15
玉山亭館詩文哀輯記	元顧　瑛	1369- 91- 5
兩淛（浙）作者（集）序	元楊維楨	1221-439- 7
雙貂（鄉）詩序	元陳　基	1222-376- 下
河汾諸老詩集後序	元房　祺	1365-645- 附
宛陵群英集原序	元汪澤民	1366-957- 附
宛陵群英集原序	元張師愚	1366-957- 附
徽風序	元江　潛	1375-266- 19
華川文派錄序	明宋　濂	526-154-263
		1223-380- 5
浦陽文藝錄敘	明王　禕	1226- 92- 5
桐華新藁序	明張以寧	1226-609- 3
廣信文獻錄序	明危　素	518- 32-136
		1226-743- 4
錄鄉先生詞翰後題	明鄭　眞	1234-208- 37
滄海遺珠（原）序	明楊士奇	1238-549- 14
		1375-451- 附
（跋）續潛溪文粹	明楊士奇	1238-608- 18
皇明西江詩選序	明韓　雍	1245-744- 11
武原詩錄序	明張　寧	1247-419- 17
赤城詩集序	明李東陽	526-156-263
		1250-257- 24
		1456- 48-260
苕溪編序引	明朱存理	1251-606- 0
新安文獻序	明程敏政	1252-504- 29
篁墩錄序	明程敏政	1252-512- 29
平盈文會錄序	明程敏政	1252-588- 34
書新安文獻志後	明程敏政	1252-692- 39
		1376-708- 附
新安文獻凡例	明程敏政	1253-357- 59
莆陽文獻序	明林　俊	1257-522- 8
朱氏家藏手翰序	明祝允明	1260-728- 26
莆陽文獻序	明鄭　岳	1263- 50- 9
全蜀藝文志序	明楊　慎	1406- 46-317
海嶽靈秀集序	明王世貞	1282-529- 40
雲間雅奏序	明畢自嚴	1293-395- 2
芝郡文獻錄序	明史　簡	518- 97-138
黎川文緒引	明王　材	518-193-141
四明文獻志序	明張邦奇	526-165-264
吳興藝文補序	明韓　敬	526-176-264
吳興藝文補序	明陳以誠	526-177-264
明文西序	明高弘圖	556-459- 93
河汾諸老詩集序	明車　璽	1365-614- 附
中州名賢文表原序	明劉　昌	1373- 7- 附
新安文獻志跋	明王宗植	1376-708- 附
全蜀藝文志原序	明周復俊	1381- 2- 附
全蜀藝文志詩卷序	明周復俊	1381- 39- 3
天台詩集序	明夏　鍭	1455-366-213
嚴西遺典序	明符　驗	1455-451-221
新安文獻續志序	明李維楨	1455-511-225
吳淞詩委序	明莫如忠	1456- 97-264
栝鄉詩賦誌	清魏裔介	1312-946- 16
讀宛雅序	清施閏章	1313- 36- 3
龍眠風雅序	清施閏章	1313- 37- 3
書成都文類後	清朱彝尊	1318-151- 44
龍眠風雅序	清毛奇齡	1320-291- 35
中州名賢文表原序	清宋　犖	1373- 7- 附
漳志藝文小序	清蔡世遠	1325-663- 1
留都文萃序	清呂履恆	503-637-130
湖廣通志藝文志序	清夏力恕等	534-160- 82
兩河文起錄序	清張天植	538-619- 78
貴州通志藝文序	清靖道謨等	572-168- 33
中州名賢文表原序	清汪立名	1373- 9- 附
粵西叢載原序	清汪　森	1467-343- 附

9.倡 酬

上巳日會蘭亭曲水詩
　序　　　　　　　　　晉王羲之　　486-419- 20
晉右將軍王羲之上巳
　日會蘭亭曲水詩
　并序　　　　　　　　晉王羲之　 1345- 26- 3
蘭亭詩序　　　　　　　晉王羲之　 1360-448- 27
蘭亭集詩并序　　　　　晉王羲之　 1379-349- 43
蘭亭序　　　　　　　　晉王羲之　 1406-149-331
蘭亭集序　　　　　　　晉王羲之　 1413-682- 59
上巳日會蘭亭曲水詩
　後序　　　　　　　　晉孫　綽　　486-423- 20
（晉右軍將軍王羲之
　上巳日會蘭亭曲水
　詩）後序　　　　　　晉孫　綽　 1345- 29- 3
（蘭亭集詩）後序　　　晉孫　綽　 1379-352- 43
蘭亭集後序　　　　　　晉孫　綽　 1413-711- 61
三月三日曲水詩序　　　齊王　融　 1329-802- 46
　　　　　　　　　　　　　　　　 1331-232- 46
　　　　　　　　　　　　　　　　 1394-647- 9
　　　　　　　　　　　　　　　　 1399-102- 4
　　　　　　　　　　　　　　　　 1406-370-352
　　　　　　　　　　　　　　　　 1414-315- 76
韋司馬別業集序　　　　唐張　說　 1406-393-355
韋司馬別業集序　　　　唐張九齡　　556-445- 93
　　　　　　　　　　　　　　　　 1066-188- 17
　　　　　　　　　　　　　　　　 1339-696-710
唐使君盛山唱和集序　　唐權德輿　 1339-722-712
秦徵君校書與劉隋州
　唱和詩序　　　　　　唐權德輿　 1339-757-716
崔衞二公同任渭南縣
　尉日宿天長寺上方
　唱和詩序　　　　　　唐權德輿　 1339-758-716
崔吏部衞兵部同南縣
　尉日宿天長寺上方
　唱和詩序　　　　　　唐權德輿　 1344-422- 95
荊潭（裴均楊憑）唱
　和詩序　　　　　　　唐韓　愈　　534-594-101
　　　　　　　　　　　　　　　　 1073- 52- 20
　　　　　　　　　　　　　　　　 1074-348- 20
　　　　　　　　　　　　　　　　 1075-303- 20
　　　　　　　　　　　　　　　　 1339-763-717
　　　　　　　　　　　　　　　　 1344-421- 95
　　　　　　　　　　　　　　　　 1378-343- 53

　　　　　　　　　　　　　　　　 1383- 93- 7
　　　　　　　　　　　　　　　　 1405-605-298
王氏伯仲唱和詩序　　　唐柳宗元　 1076-205- 21
　　　　　　　　　　　　　　　　 1076-653- 21
　　　　　　　　　　　　　　　　 1339-765-717
裴二十四秀才花下對
　酒唱和詩序　　　　　唐柳宗元　 1076-226- 24
　　　　　　　　　　　　　　　　 1076-672- 24
　　　　　　　　　　　　　　　　 1339-766-717
彭陽唱和集引　　　　　唐劉禹錫　 1077-582- 9
彭陽唱和集後引　　　　唐劉禹錫　 1077-583- 9
吳蜀集引　劉禹錫與趙
　郡李公唱和之作　　　唐劉禹錫　 1077-583- 9
汝洛集引　劉禹錫與白
　居易唱和之作　　　　唐劉禹錫　 1077-583- 9
聯句詩序　　　　　　　唐呂　溫　　550- 94-212
　　　　　　　　　　　　　　　　 1077-619- 3
　　　　　　　　　　　　　　　　 1339-762-717
　　　　　　　　　　　　　　　　 1344-421- 59
因繼集重序
　元白唱和詩　　　　　唐白居易　 1080-759- 69
劉白唱和集解　　　　　唐白居易　 1080-759- 69
（唐）香山九老詩序　　唐白居易　 1332- 8- 附
　　　　　　　　　　　　　　　　 1406-147-330
松陵集（原）序　　　　唐皮日休　 1332-164- 附
　　　　　　　　　　　　　　　　 1386-641- 55
華陽屬和集序　　　　　唐于　邵　 1339-718-712
北苑侍宴詩序　　　　　宋徐　鉉　 1085-143- 18
送致政朱侍郎歸江陵
　唱和詩序　　　　　　宋楊　億　 1086-431- 7
廣平公唱和集序　　　　宋楊　億　 1086-431- 7
西崑酬唱集原序　　　　宋楊　億　 1344-489- 附
山游唱和詩集敘　　　　宋釋契嵩　 1091-533- 12
山游唱和詩集後敘　　　宋釋契嵩　 1091-534- 12
趙大資與法雲長老唱
　和集序　　　　　　　宋蘇　頌　 1092-714- 67
同年會讌詩序　　　　　宋陳　襄　 1093-647- 18
洛陽耆英會序　　　　　宋司馬光　　538-614- 78
　　　　　　　　　　　　　　　　 1094-632- 68
　　　　　　　　　　　　　　　　 1351- 30- 87
　　　　　　　　　　　　　　　　 1406-147-330
賞梅唱和詩序　　　　　宋文　同　 1096-706- 25
鹿鳴燕詩序（二則）　　宋呂　陶　 1098- 97- 13
東宮錫燕集序　　　　　宋范祖禹　 1100-397- 36
禮部唱和詩序　　　　　宋歐陽修　 1102-336- 43

四庫全書文集篇目分類索引

集部　總集類：倡酬

		1378-349- 53
		1383-524- 47
		1405-613-299
會稽唱和詩序	宋秦　觀	1115-644- 39
懷樂安蔣公唱和詩序	宋秦　觀	1115-644- 39
汝陰唱和集後序	宋李　廌	1115-799- 6
虎邱唱和題辭	宋朱長文	1119- 39- 7
蒲章諸公倡和詩題辭	宋朱長文	1358-706- 4
葉謙甫唱和詩序	宋劉　弇	1119-259- 24
潁川詩集敍	宋鄒　浩	1121-406- 29
跋三王酬唱	宋曹　助	1129-523- 32
跋南宮唱和詩後	宋劉一止	1132-141- 27
跋錢更部燕舉人詩	宋王庭珪	1134-340- 50
梅林分韻詩序	宋馮時行	1354-408- 11
跋胡澹菴和李承之詩	宋朱　熹	1145-703- 82
題嚴居厚與馬莊甫唱和詩軸	宋朱　熹	1145-741- 83
南嶽倡酬集原序	宋朱　熹	1348-608- 附
（題）大父秦公考試耀州倡酬詩卷（二則）	宋周必大	1147-141- 15
跋陳晞顏從古和簡齋去非詩	宋周必大	1147-164- 17
豐城府君便山處士唱酬詩卷（跋）	宋周必大	1147-193- 19
題胡邦衡講筵詩卷	宋周必大	1147-195- 19
跋三游詩	宋周必大	1147-201- 19
又題范覺民與諸人唱和詩	宋周必大	1147-495- 46
跋韓子蒼與曾公袞錢遂叔諸人倡和詩（二則）	宋周必大	1147-512- 48
跋蕭服劉達唱和詩卷	宋周必大	1147-532- 50
跋桑澤卿和林和靖詩	宋樓　鑰	1153-181- 72
題輗軒唱和集	宋洪　适	1158-656- 62
容齋燕集詩序	宋陸　游	1163-409- 14
京口唱和序	宋陸　游	1163-410- 14
跋西崑酬唱集	宋陸　游	1163-511- 26
跋松陵倡和集	宋陸　游	1163-540- 30
跋西崑酬唱集	宋陸　游	1163-553- 31
書許昌唱和集後	宋韓元吉	1165-253- 16
（遊）南嶽唱酬（集原）序	宋張　栻	534-598-101
		1167-544- 15
		1348-609- 附
李氏隸華酬唱集序	宋劉　宰	1170-534- 19
京口唱酬詩卷序	宋劉　宰	1170-535- 19
跋丘忠定窠與鄭檢法唱酬集	宋劉　宰	1170-615- 24
東皋唱和集序附後序	宋吳　泳	1176-354- 36
清漳文會錄序	宋王　遂	1178-507- 5
澤溪醇倡序	宋釋居簡	1183- 65- 5
跋查蒼懷淨土醇倡集并馮給事歸去來詞	宋釋居簡	1183- 98- 7
邑士和東平段約齋詩序	宋陳　著	1185-184- 38
書邑中文盟集後	宋陳　著	1185-215- 45
跋范尚書楷蓬閣唱和集	宋陳　著	1185-222- 46
題徐少章和注後村百梅詩	宋林希逸	1185-685- 13
題子眞人身倡酬集	宋林希逸	1187-685- 13
篆畦詩序	宋舒岳祥	1187-427- 10
張氏學古齋唱和詩序	宋牟　巘	1188-108- 12
跋輗軒唱和詩集	宋胡次焱	1188-569- 7
龍與祥符戒壇院分韻詩序	宋俞德隣	1189- 86- 11
坡門酬唱集原序	宋張叔椿	1346-465- 附
坡門酬唱集引	宋邵　浩	1346-465- 附
游海雲寺唱和詩序	宋王　霄	1354-385- 9
庚午省闈唱和詩序	宋劉望之	1354-558- 23
月泉吟社詩序原序	宋黃　灝	1359-619- 附
五月五日海岳會集序	宋劉澄甫	1377- 4- 附
游海雲寺唱和詩序	宋吳中復	1381-172- 17
梅林分韻詩序	宋杜藎言	1381-195- 19
錦堂賦詩序	金李俊民	1190-631- 8
西湖唱和詩序	元王義山	1193- 23- 4
子惟肯和後村梅花百韻序	元王義山	1193- 41- 6
楊氏池堂謐集詩序	元戴表元	1194-134- 10
牡丹謐席詩序	元戴表元	1194-135- 10
城東倡和小序	元戴表元	1194-138- 10
客樓冬夜會合詩序	元戴表元	1194-140- 10
千峰酬唱序	元戴表元	1194-145- 11
塵外流芳集（序）	元劉　跋	1195-158- 2
富城醵飲賦詩序	元吳　澄	1197-181- 16
淇奧唱和詩序	元王　惲	1200-546- 42
退觀臺唱和詩序	元姚　燧	1201-434- 3
梅園雜集序	元王　旭	1202-841- 11
仰高倡酬詩卷序	元袁　桷	1203-330- 24

四庫全書文集篇目分類索引　2293

書劉貢父舍人種竹倡和詩後	元袁　桷	1203-659- 50	應制冬日詩序	明宋　濂	1223-385- 6
書世綸堂雅集詩卷	元袁　桷	1203-662- 50			1406-158-333
如舟亭燕飲詩後序	元許有壬	1211-226- 32	寄和右丞溫德亭詩卷序	明宋　濂	1223-386- 6
跋二史公唱和詩	元程端學	1212-354- 4	桃花澗修禊詩序	明宋　濂	1223-393- 6
經筵唱和詩序	元陳　旅	1213- 46- 4	鄭氏喜友堂讌集詩序	明宋　濂	1223-394- 6
和吳宗師眼明識喜詩序	元李　存	1213-715- 19	題金德原和王子充詩後	明宋　濂	1223-612- 12
題訪山亭會飲唱和詩	元蘇天爵	1214-328- 28	唱和集序	明劉　基	1225-262- 10
圭塘欵乃集原序	元周伯琦	1366-864- 附	上京大宴詩序	明王　禕	1226-113- 6
春日玄沙寺小集序	元貢師泰	1215-595- 6	少微倡和集序	明王　禕	1226-136- 7
跋王憲使朱縣尹倡和詩卷	元貢師泰	1215-661- 8	黃憲僉槐塘倡酬詩序	明唐桂芳	1226-837- 5
白沙聯句序	元劉仁本	1216- 73- 5	夏指揮春日倡和詩序	明林　弼	1227-112- 13
虞江宴別詩序	元劉仁本	1216- 78- 5	舟行分韻詩序	明朱　同	1227-690- 4
山中白雲詩序	元陳　高	1216-205- 10			1374-146- 41
荊南倡和集序	元鄭元祐	1216-510- 8	倡酬禪偈序	明徐一夔	1229-212- 5
荊山鄉飲酒序	元鄭　玉	1217- 73- 1	書徐知遠分題送行詩卷後	明趙撝謙	1229-691- 2
圭塘欵乃集跋	元王　翰	1366-911- 附	荊南唱和集後序	明高　啓	1230-274- 2
群英詩會序	元舒　頔	1217-569- 2	跋東皋唱和卷	明王　行	1231-393- 8
夏守謙詩集序			素軒燕集詩序	明王　行	1231-458- 0
與李彥高平昔倡和詩	元舒　頔	1217-570- 2	月夜小酌詩序	明烏斯道	1232-228- 3
書畫舫燕集序	元謝應芳	1218-203- 9	雨夜寓宿倡和詩序	明烏斯道	1232-228- 3
多稼亭燕集詩序	元謝應芳	1218-206- 9	鄉飲酒讀法詩序	明陳　謨	1232-585- 5
修禊集後記	元戴　良	1219-304- 5	茅亭分韻詩序	明陳　謨	1232-621- 6
書畫舫讌集詩序	元戴　良	1219-496- 21	五君分韻詩序	明陳　謨	1232-621- 6
卞宜之四詠倡和序	元楊　翮	1220-108- 8	遊西林分韻詩序	明陳　謨	1232-635- 6
許承旨同聲詩序	元胡行簡	1221-141- 4	書劉氏西齋倡和卷	明陳　謨	1232-693- 9
李參政倡和詩序	元楊維楨	1221-382- 1	閏三月三日水南分韻賦詩序	明龔　敩	1233-676- 5
玉山草堂雅集序	元楊維楨	1221-440- 7	溪上會飲詩序	明方孝孺	1235-393- 13
送贈同夫歸豫章分題詩序	元陳　基	1222-254- 14	書浦江二義門倡和詩後	明方孝孺	1235-539- 18
圭塘欵乃集跋	元段天祐	1366-908- 附	吉（文）水西（莊十老）宴集詩序	明解　縉	1236-682- 7
圭塘欵乃集跋	元周　薄	1366-909- 附			1456- 28-258
圭塘欵乃集跋	元哈喇岱	1366-909- 附	李氏兄弟倡和詩序	明梁　潛	1237-283- 5
圭塘欵乃集跋	元丁文昇	1366-909- 附	銀浦唱和詩序	明梁　潛	1237-326- 7
圭塘欵乃集跋	元黃　昞	1366-910- 附	中秋宴集詩序	明梁　潛	1237-338- 7
圭塘欵乃集跋	元張守正	1366-910- 附			1456- 17-257
圭塘欵乃集跋	元王國寶	1366-911- 附	春闈倡和詩序	明梁　潛	1237-340- 7
圭塘欵乃集題詩跋	元趙　恆	1366-912- 附	九日讌集詩序	明梁　潛	1237-340- 7
圭塘欵乃集跋	元吉亙濟	1366-912- 附	夏日文宴詩序	明王　洪	1237-487- 5
荊南唱和詩集原序	元馬　治	1370-230- 附	元宵唱和詩序	明胡　儼	1237-570- 上
荊南唱和詩集原序	元周　砥	1370-231- 附	北上倡和詩序	明胡　儼	1237-577- 上
荊南唱和詩集後序	元高　啓	1370-256- 附			
題荊南集後	元徐　貫	1370-257- 附			

集部

總集類：倡酬

四庫全書文集篇目分類索引

集部 總集類:倡酬

西城宴集詩序	明楊士奇	1238- 63- 5
劉氏倡和詩序	明楊士奇	1238- 87- 7
黎氏唱和詩序	明楊士奇	1238- 95- 8
南園宴遊詩序	明楊士奇	1238-483- 9
東郭草亭宴集詩序	明楊士奇	1238-555- 14
		1456- 30-258
題雪夜清興倡和後	明楊士奇	1238-666- 22
		1456-395-298
重題雪夜清興倡和後	明楊士奇	1238-668- 23
大祀宿齋壇倡和詩序	明楊 榮	1240-155- 11
登正陽門樓倡和詩序	明楊 榮	1240-155- 11
送余侍講致仕還南康分題詩序	明楊 榮	1240-192- 13
送從弟仲宜還建寧分題詩序	明楊 榮	1240-218- 14
題雪夜唱和詩後	明楊 榮	1240-244- 15
贈劉士皆命憲四川倡和詩序	明金幼孜	1240-725- 7
立春日分韻詩序	明王 直	1241- 68- 4
歲除日分韻詩序	明王 直	1241- 69- 4
移居唱和詩序	明王 直	1241- 72- 4
跋文會錄後	明王 直	1241-294- 13
曾氏讌集詩序	明王 直	1241-880- 23
題春日宴桃李園詩	明王 直	1242-351- 36
題劉子欽唱和卷後	明王 直	1242-357- 36
元夕燕集詩序	明李時勉	1242-716- 4
夏人燕集詩序	明李時勉	1242-717- 4
七夕燕會詩序	明李時勉	1242-718- 4
新安九日詩序	明李時勉	1242-721- 4
至日燕集詩序	明李時勉	1242-721- 4
戊午冬至宴會詩序	明劉 球	1243-522- 9
南樓宴會詩序	明劉 球	1243-543- 10
中秋宴會詩序	明劉 球	1243-551- 10
諸生分別詩序	明劉 球	1243-575- 12
中秋燕會詩序	明劉 球	1243-577- 12
駱氏溪園嘉遂倡和詩序	明劉 球	1243-580- 12
宴會詩序	明劉 球	1243-592- 13
端午宴會詩序	明劉 球	1243-597- 13
金臺倡和詩序	明徐有貞	1245-118- 3
北園讌集詩序	明倪 謙	1245-437- 21
詠雪唱和詩序	明倪 謙	1245-438- 21
北庄雅集詩序	明倪 謙	1245-442- 21
同年唱和詩引	明倪 謙	1245-450- 22
五臺山倡和詩集序	明倪 謙	1245-595- 32
題東巡倡和詩卷	明韓 雍	1245-772- 12
春闈唱和詩序	明柯 潛	1246-491- 下
玉山雅集詩序	明鄭文康	1246-583- 8
晚香亭倡和詩序	明張 寧	1247-390- 15
陸參政北征倡和詩跋	明張 寧	1247-485- 21
題簡大參李命憲東巡倡和詩	明張 寧	1247-493- 21
題按察諸公會陳都閫公宴和詩後	明張 寧	1247-494- 21
同年燕集詩序	明何喬新	1249-148- 9
同年燕集詩後	明何喬新	1249-153- 9
西湖文會序	明鄭 紀	1249-821- 9
會合聯句詩序	明李東陽	1250-270- 26
京闈同年會詩序	明李東陽	1250-279- 26
周原已席上題十月賞菊卷	明李東陽	1250-434- 40
書鶴壇清話卷後	明李東陽	1250-439- 40
		1456-488-314
書同聲集後	明李東陽	1250-443- 41
書同聲後集後	明李東陽	1250-448- 41
西京同年倡和詩序	明李東陽	1250-645- 63
西湖聯句詩卷後記	明程敏政	1252-257- 15
瓜祝倡和詩序	明程敏政	1252-494- 28
西堂雅集詩序	明程敏政	1252-619- 35
書祖筵分詠詩後	明程敏政	1252-654- 37
書朱陸二先生鵝湖倡和詩後	明程敏政	1252-667- 38
書馮憲副聯句詩後	明程敏政	1252-678- 38
題謝陵倡和詩卷後	明程敏政	1252-685- 39
江上唱和詩序	明周 瑛	1254-739- 1
後同聲集序	明吳 寬	1255-367- 41
經筵侍班倡和詩序	明吳 寬	1255-381- 43
啟事餘情序	明吳 寬	1255-383- 43
同年三友會詩序	明吳 寬	1255-390- 44
山庄唱和小序	明謝 遷	1256- 11- 2
湖山唱和序	明謝 遷	1256- 11- 2
會老嘉話序	明謝 遷	1256- 12- 2
北山倡和詩序	明林 俊	1257- 12- 2
四同年會詩序	明林 俊	1257- 62- 6
辭留唱和詩序	明張 吉	1257-741- 0
重陽會詩序	明邵 寶	1258-135- 13
菊雪倡和詩引	明邵 寶	1258-262- 3
跋碧山吟社詩卷	明邵 寶	1258-534- 9
園亭倡和詩序	明邵 寶	1258-592- 12
喜雪倡和詩集序	明羅 玘	1259-114- 8

四庫全書文集篇目分類索引

跋謝以中鼓動天機卷　　明羅　玘　1259-280- 21　　敍姜陸二公同適稿　　　明袁宏道　1405-646-302
詠雪倡和詩序　　　　　明朱誠泳　1260-336- 9　　蔣太史小園集詠序　　　明鄭懷魁　1406-401-356
知山堂雅集詩序　　　　明祝允明　1260-668- 22　　唐雅序唐君臣唱酬之作　明何良俊　1455-395-215
玉堂聯句後序　　　　　明羅欽順　1261-103- 8　　西園雅會集序　　　　　明何良俊　1456-420-301
朝正倡（唱）和詩跋　　明李夢陽　1262-543- 59　　蒼雲軒燕集詩後序　　　明唐　肅　1456- 9-256
　　　　　　　　　　　　　　　　1456- 66-262　　同年唱和詩引　　　　　明張　翀　1456- 42-259
東園雅集詩序　　　　　明顧　璘　1263-459- 1　　杏園重會詩序　　　　　明謝一夔　1456- 52-260
春江游燕詩序　　　　　明顧　璘　1263-464- 1　　適適稿序　　　　　　　明黃姬水　1456- 99-265
附驥集引與人倡和者　　明顧　璘　1263-576- 7　　人日草堂（集會）引　　明朱白藩　1456-107-266
　　　　　　　　　　　　　　　　1466-568- 51　　李宋倡和詩序　　　　　明程嘉燧　1456-137-269
東曹倡和詩序　　　　　明王守仁　1265-766- 29　　桃花洞天（集）草引　　明江盈科　1456-145-270
白髮倡和詩序　　　　　明崔　銑　1267-394- 1　　旗亭問詠序　　　　　　明唐　俞　1456-157-274
望金焦唱和詩序　　　　明陸　深　1268-261- 42　　三山紀會錄序　　　　　明舒　芬　1456-410-299
玄墓山探梅倡和詩敍　　明文徵明　1273-115- 17　　恭跋皇祖聖祖仁皇帝
怡老園燕集詩序　　　　明陸　粲　1274-584- 1　　　千叟宴詩　　　　　　清 高 宗　1300-347- 8
池亭倡和序　　　　　　明羅洪先　1456- 92-264　　　　　　　　　　　　　　　　　1449-281-首14
二詠編題辭　　　　　　明皇甫汸　1275-763- 39　（欽定）千叟宴詩諭
比玉集序　　　　　　　明李攀龍　1278-359- 15　　旨　　　　　　　　　　清 高 宗　1452- 1- 附
比玉集序　　　　　　　明王世貞　1280-145- 66　　題織簾居唱和册　　　　清吳偉業　1312-419- 40
芙蓉社吟稿敍　　　　　明王世貞　1280-151- 66　　題白醉樓謙集詩序後　　清吳偉業　1312-419- 40
題江夏公卷後　　　　　明王世貞　1281-158-129　　西山唱和詩序　　　　　清湯　斌　1312-485- 3
題大石山聯句卷　　　　明王世貞　1281-164-129　　峴紡友人贈答詩序　　　清魏裔介　1312-747- 6
孫中丞登馬鞍山倡和　　　　　　　　　　　　　　　蕭江倡和集序　　　　　清施閏章　1313- 38- 3
　詩小敍　　　　　　　明王世貞　1282-665- 51　　空翠閣雅集序　　　　　清吳　綺　1314-249- 3
尹趙同聲錄序　　　　　明王世貞　1282-689- 52　　古重九平山堂謙集詩
劉孟直嶽會雜詠跋　　　明馮從吾　1293-288- 16　　　序　　　　　　　　　　清吳　綺　1314-254- 3
書除夜元日唱酬詩後　　明婁　堅　1295-277- 24　　梁溪倡和詩集序　　　　清吳　綺　1314-260- 3
朋來草小序　　　　　　明孫傳庭　1296-314- 4　　江秋水園居倡和詩序　　清吳　綺　1314-263- 3
治社八子集序　　　　　明倪元璐　1297- 77- 6　　崔青峙社集詩序　　　　清吳　綺　1314-294- 4
題素盟社刻　　　　　　明倪元璐　1297-200- 16　　跋高蒼巖太守洞庭倡
燕市倡和詩序　　　　　明凌義渠　1297-439- 5　　　和詩後　　　　　　　　清吳　綺　1314-402- 10
江西貢院唱和詩序　　　明梁　寅　 518- 39-137　　家士雅孝廉居憂致疾
滁州貞烈倡和序　　　　明王雲鳳　 550-141-214　　　作詩慰勉並索同人
　　　　　　　　　　　　　　　　1456-442-305　　　屬和小引　　　　　　　清吳　綺　1314-406- 10
貞烈倡和詩後序　　　　明劉　龍　 550-145-214　　西郊汎雪倡和詩序　　　清汪　琬　1315-501- 29
松陵集跋　　　　　　　明吳都穆　1332-280- 附　　和鴛鴦湖櫂歌序　　　　清朱彝尊　1318-101- 39
荊南倡和詩集跋　　　　明李廷芝　1370-253- 附　　書致交集後　　　　　　清朱彝尊　1318-237- 52
荊南倡和詩集後序　　　明李應楨　1370-257- 附　　縉林集序　　　　　　　清朱鶴齡　1319- 94- 8
書荊南倡和詩集後　　　明張　弼　1370-258- 附　　公餞益都夫子于萬柳
長至日海岳會集序　　　明馮　裕　1377- 3- 附　　　堂賦別倡和詩序　　　清毛奇齡　1320-301- 36
海岳會集序　　　　　　明魏允貞　1377- 3- 附　　聽松樓謙集序　　　　　清毛奇齡　1320-312- 37
九月九日海岳會集序　　明黃　卿　1377- 5- 附　　西江唱和詩序　　　　　清毛奇齡　1320-327- 39
上巳日海岳會集序　　　明劉淵甫　1377- 6- 附　　西湖倡和詩序　　　　　清毛奇齡　1320-349- 41
七月七日海岳會集序　　明楊應奎　1377- 7- 附　　浙江鄉試鎮院中秋倡
刻松陵集跋　　　　　　明都　穆　1386-646- 55　　　和詩（序）　　　　　清毛奇齡　1320-402- 47

2296　　　　　　　　　四庫全書文集篇目分類索引

馮使君錢湖倡和詩序　　清毛奇齡　　1320-404- 47　　六桂堂詩集序　　　　　宋黃　裳　　1120-155- 21
五雲唱和篇序　　　　　清毛奇齡　　1320-411- 48　　跋諸公與徐仲車詩册　　宋楊　時　　1125-395- 26
西泠唱和詩序　　　　　清毛奇齡　　1320-433- 50　　竹亭詩序　　　　　　　宋孫　覿　　1135-302- 30
題鳥亭曼廬鳴和篇首　　清毛奇齡　　1320-519- 59　　跋朱德固所藏先世往
題湘溪唱和詩　　　　　清毛奇齡　　1320-519- 59　　　來貼　　　　　　　　宋孫　覿　　1135-321- 32
梅市倡和詩抄稿書後　　清毛奇齡　　1320-545- 61　　棣華小錄序　　　　　　宋吳　儆　　1142-266- 12
歸田倡和序　　　　　　清陳維崧　　1322- 88- 6　　東歸亂藁序　　　　　　宋朱　熹　　1145-553- 75
萬柳堂修禊倡和詩序　　清陳維崧　　1322-119- 8　　跋葉氏慕堂詩　　　　　宋朱　熹　　1145-718- 82
廣陵倡和詩序　　　　　清姜宸英　　1323-632- 1　　跋景呂堂詩　　　　　　宋朱　熹　　1145-719- 82
碧山堂元夕鬥酒詩跋　　　　　　　　　　　　　　　　跋曾裘父艇齋師友尺
　後　　　　　　　　　清姜宸英　　1323-817- 7　　　牘　　　　　　　　　宋朱　熹　　1145-732- 83
繭園文謏集跋語　　　　清姜宸英　　1323-842- 8　　書安福劉德禮家紫芝
龍涼唱和詩序　　　　　清田　雯　　1324-262- 25　　　詩卷　　　　　　　　宋周必大　　1147-193- 19
西山唱和詩題辭　　　　清田　雯　　1324-303- 29　　群玉詩集序　　　　　　宋周必大　　1147-553- 52
百苦唱和詩序　　　　　清薛　鑄　　 530-499- 70　　跋趙主簿所藏詩後
西崑酬唱集序　　　　　清馮　武　　1344-489- 附　　　其先君子所嘗得於諸
　　　　　　　　　　　　　　　　　　　　　　　　　　　公詩　　　　　　　　宋陳傳良　　1150-823- 41
h.雜　類　　　　　　　　　　　　　　　　　　　　游天衣詩序　　　　　　宋王十朋　　 526-135-263
　　　1151-593- 27
洪崖子戀鳥詩序　　　　唐陳子昂　　1065-608- 7　　紙閣詩序　　　　　　　宋樓　鑰　　1152-816- 52
　　　　　　　　　　　　　　　　　　1339-749-715　　書石門披雲集後　　　　宋樓　鑰　　1153-185- 72
懷素上人草書歌序　　　唐顏眞卿　　1071-660- 12　　天台山石橋詩集序　　　宋洪　适　　1158-473- 34
　　　　　　　　　　　　　　　　　　1340-180-737　　荊門集序言泉石之勝　　宋洪　适　　1158-476- 34
吳魯師華原露仙館詩　　　　　　　　　　　　　　　　達觀堂詩序　　　　　　宋陸　游　　1163-419- 15
　序　　　　　　　　　唐權德輿　　1339-760-716　　跋南城吳氏社倉書樓
（開州韋侍講）盛山　　　　　　　　　　　　　　　　　詩文後　　　　　　　宋陸　游　　1163-538- 30
　十二（景）詩序　　　唐韓　愈　　 561-493- 44　　極目亭詩集序　　　　　宋韓元吉　　1165-200- 14
　　　　　　　　　　　　　　　　　　1073-532- 21　　霧隱賦則序　　　　　　宋楊冠卿　　1165-486- 7
　　　　　　　　　　　　　　　　　　1074-360- 21　　新集玉堂詩序　　　　　宋程　珌　　1171-346- 8
　　　　　　　　　　　　　　　　　　1075-315- 21　　跋蕭定夫所藏胡文定
　　　　　　　　　　　　　　　　　　1405-604-298　　　碧泉詩卷　　　　　　宋眞德秀　　1174-533- 34
綾山道中五詠詩序　　　唐穆　員　　1339-762-717　　水木清華詩序　　　　　宋劉克莊　　1180-243- 23
崔公山池後集序　　　　唐李　翰　　1406-152-331　　黃元肇江山風月閣詩
諸朝賢寄題洪州義門　　　　　　　　　　　　　　　　　序　　　　　　　　　宋徐經孫　　1181- 30- 3
　胡氏華林書齋序　　　宋王禹偁　　1086-190- 19　　五洩留題集敍　　　　　宋釋居簡　　1183- 66- 5
進兩制三館牡丹歌詩　　　　　　　　　　　　　　　　題慈順堂集　　　　　　宋歐陽守道　1183-658- 18
　狀　　　　　　　　　宋晏　殊　　1087- 33- 0　　會雲巢與會智甫往來
登科（龍）記序　　　　宋宋　祁　　1088-398- 45　　　書翰跋　　　　　　　宋歐陽守道　1183-675- 20
賦林衡鑑序　　　　　　宋范仲淹　　1089-788- 4　　跋玉笥山名賢題詠　　　宋歐陽守道　1183-688- 22
移石詩敍　　　　　　　宋釋契嵩　　1091-531- 12　　跋雪浪閣詩　　　　　　宋姚　勉　　1184-286- 41
法喜堂詩敍　　　　　　宋釋契嵩　　1091-532- 12　　李君瑞奇正賦格序　　　宋林希逸　　1185-675- 12
種柳詩序　　　　　　　宋文　同　　1096-705- 25　　發遣三昧序書信集　　　宋王　柏　　1186- 63- 4
齊州雜詩序　　　　　　宋曾　鞏　　1098-471- 13　　先友尺牘總跋　　　　　宋王　柏　　1186-184- 12
題宜春臺詩序　　　　　宋祖無擇　　1098-830- 8　　跋麗澤諸友帖　　　　　宋王　柏　　1186-185- 12
諸朝賢題朱氏小山詩　　　　　　　　　　　　　　　　題博愛堂詩卷後　　　　宋牟　巘　　1188-139- 16
　序　　　　　　　　　宋張方平　　1104-367- 33

四庫全書文集篇目分類索引

金玉詩序	宋何夢桂	1188-440- 3
汐社詩集序	宋何夢桂	1188-454- 6
分陽諸公感寓詩集序	宋何夢桂	1188-473- 7
龍源普渡紀勝詩序	宋林景熙	1188-750- 5
歐文公再遊九日山詩卷	宋熊 禾	1188-775- 1
重陽詩卷	宋張 縉	1189-543- 3
王昭君辭序	宋呂 午	1375-258- 18
蟄龍崟詩後序	宋胡 楙	1466-562- 51
八月十六日張園玩月詩序	元戴表元	1194-135- 10
北山（詩）小序	元戴表元	1194-136- 10
遊雲門若耶溪詩序	元戴表元	1194-136- 10
遊南岩詩序	元戴表元	1194-137- 10
遊蘭亭詩序	元戴表元	1194-139- 10
恆莊詩序	元戴表元	1194-145- 11
喜雨詩序	元陸文圭	1194-575- 5
農桑詩序	元陸文圭	1194-575- 5
許氏棣華堂詩序	元胡炳通	1196-145- 8
韓耀卿異花詩卷序	元胡炳通	1196-146- 8
崔雄飛父學圃亭詩序	元胡炳通	1196-148- 8
彰德路得雨詩序	元胡炳通	1196-149- 8
程氏受義堂詩卷序	元任士林	1196-548- 4
瓢湖小隱詩序	元任士林	1196-548- 4
閻潛山陵雲內集序		
集山中高人詩	元吳 澄	1197-243- 23
題得己齋餞記詩卷後	元吳 澄	1197-582- 59
廬山遊集序	元釋圓至	1198-132- 4
川雲清潤集序	元劉將孫	1199- 82- 9
鸝肋集序	元劉將孫	1199- 91- 10
喜雨詩卷序	元程端學	1199-652- 3
竹間詩序	元胡炳文	1199-767- 3
俞氏新居靈芝詩序	元胡炳文	1199-768- 3
南陽府瑞芝詩卷序	元王 惲	1200-530- 41
洪洞縣王舜卿敬親堂詩卷序	元王 惲	1200-554- 43
雪堂上人集類諸名公雅製序	元王 惲	1200-555- 43
跋雪堂雅集後	元姚 燧	1201-728- 31
題楊從善卷後	元程鉅夫	1202-351- 24
蓬萊閣詩序	元袁 桷	1203-304- 22
周彥祥存樂堂詩序	元袁 桷	1203-306- 22
白鶴詩序	元袁 桷	1203-307- 22
春臺詩序	元袁 桷	1203-307- 22
瑞芝亭賦詠序	元袁 桷	1203-323- 24
壽樂堂詩序	元袁 桷	1203-323- 24
書朱氏精舍圖詩卷	元袁 桷	1203-652- 49
貞孝堂詩序	元張之翰	1204-467- 13
易齋詩卷序	元張之翰	1204-468- 13
題凝翠樓詩卷後	元釋大訢	1204-623- 14
常氏雲齋詩序	元劉 鶚	1206-304- 2
梁氏壽慶堂詩序	元馬祖常	1206-593- 9
遊長春宮詩序	元虞 集	1207- 71- 5
飛龍亭詩集序	元虞 集	1207-451- 31
書先世手澤後	元虞 集	1207-569- 40
書餘姚新學詩後	元黃 溍	1209-330- 4
跋致愨亭紀詠	元黃 溍	1209-343- 4
石門六觀詩序	元黃 溍	1209-403- 6
玉山名勝集原序	元黃 溍	1369- 2- 附
歐文長老所藏曹泰宇戴帥初詩	元柳 貫	1210-503- 19
跋惠顯卿萱堂詩卷	元蒲道源	1210-659- 10
題憲使李行簡樂閒堂詩卷後序並詩	元蒲道源	1210-729- 20
秋浦類集序	元吳師道	1212-199- 15
跋危太樸所藏曾王虔三公詩文	元陳 旅	1213-169- 13
臨川戴氏靈秀庭詩序	元李 存	1213-711- 19
半峯閣詩卷序	元李 存	1213-728- 20
跋吳氏經德堂詩卷後	元李 存	1213-790- 26
題李宗老所藏諸名公翰墨	元李 存	1213-794- 27
禹柏詩序	元蘇天爵	1214- 62- 5
聚魁堂詩序	元余 闕	1214-385- 2
跋韓致用五雲輯錄卷後	元貢師泰	1215-660- 8
心田道院設醮詩序	元鄭 玉	1217- 25- 3
題石鼎詩卷後	元鄭 玉	1217- 87- 3
梅花莊敘叙	元吳 海	1217-165- 1
石鏡詩序	元舒 頔	1217-566- 2
時賢詠物詩序	元舒 頔	1217-570- 2
跋學生於徵劉秦賦藁	元李繼本	1217-791- 9
杏林春詩卷序	元謝應芳	1218-195- 9
婁曲書堂詩序	元謝應芳	1218-195- 9
梅隱山房詩序	元謝應芳	1218-203- 9
何氏耕樂軒詩叙	元甘 復	1218-539- 0
書松石詩卷後	元甘 復	1218-548- 0
徐氏茅屋詩序	元甘 復	1218-552- 0
書張氏瑞香詩序後	元甘 復	1218-553- 0
周氏山堂詩叙	元甘 復	1218-554- 0

集部　總集類：雜類

2298　　　　　　　　四庫全書文集篇目分類索引

集部　總集類：雜類

篇目	作者	索引號
東山賞梅詩序	元戴　良	1219-496- 21
書天機流動軒卷後	元戴　良	1219-611- 下
平寇詩序	元李　祁	1219-655- 3
師子林詩序	元李　祁	1219-690- 6
		1386- 34- 30
（草堂）玉山名勝集（原）序	元李　祁	1219-691- 6
		1369- 3- 附
書郝氏紫芝亭卷後	元李　祁	1219-746- 9
遠煙空翠亭詩後序	元王　禮	1220-388- 4
思齊堂詩序	元王　禮	1220-487- 4
竹山隱居詩序	元胡行簡	1221-140- 4
致亭詩卷序	元胡行簡	1221-143- 5
陶氏孝友堂詩序	元趙　汸	1221-201- 2
丞相梅詩序	元楊維楨	1221-383- 1
孫氏瑞蓮詩弓（卷）序	元楊維楨	1221-444- 7
富春八景詩序	元楊維楨	1221-446- 7
玉山名勝集序	元陳　基	1222-250- 13
浮青閣詩序	元陳　基	1222-256- 14
乾坤草亭詩序	元陳　基	1222-261- 15
江月樓詩序	元陳　基	1222-262- 15
兩漢（賦）體序	元祝　堯	1366-746- 3
三國六朝（賦）體序	元祝　堯	1366-778- 5
唐（賦）體序	元祝　堯	1366-801- 7
宋（賦）體序	元祝　堯	1366-817- 8
古賦辯體外錄序	元祝　堯	1366-835- 9
後騷序	元祝　堯	1366-837- 9
文（賦）序	元祝　堯	1366-849- 10
夏日雨晴詩序	明太　祖	1223-156- 15
題北山紀遊卷後	明宋　濂	526-261-267
八詠樓詩紀序	明宋　濂	1223-370- 5
		1406-171-334
		1455-321-210
郊禋慶成詩序	明宋　濂	1223-384- 6
御賜甘露漿詩序	明宋　濂	1223-385- 6
春日賞海棠花詩序	明宋　濂	1223-387- 6
竹塢幽居詩序	明宋　濂	1223-391- 6
雙清詩序	明劉　基	1225-167- 6
喜雨詩序	明劉　基	1225-262- 10
匡山詩序	明王　禕	1226-147- 7
先天觀詩序	明危　素	1226-741- 4
喜雨詩序	明林　弼	1227-110- 13
夏指揮遊赤松觀詩序	明林　弼	1227-112- 13
會川樓詩序	明林　弼	1227-118- 14
古雪軒詩序	明林　弼	1227-123- 14
停雲軒詩序	明釋妙聲	1227-601- 中
瑞蓮詩序	明貝　瓊	1228-335- 7
遊山詩序	明貝　瓊	1228-463- 26
范氏文官花詩序	明蘇伯衡	1228-597- 4
書德泉銘卷後	明蘇伯衡	1228-719- 10
滄遊集題辭	明蘇伯衡	1228-734- 11
北山紀游總錄跋	明胡　翰	1229-102- 8
自得齋類編序	明徐一夔	1229-165- 2
齊壽堂詩序	明徐一夔	1229-173- 3
名人尺牘題辭	明徐一夔	1229-265- 8
跋虞訴張三公墨蹟	明徐一夔	1229-275- 8
何憲副集天台上賦爲詩序	明徐一夔	1229-322- 11
聽雨堂詩序	明徐一夔	1229-324- 11
會友詩序	明徐一夔	1229-326- 11
香爐峰詩序	明徐一夔	1229-344- 12
中秋甌月詩序	明王　彝	1229-433- 0
遊采石詩序	明孫　作	1229-485- 2
贈滄齋詩序	明趙撝謙	1229-660- 1
師子林十二詠序	明高　啓	1230-281- 3
耕漁軒詩序		
附楊孟載說一篇	明王　行	1231-354- 5
尙友齋詩序	明王　行	1231-358- 5
跋湯氏先友諸帖	明王　行	1231-390- 8
虛白室詩序	明王　行	1231-435- 12
高節樓詩序	明王　行	1231-443- 0
禱雨詩序	明烏斯道	1232-226- 3
梅隱軒詩序	明殷　奎	1232-394- 1
一篷春雨軒序	明陳　謨	1232-587- 5
鄉飲酒詩序	明陳　謨	1232-593- 5
斗室詩序	明陳　謨	1232-607- 5
玄虛閣詩序	明陳　謨	1232-624- 6
見南軒詩序	明王　翰	1233-259- 4
澂江秋色（詩）序	明龔　敩	1233-675- 5
素牡丹詩序	明王　紳	1234-721- 5
雁塔棲雲詩序	明王　紳	1234-727- 5
豐湖書屋序	明方孝孺	1235-401- 13
思養堂詩卷後序	明王原采	1235-826- 0
終慕堂詩序	明周是修	1236- 65- 5
飛練詩序	明周是修	1236- 66- 5
湖上飛雲詩序	明周是修	1236- 70- 5
待休樓詩序	明周是修	1236- 79- 5
積善堂詩序	明周是修	1236- 83- 5
松莊詩文序	明周是修	1236- 87- 5

四庫全書文集篇目分類索引

怡樂堂詩文敍	明周是修	1236- 90- 5
極拙堂詩文序	明周是修	1236- 93- 5
冰蘗軒詩文序	明周是修	1236- 94- 5
思永堂詩序	明程本立	1236-186- 3
書聽潮山房詩卷後	明程本立	1236-199- 4
遊仙巖詩序	明張宇初	1236-392- 2
草堂八詠卷跋	明張宇初	1236-472- 4
南澗書屋詩序	明唐之淳	1236-566- 3
李氏孝節堂詩序	明解 縉	1236-684- 7
舒嘯軒序	明解 縉	1456- 26-258
北齋詩序	明解 縉	1456- 27-258
椿陰書屋詩序	明梁 潛	1237-271- 5
張氏東皋十景詩序	明梁 潛	1237-277- 5
一樂堂詩序	明梁 潛	1237-286- 5
壽菊詩序	明梁 潛	1237-286- 5
五峰堂詩序	明梁 潛	1237-295- 5
重遊龍城寺詩序	明梁 潛	1237-330- 7
臨清八景詩序	明梁 潛	1237-331- 7
西垣對雪詩序	明梁 潛	1237-339- 7
遊長春宮遺址詩序	明梁 潛	1237-343- 7
		1456- 16-257
題繼志堂詩文後	明梁 潛	1237-412- 16
題湯君如川潛德堂後	明梁 潛	1237-417- 16
跋壽樂堂詩卷後	明梁 潛	1237-424- 16
夾城八景詩序	明王 洪	1237-488- 5
貞孝堂詩序	明王 洪	1237-493- 5
中溪八景詩序	明楊士奇	518- 47-137
恭題崇恩堂卷後	明楊士奇	1238-133- 11
沙村江樓詩序	明楊士奇	1238-553- 14
		1456- 31-258
祿養堂詩文序	明楊士奇	1238-554- 14
虛菴詩序	明楊士奇	1238-555- 14
紹祖錄序	明楊士奇	1238-560- 15
（跋）古賦辨體	明楊士奇	1238-619- 19
（跋）蕭氏與春堂卷後	明楊士奇	1238-676- 23
（跋）都城覽勝詩後	明楊士奇	1238-677- 23
賜遊西苑詩序	明楊士奇	1456- 29-258
小瀛州詩序	明楊 榮	1240-156- 11
一樂堂詩序	明楊 榮	1240-158- 11
重遊東郭草亭詩序	明楊 榮	1240-158- 11
		1456- 33-258
竹居詩卷序	明楊 榮	1240-207- 14
雙桂堂（詩）序	明楊 榮	1240-208- 14
周氏櫟陽八詠詩序	明楊 榮	1240-210- 14
書東陽李氏忠愛堂卷後	明楊 榮	1240-234- 15
題聚奎堂卷後	明楊 榮	1240-240- 15
題崇恩堂卷後	明楊 榮	1240-241- 15
		1374-223- 47
題北京八景卷後	明楊 榮	1240-242- 15
題元檜堂卷	明黃 淮	1374-224- 48
羅氏老人亭詩（序）	明金幼孜	1240-728- 7
眉壽堂詩序	明金幼孜	1240-738- 7
靜樂軒詩序	明金幼孜	1240-746- 7
胡氏山居八景詩序	明金幼孜	1240-751- 7
郊遊詩序	明王 直	1241- 73- 4
石潭八景詩序	明王 直	1241- 87- 4
靜修齋詩序	明王 直	1241-122- 6
賜遊西苑詩引	明王 直	1241-274- 12
玉峰草堂詩後序	明王 直	1241-439- 6
周志剛高明樓詩後序	明王 直	1241-452- 6
遠明樓詩序	明王 直	1241-453- 6
貽豚堂詩序	明王 直	1241-456- 6
郊居八詠總序	明王 直	1241-490- 8
營建紀成詩序	明王 直	1241-509- 8
懷忠堂詩序	明王 直	1241-551- 10
慎獨齋詩序	明王 直	1241-575- 11
雙松齋詩序	明王 直	1241-575- 11
寧菴詩序	明王 直	1241-579- 11
有慶堂詩序	明王 直	1241-595- 12
東軒詩序	明王 直	1241-602- 12
凝清軒詩序	明王 直	1241-607- 12
榮恩堂詩序	明王 直	1241-622- 13
崇恩堂詩序	明王 直	1241-674- 15
翰墨林詩序	明王 直	1241-686- 15
凝翠樓詩序	明王 直	1241-688- 15
孝友堂詩序	明王 直	1241-690- 15
皆春堂詩序	明王 直	1241-702- 16
友于軒詩序	明王 直	1241-707- 16
菊窗十景詩序	明王 直	1241-735- 17
貽安堂詩序	明王 直	1241-744- 17
槐雲書舍詩序	明王 直	1241-765- 18
休樂軒詩序	明王 直	1241-768- 18
順理堂詩序	明王 直	1241-781- 19
祿養堂詩序	明王 直	1241-781- 19
衍慶堂詩序	明王 直	1241-784- 19
和集堂詩序	明王 直	1241-794- 19
三臺八景詩序	明王 直	1241-823- 21
怡怡堂詩序	明王 直	1241-837- 21

集部

總集類：雜類

2300　　　　　　　　　四庫全書文集篇目分類索引

雙秀堂詩序	明王　直	1241-852-	22
魯庵詩序	明王　直	1241-860-	22
題梅花莊卷後	明王　直	1242-369-	36
九日賞菊詩序	明李時勉	1242-720-	4
栢臺酌月詩序	明李時勉	1242-735-	4
葛溪別業詩序	明李時勉	1242-735-	4
榮養堂詩序	明李時勉	1242-771-	6
跋後樂堂卷	明李時勉	1242-799-	8
書貞節堂詩文後	明薛　瑄	1243-218-	11
書嘉瓜集後	明薛　瑄	1243-220-	11
並蒂蓮詩序	明薛　瑄	1243-305-	17
會稽八景序并詩	明劉　球	1243-604-	14
書倪縣宰瑞麥卷	明劉　球	1243-646-	19
書龍雲劉氏仍輝樓卷			
後	明劉　球	1243-647-	19
賀劉先生新居詩序	明李　賢	1244-560-	8
跋劉氏全沖堂卷後	明徐有貞	1245- 99-	3
終慕堂詩序	明徐有貞	1245-145-	4
推篷春意詩序	明徐有貞	1245-169-	4
續譜翰選序	明倪　謙	1245-397-	17
冶亭登高詩序	明倪　謙	1245-402-	18
賜老堂詩序	明韓　雍	1245-742-	10
日新齋詩序	明岳　正	1246-388-	4
題王氏貞節堂詩卷後	明岳　正	1246-426-	8
瑞石山房集序	明張　寧	1247-386-	15
終慕堂詩序	明張　寧	1247-411-	16
沂陽八景詩文卷序	明張　寧	1247-421-	17
吳山書舍詩文卷跋語	明張　寧	1247-463-	20
于景瞻浮玉山詩卷跋	明張　寧	1247-466-	20
義竹軒卷跋	明張　寧	1247-467-	20
遊育王寺詩卷跋	明張　寧	1247-469-	20
植蘭詩卷後語	明張　寧	1247-480-	21
翠筠詩文册跋	明張　寧	1247-482-	21
陳廷采水竹卷跋	明張　寧	1247-487-	21
		1456-407-299	
題錬雪齋詩文册	明張　寧	1247-490-	21
二異卷題詞	明張　寧	1247-491-	21
甘谷堂詩序	明張　寧	1459- 38-259	
心師軒詩序	明丘　濬	1248-203-	10
京華勝覽詩序	明丘　濬	1248-205-	10
江湖勝遊詩序	明丘　濬	1248-205-	10
南陵劉氏八景詩序	明丘　濬	1248-210-	10
岐山八景詩序	明丘　濬	1248-288-	15
鼓山紀遊詩序	明何喬新	1249-151-	9
鈔塘十景後序	明何喬新	1249-155-	9
梅莊八詠序	明何喬新	1249-156-	9
跋胡氏大雅堂卷	明何喬新	1249-306-	18
孝感亭詩序	明鄭　紀	1249-819-	9
京都十景詩序	明李東陽	1250-227-	22
一閒軒詩序	明李東陽	1250-232-	22
遊朝天宮慈恩寺詩序	明李東陽	1250-255-	24
城南登高詩序	明李東陽	1250-262-	25
學士栢詩序	明李東陽	1250-640-	62
書讀卷承恩詩後	明李東陽	1250-770-	73
書賜遊西苑詩卷後	明李東陽	1250-772-	73
跋聚芳亭卷	明李東陽	1250-779-	74
遊甑山詩序	明倪　岳	1251-211-	17
揚州鶻司瑞烏詩序	明倪　岳	1251-259-	19
椿萱齊壽堂詩序	明程敏政	1252-383-	22
篁墩十二詠序	明程敏政	1252-389-	22
雙桂堂詩序	明程敏政	1252-462-	26
旌溪十景詩序	明程敏政	1252-469-	27
順德堂詩序	明程敏政	1252-470-	27
却金詩序	明程敏政	1252-471-	27
陽湖八景詩序	明程敏政	1252-483-	27
東軒十事詩引	明程敏政	1252-496-	28
葆貞堂（詩文）序	明程敏政	1252-496-	28
梁園賞花詩引	明程敏政	1252-501-	28
重恩堂詩序	明程敏政	1252-505-	29
應詔揮毫詩序	明程敏政	1252-508-	29
松蘿山遊詩序	明程敏政	1252-518-	29
		1456- 56-261	
瑞友齋錄序	明程敏政	1252-561-	33
萱榮堂詩序	明程敏政	1252-564-	33
望萱樓詩序	明程敏政	1252-583-	34
貽範集詩序	明程敏政	1252-589-	34
萃英集序	明程敏政	1252-609-	35
南山留題詩卷引	明程敏政	1252-613-	35
林月鑑江湖勝覽卷跋	明程敏政	1252-628-	36
		1456-503-316	
書汉口宗家承德堂後	明程敏政	1252-633-	36
榮感堂詩後	明程敏政	1252-665-	38
題樹萱堂卷	明程敏政	1252-676-	38
書程氏三節堂詩後	明程敏政	1252-677-	38
書寧菴卷	明程敏政	1252-683-	39
栗橋八景詩序	明黃仲昭	1254-397-	2
游陽山詩序	明吳　寬	1255-340-	39
蘭舟詩序	明吳　寬	1255-344-	39
愚樂菴詩後序	明吳　寬	1255-355-	40
尚古會詩序	明吳　寬	1255-355-	40

集部　總集類：雜類

四庫全書文集篇目分類索引

倍壽堂詩序	明吳　寬	1255-401- 45
題樓氏全清堂詩卷	明吳　寬	1255-453- 49
題虹橋別業詩卷	明吳　寬	1255-458- 50
跋沈氏寫山樓詩文後	明吳　寬	1255-458- 50
題山行雜錄後	明吳　寬	1255-477- 52
題史氏宜樂堂詩序後	明吳　寬	1255-488- 53
書大雅堂卷後	明吳　寬	1255-489- 53
跋錢氏所藏群公手簡	明吳　寬	1255-496- 54
跋南園俞氏文册	明吳　寬	1255-502- 55
胥翁八咏詩序	明謝　遷	1256- 16- 2
瑞竹詩序	明林　俊	1257- 3- 1
木蘭陂集序	明林　俊	1257- 27- 3
江湖勝覽後序	明蔡　清	1257-844- 3
題松滋王世子靜庵卷	明蔡　清	1257-869- 4
中和堂錄序	明邵　寶	1258-142- 13
題故人書翰卷	明邵　寶	1258-533- 9
平寇錄序		
哀詩次爲平寇錄	明羅　玘	518- 58-137
		1259-150- 10
跋萬雲書莊卷	明方良永	1260-142- 7
瑞蓮詩序	明朱誠泳	1260-334- 9
跋俞陳二先生遺藁	明祝允明	1260-727- 26
三至軒詩文序	明羅欽順	1261-107- 8
南谷萃英錄序	明羅欽順	1261-112- 8
雲津書院集序	明羅欽順	1261-117- 9
題宋元祐幸學詩卷後	明羅欽順	1261-139- 11
思親詩序	明顧　清	1261-543- 18
海山鍾秀詩序	明顧　清	1261-547- 18
風木興思詩序	明顧　清	1261-563- 19
木蘭陂集序	明鄭　岳	1263- 54- 9
關西紀行詩序	明顧　璘	1263-458- 1
九日遊柳山詩序	明顧　璘	1263-463- 1
東湖亭納涼詩序	明顧　璘	1263-463- 1
酹月詩序	明顧　璘	1263-463- 1
靜樂得言序	明顧　璘	1263-464- 1
題秋原游曠卷前	明顧　璘	1263-610- 9
題饒介之諸賢懷古詩卷後	明顧　璘	1263-610- 9
題海市卷後	明邊　貢	1264-235- 14
題史元之所藏沈休翁高鐵溪詩卷	明邊　貢	1264-238- 14
炯然亭（詩文）序	明康　海	1266-344- 3
東園看月詩序	明潘希會	1266-724- 6
序樂趣卷	明崔　銑	1267-382- 1
瞻辰樓詩序	明崔　銑	1267-395- 1

喜雪詩序	明崔　銑	1267-507- 6
懷郡三瑞集序	明崔　銑	1267-516- 6
新江十詠詩序	明陸　深	1268-719- 9
跋世壽堂卷	明陸　深	1268-724- 10
永樂大臣觀春詩卷跋	明鄭善夫	1269-201- 16
樂休園詩序	明韓邦奇	1269-334- 1
賞菊詩序	明夏良勝	1269-738- 2
品士亭甌竹詩序	明夏良勝	1269-752- 2
清音競秀詩卷序	明楊　愼	1270- 24- 2
采蘋舟詩序	明孫承恩	1271-350- 28
望楓亭詩序	明林文俊	1217-715- 3
湧翠軒詩序	明林文俊	1271-737- 4
鐘石山房詩序	明林文俊	1271-791- 6
宜興善權寺古今文錄敘	明文徵明	1273-120- 17
雪壺歌序	明朱　淛	1273-448- 2
全懿堂集序	明王愼中	1274-207- 9
雪浪閣集序	明羅洪先	1275-221- 11
江集序	明皇甫洋	1276-727- 9
跋短竹卷抄	明皇甫洋	1276-735- 10
尺牘清裁序	明王世貞	1280-124- 64
		1405-545-292
重刻尺牘清裁小序	明王世貞	1290-125- 64
永慕堂詩敘	明王世貞	1280-190- 69
朝鮮詞翰小序	明王世貞	1280-210- 70
題素庵卷後	明王世貞	1281-162-129
題周氏交游書札	明王世貞	1284-307-160
莫愁湖園詩册後	明王世貞	1284-323-160
跋群公手簡	明胡應麟	1290-796-110
書西郭趙季梅花卷後	明孫繼皐	1291-293- 4
理學詩選跋	明馮從吾	1293-289- 16
几山閣詩草引	明凌義渠	1297-466- 6
一經堂小題義引	明凌義渠	1297-467- 6
休菴詩序	明何　宜	443- 48- 4
並蒂蓮詩序	明張　徹	518- 50-137
書遊南山詩卷後	明馬　理	556-509- 94
刻古賦辯體跋	明康　河	1366-862- 附
郎官柏詩序	明金　問	1385-558- 22
燕子磯集序	明薛　甲	1455-457-221
游雲居詩序	明王　襄	1456- 21-257
游虎丘寺詩序	明楊循吉	1456- 64-261
九日登高詩序	明李　默	1456- 84-263
江長洲鵲巢詩序	明徐顯卿	1456- 95-264
泛舟詩序	明萬廷言	1456-129-269
敘洞庭秋詩	明尹民興	1456-165-277

2302　　　　　　　　四庫全書文集篇目分類索引

集部

總集類：雜類、輓頌

環秀樓序	明朱　升	1456-390-297
臺江夜汎詩文後序	明王　襄	1456-391-297
毫溪書舍卷序	明柯　遷	1456-399-298
交遊別錄序	明黃孔昭	1456-403-299
先友尺牘題辭	明李維楨	1456-427-302
酒籌序	明朱安汎	1456-514- 37
歷代賦彙序	清聖　祖	1299-167- 21
詠物詩選序	清聖　祖	1299-172- 22
歷代題書詩類序	清聖　祖	1299-172- 22
御製歷代賦彙序	清聖　祖	1419- 1- 附
平山堂詩記序	清施閏章	1313- 33- 3
邢孟貞宛遊草序	清施閏章	1313- 44- 4
遊豐臺詩序	清吳　綺	1314-246- 3
見岳樓詩序	清吳　綺	1314-275- 4
白華樓贈詩序	清吳　綺	1314-280- 4
江上吹篪閣贈言序	清吳　綺	1314-296- 4
灌園詩後序	清汪　琬	1315-484- 28
傳經堂集序	清陳廷敬	1316-514- 35
感舊集序	清朱彝尊	1318- 62- 36
跋虎丘詩集	清朱彝尊	1318-154- 44
題思子亭卷子	清朱鶴齡	1319-169- 14
快閣紀存序	清毛奇齡	1320-194- 24
楊園藝菊詩序	清毛奇齡	1320-270- 32
題淮陰郭氏有筠亭詩卷子	清毛奇齡	1320-520- 59
爲吳君卿楨合諸君集滕王閣賦詠題端	清毛奇齡	1320-526- 59
爲諸君秋日登北山懷友寄答題端	清毛奇齡	1320-527- 59
爲商景徽閨秀詩題端	清毛奇齡	1320-527- 59
宮紫玄先生春雨草堂詩序	清陳維崧	1322-115- 8
陳集生影樹樓詩序	清陳維崧	1322-117- 8
九日黑窑廠登高詩序	清陳維崧	1322-118- 8
書早氏傳經堂集後	清張玉書	1322-498- 6
題傳經堂集後	清姜宸英	1323-814- 7
晉陽靈雨詩序	清蔡世遠	1325-675- 2
粵遊草序	清藍鼎元	1327-637- 5
御定歷代賦彙告成進呈表	清陳元龍	1419- 2- 附

i.輓　頌

送東海孫尉詩序	唐楊　烱	1406-386-354
送從兄偕罷選歸江淮詩序	唐柳宗元	1076-221- 24
		1076-668- 24
送韓豐群公詩後序	唐柳宗元	1076-228- 25
		1076-675- 25
壽星集述	唐司空圖	1083-540- 10
東湖宴赴舉秀才詩序		
詠席新禮	唐歐陽詹	530-482- 70
皇華集序送丁君實	宋王禹偁	1086-195- 20
群公贈行集序	宋楊　億	1086-430- 7
群公餞集賢錢侍郎知大名府詩序	宋楊　億	1086-430- 7
朝賢贈行詩總序	宋余　靖	1089- 25- 3
諸公送蘇屯田詩序	宋余　靖	1089- 26- 3
朝賢送寶珪詩序	宋余　靖	1089- 27- 3
陳殿丞送行詩序	宋蔡　襄	1090-583- 29
考德集序	宋強　至	1091-366- 32
送刑部侍郎致仕李受歸廬山詩集序	宋王　珪	1093-342- 46
送趙大資再任成都府詩序	宋文　同	561-499- 44
		1096-708- 26
郭令送行詩序	宋文　同	1096-707- 25
朝賢送陳職方詩序	宋鄭　獬	1097-248- 14
館閣送錢純老知婺州詩序	宋曾　鞏	1384-253-102
楚風序	宋楊　傑	1099-726- 9
跋送行詩	宋蘇　軾	1093-491- 10
紀贈法智詩序	宋晁說之	1118-328- 17
題黃龍山僧送善澄上人詩卷	宋晁說之	1118-355- 18
諸公紀贈四謝詩序	宋劉　弇	1119-261- 24
諸公紀贈子鎮詩序	宋黃　裳	1120-139- 19
吳通直送行詩敍	宋鄒　浩	1121-409- 27
呂望之送行詩敍	宋鄒　浩	1121-411- 28
褒賢集序	宋畢仲游	1122- 64- 6
路寶文送行詩序	宋趙鼎臣	1124-220- 13
王卿送行詩序	宋楊　時	1125-352- 25
舉潭詩卷跋尾	宋李　綱	1126-711-162
唐子方林夫送行詩章表跋尾	宋李　綱	1126-723-163
跋唐子方（唐）林宗送行詩卷	宋張　守	1127-785- 10
鄭康道諸公詩序	宋曹　勛	1129-493- 28
丹霞賞音文集（序）	宋鄧　肅	1133-339- 15
雍賓州送行詩序	宋李流謙	1133-722- 14
衡州送行詩軸序	宋王庭珪	1134-265- 36

四庫全書文集篇目分類索引

書泉山贈言後　　　　　　宋孫　覿　　1135-317- 32　　送遷錄事詩序　　　　　元胡祇遹　　1196-146- 8
跋諸人贈路君詩後　　　　宋朱　熹　　1145-700- 82　　郝孝子詩卷序　　　　　元胡祇遹　　1196-147- 8
跋周益公楊誠齋送甘　　　　　　　　　　　　　　　　　朱氏詩卷序　　　　　　元胡祇遹　　1196-147- 8
　叔懷詩文卷後　　　　　宋朱　熹　　1145-769- 84　　幹哩監司詩卷序　　　　元胡祇遹　　1196-148- 8
跋皇祐朝賢送張肅提　　　　　　　　　　　　　　　　　趙博州九十壽詩序　　　元胡祇遹　　1196-156- 8　　集
　刑詩卷　　　　　　　　宋周必大　　1147-161- 17　　慶祝氏得孫詩序　　　　元胡祇遹　　1196-157- 8　　部
跋朝士送王校書通歸　　　　　　　　　　　　　　　　　清江黃母慶壽詩卷序　　元吳　澄　　1197-208- 19
　臺州詩卷　　　　　　　宋周必大　　1147-176- 18　　趙氏慶壽詩序　　　　　元吳　澄　　1197-251- 24　　總
題送陸先生赴省詩卷　　　宋周必大　　1147-194- 19　　題高縣丞去官詩卷　　　元吳　澄　　1197-540- 54　　集
跋趙逢原得母詩卷　　　　宋周必大　　1147-546- 51　　跋竹居詩卷　　　　　　　　　　　　　　　　　　　　　類
王氏濟美集序　　　　　　宋周必大　　1147-576- 54　　　詠何仲蚧之號　　　　元吳　澄　　1197-566- 57　　：
分韻送王德修詩序　　　　宋陳傅良　　1150-812- 40　　題程縣尹光州德政詩　　　　　　　　　　　　　　　　　輓
送蕃曼弟趙江西撫幹　　　　　　　　　　　　　　　　　　後　　　　　　　　　元吳　澄　　1197-592- 60　　頌
　分韻詩序　　　　　　　宋陳傅良　　1150-818- 40　　題崔氏孝行詩卷　　　　元吳　澄　　1197-618- 63
跋馮員仲帖　　　　　　　宋王十朋　　1151-597- 27　　徐生哀挽序　　　　　　元劉　因　　1198-565- 11
跋王夷仲送行詩軸　　　　宋王十朋　　1151-598- 27　　靜華君張氏墨竹詩序
跋周氏棣華編　　　　　　宋樓　鑰　　1153-241- 77　　　詠墨竹而比其德　　　元劉　因　　1198-568- 11
送關漕詩序　　　　　　　宋陸　游　　1163-410- 14　　賜杖詩序　　　　　　　元劉　因　　1198-571- 11
書秦氏名孫詩軸後　　　　宋劉　宰　　1170-620- 24　　都山老人九十詩序　　　元劉　因　　1198-572- 11
柴史君德政詩集序　　　　宋程　珌　　1171-345- 8　　壽史翁百歲詩序　　　　元劉　因　　1198-573- 11
（跋）石鼓挽章祭文　　　　　　　　　　　　　　　　　申氏父子慶會詩引　　　元魏　初　　1198-778- 5
　後趙汝愚　　　　　　　宋眞德秀　　1174-535- 34　　庸齋先生哀挽詩引　　　元魏　初　　1198-779- 5
跋程制幹九萬詩軸　　　　宋李曾伯　　1179-546- 5　　題劉醫逢通詩卷後　　　元魏　初　　1198-785- 5
跋黎晉甫黃巖縣樓記　　　　　　　　　　　　　　　　　送宋主簿詩卷序　　　　元程端禮　　1199-656- 3
　士人送行詩　　　　　　宋高斯得　　1182- 82- 5　　送烏爾圖赴慈溪尉詩
送邑士送韓君美經歷　　　　　　　　　　　　　　　　　　卷序　　　　　　　　元程端禮　　1199-656- 3
　解任詩序　　　　　　　宋陳　著　　1185-183- 38　　送建平頓縣尉任滿詩
武當贈行軸識　　　　　　宋王　柏　　1186-143- 9　　　卷序　　　　　　　　元程端禮　　1199-657- 3
義門和樂詩序　　　　　　宋车　巘　　1188-115- 13　　孝節王氏詩卷序　　　　元王　惲　　1200-558- 43
郎晉卿歸涿州奉親求　　　　　　　　　　　　　　　　　王憲副母夫人九十詩
　諸公詩成牛腰軸矣　　　　　　　　　　　　　　　　　　後序　　　　　　　　元姚　燧　　1201-436- 3
　爲序以勉其行　　　　　宋车　巘　　1188-120- 14　　南陽智夫人劉氏貞節
仲氏元剛章貢汙囚詩　　　　　　　　　　　　　　　　　　詩序　　　　　　　　元程鉅夫　　1202-183- 14
　卷序　　　　　　　　　元王義山　　1193- 39- 6　　送王敬甫都事歸省詩
旌表節婦徐夫人詩序　　　元戴表元　　1194-132- 10　　　序　　　　　　　　　元程鉅夫　　1202-190- 14
賈母滑氏夫人詩序　　　　元戴表元　　1194-132- 10　　謝伯琰親年八十詩引　　元程鉅夫　　1202-192- 14
陵陽牟氏壽席詩序　　　　元戴表元　　1194-138- 10　　王氏孝節序　　　　　　元程鉅夫　　1202-199- 15
送貢九萬詩序　　　　　　元戴表元　　1194-170- 13　　重題羅生卷後　　　　　元程鉅夫　　1202-352- 24
送吳州判還番易詩序　　　元戴表元　　1194-181- 14　　題羅伯達卷　　　　　　元程鉅夫　　1202-356- 24
題奬孝詩卷後　　　　　　元戴表元　　1194-229- 18　　題任令迎侍贈言卷　　　元程鉅夫　　1202-363- 25
秋山詩卷序　　　　　　　元張伯淳　　1194-448- 2　　書郝子明贈行詩卷　　　元程鉅夫　　1202-365- 25
題陳鎭撫卷　　　　　　　元張伯淳　　1194-474- 5　　送董禮存信州儒學教
題陳汝資送行詩卷　　　　元張伯淳　　1194-475- 5　　　授詩序　　　　　　　元徐明善　　1202-572- 上
補史十忠詩序　　　　　　元劉　壎　　1366-915- 1　　黃秀伯所得邑人士詩
懷遠公詩序　　　　　　　元胡祇遹　　1196-144- 8　　　卷　　　　　　　　　元徐明善　　1202-602- 下

集部 總集類・輓頌

篇目	作者	索引號
侯亨叔母壽慶八十詩序	元王　旭	1202-837-11
李君慶壽詩序	元王　旭	1202-838-11
馮君慶壽詩序	元王　旭	1202-838-11
韓泗州老人詩序	元袁　桷	1203-297-22
鄆城馬節婦詩序	元袁　桷	1203-301-22
白季清母夫人受新封詩序	元袁　桷	1203-303-22
鄭原善思親詩編序	元袁　桷	1203-305-22
崔君都事餞行詩序	元袁　桷	1203-316-23
平章政事王公歸省魯公餞行詩序	元袁　桷	1203-322-24
郭子昭淮南廉司經歷餞行詩序	元袁　桷	1203-327-24
王正臣浙東廉司經歷餞行詩序	元袁　桷	1203-327-24
陳彥恂餞行詩後序	元袁　桷	1203-331-24
書謝道士歸洞庭詩卷後	元袁　桷	1203-638-48
廉參政壽詩序	元劉岳申	1204-175- 1
陳母魏國太夫人壽詩序	元劉岳申	1204-206- 2
送元正卿詩序	元張之翰	1204-467-13
義商詩序	元張之翰	1204-469-13
劉法師詩序	元張之翰	1204-469-13
王晉卿母呂氏慶八秩詩序	元張之翰	1204-472-14
書吳帝弼餞行詩册後	元張之翰	1204-506-18
太醫院使汪公挽詩跋	元陳　櫟	1205-188- 3
節婦鄒氏詩序	元劉敏中	1206- 78- 9
渤海解先生八十賀詩序	元劉敏中	1206- 80- 9
題費尹傳巖卿孝感詩卷	元劉敏中	1206- 82-10
書邵知事餞行詩卷後	元劉敏中	1206- 83-10
題金監司餞行卷後	元劉敏中	1206- 83-10
題杜東皐檢次詩卷後	元劉敏中	1206- 84-10
題李宗孟母壽詩後	元王　結	1206-237- 4
題杜和卿八十詩後	元王　結	1206-237- 4
送胡宗性歸武寧詩卷序	元劉　鶚	1206-303- 2
南雄府判瑲達卿平寇詩序	元劉　鶚	1206-305- 2
張氏壽母辛八十之慶歌詩序	元蕭　㪺	1206-385- 1
李稅使妻馬氏哀詩序	元蕭　㪺	1206-386- 1
送聶道元詩序	元馬祖常	1206-591- 9
送雅勒呼參書之官靜江詩序	元馬祖常	1206-594- 9
党仲安周急詩序	元同　恕	1206-668- 2
謝翁八十詩序	元同　恕	1206-669- 2
李承直八十壽詩序	元同　恕	1206-670- 2
壽吉太夫人八十詩序	元同　恕	1206-671- 2
党奉議改封二親詩序	元同　恕	1206-671- 2
題故國子司業李公挽詩後	元虞　集	1207-158-10
題王夫人貞節詩卷	元虞　集	1207-159-10
義門詩卷序	元黃　溍	526-148-263
鄭氏義門詩序	元黃　溍	1209-373- 5
送吳良貴詩序	元黃　溍	1209-374- 5
送應教諭詩序	元黃　溍	1209-375- 5
李節婦詩序	元黃　溍	1209-376- 5
送索御史詩序	元黃　溍	1209-390- 6
送周明府詩序	元黃　溍	1209-391- 6
送慈谿沈教諭詩序	元黃　溍	1209-392- 6
贈余生詩序	元黃　溍	1209-392- 6
師友集序	元黃　溍	1209-393- 6
		1216-416-附
送徐彥禮赴冀州尹（詩）序	元黃　溍	1209-398- 6
宰淵微挽詩序	元柳　貫	1210-463-17
跋晉卿所得牟方仇三公（贈）詩卷	元柳　貫	1210-495-19
跋張府判關中諸公送行詩後	元蒲道源	1210-652-10
跋趙伯儀拜參政詩序後	元蒲道源	1210-653-10
跋送劉直判卷	元蒲道源	1210-653-10
題月山道人卷後	元蒲道源	1210-657-10
跋王知府仲常致仕封贈手卷敍與詩	元蒲道源	1210-659-10
送洋州馬士達州判詩序	元蒲道源	1210-706-18
何君寶之孝友詩序	元蒲道源	1210-712-18
洋州太守周子仁送行詩序	元蒲道源	1210-730-20
左丞張武定公挽詩序	元許有壬	1211-217-30
壽慶集序	元許有壬	1211-224-31
阮沖逸復姓詩序	元許有壬	1211-235-33
特進大宗師閑閑吳公		

四庫全書文集篇目分類索引　2305

挽詩序	元許有壬	1211-252- 35	贈劉叡憲卷後序	元吳　海	1217-156- 1
		1211-608- 5	送楊仲章歸東陽詩卷		
題鄭裕卿孝行詩卷	元許有壬	1211-498- 71	序	元金　涓	1217-474- 0
王氏女貞節詩序	元程端學	1212-343- 3	書武備寺知事鄧彥文		
跋孫氏義兵詩卷	元程端學	1212-355- 4	房陵使還詩卷後	元李繼本	1217-788- 9
送蘇伯脩治書西臺詩			贈卜者陸仲明詩序	元謝應芳	1218-195- 9
序	元陳　旅	1213- 59- 5	送費知州秩滿詩序	元謝應芳	1218-202- 9
張武定廟堂詩序	元陳　旅	1213- 62- 5	贈刊字闘士淵詩序	元謝應芳	1218-214- 9
程氏具慶詩序	元陳　旅	1213- 70- 6	贈崑山醫士王彥德詩		
送李思齊詩序	元傅若金	1213-316- 4	序	元謝應芳	1218-218- 9
送清江孔學禮謁曲阜			跋呂仲珪孝思卷	元謝應芳	1218-314- 14
詩卷序	元傅若金	1213-323- 4	跋凌克禮父子孝感詩		
徵國文公生旦致祭詩			文後	元謝應芳	1218-314- 14
序	元唐　元	1213-536- 9	美永豐縣尉周誠甫詩		
		1375-268- 19	序	元周霆震	1218-503- 6
弋陽縣阿里公宣差詩			書彭南溟行卷後	元甘　復	1218-549- 0
卷序	元李　存	1213-719- 19	甘棠集序	元戴　良	1219-309- 5
安仁訟決詩卷序	元李　存	1213-722- 20	餘姚海隄集序 葉某	元戴　良	1219-589- 29
王伯衡詩序	元李　存	1213-722- 20	題倪樂工瓊花燈詩卷	元戴　良	1219-594- 29
跋彭南溟行卷	元李　存	1213-723- 20	送李檢校入京詩序	元楊　翮	1220- 80- 4
徑上人詩卷序	元李　存	1213-727- 20	送馬彥覃赴江西省管		
張母節行詩序	元蘇天爵	1214- 55- 5	勾詩序	元楊　翮	1220- 86- 4
嘗君孝儀詩序	元蘇天爵	1214- 73- 6	王氏郵蓄詩序	元楊　翮	1220-112- 8
題諸公贈范偉可訪尋			贈劉桂材詩序	元王　禮	1220-388- 4
祖墓詩後	元蘇天爵	1214-330- 28	題芳宇弟繫思卷	元王　禮	1220-436- 10
題商氏家藏諸公尺牘			壽歌題辭	元王　禮	1220-491- 4
歌詩後 商文定	元蘇天爵	1214-332- 28	送陳大博遊黃山還詩		
書兩淮鹽運使傅公去			序	元趙　汸	1221-202- 2
思詩後	元蘇天爵	1214-334- 28	送總制王公移鎮新安		
題諸公贈御史寶時中			詩序	元趙　汸	1221-226- 3
詩後	元蘇天爵	1214-335- 28	送鄭士恒隱居靈山詩		
題諸公贈歐陽德器詩			序	元趙　汸	1221-230- 3
後	元蘇天爵	1214-340- 29	姑蘇知府何侯詩卷序	元楊維楨	1221-384- 1
題諸公寄贈馬尙書尺			監憲決獄詩序	元楊維楨	1221-387- 1
牘後	元蘇天爵	1214-347- 29	送李景昭撩吏考滿詩		
題泉州士子贈崔宗禮			序	元楊維楨	1221-421- 5
詩後	元蘇天爵	1214-355- 30	送奎法師住持集慶寺		
題諸公贈眞定錄事司			詩序	元楊維楨	1221-472- 10
監野先明道詩後	元蘇天爵	1214-358- 30	送粹上人詩序	元陳　基	1222-253- 13
李克復總管赴贛州詩			趙泰州平反寃獄詩序	元陳　基	1222-255- 14
序	元余　闕	1214-379- 2	送張郎中詩序	元陳　基	1222-265- 16
董母孝節詩集序	元貢師泰	1215-593- 6	崔衢州政績詩序	元陳　基	1222-272- 17
諸公贈趙夫人卷跋	元陳　高	1216-262- 14	嚴氏游靈巖詩序		
送鮑國良之官巢縣詩			賓客詠嚴氏一門同遊		
序	元鄭　玉	1217- 20- 3	之盛狀	元陳　基	1222-379- 下

集部　總集類：輓頌

2306　　　　　　　　　四庫全書文集篇目分類索引

集部

總集類：輓頌

崔照磨審獄詩後序	元梁　寅	1222-661- 7
昭忠逸詠序	元岳天牧	1366-918- 2
昭忠逸詠自序	元劉麟瑞	1366-918- 2
呂氏孝感詩序	明宋　濂	1223-389- 6
葛孝子詩序	明宋　濂	1223-390- 6
劉母賢行詩集序	明宋　濂	1223-398- 6
田氏哀慕詩集序	明宋　濂	1223-401- 6
送黃贊禮泣祀閩省詩序	明宋　濂	1223-472- 8
送趙待制致仕還鄕詩序	明宋　濂	1223-474- 8
贈行軍鎮撫邁里古思平寇詩序	明宋　濂	1223-492- 9
題越士餞行卷後	明宋　濂	1223-641- 13
菊坡新卷題辭　贈陶用高言	明宋　濂	1224-498- 29
青山酌別（圖詩）記　贈宋安常	明陶　安	1225-778- 17
麟溪集序 詠麟溪鄭氏合族而居者	明王　禕	1226-117- 6
述善集序	明張以寧	1226-596- 3
跋邱克明詩卷	明唐桂芳	1226-886- 7
浣花漁者詩序	明林　弼	1227-116- 14
題胡敏中哀唱詩序	明林　弼	1227-120- 14
周玄初禱雨詩序	明釋妙聲	1227-598- 中
思上人遊方詩後序	明釋妙聲	1227-598- 中
衍道原送行詩後序	明釋妙聲	1227-604- 中
白沙餞別詩序	明朱　右	1228- 54- 4
陳氏文錄序	明蘇伯衡	1228-600- 4
趙氏合族詩序	明胡　翰	1229- 46- 4
吳氏家慶集序	明胡　翰	1229- 47- 4
黃巖戴氏合族詩序	明胡　翰	1229- 52- 4
		1456- 7-256
送葉通判詩序	明胡　翰	1229- 60- 5
哀頌序	明徐一夔	1229-217- 5
題王伯昌頌赦崇明詩後	明徐一夔	1229-223- 6
葛孝子詩序	明徐一夔	1229-268- 8
跋呂氏孝感詩卷	明徐一夔	1229-277- 9
跋南海行卷後 錢公瑾	明徐一夔	1229-278- 9
師友集序 高士敏	明徐一夔	1229-326- 11
陳氏文乘序	明徐一夔	1229-327- 11
天鏡禪師哀頌序	明徐一夔	1229-340- 12
題出蜀行卷後 李德善	明徐一夔	1229-374- 14
送張侯詩序	明王　彝	1229-410- 2
送林鑒正觀省復還朝詩序	明王　彝	1229-415- 2
題宋仲珩歸省卷後	明張　丁	1374-212- 46
書鄭氏孝義卷後	明童　冀	1229-603- 2
賀金正音詩卷序	明趙撝謙	1229-659- 1
送汪尙志東游詩序	明趙撝謙	1229-660- 1
送吳仲庚詩序	明趙撝謙	1229-662- 1
送趙中孚詩卷後序	明趙撝謙	1229-662- 1
跋瓊花燈卷	明趙撝謙	1229-689- 2
高齋紝誦詩序	明王　行	1231-365- 6
杏林詩序	明王　行	1231-369- 6
敷金額樵詩序 殷伯賢	明王　行	1231-371- 6
送福僧詩序	明王　行	1231-458- 0
送謙上人詩序	明王　行	1231-461- 0
書送僧以禎卷	明王　行	1231-463- 0
祝洞天眞人贈行詩序	明董　紀	1231-783- 2
送崔山敎諭陶先生去官詩序	明殷　奎	1232-388- 1
送曼瑞師詩序	明殷　奎	1232-388- 1
送蔡敎授詩序	明殷　奎	1232-389- 1
送陳季子詩序	明殷　奎	1232-390- 1
送童彦恒之無錫詩序	明殷　奎	1232-391- 1
如蘭集序 殷奎	明殷　奎	1232-396- 1
蘇州別駕戚侯行縣詩序	明殷　奎	1232-406- 2
送王子敬詩序	明陳　謨	1232-615- 6
方壺詩序 常某	明陳　謨	1232-625- 6
會原道展墓詩序	明陳　謨	1232-626- 6
二月仲丁祭先賢詩序	明陳　謨	1232-628- 6
書謝子良詩軸後	明陳　謨	1232-689- 9
跋梁仲文昔遊行卷	明陳　謨	1232-689- 9
題鄧性初卷 美鄧性初	明陳　謨	1232-697- 9
書柳主簿番禺卷後　番禺贈柳侯詩文	明陳　謨	1232-699- 9
張母黃恭人孝節詩序	明王　紳	1234-729- 6
王氏深溪集後	明方孝孺	1235-398- 12
會文集序　大夫士多爲文若詩以述天台賈某之志	明王原采	1235-823- 0
送周繼吾節推歸上誠詩序	明周是修	1236- 68- 5
臨清道隱詩後序　詠饒叔永	明程本立	1236-188- 3
元故江西參政劉公輓詩序	明梁　潛	1206-362- 附

四庫全書文集篇目分類索引

集部

總集類：輓頌

橙溪處士挽詩序	明梁　潛	1237-261- 5
哀王處士詩序	明梁　潛	1237-273- 5
楊先生壽七十詩序	明梁　潛	1237-276- 5
送王紀善詩序	明梁　潛	1237-296- 6
元故江西參政劉公挽詩序	明梁　潛	1237-300- 6
慶涂氏母壽八十詩序	明梁　潛	1237-311- 6
王以誠挽詩序	明梁　潛	1237-330- 7
庚山樵者詩序陳君文	明梁　潛	1237-334- 7
望雲思親詩序杜君新	明梁　潛	1237-335- 7
處士蕭公挽詩序	明梁　潛	1237-341- 7
送楊君逢初還宜興詩序	明王　洪	1237-495- 5
書袁太常輓詩集後	明王　洪	1237-529- 7
大理寺少卿程公平寇詩序	明胡　儼	518- 45-137
友竹詩序朱紹善	明胡　儼	1237-575- 上
桂巖集序	明楊士奇	1238- 37- 3
貧樂詩序胡有初	明楊士奇	1238- 55- 5
送國子學正黃信道致仕詩序	明楊士奇	1238- 74- 6
題贈劉士皆詩卷後	明楊士奇	1238-104- 9
題蕭氏瑞芝詩文後	明楊士奇	1238-107- 9
送吳參政詩序吳福	明楊士奇	1238-478- 9
送楊修撰詩序楊仲舉	明楊士奇	1238-500- 11
		1456- 28-258
送翰林侍講陳德遵詩序陳循	明楊士奇	1238-506- 11
		1456- 32-258
萍翁先生輓詩序	明楊士奇	1238-567- 15
宋若璟挽詩序	明楊士奇	1238-567- 15
（跋）高氏白雲山舍詩文後	明楊士奇	1238-624- 19
贈醫士蔣莫祥卷後	明楊士奇	1238-625- 19
書贈地理師羅仁則卷後	明楊士奇	1238-673- 23
送鄭文著還汸江詩序	明楊　榮	1240-168- 11
送劉副使歸省詩序	明楊　榮	1240-175- 12
太醫院使蔣公挽詩序	明楊　榮	1240-191- 13
待詔滕公輓詩序	明楊　榮	1240-201- 13
送教諭楊壽夫復任建安詩序	明楊　榮	1240-201- 13
送福建按察僉事呂公考滿復任詩序	明楊　榮	1240-216- 14
書朱氏先德卷後	明楊　榮	1240-233- 15
贈太師夏公輓詩序	明金幼孜	1240-702- 7
大學士胡公輓詩序	明金幼孜	1240-703- 7
張宜人輓詩序	明金幼孜	1240-727- 7
送職方員外周君省墓南歸詩序	明金幼孜	1240-731- 7
大醫院判韓公達輓詩序	明金幼孜	1240-738- 7
題周氏世直集	明金幼孜	1240-872- 10
運副蕭公挽詩序	明王　直	1241- 72- 4
贈吳君景春詩序	明王　直	1241- 78- 4
胡先生挽詩序	明王　直	1241- 79- 4
任處士挽詩序	明王　直	1241- 81- 4
贈陳參政歸山東（詩）序	明王　直	1241- 83- 4
段參政母夫人慶壽詩序	明王　直	1241- 88- 4
送山東右布政使張公復職詩序	明王　直	1241- 90- 4
會子貫挽詩序	明王　直	1241- 94- 5
劉仲高挽詩序	明王　直	1241- 94- 5
送王御史還南京詩序	明王　直	1241- 96- 5
送河南李布政赴任詩序	明王　直	1241-103- 5
贈李知府赴任詩序	明王　直	1241-106- 5
大理少卿呂先生贈行詩序	明王　直	1241-114- 5
宋長史輓詩序	明王　直	1241-120- 6
送余侍講（學蘷）詩序	明王　直	1241-123- 6
贈少傅建安楊公屆從巡邊詩序	明王　直	1241-124- 6
贈李先生十題卷序（後）	明王　直	1241-130- 6
		1374-174- 43
贈侍郎錢公致仕詩序	明王　直	1241-131- 6
題會如璋冠禮卷後	明王　直	1241-283- 13
邵處士挽詩序	明王　直	1241-440- 6
美章郎中再考績詩序	明王　直	1241-445- 6
送鍾彌倫詩序	明王　直	1241-446- 6
送胡知縣詩序	明王　直	1241-454- 6
郭處士挽詩序	明王　直	1241-457- 6
贈張御史任南京詩序	明王　直	1241-462- 6
鄭侍郎壽詩序	明王　直	1241-469- 7
送鍾先生赴南京國子監詩序	明王　直	1241-475- 7
會子啓輓詩序	明王　直	1241-498- 8

四庫全書文集篇目分類索引

集部　總集類：輓頌

篇目	朝代	作者	索引號
贈孫太守詩序	明王　直	1241-502- 8
贈陳教授謝官南歸詩序	明王　直	1241-502- 8
禮部侍郎吾公叔縉輓詩序 吾紳	明王　直	1241-503- 8
王侍郎輓詩序	明王　直	1241-510- 8
贈翰林林脩撰詩序　林震	明王　直	1241-532- 9
贈江西按察副使劉君復任詩序	明王　直	1241-533- 9
贈解禎期詩序	明王　直	1241-537- 9
歐陽允器慶壽詩序	明王　直	1241-538- 9
贈參議蕭君考績還浙江詩序	明王　直	1241-544- 10
送周僉事赴湖廣詩序	明王　直	1241-545- 10
送鄭府丞歸省（詩）序	明王　直	1241-547- 10
送劉御史詩序	明王　直	1241-553- 10
贈李縣丞詩序	明王　直	1241-561- 10
贈陳從道詩序	明王　直	1241-564- 10
贈布政使李公復任詩序	明王　直	1241-571- 11
（楊季安）歸田詩序	明王　直	1241-578- 11
贈王訓導詩序	明王　直	1241-592- 11
贈李與紳詩序	明王　直	1241-594- 12
贈王太守赴雲南詩序	明王　直	1241-599- 12
送楊縣丞（純）詩序	明王　直	1241-606- 12
贈林通判（穀）詩序	明王　直	1241-608- 12
贈徐僉事謝病詩序	明王　直	1241-612- 12
送周教諭（源）詩序	明王　直	1241-612- 12
送羅儀範照磨詩序	明王　直	1241-628- 13
贈朱副使詩序	明王　直	1241-631- 13
送王教授（經）詩序	明王　直	1241-631- 13
贈劉子欽詩序	明王　直	1241-632- 13
贈周員外之任詩序	明王　直	1241-633- 13
贈范主事詩序	明王　直	1241-636- 13
送布政使周君詩序	明王　直	1241-637- 13
贈劉同知詩序	明王　直	1241-646- 14
何彥澈挽詩序	明王　直	1241-647- 14
愚莊詩序 潘文奎	明王　直	1241-654- 14
贈陳編脩歸省詩序	明王　直	1241-663- 14
贈王參政復職詩序	明王　直	1241-665- 14
送樊給事中詩序	明王　直	1241-677- 15
送陳教授詩序	明王　直	1241-677- 15
送羅賓幾詩序	明王　直	1241-679- 15
贈劉侍講詩序	明王　直	1241-680- 15
贈李知縣致仕詩序	明王　直	1241-686- 15
送王主事詩序	明王　直	1241-687- 15
送文選郎中鄭公詩序	明王　直	1241-691- 15
贈楊永寬詩序	明王　直	1241-700- 16
送劉君仲觶詩序	明王　直	1241-703- 16
贈陳太守詩序	明王　直	1241-704- 16
贈張友讓謝病歸詩序	明王　直	1241-711- 16
送劉教諭（肅）詩序	明王　直	1241-718- 16
盧道清挽詩序	明王　直	1241-719- 16
蕭則善挽詩序	明王　直	1241-719- 16
龍仁安挽詩序	明王　直	1241-725- 17
贈劉縣丞赴任詩序	明王　直	1241-729- 17
贈曾僉憲詩序	明王　直	1241-732- 17
送劉憲副南歸序	明王　直	1241-733- 17
陳都御史壽詩序	明王　直	1241-745- 17
劉敏英甫壽詩序	明王　直	1241-752- 18
贈沈侯赴任詩序	明王　直	1241-755- 18
曾生（柜）哀挽詩序	明王　直	1241-755- 18
蕭先生（尙）挽詩序	明王　直	1241-758- 18
袁添祿挽詩序	明王　直	1241-763- 18
送蕭郎中（伯辰）考績詩序	明王　直	1241-764- 18
贈義民胡有初詩序	明王　直	1241-769- 18
李給事蕃挽詩序	明王　直	1241-774- 19
送胡主事（文善）詩序	明王　直	1241-782- 19
送張僉憲（居彥）復任詩序	明王　直	1241-798- 20
送陳祭酒（敬宗）詩序	明王　直	1241-799- 20
劉處士（承祖）挽詩序	明王　直	1241-802- 20
送羅知縣（勉學）復職詩序	明王　直	1241-807- 20
贈歐陽湯歸省詩序	明王　直	1241-824- 21
贈鍾教諭（汸）詩序	明王　直	1241-835- 21
壽晉經歷母詩序	明王　直	1241-838- 21
送吳給事中（叔霖）詩序	明王　直	1241-855- 22
送趙僉事（純）詩序	明王　直	1241-855- 22
送王參政（芳蓀）詩序	明王　直	1241-858- 22
顧彥章慶八十詩序	明王　直	1241-859- 22
貴溪吳氏慶壽詩序	明王　直	1241-866- 22

四庫全書文集篇目分類索引　2309

贈按察使原公（傑）詩序	明王　直	1241-870-	22
會昌侯孫公（士英）挽詩序	明王　直	1241-873-	23
贈工部侍郎周公（秉昂）挽詩序	明王　直	1241-874-	23
送朱教諭（仲言）考滿詩序	明王　直	1241-879-	23
送蕭余隆詩後序	明王　直	1241-885-	23
送楊孟辯南還詩序	明王　直	1241-886-	23
楊處士挽詩序	明王　直	1241-888-	23
題雙崖先生挽詩後	明王　直	1242-348-	36
題草澗卷後胡宗華	明王　直	1242-365-	36
題徐毅冠辭後	明王　直	1242-368-	36
題王以誠挽詩後	明王　直	1242-374-	36
跋金臺送別卷後	明王　直	1242-377-	36
御製歆人鮑壽孫孝順詩序	明唐文鳳	1242-597-	5
竹坡詩序 朱德昇	明唐文鳳	1242-599-	5
蘭皋漁者詩跋　唐伯和	明唐文鳳	1242-618-	7
慶壽詩序	明李時勉	1242-736-	4
題林志善詩後	明李時勉	1242-798-	8
蕭處士挽詩序	明李時勉	1242-826-	9
羅侍郎哀挽詩序	明李時勉	1242-826-	9
周長史哀挽序	明李時勉	1242-828-	9
都督曹公夫人李氏挽册序	明李時勉	1242-828-	9
楊孺人挽詩序	明薛　瑄	1243-260-	14
驄馬行春詩序 李公載	明薛　瑄	1243-261-	14
歷亭送別序	明薛　瑄	1243-279-	15
絳州知州王汝績軼詩序	明薛　瑄	1243-298-	17
劉太孺人軼詩序	明薛　瑄	1243-300-	17
慶留耕張處士壽誕詩序	明薛　瑄	1243-307-	17
杜安人軼詩序	明薛　瑄	1243-309-	17
湖東翰墨記	明劉　球	1243-472-	5
送張玄子詩序	明劉　球	1243-493-	7
送鍾韶音還永豐詩序	明劉　球	1243-497-	7
送編修龔君南歸詩序	明劉　球	1243-498-	7
送僉憲陳君復任雲南詩序	明劉　球	1243-500-	7
送山西布政使石公赴任詩序	明劉　球	1243-504-	7
章處士軼詩序	明劉　球	1243-509-	8
慶劉隱君壽旦詩序	明劉　球	1243-513-	8
哀朱員外詩序	明劉　球	1243-516-	8
悼尹處士詩序	明劉　球	1243-517-	8
送劉昆陽致仕還鄉詩序	明劉　球	1243-519-	8
送任主事歸省詩序	明劉　球	1243-521-	8
送劉教諭赴中牟詩序	明劉　球	1243-525-	9
送禮部郎中陳君赴任詩序	明劉　球	1243-531-	9
送鄰翰林還吉水詩序	明劉　球	1243-533-	9
送河南按察使包侯復任詩序	明劉　球	1243-539-	10
送吳氏二子南歸詩序	明劉　球	1243-543-	10
送江編修還蜀詩序	明劉　球	1243-544-	10
送張孟敬還赤水詩序	明劉　球	1243-546-	10
送侍講邢君南歸詩序	明劉　球	1243-547-	10
送檢討何君詩序	明劉　球	1243-548-	10
送尚寶少卿袁公致仕還鄉詩序	明劉　球	1243-548-	10
送桂昞先生南還詩序	明劉　球	1243-553-	10
送孫侍讀歸省詩序	明劉　球	1243-556-	11
送兵科給事中劉君致仕南歸詩序	明劉　球	1243-568-	11
送何太守復任詩序	明劉　球	1243-569-	11
送姚千戶還赤水詩序	明劉　球	1243-573-	12
赴科十詠後序 賦劉球	明劉　球	1243-576-	12
送鑷判官赴定州詩序	明劉　球	1243-582-	12
送僉都御史張侯復任南京詩序	明劉　球	1243-584-	12
送憲副胡君赴廣西詩序	明劉　球	1243-584-	12
送查大夫致仕還龍潭詩序	明劉　球	1243-585-	12
送教諭蕭先生赴長洲詩序	明劉　球	1243-587-	12
送禮部侍郎王公致事還武城詩序	明劉　球	1243-589-	13
送戴先生歸梅溪詩序	明劉　球	1243-596-	13
送李教諭致仕南歸詩序	明劉　球	1243-601-	13
送義烏劉貳尹復仕詩序	明劉　球	1243-603-	13
書王紹懷先卷端	明劉　球	1243-646-	19
書龍雲劉氏潛光集	明劉　球	1243-648-	19

集部　總集類：軼頌

四庫全書文集篇目分類索引

集部 總集類:輓頌

題歐陽氏所藏春洲殘卷 孫春洲	明劉　球	1243-651- 19
書王員外使蜀卷後	明劉　球	1243-654- 19
駿馬行春詩序	明于　謙	1244-389- 12
渾淵紀先生輓詩序	明李　賢	1244-562- 8
俞節婦貞節詩卷序	明徐有貞	1245- 97- 2
師友集序 顧彥章	明徐有貞	1245-113- 3
段瑀母施氏輓詩序	明徐有貞	1245-127- 3
施宗銘輓詩序	明徐有貞	1245-128- 3
胡母鄭氏輓詩序	明徐有貞	1245-136- 4
肄武餘閒詩卷序	明徐有貞	1245-140- 4
書恒軒卷後 錢宣	明徐有貞	1245-146- 4
舒日新壽詩序	明徐有貞	1245-152- 4
毛母周孺人輓詩序	明徐有貞	1245-153- 4
孫建陽輓詩序	明徐有貞	1245-154- 4
送尚書魏公致政榮歸詩序	明徐有貞	1245-159- 4
送侯給事中歸省詩敍	明徐有貞	1245-167- 4
鄒處士輓詩序	明倪　謙	1245-386- 16
周同知輓詩序	明倪　謙	1245-388- 16
南京禮部尚書王公輓詩序	明倪　謙	1245-403- 18
劉侍御輓詩序	明倪　謙	1245-415- 19
故工部尚書周公輓詩序	明倪　謙	1245-423- 20
都門送別詩序	明倪　謙	1245-424- 20
容臺別意詩序	明倪　謙	1245-444- 21
前通議大夫都察院右副都御史陳公輓詩序	明倪　謙	1245-455- 22
神京別意詩敍	明倪　謙	1245-594- 32
尚節述懷詩卷	明韓　雍	1245-738- 10
跋惠莊詩集後	明韓　雍	1245-766- 12
跋王永昌挽詩後	明韓　雍	1245-768- 12
贈李劉二生使還江右詩序	明陳獻章	1246- 13- 1
書孔高州平賊詩卷後	明陳獻章	1246-128- 4
送張鳴玉詩序	明岳　正	1246-387- 4
張母杜氏輓詩序	明岳　正	1246-404- 6
永感詩序	明岳　正	1246-407- 6
		1456- 37-259
題兩母致祭卷	明岳　正	1246-428- 8
浙水較文詩序	明岳　正	1456- 36-259
教授黃先生挽詩序	明柯　潛	1246-496- 下
崧高遺意序 呂沁州	明鄭文康	1246-588- 8
林節婦無價珍詩卷序	明張　寧	1247-367- 14
荊樹春芳詩序 劉公韙	明張　寧	1247-368- 14
南山終慕詩文卷序	明張　寧	1247-378- 14
雲程履歷詩序	明張　寧	1247-398- 15
魏仲禮父母潛德卷後序	明張　寧	1247-403- 16
鴿原別意詩序	明張　寧	1247-407- 16
杏花詩序 邵文暉	明張　寧	1247-408- 16
吳參政挽詩序	明張　寧	1247-408- 16
懷鞠詩序	明張　寧	1247-411- 16
北溪漁隱詩序 吳廷珪	明張　寧	1247-413- 16
王運副挽詩序	明張　寧	1247-413- 16
送錢塘余大尹詩序	明張　寧	1247-416- 17
柳太守輓詩序	明張　寧	1247-417- 17
北堂永感詩序	明張　寧	1247-419- 17
抑齋詩文序 吳世昌	明張　寧	1247-421- 17
一松詩文卷後語 孫公睿	明張　寧	1247-465- 20
書贈言卷後贈趙克周者	明張　寧	1247-472- 20
嘉興錢氏一節二貞詩文卷跋	明張　寧	1247-475- 20
題周僉憲可大都亭送別詩文册	明張　寧	1247-492- 21
憶萱詩引	明張　寧	1247-511- 22
忠愛祠詩序	明丘　濬	1248-201- 10
海航詩卷序 趙瀛	明丘　濬	1248-202- 10
南山主人詩序 崔松秀	明丘　濬	1248-203- 10
友菊詩卷序	明丘　濬	1248-204- 10
栢薹詩卷序 李道	明丘　濬	1248-206- 10
百里回春詩序	明丘　濬	1248-206- 10
續溪項氏紹先詩册序	明丘　濬	1248-207- 10
琴鶴東人詩序 何用中	明丘　濬	1248-209- 10
張方伯入覲詩序	明丘　濬	1248-220- 11
贈廣西江按察使詩序	明丘　濬	1248-222- 11
送憲副徐君赴廣東詩序	明丘　濬	1248-225- 11
送邢侍御克寬歸省詩後序	明丘　濬	1248-276- 14
壽嚴陵先生七十歲詩序	明丘　濬	1248-299- 15
壽夏太常八十歲詩序	明丘　濬	1248-300- 15
壽封尚書劉公九十詩序	明丘　濬	1248-301- 15
壽李希潤七十歲詩序	明丘　濬	1248-302- 15
壽致仕廉憲張公年七十詩序	明丘　濬	1248-304- 15

四庫全書文集篇目分類索引

壽嘉定范宗常詩序	明丘 濬	1248-305- 15
都憲張公輓詩序	明丘 濬	1248-308- 15
故都御史姑蘇韓公輓詩序	明丘 濬	1248-308- 15
丁守彝哀詩序	明丘 濬	1248-309- 15
謝署正輓詩序	明丘 濬	1248-310- 15
侯敎諭哀詩序	明丘 濬	1248-310- 15
王時暉輓詩序	明丘 濬	1248-311- 15
贈洗馬羅君夫婦哀詩序	明丘 濬	1248-312- 15
跋萬里一歸人卷 乃日本國僧作以送瓊之戍士蔡庸秉常者也	明丘 濬	1248-423- 21
侍郎蕭公壽詩序	明徐 溥	1248-563- 2
播州宣慰使楊君輓詩序	明徐 溥	1248-566- 2
慶李母王孺人八十壽詩序	明徐 溥	1248-573- 2
都憲王公輓詩序	明徐 溥	1248-574- 2
送吳朔吉士南歸詩引	明徐 溥	1248-601- 3
都亭折柳詩引	明徐 溥	1248-601- 3
忠義集序	明何喬新	1249-142- 9
		1366-914- 附
		1405-497-287
黃氏流芳集序	明何喬新	1249-147- 9
賜閒詩序	明何喬新	1249-150- 9
陸廷貴卓行詩序	明何喬新	1249-152- 9
瞻雲詩序 蔣仲奇	明何喬新	1249-153- 9
友松詩序 劉世獻	明何喬新	1249-154- 9
送僉憲萬君赴京詩序	明何喬新	1249-189- 11
壽孫母太淑人詩序	明何喬新	1249-203- 12
封刑部左侍郎杜公輓詩序	明何喬新	1249-210- 12
南京刑部侍郎陳公輓詩序	明何喬新	1249-211- 12
憲副游公輓詩序	明何喬新	1249-212- 12
泉庵饒處士輓詩序	明何喬新	1249-212- 12
大尹楊君輓詩序	明何喬新	1249-213- 12
介庵倪先生輓詩後序	明何喬新	1249-214- 12
題碧梧沈先生挽詩册後	明何喬新	1249-294- 18
臺須留行詩序	明鄭 紀	1249-818- 9
送樓蒼先生省墓詩序	明李東陽	1250-229- 22
賀陳先生誕孫詩序	明李東陽	1250-246- 23
送太常鄭先生之南京詩序	明李東陽	1250-249- 24
退菴陳公輓詩序	明李東陽	1250-251- 24
寄鶴溪潘先生詩序	明李東陽	1250-261- 25
送邵國賢詩序	明李東陽	1250-278- 26
送伍廣州詩序	明李東陽	1250-287- 27
兩畿錄刑詩序	明李東陽	1250-290- 27
陸孝子詩序	明李東陽	1250-303- 29
壽勇氏參將劉公七十詩序	明李東陽	1250-304- 29
雙瑞詩序	明李東陽	1250-309- 29
西社別言詩引	明李東陽	1250-434- 40
送耕隱徐公還宜興詩序	明李東陽	1250-631- 62
壽工部尚書曾公七十詩序	明李東陽	1250-655- 63
壽兵部尚書劉公七十詩序	明李東陽	1250-663- 64
月橋詩序 易孟景	明李東陽	1250-672- 64
送家宰錢先生致仕榮歸詩序	明李東陽	1251-228- 18
京兆于公七十詩序	明倪 岳	1251-247- 19
送大總戎平江陳公總督治河詩序	明倪 岳	1251-249- 19
送嚴大純秀才菊花詩卷引	明倪 岳	1251-260- 19
題孝友卷後	明倪 岳	1251-267- 20
文母王宜人輓詩序	明程敏政	1252-369- 21
贈廣東按察副使張君詩序	明程敏政	1252-371- 21
存思四詠序 華春	明程敏政	1252-385- 22
送湖廣按察僉事汪君詩序	明程敏政	1252-386- 22
無逸子詩序 凌永澄	明程敏政	1252-387- 22
戚里重慶錄序	明程敏政	1252-388- 22
徽州府同守張公輓詩序	明程敏政	1252-410- 23
程君志亨輓詩序	明程敏政	1252-413- 23
贈馮君克遠知建安縣詩序	明程敏政	1252-418- 24
王同守贈行詩序	明程敏政	1252-421- 24
贈周君德中同知蘇州府詩序	明程敏政	1252-422- 24
封奉直大夫知薊州汪先生七十壽詩序	明程敏政	1252-423- 24
戶部郎中官君輓詩序	明程敏政	1252-424- 24

集部 總集類:輓頌

篇目	作者	索引號
贈平江伯陳公還鎭詩序	明程敏政	1252-426- 24
駙馬行春詩序	明程敏政	1252-429- 24
贈守禦滄州正千戶趙良玉詩序	明程敏政	1252-429- 24
張氏世美集序	明程敏政	1252-430- 24
贈監察御史汪府君孺人江氏輓詩序	明程敏政	1252-432- 24
贈都督李公承恩展墓西還詩序	明程敏政	1252-434- 25
贈魯公知膠州詩序	明程敏政	1252-436- 25
贈中書舍人姚君歸省詩序	明程敏政	1252-438- 25
贈葉君與謙南歸詩序	明程敏政	1252-442- 25
太子太保襄城侯李公壽詩序	明程敏政	1252-444- 25
贈知易州羅君考最復任詩序	明程敏政	1252-446- 25
贈太學生郭君南歸詩序	明程敏政	1252-448- 25
贈南京太常卿翟君詩序	明程敏政	1252-449- 25
思遠詩序	明程敏政	1252-453- 26
雲中寄興詩序	明程敏政	1252-454- 26
侍衞承恩詩序	明程敏政	1252-468- 27
奉使湖南詩序	明程敏政	1252-477- 27
奉使贈言序	明程敏政	1252-480- 27
送辨上人詩序	明程敏政	1252-494- 28
林泉養浩詩序	明程敏政	1252-499- 28
水晶宮客詩引 汪廷器	明程敏政	1252-500- 28
新安送別詩序	明程敏政	1252-501- 28
毅齋熊公夫婦輓詩序	明程敏政	1252-509- 29
公餘愛日詩序	明程敏政	1252-514- 29
紫陽紀別詩序	明程敏政	1252-515- 29
湖上青山詩序	明程敏政	1252-516- 29
絃歌清政詩序	明程敏政	1252-517- 29
都尉周公贈行詩序	明程敏政	1252-527- 31
太淑人江母陸氏八十壽詩序	明程敏政	1252-539- 31
參政李公二親壽詩序	明程敏政	1252-542- 32
陸君廷玉哀詩序	明程敏政	1252-544- 32
慶處士汪君本忠孺人洪氏壽詩序	明程敏政	1252-547- 32
送都閫徐弘範南歸詩序	明程敏政	1252-555- 32
餞金詩序	明程敏政	1252-561- 33
慶太守涂公七十壽詩序	明程敏政	1252-563- 33
賀大理卿王公六十壽詩序	明程敏政	1252-570- 33
送王汝璋醫官南歸詩序	明程敏政	1252-571- 33
壽汪翁六十詩序	明程敏政	1252-575- 33
三叔祖母汪孺人八十壽詩序	明程敏政	1252-587- 34
平盈文會錄序	明程敏政	1252-588- 34
太傅兼太子太傅平江伯陳公壽詩序	明程敏政	1252-592- 34
壽封翰林編修吳君七十詩序	明程敏政	1252-597- 34
少師兼太子太師吏部尚書華蓋殿大學士徐公壽詩序	明程敏政	1252-604- 35
明威李公哀輓詩序	明程敏政	1252-609- 35
壽封太子太保吏部尚書松窗屠先生詩序	明程敏政	1252-613- 35
布政李公輓詩序	明程敏政	1252-616- 35
兵科給事中王君二親壽詩序	明程敏政	1252-619- 35
王氏二親哀詩序	明程敏政	1252-620- 35
贈太子洗馬兼翰林侍講梁公使安南詩序	明程敏政	1252-621- 35
林下清風卷引	明程敏政	1252-623- 35
題周院判原已送行詩卷	明程敏政	1252-661- 37
瘦竹卷跋	明程敏政	1252-662- 37
書釣臺集後 頌嚴光	明程敏政	1252-665- 38
書汪廷潤贈行卷	明程敏政	1252-675- 38
書施秋官行卷	明程敏政	1252-679- 38
書大雅堂卷後	明程敏政	1252-686- 39
書蕭氏祖瑩詩卷後	明程敏政	1252-691- 39
書萬川閨節婦輓詩後	明程敏政	1252-696- 39
逸菴行樂詩序	明程敏政	1253-771-
急流湧退詩序	明章 懋	1254-103- 4
吳烈婦詩序	明章 懋	1254-112- 4
		1456-578-325
繼慈哀些序	明章 懋	1254-113- 4
迎養詩序	明莊 昶	1254-283- 7
陳重器挽詩序	明莊 昶	1254-285- 7
		1456-551-322

四庫全書文集篇目分類索引

書樸庵挽詩卷後　　　　　明莊　㫤　1254-339- 10
題使節清風卷爲劉侍
　御作　　　　　　　　　明莊　㫤　1254-342- 10
書京師諸公送陳直夫
　再任南臺詩卷後　　　　明黃仲昭　1254-453- 4
徐氏貞節挽詩序　　　　　明周　瑛　1254-725- 1
送周仲贈應舉詩序　　　　明吳　寬　1255-342- 39
　　　　　　　　　　　　　　　　　 1456- 59-261
送陳起東教諭寧德詩
　序　　　　　　　　　　明吳　寬　1255-345- 39
郁處士輓詩序　　　　　　明吳　寬　1255-348- 39
錢伯起輓詩序　　　　　　明吳　寬　1255-348- 39
贈周原已院判詩序　　　　明吳　寬　1255-356- 40
贈施煥伯同知許州詩
　序　　　　　　　　　　明吳　寬　1255-357- 40
永感詩後序　　　　　　　明吳　寬　1255-358- 40
贈王刑部歸省詩序　　　　明吳　寬　1255-368- 41
抱璞南歸詩序　　　　　　明吳　寬　1255-375- 42
公餘韻語序　　　　　　　明吳　寬　1255-377- 42
送南京吏部尙書秦公
　詩序　　　　　　　　　明吳　寬　1255-382- 43
使東贈別詩序　　　　　　明吳　寬　1255-385- 43
送南京兵部尙書韓公
　詩序　　　　　　　　　明吳　寬　1255-392- 44
贈衍聖孔公襲封還闕
　里詩序　　　　　　　　明吳　寬　1255-394- 44
送陳都憲玉汝赴南京
　詩序　　　　　　　　　明吳　寬　1255-395- 44
慶都憲盛公七十壽詩
　序　　　　　　　　　　明吳　寬　1255-403- 45
竹園壽集序　　　　　　　明吳　寬　1255-405- 45
靳母太孺人范氏壽詩
　序　　　　　　　　　　明吳　寬　1255-410- 45
題樓節婦詩卷　　　　　　明吳　寬　1255-452- 49
題雪洲卷後　　　　　　　明吳　寬　1255-498- 54
錦里椿榮詩序　　　　　　明梁　儲　1256-568- 4
僉憲卿壽七十詩序　　　　明梁　儲　1256-572- 4
送郭子聲入賀詩序　　　　明林　俊　1257- 4- 1
廖僉事輓詩序　　　　　　明林　俊　1257- 11- 2
黃鶴樓贈別詩序　　　　　明林　俊　1257- 79- 7
　　　　　　　　　　　　　　　　　 1456- 57-261
題朱二守送行卷後　　　　明林　俊　1257-312- 28
懷諸老二十六詩小引　　　明林　俊　1257-320- 28
滕母壽詩序　　　　　　　明張　吉　1257-663- 4
慈闈榮省詩序　　　　　　明張　吉　1257-670- 4

釋鐸南歸詩序　　　　　　明張　吉　1257-671- 4
洛陽送別卷後序　　　　　明蔡　清　1257-837- 3
恩命褒崇詩後序　　　　　明蔡　清　1257-849- 3
八桂聯芳詩序　　　　　　明蔡　清　1257-853- 3
題雙輓卷後　　　　　　　明蔡　清　1257-868- 4
爲史少參題朝貴送行
　手卷　　　　　　　　　明蔡　清　1257-868- 4
題烏情卷　　　　　　　　明蔡　清　1257-869- 4
題三鳳林氏太安人輓
　詩册葉後　　　　　　　明蔡　清　1257-889- 5
題人求父母輓詩卷後　　　明蔡　清　1257-889- 5
湖海巨坊詩序 謝德溫　　 明邵　寶　1258-160- 14
恩思錄序　　　　　　　　明邵　寶　1258-258- 3
邑令暢侯考績詩序　　　　明邵　寶　1258-599- 12
九峯歌序　　　　　　　　明邵　寶　1258-606- 12
潘尙古追輓詩序　　　　　明邵　寶　1258-742- 5
壽弋母太孺人八十詩
　序　　　　　　　　　　明羅　玘　1259- 4- 1
吳母李安人輓册序　　　　明羅　玘　1259- 8- 1
華贈卷後序　　　　　　　明羅　玘　1259- 13- 1
別吳獻臣詩序　　　　　　明羅　玘　1259- 25- 2
賀朱天錫齊壽詩序　　　　明羅　玘　1259- 35- 2
鄒氏霍（雙）輓詩序　　　明羅　玘　1259- 43- 3
　　　　　　　　　　　　　　　　　 1456-556-322
壽周太宜人七十詩序　　　明羅　玘　1259- 89- 6
函丈別情詩序　　　　　　明羅　玘　1259-110- 8
　　　　　　　　　　　　　　　　　 1456- 68-262
郡閣承顏詩册序　　　　　明羅　玘　1259-119- 8
陶峰主人輓册序　　　　　明羅　玘　1259-120- 8
養氣僉先生輓卷序　　　　明羅　玘　1259-135- 9
　　　　　　　　　　　　　　　　　 1456-554-322
跋貳尹曾英氏寶藏先
　世孝友卷　　　　　　　明羅　玘　1259-283- 21
曾孝義先生挽章引　　　　明羅　玘　1259-295- 22
　　　　　　　　　　　　　　　　　 1456-555-322
送少宗伯王公奉使歸
　省詩序　　　　　　　　明石　珤　1259-594- 6
榮哀錄序　　　　　　　　明石　珤　1259-508- 6
送李員外詩序　　　　　　明史　鑑　1259-807- 5
壽章太安人詩序　　　　　明方良永　1260-108- 3
彤庭奏最詩序　　　　　　明方良永　1260-110- 4
杏林春意後序　　　　　　明方良永　1260-118- 4
題吳廷惠贈言卷　　　　　明方良永　1260-139- 7
跋贈別陳石峰卷　　　　　明方良永　1260-139- 7
跋木軒致仕卷　　　　　　明方良永　1260-140- 7

四庫全書文集篇目分類索引

集部 總集類：輓頌

題一愚卷 黃純敬	明方良永	1260-142- 7
喬長史雙挽詩序	明朱誠泳	1260-336- 9
邦侯晏海頌	明祝允明	1260-671- 22
（陳某）江右平寇詩什刻行本後序	明祝允明	1260-685- 23
中丞周公致政詩什後序	明祝允明	1260-687- 23
感慈詩什記	明祝允明	1260-692- 23
書相人金生卷後	明祝允明	1260-731- 26
鳳臺別意序	明羅欽順	1261-101- 7
義田賙族詩序	明羅欽順	1261-118- 9
西山朝雨詩序	明顧 清	1261-494- 16
程太夫人哀輓序	明顧 清	1261-500- 16
平海功成詩序	明顧 清	1261-548- 18
棠溪春意詩序	明顧 清	1261-558- 19
書張節婦卷後	明顧 清	1261-634- 24
書禮部尚書沈公哀輓册後	明顧 清	1261-637- 24
南山秋興集序	明顧 清	1261-808- 37
刻諡愚錄序	明李夢陽	1262-472- 51
題孝節雙芳（卷）	明鄭 岳	1263-130- 24
司馬侍御榮孝册序	明顧 璘	1263-460- 1
楊秀夫輓詩序	明顧 璘	1263-461- 1
蓼蓼先生輓詩序	明顧 璘	1263-462- 1
送朱延平循良屬望詩序	明顧 璘	1263-476- 2
同年會別詩序	明邊 貢	1264-170- 9
孫生送行卷後序	明邊 貢	1264-179- 9
慶壽詩序	明邊 貢	1264-190- 10
涉封君輓詩序	明邊 貢	1264-192- 10
親交贈言引	明邊 貢	1264-238- 14
郭于藩別詩引	明邊 貢	1264-239- 14
送李德華詩序	明孫 緒	1264-485- 1
兩浙觀風詩序	明王守仁	526-162-264
		1265-631- 22
恩壽雙慶詩後序	明王守仁	1265-636- 22
題夢槎奇遊詩卷 贈林汝桓南行	明王守仁	1265-674- 24
春郊賦別引	明王守仁	1265-753- 28
太子少保右都御史彭公平蜀詩序	明康 海	1266-356- 4
張舜卿東征詩序	明康 海	1266-357- 4
都察院右副都御史馬公平蜀詩序	明康 海	1266-359- 4
奉壽遂庵先生詩序	明康 海	1266-372- 4
書朱子卷後 贈凌翁子守延平	明康 海	1266-383- 5
王教之端詩序	明何 瑭	1266-533- 5
榮壽詩序	明何 瑭	1266-534- 5
烈婦李氏詩傳序	明何 瑭	1266-544- 5
張孝子聞木興悲詩序	明何 瑭	1266-545- 5
天衢獨步卷序 贈別張鳳翔	明何 瑭	1266-547- 6
仁壽延恩詩引	明何 瑭	1266-553- 6
棠陰去咏引	明何 瑭	1266-553- 6
行山別意引	明何 瑭	1266-554- 6
三晉第一家引	明何 瑭	1266-555- 6
閒庵詩序 潘徵之	明潘希曾	1266-714- 6
滁陽贈言序	明潘希曾	1266-726- 6
跋林都憲平蠻奏凱卷	明潘希曾	1266-752- 8
思親詩引	明何景明	1267-306- 34
送郡守孫公考績詩序	明何景明	1267-309- 35
對江話別詩序	明崔 銑	1267-372- 1
贈劉宣城詩序	明崔 銑	1267-372- 1
趙節婦壽詩序	明崔 銑	1267-383- 1
賓筵贈別詩序	明崔 銑	1267-390- 1
士林贈別詩序	明崔 銑	1267-401- 2
孫太史歸省詩序	明崔 銑	1267-402- 2
河風敕贈別	明崔 銑	1267-415- 2
海邦快覩詩引	明陸 深	1268-222- 36
思萱詩卷引	明陸 深	1268-224- 36
各藩至德詩序	明陸 深	1268-229- 37
借寇回天詩序	明陸 深	1268-265- 43
行春留愛詩序	明陸 深	1268-295- 47
介菴先生鄭公哀輓序	明陸 深	1268-296- 48
鹿門遺隱詩册序	明陸 深	1268-306- 49
書名藩至德詩後	明陸 深	1268-556- 86
海國留春卷後序	明陸 深	1268-709- 8
賀君內子輓詩序	明陸 深	1268-717- 9
巽庵陳先生輓册叙	明夏良勝	1269-743- 2
		1456-556-322
菊庵太守毛公輓册序	明夏良勝	1269-748- 2
縉紳慶壽詩序	明夏良勝	1269-750- 2
風木詩引	明夏良勝	1269-761- 2
奬異賢能詩序	明夏尚樸	1271- 20- 2
送節推薦君詩序	明孫承恩	1271-339- 27
金門奏最詩序	明孫承恩	1271-346- 27
疏鑿功臣詩序 美曲伯玉之功	明孫承恩	1271-352- 28
陸螢生春詩敍	明孫承恩	1271-353- 28

四庫全書文集篇目分類索引　　2315

贈張吉甫詩序　　　　　明孫承恩　1271-356- 28
尹洗馬輓詩序　　　　　明林文俊　1271-701- 3
壽東泉先生姚公七十
　詩序　　　　　　　　明林文俊　1271-708- 3
送大總制東圃劉公詩
　序　　　　　　　　　明林文俊　1271-712- 3
忠武錄序詠諸葛亮　　明林文俊　1271-713- 3
觀風紀詠卷序贈虞東涯　明林文俊　1271-733- 4
劉母陳太宜人榮壽詩
　序　　　　　　　　　明林文俊　1271-761- 5
一默先生輓詩序　　　明林文俊　1271-790- 6
老圃流風跋　　　　　明許相卿　1272-249- 12
跋金伯祥瞻雲詩卷　　明文徵明　1273-165- 22
太守許公去思卷序　　明朱　瀲　1273-445- 2
一門雙節詩序　　　　明朱　瀲　1273-447- 2
慕萱詩序　　　　　　明朱　瀲　1273-454- 2
馬梅谷廬墓詩卷小序　明朱　瀲　1273-454- 2
題太守葉省菴壽百歲
　翁詩卷　　　　　　明朱　瀲　1273-459- 2
南山詩序　　　　　　明高叔嗣　1273-616- 5
流芳集序　　　　　　明羅洪先　1275-222- 11
懷慰編題辭　　　　　明皇甫汸　1275-772- 41
聲承集序
　漸齋子錄其平生交游
　往復之書及諸贈言　明唐順之　1276-324- 6
書錢遇齋高尚卷　　　明唐順之　1276-352- 7
劉氏所藏先世出使卷
　引　　　　　　　　明尹　臺　1277-549- 5
玉堂麗藻序　　　　　明王立道　1277-796- 4
送常州焦別駕考績歌
　詩序　　　　　　　明沈　鍊　1278- 12- 1
都御史朱公居東遺愛
　卷引　　　　　　　明李攀龍　1278-487- 25
　　　　　　　　　　　　　　　1406-429-362
集張節婦册葉詩文序　明楊繼盛　1278-635- 2
　　　　　　　　　　　　　　　1406- 71-320
桐鄉張節婦詩册序　　明王世貞　 526-169-264
彤弓集美郭公　　　　明王世貞　1280-143- 65
新河集序
　頌大司空朱公功者　明王世貞　1280-171- 68
揷柳全孤詩序　　　　明王世貞　1282-568- 43
貌工來序周子　　　　明王世貞　1282-609- 46
臨邑邢氏父子贈封省
　臺詩敍　　　　　　明王世貞　1282-610- 46
歐虞部楨伯歸嶺南詩

卷序　　　　　　　　明王世貞　1282-620- 47
題月槎詩卷　　　　　明王世貞　1284-309-160
（題）徐武功與諸賢
送韓襄毅公總督兩
廣卷後　　　　　　　明王世貞　1284-320-160
　　　　　　　　　　　　　　　1466-732- 59
貞烈詩序　　　　　　明王　樵　1285-190- 4
華陽雅頌引　　　　　明王　樵　1285-191- 4
平世急民詩序　　　　明葉春及　 564-729- 59
　　　　　　　　　　　　　　　1286-674- 14
愛民詩敍卷序　　　　明葉春及　1286-677- 14
杏莊贈言錄敍　　　　明宗　臣　1287- 99- 12
書松原別語册後　　　明胡　直　1287-443- 18
草庭詩序贈康爽　　　明歸有光　1289- 21- 2
書家廬巢燕卷後
　錄贈言　　　　　　明歸有光　1289- 75- 5
太倉州守孫侯母太夫
人壽詩序　　　　　　明歸有光　1289-191- 12
李氏榮壽詩序　　　　明歸有光　1289-193- 12
高州太守欽君壽詩序　明歸有光　1289-217- 13
唐令人壽詩序　　　　明歸有光　1289-231- 14
邵氏壽詩序　　　　　明歸有光　1289-232- 14
折衝卷後序頌銅梁張公　明盧　柟　1289-793- 2
松茂蘭芳集序　　　　明胡應麟　1290-622- 85
跋楚游餞別卷　　　　明胡應麟　1290-796-110
雙壽榮封詩敍　　　　明余繼登　1291-847- 5
辛母陶夫人七旬壽言
　序　　　　　　　　明曹于汴　1293-705- 2
張時庵先生八十壽册
　引　　　　　　　　明曹于汴　1293-706- 3
仙掖馳封詩引　　　　明曹于汴　1293-707- 3
題劉孺人苦貞錄　　　明曹于汴　1293-709- 3
題張綵汀年兄主教華
　陰卷　　　　　　　明曹于汴　1293-710- 3
題孫生廬墓克孝册　　明曹于汴　1293-710- 3
題海陽別意卷　　　　明曹于汴　1293-711- 3
申太夫人壽詩卷後題　明婁　堅　1295-280- 24
有字爲非予者戲題其
　卷後　　　　　　　明婁　堅　1295-290- 25
晉壽集序　　　　　　明范景文　1295-521- 5
送趙少府還郡詩序　　明黃淳耀　1297-633- 2
南征奏凱錄序　　　　明費　宏　 518- 63-137
李大將軍靖海殊勳詩
　序　　　　　　　　明馬　森　 530-492- 70
懷愍祠集序　　　　　明岑　萬　 564-730- 59

集部

總集類：輓頌

四庫全書文集篇目分類索引

集部

總集類：輓頌

詩文評類：論文

送刑部尚書何公赴召
　詩序　　　　　　　　明徐　瓊　　1249-538- 0
麟翁集序　　　　　　　明張　紞　　1374-147- 41
奉使安南詩序　　　　　明葉　盛　　1374-193- 44
書節婦施氏卷後　　　　明王　景　　1374-217- 47
御書孝義家詩卷後序　　明程　昆　　1375-284- 21
去思詩序　　　　　　　明鮑　寧　　1375-286- 21
太守曹侯十詠詩序　　　明楊循吉　　1386-480- 47
王竹墻詩冊題辭　　　　明董其昌　　1406-442-363
上虞孝女朱娥詩序　　　明唐　庸　　1456- 9-256
朱宗珏行卷詩序　　　　明王　褒　　1456- 21-257
送喬白巖北上詩序　　　明王雲鳳　　1456- 74-262
越山社送李三洲詩序　　明王漸逵　　1456- 79-263
聽鶴亭敘別詩引　　　　明錢　福　　1456- 83-263
上饒張孟循行卷　　　　明趙東山　　1456-386-297
左太僕贈別卷序　　　　明楊時春　　1456-424-301
至孝獲親詩敘　　　　　明王　格　　1456-445-305
桂紀善輓詩序　　　　　明陳敬宗　　1456-549-322
鄭處士輓詩冊序　　　　明李承芳　　1456-553-322
粵老高翁挽歌冊序　　　明吳時來　　1456-557-322
貳守王公輓詩序　　　　明楊　麒　　1456-558-322
義林一覽序 浮屠子琪
　求儒林之作以實其行卷　明楊守陳　　1456-564-323
跋贈遠卷　　　　　　　明孟　洋　　1466-730- 59
王石谷贈行詩序　　　　清吳偉業　　1312-254- 24
楊彭山春望詞序　　　　清湯　斌　　1312-484- 3
題趙憲清卷　　　　　　清湯　斌　　1312-588- 8
潮陽殉節輓詩序　　　　清魏裔介　　1312-740- 5
書王旦華扶櫬歸蜀册　　清施閏章　　1313-317- 26
徐鳳池龜峯孝感詩序　　清吳　綺　　1314-271- 3
栗亭詩集序　　　　　　清吳　綺　　1314-279- 4
送王阮亭司李維揚詩
　序　　　　　　　　　清吳　綺　　1314-333- 7
送何脫園詩序　　　　　清吳　綺　　1314-341- 7
送楊爾玨之任青浦廣
　文詩序　　　　　　　清吳　綺　　1314-344- 7
書塗母壽詩後　　　　　清陳廷敬　　1316-707- 48
清風集序　　　　　　　清朱彝尊　　1318- 63- 36
太守佟公述德詩序　　　清朱彝尊　　1318- 86- 38
貞女墮樓詩文序　　　　清毛奇齡　　 526-187-264
楊母九十壽詩文集序　　清毛奇齡　　1320-341- 40
兩浙布政司使蔣使君
　民懷集序　　　　　　清毛奇齡　　1320-425- 49
爲張驤騎君朔游贈復
　題端　　　　　　　　清毛奇齡　　1320-527- 59

盆都馮相國壽詩跋　　　清陳維崧　　1322-271- 20
馮梧州贈行詩序　　　　清姜宸英　　1323-631- 1
郭高旭贈行詩序　　　　清姜宸英　　1323-631- 1
柯翰周餞別詩序　　　　清姜宸英　　1323-632- 1
陳六謙之任安邑詩集
　（序）　　　　　　　清姜宸英　　1323-648- 2
題馮節母卷　　　　　　清姜宸英　　1323-817- 7
梅定九恩遇詩引　　　　清李光地　　1324-713- 13
安海詩序　　　　　　　清蔡世遠　　1325-669- 2
李思亭同居詩序　　　　清蔡世遠　　1325-673- 2
鄭母輓詩跋　　　　　　清藍鼎元　　1327-830- 16
書翁霽堂六序册後　　　清沈　彤　　1328-347- 8

D.詩文評類

a.論　文

1.通　論

銘論　　　　　　　　　漢蔡　邕　　1397-434- 20
　　　　　　　　　　　　　　　　　1412-433- 18
典論論文　　　　　　　魏　文　帝　1329-894- 52
　　　　　　　　　　　　　　　　　1331-360- 52
　　　　　　　　　　　　　　　　　1407-279-420
　　　　　　　　　　　　　　　　　1412-616- 24
又與吳質書 論諸友文　　魏　文　帝　1412-607- 24
與楊德祖書
　當世之作者雜論　　　魏曹　植　　1404-483-212
　　　　　　　　　　　　　　　　　1412-665- 26
言盡意論　　　　　　　晉歐陽建　　1398- 86- 5
文章流別論　　　　　　晉摯　虞　　1398-287- 13
　　　　　　　　　　　　　　　　　1407-280-420
　　　　　　　　　　　　　　　　　1413-242- 42
文賦有序　　　　　　　晉陸　機　　1413-364- 48
問律自序　　　　　　　齊張　融　　1414-380- 78
與湘東王論文書　　　　梁簡文帝　　1394-552- 7
辨騷　　　　　　　　　梁劉　勰　　1062-144- 1
神思篇　　　　　　　　梁劉　勰　　1394-691- 10
風骨篇　　　　　　　　梁劉　勰　　1394-692- 10
情采篇　　　　　　　　梁劉　勰　　1394-693- 10
夸飾篇　　　　　　　　梁劉　勰　　1394-694- 10
物色篇　　　　　　　　梁劉　勰　　1394-695- 10
樂府（總論）　　　　　梁劉　勰　　1395-543- 1
文心雕龍諸贊（十四
　則）　　　　　　　　梁劉　勰　　1407-714-468
雕蟲論并序　　　　　　梁裴子野　　1399-441- 9

四庫全書文集篇目分類索引

		1340-233-742	文章論	唐李德裕	1079-320- 3
詩品上中下（五十九					1340-238-742
則）	梁鍾 嶸	1399-538- 13			1343-528- 36
		1407-465-439			1407-280-420
與李那書					1410-811-774
附李那答書（評詩）	陳徐 陵	1339-429-679	樂府有序（敘樂府之起		
西方辭體論	後秦		源及流變）	唐元 稹	1079-464- 23
	鳩摩羅什	1400-565- 9	敘詩寄樂天書	唐元 稹	1079-504- 30
家訓論文章	北齊顏之推	1394-696- 10	與元九書		
答員半千書評詩	唐駱賓王	1339-435-680	論詩之作及其流變	唐白居易	1080-489- 45
質文論	唐李 華	1072-378- 2			1339-447-681
		1340-234-742	答莊充書 論爲文	唐杜 牧	1339-453-681
		1343-526- 36			1344-284- 84
文論	唐顧 況	1072-543- 下	與友人論文書	唐孫 樵	1083- 70- 2
		1340-236-742			1404-594-221
答楊湖南書評文	唐權德輿	1339-438-680	說鳳尾諾	唐陸龜蒙	1083-242- 2
與馮宿論文書	唐韓 愈	1073-490- 17			1083-404- 19
		1074-313- 17			1336-388-362
		1075-272- 17	復友生論文書	唐陸龜蒙	1083-244- 2
		1383- 58- 4			1083-399- 18
		1404-546-217			1339-529-690
		1447-171- 4			1344-289- 85
答劉正夫書論文	唐韓 愈	1383- 59- 4			1404-599-222
		1404-540-217			1418-147- 40
答李翊書 論文之基	唐韓 愈	1383- 60- 4	與李生論詩書	唐司空圖	550- 31-209
		1404-539-217			1083-494- 2
		1476-136- 8			1339-454-681
與友人論爲文書	唐柳宗元	1076-286- 31			1344-292- 85
		1076-727- 31			1404-606-222
		1378-263- 48	與王駕評詩（書）	唐司空圖	1083-493- 1
		1383-228- 19			1344-293- 85
		1447-313- 13			1404-606-222
答貢士廖有方論文書	唐柳宗元	1383-231- 19	二十四詩品	唐司空圖	1407-468-439
		1404-556-218	答陳磻隱論詩書	唐黃 滔	1084-162- 7
人文化成論	唐呂 溫	1077-668- 10	答荊南裴尚書論文書	唐柳 冕	534-496- 96
		1340-238-742			1344-276- 84
答李生二書論爲文之道	唐皇甫湜	1344-287- 85	答楊中丞論文書	唐柳 冕	550- 28-209
		1404-571-220			1344-283- 84
諭業	唐李 翱	1078- 68- 1	與滑州盧大夫論文書	唐柳 冕	1344-275- 84
答皇甫湜書 評文	唐李 翱	1339-444-680			1404-525-216
答進士梁（王）載言			與徐給事論文書	唐柳 冕	1344-275- 84
書 評文	唐李 翱	1339-445-681			1476-111- 7
		1344-293- 85	答徐州張尚書論文武		
		1404-569-219	書	唐柳 冕	1344-277- 84
		1447-405- 20	答衢州鄭使君論文書	唐柳 冕	1344-283- 84

集部

詩文評類：論文

集部 詩文評類：論文

復杜相公書 論文學風氣　唐柳　冕　1417-734- 34
辯文　　　　　　　　　唐王　涯　1336-422-367
文道元龜 并序　　　　　唐尚　衡　1336-433-369
　　　　　　　　　　　　　　　　　1343-647- 45
報三原李少府書 評文　　唐崔　融　1339-433-680
與常侍御書 評文　　　　唐于　邵　1339-436-680
贈李舍人使君書 評文　　唐釋　皎　1339-436-680
贈包中丞書 評文　　　　唐釋　皎　1339-437-680
寄李翱書 論文　　　　　唐裴　度　1339-440-680
　　　　　　　　　　　　　　　　　1344-279- 84
　　　　　　　　　　　　　　　　　1404-529- 21
與崔學士書 評賦　　　　唐薛　逢　1339-454-681
偃武脩文論　　　　　　唐李　琰　1340-233-742
文章論　　　　　　　　唐牛希濟　1340-239-742
表章論　　　　　　　　唐牛希濟　1340-240-742
辯文　　　　　　　　　唐獨孤郁　1343-653- 46
文之章解　　　　　　　唐韋　籌　1343-661- 46
　　　　　　　　　　　　　　　　　1359-458- 65
諭業　　　　　　　　　唐皇甫規　1410-758-770
答友生問文書　　　　　宋張　詠　1085-615- 7
答張扶書（二則）
　　爲文力求易道易曉遠
　　則六經　　　　　　宋王禹偁　1086-174- 18
本文　　　　　　　　　宋趙　湘　1086-335- 4
答張洞書
　　論有志於文者必以道
　　爲先方可得其文　　宋孫　復　1090-173- 0
上趙先生書
　　論文宜本於禮樂教化
　　兼論文章流變　　　宋石　介　1090-262- 12
　　　　　　　　　　　　　　　　　1346-249- 16
　　　　　　　　　　　　　　　　　1353- 76- 54
上張兵部書
　　論今文已失孔子之道　宋石　介　1090-265- 12
上蔡副樞書 論文　　　　宋石　介　1090-267- 13
　　　　　　　　　　　　　　　　　1346-246- 16
與裴員外書 論文之弊及
　　文之本日壞　　　　宋石　介　1090-298- 16
答謝景山書 論學者應先
　　學道而後學文　　　宋蔡　襄　1090-556- 27
論原一人文　　　　　　宋釋契嵩　1091-459- 6
紀復古　　　　　　　　宋釋契嵩　1091-475- 8
文說　　　　　　　　　宋釋契嵩　1091-476- 8
原文　　　　　　　　　宋李　覯　1095-255- 29
寄歐陽舍人書 論銘　　　宋曾　鞏　1418-505- 52

　　　　　　　　　　　　　　　　　1447-899- 54
與黃校書論文章書　　　宋歐陽修　1102-533- 67
　　　　　　　　　　　　　　　　　1383-441- 38
六一詩話　　　　　　　宋歐陽修　1103-300-128
答吳充秀才書
　　論爲文之本　　　　宋歐陽修　1383-452- 39
　　　　　　　　　　　　　　　　　1404-642-225
答劉沔（都曹）書
　　論己之詩文　　　　宋蘇　軾　1108-231- 76
　　　　　　　　　　　　　　　　　1384-523-126
論文　　　　　　　　　宋蘇　軾　1108-591-100
答謝舉廉書 論文　　　　宋蘇　軾　1384-523-126
與謝民師推官書 論文　　宋蘇　軾　1447-684- 39
詩病五事　　　　　　　宋蘇　轍　1112-833- 8
論詩　　　　　　　　　宋黃庭堅　1113-442- 9
論詩帖　　　　　　　　宋黃庭堅　1113-591- 6
論作詩文　　　　　　　宋黃庭堅　1113-592- 6
答王觀復書 論詩文之作　宋黃庭堅　1346-432- 31
詩話一卷　　　　　　　宋陳師道　1114-722- 23
上文潞公書 論詩　　　　宋張　耒　1353- 85- 54
上曾子固（龍圖）書
　　論文　　　　　　　宋張　耒　1353- 86- 54
　　　　　　　　　　　　　　　　　1404-690-229
答李推官書 論文　　　　宋張　耒　1354-235- 29
　　　　　　　　　　　　　　　　　1404-689-229
通事說 文事　　　　　　宋秦　觀　1115-676- 6
答趙士舞德茂宣義宏
　　詞書
　　論文章之體志氣韻　宋李　廌　1361-306- 47
論詩　　　　　　　　　宋晁說之　1118-273- 14
上曾子固先生書
　　論文章之道及其流變　宋劉　弇　1119-182- 15
謝人寄詩亦問詩中格
　　目小紙 論古詩與近體
　　與嘆行歌曲之別　　宋李之儀　1120-463- 16
雜題跋　　　　　　　　宋李之儀　1120-695- 15
回周汜法曹書
　　論賦之辭筆　　　　宋李　復　1121- 28- 3
答張尉書 論詩文　　　　宋李　復　1121- 32- 4
答人論文書　　　　　　宋李　復　1121- 49- 5
答孫彥文秀才書
　　論辭章之變　　　　宋劉　跂　1121-577- 5
文議　　　　　　　　　宋畢仲游　1122- 51- 5
與汪秘校論文書　　　　宋呂南公　1123-113- 11
論文書　　　　　　　　宋慕容彥逢　1123-450- 13

四庫全書文集篇目分類索引　　2319

自說作詩說	宋唐　庚	1124-378- 10
文鄉記	宋李　綱	1126-533-132
答鄭教授（論文書）	宋程　俱	1130-216- 21
		1375-144- 8
詩評	宋鄒　廱	1133-371- 25
誠齋詩話	宋楊萬里	1137- 86- 附
樂府總序 通志	宋鄭　樵	1395-544- 1
答楊宋卿（書）		
詩雜說	宋朱　熹	1144-110- 39
答鞏仲至（書）		
詩雜說	宋朱　熹	1145-216- 64
答鞏仲至（書）		
論古今詩發展之演變等	宋朱　熹	1145-217- 64
答鞏仲至（書）		
詩文雜評	宋朱　熹	1145-220- 64
二老堂詩話上下	宋周必大	1149- 23-177
書種德堂因記陳仲孚		
問詩語	宋陳傅良	1150-825- 41
文章策	宋陳傅良	1150-913- 52
論文說	宋王十朋	1151-286- 19
答蔡君更生論文書	宋樓　鑰	1153-114- 66
答劉師董書 論時文	宋曾　丰	1156-150- 13
與程帥（書）		
論江西詩派	宋陸九淵	1156-325- 7
家記九 論文	宋楊　簡	1156-805- 15
答徐廣書		
論時世詞章之利病	宋楊萬里	1160-627- 66
詩話	宋楊萬里	1161-443-115
上辛給事書 論文章	宋陸　游	1163-403- 13
答劉主簿（書）論文	宋陸　游	1163-405- 13
文以變爲法（說）	宋陳　造	1166-373- 29
文法（說）	宋陳　造	1166-373- 29
變文法（策）	宋陳　亮	1171-598- 11
書作論法	宋陳　亮	1171-650- 16
		1406-522-374
上樓內翰書	宋陳善卿	1359-157- 20
說諸家詩	宋汪　莘	1178-123- 1
答傅當可論詩	宋包　恢	1178-716- 2
答曾子華論詩	宋包　恢	1178-717- 2
論五言（詩）所始	宋包　恢	1178-724- 2
詩辯	宋嚴　羽	1179- 30- 1
詩體	宋嚴　羽	1179- 32- 1
詩法	宋嚴　羽	1179- 36- 1
詩評	宋嚴　羽	1179- 37- 37
詩證	宋嚴　羽	1179- 40- 1

江西詩派總序	宋劉克莊	518- 15-136
（後村先生）詩話上		
下	宋劉克莊	1180-167- 17
江西詩派小序	宋劉克莊	1180-252- 24
答湯伯紀論四六	宋劉克莊	1180-314- 29
苫陳寮高處州論激字	宋釋居簡	1183- 88- 6
與劉秀巖論詩	宋謝枋得	1184-865- 2
（文章軌範）放膽文		
（侯字集）序	宋謝枋得	1359-544- 1
（文章軌範）放膽文		
（王字集）序	宋謝枋得	1359-556- 2
（文章軌範）小心文		
（將字集）序	宋謝枋得	1359-567- 3
（文章軌範）小心文		
（相字集）序	宋謝枋得	1359-580- 4
（文章軌範）小心文		
（有字集）序	宋謝枋得	1359-592- 5
（文章軌範）小心文		
（種字集）序	宋謝枋得	1359-601- 6
（文章軌範）小心文		
（乎字集）序	宋謝枋得	1359-607- 7
聯句辨	宋吳龍翰	1188-866- 6
碑解文體論	宋孫　何	534-817-112
		1351-432-125
		1407-434-436
文箴	宋孫　何	1350-747- 72
文辨	宋陳　瓘	1346-461- 32
樂府詩集——郊廟歌		
辭序	宋郭茂倩	1347- 3- 1
樂府詩集——燕射歌		
辭序	宋郭茂倩	1347-120- 13
樂府詩集——鼓吹曲		
辭序	宋郭茂倩	1347-148- 16
樂府詩集——橫吹曲		
辭序	宋郭茂倩	1347-201- 21
樂府詩集——相和歌		
辭序	宋郭茂倩	1347-238- 26
樂府詩集——清商曲		
辭序	宋郭茂倩	1347-390- 44
樂府詩集——舞曲歌		
辭序	宋郭茂倩	1347-456- 52
樂府詩集——琴曲歌		
辭序	宋郭茂倩	1347-502- 57
樂府詩集——雜曲歌		
辭序	宋郭茂倩	1347-539- 61

四庫全書文集篇目分類索引

集部 詩文評類：論文

樂府詩集——近代曲
　序　　　　　　　　　　宋郭茂倩　1348- 22- 79
樂府詩集——雜歌謠
　辭序　　　　　　　　　宋郭茂倩　1348- 60- 83
樂府詩集——新樂府
　辭序　　　　　　　　　宋郭茂倩　1348-122- 90
詩評 并跋　　　　　　　宋敖陶孫　1357-358- 45
　　　　　　　　　　　　　　　　　1407-455-438
文辯　　　　　　　　　　宋魏挾之　1359-472- 67
詩評　　　　　　　　　　宋吳　渭　1359-620- 附
答出繼叔臨安吳景僊
　書 論詩　　　　　　　宋嚴　羽　1480-822- 附
（答）畲李天英（書）
　詩文雜論　　　　　　　金趙秉文　1190-256- 19
文辨　　　　　　　　　　金王若虛　1190-444- 34
詩話　　　　　　　　　　金王若虛　1190-465- 38
內遊 論爲文　　　　　　元郝　經　1192-214- 20
文弊解　　　　　　　　　元郝　經　1192-220- 20
文說送孟鷞之　　　　　　元郝　經　1192-242- 22
答友人論文法書　　　　　元郝　經　1192-249- 23
與撒彥舉論詩書　　　　　元郝　經　1192-259- 24
天下夕陽佳詩說　　　　　元方　回　1193-621- 30
文說　　　　　　　　　　元陸文圭　1194-661- 11
與揭曼碩學士（書）
　論爲文　　　　　　　　元劉　詵　1195-177- 3
答諶桂舟論銘文書
　附內幅　　　　　　　　元劉　壎　1195-465- 11
苔友人論時文書　　　　　元劉　壎　1195-467- 11
詩說　　　　　　　　　　元劉　壎　1195-493- 13
論文五則　　　　　　　　元劉　壎　1199-261- 27
與陳無我論樂府　　　　　元袁　桷　1203-513- 39
答宜春秀才趙民信論
　文書　　　　　　　　　元劉岳申　1204-219- 4
論詩歌聲音律　　　　　　元陳　櫟　1205-209- 4
和詩說　　　　　　　　　元陳　櫟　1205-214- 5
答問 問虛谷云詩所以言
　性情理勝物淡勝麗　　　元陳　櫟　1205-244- 7
與黃明遠第三書論樂
　府雜說　　　　　　　　元吳　萊　1209-117- 7
上達秘卿書論文　　　　　元陳　高　1216-270- 15
答劉英伯書論文　　　　　元劉辰翁　1366-650- 21
古樂府——古歌謠辭
　（序）　　　　　　　　元左克明　1368-430- 1
古樂府——鼓吹曲歌
　辭（序）　　　　　　　元左克明　1368-442- 2
古樂府——橫吹曲歌
　辭（序）　　　　　　　元左克明　1368-461- 3
古樂府——梁鼓角橫
　吹曲（序）　　　　　　元左克明　1368-464- 3
古樂府——相和曲歌
　辭（序）　　　　　　　元左克明　1368-469- 4
古樂府——清商曲歌
　辭（序）　　　　　　　元左克明　1368-502- 6
古樂府——舞曲歌辭
　（序）　　　　　　　　元左克明　1368-520- 8
古樂府——琴曲歌辭
　（序）　　　　　　　　元左克明　1368-526- 9
古樂府——雜曲歌辭
　（序）　　　　　　　　元左克明　1368-532- 10
文原上下 并序跋　　　　明宋　濂　1224-358- 25
　　　　　　　　　　　　　　　　　1373-694- 16
　　　　　　　　　　　　　　　　　1407-404-432
　　　　　　　　　　　　　　　　　1454-405-131
文說　　　　　　　　　　明宋　濂　1224-363- 26
　　　　　　　　　　　　　　　　　1454-409-131
苔章（董）秀才論詩
　書　　　　　　　　　　明宋　濂　1224-460- 28
　　　　　　　　　　　　　　　　　1373-788- 25
　　　　　　　　　　　　　　　　　1404-718-232
　　　　　　　　　　　　　　　　　1454-655-160
文訓　　　　　　　　　　明王　禕　1226-393- 19
　　　　　　　　　　　　　　　　　1373-764- 22
　　　　　　　　　　　　　　　　　1454-410-131
文評　　　　　　　　　　明王　禕　1226-414- 20
文原　　　　　　　　　　明王　禕　1226-415- 20
文統　　　　　　　　　　明朱　右　1228- 35- 3
論文　　　　　　　　　　明蘇伯衡　1407-283-420
文妖　　　　　　　　　　明王　舜　1229-423- 3
答或人論詩　　　　　　　明陳　謨　1232-705- 10
與郭士淵論文（書）　　　明方孝孺　1235-351- 11
　　　　　　　　　　　　　　　　　1454-579-150
與鄭叔度書論文　　　　　明方孝孺　1404-724-232
與舒君（書）論文　　　　明方孝孺　1454-580-150
說詩三則　　　　　　　　明解　縉　1236-820- 15
序文　　　　　　　　　　明王　洪　1237-485- 5
文說　　　　　　　　　　明李時勉　1242-775- 7
論詩不易　　　　　　　　明陳獻章　1246-133- 4
批答張廷實詩箋十首
　（書）論詩　　　　　　明陳獻章　1454-658-160
答丁鳳儀（書二則）

四庫全書文集篇目分類索引

集部

詩文評類：論文

篇目	作者	索引號
論文	明童　軒	1454-588-151
論詩	明蔡　清	1257-780- 1
論古今書筍	明邵　寶	1258-543- 9
道德文章不可出于二論	明顧　清	1261-617- 22
苔磊文蔚論文體書	明顧　清	1261-823- 39
與徐氏論文書	明李夢陽	1262-563- 62
駁何氏論文書	明李夢陽	1262-565- 62
		1405- 29-236
		1454-594-151
再與何氏書 論文	明李夢陽	1262-567- 62
		1454-596-151
答友人論文（書）	明顧　璘	1263-600- 9
		1454-615-153
（與陳鶴）論詩（書）	明顧　璘	1263-602- 9
		1454-667-161
寄後渠（書）論文	明顧　璘	1454-614-153
與窠友蔣子譚文		
文質論	明劉　麟	1264-457- 11
與李空同論詩書	明何景明	1267-290- 32
		1405- 32-236
		1454-592-151
文答	明崔　銑	1267-407- 2
評文喻學者四首	明崔　銑	1267-583- 10
		1407-457-438
詩話（三十二則）	明陸　深	1268-154- 25
與李獻吉論文書	明徐禎卿	1268-768- 6
		1405- 36-236
談藝錄	明徐禎卿	1268-777- 附
		1409-578-627
與同年諸翰林論文書（二則）	明徐禎卿	1454-644-157
答王浚川先生論文書	明薛　蕙	1272-108- 9
與聶雙江（書）論文	明張　岳	1454-607-152
寄道原弟書七 詩作	明王慎中	1274-573- 24
與項甌東（書）論文	明王慎中	1454-608-153
答陳兩湖（書）論文	明羅洪先	1454-623-154
喻歆文 詩論	明皇甫汸	1275-834- 50
論文	明楊　爵	1276- 66- 6
與陳兩湖主事書		
論文章	明唐順之	1276-207- 4
與茅鹿門（主事）書		
論文章	明唐順之	1276-273- 4
		1454-609-153
論文書與鹿門	明唐順之	1405- 82-240
答華補菴（書）論文	明唐順之	1454-611-153
與王遵巖參政（書）		
論詩	明唐順之	1454-665-160
與友人論文書	明王立道	1277-806- 5
藝苑巵言	明王世貞	1269-301- 23
書與于麟論詩事	明王世貞	1280-297- 77
國朝文評	明王世貞	1407-458-438
國朝詩評	明王世貞	1407-459-438
論文二篇答瞿睿夫	明胡　直	1287-398- 14
與李漸奄談詩（書）	明溫　純	1288-752- 29
與沈敬甫（小簡）		
論時文	明歸有光	1289-539- 7
詩藪	明胡應麟	1269-302- 23
與王長公第一二書		
論文學	明胡應麟	1290-801-111
報王敬美先生（書）		
論明詩人	明胡應麟	1290-818-112
雜東汪公談藝五通		
談詩劇	明胡應麟	1290-827-113
與顧叔時論宋元二代		
詩十六通	明胡應麟	1290-864-118
古樂府敍	明于慎行	1291- 4- 1
五言五詩敍	明于慎行	1291- 13- 2
賦敍	明于慎行	1291-183- 20
與友人論文書	明馮從吾	1293-252- 15
書雜錄唐宋諸家論文		
簡牘後	明婁　堅	1295-270- 23
春夜與仲弟論文數條	明魏學洢	1297-587- 6
上谷五子新撰評詞	明黃淳耀	1297-657- 2
萬世文字之祖論	明葉夢熊	564-808- 60
藝圃擷餘	明王世懋	1269-302- 23
遺伯兄元美（書）		
論文	明王世懋	1454-628-155
談藝集	明張　煌	1269-303- 23
答程伯大論文（書）	明朱　夏	1373-802- 26
		1404-730-233
		1454-583-151
與王大理同節論文書	明劉定之	1373-854- 28
文章辨體序題（五十二則）	明吳　訥	1374-334- 56
唐宋八大家文鈔論例	明茅　坤	1383- 15- 附
與蔡白石太守論文書	明茅　坤	1405- 94-240
		1454-630-155
文旨贈許海嶽沈虹臺二內翰先生	明茅　坤	1454-414-131

2322 四庫全書文集篇目分類索引

集部 詩文評類：論文

篇目	作者	索引號
古樂苑郊廟歌辭序	明梅鼎祚	1395- 14- 1
古樂苑燕射歌辭序	明梅鼎祚	1395- 68- 6
古樂苑鼓吹曲辭序	明梅鼎祚	1395- 90- 8
古樂苑橫吹曲辭序	明梅鼎祚	1395-121- 12
古樂苑相和歌辭序	明梅鼎祚	1395-141- 14
古樂苑清商曲辭序	明梅鼎祚	1395-239- 23
古樂苑舞曲歌辭序	明梅鼎祚	1395-280- 27
古樂苑琴曲歌辭序	明梅鼎祚	1395-309- 30
古樂苑雜曲歌辭序	明梅鼎祚	1395-335- 32
古樂苑雜歌謡辭序	明梅鼎祚	1395-438- 41
與郭价夫學士論詩書	明王廷相	1405- 39-236
駁喬三石論文書	明王維楨	1405- 76-239
		1454-606-152
與余君房論文書	明孫 鑛	1405-137-244
與呂朔王繩論詩文書（十三則）	明孫 鑛	1405-309-265
與友論文（書）	明焦 竑	1405-156-246
與譚友夏書論詩作	明鍾 惺	1405-160-247
與高孩之觀察（書）論詩作	明鍾 惺	1405-161-247
答夏彝仲論文書	明文南英	1405-164-248
答陳人中論文書	明文南英	1405-166-248
再與周介生論文書	明文南英	1405-171-248
題南雍三課	明馮夢禎	1406-107-325
文士論	明徐應雷	1407-173-410
		1454-113- 94
答王孟肅（書）論詩	明徐應雷	1454-673-161
原詩	明蔣德璟	1407-407-432
天台（文）評	明王思任	1407-463-438
碑志論	明胡 侍	1454- 27- 86
文論	明彭 輅	1454- 52- 90
與友人論詩（書）	明彭 輅	1454-662-160
就詩論	明張治道	1454- 98- 93
與友人論詩書	明張治道	1454-665-160
原文	明孫慎行	1454-415-131
記論文	明孫慎行	1455-502-224
玉枕山詩話	明張汝弼	1454-509-143
答孟左司書論文	明劉迪簡	1454-585-151
與徐景探書論文	明柯 遷	1454-587-151
上楊先生鏡川公（書）論文	明章 絃	1454-591-151
復李生書論文	明趙貞吉	1454-597-152
與王翰林槐野論文書	明劉 繪	1454-598-152
答祠郎熊南沙論文書	明劉 繪	1454-600-152
與從姪桂芳秀才論記		
書	明劉 繪	1454-602-152
答喬學憲三石論詩書	明劉 繪	1454-660-160
東曹紫峰 通論諸文體	明侯一元	1454-602-152
答熊元直檢討（書）論文	明薛應旂	1454-605-152
論文書	明舒 芬	1454-614-153
與少宰王荊門公書論文	明董 份	1454-616-153
復王沂川書 論文	明何良俊	1454-618-153
答陳魯南太史論唐人詩文（書）	明馬一龍	1454-619-154
與達時明余子南等論文（書）	明馬一龍	1454-620-154
與季朗書 論文	明劉 鳳	1454-620-154
與陸芝秀才書論文	明黃省曾	1454-622-154
答戴岳書論銘	明黃省曾	1454-622-154
與王元美先生（書）論文	明屠長卿	1454-624-154
答茅鹿門（書）論文	明蔡汝南	1454-633-156
與王九難郎中（書）	明丁自申	1454-634-156
答呂侍郎沃州（書）論文	明莫如忠	1454-635-156
復周柳塘書 論文	明莫如忠	1454-636-156
與方思道論文書	明吾 謹	1454-639-157
與李空同論文書	明吾 謹	1454-640-157
與鄭繼之地官書論詩	明吾 謹	1454-641-157
再答仲達論二李（書）論文	明顧 治	1454-645-157
答華仲達論文（書）	明顧 治	1454-646-157
與沈朗倩書論文	明楊兆京	1454-647-157
與郭青螺參政論文書	明許孚遠	1454-649-158
答鄒爾瞻（書）論文	明鄒觀光	1454-650-158
答王滄生（書）論文	明湯顯祖	1454-651-159
與郭价夫學士論詩書	明王廷相	1454-658-160
答陳昌積解元詩文書	明陳 沂	1454-666-160
與莫中江書 論詩	明朱曰藩	1454-668-161
又答友人書 通論詩文	明車大任	1454-669-161
再與趙淮獻書 論詩	明徐師曾	1454-671-161
與謝四溟論詩書	明朱安淑	1454-672-161
答高洪父（書）論詩	明何偉然	1454-675-162
答楊巒葦銓部（書）論詩	明楊 鎬	1454-675-162
與友人（書）論詩	明尹民興	1454-676-162
社中新評有序	明孫七政	1458-767-479
答伍夢符（書）論文	明不著撰人	1454-652-159
詩說	清聖祖	1298-198- 21

四庫全書文集篇目分類索引 2323

樂府說 清聖祖 1298-629- 30
古文評論——漢（三百零三則） 清聖祖 1299-214- 28
古文評論——魏蜀漢吳晉（八十二則） 清聖祖 1299-245- 32
古文評論——宋齊梁陳北魏（八十則） 清聖祖 1299-254- 33
古文評論——北齊北周隋唐宋（七百六十九則） 清聖祖 1299-262- 34
與宋尚木論詩書 清吳偉業 1312-408- 39
與弟辯若論文（書） 清魏裔介 1312-827- 10
束環溪論詩 清魏裔介 1312-831- 10
三大火聚說 閩釋李卓吾評文三大火聚之說 清魏裔介 1312-928- 15
寄魏凝叔（唐）論文 清施閏章 1313-347- 28
文戒示門人 清汪琬 1315-210- 1
答陳霽公論文書一二 清汪琬 1315-532- 32
與人論墓誌銘篆蓋書 論不宜加暨元配某孺人六字 清汪琬 1315-551- 33
與李武曾論文書 清朱彝尊 1318- 1- 31
與高念祖論詩書 清朱彝尊 1318- 3- 31
答胡司臬書論文章源流 清朱彝尊 1318- 22- 33
答刑部王尚書論明詩書 清朱彝尊 1318- 26- 33
漫堂說詩 清宋犖 1323-302- 27
東漢文論 清姜宸英 1323-707- 4
士先器識而後文藝論 清姜宸英 1323-712- 4
論五言古詩 清田雯 1324-197- 17
論七言古詩 清田雯 1324-199- 17
論五言律詩 清田雯 1324-201- 17
論七言律詩 清田雯 1324-201- 17
論七言絕句 清田雯 1324-202- 17
（論）三句一韻 清田雯 1324-208- 18
（論）雪詩 清田雯 1324-210- 18
詩文演法 清田雯 1324-210- 18
（評）竹枝（詞） 清田雯 1324-210- 18
詩話 清田雯 1324-211- 19
詩八病說 清李光地 1324-772- 17
有高才能文章三不幸論 清蔡世遠 1325-733- 7
與林于九（書）論文章之要 清蔡世遠 1325-756- 8
答程蘷州（書）

論散文惟記難撰 清方苞 1326-787- 5
論文 清儲大文 1327-369- 16
作賦（論） 清儲大文 1327-370- 16
尚簡（論） 清儲大文 1327-371- 16
與顧肇聲論墓銘諸例書 清沈彤 1328-321- 4

2.個 論

與兄平原書（第二十四則論屈原漁文） 晉陸雲 1413-458- 50
擬魏太子鄴中集詩序 劉宋謝靈運 1398-674- 10
與范述曾論齊竟陵王賦書 梁沈約 1399-402- 7
與陸修書論李觀文 唐李翱 1344-286- 85
李商隱詩評 唐陸龜蒙等 1082-229- 附
（李白）叢說（二百二十則） 唐吳融等 1067-591- 34
謝西川白相寄賜新詩書 唐薛逢 1339-454-681
常建詩附錄（詩評三則） 宋歐陽修等 1071-435- 附
讀李翱文 宋歐陽修 1351-478-130
　 1354-147- 19
　 1359-599- 5
　 1383-678- 60
　 1406-547-377
陶淵明集總論 宋蘇軾等 1063-468- 附
看柳文綱目 宋蘇軾等 1077- 3- 附
評柳子厚詩 宋蘇軾 1077-298- 2
又論柳子厚詩 宋蘇軾 1077-298- 2
又書李赤詩 宋蘇軾 1077-299- 2
評李德叟詩 宋黃庭堅 1113-203- 20
書徐會稽禹廟詩後 宋黃庭堅 1113-273- 26
題李太白詩草後 宋黃庭堅 1361-258- 40
書林和靖詩 宋黃庭堅 1406-515-374
評郊島詩 宋張耒 1115-373- 43
上文潞獻所著詩書 宋張耒 1361-130- 18
和陶引辨 宋晁說之 1118-267- 14
題陶淵明詩後 宋晁說之 1118-643- 33
書李太白對月詩後 宋黃裳 1120-239- 35
跋山谷讀中興頌詩 宋李之儀 1120-576- 39
跋吳師道詩（二則） 宋李之儀 1120-579- 40
跋古柏行後 宋李之儀 1120-588- 41
題所和丁希韓詩後 宋李之儀 1120-591- 42
與侯讓秀才（書三則）

四庫全書文集篇目分類索引

集部

詩文評類：論文

篇目	作者	索引號
論杜詩	宋李　復	1121- 50- 5
效莊周句法	宋李　光	1128-620- 17
讀梅聖兪詩	宋張　嵲	1131-631- 33
跋折仲古文	宋張元幹	1136-658- 9
跋蘇詔君贈王道士詩後	宋張元幹	1136-662- 9
題侯齊彥樂府後	宋會　協	1140-289- 4
讀謝夢得文	宋張孝祥	1140-692- 28
讀韓柳蘇黃集	宋林光朝	1142-607- 5
考韓文公與大顚書	宋朱　熹	1145-418- 71
跋杜工部同谷七歌	宋朱　熹	1145-751- 84
跋病翁先生詩	宋朱　熹	1145-760- 84
答杜仲高旅書 論杜詩與杜仲高（書）	宋樓　鑰	1153-116- 66
論杜詩	宋王　炎	1155-682- 22
陳子昂韓退之策		
論二人之文	宋員興宗	1158- 70- 9
評黃文江賦	宋洪　邁	1084-185- 8
題六君子古文後	宋陳　造	1166-394- 31
池塘生春草說	宋曹彥約	1167-199- 16
杜少陵悶詩說	宋曹彥約	1167-199- 16
書修江劉君詩後	宋劉　宰	1170-619- 24
跋徐季節文	宋杜　範	1175-745- 17
跋薛倅漫筆	宋杜　範	1175-745- 17
題何郎中和陶韓詩後	宋杜　範	1175-749- 17
度郎中鄉會詩跋	宋吳　泳	1176-374- 38
譯言 譯己詩	宋釋居簡	1183- 88- 6
箋註評點李長吉歌詩		
總評	宋劉辰翁	1078-484- 附
評李長吉詩	宋劉辰翁	1186-545- 6
兪宜民詩序	宋舒岳祥	1187-424- 10
劉士元詩序	宋舒岳祥	1187-424- 10
王任詩序	宋舒岳祥	1187-426- 10
（李嶠詩）集評	宋趙明誠	1066- 52- 附
（王維）詩評（五十二則）	宋魏慶之等	1071-346- 附
讀杜子美哀江頭後	宋孔武仲	1345-376- 17
麻杜張諸人詩評	金元好問	1191-452- 39
題曾同父文後	元劉將孫	1199-241- 25
庭芝評郝奉使文	元王　惲	1200-586- 44
答問 問黃山谷陳後之詩如何	元陳　櫟	1205-242- 7
答問 問秋崖集曹弘齋以爲奇巧異峭欠尊重典刑儷語尺牘驕矜詭諧		
其論如何	元陳　櫟	1205-245- 7
答問 問謝疊山之文如何	元陳　櫟	1205-246- 7
答問 問陳同父抱膝齋葉水心題詩二首	元陳　櫟	1205-268- 7
答問 問程懷古珉之文如何	元陳　櫟	1205-268- 7
答問 問虛谷詩云玩透羲爻未畫前…第三句莫測其意	元陳　櫟	1205-269- 7
明經書院文會考評	元陳　櫟	1205-379- 14
燕山八景賦考評	元陳　櫟	1205-380- 14
黔川會友吟盟考評	元陳　櫟	1205-381- 14
題孟天暐擬古文後	元蘇天爵	1214-351- 30
題孟天暐擬古文後	元余　闕	1214-420- 6
讀東坡文	元甘　復	1218-553- 0
駁韓愈頌伯夷文	明太　祖	1223-134- 13
跋宋戴二君詩	明王　韡	1226-354- 17
跋余伯熊古詞長歌	明烏斯道	1232-237- 4
題梁先生詩後	明王　直	1241-284- 13
讀行行重行行	明李時勉	1242-802- 8
讀青青陵上栢	明李時勉	1242-802- 8
讀冉冉孤生竹	明李時勉	1242-803- 8
讀李陵與蘇武詩	明李時勉	1242-803- 8
批張廷實詩箋	明陳獻章	1246-122- 4
送張方伯詩跋	明陳獻章	1246-136- 4
讀韓柳文	明何　瑭	1266-603- 9
讀老蘇文	明陸　深	1268-536- 84
王勃集評	明楊　慎	1065-184- 附
丹鉛總錄評黃滔律賦	明楊　慎	1084-186- 8
聞書杜律	明楊　慎	1406-530-375
（王廷陳）贈廖學士詩跋（八則）	明王廷陳	1272-703- 20
書黃山谷詩後	明唐順之	1406-532-375
答蔡可泉（書）論己文	明唐順之	1454-612-153
（王廷陳）哭武宗毅皇帝詩跋（八則）	明王世貞等	1272-702- 20
屠長卿詩後	明王世貞	1284-320-160
書李白王維杜甫詩後	明王世貞	1285- 41- 3
書韓文後	明王世貞	1285- 41- 3
書柳文後	明王世貞	1285- 42- 3
書歐陽文後	明王世貞	1285- 45- 3
書王介甫文後	明王世貞	1285- 46- 3
書曾子固文後	明王世貞	1285- 47- 4
書三蘇文後	明王世貞	1285- 47- 4
書老蘇文後	明王世貞	1285- 47- 4

四庫全書文集篇目分類索引　　2325

書蘇詩後	明王世貞	1285- 48- 4
書與于鱗論詩事	明王世貞	1406-537-376
讀平淮西碑	明胡應麟	1290-760-105
讀白樂天長恨歌	明胡應麟	1290-761-105
讀李華文	明胡應麟	1290-762-105
讀李賓之金山四詩（二則）	明胡應麟	1290-763-105
讀顧華玉詩	明胡應麟	1290-763-105
讀華玉風洞詩	明胡應麟	1290-763-105
書二王評李于鱗文語	明胡應麟	1290-773-106
題手書東坡文後	明婁　堅	1295-270- 23
手書東方客難篇後題	明婁　堅	1295-271- 23
王瞻斗比部詩序	明倪元璐	1297- 84- 7
評徐止吉時文	明倪元璐	1297-199- 16
跋空同子觀燈行後	明李　濂	587-739- 18
王廷陳詩文總評	明顧　華等	1272-705- 21
虞揭詩記	明胡　廣	1374-329- 55
薩天錫詩記	明胡　廣	1374-329- 55
杜詩阿咸辯	明胡　廣	1374-332- 55
書草玄堂稿後	明徐　渭	1406-538-376
讀絳州園池記戲爲判	明徐　渭	1454-505-142
陳將軍詩序	明李維植	1466-580- 51
白樂天長恨歌論	清魏裔介	1312-904- 14
宗梅岑爲燕子洗巢詩題詞	清吳　綺	1314-401- 10
與梁日緝論類稿書	清汪　琬	1315-537- 32
杜律詩話	清陳廷敬	1316-715- 49
寄查德尹編修書論杜少陵詩律	清朱舜尊	1318- 27- 33
評某生文（三則）	清潘天成	1323-553- 2
詩話　評茂秦十則	清田　雯	1324-204- 18
（評）許恢（詩）	清田　雯	1324-207- 18
梟盟說杜	清田　雯	1324-208- 18
（評白居易）原上草詩	清田　雯	1324-209- 18
（評）杜牧徐渭	清田　雯	1324-209- 18
（評陶淵明）閒情賦	清田　雯	1324-211- 19
書韓退之平淮西碑後	清方　苞	1326-754- 3
書（韓愈）祭裴太常文後	清方　苞	1326-755- 3
書柳文後	清方　苞	1326-755- 3
西郊野叟評（曾肇）	不著撰人	1101-412- 4

b.序　跋

文心雕龍序（志）	梁劉　勰	541-375-35之6

		1399-566- 14
		1405-521-290
詩品（上）序	梁鍾　嶸	1394-633- 9
		1399-538- 13
		1405-588-296
詩品中（序）	梁鍾　嶸	1399-542- 13
詩品下（序）	梁鍾　嶸	1399-545- 13
文章緣起序	梁任　昉	1415-266- 91
詩話總龜跋	宋阮　閱	1478-905- 附
四六詩序	宋王　銍	1478-942- 附
洙泗四文集序		
以論語中之篇章分類		
爲後世文體之祖	宋胡　寅	1137-545- 19
跋劉貢父詩話	宋汪應辰	1138-680- 10
跋文章緣起	宋洪　适	1158-663- 63
		1478-229- 0
跋後山居士詩話	宋陸　游	1163-512- 26
八韻關鍵序	宋文天祥	1184-595- 13
劉次莊考樂府序	宋劉辰翁	1186-537- 6
題趙德亮詩論後	宋馬廷鸞	1187-102- 14
彥周詩話識語	宋許　顗	1478-908- 0
風月堂詩話原序	宋朱　弁	1479- 14- 附
風月堂詩話跋	宋月觀道人	1479- 29- 附
韻語陽秋原序	宋葛立方	1479- 80- 附
唐詩紀事序	宋計有功	1479-274- 附
唐詩紀事序	宋王　禧	1479-274- 附
四六談麈原序	宋謝　伋	1480- 20- 附
漁隱叢話前集原序	宋胡　仔	1480- 46- 附
漁隱叢話後集原序	宋胡　仔	1480-385- 附
文則原序	宋陳　騤	1480-684- 附
餘師錄原序	宋王正德	1480-748- 附
詩人玉屑原序	宋黃叔暘	1481- 35- 附
對牀夜語原序	宋馮去非	1481-854- 1
詩林廣記原序	宋蔡正孫	1482- 2- 附
郭氏詩話序	元郭　文	1195- 2- 1
蕭粹可庸言序		
評詩二十餘則	元吳　澄	1197-166- 15
唐詩三體家法序	元吳　澄	1197-204- 19
蒼山會氏詩評序	元吳　澄	1197-228- 21
詩學和璞引	元張之翰	1204-493- 17
金石例序	元柳　貫	1210-464- 17
修辭鑑衡原序	元王　理	1482-256- 附
金石例原序	元楊　本	1482-290- 附
金石例原序	元傳貴全	1482-291- 附
金石例原序	元楊植翁	1482-291- 附

集部

詩文評類：論文、序跋

2326　　　　　　　　四庫全書文集篇目分類索引

金石例原序　　　　　　元王思明　　1482-292- 附
金石例跋　　　　　　　元潘　翊　　1482-369- 附
作義要訣自序　　　　　元倪士毅　　1482-372- 附
建言格式序　　　　　　明太　祖　　1223-157- 15
書元裕之論文訣而題
　其後　　　　　　　　明王　行　　1231-394- 8
　（跋）金石例　　　　明楊士奇　　1238-611- 18
書玉枕山詩話後　　　　明陳獻章　　1246-134- 4
題金石例後　　　　　　明何喬新　　1249-291- 18
文訣類編序　　　　　　明周　瑛　　1254-722- 1
嘯臺詩話敘　　　　　　明文徵明　　1273-121- 17
六藝流別序　　　　　　明黃　佐　　1455-436-219
刻文訓敘　　　　　　　明宗　臣　　1287- 96- 12
題庚溪詩話後（序）　　明胡應麟　　1290-769-106
　　　　　　　　　　　　　　　　　1479- 77- 附
題吳禮部敬鄉錄詩話
　雜記後　　　　　　　明胡應麟　　1290-770-106
跋楊廉夫論詩卷　　　　明胡應麟　　1290-781-108
南雍舉髦錄序　　　　　明郭正域　　1406-107-325
書金石例後　　　　　　明張汝霖　　1455-363-212
唐詩紀事序　　　　　　明孔天胤　　1455-418-217
宋方文語引　　　　　　明薛慶旂　　1455-659-240
文心雕龍原序　　　　　明方元禎　　1478- 4- 附
六一詩話跋　　　　　　明毛　晉　　1478-255- 附
詩話總龜原序　　　　　明張嘉秀　　1478-330- 附
詩話總龜原敘　　　　　明李　易　　1478-331- 附
頤山詩話原序　　　　　明安　磐　　1482-460- 附
漁洋詩話原序　　　　　清王士禎　　1483-833- 上
杜律詩話序　　　　　　清陳廷敬　　1316-715- 49
（書王氏）墓銘舉例
　後（跋）　　　　　　清朱彝尊　　1318-242- 52
　　　　　　　　　　　　　　　　　1482-432- 附
跋碧溪詩話　　　　　　清朱彝尊　　1318-242- 52
續本事詩題詞　　　　　清毛奇齡　　1320-523- 59
書石林詩話　　　　　　清姜宸英　　1323-856- 8
談龍錄原序　　　　　　清趙執信　　1483-924- 附
宋詩紀事原序　　　　　清厲　鶚　　1484- 63- 附
沈師閔韓文論述序　　　清沈　彤　　1328-329- 5
五代詩話序　　　　　　清汪由敦　　1328-783- 9
跋手抄墓銘舉例　　　　清汪由敦　　1328-848- 15
文心雕龍輯注原序　　　清黃淑琳　　1478- 72- 附
墓銘舉例後跋　　　　　清金俊明　　1482-432- 附

E. 詞 曲 類

a. 詞

花間集原序　　　　　　後蜀歐陽炯　1489- 7- 附
書舊詞後 宋陳師道　　宋陳師道　　1114-678- 17
賀方回樂府序 宋賀鑄　宋張　未　　1405-617-299
演山居士新詞序
　宋黃裳　　　　　　　宋黃　裳　　1120-149- 20
書樂章集後 宋柳永　　宋黃　裳　　1120-239- 35
跋吳師道小詞　　　　　宋李之儀　　1120-580- 40
跋小重山詞　　　　　　宋李之儀　　1120-582- 40
再跋小重山後　　　　　宋李之儀　　1120-582- 40
題賀方回詞 宋賀鑄　　宋李之儀　　1120-582- 40
書三學士長短句新集
　後 宋黃庭堅秦觀晁補
　之　　　　　　　　　宋蘇　籀　　1136-232- 11
陳中行宣事樂府跋尾
　宋陳謩　　　　　　　宋張元幹　　1136-660- 9
酒邊詞原序 宋向子諲　宋胡　寅　　1487-524- 附
書安定郡王長短句後
　宋趙令畤　　　　　　宋周紫芝　　1141-470- 66
書自作長短句後
　宋周紫芝　　　　　　宋周紫芝　　1141-471- 66
求定齋詩餘序 宋樓鑰　宋樓　鑰　　1152-817- 52
石屏詞跋 宋戴復古　　宋樓　鑰　　1488-621- 附
知稼翁詞序 宋黃沃　　宋會　丰　　1156-198- 17
蘆川居士詞序　　　　　宋蔡　戡　　1157-702- 13
徐大用樂府序 宋　　　宋陸　游　　1163-414- 14
（陸游）長短句序 宋　宋陸　游　　1163-414- 14
跋花間集（二則）　　　宋陸　游　　1163-541- 30
　　　　　　　　　　　　　　　　　1406-479-369
　　　　　　　　　　　　　　　　　1489- 64- 10
梅溪詞原序 宋史達祖　宋張　鑑　　1488-583- 附
墓公樂府序　　　　　　宋楊冠卿　　1165-485- 7
題東堂詞集 宋毛涣　　宋陳　造　　1166-394- 31
聖宋鑑歌歡吹曲十四
　首（序）宋姜夔　　　宋姜　夔　　1488-270- 1
跋翁處靜詞 宋翁元龍　宋杜　範　　1175-748- 17
跋揀詞　　　　　　　　宋張　侃　　1181-428- 5
揀詞（十九則）　　　　宋張　侃　　1181-428- 5
辛稼軒詞序 宋辛棄疾　宋劉辰翁　　1186-524- 6
山中白雲詞原序
　宋張炎　　　　　　　宋舒岳祥　　1488-464- 附
跋呂自牧詞卷 宋　　　宋车　嶽　　1188-153- 17
張叔夏詞集序 宋張炎　宋鄧　牧　　1189-517- 附
曾使君新詞序 宋曾惇　宋謝　仿　　1356-770- 17

四庫全書文集篇目分類索引

書舟詞原序 宋程垓　　宋王　偁　　1487-196- 附
聖求詞序 宋呂濱老　　宋趙師芳　　1487-383- 附
坦菴詞原序 宋趙師使　宋尹　覺　　1487-500- 附
竹坡詞原序宋周紫芝　宋孫　覿　　1487-562- 附
竹坡詞原跋 宋周紫芝　宋周　棐　　1487-584- 附
于湖詞原序 宋張孝祥　宋陳應行　　1488- 2- 附
于湖詞原序 宋張孝祥　宋湯　衡　　1488- 3- 附
題樵隱詞宋毛并　　　宋王本叔　　1488-213- 附
白石道人歌曲跋
　　宋姜夔　　　　　宋趙興嵒　　1488-303- 附
山中白雲詞原序
　　宋張炎　　　　　宋殷　重　　1488-465- 附
山中白雲詞原序
　　宋張炎　　　　　宋鄭思肖　　1488-465- 附
樂府指迷　　　　　　宋張　炎　　1488-537- 附
梅苑序　　　　　　　宋黃大輿　　1489- 98- 附
樂府雅詞原序　　　　宋會　慥　　1489-168- 附
花菴詞選序　　　　　宋黃　昇　　1489-306- 附
題樂府指迷　　　　　宋沈義父　　1494-527- 附
朱（余）景游樂府編
　　序元　　　　　　元戴表元　　1194-126- 9
王德玉樂府倡答小序
　　元王潤之　　　　元戴表元　　1194-126- 9
題袁通父詞卷 元袁易　元戴表元　　1194-241- 18
題陳强甫樂府元　　　元戴表元　　1194-249- 19
玉田詞源稿序　　　　元陸文圭　　1194-576- 5
山中白雲詞原序
　　宋張炎　　　　　元陸文圭　　1488-464- 附
新編樂府序　　　　　元吳　澄　　1197-185- 17
新城饒克明集詞序　　元劉將孫　　1199- 83- 9
蕭學中宋詞序　　　　元劉將孫　　1199- 85- 9
江湖長短句引　　　　　　　　　　1206- 79- 9
　　元張養浩　　　　元劉敏中　　1206- 79- 9
國子監後圃賞梨花樂
　　府序　　　　　　元虞　集　　1207- 90- 6
跋周氏塤篪樂府引　　元朱晞顏　　1213-424- 5
漁樵譜序 元錢抱素　　元楊維楨　　1221-382- 1
（金粟影亭）天香詞
　　序　　　　　　　元袁　華　　1369-144- 8
山中白雲詞原序
　　宋張炎　　　　　元仇　遠　　1488-465- 附
題竹山詞 宋蔣捷　　　元湖濱散人　1488-544- 附
天籟集原序元白樸　　元王博文　　1488-631- 上
花草粹編原序　　　　元陳良弼　　1490-114- 附
梁山樵唱集序　　　　明林　弼　　1277-108- 13

天籟集後序元白樸　　明孫　作　　1488-655- 附
白石道人歌曲跋
　　宋姜夔　　　　　明陶宗儀　　1488-303- 附
張子靜樂府序明　　　明陳　謨　　1232-589- 5
跋鳴鶴餘音後　　　　明朱存理　　1251-612- 0
全蜀藝文志詩餘卷序　明周復俊　　1381-248- 25
四家宮詞序　　　　　明費元祿　　1406-404-356
跋許石城所藏詞翰卷　明王維楨　　1406-489-370
國朝詩餘序　　　　　明錢允治　　1456-148-271
姑溪詞（跋）
　　宋李之儀　　　　明毛　晉　　1487-294- 附
溪堂詞跋 宋謝逸　　　明毛　晉　　1487-305- 附
片玉詞跋宋周邦彥　　明毛　晉　　1487-372- 附
聖求詞跋宋呂濱老　　明毛　晉　　1487-403- 附
友古詞跋 宋蔡伸　　　明毛　晉　　1487-429- 附
和清眞詞原跋
　　宋方千里　　　　明毛　晉　　1487-448- 附
丹陽詞原跋宋葛勝仲　明毛　晉　　1487-477- 附
蘆川詞跋宋張元幹　　明毛　晉　　1487-613- 附
東浦詞原跋金韓玉　　明毛　晉　　1487-622- 附
（于湖詞）跋
　　宋張孝祥　　　　明毛　晉　　1488- 9- 附
審齋詞原跋宋王千秋　明毛　晉　　1488- 59- 附
（介菴詞）跋
　　宋趙彥端　　　　明毛　晉　　1488- 83- 附
克齋詞原跋 宋沈端節　明毛　晉　　1488-101- 附
龍川詞跋 宋陳亮　　　明毛　晉　　1488-108- 附
龍川詞補遺跋 宋陳亮　明毛　晉　　1488-110- 附
西樵語業跋宋楊炎正　明毛　晉　　1488-211- 附
放翁詞跋 宋陸游　　　明毛　晉　　1488-213- 附
樵隱詞跋 宋毛开　　　明毛　晉　　1488-221- 附
平齋詞原跋 宋洪咨夔　明毛　晉　　1488-267- 附
夢窗乙稿跋 宋吳文英　明毛　晉　　1488-340- 附
夢窗詞跋宋吳文英　　明毛　晉　　1488-373- 附
惜香樂府跋 宋趙長卿　明毛　晉　　1488-432- 附
（竹屋痴語）跋
　　宋高觀國　　　　明毛　晉　　1488-462- 附
竹山詞跋宋蔣捷　　　明毛　晉　　1488-561- 附
梅溪詞原跋宋史達祖　明毛　晉　　1488-603- 附
石屏詞跋宋戴復古　　明毛　晉　　1488-621- 附
斷腸詞跋宋朱淑眞　　明毛　晉　　1488-627- 附
花間集跋（二則）　　明毛　晉　　1489- 65- 10
山中白雲詞原序
　　宋張炎　　　　　明井　時　　1488-465- 附
草堂詩餘原序　　　　明何俊良　　1489-532- 附

集部 詞曲類：詞

歷代詩餘選序　　　　　　　清聖祖　1299-173- 22
　　　　　　　　　　　　　　　　　1491- 1- 附
御製詞譜序　　　　　　　　清聖祖　1495- 1- 附
歷年上元鑑詞册識語
　　清高宗　　　　　　　　清 高 宗　1301-639- 10
省齋詞跋 清　　　　　　　清湯 斌　1312-589- 8
彭愛琴詞序 清彭桂　　　　清吳 綺　1314-299- 5
周岷公澄山堂詞序
　　清周斯盛　　　　　　　清吳 綺　1314-300- 5
江辰六春燕詞序 清　　　　清吳 綺　1314-300- 5
錢葆粉湘瑟詞序
　　清錢芳標　　　　　　　清吳 綺　1314-301- 5
范汝受十山樓詞序
　　清范國祿　　　　　　　清吳 綺　1314-302- 5
汪晉賢桐叩詞序
　　清汪森　　　　　　　　清吳 綺　1341-303- 5
孫汶山山嘯詞序 清　　　　清吳 綺　1314-304- 5
飲水詞二刻序
　　清納蘭性德　　　　　　清吳 綺　1314-304- 5
佘文寳蓉鏡詞序 清　　　　清吳 綺　1314-305- 5
史雲臣諜萑詞序
　　清史惟圓　　　　　　　清吳 綺　1314-305- 5
茅天石溯紅詞序
　　清茅麟　　　　　　　　清吳 綺　1314-307- 5
陳次山香亭詞序
　　清陳玠　　　　　　　　清吳 綺　1314-307- 5
家鏡秋佳香草詞序
　　清吳雯炯　　　　　　　清吳 綺　1314-308- 5
張山來筆歌序 清張潮　　　清吳 綺　1314-316- 6
記紅集序　　　　　　　　　清吳 綺　1314-317- 6
跋尤悔菴菩薩蠻後　　　　清吳 綺　1314-402- 10
宋牧仲楓香詞跋　　　　　清吳 綺　1314-403- 10
　　清宋犖
楊柳枝詞序　　　　　　　清汪 琬　1315-479- 27
姚氏長短句序
　　清姚子升　　　　　　　清汪 琬　1315-515- 30
題楊柳枝詞後　　　　　　清汪 琬　1315-608- 38
曝菴詞序 清　　　　　　　清彭孫遹　1317-302- 37
宋院判詞序 清宋犖　　　　清朱彝尊　1318-104- 40
紅鹽詞序 清陳維岳　　　　清朱彝尊　1318-105- 40
黑蝶齋詩餘序
　　清沈岸登　　　　　　　清朱彝尊　1318-105- 40
梧月詞序 清蔣景祁　　　　清朱彝尊　1318-106- 40
紫雲詞序 清丁煒　　　　　清朱彝尊　1318-106- 40
振雅堂詞序 清柯崇樸　　　清朱彝尊　1318-107- 40

孟彥林（浣花詞）詞
　　序 清孟士楷　　　　　清朱彝尊　1318-107- 40
魚計莊詞序 清戴錡　　　　清朱彝尊　1318-108- 40
水村琴趣序 清魏坤　　　　清朱彝尊　1318-108- 40
羣雅集序　　　　　　　　清朱彝尊　1318-109- 40
書花間集後　　　　　　　清朱彝尊　1318-140- 43
書尊前集後　　　　　　　清朱彝尊　1318-140- 43
樂府雅詞跋　　　　　　　清朱彝尊　1318-140- 43
跋典雅詞　　　　　　　　清朱彝尊　1318-140- 43
書絕妙好詞後　　　　　　清朱彝尊　1318-141- 43
書沈氏古今詞譜後　　　　清朱彝尊　1318-141- 43
書東田詞卷後　　　　　　清朱彝尊　1318-250- 53
天籟集原序序 元白樸　　　清朱彝尊　1488-630- 附
樂府補題原序　　　　　　清朱彝尊　1490-103- 附
詞綜發凡　　　　　　　　清朱彝尊　1493-428- 附
中州吳孫庵詞集序 清　　　清毛奇齡　1320-218- 26
峽流詞序 清王畊　　　　　清毛奇齡　1320-242- 29
付雪詞第二刻序
　　清陸進　　　　　　　　清毛奇齡　1320-260- 31
柯亭詞序 清　　　　　　　清毛奇齡　1320-293- 35
雞園詞序 清陳某　　　　　清毛奇齡　1320-319- 38
鄭彥升棣萼樓詞序 清　　　清毛奇齡　1320-349- 41
倚玉詞序 清許尚質　　　　清毛奇齡　1320-406- 47
柳煙詞序 清鄭丹書　　　　清毛奇齡　1320-428- 49
西湖踏燈詞序
　　清馬逸千　　　　　　　清毛奇齡　1320-436- 50
吹香詞并首 清吳棠楨　　　清毛奇齡　1320-514- 58
題汴梁竹枝詞　　　　　　清毛奇齡　1320-520- 59
詩餘譜說　　　　　　　　清毛奇齡　1321-283-117
王良輔百首宮詞序 清　　　清陳維崧　1322- 92- 6
莊澹先生長安春詞序
　　清莊同生　　　　　　　清陳維崧　1322- 96- 6
黃編修庭表宮詞序
　　清黃與堅　　　　　　　清陳維崧　1322-104- 7
樂府補題（原）序　　　　清陳維崧　1322-127- 9
　　　　　　　　　　　　　　　　　1490-102- 附
浙西六家詞序　　　　　　清陳維崧　1322-129- 9
曹實菴詠物詞序
　　清曹貞吉　　　　　　　清陳維崧　1322-130- 9
金天石吳日千詞稿序
　　清金是瀛吳騏　　　　　清陳維崧　1322-133- 9
葉桐初詞序 清葉藩　　　　清陳維崧　1322-134- 9
蔣京少梧月詞序
　　清蔣景祁　　　　　　　清陳維崧　1322-137- 10
董舜民蒼梧詞序

四庫全書文集篇目分類索引　　2329

清董元愷	清陳維崧	1322-140- 10	
觀槿堂詞集序	清陳維崧	1322-142- 10	
徐竹逸蔭綠軒詞序			**b.戲　曲**
清徐喈鳳	清陳維崧	1322-145- 10	**中原音韻原序**　　元虞　集　1496-659- 附
米紫來始存詞集序			**周月湖今樂府序**元　元楊維楨　1221-477- 11
清米漢雯	清陳維崧	1322-148- 11	沈氏今樂府序
楊聖期竹西詞序清	清陳維崧	1322-150- 11	元沈子厚　　元楊維楨　1221-477- 11
吳初明雪蓬詞序清	清陳維崧	1322-150- 11	**沈生樂府序**元沈尙　元楊維楨　1221-478- 11
曹南耕吳天石天篆璧			**中原音韻後序**　　元周德清　1496-709- 附
韻詞序	清陳維崧	1322-151- 11	**潛菴游戲引**　　明祝允明　1260-706- 24
歲寒詞小序	清陳維崧	1322-152- 11	**雜東汪公談藝五通**
十五家詞原序	清陳維崧	1494- 3- 附	談詩劇　　明胡應麟　1290-827-113
餘枝詞序清查慎行	清查慎行	1326-667- 49	**祁世培司李玉節傳奇**
矜秋閣詞序清任滄存	清儲大文	1327-229- 11	序　　明侯元驄　1294- 84- 7
絕妙好詞箋序	清厲　鶚	1490- 2- 附	**曲序**　　明徐　渭　1406-128-327
曝書亭集詞原序			**序拜月西廂傳**　　明李　贄　1406-129-327
清朱彝尊	清曹爾堪	1317-393- 附	**論曲**　　明李　贄　1410-790-772
尤侗百末詞序清	清曹爾堪	1494-150- 12	**批點玉茗堂牡丹亭詞**
曝書亭集詞原序			序　　明王思任　1406-130-327
清朱彝尊	清葉舒崇	1317-393- 附	**牡丹亭記題辭**　　明湯顯祖　1406-439-363
蕃錦集原序清朱彝尊	清柯維楨	1317-394- 附	**邯鄲夢記題辭**　　明湯顯祖　1406-440-363
山中白雲詞跋宋張炎	清會炳會	1488-540- 附	**南柯夢記題辭**　　明湯顯祖　1406-441-363
山中白雲詞跋宋張炎	清曹一士	1488-541- 附	**元詞評曲**　　明涵虛子　1407-456-438
十五家詞原序	清孫金礪	1494- 3- 附	**與楊抑所論詞學（書**
陳世祥含影詞序清	清孫金礪	1494-175- 14	**）曲**　　明王溯元　1454-670-161
十五家詞原序	清汪懋麟	1494- 4- 附	**章臺柳玉合記序**　　明屠長卿　1455-421-217
梁清標棠村詞序清	清汪懋麟	1494- 24- 3	**元曲選序**　　明臧懋循　1455-488-222
十五家詞原序	清鄒漢儀	1494- 4- 附	**元曲選後集序**　　明臧懋循　1455-489-222
吳偉業梅邨詞序清	清尤　侗	1494- 6- 1	**俠遊錄小引**
彭孫遹延露詞序清	清尤　侗	1494-332- 24	實足爲元人彈詞之祖　明臧懋循　1455-490-222
宋琬二鄉亭詞（序）清	清董　俞	1494- 54- 6	**秦樓月傳奇序**　　清吳　綺　1314-328- 6
王士祿炊聞詞序清	清王示禾蔡	1494-120- 10	**文屏櫃院本序**　　清毛奇齡　1320-241- 29
陸求可月湄詞序清	清陸求可	1494-229- 18	**長生殿院本序**　　清毛奇齡　1320-407- 47
王士禎衍波詞序清	清鄒祗謨	1494-370- 27	**擬元兩劇序**　　清毛奇齡　1320-484- 55
董以寧蓉渡詞序清	清楊　佺	1494-391- 29	**何孝子傳奇引**　　清毛奇齡　1320-510- 58
陳維崧烏絲詞序清	清宗元鼎	1494-429- 32	**阿蓮瓊枝集題詞**清
詞律序	清吳興祚	1496- 46- 附	清陸進　　清毛奇齡　1320-525- 59
詞律自敘	清萬　樹	1496- 47- 附	**姜肩吾做金元樂府題**
黃永瀆南詞序清	清不著撰人	1494-204- 16	**詞**清　　清毛奇齡　1320-526- 59
鄒祗謨麗農詞序清	清不著撰人	1494-299- 22	
片玉詞序宋周邦彥	強　煥	1487-339- 附	**F. 制 舉 文**
斷腸詞紀略宋朱淑貞	魏仲　恭	1488-623- 附	
小山詞跋宋晏幾道	不著撰人	1487-252- 附	**策林序**　　唐白居易　1080-661- 62
蛻巖詞（記語）			**集策序**賢良策三十篇　宋秦　觀　1351- 68- 91
元張翥	不著撰人	1488-684- 附	**又答耀州諸進士書論**
			科舉文之作　　宋李　復　1121- 34- 4

集部

詞曲類：詞、戲曲

制舉文

集部 制舉文

題目	作者	索引號
題印山羅氏一經集後	宋周必大	1147-202- 19
穿錦編序	宋衞 博	1152-186- 4
羅氏一經集序	宋楊萬里	1161- 88- 82
答邢司戶書論科舉文	宋陸 游	1163-404- 13
讀高齋審是集	宋陳 淳	1168-612- 14
答徐懸功（書）二 論科舉之文	宋陳 淳	1168-770- 34
文靖公程文跋	宋度 正	1170-270- 15
書故友趙君善淏詞場投卷後	宋程 玨	1171-354- 9
跋類省試策卷後	宋魏了翁	1173- 54- 63
跋四十年前補試卷	宋魏了翁	1173- 67- 65
登科要覽序	宋眞德秀	1174-460- 29
李氏賦編序	宋歐陽守道	1183-570- 8
擬解試策序	宋歐陽守道	1183-578- 9
高同父卷子紙序	宋姚 勉	1184-270- 38
跋李彦甫廷對策稿	宋姚 勉	1184-288- 41
跋王元高詞科擬稿	宋文天祥	1184-609- 14
跋李龍庚殿策	宋文天祥	1184-609- 14
跋番易徐應明梯雲帖	宋文天祥	1184-614- 14
題呂申公試卷	宋王 柏	1186-173- 11
題貢試卷引（二則）	宋方逢辰	1187-557- 6
跋謝春堂詩義後序	宋熊 禾	1188-767- 1
論學繩尺論訣	宋魏天應	1358- 73- 附
述擬（序）	元郝 經	1192-336- 31
周益公宏詞程文集後跋	元王義山	1193- 64- 10
題謝春塘舉業	元張伯淳	1194-476- 5
跋吳君正程文後	元吳 澄	1197-616- 63
題李思溫舉業墓後	元吳 澄	1197-586- 59
跋趙太常擬試賦墓後	元楊 奐	1198-226- 上
		1367-475- 38
議科舉	元張之翰	1204-464- 13
跋朱草庭程文	元陳 櫟	1205-194- 3
科舉程文序	元王 沂	1208-502- 13
鄒雲章利市卷子後序	元傅若金	1213-332- 5
濟陽文會序	元蘇天爵	1214- 67- 6
書泰定廷試策題稿後	元蘇天爵	1214-356- 30
麗則遺音後記	元胡 助	1222-179- 附
龍子元書香世科序	元李 祁	1219-656- 3
聚桂文集序	元楊維楨	1221-429- 6
麗則遺音序	元楊維楨	1222-146- 附
題王庭筠秋山應制詩稿	明宋 濂	496-829-119
		1223-614- 12
題東陽二何君周禮義後	明宋 濂	1223-618- 12
鄉試程文序	明徐一夔	1229-209- 5
錄厚齋詞科表後題	明鄭 眞	1234-217- 37
書元首科程文後	明楊士奇	1238-117- 10
（跋）元程文四集	明楊士奇	1238-586- 17
（跋）策場備要	明楊士奇	1238-601- 18
跋四書待問	明楊士奇	1455-338-211
論選序	明薛 瑄	1243-238- 13
隨身小寶序	明鄭文康	1246-581- 7
書世父公據文字後	明鄭文康	1246-664- 17
題舉業日課簿	明張 寧	1247-492- 21
論學繩尺序	明何喬新	1249-141- 9
刊精選程文序	明蔡 清	1257-843- 3
跋何進士御題後	明羅 玘	1259-282- 21
表弟蔣秀才遺文序	明祝允明	1260-767- 29
題少傅桂洲夏公應制集後	明顧 璘	1263-301- 5
（重刻）文章軌範（原）序	明王守仁	1265-637- 22
		1359-543- 附
論式序	明韓邦奇	1269-344- 1
題刊高氏日程後	明高叔嗣	1273-649- 8
義則序	明王慎中	1274-232- 9
萃英錄序	明王慎中	1274-233- 9
易學經義考最錄序	明王慎中	1274-235- 9
魏懋權時義序	明王世貞	1282-528- 40
雲間二生文義小敍	明王世貞	1282-545- 41
風土錄序	明王世貞	1282-725- 55
集虛齋書義序	明王世貞	1282-726- 55
王梅芳時義序	明歸有光	1289- 32- 2
會文序	明歸有光	1289- 33- 2
皋居課試錄序	明歸有光	1289- 34- 2
跋程論後	明歸有光	1289- 77- 5
跋程策後	明歸有光	1289- 77- 5
觀風錄序	明胡應麟	1290-628- 86
觀藝錄序	明孫繼皐	1291-236- 3
清對館課引	明孫繼皐	1291-293- 4
華從玉歷試考卷題辭	明顧憲成	1292-167- 14
馬君常制義題辭	明顧憲成	1292-168- 14
題施羽王制義選	明顧憲成	1292-169- 14
恧復錢公四書制義題辭	明顧憲成	1292-169- 14
劉伯先南征會業序	明高攀龍	1292-571- 9下
理學文鵠序	明曹于汴	1293-680- 1

四庫全書文集篇目分類索引

春秋房四書同門稿序　明曹于汴　1293-690-2
春秋房同門經稿序　明曹于汴　1293-691-2
歸太僕應試論策集序　明婁堅　1295-11-1
二王公車義序　明婁堅　1295-18-2
選刻邑學諸生經義序　明婁堅　1295-22-2
選刻邑學諸生經義後序　明婁堅　1295-23-2
武先生校士錄序　明婁堅　1295-24-2
三先生選刻經義序　明婁堅　1295-24-2
從子縉仲庚辛草序　明李流芳　1295-356-7
鄒方回清暉閣草序　明李流芳　1295-357-7
徐廷葵燕中草序　明李流芳　1295-358-7
　　　　　　　　　　　　1456-473-311
長干三子時藝序　明范景文　1295-508-5
選丁卯江西墨序　明倪元璐　1297-73-6
南雍課（選）序　明倪元璐　1297-74-6
黃石齋史公宦稿序　明倪元璐　1297-80-7
楊伯祥太史稿序　明倪元璐　1297-81-7
馬巽倩進士書義序　明倪元璐　1297-85-7
王芝山中翰書藝序　明倪元璐　1297-85-7
劉訒溟解元近藝序　明倪元璐　1297-87-7
吳來之進士近莊序　明倪元璐　1297-88-7
王翊爾式時文序　明倪元璐　1297-89-7
林令君行業序　明倪元璐　1297-90-7
陳再唐海天樓書藝序　明倪元璐　1297-91-7
題楊維節藝　明倪元璐　1297-195-16
題曹秋水藝　明倪元璐　1297-196-16
題徐師一孝廉近業　明倪元璐　1297-196-16
題張肯仲藝　明倪元璐　1297-197-16
題徐漢官孝廉近藝　明倪元璐　1297-198-16
題王懋遠孝廉近藝　明倪元璐　1297-198-16
題何立夫程墨大雅　明倪元璐　1297-199-16
題李蒼嶠近藝　明倪元璐　1297-200-16
友聲序　明凌義渠　1297-440-5
朱四臣制義敘　明凌義渠　1297-444-5
易曦庚居業序　明魏學濳　1297-562-5
曹允大臨場義序　明魏學濳　1297-565-5
壬戌廿房選序　明魏學濳　1297-570-5
制義自序　明魏學濳　1297-572-5
陳義扶近藝序　明黃淳耀　1297-650-2
金懷節時義序　明黃淳耀　1297-651-2
陸子百義序　明黃淳耀　1297-652-2
董聖裔房稿序　明黃淳耀　1297-655-2
州邑文紀序　明黃淳耀　1297-655-2
徐宗題制義序　明黃淳耀　1297-737-8

麗則遺音後記　明毛晉　1222-180-附
經義模範原序　明王廷表　1377-80-附
與友人論時文（書）　明袁宏道　1405-155-246
敘四子稿　明袁宏道　1406-115-326
楊去奢制義序　明陳繼儒　1406-110-325
王性之制義序　明陳懿典　1406-112-325
陽辛會稿序　明陶望齡　1406-112-325
戴大圓制義序　明陶望齡　1406-113-325
季生弟制義序　明陶望齡　1406-114-325
張世調制義序　明陶望齡　1406-114-325
潘士觀制義序　明孫慎行　1406-116-326
刪選房稿序　明湯賓尹　1406-116-326
隱秀軒時義自序　明鍾惺　1406-120-326
題瓦注篇　明趙維寰　1406-121-326
鄭都甫石室制義序　明黃道周　1406-123-326
汪明府制義跋　明黃道周　1456-459-307
閱楚一錄序　明繆昌期　1406-123-326
前歷試卷自敘　明艾南英　1406-124-326
張仲駿制義題辭　明李維楨　1406-439-363
擬試目戲題　明張萱　1406-454-365
醒泉窗稿序　明劉繪　1456-457-307
王季重小題文字序　明湯顯祖　1456-458-307
詩藝存玄選序　明胡胤嘉　1456-460-308
自序　明鄭之玄　1456-461-308
涂瞻生制義小序　明鄭之玄　1456-462-308
陳者仲近藝序　明姜周　1456-463-309
代畊編序　明姜周　1456-463-309
刻因是編序　明馮元颺　1456-465-310
陳昌基時文敘　明馮元颺　1456-465-310
時文易題辭　明陸符　1456-466-310
時文易書後　明陸符　1456-467-310
董筆公文稿敘　明陸符　1456-468-310
且就編序　明陸符　1456-470-310
半舫齋稿序　明章世純　1456-474-312
太行程生文序　明章世純　1456-476-312
王子雲制藝序　明羅萬藻　1456-477-312
孫碩膚制藝小序　明羅萬藻　1456-478-313
李小有制藝序　明羅萬藻　1456-478-313
庚辰房書衡序　明羅萬藻　1456-479-313
敘任雪柯青鳳軒藝　明尹民興　1456-480-313
二江山中草敘　明不著撰人　1456-471-310
孫孝若稿序　清吳偉業　1312-247-23
跋王文肅公闈墨　清吳偉業　1312-416-40
唐成齋制義序　清湯斌　1312-481-3
恒郡觀風錄序　清魏裔介　1312-787-8

集部 制舉文

胡司李觀風錄序	清魏裔介	1312-787- 8
刻鳳集序	清魏裔介	1312-788- 8
南和課士錄序	清魏裔介	1312-789- 8
申隨叔制藝序	清魏裔介	1312-789- 8
宮定莪館課序	清魏裔介	1312-790- 8
和鼎實窗藝序	清魏裔介	1312-791- 8
趙問源大題文所序	清魏裔介	1312-791- 8
宮定莪窗藝序	清魏裔介	1312-792- 8
舉業指南序	清魏裔介	1312-793- 8
舉業論 謂舉業之道細而詩文之學粗才志之士勿捨本逐末貽誤終身	清魏裔介	1312-899- 14
海岱人文序	清施閏章	1313-853- 2
采風偶錄序	清施閏章	1313-854- 2
河南鄉墨序	清施閏章	1313-855- 2
三衢文會記	清汪 琬	526-120-262
跋三衢文會	清汪 琬	1315-615- 39
畢亮四論訂歷科經義序	清陳廷敬	1316-550- 37
張氏合刻家藻序	清陳廷敬	1316-551- 37
悔齋制藝序	清彭孫遹	1317-295- 37
補嚴居近科程墨選序	清張 英	1319-659- 40
講筵應制集序	清張 英	1319-665- 41
		1449-639- 14
內廷應制集序	清張 英	1319-667- 41
		1449-641- 14
來氏論表策世業序	清毛奇齡	1320-214- 26
任千之行稿序	清毛奇齡	1320-251- 30
傅生行稿序	清毛奇齡	1320-254- 30
童煒行稿序	清毛奇齡	1320-256- 31
傅生時義一刻序	清毛奇齡	1320-256- 31
傅生時義二刻序	清毛奇齡	1320-257- 31
傅生時義三刻序	清毛奇齡	1320-258- 31
高仲友進士新房稿序	清毛奇齡	1320-305- 36
沈又京行稿序	清毛奇齡	1320-343- 40
王明府季試文序	清毛奇齡	1320-350- 41
郭總制觀風集序	清毛奇齡	1320-414- 48
彙刻小試文卷序	清毛奇齡	1320-415- 48
李生試文序	清毛奇齡	1320-431- 50
李白山續刻試草序	清毛奇齡	1320-431- 50
何氏二童子擬應制詩序	清毛奇齡	1320-437- 50
就正篇序	清毛奇齡	1320-438- 50
唐人試帖序	清毛奇齡	1320-448- 52
江皋草堂應試文序	清毛奇齡	1320-461- 53
素園試文序	清毛奇齡	1320-501- 57
先正小題選序	清毛奇齡	1320-505- 57
應和堂試文序	清毛奇齡	1320-505- 57
季跪小品制文引	清毛奇齡	1320-508- 58
姜尚父行書續刻弁首	清毛奇齡	1320-513- 58
孫天驥試文題詞	清毛奇齡	1320-521- 59
吳潛昭評選制義程墨序	清張玉書	1322-462- 5
于龍河制義序	清張玉書	1322-463- 5
徐原一制義序	清張玉書	1322-464- 5
紀孟起制義序	清張玉書	1322-465- 5
十三太史合稿序代	清張玉書	1322-466- 5
張蓬若制義序	清張玉書	1322-467- 5
紫釣制藝序	清田 雯	1324-260- 25
韓祖昭制藝序	清田 雯	1324-265- 25
試牘序（四則）	清田 雯	1324-280- 27
名文前選序	清李光地	1324-686- 11
已丑墨選序	清李光地	1324-687- 11
已丑前後場合選序	清李光地	1324-687- 11
韓慕廬制義序	清李光地	1324-698- 12
劉益侯制義序	清李光地	1324-699- 12
楊賓實制義序	清李光地	1324-700- 12
成綱齋制義序	清李光地	1324-701- 12
己丑房書遂志集序	清李光地	1324-702- 12
一隅集序	清陸隴其	1325-147- 9
黃陶菴先生制義序	清陸隴其	1325-148- 9
談念若隱稿序	清陸隴其	1325-149- 9
錢孝端經義序	清陸隴其	1325-150- 9
同邑文序	清陸隴其	1325-151- 9
歷科小題永言集序	清陸隴其	1325-152- 9
八閩試牘序 代督學沈公作	清蔡世遠	1325-679- 2
九閩課藝序 代撫軍張公作	清蔡世遠	1325-680- 2
雷用見時文序	清蔡世遠	1325-681- 2
呂潤樾時文序	清蔡世遠	1325-682- 2
李訏莪時文序	清蔡世遠	1325-682- 2
錢弱梁時文序	清蔡世遠	1325-683- 2
楊黃在時文序	清方 苞	1326-809- 6
王滋畹歷試草序	清藍鼎元	1327-633- 5
鳴盧試草序	清藍鼎元	1327-634- 5
鄉會墨繩序	清藍鼎元	1327-636- 5
吳闓川時文序	清藍鼎元	1327-638- 5
鹿洲試草自序	清藍鼎元	1327-641- 5
李遂唐時文序	清藍鼎元	1327-652- 5

四庫全書文集篇目分類索引　　2333

陳月溪制義序　　　　　清汪由敦　1328-780- 9
徐亭玉制義序　　　　　清汪由敦　1328-781- 9

附　錄

策賢良文學士　　　　　漢 文 帝　426-987- 4
問賢良文學策　　　　　漢 文 帝　1355- 79- 3
賢良策問　　　　　　　漢 文 帝　1396-200- 1
問賢良文學策　　　　　漢 文 帝　1402-137- 26
賢良詔（問）一首　　　漢 武 帝　1329-618- 35
　　　　　　　　　　　　　　　　1330-830- 35
策賢良制（三則）　　　漢 武 帝　1396-218- 2
策諸儒制　　　　　　　漢 武 帝　1396-220- 2
問賢良策五首　　　　　漢 武 帝　1402-137- 26
對賢良策一二三　　　　漢董仲舒　1355-194- 7
（對）武帝問賢良策
　（三則）　　　　　　漢董仲舒　1360-327- 19
對賢良策（三則）　　　漢董仲舒　1377-108- 1
賢良三策幷制　　　　　漢董仲舒　1396-364- 8
賢良（對）策一二三
　幷制　　　　　　　　漢董仲舒　1404-244-185
　　　　　　　　　　　　　　　　1412- 44- 3
　　　　　　　　　　　　　　　　1417-224- 12
　　　　　　　　　　　　　　　　1476- 40- 3
（對）文帝問賢良策
　附文帝制　　　　　　漢晁　錯　1360-323- 19
賢良策附文帝制　　　　漢晁　錯　1396-339- 7
賢良策　　　　　　　　漢晁　錯　1404-241-185
賢良對　　　　　　　　漢晁　錯　1417-220- 12
（對）武帝問賢良策
　附武帝制　　　　　　漢公孫弘　1360-338- 19
賢良策附武帝策諸儒制　漢公孫弘　1396-358- 8
賢良策對　　　　　　　漢公孫弘　1404-254-185
（對）成帝白虎殿問
　賢良策　　　　　　　漢杜　欽　1360-341- 20
（對）平帝問賢良策
　附平帝制　　　　　　漢申屠剛　1360-342- 20
賢良策附王太后詔　　　漢申屠剛　1397-118- 6
對舉賢良方正策　　　　漢申屠剛　1404-256-186
（對）順帝問賢良策
　附順帝制　　　　　　漢李　固　1360-343- 20
對策　　　　　　　　　漢李　固　1397-316- 15
對賢良時務策　　　　　漢李　固　1404-257-186
（對）順帝問群臣策　　漢周　舉　1360-346- 20
旱災對策附順帝策問　　漢周　舉　1397-324- 15
（對）梁太后問賢良策　漢皇甫規　1360-346- 20

對策　　　　　　　　　漢皇甫規　1397-330- 15
永康元年對策　　　　　漢皇甫規　1397-331- 15
舉賢良方正對策　　　　漢皇甫規　1417-398- 20
對策　　　　　　　　　漢養　奮　1397-193- 9
日食對策　　　　　　　漢劉　淑　1397-351- 16
舉賢良方正對策　　　　漢魯　丕　1417-368- 18
武帝詔策賢良（對）　　晉郤　詵　1398-255- 12
賢良策對　　　　　　　晉郤　詵　1404-259-186
武帝策問（對）　　　　晉阮　种　1398-262- 12
又問政刑不宣禮樂不
　立對　　　　　　　　晉阮　种　1398-263- 12
又問戎蠻猾夏對　　　　晉阮　种　1398-263- 12
又問答徵作見對　　　　晉阮　种　1398-263- 12
又問經化之務對　　　　晉阮　种　1398-263- 12
又問將使武成七德文
　濟九功何路而臻於
　茲凡其庶事爲後爲
　先對　　　　　　　　宋阮　种　1398-264- 12
對策附武帝庭詔　　　　宋阮　种　1398-265- 12
策秀才文六首　　　　　晉陸　機　1413-394- 48
永明九年策秀才文五首　齊王　融　1329-628- 36
　　　　　　　　　　　　　　　　1330-843- 36
　　　　　　　　　　　　　　　　1394-334- 1
　　　　　　　　　　　　　　　　1399-105- 4
　　　　　　　　　　　　　　　　1402-140- 26
　　　　　　　　　　　　　　　　1414-310- 76
永明十一年策秀才文
　五首　　　　　　　　齊王　融　1329-631- 36
　　　　　　　　　　　　　　　　1330-848- 36
　　　　　　　　　　　　　　　　1394-335- 1
　　　　　　　　　　　　　　　　1399-106- 4
　　　　　　　　　　　　　　　　1402-141- 26
　　　　　　　　　　　　　　　　1414-311- 76
天監三年策秀才文三首　梁任　昉　1329-635- 36
　　　　　　　　　　　　　　　　1330-853- 36
　　　　　　　　　　　　　　　　1399-362- 6
　　　　　　　　　　　　　　　　1402-142- 26
　　　　　　　　　　　　　　　　1415-263- 91
　　　　　　　　　　　　　　　　1417-546- 26
制詔問升中紀號對　　　北齊樊遜　1400- 47- 3
問求才審官對　　　　　北齊樊遜　1400- 48- 3
同刑罰寬猛對　　　　　北齊樊遜　1400- 48- 3
問禍福報應對　　　　　北齊樊遜　1400- 49- 3
對策文三道　　　　　　唐駱賓王　1065-450- 3
四民之業優劣對附問　　唐駱賓王　1337-626-499

集部 制舉文：附錄

喜雨賦應制　　　　　　　唐張　說　1065-663- 1
詞標文苑科策三道　　　　唐張　說　1065-777- 15
詞標文苑策科對三道
　附問　　　　　　　　　唐張　說　1337-440-477
策問一道　　　　　　　　唐張九齡　1066-175- 16
對嗣魯王道堅所舉道
　佐伊呂科三道　　　　　唐張九齡　1066-176- 16
道佐伊呂策三道　　　　　唐張九齡　1337-447-478
乾元元年華州試進士
　策問五道　　　　　　　唐杜　甫　1337-420-474
問進士（策）五題　　　　唐元　結　1071-551- 7
問進士策（二則）　　　　唐元　結　1402-145- 27
對詔策　　　　　　　　　唐獨孤及　1072-295- 18
策秀才文三道　　　　　　唐獨孤及　1072-299- 18
策秀才問三道　　　　　　唐獨孤及　1337-416-473
洞曉玄經策對附問　　　　唐獨孤及　1337-444-477
貞元元年賢良方正直
　言極諫科策問　　　　　唐陸　贄　426-727-106
策問賢良方正能直言
　極諫科　　　　　　　　唐陸　贄　1072-619- 6
唐德宗問賢良方正直
　言極諫策　　　　　　　唐陸　贄　1402-143- 26
博通墳典達於教化科
　策問　　　　　　　　　唐陸　贄　426-728-106
策問博通墳典達於教
　化科　　　　　　　　　唐陸　贄　1072-620- 6
策博通墳典達於教化
　科問　　　　　　　　　唐陸　贄　1337-417-473
識洞韜略堪任將帥科
　策問　　　　　　　　　唐陸　贄　426-729-106
策問識洞韜略堪任將
　帥科　　　　　　　　　唐陸　贄　1072-621- 6
策識洞韜鈐堪任將帥
　科問　　　　　　　　　唐陸　贄　1337-418-473
策神岳舉問　　　　　　　唐陸　贄　1337-419-473
策賢良問三道　　　　　　唐陸　贄　1337-419-473
策宰相（臣）科問　　　　唐陸　贄　1337-420-473
策進士問五道　　　　　　唐權德輿　1337-427-475
明經諸經策問七道　　　　唐權德輿　1337-429-475
道舉策問三道　　　　　　唐權德輿　1337-430-475
弘文崇文生策問二道　　　唐權德輿　1337-431-475
禮部策問進士五道　　　　唐權德輿　1337-431-475
貞元十三年中書試進
　士策問二道　　　　　　唐權德輿　1337-433-476
元和元年吏部試上書

人策問三道　　　　　　　唐權德輿　1337-434-476
策問明經八道　　　　　　唐權德輿　1337-434-476
道舉策問二道　　　　　　唐權德輿　1337-436-476
貞元二十一年禮部策
　問五道　　　　　　　　唐權德輿　1337-437-476
明經策問七道　　　　　　唐權德輿　1337-438-476
進士策問十三首　　　　　唐韓　愈　1073-446- 14
　　　　　　　　　　　　　　　　　1074-264- 14
　　　　　　　　　　　　　　　　　1075-225- 14
進士策問（九則）　　　　唐韓　愈　1337-422-474
省試學生代齋郎議　　　　唐韓　愈　1073-453- 14
　　　　　　　　　　　　　　　　　1074-272- 14
　　　　　　　　　　　　　　　　　1075-232- 14
　　　　　　　　　　　　　　　　　1383-115- 9
省試顏子不貳過論　　　　唐韓　愈　1073-456- 14
　　　　　　　　　　　　　　　　　1074-275- 14
　　　　　　　　　　　　　　　　　1075-236- 14
　　　　　　　　　　　　　　　　　1340-359-756
　　　　　　　　　　　　　　　　　1343-515- 35
　　　　　　　　　　　　　　　　　1383-113- 9
（吏部試）樂理心賦　　　唐呂　溫　1077-599- 1
　　　　　　　　　　　　　　　　　1333-588- 75
　　　　　　　　　　　　　　　　　1421- 39- 91
禮部試鑒止水賦　　　　　唐呂　溫　1077-600- 1
賢良方正直言極諫策
　對附問　　　　　　　　唐皇甫湜　1337-539-489
賢良方正直言極諫策　　　唐皇甫湜　1404-277-188
制策一道　　　　　　　　唐李　翱　1078- 77- 3
進士策問二道　　　　　　唐李　翱　1078-114- 3
懷州應宏詞試片言折
　獄論　　　　　　　　　唐歐陽詹　1078-234- 6
片言折獄論　　　　　　　唐歐陽詹　1340-296-749
京兆府試進士策問第
　一二三　　　　　　　　唐沈亞之　1079- 53- 10
省試策三道　　　　　　　唐沈亞之　1079- 54- 10
西邊患對　　　　　　　　唐沈亞之　1079- 57- 10
賢良方正能直言極諫
　策二道　　　　　　　　唐沈亞之　1079- 58- 10
賢良方正能直言極諫
　策　　　　　　　　　　唐沈亞之　1079- 61- 10
賢良方正直言極諫策　　　唐沈亞之　1337-565-492
賢良方正直言極諫策
　對　　　　　　　　　　唐沈亞之　1404-262-187
奉制試樂爲御賦　　　　　唐元　稹　1079-489- 27
　　　　　　　　　　　　　　　　　1333-582- 74

四庫全書文集篇目分類索引

		1421- 47- 91
才識兼茂明於體用策		
一道	唐元　稹	1079-494- 28
才識兼茂明於體用策		
對附問	唐元　稹	1337-514-487
才識兼茂明於體用策	唐元　稹	1404-272-187
賢良策	唐元　稹	1361-794- 1
昔災肆赦（策）	唐白居易	550-239-217
	1337-617-498
衣食之源（策）附問 | 唐白居易 | 550-240-217 |
（問）衣食之源並對 | 唐白居易 | 1337-627-499 |
宣州試射中正鵠賦 | 唐白居易 | 1080-436- 38 |
省試性習相遠近賦 | 唐白居易 | 1080-437- 38 |
才識兼茂明於體用科 | | |
　策一道附問 | 唐白居易 | 1080-506- 47 |
才識兼茂明於體用策 | 唐白居易 | 1337-528-488 |
禮部試策五道 | 唐白居易 | 1080-510- 47 |
進士策問五道 | 唐白居易 | 1080-514- 47 |
試進士策問（五則） | 唐白居易 | 1337-425-474 |
策林一（二十二則） | 唐白居易 | 1080-661- 62 |
策林二（二十七則） | 唐白居易 | 1080-675- 63 |
策林三（十九則） | 唐白居易 | 1080-690- 64 |
策林四（二十一則） | 唐白居易 | 1080-703- 65 |
（問）納諫並對 | 唐白居易 | 1337-581-494 |
（問）去諂佞並對 | 唐白居易 | 1337-582-494 |
問睦親並對 | 唐白居易 | 1337-583-494 |
問養老並對 | 唐白居易 | 1337-584-494 |
問御功臣之術並對 | 唐白居易 | 1337-584-494 |
（問）辨興亡之由並 | | |
　對 | 唐白居易 | 1337-585-494 |
問王澤流人心感並對 | 唐白居易 | 1337-585-494 |
問君不行臣事並對 | 唐白居易 | 1337-586-494 |
（問）人之困窮由君 | | |
　之奢欲並對 | 唐白居易 | 1337-586-494 |
（問）議庶官遷次遲 | | |
　速並對 | 唐白居易 | 1337-588-495 |
（問）革吏部之弊並 | | |
　對 | 唐白居易 | 1337-589-495 |
（問）牧宰考課並對 | 唐白居易 | 1337-589-495 |
問使百職修皇綱振並 | | |
　對 | 唐白居易 | 1337-591-495 |
（問）議封建論郡縣 | | |
　並對 | 唐白居易 | 1337-592-495 |
問官吏清廉並對 | 唐白居易 | 1337-593-495 |
問省官併倅減使職並 | | |

　對 | 唐白居易 | 1337-593-495 |
問議百司食利錢並對 | 唐白居易 | 1337-594-495 |
問議百官職田並對 | 唐白居易 | 1337-594-495 |
（問）審官並對 | 唐白居易 | 1337-595-495 |
（問）大官乏人並對 | 唐白居易 | 1337-595-495 |
問使臣盡忠人愛上並 | | |
　對 | 唐白居易 | 1337-596-495 |
（問）政必成化必至 | | |
　並對 | 唐白居易 | 1337-597-496 |
（問）不勞而理並對 | 唐白居易 | 1337-597-496 |
（問）風化澆樸並對 | 唐白居易 | 1337-598-496 |
（問）致和平復雍熙 | | |
　並對 | 唐白居易 | 1337-599-496 |
（問）號令並對 | 唐白居易 | 1337-600-496 |
問達聰明致理化並對 | 唐白居易 | 1337-601-496 |
問決壅蔽並對 | 唐白居易 | 1337-602-496 |
問去盜賊並對 | 唐白居易 | 1337-602-496 |
問議赦並對 | 唐白居易 | 1337-603-496 |
（問）典章禁令並對 | 唐白居易 | 1337-603-496 |
（問）議禮樂並對 | 唐白居易 | 1337-605-497 |
（問）議沿革禮樂並 | | |
　對 | 唐白居易 | 1337-606-497 |
（問）復樂並對 | 唐白居易 | 1337-607-497 |
（問）議祭祀並對 | 唐白居易 | 1337-608-497 |
（問）忠敬質文損益 | | |
　並對 | 唐白居易 | 1337-609-497 |
（問）止獄措刑並對 | 唐白居易 | 1337-618-498 |
（問）論刑法之弊並 | | |
　對 | 唐白居易 | 1337-619-498 |
（問）使人畏愛悅服 | | |
　並對 | 唐白居易 | 1337-620-498 |
（問）議肉刑並對 | 唐白居易 | 1337-621-498 |
（問）刑禮道並對 | 唐白居易 | 1337-622-498 |
（問）倉廩之實並對 | 唐白居易 | 1337-627-499 |
（問）息游惰並對 | 唐白居易 | 1337-628-499 |
（問）平百貨之價並 | | |
　對 | 唐白居易 | 1337-630-499 |
（問）議祥瑞辨祈（ | | |
　妖）災並對 | 唐白居易 | 1337-632-500 |
（問）興五福銷六極 | | |
　並對 | 唐白居易 | 1337-633-500 |
（問）辨水旱之災明 | | |
　存救之術並對 | 唐白居易 | 1337-634-500 |
問養動植之物並對 | 唐白居易 | 1337-636-500 |
（問）不奪人利並對 | 唐白居易 | 1337-639-501 |

集部 制舉文：附錄

問議鹽法之弊並對	唐 白居易	1337-640-501
（問）議罷漕運可否並對	唐 白居易	1337-641-501
（問）立制度並對	唐 白居易	1337-641-501
（問）議井田阡陌並對	唐 白居易	1337-643-501
（問）禦戎狄並對	唐 白居易	1337-644-501
（問）議守險並對	唐 白居易	1337-646-501
問備邊並對	唐 白居易	1337-646-501
（問）議兵並對	唐 白居易	1337-647-501
問選將帥之方並對	唐 白居易	1337-648-501
（問）請以族類求賢並對	唐 白居易	1337-651-502
（問）尊賢並對	唐 白居易	1337-652-502
（問）請行賞罰以勸舉賢並對	唐 白居易	1337-653-502
（問）議文章並對	唐 白居易	1337-653-502
（問）採詩並對	唐 白居易	1337-654-502
（問）救學者之失並對	唐 白居易	1337-655-502
問子書並對	唐 白居易	1337-656-502
賢良策	唐 白居易	1361-799- 2
四皓從漢太子賦	唐 王 棨	1083- 96- 0
		1420- 46- 42
涼風至賦	唐 王 棨	1083- 97- 0
		1419-230- 7
詔遣軒轅先生歸羅浮舊山賦	唐 王 棨	1083- 97- 0
		1421-299-105
武關賦	唐 王 棨	1083- 98- 0
闔里諸生望東封賦	唐 王 棨	1083- 98- 0
		1420-310- 57
一賦	唐 王 棨	1083- 99- 0
		1420-473- 66
義路賦	唐 王 棨	1083-100- 0
		1420-509- 68
鳥求支聲賦	唐 王 棨	1083-100- 0
		1420-515- 68
夢爲魚賦	唐 王 棨	1083-101- 0
		1421-441-113
綴珠爲燭賦	唐 王 棨	1083-101- 0
沈碑賦	唐 王 棨	1083-102- 0
		1421-404-111
迴雁峰賦	唐 王 棨	1083-103- 0
		1419-373- 14
延州獻白鵲賦	唐 王 棨	1083-103- 0
		1420-293- 56
魚龍石賦	唐 王 棨	1083-104- 0
		1419-529- 23
芙蓉峰賦	唐 王 棨	1083-104- 0
		1419-374- 14
白雪樓賦	唐 王 棨	1083-105- 0
		1420-707- 79
珠塵賦	唐 王 棨	1083-106- 0
		1419-542- 23
耕弄田賦	唐 王 棨	1083-106- 0
		1420-216- 51
燭籠子賦	唐 王 棨	1083-107- 0
		1420-882- 88
三箭定天山賦	唐 王 棨	1083-107- 0
		1420-445- 64
秋夜七里灘聞漁歌賦	唐 王 棨	1083-108- 0
		1422-188- 10
貧賦	唐 王 棨	1083-108- 0
		1422-326- 19
離人怨長夜賦	唐 王 棨	1083-109- 0
		1422-148- 8
瑠璃窗賦	唐 王 棨	1083-109- 0
		1421-167- 98
曲江池賦	唐 王 棨	1083-110- 0
		1419-638- 28
水城賦	唐 王 棨	1083-111- 0
		1419-663- 30
聖人不貴難得之貨賦	唐 王 棨	1083-111- 0
		1420- 66- 43
吞刀吐火賦	唐 王 棨	1083-112- 0
		1333-637- 82
		1421-285-104
手署三劍賜名臣賦	唐 王 棨	1083-113- 0
		1420- 49- 42
端午日獻尚書爲壽賦	唐 王 棨	1083-113- 0
		1333-509- 63
		1420-360- 60
玄宗幸西涼府觀燈賦	唐 王 棨	1083-114- 0
		1421-298-105
江南春賦	唐 王 棨	1083-114- 0
		1419-290- 10
神女不過灌壇賦	唐 王 棨	1083-115- 0
		1420- 43- 42
樵夫笑士不談王道賦	唐 王 棨	1083-116- 0

四庫全書文集篇目分類索引　　2337

			1420-129- 46	應臨難不顧狗節寧邦		
蟭螟巢蚊睫賦	唐王	棨	1083-116- 0	科策	唐薛　稷	550-237-217
			1421-446-113	應臨難不顧狗節寧邦		
耀德不觀兵賦	唐王	棨	1083-117- 0	科策（三則）附問	唐薛　稷	1337-455-479
			1420- 84- 44	文詞雅麗策	唐苗晉卿	550-238-217
倒載干戈賦	唐王	棨	1083-117- 0	文詞雅麗策對附問	唐苗晉卿	1337-503-485
			1420- 85- 44	麥秋賦應制	唐許敬宗	1333-237- 22
握金鏡賦	唐王	棨	1083-118- 0	河南府試筌蹄賦	唐邵　說	1334- 58-110
			1420- 94- 45	筌蹄賦	唐邵　說	1421-440-113
黃鍾宮爲律本賦	唐王	棨	1083-119- 0	策賢良問五道	唐顏師古	1337-414-473
			1333-219- 19	知合孫吳可以運籌決		
			1419-354- 13	勝策對	唐楊若虛	1337-449-478
松柏有心賦	唐王	棨	1083-119- 0	知合孫吳可以運籌決		
			1420-515- 67	勝策	唐張仲宣	1337-451-478
跬步千里賦	唐王	棨	1083-120- 0	文可以經邦國策對附		
			1420-516- 68	問	唐晁良貞	1337-458-479
牛羊勿踐行葦賦	唐王	棨	1083-120- 0	文可以經邦國策	唐鄭少微	1337-459-479
			1420- 65- 43	文可以經邦國策	唐雍惟良	1337-460-479
多稼如雲賦	唐王	棨	1083-121- 0	長才廣度沈迹下僚策		
			1420-543- 70	對附問	唐張　倚	1337-460-479
馬惜錦障泥賦	唐王	棨	1083-121- 0	賢良方正科策對附問	唐蘇　晉	1337-463-480
			1421-759-135	沈謀秘略科策對（三		
盛德日新賦	唐王	棨	1083-122- 0	則）附問	唐王　昂	1337-467-480
			1420- 19- 41	應封神岳舉對賢良方		
省試人文化天下賦	唐黃	滔	1084- 97- 1	正策三道附問	唐崔　沔	1337-470-481
省試王者之道如龍首				重試一道對附問	唐崔　沔	1337-472-481
賦	唐黃	滔	1084-102- 1	神岳舉賢良方正策	唐袁　映	1337-474-481
御試曲直不相入賦	唐黃	滔	1084-103- 1	詞標文苑科策	唐皇甫瓊	1337-477-481
御試良弓獻問賦	唐黃	滔	1084-104- 1	詞標文苑科策並對	唐房　晉	1337-477-481
京兆府試入國知教賦	唐徐	寅	1084-292- 1	賢良方正策對（二則		
			1333-547- 69	）附問	唐張束之	1337-479-482
			1420-126- 46	賢良方正策對（五則		
治道（疏）——舉賢				）附問	唐吳師道	1337-482-482
良方正能直言極諫				賢良方正科對附問	唐孫　逖	1337-487-483
策	唐劉	賁	433-700- 28	賢良方正科對附問	唐李玄成	1337-489-483
賢良方正直言極諫策				賢良方正科對附問	唐沈　諒	1337-491-483
附問	唐劉	賁	1337-571-493	賢良方正策對附問	唐尹　暢	1337-493-483
應賢良方正能直言極				文詞雅麗策對附問	唐彭殷賢	1337-495-484
諫科策	唐劉	賁	1343-448-30下	文詞雅麗策對附問	唐邢　巨	1337-499-484
賢良策	唐劉	賁	1361-803- 2	文詞雅麗策對附問	唐張　楚	1337-501-485
應賢方正能直言極諫				文詞雅麗策對附問	唐孟萬石	1337-504-485
科策	唐劉	賁	1404-284-188	文詞雅麗策對附問	唐錢　翔	1337-506-485
制策對	唐劉	賁	1418-100- 39	賢良方正能直言極諫		
應賢良方正能直言極				策對附問	唐穆　質	1337-509-486
諫科策	唐劉	賁	1476-165- 9			1404-268-187

集部

制舉文：附錄

四庫全書文集篇目分類索引

集部

制舉文：附錄

才識兼茂明於體用策對 附問　唐韋處厚　1337-520-487

才識兼茂明於體用策對 附問　唐獨孤郁　1337-524-488

才識兼茂明於體用策對 附問　唐羅　讓　1337-533-489

賢良方正直言極諫策對 附問　唐舒元褒　1337-546-490

賢良方正直言極諫策附問　唐庾　嚴　1337-553-490

直言極諫策對 附問　唐姜公輔　1337-559-491

茂才異等策對 附問　唐杜元穎　1337-561-491

罷刑獄對 附問　唐李德林　1337-610-497

刑獄用舍對 附問　唐張昌齡　1337-611-497

用刑寬猛對 附問　唐上官儀　1337-611-497

求賢對 附問　唐上官儀　1337-650-502

高潔之士對 附問　唐上官儀　1337-650-502

刑獄用舍對 附問　唐郝連梵　1337-612-497

折獄之理對 附問　唐張處信　1337-613-497

恤刑對 附問　唐辛崇敏　1337-614-498

恤刑對 附問　唐劉藏器　1337-615-498

刑法得失對 附問　唐劉藏器　1337-616-498

往代爲刑是非對 附問　唐劉藏器　1337-616-498

工商貨幣對 附問　唐丘眞孫　1337-623-499

泉貨對 附問　唐宋伯宜　1337-624-499

問錢不行對 附問　唐岑文本　1337-625-499

問鄺肆對 附問　唐郭正一　1337-626-499

歷數對 附問　唐馮萬石　1337-631-500

議邊塞事對 附問　唐馮萬石　1337-644-501

議漕運對 附問　唐衛弘敏　1337-638-501

高潔之士對 附問　唐田　備　1337-651-502

書史百家對 附問　唐許南容　1337-656-502

書史百家（對二則）　唐李令琛　1337-657-502

射御對 附問　唐李令琛　1337-658-502

賢良策　唐裴　垍　1361-783- 1

賢良策　唐牛僧孺　1361-787- 1

建中元年試制舉人策問　唐不著撰人　426-727-106

貞元四年賢良方正策問　唐不著撰人　426-730-106

才識兼茂明於體用科策問　唐不著撰人　426-731-106

元和三年試制舉人策問　唐不著撰人　426-732-106

策問　唐不著撰人　426-734-106

策問　唐不著撰人　426-735-106

策問　唐不著撰人　426-737-106

京兆試愼所好賦　唐不著撰人　1333-700- 92

又賢良方正科第一道並對　唐不著撰人　1337-465-480

求賢並對　唐不著撰人　1337-649-502

試制科策文 乾德四年附蒲禹卿對　前蜀王衍　1354-468- 16　1381-262- 26

開天章閣親製策問　宋仁宗　427- 82- 1

策秀才文四首　宋徐　鉉　1085-158- 20

南省試聖人並用三代禮樂賦 以皇歆昭宣禮樂備舉爲韻　宋田　錫　1085-415- 9

開封府試人文化成天下賦 以煥乎文章化被天下爲韻　宋田　錫　1085-415- 9

御試不陣而成功賦 以功德雙美威震寰海爲韻　宋田　錫　1085-416- 9

府試守在四夷論 限五百字以上成　宋田　錫　1085-433- 12

御試登講武臺觀兵習戰論　宋田　錫　1085-434- 12

制策　宋田　錫　1085-487- 22

試同人策（二則）　宋田　錫　1085-488- 22

私試策三道　宋田　錫　1085-488- 22

開封府試策三道　宋田　錫　1085-490- 22

試進士策六道　宋田　錫　1085-493- 22

開封府發解策三道　宋田　錫　1085-494- 22

設邊吏對　宋田　錫　1085-495- 22

擬試內制五題凡四副　宋王禹偁　1086-255- 26

擬試內制五題凡四副　宋王禹偁　1086-262- 27

咸平四年四月試賢良方正科策二道　宋楊　億　1086-493- 12

咸平四年八月試賢良方正策一道　宋楊　億　1086-495- 12

咸平五年九月試武舉人策一道　宋楊　億　1086-496- 12

試草澤柳察策二道　宋楊　億　1086-496- 12

景德二年三月試草澤劉牧策二道　宋楊　億　1086-497- 12

景德二年三月二日試草澤策一道　宋楊　億　1086-498- 12

景德三年九月試賢良

四庫全書文集篇目分類索引　2339

方正能直言極諫科策一道　宋楊　億　1086-498- 12
崇政殿御試賢良方正能直言極諫科制策　宋夏　竦　1087-151- 11
開封府試三正循環宜用何道論　宋夏　竦　1087-217- 20
景靈宮雙頭牡丹賦應制并序　宋夏　竦　1087-239- 23
御試賢良王彰夏竦策題　宋胡　宿　1088-869- 29
御試武舉策題　宋胡　宿　1088-870- 29
試南省進士策題　宋胡　宿　1088-870- 29
策問（五則）　宋韓　琦　1089-340- 23
省試自誠而明謂之性賦　宋范仲淹　1089-765- 20
策問　宋蔡　襄　1090-614- 33
試京兆府學生策問八道　宋強　至　1091-360- 32
試德州進士策問二道　宋強　至　1091-362- 32
南廟策問（三則）　宋蘇　頌　1092-752- 72
問賢良方正策　宋王　珪　1093-300- 40
策問　宋王　珪　1093-334- 45
策題六題　宋陳　襄　1093-605- 13
學士院試李清臣等策問　宋司馬光　1094-681- 75
賢良策問一首　宋司馬光　1094-682- 75
進士策問十五首　宋司馬光　1094-682- 75
策問三首　宋李　覯　1095-260- 29
策問六首　宋李　覯　1095-261- 29
策問二首　宋劉　敞　1095-838- 49
策問二首　宋劉　敞　1351-423-124
進士策問　宋劉　放　1096-385- 40
　　　　　　　　　　　1351-426-124
問平西羌策　宋鄭　獬　1097-235- 13
策問（六則）　宋呂　陶　1098-169- 20
試中書舍人制誥三道　宋曾　鞏　1098-541- 20
擬代廷試進士策問三首　宋曾　鞏　1098-589- 26
進士策問三道　宋祖無擇　1098-836- 10
元祐三年御試進士制策　宋劉　摯　1099-450- 1
元祐三年御試特奏名制策　宋劉　摯　1099-451- 1
元祐六年御試進士前策　宋劉　摯　1099-451- 1

元豐五年殿試進士策問（五則）　宋王安禮　1100- 39- 4
寅畏以饗福賦——御試　宋范祖禹　1100-385- 35
天子龍袞賦——錫慶院試　宋范祖禹　1100-386- 35
成敗之機在察言論——御試　宋范祖禹　1100-386- 35
省試策問二首　宋范祖禹　1100-392- 35
　　　　　　　　　　　　1351-428-124
省試諸侯春入貢賦　宋文彥博　1100-577- 1
省試青圭禮東方賦　宋文彥博　1100-577- 1
策問（十一則）　宋徐　積　1101-934- 29
武成王廟問進士策二首　宋歐陽修　1102-365- 48
問進士策三首　宋歐陽修　1102-365- 48
南省試進士策問三首　宋歐陽修　1102-368- 48
問進士策四首　宋歐陽修　1102-369- 48
問進士策題五道　宋歐陽修　1102-555- 69
進擬御試應天以實不以文賦并引狀　宋歐陽修　1102-582- 74
　　　　　　　　　　　　1350-107- 11
　　　　　　　　　　　　1420- 59- 43
監試玉不琢不成器賦　宋歐陽修　1102-583- 74
國學試人主之尊如堂賦　宋歐陽修　1102-584- 74
　　　　　　　　　　　　1420- 32- 41
省試司空掌輿地圖賦　宋歐陽修　1102-585- 74
　　　　　　　　　　　　1420-139- 47
殿試藏珠於淵賦　宋歐陽修　1102-585- 74
　　　　　　　　　　　　1420- 35- 41
　　　　　　　　　　　　1447-431- 22
南省試策五道并問目　宋歐陽修　1102-594- 75
國學試策三道并問目　宋歐陽修　1102-599- 75
策問七首　宋歐陽修　1351-419-124
問周禮官制之疑（制）　宋歐陽修　1402-146- 27
問爲治策　宋歐陽修　1402-146- 27
問爲政（策）　宋歐陽修　1402-147- 27
問進士策（二則）　宋歐陽修　1447-479- 25
問禮樂策問　宋陳　亮　1103-672- 3
問六經策問　宋陳　亮　1103-672- 3
問爲治策問　宋陳　亮　1103-673- 3
問周禮策問　宋陳　亮　1103-674- 3
問井田策問　宋陳　亮　1103-674- 3
問爲政策問　宋陳　亮　1103-675- 3

集部

制舉文：附錄

四庫全書文集篇目分類索引

集部 制舉文：附錄

篇目	作者	編號
問取士策問	宋陳　亮	1103-675- 3
		1384-596-133
應賢良方正能直言極諫科對制第一道	宋張方平	1104-153- 18
禮義信足以成德論（策）	宋蘇　軾	1107-556- 40
舍人院試方略舉人策問省試策題五首	宋張方平	1104-375- 34
形勢不如德論（策）	宋蘇　軾	1107-557- 40
		1384-595-133
武成王廟試舉人策問三道	宋張方平	1104-376- 34
禮以養人爲本論（策）	宋蘇　軾	1107-558- 40
		1384-597-133
策問十一篇	宋王安石	1105-583- 70
既醉備五福論（策）	宋蘇　軾	1107-558- 40
問堯舉鯀治水之疑（策）	宋王安石	1402-150- 27
御試制科策并問	宋蘇　軾	1107-619- 45
外域（問）	宋王　令	1106-556- 30
制科策	宋蘇　軾	1351-239-109
肉刑（問）	宋王　令	1106-556- 30
御試制科策（一道）	宋蘇　軾	1384-400-117
稅法（問）	宋王　令	1106-557- 30
		1404-293-189
禮樂征伐（問）	宋王　令	1106-557- 30
擬進士對御試策并引		
言行（問）	宋王　令	1106-557- 30
狀問	宋蘇　軾	1107-627- 45
爲邦（問）	宋王　令	1106-557- 30
擬進士御試策	宋蘇　軾	1351-261-111
封建（問）	宋王　令	1106-558- 30
		1384-409-117
治效（問）	宋王　令	1106-558- 30
		1404-301-189
賞罰（問）	宋王　令	1106-558- 30
		1418-398- 49
分田（問）	宋王　令	1106-559- 30
		1447-785- 46
稅法（問）	宋王　令	1106-559- 30
私試策問八首	宋蘇　軾	1107-680- 49
禮樂（問）	宋王　令	1106-560- 30
永興軍秋試學人策問	宋蘇　軾	1107-684- 49
讓德（問）	宋王　令	1106-560- 30
國學秋試策問二首	宋蘇　軾	1107-685- 49
謀斷（問）	宋王　令	1106-561- 30
國學秋試策問一首	宋蘇　軾	1351-425-124
德祿（問）	宋王　令	1106-561- 30
試館職策題三首	宋蘇　軾	1107-686- 49
民食（問）	宋王　令	1106-561- 30
省試策問三首	宋蘇　軾	1107-687- 49
兵法（問）	宋王　令	1106-562- 30
省試策問一首	宋蘇　軾	1351-426-124
賦稅（問）	宋王　令	1106-562- 30
省試宗室策問	宋蘇　軾	1107-688- 49
省試刑賞忠厚之至論	宋蘇　軾	1107-548- 40
策問三首	宋蘇　軾	1107-689- 49
		1384-589-133
私試策問	宋蘇　軾	1107-689- 49
御試重巽申命論	宋蘇　軾	1107-548- 40
私試策問一首	宋蘇　軾	1351-424-124
		1384-590-133
擬殿試策問	宋蘇　軾	1107-690- 49
學士院試孔子從先進論	宋蘇　軾	1107-549- 40
問漢之禍凡六變（策）	宋蘇　軾	1402-148- 27
		1384-591-133
問用人（策）	宋蘇　軾	1402-149- 27
學士院試春秋定天下之邪正論	宋蘇　軾	1107-551- 40
問得人（策）	宋蘇　軾	1402-149- 27
		1384-592-133
殿試武學策問一首	宋蘇　轍	1112-214- 20
儒者可與守成論（策）	宋蘇　軾	1107-552- 40
南省進士策問一首	宋蘇　轍	1112-215- 20
		1384-593-133
河南府進士策問三首	宋蘇　轍	1112-215- 20
物不可以苟合論(策)	宋蘇　軾	1107-553- 40
私試進士策問二十八首	宋蘇　轍	1112-216- 20
		1384-594-133
私試進士策問二首	宋蘇　轍	1351-427-124
王者不治夷狄論(策)	宋蘇　軾	1107-554- 40
擬殿試策題二首	宋蘇　轍	1112-707- 14
		1359-577- 3
策問一十五首	宋蘇　轍	1112-818- 6
劉愷丁鴻孰賢論(策)	宋蘇　軾	1107-555- 40
刑賞忠厚之至論——		
省試論一首	宋蘇　轍	1112-917- 11

四庫全書文集篇目分類索引

集部

制舉文：附錄

劉愷丁鴻執賢論——祕閣試論	宋蘇　轍	1112-918- 11
		1384-860-156
禮義信足以成德論——祕閣試論	宋蘇　轍	1112-919- 11
形勢不如德論——秘閣試論	宋蘇　轍	1112-921- 11
禮以養人爲本論——秘閣試論	宋蘇　轍	1112-921- 11
既醉備五福論——秘閣試論	宋蘇　轍	1112-922- 11
史官助賞罰論——秘試論一首	宋蘇　轍	1112-923- 11
		1384-859-156
御試制策	宋蘇　轍	1112-924- 12
私試武學策問一首	宋蘇　轍	1351-427-124
臣事策第一道	宋蘇　轍	1447-849- 51
策問三道	宋黃庭堅	1113-572- 4
擬御試武學策	宋陳師道	1114-641- 14
		1351-266-111
		1361-266- 42
擬學士院試（館）職策	宋陳師道	1114-646- 14
		1361-271- 42
學試策問四首	宋陳師道	1114-649- 14
京東轉運司試進士策	宋陳師道	1114-650- 14
策問十五首	宋陳師道	1114-650- 14
盖各言爾志（策問）	宋陳師道	1361-275- 43
河患（策問）	宋陳師道	1361-275- 43
備水旱（策問）	宋陳師道	1361-275- 43
治外之道（策問）	宋陳師道	1361-276- 43
汶黔（策問）	宋陳師道	1361-276- 43
水患（策問）	宋陳師道	1361-276- 43
諸子各相是非(策問)	宋陳師道	1361-276- 43
祭天地（策問）	宋陳師道	1361-277- 43
推行經界（策問）	宋陳師道	1361-277- 43
孔子周官教人先後不同（策問）	宋陳師道	1361-277- 43
士之志士之行(策問)	宋陳師道	1361-277- 43
太史公六家班固九流荀卿非十二子莊周語道術（策問）	宋陳師道	1361-278- 43
將相（策問）	宋陳師道	1361-278- 43
韓非（策問）	宋陳師道	1361-278- 43
孔子何以取子貢（策問）	宋陳師道	1361-278- 43
伯夷與武王周公執是（策問）	宋陳師道	1361-278- 43
士之言行（策問）	宋陳師道	1361-279- 43
孔孟之言不同(策問)	宋陳師道	1361-279- 43
擇守令（策問）	宋陳師道	1361-279- 43
天下之治先於地法而唐之制可考焉（策問）	宋陳師道	1361-279- 43
擬郡學試近世社稷之臣論	宋秦　觀	1115-543- 23
		1361-217- 34
御試策	宋陸　佃	1117-129- 9
太學策問（二則）	宋陸　佃	1117-131- 9
省試策問	宋陸　佃	1117-132- 9
武學策問（九則）	宋陸　佃	1117-132- 9
北京策問	宋晁說之	1118-276- 14
策問十九首	宋晁補之	1118-691- 37
策問十七首	宋晁補之	1118-699- 38
策問十九首	宋晁補之	1118-708- 39
各言其志（策問）	宋晁補之	1361-420- 62
禦戎之策安在(策問)	宋晁補之	1361-421- 62
心性離合（策問）	宋晁補之	1361-421- 62
欲守令如漢故事（策問）	宋晁補之	1361-422- 62
孔孟荀言堯舜三代（策問）	宋晁補之	1361-422- 62
王通之世何族其學何授（策問）	宋晁補之	1361-422- 62
欲悉考三王之學（策問）	宋晁補之	1361-423- 62
四民（策問）	宋晁補之	1361-423- 62
誠信之說（策問）	宋晁補之	1361-424- 62
遷固之失（策問）	宋晁補之	1361-424- 62
錢幣（策問）	宋晁補之	1361-425- 62
禮樂（策問）	宋晁補之	1361-425- 62
河決（策問）	宋晁補之	1361-426- 62
馬政（策問）	宋晁補之	1361-426- 62
兵法（策問）	宋晁補之	1361-427- 62
漢唐將相（策問）	宋晁補之	1361-427- 62
用法（策問）	宋晁補之	1361-427- 62
儀禮（策問）	宋晁補之	1361-428- 62
性（策問）	宋晁補之	1361-429- 63
陣法（策問）	宋晁補之	1361-429- 63
六經（策問）	宋晁補之	1361-430- 63

2342　　　　　　　　　四庫全書文集篇目分類索引

集部

制舉文：附錄

篇目	作者	索引號
揚雄論周官左氏司馬遷當否（策問）	宋晁補之	1361-430- 63
將（策問）	宋晁補之	1361-430- 63
饋運（策問）	宋晁補之	1361-431- 63
常平（策問）	宋晁補之	1361-431- 63
軍政（策問）	宋晁補之	1361-432- 63
太元（策問）	宋晁補之	1361-432- 63
欲建四時之官如何（策問）	宋晁補之	1361-433- 63
取士（策問）	宋晁補之	1361-433- 63
鹽法（策問）	宋晁補之	1361-434- 63
財用（策問）	宋晁補之	1361-434- 63
吏部（策問）	宋晁補之	1361-435- 63
射（策問）	宋晁補之	1361-436- 63
老子（策問）	宋晁補之	1361-436- 63
原廟（策問）	宋晁補之	1361-437- 63
舒民力厚風俗等事始終本末（策問）	宋晁補之	1361-437- 64
用威愛之道（策問）	宋晁補之	1361-438- 64
蠟（策問）	宋晁補之	1361-438- 64
數（策問）	宋晁補之	1361-439- 64
文（策問）	宋晁補之	1361-439- 64
祭祀（策問）	宋晁補之	1361-440- 64
幸學（策問）	宋晁補之	1361-440- 64
山澤之禁（策問）	宋晁補之	1361-441- 64
刑書（策問）	宋晁補之	1361-441- 64
字書（策問）	宋晁補之	1361-422- 64
衣服之制（策問）	宋晁補之	1361-443- 64
屯田（策問）	宋晁補之	1361-443- 64
賞罰（策問）	宋晁補之	1361-443- 64
開言路（策問）	宋晁補之	1361-444- 64
平糴（策問）	宋晁補之	1361-444- 64
冠禮（策問）	宋晁補之	1361-445- 64
曆（策問）	宋晁補之	1361-445- 64
貨利（策問）	宋晁補之	1361-446- 64
儒（策問）	宋晁補之	1361-446- 64
策問上（十八則）	宋劉 弇	1119-284- 27
策問中（二十則）	宋劉 弇	1119-295- 28
策問下（七則）	宋劉 弇	1119-305- 29
問歷代巡狩制度因革策	宋華 鎮	1119-593- 27
問漢宣孝元王伯之道優劣異效（策）	宋華 鎮	1119-593- 27
問列爵經界五刑(策)	宋華 鎮	1119-594- 27
問井田肉刑封建(策)	宋華 鎮	1119-595- 27
問宅都（策）	宋華 鎮	1119-595- 27
問鹽鐵（策）	宋華 鎮	1119-596- 27
御試策	宋黃 裳	1120-248- 37
問取士（策）	宋黃 裳	1120-282- 43
問風俗（策）	宋黃 裳	1120-284- 43
問納言（策）	宋黃 裳	1120-285- 43
問擇將（策）	宋黃 裳	1120-287- 44
問法律（策）	宋黃 裳	1120-288- 44
問天變（策）	宋黃 裳	1120-290- 44
性學（策問）	宋黃 裳	1120-292- 45
商周歷世盛衰(策問）	宋黃 裳	1120-293- 45
學者之志（策問）	宋黃 裳	1120-293- 45
六經之失（策問）	宋黃 裳	1120-294- 45
罷納粟（策問）	宋黃 裳	1120-294- 45
孔孟之志（策問）	宋黃 裳	1120-294- 45
古今學者言行不同（策問）	宋黃 裳	1120-294- 45
服制（策問）	宋黃 裳	1120-295- 45
禁權（策問）	宋黃 裳	1120-296- 45
革食曆（策問）	宋黃 裳	1120-296- 45
擇將（策問）	宋黃 裳	1120-296- 45
禦戎（策問）	宋黃 裳	1120-297- 45
漢唐之君所學淺深（策問）	宋黃 裳	1120-297- 46
黃河利害（策問）	宋黃 裳	1120-298- 46
錢物輕重（策問）	宋黃 裳	1120-298- 46
茶法（策問）	宋黃 裳	1120-298- 46
選舉（策問）	宋黃 裳	1120-299- 46
唐人之學（策問）	宋黃 裳	1120-299- 46
吏部銓綜之術(策問)	宋黃 裳	1120-300- 46
人材得失（策問）	宋黃 裳	1120-300- 46
禮樂（策問）	宋黃 裳	1120-300- 46
禁衞之兵（策問）	宋黃 裳	1120-301- 46
稽登校比之法(策問)	宋黃 裳	1120-301- 46
吏部尚書除節度使制——係試中書舍人	宋鄒 浩	1121-292- 15
戒百官修職業勿事朋比詔——係試中書舍人	宋鄒 浩	1121-292- 15
策問——問宰相之勸⋯⋯	宋鄒 浩	1121-419- 29
策問——問古之聖人⋯⋯	宋鄒 浩	1121-419- 29
策問——問士農工商⋯⋯	宋鄒 浩	1121-420- 29

策問——問量入以爲出… 宋鄒 浩 1121-420- 29
策問——問道德不明… 宋鄒 浩 1121-421- 29
策問——問先王之制… 宋鄒 浩 1121-421- 29
策問——問記日化民成俗… 宋鄒 浩 1121-421- 29
策問——問水旱之變… 宋鄒 浩 1121-422- 29
策問——問論議不一久矣… 宋鄒 浩 1121-422- 29
策問——問忠厚之俗… 宋鄒 浩 1121-423- 29
策問——問土方平時… 宋鄒 浩 1121-423- 29
策問——問揚子雲論當時之名臣… 宋鄒 浩 1121-424- 29
策問——問大河之患… 宋鄒 浩 1121-424- 29
策問——問兩漢多士… 宋鄒 浩 1121-424- 29
策問——問酷哉東漢黨人之禍也… 宋鄒 浩 1121-425- 29
策問——問唐王珪詩… 宋鄒 浩 1121-426- 29
策問——問責古人易以古人之事而反已焉求不愧乎… 宋鄒 浩 1121-426- 29
策問——問上以日躋之聖… 宋鄒 浩 1121-426- 29
策問——兩漢禍天下前… 宋鄒 浩 1121-427- 29
策問——問古人遠矣… 宋鄒 浩 1121-427- 29
策問——一問漢末士大夫… 宋鄒 浩 1121-428- 30
策問——問晉之平吳… 宋鄒 浩 1121-428- 30
策問——問三王之治… 宋鄒 浩 1121-428- 30
策問——問世之語治者… 宋鄒 浩 1121-429- 30
策問——問短喪非仁也… 宋鄒 浩 1121-429- 30
策問——問堯舜在上… 宋鄒 浩 1121-430- 30
策問——問諸葛亮… 宋鄒 浩 1121-430- 30
策問——問西漢議分國以制其變厤矣… 宋鄒 浩 1121-430- 30
策問——問昔之君子… 宋鄒 浩 1121-430- 30
策問——問炎漢開基至文帝之恭儉… 宋鄒 浩 1121-431- 30
策問——問帝王既遠… 宋鄒 浩 1121-431- 30
策問——問班固作表列九等以序古今之人… 宋鄒 浩 1121-431- 30
策問——問自昔論四民者多矣… 宋鄒 浩 1121-432- 30
策問——問學問果博乎… 宋鄒 浩 1121-432- 30
策問——問君子野人相養… 宋鄒 浩 1121-432- 30
策問——聞昔之論六經者多矣… 宋鄒 浩 1121-432- 30
策問——問孔子語卿大夫之孝曰… 宋鄒 浩 1121-432- 30
策問——問地不可棄… 宋鄒 浩 1121-433- 30
策問——問民貧久矣… 宋鄒 浩 1121-433- 30
策問——問鄉飲酒之禮… 宋鄒 浩 1121-433- 30
策問——問君子之所以異於人者… 宋鄒 浩 1121-433- 30
策問——問古之所謂功名者… 宋鄒 浩 1121-434- 30
策問——問聖人既沒… 宋鄒 浩 1121-434- 30
策問——經學 宋劉 跂 1121-570- 5
策問——武功 宋劉 跂 1121-570- 5
策問——治法 宋劉 跂 1121-571- 5
策問——勸農 宋劉 跂 1121-571- 5
策問——通商 宋劉 跂 1121-572- 5
策問——兵法 宋劉 跂 1121-572- 5
策問——攷工 宋劉 跂 1121-573- 5
策問一首 宋劉 跂 1351-429-124
召試館職策 宋畢仲游 1122- 58- 6

2344　　　　　　　　　四庫全書文集篇目分類索引

集部　制舉文：附錄

篇目	作者	索引號
治法策問	宋畢仲游	1122- 61- 6
文體策問	宋畢仲游	1122- 61- 6
史學策問	宋畢仲游	1122- 62- 6
試館職策一道	宋李昭玘	1122-385- 27
策問——治法	宋慕容彥逢	1123-444- 12
策問——人才	宋慕容彥逢	1123-444- 12
策問——史材	宋慕容彥逢	1123-445- 12
策問——禮制	宋慕容彥逢	1123-445- 12
策問——學術	宋慕容彥逢	1123-445- 12
策問——宗學	宋慕容彥逢	1123-446- 12
擬試宏詞露布	宋慕容彥逢	1123-484- 15
聖賢之學（策問）	宋周行己	1123-622- 3
司徒典樂之教(策問)	宋周行己	1123-623- 3
好惡（策問）	宋周行己	1123-623- 3
王道（策問）	宋周行己	1123-624- 3
孔門數子得失(策問)	宋周行己	1123-624- 3
君子小人（策問）	宋周行己	1123-625- 3
賈誼馬周所言(策問)	宋周行己	1123-625- 3
學校科舉（策問）	宋周行己	1123-625- 3
煮海榷酤之禁(策問)	宋周行己	1123-625- 3
本朝治法（策問）	宋周行己	1123-626- 3
佛老與儒者之道同異（策問）	宋周行己	1123-626- 3
孟荀揚文中四子是非（策問）	宋周行己	1123-627- 3
策問（四則）	宋劉安上	1124- 34- 4
達瑞節同度量成牟禮同數器修法則(策)	宋劉安節	1124- 74- 2
以周知天下之故(策)	宋劉安節	1124- 76- 2
師氏以媺詔王（策）	宋劉安節	1124- 77- 2
時見日會（策）	宋劉安節	1124- 78- 2
王大旅上帝何以謂之旅（策）	宋劉安節	1124- 79- 2
善溝者水漱之（策）	宋劉安節	1124- 81- 2
以任地事而令貢賦凡稅斂之事（策）	宋劉安節	1124- 82- 2
天子執冒四寸以朝諸侯（策）	宋劉安節	1124- 84- 3
其宮室車旗衣服禮儀各眡其命之數(策)	宋劉安節	1124- 85- 3
辨法者考爲辨事者考爲（策）	宋劉安節	1124- 86- 3
以六律爲之音（策）	宋劉安節	1124- 87- 3
顏淵問爲邦（策）	宋劉安節	1124- 89- 3
實若虛（策）	宋劉安節	1124- 89- 3
爲用稼（策）	宋劉安節	1124- 90- 3
操則存何如其操也（策）	宋劉安節	1124- 91- 3
合而言之道也（策）	宋劉安節	1124- 91- 3
達則兼善天下（策）	宋劉安節	1124- 92- 3
定州州學私試策問六首	宋趙鼎臣	1124-210- 12
太學私試策題	宋趙鼎臣	1124-213- 12
廷試策 問目缺	宋趙鼎臣	1124-213- 12
策題（二十二則）	宋唐　庚	1124-388- 12
策問	宋李　新	1124-654- 30
策問（八則）	宋傳　察	1124-783- 下
策問（十五則）	宋楊　時	1125-258- 15
試士策問——問昔者夫子以大聖人事業…（二則）	宋許景衡	1127-267- 11
試士策問——問古者英雄之君…	宋許景衡	1127-268- 11
試士策問——問邇者朝廷罷科舉關學校以養士…	宋許景衡	1127-268- 11
策問——治法	宋葛勝仲	1127-460- 6
策問——治功	宋葛勝仲	1127-461- 6
策問——治效	宋葛勝仲	1127-461- 6
策問——官制	宋葛勝仲	1127-462- 6
策問——官方	宋葛勝仲	1127-462- 6
策問——選舉	宋葛勝仲	1127-463- 6
策問——考察	宋葛勝仲	1127-463- 6
策問——取士	宋葛勝仲	1127-464- 6
策問——士習	宋葛勝仲	1127-464- 6
策問——勸學	宋葛勝仲	1127-464- 6
策問——試士	宋葛勝仲	1127-465- 6
策問——富強	宋葛勝仲	1127-465- 6
策問——食貨	宋葛勝仲	1127-466- 6
策問——藩鎮	宋葛勝仲	1127-466- 6
策問——遠識	宋葛勝仲	1127-467- 6
策問——靖民	宋葛勝仲	1127-467- 6
策問——律令	宋葛勝仲	1127-467- 6
試館職策題一首	宋汪　藻	1128-150- 17
省試進士策	宋翟汝文	1129-272- 8
試進士策	宋翟汝文	1129-273- 8
試武學策	宋翟汝文	1129-274- 8
行在御試策題	宋翟汝文	1129-274- 8
擬試武臣節度使除開府儀同三司制	宋程　俱	1130-273- 28

四庫全書文集篇目分類索引　2345

集部

制舉文・附錄

試館職求言策問	宋劉才邵	1130-554- 10
試館職策問——聖人之作樂者	宋劉才邵	1130-554- 10
南省策問——用兵以耕…	宋劉才邵	1130-554- 10
武舉策問——兵法起於黃帝…	宋劉才邵	1130-555- 10
中書後省召試武臣換文資策問——足國裕民之術…	宋劉才邵	1130-555- 10
中書省試閱夏策題——聞言治道者貴可行…	宋李彌遜	1130-786- 21
擬進御試策題	宋張　綱	1131-205- 33
策問（三則）	宋張　嵲	1131-521- 21
試館職策	宋張　嵲	1131-522- 21
試館職策	宋劉一止	1132- 48- 9
平江試院問策	宋劉一止	1132- 52- 9
臨安類試所策問	宋劉一止	1132- 52- 9
雲臺功臣記 擬詞科題	宋劉一止	1132-125- 23
策問（十四則）	宋王　洋	1132-454- 10
擬宏詞太初歷序	宋王之道	1132-697- 23
召試館職策題二首	宋沈與求	1133-243- 11
太學秋試策題	宋沈與求	1133-243- 11
擬御試策題	宋沈與求	1133-244- 11
試館職策一道	宋朱　松	1133-502- 8
		1375-490- 38
策問八首	宋朱　松	1133-505- 8
武學策問三	宋朱　松	1375-484- 38
書李仲孫程文	宋王庭圭	1134-336- 49
召試館職題策（一）附貼黃	宋秦崇禮	1134-733- 33
召試館職題策（二）附貼黃	宋秦崇禮	1134-734- 33
召試館職題策（三）附貼黃	宋秦崇禮	1134-735- 33
召試館職題策（四）附貼黃	宋秦崇禮	1134-735- 33
嘉熙元年詔學策題	宋王　蘋	1136- 93- 5
御試策一道	宋胡　銓	1137- 4- 1
中書門下省試館職策問	宋胡　寅	1137-733- 29
零陵郡學策問	宋胡　寅	1137-733- 29
擬策進士——問郡千里而爲之守…	宋鄭剛中	1138- 93- 8
擬策進士——問朝廷者…	宋鄭剛中	1138- 93- 8
擬策進士——問內志正外體直…	宋鄭剛中	1138- 93- 8
擬策進士——問詞賦之學…	宋鄭剛中	1138- 94- 8
擬策進士——問孔子之謂群弟子…	宋鄭剛中	1138- 94- 8
擬策進士——問唐太宗臨朝…	宋鄭剛中	1138- 94- 8
擬策進士——問爲學者以經術爲宗…	宋鄭剛中	1138- 95- 8
擬策進士——問疆場之警頻傳	宋鄭剛中	1138- 95- 8
擬策進士——問漢高祖…	宋鄭剛中	1138- 95- 8
擬策進士——問除戎器…	宋鄭剛中	1138- 96- 8
擬策進士——問漢高之王蜀	宋鄭剛中	1138-169- 17
擬策進士——問易與天地準	宋鄭剛中	1138-169- 17
擬策進士——問卦以二體成者…	宋鄭剛中	1138-170- 17
擬策進士——問伏羲氏始畫八卦…	宋鄭剛中	1138-170- 17
擬策進士——問皋陶歌虞…	宋鄭剛中	1138-171- 17
朝旨策吳援	宋鄭剛中	1138-171- 17
朝旨策楊庭	宋鄭剛中	1138-171- 17
狀元策一道并對——問朕承中否之運…	宋張九成	1138-367- 12
廷試策——治道	宋汪應辰	1138-642- 7
試恭南進士策問一首	宋晁公遡	1139-282- 51
策問一首	宋晁公遡	1139-284- 51
代廷試策	宋陳　淵	1139-510- 20
策問三	宋陳　淵	1139-511- 20
省試天子以德爲車	宋黃公度	1139-544- 上
解試和戎國之福	宋黃公度	1139-544- 上
解試賢人國家之利器	宋黃公度	1139-545- 上
策問四首	宋王之望	1139-695- 3
科舉（問）	宋林季仲	1140-337- 3
守禦（問）	宋林季仲	1140-338- 3
道學（問）	宋林季仲	1140-338- 3
別試（問）	宋林之奇	1140-477- 14
官制（問）	宋林之奇	1140-478- 14

四庫全書文集篇目分類索引

集部　制舉文：附錄

篇目	作者	索引號
孟子所論與王制周禮不同（問）	宋林之奇	1140-479- 14
曆（問）	宋林之奇	1140-480- 14
律呂（問）	宋林之奇	1140-481- 14
大衍太玄（問）	宋林之奇	1140-482- 14
河圖洛書（問）	宋林之奇	1140-482- 14
軍制（問）	宋林之奇	1140-483- 14
擬廷試策一道	宋周紫芝	1141-324- 47
策問十四首	宋周紫芝	1141-333- 48
策問二十首	宋林光朝	1142-570- 3
策問一十八首	宋林光朝	1142-586- 4
召試館職策	宋林光朝	1142-603- 5
策問	宋朱 熹	1145-516- 74
白鹿書堂策問	宋朱 熹	518-284-145
		1145-522- 74
策問五	宋朱 熹	1375-485- 38
省試策三道——第一道史稱文帝比成康孝宣比商宗周宣當否何如對	宋周必大	1147-101- 10
省試策三道——第二道春秋賓禮人才之優劣	宋周必大	1147-104- 10
省試策三道——第三道務農	宋周必大	1147-105- 10
試館職策一道——問祖宗以三館育天下之英才 附問	宋周必大	1147-107- 11
金陵堂試策問五首——問春秋何爲而作乎…	宋周必大	1147-113- 12
金陵堂試策問五首——問孝文之在御也…	宋周必大	1147-114- 12
金陵堂試策問五首——問言出乎身加乎民…	宋周必大	1147-114- 12
金陵堂試策問五首——問扶衰救弊…	宋周必大	1147-115- 12
金陵堂試策問五首——問論語者…	宋周必大	1147-115- 12
宣州解試策問一首——問學校興…	宋周必大	1147-116- 12
家塾策問七首——問三代以降…	宋周必大	1147-117- 12
家塾策問七首——問古文銓選也	宋周必大	1147-117- 12
家塾策問七首——問戰國之策…	宋周必大	1147-118- 12
家塾策問七首——問劉禹錫有云…	宋周必大	1147-118- 12
家塾策問七首——問三代之政…	宋周必大	1147-118- 12
家塾策問七首——問夫子修春秋…	宋周必大	1147-119- 12
家塾策問七首——問帝王之世刑罰未嘗廢…	宋周必大	1147-119- 12
家塾策問十二首——易曰損上盆下…	宋周必大	1147-120- 13
家塾策問十二首——夫子之知門弟子…	宋周必大	1147-120- 13
家塾策問十二首——所貴學古者…	宋周必大	1147-121- 13
家塾策問十二首——自古遷都不一無如商者…	宋周必大	1147-121- 13
家塾策問十二首——舜有臣五人而天下治…	宋周必大	1147-122- 13
家塾策問十二首——國以人爲強…	宋周必大	1147-122- 13
家塾策問十二首——人君用臣道…	宋周必大	1147-123- 13
家塾策問十二首——六經之道…	宋周必大	1147-123- 13
家塾策問十二首——錢之弊極于今矣	宋周必大	1147-123- 13
家塾策問十二首——古者文武無異轍…	宋周必大	1147-124- 13
家塾策問十二首——有司不爲九年之蓄久矣…	宋周必大	1147-124- 13
家塾策問十二首——記曰大夫七十而致仕…	宋周必大	1147-124- 13
跋李先之禮記義（程文）	宋周必大	1147-505- 47
跋蕭御史殿試眞卷	宋周必大	1147-513- 48
宏詞——清遠軍承宣		

使授華容軍節度使提舉茹神觀奉朝請進封開國侯加食邑食實封制　宋周必大　1147-916- 91

宏詞——端明殿學士知洪州充江南西路安撫使授保寧軍節度使知福州充福建路安撫使馬步軍都總管加食邑食實封制　宋周必大　1147-916- 91

宏詞——徵歎閣直學士提舉醴泉觀某除禮部侍郎誥　宋周必大　1147-917- 91

宏詞——太常少卿除右諫議大夫誥　宋周必大　1147-917- 91

宏詞——令監司郡守搜訪遺書詔　宋周必大　1147-918- 91

宏詞——令侍從舉賢良詔　宋周必大　1147-918- 91

宏詞——代百官賀皇太子生表　宋周必大　1147-919- 91

宏詞——代中書舍人謝除翰林學士表　宋周必大　1147-919- 91

宏詞——唐交河道行軍大總管破高昌露布　宋周必大　1147-920- 91

宏詞——唐淮西宣慰處置使平淮西露布　宋周必大　1147-921- 91

宏詞——漢河西大將軍諭陳龜檄　宋周必大　1147-922- 91

宏詞——桂廣觀察使諭遞管伐黃賊檄　宋周必大　1147-922- 91

宏詞——漢廷尉箴　宋周必大　1147-924- 92

宏詞——漢美陽鼎箴　宋周必大　1147-924- 92

宏詞——舜五絃琴銘　宋周必大　1147-925- 92

宏詞——天聖蓮花漏銘　宋周必大　1147-926- 92

宏詞——漢未央宮記　宋周必大　1147-927- 92

宏詞——唐政事堂記　宋周必大　1147-928- 92

宏詞——漢天馬贊　宋周必大　1147-929- 92

宏詞——唐石經贊　宋周必大　1147-930- 92

宏詞——唐驃國獻樂頌　宋周必大　1147-930- 92

宏詞——太宗皇帝飛白秘閣頌　宋周必大　1147-931- 92

宏詞——唐開元禮序　宋周必大　1147-932- 92

宏詞——祥符御製爲君難爲臣不易論序　宋周必大　1147-933- 92

丁丑程試六首——檢校少保寧國軍節度使提舉佑神觀某授檢校少傅武昌軍節度知荊南府荊湖北路安撫使馬步軍都總管進封加食邑制　宋周必大　1147-935- 93

丁丑程試六首——漢白虎議奏序　宋周必大　1147-935- 93

丁丑程試六首——代交趾進馴象表　宋周必大　1147-936- 93

丁丑程試六首——漢紫壇頌　宋周必大　1147-937- 93

丁丑程試六首——綉衣鹵簿記　宋周必大　1147-938- 93

丁丑程試六首——漢廟鼎銘　宋周必大　1147-939- 93

中書後省召試閣門舍人策問一首　宋周必大　1148- 83-100

試選人王希呂——問古人通患…　宋周必大　1148-333-120

試太常博士許蒼舒——問三代以還中原未定　宋周必大　1148-334-120

試赴召胡晉臣——問恭惟皇帝留意館閣…　宋周必大　1148-334-120

試軍器監丞葉山——問古之君子…　宋周必大　1148-335-120

試太學正鄭鑑——問夏商以前…　宋周必大　1148-336-120

試宏詞人趙彦中——問朋黨之名…　宋周必大　1148-337-120

試太學正劉光祖——問自鄉舉里選之法廢…　宋周必大　1148-337-120

試提轄文思院熊克——問唐虞稽古建官…　宋周必大　1148-338-120

廷試策問——蓋聞舜受堯禪…　宋周必大　1148-339-121

集部

制舉文：附錄

2348 四庫全書文集篇目分類索引

廷試策問前附御筆回奏

篇目	作者	索引號	頁
後附奏箚	宋周必大	1148-341-121	
堯仁如天（論）(策)	宋王 質	1358-222-	3
策問（六則）	宋李 石	1149-604-	7
太學策問	宋呂祖謙	1150- 44-	5
館職策論治國之大原	宋呂祖謙	1150- 45-	5
策問（問名正言順大義之所以立也內修外攘之所以成也）	宋呂祖謙	1150-366-	1
策問（問方鎮在唐與國迭爲升降蓋其始列鎮於邊置將以統之）	宋呂祖謙	1150-367-	1
策問（問晉氏之東衣冠人物蔚然萃於一時…）		1150-368-	1
策問（問天子六卿諸侯三卿體統相承所以維綱天下之治也）	宋呂祖謙	1150-368-	1
策問（問至治無象至亂亦無象…）	宋呂祖謙	1150-369-	1
策問（學之不講聖人之所憂也…）	宋呂祖謙	1150-369-	1
策問（周公作君奭之篇歷屬成湯至於文武…）	宋呂祖謙	1150-370-	1
策問（問關邪說正人心孟軻氏所以承三聖也…）	宋呂祖謙	1150-371-	1
策問（問漢監秦弊弛挾書律六籍次第列於學官…）	宋呂祖謙	1150-372-	1
策問（問年之貴於天下也久矣五帝憲三王乞言養老之典…）	宋呂祖謙	1150-372-	1
策問（問古之制邦用者量入以爲出約於出不豐於入…）	宋呂祖謙	1150-373-	1
策問（問風俗之變國勢之隆替…）	宋呂祖謙	1150-374-	1
策問（問歲之有上下天地消息盈虛之理也…）	宋呂祖謙	1150-374-	1
策問（問酒有權非古也妹土之誥萍氏之			
謚文帝之詔…）	宋呂祖謙	1150-375-	1
策問（問統大道之傳者萬世所共宗也…）	宋呂祖謙	1150-376-	2
策問（問昔之爲兵者有所待甲兵者兵之最末者也…）	宋呂祖謙	1150-376-	2
策問（問光武身濟大業沈幾先物其戰勝功取蓋不待論…）	宋呂祖謙	1150-377-	2
策問（問器久必弊數久必差固也…）	宋呂祖謙	1150-377-	2
策問（問天下固有共指爲兩物而…）	宋呂祖謙	1150-378-	2
策問（問因天下之勢而順成之則易反天下之勢而逆成之則難…）	宋呂祖謙	1150-378-	2
策問（問夫子祖述堯舜憲章文武…）	宋呂祖謙	1150-379-	2
策問（問仲尼設教於洙泗之間三千之徒惟顏子爲好學…）	宋呂祖謙	1150-379-	2
策問（問先天下而勞者聖人之求賢也後天下而逸者聖人之任賢也…）	宋呂祖謙	1150-380-	2
策問（問學不可躐等盈科而進成章而達…）	宋呂祖謙	1150-380-	2
策問（問言不易立亦不易知賢者之言人皆以爲是也…）	宋呂祖謙	1150-381-	2
策問（問夫子以一貫授曾子而曾子以忠恕語門人…）	宋呂祖謙	1150-381-	2
策問（問治有統政有樞…）	宋呂祖謙	1150-381-	2
策問（問合天下之財以贍天下之用…）	宋呂祖謙	1150-382-	2
策問（問孔門之論聖與仁雖夫子有所不敢居…）	宋呂祖謙	1150-383-	2
宏詞——建雄軍節度使知潭州荊湖南路安撫使除檢校少保			

集部 制舉文：附錄

四庫全書文集篇目分類索引　　2349

寧遠軍節度使殿前副都指揮使制　宋呂祖謙　1150-384-　3
宏詞——皇叔集慶軍承宣使除保大軍節度使知大宗正事封東平郡王制　宋呂祖謙　1150-385-　3
宏詞——龍圖閣直學士除禮部尚書誥　宋呂祖謙　1150-385-　3
宏詞——中書舍人除翰林學士誥　宋呂祖謙　1150-385-　3
宏詞——戒諭兩淮守令恤農詔　宋呂祖謙　1150-386-　3
宏詞——戒諭沿邊修武備詔　宋呂祖謙　1150-386-　3
宏詞——代宰臣以下賀上太上皇太上皇后尊號禮成表　宋呂祖謙　1150-387-　3
宏詞——代提舉國史進神宗哲宗徽宗皇帝國史表　宋呂祖謙　1150-387-　3
宏詞——唐定襄道行軍大總管破突厥露布　宋呂祖謙　1150-388-　3
宏詞——唐遼東道行軍大總管平薛延陀露布　宋呂祖謙　1150-389-　3
宏詞——漢史諭莎車諸國檄　宋呂祖謙　1150-389-　3
宏詞——唐河北招討使諭諸郡檄　宋呂祖謙　1150-390-　3
宏詞——漢太史箴　宋呂祖謙　1150-391-　3
宏詞——漢廷平箴　宋呂祖謙　1150-392-　3
宏詞——漢靈旗銘　宋呂祖謙　1150-393-　3
宏詞——唐大弓銘　宋呂祖謙　1150-394-　3
宏詞——講武殿記　宋呂祖謙　1150-395-　4
宏詞——隆儒殿記　宋呂祖謙　1150-396-　4
宏詞——祥符四夷述職圖贊　宋呂祖謙　1150-397-　4
宏詞——漢高帝未央宮上壽頌　宋呂祖謙　1150-398-　4
宏詞——唐太宗兩儀殿上壽頌　宋呂祖謙　1150-399-　4
宏詞——建隆編勅序　宋呂祖謙　1150-400-　4
宏詞——承華要略後序　宋呂祖謙　1150-402-　4

宏詞——皇兄保大軍節度使除檢校少保河陽三城節度使權主奉吳王祭祀進封加食邑食實封制　宋呂祖謙　1150-403-　4
宏詞——周師氏箴　宋呂祖謙　1150-403-　4
宏詞——代提舉編類聖政所進建炎紹興紹旨表　宋呂祖謙　1150-404-　4
宏詞——漢興地圖序　宋呂祖謙　1150-405-　4
宏詞——太祖皇帝閲武便殿頌　宋呂祖謙　1150-406-　4
宏詞——晉征虜將軍征討大都督破符堅露布　宋呂祖謙　1150-407-　4
策問（問王者事父孝故事天明事母順故事地察…）　宋呂祖謙　1150-417-　6
策問（問兵不從中御將不可數易予其權而久其任…）　宋呂祖謙　1150-417-　6
武成二三策如何（論）（策）　宋呂祖謙　1358-330-　6
策問（問以文詞取士而病其不以實學…）　宋陳傅良　1150-835-　43
策問（問議臣以太學補諸生群試者動以萬計…）　宋陳傅良　1150-835-　43
策問（問漢兵制皆秦制也自遷固諸史云爾…）　宋陳傅良　1150-836-　43
策問（問漢理財稱蕭相國而史伏其事…）　宋陳傅良　1150-836-　43
策問（問風俗與世汙隆其所由來…）　宋陳傅良　1150-837-　43
策問（問以當世之治亂成敗考論古今之士…）　宋陳傅良　1150-838-　43
策問（問恭惟主上嘉與宇內之士共成茂功…）　宋陳傅良　1150-838-　43
策問（問古者詢民於射以進士由是而擇於澤…）　宋陳傅良　1150-839-　43
策問（問春秋以來楚

集部

制舉文：附錄

2350　　　　　　　　　四庫全書文集篇目分類索引

集部　制舉文：附錄

篇目	作者	索引號
之卿材…）	宋陳傅良	1150-839- 43
策問（問古者重戎事宜亡一關…）	宋陳傅良	1150-840- 43
策問（問昔者大禹排淮決漢導三江…）	宋陳傅良	1150-841- 43
策問（問仰惟本朝至仁宗盛大…）	宋陳傅良	1150-842- 43
策問（問治亂廢興之故數千載間其…）	宋陳傅良	1150-843- 43
策問（問周官六典各有攸司…）	宋陳傅良	1150-844- 43
博愛之謂仁（論）（策）	宋陳傅良	1358-208- 3
王者之法如何（論）（策）	宋陳傅良	1358-251- 4
山西諸將孰優（論）（策）	宋陳傅良	1358-284- 5
魏相稱上意（論）（策）	宋陳傅良	1358-324- 5
使功不如使過（論）（策）	宋陳傅良	1358-326- 5
子謂武未盡善（論）（策）	宋陳傅良	1358-334- 6
仲尼不爲已甚（論）（策）	宋陳傅良	1358-342- 6
爲治願力行如何（論）（策）	宋陳傅良	1358-409- 7
舜禹有天下而不與（論）（策）	宋陳傅良	1358-474- 8
樂天者保天下（論）（策）	宋陳傅良	1358-480- 8
策問	宋王十朋	518-283-145
御試策	宋王十朋	1151- 50- 0
上舍試策三道	宋王十朋	1151-208- 12
上舍試策	宋王十朋	1404-340-192
問策	宋王十朋	1151-216- 13
策問十七道	宋王十朋	1151-228- 14
策問十四道	宋王十朋	1151-238- 15
別院省試策問二首	宋王十朋	1151-603- 27
中庸發題（策問）	宋崔敦禮	1151-839- 7
問民力（策問）	宋崔敦禮	1151-840- 7
問三江五湖（策問）	宋崔敦禮	1151-841- 7
問地利勝敗之異(策)	宋崔敦禮	1151-842- 7
河圖洛書（策問）	宋陳　藻	1152- 81- 6
易（策問）	宋陳　藻	1152- 82- 6
書（策問）	宋陳　藻	1152- 82- 6
詩（策問）	宋陳　藻	1152- 83- 6
春秋（策問）	宋陳　藻	1152- 84- 6
禮記（策問）	宋陳　藻	1152- 84- 6
周禮（策問）	宋陳　藻	1152- 85- 6
周禮井田溝洫賦稅兵政（策問）	宋陳　藻	1152- 86- 6
夏小正月令同異（策問）	宋陳　藻	1152- 87- 6
太玄（策問）	宋陳　藻	1152- 88- 6
五星（策問）	宋陳　藻	1152- 89- 6
五運六氣（策問）	宋陳　藻	1152- 90- 6
史記左傳所言歲星異同（策問）	宋陳　藻	1152- 92- 7
分野（策問）	宋陳　藻	1152- 93- 7
地理（策問）	宋陳　藻	1152- 94- 7
三條四列兩戒(策問)	宋陳　藻	1152- 95- 7
曆（策問）	宋陳　藻	1152- 96- 7
閏（策問）	宋陳　藻	1152- 97- 7
律（策問）	宋陳　藻	1152- 98- 7
郊（策問）	宋陳　藻	1152- 98- 7
禘（策問）	宋陳　藻	1152-100- 7
明堂（策問）	宋陳　藻	1152-100- 7
廟祧（策問）	宋陳　藻	1152-101- 7
封建（策問）	宋陳　藻	1152-102- 7
封建井田（策問）	宋陳　藻	1152-103- 7
唐藩鎮（策問）	宋陳　藻	1152-105- 8
唐官制（策問）	宋陳　藻	1152-105- 8
唐始終治亂（策問）	宋陳　藻	1152-106- 8
漢兵制（策問）	宋陳　藻	1152-107- 8
周漢兵農分合(策問)	宋陳　藻	1152-108- 8
尙書周禮本朝官制（策問）	宋陳　藻	1152-110- 8
周禮尙書官制異同（策問）	宋陳　藻	1152-111- 8
官制（策問）	宋陳　藻	1152-112- 8
大宗小宗（策問）	宋陳　藻	1152-113- 8
笄（策問）	宋陳　藻	1152-113- 8
本朝樂（策問）	宋陳　藻	1152-114- 8
車制（策問）	宋陳　藻	1152-115- 8
地理之疑（策問）	宋陳　藻	1152-115- 8
八陣（策問）	宋陳　藻	1152-116- 8
策問（七則）	宋周　孚	1154-651- 22
策問十道	宋彭龜年	1155-848- 9
策問十四道	宋曾　丰	1156-178- 16

四庫全書文集篇目分類索引

篇目	作者	索引號
策問十六首	宋陸九淵	1156-462- 24
庸言之信庸行之謹閑邪存其誠善世而不伐德博而化(程文)	宋陸九淵	1156-500- 1
黃裳元吉黃離元吉（程文）	宋陸九淵	1156-502- 1
使民宜之（程文）	宋陸九淵	1156-504- 1
聖人以此洗心退藏於密吉凶與民同患神以知來知以藏往（程文）	宋陸九淵	1156-504- 1
天地設位聖人成能人謀鬼謀百姓與能（程文）	宋陸九淵	1156-506- 1
首出庶物萬國咸寧（程文）	宋陸九淵	1156-507- 1
孝文大功數十論（程文）	宋陸九淵	1156-508- 2
天地之性人爲貴論（程文）	宋陸九淵	1156-509- 2
智者術之原論(程文)	宋陸九淵	1156-511- 2
房杜謀斷如何論（程文）	宋陸九淵	1156-513- 2
劉晏知取予論(程文)	宋陸九淵	1156-514- 2
政之寬猛執先論（程文）	宋陸九淵	1156-517- 2
常勝之道曰柔(程文)	宋陸九淵	1156-520- 2
問制科（程文）	宋陸九淵	1156-523- 3
問料敵（程文）	宋陸九淵	1156-525- 3
問賑濟（程文）	宋陸九淵	1156-526- 3
問唐取民制兵建官（省試程文）	宋陸九淵	1156-526- 3
問德仁功利（程文）	宋陸九淵	1156-528- 3
問漢文武之治(程文)	宋陸九淵	1156-529- 3
祖宗家法（策問）	宋袁 燮	1157- 51- 6
宗法（策問）	宋袁 燮	1157- 52- 6
歷象（策問）(二則)	宋袁 燮	1157- 53- 6
歷代國祚（策問）	宋袁 燮	1157- 55- 6
邊備（策問）	宋袁 燮	1157- 56- 6
官制（策問）	宋袁 燮	1157- 56- 6
官祿（策問）	宋袁 燮	1157- 58- 6
功臣（策問）	宋袁 燮	1157- 59- 6
封駁（策問）	宋袁 燮	1157- 59- 6
革弊（策問）	宋袁 燮	1157- 60- 6
田制（策問）	宋袁 燮	1157- 61- 6
學制（策問）	宋袁 燮	1157- 62- 6
禮儀（策問）	宋袁 燮	1157- 63- 6
服制（策問）	宋袁 燮	1157- 64- 6
經生家學（策問）	宋袁 燮	1157- 65- 6
離騷（策問）	宋袁 燮	1157- 66- 6
太玄（策問）	宋袁 燮	1157- 67- 6
館職策	宋蔡 戡	1157-682- 11
擬南省策問一道	宋員興宗	1158- 55- 8
南試策問一道	宋員興宗	1158- 55- 8
擬策問二道	宋員興宗	1158- 57- 8
策彭州學生私試一道	宋員興宗	1158- 57- 8
策問二道	宋員興宗	1158- 58- 8
館職策	宋員興宗	1158- 60- 9
忠質文之治策	宋員興宗	1158- 66- 9
內重外輕策	宋員興宗	1158- 87- 11
科目策	宋員興宗	1158- 91- 11
試館職策題	宋洪 适	1158-671- 64
乾道二年殿試策題	宋洪 适	1158-672- 64
擬策一道并問	宋薛季宣	1159-425- 28
策問二十道	宋薛季宣	1159-429- 28
漢文帝有聖賢之風論（策）	宋楊萬里	1161-199- 91
大人格君心之非論（策）	宋楊萬里	1161-200- 91
魏鄭公勸行仁義論（策）	宋楊萬里	1161-202- 91
陸贄不負所學論（策）	宋楊萬里	1161-203- 91
宋璟剛正過姚崇論（策）	宋楊萬里	1161-204- 91
李晟以忠義感人論（策）	宋楊萬里	1161-206- 91
儒者已試之效如何論（策）	宋楊萬里	1161-207- 91
文帝局不用賈牧論（策）	宋楊萬里	1161-208- 91
文景務在養民論(策)	宋楊萬里	1161-210- 91
太守勵精思治論(策)	宋楊萬里	1161-211- 91
太學私試策問	宋楊萬里	1161-278- 97
省試別頭策問	宋楊萬里	1161-279- 97
太學上舍策問	宋楊萬里	1161-279- 97
公試武學策問	宋楊萬里	1161-280- 97
庚戌殿試武學策御題	宋楊萬里	1161-281- 97
拔垣試閣門策問	宋韓元吉	1165-159- 11
策問（十三則）	宋史堯弼	1165-682- 3
均稅策	宋史堯弼	1165-694- 4

2352　　　　　　　　　四庫全書文集篇目分類索引

集部　制舉文：附錄

冗官策	宋史堯弼	1165-696- 4
論楚屈原述離騷自是文人才士依做罵冀其有致身之階（私試策問）	宋史堯弼	1165-698- 4
課吏四善二十七最九等賞功十二轉三陣三資法（私試策問）	宋史堯弼	1165-700- 4
王導謝安兼統內外（私試策問）	宋史堯弼	1165-702- 4
三國六朝都建康攻守人物謀議如何（私試策問）	宋史堯弼	1165-705- 4
君臣遇合（私試策問）	宋史堯弼	1165-709- 5
賦役（私試策問）	宋史堯弼	1165-711- 5
（論百六之會三七之戒四七之主其言有考與否）（私試策問）	宋史堯弼	1165-713- 5
六韜與詩書異（私試策問）	宋史堯弼	1165-714- 5
（論者謂而不言秦便民之利）（私試策問）	宋史堯弼	1165-717- 5
元結陸贄言論（私試策問）	宋史堯弼	1165-718- 5
（歷代之君出於天命抑人事）（私試策問）	宋史堯弼	1165-720- 5
採振漢唐以來時君世主號令文章所以感動人心者以形容今日制誥之美焉（私試策問）	宋史堯弼	1165-722- 5
丁酉楚州秋試策問	宋陳　造	1166-413- 33
己西秀州秋試策問	宋陳　造	1166-414- 33
吳門芹宮策問二十一首	宋陳　造	1166-414- 33
武舉策問十首	宋陳　造	1166-425- 33
定海縣學策問	宋陳　造	1166-429- 33
策問（六則）	宋孫應時	1166-621- 9
制科策	宋廖行之	1167-333- 5
問正統策	宋廖行之	1167-390- 9
問君相策	宋廖行之	1167-391- 9
時務策問——問天道…	宋黃　榦	1168-276- 26
時務策問——問任司牧之寄者…	宋黃　榦	1168-277- 26
時務策問——問董子曰今之天下…	宋黃　榦	1168-277- 26
擬難策問——問易大傳曰…	宋黃　榦	1168-278- 26
擬難策問——問仰以觀天文…	宋黃　榦	1168-279- 26
擬難策問——問六經之道…	宋黃　榦	1168-280- 26
池陽月試策問（十七則）	宋周　南	1169- 68- 6
丁卯召試館職策	宋周　南	1169- 94- 7
試進士策問	宋周　南	1169-130- 0
召試館職策	宋衞　涇	1169-708- 17
策問（十三則）	宋劉　宰	1170-516- 18
癸未知貢舉（策問）	宋程　珌	1171-269- 5
癸未知貢舉（策問）（經義場）	宋程　珌	1171-270- 5
丙戌知貢舉策問（詩賦場）	宋程　珌	1171-271- 5
丙戌知貢舉策問（經義場）	宋程　珌	1171-272- 5
試閣職其二策問	宋程　珌	1171-274- 5
試館職策問	宋程　珌	1375-487- 38
試上舍（策問）	宋程　珌	1171-275- 5
		1375-488- 38
禦戎（策問）	宋程　珌	1171-276- 5
學校（策問）	宋程　珌	1171-277- 5
監司郡守（策問）	宋程　珌	1171-278- 5
任相（策問）	宋程　珌	1171-279- 5
六經疑難（策問）	宋程　珌	1171-280- 5
理財（策問）	宋程　珌	1171-281- 5
弭盜救荒（策問）	宋程　珌	1171-281- 5
江淮刑勢（策問）	宋程　珌	1171-282- 5
歷代文章（策問）	宋程　珌	1171-283- 5
士風吏治國用民力（策問）	宋程　珌	1171-284- 5
人才（策問）	宋程　珌	1171-285- 5
史（策問）	宋程　珌	1171-286- 5
書大呂申公試卷後	宋程　珌	1171-359- 9
擬策問	宋程　珌	1375-486- 38
廷對（策）	宋陳　亮	1171-585- 11
量度權衡（策）	宋陳　亮	1171-594- 11

四庫全書文集篇目分類索引

制舉（策）	宋陳　亮	1171-600- 11
答館職策一道	宋魏了翁	1172-269- 21
跋沈國錄煥淳熙八年太學私試策問	宋魏了翁	1173- 41- 62
武學兵機策一道	宋魏了翁	1173-387- 93
策問一道	宋魏了翁	1173-388- 93
類省別試所策問第一道（二則）	宋魏了翁	1173-389- 93
家塾試策問一道	宋魏了翁	1173-391- 93
家塾再試策問一道	宋魏了翁	1173-392- 93
家塾策問一道	宋魏了翁	1173-393- 93
宗子取應策問一道	宋魏了翁	1173-394- 93
韓愈不及孟子論（舉文）	宋魏了翁	1173-461-101
唐文爲一王法論（舉文）	宋魏了翁	1173-462-101
問漢唐宦官外戚藩鎭外國（舉文）	宋魏了翁	1173-465-102
問六經疑（舉文）	宋魏了翁	1173-466-102
問兵民財吏之弊今將何以爲革之之方（舉文）	宋魏了翁	1173-467-102
問進讀三朝寶訓講明外內治（舉文）	宋魏了翁	1173-469-102
問正朔（舉文）	宋魏了翁	1173-470-102
御策一道	宋魏了翁	1173-472-103
館職策——問堯舜之盛	宋眞德秀	1174-498- 32
策問——問內外八事	宋眞德秀	1174-507- 32
策問——問人才國計民力邊防四事	宋眞德秀	1174-508- 32
策問——問郊祀	宋眞德秀	1174-509- 32
策問——問時政數事	宋眞德秀	1174-510- 32
策問——問大學君德治效	宋眞德秀	1174-511- 32
跋黃君汝宜廷對策後	宋眞德秀	1174-567- 36
文舉殿試策	宋洪咨夔	1175-180- 9
武舉殿試策	宋洪咨夔	1175-181- 9
召試館職策	宋洪咨夔	1175-181- 9
武舉公試策問	宋洪咨夔	1175-182- 9
省試（策二則）	宋洪咨夔	1175-183- 9
江東漕司不磧格(策)	宋洪咨夔	1175-185- 9
磧格（策）	宋洪咨夔	1175-185- 9
饒州堂試（十八則）	宋洪咨夔	1175-187- 10
召試館職策問	宋吳　泳	1176-320- 33
經筵翰苑策問	宋吳　泳	1176-322- 33
聖學時政策問	宋吳　泳	1176-323- 33
江淮兵策問	宋吳　泳	1176-324- 33
四京守禦策問	宋吳　泳	1176-325- 33
蜀師與夏人夾攻金人策問	宋吳　泳	1176-327- 33
州兵士丁策問	宋吳　泳	1176-328- 33
御試文舉策問	宋許應龍	1176-516- 10
召試館職策問(三則)	宋許應龍	1176-517- 10
武學公試策問(二則)	宋許應龍	1176-520- 10
太學私試策問	宋許應龍	1176-521- 10
宗學私試策問	宋許應龍	1176-522- 10
省試策問（三則）	宋許應龍	1176-523- 10
試閣職策	宋程公許	1176-1047-14
試上舍生策題	宋程公許	1176-1049-14
策問（四則）	宋陳耆昌	1178- 60- 7
漢世良吏爲盛（論）（策）	宋陳耆昌	1358-370- 6
延平人材（策問）	宋方大琮	1178-277- 26
武舉（策問）	宋方大琮	1178-279- 26
宗室廣祿（策問）	宋方大琮	1178-280- 26
兵書（策問）	宋方大琮	1178-280- 26
錢幣鹽法（策問）	宋方大琮	1178-281- 26
周禮疑（策問）	宋方大琮	1178-282- 26
詩書疑（策問）	宋方大琮	1178-283- 26
漢官制（策問）	宋方大琮	1178-284- 27
漢賦法（策問）	宋方大琮	1178-285- 27
本朝諸儒之學(策問)	宋方大琮	1178-285- 27
經疑（策問）	宋方大琮	1178-286- 27
什一之法（策問）	宋方大琮	1178-287- 27
詩（策問）	宋方大琮	1178-288- 27
律呂（策問）	宋方大琮	1178-288- 27
荆襄兩淮（策問）	宋方大琮	1178-289- 27
用兵（策問）	宋方大琮	1178-290- 27
丁丑廷對策	宋王　邁	1178-443- 1
乙未館職策	宋王　邁	1178-454- 1
策問是非異同	宋包　恢	1178-706- 1
跋許教一鶚廷對策	宋劉克莊	1180-345- 32
題鄭上舍玠大學策藁	宋李昴英	1181-140- 4
跋許廣文一鶚廷對	宋李昴英	1181-140- 4
擬試詞科——觀文殿學士特進授少保觀文殿大學士充萬壽觀使兼侍讀提舉秘書省制	宋唐士恥	1181-503- 1

集部

制舉文：附錄

擬武試詞科——端明殿學士提舉江州太平興國宮授昭慶軍節度使知襄陽府京西南路安撫使制　宋唐士恥　1181-503-　1

擬武試詞科——光山軍承宣使樞密副都承旨授寧武軍節度使領閣門事兼客省四方館事提舉皇城司制　宋唐士恥　1181-504-　1

擬武試詞科——朝奉大夫給事中特授武康軍節度使簽書樞密院事制　宋唐士恥　1181-504-　1

擬武試詞科——龍圖閣直學士通直郎提舉佑神觀兼侍讀授昭慶軍節度使鎮江府駐御御前諸軍都統制制　宋唐士恥　1181-505-　1

擬武試詞科——太尉昭慶軍節度使授開府儀同三司鎮東軍節度使制　宋唐士恥　1181-505-　1

擬武試詞科——鎮南軍節度使提舉江州太平興國宮授太尉鎮南靖江軍節度使充醴泉觀使制　宋唐士恥　1181-506-　1

擬武試詞科——少師昭慶軍節度使授太傅鎮東軍節度使制　宋唐士恥　1181-506-　1

擬武試詞科——皇叔授光山軍節度使同知大宗正制　宋唐士恥　1181-507-　1

擬武試詞科——皇叔祖光山軍承宣使提舉江州太平興國宮授昭慶軍節度使封安定郡王同知大宗正事制　宋唐士恥　1181-507-　1

擬武試詞科——祕書監除中書舍人誥　宋唐士恥　1181-508-　1

擬武試詞科——大同軍節度使提舉佑神觀除宣徽南院使誥　宋唐士恥　1181-508-　1

擬武試詞科——禮部侍郎除右散騎常侍誥　宋唐士恥　1181-508-　1

擬武試詞科——吏部尚書除參知政事誥　宋唐士恥　1181-509-　1

擬武試詞科——給事中除翰林學士誥　宋唐士恥　1181-509-　1

擬武試詞科——禮部侍郎除翰林學士誥　宋唐士恥　1181-509-　1

擬武試詞科——龍圖閣直學士中大夫提舉江州太平興國宮除端明殿學士提舉佑神觀兼侍讀同修國史誥　宋唐士恥　1181-510-　1

擬武試詞科——朝奉大夫權知婺州除華文閣待制兼侍講兼祕書監誥　宋唐士恥　1181-510-　1

擬武試詞科——左千牛衛大將軍婺州觀察使親衛大夫主管江州太平興國宮授監門衛大將軍湖州觀察使樞密副都承旨知閣門事主管皇城司誥　宋唐士恥　1181-510-　1

擬武試詞科——權吏部尚書落權字誥　宋唐士恥　1181-511-　1

擬武試詞科——誠諭守令勸學詔　宋唐士恥　1181-511-　1

擬武試詞科——誠諭監司守令務息盜賊詔　宋唐士恥　1181-511-　1

擬武試詞科——求遺書詔　宋唐士恥　1181-512-　1

擬武試詞科——戒令文臣侍從以上武臣管軍都統制各舉將才不問親屬詔　宋唐士恥　1181-512-　1

擬武試詞科——戒令監司守臣條具州縣民間利病詔　宋唐士恥　1181-513-　1

擬武試詞科——誠諭中外之臣毋私薦舉詔　宋唐士恥　1181-513-　1

四庫全書文集篇目分類索引　2355

篇目	作者	索引號	卷
擬試詞科——瑞慶節賀表	宋唐士恥	1181-514-	2
擬試詞科——賀冬至表	宋唐士恥	1181-514-	2
擬試詞科——賀梟斬吳曦表	宋唐士恥	1181-515-	2
擬試詞科——代眞里富貢方物表	宋唐士恥	1181-515-	2
擬試詞科——貢土物表	宋唐士恥	1181-515-	2
擬試詞科——代守臣賀改元嘉定表	宋唐士恥	1181-516-	2
擬試詞科——代安定郡王以下賀宗學落成表	宋唐士恥	1181-516-	2
擬試詞科——代婺州守臣進甘露圖表	宋唐士恥	1181-516-	2
擬試詞科——代守臣謝宣賜嘉定十年統天具注曆表	宋唐士恥	1181-517-	2
擬試詞科——代翰林學士謝賜唐五臣注文選表	宋唐士恥	1181-517-	2
擬試詞科——代中書舍人謝賜金帶表	宋唐士恥	1181-518-	2
擬試詞科——代提舉實錄院進修孝宗皇帝實錄表	宋唐士恥	1181-518-	2
擬試詞科——代右丞相謝賜御書說命中篇表	宋唐士恥	1181-519-	2
擬試詞科——代童子謝秘書省讀書表	宋唐士恥	1181-520-	2
擬試詞科——河北宣撫使平貝州露布	宋唐士恥	1181-520-	2
擬試詞科——權熙河經略使禽番賊首領露布	宋唐士恥	1181-521-	2
擬試詞科——荊南路宣撫使平僬智高露布	宋唐士恥	1181-522-	2
擬試詞科——川峽招安捉賊平王均露布	宋唐士恥	1181-522-	2
擬試詞科——熙河經略使復洮河露布	宋唐士恥	1181-523-	2
擬（試詞科）——兩川招安使平李順露布	宋唐士恥	1181-524-	2
擬（試詞科）——延州問夏國有州檄	宋唐士恥	1181-525-	3
擬試詞科——江南西路提點刑獄諭所部檄	宋唐士恥	1181-526-	3
擬試詞科——陝西轉運使諭横山部落檄	宋唐士恥	1181-526-	3
擬試詞科——熙河蘭會經略使曉諭西蕃邈川首領鄂特凌古檄	宋唐士恥	1181-527-	3
擬試詞科——鄜延路都監報威明山檄	宋唐士恥	1181-528-	3
擬試詞科——北路都招討曉諭劉繼元檄	宋唐士恥	1181-528-	3
擬試詞科——禮選序	宋唐士恥	1181-529-	3
擬試詞科——梁文選序	宋唐士恥	1181-530-	3
擬試詞科——神農時令序	宋唐士恥	1181-531-	3
擬試詞科——宣和殿博古圖序	宋唐士恥	1181-532-	3
擬試詞科——禹瑞曆序	宋唐士恥	1181-533-	3
擬試詞科——帝學序	宋唐士恥	1181-534-	3
擬試詞科——太平廣記序	宋唐士恥	1181-535-	3
擬試詞科——剛應廣利忠祐侯廟記	宋唐士恥	1181-537-	4
擬試詞科——漢追封高祖功臣記	宋唐士恥	1181-538-	4
擬試詞科——唐貞觀凌烟閣功臣記	宋唐士恥	1181-539-	4
擬試詞科——漢永平車服制度記	宋唐士恥	1181-540-	4
擬試詞科——紹興新建太一宮記	宋唐士恥	1181-541-	4
擬試詞科——天臨殿記	宋唐士恥	1181-542-	4
擬試詞科——玉宸殿記	宋唐士恥	1181-544-	4
擬試詞科——仁濟殿			

集部　制舉文：附錄

2356　　　　　　　　四庫全書文集篇目分類索引

集部

制舉文：附錄

篇目	作者	索引號
記	宋唐士恥	1181-545- 4
擬試詞科——漢議民徒寬大地記	宋唐士恥	1181-546- 4
擬試詞科——益州交子務記	宋唐士恥	1181-547- 4
擬試詞科——濡須塢記	宋唐士恥	1181-548- 4
擬試詞科——芝山頌	宋唐士恥	1181-551- 5
擬試詞科——紹興祀德廟酌獻疆濟公成安樂頌	宋唐士恥	1181-552- 5
擬試詞科——延喜樓冠帶河灘高年頌	宋唐士恥	1181-553- 5
擬試詞科——景靈宮頌	宋唐士恥	1181-555- 5
擬試詞科——紹興秘書省觀累朝御製頌	宋唐士恥	1181-556- 5
擬試詞科——元祐通英閣仁宗皇帝御書贊	宋唐士恥	1181-557- 5
擬試詞科——洛書五事圖贊	宋唐士恥	1181-558- 5
擬試詞科——武成王十哲蜀丞相諸葛亮贊	宋唐士恥	1181-559- 5
擬試詞科——眞宗皇帝御製內香藥庫詩贊	宋唐士恥	1181-559- 5
擬試詞科——神宗皇帝御製祭狄青文贊	宋唐士恥	1181-560- 5
擬試詞科——損齋記贊	宋唐士恥	1181-561- 5
擬試詞科——太昊九庖箴	宋唐士恥	1181-562- 6
擬試詞科——黃帝陶正箴	宋唐士恥	1181-563- 6
擬試詞科——諫院箴	宋唐士恥	1181-563- 6
擬試詞科——編定書籍官箴	宋唐士恥	1181-564- 6
擬試詞科——三司使箴	宋唐士恥	1181-564- 6
擬試詞科——左右補闕拾遺箴	宋唐士恥	1181-565- 6
擬試詞科——著作省箴	宋唐士恥	1181-566- 6
擬試詞科——統押近界諸蠻西山八國雲南安撫使箴	宋唐士恥	1181-566- 6
擬試詞科——漢隨月樂器銘	宋唐士恥	1181-567- 6
擬試詞科——高麗貢日本車銘	宋唐士恥	1181-568- 6
擬試詞科——景鐘銘	宋唐士恥	1181-568- 6
擬試詞科——禮神玉銘	宋唐士恥	1181-569- 6
擬試詞科——元豐大裘銘	宋唐士恥	1181-569- 6
擬試詞科——鎭狄銘	宋唐士恥	1181-570- 6
擬試詞科——陳瑞席銘	宋唐士恥	1181-571- 6
擬試詞科——隆甯銘	宋唐士恥	1181-571- 6
擬試詞科——唐京衞旗銘	宋唐士恥	1181-572- 6
擬試詞科——鳳蓰鼓銘	宋唐士恥	1181-573- 6
紹定壬辰御試對策——求道有本原	宋徐元杰	1181-661- 5
聖人道出乎一（論）（策）	宋方 岳	1358-139- 2
策問（七則）	宋楊 枋	1183-372- 8
癸丑廷對	宋姚 勉	1184- 34- 7
御試策一道	宋文天祥	1184-397- 3
春秋義（三則）興化軍秋補都魁	宋林希逸	1185-629- 8
離騷（策）	宋林希逸	1185-635- 8
孝宣勵精爲治（論）（策）	宋林希逸	1358-117- 1
問天文變異及中國夷狄君子小人德刑公私之異(策)	宋方逢辰	1187-571- 7
禮法之大分如何論（策）	宋方逢辰	1187-573- 7
策題（三則）	宋方逢辰	1187-575- 7
跋朱伯純程文	宋胡次焱	1188-569- 7
對策	宋包 拯	427- 82- 1
艮岳賦	宋曹 組	538-391- 72
艮嶽賦應制有序	宋曹 組	1420-673- 77
制科策	宋孔文仲	1345-180- 1
		1351-248-110
		1404-307-190

四庫全書文集篇目分類索引

南廟試伏道使民賦　宋程　顥　1345-622- 5
南廟試九紋惟歌論　宋程　顥　1345-623- 5
南廟試策五道　宋程　顥　1345-624- 5
爲太中作試漢州學生策問三首　宋程　頤　1345-684- 9
爲家君作試漢州學策問一首　宋程　頤　1351-428-124
策問二首　宋范　鎭　1351-423-124
策問二首　宋張　載　1351-424-124
策問一首　宋晁詠之　1351-429-124
湯武仁義禮樂如何（論）（策）　宋王　冑　1358- 88- 1
三王法度禮樂如何（論）（策）　宋常　挺　1358- 92- 1
聖人備道全美（論）（策）　宋林執善　1358- 95- 1
帝王要經大略（論）（策）　宋彭方迥　1358- 99- 1
漢訓辭深厚如何（論）（策）　宋戴慶炣　1358-102- 1
孝武號令文章如何（論）（策）　宋繆　烈　1358-105- 1
聖人擬天地參諸身（論）（策）　宋陳松龍　1358-109- 1
天下國家之本在身（論）（策）　宋莫應龍　1358-111- 1
太宗銳情經術（論）（策）　宋楊茂子　1358-114- 1
帝王治安之本（論）（策）　宋呂　中　1358-120- 1
太宗治人之本（論）（策）　宋徐　霖　1358-122- 1
唐虞三代純懿如何（論）（策）　宋吳君擢　1358-126- 2
說天莫辯乎易（論）（策）　宋蔡德潤　1358-129- 2
君子之教如時雨（論）（策）　宋蔡德潤　1358-217- 3
三聖襲表功德（論）（策）　宋丘大發　1358-132- 2
聖王施德行禮（論）（策）　宋黃保大　1358-136- 2
文武之道同伏義（論）（策）　宋危　科　1358-142- 2
爲治顧力行何如（論）（策）　宋危　科　1358-273- 4
孝宣務行寬大（論）（策）　宋徐元德　1358-145- 2
孝武號令文章如何（論）（策）　宋李　發　1358-148- 2
天下之善士如何（論）（策）　宋林士愷　1358-152- 2
孟荀名世之士（論）（策）　宋陳　預　1358-155- 2
見知聞知如何（論）（策）　宋黃萬里　1358-158- 2
湯文孔子聞知如何（論）（策）　宋黃　鑄　1358-161- 2
博施濟衆何如（論）（策）　宋蔡　岸　1358-164- 2
文帝不及賈生（論）（策）　宋蔡　岸　1358-304- 5
晁錯不能過崔寔（論）（策）　宋蔡　岸　1358-307- 5
堯舜一天下如何（論）（策）　宋陳　合　1358-167- 2
智者行其所無事（論）（策）　宋黃　槐　1358-170- 2
有天下者審其御（論）（策）　宋邵　康　1358-173- 2
文帝道德仁義如何（論）（策）　宋文及翁　1358-176- 3
太宗文武德功如何（論）（策）　宋丁應奎　1358-179- 3
上聖道德仁義如何（論）（策）　宋李雷奮　1358-183- 3
帝王文武德威如何（論）（策）　宋李應旅　1358-186- 3
知動仁靜樂壽如何（論）（策）　宋陳應雷　1358-189- 3
盡心知性存養如何（論）（策）　宋毛登龍　1358-191- 3
中興輔佐孰優（論）（策）　宋陶大章　1358-195- 3
麒麟閣唯霍光不名（論）（策）　宋陳子頤　1358-199- 3
唐虞於斯爲盛（論）（策）　宋陳子頤　1358-426- 7
五帝三代之記如何（論）（策）　宋陳子頤　1358-442- 8

集部 制舉文：附錄

篇目	作者	編號
叔孫通爲漢儒宗（論）（策）	宋陳子頤	1358-467-8
動靜見天地之心（論）（策）	宋方 監	1358-203-3
乾坤之蘊如何（論）（策）	宋陳季南	1358-205-3
定名虛位如何（論）（策）	宋黃九鼎	1358-211-3
夫子與點如何（論）（策）	宋陳子直	1358-214-3
君子絕德（論）（策）	宋徐邦憲	1358-220-3
太宗英武仁恕如何（論）（策）	宋葉大有	1358-226-4
文帝道德仁義如何（論）（策）	宋任翊龍	1358-229-4
孝宣招選茂異（論）（策）	宋劉 自	1358-232-4
漢屈群策（論）（策）	宋樓 昉	1358-235-4
天之生斯民如何（論）（策）	宋謝昌元	1358-238-4
湯武凝土民如何（論）（策）	宋林金甫	1358-241-4
禹湯水旱何由（論）（策）	宋歐陽漢老	1358-244-4
武帝三策仲舒（論）（策）	宋林斯光	1358-247-4
仲尼潛心文王（論）（策）	宋林斯光	1358-403-7
文帝思古名臣（論）（策）	宋柯 適	1358-254-4
郭林宗何如人（論）（策）	宋黃道深	1358-257-4
顏眞卿何如人（論）（策）	宋方剛叔	1358-260-4
太宗之美幾成康（論）（策）	宋歐陽起鳴	1358-264-4
孝宣優孝文（論）（策）	宋歐陽起鳴	1358-267-4
學者審其是（論）（策）	宋歐陽起鳴	1358-585-10
帝王顧所行何如（論）（策）	宋湯 璹	1358-270-4
君人致帝者之用（論策）	宋錢易直	1358-277-5
君人致用成化如何（論）（策）	宋朱 塡	1358-281-5
顏淵潛心於仲尼（論）（策）	宋朱 塡	1358-405-7
漢忠言嘉謀之臣如何（論）（策）	宋王 節	1358-287-5
仁義禮智之端如何（論）（策）	宋高起潛	1358-291-5
是非之心智之端（論）（策）	宋葉子雅	1358-294-5
禹入聖域而不優（論）（策）	宋林 駉	1358-297-5
經制述作如何（論）（策）	宋黃 朴	1358-300-5
管仲如其仁（論）（策）	宋張定甫	1358-310-5
荀氏有二仁（論）（策）	宋陳 芳	1358-314-5
王貢材優龔鮑（論）（策）	宋應 武	1358-317-5
張馮汶鄭成名如何（論）（策）	宋洪揚祖	1358-320-5
仁聖博施濟衆（論）（策）	宋馮 椅	1358-336-6
周禮盡在魯（論）（策）	宋馮 椅	1358-460-8
堯舜行道致孝（論）（策）	宋陳子順	1358-339-6
君子以仁禮存心（論）（策）	宋魯砡顏	1358-345-6
唐兵制節目如何（論）（策）	宋王文貫	1358-348-6
漢南北軍相統如何（論）（策）	宋張亦顏	1358-352-6
子儀單騎見虜（論）（策）	宋江萬里	1358-356-6
將軍度羌虜如何（論）（策）	宋陳宗禮	1358-360-6
漢邊郡名將孰優如何（論）（策）	宋洪振龍	1358-363-6
蕭曹丙魏孰優（論）（策）	宋易 祓	1358-367-6
漢吏廉平如何（論）（策）	宋葉觀光	1358-373-6
說天者莫辨乎易（論）（策）	宋潘 仿	1358-377-6

四庫全書文集篇目分類索引　2359

十二律八卦之變如何（論）（策）	宋徐玉潔	1358-379-6	仁義道德性命如何（論）（策）	宋徐炎發	1358-483-9
仁知愛人知人如何（論）（策）	宋蔡順孫	1358-382-7	仁義忠信樂善如何（論）（策）	宋林鑑夫	1358-487-9
夫子之道忠恕（論）（策）	宋林雷震	1358-386-7	周禮春秋表裏如何（論）（策）	宋阮登炳	1358-490-9
蕭何奇韓信（論）（策）	宋曾衛龍	1358-389-7	五始之要如何（論）（策）	宋葉君樸	1358-494-9
王導深器謝安（論）（策）	宋李補之	1358-392-7	聖主正身宣德如何論（策）	宋蕭符世	1358-497-9
志意德行智慮如何（論）（策）	宋洪強中	1358-396-7	聖人大明至公如何論（策）	宋王 珏	1358-501-9
道術智韞之指如何（論）（策）	宋趙師栎	1358-399-7	書詩春秋出於史（論）（策）	宋林昌謀	1358-504-9
孝文幾致刑措（論）（策）	宋章 穎	1358-414-7	春秋事文義如何論（策）	宋崔日南	1359-507-9
孝文好刑名之言（論）（策）	宋黃 榮	1358-417-7	理本國華如何論（策）	宋陳文龍	1358-510-9
莊騷太史所錄（論）（策）	宋方澄孫	1358-420-7	聽言接下之規如何（論）（策）	宋高應朶	1358-513-9
老莊管孟立意如何（論）（策）	宋吳季子	1358-423-7	天道善勝如何論（策）	宋郭拱朝	1358-516-9
天子求修正之士（論）（策）	宋潘德遠	1358-429-7	天職天功天情如何論（策）	宋朱有進	1358-519-9
陸澄臧康成之註（論）（策）	宋林德頴	1358-433-8	仲尼思存前聖之業論（策）	宋余至道	1358-522-9
李仲元貌言行如何（論）（策）	宋蕭 易	1358-437-8	大漢典籍著作如何論（策）	宋沈震孫	1358-525-9
聖人成書成言（論）（策）	宋高 山	1358-445-8	王道之端如何（論）（策）	宋陳子龍	1358-528-9
合宮衢室聽問如何（論）（策）	宋李 璜	1358-448-8	禮所損益如何論（策）	宋陳介石	1358-531-9
王道之端如何論（策）	宋李 璜	1358-545-10	河圖洛書經緯如何論（策）	宋吳有元	1358-535-10
王者之論如何（論）（策）	宋戴慶煣	1358-451-8	律呂參天兩地如何論（策）	宋詹登龜	1358-538-10
漢諸儒修藝文如何（論）（策）	宋謝奕孫	1358-454-8	天人分際如何論（策）	宋隗愉道	1358-542-10
鄭魯守經學（論）（策）	宋韓 焯	1358-457-8	廣居正位大道如何（論）（策）	宋章 鑑	1358-550-10
易象春秋周禮如何（論）（策）	宋羅志道	1358-464-8	湯文孔子聞知如何論（策）	宋黃龍友	1358-553-10
蕭瑀眞社稷臣（論）（策）	宋歐陽復亨	1358-471-8	君子之教如時雨論（策）	宋陳自然	1358-557-10
公卿議錢幣如何（論）（策）	宋陳時中	1358-476-8	教人得人謂仁如何論（策）	宋程果行	1358-560-10
			堯舜之知急先務論（策）	宋張 宗	1358-564-10

集部

制舉文：附錄

集部 制舉文：附錄

君子之志於道如何（論）（策）　宋黃印生　1358-567-10
觀乎賢聖天地如何（論）（策）　宋章祥道　1358-571-10
孝宣舉廉得眞如何論（策）　宋陳若蒙　1358-575-10
循良核實之能如何論（策）　宋何　贊　1358-578-10
世宗統一聖眞（論）（策）　宋陸　合　1358-582-10
宋理宗試策　宋陳成甫　1404-338-192
王者寬大仁厚如何論（策）　宋不著撰人　1358-548-10
述擬宏詞——漢淮陽王欽郡國討王莽文　元郝　經　1192-337-31
述擬宏詞——漢昭烈帝討吳孫權檄　元郝　經　1192-338-31
述擬宏詞——漢丞相亮諭僞魏檄　元郝　經　1192-339-31
述擬宏詞——隋晉王廣滅陳禽陳叔寶露布　元郝　經　1192-341-31
述擬宏詞——唐太宗即皇帝位赦文　元郝　經　1192-343-31
述擬宏詞——太宗伐高麗班師詔　元郝　經　1192-343-31
述擬宏詞——贈魏徵司空制　元郝　經　1192-344-31
述擬宏詞——宋璟右丞相制　元郝　經　1192-345-31
述擬宏詞——贈張巡揚州大都督制　元郝　經　1192-345-31
述擬宏詞——郭子儀賜號尚父制　元郝　經　1192-346-31
述擬宏詞——贈韓愈禮部尚書制　元郝　經　1192-346-31
述擬宏詞——追復李德裕太子少保衞國公制　元郝　經　1192-347-31
述擬宏詞——李克用破黃巢露布　元郝　經　1192-347-31
諸鎭討朱全忠檄　元郝　經　1192-349-31
鄧檢閱林廷對跋　元王義山　1193- 63-10
（殿策）對　元王義山　1193- 80-14
稼村書院（策問）　元王義山　1193- 91-15

杭州府學（策問）　元王義山　1193- 93- 15
杭州府學（策問）　元王義山　1193- 95- 15
稼村書院（策問）　元王義山　1193- 96- 15
題李太常試稿　元戴表元　1194-253- 19
制使（策問）　元陸文圭　1194-553- 3
養士（策問）　元陸文圭　1194-554- 3
士行（策問）　元陸文圭　1194-555- 3
試策（策問）　元陸文圭　1194-556- 3
科舉（策問）　元陸文圭　1194-556- 3
江浙人才（策問）　元陸文圭　1194-557- 3
課試（策問）　元陸文圭　1194-557- 3
水利（策問）　元陸文圭　1194-558- 3
水旱（策問）　元陸文圭　1194-558- 3
備荒（策問）　元陸文圭　1194-559- 3
儒學吏治（策）　元陸文圭　1194-559- 3
選舉（策）　元陸文圭　1194-563- 4
農桑（策）　元陸文圭　1194-565- 4
田制（策）　元陸文圭　1194-566- 4
流民貪吏鹽鈔法四弊（策）　元陸文圭　1194-568- 4
策問（四則）　元劉　壎　1195-491- 13
試典吏策問　元胡祗遹　1196-429- 23
御試策題——治天下之道　元趙孟頫　1196-736- 10
丁巳鄉試策問三首問
　春官周官之掌　元吳　澄　1197- 27- 2
私試策問　元吳　澄　1197- 34- 2
　　　　　　　　　　　　1367-601- 46
書何希之試策後　元程鉅夫　1202-350- 24
大都鄉試策問　元袁　桷　1203-555- 42
會試策問　元袁　桷　1203-556- 42
　　　　　　　　　　　　1367-605- 46
江浙鄉試策問　元袁　桷　1203-556- 42
策問——答高舜元春秋七問　元袁　桷　1203-557- 42
策問——答高舜元春秋四問　元袁　桷　1203-560- 42
策問——答高舜元經史疑義十二問　元袁　桷　1203-561- 42
策問——答高舜元十問　元袁　桷　1203-565- 42
書南劍謝君程文後　元袁　桷　1203-640- 48
廷試策問　元袁　桷　1367-605- 46
廷試策問　元袁　桷　1367-606- 46
策問三史　元劉岳申　1204-356- 15

四庫全書文集篇目分類索引　　2361

歷試卷（九則）	元陳　櫟	1205-363-13
會試策問	元馬祖常	1206-575- 8
		1367-609-47
擬廷試進士策問二首	元馬祖常	1206-576- 8
策問四道	元同　恕	1206-664- 1
會試策問（二則）	元虞　集	1207-307-21
		1367-606-46
廷試策問（二則）	元虞　集	1207-309-21
		1367-607-46
上都鄕試蒙古色目人策問	元黃　溍	1209-287- 3
國學蒙古色目人策問	元黃　溍	1209-288- 3
國學漢人策問	元黃　溍	1209-291- 3
江西鄕試漢人策問	元黃　溍	1209-297- 3
鄕試策問	元黃　溍	1367-611-47
江浙鄕試蒙古色目人策問	元黃　溍	1209-297- 3
江浙鄕試南人策問	元黃　溍	1209-298- 3
會試漢人南人策題	元黃　溍	1209-298- 3
策——問今天下之事有可言者多矣…	元歐陽玄	1210-137-12
策——制曰朕聞聖賢之君之治天下也…	元歐陽玄	1210-140-12
（題）彭功遠先世手澤先世之科舉文	元歐陽玄	1210-157-14
會試策問	元歐陽玄	1367-611-47
鄕試策問	元歐陽玄	1367-611-47
策問——國學私試十一首——問井田廢而阡陌開…	元柳　貫	1210-296- 7
策問——國學私試十一首——其二問自秦滅經籍…	元柳　貫	1210-297- 7
策問——國學私試十一首——其三問凡祭祀必有樂…	元柳　貫	1210-297- 7
策問——國學私試十一首——其四問自田不井疆…	元柳　貫	1210-297- 7
策問——國學私試十一首——其五問下情之通塞…	元柳　貫	1210-298- 7
策問——國學私試十一首——其六問三正之起尚矣…	元柳　貫	1210-298- 7
策問——國學私試十一首——其七問六官之屬…	元柳　貫	1210-299- 7
策問——國學私試十一首——其八問古之王者立廟以萃人心之渙…	元柳　貫	1210-299- 7
策問——國學私試十一首——其九問道馭天下之術	元柳　貫	1210-300- 7
策問——國學私試十一首——其十問儒者之學…	元柳　貫	1210-301- 7
策問——國學私試十一首——其十一問舜始命官契爲司徒…	元柳　貫	1210-301- 7
御試一首——朕觀帝王之制	元柳　貫	1210-302- 7
國學策問——問昔舜命契爲司徒…	元蒲道源	1210-675-13
國學策問——問前世之君…	元蒲道源	1210-676-13
國學策問——問古之學士大夫專守一經以爲家法…	元蒲道源	1210-676-13
國學策問——問古之有天下者不過文武二端而已…	元蒲道源	1210-676- 3
國學策問——問古之治天下者…	元蒲道源	1210-677-13
鄕試三問——問古之治天下者…	元蒲道源	1210-677-13
鄕試三問——問古之學者…	元蒲道源	1210-678-13
鄕試三問——問國家設進士之科…	元蒲道源	1210-678-13
題楊廷鎮所藏首科策題	元許有壬	1211-501-71
江西鄕試策問一道	元吳師道	1212-268-19
（策問）又	元吳師道	1212-268-19
又擬（策問）二道	元吳師道	1212-269-19
鄕校堂試策問	元吳師道	1212-271-19
國學策問四十道	元吳師道	1212-271-19
家塾策問二道	元吳師道	1212-287-19

集部　制舉文：附錄

2362　　　　　　　　　四庫全書文集篇目分類索引

集部

制舉文：附錄

至正元年大都鄉試策題	元陳　旅	1213-174-13
大部鄉試策問	元蘇天爵	1214-288-24
私試策問	元蘇天爵	1214-288-24
廷試漢人南人策問	元蘇天爵	1214-288-24
擬廷試蒙古色目策問	元蘇天爵	1214-289-24
策問	元蘇天爵	1214-289-24
元統癸酉廷對策	元余　闕	1214-409- 5
策問（五則）	元王　禮	1220-559-12
省試策	元汪克寬	1220-671- 3
省試論（策）	元汪克寬	1220-676- 3
私試策問	元趙　汸	1221-186- 2
		1375-489-38
對問江右六君子策 附慶集書後	元趙　汸	1221-188- 2
		1375-493-38
哀三良（賦）（程文）	元楊維楨	1222-147- 1
懷延陵（賦）（程文）	元楊維楨	1222-147- 1
弔伍君（賦）（程文）	元楊維楨	1222-148- 1
弔望諸君（賦）（程文）	元楊維楨	1222-149- 1
悲舒王（賦）（程文）	元楊維楨	1222-149- 1
弔陳了翁（賦）（程文）	元楊維楨	1222-150- 1
憂釋（賦）（程文）	元楊維楨	1222-150- 1
乞巧（賦）（程文）	元楊維楨	1222-151- 1
禹穴（賦）（程文）	元楊維楨	1222-153- 2
鎬京（賦）（程文）	元楊維楨	1222-153- 2
黃金臺（賦）（程文）	元楊維楨	1222-155- 2
泰時（賦）（程文）	元楊維楨	1222-156- 2
麒麟閣（賦）（程文）	元楊維楨	1222-157- 2
鳳凰池（賦）（程文）	元楊維楨	1222-158- 2
曹娥碑（賦）（程文）	元楊維楨	1222-158- 2
磨崖碑（賦）（程文）	元楊維楨	1222-159- 2
太公璜（賦）（程文）	元楊維楨	1222-160- 3
正考父鼎（賦）（程文）	元楊維楨	1222-161- 3
孔子履（賦）（程文）	元楊維楨	1222-162- 3
斬蛇劍（賦）（程文）	元楊維楨	1222-163- 3
承露桴（賦）（程文）	元楊維楨	1222-164- 3
銅雀瓦（賦）（程文）	元楊維楨	1222-165- 3
八陣圖（賦）（程文）	元楊維楨	1222-166- 3
鐵箭（賦）（程文）	元楊維楨	1222-167- 3
狩麟（賦）（程文）	元楊維楨	1222-168- 4
神羊（賦）（程文）	元楊維楨	1222-169- 4
些馬（賦）（程文）	元楊維楨	1222-170- 4
罵蝗（賦）（程文）	元楊維楨	1222-171- 4
柜鬯（賦）（程文）	元楊維楨	1222-172- 4
著草（賦）（程文）	元楊維楨	1222-173- 4
琴賦（程文）	元楊維楨	1222-173- 4
杖賦（程文）	元楊維楨	1222-174- 4
荊山璞賦（程文）	元謝一魯	1222-176-附
荊山璞賦（程文）	元孔　滄	1222-176-附
荊山璞賦（程文）	元文逢原	1222-177-附
荊山璞賦（程文）	元范　琮	1222-178-附
荊山璞賦（程文）	元陳孟賓	1222-179-附
國學私試策問	元姚登孫	1367-599-46
廷試策問	元元明善	1367-604-46
擬會試策問	元曹元用	1367-604-46
廷試策問	元王士熙	1367-609-47
大都鄉試策問	元富珠哩翀	1367-609-47
鄉試策問	元宋　本	1367-610-47
問聖學（策）	明 太 祖	1223-100-10
問天時（策）	明 太 祖	1223-100-10
問刑賞（策）	明 太 祖	1223-101-10
問堯舜禹啟（策）	明 太 祖	1223-101-10
問天地鬼神（策）	明 太 祖	1223-101-10
問人臣言行（策）	明 太 祖	1223-101-10
敕問文學之士（策）（十四則）	明 太 祖	1223-101-10
京畿鄉試策問	明宋　濂	1224-439-28
至順癸酉會試春秋義	明劉　基	1225-269-10
至順癸酉會試龍虎臺賦	明劉　基	1225-271-10
應制課僧官勅文（八則）	明宋　訥	1225-913- 8
應制課道官勅文（八則）	明宋　訥	1225-915- 8
（擬）賢良對武帝策	明王　禕	1226-275-13
應制鍾山說	明張以寧	1226-617- 4
國學公試策題八首	明蘇伯衡	1228-559- 2
		1373-773-23
郡庠公試策題	明王　行	1231-308- 2
鄉試三場（文）	明吳伯宗	1233-218- 1
會試三場文	明吳伯宗	1233-225- 1
御試策	明吳伯宗	1233-233- 1
月試策題（十九則）	明鄭　眞	1234-479-67
制策一道	明練子寧	1235- 2-上
策問十二首	明方孝孺	1235-208- 6
應制——神龜賦有序	明梁　潛	1237-184- 1

四庫全書文集篇目分類索引　2363

應制——平安南頌有序　明梁　潛　1237-185-1
應制——瑞應麒麟贊有序　明梁　潛　1237-187-1
應制——瑞應賦幷序　明梁　潛　1237-188-1
應制——西域獻獅子賦有序　明梁　潛　1237-189-1
應制——瑞應麒麟篇有序　明梁　潛　1237-189-1
白象賦應制　明楊士奇　1238-283-24
恭書御試策題後　明楊士奇　1238-574-16
（跋）元延祐初科會試程文　明楊士奇　1238-587-17
進士題名記應制作　明王　直　1241-2-1
雪中散牧圖賦應制　明王　直　1241-266-12
君子賢其賢而親其親（制義）　明李時勉　1451-11-1
試諸生策一道　明薛　瑄　1243-225-11
身有所念懥（制義）　明薛　瑄　1451-12-1
儀封人請見（制義）　明薛　瑄　1451-17-2
書朝鮮權近應制詩後　明倪　謙　1245-481-24
鄉試策二道　明倪　謙　1245-493-25
古之爲關也一章（制義）　明陳獻章　1451-68-6
今夫天一節（制義）　明岳　正　1451-43-4
延策——天下之本　明張　寧　1247-180-1
會試策問（五首）　明丘　濬　1248-163-8
擬殿試策問　明丘　濬　1248-167-8
廷試策一道　明徐　溥　1248-522-1
父子有親五句（制義）　明丘　濬　1451-52-5
周公兼夷狄…百姓寧（制義）　明丘　濬　1451-54-5
策府十科摘要——經科——六經　明何喬新　1249-2-1
策府十科摘要——經科——河圖洛書　明何喬新　1249-12-1
策府十科摘要——經科——先天後天　明何喬新　1249-14-1
策府十科摘要——經科——論詩　明何喬新　1249-15-1
策府十科摘要——經科——周禮　明何喬新　1249-16-1
策府十科摘要——經科——春秋三傳　明何喬新　1249-18-1
策府十科摘要——史科——漢唐書列傳　明何喬新　1249-19-2

策府十科摘要——史科——諸史　明何喬新　1249-20-2
策府十科摘要——史科——史記　明何喬新　1249-25-2
策府十科摘要——聖賢科——聖賢相傳心法　明何喬新　1249-26-2
策府十科摘要——聖賢科——聖學　明何喬新　1249-27-2
策府十科摘要——聖賢科——道統　明何喬新　1249-27-2
策府十科摘要——帝王科——經筵　明何喬新　1249-30-2
策府十科摘要——帝王科——帝王功德　明何喬新　1249-31-2
策府十科摘要——吏科——銓選　明何喬新　1249-34-3
策府十科摘要——吏科——爵祿　明何喬新　1249-35-3
策府十科摘要——戶科——井田　明何喬新　1249-36-3
策府十科摘要——戶科——荒政　明何喬新　1249-38-3
策府十科摘要——禮科——郊廟　明何喬新　1249-39-3
策府十科摘要——禮科——律呂　明何喬新　1249-42-3
策府十科摘要——兵科——兵法　明何喬新　1249-44-3
策府十科摘要——兵科——兵制　明何喬新　1249-46-3
策府十科摘要——刑科——刑制　明何喬新　1249-48-3
策府十科摘要——刑科——法律　明何喬新　1249-48-3
策府十科摘要——工科——水利　明何喬新　1249-50-3
策府十科摘要——工科——屯田　明何喬新　1249-51-3
應天府鄉試策問二首　明李東陽　1250-412-38
順天府鄉試策問三首　明李東陽　1250-413-38
會試策問三首　明李東陽　1250-414-38
豐年頌閣試　明李東陽　1250-416-38
西北備邊事宜狀閣試　明李東陽　1250-419-39
私試策問十六首　明李東陽　1250-761-72

集部　制舉文：附錄

集部 制舉文：附錄

篇名	作者	索引號
欲罷不能（制義）	明李東陽	1451- 22- 2
所謂故國者一章（制義）	明李東陽	1451- 48- 5
由堯舜至於湯 三節（制義）	明李東陽	1451- 71- 6
耕藉田賦 內閣試題	明倪 岳	1251- 5- 1
炎暑賦 內閣試	明倪 岳	1251- 7- 1
望雪辭 內閣試題	明倪 岳	1251- 9- 1
鄉問試策問三首	明倪 岳	1251-270-20
武學公試策問二首	明倪 岳	1251-272-20
廷試策	明羅 倫	1251-632- 1
哀公問社於宰我一章（制義）	明羅 倫	1451- 15- 2
昔者先王以爲東蒙主 四句（制義）	明羅 倫	1451- 31- 3
三月無君則弔 四節（制義）	明羅 倫	1451- 53- 5
制策	明程敏政	1252-162- 9
應天府鄉試策問（五則）	明程敏政	1252-177-10
考教職策問（三則）	明程敏政	1252-181-10
會試策問（五則）	明程敏政	1252-182-10
國子監策士（二則）	明章 懋	1254- 72- 3
內閣試諸葛草廬記	明黃仲昭	1254-413- 3
內閣試謙樓記	明黃仲昭	1254-414- 3
書羅生君行仁政斯民親其上死其長題目	明賀 欽	1254-683- 6
書俞洪（時）文後	明賀 欽	1254-684- 6
策問	明賀 欽	1254-696- 7
禮部試擬宋以范仲淹爲樞密副使謝表	明吳 寬	1255-417-46
擬頒賜重刊貞觀政要謝表	明吳 寬	1255-418-46
擬功臣子孫襲封謝恩表	明吳 寬	1255-419-46
跋王允達廷試策	明吳 寬	1255-459-50
恭題進士王奎所藏制策題	明吳 寬	1255-480-52
恭題尚書秦公所受制策題後	明吳 寬	1255-504-55
子在齊聞韶（制義）	明吳 寬	1451- 20- 2
不幸而有疾…景丑氏宿焉（制義）	明吳 寬	1451- 49- 5
君賜食（制義）	明王 鏊	1451- 23- 2
百姓足君孰與不足（制義）	明王 鏊	1451- 26- 3
邦有道危言危行（制義）	明王 鏊	1451- 28- 3
邦君之妻 一節（制義）	明王 鏊	1451- 32- 3
武王纘大王…及士庶人（制義）	明王 鏊	1451- 40- 4
周公兼夷狄…百姓寧（制義）	明王 鏊	1451- 55- 5
周公思兼三王以施四事（制義）	明王 鏊	1451- 58- 6
晉之乘 二節（制義）	明王 鏊	1451- 59- 6
吾聞其以堯舜之道要湯 一節（制義）	明王 鏊	1451- 61- 6
附於諸侯曰附庸（制義）	明王 鏊	1451- 62- 6
大國地方百里 三節（制義）	明王 鏊	1451- 63- 6
桃應問曰 一章（制義）	明王 鏊	1451- 66- 6
吾十有五而志于學一章（制義）	明蔡 清	1451- 13- 2
天命之謂性 一章（制義）	明蔡 清	1451- 36- 4
私試策問	明邵 寶	1258- 91-10
江西小試策問（十一則）	明邵 寶	1258- 92-10
小試諸生策問(四則)	明邵 寶	1258-232- 1
日新齋記 庶吉士考題	明羅 玘	1259-163-11
擬策問一首	明羅 玘	1259-270-21
爲臣不易（論）正德丁卯順天鄉試程式	明吳 儼	1259-396- 3
策問（六則）	明鄒 智	1259-448- 2
策問二首（一問刑書之制…）	明祝允明	1260-520-11
策問二首（二問盜賊之端…）	明祝允明	1260-520-11
策問（四則）	明顧 清	1261-735-32
擬策（問二則）	明顧 清	1261-738-32
學而不思則罔一節（制義）	明顧 清	1451- 14- 2
子謂韶盡美矣二句（制義）	明顧 清	1451- 18- 2
由堯舜至於湯一章（制義）	明顧 清	1451- 70- 6
管仲相桓公四句（制義）	明李夢陽	1451- 29- 3

四庫全書文集篇目分類索引

集部

制舉文：附錄

策問三道　　明顧　璘　1263-606- 9
題湯大行殿試策問下　明王守仁　1265-663-24
山東鄉試錄——（四書）所謂大臣者以道事君不可則止　明王守仁　1265-856-31下
山東鄉試錄——（四書）齊明盛服非禮不動所以修身也　明王守仁　1265-857-31下
山東鄉試錄——（四書）禹思天下有溺者由己溺之也稷思天下有饑者由己饑之也　明王守仁　1265-858-31下
山東鄉試錄——（易）先天而天弗違後天而奉天時　明王守仁　1265-858-31下
山東鄉試錄——（易）河出圖洛出書聖人則之　明王守仁　1265-859-31下
山東鄉試錄——（書）王懋昭大德建中于民以義制事…能自得師者王　明王守仁　1265-860-31下
山東鄉試錄——（書）繼自今立政其勿以憸人其惟吉士　明王守仁　1265-861-31下
山東鄉試錄——（詩）不遐啟居獫狁之故　明王守仁　1265-861-31下
山東鄉試錄——（詩）孔曼且碩萬民是若　明王守仁　1265-862-31下
山東鄉試錄——（春秋）楚子入陳宣公十一年 …同盟于清丘 俱宣公十二年　明王守仁　1265-863-31下
山東鄉試錄——（春秋）楚子蔡侯陳侯許男頓子沈子徐人越人伐吳昭公五年　明王守仁　1265-864-31下
山東鄉試錄——（禮記）君子慎其所以與人者　明王守仁　1265-865-31下
山東鄉試錄——（禮記）心好之身必安之君好之民必欲之　明王守仁　1265-866-31下
山東鄉試錄——(論）人君之心惟在所養　明王守仁　1265-867-31下
山東鄉試錄——擬唐張九齡上千秋金鑑錄表　明王守仁　1265-869-31下
山東鄉試錄——策五道　明王守仁　1265-870-31下
志士仁人一節（制義）　明王守仁　1451- 30- 3
詩云鳶飛戾天 一節（制義）　明王守仁　1451- 39- 4
子喩不得與人燕 二句（制義）　明王守仁　1451- 50- 5
制策 附李西涯張太微跋　明康　海　1266-320- 1
九問（策問）　明何　瑭　1266-602- 9
策問二首——一問國家養士於太學…　明崔　銑　1267-457- 4
策問二首——問周子曰志伊尹之所志…　明崔　銑　1267-457- 4
夫世祿 四節（制義）　明崔　銑　1451- 51- 5
應制擬撰皇天上帝册文　明陸　深　1268-160- 26
應制擬撰請慈表　明陸　深　1268-163- 26
國學策問五首　明陸　深　1268-207- 33
山西策問八首　明陸　深　1268-208- 33
策 癸亥南監季考　明陸　深　1268-541- 85
正德八年山西鄉試（四則）　明韓邦奇　1269-492- 9
嘉靖七年順天府鄉試（三則）　明韓邦奇　1269-503- 9
正德辛未殿試策　明楊　慎　1404-325-191
策問二首　明薛　蕙　1272-121- 10
策秀才文二首　明高叔嗣　1273-647- 8
山西鄉試策問二首　明高叔嗣　1273-648- 8
不得中行而與之一節（制義）　明王慎中　1451-118- 3
詔修濬通州閘河議——閣試　明陸　粲　1274-686- 7
殿試策　明羅洪先　1275- 5- 1
廷試策一道　明唐順之　1276-185- 1
此之謂絜矩之道合下十六節（制義）　明唐順之　1451- 79- 1
吾與回言終日一節（制義）　明唐順之　1451- 89- 2
君子喩於義 一節（制

集部 制舉文：附錄

義）　　　　　　　　　明唐順之　1451- 97- 2

三仕爲令尹 六句（制義）　　　　　　明唐順之　1451- 99- 2

顏淵喟然歎曰一章（制義）　　　　　　明唐順之　1451-105- 2

入公門一章（制義）　明唐順之　1451-107- 2

季路問事鬼神一節（制義）　　　　　　明唐順之　1451-113- 3

請問其目一節（制義）　明唐順之　1451-115- 3

克伐怨欲不行焉一章（制義）　　　　　明唐順之　1451-119- 3

一匡天下（制義）　　明唐順之　1451-121- 3

素隱行怪一章（制義）　明唐順之　1451-136- 4

武王纘太王 二節（制義）　　　　　　明唐順之　1451-141- 4

見乎蓍龜二句（制義）　明唐順之　1451-150- 4

善必先知之 三句（制義）　　　　　　明唐順之　1451-151- 4

昔者太王居邠合下二節（制義）　　　　明唐順之　1451-165- 5

有故而去五句（制義）　明唐順之　1451-175- 6

匹夫而有天下者二節（制義）　　　　　明唐順之　1451-178- 6

牛山之木嘗美矣二節（制義）　　　　　明唐順之　1451-185- 6

子莫執中一節（制義）　明唐順之　1451-192- 6

盡信書一章（制義）　明唐順之　1451-194- 6

可以言而不言二句（制義）　　　　　　明唐順之　1451-197- 6

殿試策一道　　　　　明王立道　1277-736- 1

鄉會試策十道　　　　明王立道　1277-741- 1

方今時務何爲大論御試文華殿　　　　　明王立道　1277-754- 2

君子務實勝論閣試　　明王立道　1277-756- 2

聖人至公至神之化會試　明王立道　1277-873- 0

擬文華殿新造九五齋恭默室成廷臣賀表會試　　　　　　　　明王立道　1277-887- 0

策問成帝罷中書宦官高宗遣天竺方士歸國何如　　　　　　　明王立道　1277-889- 0

問王蘇德學何如（策）　明王立道　1277-890- 0

問陳蕃薦五處士詔徵皆不至夫五人者之行果有可稱者歟其

不至豈各有所見歟（策）　　　　　　明王立道　1277-891- 0

問程朱之門人衆矣願詳其行義而推其善學者（策）　　　　　明王立道　1277-892- 0

問西安三學諸生策——問九則安錯大氣焉…　　　　　　　明李攀龍　1278-495- 25

問華渭諸生策——問潼關於殽函…　　明李攀龍　1278-496- 25

策（八則）　　　　　明王世貞　1280-779-114

策——山西第一問　　明王世貞　1280-788-114

策——（山西）第二問　　　　　　　明王世貞　1280-790-114

策——山西第三至五問　　　　　　　明王世貞　1280-794-115

策——湖廣第一問　　明王世貞　1280-803-115

策——湖廣第二至五問　　　　　　　明王世貞　1280-806-116

待其人而後行 二節（制義）　　　　　明王世貞　1451-153- 4

天下大悅…咸以正無缺（制義）　　　　明王世貞　1451-170- 5

策問　　　　　　　　明王　樵　1285-371- 13

夫子之道二句（制義）　明王　樵　1451- 96- 2

子張問明一節（制義）　明王　樵　1451-116- 3

故君子不可以不修身一節（制義）　　　明王　樵　1451-149- 4

誠者非自成己而已也一節（制義）　　　明王　樵　1451-152- 4

治黎策　　　　　　　明海　瑞　1286-199- 8

策問（二則）　　　　明胡　直　1287-425- 17

應制——士立朝以正直忠厚爲本（論）　明歸有光　1289-422- 1

應制——太極在先天範圍之內（論）　　明歸有光　1289-425- 1

應制——泰伯至德（論）　　　　　　明歸有光　1289-427- 1

應制——忠恕違道不遠（論）　　　　明歸有光　1289-429- 1

應制——君子尊德性而道問學（論）　　明歸有光　1289-430- 1

應制——六言六蔽（論）　　　　　　明歸有光　1289-432- 1

應制——聖人之心公

四庫全書文集篇目分類索引

天下（論）　　明歸有光　1289-434-　1
應制——史稱安陋素行何如（論）　　明歸有光　1289-436-　1
應制——孟子叙道統而不及周公顏子（論）　　明歸有光　1289-438-　1
應制——乞醯（論）　　明歸有光　1289-440-　1
應制——聖人之心無窮（論）　　明歸有光　1289-441-　1
應制——王天下有三重（論）　　明歸有光　1289-443-　1
應制——明君恭已而成功（論）　　明歸有光　1289-446-　1
嘉靖庚子科鄉試對策五道　　明歸有光　1289-450-2上
隆慶元年浙江程策四道　　明歸有光　1289-461-2上
浙省策問對二道　　明歸有光　1289-475-2下
河南策問對二道　　明歸有光　1289-480-2下
策問二十二道　　明歸有光　1289-495-　3
大學之道一節其三（制義）　　明歸有光　1451- 74-　1
古之欲明明德於天下者二節其二（制義）　　明歸有光　1451- 77-　1
生財有大道一節其二（制義）　　明歸有光　1451- 81-　1
子禽問於子貢一章（制義）　　明歸有光　1451- 84-　2
禮之用一節（制義）　　明歸有光　1451- 85-　2
詩三百一節（制義）　　明歸有光　1451- 86-　2
吾十有五而志于學一章（制義）　　明歸有光　1451- 87-　2
多聞闕疑二段（制義）　　明歸有光　1451- 90-　2
夏禮吾能言之四句（制義）　　明歸有光　1451- 91-　2
周監於二代一節（制義）　　明歸有光　1451- 93-　2
子入大廟一節（制義）　　明歸有光　1451- 94-　2
天將以夫子爲木鐸（制義）　　明歸有光　1451- 95-　2
舜有臣五人而天下治（制義）　　明歸有光　1451-103-　2
先進於禮樂一章（制義）　　明歸有光　1451-112-　3
所謂大臣者一節（制義）　　明歸有光　1451-114-　3
顏淵問爲邦…樂則韶舞（制義）　　明歸有光　1451-124-　3
性相近也一節（制義）　　明歸有光　1451-127-　3
喜怒哀樂之未發二節（制義）　　明歸有光　1451-134-　4
舜其大知也與一節（制義）　　明歸有光　1451-135-　4
雖聖人亦有所不知焉（制義）　　明歸有光　1451-139-　4
周公成文武之德…及士庶人（制義）　　明歸有光　1451-143-　4
郊社之禮一節（制義）　　明歸有光　1451-146-　4
小德川流二句（制義）　　明歸有光　1451-155-　4
是以聲名洋溢乎中國一節（制義）　　明歸有光　1451-157-　4
權然後知輕重…心爲甚（制義）　　明歸有光　1451-163-　5
爲我作君臣相說之樂…好君也（制義）　　明歸有光　1451-164-　5
父子有親五句（制義）　　明歸有光　1451-167-　5
執不爲事一節（制義）　　明歸有光　1451-173-　6
天子一位一節（制義）　　明歸有光　1451-181-　6
詩曰天生烝民一節（制義）　　明歸有光　1451-184-　6
堯舜之道二句（制義）　　明歸有光　1451-187-　6
宋牼將之楚一章（制義）　　明歸有光　1451-188-　6
有安社稷臣者一節（制義）　　明歸有光　1451-191-　6
君子之於物也一節（制義）　　明歸有光　1451-193-　6
策一首——問士稱文章學問尙矣…　　明胡應麟　1290-727-100
策問——兵機　　明胡應麟　1290-732-100
策問——時務　　明胡應麟　1290-733-100
閣試經筵賦　　明于慎行　1291-183- 20
　　　　　　　　　　　　1420-235- 52
策問　　明余繼登　1291-945-　7
誠者自成也一章（制義）　　明顧憲成　1451-263-　4
惟仁者爲能以小事大二段（制義）　　明顧憲成　1451-269-　5
舉舜而敷治焉合下二節（制義）　　明顧憲成　1451-283-　5

集部

制舉文：附錄

2368　　　　　　　　　　四庫全書文集篇目分類索引

集部　制舉文：附錄

敢問交際何心也 一章（制義）　明顧憲成　1451-301- 6
盡其心者 一節（制義）　明顧憲成　1451-307- 6
廷試制科　明顧允成　1292-254- 1
是以君子有絜矩之道也…忠信以得之（制義）　明顧允成　1451-203- 1
舜亦以命禹（制義）　明顧允成　1451-251- 3
論荀卿非十二子 閣試　明馮從吾　1293-243- 14
聖之時論 館課　明馮從吾　1293-245- 14
薦舉策　明曹于汴　1293-794- 10
仁體箋　明曹于汴　1293-797- 10
書徐汝廉一題六義後　明婁 堅　1295-285- 25
徐思曠制義序　明李流芳　1295-356- 7
徐陵如制義序　明李流芳　1295-358- 7
王質行制義序　明范景文　1295-521- 5
江西丁卯鄉試策問（二則）　明倪元璐　1297- 55- 5
視學及士習文體策　明倪元璐　1297- 61- 5
直道而事人四句（制義）　明凌義渠　1451-439- 5
舜發於畎畝之中 一章（制義）　明凌義渠　1451-557- 9
策（五則）　明黃淳耀　1297-744- 8
所謂齊其家 一章（制義）　明黃淳耀　1451-323- 1
詩云節彼南山 二節（制義）　明黃淳耀　1451-326- 1
秦誓曰四節（制義）　明黃淳耀　1451-327- 1
人而無信一節（制義）　明黃淳耀　1451-343- 2
見義不爲無勇也（制義）　明黃淳耀　1451-345- 2
齊一變 一節（制義）　明黃淳耀　1451-374- 3
管仲非仁者與 一章（制義）　明黃淳耀　1451-411- 4
射有似乎君子 一節（制義）　明黃淳耀　1451-452- 6
鬼神之爲德一章（制義）　明黃淳耀　1451-454- 6
莊暴見孟子曰 一章（制義）　明黃淳耀　1451-485- 7
文王之囿 一章（制義）　明黃淳耀　1451-486- 7
得百里之地而君之…皆不爲也（制義）　明黃淳耀　1451-497- 7
孟子之平陸 一章（制義）　明黃淳耀　1451-502- 7
孟子謂戴不勝曰 一章（制義）　明黃淳耀　1451-515- 7
諸侯放恣二句（制義）　明黃淳耀　1451-518- 7
子產聽鄭國之政 一章（制義）　明黃淳耀　1451-530- 8
乃若其情二節（制義）　明黃淳耀　1451-546- 8
高子曰小弁 一章（制義）　明黃淳耀　1451-554- 9
强恕而行二句（制義）　明黃淳耀　1451-559- 9
桃應問曰 一章（制義）　明黃淳耀　1451-566- 9
百問策　明陳 實　530-479- 69
弘治壬戌科殿試策　明康 海　1404-320-191
嘉靖壬辰殿試策　明林大欽　1404-330-191
管仲之器小哉 一章（制義）　明商 輅　1451- 16- 2
好仁者無以尚之 二段（制義）　明錢 福　1451- 19- 2
遜之事父 一節（制義）　明錢 福　1451- 33- 3
父爲大夫…無貴賤一也（制義）　明錢 福　1451- 42- 4
孔子登東山而小魯一節（制義）　明錢 福　1451- 65- 6
春秋無義戰 一章（制義）　明錢 福　1451- 67- 6
經正…斯無邪慝矣（制義）　明錢 福　1451- 69- 6
陳司敗問昭公知禮乎 一章（制義）　明顧鼎臣　1451- 21- 2
出門如見大賓二句（制義）　明趙 寬　1451- 25- 3
鄉人皆好之 一節（制義）　明王 恕　1451- 27- 3
是故君子戒愼乎其所不睹 二句（制義）　明儲 巏　1451- 37- 4
致中和 一節（制義）　明羅 圮　1451- 38- 4
武王纘大王一節　明楊 慈　1451- 41- 4
考諸三王而不繆合下節（制義）　明程 楷　1451- 44- 4
建諸天地而不悖 二句（制義）　明孫紹先　1451- 45- 4
老者衣帛食肉 四句（制義）　明靳 貴　1451- 46- 5
天子適諸侯曰巡狩 六句（制義）　明董 越　1451- 47- 5

四庫全書文集篇目分類索引　2369

禹惡旨酒一章（制義）　明唐　寅　1451-57-　6
予未得爲孔子徒也一節（制義）　明董　圮　1451-60-　6
舜發於畎畝之中一節（制義）　明朱希周　1451-64-　6
知止而后有定 一節（制義）　明王錫爵　1451-76-　1
詩云不忮不忘一節（制義）　明王錫爵　1451-172-　6
君子賢其賢而親其親 二句（制義）　明薛應旂　1451-78-　1
魯一變至於道（制義）　明薛應旂　1451-100-　2
生財有大道 一節（制義）　明張居正　1451-80-　1
先進於禮樂 一章（制義）　明張居正　1451-111-　3
未有上好仁 一節（制義）　明吳　歆　1451-82-　1
周監於二代 一節（制義）　明孫　陞　1451-92-　2
德不孤必有鄰（制義）　明諸　燮　1451-98-　2
夫婦之愚 八句（制義）　明諸　燮　1451-137-　4
明乎郊社之禮三句（制義）　明諸　燮　1451-147-　4
天下之言性也一節（制義）　明諸　燮　1451-177-　6
夫子爲衞君乎一章（制義）　明許孚遠　1451-101-　2
故君子名之必可言也一節（制義）　明許孚遠　1451-117-　3
君子上達（制義）　明許孚遠　1451-122-　3
胐胐其仁（制義）　明許孚遠　1451-159-　4
聖人吾不得而見之矣一章（制義）　明鄒守益　1451-102-　2
賓退一節（制義）　明金九皐　1451-106-　2
鄉人飮酒一節（制義）　明茅　坤　1451-108-　2
謹權量二句（制義）　明茅　坤　1451-128-　3
周公成文武之德⋯及士庶人（制義）　明茅　坤　1451-142-　4
無曲防三句（制義）　明茅　坤　1451-189-　6
君賜食一節（制義）　明湯日新　1451-109-　2
孟公綽一節（制義）　明王世懋　1451-120-　3
天子一位 六節（制義）　明王世懋　1451-180-　6
以直報怨 二句（制義）　明錢有威　1451-123-　3
所以動心忍性 二句（制義）　明錢有威　1451-190-　6
事君敬其事而後其食（制義）　明瞿景淳　1451-125-　3
道也者 二節（制義）　明瞿景淳　1451-132-　4
仁之實 一章（制義）　明瞿景淳　1451-174-　6
武王不泄邇 一節（制義）　明瞿景淳　1451-176-　6
天子一位六節（制義）　明瞿景淳　1451-179-　6
口之於味也 一章（制義）　明瞿景淳　1451-195-　6
邦君之妻一節（制義）　明周思兼　1451-126-　3
修道之謂教⋯致中和（制義）　明陸樹聲　1451-131-　4
不見諸侯何義 一章（制義）　明陸樹聲　1451-168-　5
無憂者 一章（制義）　明張　元　1451-140-　4
殺人以梃與刃 三節（制義）　明張　元　1451-162-　5
春秋修其祖廟一節（制義）　明傅夏器　1451-144-　4
宗廟之禮 二句（制義）　明傅夏器　1451-145-　4
人道敏政一節（制義）　明陳　棟　1451-148-　4
詩曰天生烝民 一節（制義）　明陳　棟　1451-183-　6
仲尼祖述堯舜 一章（制義）　明潘仲駿　1451-154-　4
惟天下至誠⋯夫焉有所倚（制義）　明項　喬　1451-158-　4
寡人之於國也 一章（制義）　明尤　瑛　1451-161-　5
舉舜而敷治焉 合下二節（制義）　明陳思育　1451-166-　5
使禹治之一節（制義）　明江汝璧　1451-169-　5
物交物 二句（制義）　明唐　龍　1451-186-　6
逃墨必歸於楊一章（制義）　明胡　定　1451-196-　6
惡侫恐其亂義也 二句（制義）　明胡　定　1451-198-　6
身修而后家齊 合下節（制義）　明黃洪憲　1451-201-　1
見賢而不能舉 一節（制義）　明黃洪憲　1451-205-　1
生財有大道 一節（制義）　明黃洪憲　1451-207-　1
季文子三思而後行一

集部

制舉文：附錄

四庫全書文集篇目分類索引

集部

制舉文：附錄

篇目	作者	索引號
節（制義）	明黃洪憲	1451-222- 2
君子和而不同（制義）	明黃洪憲	1451-237- 3
邪人日四句（制義）	明黃洪憲	1451-275- 5
唐誥曰克明德一章（制義）	明胡友信	1451-202- 1
小人之使爲國家四句（制義）	明胡友信	1451-209- 1
臣事君以忠（制義）	明胡友信	1451-215- 2
參乎吾道一以貫之一章（制義）	明胡友信	1451-218- 2
天下有道一章（制義）	明胡友信	1451-245- 3
天地位焉二句（制義）	明胡友信	1451-254- 4
及其至也二句（制義）	明胡友信	1451-255- 4
郊社之禮一節（制義）	明胡友信	1451-260- 4
雖有其位一節（制義）	明胡友信	1451-265- 4
是故君子篤恭而天下平（制義）	明胡友信	1451-266- 4
淶水者禹掘地而注之海（制義）	明胡友信	1451-288- 5
聖人之於天道也（制義）	明胡友信	1451-310- 6
詩云節彼南山 二節（制義）	明方應祥	1451-204- 1
邦有道貧且賤焉恥也（制義）	明方應祥	1451-227- 2
朋友之饋一節（制義）	明方應祥	1451-230- 2
唯女子與小人爲難養也一節（制義）	明方應祥	1451-248- 3
夫蚓一節（制義）	明方應祥	1451-291- 5
生財有大道一節（制義）	明鄧以讚	1451-206- 1
先進於禮樂一章（制義）	明鄧以讚	1451-233- 3
禮樂不興二句（制義）	明鄧以讚	1451-236- 3
孟獻子曰一節（制義）	明陶望齡	1451-208- 1
子問公叔文子一章（制義）	明陶望齡	1451-238- 3
君子無衆寡一段（制義）	明陶望齡	1451-252- 3
告子曰不得於言…無暴其氣（制義）	明陶望齡	1451-278- 5
民事不可緩也 三節（制義）	明陶望齡	1451-281- 5
聖人之行不同也 合下節（制義）	明陶望齡	1451-298- 6
其爲人也孝弟一章（制義）	明馮夢禎	1451-211- 2
管仲之器小哉一章（制義）	明馮夢禎	1451-216- 2
我亦欲正人心一節（制義）	明馮夢禎	1451-289- 5
子張問十世一章（制義）	明孫鑛	1451-212- 2
非其鬼而祭之諂也（制義）	明趙南星	1451-213- 2
齊景公有馬千駟一節（制義）	明趙南星	1451-246- 3
鄙夫可與事君也與哉一章（制義）	明趙南星	1451-247- 3
脅肩諂笑二句（制義）	明趙南星	1451-287- 5
賜也爾愛其羊一節（制義）	明張以誠	1451-214- 2
愚而好自用一章（制義）	明張以誠	1451-264- 4
我未見好仁者一章（制義）	明湯顯祖	1451-217- 2
父爲大夫八句（制義）	明湯顯祖	1451-259- 4
故太王事獯鬻 二句（制義）	明湯顯祖	1451-270- 5
左右皆曰賢未可也（制義）	明湯顯祖	1451-272- 5
昔者大王居邠…去之岐山之下居焉（制義）	明湯顯祖	1451-274- 5
其君子實玄黃於匪四句（制義）	明湯顯祖	1451-286- 5
民之歸仁也二節（制義）	明湯顯祖	1451-294- 6
事君數一節（制義）	明吳化	1451-219- 2
子使漆雕開仕一節（制義）	明董其昌	1451-220- 2
知者樂水一節（制義）	明董其昌	1451-224- 2
聖人之行不同也 合下節（制義）	明董其昌	1451-299- 6
由孔子而來一節（制義）	明董其昌	1451-313- 6
晏平仲善與人交一節（制義）	明歸子慕	1451-221- 2
公西華曰正唯弟子不能學也（制義）	明歸子慕	1451-225- 2

四庫全書文集篇目分類索引　2371

四十五十而無聞焉二句（制義）　明歸子慕　1451-229-　2
直道而事人 四句（制義）　明歸子慕　1451-249-　3
無政事則財用不足（制義）　明歸子慕　1451-309-　6
中人以上一節（制義）　明周宗建　1451-223-　2
民可使由之 一節（制義）　明錢　岱　1451-226-　2
禹吾無間然矣 一節　明王　衡　1451-228-　2
非禮勿視四句（制義）　明鄒德溥　1451-234-　3
先王無流連之樂 二節（制義）　明鄒德溥　1451-271-　5
孔子有見行可之仕三句（制義）　明鄒德溥　1451-303-　6
樊遲問仁一章（制義）　明郭正域　1451-235-　3
公叔文子之臣大夫僎一節（制義）　明孫慎行　1451-239-　3
人無遠慮一節（制義）　明劉一焜　1451-240-　3
吾之於人也 一章（制義）　明王堯封　1451-241-　3
吾之於人也一章（制義）　明馬　懋　1451-242-　3
吾猶及史之闕文也二句（制義）　明顧天埈　1451-243-　3
伊尹相湯以王於天下一節（制義）　明顧天埈　1451-296-　6
知及之一章（制義）　明吳　默　1451-244-　3
故大德二節（制義）　明吳　默　1451-258-　4
周公謂魯公曰 一節（制義）　明石有恒　1451-250-　3
鬼神之爲德一節（制義）　明方大美　1451-256-　4
舜其大孝也與一章（制義）　明萬國欽　1451-257-　4
動則變變則化（制義）　明張魯唯　1451-261-　4
動乎四體（制義）　明黃汝亨　1451-262-　4
交鄰國有道乎一章（制義）　明王士騏　1451-268-　5
東面而征西夷怨…霆也（制義）　明沈　演　1451-273-　5
必有事焉…勿助長也　明沈　演　1451-279-　5
饑者易爲食…猶解倒懸也（制義）　明葛寅亮　1451-276-　5
告子曰不得於言…無

暴其氣（制義）　明潘士藻　1451-277-　5
孟子之平陸 一章（制義）　明張　榜　1451-280-　5
設爲庠序學校以教之九節（制義）　明林齊聖　1451-282-　5
舉舜而敷治焉 合下二節（制義）　明張　棟　1451-284-　5
有攸不爲臣東征（制義）　明姚希孟　1451-285-　5
我亦欲正人心一節（制義）　明蘇　濬　1451-290-　5
象日以殺舜爲事 一章（制義）　明徐日久　1451-295-　6
周室班爵祿也一章（制義）　明徐日久　1451-300-　6
吾豈若使是君爲堯舜之君哉 合下節（制義）　明田一儁　1451-297-　6
敢問交際何心也一章（制義）　明許　獬　1451-302-　6
仕非爲貧也 一章（制義）　明郝　敬　1451-304-　6
乃若其情四節（制義）　明郝　敬　1451-306-　6
生之謂性一章（制義）　明魏大中　1451-305-　6
無欲其所不欲（制義）　明李繼貞　1451-308-　6
有布縷之征…緩其二（制義）　明李維楨　1451-311-　6
人皆有所不忍…仁也（制義）　明左光斗　1451-312-　6
欲齊其家者 二句（制義）　明陳際泰　1451-317-　1
欲正其心者 四句（制義）　明陳際泰　1451-318-　1
所藏乎身不恕 三句　明陳際泰　1451-324-　1
學而時習之一節（制義）　明陳際泰　1451-331-　2
因不失其親二句（制義）　明陳際泰　1451-335-　2
言寡尤 三句（制義）　明陳際泰　1451-339-　2
書云孝乎一節（制義）　明陳際泰　1451-342-　2
射不主皮一節（制義）　明陳際泰　1451-351-　2
賜也爾愛其羊 一節（制義）　明陳際泰　1451-352-　2
關雎樂而不淫一節（制義）　明陳際泰　1451-354-　2

集部　制舉文：附錄

集部

制舉文：附錄

事君數 一節（制義） 明陳際泰 1451-363- 3

季康子問仲由 一節（制義） 明陳際泰 1451-372- 3

自行束修以上 一節（制義） 明陳際泰 1451-376- 3

動容貌斯遠暴慢矣（制義） 明陳際泰 1451-379- 3

吾有知乎哉一節（制義） 明陳際泰 1451-382- 3

君子質而已矣 二句（制義） 明陳際泰 1451-394- 4

事不成 二句（制義） 明陳際泰 1451-401- 4

禮樂不興 二句（制義） 明陳際泰 1451-402- 4

定公問一言而可以興邦 一章（制義） 明陳際泰 1451-404- 4

如知爲君之難也 一節（制義） 明陳際泰 1451-405- 4

晉文公譎而不正 一節（制義） 明陳際泰 1451-410- 4

仲叔圉治賓客 三句（制義） 明陳際泰 1451-412- 4

其言之不怍 一節（制義） 明陳際泰 1451-413- 4

直哉史魚一章（制義） 明陳際泰 1451-416- 4

羣居終日一節（制義） 明陳際泰 1451-418- 5

蓋均無貧三句（制義） 明陳際泰 1451-427- 5

邦居之妻一節（制義） 明陳際泰 1451-432- 5

好信不好學 二句（制義） 明陳際泰 1451-433- 5

好直不好學 二句（制義） 明陳際泰 1451-434- 5

故舊無大故 二句（制義） 明陳際泰 1451-442- 5

上失其道四句（制義） 明陳際泰 1451-445- 5

體物而不可遺（制義） 明陳際泰 1451-455- 6

文武之政二句（制義） 明陳際泰 1451-461- 6

五者天下之達道也（制義） 明陳際泰 1451-462- 6

尊賢則不惑（制義） 明陳際泰 1451-465- 6

獲乎上有道 三句（制義） 明陳際泰 1451-472- 6

博學之 四句（制義） 明陳際泰 1451-474- 6

動乎四體（制義） 明陳際泰 1451-479- 6

齊人伐燕勝之…二章（制義） 明陳際泰 1451-489- 7

君子創業垂統爲可繼也（制義） 明陳際泰 1451-490- 7

雖有智慧 二句 明陳際泰 1451-492- 7

學不厭智也（制義） 明陳際泰 1451-495- 7

前日於齊一章（制義） 明陳際泰 1451-500- 7

有官守者四句（制義） 明陳際泰 1451-503- 7

人倫明於上 二句其一（制義） 明陳際泰 1451-507- 7

人倫明於上 二句其二（制義） 明陳際泰 1451-508- 7

詩云周雖舊邦 四句（制義） 明陳際泰 1451-509- 7

鄉田同井五句（制義） 明陳際泰 1451-512- 7

昔者禹抑洪水而天下平 一節（制義） 明陳際泰 1451-519- 7

規矩方員之至也 一章（制義） 明陳際泰 1451-523- 8

天下有道四節（制義） 明陳際泰 1451-527- 8

惟大人爲能格君心之非（制義） 明陳際泰 1451-529- 8

匡章通國皆稱不孝焉 一章（制義） 明陳際泰 1451-536- 8

充類至義之盡也 其一（制義） 明陳際泰 1451-541- 8

爲之兆也（制義） 明陳際泰 1451-542- 8

五霸桓公爲盛 三句（制義） 明陳際泰 1451-556- 9

人之有德慧術知者一節（制義） 明陳際泰 1451-562- 9

人能充無受爾汝之實 一節（制義） 明陳際泰 1451-573- 9

爲人臣止於敬 其一（制義） 明楊以任 1451-319- 1

爲人臣止於敬 其二（制義） 明楊以任 1451-320- 1

君使臣以禮 二句（制義） 明楊以任 1451-353- 2

富與貴 一章（制義） 明楊以任 1451-359- 3

子貢問政一章（制義） 明楊以任 1451-391- 4

足食足兵民信之矣（制義） 明楊以任 1451-393- 4

隱居以求其志 二句（制義） 明楊以任 1451-431- 5

聖人人倫之至也（制義） 明楊以任 1451-524- 8

十目所視二節（制義） 明金 聲 1451-321- 1
爲之者疾二句（制義） 明金 聲 1451-329- 1
節用而愛人（制義） 明金 聲 1451-333- 2
夫子溫良恭儉讓以得之（制義） 明金 聲 1451-334- 2
未若貧而樂 二句（制義） 明金 聲 1451-337- 2
巧笑倩兮一章（制義） 明金 聲 1451-347- 2
射不主皮一節（制義） 明金 聲 1451-350- 2
子路有聞一節（制義） 明金 聲 1451-366- 3
季康子問仲由 一節（制義） 明金 聲 1451-371- 3
今也純儉吾從衆（制義） 明金 聲 1451-381- 3
德行 一節（制義） 明金 聲 1451-385- 4
季路問事鬼神一節（制義） 明金 聲 1451-387- 4
子貢問政一章 明金 聲 1451-390- 4
子張問士一章（制義） 明金 聲 1451-397- 4
夫聞也者一節（制義） 明金 聲 1451-398- 4
言不順 二句（制義） 明金 聲 1451-400- 4
既庶矣 二節（制義） 明金 聲 1451-403- 4
見利思義二句（制義） 明金 聲 1451-409- 4
蓋均無貧二句（制義） 明金 聲 1451-425- 5
侍於君子有三愆 一節（制義） 明金 聲 1451-430- 5
惡紫之奪朱也 二句（制義） 明金 聲 1451-435- 5
君子信而後勞其民（制義） 明金 聲 1451-443- 5
舜其大孝也與一章（制義） 明金 聲 1451-456- 6
修身也 三句（制義） 明金 聲 1451-463- 6
不得於心…不可（制義） 明金 聲 1451-493- 7
柳下惠不恭（制義） 明金 聲 1451-499- 7
卿以下二節（制義） 明金 聲 1451-511- 7
當堯之時二節（制義） 明金 聲 1451-513- 7
二老者天下之大老也（制義） 明金 聲 1451-528- 8
君子所以異於人者二句（制義） 明金 聲 1451-534- 8
養其大者爲大人（制義） 明金 聲 1451-549- 8
詩云樂只君子一節（制義） 明熊開元 1451-325- 1
孝弟也者二句（制義） 明章世純 1451-332- 2
君子無終食之間違仁（制義） 明章世純 1451-361- 3
君子道者三 一節（制義） 明章世純 1451-415- 4
不知命一節（制義） 明章世純 1451-446- 5
追王太王王季（制義） 明章世純 1451-457- 6
修身則道立（制義） 明章世純 1451-464- 6
行前定則不跲（制義） 明章世純 1451-471- 6
誠之者人之道也（制義） 明章世純 1451-473- 6
聖人之於民亦類也（制義） 明章世純 1451-498- 7
天下有道四節（制義） 明章世純 1451-526- 8
耕者之所獲 一節（制義） 明章世純 1451-539- 8
枯之反覆二句（制義） 明章世純 1451-547- 8
心之官則思 一句（制義） 明章世純 1451-553- 9
口之於味也 一章（制義） 明章世純 1451-569- 9
道之以德一節（制義） 明羅萬藻 1451-338- 2
臨之以莊則敬 三句（制義） 明羅萬藻 1451-340- 2
君子無終食之間違仁（制義） 明羅萬藻 1451-362- 3
子路有聞一節（制義） 明羅萬藻 1451-365- 3
歲寒一節（制義） 明羅萬藻 1451-383- 3
文武之政二句（制義） 明羅萬藻 1451-460- 6
耕者九一五句（制義） 明羅萬藻 1451-488- 7
王者之迹熄而詩亡 一節（制義） 明羅萬藻 1451-533- 8
位卑而言高 一節（制義） 明羅萬藻 1451-544- 8
子張問十世 一章（制義） 明艾南英 1451-344- 2
其愚不可及也（制義） 明艾南英 1451-368- 3
天地之大也 二句（制義） 明艾南英 1451-451- 6
陳仲子豈不誠廉士哉 一章（制義） 明艾南英 1451-520- 7
心之官則思 二句（制義） 明艾南英 1451-552- 9
民爲貴一章（制義） 明艾南英 1451-568- 9

集部 制舉文：附錄

口之於味也 一章（制義） 明艾南英 1451-570- 9

智之於賢者也（制義） 明艾南英 1451-571- 9

夏禮吾能言之 一節（制義） 明夏允彝 1451-348- 2

微子去之一章（制義） 明夏允彝 1451-437- 5

宗廟之禮二句（制義） 明夏允彝 1451-459- 6

子語魯太師樂曰一節（制義） 明陳子龍 1451-355- 2

孟公綽 一節 （制義） 明陳子龍 1451-407- 4

君子疾沒世而名不稱焉（制義） 明陳子龍 1451-419- 5

吾猶及史之闕文也一節（制義） 明陳子龍 1451-421- 5

長幼之節四句（制義） 明陳子龍 1451-441- 5

不知命 一節 （制義） 明陳子龍 1451-447- 5

齊明盛服三句（制義） 明陳子龍 1451-466- 6

日省月試三句（制義） 明陳子龍 1451-469- 6

能盡人之性 二句（制義） 明陳子龍 1451-475- 6

詩云雨我公田 一節（制義） 明陳子龍 1451-505- 7

樹藝五穀二句（制義） 明陳子龍 1451-514- 7

惟仁者能好人能惡人（制義） 明錢 禧 1451-356- 2

丘也聞有國有家者一節（制義） 明錢 禧 1451-424- 5

必有禎祥（制義） 明錢 禧 1451-478- 6

段干木…非由之所知也（制義） 明錢 禧 1451-516- 7

弗如也一節 （制義） 明吳韓起 1451-364- 3

奢則不孫一節（制義） 明吳韓起 1451-378- 3

其愚不可及也（制義） 明劉 侗 1451-369- 3

然則廢觶鐘與三句（制義） 明劉 侗 1451-484- 7

子謂仲弓曰一節 （制義） 明徐方廣 1451-370- 3

齊一變一節 （制義） 明徐方廣 1451-373- 3

衆惡之一節 （制義） 明徐方廣 1451-422- 5

女安則爲之 一節（制義） 明徐方廣 1451-436- 5

直道而事人四句（制義） 明徐方廣 1451-438- 5

父爲大夫八句（制義） 明徐方廣 1451-458- 6

子釣而不綱 一節（制

義） 明沈宸荃 1451-377- 3

舜有臣五人而天下治一章（制義） 明夏 思 1451-380- 3

有民人焉一節（制義） 明李 橓 1451-388- 4

哀公問於有若曰一章（制義） 明張 采 1451-395- 4

百姓足君孰與不足（制義） 明吳 堂 1451-396- 4

王者之迹熄而詩亡一章 明吳 堂 1451-532- 8

君子哉若人二句（制義） 明劉 曙 1451-406- 4

子路問事君一節 （制義） 明袁彭年 1451-414- 4

辭達而已矣（制義） 明張家玉 1451-423- 5

天下有道一章（制義） 明侯峒曾 1451-428- 5

祿之去公室一節（制義） 明徐孚遠 1451-429- 5

且而與其從辟人之士也…而誰與（制義） 明譚元春 1451-440- 5

道並行而不相悖（制義） 明譚元春 1451-480- 6

曾晳嗜羊棗 一章（制義） 明譚元春 1451-575- 9

天命之謂性一節（制義） 明楊廷麟 1451-450- 6

達不離道二句（制義） 明楊廷麟 1451-561- 9

時使薄斂二句（制義） 明王紹美 1451-468- 6

至誠之道二句（制義） 明馬世奇 1451-477- 6

大國地方百里三節（制義） 明馬世奇 1451-538- 8

齊桓晉文之事一章（制義） 明鄭 鄤 1451-483- 7

春省耕而補不足二句（制義） 明張 溥 1451-487- 7

何謂知言一節（制義） 明方以智 1451-494- 7

夫世祿三節（制義） 明羅 炤 1451-504- 7

匹夫而有天下者二節（制義） 明李 模 1451-537- 8

耕者之所獲一節（制義） 明黎元寬 1451-540- 8

乃若其情三節（制義） 明路振飛 1451-545- 8

物交物二句（制義） 明吳 雲 1451-551- 9

强恕而行二句（制義） 明曾 異 1451-558- 9

食之以時二句（制義） 明尹奇逢 1451-563- 9

居惡在四句（制義） 明高作霖 1451-564- 9

四庫全書文集篇目分類索引

桃應問日一章（制義）　明楊廷樞　1451-565- 9
有布縷之征 一節（制義）　明沈 幾　1451-572- 9
黃鶴鷗賦應制　明習嘉言　1453-319- 41
讀董江都賢良三策　清 高 宗　1300-356- 9
　　　　　　　　　　　　　　1449-288- 14
乾隆四年三月廷試貢士策問　清 高 宗　1301-125- 14
乾隆七年三月廷試貢士策問　清 高 宗　1301-126- 14
乾隆十年四月廷試貢士策問　清 高 宗　1301-127- 14
筆誤識過（試題之誤）　清 高 宗　1301-664- 14
擬御製大清會典序（御試）　清湯 斌　1312-470- 3
金臺懷古賦（館課）　清湯 斌　1312-537- 6
懋勤殿賦（擬館課）　清湯 斌　1312-538- 6
藉田頌有序（順治甲午館課）　清湯 斌　1312-540- 6
粵西平露布（館課）　清湯 斌　1312-586- 8
見善如不及一章（制義）　清湯 斌　1451-760- 7
聖學以正心爲要論（順治戊子山西程）　清魏裔介　1312-910- 14
經世大方在方策論（翰林館課）　清魏裔介　1312-911- 14
山西程策第二問對　清魏裔介　1312-941- 16
山西鄉試策問三道　清魏裔介　1449-774- 23
武闈策士第二問　清魏裔介　1449-776- 23
代武場策問四道　清汪 琬　1315-278- 9
考諸三王而不繆二句（制義）　清汪 琬　1451-828- 9
仁言不如仁聲之入人深也一章（制義）　清汪 琬　1451-931- 13
康熙二十年江南鄉試策問三首　清朱彝尊　1318-324- 60
江南鄉試策問三道　清朱彝尊　1449-779- 23
歸孝儀制義序　清張 英　1319-661- 40
左長玉制義序　清張 英　1319-671- 41
愛之能勿勞乎 一節（制義）　清張 英　1451-734- 6
仲尼祖述堯舜 一節（制義）　清張 英　1451-830- 9
館課擬文——三江考　清毛奇齡　1321-292-119
館課擬文——九江考　清毛奇齡　1321-294-119

瀛臺賜宴賦（應制）有序　清毛奇齡　1321-347-126
湯泉賦（應制）有序　清毛奇齡　1321-351-126
西苑試武進士馬步射賦（應制）有序　清毛奇齡　1321-353-126
丙午科浙江鄉試策問五道　清張玉書　1322-559- 7
辛未科會試策問五道　清張玉書　1322-562- 8
己酉科順天武鄉試策問二道　清張玉書　1322-565- 8
知止而后有定一節（制義）　清張玉書　1451-578- 1
聽訟吾猶人也一章（制義）　清張玉書　1451-596- 1
所謂平天下 一節（制義）　清張玉書　1451-601- 1
射不主皮一節（制義）　清張玉書　1451-627- 2
不患無位一節（制義）　清張玉書　1451-641- 2
點爾何如一節（制義）　清張玉書　1451-707- 5
子適衞一章（制義）　清張玉書　1451-721- 5
忠信重祿四句（制義）　清張玉書　1451-816- 9
所謂故國者一章（制義）　清張玉書　1451-853- 10
天下大悅八句（制義）　清張玉書　1451-890- 11
周公思兼三王一節（制義）　清張玉書　1451-903- 12
高子曰小弁一章（制義）　清張玉書　1451-927- 13
張弘遜制義序　清姜宸英　1323-634- 1
李東升制義序　清姜宸英　1323-634- 1
策問（五則）己卯鄉試　清姜宸英　1323-744- 4
策問第一問癸酉鄉試　清姜宸英　1323-748- 4
設爲庠序學校以教之……射也（制義）　清姜宸英　1451-881- 11
策題（二道）　清田 雯　1324-375- 35
己丑會試策問　清李光地　1324-843- 22
　　　　　　　　　　　　　　1449-788- 24
詩云穆穆文王二節（制義）　清李光地　1451-588- 1
詩云樂只君子 一節（制義）　清李光地　1451-603- 1
學而時習之 一章（制義）　清李光地　1451-613- 2
詩三百 一節（制義）　清李光地　1451-619- 2
信而好古 二句（制義）　清李光地　1451-665- 3

集部 制舉文：附錄

大哉堯之爲君也 一章（制義） 清李光地 1451-683- 4
善人教民七年一節（制義） 清李光地 1451-732- 6
文之以禮樂（制義） 清李光地 1451-738- 6
邦君之妻一節（制義） 清李光地 1451-764- 7
謹權量二節（制義） 清李光地 1451-775- 7
春秋修其祖廟二節（制義） 清李光地 1451-796- 8
敬大臣則不眩…則財用足（制義） 清李光地 1451-811- 9
夫世祿 二節（制義） 清李光地 1451-875- 11
王者之迹熄 一章（制義） 清李光地 1451-904- 12
富歲子弟多賴一章（制義） 清李光地 1451-924- 13
舜發於畎畝之中 二節（制義） 清李光地 1451-928- 13
孔子登東山而小魯一章（制義） 清李光地 1451-939- 13
擬上臨雍釋奠禮成駕幸彝倫堂羣臣謝表
　會墨 清陸隴其 1325-205- 2
治法（策）鄉墨 清陸隴其 1325-207- 2
理氣（策） 清陸隴其 1325-208- 2
刑禮（策） 清陸隴其 1325-209- 2
明史（策） 清陸隴其 1325-211- 2
綏輯（策） 清陸隴其 1325-212- 2
保泰（策）會墨 清陸隴其 1325-213- 2
察吏（策） 清陸隴其 1325-214- 2
治法（策） 清陸隴其 1325-215- 2
養士（策） 清陸隴其 1325-216- 2
治河（策） 清陸隴其 1325-218- 2
殿試策 庚戌科 清陸隴其 1325-219- 2
交泰（策） 清陸隴其 1325-223- 3
經筵（策） 清陸隴其 1325-225- 3
修省（策） 清陸隴其 1325-226- 3
治法（策） 清陸隴其 1325-228- 3
謀斷（策） 清陸隴其 1325-230- 3
銓政（策） 清陸隴其 1325-232- 3
察吏安民（策） 清陸隴其 1325-233- 3
漕運（策） 清陸隴其 1325-234- 3
風俗策 清陸隴其 1325-236- 3
郊祀（策） 清陸隴其 1325-238- 4
經學（策） 清陸隴其 1325-239- 4
道統（策） 清陸隴其 1325-240- 4
策學（策） 清陸隴其 1325-242- 4
弭盜（策） 清陸隴其 1325-244- 4
東南水利（策） 清陸隴其 1325-246- 4
賈董優劣（策） 清陸隴其 1325-247- 4
雲臺二十八將（策） 清陸隴其 1325-248- 4
馬援（策） 清陸隴其 1325-250- 4
姚崇十事（策） 清陸隴其 1325-251- 4
劉晏五事（策） 清陸隴其 1325-253- 4
吾有知乎哉 一節（制義） 清陸隴其 1451-689- 4
凡爲天下國家有九經一節（制義） 清陸隴其 1451-810- 9
凡爲天下國家有九經三節（制義） 清蔡世遠 1451-807- 9
淡而不厭…可與入德矣（制義） 清蔡世遠 1451-833- 9
丙辰科山東鄉試策問五道 清汪由敦 1328-750- 6
辛酉科順天武鄉試策問一道 清汪由敦 1328-753- 6
壬戌科會試策問五道 清汪由敦 1328-753- 6
甲子科順天鄉試策問五道 清汪由敦 1328-756- 6
庚午科順天鄉試策問五道 清汪由敦 1328-759- 6
浙江鄉試策問二道 清熊伯龍 1449-777- 23
湯之盤銘曰 一章（制義） 清熊伯龍 1451-586- 1
康誥曰作新民 二節（制義） 清熊伯龍 1451-587- 1
實能容之二句（制義） 清熊伯龍 1451-607- 1
孟獻子曰一節（制義） 清熊伯龍 1451-611- 1
君使臣以禮二句（制義） 清熊伯龍 1451-628- 2
雍也可使南面 一章（制義） 清熊伯龍 1451-656- 3
如有博施於民 一章（制義） 清熊伯龍 1451-664- 3
先進於禮樂 一章（制義） 清熊伯龍 1451-701- 5
居之無倦 二句（制義） 清熊伯龍 1451-713- 5
先有司 三句（制義） 清熊伯龍 1451-716- 5
君子易事而難說也…器之（制義） 清熊伯龍 1451-729- 6

四庫全書文集篇目分類索引

集部 制舉文：附錄

篇目	作者	册-頁-	葉
四方之政行焉(制義)	清熊伯龍	1451-777-	7
鬼神之爲德一章（制義）	清熊伯龍	1451-787-	8
周公成文武之德（制義）	清熊伯龍	1451-789-	8
懷諸侯則天下畏之（制義）	清熊伯龍	1451-813-	9
尊其位 二句（制義）	清熊伯龍	1451-815-	9
忠信重祿二句（制義）	清熊伯龍	1451-817-	9
不違農時六句（制義）	清熊伯龍	1451-840-	10
此文王之勇也（制義）	清熊伯龍	1451-845-	10
一介不以與人 二句（制義）	清熊伯龍	1451-912-	12
其自任以天下之重如此（制義）	清熊伯龍	1451-913-	12
桃應問曰一章（制義）	清熊伯龍	1451-947-	14
順天鄉試策問四道	清徐乾學	1449-781-	23
戊辰會試策問五道	清徐乾學	1449-785-	24
大哉堯之爲君也一章（制義）	清徐乾學	1451-682-	4
顏淵問爲邦一章（制義）	清徐乾學	1451-747-	6
君子之道費而隱一章（制義）	清徐乾學	1451-785-	8
乙卯順天鄉試策問五道	清韓 菼	1449-791-	24
戊午科順天武鄉試策問一道	清韓 菼	1449-795-	24
殿試對策	清韓 菼	1449-804-	25
詩云瞻彼淇澳 一節（制義）	清韓 菼	1451-591-	1
所謂平天下一節（制義）	清韓 菼	1451-602-	1
詩云樂只君子一節（制義）	清韓 菼	1451-604-	1
學而時習之一節（制義）	清韓 菼	1451-614-	2
管仲之器小哉一章（制義）	清韓 菼	1451-630-	2
孟武伯問子路仁乎一章（制義）	清韓 菼	1451-647-	3
子華使於齊一章（制義）	清韓 菼	1451-657-	3
樊遲問知一節（制義）	清韓 菼	1451-660-	3
子謂顏淵曰 一節（制義）	清韓 菼	1451-667-	3
達巷黨人曰一章（制義）	清韓 菼	1451-686-	4
誦詩三百一節（制義）	清韓 菼	1451-718-	5
禘嘗草創之三句（制義）	清韓 菼	1451-737-	6
遽伯玉使人於孔子一章（制義）	清韓 菼	1451-740-	6
詩云經始靈臺…於牣魚躍（制義）	清韓 菼	1451-837-	10
今王鼓樂於此…何以能田獵也（制義）	清韓 菼	1451-843-	10
文王發政施仁二句（制義）	清韓 菼	1451-852-	10
伯夷隘一節（制義）	清韓 菼	1451-863-	10
徹者徹也二句（制義）	清韓 菼	1451-874-	11
詩云雨我公田一節（制義）	清韓 菼	1451-876-	11
王者之迹熄一章（制義）	清韓 菼	1451-905-	12
詩曰永言孝思四句（制義）	清韓 菼	1451-908-	12
舜之居深山之中一節（制義）	清韓 菼	1451-934-	13
殿試對策	清馬世俊	1449-796-	25
麻冕禮也一章（制義）	清馬世俊	1451-688-	4
不違農時二節（制義）	清馬世俊	1451-838-	10
孔子曰唐虞禪 一節（制義）	清馬世俊	1451-909-	12
殿試對策	清繆 彤	1449-800-	25
（科舉應試）第一二問	清萬松齡	1449-807-	25
（科舉應試）第一二問	清朱 荃	1449-811-	25
欲脩其身者 六句（制義）	清朱 昇	1451-580-	1
欲脩其身者 二句（制義）	清黃 越	1451-581-	1
欲正其心者 二句（制義）	清沈近思	1451-582-	1
欲誠其意者 三句（制義）	清嚴虞惇	1451-584-	1
生財有大道（制義）	清嚴虞惇	1451-610-	1
宜民宜人四句（制義）	清嚴虞惇	1451-788-	8
萬物皆備於我矣 一章			

集部 制舉文：附錄

（制義）　清嚴虞惇　1451-930- 13

心正而后身修 二句（制義）　清方　舟　1451-585- 1

貨悖而入者 二句（制義）　清方　舟　1451-606- 1

道之以政一節（制義）　清方　舟　1451-620- 2

歸與歸與一節（制義）　清方　舟　1451-650- 3

色斯舉矣一章（制義）　清方　舟　1451-698- 4

苟有用我者 一節（制義）　清方　舟　1451-723- 5

吾猶及史之闕文也一節（制義）　清方　舟　1451-752- 6

齊景公有馬千駟一節（制義）　清方　舟　1451-762- 7

天命之謂性 一章（制義）　清方　舟　1451-782- 8

誠則明矣二句（制義）　清方　舟　1451-820- 9

夫天未欲平治天下也一節（制義）　清方　舟　1451-871- 11

爲人君…止於信（制義）　清陶元淳　1451-589- 1

舟車所至八句（制義）　清陶元淳　1451-832- 9

天子適諸侯曰巡狩一段（制義）　清陶元淳　1451-847- 10

五百年必有王者興一節（制義）　清陶元淳　1451-869- 11

北宮錡問曰 一章（制義）　清陶元淳　1451-919- 13

詩云瞻彼淇澳 一節（制義）　清金德嘉　1451-592- 1

聖人治天下四句（制義）　清金德嘉　1451-938- 13

如切如磋者八句（制義）　清鍾　朗　1451-594- 1

小人樂其樂而利其利（制義）　清王汝驤　1451-595- 1

子謂韶盡美矣 二句（制義）　清王汝驤　1451-633- 2

古者言之不出一節（制義）　清王汝驤　1451-643- 3

師冕見 一節（制義）　清王汝驤　1451-753- 6

畏聖人之言（制義）　清王汝驤　1451-757- 7

周有八士一節（制義）　清王汝驤　1451-770- 7

切問而近思（制義）　清王汝驤　1451-772- 7

詩曰妻子好合 二節（制義）　清王汝驤　1451-786- 8

滕文公問曰 三章（制義）　清王汝驤　1451-856- 10

詩云書爾于茅…有恒心　清王汝驤　1451-872- 11

百里奚虞人也二節（制義）　清王汝驤　1451-914- 12

仰不愧於天 一節（制義）　清王汝驤　1451-935- 13

聖人百世之師也（制義）　清王汝驤　1451-951- 14

所謂誠其意者 二句（制義）　清儲　欣　1451-597- 1

舉善而教不能則勸（制義）　清儲　欣　1451-621- 2

無爲而治者 一節（制義）　清儲　欣　1451-745- 6

君子不以言舉人 一節（制義）　清儲　欣　1451-750- 6

天下有道 下二節（制義）　清儲　欣　1451-754- 6

易其田疇一章（制義）　清儲　欣　1451-936- 13

聖人之於天道也（制義）　清儲　欣　1451-953- 14

康誥曰如保赤子一節（制義）　清儲在文　1451-599- 1

文獻不足故也 二句（制義）　清儲在文　1451-624- 2

子語魯大師樂曰一節（制義）　清儲在文　1451-631- 2

夫子爲衞君乎 一章（制義）　清儲在文　1451-669- 3

孝哉閔子騫 一節（制義）　清儲在文　1451-704- 5

見善如不及 一節（制義）　清儲在文　1451-761- 7

追王太王王季 二句（制義）　清儲在文　1451-791- 8

郊社之禮一節（制義）　清儲在文　1451-803- 8

曾子養曾晳 二節（制義）　清儲在文　1451-896- 12

盡信書 一節（制義）　清儲在文　1451-950- 14

君子有儲己…未之有也其一（制義）　清張　江　1451-600- 1

唯仁者能好人能惡人

四庫全書文集篇目分類索引

（制義）　清張　江　1451-635-　2
惡不仁者…加乎其身（制義）　清張　江　1451-640-　2
能行五者於天下…恭寬信敏惠（制義）　清張　江　1451-768-　7
上祀先公以天子之禮…及士庶人（制義）　清張　江　1451-792-　8
春秋修其祖廟 二節（制義）　清張　江　1451-797-　8
旅酬下爲上四句（制義）　清張　江　1451-802-　8
親親之殺 合下節（制義）　清張　江　1451-804-　8
行有嫌於心…以其外之也（制義）　清張　江　1451-861- 10
詩云書爾于茅…有恒心（制義）　清張　江　1451-873- 11
充實之謂美 四節（制義）　清張　江　1451-955- 14
此謂唯仁人 三句（制義）　清劉子壯　1451-608-　1
書云孝乎三句（制義）　清劉子壯　1451-623-　2
君子篤於親 一節（制義）　清劉子壯　1451-677-　4
君子敬而無失 二句（制義）　清劉子壯　1451-711-　5
周公成文武之德（制義）　清劉子壯　1451-790-　8
此武王之勇也 二句（制義）　清劉子壯　1451-846- 10
春省耕而補不足…爲諸侯度（制義）　清劉子壯　1451-848- 10
天下有道三句（制義）　清劉子壯　1451-894- 12
動容周旋中禮者 二句（制義）　清劉子壯　1451-957- 14
巧言令色一節（制義）　清魏嘉琬　1451-615-　2
朋友之饋一節（制義）　清魏嘉琬　1451-697-　4
子夏之門人一章（制義）　清魏嘉琬　1451-771-　7
孟子謂蚳蛙曰一章（制義）　清魏嘉琬　1451-867- 10
敬事而信三句（制義）　清張志棟　1451-616-　2
信近於義二句（制義）　清錢世熹　1451-617-　2
願無伐善二句（制義）　清錢世熹　1451-655-　3
不在其位一節（制義）　清錢世熹　1451-679-　4

上好禮 三段（制義）　清錢世熹　1451-717-　5
或問禘之說一章（制義）　清李東樓　1451-625-　2
惟仁者能好人能惡人（制義）　清邵　俊　1451-634-　2
富與貴一章（制義）　清田從典　1451-636-　2
富與貴一章（制義）　清楊名時　1451-637-　2
智譬則巧也 一節（制義）　清楊名時　1451-917- 13
我未見好仁者一章（制義）　清李沛霖　1451-639-　2
以約失之者鮮矣（制義）　清汪起巘　1451-644-　3
事君數一節（制義）　清徐念祖　1451-645-　3
我欲仁斯仁至矣（制義）　清徐念祖　1451-674-　4
唐棣之華一節（制義）　清徐念祖　1451-696-　4
子謂子產一節（制義）　清陳錫嘏　1451-648-　3
顏淵季路侍 一章（制義）　清張　瑗　1451-651-　3
天命之謂性 一節（制義）　清張　瑗　1451-783-　8
顏淵季路侍 一章（制義）　清文志鯨　1451-653-　3
顏淵季路侍 一章（制義）　清陳鵬年　1451-654-　3
子謂子夏曰 一節（制義）　清廖騰奎　1451-658-　3
言前定四句（制義）　清廖騰奎　1451-818-　9
質勝文則野 一節（制義）　清徐用錫　1451-659-　3
子所雅言一節（制義）　清徐用錫　1451-670-　3
上天之載三句（制義）　清徐用錫　1451-834-　9
仁者先難而後獲 二句（制義）　清王兆符　1451-662-　3
知者樂水一節（制義）　清朱元英　1451-663-　3
子之燕居一節（制義）　清朱　犖　1451-666-　3
子以四教一節（制義）　清蔣　伊　1451-673-　4
泰伯其可謂至德也已矣 一節（制義）　清蔣德玟　1451-675-　4
戴盈之曰一章（制義）　清蔣德玟　1451-888- 11
與於詩一章（制義）　清張永祺　1451-678-　4
君子無衆寡二段（制義）　清張永祺　1451-778-　7
巍巍乎舜禹之有天下

集部

制舉文：附錄

四庫全書文集篇目分類索引

集部

制舉文：附錄

篇目	作者	索引號
也一節（制義）	清楊大鶴	1451-680- 4
召大師曰三句（制義）	清楊大鶴	1451-851- 10
巍巍乎其有成功也一節（制義）	清許汝霖	1451-684- 4
非飲食而致孝乎鬼神三句（制義）	清尹明廷	1451-685- 4
仰之彌高一章（制義）	清劉 巖	1451-690- 4
克伐怨欲不行焉一章（制義）	清劉 巖	1451-733- 6
君子有九思一節（制義）	清劉 巖	1451-758- 7
見乎著龜（制義）	清劉 巖	1451-823- 9
設爲庠序學校以教之…射也（制義）	清劉 巖	1451-878- 11
子在川上曰一節（制義）	清趙 炳	1451-692- 4
見善如不及一章（制義）	清趙 炳	1451-759- 7
雞鳴而起一章（制義）	清趙 炳	1451-943- 14
法語之言一節（制義）	清顏光敏	1451-693- 4
歲寒一節（制義）	清陳鶴齡	1451-694- 4
先進於禮樂一章（制義）	清張大受	1451-703- 5
孟子謂蚳鼃曰一章（制義）	清張大受	1451-866- 10
季路問事鬼神一節（制義）	清陸 師	1451-705- 5
赤爾何如一節（制義）	清何 焯	1451-706- 5
陳其宗器三句（制義）	清何 焯	1451-800- 8
點爾何如一節（制義）	清胡任興	1451-709- 5
點爾何如一節（制義）	清汪 薇	1451-710- 5
文猶質也一節（制義）	清謝陳常	1451-712- 5
爲命一節（制義）	清謝陳常	1451-736- 6
樊遲問仁三節（制義）	清張會裕	1451-715- 5
誦詩三百一節（制義）	清張尚瑗	1451-720- 5
既富矣一節（制義）	清狄 億	1451-722- 5
非其義也四句（制義）	清狄 億	1451-911- 12
父爲子隱二句（制義）	清張自超	1451-725- 5
鄉人皆好之一節（制義）	清李鍾僑	1451-726- 5
剛毅木訥近於（制義）	清朱 書	1451-731- 6
夫子自道也（制義）	清朱 書	1451-743- 6
古之學者爲己一節（制義）	清姜 橚	1451-739- 6
遽伯玉使人於孔子一章（制義）	清陳世治	1451-742- 6
原壤夷俟二章（制義）	清李 琰	1451-744- 6
行夏之時	清邵 基	1451-748- 6
見乎著龜二句（制義）	清邵 基	1451-822- 9
君子疾沒世而名不稱焉（制義）	清曹一士	1451-749- 6
子之武城一章（制義）	清張玉裁	1451-765- 7
昔者偃也…偃之言是也（制義）	清殷元福	1451-766- 7
子張問仁於孔子一節（制義）	清史流芳	1451-767- 7
唯女子與小人爲難養也一節（制義）	清王 掞	1451-769- 7
所謂立之斯立四句（制義）	清張 標	1451-773- 7
謹權量二節（制義）	清李鍾倫	1451-776- 7
不知命一節（制義）	清吳士玉	1451-779- 7
夫孝者一節（制義）	清李來泰	1451-793- 8
夫孝者一節（制義）	清史 普	1451-795- 8
春秋修其祖廟一節（制義）	清劉輝祖	1451-799- 8
禮所生也（制義）	清谷 誠	1451-805- 8
凡爲天下國家有九經一節（制義）	清徐春溶	1451-808- 9
有天爵者二節（制義）	清徐春溶	1451-925- 13
敬大臣則不眩（制義）	清吳學顯	1451-812- 9
懷諸侯則天下畏之（制義）	清曾王孫	1451-814- 9
能盡其性六句（制義）	清金居敬	1451-821- 9
仲尼祖述堯舜一章（制義）	清金居敬	1451-829- 9
人之所不學而能者一節（制義）	清金居敬	1451-932- 13
誠者自成也一節（制義）	清趙景行	1451-825- 9
誠者非自成己而已也一節（制義）	清雲中官	1451-826- 9
今夫山二段（制義）	清汪士鋐	1451-827- 9
唯天下至聖一節（制義）	清汪 份	1451-831- 9
省刑罰三句（制義）	清孫維祺	1451-841- 10
仲尼之徒二句（制義）	清潘宗洛	1451-842- 10
孔子先簿正祭器 二句（制義）	清潘宗洛	1451-923- 13
夏諺曰…爲諸侯度（		

四庫全書文集篇目分類索引

制義） 清鄭爲光 1451-849- 10
左右皆曰賢未可也（制義） 清姚士藎 1451-855- 10
武王周公繼之二句（制義） 清張克嶷 1451-857- 10
夫志氣之帥也二句（制義） 清陶自悅 1451-859- 10
我知言 二句（制義） 清張 昂 1451-860- 10
非所以內交於孺子之父母也 三句(制義） 清朱 鑑 1451-862- 10
朝廷莫如爵 三句（制義） 清魏方泰 1451-865- 10
設爲庠序學校以教之…射也（制義） 清陳萬策 1451-879- 11
設爲庠序學校以教之…射也（制義） 清顧圖河 1451-880- 11
夫仁政 二句（制義） 清吳端升 1451-882- 11
卿以下 二節（制義） 清俞長城 1451-883- 11
以善養人 二句(制義） 清俞長城 1451-902- 12
禹疏九河…注之江（制義） 清陳 訏 1451-884- 11
后稷教民稼穡 三句（制義） 清陸 循 1451-886- 11
陳代曰不見諸侯 一章（制義） 清劉 齊 1451-887- 11
孔子懼 一節（制義） 清王 庭 1451-891- 11
智之實 二段（制義） 清王 庭 1451-898- 12
匡章通國皆稱不孝焉 一章（制義） 清王 庭 1451-907- 12
有不虞之譽 一節（制義） 清吳 襄 1451-897- 12
諫行言聽 二句(制義） 清吳 涵 1451-899- 12
博學而詳說之 一節（制義） 清戚 蕃 1451-901- 12
經正則庶民興(制義） 清戚 蕃 1451-959- 14
天子之卿 一節(制義） 清祝翼權 1451-920- 13
敢問交際何心也 一章（制義） 清吳啓昆 1451-922- 13
故天將降大任於是人也 一節（制義） 清張榕端 1451-929- 13
遊於聖人之門者難爲言（制義） 清萬 儉 1451-941- 14
雞鳴而起 一章（制義） 清呂謙恒 1451-944- 14
君子居是國也 五句（制義） 清畢世持 1451-945- 14

君子之於物也 一節（制義） 清呂履恒 1451-948- 14
齊饑 一章（制義） 清仇兆鰲 1451-952- 14
逃墨必歸於楊 一章（制義） 清趙 衍 1451-956- 14
養心莫善於寡欲 一節（制義） 清劉 捷 1451-958- 14
經正則庶民興(制義） 清唐德亮 1451-960- 14

集部

制舉文：附錄

四庫全書文集篇目分類索引

學術文之部　補遺

經　部

A. 易　類

篇目	作者	索引號
易術解	宋釋契嵩	1091-480- 8
答問問楊誠齋易傳大樂如何	元陳　櫟	1205-239- 7
答問問潔靜精微四字	元陳　櫟	1205-247- 7
書文公先生繫辭本義手稿後	明李東陽	1250-778- 74
跋李陽冰篆書謙卦爻辭	明楊　慎	1270- 99- 10
與萬思默年兄論易書	明許孚遠	1454-757-169
上下交而其志同論	清 高 宗	1449-232- 11

B. 書　類

篇目	作者	索引號
皇極論	宋釋契嵩	1091-438- 4
皇極辯	宋朱　熹	541-561-35之15
皇極辯附或問	宋朱　熹	1359-467- 67
皇極辯後	宋朱　熹	1359-470- 67
跋金滕圖	宋樓　鑰	1153-219- 75
自靖人自獻於先王(論)	宋張庭堅	1404-433-203
跋金滕圖	王黃　溍	1209-351- 4
人心道心論	明王　鏊	1256-482- 33
二典頌有序	清 聖 祖	1298-661- 35
嘉言罔攸伏論	清 高 宗	1449-234- 11
伊尹告仲壬說	清毛奇齡	1321-279-117

C. 詩　類

篇目	作者	索引號
下武（論）	宋劉一止	1132- 53- 10
答問問詩三百篇一言以蔽之曰思無邪又及孔子刪詩事	元陳　櫟	1205-243- 7
（跋）國風圖畫	明王世貞	1284-431-168
他山之石可以攻玉論	清弘　畫	1449-474- 3
御繪詩經全圖贊	清梁詩正	1449-875- 30

D. 禮　類

篇目	作者	索引號
大順頌	宋夏　竦	1350-763- 74
壺說	宋朱　熹	1145-333- 68
書卓生甫深衣述後	宋陳　石	1185-225- 47
記葬用柏棺事	宋程　頤	1345-714- 11
禰郊論	宋余元度	1346-199- 12
答問問少儀曰無嘗衣服成器朱子曰嘗思也饒雙峯曰嘗毀之如何	元陳　櫟	1205-250- 7
答問問弘齋跋尊男深衣說的當否	元陳　櫟	1205-251- 7
刊子朱子家禮成讀之有感書齋壁自儆	元吳　海	1217-241- 8
鄉飲酒記	明葉　盛	443-570- 27
鄉射約引語	明沈　鯉	1288-332- 9
七七義（解）	明朱元弼	1454-400-130
復朱朗詣書論閨秀稱夫人例	清毛奇齡	1320-109- 14
錢黃兩家合葬說	清姜宸英	1323-821- 7
記百川先生遺言合葬說	清方　苞	1326-773- 4

E. 春秋類

篇目	作者	索引號
六逆論	唐柳宗元	1383-278- 24
答問問呂成公博義朱子不以爲然	元陳　櫟	1205-240- 7
河出圖洛出書聖人則之論	清劉子壯	534-517- 97

F. 孝經類

四庫全書文集篇目分類索引

跋李伯時孝經圖　　　　　元胡祗遹　1196-260- 14
跋李龍眠孝經相　　　　　明文徵明　1273-170- 23

G. 四書類

題蕭欲仁大學篇後　　　　宋楊　時　1125-355- 26
大學要略序　　　　　　　明洪　寬　1374-194- 44
論語辨　　　　　　　　　唐柳宗元　1407-411-433
曾參曰唯　　　　　　　　宋蘇　軾　1108-482- 92
慎樂記　　　　　　　　　宋楊　簡　1156-628- 2
跋孔門四科圖　　　　　　宋洪　适　1158-658- 62
題李肩吾爲尹商卿書
　　鄉黨　　　　　　　　宋魏了翁　1173- 56- 63
張平仲爲鄭氏子求書
　　三省大字逐爲之說　　宋袁　甫　1175-508- 15
後生可畏箴幷序　　　　　宋袁　甫　1175-522- 16
問子以四教文行忠信
　　又曰行有餘力則以
　　學文行先於文敷文
　　先於行敷　　　　　　元陳　櫟　1205-363- 13
解攻乎異端說　　　　　　明太　祖　1223-177- 15
解夷狄有君章說　　　　　明太　祖　1223-177- 15
博約說 答先儒先博我以
　　文而後約我以禮之問　明王守仁　1265-214- 7
老安少懷說　　　　　　　清聖　祖　1298-197- 21
夢辨 解孔子吾不復夢見
　　周公　　　　　　　　清高　宗　1301-642- 11
鄉愿論　　　　　　　　　清陳廷敬　1316-469- 32
顏子喟然歎章贊　　　　　清李光地　1324-1004-34
如得其情則哀矜而勿
　　喜論　　　　　　　　清允　禮　1449-467- 3
與子姪言浩氣章　　　　　宋陽　枋　1183-292- 3
答問 問孟子人少則慕父
　　母知好色則慕少艾朱
　　子程孫之解文字如何　元陳　櫟　1205-250- 7
答問 問虛谷云西山夜氣
　　箴亦是偏見如何　　　元陳　櫟　1205-261- 7
夜氣說　　　　　　　　　明王守仁　1265-213- 7
夜氣說　　　　　　　　　明王立道　1277-784- 3
求放心說　　　　　　　　明劉宗周　1294-513- 11
客堂冬夜說經記 孟子
　　章句雜說　　　　　　清毛奇齡　1320-642- 71

H. 樂律類

聲無哀樂論　　　　　　　魏嵇　康　1063-357- 5
舜道形於變樂論　　　　　宋員興宗　1158-144- 17
度曲說　　　　　　　　　元王　惲　1200-612- 46
答宋景濂書 論尺法　　　元柳　貫　1210-403- 13
作樂以宣八風之氣(論)　明顧　清　1261-311- 4
再題樂律全書　　　　　　清高　宗　1301-635- 10
聞樂知德論　　　　　　　清李光地　1324-745- 15
　　　　　　　　　　　　　　　　　1449-523- 7
呂覽黃帝使伶倫作律
　　說　　　　　　　　　清李光地　1324-761- 16

I. 經總義類

漢儒授經圖序　　　　　　宋程　俱　1375-248- 17
題夏判官講義後　　　　　宋袁　甫　1175-519- 15
疑婦孝經周禮　　　　　　明王　行　1231-290- 1
跋史越王進陳正言禾
　　四經解箋子　　　　　明鄭　真　1234-223- 38
今述序 錄先輩所說經　　明王　樵　1285-168- 3
清江公署新刻六經正
　　義記　　　　　　　　明鄒元標　1294-182-5上
汪舟次經義序百篇　　　　清彭孫遹　1317-295- 37
國學新修五經壁本記　　　唐劉禹錫　1341-131-816
京兆府學石經記　　　　　宋黎　持　 556-401- 91
汴梁淨宮修復石經記　　　元李師聖　 587-689- 15
（跋）大學經石經　　　　明楊士奇　1238-647- 21
洛書贊　　　　　　　　　宋王　會　 538-578- 77
河圖贊　　　　　　　　　宋王　會　 538-578- 77

J. 小學類

論俗呼字　　　　　　　　宋黃庭堅　1113-596- 6
篆隸偏旁正譌序　　　　　元劉　因　1198-567- 11
答問 問羅鄂州爾雅翼其
　　議論太牽枝帶葉如何　元陳　櫟　1205-249- 7
國語類記序　　　　　　　元馬祖常　1373-254- 17
書王氏草韻後　　　　　　元虞　集　1207-155- 10
石藥爾雅跋　　　　　　　清朱彝尊　1318-137- 42
類篇跋　　　　　　　　　清朱彝尊　1318-144- 43
地平（說）　　　　　　　清汪由敦　1328-907- 20
閣（說）　　　　　　　　清汪由敦　1328-907- 20
敘古千文　　　　　　　　宋胡　寅　1137-744- 30
稽古千文　　　　　　　　元許　衡　1198-421- 10
鄭王稽古千文敘　　　　　元不著撰人　1198-479- 14
跋小學古事　　　　　　　明歸有光　1289- 76- 5

史　部

補遺　史部

B.編年類

跋溫公通鑑草　　　　　　元黃　溍　　1209-360- 4

E.雜史類

萬勝岡新城錄　　　　　　唐沈亞之　　1079- 15- 3
幽州紀聖功碑銘　　　　　唐李德裕　　1343-808- 59
　　　　　　　　　　　　　　　　　　　1394-749- 11
復安南碑　　　　　　　　唐司空圖　　1083-530- 7
（南詔）德化碑銘　　　　唐鄭　回　　 494-194- 8
士汭鎭保寧記　　　　　　唐符　載　　 534-653-104
章貢紀功碑　　　　　　　宋朱　翌　　 517-191-120
紀功碑　　　　　　　　　宋李曾伯　　1466-442- 45
跋曹昌谷斂荆門遺事　　　宋王　柏　　1186-182- 12
平雲南碑　　　　　　　　元程鉅夫　　1202- 52- 5
建安忠義之碑　　　　　　元貢師泰　　1215-675- 9
平安南頌有序　　　　　　明楊　榮　　1240-115- 8
平安南（頌）并序　　　　明夏原吉　　1240-486- 1
平南碑　　　　　　　　　明林　俊　　1257-195- 18
平涙（頭）碑　　　　　　明王守仁　　 517-228-121
　　　　　　　　　　　　　　　　　　　 564-772- 60
平魚窩刻石　　　　　　　明張　岳　　1272-461- 14
清海奇功頌有序　　　　　明皇甫汸　　1275-727- 34
書平淮彝雅及碑文後
　題　　　　　　　　　　明婁　堅　　1295-267- 23
御製平定朔漠碑文恭
　跋　　　　　　　　　　明鄂　海　　 556-515- 94
文筆洞紀功銘并序　　　　明戴　煟　　 572-291- 37
書盜殺周皇親事　　　　　明徐學謨　　1457- 70-348
平斷藤峽碑在潯州　　　　明郭文經　　1466-456- 46
（御製）平定朔漠告
　成太學碑　　　　　　　清 聖 祖　　 556-101- 85
　　　　　　　　　　　　　　　　　　　 558-573- 44
　　　　　　　　　　　　　　　　　　　1449-138-首2
（御製）平定青海告
　成太學碑　　　　　　　清 世 宗　　 556-105- 85
　　　　　　　　　　　　　　　　　　　 558-575- 44
平定準噶爾勒銘伊犂
　之碑　　　　　　　　　清 高 宗　　1301-167- 19
平定準噶爾勒銘格登
　山之碑　　　　　　　　清 高 宗　　1301-168- 19

平定準噶爾後勒銘伊
　犂之碑　　　　　　　　清 高 宗　　1301-173- 20
平定回部勒銘葉爾奇
　木之碑　　　　　　　　清 高 宗　　1301-177- 20
平定回部勒銘伊西洱
　庫爾淖兒之碑　　　　　清 高 宗　　1301-178- 20
平定金川勒銘美諾之
　碑　　　　　　　　　　清 高 宗　　1301-458- 29
平定金川勒銘烏圍之
　碑　　　　　　　　　　清 高 宗　　1301-459- 29
平定金川勒銘噶喇依
　之碑　　　　　　　　　清 高 宗　　1301-460- 29
擬勒銘拖諾山恭紀聖
　武神功之碑紀北征
　厄魯特噶爾丹事　　　　清張玉書　　1449-858- 29
擬勒銘狼居胥山恭紀
　聖武神功之碑紀北
　征厄魯特噶爾丹事　　　清張玉書　　1449-859- 29
瓊州生黎嚮化記　　　　　清王士俊　　 564-903- 62

F.詔令奏議類

a.序　跋

內制集序　　　　　　　　宋歐陽修　　1378-338- 52
　　　　　　　　　　　　　　　　　　　1405-672-305
外制集序　　　　　　　　宋歐陽修　　1378-339- 52
　　　　　　　　　　　　　　　　　　　1405-673-305
鄒公侍郎奏議序　　　　　宋楊　時　　1125-349- 25
（跋）芻蕘論（十卷）　　宋周　南　　1169- 56- 5
擬國史院進光宗寧宗
　寶訓表　　　　　　　　宋王應麟　　1187-222- 3
東坡玉堂制草（跋）　　　元袁　桷　　1203-614- 46
跋汪龍溪外制草　　　　　元袁　桷　　1203-658- 50
題松廳事略後　　　　　　元馬祖常　　1373-248- 17
題治平策要　　　　　　　元王　沂　　1208-573- 21
跋艾氏策文蕞英　　　　　元宋　褧　　1212-522- 15
昭陵墨寶序　　　　　　　明羅洪先　　1275-232- 11

b.附　錄

1 詔令上

●文天祥宋
擬册立皇太子文　　　　　　　　　　　1184-428- 4
●文徵明明
跋東坡學士院批答賜樞密安燾辭免
　恩命賜戸部侍郎趙瞻門下侍郎孫固　1273-163- 22

四庫全書文集篇目分類索引

●王　沂 元
題宋獄空詔　　　　　　　　　1208-575- 21
●王安中 宋
河間詔書記　　　　　　　　　1127-115- 6
●王安石 宋
太皇太后回答帝問聖體書　　　1105-342- 45
皇太后回答太廟皇帝問聖體書　1105-342- 45
●王皇后（漢元帝后）漢
與成帝書　　　　　　　　　　1396-270- 5
●元　稹 唐
册文武孝德皇帝赦文　　　　　1079-550- 40
●石　介 宋
祥符詔書記　　　　　　　　　1090-316- 19
　　　　　　　　　　　　　　1346-255- 17

●史　浩 宋
跋御筆賜母咸安夫人酒果　　　1141-808- 36
跋御筆獎諭詔　　　　　　　　1141-809- 36
跋高宗皇帝御筆賜香茶送行　　1141-811- 36
●宋文帝劉 宋
慰林邑與將帥詔　　　　　　　 594-249- 11
●宋太宗 宋
賜黎桓詔　　　　　　　　　　 594-238- 10
●宋神宗 宋
宋賜三佛齊國使者詔　　　　　 594-255- 11
●宋理宗 宋
留引年詔　　　　　　　　　　1181- 53- 附
留致仕詔　　　　　　　　　　1181- 53- 附
●李　燾 宋
太宗皇帝御批記　　　　　　　1115-805- 7
　　　　　　　　　　　　　　1361-308- 48
●李德林 隋
禪隋册文　　　　　　　　　　1416-245-116
●吳　泳 宋
賜孟琪并諸路都統制夏藥銀合勅　1176-115- 12
●吳　澄 元
題高宗御批後　　　　　　　　1197-593- 60
●明太祖
諭中書却高麗請誥（敕）　　　1223- 52- 7
命中書諭高麗（敕）　　　　　1223- 52- 7
問高麗不如約　　　　　　　　1223- 77- 8
●明成祖
欽賜（夏原吉）勅文（三則）　1240-536- 附
●明宣宗
欽賜（夏原吉）勅文　　　　　1240-539- 附
優免（夏原吉）勅文　　　　　1240-540- 附

勅諭御史王允　　　　　　　　1465-462- 2
●周必大 宋
皇太子領臨安尹御筆并御批詔草
　跋　　　　　　　　　　　　1147-128- 14
德壽宮答皇帝請加上尊號第二表
　箋允諾　　　　　　　　　　1148- 85-101
●胡　宿 宋
皇親男授官可并副率制　　　　1088-786- 19
●唐睿宗
讓王重福三品禮葬詔　　　　　 426-253- 39
●秦　觀 宋
御書手詔記　　　　　　　　　1115-631- 38
勅書獎諭記代　　　　　　　　1115-638- 38
●孫　覿 宋
問勅龍神衞四廂都指揮使（制）　1135-262- 25
●倪　謙 明
恭題永樂四年御賜新進士魯穆還
　鄉勅　　　　　　　　　　　1245-488- 25
●清世宗
武功（諭）——雍正元年八月丙
　寅　　　　　　　　　　　　 412-157- 11
武功（諭）——雍正五年十一月
　戊辰　　　　　　　　　　　 412-160- 11
武功（諭）——雍正九年十月甲
　寅　　　　　　　　　　　　 412-167- 11
武功（諭）——雍正十年九月乙
　酉　　　　　　　　　　　　 412-167- 11
武功（諭）——雍正十年十月癸
　亥　　　　　　　　　　　　 412-168- 11
褒忠節（諭）——雍正七年十月
　己未　　　　　　　　　　　 412-438- 34
褒忠節（諭）——雍正九年正月
　乙亥　　　　　　　　　　　 412-441- 34
褒忠節（諭）——雍正九年正月
　甲申　　　　　　　　　　　 412-442- 34
褒忠節（諭）——雍正十一年正
　月戊戌　　　　　　　　　　 412-443- 34
諭行旗務附奏議——雍正元年五
　月初八日　　　　　　　　　 413-483- 1
諭行旗務附奏議——雍正元年七
　月初十日　　　　　　　　　 413-483- 1
諭行旗務附奏議——雍正元年八
　月二十日　　　　　　　　　 413-484- 1
諭行旗務附奏議——雍正元年九
　月二十三日　　　　　　　　 413-485- 1

補遺

史部

補遺　史部

諭行旗務附奏議——雍正元年九月二十六日（二則）	413-485-	1
諭行旗務附奏議——雍正元年十月初二日（三則）	413-486-	1
諭行旗務附奏議——雍正元年十月初六日	413-487-	1
諭行旗務附奏議——雍正元年十月初七日	413-487-	1
諭行旗務附奏議——雍正元年十月二十五日	413-488-	1
諭行旗務附奏議——雍正元年十二月初一日	413-488-	1
諭行旗務附奏議——雍正元年十二月十二日	413-489-	1
諭行旗務附奏議——雍正二年二月初二日	413-490-	2
諭行旗務附奏議——雍正二年三月十三日	413-490-	2
諭行旗務附奏議——雍正二年三月二十二日	413-490-	2
諭行旗務附奏議——雍正二年三月二十五日	413-491-	2
諭行旗務附奏議——雍正二年四月初一日	413-491-	2
諭行旗務附奏議——雍正二年四月初二日	413-492-	2
諭行旗務附奏議——雍正二年四月初八日	413-493-	2
諭行旗務附奏議——雍正二年四月十一日	413-493-	2
諭行旗務附奏議——雍正二年四月十八日	413-494-	2
諭行旗務附奏議——雍正二年六月初七日	413-494-	2
諭行旗務附奏議——雍正二年八月初五日	413-495-	2
諭行旗務附奏議——雍正二年十月初三日	413-495-	2
諭行旗務附奏議——雍正二年十月初七日	413-496-	2
諭行旗務附奏議——雍正二年十月十四日	413-497-	2
諭行旗務附奏議——雍正二年十月十七日	413-497-	2
諭行旗務附奏議——雍正二年十一月初十日	413-499-	2
諭行旗務附奏議——雍正二年十一月十二日	413-499-	2
諭行旗務附奏議——雍正三年二月十四日	413-500-	3
諭行旗務附奏議——雍正三年二月二十四日	413-501-	3
諭行旗務附奏議——雍正三年二月三十日	413-502-	3
諭行旗務附奏議——雍正三年四月二十三日	413-503-	3
諭行旗務附奏議——雍正三年六月初三日	413-504-	3
諭行旗務附奏議——雍正三年六月初六日	413-504-	3
諭行旗務附奏議——雍正三年六月十六日	413-505-	3
諭行旗務附奏議——雍正三年六月十九日	413-505-	3
諭行旗務附奏議——雍正三年六月二十七日（二則）	413-506-	3
諭行旗務附奏議——雍正三年七月二十五日	413-507-	3
諭行旗務附奏議——雍正三年八月十八日	413-507-	3
諭行旗務附奏議——雍正三年九月初五日	413-508-	3
諭行旗務附奏議——雍正三年九月十六日	413-508-	3
諭行旗務附奏議——雍正三年十月十七日	413-509-	3
諭行旗務附奏議——雍正四年正月十二日	413-510-	4
諭行旗務附奏議——雍正四年二月初五日	413-511-	4
諭行旗務附奏議——雍正四年二月十六日	413-511-	4
諭行旗務附奏議——雍正四年四月二十六日	413-512-	4
諭行旗務附奏議——雍正四年六月初二日	413-512-	4
諭行旗務附奏議——雍正四年八月三十日	413-512-	4
諭行旗務附奏議——雍正五年二月二十二日	413-514-	5

諭行旗務附奏議——雍正五年閏三月十一日（二則） 413-514- 5
諭行旗務附奏議——雍正五年閏三月十四日 413-516- 5
諭行旗務附奏議——雍正五年六月二十九日 413-516- 5
諭行旗務附奏議——雍正五年十月十三日 413-517- 5
諭行旗務附奏議——雍正六年正月二十七日 413-519- 6
諭行旗務附奏議——雍正六年三月二十八日 413-519- 6
諭行旗務附奏議——雍正六年五月初十日 413-520- 6
諭行旗務附奏議——雍正六年七月十三日 413-521- 6
諭行旗務附奏議——雍正六年八月十一日 413-521- 6
諭行旗務附奏議——雍正六年八月二十四日 413-521- 6
諭行旗務附奏議——雍正六年九月初五日 413-522- 6
諭行旗務附奏議——雍正六年九月十七日 413-523- 6
諭行旗務附奏議——雍正六年十一月二十六日 413-523- 6
諭行旗務附奏議——雍正六年十二月十一日 413-524- 6
諭行旗務附奏議——雍正七年閏七月十三日 413-525- 7
諭行旗務附奏議——雍正七年閏七月十五日（二則） 413-525- 7
諭行旗務附奏議——雍正七年八月初一日 413-527- 7
諭行旗務附奏議——雍正七年八月初二日 413-527- 7
諭行旗務附奏議——雍正七年八月二十六日 413-528- 7
諭行旗務附奏議——雍正七年九月初九日 413-528- 7
諭行旗務附奏議——雍正七年九月十三日 413-529- 7
諭行旗務附奏議——雍正七年九月二十二日 413-530- 7
諭行旗務附奏議——雍正七年十月十一日（二則） 413-530- 7
諭行旗務附奏議——雍正七年十月十七日 413-531- 7
諭行旗務附奏議——雍正七年十月二十四日 413-532- 7
諭行旗務附奏議——雍正七年十一月初六日 413-533- 7
諭行旗務附奏議——雍正七年十一月初九日 413-534- 7
諭行旗務附奏議——雍正七年十一月二十八日 413-534- 7
諭行旗務附奏議——雍正七年十二月二十日 413-535- 7
諭行旗務附奏議——雍正八年二月十九日 413-536- 8
諭行旗務附奏議——雍正八年三月十六日 413-536- 8
諭行旗務附奏議——雍正八年三月十七日 413-536- 8
諭行旗務附奏議——雍正八年三月二十二日（二則） 413-537- 8
諭行旗務附奏議——雍正八年三月二十三日 413-538- 8
諭行旗務附奏議——雍正八年三月二十六日（二則） 413-539- 8
諭行旗務附奏議——雍正八年四月初九日 413-540- 8
諭行旗務附奏議——雍正八年四月初十日 413-541- 8
諭行旗務附奏議——雍正八年四月十七日 413-541- 8
諭行旗務附奏議——雍正八年六月十一日 413-542- 8
諭行旗務附奏議——雍正八年六月二十四日 413-542- 8
諭行旗務附奏議——雍正八年十月二十日 413-543- 8
諭行旗務附奏議——雍正八年十一月二十六日 413-544- 8
諭行旗務附奏議——雍正八年十一月二十七日 413-544- 8
諭行旗務附奏議——雍正九年二月十二日 413-546- 9
諭行旗務附奏議——雍正九年十二月二十一日 413-547- 9

補遺

史部

諭行旗務附奏議——雍正十年四月二十五日　　　　　　413-548- 10

諭行旗務附奏議——雍正十年四月二十六日　　　　　　413-548- 10

諭行旗務附奏議——雍正十年閏五月二十二日　　　　　413-549- 10

諭行旗務附奏議——雍正十年閏五月二十八日　　　　　413-549- 10

諭行旗務附奏議——雍正十年六月初八日　　　　　　　413-550- 10

諭行旗務附奏議——雍正十年六月二十五日　　　　　　413-551- 10

諭行旗務附奏議——雍正十年七月初七日　　　　　　　413-551- 10

諭行旗務附奏議——雍正十一年三月十五日（二則）　　413-552- 11

諭行旗務附奏議——雍正十一年三月二十一日　　　　　413-553- 11

諭行旗務附奏議——雍正十一年四月二十七日　　　　　413-554- 11

諭行旗務附奏議——雍正十一年五月十三日　　　　　　413-555- 11

諭行旗務附奏議——雍正十一年五月十七日　　　　　　413-555- 11

諭行旗務附奏議——雍正十一年五月十九日　　　　　　413-556- 11

諭行旗務附奏議——雍正十一年五月二十一日　　　　　413-557- 11

諭行旗務附奏議——雍正十一年五月二十四日（二則）　413-557- 11

諭行旗務附奏議——雍正十一年五月二十六日（二則）　413-558- 11

諭行旗務附奏議——雍正十一年六月初八日　　　　　　413-560- 11

諭行旗務附奏議——雍正十一年六月二十二日　　　　　413-560- 11

諭行旗務附奏議——雍正十一年六月二十六日　　　　　413-561- 11

諭行旗務附奏議——雍正十一年七月二十六日　　　　　413-562- 11

諭行旗務附奏議——雍正十一年九月初七日　　　　　　413-562- 11

諭行旗務附奏議——雍正十二年二月二十二日　　　　　413-563- 12

諭行旗務附奏議——雍正十二年三月十三日　　　　　　413-564- 12

諭行旗務附奏議——雍正十二年三月十七日　　　　　　413-565- 12

諭行旗務附奏議——雍正十二年四月初一日　　　　　　413-566- 12

諭行旗務附奏議——雍正十二年五月初九日　　　　　　413-567- 12

諭行旗務附奏議——雍正十二年五月十六日　　　　　　413-567- 12

諭行旗務附奏議——雍正十二年五月二十七日　　　　　413-568- 12

諭行旗務附奏議——雍正十二年五月二十八日　　　　　413-568- 12

諭行旗務附奏議——雍正十二年六月初七日　　　　　　413-568- 12

諭行旗務附奏議——雍正十二年六月二十三日　　　　　413-569- 12

諭行旗務附奏議——雍正十二年七月初二日　　　　　　413-570- 12

諭行旗務附奏議——雍正十二年七月初七日（二則）　　413-571- 12

諭行旗務附奏議——雍正十二年七月初十日（二則）　　413-572- 12

諭行旗務附奏議——雍正十二年七月十三日　　　　　　413-573- 12

諭行旗務附奏議——雍正十二年七月十二日　　　　　　413-574- 12

諭行旗務附奏議——雍正十二年七月二十日　　　　　　413-574- 12

諭行旗務附奏議——雍正十二年七月二十三日　　　　　413-575- 12

諭行旗務附奏議——雍正十二年七月二十五日　　　　　413-575- 12

諭行旗務附奏議——雍正十二年八月初八日　　　　　　413-576- 12

諭行旗務附奏議——雍正十二年八月二十六日　　　　　413-577- 12

諭行旗務附奏議——雍正十二年九月初一日　　　　　　413-578- 12

諭行旗務附奏議——雍正十二年九月初九日　　　　　　413-578- 12

諭行旗務附奏議——雍正十二年九月十二日（二則）　　413-579- 12

諭行旗務附奏議——雍正十二年九月十四日　　　　　　413-580- 12

諭行旗務附奏議——雍正十二年
　九月十七日（二則）　　　　　　413-581- 12
諭行旗務附奏議——雍正十二年
　九月二十二日　　　　　　　　　413-582- 12
諭行旗務附奏議——雍正十二年
　九月二十五日　　　　　　　　　413-582- 12
諭行旗務附奏議——雍正十二年
　十月初四日　　　　　　　　　　413-583- 12
諭行旗務附奏議——雍正十二年
　十月十四日（二則）　　　　　　413-584- 12
諭行旗務附奏議——雍正十二年
　十月二十一日　　　　　　　　　413-585- 12
諭行旗務附奏議——雍正十二年
　十月二十五日　　　　　　　　　413-586- 12
諭行旗務附奏議——雍正十二年
　十一月三十日（二則）　　　　　413-586- 12
諭行旗務附奏議——雍正十二年
　十二月初八日　　　　　　　　　413-588- 12
諭行旗務附奏議——雍正十二年
　十二月十四日　　　　　　　　　413-589- 12
諭行旗務附奏議——雍正十二年
　十二月二十日　　　　　　　　　413-590- 12
諭行旗務附奏議——雍正十二年
　十二月二十一日　　　　　　　　413-590- 12
諭行旗務附奏議——雍正十三年
　正月十三日　　　　　　　　　　413-591- 13
諭行旗務附奏議——雍正十三年
　二月十一日　　　　　　　　　　413-592- 13
諭行旗務附奏議——雍正十三年
　四月初一日　　　　　　　　　　413-593- 13
諭行旗務附奏議——雍正十三年
　六月十二日　　　　　　　　　　413-593- 13
諭行旗務附奏議——雍正十三年
　七月二十五日（二則）　　　　　413-594- 13
上諭內閣（七則）——康熙六十
　一年十一月十七日　　　　　　　414- 13- 1
●張方平宋
淮南轉運使獎諭勅書記　　　　　1104-365- 33
●隋煬帝
勅度四十九人法名附衆謝啓　　　1401-572- 39
●漢文帝
與匈奴和親詔　　　　　　　　　1402- 9- 1
●漢高祖
入關告諭　　　　　　　　　　　1396-186- 1
　　　　　　　　　　　　　　　　1417-165- 10

爲義帝發喪告諸侯（王）　　　　1396-187- 1
　　　　　　　　　　　　　　　　1417-165- 10
功臣封爵誓文　　　　　　　　　1396-191- 1
漢高帝封功臣鐵券誓詞　　　　　1402-153- 29　　補
漢高帝封爵之誓（文）　　　　　1402-196- 41　　遺
●翟汝文宋
撫問王璩并一行將佐軍兵等詔　　1129-183- 1　　史
●蘇　軾宋　　　　　　　　　　　　　　　　　　部
熙寧手詔記　　　　　　　　　　1107-527- 38

2 詔令下

●八察脱忽鄰元
（中書左丞某）祖某
　贈榮祿大夫平章政
　事追封齊國公謚莊
　靖（制）　　　　　　元袁　桷　1203-484- 36
●王　昛元高麗
高麗國王封父制　　　　元姚　燧　1367-143- 11
　　　　　　　　　　　　　　　　1373- 91- 7
●王　植元高麗
高麗國王封贈祖父母
　制　　　　　　　　　元王　構　1367-145- 12
●王　曕元高麗
高麗國王封曾祖父制　　元姚　燧　1367-143- 11
●王　畸宋
歐劉原父制草詞　　　　宋楊萬里　1161-300-100
●司馬光宋
書司馬溫公告身後　　　明倪　謙　1245-476- 24
●司馬儔宋
書宋權通判婺州軍州
　兼管內勸農事司馬
　儔擬轉朝散郎告身
　後　　　　　　　　　明倪　謙　1245-476- 24
●史世卿宋
歐文林郎史世卿誌　　　明鄭　眞　1234-224- 38
●史守之宋
歐宋通直郎史守之告
　身　　　　　　　　　明文徵明　1273-157- 22
●史會卿宋
歐史氏官誥及忠清公
　親帖　　　　　　　　明鄭　眞　1234-225- 38
●宋武帝劉宋
爲晉安帝進劉裕侍中
　車騎將軍詔　　　　　劉宋傅亮　1398-489- 1
　　　　　　　　　　　　　　　　1414- 30- 64

補遺

史部

封豫章郡公加號詔　　劉宋傅亮　1398-490- 1
　　　　　　　　　　　　　　　1414- 31- 64
封劉裕爲宋公詔　　　劉宋傅亮　1398-491- 1
　　　　　　　　　　　　　　　1414- 32- 64
進宋公爲宋王詔　　　劉宋傅亮　1398-494- 1
　　　　　　　　　　　　　　　1414- 35- 64

● 宋敏求 宋
跋列原父制詞草　　　宋楊萬里　1161-300-100
● 杜忠可 曾祖
跋杜忠可孝嚴曾祖節
　範處士告　　　　　宋魏了翁　1173- 36- 62
● 李　湊 唐
漳王湊降封巢縣公制　唐不著撰人　426-252- 39
● 李文剛 宋
跋宋上舍李文剛誥勅
　二道　　　　　　　元宋　裘　1212-522- 15
● 吳全節 元
崇文弘道玄德眞人臣
　全節蒙被上恩封贈
　二代讚并序　　　　元鄧文原　1195-538- 上
● 周順昌三代　明
周氏家藏三代誥命記
　事　　　　　　　　清毛奇齡　1321-277-116
● 按扎爾 元
侍御史趙世延故祖父
　蒙古漢軍征行大元
　帥按扎爾贈推忠効
　庸功臣太保儀同三
　司上柱國追封秦國
　公諡武宣制　　　　元程鉅夫　1375- 59- 2

3. 奏議上

● 扶　蘇 秦
諫始皇書　　　　　　　　　　　1405-250-259

4. 奏議下

● 方大琮 宋
賀皇后箋　　　　　　　　　　　1178-189- 7
景憲太子箋　　　　　　　　　　1178-190- 7

四庫全書文集篇目分類索引. 學術文之部／中華
文化復興運動推行委員會四庫全書索引編纂小
組主編. -- 初版. --臺北市：臺灣商務,
1989[民78]
　　冊；　公分. -- (四庫全書索引叢刊；2)
ISBN 957-05-1131-1 (一套：精裝)

1. 四庫全書-索引

082.1　　　　　　　　　84003433

四庫全書索引叢刊之二

四庫全書文集篇目分類索引 學術文之部

定價新臺幣 3,800 元

主　編　者　中華文化復興運動推行委員會
　　　　　　四庫全書索引編纂小組
　召 集 人　陳 奇 祿
　副召集人　昌彼得　王壽南
　總 編 輯　昌彼得
　副總編輯　吳哲夫　莊芳榮
　編　　輯　陳仕華　羅　蓉　閻愷蒂　王秀雲
　　　　　　許素華　柯金木　唐復光　李鳳萍
　　　　　　曾素眞　黃靖雅　謝寶蓮　劉碧眞

發 行 人　張 連 生
出 版 者
印 刷 所　臺灣商務印書館股份有限公司
　　　　　　臺北市 10036 重慶南路 1 段 37 號
　　　　　　電話：(02)3116118・3115538
　　　　　　傳眞：(02)3710274
　　　　　　郵政劃撥：0000165-1 號
　　　　　　出版事業
　　　　　　登 記 證：局版臺業字第 0836 號

- 1989 年 1 月初版第一次印刷
- 1995 年 7 月初版第二次印刷

版權所有 · 翻印必究

ISBN　957-05-1131-1（一套：精裝）　　60850001
ISBN　957-05-1132-X（上冊：精裝）
ISBN　957-05-1133-8（中冊：精裝）
ISBN　957-05-1134-6（下冊：精裝）